四大名著

《红楼梦》曹雪芹

《西游记》吴承恩

《三国演义》罗贯中

《水浒传》施耐庵

竹和松出版社

出版：竹和松出版社（Zhu & Song Press）
Zhu & Song Press, LLC
North Potomac, Maryland
责任编辑：朱晓红
责编信箱：editor@zhuandsongpress.com
封面设计：竹和松传媒
出版社网址：www.zhuandsongpress.com
印刷地：美国，英国
发行：全球（中国大陆除外）
ISBN-13:978-1-950407-16-3
ISBN-10:1-950407-16-0

目录

红楼梦

曹雪芹

第 1 回 甄士隐梦幻识通灵 贾雨村风尘怀闺秀

列位看官：你道此书从何而来？说起根由，虽近荒唐，细按则深有趣味。待在下将此来历注明，方使阅者了然不惑。

原来女娲氏炼石补天之时，于大荒山无稽崖炼成高经十二丈、方经二十四丈顽石三万六千五百零一块。娲皇氏只用了三万六千五百块，只单单剩了一块未用，便弃在此山青埂峰下。谁知此石自经煅炼之后，灵性已通，因见众石俱得补天，独自己无材不堪入选，遂自怨自叹，日夜悲号惭愧。

一日，正当嗟悼之际，俄见一僧一道远远而来，生得骨格不凡，丰神迥别，说说笑笑，来至峰下，坐于石边，高谈快论：先是说些云山雾海、神仙玄幻之事，后便说到红尘中荣华富贵。此石听了，不觉打动凡心，也想要到人间去享一享这荣华富贵，但自恨粗蠢，不得已，便口吐人言，向那僧道说道："大师，弟子蠢物，不能见礼了！适闻二位谈那人世间荣耀繁华，心切慕之。弟子质虽粗蠢，性却稍通，况见二师仙形道体，定非凡品，必有补天济世之材，利物济人之德。如蒙发一点慈心，携带弟子得入红尘，在那富贵场中，温柔乡里受享几年，自当永佩洪恩，万劫不忘也！"二仙师听毕，齐憨笑道："善哉，善哉！那红尘中有却有些乐事，但不能永远依恃；况又有'美中不足，好事多磨'八个字紧相连属，瞬息间则又乐极悲生，人非物换，究竟是到头一梦，万境归空，倒不如不去的好。"这石凡心已炽，那里听得进这话去，乃复苦求再四。二仙知不可强制，乃叹道："此亦静极思动，无中生有之数也！既如此，我们便携你去受享受享，只是到不得意时，切莫后悔！"石道："自然，自然。"那僧又道："若说你性灵，却又如此质蠢，并更无奇贵之处。如此也只好踮脚而已。也罢！我如今大施佛法，助你助，待劫终之日，复还本质，以了此案。你道好否？"石头听了，感谢不尽。那僧便念咒书符，大展幻术，将一块大石登时变成一块鲜明莹洁的美玉，且又缩成扇坠大小的可佩可拿。那僧托于掌上，笑道："形体倒也是个宝物了！还只没有实在的好处，须得再镌上数字，使人一见便知是奇物方妙。然后好携你到那昌明隆盛之邦、诗礼簪缨之族、花柳繁华地、温柔富贵乡去安身乐业。"石头听了，喜不能禁，乃问："不知赐了弟子那哪几件奇处？又不知携了弟子到何地方？望乞明示，使弟子不惑。"那僧笑道："你且莫问，日后自然明白的。"说着，便袖了这石，同那道人飘然而去，竟不知投奔何方何舍。

后来，不知过了几世几劫，因有个空空道人访道求仙，从这大荒山无稽崖青埂峰下经过，忽见一大块石上字迹分明，编述历历。空空道人乃从头一看，原来就是无材补天，幻形入世，蒙茫茫大士、渺渺真人携入红尘，历尽离合悲欢、炎凉世态的一段故事。后面又有一首偈云：

无材可去补苍天，枉入红尘若许年。此系身前身后事，倩谁记去作奇传？

诗后便是此石坠落之乡，投胎之处，亲自经历的一段陈迹故事。其中家庭闺阁琐事，以及闲情诗词倒还全备，或可适趣解闷；然朝代年纪、地舆邦国却反失落无考。

空空道人遂向石头说道："石兄，你这一段故事，据你自己说有些趣味，故编写在此，意欲问世传奇。据我看来：第一件，无朝代年纪可考；第二件，并无大贤大忠理朝廷、治风俗的善政，其中只不过几个异样女子，或情或痴，或小才微善，亦无班姑、蔡女之德能。我纵抄去，恐世人不爱看呢！"石头笑答道："我师何太痴耶！若云无朝代可考，今我师竟借汉、唐等年纪添缀，又有何难？但我想，历来野史，皆蹈一辙，莫如我这不借此套者，反倒新奇别致。不过只取其事体情理罢了，又何必拘拘于朝代年纪哉！再者，市井俗人喜看理治之书者甚少，爱适趣闲文者特多。历来野史，或讪谤君相，或贬人妻女，奸淫凶恶，不可胜数。更有一种风月笔墨，其淫秽污臭，屠毒笔墨，坏人子弟，又不可胜数。至若佳人才子等书，则又千部共出一套，且其中终不能不涉于淫滥，以致满纸潘安、子建、西子、文君。不过作者要写出自己的那两首情诗艳赋来，故假拟出男女二人名姓，又必旁出一小人其间拨乱，亦如剧中之小丑然。且鬟婢开口即者也之乎，非文即理。故逐一看去，悉皆自相矛盾、大不近情理之话，竟不如我半世亲睹亲闻的这几个女子，虽不敢说强似前代书中所有之人，但事迹原委，亦可以消愁破闷；也有几首歪诗熟话，可以喷饭供酒。至若离合悲欢，兴衰际遇，则又追踪蹑迹，不敢稍加穿凿，徒为供人之目而反失其真传者。今之人，贫者日为衣食所累，富者又怀不足之心；纵然一时稍闲，又有贪淫恋色、好货寻愁之事，哪里有工夫去看那理治之书！所以，我这一段故事，也不愿世人称奇道妙，也不定要世人喜悦检读，只愿他们当那醉淫饱卧之时，或避世去愁之际，把此一玩，岂不省了些寿命筋力？就比那谋虚逐妄，却也省了口舌是非之害、腿脚奔忙之苦。再者，亦令世人换新眼目，不比那些胡牵乱扯，忽离忽遇，满纸才人淑女、子建、文君、红娘、小玉等通共熟套之旧稿。我师意为何如？"

空空道人听如此说，思忖半晌，将一这《石头记》再检阅一遍，因见上面虽有些指奸责佞、贬恶诛邪之语，亦非伤时骂世之旨；及至君仁臣良、父慈子孝，凡伦常所关之处，皆是称功颂德，眷眷无穷，实非别书之可比。虽其中大旨谈情，亦不过实录其事，又非假拟妄称，一味淫邀艳约，私订偷盟之可比。因毫不干涉时世，方从头至尾抄录回来，问世传奇。因空见色，由色生情，传情入色，自色悟空，空空道人遂易名为情僧，改《石头记》为《情僧录》。至玉峰题曰《红楼梦》。东鲁孔梅溪则题曰《风月宝鉴》。后因曹雪芹于悼红轩中，披阅十载，增删五次，纂成目录，分出章回，则题曰《金陵十二钗》，并题一绝云：

满纸荒唐言，一把辛酸泪！都云作者痴，谁解其中味？

至脂砚斋甲戌抄阅再评，仍用《石头记》。

出则既明，且看石上是何故事。按那石上书云：

当日地陷东南，这东南一隅有处曰姑苏，有城曰阊门者，最是红尘中一二等富贵风流之地。这阊门外有个十里街，街内有个仁清巷，巷内有个古庙，因地方窄狭，人皆呼作葫芦庙。庙旁住着一家乡宦，姓甄名费，字士隐。嫡妻封氏，情性贤淑，深明礼义。家中虽不甚富贵，然本地便也推他为望族了。只因这甄士隐禀性恬澹，不以功名为念，每日只以观花修竹、酌酒吟诗为乐，倒是神仙一流人品。只是一件不足：如今年已半百，膝下无儿，只有一女，乳名英莲，年方三岁。

一日，炎夏永昼，士隐于书房闲坐，至手倦抛书，伏几少憩，不觉朦胧睡去。梦至一处，不辨是何地方。忽见那厢来了一僧一道，且行且谈。只听道人问道："你携了这蠢物，意欲何往？"那僧笑道："你放心，如今现有一段风流公案正该了结。这一干风流冤家，尚未投胎入世。趁此机会，就将此蠢物夹带于中，使他去经历经历。"那道人道："原来近日风流冤孽又将造劫历世去不成？但不知落于何方何处？"那僧笑道："此事说来好笑，竟是千古未闻的罕事：只因西方灵河岸上三生石畔有绛珠草一株，时有赤瑕宫神瑛侍者，日以甘露灌溉，这绛珠草便得久延岁月。后来既受天地精华，复得雨露滋养，遂得脱却草胎木质，得换人形，仅修成个女体，终日游于离恨天外，饥则食蜜青果为膳，渴则饮灌愁海水为汤。只因尚未酬报灌溉之德，故其五内便郁结着一段缠绵不尽之意。恰近日这神瑛侍者凡心偶炽，乘此昌明太平朝世，意欲下凡造历幻缘，已在警幻仙子案前挂了号。警幻亦曾问及，灌溉之情未偿，趁此倒可了结的。那绛珠仙子道：'他是甘露之惠，我并无此水可还。他既下世为人，我也去下世为人，但把我一生所有的眼泪还他，也偿还得过他了。'因此一事，就勾出多少风流冤家来陪他们去了结此案。"那道人道："果是罕闻。实未闻有'还泪'之说。想来这一段故事，比历来风月事故更加琐碎细腻了。"那僧道："历来几个风流人物，不过传其大概，以及诗词篇章而已；至家庭闺阁中一饮一食，总未述记。再者，大半风月故事，不过偷香窃玉，暗约私奔而已，并不曾将儿女之真情发泄一二。想这一干人入世，其情痴色鬼、贤愚不肖者，悉与前人传述不同矣！"那道人道："趁此你我何不也去下世度脱几个，岂不是一场功德？"那僧道："正合吾意。你且同我到警幻仙子宫中，将蠢物交割清楚，待这一干风流孽鬼下世已完，你我再去。如今虽已有一半落尘，然犹未全集。"道人道："既如此，便随你去来。"

却说甄士隐俱听得明白，但不知所云"蠢物"係何东西。遂不禁上前施礼，笑问道："二仙师请了。"那僧道也忙答礼相问。士隐因说道："适闻仙师所谈因果，实人世罕闻者。但弟子愚浊，不能洞悉明白，若蒙大开痴顽，备细一闻，弟子则洗耳谛听，稍能警省，亦可免沉伦之苦。"二仙笑道："此乃玄机不可预泄者。到那时，只不要忘了我二人，便可跳出火坑矣。"士隐听了，不便再问，因笑道："玄机不可预泄，但适云'蠢物'，不知为何，或可一见否？"那僧道："若问此物，倒有一面之缘。"说着，取出递与士隐。士隐接了看时，原来是块鲜明美玉，上面字迹分明，镌着"通灵宝玉"四字，后面还有几行小字。正欲细看时，那僧便说："已到幻境！"便强从手中夺了去，与道人竟过一大石牌坊，上书四个大字，乃是"太虚幻境"。两边又有一幅对联，道是：

假作真时真亦假，无为有处有还无。

士隐意欲也跟了过去，方举步时，忽听一声霹雳，有若山崩地陷。士隐大叫一声，定睛一看，只见烈日炎炎，芭蕉冉冉，所梦之事，便忘了大半。又见奶母正抱了英莲走来。士隐见女儿越发生得粉妆玉琢，乖觉可喜，便伸手接来，抱在怀内，逗他玩耍一回；又带至街前，看那过会的热闹。方欲进来时，只见从那边来了一僧一道。那僧则癞头跣脚，那道则跛足蓬头，疯疯癫癫，挥霍谈笑而至。及至到了他门前，看见士隐抱着英莲，那僧便大哭起来，又向士隐道："施主，你把这有命无运、累及爹娘之物，抱在怀内作甚？"士隐听了，知是疯话，也不去睬他。那僧还说："舍我罢，舍我罢！"士隐不耐烦，便抱女儿撤身进去，那僧乃指着他大笑，口内念了四句言词，道是：

惯养娇生笑你痴，菱花空对雪澌澌。好防佳节元宵后，便是烟消火灭时。

士隐听得明白，心下犹豫，意欲问他们来历。只听道人说："你我不必同行，就此分手，各干营生去罢。三劫后，我在北邙山等你，会齐了，同往太虚幻境销号。"那僧道："妙，妙，妙！"说毕，二人一去再不见个踪影了。士隐心中此时自忖：这两个人必有来历，该试一问，如今悔却晚也！

这士隐正痴想，忽见隔壁葫芦庙内寄居的一个穷儒——姓贾名化，表字时飞，别号雨村者走了出来。这贾雨村原係胡州人氏，也是诗书仕宦之族，因他生于末世，父母祖宗根基已尽，人口衰丧，只剩得他一身一口，在家乡无益，因进京求取功名，再整基业。自前岁来此，又淹蹇住了，暂寄庙中安身，每日卖字作文为生，故士隐常与他交接。当下雨村见了士隐，忙施礼陪笑道："老先生倚门伫望，敢是街市上有甚新闻否？"士隐笑道："非也。适因小女啼哭，引她出来作耍，正是无聊之甚，兄来得正妙，请入小斋一谈，彼此皆可消此永昼。"说着，便令人送女儿进去，自与携了雨村来至书房中。小童献茶。方谈得三五句话，忽家人飞报："严老爷来拜。"士隐慌得忙起身谢罪道："恕诳驾之罪！略坐，弟即来陪。"雨村忙起身亦让道："老先生请便，晚生乃常造之客，稍候何妨。"说着，士隐已出前厅去了。

这里雨村且翻弄书籍解闷。忽听得窗外有女子嗽声，雨村遂起身往窗外一看，原来是一个丫鬟，在那里撷花。生得仪容不俗，眉目清明，虽无十分姿色，却有动人之处。雨村不觉看得呆了。那甄家丫鬟撷了花，方欲走时，勐抬头见窗内有人，敝巾旧服，虽是贫窘，然生得腰圆背厚，面阔口方；更兼剑眉星眼，直鼻权腮。这丫鬟忙转身回避，心下乃想："这人生的这样雄壮，却又这样褴褛，想他定是我家主人常说的什么贾雨村了，每有意帮助周济，只是没甚机会。我家并无这样贫穷亲友，想定是此人无疑了。怪道又说他必非久困之人。"如此想来，不免又回头两次。雨村见她回了头，便自谓这女子心中有意于他，便狂喜不尽，自谓此女子必是个巨眼英豪，风尘中之知己也。一时小童进来，雨村打听得前面留饭，不可久待，遂从夹道中自便，出门去了。士隐待客既散，知雨村自便，也不去再邀。

一日，早又中秋佳节。士隐家宴已毕，乃又另具一席于书房，却自己步月至庙中来邀雨村。原来雨村自那日见了甄家之婢曾回顾他两次，自谓是个知己，便时刻放在心上。今又正值中秋，不免对月有怀，因而口占五言一律云：

未卜三生愿，频添一段愁。闷来时敛额，行去几回头。自顾风前影，谁堪月下俦？蟾光如有意，先上玉人楼。

雨村吟罢，因又思及平生抱负苦未逢时，乃又搔首对天长叹，复高吟一联云：

玉在匮中求善价，钗于奁内待时飞。

恰值士隐走来听见，笑道："雨村兄真抱负不浅也！"雨村忙笑道："岂敢！不过偶吟前人之句，何敢狂诞至此！"因问："老先生何兴至此？"士隐笑道："今夜中秋，俗谓'团圆之节'，想尊兄旅寄僧房，不无寂寞之感，故特具小酌，邀兄到敝斋一饮，不知可纳芹意否？"雨村听了，并不推辞，便笑道："既蒙厚爱，何敢拂此盛情。"说着，便同士隐复过这边书院中来。

须臾茶毕，早已设下杯盘，那美酒佳肴，自不必说。二人归坐，先是款斟漫饮，次渐谈至兴浓，不觉飞觥限斝起来。当时街坊上家家箫管，户户弦歌。当头一轮明月，飞彩凝辉，二人愈添豪兴，酒到杯干。雨村此时已有七八分酒意，狂兴不禁，乃对月寓怀，口号一绝云：

时逢三五便团圆，满把晴光护玉栏。天上一轮才捧出，人间万姓仰头看。

士隐听了，大叫："妙哉！吾每谓兄必非久居人下者，今所吟之句，飞腾之兆已见，不日可接履于云霓之上矣。可贺！可贺！"乃亲斟一斗为贺。雨村因干过，叹道："非晚生酒后狂言，若论时尚之学，晚生也或可去充数沽名，只是目今行囊、路费一概无措，神京路远，非赖卖字撰文即能到者。"士隐不待说完，便道："兄何不早言。愚久有此心意，但每遇兄时，兄并未谈及，愚故未敢唐突。今既及此，愚虽不才，'义利'二字却还识得。且喜明岁正当大比，兄宜作速入都，春闱一战，方不负兄之所学也。其盘费余事，弟自代为处置，亦不枉兄之谬识矣！"当下即命小童进去，速封五十两白银，并两套冬衣。又云："十九日乃黄道之期，兄可即买舟西上，待雄飞高举，明冬再晤，岂非大快之事耶？"雨村收了银衣，不过略谢一语，并不介意，仍是吃酒谈笑。那天已交三鼓，二人方散。

士隐送雨村去后，回房一觉，直至红日三竿方醒。因思昨夜之事，意欲再写两封荐书，与雨村带至神都，使雨村投谒个仕宦之家，为寄足之地。因使人过去请时，那家人去了回来说："和尚说，贾爷今日五鼓已进京去了，也曾留下话与和尚转达老爷，说'读书人不在黄道黑道，总以事理为要，不及面辞了。'"士隐听了，也只得罢了。

真是闲处光阴易过，倏忽又是元霄佳节矣。士隐命家人霍启抱了英莲去看社火花灯，半夜中，霍启因要小解，便将英莲放在一家门槛上坐着。待他小解完了，来抱时，哪有英莲的踪影？急得霍启直寻了半夜，至天明不见。那霍启也就不敢回来见主人，便逃往他乡去了。

那士隐夫妇，见女儿一夜不归，便知有些不妥，再使几人去寻找，回来皆云连音响皆无。夫妻二人半世只生此女，一旦失落，岂不思想。因此昼夜啼哭，几乎不曾寻死。看看一月，士隐先就得了一病。当时，封氏孺人也因思女构疾，日日请医疗治。

不想这日三月十五，葫芦庙中炸供，那些和尚不加小心，致使油锅火逸，便烧着窗纸。此方人家多用竹篱木壁者，大抵也因劫数，于是接二连三，牵五挂四，将一条街烧得如火焰山一般。彼时虽有军民来救，那火已成了势，如何救得下去！直烧了一夜，方渐渐熄去，也不知烧了多少家。只可怜甄家在隔壁，早已烧成一片瓦砾场了，只有他夫妇并几个家人的性命不曾伤了。急得士隐惟跌足长叹而已。只得与妻子商议，且到田庄上去安身。偏值近年水旱不收，鼠盗蜂起，无非抢田夺地，鼠窃狗偷，民不安生，因此官兵剿捕，难以安身。士隐只得将田庄都折变了，便携了妻子与两个丫鬟投他岳丈家去。

他岳丈名唤封肃，本贯大如州人氏，虽是务农，家中都还殷实。今见女婿这等狼狈而来，心中便有些不乐。幸而士隐还有折变田地的银子未曾用完，拿出来托他随分就价，薄置些须房地，为后日衣食之计。那封肃便半哄半赚，些须与他些薄田朽屋。士隐乃读书之人，不惯生理稼穑等事，勉强支持了一二年，越觉穷了下去。封肃每见面时，便说些现成话，且人前人后又怨他们不善过活，只一味好吃懒做等语。士隐知投人不着，心中未免悔恨，再兼上年惊唬，急忿怨痛，已伤暮年之人，贫病交攻，竟渐渐露出那下世的光景来。

可巧这日拄了拐，挣挫到街前散散心时，忽见那边来了一个跛足道人，疯癫落脱，麻屣鹑衣，口内念着几句言词，道是：

世人都晓神仙好，惟有功名忘不了。古今将相在何方？荒冢一堆草没了！世人都晓神仙好，只有金银忘不了。终朝只恨聚无多，及到多时眼闭了！

世人都晓神仙好，只有姣妻忘不了。君生日日说恩情，君死又随人去了！世人都晓神仙好，只有儿孙忘不了。痴心父母古来多，孝顺儿孙谁见了？

士隐听了，迎上来道："你满口说些什么？只听见些'好''了''好''了'。那道人笑道："你若果听见'好''了'二字，还算你明白。可知世上万般，好便是了，了便是好。若不了，便不好；若要好，须是了。我这歌儿便名《好了歌》。"士隐本是有宿慧的，一闻此言，心中早已彻悟。因笑道："且住！待我将你这《好了歌》解注出来何如？"道人笑道："你解，你解。"士隐乃说道：

陋室空堂，当年笏满床，衰草枯杨，曾为歌舞场。蛛丝儿结满凋梁，绿纱今又糊在蓬窗上。说什么脂正浓、粉正香，如何两鬓又成霜？昨日黄土陇头送白骨，今宵红灯帐底卧鸳鸯。金满箱，银满箱，展眼乞丐人皆谤。正叹他人命不长，那知自己归来丧！训有方，保不定日后作强梁。择膏粱，谁承望流落在烟花巷！因嫌纱帽小，致使锁枷扛。昨怜破袄寒，今嫌紫蟒长。乱烘烘你方唱罢我登场，反认他乡是故乡。甚荒唐，到头来都是为他人作嫁衣裳！

那疯跛道人听了，拍掌笑道："解得切！解得切！"士隐便说一声"走罢！"将道人肩上褡裢抢了过来背着，竟不回家，同了疯道人飘飘而去。

当下烘动街坊，众人当作一件新闻传说。封氏闻得此信，哭个死去活来，只得与父亲商议，遣人各处访寻，那讨音信？无奈何，少不得依靠着她父母度日。幸而身边还有两个旧日的丫鬟伏侍，主仆三人，日夜作些针线发卖，帮着父亲用度。那封肃虽然日日抱怨，也无可奈何了。

这日，那甄家大丫鬟在门前买线，忽听街上喝道之声，众人都说新太爷到任。丫鬟于是隐在门内看时，只见军牢快手一对一对的过去。俄而，大轿抬着一个乌帽猩袍的官府过去。丫鬟倒发了个怔，自思："这官好面善，倒像在那里见过的？"于是进入房中，也就丢过，不在心上。至晚间，正该歇息之时，忽听一片声打得门响，许多人乱嚷说："本府太爷差人来传人问话！"封肃听了，唬得目瞪口呆，不知有何祸事。且听下回分解。

第 2 回 贾夫人仙逝扬州城 冷子兴演说荣国府

诗云：

一局输赢料不真，香销茶尽尚逡巡。欲知目下兴衰兆，须问旁观冷眼人。

却说封肃因听见公差传唤，忙出来陪笑启问。那些人只嚷："快请出甄爷来！"封肃忙陪笑道："小人姓封，并不姓甄。只有当日小婿姓甄，今已出家一二年了，不知可是问他？"那些公人道："我们也不知什么'真''假'，因奉太爷之命来问，他既是你女婿，便带了你去亲见太爷面禀，省得乱跑。"说着，不容封肃多言，大家推拥他去了。封家人个个惊慌，不知何兆。

那天，约二更时分，只见封肃方回来，欢天喜地，众人忙问端详。他乃说道："原来本府新升的太爷姓贾名化，本贯胡州人氏，曾与女婿旧日相交。方才在咱门前过去，因见娇杏那丫头买线，所以他只当女婿移住于此。我一一将原故回明，那太爷倒伤感叹息了一回；又问外孙女儿，我说看灯丢了。太爷说：'不妨，我自使番役，务必探访回来。'说了一回话，临走倒送了我二两银子。"甄家娘子听了，不免心中伤感。一宿无话。

至次日，早有雨村遣人送两封银子、四匹锦缎，答谢甄家娘子；又寄一封密书与封肃，转托他向甄家娘子要那娇杏作二房。封肃喜得屁滚尿流，巴不得去奉承，便在女儿前一力撺掇成了。乘夜，只用一乘小轿，便把娇杏送进去了。雨村欢喜，自不必说，乃封百金赠封肃，外又谢甄家娘子许多物事，令其好生养赡，以待寻访女儿下落。封肃回家无话。

却说娇杏这丫鬟，便是那年回顾雨村者。因偶然一顾，便弄出这段事来，亦是自己意料不到之奇缘。谁想他命运两济，不承望自到雨村身边，只一年，便生了一子；又半载，雨村嫡妻忽染疾下世，雨村便将她扶侧作正室夫人了。正是：

偶因一着错，便为人上人。

原来，雨村因那年士隐赠银之后，他于十六日便起身入都。至大比之期，不料他十分得意，已会了进士，选入外班，今已升了本府知府。虽才干优长，未免有些贪酷之弊；且又恃才侮上，那些官员皆侧目而视。不上一年，便被上司寻了个空隙，作成一本，参他"生性狡猾，擅纂礼仪，且沽清正之名，而暗结虎狼之属，致使地方多事，民命不堪"等语。龙颜大怒，即批革职。该部文书一到，本府官员无不喜悦。那雨村心中虽十分惭恨，却面上全无一点怨色，仍是嘻笑自若。交代过公事，将历年做官积的些资本并家小人属送至原籍，安插妥协。却又自己担风袖月，游览天下胜迹。

那日，偶又游至维扬地面，因闻得今岁鹾政点的是林如海。这林如海姓林名海，表字如海，乃是前科的探花，今已升至兰台寺大夫，本贯姑苏人氏，今钦点出为巡盐御史，到任方一月有余。原来这林如海之祖，曾袭过列侯，今到如海，业经五世。起初时，只封袭三世，因当今隆恩盛德，远迈前代，额外加恩，至如海之父，又袭了一代；至如海，便从科第出身。虽係钟鼎之家，却亦是书香之族。只可惜这林家支庶不盛，子孙有限；虽有几门，却与如海俱是堂族而已，没甚亲支嫡派的。今如海年已四十，只有一个三岁之子，偏又于去岁死了。虽有几房姬妾，奈他命中无子，亦无可如何之事。今只有嫡妻贾氏，生得一女，乳名黛玉，年方五岁。夫妻无子，故爱如珍宝；且又见她聪明清秀，便也欲使她读书识得几个字，不过假充养子之意，聊解膝下荒凉之叹。

雨村正值偶感风寒，病在旅店，将一月光景方渐愈。一因身体劳倦，二因盘费不继，也正欲寻个合式之处，暂且歇下。幸有两个旧友，亦在此境居住，因闻得鹾政欲聘一西宾，雨村便相托友力，谋了进去，且作安身之计。妙在只一个女学生，并两个伴读丫鬟，这女学生年又小，身体又极怯弱，功课不限多寡，故十分省力。

堪堪又是一载的光阴，谁知女学生之母贾氏夫人一疾而终。女学生侍汤奉药，守丧尽哀，遂又将辞馆别图。林如海意欲令女守制读书，故又将他留下。近因女学生哀痛过伤，本自怯弱多病的，触犯旧症，遂连日不曾上学。雨村闲居无聊，每当风日晴和，饭后便出来闲步。

这日，偶至郭外，意欲赏鉴那村野风光。忽信步至一山环水旋、茂林深竹之处，隐隐的有座庙宇，门巷倾颓，牆垣朽败。门前有额，题着“智通寺”三字，门旁又有一副旧破的对联，曰：

身后有余忘缩手，眼前无路想回头。

雨村看了，因想到：“这两句话，文虽浅近，其意则深。我也曾游过些名山大刹，倒不曾见过这话头；其中想必有个翻过筋斗来的也未可知，何不进去试试。”想着，走入看时，只有一个龙钟老僧在那里煮粥。雨村见了，便不在意。及至问他两句话，那老僧既聋且昏，齿落舌钝，所答非所问。

雨村不耐烦，便仍出来，意欲到那村肆中沽饮三杯，以助野趣，于是款步行来。刚入肆门，只见座上吃酒之客有一人起身大笑，接了出来，口内说：“奇遇，奇遇！”雨村忙看时，此人是都中在古董行中贸易的号冷子兴者，旧日在都相识。雨村最赞这冷子兴是个有作为大本领的人，这子兴又借雨村斯文之名，故二人说话投机，最相契合。雨村忙笑问：“老兄何日到此？弟竟不知。今日偶遇，真奇缘也！”子兴道：“去年岁底到家，今因还要入都，从此顺路找个敝友说一句话，承他之情，留我多住两日。我也无甚紧事，且盘桓两日，待月半时也就起身了。今日敝友有事，我因闲步至此，且歇歇脚，不期这样巧遇！”一面说，一面让雨村同席坐了，另整上酒肴来。二人闲谈漫饮，叙些别后之事。

雨村因问：“近日都中可有新闻没有？”子兴道：“倒没有什么新闻，倒是老先生你贵同宗家出了一件小小的异事。”雨村笑道：“弟族中无人在都，何谈及此？”子兴笑道：“你们同姓，岂非同宗一族？”雨村问是谁家。子兴道：“荣国府贾府中，可也玷辱了先生的门楣了？”雨村笑道：“原来是他家。若论起来，寒族人丁却不少，自东汉贾复以来，支派繁盛，各省皆有，谁逐细考查！若论荣国一支，却是同谱。但他那等荣耀，我们不便去攀扯，至今故越发生疏难认了。”

子兴叹道：“老先生休如此说！如今的这宁、荣两门，也都萧疏了，不比先时的光景。”雨村道：“当日宁、荣两宅的人口极多，如何就萧疏了？”冷子兴道：“正是，说来也话长。”雨村道：“去岁我到金陵地界，因欲游览六朝遗迹，那日进了石头城，从他老宅门前经过。街东是宁国府，街西是荣国府，二宅相连，竟将大半条街占了。大门前虽冷落无人，隔着围牆一望，里面厅殿楼阁，也还都峥嵘轩峻；就是后一带花园子里面树木山石，也还都有蓊蔚洇润之气，那里像个衰败之家？”冷子兴笑道：“亏你是个进士出身，原来不通！古人有云：‘百足之虫，死而不僵。’如今虽说不及先年那样兴盛，较之平常仕宦之家，到底气象不同。如今生齿日繁，事务日盛，主仆上下，安富尊荣者尽多，运筹谋画者无一；其日用排场费用，又不能将就省俭，如今外面的架子虽未甚倒，内囊却也尽上来了。这还是小事，更有一件大事：谁知这样钟鸣鼎食之家，翰墨诗书之族，如今的儿孙，竟一代不如一代了！”雨村听说，也纳罕道：“这样诗礼之家，岂有不善教育之理？别家不知，只说这宁、荣二宅，是最教子有方的。”

子兴叹道：“正说的是这两门呢。待我告诉你：当日宁国公与荣国公是一母同胞弟兄两个。宁公居长，生了四个儿子。宁公死后，贾代化袭了官，也养了两个儿子：长名贾敷，至八九岁上便死了，只剩了次子贾敬袭了官，如今一味好道，只爱烧丹炼汞，余者一概不在心上。幸而早年留下一子，名唤贾珍，因他父亲一心想作神仙，把官倒让他袭了。他父亲又不肯回原籍来，只在都中城外和道士们胡羼。这位珍爷也倒生了一个儿子，今年才十六岁，名叫贾蓉。如今敬老爹一概不管。这珍爷那里肯读书，只一味高乐不已，把宁国府竟翻了过来，也没有人敢来管他。再说荣府你听，方才所说异事就出在这里。自荣公死后，长子贾代善袭了官，娶的也是金陵世勋史侯家的小姐为妻，生了两个儿子：长子贾赦，次子贾政。如今代善早已去世，太夫人尚在，长子贾赦袭着官，次子贾政，自幼酷喜读书，祖父最疼，原欲以科甲出身的。不料代善临终时，遗本一上，皇上因恤先臣，即时令长子袭官外，问还有几子，立刻引见，遂额外赐了这政老爹一个主事之衔，令其入部习学，如今现已升了员外郎了。这政老爹的夫人王氏，头胎生的公子，名唤贾珠，十四岁进学，不到二十岁就娶了妻，生了子，一病死了。第二胎生了一位小姐，生在大年初一，这就奇了，不想后来又生了一位公子，说来更奇，一落胎胞，嘴里便衔下一块五彩晶莹的玉来，上面还有许多字迹，就取名叫作宝玉。你道是新奇异事不是？”

雨村笑道：“果然奇异。只怕这人来历不小。”子兴冷笑道：“万人皆如此说，因而乃祖母便先爱如珍宝。那年周岁时，政老爹便要试他将来的志向，便将那世上所有之物摆了无数，与他抓取。谁知他一概不取，伸手只把些脂粉钗环抓来。政老爹便大怒了，说：‘将来酒色之徒耳！’因此便大不喜悦。独那史老太君还是命根一样。说来又奇，如今长了七八岁，虽然淘气异常，但其聪明乖觉处，百个不及他一个。说起孩子话来也奇怪，他说：‘女儿是水作的骨肉，男人是泥作的骨肉。我见了女儿，我便清爽；见了男子，便觉浊臭逼人。’你道好笑不好笑？将来色鬼无疑了！”雨村罕然厉色，忙止道：“非也！可惜你们不知道这人来历。大约政老前辈也错以淫魔色鬼看待了。若非多读书识事，加以致知格物之功、悟道参玄之力，不能知也。”

子兴见他说得这样重大，忙请教其端。雨村道：“天地生人，除大仁大恶两种，余者皆无大异。若大仁者，则应运而生；大恶者，则应劫而生。运生世治，劫生世危。尧、舜、禹、汤、文、武、周、召、孔、孟、董、韩、周、程、张、朱，皆应运而生者；蚩尤、共工、桀、纣、始皇、王莽、曹操、桓温、安禄山、秦桧等，皆应劫而生者。大仁者，修治天下；大恶者，扰乱天下。清明灵秀，天地之正气，仁者之所秉也；残忍乖僻，天地之邪气，恶者之所秉也。今当运隆祚永之朝，太平无为之世，清明灵秀之气所秉者，上至朝廷，下及草野，比比皆是。所余之秀气，漫无所归，遂为甘露，为和风，洽然溉及四海。彼残忍乖僻之邪气，不能荡溢于光天化日之中，遂凝结充塞于深沟大壑之内，偶因风荡，或被云摧，略有摇动感发之意，一丝半缪误而泄出者，偶值灵秀之气适过，正不容邪，邪复妒正，两不相下，亦如风水雷电，地中既遇，既不能消，又不能让，必至搏击掀发后始尽。故其气亦必赋人，发泄一尽始散。使男女偶秉此气而生者，在上则不能成仁人君子，下亦不能为大凶大恶。置之于万万人中，其聪俊灵秀之气，则在万万人之上；其乖僻邪谬、不近人情之态，又在万万人之下。若生于公侯富贵之家，则为情痴情种；若生于诗书清贫之族，则为逸士高人；纵再偶生于薄祚寒门，断不能为走卒健仆，甘遭庸人驱制驾驭，必为奇优名倡。如前代之许由、陶潜、阮籍、嵇康、刘伶、王谢二族、顾虎头、陈后主、唐明皇、宋徽宗、刘庭芝、温飞卿、米南宫、石曼卿、柳耆卿、秦少游；近日之倪云林、唐伯虎、祝枝山；再如李龟年、黄幡绰、敬新磨、卓文君、红拂、薛涛、崔莺、朝云之流，此皆易地则同之人也。”

子兴道：“依你说，‘成则王侯败则贼’了？”雨村道：“正是这意。你还不知，我自革职以来，这两年遍游各省，也曾遇见两个异样孩子。所以，方才你一说这宝玉，我就猜着了八九亦是这一派人物。不用远说，只金陵城内，钦差金陵省体仁院总裁甄家，你可知么？”子兴道：“谁人不知！这甄府和贾府就是老亲，又係世交。两家来往，极其亲热的。便在下也和他家来往非止一日了。”

雨村笑道：“去年我在金陵，也曾有人荐我到甄府处馆。我进去看其光景，谁知他家那等显贵，却是个富而好礼之家，倒是个难得之馆。但这一个学生，虽是启蒙，却比一个举业的还劳神。说起来更可笑，他说：‘必得两个女儿伴着我读书，我方能认得字，心里也明白；不然我自己心里糊涂。’又常对跟他的小厮们说：‘这女儿两个字，极尊贵、极清淨的，比那阿弥陀佛、元始天尊的这两个宝号还更尊荣无对的呢！你们这浊口臭舌，万不可唐突了这两个字要紧！但凡要说时，必须先用清水香茶漱了口才可；设若失错，便要凿牙穿腮，等事。其暴虐浮躁，顽劣憨痴，种种异常。只一放了学，进去见了那些女儿们，其温厚和平，聪敏文雅，竟又变了一个。因此，他令尊也曾下死笞楚过几次，无奈竟不能改。每打的吃疼不过时，他便‘姐姐’‘妹妹’乱叫起来。后来听得里面女儿们拿他取笑：‘因何打急了只管叫姊妹作甚？莫不是求姐妹去说情讨饶？你岂不愧些！’他回答的得最妙。他说：‘急疼之时，只叫‘姐姐’‘妹妹’字样，或可解疼也未可知，因叫了一声，便果觉不疼了，遂得了秘法：每疼痛之极，便连叫姐妹起来了。’你说可笑不可笑？也因祖母溺爱不明，每因孙辱师责子，因此我就辞了馆出来。如今在巡盐御史林家做坐馆了。你看，这等子弟，必不能守祖父之根基，从师长之规谏的。只可惜他家几个姊妹都是少有的。”

子兴道：“便是贾府中，现有的三个也不错。政老爹的长女，名元春，现因贤孝才德，选入宫作女史去了。二小姐乃赦老爹之妾所出，名迎春；三小姐乃政老爹之庶出，名探春。四小姐乃宁府珍爷之胞妹，名唤惜春。因史老夫人极爱孙女，都跟在祖母这边一处读书，听得个个不错。”雨村道：“更妙在甄家的风俗，女儿之名，亦皆从男子之名命字，不似别家另外用这些‘春’‘红’‘香’‘玉’等艳字的。何得贾府亦乐此俗套？”子兴道：“不然。只因现今大小姐是正月初一日所生，故名元春，余者方从了‘春’字。上一辈的，却也是从兄弟而来的。现有对证：目今你贵东家林公之夫人，即荣府中赦、政二公之胞妹，在家时名唤贾敏。不信时，你回去细访可知。”雨村拍案笑道：“怪道这女学生读至书，凡中有‘敏’字，她皆念作‘密’字，每每如是；写字遇着‘敏’字，又减一二笔，我心中就有些疑惑。今听你说的，是为此无疑矣！怪道我这女学生言语举止另是一样，不与近日女子相同。度其母必不凡，方得其女，今知为荣府之孙，又不足罕矣。可伤上月竟亡故了！”子兴叹道：“老姊妹四个，这一个是极小的，又没了；长一辈的姊妹，一个也没了！只看这小一辈的，将来之东床如何呢。”

雨村道：“正是。方才说这政公，已有了一个衔玉之儿，又有长子所遗一个弱孙。这赦老竟无一个不成？”子兴道：“政公既有玉儿之后，其妾又生了一个，倒不知其好歹。只眼前现有二子一孙，却不知将来如何。若问那赦公，也有二子：长名贾琏，今已二十来往了，亲上作亲，娶的就是政老爹夫人王氏之内侄女，今已娶了二年。这位琏爷身上，现捐的是个同知，也是不肯读书，于世路上好机变言谈去的。所以如今只在乃叔政老爷家住着，帮着料理些家务。谁知自娶了他令夫人之后，倒上下无一人不称颂他夫人的，琏爷倒退了一射之地。说模样又极标致，言谈又极爽利，心机又极深细，竟是个男人万不及一的。”

雨村听了，笑道：“可知我前言不谬。你我方才所说的这几个人，都只怕是那正邪两赋而来一路之人，未可知也。”子兴道：“邪也罢，正也罢，只顾算别人家的帐，你也吃一杯酒才好！”雨村道：“正是，只顾说话，竟多吃了几杯。”子兴笑道：“说着别人家的闲话，正好下酒，即多吃几杯何妨！”雨村向窗外看道：“天也晚了，仔细关了城！我们慢慢的进城再谈未为不可。”于是，二人起身算还酒帐。方欲走时，又听得后面有人叫道：“雨村兄，恭喜了！特来报个喜信的。”雨村忙回头看时，要知是何人，且听下回分解。

第 3 回 金陵城起复贾雨村 荣国府收养林黛玉

却说雨村忙回头看时，不是别人，乃是当日同僚一案参革的号张如圭者。他本系此地人，革后家居，今打听得都中奏准起复旧员之信，他便四下里寻情找门路，忽遇见雨村，故忙道喜。二人见了礼，张如圭便将此信告诉雨村，雨村自是欢喜，忙忙的叙了两句，遂作别各自回家。冷子兴听得此言，便忙献计，令雨村央烦林如海，转向都中去央烦贾政。雨村领其意，作别回至馆中，忙寻邸报看真确了。

次日，面谋之如海。如海道：“天缘凑巧，因贱荆去世，都中家岳母念及小女无人依傍教育，前已遣了男女船隻来接，因小女未曾大痊，故未及行。此刻正思，向蒙训教之恩，未经酬报，遇此机会，岂有不尽心图报之理！但请放心，弟已预为筹画至此，已修下荐书一封，转托内兄务为周全协佐，方可稍尽弟之鄙诚。即有所费用之例，弟于内兄信中已注明白，亦不劳尊兄多虑矣。”雨村一面打恭，谢不释口，一面又问：“不知令亲大人现居何职？只怕晚生草率，不敢骤然入都干渎。”如海笑道：“若论舍亲，与尊兄犹係同谱，乃荣公之孙。大内兄现袭一等将军，名赦，字恩侯；二内兄名政，字存周，现任工部员外郎，其为人谦恭厚道，大有祖父遗风，非膏粱轻薄仕宦之流，故弟方致书烦托。否则，不但有污尊兄之清操，即弟亦不屑为矣。”雨村听了，心下方信了昨日子兴之言，于是又谢了林如海。如海乃说：“已择了出月初二日，小女入都，尊兄即同路而往，岂不两便？”雨村唯唯听命，心中十分得意。如海遂打点礼物并饯行之事，雨村一一领了。

那女学生黛玉身体方愈，原不忍弃父而往；无奈她外祖母致意务去，且兼如海说：“汝父年将半百，再无续室之意；且汝多病，年又极小，上无亲母教养，下无姊妹兄弟扶持，今依傍外祖母及舅氏姊妹去，正好减我顾盼之忧，何反云不往？”黛玉听了，方洒泪拜别，遂同奶娘及荣府中几个老妇人登舟而去。雨村另有一隻船，带两个小童，依附黛玉而行。

有日，到了都中，进入神京，雨村先整了衣冠，带了小童，拿着宗侄的名帖，至荣府门前投了。彼时贾政已看了妹丈之书，即忙请入相会。见雨村相貌魁伟，言语不俗，且这贾政最喜读书人，礼贤下士，拯弱扶济危，大有祖风；况又係妹丈致意，因此优待雨村，更又不同，便竭力内中协助。题奏之日，轻轻谋了一个复职候缺。不上两个月，金陵应天府缺出，便谋补了此缺，拜辞了贾政，择日上任去了。不在话下。

且说黛玉自那日弃舟登岸时，便有荣国府打发了轿子并拉行李的车辆久候了。这林黛玉常听得母亲说过，她外祖母家与别家不同。她近日所见的这几个三等仆妇，已是不凡了，何况今至其家。因此步步留心，时时在意，不肯轻易多说一句话，多行一步路，生恐被人耻笑了她去。自上了轿，进入城中从纱窗向外瞧了一瞧，其街市之繁华，人烟之阜盛，自与别处不同。又行了半日，忽见街北蹲着两个大石狮子，三间兽头大门，门前列坐着十来个华冠丽服之人。正门却不开，只有东西两角门有人出入。正门之上，有一匾，匾上大书"敕造宁国府"五个大字。黛玉想道：这是外祖母之长房了。想着，又往西行，不多远，照样也是三间大门，方是荣国府了。却不进正门，只进了西边角门。那轿夫抬进去，走了一射之地，将转弯时，便歇下，退出去了。后面的婆子们已都下了轿，赶上前来。另换了三四个衣帽周全十七八岁的小厮上来，复抬起轿子，众婆子步下围随，至一垂花门前落下。众小厮退出，众婆子上来打起轿帘，扶黛玉下轿。林黛玉扶着婆子的手，进了垂花门，两边是抄手游廊，当中是穿堂，当地放着一个紫檀架子大理石的大插屏。转过插屏，小小三间厅，厅后就是后面的正房大院。正面五间上房，皆是凋梁画栋。两边穿山游廊厢房，挂着各色鹦鹉、画眉等鸟雀。台矶之上，坐着几个穿红着绿的丫头鬟，一见他们来了，便忙都笑迎上来，说："刚才老太太还念呢，可巧就来了。"于是三四人争着打起帘笼，一面听得人回话："林姑娘到了！"

黛玉方进入房时，只见两个人搀着一位鬓发如银的老母迎上来，黛玉便知是她外祖母。方欲拜见时，早被她外祖母一把搂入怀中，"心肝儿肉"叫着大哭起来。当下地下侍立之人，无不掩面涕泣，黛玉也哭个不住。一时众人慢慢的解劝住了，黛玉方拜见了外祖母。——此即冷子兴所云之史太君也，贾赦、贾政之母。当下贾母一一指与黛玉："这是你大舅母；这是你二舅母；这是你先珠大哥的媳妇珠大嫂子。"黛玉一一拜见过。贾母又说："请姑娘们来。今日远客才来，可以不必上学去了。"众人答应了一声，便去了两个。

不一时，只见三个奶嬷嬷并五六个丫鬟，簇拥着三个姊妹来了。第一个肌肤微丰，合中身材，腮凝新荔，鼻腻鹅脂，温柔沉默，观之可亲。第二个削肩细腰，长挑身材，鸭蛋脸面，俊眼修眉，顾盼神飞，文彩精华，见之忘俗。第三个身量未足，形容尚小。其钗环裙袄，三人皆是一样的妆饰。黛玉忙起身迎上来见礼，互相厮认过，大家归坐。丫鬟们斟上茶来。不过说些黛玉之母如何得病，如何请医服药，如何送死发丧。不免贾母又伤感起来，因说："我这些儿女，所疼者独有你母亲，今日一旦先舍我去了，连面也不能一见，今见了你，我怎不伤心！"说着，搂了黛玉在怀，又呜咽起来。众人忙都宽慰解释，方略略止住。

众人见黛玉年貌虽小，其举止言谈不俗，身体面庞虽怯弱不胜，却有一段自然的风流态度，便知她有不足之症。因问："常服何药，如何不急为疗治？"黛玉道："我自来是如此，从会吃饮食时便吃药，到今日未断；请了多少名医修方配药，皆不见效。那一年我才三岁时，听得说来了一个癞头和尚，说要化我去出家，我父母固是不从。他又说：'既舍不得她，只怕她的病一生也不能好的。若要好时，除非从此以后总不许见哭声；除父母之外，凡有外姓亲友之人，一概不见，方可平安了此一世。'疯疯癫癫，说了这些不经之谈，也没人理他。如今还是吃人参养荣丸。"贾母道："正好，我这里正配丸药呢。叫他们多配一料就是了。"

一语未了，只听后院中有人笑声说："我来迟了，不曾迎接远客！"黛玉纳罕道："这些人个个皆敛声屏气，恭肃严整如此，这来者係谁，这样放诞无礼？"心下想时，只见一群媳妇、丫鬟围拥着一个人，从后房门进来。这个人打扮与众姊妹不同，彩绣辉煌，恍若神妃仙子：头上戴着金丝八宝攒珠髻，绾着朝阳五凤挂珠钗；项上戴着赤金盘螭璎珞圈；裙边繫着豆绿宫条、双衡比目玫瑰佩；身上穿着缕金百蝶穿花大红洋缎窄褃袄，外罩五彩刻丝石青银鼠褂；下着翡翠撒花洋绉裙。一双丹凤三角眼，两弯柳叶吊梢眉；身量苗条，体格风骚；粉面含春威不露，丹唇未启笑先闻。黛玉连忙起身接见。贾母笑道："你不认得她，她是我们这里有名的一个泼皮破落户儿，南省俗谓作'辣子'，你只叫他她'凤辣子'就是。"黛玉正不知以何称呼，只见众姊妹都忙告诉她道："这是琏嫂子。"黛玉虽不识，也曾听见母亲说过，大舅贾赦之子贾琏，娶的就是二舅母王氏之内侄女，自幼假充男儿教养的，学名叫王熙凤。黛玉忙陪笑见礼，以"嫂"呼之。这熙凤携着黛玉的手，上下细细打谅量了一回，仍送至贾母身边坐下，因笑道："天下真有这样标致人物，我今儿才算见了！况且这通身的气派，竟不象老祖宗的外孙女儿，竟是个嫡亲的孙女，怨不得老祖宗天天口头心头，一时不忘。只可怜我这妹妹这样命苦，怎么姑妈偏就去世了！"说着，便用帕拭泪。贾母笑道："我才好了，你倒来招我！你妹妹远路才来，身子又弱，也才劝住了，快再休提前话！"这熙凤听了，忙转悲为喜道："正是呢！我一见了妹妹，一心都在他身上了，又是喜欢，又是伤心，竟忘记了老祖宗。该打，该打！"又忙携黛玉之手，问："妹妹几岁了？可也上过学？现吃什么药？在这里不要想家，想要什么吃的，什么玩的，只管告诉我；丫头老婆们不好了，也只管告诉我。"一面又问婆子们："林姑娘的行李东西可搬进来了？带了几个人来？你们赶早打扫两间下房，让她们去歇歇。"

说话时，已摆了茶果上来。熙凤亲为捧茶捧果。又见二舅母问她："月钱放完了不曾？"熙凤道："月钱已放完了。刚才带着人到后楼上找缎子，找了这半日，也并没有见昨日太太说的那样的，想是太太记错了？"王夫人道："有没有，什么要紧。"因又说道："该随手拿出两个来，给你这妹妹去裁衣裳的，等晚上想着叫人再去拿罢，可别忘了！"熙凤道："这倒是我先料着了，知道妹妹不过这两日到的，我已预备下了，等太太回去过了目好送来。"王夫人一笑，点头不语。

当下茶果已撤，贾母命两个老嬷嬷带了黛玉去见两个母舅。此时贾赦之妻邢氏忙亦起身，笑回道："我带了外甥女过去，倒也便宜。"贾母笑道："正是呢，你也去罢！不必过来了。"邢夫人答应了一个"是"字，遂带了黛玉与王夫人作辞，大家送至穿堂前。出了垂花门，早有众小厮们拉过一辆翠幄青䌷车。邢夫人携了黛玉坐上，众婆子们放下车帘，方命小厮们抬起，拉至宽处，方驾上驯骡，亦出了西角门，往东过荣府正门，便入一黑油大门中，至仪门前，方下来。众小厮退出，方打起车帘，邢夫人搀了黛玉的手，进入院中。黛玉度其房屋院宇，必是荣府中花园隔断过来的。进入三层仪门，果见正房厢庑游廊，悉皆小巧别致，不似方才那边轩峻壮丽；且院中随处之树木山石皆有。一时进入正室，早有许多盛妆丽服之姬妾丫鬟迎着。邢夫人让黛玉坐了，一面命人到外面书房中请贾赦。一时人来回话说："老爷说了：'连日身上不好，见了姑娘彼此倒伤心，暂且不忍相见。劝姑娘不要伤心想家，跟着老太太和舅母，即同家里一样。姊妹们虽拙，大家一处伴着，亦可以解些烦闷。或有委屈之处，只管说得，不要外道才是。'"黛玉忙站起来，一一听了。再坐一刻，便告辞。邢夫人苦留吃过晚饭去。黛玉笑回道："舅母爱惜赐饭，原不应辞，只是还要过去拜见二舅舅，恐领了赐去不恭，异日再领，未为不可。望舅母容谅！"邢夫人听说，笑道："这倒是了。"遂令两三个嬷嬷用方才的车好生送了过去。于是黛玉告辞。邢夫人送至仪门前，又嘱咐了众人几句，眼看着车去了，方回来。

一时黛玉进了荣府，下了车。众嬷嬷引着，便往东转弯，穿过一个东西的穿堂，向南大厅之后，仪门内大院落，上面五间大正房，两边厢房鹿顶耳房鑽山，四通八达，轩昂壮丽，比贾母处不同。黛玉便知这方是正经正内室，一条大甬路，直接出大门的。进入堂屋中，抬头迎面先看见一个赤金九龙青地大匾，匾上写着斗大的三个大字，是"荣禧堂"，后有一行小字："某年月日书赐荣国公贾源"，又有"万几宸翰之宝"。大紫檀凋螭案上，设着三尺来高青绿古铜鼎，悬着待漏随朝墨龙大画，一边是金蜼彝，一边是玻璃盒。地下两熘十六张楠木交椅。又有一副对联，乃是乌木联牌，镶着錾银的字迹，道是：

座上珠玑昭日月，堂前黼黻焕烟霞。

下面一行小字，道是："同乡世教弟勋袭东安郡王穆莳拜手书"。

原来王夫人时常居坐宴息，亦不在这正室，只在这正室东边的三间耳房内。于是老嬷嬷引黛玉进东房门来。临窗大炕上猩红洋罽，正面设着大红金钱蟒靠背，石青金钱蟒引枕，秋香色金钱蟒大条褥。两边设一对梅花式洋漆小几。左边几上文王鼎、匙箸、香盒；右边几上汝窑美人觚——觚内插着时鲜花卉，并茗碗、痰盒等物。地下面西一熘四张椅上，都搭着银红撒花椅搭，底下四副脚踏。椅之两边，也有一对高几，几上茗碗瓶花俱备。其余陈设，自不必细说。老嬷嬷们让黛玉炕上坐，炕沿上却也有两个锦褥对设。黛玉度其位次，便不上炕，只向东边椅子上坐了。本房内的丫鬟忙捧上茶来。黛玉一面吃茶，一面打谅这些丫鬟们，妆饰衣裙，举止行动，果亦与别家不同。

茶未吃了，只见穿红绫袄、青缎掐牙背心的一个丫鬟走来笑，说道："太太说，请姑娘到那边坐罢！"老嬷嬷听了，于是又引黛玉出来，到了东廊三间小正房内。正面炕上横设一张炕桌，桌上磊着书籍茶具，靠东壁面西，设着半旧得青缎靠背引枕。王夫人却坐在西边下首，亦是半旧的青缎靠背坐褥。见黛玉来了，便往东让。黛玉心中料定这是贾政之位。因见挨炕一熘三张椅子上，也搭着半旧的弹墨椅袱，黛玉便向椅上坐了。王夫人再四携她上炕，她方挨王夫人坐了。王夫人因说："你舅舅今日斋戒去了，再见罢。只是有一句话嘱咐你：你三个姊妹倒都极好，以后一处念书认字、学针线，或是偶一玩笑，都有尽让的。但我不放心的最是一件：我有一个孽根祸胎，是家里的'混世魔王'，今日因庙里还愿去了，尚未回来，晚间你看见便知。你只以后不用睬他，你这些姊妹都不敢沾惹他的。"

黛玉亦常听得母亲说过，二舅母生的有个表兄，乃衔玉而诞，顽劣异常，极恶读书，最喜在内帏厮混；外祖母又极溺爱，无人敢管。今见王夫人如此说，便知说的是这表兄了。因陪笑道："舅母说的，可是衔玉所生的这位哥哥？在家时亦曾听见母亲常说，这位哥哥比我大一岁，小名就唤宝玉，虽极憨顽，说在姊妹情中极好的。况我来了，自然只和姊妹同处，兄弟们自是别院另室的，岂得去沾惹之理！"王夫人笑道："你不知原故：他与别人不同，自幼因老太太疼爱，原係同姊妹们一处娇养惯了的。若姊妹们有日不理他，他倒还安静些，纵然他没趣，不过出了二门，背地里拿着他的两个小么儿出气，咕唧一会子就完了。若这一日姊妹们和他多说一句话，他心里一乐，便生出多少事来！所以嘱咐你别睬他。他嘴里一时甜言蜜语，一时有天无日，一时又疯疯傻傻，只休信他！"

黛玉一一的都答应着。只见一个丫鬟来回："老太太那里传晚饭了！"王夫人忙携黛玉从后房门由后廊往西，出了角门，是一条南北宽夹道。南边是倒座三间小小抱厦厅，北边立着一个粉油大影壁，后有一半大门，小小一所房室。王夫人笑指向黛玉道："这是你凤姐姐的屋子，回来你好往这里找她来，少什么东西，你只管和她说就是了。"这院门上也有四五个才总角的小厮，都垂手侍立。王夫人遂携黛玉穿过一个东西穿堂，便是贾母的后院了。于是，进入后房门，已有多人在此伺候，见王夫人来了，方安设桌椅。贾珠之妻李氏捧饭，熙凤安箸，王夫人进羹。贾母正面榻上独坐，两边四张空椅，熙凤忙拉了黛玉在左边第一张椅上坐了。黛玉十分推让。贾母笑道："你舅母和嫂子们不在这里吃饭。你是客，原应如此坐的。"黛玉方告了座，坐了。贾母命王夫人坐了。迎春姊妹三个告了座，方上来。迎春便坐右手第一，探春左第二，惜春右第二。旁边丫鬟执着拂尘、漱盂、巾帕。李、凤二人立于案旁布让。外间伺候之媳妇丫鬟虽多，却连一声咳嗽不闻。寂然饭毕，各有丫鬟用小茶盘捧上茶来。当日林如海教女以惜福养身，云饭后务待饭粒咽尽，过一时再吃茶，方不伤脾胃。今黛玉见了这里许多事情不合家中之式，不得不随的，少不得一一的改过来，因而接了茶。早有人又捧过漱盂来，黛玉也照样漱了口。然后盥手毕，又捧上茶来，方是吃的茶。贾母便说："你们去罢，让我们自在说话儿。"王夫人听了，忙起身，又说了两句闲话，方引李、凤二人去了。贾母因问黛玉念何书。黛玉道："只刚念了《四书》。"黛玉又问姊妹们读何书。贾母道："读的是什么书，不过是认得两个字，不是睁眼的瞎子罢了！"

一语未了，只听外面一阵脚步响，丫鬟进来笑道："宝玉来了！"黛玉心中正疑惑着："这个宝玉，不知是怎生个惫懒人物、懵懂顽劣之童？"倒不见那蠢物也罢了！心中想着，忽见丫鬟话未报完，已进来了一个年轻公子：头上戴着束髮嵌宝紫金冠，齐眉勒着二龙抢珠金抹额；穿一件二色金百蝶穿花大红箭袖，束着五彩丝攒花结长穗宫条；外罩石青起花八团倭缎排穗褂；登着青缎粉底小朝靴。面若中秋之月，色如春晓之花，鬓若刀裁，眉如墨画，面如桃瓣，眼若秋波。虽怒时而若笑，即瞋视而有情。项上金螭璎珞，又有一根五色丝条，繫着一块美玉。黛玉一见，便吃一大惊，心下想道："好生奇怪！倒像在那里见过的一般，何等眼熟到如此！"只见这宝玉向贾母请了安。贾母便命："去见你娘来！"宝玉即转身去了。一时回来，再看，已换了冠带：头上周围一转的短髮，都结成小辫，红丝结束，共攒至顶中胎髮，总编一根大辫，黑亮如漆，从顶至梢，一串四颗大珠，用金八宝坠角；身上穿着银红撒花半旧大袄，仍旧带着项圈、宝玉、寄名锁、护身符等物；下面半露松花撒花绿绫裤腿，锦边弹墨袜，厚底大红鞋。越显得面如敷粉，唇若施脂；转盼多情，语言常笑。天然一段风骚，全在眉梢；平生万种情思，悉堆眼角。看其外貌，最是极好，却难知其底细。后人有《西江月》二词，批这宝玉极恰，其词曰：

无故寻愁觅恨，有时似傻如狂。纵然生得好皮囊，腹内原来草莽。潦倒不通世务，愚顽怕读文章。行为偏僻性乖张，那管世人诽谤！富贵不知乐业，贫穷难耐凄凉。可怜辜负好韶光，于国于家无望。天下无能第一，古今不肖无双。寄言纨袴与膏粱：莫效此儿形状！

贾母因笑道："外客未见，就脱了衣裳，还不去见你妹妹！"宝玉早已看见多了一个姊妹，便料定是林姑妈之女，忙来作揖。厮见毕，归坐，细看形容，与众各别：两弯似蹙非蹙罥烟眉，一双似喜非喜含露目。态生两靥之愁，娇袭一身之病。泪光点点，娇喘微微。闲静时，如姣花照水；行动处，似弱柳扶风。心较比干多一窍，病如西子胜三分。宝玉看罢，因笑道："这个妹妹我曾见过的。"贾母笑道："可又是胡说！你又何曾见过他？"宝玉笑道："虽然未曾见过她，然我看着面善，心里就算是旧相识，今日只作远别重逢，未为不可。"贾母笑道："更好，更好，若如此，更相和睦了！"宝玉便走近黛玉身边坐下，又细细打量一番，因问："妹妹可曾读书？"黛玉道："不曾读书，只上了一年学，些须认得几个字。"宝玉又道："妹妹尊名是那两个字？"黛玉便说了名字。宝玉又问表字。黛玉道："无字。"宝玉笑道："我送妹妹一妙字，莫若'颦颦'二字极好！"探春便问："何出？"宝玉道："《古今人物通考》上说：'西方有石名黛，可代画眉之墨。'况这林妹妹眉尖若蹙，用取这两个字，岂不两妙！"探春笑道："只恐又是你的杜撰。"宝玉笑道："除《四书》外，杜撰的太多，偏只我是杜撰不成？"又问黛玉："可也有玉没有？"众人不解其语。黛玉便忖度着，因他有玉，故问我有也无。因答道："我没有那个。想来那玉亦是一件罕物，岂能人人有的！"宝玉听了，登时发作起痴狂病来，摘下那玉，就狠命摔去，骂道："什么罕物，连人之高低不择，还说‘通灵’不‘通灵’呢！我也不要这劳什子了！”吓的众人一拥争去拾玉。贾母急的搂了宝玉道：“孽障！你生气，要打骂人容易，何苦摔那命根子！”宝玉满面泪痕泣道：“家里姐姐妹妹都没有，单我有，我就没趣，如今来了这么一个神仙似的妹妹也没有，可知这不是个好东西！”贾母忙哄他道：“你这妹妹原有这个来的，因你姑妈去世时，舍不得你妹妹，无法可处，遂将她的玉带了去了：一则全殉葬之礼，尽你妹妹之孝心；二则你姑妈之灵，亦可权作见了女儿之意。因此她只说没有这个，不便自己夸张之意。你如今怎比得他？还不好生慎重带上，仔细你娘知道了！”说着，便向丫鬟手中接来，亲与他带上。宝玉听如此说，想一想，竟大有情理，也就不生别论了。

当下，奶娘来请问黛玉之房舍。贾母便说：“今将宝玉挪出来，同我在套间暖阁儿里面，把你林姑娘暂安置碧纱橱里。等过了残冬，春天再与他们收拾房屋，另作一番安置罢。”宝玉道：“好祖宗，我就在碧纱橱外的床上很妥当，何必又出来闹的老祖宗不得安静。”贾母想了一想说：“也罢了！”每人一个奶娘并一个丫头照管，余者在外间上夜听唤。一面早有熙凤命人送了一顶藕合色花帐，并几件锦被缎褥之类。

黛玉只带了两个人来：一个是自幼奶娘王嬷嬷，一个是十岁的小丫头，亦是自幼随身的，名唤雪雁。贾母见雪雁甚小，一团孩气，王嬷嬷又极老，料黛玉皆不遂心省力的，便将自己身边的一个二等丫头，名唤鹦哥者与了黛玉。外亦如迎春等例，每人除自幼乳母外，另有四个教引嬷嬷，除贴身掌管钗钏盥沐两个丫鬟外，另有五六个洒扫房屋来往使役的小丫头。当下，王嬷嬷与鹦哥陪侍黛玉在碧纱橱内。宝玉之乳母李嬷嬷，并大丫鬟名唤袭人者，陪侍在外面大床上。

原来这袭人亦是贾母之婢，本名珍珠。贾母因溺爱宝玉，生恐宝玉之婢无竭力尽忠之人，素喜袭人心地纯良，克尽职任，遂与了宝玉。宝玉因知她本姓花，又曾见旧人诗句上有“花气袭人”之句，遂回明贾母，更名袭人。这袭人亦有些痴处；伏侍贾母时，心中眼中只有一个贾母；如今与了宝玉，心中眼中又只有个宝玉。只因宝玉性情乖僻，每每规谏，宝玉不听，心中着实忧郁。

是晚，宝玉、李嬷嬷已睡了。她见里面黛玉和鹦哥犹未安歇，她自卸了妆，悄悄进来，笑问：“姑娘怎么还不安歇？”黛玉忙让：“姊姊请坐。”袭人在床沿上坐了。鹦哥笑道：“林姑娘正在这里伤心呢，自己淌眼抹泪的说：‘今儿才来，就惹出你家哥儿的狂病，倘或摔坏了那玉，岂不是因我之过！’因此便伤心，我好容易劝好了。”袭人道：“姑娘快休如此，将来只怕比这个更奇怪的笑话儿还有呢！若为他这种行止，你多心伤感，只怕你伤感不了呢。快别多心！”黛玉道：“姐姐们说的，我记着就是了。究竟那玉不知是怎么个来历，上面还有字迹？”袭人道：“连一家子也不知来历，听得说，落草时从他口里掏出来的，上头有现成的穿眼。等我拿来你看便知。”黛玉忙止道：“罢了！此刻夜深，明日再看不迟。”大家又叙了一回，方才安歇。

次日起来，省过贾母，因往王夫人处来，正值王夫人与熙凤在一处拆金陵来的书信看，又有王夫人之兄嫂处遣了两个媳妇来说话的。黛玉虽不知原委，探春等却都晓得是议论金陵城中所居的薛家姨母之子、姨表兄薛蟠，倚财仗势，打死人命，现在应天府案下审理。如今母舅王子腾得了信息，故遣人来告诉这边，意欲唤取进京之意。要知端详，且听下回分解。

第 4 回 薄命女偏逢薄命郎 葫芦僧乱判葫芦案

题曰：

捐身报国恩，未报身犹在。眼底物多情，君恩或可待。

却说黛玉同姊妹们至王夫人处，见王夫人与兄嫂处的来使计议家务，又说姨母家遭人命官司等语。因见王夫人事情冗杂，姊妹们遂出来，至寡嫂李氏房中来了。

原来这李氏即贾珠之妻，珠虽夭亡，幸存一子，取名贾兰，今方五岁，已入学攻书。这李氏亦係金陵名宦之女，父名李守中，曾为国子监祭酒，族中男女无有不诵诗读书者。至李守中继承以来，便说“女子无才便有德”，故生李氏时，便不十分令其读书，只不过将些《女四书》、《列女传》、《贤媛集》等三四种书，使他认得几个字，记得前朝这几个贤女便罢了；却只以纺绩井臼为要，因取名为李纨，字宫裁。因此，这李纨虽青春丧偶，居家处膏粱锦绣之中，竟如槁木死灰一般，一概无见无闻，惟知侍亲养子，外则陪侍小姑等针黹诵读而已。今黛玉虽客寄于斯，日有这般姐妹相伴，除老父外，余者也都无庸虑及了。

如今且说贾雨村，因补授了应天府，一下马，就有一件人命官司详至案下，乃是两家争买一婢，各不相让，以至殴死人命。彼时，雨村即问原告。那原告道：“被殴死者，乃小人之主人。因那日买了一个丫头，不想是拐子拐来卖的。这拐子先已得了我家银子，我家小爷原说第三日方是好日子，再接入门。这拐子便又悄悄的卖与了薛家，被我们知道了，去找那卖主，夺取丫头。无奈薛家原係金陵一霸，倚财仗势，众豪奴将我主人竟打死了。凶身主仆已皆逃走，无影无踪，只剩了几个局外之人。小人告了一年的状，竟无人作主。望大老爷拘拿凶犯，剪恶除凶，以救孤寡，死者感戴天恩不尽！”

雨村听了，大怒道：“岂有这样放屁的事！打死人命，就白白的走了，再拿不来的？”因发签差公人立刻将凶犯族中人拿来拷问，令他们实供藏在何处；一面再动海捕文书。正要发签时，只见案边立的一个门子使眼色儿，——不令他发签之意。雨村心中甚是疑怪，只得停了手。即时退堂，至密室，便从皆退去，只留门子一人服侍。这门子忙上来请安，笑问：“老爷一向加官进禄，八九年来就忘了我了？”雨村道：“却十分面善得紧，只是一时想不起来。”那门子笑道：“老爷真是贵人多忘事，把出身之地竟忘了，不记当年葫芦庙里之事了？”雨村听了，如雷震一惊，方想起往事。原来这门子本是葫芦庙内一个小沙弥，因被火之后，无处安身，欲投别庙去修行，又耐不得清凉景况，因想这件生意倒还轻省热闹，遂趁年纪蓄了髮，充了门子。雨村那里料得是他，便忙携手笑道：“原来是故人。”又让了好坐谈，这门子不敢坐。雨村笑道：“贫贱之交不可忘。你我故人也；二则此係私室，既欲长谈，岂有不坐之理？”这门子听说，方告了座，斜签着坐了。

雨村因问方才何故有不令发签。这门子道：“老爷既荣任到这一省，难道就没抄一张本省‘护官符’来不成？”雨村忙问：“何为‘护官符’？我竟不知。”门子道：“这还了得！连这个不知，怎能作得长远！如今凡作地方官者，皆有一个私单，上面写的是本省最有权有势、极富极贵的大乡绅名姓，各省皆然；倘若不知，一时触犯了这样的人家，不但官爵，只怕连性命还保不成呢！所以绰号叫作‘护官符’。方才所说的这薛家，老爷如何惹得他！他这件官司并无难断之处，皆因都碍着情分脸面，所以如此。”一面说，一面从顺袋中取出一张抄写的‘护官符’来，递与雨村，看时，上面皆是本地大族名宦之家的谚俗口碑。其口碑排写得明白，下面所皆注着始祖官爵并房次。石头亦曾照样抄写了一张，今据石上所抄云：

贾不假，白玉为堂金作马。（宁国、荣国二公之后，共二十房分，除宁、荣亲 派八房在都外，现原籍住者十二房。）

阿房宫，三百里，住不下金陵一个史。（保龄侯尚书令史公之后，房分共十八，都中现住者十房，原籍现居八房。）

东海缺少白玉床，龙王来请金陵王。（都太尉统制县伯王公之后，共十二房，都中二房，余在籍。）

丰年好大雪，珍珠如土金如铁。（紫薇舍人薛公之后，现领内府帑银行商，共 八房分。）

雨村犹未看完，忽闻传点人报：“王老爷来拜。”雨村听说，忙具衣冠出去迎接。有顿饭工夫，方回来细问。这门子道：“这四家皆连络有亲，一损皆损，一荣皆荣，扶持遮饰，俱有照应的。今告打死人之薛，就係‘丰年大雪’之薛也。也不单靠这三家，他的世交亲友在都在外者，本亦不少。老爷如今拿谁去？”雨村听如此说，便笑问门子道：“如你这样说来，却怎么了结此案？你大约也深知这凶犯躲的方向了？”

门子笑道：“不瞒老爷说，不但这凶犯躲的方向我知道，一併这拐卖之人我也知道，死鬼买主也深知道。待我细说与老爷听：这个被打之死鬼，乃是本地一个小乡宦之子，名唤冯渊，自幼父母早亡，又无兄弟，只他一个人守着些薄产过日子。长到十八九岁上，酷爱男风，最厌女子。这也是前生冤孽，可巧遇见这拐子卖丫头，他便一眼看上了这丫头，立意买来作妾，立誓再不交结接男子，也不再娶第二个了，所以三日后方过门。谁晓这拐子又偷卖与了薛家，他意欲捲了两家银子，再逃往他省；谁知又不曾走脱，两家拿住，打了个臭死，都不肯收银，只要领人。那薛家公子岂是让人的，便喝着手下人一打，将冯公子打了个稀烂，抬回家去，三日死了。这薛公子原是早已择定日子上京去的，头起身两日前，就偶然遇见了这丫头，意欲买了就进京的，谁知闹出这事来。既打了冯公子，夺了丫头，他便没事人一般，只管带了家眷走他的路。他这里自有兄弟奴仆在此料理，并不为此些些小事值得他一逃走的。这且别说，老爷你当被卖的丫头是谁？”雨村笑道：“我如何得知。”门子冷笑道：“这人算来还是老爷的大恩人呢！她就是葫芦庙旁住的甄老爷的小姐，名唤英莲的。”雨村罕然道：“原来就是她！闻得养至五岁被人拐去，却如今才来卖呢？”

门子道：“这一种拐子单管偷拐五六岁的儿女，养在一个僻静之处，到十一二岁，度其容貌，带至他乡转卖。当日，这英莲我们天天哄她玩耍；虽隔了七八年，如今十二三岁的光景，其模样虽然出脱得齐整好些，然大概相貌，自是不改，熟人易认。况且他眉心中原有米粒大小的一点胭脂痣，从胎里带来的，所以我却认得。偏生这拐子又租了我的房舍居住。那日，拐子不在家，我也曾问她。她是被拐子打怕了的，万不敢说，只说拐子係她亲爹，因无钱偿债，故卖她。我又哄之再四，她又哭了，只说：‘我原不记得小时之事。’这可无疑了！那日冯公子相看了，兑了银子，拐子醉了，她自叹道：‘我今日罪孽可满了！’后又听得冯公子令三日之后才娶过门，她又转有忧愁之态。我又不忍其形景，等拐子出去，又命内人去解释她：‘这冯公子必待好日期来接，可知必不以丫鬟相看。况他是个绝风流人品，家里颇过得，素习又最厌恶堂客，今竟破价买你，后事不言可知。只耐得三两日，何必忧闷！’她听如此说，方才略解忧闷，自为从此得所。谁料天下竟有这等不如意事，第二日，她偏又卖与了薛家。若卖与第二个人还好，这薛公子的混名人称‘呆霸王’，最是天下第一个弄性尚气的人，而且使钱如土，遂打了个落花流水，生拖死拽，把个英莲拖去，如今也不知死活。这冯公子空喜一场，一念未遂，反花了钱，送了命，岂不可叹！”

雨村听了，亦叹道：“这也是他们的孽障遭遇，亦非偶然。这冯渊如何偏只看准了这英莲？这英莲受了拐子这几年折磨，才得了个头路，且又是个多情的，若能聚合了，倒是件美事，偏又生出这段事来。这薛家纵比冯家富贵，想其为人，自然姬妾众多，淫佚无度，未必及冯渊定情于一人者。这正是梦幻情缘，恰遇一对薄命儿女。且不要议论他，只目今这官司，如何剖断才好？”门子笑道：“老爷当年何等明决，今日何反成个没主意的人了！小的闻得老爷补升此任，亦係贾府、王府之力；此薛蟠即贾府之亲，老爷何不顺水行舟，作个整人情，将此案了结，日后也好去见贾、王二公的面。”雨村道：“你说的何尝不是。但事关人命，蒙皇上隆恩，起复委用，实是重生再造，正当殚心竭力图报之时，岂可因私而废法！是我实不能忍为者。”门子听了，冷笑道：“老爷说的何尝不是大道理，但只是如今世上是行不去的。岂不闻古人有云：‘大丈夫相时而动’，又曰‘趋吉避凶者为君子’。依老爷这一说，不但不能报效朝廷，亦且自身不保，还要三思为妥。”

雨村低了半日头，方说道：“依你怎么样？”门子道：“小人已想了个极好的主意在此：老爷明日坐堂，只管虚张声势，动文书，发签拿人。原凶自然是拿不来的，原告固是定要，自然将薛家族中及奴仆人等拿几个来拷问。小的在暗中调停，令他们报个暴病身亡，令族中及地方上共递一张保呈。老爷只说善能扶鸾请仙，堂上设下乩坛，令军民人等只管来看。老爷就说：‘乩仙批了，死者冯渊与薛蟠原因夙孽相逢，今狭路既遇，原应了结。薛蟠今已得了无名之病，被冯魂追索已死。其祸皆因拐子某人而起，拐之人原係某乡某姓人氏，按法处治，余不略及’等语。小人暗中嘱托拐子，令其实招。众人见乩仙批语与拐子相符，余者自然也都不虚了。薛家有的是钱，老爷断一千也可，五百也可，与冯家作烧埋之费。那冯家也无甚要紧的人，不过为的是钱，见有了这个银子，想来也就无话了。老爷细想此计如何？”雨村笑道：“不妥，不妥。等我再斟酌斟酌，或可压服口声。”二人计议，天色已晚，别无话说。

至次日，坐堂，勾取一应有名人犯，雨村详加审问。果见冯家人口稀疏，不过赖此欲多得些烧埋之费。薛家仗势倚情，偏不相让，故致颠倒未决。雨村便徇情枉法，胡乱判断了此案。冯家得了许多烧埋银子，也就无甚话说了。雨村断了此案，急忙作书信二封，与贾政并京营节度使王子腾，不过说“令甥之事已完，不必过虑”等语。此事皆由葫芦庙内之沙弥新门子所出，雨村又恐他对人说出当日贫贱时的事来，因此心中大不乐业，后来到底寻了个不是，远远的充发了他才罢。

当下言不着雨村。且说那买了英莲、打死冯渊的薛公子，亦係金陵人氏，本是书香继世之家。只是如今这薛公子幼年丧父，寡母又怜他是个独根孤种，未免溺爱纵容些，遂至老大无成；且家中有百万之富，现领着内帑钱粮，採办杂料。这薛公子学名薛蟠，表字文龙，今方十有五岁上性情奢侈，言语傲慢。虽也上过学，不过略识几字，终日惟有斗鸡走马，游山玩景而已。虽是皇商，一应经济世事，全然不知，不过赖祖父旧日的情分，户部挂虚名，支领钱粮，其余事体，自有伙计老家人等措办。寡母王氏，乃现任京营节度使王子腾之妹，与荣国府贾政的夫人王氏，是一母所生的姊妹。今年方四十上下年纪，只有薛蟠一子；还有一女，比薛蟠小两岁，乳名宝钗，生得肌骨莹润，举止娴雅。当日有她父亲在日，酷爱此女，令其读书识字，较之乃兄竟高过十倍。自父亲死后，见哥哥不能依体贴母怀，她便不以书字为事，只留心针黹家计等事，好为母亲分忧解劳。近因今上崇诗尚礼，徵採才能，降不世出之隆恩，除聘选妃嫔外，凡世宦名家之女，皆亲名达部，以备选为公主、郡主入学陪侍，充为才人、赞善之职。二则自薛蟠父亲死后，各省中所有的买卖承局、总管、伙计人等，见薛蟠年轻，不谙世事，便趁时拐骗起来，京都中几处生意，渐亦消耗。薛蟠素闻得都中乃第一繁华之地，正思一游，便趁此机会，一为送妹待选，二为望亲，三因亲自入部销算旧帐，再计新支，其实，则为游览上国风光之意。因此，早已打点下行装细软，以及餽送亲友各色土物人情等类，正择日已定，不想偏遇见了拐子重卖英莲。薛蟠见英莲生得不俗，立意买了，又遇冯家来夺人，因恃强喝令手下豪奴将冯渊打死。他便将家中事务嘱了族中人并几个老家人，他便同了母妹等竟自起身长行去了。人命官司一事，他却视为儿戏，自为花上几个臭钱，没有不了的。

在路不记其日。那日，已将入都时，却又闻得母舅王子腾升了九省统制，奉旨出都查边。薛蟠心中暗喜道：“我正愁进京去有个嫡亲的母舅管辖着，不能任意挥霍挥霍，偏如今又升出去了，可知天从人愿。”因和母亲商议道：“咱们京中虽有几处房舍，只是这十来年没人进京居住，那看守的人未免偷着租赁与人，须得先着几个人去打扫收拾才好。”他母亲道：“何必如此招摇！咱们这一进京，原是先拜望亲友，或是在你舅舅家，或是你姨爹家。他两家的房舍极是方便的，咱们先能着住下，再慢慢的着人去收拾，岂不消停些！”薛蟠道：“如今舅舅正升了外省去，家里自然忙乱起身，咱们这工夫反一窝一拖的奔了去，岂不没眼色些？”他母亲道：“你舅舅家虽升了去，还有你姨爹家。况这几年来，你舅舅、姨娘两处，每每带信捎书，接咱们来，如今既来了，你舅舅虽忙着起身，你贾家姨娘未必不苦留我们。咱们且忙忙收拾房屋，岂不使人见怪？你的意思我却知道：守着舅舅、姨爹住着，未免拘紧了你，不如你各自住着，好任意施为的。你既如此，你自去挑所宅子去住，我和你姨娘姊妹们别了这几年，却要厮守几日，我带了你妹子投你姨娘家去，你道好不好？”薛蟠见母亲如此说，情知扭不过的，只得吩咐人夫一路奔荣国府来。

那时，王夫人已知薛蟠官司一事，亏贾雨村就中维持了结，才放了心。又见哥哥升了边缺，正愁又少了娘家的亲戚来往，更加寂寞。过了几日，忽家人传报：“姨太太带了哥儿姐儿，合家进京，正在门外下车。”喜得王夫人忙带了媳妇、女儿等接出大厅，将薛姨妈等接了进来。姊妹们暮年相会，自不必说，悲喜交集。泣笑叙阔一番，忙又引了拜见贾母，将人情土物各种酬献了。合家俱厮见过，忙又治席接风。

薛蟠已拜见过贾政，贾琏又引着拜见了贾赦、贾珍等。贾政便使人上来对王夫人说：“姨太太已有了春秋，外甥年轻不知世路，在外住着，恐有人生事。咱们东北角上梨香院一所十来间房，白空闲着，赶着打扫了，请姨太太和哥儿姐儿住了甚好。”王夫人未及留，贾母也就遣人来说：“请姨太太就在这里住下，大家亲密些”等语。薛姨妈正要同居一处，方可拘紧些儿，若另住在外，又恐他纵性惹祸，遂忙道谢应允。又私与王夫人说明：“一应日费供给，一概免却，方是处常之法。”王夫人知她家不难于此，遂亦从其愿。从此后，薛家母子就在梨香院住了。

原来这梨香院即乃当日荣公暮年养静之所，小小巧巧，约有十余间房屋，前厅后舍俱全。另有一门通街，薛蟠家人就走此门出入。西南有一角门，通一夹道，出了夹道，便是王夫人正房的东院了。每日或饭后，或晚间，薛姨妈便过来，或与贾母闲谈，或与王夫人相叙。宝钗日与黛玉、迎春姊妹等一处，或看书下棋，或作针黹，倒也十分乐业。只是薛蟠起初之心，原不欲在贾宅居住者，生恐姨父管约拘禁，料必不自在的；无奈母亲执意在此，且要宅中又十分殷勤苦留，只得暂且住下；一面使人打扫出自己的房屋，再移居过去的。谁知自在此间住了不上一月的光景，贾宅族中凡有的子侄，俱已认熟了一半，凡是那些纨气习者，莫不喜与他来往。今日会酒，明日观花，甚至聚赌嫖娼，渐渐无所不至，引诱得薛蟠比当日更坏了十倍。虽然贾政训子有方，治家有法，一则族大人多，照管不到这些；二则现任族长乃是贾珍，彼乃宁府长孙，又现袭职，凡族中事，自有他掌管；三则公私冗杂，且素性潇洒，不以俗务为要，每公暇之时，不过看书着棋而已，余事多不介意。况且这梨香院相隔两层房舍，又有街门另开，任意可以出入，所以这些子弟们竟可以放意畅怀的闹。因此，遂将移居之念渐渐打灭了。要知端详，且听下回分解。

第 5 回 开生面梦演红楼梦 立新场情传幻境情

题曰：

春因葳蕤拥绣衿，恍随仙子别红尘。

问谁幻入杂胥境，千古风流造孽人。

却将薛家母子在荣府中寄居等事略已表明，此回则暂不能写矣。如今且说林黛玉自在荣府以来，贾母万般怜爱，寝食起居，一如宝玉、迎春、探春、惜春三个亲孙女倒且靠后。便是宝玉和黛玉二人之亲密友爱，亦自较别个不同，日则同行同坐，夜则同息同止，真是言和意顺，略无参商。不想如今忽然来了一个薛宝钗，年岁虽大不多，然品格端方，容貌丰美，人多谓黛玉所不及。而且宝钗行为豁达，随分从时，不比黛玉孤高自许，目无下尘，故比黛玉大得下人之心。便是那些小丫头子们，亦多喜与宝钗去玩笑。因此黛玉心中便有些悒郁不忿之意，宝钗却浑然不觉。那宝玉亦在孩提之间，况自天性所禀来的一片愚拙偏僻，视姊妹弟兄皆出一体，并无亲疏远近之别。其中因与黛玉同随贾母一处坐卧，故略比别个姊妹熟惯些。既熟惯，则更觉亲密；既亲密，则不免一时有求全之毁，不虞之隙。这日不知为何，他二人言语有些不合起来，黛玉又气的独在房中垂泪，宝玉又自悔言语冒撞，前去俯就，那黛玉方渐渐的回转来。

因东边宁府中花园内梅花盛开，贾珍之妻尤氏乃治酒，请贾母、邢夫人、王夫人等赏花。是日，先携了贾蓉之妻二人来面请。贾母等于早饭后过来，就在会芳园游玩，先茶后酒，不过皆是宁、荣二府女眷家宴小集，并无别样新文趣事可记。

一时宝玉倦怠，欲睡中觉。贾母命人好生哄着，歇息一回再来。贾蓉之妻秦氏便忙笑回道：“我们这里有给宝叔收拾下的屋子，老祖宗放心，只管交与我就是了。”又向宝玉的奶娘、丫鬟等道：“嬷嬷、姐姐们，请宝叔随我这里来！”贾母素知秦氏是个极妥当的人，生的袅娜纤巧，行事又温柔和平，乃重孙媳中第一个得意之人，见她去安置宝玉，自是安稳的。

当下秦氏引了一簇人来至上房内间。宝玉抬头看见一幅画贴在上面，画的人物固好，其故事乃是《燃藜图》，也不看係何人所画，心中便有些不快。又有一幅对联，写的是：

世事洞明皆学问，人情练达即文章。

及看了这两句，纵然室宇精美，铺陈华丽，亦断断不肯在这里了。忙说：“快出去！快出去！”秦氏听了笑道：“这里还不好，可往那里去呢？不然，往我屋里去吧。”宝玉点头微笑。有一个嬷嬷说道：“那里有个叔叔往侄儿房里睡觉的礼？”秦氏笑道：“嗳哟哟！不怕他恼。他能多大了，就忌讳这些个？上月你没看见我那个兄弟来了，虽然与宝叔同年，两个人若站在一处，只怕那个还高些呢。”宝玉道：“我怎么没见过？你带他来我瞧瞧。”众人笑道：“隔着二三十里，哪里带去？见的日子有呢。”说着，大家来至秦氏房中。刚至房门，便有一股细细的甜香袭了人来。宝玉便觉得眼饧骨软，连说：“好香！”入房向壁上看时，有唐伯虎画的《海棠春睡图》，两边有宋学士秦太虚写的一副对联，其联云：

嫩寒锁梦因春冷，芳气笼人是酒香。

案上设着武则天当日镜室中设的宝镜，一边摆着飞燕立着舞过的金盘，盘内盛着安禄山掷过，伤了太真乳的木瓜。上面设着寿昌公主于含章殿下卧的榻，悬的是同昌公主製的涟珠帐。宝玉含笑连说：“这里好！”秦氏笑道：“我这屋子，大约神仙也可以住得了。”说着亲自展开了西子浣过的纱衾，移了红娘抱过的鸳枕。于是，众奶母伏侍宝玉卧好，款款散了，只留袭人、媚人、晴雯、麝月四个丫鬟为伴。秦氏便吩咐小丫鬟们，好生在廊檐下看着猫儿狗儿打架。

那宝玉刚合上眼，便惚惚的睡去，犹似秦氏在前，遂悠悠荡荡，随了秦氏至一所在。但见朱栏白石，绿树清溪，真是人迹稀逢，飞尘不到。宝玉在梦中欢喜，想道："这个去处有趣！我就在这里过一生，纵然失了家也愿意，强如天天被父母、师傅打呢！"正胡思之间，忽听山后有人作歌曰：

春梦随云散，飞花逐水流；寄言众儿女，何必觅闲愁！

宝玉听了，是女子的声音。歌音未息，早见那边走出一个人来，蹁跹袅娜，端详与人不同。有赋为证：

方离柳坞，乍出花房。但行处，鸟惊庭树；将到时，影度迴廊。仙袂乍飘兮，闻麝兰之馥郁；荷衣欲动兮，听环佩之铿锵。靥笑春桃兮，云堆翠髻；唇绽樱颗兮，榴齿含香。纤腰之楚楚兮，迴风舞雪；珠翠之辉辉兮，满额鹅黄。出没花间兮，宜嗔宜喜；徘徊池上兮，若飞若扬。蛾眉颦笑兮，将言而未语；莲步乍移兮，待止而欲行。羡彼之良质兮，冰清玉润；羡彼之华服兮，闪灼文章。爱彼之貌容兮，香培玉琢；美彼之态度兮，凤翥龙翔。其素若何？春梅绽雪。其洁若何？秋菊被霜。其静若何？松生空谷。其艳若何？霞映澄塘。其文若何？龙游曲沼。其神若何？月射寒江。应惭西子，实愧王嫱。奇矣哉！生于孰地，来自何方？信矣乎！瑶池不二，紫府无双。果何人哉？如斯之美也！

宝玉见是一个仙姑，喜得忙上来作揖，笑问道："神仙姐姐不知从那里来，如今要往那里去？也我不知这里是何处，望乞携带携带！"那仙姑笑道："吾居离恨天之上，灌愁海之中，乃放春山遣香洞太虚幻境警幻仙姑是也：司人间之风情月债，掌尘世之女怨男痴。因近来风流冤孽，缠绵于此处，是以前来访察机会，布散相思。今忽与你相逢，亦非偶然。此离吾境不远，别无他物，仅有自採仙茗一盏，亲酿美酒一瓮，素练魔舞歌姬数人，新填《红楼梦》仙曲十二支，试随吾一游否？"宝玉听了喜跃非常，便忘了秦氏在何处，竟随了仙姑，至一所在。有石牌横建，上书"太虚幻境"四个大字，两边一副对联，乃是：

假作真时真亦假，无为有处有还无。

转过牌坊，便是一座宫门，上面横书四个大字，道是："孽海情天"。又有一副对联，大书云：

厚地高天，堪叹古今情不尽；痴男怨女，可怜风月债难偿。

宝玉看了，心下自思道："原来如此！但不知何为'古今之情'，又何为'风月之债'？从今倒要领略领略。"宝玉只顾如此一想，不料早把些邪魔招入膏肓了。当下随了仙姑进入二层门内，只见两边配殿皆有匾额对联，一时看不尽许多，惟见有几处写的是："痴情司"、"结怨司"、"朝啼司"、"夜哭司"、"春感司"、"秋悲司"。看了，因向仙姑道："敢烦仙姑引我到那各司中游玩游玩，不知可使得？"仙姑道："此各司中皆贮的是普天之下所有的女子过去未来的簿册，你凡眼尘躯，未便先知的。"宝玉听了，那里肯依，复央之再四。仙姑无奈，说："也罢！就在此司内略随喜随喜罢了！"宝玉喜不自胜，抬头看这司的匾上，乃是"薄命司"三字，两边对联写的是：

春恨秋悲皆自惹，花容月貌为谁妍？

宝玉看了，便知感叹。进入门来，只见有十数个大橱，皆用封条封着。看那封条上，皆是各省的地名。宝玉一心只拣自己的家乡封条看，遂无心看别省的了。只见那边橱上封条上大书七字云："金陵十二钗正册"。宝玉问道："何为'金陵十二钗正册'？"警幻道："即贵省中十二冠首女子之册，故为'正册'。"宝玉道："常听人说，金陵极大，怎么只十二个女子？如今单我家里，上上下下，就有几百女孩子呢。"警幻冷笑道："贵省女子固多，不过择其紧要者录之。下边二橱则又次之。余者庸常之辈，则无册可录矣。"宝玉听说，再看下首二橱上，果然写一个着"金陵十二钗副册"，又一个写着"金陵十二钗又副册"。宝玉便伸手先将"又副册"橱门开了，拿出一本册来，揭开一看，只见这首页上画着一幅画，又非人物，也无山水，不过是水墨滃染的满纸乌云浊雾而已。后有几行字迹，写的是：

霁月难逢，彩云易散。心比天高，身为下贱。风流灵巧招人怨。寿夭多因毁谤生，多情公子空牵念。

宝玉看了，又见后面画着一簇鲜花，一床破席，也有几句言词，写道是：

枉自温柔和顺，空云似桂如兰。堪羡优伶有福，谁知公子无缘！

宝玉看了不解。遂掷下这个，又去开了副册橱门，拿起一本册来，揭开看时，只见画着一株桂花，下面有一池沼，其中水涸泥干，莲枯藕败，后面书云：

根并荷花一茎香，平生遭际实堪伤。自从两地生孤木，致使香魂返故乡。

宝玉看了仍不解。便又掷了，再去取"正册"看，只见头一页上便画着两株枯木，木上悬着一围玉带；又有一堆雪，雪下一股金簪。也有四句言词，道是：

可叹停机德，堪怜咏絮才。玉带林中挂，金簪雪里埋。

宝玉看了仍不解。待要问时，情知她必不肯泄漏；待要丢下，又不舍。遂又往后看时，只见画着一张弓，弓上挂着香橼。也有一首歌词云：

二十年来辨是非，榴花开处照宫闱。三春争及初春景？虎兕相逢大梦归。

后面又画着两人放风筝，一片大海，一只大船，船中有一女子掩面泣涕之状。也有四句写云：

才自精明志自高，生于末世运偏消。清明涕送江边望，千里东风一梦遥。

后面又画几缕飞云，一湾逝水。其词曰：

富贵又何为，襁褓之间父母违。展眼吊斜晖，湘江水逝楚云飞。

后面又画着一块美玉，落在泥垢之中。其断语云：

欲洁何曾洁，云空未必空。可怜金玉质，终陷淖泥中。

后面忽见画着个恶狼，追扑一美女，欲啖之意。其书云：

子係中山狼，得志便猖狂。金闺花柳质，一载赴黄粱。

后面便是一所古庙，里面有一美人在内看经独坐。其判云：

勘破三春景不长，缁衣顿改昔年妆。可怜绣户侯门女，独卧青灯古佛旁。

后面便是一片冰山，上面有一只雌凤。其判曰：

凡鸟偏从末世来，都知爱慕此生才。一从二令三人木，哭向金陵事更哀。

后面又是一座荒村野店，有一美人在那里纺绩。其判云：

势败休云贵，家亡莫论亲。偶因济刘氏，巧得遇恩人。

后面又画着一盆茂兰，旁有一位凤冠霞帔的美人。也有判云：

桃李春风结子完，到头谁似一盆兰。如冰水好空相妒，枉与他人作笑谈。

后面又画着高楼大厦，有一美人悬梁自缢。其判云：

情天情海幻情身，情既相逢必主淫。漫言不肖皆荣出，造衅开端实在宁。

宝玉还欲看时，那仙姑知他天分高明，性情颖慧，恐把仙机泄漏，遂掩了卷册，笑向宝玉道："且随我去游玩奇景，何必在此打这闷葫芦！"

宝玉恍恍惚惚，不觉弃了卷册，又随了警幻来至后面。但见珠帘绣幕，画栋凋檐，说不尽那光摇朱户金铺地，雪照琼窗玉作宫。更见仙花馥郁，异草芬芳，真好个所在。又听警幻笑道："你们快出来迎接贵客！"一语未了，只见房中又走出几个仙子来，皆是荷袂蹁跹，羽衣飘舞，娇若春花，媚如秋月。一见了宝玉，都怨谤警幻道："我们不知係何贵客，忙的接了出来姐姐曾说今日今时必有绛珠妹子的生魂前来游玩，故我等久待。何故反引这浊物来污染这清淨女儿之境？"

宝玉听如此说，便唬得欲退不能退，果觉自形污秽不堪。警幻忙携住宝玉的手，向众姊妹道："你等不知原委：今日原欲往荣府去接绛珠，适从宁府所过，偶遇宁、荣二公之灵，嘱吾云：'吾家自国朝定鼎以来，功名奕世，富贵传流，虽历百年，奈运终数尽，不可挽回。故遗之子孙虽多，竟无一可以继业。其中惟嫡孙宝玉一人，禀性乖张，生情怪谲，虽聪明灵慧，略可望成，无奈吾家运数合终，恐无人规引入正。幸仙姑偶来，万望先以情欲声色等事警其痴顽，或能使彼跳出迷人圈子，然后入于正路，亦吾兄弟之幸矣。'如此嘱吾，故发慈心，引彼至此，先以彼家上、中、下三等女子之终身册籍，令彼熟玩，尚未觉悟。故引彼再至此处，令其再历饮馔声色之幻，或冀将来一悟，亦未可知也。"

说毕，携了宝玉入室。但闻一缕幽香，竟不知其所焚何物。宝玉遂不禁相问。警幻冷笑道："此香尘世中既无，尔何能知！此香乃係诸名山胜境内初生异卉之精，合各种宝林珠树之油所製，名'群芳髓'。"宝玉听了，自是羡慕。而已，大家入座，小鬟捧上茶来。宝玉自觉清香味异，纯美非常，因又问何名。警幻道："此茶出在放春山遣香洞，又以仙花灵叶上所带之宿露而烹，此茶名曰'千红一窟'。"宝玉听了，点头称赏。因看房内，瑶琴、宝鼎、古画、新诗，无所不有；更喜窗下亦有唾绒，奁间时渍粉污。壁上也见悬着一副对联，书云：

幽微灵秀地，无可奈何天。

宝玉看毕，无不羡慕。因又请问众仙姑姓名：一名痴梦仙姑，一名钟情大士，一名引愁金女，一名度恨菩提，各各道号不一。少刻，有小鬟来调桌安椅，设摆酒馔，真是：琼浆满泛玻璃盏，玉液浓斟琥珀杯。更不用再说那肴馔之盛。宝玉因闻得此酒清香甘冽，异乎寻常，又不禁相问。警幻道："此酒乃以百花之蕊、万木之汁，加以麟髓之醅、凤乳之麯成，因名为'万艳同杯'。"宝玉称赏不迭。

饮酒间，又有十二个舞女上来，请问演何词曲。警幻道："就将新制《红楼梦》十二支演上来。"舞女们答应了，便轻敲檀板，款按银筝，听他歌道是：

开闢鸿蒙……

方歌了一句，警幻便说道："此曲不比尘世中所填传奇之曲，必有生、旦、淨、末之别，又有南北九宫之限。此或咏叹一人，或感怀一事，偶成一曲，即可谱入管弦。若非个中人，不知其中之妙，料尔亦未必深明此调。若不先阅其稿，后听其歌，反成嚼蜡矣！"说毕，回头命小丫鬟取了《红楼梦》原稿来，递与宝玉。宝玉接来，一面目视其文，一面耳聆其歌，曰：

〔红楼梦，引子〕开闢鸿蒙，谁为情种？都只为风月情浓。趁着这奈何天、伤怀日、寂寥时，试遣愚衷。因此上、演出这怀金悼玉的《红楼梦》。

〔终身误〕都道是金玉良姻，俺只念木石前盟。空对着、山中高士晶莹雪；终不忘、世外仙姝寂寞林。叹人间、美中不足今方信。纵然是齐眉举案，到底意难平！

〔枉凝眉〕一个是阆苑仙葩，一个是美玉无瑕。若说没奇缘，今生偏又遇着他；若说有奇缘，如何心事终虚化？一个枉自嗟呀，一个空劳牵挂。一个是水中月，一个是镜中花。想眼中能有多少泪珠儿，怎禁得秋流到冬尽、春流到夏！

宝玉听了此曲，散漫无稽，不见得好处；但其声韵凄惋，竟能销魂醉魄。因此也不察其原委，问其来历，就暂以此释闷而已。因又看下道：

〔恨无常〕喜荣华正好，恨无常又到。眼睁睁、把万事全抛。荡悠悠、把芳魂消耗。望家乡，路远山高。故向爹娘梦里相寻告：儿命已入黄泉，天伦呵，须要退步抽身早！

〔分骨肉〕一帆风雨路三千，把骨肉家园齐来抛闪。恐哭损残年，告爹娘，休把儿悬念。自古穷通皆有定，离合岂无缘？从今分两地，各自保平安。奴去也，莫牵连！

〔乐中悲〕襁褓中父母叹双亡。纵居那绮罗丛，谁知娇养？幸生来英豪阔大宽宏量，从未将儿女私情略萦心上。好一似、霁月光风耀玉堂。厮配得才貌仙郎，博得个地久天长，准折得幼年时坎坷形状。终久是云散高唐，水涸湘江。这是尘寰中消长数应当，何必枉悲伤！

〔世难容〕气质美如兰，才华阜比仙。天生成孤癖人皆罕。你道是、啖肉食腥膻，视绮罗俗厌。却不知、太高人愈妒，过洁世同嫌。可叹这、青灯古殿人将老；辜负了、红粉朱楼春色阑。到头来、依旧是风尘肮脏违心愿。好一似、无瑕白玉遭泥陷；又何须，王孙公子叹无缘！

〔喜冤家〕中山狼，无情兽，全不念当日根由。一味的骄奢淫荡贪欢媾。觑着那，侯门艳质同蒲柳；作践得，公府千金似下流。叹芳魂艳魄，一载荡悠悠！

〔虚花悟〕将那三春看破，桃红柳绿待如何？把这韶华打灭，觅那清澹天和。说什么，天上夭桃盛，云中杏蕊多。到头来，谁把秋捱过？则看那，白杨村里人呜咽，青枫林下鬼吟哦。更兼着，连天衰草遮坟墓。这的是，昨贫今富人劳碌，春荣秋谢花折磨。似这般，生关死劫谁能躲？闻说道，西方宝树唤婆娑，上结着长生果。

〔聪明累〕机关算尽太聪明，反算了卿卿性命。生前心已碎，死后性空灵。家富人宁，终有个家亡人散各奔腾。枉费了、意悬悬半世心，好一似、荡悠悠三更梦。忽喇喇似大厦倾，昏惨惨似灯将尽。呀！一场欢喜忽悲辛。叹人世，终难定！

〔留余庆〕留余庆，留余庆，忽遇恩人；幸娘亲，幸娘亲，积得阴功。劝人生，济困扶穷，休似俺那爱银钱、忘骨肉的狠舅奸兄！正是乘除加减，上有苍穹！

〔晚韶华〕镜里恩情，更那堪梦里功名！那美韶华去之何迅！再休提绣帐鸳衾。只这带珠冠，披凤袄，也抵不了无常性命。虽说是、人生莫受老来贫，也须要阴骘积儿孙。气昂昂头戴簪缨，气昂昂头戴簪缨，光灿灿胸悬金印；威赫赫爵禄高登，威赫赫爵禄高登，昏惨惨黄泉路近。问古来将相可还存？也只是，虚名儿与后人钦敬。

〔好事终〕画梁春尽落香尘。擅风情，秉月貌，便是败家的根本。箕裘颓堕皆从敬，家事消亡首罪宁。宿孽总因情。

〔收尾·飞鸟各投林〕为官的，家业凋零；富贵的，金银散尽；有恩的，死里逃生；无情的，分明报应；欠命的，命已还；欠泪的，泪已尽。冤冤相报实非轻，分离聚合皆前定。欲知命短问前生，老来富贵也真侥幸。看破的，遁入空门；痴迷的，枉送了性命。好一似食尽鸟投林，落了片白茫茫大地真干淨！

歌毕，还要歌副曲。警幻见宝玉甚无趣味，因叹："痴儿！竟尚未悟！"那宝玉忙止歌姬不必再唱，自觉朦胧恍惚，告醉求卧。警幻便命撤去残席，送宝玉至一香闺绣阁之中，其间铺陈之盛，乃素所未见之物。更可骇者，早有一位女子在内，其鲜艳妩媚，有似乎宝钗，风流袅娜，则又如黛玉。正不知何意，忽警幻道：

"尘世中多少富贵之家，那些绿窗风月，绣阁烟霞，皆被淫污纨与那些流荡女子悉皆玷辱。更可恨者，自古来多少轻薄浪子，皆以'好色不淫'为饰，又以'情而不淫'作案，此皆饰非掩丑之语也。好色即淫，知情更淫。是以巫山之会，云雨之欢，皆由既悦其色，复恋其情所致也。吾所爱汝者，乃天下古今第一淫人也！"

宝玉听了，唬得忙答道："仙姑错了！我因懒于读书，家父母尚每垂训饬，岂敢再冒'淫'字？况且年纪尚小，不知'淫'字为何物。"警幻道："非也！淫虽一理，意则有别。如世之好淫者，不过悦容貌，喜歌舞，调笑无厌，云雨无时，恨不能尽天下之美女，供我片时之趣兴，此皆皮肤淫滥之蠢物耳！如尔则天分中生成一段痴情，吾辈推之为'意淫'。'意淫'二字，惟心会而不可口传，可神通而不可语达。汝今独得此二字，在闺阁中，固可为良友，然于世道中，未免迂阔怪诡，百口嘲谤，万目睚眦。今既遇令祖宁、荣二公剖腹深嘱，吾不忍君独为我闺阁增光，见弃于世道。是以特引前来，醉以灵酒，沁以仙茗，警以妙曲，再将吾妹一人，乳名兼美字、可卿者，许配于汝。今夕良时，即可成姻。不过令汝领略此仙闺幻境之风光尚然如此，何况尘境之情景哉！而今后万万解释，改悟前情，将谨勤有用的工夫，置身于经济之道。"说毕，便秘授以云雨之事，推宝玉入帐，将门掩上自去。

那宝玉恍恍惚惚，依警幻所嘱之言，未免有阳台、巫峡之事。数日来，柔情缱绻，软语温存，与可卿难解难分。

那日，警幻携宝玉，可卿闲游至一个所在，但见荆榛遍地，狼虎同群。忽而，大河阻路，黑水淌洋，又无桥梁可通。宝玉正自徬徨，只听警幻道："宝玉休前进，作速回头要紧！"宝玉忙止步问道："此係何处？"警幻道："此即迷津也。深有万丈，遥亘千里，中无舟楫可通，只有一个木筏，乃木居士掌舵，灰侍者撑篙，不受金银之谢，但遇有缘者渡之。尔今偶游至此，如堕落其中，则深负我从前一番以情悟道、守理衷情之言矣！"宝玉方欲回言，只听迷津内水响如雷，竟有一夜叉般怪物窜出，直扑而来。吓得宝玉汗下如雨，一面失声喊叫："可卿救我！可卿救我！"慌得袭人、媚人等上来扶起，拉手说："宝玉别怕，我们在这里！"

秦氏在外听见，连忙进来，一面说："丫鬟们，好生看着猫儿狗儿打架打架！"又闻宝玉口中连叫："可卿救我"，因纳闷道："我的小名这里没人知道，他如何从梦里叫出来？"正是：

一场幽梦同谁近，千古情人独我痴。

第 6 回 贾宝玉初试云雨情 刘姥姥一进荣国府

题曰：

朝叩富儿门，富儿犹未足。虽无千金酬，嗟彼胜骨肉！

却说秦氏因听见宝玉从梦中唤她的乳名，心中自是纳闷，又不好细问。彼时宝玉迷迷惑惑，若有所失。众人忙端上桂圆汤来，呷了两口，遂起身整衣。袭人伸手与他繫裤带时，不觉伸手至大腿处，只觉冰凉一片沾湿，唬得忙退出手来，问是怎么了。宝玉红涨了脸，把她的手一捻。袭人本是个聪明女子，年纪本又比宝玉大两岁，近来也渐通人事，今见宝玉如此光景，心中便觉察了一半，不觉也羞得红涨了脸面，不敢再问。仍旧理好衣裳，遂至贾母处来，胡乱吃毕了晚饭，过这边来。

袭人忙趁众奶娘丫鬟不在旁时，另取出一件中衣来与宝玉换上。宝玉含羞央告道："好姐姐，千万别告诉别人要紧！"袭人亦含羞笑问道："你梦见什么故事了？是那里流出来的那些脏东西？"宝玉道："一言难尽。"说着，便把梦中之事细说与袭人听了。然后说至警幻所授云雨之情，羞的袭人掩面伏身而笑。宝玉亦素喜袭人柔媚娇俏，遂强袭人同领警幻所训云雨之事。袭人素知贾母已将自己与了宝玉的，今便如此，亦不为越礼，遂和宝玉偷试一番，幸得无人撞见。自此，宝玉视袭人更与别个不同，袭人待宝玉更为尽心职。暂且别无话说。

按荣府中一宅人合算起来，人口虽不多，从上至下也有三四百丁；事虽不多，一天也有一二十件，竟如乱麻一般，并无个头绪可作纲领。正寻思从那一件事自那一个人写起方妙，恰好忽从千里之外，芥荳之微，小小一个人家，因与荣府略有些瓜葛，这日正往荣府中来，因此便就此一家说来，倒还是头绪。你道这一家姓甚名谁，又与荣府有甚瓜葛。——诸公若嫌琐碎粗呢，则快掷下此书，另觅好书去醒目；若谓聊可破闷时，待蠢物逐细言来。

方才所说这小小之家，姓王，乃本地人氏，祖上曾作过小小的一个京官，昔年与凤姐之祖王夫人之父认识。因贪王家的势利，便连了宗，认作侄儿。那时，只有王夫人之大兄凤姐之父与王夫人随在京中的，知有此一门连宗之族，余者皆不认识。目今其祖已故，只有一个儿子，名唤王成，因家业萧条，仍搬出城外原乡中住去了。王成新近亦因病故，只有其子，小名狗儿。狗儿亦生一子，小名板儿；嫡妻刘氏，又生一女，名唤青儿。一家四口，仍以务农为业。因狗儿白日间又作些生计，刘氏又操井臼等事，青板姊弟两个无人看管。狗儿遂将岳母刘姥姥接来一处过活。这刘姥姥乃是个久经世代的老寡妇，膝下又无儿女，只靠两亩薄田度日。如今女婿接来养活，岂不愿意，遂一心一计，帮趁着女儿女婿过活起来。

因这年秋尽冬初，天气冷将上来，家中冬事未办，狗儿未免心中烦虑，吃了几杯闷酒，在家闲寻气恼，刘氏也不敢顶撞。因此刘姥姥看不过，乃劝道："姑爷，你别嗔着我多嘴。咱们村庄人，那一个不是老老诚诚的，守着多大碗儿吃多大的饭。你皆因年小的时，托着你那老家的福，吃喝惯了，如今所以把持不住。有了钱就顾头不顾尾，没了钱就瞎生气，成个什么男子汉大丈夫了！如今咱们虽离城住着，终是天子脚下。这长安城中，遍地都是钱，只可惜没人会去拿去罢了。在家跳蹋也不中用的。"狗儿听说，便急道："你老只会炕头儿上混说，难道叫我打劫偷去不成？"刘姥姥道："谁叫你偷去呢！也到底大家想法儿裁度，不然，那银子钱自己跑到咱家来不成？"狗儿冷笑道："有法儿还等到这会子呢？我又没有收税的亲戚，作官的朋友，有什么法子可想的？便有，也只怕他们未必来理我们呢！"

刘姥姥道："这倒不然。谋事在人，成事在天。咱们谋到了，靠菩萨的保佑，有些机会，也未可知。我倒替你们想出一个机会来。当日，你们原是和金陵王家连过宗的，二十年前，他们看承你们还好；如今自然是你们拉硬屎的，不肯去俯就他，故疏远起来。想当初，我和女儿还去过一遭。他家的二小姐着实响快，会待人的，倒不拿大。如今现是荣国府贾二老爷的夫人。听得说，如今上了年纪，越发怜贫恤老，最爱斋僧敬道、舍米舍钱的。如今王府虽升了边任，只怕这二姑太太还认得咱们。你何不去走动走动，或者她念旧，有些好处，也可知。要是他发一点好心，拔一根寒毛，比咱们的腰还粗呢！"刘氏一旁接口道："你老虽说的是，但只你我这样个嘴脸，怎么好到她门上去的？先不先，他们那些门上人也未必肯去通报。没的去打嘴现世！"

谁知狗儿利名心甚重，听如此一说，心下便有些活动起来。又听他妻子这番话，便笑接道："姥姥既如此说，况且当年你又见过这姑太太一次，何不你老人家明日就走一趟，先试试风头再说。"刘姥姥道："嗳哟哟！可是说的，'侯门似海'，我是个什么东西，她家人又不认得我，我去了也是白去的。"狗儿笑道："不妨，我教你老一个法子：你竟带了外孙子小板儿，先去找陪房周瑞，若见了他，就有些意思了。这周瑞先时曾和我父亲交过一桩事，我们极好的。"刘姥姥道："我也知道他的。只是许多时不走动，知道他如今是怎样？这也说不得了，你又是个男人，又这样个嘴脸，自然去不得。我们姑娘年轻媳妇子，也难卖头卖脚的，倒还是舍着我这付老脸去碰一碰。果然有些好处，大家都有益；便是没银子来，我也到那公府侯门见一见世面，也不枉我一生。"说毕，大家笑了一回，当晚，计议已定。

次日天未明，刘姥姥便起来梳洗了，又将板儿教训了几句。那板儿才五六岁的孩子，一无所知，听见带他进城逛去，便喜得无不应承。于是，刘姥姥带他进城，找至宁荣街。来至荣府大门石狮子前，只见簇簇的轿马，刘姥姥便不敢过去，且掸了掸衣服，又教了板儿几句话，然后蹭到角门前，只见几个挺胸叠肚指手画脚的人，坐在大凳上，说东谈西呢。刘姥姥只得蹭上来问："太爷们纳福！"众人打量了她一会，便问是那里来的。刘姥姥陪笑道："我找太太的陪房周大爷的，烦哪位太爷替我请他老出来。"那些人听了，都不瞅睬，半日方说道："你远远的在那牆角下等着，一会子他们家有人就出来的。"内中有一老人年说道："不要误她的事，何苦耍她。"因向刘姥姥道："那周大爷已往南边去了。他在后一带住着，他娘子却在家。你要找时，从这边绕到后街，上后门上去问就是了。"

刘姥姥听了谢过，遂携了板儿，绕到后门上。只见门前歇着些生意担子，也有卖吃的，也有卖玩耍物件的，闹哄哄三二十个小孩子在那里厮闹。刘姥姥便拉住一个道："我问哥儿一声，有个周大娘可在家么？"孩子道："那个周大娘？我们这里周大娘有三个呢，还有两个周奶奶，不知是哪一个行当上的？"刘姥姥道："是太太的陪房周瑞。"孩子道："这个容易，你跟我来。"说着，跳蹿蹿的引着刘姥姥进了后门，至一院牆边，指与刘姥姥道："这就是他家。"又叫道："周大妈，有个老奶奶来找你呢，我带了来了。"

周瑞家的在内听说，忙迎了出来，问是那位。刘姥姥忙迎上来问道："好呀，周嫂子！"周瑞家的认了半日，方笑道："刘姥姥，你好呀！你说说，能几年，我就忘了。请家里来坐罢。"刘姥姥一壁走，一壁笑，说道："你老是贵人多忘事，哪里还记得我们呢。"说着，来至房中。周瑞家的命雇的小丫头倒上茶来，吃着。周瑞家的又问板儿你长得这么大了，又问些别后闲话，再问刘姥姥："今日还是路过，还是特来的？"刘姥姥便说："原是特来瞧瞧嫂子你，二则也请请姑太太的安。若可以领我见一见更好，若不能，便借重嫂子转致意罢了。"

周瑞家的听了，便已猜着几分来意。只因昔年她丈夫周瑞争买田地一事，其中多得狗儿之力，今见刘姥姥如此而来，心中难却其意；二则也要显弄自己体面。听如此说，便笑道："姥姥你放心！大远的诚心诚意来了，岂有个不教你见个真佛去的？论理，人来客至回话，却不与我相干。我们这里都是各占一枝儿：我们男的只管春秋两季地租子，闲时只带着小爷们出门子就完了；我只管跟太太、奶奶们出门的事。皆因你原是太太的亲戚，又拿我当个人，投奔了我来，我竟破个例，给你通个信去。但只一件，姥姥有所不知，我们这里又比不得五年前了。如今太太竟不大管事了，都是琏二奶奶管家。你道这琏二奶奶是谁？就是太太的内侄女，当日大舅老爷的女儿，小名凤哥的。"刘姥姥听了，罕问道："原来是她！怪道呢，我当日就说她不错呢。这等说来，我今儿还得见她了。"周瑞家的道："这个自然的。如今太太事多心烦，有客来了，略可推得去的，也就推过去了，都是凤姑娘周旋迎待。今儿宁可不见太太，倒要见她一面，才不枉这里来一遭。"刘姥姥道："阿弥陀佛！全仗嫂子方便了。"周瑞家的道："说那里话！俗语说的：'与人方便，自己方便。'不过用我说一句话罢了，害着我什么！"说着，便叫小丫头到倒厅上悄悄的打听打听，老太太屋里摆了饭了没有。小丫头去了。这里二人又说些闲话。

刘姥姥因说："这凤姑娘今年大还不过二十岁罢了，就这等有本事，当这样的家，可是难得的。"周瑞家的听了道："嗐！我的姥姥，告诉不得你呢。这位凤姑娘年纪虽小，行事却比世人都大呢。如今出挑得美人一样的模样儿，少说些有一万个心眼子。再要赌口齿，十个会说话的男人也说她不过。回来你见了就信了。就只一件，待下人未免太严些了。"说着，只见小丫头回来说："老太太屋里已摆完了饭，二奶奶在太太屋里呢。"周瑞家的听了，连忙起身，催着刘姥姥说："快走，快走！这一下来她吃饭是一个空子，咱们先等着去。若迟一步，回事的人也多了，难说话；再歇了中觉，越发没了时候了。"说着，一齐下了炕，打扫打扫衣服，又教了板儿几句话，随着周瑞家的，逶迤往贾琏的住处来。

先到了倒厅，周瑞家的将刘姥姥安插在那里略等一等。自己先过了影壁，进了院门，知凤姐未下来，先找着了凤姐的一个心腹通房大丫头名唤平儿的。周瑞家的先将刘姥姥起初来历说明，又说："今日大远的特来请安。当日太太是常会的，今儿不可不见，所以我带了她进来了。等奶奶下来，我细细回明，奶奶想也不责备我莽撞的。"平儿听了，便作了主意："叫他们进来，先在这里坐着就是了。"周瑞家的听了，忙出去引他两个进入院来。上了正房台矶，小丫头打起猩红毡帘。才入堂屋，只闻一阵香扑了脸来，竟不辨是何气味，身子如在云端里一般。满屋中之物都是耀眼争光的，使人头悬目眩。刘姥姥此时惟点头咂嘴念佛而已。于是来至东边这间屋内，乃是贾琏的女儿大姐儿睡觉之所。平儿站在炕沿边，打量了刘姥姥两眼，只得问个好，让坐。刘姥姥见平儿遍身绫罗，插金带银，花容玉貌的，便当是凤姐儿了。才要称姑奶奶，忽听周瑞家的称她是平姑娘，又见平儿赶着周瑞家的称周大娘，方知不过是个有些体面的丫头。于是让刘姥姥和板儿上了炕。平儿和周瑞家的对面坐在炕沿上，小丫头子斟上茶来吃茶。

刘姥姥只听见咯当咯当的响声，大有似乎打箩柜筛麵的一般，不免东瞧西望的。忽见堂屋中柱子上挂着一个匣子，底下又坠着一个秤砣般的一物，却不住的乱幌。刘姥姥心中想着："这是什么爱物儿？有啥用呢？"正呆时，陡听得当的一声，又若金钟铜磬一般，不防倒唬的得一展眼。接着又是一连八九下。方欲问时，只见小丫头子们齐乱跑，说："奶奶下来了。"平儿与周瑞家的忙起身，命刘姥姥"只管坐着等，是时候，我们来请你呢。"说着，都迎出去了。

刘姥姥屏声侧耳默候。只听远远有人笑声，约有一二十妇人，衣裙窸窣，渐入堂屋，往那边屋内去了。又见两三个妇人，都捧着大漆捧盒，进这边来等候。听得那边说了声"摆饭"，渐渐的人才散出，只有伺候端菜的几个人。半日鸦雀不闻之后，忽见二个人抬了一张炕桌来，放在这边炕上，桌上碗盘森列，仍是满满的鱼肉在内，不过略动了几样。板儿一见了，便吵着要肉吃。刘姥姥一巴掌打了他去。忽见周瑞家的笑嘻嘻走过来，招手儿叫她。刘姥姥会意，于是带了板儿下炕，至堂屋中，周瑞家的又和他唧咕了一会，方过蹭到这边屋里来。

只见门外錾铜钩上悬着大红撒花软帘，南窗下是炕，炕上大红毡条，靠东边板壁立着一个锁子锦靠背与一个引枕，铺着金心绿闪缎大坐褥，旁边有银唾沫盒。那凤姐儿家常带着紫貂昭君套，围着攒珠勒子，穿着桃红撒花袄，石青刻丝灰鼠披风，大红洋绉银鼠皮裙，粉光脂艳，端端正正坐在那里，手内拿着小铜火箸儿拨手炉内的灰。平儿站在炕沿边，捧着小小的一个填漆茶盘，盘内一个小盖钟。凤姐也不接茶，也不抬头，只管拨手炉内的灰，慢慢的问道："怎么还不请进来？"一面说，一面抬身要茶时，只见周瑞家的已带了两个人在地下站着了。这才忙欲起身，犹未起身，满面春风的问好，又嗔周瑞家的怎么不早说。刘姥姥在地下已是拜了数拜，问姑奶奶安。凤姐忙说："周姐姐，快搀住别拜罢，请坐。我年轻，不大认得，可也不知是什么辈数，不敢称呼。"周瑞家的忙回道："这就是我才回的那姥姥了。"凤姐点头。刘姥姥已在炕沿上坐下。板儿便躲在背后，百般的哄他出来作揖，他死也不肯。

凤姐儿笑道："亲戚们不大走动，都疏远了。知道的呢，说你们弃厌我们，不肯常来；不知道的那起小人，还只当我们眼里没人似的。"刘姥姥忙念佛道："我们家道艰难，走不起，来了这里，没的给姑奶奶打嘴，就是管家爷们看着也不像。"凤姐儿笑道："这话没的叫人恶心。不过借赖着祖父虚名，作个穷官儿罢了，谁家有什么，不过是个旧日的空架子。俗语说，'朝廷还有三门子穷亲'呢，何况你我。"说着，又问周瑞家的回了太太了没有。周瑞家的道："如今等奶奶的示下。"凤姐道："你去瞧瞧，要是有人有事就罢，得闲儿呢就回，看怎么说。"周瑞家的答应着去了。

这里凤姐叫人抓些果子与板儿吃，刚问些闲话时，就有家下许多媳妇管事的来回话。平儿回了，凤姐道："我这里陪客呢，晚上再来回。若有很要紧的，你就带进来现办。"平儿出去，一会进来说："我都问了，没什么紧事，我就叫她们散了。"凤姐点头。只见周瑞家的回来，向凤姐道："太太说了，今日不得闲，二奶奶陪着便是一样。多谢费心想着；白来逛逛呢便罢，若有甚说的，只管告诉二奶奶，都是一样。"刘姥姥道："也没甚说的，不过是来瞧瞧姑太太、姑奶奶，也是亲戚们的情分。"周瑞家的道："没甚说的便罢，若有话，只管回二奶奶，是和太太一样的。"一面说，一面递眼色与刘姥姥。刘姥姥会意，未语先飞红了脸。欲待不说，今日又所为何来？只得忍耻说道："论理今儿初次见姑奶奶，却不该说的，只是大远的奔了你老这里来，也少不的说了..。"刚说到这里，只听得二门上小厮们回说："东府里小大爷进来了。"凤姐忙止刘姥姥不必说了。一面便问："你蓉大爷在哪里呢？"只听一路靴子脚响，进来了一个十七八岁的少年，面目清秀，身材妖娇，轻裘宝带，美服华冠。刘姥姥此时坐不是，立不是，藏没处藏。凤姐笑道："你只管坐着，这是我侄儿。"刘姥姥方扭扭捏捏在炕沿上坐了。

贾蓉笑道："我父亲打发我来求婶子，说上回老舅太太给婶子的那架玻璃炕屏，明日请一个要紧的客，借了略摆一摆就送过来的。"凤姐道："说迟了一日，昨儿已经给了人了。"贾蓉听说，嘻嘻的笑着，在炕沿上半跪道："婶子若不借，又说我不会说话了，又挨一顿好打呢。婶子只当可怜侄儿罢！"凤姐笑道："也没见你们，王家的东西都是好的不成？一般你们那里放着那些东西，只是看不见我的才罢！"贾蓉笑道："那里如这个好呢！只求开恩罢。"凤姐道："碰一点儿，你可仔细你的皮！"因命平儿拿了楼房门钥匙，传几个妥当人来抬去。贾蓉喜的眉开眼笑，忙说："我亲自带了人拿去，别由他们乱碰。"说着，便起身出去了。

这里凤姐忽又想起一事来，便向窗外叫："蓉儿回来！"外面几个人接声说："蓉大爷快回来！"贾蓉忙复身转来，垂手侍立，听何指示。那凤姐只管慢慢的吃茶，出了半日神，方笑道："罢了！你且去罢。晚饭后你来再说罢。这会子有人，我也没精神了。"贾蓉应了，方慢慢的退去。

这里刘姥姥心神方安，才又说道："今日我带了你侄儿来，也不为别的，只因他老子娘在家里，连吃的都没有。如今天又冷了，越想越没个派头儿，只得带了你侄儿奔了你老来。"说着又推板儿道："你那爹在家怎么教你来？打发咱们作啥事来？只顾吃果子咧！"凤姐早已明白了，听她不会说话，因笑止道："不必说了，我知道了。"因问周瑞家的道："这姥姥不知可用了过早饭没有呢？"刘姥姥忙道："一早就往这里赶咧，那里还有吃饭的工夫咧！"凤姐听说，忙命快传饭来。一时周瑞家的传了一桌客馔来，摆在东边屋内，过来带了刘姥姥和板儿过去吃饭。凤姐说道："周姐姐，好生让着些儿，我不能陪了。"于是过东边房里来。

凤姐又叫过周瑞家的去，问她："方才回了太太，说了些什么？"周瑞家的道："太太说，他们家原不是一家子，不过因出一姓，当年又与太老爷在一处作官，偶然连了宗的。这几年来也不大走动。当时他们来一遭，却也没空了他们。今儿既来了，瞧瞧我们，是她的好意思，也不可简慢了她。便是有什么说的，叫二奶奶裁度着就是了。"凤姐听了说道："我说呢，既是一家子，我如何连影儿也不知道。"

说话时，刘姥姥已吃毕了饭，拉了板儿过来，抹舌咂嘴的道谢。凤姐笑道："且请坐下，听我告诉你老人家。方才的意思，我已知道了。若论亲戚之间，原该不等上门来就该有照应才是。但如今家内杂事太烦，太太渐上了年纪，一时想不到也是有的。况是我近来接着管些事，都不大知道这些个亲戚们。二则外头看着这里烈烈轰轰的，殊不知大有大的艰难去处，说与人也未必信罢了。今儿你既老远的来了，又是头一次见我张口，怎好叫你空回去呢。可巧昨儿太太给我的丫头们做衣裳的二十两银子，我还没动呢，你若不嫌少，就暂且先拿了去罢。"

那刘姥姥先听见告艰难，只当是没有，心里便突突的；后来听见给她二十两，喜的又浑身发痒起来，说道："嗳！我也是知道艰难的。但俗语说：'瘦死的骆驼比马还大'，凭他怎样，你老拔根寒毛，比我们的腰还粗呢！"周瑞家的听她说得粗鄙，只管使眼色止她。凤姐听了，笑而不睬，只命平儿把昨儿那包银子拿来，再拿一吊串钱来，都送到刘姥姥跟前。凤姐乃道："这是二十两银子，暂且给这孩子做件冬衣罢。若不拿着，可真是怪我了。这串钱雇了车子坐罢。改日无事，只管来逛逛，方是亲戚们的意思。天也晚了，也不虚留你们了，到家里该问好的问个好儿罢。"一面说，一面就站起来了。

刘姥姥只管千恩万谢，拿了银钱，随周瑞家的来至外面厢房。周瑞家的方道："我的娘！你见了她怎么倒不会说了？开口就是'你侄儿'。我说句不怕你恼的话，便是亲侄儿，也要说和柔些，那蓉大爷才是她的正经侄儿呢，她怎么又跑出这么个侄儿来了？"刘姥姥笑道："我的嫂子，我见了她，心眼儿里爱还爱不过来，那里还说得上话来呢！"二人说着，又到周瑞家坐了片时。刘姥姥便要留下一块银子，与周瑞家的儿女买果子吃，周瑞家的如何放在眼里，执意不肯。刘姥姥感谢不尽，仍从后门去了。正是：

得意浓时易接济，受恩深处胜亲朋。

第 7 回 送宫花周瑞叹英莲 谈肆业秦钟结宝玉

题曰：

十二花容色最新，不知谁是惜花人。相逢若问何姓氏，家住江南姓本秦。

话说周瑞家的送了刘姥姥去后，便上来回王夫人话。谁知王夫人不在上房，问丫鬟们时，方知往薛姨妈那边闲话去了。周瑞家的听说，便转东角门出至东院，往梨香院来。刚至院门前，只见王夫人的丫鬟名金钏儿者，和一个才留了头的小女孩儿站在台矶上玩。见周瑞家的来了，便知有话回，因向内努嘴儿。

周瑞家的轻轻掀帘进去，只见王夫人和薛姨妈长篇大套的说些家务人情等语。周瑞家的不敢惊动，遂进里间来，只见薛宝钗穿着家常衣服，头上只散挽着髻儿，坐在炕里边，伏在小炕儿上同丫鬟莺儿正描花样子呢。见她进来，宝钗便放下笔，转过身来，满面堆笑让："周姐姐坐。"周瑞家的也忙陪笑问："姑娘好"一面炕沿上坐了，因说："这有两三天也没见姑娘到那边逛逛去，只怕是你宝兄弟冲撞了你不成？"宝钗笑道："那里的话！只因我那种病又发了两天，所以静养两日。"周瑞家的道："正是呢，姑娘到底有什么病根儿，也该趁早儿请了大夫来，好生开个方子，认真吃几剂药，一势儿除了根才好。小小的年纪倒作下个病根也不是玩的。"宝钗听说，便笑道："再不要提吃药。为这病请大夫、吃药，也不知白花了多少银子钱呢。凭你什么名医仙药，从不见一点儿效。后来还亏了一个秃头和尚，说专治无名之症，因请他看了。他说我这是从胎里带来的一股热毒，幸而我先天壮，还不相干；若吃寻常药，是不中用的。他就说了一个海上方，又给了一包末药作引，异香异气的，不知是那里弄了来的。他说发了时吃一丸就好。倒也奇怪，这倒效验些。"

周瑞家的因问道："不知是个什么海上方儿？姑娘说了，我们也记着，说与人知道，倘遇见这样的病，也是行好的事。"宝钗见问，乃笑道："不用这方儿还好，若用起这方儿，真真把人琐碎死了。东西药料一概都有，现易得的，只难得'可巧'二字。要春天开的白牡丹花蕊十二两，夏天开的白荷花蕊十二两，秋天的白芙蓉花蕊十二两，冬天开的白梅花蕊十二两。将这四样花蕊，于次年春分这日晒干，和在末药一处，一齐研好。又要雨水这日的雨水十二钱，……"周瑞家的忙道："嗳哟！这样说来，这就得一二年的工夫。倘或这日雨水竟不下雨水，又怎处呢？"宝钗笑道："所以了，那里有这样可巧的雨，便没雨也只好再等罢了。白露这日的露水十二钱，霜降这日的霜十二钱，小雪这日的雪十二钱。把这四样水调匀，和了药，再加蜂蜜十二钱，白糖十二钱，丸了龙眼大的丸子，盛在旧磁罐内，埋在花根底下。若发了病时，拿出来吃一丸，用十二分黄柏煎汤送下。"

周瑞家的听了笑道："阿弥陀佛，真坑死了人！等十年未必都这样巧呢。"宝钗道："竟好，自他说了去后，一二年间可巧都得了，好容易配成一料。如今从南带至北，现在就埋在梨花树下。"周瑞家的又问道："这药可有名字没有呢？"宝钗道："有。这也是那癞头和尚说下的，叫作'冷香丸'。"周瑞家的听了点头儿，因又说："这病发了时到底觉怎样？"宝钗道："也不觉甚什么，只不过喘嗽些，吃一丸也就罢了。"

周瑞家的还欲说话时，忽听王夫人问："谁在里头？"周瑞家的忙出去答应了，趁便回了刘姥姥之事。略待半刻，见王夫人无语，方欲退出，薛姨妈忽又笑道："你且站住，我有一宗东西，你带了去罢。"说着便叫香菱。帘栊响处，方才和金钏玩的那个小女孩子进来了，问："奶奶叫我作什么？"薛姨妈乃道："把匣子里的花儿拿来。"香菱答应了，向那边捧了个小锦匣来。薛姨妈道："这是宫里头作的新鲜样法，堆纱花儿十二支。昨儿我想起来，白放着可惜旧了的，何不给他们姊妹们戴去。昨儿要送去，偏又忘了。你今儿来得巧，就带了去罢。你家的三位姑娘，每人两枝，下剩六枝，送林姑娘两枝，那四枝给了凤哥罢。"王夫人道："留着给宝丫头戴罢了，又想着她们！"薛姨妈道："姨娘不知道，宝丫头古怪着呢，她从来不爱这些花儿粉儿的。"

说着，周瑞家的拿了匣子，走出房门，见金钏仍在那里晒日阳儿。周瑞家的因问她道："那香菱小丫头子，可就是常说临上京时买的、为她打人命官司的那个小丫头子？"金钏道："可不就是她。"正说着，只见香菱笑嘻嘻的走来。周瑞家的便拉了她的手，细细的看了一会，因向金钏笑道："倒好个模样儿！竟有些像咱们东府里蓉大奶奶的品格。"金钏儿笑道："我也是这么说呢。"周瑞家的又问香菱："你几岁投身到这里？"又问："你父母今在何处？今年十几岁了？本处是哪里人？"香菱听问，都摇头说："不记得了。"周瑞家的和金钏儿听了，倒反为她叹息伤感一回。

一时，周瑞家的携花至王夫人正房后来。原来近日贾母说孙女们太多了，一处挤着倒不方便，只留宝玉、黛玉二人在这边解闷，却将迎、探、惜三人移到王夫人这边房后三间小抱厦内居住，令李纨陪伴照管。如今周瑞家的故顺路先往这里来，只见几个小丫头子都在抱厦内听呼唤默坐。迎春的丫鬟司棋与探春的丫鬟待书二人正掀帘子出来，手里都捧着茶锺茶盘，周瑞家的便知她姊妹在一处坐着，遂进入内房，只见迎春、探春二人正在窗下下围棋。周瑞家的将花送上，说明原故。二人忙住了棋，都欠身道谢，命丫鬟们收了。

周瑞家的答应了，因说："四姑娘不在房里？只怕在老太太那边呢。"丫鬟们道："那屋里不是？"周瑞家的听了，便往这边屋里来。只见惜春正同水月庵的小姑子智能儿两个一处玩耍。见周瑞家的进来，惜春便问她何事。周瑞家的便将花匣打开，说明原故。惜春笑道："我这里正和智能儿说，我明儿也剃了头，同她作姑子去呢，可巧又送了花儿来；若剃了头，可把这花儿戴在哪里呢？"说着，大家取笑一回，惜春命丫鬟入画来收了。

周瑞家的因问智能儿："你是什么时候来的？你师父那秃歪剌往那里去了？"智能儿道："我们一早就来了，我师父见过太太，就往于老爷府里去了，叫我这里等她呢。"周瑞家的又道："十五的月例香供银子可得了没有？"智能儿摇头说："不知道。"惜春听了，便问周瑞家的："如今各庙月例银子是谁管着？"周瑞家的道："是余信管着。"惜春听了，笑道："这就是了！她师父一来，余信家的就赶上来，和她师父咕唧了半日，想是就为这事了。"

那周瑞家的又和智能儿唠叨了一会，便往凤姐儿处来。穿夹道，从李纨后窗下过，越西花牆，出西角门进入凤姐院中。走至堂屋，只见小丫头丰儿坐在凤姐房门槛上，见周瑞家的来了，连忙摆手儿叫她往屋里去。周瑞家的会意，慌得蹑手蹑足的往东边房里来，只见奶子正拍着大姐儿睡觉呢。周瑞家的悄问奶子道："奶奶睡中觉呢？也该清醒了！"奶子摇头儿。正问着，只听那边一阵笑声，却有贾琏的声音。接着，房门响处，平儿拿着大铜盆出来，叫丰儿舀水进去。平儿便进这边来，一见了周瑞家的便问："你老人家又跑了来作什么？"周瑞家的忙起身，拿匣子与她，说送花儿一事。平儿听了，便打开匣子，拿出四枝，转身去了。半刻工夫，手里拿出两枝来，先叫彩明来，吩咐她送到那边府里给小蓉大奶奶戴去，次后方命周瑞家的回去道谢。

周瑞家的这才往贾母这边来。穿过了穿堂，顶头忽见她女儿打扮着才从她婆家来。周瑞家的忙问："你这会子跑来作什么？"她女儿笑道："妈一向身上好？我在家里等了这半日，妈竟不出去，什么事情这样忙得不回家？我等烦了，自己先到老太太跟前请了安了，这会子请太太安去。妈还有什么不了的差事？手里是什么东西？"周瑞家的笑道："嗳！今儿偏偏的来了个刘姥姥，我自己多事，为她跑了半日；这会子又被姨太太看见了，送这几枝花儿与姑娘奶奶们。这会子还没送清白呢。你这会子跑来，一定有什么事情的。"她女儿笑道："你老人家倒会猜。实对你老人家说，你女婿前儿因多吃了两杯酒，和人分争起来，不知怎的被人放了一把邪火，说他来历不明，告到衙门里，要递解还乡。所以我来和你老人家商议商议，这个情分，求那一个可了事？"周瑞家的听了，道："我就知道呢。这有什么大不了的！你且家去等我，我送林姑娘的花儿去了就回来。此时，太太、二奶奶都不得闲儿，便回去了，还说："妈，你好歹快来！"周瑞家的道："是了，小人家没经过什么事情，就急得你这样子。"说着，便到黛玉房中去了。

谁知此时黛玉不在自己房中，却在宝玉房中，大家解九连环作戏。周瑞家的进来笑道："林姑娘，姨太太着我送花儿来与姑娘戴。"宝玉听说，先便问："什么花儿？拿来给我！"一面早伸手接过来了。开匣看时，原来是两枝宫製堆纱新巧的假花。黛玉只就宝玉手中看了一看，便问道："还是单送我一人的，还是别的姑娘们都有呢？"周瑞家的道："各位都有了，这两枝是姑娘的了。"黛玉再看了一看，冷笑道："我就知道，别人不挑剩下的，也不给我。替我道谢罢！"周瑞家的听了，一声儿不言语。宝玉便问道："周姊姊，你作什么到那边去了？"周瑞家的因说："太太在那里，因回话去了，姨太太就顺便叫我带来了。"宝玉道："宝姐姐在家作什么呢？怎么这几日也不过来？"周瑞家的道："身上不大好呢。"宝玉听了，便和丫头们说："谁去瞧瞧？就说我和林姑娘打发来问姨娘、姐姐安，问姐姐是什么病，吃什么药。论理我该亲自来的，就说才从学里来，也着了些凉，异日再亲自来。"说着，茜雪便答应去了。周瑞家的自去，无话。

原来这周瑞的女婿，便是雨村的好友冷子兴，近因卖古董和人打官司，故遣女人来讨情分。周瑞家的仗着主子的势利，把这些事也不放在心上，晚间只求求凤姐儿便完了。

至掌灯时分，凤姐已卸了妆，来见王夫人回话："今儿甄家送了来的东西，我已收了。咱们送他的，趁着他家有年下进鲜的船去，一并都交给他们带去了。"王夫人点头。凤姐又道："临安伯老太太千秋的礼已经打点了，太太派谁送去？"王夫人道："你瞧谁闲着，不管打发两个女人去就完了，又来当什么正经事问我。"凤姐又笑道："今儿珍大嫂子来，请我明儿过去逛逛，明儿倒没有什么事。"王夫人道："有事没事都害不着什么。每常她来请，有我们，你自然不便意；她既不请我们，单请你，可知是她诚心叫你散澹散澹，别辜负了她的心，便是有事，也该过去才是。"凤姐答应了。当下，李纨、迎、探等姊妹们亦来定省毕，各自归房，无话。

次日，凤姐梳洗了，先回王夫人毕，方来辞贾母。宝玉听了，也要逛去。凤姐只得答应着，立等换了衣服，姐儿两个坐了车，一时进入宁府。早有贾珍之妻尤氏与贾蓉之妻秦氏，婆媳两个引了多少姬妾、丫鬟、媳妇等接出仪门。那尤氏一见了凤姐，必先笑嘲一阵，一手携了宝玉入上房来归坐。秦氏献茶毕，凤姐因说："你们请我来作什么？有什么东西来孝敬，就献上来，我还有事呢。"尤氏、秦氏未及答话，地下几个姬妾先就笑说："二奶奶今儿不来就罢，既来了，就依不得二奶奶了。"正说着，只见贾蓉进来请安。宝玉因问："大哥哥今日不在家？"尤氏道："出城请老爷安去了。"又道："可是你怪闷的，坐在这里作什么？何不去逛逛？"

秦氏笑道："今儿巧，上回宝叔立刻要见我兄弟，他今儿也在这里，想在书房里，宝叔何不去瞧一瞧？"宝玉听了，即便下炕要走。尤氏、凤姐都忙说："好生着，忙什么！"一面便吩咐人："好生小心跟着，别委曲着他，倒比不得跟了老太太过来就罢了。"凤姐儿道："既这么着，何不请进这秦小爷来，我也瞧瞧。难道我见不得他不成？"尤氏笑道："罢，罢！可以不必见他，比不得咱们家的孩子们，胡打海摔的惯了。人家的孩子，都是斯斯文文惯了的，乍见了你这破落户，还被人笑话死了呢！"凤姐笑道："普天下的人，我不笑话就罢了，竟叫这小孩子笑话我不成？"贾蓉笑道："不是这话，他生得腼腆，没见过大阵仗儿，婶子见了，没的生气。"凤姐啐道："他是哪吒，我也要见一见，别放你娘的屁了！再不带去看给你一顿好嘴巴子！"贾蓉笑嘻嘻的说："我不敢强，就带他来。"

说着，果然出去带进一个小后生来，较宝玉略瘦巧些，清眉秀目，粉面朱唇，身材俊俏，举止风流，似在宝玉之上，只是怯怯羞羞，有女儿之态。腼腆含糊的向凤姐作揖问好。凤姐喜得先推宝玉，笑道："比下去了！"便探身一把携了这孩子的手，就命他身旁坐下。慢慢的问他：年纪、读书等事，方知他学名唤秦钟。早有凤姐的丫鬟媳妇们见凤姐初会秦钟，并未备得表礼来，遂忙过那边去告诉平儿。平儿素知凤姐与秦氏厚密，虽是小后生家，亦不可太俭，遂自作了主意，拿了一匹尺头、两个"状元及第"的小金锞子，交付与来人送过去。凤姐犹笑说太简薄等语。秦氏等谢毕。一时吃过饭，尤氏、凤姐、秦氏等抹骨牌，不在话下。宝玉、秦钟二人随便起坐说话。那宝玉自见了秦钟人品，心中便有所失。痴了半日，自己心中又起了呆意，乃自思道："天下竟有这等人物！如今看来，我竟成了泥猪癞狗了。可恨我为什么生在这侯门公府之家，若也生在寒门薄宦之家，早得与他交结，也不枉生了一世。我虽如此比他尊贵，可知绫锦纱罗，也不过裹了我这根死木头；美酒羊羔，也不过填了我这粪窟泥沟。'富贵'二字，不料遭我荼毒了！"秦钟自见了宝玉形容出众，举止不凡，更兼金冠绣服，骄婢侈童，秦钟心中亦自思道："果然这宝玉怨不得人人溺爱他。可恨我偏生于清寒之家，不能与他耳鬓交接，可知'贫窭'二字限人，亦世间之大不快事。"二人一样的胡思乱想。忽又有宝玉问他读什么书；秦钟见问，便因实而答。二人你言我语，十来句后，越觉亲密起来。

一时摆上茶果吃茶，宝玉便说："我两个又不吃酒，把果子摆在里间小炕上，我们那里坐去，省得闹你们。"于是二人进里间来吃茶。秦氏一面张罗与凤姐摆酒果，一面忙进来嘱宝玉道："宝叔，你侄儿年小，倘或言语不防头，你千万看着我，不要理他。他虽腆腼，却性子左强，不大随和此是有的。"宝玉笑道："你去罢，我知道了。"秦氏又嘱了她兄弟一回，方去陪凤姐。

一时凤姐、尤氏又打发人来问宝玉："要吃什么，外面有，只管要去。"宝玉只答应着，也无心在饮食上，只问秦钟近日家务等事。秦钟因说："业师于去年病故，家父又年纪老迈，残疾在身，公务繁冗，因此尚未议及再延师一事，目下不过在家温习旧课而已。再读书一事，必须有一二知己为伴，时常大家讨论，才能进益。"宝玉不待说完，便答道："正是呢，我们却有个家塾，合族中有不能延师的，便可入塾读书。子弟们中亦有亲戚在内，可以附读。我因上年业师回家去了，也现荒废着呢。家父之意，亦欲暂送我去，温习旧书，待明年业师上来，再各自在家亦可。家祖母因说：一则家学里子弟太多，生恐大家淘气，反不好；二则也因我病了几天，遂暂且耽搁着。如此说来，尊翁如今也为此事悬心。今日回去，何不禀明，就往我们这敝塾中来，我亦相伴，彼此有益，岂不是好事？"秦钟笑道："家父前日在家提起延师一事，也曾提起这里的义学倒好，原要来和这里的亲翁商议引荐。因这里事忙，不便为这点小事来聒絮的。宝叔果然度小侄或可磨墨涤砚，何不速速的作成，又彼此不致荒废，又可以常相谈聚，又可以慰父母之心，又可以得朋友之乐，岂不是美事？"宝玉笑道："放心，放心！咱们回来先告诉你姐夫、姊姊和琏二嫂子。你今日回家就禀明令尊；我回去再禀明家祖母，再无不速成之理。"二人计议一定。那天气已是掌灯时候，出来又看他们玩了一回牌。算帐时，却又是秦氏、尤氏二人输了戏酒的东道，言定后日吃这东道。一面又说回了话。

晚饭毕，因天黑了，尤氏因说："先派两个小子送了这秦相公去。"媳妇们传出去，半日，秦钟告辞起身。尤氏问："派了谁送去？"媳妇们回说："外头派了焦大，谁知焦大醉了，又骂呢。"尤氏、秦氏都说道："偏又派他作什么！放着这些小子们，那一个派不得？偏要惹他去！"凤姐道："我成日家说你太软弱了，纵的家里人这样，还了得呢！"尤氏叹道："你难道不知这焦大的？连老爷都不理他的，你珍大哥哥也不理他。只因他从小儿跟着太爷们出过三四回兵，从死人堆里把太爷背了出来，得了命；自己挨着饿，却偷了东西来给主子吃；两日没得水，得了半碗水，给主子喝，他自己喝马溺。不过仗着这些功劳情分，有祖宗时都另眼相待，如今谁肯难为他去！他自己又老了，又不顾体面，一味的床（原字为左口右床）酒，一吃醉了，无人不骂。我常说给管事的，不要派他差事，全当一个死的就完了。今儿又派了他！”凤姐道：“我何曾不知这焦大。倒是你们没主意，有这样，何不打发他远远的庄子上去就完了。”说着，因问：“我们的车可齐备了？”地下众人都应：“伺候齐了。”

凤姐亦起身告辞，和宝玉携手同行。尤氏等送至大厅，只见灯烛辉煌，众小厮都在丹墀侍立。那焦大又恃贾珍不在家，即在家亦不好怎样，更可以恣意的洒落洒落。因趁着酒兴，先骂大总管赖二，说他不公道，欺软怕硬，“有了好差事就派别人，像这样黑更半夜送人的事，就派我。没良心的王八羔子！瞎充管家！你也不想想，焦大太爷跷起一隻脚，比你的头还高呢。二十年头里的焦大太爷，眼里有谁？别说你们这一把子杂种王八羔子们！”

正骂的兴头上，贾蓉送凤姐的车出去，众人喝他不听，贾蓉忍不得，便骂了他两句：“使人捆起来！等明日醒了酒，问他还寻死不寻死了！”那焦大那里把贾蓉放在眼里，反大叫起来，赶着贾蓉叫：“蓉哥儿，你别在焦大跟前使主子性儿。别说你这样儿的，就是你爹、你爷爷，也不敢和焦大挺腰子呢！不是焦大一个人，你们做官儿，享荣华，受富贵？你祖宗九死一生挣下这家业，到如今不报我的恩，反和我充起主子来了。不和我说别的还可，若再说别的，咱们白刀子进去，红刀子出来！”凤姐在车上说与贾蓉道：“以后还不早打发了这个没王法的东西！留在这里岂不是祸害？倘或亲友知道了，岂不笑话咱们这样的人家，连个王法规矩都没有？”贾蓉答应“是”。

众小厮见他太撒野了不堪了，只得上来几个，揪翻捆倒，拖往马圈里去。焦大越发连贾珍都说出来，乱嚷乱叫说：“我要往祠堂里哭太爷去，那里承望到如今生下这些畜牲来！每日家偷狗戏鸡，爬灰的爬灰，养小叔子的养小叔子，我什么不知道？咱们‘胳膊折了往袖子里藏’！”众小厮听他说出这些没天日的话来，唬得魂飞魄散，也不顾别的了，便把他捆起来，用土和马粪满满的填了他一嘴。

凤姐和贾蓉等也遥遥的闻得，便都装作没听见。宝玉在车上见这般醉闹，倒也有趣。因问凤姐道：“姐姐，你听他说‘爬灰的爬灰’，什么是‘爬灰’？”凤姐听了，连忙立眉嗔目断喝道：“少胡说！那是醉汉嘴里混厮，你是什么样的人！不说没听见，还倒细问！等我回去回了太太，仔细捶你不捶你！”唬的宝玉忙央告道：“好姐姐，我再不敢说这话了！”凤姐亦忙回色哄道：“好兄弟这才是呢。等回去咱们回了老太太，打发人往家里说明白了，请了秦钟家念书去要紧。”说着，却自回往荣府而来。正是：

不因俊俏难为友，正为风流始读书。

第 8 回 薛宝钗小恙梨香院 贾宝玉大醉绛芸轩

题曰：

古鼎新烹凤髓香，那堪翠斝贮琼浆。莫言绮縠无风□，试看金娃对玉郎。

话说凤姐和宝玉回家，见过众人。宝玉先便回明贾母秦钟要上家塾之事，自己也有了个伴读的朋友，正好发奋；又着实的称赞秦钟的人品行事，最使人怜爱。凤姐又在一旁帮着说“过日他还来拜老祖宗”等语，说得贾母喜悦起来。凤姐又趁势请贾母后日过去看戏。贾母虽年意，却极有兴头。至后日，又有尤氏来请，遂携了王夫人、林黛玉、宝玉等过去看戏。至晌午，贾母便回来歇息了。王夫人本是好清淨的，见贾母回来，也就回来了。然后凤姐坐了首席，尽欢至晚无话。

却说宝玉因送贾母回来，待贾母歇了中觉，意欲还去看戏取乐，又恐扰得秦氏等人不便，因想起近日薛宝钗在家养病，未去亲候，意欲去望她一望。若从上房后角门过去，又恐遇见别事缠绕，再或可巧遇见他父亲，更为不妥，宁可绕远路罢了。当下众嬷嬷丫鬟伺候他换衣服，见他不换，仍出二门去了，众嬷嬷、丫鬟只得跟随出来，还只当他去那府中看戏。谁知到了穿堂，便向东向北绕厅后而去。偏顶头遇见了门下清客相公詹光、单聘仁二人走来。一见了宝玉，便都笑着赶上来，一个抱住腰，一个携着手，都道：“我的菩萨哥儿！我说作了好梦呢，好容易得遇见了你。”说着，请了安，又问好，唠叨半日，方才走开。老嬷嬷叫住，因问：“你二位爷是从老爷跟前来的不是？”他二人点头道：“老爷在梦坡斋小书房里歇中觉呢，不妨事的。”一面说，一面走了。说得宝玉也笑了。于是转弯向北奔梨香院来。可巧银库房的总领名唤吴新登与仓上的头目名戴良，还有几个管事的头目，共有七个人，从帐房里出来，一见了宝玉，赶来都一齐垂手站住。独

有一个买办名唤钱华的，因他多日未见宝玉，忙上来打千儿请安。宝玉忙含笑携他起来。众人都笑说：“前儿在一处看见二爷写的斗方，字法越发好了，多早晚儿赏我们几张贴贴？”宝玉笑道：“在那里看见了？”众人道：“好几处都有，都称赞得了不得，还和我们寻呢。”宝玉笑道：“不值什么，你们说与我的小么儿们就是了。”一面说，一面前走，众人待他过去，方都各自散了。

闲言少述，且说宝玉来至梨香院中，先入薛姨妈室中来，正见薛姨妈打点针黹与丫鬟们呢。忙请了安，薛姨妈忙一把拉了他，抱入怀内，笑说：“这么冷天，我的儿，难为你想着我，快上炕来坐着罢！”命人倒滚滚的茶来。宝玉因问：“哥哥不在家？”薛姨妈叹道：“他是没笼头的马，天天逛不了，那里肯在家一日！”宝玉道：“姊姊可大安了？”薛姨妈道：“可是呢，你前儿又想着打发人来瞧她。她在里间不是，你去瞧她！里间比这里暖和，那里坐着，我收拾收拾就进去和你说话儿。”宝玉听说，忙下了炕，来至里间门前，只见吊着半旧的红紬软帘。宝玉掀帘一迈步进去，先就看见薛宝钗坐在炕上做针线，头上挽着漆黑油光的鬢儿，蜜合色棉袄，玫瑰紫二色金银鼠比肩褂，葱黄绫棉裙，一色半新不旧，看去不觉奢华。唇不点而红，眉不画而翠；脸若银盆，眼如水杏。罕言寡语，人谓藏愚；安分随时，自云守拙。宝玉一面看，一面呐问：“姐姐可大愈了？”宝钗抬头，只见宝玉进来，连忙起身含笑答说：“已经大好了，倒多谢记挂着！”说着，让他在炕沿上坐了，即命莺儿斟茶来。一面又问老太太、姨娘安，别的姊妹们都好；一面看宝玉头上戴着累丝嵌宝紫金冠，额上勒着二龙抢珠金抹额，身上穿着秋香色立蟒白狐腋箭袖，繫着五色蝴蝶鸾絛，项上挂着长命锁、记名符，另外有一块落草时衔下来的宝玉。宝钗因笑说道：“成日家说你的这玉，究竟未曾细细的赏鉴，我今儿倒要瞧瞧。”说着便挪近前来。宝玉亦凑了上去，从项上摘了下来，递在宝钗手内。宝钗托于掌上，只见大如雀卵，灿若明霞，莹润如酥，五色花纹缠护。这就是大荒山中青埂峰下的那块顽石的幻相。后人曾有诗嘲云：

女娲炼石已荒唐，又向荒唐演大荒。失去幽灵真境界，幻来亲就臭皮囊。好知运败金无彩，堪叹时乖玉不光。白骨如山忘姓氏，无非公子与红妆。

那顽石亦曾记下他这幻相并癞僧所镌的篆文，今亦按图画于后。但其真体最小，方能从胎中小儿口内衔下。今若按其体画，恐字迹过于微细，使观者大费眼光，亦非畅事。故今只按其形式，无非略放展些规矩，使观者便于灯下醉中可阅。今注明

此故，方无胎中之儿口有多大，怎得衔此狼犺蠢大之物等语之谤。

通灵宝玉正面图式

通灵宝玉 莫失莫忘仙寿恒昌

通灵宝玉反面图式

一除邪祟二疗冤疾三知祸福

宝钗看毕，又从新翻过正面来细看，口内念道："莫失莫忘，仙寿恒昌。"念了两遍，乃回头向莺儿笑道："你不去倒茶，也在这里发呆作什么？"莺儿嘻嘻笑道："我听这两句话，倒像和姑娘的项圈上的两句话是一对儿。"宝玉听了，忙笑说道："原来姊姐那项圈上也有八个字，我也赏鉴赏鉴。"宝钗道："你别听他的话，没有什么字。"宝玉笑央："好姐姐，你怎么瞧我的了呢！"宝钗被他缠不过，因说道："也是个人给了两句吉利话儿，所以錾上了，叫天天带着；不然，沉甸甸的有什么趣儿！"一面说，一面解了排扣，从里面大红袄上将那珠宝晶莹、黄金灿烂的璎珞掏将出来。宝玉忙托了锁看时，果然一面有四个篆字，两面八字，共成两句吉谶。亦曾按式画下形相：

不离不弃芳龄永继

宝玉看了，也念了两遍，又念自己的两遍，因笑问："姐姐，这八个字倒真与我的是一对。"莺儿笑道："是个癞头和尚送的，他说必须錾在金器上……"宝钗不待说完，便嗔她不去倒茶，一面又问宝玉从那里来。

宝玉此时与宝钗就近，只闻一阵阵凉森森、甜丝丝的幽香，竟不知係何香气，遂问："姐姐熏的是什么香？我竟从未闻见过这味儿。"宝钗笑道："我最怕熏香，好好的衣服，熏得烟燎火气的！"宝玉道："既如此，这是什么香？"宝钗想了一想，笑道："是了，是我早起吃了丸药的香气。"宝玉笑道："什么丸药这么好闻？好姐姐，给我一丸尝尝！"宝钗笑道："又混闹了，一个药也是混吃的？"

一语未了，忽听外面人说："林姑娘来了。"话犹未了，林黛玉已摇摇的走了进来。一见了宝玉，便笑道："嗳哟，我来的不巧了！"宝玉等忙起身笑让坐。宝钗因笑道："这话怎么说？"黛玉笑道："早知他来，我就不来了。"宝钗道："我更不解这意。"黛玉笑道："要来时一群都来，要不来一个也不来；今儿他来了，明儿我再来，如此间错开了来着，岂不天天有人来了？也不至于太冷落，也不至于太热闹了。姐姐如何反不解这意思？"

宝玉因见她外面罩着大红羽缎对衿褂子，因问："下雪了么？"地下婆娘们道："下了这半日雪珠儿了。"宝玉道："取了我的斗篷来不曾？"黛玉便道："是不是？我来了，她就该去了？"宝玉笑道："我多早晚说要去了？不过是拿来预备着。"宝玉的奶母李嬷嬷因说道："天又下雪，也好早晚的了，就在这里同姐姐妹妹一处玩玩罢。姨妈那里摆茶果子呢。我叫丫头去取了斗篷来，说给小么儿们散了罢。"宝玉应允。李嬷嬷出去，命小厮们都各散去不提。

这里薛姨妈已摆了几样细巧茶果，留他们吃茶。宝玉因夸前日在那府里珍大嫂子的好鹅掌、鸭信。薛姨妈听了，忙也把自己糟的取了些来与他尝。宝玉笑道："这个须得就酒才好。"薛姨妈便命人去灌了些上等的酒来。李嬷嬷便上来道："姨太太，酒倒罢了。"宝玉笑央道："好妈妈，我只喝一锺。"李嬷嬷道："不中用！当着老太太、太太，哪怕你吃一罈呢！想那日我眼错不见一会，不知是那一个没调教的，只图讨你的好儿，不管别人死活，给了你一口酒吃，葬送得我挨了两日骂。姨太太不知道他性子又可恶，吃了酒更弄性。有一日老太太高兴了，又尽着他吃，什么日子又不许他吃，何苦我白赔在里面！"薛姨妈笑道："老货，你只放心吃你的去。我也不许他吃多了。便是老太太问，有我呢。"一面命小丫鬟："来！让你奶奶们去，也吃杯搪搪雪气。"那李嬷嬷听如此说，只得和众人且去吃些酒水。这里宝玉又说："不必烫热了，我只爱吃冷的。薛姨妈忙道："这可使不得，吃了冷酒，写字手打飐儿。"宝钗笑道："宝兄弟，亏你每日家杂学旁收的，难道就不知道酒性最热，若热吃下去，发散得就快；若冷吃下去，便凝结在内，以五脏去暖他，岂不受害？从此还不快不要吃那冷的呢！"宝玉听这话有情理，便放下冷的，命人暖来方饮。

黛玉磕着瓜子儿，只抿着嘴笑。可巧黛玉的小丫鬟雪雁走来，与黛玉送小手炉，黛玉因含笑问她说："谁叫你送来的？难为她费心，那里就冷死了我！"雪雁道："紫鹃姐姐怕姑娘冷，使我送来的。"黛玉一面接了，抱在怀中，笑道："也亏你倒听她的话。我平日和你说的，全当耳旁风；怎么他说了你就依，比圣旨还快呢？"宝玉听这话，知是黛玉借此奚落他，也无回覆之词，只嘻嘻的笑了两阵罢了。宝钗素知黛玉是如此惯了的，也不去睬她。薛姨妈因道："你素日身子弱，禁不得冷的，她们记挂着你倒不好？"黛玉笑道："姨妈不知道。幸亏是姨妈这里，倘或在别人家，人家岂不恼？好说就看得人家连个手炉也没有，巴巴的从家里送个来。不说丫头们太小心过余，还只当我素日是这等轻狂惯了呢。"薛姨妈道："你这个多心的，有这样想。我就没这样心。"

说话时，宝玉已是三杯过去。李嬷嬷又上来拦阻。宝玉正在心甜意洽之时，和宝、黛姊妹说说笑笑的，那肯不吃。宝玉只得屈意央告："好妈妈，我再吃两锺就不吃了！"李嬷嬷道："你可仔细老爷今儿在家，提防问你的书！"宝玉听了这话，便心中大不自在，慢慢的放下酒，垂了头。黛玉先忙的说："别扫大家的兴！舅舅若叫你，只说姨妈留着呢。这个妈妈，她吃了酒，又拿我们来醒脾了！"一面悄推宝玉，使他赌气；一面悄悄的咕哝说："别理那老货！咱们只管乐咱们的。"那李嬷嬷也素知黛玉的，因说道："林姐儿，你不要助着他了。你倒劝劝他，只怕他还听些。"林黛玉冷笑道："我为什么助着他？我也不犯着劝他。你这妈妈太小心了，往常老太太又给他酒吃，如今在姨妈这里多吃一杯，料也不妨事。必定姨妈这里是外人，不当在这里的也未可知。"李嬷嬷听了，又是急，又是笑，说道："真真这林姑娘，说出一句话来，比刀子还尖。你这算了什么呢！"宝钗也忍不住笑着，把黛玉腮上一拧，说道："真真这个颦丫头的一张嘴，叫人恨又不是，喜欢又不是！"薛姨妈一面又说："别怕，别怕，我的儿！来了这里，没好的你吃，别把这点子东西吓得存在心里，倒叫我不安。只管放心吃，都有我呢！越发吃了晚饭去，便醉了，就跟着我睡罢。"因命："再烫热酒来！姨妈陪你吃两杯，可就吃饭罢。"宝玉听了，方又鼓起兴来。

李嬷嬷因吩咐小丫头子们："你们在这里小心着，我家里去换了衣服就来，悄悄的回姨太太，别任他的性，多给他吃。"说着便家去了。这里虽还有三四个婆子，都是不关痛痒的，见李嬷嬷走了，也都悄悄的自寻方便去了。只剩了两个小丫头子，乐得讨宝玉的欢喜。幸而薛姨妈千哄万哄的，只容他吃了几杯，就忙收过了。做了酸笋鸡皮汤，宝玉痛喝了两碗，吃了半碗饭、碧粳粥。一时薛、林二人也吃完了饭，又酽酽的沏上茶来，大家吃了。薛姨妈方放了心。雪雁等三四个丫头已吃了饭，进来伺候。黛玉因问宝玉道："你走不走？"宝玉乜斜倦眼道："你要走，我和你一同走。"黛玉听说，遂起身道："咱们来了这一日，也该回去了。还不知那边怎么找咱们呢。"说着，二人便告辞。

小丫头忙捧过斗笠来，宝玉便把头略低一低，命她戴上。那丫头便将着大红猩毡斗笠一抖，才往宝玉头上一合，宝玉便说："罢，罢！好蠢东西，你也轻些儿！难道没见过别人戴过的？让我自己戴罢！"黛玉站在炕沿上道："啰嗦什么，过来，我瞧瞧罢！”宝玉忙就近前来。黛玉用手整理，轻轻笼住束发冠，将笠沿掖在抹额之上，将那一颗核桃大的绛绒簪缨扶起，颤巍巍露于笠外。整理已毕，端相了端相，说道：“好了，披上斗篷罢！”宝玉听了，方接了斗篷披上。薛姨妈忙道：“跟你们的妈妈都还没来呢，且略等等不迟。”宝玉道：“我们倒去等她们？有丫头们跟着也够了。”薛姨妈不放心，到底命两个妇女跟随他兄妹方罢。他二人道了扰，一径回至贾母房中。

贾母尚未用晚饭，知是薛姨妈处来，更加喜欢。因见宝玉吃了酒，遂命他自回房去歇着，不许再出来了。因命人好生看侍着。忽想起跟宝玉的人来，遂问众人：“李奶子怎么不见？”众人不敢直说家去了，只说：“才进来的，想有事才去了。”宝玉踉跄回头道：“她比老太太还受用呢，问她作什么！没有她只怕我还多活两日。”一面说，一面来至自己的卧室。只见笔墨在案，晴雯先接出来，笑说道：“好，好！要我研了那些墨，早起高兴，只写了三个字，丢下笔就走了，哄得我们等了一日。快来与我写完这些墨才罢！”宝玉忽然想起早起的事来，因笑道：“我写的那三个字在那里呢？”晴雯笑道：“这个人可醉了！你头里过那府里去，嘱咐我贴在这门斗上的，这会子又这么问。我生怕别人贴坏了，我亲自爬高上梯的贴上，这会子还冻的手僵冷的呢。”宝玉听了，笑道：“我忘了。你的手冷，我替你渥着。”说着便伸手携了晴雯的手，同仰首看门斗上新书的三个字。

一时黛玉来了，宝玉便笑道：“好妹妹，你别撒谎，你看这三个字那一个字好？”黛玉仰头看里间门斗上，新贴了三个字，写着“绛芸轩”。黛玉笑道：“个个都好。怎么写得这么好了？明儿也与我写一个匾。”宝玉嘻嘻的笑道：“又哄我呢。”说着又问：“袭人姐姐呢？”晴雯向里间炕上努嘴。宝玉一看，只见袭人和衣睡着在那里。宝玉笑道：“好！太渥早了些。”因又问晴雯道：“今儿我在那府里吃早饭，有一碟子豆腐皮的包子，我想着你爱吃，和珍大奶奶说了，只说我留着晚上吃，叫人送过来的，你可吃了？”晴雯道：“快别提！一送了来，我知道是我的，偏我才吃了饭，就搁在那里。后来李奶奶来了看见，说：‘宝玉未必吃了，拿来给我孙子吃去罢。’他就叫人拿了家去了。”接着，茜雪捧上茶来。宝玉因让林妹妹吃茶。众人笑说：“林妹妹早走了，还让呢！”

宝玉吃了半碗茶，忽又想起早起的茶来，因问茜雪道：“早起沏了一碗枫露茶，我说过，那茶是三四次后才出色的，这会子怎么又沏了这个来？”茜雪道：“我原是留着的，那会子李奶奶来了，她要尝尝，就给她吃了。”宝玉听了，将手中的茶杯只顺手往地下一掷，"豁啷"一声，打个齑粉，泼了茜雪一裙子的茶。又跳起来问着茜雪道：“她是你那一门子的奶奶，你们这么孝敬她？不过是仗着我小时候吃过她几日奶罢了。如今逞得她比祖宗还大了！如今我又吃不着奶了，白白的养着祖宗作什么！撵了出去，大家干浮！”说着，立刻便要去回贾母，撵他乳母。

原来袭人实未睡着，不过故意装睡，引宝玉来怄他顽耍。先闻得说字、问包子等事，也还可不必起来；后来摔了茶钟，动了气，遂连忙起来解释劝阻。早有贾母遣人来问：“是怎么了？”袭人忙道：“我才倒茶来，被雪滑倒了，失手砸了锺子。”一面又安慰宝玉道：“你立意要撵她也好，我们也都愿意出去，不如趁势连我们一齐撵了，我们也好，你也不愁再有好的来服侍你。”宝玉听了这话，方无了言语，被袭人等扶至炕上，脱换了衣服。不知宝玉口内还说些什么，只觉口齿绵缠，眼眉愈加饧涩，忙伏侍他睡下。袭人伸手从他项上摘下那通灵玉来，用自己的手帕包好，塞在褥下，次日带时，便冰不着脖子。那宝玉就枕便睡着了。彼时李嬷嬷等已进来了，听见醉了，不敢前来再加触犯，只悄悄的打听睡了，方放心散去。

次日醒来，就有人回：“那边小蓉大爷带了秦相公来拜。”宝玉忙接了出去，领了拜见贾母。贾母见秦钟形容标致，举止温柔，堪陪宝玉读书，心中十分欢喜，便留茶留饭，又命人带去见王夫人等。众人因素爱秦氏，今见了秦钟是这般人品，也都欢喜，临去时都有表礼。贾母又与了一个荷包并一个金魁星，取“文星和合”之意。又嘱咐他道：“你家住得远，或一时寒热饥饱不便，只管住在我这里，不必限定了。只和你宝叔在一处，别跟着那起不长进的东西们学。”秦钟一一的答应，回去禀知。

他父亲秦业，现任营缮郎，年近七十，夫人早亡。因当年无儿女，便向养生堂抱了一个儿子并一个女儿。谁知儿子又死了，只剩女儿，小名唤可儿，长大时，生得形容嫋娜，性格风流。因素与贾家有些瓜葛，故结了亲，许与贾蓉为妻。那秦业至五旬之上方得了秦钟。因去岁业师亡故，未暇延请高明之士，只得暂时在家温习旧课。正思要和亲家去商议，送往他家塾中去，暂且不致荒废，可巧遇见了宝玉这个机会。又知贾家塾中现今司塾的是贾代儒，乃当今之老儒，秦钟此去，学业料必进益，成名可望，因此十分欢喜。只是宦囊羞涩，那贾家上上下下都是一双富贵眼睛，容易拿不出来；又恐误了为儿子的终身大事，说不得东拼西凑的恭恭敬敬封了二十四两贽见礼，亲自带了秦钟，来代儒家拜见了。然后听宝玉上学之日，好一同入塾。正是：

早知日后闲争气，岂肯今朝错读书！

第 9 回 恋风流情友入家塾 起嫌疑顽童闹学堂

话说秦业父子专候贾家的人来送上学择日之信。原来宝玉急于要和秦钟相遇，却顾不得别的，遂择了后日上学。“后日一早请秦相公到我这里，会齐了，一同前去。”打发人送了去信。

至是日一早，宝玉未起来时，袭人早已把书笔文物包好，收拾停妥，坐在床沿上发闷。见宝玉醒来，只得服侍他梳洗。宝玉见她闷闷的，因笑问道：“好姐姐，你怎么又不自在了？难道怪我上学去丢得你们冷清了不成？”袭人笑道：“这是那里话？读书是极好的事，不然，就潦倒一辈子，终究怎么样呢？但只一件：读书之时只想着书，不读书的时节想着家里些。别和他们一处玩闹，碰见老爷不是玩的。虽说是奋志要强，那工课宁可少些，一则贪多嚼不烂，二则身子也要保重。这就是我的意思，你可要体谅。”袭人说一句，宝玉应一句。袭人又道：“大毛衣服我也包好了，交出给小子们去了。学里冷，好歹想着添换，比不得家里有人照看。脚炉手炉的炭也交出去了，你可着他们添。那一起懒贼，你不说，他们乐得不动，白冻坏了你。”宝玉道：“你放心，出外头我自己都会调停的。你们也别闷死在屋里，长和林妹妹一处去玩笑才好。”说着，俱已穿戴齐备，袭人催他去见贾母、贾政、王夫人等。宝玉又去嘱咐了晴雯、麝月等几句，方出来见贾母。贾母未免也有几句嘱咐他的话。然后去见王夫人，又出来书房中见贾政。

偏生这日贾政回家得早，正在书房中与相公清客们闲话。忽见宝玉进来请安，回说上学里去，贾政冷笑道：“你如果再提‘上学’两字，连我也羞死了。依我的话，你竟玩你的去是正理。仔细站脏了我这地，靠脏了我这门！”众清客相公们都起身笑道：“老世翁何必如此！今日世兄一去，三二年就可显身成名的了，断不似往年仍作小儿之态的。天也将饭时，世兄竟快请罢！”说着便有两个年老的携了宝玉的手走出去了。

贾政因问：“跟宝玉的是谁？”只听外面答应了两声，早进来三四个大汉，打千儿请安。贾政看时，认得是宝玉的奶母之子，名唤李贵的。因向他说道："你们成日家跟他上学，他到底念了些什么书！倒念了些胡言混语在肚子里，学了些精致的淘气。等我闲一，先揭了你的皮，再和那不长进的算帐！"吓得李贵忙双膝跪下，摘了帽子，碰头有声，连连答应"是"，又回说："哥儿已念到第三本《诗经》，什么'呦呦鹿鸣，荷叶浮萍'，小的不敢撒谎。"说的满座哄然大笑起来。贾政也撑不住笑了。因说道："那怕再念三十本《诗经》，也都是掩耳偷铃，哄人而已。你去请学里师老爷安，就说我说的：什么《诗经》、古文，一概不用虚应故事，只是先把《四书》一齐讲明背熟，是最要紧的。"李贵忙答应"是"，见贾政无话，方退了出去。

此时，宝玉独站在院外，避猫鼠儿似的，屏声静候。待他们出来，便忙忙的走了。李贵等一面掸衣服，一面说道："可听见了不曾？先要揭我们的皮呢！人家的奴才，跟主子赚些好体面，我们这等奴才，白陪着挨打受骂的。从此后也可怜见些才好。"宝玉笑道："好哥哥，你别委曲，我明儿请你。"李贵道："小祖宗，谁敢望你请！只求你听一两句话就有了。"说着，又至贾母这边，秦钟早已来候了，贾母正和他说话儿呢。于是二人见过，辞了贾母。宝玉忽想起未辞黛玉，因又忙至黛玉房中来作辞。彼时黛玉才在窗下对镜理妆，听宝玉未说上学去，因笑道："好，这一去，可定是要'蟾宫折桂'去了。我不能送你了。"宝玉道："好妹妹，等我下了学再吃晚饭。那胭脂膏子，也等我来再製。"唠叨了半日，方撤身去了。黛玉忙又叫住，问道："你怎么不去辞辞你宝姐姐呢？"宝玉笑而不答，一迳同秦钟上学去了。

原来这贾家之义学，离此不远，不过一里之遥。原係始祖所立，恐族中子弟有贫穷不能请师者，即入此中肄业。凡族中有官爵之人，皆有供给银两，按俸之多寡帮助，为学中之费。特共举年高有德之人为塾掌，专为训课子弟。如今宝、秦二人来了，一一的都互相拜见过，读起书来。自此后，二人同来同往，同坐同起，愈加亲密。又兼贾母爱惜，也时常留下秦钟，住上三天五夜，与自己的重孙一般疼爱。因见秦钟不甚宽裕，又助他些衣履等物。不上一月之工，秦钟在荣府便熟惯了。宝玉终是不安本分之人，一味的随心所欲，因此又发了癖性，又特向秦钟悄说道："咱俩人一样的年纪，况又同窗，以后不必论叔侄，只论弟兄朋友就是了。"先是秦钟不肯，当不得宝玉不依，只叫他"兄弟"，或叫他的表字"鲸卿"， 秦钟也只得混着乱叫起来。

原来这学中虽都是本族人丁与些亲戚的子弟，俗语说得好："一龙生九种，种种各别。"未免人多了，就有龙蛇混杂，下流人物在内。自宝、秦二人来了，都生得花朵一般模样，又见秦钟腼腆温柔，未语面先红，怯怯羞羞，有女儿之风；宝玉又是天生成惯能作小服低，赔身下气，性情体贴，话语绵缠。因此二人更加亲厚，也怨不得那起同窗人起了疑，背地里你言我语，诟谇谣诼，布满书房内外。

原来薛蟠自来王夫人处住后，便知有一家学，学中广有青年子弟，不免偶动了龙阳之兴。因此，也假说来上学读书，不过是三日打鱼，两日晒网，白送些束脩礼物与贾代儒，却不曾有一些进益，只图结交些契弟。谁想这学内就有好几个小学生，图了薛蟠的银钱吃穿，被他哄上手的，也不消多记。更又有两个多情的小学生，亦不知是那一房的亲眷，亦未考其名姓，只因生得妩媚风流，满学中都送了他两个外号，一号"香怜"，一号"玉爱"。虽都有窃慕之意、将不利于孺子之心，只是都惧薛蟠的威势，不敢来沾惹。如今宝、秦二人一来，见了他两个，也不免缱绻羡慕，亦因知係薛蟠相知，故未敢轻举妄动。香、玉二人心中，也一般的留情与宝、秦。因此，四人心中虽有情意，只未发迹。每日一入学中，四处各坐，却八目勾留，或设言托意，或咏桑寓柳，遥以心照，却外面自为避人眼目。不意偏又有几个滑贼，看出形景来，都背后挤眉弄眼，或咳嗽扬声，这也非止一日。

可巧这日代儒有事，早已回家去了，只留下一句七言对联，命学生对了，明日再来上书。将学中之事，又命长孙贾瑞暂且管理。妙在薛蟠如今不大来学中应卯了，因此秦钟趁此和香怜挤眉使暗号，二人假装出小恭，走至后院说梯己话。秦钟先问他："家里的大人可管你交朋友不管？"一语未了，只听背后咳嗽了一声。二人吓得忙回头看时，原来是窗友名金荣者。香怜本有些性急，便羞怒相激，问他道："你咳嗽什么？难道不许我们说话不成？"金荣笑道："许你们说话，难道不许我咳嗽不成？我只问你们：有话不明说，谁许你们这样鬼鬼祟祟的干什么故事？我可也拿住了，还赖什么！先得让我抽个头儿，咱们一声儿不言语，不然大家就奋起来。"秦、香二人急得飞红了脸，便问道："你拿住什么了？"金荣笑道："我现拿住了是真的。"说着，又拍着手笑嚷道："贴的好烧饼！你们都不买一个吃去？"秦钟、香怜二人又气又急，忙进来向贾瑞前告金荣，无故欺负他两个。

原来这贾瑞最是个图便宜，没行止的人，每在学中以公报私，勒索子弟们请他；后又附助着薛蟠图些银钱酒肉，一任薛蟠横行霸道，他不但不去管约，反助纣为虐讨好儿。偏那薛蟠本是浮萍心性，今日爱东，明日爱西，近来又有了新朋友，把香、玉二人丢开一边。就连金荣亦是当日的好朋友，自有了香、玉二人，便弃了金荣。近日连香、玉亦已见弃。故贾瑞便无了提携帮衬之人。他不说薛蟠得新弃旧，只怨香、玉二人不在薛蟠前提携帮补他，因此贾瑞、金荣等一干人，正在醋妒他两个。今见秦、香二人来告金荣，贾瑞心中便不自在起来，虽不好呵叱秦钟，却拿着香怜作法，反说他多事，着实抢白了几句。香怜反讨了没趣，连秦钟也讪讪的各归坐位去了。金荣越发得了意，摇头咂嘴的，口内还说许多闲话，玉爱偏又听了不忿，两个人隔座咕咕唧唧的角起口来。金荣只一口咬定说："方才明明的撞见他两个在后院里亲嘴摸屁股，两个商议定了，一对一肏，嘶草根儿抽长短，谁长谁先干。"金荣只顾得意乱说，却不防还有别人。谁知早又触怒了一个。你道这个是谁？

原来这一个名唤贾蔷，亦係宁府中之正派玄孙，父母早亡，从小儿跟着贾珍过活，如今长了十六岁，比贾蓉生的还风流俊俏。他弟兄二人最相亲厚，常相共处。宁府人多口杂，那些不得志的奴仆们，专能造言诽谤主人，因此，不知又有了什么小人诟谇谣诼之词。贾珍想亦风闻得些口声不大好，自己也要避些嫌疑，如今竟分与房舍，命贾蔷搬出宁府，自去立门户过活去了。这贾蔷外相既美，内性又聪明，虽然应名来上学，亦不过虚掩眼目而已。仍是斗鸡走狗，赏花玩柳。总恃上有贾珍溺爱，下有贾蓉匡助，因此族人谁敢来触逆于他。他既和贾蓉最好，今见有人欺负秦钟，如何肯依？自己要挺身出来抱不平，心中且又忖度一番，："金荣、贾瑞一干人，都是薛大叔的相知，向日我又与薛大叔相好，倘或我一出头，他们告诉了老薛，我们岂不伤了和气？待要不管，如此谣言，说得大家没趣。如今何不用计制伏，又止息口声，又不伤脸面？"想毕，也装作出小恭，走至外面，悄悄把跟宝玉的书童名唤茗烟者唤到身边，如此这般，调拨他几句。

这茗烟乃是宝玉第一个得用的，且又年轻不谙世事，如今听贾蔷说金荣如此欺负秦钟，连他的爷宝玉都干连在内，不给他个利害，下次越发狂纵难制了。这茗烟无故就要欺压人的，如今听了这话，又有贾蔷助着，便一头进来找金荣。也不叫金相公了，只说"姓金的，你是什么东西！"贾蔷遂跺一跺靴子，故意整整衣服，看看日影儿说："是时候了。"遂先向贾瑞说有事要早走一步。贾瑞不敢强他，只得随他去了。这里茗烟先一把揪住金荣问道："我们肏屁股不肏，管你机（原字为左毛右几）巴（原字为左毛右巴）相干！横竖没肏你爹去就罢了你是好小子，出来动一动你茗大爷！"吓得满屋中子弟都怔怔的痴望。贾瑞忙吆喝："茗烟不得撒野！"金荣气黄了脸，说："反了，反了！奴才小子都敢如此，我只和你主子说。"便夺手要去抓打宝玉、秦钟。尚未去时，从脑后飕的一声，早见一方砚瓦飞来，并不知係何人打来的，幸未打着，却又打在旁人的座上，这座上乃是贾兰、贾菌。

这贾菌亦係荣国府近派的重孙，其母亦少寡，独守着贾菌。这贾菌与贾兰最好，所以二人同桌而坐。谁知贾菌年纪虽小，志气最大，极是个淘气不怕人的。他在座上冷眼看见金荣的朋友暗助金荣，飞砚来打茗烟，偏没打着茗烟，便落在他桌上，正打在面前，将一个磁砚水壶打了个粉碎，溅了一书黑水。贾菌如何依得，便骂："好囚攮的们，这不都动了手了么！"骂着，也便抓起砚砖来要打回去。贾兰是个省事的，忙按住砚，极口劝道："好兄弟，不与咱们相干。"贾菌如何忍得住，便两手抱起书匣子来，照那边抡了去。终是身小力薄，却抡到半道，至宝玉、秦钟桌案上就落了下来。只听"豁啷啷"一声响，砸在桌上，书本、纸片、笔砚等物撒了一桌，又把宝玉的一碗茶也砸得碗碎茶流。贾菌便跳出来，要揪打那一个飞砚的。金荣此时随手抓了一根毛竹大板在手，地狭人多，那里经得舞动长板。茗烟早吃了一下，乱嚷道："你们还不来动手？"宝玉还有三个小厮：一名锄药，一名扫红，一名墨雨。这三个岂有不淘气的，一齐乱嚷："小妇养的！动了兵器了！"墨雨遂掇起一根门闩，扫红、锄药手中都是马鞭子，蜂拥而上。贾瑞急得拦一回这个，劝一回那个，谁听他的话，肆行大闹。众顽童也有趁势帮着打太平拳助乐的，也有胆小藏过一边的，也有直立在桌上拍着手儿乱笑，喝着声儿叫打的。登时间鼎沸起来。

外边李贵等几个大仆人听见里边作起反来，忙都进来，一齐喝住。问是何原故，众声不一，这一个如此说，那一个又如彼说。李贵且喝骂了茗烟等四个一顿，撵了出去。秦钟的头早撞在金荣的板子上，打起一层油皮，宝玉正拿褂襟子替他揉呢，见喝住了众人，便命李贵："收书！拉马来，我去回太爷去！我们被人欺负了，不敢说别的，守礼来告诉瑞大爷，瑞大爷反倒派我们的不是，听着人家骂我们，还调唆他们打我们。茗烟见人欺负我，他岂有不为我的？他们反打伙儿打了茗烟，连秦钟的头也打破了，这还在这里念什么书！茗烟他也是为有人欺侮我的。不如散了罢。"李贵劝道："哥儿不要性急。太爷既有事回家去了，这会子为这点子事去聒噪他老人家，倒显得咱们没理似的。依我的主意，那里的事情那里了结，何必惊动老人家。这都是瑞大爷的不是，太爷不在这里，你老人家就是这学里的头脑了，众人看你行事。众人有了不是，该打的打，该罚的罚，如何等闹到这步田地还不管？"贾瑞道："我吆喝着都不听。"李贵笑道："不怕你老人家恼我，素日你老人家到底有些不正经，所以这些兄弟才不听。就闹到太爷跟前去，连你老人家也脱不过的。还不快作主意撕罗开了罢！"宝玉道："撕罗什么？我必是回去的！"秦钟哭道："有金荣，我是不在这里念书的。"宝玉道："这是为什么？难道有人家来得，咱们倒来不得？我必回明白众人，撵了金荣去。"又问李贵："金荣是那一房的亲戚？"李贵想一想道："也不用问了。若说起哪一房的亲戚，更伤了兄弟们的和气。"

茗烟在窗外道："他是东胡同子里璜大奶奶的侄儿。哪是什么硬正仗腰子的，也来唬我们！璜大奶奶是他姑娘。你那姑妈只会打旋磨子，给我们琏二奶奶跪着借当头。我眼里就看不起他那样的主子奶奶！"李贵忙断喝不止，说："偏你这小狗肏的知道，有这些蛆嚼！"宝玉冷笑道："我只当是谁的亲戚，原来是璜嫂子的侄儿，我就去问问她来！"说着便要走。叫茗烟进来包书。茗烟包着书，又得意道："爷也不用自己去见，等我去她家，就说老太太有说的话问她呢，雇上一辆车拉进去，当着老太太问她，岂不省事？"李贵忙喝道："你要死！仔细回去我好不好先捶了你，然后再回老爷、太太，就说宝玉全是你调唆的。我这里好容易劝哄好了一半，你又来生个新法子。你闹了学堂，不说变法儿压息了才是，倒要往大里闹！"茗烟方不敢作声儿了。

此时，贾瑞也生恐闹大了，自己也不干净，只得委曲着来央告秦钟，又央告宝玉。先是他二人不肯。后来宝玉说："不回去也罢了，只叫金荣赔不是便罢。"金荣先是不肯，后来禁不得贾瑞也来逼他去赔不是，李贵等只得好劝金荣，说："原是你起的端，你不这样，怎得了局？"金荣强不过，只得与秦钟作了揖。宝玉还不依，偏定要磕头。贾瑞只要暂息此事，又悄悄的劝金荣说："俗语说得好：'杀人不过头点地。'你既惹出事来，少不得下点气儿，磕个头就完事了。"金荣无奈，只得进前来与秦钟磕头。且听下回分解。

第 10 回 金寡妇贪利权受辱 张太医论病细穷源

话说金荣因人多势众，又兼贾瑞勒令，赔了不是，给秦钟磕了头，宝玉方才不吵闹了。大家散了学，金荣回到家中，越想越气，说："秦钟不过是贾蓉的小舅子，又不是贾家的子孙，附学读书，也不过和我一样。他因仗着宝玉和他好，他就目中无人。他既是这样，就该行些正经事，人也没的说。他素日又和宝玉鬼鬼祟祟的，只当人都是瞎子，看不见。今日他又去勾搭人，偏偏的撞在我眼睛里。就是闹出事来，我还怕什么不成？"

他母亲胡氏听见他咕咕嘟嘟的说，因问道："你又要争什么闲气？好容易我望你姑妈说了，你姑妈又千方百计的向他们西府里的琏二奶奶跟前说了，你才得了这个念书的地方。若不是仗着人家，咱们家里还有力量请得起先生？况且人家学里，茶也是现成的，饭也是现成的。你这二年在那里念书，家里也省好大的嚼用呢。省出来的，你又爱穿件鲜明衣服。再者，不是因你在那里念书，你就认得什么薛大爷了？那薛大爷一年不给不给，这二年也帮了咱们有七八十两银子。你如今要闹出了这个学房，再要找这么个地方，我告诉你说罢，比登天还难呢！你给我老老实实的，玩一会子睡你的觉去，好多着呢。"于是金荣忍气吞声，不多一时，他自去睡了。次日仍旧上学去了。不在话下。

且说他姑娘，原聘给的是贾家'玉'字辈的嫡派，名唤贾璜。但其族人那里皆能像宁、荣二府的富势，原不用细说。这贾璜夫妻，守着些小的产业，又时常到宁、荣二府里去请请安，又会奉承凤姐儿并尤氏，所以凤姐、尤氏也时常资助资助他，方能如此度日。

却说这日贾璜之妻金氏因遇天气晴明，又值家中无事，遂带了一个婆子，坐上车，来家里走走，瞧瞧寡嫂并侄儿。闲话之间，金荣的母亲偏提起昨日贾家学房里的那事，从头至尾，一五一十都向他小姑子说了。这璜大奶奶不听则已，听了，一时怒从心上起，说道："这秦钟小崽子是贾门的亲戚，难道荣儿不是贾门的亲戚？人都别忒势利了，况且都做的是什么有脸的好事！就是宝玉，也犯不上向着他到这个地。等我去到东府瞧瞧我们珍大奶奶，再向秦钟他姐姐说说，叫她评评这个理。"这金荣的母亲听了这话，急得了不得，忙说道："这都是我的嘴快，告诉了姑奶奶，求姑奶奶快别说去去，别管他们谁是谁非。倘或闹起来，怎么在那里站得住？若是站不住，家里不但不能请先生，反倒在他身上添出许多嚼用来呢。"璜大奶奶听了，说道："那里管得许多！你等我说了，看是怎么样。"也不容她嫂子劝，一面叫老婆子瞧了车，就坐上往宁府里来。

到了宁府，进了车门，到了东边小角门前下了车，进去见了贾珍之妻尤氏。也未敢气高，殷殷勤勤叙过寒温，说了些闲话，方问道："今日怎么没见蓉大奶奶？"尤氏说道："她这些日子不知怎么着，经期有两个多月没来。叫大夫瞧了，又说并不是喜。那两日，到了下半天就懒待动，话也懒待说，眼神也发眩。我说她：'你且不必拘礼，早晚不必照例上来，你竟好生养养罢。就是有亲戚一家儿来，有我呢。就有长辈们怪你，等我替你告诉。’连蓉哥我都嘱咐了，我说：‘你不许累掯她，不许招她生气，叫她静静的养养就好了。她要想什么吃，只管到我这里取来。倘或我这里没有，只管望你琏二婶子那里要去。倘或她有个好歹，你再要娶这么一个媳妇，这么个模样儿，这么个性情的人儿，打着灯笼也没地方找去。’她这为人行事，哪个亲戚、哪个一家的长辈不喜欢她？所以我这两日好不烦心，焦得我了不得。偏偏今儿早晨她兄弟来瞧他，谁知那小孩子家不知好歹，看见他姐姐身上不大爽快，就有事也不当告诉她，别说是这么一点子小事，就是你受了一万分的委曲，也不该向她说才是。谁知他们昨儿学房里打架，不知是那里附学来的一个人欺侮了他了。里头还有些不干不淨的话，都告诉了他姐姐。婶子，你是知道那媳妇的，虽则见了人有说有笑，会行事儿，她可心细，心又重，不拘听见个什么话儿，都要度量个三日五夜才罢。这病就是打这个秉性上头思虑出来的。今儿听见有人欺负了她兄弟，又是恼，又是气。恼的是那群混帐狐朋狗友的扯是搬非、调三惑四的那些个；气的是她兄弟不学好，不上心读书，以致如此学里吵闹。她听了这事，今日索性连早饭也没吃。我听见了，我方到她那边安慰了她一会子，又劝解了她兄弟一会子。我叫她兄弟到那边府里找宝玉去了。我才看着她吃了半盏燕窝汤，我才过来了。婶子，你说我心焦不心焦？况且如今又没个好大夫，我想到他这病上，我心里倒像针扎似的。你们知道有什么好大夫没有？”

金氏听了这半日话，把方才在她嫂子家的那一团要向秦氏论理的盛气，早吓得都丢在爪洼国去了。听见尤氏问她知道有好大夫的话，连忙答道：“我们这么听着，实在也没听见人说有个好大夫。如今听起大奶奶这个来，定不得还是喜呢。嫂子倒别教人混治。倘或认错了，这可是了不得的！”尤氏道：“可不是呢。”正说话之间，贾珍从外进来，见了金氏，便向尤氏问道：“这不是璜大奶奶么？”金氏向前给贾珍请了安。贾珍向尤氏说道：“让这大妹妹吃了饭去。”贾珍说着话，就过那屋里了。金氏此来，原要向秦氏说说秦钟欺负了她侄儿的事，听见秦氏有病，不但不能说，亦且不敢提了。况且贾珍、尤氏又待得很好，反转怒为喜的，又说了一会子话儿，方家去了。

金氏去后，贾珍方过来坐下，问尤氏道：“今日她来，有什么说的事情么？”尤氏答道：“倒没说什么。一进来的时候，脸上倒像有些着了恼的气色似的，及说了半天话，又提起媳妇这病，她倒渐渐的气色平定了。你又叫让她吃饭，她听见媳妇这么病，也不好意思只管坐着，又说了几句闲话儿就去了，倒没有求什么事。如今且说媳妇这病，你到哪里寻个好大夫来给她瞧瞧要紧，可别耽误了！现今咱们家走的这群大夫，那里要得，一个个都是听着人的口气儿，人怎么说，他也添几句文话儿说一遍。可倒殷勤得很，三四个人一日轮流着，倒有四五遍来看脉。他们大家商量着立个方子，吃了也不见效，倒弄得一日换四五遍衣裳，坐起来见大夫，其实于病人无益。”贾珍说道：“可是。这孩子也煳涂，何必脱脱换换的，倘或了凉，更添一层病，那还了得！衣裳任凭是什么好的，可又值什么！孩子的身子要紧，就是一天穿一套新的，也不值什么。我正进来要告诉你：方才冯紫英来看我，他见我有些抑鬱之色，问我是怎么了。我才告诉他说，媳妇忽然身子有好大的不爽快，因为不得个好太医，断不透是喜是病，又不知有妨碍无妨碍，所以我这两日心里着实着急。冯紫英因说起他有一个幼时从学的先生，姓张名友士，学问最渊博的，更兼医理极深，且能断人的生死。今年是上京给他儿子来捐官，现在他家住着呢。这么看来，竟是合该媳妇的病在他手里除灾，亦未可知。我即刻差人拿我的名帖请去了。今日倘或天晚了不能来，明日想必一定来。况且冯紫英又即刻回家，亲自去求他，务必叫他来瞧瞧。等这个张先生来瞧了再说罢。”

尤氏听了，心中甚喜，因说道：“后日是太爷的寿日，到底怎么办？”贾珍说道：“我方才到了太爷那里去请安，兼请太爷来家来受一受一家子的礼。太爷因说道：‘我是清淨惯了的，我不愿意往你们那样是非场中去闹去。你们必定说是我的生日，要叫我去受众人些头，莫过你把我从前注的《阴骘文》给我叫人好好的写出来刻了，比叫我无故受众人的头还强百倍呢。倘或后日这两日一家子要来，你就在家里好好的款待他们就是了。也不必给我送什么东西来，连你后日也不必来，你要心中不安，你今日就给我磕了头去。倘或后日你要来，又跟随多少人来闹我，我必和你不依。’如此说了又说，后日我是再不敢去的了。且叫来升来，吩咐他预备两日的筵席。”尤氏因叫人叫了贾蓉来：“吩咐来升照旧例预备两日的筵席，要丰丰富富的。你再亲自到西府里去请老太太，大太太，二太太和你琏二婶子来逛逛。你父亲今日又听见一个好大夫，业已打发人请去了，想必明日必来。你可将他这些日子的病症细细的告诉他。”贾蓉一一的答应出去了。

正遇着方才去冯紫英家请那先生的小子回来了，因回道：“奴才方才到了冯大爷家，拿了老爷的名帖请那先生去。那先生说道：‘方才这里大爷也向我说了。但是今日拜了一天的客，才回到家，此时精神实在不能支持，就是去到府上，也不能看脉。’他说等调息一夜，明日务必到府。他又说，他‘医学浅薄，本不敢当此重荐，因我们冯大爷和府上的大人既已如此说了，又不得不去，你先代我回明大人就是了。大人的名帖实不敢当。’仍叫奴才拿回来了。哥儿替奴才回一声儿罢。”贾蓉复转身进去，回了贾珍、尤氏的话，方出来叫了来升来，吩咐他预备两日的筵席的话。来升听毕，自去照例料理。不在话下。

且说次日午间，人回道：“请的那张先生来了。”贾珍遂延入大厅坐下。茶毕，方开言道：“昨承冯大爷示知老先生人品学问，又兼深通医学之至，小弟不胜钦仰！”张先生道：“晚生粗鄙下士，本知见浅陋。昨因冯大爷示知，大人家第谦恭下士，又承呼唤，敢不奉命。但毫无实学，倍增颜汗。”贾珍道：“先生何必过谦。就请先生进去看看儿妇，仰仗高明，以释下怀。”

于是，贾蓉同了进去。到了贾蓉居室，见了秦氏，向贾蓉说道：“这就是尊夫人了？”贾蓉道：“正是。请先生坐下，让我把贱内的病说一说再看脉如何？”那先生道：“依小弟的意思，竟先看过脉，再说的为是。我是初造尊府的，本也不晓得什么，但是我们冯大爷务必叫小弟过来看看，小弟所以不得不来。如今看了脉息，看小弟说得是不是，再将这些日子的病势讲一讲，大家斟酌一个方儿，可用不可用，那时大爷再定夺。”贾蓉道：“先生实在高明，如今恨相见之晚。就请先生看一看脉息，可治不可治，以便使家父母放心。”于是家下媳妇们捧过大迎枕来，一面给秦氏靠着，一面拉着袖口，露出手腕来。先生方伸手按在右手脉上，调息了至数，宁神细诊了半刻的工夫；方换过左手，亦复如是。诊毕脉息，说道：“我们外边坐罢。”

贾蓉于是同先生到外边屋里炕上坐了，一个婆子端了茶来。贾蓉道：“先生请茶。”于是陪先生吃了茶，遂问道：“先生看这脉息，还治得治不得？”先生道：“看得尊夫人这脉息：左寸沉数，左关沉伏；右寸细而无力，右关需而无神。其左寸沉数者，乃心气虚而生火；左关沉伏者，乃肝家气滞血亏。右寸细而无力者，乃肺经气分太虚；右关需而无神者，乃脾土被肝木克制。心气虚而生火者，应现经期不调，夜间不寐。肝家血亏气滞者，必然肋下疼胀，月信过期，心中发热。肺经气分太虚者，头目不时眩晕，寅卯间必然自汗，如坐舟中。脾土被肝木克制者，必然不思饮食，精神倦怠，四肢酸软。据我看，这脉息应当有这些症候才对。或以这个脉为喜脉，则小弟不敢闻命矣。”旁边一个贴身伏侍的婆子道：“何尝不是这样呢。真正先生说的如神，倒不用我们告诉了。如今我们家里现有好几位太医老爷瞧着呢，都不能说得这么当真切。有一位说是喜，有一位说是病；这位说不相干，那位说怕冬至，总没有个准话儿。求老爷明白指示指示。”

那先生笑道：“大奶奶这个症候，可是那几位耽搁了。要在初次行经的时后就用药治起来，不但断无今日之患，而且此时已全愈了。如今既是把病耽误到这个地位，也是应有此灾。依我看来，这病尚有三分治得。吃了我这药看，若是夜间睡得着觉，那时又添了二分拿手了。据我看这脉息：大奶奶是个心性高强，聪明不过的人；但聪明太过，则不如意事常有；不如意事常有，则思虑太过。此病是忧虑伤脾，肝木忒旺，经血所以不能按时而至。大奶奶从前的行经的日子问一问，断不是常缩，必是常长的。是不是？”这婆子答道：“可不是，从没有缩过，或是长两日三日，以至十日都长过。”先生听了道：“妙啊！这就是病源了。从前若能够以养心调经之药服之，何至于此！这如今明显出一个水亏木旺的症候来。待用药看看。”于是写了方子，递与贾蓉，上写的是：

益气养荣补脾和肝汤

人参二钱。白术二钱，土炒。云苓三钱。熟地四钱。归身二钱，酒洗。白芍二钱，炒。川芎钱半。黄?三钱。香附米二钱，製醋柴胡八分。怀山药二钱，炒。真阿胶二钱，蛤粉炒。延胡索钱半，酒炒。炙甘草八分。引用建莲子七粒，去心。红枣二枚。

贾蓉看了，说：“高明得很。还要请教先生，这病与性命终久有妨无妨？”先生笑道：“大爷是最高明的人。人病到这个地位，非一朝一夕的症候，吃了这药，也要看医缘了。依小弟看来，今年一冬是不相干的。总是过了春分，就可望全愈了。”贾蓉也是个聪明人，也不往下细问了。

于是贾蓉送了先生去了，方将这药方子并脉案都给贾珍看了，说的话也都回了贾珍并尤氏了。尤氏向贾珍说道：“从来大夫不像他说的这么痛快，想必用药也不错。”贾珍道：“人家原不是混饭吃的久惯行医的人。因为冯紫英与我们相好，他好容易求了他来的。既有这个人，媳妇的病或者就能好了。他那方子上有人参，就用前日买的那一斤好的罢。”贾蓉听毕话，方出来叫人打药去煎给秦氏吃。不知秦氏服了此药病势如何，且听下回分解。

第 11 回 庆寿辰宁府排家宴 见熙凤贾瑞起淫心

话说是日贾敬的寿辰，贾珍先将上等可吃的东西、稀奇些的果品，装了十六大捧盒，着贾蓉带领家下人等与贾敬送去，向贾蓉说道：“你留神看太爷喜欢不喜欢，你就行了礼来。你说：‘我父亲遵太爷的话未敢来，在家里率领合家都朝上行了礼了。’”贾蓉听罢，即率领家人去了。

这里渐渐的就有人来了。先是贾琏、贾蔷到来，先看了各处的座位，并问：“有什么玩意儿没有？”家人答道：“我们爷原算计请太爷今日来家，所以并未敢预备顽意儿。前日，听见太爷又不来了，现叫奴才们找了一班小戏儿并一档子打十番的，都在园子里戏台上预备着呢。”次后邢夫人、王夫人、凤姐儿、宝玉都来了，贾珍并尤氏接了进去。尤氏的母亲已先在这里呢。大家见过了，彼此让了坐。贾珍、尤氏二人亲自递了茶，因笑说道：“老太太原是老祖宗，我父亲又是侄儿，这样日子，原不敢请她老人家；但是这个时候，天气正凉爽，满园的菊花又盛开，请老祖宗过来散散闷，看着众儿孙热闹热闹，是这个意思。谁知老祖宗又不肯赏脸。”凤姐儿未等王夫人开口，先说道：“老太太昨日还说要来着呢，因为晚上看着宝兄弟他们吃桃儿，老人家又嘴馋了，吃了有大半个，五更天的时候，就一连起来了两次，今日早晨略觉身子倦些。因叫我回大爷，今日断不能来了，说有好吃的要几样，还要很烂的。”贾珍听了笑道：“我说老祖宗是爱热闹的，今日不来，必定有个原故，若是这么着就是了。”王夫人道：“前日听见你大妹妹说，蓉哥儿媳妇儿身上有些不大好，到底是怎么样？”尤氏道：“她这个病病得也奇，上月中秋还跟着老太太、太太们玩了半夜，回家来好好的。到了二十后，一日比一日觉懒，也懒待吃东西，这将近有半个多月了。经期又有两个月没来。”邢夫人接着说道：“别是喜罢？”

正说着，外头人回道：“大老爷、二老爷并一家子的爷们都来了，在厅上呢。”贾珍连忙出去了。这里尤氏方说道：“从前大夫也有说是喜的。昨日冯紫英荐了他从学过的一个先生，医道很好，瞧了说不是喜，竟是很大的一个症候。昨日开了方子，吃了一剂药，今日头眩得略好些，别的仍不见怎么样大见效。”凤姐儿道：“我说她不是十分支持不住，今日这样的日子，再也不肯不扎挣着上来。”尤氏道：“你是初三日在这里见她的，她还强扎挣了半天，也是因你们娘儿两个好的上头，她才恋恋的舍不得去。”凤姐儿听了，眼圈儿红了半天，半日方说道：“真是‘天有不测风云，人有旦夕祸福’。这个年纪，倘或就因这个病上怎么样了，人还活着有甚么趣儿！”

正说话间，贾蓉进来，给邢夫人、王夫人、凤姐儿前都请了安，方回尤氏道：“方才我去给太爷送吃食去，并回说我父亲在家中伺候老爷们，款待一家子的爷们，遵太爷的话并未敢来。太爷听了甚喜欢，说：‘这才是’。叫告诉父亲、母亲好生伺候太爷、太太们，叫我好生伺候叔叔、婶子们并哥哥们。还说那《阴骘文》， 叫急急的刻出来，印一万张散人。我将此话都回了我父亲了。我这会子得快出去打发太爷们并合家爷们吃饭。”凤姐儿说：“蓉哥儿，你且站住。你媳妇今日到底是怎么着？”贾蓉皱皱眉，说道：“不好么！婶子回来瞧瞧去就知道了。”于是贾蓉出去了。

这里尤氏向邢夫人、王夫人道：“太太们在这里吃饭啊，还是在园子里吃去好？小戏儿现预备在园子里呢。”王夫人向邢夫人道：“我们索性吃了饭再过去罢，也省好些事。”邢夫人道：“很好。”于是尤氏就吩咐媳妇婆子们：“快送饭来！”门外一齐答应了一声，都各人端各人的去了。不多一时，摆上了饭。尤氏让邢夫人、王夫人并她母亲都上了坐，她与凤姐儿、宝玉侧席坐了。邢夫人、王夫人道：“我们来原为给大老爷拜寿，这不竟是我们来过生日来了么？”凤姐儿说道：“大老爷原是好养静的，已经修炼成了，也算得是神仙了。太太们这么一说，这就叫作‘心到神知’了。”一句话说得满屋里的人都笑起来了。

于是，尤氏的母亲并邢夫人、王夫人、凤姐儿都吃毕饭，漱了口，淨了手，才说要往园子里去。贾蓉进来向尤氏说道：“老爷们并众位叔叔、哥哥、兄弟们也都吃了饭了。大老爷说家里有事，二老爷是不爱听戏又怕人闹得慌，都才去了。别的一家子爷们都被琏二叔并蔷兄弟让过去听戏去了。方才南安郡王、东平郡王、西宁郡王、北静郡王四家王爷，并镇国公牛府等六家，忠靖侯史府等八家，都差人持了名帖送寿礼来，俱回了我父亲，先收在帐房里了，礼单都上了档子了。老爷的领谢的名帖都交给各来人了，各来人也都照旧例赏了，众来人都让吃了饭才去。母亲该请二位太太、老娘、婶子都过园子里坐着去罢。”尤氏道：“也是才吃完了饭，就要过去了。”

凤姐儿说：“我回太太，我先瞧瞧蓉哥儿媳妇，我再过去。”王夫人道：“很是。我们都要去瞧瞧她，倒怕她嫌闹得慌，说我们问她好罢。”尤氏道：“好妹妹，媳妇听你的话，你去开导开导她，我也放心。你就快些过园子里来。”宝玉也要跟了凤姐儿去瞧秦氏去，王夫人道：“你看看就过去罢，那是侄儿媳妇。”于是尤氏请了邢夫人、王夫人并她母亲都过会芳园去了。

凤姐儿、宝玉方和贾蓉到秦氏这边来了。进了房门，悄悄的走到里间房门口，秦氏见了，就要站起来，凤姐儿说：“快别起来，看起勐了头晕。”于是凤姐儿就紧走了两步，拉住秦氏的手，说道：“我的奶奶！怎么几日不见，就瘦得这么着了！”于是就坐在秦氏坐的褥子上。宝玉也问了好，坐在对面椅子上。贾蓉叫：“快倒茶来！婶子和二叔在上房还未喝茶呢。”

秦氏拉着凤姐儿的手，强笑道：“这都是我没福。这样人家，公公、婆婆当自己的女孩儿似的待。婶娘的侄儿虽说年轻，却也是他敬我，我敬他，从来没有红过脸儿。就是一家子的长辈、同辈之中，除了婶子倒不用说了，别人也从无不疼我的，也无不和我好的。这如今得了这个病，把我那要强的心一分也没有了。公婆跟前未得孝顺一天，就是婶娘这样疼我，我就有十分孝顺的心，如今也不能够了。我自想着，未必熬的过年去呢。”

宝玉正眼瞅着那《海棠春睡图》并那秦太虚写的“嫩寒锁梦因春冷，芳气笼人是酒香”的对联，不觉想起在这里睡晌觉，梦到“太虚幻境”的事来。正自出神，听得秦氏说了这些话，如万箭攒心，那眼泪不知不觉就流下来了。凤姐儿心中虽十分难过，但恐怕病人见了众人这个样儿，反添心酸，倒不是来开导劝解的意思了。见宝玉这个样子，因说道：“宝兄弟，你忒婆婆妈妈的了。她病人不过是这么说，哪里就到得这个田地了？况且能多大年纪的人，略病一病儿，就这么想那么想的，这不是自己倒给自己添病了么？”贾蓉道：“她这病也不用别的，只是吃得些饮食就不怕了。”凤姐儿道：“宝兄弟，太太叫你快过去呢。你别在这里只管这么着，倒招得媳妇也心里不好。太太那里又惦着你。”因向贾蓉说道：“你先同你宝叔叔过去罢，我还略坐一坐儿。”贾蓉听说，即同宝玉过会芳园来了。

这里凤姐儿又劝解了秦氏一番，又低低的说了许多衷肠话儿。尤氏打发人请了两三遍，凤姐儿才向秦氏说道：“你好生养着罢，我再来看你。合该你这病要好，所以前日就有人荐了这个好大夫来，再也是不怕的了。”秦氏笑道：“任凭神仙也罢，治得病治不得命。婶子，我知道我这病不过是挨日子。”凤姐儿说道：“你只管这么想着，病那里能好呢？总要想开了才是。况且听得大夫说，若是不治，怕的是春天不好。如今才九月半，还有四五个月的工夫，什么病治不好呢？咱们若是不能吃人参的人家，这也难说了；你公公、婆婆听见治得好你，别说一日二钱人参，就是二斤，也能够吃得起。好生养着罢，我过园子里去了。”秦氏又道：“婶子，恕我不能跟过去了。闲了时候还求婶子常过来瞧瞧我，咱们娘儿们坐坐，多说几遭话儿。”凤姐儿听了，不觉得又眼圈儿一红，遂说道：“我得了闲儿，必常来看你。”

于是凤姐儿带领跟来的婆子、丫头并宁府的媳妇、婆子们，从里头绕进园子的便门来。但只见：

黄花满地，白柳横坡。小桥通若耶之溪，曲径接天台之路。石中清流激湍，篱落飘香；树头红叶翩翻，疏林如画。西风乍紧，初罢莺啼；暖日当暄，又添蛩语。遥望东南，建几处依山之榭；纵观西北，结三间临水之轩。笙簧盈耳。别有幽情；罗绮穿林，倍添韵致。

凤姐儿正自看园中的景致，一步步行来赞赏。勐然从假山石后走过一个人来，向前对凤姐儿说道：“请嫂子安。”凤姐儿勐然见了，将身子望后一退，说道：“这是瑞大爷不是？”贾瑞说道：“嫂子连我也不认得了？不是我是谁？”凤姐儿道：“不是不认得，勐然一见，不想到是大爷到这里来。”贾瑞道：“也是合该我与嫂子有缘。我方才偷出了席，在这个清淨地方略散一散，不想就遇见嫂子也从这里来。这不是有缘么？”一面说着，一面拿眼睛不住的觑着凤姐儿。

凤姐儿是个聪明人，见他这个光景，如何不猜透八九分呢。因向贾瑞假意含笑道：“怨不得你哥哥时常提你，说你很好。今日见了，听你说这几句话儿，就知道你是个聪明和气的人了。这会子我要到太太们那里去，不得和你说话儿，等闲了咱们再说话儿罢。”贾瑞道：“我要到嫂子家里去请安，又恐怕嫂子年轻，不肯轻易见人。”凤姐儿假意笑道：“一家子骨肉，说什么年轻不年轻的话！”贾瑞听了这话，再不想到今日得这个奇遇，那神情光景，越发不堪难看。凤姐儿说道：“你快去入席去罢，仔细他们拿住罚你酒！”贾瑞听了，身上已木了半边，慢慢的一面走着，一面回过头来看。凤姐儿故意的把脚步放迟了些儿，见他去远了，心里暗忖道：“这才是‘知人知面不知心’呢，哪里有这样禽兽的人呢！他如果如此，几时叫他死在我的手里，他才知道我的手段！”

于是，凤姐儿方移步前来。将转过了一重山坡，见两三个婆子慌慌张张的走来，见了凤姐儿，笑说道：“我们奶奶见二奶奶只是不来，急得了不得，叫奴才们又来请奶奶来了。”凤姐儿说道：“你们奶奶就是这么急脚鬼似的。”凤姐儿慢慢的走着，问：“戏唱了几齣了？”那婆子回道：“有八九齣了。”说话之间，已来到了天香楼的后门，见宝玉和一群丫头们在那里玩呢。凤姐儿说道：“宝兄弟，别忒淘气了！”有一个丫头说道：“太太们都在楼上坐着呢，请奶奶就从这边上去罢。”

凤姐儿听了，款步提衣上了楼，见尤氏已在楼梯口等着呢。尤氏笑说道：“你们娘儿两个忒好了，见了面总舍不得来了。你明日搬来和她住着罢。你坐下，我先敬你一锺。”于是凤姐儿在邢、王二夫人前告了坐，又在尤氏的母亲前周旋了一遍，仍同尤氏坐在一桌上吃酒听戏。尤氏叫拿戏单来，让凤姐儿点戏。凤姐儿说道：“亲家太太和太太们在这里，我如何敢点！”邢夫人、王夫人说道：“我们同亲家太太都点了好几齣了，你点两齣好的我们听。”凤姐儿立起身来，答应了一声，方接了戏单，从头一看，点了一齣《还魂》，一齣《弹词》，递过戏单去说：“现在唱的这《双官诰》，唱完了，再唱这两齣，也就是时候了。”王夫人道：“可不是呢，也该趁早叫你哥哥、嫂子歇歇，他们又心里不静。”尤氏说道：“太太们又不常过来，娘儿们多坐一会子去，才有趣儿，天还早呢。”凤姐儿立起身来，望楼下一看，说：“爷们都往哪里去了？”旁边一个婆子道：“爷们才到凝曦轩，带了打十番的那里吃酒去了。”凤姐儿说道：“在这里不便易？背地里又不知干什么去了！”尤氏笑道：“哪里都像你这么正经人呢。”

于是说说笑笑，点的戏都唱完了，方才撤下酒席，摆上饭来。吃毕，大家才出园子来，到上房坐下，吃了茶，方才叫预备车，向尤氏的母亲告了辞。尤氏率同众姬妾并家下婆子、媳妇们方送出来；贾珍率领众子侄都在车旁侍立，等候着呢，见了邢、王夫人说道：“二位婶子明日还过来逛逛。”王夫人道：“罢了，我们今日整坐了一日，也乏了，明日歇歇罢。”于是都上车去了。贾瑞犹不时拿眼睛觑着凤姐儿。贾珍等进去后，李贵才拉过马来。宝玉骑上，随了王夫人去了。这里贾珍同一家子的弟兄、子侄吃过了晚饭，方大家散了。

次日，仍是众族人等闹了一日，不必细说。此后凤姐儿不时亲自来看秦氏。秦氏也有几日好些，也有几日仍是那样。贾珍、尤氏、贾蓉好不焦心。

且说贾瑞到荣府来了几次，偏都遇见凤姐儿往宁府那边去了。这年正是十一月三十日冬至。到交节的那几日，贾母、王夫人、凤姐儿日日差人去看秦氏，回来的人都说：“这几日也未见添病，也不见甚好。”王夫人向贾母说：“这个症候，遇着这样大节不添病，就有好大的指望了。”贾母说：“可是呢，好个孩子，要是有些原故，可不叫人疼死！”说着，一阵心酸，叫凤姐儿说道：“你们娘儿两个也好了一场，明日大初一，过了明日，你后日去看一看她去。你细细的瞧瞧她那光景，倘或好些儿，你回来告诉我，我也喜欢喜欢。那孩子素日爱吃的，你也常叫人做些给她送过去。”凤姐儿一一的答应了。

到了初二日，吃了早饭，来到宁府，看见秦氏的光景，虽未甚添病，但是那脸上身上的肉全瘦干了。于是和秦氏坐了半日，说了些闲话儿，又将这病无妨的话开导了一遍。秦氏说道：“好不好，春天就知道了。如今现过了冬至，又没怎么样，或者好得了也未可知。婶子回老太太、太太放心罢。昨日老太太赏的那枣泥馅的山药糕，我倒吃了两块，倒像克化得动似的。”凤姐儿说道：“明日再给你送来。我到你婆婆那里瞧瞧，就要赶着回去回老太太的话去。”秦氏道：“婶子替我请老太太、太太安罢。”

凤姐儿答应着就出来了，到了尤氏上房坐下。尤氏道：“你冷眼瞧媳妇是怎么样？”凤姐儿低了半日头，说道：“这实在没法儿了。你也该将一应的后事用的东西给她料理料理，冲一冲也好。”尤氏道：“我也叫人暗暗的预备了。就是那件东西不得好木头，暂且慢慢的办罢。”于是，凤姐儿吃了茶，说了一会子话儿，说道：“我要快回去回老太太的话去呢。”尤氏道：“你可缓缓的说，别吓着老太太。”凤姐儿道：“我知道。”于是凤姐儿就回来了。

到了家中，见了贾母，说：“蓉哥儿媳妇请老太太安，给老太太磕头，说她好些了，求老祖宗放心罢。她再略好些，还要给老祖宗磕头请安来呢。”贾母道：“你看她是怎么样？”凤姐儿说：“暂且无妨，精神还好呢。”贾母听了，沉吟了半日，因向凤姐儿说：“你换换衣服，歇歇去罢。”

凤姐儿答应着出来，见过了王夫人，到了家中，平儿将烘的家常的衣服给凤姐儿换了。凤姐儿方坐下，问道：“家里没有什么事么？”平儿方端了茶来，递了过去，说道：“没有什么事。就是那三百银子的利银，旺儿媳妇送进来，我收了。再有瑞大爷使人来打听奶奶在家没有，他要来请安说话。”凤姐儿听了，哼了一声，说道：“这畜生合该作死，看他来了怎么样！”平儿因问道：“这瑞大爷是因什么只管来？”凤姐儿遂将九月里在宁府园子里遇见他的光景，他说的话，都告诉了平儿。平儿说道：“癞蛤蟆想天鹅肉吃，没人伦的混帐东西，起这个念头，叫他不得好死！”凤姐儿道：“等他来了，我自有道理。”不知贾瑞来时作何光景，且听下回分解。

第 12 回 王熙凤毒设相思局 贾天祥正照风月鑑

话说凤姐正与平儿说话，只见有人回说：“瑞大爷来了。”凤姐急命“快请进来。”贾瑞见往里让，心中喜出望外，急忙进来，见了凤姐，满面陪笑，连连问好。凤姐儿也假意殷勤，让茶让坐。

贾瑞见凤姐如此打扮，亦发酥倒，因饧了眼问道：“二哥哥怎么还不回来？”凤姐道：“不知什么原故。”贾瑞笑道：“别是在路上有人绊住了脚，舍不得回来也未可知？”凤姐道：“也未可知。男人家见一个爱一个也是有的。”贾瑞笑道：“嫂子这话说错了，我就不这样。”凤姐笑道：“像你这样的人能有几个呢，十个里也挑不出一个来。”贾瑞听了，喜得抓耳挠腮。又道：“嫂子天天也闷得很。”凤姐道：“正是呢，只盼个人来说话，解解闷儿。”贾瑞笑道：“我倒天天闲着，天天过来替嫂子解解闲闷可好不好？”凤姐笑道：“你哄我呢，你哪里肯往我这里来！”贾瑞道：“我在嫂子跟前，若有一点谎话，天打雷噼。只因素日闻得人说，嫂子是个利害人，在你跟前一点也错不得，所以唬住了我。如今见嫂子最是有说有笑极疼人的，我怎么不来？死了也愿意！”凤姐笑道：“果然你是个明白人，比贾蓉、贾蔷两个强远了。我看他那样清秀，只当他们心里明白，谁知竟是两个糊涂虫，一点不知人心。”贾瑞听了这话，越发撞在心坎儿上，由不得又往前凑了一凑，觑着眼看凤姐带的荷包，然后又问带着什么戒指。凤姐悄悄道：“放尊重些！别叫丫头们看了笑话。”贾瑞如听纶音佛语一般，忙往后退。凤姐笑道：“你该去了。”贾瑞道：“我再坐一会儿，好狠心的嫂子！”凤姐又悄悄的道：“大天白日，人来人往，你就在这里也不方便。你且去，等着晚上起了更你来，悄悄的在西边穿堂儿里等我。”贾瑞听了，如得珍宝，忙问道：“你别哄我。但只那里人过的多，怎么好躲的？”凤姐道：“你只管放心。我把上夜的小厮们都放了假，两边门一关，再没别人了。”贾瑞听了，喜之不禁，忙忙的告辞而去，心内以为得手。

盼到晚上，果然黑地里摸入荣府，趁掩门时，鑽入穿堂，果见漆黑无一人。往贾母那边去的门户已倒锁，只有向东的门未关。贾瑞侧耳听着，半日不见人来，忽听‘咯蹬’一声，东边的门也倒关了。贾瑞急得也不敢作声，只得悄悄的出来，将门撼了撼，关得铁桶一般。此时要求出去亦不能够，南北皆是大房牆，要跳亦无攀援。这屋内又是过门风，空落落的；现是腊月天气，夜又长，朔风凛凛，侵肌裂骨，一夜几乎不曾冻死。好容易盼到早晨，只见一个老婆子先将东门开了，进来去叫西门。贾瑞瞅她背着脸，一熘烟抱着肩跑了出来，幸而天气尚早，人都未起，从后门一径跑回家去。

原来贾瑞父母早亡，只有他祖父代儒教养。那代儒素日教训最严，不许贾瑞多走一步，生怕他在外吃酒赌钱，有误学业。今忽见他一夜不归，只料定他在外非饮即赌，嫖娼宿妓，哪里想到这段公案，因此气了一夜。贾瑞也捻着一把汗，少不得回来撒谎，只说：“往舅舅家去了，天黑了，留我住了一夜。”代儒道：“自来出门，非禀我不敢擅出，如何昨日私自去了？据此亦该打，何况是撒谎！”因此，发狠到底打了三四十扳，还不许吃饭，令他跪在院内读文章，定要补出十天的功课来方罢。贾瑞直冻了一夜，今又遭了苦打，且饿着肚子，跪着在风地里读文章，其苦万状。

此时，贾瑞前心犹是未改，再想不到是凤姐捉弄他。过后两日，得了空，便仍来找凤姐。凤姐故意抱怨他失信，贾瑞急得赌身发誓。凤姐因见他自投罗网，少不得再寻别计令他知改，故又约他道：“今日晚上，你别在那里了。你在我这房后小过道子里那间空屋里等我，可别冒撞了。”贾瑞道：“果真？”凤姐道：“谁可哄你！你不信就别来。”贾瑞道：“来，来，来，死也要来！”凤姐道：“这会子你先去罢。”贾瑞料定晚间必妥，此时先去了。凤姐在这里便点兵派将，设下圈套。

那贾瑞只盼不到晚上，偏生家里亲戚又来了，直等吃了晚饭才去，那天已有掌灯时分。又等他祖父安歇了，方熘进荣府，直往那夹道中屋子里来等着，热锅上蚂蚁一般，只是干转。左等不见人影，右听也没声响，心下自思：“别是又不来了，又冻我一夜不成？”正自胡猜，只见黑魆魆的来了一个人，贾瑞便意定是凤姐，不管皂白，饿虎一般，等那人刚至门前，便如猫捕鼠的一般，抱住叫道：“我的亲嫂子，等死我了！”说着，抱到屋里炕上就亲嘴扯裤子，满口里“亲娘”“亲爹”的乱叫起来。那人只不作声。贾瑞扯了自己裤子，硬帮帮的就想顶入。忽见灯光一闪，只见贾蔷举着个捻子照道：“谁在屋里？”只见炕上那人笑道：“瑞大叔要肏我呢。”贾瑞一见，却是贾蓉，真臊得无地可入，不知要怎么样才好。回身就要跑，被贾蔷一把揪住道：“别走！如今琏二婶已经告到太太跟前，说你无故调戏她。她暂用了个脱身计，哄你在这边等着。太太气死过去了，因此叫我来拿你。刚才你又拦住他，没的说，跟我去见太太吧！”

贾瑞听了，魂不附体，只说：“好侄儿，只说没有见我，明日我重重的谢你。”贾蔷道：“你若谢我，放你不值什么，只不知你谢我多少？况且口说无凭，写一文契来！”贾瑞道：“这如何落纸呢？”贾蔷道：“这也不妨，写一个赌钱输了外人帐目，借头家银若干两便罢。”贾瑞道：“这也容易。只是此时无纸笔。”贾蔷道：“这也容易。”说罢，翻身出来，纸笔现成，拿来命贾瑞写。他两个作好作歹，只写了五十两，然后画了押，贾蔷收起来。然后撕逻贾蓉。贾蓉先咬定牙不依，只说：“明日告诉族中的人评评理。”贾瑞急得至于叩头。贾蔷作好作歹的，也写了一张五十两欠契才罢。贾蔷又道：“如今要放你，我就担着不是。老太太那边的门早已关了，老爷正在厅上看南京的东西，那一条路定难过去，如今只好走后门。若这一走，倘或遇见了人，连我也完了。等我们先去哨探哨探，再来领你。这屋里你还藏不得，少时就来堆东西。等我寻个地方。”说毕，拉着贾瑞，仍熄了灯，出至院外，摸着大台矶底下，说道：“这窝儿里好，你只蹲着，别哼一声，等我们来再动。”说毕，二人去了。

贾瑞此时身不由己，只得蹲在那里。心下正盘算，只听头顶上一声响，哗拉拉一淨桶尿粪从上面直泼下来，可巧浇了他一身一头。贾瑞掌不住‘嗳哟’了一声，忙又掩住口，不敢声张，满头满脸浑身皆是尿屎，冰冷打战。只见贾蔷跑来叫：“快走，快走！”贾瑞如得了命，三步两步从后门跑到家里，天已三更，只得叫门。开门人见他这般景况，问是怎的。少不得扯谎说：“黑了，失脚掉在茅厕里了。”一面到了自己房中，更衣洗濯，心下方想到是凤姐玩他。因此发一回恨，再想想凤姐的模样儿，又恨不得一时搂在怀内，一夜竟不曾合眼。

自此满心想凤姐，只不敢往荣府去了。贾蓉两个又常常的来索银子，他又怕祖父知道，正是相思尚且难禁，更又添了债务。日间功课又紧，他二十来岁人，尚未娶亲，迩来想着凤姐，未免有那指头告了消乏等事；更兼两回冻恼奔波，因此三五下里夹攻，不觉就得了一病：心内发膨胀，口中无滋味，脚下如绵，眼中似醋，黑夜作烧，白昼常倦，下溺连精，嗽痰带血。诸如此症，不上一年都添全了。于是不能支持，一头睡倒，合上眼还只梦魂颠倒，满口乱说胡话，惊怖异常。百般请医疗治，诸如肉桂、附子、鳖甲、麦冬、玉竹等药，吃了有几十斤下去，也不见个动静。

倏忽又腊尽春回，这病更又沉重。代儒也着了忙，各处请医疗治，皆不见效。因后来吃“独参汤”，代儒如何有这力量，只得往荣府来寻。王夫人命凤姐秤二两给他，凤姐回说：“前儿新近都替老太太配了药，那整的太太又说留着送杨提督的太太配药，偏生昨儿我已送了去了。”王夫人道：“就是咱们这边没了，你打发个人往你婆婆那边问问，或是你珍大哥哥那府里再寻些来，凑着给人家，吃好了，救人一命，也是你的好处。”凤姐听了，也不遣人去寻，只得将些渣末泡鬚凑了几钱，命人送去，只说：“太太送来的，再也没了。”然后回王夫人，只说：“都寻了来，共凑了有二两送去。”

那贾瑞此时要命心甚切，无药不吃，只是白花钱，不见效。忽然这日有个跛足道人来化斋，口称专治冤业之症。贾瑞偏生在内就听见了，直着声叫喊说：“快请进那位菩萨来救我！”一面叫，一面在枕上叩首。众人只得带了那道士进来。贾瑞一把拉住，连叫“菩萨救我！”那道士叹道：“你这病非药可医，我有个宝贝与你，你天天看时，此命可保矣。”说毕，从褡裢中取出一面镜子来－－两面皆可照人，镜把上面錾着“风月宝鑑”四字－－递与贾瑞道：“这物出自太虚幻境空灵殿上，警幻仙子所制，专治邪思妄动之症，有济世保生之功。所以带它到世上，单与那些聪明杰俊、风雅王孙等看照。千万不可照正面，只照它的背面，要紧，要紧！三日后吾来收取，管叫你好了。”说毕，佯常而去，众人苦留不住。

贾瑞收了镜子，想道：“这道士倒有意思，我何不照一照试试。”想毕，拿起风月鑑来，向反面一照，只见一个骷髅立在里面，唬得贾瑞连忙掩了，骂：“道士混帐，如何吓我！我倒再照照正面是什么。”想着，又将正面一照，只见凤姐站在里面招手叫他。贾瑞心中一喜，荡悠悠的觉得进了镜子，与凤姐云雨一番，凤姐仍送他出来。到了床上，‘嗳哟’了一声，一睁眼，镜子从手里掉过来，仍是反面立着一个骷髅。贾瑞自觉汗津津的，底下已遗了一滩精。心中到底不足，又翻过正面来，只见凤姐还招手叫他，他又进去。如此三四次。到了这次，刚要出镜子来，只见两个人走来，拿铁锁把他套住，拉了就走。贾瑞叫道：“让我拿了镜子再走！”只说得这句，就再不能说话了。

旁边服侍贾瑞的众人，只见他先还拿着镜子照，落下来，仍睁开眼，拾在手内；末后镜子落下来便不动了。众人上来看时，已没了气。身子底下冰凉渍湿一大滩精。这才忙着穿衣抬床。代儒夫妇哭得死去活来，大骂道士，“是何妖镜！若不早毁此物，遗害于世不小。”遂命架火来烧，只听镜内哭道：“谁叫你们瞧正面了！你们自己以假为真，何苦来烧我？”正哭着，只见那跛足道人从外面跑来，喊道：“谁毁‘风月鑑’？吾来救也！”说着，直入中堂，抢入手内，飘然去了。

当下，代儒料理丧事，各处去报丧。三日起经，七日发引，寄灵于铁槛寺，日后带回原籍。当下，贾家众人齐来弔问，荣国府贾赦赠银二十两，贾政亦是二十两，宁国府贾珍亦有二十两，别者族中贫富不一，或三两或五两，不可胜数。另有各同窗家分资，也凑了二三十两。代儒家道虽然澹薄，倒也丰富完了此事，家中很可度日。

再进这年冬底，两淮林如海的书信寄来，却为身染重疾，写书特来接林黛玉回去。贾母听了，未免又加忧闷，只得忙忙的打点黛玉起身。宝玉大不自在，争奈父女之情，也不好拦劝。于是贾母定要贾琏送她去，仍叫带回来。一应土仪盘缠，不消烦说，自然要妥贴。作速择了日期，贾琏与林黛玉辞别了贾母等，带领仆从，登舟往扬州去了。要知端详，且听下回分解。

第 13 回 秦可卿死封龙禁尉 王熙凤协理宁国府

话说凤姐儿自贾琏送黛玉往扬州去后，心中实在无趣。每到晚间，不过和平儿说笑一回，就胡乱睡了。

这日夜间，正和平儿灯下拥炉倦绣，早命浓薰绣被，二人睡下，屈指算行程该到何处，不知不觉已交三鼓。平儿已睡熟了。凤姐方觉星眼微朦，恍惚只见秦氏从外走了进来，含笑说道：“婶子好睡！我今日回去，你也不送我一程。因娘儿们素日相好，我舍不得婶婶，故来别你一别。还有一件心愿未了，非告诉婶子，别人未必中用。”

凤姐听了，恍惚问道：“有何心愿？你只管托我就是了。”秦氏道：“婶婶，你是个脂粉队里的英雄，连那些束带顶冠的男子也不能过你，你如何连两句俗语也不晓得：常言‘月满则亏，水满则溢’；又道是‘登高必跌重’。如今我们家赫赫扬扬，已将百载，一日倘或乐极悲生，若应了那句‘树倒猢狲散’的俗语，岂不虚称了一世的诗书旧族了！”凤姐听了此话，心胸大快，十分敬畏。忙问道：“这话虑得极是，但有何法可以永保无虞？”秦氏冷笑道：“婶子好痴也！否极泰来，荣辱自古周而复始，岂人力能可保常的。但如今能于荣时筹画下将来衰时的世业，亦可谓常保永全了。即如今日诸事都妥，只有两件未妥，若把此事如此一行，则日后可保永全了。”

凤姐便问何事。秦氏道：“目今祖茔虽四时祭祀，只是无一定的钱粮；第二，家塾虽立，无一定的供给。依我想来，如今盛时固不缺祭祀、供给，但将来败落之时，此二项有何出处？莫若依我定见，趁今日富贵，将祖茔附近多置田庄、房舍、地亩，以备祭祀供给之费皆出自此处，将家塾亦设于此。合同族中长幼，大家定了则例，日后按房掌管这一年的地亩、钱粮、祭祀、供给之事。如此周流，又无争竞，亦不有典卖诸弊。便是有了罪，凡物可入官，这祭祀产业，连官也不入的。便败落下来，子孙回家读书务农，也有个退步，祭祀又可永继。若目今以为荣华不绝，不思后日，终非长策。眼见不日又有一件非常喜事，真是烈火烹油、鲜花着锦之盛。要知道，也不过是瞬间的繁华，一时的欢乐，万不可忘了那‘盛筵必散’的俗语。此时若不早为后虑，临期只恐后悔无益了。”凤姐忙问：“有何喜事？”秦氏道：“天机不可洩漏。只是我与婶子好了一场，临别赠你两句话，须要记着。”因念道：三春去后诸芳尽，各自须寻各自门。凤姐还欲问时，只听二门上传事云板连叩四下，正是丧音，将凤姐惊醒。人回：“东府蓉大奶奶没了！”凤姐闻听，吓了一身冷汗，出了一回神，只得忙忙的穿衣，往王夫人处来。

彼时合家皆知，无不纳罕，都有些疑心。那长一辈的想她素日孝顺，平一辈的想她素日和睦亲密，下一辈的想他她素日慈爱，以及家中仆从老小想她素日怜贫惜贱、慈老爱幼之恩，莫不悲嚎痛哭者。

闲言少叙，却说宝玉因近日林黛玉回去，剩得自己孤恓，也不和人顽耍，每到晚间，便索然睡了。如今从梦中听见说秦氏死了，连忙翻身爬起来，只觉心中似戳了一刀的，不忍‘哇’的一声，喷出一口血来。袭人等慌慌忙忙来搀扶，问是怎么样，又要回贾母来请大夫。宝玉笑道：“不用忙，不相干！这是急火攻心，血不归经。”说着便爬起来，要衣服换了，来见贾母，即时要过去。袭人见他如此，心中虽放不下，又不敢拦，只是由他罢了。贾母见他要去，因说：“才咽气的人，那里不干淨；二则夜里风大，等明早再去不迟。”宝玉那里肯依。贾母命人备车，多派跟从人役，拥护前来。

一直到了宁国府前，只见府门洞开，两边灯笼照如白昼，乱烘烘人来人往，里面哭声摇山振岳。宝玉下了车，忙忙奔至停灵之室，痛哭一番。然后见过尤氏。谁知尤氏正犯了胃疼旧疾，睡在床上。然后又出来见贾珍。彼时贾代儒代领贾敕、贾效、贾敦、贾赦、贾政、贾琮、贾㻞、贾珩、贾珖、贾琛、贾琼、贾璘、贾蔷、贾菖、贾菱、贾芸、贾芹、贾蓁、贾萍、贾藻、贾蘅、贾芬、贾芳、贾兰、贾菌、贾芝等都来了。贾珍哭得泪人一般，正和贾代儒等说道：“合家大小，远近亲友，谁不知我这媳妇比儿子还强十倍！如今伸腿去了，可见这长房内绝灭无人了。”说着，又哭起来。众人忙劝道：“人已辞世，哭也无益，且商议如何料理要紧。”贾珍拍手道：“如何料理，不过尽我所有罢了！”

正说着，只见秦业、秦钟并尤氏的几个眷属、尤氏姊妹也都来了。贾珍便命贾琼、贾琛、贾璘、贾蔷四个人去陪客，一面吩咐去请钦天监阴阳司来择日，择准停灵七七四十九日，三日后开丧送讣闻。这四十九日，单请一百单八众禅僧在大厅上拜大悲忏，超度前亡后化诸魂，以免亡者之罪。另设一坛于天香楼上，是九十九位全真道士，打四十九日解冤洗业醮。然后停灵于会芳园中，灵前另有五十众高僧、五十众高道，对坛按七作好事。那贾敬闻得长孙媳死了，因自为早晚就要飞升，如何肯又回家染了红尘，将前功尽弃呢，因此并不在意，只凭贾珍料理。

贾珍见父亲不管，亦发恣意奢华。看板时，几副杉木板皆不中用。可巧薛蟠来吊问，因见贾珍寻好板，便说道：“我们木店里有一副，叫作什么樯木，出在潢海铁网山上，作了棺材，万年不坏。这还是当年先父带来，原係义忠亲王老千岁要的，因他坏了事，就不曾拿去。现在还封在店内，也没有人出价敢买。你若要，就抬来罢了。”贾珍听了，喜之不禁，即命人抬来。大家看时，只见帮底皆厚八寸，纹若槟榔，味若檀麝，以手扣之，玎璫如金玉。大家都奇异称赞。贾珍笑问：“价值几何？”薛蟠笑道：“拿一千两银子来，只怕也没处买去。什么价不价，赏他们几两工钱就是了。”贾珍听说，忙谢不尽，即命解锯糊漆。贾政因劝道：“此物恐非常人可享者，殓以上等杉木也就是了。”此时，贾珍恨不能代秦氏之死，这话如何肯听。

因忽又听得秦氏之丫鬟名唤瑞珠者，见秦氏死了，她也触柱而亡。此事可罕，合族中人也都称叹。贾珍遂以孙女之礼敛殡，一併停灵于会芳园中之登仙阁。小丫鬟名宝珠者，因见秦氏身无所出，乃甘心愿为义女，誓任摔丧驾灵之任。贾珍喜之不禁，即时传下：“从此皆呼宝珠为小姐。”那宝珠按未嫁女之丧，在灵前哀哀欲绝。于是，合族人丁并家下诸人，都各遵旧制行事，自不敢紊乱。

贾珍因想着贾蓉不过是个黉门监，灵幡经榜上写时不好看，便是执事也不多，因此心下甚不自在。可巧这日正是首七第四日，早有大明宫掌宫内相戴权，先备了祭礼遣人抬来，次后坐了大轿，打伞鸣锣，亲来上祭。贾珍忙接着，让至逗蜂轩献茶。贾珍心中打算定了主意，因而趁便就说要与贾蓉蠲个前程的话。戴权会意，因笑道：“想是为丧礼上风光些。”贾珍忙笑道：“老内相所见不差。”戴权道：“事倒凑巧，正有个美缺。如今三百员龙禁尉短了两员，昨儿襄阳侯的兄弟老三来求我，现拿了一千五百两银子，送到我家里。你知道，咱们都是老相与，不拘怎么样，看着他爷爷的分上，胡乱应了。还剩了一个缺，谁知永兴节度使冯胖子来求，要与他孩子蠲，我就没工夫应他。既是咱们的孩子要蠲，快写个履历来。”贾珍听说，忙吩咐：“快命书房里人恭敬写了大爷的履历来。”小厮不敢怠慢，去了一刻，便拿了一张红纸来与贾珍。贾珍看了，忙送与戴权。戴权看时，上面写道：江南江宁府江宁县监生贾蓉，年二十岁。曾祖，原任京营节度使世袭一等神威将军贾代化；祖，乙卯科进士贾敬；父，世袭三品爵威烈将军贾珍。戴权看了，回手便递与一个贴身的小厮收了，说道：“回来送与户部堂官老赵，说我拜上他，起一张五品龙禁尉的票，再给个执照，就把那履历填上，明儿我来兑银子送去。”小厮答应了，戴权也就告辞了。贾珍十分款留不住，只得送出府门。临上轿，贾珍因问：“银子还是我到部兑，还是一併送入老内相府中？”戴权道：“若到部里，你又吃亏了。不如平准一千二百两银子，送到我家就完了。”贾珍感谢不尽，只说：“待服满后，亲带小犬到府叩谢。”于是作别。

接着，便又听喝道之声，原来是忠靖侯史鼎的夫人来了。王夫人、邢夫人、凤姐等刚迎入上房，又见锦乡侯、川宁侯、寿山伯三家祭礼摆在灵前。少时，三家下轿，贾政等忙接上大厅。如此亲朋你来我去，也不能胜数。只这四十九日，宁国府街上一条白漫漫人来人往，花簇簇官去官来。

贾珍命贾蓉次日换了吉服，领凭回来。灵前供用执事等物，俱按五品职例。灵牌、疏上皆写“天朝诰授贾门秦氏恭人之灵位”。会芳园的临街大门洞开，旋在两边起了鼓乐厅，两班青衣按时奏乐，一对对执事摆的刀斩斧齐。更有两面朱红销金大字牌对竖在门外，上面大书：

防护内廷紫金道 御前侍卫龙禁尉

对面高起着宣坛，僧道对坛榜文，榜上大书：“世袭宁国公冢孙妇、防护内廷御前侍卫龙禁尉贾门秦氏恭人之丧。四大部州至中之地、奉天永运太平之国，总理虚无寂静教门僧录司正堂万虚、总理元始三一教门道录司正堂叶生等，敬谨修斋，朝天叩佛”，以及“恭请诸伽蓝、揭谛、功曹等神，圣恩普锡，神威远镇，四十九日消灾洗孽平安水陆道场”诸如等语，余者亦不消烦记。

只是贾珍虽然此时心意满足，但里面尤氏又犯了旧疾，不能料理事务，惟恐各诰命来往，亏了礼数，怕人笑话，因此心中不自在。当下正忧虑时，因宝玉在侧，问道：“事事都算安贴了，大哥哥还愁什么？”贾珍见问，便将里面无人的话说了出来。宝玉听说笑道：“这有何难，我荐一个人与你权理这一个月的事，管必妥当。”贾珍忙问：“是谁？”宝玉见座间还有许多亲友，不便明言，走至贾珍耳边说了两句。贾珍听了，喜不自禁，连忙起身笑道：“果然安贴，如今就去。”说着拉了宝玉，辞了众人，便往上房里来。

可巧这日非正经日期，亲友来的少，里面不过几位近亲堂客，邢夫人、王夫人、凤姐并合族中的内眷陪坐。有人报说：“大爷进来了。”吓得众婆娘的呼（原字为左口右忽）一声，往后藏之不迭，独凤姐款款站了起来。贾珍此时也有些病症在身，二则过于悲痛了，因拄了拐踱了进来。邢夫人等因说道：“你身上不好，又连日事多，该歇歇才是，又进来做什么？”贾珍一面扶拐，扎挣着要蹲身跪下请安道乏。邢夫人等忙叫宝玉搀住，命人挪椅子来与他坐。贾珍断不肯坐，因勉强陪笑道：“侄儿进来有一件事要恳求二位婶婶并大妹妹。”邢夫人等忙问：“什么事？”贾珍忙笑道：“婶婶自然知道，如今孙子媳妇没了，侄儿媳妇偏又病倒，我看里头着实不成个体统。怎么屈尊大妹妹一个月，在这里料理料理，我就放心了。”邢夫人笑道：“原来为这个。你大妹妹现在你二婶子家，只和你二婶子说就是了。”王夫人忙道：“她一个小孩子家，何曾经过这样事？倘或料理不清，反叫人笑话。倒是再烦别人好。”贾珍笑道：“婶子的意思侄儿猜着了，是怕大妹妹劳苦了。若说料理不开，我包管必料理得开，便是错一点儿，别人看着还是不错的。从小儿大妹妹玩笑着，就有杀伐决断；如今出了阁，又在那府里办事，越发历练老成了。我想了这几日，除了大妹妹，再无人了。婶婶不看侄儿、侄儿媳妇的分上，只看死了的分上罢！”说着滚下泪来。

王夫人心中怕的是凤姐儿未经过丧事，怕她料理不清，惹人笑话。今见贾珍苦苦的说到这步田地，心中已活了几分，却又眼看着凤姐出神。那凤姐素日最喜揽事办，好卖弄才干，虽然当家妥当，也因未办过婚丧大事，恐人还不服，巴不得遇见这事。今日见贾珍如此一来；她心中早已欢喜。先见王夫人不允，后见贾珍说得情真，王夫人有活动之意，便向王夫人道：“大哥哥说得这么恳切，太太就依了罢。”王夫人悄悄的道：“你可能么？”凤姐道：“有什么不能的！外面的大事大哥哥已经料理清了，不过是里头照管照管，便是我有不知道的，问问太太就是了。”王夫人见说得有理，便不作声。贾珍见凤姐允了，又陪笑道：“也管不得许多了，横竖要求大妹妹辛苦辛苦。我这里先与妹妹行礼，等事完了，我再到那府里去谢。”说着，就作揖下去，凤姐儿还礼不迭。

贾珍便忙向袖中取了宁国府对牌出来，命宝玉送与凤姐。又说：“妹妹爱怎么样就怎样，要什么只管拿这个取去，也不必问我，只求别存心替我省钱，只要好看为上；二则也要同那府里一样待人才好，不要存心怕人抱怨。只这两件外，我再没不放心的了。”凤姐不敢就接牌，只看着王夫人。王夫人道：“你哥哥既这么说，你就照看照看罢了，只是别自作主意。有了事，打发人问你哥哥、嫂子要紧。”宝玉早向贾珍手里接过对牌来，强递与凤姐了。又问：“妹妹还是住在这里，还是天天来呢？若是天天来，越发辛苦了。不如我这里赶着收拾出一个院落来，妹妹住过这几日倒安稳。”凤姐笑道：“不用。那边也离不得我，倒是天天来的好。”贾珍听说，只得罢了。然后又说了一回闲话，方才出去。

一时，女眷散后，王夫人因问凤姐：“你今儿怎么样？”凤姐儿道：“太太只管请回去，我须得先理出一个头绪来，才回去得呢。”王夫人听说，便先同邢夫人等回去，不在话下。

这里，凤姐儿来至三间一所抱厦内坐了。因想：头一件是人口混杂，遗失东西；第二件，事无专执，临期推委；第三件，需用过费，滥支冒领；第四件，任无大小，苦乐不均；第五件，家人豪纵，有脸者不服钤束，无脸者不能上进。此五件实是宁国府中风俗。不知凤姐如何处治，且听下回分解。正是：

金紫万千谁治国，裙钗一二可齐家。

第 14 回 林如海捐馆扬州城 贾宝玉路谒北静王

话说宁国府中都总管来升闻得里面委请了凤姐，因传齐同事人等说道：“如今请了西府里琏二奶奶管理内事，倘或她来支取东西，或是说话，我们须要比往日小心些。每日大家早来晚散，宁可辛苦这一个月，过后再歇着，不要把老脸丢了。那是个有名的烈货，脸酸心硬，一时恼了，不认人的。”众人都道：“有理。”又有一个笑道：“论理，我们里面也须得她来整治整治，都忒不像了。”正说着，只见来旺媳妇拿了对牌来领取呈文京榜纸札，票上批着数目。众人连忙让坐倒茶，一面命人按数取纸来抱着，同来旺媳妇一路来至仪门口，方交与来旺媳妇自己抱进去了。

凤姐即命彩明钉造簿册。即时传来升媳妇，兼要家口花名册来查看，又限于明日一早，传齐家人媳妇进来听差等语。大概点了一点数目单册，问了来升媳妇几句话，便坐车回家。一宿无话。

至次日，卯正二刻便过来了。那宁国府中婆娘媳妇闻得到齐，只见凤姐正与来升媳妇分派，众人不敢擅入，只在窗外听觑。只听凤姐与来升媳妇道：“既托了我，我就说不得要讨你们嫌了。我可比不得你们奶奶好性儿，由着你们去。再不要说你们这府里原是这样的话，如今可要依着我行，错我半点儿，管不得谁是有脸的，谁是没脸的，一例现清白处治。”说着，便吩咐彩明念花名册，按名一个一个的唤进来看视。

一时看完，便又吩咐道：“这二十个分作两班，一班十个，每日在里头单管人来客往、倒茶，别的事也不用她们管。这二十个也分作两班，每日单管本家亲戚茶饭，别的事也不用他们管。这四十个人也分作两班，单在灵前上香添油，挂幔守灵，供饭供茶，随起举哀，别的事也不与她们相干。这四个人单在内茶房收管杯碟茶器，若少一件，便叫他四个描赔。这四个人单管酒饭器皿，少一件，也是她四个描赔。这八个单管监收祭礼。这八个单管各处灯油、蜡烛、纸札，我总支了来，交与你八个，然后按我的定数再往各处去分派。这三十个每日轮流各处上夜，照管门户，监察火烛，打扫地方。这下剩的按着房屋分开，某人守某处，某处所有桌椅、古董起，至于痰盒、掸帚，一草一苗，或丢或坏，就和守这处的人算帐描赔。来升家的每日揽总查看，或有偷懒的，赌钱吃酒的，打架拌嘴的，立刻来回我。你有徇情，经我查出，三四辈子老脸就顾不成了。如今都有定规，以后哪一行乱了，只和那一行说话。素日跟我的人，随身自有钟表，不论大小事，我是皆有一定的时辰。横竖你们上房里也有时辰钟。卯正二刻我来点卯，巳正吃早饭，凡有领牌、回事的，只在午初刻。戌初烧过黄昏纸，我亲到各处查一遍，回来上夜的交明钥匙。第二日还是卯正二刻过来。说不得咱们大家辛苦这几日，事完你们家大爷自然赏你们。”

说毕，又吩咐按数发与茶叶、油烛、鸡毛掸子、笤帚等物。一面又搬取家伙：桌围、椅搭、坐褥、毡席、痰盒、脚踏之类。一面交发，一面提笔登记，某人管某处，某人领某物，开得十分清楚。众人领了去，也都有了投奔，不似先时只拣便宜的做，剩下的苦差没个招揽。各房中也不能趁乱失迷东西。便是人来客往，也都安静了，不比先前正摆茶，又去端饭，正陪举哀，又顾接客。如这些无头绪、荒乱、推托、偷闲、窃取等弊，次日一概都蠲了。

凤姐儿见自己威重令行，心中十分得意。因见尤氏犯病，贾珍又过于悲哀，不大进饮食，自己每日从那府中煎了各色细粥，精緻小菜，命人送来劝食。贾珍也另外吩咐每日送上等菜到抱厦内，单与凤姐。那凤姐不畏勤劳，天天于卯正二刻，就过来点卯理事，独在抱厦内起坐，不与众妯娌合群，便有堂客来往，也不迎会。

这日，乃五七正五日上，那应佛僧正开方破狱，传灯照亡，参阎君，拘都鬼，筵请地藏王，开金桥，引幢幡；那道士们正伏章申表，朝三清，叩玉帝；禅僧们行香，放焰口，拜水忏；又有十三众青年尼僧，搭绣衣，靸红鞋，在灵前默诵接引诸咒，十分热闹。那凤姐必知今日人客不少，在家中歇宿一夜，至寅正，平儿便请起来梳洗。及收拾完备，更衣盥手，喝了两口奶子糖粳粥，漱口已毕，已是卯正二刻了。来旺媳妇率领诸人伺候已久。凤姐出至厅前，上了车，前面打了一对明角灯，大书“荣国府”三个大字，款款来至宁府大门上。只见门灯朗挂，两边一色戳灯照如白昼，白汪汪穿孝仆从两边侍立。请车至正门上，小厮等退去，众媳妇上来揭起车帘。凤姐下了车，一手扶着丰儿，两个媳妇执着手把灯罩，簇拥着凤姐进来。宁府诸媳妇迎来请安接待。凤姐缓缓走入会芳园中登仙阁灵前，一见了棺材，那眼泪恰似断线珍珠滚将下来。院中许多小厮垂手伺候烧纸。凤姐吩咐得一声："供茶烧纸。"只听得一棒锣鸣，诸乐齐奏，早有人端过一张大圈椅来，放在灵前，凤姐坐了，放声大哭。于是里外男女上下，见凤姐出声，都忙忙接声嚎哭。

一时，贾珍、尤氏遣人来劝，凤姐方才止住。来旺媳妇献茶漱口毕，凤姐方起身，别过族中诸人，自入抱厦内来。按名查点，各项人数都已到齐，只有迎送亲客上的一人未到。即命传到，那人已张惶愧惧。凤姐冷笑道："我说是谁误了，原来是你！你原比她们有体面，所以才不听我的话。"那人道："小的天天来得早，只有今日，醒了觉得早些，因又睡迷了，来迟了一步，求奶奶饶过这次。"正说着，只见荣国府中的王兴媳妇来了，在外探头。

凤姐且不发放这人，却先问："王兴媳妇作什么？"王兴媳妇巴不得先问她完了事，连忙进来说："领牌取线，打车轿网络。"说着，将个帖儿递上去。凤姐命彩明念道："大轿两顶，小轿四顶，车四辆，共用大小络子若干根，用珠儿线若干斤。"凤姐听了，数目相合，便命彩明登记，取荣国府对牌掷下。王兴家的去了。

凤姐方欲说话时，只见荣国府四个执事人进来，都是要支取东西领牌来的。凤姐命彩明要了帖儿念过，听了共四件，凤姊因指两件说道："这两件开销错了，再算清了来取。"说着掷下帖子来。那二人扫兴而去。

凤姐因见张材家的在旁，因问道："你有什么事？"张材家的忙取帖儿回说道："就是方才车轿围作成，领取裁缝工银若干两。"凤姐听了，便收了帖子，命彩明登记。待王兴家的交过牌，得了买办的回押相符，然后方与张材家的去领。一面又命念那一个，是为宝玉外书房完竣，支买纸料糊裱。凤姐听了，即命收帖儿登记，待张材家的缴清，又发与这人去了。

凤姐便说道："明儿他也睡迷了，后儿我也睡迷了，将来都没有人了。本来要饶你，只是我头一次宽了，下次人就难管，不如现开发的好。"登时放下脸来，喝命："带出去，打二十板子！"一面又掷下宁国府对牌："出去说与来升，革他一月银米！"众人听了，又见凤姐眉立，知是恼了，不敢怠慢。拖人的出去拖人，执牌传谕的忙去传谕。那人身不由己，已拖出去挨了二十大板，还要进来叩谢。凤姐道："明日再有误的打四十，后日的六十，有不怕打的，只管误！"说着，吩咐："散了罢！"窗外众人听说，方各自执事去了。彼时宁、荣国两处执事领牌交牌的人来人往不绝，那抱愧被打之人含羞去了，这才知道凤姐利害。众人不敢偷闲安，自此兢兢业业，执事保全，不在话下。

如今且说宝玉因见今日人众，恐秦钟受了委曲，因默与他商议，要同他往凤姐处来坐。秦钟道："她的事多，况且不喜人去，咱们去了，她岂不烦腻？"宝玉道："她怎好腻我们，不相干，只管跟我来。"说着，便拉了秦钟，直至抱厦。凤姐才吃饭，见他们来了，便笑道："好长腿子，快上来罢。"宝玉道："我们偏了。"凤姐道："在这边外头吃的，还是那边吃的？"宝玉道："这边同那些浑人吃什么！原是那边，我们两个同老太太吃了来的。"一面归坐。

凤姐吃毕饭，就有宁国府中的一个媳妇来领牌，支取香灯事。凤姐笑道："我算着你们今儿该来支取，总不见来，想是忘了。这会子到底来取，要忘了，自然是你们包出来，都便宜了我。"那媳妇笑道："何尝不是忘了，方才想起来，再迟一步，也领不成了。"说罢，领牌而去。

一时登记交牌。秦钟因笑道："你们两府里都是这牌，倘或别人私弄一个，支了银子跑了，怎样？"凤姐笑道："依你说，都没王法了？"宝玉因道："怎么咱们家没人来领牌子做东西？"凤姐道："人家来领的时候，你还做梦呢！我且问你，你们这夜书多早晚才念呢？"宝玉道："巴不得这如今就念才好，她们只是不快收拾出书房来，这也没法。"凤姐笑道："你请我一请，包管就快了。"宝玉道："你要快也不中用，她们该作到那里的，自然就有了。"凤姐笑道："便是她们作，也得要东西去，搁不住我不给对牌是难的。"宝玉听说，便猴向凤姐身上立刻要牌，说："好姐姐，给出牌子来，叫她们要东西去！"凤姐道："我乏得身子上生疼，还搁得住你搓揉。你放心罢，今儿才领了纸裱糊去了，她们该要的还等叫去呢，可不傻了！"宝玉不信，凤姐便叫彩明查册子与宝玉看了。

正闹着，人回："苏州去的人昭儿来了。"凤姐急命唤进来。昭儿打千儿请安。凤姐便问："回来做什么？"昭儿道："二爷打发回来的。林姑老爷是九月初三日巳时没的。二爷带了林姑娘同送林姑老爷的灵到苏州，大约赶年底就回来了。二爷打发小的来报个信请安，讨老太太示下，还瞧瞧奶奶家里好，叫把大毛衣服带几件去。"凤姐道："你见过别人了没有？"昭儿道："都见过了。"说毕，连忙退去。凤姐向宝玉笑道："你林妹妹可在咱们家住长了。"宝玉道："了不得！想来这几日她不知哭得怎样呢。"说着，蹙眉长叹。

凤姐见昭儿回来，因当着人未及细问贾琏，心中自是记挂，待要回去，争奈事情繁杂，一时去了，恐有延迟失误，惹人笑话。少不得耐到晚上回来，复令昭儿进来，细问一路平安信息。连夜打点大毛衣服，和平儿亲自检点包裹，再细细追想所需何物，一併包藏交付昭儿。又细细吩咐昭儿："在外好生小心服侍，不要惹你二爷生气。时时劝他少吃酒，别勾引他认得混帐女人一一回来打折你的腿"等语。赶乱完了，天已四更将尽，总睡下又走了困，不觉又是天明鸡唱，忙梳洗过宁府中来。

那贾珍因见发引日近，亲自坐车，带了阴阳司吏，往铁槛寺来踏看寄灵所在。又一一嘱咐住持色空，好生预备新鲜陈设，多请名僧，以备接灵使用。色空忙看晚斋，贾珍也无心茶饭，因天晚不得进城，就在淨室胡乱歇了一夜。次日一早，便进城来料理出殡之事，一面又派人先往铁槛寺，连夜另外修饰停灵之处，并厨、茶等项接灵人口。

里面凤姐见日期在限，也预先逐细分派料理。一面又派荣府中车轿人从跟王夫人送殡，又顾自己送殡去占下处。目今正值缮国公诰命亡故，王、邢二夫人又去打祭送殡；西安郡王妃华诞，送寿礼；镇国公诰命生了长男，预备贺礼；又有胞兄王仁连家眷回南，一面写家信禀叩父母并带往之物；又有迎春染病，每日请医服药，看医生启帖、症源、药案等事，亦难尽述。又兼发引在迩，因此忙得凤姐茶饭也没工夫吃得，坐卧不能清淨。刚到了宁府，荣府的人又跟到宁府；既回到荣府，宁府的人又找到荣府。凤姐见如此，心中倒十分欢喜，并不偷安推托，恐落人褒贬，因此日夜不暇，筹画得十分的整肃。于是合族上下无不称叹赞者。

这日，伴宿之夕，里面两班小戏并耍百戏的与亲朋、堂客伴宿，尤氏犹卧于内寝，一应张罗款待，独都是凤姐一人周全承应。合族中虽有许多妯娌，但或有羞口的，或有羞脚的，或有不惯见人的，或有惧贵怯官的，种种之类，俱不及凤姐举止舒徐，言语慷慨，珍贵宽大。因此也不把众人放在眼里，挥霍指示，任其所为，目若无人。一夜中，灯明火彩，客送官迎，那百般热闹，自不用说的。至天明，吉时已到，一般六十四名青衣请灵，前面铭旌上大书："奉天洪建兆年不易之朝诰封一等宁国公冢孙妇防护内廷紫禁道御前侍卫龙禁尉享强寿贾门秦氏恭人之灵柩"。一应执事陈设，皆係现赶着新做出来的，一色光艳夺目。宝珠自行未嫁女之礼外，摔丧驾灵，十分哀苦。

那时，官客送殡的有：镇国公牛清之孙现袭一等伯牛继宗、理国公柳彪之孙现袭一等子柳芳、齐国公陈翼之孙世袭三品威镇将军陈瑞文、治国公马魁之孙世袭三品威远将军马尚、修国公侯晓明之孙世袭一等子侯孝康；缮国公诰命亡故，故其孙石光珠守孝不曾来得。这六家与宁、荣二家，当日所称"八公"的便是。余者更有南安郡王之孙、西宁郡王之孙、忠靖侯史鼎、平原侯之孙世袭二等男蒋子宁、定城侯之孙世袭二等男兼京营游击谢鲸、襄阳侯之孙世袭二等男戚建辉、景田侯之孙五城兵马司裘良。余者锦乡伯公子韩奇，神武将军公子冯紫英，陈也俊、卫若兰等诸王孙公子，不可枚数。堂客算来，亦共有十来顶大轿，三四十顶小轿，连家下大小轿车辆，不下百十余乘。连前面各色执事、陈设、百耍，浩浩荡荡，一带摆三四里远。

走不多时，路旁彩棚高搭，设席张筵，和音奏乐，俱是各家路祭：第一座是东平王府祭棚，第二座是南安郡王祭棚，第三座是西宁郡王祭棚，第四座是北静郡王祭棚。原来这四王，当日惟北静王功高，及今子孙犹袭王爵。现今北静王水溶年未弱冠，生得形容秀美，情性谦和。近闻宁国公冢孙妇告殂，因想当日彼此祖父相与之情，同难同荣，未以异姓相视，因此不以王位自居。上日也曾探丧上祭，如今又设路奠，命麾下各官在此伺候。自己五更入朝，公事一毕，便换了素服，坐大轿鸣锣张伞而来，至棚前落轿。手下各官两旁拥侍，军民人众不得往还。

一时，只见宁府大殡浩浩荡荡、压地银山一般从北而至。早有宁府开路传事人看见，连忙回去报与贾珍。贾珍急命前面驻扎，同贾赦、贾政三人连忙迎来，以国礼相见。水溶在轿内欠身含笑答礼，仍以世交称呼接待，并不妄自尊大。贾珍道："犬妇之丧，累蒙郡驾下临，荫生辈何以克当！"水溶笑道："世交之谊，何出此言。"遂回头命长府官主祭代奠。贾赦等一旁还礼毕，复身又来谢恩。

水溶十分谦逊，因问贾政道："哪一位是衔玉而诞者？几次要见一见，都为杂冗所阻。想今日是来的，何不请来一会？"贾政听说，忙回去，急命宝玉脱去孝服，领他前来。那宝玉素日就曾听得父兄亲友人等说闲话时，常赞水溶是个贤王，且生得才貌双全，风流潇洒，每不以官俗国体所缚。每思相会，只是父亲拘束严密，无由得会，今见反来叫他，自是欢喜。一面走，一面早瞥见那水溶坐在轿内，好个仪表人材。不知近看时又是怎样，下回便知。

第 15 回 王凤姐弄权铁槛寺 秦鲸卿得趣馒头庵

话说宝玉举目见北静郡王水溶头上戴着洁白簪缨银翅王帽，穿着江牙海水五爪坐龙白蟒袍，繫着碧玉红呈（原字为左革右呈）带，面如美玉，目似明星，真好秀丽人物。宝玉忙抢上来参见，水溶连忙从轿内伸出手来挽住。见宝玉戴着束发银冠，勒着双龙出海抹额，穿着白蟒箭袖，围着攒珠银带，面若春花，目如点漆。水溶笑道："名不虚传，果然如'宝'似'玉'。"因问："衔的那宝贝在哪里？"宝玉见问，连忙从衣内取了递与过去。水溶细细的看了，又念了那上头的字，因问："果灵验否？"贾政忙道："虽如此说，只是未曾试过。"水溶一面极口称奇道异，一面理好彩絛，亲自与宝玉带上，又携手问宝玉几岁，读何书。宝玉一一的答应。

水溶见他语言清楚，谈吐有致，一面又向贾政笑道："令郎真乃龙驹凤雏，非小王在世翁前唐突，将来'雏凤清于老凤声'，未可量也。"贾政忙陪笑道："犬子岂敢谬承金奖！赖藩郡余祯，果如是言，亦荫生辈之幸矣。"水溶又道："只是一件，令郎如是资质，想老太夫人、夫人辈自然锺爱极矣；但吾辈后生，甚不宜锺溺，锺溺则未免荒失学业。昔小王曾蹈此辙，想令郎亦未必不如是也。若令郎在家难以用功，不妨常到寒第。小王虽不才，却多蒙海上众名士凡至都者，未有不另垂青目。是以寒第高人颇聚。令郎常去谈会谈会，则学问可以日进矣。"贾政忙躬身答应。

水溶又将腕上一串念珠卸了下来，递与宝玉道："今日初会，仓促竟无敬贺之物，此系前日圣上亲赐鹡鸰香念珠一串，权为贺敬之礼。"宝玉连忙接了，回身奉与贾政。贾政与宝玉一齐谢过。于是贾赦、贾珍等一齐上来请回舆。水溶道："逝者已登仙界，非碌碌你我尘寰中之人也。小王虽上叨天恩，虚邀郡袭，岂可越仙輀而进也！"贾赦等见执意不从，只得告辞谢恩回来，命手下掩乐停音，滔滔然将殡过完，方让水溶回舆去了。不在话下。

且说宁府送殡，一路热闹非常。刚至城门前，又有贾赦、贾政、贾珍等诸同僚属下各家祭棚接祭，一一的谢过，然后出城，竟奔铁槛寺大路行来。彼时贾珍带贾蓉来到诸长辈前，让坐轿上马，因而贾赦一辈的各自上了车轿，贾珍一辈的也将要上马。凤姐因记挂着宝玉，怕他在郊外纵性逞强，不服家人的话，贾政管不着这些小事，惟恐有个失闪，难见贾母，因此便命小厮来唤他。宝玉只得来到她的车前。

凤姐笑道："好兄弟，你是个尊贵人，女孩儿一样的人品，别学他们猴在马上。下来，咱们姐儿两个坐车，岂不好？"宝玉听说，忙下了马，爬入凤姐车上，二人说笑前进。

不一时，只见从那边两骑马压地飞来，离凤姐车不远，一齐蹿下来，扶车回说："这里有下处，奶奶请歇更衣。"凤姐急命请邢夫人、王夫人的示下，那人回来说："太太们说不用歇了，叫奶奶自便罢。"凤姐听了，便命歇歇再走。众小厮听了：一带辕马，岔出人群，往北飞走。宝玉在车内急命请秦相公。那时，秦钟正骑马随着他父亲的轿，忽见宝玉的小厮跑来，请他去打尖。秦钟看时，只见凤姐的车往北而去，后面拉着宝玉的马，搭着鞍笼，便知宝玉同凤姐坐车，自己也便带马赶上来，同入一庄门内。早有家人将众庄汉撵尽。那庄农人家无多房舍，婆娘们无处迴避，只得由她们去了。那些村姑、庄妇见了凤姐、宝玉、秦钟的人品、衣服、礼数、款段，岂有不爱看的？

一时凤姐进入茅堂，因命宝玉等先出去玩玩。宝玉等会意，因同秦钟出来，带着小厮们各处游玩。凡庄农动用之物，皆不曾见过。宝玉一见了锹、锄、厥（原字为左金右厥）、犁等物，皆以为奇，不知何项所使，其名为何。小厮在旁一一的告诉了名色，说明原委。宝玉听了，因点头叹道："怪道古人诗上说，'谁知盘中餐，粒粒皆辛苦'，正为此也。"一面说，一面又至一间房前，只见炕上有个纺车，宝玉又问小厮们："这又是什么？"小厮们又告诉他原委。宝玉听说，便上来拧转作耍，自为有趣。只见一个约有十七八岁的村庄丫头跑了来乱嚷："别动坏了！"众小厮忙断喝拦阻。宝玉忙丢开手，陪笑说道："我因为没见过这个，所以试它一试。"那丫头道："你们哪里会弄这个！站开了，我纺与你瞧。"秦钟暗拉宝玉笑道："此卿大有意趣。"宝玉一把推开，笑道："该死的！再胡说，我就打了。"说着，只见那丫头纺起线来。宝玉正要说话时，只听那边老婆子叫道："二丫头，快过来！"那丫头听见，丢下纺车，一径去了。

宝玉怅然无趣。只见凤姐打发人来叫他两个进去。凤姐洗了手，换衣服，抖灰土，问他们换不换。宝玉不换，只得罢了。家下仆妇们将带着行路的茶壶、茶杯、十锦屉盒、各样小食端来，凤姐等吃过茶，待他们收拾完备，便起身上车。外面旺儿预备下赏封，赏了本村主人，庄妇等来叩赏。凤姐并不在意，宝玉却留心看时，内中并无二丫头。一时上了车，出来走不多远，只见迎头二丫头怀里抱着她小兄弟，同着几个小女孩子说笑而来。宝玉恨不得下车跟了他她去，料是众人不依的，少不得以目相送，争奈车轻马快，一时展眼无踪。

走不多时，仍又跟上大殡。早有前面法鼓金铙、幢幡宝盖，铁槛寺接灵众僧齐至。少时，到入寺中，另演佛事，重设香坛。安灵于内殿偏室之中，宝珠理里寝室相伴。外面贾珍款待一应亲友，也有扰饭的，也有不吃饭而辞的，一应谢过乏，从公、侯、伯、子、男，一起一起的散去，至未末时分方散尽了。里面的堂客，皆是凤姐张罗接待，先从显官诰命散起，也到晌午大错时方散尽了。只有几个亲戚是至近的，等做过三日安灵道场方去。那时，邢、王二夫人知凤姐必不能回家，也便就要进城。王夫人要带宝玉去，宝玉乍到郊外，哪里肯回去，只要跟凤姐住着。王夫人无法，只得交与凤姐便回来了。

原来这铁槛寺原是宁、荣二公当日修造，现今还是有香火地亩布施，以备京中老了人口，在此便宜寄放。其中阴阳两宅俱已预备妥贴，好为送灵人口寄居。不想如今后辈人口繁盛，其中贫富不一，或性情参商，有那家业艰难安分的，便住在这里了；有那尚排场有钱势的，只说这里不方便，一定另外或村庄或尼庵寻个下处，为事毕宴退之所。即今秦氏之丧，族中诸人皆权在铁槛寺下榻，独有凤姐嫌不方便，因而早遣人来和馒头庵的姑子淨虚说了，腾出两间房子来作下处。

原来这馒头庵就是水月寺，因它庙里做的馒头好，就起了这个浑号，离铁槛寺不远。当下和尚功课已完，奠过晚茶，贾珍便命贾蓉请凤姐歇息。凤姐见还有几个妯娌陪着女亲，自己便辞了众人，带了宝玉、秦钟往水月庵来。原来秦业年迈多病，不能在此，只命秦钟等待安灵罢了。那秦钟便只跟着凤姐、宝玉，一时到了水月庵，淨虚带领智善、智能两个徒弟出来迎接，大家见过。凤姐等来至淨室、更衣淨手毕，因见智能儿越发长高了，模样儿越发出息了，因说道："你们师徒怎么这些日子也不往我们那里去？"淨虚道："可是。这几天都没工夫，因胡老爷府里产了公子，太太送了十两银子来这里，叫请几位师父念三日《血盆经》， 忙得没个空儿，就没来请奶奶的安。"

不言老尼陪着凤姐。且说秦钟、宝玉二人正在殿上玩耍，因见智能过来，宝玉笑道："能儿来了。"秦钟道："理那东西作什么？"宝玉笑道："你别弄鬼，那一日在老太太屋里，一个人没有，你搂着她作什么？这会子还哄我。"秦钟笑道："这可是没有的话。"宝玉笑道："有没有也不管你，你只叫住她倒碗茶来我吃，就丢开手。"秦钟笑道："这又奇了，你叫她倒去，还怕她不倒？何必要我说呢。"宝玉道："我叫她倒的是无情意的，不及你叫她倒的是有情意的。"秦钟只得说道："能儿，倒碗茶来给我。"那智能儿自幼在荣府走动，无人不识，因常与宝玉、秦钟玩耍。她如今大了，渐知风月，便看上了秦钟人物风流，那秦钟也极爱他妍媚，二人虽未上手，却已情投意合了。今智能见了秦钟，心眼俱开，走去倒了茶来。秦钟笑说："给我。"宝玉叫："给我！"智能儿抿嘴笑道："一碗茶也来争，我难道手里有蜜！"宝玉先抢得了吃着，方要问话，只见智善来叫智能去摆茶碟子。一时来请他两个去吃茶果点心。他两个哪里吃这些东西，坐一坐，仍出来玩笑。

凤姐也略坐片时，便回至淨室歇息，老尼相送。此时，众婆娘媳妇见无事，都陆续散了，自去歇息，跟前不过几个心腹常侍小婢，老尼便趁机说道："我正有一事，要到府里求太太，先请奶奶一个示下。"凤姐因问何事，老尼道："阿弥陀佛！只因当日我先在长安县内善才庵内出家的时节，那时有个施主姓张，是大财主。他有个女儿小名金哥，那年都往我庙里来进香，不想遇见了长安府府太爷的小舅子李衙内。那李衙内一心看上，要娶金哥，打发人来求亲，不想金哥已受了原任长安守备的公子的聘定。张家若退亲，又怕守备不依，因此说已有了人家。谁知李公子执意不依，定要娶他女儿，张家正无计策，两处为难。不想守备家听了此信，也不管青红皂白，便来作践辱骂，说一个女儿许几家，偏不许退定礼，就要打官司告状起来。那张家急了，只得着人上京来寻门路，赌气偏要退定礼。我想如今长安节度云老爷与府上最契，可以求太太与老爷说声，打发一封书去，求云老爷和那守备说一声，不怕那守备不依。若是肯行，张家连倾家孝顺也都情愿。"

凤姐听了笑道："这事倒不大，只是太太再不管这样的事。"老尼道："太太不管，奶奶也可以主张了。"凤姐听说笑道："我也不等银子使，也不做这样的事。"淨虚听了，打去妄想，半晌叹道："虽如此说，只是张家已知我来求府里，如今不管这事，张家不知道没工夫管这事，不希罕他的谢礼，倒像府里连这点子手段也没有的一般。"

凤姐听了这话，便发了兴头，说道："你是素日知道我的，从来不信什么是阴司地狱报应的，凭是什么事，我说要行就行。你叫他拿千两银子来，我就替他出这口气。"老尼听说，喜不自尽，忙说："有，有，有！这个不难。"凤姐又道："我比不得他们扯篷拉牵的图银子。这三千银子，不过是给打发说去的小厮做盘缠，使他赚几个辛苦钱，我一个钱也不要他的。便是三万两，我此刻还拿得出来。"老尼连忙答应，又说道："既如此，奶奶明日就开恩也罢了。"凤姐道："你瞧瞧我忙的，哪一处少了我？既应了你，自然快快的了结。"老尼道："这点子事，在别人跟前就忙得不知怎么样，若是奶奶跟前，再添上些也不够奶奶一发挥的。只是俗语说的，'能者多劳'，太太因大小事见奶奶妥贴，越性都推给奶奶了，奶奶也要保重金体才是。"一路话奉承得凤姐越发受用了，也不顾劳乏，更攀谈起来。

谁想秦钟趁黑无人，来寻智能。刚至后面房中，只见智能独在房中洗茶碗，秦钟跑来便搂着亲嘴。智能急得跺脚说："这算什么呢！再这么，我就叫唤了。"秦钟求道："好人，我已急死了。你今儿再不依，我就死在这里。"智能道："你想怎样？除非等我出了这牢坑，离了这些人，才依你。"秦钟道："这也容易，只是远水救不得近渴。"说着，一口吹了灯，满屋漆黑，将智能抱在炕上就云雨起来。那智能百般挣挫不起，又不好叫的，少不得依他了。正在得趣，只见一人进来，将他二人按住，也不则声。二人不知是谁，唬得不敢动一动。只听那人嗤的一声，掌不住笑了，二人听声，方知是宝玉。秦钟连忙起来，抱怨道："这算什么？"宝玉笑道："你倒不依，咱们就叫喊起来。"羞得智能趁黑地跑了。宝玉拉了秦钟出来道："你可还和我强？"秦钟笑道："好人，你只别嚷得众人知道，你要怎样我都依你。"宝玉笑道："这会子也不用说，等一会睡下，再细细的算帐。"一时，宽衣安歇的时节，凤姐在里间，秦钟、宝玉在外间，满地下皆是家下婆子，打铺坐更。凤姐因怕通灵玉失落，便等宝玉睡下，命人拿来塞在自己枕边。宝玉不知与秦钟算何帐目，未见真切，未曾记得，此係疑案，不敢纂创。

一宿无话。至次日一早，便有贾母、王夫人打发了人来看宝玉，又命多穿两件衣服，无事宁可回去。宝玉那里肯回去，又有秦钟恋着智能，调唆宝玉求凤姐再住一天。凤姐想了一想：凡丧仪大事虽妥，还有一半点小事未曾安插，可以指此再住一日，岂不又在贾珍跟前送了满情；二则又可以完淨虚那事；三则顺了宝玉的心，贾母听见，岂不欢喜？因有此三益，便向宝玉道："我的事都完了，你要在这里逛，少不得越性辛苦一日罢了，明儿可是定要走的了。"宝玉听说，千姐姐万姐姐的央求："只住一天，明日必回去的。"于是又住了一夜。

凤姐便命悄悄将昨日老尼之事，说与来旺儿。来旺儿心中俱已明白，急忙进城找着主文的相公，假托贾琏所嘱，修书一封，连夜往长安县来，不过百里路程，两日工夫俱已妥协。那节度使名唤云光，久欠贾府之情，这一点小事，岂有不允之理，给了回书，旺儿来。且不在话下。

却说凤姐等又过了一日，次日方别了老尼，着她三日后往府里去讨信。那秦钟与智能百般不忍分离，背地里多少幽期密约，俱不用细述，只得含泪而别。凤姐又到铁槛寺中照望一番。宝珠执意不肯回家，贾珍只得派妇女相伴。后回再见。

第 16 回 贾元春才选凤藻宫 秦鲸卿夭逝黄泉路

却说宝玉见收拾了外书房，约定与秦钟读夜书。偏那秦钟秉赋最弱，因在郊外受了些风霜，又与智能儿偷期绻缱，未免失于调养，回来时便咳嗽伤风，懒进饮食，大有不胜之态，遂不敢出门，只在家中养息。宝玉便扫了兴头，只得付于无可奈何，且自静候大愈时再约。

那凤姐儿已是得了云光的回信，俱已妥协。老尼达知张家，果然那守备忍气吞声的收了前聘之物。谁知那张财主虽如此爱势贪财，却养了一个知义多情的女儿，闻得父母退了亲事，她便一条麻绳悄悄的自缢了。那守备之子闻得金哥自缢，他也是个极多情的，遂也投河而死。只落得张、李两家没趣，真是人财两空。这里凤姐却坐享了三千两，王夫人等连一点消息也不知道。自此、凤姐胆识愈壮，以后有了这样的事，便恣意的作为起来，也不消多记。

一日，正是贾政的生辰，宁、荣二处人丁都齐集庆贺，闹热非常。忽有门吏忙忙进来，至席前报说："有六宫都太监夏老爷来降旨。"吓得贾赦、贾政等一干人不知是何消息，忙止了戏文，撤去酒席，摆了香案，启中门跪接。早见六宫都太监夏守忠乘马而至，前后左右又有许多内监跟从。那夏守忠也并不曾负诏捧敕，至檐前下马，满面笑容，走至厅上，南面而立，口内说："特旨：立刻宣贾政入朝，在临敬殿陛见。"说毕，也不及吃茶，便乘马去了。贾赦等不知是何兆头，只得急忙更衣入朝。

贾母等合家人等心中皆惶惶不定，不住的使人飞马来往报信。有两个时辰工夫，忽见赖大等三四个管家喘吁吁跑进仪门报喜，又说"奉老爷命，速请老太太带领太太等进朝谢恩"等语。那时贾母正心神不定，在大堂廊下伫立。邢夫人、王夫人、尤氏、李纨、凤姐、迎春姊妹以及薛姨妈等皆在一处。听如此信至，贾母便唤进赖大来细问端详。赖大禀道："小的们只在临敬门外伺候，里头的信息一概不能得知。后来还是夏太监出来道喜，说咱们家大小姐晋封为凤藻宫尚书，加封贤德妃。后来老爷出来亦如此吩咐小的。如今老爷又往东宫去了，速请老太太领着太太们去谢恩。"贾母等听了方心神安定，不免又都洋洋喜气盈腮。于是都按品大妆起来。贾母带领邢夫人、王夫人、尤氏，一共四乘大轿入朝。贾赦、贾珍亦换了朝服，带领贾蓉、贾蔷奉侍贾母大轿前往。于是宁、荣两处上下里外，莫不欣然踊跃，个个面上皆有得意之状，言笑鼎沸不绝。

谁知近日水月庵的智能私逃进城，找至秦钟家下看视秦钟，不意被秦业知觉，将智能逐出，将秦钟打了一顿，自己气得老病发作，三五日光景呜呼死了。秦钟本自怯弱，又值带病未愈受了笞杖，今见老父气死，此时悔痛无及，更又添了许多症候。因此宝玉心中怅然如有所失。虽闻得元春晋封之事，亦未解得愁闷。贾母等如何谢恩，如何回家，亲朋如何来庆贺，宁、荣两处近日如何热闹，众人如何得意，独他一个皆视有如无，毫不曾介意。因此众人嘲他越发呆了。

且喜贾琏与黛玉回来，先遣人来报信，明日就可到家，宝玉听了，方略有些喜意。细问原由，方知贾雨村亦进京陛见，皆由王子腾累上保本，此来后补京缺，与贾琏是同宗弟兄，又与黛玉有师从之谊，故同路作伴而来。林如海已葬入祖坟了，诸事停妥，贾琏方进京的。本该出月到家，因闻得元春喜信，遂昼夜兼程而进，一路俱各平安。宝玉只问得黛玉"平安"二字，余者也就不在意了。

好容易盼至明日午错，果报："琏二爷和林姑娘进府了。"见面时彼此悲喜交接，未免又大哭一阵，后又致喜庆之词。宝玉心中品度黛玉，越发出落得超逸了。黛玉又带了许多书籍来，忙着打扫卧室，安插器具。又将些纸笔等物分送宝钗、迎春、宝玉等人。宝玉又将北静王所赠鹡鸰香串珍重取出来，转赠黛玉。黛玉说："什么臭男人拿过的！我不要它。"遂掷而不取。宝玉只得收回，暂且无话。

且说贾琏自回家参见过众人，回至房中。正值凤姐近日多事之时，无片刻闲暇之工，见贾琏远路归来，少不得拨冗接待，房内无外人，便笑道："国舅老爷大喜！国舅老爷一路风尘辛苦。小的听见昨日的头起报马来报，说今日大驾归府，略预备了一杯水酒掸尘，不知赐光谬领否？"贾琏笑道："岂敢岂敢，多承多承。"一面平儿与众丫鬟参拜毕，献茶。贾琏遂问别后家中的事，又谢凤姐操持劳碌。凤姐道："我那里照管得这些事，见识又浅，口角又笨，心肠又直率，人家给个棒槌，我就认作针。脸又软，搁不住人给两句好话，心里就慈悲了。况且又没经历过大事，胆子又小，太太略有些不自在，就吓得我连觉也睡不着了。我苦辞了几回，太太又不容辞，倒反说我图受用，不肯习学了。殊不知我是捻着一把汗儿呢。一句也不敢多说，一步也不敢多走。你是知道的，咱们家所有的这些管家奶奶们，哪一位是好缠的？错一点儿她们就笑话打趣，偏一点儿她们就指桑说槐的报怨。'坐山观虎斗'，'借刀杀人'，'引风吹火'，'站干岸儿'，'推倒油瓶不扶'，都是全挂子的武艺。况且我年纪轻，头等不压众，怨不得不放我在眼里。更可笑那府里忽然蓉儿媳妇死了，珍大哥又再三再四的在太太跟前跪着讨情，只要请我帮他几日；我是再四推辞，太太断不依，只得从命。依旧被我闹了个马仰人翻，更不成个体统，至今珍大哥哥还抱怨后悔呢。你这一来了，明儿你见了他，好歹描补描补，就说我年纪小，原没见过世面，谁叫大爷错委她的。"

正说着，只听外间有人说话，凤姐便问："是谁？"平儿进来回道："姨太太打发了香菱妹子来问我一句话，我已经说了，打发她回去了。"贾琏笑道："正是呢，方才我见姨妈去，不防和一个年轻的小媳妇子撞了个对面，生得好齐整模样。我疑惑咱家并无此人，说话时因问姨妈，谁知就是上京来头的那小丫头，名叫香菱的，竟与薛大傻子作了房里人，开了脸，越发出挑得标緻了。那薛大傻子真玷辱了她。"凤姐道："嗳！往苏杭走了一趟回来，也该见些世面了，还是这么眼馋肚饱的。你要爱她，不值什么，我去拿平儿换了她来如何？那薛老大也是'吃着碗里看着锅里'，这一年来的光景，他为要香菱不能到手，和姨妈打了多少饥荒。也因姨妈看着香菱模样儿好还是末则，其为人行事，却又比别的女孩子不同，温柔安静，差不多的主子姑娘也跟她不上呢。故此摆酒请客的费事，明堂正道的与他作了妾。过了没半月，也看得马棚风一般了，我倒心里可惜了的。"语未了，二门上小厮传报："老爷在大书房等二爷呢。"贾琏听了，忙忙整衣出去。

这里凤姐乃问平儿："方才姨妈有什么事，巴巴的打发了香菱来？"平儿笑道："哪里来的香菱，是我借她暂撒个谎。奶奶说说，旺儿嫂子越发连个承算也没了。"说着，又走至凤姐身边，悄悄说道："奶奶的那利钱银子，迟不送来，早不送来，这会子二爷在家，她却送这个来了。幸亏我在堂屋里撞见，不然时走了来回奶奶，二爷倘或问奶奶是什么利钱，奶奶自然不肯瞒二爷的，少不得照实告诉二爷。我们二爷那脾气，油锅里的钱还要找出来花呢，听见奶奶有了这个梯己，他还不放心的花了呢？所以我赶着接了过来，叫我说了她两句，谁知奶奶偏听见了问我，我就撒谎说香菱来了。"凤姐听了笑道："我说呢，姨妈知道你二爷来了，忽喇巴的反打发个房里人来了？原来你这蹄子肏鬼。"

说话时，贾琏已进来，凤姐便命摆上酒馔来，夫妻对坐。凤姐虽善饮，却不敢任性，只陪着贾琏。一时贾琏的乳母赵嬷嬷走来。贾琏、凤姐忙让她一同吃酒，令其上炕去，赵嬷嬷执意不肯。平儿等早已炕沿下设下一杌子，又有一小脚踏，赵嬷嬷在脚踏上坐了。贾琏向桌上拣两盘肴馔与她放在杌上自吃。凤姐又道："妈妈很嚼不动那个，倒没的矼了她的牙。"因向平儿道："早起我说那一碗火腿炖肘子很烂，正好给妈妈吃，你怎么不拿了去赶着叫她们热来？"又道："妈妈，你尝一尝你儿子带来的惠泉酒。"赵嬷嬷道："我喝呢，奶奶也喝一锺，怕什么？只不要过多了就是了。我这会子跑了来，倒也不为酒饭，倒有一件正经事，奶奶好歹记在心里，疼顾我些罢。我们这爷，只是嘴里说得好，到了跟前就忘了我们。幸亏我从小儿奶了你这么大。我也老了，有的是那两个儿子，你就另眼照看他们些，别人也不敢呲牙儿的。我还再四的求了你几遍，你答应得倒好，到如今还是燥屎。这如今又从天上跑出这样一件大喜事来，哪里用不着人？所以倒是来求奶奶是正经，靠着我们爷，只怕我还饿死了呢。”

凤姐笑道：“妈妈你放心，两个奶哥哥都交给我。你从小儿奶的，你还有什么不知他那脾气的？拿着皮肉倒往那不相干的外人身上贴。可是现放着奶哥哥，哪一个不比人强？你疼顾照看他们，谁敢说个‘不’字儿？没的白便宜了外人。—我这话也说错了，我们看着是‘外人’，你却看着‘内人’一样呢。”说得满屋里人都笑了。赵嬷嬷也笑个不住，又念佛道：“可是屋子里跑出青天来了？若说‘内人’‘外人’这些混帐事，我们爷是没有，不过是脸软心慈，搁不住人求两句罢了。”凤姐笑道：“可不是呢，有‘内人’求的他才慈软呢，他在咱们娘儿们跟前才是刚硬呢！”赵嬷嬷笑道：“奶奶说得太尽情了，我也乐了，再吃一杯好酒。从此我们奶奶做了主，我就没的愁了。”

贾琏此时没好意思，只是讪笑吃酒，说‘胡说’二字，——“快盛饭来吃碗子，还要往珍大爷那边去商议事呢。”凤姐道：“可是别误了正事。才刚老爷叫你说什么？”贾琏道：“就为省亲。”凤姐忙问道：“省亲的事竟准了不成？”贾琏笑道：“虽不十分准，也有八分准了。”凤姐笑道：“可见当今的隆恩。历来听书、看戏，古时从来未有的。”赵嬷嬷又接口道：“可是呢，我也老糊涂了。我听见上上下下吵嚷了这些日子，什么省亲不省亲，我也不理论它去；如今又说省亲，到底是怎么个原故？”贾琏道：“如今当今贴体万人之心，世上至大莫如‘孝’字，想来父母儿女之性，皆是一理，不是贵贱上分别的。当今自为日夜侍奉太上皇、皇太后，尚不能略尽孝意，因见宫里嫔妃才人等皆是入宫多年，以致抛离父母音容，岂有不思想之理？在儿女思想父母，是分所应当。想父母在家，若只管思念儿女，竟不能一见，倘因此成疾致病，甚至死亡，皆由朕躬禁锢，不能使其遂天伦之愿，亦大伤天和之事。故启奏太上皇、皇太后，每月逢二六日期，准其椒房眷属入宫请候看视。于是太上皇、皇太后大喜，深赞当今至孝纯仁，体天格物。因此二位老圣人又下旨意，说椒房眷属入宫，未免有国体仪制，母女尚不能惬怀。竟大开方便之恩，特降谕诸椒房贵戚，除二六日入宫之恩外，凡有重宇别院之家，可以驻跸关防之处，不妨启请内廷鸾舆入其私第，庶可略尽骨肉私情、天伦中之至性。此旨一下，谁不踊跃感戴！现今周贵人的父亲已在家里动了工了，修盖省亲别院呢。又有吴贵妃的父亲吴天祐家，也往城外踏看地方去了。这岂不有八九分了？”

赵嬷嬷道：“阿弥陀佛！原来如此。这样说，咱们家也要预备接咱们大小姐了。”贾琏道：“这何用说呢！不然，这会子忙的是什么？”凤姐笑道：“若果如此，我可也见个大世面了。可恨我小几岁年纪，若早生二三十年，如今这些老人家也不薄我没见世面了。说起当年太祖皇帝仿舜巡的故事，比一部书还热闹，我偏没造化赶上。”赵嬷嬷道：“嗳哟哟，那可是千载希逢的！那时候我才记事儿，咱们贾府正在姑苏扬州一带监造海舫，修理海塘，只预备接驾一次，把银子都花的淌海水似的！说起来……”凤姐忙接道：“我们王府也预备过一次。那时我爷爷单管各国进贡朝贺的事，凡有的外国人来，都是我们家养活。粤、闽、滇、浙所有的洋船货物都是我们家的。”

赵嬷嬷道：“那是谁不知道的？如今还有个口号儿呢，说‘东海少了白玉床，龙王来请江南王’，这说的就是奶奶府上了。还有如今现在江南的甄家，嗳哟哟，好势派！独他家接驾四次，若不是我们亲眼看见，告诉谁谁也不信的。别讲银子成了土泥，凭是世上所有的，没有不是堆山塞海的，‘罪过’‘可惜’四个字竟顾不得了。”凤姐道：“常听见我们太爷们也这样说，岂有不信的。只纳罕他家怎么就这么富贵呢？”赵嬷嬷道：“告诉奶奶一句话，也不过是拿着皇帝家的银子往皇帝身上使罢了！谁家有那些钱买这个虚热闹去？”

正说得热闹，王夫人又打发人来瞧凤姐吃了饭不曾。凤姐便知有事等她，忙忙的吃了半碗饭，漱口要走。又有二门上小厮们回：“东府里蓉、蔷二位哥儿来了。”贾琏才漱了口，平儿捧着盆盥手，见他二人来了，便问：“什么话？快说。”凤姐且止步稍候，听他二人回些什么。贾蓉先回说：“我父亲打发我来回叔叔：老爷们已经议定了，从东边一带，借着东府里的花园起，转至北边，一共丈量准了，三里半大，可以盖造省亲别院了。已经传人画图样去了，明日就得。叔叔才回家，未免劳乏，不用过我们那边去，有话明日一早再请过去面议。”贾琏笑着说道：“多谢大爷费心体谅，我就从命不过去了。正经是这个主意才省事，盖得也容易；若採置别处地方去，那更费事，且倒不成体统。你回去说这样很好，若老爷们再要改时，全仗大爷谏阻，万不可另寻地方。明日一早，我给大爷请安去，再议细话。”贾蓉忙应几个“是”。

贾蔷又近前回说：“下姑苏聘请教习，採买女孩子，置办乐器、行头等事，大爷派了侄儿，带领着来管家两个儿子，还有单聘仁、卜固修两个清客相公，一同前往，所以命我来见叔叔。”贾琏听了，将贾蔷打量了打量，笑道：“你能在这一行么？这个事虽不算甚大，里头大有藏掖的。”贾蔷笑道：“只好学习着办罢了。”

贾蓉在身旁灯影下悄拉凤姐的衣襟，凤姐会意，因笑道：“你也太操心了，难道大爷比咱们还不会用人？偏你又怕他不在行了。谁都是在行的？孩子们已长得这么大了，‘没吃过猪肉，也看见过猪跑’。大爷派他去，原不过是个坐纛旗儿，难道认真的叫他去讲价钱、会经纪去呢！依我说就很好。”贾琏道：“自然是这样。并不是我驳回，少不得替他筹算筹算。”因问：“这一项银子动那一处的？”贾蔷道：“才也议到这里。赖爷爷说，竟不用从京里带下去，江南甄家还收着我们五万银子。明日写一封书信会票我们带去，先支三万，下剩二万存着，等置办花烛、彩灯并各色帘栊帐幔的使费。”贾琏点头道：“这个主意好。”

凤姐忙向贾蔷道：“既这样，我有两个在行妥当人，你就带他们去办，这个便宜了你呢。”贾蔷忙陪笑说：“正要和婶婶讨两个人呢，这可巧了。”因问名字。凤姐便问赵嬷嬷。彼时赵嬷嬷已听呆了话，平儿忙笑推她，她才醒悟过来，忙说：“一个叫赵天樑，一个叫赵天栋。”凤姐道：“可别忘了，我可干我的去了。”说着便出去了。贾蓉忙赶出来，又悄悄向凤姐道：“婶子要什么东西，吩咐我开个帐给蔷兄弟带了去，叫他按帐置办了来。”凤姐笑道：“别放你娘的屁！我的东西还没处撂呢，希罕你们鬼鬼祟祟的？”说着一径去了。

这里贾蔷也悄问贾琏：“要什么东西？顺便置来孝敬叔叔。”贾琏笑道：“你别兴头。才学着办事，倒先学会了这把戏。我短了什么，少不得写信去告诉你，且不要论到这里。”说毕，打发他二人去了。接着回事的人来，不止三四次，贾琏害乏，便传与二门上，一应不许传报，俱等明日料理。凤姐至三更时分方下来安歇，一宿无话。

次早贾琏起来，见过贾赦、贾政，便往宁府中来，合同老管事人等，并几位世交门下清客相公，审察两府地方，缮画省亲殿宇，一面参度办理人丁。自此后，各行匠役齐集，金、银、铜、锡以及土、木、砖、瓦之物，搬运移送不歇。先令匠人拆宁府会芳园牆垣楼阁，直接入荣府东大院中。荣府东边所有下人一带群房尽已拆去。当日宁、荣二宅，虽有一小巷界断不通，然这小巷亦係私地，并非官道，故可以连属。会芳园本是从北角牆下引来一股活水，今亦无烦再引。其山石树木虽不敷用，贾赦住的乃是荣府旧园，其中竹树山石以及亭榭栏杆等物，皆可挪就前来。如此两处又甚近，凑来一处，省得许多财力，纵亦不敷，所添亦有限。全亏一个老明公号山子野者，一一筹画起造。

贾政不惯于俗务，只凭贾赦、贾珍、贾琏、赖大、来升、林之孝、吴新登、詹光、程日兴等几人安插摆布。凡堆山凿池，起楼竖阁，种竹栽花，一应点景之事，又有山子野制度。下朝闲暇，不过各处看望看望，最要紧处和贾赦等商议商议便罢了。贾赦只在家高卧，有芥豆之事，贾珍等或自去回明，或写略节；或有话说，便传呼贾琏、赖大等来领命。贾蓉单管打造金银器皿。贾蔷已起身往姑苏去了。贾珍、赖大等又点人丁，开册籍，监工等事，一笔不能写到，不过是喧阗热闹非常而已。暂且无话。

且说宝玉近因家中有这等大事，贾政不来问他的书，心中是件畅事；无奈秦钟之病一日似重一日，也着实悬心，不能乐业。这日一早起来，才梳洗完毕，意欲回了贾母去望候秦钟，忽见茗烟在二门照壁前探头缩脑。宝玉忙出来问他作什么。茗烟道："秦相公不中用了！"宝玉听说，吓了一跳，忙问道："我昨儿才瞧了他来了，还明明白白的，怎么就不中用了？"茗烟道："我也不知道，才刚是他家的老头子特来告诉我的。"宝玉听了，忙转身回明贾母。贾母吩咐："好生派妥当人跟去，到那里尽一尽同窗之情就回来，不许多耽搁了。"宝玉听了，忙忙的更衣出来，车犹未备，急得满厅乱转。一时催促得车到，忙上了车，李贵、茗烟等跟随。来至秦钟门首，悄无一人，遂蜂拥至内室，唬得秦钟的两个远房婶子并几个弟兄都藏之不迭。

此时，秦钟已发过两三次昏了，移床易箦多时矣。宝玉一见，便不禁失声。李贵忙劝道："不可，不可！秦相公是弱症，未免炕上挺扛的骨头不受用，所以暂且挪下来鬆散些。哥儿如此，岂不反添了他的病？"宝玉听了，方忍住近前，见秦钟面如白蜡，合目呼吸于枕上。宝玉叫道："鲸兄！宝玉来了。"连叫两三声，秦钟不睬。宝玉又道："宝玉来了！"

那秦钟早已魂魄离身，只剩得一口悠悠余气在胸，正见许多鬼判持牌提索来捉他。那秦钟魂魄哪里肯就去，又记念着家中无人掌管家务，又记挂着父亲还有留积下的三四千两银子，又记挂着智能尚无下落，因此百般求告鬼判。无奈这些鬼判都不肯徇私，反叱咤秦钟道："亏你还是读过书的人，岂不知俗语说的：'阎王叫你三更死，谁敢留人到五更！'我们阴间上下都是铁面无私的，不比你们阳间瞻情顾意，有许多的关碍处。"

正闹着，那秦钟的魂魄忽听见"宝玉来了"四字，便忙又央求道："列位神差，略发慈悲，让我回去，和这一个好朋友说一句话就来的。"众鬼道："又是什么好朋友？"秦钟道："不瞒列位，就是荣国公的孙子，小名宝玉的。"都判官听了，先就唬慌起来，忙喝骂鬼使道："我说你们放了他去走走罢，你们断不依我的话，如今只等他请出个运旺时盛的人来才罢。"众鬼见都判如此，也都忙了手脚，一面又抱怨道："你老人家先是那等雷霆电雹，原来见不得'宝玉'二字。依我们愚见，他是阳间，我们是阴间，怕他们也无益于我们。"都判道："放屁！俗语说得好，'天下官管天下事'，阴阳并无二理。别管他阴也罢，阳也罢，敬着没错了的。"众鬼听说，只得将秦魂放回。哼了一声，微开双目，见宝玉在侧，乃勉强叹道："怎么不肯早来？再迟一步也不能见了。"宝玉忙携手垂泪道："有什么话，留下两句。"秦钟道："并无别话，以前你我见识自为高过世人，我今日才知自误了。以后还该立志功名，以荣耀显达为是。"说毕，便长叹一声，萧然长逝了。下回分解。

第 17 回 大观园试才题对额 怡红院迷路探曲折

诗曰：

豪华虽足羡，离别却难堪。博得虚名在，谁人识苦甘？

话说秦钟既死， 宝玉痛哭不已，李贵等好容易劝解半日方住，归时犹是凄恻哀痛。贾母帮了几十两银子，外又另备奠仪，宝玉去弔纸。七日后，便送殡掩埋了，别无述记。只有宝玉日日思慕感悼，然亦无可如何了。

又不知历几何时，这日贾珍等来回贾政："园内工程俱已告竣，大老爷已瞧过了，只等老爷瞧了，或有不妥之处，再行改造，好题匾额对联。"贾政听了，沉思一回，说道："这匾额对联倒是一件难事。论理该请贵妃赐题才是，然贵妃若不亲睹其景，大约亦必不肯妄拟；若直待贵妃游幸过再请题，偌大景致，若干亭榭，无一字标题，也觉寥落无趣，任有花柳山水，也断不能生色。"众清客在旁笑答道："老世翁所见极是。如今我们有个愚见：各处匾额对联断不可少，亦断不可定名。如今且按其景致，或两字、三字、四字，虚合其意，拟了出来，暂且做灯匾联悬了。待贵妃游幸时，再请定名，岂不两全？"贾政听了，笑道："所见不差。我们今日且看看去，只管题了，若妥当便用；不妥当时，将雨村请来，令他再拟。"众清客笑道："老爷今日一拟定佳，何必又待雨村。"贾政笑道："你们不知，我自幼于花鸟山水题咏上就平平；如今上了年纪，且案牍劳烦，于这怡情悦性文章上更生疏了。纵拟了出来，不免迂腐古板，反不能使花柳园亭生色。似不妥协，反没意思。"众清客笑道："这也无妨。我们大家看了公拟，各举其长，优则存之，劣则删之，未为不可。"贾政道："此论极是。且喜今日天气和暖，大家去逛逛。"说着起身，引众人前往。

贾珍先去园中知会众人。可巧近日宝玉因思念秦钟，忧戚不尽，贾母常命人带他到新园中来戏耍。此时亦才进来，忽见贾珍走来，向他笑道："你还不出去？老爷就来了。"宝玉听了，带着奶娘、小厮们，一熘烟就出园来。方转过弯，顶头贾政引着众清客来了，躲之不及，只得一边站了。贾政近因闻得塾掌称赞宝玉专能对对联，虽不喜读书，偏倒有些歪才情似的，今日偶然撞见这机会，便命他跟来。宝玉只得随往，尚不知何意。

贾政刚至园门前，只见贾珍带领许多执事人来，一旁侍立。贾政道："你且把园门都关上，我们先瞧了外面再进去。"贾珍听说，命人将门关了。贾政先秉正看门。只见正门五间，上面桶瓦泥鳅嵴，那门栏窗槅，皆是细凋新鲜花样，并无朱粉涂饰；一色水磨群牆，下面白石台矶，凿成西番草花样。左右一望，皆雪白粉牆，下面虎皮石，随势砌去，果然不落富丽俗套，自是喜欢。遂命开门，只见迎面一带翠嶂挡在前面。众清客都道："好山，好山！"贾政道："非此一山，一进来，园中所有之景悉入目中，则有何趣？"众人道："极是。非胸中大有邱壑，焉想及此。"说着，往前一望，见白石峻嶒，或如鬼怪，或如勐兽，纵横拱立；上面苔藓成斑，藤萝掩映，其中微露羊肠小径。贾政道："我们就从此小径游去，回来由那一边出去，方可遍览。"

说毕，命贾珍在前引导，自己扶了宝玉，逶迤进入山口。抬头忽见山上有镜面白石一块，正是迎面留题处。贾政回头笑道："诸公请看，此处题以何名方妙？"众人听说，也有说该题"叠翠"二字，也有说该提"锦嶂"的，又有说"赛香炉"的，又有说"小终南"的，种种名色，不止几十个。原来众客心中早知贾政要试宝玉的功业进益如何，只将些俗套来敷衍。宝玉亦料定此意。贾政听了，便回头命宝玉拟来。宝玉道："尝闻古人有云：'编新不如述旧，刻古终胜凋今。'况此处并非主山正景，原无可题之处，不过是探景一进步耳。莫若直书'曲径通幽处'这句旧诗在上，倒还大方气派。"众人听了，都赞道："是极！二世兄天分高，才情远，不似我们读腐了书的。"贾政笑道："不可谬奖。他年小，不过以一知充十用，取笑罢了。再俟选拟。"

说着，进入石洞来。只见佳木茏葱，奇花闪灼，一带清流，从花木深处曲折泻于石隙之中。再进数步，渐向北边，平坦宽豁，两边飞楼插空，凋甍绣槛，皆隐于山坳树杪之间。俯而视之，则清溪泻雪，石磴穿云，白石为栏，环抱池沿，石桥之港，兽面衔吐，桥上有亭。贾政与诸人上了亭子，倚栏坐了，因问："诸公以何题此？"诸人都道："当日欧阳公《醉翁亭记》有云：'有亭翼然'，就名'翼然'。"贾政笑道："'翼然'虽佳，但此亭压水而成，还须偏于水题方称。依我拙裁，欧阳公之'泻出于两峰之间'，竟用他这一个'泻'字。"有一客道："是极，是极！竟是'泻玉'二字妙。"贾政拈髯寻思，因抬头见宝玉侍侧，便笑命他也拟一个来。宝玉听说，连忙回道："老爷方才所议已是。但是如今追究了去，似乎当日欧阳公题酿泉用一'泻'字则妥，今日此泉若亦用'泻'字，则觉不甚妥。况此处虽云省亲驻跸别墅，亦当入于应制之例，用此等字眼，亦觉粗陋不雅。求再拟较此蕴籍含蓄者。"贾政笑道："诸公听此论若何？方才众人编新，你又说不如述古，如今我们述古，你又说粗陋不妥。你且说你的来我听。"宝玉道："有用'泻玉'二字，则莫若'沁芳'二字，岂不新雅？"贾政拈髯点头不语。众人都忙迎合，赞宝玉才情不凡。贾政道："匾上二字容易。再作一副七言对联来。"宝玉听说，立于亭上，四顾一望，便机上心来，乃念道：

绕堤柳借三篙翠，隔岸花分一脉香。

贾政听了，点头微笑。众人先称赞不已。

于是出亭过池，一山一石，一花一木，莫不着意观览。忽抬头看见前面一带粉垣，里面数楹修舍，有千百竿翠竹遮映。众人都道："好个所在！"于是大家进入，只见入门便是曲折游廊，阶下石子漫成甬路。上面小小三间房舍，一明两暗，里面都是合着地步打就的床杌椅案。从里间房内又得一小门，出去则是后院，有大株梨花兼着芭蕉。又有两间小小退步。后院墙下；忽开一隙，得泉一派，开沟仅尺许，灌入墙内，绕阶缘屋至前院，盘旋竹下而出。

贾政笑道："这一处倒还罢了。若能月夜坐此窗下读书，不枉虚生一世。"说毕，看着宝玉，唬得宝玉忙垂了头。众客忙用话开释，又说道："此处的匾该题四个字。"贾政笑问："哪四字？"一个道是"淇水遗风"。贾政道："俗。"又一个是"睢园雅迹"。贾政道："也俗。"贾珍笑道："还是宝兄弟拟一个来。"贾政道："他未曾作，先要议论人家的好歹，可见就是个轻薄人。"众客道："议论得极是，其奈他何？"贾政忙道："休如此纵了他。"因命他道："今日任你狂为乱道，先设议论来，然后方许你作。方才众人说的，可有使得的？"宝玉见问，便道："都似不妥。"贾政冷笑道："怎么不妥？"宝玉道："这是第一处行幸之处，必须颂圣方可。若用四字的匾，又有古人现成的，何必再作。"贾政道："难道'淇水''睢园'不是古人的？"宝玉道："这太板腐了。莫若'有凤来仪'四字。"众人都哄然叫妙。贾政点头道："畜生，畜生，可谓'管窥蠡测'矣！"因命："再题一联来。"宝玉便念道：

宝鼎茶闲烟尚绿，幽窗棋罢指犹凉。

贾政摇头说道："也未见长。"说毕，引众人出来。

方欲走时，忽又想起一事来，因问贾珍道："这些院落房宇并几案桌椅都算有了，还有那些帐幔帘子并陈设的玩器古董，可也都是一处一处合式配就的么？"贾珍回道："那陈设的东西早已添了许多，临期自然合式陈设。帐幔帘子，昨日听见琏兄弟说，还不全。那原是一起工程之时就画了各处的图样，量准尺寸，就打发人办去的。想必昨日得了一半。"贾政听了，便知此事不是贾珍的首尾，便命人去唤贾琏。

一时，贾琏赶来，贾政问他共有几种，现今得了几种，尚欠几种。贾琏见问，忙向靴桶取靴掖内装的一个纸折略节来，看了一看，回道："妆蟒绣堆、刻丝弹墨，并各色绸绫、大小幔子一百二十架，湘妃竹帘二百挂昨日得了八十架，下欠四十架。帘子二百挂，昨日俱得了。外有猩猩毡帘二百挂，金丝藤红漆竹帘二百挂，墨漆竹帘二百挂，五彩线络盘花帘二百挂，每样得了一半，也不过秋天都全了。椅搭、桌围、床裙、桌套，每分一千二百件，也有了。"

一面说，一面走，倏尔青山斜阻。转过山怀中，隐隐露出一带黄泥筑就矮墙，墙头皆中稻茎掩护。有几百株杏花，如喷火蒸霞一般。里面数楹茅屋。外面却是桑、榆、槿、柘，各色树稚新条，随其曲折，编就两熘青篱。篱外山坡之下，有一土井，旁有桔槔、辘轳之属。下面分畦列亩，佳蔬菜花，漫然无际。

贾政笑道："倒是此处有些道理。固然係人力穿凿，此时一见，未免勾引起我归农之意。我们且进去歇息歇息。"说毕，方欲进篱门去，忽见路旁有一石碣，亦为留题之备。众人笑道："更妙，更妙！此处若悬匾待题，则田舍家风一洗尽矣。立此一碣，又觉生色许多，非范石湖田家之咏不足以尽其妙。"贾政道："诸公请题。"众人道："方才世兄有云，'编新不如述旧'，此处古人已道尽矣，莫若直书'杏花村'妙极，"贾政听了，笑向贾珍道："正亏提醒了我。此处都妙极，只是还少一个酒幌。明日竟作一个，不必华丽，就依外面村庄的式样作来，用竹竿挑在树梢。"贾珍答应了，又回道："此处竟还不可养别的雀鸟，只是买些鹅、鸭、鸡类，才都相称了。"贾政与众人都道："更妙。"贾政又向众人道："'杏花村'固佳，只是犯了正名村名，直待请名方可。"众客都道："是呀！如今虚的，便是什么字样好？"

大家想着，宝玉却等不得了，也不等贾政的命，便说道："旧诗有云：'红杏梢头挂酒旗'。如今莫若'杏帘在望'四字。"众人都道："好个'在望'！又暗合'杏花村'意。"宝玉冷笑道："村名若用'杏花'二字，则俗陋不堪了。又有古人诗云：'柴门临水稻花香'，何不就用'稻香村'的妙？"众人听了，亦发哄声拍手道："妙！"贾政一声断喝："无知的业障！你能知道几个古人，能记得几首熟诗，也敢在老先生前卖弄！你方才那些胡说的，不过是试你的清浊，取笑而已，你就认真了！"

说着，引人步入茆堂，里面纸窗木榻，富贵气象一洗皆尽。贾政心中自是喜欢，却瞅宝玉道："此处如何？"众人见问，都忙悄悄的推宝玉，教他说好。宝玉不听人言，便应声道："不及'有凤来仪'多矣。"贾政听了道："无知的蠢物！你只知朱楼画栋、恶赖富丽为佳，哪里知道这清幽气象。终是不读书之过！"宝玉忙答道："老爷教训得固是，但古人常云'天然'二字，不知何意？"

众人见宝玉牛心，都怪他呆痴不改。今见问'天然'二字，众人忙道："别的都明白，如何连'天然'不知？'天然'者，天之自然而有，非人力之所成也。"宝玉道："却又来！此处置一田庄，分明见得人力穿凿扭捏而成。远无邻村，近不负郭，背山山无脉，临水水无源，高无隐寺之塔，下无通市之桥，峭然孤出，似非大观。争似先处有自然之理，得自然之气，虽种竹引泉，亦不伤于穿凿。古人云'天然图画'四字，正畏非其地而强为地，非其山而强为山，虽百般精而终不相宜……"未及说完，贾政气得喝命："叉出去！"刚出去，又喝命："回来！"命再题一联："若不通，一併打嘴！"宝玉只得念道：

新涨绿添浣葛处，好云香护采芹人。

贾政听了，摇头说："更不好。"一面引人出来，转过山坡，穿花度柳，抚石依泉，过了荼蘼架，再入木香棚，越牡丹亭，度芍药圃，入蔷薇院，出芭蕉坞，盘旋曲折。忽闻水声潺湲，泻出石洞，上则萝薜倒垂，下则落花浮荡。众人都道："好景，好景！"贾政道："诸公题以何名？"众人道："再不必拟了，恰恰乎是'武陵源'三个字。"贾政笑道："又落实了，而且陈旧。"众人笑道："不然就用'秦人旧舍'四字也罢了。"宝玉道："这越发过露了。'秦人旧舍'说避乱之意，如何使得！莫若‘蓼汀花溆’四字。”贾政听了，更批胡说。

于是要进港洞时，又想起有船无船。贾珍道：“采莲船共四隻，座船一隻，如今尚未造成。”贾政笑道：“可惜不得入了。”贾珍道：“从山上盘道亦可以进去。”说毕，在前导引，大家攀藤抚树过去。只见水上落花愈多，其水愈清，溶溶荡荡，曲折萦迂。池边两行垂柳，杂着桃杏，遮天蔽日，真无一些尘土。忽见桃柳中又露出一个条折带朱栏板桥来，度过桥去，诸路可通，便见一所清凉瓦舍，一色水磨砖牆，清瓦花堵。那大主山所分之脉，皆穿牆而过。

贾政道：“此处这所房子，无味得很。”因而步入门时，忽迎面突出插天的大玲珑山石来，四面群绕各式石块，竟把里面所有房屋悉皆遮住，而且一株花木也无。只见许多异草：或有牵藤的，或有引蔓的，或垂山巅，或穿石隙，甚至垂檐绕柱，萦砌盘阶，或如翠带飘飖，或如金绳盘屈，或实若丹砂，或花如金桂，味芬气馥，非花香之可比。贾政不禁笑道：“有趣！只是不大认识。”有的说：“是薜荔藤萝。”贾政道：“薜荔藤萝不得如此异香。”宝玉道：“果然不是。这些之中也有藤萝薜荔；那香的是杜若蘅芜，那一种大约是茝兰，这一种大约是清葛，那一种是金簦草，这一种是玉蕗藤，红的自然是紫芸，绿的定是青芷。想来《离骚》《文选》等书上所有的那些异草，也有叫作什么藿纳薑荨的，也有叫作什么纶组紫绛的，还有石帆、水松、扶留等样，又有叫什么绿荑的，还有什么丹椒、蘼芜、风连。如今年深岁改，人不能识，故皆象形夺名，渐渐的唤差了也是有的。”未及说完，贾政喝道：“谁问你来！”唬得宝玉倒退，不敢再说。

贾政因见两边俱是超手游廊，便顺着游廊步入。只见上面五间清厦连着捲棚，四面出廊，绿窗油壁，更比前几处清雅不同。贾政叹道：“此轩中煮茶操琴，亦不必再焚名香矣！此造已出意外，诸公必有佳作新题以颜其额，方不负此。”众人笑道：“再莫若‘兰风蕙露’贴切了。”贾政道：“也只好用这四字。其联若何？”一人道：“我倒想了一对，大家批削改正。”念道是：

麝兰芳靄斜阳院，杜若香飘明月洲。

众人道：“妙则妙矣，只是‘斜阳’二字不妥。”那人道：“古人诗云‘蘼芜满院泣斜晖’。”众人道：“颓丧，颓丧！”又一人道：“我也有一联，诸公评阅评阅。”因念道：

三径香风飘玉蕙，一庭明月照金兰。

贾政拈髯沉音，意欲也题一联。忽抬头见宝玉在旁不敢则声，因喝道：“怎么你应说话时又不说了？还要等人请教你不成！”宝玉听说，便回道：“此处并没有什么‘兰麝’，‘明月’，‘洲渚’之类，若要这样着迹说起来，就题二百联也不能完。”贾政道：“谁按着你的头，叫你必定说这些字样呢？”宝玉道：“如此说，匾上则莫若‘蘅芷清芬’四字。对联则是：

吟成荳蔻才犹艳，睡足酴醾梦也香。

贾政笑道：“这是套的‘书成蕉叶文犹绿’，不足为奇。”众客道：“李太白‘凤凰台’之作，全套‘黄鹤楼’，只要套得妙。如今细评起来，方才这一联，竟比‘书成蕉叶’犹觉幽娴活泼。视‘书成’之句，竟似套此而来。”贾政笑说：“岂有此理！”

说着，大家出来。行不多远，则见崇阁巍峨，层楼高起，面面琳宫合抱，迢迢複道萦纡；青松拂檐，玉栏绕砌，金辉兽面，彩焕螭头。贾政道：“这是正殿了，只是太富丽了些。”众人都道：“要如此方是。虽然贵妃崇节尚俭，天性恶繁悦朴，然今日之尊，礼仪如此，不为过也。”一面说，一面走，只见正面现出一座玉石牌坊来，上面龙蟠螭护，玲珑凿就。贾政道：“此处书以何文？”众人道：“必是‘蓬莱仙境’方妙。”贾政摇头不语。宝玉见了这个所在，心中忽有所动，寻思起来，倒像那里曾见过的一般，却一时想不起那年月日的事了。贾政又命他作题，宝玉只顾细思前景，全无心于此了。众人不知其意，只当他受了这半日的折磨，精神耗散，才尽词穷了；再要考难逼迫，着了急，或生出事来，倒不便。遂忙都劝贾政：“罢，罢，明日再题罢了。”贾政心中也怕贾母不放心，遂冷笑道：“你这畜生，也竟有不能之时了。也罢，限你一日，明日若再不能，我定不饶。这是要紧一处，更要好生作来！”

说着，引人出来，再一观望，原来自进门起，所行至此，才游了十之五六。又值人来回，有雨村处遣人来回话。贾政笑道：“此数处不能游了。虽如此，到底从那一边出去，纵不能细观，也可稍览。”说着，引客行来，至一大桥前，见水如晶帘一般奔入。原来这桥便是通外河之闸，引泉而入者。贾政因问：“此闸何名？”宝玉道：“此乃沁芳泉之正源，就名‘沁芳闸’。”贾政道：“胡说！偏不用‘沁芳’二字。”

于是一路行来，或清堂，或茅舍；或堆石为垣，或编花为牖；或山下得幽尼佛寺，或林中藏女道丹房；或长廊曲洞，或方厦圆亭，贾政皆不及进去。因说半日腿酸，未尝歇息。忽又见前面又露出一所院落来，贾政笑道：“到此可要进去歇息歇息了。”说着，一径引人绕着碧桃花，穿过一层竹篱花障编就的月洞门，俄见粉牆环护，绿柳周垂。贾政与众人进去，一入门，两边俱是游廊相接。院中点衬几块山石，一边种着数本芭蕉，那一边乃是一棵西府海棠，其势若伞，丝垂翠缕，葩吐丹砂。众人赞道：“好花，好花！从来也见过许多海棠，哪里有这样妙的。”贾政道：“这叫作‘女儿棠’，乃是外国之种。俗传係出‘女儿国’中，云彼国此种最盛，亦荒唐不经之说罢了。”众人笑道：“然虽不经，如何此名传久了？”宝玉道：“大约骚人咏士，以此花之色红晕若施脂，轻弱似扶病，大近乎闺阁风度，所以以‘女儿’命名。想因被世间俗恶听了，他便以野史纂入为证，以俗传俗，以讹传讹，都认真了。”众人都摇身赞妙。

一面说话，一面都在廊外抱厦下打就的榻上坐了。贾政因问：“想几个什么新鲜字来题此？”一客道：‘蕉鹤’二字最妙。”又一个道：“‘崇光泛彩’方妙。”贾政与众人都道：“好个‘崇光泛彩’！”宝玉也道：“妙极！”又叹：“只是可惜了。”众人问：“如何可惜？”宝玉道：“‘处蕉、棠两植，其意暗蓄‘红’、‘绿’二字在内。若只说蕉，则棠无着落；若只说棠，蕉亦无着落。固有蕉无棠不可，有棠无蕉更不可。”贾政道：“依你如何？”宝玉道：“依我，题‘红香绿玉’四字，方两全其妙。”贾政摇头道：“不好，不好！”

说着，引人进入房内。只见这几间房内收拾得与别处不同，竟分不出间隔来的。原来四面皆是凋空玲珑木板，或“流云百蝠”，或“岁寒三友”，或山水人物，或翎毛花卉，或集锦，或博古，或卍福卍寿，各种花样，皆是名手凋镂，五彩销金嵌宝的。一槅一（原字为左木右鬲），或有贮书处，或有设鼎处，或安置笔砚处，或供花设瓶、安放盆景处。其（原字为左木右鬲）各式各样，或天圆地方，或葵花蕉叶，或连环半璧。真是花团锦簇，剔透玲珑。倏尔五色纱糊就，竟係小窗；倏尔彩凌轻覆，竟係幽户。且满牆满壁，皆係随依古董玩器之形抠成的槽子。诸如琴、剑、悬瓶、桌屏之类，虽悬于壁，却都是与壁相平的。众人都赞：“好精緻想头！难为怎么想来！”

原来贾政等走了进来，未进两层，便都迷了旧路，左瞧也有门可通，右瞧又有窗暂隔，及到了跟前，又被一架书挡住。回头再走，又有窗纱明透，门径可行；及至门前，忽见迎面也进来了一群人，都与自己形相一样，却是一架玻璃大镜相照。及转过镜去，越发见门子多了。贾珍笑道：“老爷随我来。从这门出去，便是后院；从后院出去，倒比先近了。”说着，又转了两层纱槅锦槅，果得一门出去，院中满架蔷薇、宝相。转过花障，则见青溪前阻。众人吒异："这股水又是从何而来？"贾珍遥指道："原从那闸起流至那洞口，从东北山坳里引到那村庄里，又开一道岔口，引到西南上，共总流到这里，仍旧合在一处，从那墙下出去。"众人听了，都道："神妙之极！"说着，忽见大山阻路。众人都道"迷了路了。"贾珍笑道："随我来。"仍在前导引，众人随他直由山脚边忽一转，便是平坦宽阔大路，豁然大门前现。众人都道："有趣，有趣，真搜神夺巧之至！"于是大家出来。

那宝玉一心只记挂着里边，又不见贾政吩咐，少不得跟到书房。贾政忽想起他来，方喝道："你还不去？难道还逛不足！也不想逛了这半日，老太太必悬挂着。快进去，疼你也白疼了！"宝玉听说，方退了出来。再听下回分解。

第 18 回 林黛玉误剪香袋囊 贾元春归省庆元宵

却说宝玉来至院外，就有跟贾政的几个小厮上来拦腰抱住，都说："今儿亏了我们，老爷才喜欢，老太太打发人出来问了几遍，都亏我们回说喜欢，若不然，老太太叫你进去，就不得展才了。人人都说，你那些诗比众人都强。今儿得了这样的彩头。该赏我们了。"宝玉笑道："每人一吊钱。"众人道："谁没见那一吊钱！把这荷包赏了罢。"说着，一个上来解荷包，那一个就解扇囊，不容分说，将宝玉所佩之物尽行解去。又道："好生送上去罢。"一个抱了起来，几个围绕，送至贾母二门前。那时，贾母已命人看了几次，众奶娘、丫鬟跟上来，见过贾母，知不曾难为着他，心中自是喜欢。

少时，袭人倒了茶来，见身边佩物一件无存，因笑道："戴的东西又是那起没脸的东西解了去了？"林黛玉听说，走来瞧瞧，果然一件无存，因向宝玉道："我给的那个荷包也给他们了？你明儿再想我的东西，可不能够了！"说毕，赌气回房，将前日宝玉所烦她做的那个香袋儿——才做了一半——赌气拿过来就铰。宝玉见她生气，便知不妥，忙赶过来，早剪破了。宝玉已见过这香囊，虽尚未完，却十分精巧，费了许多工夫。今见无故剪了，却也可气。因忙把衣领解了，从里面红袄襟上将黛玉所给的那荷包解了下来，递与黛玉瞧道："你瞧瞧，这是什么！我那一回把你的东西给人了？"黛玉见他如此珍重，带在里面，可知是怕人拿去之意，因此又自悔莽撞，未见皂白，就剪了香袋。因此又愧又气，低头一言不发。宝玉道："你也不用剪，我知道你是懒待给我东西。我连这荷包奉还，何如？"说着，掷向她怀中便走。黛玉见如此，越发气起来，声咽气堵，又汪汪的滚下泪来，拿起荷包来又剪。宝玉见她如此，忙回身抢住，笑道："好妹妹，饶了它罢！"黛玉将剪子一摔，拭泪说道："你不用同我好一阵歹一阵的，要恼，就撂开手。这当了什么！"说着，赌气上床，面向里倒下拭泪。禁不住宝玉上来"妹妹"长"妹妹"短赔不是。

前面贾母一片声找宝玉。众奶娘、丫鬟们忙回说："在林姑娘房里呢。"贾母听说道："好，好，好！让他姊妹们一处玩玩罢。才他老子拘了他这半天，让他开心一会子罢，只别叫他们拌嘴，不许扭了他。"众人答应着。黛玉被宝玉缠不过，只得起来道："你的意思不叫我安生，我就离了你。"说着往外就走。宝玉笑道："你到哪里，我跟到那里。"一面仍拿起荷包来带上。黛玉伸手抢道："你说不要了，这会子又带上，我也替你怪臊的！"说着，"嗤"的一声又笑了。宝玉道："好妹妹，明儿另替我作个香袋儿罢！"黛玉道："那也只瞧我高兴罢了。"一面说，一面二人出房，到王夫人上房中去了。可巧宝钗亦在那里。

此时，王夫人那边热闹非常。原来贾蔷已从姑苏採买了十二个女孩子——并聘了教习——以及行头等物来了。那时，薛姨妈另迁于东北上一所幽静房舍居住，将梨香院早已腾挪出来，另行修理了，就令教习在此教演女戏。又另派家中旧有曾演学过歌唱的女人们——如今皆已皤然老妪了，着她们带领管理。就令贾蔷总理其日用出入银钱等事，以及诸凡大小所需之物料、帐目。又有林之孝家的来回："採访聘买得十个小尼姑、小道姑都有了，连新做的二十分道袍也有了。外有一个带髮修行的，本是苏州人氏，祖上也是读书仕宦之家。因生了这位姑娘自小多病，买了许多替身儿皆不中用，到底这位姑娘亲自入了空门，方才好了。所以带髮修行，今年才十八岁，法名妙玉。如今父母俱已亡故，身边只有两个老嬷嬷、一个小丫头服侍。文墨也极通，经文也不用学了，摸样儿又极好。因听见'长安'都中有观音遗迹并贝叶遗文，去岁随了师父上来，现在西门外牟尼院住着。她师父极精演先天神数，于去冬圆寂了。妙玉本欲扶灵回乡的，她师父临寂遗言，说她衣食起居不宜回乡，在此静居，后来自然有你的结果。所以她竟未回乡。"王夫人不等回完，便说："既这样，我们何不接了她来？"林之孝家的回道："请她，她说'侯门公府，必以贵势压人，我再不去的。'"王夫人笑道："她既是官宦小姐，自然骄傲些，就下个帖子请她何妨。"林之孝家的答应了出去，命书启相公写请帖去请妙玉。次日遣人备车轿去接等后话，暂且搁过，此时不能表白。

当下又有人回，工程上等着糊东西的纱绫，请凤姐去开楼拣纱绫；又有人来回，请凤姐开库收金银器皿。连王夫人并上房丫鬟等众，皆一时不得闲的。宝钗便说："咱们别在这里碍手碍脚，找探丫头去。"说着，同宝玉、黛玉往迎春等房中来闲玩，无话。

王夫人等日日忙乱，直到十月将尽，幸皆全备：各处监管都交清帐目；各处古董文玩，皆已陈设齐备；採办鸟雀的，自仙鹤、孔雀以及鹿、兔、鸡、鹅等类，悉已买全，交于园中各处像景饲养；贾蔷那边也演出二十齣杂戏来；小尼姑、道姑也都学会了念几卷经咒。贾政方略心意宽畅，又请贾母等进园，色色斟酌，点缀妥当，再无一些遗漏不当之处了。于是贾政方择日题本。本上之日，奉朱批准奏：次年正月十五上元之日，恩准贾妃省亲。贾府领了此恩旨，益发昼夜不闲，年也不曾好生过得。

展眼元宵在迩，自正月初八日，就有太监出来先看方向：何处更衣，何处燕坐，何处受礼，何处开宴，何处退息。又有巡察地方总理关防太监等，带了许多小太监出来，各处关防，挡围幙；指示贾宅人员何处退，何处跪，何处进膳，何处启事，种种仪注不一。外面又有工部官员并五城兵备道打扫街道，撵逐闲人。贾赦等督率匠人扎花灯、烟火之类，至十四日，俱已停妥。这一夜，上下通不曾睡。

至十五日五鼓，自贾母等有爵者，皆按品服大妆。园内各处，帐舞蟠龙，帘飞彩凤；金银焕彩，珠宝争辉；鼎焚百合之香，瓶插长春之蕊；静悄无人咳嗽。贾赦等在西街门外，贾母等在荣府大门外。街头巷口，俱係围幕挡严。正等得不耐烦，忽一太监骑大马而来，贾母忙接入，问其消息。太监道："早多着呢！未初刻用过晚膳，未正二刻还到宝灵宫拜佛，酉初刻进大明宫领宴看灯方请旨，只怕戌初才起身呢。"凤姐听了道："既这么着，老太太、太太且请回房，等是时候再来也不迟。"于是贾母等暂且自便，园中悉赖凤姐照理。又命执事人带领太监们去吃酒饭。

一时传人一担一担的挑进蜡烛来，各处点灯。方点完时，忽听外边马跑之声。一时，又十来个太监都喘吁吁跑来拍手儿。这些太监会意，都知道是"来了来了"， 各按方向站住。贾赦领合族子侄在西街门外，贾母领合族女眷在大门外迎接。半日静悄悄的。忽见一对红衣太监骑马缓缓的走来，至西街门下了马，将马赶出围幕之外，便垂手面西站住。半日又是一对，亦是如此。少时便来了十来对，方闻得隐隐细乐之声。一对对龙旌凤翣，雉羽夔头，又有销金提炉焚着御香。然后一把曲柄七凤黄金伞过来，便是冠袍带履。又有值事太监捧着香珠、绣帕、漱盂、拂尘等类。一队队过完，后面方是八个太监抬着一顶金顶金黄绣凤版舆，缓缓行来。贾母等连忙路旁跪下。早飞跑过几个太监来，扶起贾母、邢夫人、王夫人来。那版舆抬进大门，入仪门往东去，到一所院落门前，有执拂太监跪请下舆更衣。于是抬舆入门，太监等散去，只有昭容、彩嫔等引领元春下舆。只见院内各色花灯烂灼，皆係纱绫扎成，精緻非常。上面有一匾灯，写着“体仁沐德”四字。元春入室，更衣毕，复出，上舆进园。只见园中香烟缭绕，花彩缤纷，处处灯光相映，时时细乐声喧；说不尽这太平气象，富贵风流。——此时自己回想当初在大荒山中、青埂峰下，那等凄凉寂寞；若不亏癞僧、跛道二人携来到此，又安能得见这般世面。本欲作一篇《灯月赋》、《省亲颂》，以志今日之事，但又恐入了别书的俗套。按此时之景，即作一赋一赞，也不能形容得尽其妙；即不作赋赞，其豪华富丽，观者诸公亦可想而知矣。所以倒是省了这工夫纸墨，且说正经的为是。

且说贾妃在轿内看此园内外如此豪华，因默默叹息奢华过费。忽又见执拂太监跪请登舟，贾妃乃下舆。只见清流一带，势如游龙；两边石栏上，皆係水晶玻璃各色风灯，点得如银花雪浪；上面柳、杏诸树虽无花叶，然皆用通草、绸、绫、纸、绢依势作成，粘于枝上的，每一株悬灯数盏；更兼池中荷、荇、凫、鹭之属，亦皆係螺、蚌、羽毛之类作就的。诸灯上下争辉，真係玻璃世界、珠宝干坤。船上亦係各种精緻盆景诸灯，珠帘绣幙，桂楫兰桡，自不必说。已而，入一石港，港上一面匾灯，明现着“蓼汀花溆”四字。--按：此四字并“有凤来仪”等处，皆係上回贾政偶然一试宝玉之课艺才情耳，何今日认真用此匾联？况贾政世代诗书，来往诸客屏侍座陪者，悉皆才技之流，岂无一名手题撰，竟用小儿一戏之辞苟且搪塞？真似暴发新荣之家，滥使银钱，一味抹油涂朱，毕则大书“前门绿柳垂金锁，后户青山列锦屏”之类，则以为大雅可观，岂《石头记》中通部所表之宁、荣贾府所为哉！据此论之，竟大相矛盾了。诸公不知，待蠢物将原委说明，大家方知。

当日，这贾妃未入宫时，自幼亦係贾母教养。后来添了宝玉，贾妃乃长姊，宝玉为弱弟，贾妃之心上念母年将迈，始得此弟，是以怜爱宝玉，与诸弟不同。且同随祖母，刻未暂离。那宝玉未入学堂之先，三四岁时，已得贾妃手引口传，教授了几本书、数千字在腹内了。其名分虽係姊弟，其情状有如母子。自入宫后，时时带信出来与父母说：“千万好生扶养，不严不能成器，过严恐生不虞，且致父母之忧。”眷念切爱之心，刻未能忘。前日，贾政闻塾师背后赞宝玉偏才尽有，贾政未信，适巧遇园已落成，令其题撰，聊一试其情思之清浊。其所拟之匾联虽非妙句，在幼童为之，亦或可取。即另使名公大笔为之，固不费难，然想来倒不如这本家风味有趣。更使贾妃见之，知係其爱弟所为，亦或不负其素日切望之意。因有这段原委，故此竟用了宝玉所题之联额。那日虽未曾题完，后来亦曾补拟。

闲文少述，且说贾妃看了四字，笑道：“‘花溆’二字便妥，何必，‘蓼汀’？”侍座太监听了，忙下小舟登岸，飞传与贾政。贾政听了，即忙移换。一时，舟临内岸，复弃舟上舆，便见琳宫绰约，桂殿巍峨。石牌坊上明显“天仙宝境”四大字，贾妃忙命换“省亲别墅”四字。于是进入行宫。但见庭燎烧空，香屑布地，火树琪花，金窗玉槛。说不尽帘捲虾鬚，毯铺鱼獭，鼎飘麝脑之香，屏列雉尾之扇。真是：

金门玉户神仙府，桂殿兰宫妃子家。

贾妃乃问：“此殿何无匾额？”随侍太监跪启曰：“此係正殿，外臣未敢擅拟。”贾妃点头不语。礼仪太监跪请升座受礼，两陛乐起。礼仪太监二人引贾赦、贾政等于月台下排班，殿上昭容传谕曰：“免。”太监引贾赦等退出。又有太监引荣国太君及女眷等自东阶升月台上排班，昭容再谕曰：“免。”于是引退。

茶已三献，贾妃降座，乐止。退入侧殿更衣，方备省亲车驾出园。至贾母正室，欲行家礼，贾母等俱跪止不迭。贾妃满眼垂泪，方彼此上前厮见。一手搀贾母，一手搀王夫人，三个人满心里皆有许多话，只是俱说不出，只管呜咽对泣。邢夫人、李纨、王熙凤、迎、探、惜三姊妹等，俱在旁围绕，垂泪无言。半日，贾妃方忍悲强笑，安慰贾母、王夫人道：“当日既送我到那不得见人的去处，好容易今日回家娘儿们一会，不说说笑笑，反倒哭起来。一会子我去了，又不知多早晚才来！”说到这句，不禁又哽咽起来。邢夫人等忙上来解劝。贾母等让贾妃归座，又逐次一一见过，又不免哭泣一番。然后东西两府掌家执事人丁在厅外行礼，及两府掌家执事媳妇领丫鬟等行礼毕。贾妃因问：“薛姨妈、宝钗、黛玉因何不见？”王夫人启曰：“外眷无职，未敢擅入。”贾妃听了，忙命快请。一时，薛姨妈等进来，欲行国礼，亦命免过，上前各叙阔别寒温。又有贾妃原带进宫去的丫鬟抱琴等上来叩见，贾母等连忙扶起，命人别室款待。执事太监及彩嫔、昭容各侍从人等，宁国府及贾赦那宅两处自有人款待，只留三四个小太监答应。母女姊妹深叙些离别情景，及家务私情。

又有贾政至帘外问安，贾妃垂帘行参等事。又隔帘含泪，谓其父曰：“田舍之家，虽齑盐布帛，终能聚天伦之乐；今虽富贵已极，骨肉各方，然终无意趣！”贾政亦含泪启道：

“臣，草莽寒门，鸠群鸦属之中，岂意得徵凤鸾之瑞。今贵人上锡天恩，下昭祖德，此皆山川日月之精奇、祖宗之远德锺于一人，幸及政夫妇。且今上启天地生物之大德，垂古今未有之旷恩，虽肝脑涂地，臣子岂能得报于万一！惟朝干夕惕，忠于厥职外，愿我君万寿千秋，乃天下苍生之同幸也。贵妃切勿以政夫妇残年为念，懑愤金怀，更祈自加珍爱。惟业业兢兢，勤慎恭肃以侍上，庶不负上体贴眷爱如此之隆恩也。”

贾妃亦嘱“只以国事为重，暇时保养，切勿记念”等语。贾政又启：“园中所有亭台轩馆，皆係宝玉所题；如果有一二稍可寓目者，请别赐名为幸。”元妃听了宝玉能题，便含笑说：“果进益了。”贾政退出。

贾妃见宝、林二人亦发比别姊妹不同，真是姣花软玉一般。因问：“宝玉为何不进见？”贾母乃启：“无谕，外男不敢擅入。”元妃命快引进来。小太监出去引宝玉进来，先行国礼毕，元妃命他进前，携手拦于怀内，又抚其头颈笑道：“比先竟长了好些……”一语未终，泪如雨下。

尤氏、凤姐等上来启道：“筵宴齐备，请贵妃游幸。”元妃等起身，命宝玉导引，遂同诸人步至园门前。早见灯光火树之中，诸般罗列非常。进园来先从“有凤来仪”、“红香绿玉”、“杏帘在望”、“蘅芷清芬”等处，登楼步阁，涉水缘山，百般眺览徘徊。一处处铺陈不一，一桩桩点缀新奇。贾妃极加奖赞，又劝：“以后不可太奢，此皆过分之极。”已而，至正殿，谕免礼归座，大开筵宴。贾母等在下相陪，尤氏、李纨、凤姐等亲捧羹把盏。

元妃乃命传笔砚伺候，亲搦湘管，择其几处最喜者赐名。按其书云：

“顾恩思义”（匾额）天地启宏慈，赤子苍头同感戴；古今垂旷典，九州万国被恩荣。（此一匾一联书于正殿）“大观园”园之名“有凤来仪”赐名曰“潇湘馆”“红香绿玉”改作“怡红快绿”即名曰“怡红院”“蘅芷清芬”赐名曰“蘅芜苑”“杏帘在望”赐名曰“浣葛山庄”

正楼曰“大观楼”。东面飞楼曰“缀锦阁”，西面斜楼曰“含芳阁、更有“蓼风轩”、“藕香榭”、“紫菱洲”、“荇叶渚”等名，又有四字的匾额十数个，诸如“梨花春雨”、“桐剪秋风”、“荻芦夜雪”等名，此时悉难全记。又命旧有匾联俱不必摘去。于是先题一绝云：

衔山抱水建来精，多少工夫筑始成！天上人间诸景备，芳园应锡大观名。

写毕，向诸姊妹笑道："我素乏捷才，且不长于吟咏，妹辈素所深知。今夜聊以塞责，不负斯景而已。异日少暇，必补撰《大观园记》并《省亲颂》等文，以记今日之事。妹辈亦各题一匾一诗，随才之长短，亦暂吟成，不可因我微才所缚。且喜宝玉竟知题咏，是我意外之想。此中'潇湘馆'、'蘅芜苑'二处，我所极爱，次之'怡红院'、'浣葛山庄'，此四大处，必得别有章句题咏方妙。前所题之联虽佳，如今再各赋五言律一首，使我当面试过，方不负我自幼教授之苦心。"宝玉只得答应了，下来自去构思。

迎、探、惜三人之中，要算探春又出于姊妹之上，然自忖亦难与薛、林争衡，只得勉强随众塞责而已。李纨也勉强凑成一律。贾妃先挨次看姊妹们的。写道是：

旷性怡情匾额 迎春 园成景备特精奇，奉命羞题额旷怡。谁信世间有此境，游来宁不畅神思？

万象争辉匾额 探春 名园筑出势巍巍，奉命何惭学浅微！精妙一时言不出，果然万物生光辉。

文章造化匾额 惜春 山水横拖千里外，楼台高起五云中。园修日月光辉里，景夺文章造化功。

文采风流匾额 李纨 秀水明山抱复回，风流文采胜蓬莱。绿裁歌扇迷芳草，红衬湘裙舞落梅。珠玉自应传盛世，神仙何幸下瑶台！名园一自邀游赏，未许凡人到此来。

凝晖锺瑞匾额 薛宝钗 芳园筑向帝城西，华日祥云笼罩奇。高柳喜迁莺出谷，修篁时待凤来仪。文风已着宸游夕，孝化应隆归省时。睿藻仙才盈彩笔，自惭何敢再为辞。

世外仙源匾额 林黛玉 名园筑何处？仙境别红尘。借得山川秀，添来景物新。香融金谷酒，花媚玉堂人。何幸邀恩宠，宫车过往频。

贾妃看毕，称赏一番，又笑道："终是薛、林二妹之作与众不同，非愚姊妹可同列者。"原来林黛玉安心今夜大展奇才，将众人压倒，不想贾妃只命一匾一咏，倒不好违谕多作，只胡乱作一首五言律应景罢了。

彼时宝玉尚未作完，只刚作了"潇湘馆"与"蘅芜苑"二首，正作"怡红院"一首，起草内有"绿玉春犹捲"一句。宝钗转眼瞥见，便趁众人不理论，急忙回身悄推他道："她因不喜'红香绿玉'四字，改了'怡红快绿'；你这会子偏用'绿玉'二字，岂不是有意和她争驰了？况且蕉叶之说也颇多，再想一个字改了罢。"宝玉见宝钗如此说，便拭汗说道："我这会子总想不起什么典故出处来。"宝钗笑道："你只把'绿玉'的'玉'字改作'蜡'字就是了。"宝玉道："'绿蜡'可有出处？"宝钗见问，悄悄的咂嘴点头笑道："亏你今夜不过如此，将来金殿对策，你大约连'赵钱孙李'都忘了呢！唐钱珝咏芭蕉诗头一句：'冷烛无烟绿蜡干'， 你都忘了不成？"宝玉听了，不觉洞开心臆，笑道："该死，该死！现成眼前之物偏倒想不起来了，真可谓'一字师'了。从此后我只叫你师父，再不叫姐姐了。"宝钗亦悄悄的笑道："还不快作上去，只管姐姐妹妹的。谁是你姐姐？那上头穿黄袍的才是你姐姐，你又认我这姐姐来了。"一面说笑，因说笑又怕他耽延工夫，遂抽身走开了。宝玉只得续成，共有了三首。

此时，林黛玉未得展其抱负，自是不快。因见宝玉独作四律，大费神思，何不代他作两首，也省他些精神不到之处。想着，便也走至宝玉案旁，悄问："可都有了？"宝玉道："才有了三首，只少'杏帘在望'一首了。"黛玉道："既如此，你只抄录前三首罢。赶你写完那三首，我也替你作出这首来了。"说毕，低头一想，早已吟成一律，便写在纸条上，搓成个团子，掷在他跟前。宝玉打开一看，只觉此首比自己所作的三首高过十倍，真是喜出望外，遂忙恭楷呈上。贾妃看道：

有凤来仪 臣宝玉谨题

秀玉初成实，堪宜待凤凰。竿竿青欲滴，个个绿生凉。迸砌妨阶水，穿帘碍鼎香。莫摇清碎影，好梦昼初长。

蘅芷清芬

蘅芜满淨苑，萝薜助芬芳。软衬三春草，柔拖一缕香。轻烟迷曲径，冷翠滴回廊。谁谓池塘曲，谢家幽梦长？

怡红快绿

深庭长日静，两两出婵娟。绿蜡春犹捲，红妆夜未眠。凭栏垂绛袖，倚石护青烟。对立东风里，主人应解怜。

杏帘在望

杏帘招客饮，在望有山庄。菱荇鹅儿水，桑榆燕子梁。一畦春韭绿，十里稻花香。盛世无饥馁，何须耕织忙！

贾妃看毕，喜之不尽，说："果然进益了！"又指"杏帘"一首为前三首之冠，遂将"浣葛山庄"改为"稻香村"。又命探春另以彩笺誊录出方才一共十数首诗，出令太监传与外厢。贾政等看了，都称颂不已。贾政又进《归省颂》。元春又命以琼酥金脍等物，赐与宝玉并贾兰。此时贾兰极幼，未达诸事，只不过随母依叔行礼，故无别传。贾环从年内染病未痊，自有闲处调养，故亦无传。

那时，贾蔷带领十二个女戏，在楼下正等得不耐烦，只见一太监飞跑来说："作完了诗，快拿戏目来！"贾蔷急将锦册呈上，并十二个花名单子。少时，太监出来，只点了四齣戏：第一齣，《豪宴》； 第二齣，《乞巧》；第三齣，《仙缘》； 第四齣，《离魂》。贾蔷忙张罗扮演起来。一个个歌欺裂石之音，舞有天魔之态。虽是妆演的形容，却作尽悲欢情状。刚演完了，一太监执一金盘糕点之属进来，问："谁是龄官？"贾蔷便知是赐龄官之物，喜得忙接了，命龄官叩头。太监又道："贵妃有谕，说'龄官极好，再作两齣戏，不拘哪两齣就是了。"贾蔷忙答应了，因命龄官作《游园》、《惊梦》二齣。龄官自为此二齣原非本角之戏，执意不作，定要作《相约》《相骂》二齣。贾蔷扭她不过，只得依她作了。贾妃甚喜，命不可难为了这女孩子，好生教习，额外赏了两匹宫缎、两个荷包并金银锞子、食物之类。然后撤筵，将未到之处又复游玩。忽见山环佛寺，忙另盥手进去焚香拜佛，又题一匾云："苦海慈航"。又额外加恩与一般幽尼女道。

少时，太监跪启："赐物俱齐，请验等例。"乃呈上略节。贾妃从头看了，俱甚妥协，即命照此遵行。太监听了，下来一一发放。原来贾母的是金、玉如意各一柄，沉香拐拄一根，伽楠念珠一串，"富贵长春"宫缎四匹，"福寿绵长"宫绸四匹，紫金"笔锭如意"锞十锭，"吉庆有鱼"银锞十锭。邢夫人、王夫人二份，只减了如意、拐、珠四样。贾敬、贾赦、贾政等，每分御製新书二部，宝墨二匣，金、银爵各二只，表礼按前。宝钗、黛玉诸姊妹等，每人新书一部，宝砚一方，新样格式金银锞二对。宝玉亦同此。贾兰则是金银项圈二个，金银锞二对。尤氏、李纨、凤姐等，皆金银锞四锭，表礼四端。外表礼二十四端，清钱一百串，是赐与贾母、王夫人及诸姊妹房中奶娘、众丫鬟的。贾珍、贾琏、贾环、贾蓉等，皆是表礼一分，金锞一双。其余彩缎百端，金银千两，御酒华筵，是赐东西两府凡园中管理工程、陈设、答应及司戏、掌灯诸人的。外有清钱五百串，是赐厨役、优伶、百戏、杂行人丁的。

众人谢恩已毕，执事太监启道："时已丑正三刻，请驾回銮。"贾妃听了，不由的满眼又滚下泪来。却又勉强堆笑，拉住贾母、王夫人的手，紧紧的不忍释放，再四叮咛："不须挂念，好生自养。如今天恩浩荡，一月许进内省视一次，见面是尽有的，何必伤惨。倘明岁天恩仍许归省，万不可如此奢华靡费了！”贾母等已哭的哽噎难言了。贾妃虽不忍别，怎奈皇家规范，违错不得，只得忍心上舆去了。这里诸人好容易将贾母。王夫人安慰解劝，搀扶出园去了。要知端详，且看下回。

第 19 回 情切切良宵花解语 意绵绵静日玉生香

话说贾妃回宫，次日见驾谢恩，并回奏归省之事，龙颜甚悦。又发内帑彩缎、金银等物，以赐贾政及各椒房等员，不必细说。

且说荣、宁二府中，因连日用尽心力，真是人人力倦，各各神疲，又将园中一应陈设动用之物，收拾了两三天方完。第一个凤姐事多任重，别人或可偷安躲静，独她是不能脱得的；二则本性要强，不肯落人褒贬，只扎挣着与无事的人一样。第一个宝玉是极无事最闲暇的。偏这日一早，袭人的母亲又亲来回过贾母，接袭人家去吃年茶，晚间才得回来。因此，宝玉只和众丫头们掷骰子、赶围棋作戏。正在房内玩得没兴头，忽见丫头们来回说：“东府珍大爷来请过去看戏、放花灯。”宝玉听了，便命换衣裳。才要去时，忽又有贾妃赐出糖蒸酥酪来，宝玉想上次袭人喜吃此物，便命留与袭人了。自己回过贾母，过去看戏。

谁想贾珍这边唱的是《丁郎认父》、《黄伯央大摆阴魂阵》，更有《孙行者大闹天宫》、《姜子牙斩将封神》等类的戏文。倏尔神鬼乱出，忽又妖魔毕露，甚至于扬幡过会，号佛行香，锣鼓喊叫之声远闻巷外。满街之人个个都赞：“好热闹戏，别人家断不能有的！”宝玉见繁华热闹到如此不堪的田地，只略坐了一坐，便走开各处闲耍。先是进内去和尤氏和丫鬟、姬妾说笑了一回，便出二门来。尤氏等仍料他出来看戏，遂也不曾照管。贾珍、贾琏、薛蟠等只顾猜枚行令，百般作乐，也不理论，纵一时不见他在座，只道在里边去了，故也不问。至于跟宝玉的小厮们，那年纪大些的，知宝玉这一来了，必是晚间才散，因此得空也有去会赌的，也有往亲友家去吃年茶的，更有或嫖或饮的，都私散了，待晚间再来；那小些的，都鑽进戏房里瞧热闹去了。

宝玉见一个人没有，因想：这里素日有个小书房，内曾挂着一轴美人，极画得得神。今日这般热闹，想那里自然无人，那美人也自然是寂寞的，须得我去望慰她一回。想着，便往书房里来。刚到窗前，闻得房内有呻吟之韵。宝玉倒唬了一跳：敢是美人活了不成？乃乍着胆子，舔破窗纸，向内一看，那轴美人却不曾活，却是茗烟按着一个女孩子，也干那警幻所训之事。宝玉禁不住大叫：“了不得！”

一脚踹进门去，将那两个唬开了，抖衣而颤。

茗烟见是宝玉，忙跪求不迭。宝玉道：“青天白日，这是怎么说！珍大爷知道，你是死是活？”一面看那丫头，虽不标致，倒还白淨，些微亦有动人之处，羞得脸红耳赤，低头无言。宝玉跺脚道：“还不快跑！”一语提醒了那丫头，飞也似去了。宝玉又赶出去，叫道：“你别怕，我是不告诉人的！”急得茗烟在后叫：“祖宗，这是分明告诉人了！”宝玉因问：“那丫头十几岁了？”茗烟道：“大不过十六七岁了。”宝玉道：“连她的岁属也不问问，别的自然越发不知了。可见她白认得你了。可怜，可怜！”又问：“名字叫什么？”茗烟笑道：“若说出名字来话长，真真新鲜奇文，竟是写不出来的。据她说，她母亲养她的时节做了个梦，梦见得了一匹锦，上面是五色富贵不断头卍字的花样，所以他的名字叫作卍儿。”宝玉听了笑道：“真也新奇，想必她将来有些造化。”说着，沉思一会。

茗烟因问：“二爷为何不看这样的好戏？”宝玉道：“看了半日，怪烦的，出来逛逛就遇见你们了。这会子作什么呢？”茗烟嘻嘻笑道：“这会子没人知道，我悄悄的引二爷往城外逛逛去，一会子再往这里来，他们就不知道了。”宝玉道：“不好，仔细花子拐了去。或是他们知道了，又闹大了，不如往熟近些的地方去，还可就来。”茗烟道：“熟近地方，谁家可去？这却难了。”宝玉笑道：“依我的主意，咱们竟找你花大姐姐去，瞧她在家作什么呢。”茗烟笑道：“好，好！倒忘了她家。”又道：“若他们知道了，说我引着二爷胡走，要打我呢？”宝玉道：“有我呢。”茗烟听说，拉了马，二人从后门就走了。

幸而袭人家不远，不过半里路程，展眼已到门前。茗烟先进去叫袭人之兄花自芳。彼时，袭人之母接了袭人与几个外甥女儿，几个侄女儿来家，正吃果茶。听见外面有人叫“花大哥”，花自芳忙出去看时，见是他主仆两个，唬得惊疑不止。连忙抱下宝玉来，在院内嚷道：“宝二爷来了！”别人听见还可，袭人听了，也不知为何，忙跑出来迎着宝玉，一把拉着问：“你怎么来了？”宝玉笑道：“我怪闷的，来瞧瞧你作什么呢。”袭人听了，才放下心来。嗐了一声，笑道：“你也忒胡闹了，可作什么来呢！”一面又问茗烟：“还有谁跟来？”茗烟笑道：“别人都不知，就只我们两个。”袭人听了，复又惊慌，说道：“这还了得！倘或碰见了人，或是遇见了老爷，街上人挤车碰，马轿纷纷的，若有个闪失，也是玩得的！你们的胆子比斗还大。都是茗烟调唆的，回去我定告诉嬷嬷们打你。”茗烟噘了嘴道：“二爷骂着打着，叫我引了来，这会子推到我身上。我说别来罢，一一不然我们还去罢。”花自芳忙劝：“罢了，已是来了，也不用多说了。只是茅檐草舍，又窄又脏，爷怎么坐呢？”

袭人之母也早迎了出来。袭人拉了宝玉进去。宝玉见房中三五个女孩儿，见他进来，都低了头，羞惭惭的。花自芳母子两个百般怕宝玉冷，又让他上炕，又忙另摆果桌，又忙倒好茶。袭人笑道：“你们不用白忙，我自然知道。果子也不用摆，也不敢乱给东西吃。”一面说，一面将自己的坐褥拿了铺在一个杌上，宝玉坐了；用自己的脚炉垫了脚；向荷包内取出两个梅花香饼儿来，又将自己的手炉掀开焚上，仍盖好，放与宝玉怀内；然后将自己的茶杯斟了茶，送与宝玉。彼时，她母兄已是忙另齐齐整整摆上一桌子果品来。袭人见总无可吃之物，因笑道：“既来了，没有空去之理，好歹尝一点儿，也是来我家一趟。”说着，便拈了几个松子瓤，吹去细皮，用手帕托着送与宝玉。

宝玉看见袭人两眼微红，粉光融滑，因悄问袭人：“好好的哭什么？.”袭人笑道：“何尝哭，才迷了眼揉的。”因此便遮掩过了。当下宝玉穿着大红金蟒狐腋箭袖，外罩石青貂裘排穗挂。袭人道：“你特为往这里来又换新服，她们就不问你往哪里去的？”宝玉笑道：“珍大爷那里去看戏换的。”袭人点头。又道：“坐一坐就回去罢，这个地方不是你来的。”宝玉笑道：“你就家去才好呢，我还替你留着好东西呢。”袭人悄笑道：“悄悄的，叫他们听着什么意思。”一面又伸手从宝玉项上将通灵玉摘了下来，向她姊妹们笑道：“你们见识见识。时常说起来都当希罕，恨不能一见，今儿可尽力瞧了。再瞧什么希罕物儿，也不过是这么个东西。”说毕，递与她们传看了一遍，仍与宝玉挂好。又命她哥哥去，或僱一乘小轿，或僱一辆小车，送宝玉回去。花自芳道：“有我送去，骑马也不妨了。”袭人道：“不为不妨，为的是碰见人。”

花自芳忙去僱了一顶小轿来，众人也不好相留，只得送宝玉出去。袭人又抓果子与茗烟，又把些钱与他买花炮放，教他“不可告诉人，连你也有不是。”一直送宝玉至门前，看着上轿，放下轿帘。花、茗二人牵马跟随。来至宁府街，茗烟命住轿，向花自芳道：“须等我同二爷还到东府里混一混，才好过去的，不然人家就疑惑了。”花自芳听说有理，忙将宝玉抱出轿来，送上马去。宝玉笑说：“倒难为你了。”于是仍进后门来。俱不在话下。

却说宝玉自出了门，他房中这些丫鬟们都越性恣意的玩笑，也有赶围棋的，也有掷骰抹牌的，磕了一地瓜子皮。偏奶母李嬷嬷拄拐进来请安，瞧瞧宝玉，见宝玉不在家，丫鬟们只顾玩闹，十分看不过。因叹道：“只从我出去了，不大进来，你们越发没个样儿了，别的妈妈们越不敢说你们了。那宝玉是个丈八的灯台－照见人家，照不见自家的。只知嫌人家脏，这是他的屋子，由着你们遭塌，越不成体统了。”这些丫头们明知宝玉不讲究这些，二则李嬷嬷已是告老解事出去的了，如今管她们不着，因此只顾玩，并不理她。那李嬷嬷还只管问“宝玉如今一顿吃多少饭”，“什么时辰睡觉”等语。丫头们总胡乱答应。有的说：“好一个讨厌的老货！”

李嬷嬷又问道：“这盖碗里是酥酪，怎不送与我去？我就吃了罢。”说毕，拿匙就吃。一个丫头道：“快别动！那是说了给袭人留着的，回来又惹气了。你老人家自己承认，别带累我们受气。”李嬷嬷听了，又气又愧，便说道：“我不信他这样坏了。别说我吃了一碗牛奶，就是再比这个值钱的，也是应该的。难道待袭人比我还重？难道他不想想怎么长大了？我的血变的奶，吃得长这么大，如今我吃他一碗牛奶，他就生气了？我偏吃了，看怎么样！你们看袭人不知怎样，那是我手里调理出来的毛丫头，什么阿物儿！”一面说，一面赌气将酥酪吃尽。又一丫头笑道：“她们不会说话，怨不得你老人家生气。宝玉还时常送东西孝敬你老去，岂有为这个不自在的。”李嬷嬷道：“你们也不必妆狐媚子哄我，打量上次为茶撵茜雪的事我不知道呢。明儿有了不是，我再来领！”说着，赌气去了。

少时，宝玉回来，命人去接袭人。只见晴雯躺在床上不动，宝玉因问：“敢是病了？再不然输了？”秋纹道：“她倒是赢的。谁知李老太太来了，混输了，她气得睡去了。”宝玉笑道：“你别和她一般见识，由她去就是了。”说着，袭人已来，彼此相见。袭人又问宝玉何处吃饭，多早晚回来，又代母妹问诸同伴姊妹好。一时换衣卸妆。宝玉命取酥酪来，丫鬟们回说：“李奶奶吃了。”宝玉才要说话，袭人便忙笑道：“原来是留的这个，多谢费心。前儿我吃的时候好吃，吃过了好肚子疼，疼得吐了才好。她吃了倒好，搁在这里倒白遭塌了。我只想风干栗子吃，你替我剥栗子，我去铺床。”

宝玉听了信以为真，方把酥酪丢开，取栗子来，自向灯前检剥。一面见众人不在房里，乃笑问袭人道：“今儿那个穿红的是你什么人？”袭人道：“那是我两姨妹子。”宝玉听了，赞叹了两声。袭人道：“叹什么？我知道你心里的缘故，想是说她那哪里配穿红的。”宝玉笑道：“不是，不是。那样的不配穿红的，谁还敢穿！我因为见她实在好得很，怎么也得她在咱们家就好了。”袭人冷笑道：“我一个人是奴才命罢了，难道连我的亲戚都是奴才命不成？定还要拣实在好的丫头才往你家来！”宝玉听了，忙笑道：“你又多心了。我说往咱们家来，必定是奴才不成？说亲戚就使不得？”袭人道：“那也般配不上。”宝玉便不肯再说，只是剥栗子。袭人笑道：“怎么不言语了？想是我才冒撞冲犯了你，明儿赌气花几两银子买她们进来就是了。”宝玉笑道：“你说的话，怎么叫我答言呢？我不过是赞她好，正配生在这深堂大院里，没的我们这种浊物倒生在这里。”袭人道：“她虽没这造化，倒也是娇生惯养的呢，我姨爹、姨娘的宝贝。如今十七岁，各样的嫁妆都齐备了，明年就出嫁。”

宝玉听了“出嫁”二字，不禁又嗐了两声。正不自在，又听袭人叹道：“只从我来这几年，姊妹们都不得在一处。如今我要回去了，他们又都去了。”宝玉听这话内有文章，不觉吃一惊，忙丢下栗子，问道：“怎么，你如今要回去了？”袭人道：“我今儿听见我妈和哥哥商议，教我再耐烦一年，明年他们上来，就赎我出去的呢。”宝玉听了这话，越发怔了，因问：“为什么要赎你？”袭人道：“这话奇了！我又比不得是你这里的家生子儿，一家子都在别处，独我一个人在这里，怎么是个了局？”宝玉道：“我不叫你去也难。”袭人道：“从来没这道理。便是朝廷宫里，也有个定例，或几年一选，几年一入，也没有个长远留下人的理，别说你了！”

宝玉想一想，果然有理。又道：“太太，不放你也难。”袭人道：“为什么不放？我果然是个最难得的，或者感动了老太太、老太太必不放我出去的，设或多给我们家几两银子，留下我，然或有之；其实我也不过是个最平常的人，比我强的有而且多。自我从小儿来了，跟着老太太，先服侍了史大姑娘几年，如今又服侍了你几年。如今我们家来赎，正是该叫去的，只怕连身价也不要，就开恩叫我去呢。若说为服侍得你好，不叫我去，断然没有的事。那服侍得好是分内应当的，不是什么奇功。我去了，仍旧有好的来了，不是没了我就成不得的。”宝玉听了这些话，竟是有去的理，无留的理，心内越发急了，因又道：“虽然如此说，我一心只要留下你，不怕老太太不和你母亲说。多多给你母亲些银子，她也不好意思接你了，”袭人道：“我妈自然不敢强。且漫说和她好说，又多给银子；就便不好和她说，一个钱也不给，安心要强留下我，她也不敢不依。但只是咱们家从没干过这倚势仗贵霸道的事。这比不得别的东西，因为你喜欢，加十倍利弄了来给你，那卖的人不得吃亏，可以行得。如今无故凭空留下我，于你又无益，反叫我们骨肉分离，这件事老太太、太太断不肯行的。”宝玉听了，思忖半晌，乃说道：“依你说，你是去定了？”袭人道：“去定了。”宝玉听了，自思道：“谁知这样一个人，这样薄情无义。”乃叹道：“早知道都是要去的，我就不该弄了来！临了剩我一个孤鬼。”说着，便赌气上床睡去了。

原来，袭人在家听见她母兄要赎她回去，她就说至死也不回去的。又说：“当日原是你们没饭吃，就剩我还值几两银子，若不叫你们卖，没有个看着老子娘饿死的理。如今幸而卖到这个地方，吃穿和主子一样，也不朝打暮骂。况且如今爹虽没了，你们却又整理得家成业就，复了元气。若果然还艰难，把我赎出来再多掏澄几个钱也还罢了，其实又不难了。这会子又赎我作什么？权当我死了，再不必起赎我的念头！”因此哭闹了一阵。

她母兄见她这般坚执，自然必不出来的了。况且原是卖倒的死契，明仗着贾宅是慈善宽厚之家，不过求一求，只怕连身价银一併赏了还是有的事呢。二则，贾府中从不曾作践下人，只有恩多威少的。且凡老少房中所有亲侍的女孩子们，更比待家下众人不同，平常寒薄人家的小姐，也不能那样尊重的。因此，他母子两个也就死心不赎了。次后，忽然宝玉去了，他二人又是那般景况，他母子二人心下更明白了，越发石头落了地，而且是意外之想，彼此放心，再无赎念了。

如今且说袭人自幼见宝玉性格异常，其淘气憨顽自是出于众小儿之外，更有几件千奇百怪口不能言的毛病儿。近来仗着祖母溺爱，父母亦不能十分严紧拘管，更觉放荡弛纵，任性恣情，最不喜务正。每欲劝时，料不能听，今日可巧有赎身之论，故先用骗词，以探其情，以压其气，然后好下箴规。今见他默默睡去了，知其情有不忍，气已馁堕。自己原不想栗子吃的，只因怕为酥酪又生事故，亦如茜雪之茶等事，是以假以栗子为由，混过宝玉不提就完了。于是命小丫头们将栗子拿去吃了，自己来推宝玉。

只见宝玉泪痕满面，袭人便笑道：“这有什么伤心的？你果然留我，我自然不出去了。”宝玉见这话有文章，便说道：“你倒说说，我还要怎么留你？我自己也难说了。”袭人笑道：“咱们素日好处，再不用说。但今日你安心留我，不在这上头。我另说出两三件事来，你果然依了我，就是你真心留我了，刀搁在脖子上，我也是不出去的了。”

宝玉忙笑道：“你说，哪几件？我都依你。好姐姐，好亲姐姐！别说两三件，就是两三百件我也依。只求你们同看着我，守着我，等我有一日化成了飞灰，一飞灰还不好，灰还有形有迹，还有知识。—等我化成一股轻烟，风一吹便散了的时候，你们也管不得我，我也顾不得你们了。那时凭我去，我也凭你们爱哪里去就去了。”话未说完，急得袭人忙握他的嘴，说：“好好的，正为劝你这些，倒更说得狠了。”宝玉忙说道：“再不说这话了。”袭人道：“这是头一件要改的。”宝玉道：“改了，再要说，你就拧嘴。还有什么？”

袭人道：“第二件，你真喜读书也罢，假喜也罢，只是在老爷跟前或在别人跟前，你别只管批驳诮谤，只作出个喜读书的样子来，也教老爷少生些气，在人前也好说嘴。他心里想着：我家代代读书，只从有了你，不承望你不但不喜读书，-已经他心里又气又愧了。- -而且背前背后乱说那些混话，凡读书上进的人，你就起个名字叫作‘禄蠹’；又说只除‘明明德’外无书，都是前人自己不能解圣人之书，便另出己意，混编纂出来的。这些话，怎么怨得老爷不气，不时时打你！叫别人怎么想你？”宝玉笑道：“再不说了，那原是小时不知天高地厚，信口胡说，如今再不敢说了。还有什么？”

袭人道：“再不可毁僧谤道，调脂弄粉。还有更要紧的一件，再不许吃人嘴上擦的胭脂了，与那爱红的毛病儿。”宝玉道：“都改，都改。再有什么？快说。”袭人笑道：“再也没有了。只是百事检点些，不任意任情的就是了。你若果都依了，便拿八人轿抬我，也抬不出我去了。”宝玉笑道：“你在这里长远了，不怕没八人轿你坐。”袭人冷笑道：“这我可不希罕的。有那个福气，没有那个道理。纵坐了，也没甚趣。”

二人正说着，只见秋纹走进来，说：“快三更了，该睡了。方才老太太打发嬷嬷来问，我答应睡了。”宝玉命取表来看时，果然针已指到亥正。方从新盥漱，宽衣安歇，不在话下。

至次日清晨，袭人起来，便觉身体发重，头疼目胀，四肢火热。先时还扎挣得住，次后捱不住，只要睡着，因而和衣躺在炕上。宝玉忙回了贾母，传医诊视，说道：“不过偶感风寒，吃一两剂药疏散疏散就好了。”开方去后，令人取药来煎好。刚服下去，命她盖上被渥汗。宝玉自去黛玉房中来看视。

彼时，黛玉自在床上歇午，丫鬟们皆出去自便，满屋内静悄悄的。宝玉揭起绣线软帘，进入里间。只见黛玉睡在那里，忙走上来推她道：“好妹妹，才吃了饭，又睡觉！”将黛玉唤醒。黛玉见是宝玉，因说道：“你且出去逛逛。我前儿闹了一夜，今儿还没有歇过来，浑身酸疼。”宝玉道：“酸疼事小，睡出来的病大。我替你解闷儿，混过困去就好了。”黛玉只合着眼，说道：“我不困，只略歇歇儿。你且别处去闹会子再来。”宝玉推她道：“我往哪去呢？见了别人就怪腻的。”

黛玉听了，“嗤”的一声笑道：“你既要在这里，那边去老老实实的坐着，咱们说话儿。”宝玉道：“我也歪着。”黛玉道：“你就歪着。”宝玉道：“没有枕头，咱们在一个枕头上罢。”黛玉道：“放屁！外头不是枕头？拿一个来枕着。”宝玉出至外间，看了一看，回来笑道：“那个我不要，也不知是哪个脏婆子的。”黛玉听了，睁开眼，起身笑道：“真真你就是我命中的‘天魔星’！请枕这一个。”说着，将自己枕的推与宝玉，又起身将自己的再拿了一个来，自己枕了，二人对面倒下。

黛玉因看见宝玉左边腮上有钮扣大小的一块血渍，便欠身凑近前来，以手抚之细看。又道：“这又是谁的指甲刮破了？”宝玉侧身，一面躲，一面笑道：“不是刮的，只怕是才刚替她们淘漉胭脂膏子，蹭上了一点儿。”说着，便找手帕子要揩拭。黛玉便用自己的帕子替他揩拭了，口内说道：“你又干这些事了。干也罢了，必定还要带出幌子来。便是舅舅看不见，别人看见了，又当奇事新鲜话儿去学舌讨好儿，吹到舅舅耳朵里，又该大家不干淨惹气。”

宝玉总未听见这些话，只闻得一股幽香，却是从黛玉袖中发出，闻之令人醉魂酥骨。宝玉一把便将黛玉的袖子拉住，要瞧笼着何物。黛玉笑道：“冬寒十月，谁带什么香呢！”宝玉笑道：“既然如此，这香是哪里来的？”黛玉道：“连我也不知道。想必是柜子里头的香气，衣服上熏染的也未可知。”宝玉摇头道：“未必。这香的气味奇怪，不是那些香饼子、香毬子、香袋子的香。”黛玉冷笑道：“难道我也有什么‘罗汉’‘真人’给我些奇香不成？便是得了奇香，也没有亲哥哥、亲兄弟弄了花儿、朵儿、霜儿、雪儿替我炮製。我有的是那些俗香罢了。”

宝玉笑道：“凡我说一句，你就拉上这么些，不给你个利害，也不知道，从今儿可不饶你了。”说着翻身起来，将两隻手呵了两口，便伸手向黛玉膈肢窝内两肋下乱挠。黛玉素性触痒不禁，宝玉两手伸来乱挠，便笑得喘不过气来，口里说：“宝玉！你再闹，我就恼了。”宝玉方住了手，笑问道：“你还说这些不说了？”黛玉笑道：“再不敢了。”一面理鬓，笑道：“我有奇香，你有‘暖香’没有？”

宝玉见问，一时解不来，因问：“什么‘暖香’？”黛玉点头叹笑道：“蠢才，蠢才！你有玉，人家就有金来配你；人家有‘冷香’，你就没有‘暖香’去配？”宝玉方听出来。宝玉笑道：“方才求饶，如今更说狠了。”说着，又去伸手。黛玉忙笑道：“好哥哥，我可不敢了。”宝玉笑道：“饶便饶你，只把袖子我闻一闻。”说着，便拉了袖子笼在面上，闻个不住。黛玉夺了手道：“这可该去了。”宝玉笑道：“去？不能。咱们斯斯文文的躺着说话儿。”说着，复又倒下。黛玉也倒下。用手帕子盖上脸。宝玉有一搭没一搭的说些鬼话，黛玉只不理。宝玉问她几岁上京，路上见何景致古蹟，扬州有何遗迹故事、土俗民风。黛玉只不答。

宝玉只怕她睡出病来，便哄她道：“嗳哟！你们扬州衙门里有一件大故事，你可知道？”黛玉见他说得郑重，且又正言厉色，只当是真事，因问：“什么事？”宝玉见问，便忍着笑，顺口诌道：“扬州有一座黛山，山上有个林子洞。”黛玉笑道：“就是扯谎，自来也没听见这山。”宝玉道：“天下山水多着呢，你哪里知道这些不成？等我说完了，你再批评。”黛玉道：“你且说。”宝玉又诌道：“林子洞里原来有群耗子精。那一年腊月初七日，老耗子升座议事，因说：‘明日乃是腊八，世上人都熬腊八粥，如今我们洞中果品短少，须得趁此打劫些来方妙。’乃拔令箭一枝，遣一能干的小耗子前去打听。一时小耗回报：‘各处察访打听已毕，惟有山下庙里果米最多。’老耗问：“米有几样？果有几品？’小耗道：‘米豆成仓，不可胜记。果品有五种：一红枣，二栗子，三落花生，四菱角，五香芋。’老耗听了大喜，即时点耗前去。乃拔令箭问：‘谁去偷米？’一耗便接令去偷米。又拔令箭问：‘谁去偷豆？’又一耗接令去偷豆。然后一一都各领令去了。只剩了香芋一种，因又拔令箭问：‘谁去偷香芋？’只见一个极小极弱的小耗应道：‘我愿去偷香芋。’老耗并众耗见它这样，恐不谙练，且怯懦无力，都不准它去。小耗道：“我虽年小身弱，却是法术无边，口齿伶俐，机谋深远。此去管比它们偷得还巧呢。’众耗忙问：‘如何比他它们巧呢？’小耗道：“我不学他们直偷。我只摇身一变，也变成个香芋，滚在香芋堆里，使人看不出，听不见，却暗暗的用分身法搬运，渐渐的就搬运尽了。岂不比直偷硬取的巧些？’众耗听了，都道：‘妙却妙，只是不知怎么个变法，你先变个我们瞧瞧。’小耗听了，笑道：‘这个不难，等我变来。’说毕，摇身就变，竟变了一位最标緻美貌的小姐。众耗忙笑道：‘变错了，变错了！原说变果子的，如何变出小姐来？’小耗现形笑道：‘我说你们没见世面，只认得这果子是香芋，却不知盐课林老爷的小姐才是真正的香玉呢。’”

黛玉听了，翻身爬起来，按着宝玉笑道：“我把你烂了嘴的！我就知道你是编我呢。”说着，便拧，拧得宝玉连连央告说：“好妹妹，饶我罢，再不敢了！我因为闻你香，忽然想起这个故典来。”黛玉笑道：“饶骂了人，还说是故典呢！”

一语未了，只见宝钗走来，笑问：“谁说故典呢？我也听听。”黛玉忙让坐，笑道：“你瞧瞧，还有谁！他饶骂了人，还说是故典。”宝钗笑道：“原来是宝兄弟，怨不得他，他肚子里的故典原多。只是可惜一件，凡该用故典之时，他偏就忘了。有今日记得的，前儿夜里的芭蕉诗就该记得。眼面前的倒想不起来，别人冷得那样，你急得只出汗。这会子偏又有记性了。”黛玉听了笑道：“阿弥陀佛！到底是我的好姐姐，你一般也遇见对子了。可知一还一报，不爽不错的。”刚说到这里，只听宝玉房中一片声嚷，吵闹起来。且听下回分解。

第 20 回 王熙凤正言弹妒意 林黛玉俏语谑娇音

话说宝玉在林黛玉房中说“耗子精”，宝钗撞来，讽刺宝玉元宵不知“绿蜡”之典，三人正在房中互相讥刺取笑。那宝玉正恐黛玉饭后贪眠，一时存了食，或夜间走了困，皆非保养身体之法。幸而宝钗走来，大家谈笑，那林黛玉方不欲睡，自己才放了心。忽听他房中嚷起来，大家侧耳听了一听，林黛玉先笑道：“这是你妈妈和袭人叫嚷呢。那袭人也罢了，你妈妈再要认真排场她，可见老背晦了。”

宝玉忙要赶过来，宝钗忙一把拉住道：“你别和你妈妈吵才是，她老糊涂了，倒要让她一步为是。”宝玉道：“我知道了。”说毕走来，只见李嬷嬷拄着拐棍，在当地骂袭人：“忘了本的小娼妇！我抬举起你来，这会子我来了，你大模大样的躺在炕上，见我来也不理一理。一心只想妆狐媚子哄宝玉，哄得宝玉不理我，听你们的话。你不过是几两臭银子买来的毛丫头，这屋里你就作耗，如何使得！好不好拉出去配一个小子，看你还妖精似的哄宝玉不哄！”袭人先只道李嬷嬷不过为她躺着生气，少不得分辨说“病了，才出汗，蒙着头，原没看见你老人家”等语。后来只管听她说“哄宝玉”，“妆狐媚”，又说“配小子”等，由不得又愧又委屈，禁不住哭起来。

宝玉虽听了这些话，也不好怎样，少不得替袭人分辨“病了”、“吃药”等话，又说：“你不信，只问别的丫头们。”李嬷嬷听了这话，益发气起来了，说道：“你只护着那起狐狸，那里认得我了，叫我问谁去？谁不帮着你呢，谁不是袭人拿下马来的！我都知道那些事。我只和你在老太太、太太跟前去讲。把你奶了这么大，到如今吃不着奶了，把我丢在一旁，逞着丫头们要我的强。”一面说，一面也哭起来。彼时，黛玉、宝钗等也走过来劝说：“妈妈，你老人家担待他们一点子就完了。”李嬷嬷见她二人来了，便拉住诉委屈，将当日吃茶、茜雪出去与昨日酥酪等事，唠唠叨叨说个不清。

可巧凤姐正在上房算完输赢帐，听得后面一片声嚷动，便知是李嬷嬷老病发了，排揎宝玉的人。——正值她今儿输了钱，迁怒于人- -便连忙赶过来，拉了李嬷嬷，笑道：“好妈妈，别生气。大节下，老太太才喜欢了一日，你是个老人家，别人高声，你还要管他们呢；难道你反不知道规矩，在这里嚷起来，叫老太太生气不成？你只说谁不好，我替你打他。我家里烧的滚热的野鸡，快来跟我吃酒去。”一面说，一面拉着走，又叫丰儿：“替你李奶奶拿着拐棍子，擦眼泪的手帕子。”那李嬷嬷脚不沾地跟了凤姐走了，一面还说：“我也不要这老命了，越性今儿没了规矩，闹一场子，讨个没脸，强如受那娼妇蹄子的气！”后面宝钗、黛玉随着。见凤姐儿这般，都拍手笑道：“亏这一阵风来，把个老婆子撮了去了。”

宝玉点头叹道：“这又不知是哪里的帐，只拣软的排揎。昨儿又不知是哪个姑娘得罪了，上在她帐上。”一句未了，晴雯在旁笑道：“谁又不疯了，得罪她作什么！便得罪了她，就有本事承认，不犯着带累别人！”袭人一面哭，一面拉宝玉道：“为我得罪了一个老奶奶，你这会子又为我得罪这些人，这还不够我受的？还只是拉别人。”宝玉见她这般病势，又添了这些烦恼，连忙忍气吞声，安慰她仍旧睡下出汗。又见她汤烧火热，自己守着她歪在旁边，劝她只养着病，别想着些没要紧的事生气。袭人冷笑道：“要为这些事生气，这屋里一刻还站不得哩。但只是天长日久，只管这样，可叫人怎么样才好呢？时常我劝你，别为我们得罪人，你只顾一时为我们那样，他们都记在心里，遇着坎儿，说得好听不好听，大家什么意思！”一面说，一面禁不住流泪，又怕宝玉烦恼，只得又勉强忍着。

一时，杂使的老婆子煎了二和药来。宝玉见她才有汗意，不肯叫她起来，自己便端着就枕与他吃了，即命小丫头子们铺炕。袭人道：“你吃饭不吃饭，到底老太太、太太跟前坐一会子，和姑娘们顽一会子再回来，我就静静的躺一躺也好。”宝玉听说，只得替她去了簪环，看她躺下，自往上房来。同贾母吃毕饭，贾母犹欲同那几个老管家嬷嬷斗牌解闷，宝玉记着袭人，便回至房中，见袭人朦朦睡去。自己要睡，天气尚早。彼时晴雯、绮霰、秋纹、碧痕都寻热闹，找鸳鸯、琥珀等耍戏去了，独见麝月一个人在外间房里灯下抹骨牌。宝玉笑问道：“你怎不同她们玩去？”麝月道：“没有钱。”宝玉道：“床底下堆着那么些，还不够你输的？”麝月道：“都玩去了，这屋里交给谁呢？那一个又病了。满屋里上头是灯，地下是火。那些老妈妈们，老天拔地，服侍了一天，也该叫她们歇歇了；小丫头子们也是服侍了一天，这会子还不叫她们玩玩去。所以让她们都去罢，我在这里看着。”

宝玉听了这话，公然又是一个袭人。因笑道：“我在这里坐着，你放心去罢。”麝月道：“你既在这里，越发不用去了，咱们两个说话玩笑岂不好？”宝玉笑道：“咱两个作什么呢？怪没意思满的。也罢了，早上你说头痒，这会子没什么事，我替你篦头罢。”麝月听了便道：“就是这样。”说着，将文具镜匣搬来，卸去钗钏，打开头髮，宝玉拿了篦子替她一一的梳篦。只篦了三五下，只见晴雯忙忙走进来，原为取钱，一见了他两个，便冷笑道：“哦，交杯盏还没吃，倒上头了！”宝玉笑道：“你来，也给你篦一篦。”晴雯道：“我没那么大福。”说着，拿了钱，便摔帘子出去了。

宝玉在麝月身后，麝月对镜，二人在镜内相视。宝玉便向镜内笑道：“满屋里就只是她磨牙。”麝月听说，忙向镜中摆手，宝玉会意。忽听“呼（原字为左口又忽）”的一声帘子响，晴雯又跑进来问道：“我怎么磨牙了？咱们倒得说说。”麝月笑道：“你去你的罢，又来问人了。”晴雯笑道：“你又护着。你们那瞒神弄鬼的，我都知道。等我捞回本儿来再说话。”说着，一径出去了。这里宝玉通了头，命麝月悄悄的服侍他睡下，不肯惊动袭人。一宿无话。

至次日清晨起来，袭人已是夜间发了汗，觉得轻省了些，只吃些米汤静养。宝玉放了心，因饭后走到薛姨妈这边来闲逛。彼时正月内，学房中放年学，闺阁中忌针凿，都是闲时。贾环也过来玩，正遇见宝钗、香菱、莺儿三个赶围棋作耍，贾环见了，也要玩。宝钗素习看他亦如宝玉，并没它意；今儿听他要玩，让他上来坐了一处玩。一磊十个钱，头一回自己赢了，心中十分喜欢。谁知后来接连输了几盘，便有些着急。赶着这盘正该自己掷骰子，若掷个七点便赢，若掷个六点，下该莺儿掷三点就赢了。因拿起骰子来，狠命一掷，一个坐定了五，那一个乱转。莺儿拍着手只叫“幺”，贾环便瞪着眼，“六七八”混叫。那骰子偏生转出幺来。贾环急了，伸手便抓起骰子来，然后就拿钱，说是个六点。莺儿便说：“分明是个幺！”宝钗见贾环急了，便瞅莺儿说道：“越大越没规矩，难道爷们还赖你？还不放下钱来呢！”莺儿满心委屈，见宝钗说，不敢则声，只得放下钱来，口内嘟囔说：“一个作爷的，还赖我们这几个钱，连我也不放在眼里。前儿和宝二爷顽，他输了那些，也没着急。下剩的钱，还是几个小丫头子们一抢，他一笑就罢了。”宝钗不等说完，连忙喝断。贾环道：“我拿什么比宝玉呢？你们怕他，都和他好，都欺负我不是太太养的。”说着便哭了。宝钗忙劝他：“好兄弟，快别说这话，人家笑话你。”又骂莺儿。

正值宝玉走来，见了这般形况，问是怎么了。贾环不敢则声。宝钗素知他家规矩，凡作兄弟的，都怕哥哥。却不知那宝玉是不要人怕他的。他想着：“兄弟们一併都有父母教训，何必我多事，反生疏了。况且我是正出，他是庶出，饶这样还有人背后谈论，还禁得辖治他了。”更有个呆意思存在心里。——你道是何呆意？因他自幼姊妹丛中长大，亲姊妹有元春、探春，伯叔的有迎春、惜春，亲戚之中又有史湘云、林黛玉、薛宝钗等诸人。他便料定，原来天生人为万物之灵，凡山川日月之精秀只锺于女儿，鬚眉男子不过是些渣滓浊沫而已。因有这个呆念在心，把一切男子都看成混沌浊物，可有可无。只是父亲叔伯兄弟中，因孔子是亘古第一人说下的不可忤慢，只得要听他这句话，所以兄弟之间不过尽其大概的情理就罢了，并不想自己是丈夫，须要为子弟之表率。是以贾环等都不怕他，却怕贾母，才让他三分。如今宝钗生怕宝玉教训他，倒没意思，便连忙替贾环掩饰。宝玉道：“大正月里哭什么？这里不好，你别处玩去。你天天念书，倒念糊涂了。比如这件东西不好，横竖那一件好，就弃了这件取那个。难道你守着这个东西哭一会子就好了不成？你原是来取乐玩的，既不能取乐，就往别处去寻乐玩去。哭一会子，难道算取乐玩了不成？倒招自己烦恼，不如快去为是。”贾环听了，只得回来。

赵姨娘见他这般，因问：“又是哪里垫了踹窝来了？”一问不答，再问时，贾环便说：“同宝姐姐玩的， 莺儿欺负我，赖我的钱，宝玉哥哥撵我来了。”赵姨娘啐道：谁叫你上高台盘去了？下流没脸的东西！哪里玩不得？谁叫你跑了去讨没意思！”

正说着，可巧凤姐在窗外过，都听在耳内。便隔窗说道：“大正月又怎么了？环兄弟小孩子家，一半点儿错了，你只教导他，说这些澹话作什么！凭他怎么去，还有太太、老爷管他呢，就大口啐他！他现是主子，不好了横竖有教导他的人，与你什么相干！环兄弟出来，跟我玩去。”贾环素日怕凤姐比怕王夫人更甚，听见叫他，忙唯唯的出来，赵姨娘也不敢则声。凤姐向贾环道：“你也是个没气性的！时常说给你：要吃，要喝，要玩，要笑，只爱同哪一个姐姐、妹妹、哥哥、嫂子玩，就同哪个玩。你不听我的话，反叫这些人教得歪心邪意，狐媚子霸道的。自己不尊重，要往下流走，安着坏心，还只管怨人家偏心。输了几个钱？就这么个样儿！”贾环见问，只得诺诺的回说：“输了一二百。”凤姐道：“亏你还是爷，输了一二百钱就这样！”回头叫丰儿：“去取一吊钱来！姑娘们都在后头顽呢，把他送了玩去。——你明儿再这么下流狐媚子，我先打了你，打发人告诉学里，皮不揭了你的！为你这个不尊重，恨得你哥哥牙痒，不是我拦着，窝心脚把你的肠子窝出来了。”喝命：“去罢！”贾环诺诺的跟了丰儿，得了钱，自己和迎春等玩去。不在话下。

且说宝玉正和宝钗玩笑，忽见人说：“史大姑娘来了。”宝玉听了，抬身就走。宝钗笑道：“等着，咱们两个一齐走，瞧瞧她去。”说着，下了炕，同宝玉一齐来至贾母这边。只见史湘云大笑大说的，见他两个来，忙问好厮见。正值林黛玉在旁，因问宝玉：“在哪里的？”宝玉便说：“在宝姐姐家的。”黛玉冷笑道：“我说呢，亏在那里绊住，不然早就飞了来了。”宝玉笑道：“只许同你玩，替你解闷儿。不过偶然去她那里一趟，就说这话。”林黛玉道：“好没意思的话！去不去管我什么事，我又没叫你替我解闷儿。可许你从此不理我呢！”说着，便赌气回房去了。

宝玉忙跟了来，问道：“好好的又生气了。就是我说错了，你到底也还坐在那里，和别人说笑一会子，又来自己纳闷。”林黛玉道：“你管我呢！”宝玉笑道：“我自然不敢管你，只没有个看着你自己作践了身子呢。”林黛玉道：“我作践坏了身子，我死，与你何干！”宝玉道：“何苦来！大正月里，死了活了的。”林黛玉道：“偏说死！我这会子就死！你怕死，你长命百岁的，如何？”宝玉笑道：“要象只管这样闹，我还怕死呢，倒不如死了干淨！”黛玉忙道：“正是了，要是这样闹，不如死了干淨。”宝玉道：“我说我自己死了干淨，别听错了话赖人。”正说着，宝钗走来道：“史大妹妹等你呢。”说着便推宝玉走了。这里黛玉越发气闷，只向窗前流泪。

没两盏茶的工夫，宝玉仍来了。林黛玉见了，越发抽抽噎噎的哭个不住。宝玉见了这样，知难挽回，打叠起千百样的款语温言来劝慰。不料自己未张口，只见黛玉先说道：“你又来做什么？横竖如今有人和你玩，比我又会念，又会做，又会写，又会说笑，又怕你生气拉了你去，你又做什么来？死活凭我去罢了！”宝玉听了，忙上来悄悄的说道：“你这么个明白人，难道连‘亲不间疏，先不僭后’也不知道？我虽糊涂，却明白这两句话。头一件，咱们是姑舅姊妹，宝姐姐是两姨姊妹，论亲戚，她比你疏。第二件，你先来，咱们两个一桌吃，一床睡，长得这么大了。她是才来的，岂有个为她疏你的？”林黛玉啐道：“我难道为叫你疏她？我成了个什么人了呢！我为的是我的心。”宝玉道：“我也为的是我的心。难道你就知你的心，不知我的心不成？”黛玉听了，低头一语不发，半日说道：“你只怨人行动嗔怪了你，你再不知道你自己怄人难受。就拿今日天气比，分明今儿冷得这样，你怎么倒反把个青飕（原字为左月右欠）披风脱了呢？”宝玉笑道：“何尝不穿着，见你一恼，我一暴燥，就脱了。”林黛玉叹道：“回来伤了风，又该饿着吵吃的了。”

二人正说着，只见湘云走来，笑道：“二哥哥，林姐姐，你们天天一处顽，我好容易来了，也不理我一理儿。”黛玉笑道：“偏是咬舌子爱说话，连个‘二哥哥’也叫不出来，只是‘爱哥哥’‘爱哥哥’的。回来赶围棋儿，又该你闹‘幺爱三四五’了。”宝玉笑道：“你学惯了她，明儿连你还咬起来呢。”史湘云道：“她再不放人一点儿，专挑人的不好。你自己便比世人好，也不犯着见一个打趣一个。我指出一个人来，你敢挑她，我就服你。”黛玉忙问是谁。湘云道：“你敢挑宝姐姐的短处，就算你是好的。我算不如你，她怎么不及你呢？”黛玉听了冷笑道：“我当是谁，原来是她！我哪里敢挑她呢。”宝玉不等说完，忙用话岔开。湘云笑道：“这一辈子我自然比不上你。我只保佑着明儿得一个咬舌的林姐夫，时时刻刻你可听‘爱’‘厄’去。阿弥陀佛，那才现在我眼里！”说得众人一笑，湘云忙回身跑了。要知端详，下回分解。

第 21 回 贤袭人娇嗔箴宝玉 俏平儿软语救贾琏

话说史湘云跑了出来，怕林黛玉赶上，宝玉在后忙说：“仔细绊跌了！那里就赶上了。”林黛玉赶到门前，被宝玉叉手在门框上拦住，笑劝道：“饶她这一遭罢。”林黛玉扳着手说道：“我若饶过云儿，再不活着！”湘云见宝玉拦住门，料黛玉不能出来，便立住脚笑道：“好姐姐，饶我这一遭！”恰值宝钗来在湘云身后，也笑道：“我劝你两个看宝兄弟分上，都丢开手罢！”黛玉道：“我不依。你们是一气的，都戏弄我不成！”宝玉劝道：“谁敢戏弄你？你不打趣她，她焉敢说你！”四人正难分解，有人来请吃饭，方往前边来。那天早又掌灯时分，王夫人、李纨、凤姐、迎、探、惜等都往贾母这边来，大家闲话了一回，各自归寝。

湘云仍往黛玉房中安歇。宝玉送她二人到房，那天已二更多时，袭人来催了几次，方回自己房中来睡。次日天明，便披衣靸鞋往黛玉房中来。进去看时，却不见紫鹃、翠缕二人，只见她姊妹两个尚卧在衾内。那黛玉严严密密裹着一幅杏子红绫被，安稳合目而睡。那史湘云却一把青丝拖于枕畔，被只齐胸，一弯雪白的膀子撂于被外，又带着两个金镯子。宝玉见了叹道：

“睡觉还是不老实！回来风吹了，又嚷肩窝疼了。”一面说，一面轻轻的替她盖上。黛玉早已醒了，觉得有人，就猜着定是宝玉，因翻身一看，果中其料。因说道：“这早晚就跑过来作什么？”宝玉笑道：“这天还早么？你起来瞧瞧。”黛玉道：“你先出去，让我们起来。”宝玉听了，转身出至外边。

黛玉起来叫醒湘云，二人都穿了衣服。宝玉复又进来，坐在镜台旁边，只见紫鹃、雪雁进来服侍梳洗。湘云洗了面，翠缕便拿残水要泼，宝玉道：“站着，我趁势洗了就完了，省得又过去费事。”说着便走过来，弯腰洗了两把。紫鹃递过香皂去，宝玉道：“这盆里的就不少，不用搓了。”再洗了两把，便要手巾。翠缕道：“还是这个毛病儿，多早晚才改。”宝玉也不理，忙忙的要过青盐擦了牙，漱了口，完毕。见湘云已梳完了头，便走过来笑道：“好妹妹，替我梳上头罢。”湘云道：“这可不能了。”宝玉笑道：“好妹妹，你先时怎么替我梳了呢？”湘云道：“如今我忘了，怎么梳呢？”宝玉道：“横竖我不出门，又不带冠子勒子，不过打几根散辫子就完了。”说着，又千妹妹万妹妹的央告。湘云只得扶过他的头来，一一梳篦。在家不戴冠，并不总角，只将四围短髮编成小辫，往顶心髮上归了总，编一根大辫，红絛结住。自髮顶至辫梢，一路四颗珍珠，下面有金坠脚。湘云一面编着，一面说道：“这珠子只三颗了，这一颗不是的。我记得是一样的，怎么少了一颗？”宝玉道：“丢了一颗。”湘云道：“必定是外头去掉下来，不防被人拣了去，倒便宜他。”黛玉一旁盥手，冷笑道：“也不知是真丢了，也不知是给了人镶什么戴去了！”宝玉不答。因镜台两边俱是妆奁等物，顺手拿起来赏玩，不觉又顺手拈了胭脂，意欲要往口里送，又怕史湘云说。正犹豫间，湘云果在身后看见，一手掠着辫子，便伸手来“拍”的一下，从手中将胭脂打落，说道：“这不长进的毛病儿，多早晚才改！”

一语未了，只见袭人进来，看见这般光景，知是梳洗过了，只得回来自己梳洗。忽见宝钗走来，因问：“宝兄弟哪去了？”袭人含笑道：“宝兄弟哪里还有在家里的工夫！”宝钗听说，心中明白。又听袭人叹道：“姊妹们和气，也有个分寸礼节，也没个黑家白日闹的！凭人怎么劝，都是耳旁风。”宝钗听了，心中暗忖道：“倒别看错了这个丫头，听她说话，倒有些识见。”宝钗便在炕上坐了，慢慢的闲言中套问她年纪、家乡等语。留神窥察，其言语志量，深可敬爱。

一时，宝玉来了，宝钗方出去。宝玉便问袭人道：“怎么宝姐姐和你说得这么热闹，见我进来就跑了？”问一声不答，再问时，袭人方道：“你问我么？我哪里知道你们的原故。”宝玉听了这话，见她脸上气色非往日可比，便笑道：“怎么动真气了？”袭人冷笑道：“我哪里敢动气！只是从今以后别进这屋子了。横竖有人服侍你，再不必来支使我。我仍旧还服侍老太太去。”一面说，一面便在炕上合眼倒下。宝玉见了这般景况，深为骇异，禁不住赶来劝慰。那袭人只管合了眼不理。宝玉没了主意，因见麝月进来，便问道：“你姐姐怎么了？”麝月道：“我知道么？问你自己便明白了。”宝玉听说，呆了一回，自觉无趣，便起身叹道：“不理我罢，我也睡去。”说着便起身下炕，到自己床上歪着下去了。袭人听他半日无动静，微微的打鼾，料他睡着，便起身拿一领斗蓬来，替他刚压上，只听“忽”的一声，宝玉便掀过去，也仍合目装睡。袭人明知其意，便点头冷笑道：“你也不用生气，从此后我只当哑子，再不说你一声儿，如何？”宝玉禁不住起身问道：“我又怎么了？你又劝我。你劝我也罢了，才刚又没见你劝我，一进来你就不理我，赌气睡了。我还摸不着是为什么，这会子你又说我恼了。我何尝听见你劝我什么来着。”袭人道：“你心里还不明白？还等我说呢！”

正闹着，贾母遣人来叫他吃饭，方往前边来。胡乱吃了半碗，仍回自己房中。只见袭人睡在外头炕上，麝月在旁边抹骨牌。宝玉素知麝月与袭人亲厚，一併连麝月也不理，揭起软帘自往里间来。麝月只得跟进来。宝玉便推她出去，说：“不敢惊动你们。”麝月只得笑着出来，唤两个小丫头进来。宝玉拿一本书，歪着看了半天，因要茶，抬头只见两个小丫头在地下站着，一个大些的生得十分水秀。宝玉便问：“你叫什么名字？”那丫头便说：“叫蕙香。”宝玉便问：“是谁起的？”蕙香道：“我原叫芸香的，是花大姐姐改了蕙香。”宝玉道：“正经该叫‘晦气’罢了，什么蕙香呢！”又问：“你姊妹几个？”蕙香道：“四个。”宝玉道：“你第几？”蕙香道：“第四。”宝玉道：“明儿就叫‘四儿’，不必什么‘蕙香’‘兰气’的。哪一个配比这些花，没的玷辱了好名好姓。”一面说，一面命她倒了茶来吃。袭人和麝月在外间听了，抿嘴而笑。

这一日，宝玉也不大出房，也不和姊妹、丫头等厮闹，自己闷闷的，只不过拿书解闷，或弄笔墨；也不使唤众人，只叫四儿答应。谁知这个四儿是个聪敏乖巧不过的丫头，见宝玉用她，她变尽方法笼络宝玉。至晚饭后，宝玉因吃了两杯酒，眼饧耳热之际，若往日，则有袭人等，大家喜笑有兴，今日却冷清清的一人对灯，好没兴趣。待要赶了她们去，又怕她们得了意，以后越发来劝；若拿出做上的规矩来镇唬，似乎无情太甚。说不得横心只当她们死了，横竖自然也要过的。便权当她们死了，毫无牵挂，反能怡然自悦。因命四儿剪灯烹茶，自己看了一回《南华经》。正看至《外篇·胠箧》一则，其文曰：

故绝圣弃知，大盗乃止；擿玉毁珠，小盗不起；焚符破玺，而民朴鄙；掊斗折衡，而民不争；殚残天下之圣法，而民始可与论议。擢乱六律，铄绝竽瑟，塞瞽旷之耳，而天下始人含其聪矣；灭文章，散五采，胶离朱之目，而天下始人含其明矣；毁绝钩绳而弃规矩，攦工倕之指，而天下始人有其巧矣。

看至此，意趣洋洋，趁着酒兴，不禁提笔续曰：

焚花散麝，而闺阁始人含其劝矣；戕宝钗之仙姿，灰黛玉之灵窍，丧减情意，而闺阁之美恶始相类矣。彼含其劝，则无参商之虞矣；戕其仙姿，无恋爱之心矣；灰其灵窍，无才思之情矣。彼钗、玉、花、麝者，皆张其罗而穴其隧，所以迷眩缠陷天下者也。

续毕，掷笔就寝。头刚着枕，便忽睡去，一夜竟不知所之，直至天明方醒。翻身看时，只见袭人和衣睡在衾上。宝玉将昨日的事已付与意外，便推她说道：“起来好生睡，看冻着了！”

原来袭人见他无晓夜和姊妹们厮闹，若直劝他，料不能改，故用柔情以警之，料他不过半日片刻仍复好了。不想宝玉一昼夜竟不回转，自己反不得主意，直一夜没好生睡得。今忽见宝玉如此，料他心意回转，便越性不睬他。宝玉见她不应，便伸手替她解衣，刚解开了钮子，被袭人将手推开，又自扣了。宝玉无法，只得拉她的手笑道：“你到底怎么了？”连问几声，袭人睁眼说道：“我也不怎么着。你睡醒了，你自过那边房里去梳洗，再迟了就赶不上了。”宝玉道：“我过哪里去？”袭人冷笑道：“你问我，我知道？你爱往哪里去，就往哪里去。从今咱们两个丢开手，省得鸡声鹅斗的，叫别人笑。横竖那边腻了过来，这边又有个什么‘四儿’‘五儿’服侍你。我们这起东西，可是白‘玷辱了好名好姓’的。”宝玉笑道：“你今儿还记着呢！”袭人道：“一百年还记着呢！比不得你，拿着我的话当耳旁风，夜里说了，早起就忘了。”宝玉见她娇嗔满面，情不可禁，便向枕边拿起一根玉簪来，一跌两段，说道：“我再不听你说，就同这个一样！”袭人忙的拾了簪子，说道：“大清早起，这是何苦来！听不听什么要紧，也值得这种样子。”宝玉道：“你那里知道我心里急。”袭人笑道：“你也知道着急么，可知我心里怎么样？快起来洗脸去罢。”说着，二人方起来梳洗。

宝玉往上房去后，谁知黛玉走来，见宝玉不在房中，因翻弄案上书看，可巧翻出昨儿的《庄子》来。看至所续之处，不觉又气又笑，不禁也提笔续书一绝云：

无端弄笔是何人？作践南华《庄子因》。不悔自己无见识，却将丑语怪他人！

写毕，也往上房来见贾母，后往王夫人处来。

谁知凤姐之女大姐儿病了，正乱着请大夫来诊脉。大夫便说："替夫人、奶奶们道喜，姐儿发热是见喜了，并非别病。"王夫人、凤姐听了，忙遣人问："可好不好？"医生回道："病虽险，却顺，倒不妨。预备桑虫、猪尾要紧。"凤姐听了，登时忙将起来。一面打扫房屋供奉痘疹娘娘，一面传与家人忌煎炒等物，一面命平儿打点铺盖、衣服，与贾琏隔房，一面又拿大红尺头与奶子、丫头亲近人等裁衣。外面又打扫淨室，款留两个医生，轮流斟酌诊脉下药，十二日不放回家去。贾琏只得搬出外书房来斋戒，凤姐与平儿都随着王夫人日日供奉娘娘。

那个贾琏，只离了凤姐便要寻事，独寝了两夜，便十分难熬，便暂将小厮们内有清俊的选来出火。不想荣国府内有一个极不成器破烂酒头厨子，名唤多官，人见他懦弱无能，都唤他作"多浑虫"。因他自小父母替他在外娶了一个媳妇，今年方二十来往年纪，生得有几分人才，见者无不羡爱。她生性轻浮，最喜拈花惹草，多浑虫又不理论，只是有酒有肉有钱，便诸事不管了，所以荣、宁二府之人都得入手。因这个媳妇美貌异常，轻浮无比，众人都呼她作"多姑娘儿"。如今贾琏在外熬煎，往日也曾见过这媳妇，失过魂魄，只是内惧娇妻，外惧娈宠，不曾下得手。那多姑娘儿也曾有意于贾琏，只恨没空，今闻贾琏挪在外书房来，她便没事也走两趟去招惹。惹得贾琏似飢鼠一般，少不得和心腹的小厮们计议，合同遮掩谋求，多以金帛相许。小厮们焉有不允之理，况都和这媳妇是好友，一说便成。是夜二鼓人定，多浑虫醉昏在炕，贾琏便溜了来相会。进门一见其态，早已魄飞魂散，也不用情谈款叙，便宽衣动作起来。谁知这媳妇有天生的奇趣，一经男子挨身，便觉遍身筋骨瘫软，使男子如卧绵上；更兼淫态浪言，压倒娼妓，诸男子至此，岂有惜命者哉！那贾琏恨不得连身子化在她身上。那媳妇故作浪语，在下说道："你家女儿出花儿，供着娘娘，你也该忌两日，倒为我脏了身子，快离了我这里罢！"贾琏一面大动，一面喘吁吁答道："你就是娘娘，我哪里管什么娘娘！"那媳妇越浪，贾琏越丑态毕露。一时事毕，两个又海誓山盟，难分难舍，此后遂成相契。

一日，大姐毒尽斑回。十二日后送了娘娘，合家祭天祀祖，还愿焚香，庆贺放赏已毕。贾琏仍复搬进卧室，见了凤姐，正是俗语云"新婚不如远别"，更有无限的恩爱，自不必烦絮。

次日早起，凤姐往上屋去后，平儿收拾贾琏在外的衣服铺盖，不承望枕套中抖出一绺青丝来。平儿会意，忙拽在袖内，便走至这边房里来，拿出头髮来，向贾琏笑道："这是什么？"贾琏看见，着了忙，抢上来要夺。平儿便跑，被贾琏一把揪住，按在炕上，掰手要夺，口内笑道："小蹄子，你不趁早拿出来，我把你膀子橛折了。"平儿笑道："你就是没良心的。我好意瞒着她来问你，你倒赌狠！等她回来我告诉她，看你怎么着。"贾琏听说，忙陪笑央求道："好人，赏我罢！我再不赌狠了。"

一语未了，只听凤姐声音进来。贾琏听见，鬆了手，平儿只刚起身，凤姐已走进来，命平儿快开匣子，给太太找样子。平儿忙答应了找时，凤姐见了贾琏，忽然想起来，便问平儿："拿出去的东西，都收进来了么？"平儿道："收进来了。"凤姐道："可少什么没有？"平儿道："我也怕丢下一两件，细细的查了查，一点儿也不少。"凤姐道："不少就好，只是别多出来罢？"平儿笑道："不丢万幸，谁还多添出些来呢？"凤姐冷笑道："这半个月难保干淨，或者有相厚的丢失下的东西：戒指、汗巾、香袋儿，再至于头髮、指甲、都是东西。"一席话，说得贾琏脸都黄了。贾琏在凤姐身后，只望着平儿杀鸡抹脖使眼色儿。平儿只装看不见，因笑道："怎么我的心就和奶奶的心一样！我就怕有这些个，留神搜了一搜，竟一点破绽也没有。奶奶不信时，那些东西我还没收呢，奶奶亲自翻寻一遍去。"凤姐笑道："傻丫头，他便有这些东西，那里就叫咱们翻着了！"说着，寻了样子去了。

平儿指着鼻子、晃着头笑道："这件事怎么回谢我呢？"喜得个贾琏身痒难挠，跑上来搂着，"心肝肠肉"乱叫乱谢。平儿仍拿了头髮笑道："这是我一生的把柄了。好就好，不好就抖露出这事来。"贾琏笑道："你只好生收着罢，千万别叫她知道。"口里说着，瞅她不防，便抢了过来，笑道："你拿着终是祸患，不如我烧了她完事。"一面说着，一面便塞于靴掖内。平儿咬牙道："没良心的东西，过了河就拆桥，明儿还想我替你撒谎！"贾琏见她娇俏动情，便搂着求欢，被平儿夺手跑了，急得贾琏弯着腰恨道："死促狭小淫妇！一定浪上人的火来，她又跑了。"平儿在窗外笑道："我浪我的，谁叫你动火了？难道图你受用一回，叫她知道了，又不待见我。"贾琏道："你不用怕她，等我性子上来，把这醋罐打个稀烂，她才认得我呢！她防我像防贼似的，只许她同男人说话，不许我和女人说话，我和女人略近些，她就疑惑；她不论小叔子、侄儿，大的小的，说说笑笑，就不怕我吃醋了。以后我也不许她见人！"平儿道："她醋你使得，你醋她使不得。她原行的正走的正；你行动便有个坏心，连我也不放心，别说她了。"贾琏道："你两个一口贼气。都是你们行的是，我凡行动都存坏心。多早晚都死在我手里！"

一句未了，凤姐走进院来，因见平儿在窗外，就问道："要说话两个人不在屋里说，怎么跑出一个来了，隔着窗子，是什么意思？"贾琏在窗内接道："你可问她，倒像屋里有老虎吃他呢。"平儿道："屋里一个人没有，我在他跟前作什么？"凤姐儿笑道："正是没人才好呢。"平儿听说，便说道："这话是说我么？"凤姐笑道："不说你说谁？"平儿道："别叫我说出好话来了。"说着，也不打帘子，也不让凤姐，自己先摔帘子进来，往那边去了。凤姐自掀帘子进来，说道："平儿疯魔了。这蹄子认真要降伏我，仔细你的皮要紧！"贾琏听了，已绝倒在炕上，拍手笑道："我竟不知平儿这么利害，从此倒服她了。"凤姐道："都是你惯得她，我只和你说！"贾琏听说忙道："你两个不卯，又拿我来作人。我躲开你们。"凤姐道："我看你躲到哪里去。"贾琏道："我就来。"凤姐道："我有话和你商量。"不知商量何事，且听下回分解。正是：

淑女从来多抱怨，娇妻自古便含酸。

第 22 回 听曲文宝玉悟禅机 制灯迷贾政悲谶语

话说贾琏听凤姐儿说有话商量，因止步问是何话。凤姐道："二十一日是薛妹妹的生日，你到底怎么样呢？"贾琏道："我知道怎么样！你连多少大生日都料理过了，这会子倒没了主意？"凤姐道："大生日料理，不过是有一定的则例在那里。如今她这生日，大又不是，小又不是，所以和你商量。"贾琏听了，低头想了半日道："你今儿糊涂了。现有比例，那林妹妹就是例。往年怎么给林妹妹做的，如今也照依给薛妹妹做就是了。"凤姐听了，冷笑道："我难道连这个也不知道？我原也这么想定了。但昨儿听见老太太说，问起大家的年纪生日来，听见薛大妹妹今年十五岁，虽不是整生日，也算得将笄之年。老太太说要替她做生日。想来若果真替她做，自然比往年与林妹妹做的不同了。"贾琏道："既如此，就比林妹妹的多增些。"凤姐道："我也这么想着，所以讨你的口气。我若私自添了东西，你又怪我不告诉明白你了。"贾琏笑道："罢，罢！这空头情我不领。你不盘察我就够了，我还怪你！”说着一迳去了，不在话下。

且说史湘云住了两日，便要回去。贾母因说：“等过了你宝姐姐的生日，看了戏再回去。”史湘云听了，只得住下。又一面遣人回去，将自己旧日作的两色针线活计取来，为宝钗生辰之仪。谁想贾母自见宝钗来了，喜她稳重和平，正值她才过第一个生辰，便自己蠲资二十两，唤了凤姐来，交与她置酒戏。凤姐凑趣笑道：“一个老祖宗给孩子们作生日，不拘怎样，谁还敢争，又办什么酒戏。既高兴要热闹，就说不得自己花上几两老库里的体己，这早晚找出这霉烂的二十两银子来作东道，这意思还叫我赔上。果然拿不出来也罢了，金的、银的、圆的、扁的，压塌了箱子底，只是勒掯我们。举眼看看，谁不是你老人家的儿女？难道将来只有宝兄弟顶了你老人家上五台山不成？那些体己只留于他，我们如今虽不配使，也别苦了我们。这个够酒的？够戏的？”说得满屋里都笑起来。贾母亦笑道：“你们听听这嘴，我也算会说的，怎么说不过这猴儿。你婆婆也不敢强嘴，你和我绑绑的。”凤姐笑道：我婆婆也是一样的疼宝玉，我也没处去诉冤，倒说我强嘴。”说着，又引贾母笑了一回，贾母十分喜悦。

到晚间，众人都在贾母前，定昏之余，大家娘儿、姊妹等说笑时，贾母因问宝钗爱听何戏，爱吃何物等语。宝钗深知贾母年老人，喜热闹戏文，爱吃甜烂之食，便总依贾母往日素喜者说了出来。贾母更加欢悦。次日便先送过衣服玩物礼去，王夫人、凤姐、黛玉等诸人皆有，随分不一，不须多记。

至二十一日，就贾母内院中搭了家常小巧戏台，定了一班新出小戏，昆、弋两腔皆有。就在贾母上房排了几席家宴酒席，并无一个外客，只有薛姨妈、史湘云、宝钗是客，余者皆是自己人。这日早起，宝玉因不见黛玉，便到她房中来寻，只见黛玉歪在炕上。宝玉笑道：“起来吃饭去，就开戏了。你爱看哪一齣？我好点。”黛玉冷笑道：“你既这样说，你特叫一班戏来，拣我爱的唱给我看。这会子犯不上跐着人借光儿问我。”宝玉笑道：“这有什么难的。明儿就这样行，也叫他们借咱们的光儿。”一面说，一面拉起他来，携手出去。

吃了饭点戏时，贾母一定先叫宝钗点。宝钗推让一遍，无法，只得点了一折《西游记》。贾母自是喜欢，又让薛姨妈。薛姨妈见宝钗点了，不肯再点贾母便持。命凤姐点。凤姐虽有刑、王夫人在前，但因贾母之命，不敢违拗，且知贾母喜热闹，更喜谑笑科诨，便点了一齣《刘二当衣》。贾母果真更又喜欢，然后便命黛玉点。黛玉又让薛姨妈、王夫人等。贾母道：“今日原是我特带着你们取乐，咱们只管咱们的，别理她们。我巴巴的唱戏、摆酒，为他她们不成？她们在这里白听白吃，已经便宜了，还让她们点呢！”说着，大家都笑了。黛玉方点了一齣。然后宝玉、史湘云、迎、探、惜、李纨等俱各点了，接齣扮演。

至上酒席时，贾母又命宝钗点。宝钗点了一齣《鲁智深醉闹五台山》。宝玉道：“只好点这些戏。”宝钗道：“你白听了这几年的戏，哪里知道这齣戏的好处，排场又好，词藻更妙。”宝玉道：“我从来怕这些热闹。”宝钗笑道：“要说这一齣热闹，你还算不知戏呢。你过来，我告诉你，这一齣戏是一套北《点绛唇》，铿锵顿挫，韵律不用说是好的了；只那词藻中有一支《寄生草》，填得极妙，你何曾知道。”宝玉见说的得这般好，便凑近来央告：“好姐姐，念与我听听！”宝钗便念道：

漫揾英雄泪，相离处士家。谢慈悲，剃度在莲台下。没缘法，转眼分离乍。赤条条，来去无牵挂。哪里讨，烟蓑雨笠捲单行？一任俺，芒鞋破钵随缘化！

宝玉听了，喜得拍膝画圈，称赏不已，又赞宝钗无书不知。林黛玉道：“安静看戏罢！还没唱《山门》，你倒《妆疯》了。”说的湘云也笑了。于是大家看戏。

至晚散时，贾母深爱那作小旦的与一个做小丑的，因命人带进来，细看时益发可怜见儿的。因问年纪，那小旦才十一岁，小丑才九岁，大家叹息一回。贾母令人另拿些肉果给他两个，又另外赏钱两串。

凤姐笑道：“这个孩子扮上，活像一个人，你们再看不出来。”宝钗心里也知道，便只一笑，不肯说。宝玉也猜着了，亦不敢说。史湘云接着笑道：“倒像林妹妹的模样儿。”宝玉听了，忙把湘云瞅了一眼，使个眼色。众人却都听了这话，留神细看，都笑起来了，说果然不错。一时散了。

晚间，湘云更衣时，便命翠缕把衣包打开收拾，都包了起来。翠缕道：“忙什么，等去的日子再包不迟。”湘云道：“明儿一早就走。在这里做什么？看人家的鼻子眼睛，什么意思！”宝玉听了这话，忙赶近前拉她说道：“好妹妹，你错怪了我。林妹妹是个多心的人。别人分明知道，不肯说出来，也皆因怕她恼。谁知你不防头就说了出来，她岂不恼你。我是怕你得罪了她，所以才使眼色。你这会子恼我，不但辜负了我，而且反倒委屈了我。若是别人，那哪怕他得罪了十个人，与我何干呢！”湘云摔手道：“你那花言巧语别望着我说。我原不如你林妹妹，别人说她，拿她取笑都使得，只我说了就有不是。我原不配说她。她是小姐主子，我是奴才丫头，得罪了她，使不得！”宝玉急的说道：“我倒是为你，反为出不是来了。我要有外心，立刻就化成灰，叫万人践踹！”湘云道：“大正月里，少信嘴胡说。这些没要紧的恶誓、散话、歪话，说给那些小性儿、行动爱恼的人、会辖治你的人听去！别叫我啐你。”说着，一迳至贾母里间，忿忿的躺着去了。

宝玉没趣，只得又来寻黛玉。刚到门槛前，黛玉推出来，将门关上。宝玉又不解何意，在窗外只是低声叫“好妹妹”。黛玉总不理他。宝玉闷闷的垂头自审。袭人早知端详，当此时断不能劝。那宝玉只是呆呆的站着。黛玉只当他回去了，便起来开了门，只见宝玉还站在那里。黛玉反不好意思，不好再关，只得抽身上床躺着。宝玉随进来问道：“凡事都有个原故，说出来，人也不委屈。好好的就恼了，终究是什么原故起的？”黛玉冷笑道：“问得我倒好，我也不知为什么。我原是给你们取笑儿的，拿着我比戏子取笑。”宝玉道：“我并没有比你，我并没有笑，为什么恼我呢？”黛玉道：“你还要比？你还要笑？你不比不笑，比人家比了笑了的还利害呢！”宝玉听说，无可分辨，不则一声。

黛玉又道：“这一节还恕得。再你为什么又和云儿使眼色？这安的是什么心？莫不是她和我玩，她就自轻自贱了？她原是公侯的小姐，我原是贫民的丫头，她和我玩，设若我回了口，岂不她自惹人轻贱呢？是这个主意不是？这却也是你的好心，只是那一个偏又不领情，一般也恼了。你又拿我作情，倒说我小性儿，行动肯恼。你又怕她得罪了我，我恼她。我恼她，与你何干？他得罪了我，又与你何干？”

宝玉见说，方知才与湘云私谈，她也听见了。细想自己原为她二人生隙，在中调和，不想并未调和成功，反已落了两处的贬谤。正合着前日所看《南华经》上，有“巧者劳而智者忧，无能者无所求，饱食而遨游，泛若不系之舟”；又曰“山木自寇，源泉自盗”等语。因此越想越无趣。再细想来，目下不过这两个人，尚未应酬妥协，将来犹欲为何？想到其间，也无庸分辩回答，自己转身回房来。林黛玉见他去了，便知回思无趣，赌气去了，一言也不曾发，不禁自己越发添了气，便说道：“这一去，一辈子也别来，也别说话！”

宝玉不理，回房躺在床上，只是瞪瞪的。袭人深知原委，不敢就说，只得以它事来解释，因笑道：“今儿看了戏，又勾出几天戏来。宝姑娘一定要还席的。”宝玉冷笑道：“她还不还，管谁什么相干？”袭人见这话不是往日口吻，因又笑道：“这是怎么说？好好的大正月里，娘儿们、姊妹们都喜喜欢欢的，你又怎么这个形景了？”宝玉冷笑道：“他们娘儿们、姊妹们喜欢不喜欢，也与我无干。”袭人笑道：“她们既随和，你也随和，岂不大家彼此有趣。”宝玉道：“什么是‘大家彼此’！他们有‘大家彼此’，我是‘赤条条来去无牵挂’。”谈及此句，不觉泪下。袭人见此光景，不敢再说。宝玉细想这一句意味，不禁大哭起来，翻身起来至案前，遂提笔立占一偈云：

你证我证，心证意证。是无有证，斯可云证。无可云证，是立足境。

写毕，自虽解悟，又恐人看此不解，因此亦填一支《寄生草》，也写在偈后。自己又念一遍，自觉无挂碍，心中自得，便上床睡了。

谁想黛玉见宝玉此番果断而去，故以寻袭人为由，来视动静。袭人笑回道：“已经睡了。”黛玉听说，便要回去。袭人笑道：“姑娘请站住，有一个字帖儿，瞧瞧是什么话。”说着，便将方才那曲子与偈语悄悄拿来，递与黛玉看。黛玉看了，知是宝玉一时感忿而作，不觉可笑可叹，便向袭人道：“作的是玩意儿，无甚关係。”说毕，便携了回房去，与湘云同看。

次日又与宝钗看。宝钗看其词曰：

无我原非你，从他不解伊。肆行无碍凭来去。茫茫着甚悲愁喜？纷纷说甚亲疏密？从前碌碌却因何？到如今，回头试想真无趣！

看毕，又看那偈语，又笑道：“这个人悟了。都是我的不是，都是我昨儿一支曲子惹出来的。这些道书禅机最能移性。明儿认真说起这些疯话来，存了这个意思，都是从我这一只曲子上来，我成了个罪魁了。”说着，便撕了个粉碎，递与丫头们说：“快烧了罢！”黛玉笑道：“不该撕，等我问他。你们跟我来，包管叫他收了这个痴心邪话。”

三人果然都往宝玉屋里来。一进来，黛玉便笑道：“宝玉，我问你：至贵者是‘宝’，至坚者是‘玉’。尔有何贵？尔有何坚？”宝玉竟不能答。三人拍手笑道：“这样钝愚，还参禅呢！”黛玉又道：“你那偈末云，‘无可云证，是立足境’，固然好了，只是据我看来，还未尽善。我再续两句在后。”因念云：“无立足境，是方干淨。”宝钗道：“实在这方悟彻。当日南宗六祖惠能，初寻师至韶州。闻五祖弘忍在黄梅，他便充役火头僧。五祖欲求法嗣，令徒弟诸僧各出一偈。上座神秀说道：‘身是菩提树，心如明镜台；时时勤拂拭，莫使有尘埃。’彼时惠能在厨房碓米，听了这偈，说道：‘美则美矣，了则未了。’因自念一偈曰：‘菩提本非树，明镜亦非台，本来无一物，何处染尘埃？’五祖便将衣钵传他。今儿这偈语，亦同此意了。只是方才这句机锋，尚未完全了结，这便丢开手不成？”黛玉笑道：“彼时不能答，就算输了，这会子答上了也不为出奇。只是以后再不许谈禅了。连我们两个所知所能的，你还不知不能呢，还去参禅呢！”宝玉自己以为觉悟，不想忽被黛玉一问，便不能答，宝钗又比出“语录”来，此皆素不见她们能者。自己想了一想：“原来她们比我的知觉在先，尚未解悟，我如今何必自寻苦恼。”想毕，便笑道：“谁又参禅，不过一时玩话罢了。”说着，四人仍复如旧。

忽然人报，娘娘差人送出一个灯谜儿，命你们大家去猜，猜着了每人也作一个进去。四人听说，忙。来至贾母上房。只见一个小太监，拿了一盏四角平头白纱灯，专为灯谜而製，上面已有一个，众人都争看乱猜。小太监又下谕道：“众小姐猜着了，不要说出来，每人只暗暗的写在纸上，一齐封进宫去，娘娘自验是否。”宝钗等听了，近前一看，是一首七言绝句，并无甚新奇，口中少不得称赞，只说难猜，故意寻思，其实一见就猜着了。宝玉、黛玉、湘云、探春四个人也都解了，各自暗暗的写了。一併将贾环、贾兰等传来，一齐各揣机心都猜了，写在纸上。然后各人拈一物作成一谜，恭楷写了，挂在灯上。

太监去了，至晚出来传谕：“前娘娘所製，俱已猜着，惟二小姐与三爷猜的不是。小姐们作的也都猜了，不知是否。”说着，也将写的拿出来。也有猜着的，也有猜不着的，都胡乱说猜着了。太监又将颁赐之物送与猜着之人，每人一个宫製诗筒，一柄茶筅，独迎春、贾环二人未得。迎春自为玩笑小事，并不介意，贾环便觉得没趣。且又听太监说：“三爷说作这个不通，娘娘也没猜，叫我带回问三爷是个什么。”众人听了，都来看他作的什么，写道是：

大哥有角只八个，二哥有角只两根。大哥只在床上坐，二哥爱在房上蹲。

众人看了，大发一笑。贾环只得告诉太监说：“一个枕头，一个兽头。”太监记了，领茶而去。

贾母见元春这般有兴，自己越发喜乐，便命速作一架小巧精緻围屏灯来，设于当屋，命她姊妹各自暗暗的做了，写出来粘于屏上，然后预备下香茶、细果以及各色玩物，为猜着之贺。贾政朝罢，见贾母高兴，况在节间，晚上也来承欢取乐。设了酒果，备了玩物，上房悬了彩灯，请贾母赏灯取乐。上面贾母、贾政、宝玉一席，下面王夫人、宝钗、黛玉、湘云又一席，迎、探、惜三个又一席。地下婆娘、丫鬟站满。李宫裁、王熙凤二人在里间又一席。贾政因不见贾兰，便问：“怎么不见兰哥？”地下婆娘忙进里间问李氏，李氏起身笑着回道：“他说方才老爷并没去叫他，他不肯来。”婆娘回覆了贾政。众人都笑说：“天生的牛心古怪。”贾政忙遣贾环与两个婆娘将贾兰唤来。贾母命他在身旁坐了，抓果品与他吃。大家说笑取乐。

往常间，只有宝玉长谈阔论，今日贾政在这里，便惟有唯唯而已。余者湘云虽係闺阁弱女，却素喜谈论，今日贾政在席，也自缄口禁言。黛玉本性懒与人共，原不肯多话。宝钗原不妄言轻动，便此时亦是坦然自若。故此一席虽是家常取乐，反见拘束不乐。贾母亦知因贾政一人在此所致，酒过三巡，便撵贾政去歇息。贾政亦知贾母之意，撵了自己去后，好让他们姊妹兄弟取乐，因陪笑道：“今日原听见老太太这里大设春灯雅谜，故也备了彩礼酒席，特来入会。何疼孙子、孙女之心，便不略赐以儿子半点？”贾母笑道：“你在这里，他们都不敢说笑，没的倒叫我闷得慌。你要猜谜儿，我便说一个你猜，猜不着是要罚的。”贾政忙笑道：“自然要罚。若猜着了，也是要领赏的。”贾母道：“这个自然。”说着便念道：

猴子身轻站树梢。——打一果名

贾政已知是荔枝，便故意乱猜别的，罚了许多东西，然后方猜着，也得了贾母的东西。然后也念一个与贾母猜，道是：

身自端方，体自坚硬。虽不能言，有言必应。——打一用物。

说毕，便悄悄的说与宝玉。宝玉意会，又悄悄的告诉了贾母。贾母想了想，果然不差，便说：“是砚台。”贾政笑道：“到底是老太太，一猜就是。”回头说：“快把贺彩送上来。”地下妇女答应一声，大盘小盒一齐捧上。贾母逐件看去，都是灯节下所用所玩新巧之物，甚喜，遂命：“给你老爷斟酒。”宝玉执壶，迎春送酒，贾母因说：“你瞧瞧那屏上，都是她姊妹们做的，再猜一猜我听。”

贾政答应，起身走至屏前，只见头一个写道是：

能使妖魔胆尽摧，身如束帛气如雷。一声震得人方恐，回首相看已化灰。

贾政道：“这是炮竹嗄。”宝玉答道：“是。”贾政又看道：

天运人功理不穷，有功无运也难逢。因何镇日纷纷乱？只为阴阳数不同。

贾政道：“是算盘。”迎春笑道：“是。”又往下看，是：

阶下儿童仰面时，清明妆点最堪宜。游丝一断浑无力，莫向东风怨别离。

贾政道：“这是风筝。”探春笑道：“是。”又看，道是：

前身色相总无成，不听菱歌听佛经。莫道此生沉黑海，性中自有大光明。

贾政道："这是佛前海灯嘎。"惜春笑答道："是海灯。"

贾政心内沉思道："娘娘所作爆竹，此乃一响而散之物。迎春所作算盘，是打动乱如麻；探春所作风筝，乃飘飘浮荡之物；惜春所作海灯，一发清淨孤独。今乃上元佳节，如何皆作此不祥之物为戏耶？"心内愈思愈闷，因在贾母之前，不敢形于色，只得仍勉强往下看去。只见后面写着七言律诗一首，却是宝钗所作，随念道：

朝罢谁携两袖烟？琴边衾里总无缘。晓筹不用鸡人报，五夜无烦侍女添。焦首朝朝还暮暮，煎心日日复年年。光阴荏苒须当惜，风雨阴晴任变迁。

贾政看完，心内自忖道："此物还倒有限。只是小小之人作此词句，更觉不祥，看来皆非福寿之辈。"想到此处，愈觉烦闷，大有悲戚之状，因而将适才的精神减去十分之八九，只是垂头沉思。

贾母见贾政如此光景，想到或是他身体劳乏亦未可定，又兼之恐拘束了众姊妹不得高兴玩耍，即对贾政道："你竟不必猜了，去安歇罢，让我们再坐一会，也好散了。"贾政一闻此言，连忙答应几个"是"字，又勉强劝了贾母一回酒，方才退出去了。回至房中只是思索，翻来覆去，竟难成寐，不由伤悲感慨，不在话下。

且说贾母见贾政去了，便道："你们可自在乐一乐罢。"一言未了，早见宝玉跑至围屏灯前，指手画脚，满口批评，这个这一句不好，那一个破得不恰当，如同开了锁的猴子一般。宝钗便道："还像适才坐着，大家说说笑笑，岂不斯文些儿！"凤姐自里间忙出来插口道："你这个人，就该老爷每日令你寸步不离方好。适才我忘了，为什么不当着老爷，撺掇叫你也作诗谜儿。若果如此，怕不得这会子正出汗呢。"说得宝玉急了，扯着凤姐儿，扭股儿糖似的只是厮缠。贾母又与李宫裁并众姊妹说笑了一会，也觉有些困倦起来。听了听已是漏下四鼓了，命将食物撤去，赏给众人。随起身道："我们安歇罢。明日还是节下，该当早起。明日晚间再玩罢。"于是众人方慢慢的散去。后事下回分解。

第 23 回 西厢记妙词通戏语 牡丹亭艳曲警芳心

话说贾元春自那日幸大观园回宫去后，便命将那日所有的题咏，命探春依次抄录妥协，自己编次，叙其优劣，又命在大观园勒石，为千古风流雅事。因此，贾政命人各处选拔精工名匠，在大观园磨石镌字。贾珍率领贾蓉、贾萍等监工。因贾蔷又管理着文官等十二个女戏并行头等事，不大得便，因此贾珍又将贾菖、贾菱唤来监工。一日，汤蜡钉朱，动起手来。这也不在话下。

且说那个玉皇庙并达摩庵两处，一班的十二个小沙弥并十二个小道士，如今挪出大观园来，贾政正想着要打发到各庙去分住。不想后街上住的贾芹之母周氏，正盘算着也要到贾政这边谋一个大小事务与儿子管管，也好弄些银钱使用，可巧听见这件事出来，便坐轿子来求凤姐。凤姐因见他素日不大拿班作势的，便依允了，想了几句话便回王夫人说："这些小和尚道士万不可打发到别处去，一时娘娘出来就要承应。倘或散了，若再用时，可又费事。依我的主意，不如将他们竟送到咱们家庙里铁槛寺去，月间不过派一个人拿几两银子去买柴米就完了。说声用，就去叫来，一点儿不费事呢。"王夫人听了，便商之于贾政。贾政听了笑道："倒是提醒了我，就是这样。"即时唤贾琏来。

当下贾琏正同凤姐吃饭，一闻呼唤，不知何事，放下饭便走。凤姐一把拉住，笑道："你且站住，听我说话。若是别的事我不管，若是为小和尚们的事，好歹依我这么着。"如此这般教了一套话。贾琏笑道："我不知道你有本事你说去。"凤姐听了，把头一梗，把筷子一放，腮上似笑不笑的瞅着贾琏道："你当真的还是玩话？"贾琏笑道："西廊下五嫂子的儿子芸儿来求了我两三遭，要个事情管管。我依了，叫他等着。好容易出来这件事，你又夺了去。"凤姐儿笑道："你放心。园子东北角子上，娘娘说了，还叫多多的种松柏树，楼底下还叫种些花草。等这件事出来，我管保叫芸儿管这件工程。"贾琏道："果然这样也罢了。只是昨儿晚上，我不过是要改个样儿，你就扭手扭脚的。凤姐儿听了，嗤的一声笑了，向贾琏啐了一口，低下头便吃饭。

贾琏已经笑着去了，到了前面见了贾政，果然是小和尚一事。贾琏便依了凤姐的主意，说道："如今看来，芹儿倒大大的出息了，这件事竟交与他去管办。横竖照在里头的规例，每月叫芹儿支领就是了。"贾政原不大理论这些事，听贾琏如此说，便依了。贾琏回到房中告诉凤姐，凤姐即命人去告诉了周氏。贾芹便来见贾琏夫妻两个，感谢不尽。凤姐又作情央贾琏先支三个月的费用，叫他写了领字，贾琏批票画了押，登时发了对牌出去。银库上按数发出三个月的供给来，白花花二三百两。贾芹随手拈了一块，撂与掌秤的人，叫他们吃了茶罢。于是命小厮拿了回家，与母亲商议。登时偏了大脚驴，自己骑上；又偏了几辆车，至荣国府角门前，唤出二十四个人来，坐上车，一迳往城外铁槛寺去了。当下无话。

如今且说贾元春，因在宫中自编大观园题咏之后，忽想起那大观园中景致，自己幸过之后，贾政必定敬谨封锁，不敢使人进去骚扰，岂不寥落。况家中现有几个能诗会赋的姊妹，何不命她们进去居住，也不使佳人落魄，花柳无颜。却又想到宝玉自幼在姊妹丛中长大，不比别的兄弟，若不命他进去，只怕他冷清了，一时不大畅快，未免贾母、王夫人愁虑，须得也命他进园居住方妙。想毕，遂命太监夏守忠到荣国府来下一道谕，命宝钗等只管在园中居住，不可禁约封锢，命宝玉仍随进去读书。

贾政、王夫人接了这谕，待夏守忠去后，便来回明贾母，遣人进去各处收拾打扫，安设帘幔床帐。别人听了还自犹可，惟宝玉听了这谕，喜得无可不可。正和贾母盘算，要这个，弄那个，忽见丫鬟来说："老爷叫宝玉。"宝玉听了，好似打了个焦雷，登时扫去兴头，脸上转了颜色，便拉着贾母扭得好似扭股儿糖一般，杀死不敢去。贾母只得安慰他道："好宝贝，你只管去，有我呢，他不敢委曲了你。况且你又作了那篇好文章。想是娘娘叫你进去住，他吩咐你几句，不过不叫你在里头淘气。他说什么，你只好生答应着就是了。"一面安慰，一面唤了两个老嬷嬷来，吩咐"好生带了宝玉去，别叫他老子唬着他。"老嬷嬷答应了。

宝玉只得前去，一步挪不了三寸，蹭到这边来。可巧贾政在王夫人房中商议事情，金钏儿、彩云、彩霞、绣鸾、绣凤等众丫鬟都在廊檐下站着呢。一见宝玉走来，都抿着嘴笑。金钏一把拉住宝玉，悄悄的笑道："我这嘴上是才擦的香浸胭脂，你这会子可吃不吃了？"彩云一把推开金钏，笑道："人家正心里正不自在，你还奚落他。趁这会子喜欢，快进去罢。"宝玉只得挨进门去。原来贾政和王夫人都在里间呢，赵姨娘打起帘子，宝玉躬身挨入。只见贾政和王夫人对面坐在炕上说话，地下一溜椅子，迎春、探春、惜春、贾环四个人都坐在那里。一见他进来，惟有探春、惜春和贾环站了起来。

贾政一举目，见宝玉站在跟前，神彩飘逸，秀色夺人；看看贾环，人物委琐，举止荒疏；忽又想起贾珠来，再看看王夫人只有这一个亲生的儿子，素爱如珍，自己的髯鬓将已苍白：因这几件上，把素日嫌恶宝玉之心不觉减了八九。半晌说道："娘娘吩咐说，你日日外头嬉游，渐次疏懒，如今叫禁管，同你姊妹在园里读书写字。你可好生用心习学，再若不守分安常，你可仔细！”宝玉连连答应了几个“是”。王夫人便拉他在身旁坐下。他姊弟三人依旧坐下。

王夫人摸挲着宝玉的脖项说道：“前儿的丸药都吃完了么？”宝玉答道：“还有一丸。”王夫人道：“明儿再取十丸去，天天临睡的时候，叫袭人服侍你吃了再睡。”宝玉道：“只从太太吩咐了，袭人天天晚上想着，打发我吃。”贾政问道：“袭人是何人？”王夫人道：“是个丫头。”贾政道：“丫头不管叫个什么罢了，是谁这样刁钻，起这样的名字？”王夫人见贾政不自在了，便替宝玉掩饰道：“是老太太起的。”贾政道：“老太太如何知道这样的话，一定是宝玉。”宝玉见瞒不过，只得起身回道：“因素日读书，曾记古人有一句诗云：‘花气袭人知昼暖’。因这个丫头姓花，便随口起了这个名字。”王夫人忙又向宝玉道：“你回去改了罢。老爷也不用为这小事动气。”贾政道：“究竟也无碍，又何用改。只是可见宝玉不务正，专在这些浓词艳赋上做工夫。”说毕，断喝一声：“作孽的畜生，还不出去！”王夫人也忙道：“去罢，去罢，只怕老太太等你吃饭呢。”宝玉答应了，慢慢的退出去，向金钏儿笑着伸伸舌头儿，带着两个老嬷嬷一熘烟去了。

刚至穿堂门前，只见袭人倚门立在那里，一见宝玉平安回来，堆下笑来问道：“叫你作什么？”宝玉告诉她：“没有什么，不过怕我进园去淘气，吩咐吩咐。”一面说，一面回至贾母跟前，回明原委。只见林黛玉正在那里，宝玉便问她：“你住哪一处好？”林黛玉正心里盘算这事，忽见宝玉问她，便笑道：“我心里想着潇湘馆好，爱那几竿竹子隐着一道曲栏，比别处更觉幽静。”宝玉听了拍手笑道：“正和我的主意一样，我也要叫你住这里呢。我就住怡红院，咱们两个又近，又都清幽。”

二人正计较着，就有贾政遣人来回贾母说：“二月二十二日子好，哥儿、姐儿们好搬进去。这几日内遣人进去分派收拾。”薛宝钗住了蘅芜苑，林黛玉住了潇湘馆，贾迎春住了缀锦楼，探春住了秋爽斋，惜春住了蓼风轩，李氏住了稻香村，宝玉住了怡红院。每一处添两个老嬷嬷，四个丫头，除各人奶娘亲随丫鬟不算外，另有专管收拾打扫的。至二十二日，一齐进去，登时园内花招绣带，柳拂香风，不似前番那等寂寞了。

闲言少叙。且说宝玉自进园来，心满意足，再无别项可生贪求之心。每日只和姊妹、丫头们一处，或读书，或写字，或弹琴下棋，作画吟诗，以至描鸾刺凤，斗草簪花，低吟悄唱，拆字猜枚，无所不至，倒也十分快乐。他曾有几首即事诗，作的虽不算好，却倒是真情真景，略记几首云：

春夜即事霞绡云幄任铺陈，隔巷蟆更听未真。枕上轻寒窗外雨，眼前春色梦中人。盈盈烛泪因谁泣？点点花愁为我嗔。自是小鬟娇懒惯，拥衾不耐笑言频。

夏夜即事倦绣佳人幽梦长，金笼鹦鹉唤茶汤。窗明麝月开宫镜，室霭檀云品御香。琥珀杯倾荷露滑，玻璃槛纳柳风凉。水亭处处齐纨动，帘卷朱楼罢晚妆。

秋夜即事绛芸轩里绝喧哗，桂魄流光浸茜纱。苔锁石纹容睡鹤，井飘桐露湿栖鸦。抱衾婢至舒金凤，倚槛人归落翠花。静夜不眠因酒渴，沉烟重拨索烹茶。

冬夜即事梅魂竹梦已三更，锦罽鹴衾睡未成。松影一庭惟见鹤，梨花满地不闻莺。女儿翠袖诗怀冷，公子金貂酒力轻。却喜侍儿知试茗，扫将新雪及时烹。

因这几首诗，当时有一等势利人，见是荣国府十二三岁的公子作的，抄录出来，各处称颂；再有一等轻浮子弟，爱上那风骚妖艳之句，也写在扇头壁上，不时吟哦赏赞。因此竟有人来寻诗觅字，倩画求题的。宝玉越发得了意，镇日家作这些外务。

谁想静中生烦恼。忽一日不自在起来，这也不好，那也不好，出来进去只是闷闷的。园中那些人多半是女孩子，正在混沌世界、天真烂熳之时，坐卧不避，嘻笑无心，哪里知宝玉此时的心事。那宝玉心内不自在，便懒在园内，只在外头鬼混，却又痴痴的。茗烟见他这样，因想与他开心，左思右想，皆是宝玉玩烦了的，不能开心，惟有这件，宝玉不曾看见过。想毕，便走去到书坊内，把那古今小说并那飞燕、合德、武则天、杨贵妃的外传与那传奇角本买了许多来，引宝玉看。宝玉何曾见过这些书，一看见了便如得了珍宝。茗烟又嘱咐他：“不可拿进园去，若叫人知道了，我就吃不了兜着走呢。”宝玉哪里舍得不拿进园去，踟蹰再三，单把那文理细密的拣了几套进去，放在床顶上，无人时自己密看。那粗俗过露的，都藏在外面书房里。

那一日，正当三月中浣，早饭后，宝玉携了一套《会真记》，走到沁芳闸桥那边桃花底下一块石上坐着，展开《会真记》，从头细玩。正看到“落红成阵”，只见一阵风过，把树头上桃花吹下一大半来，落得满身满书满地皆是。宝玉要抖将下来，恐怕脚步践踏了，只得兜了那花瓣，来至池边，抖在池内。那花瓣浮在水面，飘飘荡荡，竟流出沁芳闸去了。

回来只见地下还有许多，宝玉正踟蹰间，只听背后有人说道：你在这里作什么？”宝玉一回头，却是林黛玉来了，肩上担着花锄，锄上挂着花囊，手内拿着花帚。宝玉笑道：“好，好，来罢！把这个花扫起来，撂在那水里。我才撂了好些在那里呢。”黛玉道：“撂在水里不好。你看这里的水干淨，只一流出去，有人家的地方脏的臭的混倒，仍旧把花遭塌了。那畸角上我有一个花塜，如今把它扫了，装在这绢袋里，拿土埋上，日久不过随土化了，岂不干淨。”

宝玉听了，喜不自禁，笑道：“待我放下书，帮你来收拾。”黛玉道：“什么书？”宝玉见问，慌得藏之不迭，便说道：“不过是《中庸》、《大学》。”黛玉笑道：“你又在我跟前弄鬼。赶早儿给我瞧瞧，好多着呢。”宝玉道：“好妹妹，若论你，我是不怕的。你看了，好歹别告诉人去。真真这是好文章！你看了，连饭也不想吃呢。”一面说，一面递了过去。黛玉把花具且都放下，接书来瞧，从头看去，越看越爱看，不过一顿饭工夫，将十六齣俱已看完，自觉词藻警人，余香满口。虽看完了书，却只管出神，心内还默默的记诵。

宝玉笑道：“妹妹，你说好不好？”黛玉笑道：“果然有趣。”宝玉笑道：“我就是个‘多愁多病身’，你就是那‘倾国倾城貌’。”黛玉听了，不觉带腮连耳通红，登时直竖起两道似蹙非蹙的眉，瞪了两只似睁非睁的眼，微腮带怒，薄面含嗔，指宝玉道：“你这该死的胡说！好好的把这淫词艳曲弄了来，还学了这些混话来欺负我。我告诉舅舅、舅母去。”说到“欺负”两个字上，早又把眼睛圈儿红了，转身就走。宝玉着了忙，向前拦住说道：”好妹妹，千万饶我这一遭！原是我说错了。若有心欺负你，明儿我掉在池子里，教个癞头鼋吞了去，变个大王八，等你明儿做了一品夫人、病老归西的时候，我往你坟上替你驮一辈子的碑去。”说得黛玉嗤的一声笑了。一面揉着眼，一面笑道：“一般也唬得这个调儿，还只管胡说。‘呸！原来是苗而不秀，是个银样鑞枪头。’”宝玉听了，笑道：“你这个呢？我也告诉去。”黛玉笑道：“你说你会过目成诵，难道我就不能一目十行么？”

宝玉一面收书，一面笑道：“正经快把花埋了罢，别提那个了。”二人便收拾落花，正才掩埋妥协，只见袭人走来，说道：“那哪里没找到，摸在这里来。那边大老爷身上不好，姑娘们都过去请安，老太太叫打发你去呢。快回去换衣裳去罢！”宝玉听了，忙拿了书，别了黛玉，同着袭人回房换衣，不提。

这里黛玉见宝玉去了，又听见众姊妹也不在房，自己闷闷的。正欲回房，刚走到梨香院牆角边，只听牆内笛韵悠扬，歌声婉转。黛玉便知是那十二个女孩子演习戏文呢。只黛玉素习不大喜看戏文，便不留心，只管往前走。偶然两句吹到耳内，明明白白，一字不落，唱道是：“原来奼紫嫣红开遍，似这般都付与断井颓垣。”黛玉听了，倒也十分感慨缠绵，便止住步侧耳细听，又听唱道是："良辰美景奈何天，赏心乐事谁家院？"听了这两句，不觉点头自叹，心下自思道："原来戏上也有好文章。可惜世人只知看戏，未必能领略这其中的趣味。"想毕，又后悔不该胡想，耽误了听曲子。又侧耳时，只听唱道："则为你如花美眷，似水流年……"林黛玉听了这两句，不觉心动神摇。又听道："你在幽闺自怜"等句，越发如醉如痴，站立不住，便一蹲身坐在一块山子石上，细嚼"如花美眷，似水流年"八个字的滋味。忽又想起前日见古人诗中有"水流花谢两无情"之句，再又有词中有"流水落花春去也，天上人间"之句，又兼方才所见《西厢记》中"花落水流红，闲愁万种"之句，都一时想起来，凑聚在一处。仔细忖度，不觉心痛神痴，眼中落泪。正没个开交，忽觉背上击了一下，及回头看时，原来是……且听下回分解。正是：

妆晨绣夜心无矣，对月临风恨有之。

第 24 回 醉金刚轻财尚义侠 痴女儿遗帕惹相思

话说林黛玉正自情思萦逗、缠绵固结之时，忽有人从背后击了她一掌，说道："你做什么一个人在这里？"林黛玉倒唬了一跳，回头看时不是别人，却是香菱。林黛玉道："你这傻丫头，唬了我这么一跳。你这会子打哪里来？"香菱嘻嘻的笑道："我来寻我们的姑娘的，找她总找不着。你们紫鹃也找你呢，说琏二奶奶送了什么茶叶来给你的。走罢，回家去坐着。"一面说着，一面拉着黛玉的手回潇湘馆来。果然，凤姐儿送了两小瓶上用新茶来。林黛玉和香菱坐了。况她们有甚正事谈讲，不过说些这一个绣得好，那一个刺得精，又下一回棋，看两句书，香菱便走了。不在话下。

如今且说宝玉因被袭人找回房去，果见鸳鸯歪在床上看袭人的针线呢，见宝玉来了，便说道："你往哪里去了？老太太等着你呢，叫你过那边请大老爷的安去。还不快换了衣服走呢。"袭人便进房去取衣服。宝玉坐在床沿上，褪了鞋等靴子穿的工夫，回头见鸳鸯穿着水红绫子袄儿，青缎子背心，束着白绉绸汗巾儿，脸向内低着头看针线，脖子上戴着花领子。宝玉便把脸凑在她脖项上，闻那粉香油气，禁不住用手摩挲，其白腻不在袭人之下。宝玉便猴上身去，涎皮笑道："好姐姐，把你嘴上的胭脂赏我吃了罢。"一面说着，一面扭股糖似的黏在身上。鸳鸯便叫道："袭人，你出来瞧瞧。你跟他一辈子，也不劝劝，还是这么着。"袭人抱了衣服出来，向宝玉道："左劝也不改，右劝也不改，你到底是怎么样？你再这么着，这个地方可就难住了。"一边说，一边催他穿了衣服，同了鸳鸯往前面来见贾母。

见过贾母，出至外面，人马俱已齐备。刚欲上马，只见贾琏请安回来了，正下马，二人对面，彼此问了两句话。只见旁边转出一个人来，"请宝叔安"。宝玉看时，只见这人容长脸，长挑身材，年纪只好十八九岁，生得着实斯文清秀，倒也十分面善，只是想不起是哪一房的，叫什么名字。贾琏笑道："你怎么发呆，连他也不认得？他是后廊上住的五嫂子的儿子芸儿。"宝玉笑道："是了，是了，我怎么就忘了。"因问他母亲好，这会子什么勾当。贾芸指贾琏道："找二叔说句话。"宝玉笑道："你倒比先越发出挑了，倒像是我的儿子。"贾琏笑道："好不害臊！人家比你大四五岁呢，就替你作儿子了？"宝玉笑道："你今年十几岁了？"贾芸道："十八岁了。"

原来这贾芸最伶俐乖觉，听宝玉这样说，便笑道："俗语说的，'摇车里的爷爷，拄拐的孙孙'。虽然岁数大，山高高不过太阳。只从我父亲没了，这几年也无人照管教导。如若宝叔不嫌侄儿蠢笨，认作儿子，就是我的造化了。"贾琏笑道："你听见了？认了儿子不是好开交的呢。"说着就进去了。宝玉笑道："明儿你闲了，只管来找我，别和他们鬼鬼祟祟的。这会子我不得闲儿。明儿你到书房里来，和你说天话儿，我带你园里玩耍去。"说着扳鞍上马，众小厮围随往贾赦这边来。

见了贾赦，不过是偶感些风寒，先述了贾母问的话，然后自己请了安。贾赦先站起来回了贾母话，次后便唤人来："带哥儿进去太太屋里坐着。"宝玉领命退出，来至后面，进入上房。邢夫人见了他来，先倒站起来，请过贾母安，宝玉方请安。邢夫人拉他上炕坐了，方问别人好，又命人倒茶来。一钟茶未吃完，只见那贾琮来问宝玉好。邢夫人道："哪里找活猴儿去！你那奶妈子死绝了？也不收拾收拾你，弄得黑眉乌嘴的，那里像大家子念书的孩子！"

正说着，只见贾环、贾兰小叔侄两个也来了，请过安，邢夫人便叫他两个椅子上坐了。贾环见宝玉同邢夫人坐在一个坐褥上，邢夫人又百般摩挲抚弄他，早已心中不自在了，坐不多时，便和贾兰使眼色儿要走。贾兰只得依他，一同起身告辞。宝玉见他们要走，自己也就起身，要一同回去。邢夫人笑道："你且坐着，我还和你说话呢。"宝玉只得坐了。邢夫人向他两个道："你们回去，各人替我问你们各人母亲好。你们姑娘、姐姐、妹妹都在这里呢，闹得我头晕，今儿不留你们吃饭了。"贾环等答应着，便出来回家去了。

宝玉笑道："可是姐姐们都过来了，怎么不见？"邢夫人道："她们坐了一会子，都往后头不知那屋里去了。"宝玉道："大娘方才说有话说，不知是什么话？"邢夫人笑道："哪里有什么话，不过叫你等着，同你姊妹们吃了饭去。还有一个好玩的东西给你带回去玩。"娘儿两个说话，不觉早又晚饭时节。调开桌椅，罗列杯盘，母女姐妹们吃毕了饭。宝玉辞了贾赦，同姐妹们一同回家，见过贾母、王夫人等，各自回房安息。不在话下。

且说贾芸进去见了贾琏，因打听可有什么事情。贾琏向他说："前儿倒有一件事情出来，偏生你婶娘再三求了我，给了贾芹了。她许了我说，明儿园里还有几处要栽花木的地方，等这个工程出来，一定给你就是了。"贾芸听了，半晌说道："既是这样，我就等着罢。叔叔也不必先在婶子跟前提我今儿来打听的话，到跟前再说也不迟。"贾琏道："提它作什么，我哪里有这些工夫说闲话儿呢。明儿一个五更，还要到兴邑去走一趟，需得当日赶回来才好。你先去等着，后日起更以后你来讨信，早了我不得闲。"说着便回后面换衣服去了。

贾芸出了荣国府回家，一路思量，想出一个主意来，便一迳往他母舅卜世仁家来。原来卜世仁现开香料舖，方才从舖子面里来，忽见贾芸进来，彼此见过了，因问他这早晚什么事跑了来。贾芸笑道："有件事求舅舅帮衬帮衬。我现有一件要紧的事，用些冰片、麝香使用，好歹舅舅每样赊四两给我，八月里按数送了银子来。"卜世仁冷笑道："再休提赊欠一事。前儿也是我们舖子里一个伙计，替他的亲戚赊了几两银子的货，至今总未还上。因此我们大家赔上，立了合同，再不许替亲友赊欠。谁要错了这个，就要罚他二十两银子的东道，还赶出铺子去。况且如今这个货也短，你就拿现银子到我们这种不三不四的小舖子里来买，也还没有这些，只好倒扁儿去。这是一。二则你哪里有正经事，不过赊了去又是胡闹。你只说舅舅见你一遭儿就派你一遭儿不是。你小人儿家很不知好歹，也到底立个主见，赚几个钱，弄得穿是穿吃是吃的，我看着也喜欢。"

贾芸笑道："舅舅说得倒干淨。我父亲没的时候，我年纪又小，不知事。后来听见我母亲说，都还亏舅舅们在我们家出主意，料理的丧事。难道舅舅就不知道，还有一亩田、两间房呢是我不成器，花了不成？巧媳妇做不出没米的粥来，叫我怎么样呢？还亏是我呢，要是别个，死皮赖脸的三日两头儿来缠着舅舅，要三升米二升豆子的，舅舅也就没法儿呢。"

卜世仁道："我的儿，舅舅要有，还不是该的。我天天和你舅母说，只愁你没算计儿。你但凡立得起来，到你大房里，就是他们爷儿们见不着，便下个气，和他们的管家或者管事的人们嬉和嬉和，也弄个事儿管管。前日我出城去，撞见了你们三房里的老四，骑着大黑叫驴，带着四五辆车，有四五十和尚、道士，往家庙里去了。他那不亏能干，就有一这样的好事儿到他手里了！”贾芸听他唠叨的不堪，便起身告辞。卜世仁道：“怎么急得这样，吃了饭再去罢。”一句未完，只见他娘子说道：“你又糊涂了。说着没有米，这里买了半斤麵来下给你吃，这会子还装胖呢。留下外甥挨饿不成？”卜世仁说：“再买半斤来添上就是了。”他娘子便叫女儿：“银姐，往对门王奶奶家去问，有钱借二三十个，明儿就送过来。”夫妻两个说话，那贾芸早说了几个“不用费事”，去得无影无踪了。

不言卜家夫妇，且说贾芸赌气离了母舅家门，一迳回归旧路。心下正自烦恼，一边想，一边低头只管走，不想一头就碰在一个醉汉身上，把贾芸唬了一跳。听那醉汉骂道：“肏你妈的！瞎了眼睛了，碰起我来了。”贾芸忙要躲，早被那醉汉一把抓住，对面一看，不是别人，却是紧邻倪二。原来这倪二是个泼皮，专放重利债，在赌博场吃闲钱，专爱吃酒打架。如今正从欠主人家来了利钱，吃醉回来，不想被贾芸碰了一头，正没好气，抡拳就要打。只听那人叫道：“老二住手！是我冲撞了你。”倪二听见是熟人的语音，将醉眼睁开看时，见是贾芸，忙把手鬆了，趔趄着笑道：“原来是贾二爷，我该死，我该死。这会子往那里去？”贾芸道：“告诉不得你，平白的又讨了个没趣儿。”倪二道：“不妨不妨，有什么不平的事，告诉我，我替你出气。这三街六巷，凭他是谁，有人得罪了我醉金刚倪二的街坊，管叫他人离家散！”

贾芸道：“老二，你且别气，听我告诉你这缘故。”说着，便把卜世仁一段事告诉了倪二。倪二听了大怒道：“要不是令舅，我便骂不出好话来，真真气死我倪二。也罢，你也不用愁烦，我这里现有几两银子，你若用什么，只管拿去买办。但只一件，你我作了这些年的街坊，我在外头有名放帐的，你却从没有和我张过口。也不知你厌恶我是个泼皮，怕低了你的身分；也不知是你怕我难缠，利钱重。若说怕利钱重，这银子我是不要利钱的，也不用写文约；若说怕低了你的身分，我就不敢借给你了，各自走开。”一面说，一面果然从搭包里掏出一卷银子来。

贾芸心下自思：“素日倪二虽然是泼皮无赖，却因人而使，颇颇的有义侠之名。若今日不领他这情，怕他臊了，倒恐生事。不如借了他的，改日加倍还他也倒罢了。”想毕，笑道：“老二，你果然是个好汉，我何曾不想着你，和你张口。但只是我见你所相与交结的，都是些有胆量的有作为的人，像我们这等无能为的你倒不理。我若和你张口，你岂肯借给我。今日既蒙高情，我怎敢不领？回家按例写了文约过来便是了。”倪二大笑道：“好会说话的人。我却听不上这话。既说‘相与交结’四个字，如何又放帐给他，使他图赚的利钱！既把银子借与他，图他的利钱，便不是相与交结了。闲话也不必讲。既肯青目，这是十五两三钱有零的银子，你便拿去治买东西。你要写什么文契，趁早把银子还我，让我放给那些有指望的人使去。”贾芸听了，一面接了银子，一面笑道：“我便不写罢了，有何着急的。”倪二笑道：“这才是了。天色黑了，也不让茶让酒，我还到那边有点事情去，你竟请回去罢。我还求你带个信儿与舍下，叫她们早些关门睡罢，我不回家去了。倘或有要紧事，叫我们女儿明儿一早到马贩子王短腿家来找我。”一面说，一面趔趄着脚儿去了，不在话下。

且说贾芸偶然碰了这件事，心中也十分罕希，想那倪二倒果然有些意思，只是还怕他一时醉中慷慨，到明日加倍的要起来，便怎么处，心内犹豫不决。忽又想道：“不妨，等那件事成了，也可加倍还他。”想毕，一直走到个钱铺里，将那银子称了称，十五两三钱四分二厘。贾芸见倪二不撒谎，心下越发欢喜，收了银子来至家门，先到隔壁将倪二的信捎了与他娘子知道，方回家来。见他母亲自在炕上拈线，见他进来，便问哪里去了一日。贾芸恐他母亲生气，便不说起卜世仁的事来，只说在西府里等琏二叔的来着问他母亲吃了饭不曾，他母亲说：“已吃过了，给你留了饭在那里。叫小丫头子拿过来与他吃。那天，已是掌灯时候，贾芸吃了饭收拾歇息，一夜无话。

次日一早起来洗了脸，便出南门，大香铺里买了冰、麝，便往荣国府来。打听贾琏出了门，贾芸便往后面来，到贾琏院门前，只见几个小厮拿着大高笤帚在那里扫院子呢。忽见周瑞家的从门里出来叫小厮们：“先别扫，奶奶出来了。”贾芸忙上去笑问道：“二婶子往哪里去？”周瑞家的道：“老太太叫，想必是裁什么尺头。”

正说着，只见一群人簇着凤姐出来了。贾芸深知凤姐是喜奉承、尚排场的，忙把手逼着，恭恭敬敬抢上来请安。凤姐连正眼也不看，仍往前走着，只问他母亲好，“怎么不来我们这里逛逛？”贾芸道：“只是身上不大好，倒时常记挂着婶子，要来瞧瞧，又不能来。”凤姐笑道：“可是会撒谎，不是我提起她来，你就不说她想我了。”贾芸笑道：“侄儿不怕雷打了，就敢在长辈前撒谎？昨儿晚上还提起婶子来，说婶子身子生得单弱，事情又多，亏婶子好大精神，竟料理得周周全全。要是差一点的，早累得不知怎么样呢。”

凤姐听了满面是笑，不由得便止了步，问道：“怎么好好的你娘儿两个在背地里嚼起我来？”贾芸道：“有个原故，只因我有个极好的朋友，家里有几个钱，现开香铺。只因他身上捐着个通判，前儿选了云南不知哪一处，连家眷一齐去，他收了香舖也在这里不开了。便把账物攒了一攒，该给人的给人，该贱发的贱发了，像这细贵的货，都分着送了亲朋。他就一共送了我四两冰片、四两麝香。我就和我母亲商量，若要转买，不但卖不出原价来，而且谁家拿这些银子买这个作什么，便是很有钱的大家子，也不过使个几分几钱就挺折腰了；若说送人，也没个人配使这些，倒叫他一文不值半文转卖了。因此我就想起婶子来，往年间我还见婶子大包的银子买这些东西呢。别说今年贵妃进了宫，就是这个端阳节下，不用说这些香料自然是比往常加上十倍的用呢。因此想来想去，只孝顺婶娘才合式，方不算遭塌这东西。”一边说，一边将一个锦匣举起来。

凤姐正是要办端阳的节礼、採买香料药饵的时节，忽见贾芸如此一来，听这一篇话，心下又是得意又是喜欢，便命丰儿：“接过芸哥儿的来，送了家去，交给平儿。”因又说道：“看着你这样知好歹，怪道你叔叔常提你，说你说话儿也明白，心里有见识。”贾芸听这话入了港，便打进一步来，故意问道：“原来叔叔也曾提我来？”凤姐见问，才要告诉他与他管事情的话，便忙又止住，心下想道：“我如今要告诉他那话，倒叫他看着我见不得东西似的，为得了这点子香，就混许他管事了。今儿先别提这事。”想毕，便把派他监种花木工程的事都隐瞒得一字不提，随口说了两句澹话，便往贾母那里去了。贾芸也不好提的，只得回来。

因昨日见了宝玉，叫他到外书房等着，贾芸吃了饭便又进来，到贾母那边仪门外绮霰斋三间书房里来。只见茗烟、锄药两个小厮下象棋，为夺“车”正拌嘴；还有引泉、扫花、挑云、伴鹤四五个人，在房檐上掏小雀儿玩。贾芸进入院内，把脚一跺，说道：“猴头们淘气，我来了。”众小厮看见贾芸进来，都才散了。贾芸进入房内，便坐在椅子上问：“宝二爷没下来？”茗烟道：“今儿总没下来。二爷说什么，我替你哨探哨探去。”说着便出去了。

这里贾芸便看字画古玩，有一顿饭工夫还不见来，再看看别的小厮，都玩去了。正自烦闷，只听门前娇声嫩语的叫了一声“哥哥”。贾芸往外瞧时，看是一个十六七岁的丫头，生得倒也细巧干淨。那丫头见了贾芸，便抽身躲了过去。恰值茗烟走来，见那丫头在门前，便说道：“好，好，正抓不着个信儿呢。”贾芸见了茗烟，也就赶了出来，问怎么样了。茗烟道：“等了这一日，也没个人儿出来。这就是宝二爷房里的。好姑娘，你进去带个信儿，就说廊上的二爷来了。”

那丫头听说，方知是本家的爷们，便不似先前那等回避了，下死眼把贾芸钉了两眼。那贾芸说道："什么是廊上廊下的，你只说是芸儿就是了。"半晌，那丫头冷笑了一笑："依我说，二爷竟请回家去罢，有什么话明儿再来。今儿晚上得空儿我回了他。"茗烟道："这是怎么着？"那丫头道："他今儿也没睡中觉，自然吃得晚饭早。晚上他又不下来。难道只是耍的二爷在这里等着挨饿不成？不如家去，明儿来是正经。便是回来有人带信，那都是不中用的。他不过是口里答应着，他那么工夫给你带信儿去呢！倒给带呢！"贾芸听这丫头说话简便俏丽，待要问他的名字，因是宝玉房里的，又不便问，只得说道："这话倒是，我明儿再来。"说着便往外走。茗烟道："我倒茶去，二爷吃了茶再去。"贾芸一面走，一面回头说："不吃茶，我还有事呢。"口里说话，眼睛瞧那丫头还站在那里呢。

那贾芸一迳回家。至次日果然又来了，至大门前，可巧遇见凤姐往那边去请安，才上了车，见贾芸来，便命人唤住，隔窗子笑道："芸儿，你竟有胆子在我的跟前弄鬼。怪道你送东西给我，原来你有事求我。昨儿你叔叔才告诉我说你求他。"贾芸笑道："求叔叔这事，婶娘休提，我昨儿正后悔呢。早知这样，我竟一起头儿求婶娘，这会子也早完了。谁承望叔叔竟不能的。"凤姐笑道："怪道你那里没成儿，昨儿又来寻我。"贾芸道："婶娘辜负了我的孝心，我并没有这个意思。若有这个意思，昨儿还不求婶娘。如今婶娘既知道了，我倒要把叔叔丢下，少不得求婶娘了，好歹疼我一点儿！"

凤姐冷笑道："你们要拣远路儿走，叫我也难了。早告诉我一声儿，什么不成的，多大点子事，耽误到这会子。那园子里还要种树种花呢，我只想不出一个人来，你早来不早完了？"贾芸笑道："既是这样，婶娘明儿就派了我罢。"凤姐半晌说道："这个我看着不大好。等明年正月里的烟火灯烛那个大宗儿下来，再派你罢。"贾芸道："好婶娘，先把这个派了我罢。果然这个办得好，再派我那个。"凤姐笑道："你倒会拉长线儿。罢了，要不是你叔叔说，我不管你的事。我不过吃了饭就过来，你到午错的时候来领银子，后日就进去种树。"说毕，命人驾了香车，一迳去了。

贾芸喜不自禁，来至绮霰斋打听宝玉，谁知宝玉一早便往北静王府里去了。贾芸便呆呆的坐到晌午，打听凤姐回来，便写个领票来领对牌。至院外，命人通报了，彩明走了出来，单要了领票进去，批了银数年月，一併连对牌交与了贾芸。贾芸接了，看那批上银数批了二百两，心中喜不自禁，翻身走到银库上，交与收牌票的，领了银子。回家告诉他母亲，自是母子俱各欢喜。次日一个五鼓，贾芸先找了倪二，将前银按数还他。那倪二见贾芸有了银子，他便按数收回，不在话下。这里贾芸又拿了五十两，出西门找到花儿匠方椿家里去买树，亦不在话下。

如今且说宝玉，自那日见了贾芸，曾说明日着他进来说话儿。如此说了之后，他原是富贵公子的口角，哪里还把这个放在心上，因而便忘怀了。这日晚上，从北静王府里回来，见过贾母、王夫人等，回至园内，换了衣服，正要洗澡。袭人因被薛宝钗烦了去打结子；秋纹、碧痕两个去催水；檀云又因她母亲的生日接了出去；麝月又现在家中养病；虽还有几个作粗活听唤的丫头，估着叫不着她们，都出去寻伙觅伴的玩去了。不想这一刻的工夫，只剩了宝玉在房内。偏生的宝玉要吃茶，一连叫了两三声，方见两三个老嬷嬷走进来。宝玉见了她们，连忙摇手儿说："罢，罢！不用你们了。"老婆子们只得退出。

宝玉见没丫头们，只得自己下来，拿了碗向茶壶去倒茶。只听背后说道："二爷仔细烫了手！让我们倒。"一面说，一面走上来，早接了碗过去。宝玉倒唬了一跳，问："你在那里的？忽然来了，唬我一跳。"那丫头一面递茶，一面回说："我在后院子里，才从里间的后门进来，难道二爷就没听见脚步响？"宝玉一面吃茶，一面仔细打量那丫头：穿着几件半新不旧的衣裳，倒是一头黑鬒鬒的好头发，挽着个鬟，容长脸面，细巧身材，却十分俏丽干净。

宝玉看了，便笑问道："你也是我这屋里的人么？"那丫头道："是的。"宝玉道："既是这屋里的，我怎么不认得？"那丫头听说，便冷笑了一声道：认不得的也多，岂止我一个？从来我又不递茶递水，拿东拿西，眼见的事一点儿不作，爷那里认得呢！"宝玉道："你为什么不作那眼见的事？"那丫头道："这话我也难说。只是有一句话回二爷：昨儿有个什么芸儿来找二爷。我想二爷不得空儿，便叫茗烟回他，叫他今日早起来，不想二爷又往北府里去了。"

刚说到这句话，只见秋纹、碧痕嘻嘻哈哈的说笑着进入院来，两个人共提着一桶水，一手撩着衣裳，趔趔趄趄，泼泼撒撒的。那丫头便忙迎出去接。那秋纹、碧痕正对着抱怨，"你湿了我的裙子"，那个又说"你踹了我的鞋"。忽见走出一个人来接水，二人看时，不是别人，原来是小红。二人便都诧异，将水放下，忙进房来东瞧西望，并没个别人，只有宝玉，便心中大不自在。只得预备下洗澡之物，待宝玉脱了衣裳，二人便带上门出来，走到那边房内便找小红，问她："方才在屋里说什么？"小红道："我何曾在屋里？只因我的手帕子不见了，往后头找手帕子去。不想二爷要茶吃，叫姐姐们一个没有，是我进去了，才倒了茶，姐姐们便来了。"

秋纹听了，兜脸啐了一口，骂道："没脸的下流东西！正经叫你去催水去，你说有事故，倒叫我们去，你可等着做这个巧宗儿。一里一里的，这不上来了。难道我们倒跟不上你了？你也拿镜子照照，配递茶递水不配！"碧痕道："明儿我说给她们，凡要茶要水送东送西的事，咱们都别动，只叫她去便是了。"秋纹道："这么说，还不如我们散了，单让她在这屋里呢。"二人你一句我一句正闹着，只见有个老嬷嬷进来传凤姐的话说："明日有人带花儿匠来种树，叫你们严禁些，衣服裙子别混晒混晾的。那土山上一熘都拦着帏幙呢，可别混跑。"秋纹便问："明儿不知是谁带进匠人来监工？"那婆子道："说什么后廊上的芸哥儿。"秋纹、碧痕听了，都不知道，只管混问别的话。那小红听见了，心内却明白，就知是昨儿外书房所见的那个人了。

原来这小红本姓林，小名红玉，只因"玉"字犯了林黛玉、宝玉的名字，便都把这个字隐起来，便都叫她"小红"。原是荣国府中世代的旧仆，她父母现在收管各处房田事务。这红玉年方十六岁，因分人在大观园的时节，把她便分在怡红院中，倒也清幽雅静。不想后来命人进来居住，偏生这一所儿又被宝玉占了。这红玉虽然是个不谙事的丫头，却因她原有三分容貌，心内着实妄想痴心的往上攀高，每每的要在宝玉面前现弄现弄。只是宝玉身边一干人，都是伶牙利爪的，哪里插得下手去。不想今儿才有些消息，又遭秋纹等一场恶意，心内早灰了一半。正闷闷的，忽然听见老嬷嬷说起贾芸来，不觉心中一动，便闷闷的回至房中，睡在床上暗暗盘算，翻来掉去，正没个抓寻。忽听窗外低低的叫道："红玉，你的手帕子我拾在这里呢。"红玉听了，忙走出来看，不是别人，正是贾芸。红玉不觉的粉面含羞，问道："二爷在那里拾着的？"贾芸笑道："你过来，我告诉你。"一面说，一面就上来拉她。那红玉急回身一跑，却被门槛绊倒。要知端详，下回分解。

第 25 回 魇魔法叔嫂逢五鬼 通灵玉蒙蔽遇双真

话说红玉心神恍惚，情思缠绵，忽朦胧睡去，遇见贾芸要拉她，却回身一跑，被门槛子绊了一跤，唬醒过来，方知是梦。因此翻来覆去，一夜无眠。至次日天明，方才起来，就有几个丫头来会她去打扫房子地面，提洗脸水。这红玉也不梳洗，向镜中胡乱挽了一挽头髮，洗了洗手，腰内束了一条汗巾子，便来扫地。谁知宝玉昨儿见了红玉，也就留了心。若要直点名唤她来使用，一则怕袭人等寒心；二则又不知红玉是何等行为，若好还罢了，若不好起来，那时倒不好退送的。因此心下闷闷的，早起来也不梳洗，只坐着出神。一时下了窗子，隔着纱屉子，向外看得真切，只见好几个丫头在那里扫地，都擦胭抹粉，簪花插柳的，独不见昨儿那一个。宝玉便靸了鞋，晃出了房门，只装着看花儿，这里瞧瞧，那里望望。一抬头，只见西南角上游廊底下栏杆外，似有一个人在那里倚着，却恨面前有一株海棠花遮着，看不真切。只得又转了一步，仔细一看，可不是昨儿那个丫头在那里出神？待要迎上去，又不好去的。正想着，忽见碧痕来催他洗脸，只得进去了。不在话下。

却说红玉正自出神，忽见袭人招手叫她，只得走来。袭人道："你到林姑娘那里去，把他们的借来使使，我们这里的还没有收拾了来呢。"红玉答应了，便往潇湘馆去。正走上翠烟桥，抬头一望，只见山坡上高处都是拦着帏幙，方想起今儿有匠人在里头种树。因转身一望，只见那边远远的一簇人在那里掘土，贾芸正坐在那山子石上。红玉待要过去，又不敢过去，只得闷闷的向潇湘馆取了喷壶回来，无精打彩自向房内倒着去。众人只说她一时身上不爽快，都不理论。

展眼过了一日，原来次日就是王子腾夫人的寿诞。那里原打发人来请贾母、王夫人的，王夫人见贾母不去，自己也便不去了。倒是薛姨妈同凤姐儿并贾家几个姊妹、宝钗、宝玉一齐都去了，至晚方回。

且说王夫人见贾环下了学，便命他来抄个>唪诵唪诵。那贾环正在王夫人炕上坐了，命人点上灯，拿腔作势的抄写。一时又叫彩云倒杯茶来，一时又叫玉钏儿来剪剪蜡花，一时又叫金钏儿挡了灯影。众丫鬟们素日厌恶他，都不答理。只有彩霞还和他合得来，倒了一锺茶来递与他。见王夫人和人说话，便便悄悄的向贾环说道："你安些分罢，何苦讨这个厌呢！"贾环道："我也知道了，你别哄我。如今你和宝玉好，把我不答理，我也看出来了。"彩霞咬着嘴唇，向贾环头上戳了一指头，说道："没良心的！才是狗咬吕洞宾，不识好人心！"

两人正说着，只见凤姐来了，拜见过王夫人。王夫人便一长一短的问她，今儿是那位堂客在那里，戏文如何，酒席好歹等语。说了不多几句话，宝玉也来了，进门见了王夫人，不过规规矩矩说了几句话，便命人除去抹额，脱了袍服，拉了靴子，便一头滚在王夫人怀里。王夫人便用手满身满脸摩挲抚弄他，宝玉也搬着王夫人的脖子说长道短的。王夫人道："我的儿，你又吃多了酒，脸上滚热。你还只是揉搓，一会闹上酒来。还不在那里静静的倒一会子呢。"说着，便叫人拿个枕头来。宝玉听了便下来，在王夫人身后倒下，又叫彩霞来替他拍着。宝玉便和彩霞说笑，只见彩霞澹澹的，不大答理，两眼睛只向贾环处看。宝玉便拉他的手笑道："好姐姐，你也理我理儿呢。"，彩霞夺了手道："再闹，我就嚷了。"

二人正闹着，原来贾环听得见，素日原恨宝玉，如今又见他和彩霞闹，心中越发按不下这口毒气。虽不敢明言，却每每暗中算计，只是不得下手，今儿相离甚近，便要用蜡灯里的滚油烫瞎他一大。因而故意装作失手，把那一盏油汪汪的蜡灯向宝玉脸上只一推。只听宝玉"嗳哟"了一声，满屋人都唬了一跳。连忙将地下的戳灯挪过来，又将里外间屋的灯拿了三四盏看时，只见宝玉满脸满头都是蜡油。王夫人又急又气，一面命人来替宝玉擦洗，一面又骂贾环。凤姐三步两步跑上炕去，给替宝玉收拾着，一面笑道："老三还是这么慌脚鸡似的，我说你上不得高台盘。赵姨娘时常也该教导教导他。"才是一句话提醒了王夫人，王夫人便不骂贾环，便叫过赵姨娘来骂道："养出这样不知道理下流黑心种子来，也不管管！几番几次我都不理论，你们得了意了，这不越发上来了！"

那赵姨娘素日虽然也常怀嫉妒之心，不忿凤姐、宝玉两个，也不敢露出来；如今贾环又生了事，受这场恶气，不但吞声承受，而且还要替宝玉来收拾。只见宝玉左边脸上烫了一熘燎泡，幸而眼睛竟没动。王夫人看了，又是心疼，又怕明日贾母问怎么回答，急得又把赵姨娘数落一顿。然后又安慰了宝玉一回，又命取败毒消肿药来敷上。宝玉道："有些疼，还不妨事。明儿老太太问，就说是我自己烫的罢了。"凤姐笑道："便说自己烫的，也要骂人为什么不小心看着，叫你烫了。横竖有一场气生的，到明儿凭你怎么说去罢。"王夫人命人好生送了宝玉回房去后，袭人等见了都慌得了不得。

林黛玉见宝玉出了一天门，就觉闷闷的，没个可说话的人。至晚，正打发人来问了两三遍回来没有，这遍方才说回来，偏生又烫了脸。林黛玉便赶着来瞧，只见宝玉正拿镜子照呢，左边脸上满满的敷着一脸药。黛玉只当烫得十分利害，忙上来问："怎么烫了？"，要瞧瞧。宝玉见她来了，忙把脸遮着，摇手不肯叫她看。－－知道她的癖性喜洁，见不得这些东西。林黛玉自己也知道有这件癖性，知道宝玉的心内怕她嫌脏，因笑道："我瞧瞧烫了哪里了，有什么遮着藏着的！"一面说，一面就凑上来，强搬着脖子瞧了一瞧，问他疼得怎么样。宝玉道："也不很疼，养一两日就好了。"黛玉坐了一回，闷闷的回房去了。一宿无话。次日，宝玉见了贾母，虽然自己承认是自己烫的，不与别人相干，免不得贾母又把跟从的人骂一顿。

过了一日，就有宝玉寄名的干娘马道婆进荣国府来请安。见了宝玉，唬一大跳，问起原由，说是烫的，便点头叹息一回，又向宝玉脸上用指头画了几画，又口内嘟嘟囔囔的又持诵了一回，就说道："管保你好了，这不过是一时飞灾。"又向贾母道："祖宗老菩萨哪里知道，那经典佛法上说得利害，大凡那王公卿相人家的子弟，只一生长下来，暗中就有许多促狭鬼跟着他，得空便拧他一下，掐他一下，或吃饭时打下他的饭碗来，或走着推他一跤，所以往往的那大家子孙多有长不大的。"贾母听如此说，便赶着问道："这有什么佛法解释没有呢？"马道婆道："这个容易，只是替他多作些因果善事也就罢了。再那经上还说，西方有位大光明普照菩萨，专管照耀阴暗邪祟，若有那善男子、善女子虔心供奉者，可以永佑儿孙康宁安静，再无惊恐邪祟撞客之灾。"贾母道："倒不知怎么供奉这位菩萨呢？"马道婆道："也不值什么，不过除香烛供养之外，一天多添几斤香油，点在大海灯里。这海灯就是菩萨现身法像，昼夜是不敢熄的。"贾母道："一天一夜也得多少油？明白告诉我，我也好做这件功德的。"马道婆听如此说，便笑道："这也不拘，随施主们心愿舍罢了。像我们庙里，就有好几处的王妃诰命供奉：南安郡王太妃，她许的多，愿心大，一天是四十八斤油，一斤灯草，那海灯也只比缸略小些；锦田侯的诰命次一等，一天不过二十四斤油；再还有几家也有五斤的，三斤的，一斤的，都不拘数。那小家子舍不起这些，就是四两半斤，也少不得替他点。"贾母听了，点头思忖。马道婆又道："还有一件，若是为父母尊亲长上点，多舍些不妨；像老祖宗如今为宝玉，若舍多了倒不好，还怕哥儿禁不起，倒折了福。也不当家。要舍，大则七斤，小则五斤，也就是了。"贾母说："既这样说，你就一日五斤合准了，每月打趸来关了去。"马道婆念了一声"阿弥陀佛，慈悲大菩萨"。贾母又命人来吩咐道："以后大凡宝玉出门的日子，拿几串钱交给他小子们带着，遇见僧道穷苦之人好施舍。"

说毕，那马道婆又閒话了一回，便又往各院各房问安，闲逛了一回。一时来至赵姨娘房内，二人见过，赵姨娘命小丫头倒了茶来与她吃。马道婆因见炕上堆着些零碎绸缎湾角，赵姨娘正粘鞋呢。马道婆道："可是我正没有鞋面子。赵奶奶，你有零碎缎子，不拘什么颜色，弄一双给我。"赵姨娘听说，叹口气道："你瞧瞧那里头，还有哪一块是成样的？成了样的东西，也不到我手里来！有的没的都在这里，你不嫌，就挑两块子去。"那马道婆见说，果真便挑了两块袖起来。

赵姨娘问道："前日我送了五百钱去药王跟前上供，你可收了没有？"马道婆道："早已替你上了供了。"赵姨娘叹口气道："阿弥陀佛！我手里但凡从容些，也时常的上个供，只是心有余力量不足。"马道婆道："你只管放心，将来熬的环哥儿大了，得个一官半职，那时你要做多大的功德不能？"赵姨娘听了，鼻子里笑了一声，道："罢，罢，再别说起。如今就是个样儿，我们娘儿们跟得上哪一个！也不是有了宝玉，竟是得了活龙。他还是小孩子家，长得得人意儿，大人偏疼他些也还罢了；我只不服这个主儿。”一面说，一面伸出两个指头儿来。马道婆会意，便问道：“可是琏二奶奶？”赵姨娘唬得忙摇手儿，走到门前，掀帘子向外看看无人，方进来向马道婆悄悄的说道：“了不得，了不得！提起这个主儿，这一分家私要不教她搬送了娘家去，我就不是个人！”

马道婆道：“我还用你说，难道都看不出来。也亏你们心里也不理论，只凭她去。倒也妙。”赵姨娘道：“我的娘，不凭她去，难道谁还敢把她怎么样？”马道婆听说，鼻子里一笑，半晌说道：“不是我说句造孽的话，你们没有本事也难怪。明不敢怎么样，暗里也就算计了，还等到这时候！”赵姨娘闻听这话里有道理，心里暗暗的欢喜，便问道：“怎么暗里算计？我倒有这心，只是没这样的能干人。你若教给我这法子，我大大的谢你。”马道婆听说这话打拢了一处，她便又故意说道：“阿弥陀佛！你快休来问我，我哪里知道这些事。罪过罪过！”赵姨娘道：“又来了，你是最肯济困扶危的人，难道就眼睁睁的看人家来摆布死了我们娘儿两个不成？还是怕我不谢你？”马道婆听说如此，便笑道：“若说我不忍叫你娘儿们受人委曲还犹可，若说‘谢’的这个字，可是你错打了法码了。就便是我希图你的谢，靠你有些什么东西能打动我？”赵姨娘听这话口气松了些，便说道：“你这么个明白人，怎么也糊涂起来了。你若果然法子灵验，把他两个绝了，明日这家私不怕不是我环儿的。那时你要什么不得？”马道婆听说，低了头，半晌说道：“那时候事情妥当了，又无凭据，你还理我呢！”赵姨娘道：“这又何难！如今我虽手里没什么，也零碎攒了几两梯己，还有几件衣服、簪子，你先拿了去。下剩的，我写个欠银子文契给你，你要什么保人也有，到那时我照数给你。”马道婆道：“果然这样？”赵姨娘道：“这如何还撒得谎！”说着，便叫过一个心腹婆子来，耳根底下嘁嘁喳喳说了几句话。那婆子出去了，一时回来，果然写了个五百两的欠契来。赵姨娘便印了手模，走到橱柜里将梯己拿了出来，与马道婆看看，道：“这个你先拿了去做香烛供奉使费，可好不好？”马道婆看看白花花的一堆银子，又有欠契，并不顾青红皂白，满口里应着，伸手先去接了银子掖起来，然后收了欠契。又向裤腰里掏了半晌，掏出十个纸铰的青脸白髪的鬼来，并两个纸人，递与赵姨娘。又悄悄道：“把他两个的年庚八字写在这两个纸人身上，一併五个鬼都掖在他们各人的床上就完了。我只在家里作法，自有效验。千万小心，不要害怕！”正才说着，只见王夫人的丫鬟进来找道：“奶奶可在这里，太太等你呢。”二人方散了，不在话下。

却说黛玉因见宝玉近日烫了脸，总不出门，倒时常在一处说说话儿。这日饭，后看了二三篇书，自觉无趣，便同紫鹃、雪雁做了一回针线，更觉烦闷。便倚着房门出了一回神，信步出来，看阶下新迸出的稚笋，不觉出了院门。一望园中，四顾无人，惟见花光柳影，鸟语溪声。林黛玉信步便往怡红院中来，只见几个丫头舀水，都在迴廊上围着看画眉洗澡呢。听见房内有笑声，林黛玉便入房中看时，原来是李宫裁、凤姐、宝钗都在这里呢，一见她进来，都笑道：“这不又来了一个！”林黛玉笑道：“今儿齐全，倒像谁下帖子请来的。”凤姐道：“前儿我打发人送了两瓶茶叶去，你往哪去了？”林黛玉笑道：“可是呢，我倒忘了，多谢多谢！”凤姐儿又道：“你尝了可还好不好？”没有说完，宝玉便道：“论理可倒罢了，只是我说不大甚好，也不知别人尝着怎么样，味倒轻，只是颜色不很好。”凤姐道：“那是暹罗进贡来的。我尝着也没什么趣儿，还不如我每日吃的呢。”黛玉道：“我吃着好。”宝玉道：“你果然吃着好，把我这个也拿了去罢。”凤姐道：“你真爱吃，我那里还有呢。”林黛玉道：“果真的？我就打发丫头取去了。”凤姐道：“不用取去，我叫人送来就是了。我明儿还有一件事求你，一同打发人送来。”

林黛玉听了笑道：“你们听听，这是吃了他们家一点子茶叶，就来使唤我来了。”凤姐笑道：“我倒求你，你倒说这些闲话。你既吃了我们家的茶，怎么还不给我们家作媳妇？”众人听了，都一齐笑起来。黛玉便红了脸，一声儿也不言语，回头过去了。李宫裁笑向宝钗道：“真真我们二婶子的诙谐是好的。”林黛玉含羞笑道：“什么诙谐，不过是贫嘴贱舌讨人厌恶罢了！”说着便啐了一口。凤姐笑道：“你别作梦！给我们家做了媳妇，你想想- -”便指宝玉道：“你瞧，人物儿门第配不上，还根基配不上？模样儿配不上，是家私配不上？哪一点还玷辱了谁呢？”

林黛玉抬身就走。宝钗便叫道：“颦儿急了，还不回来坐着！走了倒没意思。”说着便站起来，拉住。只见赵姨娘和周姨娘两个人进来瞧宝玉。李宫裁、宝钗、宝玉等都让她两个坐。独凤姐只和黛玉说笑，正眼也不看她们。宝钗方欲说话时，只见王夫人房内的丫头来说：“舅太太来了，请奶奶、姑娘们出去呢。”李宫裁听了，忙叫着凤姐等要走。赵、周两个也忙辞了宝玉出去。宝玉道：“我也不能出去，你们好歹别叫舅母进来。”又道：“林妹妹，你先站一站，我和你说一句话。”凤姐听了，回头向黛玉笑道：“有人叫你说话呢。”说着便把林黛玉往里一推，和李纨一同去了。

这里宝玉拉着黛玉的袖子，只是嘻嘻的笑，心里有话，只是口里说不出来。此时，林黛玉只是禁不住把脸红涨起来了，挣着要走。宝玉忽然“嗳哟”了一声，说：“好头疼！”林黛玉道：“该，阿弥陀佛！”只见宝玉大叫一声：“我要死！”将身一纵，离地跳有三四尺高，嘴里乱嚷乱叫，说起胡话来了。林黛玉并丫头们都唬慌了，忙去报知贾母、王夫人等。此时，王子腾的夫人也在这里，都一齐来时，宝玉越发拿刀弄杖，寻死觅活的。贾母、王夫人见了，唬得抖衣乱颤，且“儿”一声“肉”一声放声恸哭起来。于是惊动众人，连贾赦、邢夫人、贾珍、贾政、贾琏、贾蓉、贾芸、贾萍、薛姨妈、薛蟠并中一干家人、上上下下里里外外众媳妇丫头等，都来园内看视，登时乱麻一般。正都没个主见，只见凤姐手持一把明晃晃钢刀砍进园来，见鸡杀鸡，见狗杀狗，见人就要杀人。众人越发慌了。周瑞媳妇忙带着几个有力量的胆壮的婆娘上去抱住，夺下刀来，抬回房去。平儿、丰儿等哭得泪天泪地。贾政等心中也有些烦难，顾了这里，丢不下那里。

别人慌张自不必讲，独有薛蟠更比诸人忙到十分去：又恐薛姨妈被人挤倒，又恐薛宝钗被人瞧见，又恐香菱被人臊皮，一一知道贾珍等是在女人身上做功夫的，因此忙得不堪。忽一眼瞥见了林黛玉风流婉转，已酥倒在那里。

当下众人七言八语，有的说请端公送祟的，有的说请巫婆跳神的，有的又荐玉皇阁的张真人，种种喧腾不一。也曾百般医治祈祷，问卜求神，总无效验。堪堪日落。王子腾的夫人告辞去后，次日王子腾也来瞧问。接着小史侯家、邢夫人兄弟辈并各亲戚眷属都来瞧看，也有送符水的，也有荐僧道的，也都不见效。他叔嫂二人愈发糊涂，不省人事，睡在床上，浑身火炭一般，口内无般不说。到夜间，那些婆娘、媳妇、丫头们都不敢上前。因此把他二人都抬到王夫人的上房内，夜间派了贾芸等带着小厮们挨次轮班看守。贾母、王夫人、邢夫人、薛姨妈等寸地不离，只围着干哭。

此时贾赦、贾政又恐哭坏了贾母，日夜熬油费火，闹得人口不安，也都没有主意。贾赦还各处去寻僧觅道。贾政见都不灵效，着实懊恼，因阻贾赦道：“儿女之数，皆由天命，非人力可强者。他二人之病出于不意，百般医治不效，想天意该当如此，也只好由他们去罢。”贾赦也不理此话，仍是百般忙乱，那里见些效验。看看三日光阴，那凤姐和宝玉躺在床上，越发连气都将没了。合家人口无不惊慌，都说没了指望，忙着将他二人的后世衣履都治备下了。贾母、王夫人、贾琏、平儿、袭人这几个人更比诸人哭得忘餐废寝，觅死寻活。赵姨娘、贾环等自是称愿。

到了第四日早晨，贾母等正围着他两个哭时，只见宝玉睁开眼说道：“从今以后，我可不在你家了！快些收拾打发我走罢。”贾母听了这话，如同摘去心肝一般。赵姨娘在旁劝道：“老太太也不必过于悲痛了，哥儿已是不中用了，不如把哥儿的衣服穿好，让他早些回去罢，也免些苦；只管舍不得他，这口气不断，他在那世里也受罪不安生。”这些话没说完，被贾母照脸啐了一口唾沫，骂道：“烂了舌头的混帐老婆，谁叫你来多嘴多舌的！你怎么知道他在那世里受罪不安生？怎么见得不中用了？你愿他死了，有什么好处？你别做梦！他死了，我只和你们要命。素日都是你们调唆着逼他写字念书，把胆子唬破了，见了他老子不像个避猫鼠儿？都不是你们这起淫妇调唆的！这会子逼死了，你们遂了心了，我饶哪一个！”一面骂，一面哭。贾政在旁听见这些话，心里越发难过，便喝退赵姨娘，自己上来委婉解劝。一时又有人来回说：“两口棺椁都做齐了，请老爷出去看。”贾母听了，如火上浇油一般，便骂道：“是谁做了棺材？”一叠连声只叫把做棺材的拉来打死。

正闹得天翻地覆，没个开交，只闻得隐隐的木鱼声响，念了一句：“南无解冤孽菩萨。”又听说道：“有那人口不安，家宅颠倾，或逢凶险，或中邪祟者，我们善能医治。”贾母、王夫人等听见这些话，哪里还耐得住，便命人去快请进来。贾政虽不自在，奈贾母之言如何违拗；又想如此深宅，何得听的如此真切，心中亦是希罕，便命人请了进来。众人举目看时，原来是一个癞头和尚与一个跛足道人。只见那和尚是怎生模样：

鼻如悬胆两眉长，目似明星蓄宝光，破衲芒鞋无住迹，腌臢更有满头疮。

看那道人又是怎生模样：

一足高来一足低，浑身带水又拖泥。相逢若问家何处，却在蓬莱弱水西。

贾政问道：“你道友二人在哪庙焚修？”那僧笑道：“长官不须多言。因闻得尊府人口不利，故特来医治。”贾政道：“倒有两个人中邪，不知二位有何符水？”那道人笑道：“你家现放着希世奇珍，如何倒还问我们要符水？”贾政听这话有意思，心中便动了，因说道：“小儿落草时虽带了一块宝玉下来，上面说能除邪祟，谁知竟不灵验。”那僧笑道：“长官，你哪里知道那物的妙用。只因它如今被声色货利所迷，故此不灵验了。你今且取它出来，待我们持颂持颂，只怕就好了。”

贾政听说，便向宝玉项上取下那玉来递与他二人。那和尚接了过来，擎在掌上，长叹一声道：“青埂峰一别，展眼已过十三载矣！人世光阴，如此迅速，尘缘满日，若似弹指！可羡你当时的那段好处：

天不拘兮地不羁，心头无喜亦无悲；却因锻炼通灵后，便向人间觅是非。

可叹你今日这番经历：

粉渍脂痕污宝光，绮栊昼夜困鸳鸯。沉酣一梦终须醒，冤孽偿清好散场！”

念毕，又摩弄一回，说了些疯话，递与贾政道：“此物已灵，不可亵渎，悬于卧室上槛。将他二人安在一屋之内，除亲身妻母外，不可使阴人冲犯。三十三日之后，包管身安病退，复旧如初。”说着回头便走了。贾政赶着还说，让他二人坐了吃茶，要送谢礼，他二人早已出去了。贾母等还只管着人去赶，哪里有个踪影。少不得依言将他二人就安在王夫人卧室之内，将玉悬在门上。王夫人亲身守着，不许别个人进来。

至晚间，他二人竟渐渐的醒来，说腹中飢饿。贾母、王夫人如得了珍宝一般，旋熬了米汤来与他二人吃了，精神渐长，邪祟稍退，一家子才把心放下来。李宫裁并贾府三艳、薛宝钗、林黛玉、平儿、袭人等在外间听信息。闻得吃了米汤，省了人事，别人未开口，林黛玉先就念了一声“阿弥陀佛”。薛宝钗便回头看了她半日“嗤”的一声笑。众人都不会意，惜春问道：“宝姐姐，好好的笑什么？”宝钗笑道：“我笑如来佛比人还忙：又要讲经说法，又要普渡众生，这如今宝玉、凤姐姐病了，又烧香还愿，赐福消灾；今儿才好些，又要管林姑娘的姻缘了。你说忙得可笑不可笑？”黛玉不觉红了脸，啐了一口道：“你们这起人不是好人，不知怎么死！再不跟着好人学，只跟着那些贫嘴烂舌的学。”一面说，一面摔帘子出去了。不知端详，且听下回分解。

第 26 回 蜂腰桥设言传密意 潇湘馆春困发幽情

话说宝玉养过了三十三天之后，不但身体强壮，亦且连脸上疮痕平服，仍回大观园内去。这也不在话下。

且说近日宝玉病的时节，贾芸带着家下小厮坐更看守，昼夜在这里，那红玉同众丫鬟也在这里守着宝玉，彼此相见多日，都渐渐混熟了。那红玉见贾芸手里拿的手帕子，倒像是自己从前掉的，待要问他，又不好问的。不料那和尚、道士来过，用不着一切男人，贾芸仍种树去了。这件事待要放下，心内又放不下；待要问去，又怕人猜疑，正是犹豫不决、神魂不定之际，忽听窗外问道：“姐姐在屋里没有？”红玉闻听，在窗眼内望外一看，原来是本院的小丫头名叫佳蕙的，因答说：“在家里，你进来罢。”佳蕙听了跑进来，就坐在床上，笑道：“我好造化！才刚在院子里洗东西，宝玉叫往林姑娘那里送茶叶，花大姐姐交给我送去。可巧老太太那里给林姑娘送钱来，正分给她们的丫头们呢。见我去了，林姑娘就抓了两把给我，也不知多少。你替我收着。”便把手帕子打开，把钱倒了出来，红玉替她一五一十的数了收起。

佳蕙道：“你这一程子心里到底觉怎么样？依我说，你竟家去住两日，请一个大夫来瞧瞧，吃两剂药就好了。”红玉道：“哪里的话，好好的家去作什么！”佳蕙道：“我想起来了，林姑娘生得弱，时常她吃药，你就和她要些来吃，也是一样。”红玉道：“胡说！药也是混吃的？”佳蕙道：“你这也不是个长法儿，又懒吃懒喝的，终久怎么样？”红玉道：“怕什么，还不如早些儿死了倒干淨！”佳蕙道：“好好的，怎么说这些话？”红玉道：“你哪里知道我心里的事！”

佳蕙点头想了一会，道：“可也怨不得这个地方难站。就像昨儿老太太因宝玉病了这些日子，说跟着服侍的这些人都辛苦了，如今身上好了，各处还完了愿，叫把跟着的人都按着等儿赏他们。我算年纪小，上不去，不得我也不怨，像你怎么也不算在里头，我心里就不服。袭人哪怕她得十个分儿，也不恼她，原该的。说良心话，谁还敢比他呢？别说他素日殷勤小心，便是不殷勤小心，也拚不得。可气晴雯、绮霰她们这几个，都算在上等里去，仗着老子娘的脸面，众人倒捧着她去。你说可气不可气？”红玉道：“也不犯着气她们。俗语说的‘千里搭长棚，没有个不散的筵席’，谁守谁一辈子呢？不过三年五载，各人干各人的去了。那时谁还管谁呢？”这两句话不觉感动了佳蕙的心肠，由不得眼睛红了，又不好意思好端端详哭，只得勉强笑道：“你这话说的却是。昨儿宝玉还说，明儿怎么样收拾房子，怎么样做衣裳，倒像有几百年的熬煎。”

红玉听了，冷笑了两声，方要说话，只见一个未留头的小丫头子走进来，手里拿着些花样子并两张纸，说道：“这是两个样子，叫你描出来呢。”说着向红玉掷下，回身就跑了。红玉向外问道：“倒是是谁的？也等不得说完就跑，谁蒸下馒头等着你，怕冷了不成！”那小丫头在窗外只说得一声：“是绮大姐姐的。”抬起脚来咕咚咕咚又跑了。红玉便赌气把那样子掷在一边，向抽屉内找笔，找了半天，都是秃了的，因说道：“前儿一枝新笔，放在哪里了？怎么一时想不起来。”一面说着，一面出神，想了一会，方笑道：“是了，前儿晚上莺儿拿了去了。”便向佳惠道：“你替我取了来。”佳惠道：“花大姐姐还等着我替她抬箱子呢，你自己取去罢。”红玉道：“她等着你，你还坐着闲打牙儿？我不叫你取去，她也不等着你了。坏透了的小蹄子！”说着，自己便出房来，出了怡红院，一迳往宝钗院内来。

刚至沁芳亭畔，只见宝玉的奶娘李嬷嬷从那边走来。红玉立住笑问道：“李奶奶，你老人家哪去了？怎打这里来？”李嬷嬷站住，将手一拍道：“你说说，好好的又看上了那个种树的什么云哥儿雨哥儿的，这会子逼着我叫了他来。明儿叫上房里听见，可又是不好。”红玉笑道：“你老人家当真的就依了他去叫了？”李嬷嬷道：“可怎么样呢？”红玉笑道：“那一个要是知道好歹，就回不进来才是。”李嬷嬷道：“他又不痴，为什么不进来？”红玉道：“既是来了，你老人家该同他一齐来，回来叫他一个人乱碰，可是不好呢。”李嬷嬷道：“我有那样工夫和他走？不过告诉了他，回来打发个小丫头子或是老婆子，带进他来就完了。”说着，拄着拐杖一迳去了。红玉听说，便站着出神，且不去取笔。

一时，只见一个小丫头子跑来，见红玉站在那里，便问道：“林姐姐，你在这里作什么呢？”红玉抬头见是小丫头子坠儿。红玉道：“哪去？”坠儿道：“叫我带进芸二爷来。”说着一迳跑了。这里红玉刚走至蜂腰桥门前，只见那边坠儿引着贾芸来了。那贾芸一面走，一面拿眼把红玉一熘；那红玉只装作和坠儿说话，也把眼去一熘贾芸。四目恰相对时，红玉不觉脸红了，一扭身往蘅芜苑去了。不在话下。

这里贾芸随着坠儿，逶迤来至怡红院中。坠儿先进去回明了，然后方领贾芸进来。贾芸看时，只见院内略略有几点山石，种着芭蕉，那边有两隻仙鹤在松树下剔翎。一熘迴廊上吊着各色笼子、各色仙禽异鸟。上面小小五间抱厦，一色凋镂新鲜花样隔扇，上面悬着一个匾额，四个大字题道是“怡红快绿”。贾芸想道：“怪道叫‘怡红院’，原来匾上是恁样四个字。”正想着，只听里面隔着纱窗子笑说道：“快进来罢。我怎么就忘了你两三个月！”贾芸听得是宝玉的声音，连忙进入房内，抬头一看，只见金碧辉煌，文章闪灼，却看不见宝玉在哪里。一回头，只见左边立着一架大穿衣镜，从镜后转出两个一般大的十五六岁的丫头来说：“请二爷里头屋里坐。”贾芸连正眼也不敢看，连忙答应了。又进一道碧纱橱，只见小小一张填漆床上，悬着大红销金撒花帐子。宝玉穿着家常衣服，靸着鞋，倚在床上，拿着本书看。见他进来，将书掷下，早堆着笑立起身来。贾芸忙上前请了安，宝玉让坐，便在下面一张椅子上坐了。宝玉笑道：“只从那日见了你，我叫你往书房里来，谁知接接连连许多事情，就把你忘了。”贾芸笑道：“总是我没福，偏偏又遇着叔叔身上欠安。叔叔如今可大安了？”宝玉道：“大好了。我倒听见说你辛苦了好几天。”贾芸道：“辛苦也是该当的。叔叔大安了，也是我们一家子的造化。”

说着，只见有个丫鬟端了茶来与他。那贾芸口里和宝玉说着话，眼睛却熘瞅那丫鬟：细挑身材，容长脸面，穿着银红袄儿，青缎背心，白绫细折裙。——不是别个，却是袭人。那贾芸自从宝玉病了几天，他在里头混了两天，却把那有名人口认记了一半。他也知道袭人在宝玉房中比别个不同，今见她端了茶来，宝玉又在旁边坐着，便忙站起来笑道：“姐姐怎么替我倒起茶来？我来到叔叔这里，又不是客，让我自己倒罢了。”宝玉道：“你只管坐着罢。丫头们跟前也是这样。”贾芸笑道：“虽如此说，叔叔房里姐姐们，我怎么敢放肆呢？”一面说，一面坐下吃茶。

那宝玉便和他说些没要紧的散话。又说道谁家的戏子好，谁家的花园好；又告诉他谁家的丫头标緻，谁家的酒席丰盛，又是谁家有奇货，又是谁家有异物。那贾芸口里只得顺着他说，说了一会，见宝玉有些懒懒的了，便起身告辞。宝玉也不甚留，只说：“你明儿闲了，只管来。”仍命小丫头子坠儿送他出去。

出了怡红院，贾芸见四顾无人，便把脚慢慢停着些走，口里一长一短和坠儿说话，先问她“几岁了？名字叫什么？你父母在哪一行上？在宝叔房内几年了？一个月多少钱？共总宝叔房内有几个女孩子？”那坠儿见问，便一桩桩的都告诉他了。贾芸又道：“刚才那个与你说话的，她可是叫小红？”坠儿笑道：“她倒叫小红。你问她作什么？”贾芸道：“方才她问你什么手帕子，我倒拣了一块。”坠儿听了笑道：“她问了我好几遍，可有看见她的帕子。我有那么大工夫管这些事！今儿她又问我，她说我替他找着了，她还谢我呢。才在蘅芜苑门口说的，二爷也听见了，不是我撒谎。好二爷，你既拣着了，给我罢。我看她拿什么谢我。”

原来上月贾芸进来种树之时，便拣了一块罗帕，便知是所在园内的人失落的，但不知是哪一个人的，故不敢造次。今儿听见红玉问坠儿，便知是红玉的，心内不胜喜幸。又见坠儿追索，心中早日得了主意，便向袖内将自己的一块取了出来，向坠儿笑道：“我给是给你，你若得了她的谢礼，可不许瞒着我。”坠儿满口里答应了，接了手帕子，送出贾芸，回来找红玉，不在话下。

如今且说宝玉打发了贾芸去后，意思懒懒的歪在床上，似有朦胧之态。袭人便走上来，坐在床沿上推他说道：“怎么又要睡觉？闷得很，你出去逛逛不是？”宝玉见说，便拉她的手笑道：“我要去，只是舍不得你。”袭人笑道：“快起来罢！”一面说，一面拉了宝玉起来。宝玉道：“可往哪里去呢？怪腻腻烦烦的。”袭人道：“你出去了就好了。只管这么葳蕤，越发心里烦腻。”

宝玉无精打彩的，只得依她晃出了房门，在迴廊上调弄了一回雀儿，出至院外，顺着沁芳溪看了一回金鱼。只见那边山坡上两隻小鹿箭也似的跑来，宝玉不解何意。正自纳闷，只见贾兰在后面拿着一张小弓儿追了下来，一见宝玉在前面，便站住了，笑道：“二叔叔在家里呢，我只当出门去了。”宝玉道：“你又淘气了。好好的射它作什么？”贾兰笑道：“这会子不念书，闲着作什么？所以演习演习骑射。”宝玉道：“把牙栽了，那时才不演呢。”

说着，顺着脚一迳来至一个院门前，只见凤尾森森，龙吟细细，举目望门上一看，只见匾上写着“潇湘馆”三字。宝玉信步走入，只见湘帘垂地，悄无人声。走至窗前，觉得一缕幽香从碧纱窗中暗暗透出，宝玉便将脸贴在纱窗上，往里看昏时，耳内忽听得细细的长叹了一声道：“‘每日家情思睡昏昏。’”宝玉听了不觉心内痒将起来，再看时，只见黛玉在床上伸懒腰。宝玉在窗外笑道：“为甚么‘每日家情思睡昏昏’？”一面说，一面掀帘子进来了。

林黛玉自觉忘情，不觉红了脸，拿袖子遮了脸，翻身向里装睡着了。宝玉才走上来要搬他的身子，只见黛玉的奶娘并两个婆子却跟了进来说：“妹妹睡觉呢，等醒了再请来。”刚说着，黛玉便翻身向外，坐起来，笑道：“谁睡觉呢？”那两三个婆子见黛玉起来，便笑道：“我们只当姑娘睡着了。”说着，便叫紫鹃说：“姑娘醒了，进来伺候。”一面说，一面都去了。

黛玉坐在床上，一面抬手整理鬓髮，一面笑向宝玉道：“人家睡觉，你进来作什么？”宝玉见她星眼微饧，香腮带赤，不觉神魂早荡，一歪身坐在椅子上，笑道：“你才说什么？”黛玉道：“我没说什么。”宝玉笑道：“给你个榧子吃！我都听见了。”

二人正说话，只见紫鹃进来。宝玉笑道：“紫鹃，把你们的好茶倒碗我吃。”紫鹃道：“哪里是好的呢？要好的，只是等袭人来。”黛玉道：“别理他，你先给我舀水去罢。”紫鹃笑道：“他是客，自然先倒了茶来再舀水去。”说着倒茶去了。宝玉笑道：“好丫头，‘若共你多情小姐同鸳帐，怎舍得叠被铺床？’”林黛玉登时撂下脸来，说道：“二哥哥，你说什么？”宝玉笑道：“我何尝说什么。”黛玉便哭道：“如今新兴的，外头听了村话来，也说给我听；看了混帐书，也来拿我取笑儿。我成了爷们解闷的。”一面哭着，一面下床来，往外就走。宝玉不知要怎样，心下慌了，忙赶上来，笑道：“好妹妹，我一时该死，你别告诉去！我再要敢，嘴上就长个疔，烂了舌头。”

正说着，只见袭人走来说道：“快回去穿衣服，老爷叫你呢。”宝玉听了，不觉打了个焦雷一般，也顾不得别的，急忙回来穿衣服。出园来，只见茗烟在二门前等着，宝玉便问道：“是作什么？”茗烟道：“爷快出来罢，横竖是见去的，到那里就知道了。”一面说，一面催着宝玉。

转过大厅，宝玉心里还自狐疑，只听墙角边一阵呵呵大笑，回头只时，见是薛蟠拍着手笑了出来，笑道：“要不说姨夫叫你，你哪里出来得这么快。”茗烟也笑着跪下了。宝玉怔了半天，方解过来，是薛蟠哄他出来。薛蟠连忙打恭作揖陪不是，又求“不要难为了小子，都是我逼他去的。”宝玉也无法了，只好笑，因问说道：“你哄我也罢了，怎么说我父亲呢？我告诉姨娘去，评评这个理，可使得么？”薛蟠忙道：“好兄弟，我原为求你快些出来，就忘了忌讳这句话。改日你也哄我，说我的父亲就完了。”宝玉道：“嗳，嗳，越发该死了！”又向烟茗道：“反叛肏的，还跪着作什么！”茗烟连忙叩头起来。薛蟠道：“要不是我也不敢惊动，只因明儿五月初三日是我的生日，谁知古董行的程日兴，他不知哪里寻了来的这么粗、这么长粉脆的鲜藕，这么大的大西瓜，这么长一尾新鲜的鲟鱼，这么大的一个暹罗国进贡的灵柏香熏的暹猪。你说，他这四样礼可难得不难得？那鱼、猪不过贵而难得，这藕和瓜亏他怎么种出来的。我连忙孝敬了母亲，赶着给你们老太太、姨父、姨母送了些去。如今留了些，我要自己吃，恐怕折福，左思右想，除我之外，惟有你还配吃，所以特请你来。可巧唱曲儿的一个小子又才来了，我同你乐一天何如？”

一面说，一面来至他书房里。只见詹光、程日兴、胡斯来、单聘仁等并唱曲儿的都在这里，见他进来，请安的，问好的，都彼此见过了。吃了茶，薛蟠即命人摆酒来。说犹未了，众小厮七手八脚摆了半天，才停当归坐。宝玉果见瓜、藕新异，因笑道：“我的寿礼还未送来，倒先扰了。”薛蟠道：“可是呢，明儿你送我什么？”宝玉道：“我可有什么可送的？若论银钱吃穿等类的东西，究竟还不是我的，惟有或写一张字，画一张画，才算是我的。”

薛蟠笑道：“你提画儿，我才想起来了。昨儿我看人家一张春宫，画得着实好。上面还有许多的字，我也没细看，只看落的款，是‘庚黄’画的。真真好得了不得！”宝玉听说，心下猜疑道：“古今字画也都见过些，哪里有个‘庚黄’？”想了半天，不觉笑将起来，命人取过笔来，在手心里写了两个字，又问薛蟠道：“你看真了是‘庚黄’？”薛蟠道：“怎么看不真！”宝玉将手一撒，与他看道：“别是这两字罢？其实与‘庚黄’相去不远。”众人都看时，原来是“唐寅”两个字，都笑道：“想必是这两字，大爷一时眼花了也未可知”。薛蟠只觉没意思，笑道：“谁知他‘糖银’‘果银’的！”

正说着，小厮来回“冯大爷来了”。宝玉便知是神武将军冯唐之子冯紫英来了。薛蟠等一齐都叫“快请”。说犹未了，只见冯紫英一路说笑，已进来。众人忙起席让坐。冯紫英笑道：“好呀！也不出门了，在家里高乐罢。”宝玉、薛蟠都笑道：“一向少会，老世伯身上康健？”紫英答道：“家父倒也托庇康健。近来家母偶着了些风寒，不好了两天。”薛蟠见他面上有些青伤，便笑道：“这脸上又和谁挥拳的？挂了幌子了。”冯紫英笑道：“从那一遭把仇都尉的儿子打伤了，我就记了再不怄气，如何又挥拳？这个脸上，是前日打围，在铁网山教兔鹘捎一翅膀。”宝玉道：“几时的话？”紫英道：“三月二十八日去的，前儿也就回来了。”宝玉道：“怪道前儿初三四儿，我在沉世兄家赴席不见你呢。我要问，不知怎么就忘了。单你去了，还是老世伯也去了？”紫英道：“可不是家父去，我没法儿，去罢了。难道我闲疯了，咱们几个人吃酒听唱的不乐，寻那个苦恼去？这一次，大不幸之中又大幸。”

薛蟠众人见他吃完了茶，都说道：“且入席，有话慢慢的说。”冯紫英听说，便立起身来说道：“论理，我该陪饮几杯才是，只是今儿有一件大大要紧的事，回去还要见家父面回，实不敢领。”薛蟠、宝玉众人哪里肯依，死拉着不放。冯紫英笑道：“这又奇了。你我这些年，哪一回有这个道理的？果然不能遵命。若必定叫我领，拿大杯来，我领两杯就是了。”众人听说，只得罢了。薛蟠执壶，宝玉把盏，斟了两大海。那冯紫英站着，一气而尽。宝玉道：“你到底把这个‘不幸之幸’说完了再走。”冯紫英笑道：“今儿说得也不尽兴。我为这个，还要特治一东，请你们去细谈一谈；二则还有所恳之处。”说着执手就走，薛蟠道：“越发说得人热剌剌的丢不下。多早晚才请我们，告诉了，也免的人犹疑。”冯紫英道：“多则十日，少则八天。”一面说，一面出门上马去了。众人回来，依席又饮了一回方散。

宝玉回至园中，袭人正记挂着他去见贾政，不知是祸是福，只见宝玉醉醺醺的回来，问其原故，宝玉一一向她说了。袭人道：“人家牵肠挂肚的等着，你且高乐去，也到底打发人来给个信儿。”宝玉道：“我何尝不要送信儿，只因冯世兄来了，就混忘了。”

正说着，只见宝钗走进来笑道：“偏了我们新鲜东西了。”宝玉笑道：“姐姐家的东西，自然先偏了我们了。”宝钗摇头笑道：“昨儿哥哥倒特特的请我吃，我不吃空，叫他留着请人送人罢。我知道我的命小福薄，不配吃那个。”说着，丫鬟倒了茶来，吃茶说闲话儿，不在话下。

却说那林黛玉听见贾政叫了宝玉去了，一日不回来，心中也替他忧虑。至晚饭后，闻听宝玉来了，心里要找他问问是怎么样了。一步步行来，见宝钗进宝玉的院内去了，自己也便随后走了来。刚到了沁芳桥，只见各色水禽都在池中浴水，也认不出名色来。但见一个个文彩炫耀，好看异常，因而站住看了一会。再往怡红院来，只见院门关着，黛玉便以手扣门。

谁知晴雯和碧痕正拌了嘴，没好气，忽见宝钗来了，那晴雯正把气移在宝钗身上，正在院内抱怨说：“有事没事跑了来坐着，叫我们三更半夜的不得睡觉！”忽听又有人叫门，晴雯越发动了气，也并不问是谁，便说道：“都睡下了，明儿再来罢！”林黛玉素知丫头们的情性，她们彼此玩耍惯了，恐怕院内的丫头没听真是她的声音，只当是别的丫头们了，所以不开门。因而又高声说道：“是我，还不开么？”晴雯偏生还没听出来，便使性子说道：“凭你是谁，二爷吩咐的，一概不许放人进来呢！”林黛玉听了，不觉气怔在门外，待要高声问她，逗起气来，自己又回思一番：“虽说是舅母家如同自己家一样，到底是客边。如今父母双亡，无依无靠，现在他家依栖。如今认真淘气，也觉没趣。”一面想，一面又滚下泪珠来。正是回去不是，站着不是。正没主意。只听里面一阵笑语之声，细听一听，竟是宝玉、宝钗二人。林黛玉心中越发动了气，左思右想，忽然想起早起的事来：“必定是宝玉恼我要告他的原故。但只我何尝告你了！你也不打听打听，就恼我到这步田地。你今儿不叫我进来，难道明儿就不见面了！”越想越伤感，也不顾苍苔露冷，花径风寒，独立墙角边花阴之下，悲悲戚戚呜咽起来。

原来这林黛玉秉绝代姿容，具希世俊美，不期这一哭，那附近柳枝花朵上的宿鸟栖鸦一闻此声，俱忒愣愣飞起远避，不忍再听。真是：

花魂默默无情绪，鸟梦痴痴何处惊！

因有一首诗道：

颦儿才貌世应希，独抱幽芳出绣闺；呜咽一声犹未了，落花满地鸟惊飞。

那林黛玉正自啼哭，忽听“吱喽”一声，院门开处，不知是哪一个出来。且看下回。

第 27 回 滴翠亭杨妃戏彩蝶 埋香冢飞燕泣残红

话说林黛玉正自悲泣，忽听院门响处，只见宝钗出来了，宝玉、袭人一群人送了出来。待要上去问着宝玉，又恐当着众人问，羞了他倒不便，因而闪过一旁，让宝钗去了，宝玉等进去关了门，方转过来，犹望着门洒了几点泪。自觉无味，便转身回来，无精打彩的卸了残妆。

紫鹃、雪雁素日知道她的情性：无事闷坐，不是愁眉，便是长叹，且好端端详不知为了什么，便常常的自泪自干的。先时还解劝，怕她思父母，想家乡，受了委屈，用话来宽慰解劝。谁知后来一年一月的竟常常的如此，把这个样儿看惯，也都不理论了。所以也没人理，由她去闷坐，只管睡觉去了。那林黛玉倚着床栏杆，两手抱着膝，眼睛含着泪，好似木凋泥塑的一般，直坐到三更多天，方才睡了。一宿无话。

至次日，乃是四月二十六日，原来这日未时交芒种节。尚古风俗：凡交芒种节的这日，都要设摆各色礼物，祭饯花神，言芒种一过，便是夏日了，众花皆卸，花神退位，须要饯行。然闺中更兴这件风俗，所以大观园中之人都早起来了。那些女孩子们或用花瓣、柳枝编成轿马的，或用绫锦、纱罗叠成干旄旌幢的，都用彩线繫了。每一颗树每一枝花上，都繫了这些物事。满园里绣带飘飖，花枝招展，更兼这些人打扮得桃羞杏让，燕妒莺惭，一时也道不尽。

且说宝钗、迎春、探春、惜春、李纨、凤姐等并大姐、香菱与众丫鬟们在园内玩耍，独不见林黛玉。迎春因说道："林妹妹怎么不见？好个懒丫头！这会子还睡觉不成？"宝钗道："你们等着，我去闹了她来。"说着便丢下众人，一直往潇湘馆来。正走着，只见文官等十二个女孩子也来了，见宝钗问了好，说了一回闲话。宝钗回身指道："她们都在那里呢，你们找去罢。我叫林姑娘去就来。"说着便往潇湘馆来。忽然抬头见宝玉进去了，宝钗便站住，低头想了一想：宝玉和林黛玉是从小一处长大，他二人间多有不避嫌疑之处，嘲笑喜怒无常；况且黛玉素习猜忌，好弄小性儿。此刻自己也跟了进去，一则宝玉不便，二则黛玉嫌疑。倒是回来的妙。想毕，抽身回来刚要寻别的姊妹去。

忽见面前一双玉色蝴蝶，大如团扇，一上一下的迎风翩跹，十分有趣。宝钗意欲扑了来玩耍，遂向袖中取出扇子来，向草地下来扑。只见那一双蝴蝶忽起忽落，来来往往，穿花度柳，将欲过河。倒引得宝钗蹑手蹑脚的，一直跟到池中的滴翠亭，香汗淋漓，娇喘细细，也无心扑了。刚欲回来，只听亭子里边嘁嘁喳喳有人说话。原来这亭子四面俱是游廊曲桥，盖造在池中，周围都是凋镂隔子糊着纸。

宝钗在亭外听见说话，便煞住脚，往里细听，只听说道："你瞧瞧这手帕子，果然是你丢的那块，你就拿着；要不是，就还芸二爷去。"又有一人道："可不是我那块！拿来给我罢。"又听说道："你拿了什么谢我呢？难道白寻了来不成？"又答道："我既许了谢你，自然不哄你。"又听说道："我寻了来给你，自然谢我；但只是拣的人，你就不拿什么谢他？"又回道："你别胡说！他是个爷们家，拣了我们的东西，自然该还的。叫我拿什么谢他呢？"又听说道："你不谢他，我怎么回他呢？况且他再三再四的和我说了，若没谢的，不许我给你呢。"半晌，又听答道："也罢，拿我这个给他，就算谢他的罢。——你要告诉别人呢？须说个誓来。"又听说道："我要告诉一个人，就长一个疔，日后不得好死！"又听说道："嗳呀！咱们只顾说话，看有人来悄悄在外头听见。不如把这隔子都推开了，便是有人见咱们在这里，他们只当我们说玩话呢。若走到跟前，咱们也看得见，就别说了。"

宝钗在外面听见这话，心中吃惊，想道："怪道从古至今那些奸淫狗盗的人，心机都不错。这一开了，见我在这里，她们岂不臊了。况才说话的语音儿，大似宝玉房里的红儿。她素昔眼空心大，最是个头等刁鑽古怪的东西。今儿我听了她的短儿，一时人急造反，狗急跳墙，不但生事，而且我还没趣。如今便赶着躲了，料也躲不及，少不得要使个'金蝉脱壳'的法子。"犹未想完，只听"咯吱"一声，宝钗便故意放重了脚步，笑着叫道："颦儿，我看你往哪里藏！"一面说，一面故意往前赶。那亭内的红玉、坠儿刚一推窗，只听宝钗如此说着往前赶，两个人都唬怔了。宝钗反向她二人笑道："你们把林姑娘藏在哪里了？"坠儿道："何曾见林姑娘了？"宝钗道："我才在河那边看着她在这里蹲着弄水儿的。我要悄悄的唬她一跳，还没有走到跟前，她倒看见我了，朝东一绕就不见了。别是藏在这里头了。"一面说，一面故意进去寻了一寻，抽身就走，口内说道："一定又是鑽在那山子洞里去。遇见蛇，咬一口也罢了。"一面说一面走，心中又好笑：这件事算遮过去了，不知她二人是怎么样。

谁知红玉听了宝钗的话，便信以为真，让宝钗去远，便拉坠儿道："了不得了！林姑娘蹲在这里，一定听了话去了！"坠儿听说，也半日不言语。红玉又道："这可怎么样呢？"坠儿道："便是听了，管谁筋疼，各人干各人的就完了。"红玉道："若是宝姑娘听见还倒罢了。林姑娘嘴里又爱刻薄人，心里又细，她一听见了，倘或走露了风，怎么样呢？"二人正说着，只见文官、香菱、司棋、待书等上亭子来了。二人只得掩住这话，且和她们玩笑。

只见凤姐儿站在山坡上招手叫红玉，红玉连忙弃了众人，跑至凤姐跟前，堆着笑问："奶奶使唤作什么？"凤姐打量了一打量，见她生得干淨俏丽，说话知趣，因说道："我的丫头今儿没跟进来。我这会子想起一件事来，要使唤个人出去，可不知你能干不能干，说得齐全不齐全？"红玉道："奶奶有什么话，只管吩咐我说去。若说不齐全，误了奶奶的事，凭奶奶责罚罢了。"凤姐笑道："你是哪房里的？我使你出去，他回来找你，我好替你答应。"红玉道："我是宝二爷房里的。"凤姐听了笑道："嗳哟！你原来是宝玉房里的，怪道呢。也罢了，等他问，我替你说。你到我家，告诉你平姐姐：外头屋里桌子上汝窑盘子架儿底下放着一卷银子，那是一百二十两，给绣匠的工价，等张材家的来要，当面称给他瞧了，再给他拿去。再里头屋里床上间有一个小荷包拿了来给我。"

红玉听说，撤身去了。回来只见凤姐不在这山坡子了。因见司棋从山洞里出来，站着繫裙子，便赶上来问道："姐姐不知道二奶奶往哪里去了？"司棋道："没理论。"红玉听了，又往四下里看，只见那边探春、宝钗在池边看鱼。红玉便走来陪笑问道："姑娘们可看见二奶奶没有？"探春道："往大奶奶院里找去。"红玉听了，才往稻香村来，顶头只见晴雯、绮霰、碧痕、紫绡、麝月、待书、入画、莺儿等一群人来了。晴雯一见了红玉，便说道："你只是疯罢！花儿也不浇，雀儿也不喂，茶炉子也不龙（原字为左火右龙），就在外头逛。"红玉道："昨儿二爷说了，今儿不用浇花，过一日再浇罢。我喂雀儿的时侯，姐姐还睡觉呢。"碧痕道："茶炉子呢？"红玉道："今儿不该我龙（原字为左火右龙）的班儿，有茶没茶别问我。"绮霰道："你听听她的嘴！你们别说了，让她逛去罢。"红玉道："你们再问问我，逛了没有。二奶奶才使唤我说话取东西去的。"说着将荷包举给她们看，方没言语了，大家分路走开。晴雯冷笑道："怪道呢！原来爬上高枝儿去了，把我们不放在眼里。不知说了一句话半句话，名儿姓儿知道了不曾呢，就把她兴得这样！这一遭儿半遭儿的算不得什么，过了后儿还得听呵！有本事的从今儿出了这园子，长长远远的在高枝儿上才算得。"一面说着去了。

这里红玉听说，也不便分证，只得忍着气来找凤姐，到了李氏房中，果见凤姐在那里和李氏说话儿呢。红玉便上来回道："平姐姐说，奶奶刚出来了，他就把银子收起来了，才张材家的来讨，当面称了给她拿去了。"说着将荷包递了上去，又道："平姐姐叫回奶奶说：旺儿进来讨奶奶的示下，好往那家子去的。平姐姐就把那话按着奶奶的主意打发他去了。"凤姐笑道："她怎么按我的主意打发去了？"红玉道："平姐姐说：我们奶奶问这里奶奶好。原是我们二爷不在家，虽然迟了两天，只管请奶奶放心。等五奶奶好些，我们奶奶还会了五奶奶来瞧奶奶呢。五奶奶前儿打发了人来说，舅奶奶带了信来了，问奶奶好，还要和这里的姑奶奶寻两丸延年神验万全丹。若有了，奶奶打发人来，只管送在我们奶奶这里。明儿有人去，就顺路给那边舅奶奶带去的。"

话未说完，李氏道："嗳哟哟！这话我就不懂了。什么'奶奶''爷爷'的一大堆。"凤姐笑道："怨不得你不懂，这是四五门子的话呢。"说着又向红玉笑道："好孩子，倒难为你说得齐全。别像她们扭扭捏捏的，蚊子似的。嫂子你不知道，如今除了我随手使的几个人之外，我就怕和她们说话。她们必定把一句话拉长了作两三截儿，咬文咬字，拿着腔儿，哼哼唧唧，急得我冒火。先时我们平儿也是这么着，我就问着她：难道必定装蚊子哼哼就是美人了？说了几遭，才好些儿了。"李宫裁笑道："都像你泼皮破落户才好。"凤姐又道："这个丫头就好。方才说话虽不多，听那口声就简断。"说着又向红玉笑道："你明儿服侍我去罢。我认你作女儿，我再调理调理，你就出息了。"

红玉听了，扑哧一笑。凤姐道："你怎么笑？你说我年轻，比你能大几岁，就作你的妈了？你别做春梦呢！你打听打听，这些人都比你大的大的，赶着我叫妈，我还不理呢！"红玉笑道："我不是笑这个，我笑奶奶认错了辈数了。我妈是奶奶的女儿，这会子又认我作女儿。"凤姐道："谁是你妈？"李宫裁笑道："你原来不认得她？她是林之孝之女。"凤姐听了，十分诧异，因笑问道："哦！原来是他的丫头！"又笑道："林之孝两口子都是锥子扎不出一声儿来的。我成日家说，他们倒是配就了的一对，夫妻一双天聋地哑。哪里承望养出这么个伶俐丫头来！你十几岁了？"红玉道："十七了。"又问名字，红玉道："原叫红玉的，因为重了宝二爷，如今叫红儿了。"

凤姐听了，将眉一皱，把头一回，说道："讨人嫌得很！得了玉的便宜似的，你也玉，我也玉。"因说道："既这么着，上月我还和她妈说，'赖大家的如今事多，也不知这府里谁是谁，你替我好好的挑两个丫头我使'，她一般的答应着。她饶不挑，倒把她这女孩子送了别处去。难道跟我必定不好？"李氏笑道："你可是又多心了。她进来在先，你说话在后，怎么怨得她妈！"凤姐道："既这么着，明儿我和宝玉说，叫他再要人，叫这丫头跟我去。可不知本人愿意不愿意？"红玉笑道："愿意不愿意，我们不敢说。只是跟着奶奶，我们也学些眉眼高低、出入上下，大小的事也得见识见识。"刚说着，只见王夫人的丫头来请，凤姐便辞了李宫裁去了。红玉回怡红院去，不在话下。

如今且说林黛玉因夜间失寐，次日起迟了，闻得众姊妹都在园中作饯花会，恐人笑痴懒，连忙梳洗了出来。刚到了院中，只见宝玉进门来了，笑道："好妹妹，昨儿可告我不曾？教我悬了一夜心。"林黛玉便回头叫紫鹃道："把屋子收拾了，下一扇纱屉；看那大燕子回来，把帘子放下来，拿狮子倚住；烧了香，就把炉罩上。"一面说一面仍往外走。宝玉见她这样，还认作是昨日中晌的事，哪知晚间的这段公案，还打恭作揖的。林黛玉正眼也不看，各自出了院门，一直找别的姊妹去了。宝玉心中纳闷，自己猜疑：看起这个光景来，不像是为昨日的事；但只昨日我回来得晚了，又没有见她，再没有冲撞了她的去处了。一面想，一面走，又由不得随后面追了来。

只见宝钗、探春正在那边看鹤舞，见黛玉来了，三个一同站着说话儿。又见宝玉来了，探春便笑道："宝哥哥，身上好？整整三天没见了。"宝玉笑道："妹妹身上好？我前儿还在大嫂子跟前问你呢。"探春道："宝哥哥，往这里来，我和你说话。"宝玉听说，便跟了她，来到一棵石榴树下。探春因说道："这几天老爷可叫你没有？"宝玉道："没有叫。"探春说："昨儿我恍惚听见说老爷叫你出去的。"宝玉笑道："那想是别人听错了，并没叫的。"探春又笑道："这几个月，我又攒下有十来吊钱了。你还拿去，明儿出门逛去的时侯，或是好字画书籍、卷册，好轻巧玩意儿，给我带些来。"宝玉道："我这么城里城外、大廊小庙的逛，也没见个新奇精緻东西，左不过是金玉铜磁、没处撂的古董，再就是绸缎、吃食、衣服了。"探春道："谁要那些！像你上回买的那柳条儿编的小篮子，整竹子根抠的香盒子，胶泥垛的风炉儿，这就好。我喜欢得什么似的，谁知她们都爱上了，都当宝贝似的抢了去了。"宝玉笑道："原来要这个。这不值什么，拿五百钱出去给小子们，管拉两车来。"探春道："小厮们知道什么！你拣那朴而不俗、直而不拙者，这些东西，你多多的替我带了来。我还像上回的鞋做一双你穿，比那一双还加工夫，如何呢？"

宝玉笑道："你提起鞋来，我想起个故事来了：那一回我穿着，可巧遇见了老爷，老爷就不受用，问是谁做的。我哪里敢提'二妹妹'三个字，我就回说是前儿我生日，是舅母给的。老爷听了是舅母给的，才不好说什么，半日还说：'何苦来！虚耗人力，作践绫罗，作这样的东西。'我回来告诉了袭人，袭人说，这还罢了，赵姨娘气得抱怨得了不得：'正经兄弟，鞋搭拉袜搭拉的没人看见，且作这些东西！'"探春听说，登时沉下脸来道："你说这话糊涂到什么田地！怎么我是该做鞋的人么？环儿难道没有分例的，没有人的？衣裳是衣裳，鞋袜是鞋袜，丫头、老婆一屋子，怎么抱怨这些话！给谁听呢？我不过是闲着没有事，做一双半双的，爱给哪个哥哥兄弟，随我的心。谁敢管我不成！这也她气的？"宝玉听了，点头笑道："你不知道，她心里自然又有个想头了。"探春听说，益发动了气，将头一扭，说道："连你也糊涂了！她那想头自然是有的，不过是那阴微鄙贱的见识。她只管这么想，我只管认得老爷、太太两个人，别人我一概不管。就是姊妹兄弟跟前，谁和我好，我就和谁好，什么偏的庶的，我也不知道。论理我不该说她，但她忒昏愦得不像了！还有笑话儿呢：

就是上回我给你那钱，替我带那玩的东西。过了两天，她见了我，也是说没钱使，怎么难，我也不理论。谁知后来丫头们出去了，她就抱怨起我来，说我攒了钱为什么给你使，倒不给环儿使呢。我听见这话，又好笑又好气，我就出来往太太屋里去了。"正说着，只见宝钗那边笑道："说完了，来罢。显见得是哥哥妹妹了，丢下别人，且说梯己去。我们听一句儿就使不得了！"说着，探春、宝玉二人方笑着来了。

宝玉因不见了林黛玉，便知她躲了别处去了，想了一想，索性迟两日，等她的气消一消再去也罢了。因低头看见许多凤仙、石榴等各色落花，锦重重的落了一地，因叹道："这是她心里生了气，也不收拾这花儿来了。待我送了去，明儿再问着她。"说着，只见宝钗约着她们往外头去。宝玉道："我就来。"说毕，等她二人去远了，便把那花兜了起来，登山渡水，过柳穿花，一直奔了那日同林黛玉葬桃花的去处。，犹未转过山坡，只听山坡那边有呜咽之声，一行数落着，哭得好不伤感。宝玉心中想道："这不知是那房里的丫头，受了委曲，跑到这个地方来哭。"一面想，一面煞住脚步，听她哭道是：

花谢花飞飞满天，红消香断有谁怜？游丝软繫飘春榭，落絮轻沾扑绣帘。闺中女儿惜春暮，愁绪满怀无释处，手把花锄出绣闺，忍踏落花来复去。柳丝榆荚自芳菲，不管桃飘与李飞。桃李明年能再发，明年闺中知有谁？三月香巢已垒成，梁间燕子太无情。明年花发虽可啄，却不道人去樑空巢也倾！一年三百六十日，风刀霜剑严相逼。明媚鲜妍能几时，一朝飘泊难寻觅。

花开易见落难寻，阶前闷杀葬花人。独倚花锄泪暗洒，洒上空枝见血痕。杜鹃无语正黄昏，荷锄归去掩重门。青灯照壁人初睡，冷雨敲窗被未温。怪奴底事倍伤神，半为怜春半恼春：怜春忽至恼忽去，至又无言去不闻。昨宵庭外悲歌发，知是花魂与鸟魂？花魂鸟魂总难留，鸟自无言花自羞。愿奴胁下生双翼，随花飞到天尽头。天尽头，何处有香丘？未若锦囊收艳骨，一抔淨土掩风流。质本洁来还洁去，强于污淖陷渠沟。尔今死去侬收葬，未卜侬身何日丧？侬今葬花人笑痴，他年葬侬知是谁？试看春残花渐落，便是红颜老死时。一朝春尽红颜老，花落人亡两不知。

宝玉听了，不觉痴倒。要知端详，且看下回。

第 28 回 蒋玉菡情赠茜香罗 薛宝钗羞笼红麝串

话说林黛玉只因昨夜晴雯不开门一事，错疑在宝玉身上。至次日，又可巧遇见饯花之期，正是一腔无明正未发泄，又勾起伤春愁思，因把些残花落瓣去掩埋，由不得感花伤己，哭了几声，便随口念了几句。不想宝玉在山坡上听见是黛玉之声，先不过点头感叹；次后听到"侬今葬花人笑痴，他年葬侬知是谁"，"一朝春尽红颜老，花落人亡两不知"等句，不觉恸倒山坡之上，怀里兜的落花撒了一地。试想林黛玉的花颜月貌，将来亦到无可寻觅之时，宁不心碎肠断！既黛玉终归无可寻觅之时，推之于他人，如宝钗、香菱、袭人等，亦可到无可寻觅之时矣。宝钗等终归无可寻觅之时，则自己又安在哉？且自身尚不知何在何往，则斯处、斯园、斯花、斯柳，又不知当属谁姓矣！因此，一而二，二而三，反复推求了去，真不知此时此际欲为何等蠢物，杳无所知，逃大造，出尘网，使可解释这段悲伤。正是：

花影不离身左右，鸟声只在耳东西。

那黛玉正自悲伤，忽听山坡上也有悲声，心下想道："人人都笑我有些痴病，难道还有一个痴子不成？"想着，抬头一看，见是宝玉。林黛玉看见，便道："啐！我当是谁，原来是这个狠心短命的……"刚说到"短命"二字，又把口掩住，长叹了一声，自己抽身便走了。

这里宝玉悲恸了一回，见黛玉去了，便知黛玉看见他躲开了，自己也觉无味，抖抖土起来，下山寻归旧路，往怡红院来。可巧看见林黛玉在前头走，连忙赶上去说道："你且站住。我知你不理我，我只说一句话，从今后撂开手。"林黛玉回头，见是宝玉，待要不理他，他说："只说一句话，从此撂开手"，这话里有文章，少不得站住说道："有一句话，请说来。"宝玉笑道："两句话，说了你听不听？"

黛玉听说，回头就走。宝玉在身后面叹道："既有今日，何必当初！"林黛玉听见这话，由不得站住，回头道："当初怎么样？今日怎么样？"宝玉叹道："当初姑娘来了，那不是我陪着玩笑？凭我心爱的，姑娘要，就拿去；我爱吃的，听见姑娘也爱吃，连忙干干淨淨收着等姑娘吃。一桌子吃饭，一床上睡觉。丫头们想不到的，我怕姑娘生气，我替丫头们想到了。我心里想着：姊妹们从小儿长大，亲也罢，热也罢，和气到了儿，才见得比人好。如今谁承望姑娘人大心大，不把我放在眼里，倒把外四路的什么宝姐姐、凤姐姐的放在心坎儿上，倒把我三日不理四日不见的。我又没个亲兄弟、亲姊妹。- -虽然有两个，你难道不知道是和我隔母的？我也和你是独出，只怕同我的心一样。谁知我是白操了这个心，弄得我有冤无处诉！"说着，不觉滴下眼泪来。

黛玉耳内听了这话，眼内见了这形景，心内不觉灰了大半，也不觉滴下泪来，低头不语。宝玉见她这般形景，遂又说道："我也知道我如今不好了，但只凭着怎么不好，万不敢在妹妹跟前有错处。便有一二分错处，你倒是或教导我，戒我下次，或骂我两句，打我两下，我都不灰心。谁知你总不理我，叫我摸不着头脑，少魂失魄，不知怎么样才是。就便死了，也是个屈死鬼，任凭高僧高道忏悔，也不能超生，还得你申明了缘故，我才得托生呢！"

黛玉听了这话，不觉将昨晚的事都忘在九霄云外了，便说道："你既这么说，昨儿为什么我去了，你不叫丫头开门？"宝玉诧异道："这话从哪里说起？我要是这么样，立刻就死了！"林黛玉啐道："大清早起死呀活的，也不忌讳！你说有呢就有，没有就没有，起什么誓呢。"宝玉道："实在没有见你去。就是宝姐姐坐了一坐，就出来了。"林黛玉想了一想，笑道："想必是你的丫头们懒怠动，丧声歪气的也是有的。"宝玉道："想必是这个原故。等我回去问了是谁，教训教训他她们就好了。"黛玉道："你的那些姑娘们也该教训教训，只是论理我不该说。今儿得罪了我的事小，倘或明儿宝姑娘来，什么贝姑娘来，也得罪了，事情岂不大了！"说着抿着嘴笑。宝玉听了，又是咬牙，又是笑。二人正说话，只见丫头来请吃饭，遂都往前头来了。

王夫人见了林黛玉，因问道："大姑娘，你吃那鲍太医的药可好些？"林黛玉道："也不过这么着，老太太还叫我吃王大夫的药呢。"宝玉道："太太不知道，林妹妹是内症，先天生得弱，所以禁不住一点风寒，不过吃两剂煎药疏散了风寒，还是吃丸药的好。"王夫人道："前儿大夫说了个丸药的名字，我也忘了。"宝玉道："我知道那些丸药，不过叫她吃什么人参养荣丸。"王夫人道："不是。"宝玉又道："八珍益母丸？左归？右归？再不，就是麦味地黄丸。"王夫人道："都不是。我只记得有个'金刚'两个字的。"宝玉扎手笑道："从来没听见有个什么'金刚丸'。若有了'金刚丸'，自然有'菩萨散'了！"说得满屋里人都笑了。宝钗笑道："想是天王补心丹。"王夫人笑道："是这个名儿。如今我也煳涂了。"

宝玉道："太太倒不煳涂，都是叫'金刚''菩萨'支使煳涂了。"王夫人道："扯你娘的臊！又欠你老子捶你了。"宝玉笑道："我老子再不为这个捶我的。"

王夫人又道："既有这个名儿，明日就叫人买些来。"宝玉笑道："这些都是不中用的。太太给我三百六十两银子，我替妹妹配一料丸药，包管一料不完就好了。"王夫人道："放屁！什么药就这么贵？"宝玉笑道："当真的呢，我这个方子比别的不同。那个药名儿也古怪，一时也说不清。只讲那头胎紫河车、人形带叶参，三百六十两还不够，龟大何首乌、千年松根茯苓胆，诸如此类都不算为奇，只在群药里算那为君的药，说起来唬人一跳。前儿薛大哥哥求了我一二年，我才给了他这方子。他拿了方子去又寻了二三年，花了有上千的银子，才配成了。太太不信，只问宝姐姐。"宝钗听说，笑着摇手儿说："我不知道，也没听见。你别叫姨娘问我。"王夫人笑道："到底是宝丫头，好孩子，不撒谎。"宝玉站在当地，听见如此说，一回身把手一拍，说道："我说的倒是真话呢，倒说我撒谎。"说着一回身，只见林黛玉坐在宝钗身后抿着嘴笑，用手指在脸上画着羞他。

凤姐因在里间屋里看着人放桌子，听如此说，便走来笑道："宝兄弟不是撒谎，这倒是有的。上日薛大哥亲自和我来寻珍珠，我问他作什么，他说是配药。他还抱怨说，不配也罢了，如今那里知道这么费事。我问他什么药，他说是宝兄弟的方子，说了多少药，我也没工夫听。他说："不然我也买几颗珍珠了，只是定要头上带过的，所以来和你寻。"他说："妹妹，若没散的，花儿上也得，掐下来，过后儿我拣好的再给妹妹穿了来。"我没法儿，把两枝珠花儿现拆了给他。还要了一块三尺大红上用库纱去，乳钵乳了隔面子呢。”凤姐说一句，那宝玉念一句佛，说：“太阳在屋里呢！”凤姐说完了，宝玉又道：“太太想，这不过是将就呢。正经按那方子，这珍珠宝石定要在古坟里的，有那古时富贵人家装裹的头面，拿了来才好。如今哪里为这个去刨坟掘墓，所以只要活人戴过的，也可以使得。”王夫人道：“阿弥陀佛，不当家花花的！就是坟里有这个，人家死了几百年，如今翻尸盗骨的，作了药也不灵！”

宝玉向黛玉说道：“你听见了没有，难道二姐姐也跟着我撒谎不成？”脸望着黛玉说，却拿眼睛瞟着宝钗。黛玉便拉王夫人道：“舅母听听，宝姐姐不替他圆谎，他直问着我。”王夫人也道：“宝玉很会欺负你妹妹。”宝玉笑道：“太太不知道原故。宝姐姐先在家里住着，那薛大哥哥的事，她就不知道，何况如今在里头住着呢，自然是越发不知道了。林妹妹才在背后羞我，打量是我撒谎呢。”

说着，只见贾母房里的丫头找宝玉、黛玉吃饭。林黛玉也不叫宝玉，便起身拉了那丫头就走。那丫头说：“等着宝玉一块儿走。”林黛玉道：“他不吃饭了，咱们走。我先走了。”说着便出去了。宝玉道：“我今儿还跟着太太吃罢。”王夫人道：“罢，罢，我今儿吃斋，你正经吃你的去罢。”宝玉道：“我也跟着吃斋。”说着便叫那丫头“去罢”，自己先跑到炕子上坐了。王夫人向宝钗道：“你们只管吃你们的，由他去罢。”宝钗因笑道：“你正经去罢。吃不吃，陪着林姑娘走一趟，她心里打紧的不自在呢。”宝玉道：“理她呢，过一会子就好了。”

一时吃过饭，宝玉一则怕贾母记挂，二则也记挂着黛玉，忙忙的要茶漱口。探春、惜春都笑道：“二哥哥，你成日家忙些什么？吃饭、吃茶也是这么忙碌碌的。”宝钗笑道：“你叫他快吃了，瞧林妹妹去罢，叫他在这里胡羼些什么。”宝玉吃了茶，便出来，直往西院走。可巧走到凤姐儿院前，只见凤姐蹬着门槛子拿耳挖子剔牙，看着十来个小厮们挪花盆呢。见宝玉来了，笑道：“你来正好。进来，进来，替我写几个字儿。”宝玉只得跟了进来。到了房里，凤姐命人取过笔砚纸来，向宝玉道：“大红妆缎四十匹、蟒缎四十匹、上用纱各色一百匹、金项圈四个。”宝玉道：“这算什么？又不是账，又不是礼物，怎么个写法？”凤姐道：“你只管写上，横竖我自己明白就罢了。”宝玉听说，只得写了，凤姐收起来，笑道：“还有句话告诉你，不知你依不依？你屋里有个丫头叫红玉，我和你说说，要叫了来使唤，也总没说得，今儿见你，才想起来。”宝玉道：“我屋里的人也多得很，姐姐喜欢谁，只管叫了来，何必问我。”凤姐笑道：“既这么着，我就叫人带她去了。”宝玉道：“只管带去。”说着便要走。凤姐道：“你回来，我还有一句话说。”宝玉道：“老太太叫我呢，有话等我回来罢。”说着，便来至贾母这边，已经都吃完饭了。贾母因问他：“跟着你母亲吃了什么好的了？”宝玉笑道：“也没什么好的，我倒多吃了一碗饭。”因问：“林妹妹在哪里？”贾母道：“里头屋里呢。”

宝玉进来，只见地下一个丫头吹熨斗，炕上两个丫头打粉线，黛玉弯着腰，拿着剪子裁什么呢。宝玉走进来笑道：“哦，这是作什么呢？才吃了饭，这么空着头，一会子又头疼了。”黛玉并不理，只管裁她的。有一个丫头道：“这块绸子角儿还不好呢，再熨它一熨。”黛玉便把剪子一撂，说道：“理它呢，过一会子就好了。”宝玉听了，只是纳闷。只见宝钗、探春等也来了，和贾母说了一会话。宝钗也进来问：“林妹妹作什么呢？”见黛玉裁剪，因笑道：“越发能干了，连裁剪都会了。”黛玉笑道：“这也不过是撒谎哄人罢了。”宝钗笑道：“我告诉你个笑话儿，才刚为那个药，我说了个不知道，宝兄弟心里不受用了。”林黛玉道：“理他呢，过会子就好了。”宝玉向宝钗道：“老太太要抹骨牌，正没人，你抹骨牌去罢。”宝钗听说，便笑道：“我是为抹骨牌才来的？”说着便走了。林黛玉道：“你倒是去罢，这里有老虎，看吃了你！”说着又裁。宝玉见他不理，只得还陪笑说道：“你也去逛逛再裁不迟。”黛玉总不理。宝玉便问丫头们：“这是谁叫裁的？”黛玉见问丫头们，便说道：“凭他谁叫裁，也不管二爷的事！”宝玉听了，方欲说话，只见有人进来回说“外头有人请你呢”。宝玉听了，忙撤身出来。黛玉向外头说道：“阿弥陀佛！赶你回来，我死了也罢了！”

宝玉出来到外头，只见茗烟说道：“冯大爷家请。”宝玉听了，知道是昨日的话，便说要衣裳去，自己便往书房里来。茗烟一直到了二门前等人，只见出来个老婆子，茗烟上去说道：“宝二爷在书房里等出门的衣裳，你老人家进去带个信儿。”那婆子道：“你娘的屄！倒好，宝二爷如今在园子里住着，跟他的人都在园子里，你又跑了这里来带信儿！”茗烟听了笑道：“骂得是，我也糊涂了。”说着一迳往东边二门前来。可巧门上小厮在甬路底下踢球，茗烟将原故说了。小厮跑了进去，半日才抱了一个包袱出来，递与茗烟。回到书房里，宝玉换了，命人备马，只带着茗烟、锄药、双瑞、双寿四个小厮，一迳来到冯紫英家门口。

有人报与冯紫英，出来迎接进去。只见薛蟠早已在那里久候，还有许多唱曲儿的小厮并唱小旦的蒋玉菡、锦香院的妓女云儿。大家都见过了，然后吃茶。宝玉擎茶，笑道：“前儿所言幸与不幸之事，我昼悬夜想，今日一闻呼唤即至。”冯紫英笑道：“你们令姑表兄弟倒都心实。前日不过是我的设辞，诚心请你们一饮，恐又推托，故说下这句话。今日一邀即至，谁知都信真了。”说毕，大家一笑，然后摆上酒来，依次坐定。冯紫英先命唱曲儿的小厮过来让酒，然后命云儿也来敬。

那薛蟠三杯下肚，不觉忘了情，拉着云儿的手笑道：“你把那梯己新样儿的曲子唱个我听，我吃一坛如何？”云儿听说，只得拿起琵琶来唱道：

两个冤家，都难丢下，想着你来又记挂着他。两个人形容俊俏，都难描画。

想昨宵幽期私订在荼蘼架，一个偷情，一个寻拿，拿住了三曹对案，我也无回话。

唱毕笑道：“你喝一坛子罢了。”薛蟠听说，笑道：“不值一坛，再唱好的来。”

宝玉笑道：“听我说来，如此滥饮，易醉而无味。我先喝一大海，发一新令，有不遵者，连罚十大海，逐出席外与人斟酒。”冯紫英、蒋玉菡等都道：“有理，有理。”宝玉拿起海来，一气饮干，说道：“如今要说悲、愁、喜、乐四字，都要说出‘女儿’来，还要注明这四字原故。说完了，饮门杯。酒面要唱一个新鲜时样曲子；酒底要席上生风一样东西，或古诗、旧对，《四书》、《五经》成语。”薛蟠未等说完，先站起来，拦住道：“我不来，别算我。这竟是捉弄我呢！”云儿便站起来，推他坐下，笑道：“怕什么？这还亏你天天吃酒呢，难道连我也不如！我回来还说呢。说是了，罢；不是了，不过罚上几杯，哪里就醉死了！你如今一乱令，倒喝十大海，下去给人斟酒不成？”众人都拍手道妙！薛蟠听说，无法可治，只得坐了，听宝玉先说，宝玉便道：

女儿悲，青春已大守空闺。

女儿愁，悔教夫婿觅封侯。

女儿喜，对镜晨妆颜色美。

女儿乐，鞦韆架上春衫薄。

众人听了都道：“说得有理。”薛蟠独扬着脸摇头说：“不好，该罚！”众人问道：“如何该罚？”薛蟠道：“他说的我通不懂，怎么不该罚？”云儿便拧他一把，笑道：“你悄悄的想你的罢。回来说不出，才是该罚呢。”于是拿琵琶，听宝玉唱道：

滴不尽相思血泪抛红豆，开不完春柳春花满画楼，睡不稳纱窗风雨黄昏后，忘不了新愁与旧愁，咽不下玉粒金纯（原字为上草下纯）噎满喉，照不见菱花镜里形容瘦。展不开的眉头，捱不明的更漏。呀！恰便似遮不住的青山隐隐，流不断的绿水悠悠。

唱完，大家齐声喝彩，独薛蟠说无板。宝玉饮了门杯，便拈起一片梨来，说道：“雨打梨花深闭门。”完了令。

下该冯紫英。听冯紫英说道：

女儿悲，儿夫染病在垂危。

女儿愁，大风吹倒梳妆楼。

女儿喜，头胎养了双生子。

女儿乐，私向花园掏蟋蟀。

说毕，端起酒来唱道：

你是个可人，你是个多情，你是个刁鑽古怪鬼灵精，你是个神仙也不灵。我说的话儿你全不信，只叫你去背地里细打听，才知道我疼你不疼！

唱完饮了门杯，说道：“鸡声茅店月。”令完，下该云儿。云儿便说道：

女儿悲，将来终身指靠谁？

薛蟠叹道：“我的儿，有你薛大爷呢，你怕什么！”众人都道：“别混她，别混她！”

云儿又道：女儿愁，妈妈打骂何时休！

薛蟠道：“前儿我见了你妈，还吩咐他不叫他打你呢。”众人都道：“再多言者罚酒十杯。”薛蟠连忙自己打了一个嘴巴子，说道：“没耳性，再不许说了。”云儿又道：

女儿喜，情郎不舍还家里。

女儿乐，住了箫管弄弦索。

说完便唱道：

荳蔻开花三月三，一个虫儿往里鑽。鑽了半日不得进去，爬到花儿上打鞦韆。肉儿小心肝，我不开了你怎么鑽？

唱毕，饮了门杯，说道：“桃之夭夭。”令完了，下该薛蟠。

薛蟠道：“我可要说了：女儿悲……”说了半日，不见说底下的。冯紫英笑道：“悲什么？快说来。”薛蟠登时急得眼睛铃铛一般，瞪了半日，才说道：“女儿悲……”又咳嗽了两声，说道：

女儿悲，嫁了个男人是乌龟。

众人听了，都大笑起来。薛蟠道：“笑什么，难道我说的不是？一个女儿嫁了汉子，要当忘八，她怎么不伤心呢？”众人笑得弯腰，说道：“你说得很是，快说底下的。”薛蟠瞪了一瞪眼，又说道：“女儿愁……”说了这句，又不言语了。众人道：“怎么愁？”薛蟠道：

女儿愁，绣房撺出个大马猴。

众人呵呵笑道：“该罚，该罚！这句更不通，先还可恕。”说着便要筛酒。宝玉笑道：“押韵就好。”薛蟠道：“令官都准了，你们闹什么！”众人听说，方才罢了。云儿笑道：“下两句越发难说了，我替你说罢。”薛蟠道：“胡说！当真的我就没好的了！听我说罢：

女儿喜，洞房花烛朝慵起。

众人听了都诧异道：“这句何其太韵？”薛蟠又道：

女儿乐，一根几(原字为左毛右几)巴(原字为左毛右巴)往里戳。

众人听了，都回头道说道：“该死，该死！快唱了罢。”薛蟠便唱道：

一个蚊子哼哼哼。

众人都怔了，说道：“这是个什么曲儿？”薛蟠还唱道：

两个苍蝇嗡嗡嗡。

众人都道：“罢，罢，罢！”薛蟠道：“爱听不听！这是新鲜曲儿，叫作哼哼韵。你们要懒待听，连酒底都免了，我就不唱。”众人都道：“免了罢，免了罢，倒别耽误了别人家。”于是蒋玉菡说道：

女儿悲，丈夫一去不回归。

女儿愁，无钱去打桂花油。

女儿喜，灯花并头结双蕊。

女儿乐，夫唱妇随真和合。

说毕，唱道：

可喜你天生成百媚娇，恰便似活神仙离碧霄。度青春，年正小；配鸾凤，真也着。呀！看天河正高，听谯楼鼓敲，剔银灯同入鸳帏悄。

唱毕，饮了门杯。笑道：“这诗词上我倒有限。幸而昨日见了一副对子，可巧只记得这句，幸而席上还有这件东西。”说毕，便饮干了酒，拿起一朵木樨来，念道：“花气袭人知昼暖。”

众人倒都依了，完令。薛蟠又跳了起来，喧嚷道：“了不得，了不得！该罚，该罚！这席上并没有宝贝，你怎么念起宝贝来？”蒋玉菡怔了，说道：“何曾有宝贝？”薛蟠道：“你还赖呢！你再念来。”蒋玉菡只得又念了一遍。薛蟠道：“袭人可不是宝贝是什么！你们不信，只问他。”说着，指着宝玉。宝玉没好意思起来，说道：“薛大哥，你该罚多少？”薛蟠道：“该罚，该罚！”说着拿起酒来，一饮而尽。冯紫英与蒋玉菡等不知原故，犹问原故，云儿便告诉了出来。蒋玉菡忙起身陪罪，众人都道：“不知者不作罪。”

少刻，宝玉出席外解手，蒋玉菡便随了出来。二人站在廊檐下，蒋玉菡又陪不是。宝玉见他妩媚温柔，心中十分留恋，便紧紧的搭着他的手，叫他：“闲了，往我们这里来。还有一句话借问，也是你们贵班中，有一个叫琪官的，他在哪里？如今名驰天下，我独无缘一见。”蒋玉菡笑道：“就是我的小名儿。”宝玉听说，不觉欣然跌足笑道：“有幸，有幸！果然名不虚传。今儿初会，便怎么样呢？”想了一想，向袖中取出扇子，将一个玉玦扇坠解下来，递与琪官道：“微物不堪，略表今日之谊。”琪官接了，笑道：“无功受禄，何以克当！也罢，我这里也得了一件奇物，今日早起方繫上，还是簇新的，聊可表我一点亲热之意。”说着，将繫小衣儿一条大红汗巾子解下来，递与宝玉道：“这汗巾子是茜香国女国王进贡来的，夏天繫着，肌肤生香，不生汗渍。昨日北静王给我的，今日才上身。若是别人，我断不肯相赠。二爷请把自己繫的给我繫着。”宝玉听说，喜不自禁，连忙接了，将自己一条松花汗巾解了下来，递与琪官。二人方束好，只见一声大叫：“我可拿住了！”只见薛蟠跳了出来，拉着二人道：“放着酒不吃，两个人逃席出来干什么？快拿出来我瞧瞧！”二人都道：“没有什么。”薛蟠那里肯依，还是冯紫英出来才解开了。于是复又归坐饮酒，至晚方散。

宝玉回至园中，宽衣吃茶。袭人见扇子上的坠儿没了，便问他：“往那里去了？”宝玉道：“马上丢了。”睡觉时，只见腰里一条血点似的大红汗巾子，袭人便猜了八九分，因说道：“你有了好的繫裤子，把我那条还我罢。”宝玉听说，方想起那条汗巾子原是袭人的，不该给人才是，心里后悔，口里说不出来，只得笑道：“我赔你一条罢。”袭人听了，点头叹道：“我就知道又干这些事！也不该拿着我的东西给那起混帐人去。也难为你心里没个算计儿。”再要说上几句，又恐怄上他的酒来，少不得也睡了，一宿无话。

至次日天明起来，只见宝玉笑道：“夜里失了盗也不晓得，你瞧瞧裤子上。”袭人低头一看，只见昨日宝玉繫的那条汗巾子繫在自己腰里，便知是宝玉夜间换了，忙一顿把解下来，说道：“我不希罕这行子，趁早儿拿了去！”宝玉见她如此，只得委婉解劝了一回。袭人无法，只得繫上。过后，宝玉出去，终久解下来，掷在个空箱子里，自己又换了一条繫着。

宝玉并不理论，因问起昨日可有什么事情。袭人便回说道：“二奶奶打发人叫了红玉去了。她原要等你来的，我想什么要紧，我就作了主，打发她去了。”宝玉道：“很是。我已知道了，不必等我罢了。”袭人又道：“昨儿贵妃差了夏太监出来，送了一百二十两银子。叫在清虚观初一到初三打三天平安醮，唱戏献供，叫珍大爷领着众位爷们跪香拜佛呢。还有端午儿的节礼也赏了。”说着命小丫头来，将昨日的所赐之物取了出来，只见上等宫扇两柄、红麝香珠二串、凤尾罗二端、芙蓉簟一领。宝玉见了，喜不自胜，问道：“别人的也都是这么个？”袭人道：“老太太的多着一个香如意、一个玛瑙枕。太太、老爷、姨太太的只多着一个如意。你的同宝姑娘的一样。林姑娘同二姑娘、三姑娘、四姑娘只单有扇子同数珠儿，别人都没了。大奶奶、二奶奶她两个是每人两匹纱、两匹罗、两个香袋、两个锭子药。”宝玉听了，笑道：“这是怎么个原故？怎么林姑娘的倒不同我的一样，倒是宝姐姐的同我一样？别是传错了罢？”袭人道：“昨儿拿出来，都是一份一份的写着签子，怎么就错了！你的是在老太太屋里来着，我去拿了来了。老太太说，明儿叫你一个五更天进去谢恩呢。”宝玉道：“自然要走一趟。”说着便叫：“紫绡，来拿了这个到林姑娘那里去，就说是昨儿我得的，爱什么留下什么。”紫绡答应了，拿了去，不一时回来说：“林姑娘说了，昨儿也得了，二爷留着罢。”

宝玉听说，便命人收了。刚洗了脸出来，要往贾母那里请安去，只见林黛玉顶头来了。宝玉赶上去，笑道：“我的东西叫你拣，你怎么不拣？”林黛玉昨日所恼宝玉的心事早又丢开，又顾今日的事了，因说道：“我没这么大福禁受，比不得宝姑娘，什么金什么玉的，我们不过是草木之人！”宝玉听她提出“金玉”二字来，不觉心动疑猜，便说道：“除了别人说什么金什么玉，我心里要有这个想头，天诛地灭，万世不得人身！”林黛玉听他这话，便知他心里动了疑，忙又笑道：“好没意思，白白的说什么誓！管你什么金什么玉的呢！”宝玉道：“我心里的事也难对你说，日后自然明白。除了老太太、老爷、太太这三个人，第四个就是妹妹了。要有第五个人，我也说个誓。”黛玉道：“你也不用说誓，我很知道，你心里有‘妹妹’。但只是见了姐姐，就把妹妹忘了。”宝玉道：“那是你多心，我再不的。”黛玉道：“昨儿宝丫头不替你圆谎，为什么问着我呢？那要是我，你又不知怎么样了。”

正说着，只见宝钗从那边来了，二人便走开了。宝钗分明看见，只装看不见，低着头过去了，到了王夫人那里，坐了一会，然后到了贾母这边，只见宝玉在这里呢。宝钗因往日母亲对王夫人等曾提过“金锁是个和尚给的，等日后有玉的方可结为婚姻”等语，所以总远着宝玉。昨儿见了元春所赐的东西，独她与宝玉一样，心里越发没意思起来。幸亏宝玉被一个黛玉缠绵住了，心心念念只记挂着黛玉，并不理论这事。此刻忽见宝玉笑问道：“宝姐姐，我瞧瞧你的红麝串子。”可巧宝钗左腕上笼着一串，见宝玉问她，少不得褪了下来。宝钗生得肌肤丰泽，容易褪不下来。宝玉在旁看着雪白一段酥臂，不觉动了羡慕之心，暗暗想道：“这个膀子要长在林妹妹身上，或者还得摸一摸，偏生长在她身上。”正是恨没福得摸，忽然想起“金玉”一事来，再看看宝钗形容，只见脸若银盆，眼似水杏，唇不点而红，眉不画而翠，比黛玉另具一种妩媚风流，不觉就呆了，宝钗褪了串子来递与他也忘了接。宝钗见他怔了，自己倒不好意思的，丢下串子，回身才要走，只见黛玉蹬着门槛子，嘴里咬着手帕子笑呢。宝钗道：“你又禁不得风儿吹，怎么又站在那风口里呢？”黛玉笑道：“何曾不是在屋里呢。只因听见天上一声叫，出来瞧了一瞧，原来是个呆雁。”宝钗道：“呆雁在哪里呢？我也瞧瞧。”林黛玉道：“我才出来，他就‘忒儿’一声飞了。”口里说着，将手里的帕子一甩，向宝玉脸上甩来。宝玉不防，正打在眼上，“嗳哟”了一声。要知端详，且听下回分解。

第 29 回 享福人福深还祷福 痴情女情重愈斟情

话说宝玉正自发怔，不想黛玉将手帕子甩了来，正碰在眼睛上，倒唬了一跳，问是谁。黛玉摇着头儿笑道：“不敢，是我失了手。因为宝姐姐要看呆雁，我比给她看，不想失了手。”宝玉揉着眼睛，待要说什么，又不好说的。

一时，凤姐儿来了，因说起初一日在清虚观打醮的事来，遂约着宝钗、宝玉、黛玉等看戏去。宝钗笑道：“罢，罢，怪热的。什么没看过的戏，我就不去！”凤姐儿道：“他们那里凉快，两边又有楼。咱们要去，我头几天打发人去，把那些道士都赶出去，把楼打扫干净了，挂起帘子来，一个闲人不许放进庙去，才是好呢。我已经回了太太了，你们不去我去。这些日子也闷得很了。家里唱动戏，我又不得舒舒服服的看。”贾母听说，笑道：“既这么着，我同你去。”凤姐听说，笑道：“老祖宗也去，敢情好了！就只是我又不得受用了。”贾母道：“到明儿，我在正楼上，你在旁边楼上，你也不用到我这边来立规矩，好不好？”凤姐笑道：“这就是老祖宗疼我了。”贾母因又向宝钗道：“你也去逛逛，连你母亲也去。长天老日的，在家里也是睡觉。”宝钗只得答应着。

贾母又打发人去请了薛姨妈，顺路告诉王夫人，要带了她们姊妹去逛。王夫人因一则身上不好，二则预备着元春有人出来，早已回了不去的；听贾母如此说，遂笑道：“还是这么高兴。”因打发人去到园里告诉：“有要逛去的，只管初一跟了老太太逛去。”这句话一传开了，别人都还可以，只是那些丫头们天天不得出门槛儿的，听了这话，谁不爱去。便是各人的主子懒怠去，她也百般的撺掇了去，因此李宫裁等都说去。贾母越发心中欢喜，早已吩咐人去打扫安置，都不必细说。

单表到了初一这一日，荣国府门前车辆纷纷，人马簇簇。那底下凡执事人等，闻得是贵妃作好事，贾母亲去拈香，正是初一日乃月之首日，况是端阳节间，因此凡动用的什物，一色都是齐全的，不同往日一样。少时，贾母等出来。贾母独坐一乘八人大亮轿，李氏、凤姐儿、薛姨妈，每人一乘四人轿，宝钗、黛玉二人共坐一辆翠盖珠缨八宝车，迎春、探春、惜春三人共坐一辆朱轮华盖车。然后贾母的丫头鸳鸯、鹦鹉、琥珀、珍珠，林黛玉的丫头紫鹃、雪雁、春纤，宝钗的丫头莺儿、文杏，迎春的丫头司棋、绣桔，探春的丫头待书、翠墨，惜春的丫头入画、彩屏，薛姨妈的丫头同喜、同贵，外带着香菱、香菱的丫头臻儿，李氏的丫头素云、碧月，凤姐儿的丫头平儿、丰儿、小红，并王夫人的两个丫头也要跟了凤姐儿去的是金钏、彩云，奶子抱着大姐儿另在一车，还有两个丫头，一共再连上各房的老嬷嬷、奶娘并跟出门的家人媳妇子，乌压压的占了一街的车。贾母等已经坐轿去了多远，这门前尚未坐完。这个说“我不同你在一处”，那个说“你压了我们奶奶的包袱”，那边车上又说“蹭了我的花儿”，这边又说“碰折了我的扇子”，咭咭呱呱，说笑不绝。周瑞家的走来过去的说道：“姑娘们，这是街上，看人笑话！”说了两遍，方觉好了。前头的全副执事摆开，早已到了清虚观门口。宝玉骑着马，在贾母轿前。街上的人都站在两边。

将至观前，只听钟鸣鼓响，早有张法官执笏披衣，带领众道士在路旁请安。贾母的轿刚至山门以内，贾母在轿内因看见有守门大帅并千里眼、顺风耳、当方土地、本境城隍各位泥胎圣像，便命住轿。贾珍带领各子弟上来迎接。凤姐知道鸳鸯等在后面，赶不上来搀贾母，自己下了轿，忙要上来搀。可巧有个十二三岁的小道士儿，拿着剪筒，照管剪各处的蜡花。正欲得便且藏出去，不想一头撞在凤姐儿怀里。凤姐便一扬手，照脸一下，把那小孩子打了一个筋斗，骂道：“野牛肏的，朝哪里跑！”那小道士也不顾拾烛剪，爬起来往外还要跑。正值宝钗等下车，众婆娘、媳妇正围随得风雨不透，但见一个小道士滚了出来，都喝声叫“拿，拿，拿！打，打，打！”

贾母听了，忙问道：“是怎么了？”贾珍忙出来问。凤姐儿上去搀住贾母，就回说：“一个小道士儿，剪灯花的，没躲出去，这会子混鑽呢。”贾母听说，忙道：“快带了那孩子来，别唬着他！小门小户的孩子，都是娇生惯养的惯了，哪里见得这个势派。可怜见的，倘或一时唬着了他，他老子娘岂不疼得慌？”说着，便叫贾珍去好生带了来。贾珍只得去拉了那孩子来。那孩子还一手拿着蜡剪，跪在地下乱颤。贾母命贾珍拉他来，叫他不要怕，问他几岁了。那孩子通说不出话来。贾母还说“可怜见的”，又向贾珍道：“珍哥儿，带他去罢。给他些钱买果子吃，别叫人难为了他。”贾珍答应了，领他去了。这里贾母带着众人，一层一层的瞻拜观玩。外面小厮们见贾母等进入二层山门，忽见贾珍领了一个小道士出来，叫人来带去，给他几百钱，不要难为了他。家人听说，忙上来几个，领了下去。

贾珍站在阶矶上，因问：“管家在哪里？”底下站的小厮们见问，都一齐喝声说：“叫管家！”登时林之孝扣着帽子跑了来，到贾珍跟前。贾珍道：“虽说这里地方大，今儿不承望来这么些人。你使的人，你就带了往你的院子里去；使不着的，打发到那院里去。把小幺儿们挑几个在这二层门上同两边角门上，伺候着要东西传话。你可知道不知道，今儿小姐、奶奶们都出来了，一个闲人也不许到这里来！”林之孝忙答应“晓得”，又说了几个“是”。贾珍道：“去罢。”又问：“怎么不见蓉儿？”一声未了，只见贾蓉扣着纽子从钟楼里跑了出来。贾珍道：“你瞧瞧他，我这里也还没敢说热，他倒乘凉去了！”喝命家人啐他。那小厮们都知道贾珍素日的性子违拗不得，有个小厮便上来向贾蓉脸上啐了一口。贾珍又道：“问着他！”那小厮便问贾蓉道：“爷还不怕热，哥儿怎么先乘凉去了？”贾蓉垂着手，一声不敢说。那贾芸、贾萍、贾芹等听见了，不但他们慌了，亦且连贾璜、贾瑞、贾琼等也都忙戴了帽子，一个一个从墙根下慢慢的熘上来。贾珍又向贾蓉道：“你站着作什么？还不骑了马跑到家里，告诉你娘母子去！老太太同姑娘们都来了，叫她们快来伺候。”贾蓉听说，忙跑了出来，一叠连声要马，一面抱怨道：“早都不知作什么的，这会子寻趁我！”一面又骂小子：“捆着手呢？马也拉不来。”待要打发小子去，又恐怕后来对出来，说不得亲自走一趟，骑马去了，不在话下。

且说贾珍方要抽身进去，只见张道士站在旁边陪笑说道：“我论理比不得别人，应该在里头伺候。只因天气炎热，众位千金都出来了，法官不敢擅入，请爷的示下。恐老太太问，或要随喜那里，我只在这里伺候罢。”贾珍知道这张道士虽然是当日荣国府国公的替身儿，后又作了“道录司”的正堂曾经先皇御口亲呼为“大幻仙人”，如今现掌“道录司”印，又是当今封为“终了真人”，现今王公、藩镇都称他为“神仙”，所以不敢轻慢。二则他又常往两个府里去，凡夫人、小姐都是见的。今见他如此说，便笑道：“咱们自己，你又说起这话来。再多说，我把你这胡子还撏了呢！还不跟我进来。”那张道士呵呵大笑，跟了贾珍进来。

贾珍到贾母跟前，控身陪笑说道：“张爷爷进来请安。”贾母听了，忙道：“搀过来。”贾珍忙去搀了过来。那张道士先呵呵笑道：“无量寿佛！老祖宗一向福寿康宁？众位奶奶小姐纳福！一向没到府里请安，老太太气色越发好了。”贾母笑道：“老神仙，你好？”张道士笑道：“托老太太万福万寿，小道也还康健。别的倒罢，只记挂着哥儿，一向身上好？前日四月二十六日，我这里做遮天大王的圣诞，人也来得少，东西也很干淨，我说请哥儿来逛逛，怎么说不在家？”贾母笑道：“果真不在家。”一面回头叫宝玉。谁知宝玉解手去了才来，忙上前问：“张爷爷好”。张道士忙抱住问了好，又向贾母笑道：“哥儿越发发福了。”贾母道：“他外头好，里头弱。又搭着他老子逼着他念书，生生的把个孩子逼出病来了。”张道士道：“我前日在好几处看见哥儿写的字，作的诗，都好得了不得，怎么老爷还抱怨说哥儿不大喜欢读书呢？依小道看来，也就罢了。”又叹道：“我看见哥儿的这个形容身段、言谈举动，怎么就同当日国公爷一个稿子！”说着两眼流下泪来。贾母听说，也由不得满脸泪痕，说道：“正是呢，我养了这些儿子孙子，也没个像他爷爷的，就只这玉儿像他爷爷。”

那张道士又向贾珍道：“当日国公爷的模样儿，爷们一辈的不用说，自然没赶上，大约连大老爷、二老爷也记不清楚了。”说毕，呵呵又一大笑道：“前日在一个人家看见一位小姐，今年十五岁了，生得倒也好个模样儿。我想着哥儿也该寻亲事了。若论这个小姐模样儿，聪明智慧，根基家当，倒也配得过。但不知老太太怎么样，小道也不敢造次。等请了老太太的示下，才敢向人去张口。”贾母道：“上回有个和尚说了，这孩子命里不该早娶，等再大一点儿再定罢。你可如今也打听着，不管她根基富贵，只要模样配得上就好，来告诉我。便是那家子穷，不过给他几两银子也罢了。只是模样儿性格儿难得好的。”

说毕，只见凤姐儿笑道：“张爷爷，我们丫头的寄名符你也不换了去。前儿亏你还有那么大脸，打发人和我要鹅黄缎子去！我要不给你，又怕你那老脸上过不去。”张道士呵呵大笑道：“你瞧，我眼花了，也没看见奶奶在这里，也没道多谢。符早已有了，前日原要送去的，不料娘娘来作好事，就混忘了，还在佛前镇着。待我取来。”说着跑到大殿上去，一时拿了一个茶盘子，搭着大红蟒缎经袱子，托出符来。大姐儿的奶子接了符。张道士方欲抱过大姐儿来，只见凤姐笑道：“你就手里拿出来罢了，又用个盘子托着。”张道士道：“手里不干不淨的，怎么拿，用盘子洁淨些。”凤姐儿笑道：“你只顾拿出盘子来，倒唬我一跳。我不说你是为送符，倒像是和我们化布施来了。”众人听说，哄然一笑，连贾珍也撑不住笑了。贾母回头道：“猴儿，猴儿！你不怕下割舌头地狱？”凤姐儿笑道：“我们爷儿们不相干。他怎么常常的说我该积阴骘，迟了就短命呢！”

张道士也笑道："我拿出盘子来一举两用，却不为化布施，倒要将哥儿的这玉请了下来，托出去给那些远来的道友并徒子徒孙们见识见识。"贾母道："既这么着，你老天拔地的跑什么，就带他去瞧了，叫他进来，岂不省事？"张道士道："老太太不知道，看着小道是八十多岁的人，托老太太的福倒也健朗；二则外面的人多，气味难闻，况是个暑热天，哥儿受不惯，倘或哥儿受了腌臜气味，倒值多了。"贾母听说，便命宝玉摘下通灵玉来，放在盘内。那张道士兢兢业业的用蟒袱子垫着，捧了出去。

这里贾母与众人各处游玩了一回，方去上楼。只见贾珍回说："张爷爷送了玉来了。"刚说着，只见张道士捧了盘子，走到跟前笑道："众人托小道的福，见了哥儿的玉，实在可罕，都没什么敬贺之物，这是他们各人传道的法器，都愿意为敬贺之礼。哥儿便不希罕，只留着在房里顽耍赏人罢。"贾母听说，向盘内看时，只见也有金璜，也有玉玦，或有"事事如意"，或有"岁岁平安"，皆是珠穿宝贯，玉琢金镂，共有三五十件。因说道："你也胡闹。他们出家人是那里来的！何必这样，这断不收的。"张道士笑道："这是他们一点敬心，小道也不能阻挡。老太太若不留下，岂不叫他们看着小道微薄，不像是门下出身了。"贾母听如此说，方命人接大了。宝玉笑道："老太太，张爷爷既这么说，又推辞不得，我要这个也无用，不如叫小子们捧了这个，跟我出去散给穷人罢。"贾母笑道："这倒说得是。"张道士又忙拦道："哥儿虽要行好，但这些东西虽说不甚希奇，到底也是几件器皿。若给了乞丐，一则与他们无益，二则反倒遭塌了这些东西。要舍穷人，何不就散钱与他们。"宝玉听说，便命："收下。等晚间拿钱施舍罢了。"说毕，张道士方退出。

这里贾母与众人上了楼。贾母在正面楼上坐了，凤姐等占了东楼，众丫头等在西楼，轮流伺候。贾珍一时来回："神前拈了戏，头一本《白蛇记》。"贾母问"《白蛇记》是什么故事？"贾珍道："是汉高祖斩蛇方起首的故事。第二本是《满床笏》。"贾母笑道："这倒是第二本上？也罢了。神佛要这样，也只得罢了。"又问第三本。贾珍道："第三本是《南柯梦》。"贾母听了，便不言语。贾珍退了下来，至外边预备着申表、焚钱粮、开戏，不在话下。

且说宝玉在楼上，坐在贾母旁边，因叫个小丫头子捧着方才那一盘子贺物，自己将玉带上，用手翻弄寻拨，一件一件的挑与贾母看。贾母因看见有个赤金点翠的麒麟，便伸手翻弄拿了起来，笑道："这件东西，好像我看见谁家的孩子也戴着这么一个。"宝钗笑道："史大妹妹有一个，比这个小些。"贾母道："原来是云儿有这个。"宝玉道："她这么往我们家，我也没看见？"探春笑道："宝姐姐有心，不管什么她都记得。"林黛玉冷笑道："她在别的上，心还有限，惟有这些人戴的东西上越发留心。"宝钗听说，便回头装没听见。宝玉听见史湘云有这件东西，便将那麒麟忙拿起来揣在怀里。一面心里又想到怕人看见他听见史湘云有了，他就留这件，因此手里揣着，却拿眼睛瞟人。只见众人都倒不大理论，惟有林黛玉瞅着他点头儿，似有赞叹之意。宝玉不觉心里不好意思起来，又掏了出来，向黛玉笑道："这个东西倒好玩，我替你留着，到了家穿上你戴。"林黛玉将头一扭，说道："我不希罕。"宝玉笑道："你果然不希罕，我少不得就拿着。"说着又揣了起来。

刚要说话，只见贾珍、贾蓉的妻子婆媳两个来了，彼此见过，贾母方说："你们又来做什么？我不过没事来逛逛。"一句话没说了，只见人报："冯将军家有人来了。"原来冯紫英家听见贾府在庙里打醮，连忙备了猪羊、香烛、茶银之类的东西送了来。凤姐儿听见了，忙赶过正楼来，拍手笑道："嗳呀！我就不防这个。只说咱们娘儿们来闲逛逛，人家只当咱们大摆斋坛的来送礼。都是老太太闹的。这又得预备赏封儿。"刚说了，只见冯家的两个管家娘子上楼来了。冯家的两个未去，接着赵侍郎也有礼来了。于是接二连三，都听见贾府打醮，女眷都在庙里，凡一应远亲近友、世家相与都来送礼。贾母才后悔起来，说："又不是什么正经斋事，我们不过闲逛逛，就想不到这礼上没的惊动了人。"因此虽看戏，至下午便回来了，次日便懒怠去。凤姐又说："打墙也是动土，已经惊动了人家，今儿乐得还去逛逛。"那贾母因昨日张道士提起宝玉说亲的事来，谁知宝玉一日心中不自在，回家来生气，嗔着张道士与他说了亲，口口声声说，从今以后不再见张道士了，别人也并不知为什么原故；二则林黛玉昨日回家又中了暑：因此二事，贾母便执意不去了。凤姐儿见不去，自己带了人去，也不在话下。

且说宝玉因见林黛玉又病了，心里放不下，饭也懒去吃，不时来问。黛玉又怕他有个好歹，因说道："你只管看你的戏去，在家里作什么？"宝玉因昨日张道士提亲，心中大不受用，今听见黛玉如此说，因想道："别人不知道我的心还可恕，连她也奚落起我来。"因此心中更比往日的烦恼加了百倍。若是别人跟前，断不能动这肝火，只是黛玉说了这话，倒比往日别人说这话不同，由不得立刻沉下脸来道："我白认得了你。罢了，罢了！"林黛玉听说，便冷笑了两声，"我也知道白认得了我，我哪里像人家，有什么配得上呢！"宝玉听了，便向前来直问到脸上："你这么说，是安心咒我天诛地灭？"黛玉一时解不过这话来。宝玉又道："昨儿我还为这个赌了几回咒，今儿你到底又准我一句。我便天诛地灭，你又有什么益处？"黛玉一闻此言，方想起上日的话来。今日原是自己说错了，又是着急，又是羞愧，便颤颤兢兢的说道："我要安心咒你，我也天诛地灭。何苦来！我知道，昨日张道士说亲，你怕阻了你的好姻缘，你心里生气，来拿我来煞性子。"

原来那宝玉自幼生成有一种下流痴病，况从幼时和黛玉耳鬓厮磨，心情相对；及如今稍明时事，又看了那些邪书僻传，凡远亲近友之家所见的那些闺英闱秀，皆未有稍及黛玉者：所以早存了一段心事，只不好说出来。故每每或喜或怒，变尽法子暗中试探。那林黛玉偏生也是个有些痴病的，也每用假情试探。因你也将真心真意瞒了起来，只用假意，我也将真心真意瞒了起来，只用假意，如此两假相逢，终有一真。其间琐琐碎碎，难保不有口角之争。即如此刻，宝玉的心内想的是："别人不知我的心，还有可恕，难道你就不想我的心里眼里只有你！你不能为我烦恼，反来以这话奚落堵噎我。可见，我心里一时一刻白有了你，你竟心里没我。"心里这意思，只是口里说不出来。那林黛玉心里想着："你心里自然有我，虽有'金玉相对'之说，你岂是重这邪说不重我的。我便时常提这'金玉'，你只管了然自若无闻的，方见得是待我重，而毫无此心了。如何我只一提'金玉'的事，你就着急，可知你心里时时有'金玉'，见我一提，你又怕我多心，故意着急，安心哄我。"

看来两个人原本是一个心，但都多生了枝叶，反弄成两个心了。那宝玉心里又想着："我不管怎么样都好，只要你随意，我便立刻因你死了也情愿。你知也罢，不知也罢，只由我的心，可见你方和我近，不和我远。"那林黛玉心里又想着："你只管你，你好我就好，你何必为我而自失。殊不知你失我自失。可见你是不叫我近你，有意叫我远你了。"如此看来，却都是求近之心，反弄成疏远之意。如此之话，皆他二人素习所存私心，也难备述。

如今只述他们外面的形容。那宝玉又听见她说"好姻缘"三个字，越发逆了己意，心里干噎，口里说不出话来，便赌气向颈上抓下通灵宝玉来，咬牙恨命往地下一摔道："什么捞什子，我砸了你完事！"偏生那玉坚硬非常，摔了一下，竟文风没动。宝玉见没摔碎，便回身找东西来砸，黛玉见他如此，早已哭起来，说道："何苦来！你又摔砸那哑吧物件。有砸它的，不如来砸我！"二人闹着，紫鹃、雪雁等都忙来解劝。后来见宝玉下死力砸玉，忙上来夺，又夺不下来，见比往日闹得大了，少不得去叫袭人。袭人忙赶了来，才夺了下来。宝玉冷笑道："我砸我的东西，与你们什么相干！"

袭人见他脸都气黄了，眉眼都变了，从来没气的这样，便拉着他的手笑道："你同妹妹拌嘴，不犯着砸它。倘或砸坏了，叫她心里脸上怎么过得去！"林黛玉一行哭着，一行听了这话说到自己心坎儿上来，可见宝玉连袭人不如，越发伤心大哭起来。心里一烦恼，方才吃的香薷饮解暑汤便承受不住，“哇”的一声都吐了出来。紫鹃忙上来用手帕子接住，登时一口一口的把块手帕子吐湿。雪雁忙上来捶。紫鹃道：“虽然生气，姑娘到底也该保重着些。才吃了药好些，这会子因和宝二爷拌嘴，又了吐出来。倘或犯了病，宝二爷怎么过得去呢？”宝玉听了这话说到自己心坎儿上来，可见黛玉不如一紫鹃。又见黛玉脸红头胀，一行啼哭，一行气凑，一行是泪，一行是汗，不胜怯弱。宝玉见了这般，又自己后悔方才不该同她较证，这会子她这样光景，我又替不了她。心里想着，也由不得滴下泪来。袭人见他两个哭，由不得守着宝玉也心酸起来，又摸着宝玉的手冰凉，待要劝宝玉不哭罢，一则又恐宝玉有什么委曲闷在心里，二则又恐薄了林黛玉。不如大家一哭，就丢开手了，因此也流下泪来。紫鹃一面收拾了吐的药，一面拿扇子替黛玉轻轻的扇着，见三个人都鸦雀无声，各自哭各自的，也由不得伤心起来，也拿手帕子擦泪。四个人都无言对泣。

一时，袭人勉强向宝玉道：“你不看别的，你看看这玉上穿的穗子，也不该同林姑娘拌嘴。”黛玉听了，也不顾病，赶来夺过去，顺手抓起一把剪子来就剪。袭人、紫鹃刚要夺时，已经剪了好几段。黛玉哭道：“我也是白效力。他也不希罕，自有别人替他再穿好的去。”袭人忙接了玉道：“何苦来！这是我才多嘴的不是了。”宝玉向林黛玉道：“你只管剪，我横竖不戴它也没什么。”

只顾里头闹，谁知那些老婆子们见黛玉大哭大吐，宝玉又砸玉，不知道要闹到什么田地，倘或连累了她们，便一齐往前头回贾母、王夫人知道，好不干连了她们。那贾母、王夫人见她们忙忙的作一件正经事来告诉，也都不知有了什么大祸，一齐进园来瞧他兄妹。袭人急得抱怨紫鹃为什么惊动了老太太、太太；紫鹃又只当是袭人去告诉的，也抱怨袭人。那贾母、王夫人进来，见宝玉也无言，黛玉也无话，问起来又没为什么事，便将这祸移到袭人、紫鹃两个人身上，说：“为什么你们不小心服侍？这会子闹起来都不管了！”因此，将她二人连骂带说教训了一顿。二人都没话，只得听着。还是贾母带出宝玉去了，方才平复。

过了一日，至初三日，乃是薛蟠生日，家里摆酒唱戏，来请贾府诸人。宝玉因得罪了林黛玉，二人总未见面，心中正自后悔，无精打彩的，哪里还有心肠去看戏，因而推病不去。黛玉不过前日中了些暑溽之气，本无甚大病，听见他不去，心里想道：“他是好吃酒看戏的，今日反不去往他家，自然是因为昨儿气着了。再不然，他见我不去，他也没心肠去。只是昨儿千不该、万不该剪了那玉上的穗子。管定他再不带了，还得我穿了他才戴。”因而心中十分后悔。

那贾母见他两个都生了气，只说趁今儿那边看戏，他两个见了也就完了，不想又都不去。老人家急得抱怨说：“我这老冤家是哪世里的孽障，偏生遇见了这么两个不省事的小冤家，没有一天不叫我操心。真是俗语说的，‘不是冤家不聚头’。几时我闭了这眼，断了这口气，凭这两个冤家闹上天去，我眼不见、心不烦也就罢了，偏又不咽这口气。”自己抱怨着也哭了。这话传入宝、林二人耳内，原来他二人从未听见过“不是冤家不聚头”的这句俗语，如今忽然得了这句话，好似参禅的一般，都低头细嚼此话的滋味，都不觉潸然泪下。虽不曾会面，然一个在潇湘馆临风洒泪，一个在怡红院对月长吁，却不是人居两地，情发一心？

袭人因劝宝玉道：“千万不是，都是你的不是。往日家里小厮们和他们的姊妹拌嘴，或是两口子分争，你听见了，还骂小厮们蠢，不能体贴女孩子们的心肠。今儿你也这么着了。明儿初五，大节下，你们两个再这么仇人似的，老太太越发要生气，一定弄得大家不安生。依我劝，你正经下个气，陪个不是，大家还是照常一样，这么也好，那么也好。”那宝玉听了，不知依与不依，要知端详，且听下回分解。

第 30 回 宝钗借扇机带双敲 龄官划蔷痴及局外

话说林黛玉与宝玉角口后，也自后悔，但又无去就他之理，因此日夜闷闷，如有所失。紫鹃度其意，乃劝道：“若论前日之事，竟是姑娘太浮躁了些。别人不知宝玉那脾气，难道咱们也不知道的。为那玉也不是闹了一遭两遭了。”黛玉啐道：“你倒来替人派我的不是。我怎么浮躁了？”紫鹃笑道：“好好的，为什么又剪了那穗子？岂不是宝玉只有三分不是，姑娘倒有七分不是？我看他素日在姑娘身上就好，皆因姑娘小性儿，常要歪派他，才这么样。”林黛玉正欲答话，只听院外叫门。紫鹃听了一听，笑道：“这是宝玉的声音，想必是来赔不是来了。”黛玉听了道：“不许开门！”紫鹃道：“姑娘又不是了。这么热天毒日头地下，晒坏了他如何使得呢！”口里说着，便出去开门，果然是宝玉。一面让他进来，一面笑道：“我只当宝二爷再不上我们这门了，谁知这会子又来了。”宝玉笑道：“你们把极小的事倒说大了。好好的，为什么不来？我便死了，魂也要来一日两三遭。”又问道：“大好了？”紫鹃道：“身上倒好了些，只是心里的气不大好。”宝玉笑道：“我晓得有什么气。”一面说着，一面进来，只见林黛玉又在床上哭。

那林黛玉本不曾哭，听见宝玉来了，由不得伤了心，止不住滚下泪来。宝玉接近床来，笑，道：“妹妹身上可大好了？”黛玉只顾拭泪，并不答应。宝玉在床沿上坐了，一面笑道：“我知道妹妹不恼我。但只是我不来，叫旁人看着，倒像是咱们又拌了嘴了。等他们来劝咱们，那时，岂不咱们倒生分了？不如这会子，你要打要骂，凭着你怎着罢，可只是别不理我。”说着，又把“好妹妹”叫了几十声。黛玉心里原是再不理宝玉的，这会子见宝玉说：“别叫人知道他们拌了嘴就生分了似的”这一句话，又可见得比别人原亲近，因又撑不住哭道：“你也不来用哄我。从今以后，我也不敢亲近二爷了，二爷也全当我去了。”宝玉听了笑道：“你往哪里去呢？”黛玉道：“我回家去。”宝玉笑道：“我跟了去。”黛玉道：“我死了。”宝玉道：“你死了，我做和尚！”黛玉一闻此言，登时将脸放下来，问道：“想是你要死了，胡说的是什么！你家倒有几个亲姐姐、亲妹妹呢，明儿都死了，你有几个身子去作和尚？明儿我倒把这话告诉人去评评。”

宝玉自知这话说得造次了，后悔不来，登时脸上红胀起来，低着头不敢则一声。幸而屋里没人。黛玉两眼直瞪瞪的瞅了他半天，气得一声儿也说不出来。见宝玉憋得脸上紫胀，便咬着牙用指头狠命的在他额颅上戳了一下，哼了一声，咬牙说道：“你这……”刚说了两个字，便又叹了一口气，仍拿起手帕子来擦眼泪。宝玉心里原有无限心事，又兼说错了话，正自后悔；又见黛玉戳他一下，要说又说不出来，自叹自泣，因此自己也有所感，不觉滚下泪来。要用帕子揩拭，不想又忘了带来，便用衫袖去擦。黛玉虽然哭着，却一眼看见了，见他穿着簇新藕合纱衫，竟去拭泪，便一面自己拭着泪，一面回身将枕上搭的一方绡帕子拿起来，向宝玉怀里一摔，一语不发，仍掩面自泣。宝玉见她摔了帕子来，忙接住拭了泪，又挨近前些，伸手搀了林黛玉一只手笑道：“我的五脏都碎了，你还只是哭。走罢，我同你往老太太跟前去。”黛玉将手一摔道：“谁同你拉拉扯扯的。一天大似一天，还是这么涎皮赖脸的，连个道理也不知道- -。”一句没说完，只听喊道：“好了！”宝、林二个不防，都唬了一跳，回头看时，只见凤姐了进来，笑道：“老太太在那里抱怨天抱怨地，只叫我来瞧瞧你们好了没有。我说不用瞧，过不了三天，他们自己就好了。老太太骂我，说我懒。我来了，果然应了我的话。也没见你们两个有些什么可拌的，三日好了，两日恼了，越大越成了孩子了！有这会子拉着手哭的，昨儿为什么又成了乌眼鸡呢！还不跟我走，到老太太跟前去，叫老人家也放些心。”说着拉了黛玉就走。黛玉回头叫丫头们，一个也没有。凤姐道：“又叫她们作什么？有我服侍你呢。”一面说，一面拉了就走。宝玉在后面跟着出了园门。到了贾母跟前，凤姐笑道：“我说他们不用人费心，自己就会好的。老祖宗不信，一定叫我去说合。及至我到那里要说合，谁知两个人倒在一处对赔不是了。对笑对诉，倒像‘黄鹰抓住了鹞子的脚’，两个都扣了环了，那里还要人去说合。”说得满屋里都笑起来。

此时宝钗正在这里。那林黛玉只一言不发，挨着贾母坐下。宝玉没甚说的，便向宝钗笑道：“大哥哥好日子，偏生我又不好了，没别的礼送，连个头也不得磕去。大哥哥不知我病，倒像我懒，推故不去的。倘或明儿恼了，姐姐替我分辨分辨。”宝钗笑道：“这也多事。你便要去也不敢惊动，何况身上不好，弟兄们日日在一处，要存这个心倒生分了。”宝玉又笑道：“姐姐知道体谅我就好了。”又道：“姐姐怎么不看戏去？”宝钗道：“我怕热，看了两齣，热得很。要走，客又不散。我少不得推身上不好，就来了。”宝玉听说，自己由不得脸上没意思，只得又搭讪笑道：“怪不得他们拿姐姐比杨妃，原也体丰怯热。”宝钗听说，不由得大怒，待要怎样，又不好怎样。回思了一回，脸红起来，便冷笑了两声说道：“我倒像杨妃，只是没一个好哥哥好兄弟可以作得杨国忠的！”二人正说着，可巧小丫头靛儿因不见了扇子，和宝钗笑道：“必是宝姑娘藏了我的。好姑娘，赏我罢！”宝钗指她道：“你要仔细！我和你玩过？你再疑我。和你素日嘻皮笑脸的那些姑娘们跟前，你该问她们去。”说得靛儿跑了。宝玉自知又把话说造次了，当着许多人，更比才在林黛玉跟前更不好意思，便急回身又同别人搭讪去了。

黛玉听见宝玉奚落宝钗，心中着实得意，才要搭言，也趁势取个笑，不想靛儿因找扇子，宝钗又发了两句话，她便改口笑道：“宝姐姐，你听了两齣什么戏？”宝钗因见黛玉面上有得意之态，一定是听了宝玉方才奚落之言，遂了她的心愿，忽又见问她这话，便笑道：“我看的是李逵骂了宋江，后来又赔不是。”宝玉便笑道：“姐姐通今博古，色色都知道，怎么连这一齣戏的名字也不知道？就说了这么一串子。这叫《负荆请罪》。”宝钗笑道：“原来这叫做《负荆请罪》！你们通今博古，才知道‘负荆请罪’，我不知道什么是‘负荆请罪’！”一句话未说完，宝玉、黛玉二人心里有病，听了这话早把脸羞红了。凤姐儿于这些上虽不通达，但见他三人形景，便知其意，便也笑着问人道：“你们大暑天，谁还吃生薑呢？”众人不解其意，便说道：“没有吃生姜。”凤姐儿故意用手摸着腮，诧异道：“既没人吃生薑，怎么这么辣辣的？”宝玉黛玉二人听见这话，越发不好过了。宝钗再欲说话，见宝玉十分惭愧，形景改变，也就不好再说，只得一笑收住。别人总未解得他四个人的言语，因此付之流水。

一时宝钗、凤姐儿去了，黛玉笑向宝玉道：“你也试着比我利害的人了。谁都像我心拙口笨的，由着人说呢！”宝玉正因宝钗多了心，自己没趣，又见黛玉来问着他，越发没好气起来。待要说两句，又恐黛玉多心，说不得忍着气，无精打彩一直出来了。

谁知目今盛暑之时，又当早饭已过，各处主仆人等多半都因日长神倦，宝玉背着手，到一处，一处鸦雀无闻。从贾母这里出来，往西走过了穿堂，便是凤姐儿的院落。到她院门前，只见院门掩着。知道凤姐儿素日的规矩，每到天热，午间要歇一个时辰的，进去不便，遂进角门，来到王夫人上房内。只见几个丫头子手里拿着针线，都打盹儿呢。王夫人在里间凉榻上睡着，金钏儿坐在旁边捶腿，也乜斜着眼乱恍。

宝玉轻轻的走到跟前，把她耳上戴的坠子一摘，金钏儿睁开眼见是宝玉。宝玉悄悄的笑道：“就困得这么着？”金钏儿抿嘴一笑，摆手令他出去，仍合上眼。宝玉见了她，就有些恋恋不舍的，悄悄的探头瞧瞧王夫人合着眼，便自己向身边荷包里带的香雪润津丹掏了出来，便向金钏儿口里一送。金钏儿并不睁眼，只管噙了。宝玉上来便拉着手，悄悄的笑道：“我明日和太太讨你，咱们在一处罢。”金钏儿不答。宝玉又道：“不然，等太太醒了我就讨。”金钏儿睁开眼，将宝玉一推，笑道：“你忙什么！‘金簪子掉在井里头，有你的只是有你的’，连这句话语难道也不明白？我倒告诉你个巧宗儿，你往东小院子里拿环哥儿同彩云去。”宝玉笑道：“凭他怎么去罢，我只守着你。”只见王夫人翻身起来，照金钏儿脸上就打着了个嘴巴子，指着骂道：“下作小娼妇！好好的爷们，都叫你们教坏了。”宝玉见王夫人起来，早一熘烟去了。

这里金钏儿半边脸火热，一声不敢言语。登时众丫头听见王夫人醒了，都忙进来。王夫人便叫玉钏儿：“把你妈叫来，带出你姐姐去！”金钏儿听说，忙跪下哭道：“我再不敢了。太太要打要骂，只管发落，别叫我出去就是天恩了。我跟了太太十来年，这会子撵出去，我还见人不见人呢！”王夫人固然是个宽仁慈厚的人，从来不曾打过丫头们一下，今忽见金钏儿行此无耻之事，此乃平生最恨者，故气忿不过，打了一下，骂了几句。虽金钏儿苦求，亦不肯收留，到底唤了金钏儿之母白老儿的媳妇来领了下去。那金钏儿含羞忍辱的出去了，不在话下。

且说宝玉见王夫人醒来了，自己没趣，忙进大观园来。只见赤日当空，树阴合地，满耳蝉声，静无人语。刚到了蔷薇花架，只听有人哽噎之声。宝玉心中疑惑，便站住细听，果然架下那边有人。如今五月之际，那蔷薇正是花叶茂盛之时，宝玉便悄悄的隔着篱笆洞儿一看，只见一个女孩子蹲在花下，手里拿着根绾头的簪子，在地下抠土，一面悄悄的流泪。宝玉心中想道：“难道这也是个痴丫头，又像颦儿来葬花不成？”因又自笑道：“若真也葬花，可谓‘东施效颦’，不但不为新特，且更可厌了。”想毕便要叫那女孩子说：“你不用跟着林姑娘学了。”话未出口，幸而再看时，这女孩子面生，不是个侍儿，倒像是那十二个学戏的女孩子之内的，却辨不出她是生、旦、淨、丑哪一个角色来。宝玉忙把舌头一伸，将口掩住，自己想道：“幸而不曾造次。上两次皆因造次了，颦儿也生气，宝钗儿也多心，如今再得罪了她们，越发没意思了。”

一面想，一面又恨认不得这个是谁。再留神细看，只见这女孩子眉蹙春山，眼颦秋水，面薄腰纤，袅袅婷婷，大有林黛玉之态。宝玉早又不忍弃她而去，只管痴看。只见她虽然用金簪划地，并不是掘土埋花，竟是向土上画字。宝玉用眼随着簪子的起落，一直一画一点一勾的看了去，数一数，十八笔。自己又在手心里用指头按着她方才下笔的规矩写了，猜是个什么字。写成一想，原来就是个蔷薇花的“蔷”字。宝玉想道：“必定是他也要作诗填词。这会子见了这花，因有所感，或者偶成了两句，一时兴至恐忘，在地下画着推敲，也未可知。且看他底下再写什么。”一面想，一面又看，只见那女孩子还在那里画呢，画来画去，还是个“蔷”字。再看，还是个“蔷”字。里面的原是早已痴了，画完一个又画一个，已经画了有几十个“蔷”。外面的不觉也看痴了，两个眼珠儿只管随着簪子动，心里却想：“这女孩子一定有什么话说不出来的大心事，才这么个形景。外面既是这个形景，心里不知怎么熬煎。看他她的模样儿这般单薄，心里哪里还搁得住熬煎。可恨我不能替你分些过来。”

伏中阴晴不定，片云可以致雨。忽一阵凉风过了，唰唰的落下一阵雨来。宝玉看着那女孩子头上滴下水来，纱衣裳登时湿了。宝玉想道：“这时下雨。她这个身子，如何禁得骤雨一激！”因此禁不住便说道：“不用写了。你看下大雨，身上都湿了。”那女孩子听说，倒唬了一跳，抬头一看，只见花外一个人叫她不要写了，下大雨了。一则宝玉脸面俊秀；二则花叶繁茂，上下俱被枝叶隐住，刚露着半边脸：那女孩子只当是个丫头，再不想是宝玉，因笑道：“多谢姐姐提醒了我！难道姐姐在外头有什么遮雨的？”一句提醒了宝玉，“嗳哟”了一声，才觉得浑身冰凉。低头一看，自己身上也都湿了。说声“不好”，只得一气跑回怡红院去了，心里却还记挂着那女孩子没处避雨。

原来明日是端阳节，那文官等十二个女子都放了学，进园来各处玩耍。可巧小生宝官、正旦玉官等两个女孩子，正在怡红院和袭人玩笑，被大雨阻住。大家把沟堵了，水积在院内，把些绿头鸭、花鸂鶒、彩鸳鸯，捉的捉、赶的赶，缝了翅膀，放在院内玩耍，将院门关了。袭人等都在游廊上嘻笑。宝玉见关着门，便以手扣门，里面诸人只顾笑，哪里听得见。叫了半日，拍得门山响，里面方听见了，估量着宝玉这会子再不回来的。袭人笑道：“谁这会子叫门？没人开去。”宝玉道：“是我。”麝月道：“是宝姑娘的声音。”晴雯道：“胡说！宝姑娘这会子做什么来。”袭人道：“让我隔着门缝儿瞧瞧，可开就开，要不可开，叫他淋着去。”说着，便顺着游廊到门前，往外一瞧，只见宝玉淋得雨打鸡一般。袭人见了又是着忙，又是可笑，忙开了门，笑得弯着腰拍手道：“这么大雨地里跑什么？哪里知道爷回来了。”

宝玉一肚子没好气，满心里要把开门的踢几脚，及开了门，并不看真是谁，还只当是那些小丫头子们，便抬腿踢在肋上。袭人“嗳哟”了一声。宝玉还骂道：“下流东西们！我素日担待你们得了意，一点儿也不怕，索性拿我取笑儿了！”口里说着，一低头见是袭人哭了，方知踢错了，忙笑道：“嗳哟，是你来了！踢在哪里了？”袭人从来不曾受过一句大话的，今忽见宝玉生气踢她一下，又当着许多人，又是羞，又是气，又是疼，真一时置身无地。待要怎么样，料着宝玉未必是安心踢他，少不得忍着说道：“没有踢着。还不换衣裳去！”宝玉一面进房来解衣，一面笑道：“我长了这么大，今日是头一遭儿生气打人，不想就偏遇见了你！”袭人一面忍痛换衣，一面笑道：“我是个起头儿的人，不论事大事小、事好事歹，自然也该从我起。但只是别说打了我，明儿顺了手，也打起别人来。”宝玉道：“我才刚也不是安心。”袭人道：“谁说是安心了！素日开门关门，都是那起小丫头子们的事。她们是憨皮惯了的，早已恨得人牙痒痒，她们也没个怕惧儿。你原当是她们，踢一下子，唬唬她们也好。才刚是我淘气，不叫开门的。”

说着，那雨已住了，宝官、玉官也早去了。袭人只觉肋下疼得心里发闹，晚饭也不曾好生吃。至晚间洗澡时，脱了衣服，只见肋上青了碗大一块，自己倒唬了一跳，又不好声张。一时睡下，梦中作痛，由不得“嗳哟”之声从睡中哼出。宝玉虽说不是安心，因见袭人懒懒的，也睡不安稳。忽夜间听得“嗳哟”之声，便知踢重了，自己下床来，悄悄的秉灯来照。刚到床前，只见袭人嗽了两声，吐出一口痰来，“嗳哟”一声，睁开眼见了宝玉，倒唬了一跳道：“作什么？”宝玉道：“你梦里‘嗳哟’，必定踢重了。我瞧瞧。”袭人道：“我头上发晕，嗓子里又腥又甜，你倒照一照地下罢。”宝玉听说，果然持灯向地下一照，只见一口鲜血在地。宝玉慌了，只说“了不得了！”袭人见了，也就心冷了半截。要知端详，且听下回分解。

第 31 回 撕扇子作千金一笑 因麒麟伏白首双星

话说袭人见了自己吐的鲜血在地，也就冷了半截。想着往日常听人说：“少年吐血，年月不保，纵然命长，终是废人了。”想起此言，不觉将素日想着后来争荣夸耀之心尽皆灰了，眼中不觉滴下泪来。宝玉见她哭了，也不觉心酸起来，因问道：“你心里觉得怎么样？”袭人勉强笑道：“好好的，觉怎么呢。”宝玉的意思即刻便要叫人烫黄酒要山羊血黎洞丸来。袭人拉了他的手，笑道：“你这一闹不打紧，闹起多少人来，倒抱怨我轻狂。分明人不知道，倒闹得人知道了，你也不好，我也不好。正经明儿你打发小子问问王太医去，弄点子药吃吃就好了。人不知鬼不觉的可不好？”宝玉听了有理，也只得罢了，向案上斟了茶来，给袭人漱了口。袭人知道宝玉心内是不安稳的，待要不叫他服侍，他又必不依；二则定要惊动别人，不如由他去罢，因此只在榻上由宝玉去服侍。一交五更，宝玉也顾不得梳洗，忙穿衣出来，便往王济仁来，亲自确问。王济仁问其原故，不过是伤损，便说了个丸药名字，怎么服，怎么敷。宝玉记了，回园依方调治。不在话下。

这日正是端阳佳节，蒲艾簪门，虎符繫臂。午间，王夫人治了酒席，请薛家母女等赏午。宝玉见宝钗澹澹的，也不和他说话，便知是昨儿的原故。王夫人见宝玉没精打彩，也只当是昨日金钏儿之事，他不好意思的，索性不理他。林黛玉见宝玉懒懒的，只当是他因为得罪了宝钗的原故，心中不自在，形容也就懒懒的。凤姐儿昨日晚间王夫人就告诉了她宝玉、金钏儿的事，知道王夫人不自在，连见了宝玉尚未挽回，自己如何敢说笑呢，也就随着王夫人的气色行事，更觉澹澹的。贾迎春姊妹见众人无意思，也都无意思了。因此，大家坐了一坐就散了。

林黛玉天性喜散不喜聚。她想的也有个道理，她说，“人有聚就有散，聚时欢喜，到散时岂不清冷？既清冷则生伤感，所以不如倒是不聚的好。比如那花开时令人爱慕，谢时则增惆怅，所以倒是不开的好。”故此人以为喜之时，她反以为悲。那宝玉的情性只愿常聚，生怕一时散了添悲；那花只愿常开，生怕一时谢了没趣；只到筵散花谢，虽有万种悲伤，也就无可如何了。因此，今日之筵，大家无兴散了，林黛玉倒不觉得怎么，倒是宝玉心中闷闷不乐，回至自己房中，长吁短叹。偏生晴雯上来换衣服，不防又把扇子失了手跌在地下，将股子跌折。宝玉因叹道：“蠢才！蠢才！将来怎么样？明日你自己当家立业，难道也是这么顾前不顾后的？”晴雯冷笑道：“二爷近来气大得很，行动就给脸子瞧。前儿连袭人都打了，今儿又寻我的不是。要踢要打凭爷处治就是了。就是跌了扇子，也是平常的事。先时连那么样的玻璃缸、玛瑙碗不知弄坏了多少，也没见个大气儿，这会子一把扇子就这么着了。何苦来！要嫌我们就打发我们，再挑好的使。好离好散的倒不好？”宝玉听了这些话，气得浑身乱战，因说道：“你不用忙，将来有散的日子！”

袭人在那边早已听见，忙赶过来向宝玉道：“好好的，又怎么了？可是我说的一时我不到，就有事故儿！”晴雯听了冷笑道：“姐姐既会说，就该早来，也省了爷生气。自古以来，就是你一个人服侍爷的，我们原没服侍过。因为你服侍得好，昨日才挨窝心脚；我们不会服侍的，到明儿还不知是个什么罪呢！”袭人听了这话，又是恼，又是愧，待要说几句话，又见宝玉已经气得黄了脸，少不得自己忍了性子，推晴雯道：“好妹妹，你出去逛逛，原是我们的不是。”晴雯听她说“我们”两个字，自然是她和宝玉了，不觉又添了醋意，冷笑几声道：“我倒不知道你们是谁，别我替你们害臊了！便是你们鬼鬼祟祟干的那事儿，也瞒不过我去，哪里就称起‘我们’来了。明公正道，连个姑娘还没挣上去呢。也不过和我似的，那里就称上‘我们’了！”袭人羞得脸紫胀起来，想一想，原是自己把话说错了。宝玉一面道：“你们气不忿，我明儿偏抬举她！”袭人忙拉了宝玉的手道：“她一个煳涂人，你和他分争什么？况且你素日又是有担待的。比这大的过去了多少，今儿是怎么了？”晴雯又冷笑道：“我原是煳涂人，哪里配和我说话呢！”袭人听说道：“姑娘倒是和我拌嘴呢，是和二爷拌嘴呢？要是心里恼我，你只和我说，不犯着当着二爷吵；要是恼二爷，不该这们吵得万人知道。我才也不过为了事，进来劝开了，大家保重。姑娘倒寻上我的晦气。又不像是恼我，又不像是恼二爷，夹枪带棒，终久是个什么主意？我就不多说，让你说去。”说着便往外走。宝玉向晴雯道：“你也不用生气，我也猜着你的心事了。我回太太去，你也大了，打发你出去好不好？”晴雯听见这话，不觉又伤起心来，含泪说道：“我为什么出去？要嫌我，变着法儿打发我去，也不能够。”宝玉道：“我何曾经过这么个吵闹？一定是你要出去了。不如回太太，打发你出去吧。”说着，站起来就要走。袭人忙回身拦住，笑道：“往哪里去？”宝玉道：“回太太去。”袭人笑道：“好没意思！认真个的去回，你也不怕臊了？便是她认真要去，也等把这气下去了，等无事中说话儿回了太太也不迟。这会子急急的当作一件正经事去回，岂不叫太太犯疑？”宝玉道：”太太必不犯疑，我只明说是她闹着要去的。”晴雯哭道：“我多早晚闹着要去了？饶生了气，还拿话压派我。只管去回，我一头碰死了也不出这门儿。”宝玉道：“这也奇了。你又不去，你又闹些什么？我经不起这么吵，不如去了倒干淨。”说着一定要去回。袭人见拦不住，只得跪下了。碧痕、秋纹、麝月等众丫鬟见吵闹，都鸦雀无闻的在外头听消息，这会子听见袭人跪下央求，便一齐进来都跪下了。宝玉忙把袭人扶起来，叹了一声，在床上坐下，叫众人起来，向袭人道：“叫我怎么样才好！这个心使碎了，也没人知道。”说着，不觉滴下泪来。袭人见宝玉流下泪来，自己也就哭了。

晴雯在旁哭着，方欲说话，只见林黛玉进来，便出去了。林黛玉笑道：“大节下怎么好好的哭起来？难道是为争粽子吃，争恼了不成？”宝玉和袭人嗤的一笑。黛玉道：“二哥哥不告诉我，我问你就知道了。”一面说，一面拍着袭人的肩，笑道：“好嫂子，你告诉我。必定是你两个拌了嘴了。告诉妹妹，替你们和劝和劝。”袭人推她道：“林姑娘你闹什么？我们一个丫头，姑娘只是混说。”黛玉笑道：“你说你是丫头，我只拿你当嫂子待。”宝玉道：“你何苦来替她招骂名儿。饶这么着，还有人说闲话，还搁得住你来说她。”袭人笑道：“林姑娘！你不知道我的心事，除非一口气，不来死了倒也罢了。”林黛玉笑道：“你死了，别人不知怎么样，我先就哭死了。”宝玉笑道：“你死了，我做和尚去。”袭人笑道：“你老实些罢，何苦还说这些话。”林黛玉将两个指头一伸，抿嘴笑道：“做了两个和尚了。我从今以后都记着你做和尚的遭数儿。”宝玉听了，知道是他点前日的话，自己一笑也就罢了。

一时黛玉去后，就有人来说“薛大爷请”，宝玉只得去了。原来是吃酒，不能推辞，只得尽席而散。晚间回来，已带了几分酒，踉跄来至自己院内，只见院中早把乘凉枕榻设下，榻上有个人睡着。宝玉只当是袭人，一面在榻沿上坐下，一面推她，问道：“疼得好些了？”只见那人翻身起来说：“何苦来，又招我！”宝玉一看，原来不是袭人，却是晴雯。宝玉将她一拉，拉在身旁坐下，笑道：“你的性子越发惯娇了。早起就是跌了扇子，也不过说了两句，你就说上那些话。你说我也罢了，袭人好意来劝，你又括上她，你自己想想，该不该？”晴雯道：“怪热的，拉拉扯扯作什么！叫人来看见像什么！我这身子也不配坐在这里。”宝玉笑道：“你既知道不配，为什么睡着呢？”晴雯没得说，嗤的又笑了，说：“你不来，使得；你来了，就不配了。起来，让我洗澡去。袭人、麝月都洗了澡，我叫了她们来。”宝玉笑道：“我才又吃了好些酒，还得洗一洗。你既没有洗，拿了水来，咱们两个洗。”晴雯摇手笑道：“罢，罢，我不敢惹爷。还记得碧痕打发你洗澡，足有两三个时辰，也不知道作什么呢？我们也不好进去的。后来洗完了，进去瞧瞧，地下的水淹着床腿儿，连席子上都汪着水，也不知是怎么洗的，叫人笑了几天。我也没那工夫收拾，也不用同我洗去。今儿也凉快，那会子洗了可也不用再洗。我倒舀一盆水来，你洗洗脸通通头。才刚鸳鸯送了好些果子来，都湃在那水晶缸里呢，叫她们打发你吃。”宝玉笑道：“既这么着，你也不许洗去，只洗洗手来拿果子来吃罢。”晴雯笑道：“我慌张得很，连扇子还跌折了，那里还配打发吃果子！倘或再打破了盘子，更了不得了。”宝玉笑道：“你爱打就打，这些东西原不过是借人所用，你爱这样，我爱那样，各自性情不同。比如那扇子原是扇的，你要撕着玩，也可以使得，只是不可生气时拿它出气。就如杯盘，原是盛东西的，你喜听那一声响，就故意的碎了也可以使得，只是别在生气时拿他出气。这就是爱物了。”晴雯听了笑道：“既这么说，你就拿扇子来我撕。我最喜欢撕的。”宝玉听了，便笑着递与她。晴雯果然接过来，“嗤”的一声撕了两半，接着“嗤嗤”又听几声。宝玉在旁笑着说：“响的好，再撕响些！”正说着，只见麝月走过来笑道：“少作些孽罢！”宝玉赶上来，一把将她手里的扇子也夺了递与晴雯。晴雯接了，也撕作几半子，二人都大笑。麝月道：“这是怎么说，拿我的东西开心儿？”宝玉笑道：“打开扇子匣子你拣去，什么好东西！”麝月道：“既这么说，就把匣子搬了出来，让她尽力的撕，岂不好？”宝玉笑道：“你就搬去。”麝月道：“我可不造这孽。她也没折了手，叫她自己搬去。”晴雯笑着，便倚在床上说道：“我也乏了，明儿再撕罢。”宝玉笑道：“古人云，‘千金难买一笑’，几把扇子能值几何？”一面说着，一面叫袭人。袭人才换了衣服走出来，小丫头佳蕙过来拾去破扇，大家乘凉，不消细说。

至次日午间，王夫人、薛宝钗、林黛玉众姊妹正在贾母房内坐着，就有人回：“史大姑娘来了。”一时果见史湘云带领众多丫鬟、媳妇走进院来。宝钗、黛玉等忙迎至阶下相见。青年姊妹间经月不见，一旦相逢，其亲密自不必说得。一时进入房中，请安问好，都见过了。贾母因说：“天热，把外头的衣服脱了罢。”史湘云忙起身宽衣。王夫人因笑道：“也没见穿上这些作什么？”史湘云笑道：“都是二婶婶叫穿的，谁愿意穿这些！”宝钗一旁笑道：“姨娘不知道，她穿衣裳还更爱穿别人的衣裳。可记得旧年三四月里，他在这里住着，把宝兄弟的袍子穿上，靴子也穿上，额子也勒上，劻一瞧倒像是宝兄弟，就是多两个坠子。她站在那椅子后边，哄得老太太只是叫‘宝玉，你过来，仔细那上头挂的灯穗子招下灰来迷了眼’她只是笑，也不过去。后来大家撑不住笑了，老太太才笑了，说‘倒扮上男人好看了’。”林黛玉道：“这算什么。惟有前年正月里接了她来，住了没两日，下起雪来，老太太和舅母那日想是才拜了影回来，老太太的一个新新的大红猩猩毡斗篷放在那里，谁知眼错不见她就披了，又大又长，她就拿了条汗巾子拦腰繫上，和丫头们在后院子扑雪人儿去，一跤栽到沟跟前，弄了一身泥水。”说着，大家想着前情都笑了。宝钗笑向那周奶妈道：“周妈，你们姑娘还是那么淘气不么？”周奶笑道：“了。”迎春笑道：“淘气也罢了，我就嫌她爱说话。也没见睡在那里还是咭咭呱呱，笑一阵，说一阵，也不知哪里来的那些话。”王夫人道：“只怕如今好了。前儿有人家来相看，眼见有婆婆家了，还是那么着。”贾母因问：“今儿还是住着，还是家去呢？”周奶妈笑道：“老太太没有看见衣服都带了来，可不住两天？”史湘云问道：“宝玉哥哥不在家么？”宝钗笑道：“她再不想着别人，只想宝兄弟，两个人好玩的。这可见还没改了淘气呢。”贾母道：“如今你们大了，别提小名儿了。”

刚说着，只见宝玉来了，笑道：“云妹妹来了。前儿打发人接你去怎么不来？”王夫人道：“这里老太太才说这一个，他又来提名道姓的了。”林黛玉道：“你哥哥得了好东西，等着你呢。”史湘云道：“什么好东西？”宝玉笑道：“你信她呢！几日不见越发高了。”湘云笑道：“袭人姐姐好？”宝玉道：“多谢你记挂。”湘云道：“我给她带了好东西来了。”说着，拿出手帕子来，挽着一个疙瘩。宝玉道：“什么好的？你倒不如把前儿送来的那种绛纹石戒指儿带两个给她。”湘云笑道：“这是什么？”说着便打开。众人看时，果然就是上次送来的那绛纹戒指，一包四个。林黛玉笑道：“你们瞧瞧她这主意。前儿一般的打发人给我们送了来，你就把她的也带了来岂不省事？今儿巴巴的自己带了来，我当又是什么新奇东西，原来还是它。真真你是个煳涂人。”史湘云笑道：“你才煳涂呢！我把这理说出来，大家评一评谁煳涂。给你们送东西，就是使来的不用说话，拿进来一看，自然就知是送姑娘们的了；若带她们的东西，这须得我先告诉来人，这是哪一个丫头的，那是哪一个丫头的。那使来的人明白还好，再煳涂些，丫头的名字他也不记得，混闹胡说的，反连你们的东西都搅煳涂了。若是打发个女人来，素日知道的还罢了，偏生前儿又打发小子来，可怎么说丫头们的名字呢？横竖我来给她们带来，岂不清白！”说着，把四个戒指放下，说道："袭人姐姐一个，鸳鸯姐姐一个，金钏儿姐姐一个，平儿姐姐一个：这倒是四个人的，难道小子们也记得这么清白？"众人听了都笑道："果然明白。"宝玉笑道："还是这么会说话，不让人。"林黛玉听了冷笑道："她不会说话，她的金麒麟也会说话。"一面说着便起身走了。幸而诸人都不曾听见，只有薛宝钗抿嘴一笑。宝玉听见了，倒自己后悔又说错了话，忽见宝钗一笑，由不得也笑了。宝钗见宝玉笑了，忙起身走开，找了林黛玉去说笑。

贾母向湘云道："吃了茶，歇一歇，瞧瞧你的嫂子们去。园子里也凉快，同你姐姐们去逛逛。"湘云答应了，将三个戒指儿包上，歇了一歇，便起身要瞧凤姐等人去。众奶娘丫头跟着，到了凤姐那里，说笑了一回，出来便往大观园来。见过了李宫裁，少坐片时，便往怡红院来找袭人。因回头说道："你们不必跟着，只管瞧你们的朋友亲戚去，留下翠缕服侍就是了。"众人听了，自去寻姑觅嫂，早剩下湘云、翠缕两个人。翠缕道："这荷花怎么还不开？"史湘云道："时候没到。"翠缕道："这也和咱们家池子里的一样，也是楼子花？"湘云道："他们这个还不如咱们的呢。"翠缕道："他们那边有棵石榴，接连四五枝，真是楼子上起楼子，这也难为它长。"史湘云道："花草也是同人一样，气脉充足，长得就好。"翠缕把脸一扭，说道："我不信这话。若说同人一样，我怎么不见头上又长出一个头来的人？"湘云听了，由不得一笑，说道："我说你不用说话，你偏好说。这叫人怎么好答言？天地间都赋阴阳二气所生，或正或邪，或奇或怪，千变万化，都是阴阳顺逆，多少一生出来，人罕见的就奇，究竟理还是一样。"翠缕道："这么说起来，从古至今，开天辟地，都是些阴阳了？"湘云笑道："糊涂东西！越说越放屁。什么'都是些阴阳'，难道还有个阴阳不成！'阴''阳'两个字还只是一个字，阳尽了就成阴，阴尽了就成阳，不是阴尽了又有个阳生出来，阳尽了又有个阴生出来。"翠缕道："这糊涂死了我！什么是个阴阳，没影没形的。我只问姑娘，这阴阳是怎么个样儿？"湘云道："阴阳可有什么样儿，不过是个气，器物赋了成形。比如天是阳，地就是阴；水是阴，火就是阳；日是阳，月就是阴。"翠缕听了笑道："是了，是了，我今儿可明白了。怪道人都管着日头叫'太阳'呢，算命的管着月亮叫什么'太阴星'，就是这个理了。"湘云笑道："阿弥陀佛！刚刚的明白了。"翠缕道："这些大东西有阴阳也罢了，难道那些蚊子、虼蚤、蠓虫儿、花儿、草儿、瓦片儿、砖头儿也有阴阳不成？"湘云道："怎么没有阴阳呢？比如那一个树叶儿还分阴阳呢，那边向上朝阳的就是阳，这边背阴覆下的就是阴。"翠缕听了，点头笑道："原来这样，我可明白了。只是咱们这手里的扇子，怎么是阳，怎么是阴呢？"湘云道："这边正面就是阳，那边反面就为阴。"翠缕又点头笑了，还要拿几件东西问，因想不起个什么来，猛低头就看见湘云宫絛上繫的金麒麟，便提起来问道："姑娘，这个难道也有阴阳？"湘云道："走兽飞禽，雄为阳，雌为阴；牝为阴，牡为阳。怎么没有呢！"翠缕道："这是公的，是母的？"湘云道："这连我也不知道。"翠缕道："这也罢了，怎么东西都有阴阳，咱们人倒没有阴阳呢？"湘云照脸啐了一口道："下流东西，好生走罢！越问越问出好的来了！"翠缕笑道："这有什么不告诉我的呢？我也知道了，不用难我。"湘云笑道："你知道什么？"翠缕道："姑娘是阳，我就是阴。"说湘云拿手帕子捂着嘴，呵呵大笑起来。翠缕道："说是了，就笑得这样！"湘云道："很是，很是。"翠缕道："人规矩主子为阳，奴才为阴，我连这个大道理也不懂得？"湘云笑道："你很懂得。"

一面说，一面走，刚到蔷薇架下，湘云道："你瞧，那是谁掉的首饰？金晃晃在那里。"翠缕听了，忙赶上拾起来，手里攥着，笑道："可分出阴阳来了。"说着，便拿史湘云的麒麟瞧。湘云要他拣的瞧，翠缕只管不放手，笑道："是件宝贝，姑娘瞧不得。这是从那里来的？好奇怪！我从来在这里没见有人有这个。"湘云道："拿来我瞧瞧。"翠缕将手一撒，笑道："请看。"湘云举目一验，却是文彩辉煌的一个金麒麟，比自己佩的又大又有文彩。湘云伸手擎在掌上，只是默默不语。正自出神，忽见宝玉从那边来了，笑问道："你两个在这日头底下作什么呢？怎么不找袭人去？"湘云连忙将那麒麟藏了，说道："正要去呢。咱们一同走。"说着，大家进入怡红院来。袭人正在阶下倚槛追风，忽见湘云来了，连忙下来迎接，携手笑道："许久不来，想念得人了不得。"一时进房归坐，宝玉因笑道："你该早来，我得了一件好东西，专等你呢。"说着，便向怀内摸掏，掏了半天，"啊呀"了一声，便问袭人"那个东西你收起来了么？"袭人道："什么东西？"宝玉道："前儿得的麒麟。"袭人道："你天天带在身上的，怎么问我？"宝玉听了，将手一拍，说道："这可丢了，往哪里去找呢！"顿时黄了脸，就要起身寻去找。湘云方知是他遗落的，便笑问道："你几时又有了麒麟了？"宝玉道："前儿好容易得的呢，不知多早晚丢了，我也糊涂了。"湘云笑道："幸而是完的东西，还是这么慌张。"说着，将手一撒，"你瞧瞧，是这个不是？"宝玉一见，由不得欢喜非常，因说道："可不是它是谁！"且听下回分解。

第 32 回 诉肺腑心迷活宝玉 含耻辱情烈死金钏

话说宝玉见那麒麟，心中甚是欢喜，便伸手来拿，笑道："亏你拣着了。你是哪里拣的？"史湘云笑道："幸而是这个，明儿倘或把印也丢了，难道也就罢了不成？"宝玉笑道："倒是丢了印平常，若丢了这个，我就该死了。"袭人斟了茶来与史湘云吃，一面笑道："大姑娘，听见前日你大喜了。"史湘云听了，红了脸吃茶不答。袭人道："这会子又害臊了。你还记得十年前，咱们在西边暖阁住着，晚上你同我说的话儿？那会子不害臊，这会子怎么又害臊了？"史湘云笑道："你还说呢。那会子咱们那么好，后来我们太太没了，我家去住了一程子，怎么就把你派了跟二哥哥，我来了，你就不像先待我了。"袭人笑道："你还说呢。先姐姐长姐姐短哄着我替你梳头洗脸，作这个弄那个，如今大了，就拿出小姐的款来。你既拿小姐的款，我怎么敢亲近呢？"史湘云道："阿弥陀佛，冤枉冤哉！我要这样，就立刻死了。你瞧瞧，这么大热天，我来了必定赶来先瞧瞧你。不信，你问问缕儿，我在家时时刻刻哪一回不念你几声。"话未了，忙得袭人和宝玉笑道："说玩话你又认真了。还是这么性急。"史湘云道："你不说你的话噎人，倒说人性急。"一面说，一面打开手帕子，将戒指递与袭人。袭人感谢不尽，因又笑道："你前儿送你姐姐们的，我已得了；今儿你亲自又送来，可见是没忘了我。只这个就试出你来了。戒指儿能值多少，可见你的心真。"史湘云道："是谁给你的？"袭人道："是宝姑娘给我的。"湘云笑道："我只当是林姐姐给你的，原来是宝钗姐姐给了你。我天天在家里想着，这些姐姐们再没一个比宝姐姐好的。可惜我们不是一个娘养的。我但凡有这么个亲姐姐，就是没了父母也是没妨碍的。"说着，眼睛圈儿就红了。宝玉道："罢，罢，罢！不用提这个话。"史湘云道："提这个便怎么？我知道你的心病，恐怕你林妹妹听见，又怪嗔我赞了宝姐姐。可是为这个不是？"袭人在旁嗤的一笑，说道："云姑娘，你如今大了，越发心直口快了。"宝玉笑道："我说你们这几个人难说话，果然不错。"史湘云道："好哥哥，你不必说话教我恶心。只会在我们跟前说话，见了你林妹妹，又不知怎么了。"

袭人道："且别说玩话，正有一件事还要求你呢。"史湘云便问"什么事？"袭人道："有一双鞋，抠了垫心子。我这两日身上不大好，不得做，你可有工夫替我做做？"史湘云笑道："这又奇了，你家放着这些巧人不算，还有什么针线上的，裁剪上的，怎么叫我做起来？你的活计叫谁做，谁好意思不做呢？"袭人笑道："你又糊涂了。你难道不知道我们这屋里的针线，是不要那些针线上的人做的。"史湘云听了，便知是宝玉的鞋了，因笑道："既这么说，我就替你做了罢。只是一件，你的我才做，别人的我可不能。”袭人笑道：“又来了，我是个什么，就烦你做鞋了。实告诉你，可不是我的。你别管是谁的，横竖我领情就是了。”史湘云道：“论理，你的东西也不知烦我做了多少了，今儿我倒不做了的原故，你必定也知道。”袭人道：“我倒也不知道。”史湘云冷笑道：“前儿我听见把我做的扇套子拿着和人家比，赌气又铰了。我早就听见了，你还瞒我。这会子又叫我做，我成了你们的奴才了。”宝玉忙笑道：“前儿的那事，本不知是你做的。”袭人也笑道：“他真不知是你做的。是我哄他的话，说是新近外头有个会做活的女孩儿，说扎得出奇的花，我叫他们拿了一个扇套子试试看好不好。他就信了，拿了出去给这个瞧，给那个看的。不知怎么又惹恼了林姑娘，铰了两段。回来他还叫赶着做去，我才说了是你做的，他后悔得什么似的。”史湘云道：“这越发奇了。林姑娘她也犯不上生气，她既会剪，就叫她做。”袭人道：“她可不做呢。饶这么着，老太太还怕她劳碌着了。大夫又说好生静养才好呢，谁还敢烦她做？旧年算好一年的工夫，做了个香袋儿；今年半年，还没见拿针线呢。”

正说着，有人来回说：“兴隆街的大爷来了，老爷叫二爷出去会。”宝玉听了，便知是贾雨村来了，心中好不自在。袭人忙去拿衣服。宝玉一面蹬着靴子，一面抱怨道：“有老爷和他坐着就罢了，回回定要见我。”史湘云一边摇着扇子，笑道：“自然你能会宾接客，老爷才叫你出去呢。”宝玉道：“那里是老爷，都是他自己要请我去见的。”湘云笑道：“主雅客来勤，自然你有些警他的好处，他才只要会你。”宝玉道：“罢，罢，我也不敢称雅，俗中又俗的一个俗人，并不愿同这些人往来。”湘云笑道：“还是这个情性改不了。如今大了，你就不愿读书去考举人进士的，也该常常的会会这些为官做宰的人们，谈谈讲讲些仕途经济的学问，也好将来应酬世务，日后也有个朋友。没见你成年家只在我们队里搅些什么！”宝玉听了道：“姑娘请别的姊妹屋里坐坐，我这里仔细脏了你知经济学问的。”袭人道：“云姑娘，快别说这话！上回也是宝姑娘曾说过一回，他也不管人脸上过得去过不去，他就咳了一声，拿起脚来走了。这里宝姑娘的话也没说完，见他走了，登时羞得脸通红，说又不是，不说又不是。幸而是宝姑娘，那要是林姑娘，不知又闹到怎么样，哭得怎么样呢。提起这些话来，真真宝姑娘叫人敬重，自己讪了一会子去了。我倒过不去，只当她恼了。谁知过后还是照旧一样，真真有涵养，心地宽大。谁知这一个反倒同她生分了。那林姑娘见你赌气不理她，你得赔多少不是呢！”宝玉道：“林姑娘从来说过这些混帐话不曾？若她也说过这些混帐话，我早和她生分了。”袭人和湘云都点头笑道：“这原是混帐话。”

原来林黛玉知道史湘云在这里，一定宝玉又赶来说麒麟的原故。因心下忖度着，近日宝玉弄来的外传野史，多半才子佳人，都因小巧玩物上撮合，或有鸳鸯，或有凤凰，或玉环金珮，或鲛帕鸾绦，皆由小物而遂终身。今忽见宝玉亦有麒麟，便恐借此生隙，同史湘云也做出那些风流佳事来。因而悄悄走来，见机行事，以察二人之意。不想刚走来，正听见史湘云说经济一事，宝玉又说：“林妹妹不说这样混帐话，若说这话，我也和他生分了。”林黛玉听了这话，不觉又喜又惊，又悲又叹。所喜者，果然自己眼力不错，素日认他是个知己，果然是个知己。所惊者，他在人前一片私心称扬于我，其亲热厚密，竟不避嫌疑。所叹者，你既为我之知己，自然我亦可为你之知己矣；既你我为知己，则又何必有金玉之论哉！既有金玉之论，亦该你我有之，则又何必来一宝钗哉！所悲者，父母早逝，虽有铭心刻骨之言，无人为我主张。况近日每觉神思恍惚，病已渐成，医者更云气弱血亏，恐致劳怯之症。你我虽为知己，但恐自不能久待；你纵为我知己，奈我薄命何！想到此间，不禁滚下泪来。待进去相见，自觉无味，便一面拭泪，一面抽身回去了。

这里宝玉忙忙的穿了衣裳出来，忽抬头见林黛玉在前面慢慢的走着，似有拭泪之状，便忙赶上来笑道：“妹妹往哪里去？怎么又哭了？又是谁得罪了你？”林黛玉回头见是宝玉，便勉强笑道：“好好的，我何曾哭了。”宝玉笑道：“你瞧瞧，眼睛上的泪珠儿未干，还撒谎呢。”一面说，一面禁不住抬起手来替她拭泪。林黛玉忙向后退了几步，说道：“你又要死了，作什么这么动手动脚的！”宝玉笑道：“说话忘了情，不觉的动了手，也就顾不得死活。”林黛玉道：“你死了倒不值什么，只是丢下了什么金，又什么麒麟，可怎么样呢？”一句话又把宝玉说急了，赶上来问道：“你还说这话！到底是咒我还是气我呢？”林黛玉见问，方想起前日的事来，遂自悔自己又说造次了，忙笑道：“你别着急，我原说错了。这有什么呢，筋都暴起来，急得一脸汗。”一面说，一面禁不住近前伸手替他拭脸上的汗。宝玉瞅了她半天，方说道“你放心”三个字。林黛玉听了，怔了半天，方说道：“我有什么不放心的？我不明白这话。你倒说说，怎么是放心不放心？”宝玉叹了一口气，问道：“你果不明白这话？难道我素日在你身上的心都用错了？连你的意思若体贴不着，就难怪你天天为我生气了。”林黛玉道：“真不明白这放心不放心的话。”宝玉点头叹道：“好妹妹，你别哄我。果然不明白这话，不但我素日之心白用了，且连你素日待我之意也都辜负了。你皆因总是不放心的原故，才弄了一身病。但凡宽慰些，这病也不得一日重似一日。”林黛玉听了这话，如轰雷掣电，细细思之，竟比自己肺腑中掏出来的还觉恳切，竟有万句言语，满心要说，只是半个字也不能吐，却怔怔的望着他。此时，宝玉心中也有万句言语，一时不知从哪一句上说起，却也怔怔的望着黛玉。两个人怔了半天，林黛玉只咳了一声，两眼不觉滚下泪来，回身便要走。宝玉忙上前拉住，说道：“好妹妹，且略站住，我说一句话再走。”林黛玉一面拭泪，一面将手推开，说道：“有什么可说的。你的话我早知道了！”口里说着，却头也不回竟去了。

宝玉站着，只管发起呆来。原来方才出来得慌忙，不曾带得扇子，袭人怕他热，忙拿了扇子赶来送与他，忽抬头见林黛玉和他站着。一时黛玉走了，他还站着不动，因而赶上来说道：“你也不带了扇子去，亏我看见，赶了送来。”宝玉出了神，见袭人和他说话，并未看出是何人来，便一把拉住，说道：“好妹妹，我这心事，从来也不敢说，今儿我大胆说出来，死也甘心！我为你也弄了一身的病在这里，又不敢告诉人，只好捱着。只等你的病好了，只怕我的病才得好呢。睡里梦里也忘不了你！”袭人听了这话，吓得魄消魂散，只叫“神天菩萨，坑死我了！”便推他道：“这是哪里的话！敢是中了邪？还不快去？”宝玉一时醒过来，方知是袭人送扇子来，羞得满面紫涨，夺了扇子，便忙忙的抽身跑了。

这里袭人见他去了，自思方才之言，一定是因黛玉而起，如此看来，将来难免不才之事，令人可惊可畏。想到此间，也不觉怔怔的滴下泪来，心下暗度，如何处治，方免此丑祸。正裁疑间，忽有宝钗从那边走来，笑道：“大毒日头地下，出什么神呢？”袭人见问，忙笑道：“那边两个雀儿打架，倒也好玩，我就看住了。”宝钗道：“宝兄弟这会子穿了衣服，忙忙的哪去了？我才看见走过去，倒要叫住问他呢。他如今说话越发没了经纬，我故此没叫他了，由他过去罢。”袭人道：“老爷叫他出去。”宝钗听了忙道：“嗳哟！这么黄天暑热的，叫他做什么！别是想起什么来生了气，叫出去教训一场。”袭人笑道：“不是这个，想是有客要会。”宝钗笑道：“这个客也没意思，这么热天，不在家里凉快，还跑些什么！”袭人笑道：“倒是呢，你说说罢。”

宝钗因又问道：“云丫头在你们家做什么呢？”袭人笑道：“才说了一会子闲话。你瞧，我前儿粘的那双鞋，明儿叫她做去。”宝钗听见这话，便向两边回头，看无人来往，便笑道：“你这么个明白人，怎么一时半刻的就不会体谅人。我近来看着云丫头的神情，再风里言风里语的听起来，那云丫头在家里竟一点儿作不得主。她们家嫌费用大，竟不用那些针线上的人，差不多的东西都是她们娘儿们动手。为什么这几次她来了，她和我说话儿，见没人在跟前，她就说家里累得很。我再问她两句家常过日子的话，她就连眼圈儿都红了，口里含含煳煳待说不说的。想其形景来，自然从小儿没爹娘的苦。我看着她，也不觉的伤起心来。”袭人见说这话，将手一拍，道：“是了，是了！怪道上月我烦她打十根蝴蝶结子，过了那些日子才打发人送来，还说‘这是粗打的，且在别处能着使罢；要匀净的，等明儿来住着再好生打罢’。如今听宝姑娘这话，想来我们烦她不好推辞，不知她在家里怎么三更半夜的做呢。可是我也煳涂了，早知是这样，我也不烦她了。”宝钗道：“上次她就告诉我，在家里做活做到三更天，若是替别人做一点半点，她家的那些奶奶、太太们还不受用呢。”袭人道：“偏生我们那个牛心左性的小爷，凭着小的大的活计，一概不要家里这些活计上的人做。我又弄不开这些。”宝钗笑道：“你理他呢！只管叫人做去，只说是你做的就是了。”袭人道：“哪里哄得过他，他才是认得出来呢。说不得我只好慢慢的累去罢了。”宝钗笑道：“你不必着急，我替你做些如何？”袭人笑道：“当真的这样，就是我的福了。晚上我亲自送过去。”

一句话未了，忽见一个老婆子忙忙走来，说道：“这是哪里说起！金钏儿姑娘好好的，投井死了！”袭人唬了一跳，忙问“哪个金钏儿？”那老婆子道：“哪里还有两个金钏儿呢？就是太太屋里的。前儿不知为什么撵她出去，在家里哭天哭地的，也都不理会她，谁知今儿找她不见了。刚才打水的人在那东南角上井里打水，只见一个尸首，赶着叫人打捞起来，谁知是她。她们家里还只管乱着要救活，哪里中用了！”宝钗道：“这也奇了。”袭人听说，点头赞叹，想素日同气之情，不觉流下泪来。宝钗听见这话，忙向王夫人处来道安慰。这里袭人回去不提。

却说宝钗来至王夫人房中，只见鸦雀无闻，独有王夫人在里间房内坐着垂泪。宝钗便不好提这事，只得一旁坐了。王夫人便问：“你从哪里来？”宝钗道：“从园子里来。”王夫人道：“你从园子里来，可看见你宝兄弟么？”宝钗道：“才倒看见了。他穿了衣服出去，不知哪里去了。”王夫人点头半嚮，哭道：“你可知道一桩奇事？金钏儿忽然投井死了！”宝钗见说，道：“怎么好好的投井？这也奇了。”王夫人道：“原是前儿她把我一件东西弄坏了，我一时生气，打了她一下，撵了她下去。我只说气她两天，还叫她上来，谁知她这么气性大，就投井死了。岂不是我的罪过！”宝钗笑道：“姨娘是慈善人，固然是这么想。据我看来，她并不是赌气投井。多半是她下去住着，或是在井跟前憨玩，失了脚掉下去的。她在上头拘束惯了，这一出去，自然要到各处去玩玩逛逛，岂有这样大气性的理！纵然有这样大气，也不过是个煳涂人，也不为可惜。”王夫人点头叹道：“这话虽然如此说，到底我于心不安。”宝钗笑道：“姨娘也不念念于兹，十分过不去，不过多赏她几两银子发送她，也就尽了主仆之情了。”王夫人道：“刚才我赏了她娘五十两银子，原要还把你妹妹们的新衣服拿两套给她妆裹。谁知凤丫头说，可巧都没什么新做的衣服，只有你林妹妹作生日的两套。我想你林妹妹那孩子素日是个有心的，况且她原也三灾八难的，既说了给她过生日，这会子又给去人妆裹，她岂不忌讳！因为这么样，我现叫裁缝赶两套给她。要是别的丫头，赏她几两银子也就完了，只是金钏儿虽然是个丫头，素日在我跟前，比我的女儿也差不多。”口里说着，不觉流下泪来。宝钗忙道：“姨娘这会子又何用叫裁缝赶去，我前儿倒做了两套，拿来给她岂不省事。况且她活着的时候也穿过我的旧衣服，身量又相对。”王夫人道：“虽然这样，难道你不忌讳？”宝钗笑道：“姨娘放心，我从来不计较这些。”一面说，一面起身就走。王夫人忙叫了两个人跟宝姑娘去。

一时宝钗取了衣服回来，只见宝玉在王夫人旁边坐着垂泪。王夫人正数说他，因见宝钗来了，却掩口不说了。宝钗见此光景，察言观色，早知觉了八分，于是将衣服交割明白。王夫人将她母亲叫来拿了去。再看下回便知。

第 33 回 手足耽耽小动唇舌 不肖种种大承笞挞

却说王夫人唤上金钏母亲来，拿几件簪环当面赏与，又吩咐请几众僧人念经超度。她母亲磕头谢了出去。

原来宝玉会过雨村回来，就听见金钏儿含羞赌气自尽，心中早又五内摧伤，进来被王夫人数落教训，也无可回说。见宝钗进来，方得便出来，茫然不知何往，背着手，低着头，一面感叹，一面慢慢的走着。信步来至厅上，刚转过屏门，不想对面来了一人正往里走，可巧儿撞了个满怀。只听那人喝了一声：“站住！”宝玉唬了一跳，抬头一看，不是别人，却是他父亲，早不觉倒抽了一口气，只得垂手一旁站了。贾政道：“好端端详，你垂头丧气嗐些什么？方才雨村来了要见你，叫你那半天才出来；既出来了，全无一点慷慨挥洒谈吐，仍是葳葳蕤蕤。我看你脸上一团思欲愁闷气色，这会子又咳声叹气。你那些还不足，还不自在？无故这样，却是为何？”宝玉素日虽然口角伶俐，只是此时一心总为金钏儿感伤，恨不得此时也身亡命殒，跟了金钏儿去。如今见了他父亲说这些话，究竟不曾听见，只是怔怔的站着。

贾政见他惶悚，应对不似往日，原本无气的，这一来倒生了三分气。方欲说话，忽有回事人来回：“忠顺亲王府里有人来，要见老爷。”贾政听了，心下疑惑，暗暗思忖道：“素日并不与忠顺王府来往，为什么今日打发人来？”一面想，一面命“快请”，急走出来看时，却是忠顺府长史官，忙接进厅上坐了献茶。未及叙谈，那长史官先就说道：“下官此来，并非擅造潭府，皆因奉王命而来，有一件事相求。看王爷面上，敢烦老大人作主，不但王爷知情，且连下官辈亦感谢不尽。”贾政听了这话，抓不住头脑，忙陪笑起身问道：“大人既奉王命而来，不知有何见谕，望大人宣明，学生好遵谕承办。”那长史官便冷笑道：“也不必承办，只用大人一句话就完了。我们府里有一个做小旦的琪官，那原是奉旨由内园赐出，只从出来，好好在府里，住了不下半年，如今竟三五日不见回去，各处去找，又摸不着他的道路，因此各处访察。这一城内，十停人倒有八停人都说，他近日和衔玉的那位令郎相与甚厚。下官辈听了，尊府不比别家，可以擅入索取，因此启明王爷。王爷亦云：‘若是别的戏子呢，一百个也罢了；只是这琪官乃奉旨所赐，不便转赠令郎。若十分爱慕，老大爷竟密题一本请旨，岂不两便？若大人不题奏时，还得转达令郎，请将琪官放回，一则可免王爷负恩之罪，二则下官辈也可免操劳求觅之苦。”说毕，忙打一躬。贾政听了这话，又惊又气，即命唤宝玉来。宝玉也不知是何缘故，忙赶来时，贾政便问：“该死的奴才！你在家不读书也罢了，怎么又做出这些无法无天的事来！那琪官现是忠顺王爷驾前承奉之人，你是何等草芥，无故引逗他出来，如今祸及于我。”宝玉听了，唬了一跳，忙回道：“实在不知此事。究竟连‘琪官’两个字不知为何官，更又加‘引逗’二字！”说着便哭了。贾政未及开言，只见那长史官冷笑道：“公子也不必掩饰。或隐藏在家，或知其下落，早说了出来，我们也少受些辛苦，岂不念公子之德？”宝玉连说：“不知，恐是讹传，也未见得。”那长史官冷笑两声道：“现有据有证，何必还赖？必定当着老大人说了出来，公子岂不吃亏？既云不知此人，那红汗巾子怎么到了公子腰里？”宝玉听了这话，不觉轰去魂魄，目瞪口呆，心下自思：“这话他如何得知！他既连这样机密事都知道了，大约别的瞒他不过，不如打发他去了，免得再说出别的事来。”因说道：“大人既知他的底细，如何连他置买房舍这样大事倒不晓得了？听得说他如今在东郊离城二十里，有个什么紫檀堡地方，他在那里置了几亩田地、几间房舍。想是在那里也未可知。”那长史官听了，笑道：“这样说，一定是在那里。我且去找一回，若有了便罢，若没有，还要来请教。”说着，便忙忙的走了。

贾政此时气得目瞪口歪，一面送那长史官，一面回头命宝玉“不许动！回来有话问你。”一直送那官员去了。才回身，忽见贾环带着几个小厮一阵乱跑。贾政喝令小厮“快打，快打！”贾环见了他父亲，唬得骨软筋酥，连忙低头站住。贾政便问：“你跑什么？带着你的那些人都不管你，不知往那里逛去，由你野马一般跑！”喝命叫跟上学的人来。贾环见他父亲盛怒，便乘机说道：“方才原不曾跑，只因从那井边一过，那井里淹死了一个丫头，我看见人头这样大，身子这样粗，泡得实在可怕，所以才赶着跑了过来。”贾政听了惊疑，问道：“好端端详，谁去跳井？我家从无这样事情，自祖宗以来，皆是宽柔以待下人。大约我近年于家务疏懒，自然执事人操克夺之权，致使生出这暴殄轻生的祸患。若外人知道，祖宗颜面何在！”喝令快叫贾琏、赖大、来兴儿来。小厮们答应了一声，方欲叫去，贾环忙上前拉住贾政的袍襟，贴膝跪下道：“父亲不用生气。此事除太太房里的人，别人一点也不知道。我听见我母亲说……”说到这里，便回头四顾一看。贾政知其意，将眼一看众小厮，小厮们明白，都往两边后面退去。贾环便悄悄说道：“我母亲告诉我说，宝玉哥哥前日在太太屋里，拉着太太的丫头金钏儿强奸不遂，打了一顿。那金钏儿便赌气投井死了。”话未说完，把个贾政气得面如金纸，大喝：“快拿宝玉来！”一面说，一面便往书房里去，喝令：“今日再有人劝我，我把这冠带家私一应交与他与宝玉过去！我免不得做个罪人，把这几根烦恼鬓毛剃去，寻个干淨去处自了，也免得上辱先人、下生逆子之罪。”众门客、仆从见贾政这个形景，便知又是为宝玉了，一个个都是啖指咬舌，连忙退出。那贾政喘吁吁的直挺挺的坐在椅子上，满面泪痕，一叠声“拿宝玉！拿大棍！拿索子捆上！把各门都关上！有人传信往里头去，立刻打死！”众小厮们只得齐声答应，有几个来找宝玉。

那宝玉听见贾政吩咐他“不许动”，早知凶多吉少，哪里承望贾环又添了许多话。正在厅上干转，怎得个人来，往里头去捎个信，偏生没一个人来，连茗烟也不知在哪里。正盼望时，只见一个老姆姆出来了。宝玉如得了珍宝，便赶上来拉她，说道：“快进去告诉：老爷要打我呢！快去，快去！要紧，要紧！”宝玉一则急了，说话不明白；二则老婆子偏生又聋，竟不曾听见是什么话，把“要紧”二字只听作“跳井”二字。便笑道：“跳井让她跳去，二爷怕什么？”宝玉见是个聋子，便着急道：“你出去快叫我的小厮来罢！”那婆子道：“有什么不了的事？老早的完了。太太又赏了衣服，又赏了银子，怎么不了事呢！”

宝玉急得跺脚，正没抓寻处，只见贾政的小厮走来，逼着他出去了。贾政一见，眼都红紫了，也不暇问他在外流荡优伶，表赠私物，在家荒疏学业，淫辱母婢等语，只喝令：“堵起嘴来，着实打死！”小厮们不敢违拗，只得将宝玉按在凳上，举起大板，打了十来下。贾政犹嫌打轻了，一脚踢开掌板的，自己夺过来，咬着牙狠命盖了三四十下。众门客见打得不祥了，忙上来夺劝。贾政哪里肯听，说道：“你们问问他干的勾当，可饶不可饶！素日皆是你们这些人把他酿坏了，到这步田地，还来解劝！明日酿到他弑君杀父，你们才不劝不成！”

众人听这话不好听，知道是气急了，忙又退出，只得觅人进去捎信。王夫人不敢先回贾母，只得忙穿衣出来，也不顾有人没人，忙忙赶往书房中来，慌得众门客、小厮等避之不及。王夫人一进房来，贾政更如火上浇油一般，那板子越发下去得又狠又快。按宝玉的两个小厮忙鬆了手走开，宝玉早已动弹不得了。贾政还欲打时，早被王夫人抱住板子。贾政道：“罢了，罢了！今日必定要气死我才罢！”王夫人哭道：“宝玉虽然该打，老爷也要自重。况且炎天暑日的，老太太身上也不大好，打死宝玉事小，倘或老太太一时不自在了，岂不事大！”贾政冷笑道：“倒休提这话。我养了这不肖的孽障，我已不孝！教训他一番，又有众人护持，不如趁今日一发勒死了，以绝将来之患！”说着，便要绳索来勒死。王夫人连忙抱住哭道：“老爷虽然应当管教儿子，也要看夫妻分上。我如今已将五十岁的人，只有这个孽障，必定苦苦的以他为法，我也不敢深劝。今日索性要他死，岂不是有意绝我。既要勒死他，快拿绳子来先勒死我，再勒死他。我们娘儿们不敢含怨，到底在阴司里得个依靠。”说毕，爬在宝玉身上大哭起来。贾政听了此话，不觉长叹一声，向椅上坐了，泪如雨下。王夫人抱着宝玉，只见他面白气弱，底下穿的一条绿纱小衣皆是血渍，禁不住解下汗巾看去，由臂至胫，或青或紫，或整或破，竟无一点好处，不觉失声大哭起“苦命的儿”来，因哭出“苦命儿”来，忽又想起贾珠来，便叫着贾珠，哭道：“若有你活着，便死一百个我也不管了。”此时，里面的人闻得王夫人出来了，那李宫裁、王熙凤与迎春姊妹早已出来了。王夫人哭着贾珠的名字，别人还可，惟有宫裁禁不住也放声哭了。贾政听了，那泪珠更似滚瓜一般滚了下来。

正没开交处，忽见丫鬟来说道：“老太太来了。”一句话未了，只听窗外颤巍巍的声气说道：“先打死我，再打死他，岂不干淨了！”贾政见他母亲来了，又急又痛，连忙迎接出来，只见贾母扶着丫头喘吁吁的走来。贾政上前躬身陪笑道：“大暑热天，母亲有何生气，亲自走来？有话只该叫了儿子进去吩咐。”贾母听说，便止住步，喘息一会，厉声说道：“你原来是和我说话！我倒有话吩咐，只是可怜我一生没养个好儿子，却叫我和谁说去！”贾政听这话不像，忙跪下含泪说道：“为儿的教训儿子，也为的是光宗耀祖。母亲这话，我做儿的如何禁得起？”贾母听说，便啐了一口道：“我说了一句话，你就禁不起，你那样下死手的板子，难道宝玉就禁得起了？你说教训儿子是光宗耀祖，当初你父亲怎么教训你来！”说着，也不觉滚下泪来。贾政又陪笑道：“母亲也不必伤感，皆是做儿的一时性起，从此以后再不打他了。”贾母便冷笑道：“你也不必和我使性子赌气的。你的儿子，我也不该管你打不打。我猜着你也厌烦我们娘儿们。不如我们早离了你，大家干淨！”说着便令人去看轿马，“我和你太太、宝玉立刻回南京去！”家下人只得干答应着。贾母又叫王夫人道：“你也不必哭了。如今宝玉年纪小，你疼他，他将来长大了，为官作宰的，也未必想着你是他母亲了。你如今倒不要疼他，只怕将来还少生一口气呢。”贾政听说，忙叩头哭道：“母亲如此说，贾政无立足之地。”贾母冷笑道：“你分明使我无立足之地，你反赖起我来！只是我们回去了，你心里干淨，看有谁来许你打。”一面说，一面只命快打点行李、车轿回去。贾政苦苦叩求认罪。贾母一面说话，一面又记挂宝玉，忙进来看时，只见今日这顿打不比往日，又是心疼，又是生气，也抱着哭个不了。王夫人与凤姐等解劝了一会，方渐渐的止住。早有丫鬟、媳妇等上来，要搀宝玉，凤姐便骂道：“糊涂东西，也不睁开眼瞧瞧！打得这个样儿，还要搀着走！还不快进去把那藤屉子春凳抬出来呢。”众人听说，连忙进去，果然抬出春凳来，将宝玉抬放凳上，随着贾母、王夫人等进去，送至贾母房中。

彼时贾政见贾母气未全消，不敢自便，也只得跟了进去。看看宝玉，果然打重了。再看看王夫人，“儿”一声，“肉”一声，“你替珠儿早死了，留着珠儿，免你父亲生气，我也不白操这半世的心了。这会子你倘或有个好歹，丢下我，叫我靠那一个！”数落一场，又哭“不争气的儿”。贾政听了也就灰心，自悔不该下毒手打到如此地步。先劝贾母，贾母含泪说道：“你不出去，还在这里做什么！难道于心不足，还要眼看着他死了才去不成！”贾政听说，方退了出来。

此时，薛姨妈同宝钗、香菱、袭人、史湘云等也都在这里。袭人满心委屈，只不好十分使出来，见众人围着，灌水的灌水，打扇的打扇，自己插不下手去，便索性走出来，到二门前，令小厮们找了茗烟来细问：“方才好端端详，为什么打起来？你也不早来透个信儿！”茗烟急得说：“偏生我没在跟前，打到半中间，我才听见了。忙打听原故，却是为琪官同金钏儿姐姐的事。”袭人道：“老爷怎么得知道的？”茗烟道：“那琪官的事，多半是薛大爷素日吃醋，没法儿出气，不知在外头唆挑了谁来，在老爷跟前下的火。那金钏儿的事，是三爷说的，我也是听见老爷的人说的。”袭人听了这两件事都对景，心中也就信了八九分，然后回身进来，只见众人都替宝玉疗治。调停完备，贾母令“好生抬到他房内去”。众人答应，七手八脚忙把宝玉送入怡红院内自己床上卧好。又乱了半日，众人渐渐散去，袭人方进前来经心服侍，问他端详。且听下回分解。

第 34 回 情中情因情感妹妹 错里错以错劝哥哥

话说袭人见贾母、王夫人等去后，便走来宝玉身边坐下，含泪问他：“怎么就打到这步田地”宝玉叹气说道：“不过为那些事，问它作什么！只是下半截疼得很，你瞧瞧打坏了哪里。”袭人听说，便轻轻的伸手进去，将中衣褪下。宝玉略动一动，便咬着牙叫“嗳哟”，袭人连忙停住手，如此三四次才褪了下来。袭人看时，只见腿上半段青紫，都有四指宽的僵痕高了起来。袭人咬着牙说道：“我的娘，怎么下这般的狠手！你但凡听我一句劝，也不得到这步地位。幸而没动筋骨，倘或打出个残疾来，可叫人怎么样呢！”

正说着，只听丫鬟们说：“宝姑娘来了。”袭人听见，知道穿不及中衣，便拿了一床袷纱被替宝玉盖了。只见宝钗手里托着一丸药走进来，向袭人说道：“晚上把这药用酒研开，替他敷上，把那淤血的热毒散开，可以就好了。”说毕，递与袭人，又问道：“这会子可好些？”宝玉一面道谢说：“好些了。”又让坐。宝钗见他睁开眼说话，不像先时，心中也宽慰了好些，便点头叹道：“早听人一句话，也不至今日。别说老太太、太太心疼，就是我们看着，心里也疼……”刚说了半句，又忙咽住，自悔说的话急速了，不觉红了脸，低下头来。宝玉听得这话如此亲切稠密，竟大有深意，忽见她又咽住不往下说，红了脸低下头只管弄衣带，那一种娇羞怯怯非可形容得出者，不觉心中大畅，将疼痛早丢在九霄云外。心中自思：“我不过捱了几下打，她们一个个就有这些怜惜悲感之态露出，令人可玩可观，可怜可敬。假若我一时竟遭殃横死，她们还不知是何等悲感呢！既是她们这样，我便一时死了，得她们如此，一生事业纵然尽付东流，亦无足叹惜，冥冥之中若不怡然自得，亦可谓糊涂鬼祟矣！”想着，只听宝钗问袭人道：“怎么好好的动了气，就打起来了？”袭人便把茗烟的话说了出来。宝玉原来还不知道贾环的话，听见袭人说出，方才知道。因又拉上薛蟠，惟恐宝钗沉心，忙又止住袭人道：“薛大哥哥从来不这样的，你们别混猜度。”宝钗听说，便知宝玉是怕她多心，用话拦袭人，因心中暗暗想道：“打到这个形景，疼还顾不过来，还是这样细心，怕得罪了人，可见在我们身上也算是用心了。你既这样用心，何不在外头大事上做工夫，老爷也喜欢了，也不能吃这样亏。但你固然怕我沉心，所以拦袭人的话，难道我就不知道我哥哥素日恣心纵欲，毫无防范的那种心性？当日为一个秦钟，还闹得天翻地覆，自然如今比先又更利害了。”想毕，因笑道：“你们也不必怨这个，怨那个。据我想，到底宝兄弟素日不正经，肯和那些人来往，老爷才生气。就是我哥哥说话不防头，一时说出宝兄弟来，也不是有心调唆：一则也是本来的实话，二则他原不理论这些防嫌小事。袭姑娘从小儿只见宝兄弟这样细心的人，你何尝见过我那哥哥天不怕地不怕，心里有什么，口里就说什么的人。”袭人因说出薛蟠来，见宝玉拦她的话，早已明白自己说造次了，恐宝钗没意思，听宝钗如此说，更觉羞愧无言。宝玉又听宝钗这番话，一半是堂皇正大，一半是自去己的疑心，更觉比先畅快了。方欲说话时，只见宝钗起身说道：“明儿再来看你，你好生养着罢。方才我拿来的药交给袭人了，晚上敷上保管就好了。”说着便走出门去。袭人赶着送出院外，说：“姑娘倒费心了。改日宝二爷好了，亲自去谢去。”宝钗回头笑道：“有什么谢处。你只劝他好生静养，别胡思乱想的就好了。要想什么吃的、玩的，你悄悄的往我那里取去，不必惊动老太太、太太众人，倘或吹到老爷耳朵里去，虽然彼时不怎么样，将要对景总是要吃亏的。”说着，一面去了。

袭人抽身回来，心内着实感激宝钗。进来见宝玉沉思默默、似睡非睡的模样，因而退出房外，自去栉沐。宝玉默默的躺在床上，无奈臀上作痛，如针挑刀挖一般，更又热如火炙，略展转时，禁不住“嗳哟”之声。那时，天色将晚，因见袭人去了，却有两三个丫鬟伺候，此时并无可呼唤之事，因说道：“你们且去梳洗，等我叫时再来。”众人听了，也都退出。

这里宝玉昏昏默默，只见蒋玉菡走了进来诉说忠顺府拿他之事，一时又见金钏儿进来哭说为他投井之情。宝玉半梦半醒，都不在意。忽又觉有人推他，恍恍忽忽听得有人悲戚之声。宝玉从梦中惊醒，睁眼一看，不是别人，却是林黛玉。宝玉犹恐是梦，忙又将身子欠起来，向脸上细细一认，只见她两个眼睛肿得桃儿一般，满面泪光，不是黛玉却是哪个？宝玉还欲看时，怎奈下半截疼痛难禁，支持不住，便“嗳哟”一声，仍旧倒下，叹了一声说道：“你又做什么来了！虽说太阳落下，那地上余热未散，走了来倘或又受了暑呢。我虽然捱了打，并不觉疼痛。我这个样儿，也是装出来哄他们，好在外头布散与老爷听，其实是假的。你不可信真。”此时林黛玉虽不是嚎啕大哭，然越是这等无声之泣，气噎喉堵，更觉得利害。听了宝玉这番话，虽有万句言词，只是不能说出口，半日方抽抽噎噎的说道：“你从此可都改了罢！”宝玉听说，便长叹一声道：“你放心！别说这样话。我便为这些人死了，也是情愿的！”一句话未说了，只见院外人说：“二奶奶来了。”林黛玉便知是凤姐来了，连忙立起身说道：“我打后院子里去罢，回来再来。”宝玉一把拉住说道：“这可奇了，好好的怎么怕起她来？”林黛玉急得跺脚，悄悄的说道：“你瞧瞧我的眼睛，又该她拿着取笑开心了。”宝玉听说，赶忙的放了手。黛玉三步两步转过床后，刚出了后院，凤姐从前头已进来了，问宝玉：“可好些了？想什么吃？叫人往我那里取去。”接着，薛姨妈又来了。一时贾母又打发了人来。

至掌灯时分，宝玉只喝了两口汤，便昏昏沉沉的睡去。接着，周瑞媳妇、吴新登媳妇、郑好时媳妇这几个有年纪常往来的，只听宝玉捱了打，也都进来请安。袭人忙迎出来，悄悄的笑道：“婶婶们来迟了一步，二爷才睡着了。”说着，一面带她们到那边房里坐了，倒茶与她们吃。那几个媳妇子都悄悄的坐了一回，向袭人说：“等二爷醒了，你替我们说罢。”袭人答应了，送她们出去。

刚要回来，只见王夫人使了个婆子来，口称“太太叫一个跟二爷的人呢。”袭人见说，想了一想，便回身悄悄的告诉晴雯、麝月、檀云、秋纹等说：“太太叫人呢，你们好生在房里，我去了就来。”说毕，同那婆子一迳出了园子，来至上房。王夫人正坐在凉榻上摇着芭蕉扇子，见她来了，说道：“你不管叫个谁来也罢了。你又丢下他来了，谁服侍他呢？”袭人见说，连忙陪笑回道：“二爷才睡安稳了，那四五个丫头如今也好了，会服侍二爷了，太太请放心。恐怕太太有什么话吩咐，打发他们来，一时听不明白倒耽误了。”王夫人道：“也没什么话，白问问他这会子疼的怎么样。”袭人道：“宝姑娘送去的药，我给二爷敷上了，比先好些了。先疼得躺不稳，这会子都睡沉了，可见好些。”王夫人又问：“吃了什么没有？”袭人道：“老太太给的一碗汤，喝了两口，只嚷干渴，要吃酸梅汤。我想着酸梅是个收敛的东西，才刚捱了打，又不许叫喊，自然急得那热毒热血未免不存在心里，倘或吃下这个去激在心里，再弄出大病来，可怎么样呢。因此我劝了半天才没吃，只拿那糖腌的玫瑰滷子和了吃了半碗，又嫌吃絮了，不香甜。”王夫人道：“嗳哟！你不该早来和我说。前儿有人送了几瓶子香露来，原要给他一点子的，我怕他胡糟踏了，就没给。既是他嫌那些玫瑰膏子絮烦，把这个拿两瓶子去。一碗水里只用挑一茶匙子，就香得了不得呢。”说着就唤彩云来，“把前儿的那几瓶香露拿了来。”袭人道：“只拿两瓶来罢，多了也白糟踏。等不够再要，再来取也是一样。”彩云听说，去了半日，果然拿了两瓶来，递与袭人。袭人看时，只见两个玻璃小瓶，都有三寸大小，上面螺丝银盖，鹅黄笺上写着“木樨清露”，那一个写着“玫瑰清露”。袭人笑道：“好金贵东西！这么个小瓶儿，能有多少？”王夫人道：“那是进上的，你没看见鹅黄笺子？你好生替他收着，别遭踏了。”

袭人答应着，方要走时，王夫人又叫：“站着，我想起一句话来问你。”袭人忙又回来。王夫人见房内无人，便问道：“我恍惚听见宝玉今儿捱打，是环儿在老爷跟前说了什么话。你可听见这个了？你要听见，告诉我听听，我也不吵出来教人知道是你说的。”袭人道：“我倒没听见这话，只听说为二爷霸占着戏子，人家来和老爷要，为这个打的。”王夫人摇头说道：“也为这个，还有别的原故。”袭人道：“别的原故实在不知道了。我今日大胆在太太跟前说句不知好歹的话。论理——”说了半截，忙又咽住。王夫人道：“你只管说。”袭人笑道：“太太别生气，我就说了。”王夫人道：“我有什么生气的，你只管说来。”袭人道：“论理，我们二爷也须得老爷教训教训。若老爷再不管，不知将来做出什么事来呢。”王夫人一闻此言，便合掌念声“阿弥陀佛”，由不得赶着袭人叫了一声：“我的儿，亏了你也明白这话，和我的心一样。我何曾不知道管儿子，先时你珠大爷在，我是怎么样管来着，难道我如今倒不知道管儿子了？只是有个原故：如今我想，我已经快五十岁的人了，通共剩了他一个，他又长得单弱，况且老太太宝贝似的，若管紧了他，倘或再有个好歹，或是老太太气坏了，那时上下不安，岂不倒坏了，所以就纵坏了他。我常常掰着口儿劝一阵说一阵，气得骂一阵哭一阵，彼时他好，过后儿还是不相干，端详吃了亏才罢。设若打坏了，将来我靠谁呢！”说着，由不得滚下泪来。

袭人见王夫人这般悲感，自己也不觉伤了心，陪着落泪。又道：“二爷是太太养的，太太岂不心疼。便是我们做下人的服侍一场，大家落个平安，也算是造化了。要这样起来，连平安都不能了。哪一日哪一时我不劝二爷，只是再劝不醒。偏生那些人又肯亲近他，也怨不得他这样，总是我们劝的倒不好了。今儿太太提起这话来，我还记挂着一件事，每要来回太太，讨太太个主意。只是我怕太太疑心，不但我的话白说了，且连葬身之地都没了。”王夫人听了这话内有因，忙问道：“我的儿，你有话只管说。近来我虽听见众人背前背后都夸你，我还信不真，只怕你不过是在宝玉身上留心，或是诸人跟前和气，这些小意思好，所以将你和老姨娘一体行事。谁知你方才和我说的话全是大道理，正同我的心里。你有什么只管说什么，只别教别人知道就是了。”袭人道：“我也没什么别的说。我只想着讨太太一个示下，怎么变个法儿，以后竟还教二爷搬出园子来住就好了。”王夫人听了，吃一大惊，忙拉了袭人的手问道：“宝玉难道和谁作怪了不成？”袭人连忙回道：“太太别多心，并没有这话。这不过是我的小见识。如今二爷也大了，里头姑娘们多，况且林姑娘、宝姑娘又是两姨姑表姊妹，虽说是姊妹们，到底是男女之分，日夜一处起坐不方便，由不得叫人悬心，便是外人看着也不像大家子的体统。俗语说的‘没事常思有事’，世上多少没头脑的事，多半因为无心中做出，被有心人看见，当作有心事情，倒反说坏了。只是预先不防着，断然不好。二爷素日的性格，太太是知道的。他又偏好在我们队里闹，倘或不防，前后错了一点半点，不论真假，人多口杂，那起小人的嘴有什么避讳，心顺了，说得比菩萨还好，心不顺，就贬得连畜牲不如。二爷将来倘或有人说好，不过大家直过，设若要叫人说出一声‘不’字来——我们不用说粉身碎骨、罪有万重，都是平常小事——但后来二爷一生的声名品行岂不完了，二则太太也难见老爷。俗语又说‘君子防未然’，不如这会子防避为是。太太的事情多，一时固然想不到。我们想不到则可，既想到了，若不回明太太，其罪越发重了。近来我为这事日夜悬心，又不好说与人，惟有灯知道罢了。”王夫人听了这话，如雷轰电掣的一般，正触了金钏儿之事，心内越发感爱袭人不尽，忙笑道：“我的儿，你竟有这个心胸，想得这样周全！我何曾又不想到这里，只是这几天有事就忘了。你今儿这一番话提醒了我。难为你成全我娘儿两个声名体面，真真我竟不知道你这样好。罢了，你且去罢，我自有道理。只是还有一句话：你今日既说了这样的话，我就把他交给你了，好歹留心，保全了他就是保全了我。我自然不辜负你。”袭人连连答应着去了。

回来正值宝玉睡醒，袭人回明香露之事。宝玉喜不自禁，即命调来尝试，果然异香妙非常。因心下记挂着黛玉，满心里要打发人去，只是怕袭人疑心，便设一法儿，先使袭人往宝钗那里去借书。

袭人去了，宝玉便命晴雯来吩咐道：“你到林姑娘那里去看看她做什么呢。他要问我，只说我好了。”晴雯道：“白眉赤眼，做什么去呢？到底说句话儿，也像件事。”宝玉道：“没有什么可说的。”晴雯道：“若不然，或是送件东西，或是取件东西，不然我去了怎么搭讪呢？”宝玉想了一想，便伸手拿了两条手帕子撂与晴雯，笑道：“也罢，就说我叫你送这个给她去了。”晴雯道：“这又奇了。她要这半新不旧的两条手帕子作什么呢？她又要恼了，说你打趣他。”宝玉笑道：“你放心，她自然知道。”

晴雯听了，只得拿了帕子往潇湘馆来。只见春纤正在栏杆上晾手帕子，见她进来，忙摆手儿说：“睡下了。”晴雯走进来，满屋魆黑，并未点灯。黛玉已睡在床上，问是谁，晴雯忙答道：“晴雯。”黛玉道：“做什么？”晴雯道：“二爷送手帕子来给姑娘。”黛玉听了心中发闷：“做什么送手帕子来给我？”因问：“这帕子是谁送他的？必是上好的，叫他留着送别人罢，我这会子不用这个。”晴雯笑道：“不是新的，就是家常旧的。”林黛玉听了越发闷住，着实细心搜求，思忖了半日，方大悟过来，连忙说：“放下，去罢。”晴雯听了，只得放下抽身回去，一路盘算，不解何意。

这里林黛玉体贴出手帕子的意思来，不觉神魂驰荡：宝玉这番苦心，能领会我这番苦意，又令我可喜；我这番苦意，不知将来如何，又令我可悲；忽然好好的送两块旧帕子来，若不是领会深意，单看了这帕子，又令我可笑；再想令人私相传递与我，又可惧；我自己每每好哭，想来也无味，又令我可愧。如此左思右想，一时五内沸然炙起。黛玉由不得余意绵缠，急令掌灯，也想不起嫌疑避讳等事，便向案上研墨蘸笔，便向那两块旧帕上走笔写道：

其 一 眼空蓄泪泪空垂，暗洒闲抛却为谁？尺幅鲛鮹劳解赠，叫人焉得不伤悲！

其 二 抛珠滚玉只偷潸，镇日无心镇日闲；枕上袖边难拂拭，任他点点与斑斑。

其 三 彩线难收面上珠，湘江旧迹已模糊；窗前亦有千竿竹，不识香痕渍也无？

林黛玉还要往下写时，觉得浑身火热，面上作烧，走至镜台前，揭起锦袱一照，只见腮上通红，自羡压倒桃花，却不知病由此萌起。一时方上床睡去，犹拿着那帕子思索，不在话下。

却说袭人来见宝钗，谁知宝钗不在园内，往她母亲那里去了，袭人便空手回来。等至二更，宝钗方回来。原来宝钗素知薛蟠情性，心中已有一半疑是薛蟠调唆了人来告宝玉的，谁知又听袭人说出来，越发信了。究竟袭人是听茗烟说的，那茗烟也是私心窥度，并未据实，竟认准是他说的。那薛蟠都因素日有这个名声，其实这一次却不是他干的，被人生生的一口咬死是他，有口难分。这日，正从外头吃了酒回来，见过母亲，只见宝钗在这里，说了几句闲话，因问：“听见宝兄弟吃了亏，是为什么？”薛姨妈正为这个不自在，见他问时，便咬着牙道：“不知好歹的冤家，都是你闹的，你还有脸来问！”薛蟠见说便怔了，忙问道：“我何尝闹什么来着？”薛姨妈道：“你还装憨呢！人人都知道是你说的，还赖呢。”薛蟠道：“人人说我杀了人，也就信了罢？”薛姨妈道：“连你妹妹都知道是你说的，难道她也赖你不成？”宝钗忙劝道：“妈和哥哥且别叫喊，消消停停的就有个青红皂白了。”因向薛蟠道：“是你说的也罢，不是你说的也罢，事情也过去了，不必较证，倒把小事弄大了。我只劝你从此以后少在外头胡闹，少管别人的事。天天一处大家胡逛，你是个不防头的人，过后没事就罢了，倘或有事，不是你干的，人人都也疑惑是你干的。不用说别人，我先就疑惑。”薛蟠本是个心直口快的人，一生见不得这样藏头露尾的事，又见宝钗劝他不要逛去，他母亲又说他犯舌，宝玉之打是他治的，早已急得乱跳，赌身发誓的分辩。又骂众人：“是谁这样赃派我？我把那囚攮的牙敲了才罢！分明是为打了宝玉，没的献勤儿，拿我来作幌子。难道宝玉是天王，他父亲打他一顿，一家子定要闹几天？那一回为他不好，姨爹打了他两下子，过后老太太不知怎么知道了，说是珍大哥哥治的，好好的叫了去，骂了一顿。今儿索性拉上我了！既拉上，我也不怕，越性进去把宝玉打死了，我替他偿了命，大家干淨！”一面嚷，一面抓起一根门闩来就跑。慌得薛姨妈一把抓住，骂道：“作死的孽障，你打谁去？你先来打我！”薛蟠将眼急得铜铃一般，嚷道：“何苦来！又不叫我去，又好好的赖我。将来宝玉活一日，我担一日的口舌，不如大家死了清淨！”宝钗忙也上来劝道：“你忍耐些儿罢。妈急得这个样儿，你不说来劝妈，你还反闹得这样。别说是妈，便是旁人来劝你，也为你好，倒把你的性子劝上来了。”薛蟠道：“你这会子又说这话。都是你说的！”宝钗道：“你只怨我说你，再不怨你那顾前不顾后的形景。”薛蟠道：“你只会怨我顾前不顾后，你怎么不怨宝玉外头招风惹草的那个样子！别说多的，只拿前儿琪官的事比给你们听听：那琪官，我们见过十来次的，他并未和我说一句亲热话；怎么前儿他见了，连姓名还不知道，就把汗巾子给他了？难道这也是我说的不成？”薛姨妈和宝钗急得说道：“还提这个！可不是为这个打他呢？可见是你说的了。”薛蟠道：“真真的气死人了！赖我说的我不恼，我只恼为一个宝玉闹得这样天翻地覆的。”宝钗道：“谁闹了？你先持刀动杖的闹起来，倒说别人闹。”薛蟠见宝钗说的话句句有理，难以驳正，比母亲的话反难回答，因此便要设法拿话堵回她去，就无人敢拦自己的话了；也因正在气头上，未曾想话之轻重，便说道：“好妹妹，你不用和我闹，我早知道你的心了。从先妈和我说你有这金，要拣有玉的才可正配，你留了心儿，见宝玉有那劳什子，你自然如今行动护着他。”话未说了，把个宝钗气怔了，拉着薛姨妈哭道：”妈妈你听，哥哥说的是什么话！”薛蟠见妹子哭了，便知自己冒撞了，便赌气走到自己房里安歇，不提。

这里薛姨妈气得乱战，一面又劝宝钗道：“你素日知那孽障说话没道理，明儿我教他给你陪不是。”宝钗满心委屈气忿，待要怎样，又怕她母亲不安，少不得含泪别了母亲，各自回来，到房里整哭了一夜。次日起来，也无心梳洗，胡乱整理整理，便出来瞧母亲。可巧遇见林黛玉独立在花阴之下，问她哪里去。薛宝钗因说道“家去”，口里说着，便只管走。黛玉见她无精打彩的去了，又见眼上有哭泣之状，大非往日可比，便在后面笑道：“姐姐也自保重些儿。就是哭出两缸眼泪来，也医不好棒疮！”不知宝钗如何答对，且听下回分解。

第 35 回 白玉钏亲尝莲叶羹 黄金莺巧结梅花络

话说宝钗分明听见林黛玉刻薄她，因记挂着母亲、哥哥，并不回头，一迳去了。这里林黛玉还自立于花阴之下，远远的却向怡红院内望着，只见李宫裁、迎春、探春、惜春并各项人等都向怡红院内去过之后，一起一起的散尽了，只不见凤姐儿来，心里自己盘算道：“如何她不来瞧宝玉？便是有事缠住了，她必定也是要来打个花胡哨，讨老太太和太太的好儿才是。今儿这早晚不来，必有原故。”一面猜疑，一面抬头再看时，只见花花簇簇的一群人又向怡红院内来了。定眼看时，只见贾母搭着凤姐儿的手，后头邢夫人、王夫人跟着周姨娘并丫鬟、媳妇等人都进院去了。黛玉看了不觉点头叹气，想起有父母的人的好处来，早又泪珠满面。少顷，只见宝钗、薛姨娘等也进入去了。忽见紫鹃从背后走来说道：“姑娘吃药去罢，开水又冷了。”黛玉道：“你到底要怎么样？只是催，我吃不吃，管你什么相干！”紫鹃笑道：“咳嗽得才好了些，又不吃药了。如今虽然是五月里，天气热，到底也还该小心些。大清早起，在这个潮地方站了半日，也该回去歇息歇息了。”一句话提醒了黛玉，方觉得有点腿酸，呆了半日，方慢慢的同紫鹃回潇湘馆来。

一进院门，只见满地下竹影参差，苔痕浓瀹，不觉又想起《西厢记》中所云“幽僻处可有人行，点苍苔白露泠泠”二句来，因暗暗的叹道：“双文，双文，诚为命薄人矣！然你虽命薄，尚有孀母弱弟；今日林黛玉之命薄，一併连孀母弱弟俱无。古人云‘佳人薄命’，然我又非佳人，何命薄胜于双文哉！”一面想，一面只管走，不防廊上的鹦哥儿见林黛玉来了，“嘎”的一声扑了下来，倒吓了一跳，因说道：“作死的，又扇了我一头的灰。”那鹦哥仍飞上架去，便叫：“雪雁，快掀帘子，姑娘来了。”黛玉便止住步，以手扣架笑道：“添了食水不曾？”。那鹦哥便长叹一声，竟大似林黛玉素日吁嗟音韵，接着念道：“侬今葬花人笑痴，他年葬侬知是谁？试看春尽花渐落，便是红颜老死时。一朝春尽红颜老，花落人亡两不知！”黛玉、紫鹃听了都笑起来。紫鹃笑道：“这都是素日姑娘念的，难为它怎么记来着。”黛玉便命紫鹃将架子摘下来，另挂在月洞窗外的钩子上，于是进了屋子，在月洞窗内坐了。吃毕药，只见窗外竹影映入纱来，满屋内阴阴翠润，几簟生凉。黛玉无可释闷，便隔着纱窗调逗鹦哥作戏，又将素日所喜的诗词也教与它念，这且不在话下。

且说薛宝钗来至家中，只见母亲正自梳头呢。一见她来了，便说道：“你大清早起跑来作什么？”宝钗道：“我瞧瞧妈身子好不好。昨儿我去了，不知他可又过来闹了没有？”一面说，一面在她母亲身旁坐了，由不得哭将起来。薛姨妈见他一哭，自己撑不住也就哭了一场。一面伤心一面又劝她：“我的儿，你别委屈了，你等我处分孽子障。你要有个好歹，我指望哪一个来！”薛蟠在外边听见，连忙跑了过来，对着宝钗左一个揖，右一个揖，只说：“好妹妹，恕我这一次罢！原是我昨儿吃了酒，回来得晚了，路上撞客着了，来家未醒，不知胡说了什么，连我自己也不知道，怨不得你生气。”宝钗原是掩面哭的，听如此说，由不得又好笑了，遂抬头向地下啐了一口，说道：“你不用做这些像声儿。我知道你的心里多嫌着我们娘儿两个，你是要变着法儿叫我们离了你，你就心淨了。”薛蟠听说，连忙笑道：“妹妹这话从哪里说起来的，这叫我连立足之地都没了。妹妹从来不是这样多心说歪话的人。”薛姨妈忙又接着道：“你就只会听见你妹妹的歪话，难道昨儿晚上你说的那话就应该的不成？当真是你发昏了！”薛蟠道：“妈也不必生气了，妹妹也不用烦恼，从今以后我再不同他们一处吃酒闲逛如何？”宝钗笑道：“这不明白过来了！”薛姨妈道：“你要有这个恒劲，那龙也下蛋了。”薛蟠道：“我若再和他们一处逛，妹妹听见了，只管啐我，再叫我畜生，不是人，如何？何苦来，为我一个人，娘儿两个天天操心！妈为我生气还有可恕，若只管叫妹妹为我操心，我更不是人了。如今父亲没了，我不能多孝顺妈、，多疼妹妹，反教娘生气、妹妹烦恼，真连个畜生也不如了！”口里说着，眼睛里禁不起也滚下泪来。薛姨妈本不哭了，听他一说，又勾起伤心来。宝钗勉强笑道：“你闹够了，这会子又招妈哭起来了。”薛蟠听说，忙收了泪，笑道：“我何曾招妈哭来！罢，罢，罢，丢下这个别提了。叫香菱来倒茶妹妹吃。”宝钗道：“我也不吃茶，等妈洗了手，我们就过去了。”薛蟠道：“妹妹的项圈我瞧瞧，只怕该炸一炸去了。”宝钗道：“黄澄澄的又炸它作什么？”薛蟠又道：“妹妹如今也该添补些衣裳，要什么颜色、花样，告诉我。”宝钗道：“连那些衣服我还没穿遍呢，又做什么？”一时薛姨妈换了衣裳，拉着宝钗进去，薛蟠方出去了。

这里薛姨妈和宝钗进园子里来瞧宝玉，到了怡红院中，只见抱厦里外迴廊上许多丫鬟、老婆站着，便知贾母等都在这里。母女两个进来，大家见过了，只见宝玉躺在榻上。薛姨妈问他可好些。宝玉忙欲欠身，口里答应着“好些”，又说：“只管惊动姨娘、姐姐，我禁不起。”薛姨妈忙扶他睡下，又问他：“想什么吃只管告诉我。”宝玉笑道：“我想起来，自然和姨娘要去。”王夫人又问：“你想什么吃，回来好给你送来。”宝玉笑道：“倒不想什么吃，倒是那一回做的那小荷叶儿、小莲蓬儿的汤还好些。”凤姐一旁笑道：“听听口味不算高贵，只是太磨牙了。巴巴的想这个吃了。”贾母便一叠声的叫人做去。凤姐儿笑道：“老祖宗别急，等我想一想这模子谁收着呢。”因回头吩咐个婆子去问管厨房的要去。那婆子去了半天回来说：“管厨房的说，四副汤模子都交上来了。”凤姐儿听说，想了一想道：“我记得交上来了，就不知交给谁了，多半在茶房里。”一面又遣人去问管茶房的，也不曾收。次后还是管金银器皿的送了来。薛姨妈先接过来瞧时，原来是个小匣子，里面装着四副银模子，都有一尺多长，一寸见方，上面凿着有豆子大小，也有菊花的，也有梅花的，也有莲蓬的，也有菱角的，共有三四十样，打得十分精巧。因笑向贾母、王夫人道：“你们府上也都想绝了，吃碗汤还有这些样子。若不说出来，我见这个也不认得这是做什么用的。”凤姐儿也不等人说话，便笑道：“姑妈哪里晓得，这是旧年备膳，他们想的法儿：不知弄些什么面印出来，借点新荷叶的清香，全仗着好汤，究竟没意思，谁家家常饭吃它呢。那一回呈样的作了一回，他今日怎么想起来了。”说着接了过来，递与个妇人，吩咐厨房里立刻拿几只鸡，另外添了东西，做出十来碗来。王夫人道：“要这些做什么？”凤姐儿笑道：“有个原故：这一宗东西家常不大作，今儿宝兄弟提起来了，单做给他吃，老太太、姑妈、太太都不吃，似乎不大好。不如借势儿弄些大家吃，托赖连我也上个俊儿。”贾母听了笑道：“猴儿，把你乖的！拿着官中的钱你做人。”说得大家笑了。凤姐也忙笑道：“这不相干。这个小东道我还孝敬得起。”便回头吩咐妇人，“说给厨房里，只管好生添补着做了，在我的帐上来领银子。”妇人答应着去了。

宝钗一旁笑道：“我来了这么几年，留神看起来，凤丫头凭她怎么巧，再巧不过老太太去。”贾母听说，便答道：“我如今老了，哪里还巧什么。当日我像凤哥儿这么大年纪，比她还来得呢。她如今虽说不如我们，也就算好了，比你姨娘强远了。你姨娘可怜见的，不大说话，和木头似的，在公婆跟前就不大显好。凤儿嘴乖，怎么怨得人疼她。”宝玉笑道：“若这么说，不大说话的就不疼了？”贾母道：“不大说话的又有不大说话的可疼之处，嘴乖的也有一宗可嫌的，倒不如不说话的好。”宝玉笑道：“这就是了。我说大嫂子倒不大说话呢，老太太也是和凤姐姐的一样看待。若是单是会说话的可疼，这些姊妹里头也只是凤姐姐和林妹妹可疼了。”贾母道：“提起姊妹，不是我当着姨太太的面奉承，千真万真，从我们家四个女孩儿算起，都不如宝丫头。”薛姨妈听说，忙笑道：“这话老太太是说偏了。”王夫人忙又笑道：“老太太时常背地里和我说宝丫头好，这倒不是假话。”宝玉勾着贾母，原为赞林黛玉的，不想反赞起宝钗来，倒也意出望外，便看着宝钗一笑。宝钗早扭过头去和袭人说话去了。

忽有人来请吃饭，贾母方立起身来，命宝玉好生养着，又把丫头们嘱咐了一回，方扶着凤姐儿，让着薛姨妈，大家出房去了。因问：“汤好了不曾？”又问薛姨妈等：“想什么吃，只管告诉我，我有本事叫凤丫头弄了来咱们吃。”薛姨妈笑道：“老太太也会怄她的。时常她弄了东西孝敬老太太，究竟又吃不了多少。”凤姐儿笑道：“姑妈倒别这样说。我们老祖宗只是嫌人肉酸，若不嫌人肉酸，早已把我还吃了呢。”

一句话没说了，引得贾母、众人都哈哈的笑起来。宝玉在房里也撑不住笑了。袭人笑道：“真真的二奶奶的这张嘴怕死人！”宝玉伸手拉着袭人笑道：“你站了这半日，可乏了？”一面说一面拉她身旁坐了。袭人笑道：“可是又忘了。趁宝姑娘在院子里，你和她说，烦她的莺儿来打上几根络子。”宝玉笑道：“亏你提起来。”说着，便仰头向窗外道：“宝姐姐，吃过饭叫莺儿来，烦她打几根络子，可得闲儿？”宝钗听见，回头道：“怎么不得闲，一会叫她来就是了。”贾母等尚未听真，都止步问宝钗。宝钗说明了，大家方明白。贾母又说道：“好孩子，你叫她来替你兄弟作几根。你要无人使唤，我那里闲着的丫头多呢，你喜欢谁，只管叫了来使唤。”薛姨妈、宝钗等都笑道：“只管叫他来作就是了，有什么使唤的去处。她天天也是闲着淘气。”

大家说着，往前正走，忽见史湘云、平儿、香菱等在山石边掐凤仙花儿，见了他们走来，都迎上来了。少顷出至园外，王夫人恐贾母乏了，便欲让至她住的上房内坐。贾母也觉腿酸，便点头依允。王夫人便命少丫头子们忙先去铺设座位。那时，赵姨娘推病，只有周姨娘与众婆娘、丫头们忙着打帘子，立靠背，铺褥子。贾母扶着凤姐儿进来，与薛姨妈分宾主坐了。薛宝钗、史湘云坐在下面。王夫人亲捧了茶来奉与贾母，李宫裁奉与薛姨妈。贾母向王夫人道：“让她们小妯娌服侍，你在那里坐了好说话儿。”王夫人方向一张小杌子上坐了，便吩咐凤姐儿道：“老太太的饭在这里放，添了东西来。”凤姐儿答应了出去，便命人去贾母那边告诉，那边的婆娘忙往外传了，丫头们忙赶过来。王夫人便命请姑娘们去。请了半天，只有探春、惜春两个来了；迎春身上不耐烦，不吃饭；林黛玉自不消说，平素十顿饭只好吃五顿，众人也不着意了。少顷饭至，众人调放了桌子。凤姐儿用手巾裹着一把牙箸站在地下，笑道：“老祖宗和姑妈不用让，还听我说就是了。”贾母笑向薛姨妈道：“我们就是这样。”薛姨妈笑着应了。于是凤姐放了四双：上面两双是贾母、薛姨妈，两边是薛宝钗、史湘云的。王夫人、李宫裁等都站在地下看着放菜。凤姐先忙着要干淨傢伙来，替宝玉拣菜。

少顷，荷叶汤来，贾母看过了。王夫人回头见玉钏儿在那边，便令玉钏与宝玉送去。凤姐道：“她一个人拿不去。”可巧莺儿和喜儿都来了。宝钗知道她们已吃了饭，便向莺儿道：“宝兄弟正叫你去打络子，你们两个一同去罢。”莺儿答应，同着玉钏儿出来。莺儿道：“这么远，怪热的，怎么端了去？”玉钏笑道：“你放心，我自有道理。”说着，便令一个婆子来，将汤饭等类放在一个捧盒里，命她端了跟着，她两个却空着手走。一直到了怡红院门内，玉钏儿方接了过来，同莺儿进入宝玉房中。袭人、麝月、秋纹三个人正和宝玉玩笑呢，见她两个来了，都忙起来笑道：“你两个怎么来得这么碰巧，一齐来了？”一面说，一面接了下来。玉钏便向一张杌子上坐了，莺儿不敢坐下。袭人便忙端了个脚踏来，莺儿还不敢坐。宝玉见莺儿来了，却倒十分欢喜；忽见了玉钏儿，便想起她姐姐金钏儿来，又是伤心，又是惭愧，便把莺儿丢下，且和玉钏儿说话。袭人见把莺儿不理，恐莺儿没好意思的，又见莺儿不肯坐，便拉了莺儿出来，到那边房里去吃茶说话儿去了。

这里麝月等预备了碗箸来伺候吃饭。宝玉只是不吃，问玉钏儿道：“你母亲身子好？”玉钏儿满脸怒色，正眼也不看他，半日方说了一个“好”字。宝玉便觉没趣，半日，只得又陪笑问道：“谁叫你替我送来的？”玉钏儿道：“不过是奶奶、太太们！”宝玉见她还是这样哭丧，便知她是为金钏儿的原故；待要虚心下气磨转她，又见人多，不好下气的，因而变尽方法将人都支出去，然后又陪笑问长问短。那玉钏儿先虽不悦，只管见宝玉一些性气没有，凭她怎么丧谤，还是温存和悦，自己倒不好意思了，脸上方有三分喜色。宝玉便笑求她：“好姐姐，你把那汤拿了来我尝尝。”玉钏儿道：“我从不会喂人东西，等她们来了再吃。”宝玉笑道：“我不是要你喂我。我因为走不动，你递给我吃了，你好赶早儿回去交代了，你好吃饭去。我只管耽误时候，你岂不饿坏了？你要懒待动，我少不得忍了疼下去取来。”说着，便要下床来，扎挣起来，禁不住“嗳哟”之声。玉钏儿见了这般，忍不住，便起身说道："躺下罢！哪世里造了孽的，这会子现世现报！教我哪一个眼睛看得上！"一面说，一面"哧"的一声又笑了，端过汤来。宝玉笑道："好姐姐，你要生气，只管在这里生罢，回去见了老太太、太太可放和气些。若还这样，你就又挨骂了。"玉钏儿道："吃罢，吃罢！不用和我甜嘴蜜舌的，我可不信这些！"说着催宝玉喝了两口汤。宝玉故意说："不好吃，不吃了。"玉钏儿道："阿弥陀佛！这还不好吃，什么好吃？"宝玉道："一点味儿也没有，你不信尝一尝就知道了。"玉钏儿果真就赌气尝了一尝。宝玉笑道："这可好吃了。"玉钏儿听说，方解过意来，原是宝玉哄她吃一口，便说道："你既说不好吃，这会子说好吃也不给你吃了。"宝玉只管陪笑央求要吃，玉钏儿又不给他，一面又叫人来打发吃饭。

丫头方进来时，忽有人来回话："傅二爷家的两个嬷嬷来请安，来见二爷。"宝玉听说，便知是通判傅试家的嬷嬷来了。那傅试原是贾政的门生，历年来都赖贾家的名势得意，贾政也着实看顾他，与别个门生不同，他那里常遣人来走动。宝玉素习最厌勇男蠢女的，今日却如何又命这两个婆子过来？其中原来有个原故：只因那宝玉闻得傅试有个妹子，名唤傅秋芳，也是个琼闺秀玉，常闻人传说才貌俱全，虽自未亲睹，然遐思遥爱之心十分诚敬，不命她们进来，恐薄了傅秋芳，因此连忙命让进来。那傅试原是暴发的，因傅秋芳有几分姿色，聪明过人，那傅试安心仗着妹妹要与豪门贵族结姻，不肯轻意许人，所以耽误到如今。目今傅秋芳年已二十三岁，尚未许人。怎奈那些豪门贵族又嫌他穷酸，根基浅薄，不肯求配。那傅试与贾家亲密，也自有一段心事。今日遣来的两个婆子偏生是极无知识的，闻得宝玉要见，进来只刚问了好，说了没两句话。那玉钏儿见生人来，也不和宝玉厮闹了，手里端着汤只顾听话。宝玉又只顾和婆子说话，一面吃饭，一面伸手去要汤。两个人的眼睛都看着人，不想伸勐了手，便将碗碰撞落，将汤泼了宝玉手上。玉钏儿倒不曾烫着，唬了一跳，忙笑道："这是怎么了！"慌得丫头们忙上来接碗。宝玉自己烫了手倒不觉得，却只管问玉钏儿："烫了哪里了？疼不疼？"玉钏儿和众人都笑了。玉钏儿道："你自己烫了，只管问我。"宝玉听说，方觉自己烫了。众人上来连忙收拾。宝玉也不吃饭了，洗手吃茶，又和那两个婆子说了两句话。然后两个婆子告辞出去，晴雯等送至桥边方回。

那两个婆子见没人了，一行走一行谈论。这一个笑道："怪道有人说他们家宝玉是外像好里头糊涂，中看不中吃的，果然竟有些呆气。他自己烫了手，倒问人疼不疼，这可不是个呆子？"那一个又笑道："我前一回来，听见他家里许多人抱怨，千真万真的有些呆气。大雨淋得水鸡似的，他反告诉别人'下雨了，快避雨去罢。'你说可笑不可笑？时常没人在跟前，就自哭自笑的；看见燕子，就和燕子说话；河里看见了鱼，就和鱼说话；见了星星月亮，不是长吁短叹，就是咕咕哝哝的。且是连一点刚性也没有，连那些毛丫头的气都受得。爱惜东西，连个线头儿都是好的；遭塌起来，哪怕值千值万的都不管了。"两个人一面说，一面走出园来，辞别诸人回去，不在话下。

如今且说袭人见人去了，便携了莺儿过来，问宝玉打什么络子。宝玉笑向莺儿道："才只顾说话，就忘了你。烦你来不为别的，却为替我打几根络子。"莺儿道："装什么的络子？"宝玉见问，便笑道："不管装什么的，你都每样打几根罢。"莺儿拍手笑道："这还了得！要这样，十年也打不完了。"宝玉笑道："好姐姐，你闲着也没事，都替我打了罢。"袭人笑道："哪里一时都打得完，如今先拣要紧的打几根罢。"莺儿道："什么要紧，不过是扇子、香坠儿、汗巾子。"宝玉道："汗巾子就好。"莺儿道："汗巾子是什么颜色的？"宝玉道："大红的。"莺儿道："大红的须是黑络子才好看，或是石青的才压得住颜色。"宝玉道："松花色配什么？"莺儿道："松花配桃红。"宝玉笑道："这才娇艳。再要雅澹之中带些娇艳。"莺儿道："葱绿柳黄是我最爱的。"宝玉道："也罢了，也打一条桃红，再打一条葱绿。"莺儿道："什么花样呢？"宝玉道："共有几样花样？"莺儿道："一炷香、朝天凳、象眼块、方胜、连环、梅花、柳叶。"宝玉道："前儿你替三姑娘打的那花样是什么？"莺儿道："那是攒心梅花。"宝玉道："就是那样好。"一面说，一面叫袭人刚拿了线来，窗外婆子说"姑娘们的饭都有了。"宝玉道："你们快吃了来。"袭人笑道："有客在这里，我们怎好去的！"莺儿一面理线，一面笑道："这话又打哪里说起，正经快吃了来罢。"袭人等听说，方去了，只留下两个小丫头听呼唤。

宝玉一面看莺儿打络子，一面说闲话，因问她"十几岁了？"莺儿手里打着，一面答话说："十六岁了。"宝玉道："你本姓什么？"莺儿道："姓黄。"宝玉笑道："这个名姓倒对了，果然是个黄莺儿。"莺儿笑道："我的名字本来是两个字，叫作金莺。姑娘嫌拗口，就单叫莺儿，如今就叫开了。"宝玉道："宝姐姐也算疼你了。明儿宝姐姐出阁，少不得是你跟去了。"莺儿抿嘴一笑。宝玉笑道："我常常和袭人说，明儿不知哪一个有福的消受你们主子奴才两个呢。"莺儿笑道："你还不知道我们姑娘有几样世人都没有的好处呢，模样儿还在次。"宝玉见莺儿娇憨婉转，语笑如痴，早不胜其情了，哪禁更提起宝钗来！便问他道："好处在那里？好姐姐，细细的告诉我。"莺儿笑道："我告诉你，你可不许又告诉她去。"宝玉笑道："这个自然的。"正说着，只听外头说道："怎么这样静悄悄的！"二人回头看时，不是别人，正是宝钗来了。宝玉忙让坐。宝钗坐了，因问莺儿"打什么呢？"一面问，一面向她手里去瞧，才打了半截。宝钗笑道："这有什么趣儿，倒不如打个络子把玉络上呢。"一句话提醒了宝玉，便拍手笑道："倒是姐姐说得是，我就忘了。只是配个什么颜色才好？"宝钗道："若用杂色断然使不得，大红又犯了色，黄的又不起眼，黑的又过暗。等我想个法儿把那金线拿来，配着黑珠儿线，一根一根的拈上，打成络子，这才好看。"

宝玉听说，喜之不尽，一叠声便叫袭人来取金线。正值袭人端了两碗菜走进来，告诉宝玉道："今儿奇怪，才刚太太打发人给我送了两碗菜来。"宝玉笑道："必定是今儿菜多，送来给你们大家吃的。"袭人道："不是，指名给我送来，还不叫我过去磕头。这可是奇了！"宝钗笑道："给你的，你就吃了，这有什么可猜疑的！"袭人笑道："从来没有的事，倒叫我不好意思的。"宝钗抿嘴一笑，说道："这就不好意思了？明儿还有比这个更叫你不好意思的呢。"袭人听了话内有因，素知宝钗不是轻嘴薄舌奚落人的，自己方想起上日王夫人的意思来，便不再提，将菜与宝玉看了，说："洗了手来拿线。"说毕，便一直的出去了。吃过饭，洗了手，进来拿金线与莺儿打络子。此时，宝钗早被薛蟠遣人来请出去了。

这里宝玉正看着打络子，忽见邢夫人那边遣了两个丫鬟送了两样果子来与他吃，问他"可走得了？若走得动，叫哥儿明儿过来散散心，太太着实记挂着呢。"宝玉忙道："若走得了，必定请大太太的安去。疼得比先好些，请太太放心罢。"一面叫她两个坐下，一面又叫秋纹来，把才拿来的那果子拿一半送与林姑娘去。秋纹答应了，刚欲去时，只听得黛玉在院内说话，宝玉忙叫"快请"。要知端详，且听下回分解。

第 36 回 绣鸳鸯梦兆绛芸轩 识分定情悟梨香院

话说贾母自王夫人处回来，见宝玉一日好似一日，心中自是欢喜。因怕将来贾政又叫他，遂命人将贾政的亲随小厮头儿唤来，吩咐他"以后倘有会人待客诸样的事，你老爷要叫宝玉，你不用上来传话，就回他说：我说了，一则打重了，得着实将养几个月才走得；二则他的星宿不利，祭了星不见外人，过了八月才许出二门。”那小厮头儿听了，领命而去。贾母又命李嬷嬷、袭人等来，将此话说与宝玉，使他放心。那宝玉本就懒与士大夫诸男人接谈，又最厌峨冠礼服、贺吊往还等事，今日得了这句话，越发得了意，不但将亲戚朋友一概杜绝了，而且连家庭中晨昏定省亦发都随他的便了；日日只在园中游卧，不过每日一清早到贾母、王夫人处走走就回来了，却每每甘心为诸丫鬟充役，竟也得十分闲消日月。或如宝钗辈有时见机导劝，反生起气来，只说“好好的一个清浮洁白女儿，也学得钓名沽誉，入了国贼禄鬼之流。这总是前人无故生事，立言竖辞，原为导后世的须眉浊物。不想我生不幸，亦且琼闺绣阁中亦染此风，真真有负天地钟灵毓秀之德！”因此祸延古人，除《四书》外，竟将别的书焚了。众人见他如此疯癫，也都不向他说这些正经话了。独有林黛玉自幼不曾劝他去立身扬名等话，所以深敬黛玉。

闲言少述。如今且说王凤姐自见金钏儿死后，忽见几家仆人常来孝敬她些东西，又不时的来请安奉承她，自己倒生了疑惑，不知何意。这日，又见人来孝敬她东西，因晚间无人时笑问平儿道：“这几家人不大管我的事，为什么忽然这么和我贴近？”平儿冷笑道：奶奶连这个都想不起来了？我猜他们的女儿都必是太太房里的丫头，如今太太房里有四个大的，一个月一两银子的分例，下剩的都是一个月几百钱的。如今金钏儿死了，必定他们要弄这两银子的巧宗儿呢。”凤姐听了笑道：“是了，是了，倒是你提醒了。我看这人也太不知足，钱也赚够了，苦事情又侵不着，弄个丫头搪塞着身子也就罢了，又还想这个。也罢了，他们几家的钱容易也不能花到我跟前，这是他们自寻的，送什么来我就收什么，横竖我有主意。”凤姐儿安下这个心，所以自管迁延着，等那些人把东西送足了，然后乘空方回王夫人。

这日午间，薛姨妈母女两个与林黛玉等正在王夫人房里大家吃西瓜，凤姐儿得便回王夫人道：“自从玉钏姐姐死了，太太跟前少着一个人。太太或看准了哪个丫头好，就吩咐，下月好发放月钱的。”王夫人听了，想了一想道：“依我说，什么是例，必定四个五个的，够使就罢了，竟可以免了罢。”凤姐笑道：“论理，太太说的也是。只是这原是旧例，别人屋里还有两个呢，太太倒不按例了。况且省下一两银子也有限。”王夫人听了，又想一想道：“也罢，这个分例只管关了来，不用补人，就把这一两银子给她妹妹玉钏儿罢。她姐姐服侍了我一场，没个好结果，剩下她妹妹跟着我，吃个双分子也不为过逾了。”凤姐答应着，回头找玉钏儿笑道：“大喜，大喜！”玉钏儿过来磕了头。王夫人问道：“正要问你，如今赵姨娘、周姨娘的月例多少？”凤姐道：“那是定例，每人二两。赵姨娘有环兄弟的二两，共是四两，另外四串钱。”王夫人道：“可都按数给她们？”凤姐见问得奇，忙道：“怎么不按数给！”王夫人道：“前儿我恍惚听见有人抱怨，说短了一吊钱，是什么原故？”凤姐忙笑道：“姨娘们的丫头，月例原是人各一吊。从旧年他们外头商议的，姨娘们每位的丫头分例减半，人各五百钱，每位两个丫头，所以短了一吊钱。这也抱怨不着我，我倒乐得给她们呢，他们外头又扣着，难道我添上不成？这个事我不过是接手儿，怎么来，怎么去，由不得我作主。我倒说了两三回，仍旧添上这两分的。为是他们说只有这个项数，叫我也难再说了。如今我手里每月连日子都不错给她们呢。先时在外头关，哪个月不打饥荒，何曾顺顺熘熘的得过一遭儿？”王夫人听说，也就罢了。半日，又问：“老太太屋里几个一两的？”凤姐道：“八个。如今只有七个，那一个是袭人。”王夫人道：“这就是了。你宝兄弟也并没有一两的丫头，袭人还算是老太太房里的人。”凤姐笑道：“袭人原是老太太的人，不过给了宝兄弟使。她这一两银子还在老太太的丫头分例上领。如今说因为袭人是宝玉的人，裁了这一两银子，断然使不得。若说再添一个人给老太太，这个还可以裁她的。若不裁她的，须得环兄弟屋里也添上一个才公道均匀了。就是晴雯、麝月等七个大丫头，每月人各月钱一吊，佳蕙等八个小丫头，每月人各月钱五百，还是老太太的话，别人如何恼得气得呢？”薛姨娘笑道：“你们只听凤丫头的嘴，倒像倒了核桃车似的，只听他的帐也清楚，理也公道。”凤姐笑道：“姑妈，难道我说错了不成？”薛姨妈笑道：“说得何尝错，只是你慢些说岂不省力。”凤姐才要笑，忙又忍住了，听王夫人示下。王夫人想了半日，向凤姐儿道：“明儿挑一个好丫头送去老太太使，补袭人，把袭人的一分裁了。把我每月的月例二十两银子里拿出二两银子一吊钱来给袭人。以后凡事有赵姨娘周姨娘的，也有袭人的，只是袭人的这一分都从我的分例上匀出来，不必动官中的就是了。”凤姐一一答应了，笑推薛姨妈道：“姑妈听见了，我素日说的话如何？今儿果然应了我的话。”薛姨妈道：“早就该如此。模样儿自然不用说的，她的那一种行事大方，说话见人和气里头带着刚硬要强，这个实在难得。”王夫人含泪说道：“你们那里知道袭人那孩子的好处，比我的宝玉强十倍。宝玉果然是有造化的，能够得她长长远远的服侍他一辈子，也就罢了。”凤姐道：“既这么样，就开了脸，明放她在屋里岂不好？”王夫人道：“那就不好了，一则都年轻，二则老爷也不许，三则那宝玉见袭人是个丫头，纵有放纵的事，倒能听她的劝，如今作了跟前人，那袭人该劝的也不敢十分劝了。如今且浑着，等再过二三年再说。”

说毕半日，凤姐见无话，便转身出来。刚至廊檐上，只见有几个执事的媳妇子正等她回事呢，见她出来都笑道：“奶奶今儿回什么事，说了这半天？可是要热着了。”凤姐把袖子挽了几挽，跐着那角门的门槛子，笑道：“这里过门风倒凉快，吹一吹再走。”又告诉众人道：“你们说我回了这半日的话，太太把二百年的事都想起来问我，难道我不说罢？”又冷笑道：“我从今以后倒要干几样刻毒事了。抱怨给太太听，我也不怕。糊涂油蒙了心，烂了舌头，不得好死的下作东西，别作娘的春梦！明儿一裹脑子扣的日子还有呢。如今才知了丫头的钱，就抱怨了咱们。也不想一想是奴几，也配使两三个丫头！”一面骂一面方走了，自去挑人回贾母话去，不在话下。

却说王夫人等这里吃毕西瓜，又说了一会闲话，各自方散去。宝钗与黛玉等回至园中，宝钗因约黛玉往藕香榭去，黛玉回说立刻要洗澡，便各自散了。宝钗独自行来，顺路进了怡红院，意欲寻宝玉谈谈以解午倦。不想一入院来，鸦雀无闻，一併连两隻仙鹤在芭蕉下都睡着了。宝钗便顺着游廊来至房中，只见外间床上横三竖四都是丫头们睡觉。转过十锦槅子，来至宝玉的房内，见宝玉在床上睡着了，袭人坐在身旁，手里做针线，旁边放着一柄白犀尘。宝钗走近前来，悄悄的笑道：“你也过于小心了，这个屋里哪里还有苍蝇、蚊子，还拿蝇帚子赶什么？”袭人不防，勐抬头见是宝钗，忙放下针线起身，悄悄笑道：“姑娘来了，我倒也不防，吓了一跳。姑娘不知道，虽然没有苍蝇蚊子，谁知有一种小虫子，从这纱眼里鑽进来，人也看不见，只睡着了，咬一口，就像蚂蚁叮的。”宝钗道：“怨不得。这屋子后头又近水，又都是香花儿，这屋子里头又香。这种虫子都是花心里长的，闻香就扑。”说着，一面又瞧她手里的针线，原来是个白绫红里的兜肚，上面扎着鸳鸯戏莲的花样，红莲绿叶，五色鸳鸯。宝钗道：“嗳哟，好鲜亮活计！这是谁的，也值得费这么大工夫？”袭人向床上努嘴儿。宝钗笑道：“这么大了，还带这个？”袭人笑道：“他原是不肯带，所以特特的做得好了，叫他看见由不得不带。如今天气热，睡觉都不留神，哄他带上了，便是夜里纵盖不严些儿，也就不怕了。你说这一个就用了工夫，还没看见他身上现带的那一个呢。”宝钗笑道：“也亏你奈烦。”袭人道：“今儿做的工夫大了，脖子低得怪酸的。”又笑道：“好姑娘，你略坐一坐，我出去走走就来。”说着便走了。宝钗只顾看着活计，便不留心一蹲身，刚刚的也坐在袭人方才坐的所在，因又见那活计实在可爱，不由得拿起针来替她代刺。

不想林黛玉因遇见史湘云约她来与袭人道喜，二人来至院中，见静悄悄的，湘云便转身先到厢房里去找袭人。林黛玉却来至窗外，隔着纱窗往里一看，只见宝玉穿着银红纱衫子，随便睡着在床上，宝钗坐在身旁做针线，旁边放着蝇帚子。林黛玉见了这个景况，连忙把身子一藏，手捂着嘴不敢笑出来，招手儿叫湘云。湘云一见她这般光景，只当有什么新闻，忙也来一看，也要笑时，忽然想起宝钗素日待她厚道，便忙掩住口。知道林黛玉口里不让人，怕她言语之中取笑，便忙拉过她来道："走罢。我想起袭人来，她说午间要到池子里去洗衣裳，想必去了，咱们那里找她去。"林黛玉心下明白，冷笑了两声，只得随她走了。

这里宝钗只刚做了两三个花瓣儿，忽见宝玉在梦中喊骂说："和尚、道士的话如何信得？什么是'金玉姻缘'，我偏说是'木石姻缘'！"薛宝钗听了这话不觉怔了。忽见袭人走进来笑道："还没有醒呢？"宝钗摇头。袭人又笑道："我才碰见林姑娘、史大姑娘，他们可曾进来？"宝钗道："没见她们进来。"因向袭人笑道："她们没告诉你什么话？"袭人笑道："左不过是她们那些玩话，有什么正经说的。"宝钗笑道："今儿她们说的可不是玩话，我正要告诉你呢，你又忙忙的出去了。"

一句话未完，只见凤姐儿打发人来叫袭人。宝钗笑道："就是为那话了。"袭人只得唤起两个丫鬟来，一同宝钗出怡红院，自往凤姐这里来。果然是告诉她这话，又叫她与王夫人叩头，且不必见贾母去，倒把袭人不好意思的。见过王夫人急忙回来，宝玉已醒了，问起原故，袭人且含煳答应，至夜间人静，袭人方告诉了宝玉。宝玉喜不自禁，又向他笑道："我可看你回家去不去了！那一回往家里走了一趟，回来就说你哥哥要赎你，又说在这里没着落，终久算什么，说了那么些无情无义生分的话吓我。从今以后，我可看谁敢来叫你去！"袭人听了便冷笑道："你倒别这么说。从此以后我是太太的人了，我要走连你也不必告诉，只回了太太就走。"宝玉笑道："就便算我不好，你回了太太竟去了，叫别人听见说我不好，你去，你也没意思。"袭人笑道："有什么没意思，难道做了强盗贼，我也跟着罢。再不然，还有一个死呢。人活百岁，横竖要死，这一口气不在，听不见看不见就罢了？"宝玉听见这话，便忙捂她的嘴说道："罢，罢，罢！不用说这些话了。"袭人深知宝玉性情古怪，听见奉承吉利话，又厌虚而不实，听了这些尽情实话，又生悲感，便悔自己说冒撞了，连忙笑着用话截开，只拣那宝玉素喜谈者问之。先问他春风秋月，再谈及粉澹脂莹，然后谈到女儿如何好，不觉又谈到女儿死，袭人忙掩住口。宝玉谈至浓快时，见她不说了，便笑道："人谁不死，只要死得好。那些个鬚眉浊物，只知道文死谏，武死战，这二死是大丈夫死名死节，究竟何如不死的好！必定有昏君他方谏，他只顾邀名，勐拚一死，将来弃君于何地？必定有刀兵他方战，勐拚一死，他只顾图汗马之名，将来弃国于何地？所以这皆非正死。"袭人道："忠臣良将，出于不得已他才死。"宝玉道："那武将不过仗血气之勇，疏谋少略，他自己无能，送了性命，这难道也是不得已！那文官更不可比武将了，他念两句书窝在心里，若朝廷少有疵瑕，他就胡谈乱劝，只顾他邀忠烈之名，浊气一涌，即时拚死，这难道也是不得已？还要知道，那朝廷是受命于天，他不圣不仁，那天也断断不把这万几重任与他了。可知那些死的都是沽名，并不知大义。比如我此时若果有造化，该死于此时的，如今趁你们在，我就死了。再能够你们哭我的眼泪流成大河，把我的尸首漂起来，送到那鸦雀不到的幽僻之处，随风化了，自此再不要托生为人，就是我死得得时了。"袭人忽见说出这些疯话来，忙说困了，不理他。那宝玉方合眼睡着，至次日，也就丢开了。

一日，宝玉因各处游得烦腻，便想起《牡丹亭》曲来，自己看了两遍，犹不惬怀，因闻得梨香院的十二个女孩子中有小旦龄官最是唱得好，因着意出角门来找时，只见宝官、玉官都在院内，见宝玉来了，都笑嘻嘻的让坐。宝玉因问"龄官在那里？"众人都告诉他说："在她房里呢。"宝玉忙至她房内，只见龄官独自倒在枕上，见他进来，文风不动。宝玉素习与别的女孩子玩惯了的，只当龄官也同别人一样，因进前来身旁坐下，又陪笑央她起来唱"袅晴丝"一套。不想龄官见他坐下，忙抬身起来躲避，正色说道："嗓子哑了。前儿娘娘传进我们去，我还没有唱呢。"宝玉见她坐正了，再一细看，原来就是那日蔷薇花下划"蔷"字那一个。又见如此景况，从来未经过这番被人弃厌，自己便讪讪的红了脸，只得出来了。宝官等不解何故，因问其所以。宝玉便说了出来。宝官便说道："只略等一等，蔷二爷来了叫她唱，是必唱的。"宝玉听了，心下纳闷，因问："蔷哥儿哪去了？"宝官道："才出去了，一定还是龄官要什么，他去变弄去了。"

宝玉听了以为奇特。少站片时，果见贾蔷从外头来了，手里又提着个雀儿笼子，上面扎着个小戏台，并一个雀儿，兴兴头头往里走着找龄官。见了宝玉，只得站住。宝玉问他："是个什么雀儿？会衔旗串戏台？"贾蔷笑道："是个玉顶金豆。"宝玉道："多少钱买的？"贾蔷道："一两八钱银子。"一面说，一面让宝玉坐，自己往龄官房里来。宝玉此刻把听曲子的心都没了，且要看他和龄官是怎样。只见贾蔷进去笑道："你起来，瞧这个玩意儿。"龄官起身问："是什么？"，贾蔷道："买了个雀儿你玩，省得天天闷闷的没个开心。我先玩个你看。"说着，便拿些穀子哄得那个雀儿在戏台上乱串，衔鬼脸旗帜。众女孩子都笑道"有趣！"，独龄官冷笑了两声，赌气仍睡去了。贾蔷还只管陪笑，问她好不好。龄官道："你们家把好好的人弄了来，关在这牢坑里学这个劳什子还不算，你这会子又弄个雀儿来，也偏生干这个。你分明是弄了它来打趣形容我们，还问我好不好。"贾蔷听了不觉慌起来，连忙赌身立誓。又道："今儿我哪里的脂油蒙了心！费一二两银子买它来，原说解闷，就没有想到这上头。罢，罢！放了生，免免你的灾病。"说着，果然将雀儿放了，一顿把将笼子拆了。龄官还说："那雀儿虽不如人，他也有个老雀儿在窝里，你拿了它来弄这个劳什子也忍得！今儿我咳嗽出两口血来，太太打发人来找你叫人请大夫来细问问，你且弄这个来取笑。偏生我这没人管没人理的，又偏病。"说着又哭起来。贾蔷忙道："昨儿晚上我问了大夫，他说不相干。他说吃两剂药，后儿再瞧。谁知今儿又吐了。这会子请他去。"说着，便要请去。龄官又叫"站住！这会子大毒日头地下，你赌气子去请了来我也不瞧。"贾蔷听如此说，只得又站住。宝玉见了这般景况，不觉痴了，这才领会了划"蔷"的深意。自己站不住，也抽身走了。贾蔷一心都在龄官身上，也不顾送，倒是别的女孩子送了出来。

那宝玉一心裁夺盘算，痴痴的回至怡红院中，正值林黛玉和袭人坐着说话儿呢。宝玉一进来，就和袭人长叹，说道："我昨晚上的话竟错了，怪道老爷说我是'管窥蠡测'。昨夜说你们的眼泪单葬我，这就错了。我竟不能全得了。从此后只是各人各得眼泪罢了。"袭人昨夜不过是些玩话，已经忘了，不想宝玉今又提起来，便笑道："你可真真有些疯了。"宝玉默默不对，自此，深悟人生情缘各有分定，只是每每暗伤"不知将来葬我洒泪者为谁？"此皆宝玉心中所怀，也不可十分妄拟。

且说林黛玉当下见了宝玉如此形像，便知是又从哪里着了魔来，也不便多问，因向他说道："我才在舅母跟前听见，明儿是薛姨妈的生日，叫我顺便来问你出去不出去。你打发人前头说一声去。"宝玉道："上回连大老爷的生日我也没去，这会子我又去，倘或碰见了人呢？我一概都不去。这么怪热的，又穿衣裳，我不去姨妈也未必恼我。"袭人忙道："这是什么话？她比不得大老爷。这里又住得近，又是亲戚，你不去岂不叫她思量。你怕热，只清早起到那里磕个头，吃钟茶再来，岂不好看。"宝玉未说话，黛玉便先笑道："你看人家赶蚊子的分上，也该去走走。"宝玉不解，忙问："什么赶蚊子？"袭人便将昨日睡觉无人作伴，宝姑娘坐了一坐的话说了出来。宝玉听了忙说："不该。我怎么睡着了，亵渎了她。"一面又说："明日必去。"

正说着，忽见史湘云穿得齐齐整整走来辞说家里打发人来接她。宝玉、黛玉听说，忙站起来让坐。史湘云也不坐，宝、林两个只得送她至前面。那史湘云只是眼泪汪汪的，见有她家人在跟前，又不敢十分委屈。少时，薛宝钗赶来，愈觉缱绻难舍。

还是宝钗心内明白，她家人若回去告诉了她婶娘，待她家去又恐受气，因此倒催她走了。众人送至二门前，宝玉还要往外送，倒是湘云拦住了。一时回身又叫宝玉到跟前，悄悄的嘱道："便是老太太想不起我来，你时常提着，打发人接我去。"宝玉连连答应了。眼看着她上车去了，大家方才进来。要知端详，且听下回分解。

第 37 回 秋爽斋偶结海棠社 蘅芜苑夜拟菊花题

这年贾政又点了学差，择于八月二十日起身。是日，拜过宗祠及贾母起身，宝玉诸子弟等送至洒泪亭。

却说贾政出门去后，外面诸事不能多记。单表宝玉每日在园中任意纵性的逛荡，真把光阴虚度，岁月空添。这日正无聊之际，只见翠墨进来，手里拿着一副花笺送与他。宝玉因道："可是我忘了，才说要瞧瞧三妹妹去的，可好些了？你偏走来。"翠墨道："姑娘好了，今儿也不吃药了，不过是凉着了一点儿。"宝玉听说，便展开花笺看时，上面写道：

娣探谨奉：二兄文儿：前夕新霁，月色如洗，因惜清景难逢，讵忍就卧。时漏已三转，犹徘徊于桐槛之下，未防风露所欺，致获採薪之患。昨蒙亲劳抚嘱，又复数遣侍儿问切，兼以鲜荔并真卿墨迹见赐，何痌瘝惠爱之深哉耶！今因伏几凭床处默之时，忽思及历来古人处名攻利敌之场，犹置一些山滴水之区，远招近揖，投辖攀辕，务结二三同志者盘桓于其中，或竖词坛，或开吟社，虽一时之偶兴，遂成千古之佳谈。娣虽不才，窃同叨栖处于泉石之间，而兼慕薛、林之技。风庭月榭，惜未宴集诗人；帘杏溪桃，或可醉飞吟盏。孰谓莲社之雄才，独许鬓眉；直以东山之雅会，让余脂粉。若蒙棹雪而来，娣则扫花以待。此谨奉。

宝玉看了，不觉喜得拍手笑道："倒是三妹妹的高雅，我如今就去商议。"一面说，一面就走，翠墨跟在后面。刚到了沁芳亭，只见园中后门上值日的婆子手里拿着一个字帖走来，见了宝玉便迎上去，口内说道："芸哥儿请安，在后门口等着呢，叫我送来的。"宝玉打开看时，写道是：

不肖男芸恭请：父亲大人万福金安。男思自蒙天恩，认于膝下，日夜思一孝顺，竟无可孝顺之处。前因买办花草，上托大人金福，竟认得许多花儿匠，并认得许多名园。前因忽见有白海棠一种，不可多得。故变尽方法，只弄得两盆。大人若视男是亲男一般，便留下赏玩。因天气暑热，恐园中姑娘们不便，故不敢面见。奉书恭启，并叩台安男芸跪书

宝玉看了笑问道："独他来了？还有什么人？"婆子道："还有两盆花儿。"宝玉道："你出去说，我知道了，难为他想着。你便把花儿送到我屋里去就是了。"一面说，一面同翠墨往秋爽斋来，只见宝钗、黛玉、迎春已都在那里了。

众人见他进来，都笑说道："又来了一个。"探春笑道："我不算俗，偶然起了个念头，写了几个帖儿试一试，谁知一招皆到。"宝玉笑道："可惜迟了，早该起个社的。"黛玉道："你们只管起社，可别算我，我是不敢的。"迎春笑道："你不敢谁还敢呢！"宝玉道："这是一件正经大事，大家鼓舞起来，不要你谦我让的。各有主意自管说出来大家平章。宝姐姐也出个主意，林妹妹也说个话儿。"宝钗道："你忙什么！人还不全呢。"一语未了，李纨也来了，进门笑道："雅得紧！要起诗社，我自荐我掌坛。前儿春天我原有这个意思的。我想了一想，我又不会作诗，瞎乱些什么，因而也就忘了，就没有说得。既是三妹妹高兴，我就帮你作兴起来。"

黛玉道："既然定要起诗社，咱们都是诗翁了，先把这些姐妹叔嫂的字样改了才不俗。"李纨道："极是，何不大家起个别号，彼此称呼则雅。我是定了'稻香老农'，再无人占的。"探春笑道："我就是'秋爽居士'罢。"宝玉道："居士、主人到底不恰，且又瘰赘。这里梧桐、芭蕉尽有，或指梧桐、芭蕉起个倒好。"探春笑道："有了，我最喜芭蕉，就称'蕉下客'罢。"众人都道别致有趣。黛玉笑道："你们快牵了她去，炖了脯来吃酒。"众人不解。黛玉笑道："你们不知，古人曾云'蕉叶覆鹿'。她自称'蕉下客'，可不是一隻鹿了？快做了鹿脯来。"众人听了，都笑起来。探春因笑道："你别忙使巧话来骂人，我已替你想了个极当的美号了。"又向众人道："当日娥皇、女英洒泪在竹上成斑，故今斑竹又名湘妃竹。如今她住的是潇湘馆，她又爱哭，将来她想林姐夫，那些竹子也是要变成斑竹的。以后都叫她作'潇湘妃子'就完了。"大家听说，都拍手叫妙。林黛玉低了头，方不言语。李纨笑道："我替薛大妹妹也早已想了个好的，也只三个字。"惜春、迎春都问是什么。李纨道："我是封她'蘅芜君'了，不知你们以为如何？"探春笑道："这个封号极好。"宝玉道："我呢？你们也替我想一个。"宝钗笑道："你的号早有了，'无事忙'三字恰当得很。"李纨道："你还是你的旧号'绛洞花主'就好。"宝玉笑道："小时候干的营生，还提它作什么。"探春道："你的号多得很，又起什么。我们爱叫你什么，你就答应着就是了。"宝钗道："还得我送你个号罢。有最俗的一个号，却于你最当。天下难得的是富贵，又难得的是闲散，这两样再不能兼有，不想你兼有了，就叫你'冨贵闲人'也罢了。"宝玉笑道："当不起，当不起！倒是随你们混叫去罢。"李纨道："二姑娘、四姑娘起个什么号？"迎春道："我们又不大会诗，白起个号做什么？"探春道："虽如此，也起个才是。"宝钗道："她住的是紫菱洲，就叫她'菱洲'；四丫头在藕香榭，就叫她'藕榭'就完了。"

李纨道："就是这样好。但序齿我大，你们都要依我的主意，管保说了大家合意。我们七个人起社，我和二姑娘、四姑娘都不会作诗，须得让出我们三个人去。我们三个各分一件事。"探春笑道："已有了号，还只管这样称呼，不如没有了。以后错了，也要立个罚约才好。"李纨道："立定了社，再定罚约。我那里地方大，竟在我那里作社。我虽不能作诗，这些诗人竟不厌俗客，我作个东道主人，我自然也清雅起来了。若是要推我作社长，我一个社长自然不够，必要再请两位副社长，就请菱洲、藕榭二位学究来，一位出题限韵，一位誊录监场。亦不可拘定了我们三个人不作，若遇见容易些的题目、韵脚，我们也随便作一首。你们四个却是要限定的。若如此便起，若不依我，我也不敢附骥了。"迎春、惜春本性懒于诗词，又有薛、林在前，听了这话便深合己意，二人皆说"极是"。探春等也知此意，见她二人悦服，也不好强，只得依了。因笑道："这话也罢了，只是自想好笑，好好的我起了个主意，反叫你们三个来管起我来了。"宝玉道："既这样，咱们就往稻香村去。"李纨道："都是你忙，今日不过商议了，等我再请。"宝钗道："也要议定几日一会才好。"探春道："若只管会得多，又没趣了。一月之中，只可两三次才好。"宝钗点头道："一月只要两次就够了。"拟定日期，风雨无阻。除这两日外，倘有高兴的，她情愿加一社的，或情愿到她那里去，或附就了来，亦可使得，岂不活泼有趣。"众人都道："这个主意更好。"

探春道："只是原係我起的意，我须得先作个东道主人，方不负我这兴。"李纨道："既这样说，明日你就先开一社如何？"探春道："明日不如今日，此刻就很好。你就出题，菱洲限韵，藕榭监场。"迎春道："依我说，也不必随一人出题限韵，竟是拈阄的公道。"李纨道："方才我来时，看见他们抬进两盆白海棠来，倒是好花。你们何不就咏起它来？"迎春道："都还未赏，先倒作诗。"宝钗道："不过是白海棠，又何必定要见了才作。古人的诗赋，也不过都是寄兴写情耳。若都是等见了才作，如今也没这些诗了。"迎春道："既如此，待我限韵。"说着，走到书架前抽出一本诗来，随手一揭，这首竟是一首七言律，递与众人看了，都该作七言律。迎春掩了诗，又向一个小丫头道："你随口说一个字来。"那丫头正倚门立着，便

说了个“门”字。迎春笑道：“就是门字韵，‘十三元’了。头一个韵定要这‘门’字。”说着，又要了韵牌匣子过来，抽出“十三元”一屉，又命那小丫头随手拿四块。那丫头便拿了“盆”“魂”“痕”“昏”四块来。宝玉道：“这‘盆’‘门’两个字不大好作呢！”待书一样预备下四份纸笔，便都悄然各自思索起来。独黛玉或抚梧桐，或看秋色，或和丫鬟们嘲笑。迎春又命丫鬟炷了一支“梦甜香”。原来这“梦甜香”只有三寸来长，有灯草粗细，以其易烬，故以此烬为限，如香烬未成便要罚。一时探春便先有了，自提笔写出，又改抹了一回，递与迎春。因问宝钗：“蘅芜君，你可有了？”宝钗道：“有却有了，只是不好。”宝玉背着手，在迴廊上踱来踱去，因向黛玉说道：“你听，她们都有了。”黛玉道：“你别管我。”宝玉又见宝钗已誊写出来，因说道：“了不得！香只剩了一寸了，我才有了四句。”又向黛玉道：“香快完了，只管蹲在那潮地下作什么？”黛玉也不理。宝玉道：“我可顾不得你了，好歹也写出来罢。”说着，也走在案前写了。李纨道：“我们要看诗了，若看完了，还不交卷是必罚的。”宝玉道：“稻香老农虽不善作却善看，又最公道，你就评阅优劣，我们都服的。”众人都道：“自然。”于是先看探春的稿上写道是：

咏白海棠 限门盆魂痕昏 斜阳寒草带重门，苔翠盈铺雨后盆。玉是精神难比洁，雪为肌骨易销魂。芳心一点娇无力，倩影三更月有痕。莫谓缟仙能羽化，多情伴我咏黄昏。

大家看了，称赞一回，又看宝钗的：

珍重芳姿昼掩门，自携手瓮灌苔盆。胭脂洗出秋阶影，冰雪招来露砌魂。澹极始知花更艳，愁多焉得玉无痕。欲偿白帝凭清洁，不语婷婷日又昏。

李纨笑道：“到底是蘅芜君。”说着又看宝玉的，道是：

秋容浅澹映重门，七节攒成雪满盆。出浴太真冰作影，捧心西子玉为魂。晓风不散愁千点，宿雨还添泪一痕。独倚画栏如有意，清砧怨笛送黄昏。

大家看了，宝玉说探春的好，李纨终要推宝钗这诗有身分，因又催黛玉。黛玉道：“你们都有了？”说着提笔一挥而就，掷与众人。

李纨等看她写道是：

半卷湘帘半掩门，碾冰为土玉为盆。

看了这句，宝玉先喝起彩来，只说“从何处想来！”又看下面道是：

偷来梨蕊三分白，借得梅花一缕魂。

众人看了，也都不禁叫好，说“果然比别人又是一样心肠。”又看下面道是：

月窟仙人缝缟袂，秋闺怨女拭啼痕。娇羞默默同谁诉，倦倚西风夜已昏。

众人看了，都道是这首为上。李纨道：“若论风流别致，自是这首；若论含蓄浑厚，终让蘅稿。”探春道：“这评得有理，潇湘妃子当居第二。”李纨道：“怡红公子是压尾，你服不服？”宝玉道：“我的那首原不好了，这评得最公。”又笑道：“只是蘅、潇二首还要斟酌。”李纨道：“原是依我评论，不与你们相干，再有多说者必罚。”宝玉听说，只得罢了。李纨道：“从此后，我定于每月初二、十六这两日开社，出题、限韵都要依我。这其间你们有高兴的，你们只管另择日子补开，哪怕一个月每天都开社，我只不管。只是到了初二、二十六这两日，是必往我那里去。”宝玉道：“到底要起个社名才是。”探春道：“俗了又不好，特新了，刁鑽古怪也不好。可巧才是海棠诗开端，就叫个海棠社罢。虽然俗些，因真有此事，也就不碍了。”说毕，大家又商议了一回，略用些酒果，方各自散去。也有回家的，也有往贾母、王夫人处去的。当下别人无话。

且说袭人因见宝玉看了字帖儿便慌慌张张的同翠墨去了，也不知何事。后来又见后门上婆子送了两盆海棠花来。袭人问是哪里来的，婆子便将宝玉前一番缘故说了。袭人听说，便叫摆好，让她们在下房里坐了，自己走到自己房内秤了六钱银子封好，又拿了三百钱走来，都递与那两个婆子，道：“这银子赏那抬花来的小子们，这钱你们打酒吃罢。”那婆子们站起来，眉开眼笑，千恩万谢的不肯受，见袭人执意不收，方领了。袭人又道：“后门上外头可有该班的小子们？”婆子忙应道：“天天有四个，原预备里面差使的。姑娘有什么差使，我们吩咐去。”袭人笑道：“有什么差使？今儿宝二爷要打发人到小侯爷家与史大姑娘送东西去，可巧你们来了，顺便出去叫后门上的小子们雇辆车来。回来你们就往这里拿钱，不用叫他们又往前头混碰去。”婆子答应着去了。袭人回至房中，拿碟子盛东西与史湘云送去，却见槅子上碟槽空着。因回头见晴雯、秋纹、麝月等都在一处做针黹，袭人问道：“这一个缠丝白玛瑙碟子哪去了？”众人见问，都你看我，我看你，都想不起来。半日，晴雯笑道：“给三姑娘送荔枝去的，还没送来呢。”袭人道：“家常送东西的傢伙也多，巴巴的拿这个去。”晴雯道：“我何尝不也这样说。他说这个碟子配上鲜荔枝才好看。我送去，三姑娘见了也说好看，叫连碟子放着，就没带来。你再瞧，那槅子尽上头的一对联珠瓶还没收来呢。”秋纹笑道：“提起这瓶来，我又想起笑话来了。我们宝二爷说声孝心一动，也孝敬到十二分。因那日见园里桂花开了，折了两枝，原是自己要插瓶的，忽然想起来说，这是自己园里的才开的新鲜花，不敢自己先玩，巴巴的把那一对瓶拿下来，亲自灌水插好了，叫个人拿着，亲自送一瓶进老太太，又进一瓶与太太。谁知他孝心一动，连跟的人都得了福了。可巧那日是我拿去的。老太太见了这样，喜得无可无不可，见人就说：‘到底是宝玉孝顺我，连一枝花儿也想得到。别人还只抱怨我疼他。’你们知道，老太太素日不大同我说话的，有些不入她老人家的眼的。那日竟叫人拿几百钱给我，说我可怜见的，生得单薄。这可是再想不到的福气。几百钱是事小，难得这个脸面。及至到了太太那里，太太正和二奶奶、赵姨奶奶、周姨奶奶好些人翻箱子，找太太当日年轻的颜色衣裳，不知要给那一个。一见了，连衣裳也不找了，且看花儿。又有二奶奶在旁边凑趣儿，夸宝玉又是怎样孝敬，又是怎样知好歹，有的没的说了两车话。当着众人，太太自为又增了光，堵了众人的嘴。太太越发喜欢了，现成的衣裳就赏了我两件。衣裳也是小事，年年横竖也得，却不像这个彩头。”晴雯笑道：“呸！没见世面的小蹄子！那是把好的给了人，挑剩下的才给你，你还充有脸呢！”秋纹道：“凭她给谁剩的，到底是太太的恩典。”晴雯道：“要是我，我就不要。若是给别人剩下的给我，也罢了。一样这屋里的人，难道谁又比谁高贵些？把好的给她，剩下的才给我，我宁可不要。冲撞了太太，我也不受这口软气。”秋纹忙问：“给这屋里谁的？我因为前儿病了几天，家去了，不知给谁来着。好姐姐，你告诉我知道知道。”晴雯道：“我告诉了你，难道你这会退还太太去不成？”秋纹笑道：“胡说！我白听听喜欢喜欢。哪怕给这屋里的狗剩下的，我只领太太的恩典，也不犯管别的事。”众人听了，都笑道：“骂得巧，可不是给了那西洋花点子哈巴儿了。”袭人笑道：“你们这起烂了嘴的！得了空就拿我取笑打牙儿。一个个不知怎么死呢！”秋纹笑道：“原来姐姐得了，我实在不知道。我陪个不是罢。”袭人笑道：“少轻狂罢。你们谁取了碟子来是正经。”麝月道：“那瓶得空儿也该收来了。老太太屋里还罢了，太太屋里人多手杂。别人还可以，赵姨奶奶那伙人见是这屋里的东西，又该使黑心弄坏了才罢。太太也不大管这些事，不如早些收来拿正经。”晴雯听说，便掷下针黹道：“这话倒是，等我取去。”秋纹道：“还是我取去罢，你取你的碟子去。”晴雯笑道：“我偏取这一遭儿去。是巧宗儿你们都得了，难道不许我得一遭儿？”麝月笑道："通共秋丫头得了一遭儿衣裳，哪里今儿又巧，你也遇见找衣裳不成？"晴雯冷笑道："虽然碰不见衣裳，或者太太看见我勤谨，一个月也把太太的公费里分出二两银子来给我，也定不得。"说着又笑道："你们别和我装神弄鬼的，什么事我不知道。"一面说，一面往外跑了。秋纹也同她出来，自去探春那里取了碟子来。

袭人打点齐备东西，叫过本处的一个老宋妈妈来，向她说道："你先好生梳洗了，换了出门的衣裳来，如今打发你与史大姑娘送东西去。"那宋嬷嬷道："姑娘只管交给我，有话说与我，我收拾了就好一顺去。"袭人听说，便端过两个小掐丝盒子来。先揭开一个，里面装的是红菱和鸡头两样鲜果，又揭那一个，是一碟子桂花糖蒸的新栗粉糕。又说道："这都是今年咱们这里园子里新结的果子，宝二爷叫送来与姑娘尝尝。再前日姑娘说这玛瑙碟子好，姑娘就留下玩罢。这绢包儿里头是姑娘上日叫我做的活计，姑娘别嫌粗糙，能着用罢。替我们请安，替二爷问好就是了。"宋嬷嬷道："宝二爷不知还有什么说的没有，姑娘再问问去，回来又别说忘了话。"袭人因问秋纹道："方才可见在三姑娘那里？"秋纹道："他们都在那里商议起什么诗社呢，又都作诗。想来没话，你只去罢。"宋嬷嬷听了，便拿了东西出去，另外穿戴了。袭人又嘱咐她："从后门出去，有小子和车等着呢。"宋妈妈去了，不在话下。

宝玉回来，先忙着看了一回海棠，至房内告诉袭人起诗社的事。袭人也把打发宋妈妈与史湘云送东西去的话告诉了宝玉。宝玉听了拍手道："偏忘了她。我自觉心里有件事，只是想不起来，亏你提起来，正要请她去。这诗社里若少了她还有什么意思。"袭人劝道："什么要紧，不过是玩意儿。她比不得你们自在，家里又作不得主儿。告诉她，她要来又由不得她；不来她又牵肠挂肚的，没的叫她不受用。"宝玉道："不妨事，我回老太太打发人接她去。"正说着，宋妈妈已经回来，回复道生受，与袭人道乏。又说："问二爷作什么呢，我说和姑娘们起什么诗社作诗呢。史大姑娘说，他们作诗也不告诉她去，急得了不得。"宝玉听了，立身便往贾母处来，立逼着叫人接去。贾母因说："今儿天晚了，明日一早再去。"宝玉只得罢了，回来闷闷的。

次日一早，便又往贾母处来催逼人接去。直到午后，史湘云才来，宝玉方放了心，见面时，就把始末原由告诉她，又要与她诗看。李纨等因说道："且别给她看，先说与她韵。她后来，先罚她和了诗：若好，便请入社；若不好，还要罚她一个东道再说。"湘云笑道："你们忘了请我，我还要罚你们呢。就拿韵来，我虽不能，只得勉强出丑。容我入社，扫地焚香我也情愿。"众人见她这般有趣，越发喜欢，都埋怨昨日怎么忘了她，遂忙告诉她韵。史湘云一心兴头，等不得推敲删改，一面只管和人说话，心内早已和成，即用随便的纸笔录出，先笑说道："我却依韵和了两首，好歹我却不知，不过应命而已。"说着递与众人。众人道："我们四首也算想绝了，再一首也不能了。你倒弄了两首，哪里有许多话说，必要重了我们。"一面说，一面看时，只见那两首诗写道：

其 一 神仙昨日降都门，种得蓝田玉一盆。自是霜娥偏爱冷，非关倩女亦离魂。秋阴捧出何方雪？雨渍添来隔宿痕。却喜诗人吟不倦，岂令寂寞度朝昏。

其 二 蘅芷阶通萝薜门，也宜墙角也宜盆。花因喜洁难寻偶，人为悲秋易断魂。玉烛滴干风里泪，晶帘隔破月中痕。幽情欲向嫦娥诉，无奈虚廊夜色昏。

众人看一句，惊讶一句，看到了赞到了，都说："这个不枉作了海棠诗，真该要起海棠社了。"史湘云道："明日先罚我个东道，就让我先邀一社可使得？"众人道："这更妙了！"因又将昨日的与她评论了一回。

至晚，宝钗将湘云邀往蘅芜苑去安歇。湘云灯下计议如何设东拟题。宝钗听她说了半日，皆不妥当，因向她说道："既开社，便要作东。虽然是个玩意儿，也要瞻前顾后，又要自己便宜，又要不得罪了人，然后方大家有趣。你家里你又作不得主，一个月通共那几串钱，你还不够盘缠呢。这会子又干这没要紧的事，你婶婶听见了，越发抱怨你了。况且你就都拿出来，做这个东道也是不够。难道为这个家去要不成？还是和这里要呢？"一席话提醒了湘云，倒踌躇起来。宝钗道："这个我已经有个主意。我们当舖里有一个伙计，他家田里出的很好肥螃蟹，前儿送了几斤来。现在这里的人，从老太太起，连上园里的人，有多一半都是爱吃螃蟹的。前日姨娘还说要请老太太在园子里赏桂花、吃螃蟹，因为有事还没有请呢。你如今且把诗社别提起，只管普通一请。等他们散了，咱们有多少诗作不得的呢。我和我哥哥说，要几篓极肥极大的螃蟹来，再往舖子里取上几坛好酒来，再备上四五桌果碟，岂不又省事，又大家热闹了！"湘云听了，心中自是感服，极赞他想得周到。宝钗又笑道："我是一片真心为你的话。你千万别多心，想着我小看了你，咱们两个就白好了。你若不多心，我就好叫他们办去的。"湘云忙笑道："好姐姐，你这样说，倒多心待我了。凭她怎么糊涂，连个好歹也不知，还成个人了？我若不把姐姐当作亲姐姐一样看，上回那些家常话，烦难事也不肯尽情告诉你了。"宝钗听说，便唤一个婆子来："出去和大爷说，像前日的大螃蟹要几篓来，明日饭后请老太太、姨娘赏桂花。你说，大爷好歹别忘了，我今儿已请下人了。"那婆子出去说明回来，无话。

这里宝钗又向湘云道："诗题也不要过于新巧了。你看古人诗中哪里有那些刁钻古怪的题目和那极险的韵了，若题过于新巧，韵过于险，再不得有好诗，终是小家气。诗固然怕说熟话，然更不可过于求生，只要头一件立意清新，自然措词就不俗了。究竟这也算不得什么，还是纺绩、针黹是身心的本等。一时闲了，倒是于你我深有益的书看几章是正经。"湘云只答应着，因笑道："我如今心里想着，昨日作了海棠诗，我如今要作个菊花诗如何？"宝钗道："菊花倒也合景，只是前人作的太多了。"湘云道："我也是如此想着，恐怕落套。"宝钗想了一想，说道："有了，如今以菊花为宾，以人为主，竟拟出几个题目来，都是两个字：一个虚字，一个实字，实字便用'菊'字，虚字就用通用门的。如此又是咏菊，又是赋事，前人也没作过，也不能落套。赋景、咏物两关着，又新鲜又大方。"湘云笑道："这却很好。只是不知用何等虚字才好。你先想一个我听听。"宝钗想了一想，笑道："《菊梦》就好。"湘云笑道："果然好。我也有一个，《菊影》可使得？"宝钗道："也罢了。只是也有人作过，若题目多，这个也算得上。我又有了一个。"湘云道："快说出来。"宝钗道："《问菊》如何？"湘云拍案叫妙，因接说道："我也有了，《访菊》如何？"宝钗也赞有趣，因说道："越性拟出十个来，写上再定。"说着，二人研墨蘸笔，湘云便写，宝钗便念，一时凑了十个。湘云看了一遍，又笑道："十个还不成幅，越性凑成十二个便全了，也如人家的字画册页一样。"宝钗听说，又想了两个，一共凑成十二。又说道："既这样，一发编出它个次序先后来。"湘云道："如此更妙，竟弄成个菊谱了。"宝钗道："起首是《忆菊》；忆之不得，故访，第二是《访菊》；访之既得，便种，第三是《种菊》；种既盛开，故相对而赏，第四是《对菊》；相对而兴有余，故折来供瓶为玩，第五是《供菊》； 既供而不吟，亦觉菊无彩色，第六便是《咏菊》；既入词章，不可不供笔墨，第七便是《画菊》；既为菊如是碌碌，究竟不知菊有何妙处，不禁有所问，第八便是《问菊》；菊如解语，使人狂喜不禁，第九便是《簪菊》；如此人事虽尽，犹有菊之可咏者，《菊影》《菊梦》二首续在第十第十一；末卷便以《残菊》总收前题之盛。这便是三秋的好景妙事都有了。湘云依言将题录出，又看了一回，又问"该限何韵？"宝钗道："我平生最不喜限韵的，分明有好诗，何苦为韵所缚。咱们别学那小家派，只出题，不拘韵。原为大家偶得了好句取乐，并不为此而难人。"湘云道："这话很是。这样大家的诗还进一层。但只是咱们五个人，这十二个题目，难道每人作十二首不成？”宝钗道：“那也太难人了。将这题目誊好，都要七言律诗，明日贴在墙上。他们看了，谁作那一个就作那一个。有力量者，十二首都作也可；不能的，一首不成也可。高才捷足者为尊。若十二首已全，便不许他后赶着又作，罚他就完了。”湘云道：“这倒也罢了。”二人商议妥贴，方才息灯安寝。要知端详，且听下回分解。

第 38 回 林潇湘魁夺菊花诗 薛蘅芜讽和螃蟹咏

话说宝钗、湘云二人计议已妥，一宿无话。湘云次日便请贾母等赏桂花。贾母等都说道：“是她有兴头，须要扰她这雅兴。”至午，果然贾母带了王夫人、凤姐兼请薛姨妈等进园来。贾母因问“哪一处好？”王夫人道：“凭老太太爱在那一处，就在那一处。”凤姐道：“藕香榭已经摆下了，那山坡下两颗桂花开得又好，河里的水又碧清。坐在河当中亭子上岂不敞亮，看着水眼也清亮。”贾母听了说：“这话很是。”说着，引了众人往藕香榭来。原来这藕香榭盖在池中，四面有窗，左右有曲廊可通，亦是跨水接岸，后面又有曲折竹桥暗接。众人上了竹桥，凤姐忙上来搀着贾母，口里说：“老祖宗只管迈大步走，不相干的，这竹子桥规矩是咯吱咯喳的。”

一时进入榭中，只见栏杆外另放着两张竹案，一个上面设着杯箸酒具，一个上头设着茶筅、茶盂各色茶具。那边有两三个丫头煽风炉煮茶，这一边另外几个丫头也煽风炉烫酒呢。贾母喜得忙问：“这茶想的到，且是地方、东西都干淨。”湘云笑道：“这是宝姐姐帮着我预备的。”贾母道：“我说这个孩子细致，凡事想得妥当。”一面说，一面又看见柱上挂的黑漆嵌蚌的对子，命人念。湘云念道：

芙蓉影破归兰桨，菱藕香深写竹桥。

贾母听了，又抬头看匾，因回头向薛姨妈道：“我先小时，家里也有这么一个亭子，叫做什么‘枕霞阁’。我那时也只像她们姊妹这么大年纪，同姊妹们天天顽去。那日谁知我失了脚掉下去，几乎没淹死，好容易救了上来，到底被那木钉把头碰破了。如今这鬓角上那指头顶大一块窝儿就是那残破了。众人都怕经了水，又怕冒了风，都说活不得了，谁知竟好了。”凤姐不等人说，先笑道：“那时要活不得，如今这么大福可叫谁享呢！可知老祖宗从小儿的福寿就不小，神差鬼使碰出那个窝儿来，好盛福寿的。寿星老儿头上原是一个窝儿，因为万福万寿盛满了，所以倒凸高出些来了。”未及说完，贾母与众人都笑软了。贾母笑道：“这猴儿惯得了不得了，只管拿我取笑起来，恨得我撕你那油嘴！”凤姐笑道：“回来吃螃蟹，恐积了冷在心里，讨老祖宗笑一笑开开心，一高兴多吃两个就无妨了。”贾母笑道：“明儿叫你日夜跟着我，我倒常笑笑觉得开心，不许回家去。”王夫人笑道：“老太太因为喜欢她，才惯得她这样，还这样说她，明儿越发无礼了。”贾母笑道：“我喜欢她这样，况且她又不是那不知高低的孩子。家常没人，娘儿们原该这样。横竖礼体不错就罢，没的倒叫她从神儿似的作什么！”

说着一齐进入亭子，献过茶，凤姐忙着搭桌子，要杯箸。上面一桌，贾母、薛姨妈、宝钗、黛玉、宝玉。东边一桌：史湘云、王夫人、迎、探、惜。西边靠门一小桌：李纨和凤姐的，虚设坐位，二人皆不敢坐，只在贾母、王夫人两桌上伺候。凤姐吩咐：“螃蟹不可多拿来，仍旧放在蒸笼里，拿十个来，吃了再拿。”一面又要水洗了手，站在贾母跟前剥蟹肉，头次让薛姨妈。薛姨妈道：“我自己掰着吃香甜，不用人让。”凤姐便奉与贾母。二次的便与宝玉，又说：“把酒烫得滚热的拿来。”又命小丫头们去取菊花叶儿、桂花蕊熏的绿豆面子来，预备洗手。史湘云陪着吃了一个，就下座来让人，又出至外头，命人盛两盘子与赵姨娘、周姨娘送去。又见凤姐走来道：“你不惯张罗，你吃你的去。我先替你张罗，等散了我再吃。”湘云不肯，又命人在那边廊上摆了两桌，让鸳鸯、琥珀、彩霞、彩云、平儿去坐。鸳鸯因向凤姐笑道：“二奶奶在这里伺候，我们可吃去了。”凤姐儿道：“你们只管去，都交给我就是了。”说着，史湘云仍入了席。凤姐和李纨也胡乱应个景儿。凤姐仍是下来张罗，一时出至廊上。鸳鸯等正吃得高兴，见她来了，鸳鸯等站起来道：“奶奶又出来作什么？让我们也受用一会子。”凤姐笑道：“鸳鸯小蹄子越发坏了，我替你当差，倒不领情，还抱怨我。还不快斟一锺酒来我喝呢。”鸳鸯笑着忙斟了一杯酒，送至凤姐唇边，凤姐一扬脖子吃了。琥珀、彩霞二人也斟上一杯，送至凤姐唇边，那凤姐也吃了。平儿早剔了一壳黄子送来，凤姐道：“多倒些姜醋。”一面也吃了，笑道：“你们坐着吃罢，我可去了。”鸳鸯笑道：“好没脸，吃我们的东西。”凤姐儿笑道：“你和我少作怪。你知道你琏二爷爱上了你，要和老太太讨了你作小老婆呢。”鸳鸯道：“啐，这也是作奶奶说出来的话！我不拿腥手抹你一脸算不得。”说着赶来就要抹。凤姐儿央道：“好姐姐，饶我这一遭儿罢！”琥珀笑道：“鸳丫头要去了，平丫头还饶她？你们看看她，没有吃了两个螃蟹，倒喝了一碟子醋，她也算不会揽酸了。”平儿手里正掰了个满黄的螃蟹，听如此奚落她，便拿着螃蟹照着琥珀脸上抹来，口内笑骂“我把你这嚼舌根的小蹄子！”琥珀也笑着往旁边一躲，平儿使空了，往前一撞，正恰恰的抹在凤姐儿腮上。凤姐儿正和鸳鸯嘲笑，不防唬了一跳，“嗳哟”了一声。众人撑不住都哈哈的大笑起来。凤姐也禁不住笑骂道：“死娼妇！吃离了眼了，混抹你娘的。”平儿忙赶过来替她擦了，亲自去端水。鸳鸯道：“阿弥陀佛！这是个报应。”贾母那边听见，一叠声问：“见了什么这样乐？告诉我们也笑笑。”鸳鸯等忙高声笑回道：“二奶奶来抢螃蟹吃，平儿恼了，抹了她主子一脸的螃蟹黄子。主子奴才打架呢。”贾母和王夫人等听了也笑起来。贾母笑道：“你们看她可怜见的，把那小腿子、脐子给她点子吃也就完了。”鸳鸯等笑着答应了，高声又说道：“这满桌子的腿子，二奶奶只管吃就是了。”凤姐洗了脸走来，又服侍贾母等吃了一会。黛玉独不敢多吃，只吃了一点儿夹子肉就下来了。

贾母一时不吃了，大家方散，都洗了手，也有看花的，也有弄水看鱼的，游玩了一回。王夫人因回贾母说：“这里风大，才又吃了螃蟹，老太太还是回房去歇歇罢了。若高兴，明日再来逛逛。”贾母听了笑道：“正是呢。我怕你们高兴，我走了又怕扫了你们的兴。既这么说，咱们就都去罢。”回头又嘱咐湘云：“别让你宝哥哥、林姐姐多吃了。”湘云答应着。又嘱咐湘云、宝钗二人说：“你两个也别多吃。那东西虽好吃，不是什么好的，吃多了肚子疼。”二人忙应着，送出园外，仍旧回来，命将残席收拾了另摆。宝玉道：“也不用摆，咱们且作诗。把那大团圆桌放在当中，酒菜都放着。也不必拘定座位，有爱吃的去吃，散坐岂不便宜？”宝钗道：“这话极是。”湘云道：“虽如此说，还有别人。”因又命另摆一桌，拣了热螃蟹来，请袭人、紫鹃、司棋、待书、入画、莺儿、翠墨等一处共坐。山坡桂树底下铺下两条花毡，命答应的婆子并小丫头等也都坐了，只管随意吃喝，等使唤再来。

湘云便取了诗题，用针绾在墙上。众人看了都说：“新奇固新奇，只怕作不出来。”湘云又把不限韵的原故说了一番。宝玉道：“这才是正理，我也最不喜限韵。”林黛玉因不大吃酒，又不吃螃蟹，自命人掇了一个绣墩倚栏杆坐着，拿着钓竿钓鱼。宝钗手里拿着一枝桂花玩了一回，俯在窗槛上掐了桂蕊掷向水面，引得游鱼浮上来唼喋。湘云出一回神，又让一回袭人等，又招呼山坡下的众人只管放量吃。探春和李纨、惜春立在垂柳阴中看鸥鹭。迎春又独在花阴下拿着花针穿茉莉花。宝玉又看了一回黛玉钓鱼，一回又挤在宝钗旁边说笑两句，一回又看袭人等吃螃蟹，自己也陪她饮两口酒。袭人又剥一壳肉给他吃。黛玉放下钓竿，走至座间，拿起那乌银梅花自斟壶来，拣了一个小小的海棠冻石蕉叶杯。丫鬟看见，知她要饮酒，忙着走上来斟。黛玉道："你们只管吃去，让我自己斟才有趣儿。"说着便斟了半盏，看时，却是黄酒，因说道："我吃了一点子螃蟹，觉得心口微微的疼，须得热热的吃口烧酒。"宝玉忙道："有烧酒。"便命将那合欢花浸的酒烫一壶来。黛玉也只吃了一口，便放下了。宝钗也走过来，另拿了一只杯来，也饮了一口放下，便蘸笔至墙上把头一个《忆菊》勾了，底下又赘了一个"蘅"字。宝玉忙道："好姐姐，第二个我已经有了四句了，你让我作罢！"宝钗笑道："我好容易有了一首，你就忙得这样。"黛玉也不说话，接过笔来把第八个《问菊》勾了，接着把第十一个《菊梦》也勾了，也赘上一个"潇"字。宝玉也拿起笔来，将第二个《访菊》也勾了，也赘上一个"怡"字。探春走来看看道："竟没人作《簪菊》， 让我作这《簪菊》。"又指着宝玉笑道："才宣过总不许带出闺阁字样来，你可要留神！"说着，只见湘云走来，将第四、第五《对菊》《供菊》一连两个都勾了，也赘上一个"湘"字。探春道："你也该起个号。"湘云笑道："我们家里如今虽有几处轩馆，我又不住着，借了来也没趣。"宝钗笑道："方才老太太说，你们家也有这么个水亭叫'枕霞阁'，难道不是你的。如今虽没了，你到底是旧主人。"众人都道有理，宝玉不待湘云动手，便代将"湘"字抹了，改了一个"霞"字。又有顿饭工夫，十二题已全，各自誊出来，都交与迎春，另拿了一张雪浪笺过来，一并誊录出来，某人作的底下赘明某人的号。李纨等从头看起：

忆菊 蘅芜君 怅望西风抱闷思，蓼红苇白断肠时。空篱旧圃秋无迹，瘦月清霜梦有知。念念心随归雁远，寥寥坐听晚砧痴，谁怜为我黄花病？慰语重阳会有期。

访菊 怡红公子 闲趁霜晴试一游，酒杯药盏莫淹留。霜前月下谁家种？槛外篱边何处愁？蜡屐远来情得得，冷吟不尽兴悠悠。黄花若解怜诗客，休负今朝挂杖头！

种菊 怡红公子 携锄秋圃自移来，篱畔庭前故故栽。昨夜不期经雨活，今朝犹喜带霜开。冷吟秋色诗千首，醉酹寒香酒一杯。泉溉泥封勤护惜，好知井径绝尘埃。

对菊 枕霞旧友 别圃移来贵比金，一丛浅澹一丛深。萧疏篱畔科头坐，清冷香中抱膝吟。数去更无君傲世，看来惟有我知音。秋光荏苒休辜负，相对原宜惜寸阴。

供菊 枕霞旧友 弹琴酌酒喜堪俦，几案婷婷点缀幽。隔座香分三径露，抛书人对一枝秋。霜清纸帐来新梦，圃冷斜阳忆旧游。傲世也因同气味，春风桃李未淹留。

咏菊 潇湘妃子 无赖诗魔昏晓侵，绕篱欹石自沉音。毫端蕴秀临霜写，口齿噙香对月吟。满纸自怜题素怨，片言谁解诉秋心？一从陶令平章后，千古高风说到今。

画菊 蘅芜君 诗余戏笔不知狂，岂是丹青费较量。聚叶泼成千点墨，攒花染出几痕霜。澹浓神会风前影，跳脱秋生腕底香。莫认东篱闲采掇，粘屏聊以慰重阳。

问菊 潇湘妃子 欲讯秋情众莫知，喃喃负手叩东篱。孤标傲世偕谁隐？一样花开为底迟？圃露庭霜何寂寞，鸿归蛩病可相思？休言举世无谈者，解语何妨片语时。

簪菊 蕉下客 瓶供篱栽日日忙，折来休认镜中妆。长安公子因花癖，彭泽先生是酒狂。短鬓冷沾三径露，葛巾香染九秋霜。高情不入时人眼，拍手凭他笑路旁。

菊影 枕霞旧友 秋光叠叠复重重，潜度偷移三径中。窗隔疏灯描远近，篱筛破月锁玲珑。寒芳留照魂应驻，霜印传神梦也空。珍重暗香休踏碎，凭谁醉眼认朦胧。

菊梦 潇湘妃子 篱畔秋酣一觉清，和云伴月不分明。登仙非慕庄生蝶，忆旧还寻陶令盟。睡去依依随雁断，惊回故故恼蛩鸣。醒时幽怨同谁诉？衰草寒烟无限情。

残菊 蕉下客 露凝霜重渐倾欹，宴赏才过小雪时。蒂有余香金澹泊，枝无全叶翠离披。半床落月蛩声病，万里寒云雁阵迟。明岁秋风知再会，暂时分手莫相思。

众人看一首赞一首，彼此称扬不绝。李纨笑道："等我从公评来。通篇看来，各人各人的警句。今日公评：《咏菊》第一，《问菊》第二，《菊梦》第三，题目新，诗也新，立意更新，恼不得要推潇湘妃子为魁了；然后《簪菊》《对菊》《供菊》《画菊》《忆菊》次之。"宝玉听说，喜得拍手叫"极是，极公道！"黛玉道："我那首也不好，到底伤于纤巧些。"李纨道："巧得却好，不露堆砌生硬。"黛玉道："据我看来，头一句好的是'圃冷斜阳忆旧游'，这句背面傅粉。"抛书人对一枝秋'已经妙绝，将供菊说完，没处再说，故翻回来想到未折未供之先，意思深透。"李纨笑道："固如此说，你的'口齿噙香'一句也敌得过了。"探春又道："到底要算蘅芜君沉着，'秋无迹'，'梦有知'，把个'忆'字竟烘染出来了。"宝钗笑道："你的'短鬓冷沾'，'葛巾香染'，也就把簪菊形容得一个缝儿也没了。"湘云笑道："偕谁隐'，'为底迟'，真真把个菊花问的无言可对。"李纨笑道："你的'科头坐'，'抱膝吟'，竟一时也舍不得别开，菊花有知，也必腻烦了。"说得大家都笑了。宝玉笑道："我又落第。难道'谁家种'，'何处秋'，'蜡屐远来'，'冷吟不尽'，都不是访，'昨夜雨'，'今朝霜'，都不是种不成？但恨敌不上'口齿噙香对月吟'、'清冷香中抱膝吟'、'短鬓'、'葛巾'、'金澹泊'、'翠离披'、'秋无迹'、'梦有知'这几句罢了。"又道："明儿闲了，我一个人作出十二首来。"李纨道："你的也好，只是不及这几句新巧就是了。"大家又评了一回，复又要了热蟹来，就在大圆桌子上吃了一回。宝玉笑道："今日持螯赏桂，亦不可无诗。我已吟成，谁还敢作呢？"说着，便忙洗了手提笔写出。众人看道：

持螯更喜桂阴凉，泼醋擂薑兴欲狂。饕餮王孙应有酒，横行公子却无肠。脐间积冷馋忘忌，指上沾腥洗尚香。原为世人美口腹，坡仙曾笑一生忙。

黛玉笑道："这样的诗，要一百首也有。"宝玉笑道："你这会子才力已尽，不说不能作了，还贬人家。"黛玉听了，并不答言，也不思索，提起笔来一挥，已有了一首。众人看道：

铁甲长戈死未忘，堆盘色相喜先尝。螯封嫩玉双双满，壳凸红脂块块香。多肉更怜卿八足，助情谁劝我千觞。对斯佳品酬佳节，桂拂清风菊带霜。

宝玉看了，正喝彩，黛玉便一把撕了，令人烧去，因笑道："我作的不及你的，我烧了它。你那个很好，比方才的菊花诗还好，你留着它给人看。"宝钗接着笑道："我也勉强了一首，未必好，写出来取笑儿罢。"说着，也写了出来。大家看时，写道是：

桂霭桐阴坐举殇，长安涎口盼重阳。眼前道路无经纬，皮里春秋空黑黄。

看到这里，众人不禁叫绝。宝玉道："写得痛快！我的诗也该烧了。"又看底下道：

酒未敌腥还用菊，性防积冷定须姜。于今落釜成何益，月浦空余禾黍香。

众人道："这是食螃蟹绝唱，这些小题目，原要寓大意，才算是大才，只是讽刺世人太毒了些。"说着，只见平儿复进园来。不知作什么，且听下回分解。

第 39 回 村姥姥是信口开合 情哥哥偏寻根究底

话说众人见平儿来了，都说：“你们奶奶作什么呢，怎么不来了？”平儿笑道：“她哪里得空儿来。因为说没有好生吃得，又不得来，所以叫我来问还有没有，叫我要几个拿了家去吃。”湘云道：“有，多着呢。”忙命人拿盒子装了十个极大的。平儿道：“多拿几个团脐的。”众人又拉平儿坐，平儿不肯。李纨拉着她笑道：“偏要你坐。”拉着她身旁坐下，端了一杯酒送到她嘴边。平儿忙喝了一口就要走。李纨道：“偏不许你去。显见得你只有凤丫头，就不听我的话了。”说着又命嬷嬷们：“先送了盒子去，就说我留下平儿了。”那婆子一时拿了盒子回来说：“二奶奶说，叫奶奶和姑娘们别笑话要嘴吃。这个盒子里是方才舅太太那里送来的菱粉糕和鸡油捲儿，给奶奶、姑娘们吃的。”又向平儿道：“说使你来你就贪住玩不去了。劝你少喝一杯儿罢。”平儿笑道：“多喝了又把我怎么样？”一面说，一面只管喝，又吃螃蟹。李纨揽着她笑道：“可惜这么个好体面模样儿，命却平常，只落得屋里使唤。不知道的人，谁不拿你当作奶奶、太太看。”

平儿一面和宝钗、湘云等吃喝，一面回头笑道：“奶奶，别只摸得我怪痒的。”李氏道：“嗳哟！这硬的是什么？”平儿道：“钥匙。”李氏道：“什么钥匙？要紧梯己东西怕人偷了去，却带在身上。我成日家和人说笑，有个唐僧取经，就有个白马来驮他；有个刘智远打天下，就有个瓜精来送盔甲；有个凤丫头，就有个你。你就是你奶奶的一把总钥匙，还要这钥匙做什么？”平儿笑道：“奶奶吃了酒，又拿我来打趣着取笑儿了。”宝钗笑道：“这倒是真话。我们没事儿评论起人来，你们这几个都是百个里头挑不出一个来，妙在各人有各人的好处。”李纨道：“大小都有个天理。比如老太太屋里，要没那个鸳鸯如何使得？从太太起，哪一个敢驳老太太的回，现在她敢驳回。偏老太太只听她一个人的话。老太太那些穿戴的，别人不记得，她都记得，要不是她经管着，不知叫人诓骗了多少去呢。那孩子心也公道，虽然这样，倒常替人说好话儿，还倒不依势欺人的。”惜春笑道：“老太太昨儿还说，她比我们还强呢。”平儿道：“那原是个好的，我们哪里比得上她。”宝玉道：“太太屋里的彩霞，是个老实人。”探春道：“可不是，外头老实，心里有数儿。太太是那么佛爷似的，事情上不留心，她都知道。凡百一应事都是他提着太太行。连老爷在家出外去的一应大小事，她都知道。太太忘了，她背地里告诉太太。”李纨道：“那也罢了。”指着宝玉道：“这一个小爷屋里要不是袭人，你们度量，到个什么田地！凤丫头就是楚霸王，也得这两隻膀子好举千斤鼎。她不是这丫头，就得这么周到了？”平儿笑道：“先时陪了四个丫头来，死的死去的去，只剩下我一个孤鬼了。”李纨道：“你倒是有造化的。凤丫头也是有造化的。想当初你珠大爷在日，何曾也没两个人。你们看我还是那容不下人的？天天只见她两个不自在。所以你珠大爷一没了，趁年轻我都打发了。若有一个好的守得住，我倒有个膀臂。”说着，不觉滴下泪来。众人都道：“这又何必伤心，不如散了倒好。”说着，便都洗了手，大家约着往贾母、王夫人处问安。

众婆子、丫头打扫亭子，收拾杯盘。袭人便和平儿一同往前去，袭人因让平儿到房里坐坐，再喝一杯茶。平儿说：“不喝茶了，再来罢。”说着，便要出去。袭人又叫住问道：“这个月的月钱，连老太太和太太还没放呢，是为什么？”平儿见问，忙转身至袭人跟前，见左近无人，因悄悄说道：“你快别问，横竖再迟两天就放了。”袭人笑道：“这是为什么，唬得你这样？”平儿悄悄告诉她道：“这个月的月钱，我们奶奶早已支了，放给人使呢。等别处的利钱收了来，凑齐了才放呢。因为是你，我才告诉你，可不许告诉一个人去。”袭人笑道：“她难道还短钱使，还没个足厌？何苦还操这心！”平儿笑道：“何曾不是呢。这几年拿着这一项银子，翻出有几百来了。她的公费月例又使不着，十两八两零碎攒了放出去，只她这梯己利钱，一年不到，上千的银子呢！”袭人笑道：“拿着我们的钱，你们主子、奴才赚利钱，哄得我们呆等。”平儿道：“你又说没良心的话。你难道还少钱使？”袭人道：“我虽不少，只是我也没地方使去，就只预备我们那一个。”平儿道：“你倘若有要紧事用银钱使时，我那里还有几两银子，你先拿来使，明儿我扣下你的就是了。”袭人道：“此时也用不着，怕一时要用起来不够了，我打发人去取就是了。”

平儿答应着，一迳出了园门来至家内，只见凤姐儿不在房里。忽见上回来打抽丰的那刘姥姥和板儿又来了，坐在那边屋里，还有张材家的、周瑞家的陪着，又有两三个丫头在地下倒口袋里的枣子、倭瓜并些野菜。众人见她进来，都忙站起来了。刘姥姥因上次来过，知道平儿的身分，忙跳下地来问“姑娘好”，又说：“家里都问好。早要来请姑奶奶的安，看姑娘来的，因为庄家忙，好容易今年多打了两石粮食，瓜果、菜蔬也丰盛。这是头一起摘下来的，并没敢卖呢，留的尖儿孝敬姑奶奶、姑娘们尝尝。姑娘们天天山珍海味的也吃腻了，这个吃个野意儿，也算是我们的穷心。”平儿忙道：“多谢费心。”又让坐，自己也坐了。又让张婶子、周大娘坐，又命小丫头子倒茶去。周瑞、张材两家的因笑道：“姑娘今儿脸上有些春色，眼圈儿都红了。”平儿笑道：“可不是。我原是不吃的，大奶奶和姑娘们只是拉着死灌，不得已喝了两盅，脸就红了。”张材家的笑道：“我倒想着要吃呢，又没人让我。明儿再有人请姑娘，可带了我去罢。”说着，大家都笑了。周瑞家的道：“早起我就看见那螃蟹了，一斤只好秤两三个。这么两三大篓，想是有七八十斤呢。”若是上上下下只怕还不够。”平儿道：“哪里够，不过都是有名儿的吃两个子。那些散众的，也有摸得着的，也有摸不着的。”刘姥姥道：“这样螃蟹，今年就值五分一斤。十斤五钱，五五二两五，三五一十五，再搭上酒菜，一共倒有二十多两银子。阿弥陀佛！这一顿的钱够我们庄家人过一年的了。”平儿

因问：“想是见过奶奶了？”刘姥姥道：“见过了，叫我们等着呢。”说着，又往窗外看天气，说道：“天好早晚了，我们也去罢，别出不去城才是饥荒呢。”周瑞家的道：“这话倒是，我替你瞧瞧去。”说着一迳去了，半日方来，笑道：“可是你老的福来了，竟投了这两个人的缘了。”平儿等问怎么样，周瑞家的笑道：“二奶奶在老太太的跟前呢。我原是悄悄的告诉二奶奶，‘刘姥姥要家去呢，怕晚了赶不出城去。’二奶奶说：‘大远的，难为他扛了那些沉东西来，晚了就住一夜，明儿再去。’这可不是投上二奶奶的缘了！这也罢了，偏生老太太又听见了，问刘姥姥是谁。二奶奶便回明白了。老太太说：‘我正想个积古的老人家说话儿，请了来我见一见。’这可不是想不到天上缘分了！”说着，催刘姥姥下来前去。刘姥姥道：“我这生像儿怎好见的！好嫂子，你就说我去了罢。”平儿忙道：“你快去罢，不相干的。我们老太太最是惜老怜贫的，比不得那个狂三诈四的那些人。想是你怯上，我和周大娘送你去。”说着，同周瑞家的引了刘姥姥往贾母这边来。

二门口该班的小厮们见了平儿出来，都站起来了，又有两个又跑上来，赶着平儿叫“姑娘”。平儿问：“又说什么？”那小厮笑道：“这会子也好早晚了，我妈病着，等我去请大夫。好姑娘，我讨半日假可使得？”平儿道：“你们倒好，都商议定了，一天一个告假，又不回奶奶，只和我胡缠。前儿住儿去了，二爷偏生叫他，叫不着，我应起来了，还说我作了情。你今儿又来了。”周瑞家的道：“当真的，他妈病了，姑娘也替他应着，放了他罢。”平儿道：“明儿一早来。听着，我还要使你呢，再睡得日头晒着屁股再来！你这一去，带个信儿给旺儿，就说奶奶的话，问着他那剩的利钱。明儿若不交了来，奶奶也不要了，就索性送他使罢。”那小厮欢天喜地答应去了。

平儿等来至贾母房中，彼时，大观园中姊妹们都在贾母前承奉。刘姥姥进去，只见满屋里珠围翠绕，花枝招展的，并不知都係何人。只见一张榻上歪着一位老婆婆，身后坐着一个纱罗裹的美人一般的一个丫鬟在那里捶腿，凤姐儿站着正说笑。刘姥姥便知是贾母了，忙上来陪着笑，福了几福，口里说："请老寿星安。"贾母亦忙欠身问好，又命周瑞家的端过椅子来坐着。那板儿仍是怯人，不知问候。贾母道："老亲家，你今年多大年纪了？"刘姥姥忙立身答道："我今年七十五了。"贾母向众人道："这么大年纪了，还这么健朗。比我大好几岁呢。我要到这么大年纪，还不知怎么动不得呢。"刘姥姥笑道："我们生来是受苦的人，老太太生来是享福的。若我们也这样，那些庄稼活也没人做了。"贾母道："眼睛牙齿都还好？"刘姥姥道："都还好，就是今年左边的槽牙活动了。"贾母道："我老了，都不中用了，眼也花，耳也聋，记性也没了。你们这些老亲戚，我都不记得了。亲戚们来了，我怕人笑我，我都不会，不过嚼的动的吃两口，睡一觉，闷了时和这些孙子、孙女儿玩笑一回就完了。"刘姥姥笑道："这正是老太太的福了。我们想这么着也不能。"贾母道："什么福，不过是个老废物罢了。"说得大家都笑了。贾母又笑道："我才听见凤哥儿说，你带了好些瓜菜来，叫她快收拾去了，我正想个地里现撷的瓜儿、菜儿吃。外头买的，不像你们田地里的好吃。"刘姥姥笑道："这是野意儿，不过吃个新鲜。依我们倒想鱼肉吃，只是吃不起。"贾母又道："今儿既认着了亲，别空空儿的就去。不嫌我这里，就住一两天再去。我们也有个园子，园子里头也有果子，你明日也尝尝，带些家去，也算看亲戚一趟。"凤姐儿见贾母喜欢，也忙留道："我们这里虽不比你们的场院大，空屋子还有两间。你住两天，把你们那里的新闻故事儿说些与我们老太太听听。"贾母笑道："凤丫头别拿她取笑儿。她是乡屯里的人，老实，哪里搁得住你打趣她。"说着，又命人去先抓果子与板儿吃。板儿见人多了，又不敢吃。贾母又命拿些钱给她，叫小幺儿们带他外头玩去。刘姥姥吃了茶，便把些乡村中所见所闻的事情说与贾母，贾母越发得了趣味。正说着，凤姐儿便令人来请刘姥姥吃晚饭。贾母又将自己的菜拣了几样，命人送过去与刘姥姥吃。

凤姐知道合了贾母的心，吃了饭便又打发过来。鸳鸯忙命老婆子带了刘姥姥去洗了澡，自己挑了两件随常的衣服命给刘姥姥换上。那刘姥姥哪里见过这般行事，忙换了衣裳出来，坐在贾母榻前，又搜寻些话出来说。彼时宝玉姊妹们也都在这里坐着，他们何曾听见过这些话，自觉比那些瞽目先生说的书还好听。那刘姥姥虽是个村野人，却生来的有些见识，况且年纪老了，世情上经历过的，见头一个贾母高兴，第二见这些哥儿姐儿们都爱听，便没了话也编出些话来讲。因说道："我们村庄上种地种菜，每年每日，春夏秋冬，风里雨里，哪里有个坐着的空儿，天天都是在那地头子上作歇马凉亭，什么奇奇怪怪的事不见呢。就像去年冬天，接连下了几天雪，地下压了三四尺深。我那日起得早，还没出房门，只听外头柴草响。我想着必定是有人偷柴草来了。我爬着窗眼儿一瞧，却不是我们村庄上的人。"贾母道："必定是过路的客人们冷了，见现成的柴，抽些烤火去也是有的。"刘姥姥笑道："也并不是客人，所以说来奇怪。老寿星当个什么人？原来是一个十七八岁极标緻的小姑娘，梳着熘油光的头，穿着大红袄儿、白绫裙子...."刚说到这里，忽听外面人吵嚷起来，有说："不相干的，别唬着老太太！"贾母等听了，忙问怎么了。丫鬟回说"南院马棚里走了水，不相干，已经救下去了。"贾母最胆小的，听了这话，忙起身扶了人出至廊上来瞧，只见东南上火光犹亮。贾母唬得口内念佛，忙命人去火神跟前烧香。王夫人等也忙都过来请安，又回说"已经下去了，老太太请进房去罢。"贾母足足的看着火光熄了，方领众人进来。宝玉且忙着问刘姥姥："那女孩儿大雪地里作什么抽柴草？倘或冻出病来呢？"贾母道："都是才说抽柴草惹出火来了，你还问呢！别说这个了，再说别的罢。"宝玉听说，心内虽不乐，也只得罢了。刘姥姥便又想了一篇，说道："我们庄子东边，有个老奶奶子，今年九十多岁了。她天天吃斋念佛，谁知就感动了观音菩萨，夜里来托梦说：'你这样虔心，原本你该绝后的，如今奏了玉皇，给你个孙子。'原来这老奶奶只有一个儿子，这儿子也只一个儿子，好容易养到十七八岁上死了，哭得什么似的。后果然又养了一个，今年才十三四岁，生的雪团儿一般，聪明伶俐非常。可见这些神佛是有的。"这一席话，实合了贾母、王夫人的心事，连王夫人也都听住了。

宝玉心中只记挂着抽柴的故事，因闷闷的心中筹画。探春因问他"昨日扰了史大妹妹，咱们回去商议着邀一社，又还了席，也请老太太赏菊花何如？"宝玉笑道："老太太说了，还要摆酒还史妹妹的席，叫咱们作陪呢。等吃了老太太的，咱们再请不迟。"探春道："越往前去越冷了，老太太未必高兴。"宝玉道："老太太又喜欢下雨下雪的。不如咱们等下头场雪，请老太太赏雪岂不好？咱们雪下吟诗也更有趣了。"林黛玉忙笑道："咱们雪下吟诗？依我说，还不如弄一捆柴火，雪下抽柴，不更有趣儿呢！"说着，宝钗等都笑了。宝玉瞅了她一眼，也不答话。

一时散了，背地里宝玉到底拉了刘姥姥，细问那女孩儿是谁。刘姥姥只得编了告诉他道："那原是我们庄北沿地埂子上有一个小祠堂里供的，不是神佛，当先有个什么老爷。"说着又想名姓。宝玉道："不拘什么名姓，你不必想了，只说原故就是了。"刘姥姥道："这老爷没有儿子，只有一位小姐，名叫茗玉。小姐知书识字，老爷太太爱如珍宝。可惜这茗玉小姐生到十七岁，一病死了。"宝玉听了，跌足叹惜，又问："后来怎么样？"刘姥姥道："因为老爷、太太思念不尽，便盖了这祠堂，塑了这茗玉小姐的像，派了人烧香拨火。如今日久年深的，人也没了，庙也烂了，那个像就成了精。"宝玉忙道："不是成精，规矩这样人是虽死不死的。"刘姥姥道："阿弥陀佛！原来如此。不是哥儿说，我们都当她成精。她时常变了人出来各村庄店道上闲逛。我才说这抽柴火的就是他了。我们村庄上的人还商议着要打了这塑像、平了庙呢。"宝玉忙道："快别如此。若平了庙，罪过不小。"刘姥姥道："幸亏哥儿告诉我，我明儿回去拦住他们就是了。"宝玉道："我们老太太、太太都是善人，就是合家大小也都好善喜舍，最爱修庙塑神的。我明儿做一个疏头，替你化些布施，你就做香头，攒了钱把这庙修盖，再装潢了泥像，每月给你香火钱烧香岂不好？"刘姥姥道："若这样，我托那小姐的福，也有几个钱使了。"宝玉又问她地名庄名，来往远近，坐落何方。刘姥姥便顺口胡诌了出来。

宝玉信以为真，回至房中盘算了一夜。次日一早，便出来给了茗烟几百钱，按着刘姥姥说的方向、地名，着茗烟去先踏看明白，回来再做主意。那茗烟去后，宝玉左等也不来，右等也不来，急得热锅上的蚂蚁一般。好容易等到日落，方见茗烟兴兴头头的回来。宝玉忙道："可有庙了？"茗烟笑道："爷听得不明白，叫我好找。那地名坐落不似爷说的一样，所以找了一日，找到东北上田埂子上才有一个破庙。"宝玉听说，喜的眉开眼笑，忙说道："刘姥姥有年纪的人，一时错记了也是有的。你且说你见的。"茗烟道："那庙门却倒是朝南开，也是稀破的。我找得正没好气，一见这个，我说'可好了'，连忙进去。一看泥胎，唬得我跑出来了，活似真的一般。"宝玉喜得笑道："她能变化人了，自然有些生气。"茗烟拍手道："那里有什么女孩儿，竟是一位青脸红髪的瘟神爷。"宝玉听了，啐了一口，骂道："真是一个无用的杀才！这点子事也干不来。"茗烟道："二爷又不知看了

什么书，或者听了谁的混话，信真了，把这件没头脑的事派我去碰头，怎么说我没用呢？"宝玉见他急了，忙抚慰他道："你别急。改日闲了你再找去。若是她哄我们呢，自然没了，若竟是有的，你岂不也积了阴骘。我必重重的赏你。"正说着，只见二门上的小厮来说："老太太房里的姑娘们站在二门口找二爷呢。"要知端祥，下回分解。

第 40 回 史太君两宴大观园 金鸳鸯三宣牙牌令

话说宝玉听了，忙进来看时，只见琥珀站在屏风跟前说："快去吧，立等你说话呢。"宝玉来至上房，只见贾母正和王夫人、众姊妹商议给史湘云还席。宝玉因说道："我有个主意。既没有外客，吃的东西也别定了样数，谁素日爱吃的拣样儿做几样。也不要按桌席，每人跟前摆一张高几，各人爱吃的东西一两样，再一个什锦攒心盒子，自斟壶，岂不别致！"贾母听了，说"很是忙命人传与厨房："明日就拣我们爱吃的东西做了，按着人数，再装了盒子来。早饭也摆在园子里吃。"商议之间，早又掌灯，一夕无话。

次日清早起来，可喜这日天气清朗。李纨侵晨先起，看着老婆子、丫头们扫那些落叶，并擦抹桌椅，预备茶酒器皿。只见丰儿带了刘姥姥、板儿进来，说"大奶奶倒忙得紧。"李纨笑道："我说你昨儿去不成，只忙着要去。"刘姥姥笑道："老太太留下我，叫我也热闹一天去。"丰儿拿了几把大小钥匙，说道："我们奶奶说了，外头的高几恐不够使，不如开了楼把那收着的拿下来使一天罢。奶奶原该亲自来的，因和太太说话呢，请大奶奶开了，带着人搬罢。"李氏便命素云接了钥匙，又命婆子出去把二门上的小厮叫几个来。李氏站在大观楼下往上看，命人上去开了缀锦阁，一张一张往下抬。小厮、老婆子、丫头一齐动手，抬了二十多张下来。李纨道："好生着，别慌慌张张鬼赶来似的，仔细碰了牙子！"又回头向刘姥姥笑道："姥姥也上去瞧瞧。"刘姥姥听说，巴不得一声儿，便拉了板儿登梯上去。进里面，只见乌压压的堆着些围屏、桌椅、大小花灯之类，虽不大认得，只见五彩炫耀，各有奇妙。念了几声佛便下来了。然后锁上门，一齐才下来。李纨道："恐怕老太太高兴，索性把舡上划子、篙桨、遮阳幔子都搬了下来预备着。"众人答应，又复开了，色色的搬了下来。命小厮传驾娘们到舡坞里撑出两隻船来。

正乱着安排，只见贾母已带了一群人进来了。李纨忙迎上去，笑道："老太太高兴，倒进来了。我只当还没梳头呢，才撷了菊花要送去。"一面说，一面碧月早捧过一个大荷叶式的翡翠盘子来，里面养着各色折枝菊花。贾母便拣了一朵大红的簪于鬓上。因回头看见了刘姥姥，忙笑道："过来戴花儿。"一语未完，凤姐便拉过刘姥姥来笑道："让我打扮你。"说着，将一盘子花横三竖四的插了一头。贾母和众人笑得了不得。刘姥姥笑道："我这头也不知修了什么福，今儿这样体面起来。"众人笑道："你还不拔下来摔到他脸上呢，把你打扮得成了个老妖精了。"刘姥姥笑道："我虽老了，年轻时也风流藉，爱个花儿粉儿的，今儿老风流才好呢。"

说笑之间，已来至沁芳亭子上。丫鬟们抱了一个大锦褥子来，铺在栏杆榻板上。贾母倚柱坐下，命刘姥姥也坐在旁边，因问她："这园子好不好？"刘姥姥念佛说道："我们乡下人到了年下，都上城来买画儿贴。时常闲了，大家都说，怎么得也到画儿上去逛逛。想着那个画儿也不过是假的，哪里有这个真地方呢。谁知我今儿进子这园子里一瞧，竟比那画儿还强十倍。怎么得有人也照着这个园子画一张，我带了家去，给他们见见，死了也得好处。"贾母听说，便指着惜春笑道："你瞧我这个小孙女儿，她就会画。等明儿叫她画一张如何？"刘姥姥听了喜得忙跑过来，拉着惜春说道："我的姑娘，你这么大年纪儿，又这么个好模样，还有这个能干，别是神仙托生的罢！"

贾母少歇一回，自然领着刘姥姥都见识见识，先到了潇湘馆。一进门，只见两边翠竹夹路，土地下苍苔布满，中间羊肠一条石子墁的路。刘姥姥让出路来与贾母众人走，自己却赶走土地。琥珀拉她说道："姥姥，你上来走，仔细苍苔滑了！"刘姥姥道："不相干的，我们走熟了的，姑娘们只管走罢。可惜你们的那绣鞋，别沾脏了。"她只顾上头和人说话，不防底下果踩滑了，咕咚一跤跌倒。众人都拍手哈哈的笑起来。贾母笑骂道："小蹄子们，还不搀起来！只站着笑。"说话时，刘姥姥已爬了起来，自己也笑了，说道："才说嘴就打了嘴。"贾母问她："可扭了腰了不曾？叫丫头们捶一捶。"刘姥姥道："哪里说得我这么娇嫩了。哪一天不跌两下子，都要捶起来，还了得呢。紫鹃早打起湘帘，贾母等进来坐下。林黛玉亲自用小茶盘捧了一盖碗茶来奉与贾母。王夫人道："我们不吃茶，姑娘不用倒了。"林黛玉听说，便命丫头把自己窗下常坐的一张椅子挪到下首，请王夫人坐了。刘姥姥因见窗下案上设着笔砚，又见书架上磊着满满的书，刘姥姥道："这必定是哪位哥儿的书房了。"贾母笑指黛玉道："这是我这外孙女儿的屋子。"刘姥姥留神打量了林黛玉一番，方笑道："这哪里像个小姐的绣房，竟比那上等的书房还好。"贾母因问："宝玉怎么不见？"众丫头们答说："在池子里船上呢。"贾母道："谁又预备下船了？"李纨忙回说："才开楼拿几，我恐怕老太太高兴，就预备下了。"贾母听了，方欲说话时，人回说："姨太太来了。"贾母等刚站起来，只见薛姨妈早进来了，一面归坐笑道："今儿老太太高兴，这早晚就来了。"贾母笑道："我才说来迟了的要罚他，不想姨太太就来迟了。"

说笑一会，贾母因见窗上纱的颜色旧了，便和王夫人说道："这个纱新糊上好看，过了后来就不翠了。这个院子里头又没有个桃杏树，这竹子已是绿的，再拿这绿纱糊上反不配。我记得咱们先有四五样颜色糊窗的纱呢。明儿给她把这窗上的换了。"凤姐儿忙道："昨儿我开库房，看见大板箱里还有好些匹银红蝉翼纱，也有各样折枝花样的，也有流云卍福花样的，也有百蝶穿花花样的，颜色又鲜，纱又轻软，我竟没见过这样的。拿了两匹出来，作两床绵纱被，想来一定是好的。"贾母听了笑道："呸！人人都说你没有不经过，不见过，连这个纱还不认得呢，明儿还说嘴！"薛姨妈等都笑说："凭她怎么经过见过，如何敢比老太太呢。老太太何不教导了她，我们也听听。"凤姐儿也笑说："好祖宗，教给我罢。"贾母笑向薛姨妈众人道："那个纱，比你们的年纪还大呢。怪不得她认作蝉翼纱，原也有些像，不知道的都认作蝉翼纱。正经名字叫作'软烟罗'。"凤姐儿道："这个名儿也好听。只是我这么大了，纱罗也见过几百样，从没听见过这个名儿。"贾母笑道："你能够活了多大，见过几样没处放的东西，就说嘴来了。那个软烟罗只有四样颜色：一样雨过天晴，一样秋香色，一样松绿的，一样就是银红的；若是做了帐子，糊了窗屉，远远的看着就似烟雾一样，所以叫作'软烟罗'。那银红的又叫作'霞影纱'。如今上用的府纱也没有这样软厚轻密的了。"薛姨妈笑道："别说凤丫头没见，连我也没听见过。"凤姐儿一面说话，早命人取了一匹来了。贾母说："可不是这个，先时原不过是糊窗屉，后来我们拿这个作被作帐子试试，也竟好。明儿就找出几匹来，拿银红的替她糊窗子。"凤姐答应着。众人都看了，称赞不已。刘姥姥也觑着眼看个不了，念佛道："我们想它作衣裳也不能，拿着糊窗子，岂不可惜？"贾母道："倒是做衣裳不好看。"凤姐忙把自己身上穿的一件大红绵纱袄子襟儿拉了出来，向贾母、薛姨妈道："看我的这袄儿。"贾母、薛姨妈都说："这也是上好的了，如今上用内造的，竟比不上这个。"凤姐儿道："这个薄片子，还说是内造上用呢，竟连这个官用的也比不上了。"贾母道："再找一找，只怕还有青的。若有时，都拿出来，送这刘亲家两匹，再做一个帐子我挂，下剩的添上里子，做些夹背心子给丫头们穿，白收着霉坏了。"凤姐忙答应了，仍命人送去。贾母起身笑道："这屋里窄，再往别处逛去。"刘姥姥念佛道："人人都说大家子住大房。昨儿见了老太太正房，配上大箱、大柜、大桌子、大床，果然威武。那柜子比我们一间房子还大还高。怪道后院子里有个梯子。我想又不上房晒东西，预备个梯子作什么？后来我想起来，定是为开顶柜、收放东西，离了那梯子怎么得上去呢？如今又见了这小屋子，更比大的越发齐整了。满屋里的东西都只好看，都不知叫什么，我越看越舍不得离了这里。”凤姐道：“还有好的呢，我都带你去瞧瞧。”说着一迳了离潇湘馆。

远远望见池中一群人在那里撑船。贾母道：“他们既预备下船，咱们就坐一回。”说着，便向紫菱洲蓼溆一带走来。未至池前，只见几个婆子手里都捧着一色捏丝戗金五彩大盒子走来。凤姐忙问王夫人早饭在那里摆。王夫人道：“问老太太在哪里，就在哪里摆罢了。”贾母听说，便回头说：“你三妹妹那里就好。你就带了人摆去，我们从这里坐了船去。”凤姐听说，便回身同了李纨、探春、鸳鸯、琥珀带着端饭的人等，抄着近路到了秋爽斋，就在晓翠堂上调开桌案。鸳鸯笑道：“天天咱们说外头老爷们吃酒吃饭都有一个篾片相公，拿他取笑儿。咱们今儿也得了一个女篾片了。”李纨是个厚道人，听了不解。凤姐儿却知道说的是刘姥姥了，也笑说道：“咱们今儿就拿她取个笑儿。”二人便如此这般的商议。李纨笑劝道：“你们一点好事也不做，又不是个小孩儿，还这么淘气，仔细老太太说。”鸳鸯笑道：“很不与你相干，有我呢。”

正说着，只见贾母等来了，各自随便坐下。先有丫头端过两盘茶来，大家吃毕。凤姐手里拿着西洋布手巾，裹着一把乌木三镶银箸，敁敠人位，按席摆下。贾母因说：“把那一张小楠木桌子抬过来，让刘亲家近我这边坐着。”众人听说，忙抬了过来。凤姐一面递眼色与鸳鸯，鸳鸯便拉了刘姥姥出去，悄悄的嘱咐了刘姥姥一席话，又说：“这是我们家的规矩，若错了，我们就笑话呢。”调停已毕，然后归坐。薛姨妈是吃过饭来的，不吃，只坐在一边吃茶。贾母带着宝玉、湘云、黛玉、宝钗一桌，王夫人带着迎春姊妹三个人一桌，刘姥姥傍着贾母一桌。贾母素日吃饭，皆有小丫鬟在旁边，拿着漱盂、麈尾、巾帕之物。如今鸳鸯是不当这差的了，今日鸳鸯偏接过麈尾来拂着。丫鬟们知道她要撮弄刘姥姥，便躲开让她。鸳鸯一面侍立，一面悄向刘姥姥说道：“别忘了。”刘姥姥道：“姑娘放心。”那刘姥姥入了座，拿起箸来，沉甸甸的不伏手。原是凤姐和鸳鸯商议定了，单拿一双老年四愣象牙镶金的筷子与刘姥姥。刘姥姥见了，说道：“这叉爬子比俺那里铁锄还沉，哪里强犟得过它。”说得众人都笑起来。

只见一个媳妇端了一个盒子站在当地，一个丫鬟上来揭去盒盖，里面盛着两碗菜。李纨端了一碗放在贾母桌上。凤姐儿偏拣了一碗鸽子蛋放在刘姥姥桌上。贾母这边说声“请”，刘姥姥便站起身来，高声说道：“老刘，老刘，食量大似牛，吃一个老母猪不抬头。”自己却鼓着腮不语。众人先是发怔，后来一听，上上下下都哈哈的大笑起来。史湘云撑不住，一口饭都喷了出来；林黛玉笑岔了气，伏着桌子叫“嗳哟”；宝玉早滚到贾母怀里，贾母笑得搂着宝玉叫“心肝”；王夫人笑得用手指着凤姐儿，只说不出话来；薛姨妈也撑不住，口里的茶喷了探春一裙子；探春手里的饭碗都合在迎春身上；惜春离了座位，拉着她奶母叫“揉一揉肠子”。地下的无一个不弯腰屈背，也有躲出去蹲着笑去的，也有忍着笑上来替她姊妹换衣裳的，独有凤姐、鸳鸯二人撑着，还只管让刘姥姥。刘姥姥拿起箸来，只觉不听使，又说道：“这里的鸡儿也俊，下的这蛋也小巧，怪俊的。我且肏攮一个。”众人方住了笑，听见这话，又笑起来。贾母笑得眼泪出来，琥珀在后捶着。贾母笑道：“这定是凤丫头促狭鬼儿闹的，快别信她的话了。”那刘姥姥正夸鸡蛋小巧，要肏攮一个，凤姐儿笑道：“一两银子一个呢，你快尝尝罢，那冷了就不好吃了。”刘姥姥便伸箸子要夹，哪里夹得起来，满碗里闹了一阵，好容易撮起一个来，才伸着脖子要吃，偏又滑下来滚在地下，忙放下箸子要亲自去捡，早有地下的人捡了出去了。刘姥姥叹道：“一两银子，也没听见响声儿就没了。”众人已没心吃饭，都看着她取笑。贾母又说：“这会子又把那个筷子拿了出来？又不请客摆大筵席。都是凤丫头支使的，还不换了呢！”地下的人原不曾预备这牙箸，本是凤姐和鸳鸯拿了来的，听如此说，忙收了过去，也照样换上一双乌木镶银的。刘姥姥道：“去了金的，又是银的，到底不及俺们那个伏手。”凤姐儿道：“菜里若有毒，这银子下去了就试得出来。”刘姥姥道：“这个菜里有毒，俺们那些菜都成了砒霜了。哪怕毒死了，也要吃尽了。”贾母见她如此有趣，吃得又香甜，把自己的也都端过来与她吃。又命一个老嬷嬷来，将各样的菜给板儿夹在碗里。

一时吃毕，贾母等都往探春卧室中去说闲话。这里收拾过残桌，又放了一桌。刘姥姥看着李纨与凤姐儿对坐着吃饭，叹道：“别的罢了，我只爱你们家这行事。怪道说‘礼出大家’。凤姐儿忙笑道：“你回别多心，才刚不过大家取乐儿。”一言未了，鸳鸯也进来笑道：“姥姥别恼，我给你老人家赔个不是。”刘姥姥笑道：“姑娘说那里话，咱们哄着老太太开个心儿，可有什么恼的！你先嘱咐我，我就明白了，不过大家取个笑儿。我要心里恼，也就不说了。”鸳鸯便骂人“为什么不倒茶给姥姥吃。”刘姥姥忙道：“刚才那个嫂子倒了茶来，我吃过了。姑娘也该用饭了。”凤姐儿便拉鸳鸯坐下道下：“你和我们吃了罢，省得回来又闹。”鸳鸯便坐下了。婆子们添上碗箸来，三人吃毕。刘姥姥笑道：“我看你们这些人都只吃这一点儿就完了，亏你们也不饿。怪只道风儿都吹得倒。”鸳鸯便问：“今儿剩的菜不少，都那去了？”婆子们道：“都还没散呢，在这里等着一齐散与他们吃。”鸳鸯道：“他们吃不了这些，挑两碗给二奶奶屋里平丫头送去。”凤姐儿道：“她早吃了饭了，不用给她。”鸳鸯道：“她不吃了，喂你们的猫。”婆子听了，忙拣了两样拿盒子送去。鸳鸯道：“素云那去了？”李纨道：“她们都在这里一处吃，又找她作什么。”鸳鸯道：“这就罢了。”凤姐儿道：“袭人不在这里，你倒是叫人送两样给她去。”鸳鸯听说，便命人也送两样去后，鸳鸯又问婆子们：“回来吃酒的攒盒可装上了？”婆子道：“想必还得一回子。”鸳鸯道：“催着些儿。”婆子应喏了。

凤姐儿等来至探春房中，只见她娘儿们正说笑。探春素喜阔朗，这三间屋子并不曾隔断。当地放着一张花梨大理石大案，案上磊着各种名人法帖，并数十方宝砚，各色笔筒、笔海内插的笔如树林一般。那一边设着斗大的一个汝窑花囊，插着满满的一囊水晶球的白菊。西牆上当中挂着一大幅米襄阳《烟雨图》，左右挂着一副对联，乃是颜鲁公墨迹，其词云：

烟霞闲骨格 泉石野生涯

案上设着大鼎。左边紫檀架上放着一个大观窑的大盘，盘内盛着数十个娇黄玲珑大佛手。右边洋漆架上悬着一个白玉比目磬，旁边挂着小锤。那板儿略熟了些，便要摘那锤子要击，丫鬟们忙拦住他。他又要佛手吃，探春拣了一个与他说：“玩罢，吃不得的。”东边便设着卧榻，拔步床上悬着葱绿双绣花卉草虫的纱帐。板儿又跑过来看，说“这是蝈蝈，这是蚂蚱”。刘姥姥忙打他一巴掌，骂道：“下作黄子，没干没淨的乱闹！倒叫你进来瞧瞧，就上脸了。”打得板儿哭起来，众人忙劝解方罢。贾母因隔着纱窗往后院内看了一回，困说：“这后廊檐下的梧桐也好了，就只细些。”正说话，忽一阵风过，隐隐听得鼓乐之声。贾母问“是谁家娶亲呢？这里临街倒近。”王夫人等笑回道：“街上的哪里听得见，这是咱们的那十来个女孩子们演习吹打呢。”贾母便笑道：“既是她们演习。何不叫她们进来演习。她们也逛一逛，咱们可又乐了。”凤姐听说，忙命人出去叫来，又一面吩咐摆下条桌，铺上红毡子。贾母道：“就铺排在藕香榭的水亭子上，借着水音更好听。回来咱们就在缀锦阁底下吃酒，又宽阔，又听得近。”众人都说：“那里好。”贾母向薛姨妈笑道：“咱们走罢。她们姊妹们都不大喜欢人来坐着，怕脏了屋子。咱们别没眼色，正经坐一回子船喝酒去。”说着，大家起身便走。探春笑道：“这是哪里的话，求着老太太、姨妈、太太来坐坐还不能呢！”贾母笑道：“我的这三丫头却好，只有两个玉儿可恶。回来吃醉了，咱们偏往他们屋里闹去。”

说着，众人都笑了，一齐出来。走不多远，已到了荇叶渚。那姑苏选来的几个驾娘早把两隻棠木舫撑来，众人扶了贾母、王夫人、薛姨妈、刘姥姥、鸳鸯、玉钏儿上了这一隻，落后李纨也跟上去。凤姐儿也上去，立在船头上，也要撑船。贾母在舱内道："这不是玩的，虽不是河里，也有好深的。你快不给我进来！"凤姐儿笑道："怕什么！老祖宗只管放心。"说着便一篙点开。到了池当中，船小人多，凤姐只觉乱晃，忙把篙子递与驾娘，方蹲下了。然后迎春姊妹等并宝玉上了那隻，随后跟来。其余老嬷嬷散众丫鬟俱沿河随行。宝玉道："这些破荷叶可恨，怎么还不叫人来拔去。"宝钗笑道："今年这几日，何曾饶了这园子闲了，天天逛，哪里还有叫人来收拾的工夫。"林黛玉道："我最不喜欢李义山的诗，只喜他这一句：'留得残荷听雨声'。偏你们又不留着残荷了。"宝玉道："果然好句，以后咱们就别叫人拔去了。"说着，已到了花溆的萝港之下，觉得阴森透骨，两滩上衰草残菱，更助秋情。

贾母因见岸上的清厦旷朗，便问"这是你薛姑娘的屋子不是？"众人道："是。"贾母忙命拢岸，顺着云步石梯上去，一同进了蘅芜苑，只觉异香扑鼻。那些奇草仙藤愈冷逾苍翠，都结了实，似珊瑚豆子一般，累垂可爱。及进了房屋，雪洞一般，一色玩器全无，案上只有一个土定瓶，瓶中供着数枝菊花，并两部书、茶奁、茶杯而已。床上只吊着青纱帐幔，衾褥也十分朴素。贾母叹道："这孩子太老实了。你没有陈设，何妨和你姨娘要些。我也不理论，也没想到，你们的东西自然在家里没带了来。"说着，命鸳鸯去取些古董来，又嗔着凤姐儿："不送些玩器来与你妹妹，这样小器！"王夫人、凤姐儿等都笑回说："她自己不要的。我们原送了来，都退回去了。"薛姨妈也笑说："她在家里也不大弄这些东西的。"贾母摇头说："使不得。虽然她省事，倘或来一个亲戚，看着不像；二则年轻的姑娘们，房里这样素淨，也忌讳。我们这老婆子，越发该住马圈去了。你们听那些书上、戏上说的，小姐们的绣房精緻的还了得呢。他们姊妹们虽不敢比那些小姐们，也不要

很离了格儿。有现成的东西，为什么不摆？若很爱素淨，少几样倒使得。我最会收拾屋子的，如今老了，没这闲心了。她们姊妹们也还学着收拾的好，只怕俗气，有好东西也摆坏了。我看她们还不俗。如今让我替你收拾，包管又大方又素淨。我的梯己两件，收到如今，没给宝玉看见过，若经了他的眼，也没了。"说着，叫过鸳鸯来，亲吩咐道："你把那石头盆景儿和那架纱桌屏，还有个墨烟冻石鼎，这三样摆在这案上就够了。再把那水墨字画白绫帐子拿来，把这帐子也换了。"鸳鸯答应着，笑道："这些东西都搁在东楼上的不知那个箱子里，还得慢慢找去，明儿再拿去也罢了。"贾母道："明日后日都使得，只别忘了。"说着，坐了一会方出来，一迳来至缀锦阁下。文官等上来请过安，因问"演习何曲"。贾母道："只拣你们生的演习几套罢。"文官等下来，往藕香榭去，不提。

这里凤姐儿已带着人摆设整齐，上面左右两张榻，榻上都铺着锦裀蓉簟，每一榻前有两张凋漆几，也有海棠式的，也有梅花式的，也有荷叶式的，也有葵花式的，也有方的，也有圆的，其式不一。一个上面放着炉瓶一分攒盒；一个上面空设着，预备放人所喜之食。上面二榻四几，是贾母、薛姨妈；下面一椅两几，是王夫人的，余者都是一椅一几。东边是刘姥姥，刘姥姥之下便是王夫人。西边便是史湘云，第二便是宝钗，第三便是黛玉，第四迎春、探春、惜春，挨次下去，宝玉在末。李纨、凤姐二人之几设于三层槛内，二层纱橱之外。攒盒式样，亦随几之式样。每人一把乌银洋錾自斟壶，一个十锦珐琅杯。大家坐定，贾母先笑道："咱们先吃两杯，今日也行一令才有意思"薛姨妈等笑道："老太太自然有好酒令，我们如何会呢，安心要我们醉了。我们都多吃两杯就是了。"贾母笑道："姨太太今儿也过谦起来，想是厌我老了。"薛姨妈笑道："不是谦，只怕行不上来倒是笑话了。"王夫人忙笑道："便说不上来，只多吃一杯酒，醉了睡觉去，还有谁笑话咱们不成？"薛姨妈点头笑道："依令。老太太到底吃一杯令酒才是。"贾母笑道："这个自然。"说着便吃了一杯。

凤姐儿忙走至当地，笑道："既行令，还叫鸳鸯姐姐来行更好。"众人都知贾母所行之令必得鸳鸯提着，故听了这话，都说"很是"。凤姐儿便拉了鸳鸯过来。王夫人笑道："既在令内，没有站着的理。"回头命小丫头子："端一张椅子，放在你二位奶奶的席上。"鸳鸯也半推半就，谢了坐，便坐下，也吃了一盅酒，笑道："酒令大如军令，不论尊卑，惟我是主。违了我的话，是要受罚的。"王夫人等都笑道："一定如此，快些说来。"鸳鸯未开口，刘姥姥便下了席，摆手道："别这样捉弄人，我家去了。"众人都笑道："这却使不得。"鸳鸯喝令小丫头子们："拉上席去！"小丫头子们也笑着，果然拉入席中。刘姥姥只叫"饶了我罢！"鸳鸯道："再多言的罚一壶。"刘姥姥方住了声。鸳鸯道："如今我说骨牌副儿，从老太太起，顺领说下去，至刘姥姥止。比如我说一副儿，将这三张牌拆开，先说头一张，次说第二张，再说第三张，说完了，合成这一副儿的名字。无论诗词歌赋、成语俗话，比上一句，都要叶韵。错了的罚一杯。"众人笑道："这个令好，就说出来。"鸳鸯道："有了一副了。左边是张'天'。"贾母道："头上有青天。"众人道："好。"鸳鸯道："当中是个'五与六'。"贾母道："六桥梅花香彻骨。"鸳鸯道："剩得一张'六与幺'。"贾母道："一轮红日出云霄。"鸳鸯道："凑成便是个'蓬头鬼'。"贾母道："这鬼抱住钟馗腿。"说完，大家笑着喝彩。贾母饮了一杯。鸳鸯又道："有了一副。左边是个'大长五'。"薛姨妈道："梅花朵朵风前舞。"鸳鸯道："右边还是个'大五长'。"薛姨妈道："十月梅花岭上香。"鸳鸯道："当中'二五'是杂七。"薛姨妈道："织女牛郎会七夕。"鸳鸯道："凑成'二郎游五岳'。"薛姨妈道："世人不及神仙乐。"说完，大家称赏，饮了酒。鸳鸯又道："有了一副。左边'长幺'两点明。"湘云道："双悬日月照干坤。"鸳鸯道："右边'长幺'两点明。"湘云道："闲花落地听无声。"鸳鸯道："中间还得'幺四'来。"湘云道："日边红杏倚云栽。"鸳鸯道："凑成'樱桃九点熟'。"湘云道："御园却被鸟衔出。"说完饮了一杯。鸳鸯道："有了一副。左边是'长三'。"宝钗道："双双燕子语梁间。"鸳鸯道："右边是'三长'。"宝钗道："水荇牵风翠带长。"鸳鸯道："当中'三六'九点在。"宝钗道："三山半落青天外。"鸳鸯道："凑成'铁锁练孤舟'。"宝钗道："处处风波处处愁。"说完饮毕。鸳鸯又道："左边一个'天'。"黛玉道："良辰美景奈何天。"宝钗听了，回头看着她。黛玉只顾怕罚，也不理论。鸳鸯道："中间'锦屏'颜色俏。"黛玉道："纱窗也没有红娘报。"鸳鸯道："剩了'二六'八点齐。"黛玉道："双瞻玉座引朝仪。"鸳鸯道："凑成'篮子'好採花。"黛玉道："仙杖香挑芍药花。"说完饮了一口。鸳鸯道："左边'四五'成花九。"迎春道："桃花带雨浓。"众人道："该罚！错了韵，而且又不像。"迎春笑着饮了一口。原是凤姐儿和鸳鸯都要听刘姥姥的笑话，故意都命说错，都罚了。至王夫人，鸳鸯代说了一个，下便该刘姥姥。刘姥姥道："我们庄家人闲了，也常会几个人弄这个，但不如说得这么好听。少不得我也试一试。"众人都笑道："容易说的。你只管说，不相干。"鸳鸯笑道："左边'四四'是个人。"刘姥姥听了想了半日，说道："是个庄家人罢。"众人哄堂笑了。贾母笑道："说得好，就这样说。"刘姥姥也笑道："我们庄家人，不过是现成的本色，众位别笑。"鸳鸯道："中间'三四'绿配红。"刘姥姥道："大火烧了毛毛虫。"众人笑道："这是有的，还说你的本色。"鸳鸯道："右边'幺四'真好看。"刘姥姥道："一个萝卜一头蒜。"众人又笑了。鸳鸯笑道："凑成便是一枝花。"刘姥姥两隻手比着，说道："花儿落了结个大倭瓜。"众人大笑起来。只听外面乱嚷－－且听下回分解。

第 41 回 栊翠庵茶品梅花雪 怡红院劫遇母蝗虫

话说刘姥姥两隻手比着说道："花儿落了结个大倭瓜。"众人听了哄堂大笑起来。于是吃过门杯，因又逗笑道："实告诉说罢，我的手脚子粗笨，又喝醉了酒，仔细失手打了这瓷杯。有木头的杯取个子来，便失手掉了地下也打不了。"众人听了，又笑将起来。凤姐听如此说，便忙笑道："果真要木头的，我就取了来。可有一件先说下：这木头的可比不得瓷的，那都是一套，定要吃遍一套方使得。"刘姥姥听了心下掂掇道："我方才不过是趣话取笑儿，谁知他果真竟有。我时常在村庄上缙绅大家也赴过席，金杯银杯倒都见过，从来没见有木头的。哦！是了，想必是小孩子们使的木碗子，不过诓我多吃两碗。别管它，横竖这酒蜜水似的，多喝点子也不怕。"想毕便说："取了来再商量。"

凤姐乃命丰儿："到前面里间屋，书架子上有十个竹根套杯取来。"丰儿听了，答应着才要去，鸳鸯笑道："我知道你这十个杯还小些。况且你才说是木头的，这会子又拿了竹根子的来，倒不好看。不如把我们那里的黄杨木根整抠的十个大套杯拿来，灌他十下子。"凤姐笑道："更好了。"鸳鸯果命人取来。刘姥姥一看，又惊又喜：惊的是一连十个，挨次大小分下来的，那大的足小盆子大，第十个极小的还有手里的杯子大；喜的是凋镂奇绝，一色山水树木人物，并有草字图印记。因忙说道："拿了那小的来就是了，怎么么些个？"凤姐笑道："这个杯没有喝一个的理。我们家因没有这么大量的，所以没人敢使它。姥姥既要，好容易寻了出来，必定要挨次吃一遍才使得。"刘姥姥唬的忙道："这可不敢。好姑奶奶，竟饶了我罢。"贾母、薛姨妈、王夫人都知道他有年纪的人禁不起，忙都道："不可多吃了，只吃这头一杯罢。"刘姥姥道："阿弥陀佛！我还使小杯吃罢。把这大杯收着，我带了家去慢慢的吃罢。"说的众人又笑起来。鸳鸯无法，只得命人满斟了一大杯，刘姥姥两手捧着喝。

贾母、薛姨妈都道："慢些吃，不要呛了。"薛姨妈又命凤姐拣了菜。贾母笑道："你把茄鲞搛些喂他。"凤姐听说，依言搛些茄鲞送入刘姥姥口中，因笑道："你们天天吃茄子，也尝尝我们的茄子弄的可口不可口。"刘姥姥笑道："别哄我，茄子跑出这个味儿来了，我们也不用种粮食，只种茄子罢了。"众人笑道："真是茄子，我们再不哄你。"刘姥姥诧异道："真是茄子？我白吃了这半日。姑奶奶你再喂我些，这一口细嚼嚼。"凤姐果又搛了些放入口内。刘姥姥因细嚼了半日，笑道："虽有一点茄子香，只是还不像是茄子。告诉我是什么方法弄的，我也弄着吃去。"凤姐笑道："这也不难。你把才下来的茄子把皮籤了，只要淨肉，切成碎丁子，用鸡油炸了，再用鸡脯子肉并香菌、新笋、蘑菰、五香腐干、各色干果子，俱切成钉子，用鸡汤煨干，将香油一收，外加糟油一拌，盛在瓷罐子里封严，要吃时拿出来，用炒的鸡瓜一拌就是了。"

刘姥姥听了，摇头吐舌说道："我的佛祖！倒得十来只鸡来配它，怪道好吃！"一面说笑，一面慢慢的吃完了酒，还只管细玩那杯。凤姐笑道："还是不足兴，再吃一杯罢。"刘姥姥忙道："了不得，那就醉死了。我因为爱这样儿，亏他怎样作来着了。"鸳鸯笑道："酒也吃完了，到底这杯子是什么木的？"刘姥姥笑道："怨不得姑娘不认得的，你们在金门绣户的，如何认得木头！我们成日家和树林子作街坊，困了枕着它睡，乏了靠着它坐，荒年间饿了还吃它，眼睛里天天见它，耳朵里天天听它，口儿里天天讲他，所以好歹真假我是认得的。让我认一认。"一面说，一面细细端详了半日道："你们这样人家断没有那贱东西，那容易得的木头，你们也不收着了。我掂着这杯体沉，断乎不是朽木的，一定是黄松的。"众人听了，哄堂大笑起来。

只见一个婆子走来请问贾母，说："姑娘们都到了藕香榭了，请老太太的示下，就演罢还是等一会子？"贾母忙笑道："可是倒忘了他们，就叫他们演罢。"那个婆子答应着去了。不一时，只听得箫管悠扬，笙笛并发。正值风清气爽之时，那乐声穿林度水而来，自然使人神怡心旷。宝玉先禁不住，拿起壶来斟了一杯，一口饮尽。复又斟上，才要饮，只见王夫人也要饮，命人换暖酒来，宝玉连忙将自己的杯捧了过来，送到王夫人口边，王夫人便就他手内吃了两口。一时暖酒来了，宝玉仍归旧坐，王夫人提了自己的暖调壶下席来，众人皆都出了席，薛姨妈也立起来，贾母忙命李纨、凤姐二人接过壶来："让你姨妈坐下，大家才便。"王夫人见如此说，方将壶递与凤姐，自己归坐。贾母笑道："大家吃上两杯，今日着实有趣。"说着拿杯让薛姨妈，又向湘云、宝钗道："你姐妹两个多吃一杯。你林妹妹虽不会吃，也别饶他。"说着自己已干了。湘云、宝钗、黛玉也都干了。当下刘姥姥听见这般音乐，且又有了酒，越发喜的手舞足蹈起来。宝玉因下席过来向黛玉笑道："你瞧刘姥姥的样子。"黛玉笑道："当日舜乐一奏，百兽率舞，如今才一牛耳。"众姐妹都笑了。

须臾乐止，薛姨妈出席笑道："大家的酒想也都有了，且出去散散再坐罢。"贾母也正要散散，于是大家出席，都随着贾母游玩。贾母因要带着刘姥姥散闷，遂携了刘姥姥至山前树下盘桓了半晌，又说与他这是什么树，这是什么石，这是什么花。刘姥姥一一的领会，又向贾母道："谁知城里不但人尊贵，连雀儿也是尊贵的。偏这雀儿到了你们这里，它也变俊了，也会说话了。"众人不解，因问什么雀儿变俊了，会讲话。刘姥姥道："那廊下金架子上站的绿毛红嘴是鹦哥儿，我是认得的。那笼子里黑老鸹子怎么又长出凤头来，也会说话呢。"众人听了都笑将起来。

一时只见丫头们来请用点心。贾母道："吃了两杯酒，倒也不饿了。也罢，就拿了这里来，大家随便吃些罢。"丫头们便去抬了两张高几来，又端了两个小捧盒来。揭开看时，每个盒内两样：这盒内是两荞蒸食一样是藕粉桂糖糕，一样是松瓤鹅油卷，那盒内是两样炸的一样是只有一寸来大的小饺儿，……贾母因问什么馅子，婆子们忙回是螃蟹的。贾母听了，皱眉说："这会子油腻腻的，谁吃这个！"那一样是奶油炸的各色小麵果子，也不喜欢。因让薛姨妈吃，薛姨妈只拣了一个捲儿，尝了一尝，剩的半个递与丫头了。刘姥姥因见那小麵果子都玲珑剔透各式各样，便拣了一朵牡丹花样的笑道："我们乡里最巧的姐儿们拿剪子也不能铰出这么个纸的来。我又爱吃又舍不得吃，包些家去给他们做花样子去倒好。"众人都笑了。贾母笑道："等你家去时我送你一罈子。你先趁热吃这个罢。"别人不过拣各人爱吃的一两样就罢了；刘姥姥原不曾吃过这些东西，且都作得小巧，不显盘堆的，他和板儿每样吃了些，就去了半盘子。剩的，凤姐又命攒了两盘并一个攒盒拿与文官等吃去。忽见奶子抱了大姐儿来，大家哄他顽了一会。那大姐儿因抱着一个大柚子玩的，忽见板儿抱着一个佛手，便也要佛手。丫头们哄她取去，大姐儿等不得，便哭了。众人忙把柚子与了板儿，将板儿的佛手哄过来与她才罢。那板儿因玩了半日佛手，此刻又两手抓着些麵果子吃，又忽见这柚子又香又圆，更觉好玩，且当球踢着玩去，也就不要佛手了。

当下贾母等吃过茶，又带了刘姥姥至栊翠庵来。妙玉忙接了进去。至院中，见花木繁盛，贾母笑道："到底是她们修行的人，没事常常修理，比别处越发好看了。"一面说一面往东禅堂来。妙玉笑往里让，贾母道："我们才都吃了酒肉，你这里头有菩萨，冲了罪过。我们这里坐坐，把你的好茶拿来我们吃一杯就是了。"妙玉听了，忙去烹了茶来。宝玉留神看她怎么行事，只见妙玉亲自拣了一个海棠花式凋漆填金云龙献寿的小茶盘，里面放一个成窑（原字为上穴下缶）五彩泥金小盖钟，捧与贾母。贾母道："我不吃六安茶。"妙玉笑说："知道。这是老君眉。"贾母接了，又问是什么水。妙玉笑回"是旧年蠲的雨水。"贾母便吃了半盏，便笑着递与刘姥姥说："你尝尝这个茶。"刘姥姥便接来一口吃尽，笑道："好是好，就是澹些，再熬浓些更好了。”贾母众人都笑起来。然后众人都是一色官窑（原字为上穴下缶）脱胎填白盖碗。

那妙玉便把宝钗和黛玉的衣襟一拉，二人随她出去，宝玉悄悄的随后跟了来。只见妙玉让她二人在耳房内，宝钗坐在榻上，黛玉便坐在妙玉的蒲团上。妙玉自向风炉上扇滚了水，另泡了一壶茶来。宝玉便走了进来笑道：“偏你们吃体己茶。”二人都笑道：“你又赶了来餔骗茶吃。这里并没你的。”妙玉刚要去取杯，只见道婆收了上面的茶盏来。妙玉忙命：“将那成窑的茶杯别收了，搁在外头去罢。”宝玉会意，知为刘姥姥吃了，她嫌脏不要了。又见妙玉另拿出两只杯来。一个旁边有一耳，杯上镌着“分（原字为左分右瓜）瓟斝”三个隶字，后有一行小真字是“晋王恺珍玩”，又有“宋元丰五年四月眉山苏轼见于秘府”一行小字。妙玉便斟了一斝递与宝钗。那一只形似钵而小，也有三个垂珠篆字，镌着“杏犀乔盉”。妙玉斟了一斋与黛玉。仍将前番自己常日吃茶的那只绿玉斗来斟与宝玉。宝玉笑道：“常言‘世法平等’，他两个就用那样古玩奇珍，我就是个俗器了。”妙玉道：“这是俗器？不是我说狂话，只怕你家里未必找的出这么一个俗器来呢。”宝玉笑道：“俗说‘随乡入乡’，到了你这里，自然把那金玉珠宝一概贬为俗器了。”妙玉听如此说，十分欢喜，遂又寻出一只九曲十环一百二十节蟠虬整凋竹根的一个大盒出来，笑道：“就剩了这一个，你可吃的了这一海？”宝玉喜的忙道：“吃得了。”妙玉笑道：“你虽吃得了，也没这些茶你糟踏。岂不闻‘一杯为品，二杯即是解渴的蠢物，三杯便是饮牛饮驴了’。你吃这一海便成什么？”说的宝钗、黛玉、宝玉都笑了。妙玉执壶，只向海内斟了约有一杯。宝玉细细吃了，果觉轻淳无比，赏赞不绝。妙玉正色道：“你这遭吃的茶是托她两个福，独你来了我是不给你吃的。”宝玉笑道：“我深知道的，我也不领你的情，只谢他二人便是了。”妙玉听了方说：“这话明白。”黛玉因问：“这也是旧年的雨水？”妙玉冷笑道：“你这么个人，竟是大俗人，连水也尝不出来。这是五年前我在玄墓蟠香寺住着，收的梅花上的雪，共得了那一鬼脸青的花瓮一瓮，总舍不得吃，埋在地下，今年夏天才开了。我只吃过一回，这是第二回了。你怎么尝不出来？隔年蠲的雨水那有这样轻淳，如何吃得。”黛玉知她天性怪僻，不好多话，亦不好多坐，吃完茶便约着宝钗走了出来。

宝玉和妙玉陪笑道：“那茶杯虽然脏了，白撂了岂不可惜？依我说不如就给了那贫婆子罢，他卖了也可以度日。你道可使得？”妙玉听了，想了一想点头说道：“这也罢了。幸而那杯子是我没吃过的，若我吃过的，我就砸碎了也不能给他。你要给他，我也不管，我只交给你，快拿了去罢。”宝玉笑道：“自然如此，你那里和他说话授受去，越发连你也脏了。只交与我就是了。”妙玉便命人拿来递与宝玉。宝玉接了，又道：“等我们出去了，我叫几个小么儿来河里打几桶水来洗地如何？”妙玉笑道：“这更好了，只是你嘱咐他们，抬了水只搁在山门外头牆根下，别进门来。”宝玉道：“这是自然的。”说着，便袖着那杯，递与贾母房中小丫头拿着，说：“明日刘姥姥家去，给她带去罢。”交代明白，贾母已经出来要回去。妙玉亦不甚留，送出山门，回身便将门闭了。不在话下。

且说贾母因觉身上乏倦，便命王夫人和迎春姊妹陪了薛姨妈去吃酒，自己便往稻香村来歇息。凤姐忙命人将小竹椅抬来，贾母坐上，两个婆子抬起，凤姐李纨和众丫鬟婆子围随去了，不在话下。这里薛姨妈也就辞出。王夫人打发文官等出去，将攒盒散与众丫鬟们吃去，自己便也乘空歇着，随便歪在方才贾母坐的榻上，命一个小丫头放下帘子来，又命他捶着腿，吩咐他：“老太太那里有信，你就叫我。”说着，也歪着睡着了。

宝玉、湘云等看着丫鬟们将攒盒搁在山石上，也有坐在山石上的，也有坐在草地下的，也有靠着树的，也有傍着水的，倒也十分热闹。一时又见鸳鸯来了，要带着刘姥姥各处去逛，众人也都赶着取笑。一时来至“省亲别墅”的牌坊底下，刘姥姥道：“嗳呀！这里还有个大庙呢。”说着，便爬下磕头。众人笑弯了腰。刘姥姥道：“笑什么？这牌坊上的字我都认得。我们那里这样的庙宇最多，都是这样的牌坊，那字就是庙的名字。”众人笑道：“你认得这是什么庙？”刘姥姥便抬头指那字道：“这不是‘玉皇宝殿’四字？”众人笑的拍手打脚，还要拿他取笑。刘姥姥觉得腹内一阵乱响，忙的拉着一个小丫头，要了两张纸就解衣。众人又是笑，又忙喝他“这里使不得！”忙命一个婆子带了东北上去了。那婆子指与她地方，便乐得走开去歇息。

那刘姥姥因喝了些酒，他脾气不与黄酒相宜，且吃了许多油腻饮食发渴，多喝了几碗茶，不免通泻起来，蹲了半日方完。及出厕来，酒被风禁，且年迈之人蹲了半天，忽一起身，只觉得眼花头眩，辨不出路径。四顾一望，皆是树木山石、楼台房舍，却不知哪一处是往那一路去的了，只得顺着一条石子路慢慢的走来。及至到了房舍跟前，又找不着门，再找了半日，忽见一带竹篱，刘姥姥心中自忖道：“这里也有扁豆架子。”一面想，一面顺着花障走了来，得了一个月洞门进去。只见迎面忽有一带水池，只有七八尺宽，石头砌岸，里面碧浏的清水流往那边去了，上面有一块白石横架在上面。刘姥姥便度石过去，顺着石子甬路走去，转了两个弯子，只见有一房门。于是进了房门，只见迎面一个女孩儿，满面含笑迎了出来。刘姥姥忙笑道：“姑娘们把我丢下了，要我碰头碰到这里来。”说了，只觉那女孩儿不答。刘姥姥便赶来拉他的手，“咕咚”一声便撞到板壁上，把头碰得生疼。细瞧了一瞧，原来是幅画儿。刘姥姥自忖道：“原来画儿有这样活凸出来的。”一面想一面看，一面又用手摸去，却是一色平的，因点头叹了两声。一转身，方得了一个小门，门上挂着葱绿撒花软帘。

刘姥姥掀帘进去，抬头一看，只见四面牆壁玲珑剔透，琴剑瓶炉皆贴在牆上，锦笼纱罩，金彩珠光，连地下踩的砖，皆是碧绿凿花，竟越发把眼花了，找门出去，那里有门？左一架书，右一架屏。刚从屏后得了一门转去，只见他亲家母也从外面迎了进来。刘姥姥诧异，忙问道：“你想是见我这几日没家去，亏你找我来。那一位姑娘带你进来的？”他亲家只是笑，不还言。刘姥姥笑道：“你好没见世面，见这园里的花好，你就没死活戴了一头。”他亲家也不答。忽然想起来说：“是了，我常听见小家说大富贵人家有一种穿衣镜，这别是我在镜子里头罢。”说毕，伸手一摸，再细一看，可不是，四面凋空紫檀板壁将镜子嵌在中间。因说：“这已经拦住，如何走出去呢？”一面说，一面只管用手摸。这镜子原是西洋机括，可以开合。不意刘姥姥乱摸之间，其力巧合，便撞开消息，掩过镜子，露出门来。刘姥姥又惊又喜，迈步出来，忽见有一副最精致的床帐。他此时又带了七八分醉，又走乏了，便一屁股坐在床上，只说歇息，不承望身不由己，便前仰后合的，朦胧着两眼，一歪身就睡熟在床上。

且说众人等他不见，板儿见没了他姥姥，急得哭了。众人都笑道：“别是掉在茅厕里了？快叫人去瞧瞧。”因命两个婆子去找，回来说没有。众人各处搜寻不见。袭人度其道路：“是他醉了迷了路，顺着这一条路往我们后院子里去了。若进了花障子到后房门进去，虽然碰头，还有小丫头们知道；若不进花障子再往西南上去，若绕出去还好，若绕不出去，可够他绕回子呢。我且瞧瞧去。”一面想，一面回来，进了怡红院便叫人，谁知那几个房子里的小丫头已偷空玩去了。

袭人一直进了房门，转过集锦槅子，就听得鼾齁如雷。忙进来，只闻得酒屁臭气满屋。一瞧，只见刘姥姥扎手舞脚的仰卧在床上。袭人这一惊不小，慌忙赶上来将他没死活的推醒。那刘姥姥惊醒，睁眼见了袭人，连忙爬起来道：“姑娘，我失错了！并没弄脏了床帐。”一面说一面用手去掸。袭人恐惊动了人，被宝玉知道了，只向他摇手不叫他说话。忙将当地大鼎内贮了三四把百合香，仍用罩子罩上。些须收拾收拾，所喜不曾呕吐，忙悄悄的笑道：“不相干，有我呢。你随我出来。”刘姥姥跟了袭人出至小丫头们房中，命他坐了，向他说道："你就说醉倒在山子石上打了个盹儿。"刘姥姥答应知道。又与他两碗茶吃，方觉酒醒了，因问道："这是那个小姐的绣房，这样精致？我就像到了天宫里一样。"袭人微微笑道："这个么，是宝二爷的卧室。"那刘姥姥吓得不敢作声。袭人带她从前面出去，见了众人，只说他在草地下睡着了，带了他来的。众人都不理会，也就罢了。

一时贾母醒了，就在稻香村摆晚饭。贾母因觉懒懒的，也不吃饭，便坐了竹椅小敞轿回至房中歇息，命凤姐儿等去吃饭。他姊妹方复进园来。要知端详，且听下回分解。

第 42 回 蘅芜君兰言解疑癖 潇湘子雅谑补余香

话说他姊妹复进园来，吃过饭，大家散出，都无别话。且说刘姥姥带着板儿先来见凤姐儿，说："明日一早定要家去了。虽然住了两三天，日子却不多，把古往今来没见过的，没吃过的，没听见过的，都经验了。难得老太太和姑奶奶并那些小姐们，连各房里的姑娘们，都这样怜贫惜老照看我。我这一回去没别的报答，惟有请些高香天天给你们念佛，保佑你们长命百岁的，就算我的心了。"凤姐儿笑道："你别喜欢。都是为你，老太太也被风吹病了，睡着说不好过，我们大姐儿也着了凉，在那里发热呢。"刘姥姥听了忙叹道："老太太有年纪的人，不惯十分劳乏的。"凤姐儿道："从来没像昨儿高兴。往常也进园子逛去，不过到一二处坐坐就回来了。昨儿因为你在这里，要叫你逛逛，一个园子倒走了多半个。大姐儿因为找我去，太太递了一块糕给他，谁知风地里吃了，就发起热来。"刘姥姥道："小姐儿只怕不大进园子，生地方儿小人儿家原不该去。比不得我们的孩子，会走了，那个坟圈子里不跑去。一则风扑了也是有的；二则只怕他身上干淨，眼睛又淨，或是遇见什么神了。依我说，给他瞧瞧祟书本子，仔细撞客着。"一语提醒了凤姐儿，便叫平儿拿出《玉匣记》来着彩明念。彩明翻了一回，念道："八月二十五日，病者在东南方得遇花神。用五色纸钱四十张，向东南方四十步送之，大吉。"凤姐儿笑道："果然不错，园子里头可不是花神！只怕老太太也是遇见了。"一面命人请两分纸钱来，着两个人来，一个与贾母送祟，一个与大姐儿送祟。果见大姐儿安稳睡了。

凤姐儿笑道："到底是你们有年纪的人经历得多。我这大姐儿时常要病，也不知是什么原故。"刘姥姥道："这也有的事。富贵人家养的孩子多太娇嫩，自然禁不得一些儿委曲；再她小人儿家，过于尊贵了，也禁不起。以后姑奶奶少疼她些就好了。"凤姐儿道："这也有理。我想起来，他还没个名字，你就给他起个名字。一则借借你的寿；二则你们是庄家人，不怕你恼，到底贫苦些，你贫苦人起个名字，只怕压的住他。"刘姥姥听说，便想了一想，笑道："不知他几时生的？"凤姐儿道："正是生日的日子不好呢，可巧是七月初七日。"刘姥姥忙笑道："这个正好，就叫他是巧哥儿罢。这叫作'以毒攻毒，以火攻火'的法子。姑奶奶定要依我这名字，她必长命百岁。日后大了，各人成家立业，或一时有不遂心的事，必然是遇难成祥，逢凶化吉，却从这'巧'字上来。"

凤姐儿听了，自是欢喜，忙道谢，又笑道："只保佑他应了你这话就好了。"说着叫平儿来吩咐道："明儿咱们有事，恐怕不得闲儿。你这空儿闲着把送姥姥的东西打点了，他明儿一早就好走的便宜了。"刘姥姥忙说："不敢多破费了。已经遭扰了几日，又拿着走，越发心里不安起来。"凤姐儿道："也没有什么，不过随常的东西。好也罢，歹也罢，带了去，你们街坊邻舍看着也热闹些，也是上城一次。"只见平儿走来说："姥姥过这边瞧瞧。"

刘姥姥忙赶了平儿到那边屋里，只见堆着半炕东西。平儿一一的拿与他瞧着，又说道："这是昨日你要的青纱一匹，奶奶另外送你一个实地子月白纱作里子。这是两个茧绸，作袄儿裙子都好。这包袱里是两匹绸子，年下做件衣裳穿。这是一盒子各样的内造点心，也有你吃过的，也有没吃过的，拿去摆碟子请客，比你们买的强些。这两条口袋是你昨日装瓜果子来的，如今这一个里头装了两斗御田粳米，熬粥是难得的；这一条里头是园子里果子和各样干果子。这一包是八两银子。这都是我们奶奶给的。这两包每包里头五十两，共是一百两，是太太给的，叫你拿去或者作个小本买卖，或者置几亩地，以后再别求亲靠友的。"说着又悄悄笑道："这两件袄儿和两条裙子，还有四块包头，一包绒线，可是我送姥姥的。衣裳虽是旧的，我也没大很穿，你要弃嫌我就不敢说了。"

平儿说一样，刘姥姥就念一句佛，已经念了几千声佛了，又见平儿也送他这些东西，又如此谦逊，忙念佛道："姑娘说那里话？这样好东西我还弃嫌！我便有银子也没处去买这样的呢。只是我怪臊的，收了又不好，不收又辜负了姑娘的心。"平儿笑道："休说外话，咱们都是自己，我才这样。你放心收了罢，我还和你要东西呢，到年下，你只把你们晒的那个灰条菜干子和豇豆、扁豆、茄子、葫芦条儿各样干菜带些来－－我们这里上上下下都爱吃这个－－就算了，别的一概不要，别罔费了心。"刘姥姥千恩万谢的答应了。平儿道："你只管睡你的去。我替你收拾妥当了就放在这里，明儿一早打发小厮们雇辆车装上，不用你费一点心的。"

刘姥姥越发感激不尽，过来又千恩万谢的辞了凤姐儿，过贾母这边睡了一夜，次早梳洗了就要告辞。因贾母欠安，众人都过来请安，出去传请大夫。一时婆子回："大夫来了。"老妈妈请贾母进幔子去坐。贾母道："我也老了，那里养不出那阿物儿来，还怕他不成！不用放幔子，就这样瞧罢。"众婆子听了，便拿过一张小桌子来，放下一个小枕头，便命人请。

一时只见贾珍、贾琏、贾蓉三个人将王太医领来。王太医不敢走甬路，只走旁阶，跟着贾珍到了阶矶上。早有两个婆子在两边打起帘子，两个婆子在前导引进去，又见宝玉迎了出来。只见贾母穿着青皱绸一斗珠的羊皮褂子，端坐在榻上，两边四个未留头的小丫鬟都拿着蝇帚漱盂等物；又有五六个老嬷嬷雁翅摆在两旁，碧纱橱后隐隐约约有许多穿红着绿戴宝簪珠的人。王太医便不敢抬头，忙上来请了安。贾母见他穿着六品服色，便知御医了，也便含笑问："供奉好？"因问贾珍："这位供奉贵姓？"贾珍等忙回："姓王"。贾母道："当日太医院正堂有个王君效，好脉息。"王太医忙躬身低头，含笑回说："那是晚生家叔祖。"贾母听了，笑道："原来这样，也是世交了。"一面说，一面慢慢的伸手放在小枕上。老嬷嬷端着一张小杌：连忙放在小桌前，略偏些。王太医便屈一膝坐下，歪着头诊了半日，又诊了那隻手，忙欠身低头退出。贾母笑说："劳动了。珍儿，让出去好生看茶。"

贾珍、贾琏等忙答了几个"是"，复领王太医出到外书房中。王太医说："太夫人并无别症，不过偶感一点风寒，究竟不用吃药，不过略清澹些，常暖着一点儿，就好了。如今写个方子在这里，若老人家爱吃，便按方煎一剂吃，若懒食吃，也就罢了。"说着，吃过茶写了方子。刚要告辞，只见奶子抱了大姐儿出来笑说："王老爷也瞧瞧我们。"王太医听说，忙起身，就奶子怀中，左手托着大姐儿的手，右手诊了一诊，又摸了一摸头，又叫伸出舌头来瞧瞧，笑道："我说了姐儿又要骂我了，只是要清清淨淨的饿两顿就好了。不必吃煎药，我送几丸药来，临睡时用薑汤研开，吃下去就是了。"说毕，告辞而去。

贾珍等拿了药方来，回明贾母原故，将药方放在桌上出去，不在话下。这里王夫人和李纨、凤姐儿、宝钗姊妹等见大夫出去，方从橱后出来。王夫人略坐一坐，也回房去了。

刘姥姥见无事，方上来和贾母告辞。贾母说："闲了再来。"又命鸳鸯来："好生打发你姥姥出去；我身上不好，不能送你。"刘姥姥道了谢，又作辞，方同鸳鸯出来。到了下房，鸳鸯指炕上一个包袱说道："这是老太太的几件衣裳，都是往年间生日节下众人孝敬的，老太太从不穿人家做的，收着也可惜，却是一次也没穿过的。昨日叫我拿出两套来送你带去，或是送人，或是自己家里穿罢，别见笑。这盒子里是你要的麵果子。这包儿里是你前儿说的药：梅花点舌丹也有，紫金锭也有，活络丹也有，催生保命丹也有，每一样是一张方子包着，总包在里头了。这是两个荷包，带着玩罢。"说着便抽开繫子，掏出两个"笔锭如意"的锞子来给她瞧，又笑道："荷包拿去，这个留下给我罢。"刘姥姥已喜出望外，早又念了几千声佛，听鸳鸯如此说，便说道："姑娘只管留下罢。"鸳鸯见他信以为真，便笑着仍与他装上，道："哄你玩呢，我有好些呢。留着年下给小孩子们罢。"说着，只见一个小丫头拿了个成窑钟子来递与刘姥姥，道："这是宝二爷给你的。"刘姥姥道："这是那里说起。我那一世修了来的，今儿这样。"说着便接了过来。鸳鸯道："前儿我叫你洗澡换的衣裳是我的，你不弃嫌，我还有几件，也送你罢。"刘姥姥又忙道谢。鸳鸯果然又拿出两件来与他包好。刘姥姥又要到园中辞谢宝玉和众姊妹王夫人等去。鸳鸯道："不用去了。他们这会子也不见人，回来我替你说罢。闲了再来。"又命了一个老婆子，吩咐他："二门上叫两个小厮来，帮着姥姥拿了东西送出去。"婆子答应了，又和刘姥姥到了凤姐儿那边，一併拿了东西，在角门上命小厮们搬了出去，直送刘姥姥上车去了。不在话下。

且说宝钗等吃过早饭，又往贾母处问过安，回园至分路之处，宝钗便叫黛玉道："颦儿，跟我来，有一句话问你。"黛玉便同了宝钗，来至蘅芜苑中。进了房，宝钗便坐了，笑道："你跪下，我要审你。"黛玉不解何故，因笑道："你瞧宝丫头疯了！审问我什么？"宝钗冷笑道："好个千金小姐！好个不出闺门的女孩儿！满嘴里说的是什么？你只实说便罢。"黛玉不解，只管发笑，心里也不免疑惑起来，口里只说："我何曾说什么？你不过要捏我的错儿罢了。你倒说出来我听听。"宝钗笑道："你还装憨儿。昨儿行酒令你说的是什么？我竟不知那里来的。"黛玉一想，方想起来昨儿失于检点，那《牡丹亭》《西厢记》说了两句，不觉红了脸，便上来搂着宝钗，笑道："好姐姐，原是我不知道，随口说的。你教给我，再不说了。"宝钗笑道："我也不知道，听你说的怪生的，所以请教你。"黛玉道："好姐姐，你别说与别人，我以后再不说了。"

宝钗见他羞得满脸飞红，满口央告，便不肯再往下追问，因拉他坐下吃茶，款款的告诉她道："你当我是谁，我也是个淘气的。从小七八岁上也够个人缠的。我们家也算是个读书人家，祖父手里也极爱藏书。先时人口多，姊妹弟兄也在一处，都怕看正经书。弟兄们也有爱诗的，也有爱词的，诸如这些《西厢》《琵琶》以及《元人百种》，无所不有。他们是偷偷的背着我们看，我们却也偷偷的背着他们看。后来大人知道了，打的打，骂的骂，烧的烧，才丢开了。所以咱们女孩儿家不认得字的倒好。男人们读书不明理，尚且不如不读书的好，何况你我。就连作诗写字等事，原不是你我份内之事，究竟也不是男人份内之事。男人们读书明理，辅国治民，这便好了。只是如今并不听见有这样的人，读了书倒更坏了。这是书误了他，可惜他也把书糟踏了，所以竟不如耕种买卖，倒没有什么大害处至于。你我只该做些针黹纺织的事才是，偏又认得了字，既认得了字，不过拣那正经的看也罢了，最怕见了些杂书移了性情，就不可救了。"一席话，说得黛玉垂头吃茶，心下暗服，只有答应"是"的一字。忽见素云进来说："我们奶奶请二位姑娘商议要紧的事呢。二姑娘、三姑娘、四姑娘、史姑娘、宝二爷都在那里等着呢。"宝钗道："又是什么事？"黛玉道："咱们到了那里就知道了。"说着便和宝钗往稻香村来，果见众人都在那里。

李纨见了他两个先笑道："社还没起，就有脱滑的了，四丫头要告一年的假呢。"黛玉笑道："都是老太太昨儿一句话，又叫他画什么园子图儿，惹得他乐得告假了。"探春笑道："也别怪老太太，都是刘姥姥一句话。"黛玉忙接道："可是呢，都是她一句话。他是那一门子的姥姥，直叫她个'母蝗虫'就是了。"说得众人都笑了。宝钗笑道："世上的话，到了凤丫头嘴里也就尽了。幸而凤丫头不认得字，不大通，不过一概是市俗取笑。更有颦儿这促狭嘴，他用'春秋'的法子，将市俗的粗话，撮其要，删其繁，再加润色，比方出来，一句是一句。这'母蝗虫'三字，把昨儿那些形景都现出来了。亏他想得倒也快。"众人听了，都笑道："你这一注解，也就不在她两个以下。"李纨道："我请你们大家商议，给他多少日子的假。我给了他一个月他嫌少，你们怎么说？"黛玉道："论理一年也不多。这园子盖才盖了一年，如今要画，自然得二年工夫呢。又要研墨，又要蘸笔，又要铺纸，又要着颜色，又要……"刚说到这里，众人知道他是取笑惜春，便都笑问说"还要怎样？"黛玉自己撑不住笑道："又要照着这样儿慢慢的画，可不得二年的工夫！"众人听了，都拍手笑个不住。宝钗笑道："有趣，最妙落后一句是'慢慢的画'，她可不画去，怎么就有了呢？所以昨儿那些笑话儿虽然可笑，回想是没味的。你们细想颦儿这几句话虽是澹的，回想却是滋味。我倒笑的动不得了。"惜春道："都是宝姐姐赞的他越发逞起强来了，这会子又拿我取笑儿。"黛玉忙拉她笑道："我且问你，还是单画这园子呢，还是连我们众人都画在上头呢？"惜春道："原说只画这园子的，昨儿老太太又说，单画园子成个房样子了，叫连人都画上，就像行乐图似的才好。我又不会这工细楼台，又不会画人物，又不好驳回，正为这个为难呢。"黛玉道："人物还容易，你草虫上能不能？"李纨道："你又说不通的话了，这个上头哪里又用得着草虫？或者翎毛倒要点缀一两样。"黛玉笑道："别的草虫不画罢了，昨儿'母蝗虫'不画上，岂不缺了典！"众人听了，又都笑起来。黛玉一面笑得两手捧着胸口，一面说道："你快画罢，我连题跋都有了，起个名字，就叫作《携蝗大嚼图》。"众人听了越发大笑得前仰后合。只听"咕咚"一声响，不知什么倒了，急忙看时，原来是湘云伏在椅子背上，那椅子原不曾放稳，被他全身伏着背子大笑，她又不防，两下里错了劲，向东一歪，连人带椅都歪倒了，幸有板壁挡住，不曾落地。众人一见，越发笑个不住。宝玉忙赶上去扶了起来，方渐渐止了笑。

宝玉和黛玉使个眼色儿。黛玉会意，便走至里间，将镜袱揭起照了照，只见两鬓略鬆了些，忙开了李纨的妆奁，拿出抿子来，对镜抿了两抿，仍旧收拾好了，方出来，指着李纨道："这是叫你带着我们作针线、教道理呢，你反招了我们来大玩大笑的。"李纨笑道："你们听他这刁话。他领着头儿闹，引着人笑了，倒赖我的不是。真真恨的我－－只保佑明儿你得一个利害婆婆，再得几个千刁万恶的大姑子，小姑子，试试你那会子还这么刁不刁了。"

林黛玉早红了脸，拉着宝钗说："咱们放他一年的假罢。"宝钗道："我有一句公道话，你们听听。藕丫头虽会画，不过是几笔写意。如今画这园子，非离了肚子里头有几幅丘壑的，如何成得？这园子却是像画儿一般，山石树木，楼阁房屋，远近疏密，也不多，也不少，恰恰的是这样。你只照样儿往纸上一画，是必不能讨好的。这要看纸的地步远近，该多该少，分主分宾，该添的要添，该减的要减，该藏的要藏，该露的要露。这一起了稿子，再端详斟酌，方成一幅图样。第二件，这些楼台房舍是必要用界划的。一点不留神，栏杆也歪了，柱子也塌了，门窗也倒竖过来，阶矶也离了缝，甚至于桌子挤到牆里头去，花盆放在帘子上来，岂不倒成了一张笑'话'儿了。第三，要插人物，也要有疏密，有高低。衣褶裙带，手指足步，最是要紧；一笔不细，不是肿了手，就是瘸了脚，染脸撕髮，倒是小事。依我看来，竟难的很。如今一年的假也太多，一月的假也太少，竟给他半年的假，再派了宝兄弟帮着他。并不是为宝兄弟知道教着他画，那就更误了事；为的是有不知道的，或难安插的，宝兄弟好拿出去问问那会画的相公，就容易了。”

宝玉听了，先喜的说：“这话极是。詹子亮的工细楼台就极好，程日兴的美人是绝技，如今就问他们去。”宝钗道：“我说你是无事忙，说了一声，你就问去，也等着商议定了再去。如今且说拿什么画？”宝玉道：“家里有雪浪纸，又大又托墨。”宝钗冷笑道：“我说你不中用！那雪浪纸写字，画写意画儿，或是会山水的画南宗山水，托墨，禁得皴染。拿了画这个，又不托色，又难滃，画也不好，纸也可惜。我教你一个法子。原先盖这园子，就有一张细致图样，虽是匠人描的，那地步方向是不错的。你和太太要了出来，也比着那纸大小，和凤丫头要一块重绢，叫相公矾了，叫他照着这图样删补着立了稿子，添了人物就是了。就是配这些青绿颜色，并泥金泥银，也得他们配去。你们也得另爔上风炉子，预备化胶、出胶、洗笔。还得一张粉油大案，铺上毡子。你们那些碟子也不全，笔也不全，都得从新再置一分儿才好。”

惜春道：“我何曾有这些画器？不过随手写字的笔画画罢了。就是颜色，只有赭石、广花、藤黄、胭脂这四样。再有，不过是两支着色笔就完了。”宝钗道：“你怎不早说。这些东西我却还有，只是你也用不着，给你也白放着。如今我且替你收着，等你用着这个的时候我送你些，也只可留着画扇子，若画这大幅的，也就可惜了的。今儿替你开个单子，照着单子和老太太要去。你们也未必知道得全，我说着，宝兄弟写。”宝玉早已预备下笔砚了，原怕记不清白，要写了记着，听宝钗如此说，喜的提起笔来静听。宝钗说道：“头号排笔四支，二号排笔四支，三号排笔四支，大染四支，中染四支，小染四支，大南蟹爪十支，小蟹爪十支，须眉十支，大着色二十支，小着色二十支，开面十支，柳条二十支，箭头朱四两，南赭四两，石黄四两，石青四两，石绿四两，管黄四两，广花八两，蛤粉四匣，胭脂十片，大赤飞金二百帖，青金二百帖，广匀胶四两，淨矾四两。矾绢的胶矾在外，别管他们，你只把绢交出去叫他们矾去。这些颜色，咱们淘澄飞跌着，又玩了，又使了，包你一辈子都够使了。再要顶细绢箩四个，粗绢箩四个，担笔四支，大小乳钵四个，大粗碗二十个，五寸粗碟十个，三寸粗白碟二十个，风炉两个，沙锅大小四个，新瓷罐二口，新水桶四只，一尺长白布口袋四条，浮炭二十斤，柳木炭一斤，三屉木箱一个，实地纱一丈，生薑二两，酱半斤。”黛玉忙道：“铁锅一口，锅铲一个。”宝钗道：“这作什么？”黛玉笑道：“你要生薑和酱这些作料，我替你要铁锅来好炒颜色吃的。”众人都笑起来。宝钗笑道：“你那里知道。那粗色碟子保不住不上火烤，不拿薑汁子和酱预先抹在底子上烤过了，一经了火是要炸的。”众人听说，都道：“原来如此。”

黛玉又看了一回单子，笑着拉探春悄悄的道：“你瞧瞧，画个画儿又要这些水缸、箱子来了。想必她煳涂了，把他的嫁妆单子也写上了。”探春“嗳”了一声，笑个不住，说道：“宝姐姐，你还不拧她的嘴？你问问他编排你的话。”宝钗笑道：“不用问，狗嘴里还有象牙不成！”一面说，一面走上来，把黛玉按在炕上，便要拧他的脸。黛玉笑着忙央告：“好姐姐，饶了我罢！颦儿年纪小，只知说，不知道轻重，作姐姐的教导我。姐姐不饶我，我还求谁去？”众人不知话内有因，都笑道：“说的好可怜见的，连我们也软了，饶了她罢。”又宝钗原是和他玩，忽听她又拉扯上前番说他胡看杂书的话，便不好再和他厮闹，放起他来。黛玉笑道：“到底是姐姐，要是我，再不饶人的。”宝钗笑指他道：“怪不得老太太疼你，众人爱你伶俐，今儿我也怪疼你的了。过来，我替你把头髮拢一拢。”黛玉果然转过身来，宝钗用手替她拢上去。宝玉在旁看着，只觉更好看，不觉后悔，不该令她抿上鬓去，也该留着，此时叫他替她抿去。正自胡思，只见宝钗说道：“写完了，明儿回老太太去。若家里有的就罢，若没有的，就拿些钱去买了来，我帮着你们配。”宝玉忙收了单子。

大家又说了一回闲话。至晚饭后，又往贾母处来请安。贾母原没有大病，不过是劳乏了，兼着了些凉，温存了一日，又吃了一两剂药，疏散一疏散，至晚也就好了。不知次日又有何话，且听下回分解。

第 43 回 闲取乐偶攒金庆寿 不了情暂撮土为香

剂药也就好了，便放了心，因命凤姐来，吩咐她预备给贾政带送东西。正商议着，只见贾母打发人来请，王夫人忙引着凤姐儿过来。王夫人又请问“这会子可又觉大安些？”贾母道：“今日可大好了。方才你们送来野鸡崽子汤，我尝了一尝，倒有味儿，又吃了两块肉，心里很受用。”王夫人笑道：“这是凤丫头孝敬老太太的。算他的孝心虔，不枉了素日老太太疼他。”贾母点头笑道：“难为他想着。若是还有生的，再炸上两块，咸浸浸的，吃粥有味儿。那汤虽好，就只不对稀饭。”凤姐听了，连忙答应，命人去厨房传话。

这里贾母又向王夫人笑道：“我打发人请你来，不为别的。初二是凤丫头的生日，上两年我原早想替他做生日，偏到跟前有大事，就混过去了。今年人又齐全，料着又没事，咱们大家好生乐一日。”王夫人笑道：“我也想着呢。既是老太太高兴，何不就商议定了？”贾母笑道：“我想往年不拘谁做生日，都是各自送各自的礼，这个也俗了，也觉很生分的似的。今儿我出个新法子，又不生分，又可取笑。”王夫人忙道：“老太太怎么想着好，就怎么样行。”贾母笑道：“我想着，咱们也学那小家子，大家凑分子，多少尽着这钱去办，你道好玩不好玩？”王夫人笑道：“这个很好，但不知怎么凑法？”贾母听说，益发高兴起来，忙遣人去请薛姨妈邢夫人等，又叫请姑娘们并宝玉，那府里珍儿媳妇并赖大家的等有头脸管事的媳妇也都叫了来。

众丫头，婆子见贾母十分高兴，也都高兴，忙忙的各自分头去请的请，传的传，没顿饭的工夫，老的，少的，上的，下的，乌压压挤了一屋子。只薛姨妈和贾母对坐，邢夫人王夫人只坐在房门前两张椅子上，宝钗姊妹等五六个人坐在炕上，宝玉坐在贾母怀前，地下满满的站了一地。贾母忙命拿几个小杌子来，给赖大母亲等几个高年有体面的嬷嬷坐了。贾府风俗，年高服侍过父母的家人，比年轻的主子还有体面，所以尤氏凤姐儿等只管地下站着，那赖大的母亲等三四个老嬷嬷告个罪，都坐在小杌子上了。

贾母笑着把方才一席话说与众人听了。众人谁不凑这趣儿？再也有和凤姐儿好的，情愿这样的，有畏惧凤姐儿的，巴不得来奉承的：况且都是拿的出来的，所以一闻此言，都欣然应诺。贾母先道：“我出二十两。”薛姨妈笑道：“我随着老太太，也是二十两了。”邢夫人王夫人道：“我们不敢和老太太并肩，自然矮一等，每人十六两罢了。”尤氏李纨也笑道：“我们自然又矮一等，每人十二两罢。”贾母忙和李纨道：“你寡妇失业的，那里还拉你出这个钱，我替你出了罢。”凤姐忙笑道：“老太太别高兴，且算一算帐再揽事。老太太身上已有两份呢，这会子又替大嫂子出十二两，说着高兴，一会子回想又心疼了。过后儿又说‘都是为凤丫头花了钱’，使个巧法子哄着我拿出三四倍来暗里补上，我还做梦呢。”说的众人都笑了。贾母笑道：“依你怎么样呢？”凤姐笑道：“生日没到，我这会子已经折受得不受用了。我一个钱饶不出，惊动这些人，实在不安，不如大嫂子这一分我替他出了罢。我到了那一日多吃些东西，就享了福了。”邢夫人等听了，都说“很是”。贾母方允了。凤姐儿又笑道：“我还有一句话呢。我想老祖宗自己二十两，又有林妹妹、宝兄弟的两份子。姨妈自己二十两，又有宝妹妹的一分子，这倒也公道。只是二位太太每位十六两，自己又少，又不替人出，这有些不公道。老祖宗吃了亏了！”贾母听了，忙笑道：“倒底是我的凤姐儿向着我，这说的很是。要不是你，我叫她们又哄了去了。”凤姐笑道：“老祖宗只把她姐儿两个交给两位太太，一位占一个，派多派少，每位替出一分就是了。”贾母忙说：“这很公道，就是这样。”赖大的母亲忙站起来笑说道：“这可反了！我替二位太太生气。在那边是儿子媳妇，在这边是内侄女儿，倒不向着婆婆，姑娘，倒向着别人。这儿子媳妇成了陌路人，内侄女儿竟成了个外侄女儿了。”说的贾母与众人都大笑起来了。赖大之母因又问道：“少奶奶们十二两，我们自然也该矮一等了。”

贾母听说道：“这使不得。你们虽该矮一等，我知道你们这几个都是财主，分位虽低，钱却比他们多。你们和他们一例才使得。”众嬷嬷听了，连忙答应。贾母又道：“姑娘们不过应个景儿，每人照一个月的月例就是了。”又回头叫：“鸳鸯，来，你们也凑几个人，商议凑了来。”鸳鸯答应着，去不多时，带了平儿、袭人、彩霞等，还有几个小丫鬟来，也有二两的，也有一两的。贾母因问平儿：“你难道不替你主子作生日，还入在这里头？”平儿笑道：“我那个私自另外有了，这是官中的，也该出一分。”贾母笑道：“这才是好孩子。”凤姐又笑道：“上下都全了。还有二位姨奶奶，她们出不出，也问一声儿。尽到她们是理，不然，她们只当小看了她们了。”贾母听了，忙说：“可是呢，怎么倒忘了他她们！只怕他们不得闲儿，叫一个丫头问问去。”说着，早有丫头去了，半日，回来说道：“每位也出二两。”贾母喜道：“拿笔砚来算明，共计多少？尤氏因悄骂凤姐道：“我把你这没足厌的小蹄子！这么些婆婆婶子来凑银子给你过生日，你还不足，又拉上两个苦瓠子作什么？”凤姐也悄笑道：“你少胡说，一会子离了这里，我才和你算账。他们两个为什么苦呢？有了钱也是白填送别人，不如拘了来咱们乐。”

说着，早已合算了，共凑了一百五十两有余。贾母道：“一日戏酒用不了。”尤氏道：“既不请客，酒席又不多，两三日的用度都够了。头等，戏不用钱，省在这上头。”贾母道：“凤丫头说哪一班好，就传哪一班。”凤姐儿道：“咱们家的班子都听熟了，倒是花几个钱叫一班来听听罢。”贾母道：“这件事我交给珍哥媳妇了。索性叫凤丫头别操一点心，受用一日才算。”尤氏答应着。又说了一回话，都知贾母乏了，才渐渐的散出来。

尤氏等送邢夫人、王夫人二人散去，便往凤姐房里来，商议怎么办生日的话。凤姐儿道：“你不用问我，你只看老太太的眼色行事就完了。”尤氏笑道：“你这阿物儿，也忒行了大运了。我当有什么事叫我们去，原来单为这个。出了钱不算，还要我来操心，你怎么谢我？”凤姐笑道：“你别扯臊，我又没叫你来，谢你什么！你怕操心？你这会子就回老太太去，再派一个就是了。”尤氏笑道：“你瞧她兴得这样儿！我劝你收着些儿好。太满了，就要泼出来的。”二人又说了一回方散。

次日将银子送到宁国府来，尤氏方才起来梳洗，因问：“是谁送过来的？”丫鬟们回说：“是林大娘。”尤氏便命叫了她来。丫鬟走至下房，叫了林之孝家的过来。尤氏命他脚踏上坐了，一面忙着梳洗，一面问她：“这一包银子共多少？”林之孝家的回说：“这是我们底下人的银子，凑了先送过来。老太太和太太们的还没有呢。”正说着，丫鬟们回说：“那府里太太和姨太太打发人送份子来了。”尤氏笑骂道：“小蹄子们，专会记得这些没要紧的话。昨儿不过老太太一时高兴，故意的要学那小家子凑份子，你们就记得，到了你们嘴里当正经的说。还不快接了进来，好生待茶，再打发他们去。”丫鬟应着，忙接了进来，一共两封，连宝钗黛玉的都有了。尤氏问：“还少谁的？”，林之孝家的道：“还少老太太、太太、姑娘们的和底下姑娘们的。”尤氏道：“还有你们大奶奶的呢？”林之孝家的道：“奶奶过去，这银子都从二奶奶手里发，一共都有了。”

说着，尤氏已梳洗了，命人伺候车辆，一时来至荣府，先来见凤姐。只见凤姐已将银子封好，正要送去。尤氏问：“都齐了？”凤姐儿笑道：“都有了，快拿了去罢，丢了我不管。”尤氏笑道：“我有些信不及，倒要当面点一点。”说着，果然按数一点，只没有李纨的一份。尤氏笑道：“我说你肏鬼呢，怎么你大嫂子的没有？”凤姐儿笑道：“那么些还不够使？短一份儿也罢了，等不够了我再给你。”尤氏道：“昨儿你在人跟前作人，今儿又来和我赖，这个断不依你。我只和老太太要去。”凤姐儿笑道：“我看你利害。明儿有了事，我也‘丁是丁，卯是卯’的，你也别抱怨。”尤氏笑道：“你一般的也怕。不看你素日孝敬我，我才是不依你呢。”说着，把平儿的一份拿了出来，说道：“平儿，来！把你的收起去，等不够了，我替你添上。”平儿会意，因说道：“奶奶先使着，若剩下了，再赏我一样。”尤氏笑道：“只许你主子作弊，就不许我作情儿。”平儿只得收了。

尤氏又道：“我看着你主子这么细致，弄这些钱哪里使去！使不了，明儿带了棺材里使去。”一面说着，一面又往贾母处来。先请了安，大概说了两句话，便走到鸳鸯房中和鸳鸯商议，只听鸳鸯的主意行事，何以讨贾母的喜欢。二人计议妥当。尤氏临走时，也把鸳鸯二两银子还他，说：“这还使不了呢。”说着，一径出来，又至王夫人跟前说了一回话。因王夫人进了佛堂，把彩云一份也还了她。见凤姐不在跟前，一时把周、赵二人的也还了。他两个还不敢收。尤氏道：“你们可怜见的，哪里有这些闲钱？凤丫头便知道了，有我应着呢。”二人听说，千恩万谢的方收了。

展眼已是九月初二日，园中人都打听得尤氏办得十分热闹，不但有戏，连耍百戏的并说书的男女先儿全有，都打点取乐玩耍。李纨又向众姊妹道：“今儿是正经社日，可别忘了。宝玉也不来，想必他只图热闹，把清雅就丢开了。”说着，便命丫鬟去瞧作什么，快请了来。丫鬟去了半日，回说：“花大姐姐说，今儿一早就出门去了。”众人听了，都诧异说：“再没有出门之理。这丫头糊涂，不知说话。”因又命翠墨去。一时翠墨回来说：“可不真出了门了。说有个朋友死了，出去探丧去了。”探春道：“断然没有的事。凭他什么，再没今日出门之理。你叫袭人来，我问他。”刚说着，只见袭人走来。李纨等都说道：“今儿凭他有什么事，也不该出门。头一件，你二奶奶的生日，老太太都这么高兴，两府上下众人来凑热闹，他倒走了！第二件，又是头一社的正日子，他也不告假，就私自去了！”袭人叹道：“昨儿晚上就说了，今儿一早有要紧的事，到北静王府里去，就赶回来的。劝他不要去，他必不依。今儿一早起来，又要素衣裳穿，想必是北静王府里的要紧姬妾没了，也未可知。”李纨等道：“若果如此，也该去走走，只是也该回来了。”说着大家又商议：“咱们只管作诗，等他回来罚他。”刚说着，只见贾母已打发人来请，便都往前头去了。袭人回明宝玉的事，贾母不乐，便命人去接。

原来宝玉心里有件私事，于头一日就吩咐茗烟：“明日一早要出门，备下两匹马，在后门口等着，不要别一个跟着。说给李贵，我往北府里去了。倘或有人找我，叫他拦住，不用找，只说北府里留下了，横竖就来的。”茗烟也摸不着头脑，只得依言说了。今儿一早，果然备了两匹马在园后门等着。天亮了，只见宝玉遍体纯素，从角门出来，一语不发，跨上马，一弯腰，顺着街就颠下去了。茗烟也只得跨马加鞭赶上，在后面忙问：“往那里去？”宝玉道：“这条路是往那里去的？”茗烟道：“这是出北门的大道。出去了冷清清没有可玩的。”宝玉听说，点头道：“正要冷清清的地方才好。”说着，索性加了两鞭，那马早已转了两个弯子，出了城门。

茗烟越发不得主意，只得紧紧跟着。一气跑了七八里路出来，人烟渐渐稀少，宝玉方勒住马，回头问茗烟道：“这里可有卖香的？”茗烟道：“香倒有，不知是哪一样？”宝玉想道：“别的香不好，须得檀、芸、降三样。”茗烟笑道：“这三样可难得。”宝玉为难。茗烟见他为难，因问道：“要香作什么使？我见二爷时常小荷包里散香，何不找一找？”一句提醒了宝玉，便回手从衣襟下掏出一个荷包来，摸了一摸，竟有两星沉速，心内欢喜：“只是不恭些。”再想自己亲身带的，倒比买的又好些。于是又问炉炭。茗烟道："这可罢了。荒郊野外哪里有？既用这些，何不早说？带了来，岂不便宜。"宝玉道："糊涂东西，若可带了来，又不这样没命的跑了。"

茗烟想了半日，笑道："我得了个主意，不知二爷心下如何？我想二爷不止用这个呢，只怕还要用别的，这也不是事。如今我们索性往前再走二里地，就是水仙庵了。"宝玉听了，忙问："水仙庵就在这里？更好了，我们就去。"说着，就加鞭前行，一面回头向茗烟道："这水仙庵的姑子长往咱们家去，咱们这一去到那里和她借香炉使使，她自然是肯的。"茗烟道："别说是咱们家的香火，就是平白不认识的庙里，和她借，她也不敢驳回。只是一件，我常见二爷最厌这水仙庵的，如何今儿又这样喜欢了？"宝玉道："我素日因恨俗人不知原故，混供神，混盖庙，这都是当日有钱的老公们和那些有钱的愚妇们，听见有个神，就盖起庙来供着，也不知那神是何人，因听些野史小说，便信真了。比如这水仙庵里面，因供的是洛神，故名水仙庵，殊不知古来并没有个洛神，那原是曹子建的谎话，谁知这起愚人就塑了像供着。今儿却合我的心事，故借他一用。"

说着早已来至门前。那老姑子见宝玉来了，事出意外，竟像天上掉下个活龙来的一般，忙上来问好，命老道来接马。宝玉进了来，也不拜洛神之像，却只管赏鉴。虽是泥塑的，却真有"翩若惊鸿，婉若游龙"之态，"荷出绿波，日映朝霞"之姿。宝玉不觉滴下泪来。老姑子献了茶，宝玉因和她借香炉。那姑子去了半日，连香供纸马都预备了来。宝玉道："一概不用。"便命茗烟捧着炉出至后院中，要拣一块干淨地方儿，竟拣不出。茗烟道："那井台上如何？"宝玉点头，一齐来至井台上，将炉放下。茗烟站过一旁。

宝玉掏出香来焚上，含泪施了半礼，回身命收了去。茗烟答应，且不收，忙爬下磕了几个头，口内祝道："我茗烟跟二爷这几年，二爷的心事，我没有不知道的，只有今儿这一祭祀，没有告诉我，我也不敢问。只是这受祭的阴魂，虽不知名姓，想来自然是那人间有一，天上无双的极聪明极俊雅的一位姐姐妹妹了。二爷心事不能出口，让我代祝：你若芳魂有感，香魄多情，虽然阴阳间隔，既是知己之间，时常来望候二爷，未尝不可。你在阴间，保佑二爷来生也变个女孩儿，和你们一处相伴，再不可又托生这鬚眉浊物了。"说毕，又磕几个头，才爬起来。

宝玉听他没说完，便撑不住笑了，因踢他道："休胡说，看人听见笑话。"茗烟起来，收过香炉，和宝玉走着，因道："我已经和姑子说了，二爷还没用饭，叫他随便收拾了些东西，二爷勉强吃些。我知道今儿咱们里头大排筵宴，热闹非常，二爷为此才躲了出来的。横竖在这里清淨一天，也就尽到礼了。若不吃东西，断使不得。"宝玉道："戏酒既不吃，这随便素的吃些何妨。"茗烟道："这才是呢。还有一说，咱们来了，还有人不放心。若没有人不放心，便晚了进城何妨？若有人不放心，二爷须得进城回家去才是。第一，老太太、太太也放了心；第二，礼也尽了，不过如此。就是家去了，看戏吃酒，也并不是二爷有意，原不过陪着父母尽孝道。二爷若单为了这个，不顾老太太、太太悬心，就是方才那受祭的阴魂也不安生。二爷想我这话如何？"宝玉笑道："你的意思我猜着了，你想着只你一个跟了我出来，回来你怕担不是，所以拿这大题目来劝我。我才来了，不过为尽个礼，再去吃酒看戏，并没说一日不进城。这已完了心愿，赶着进城，大家放心，岂不两尽其道。"茗烟道："这更好了。"说着，二人来至禅堂，果然那姑子收拾了一桌素菜。

宝玉胡乱吃了些，茗烟也吃了，二人便上马仍回旧路。茗烟在后面，只嘱咐："二爷好生骑着，这马总没大骑的，手提紧着些！"一面说着，早已进了城，仍从后门进去，忙忙来至怡红院中。袭人等都不在房里，只有几个老婆子看屋子，见他来了，都喜得眉开眼笑说："阿弥陀佛，可来了！把花姑娘急疯了！上头正坐席呢，二爷快去罢。"宝玉听说，忙将素服脱了，自去寻了华服换上，问在什么地方坐席，老婆子回说在新盖的大花厅上。

宝玉听说，一迳往花厅来，耳内早已隐隐闻得歌管之声。刚至穿堂那边，只见玉钏儿独坐在廊檐下垂泪，一见他来，便收泪说道："凤凰来了，快进去罢。再一会子不来，都反了。"宝玉陪笑道："你猜我往那里去了？"玉钏儿不答，只管擦泪。宝玉忙进厅里，见了贾母王夫人等，众人真如得了凤凰一般。宝玉忙赶着与凤姐儿行礼。贾母王夫人都说他道："不知好歹！怎么也不说声就私自跑了？这还了得！明儿再这样，等你老子回家来，必告诉他打你。"说着又骂跟的小厮们都偏听他的话，说那哪里去就去，也不回一声儿。一面又问他到底那去了，可吃了什么，可唬着了。宝玉只回说："北静王的一个爱妾昨日没了，给他道恼去。他哭得那样，不好撇下就回来，所以多等了一会子。"贾母道："以后再私自出门，不先告诉我们，一定叫你老子打你。"宝玉答应着。因又要打跟的小子们，众人又忙说情，又劝道："老太太也不必过虑了，他已经回来，大家该放心乐一回了。"贾母先不放心，自然发恨，今见他来了，喜且有余，那里还恨，也就不提了；还怕他不受用，或者别处没吃饱，路上着了惊怕，反百般的哄他。袭人早过来服侍。大家仍旧看戏。当日演的是《荆钗记》。贾母、薛姨妈等都看得心酸落泪，也有叹的，也有骂的。要知端详，下回分解。

第 44 回 变生不测凤姐泼醋 喜出望外平儿理妆

话说众人看演《荆钗记》，宝玉和姐妹一处坐着。林黛玉因看到《男祭》这一齣上，便和宝钗说道："这王十朋也不通的很，不管在那里祭一祭罢了，必定跑到江边子上来作什么！俗语说，'睹物思人'，天下的水总归一源，不拘那里的水舀一碗看着哭去，也就尽情了。"宝钗不答。宝玉回头要热酒敬凤姐。

原来贾母说今日不比往日，定要叫凤姐痛乐一日。本来自己懒怠坐席，只在里间屋里榻上歪着，和薛姨妈看戏，随心爱吃的拣几样放在小几上，随意吃着说话儿；将自己两桌席面赏那没有席面的大小丫头并那应差听差的妇人等，命他们在窗外廊檐下也只管坐着随意吃喝，不必拘礼。王夫人和邢夫人在地下高桌上坐着，外面几席是他姊妹们坐。贾母不时吩咐尤氏等："让凤丫头坐在上面，你们好生替我待东，难为她一年到头辛苦。"尤氏答应了，又笑回说道："他坐不惯首席，坐在上头，横不是竖不是的，酒也不肯吃。"贾母听了，笑道："你不会，等我亲自让他去。"凤姐儿忙也进来，笑说："老祖宗，别信他们的话，我吃了好几钟了。"贾母笑着，命尤氏："快拉他出去，按在椅子上，你们都轮流敬他。他再不吃，我当真的就亲自去了。"尤氏听说，忙笑着又拉他出来坐下，命人拿了台盏斟了酒，笑道："一年到头，难为你孝顺老太太、太太和我。我今儿没什么疼你的，亲自斟杯酒，乖乖儿的在我手里喝一口。"凤姐儿笑道："你要安心孝敬我，跪下，我就喝。"尤氏笑道："说的你不知是谁！我告诉你说，好容易今儿这一遭，过了后儿，知道还得像今儿这样不得了？趁着尽力灌丧两钟罢。"

凤姐儿见推不过，只得喝了两钟。接着众姊妹也来，凤姐也只得每人的喝一口。赖大妈妈见贾母尚这等高兴，也少不得来凑趣儿，领着些嬷嬷们也来敬酒。凤姐儿也难推脱，只得喝了两口。鸳鸯等也都来敬，凤姐儿真不能了，忙央告道："好姐姐们，饶了我罢，我明儿再喝罢。"鸳鸯笑道："真个的，我们是没脸的了？就是我们在太太跟前，太太还赏个脸儿呢。往常倒有些体面，今儿当着这些人，倒拿起主子的款儿来了。我原不该来。不喝，我们就走。"说着真个回去了。凤姐儿忙赶上拉住，笑道："好姐姐，我喝就是了。"说着拿过酒来，满满的斟了一杯喝干。鸳鸯方笑了散去。

然后又入席。凤姐儿自觉酒沉了，心里突突的似往上撞，要往家去歇歇，只见那耍百戏的上来，便和尤氏说：“预备赏钱，我要洗洗脸去。”尤氏点头。凤姐儿瞅人不防，便出了席，往房门后檐下走来。平儿留心，也忙跟了来，凤姐儿便扶着他。才至穿廊下，只见他房里的一个小丫头正在那里站着，见她两个来了，回身就跑。凤姐儿便疑心，忙叫。那丫头先只装听不见，无奈后面连平儿也叫，只得回来。凤姐儿越发起了疑心，忙和平儿进了穿堂，叫那小丫头子也进来，把隔（原字为左木右鬲）扇关了，凤姐儿坐在小院子的台阶上，命那丫头子跪了，喝命平儿：“叫两个二门上的小厮来，拿绳子鞭子，把那眼睛里没主子的小蹄子打烂了！”那小丫头子已经唬的魂飞魄散，哭着只管磕头求饶。凤姐儿问道：“我又不是鬼，你见了我，不说规规矩矩站住，怎么倒往前跑？”小丫头子哭道：“我原没看见奶奶来。我又记挂着房里无人，所以跑了。”凤姐儿道：“房里既没人，谁又叫你来的？你便没看见我，我和平儿在后头扯着脖子叫了你十来声，越叫越跑。离的又不远，你聋了不成？你还和我强嘴！”说着便扬手一掌打在脸上，打的那小丫头子一栽；这边脸上又一下，登时小丫头子两腮紫胀起来。平儿忙劝：“奶奶仔细手疼。”凤姐便说：“你再打着，问她跑什么。她再不说，把嘴撕烂了她的！”那小丫头子先还强嘴，后来听见凤姐儿要烧了红烙铁来烙嘴，方哭道：“二爷在家里，打发我来这里瞧着奶奶的，若见奶奶散了，先叫我送信儿去的。不承望奶奶这会子就来了。”凤姐儿见话中有文章，便又问道：“叫你瞧着我做什么？难道怕我家去不成？必有别的原故，快告诉我，我从此以后疼你。你若不细说，立刻拿刀子来割你的肉。”说着，回头向头上拔下一根簪子来，向那丫头嘴上乱戳，唬得那丫头一行躲，一行哭求道：“我告诉奶奶，可别说我说的。”平儿一旁劝，一面催他，叫她快说。丫头便说道：“二爷也是才来房里的，睡了一会醒了，打发人来瞧瞧奶奶，说才坐席，还得好一会才来呢。二爷就开了箱子，拿了两块银子，还有两根簪子，两匹缎子，叫我悄悄的送与鲍二的老婆去，叫他进来。她收了东西就往咱们屋里来了。二爷叫我来瞧着奶奶，底下的事我就不知道了。”

凤姐听了，已气得浑身发软，忙立起身来，一迳来家。刚至院门，只见又有一个小丫头在门前探头儿，一见了凤姐，也缩头就跑。凤姐儿提着名字喝住。那丫头本来伶俐，见躲不过了，索性跑了出来，笑道：“我正要告诉奶奶去呢，可巧奶奶来了。”凤姐儿道：“告诉我什么？”那小丫头便说二爷在家这般如此如此，将方才的话也说了一遍。凤姐啐道：“你早做什么了？这会子我看见你了，你来推干淨儿！”说着也扬手一下，打得那丫头一个趔趄。便摄手摄脚的走至窗前。往里听时，只听里头说笑。那妇人笑道：“多早晚你那阎王老婆死了就好了。”贾琏道：“她死了再娶一个也是这样，又怎么样呢？”那妇人道：“她死了，你倒是把平儿扶了正，只怕还好些。”贾琏道：“如今连平儿他也不叫我沾一沾了。平儿也是一肚子委曲不敢说。我命里怎么就该犯了‘夜叉星’。”

凤姐听了，气得浑身乱战，又听他俩都赞平儿，便疑平儿素日背地里自然也有愤怨语了，那酒越发涌了上来，也并不忖度，回身把平儿先打了两下，一脚踢开门进去，也不容分说，抓着鲍二家的撕打一顿。又怕贾琏走出去，便堵着门站着骂道：“好淫妇！你偷主子汉子，还要治死主子老婆！平儿过来！你们淫妇忘八一条藤儿，多嫌着我，外面儿你哄我！”说着又把平儿打几下，打的平儿有冤无处诉，只气得干哭，骂道：“你们做这些没脸的事，好好的又拉上我做什么！”说着也把鲍二家的撕打起来。贾琏也因吃多了酒，进来高兴，未曾做得机密，一见凤姐来了，已没了主意。又见平儿也闹起来，把酒也气上来了。凤姐儿打鲍二家的，他已又气又愧，只不好说的，今见平儿也打，便上来踢骂道：“好娼妇！你也动手打人！”平儿气怯，忙住了手，哭道：“你们背地里说话，为什么拉我呢？”凤姐见平儿怕贾琏，越发气了，又赶上来打着平儿，偏叫打鲍二家的。平儿急了，便跑出来找刀子要寻死。外面众婆子丫头忙拦住解劝。这里凤姐见平儿寻死去，便一头撞在贾琏怀里，叫道：“你们一条藤儿害我，被我听见了，倒都唬起我来。你也勒死我！”贾琏气得墙上拔出剑来，说道：“不用寻死，我也急了，一齐杀了，我偿了命，大家干淨。”正闹得不开交，只见尤氏等一群人来了，说：“这是怎么说，才好好的，就闹起来。”贾琏见了人，越发“倚酒三分醉”，逞起威风来，故意要杀凤姐儿。凤姐儿见人来了，便不似先前那般泼了，丢下众人，便哭着往贾母那边跑。

此时戏已散出，凤姐跑到贾母跟前，爬在贾母怀里，只说：“老祖宗救我！琏二爷要杀我呢！”贾母、邢夫人、王夫人等忙问怎么了。凤姐儿哭道：“我才家去换衣裳，不防琏二爷在家和人说话，我只当是有客来了，唬得我不敢进去。在窗户外头听了一听，原来是和鲍二家的媳妇商议，说我利害，要拿毒药给我吃了，治死我，把平儿扶了正。我原气了，又不敢和他吵，原打了平儿两下，问他为什么要害我。他臊了，就要杀我。”贾母等听了，都信以为真，说：“这还了得！快拿了那下流种子来！”

一语未完，只见贾琏拿着剑赶来，后面许多人跟着。贾琏明仗着贾母素日疼他们，连母亲婶母也无碍，故逞强闹了来。邢夫人、王夫人见了，气的忙拦住骂道：“这下流种子！你越发反了，老太太在这里呢！”贾琏乜斜着眼道：“都是老太太惯得他，他才这样，连我也骂起来了！”邢夫人气的夺下剑来，只管喝他“快出去！”那贾琏撒娇撒痴，涎言涎语的还只乱说。贾母气得说道：“我知道你也不把我们放在眼睛里，叫人把他老子叫来，看他去不去！”贾琏听见这话，方趔趄着脚儿出去了，赌气也不往家去，便往外书房来。

这里邢夫人、王夫人也说凤姐儿。贾母笑道：“什么要紧的事！小孩子们年轻，馋嘴猫儿似的，那里保得住不这么着。从小儿世人都打这么过的。都是我的不是，她多吃了两口酒，又吃起醋来。”说的众人都笑了。贾母又道：“你放心，等明儿我叫他来替你赔不是。你今儿也别要过去臊着他。”因又骂：“平儿那蹄子，素日我倒看他好，怎么暗地里这么坏。”尤氏等笑道：“平儿没有不是，是凤丫头拿着人家出气。两口子不好对打，都拿着平儿煞性子。平儿委曲得什么似的呢，老太太还骂人家。”贾母道：“原来这样，我说那孩子倒不像那狐媚魇道的。既这么着，可怜见的白受他们的气。”因叫：“琥珀，来，你出去告诉平儿，就说我的话：我知道她受了委曲，明儿我叫凤丫头替她赔不是。今儿是她主子的好日子，不许她胡闹。”

原来平儿早被李纨拉入大观园去了。平儿哭的哽咽难言。宝钗劝道：“你是个明白人，素日凤丫头何等待你，今儿不过她多吃一口酒。他可不拿你出气，难道倒拿别人出气不成？别人又笑话他吃醉了。你只管这会子委曲，素日你的好处岂不都是假的了？”正说着，只见琥珀走来，说了贾母的话。平儿自觉面上有了光辉，方才渐渐的好了，也不往前头来。宝钗等歇息了一回，方来看贾母凤姐。

宝玉便让了平儿到怡红院中来。袭人忙接着，笑道：“我先原要让你的，只因大奶奶和姑娘们都让你，我就不好让的了。”平儿也陪笑说“多谢”。因又说道：“好好儿的从那里说起，无缘无故白受了一场气。”袭人笑道：“二奶奶素日待你好，这不过是一时气急了。”平儿道：“二奶奶倒没说的，只是那淫妇治的我，他又偏拿我凑趣，况还有我们那糊涂爷倒打我。”说着，便又委曲，禁不住落泪。宝玉忙劝道：“好姐姐，别伤心，我替他两个赔不是罢。”平儿笑道：“与你什么相干？”宝玉笑道：“我们弟兄姊妹都一样。他们得罪了人，我替他赔个不是也是应该的。”又道：“可惜这新衣裳也沾了，这里有你花妹妹的衣裳，何不换了下来，拿些烧酒喷了，熨一熨。把头也另梳一梳，洗洗脸。”一面说，一面便吩咐了小丫头子们舀洗脸水，烧熨斗来。

平儿素习只闻人说宝玉专能和女孩儿们接交；宝玉素日因平儿是贾琏的爱妾，又是凤姐儿的心腹，故不肯和他厮近，因不能尽心，也常为恨事。平儿今见他这般，心中也暗暗的掂掇：果然话不虚传，色色想得周到。又见袭人特特的开了箱子，拿出两件不大穿的衣裳来与他换，便赶忙的脱下自己的衣服，忙去洗了脸。宝玉一旁笑劝道："姐姐还该擦上些脂粉，不然倒像是和凤姐姐赌气了似的。况且又是她的好日子，而且老太太又打发了人来安慰你。"平儿听了有理，便去找粉，只不见粉。宝玉忙走至妆台前，将一个宣窑瓷盒揭开，里面盛着一排十根玉簪花棒，拈了一根递与平儿。又笑向她道："这不是铅粉，这是紫茉莉花种，研碎了兑上香料製的。"平儿倒在掌上看时，果见轻、白、红、香，四样俱美，扑在面上，也容易匀淨，且能润泽肌肤，不似别的粉青重涩滞。然后看见胭脂也不是成张的，却是一个小小的白玉盒子，里面盛着一盒，如玫瑰膏子一样。宝玉笑道："那市卖的胭脂都不干淨，颜色也薄。这是上好的胭脂拧出汁子来，淘澄淨了渣滓，配了花露蒸叠成的。只用细簪子挑一点儿，抹在手心里，用一点水化开，抹在唇上；手心里就够打颊腮了。"平儿依言妆饰，果见鲜艳异常，且又甜香满颊。宝玉又将盆内开的一枝并蒂秋蕙用竹剪刀撷了下来，与他簪在鬓上。忽见李纨打发了头来唤他，方忙忙的去了。

宝玉因自来从未在平儿前尽过心，－－且平儿又是个极聪明、极清俊的上等女孩儿，比不得那起俗拙蠢物－－深为恨怨。今日是金钏儿的生日，故一日不乐。不想落后闹出这件事来，竟得在平儿前稍尽片心，亦今生意中不想之乐也。因歪在床上，心内怡然自得。忽又思及贾琏惟知以淫乐悦己，并不知作养脂粉。又思平儿并无父母兄弟姊妹，独自一人，供应贾琏夫妇二人。贾琏之俗，凤姐之威，他竟能周全妥贴，今儿还遭荼毒，想来此人薄命比黛玉犹甚。想到此间，便又伤感起来，不觉凄然泪下。因见袭人等不在房内，尽力落了几点痛泪。复起身，又见方才的衣裳上喷的酒已半干，便拿熨斗熨了叠好；见她的手帕子忘去，上面犹有泪渍，又拿至脸盆中洗了晾上。又喜又悲，闷了一回，也往稻香村来，说一回闲话，掌灯后方散。

平儿就在李纨处歇了一夜，凤姐儿只跟着贾母。贾琏晚间归房，冷清清的，又不好去叫，只得胡乱睡了一夜。次日醒了，想昨日之事，大没意思，后悔不来。邢夫人记挂着昨日贾琏醉了，忙一早过来，叫了贾琏过贾母这边来。贾琏只得忍愧前来，在贾母面前跪下。贾母问他："怎么了？"贾琏忙陪笑说："昨儿原是吃了酒，惊了老太太的驾了，今儿来领罪。"贾母啐道："下流东西，灌了黄汤，不说安分守己的挺尸去，倒打起老婆来了！凤丫头成日家说嘴，霸王似的一个人，昨儿唬得可怜。要不是我，你要伤了她的命，这会子可怎么样？"贾琏一肚子的委屈，不敢分辩，只认不是。贾母又道："那凤丫头和平儿还不是个美人胎子？你还不足！成日家偷鸡摸狗，脏的臭的，都拉了你屋里去。为这起淫妇打老婆，又打屋里的人，你还亏是大家子公子出身，活打了嘴了。若你眼睛里有我，你起来，我饶了你，乖乖的替你媳妇赔个不是，拉了她家去，我就喜欢了。要不然，你只管出去，我也不敢受你的跪。"贾琏听如此说，又见凤姐儿站在那边，也不盛妆，哭得眼睛肿着，也不施脂粉，黄黄脸儿，比往常更觉可怜可爱。想着："不如赔了不是，彼此也好了，又讨老太太的喜欢。"想毕，便笑道："老太太的话我不敢不依，只是越发纵了她了。"贾母笑道："胡说！我知道他最有礼的，再不会冲撞人。她日后得罪了你，我自然也作主，叫你降伏就是了。"

贾琏听说，爬起来，便与凤姐儿作了一个揖，笑道："原来是我的不是，二奶奶饶过我罢。"满屋里的人都笑了。贾母笑道："凤丫头，不许恼了，再恼我就恼了。"说着，又命人去叫了平儿来，命凤姐儿和贾琏两个安慰平儿。贾琏见了平儿，越发顾不得了　，所谓"妻不如妾，妾不如偷"，听贾母一说，便赶上来说道："姑娘昨日受了屈了，都是我的不是。奶奶得罪了你，也是因我而起。我赔了不是不算外，还替你奶奶赔个不是。"说着，也作了一个揖，引的贾母笑了，凤姐儿也笑了。

贾母又命凤姐儿来安慰她。平儿忙走上来给凤姐儿磕头，说："奶奶的千秋，我惹了奶奶生气，是我该死。"凤姐儿正自愧悔昨日酒吃多了，不念　素日之情，浮躁起来，为听了旁人的话，无故给平儿没脸。今反见她如此，又是惭愧，又是心酸，忙一把拉起来，落下泪来。平儿道："我伏侍了奶奶这么几年，也没弹我一指甲。就是昨儿打我，我也不怨奶奶，都是那淫妇治的，怨不得奶奶生气。"说着，也滴下泪来了。贾母便命人将他三人送回房去，"有一个再提此事，即刻来回我，我不管是谁，拿拐棍子给他一顿。"三个人从新给贾母、邢、王二位夫人磕了头。老嬷嬷答应了，送他三人回去。

至房中，凤姐儿见无人，方说道："我怎么像个阎王，又像夜叉？那淫妇咒我死，你也帮着咒我。千日不好也有一日好。可怜我熬得连个淫妇也不如了，我还有什么脸来过这日子？"说着，又哭了。贾琏道："你还不足？你细想想，昨儿谁的不是多？今儿当着人还是我跪了一跪，又赔不是，你也争足了光了。这会子还叨叨，难道还叫我替你跪下才罢？太要足了强也不是好事。"说得凤姐儿无言可对，平儿"嗤"的一声又笑了。贾琏也笑道："又好了！真真我也没法了。"

正说着，只见一个媳妇来回说："鲍二媳妇吊死了。"贾琏、凤姐儿都吃了一惊。凤姐忙收了怯色，反喝道："死了罢了，有什么大惊小怪的！"一时只见林之孝家的进来，悄回凤姐道："鲍二媳妇吊死了，他娘家的亲戚要告呢。"凤姐儿笑道："这倒好了，我正想要打官司呢！"林之孝家的　道："我才和众人劝他们一回，又威吓了一阵，又许了他几个钱，也就依了。"凤姐儿道："我没一个钱！有钱也不给，只管叫他告去。也不许劝他，也不用震吓他，只管让他告去。告不成倒问他个'以尸讹诈'！"林之孝家的正在为难，见贾琏和他使眼色儿，心下明白，便出来等着。贾琏道："我出去瞧瞧，看是怎么样。"凤姐儿道："不许给他钱。"

贾琏一迳出来，和林之孝来商议，着人去作好作歹，许了二百两发送才罢。贾琏生恐有变，又命人去和王子腾说了，将番役仵作人等叫了几名来，帮着办丧事。那些人见了如此，纵要复辨亦不敢辨，只得忍气吞声罢了。贾琏又命林之孝将那二百银子入在流年帐上，分别添补开销过去。又梯己给鲍二些银两，安慰他说："另日再挑个好媳妇给你。"鲍二又有体面，又有银子，有何不依，便仍然奉承贾琏，不在话下。

里面凤姐心中虽不安，面上只管佯不理论，因房中无人，便拉平儿笑道："我昨儿灌丧了酒了，你别愤怨，打了那里，让我瞧瞧。"平儿道："也没打重。"只听得说："奶奶、姑娘都进来了。"要知端详，下回分解。

第 45 回 金兰契互剖金兰语 风雨夕闷制风雨词

话说凤姐儿正抚恤平儿，忽见众姊妹进来，忙让坐了，平儿斟上茶来。凤姐儿笑道："今儿来得这么齐全，倒像下帖子请了来的。"探春先笑道："我们有两件事：一件是我的，一件是四妹妹的，还夹着老太太的话。"凤姐儿笑道："有什么事，这么要紧？"探春笑道："我们起了个诗社，头一社就不齐全，众人脸软，所以就乱了。我想必得你去作个监社御史，铁面无私才好。再四妹妹为画园子，用的东西这般那般不全，回了老太太，老太太说：'只怕后头楼底下还有当年剩下的，找一找，若有呢，拿出来，若没有，叫人买去。'"

凤姐笑道："我又不会作什么"湿"的"干"的，要我吃东西去不成？"探春道："你虽不会作，也不要你作。你只监察着我们里头有偷安怠惰的，该怎么样罚他就是了。”凤姐儿笑道：“你们别哄我，我猜着了，那里是请我作监社御史！分明是叫我作个进钱的铜商。你们弄什么社，必是要轮流作东道的。你们的月钱不够花了，想出这个法子来拘我去，好和我要钱。可是这个主意？”一席话说得众人都笑起来了。李纨笑道：“真真你是个水晶心肝玻璃人。”凤姐儿笑道：“亏你是个大嫂子呢！把姑娘们原交给你带着念书，学规矩，针线的，他们不好，你要劝。这会子他们起诗社能用几个钱，你就不管了？老太太、太太罢了，原是老封君。你一个月十两银子的月钱，比我们多两倍子。老太太、太太还说你，“寡妇失业”的，可怜，不够用，又有个小子，足的又添了十两，和老太太、太太平等。又给你园子地，各人取租子。年终分年例，你又是上上分儿。你娘儿们，主子，奴才共总没十个人，吃的穿的仍旧是官中的。一年通共算起来，也有四五百银子。这会子你就每年拿出一二百两银子来，陪他们玩玩，能几年的限期？她们各人出了阁，难道还要你赔不成？这会子你怕花钱，调唆他们来闹我，我乐得去吃一个河涸海干，我还通不知道呢！”

李纨笑道：“你们听听，我说了一句，他就疯了，说了两车的无赖泥腿市俗专会打细算盘，分斤拨两的话出来。这东西，亏她托生在诗书大宦名门之家做小姐，出了嫁又是这样，她还是这么着；若是生在贫寒小户人家，作个小子，还不知怎么下作贫嘴恶舌的呢！天下人都被你算计了去！昨儿还打平儿呢，亏你伸得出手来！那黄汤难道灌丧了狗肚子里去了？气的我只要给平儿打抱不平。忖度了半日，好容易‘狗长尾巴尖儿’的好日子，又怕老太太心里不受用，因此没来，究竟气还未平。你今儿又招我来了。给平儿拾鞋也不要，你们两个只该换一个过子才是。”说得众人都笑了。凤姐儿忙笑道：“竟不是为诗为画来找我，这脸子竟是为平儿来报仇的。我竟不承望平儿有你这么一位仗腰子的人。早知道，便有鬼拉着我的手打他，我也不打了。平姑娘，过来！我当着大奶奶、姑娘们替你赔个不是。担待我‘酒后无德’罢。”说着，众人又都笑起来了。李纨笑问平儿道：“如何？我说必定要给你争争气才罢。”平儿笑道：“虽如此，奶奶们取笑，我禁不起。”李纨道：“什么禁不起，有我呢！快拿了钥匙叫你主子开了楼房找东西去。凤姐儿笑道：“好嫂子，你且同他们回园子里去。我才要把这米帐和他们算一算，那边大太太又打发人来叫，又不知有什么话说，须得过去走一趟。还有年下你们添补的衣服，还没打点给他们做去。”李纨笑道：“这些事我都不管，你只把我的事完了，我好歇着去，省得这些姑娘小姐闹我。”凤姐忙笑道：“好嫂子，赏我一点空儿。你是最疼我的，怎么今儿为平儿就不疼我了？往常你还劝我说：‘事情虽多，也该保养身子，捡点着偷空儿歇息’，你今儿反倒逼我的命了。况且误了别人的年下衣裳无碍，他姊妹们的若误了，非是你的责任？老太太岂不怪你不管闲事，连一句现成的话也不说？我宁可自己赔不是，岂敢带累你呢。”李纨笑道：“你们听听，说的好不好？把她会说话的！我且问你，这诗社你到底管不管？”凤姐儿笑道：“这是什么话，我不入社花几个钱，不成了大观园的反叛了？还想在这里吃饭不成？明儿一早就到任，下马拜了印，先放下五十两银子给你们慢慢作会社东道。过后几天，我又不作诗作文，只不过是个俗人罢了。‘监察’也罢，不‘监察’也罢，有了钱了，你们还撵出我来！”说的众人又都笑起来。

凤姐儿道：“过会子我开了楼房，凡有这些东西，都叫人搬出来。你们看，若使得，留着使；若少什么，照你们单子，我叫人替你们买去就是了。画绢，我就裁出来。那图样没有在太太跟前，还在那边珍大爷那里呢。说给你们别碰钉子去。我打发人取了来，一併叫人连绢交给相公们矾去，如何？”李纨点头笑道：“这难为你，果然这样还罢了。既如此，咱们家去罢，等着她不送了去，再来闹她。”说着，便带了他姊妹就走。凤姐儿道：“这些事再没两个人，都是宝玉生出来的。”李纨听了，忙回身笑道：“正是为宝玉来，反忘了他。头一社是他误了。我们脸软，你说该怎么罚他？”凤姐想了一想，说道：“没有别的法子，只叫他把你们各人屋子里的地罚他扫一遍才好。”众人都笑道：“这话不差。”

说着，才要回去，只见一个小丫头扶了赖嬷嬷进来。凤姐儿等忙站起来，笑道：“大娘坐。”又都向他道喜。赖嬷嬷向炕沿上坐了，笑道：“我也喜，主子们也喜。若不是主子们的恩典，我们这喜从何来？昨儿奶奶又打发彩哥儿赏东西，我孙子在门上朝上磕了头了。”李纨笑道：“多早晚上任去？”赖嬷嬷叹道：“我那里管他们，由他们去罢！前儿在家里给我磕头，我没好话，我说：‘哥哥儿，你别说你是官儿了，横行霸道的！你今年活了三十岁，虽然是人家的奴才，一落娘胎胞，主子恩典，放你出来，上托着主子的洪福，下托着你老子娘，也是公子哥儿似的读书认字，也是丫头、老婆、奶子捧凤凰似的，长了这么大。你那里知道那‘奴才’两字是怎么写的！只知道享福，也不知道你爷爷和你老子受的那苦恼，熬了两三辈子，好容易挣出你这么个东西来。从小儿三灾八难，花的银子也照样打出你这么个银人儿来了。到二十岁上，又蒙主子的恩典，许你捐个前程在身上。你看那正根正苗的忍饥挨饿的，要多少？你一个奴才秧子，仔细折了福！如今乐了十年，不知怎么弄神弄鬼的，求了主子，又选了出来。州县官儿虽小，事情却大，为那一州的州官，就是那一方的父母。你不安分守己，尽忠报国，孝敬主子，只怕天也不容你。”

李纨、凤姐儿都笑道：“你也多虑。我们看他也就好。先那几年，还进来了两次，这有好几年没来了，年下生日，只见他的名字就罢了。前儿给老太太、太太磕头来，在老太太那院里，见他又穿着新官的服色，倒发的威武了，比先时也胖了。他这一得了官，正该你乐呢，反倒愁起这些来！他不好，还有他父母呢，你只受用你的就完了。闲了坐个轿子进来，和老太太斗一日牌，说一天话儿，谁好意思的委屈了你。家去一般也是楼房厦厅，谁不敬你，自然也是老封君似的了。”

平儿斟上茶来，赖嬷嬷忙站起来接了，笑道：“姑娘不管叫那哪个孩子倒来罢了，又折受我。”说着，一面吃茶，一面又道：“奶奶不知道。这些小孩子们全要管得严，饶这么严，他们还偷空儿闹个乱子来，叫大人操心。知道的说小孩子们淘气；不知道的，人家就说 仗着财势欺人，连主子的名声也不好。恨的我没法儿，常把他老子叫来骂一顿，才好些。”因又指宝玉道：“不怕你嫌我，如今老爷不过这么管你一管，老太太护在头里。当日老爷小时挨你爷爷的打，谁没看见的。老爷小时，何曾像你这么天不怕地不怕的了。还有那边大老爷，虽然淘气，也没像你这扎窝子的样儿，也是天天打。还有东府里你珍哥儿的爷爷，那才是火上浇油的性子，说声恼了，什么儿子，竟是审贼！如今我眼里看着，耳朵里听着，那珍大爷管儿子，倒也巷像当日老祖宗的规矩，只是管着三不着两的。他自己也不管一管自己，这些兄弟侄儿怎么怨得不怕他？你心里明白，喜欢我说；不明白，嘴里不好意思，心里不知怎么骂我呢。”

正说着，只见赖大家的来了，接着周瑞家的张材家的都进来回事情。凤姐儿笑道：“媳妇来接婆婆来了。”赖大家的笑道：“不是接他老人家，倒是打听打听奶奶、姑娘们赏脸不赏脸？”赖嬷嬷听了，笑道：“可是我煳涂了，正经说的话且不说，且说‘陈谷子，烂芝麻’的混捣熟。因为我们小子选了出来，众亲友要给他贺喜，少不得家里摆个酒。我想，摆一日酒，请这个也不是，请那个也不是。又想了一想，托主子洪福，想不到的这样荣耀，就倾了家，我也是愿意的。因此吩咐他老子连摆三日酒：头一日，在我们破花园子里摆几席酒，一台戏，请老太太、太太们、奶奶姑娘们去散一日闷；外头大厅上一台戏，摆几席酒，请老爷们、爷们去增增光；第二日再请亲友；第三日再把我们两府里的伴儿请一请。热闹三天，也是托着主子的洪福一场，光辉光辉。”

李纨、凤姐儿都笑道：“多早晚的日子？我们必去，只怕老太太高兴要去，也定不得。”赖大家的忙道：“择了十四的日子，只看我们奶奶的老脸罢了。”凤姐笑道：“别人不知道，我是一定去的。先说下，我是没有贺礼的，也不知道放赏，吃完了一走，可别笑话。”赖大家的笑道：“奶奶说哪里话？奶奶要赏，赏我们三二万银子就有了。”赖嬷嬷笑道：“我才去请老太太、老太太也说去，可算我这脸还好。”说毕，又叮咛了一回，方起身要走，因看见周瑞家的，便想起一事来，因说道：“可是还有一句话问奶奶：这周嫂子的儿子犯了什么不是，撵了他不用？”凤姐儿听了，笑道：“正是，我要告诉你媳妇，事情多，也忘了。赖嫂子回去说给你老头子，两府里不许收留他小子，叫他各人去罢。”

赖大家的只得答应着。周瑞家的忙跪下央求。赖嬷嬷忙道：“什么事？说给我评评。”凤姐儿道：“前日我生日，里头还没吃酒，他小子先醉了。老娘那边送了礼来，他不说在外头张罗，倒坐着骂人，礼也不送进来。两个女人进来了，他才带着小么们往里抬。小么们倒好好的，他拿的一盒子倒失了手，撒了一院子馒头。人去了，打发彩明去说他，他倒骂了彩明一顿。这样无法无天的忘八羔子，不撵了作什么！”赖嬷嬷笑道：“我当什么事情，原来为这个。奶奶听我说：他有不是，打他骂他，使他改过，撵了去断乎使不得。他又比不得是咱们家的家生子儿，他现是太太的陪房。奶奶只顾撵了他，太太脸上不好看。依我说，奶奶教导他几板子，以戒下次，仍旧留着才是。不看他娘，也看太太。”凤姐儿听说，便向赖大家的说道：“既这样，打他四十棍，以后不许他吃酒。”赖大家的答应了。周瑞家的磕头起来，又要与赖嬷嬷磕头，赖大家的拉着方罢。然后他三人去了，李纨等也就回园中来。

至晚，果然凤姐命人找了许多旧收的画具出来，送至园中。宝钗等选了一回，各色东西，可用的只有一半，将那一半又开了单子，与凤姐儿去照样置买，不必细说。

一日，外面矾了绢，起了稿子进来。宝玉每日便在惜春这里帮忙。探春、李纨、迎春、宝钗等也多往那里闲坐，一则观画，二则便于会面。宝钗因见天气凉爽，夜复渐长，遂至母亲房中商议，打点些针线来。日间至贾母处、王夫人处省候两次，不免又承色陪坐，闲话半时，园中姊妹处也要度时闲话一回，故日间不大得闲，每夜灯下女工必至三更方寝。

黛玉每岁至春分、秋分之后，必犯嗽疾；今岁又遇贾母高兴，多游玩了两次，未免过劳了神，近日又复嗽起来，觉得比往常又重，所以总不出门，只在自己房中将养。有时闷了，又盼个姊妹来说些闲话排遣；及至宝钗等来望候他，说不得三五句话，又厌烦了。众人都体谅他病中，且素日形体娇弱，禁不得一些委屈，所以她接待不周，礼数粗忽，也都不苛责。

这日，宝钗来望他，因说起这病症来。宝钗道：“这里走的几个太医，虽都还好，只是你吃他们的药总不见效，不如再请一个高明的人来瞧一瞧，治好了岂不好？每年间闹一春一夏，又不老，又不小，成什么？不是个常法。”黛玉道：“不中用。我知道我这病是不能好的了。且别说病，只论好的日子我是怎么个形景，就可知了。”宝钗点头道：“可正是这话。古人说‘食榖者生’，你素日吃的竟不能添养精神气血，也不是好事。”黛玉叹道：“‘死生有命，富贵在天’，也不是人力可强的。今年比往年反觉又重了些似的。”说话之间，已咳嗽了两三次。

宝钗道：“昨儿我看你那药方上，人参、肉桂觉得太多了。虽说益气补神，也不宜太热。依我说，先以平肝健胃为要，肝火一平，不能克土，胃气无病，饮食就可以养人了。每日早起，拿上等燕窝一两，冰糖五钱，用银铫子熬出粥来，若吃惯了，比药还强，最是滋阴补气的。”黛玉叹道：“你素日待人，固然是极好的，然我最是个多心的人，只当你心里藏奸。从前日你说看杂书不好，又劝我那些好话，竟大感激你。往日竟是我错了，实在误到如今。细细算来，我母亲去世得早，又无姊妹兄弟，我长了今年十五岁，竟没一个人像你前日的话教导我。怨不得云丫头说你好，我往日见她赞你，我还不受用，昨儿我亲自经过，才知道了。比如若是你说了那个，我再不轻放过你的；你竟不介意，反劝我那些话，可知我竟自误了。若不是从前日看出来，今日这话，再不对你说。你方才说叫我吃燕窝粥的话，虽然燕窝易得，但只我因身上不好了，每年犯这个病，也没什么要紧的去处。请大夫，熬药，人参、肉桂，已经闹了个天翻地覆，这会子我又兴出新文来，熬什么燕窝粥，老太太、太太、凤姐姐这三个人便没话说，那些底下的婆子、丫头们，未免不嫌我太多事了。你看这里这些人，因见老太太多疼了宝玉和凤丫头两个，他们尚虎视耽耽，背地里言三语四的，何况于我？况我又不是他们这里正经主子，原是无依无靠投奔了来的，他们已经多嫌着我了。如今我还不知进退，何苦叫他们咒我？”宝钗道：“这样说，我也是和你一样。”黛玉道：“你如何比我？你又有母亲，又有哥哥，这里又有买卖地土，家里又仍旧有房有地。你不过是亲戚的情分，白住了这里，一应大小事情，又不沾他们一文半个，要走就走了。我是一无所有，吃穿用度，一草一纸，皆是和他们家的姑娘一样，那起小人岂有不多嫌的。”宝钗笑道：“将来也不过多费得一副嫁妆罢了，如今也愁不到这里。”黛玉听了，不觉红了脸，笑道：“人家才拿你当个正经人，把心里的烦难告诉你听，你反拿我取笑儿。”宝钗笑道：“虽是取笑儿，却也是真话。你放心，我在这里一日，我与你消遣一日。你有什么委屈烦难，只管告诉我，我能解的，自然替你解一日。我虽有个哥哥，你也是知道的，只有个母亲比你略强些。咱们也算同病相怜。你也是个明白人，何必作‘司马牛之叹’？你才说的也是，多一事不如省一事。我明日家去和妈妈说了，只怕我们家里还有，与你送几两，每日叫丫头们就熬了，又便宜，又不惊师动众的。”黛玉忙笑道：“东西事小，难得你多情如此！”宝钗道：“这有什么放在口里的！只愁我人人跟前失于应候罢了。只怕你烦了，我且去了。”黛玉道：“晚上再来，和我说句话儿。”宝钗答应着便去了，不在话下。

这里黛玉喝了两口稀粥，仍歪在床上，不想日未落时天就变了，淅淅沥沥下起雨来。秋霖脉脉，阴晴不定，那天渐渐的黄昏，且阴得沉黑，兼着那雨滴竹梢，更觉凄凉。知宝钗不能来，便在灯下随便拿了一本书，却是《乐府杂稿》，有《秋闺怨》《别离怨》等词。黛玉不觉心有所感，亦不禁发于章句，遂成《代别离》一首，拟《春江花月夜》之格，乃名其词曰《秋窗风雨夕》。其词曰：

秋花惨澹秋草黄，耿耿秋灯秋夜长。已觉秋窗秋不尽，那堪风雨助凄凉！助秋风雨来何速！惊破秋窗秋梦绿。抱得秋情不忍眠，自向秋屏移泪烛。泪烛摇摇爇短檠，牵愁照恨动离情。谁家秋院无风入？何处秋窗无雨声？罗衾不奈秋风力，残漏声催秋雨急。连宵脉脉复飕飕，灯前似伴离人泣。寒烟小院转萧条，疏竹虚窗时滴沥。不知风雨几时休，已教泪洒窗纱湿。

吟罢搁笔，方要安寝，丫鬟报说：“宝二爷来了。”一语未完，只见宝玉头上带着大箬笠，身上披着蓑衣。黛玉不觉笑了，说：“那里来的渔翁！”宝玉忙问：“今儿好些？吃了药没有？今儿一日吃了多少饭？”一面说，一面摘了笠，脱了蓑衣，忙一手举起灯来，一手遮住灯光，向黛玉脸上照了一照，觑着眼，细瞧了一瞧，笑道：“今儿气色好了些。”

黛玉看脱了蓑衣，里面只穿半旧红绫短袄，系着绿汗巾子，膝下露出油绿绸撒花裤子，底下是掐金满绣的绵纱袜子，靸着蝴蝶落花鞋。黛玉问道：“上头怕雨，底下这鞋袜子是不怕雨的？也倒干淨。”宝玉笑道：“我这一套是全的。有一双棠木屐，才穿了来，脱在廊檐上了。”黛玉又看那蓑衣斗笠不是寻常市卖的，十分细致轻巧，因说道：“是什么草编的？怪道穿上不像那刺猬似的。”宝玉道：“这三样都是北静王送的。他闲了下雨时，在家里也是这样。你喜欢这个，我也弄一套来送你。别的都罢了，惟有这斗笠有趣，竟是活的。上头的这顶儿是活的，冬天下雪，带上帽子，就把竹信子抽了，去下顶子来，只剩了这圈子。下雪时，男女都戴得，我送你一顶，冬天下雪戴。”黛玉笑道：“我不要他它。戴上那个，成个画儿上画的和戏上扮的渔婆儿了。”及说了出来，方想起话未忖度，与方才说宝玉的话相连，后悔不及，羞得脸飞红，便伏在桌上嗽个不住。

宝玉却不留心，因见案上有诗，遂拿起来看了一遍，又不禁叫好。黛玉听了，忙起来夺在手内，向灯上烧了。宝玉笑道：“我已背熟了，烧也无碍。”黛玉道：“我也好了些，多谢你一天来几次瞧我，下雨还来。这会子夜深了，我也要歇着，你且请回去，明儿再来。”宝玉听说，回手向怀中掏出一个核桃大小的一个金表来，瞧了一瞧，那针已指到戌末亥初之间，忙又揣了，说道：“原该歇了，又扰得你劳了半日神。”说着，披蓑戴笠出去了，又翻身进来问道：“你想什么吃？告诉我，我明儿一早回老太太，岂不比老婆子们说的明白？”黛玉笑道：“等我夜里想着了，明儿早起告诉你。你听，雨越发紧了，快去罢。可有人跟着没有？”有两个婆子答应：“有人，外面拿着伞，点着灯笼呢。”黛玉笑道：“这个天点灯笼？”宝玉道：“不相干，是明瓦的，不怕雨。”

黛玉听说，回手向书架上把个玻璃绣球灯拿了下来，命点一支小蜡来，递与宝玉，道：“这个又比那个亮，正是雨里点的。”宝玉道：“我也有这么一个，怕他们失脚滑倒打破了，所以没点来。”黛玉道：“跌了灯值钱，跌了人值钱？你又穿不惯木屐子。那灯笼命他们前头照着。这个又轻巧又亮，原是雨里自己拿着的，你自己手里拿着这个，岂不好？明儿再送来。就失了手也有限的，怎么忽然又变出这‘剖腹藏珠’的脾气来！”宝玉听说，连忙接了过来，前头两个婆子打着伞，提着明瓦灯，后头还有两个小丫鬟打着伞。宝玉便将这个灯递与一个小丫头捧着，宝玉扶着她的肩，一迳去了。

就有蘅芜苑的一个婆子，也打着伞，提着灯，送了一大包上等燕窝来，还有一包子洁粉梅片雪花洋糖。说：“这比买的强。姑娘说了：‘姑娘先吃着，完了再送来。’”黛玉回说：“费心”命他外头坐了吃茶。婆子笑道：“不吃茶了，我还有事呢。”黛玉笑道：“我也知道你们忙。如今天又凉，夜又长，越发该会个夜局，痛赌两场了。”婆子笑道：“不瞒姑娘说，今年我大沾光儿了。横竖每夜各处有几个上夜的人，误了更，也不好，不如会个夜局，又坐了更，又解了闷。今儿又是我的头家，如今园门关了，就该上场了。”黛玉听说，笑道：“难为你。误了你发财，冒雨送来。”命人给他几百钱，打些酒吃，避避雨气。那婆子笑道：“又破费姑娘赏酒吃。”说着，磕了一个头，外面接了钱，打伞去了。

紫鹃收起燕窝，然后移灯下帘，伏侍黛玉睡下。黛玉自在枕上感念宝钗，一时又羡他有母兄；一面又想宝玉虽素日和睦，终有嫌疑。又听见窗外竹梢焦叶之上，雨声淅沥，清寒透幕，不觉又滴下泪来。直到四更将阑，方渐渐的睡了。暂且无话。要知端详，下回分解。

第 46 回 尴尬人难免尴尬事 鸳鸯女誓绝鸳鸯偶

话说林黛玉直到四更将阑，方渐渐的睡去，暂且无话。如今且说凤姐儿因见邢夫人叫他，不知何事，忙另穿戴了一番，坐车过来。邢夫人将房内人遣出，悄向凤姐儿道：“叫你来不为别事，有一件为难的事，老爷托我，我不得主意，先和你商议。老爷因看上了老太太的鸳鸯，要他在房里，叫我和老太太讨去。我想这倒平常有的事，只是怕老太太不给，你可有法子？”凤姐儿听了，忙道：“依我说，竟别碰这个钉子去。老太太离了鸳鸯，饭也吃不下去的，那里就舍得了？况且平日说起闲话来，老太太常说，老爷如今上了年纪，作什么左一个小老婆右一个小老婆放在屋里，没的耽误了人家。放着身子不保养，官儿也不好生作去，成日家和小老婆喝酒。太太听这话，很喜欢老爷么？这会子迴避还恐迴避不及，反倒拿草棍儿戳老虎的鼻子眼儿去了！太太别恼，我是不敢去的。明放着不中用，而且反招出没意思来。老爷如今上了年纪，行事不妥，太太该劝才是。比不得年轻，作这些事无碍。如今兄弟、侄儿、儿子、孙子一大群，还这么闹起来，怎样见人呢？”邢夫人冷笑道：“大家子三房四妾的也多，偏咱们就使不得？我劝了也未必依。就是老太太心爱的丫头，这么胡子苍白了又作了官的一个大儿子，要了作房里人，也未必好驳回的。我叫了你来，不过商议商议，你先派上了一篇不是。也有叫你要去的理？自然是我说去。你倒说我不劝，你还不知道那性子的，劝不成，先和我恼了。”

凤姐儿知道邢夫人禀性愚强，只知承顺贾赦以自保，次则婪取财货为自得，家下一应大小事务俱由贾赦摆佈。凡出入银钱事务，一经她手，便克啬异常，以贾赦浪费为名，“须得我就中俭省，方可偿补”，儿女奴仆，一人不靠，一言不听的。如今又听邢夫人如此的话，便知她又弄左性，劝了不中用，连忙陪笑说道：“太太这话说的极是。我能活了多大，知道什么轻重？想来父母跟前，别说一个丫头，就是那么大的活宝贝，不给老爷给谁？背地里的话，那里信得？我竟是个呆子。琏二爷或有日得了不是，老爷，太太恨得那样，恨不得立刻拿来一下子打死；及至见了面，也罢了，依旧拿着老爷，太太心爱的东西赏他。如今老太太待老爷　，　自然也是那样了。依我说，老太太今儿喜欢，要讨，今儿就讨去。我先过去哄着老太太发笑，等太太过去了，我搭讪着走开，把屋子里的人我也带开，太太好和老太太说的。给了更好，不给也没妨碍，众人也不知道。”邢夫人见她这般说，便又喜欢起来，又告诉她道：“我的主意先不和老太太要。老太太要说不给，这事便死了。我心里想着，先悄悄的和鸳鸯说。她虽害臊，我细细的告诉了她，她自然不言语，就妥了。那时再和老太太说，老太太虽不依，搁不住她愿意，常言‘人去不中留’，自然这就妥了。”凤姐儿笑道：“到底是太太有智谋，这是千妥万妥的。别说是鸳鸯，凭她是谁，那一个不想巴高望上，不想出头的？这半个主子不做，倒愿意做个丫头，将来配个小子，就完了。”邢夫人笑道：“正是这个话了。别说鸳鸯，就是那些执事的大丫头，谁不愿意这样呢。你先过去，别露一点风声，我吃了晚饭就过来。”

凤姐儿暗想：“鸳鸯素习是个可恶的，虽如此说，保不严她就愿意。我先过去了，太太后过去，若她依了，便没话说，倘或不依，太太是多疑的人，只怕就疑我走了风声，使他拿腔作势的。那时太太又见应了我的话，羞恼变成怒，拿我出起气来，倒没意思。不如同着一齐过去了，她依也罢，不依也罢，就疑不到我身上了。”想毕，因笑道：“方才临来，舅母那边送了两笼子鹌鹑，我吩咐他们炸了，原要赶太太晚饭上送过来的。我才进大门时，见小子们抬车，说太太的车拔了缝，拿去收拾去了。不如这会子坐了我的车，一齐过去倒好。”邢夫人听了，便命人来换衣服。凤姐忙着伏侍了一回，娘儿两个坐车过来。凤姐儿又说道：“太太过老太太那里去，我若跟了去，老太太若问起我过去作什么的，倒不好。不如太太先去，我脱了衣裳再来。”

邢夫人听了有理，便自往贾母处来，和贾母说了一回闲话，便出来，假托往王夫人房里去，从后门出去，打鸳鸯的卧房前过。只见鸳鸯正然坐在那里做针线，见了邢夫人，忙站起来。邢夫人笑道：“做什么呢？我瞧瞧，你扎的花儿越发好了。”一面说，一面便接他手内的针线瞧了一瞧，只管赞好。放下针线，又浑身打量。只见她穿着半新的藕合色的绫袄，青缎掐牙背心，下面水绿裙子。蜂腰削背，鸭蛋脸面，乌油头发，高高的鼻子，两边腮上微微的几点雀斑。

鸳鸯见这般看她，自己倒不好意思起来，心里便觉诧异，因笑问道：“太太，这回子不早不晚的，过来做什么？”邢夫人使个眼色儿，跟的人退出。邢夫人便坐下，拉着鸳鸯的手，笑道：“我特来给你道喜来了。”鸳鸯听了，心中已猜着三分，不觉脸红，低了头，不发一言。听邢夫人道：“你知道，你老爷跟前竟没有个可靠的人，心里再要买一个，又怕那些人牙子家出来的，不干不淨，也不知道毛病儿，买了来家，三日两日又要肏鬼吊猴的。因满府里要挑一个家生女儿收了，又没个好的：不是模样儿不好，就是性子不好，有了这个好处，没了那个好处。因此冷眼选了半年，这些女孩子里头，就只你是个尖儿，模样儿，行事作人，温柔可靠，一概是齐全的。意思要和老太太讨了你去，收在屋里。你比不得外头新买的，你这一进去了，进门就开了脸，就封你姨娘，又体面，又尊贵。你又是个要强的人，俗话说的，'金子终得金子换'，谁知竟被老爷看重了你。如今这一来，你可遂了素日心高志大的愿了，也堵一堵那些嫌你的人的嘴。跟了我回老太太去！"说着拉了他的手就要走。

鸳鸯红了脸，夺手不行。邢夫人知她害臊，因又说道："这有什么臊处？你又不用说话，只跟着我就是了。"鸳鸯只低了头不动身。邢夫人见她这般，便又说道："难道你不愿意不成？若果然不愿意，可真是个傻丫头了。放着主子奶奶不作，倒愿意作丫头？三年二年，不过配上个小子，还是奴才。你跟了我们去，你知道我的性子又好，又不是那不容人的人。老爷待你们又好。过一年半载，生下个一男半女，你就和我并肩了。家里的人，你要使唤谁，谁还不动？现成主子不做去，错过这个机会，后悔就迟了。"鸳鸯只管低了头，仍是不语。邢夫人又道："你这么个响快人，怎么又这样积粘起来？有什么不称心之处，只管说与我，我管保你遂心如意就是了。"鸳鸯仍不语。邢夫人又笑道："想必你有老子娘，你自己不肯说话，怕臊。你等他们问你，这也是理。让我问他们去，叫他们来问你，有话只管告诉他们。"说毕，便往凤姐儿房中来。

凤姐儿早换了衣服，因房内无人，便将此话告诉了平儿。平儿也摇头笑道："据我看，此事未必妥。平常我们背着人说起话来，听她那主意未必是肯的。也只说着瞧罢了。"凤姐儿道："太太必来这屋里商议。依了还可，若不依，白讨个臊，当着你们，岂不脸上不好看。你说给她们炸鹌鹑，再有什么配儿样，预备吃饭。你且别处逛逛去，估量着去了，再来。"平儿听说，照样传给婆子们，便逍遥自在的往园子里来。

这里鸳鸯见邢夫人去了，必在凤姐儿房里商议去了，必定有人来问她的，不如躲了这里，因找了琥珀说道："老太太要问我，只说我病了，没吃早饭，往园子里逛逛就来。"琥珀答应了。鸳鸯也往园子里来，各处游玩，不想正遇见平儿。平儿因见无人，便笑道："新姨娘来了！"鸳鸯听了，便红了脸，说道："怪道你们串通一气来算计我！等着我和你主子闹去就是了。"平儿听了，自悔失言，便拉他到枫树底下，坐在一块石上，索性把方才凤姐过去回来所有的形景言，始末原由，告诉与她。鸳鸯红了脸，向平儿冷笑道："这是咱们好，比如袭人、琥珀、素云、紫鹃、彩霞、玉钏儿、麝月、翠墨，跟了史姑娘去的翠缕，死了的可人和金钏，去了的茜雪，连上你我，这十来个人，从小儿什么话儿不说？什么事儿不作？这如今因都大了，各自干各自的去了，然我心里仍是照旧，有话有事，并不瞒你们。这话我先放在你心里，且别和二奶奶说：别说大老爷要我做小老婆，就是太太这会子死了，他三媒六聘的娶我去做大老婆，我也不能去。"

平儿方欲笑答，只听山石背后哈哈的笑道："好个没脸的丫头，亏你不怕牙碜。"二人听了，不免吃了一惊，忙起身向山石背后找寻，不是别人，却是袭人笑着走了出来问："什么事情？告诉我。"说着，三人坐在石上。平儿又把方才的话说与袭人听，袭人道："真真这话，论理不该我们说，这个大老爷太好色了，略平头正脸的，他就不放手了。"平儿道："你既不愿意，我教你个法子，不用费事就完了。"鸳鸯道："什么法子？你说来我听。"平儿笑道："你只和老太太说，就说已经给了琏二爷了，大老爷就不好要了。"鸳鸯啐道："什么东西！你还说呢！前儿你主子不是这么混说的？谁知应到今儿了！"袭人笑道："他们两个都不愿意，我就和老太太说，叫老太太说把你已经许了宝玉了，大老爷也就死了心了。"鸳鸯又是气，又是臊，又是急，因骂道："两个蹄子不得好死的！人家有为难的事，拿着你们当正经人，告诉你们，与我排解排解，你们倒替换着取笑儿。你们自为都有了结果了，将来都是做姨娘的。据我看，天下的事未必都遂心如意。你们且收着些儿，别忒乐过了头儿！"二人见他急了，忙陪笑央告道："好姐姐，别多心，咱们从小儿都是亲姊妹一般，不过无人处偶然取个笑儿。你的主意告诉我们知道，也好放心。"鸳鸯道："什么主意！我只不去就完了。"平儿摇头道："你不去，未必得干休。大老爷的性子你是知道的。虽然你是老太太房里的人，此刻不敢把你怎么样，将来难道你跟老太太一辈子不成？也要出去的。那时落了他的手，倒不好了。"鸳鸯冷笑道："老太太在一日，我一日不离这里，若是老太太归西去了，他横竖还有三年的孝呢，没个娘，才死了他先收小老婆的！等过三年，知道又是怎么个光景，那时再说。纵到了至急为难，我剪了头髮作姑子去，不然，还有一死。一辈子不嫁男人，又怎么样？乐得干淨呢！"平儿、袭人笑道："真这蹄子没了脸，越发信口儿都说出来了。"鸳鸯道："事到如此，臊一会怎么样？你们不信，慢慢的看着就是了。太太才说了，找我老子娘去。我看他南京找去！"平儿道："你的父母都在南京看房子，没上来，终究也寻得着。现在还有你哥哥嫂子在这里。可惜你是这里的家生女儿，不如我们两个人是单在这里。"鸳鸯道："家生女儿怎么样？'牛不吃水强按头'？我不愿意，难道杀我的老子娘不成！"

正说着，只见他嫂子从那边走来。袭人道："当时找不着你的爹娘，一定和你嫂子说了。"鸳鸯道："这个娼妇，专管是个'九国贩骆驼的'，听了这话，他有个不奉承去的！"说话之间，已来到跟前。他嫂子笑道："那里没找到，姑娘跑了这里来！你跟了我来，我和你说话。"平儿、袭人都忙让坐。他嫂子说："姑娘们请坐，我找我们姑娘说句话。"袭人、平儿都装不知道，笑道："什么这样忙？我们这里猜谜儿，赢手批子打呢，等猜了这个再去。"鸳鸯道："什么话？你说罢。"她嫂子笑道："你跟我来，到那里我告诉你，横竖有好话儿。"鸳鸯道："可是大太太和你说的那话？"他嫂子笑道："姑娘既知道，还奈何我！快来，我细细的告诉你，可是天大的喜事！"

鸳鸯听说，立起身来，照他嫂子脸上下死劲啐了一口，指着他骂道："你快夹着屄嘴离了这里，好多着呢！什么'好话'！宋徽宗的鹰，赵子昂的马，都是好画儿。什么'喜事'！状元痘儿灌的浆又满是喜事。怪道成日家羡慕人家女儿作了小老婆，一家子都仗着她横行霸道的，一家子都成了小老婆了！看得眼热了，也把我送在火坑里去。我若得脸呢，你们在外头横行霸道，自己就封自己是舅爷了。我若不得脸，败了时，你们把忘八脖子一缩，生死由我去！"一面骂，一面哭，平儿、袭人拦着劝。她嫂子脸上下不来，因说道："愿意不愿意，你也好说，不犯着牵三挂四的。俗语说，'当着矮人，别说短话'。姑奶奶骂我，我不敢还言，这二位姑娘并没惹着你，'小老婆'长，'小老婆'短，人家脸上怎么过得去？"袭人、平儿忙道："你倒别这么说，他也并不是说我们，你倒别牵三挂四的。你听见那位太太，太爷们封我们做小老婆？况且我们两个也没有爹娘、哥哥、兄弟在这门子里仗着我们横行霸道的。他骂的人自有他骂的，我们犯不着多心。"鸳鸯道："他见我骂了她，她臊了，没得盖脸，又拿话挑唆你们两个，幸亏你们两个明白。原是我急了，也没分别出来，她就挑出这个空儿来。"他嫂子自觉没趣，赌气去了。

鸳鸯气得还骂，平儿袭人劝他一回，方罢了。平儿因问袭人道："你在那里藏着做甚么的？我们竟没看见你。"袭人道："我因为往四姑娘房里瞧我们宝二爷去的，谁知迟了一步，说是来家里来了。我疑惑怎么不遇见呢，想要往林姑娘家里找去，又遇见他的人说也没去。我这里正疑惑是出园子去了，可巧你从那里来了，我一闪，你也没看见。后来她又来了。我从这树后头走到山子石后，我却见你两个说话来了，谁知你们四个眼睛没见我。"

一语未了，又听身后笑道："四个眼睛没见你？你们六个眼睛竟没见我！"三人吓了一跳，回身一看，不是别个，正是宝玉走来。袭人先笑道："叫我好找，你那里来？"宝玉笑道："我从四妹妹那里出来，迎头看见你来了，我就知道是找我去的，我就藏了起来哄你。看你低着头过去了，进了院子，就出来了，逢人就问。我在那里好笑，只等你到了跟前，吓你一跳的，后来见你也藏藏躲躲的，我就知道也是要哄人了。我探头往前看了一看，却是他两个，所以我就绕到你身后。你出去，我就躲在你躲的那里了。"平儿笑道："咱们再往后找找去，只怕还找出两个人来，也未可知。"宝玉笑道："这可再没了。"鸳鸯已知话俱被宝玉听了，只伏在石头上装睡。宝玉推他笑道："这石头上冷，咱们回房里去睡，岂不好？"说着，拉起鸳鸯来，又忙让平儿来家坐吃茶。平儿和袭人都劝鸳鸯走，鸳鸯方立起身来，四人竟往怡红院来。宝玉将方才的话俱已听见，此时心中自然不快，只默默的歪在床上，任他三人在外间说笑。

外边邢夫人因问凤姐儿鸳鸯的父母，凤姐因回说："他爹的名字叫金彩，两口子都在南京看房子，从不大上京。他哥哥金文翔，现在是老太太那边的买办。他嫂子也是老太太那边浆洗的头儿。"邢夫人便命人叫了他嫂子金文翔媳妇来，细细说与他。金家媳妇自是喜欢，兴兴头头找鸳鸯，只望一说必妥，不想被鸳鸯抢白一顿，又被袭人，平儿说了几句，羞恼回来，便对邢夫人说："不中用，他倒骂了我一场。"因凤姐儿在旁，不敢提平儿，只说："袭人也帮着他抢白我，说了许多不知好歹的话，回不得主子的。太太和老爷商议再买罢。谅那小蹄子也没有这么大福，我们也没有这么大造化。"邢夫人听了，因说道："又与袭人什么相干？他们如何知道的？"又问："还有谁在跟前？"金家的道："还有平姑娘。"凤姐儿忙道："你不该拿嘴巴子打她回来？我一出了门，他就逛去了，回家来连一个影儿也摸不着她！他必定也帮着说什么呢！"金家的道："平姑娘没在跟前，远远的看着倒像是她，可也不真切，不过是我白忖度。"凤姐便命人去："快打了她来，告诉她我来家了，太太也在这里，请她来帮个忙儿。"丰儿忙上来回道："林姑娘打发了人下请字请了三四次，她才去了。奶奶一进门，我就叫她去的。林姑娘说：'告诉你奶奶，我烦她有事呢。'"凤姐儿听了，方罢，故意的还说"天天烦她，有些什么事！"

邢夫人无计，吃了饭回家，晚间告诉了贾赦。贾赦想了一想，即刻叫贾琏来，说："南京的房子还有人看着，不止一家，即刻叫上金彩来。"贾琏回道："上次南京信来，金彩已经得了痰迷心窍　，那边连棺材银子都赏了，不知如今是死是活，便是活着，人事不知，叫来也无用。他老婆子又是个聋子。"贾赦听了，喝了一声，又骂："下流囚攮的！偏你这么知道，还不离了我这里！"唬得贾琏退出，一时又叫传金文翔。贾琏在外书房伺候着，又不敢家去，又不敢见他父亲，只得听着。一时金文翔来了，小么儿们直带入二门里去，隔了五六顿饭的工夫，才出来去了。贾琏暂且不敢打听，隔了一会，又打听贾赦睡了，方才过来。至晚间，凤姐儿告诉他，方才明白。

鸳鸯一夜没睡，至次日，她哥哥回贾母，接她家去逛逛，贾母允了，命她出去。鸳鸯意欲不去，又怕贾母疑心，只得勉强出来。她哥哥只得将贾赦的话说与她，又许她怎么体面，又怎么当家作姨娘。鸳鸯只咬定牙不愿意。她哥哥无法，少不得去回覆了贾赦。贾赦怒起来，因说道："我这话告诉你，叫你女人向她说去，就说我的话：'自古嫦娥爱少年'，她必定嫌我老了，大约她恋着少爷们，多半是看上了宝玉，只怕也有贾琏。果有此心，叫她早早歇了心，我要她不来，以后谁还敢收？此是一件。第二件，想着老太太疼她，将来自然往外聘作正头夫妻去。叫她细想，凭她嫁到谁家，也难出我的手心。除非她死了，或是终身不嫁男人，我就服了她！若不然时，叫她趁早回心转意，有多少好处。"贾赦说一句，金文翔应一声"是"。贾赦道："你别哄我，我明儿还打发你太太过去问鸳鸯，你们说了，她不依，便没你们的不是。若问她，她再依了，仔细你的脑袋！"

金文翔忙应了又应，退出回家，也等不得告诉他女人转说，竟自己对面说了这话。把个鸳鸯气得无话可回，想了一想，便说道："我便愿意去，也须得你们带了我回声老太太去。"她哥嫂听了，只当回想过来，都喜之不胜。她嫂子即刻带了她上来见贾母。

可巧王夫人、薛姨妈、李纨、凤姐儿、宝钗等姊妹并外头的几个执事有头脸的媳妇，都在贾母跟前凑趣儿呢。鸳鸯喜之不尽，拉了她嫂子，到贾母跟前跪下，一行哭，一行说，把邢夫人怎么来说，园子里她嫂子又如何说，今儿她哥哥又如何说，"因为不依，方才大老爷索性说我恋着宝玉，不然要等着往外聘，我到天上，这一辈子也跳不出他的手心去，终究要报仇。我是横了心的，当着众人在这里，我这一辈子莫说是'宝玉'，便是'宝金''宝银''宝天王''宝皇帝'，横竖不嫁人就完了！就是老太太逼着我，我一刀抹死了，也不能从命！若有造化，我死在老太太之先，若没造化，该讨吃的命，服侍老太太归了西，我也不跟着我老子娘哥哥去，我或是寻死，或是剪了头发当尼姑去！若说我不是真心，暂且拿话来支吾，日后再图别的，天地鬼神，日头月亮照着嗓子，从嗓子里头长疔烂了出来，烂化成酱在这里！"原来她一进来时，便袖了一把剪子，一面说着，一面左手打开头发，右手便铰。众婆娘丫鬟忙来拉住，已剪下半绺来了。众人看时，幸而她的头发极多，铰得不透，连忙替她挽上。

贾母听了，气得浑身乱战，口内只说："我通共剩了这么一个可靠的人，他们还要来算计！"因见王夫人在旁，便向王夫人道："你们原来都是哄我的！外头孝敬，暗地里盘算我。有好东西也来要，有好人也来要，剩了这么个毛丫头，见我待她好了，你们自然气不过，弄开了她，好摆弄我！"王夫人忙站起来，不敢还一言。薛姨妈见连王夫人怪上，反不好劝的了。李纨一听见鸳鸯的话，早带了姊妹们出去。探春有心的人，想王夫人虽有委曲，如何敢辩，薛姨妈也是亲姊妹，自然也不好辩的，宝钗也不便为姨母辩，李纨、凤姐、宝玉一概不敢辩，这正用着女孩儿之时，迎春老实，惜春小，因此，窗外听了一听，便走进来陪笑向贾母道："这事与太太什么相干？老太太想一想，也有大伯子要收屋里的人，小婶子如何知道？便知道，也推不知道。"

犹未说完，贾母笑道："可是我老糊涂了！姨太太别笑话我。你这个姐姐她极孝顺我，不像我那大太太一味怕老爷，婆婆跟前不过应景儿。可是委屈了她。"薛姨妈只答应"是"，又说："老太太偏心，多疼小儿子媳妇，也是有的。"贾母道："不偏心！"因又说："宝玉，我错怪了你娘，你怎么也不提我，看着你娘受委屈？"宝玉笑道："我偏着娘说大爷大娘不成？通共一个不是，我娘在这里不认，却推给谁去？我倒要认是我的不是，老太太又不信。"贾母笑道："这也有理。你快给你娘跪下，你说：太太别委屈了，老太太有年纪了，看着宝玉罢。"宝玉听了，忙走过去，便跪下要说，王夫人忙笑着拉他起来，说："快起来，快起来，断乎使不得。终不成你替老太太给我赔不是不成？"宝玉听说，忙站起来。贾母又笑道："凤姐儿也不提我。"

凤姐儿笑道："我倒不派老太太的不是，老太太倒寻上我了？"贾母听了，与众人都笑道："这可奇了！倒要听听这不是。"凤姐儿道："谁教老太太会调理人，调理的水葱儿似的，怎么怨得人要？我幸亏是孙子媳妇，若是孙子，我早要了，还等到这会子呢。"贾母笑道："这倒是我的不是了？"凤姐儿笑道："自然是老太太的不是了。"贾母笑道："这样，我也不要了，你带了去罢！"凤姐儿道："等着修了这辈子，来生托生男人，我再要罢。"贾母笑道："你带了去，给琏儿放在屋里，看你那没脸的公公还要不要了！"凤姐儿道："琏儿不配，就只配我和平儿这一对烧煳了的卷子和他混罢。"说的众人都笑起来了。

丫鬟回说："大太太来了。"王夫人忙迎了出去。要知端详，下回分解。

第 47 回 呆霸王调情遭苦打 冷郎君惧祸走他乡

话说王夫人听见邢夫人来了，连忙迎了出去。邢夫人犹不知贾母已知鸳鸯之事，正还要来打听信息，进了院门，早有几个婆子悄悄的回了她，她方知道。待要回去，里面已知，又见王夫人接了出来，少不得进来，先与贾母请安，贾母一声儿不言语，自己也觉得愧悔。凤姐儿早指一事迴避了。鸳鸯也自回房去生气。薛姨妈、王夫人等恐碍着邢夫人的脸面，也都渐渐的退了。邢夫人且不敢出去。

贾母见无人，方说道："我听见你替你老爷说媒来了。你倒也三从四德，只是这贤慧也太过了！你们如今也是孙子儿子满眼了，你还怕他，劝两句都使不得？还由着你老爷性儿闹。"邢夫人满面通红，回道："我劝过几次不依。老太太还有什么不知道呢，我也是不得已儿。"贾母道："他逼着你杀人，你也杀去？如今你也想想，你兄弟媳妇本来老实，又生得多病多痛，上上下下哪不是她操心？你一个媳妇虽然帮着，也是天天"丢下笆儿弄扫帚"。凡百事情，我如今都自己减了。她们两个就有一些不到的去处，有鸳鸯，那孩子还心细些，我的事情，她还想着一点子，该要去的，她就要了来，该添什么，他就度空儿告诉他们添了。鸳鸯再不这样，他娘儿两个，里头外头，大的小的，那里不忽略一件半件？我如今反倒自己操心去不成？还是天天盘算，和你们要东西去？我这屋里有的没的，剩了他一个，年纪也大些，我凡百的脾气性格儿，他还知道些。二则他还投主子们的缘法，也并不指着我和这位太太要衣裳去，又和那位奶奶要银子去。所以这几年，一应事情，他说什么，从你小婶和你媳妇起，以至家下大大小小，没有不信的。所以不单我得靠，连你小婶、媳妇也都省心。我有了这么个人，便是媳妇和孙子媳妇有想不到的，我也不得缺了，也没气可生了。这会子他去了，你们弄个什么人来我使？你们就弄她那么一个真珠的人来，不会说话也无用。我正要打发人和你老爷说去，他要什么人，我这里有钱，叫他只管一万八千的买，就只这个丫头不能。留下她服侍我几年，就比他日夜服侍我尽了孝的一般。你来得巧，你就去说，更妥当了。"

说毕，命人来："请了姨太太、你姑娘们来说个话儿，才高兴，怎么又都散了！"丫头们忙答应着去了。众人忙赶的又来。只有薛姨妈向丫鬟道："我才来了，又作什么去？你就说我睡了觉了。"那丫头道："好亲亲的姨太太，姨祖宗！我们老太太生气呢，你老人家不去，没个开交了，只当疼我们罢！你老人家嫌乏，我背了你老人家去。"薛姨妈笑道："小鬼头儿，你怕些什么？不过骂几句完了。"说着，只得和这小丫头子走来。贾母忙让坐，又笑道："咱们斗牌罢。姨太太的牌也生，咱们一处坐着，别叫凤丫头混了我们去。"薛姨妈笑道："正是呢，老太太替我看着些儿。就是咱们娘儿四个斗呢，还是再添个呢？"王夫人笑道："可不只四个。"凤姐儿道："再添一个人热闹些。"贾母道："叫鸳鸯来，叫他在这下手里坐着。姨太太眼花了，咱们两个的牌都叫他瞧着些儿。"凤姐儿叹了一声，向探春道："你们知书识字的，倒不学算命！"探春道："这又奇了。这会子你倒不打点精神赢老太太几个钱，又想算命。"凤姐儿道："我正要算算命今儿该输多少呢，我还想赢呢！你瞧瞧，场子没上，左右都埋伏下了。"说得贾母、薛姨妈都笑起来。

一时鸳鸯来了，便坐在贾母下手，鸳鸯之下便是凤姐儿。铺下红毡，洗牌告么，五人起牌。斗了一回，鸳鸯见贾母的牌已十严，只等一张二饼，便递了暗号与凤姐儿。凤姐儿正该发牌，便故意踌躇了半晌，笑道："我这一张牌定在姨妈手里扣着呢。我若不发这一张，再顶不下来的。"薛姨妈道："我手里并没有你的牌。"凤姐儿道："我回来是要查的。"薛姨妈道："你只管查。你且发下来，我瞧瞧，是张什么。"凤姐儿便送在薛姨妈跟前。薛姨妈一看，是个二饼，便笑道："我倒不稀罕它，只怕老太太满了。"凤姐儿听了，忙笑道："我发错了。"贾母笑得已掷下牌来，说："你敢拿回去！谁叫你错的不成？"凤姐儿道："可是我要算一算命呢？这是自己发的，也怨埋伏！"贾母笑道："可是呢，你自己该打着你那嘴，问着你自己才是。"又向薛姨妈笑道："我不是小器爱赢钱，原是个彩头儿。"薛姨妈笑道："可不是这样，那里有那样糊涂人说老太太爱钱呢？"

凤姐儿正数着钱，听了这话，忙又把钱穿上了，向众人笑道："够了我的了。竟不为赢钱，单为赢彩头儿。我到底小器，输了就数钱，快收起来罢。"贾母规矩是鸳鸯代洗牌，因和薛姨妈说笑，不见鸳鸯动手，贾母道："你怎么恼了，连牌也不替我洗？"鸳鸯拿起牌来，笑道："二奶奶不给钱。"贾母道："他不给钱，那是他交运了。"便命小丫头子："把她那一吊钱都拿过来！"小丫头子真就拿了，搁在贾母旁边。凤姐儿忙笑道："赏我罢！我照数儿给就是了。"薛姨妈笑道："果然是凤丫头小器，不过是玩儿罢了。"凤姐听说，便站起来，拉着薛姨妈，回头指着贾母素日放钱的一个木匣子，笑道："姨妈瞧瞧，那个里头不知玩了我多少去了！这一吊钱玩不了半个时辰，那里头的钱就招手儿叫它了。只等把这一吊也叫进去了，牌也不用斗了，老祖宗的气也平了，又有正经事差我办去了。"话说未完，引的贾母众人笑个不住。偏有平儿怕钱不够，又送了一吊来。凤姐儿道："不用放在我跟前，也放在老太太的那一处罢。一齐叫进去，倒省事，不用做两次，叫箱子里的钱费事。"贾母笑得手里的牌撒了一桌子，推着鸳鸯，叫："快撕她的嘴！"

平儿依言放下钱，也笑了一回，方回来。至院门前，遇见贾琏，问她"太太在那里呢？老爷叫我请过去呢。"平儿忙笑道："在老太太跟前呢，站了这半日，还没动呢。趁早儿丢开手罢。老太太生了半日气，这会子亏二奶奶凑了半日趣儿，才略好了些。"贾琏道："我过去，只说讨老太太的示下，十四往赖大家去不去，好预备轿子。又请了太太，又凑了趣儿，岂不好？"平儿笑道："依我说，你竟不去罢。合家子连太太、宝玉都有了不是，这会子你又填限去了。"贾琏道："已经完了，难道还找补不成？况且与我又无干。二则老爷亲自吩咐我请太太的，这会子我打发了人去，倘或知道了，正没好气呢，指着这个拿我出气罢。"说着就走。平儿见他说得有理，也便跟了过来。

贾琏到了堂屋里，便把脚步放轻了，往里间探头，只见邢夫人站在那里。凤姐儿眼尖，先瞧见了，使眼色儿，不命他进来，又使眼色与邢夫人。邢夫人不便就走，只得倒了一碗茶来，放在贾母跟前。贾母一回身，贾琏不防，便没躲伶俐。贾母便问："外头是谁？倒像个小子一伸头。"凤姐儿忙起身说："我也恍惚看见一个人影儿，让我瞧瞧去。"一面说，一面起身出来。贾琏忙进去，陪笑道："打听老太太十四可出门？好预备轿子。"贾母道："既这么样，怎么不进来？又作鬼作神的。"贾琏陪笑道："见老太太玩牌，不敢惊动，不过叫媳妇出来问问。"贾母忙道："哪在这一时，等她家去，你问多少问不得？那一遭儿你这么小心来着！又不知是来作耳报神的，也不知是来作探子的，鬼鬼祟祟的，倒吓我一跳。什么好下流种子！你媳妇和我玩牌呢，还有半日的空儿，你家去再和那赵二家的商量治你媳妇去罢。"说着，众人都笑了。鸳鸯笑道："鲍二家的，老祖宗又拉上赵二家的。"贾母也笑道："可是，我哪里记得什么"抱"着"背"着的，提起这些事来，不由我不生气！我进了这门子，作重孙子媳妇起，到如今，我也有了重孙子媳妇了，连头带尾五十四年，凭着大惊大险、千奇百怪的事，也经了些，从没经过这些事。还不离了我这里呢！”

贾琏一声儿不敢说，忙退了出来。平儿站在窗外悄悄的笑道：“我说着你不听，到底碰在网里了。”正说着，只见邢夫人也出来，贾琏道：“都是老爷闹的，如今都搬在我和太太身上。”邢夫人道：“我把你没孝心、雷打的下流种子！人家还替老子死呢，白说了几句，你就抱怨了。你还不好好的呢，这几日生气，仔细他捶你！”贾琏道：“太太快过去罢，叫我来请了好半日了。”说着，送他母亲出来，过那边去。

邢夫人将方才的话只略说了几句，贾赦无法，又含愧，自此便告病，且不敢见贾母，只打发邢夫人及贾琏每日过去请安。只得又各处遣人购求寻觅，终久费了八百两银子买了一个十七岁的女孩子来，名唤嫣红，收在屋内。不在话下。

这里斗了半日牌，吃晚饭才罢。此一二日间无话。

展眼到了十四日，黑早，赖大的媳妇又进来请。贾母高兴，便带了王夫人薛姨妈及宝玉姊妹等，到赖大花园中坐了半日。那花园虽不及大观园，却也十分齐整宽阔，泉石林木，楼阁亭轩，也有好几处惊人骇目的。外面厅上，薛蟠、贾珍、贾琏、贾蓉并几个近族的，很远的就没来，贾赦也没来。赖大家内，也请了几个现任的官长并几个世家子弟作陪。因其中有个柳湘莲，薛蟠自上次会过一次，已念念不忘。又打听他最喜串戏，且串的都是生旦风月戏文，不免错会了意，误认他作了风月子弟，正要与他相交，恨没有个引进；这日可巧遇见，竟觉无可无不可。且贾珍等也慕他的名，酒盖住了脸，就求他串了两齣戏。下来，移席和他一处坐着，问长问短，说此说彼。

那柳湘莲原是世家子弟，读书不成，父母早丧，素性爽侠，不拘细事，酷好耍枪舞剑，赌博吃酒，以至眠花卧柳，吹笛弹筝，无所不为。因他年纪又轻，生得又美，不知他身份的人，却误认作优伶一类。那赖大之子赖尚荣与他素习交好，故他今日请来坐陪。不想酒后别人犹可，独薛蟠又犯了旧病。湘莲心中早已不快，得便意欲走开完事，无奈赖尚荣死也不放。赖尚荣又说：“方才宝二爷又嘱咐我，才一进门，虽见了，只是人多，不好说话，叫我嘱咐你，散的时候别走，他还有话说呢。你既一定要去，等我叫出他来，你两个见了再走，与我无干。”说着，便命小厮们到里头找一个老婆子，悄悄告诉：“请出宝二爷来。”那小厮去了没一盏茶时，果见宝玉出来了。赖尚荣向宝玉笑道：“好叔叔，把他交给你，我张罗人去了。”说着，一迳去了。

宝玉便拉了柳湘莲到厅侧小书房中坐下，问他：“这几日可到秦钟的坟上去了？”湘莲道：“怎么不去？前日我们几个人放鹰去，离他坟上还有二里。我想，今年夏天的雨水勤，恐怕他的坟站不住。我背着众人走去瞧了一瞧，果然又动了一点子。回家来就便弄了几百钱，第三日一早出去，雇了两个人，收拾好了。”宝玉道：“怪道呢！上月我们大观园的池子里结了莲蓬，我摘了十个，叫茗烟出去到坟上供他去，回来我也问他：‘可被雨冲坏了没有’。他说：‘不但不冲，且比上回又新了些’。我想着，不过是这几个朋友新筑了。我只恨我天天圈在家里，一点儿做不得主，行动就有人知道，不是这个拦，就是那个劝的，能说不能行。虽然有钱，又不由我使。”湘莲道：“这个事也用不着你操心，外头有我，你只心里有了就是。眼前十月初一，我已经打点下上坟的花销。你知道我一贫如洗，家里是没的积聚，纵有几个钱来，随手就光的，不如趁空儿留下这一份，省得到了跟前扎煞手。”宝玉道：“我也正为这个要打发茗烟找你，你又不大在家，知道你天天萍踪浪迹，没个一定的去处。”湘莲道：“这也不用找我。这个事不过各尽其道。眼前我还要出门去走走，外头逛个三年五载再回来。”宝玉听了，忙问道：“这是为何？”柳湘莲冷笑道：“你不知道我的心事，等到跟前你自然知道。我如今要别过了。”宝玉道：“好容易会着，晚上同散岂不好？”湘莲道：“你那令姨表兄还是那样，再坐着未免有事，不如我迴避了倒好。”宝玉想了一想，说道：“既是这样，倒是迴避他为是。只是你要果真远行，必须先告诉我一声，千万别悄悄的去了。”说着便滴下泪来。柳湘莲道：“自然要辞的。你只别和别人说就是。”说着便站起来要走，又道：“你就进去罢，不必送我。”

一面说，一面出了书房。刚至大门前，早遇见薛蟠在那里乱嚷乱叫说：“谁放了小柳儿走了！”柳湘莲听了，火星乱迸，恨不得一拳打死，复思酒后挥拳，又碍着赖尚荣的脸面，只得忍了又忍。薛蟠忽见他走出来，如得了珍宝，忙趔趄着上来，一把拉住，笑道：“我的兄弟，你往哪里去了？”湘莲道：“走走就来。”薛蟠笑道：“好兄弟，你一去都没兴了，好歹坐一坐，你就是疼我了。凭你有什么要紧的事，交给哥，你只别忙，有你这个哥，你要做官发财都容易。”

湘莲见他如此不堪，心中又恨又愧，早生一计，便拉他到避人之处，笑道：“你真心和我好，假心和我好呢？”薛蟠听这话，喜得心痒难挠，乜斜着眼，忙笑道：“好兄弟，你怎么问起我这话来？我要是假心，立刻死在眼前！”湘莲道：“既如此，这里不便。等坐一坐，我先走，你随后出来，跟到我下处，咱们替另喝一夜酒。我那里还有两个绝好的孩子，从没出门的。你可连一个跟的人也不用带，到了那里，服侍的人都是现成的。”薛蟠听如此说，喜得酒醒了一半，说：“果然如此？”湘莲道：“如何！人拿真心待你，你倒不信了！”薛蟠忙笑道：“我又不是呆子，怎么有个不信的呢！既如此，我又不认得，你先去了，我在哪里找你？”湘莲道：“我这下处在北门外头，你可舍得家，城外住一夜去？”薛蟠笑道：“有了你，我还要家做什么！”湘莲道：“既如此，我在北门外头桥上等你。咱们席上且吃酒去。你看我走了之后，你再走，他们就不留心了。”薛蟠听了，连忙答应。于是二人复又入席，饮了一回。那薛蟠难熬，只拿眼看湘莲，心内越想越乐，左一壶，右一壶，并不用人让，自己便吃了又吃，不觉酒已八九分了。

湘莲便起身出来，瞅人不防，去了，至门外，命小厮杏奴：“先家去罢，我到城外就来。”说毕，已跨马直出北门，桥上等候薛蟠。没顿饭时工夫，只见薛蟠骑着一匹大马，远远的赶了来，张着嘴，瞪着眼，头似拨浪鼓一般，不住左右乱瞧，及至从湘莲马前过去，只顾望远处瞧，不曾留心近处，反踩过去了。湘莲又是笑，又是恨，便也撒马随后赶来。薛蟠往前看时，渐渐人烟稀少，便又圈马回来再找，不想一回头见了湘莲，如获奇珍，忙笑道：“我说你是个再不失信的。”湘莲笑道：“快往前走，仔细人看见，跟了来，就不便了。”说着，先就撒马前去，薛蟠也紧紧的跟来。

湘莲见前面人迹已稀，且有一带苇塘，便下马，将马拴在树上，向薛蟠笑道：“你下来，咱们先设个誓，日后要变了心，告诉人去的，便应了誓。”薛蟠笑道：“这话有理。”连忙下了马，也拴在树上，便跪下说道：“我要日久变心，告诉人去的，天诛地灭！”一语未了，只听“嘡”的一声，颈后好似铁锤砸下来，只觉得一阵黑，满眼金星乱迸，身不由己便倒下来，湘莲走上来瞧瞧，知道他是个笨家，不惯捱打，只使了三分气力，向他脸上拍了几下，登时便开了果子铺。薛蟠先还要挣挫起来，又被湘莲用脚尖点了两点，仍旧跌倒，口内说道：“原是两家情愿，你不依，只好说，为什么哄出我来打我？”一面说，一面乱骂。湘莲道：“我把你瞎了眼的，你认认柳大爷是谁！你不说哀求，你还伤我！我打死你也无益，只给你个利害罢。”说着，便取了马鞭过来，从背至胫，打了三四十下。薛蟠酒已醒了大半，觉得疼痛难禁，不禁有“嗳哟”之声。湘莲冷笑道：“也只如此！我只当你是不怕打的。”一面说，一面又把薛蟠的左腿拉起来，朝苇中泞泥处拉了几步，滚得满身泥水，又问道：“你可认得我了？”薛蟠不应，只伏着哼哼。湘莲又掷下鞭子，用拳头向他身上擂了几下。薛蟠便乱滚乱叫，说：“肋条折了。我知道你是正经人，因为我错听了旁人的话了。”湘莲道：“不用拉别人，你只说现在的。”薛蟠道：“现在没什么说的。不过你是个正经人，我错了。”湘莲道：“还要说软些才饶你。”薛蟠哼哼着道：“好兄弟。”湘莲便又一拳。薛蟠“嗳”了一声道：“好哥哥。”湘莲又连两拳；薛蟠忙“嗳哟”叫道：“好老爷，饶了我这没眼睛的瞎子罢！从今以后，我敬你怕你了。”湘莲道：“你把那水喝两口。”薛蟠一面听了，一面皱眉道：“那水脏得很，怎么喝得下去！”湘莲举拳就打。薛蟠忙道：“我喝……喝。”说着，只得俯头向苇根下喝了一口，犹未咽下去，只听“哇”的一声，把方才吃的东西都吐了出来。湘莲道：“好脏东西，你快吃尽了，饶你。”薛蟠听了，叩头不迭，道：“好歹积阴功饶我罢！这至死不能吃的。”湘莲道：“这样气息，倒熏坏了我。”说着，丢下薛蟠，便牵马认镫去了。这里薛蟠见他已去，方放下心来，后悔自己不该误认了人。待要挣挫起来，无奈遍身疼痛难禁。

谁知贾珍等席上忽不见了他两个，各处寻找不见。有人说：“恍惚出北门去了。”薛蟠的小厮们素日是惧他的，他吩咐不许跟去，谁还敢找去？后来还是贾珍不放心，命贾蓉带着小厮们寻踪问迹的直找出北门，下桥二里多路，忽见苇坑边薛蟠的马拴在那里。众人都道：“可好了！有马必有人。”一齐来至马前，只听苇中有人呻吟。大家忙走来一看，只见薛蟠衣衫零碎，面目肿破，没头没脸，遍身内外，滚的似个泥猪一般。贾蓉心内已猜着九分了，忙下马，令人搀了出来，笑道：“薛大叔天天调情，今儿调到苇子坑里来了。必定是龙王爷也爱上你风流，要你招驸马去，你就碰到龙犄角上了。”薛蟠羞得恨没地缝儿钻进去，哪里爬得上马去？贾蓉只得命人赶到关厢里雇了一乘小轿子，薛蟠坐了，一齐进城。贾蓉还要抬往赖家去赴席，薛蟠百般央告，又命他不要告诉人，贾蓉方依允了，让他各自回家。贾蓉仍往赖家回复贾珍，并说方才形景。贾珍也知为湘莲所打，也笑道：“他须得吃个亏才好。”至晚散了，便来问候。薛蟠自在卧房将养，推病不见。

贾母等回来，各自归家时，薛姨妈与宝钗见香菱哭得眼睛肿了。问其原故，忙赶来瞧薛蟠时，脸上身上虽有伤痕，并未伤筋动骨。薛姨妈又是心疼，又是发恨，骂一回薛蟠，又骂一回柳湘莲，意欲告诉王夫人，遣人寻拿柳湘莲。宝钗忙劝道：“这不是什么大事，不过他们一处吃酒，酒后反脸常情。谁醉了，多挨几下子打，也是有的。况且咱们家的无法无天，也是人所共知的。妈不过是心疼的缘故。要出气也容易，等三五天哥哥养好了出得去时，那边珍大爷、琏二爷这干人也未必白丢开了，自然备个东道，叫了那个人来，当着众人替哥哥赔不是认罪就是了。如今妈先当件大事告诉众人，倒显得妈偏心溺爱，纵容他生事招人，今儿偶然吃了一次亏，妈就这样兴师动众，倚着亲戚之势，欺压常人。”薛姨妈听了道：“我的儿，到底是你想得到，我一时气糊涂了。”宝钗笑道：“这才好呢。他又不怕妈，又不听人劝，一天纵似一天，吃过两三个亏，他倒罢了。”

薛蟠睡在炕上痛骂柳湘莲，又命小厮们去拆他的房子，打死他，和他打官司。薛姨妈禁住小厮们，只说柳湘莲一时酒后放肆，如今酒醒，后悔不及，惧罪逃走了。薛蟠听见如此说了，气方渐平。要知端详，且听下回分解。

第 48 回 滥情人情误思游艺 慕雅女雅集苦吟诗

且说薛蟠听见柳湘莲逃走，气方渐平。三五日后，疼痛虽愈，伤痕未平，只装病在家，愧见亲友。

展眼已到十月，因有各铺面伙计内有算年帐要回家的，少不得家内治酒饯行。内有一个张德辉，年过六十，自幼在薛家当铺内揽总，家内也有二三千金的过活，今岁也要回家，明春方来。因说起“今年纸札香料短少，明年必是贵的。明年先打发大小儿上来当铺内照管照管，赶端阳前我顺路贩些纸札香扇来卖。除去关税花销，亦可以剩得几倍利息。”薛蟠听了，心中忖度：“如今我挨了打，正难见人，想着要躲个一年半载，又没处去躲。天天装病，也不是事。况且我长了这么大，文不文，武不武，虽说做买卖，究竟戥子，算盘从没拿过，地土风俗，远近道路又不知道，不如也打点几个本钱，和张德辉逛一年来。赚钱也罢，不赚钱也罢，且躲躲羞去。二则逛逛山水，也是好的。”心内主意已定，至酒席散后，便和张德辉说知，命他等一二日，一同前往。

晚间薛蟠告诉了他母亲。薛姨妈听了，虽是欢喜，但又恐他在外生事，花了本钱倒是末事，因此不命他去。只说“好歹你守着我，我还能放心些。况且也不用做这买卖，也不等着这几百银子来用。你在家里安分守己的，就强似这几百银子了。”薛蟠主意已定，那里肯依。只说：“天天又说我不知世事，这个也不知，那个也不学。如今我发狠把那些没要紧的都断了，如今要成人立事，学习着做买卖，又不准我了，叫我怎么样呢？我又不是个丫头，把我关在家里，何日是个了日？况且那张德辉又是个年高有德的，咱们和他是世交，我同他去，怎么得有舛错？我就一时半刻有不好的去处，他自然说我劝我。就是东西贵贱，行情他是知道的，自然色色问他，何等顺利，倒不叫我去。过两日我不告诉家里，私自打点了一走，明年发了财回家，那时才知道我呢。”说毕，赌气睡觉去了。

薛姨妈听他如此说，因和宝钗商议。宝钗笑道：“哥哥果然要经历正事，正是好的了。只是他在家时说着好听，到了外头旧病复犯，越发难拘束他了。但也愁不得许多。他若是真改了，是他一生的福。若不改，妈也不能又有别的法子。一半尽人力，一半听天命罢了。这么大人了，若只管怕他不知世路，出不得门，干不得事，今年关在家里，明年还是这个样儿。他既说的名正言顺，妈就打量着丢了八百、一千银子，竟交与他拭一拭。横竖有伙计们帮着，也未必好意思哄骗他的。二则他出去了，左右没有助兴的人，又没了倚仗的人，到了外头，谁还怕谁，有了的吃，没了的饿着，举眼无靠，他见这样，只怕比在家里省了事也未可知。”薛姨妈听了，思忖半晌，说道：“倒是你说得是。花两个钱，叫他学些乖来也值了。”商议已定，一宿无话。

至次日，薛姨妈命人请了张德辉来，在书房中命薛蟠款待酒饭，自己在后廊下，隔着窗子，向里千言万语嘱托张德辉照管薛蟠。张德辉满口应承，吃过饭告辞，又回说：“十四日是上好出行日期，大世兄即刻打点行李，僱下骡子，十四一早就长行了。”薛蟠喜之不尽，将此话告诉了薛姨妈。薛姨妈便和宝钗、香菱并两个老年的嬷嬷，连日打点行装，派下薛蟠之乳父老苍头一名，当年谙事旧仆二名，外有薛蟠随身常使小厮二人，主仆一共六人，僱了三辆大车，单拉行李使物，又僱了四个长行骡子。薛蟠自骑一匹家内养的铁青大走骡，外备一匹坐马。诸事完毕，薛姨妈、宝钗等连夜劝戒之言，自不必备说。

至十三日，薛蟠先去辞了他母舅，然后过来辞了贾宅诸人。贾珍等未免又有饯行之说，也不必细述。至十四日一早，薛姨妈、宝钗等直同薛蟠出了仪门，母女两个四只泪眼看他去了，方回来。

薛姨妈上京带来的家人不过四五房，并两三个老嬷嬷、小丫头，今跟了薛蟠一去，外面只剩了一两个男子。因此薛姨妈即日到书房，将一应陈设玩器并帘幔等物，尽行搬了进来收贮，命那两个跟去的男子之妻一併也进来睡觉。又命香菱将他屋里也收拾严紧，“将门锁了，晚间和我去睡。”宝钗道：“妈既有这些人作伴，不如叫菱姐姐和我作伴去。我们园里又空，夜长了，我每夜作活，越多一个人，岂不越好？”薛姨妈听了，笑道：“正是，我忘了，原该叫她同你去才是。我前日还同你哥哥说，文杏又小，道三不着两的，莺儿一个人，不够服侍的，还要买一个丫头来你使。”宝钗道：“买的不知底里，倘或走了眼，花了钱事小，没的淘气。倒是慢慢的打听着，有知道来历的，买个还罢了。”一面说，一面命香菱收拾了衾褥妆奁，命一个老嬷嬷并臻儿送至蘅芜苑去，然后宝钗和香菱才同回园中来。

香菱笑向宝钗道："我原要和奶奶说的，大爷去了，我和姑娘作伴儿去。又恐怕奶奶多心，说我贪着园里来顽，谁知你竟说了。"宝钗笑道："我知道你心里羡慕这园子不是一日两日了，只是没个空儿。就每日来一趟，慌慌张张的，也没趣儿。所以趁着机会，索性住上一年，我也多个作伴的，你也遂了心。"香菱笑道："好姑娘，趁着这个工夫，你教给我作诗罢。"宝钗笑道："我说你'得陇望蜀'呢。我劝你今儿头一日进来，先出园东角门，从老太太起，各处各人你都瞧瞧，问候一声儿，也不必特意告诉他们说搬进园来。若有提起因由的，你只带口说我带了你进来作伴儿就完了。回来进了园，再到各姑娘房里走走。"

香菱应着，才要走时，只见平儿忙忙的走来。香菱忙问了好，平儿只得陪笑相问。宝钗因向平儿笑道："我今儿带了他来作伴儿，正要去回你奶奶一声儿。"平儿笑道："姑娘说的是那里话？我竟没话答言了。"宝钗道："这才是正理。店房也有个主人，庙里也有个住持，虽不是大事，到底告诉一声，便是园里坐更上夜的人，知道添了她两个，也好关门候户的了。你回去告诉一声罢，我不打发人说去了。"平儿答应着，因又向香菱笑道："你既来了，也不拜一拜街坊邻舍去？"宝钗笑道："我正叫他去呢。"平儿道："你且不必往我们家去，二爷病了，在家里呢。"香菱答应着去了，先从贾母处来，不在话下。

且说平儿见香菱去了，便拉宝钗悄说道："姑娘可听见我们的新闻了？"宝钗道："我没听见新闻。因连日打发我哥哥出门，所以你们这里的事，一概也不知道，连姊妹们这两日也没见。"平儿笑道："老爷把二爷打了个动不得，难道姑娘就没听见？"宝钗道："早起恍惚听见了一句，也信不真。我也正要瞧你奶奶去呢，不想你来了。又是为了什么打他？"平儿咬牙骂道："都是那贾雨村什么风村，半路途中哪里来的饿不死的野杂种！认了不到十年，生了多少事出来！今年春天，老爷不知在哪个地方看见了几把旧扇子，回家来，看家里所有收着的这些好扇子都不中用了，立刻叫人各处搜求。谁知就有一个不知死的冤家，混号儿世人叫他作石呆子，穷的连饭也没得吃，偏他家就有二十把旧扇子，死也不肯拿出大门来。二爷好容易烦了多少情，见了这个人，说之再三，他把二爷请到他家里坐着，拿出这扇子，略瞧了一瞧。据二爷说，原是不能再有的，全是湘妃、棕竹、麋鹿、玉竹的，皆是古人写画真迹，回来告诉了老爷。老爷便叫买他的，要多少银子给他多少。偏那石呆子说：'我饿死冻死，一千两银子一把，我也不卖！'老爷没法子，天天骂二爷没能为。已经许了他五百两，先兑银子，后拿扇子。他只是不卖，只说：'要扇子先要我的命！'姑娘想想，这有什么法子？谁知雨村那没天理的听见了，便设了个法子，讹他拖欠了官银，拿他到衙门里去，说：所欠官银，变卖家产赔补，把这扇子抄了来，作了官价，送了来。那石呆子如今不知是死是活。老爷拿着扇子，问着二爷说：'人家怎么弄了来？'二爷只说了一句：'为这点子小事，弄得人坑家败业，也不算什么能为！'老爷听了，就生了气，说二爷拿话堵老爷，因此这是第一件大的。这几日还有几件小的，我也记不清，所以都凑在一处，就打起来了。也没拉倒用板子棍子，就站着，不知拿什么，混打了一顿，脸上打破了两处。我们听见姨太太这里有一种丸药，上棒疮的，姑娘快寻一丸子给我，家去给他上。"宝钗听了，忙命莺儿去要了一丸来与平儿。宝钗道："既这样，替我问候罢，我就不去了。"平儿答应着去了，不在话下。

且说香菱见过众人之后，吃过晚饭，宝钗等都往贾母处去了，自己便往潇湘馆中来。此时，黛玉已好了大半，见香菱也进园来住，自是欢喜。香菱因笑道："我这一进来了，也得了空儿，好歹教给我作诗，就是我的造化了！"黛玉笑道："既要作诗，你就拜我为师。我虽不通，大略也还教得起你。"香菱笑道："果然这样，我就拜你为师。你可不许腻烦的。"黛玉道："什么难事，也值得去学！不过是起、承、转、合，当中承、转是两副对子，平声对仄声，虚的对虚的，实的对实的，若是果有了奇句，连平仄虚实不对都使得的。"香菱笑道："怪道我常弄一本旧诗，偷空儿看一两首，又有对得极工的，又有不对的，又听见说'一三五不论，二四六分明'。看古人的诗上，亦有顺的，亦有二四六上错了的，所以天天疑惑。如今听你一说，原来这些格调规矩，竟是末事，只要词句新奇为上。"黛玉道："正是这个道理，词句究竟还是末事，第一立意要紧。若意趣真了，连词句不用修饰，自是好的，这叫做'不以词害意'。"

香菱笑道："我只爱陆放翁的诗'重帘不卷留香久，古砚微凹聚墨多'，说的真有趣！"黛玉道："断不可看这样的诗。你们因不知诗，所以见了这浅近的就爱，一入了这个格局，再学不出来的。你只听我说，你若真心要学，我这里有《王摩诘全集》，你且把他的五言律读一百首，细心揣摩透熟了，然后再读一二百首老杜的七言律，次再李青莲的七言绝句读一二百首。肚子里先有了这三个人作了底子，然后再把陶渊明、应瑒，谢、阮、庾、鲍等人的一看。你又是一个极聪敏伶俐的人，不用一年的工夫，不愁不是诗翁了！"香菱听了，笑道："既这样，好姑娘，你就把这书给我拿出来，我带回去，夜里念几首也是好的。"黛玉听说，便命紫娟将王右丞的五言律拿来，递与香菱，又道："你只看有红圈的都是我选的，有一首，念一首。不明白的，问你姑娘；或者遇见我，我讲与你就是了。"香菱拿了诗，回至蘅芜苑中，诸事不顾，只向灯下一首一首的读起来。宝钗连催她数次睡觉，她也不睡。宝钗见她这般苦心，只得随他她去了。

一日，黛玉方梳洗完了，只见香菱笑吟吟的送了书来，又要换杜律。黛玉笑道："共记得多少首？"香菱笑道："凡红圈选的，我尽读了。"黛玉道："可领略了些滋味没有？"香菱笑道："领略了些滋味，不知可是不是，说与你听听。"黛玉笑道："正要讲究讨论，方能长进。你且说来我听。"香菱笑道："据我看来，诗的好处，有口里说不出来的意思，想去却是逼真的。有似乎无理的，想去竟是有理有情的。"黛玉笑道："这话有了些意思，但不知你从何处见得？"香菱笑道："我看他《塞上》一首，那一联云：'大漠孤烟直，长河落日圆。'想来烟如何直？日自然是圆的：这'直'字似无理，'圆'字似太俗。合上书一想，倒像是见了这景的。若说再找两个字换这两个，竟再找不出两个字来。再还有：'日落江湖白，潮来天地青'：这'白''青'两个字也似无理。想来，必得这两个字才形容得尽，念在嘴里，倒像有几千斤重的一个橄榄。还有'渡头余落日，墟里上孤烟'：这'余'字和'上'字，难为他怎么想来！我们那年上京来，那日下晚便湾住船，岸上又没有人，只有几棵树，远远的几家人家作晚饭，那个烟竟是碧青，连云直上。谁知我昨日晚上读了这两句，倒像我又到了那个地方去了。"

正说着，宝玉和探春也来了，也都入座听他讲诗。宝玉笑道："既是这样，也不用看诗。会心处不在多，听你说了这两句，可知'三昧'你已得了。"黛玉笑道："你说他这'上孤烟'好，你还不知他这一句还是套了前人的来。我给你这一句瞧瞧，更比这个澹而现成。"说着便把陶渊明的"暖暖远人村，依依墟里烟"翻了出来，递与香菱。香菱瞧了，点头叹赏，笑道："原来'上'字是从'依依'两个字上化出来的。"宝玉大笑道："你已得了，不用再讲，越发倒学杂了。你就作起来，必是好的。"探春笑道："明儿我补一个柬来，请你入社。"香菱笑道："姑娘何苦打趣我，我不过是心里羡慕，才学着玩罢了。"探春黛玉都笑道："谁不是玩？难道我们是认真作诗呢！若说我们认真成了诗，出了这园子，把人的牙还笑掉了呢。"宝玉道："这也算自暴自弃了。前日我在外头和相公们商议画儿，他们听见咱们起诗社，求我把稿子给他们瞧瞧。我就写了几首给他们看看，谁不真心叹服！他们都抄了刻去了。"探春、黛玉忙问道："这是真话么？"宝玉笑道："说慌的是那架上的鹦哥。”黛玉、探春听说，都道：“你真真胡闹！且别说那不成诗，便是成诗，我们的笔墨，也不该传到外头去。”宝玉道：“这怕什么！古来闺阁中的笔墨不要传出去，如今也没有人知道了。”

说着，只见惜春打发了入画来请宝玉，宝玉方去了。香菱又逼着黛玉换出杜律来，又央黛玉、探春二人：“出个题目，让我诌去，诌了来，替我改正。”黛玉道：“昨夜的月最好，我正要诌一首，竟未诌成，你竟作一首来。‘十四寒’的韵，由你爱用那几个字去。”香菱听了，喜得拿回诗来，又苦思一回，作两句诗，又舍不得杜诗，又读两首。如此茶饭无心，坐卧不定。宝钗道：“何苦自寻烦恼！都是颦儿引的你，我和她算帐去。你本来呆头呆脑的，再添上这个，越发成个呆子了。”香菱笑道：“好姑娘，别混我。”一面说，一面作了一首，先与宝钗看。宝钗看了，笑道：“这个不好，不是这个作法。你别怕臊，只管拿了给她瞧去，看她是怎么说。”香菱听了，便拿了诗找黛玉。黛玉看时，只见写道是：

月挂中天夜色寒，清光皎皎影团团。诗人助兴常思玩，野客添愁不忍观。翡翠楼边悬玉镜，珍珠帘外挂冰盘。良宵何用烧银烛，晴彩辉煌映画栏。

黛玉笑道：“意思却有，只是措词不雅。皆因你看的诗少，被它缚住了。把这首丢开，再作一首，只管放开胆子去作。”

香菱听了，默默的回来，索性连房也不入，只在池边树下，或坐在山石上出神，或蹲在地下抠土，来往的人都诧异。李纨、宝钗、探春、宝玉等听得此信，都远远的站在山坡上瞧着她。只见她皱一回眉，又自己含笑一回。宝钗笑道：“这个人定要疯了！昨夜嘟嘟哝哝，直闹到五更天才睡下，没一顿饭的工夫，天就亮了。我就听见他起来了，忙忙碌碌梳了头，就找颦儿去。一回来了，呆了一日，作了一首又不好，这会子自然另作呢。”宝玉笑道：“这正是‘地灵人杰’，老天生人，再不虚赋情性的。我们成日叹说可惜他这么个人竟俗了，谁知到底有今日！可见天地至公。”宝钗听了，笑道：“你能够像她这苦心就好了，学什么有个不成的？”宝玉不答。

只见香菱兴兴头头的，又往黛玉那边去了。探春笑道：“咱们跟了去，看他有些意思没有。”说着，一齐都往潇湘馆来。只见黛玉正拿着诗和他讲究。众人因问黛玉：‘作得如何？’。黛玉道：“自然算难为他了，只是还不好。这一首过于穿凿了，还得另作。”众人因要诗看时，只见作道：

非银非水映窗寒，拭看晴空护玉盘。澹澹梅花香欲染，丝丝柳带露初干。只

疑残粉涂金砌，恍若轻霜抹玉栏。梦醒西楼人迹绝，余容犹可隔帘看。

宝钗笑道：“不像吟月了，‘月’字底下添一个‘色’字倒还使得，你看，句句倒是月色。这也罢了，原来诗从胡说来，再迟几天就好了。”香菱自为这首妙绝，听如此说，自己扫了兴，不肯丢开手，便要思索起来。因见他姊妹们说笑，便自己走至阶前竹下闲步，挖心搜胆，耳不旁听，目不别视。一时，探春隔窗笑说道：“菱姑娘，你闲闲罢。”香菱怔怔答道：“‘闲’字是‘十五删’的，错了韵了。”众人听了，不觉大笑起来。宝钗道：“可真是诗魔了。都是颦儿引的她！”黛玉道：“圣人说，‘诲人不倦’，她又来问我，我岂有不说之理。”

李纨笑道：“咱们拉了他往四姑娘房里去，引他瞧瞧画儿，叫他醒一醒才好。”说着，真个出来拉了他过藕香榭，至暖香坞中。惜春正乏倦，在床上歪着睡午觉，画缯立在壁间，用纱罩着。众人唤醒了惜春，揭纱看时，十停方有了三停。香菱见画上有几个美人，因指着笑道：“这一个是我们姑娘，那一个是林姑娘。”探春笑道：“凡会作诗的都画在上头，你快学罢！”说着，玩笑了一回。

各自散后，香菱满心中还是想诗。至晚间，对灯出了一回神，至三更以后上床卧下，两眼鳏鳏，直到五更，方才朦胧睡去了。一时天亮，宝钗醒了，听了一听，她安稳睡了，心下想：“他翻腾了一夜，不知可作成了？这会子乏了，且别叫他。”正想着，只听香菱从梦中笑道：“可是有了！难道这一首还不好？”宝钗听了，又是可叹，又是可笑，连忙唤醒了她，问她：“得了什么？你这诚心都通了仙了。学不成诗，还弄出病来呢！”一面说，一面梳洗了，会同姊妹往贾母处来。原来香菱苦志学诗，精血诚聚，日间做不出，忽于梦中得了八句。梳洗已毕，便忙录出来，自己并不知好歹，便拿来又找黛玉。刚到沁芳亭，只见李纨与众姊妹方从王夫人处回来，宝钗正告诉她们，说他梦中作诗说梦话。众人正笑，抬头见她来了，便都争着要诗看，要知端详，且听下回分解。

第 49 回 琉璃世界白雪红梅 脂粉香娃割腥啖膻

话说香菱见众人正说笑，他便迎上去笑道：“你们看这一首。若使得，我便还学；若还不好，我就死了这作诗的心了。”说着，把诗递与黛玉及众人，看时，只见写道是：

精华欲掩料应难，影自娟娟魄自寒。一片砧敲千里白，半轮鸡唱五更残。绿蓑江上秋闻笛，红袖楼头夜倚栏。博得嫦娥应借问，缘何不使永团圆！

众人看了笑道：“这首不但好，而且新巧有意趣。可知俗语说‘天下无难事，只怕有心人。’社里一定请你了。”香菱听了，心下不信，料着是他们瞒哄自己的话，还只管问黛玉宝钗等。

正说之间，只见几个小丫头并老婆子忙忙的走来，都笑道：“来了好些姑娘、奶奶们，我们都不认得，奶奶、姑娘们快认亲去。”李纨笑道：“这是那里的话？你到底说明白了，是谁的亲戚？”那婆子、丫头都笑道：“奶奶的两位妹子都来了。还有一位姑娘，说是薛大姑娘的妹妹；还有一位爷，说是薛大爷的兄弟。我这会子请姨太太去呢，奶奶和姑娘们先上去罢。”说着，一迳去了。宝钗笑道：“我们薛蝌和他妹妹来了不成？”李纨也笑道：“我们婶子又上京来了不成？他们也不能凑在一处，这可是奇事。”大家纳闷，来至王夫人上房，只见乌压压一地的人。

原来邢夫人之兄嫂带了女儿岫烟进京来投邢夫人的，可巧凤姐之兄王仁也正进京，两亲家一处打帮来了。走至半路泊船时，正遇见李纨之寡婶，带着两个女儿——大名李纹，次名李绮，也上京。大家叙起来，又是亲戚，因此三家一路同行。后有薛蟠之从弟薛蝌，因当年父亲在京时，已将胞妹薛宝琴许配都中梅翰林之子为婚，正欲进京发嫁，闻得王仁进京，他也随后带了妹子赶来。所以今日会齐了，来访投各人亲戚。

于是大家见礼叙过，贾母、王夫人都欢喜非常。贾母因笑道：“怪道昨日晚上灯花爆了又爆，结了又结，原来应到今日。”一面叙些家常，一面收看带来的礼物，一面命留酒饭。凤姐儿自不必说，忙上加忙。李纨、宝钗自然和婶母姊妹叙离别之情。黛玉见了，先是欢喜，次后想起众人皆有亲眷，独自己孤单，无个亲眷，不免又去垂泪。宝玉深知其情，十分劝慰了一番方罢。

然后宝玉忙忙来至怡红院中，向袭人、麝月、晴雯等笑道：“你们还不快看人去！谁知宝姐姐的亲哥哥是那个样子，他这叔伯兄弟形容举止另是一样了，倒像是宝姐姐的同胞弟兄似的。更奇在你们成日家只说宝姐姐是绝色的人物，你们如今瞧瞧她

这妹子，更有大嫂嫂这两个妹子，我竟形容不出来了。老天，老天！你有多少精华灵秀，生出这些人上之人来！可知我井底之蛙，成日家只说现在的这几个人是有一无二的，谁知不必远寻，就是本地风光，一个赛似一个，如今我又长了一层学问了。除了这几个，难道还有几个不成？”一面说，一面自笑自叹。袭人见他又有些魔意，便不肯去瞧。晴雯等早去瞧了一遍回来，嘻嘻笑向袭人道：“你快瞧瞧去！大太太的一个侄女儿，宝姑娘一个妹妹，大奶奶两个妹妹，倒像一把子四根水葱儿。”

一语未了，只见探春也笑着进来找宝玉，因说道：“咱们的诗社可兴旺了。”宝玉笑道：“正是呢。这是你一高兴起诗社，所以鬼使神差来了这些人。但只一件，不知她们可学过作诗不曾？”探春道：“我才都问了问他们，虽是他们自谦，看光景没有不会的。便是不会也没难处，你看香菱就知道了。”袭人笑道：“她们说薛大姑娘的妹妹更好，三姑娘看着怎么样？”探春道：“果然的。据我看，连他姐姐并这些人总不及她。”袭人听了，又是诧异，又笑道：“这也奇了，还从哪里再寻好的去呢？我倒要瞧瞧去。”探春道：“老太太一见了，喜欢得无可不可的，已经逼着太太认了干女儿了。老太太要养活，才刚已经定了。”宝玉喜得忙问：“这果然的？”探春道：“我几时说过谎？”又笑道：“有了这个好孙女儿，就忘了你这个孙子了。”宝玉笑道：“这倒不妨，原该多疼女儿些才是正理。明儿十六，咱们可该起社了。”探春道：“林丫头刚起来了，二姐姐又病了，终是七上八下的。”宝玉道：“二姐姐又不大作诗，没有他又何妨。”探春道：“索性等几天，他们新来的混熟了，咱们邀上她们，岂不好？这会子大嫂子、宝姐姐心里自然没有诗兴的，况且湘云没来，颦儿才好了，人人不合式；不如等着云丫头来了，这几个新的也熟了，颦儿也大好了，大嫂子和宝姐姐心也闲了，香菱诗也长进了，如此邀一满社，岂不好？咱们两个如今且往老太太那里去听听，除宝姐姐的妹妹不算外，她一定是在咱们家住定了的。倘或那三个要不在咱们这里住，咱们央告着老太太留下她们，也在园子里住下，咱们岂不多添几个人，越发有趣了。”宝玉听了，喜的眉开眼笑，忙说道：“倒是你明白。我终久是个糊涂心肠，空喜欢一会子，却想不到这上头。”

说着，兄妹两个一齐往贾母处来。果然王夫人已认了宝琴作干女儿，贾母欢喜非常，连园中也不命住，晚上跟着贾母一处安寝。薛蝌自向薛蟠书房中住下。贾母便和邢夫人说：“你侄女儿也不必家去了，园里住几天逛逛再去。”邢夫人兄嫂家中原艰难，这一上京，原仗的是邢夫人与他们治房舍，帮盘缠，听如此说，岂不愿意。邢夫人便将岫烟交与凤姐。凤姐筹算得园中姊妹多，性情不一，且又不便另设一处，莫若送到迎春一处去，倘日后邢岫烟有些不遂意的事，纵然邢夫人知道了，与自己无干。从此后若邢岫烟家去住的日期不算，若在大观园住到一个月上，凤姐儿亦照迎春的月例送一分与岫烟。凤姐儿冷眼掂掇岫烟心性为人，竟不像邢夫人及她的父母一样，却是个极温厚可疼的人。因此凤姐儿反怜她家贫命苦，比别的姊妹多疼她些，邢夫人倒不大理论了。

贾母王夫人因素喜李纨贤惠，且年轻守节，令人敬服，今见他寡婶来了，便不肯令她外头去住。那李婶虽十分不肯，无奈贾母执意不从，只得带着李纹、李绮在稻香村住下来。

当下安插既定，谁知保龄侯史鼐又迁委了外省大员，不日要带了家眷去上任。贾母因舍不得湘云，便留下她了，接到家中。原要命凤姐儿另设一处与她住。史湘云执意不肯，只要与宝钗一处住，因此就罢了。

此时大观园中，比先更热闹了多少：李纨为首，余者迎春、探春、惜春、宝钗、黛玉、湘云、李纹、李绮、宝琴、邢岫烟，再添上凤姐儿和宝玉，一共十三个。叙起年庚，除李纨年纪最长，他十二个人，皆不过十五六七岁，或有这三个同年，或有那五个共岁，或有这两个同月同日，那两个同刻同时，所差者大半是时刻月分而已。连他们自己也不能记清谁长谁幼，一併贾母、王夫人及家中婆娘、丫鬟也不能细细分析，不过是“弟”“兄”“姊”“妹”四个字随便乱叫。

如今香菱正满心满意只想作诗，又不敢十分啰嗦宝钗，可巧来了个史湘云。那史湘云又是极爱说话的，哪里禁得起香菱又请教她谈诗，越发高了兴，没昼没夜高谈阔论起来。宝钗因笑道：“我实在聒噪得受不得了。一个女孩儿家，只管拿着诗作正经事讲起来，叫有学问的人听了反笑话，说不守本分。一个香菱没闹清，偏又添了你这么个话口袋子，满嘴里说的是什么：怎么是‘杜工部之沉郁，韦苏州之澹雅’，又怎么是‘温八叉之绮靡，李义山之隐僻’。放着两个现成的诗家不知道，提那些死人做什么！”湘云听了，忙笑问道：“是哪两个？好姐姐，你告诉我。”宝钗笑道：“呆香菱之心苦，疯湘云之话多。”湘云、香菱听了，都笑起来。

正说着，只见宝琴来了，披着一领斗篷，金翠辉煌，不知何物。宝钗忙问：“这是哪里的？”宝琴笑道：“因下雪珠儿，老太太找了这一件给我的。”香菱上来瞧道：“怪道这么好看，原来是孔雀毛织的。”湘云道：“那里是孔雀毛，就是野鸭子头上的毛作的。可见老太太疼你了，这样疼宝玉，也没给他穿。”宝钗道：“真俗语说‘各人有各人的缘法’。我也再想不到他这会子来，既来了，又有老太太这么疼他。”湘云道：“你除了在老太太跟前，就在园里来，这两处，只管玩笑吃喝。到了太太屋里，若太太在屋里，只管和太太说笑，多坐一回无妨；若太太不在屋里，你别进去，那屋里人多心坏，都是要害咱们的。”说的宝钗、宝琴、香菱、莺儿等都笑了。宝钗笑道：“说你没心，却又有心；虽然有心，到底嘴太直了。我们这琴儿就有些像你。你天天说要我作亲姐姐，我今儿竟叫你认他作亲妹妹罢了。”湘云又瞅了宝琴半日，笑道：“这一件衣裳也只配她穿，别人穿了，实在不配。”

正说着，只见琥珀走来，笑道：“老太太说了，叫宝姑娘别管紧了琴姑娘。他还小呢，让他爱怎么样就怎么样。要什么东西只管要去，别多心。”宝钗忙起身答应了，又推宝琴，笑道：“你也不知是哪里来的福气！你倒去罢，仔细我们委曲着你。我就不信我哪些儿不如你。”说话之间，宝玉黛玉都进来了，宝钗犹自嘲笑。湘云因笑道：“宝姐姐，你这话虽是玩话，却有人真心是这样想呢。”琥珀笑道：“真心恼的再没别人，就只是他。”口里说，手指着宝玉。宝钗、湘云都笑道：“他倒不是这样人。”琥珀又笑道：“不是他，就是她。”说着又指着黛玉。湘云便不则声。宝钗忙笑道：“更不是了。我的妹妹和她的妹妹一样。她喜欢得比我还疼呢，那里还恼？你信云儿混说。她的那嘴有什么实据！”

宝玉素习深知黛玉有些小性儿，且尚不知近日黛玉和宝钗之事，正恐贾母疼宝琴她心中不自在；今见湘云如此说了，宝钗又如此答，再审度黛玉声色亦不似往日，果然与宝钗之说相符，心中闷闷不解。因想：“他两个素日不是这样的，如今看来，竟更比他人好了十倍。”一时又见林黛玉赶着宝琴叫“妹妹”，并不提名道姓，直似亲姊妹一般。那宝琴年轻心热，且本性聪敏，自幼读书识字，今在贾府住了两日，大概人物已知。又见诸姊妹都不是那轻薄脂粉，且又和姐姐皆和契，故也不肯怠慢，其中又见林黛玉是个出类拔萃的，便更与黛玉亲敬异常。宝玉看着，只是暗暗的纳罕。

一时宝钗姊妹往薛姨妈房内去后，湘云往贾母处来，林黛玉回房歇着。宝玉便找了黛玉来，笑道：“我虽看了《西厢记》，也曾有明白的几句，说了取笑，你还曾恼过。如今想来，竟有一句不解，我念出来，你讲讲我听听。”黛玉听了，便知有文章，因笑道：“你念出来我听听。”宝玉笑道：“那《闹简》上有一句说得最好，‘是几时孟光接了梁鸿案？’这句最妙。‘孟光接了梁鸿案’这七个字，不过是现成的典，难为他这‘是几时’三个虚字，问得有趣。是几时接了？你说说我听听。”黛玉听了，禁不住也笑起来，因笑道：“这原问得好。他也问得好，你也问得好。”宝玉道：“先时你只疑我，如今你也没的说，我反落了单。”黛玉笑道：“谁知她竟真是个好人，我素日只当他藏奸。”因把说错了酒令起，连送燕窝病中所谈之事，细细告诉了宝玉。宝玉方知缘故，因笑道：“我说呢，正纳闷‘是几时孟光接了梁鸿案’，原来是从‘小孩儿家口没遮拦上’就接了案了。”

黛玉因又说起宝琴来，想起自己没有姊妹，不免又哭了。宝玉忙劝道：“这又自寻烦恼了。你瞧瞧，今年比旧年越发瘦了，你还不保养！每天好好的，你必是自寻烦恼哭一会子，才算完了这一天的事。”黛玉拭泪道：“近来我只觉心酸，眼泪却像比旧年少了些的。心里只管酸痛，眼泪却不多。”宝玉道：“这是你哭惯了，心里疑的，岂有眼泪会少的！”

正说着，只见他屋里的小丫头子送了猩猩毡斗篷来，又说：“大奶奶才打发人来说，下了雪，要商议明日请人作诗呢。”一语未了，只见李纨的丫头走来请黛玉。宝玉便邀着黛玉同往稻香村来。黛玉换上掐金挖云红香羊皮小靴，罩了一件大红羽纱面白狐皮里的鹤氅，束一条青金闪绿双环四合如意绦，头上罩了雪帽。二人一齐踏雪行来。只见众姊妹都在那边，都是一色大红猩猩毡与羽毛缎的斗篷，独李纨穿一件青哆罗呢对襟褂子，薛宝钗穿一件莲青斗纹锦上添花洋线番羓丝的鹤氅；邢岫烟仍是家常旧衣，并无避雪之衣。一时史湘云来了，穿着贾母与她的一件貂鼠脑袋面子、大毛黑灰鼠里子、里外发烧大褂子，头上带着一顶挖云鹅黄片金里、大红猩猩毡昭君套，又围着大貂鼠风领。黛玉先笑道：“你们瞧瞧，孙行者来了。她一般的也拿着雪褂子，故意装出个小骚达子来。”湘云笑道：“你们瞧瞧我里头打扮的。”一面说，一面脱了褂子。只见他里头穿着一件半新的靠色三镶领袖秋香色盘金五色绣龙窄褙小袖掩衿银鼠短袄，里面短短的一件水红装缎狐肷褶子，腰里紧紧束着一条蝴蝶结子长穗五色宫绦，脚下也穿着麀皮小靴，越显得蜂腰猿背，鹤势螂形。众人都笑道：“偏她只爱打扮成个小子的样儿，原比她打扮女儿更俏丽了些。”湘云道：“快商议作诗！我听听是谁的东家？”李纨道：“我的主意。想来昨儿的正日已过了，再等正日又太远，可巧又下雪，不如大家凑个社，又替她们接风，又可以作诗。你们意思怎么样？”宝玉先道：“这话很是。只是今日晚了，若到明儿晴了，又无趣。”众人看道：“这雪未必晴，纵晴了，这一夜下的也够赏了。”李纨道：“我这里虽好，又不如芦雪庵好。我已经打发人笼地炕去了，咱们大家拥炉作诗。老太太想来未必高兴，况且咱们小玩意儿，单给凤丫头个信儿就是了。你们每人一两银子就够了，送到我这里来。”指着香菱、宝琴、李纹、李绮、岫烟，“五个不算外，咱们里头二丫头病了不算，四丫头告了假也不算，你们四分子送了来，我包总五六两银子也尽够了。”宝钗等一齐应诺。因又拟题限韵，李纨笑道：“我心里自己定了，等到了明日临期，横竖知道。”说毕，大家又闲话了一回，方往贾母处来。本日无话。

到了次日一早，宝玉因心里记挂着这事，一夜没好生得睡，天亮了就爬起来。掀开帐子一看，虽门窗尚掩，只见窗上光辉夺目，心内早踌躇起来，埋怨定是晴了，日光已出。一面忙起来揭起窗屉，从玻璃窗内往外一看，原来不是日光，竟是一夜大雪，下的将有一尺多厚，天上仍是搓绵扯絮一般。宝玉此时欢喜非常，忙唤人起来，盥漱已毕，只穿一件茄色哆罗呢狐皮袄子，罩一件海龙皮小小鹰膀褂子，束了腰，披了玉针蓑，戴上金藤笠，登上沙棠屐，忙忙的往芦雪庵来。出了院门，四顾一望，并无二色，远远的是青松翠竹，自己却如装在玻璃盆内一般。于是走至山坡之下，顺着山脚，刚转过去，已闻得一股寒香拂鼻。回头一看，恰是妙玉门前，栊翠庵中有十数株红梅，如胭脂一般，映着雪色，分外显得精神，好不有趣！宝玉便立住，细细的赏玩一回方走。只见蜂腰板桥上一个人打着伞走来，是李纨打发了请凤姐儿去的人。

宝玉来至芦雪庵，只见丫鬟、婆子正在那里扫雪开径。原来这芦雪庵盖在傍山临水河滩之上，一带几间茅檐土壁，槿篱竹牖，推窗便可垂钓，四面都是芦苇掩覆，一条去径，逶迤穿芦度苇过去，便是藕香榭的竹桥了。众丫鬟、婆子见他披蓑戴笠而来，却笑道：“我们才说正少一个渔翁，如今果然全了。姑娘们吃了饭才来呢，你也太性急了！”宝玉听了，只得回来。刚至沁芳亭，见探春正从秋爽斋出来，围着大红猩猩毡斗篷，戴着观音兜，扶着小丫头，后面一个妇人打着青绸油伞。宝玉知他往贾母处去，便立在亭边，等她来到，二人一同出园前去。

宝琴正在里间房内梳洗更衣。一时众姊妹来齐，宝玉只嚷饿了，连连催饭。好容易等摆上饭来，头一样菜便是牛乳蒸羊羔。贾母便说：“这是我们有年纪的人的药，没见天日的东西，你们小孩子们吃不得。今儿另外有新鲜鹿肉，你们等着吃。”众人答应了。宝玉却等不得，只拿茶泡了一碗饭，就着野鸡瓜齑，忙忙的咽完了。贾母道：“我知道你们今儿又有事情，连饭也不顾吃了。”便叫“留着鹿肉，与他晚上吃”，凤姐忙说“还有呢。”，方才罢了。史湘云便悄和宝玉计较道：“有新鲜鹿肉，不如咱们要一块，自己拿了园里弄着，又玩又吃。”宝玉听了，巴不得一声儿，便真和凤姐要了一块，命婆子送入园去。

一时，大家散后，进园齐往芦雪庵来，听李纨出题限韵，独不见湘云宝玉二人。黛玉道：“他两个再到不了一处，若到一处，生出多少故事来！这会子一定算计那块鹿肉去了。”正说着，只见李婶也走来看热闹，因问李纨道：“怎么一个带玉的哥儿和那一个挂金麒麟的姐儿，那样干净清秀，又不少吃的，他两个在那里商议着要吃生肉呢，说得有来有去的。我只不信，肉也生吃得的？”众人听了，都笑道：“了不得，快拿了他两个来。”黛玉笑道：“这可是云丫头闹的，我的卦再不错。”

李纨等忙出来，找着他两个，说道：“你们两个要吃生的，我送你们到老太太那里吃去。那怕吃一只生鹿，撑病了不与我相干。这么大雪，怪冷的，替我作祸呢。”宝玉笑道：“没有的事，我们烧着吃呢。”李纨道：“这还罢了。”只见老婆们拿了铁炉、铁叉、铁丝幪来，李纨道：“仔细割了手，不许哭！”说着，同探春进去了。

凤姐打发了平儿来回覆不能来，为发放年例正忙。湘云见了平儿，那里肯放。平儿也是个好玩的，素日跟着凤姐儿无所不至，见如此有趣，乐得玩笑，因而褪去手上的镯子，三个围着火炉儿，便要先烧三块吃。那边宝钗、黛玉平素看惯了，不以为异，宝琴等及李婶深为罕事。探春与李纨等已议定了题韵。探春笑道：“你闻闻，香气这里都闻见了，我也吃去。”说着，也找了他们来。李纨也随来，说：“客已齐了，你们还吃不够？”湘云一面吃，一面说道：“我吃这个方爱吃酒，吃了酒才有诗。若不是这鹿肉，今儿断不能作诗。”说着，只见宝琴披着凫靥裘站在那里笑。湘云笑道：“傻子，过来尝尝。”宝琴笑说：“怪脏的。”宝钗道：“你尝尝去，好吃的。你林姐姐弱，吃了不消化，不然他也爱吃。”宝琴听了，便过去吃了一块，果然好吃，便也吃起来。

一时，凤姐儿打发小丫头来叫平儿。平儿说：“史姑娘拉着我呢，你先走罢。”小丫头去了。一时，只见凤姐也披了斗篷走来，笑道：“吃这样好东西，也不告诉我！”说着，也凑着一处吃起来。黛玉笑道：“哪里找这一群花子去！罢了，罢了，今日芦雪庵遭劫，生生被云丫头作践了。我为芦雪庵一大哭！”湘云冷笑道：“你知道什么！‘是真名士自风流’，你们都是假清高，最可厌的。我们这会子腥膻，大吃大嚼，回来却是锦心绣口。”宝钗笑道：“你回来若作得不好了，把那肉掏了出来，就把这雪压的芦苇子揌上些，以完此劫。”

说着，吃毕，洗漱了一回。平儿带镯子时，却少了一个，左右前后乱找了一番，踪迹全无。众人都诧异。凤姐儿笑道：“我知道这镯子的去向。你们只管作诗去，我们也不用找，只管前头去，不出三日，包管就有了。”说着又问：“你们今儿作什么诗？老太太说了，离年又近了，正月里还该作些灯谜儿大家顽笑。”众人听了，都笑道：“可是倒忘了。如今赶着作几个好的，预备正月里顽。”说着，一齐来至地炕屋内，只见杯盘果菜俱已摆齐，牆上已贴出诗题、韵脚、格式来了。宝玉湘云二人忙看时，只见题目是“即景联句，五言排律一首，限‘二萧’韵。”后面尚未列次序。李纨道：“我不大会作诗，我只起三句罢，然后谁先得了谁先联。”宝钗道：“到底分个次序。”要知端详，且听下回分解。

第 50 回 芦雪庵争联即景诗 暖香坞雅制春灯谜

话说薛宝钗道：“到底分个次序，让我写出来。”说着，便令众人拈阄为序。起首恰是李氏，然后按次各各开出。凤姐儿说道：“既这样说，我也说一句在上头。”众人都笑说道：“更妙了！”宝钗便将“稻香老农”之上补了一个“凤”字，李纨又将题目讲与他听。

凤姐儿想了半日，笑道：“你们别笑话我。我只有一句粗话，下剩的我就不知道了。”众人都笑道：“越是粗话越好。你说了，只管干正事去罢。”凤姐儿笑道：““我想，下雪必刮北风。昨夜听见一夜的北风，我有了一句，就是‘一夜北风紧’， 可使得？”众人听了，都相视笑道：“这句虽粗，不见底下的，这正是会作诗的起法。不但好，而且留了多少地步与后人。就是这句为首，稻香老农快写上，续下去。”凤姐和李婶、平儿又吃了两杯酒，自去了。这里李纨便写了：

一夜北风紧，

自己联道：开门雪尚飘。入泥怜洁白，香菱道：匝地惜琼瑶。有意荣枯草，探春道：无心饰萎苕。价高村酿熟，李绮道：年稔府粱饶。葭动灰飞管，李纹道：阳回斗转杓。寒山已失翠，岫烟道：冻浦不闻潮。易挂疏枝柳，湘云道：难堆破叶蕉。麝煤融宝鼎，宝琴道：绮袖笼金貂。光夺窗前镜，黛玉道：香粘壁上椒。斜风仍故故，宝玉道：清梦转聊聊。何处梅花笛？宝钗道：谁家碧玉箫？鳌愁坤轴陷，李纨笑道：“我替你们看热酒去罢。”宝钗命宝琴续联，只见湘云站起来道：

龙斗阵云销。野岸迴孤棹，

宝琴也站起道：

吟鞭指灞桥。赐裘怜抚戍，

湘云那里肯让人，且别人也不如她敏捷，都看她扬眉挺身的说道：

加絮念征徭。坳垤审夷险，

宝钗连声赞好，也便联道：

枝柯怕动摇。皑皑轻趁步，

黛玉忙联道：

翦翦舞随腰。煮芋成新赏，

一面说，一面推宝玉，命他联。宝玉正看宝钗、宝琴、黛玉三人共战湘云，十分有趣，那里还顾得联诗，今见黛玉推他，方联道：

撒盐是旧谣。苇蓑犹泊钓，

湘云笑道：“你快下去，你不中用，倒耽搁了我。”一面只听宝琴联道：

林斧不闻樵。伏象千峰凸，

湘云忙联道：

盘蛇一迳遥。花缘经冷结，

宝钗与众人又忙赞好。探春又联道：

色岂畏霜凋。深院惊寒雀，

湘云正渴了，忙忙的吃茶，已被岫烟联道：

空山泣老鸮。阶墀随上下，

湘云忙丢了茶杯，忙联道：

池水任浮漂。照耀临清晓，

黛玉联道：

缤纷入永宵。诚忘三尺冷，

湘云忙笑联道：

瑞释九重焦。僵卧谁相问？

宝琴也忙笑联道：

狂游客喜招。天机断缟带，

湘云又忙道：

海市失鲛绡。

林黛玉不容她道出，接着便道：

寂寞对台榭，

湘云忙联道：

清贫怀箪瓢。

宝琴也不容情，也忙道：

烹茶冰渐沸，

湘云见这般，自为得趣，又是笑，又忙联道：

煮酒叶难烧。

黛玉也笑道：

没帚山僧扫，

宝琴也笑道：

埋琴稚子挑。

湘云笑得弯了腰，忙念了一句，众人问“到底说的什么？”湘云喊道：

石楼闲睡鹤，

黛玉笑得捂着胸口，高声嚷道：

锦罽暖亲猫。

宝琴也忙笑道：

月窟翻银浪，

湘云忙联道：

霞城隐赤标。

黛玉忙笑道：

沁梅香可嚼，

宝钗笑称好，也忙联道：

淋竹醉堪调。

宝琴也忙道：

或湿鸳鸯带，

湘云忙联道：

时凝翡翠翘。

黛玉又忙道：

无风仍脉脉，

宝琴又忙笑联道：

不雨亦潇潇。

湘云伏着，已笑软了。众人看他三人对抢，也都不顾作诗，看着也只是笑。黛玉还推她往下联，又道："你也有才尽之时。我听听还有什么舌根嚼了？"湘云只伏在宝钗怀里，笑个不住。宝钗推他起来道："你有本事，把'二萧'的韵全用完了，我才服你。"湘云起身笑道："我也不是作诗，竟是抢命呢。"众人笑道："倒是你说罢。"探春早已料定没有自己联的了，便早写出来，因说："还没收住呢。"李纨听了，接过来，便联了一句道：

欲志今朝乐，

李绮收了一句道：

凭诗祝舜尧。

李纨道："够了，够了！虽没作完了韵，剩的字若生扭用了，倒不好了。"说着，大家来细细评论一回，独湘云的多，都笑道："这都是那块鹿肉的功劳。"

李纨笑道："逐句评去，都还一气，只是宝玉又落了第了。"宝玉笑道："我原不会联句，只好担待我罢。"李纨笑道："也没有社社担待你的。又说韵险了，又整误了，又不会联句了，今日必罚你。我才看见栊翠庵的红梅有趣，我要折一枝来插瓶。可厌妙玉为人，我不理他。如今罚你去取一枝来。"众人都道："这罚得又雅又有趣。"宝玉也乐为，答应着就要走。湘云，黛玉一齐说道："外头冷得很，你且吃杯热酒再去。"于是湘云早执起壶来，黛玉递了一个大杯，满斟了一杯。湘云笑道："你吃了我们这酒，你要取不来，加倍罚你！"宝玉忙吃了一杯，冒雪而去。

李纨命人好好跟着。黛玉忙拦说："不必，有了人，反不得了。"李纨点头说："是。"一面命丫鬟将一个美女耸肩瓶拿来，贮了水准备插梅，因又笑道："回来该咏红梅了。"湘云忙道："我先作一首。"宝钗忙道："今日断乎不容你再作了。你都抢了去，别人都闲着也没趣。回来还罚宝玉，他说不会联句，如今就叫他自己作去。"黛玉笑道："这话很是。我还有个主意，方才联句不够，莫若拣那联得少的人作红梅诗。"宝钗笑道："这话是极。方才邢、李三位屈才，且又是客。琴儿和颦儿、云儿三个人也抢了许多，我们一概都别作，只让他三个作才是。"李纨因说："绮儿也不大会作，还是让琴妹妹罢。"宝钗只得依允，又道："就用'红梅花'三个字作韵，每人一首七律。邢大妹妹作'红'字，你们李大妹妹作'梅'字，琴儿作'花'字。"李纨道："饶过宝玉去，我不服。"湘云忙道："有个好题目命他作。"众人问："何题？"湘云道："命他就作'访妙玉乞红梅'，岂不有趣？"众人听了，都说："有趣。"

一语未了，只见宝玉笑嘻嘻的掮了一枝红梅进来，众丫鬟忙已接过，插入瓶内。众人都笑称谢。宝玉笑道："你们如今赏罢，也不知费了我多少精神呢！"说着，探春早又递过一钟暖酒来，众丫鬟走上来，接了蓑笠掸雪。各人房中丫鬟都添送衣服来，袭人也遣人送了半旧的狐腋褂来。李纨命人将那蒸的大芋头盛了一盘，又将朱橘、黄橙、橄榄等盛了两盘，命人带与袭人去。湘云且告诉宝玉方才的诗题，又催宝玉快作。宝玉道："好姐姐妹妹们，让我自己用韵罢，别限韵了。"众人都说："随你作去罢。"

一面说，一面大家看梅花。原来这枝梅花只有二尺来高，旁有一横枝纵横而出，约有五六尺长，其间小枝分歧，或如蟠螭，或如僵蚓，或孤削如笔，或密聚如林，花吐胭脂，香欺兰蕙，各各称赏。谁知邢岫烟、李纹、薛宝琴三人都已吟成，各自写了出来。众人便依"红梅花"三字之序看去，写道是：

咏红梅花得"红"字　邢岫烟 桃未芳菲杏未红，冲寒先已笑东风。魂飞庾岭春难辨，霞隔罗浮梦未通。绿萼添妆融宝炬，缟仙扶醉跨残虹。看来岂是寻常色，浓淡由他冰雪中。

咏红梅花得"梅"字　李纹 白梅懒赋赋红梅，逞艳先迎醉眼开。冻脸有痕皆是血，醉心无恨亦成灰。误吞丹药移真骨，偷下瑶池脱旧胎。江北江南春灿烂，寄言蜂蝶漫疑猜。

咏红梅花得"花"字　薛宝琴 疏是枝条艳是花，春妆儿女竞奢华。闲庭曲槛无余雪，流水空山有落霞。幽梦冷随红袖笛，游仙香泛绛河槎。前身定是瑶台种，无复相疑色相差。

众人看了，都笑称赏了一番，又指末一首说更好。宝玉见宝琴年纪最小，才又敏捷，深为奇异。黛玉、湘云二人斟了一小杯酒，齐贺宝琴。宝钗笑道："三首各有各好。你们两个天天捉弄厌了我，如今捉弄她来了。"李纨又问宝玉："你可有了？"宝玉忙道："我倒有了，才一看见那三首，又吓忘了，等我再想。"湘云听说，便拿了一支铜火箸击着手炉，笑道："我击鼓了，若鼓绝不成，又要罚的。"宝玉笑道："我已有了。"黛玉提起笔来，说道："你念，我写。"湘云便击了一下，笑道："一鼓绝。"宝玉笑道："有了，你写吧。"众人听他念道：

酒未开樽句未裁，

黛玉写了，摇头笑道："起的平平。"湘云又道："快着！"宝玉笑道：

寻春问腊到蓬莱。

黛玉、湘云都点头笑道："有些意思了。"宝玉又道：

不求大士瓶中露，为乞嫦娥槛外梅。

黛玉写了，又摇头道："凑巧而已。"湘云忙催二鼓，宝玉又笑道：

入世冷挑红雪去，离尘香割紫云来。槎枒谁惜诗肩瘦，衣上犹沾佛院苔。

黛玉写毕，湘云大家才评论时，只见几个小丫鬟跑进来道："老太太来了。"众人忙迎出来。大家又笑道："怎么这等高兴！"说着，远远见贾母围了大斗篷，带着灰鼠暖兜，坐着小竹轿，打着青绸油伞，鸳鸯、琥珀等五六个丫鬟，每个人都是打着伞，拥轿而来。李纨等忙往上迎，贾母命人止住说："只站在那里就是了。"来至跟前，贾母笑道："我瞒着你太太和凤丫头来了。大雪地下，我坐着这个无妨，没的叫她们来踩雪。"众人忙一面上前接斗篷，搀扶着，一面答应着。

贾母来至室中，先笑道："好俊梅花！你们也会乐，我来着了。"说着，李纨早命拿了一个大狼皮褥来，铺在当中。贾母坐了，因笑道："你们只管玩笑吃喝。我因为天短了，不敢睡中觉，抹了一回牌，想起你们来了，我也来凑个趣儿。"李纨早又捧过手炉来，探春另拿了一副杯箸来，亲自斟了暖酒，奉与贾母。贾母便饮了一口，问那个盘子里是什么东西。众人忙捧了过来，回说："是糟鹌鹑。"贾母道："这倒罢了，撕一点腿子来。"李纨忙答应了，要水洗手，亲自来撕。贾母又道："你们仍旧坐下说笑，我听。"又命李纨："你也只管坐下，就如同我没来的一样才好，不然我就去了。"众人听了，方依次坐下，这李纨挪到尽下边。贾母因问："作何事了？"众人便说："作诗。"贾母道："有作诗的，不如作些灯谜，大家正月里好玩的。"众人答应了。

说笑了一会，贾母便说："这里潮湿，你们别久坐，仔细受了潮湿。"因说："你四妹妹那里暖和，我们到那里瞧瞧他的画儿，赶年可有了。"众人笑道："那里能年下就有了？只怕明年端阳有了。"贾母道："这还了得！他竟比盖这园子还费工夫了。"

说着，仍坐了竹椅轿，大家围随，过了藕香榭，穿入一条夹道，东西两边皆有过街门，门楼上里外皆嵌着石头匾，如今进的是西门，向外的匾上凿着"穿云"二字，向里的凿着"度月"两字。来至当中，进了向南的正门，贾母下了轿，惜春已接了出来。从里边游廊过去，便是惜春卧房，门斗上有"暖香坞"三个字。早有几个人打起猩红毡帘，已觉温香拂脸。大家进入房中，贾母并不归坐，只问："画在那里？"惜春因笑问："天气寒冷了，胶性皆凝涩不润，画了恐不好看，故此收起来。"贾母笑道："我年下就要的。你别拖懒儿，快拿出来给我快画！"

一语未了，忽见凤姐儿披着紫羯褂，笑嘻嘻的来了，口内说道："老祖宗今儿也不告诉人，私自就来了，要我好找。"贾母见他来了，心中自是喜悦，便道："我怕你们冷着了，所以不许人告诉你们去。你真是个鬼灵精儿，到底找了我来。以理，孝敬也不在这上头。"凤姐儿笑道："我那里是孝敬的心找了来？我因为到了老祖宗那里，鸦没雀静的，问小丫头子们，她又不肯说，叫我找到园里来。我正疑惑，忽然又来了两三个姑子，我心里才明白了：那姑子必是来送年疏，或要年例香例银子，老祖宗年下的事也多，一定是躲债来了。我赶着问了那姑子，果然不错。我连忙把年例给了她们去了。如今来回老祖宗，债主已去，不用躲着了。已预备下希嫩的野鸡，请用晚饭去，再迟一回就老了。"她一行说，众人一行笑。凤姐儿也不等贾母说话，便命人抬过轿子来。贾母笑着，搀了凤姐的手，仍上轿，带着众人，说笑出了夹道东门。一看，四面粉妆银砌，忽见宝琴披着凫靥裘，站在山坡上遥等，身后一个丫鬟，抱着一瓶红梅。众人都笑道："怪道少了两个人，她却在这里等着，也弄梅花去了。"贾母喜得忙笑道："你们瞧，这雪坡上配上她的这个人品，又是这件衣裳，后头又是这梅花，像个什么？"众人都笑道："就像老太太屋里挂的仇十洲画的《艳雪图》。"贾母摇头笑道："那画的那里有这件衣裳？人也不能这样好！"一语未了，只见宝琴背后转出一个披大红猩毡的人来。贾母道："那又是那个女孩儿？"众人笑道："我们都在这里，那是宝玉。"贾母笑道："我的眼越发花了。"说话之间，来至跟前，可不是宝玉和宝琴。宝玉笑向宝钗、黛玉等道："我才又到了栊翠庵。妙玉每人送你们一枝梅花，我已经打发人送去了。"众人都笑说："多谢你费心！"

说话之间，已出了园门，来至贾母房中。吃毕饭，大家又说笑了一会。忽见薛姨妈也来了，说："好大雪，一日也没过来望候老太太。今日老太太倒不高兴？正该赏雪才是。"贾母笑道："何曾不高兴！我找了她们姊妹们去玩了一会子。"薛姨妈笑道："昨日晚上，我原想着今日要和我们姨太太借一日园子，摆两桌粗酒，请老太太赏雪的，又见老太太安息得早。我闻得女儿说老太太心下不大爽，因此今日也没敢惊动。早知如此，我正该请。"贾母笑道："这才是十月里头场雪，往后下雪的日子多呢，再破费不迟。"薛姨妈笑道："果然如此，算我的孝心虔了。"

凤姐儿笑道："姨妈仔细忘了，如今先秤五十两银子来，交给我收着，一下雪，我就预备下酒，姨妈也不用操心，也不得忘了。"贾母笑道："既这么说，姨太太给他五十两银子收着，我和她每人分二十五两，到下雪的日子，我装心里不快，混过去了，姨太太更不用操心，我和凤丫头倒得了实惠。"凤姐将手一拍，笑道："妙极了，这和我的主意一样。"众人都笑了。贾母笑道："呸！没脸的，就顺着竿子爬上来了！你不该说姨太太是客，在咱们家受屈，我们该请姨太太才是，那里有破费姨太太的理！不这样说呢，还有脸先要五十两银子，真不害臊！"凤姐儿笑道："我们老祖宗最是有眼色的，试一试，姨妈若松呢，拿出五十两来，就和我分。这会子估量着不中用了，翻过来拿我做法子，说出这些大方话来。如今我也不和姨妈要银子，竟替姨妈出银子，治了酒，请老祖宗吃了，我另外再封五十两银子孝敬老祖宗，算是罚我个包揽闲事，这可好不好？"话未说完，众人已笑倒在炕上。

贾母因又说及宝琴雪下折梅，比画儿上还好，因又细问她的年庚八字并家内景况。薛姨妈度其意思，大约是要与宝玉求配。薛姨妈心中固也遂意，只是已许过梅家了，因贾母尚未明说，自己也不好拟定，遂半吐半露告诉贾母道："可惜这孩子没福，前年他父亲就没了。他从小儿见的世面倒多，跟着她父母四山五岳都走遍了。他父亲是好乐的，各处因有买卖，带着家眷，这一省逛一年，明年又往那一省逛半年，所以天下十停，走了有五六停了。那年在这里，把她许了梅翰林的儿子，偏第二年他父亲就辞世了，他母亲又是痰症。"凤姐也不等说完，便嗐声跺脚的说："偏不巧，我正要作个媒呢，又已经许了人家。"贾母笑道："你要给谁说媒？"凤姐儿笑道："老祖宗别管，我心里看准了他们两个是一对。如今已许了人，说也无益，不如不说罢了。"贾母也知凤姐儿之意，听见已有了人家，也就不提了。大家又闲话了一会方散。一宿无话。

次日雪晴。饭后，贾母又亲嘱惜春："不管冷暖，你只画去，赶到年下，十分不能，便罢了。第一要紧把昨日琴儿和丫头、梅花，照模照样，一笔别错，快快添上。"惜春听了虽是为难，只得应了。一时众人都来看他如何画，惜春只是出神。李纨因笑向众人道："让他自己想去，咱们且说话儿。昨儿老太太只叫作灯谜，回家和绮儿、纹儿睡不着，我就编了两个'四书'的。她两个每人也编了两个。"

众人听了，都笑道："这倒该作的。先说了，我们猜猜。"李纨笑道："'观音未有世家传'，打'四书'一句。"湘云接着就说"在止于至善。"宝钗笑道："你也想一想'世家传'三个字的意思再猜。"李纨笑道："再想。"黛玉笑道："哦，是了！是'虽善无徵'。"众人都笑道："这句是了。"李纨又道："一池青草草何名。"湘云忙道："这一定是'蒲芦也’。再不是不成？”李纨笑道：“这难为你猜。纹儿的是‘水向石边流出冷’，打一古人名。”探春笑问道：“可是山涛？”李纹笑道：“是。”李纨又道：“绮儿的是个‘萤’字，打一个字。”众人猜了半日，宝琴笑道：“这个意思却深，不知可是花草的‘花’字？”李绮笑道：“恰是了。”众人道：“萤与花何干？”黛玉笑道：“妙得很！萤可不是草化的？”众人会意，都笑了，说“好！”

宝钗道：“这些虽好，不合老太太的意思，不如作些浅近的物儿，大家雅俗共赏才好。”众人都道：“也要作些浅近的俗物才是。”湘云想了一想，笑道：“我编了一枝《点绛唇》，恰真是个俗物，你们猜猜。”说着便念道：

溪壑分离，红尘游戏，真何趣？名利犹虚，后事终难继。

众人都不解，想了半日，也有猜是和尚的，也有猜是道士的，也有猜是偶戏人的。宝玉笑了半日，道：“都不是，我猜着了，一定是耍的猴儿。”湘云笑道：“正是这个了。”众人道：“前头都好，末后一句怎么解？”湘云道：“那一个耍的猴儿，不是剁了尾巴去的？”众人听了，都笑起来，说：“偏他编个谜儿也是刁鑽古怪的。”

李纨道：“昨日姨妈说，琴妹妹见的世面多，走的道路也多，你正该编谜儿，正用得着。你的诗又好，何不编几个我们猜一猜？”宝琴听了，点头含笑，自去寻思。宝钗也有了一个，念道：

镂檀锲梓一层层，岂係良工堆砌成？虽是半天风雨过，何曾闻得梵铃声！－打一物。

众人猜时，宝玉也有了一个，念道：

天上人间两渺茫，琅玕节过谨提防。鸾音鹤信须凝睇，好把唏嘘答上苍。

黛玉也有了一个，念道是：

騄駬何劳缚紫绳？驰城逐堑势狰狞。主人指示风雷动，鳌背三山独立名。

探春也有了一个，方欲念时，宝琴走过来笑道：“我从小儿所走的地方的古蹟不少。我今拣了十个地方的古蹟，作了十首怀古的诗。诗虽粗鄙，却怀往事，又暗隐俗物十件，姐姐们请猜一猜。”众人听了，都说：“这倒巧，何不写出来大家一看？”要知端详，下回分解。

第 51 回 薛小妹新编怀古诗 胡庸医乱用虎狼药

话说众人闻得宝琴将素羽所经过各省内的古蹟为题，作了十首怀古绝句，内隐十物，皆说：“这自然新巧。”都争着看时，只见写道是：

赤壁怀古 其一 赤壁沉埋水不流，徒留名姓载空舟。喧阗一炬悲风冷，无限英魂在内游。

交趾怀古 其二 铜铸金镛振纪纲，声传海外播戎羌。马援自是功劳大，铁笛无烦说子房。

钟山怀古 其三 名利何曾伴汝身，无端被诏出凡尘。牵连大抵难休绝，莫怨他人嘲笑频。

淮阴怀古 其四 壮士须防恶犬欺，三齐位定盖棺时。寄言世俗休轻鄙，一饭之恩死也知。

广陵怀古 其五 蝉噪鸦栖转眼过，隋堤风景近如何。只缘占得风流号，惹得纷纷口舌多。

桃叶渡怀古 其六 衰草闲花映浅池，桃枝桃叶总分离。六朝梁栋多如许，小照空悬壁上题。

青塚怀古 其七 黑水茫茫咽不流，冰弦拨尽曲中愁。汉家制度诚堪膘，樗栎应惭万古羞。

马嵬怀古 其八 寂寞脂痕渍汗光，温柔一旦付东洋。只因遗得风流迹，此日衣衾尚有香。

蒲东寺怀古 其九 小红骨贱最身轻，私掖偷携强撮成。虽被夫人时吊起，已经勾引彼同行。

梅花观怀古 其十 不在梅边在柳边，个中谁拾画婵娟。团圆莫忆春香到，一别西风又一年。

众人看了，都称奇道妙。宝钗先说道：“前八首都是史鉴上有据的，后二首却无考，我们也不大懂得，不如另作两首为是。”黛玉忙拦道：“这宝姐姐也忒‘胶柱鼓瑟’，矫揉造作了。这两首虽于史鉴上无考，咱们虽不曾看这些外传，不知底里，难道咱们连两本戏也没有见过不成？那三岁孩子也知道，何况咱们？”探春便道：“这话正是了。”李纨又道：“况且她原是到过这个地方的。这两件事虽无考，古往今来，以讹传讹，好事者竟故意的弄出这古蹟来以愚人。比如那年上京的时节，单是关夫子的坟，倒见了三四处。关夫子一生事业，皆是有据的，如何又有许多的坟？自然是后来人敬爱他生前为人，只怕从这敬爱上穿凿出来，也是有的。及至看《广舆记》上，不止关夫子的坟多，自古来有些名望的人，坟就不少，无考的古蹟更多。如今这两首虽无考，凡说书唱戏，甚至于求的籤上皆有注批，老小男女，俗语口头，人人皆知皆说的。况且又并不是看了‘西厢’‘牡丹’的词曲，怕看了邪书。这竟无妨，只管留着。”宝钗听说，方罢了。大家猜了一回，皆不是。

冬日天短，不觉又是前头吃晚饭之时，一齐前来吃饭。因有人回王夫人说：“袭人的哥哥花自芳进来说，他母亲病重了，想她女儿。他来求恩典，接袭人家去走走。”王夫人听了，便道：“人家母女一场，岂有不许她去的！”一面就叫了凤姐儿来，告诉了凤姐儿，命她酌量去办理。

凤姐儿答应了，回至房中，便命周瑞家的去告诉袭人原故。又吩咐周瑞家的：“再将跟着出门的媳妇传一个，你们两个人，再带两个小丫头子，跟了袭人去。外头派四个有年纪跟车的。要一辆大车，你们带着坐；要一辆小车，给丫头们坐。”周瑞家的答应了，才要去，凤姐儿又道：“那袭人是个省事的，你告诉她说我的话：叫他穿几件颜色好衣裳，大大的包一包袱衣裳拿着，包袱也要好好的，手炉也要拿好的。临走时，叫他先来，我瞧瞧。”周瑞家的答应去了。

半日，果见袭人穿戴了来，两个丫头与周瑞家的拿着手炉与衣包。凤姐儿看袭人头上戴着几枝金钗珠钏，倒华丽；又看身上穿着桃红百花刻丝银鼠袄子，葱绿盘金彩绣绵裙，外面穿着青缎灰鼠褂。凤姐笑道：“这三件衣裳都是太太的，赏了你倒是好的；但只这褂子太素了些，如今穿着也冷，你该穿一件大毛的。”袭人笑道：“太太就只给了这灰鼠的，还有一件银鼠的。说赶年下再给大毛的，还没有得呢。”凤姐笑道：“我倒有一件大毛的，我嫌风毛儿出不好了，正要改去。也罢，先给你穿去罢。等年下太太给你作的时节，我再作罢，只当你还我一样。”众人都笑道：“奶奶惯会说这话。成年家大手大脚的替太太不知背地里赔垫了多少东西，真真赔得是说不出来的，哪里又和太太算去？偏这会子又说这小气话取笑儿。”凤姐儿笑道：“太太哪里想得到这些？究竟这又不是正经事，再不照管，也是大家的体面。说不得我自己吃些亏，把众人打扮体统了，宁可我得个好名也罢了。一个一个像‘烧煳了的卷子’似的，人先笑话我，说我当家倒把人弄出个花子来。”众人听了，都叹说：“谁似奶奶这样圣明！在上体贴太太，在下又疼顾下人。”一面说，一面只见凤姐儿命平儿将昨日那件石青刻丝八团天马皮褂子拿出来，与了袭人。又看包袱，只得一个弹墨花绫水红绸里的夹包袱，里面只包着两件半旧棉袄与皮褂。凤姐又命平儿把一个玉色绸里的哆罗呢的包袱拿出来，又命包上一件雪褂子。

平儿走去拿了出来，一件是半旧大红猩猩毡的，一件是半旧大红羽纱的。袭人道：“一件就当不起了。”平儿笑道：“你拿这猩猩毡的。把这件顺手拿将出来，叫人给邢大姑娘送去。昨儿那么大雪，人人都穿着不是猩猩毡，就是羽缎羽纱的，十来件大红衣裳，映着大雪，好不齐整！就只她穿着那件旧毡斗篷，越发显得拱肩缩背，好不可怜见的。如今把这件给她罢。”

凤姐笑道：“我的东西，他私自就要给人。我一个还花不够，再添上你提着，更好了！”众人笑道：“这都是奶奶素日孝敬太太，疼爱下人。若是奶奶素日是小气的，只以东西为事，不顾下人的，姑娘哪里还敢这样了。”凤姐笑道：“所以知道我的心的，也就是她还知三分罢了。”说着，又嘱咐袭人道：“你妈若好了就罢；若不中用了，只管住下，打发人来回我，我再另打发人给你送铺盖去。可别使人家的铺盖和梳头的家伙。”又吩咐周瑞家的道：“你们自然也知道这里的规矩的，也不用我嘱咐了。”周瑞家的答应：“都知道。我们这去到那里，总叫他们的人迴避。若住下，必是另要一两间内房的。”说着，跟了袭人出去，又吩咐预备灯笼，遂坐车往花自芳家来，不在话下。

这里凤姐又将怡红院的嬷嬷唤了两个来，吩咐道：“袭人只怕不来家，你们素日知道那大丫头们，哪两个知好歹，派出来在宝玉屋里上夜。你们也好生照管着，别由着宝玉胡闹。”两个嬷嬷答应着去了，一时来回说：“派了晴雯和麝月在屋里，我们四个人原是轮流着带管上夜的。”凤姐听了点头，又说道：“晚上催他早睡，早上催他早起。”老嬷嬷们答应了，自回园去。一时果有周瑞家的带了信回凤姐儿说：“袭人之母业已停床，不能回来。”凤姐回明了王夫人，一面着人往大观园去取她的铺盖妆奁。

宝玉看着晴雯、麝月二人打点妥当，送去之后，晴雯、麝月皆卸罢残妆，脱换过裙袄。晴雯只在熏笼上围坐。麝月笑道：“你今儿别装小姐了，我劝你也动一动儿。”晴雯道：“等你们都去尽了，我再动不迟。有你们一日，我且受用一日。”麝月笑道：“好姐姐，我铺床，你把那穿衣镜的套子放下来，上头的划子划上，你的身量比我高些。”说着，便去与宝玉铺床。晴雯“嗐”了一声，笑道：“人家才坐暖和了，你就来闹。”此时宝玉正坐着纳闷，想袭人之母不知是死是活，忽听见晴雯如此说，便自己起身出去，放下镜套，划上消息，进来笑道：“你们暖和罢，都完了。”晴雯笑道：“终久暖和不成的，我又想起来，汤婆子还没拿来呢。”麝月道：“这难为你想着！他素日又不要汤婆子，咱们那熏笼上暖和，比不得那屋里炕冷，今儿可以不用。”宝玉笑道：“这么说，你们两个都在那上头睡了，我这外边没个人，我怪怕的，一夜也睡不着。”晴雯道：“我是在这里睡的。叫麝月往你外边睡去。”说话之间，天已二更，麝月早已放下帘幔，移灯炷香，伏侍宝玉卧下，二人方睡。

晴雯自在熏笼上，麝月便在暖阁外边。至三更以后，宝玉睡梦之中便叫袭人。叫了两声，无人答应，自己醒了，方想起袭人不在家，自己也好笑起来。晴雯已醒，因笑唤麝月道：“连我都醒了，她守在旁边还不知道，真是个挺死尸的。”麝月翻身打个哈气，笑道：“他叫袭人，与我什么相干！”因问：“作什么？”宝玉说：“要吃茶。”麝月忙起来，单穿红绸小棉袄儿。宝玉道：“披上我的袄儿再去，仔细冷着。”麝月听说，回手便把宝玉披着起夜的一件貂颏满襟暖袄披上，下去向盆内洗手，先倒了一锺温水，拿了大漱盂，宝玉漱了一口，然后才向茶槅上取了茶碗，先用温水涮了一涮，向暖壶中倒了半碗茶，递与宝玉吃了；自己也漱了一漱，吃了半碗。晴雯笑道：“好妹妹，也赏我一口儿。”麝月笑道：“越发上脸儿了！”晴雯道：“好妹妹，明儿晚上你别动，我服侍你一夜，如何？”麝月听说，只得也服侍他漱了口，倒了半碗茶与他吃过。麝月笑道：“你们两个别睡，说着话儿，我出去走走回来。”晴雯笑道：“外头有个鬼等着你呢！”宝玉道：“外头自然有大月亮的，我们说话，你只管去。”一面说，一面便嗽了两声。

麝月便开了后门，揭起毡帘一看，果然好月色。晴雯等他出去，便欲唬她玩耍。仗着素日比别人气壮，不畏寒冷，也不披衣，只穿着小袄，便蹑手蹑脚的下了熏笼，随后出来。宝玉笑劝道：“看冻着，不是玩的。”晴雯只摆手，随后出了房门。只见月光如水，忽然一阵微风，只觉侵肌透骨，不禁毛骨森然。心下自思道：“怪道人说热身子不可被风吹，这一冷果然利害。”一面正要唬麝月，只听宝玉高声在内说道：“晴雯出去了！”晴雯忙回身进来，笑道：“哪里就唬死了她？偏你惯会这蝎蝎螫螫老婆汉像的！”宝玉笑道：“倒不为唬坏了她，头一件冻着你也不好；二则她不防，不免一喊，倘或惊醒了别人，不说咱们是玩意儿，倒反说袭人才去了一夜，你们就见神见鬼的。你来把我的这边被掖一掖。”晴雯听说，便上来掖了掖，伸手进去渥一渥时，宝玉笑道：“好冷手！我说看冻着。”一面又见晴雯两腮如胭脂一般，用手摸了一摸，也觉冰冷。宝玉道：“快进被来渥渥罢。”

一语未了，只听“咯登”的一声门响，麝月慌慌张张的笑了进来，说道：“吓了我一跳。黑影子里，山子石后头，只见一个人蹲着。我才要叫喊，原来是个大锦鸡，见了人，一飞飞到亮处来，我才看真了。若冒冒失失一嚷，倒闹起人来。”一面说，一面洗手。又笑道：“晴雯出去我怎么不见？一定是要唬我去了。”宝玉笑道：“这不是她，在这里渥呢！我若不叫得快，可是倒唬你一跳。”晴雯笑道：“也不用我唬去，这小蹄子已经自惊自怪的了。”一面说，一面仍回自己被中去了。麝月道：“你就这么‘跑解马’似的，打扮得伶伶俐俐的出去了不成？”宝玉笑道：“可不就这么出去了。”麝月道：“你死不拣好日子！你出去站一站，把皮不冻破了你的。”说着，又将火盆上的铜罩揭起，拿灰锹重将熟炭埋了一埋，拈了两块素香放上，仍旧罩了，至屏后，重剔了灯，方才睡下。

晴雯因方才一冷，如今又一暖，不觉打了两个喷嚏。宝玉叹道：“如何？到底伤了风了。”麝月笑道：“他早起就嚷不受用，一日也没吃饭。她这会子还说保养着些，还要捉弄人。明儿病了，叫她自作自受！”宝玉问道：“头上可热？”晴雯嗽了两声，说道：“不相干，哪里这么娇嫩起来了！”说着，只听外间房中十锦格上的自鸣钟“当当”的两声，外间值宿的老嬷嬷嗽了两声，因说道：“姑娘们睡罢，明儿再说罢。”宝玉方悄悄的笑道：“咱们别说话了，又惹他们说话。”说着，方大家睡了。

至次日起来，晴雯果觉有些鼻塞声重，懒怠动弹。宝玉道：“快不要声张！太太知道，又叫你搬了家去养息。家里纵好，到底冷些，不如在这里。你就在里间屋里躺着，我叫人请了大夫，悄悄的从后门来瞧瞧就是了。”晴雯道：“虽如此说，你到底要告诉大奶奶一声儿；不然，一时大夫来了，人问起来，怎么说呢？”宝玉听了有理，便唤了一个老嬷嬷来，吩咐道：“你回大奶奶去，就说晴雯白冷着了些，不是什么大病。袭人又不在家，她若家去养病，这里更没有人了。传一个大夫，悄悄的从后门进来瞧瞧，别回太太罢了。”老嬷嬷去了半日，来回说：“大奶奶知道了，说：‘吃两剂药好了便罢，若不好时，还是出去的为是。如今时气不好，沾染了别人事小，姑娘们的身子要紧。”晴雯睡在暖阁里，只管咳嗽，听了这话，气得喊道：“我哪里就害瘟病了？生怕过了人！我离了这里，看你们这一辈子都别头疼脑热的。”说着，便真要起来。宝玉忙按她，笑道：“别生气，这原是她的责任，生恐太太知道了说她。不过白说一句。你素习好生气，如今肝火自然又盛了。”

正说时，人回：“大夫来了。”宝玉便走过来，避在书架之后。只见两三个后门口的老嬷嬷带了一个大夫进来。这里的丫鬟都迴避了。有三四个老嬷嬷，放下暖阁上的大红绣幔，晴雯从幔中单伸出手去。那大夫见这只手上有两根指甲，足有三寸长，尚有金凤花染的通红的痕迹，便忙回过头来。有一个老嬷嬷忙拿了一块手帕掩了。那大夫方诊了一回脉，起身到外间，向嬷嬷们说道：“小姐的症是外感内滞，近日时气不好，竟算是个小伤寒。幸亏是小姐，素日饮食有限，风寒也不大，不过是血气原弱，偶然沾带了些，吃两剂药疏散疏散就好了。”说着，便又随婆子们出去。

彼时，李纨已遣人知会过后门上的人及各处丫鬟迴避，那大夫只见了园中的景致，并不曾见一女子。一时出了园门，就在守园门的小厮们的班房内坐了，开了药方。老嬷嬷道：“老爷且别去，我们小爷罗唆，恐怕还有话问。”大夫忙道：“方才不是小姐，是位爷不成？那屋子竟是绣房一样，又是放下幔子来的，如何是位爷呢？”老嬷嬷悄悄笑道：“我的老爷，怪道小厮们才说今儿请了一位新大夫来了，真不知我们家的事。那屋子是我们小哥儿的，那人是他屋里的丫头，倒是个大姐，哪里的小姐！若是小姐的绣房，小姐病了，你那么容易就进去了？”说着，拿了药方进去。

宝玉看时，上面有紫苏、桔梗、防风、荆芥等药，后面又有枳实、麻黄。宝玉道：“该死，该死！他拿着女孩儿们也像我们一样的治，如何使得！凭他有什么内滞，这枳实、麻黄如何禁得！谁请了来的？快打发他去罢！再请一个熟的来。”老婆子道：“用药好不好，我们不知道。如今再叫小厮去请王太医去倒容易，只是这个大夫又不是告诉总管房请的，这轿马钱是要给他的。”宝玉道：“给他多少？”婆子道：“少了不好看，也得一两银子，才是我们这门户的礼。”宝玉道：“王太医来了给他多少？”婆子笑道：“王太医和张太医每常来了，也并没个给钱的，不过每年四节大趸送礼，那是一定的年例。这人新来了一次，须得给他一两银子去。”

宝玉听说，便命麝月去取银子。麝月道：“花大姐姐还不知搁在哪里呢？”宝玉道：“我常见她在螺甸小柜子里取钱，我和你找去。”说着，二人来至宝玉堆东西的房内，开了螺甸柜子，上一格子都是些笔墨、扇子、香饼、各色荷包、汗巾等类的东西；下一格却是几串钱。于是开了抽屉，才看见一个小簸箩内放着几块银子，倒也有一把戥子。麝月便拿了一块银子，提起戥子来问宝玉：“哪是一两的星儿？”宝玉笑道：“你问我？有趣，你倒成了才来的了。”麝月也笑了，又要去问人。宝玉道：“拣那大的给他一块就是了。又不做买卖，算这些做什么！”麝月听了，便放下戥子，拣了一块，掂了一掂，笑道：“这一块只怕是一两了。宁可多些好，别少了，叫那穷小子笑话，不说咱们不识戥子，倒说咱们有心小气似的。”那婆子站在外头台矶上笑道：“那是五两的锭子夹了半边，这一块至少还有二两呢！这会子又没夹剪，姑娘收了这块，再拣一块小些的罢。”麝月早掩了柜子出来，笑道：“谁又找去！多了些你拿了去罢。”宝玉道：“你只快叫茗烟再请王大夫去就是了。”婆子接了银子，自去料理。

一时，茗烟果请了王太医来。先诊了脉，后说的病症，与前相彷，只是方上果没有枳实、麻黄等药，倒有当归、陈皮、白芍等药，分量较先也减了些。宝玉喜道：“这才是女孩儿们的药，虽然疏散，也不可太过。旧年我病了，却是伤寒，内里饮食停滞，他瞧了，还说我禁不起麻黄、石膏、枳实等狼虎药。我和你们一比，我就如那野坟圈子里长的几十年的一棵老杨树，你们就如秋天芸儿进我的那才开的白海棠。连我禁不起的药，你们如何禁得起？”麝月等笑道：“野坟里只有杨树不成？难道就没有松柏？我最嫌的是杨树，那么大笨，树叶子只一点子，没一丝风，它也是乱响。你偏比它，也太下流了。”宝玉笑道：“松柏不敢比。连孔子都说：‘岁寒然后知松柏之后凋也。’可知这两件东西高雅，不怕羞臊的才拿它混比呢。”

说着，只见老婆子取了药来。宝玉命把煎药的银吊子找了出来，就命在火盆上煎。晴雯因说：“正经给他们茶房里煎去，弄得这屋里药气，如何使得？”宝玉道：“药气比一切的花香、果子香都雅。神仙採药烧药，再者高人逸士採药治药，最妙的一件东西。这屋里，我正想各色都齐了，就只少药香，如今恰好全了。”

一面说，一面早命人煨上。又嘱咐麝月打点东西，遣老嬷嬷去看袭人，劝他少哭。一一妥当，方过前边来贾母、王夫人处问安吃饭。

正值凤姐儿和贾母王夫人商议说：“天又短又冷，不如以后大嫂子带着姑娘们在园子里吃饭；等天长暖和了，再来回的跑也不妨。”王夫人笑道：“这也是好主意，刮风下雪倒便宜。吃些东西受了冷气也不好；空心走来，一肚子冷风，压上些东西也不好。不如后园门里头的五间大房子，横竖有女人们上夜的，挑两个厨子女人在那里，单给她姊妹们弄饭。新鲜菜蔬是有分例的，在总管房里支了去，或要钱，或要东西；那些野鸡、獐、狍各样野味，分些给她们就是了。”贾母道：“我也正想着呢，就怕又添个厨房多事些。”凤姐道：“并不多事。一样的份例，这里添了，那里减了。就便多费些事，小姑娘们冷风朔气的，别人还可，第一林妹妹如何禁得住？就连宝兄弟也禁不住，何况众位姑娘！”贾母道：“正是这话了。上次我要说这话，我见你们的大事太多了，如今又添出这些事来……”要知端详，下回分解。

第 52 回 俏平儿情掩虾鬚镯 勇晴雯病补雀金裘

贾母道：“正是这话了。上次我要说这话，我见你们的大事多，如今又添出这些事来，你们固然不敢抱怨，未免想着我只顾疼这些小孙子、孙女儿们，就不体贴你们这当家人了。你既这么说，更好了。”因此时薛姨妈、李婶都在座，邢夫人及尤氏婆媳也都过来请安，还未过去，贾母向王夫人等说道：“今儿我才说这话，素日我不说：一则怕逞了凤丫头的脸，二则众人不服。今儿你们都在这里，都是经过妯娌姑嫂的，还有像他这样想得到的没有？”薛姨妈、李婶、尤氏等齐笑说：“真个少有。别人不过是礼上面子情儿，实在她是真疼小叔子、小姑子。就是老太太跟前，也是真孝顺。”贾母点头叹道：“我虽疼他，我又怕她太伶俐，也不是好事。”凤姐儿忙笑道：“这话老祖宗说差了。世人都说，“太伶俐聪明，怕活不长”。世人都说得，世人都信得，独老祖宗不当说，不当信。老祖宗只有伶俐聪明过我十倍的，怎么如今这样福寿双全的？只怕我明儿还胜老祖宗一倍呢！我活一千岁后，等老祖宗归了西，我才死呢。”贾母笑道：“众人都死了，单剩下咱们两个老妖精，有什么意思！”说得众人都笑了。

宝玉因记挂着晴雯、袭人等事，便先回园里来。到房中，药香满屋，一人不见，只见晴雯独卧于炕上，脸面烧得飞红，又摸了一摸，只觉烫手。忙又向炉上将手烘暖，伸进被去摸了一摸身上，也是火烧。因说道：“别人去了也罢，麝月、秋纹也这样无情，各自去了？”晴雯道：“秋纹是我撵了她去吃饭的，麝月是方才平儿来找她出去了。两人鬼鬼祟祟的，不知说什么。必是说我病了不出去。”宝玉道：“平儿不是那样人。况且她并不知你病特来瞧你，想来一定是找麝月来说话，偶然见你病了，随口说特瞧你的病，这也是人情乖觉取和的常事。便不出去，有不是，与她何干？你们素日又好，断不肯为这无干的事伤和气。”晴雯道：“这话也是，只是疑她为什么忽然又瞒起我来。”宝玉笑道：“让我从后门出去，到那窗根下听听说些什么，来告诉你。”说着，果然从后门出去，至窗下潜听。

只闻麝月悄问道：“你怎么就得了的？”平儿道：“那日洗手时不见了，二奶奶就不许吵嚷，出了园子，即刻就传给园里各处的妈妈们小心查访。我们只疑惑邢姑娘的丫头，本来又穷，只怕小孩子家没见过，拿了起来，也是有的。再不料定是你们这里的。幸而二奶奶没有在屋里，你们这里的宋妈去了，拿着这支镯子，说是小丫头子坠儿偷起来的，被他看见，来回二奶奶的。我赶忙接了镯子，想了一想：宝玉是偏在你们身上留心用意、争胜要强的，那一年有个良儿偷玉，刚冷了一二年间，閒时还有人提起来趁愿；这会子又跑出一个偷金子的来了。而且更偷到街坊家去了。偏是他这样，偏是他的人打嘴。所以我倒忙叮咛宋妈：千万别告诉宝玉，只当没有这事，别和一个人提起。第二件，老太太，太太听了也生气。三则袭人和你们也不好看。所以我回二奶奶，只说：‘我往大奶奶那里去的，谁知镯子褪了口，丢在草根底下，雪深了，没看见。今儿雪化尽了，黄澄澄的映着日头，还在那里呢，我就拣了起来。’二奶奶也就信了，所以我来告诉你们。你们以后防着她些，别使唤她到别处去。等袭人回来，你们商议着，变个法子打发出去就完了。”

麝月道：“这小娼妇也见过些东西，怎么这么眼皮子浅。”平儿道：“究竟这镯子能多重，原是二奶奶说的，这叫做‘虾须镯’，倒是这颗珠子还罢了。晴雯那蹄子是块爆炭，要告诉了她，她是忍不住的。一时气了，或打或骂，依旧嚷出来不好，所以单告诉你留心就是了。”说着，便作辞而去。

宝玉听了，又喜，又气，又叹。喜的是平儿竟能体贴自己；气的是坠儿小窃，叹的是坠儿那样一个伶俐人，作出这丑事来。因而回至房中，把平儿之语一长一短告诉了晴雯。又说：“她说你是个要强的，如今病着，听了这话，越发要添病，等好了再告诉你。”晴雯听了，果然气得蛾眉倒蹙，凤眼圆睁，即时就叫坠儿。宝玉忙劝道：“你这一喊出来，岂不辜负了平儿待你我之心了。不如领她这个情，过后打发她就完了。”晴雯道：“虽如此说，只是这口气如何忍得！”宝玉道：“这有什么气的？你只养病就是了。”

晴雯服了药，至晚间又服二和，夜间虽有些汗，还未见效，仍是发烧头疼，鼻塞声重。次日，王太医又来诊视，另加减汤剂。虽然稍减了烧，仍是头疼。宝玉便命麝月：“取鼻烟来，给她嗅些，痛打几个嚏喷，就通了关窍。”麝月果真去取了一个金镶双扣金星玻璃的一个扁盒来，递与宝玉。宝玉便揭翻盒扇，里面有西洋珐琅的黄发赤身女子，两肋又有肉翅，里面盛着些真正汪恰洋烟。晴雯只顾看画儿，宝玉道：“嗅些，走了气就不好了。”晴雯听说，忙用指甲挑了些嗅入鼻中，不见怎样。便又多多挑了些嗅入。忽觉鼻中一股酸辣，透入囟门，接连打了五六个嚏喷，眼泪鼻涕，登时齐流。晴雯忙收了盒子，笑道：“了不得，好辣，快拿纸来！”早有小丫头子递过一搭子细纸，晴雯便一张一张的拿来醒鼻子。宝玉笑问：“如何？”晴雯笑道：“果觉通快些，只是太阳还疼。”宝玉笑道：“索性尽用西洋药治一治，只怕就好了。”说着，便命麝月：“和二奶奶要去，就说我说了，姐姐那里常有那西洋贴头疼的膏子药，叫做‘依弗哪’，找寻一点儿。”

麝月答应了。去了半日，果拿了半节来。便去找了一块红缎子角儿，铰了两块指顶大的圆式，将那药烤和了，用簪挺摊上。晴雯自拿着一面靶镜，贴在两太阳上。麝月笑道：“病得蓬头鬼一样，如今贴了这个，倒俏皮了。二奶奶贴惯了，倒不大显。”说毕，又向宝玉道：“二奶奶说了：明日是舅老爷生日，太太说了叫你去呢。明儿穿什么衣裳？今儿晚上好打点齐备了，省得明儿早起费手。”宝玉道：“什么顺手，就是什么罢了。一年闹生日也闹不清。”说着，便起身出房，往惜春房中去看画。

刚到院门外边，忽见宝琴的小丫鬟名小螺者从那边过去，宝玉忙赶上问：“哪里去？”小螺笑道：“我们二位姑娘都在林姑娘房里呢，我如今也往那里去。”宝玉听了，转步也便同她往潇湘馆来。不但宝钗姊妹在此，且连邢岫烟也在那里，四人围坐在熏笼上叙家常。紫鹃倒坐在暖阁里，临窗作针黹。一见他来，都笑说：“又来了一个！可没了你的坐处了。”宝玉笑道：“好一幅‘冬闺集艳图’！可惜我迟来了一步。横竖这屋子比各屋子暖，这椅子坐着并不冷。”说着，便坐在黛玉常坐的搭着灰鼠椅搭的一张椅上。因见暖阁之中有一玉石条盆，里面攒三聚五栽着一盆单瓣水仙，点着宣石，便极口赞道：“好花！这屋子越暖，这花香得越浓。怎昨日未见？”黛玉因说道：“这是你家大总管赖大婶子送薛二姑娘的，两盆腊梅，两盆水仙。他送了我一盆水仙，送了蕉丫头一盆腊梅。我原不要的，又恐辜负了她的心。你若要，我转送你如何？”宝玉道：“我屋里却有两盆，只是不及这个。琴妹妹送你的，如何又转送人，这个断使不得！”黛玉道：“我一日药吊子不离火，我竟是药培着呢，那里还搁得住花香来熏？越发弱了。况且这屋子里一股药香，反把这花香搅坏了。不如你抬了去，这花也清淨了，没杂味来搅他。”宝玉笑道：“我屋里今儿也有病人煎药呢，你怎么知道的？”黛玉笑道：“这话奇了，我原是无心的话，谁知你屋里的事？你不早来听说古记，这会子来了，自惊自怪的。”

宝玉笑道：“咱们明儿下一社又有了题目了，就咏水仙、腊梅。”黛玉听了，笑道：“罢，罢！我再不敢作诗了，作一回，罚一回，没的怪羞的。”说着，便两手捂起脸来。宝玉笑道：“何苦来！又奚落我作什么？我还不怕臊呢，你倒捂起脸来了。”宝钗因笑道：“下次我邀一社，四个诗题，四个词题。每人四首诗，四阕词。头一个诗题《咏》，限“一先”的韵，五言排律，要把“一先”的韵都用尽了，一个不许剩。”宝琴笑道：“这一说，可知姐姐不是真心起社了，这分明是难人。若论起来，也强扭得出来，不过颠来倒去弄些《易经》上的话生填，究竟有何趣味！我八岁时节，跟我父亲到西海沿子上买洋货，谁知有个真真国的女孩子，才十五岁，那脸面就和那西洋画上的美人一样，也披着黄头髮，打着联垂，满头戴的都是珊瑚、猫儿眼、祖母绿这些宝石，身上穿着金丝织的锁子甲、洋锦袄袖；带着倭刀，也是镶金嵌宝的，实在画儿上的也没她好看。有人说她通中国的诗书，会讲“五经”，能作诗填词，因此我父亲央烦了一位通事官，烦她写了一张字，就写的是她作的诗。”

众人都称奇道异。宝玉忙笑道：“好妹妹，你拿出来我瞧瞧。”宝琴笑道：“在南京收着呢，此时那里去取来？”宝玉听了，大失所望，便说：“没福得见这世面！”黛玉笑拉宝琴道：“你别哄我们。我知道你这一来，你的这些东西未必放在家里，自然都是要带了来的，这会子又扯谎说没带来。他们虽信，我是不信的。”宝琴便红了脸，低头微笑不语。宝钗笑道：“偏这个颦儿惯说这些白话，把你就伶俐的。”黛玉笑道：“若带了来，就给我们见识见识也罢了。”宝钗笑道：“箱子、笼子一大堆，还没理清，知道在哪个里头呢！等过日收拾清了，找出来，大家再看就是了。”又向宝琴道：“你若记得，何不念念我们听听。”宝琴方答道：“记得是一首五言律，外国的女子，也就难为她了。”宝钗道：“你且别念，等把云儿叫了来，也叫她听听。”说着，便叫小螺来，吩咐道：“你到我那里去，就说我们这里有一个外国美人来了，作得好诗，请你这‘诗疯子’来瞧去，再把我们‘诗呆子’也带来。”小螺笑着去了。

半日，只听湘云笑问：“那一个外国美人来了？”一头说，一头果和香菱来了。众人笑道：“人未见形，先已闻声。”宝琴等忙让坐，遂把方才的话重叙了一遍。湘云笑道：“快念来听听。”宝琴因念道：

昨夜朱楼梦，今宵水国吟。岛云蒸大海，岚气接丛林。月本无今古，情缘自浅深。汉南春历历，焉得不关心。

众人听了，都道“难为她！竟比我们中国人还强。”一语未了，只见麝月走来说：“太太打发人来告诉二爷，明儿一早往舅舅那里去，就说太太身上不大好，不得亲自来。”宝玉忙站起来答应道：“是。”因问宝钗宝琴可去。宝钗道：“我们不去，昨儿单送了礼去了。”大家说了一回方散。

宝玉因让诸姊妹先行，自己落后。黛玉便又叫住他，问道：“袭人到底多早晚回来？”宝玉道：“自然等送了殡才来呢。”黛玉还有话说，又不曾出口，出了一回神，便说道：“你去罢。”宝玉也觉心里有许多话，只是口里不知要说什么，想了一想，也笑道：“明儿再说罢。”一面下了阶矶，低头正欲迈步，复又忙回身问道：“如今的夜越发长了，你一夜咳嗽几遍？醒几次？”黛玉道：“昨儿夜里好了，只嗽了两遍，却只睡了四更一个更次，就再不能睡了。”宝玉又笑道：“正是有句要紧的话，这会子才想起来。”一面说，一面便挨过身来，悄悄道：“我想宝姐姐送你的燕窝——”一语未了，只见赵姨娘走了进来瞧黛玉，问：“姑娘这两天好？”黛玉便知他是从探春处来，从门前过，顺路的人情。黛玉忙陪笑让坐，说：“难得姨娘想着，怪冷的，亲身走来。”又忙命倒茶，一面又使眼色与宝玉。宝玉会意，便走了出来。

正值吃晚饭时，见了王夫人，王夫人又嘱他早去。宝玉回来，看晴雯吃了药。此夕宝玉便不命晴雯挪出暖阁来，自己便在晴雯外边。又命将熏笼抬至暖阁前，麝月便在熏笼上睡。一宿无话。

至次日，天未明时，晴雯便叫醒麝月道：“你也该醒了，只是睡不够！你出去叫人给他预备茶水，我叫醒他就是了。”麝月忙披衣起来道：“咱们叫起他来，穿好衣裳，抬过这火箱去，再叫她们进来。老嬷嬷们已经说过，不叫他在这屋里，怕过了病气。如今他们见咱们挤在一处，又该唠叨了。”晴雯道：“我也是这么说呢。”二人才叫时，宝玉已醒了，忙起身披衣。麝月先叫进小丫头子来，收拾妥当了，才命秋纹、檀云等进来，一同伏侍宝玉梳洗毕。麝月道：“天又阴阴的，只怕有雪，穿那一套毡的罢。”宝玉点头，即时换了衣裳。小丫头便用小茶盘捧了一盖碗建莲红枣汤来，宝玉喝了两口。麝月又捧过一小碟法制紫姜来，宝玉噙了一块。又嘱咐了晴雯一回，便往贾母处来。

贾母犹未起来，知道宝玉出门，便开了房门，命宝玉进来。宝玉见贾母身后宝琴面向里也睡着未醒。贾母见宝玉身上穿着荔色哆罗呢的天马箭袖，大红猩猩毡盘金彩绣石青妆缎沿边的排穗褂子。贾母道：“下雪么？”宝玉道：“天阴着，还没有下呢。”贾母便命鸳鸯来：“把昨儿那一件乌云豹的氅衣给他罢。”鸳鸯答应了，走去果取了一件来。宝玉看时，金翠辉煌，碧彩闪灼，又不似宝琴所披之凫靥裘。只听贾母笑道：“这叫作‘雀金呢’，这是俄罗斯国拿孔雀毛拈了线织的。前儿把那一件野鸭子的给了你小妹妹，这件给你罢。”宝玉磕了一个头，便披在身上。贾母笑道：“你先给你娘瞧瞧去再去。”

宝玉答应了，便出来，只见鸳鸯站在地下揉眼睛。因自那日鸳鸯发誓决绝之后，她总不和宝玉说话。宝玉正自日夜不安，此时见她又要回避，宝玉便上来笑道：“好姐姐，你瞧瞧，我穿着这个好不好？”鸳鸯一摔手，便进贾母房中去了。宝玉只得来到了王夫人房中，与王夫人看了，然后又回至园中，与晴雯麝月看过后，至贾母房中回说：“太太看了，只说可惜了的，叫我仔细穿，别遭塌了他。”

贾母道：“就剩下了这一件，你遭塌了也再没了。这会子特给你做这个也是没有的事。”说着又嘱咐他：“不许多吃酒，早些回来。”宝玉应了几个“是”。

老嬷嬷跟至厅上，只见宝玉的奶兄李贵和王荣、张若锦、赵亦华、钱启、周瑞六个人，带着茗烟、伴鹤、锄药、扫红四个小厮，背着衣包，抱着坐褥，笼着一匹凋鞍彩辔的白马，早已伺候多时了。老嬷嬷又吩咐了他六人些话，六个人忙答应了几个“是”，忙捧鞭坠镫。宝玉慢慢的上了马，李贵和王荣笼着嚼环，钱启、周瑞二人在前引导，张若锦、赵亦华在两边紧贴宝玉身后。宝玉在马上笑道：“周哥、钱哥，咱们打这角门走罢，省得到了老爷的书房门口又下来。”周瑞侧身笑道：“老爷不在家，书房天天锁着的，爷可以不用下来罢了。”宝玉笑道：“虽锁着，也要下来的。”钱启、李贵等都笑道：“爷说的是。便托懒不下来，倘或遇见赖大爷、林二爷，虽不好说爷，也劝两句。有的不是，都派在我们身上，又说我们不教爷礼了。”周瑞、钱启便一直出角门来。

正说话时，顶头果见赖大进来。宝玉忙笼住马，意欲下来。赖大忙上来抱住腿。宝玉便在镫上站起来，笑携他的手，说了几句话。接着又见一个小厮带着二三十个拿扫帚簸箕的人进来，见了宝玉，都顺墙垂手立住，独那为首的小厮打千儿，请了个安。宝玉不识名姓，只微笑点了点头。马已过去，那人方带人去了。于是出了角门，门外又有李贵等六人的小厮并几个马夫，早预备下十来匹马专候。一出角门，李贵等都各上了马，前引傍围的一阵烟去了，不在话下。

这里晴雯吃了药，仍不见病退，急的乱骂大夫，说：“只会骗人的钱，一剂好药也不给人吃。”麝月笑劝她道：“你太性急了，俗语说：‘病来如山倒，病去如抽丝。’又不是老君的仙丹，哪这样灵药！你只静养几天，自然好了。你越急越着手。”晴雯又骂小丫头子们：“哪里钻沙去了！瞅我病了，都大胆子走了。明儿我好了，一个一个的才揭你们的皮呢！”唬得小丫头子篆儿忙进来问：“姑娘作什么。”晴雯道：“别人都死绝了，就剩了你不成？”说着，只见坠儿也蹭了进来。晴雯道：“你瞧瞧这小蹄子，不问她，还不来呢！这里又放月钱了，又散果子了，你该跑在头里了。你往前些，我是老虎，吃了你！”坠儿只得前凑。晴雯便冷不防欠身一把将她的手抓住，向枕边取了一丈青，向她手上乱戳，口内骂道：“要这爪子作什么？拈不得针，拿不得线，只会偷嘴吃。眼皮子又浅，爪子又轻，打嘴现世的，不如戳烂了！”坠儿疼得乱哭乱喊。麝月忙拉开坠儿，按晴雯睡下，笑道：“才出了汗，又作死！等你好了，要打多少打不得？这会子闹什么！”晴雯便命人叫宋嬷嬷进来，说道：“宝二爷才告诉了我，叫我告诉你们，坠儿很懒，宝二爷当面使他，他拨嘴儿不动，连袭人使她，她背后骂她。今儿务必打发她出去，明儿宝二爷亲自回太太就是了。”宋嬷嬷听了，心下便知镯子事发，因笑道：“虽如此说，也等花姑娘回来，知道了，再打发她。”晴雯道：“宝二爷今儿千叮咛万嘱咐的，什么‘花姑娘’‘草姑娘’，我们自然有道理。你只依我的话，快叫她家的人来领她出去！”麝月道：“这也罢了，早也去，晚也去，带了去，早清静一日。”

宋嬷嬷听了，只得出去，唤了她母亲来，打点了她的东西，又来见晴雯等，说道：“姑娘们怎么了，你侄女儿不好，你们教导她，怎么撵出去？也到底给我们留个脸儿。”晴雯道：“你这话只等宝玉来问他，与我们无干。”那媳妇冷笑道：“我有胆子问他去！他哪一件事不是听姑娘们的调停？他纵依了，姑娘们不依，也未必中用。比如方才说话，虽是背地里，姑娘就直叫他的名字。在姑娘们就使得，在我们就成了野人了。”晴雯听说，益发急红了脸，说道：“我叫了他的名字了，你在老太太跟前告我去，说我撒野，也撵出我去。”麝月忙道：“嫂子，你只管带了人出去，有话再说。这个地方岂有你叫喊讲礼的？你见谁和我们讲过礼？别说嫂子你，就是赖奶奶、林大娘，也得担待我们三分。便是叫名字，从小儿直到如今，都是老太太吩咐过的，你们也知道的，恐怕难养活，巴巴的写了他的小名儿，各处贴着，叫万人叫去，为的是好养活。连挑水、挑粪、花子都叫得，何况我们！连昨儿林大娘叫了一声‘爷’，老太太还说她呢，此是一件。二则，我们这些人常回老太太的话去，可不叫着名字回话，难道也称‘爷’？哪一日不把“宝玉”两个字念二百遍，偏嫂子又来挑这个了！过一日嫂子闲了，在老太太、太太跟前，听听我们当着面儿叫他就知道了。嫂子原也不得在老太太、太太跟前当些体统差事，成年家只在三门外头混，怪不得不知我们里头的规矩。这里不是嫂子久站的，再一会，不用我们说话，就有人来问你了。有什么分证话，且带了她去，你回了林大娘，叫她来找二爷说话。家里上千的人，你也跑来，我也跑来，我们认人问姓，还认不清呢！”说着，便叫小丫头子：“拿了擦地的布来擦地！”

那媳妇听了，无言可对，亦不敢久立，赌气带了坠儿就走。宋嬷嬷忙道：“怪道你这嫂子不知规矩，你女儿在这屋里一场，临去时，也给姑娘们磕个头。没有别的谢礼，——便有谢礼，她们也不希罕，——不过磕个头，尽了心。怎么说走就走？”坠儿听了，只得翻身进来，给他两个磕了两个头，又找秋纹等。她们也不睬她。那媳妇嗐声叹气，口不敢言，抱恨而去。

晴雯方才又闪了风，着了气，反觉更不好了。翻腾至掌灯，刚安静了些。只见宝玉回来，进门就嗐声跺脚。麝月忙问原故，宝玉道："今儿老太太欢欢喜喜的给了这个褂子，谁知不防，后襟子上烧了一块，幸而天晚了，老太太、太太都不理论。"一面说，一面脱下来。麝月瞧时，果见有指顶大的烧眼，说："这必定是手炉里的火迸上了。这不值什么，赶着叫人悄悄的拿出去，叫个能干织补匠人织上就是了。"说着，便用包袱包了，交与一个嬷嬷送出去，说："赶天亮就有才好，千万别给老太太、太太知道！"婆子去了半日，仍旧拿回来，说："不但能干织补匠人，就连裁缝、绣匠并作女工的问了，都不认得这是什么，都不敢揽。"麝月道："这怎么样呢！明儿不穿也罢了。"宝玉道："明儿是正日子，老太太、太太说了，还叫穿这个去呢。偏头一日就烧了，岂不扫兴！"晴雯听了半日，忍不住翻身说道："拿来我瞧瞧罢！没个福气穿就罢了。这会子又着急。"宝玉笑道："这话倒说的是。"说着，便递与晴雯，又移过灯来，细看了一会。晴雯道："这是孔雀金线织的，如今咱们也拿孔雀金线，就像界线似的界密了，只怕还可混得过去。"麝月笑道："孔雀线现成的，但这里除了你，还有谁会界线？"晴雯道："说不得我挣命罢了。"宝玉忙道："这如何使得！才好了些，如何做得活。"晴雯道："不用你蝎蝎螫螫的，我自知道。"一面说，一面坐起来，挽了一挽头髮，披了衣裳，只觉头重身轻，满眼金星乱迸，实实撑不住。待要不做，又怕宝玉着急，少不得恨命咬牙捱着。便命麝月只帮着拈线。晴雯先拿了一根比一比，笑道："这虽不很像，若补上，也不很显。"宝玉道："这就很好，哪里又找俄罗斯国的裁缝去！"晴雯先将里子拆开，用茶杯口大的一个竹弓钉牢在背面，再将破口四边用金刀刮得散鬆鬆的，然后用针纫了两条，分出经纬，亦如界线之法，先界出地子后，然后依本衣之纹来回织补。织补两针，又看看，织补两针，又端详端详。无奈头晕眼黑，气喘神虚，补不上三五针，便伏在枕上歇一会。宝玉在旁，一时又问："吃些滚水不吃？"一时又命："歇一歇。"一时又拿一件灰鼠斗篷替她披在背上，一时又命拿个："拐枕与他靠着。"急得晴雯央告道："小祖宗！你只管睡罢。再熬上半夜，明儿把眼睛抠搂了，怎么处！"宝玉见她着急，只得胡乱睡下，仍睡不着。一时只听自鸣钟已敲了四下，刚刚补完，又用小牙刷慢慢的剔出绒毛来。麝月道："这就很好，若不留心，再看不出的。"宝玉忙要了瞧瞧，笑说："真真一样了。"晴雯已嗽了几阵，好容易补完了，说了一声："补虽补了，到底不像，我也再不能了！""嗳哟"了一声，便身不由主倒下。要知端详，且听下回分解。

第 53 回 宁国府除夕祭宗祠 荣国府元宵开夜宴

打了一会。歇下没一顿饭的工夫，天已大亮了；且不出门，只叫："快传大夫！"一时王太医来了，诊了脉，疑惑说道："昨日已好了些，今日如何反虚浮微缩起来，敢是吃多了饮食？不然就是劳了神思。外感却倒清了，这汗后失于调养，非同小可。"一面说，一面出去开了药方进来。宝玉看时，已将疏散驱邪诸药减去了，倒添了茯苓、地黄、当归等益神养血之剂。宝玉一面忙命人煎去，一面叹说："这怎么处？倘或有个好歹，都是我的罪孽。"晴雯睡在枕上，嗐道："好太爷！你干你的去罢，哪里就得痨病了！"

宝玉无奈，只得去了。至下半天，说身上不好，就回来了。晴雯此症虽重，幸亏她素习是个使力不使心的；再者素习饮食清澹，飢饱无伤。这贾宅中的风俗秘法，无论上下，只一略有些伤风咳嗽，总以淨饿为主，次则服药调养。故于前日一病时，淨饿了两三日，又谨慎服药调治，如今虽劳碌了些，又加倍培养了几日，便渐渐的好了。近日园中姊妹皆各在房中吃饭，炊爨饮食亦便，宝玉自能变法要汤要羹调停，不必细说。

袭人送母殡后，业已回来，麝月便将平儿所说宋妈坠儿一事，并晴雯撵逐坠儿出去，也曾回过宝玉等语，一一的告诉了一遍。袭人也没别说，只说太性急了些。只因李纨亦因时气感冒，邢夫人又正害火眼，迎春岫烟皆过去朝夕侍药，李婶之弟又接了李婶和李纹李绮家去住几日，宝玉又见袭人常常思母含悲，晴雯犹未大愈，因此诗社之日，皆未有人作兴，便空了几社。

当下已是腊月，离年日近，王夫人与凤姐治办年事。王子腾升了九省都检点，贾雨村补授了大司马，协理军机参赞朝政，不提。

且说贾珍那边，开了宗祠，着人打扫，收拾供器，请神主，又打扫上房，以备悬供遗真影像。此时荣、宁二府内外上下，皆是忙忙碌碌。这日，宁府中尤氏正起来同贾蓉之妻打点送贾母这边针线礼物，正值丫头捧了一茶盘押岁锞子进来，回说："兴儿回奶奶，前儿那一包碎金子，共是一百五十三两六钱七分，里头成色不等，共总倾了二百二十个锞子。"说着递上去。尤氏看了看，只见也有梅花式的，也有海棠式的，也有"笔锭如意"的，也有"八宝联春"的。尤氏命："收起这个来，叫他把银锞子快快交了进来。"丫鬟答应去了。

一时贾珍进来吃饭，贾蓉之妻迴避了。贾珍因问尤氏："咱们春祭的恩赏，可领了不曾？"尤氏道："今儿我打发蓉儿关去了。"贾珍道："咱们家虽不等这几两银子使，多少是皇上天恩。早关了来，给那边老太太见过，置了祖宗的供，上领皇上的恩，下则是托祖宗的福。咱们那怕用一万银子供祖宗，到底不如这个又体面，又是沾恩锡福的。除咱们这样一二家之外，那些世袭穷官儿家，若不仗着这银子，拿什么上供过年？真正皇恩浩大，想得周到。"尤氏道："正是这话。"

二人正说着，只见人回："哥儿来了"。贾珍便命："叫他进来。"只见贾蓉捧了一个小黄布口袋进来。贾珍道："怎么去了这一日。"贾蓉陪笑回说："今儿不在礼部关领，又分在光禄寺，库上，因又到了光禄寺才领了下来。光禄寺的官儿们都说，问父亲好，多日不见，都着实想念。"贾珍笑道："他们哪里是想我。这又到了年下了，不是想我的东西，就是想我的戏酒了。"一面说，一面瞧那黄布口袋，上有印，就是"皇恩永锡"四个大字；那一边又有礼部祠祭司的印记，又写着一行小字，道是"宁国公贾演、荣国公贾源，恩赐永远春祭赏共二分，淨折银若干两，某年月日龙禁尉候补侍卫贾蓉当堂领讫，值年寺丞某人"，下面一个朱笔花押。

贾珍吃过饭，盥漱毕，换了靴帽，命贾蓉捧着银子跟了来，回过贾母王夫人，又至这边，回过贾赦邢夫人，方回家去，取出银子，命将口袋向宗祠大炉内焚了。又命贾蓉道："你去问问你琏二婶子，正月里请吃年酒的日子拟了没有。若拟定了，叫书房里明白开了单子来，咱们再请时，就不能重犯了。旧年不留心重了几家人家，不说咱们不留心，倒像两宅商议定了，送虚情怕费事一样。"贾蓉忙答应了过去。一时，拿了请人吃年酒的日期单子来了。贾珍看了，命交与赖升去看了，请人别重这上头的日子。因在厅上看着小厮们抬围屏、擦抹几案、金银供器。

只见小厮手里拿着个禀帖，并一篇帐目，回说："黑山村的乌庄头来了。"贾珍道："这个老砍头的今儿才来。"说着，贾蓉接过禀帖和帐目，忙展开捧着，贾珍倒背着两手，向贾蓉手内看去，那红禀帖上写着："门下庄头乌进孝叩请爷、奶奶万福金安，并公子小姐金安。新春大喜大福，荣贵平安，加官进禄，万事如意。"贾珍笑道："庄家人有些意思。"贾蓉也忙笑说："别看文法，只取个吉利罢了。"一面忙展开单子看时，只见上面写着："大鹿三十隻，獐子五十隻，麅子五十隻，暹猪二十个，汤猪二十个，龙猪二十个，野猪二十个，家腊猪二十个，野羊二十个，青羊二十个，家汤羊二十个，家风羊二十个，鲟鳇鱼二个，各色杂鱼二百斤，活鸡、鸭、鹅各二百隻，风鸡、鸭、鹅二百隻，野鸡、兔子各二百对，熊掌二十对，鹿筋二十斤，海参五十斤，鹿舌五十条，牛舌五十条，蛏干二十斤，榛、松、桃、杏瓤穰各二口袋，大对虾五十对，干虾二百斤，银霜炭上等选用一千斤，中等二千斤，柴炭三万斤，御田胭脂米二石，碧糯五十斛，白糯五十斛，粉粳五十斛，杂色粱穀各五十斛，下用常米一千石，各色干菜一车，外卖粱谷，牲口各项折银二千五百两。外门下孝敬哥儿姐儿顽意：活鹿两对，活白兔四对，黑兔四对，活锦鸡两对，西洋鸭两对。”

贾珍便命：“带进他来。”一时，只见乌进孝进来，只在院内磕头请安。贾珍命人拉他起来，笑说：“你还硬朗。”乌进孝笑回道：“托爷的福，还走得动。”贾珍道：“你儿子也大了，该叫他走走也罢了。”乌进孝笑道：“不瞒爷说，小的们走惯了，不来也闷得慌。他们可不是都愿意来见见天子脚下的世面？他们到底年轻，怕路上有闪失，再过几年就可放心了。”贾珍道：“你走了几日？”乌进孝道：“回爷的话，今年雪大，外头都是四五尺深的雪，前日忽然一暖一化，路上竟难走得很，耽搁了几日。虽走了一个月零两日，因日子有限了，怕爷心焦，可不赶着来了。”贾珍道：“我说呢，怎么今儿才来。我才看那单子上，今年你这老货又来打擂台来了。”乌进孝忙进前了两步，回道：“回爷说，今年年成实在不好。从三月下雨起，接接连连直到八月，竟没有一连晴过五日。九月里一场碗大的雹子，方近一千三百里地，连人带房并牲口粮食，打伤了上千上万的，所以才这样。小的并不敢说谎。”贾珍皱眉道：“我算定了，你至少也有五千两银子来，这够做什么的？如今你们一共只剩了八九个庄子，今年倒有两处报了旱涝，你们又打擂台，真真是又教别过年了。”乌进孝道：“爷的这地方还算好呢！我兄弟离我那里只一百多里，谁知竟大差了。他现管着那府里八处庄地，比爷这边多着几倍，今年也只这些东西，不过多二三千两银子，也是有饥荒打呢。”贾珍道：“正是呢，我这边倒可以，没有什么外项大事，不过是一年的费用。我受用些就费些；我受些委屈就省些。再者年例送人请人，我把脸皮厚些。可省些也就完了。比不得那府里，这几年添了许多花钱的事，一定不可免是要花的，却又不添些银子产业。这一二年倒赔了许多，不和你们要，找谁去？”

乌进孝笑道：“那府里如今虽添了事，有去有来，娘娘和万岁爷岂不赏的？”贾珍听了，笑向贾蓉等道：“你们听，他这话，可笑不可笑？”贾蓉等忙笑道：“你们山坳海沿子上的人，哪里知道这道理。娘娘难道把皇上的库给了我们不成！她心里纵有这心，她也不能作主。岂有不赏之理，按时到节，不过是些彩缎、古董玩意儿；纵赏银子，不过一百两金子，才值了一千两银子，够一年的什么？这二年，哪一年不多赔出几千银子来！头一年省亲，连盖花园子，你算算那一注共花了多少，就知道了。再两年，再省一回亲，只怕就精穷了。”贾珍笑道：“所以他们庄家老实人，外明不知里暗的事。黄柏木作磬槌子——外头体面里头苦。”贾蓉又笑向贾珍道：“凤姑娘和鸳鸯悄悄商议，要偷出老太太的东西去当银子呢。”贾珍笑道：“那又是你凤姑娘的鬼，哪里就穷到如此。她必定是见去路太多了，实在赔得狠了，不知又要省哪一项的钱，先设出这法子来，使人知道，说穷到如此了。我心里却有个算盘，还不至如此田地。”说着，便命人带了乌进孝出去，好生待他，不在话下。

这里贾珍吩咐将方才各物，留出供祖的来，将各样取了些，命贾蓉送过荣府里。然后自己留了家中所用的，余者派出等例来，一份一份的堆在月台下，命人将族中的子侄唤来，分给他们。接着荣国府也送了许多供祖之物及与贾珍之物。贾珍看着收拾完备供器，靸着鞋，披着猞猁狲大裘，命人在厅柱下石矶上太阳中铺了一个大狼皮褥子，负暄闲看各子弟们来领取年物。因见贾芹亦来领物，贾珍叫他过来，说道：“你作什么也来了？谁叫你来的？”贾芹垂手回说：“听见大爷这里叫我们领东西，我没等人去就来了。”贾珍道：“我这东西，原是给你那些闲着无事的、无进益的小叔叔兄弟们的。那二年你闲着，我也给过你的。你如今在那府里管事，家庙里管和尚、道士们，一月又有你的分例外，这些和尚的分例银子都从你手里过，你还来取这个，太也贪了！你自己瞧瞧，你穿得像个手里使钱办事的？先前说你没进益，如今又怎么了？比先倒不像了。”贾芹道：“我家里原人多，费用大。”贾珍冷笑道：“你还支吾我。你在家庙里干的事，打量我不知道呢！你到了那里，自然是爷了，没人敢违拗你。你手里又有了钱，离着我们又远，你就为王称霸起来，夜夜招聚匪类赌钱，养老婆小子。这会子花得这个形象，你还敢领东西来？领不成东西，领一顿驮水棍去才罢。等过了年，我必和你琏二叔说，换回你来。”贾芹红了脸，不敢答言。人回：“北府水王爷送了字联、荷包来了。”贾珍听说，忙命贾蓉出去款待，“只说我不在家。”贾蓉去了，这里贾珍撵走贾芹，看着领完东西，回房与尤氏吃毕晚饭，一宿无话。至次日，比往日更忙，都不必细说。

已到了腊月二十九日了，各色齐备，两府中都换了门神、联对、挂牌，新油了桃符，焕然一新。宁国府从大门、仪门、大厅、暖阁、内厅、内三门、内仪门并内塞门，直到正堂，一路正门大开，两边阶下，一色朱红大高照灯，点得两条金龙一般。次日，由贾母有诰封者，皆按品级着朝服，先坐八人大轿，带领着众人进宫朝贺行礼，领宴毕回来，便到宁国府暖阁下轿。诸子弟有未随入朝者，皆在宁府门前排班伺候，然后引入宗祠。

且说薛宝琴是初次进贾祠观看，便细细留神，打量这宗祠，原来宁府西边另一个院宇，黑油栅栏内五间大门，上面悬一匾，写着是“贾氏宗祠”四个字，旁书“衍圣公孔继宗书”。两旁有一副长联，写道是：

肝脑涂地，兆姓赖保育之恩；功名贯天，百代仰蒸尝之盛。

亦衍圣公所书。进入院中，白石甬路，两边皆是苍松翠柏。月台上设着青绿古铜鼎彝等器。抱厦前上面悬一九龙金匾，写道是：“星辉辅弼”。乃先皇御笔。两边一副对联，写道是：

勋业有光昭日月，功名无间及儿孙。

俱是御笔。五间正殿前悬一闹龙填青匾，写道是：“慎终追远”。旁边一副对联，写道是：

已后儿孙承福德，至今黎庶念荣宁。

亦是御笔。里边香烛辉煌，锦帐绣幕，虽列着神主，却看不真切。只见贾府人分昭穆排班立定：贾敬主祭，贾赦陪祭，贾珍献爵，贾琏、贾琮献帛，宝玉捧香，贾菖、贾菱展拜毯，守焚池。青衣乐奏，三献爵，拜兴毕，焚帛奠酒，礼毕乐止，退出。众人围随着贾母，至正堂上。影前锦幔高挂，彩屏张护，香烛辉煌。上面正居中悬着宁荣二祖遗像，皆是披蟒腰玉，两边还有几轴列祖遗影。

贾荇贾芷等从内仪门挨次列站，直到正堂廊下。槛外方是贾敬、贾赦，槛内是各女眷。众家人小厮皆在仪门之外。每一道菜至，传至仪门，贾荇、贾芷等便接了，按次传至阶上贾敬手中。贾蓉係长房长孙，独他随女眷在槛内。每贾敬捧菜至，传于贾蓉，贾蓉便传于他妻子，又传于凤姐尤氏诸人，直传至供桌前，方传于王夫人。王夫人传于贾母，贾母方捧放在桌上。邢夫人在供桌之西，东向立，同贾母供放。直至将菜饭汤点酒茶传完，贾蓉方退出，下阶归入贾芹阶位之首。当时凡从文旁之名者，贾敬为首；下则从玉者，贾珍为首，再下从草头者，贾蓉为首；左昭右穆，男东女西，俟贾母拈香下拜，众人方一齐跪下。将五间大厅，三间抱厦，内外廊檐，阶上阶下两丹墀内，花团锦簇，塞的无一隙空地。鸦雀无闻，只声铿锵叮当，金铃玉珮微微摇曳之声，并起跪靴履飒沓之响。一时礼毕，贾敬、贾赦等便忙退出，至荣府专候与贾母行礼。

尤氏上房早已袭地铺满红毡，当地放着象鼻三足鳅沿鎏金珐琅大火盆，正面炕上铺着新猩红毡，设着大红彩绣云龙捧寿的靠背引枕，外另有黑狐皮的袱子搭在上面，大白狐皮坐褥，请贾母上去坐了。两边又铺皮褥，让贾母一辈的两三个妯娌坐了。这边横头排插之后小炕上，也铺了皮褥，让邢夫人等坐了。地下两面相对十二张洞漆椅上，都是一色灰鼠椅搭小褥，每一张椅下一个大铜脚炉，让宝琴等姊妹坐了。尤氏用茶盘亲捧茶与贾母，蓉妻捧与众老祖母；然后尤氏又捧与邢夫人等，蓉妻又捧与众姊妹。凤姐、李纨等只在地下伺侯。茶毕，邢夫人等便先起身来侍贾母。贾母吃茶，与老妯娌闲话了两三句，便命看轿。凤姐儿忙上去挽起来。尤氏笑回说："已经预备下老太太的晚饭。每年都不肯赏些体面，用过晚饭过去，果然我们就不及凤丫头不成？"凤姐儿搀着贾母笑道："老祖宗快走罢，咱们家去吃，别理她。"贾母笑道："你这里供着祖宗，忙得什么似的，哪里搁得住我闹！况且每年我不吃，你们也要送去的。不如还送了去，我吃不了，留着明儿再吃，岂不多吃些？"说得众人都笑了。又吩咐她："好生派妥当人夜里看香火，不是大意得的。"尤氏答应了。一面走出来，至暖阁前上了轿。尤氏等闪过屏风，小厮们才领轿夫，请了轿出大门。尤氏亦随邢夫人等同至荣府。

这里轿出大门，这一条街上，东一边合面设列着宁国公的仪仗执事乐器；西一边合面设列着荣国公的仪仗执事乐器，来往行人皆屏退不从此过。一时来至荣府，也是大门正厅，直开到底。如今便不在暖阁下轿了，过了大厅，便转弯向西，至贾母这边正厅上下轿。众人围随同至贾母正室之中，亦是锦裀绣屏，焕然一新。当地火盆内焚着松柏香、百合草。贾母归了坐，老嬷嬷来回："老太太们来行礼。"贾母忙又起身要迎，只见两三个老妯娌已进来了。大家挽手笑了一回，让了一回。吃茶去后，贾母只送至内仪门便回来，归了正坐。贾敬、贾赦等领诸子弟进来。贾母笑道："一年价难为你们，不行礼罢。"一面说着，一面男一起，女一起，一起一起俱行过了礼。左右两旁设下交椅，然后又按长幼挨次归坐受礼。两府男妇、小厮、丫鬟、亦按差役上、中、下行礼毕，散押岁钱、荷包、金银锞，摆上合欢宴来。男东女西归坐，献屠苏酒，合欢汤、吉祥果、如意糕毕，贾母起身进内间更衣，众人方各散出。那晚，各处佛堂灶王前焚香上供，王夫人正房院内设着天地纸马香供，大观园正门上也挑着大明角灯，两熘高照，各处皆有路灯。上下人等，皆打扮得花团锦簇，一夜人声嘈杂，语笑喧阗，爆竹起火，络绎不绝。

至次日五鼓，贾母等又按品大妆，摆全副执事进宫朝贺，兼祝元春千秋。领宴回来，又至宁府祭过列祖，方回来。受礼毕，便换衣歇息。所有贺节来的亲友一概不会，只和薛姨妈、李婶二人说话取便，或者同宝玉、宝琴、钗、玉等姊妹赶围棋、抹牌作戏。王夫人与凤姐天天忙着请人吃年酒，那边厅上院内皆是戏酒，亲友络绎不绝，一连忙了七八日，才完了。早又元宵将近，宁荣二府皆张灯结彩。十一日是贾赦请贾母等，次日贾珍又请，贾母皆去随便领了半日。王夫人和凤姐儿连日被人请去吃年酒，不能胜记。

至十五日之夕，贾母便在大花厅上命摆几席酒，定一班小戏，满挂各色佳灯，带领荣、宁二府各子侄、孙男、孙媳等家宴。贾敬素不茹酒，也不去请他，于十七日祖祀已完，他便仍出城去修养；便这几日在家内，亦是淨室默处，一概无听无闻，不在话下。贾赦略领了贾母之赐，也便告辞而去。贾母知他在此彼此不便，也就随他去了。贾赦自到家中，与众门客赏灯吃酒，自然是笙歌聒耳，锦绣盈眸，其取便快乐，另与这边不同的。

这边贾母花厅之上，共摆了十来席。每一席旁边设一几，几上设炉瓶三事，焚着御赐百合宫香。又有八寸来长、四五寸宽、二三寸高的点着山石、布满青苔的小盆景，俱是新鲜花卉。又有小洋漆茶盘，内放着旧窑茶杯并十锦小茶吊，里面泡着上等名茶。一色皆是紫檀透凋，嵌着大红纱透绣花卉并草字诗词的瓔珞。原来绣这瓔珞的也是个姑苏女子，名唤慧娘。因她亦是书香宦门之家，他原精于书画，不过偶然绣一两件针线作耍，并非市卖之物。凡这屏上所绣之花卉，皆彷的是唐、宋、元、明各名家的折枝花卉，故其格式配色皆从雅，本来非一味浓艳匠工可比。每一枝花侧，皆用古人题此花之旧句，或诗或歌不一，皆用黑绒绣出草字来，且字蹟勾踢、转折、轻重、连断，皆与笔草无异，亦不比市绣字迹，板强可恨。她不仗此技获利，所以天下虽知，得者甚少，凡世宦富贵之家，无此物者甚多，当今便称为"慧绣"。竟有世俗射利者，近日彷其针迹，愚人获利。偏这慧娘命夭，十八岁便死了，如今竟不能再得一件的了。凡所有之家，纵有一两件，皆珍藏不用。有那一干翰林文魔先生们，因深惜"慧绣"之佳，便说这"绣"字不能尽其妙，这样笔迹说一"绣"字，反似乎唐突了，便大家商议了，将"绣"字便隐去，换了一个"纹"字，所以如今都称为"慧纹"。若有一件真"慧纹"之物，价则无限。贾府之荣，也只有两三件，上年将那两件已进了上，目下只剩这一副瓔珞，一共十六扇，贾母爱如珍宝，不入在请客各色陈设之内，只留在自己这边，高兴摆酒时赏玩。又有各色旧窑小瓶中都点缀着"岁寒三友""玉堂富贵"等鲜花草。

上面两席是李婶、薛姨妈二位。贾母于东边设一透凋夔龙护屏矮足短榻，靠背、引枕、皮褥俱全。榻之上一头又设一个极轻巧洋漆描金小几，几上放着茶吊、茶碗、漱盂、洋巾之类，又有一个眼镜匣子。贾母歪在榻上，与众人说笑一回，又自取眼镜向戏台上照一回，又向薛姨妈、李婶笑说："恕我老了骨头疼放肆，容我歪着相陪罢。"又命琥珀坐在榻上，拿着美人拳捶腿。榻下并不摆席面，只有一张高几，却设着瓔珞、花瓶、香炉等物。外另设一精緻小高桌，设着酒杯匙箸，将自己这一席设于榻旁，命宝琴、湘云、黛玉、宝玉四人坐着。每一馔一果来，先捧与贾母看了，喜则留在小桌上，尝一尝，仍撤了放在他四人席上，只算他四人是跟着贾母坐。故下面方是邢夫人、王夫人之位，再下便是尤氏、李纨、凤姐、贾蓉之妻；西边一路便是宝钗、李纹、李绮、岫烟、迎春姊妹等。

两边大梁上，挂着一对联三聚五玻璃芙蓉彩穗灯。每一席前竖一柄漆干倒垂荷叶，叶上有烛信，插着彩烛。这荷叶乃是錾珐琅的，活信可以扭转，如今皆将荷叶扭转向外，将灯影逼住，全向外照，看戏分外真切。窗格、门户一齐摘下，全挂彩穗各种宫灯。廊檐内外及两边游廊罩棚，将各色羊角、玻璃、戳纱、料丝、或绣、或画、或堆、或抠、或绢、或纸诸灯挂满。廊上几席，便是贾珍、贾琏、贾环、贾琮、贾蓉、贾芹、贾芸、贾菱、贾菖等。

贾母也曾差人去请众族中男女，奈他们或有年迈，懒于热闹的；或有家内没有人，不便来的；或有疾病淹留，欲来竟不能来的；或有一等妒富愧贫，不肯来的；甚至于有一等憎畏凤姐之为人而赌气不来的；或有羞口羞脚，不惯见人，不敢来的；因此族众虽，女客来者，只不过贾菌之母娄氏，带了贾菌来了，男子只有贾芹、贾芸、贾菖、贾菱四个，现是在凤姐麾下办事的来了。当下人虽不全，在家庭间小宴中，数来也算是热闹的了。

当下又有林之孝之妻，带了六个媳妇，抬了三张炕桌，每一张上搭着一条红毡，毡上放着选淨一般大新出局的铜钱，用大红彩绳串着，每二人搭一张，共三张。林之孝家的指示："将那两张摆至薛姨妈、李婶的席下，将一张送至贾母榻下来。贾母便说："放在当地罢。"这媳妇们都素知规矩的，放下桌子，一并将钱都打开，将彩绳抽去，散堆在桌上。

此时，正唱《西楼·楼会》这齣将终，于叔夜因赌气去了，那文豹便发科诨道："你赌气去了，恰好今日正月十五，荣国府中老祖宗家宴，待我骑了这马，赶进去讨些果子吃，是要紧的。"说毕，引得贾母等都笑了。薛姨妈等都说："好个鬼头孩子，可怜见的！"凤姐便说："这孩子才九岁了。"贾母笑说："难为他说得巧。"便说了一个"赏"字。早有三个媳妇已经手下预备下簸箩，听见一个"赏"字，走上去，向桌上的散钱堆内，每人便撮了一簸箩，走出来，向戏台说："老祖宗、姨太太、亲家太太赏文豹买果子吃的！”说着向台上便一撒，只听“豁啷啷”满台的钱响。贾珍、贾琏已命小厮们抬了大簸箩的钱来，暗暗的预备在那里。听见贾母一赏，——要知端详，下回分解。

第 54 回 史太君破陈腐旧套 王熙凤效戏彩斑衣

却说贾珍、贾琏暗暗预备下大簸箩的钱，听见贾母说“赏”，他们也忙命小厮们快撒钱。只听满台钱响，贾母大悦。

二人遂起身，小厮们忙将一把新暖银壶递在贾琏手内，随了贾珍趋至里面。贾珍先至李婶席上，躬身取下杯来，回身，贾琏忙斟了一盏，然后便至薛姨妈席上，也斟了。二人忙起身笑说：“二位爷请坐着罢了，何必多礼。”于是除邢、王二夫人，满席都离了席，俱垂手旁侍。贾珍等至贾母榻前，因榻矮，二人便屈膝跪了。贾珍在先捧杯，贾琏在后捧壶。虽止二人奉酒，那贾环弟兄等，却也是排班按序，一熘随着他二人进来，见他二人跪下，也都一熘跪下。宝玉也忙跪下了。史湘云悄推他，笑道：“你这会子又帮着跪下作什么？有这样，你也去斟一巡酒岂不好？”宝玉悄笑道：“再等一会子再斟去。”说着，等他二人斟完起来，方起来。又与邢夫人、王夫人斟过来了。贾珍笑道：“妹妹们怎么样呢？”贾母等都说：“你们去罢，她们倒便宜些。”说了，贾珍等方退出。

当下天未二鼓，戏演的是《八义》中《观灯》八齣。正在热闹之际，宝玉因下席往外走。贾母因说：“你往哪里去？外头爆竹利害，仔细天上掉下火纸来烧了！”宝玉回说：“不往远去，只出去就来。”贾母命婆子们好生跟着。于是宝玉出来，只有麝月、秋纹并几个小丫头随着。贾母因说：“袭人怎么不见？他如今也有些拿大了，单支使小女孩子出来。”王夫人忙起身，笑回道：“她妈前日没了，因有热孝，不便前头来。”贾母听了点头，又笑道：“跟主子，却讲不起这孝与不孝。若是她还跟我，难道这会子也不在这里不成？皆因我们太宽了，有人使，不查这些，竟成了例了。”凤姐儿忙过来，笑回道：“今儿晚上她便没孝，那园子里也须得她看着，灯烛花炮最是耽险的。这里一唱戏，园子里的人谁不偷来瞧瞧。她还细心，各处照看照看。况且这一散后，宝兄弟回去睡觉，各色都是齐全的。若她再来了，众人又不经心，散了回去，铺盖也是冷的，茶水也不齐备，各色都不便宜，所以我叫她不用来，只看屋子。散了又齐备，我们这里也不耽心，又可以全她的礼，岂不三处有益。老祖宗要叫她，我叫她来就是了。”

贾母听了这话，忙说：“你这话很是，比我想得周到，快别叫她了。但只她妈几时没了，我怎么不知道？”凤姐笑道：“前儿袭人去亲自回老太太的，怎么倒忘了？”贾母想了一想，笑说：“想起来了。我的记性竟平常了。”众人都笑说：“老太太哪里记得这些事。”贾母因又叹道：“我想着，她从小儿服侍了我一场，又伏侍了云儿一场，末后给了一个魔王宝玉，亏她魔了这几年。她又不是咱们家根生土长的奴才，没受过咱们什么大恩典。她妈没了，我想着要给她几两银子发送，也就忘了。”凤姐儿道：“前儿太太赏了她四十两银子，也就是了。”贾母听说，点头道：“这还罢了。正好鸳鸯的娘前儿也死了，我想她老子娘都在南边，我也没叫她家去走走守孝，如今叫她两个一处作伴儿去。”又命婆子将些果子、菜馔、点心之类与她两个吃去。琥珀笑说：“还等这会子呢，她早就去了。”说着，大家又吃酒看戏。

且说宝玉一径来至园中，众婆子见他回房，便不跟去，只坐在园门内茶房里烤火，和管茶的女人偷空饮酒斗牌。宝玉至院中，虽是灯光灿烂，却无人声。麝月道：“他们都睡了不成？咱们悄悄的进去，吓他们一跳。”于是大家蹑足潜踪的进了镜壁一看，只见袭人和一人对面，都歪在地炕上，那一头有两三个老嬷嬷打盹。宝玉只当她两个睡着了，才要进去，忽听鸳鸯叹了一声，说道：“可知天下事难定。论理，你单身在这里，父母在外头，每年他们东去西来，没个定准，想来你是再不能送终的了，偏生今年就死在这里，你倒出去送了终。”袭人道：“正是。我也想不到能够看父母回首。太太又赏了四十两银子，这倒也算养我一场，我也不敢妄想了。”宝玉听了，忙转身悄向麝月等道“谁知她也来了。我这一进去，她又赌气走了，不如咱们回去罢，让她两个清清静静的说一回。袭人正一个人闷着，幸而她来得好。”说着，仍悄悄的出来。

宝玉便走过山石之后去站着撩衣，麝月、秋纹皆站住，背过脸去，口内笑说：“蹲下再解小衣，仔细风吹了肚子。”后面两个小丫头子知是小解，忙先出去茶房内预备水去了。这里宝玉刚转过来，只见两个媳妇子迎面来了，问：“是谁？”，秋纹道：“宝玉在这里，你大呼小叫仔细吓着罢。”那媳妇们忙笑道：“我们不知道，大节下来惹祸了。姑娘们可连日辛苦了！”说着，已到了跟前。麝月等问：“手里拿的是什么？”媳妇们道：“是老太太赏金、花二位姑娘吃的。”秋纹笑道：“外头唱的是《八义》，没唱《混元盒》，那里又跑出‘金花娘娘’来了。”宝玉笑命：“揭起来我瞧瞧。”秋纹、麝月忙上去将两个盒子揭开。两个媳妇忙蹲下身子，宝玉看了两盒内，都是席上所有的上等果品菜馔，点了一点头，迈步就走。麝月二人忙胡乱掷了盒盖，跟上来。宝玉笑道：“这两个女人倒和气，会说话，她们天天乏了，倒说你们连日辛苦，倒不是那矜功自伐的。”麝月道：“这好的也很好，那不知礼的也太不知礼。”宝玉笑道：“你们是明白人，耽待她们是粗笨可怜的人就完了。”一面说，一面来至园门。

那几个婆子虽吃酒斗牌，却不住出来打探，见宝玉来了，也都跟上了。来至花厅后廊上，只见那两个小丫头一个捧着小沐盆，一个搭着手巾，又拿着沤子小壶，在那里久等。秋纹先忙伸手向盆内试了一试，说道：“你越大越粗心了，哪里弄的这冷水！”小丫头笑道：“姑娘瞧瞧这个天，我怕水冷，巴巴的倒的是滚水，这还冷了。”正说着，可巧见一个老婆子提着一壶滚水走来。小丫头便说：“好奶奶，过来给我倒上些。”那婆子道：“哥哥儿，这是老太太泡茶的，劝你走了舀去罢，哪里就走大了脚。”秋纹道：“凭你是谁的，你不给我？管把老太太茶吊子倒了洗手！”那婆子回头见是秋纹，忙提起壶来就倒。秋纹道：“够了。你这么大年纪，也没个见识，谁不知是老太太的水！要不着的人就敢要了？”婆子笑道：“我眼花了，没认出是姑娘来。”宝玉洗了手，那小丫头子拿小壶倒了些沤子在他手内，宝玉沤了。秋纹、麝月也趁热水洗了一回，沤了，跟进宝玉来。

宝玉便要了一壶暖酒，也从李婶、薛姨妈斟起，二人也让坐。贾母便说：“他小，让他斟去，大家倒要干过这杯。”说着，便自己干了。邢、王二夫人也忙干了，让她二人。薛、李也只得干了。贾母又命宝玉道：“连你姐姐妹妹一齐斟上，不许乱斟，都要叫她干了。”宝玉听说，答应着，一一按次斟了。至黛玉前，偏她不饮，拿起杯来，放在宝玉唇边，宝玉一气饮干。黛玉笑说：“多谢。”宝玉替她斟上一杯。凤姐儿便笑道：“宝玉，别喝冷酒，仔细手颤，明儿写不得字，拉不得弓。”宝玉忙道：“没有吃冷酒。”凤姐儿笑道：“我知道没有，不过白嘱咐你。”然后宝玉将里面斟完，只除贾蓉之妻是丫头们斟的。复出至廊上，又与贾珍等斟了。坐了一回方进来，仍归旧坐。

一时上汤后，又接献元宵来。贾母便命：“将戏暂歇歇，小孩子们可怜见的，也给他们些滚汤滚菜的吃了再唱。”又命将各色果子、元宵等物拿些与他们吃去。一时歇了戏，便有婆子带了两个门下常走的女先生进来，放两张杌子在那一边，命她坐了，将弦子、琵琶递过去。贾母便问李、薛：“听何书好？”她二人都回说：“不拘什么都好。”贾母便问：“近来可有添些什么新书？”那两个女先儿回说道：“倒有一段新书，是残唐五代的故事。”贾母问是何名，女先儿道：“叫做《凤求鸾》。”贾母道：“这个名字倒好，不知因什么起的？你先大概说说原故，若好再说。”女先儿道：“这书上乃说残唐之时，有一位乡绅，本是金陵人氏，名唤王忠，曾做过两朝宰辅。如今告老还家，膝下只有一位公子，名唤王熙凤。”众人听了，笑将起来。贾母笑道：“这不重了我们凤丫头了？”媳妇忙上去推她，道：“这是二奶奶的名字，少混说！”贾母笑道：“你说，你说。”女先生忙笑着站起来说：“我们该死了！不知是奶奶的讳。”凤姐儿笑道：“怕什么！你们只管说罢，重名重姓的多着呢。”女先生又说道：“这年，王老爷打发了王公子上京赶考，那日遇见大雨，进到一个庄上避雨。谁知这庄上也有个乡绅，姓李，与王老爷是世交，便留下这公子住在书房里。这李乡绅膝下无儿，只有一位千金小姐。这小姐芳名叫作雏鸾，琴棋书画，无所不通。”

贾母忙道：“怪道叫作《凤求鸾》。不用说，我已猜着了，自然是这王熙凤要求这雏鸾小姐为妻了。”女先儿笑道：“老祖宗原来听过这一回书。”众人都道：“老太太什么没听过！便没听过，也猜着了。”贾母笑道：“这些书都是一个套子，左不过是些佳人才子，最没趣儿。把人家女儿说得那样坏，还说是‘佳人’，编得连影儿也没有了。开口都是书香门第，父亲不是尚书，就是宰相。生一个小姐，必是爱如珍宝。这小姐必是通文知礼，无所不晓，竟是个绝代佳人。只一见了一个清俊的男人，不管是亲是友，便想起终身大事来，父母也忘了，书礼也忘了，鬼不成鬼，贼不成贼，那一点儿是佳人？便是满腹文章，做出这些事来，也算不得是佳人了。比如男人，满腹文章去作贼，难道那王法就说他是才子，不入贼情一案了不成？可知那编书的是自己塞了自己的嘴。再者，既说是世宦书香大家小姐，都知礼读书，连夫人都知书识礼，便是告老还家，自然这样大家人口不少，奶母、丫鬟、服侍小姐的人也不少，怎么这些书上，凡有这样的事，就只小姐和紧跟的一个丫鬟？你们白想想，那些人都是管什么的？可是前言不答后语？”

众人听了，都笑说：“老太太这一说，是谎都批出来了。”贾母笑道：“这有个原故：编这样书的，有一等妒人家富贵，或有求不遂心，所以编出来污秽人家。再一等他自己看了这些书，看魔了，他也想一个佳人，所以编了出来取乐。何尝他知道那世宦读书家的道理！别说他那书上那些世宦书礼大家，如今眼下真的拿我们这中等人家说起，也没有这样的事，别说是那些大家子。可知是诌掉了下巴的话。所以我们从不许说这些书，连丫头们也不懂这些话。这几年我老了，他们姊妹们住得远，我偶然闷了，说几句听听，她们一来，就忙叫歇了。”李、薛二人都笑说：“这正是大家的规矩，连我们家也没这些杂话给孩子们听见。”

凤姐儿走上来斟酒笑道：“罢，罢！酒冷了，老祖宗喝一口润润嗓子再掰谎。这一回就叫作《掰谎记》，就出在本朝、本地、本年、本月、本日、本时，老祖宗一张口难说两家话，花开两朵，各表一枝，是真是谎且不表，再整那观灯看戏的人。老祖宗且让这二位亲戚吃一杯酒，看两齣戏之后，再从昨朝话言掰起，如何？”她一面斟酒，一面笑说，未曾说完，众人俱已笑倒。两个女先生也笑个不住，都说：“奶奶好刚口。奶奶要一说书，真连我们吃饭的地方也没了。”

薛姨妈笑道：“你少兴头些！外头有人，比不得往常。”凤姐儿笑道：“外头的只有一位珍大爷。我们还是论哥哥妹妹，从小儿一处淘气淘了这么大。这几年因做了亲，我如今立了多少规矩了。便不是从小儿的兄妹，便以伯叔论，那《二十四孝》上‘斑衣戏彩’，他们不能来‘戏彩’，引老祖宗笑一笑，我这里好容易引得老祖宗笑了一笑，多吃了一点东西，大家喜欢，都该谢我才是，难道反笑话我不成？”贾母笑道：“可是这两日我竟没有痛痛的笑一场，倒是亏她，才一路笑得我心里痛快了些，我再吃一锺酒。”吃着酒，又命宝玉：“也敬你姐姐一杯。”凤姐儿笑道：“不用他敬，我讨老祖宗的寿罢。”说着，便将贾母的杯拿起来，将半杯剩酒吃了，将杯递与丫鬟，另将温水浸的杯换了一个上来。于是各席上的杯都撤去，另将温水浸着待换的杯斟了新酒上来，然后归坐。

女先生回说：“老祖宗不听这书，或者弹一套曲子听听罢。”贾母便说道：“你们两个对一套《将军令》罢。”二人听说，忙和弦按调拨弄起来。贾母因问：“天有几更了？”众婆子忙回：“三更了。”贾母道：“怪道寒浸浸起来。”早有丫鬟拿了添换的衣裳送来。王夫人起身笑说道：“老太太不如挪进暖阁里地炕上，倒也罢了。这二位亲戚也不是外人，我们陪着就是了。”贾母听说，笑道：“既这样说，不如大家都挪进去，岂不暖和？”王夫人道：“恐里头坐不下。”贾母笑道：“我有道理。如今也不用这些桌子，只用两三张并起来，大家坐在一处挤着，又亲香，又暖和。”众人都道：“这才有趣。”

说着，便起了席。众媳妇忙撤去残席，里面直顺併了三张大桌，另又添换了果馔摆好。贾母便说：“这都不要拘礼，只听我分派你们就坐才好。”说着，便让薛、李正面上坐，自己西向坐了，叫宝琴、黛玉、湘云三人皆紧依左右坐下，向宝玉说：“你挨着你太太。”于是邢夫人王夫人之中夹着宝玉，宝钗等姊妹在西边，挨次下去便是娄氏带着贾菌，尤氏、李纨夹着贾兰，下面横头便是贾蓉之妻。贾母便说：“珍哥儿带着你兄弟们去罢，我也就睡了。”

贾珍忙答应，又都进来。贾母道：“快去罢！不用进来，才坐好了，又都起来。你快歇着，明日还有大事呢。”贾珍忙答应了，又笑道：“留下蓉儿斟酒才是。”贾母笑道：“正是忘了他。”贾珍答应了一个“是”，便转身带领贾琏等出来。二人自是欢喜，便命人将贾琮贾璜各自送回家去，便邀了贾琏去追欢买笑，不在话下。

这里贾母笑道：“我正想着，虽然这些人取乐，竟没一对双全的，就忘了蓉儿。这可全了，蓉儿就合你媳妇坐在一处，倒也团圆了。”因有家人媳妇回说开戏，贾母笑道：“我们娘儿们正说得兴头，又要吵起来。况且那孩子们熬夜，怪冷的。也罢，叫他们且歇歇，把咱们的女孩子们叫了来，就在这台上唱两齣给他们瞧瞧。”媳妇们听了，答应了出来，忙得一面着人往大观园去传人，一面二门口去传小厮们伺候。小厮们忙至戏房，将班中所有的大人一概带出，只留下小孩子们。

一时，梨香院的教习，带了文官等十二个人，从游廊角门出来。婆子们 抱着几个软包，因不及抬箱，估量着贾母爱听的三五齣戏的彩衣包了来。婆子们带了文官等进去见过贾母，皆手站着。贾母笑道：“大正月里，你师父也不放你们出来逛逛？你们唱什么？刚才八齣《八义》闹得我头疼，咱们清滲些好。你瞧瞧，薛姨太太、这李亲家太太，都是有戏的人家，不知听过多少好戏的。这些姑娘都比咱们家姑娘见过好戏，听过好曲子。如今这小戏子又是那有名玩戏家的班子，虽是小孩子，却比大班还强。咱们好歹别落了褒贬！少不得弄个新样儿的。叫芳官唱一出《寻梦》，只只需用管萧合，笙、笛一概不用 。”文官笑道：“这也是的，我们的戏自然不能入姨太太和亲家太太、姑娘们的眼，不过听我们一个发脱口齿，再听一个喉咙罢了。”贾母笑道：“正是这话了。”李婶薛姨妈喜得都笑道：“好个灵透孩子！她也跟着老太太打趣我们。”贾母笑道：“我们这原是随便的玩意儿，又不出去做买卖，所以竟不大合时。”说着，又道：“叫葵官唱一齣《惠明下书》，也不用抹脸。只用这两齣，叫他们听个疏异罢了。若省一点力，我可不依。”

文官等听了出来，忙去扮演上台，先是《寻梦》，次是《下书》。众人都鸦雀无闻，薛姨妈因笑道：“实在戏也看过几百班，从没见用箫管的。”贾母道：“也有，只是像方才《西楼·楚江情》一支，多有小生吹萧合的。这合大套的实在少，这也在主人讲究不讲究罢了。这算什么出奇？”指湘云道：“我像她这么大的时节，他爷爷有一班小戏，偏有一个弹琴的凑了来，即如《西厢记》的《听琴》，《玉簪记》的《琴挑》，《续琵琶》的《胡茄十八拍》，竟成了真的了。比这个更如何？”众人都道：“这更难得了。”贾母便命个媳妇来，吩咐文官等，叫她们吹一套《灯月圆》。媳妇领命而去。

当下贾蓉夫妻二人捧酒一巡，凤姐儿因见贾母十分高兴，便笑道：“趁着女先儿们在这里，不如叫她们击鼓，咱们传梅，行一个‘春喜上眉梢’的令，如何？”贾母笑道：“这是个好令，正对时对景。”忙命人取了一面黑漆铜钉花腔令鼓来，与女先儿们击着，席上取了一枝红梅。贾母笑道：“若到谁手里住了，吃一杯，也要说个什么才好。”凤姐儿笑道：“依我说，谁像老祖宗要什么有什么呢。我们这不会的，岂不没意思。依我说也要雅俗共赏，不如谁输了，谁说个笑话罢。”众人听了，都知道他素日善说笑话，最是她肚内有无限的新鲜趣谈。今见如此说，不但在席的诸人喜欢，连地下服侍的老小人等无不喜欢。那小丫头子们都忙出去找姐唤妹的，告诉他们：“快来听，二奶奶又说笑话儿了。”众丫头子们便挤了一屋子。

于是戏完乐罢，贾母命将些汤点果菜与文官等吃去，便命响鼓。那女先儿们皆是惯的，或紧或慢，或如残漏之滴，或如迸豆之疾，或如惊马之乱驰，或如疾电之光而忽暗；其鼓声慢，传梅亦慢，鼓声疾，传梅亦疾。恰恰至贾母手中，鼓声忽住。大家呵呵一笑，贾蓉忙上来斟了一杯。众人都笑道：“自然老太太先喜了，我们才托赖些喜。”贾母笑道：“这酒也罢了，只是这笑话倒有些难说。”众人都说：“老太太的比凤姐儿的还好还多，赏一个，我们也笑一笑儿。”贾母笑道：“并没什么新鲜发笑的，少不得老脸皮子厚的说一个罢了。”因说道：“一家子养了十个儿子，娶了十房媳妇。惟有第十个媳妇伶俐，心巧嘴乖。公婆最疼，成日家说那九个不孝顺。这九个媳妇委屈，便商议说：‘咱们九个心里孝顺，只是不像那小蹄子嘴巧，所以公公婆婆老了，只说她好。这委屈向谁诉去？’大媳妇为有主意，便说道：‘咱们明儿到阎王庙去烧香，和阎王爷说去，问他一问，叫我们托生人，为什么单单的给那小蹄子一张乖嘴，我们都是笨的？’众人听了，都喜欢，说这主意不错。第二日，便都到阎王庙里来烧了香，九个人都在供桌底下睡着了。九个魂专等阎王驾到，左等不来，右等也不到。正着急，只见孙行者驾着筋斗云来了，看见九个魂，便要拿金箍棒打，唬得九个魂忙跪下央求。孙行者问原故，九个人忙细细的告诉了他。孙行者听了，把脚一跺，叹了一口气道：‘这原故幸亏遇见我，等着阎王来了，他也不得知道的。’九个人听了，就求说：‘大圣发个慈悲，我们就好了。’孙行者笑道：‘这却不难。那日你们妯娌十个托生　时，可巧我到阎王那里去的，因为撒了泡尿在地下，你那小婶子便吃了。你们如今要伶俐嘴乖，有的是尿，再撒泡你们吃了就是了。”

说毕，大家都笑起来。凤姐儿笑道：“好的，幸而我们都笨嘴笨腮的，不然，也就吃了猴儿尿了。”尤氏、娄氏都笑向李纨道：“咱们这里谁是吃过猴儿尿的，别装没事人儿。”薛姨妈笑道：“笑话儿不在好歹，只要对景就发笑。”说着又击起鼓来。小丫头子们只要听凤姐儿的笑话，便悄悄的和女先儿说明，以咳嗽为记。须臾传至两遍，刚到了凤姐儿手里，小丫头子们故意咳嗽，女先儿便住了。众人齐笑道：“这可拿住她了。快吃了酒，说一个好的，别太逗得人笑得肠子疼。”

凤姐儿想了一想，笑道：“一家子也是过正月半，合家赏灯吃酒，真真的热闹非常，祖婆婆、太婆婆、婆婆、媳妇、孙子媳妇、重孙子媳妇、亲孙子、侄孙子、重孙子、灰孙子、滴滴搭搭的孙子、孙女儿、姪孙女儿、外孙女儿、姪表孙女儿、姑表孙女儿……嗳哟哟，真热闹！”众人听她说着，已经笑了，都说：“听数贫嘴的，又不知编派哪一个呢？”尤氏笑道：“你要招我，我可撕你的嘴！”凤姐儿起身拍手笑道：“人家费力说，你们混，我就不说了。”贾母笑道：“你说你说，底下怎么样？”凤姐儿想了一想，笑道：“底下就团团的坐了一屋子，吃了一夜酒，就散了。”

众人见他正言厉色的说了，别无它话，都怔怔的还等下话，只觉冰冷无味。史湘云看了她半日。凤姐儿笑道：“再说一个过正月半的。几个人抬着个房子大的炮仗往城外放去，引了上万的人跟着瞧去。有一个性急的人等不得，便偷着拿香点着了。只听‘噗哧’一声，众人哄然一笑都散了。这抬炮仗的人抱怨卖炮仗的捍得不结实，没等放，就散了。”湘云道：“难道他本人没听见响？”凤姐儿道：“这本人原是聋子。”众人听说，一回想，不觉一齐失声都大笑起来。又想着先前那一个没完的，问她：“先一个怎么样？也该说完。”凤姐儿将桌子一拍，说道：“好啰唆！到了第二日是十六日，年也完了，节也完了，我看着人忙着收东西还闹不清，哪里还知道底下的事了。”众人听说，复又笑将起来。凤姐儿笑道：“外头已经四更，依我说，老祖宗也乏了，咱们也该‘聋子放炮仗－－散了’罢。”尤氏等用手帕子捂着嘴，笑的前仰后合，指她说道：“这个东西真会数贫嘴。”贾母笑道：“真真这凤丫头越发贫嘴了。”一面说，一面吩咐道：“他提炮仗来，咱们也把烟火放了，解解酒。”

贾蓉听了，忙出去，带着小厮们就在院内安下屏架，将烟火设吊齐备。这烟火皆系各处进贡之物，虽不甚大，却极精巧，各色故事俱全，夹着各色花炮。林黛玉禀气柔弱，不禁“毕驳”之声，贾母便搂她在怀中。薛姨妈搂着湘云。湘云笑道：“我不怕。”宝钗等笑道：“他专爱自己放大炮仗，还怕这个呢！”王夫人便将宝玉搂入怀内。凤姐儿笑道：“我们是没有人疼的了。”尤氏笑道：“有我呢，我搂着你。也不怕臊，你这会子又撒娇了，听见放炮仗，吃了蜜蜂儿屎似的，今儿又轻狂起来。”凤姐儿笑道：“等散了，咱们园子里放去。我比小厮们还放得好呢。”说话之间，外面一色一色的放了，又放了许多的“满天星”、“九龙入云”、“一声雷”、“飞天十响”些之类的零碎小爆竹方罢。然后又命小戏子打了　回“莲花落”，撒了满台的钱，命那些孩子们满台抢钱取乐。又上汤时，贾母说道：“夜长，觉得有些饿了。”凤姐儿忙回说：“有预备的鸭子肉粥。”贾母道：“我吃些清淡的罢。”凤姐儿忙道：“也有枣儿熬的粳米粥，预备太太们吃斋的。”贾母笑道：“不是油腻腻的，就是甜的。”凤姐儿又忙道：“还有杏仁茶，只怕也甜。”贾母道：“倒是这个还罢了。”说着，又命人撤去残席，外面另设上各种精緻小菜。大家随便随意吃了些，用过漱口茶，方散。

十七日　一早，又过宁府行礼，伺候掩了宗祠，收过影像，方回来。此日便是薛姨妈家请吃年酒。十八日便是赖大家，十九日便是宁府赖升家，二十日便是林之孝家，二十一日便是单大良家，二十二日便是吴新登家。这几家，贾母也有去的，也有不去的，也有高兴，直待众人散了方回的，也有兴尽，半日一时就来的。凡诸亲友来请，或来赴席的，贾母一概怕拘束不会，自有邢夫人、王夫人、凤姐儿三人料理。连宝玉只除王子腾家去了，余者亦皆不会，只说贾母留下解闷。所以倒是家下人家来请，贾母可以自便之处，方高兴去逛逛，闲言不提。当下元宵已过－－要知端详，下回分解。

第 55 回 辱亲女愚妾争闲气 欺幼主刁奴蓄险心

且说元宵已过，只因当今以孝治天下，目下宫中有一位太妃欠安，故各嫔妃皆为之减膳谢妆，不独不能省亲，亦且将宴乐俱免。故荣府今岁元宵亦无灯谜之集。

刚将年事忙过，凤姐儿便小月了，在家一月不能理事，天天两三个太医用药。凤姐儿自恃强壮，虽不出门，然筹画计算，想起什么事来，便命平儿去回王夫人，任人谏劝，她只不听。王夫人便觉失了膀臂，一人能有许多的精神？凡有了大事，自己主张；将家中琐碎之事，一应都暂令李纨协理。李纨是个尚德不尚才的，未免逞纵了下人。王夫人便命探春合同李纨裁处，只说过了一月，凤姐将息好了，仍交与他。谁知凤姐禀赋气血不足，兼年幼不知保养，平生争强斗智，心力更亏，故虽係小月，竟着实亏虚下来。一月之后，复添了下红之症。她虽不肯说出来，众人看他面目黄瘦，便知失于调养。王夫人只令她好生服药调养，不令她操心。她自己也怕成了大症，遗笑于人，便想偷空调养，恨不得一时复旧如常。谁知一直服药调养到八九月间，才渐渐的起复过来，下红也渐渐止了。此是后话。

如今且说王夫人见她如此，探春与李纨暂难谢事，园中人多，又恐失于照管，因又特请了宝钗来，托她各处小心："老婆子们不中用，得空儿吃酒斗牌，白日里睡觉，夜里斗牌，我都知道的。凤丫头在外头，她们还有个惧怕，如今她们又该取便了。好孩子，你还是个妥当人。你兄弟妹妹们又小，我又没工夫，你替我辛苦两天，照看照看。凡有想不到的事，你来告诉我，别等老太太问出来，我没话回。那些人不好了，你只管说。他们不听，你来回我。别弄出大事来才好。"宝钗听说，只得答应了。

时届孟春，黛玉又犯了嗽疾。湘云亦因时气所感，亦卧病于蘅芜苑，一天医药不断。探春同李纨相住间隔，二人近日同事，不比往年，来往回话人等亦甚不便，故二人议定：每日早晨皆到园门口南边的三间小花厅上去会齐办事；吃过早饭，于午错方回房。这三间厅，原系预备省亲之时众执事太监起坐之处，故省亲之后，也用不着了，每日只有婆子们上夜。如今天已和暖，不用十分修饰，只不过略略的铺陈了，便可她二人起坐。这厅上也有一匾，题着"辅仁　谕德"四字，家下俗呼皆只叫"议事厅"。如今她二人每日卯正至此，午正方散。凡一应执事媳妇等来往回话者，络绎不绝。

众人先听见李纨独办，各各心中暗喜，以为李纨素日原是个厚道多恩无罚的，自然比凤姐儿好搪塞。便添了一个探春，也都想着不过是个未出闺阁的年轻小姐，且素日也最平和恬澹，因此都不在意，比凤姐儿前更懈怠了许多。只三四日后，几件事过手，渐觉探春精细处不让凤姐，只不过是言语安静、性情和顺而已。

可巧连日有王公侯伯世袭官员十几处，皆係荣、宁非亲即友，或世交之家，或有升迁，或有黜降，或有婚丧红白等事，王夫人贺吊迎送，应酬不暇，前边更无人照管。他二人便一日皆在厅上起坐，宝钗便一日在上房监察，至王夫人回方散。每于夜间针线暇时，临寝之先，坐了小轿，带领园中上夜人等，各处巡察一次。她三人如此一理，更觉比凤姐儿当权时倒更谨慎了些。因而里外下人都暗中抱怨说："刚刚的倒了一个'巡海夜叉'，又添了三个'镇山太岁'，索性连夜里偷着吃酒玩的工夫都没了。"

这日，王夫人正是往锦乡侯府去赴席，李纨与探春早已梳洗，伺候出门去后，回至厅上坐了。刚吃茶时，只见吴新登的媳妇进来回说："赵姨娘的兄弟赵国基昨日死了。昨日回过太太，太太说知道了，叫回姑娘、奶奶来。"说毕，便垂手旁侍，再不言语。彼时来回话者不少，都打听她二人办事如何：若办得妥当，大家则安个畏惧之心，若少有嫌隙不当之处，不但不畏服，一出二门还要编出许多笑话来取笑。吴新登的媳妇心中已有主意，若是凤姐前，她便早已献勤，说出许多主意，又查出许多旧例来，任凤姐儿拣择施行；如今她藐视李纨老实，探春是年轻的姑娘，所以只说出这一句话来，试她二人有何主见。探春便问李纨，李纨想了一想，便道："前儿袭人的妈死了，听见说赏银四十两，这也赏她四十两罢了。"吴新登家的媳妇听了，忙答应了"是"，接了对牌就走。探春道："你且回来。"吴新登家的只得回来。探春道："你且别支银子。我且问你：那几年老太太屋里的几位老姨奶奶，也有家里的，也有外头的，这有个分别。家里的若死了人是赏多少？外头的死了人是赏多少？你且说两个我们听听。"

一问，吴新登家的便都忘了，忙陪笑回说："这也不是什么大事，赏多赏少，谁还敢争不成？"探春笑道："这话胡闹。依我说，赏一百倒好。若不按例，别说你们笑话，明儿也难见你二奶奶。"吴新登家的笑道："既这么说，我查旧帐去，此时却记不得。"探春笑道："你办事办老了的，还记不得，倒来难我们。你素日回你二奶奶，也现查去？若有这道理，凤姐姐还不算利害，也就是算宽厚了！还不快找了来我瞧。再迟一日，不说你们粗心，反像我们没主意了。"吴新登家的满面通红，忙转身出来。众媳妇们都伸舌头。这里又回别的事。

一时吴家的取了旧帐来。探春看时，两个家里的赏过皆是二十两，两个外头的皆赏过四十两。外还有两个外头的，一个赏过一百两，一个赏过六十两。这两笔底下皆有原故：一个是隔省迁父母之柩，外赏六十两，一个是现买葬地，外赏二十两。探春便递与李纨看了。探春便说："给她二十两银子。把这帐留下，我们细看看。"吴新登家的去了。

忽见赵姨娘进来，李纨、探春忙让坐。赵姨娘开口便说道："这屋里的人都踩下我的头去还罢了。姑娘你也想一想，该替我出气才是。"一面说，一面眼泪鼻涕哭起来。探春忙道："姨娘这话说谁？我竟不解。谁踩姨娘的头？说出来，我替姨娘出气。"赵姨娘道："姑娘现踩我，我告诉谁去？"探春听说，忙站起来说道："我并不敢。"李纨也忙站起来劝。赵姨娘道："你们请坐下，听我说。我这屋里熬油似的熬了这么大年纪，又有你和你兄弟，这会子连袭人都不如了，我还有什么脸？连你也没脸面，别说我了！"

探春笑道："原来为这个。我说我并不敢犯法违理。"一面便坐了，拿帐翻与赵姨娘看，又唸与她听，又说道："这是祖宗手里旧规矩，人人都依着，偏我改了不成？也不但袭人，将来环儿收了外头的，自然也是同袭人一样。这原不是什么争大争小的事，讲不到有脸没脸的话上。她是太太的奴才，我是按着旧规矩办。说办的好，领祖宗的恩典、太太的恩典；若说办的不均，那是她糊涂不知福，也只好凭她抱怨去。太太连房子赏了人，我有什么有脸之处；一文不赏，我也没什么没脸之处。依我说，太太不在家，姨娘安静些养神罢了，何苦只要操心？太太满心疼我，因姨娘每每生事，几次寒心。我但凡是个男人，可以出得去，我必早走了，立一番事业，那时自有我一番道理。偏我是女孩儿家，一句多话也没有我乱说的。太太满心里都知道。如今因看重我，才叫我照管家务，还没有做一件好事，姨娘倒先来作践我。倘或太太知道了，怕我为难，不叫我管，那才正经没脸呢，连姨娘也真没脸！"一面说，一面不禁滚下泪来。

赵姨娘没了别话答对，便说道："太太疼你，你越发该拉扯拉扯我们。你只顾讨太太的疼，就把我们忘了。"探春道："我怎么忘了？叫我怎么拉扯？这也问你们各人，哪一个主子不疼出力得用的人？哪一个好人用人拉扯的？"李纨在旁只管劝说："姨娘别生气。也怨不得姑娘，他满心里要拉扯，口里怎么说得出来。"探春忙道："这大嫂子也糊涂了。我拉扯谁？谁家姑娘们拉扯奴才了？他们的好歹，你们该知道，与我什么相干！"赵姨娘气得问道："谁叫你拉扯别人去了？你不当家，我也不来问你。你如今现说一是一，说二是二。如今你舅舅死了，你多给了二三十两银子，难道太太就不依你？分明太太是好太太，都是你们尖酸刻薄，可惜太太有恩无处使。姑娘放心，这也使不着你的银子。明儿等出了阁，我还想你额外照看赵家呢。如今没有长羽毛，就忘了根本，只拣高枝儿飞去了！"探春没听完，已气的脸白气噎，抽抽咽咽的一面哭，一面问道："谁是我舅舅？我舅舅年下才升了九省检点，哪里又跑出一个舅舅来？我倒素习按理尊敬，越发敬出这些亲戚来了。既这么说，环儿出去为什么赵国基又站起来，又跟他上学？为什么不拿出舅舅的款来？何苦来，谁不知道我是姨娘养的！必要过两三个月寻出由头来，彻底来翻腾一阵，生怕人不知道，故意的表白表白。也不知谁给谁没脸？幸亏我还明白，但凡糊涂不知理的，早急了！"李纨急得只管劝，赵姨娘只管还唠叨。

忽听有人说："二奶奶打发平姑娘说话来了。"赵姨娘听说，方把口止住。只见平儿走进来，赵姨娘忙陪笑让坐，又忙问："你奶奶好些？我正要瞧去，就只没得空儿。"李纨见平儿进来，因问她："来做什么？"平儿笑道："奶奶说，赵姨奶奶的兄弟没了，恐怕奶奶和姑娘不知有旧例，若照常例，只得二十两。如今请姑娘裁夺着，再添些也使得。"探春早已拭去泪痕，忙说道："又好好的添什么？谁又是二十四个月养下来的？不然也是那出兵放马、背着主子逃出命来过的人不成？你主子真个倒巧，叫我开了例，她做好人，拿着太太不心疼的钱，乐得做人情。你告诉她，我不敢添减，混出主意。她添她施恩，等她好了出来，爱怎么添添去。"平儿一来时，已明白了对半，今听这一番话，越发会意，见探春有怒色，便不敢以往日喜乐之时相待，只一边垂手默侍。

时值宝钗也从上房中来，探春等忙起身让坐。未及开言，又有一个媳妇进来回事。因探春才哭了，便有三四个小丫鬟捧了沐盆、巾帕、靶镜等物来。此时探春因盘膝坐在矮板榻上，那捧盆的丫鬟走至跟前，便双膝跪下，高捧沐盆，那两个小丫鬟也都在旁屈膝捧着巾帕并靶镜脂粉之饰。平儿见待书不在这里，便忙上来与探春挽袖卸镯，又接过一条大手巾来，将探春面前衣襟掩了。探春方伸手向面盆中盥沐。那媳妇便回道："回奶奶、姑娘，家学里支环爷和兰哥儿的一年公费。"平儿先道："你忙什么！你睁着眼看见姑娘洗脸，你不出去伺候着，倒先说话来。二奶奶跟前，你也这么没眼色来着？姑娘虽然恩宽，我去回了二奶奶，只说你们眼里都没姑娘，你们都吃了亏，可别怨我！"唬得那个媳妇忙陪笑说道："我粗心了。"一面说，一面忙退出去。

探春一面匀脸，一面向平儿冷笑道："你迟了一步，还有可笑的：连吴姐姐这么个办老了事的，也不查清楚了，就来混我们。幸亏我们问她，她竟有脸说忘了。我说她回你主子事也忘了再找去？我料着你那主子未必有耐性儿等她去找。"平儿忙笑道："她有这一次，管包腿上的筋早折了两根。姑娘别信她们。那是她们瞅着大奶奶是个菩萨，姑娘又是个腼腆小姐，固然是托懒来混。"说着，又向门外说道："你们只管撒野，等奶奶大安了，咱们再说。"门外的众媳妇都笑道："姑娘，你是个最明白的人，俗语说，'一人作罪一人当'，我们并不敢欺蔽小姐。如今小姐是娇客，若认真惹恼了，死无葬身之地。"平儿冷笑道："你们明白就好了。"又陪笑向探春道："姑娘知道二奶奶本来事多，哪里照看得这些，保不住不忽略。俗语说，'旁观者清'，这几年姑娘冷眼看着，或有该添该减的去处，二奶奶没行到，姑娘竟一添减：头一件，于太太的事有益，第二件，也不枉姑娘待我们奶奶的情义了。"话未说完，宝钗、李纨皆笑道："好丫头，真怨不得凤丫头偏疼她！本来无可添减的事，如今听你一说，倒要找出两件来斟酌斟酌，不辜负你这话。"探春笑道："我一肚子气，没人煞性子，正要拿她奶奶出气去，偏她碰了来，说了这些话，叫我也没了主意了。"一面说，一面叫进方才那媳妇来问："环爷和兰哥儿家学里这一年的银子，是做哪一项用的？"那媳妇便回说："一年学里吃点心或者买纸笔，每位有八两银子的使用。"探春道："凡爷们的使用，都是各屋里领了月钱的。环哥的是姨娘领二两，宝玉的是老太太屋里袭人领二两，兰哥儿的是大奶奶屋里领。怎么学里每人又多这八两？原来上学去的，是为这八两银子！从今儿起把这一项蠲了。平儿回去告诉你奶奶，说我的话，把这一条务必免了。"平儿笑道："早就该免。旧年奶奶原说要免的，因年下忙，就忘了。"

那个媳妇只得答应着去了。就有大观园中媳妇捧了饭盒来。侍书、素云早已抬过一张小饭桌来，平儿也忙着上菜。探春笑道："你说完了话，干你的去罢，在这里又忙什么？"平儿笑道："我原没事的，二奶奶打发了我来，一则说话，二则恐这里人不方便，原是叫我帮着妹妹们伏侍奶奶、姑娘的。"探春因问："宝姑娘的饭怎么不端来一处吃？"丫鬟们听说，忙出至檐外，命媳妇去说："宝姑娘如今在厅上一处吃，叫她们把饭送了这里来。"探春听说，便高声说道："你别混支使人！那都是办大事的管家娘子们，你们支使她要饭要茶的，连个高低都不知道！平儿这里站着，你叫叫去。"

平儿忙答应了一声出来。那些媳妇们都忙悄悄的拉住笑道："哪里用姑娘去叫，我们已有人叫去了。"一面说，一面用手帕掸石矶上说："姑娘站了半天乏了，这太阳影里且歇歇。"平儿便坐下。又有茶房里的两个婆子拿了个坐褥铺下，说："石头冷，这是极干净的，姑娘将就坐一坐罢。"平儿忙陪笑道："多谢。"一个又捧了一碗精緻新茶出来，也悄悄笑说："这不是我们常用的茶，原是伺候姑娘们的，姑娘且润一润罢。"平儿忙欠身接了，因指众媳妇悄悄说道："你们太闹得不像了。她是个姑娘家，不肯发威动怒，这是她尊重，你们就藐视欺负她。果然招她动了大气，不过说她一个粗糙就完了，你们就现吃不了的亏！她撒个娇，太太也得让她一二分，二奶奶也不敢怎样。你们就这么大胆子小看她，可是鸡蛋往石头上碰。"众人都忙道："我们何尝敢大胆了，都是赵姨奶奶闹的。"平儿也悄悄的说："罢了，好奶奶们。'墙倒众人推'，那赵姨奶奶原有些颠倒着三不着两的，有了事就都就赖她。你们素日那眼里没人，心术厉害，我这几年难道还不知道？二奶奶若是略差一点儿的，早被你们这些奶奶治倒了。饶这么着，得一点空儿，还要难她一难，好几次没落了你们的口声。众人都道她厉害，你们都怕她，惟我知道她心里也就不算不怕你们呢。前儿我们还议论到这里，再不能依头顺尾的，必有两场气生。那三姑娘虽是个姑娘，你们都横看了她。二奶奶在这些大姑子、小姑子里头，也就只单畏她五分。你们这会子倒不把她放在眼里了！"

正说着，只见秋纹走来，众媳妇忙赶着问好，又说："姑娘也且歇一歇，里头摆饭呢。等撤下饭桌子，再回话去。"秋纹笑道："我比不得你们，我哪里等得。"说着，便直要上厅去。平儿忙叫："快回来！"秋纹回头，见了平儿，笑道："你又在这里充什么外围的防护？"一面回身便坐在平儿褥上。平儿悄问："回什么？"秋纹道："问一问宝玉的月银，我们的月钱，多早晚才领。"平儿道："这什么大事！你快回去告诉袭人，说我的话，凭有什么事，今儿都别回。若回一件，管驳一件；回一百件，管驳一百件。"秋纹听了，忙问："这是为什么了？"平儿与众媳妇等都忙告诉她原故，又说："正要找几件厉害事与有体面的人来开例，作法子镇压，与众人作榜样呢。何苦你们先来碰在这钉子上！你这一去说了，她们若拿你们也作一二件榜样，又碍着老太太、太太；若不拿着你们作一二件，人家又说偏一个向一个，仗着老太太、太太威势的就怕，也不敢动，只拿着软的作鼻子头。你听听罢，二奶奶的事，她还要驳两件，才压得众人口声呢。"秋纹听了，伸舌笑道："幸而平姐姐在这里，没的臊一鼻子灰。我趁早知会她们去。"说着，便起身走了。

接着宝钗的饭至，平儿忙进来服侍。那时赵姨娘已去，三人在板床上吃饭。宝钗面南，探春面西，李纨面东。众媳妇皆在廊下静候，里头只有她们紧跟常侍的丫鬟伺候，别人一概不敢擅入。这些媳妇们都悄悄的议论说："大家省事罢，别安着没良心的主意。连吴大娘才都讨了没意思，咱们又是什么有脸的！"他们一边悄议，等饭完回事。只觉里面鸦雀无声，并不闻碗箸之声。一时，只见一个丫鬟将帘栊高揭，又有两个将桌抬出。茶房内早有三个丫头捧着三沐盆水，见饭桌已出，三人便进去了，一回又捧出沐盆并漱盂来，方有待书、素云、莺儿三个每人用茶盘捧了三盖碗茶进去。一时等她三人出来，待书命小丫头子："好生伺候着，我们吃了饭来换你们，别又偷坐着去。"众媳妇们方慢慢的一个一个的安分回事，不敢如先前轻慢疏忽了。

探春气方渐平，因向平儿道："我有一件大事，早要和你奶奶商议，如今可巧想起来。你吃了饭快来。宝姑娘也在这里，咱们四个人商议了，再细细问你奶奶可行可止。"平儿答应回去。

凤姐因问："为何去这一日？"平儿便笑着将方才的原故细细说与他听了。凤姐儿笑道："好，好，好个三姑娘！我说她不错。只可惜她命薄，没托生在太太肚里。"平儿笑道："奶奶也说糊涂话了。他便不是太太养的，难道谁敢小看她，不与别的一样看了？"凤姐儿叹道："你哪里知道，虽然庶出一样，女儿却比不得男人，将来攀亲时，如今有一种轻狂人，先要打听姑娘是正出庶出，多有为庶出不要的。殊不知别说庶出，便是我们的丫头，比人家的小姐还强呢。将来不知哪个没造化的，挑庶正误了事呢；也不知哪个有造化的，不挑庶正的得了去。"说着，又向平儿笑道："你知道我这几年生了多少省俭的法子，一家子大约也没个不背地里恨我的。我如今也是骑上老虎了。虽然看破些，无奈一时也难宽放。二则家里出去的多，进来的少：凡百大小事仍是照着老祖宗手里的规矩，却一年进的产业又不及先时。多省俭了，外人又笑话，老太太、太太也受委屈，家下人也抱怨刻薄；若不趁早儿料理省俭之计，再几年就都赔尽了。"平儿道："可不是这话！将来还有三四位姑娘，还有两三个小爷，一位老太太，这几件大事未完呢。"凤姐儿笑道："我也虑到这里。倒也够了：宝玉和林妹妹，他两个一娶一嫁，可以使不着官中的钱，老太太自有梯己拿出来。二姑娘是大老爷那边的，也不算。剩了三四个，满破着每人花上一万银子。环哥娶亲有限，花上三千两银子，不拘哪里省一抿子也就够了。老太太的事出来，一应都是全了的，不过零星杂项，便费也满破三五千两。如今再俭省些，陆续也当就够了。只怕如今平空再生出一两件事来，可就了不得了。咱们且别虑后事，你且吃了饭，快听她们商议什么。这正碰了我的机会，我正愁没个膀臂。虽有个宝玉，他又不是这里头的货，纵收伏了他，也不中用。大奶奶是个佛爷，也不中用。二姑娘更不中用，亦且不是这屋里的人。四姑娘小呢。兰小子更小。环儿更是个燎毛的小冻猫子，只等有热灶火炕让他钻去罢。真真一个娘肚子里跑出这样天悬地隔的两个人来，我想到这里就不服。再者林丫头和宝姑娘她两个倒好，偏又都是亲戚，又不好管咱家务事。况且一个是美人灯儿，风吹吹就坏了；一个是拿定了主意，"不干己事不张口，一问摇头三不知"，也难十分去问她。倒只剩了三姑娘一个，心里嘴里都也来得，又是咱家的正人，太太又疼她，虽然面上淡淡的，皆因是赵姨娘那老东西闹的，心里却是和宝玉一样呢。此不得环儿，实在令人难疼，要依我的性子早撵出去了。如今她既有这主意，正该和她协同，大家做个膀臂，我也不孤不独了。按正理，天理良心上论，咱们有她这一个人帮着，咱们也省些心，于太太的事也有些益。若按私心藏奸上论，我也太行毒了，也该抽头退步，回头看看了；再要穷追苦克，人恨极了，暗地里笑里藏刀，咱们两个才四个眼睛，两个心，一时不防，倒弄坏了。趁着紧熘之中，她出头一料理，众人就把往日咱们的恨暂可解了。还有一件，我虽知你极明白，恐怕你心里挽不过来，如今嘱咐你：她虽是姑娘家，心里却事事明白，不过是言语谨慎。她又比我知书识字，更厉害一层了。如今俗语说，"擒贼必先擒王"，她如今要作法开端，一定是先拿我开端。倘或她要驳我的事，你可别分辨，你只越恭敬，越说驳得是才好。千万别想着怕我没脸，和她一强，就不好了。"

平儿不等说完，便笑道："你太把人看涂了。我才已经行在先，这会子又反嘱咐我。"凤姐儿笑道："我是恐怕你心里眼里只有了我，一概没有别人之故，不得不嘱咐；既已行在先，更比我明白了。你又急了，满口里"你""我"起来。"平儿道："偏说"你"!你不依，这不是嘴巴子，再打一顿。难道这脸上还没尝过的不成!"凤姐儿笑道："你这小蹄子，要掂多少过子才罢？看我病得这样，还来怄我！过来坐下，横竖没人来，咱们一处吃饭是正经。"

说着，丰儿等三四个小丫头子进来放小炕桌。凤姐只吃燕窝粥，两碟子精緻小菜，每日份例菜已暂减去。丰儿便将平儿的四样份例菜端至桌上，与平儿盛了饭来。平儿屈一膝于炕沿之上，半身犹立于炕下，陪着凤姐儿吃了饭，服侍漱盥。漱毕，嘱咐了丰儿些话，方往探春处来。只见院中寂静，人已散出。要知端详，下回分解。

第 56 回 敏探春兴利除宿弊 时宝钗小惠全大体

话说平儿陪着凤姐儿吃了饭，服侍盥漱毕，方往探春处来。只见院中寂静，只有丫鬟、婆子、诸内壶近人在窗外听候。

平儿进入厅中，她姊妹三人正议论些家务，说的便是年内赖大家请吃酒，他家园中事故。见她来了，探春便命她脚踏上坐了，因说道："我想的事不为别的，因想着我们一月有二两月银外，丫头们又另有月钱。前儿又有人回，要我们一月所用的头油脂粉，每人又是二两。这又同才刚学里的八两一样，重重叠叠，事虽小，钱有限，看起来也不妥当。你奶奶怎么就没想到这个？"

平儿笑道："这有个原故：姑娘们所用的这些东西，自然是该有份例。每月买办买了，令女人们各房交与我们收管，不过预备姑娘们使用就罢了；没有个我们天天各人拿着钱找人买头油又是脂粉去的理。所以外头买办总领了去，按月使女人按房交与我们的。姑娘们的每月这二两，原不是为买这些的，原为的是一时当家的奶奶、太太或不在，或不得闲，姑娘们偶然一时可巧要几个钱使，省得找人去。这是恐怕姑娘们受委屈，可知这个钱并不是买这个才有的。如今我冷眼看着，各房里的我们的姊妹都是现拿钱买这些东西的竟有一半。我就疑惑，不是买办脱了空，迟些日子，就是买的不是正经货，弄些使不得的东西来搪塞。"探春、李纨都笑道："你也留心看出来了。脱空是没有的，也不敢，只是迟些日子，催急了，不知哪里弄些来，不过是个名儿，其实使不得，依然得现买。就用这二两银子，另叫别人的奶妈子的或是弟兄哥哥的儿子买了来，才使得。若使了官中的人，依然是那一样的。不知他们是什么法子，是铺子里坏了不要的，他们都弄了来，单预备给我们。"平儿笑道："买办买的是那样的，他买了好的来，买办岂肯和他善开交，又说他使坏心，要夺这买办了。所以他们也只得如此，宁可得罪了里头，不肯得罪了外头办事的人。姑娘们只使奶妈子们，他们也就不敢闲话了。"探春道"因此我心中不自在。钱费两起，东西又白丢一半，通算起来，反费了两折子，不如竟把买办的每月蠲了为是。此是一件事。第二件，年里往赖大家去，你也去的，你看他那小园子，比咱们这个如何？"平儿笑道："还没有咱们这一半大，树木花草也少多了。"探春道："我因和他家女儿说闲话儿。谁知那么个园子，除他们戴的花、吃的笋菜鱼虾之外，一年还有人包了去，年终足有二百两银子剩。从那日，我才知道，一个破荷叶，一根枯草根子，都是值钱的。"

宝钗笑道："真真膏粱纨袴之谈。虽是千金小姐原不知这事，但你们都念过书，识字的，竟没看见朱夫子有一篇《不自弃》文不成？"探春笑道："虽也看过，那不过是勉人自励，虚比浮词，哪里都真有的？"宝钗道："朱子都有虚比浮词？那句句都是有的。你才办了两天时事，就利欲熏心，把朱子都看虚浮了。你再出去，见了那些利弊大事，越发把孔子也看虚了！"探春笑道："你这样一个通人，竟没看见《姬子》书？当日姬子有云：'登利禄之场，处运筹之界者，窃尧舜之词，背孔孟之道，……'"宝钗笑道："底下一句呢？"探春笑道："如今只断章取意。念出底下一句，我自己骂我自己不成？"宝钗道："天下没有不可用的东西，既可用，便值钱。难为你是个聪敏人，这些正事，大节目事竟没经历，也可惜迟了。"李纨笑道："叫了人家来，不说正事，你们且对讲学问！"宝钗道："学问中便是正事。此刻于小事上用学问一提，那小事越发作高一层了。不拿学问提着，便都流入市俗去了。"

三人只是取笑之谈，说笑了一回，便仍谈正事。探春又接着说道："咱们这园子只算比他们的多一半，加一倍算，一年就有四百银子的利息。若此时也出脱生发银子，自然小器，不是咱们这样人家的事。若派出两个一定的人来，既有许多值钱之物，一味任人作践，也似乎暴殄天物。不如在园子里所有的老妈妈中，拣出几个本分老诚，能知园圃事的，派准她们收拾料理，也不必要她们交租纳税，只问她们一年可以孝敬些什么。一则园子有专定之人修理花木，自然一年好似一年的，也不用临时忙乱。二则也不至作践，白辜负了东西。三则老妈妈们也可借此小补，不枉年日子在园中辛苦。四则亦可以省了这些花儿匠、山子匠并打扫人等的工费。将此有余以补不足，未为不可。”宝钗正在地下看壁上的字画，听如此说一则，便点一回头，说完，便笑道：“善哉，三年之内无饥馑矣！”李纨笑道：“好主意。这果一行，太太必喜欢。省钱事小，第一有人打扫，专司其职，又许她们去卖钱。使之以权，动之以利，再无不尽职的了。”平儿道：“这件事须得姑娘说出来。我们奶奶虽有此心，也未必好出口。此刻姑娘们在园里住着，不能多弄些玩意儿去陪衬，反叫人去监管修理，图省钱，这话断不好出口。”

宝钗忙走过来，摸着他的脸笑道：“你张开嘴，我瞧瞧你的牙齿、舌头是什么作的。从早起来到这会子，你说这些话，一套一个样子，也不奉承三姑娘，也没见你说奶奶才短想不到，也并没有三姑娘说一句你就说一句是。横竖三姑娘一套话出来，你就有一套话进去。总是三姑娘想得到的，你奶奶也想到了，只是必有个不可办的原故。这会子又是因姑娘住的园子，不好因省钱令人去监管。你们想想这话，若果真交与人弄钱去的，那人自然是一枝花也不许掐，一个果子也不许动了，姑娘们分中自然不敢，天天与小姑娘们就吵不清。她这远愁近虑，不亢不卑，她奶奶便不是和咱们好，听她这一番话，也必要自愧得变好了，不和也变和了。”探春笑道：“我早起一肚子气，听她来了，忽然想起她主子来，素日当家使出来的好撒野的人，我见了她更生了气。谁知他她来了，避猫鼠儿似的站了半日，怪可怜的。接着又说了那么些话，不说他主子待我好，倒说‘不枉姑娘待我们奶奶素日的情意了。’这一句话，不但没了气，我倒愧了，又伤起心来。我细想，我一个女孩儿家，自己还闹得没人疼没人顾的，我哪里还有好处去待人。”口内说到这里，不免又流下泪来。

李纨等见她说得恳切，又想她素日因赵姨娘每生诽谤，在王夫人跟前，亦为赵姨娘所累，亦都不免流下泪来，都忙劝道：“趁今日清淨，大家商议两件兴利剔弊的事，也不枉太太委托一场。又提这没要紧的事做什么？”平儿忙道：“我已明白了。姑娘竟说，谁好，竟一派人，就完了。”探春道：“虽如此说，也须得回你奶奶一声。我们这里搜剔小遗，已经不当。皆因你奶奶是个明白人，我才这样行，若是糊涂多蛊多妒的，我也不肯，倒像抓她乖一般。岂可不商议了行！”平儿笑道：“既这样，我去告诉一声。”说着去了，半日方回来，笑说：“我说是白走一趟，这样好事，奶奶岂有不依的。”

探春听了，便和李纨命人将园中所有婆子的名单要来，大家参度，大概定了几个。又将她们一齐传来，李纨大概告诉与他们。众人听了，无不愿意，也有说：“那一片竹子单交给我，一年工夫，明年又是一片。除了家里吃的笋，一年还可交些钱粮。”这一个说：“那一片稻地交给我，一年这些玩的大小雀鸟的粮食，不必动官中钱粮，我还可以交钱粮。”探春才要说话，人回：“大夫来了，进园瞧姑娘。”众婆子只得去领大夫。平儿忙说：“单你们，有一百个也不成个体统，难道没有两个管事的头脑带进大夫来？”回事的那人说：“有，吴大娘和单大娘她两个在西南角上聚锦门等着呢。”平儿听说，方罢了。

众婆子去后，探春问宝钗如何。宝钗笑答道：“幸于始者怠于终，缮其辞者嗜其利。”探春听了，点头称赞，便向册上指出几个人来与她三人看。平儿忙去取笔砚来。她三人说道：“这一个老祝妈是个妥当的，况她老头子和她儿子，代代都是管打扫竹子，如今竟把这所有的竹子交与她。这一个老田妈本是种庄稼的，稻香村一带凡有菜蔬稻稗之类，虽是顽意儿，不必认真大治大耕，也须得她去，再一按时加些培植，岂不更好？”探春又笑道：“可惜蘅芜苑和怡红院这两处大地方竟没有出利息之物！”李纨忙笑道：“蘅芜苑里更利害！如今香料铺并大市大庙卖的各处香料、香草儿，都不是这些东西？算起来，比别的利息更大。怡红院别说别的，单只说春夏天一季玫瑰花，共下多少花？还有一带篱笆上的蔷薇、月季、宝相、金银藤，单这没要紧的花草干了，卖到茶叶铺、药铺去，也值几个钱。”探春笑道：“原来如此。只是弄香草的，没有在行的人。”平儿忙笑道：“跟宝姑娘的莺儿，她妈就是会弄这个的，上回她还采了些晒干了，纶成花篮葫芦给我玩的，姑娘倒忘了不成？”宝钗笑道：“我才赞你，你倒来捉弄我了。”三人都诧异，都问：“这是为何？”宝钗道：“断断使不得！你们这里多少得用的人，一个一个闲着没事办，这会子我又弄个人来，叫那起人连我也看小了。我倒替你们想出一个人来：怡红院有个老叶妈，她就是茗烟的娘。那是个诚实老人家，她又和我们莺儿的娘极好，不如把这事交与叶妈。她有不知的，不必咱们说，她就找莺儿的娘去商议了。哪怕叶妈全不管，竟交与那一个，那是她们私情儿，有人说闲话，也就怨不到咱们身上了。如此一行，你们办得又至公，于事又甚妥。”李纨、平儿都道：“是极。”探春笑道：“虽如此，只怕她们见利忘义。”平儿笑道：“不相干，前儿莺儿还认了叶妈做干娘，请吃饭吃酒，两家和厚得好得很呢。”探春听了，方罢了。又共同斟酌出几人来，俱是她四人素昔冷眼取中的，用笔圈出。

一时，婆子们来回：“大夫已去。”将药方送上去，三人看了，一面遣人送出去取药，监派调服；一面探春与李纨明示诸人：某人管某处，“按四季，除家中定例用多少外，余者任凭你们採取了去取利，年终算帐。”探春笑道：“我又想起一件事：若年终算帐归钱时，自然归到帐房，仍是上头又添一层管主，还在他们手心里，又剥一层皮。这如今我们兴出这事来派了你们，已是跨过他们的头去了，心里有气，只说不出来。你们年终去归账，他还不捉弄你们等什么？再者，这一年间，管什么的，主子有一全分，他们就得半分。这是家里的旧例，人所共知的，别的偷着的在外。如今这园子里是我的新创，竟别入他们手，每年归账，竟归到里头来才好。”宝钗笑道：“依我说，里头也不用归账，这个多了，那个少了，倒多了事。不如问她们谁领这一份的，她就揽一宗事去。不过是园里的人的动用的东西。我替你们算出来了，有限的几宗事：不过是头油、胭粉、香、纸，每一位姑娘几个丫头，都是有定例的。再者，各处笤帚、撮簸、掸子并大小禽鸟、鹿、兔吃的粮食。不过这几样，都是她们包了去，不用账房去领钱。你算算，就省下多少来？”平儿笑道：“这几宗虽小，一年通共算了，也省得下四百两银子。”

宝钗笑道：“却又来，一年四百，二年八百两，取租的房子也能置得几间，薄地也可添几亩了。虽然还有敷余的，但她们既辛苦闹一年，也要叫她们剩些粘补粘补自家。虽是兴利节用为纲，然亦不可太啬。纵再省上二三百银子，失了大体统，也不像。所以如此一行，外头账房里一年少出四五百银子，也不觉得很艰啬了，她们里头却也得些小补。这些没营生的妈妈们，也宽裕了；园子里花木，也可以每年滋长蕃盛；你们也得了可使之物。这庶几不失大体。若一味要省时，哪里不搜寻出几个钱来。凡有些余利的，一概入了官中，那时里外怨声载道，岂不失了你们这样人家的大体？如今这园里几十个老妈妈们，若只给了这个，那剩的也必抱怨不公。我才说的，她们只供给这几样，也未免太宽裕了。一年竟除了这个之外，她每人不论有余无余，只叫她拿出若干贯钱来，大家凑齐，单散与园中这些妈妈们。他们虽不料理这些，却日夜也是在园中照看、当差之人，关门闭户，起早睡晚，大雨大雪，姑娘们出入，抬轿子，撑船，拉冰床。一应粗糙活计，都是她们的差使。一年在园里辛苦到头，这园内既有出息，也是分内该沾带些的。还有一句至小的话，索性说破了：你们只管了自己宽裕，不分与她们些，她们虽不敢明怨，心里却都不服，只用假公济私的，多摘你们几个果子，多掐几枝花儿，你们有冤还没处诉。他们也沾带了些利息，你们有照顾不到的，她们就替你照顾了。”

众婆子听了这个议论，又去了账房受辖制，又不与凤姐儿去算账，一年不过多拿出若干贯钱来，各各欢喜异常，都齐声说：“愿意。强如出去被他们揉搓着，还得拿出钱来呢。”那不得管地的，听了每年终又无故得分钱，也都喜欢起来，口内说：“她们辛苦收拾，是该剩些钱粘补的。我们怎么好‘稳坐吃三注’呢？”宝钗笑道：“妈妈们也别推辞了，这原是分内应当的。你们只要日夜辛苦些，别躲懒纵放人吃酒赌钱就是了。不然，我也不该管这事。你们一般听见，姨娘亲口嘱托我三五回，说大奶奶如今又不得闲儿，别的姑娘又小，托我照看照看。我若不依，分明是叫姨娘操心。你们奶奶又多病多痛，家务也忙。我原是个闲人，便是个街坊邻居，也要帮着些，何况是亲姨娘托我。我免不得去小就大，讲不起众人嫌我。倘或我只顾了小分，沽名钓誉，那时酒醉赌博，生出事来，我怎么见姨娘？你们那时后悔也迟了，就连你们素日的老脸也都丢了。这些姑娘小姐们，这么一所大花园，都是你们照看，皆因看得你们是三四代的老妈妈，最是循规遵矩的，原该大家齐心顾些体统。你们反纵放别人任意吃酒赌博，姨娘听见了，教训一场犹可，倘若被那几个管家娘子听见了，她们也不用回姨娘，竟教导你们一番。你们这年老的，反受了年小的教训，虽是她们是管家，管的着你们，何如自己存些体统，他们如何得来作践？所以我如今替你们想出这个额外的进益来，也为大家齐心，把这园里周全得谨谨慎慎，使那些有权执事的看见这般严肃谨慎，且不用她们操心，她们心里岂不敬服。也不用替你们筹画进益，既能夺得她们之权，生你们之利，岂不能行无为之治，分她们之忧？你们去细想想这话。”家人都欢声鼎沸说：“姑娘说得很是。从此姑娘奶奶只管放心，姑娘、奶奶这样疼顾我们，我们再要不体上情，天地也不容了！”

刚说着，只见林之孝家的进来，说：“江南甄府里家眷昨日到京，今日进宫朝贺。此刻先遣人来送礼请安。”说着，便将礼单送上去。探春接了，看道是：“上用的妆缎蟒缎十二匹，上用杂色缎十二匹，上用各色纱十二匹，上用宫绸十二匹，官用各色缎纱绸绫二十四匹。”李纨也看过，说：“用上等封儿赏他。”因又命人回了贾母。贾母便命人叫李纨、探春、宝钗等也都过来，将礼物看了。李纨收过一边，吩咐内库上人说：“等太太回来看了再收。”贾母因说：“这甄家又不与别家相同，上等赏封儿赏男人。怕展眼又打发女人来请安，预备下尺头。”一语未完，果然人回：“甄府四个女人来请安。”贾母听了，忙命人带进来。

那四个人都是四十往上的年纪，穿戴之物，皆比主子不甚差别。请安问好毕，贾母便命拿了四个脚踏来，她四人谢了坐，待宝钗等坐了，方都坐下。贾母便问：“多早晚进京的？”四人忙起身回说：“昨日进的京，今日太太带了姑娘进宫请安去了，故令女人们来请安，问候姑娘们。”贾母笑问道：“这些年没进京，也不想到今年来。”四人也都笑回道：“正是，今年是奉旨进京的。”贾母问道：“家眷都来了？”四人回说：“老太太和哥儿，两位小姐并别位太太都没来，就只太太带了三姑娘来了。”贾母道：“有人家没有？”四人道：“尚没有。”贾母笑道：“你们大姑娘和二姑娘这两家，都和我们家甚好。”四人笑道：“正是。每年姑娘们有信回去说，全亏府上照看。”贾母笑道：“什么照看，原是世交，又是老亲，原应当的。你们二姑娘更好，更不自尊自大，所以我们才走得亲密。”四人笑道：“这是老太太过谦了。”贾母又问：“你这哥儿也跟着你们老太太？”四人回说：“也是跟着老太太。”贾母道：“几岁了？”又问：“上学不曾？”四人笑说：“今年十三岁。因长得齐整，老太太很疼，自幼淘气异常，天天逃学，老爷、太太也不便十分管教。”贾母笑道：“也不成了我们家的了！你这哥儿叫什么名字？”四人道：“因老太太当作宝贝一样，他又生得白，老太太便叫作宝玉。”贾母笑向李纨等道：“偏也叫作个宝玉。”李纨等忙欠身笑道：“从古至今，同时隔代，重名的很多。”四人也笑道：“起了这小名儿之后，我们上下都疑惑，不知哪位亲友家也倒似曾有一个的。只是这十来年没进京来，却记不得真了。”贾母笑道：“岂敢，就是我的孙子。人来！”众媳妇、丫头答应了一声，走近几步。贾母笑道：“园里把咱们的宝玉叫了来，给这四个管家娘子瞧瞧，比他们的宝玉如何？”

众媳妇听了，忙去了；半刻，围了宝玉进来。四人一见，忙起身笑道：“唬了我们一跳。若是我们不进府来，倘若别处遇见，还只当我们的宝玉后赶着也进了京了呢。”一面说，一面都上来拉他的手，问长问短。宝玉忙也笑问好。贾母笑道：“比你们的长得如何？”李纨等笑道：“四位妈妈才一说，可知是模样相彷了。”贾母笑道：“哪有这样巧事？大家子孩子们再养的得娇嫩，除了脸上有残疾，十分黑丑的，大概看去都是一样的齐整。这也没有什么怪处。”四人笑道：“如今看来，模样是一样。据老太太说，淘气也一样。我们看来，这位哥儿性情，却比我们的好些。”贾母忙问：“怎见得？”四人笑道：“方才我们拉哥儿的手说话便知。我们那一个，只说我们煳涂，慢说拉手，他的东西，我们略动一动也不依。所使唤的人都是女孩子们。”四人未说完，李纨姊妹等禁不住都失声笑出来。

贾母也笑道：“我们这会子也打发人去见了你们宝玉，若拉他的手，他也自然勉强忍耐一时。可知你我这样人家的孩子们，凭他们有什么刁鑽古怪的毛病儿，见了外人，必是要还出正经礼数来的。若他不还正经礼数，也断不容他刁鑽去了。就是大人溺爱的，是他一则生得得人意，二则见人礼数，竟比大人行出来的不错，使人见了可爱可怜，背地里所以才纵他一点子。若一味他只管没里没外，不与大人争光，凭他生得怎样，也是该打死的。”四人听了，都笑说：“老太太这话正是。虽然我们宝玉淘气古怪，有时见了人客，规矩礼数，更比大人有。所以无人见了不爱，只说：‘为什么还打他’。殊不知他在家里无法无天，大人想不到的话偏会说，想不到的事他偏要行，所以老爷、太太恨得无法。就是弄性，也是小孩子的常情，胡乱花费，这也是公子哥儿的常情，怕上学，也是小孩子的常情，都还治得过来。第一，天生下来这一种刁鑽古怪的脾气，如何使得！”一语未了，人回：“太太回来了。”王夫人进来，问过安。她四人请了安，大概说了两句。贾母便命歇歇去。王夫人亲捧过茶，方退出。四人告辞了贾母，便往王夫人处来。说了一会家务，打发她们回去，不必细说。

这里贾母喜得逢人便告诉，也有一个宝玉，也却一般行景。众人都为天下之大，世宦之多，同名者也甚多，祖母溺爱孙儿者也多，古今所有常事耳，不是什么罕事，故皆不介意。独宝玉是个迂阔呆公子的心性，自为是那四人承悦贾母之词。后至蘅芜苑去看湘云病去，史湘云说他：“你放心闹罢，先是‘单丝不成线，独树不成林’，如今有了个对子，闹急了，再打狠了，你逃走到南京找那一个去。”宝玉道：“哪里的谎话，你也信了，偏又有个宝玉？”湘云道：“怎么列国有个蔺相如，汉朝又有个司马相如呢？”宝玉笑道：“这也罢了，偏又模样儿也一样，这是没有的事。”湘云道：“怎么匡人看见孔子，只当是阳虎呢？”宝玉笑道：“孔子阳虎虽同貌，却不同姓，蔺与司马虽同名，而又不同貌，偏我和他就两样俱同不成？”湘云没了话答对，因笑道：“你只会胡搅，我也不和你分证。有也罢，没也罢，与我无干。”说着便睡下了。

宝玉心中便又疑惑起来：“若说必无，然亦似必有；若说必有，又并无目睹。”心中闷闷，回至房中榻上默默盘算，不觉就忽忽的睡去，不觉竟到了一座花园之内。宝玉诧异道：“除了我们大观园，更又有这一个园子？”正疑惑间，从那边来了几个女儿，都是丫鬟。宝玉又诧异道：“除了鸳鸯，袭人，平儿之外，也竟还有这一干人？”只见那些丫鬟笑道：“宝玉怎么跑到这里来了？”宝玉只当是说他，自己忙来陪笑，说道：“因我偶步到此，不知是哪位世交的花园。好姐姐们，带我逛逛。”

众丫鬟都笑道："原来不是咱们家的宝玉。他生得倒也还干淨，嘴儿也倒乖觉。"宝玉听了忙道："姐姐们，这里也竟还有个宝玉？"丫鬟们忙道："'宝玉'二字，我们是奉老太太、太太之命，为保佑他延寿消灾的。我们叫他，他听见喜欢。你是哪里远方来的臭小厮，也乱叫起他来！仔细你的臭肉，打不烂你的！"又一个丫鬟笑道："咱们快走罢，别叫宝玉看见。"又说："同这臭小厮说了话，把咱熏臭了！"说着，一迳去了。

宝玉纳闷道："从来没有人如此荼毒我，她们如何竟还这样？真亦有我这样一个人不成？"一面想，一面顺步早到了一所院内。宝玉又诧异道："除了怡红院，也竟还有这么一个院落？"忽上了台矶，进入屋内，只见榻上有一个人卧着，那边有几个女孩儿做针线，也有嘻笑顽耍的。只见榻上那个少年叹了一声。一个丫鬟笑问道："宝玉，你不睡又叹什么？想必为你妹妹病了，你又胡愁乱恨呢。"

宝玉听说，心下也便吃惊。只见榻上少年说道："我听见老太太说，长安都中也有个宝玉，和我一样的性情，我只不信。我才作了一个梦，竟梦中到了都中一个花园子里头，遇见几个姐姐，都叫我臭小厮，不理我。好容易找到他房里头，偏他睡觉，空有皮囊，真性不知哪里去了。"宝玉听说，忙说道："我因找宝玉来到这里。原来你就是宝玉！"榻上的忙下来拉住："原来你就是宝玉！这可不是梦里了？"宝玉道："这如何是梦？真而又真了。"一语未了，只见人来说："老爷叫宝玉。"唬得二人皆慌了。一个宝玉就走，一个宝玉便忙叫："宝玉快回来，快回来！"

袭人在旁，听他梦中自唤，忙推醒他，笑问道："宝玉在哪里？"此时宝玉虽醒，神意尚恍惚，因向门外指说："才出去了。"袭人笑道："那是你梦迷了。你揉眼细瞧瞧，是镜子里照的你影儿。"宝玉向前瞧了一瞧，原是那嵌的大镜对面相照，自己也笑了。早有人捧过漱盂茶卤来，漱了口。麝月道："怪道老太太常嘱咐说，小人屋里不可多有镜子。小人魂不全，有镜子，照多了，睡觉惊恐作胡梦。如今倒在大镜子那里安了一张床。有时放下镜套还好；往前去，天热困倦不定，哪里想得到放它，比如方才就忘了。自然是先躺下照着影儿顽的，一时合上眼，自然是胡梦颠倒；不然，如何看着自己叫着自己的名字？不如明儿挪进床来是正经。"一语未了，只见王夫人遣人来叫宝玉，不知有何话说，且听下回分解。

第 57 回 慧紫鹃情辞试忙玉 慈姨妈爱语慰痴颦

话说宝玉听王夫人唤他，忙至前边来，原来是王夫人要带他拜甄夫人去。宝玉自是欢喜，忙去换衣服，跟了王夫人到那里。见其家中形景，自与荣、宁不甚差别，或有一二稍盛者。细问，果有一宝玉。甄夫人留席，竟日方回，宝玉方信。因晚间回家来，王夫人又吩咐预备上等的席面，定名班大戏，请过甄夫人母女。后二日，她母女便不作辞，回任去了，无话。

这日宝玉因见湘云渐愈，然后去看黛玉。正值黛玉才歇午觉，宝玉不敢惊动，因紫鹃正在回廊上，手里做针黹，便来问她："昨日夜里咳嗽可好了？"紫鹃道："好些了。"宝玉笑道："阿弥陀佛！宁可好了罢。"紫鹃笑道："你也念起佛来，真是新闻！"宝玉笑道："所谓'病笃乱投医'了。"一面说，一面见她穿着弹墨绫薄绵袄，外面只穿着青缎夹背心，宝玉便伸手向他她身上摸了一摸，说道："穿这样单薄，还在风口里坐着！春天风馋，时气又不好，你再病了，越发难了。"紫鹃便说道："从此咱们只可说话，别动手动脚的。一年大二年小的，叫人看着不尊重。打紧的那起混账行子们背地里说你，你总不留心，还只管和小时一般行为，如何使得！姑娘常常吩咐我们，不叫和你说笑。你近来瞧他，远着你还恐远不及呢。"说着便起身，携了针线进别房去了。

宝玉见了这般景况，心中忽浇了一盆冷水一般，只瞅着竹子发了一回呆。因祝妈正来挖笋修竿，便怔怔的走出来，一时魂魄失守，心无所知，随便坐在一块山石上出神，不觉滴下泪来。直呆了五六顿饭工夫，千思万想，总不知如何是可。偶值雪雁从王夫人房中取了人参来，从此经过，忽扭项看见桃花树下石上一人，手托着腮颊出神，不是别人，却是宝玉。雪雁疑惑道："怪冷的，他一个人在这里作什么？春天凡有残疾的人都犯病，敢是他犯了呆病了？"一边想，一边便走过来，蹲下笑道："你在这里作什么呢？"宝玉忽见了雪雁，便说道："你又作什么来找我？你难道不是女儿？她既防嫌，不许你们理我，你又来寻我，倘被人看见，岂不又生口舌？你快家去罢了。"雪雁听了，只当是他又受了黛玉的委屈，只得回至房中。

黛玉未醒，将人参交与紫鹃。紫鹃因问他："太太做什么呢？"雪雁道："也歇中觉，所以等了这半日。姐姐你听笑话儿：我因等太太的工夫，和玉钏儿姐姐坐在下房里说话儿，谁知赵姨奶奶招手儿叫我。我只当有什么话说，原来她和太太告了假，出去给她兄弟伴宿坐夜，明儿送殡去，跟她的小丫头子小吉祥儿没衣裳，要借我的月白缎子袄儿。我想她们一般也有两件子的，往脏地方儿去，恐怕弄脏了，自己的舍不得穿，故此借别人的。借我的弄脏了也是小事，只是我想，她素日有些什么好处到咱们跟前！所以我说了：'我的衣裳簪环，都是姑娘叫紫鹃姐姐收着呢。如今先得去告诉他，还得回姑娘呢。姑娘身上又病着，更费了大事，误了你老出门，不如再转借罢。'"紫鹃笑道："你这个小东西倒也巧。你不借给她，你往我和姑娘身上推，叫人怨不着你。她这会子就去了，还是等明日一早才去？"雪雁道"这会子就去的，只怕此时已去了。"紫鹃点点头。雪雁道："姑娘还没醒呢？是谁给了宝玉气受？坐在那里哭呢。"紫鹃听了，忙问："在那里？"雪雁道："在沁芳亭后头桃花底下呢。"

紫鹃听说，忙放下针线，又嘱咐雪雁："好生听叫。若问我，答应我就来。"说着，便出了潇湘馆，一径来寻宝玉，走至宝玉跟前，含笑说道："我不过说了那两句话，为的是大家好，你就赌气，跑了这风地里来哭，作出病来唬我。"宝玉忙笑道："谁赌气了！我因为听你说有理。我想你们既这样说，自然别人也是这样说，将来渐渐的都不理我了，我所以想着自己伤心。"紫鹃也便挨他坐着。宝玉笑道："方才对面说话，你尚走开，这会子如何又来挨我坐着？"紫鹃道："你都忘了？几日前，你们姊妹两个正说话，赵姨娘一头走了进来，——我才听见她不在家，所以我来问你。正是前日你和她才说了一句'燕窝'，就歇住了，总没提起，我正想着问你。"宝玉道："也没什么要紧。不过我想着宝姐姐也是客中，既吃燕窝，又不可间断，若只管和她要，也太托实。虽不便和太太要，我已经在老太太跟前略露了个风声，只怕老太太和凤姐姐说了。我正要告诉她的，竟没告诉完。如今我听见一日给你们一两燕窝，这也就完了。"紫鹃道："原来是你说了，这又多谢你费心。我们正疑惑，老太太怎么忽然想起来叫人每一日送一两燕窝来呢？这就是了。"宝玉笑道："这要天天吃惯了，吃上三二年就好了。"紫鹃道："在这里吃惯了，明年家去，哪里有这闲钱吃这个。"

宝玉听了，吃了一惊，忙问："谁？往哪个家去？"紫鹃道："你妹妹回苏州家去。"宝玉笑道："你又说白话。苏州虽是原籍，因没了姑父姑母，无人照看，才就了来的。明年回去找谁？可见是扯谎。"紫鹃冷笑道："你太看小了人。你们贾家独是大族，人口多的；除了你家，别人只得一父一母，房族中真个再无人了不成？我们姑娘来时，原是老太太心疼她年小，虽有叔伯，不如亲父母，故此接来住几年。大了该出阁时，自然要送还林家的。终不成林家的女儿在你贾家一世不成？林家虽贫到没饭吃，也是世代书宦之家，断不肯将他家的人丢在亲戚家，落人的耻笑。所以早则明年春天，迟则秋天。这里纵不送去，林家亦必有人来接的。前日夜里姑娘和我说了，叫我告诉你：将从前小时玩的东西，有她送你的，叫你都打点出来还他。她也将你送他的打叠了在那里呢。”宝玉听了，便如头顶上响了一个焦雷一般。紫鹃看他怎样回答，只不作声。忽见晴雯找来说：“老太太叫你呢，谁知道在这里。”紫鹃笑道：“他这里问姑娘的病症。我告诉了他半日，他只不信。你倒拉他去罢。”说着，自己便走回房去了。

晴雯见他呆呆的，一头热汗，满脸紫胀，忙拉他的手，一直到怡红院中。袭人见了这般，慌起来，只说时气所感，热汗被风扑了。无奈宝玉发热事犹小可，更觉两个眼珠儿直直的起来，口角边津液流出，皆不知觉。给他个枕头，他便睡下；扶他起来，他便坐着；倒了茶来，他便吃茶。众人见他这般，一时忙乱起来，又不敢造次去回贾母，先便差人出去请李嬷嬷。

一时李嬷嬷来了，看了半日，问他几句话也无回答，用手向他脉门摸了摸，嘴唇人中上边着力掐了两下，掐得指印如许来深，竟也不觉疼。李嬷嬷只说了一声“可了不得了”，“呀”的一声，便搂着放声大哭起来。急得袭人忙拉她说：“你老人家瞧瞧可怕不怕，且告诉我们，去回老太太、太太去。你老人家怎么先哭起来？”李嬷嬷捶床捣枕说：“这可不中用了！我白操了一世心了！”袭人等以他年老多知，所以请她来看；如今见他这般一说，都信以为实，也都哭起来。

晴雯便告诉袭人，方才如此这般。袭人听了，便忙到潇湘馆来，见紫鹃正服侍黛玉吃药，也顾不得什么，便走上来问紫鹃道：“你才和我们宝玉说了些什么？你瞧瞧他去，你回老太太去，我也不管了！”说着，便坐在椅上。黛玉忽见袭人满面急怒，又有泪痕，举止大变，便不免也慌了，忙问：“怎么了？”袭人定了一回，哭道：“不知紫鹃姑奶奶说了些什么话，那个呆子眼也直了，手脚也冷了，话也不说了，李妈妈掐着也不疼了，已死了大半个了！连李妈妈都说不中用了，那里放声大哭。只怕这会子都死了！”黛玉一听此言，李妈妈乃是经过的老妪，说不中用了，可知必不中用。“哇”的一声，将腹中之药一概呛出，抖肠搜肺、炽胃扇肝的痛声大嗽了几阵，一时面红鬓乱，目肿筋浮，喘得抬不起头来。紫鹃忙上来捶背，黛玉伏枕喘息半晌，推紫鹃道：“你不用捶，你竟拿绳子来勒死我是正经！”紫鹃哭道：“我并没说什么，不过是说了几句玩话，他就认真了。”袭人道：“你还不知道他那傻子！每每玩话认了真。”黛玉道：“你说了什么话？趁早儿去解说，他只怕就醒过来了。”紫鹃听说，忙下了床，同袭人到了怡红院。

谁知贾母、王夫人等已都在那里了。贾母一见了紫鹃，便眼内出火，骂道：“你这小蹄子！和他说了什么？”紫鹃忙道：“并没说什么，不过说了几句玩话。”谁知宝玉见了紫鹃，方“嗳呀”了一声，哭出来了。众人一见，方都放下心来。贾母便拉住紫鹃，只当她得罪了宝玉，所以拉紫鹃命他打。谁知宝玉一把拉住紫鹃，死也不放，说：“要去连我也带了去。”众人不解，细问起来，方知紫鹃说“要回苏州去”一句玩话引出来的。贾母流泪道：“我当有什么要紧大事，原来是这句玩话。”又向紫鹃道：“你这孩子，素日最是个伶俐聪敏的，你又知道他有个呆根子，平白的哄他作什么？”薛姨妈劝道：“宝玉本来心实，可巧林姑娘又是从小儿来的，他姊妹两个一处长了这么大，比别的姊妹更不同。这会子热剌剌的说一个去，别说他是个实心的傻孩子，便是冷心肠的大人，也要伤心。这并不是什么大病，老太太和姨太太只管万安，吃一两剂药就好了。”

正说着，人回：“林之孝家的、单大良家的都来瞧哥儿来了。”贾母道：“难为他们想着，叫她们来瞧瞧。”宝玉听了一个“林”字，便满床闹起来说：“了不得了！林家的人接他们来了，快打出去罢！”贾母听了，也忙说：“打出去罢。”又忙安慰说：“那不是林家的人。林家的人都死绝了，没人来接她的，你只管放心罢！”宝玉哭道：“凭他是谁，除了林妹妹，都不许姓林的！”贾母道：“没姓林的来，凡姓林的，我都打走了。”一面吩咐众人：“以后别叫林之孝家的进园来，你们也别说‘林’字。好孩子们，你们听我这句话罢！”众人忙答应，又不敢笑。一时宝玉又一眼看见了十锦格子上陈设的一只金西洋自行船，便指着乱叫说：“那不是接她们来的船来了？湾在那里呢！”贾母忙命拿下来。袭人忙拿下来，宝玉伸手要，袭人递过去，宝玉便掖在被中，笑道：“这可去不成了！”一面说，一面死拉着紫鹃不放。

一时人回：“大夫来了。”贾母忙命：“快请进来。”王夫人、薛姨妈、宝钗等暂避里间。贾母便端坐在宝玉身旁，王太医进来见许多的人，忙上去请了贾母的安，拿了宝玉的手，诊了一回。那紫鹃少不得低了头，王大夫也不解何意，起身说道：“世兄这症乃是急痛迷心。古人曾云：‘痰迷有别。有气血亏柔，饮食不能熔化痰迷者，有怒恼中，痰裹而迷者；有急痛壅塞者。’此亦痰迷之症，係急痛所致，不过一时壅蔽，较诸痰迷似轻。”贾母道：“你只说怕不怕，谁同你背药书呢！”王太医忙躬身笑说：“不妨，不妨。”贾母道：“果真不妨？”王太医道：“实在不妨，都在晚生身上。”贾母道：“既如此，请到外面坐，开药方。若吃好了，我另外预备好谢礼，叫他亲自捧了，送去磕头；若耽误了，打发人去拆了太医院的大堂。”王太医只躬身笑说：“不敢，不敢。”他原听了说“另具上等谢礼，命宝玉去磕头”，故满口说“不敢”，竟未听见贾母后来说拆太医院之戏语，犹说“不敢”，贾母与众人反倒笑了。一时按方煎了药来服下，果觉比先安静。无奈宝玉只不肯放紫鹃，只说她去了，便是要回苏州去了。贾母、王夫人无法，只得命紫鹃守着他，另将琥珀去服侍黛玉。

黛玉不时遣雪雁来探消息，这边事务尽知，自己心中暗叹。幸喜众人都知宝玉原有些呆气，自幼是他二人亲密，如今紫鹃之戏语亦是常情，宝玉之病亦非罕事，因不疑到别事去。

晚间，宝玉稍安，贾母、王夫人等方回房去。一夜还遣人来问讯几次。李奶母带领宋嬷嬷等几个年老人用心看守，紫鹃、袭人、晴雯等日夜相伴。有时宝玉睡去，必从梦中惊醒，不是哭了，说黛玉已去，便是有人来接。每一惊时，必得紫鹃安慰一番方罢。彼时贾母又命将祛邪守灵丹及开窍通神散各样上方秘制诸药，按方饮服。次日又服了王太医药，渐次好起来。宝玉心下明白，因恐紫鹃回去，故有时或作佯狂之态。紫鹃自那日也着实后悔，如今日夜辛苦，并没有怨意。袭人等皆心安神定，因向紫鹃笑道：“都是你闹的，还得你来治。也没见我们这呆子，听了风就是雨，往后怎么好！”暂且按下。

因此时湘云之症已愈，天天过来瞧看，见宝玉明白了，便将他病中狂态形容了与他瞧，倒引得宝玉自己伏枕而笑。原来他起先那样，竟是不知的；如今听人说，还不信。无人时，紫鹃在侧，宝玉又拉她的手，问道：“你为什么唬我？”紫鹃道：“不过是哄你玩的，你就认真了。”宝玉道：“你说的那样有情有理，如何是玩话？”紫鹃笑道：“那些玩话都是我编的。林家实没了人口，纵有，也是极远的族中，也都不在苏州住，各省流寓不定。纵有人来接，老太太也必不放去的。”宝玉道：“便老太太放去，我也不依。”紫鹃笑道：“果真的你不依？只怕是口里的话。你如今也大了，连亲也定下了，过二三年再娶了亲，你眼里还有谁了？”

宝玉听了，又惊问：“谁定了亲？定了谁？”紫鹃笑道：“年里我就听见老太太说，要定下琴姑娘呢。不然，那么疼她？”宝玉笑道：“人人只说我傻，你比我更傻。不过是句玩话，她已经许给梅翰林家了。果然定下了她，我还是这个形景了？先是我发誓赌咒，砸这劳什子，你都没劝过说我疯的？刚刚的这几日才好了，你又来怄我。”一面说，一面咬牙切齿的，又说道：“我只愿这会子立刻我死了，把心迸出来你们瞧见了，然后连皮带骨一概都化成一股灰；灰还有形迹，不如再化一股烟；烟还可凝聚，人还看见，须得一阵大乱风吹得四面八方都登时散了，这才好！”一面说，一面又滚下泪来。紫鹃忙上来捂他的嘴，替他擦眼泪，又忙笑解释道：“你不用着急。这原是我心里着急，故来试你。”

宝玉听了，更又诧异，问道："你又着什么急？"紫鹃笑道："你知道，我并不是林家的人，我也和袭人、鸳鸯是一伙的，偏把我给了林姑娘使。偏生她又和我极好，比她苏州带来的还好十倍，一时一刻，我们两个离不开。我如今心里却愁，她倘或要去了，我必要跟了她去的。我是合家在这里，我若不去，辜负了我们素日的情肠，若去，又弃了本家。所以我疑惑，故设出这谎话来问你，谁知你就傻闹起来。"宝玉笑道："原来是你愁这个，所以你是傻子。从此后再别愁了。我只告诉你一句趸话：活着，咱们一处活着，不活着，咱们一处化灰化烟，如何？"紫鹃听了，心下暗暗筹画。

忽有人回："环爷、兰哥儿问候。"宝玉道："就说难为他们，我才睡了，不必进来。"婆子答应去了。紫鹃笑道："你也好了，该放我回去瞧瞧我们那一个去了。"宝玉道："正是这话。我昨日就要叫你去的，偏又忘了。我已经大好了，你就去罢。"紫鹃听说，方打叠铺盖妆奁之类。宝玉笑道："我看见你文具里头有三两面镜子，你把那面小菱花的给我留下罢。我搁在枕头旁边，睡着好照，明儿出门带着也轻巧。"紫鹃听说，只得与他留下，先命人将东西送过去，然后别了众人，自回潇湘馆来。

林黛玉近日闻得宝玉如此形景，未免又添些病症，多哭几场。今见紫鹃来了，问其原故，已知大愈，仍遣琥珀去伏侍贾母。夜间人定后，紫鹃已宽衣卧下之时，悄向黛玉笑道："宝玉的心倒实，听见咱们去，就那样起来。"黛玉不答。紫鹃停了半晌，自言自语的说道："一动不如一静。我们这里就算好人家，别的都容易，最难得的是从小儿一处长大，脾气情性都彼此知道的了。"黛玉啐道："你这几天还不乏，趁这会子不歇一歇，还嚼什么蛆。"紫鹃笑道："倒不是白嚼蛆，我倒是一片真心为姑娘。替你愁了这几年了，无父母无兄弟，谁是知疼着热的人？趁早儿老太太还明白硬朗的时节，作定了大事要紧。俗语说，'老健春寒秋后热'，倘或老太太一时有个好歹，那时虽也完事，只怕耽误了时光，还不得趁心如意呢。公子王孙虽多，哪一个不是三房五妾，今儿朝东，明儿朝西？要一个天仙来，也不过三夜五夕，也丢在脖子后头了，甚至于为妾为丫头，反目成仇的。若娘家有人有势的还好些，若是姑娘这样的人，有老太太一日还好一日，若没了老太太，也只是凭人去欺负了。所以说，早拿主意要紧。姑娘是个明白人，岂不闻俗语说：'万两黄金容易得，知心一个也难求'。"黛玉听了，便说道："这丫头今儿不疯了？怎么去了几日，忽然变了一个人？我明儿必回老太太，退回去，我不敢要你了。"紫鹃笑道："我说的是好话，不过叫你心里留神，并没叫你去为非作歹，何苦回老太太，叫我吃了亏，又有何好处？"说着，竟自睡了。黛玉听了这话，口内虽如此说，心内未尝不伤感，待她睡了，便直泣了一夜，至天明方打了一个盹儿。次日，勉强盥漱了，吃了些燕窝粥，便有贾母等亲来看视了，又嘱咐了许多话。

目今是薛姨妈的生日，自贾母起，诸人皆有祝贺之礼。黛玉亦早备了两色针线送去。是日，也定了一班小戏请贾母、王夫人等，独有宝玉与黛玉二人不曾去得。至晚散时，贾母等顺路又瞧他二人一遍，方回房去。次日，薛姨妈家又命薛蝌陪诸伙计吃了一天酒，连忙了三四天，方完备。

因薛姨妈看见邢岫烟生得端雅稳重，且家道贫寒，是个钗荆裙布的女儿。便说与薛蟠为妻。因薛蟠素习行止浮奢，又恐遭塌了人家的女儿。正在踌躇之际，忽想起薛蝌未娶，看他二人，恰是一对天生地设的夫妻，因谋之于凤姐儿。凤姐儿叹道："姑妈素知我们太太有些左性的，这事等我慢谋。"因贾母去瞧凤姐儿时，凤姐儿便和贾母说："薛姑妈有件事求老祖宗，只是不好启齿的。"贾母忙问何事，凤姐儿便将求亲一事说了。贾母笑道："这有什么不好启齿？这是极好的好事。等我和你婆婆说了，怕她不依？"因回房来，即刻就命人来请邢夫人过来，硬作保山。邢夫人想了一想：薛家根基不错，且现今大富，薛蝌生得又好，且贾母硬作保山，将机就计便应了。

贾母十分喜欢，忙命人请了薛姨妈来。二人见了，自然有许多谦辞。邢夫人即刻命人去告诉邢忠夫妇。他夫妇原是此来投靠邢夫人的，如何不依，早极口的说："妙极！"贾母笑道："我最爱管个闲事，今儿又管成了一件事，不知得多少谢媒钱？"薛姨妈笑道："这是自然的。纵抬了十万银子来，只怕不希罕。但只一件，老太太既是主亲，还得一位才好。"贾母笑道："别的没有，我们家折腿烂手的人还有两个。"说着，便命人去叫过尤氏婆媳 二人来。贾母告诉她原故，彼此忙都道喜。贾母吩咐道："咱们家的规矩，你是尽知的，从没有两亲家争礼争面的。如今你算替我在当中料理，也不可太啬，也不可太费，把他两家的事周全了回我。"尤氏忙答应了。薛姨妈喜之不尽，回家来忙命写了请帖，补送过宁府。尤氏深知邢夫人情性，本不欲管，无奈贾母亲嘱咐，只得应了，惟有忖度邢夫人之意行事。薛姨妈是个无可无不可的人，倒还易说。这且不在话下。

如今薛姨妈既定了邢岫烟为媳，合宅皆知。邢夫人本欲接出岫烟去住，贾母因说："这又何妨，两个孩子又不能见面，就是姨太太和她一个大姑，一个小姑，又何妨？况且都是女儿，正好亲香呢。"邢夫人方罢。

蝌、岫二人，前次途中皆曾有一面之遇，大约二人心中也皆如意。只是邢岫烟未免比先时拘泥了些，不好与宝钗姊妹共处闲语；又兼湘云是个爱取戏的，更觉不好意思。幸她是个知书达礼的，虽有女儿身分，还不是那种佯羞诈愧、 味轻薄造作之辈。宝钗自见她时，见他家业贫寒，二则别人之父母皆年高有德之人，独她父母偏是酒糟透之人，于女儿分中平常；邢夫人也不过是脸面之情，亦非真心疼爱；且岫烟为人雅重，迎春是个有气的死人，连她自己尚未照管齐全，如何能照管到她身上！凡闺阁中家常一应需用之物，或有亏乏，无人照管，她又不与人张口。宝钗倒暗中每相体贴接济，也不敢与邢夫人知道，亦恐多心闲话之故耳。如今却出人意料之外奇缘，作成这门亲事。岫烟心中先取中宝钗，然后方取薛蝌。有时，岫烟仍与宝钗闲话，宝钗仍以姊妹相呼。

这日，宝钗因来瞧黛玉，恰值岫烟也来瞧黛玉，二人在半路相遇。宝钗含笑唤她到跟前，二人同走至一块石壁后，宝钗笑问他："这天还冷得很，你怎么倒全换了夹的了？"岫烟见问，低头不答。宝钗便知道又有了原故，因又笑问道："必定是这个月的月钱又没得？凤丫头如今也这样没心没计了。"岫烟道："她倒想着不错日子给的，因姑妈打发人和我说，一个月用不了二两银子，叫我省一两给爹妈送出去，要使什么，横竖有二姐姐的东西，能着些儿搭着就使了。姐姐想，二姐姐也是个老实人，也不大留心。我使她的东西，她虽不说什么，她那些妈妈、丫头，哪一个是省事的，哪一个是嘴里不尖的？我虽在那屋里，却不敢很使她们，过三天五天，我倒得拿出些钱来给他们打酒买点心吃才好。因此，一月二两银子还不够使，如今又去了一两。前儿我悄悄的把绵衣服叫人当了几吊钱盘缠。"宝钗听了，愁眉叹道："偏梅家又合家在任上，后年才进来。若是在这里，琴儿过去了，好再商议你这事。离了这里就完了。如今不先完了他妹妹的事，也断不敢先娶亲的。如今倒是一件难事。再迟两年，又怕你熬煎出病来。等我和妈再商议，有人欺负你，你只管耐些烦儿，千万别自己熬煎出病来。不如把那一两银子明儿也索性给了他们，倒都歇心。你以后也不用白给那些人东西吃，她们尖刺让他们去尖刺，很听不过了，各人走开。倘或短了什么，你别存那小家儿女气，只管找我去。并不是作亲后方如此，你一来时，咱们就好的。便怕人闲话，你打发小丫头悄悄的和我说去就是了。"岫烟低头答应了。

宝钗又指她裙上一个碧玉珮，问道："这是谁给你的？"岫烟道："这是三姐姐给的。"宝钗点头笑道："她见人人皆有，独你一个没有，怕人笑话，故此送你一个。这是他聪明细緻之处。但还有一句话，你也要知道：这些妆饰原出于大官富贵之家的小姐，你看我从头至脚，可有这些富丽闲妆？然七八年之先，我也是这样来着，如今一时比不得一时了，所以我都自己该省的就省了。将来你这一到了我们家，这些没有用的东西，只怕还有一箱子。咱们如今比不得她们了，总要一色从实守分为主，不必比她们才是。”岫烟笑道：“姐姐既这样说，我回去摘了就是了。”宝钗忙笑道：“你也太听说了。这是她好意送你，你不佩着，她岂不疑心。我不过是偶然提到这里，以后知道就是了。”岫烟忙又答应，又问：“姐姐此时哪里去？”宝钗道：“我到潇湘馆去。你且回去把那当票叫丫头送来，我那里悄悄的取出来，晚上再悄悄的送给你去，早晚好穿，不然风扇了事大。但不知当在哪里了？”岫烟道：“叫作‘恒舒典’，是鼓楼西大街的。”宝钗笑道：“这闹在一家去了。伙计们倘或知道了，好说‘人没过来，衣裳先过来’了。”岫烟听说，便知是她家的本钱，也不觉红了脸，一笑，二人走开。

宝钗就往潇湘馆来，正值她母亲也来瞧黛玉，正说闲话呢。宝钗笑道：“妈多早晚来的？我竟不知道。”薛姨妈道：“我这几天连日忙，总没来瞧瞧宝玉和她。所以今儿瞧他二个，都也好了。”黛玉忙让宝钗坐了，因向宝钗道：“天下的事真是人想不到的，怎么想得到姨妈和大舅母又作一门亲家？”薛姨妈道：“我的儿，你们女孩家哪里知道，自古道：“千里姻缘一线牵’。管姻缘的有一位月下老人，预先注定，暗里只用一根红丝把这两个人的脚绊住，凭你两家隔着海，隔着国，有世仇的，也终久有机会作了夫妇。这一件事都是出人意料之外，凭父母、本人都愿意了，或是年年在一处的，以为是定了的亲事，若月下老人不用红线拴的，再不能到一处。比如你姐妹两个的婚姻，此刻也不知在眼前，也不知在山南海北呢。”宝钗道：“惟有妈，说动话就拉上我们。”一面说，一面伏在他母亲怀里，笑说：“咱们走罢。”黛玉笑道：“你瞧！这么大了，离了姨妈，她就是个最老道的，见了姨妈她就撒娇儿。”薛姨妈用手摩弄着宝钗，叹向黛玉道：“你这姐姐就和凤哥儿在老太太跟前一样，有了正经事，就和她商量，没了事，幸亏她开开我的心。我见了她这样，有多少愁不散的？”

黛玉听说，流泪叹道：“她偏在这里这样，分明是气我没娘的人，故意来刺我的眼。”宝钗笑道：“妈，瞧她轻狂，倒说我撒娇儿！”薛姨妈道：“也怨不得她伤心，可怜没父母，到底没个亲人。”又摩娑黛玉，笑道：“好孩子，别哭。你见我疼你姐姐，你伤心了，你不知我心里更疼你呢！你姐姐虽没了父亲，到底有我，有亲哥哥，这就比你强了。我每每和你姐姐说，心里很疼你，只是外头不好带出来的。你这里人多口杂，说好话的人少，说歹话的人多，不说你无依无靠，为人作人配人疼，只说我们看老太太疼你了，我们也洑上水去了。”黛玉笑道：“姨妈既这么说，我明日就认姨妈做娘，姨妈若是弃嫌不认，便是假意疼我了。”薛姨妈道：“你不厌我，就认了才好。”宝钗忙道：“认不得的！”黛玉道：“怎么认不得？”宝钗笑问道：“我且问你，我哥哥还没定亲事，为什么反将邢妹妹先说与我兄弟了，是什么道理？”黛玉道：“他不在家，或是属相生日不对，所以先说与兄弟了。”宝钗笑道：“非也。我哥哥已经相准了，只等来家就下定了，也不必提出人来，我方才说你认不得娘，你细想去。”说着，便和他母亲挤眼儿发笑。

黛玉听了，便也一头伏在薛姨妈身上，说道：“姨妈不打她，我不依！”薛姨妈忙也搂她笑道：“你别信你姐姐的话，他是玩你呢！”宝钗笑道：“真个的，妈明儿和老太太求了她作媳妇，岂不比外头寻的好？”黛玉便够上来要抓他，口内笑说：“你越发疯了。”薛姨妈忙也笑劝，用手分开方罢。因又向宝钗道：“连邢女儿我还怕你哥哥遭踏了他，所以给你兄弟说了。别说这孩子，我也断不肯给他。前儿老太太因要把你妹妹说给宝玉，偏生又有了人家，不然倒是一门好亲。前儿我说定了邢女儿，老太太还取笑说：‘我原要说她的人，谁知她的人没到手，倒被她说了我们的一个去了。’虽是玩话，细想来，倒有些意思。我想宝琴虽有了人家，我虽没人可给，难道一句话也不说？我想着，你宝兄弟老太太那样疼他，他又生的那样，若要外头说去，老太太断不中意。不如竟把你林妹妹定与他，岂不四角俱全？”

林黛玉先还怔怔的听，后来见说到自己身上，便啐了宝钗一口，红了脸，拉着宝钗笑道：“我只打你！你为什么招出姨妈这些老没正经的话来？”宝钗笑道：“这可奇了！妈说你，为什么打我？”紫鹃忙也跑来，笑道：“姨太太既有这主意，为什么不和太太说去？”薛姨妈哈哈笑道：“你这孩子，急什么！想必催着你姑娘出了阁，你也要早些寻一个小女婿去了。”紫鹃听了，也红了脸，笑道：“姨太太真个倚老卖老的起来。”说着，便转身去了。黛玉先骂：“又与你这蹄子什么相干？”后来见了这样，也笑起来说：“阿弥陀佛！该，该，该！也臊了一鼻子灰去了！”

薛姨妈母女及屋内婆子丫鬟都笑起来。婆子们因也笑道：“姨太太虽是顽话，却倒也不差呢。到闲了时，和我们老太太一商议，姨太太竟做媒，保成这门亲事，是千妥万妥的。”薛姨妈道：“我一出这主意，老太太必喜欢的。”

一语未了，忽见湘云走来，手里拿着一张当票，口内笑道：“这是什么账篇子？”黛玉瞧了，也不认得。地下婆子们都笑道：“这可是一件奇货，这个乖，可不是白教人的。”宝钗忙一把接了，看时，就是岫烟才说的当票，忙折了起来。薛姨妈忙说：“那必定是哪个妈妈的当票子失落了，回来急得他们找。哪里得的？”湘云道：“什么是当票子？”众人都笑道：“真真是个呆子，连个当票子也不知道。”薛姨妈叹道：“怨不得她，真真是侯门千金，而且又小，哪里知道这个？那里去有这个？便是家下人有这个，她如何得见？别笑她是呆子，若给你们家姑娘们看了，也都成了呆子。”众婆子笑道：“林姑娘方才也不认得，别说姑娘们。就如宝玉，他倒是外头常走出去的，只怕也还没见过呢。”薛姨妈忙将原故讲明。湘云、黛玉二人听了，方笑道：“原来为此。人也太会想钱了，姨妈家的当铺也有这个不成？”众人笑道：“这又呆了。‘天下老鸹一般黑’，岂有两样的！”薛姨妈因又问：“是哪里拾的？”湘云方欲说时，宝钗忙说：“是一张死了没用的，不知那年勾了账的，香菱拿着哄她们玩的。”薛姨妈听了此话是真，也就不问了。一时人来回：“那府里大奶奶过来，请姨太太说话呢。”薛姨妈起身去了。

这里屋内无人时，宝钗方问湘云何处拾的。湘云笑道：“我见你令弟媳的丫头篆儿，悄悄的递与莺儿。莺儿便随手夹在书里，只当我没看见。我等她们出去了，我偷着看，竟不认得。知道你们都在这里，所以拿来大家认认。”黛玉忙问：“怎么她也当衣裳不成？既当了，怎么又给你去？”宝钗见问，不好隐瞒他两个，遂将方才之事都告诉了她二人。黛玉便说“兔死狐悲，物伤其类”，不免感叹起来。史湘云便动了气，说：“等我问着二姐姐去！我骂那起老婆子、丫头一顿，给你们出气何如？”说着，便要走。宝钗忙一把拉住，笑道：“你又发疯了，还不给我坐着呢！”黛玉笑道：“你要是个男人，出去打一个报不平儿。你又充什么荆轲、聂政，真真好笑。”湘云道：“既不叫我问她去，明儿也把他接到咱们苑里一处住去，岂不好？”宝钗笑道：“明日再商量。”说着，人报三姑娘、四姑娘来了。三人听了，忙掩了口不提此事。要知端详，且听下回分解。

第 58 回 杏子阴假凤泣虚凰 茜纱窗真情揆痴理

话说她三人因见探春等进来，忙将此话掩住不提。探春等问候过，大家说笑了一会方散。

谁知上回所表的那位老太妃已薨，凡诰命等皆入朝随班，按爵守制。敕谕天下：凡有爵之家，一年内不得筵宴音乐，庶民皆三月　不得婚嫁。贾母、邢、王、尤、许婆媳祖孙等，皆每日入朝随祭，至未正以后方回。在大内偏宫二十一日后，方请灵入先陵，地名曰孝慈县。这陵离都来往得十来日之功，如今请灵至此，还要停放数日，方入地宫，故得一月光景。宁府贾珍夫妻二人，也少不得是要去的。两府无人，因此大家计议，家内无主，少不得又大家计议，便报了尤氏产育，将她腾挪出来，协理荣、宁两处事体。因又托了薛姨妈在园内照管她姊妹丫鬟。薛姨妈只得也挪进园来。因宝钗处有湘云、香菱；李纨处目今李婶母女虽去，然有时亦来住三五日不定，贾母又将宝琴送与她去照管；迎春处有岫烟；探春因家务冗杂，且不时有赵姨娘与贾环来嘈聒，甚不方便；惜春处房屋狭小；况贾母又千叮咛万嘱咐，托她照管林黛玉，薛姨妈素习也最怜爱她的，今既巧遇这事，便挪至潇湘馆来和黛玉同房，一应药饵饮食，十分经心。黛玉感戴不尽，以后便亦如宝钗之呼，连宝钗前亦直以姐姐呼之，宝琴前直以妹妹呼之，俨似同胞共出，较诸人更似亲切。贾母见如此，也十分喜悦放心。薛姨妈只不过照管她姊妹，禁约得丫头辈，一应家中大小事务，也不肯多口。尤氏虽天天过来，也不过应名点卯，亦不肯乱作威福，且她家内上下，也只剩她一个料理，再者，每日还要照管贾母王夫人的下处一应所需饮馔铺设之物，所以也甚操劳。

当下荣、宁两处主人既如此不暇，并两处执事人等，或有人跟随入朝的，或有朝外照理下处事务的，又有先踩踏下处的，也都各各忙乱。因此两处下人无了正经头绪，也都偷安，或乘隙结党，与权暂执事者，窃弄威福。荣府只留得赖大并几个管事照管外务。这赖大手下常用的几个人已去，虽另委人，都是些生的，只觉不顺手。且他们无知，或赚骗无节，或呈告无据，或举荐无因，种种不善，在在生事，也难备述。

又见各官宦家，凡养优伶男女者，一概蠲免遣发，尤氏等便议定，待王夫人回家回明，也欲遣发十二个女孩子，又说："这些人原是买的，如今虽不学唱，尽可留着使唤，只令其教习们自去也罢了。"王夫人因说："这学戏的倒比不得使唤的，他们也是好人家的儿女，因无能，卖了做这事，装丑弄鬼的几年，如今有这机会，不如给她们几两银子盘费，各自去罢。当日祖宗手里都是有这例的。咱们如今损阴坏德，而且还小器。如今虽有几个老的还在，那是她们各有原故，不肯回去的，所以才留下使唤，大了配了咱们家的小厮们了。"尤氏道："如今我们也去问她十二个，有愿意回去的，就带了信儿，叫上她父母来亲自来领回去，给她们几两银子盘缠，方妥当。若不叫上她父母亲人来，只怕有混账人顶名冒领出去，又转卖了，岂不辜负了这恩典！若有不愿意回去的，就留下。"王夫人笑道："这话妥当。"

尤氏等又遣人告诉了凤姐儿。一面说与总理房中，每教习给银八两，令其自便。凡梨香院一应物件，查清注册收明，派人上夜。将十二个女孩子叫来当面问，倒有一多半不愿意回家的：也有说父母虽有，他只以卖我们为事，这一去还被他卖了；也有父母已亡，或被叔伯兄弟所卖的；也有说无人可投的；也有说恋恩不舍的。所愿去者止四五人。

王夫人听了，只得留下。将去者四五人皆令其干娘领回家去，单等她亲父母来领；将不愿去者分散在园中使唤。贾母便留下文官自使，将正旦芳官指与宝玉，将小旦蕊官送了宝钗，将小生藕官指与了黛玉，将大花面葵官送了湘云，将小花面豆官送了宝琴，将老外艾官送了探春，尤氏便讨了老旦茄官去。当下各得其所，就如倦鸟出笼，每日园中游戏。众人皆知她们不能针黹，不惯使用，皆不大责备。其中或有一二个知事的，愁将来无应时之技，亦将本技丢开，便学起针黹纺绩女工诸务。

一日正是朝中大祭，贾母等五更便去了，先到下处用些点心小食，然后入朝。早膳已毕，方退至下处；用过早饭，略歇片刻，复入朝；待中晚二祭完毕，方出至下处歇息；用过晚饭，方回家。可巧这下处乃是一个大官的家庙，乃比丘尼焚修，房舍极多极净。东西二院，荣府便赁了东院，北静王府便赁了西院。太妃少妃每日宴息，见贾母等在东院，彼此同出同入，都有照应。外面细事，不消细述。

且说大观园中，因贾母、王夫人天天不在家内，又送灵去一月方回，各丫鬟、婆子皆有闲空，多在园内游玩。更又将梨香院内服侍的众婆子一概撤回，并散在园内听使，更觉园内人多了几十个。因文官等一干人或心性高傲，或倚势凌下，或拣衣挑食，或口角锋芒，大概不安分守理者多。因此众婆子无不含怨，只是口中不敢与她们分证。如今散了学，大家称了愿，也有丢开手的，也有心地狭窄，犹怀旧怨的，因将众人皆分在各房名下，不敢来厮侵。

可巧这日乃是清明之日，贾琏已备下年例祭祀，带领贾环、贾琮、贾兰三人去往铁槛寺祭柩烧纸。宁府贾蓉也同族中几人各办祭祀前往。因宝玉未大愈，故不曾去得。饭后发倦，袭人因说："天气甚好，你且出去逛逛，省得丢下粥碗就睡，存在心里。"宝玉听说，只得拄了一支杖，靸着鞋，步出院外。因近日将园中分与众婆子料理，各司各业，皆在忙时，也有修竹的，也有歇树的，也有栽花的，也有种豆的，池中又有驾娘们行着船夹泥的种藕的。香菱、湘云、宝琴与些丫鬟等都坐在山石上，瞧她们取乐。宝玉也慢慢行来。湘云见了他来，忙笑说："快把这船打出去，他们是接林妹妹的。"众人都笑起来。宝玉红了脸，也笑道；"人家的病，谁是好意的！你也形容着取笑儿。"湘云笑道："病也比人家另一样，原招笑儿，反说起人来。"说着，宝玉便也坐下，看着众人忙乱了一回。湘云因说："这里有风，石头上又冷，坐坐去罢。"

宝玉也正要去瞧林黛玉，便起身拄拐，辞了她们，从沁芳桥一带堤上走来。只见柳垂金线，桃吐丹霞，山石之后，一株大杏树，花已全落，叶稠阴翠，上面已结了豆子大小的许多小杏。宝玉因想道："能病了几天，竟把杏花辜负了！不觉倒'绿叶成荫子满枝'了！"因此，仰望杏子不舍。又想起邢岫烟已择了夫婿一事，虽说是男女大事，不可不行，但未免又少了一个好女儿。不过两年，便也要"绿叶成荫子满枝"了。再过几日，这杏树子落枝空，再几年，岫烟也未免乌发如银，红颜似槁了，因此，不免伤心，只管对杏流泪叹息。正悲叹时，忽有一个雀儿飞来落于枝上乱啼。宝玉又发了呆性，心下想道："这雀儿必定是杏花正开时他曾来过，今见无花空有子叶，故也乱啼。这声韵必是啼哭之声，可恨公冶长不在眼前，不能问他。但不知明年再发时，这个雀儿可还记得飞到这里来与杏花一会了？"

正胡思间，忽见一股火光从山石那边发出，将雀儿惊飞。宝玉吃一大惊，又听那边有人喊道："藕官，你要死！怎弄些纸钱进来烧？我回去回奶奶们去，仔细你的肉！"宝玉听了，益发疑惑起来，忙转过山石看时，只见藕官满面泪痕，蹲在那里，手里还拿着火，守着些纸钱灰作悲。宝玉忙问道："你与谁烧纸钱？快不要在这里烧。你或是为父母兄弟，你告诉我名姓，外头去叫小厮们打了包袱写上名姓去烧。"藕官见了宝玉，只不作一声。宝玉数问不答，忽见一婆子恶恨恨的走来拉藕官，口内说道："我已经回了奶奶们了，奶奶们气得了不得。"藕官听了，终是孩气，怕辱没了没脸，便不肯去。婆子道："我说你们别太兴头过余了，如今还比得你们在外头随心乱闹呢！这是尺寸地方儿。"指宝玉道："连我们的爷还守规矩呢，你是什么阿物儿，跑来胡闹！怕也不中用，跟我快走罢！"宝玉忙道："她并没烧纸钱，原是林妹妹叫她来烧那烂字纸的。你没看真，反错告了她。"

藕官正没了主意，见了宝玉，也正添了畏惧；忽听他反掩饰，心内转忧成喜，也便硬着口说道："你很看真是纸钱了么？我烧的是林姑娘写坏了的字纸！"那婆子听如此，亦发狠起来，便弯腰向纸灰中拣那不曾化尽的遗纸，拣了两点在手内，说道："你还嘴硬？有据有証在这里。我只和你厅上讲去！"说着，拉了袖子，就拽着要走。宝玉忙把藕官拉住，用拄杖敲开那婆子的手，说道："你只管拿了那个回去。实告诉你：我昨夜做了一个梦，梦见杏花神和我要一挂白纸钱，不可叫本房人烧，要一个生人替我烧了，我的病就好的得快。所以我请了这白钱，巴巴儿的和林姑娘烦了她来，替我烧了祝赞。原不许一个人知道的，所以我今日才能起来，偏你看见了。我这会子又不好了，都是你冲了！你还要告她去？藕官，只管去，见了她们你就照依我这话说。等老太太回来，我就说她故意来冲神祇，保祐我早死。"藕官听了，越发得了主意，反倒拉着婆子要走。那婆子听了这话，忙丢下纸钱陪笑，央告宝玉道："我原不知道，二爷若回了老太太，我这老婆子岂不完了？我如今回奶奶们去，就说是爷祭神，我看错了。"宝玉道："你也不许再回去了，我便不说。"婆子道："我已经回了，叫我来带他，我怎好不回去的？也罢，就说我已经叫到了，又被林姑娘叫了去了。"宝玉想一想，方点头应允。那婆子只得去了。

这里宝玉细问藕官："到底是为谁烧纸？我想来，若是为父母兄弟，你们皆烦人外头烧过了，这里烧这几张，必有私自的情理。"藕官因方才护庇之情，感激于衷，便知他是自己一流的人物，便含泪说道："我这事，除了你屋里的芳官并宝姑娘的蕊官，并没第三个人知道。今日被你遇见，又有这段意思，少不得也告诉了你，只不许再对人言讲。"又哭道："我也不便和你面说，你只回去背人悄问芳官就知道了。"说毕，佯常而去。

宝玉听了，心下纳闷，只得踱到潇湘馆，瞧黛玉越发瘦得可怜，问起来，比往日已算大愈了。黛玉见他也比先大瘦了，想起往日之事，不免流下泪来，些微谈了谈，便催宝玉去歇息调养。宝玉只得回来。因记挂着要问芳官那原委，偏有湘云、香菱来了，正和袭人、芳官说笑，不好叫她，恐人又盘诘，只得耐着。

一时芳官又跟了她干娘去洗头。她干娘偏又先叫了她亲女儿洗过了后才叫芳官洗。芳官见了这般，便说他偏心，"把你女儿剩水给我洗。我一个月的月钱都是你拿着，沾我的光不算，反倒给我剩东剩西的。"他干娘羞愧变成恼，便骂她："不识抬举的东西！怪不得人人都说戏子没一个好缠的。凭你甚么好人，入了这一行，都弄坏了。这一点子屄崽子，也挑么挑六，咸屄澹话，咬群的骡子似的！"娘儿两个吵起来。

袭人忙打发人去说："少乱嚷！瞅着老太太不在家，一个个连句安静话也不说。"晴雯因说："都是芳官不省事，不知狂的什么！也不过是会两齣戏，倒像杀了贼王、擒了反叛来的！"袭人道："'一个巴掌拍不响'，老的也太不公些，小的也太可恶些。"宝玉道："怨不得芳官。自古说：'物不平则鸣'。她少亲失眷的，在这里没人照看，赚了她的钱。又作贱他，如何怪得。"因又向袭人道："她一月多少钱？以后不如你收了过来照管她，岂不省事？"袭人道："我要照看她哪里照看不了，又要她那几个钱才照看她？没的讨人骂去！"说着，便起身至那屋里，取了一瓶花露油，并些鸡卵、香皂、头绳之类，叫一个婆子来送给芳官去，叫她另要水自洗，不要吵闹了。她干娘益发羞愧，便说芳官"没良心，花掰我克扣你的钱"，便向她身上拍了几下，芳官便哭起来。宝玉便走出，袭人忙劝："作什么？我去说她。"晴雯忙先过来，指她干娘说道："你老人家太不省事！你不给她洗头的东西，我们饶给她东西，你不自臊，还有脸打她！她要还在学里学艺，你也敢打她不成？"那婆子便说："'一日叫娘，终身是母。'她排场我，我就打得！"

袭人唤麝月道："我不会和人拌嘴，晴雯性太急，你快过去震吓他两句。"麝月听了，忙过来说道："你且别嚷。我且问你，别说我们这一处，你看满园子里，谁在主子屋里教导过女儿的？便是你的亲女儿，既分了房，有了主子，自有主子打得骂得；再者，大些的姑娘姐姐们打得骂得，谁许你老子娘又半中间管闲事了？都这样管，又要叫她们跟着我们学什么？越老越没了规矩！你见前儿坠儿的娘来吵，你也来跟她学？你们放心，因连日这个病那个病，老太太又不得闲心，所以我没回。等两日闲了，咱们痛回一回，大家把威风煞一煞儿才好！宝玉才好了些，连我们不敢大声说话，你反打得人狼号鬼叫的。上头能出了几日门，你们就无法无天的，眼睛里没了我们，再两天你们就该打我们了！她不要你这干娘，怕粪草埋了她不成？"

宝玉恨得用拄杖敲着门槛子说道："这些老婆子都是些铁心石头肠子，也是件大奇的事。不能照看，反倒折挫，天长地久，如何是好！"晴雯道："什么'如何是好'，都撵了出去，不要这些中看不中吃的！"那婆子羞愧难当，一言不发。那芳官只穿着海棠红的小棉袄，底下绿绸撒花夹裤，敞着裤脚，一头乌油似的头髮披在脑后，哭得泪人一般。麝月笑道："把个莺莺小姐，反弄成才拷打的红娘了！这会子又不妆扮了，还是这么鬆怠怠的。"宝玉道："她这本来面目极好，倒别弄紧衬了。"晴雯过去拉了他，替她洗淨了髮，用手巾拧干，鬆鬆的挽了一个慵妆髻，命她穿了衣服，过这边来了。

接着，司内厨的婆子来问："晚饭有了，可送不送？"小丫头听了，进来问袭人。袭人笑道："方才胡吵了一阵，也没留心听钟几下了。"晴雯道："那劳什子又不知怎么了，又得去收拾。"说着，便拿过表来瞧了一瞧，说："再略等半钟茶的工夫就是了。"小丫头去了。麝月笑道："提起淘气，芳官也该打几下。昨儿是她摆弄了那坠子半日，就坏了。"说话之间，便将食具打点现成。一时小丫头子捧了盒子进来站住。晴雯、麝月揭开看时，还是这四样小菜。晴雯笑道："已经好了，还不给两样清澹菜吃！这稀饭咸菜闹到多早晚？"一面摆好，一面又看那盒中，却有一碗火腿鲜笋汤，忙端了放在宝玉跟前。宝玉便就桌上喝了一口，说："好烫！"袭人笑道："菩萨！能几日不见荤，馋得这样起来！"一面说，一面忙端起，轻轻用口吹。因见芳官在侧，便递与芳官，笑道："你也学着些服侍，别一味呆憨呆睡。口劲轻着些，别吹上唾沫星儿。"芳官依言果吹了几口，甚妥。

她干娘也忙端饭，在门外伺候。向日芳官等一到时，原从外边认的，就同往梨香院去了。这干婆子原係荣府三等人物，不过令其与她们浆洗，皆不曾入内答应，故此不知内帏规矩。今亦托赖她们方入园中随女归房。这婆子先领过麝月的排场，方知了一二分，生恐不令芳官认她做干娘，便有许多失利之处，故心中只要买转他们。今见芳官吹汤，便忙跑进来笑道："她不老成，仔细打了碗，让我吹罢。"一面说，一面就接。晴雯忙喊："快出去！你让她砸了碗，也轮不到你吹！你什么空儿跑到这里格子来了？还不出去！"一面又骂小丫头们："瞎了眼的，她不知道，你们也不说给她！"小丫头们都说："我们撵她，她不出去；说她，她又不信。如今带累我们受气，你可信了？我们到的地方儿，有你到的一半，一半是你到不去的呢！何况又跑到我们到不去的地方还不算，又去伸手动嘴的。"一面说，一面推她出去。阶下几个等空盒傢伙的婆子见她出来，都笑道："嫂子也没用镜子照一照，就进去了。"羞得那婆子又恨又气，只得忍耐下去。

芳官吹了几口，宝玉笑道："好了，仔细伤了气。你尝一口，可好了？"芳官只当是玩话，只是笑看着袭人等。袭人道："你就尝一口何妨？"晴雯笑道："你瞧我尝。"说着就喝了一口。芳官见如此，自己也便尝了一口，说："好了。"递与宝玉。宝玉喝了半碗，吃了几片笋，又吃了半碗粥，就罢了。众人拣收出去了。小丫头捧了沐盆，盥漱已毕，袭人等出去吃饭。宝玉便使个眼色与芳官，芳官本自伶俐，又学几年戏，何事不知？便装说头疼，不吃饭了。袭人道："既不吃饭，你就在屋里作伴儿，把这粥给你留着，一时饿了再吃。"说着都去了。

这里宝玉和她只二人，宝玉便将方才从火光发起，如何见了藕官，又如何谎言护庇，又如何藕官叫我问你，从头至尾，细细的告诉她一遍，又问她祭的果係何人。芳官听了，满面含笑，又叹一口气，说道："这事说来可笑又可叹。"宝玉听了，忙问如何。芳官笑道："你说她祭的是谁？祭的是死了的菂官。"宝玉道："这是友谊，也应当的。"芳官笑道："哪里是友谊？她竟是疯傻的想头，说她自己是小生，药官是小旦，常做夫妻，虽说是假的，每日那些曲文排场，皆是真正温存体贴之事，故此二人就疯了，虽不做戏，寻常饮食起坐，两个人竟是你恩我爱。药官一死，她哭得死去活来，至今不忘，所以每节烧纸。后来补了蕊官，我们见她一般的温柔体贴，也曾问她得新弃旧的。她说：‘这又有个大道理。比如男子丧了妻，或有必当续弦者也必要续弦为是。便只是不把死的丢过不提，便是情深意重了。若一味因死的不续，孤守一世，妨了大节，也不是理，死者反不安了。’你说可是又疯又呆？说来可是可笑？”宝玉听说了这篇呆话，独合了他的呆性，不觉又是欢喜，又是悲叹，又称奇道绝，说：“天既生这样人，又何用我这鬚眉浊物玷辱世界。”因又忙拉芳官嘱道：“既如此说，我也有一句话嘱咐她，我若亲对面与她讲，未免不便，须得你告诉她。”芳官问何事。宝玉道：“以后断不可烧纸钱。这纸钱原是后人异端，不是孔子遗训。以后逢时按节，只备一个炉，到日随便焚香，一心诚虔，就可感格了。愚人原不知，无论神佛、死人，必要分出等例，各式各例的。殊不知只以‘诚心’二字为主。即值仓皇流离之日，虽连香亦无，随便有土有草，只以洁淨，便可为祭，不独死者享祭，便是神鬼，也来享的。你瞧瞧我那案上，只设一炉，不论日期，时常焚香。他们皆不知原故，我心里却各有所因。随便有新茶便供一钟茶，有新水，就供一盏水，或有鲜花，或有鲜果，甚至荤羹腥菜，只要心诚意洁，便是佛也都可来享，所以说只在敬，不在虚名。以后快命她不可再烧纸钱了。”芳官听了，便答应着。一时吃过饭，便有人回：“老太太，太太回来了。”要知端详，且听下回分解。

第 59 回 柳叶渚边嗔莺吒燕 绛云轩里召将飞符

话说宝玉听说贾母等回来，随多添了一件衣服，拄杖前边来，都见过了。贾母等因每日辛苦，都要早些歇息，一宿无话，次日五鼓，又往朝中去。

离送灵日不远，鸳鸯、琥珀、翡翠、玻璃四人，都忙着打点贾母之物；玉钏、彩云、彩霞等皆打点王夫人之物，当面查点与跟随的管事媳妇们。跟随的一共大小六个丫鬟，十个老婆子媳妇，男人不算。连日收拾驮轿器械。鸳鸯与玉钏儿皆不随去，只看屋子。一面先几日预发帐幔铺陈之物，先有四五个媳妇并几个男人领了出来，坐了几辆车绕道先至下处，铺陈安插等候。

临日，贾母带着蓉妻坐一乘驮轿，王夫人在后亦坐一乘驮轿，贾珍骑马，率了众家丁卫护。又有几辆大车与婆子、丫鬟等坐，并放些随换的衣包等件。是日，薛姨妈、尤氏率领诸人送至大门外方回。贾琏恐路上不便，一面打发了他父母起身，赶上贾母、王夫人驮轿，自己也随后带领家丁押后跟来。

荣府内，赖大添派人丁上夜，将两处厅院都关了，一应出入人等皆走西边小角门。日落时，便命关了仪门，不放人出入。园中前后东西角门亦皆关锁，只留王夫人大房之后常係她姊妹出入之门，东边通薛姨妈的角门，这两门因在内院，不必关锁。里面鸳鸯和玉钏儿也各将上房关了，自领丫鬟、婆子下房去安歇。每日林之孝之妻进来，带领十来个婆子上夜，穿堂内又添了许多小厮们坐更打梆子，已安插得十分妥当。

一日清晓，宝钗春困已醒，搴帷下榻，微觉轻寒，及启户视之，见苑中土润苔青，原来五更时落了几点微雨。于是唤起湘云等人来，一面梳洗，湘云因说两腮作痒，恐又犯了杏瘢癣，因问宝钗要些蔷薇硝擦。宝钗道：“前儿剩的都给了妹子了。”因说：“颦儿配了许多，我正要和他她要些，因今年竟没发痒，就忘了。”因命莺儿去取些来。莺儿应了，才去时；蕊官便说：“我同你去，顺便瞧瞧藕官。”说着，一迳同莺儿出了蘅芜苑。

二人你言我语，一面行走，一面说笑，不觉到了杏叶渚，顺着柳堤走来。因见柳叶才吐浅碧，丝若垂金，莺儿便笑道：“你会拿着柳条子编东西不会？”蕊官笑道：“编什么东西？”莺儿道：“什么编不得？玩的使的都可。等我摘些下来，带着这叶子编一个花篮，采了各色花放在里头，才是好玩呢。”说着，且不去取硝，且伸手挽翠披金，采了许多的嫩条，命蕊官拿着。她却一行走，一行编花篮，随路见花便采一二枝，编出一个玲珑过梁的篮子。枝上自有本来翠叶满布，将花放上，却也别致有趣。喜得蕊官笑道：“好姐姐，给了我罢！”莺儿道：“这一个咱们送林姑娘，回来咱们再多采些，编几个大家玩。”说着，来至潇湘馆中。

黛玉也正晨妆，见了篮子，便笑说：“这个新鲜花篮是谁编的？”莺儿笑说：“我编了送姑娘玩的。”黛玉接了笑道：“怪道人赞你的手巧，这玩意儿却也别致。”一面瞧了，一面便命紫鹃挂在那里。莺儿又问侯了薛姨妈，方和黛玉要硝。黛玉忙命紫鹃包了一包，递与莺儿。黛玉又说道：“我好了，今日要出去逛逛。你回去说与姐姐，不用过来问候妈了，也不敢劳她来瞧我，梳了头，同妈都往你那里去，连饭也端了那里去吃，大家热闹些。”

莺儿答应了出来，便到紫鹃房中找蕊官。只见蕊官与藕官二人正说得高兴，不能相舍，因莺儿便笑说：“姑娘也去呢，藕官先同我们去等着，岂不好？”紫鹃听如此说，便也说道：“这话倒是，她这里淘气得也可厌。”一面说，一面便将黛玉的匙箸用一块洋巾包了，交与藕官道：“你先带了这个去，也算一趟差了。”

藕官接了，笑嘻嘻同她二人出来，一径顺着柳堤走来。莺儿便又采些柳条，索性坐在山石上编起来；又命蕊官先送了硝去再来。她二人只顾爱看她编，哪里舍得去。莺儿只顾催说：“你们再不去，我也不编了。”藕官便说：“我同你去了，再快回来。”二人方去了。

这里莺儿正编，只见何婆的小女儿春燕走来，笑问：“姐姐织什么呢？”正说着，蕊、藕二人也到了。春燕便向藕官道：“前儿你到底烧什么纸？被我姨妈看见了，要告你，没告成，倒被宝玉赖了她一大些不是，气得他一五一十告诉我妈。你们在外头这二三年积了些什么仇恨，如今还不解开？”藕官冷笑道：“有什么仇恨？她们不知足，反怨我们了。在外头这两年，别的东西不算，只算我们的米菜，不知赚了多少家去，合家子吃不了，还有每日买东买西赚的钱在外。逢我们使她们一使儿，就怨天怨地的。你说说可有良心？”

春燕笑道：“她是我的姨妈，也不好向着外人反说她的。怨不得宝玉说：‘女孩儿未出嫁，是颗无价之宝珠；出了嫁，不知怎么就变出许多的不好的毛病来，虽是颗珠子，却没有光彩宝色，是颗死珠了；再老了，更变得不是珠子，竟是鱼眼睛了！分明一个人，怎么变出三样来？’这话虽是混话，倒也有些不差。别人不知道，只说我妈和姨妈，他老姊妹两个如今越老了越把钱看得真了。先时老姐儿两个在家，抱怨没个差使，没个进益，幸亏有了这园子，把我挑进来，可巧把我分到怡红院。家里省了我一个人的费用不算外，每月还有四五百钱的余剩，这也还说不够。后来老姊妹二人都派到梨香院去照看她们，藕官认了我姨妈，芳官认了我妈，这几年着实宽裕了。如今挪进来也算撒开手了，还只无厌。你说好笑不好笑？我姨妈刚和藕官吵了，接着我妈为洗头就和芳官吵。芳官连要洗头也不给他洗。昨日得月钱，推不去了，买了东西，先叫我洗。我想了一想：我自有钱，就没钱，要洗时，不管袭人、晴雯、麝月、哪一个跟前和她们说一声，也都容易，何必借这个光儿？好没意思。所以我不洗。她又叫我妹妹小鸠儿洗了才叫芳官，果然就吵起来。接着又要给宝玉吹汤，你说可不笑死了人？我见她一进来，我就告诉那些规矩。她只不信，只要强作知道，足的讨个没趣儿。幸亏园里的人多，没人分记得清楚谁是谁的亲故。若有人记得，只我们一家人吵，什么意思呢？你这会子又跑来弄这个。这一带地上的东西，都是我姑妈管着，她一得了这地方，比得了永远基业还利害，每日早起晚睡，自己辛苦了还不算，每日逼着我们来照看，生恐有人遭塌，又怕误了我的差使。如今进来了，老姑嫂两个照看得谨谨慎慎，一根草也不许人动。你还掐这些花儿，又折她的嫩树，她们即刻就来，仔细她们抱怨。”莺儿道：“别人乱折乱掐使不得，独我使得。自从分了地基之后，各房里每日皆有份例，吃的不用算，单管花草顽玩意儿。谁管什么，每日谁就把各房里姑娘、丫头戴的，必要各色送些折枝去，另外还有插瓶的。惟有我们说了：‘一概不用送，等要什么再和你们要。’究竟总没要过一次。我今便掐些，她们也不好意思说的。”

一语未了，她姑妈果然拄了拐走来。莺儿、春燕等忙让坐。那婆子见采了许多嫩柳，又见藕官等都采了许多鲜花，心内便不受用，看着莺儿编，又不好说什么，便说春燕道：“我叫你来照看照看，你就贪住玩不去了。倘或叫起你来，你又说我使你了，拿我做隐身符儿，你来乐！”春燕道：“你老又使我，又怕，这会子反说我。难道把我劈做八瓣子不成？”莺儿笑道：“姑妈，你别信小燕的话。这都是她摘下来的，烦我给她编，我撵她，她不去。”春燕笑道：“你可少玩儿，你只顾玩儿，老人家就认真了。”

那婆子本是愚顽之辈，兼之年近昏眊，惟利是命，一概情面不管，正心疼肝断，无计可施，听莺儿如此说，便以老卖老，拿起柱杖来向春燕身上击了几下，骂道：“小蹄子，我说着你，你还和我强嘴儿呢。你妈恨得牙根痒痒，要撕你的肉吃呢。你还来和我强梆子似的。”打得春燕又愧又急，哭道：“莺儿姐姐玩话，你老就认真打我。我妈为什么恨我？我又没烧胡了洗脸水，有什么不是？”莺儿本是玩话，忽见婆子认真动了气，忙上去拉住笑道：“我才是玩话，你老人家打她，我岂不愧？”那婆子道：“姑娘，你别管我们的事！难道为姑娘在这里，不许我管孩子不成？”莺儿听见这般蠢话，便赌气红了脸，撒了手，冷笑道：“你老人家要管，哪一刻管不得，偏我说了一句玩话，就管她了。我看你老管去！”说着便坐下，仍编柳篮子。

偏又有春燕的娘出来找他，喊道：“你不来舀水，在那里做什么呢？”那婆子便接声儿道：“你来瞧瞧，你的女儿连我也不服了！在那里排揎我呢。”那婆子一面走过来说：“姑奶奶，又怎么了？我们丫头眼里没娘罢了，连姑妈也没了不成？”莺儿见她娘来了，只得又说原故。她姑娘哪里容人说话，便将石上的花柳与他娘瞧道：“你瞧瞧，你女儿这么大孩子玩的！她先领着人糟塌我，我怎么说人？”她娘也正为芳官之气未平，又恨春燕不遂她的心，便走上来打耳刮子，骂道：“小娼妇，你能上了几年台盘？你也跟那起轻狂浪小妇学，怎么就管不得你们了？干的我管不得，你是我屄里掉出来的，难道也不敢管你不成？既是你们这起蹄子到得去的地方我到不去，你就该死在那里伺侯，又跑出来浪汉。”一面又抓起柳条子来，直送到她脸上，问道：“这叫作什么？这编的是你娘的屄！”莺儿忙道：“那是我编的，你老别指桑骂槐！”那婆子深妒袭人、晴雯一干人，已知凡房中大些的丫鬟都比他们有些体统权势，凡见了这一干人，心中又畏又让，未免又气又恨，亦且迁怒于众；复又看见了藕官，又是他令姊的冤家，四处凑成一股怨气。

那春燕啼哭着往怡红院去了。他娘又恐问她为何哭，怕她又说出自己打她，又要受晴雯等的气，不免着起急来，又忙喊道：“你回来！我告诉你再去。”春燕哪里肯回来，急得他娘跑了去要拉她。春燕回头看见，便也往前飞跑。她娘只顾赶她，不防脚下被青苔滑倒，引得莺儿三个人反都笑了。莺儿赌气将花柳皆掷于河中，自回房去。这里把个婆子心疼得只念佛，又骂：“促狭小蹄子！遭塌踏了花儿，雷也是要打的！”自己且掐花与各房送去，不提。

却说春燕一直跑入院中，顶头遇见袭人往黛玉处去问安。春燕便一把抱住袭人说：“姑娘救我！我娘又打我呢。”袭人见她娘来了，不免生气，便说道：“三日两头儿打了干的打亲的，还是买弄你女儿多，还是认真不知王法？”这婆子虽来了几日，见袭人不言不语，是好性的，便说道：“姑娘你不知道，别管我们闲事！都是你们纵的，这会子还管什么？”说着，便又赶着打。袭人气得转身进来，见麝月正在海棠下晾手巾，听得如此喊闹，便说：“姐姐别管，看她怎样。”一面使眼色与春燕，春燕会意，便直奔了宝玉去。众人都笑说：“这可是从来没有的事，今儿都闹出来了。”麝月向婆子道：“你再略煞一煞气儿，难道这些人的脸面，和你讨一个情，还讨不下来不成？”

那婆子见她女儿奔到宝玉身边去，又见宝玉拉了春燕的手说：“你别怕，有我呢！”春燕又一行哭，又一行说，把方才莺儿等事都说出来。宝玉越发急起来，说：“你只在这里闹也罢了，怎么连亲戚也都得罪起来？”麝月又向婆子及众人道：“怨不得这嫂子说我们管不着她们的事，我们虽无知错管了，如今请出一个管得着的人来管一管，嫂子就心服口服，也知道规矩了。”便回头叫小丫头子：“去把平儿给我们叫来！平儿不得闲，就把林大娘叫了来。”那小丫头子应了就走。众媳妇上来笑说：“嫂子，快求姑娘们叫回那孩子罢。平姑娘来了，可就不好了。”那婆子说道：“凭你哪个平姑娘来也凭个理，没有个娘管女儿，大家管着娘的。”

众人笑道：“你当是哪个平姑娘？是二奶奶屋里的平姑娘。她有情呢，说你两句，她一翻脸，嫂子你‘吃不了兜着走’！”

说话之间，只见那小丫头子回来说：“平姑娘正有事，问我作什么，我告诉了她，她说：‘既这样，且撵她出去，告诉了林大娘，在角门外打她四十板子就是了。’”那婆子听如此说，自不舍得出去，便又泪流满面，央告袭人等说：“好容易我进来了，况且我是寡妇，家里没人，正好一心无挂的在里头服侍姑娘们。姑娘们也便宜，我家里也省些搅过。我这一去，又要去自己生火过活，将来不免又没了过活。”袭人见她如此说，早又心软了，便说：“你既要在这里，又不守规矩，又不听话，又乱打人，哪里弄你这个不晓事的来，天天斗口，也叫人笑话，失了体统。”晴雯等道：“理他呢！打发去了是正经，谁和他去对嘴对舌的！”那婆子又央众人道：“我虽错了，姑娘们吩咐了，我以后改过。姑娘们哪不是行好积德。”一面又央告春燕道：“原是我为打你起的，究竟没打成你，我如今反受了罪。你也替我说说！”宝玉见如此可怜，只得留下，吩咐她不可再闹。那婆子走来，一一的谢过了下去。

只见平儿走来，问係何事。袭人等忙说：“已完了，不必再提。”平儿笑道：“‘得饶人处且饶人’，得省的将就省些事也罢了。能去了几日，只听各处大小人儿都作起反来了，一处不了又一处，叫我不知管哪一处的是。”袭人笑道：“我只说我们这里反了，原来还有几处。”平儿笑道：“这算什么！正和珍大奶奶算呢，这三四日的工夫，一共大小出来了八九件了。你这里是极小的，算不起数儿来，还有大的可气可笑之事呢。”不知平儿说出何事，且听下回分解。

第 60 回 茉莉粉替去蔷薇硝 玫瑰露引来茯苓霜

话说袭人因问平儿，何事这样忙乱。平儿笑道：“都是世人想不到的，说来也好笑，等几日告诉你，如今没头绪呢，且也不得闲儿。”一语未了，只见李纨的丫鬟来了，说：“平姐姐可在这里？奶奶等你，你怎么不去了？”平儿忙转身出来，口内笑说："来了，来了。"袭人等笑道："她奶奶病了，她又成了香饽饽了，都抢不到手。"平儿去了，不提。

这里宝玉便叫春燕："你跟了你妈去，到宝姑娘房里给莺儿几句好话听听，也不可白得罪了她。"春燕答应了，和她妈出去。宝玉又隔窗说道："不可当着宝姑娘说，仔细反叫莺儿受教导。"

娘儿两个应了出来，一壁走着，一面说闲话儿。春燕因向她娘道："我素日劝你老人家再不信，何苦闹出没趣来才罢。"她娘笑道："小蹄子，你走罢！俗语道：'不经一事，不长一智。'我如今知道了。你又该来支问着我。"春燕笑道："妈，你若安分守己在这屋里，长久了，自有许多的好处。我且告诉你句话，宝玉常说：将来这屋里的人，无论家里外头的，一应我们这些人，他都要回太太全放出去，与本人父母自便呢。你只说这一件，可好不好？"她娘听说，喜得忙问："这话果真？"春燕道："谁可扯这谎作做什么？"婆子听了，便念佛不绝。

当下来至蘅芜苑中，正值宝钗、黛玉、薛姨妈等吃饭。莺儿自去泡茶，春燕便和她妈一迳到莺儿前，陪笑说："方才言语冒撞了，姑娘莫嗔莫怪，特来陪罪"等语。莺儿忙笑让坐，又倒茶。她娘儿两个说有事，便作辞回来。忽见蕊官赶出叫："妈妈，姐姐，略站一站。"一面走上来，递了一个纸包与她们，说是蔷薇硝，带与芳官去擦脸。春燕笑道："你们也太小气了，还怕那里没这个与她，巴巴的你又弄一包给她去。"蕊官道："她是她的，我送的是我的。好姐姐，千万带回去罢！"春燕只得接了。娘儿两个回来，正值贾环、贾琮二人来问候宝玉，也才进去。春燕便向她娘说："只我进去罢，你老不用去。"她娘听了，自此便百依百随的，不敢倔强了。

春燕进来，宝玉知道回覆，便先点头。春燕知意，便不再说一语，略站了一站，便转身出来，使眼色与芳官。芳官出来，春燕方悄悄的说与她蕊官之事，并与了她硝。宝玉并无与琮环可谈之语，因笑问芳官："手里是什么？"芳官便忙递与宝玉瞧，又说："是擦春癣的蔷薇硝。"宝玉笑道："难为她想得到。"贾环听了，便伸着头瞧了一瞧，又闻得一股清香，便弯着腰向靴筒内掏出一张纸来托着，笑说："好哥哥，给我一半儿！"宝玉只得要与他。芳官心中因是蕊官之赠，不肯与别人，连忙拦住，笑说道："别动这个，我另拿些来。"宝玉会意，忙笑包上，说道："快取来。"

芳官接了这个，自去收好，便从奁中去寻自己常使的。启奁看时，盒内已空，心中疑惑："早间还剩了些，如何没了？"因问人时，都说不知。麝月便说："这会子且忙着问这个！不过是这屋里人一时短了使了。你不管拿些什么给他们，他们哪里看得出来？快打发他们去了，咱们好吃饭。"芳官听了，便将些茉莉粉包了一包拿来。贾环见了，喜得就伸手来接。芳官便忙向炕上一掷。贾环只得向炕上拾了，揣在怀内，方作辞而去。

原来贾政不在家，且王夫人等又不在家，贾环连日也便装病逃学。如今得了硝，兴兴头头来找彩云。正值彩云和赵姨娘闲谈，贾环嘻嘻向彩云道："我也得了一包好的，送你擦脸。你常说蔷薇硝擦癣，比外头的银硝强。你且看看，可是这个？"彩云打开一看，'嗤'的一声笑了，说道："你是和谁要来的？"贾环便将方才之事说了。彩云笑道："这是他们在哄你这乡老儿呢！这不是硝，这是茉莉粉。贾环看了一看，果然比先的带些红色，闻闻也是喷香，因笑道："这也是好的，硝、粉一样，留着擦罢，自是比外头买的高便好。"彩云只得收了。赵姨娘便说："有好的给你？谁叫你要去了？怎怨他们耍你！依我，拿了去照脸摔给她去，趁着这会子撞尸的撞尸去了，挺床的挺床，吵一出子，大家别心淨，也算是报仇。莫不是两个月之后，还找出这个碴儿来问你不成？便问你，你也有话说。宝玉是哥哥，不敢冲撞他罢了。难道他屋里的猫儿狗儿也不敢去问问不成？"贾环听说，便低了头。彩云忙说："这又何苦生事！不管怎样，忍耐些罢了。"赵姨娘道："你快休管，横竖与你无干。乘着抓住了理，骂她那些浪淫妇们一顿，也是好的。"又指贾环道："呸！你这下流没刚性的，也只好受这些毛崽子的气！平白我说你一句儿，或无心中错拿了一件东西给你，你倒会扭头暴筋瞪着眼蹬摔娘。这会子被那起屄崽子耍弄，倒就也罢了。你明儿还想这些家里人怕你呢！你没有屄本事，我也替你羞！"

贾环听了，不免又愧又急，又不敢去，只摔手说道："你这么会说，你又不敢去。支使了我去闹，他们倘或往学里告去，我捱了打，你敢自不疼呢？遭遭儿调唆了我去，闹出事来，我捱了打骂，你一般也低了头。这会子又调唆我和毛丫头们去闹！你不怕三姐姐？你敢去，我就服你！"只这一句话，便戳了她娘的肺，便喊说："我肠子里爬出来的，我再怕不成？这屋里越发有得说了。"一面说，一面拿了那包子，便飞也似的往园中去。彩云死劝不住，只得躲入别房。贾环便也躲出仪门，自去玩耍。

赵姨娘直进园子，正是一头火，顶头正遇见藕官的干娘夏婆子走来。见赵姨娘气恨恨的走来，因问："姨奶奶哪去？"赵姨娘又说："你瞧瞧！这屋里连三日两日进来的唱戏的小粉头们，都三般两样，掂人分两放小菜碟儿了。若是别一个，我还不恼，若叫这些小娼妇捉弄了，还成个什么！"夏婆子听了，正中己怀，忙问因何。赵姨娘悉将芳官以粉作硝、轻侮贾环之事说了。夏婆子道："我的奶奶，你今儿才知道，这算什么事。连昨日这个地方，她们私自烧纸钱，宝玉还拦到头里。人家还没拿进个什么来，就说使不得，不干不淨的东西忌讳，这烧纸倒不忌讳？你老想一想，这屋里除了太太，谁还大似你？你老自己撑不起来，但凡撑起来的，谁还不怕你老人家？如今我想，乘着这几个小粉头儿都不是正头货，得罪了她们也有限的。快把这两件事抓着理，扎个筏子，我在旁帮着作証据。你老把威风抖一抖，以后也好争别的理。便是奶奶、姑娘们，也不好为那起小粉头子说你老的。"赵姨娘听了这话，益发有理，便说："烧纸的事不知道，你却细细的告诉我。"夏婆子便将前事一一的说了。又说："你只管说去。倘或闹起来，还有我们帮着你呢。"赵姨娘听了，越发得了意，仗着胆子，便一径到了怡红院中。

可巧宝玉往黛玉那里去了。芳官正与袭人等吃饭，见赵姨娘来了，忙都起身笑让："姨奶奶吃饭，有什么事这么忙？"赵姨娘也不答话，走上来，便将粉照着芳官脸上撒来，指着芳官骂道："小淫妇！你是我银子钱买来学戏的，不过娼妇、粉头之流，我家里下三等奴才也比你高贵些，你都会看人下菜碟儿！宝玉要给东西，你拦在头里，莫不是要了你的了？拿这个哄他，你只当他不认得呢！好不好，他们是手足，都是一样的主子，哪里有你小看他的！"

芳官哪里禁得住这话，一行哭，一行说："没了硝，我才把这个给他的。若说没了，又恐他不信，难道这不是好的？我便学戏，也没往外头去唱。我一个女孩儿家，知道什么是'粉头''面头'的！姨奶奶犯不着来骂我，我又不是姨奶奶家买的。'梅香拜把子——都是奴几'呢！"袭人忙拉她说："休胡说！"赵姨娘气得上来便打了两个耳刮子。袭人等忙上来拉劝，说："姨奶奶别和她小孩子一般见识，等我们说她。"芳官挨了两下打，哪里肯依，便撞头打滚，泼哭泼闹起来。口内便说："你打得起我么？你照照那模样儿再动手！我叫你打了去，我还活着！"便撞在怀里叫她打。众人一面劝，一面拉她。晴雯悄拉袭人说："别管她们，让她们闹去，看怎么开交！如今乱为王了，什么你也来打，我也来打，都这样起来，还了得呢！"

外面跟着赵姨娘来的一干的人听见如此，心中各各称愿，都念佛说："也有今日！"又有一干怀怨的老婆子，见打了芳官，也都称愿。

当下藕官、蕊官等正在一处作耍，湘云的大花面葵官，宝琴的豆官两个闻了此信，慌忙找着她两个说："芳官被人欺侮，咱们也没趣，须得大家破着大闹一场，方争过气来。"四人终是小孩子心性，只顾她们情分上义愤，便不顾别的，一齐跑入怡红院中。豆官先便一头几乎不曾将赵姨娘撞了一跌。那三个也便拥上来，放声大哭，手撕头撞，把个赵姨娘裹住。晴雯等一面笑，一面假意去拉。急得袭人拉起这个，又跑了那个，口内只说：“你们要死，有委曲只好说，这没理的事如何使得！”赵姨娘反没了主意，只好乱骂。蕊官、藕官两个一边一个，抱住左右手；葵官、豆官前后头顶住。四人只说：“你只打死我们四个就罢！”芳官直挺挺躺在地下，哭得死过去。

正没开交，谁知晴雯早遣春燕回了探春。当下尤氏、李纨、探春三人带着平儿与众媳妇走来，将四个喝住。问起原故，赵姨娘便气得瞪着眼，粗了筋，一五一十，说个不清。尤、李两个不答言，只喝禁她四人。探春便叹气说：“这是什么大事，姨娘也太肯动气了！我正有一句话要请姨娘商议，怪道丫头说不知在哪里，原来在这里生气呢，快同我来。”尤氏、李氏都笑说：“姨娘请到厅上来，咱们商量。”

赵姨娘无法，只得同她三人出来，口内犹说长说短。探春便说：“那些小丫头子们原是些玩意儿，喜欢呢，和她说说笑笑，不喜欢便可以不理她。便她不好了，也如同猫儿狗儿抓咬了一下子，可恕就恕，不恕时，也只该叫了管家媳妇们去，说给她去责罚，何苦自己不尊重，大吆小喝，失了体统！你瞧周姨娘，怎不见人欺她，她也不寻人去。我劝姨娘且回房去煞煞性儿，别听那些混账人的调唆，没的惹人笑话，自己呆，白给人作粗活。心里有二十分的气，也忍耐这几天，等太太回来，自然料理。”一席话说得赵姨娘闭口无言，只得回房去了。

这里探春气得和尤氏、李纨说：“这么大年纪，行出来的事总不叫人敬服。这是什么意思，值得吵一吵，并不留体统！耳朵又软，心里又没有计算。这又是那起没脸面的奴才们的调唆的，作弄出个呆人，替她们出气。”越想越气，因命人查是谁调唆的。媳妇们只得答应着，出来相视而笑，都说是“大海里哪里寻针去？”只得将赵姨娘的人并园中人唤来盘诘，都说不知道。众人没法，只得回探春：“一时难查，慢慢访查；凡有口舌不妥的，一总来回了责罚。”

探春气渐渐平服方罢。可巧艾官便悄悄的回探春说：“都是夏妈素日和我们不对，每每的造言生事。前儿赖藕官烧钱，幸亏是宝玉叫她烧的，宝玉自己应了，她才没话。今儿我与姑娘送手帕去，看见她和姨奶奶在一处说了半天，嘁嘁喳喳的，见了我才走开了。”探春听了，虽知情弊，亦料定她们皆是一党，本皆淘气异常，便只答应，也不肯据此为实。

谁知夏婆子的外孙女儿蝉姐儿，便是探春处当役的，时常与房中丫鬟们买东西、呼唤人，众女孩儿皆待他好。这日饭后，探春正上厅理事。翠墨在家看屋子，因命蝉姐儿出去叫小么儿买糕去。蝉儿便说：“我才扫了个大院子，腰腿生疼的，你叫个别的人去罢。”翠墨笑说：“我又叫谁去？你趁早儿去，我告诉你一句好话，你到后门顺路告诉你老娘防着些儿。”说着，便将艾官告她老娘的话告诉了她。蝉姐儿听了，忙接了钱道：“这个小蹄子也要捉弄人，等我告诉去。”说着，便起身出来。至后门边，只见厨房内此刻手闲之时，都坐在阶砌上说闲话呢，她老娘亦在内。蝉儿便命一个婆子出去买糕。她且一行骂，一行说，将方才之话告诉与夏婆子。夏婆子 听了，又气又怕，便欲去艾官问她，又欲往探春前去诉冤。蝉儿忙拦住说：“你老人家去怎么说呢？这话怎得知道的，可又叨登不好了。说给你老防着就是了，哪里忙到这一时儿！”

正说着，忽见芳官走来，扒着院门，笑向厨房中柳家媳妇说道：“柳嫂子，宝二爷说了：晚饭的素菜要一样凉凉的酸酸的东西，只别搁上香油弄腻了。”柳家的笑道：“知道。今儿怎遣你来了，告诉这么一句要紧话？你不嫌脏，进来逛逛儿不是？”芳官才进来，忽有一个婆子手里托了一碟糕来。芳官便戏道：“谁买的热糕？我先尝一块儿。”蝉儿一手接了，道：“这是人家买的，你们还稀罕这个！”柳家的见了，忙笑道：“芳姑娘，你喜吃这个？我这里有才买下给你姐姐吃的，她不曾吃，还收在那里，干干淨淨没动呢。”说着，便拿了一碟出来，递与芳官，又说：“你等我进去替你顿口好茶来。”一面进去，现通开火顿茶。芳官便拿着那糕，举到蝉儿脸上，说：“稀罕吃你那糕！这个不是糕不成？我不过说着玩罢了，你给我磕个头，我也不吃。”说着，便将手内的糕一块一块的掰了，掷着打雀儿玩，口内笑说：“柳嫂子，你别心疼，我回来买二斤给你。”小蝉气得怔怔的，瞅着冷笑道：“雷公老爷也有眼睛，怎不打这作孽的？他还气我呢。我可拿什么比你们，又有人进贡，又有人作干奴才，熘你们好上好儿，帮衬着说句话儿。”众媳妇都说：“姑娘们，罢哟！天天见了就咕唧。”有几个伶透的，见了她们对了口，怕又生事，都拿起脚来各自走开了。当下蝉儿也不敢十分说她，一面咕嘟着去了。

这里柳家的见人散了，忙出来和芳官说：“前儿那话儿说了不曾？”芳官道：“说了。等一二日再提这事。偏那赵不死的又和我闹了一场。前儿那玫瑰露姐姐吃了不曾？她到底可好些？”柳家的道：“可不都吃了。她爱得什么似的，又不好问你再要。”芳官道：“不值什么，等我再要些来给她就是了。”

原来这柳家的有个女儿，今年才十六岁，虽是厨役之女，却生得人物与平、袭、紫、鸳皆类。因他排行第五，因叫她作五儿。因素有弱疾，故没得差。近因柳家的见宝玉房中的丫鬟差轻人多，且又闻得宝玉将来都要放他们，故如今要送她到那里去应名儿。正无头路，可巧这柳家的是梨香院的差役，她最小意殷勤，服侍得芳官一干人比别的干娘还好。芳官等亦待她们极好，如今便和芳官说了，央芳官去与宝玉说。宝玉虽是依允，只是近日病着，又见事多，尚未说得。

前言少述，且说当下芳官回至怡红院中，回覆了宝玉。宝玉正听见赵姨娘厮吵，心中自是不悦，说又不是，不说又不是，只得等吵完了，打听着探春劝了她去后，方从蘅芜苑回来，劝了芳官一阵，大家安妥。今见她回来，又说还要些玫瑰露与柳五儿吃去。宝玉忙道：“有的，我又不大吃，你都给她去罢。”说着，命袭人取了出来，见瓶中亦不多，遂连瓶与了她。

芳官便自携了瓶与她去。正值柳家的带进她女儿来散闷，在那边犄角子上一带地方儿逛了一回，便回到厨房内，正吃茶歇脚儿。见芳官拿了一个五寸来高的小玻璃瓶来，迎亮照看，里里面小半瓶胭脂一般的汁子，还道是宝玉吃的西洋葡萄酒。母女两个忙说：“快拿旋子烫滚水，你且坐下。”芳官笑道：“就剩了这些，连瓶子都给你们罢。”五儿听了，方知是玫瑰露，忙接了，谢了又谢。芳官又问她“好些？”五儿道：“今儿精神些，进来逛逛。这后边一带，也没什么意思，不过见是些大石头、大树和房子后牆，正经好景致也没看见。”芳官道：“你为什么不往前去？”柳家的道：“我没叫她往前去。姑娘们也不认得她，倘有不对眼的人看见了，又是一番口舌。明儿托你携带她，有了房头，怕没有人带着他逛呢，只怕逛腻了的日子还有呢。”芳官听了，笑道：“怕什么？有我呢。”柳家的忙道：“嗳哟哟，我的姑娘！我们的头皮儿薄，比不得你们。”说着，又倒了茶来。芳官哪里吃这茶，只漱了一口，就走了。柳家的说道：“我这里占着手，五丫头送送。”

五儿便送出来，因见无人，又拉着芳官说道：“我的话倒底说了没有？”芳官笑道：“难道哄你不成？我听见屋里正经还少两个人的窝儿，并没补上。一个是红玉的，琏二奶奶要了去，还没给人来，一个是坠儿 的，也还没补。如今要你一个也不算过分。皆因平儿每每的和袭人说，凡有动人动钱的事，得挨的且挨一日更好。如今三姑娘正要拿人扎筏子呢，连她屋里的事都驳了两三件，如今正要寻我们屋里的事没寻着，何苦来往网里碰去！倘或说些话驳了，那时老了，倒难回转。不如等冷一冷，老太太，太太心闲了，凭是天大的事，先和老的一说，没有不成的。”五儿道：“虽如此说，我却性急等不得了。趁如今挑上来了，一则给我妈争口气，也不枉养我一场；二则我添了月钱，家里又从容些；三则我的心开一开，只怕这病就好了。一一便是请大夫、吃药，也省了家里的钱。”芳官道：“我都知道了，你只放心。”二人别过，芳官自去不提。

单表五儿回来，与她娘深谢芳官之情。她娘因说：“再不承望得了这些东西，虽然是个珍贵物儿，却是吃多了也最动热。竟把这个倒些送个人去，也是大情。”五儿问：“送谁？”她娘道：“送你舅舅的儿子，昨日热病，也想这些东西吃。如今我倒半盏与他去。”五儿听了，半日没言语，随她妈倒了半盏子去，将剩的连瓶放在家伙厨内。五儿冷笑道：“依我说，竟不给他也罢了。倘或有人盘问起来，倒又是一场事了。”她娘道：“哪里怕起这些来，还了得了！我们辛辛苦苦的，里头赚些东西，也是应当的。难道是贼偷的不成？”说着，不听，一迳去了。直至外边她哥哥家中，她侄子正躺着，一见了这个，她哥嫂侄男，无不欢喜。现从井上取了凉水，和吃了一碗，心中一畅，头目清凉。剩的半盏，用纸覆着，放在桌上。

可巧又有家中几个小厮，同她侄儿素日相好的，走来问侯他的病。内中有一小伙名唤钱槐者，乃係赵姨娘之内侄。他父母现在库上管账，他本身又派跟贾环上学。因他有些钱势，尚未娶亲，素日看上了柳家的五儿标致，和父母说了，欲娶她为妻。也曾央中保媒人再四求告。柳家父母却也情愿，争奈五儿执意不从，虽未明言，却行止中已带出，父母未敢应允。近日又想往园内去，越发将此事丢开，只等三五年后放出来，自向外边择婿了。钱家见她如此，也就罢了。怎奈钱槐不得五儿，心中又气又愧，发恨定要弄取成配，方了此愿。今也同人来瞧望柳侄，不期柳家的在内。

柳家的忽见一群人来了，内中有钱槐，便推说不得闲，起身走了。他哥嫂忙说：“姑妈怎么不吃茶就走？倒难为姑妈记挂。”柳家的因笑道：“只怕里面传饭，再闲了，出来瞧侄子罢。”她嫂子因向抽屉内取了一个纸包出来，拿在手内送了柳家的出来，至牆角边，递与柳家的，又笑道：“这是你哥哥昨儿在门上该班儿，

谁知这五日一班，竟偏冷澹，一个外财没发。只有昨儿有粤东的官儿来拜，送了上头两小篓子茯苓霜。余外给了门上人一篓作门礼，你哥哥分了这些。这地方千年松柏最多，所以单取了茯苓的精液和了药，不知怎么弄出这怪俊的白霜儿来。说第一用人乳和着，每日早起吃一钟，最补人的，第二用牛奶子，万不得，滚白水也好。我们想着，正宜外甥女儿吃。原是上半日打发小丫头子送了家去的，她说锁着门，连外甥女儿也进去了。本来我要瞧瞧她去，给她带了去的，又想：主子们不在家，各处严紧，我又没甚么差使，有要没紧跑些什么？况且这两日风声闻得里头家反宅乱的，倘或沾带了倒值多的。姑娘来得正好，亲自带去罢。”

柳氏道了生受，作别回来。刚到了角门前，只见一个小么儿笑道：“你老人家哪里去了？里头三次两趟叫人传呢，我们三四个人都找你老去了，还没来。你老人家却从哪里来了？这条路又不是家去的路，我倒疑心起来。”那柳家的笑骂道：“好猴儿崽子！……”要知端详，且听下回分解。

第 61 回 投鼠忌器宝玉瞒赃 判冤决狱平儿行权

话说那柳家的笑道：“好猴儿崽子！你亲婶子找野老儿去了，你岂不多得一个叔叔？有什么疑的！别讨我把你头上的马子盖似的几根屄毛撏下来！还不开门让我进去呢！”这小厮且不开门，且拉着笑说：“好婶子，你这一进去，好歹偷些杏子出来赏我吃。我这里老等。你若忘了时，日后半夜三更打酒买油的，我不给你老人家开门，也不答应你，随你干叫去。”柳氏啐道：“发了昏的！今年还不比往年？把这些东西都分给了众奶奶了。一个个的不像抓破了脸的！人打树底下一过，两眼就像那黧鸡似的，还动她的果子！昨儿我从李子树下一走，偏有一个蜜蜂儿往脸上一过，我一招手儿，偏你那好舅母就看见了。她离的远，看不真，只当我摘李子呢，就屄声浪嗓喊起来，又是‘还没供佛呢’，又是‘老太太、太太不在家，还没进鲜呢，等进了上头，嫂子们都有分的’，倒像谁害了馋痨，等李子出汗呢。叫我也没好话说，抢白了她一顿。可是你舅母，姨娘两三个亲戚都管着？怎不和她们要的，倒和我来要？这可是‘仓老鼠和老鸹去借粮－－守着的没有，飞着的有’？”小厮笑道：“哎哟哟，没有罢了，说上这些闲话！我看你老以后就用不着我了？就便是姐姐有了好地方，将来更呼唤着的日子多着呢，只要我们多答应她些就有了。”柳氏听了，笑道：“你这个小猴精，又捣鬼吊白的！你姐姐有什么好地方了？”那小厮笑道：“别哄我了，早已知道了。单是你们有内牵，难道我们就没有内牵不成？我虽在这里听哈，里头却也有两个姊妹成个体统的，什么事瞒了我们！”

正说着，只听门内又有老婆子向外叫：“小猴儿们，快传你柳婶子去罢，再不来可就误了！”柳家的听了，不顾和小厮说话，忙推门进去，笑说：“不必忙，我来了。”一面来至厨房，－－虽有几个同伴的人，她们都不敢自专，单等她来调停分派－－一面问众人：“五丫头那去了？”众人都说：才往茶房里找她们姊妹去了。”

柳家听了，便将茯苓霜搁起，且按着房头分派菜馔。忽见迎春房里小丫头莲花儿走来说：“司棋姐姐说了，要碗鸡蛋，炖的嫩嫩的。”柳家的道：“就是这 样儿尊贵。不知怎的，今年这鸡蛋短得很，十个钱一个还找不出来。昨儿上头给亲戚家送粥米去，四五个买办出去，好容易才凑了二十个来。我那里找去？你说给她，改日吃罢。”莲花儿道：“前儿要吃豆腐，你弄了些馊的，叫她说了我一顿。今儿要鸡蛋又没有了。什么好东西！我就不信连鸡蛋都没有了，别叫我翻出来！”一面说，一面真个走来，揭起菜箱一看，只见里面果有十来个鸡蛋，说道：“这不是？你就这么利害！吃的是主子的，我们的份例，你为什么心疼？又不是你下的蛋，怕人吃了。”柳家的忙丢了手里的活计，便上来说道：“你少满嘴里混吣！你娘才下蛋呢！通共留下这几个，预备菜上的浇头。姑娘们不要，还不肯做上去呢，预备接急的。你们吃了，倘或一声要起来，没有好的，连鸡蛋都没了！你们深宅大院，水来伸手，饭来张口，只知鸡蛋是平常物件，那里知道外头买卖的行市呢。别说这个，有一年连草根子还没了的日子还有呢。我劝他们，细米白饭，每日肥鸡大鸭子，将就些儿也罢了。吃腻了膈，天天又闹起故事来了。鸡蛋、豆腐，又是什么面筋、酱萝卜炸儿，敢自倒换口味。只是我又不是答应你们的，一处要一样，就是十来样。我倒别伺候头层主子，只预备你们二层主子了。”

莲花听了，便红了面，喊道：“谁天天要你什么来？你说上这两车子话！叫你来，不是为便宜，却为什么？前儿小燕来说，雯姐姐要吃芦蒿，你怎么忙得还问肉炒鸡炒？小燕说‘因荤的不好才另叫你炒个面筋的，少搁油才好。’你忙得倒说‘自己发昏’，赶着洗手炒了，狗颠儿似的亲捧了去。今儿反倒拿我作筏子，说我给众人听。”柳家的忙道：“阿弥陀佛！这些人眼见的。别说前儿一次，就从旧年一立厨房以来，凡各房里，偶然间不论姑娘、姐儿们要添一样半样，谁不是先拿了钱来另买另添？有的没的，名声好听，说我单管姑娘厨房省事，又有剩头儿，算起赈来，惹人恶心：连姑娘带姐儿们四五十人，一日也只管要两隻鸡，两隻鸭子，十来斤肉，一吊钱的菜蔬。你们算算，够作什么的？连本项两顿饭还撑持不住，还搁得住这个点这样，那个点那样，买来的又不吃，又买别的去？既这样，不如回了太太，多添些份例，也像大厨房里预备老太太的饭，把天下所有的菜蔬用水牌写了，天天转着吃，吃到一个月现算倒好。连前儿三姑娘和宝姑娘偶然商议了要吃个油盐炒枸杞芽儿来，现打发个姐儿拿着五百钱来给我，我倒笑起来了，说：‘二位姑娘就是大肚子弥勒佛，也吃不了五百钱的去。这三二十个钱的事，还预备得起。’赶着我送回钱去，姑娘们到底不收，说赏我打酒吃，又说‘如今厨房在里头，保不住屋里的人不去叨登，

一盐一酱，那不是钱买的？你不给又不好，给了你又没得赔。你拿着这个钱，全当还了他们素日叨登东西的窝儿。’这就是明白体下的姑娘，我们心里只替她念佛。没的赵姨奶奶听了，又气不忿，又说太便宜了我，隔不了十天，也打发个小丫头子来寻这样寻那样，我倒好笑起来。你们竟成了例，不是这个，就是那个，我那里有这些赔的？”

正乱时，只见司棋又打发人来催莲花儿，说她：“死在这里了，怎么就不回去？”莲花儿赌气回来，便添了一篇话，告诉了司棋。司棋听了，不免心头起火。此刻伺候迎春饭罢，带了小丫头们走来，见了许多人正吃饭，见她来的势头不好，都忙起身陪笑让坐。司棋便喝命小丫头子动手：“凡箱柜所有的菜蔬，只管丢出去喂狗，大家赚不成！”小丫头子们巴不得一声，七手八脚抢上去，一顿乱翻乱掷的。慌得众人一面拉劝，一面央告司棋说：“姑娘别误听了小孩子的话。柳嫂子有八个头，也不敢得罪姑娘。说鸡蛋难买是真。我们才也说他不知好歹，凭是什么东西，也少不得变法儿去。她已经悟过来了，连忙蒸上了。姑娘不信，瞧那火上。”

司棋被众人一顿好言，方将气劝得渐平了。小丫头们也没得摔完东西，便拉开了。司棋连说带骂，闹了一回，方被众人劝去。柳家的只好摔碗丢盘，自己咕嘟了一会，蒸了一碗鸡蛋，令人送去。司棋全泼在地下了。那人回来，也不敢说，恐又生事。

柳家的打发她女儿喝了一回汤，吃了半碗粥，又将茯苓霜一节说了。五儿听罢，便心下要分些赠芳官，遂用纸另包了一半，趁黄昏人稀之时，自己花遮柳隐的来找芳官。且喜无人盘问。一迳到了怡红院门前，不好进去，只在一簇玫瑰花前站立，远远的望着。有一盏茶时，可巧小燕出来，忙上前叫住。小燕不知是那一个，至跟前方看真切，因问：“作什么？”五儿笑道：“你叫出芳官来，我和她说话。”小燕悄笑道：“姐姐太性急了，横竖等十来日就来了，只管找她做什么。方才使了她往前头去了，你且等她一等。不然，有什么话告诉我，等我告诉她。恐怕你等不得，只怕关园门了。”五儿便将茯苓霜递与了小燕，又说：“这是茯苓霜。”如何吃，如何补益，“我得了些送她的，转烦你递与她就是了。”说毕，作辞回来。

正走蓼溆一带，忽见迎头林之孝家的带着几个婆子走来，五儿藏躲不及，只得上来问好。林之孝家的 问道：“我听见你病了，怎么跑到这里来？”五儿陪笑道：“因这两日好些，跟我妈进来散散闷。才因我妈使我到怡红院送傢伙去。”林之孝家的说道：“这话岔了。方才我见你妈出来，我才关门。既是你妈使了你去，他如何不告诉我说你在这里呢，竟出去让我关门，是何主意？可知是你扯谎。”五儿听了，没话回答，只说：“原是我妈一早教我取去的，我忘了，挨到这时，我才想起来了。只怕我妈错当我先出去了，所以没和大娘说得。”

林之孝家的听她辞钝色虚，又因近日玉钏儿说那边正房内失落了东西，几个丫头对赖，没主儿，心下便起了疑。可巧小蝉、莲花儿并几个媳妇子走来，见了这事，便说道：“林奶奶倒要审审她。这两日她往这里头跑得不像，鬼鬼祟祟的，不知干些什么事。”小蝉又道：“正是。昨儿玉钏姐姐说，太太耳房里的柜子开了，少了好些零碎东西。琏二奶奶打发平姑娘和玉钏姐姐要些玫瑰露，谁知也少了一罐子。若不是寻露，还不知道呢！”莲花儿笑道：“这话我没听见，今儿我倒看见一个露瓶子。”林之孝家的正因这些事没主儿，每日凤姐儿使平儿催逼他，一听此言，忙问：“在哪里？”莲花儿便说：“在她们厨房里呢。”林之孝家的听了，忙命打了灯笼，带着众人来寻。五儿急的便说：“那原是宝二爷屋里的芳官给我的。”林之孝家的便说：“不管你‘方官’‘圆官’，现有了赃证，我只呈报了，凭你主子前辩去。”一面说，一面进入厨房，莲花儿带着，取出露瓶。恐还有偷的别物，又细细搜了一遍，又得了一包茯苓霜，一并拿了，带了五儿来回李纨与探春。

那时李纨正因兰哥儿病了，不理事务，只命去见探春。探春已归房。人回进去，丫鬟们都在院内纳凉，探春在内盥沐，只有待书回进去。半日，出来说：“姑娘知道了，叫你们找平儿回二奶奶去。”林之孝家的只得领出来。到凤姐儿那边，先找着了平儿，平儿进去回了凤姐。凤姐方才歇下，听见此事，便吩咐：“将她娘打四十板子，撵出去，永不许进二门；把五儿打四十板子，立刻交给庄子上，或卖或配人。”平儿听了出来依言吩咐了林之孝家的。五儿吓得哭哭啼啼，给平儿跪着，细诉芳官之事。平儿道：“这也不难，等明日问了芳官便知真假。但这茯苓霜，前日人送了来，还等老太太、太太回来看了才敢打动，这不该偷了去。”五儿见问，忙又将他舅舅送的一节说了出来。平儿听了，笑道：“这样说，你竟是个平白无辜之人，拿你来顶缸的。此时天晚，奶奶才进了药歇下，不便为这点子小事去絮叨。如今且将她交给上夜的人看守一夜，等明儿我回了奶奶，再做道理。”林之孝家的不敢违拗，只得带了出来，交与上夜的媳妇们看守，自己便去了。

这里五儿被人软禁起来，一步不敢多走。又兼众媳妇也有劝她说：“不该做这没行止之事。”也有报怨说：“正经更还坐不上来，又弄个贼来给我们看，倘或眼不见寻了死，逃走了，都是我们不是。”于是又有素日一干与柳家不睦的人，见了这般，十分趁愿，都来奚落嘲戏她。这五儿心内又气又委屈，竟无处可诉，且本来怯弱有病，这一夜茶无茶，思水无水，思睡无衾枕，呜呜咽咽，直哭了一夜。

谁知和她母女不和的那些人，巴不得一时撵出她们去，惟恐次日有变，大家先起了个清早，都悄悄的来买转平儿，一面送些东西，一面又奉承她办事简断，一面又讲述她母亲素日许多不好。平儿一一的都应着，打发她们去了，却悄悄的来访袭人，问她可果真芳官给她露了。袭人便说：“露却是给芳官，芳官转给何人，我却不知。”袭人于是又问芳官，芳官听了，唬天跳地，忙应是自己送她的。芳官便又告诉了宝玉，宝玉也慌了，说：“露虽有了，若勾起茯苓霜来，她自然也实供。若听见了是她舅舅门上得的，她舅舅又有了不是，岂不是人家的好意，反被咱们陷害了？”因忙和平儿计议：“露的事虽完，然这霜也是有不是的。好姐姐，你只叫她说也是芳官给她的就完了。”平儿笑道：“虽如此，只是她昨晚已经同人说是她舅舅给的了，如何又说你给的？况且那边所丢的露，也正是无主儿，如今有赃证的白放了，又去找谁？谁还肯认？众人也未必心服。”晴雯走来笑道：“太太那边的露，再无别人，分明是彩云偷了给环哥儿去了。你们可瞎乱说。”

平儿笑道：“谁不知是这个原故！但今玉钏儿急得哭，悄悄问着她，她若应了，玉钏也罢了，大家也就混着不问了。难道我们好意兜揽这事不成？可恨彩云不但不应，她还挤玉钏儿，说她偷了去了。两个人窝里发炮，先吵得合府皆知，我们如何装没事人。少不得要查的。殊不知告失盗的就是贼，又没赃证，怎么说她？”宝玉道：“也罢！这件事我也应起来，就说是我唬他们玩的，悄悄的偷了太太的来了。两件事都完了。”袭人道：“也倒是件阴骘事，保全人的贼名儿。只是太太听见，又说你小孩子气，不知好歹了。”平儿笑道：“这也倒是小事。如今便从赵姨娘屋里起了赃来也容易，我只怕又伤着一个好人的体面。别人都别管，这一个人岂不又生气？我可怜的是她，不肯为打老鼠伤了玉瓶。”说着，把三个指头一伸。袭人等听说，便知她说的是探春。大家都忙说：“可是这话，竟是我们这里应了起来的为是。”平儿又笑道：“也须得把彩云和玉钏儿两个孽障叫了来，问准了她方好。不然，她们得了益，不说为这个，倒像我没了本事，问不出来，烦出这里来完事，她们以后越发偷的偷，不管的不管了。”袭人等笑道：“正是，也要你留个地步。”

平儿便命人叫了她两个来，说道：“不用慌，贼已有了。”玉钏儿先问：“贼在哪里？”平儿道：“现在二奶奶屋里呢，问她什么应什么。我心里明知不是她偷的，可怜她害怕，都承认了。这里宝二爷不过意，要替她认一半。我待要说出来，但只是这做贼的，素日又是和我好的一个姊妹，窝主却是平常，里面又伤着一个好人的体面，因此为难，少不得央求宝二爷应了，大家无事。如今反要问你们　两个，还是怎样？若从此以后大家小心存体面，这便求宝二爷应了；若不然，我就回了二奶奶，别冤屈了好人。”彩云听了，不觉红了脸，一时羞恶之心感发，便说道：“姐姐放心，也别冤了好人，也别带累了无辜之人伤体面。偷东西原是赵姨奶奶央告我再三，我拿了些与环哥是情真。连太太在家我们还拿过，各人去送人，也是常事。我原说嚷过两天就罢了。如今既冤屈了好人，我心也不忍。姐姐竟带了我回二奶奶去，我一概应了完事。”

众人听了这话，一个个都诧异，她竟这样有肝胆。宝玉忙笑道：“彩云姐姐果然是个正经人。如今也不用你应，我只说是我悄悄的偷的唬你们玩，如今闹出事来，我原该承认。只求姐姐们以后省些事，大家就好了。”彩云道：“我干的事为什么叫你应？死活我该去受。”平儿、袭人忙道：“不是这样说，你一应了，未免又叨登出赵姨奶奶来，那时三姑娘听了，岂不生气。竟不如宝二爷应了，大家无事；且除这几个人，皆不得知道这事，何等的干淨。但只以后千万大家小心些就是了。要拿什么，好歹耐到太太到家，那怕连这房子给了人，我们就没干係了。”彩云听了低头想了一想，方依允。

于是大家商议妥贴，平儿带了她两个并芳官往前边来至上夜房中，叫了五儿，将茯苓霜一节，也悄悄的教她说係芳官所赠，五儿感谢不尽。平儿带她们来至自己这边，已见林之孝家的带领了几个媳妇，押解着柳家的等够多时。林之孝家的又向平儿说：“今儿一早押了她来，恐园里没人伺候姑娘们的饭，我暂且将秦显的女人派了去伺候。姑娘一并回明奶奶，她倒干淨谨慎，以后就派她常伺候罢。”平儿道：“秦显的女人是谁？我不大相熟。“林之孝家的道：“她是园里南角子上夜的，白日里没什么事，所以姑娘不大相识。高高的孤拐，大大的眼睛，最干淨爽利的。”玉钏儿道：“是了。姐姐，你怎么忘了？她是跟二姑娘的司棋的婶娘。司棋的父母虽是大老爷那边的人，她这叔叔却是咱们这边的。”

平儿听了，方想起来，笑道：“哦！你早说是她，我就明白了。”又笑道：“也太派急了些。如今这事，八下里水落石出了，连前儿太太屋里丢的，也有了主儿。是宝玉那日过来和这两个孽障要什么的，偏这两个孽障怄他玩，说太太不在家，不敢拿。宝玉便瞅她两个不防的时节，自己进去拿了些什么出来。这两个孽障不知道，就吓慌了。如今宝玉听见带累了别人，方细细的告诉了我，拿出东西来我瞧，一件不差。那茯苓霜也是宝玉外头得了的，也曾赏过许多人，不独园内人有，连妈妈子们讨了出去给亲戚们吃，又转送人，袭人也曾给过芳官之流的人。他们私情各相来往，也是常事。前儿那两篓还摆在议事厅上，好好的原封没动，什么就混赖起人来。等我回了奶奶再说。”说毕，抽身进了卧房，将此事照前言回了凤姐儿一遍。

凤姐儿道：“虽如此说，但宝玉为人，不管青红皂白，爱兜揽事情。别人再求求他去，他又搁不住人两句好话，给他个炭篓子戴上，什么事他不应承。咱们若信了，将来若大事也如此，如何治人。还要细细的追求才是。依我的主意，把太太屋里的丫头都拿来，虽不便擅加拷打，只叫她们垫着磁瓦子跪在太阳地下，茶饭也别给吃。一日不说跪一日，便是铁打的，一日也管招了。又道是‘苍蝇不抱无缝的蛋’。虽然这柳家的没偷，到底有些影儿。人才说她。虽不加贼刑，也革出不用。朝廷家原有挂误的，倒也不算委屈了她。”平儿道：“何苦来操这心！‘得放手时须放手’，什么大不了的事，乐得不施恩呢！依我说，纵在这屋里操上一百分的心，终究咱们是回那边屋里去的。没的结些小人仇恨，使人含怨。况且自己又三灾八难的，好容易怀了一个哥儿，到了六七个月还掉了，焉知不是素日操劳太过，气恼伤着的！如今乘早儿见一半不见一半的，也倒罢了。”一席话，说得凤姐儿倒笑了，说道：“凭你这小蹄子发放去罢。我才精爽些了，没的淘气。”平儿笑道：“这不是正经话？”说毕，转身出来，一一发放。要知端详，且听下回分解。

第 62 回 憨湘云醉眠芍药茵 呆香菱情解石榴裙

话说平儿出来吩咐林之孝家的道：“大事化为小事，小事化为没事，方是兴旺之家。若得不了一点子小事，便扬铃打鼓的乱折腾起来，不成道理。如今将他母女带回，照旧去当差。将秦显家的仍旧退回。再不必提此事。只是每日小心巡察要紧。”说毕，起身走了。柳家的母女忙向上磕头，林家的带回园中，回了李纨探春，二人皆说：“知道了，能可无事，很好。”司棋等人空兴头了一阵。那秦显家的好容易等了这个空子钻了来，只兴头上半天。在厨房内正乱着接收家伙米粮煤炭等物，又查出许多亏空来，说：“粳米短了两石，常用米又多支了一个月的，炭也欠着额数。”一面又打点送林之孝家的礼，悄悄的备了一篓炭，五百斤木柴，一担粳米，在外边就遣了子侄送入林家去了，又打点送帐房的礼，又预备几样菜蔬请几位同事的人，说：“我来了，全仗列位扶持。自今以后都是一家人了。我有照顾不到的，好歹大家照顾些。”正乱着，忽有人来说与他：“看过这早饭就出去罢。柳嫂儿原无事，如今还交与他管了。”秦显家的听了，轰去魂魄，垂头丧气，登时掩旗息鼓，卷包而出。送人之物白丢了许多，自己倒要折变了赔补亏空。连司棋都气了个倒仰，无计挽回，只得罢了。赵姨娘正因彩云私赠了许多东西，被玉钏儿吵出，生恐查诘出来，每日捏一把汗打听信儿。忽见彩云来告诉说：“都是宝玉应了，从此无事。”赵姨娘方把心放下来。谁知贾环听如此说，便起了疑心，将彩云凡私赠之物都拿了出来，照着彩云的脸摔了去，说：“这两面三刀的东西！我不稀罕。你不和宝玉好，他如何肯替你应。你既有担当给了我，原该不与一个人知道。如今你既然告诉他，如今我再要这个，也没趣儿。”彩云见如此，急的发身赌誓，至于哭了。百般解说，贾环执意不信，说：“不看你素日之情，去告诉二嫂子，就说你偷来给我，我不敢要。你细想去。”说毕，摔手出去了。急的赵姨娘骂：“没造化的种子，蛆心孽障。”气的彩云哭个泪干肠断。赵姨娘百般的安慰他：“好孩子，他辜负了你的心，我看的真。让我收起来，过两日他自然回转过来了。”说着，便要收东西。彩云赌气一顿包起来，乘人不见时，来至园中，都撇在河内，顺水沉的沉漂的漂了。自己气的在被内暗哭。

当下又值宝玉生日已到，原来宝琴也是这日，二人相同。因王夫人不在家，也不曾象往年闹热。只有张道士送了四样礼，换的寄名符儿，还有几处僧尼庙的和尚姑子送了供尖儿，并寿星纸马疏头，并本命星官值年太岁周年换的锁儿。家中常走的女先儿来上寿。王子腾那边，仍是一套衣服，一双鞋袜，一百寿桃，一百束上用银丝挂面。薛姨娘处减一等。其余家中人，尤氏仍是一双鞋袜，凤姐儿是一个宫制四面和合荷包，里面装一个金寿星，一件波斯国所制玩器。各庙中遣人去放堂舍钱。又另有宝琴之礼，不能备述。姐妹中皆随便，或有一扇的，或有一字的，或有一画的，或有一诗的，聊复应景而已。

这日宝玉清晨起来，梳洗已毕，冠带出来。至前厅院中，已有李贵等四五个人在那里设下天地香烛，宝玉炷了香。行毕礼，奠茶焚纸后，便至宁府中宗祠祖先堂两处行毕礼，出至月台上，又朝上遥拜过贾母，贾政，王夫人等。一顺到尤氏上房，行过礼，坐了一回，方回荣府。先至薛姨妈处，薛姨妈再三拉着，然后又遇见薛蝌，让一回，方进园来。晴雯麝月二人跟随，小丫头夹着毡子，从李氏起，一一挨着，长的房中到过。复出二门，至李，赵，张，王四个奶妈家让了一回，方进来。虽众人要行礼，也不曾受。回至房中，袭人等只都来说一声就是了。王夫人有言，不令年轻人受礼，恐折了福寿，故皆不磕头。

歇一时，贾环贾兰等来了，袭人连忙拉住，坐了一坐，便去了。宝玉笑说走乏了，便歪在床上。方吃了半盏茶，只听外面咭咭呱呱，一群丫头笑进来，原来是翠墨，小螺，翠缕，入画，邢岫烟的丫头篆儿，并奶子抱巧姐儿，彩鸾，绣鸾八九个人，都抱着红毡笑着走来，说："拜寿的挤破了门了，快拿面来我们吃。"刚进来时，探春，湘云，宝琴，岫烟，惜春也都来了。宝玉忙迎出来，笑说："不敢起动，快预备好茶。"进入房中，不免推让一回，大家归坐。袭人等捧过茶来，才吃了一口，平儿也打扮的花枝招展的来了。宝玉忙迎出来，笑说："我方才到凤姐姐门上，回进去，说不能见，我又打发人进去让姐姐的。"平儿笑道："我正打发你姐姐梳头，不得出来回你。后来听见又说让我，我那里禁当的起，所以特赶来磕头。"宝玉笑道："我也禁当不起。"袭人早在外间安了坐，让他坐。平儿便福下去，宝玉作揖不迭。平儿便跪下去，宝玉也忙还跪下，袭人连忙搀起来。又下了一福，宝玉又还了一揖。袭人笑推宝玉："你再作揖。"宝玉道："已经完了，怎么又作揖？"袭人笑道："这是他来给你拜寿。今儿也是他的生日，你也该给他拜寿。"宝玉听了，喜的忙作下揖去，说："原来今儿也是姐姐的芳诞。"平儿还万福不迭。湘云拉宝琴岫烟说："你们四个人对拜寿，直拜一天才是。"探春忙问："原来邢妹妹也是今儿？我怎么就忘了。"忙命丫头："去告诉二奶奶，赶着补了一分礼，与琴姑娘的一样，送到二姑娘屋里去。"丫头答应着去了。岫烟见湘云直口说出来，少不得要到各房去让让。探春笑道："倒有些意思，一年十二个月，月月有几个生日。人多了，便这等巧，也有三个一日，两个一日的。大年初一日也不白过，大姐姐占了去。怨不得他福大，生日比别人就占先。又是太祖太爷的生日。过了灯节，就是老太太和宝姐姐，他们娘儿两个遇的巧。三月初一日是太太，初九日是琏二哥哥。二月没人。"袭人道："二月十二是林姑娘，怎么没人？就只不是咱家的人。"探春笑道："我这个记性是怎么了！"宝玉笑指袭人道："他和林妹妹是一日，所以他记的。"探春笑道："原来你两个倒是一日。每年连头也不给我们磕一个。平儿的生日我们也不知道，这也是才知道。"平儿笑道："我们是那牌儿名上的人，生日也没拜寿的福，又没受礼职分，可吵闹什么，可不悄悄的过去。今儿他又偏吵出来了，等姑娘们回房，我再行礼去罢。"探春笑道："也不敢惊动。只是今儿倒要替你过个生日，我心才过得去。"宝玉湘云等一齐都说："很是。"探春便吩咐了丫头："去告诉他奶奶，就说我们大家说了，今儿一日不放平儿出去，我们也大家凑了分子过生日呢。"丫头笑着去了，半日，回来说："二奶奶说了，多谢姑娘们给他脸。不知过生日给他些什么吃，只别忘了二奶奶，就不来絮聒他了。"众人都笑了。探春因说道："可巧今儿里头厨房不预备饭，一应下面弄菜都是外头收拾。咱们就凑了钱叫柳家的来揽了去，只在咱们里头收拾倒好。"众人都说是极。探春一面遣人去问李纨，宝钗，黛玉，一面遣人去传柳家的进来，吩咐他内厨房中快收拾两桌酒席。柳家的不知何意，因说外厨房都预备了。探春笑道："你原来不知道，今儿是平姑娘的华诞。外头预备的是上头的，这如今我们私下又凑了分子，单为平姑娘预备两桌请他。你只管拣新巧的菜蔬预备了来，开了帐和我那里领钱。"柳家的笑道："原来今日也是平姑娘的千秋，我竟不知道。"说着，便向平儿磕下头去，慌的平儿拉起他来。柳家的忙去预备酒席。

这里探春又邀了宝玉，同到厅上去吃面，等到李纨宝钗一齐来全，又遣人去请薛姨妈与黛玉。因天气和暖，黛玉之疾渐愈，故也来了。花团锦簇，挤了一厅的人。

谁知薛蝌又送了巾扇香帛四色寿礼与宝玉，宝玉于是过去陪他吃面。两家皆治了寿酒，互相酬送，彼此同领。至午间，宝玉又陪薛蝌吃了两杯酒。宝钗带了宝琴过来与薛蝌行礼，把盏毕，宝钗因嘱薛蝌："家里的酒也不用送过那边去，这虚套竟可收了。你只请伙计们吃罢。我们和宝兄弟进去还要待人去呢，也不能陪你了。"薛蝌忙说："姐姐兄弟只管请，只怕伙计们也就好来了。"宝玉忙又告过罪，方同他姊妹回来。

一进角门，宝钗便命婆子将门锁上，把钥匙要了自己拿着。宝玉忙说："这一道门何必关，又没多的人走。况且姨娘，姐姐，妹妹都在里头，倘或家去取什么，岂不费事。"宝钗笑道："小心没过逾的。你瞧你们那边，这几日七事八事，竟没有我们这边的人，可知是这门关的有功效了。若是开着，保不住那起人图顺脚，抄近路从这里走，拦谁的是？不如锁了，连妈和我也禁着些，大家别走。纵有了事，就赖不着这边的人了。"宝玉笑道："原来姐姐也知道我们那边近日丢了东西？"宝钗笑道："你只知道玫瑰露和茯苓霜两件，乃因人而及物。若非因人，你连这两件还不知道呢。殊不知还有几件比这两件大的呢。若以后叨登不出来，是大家的造化，若叨登出来，不知里头连累多少人呢。你也是不管事的人，我才告诉你。平儿是个明白人，我前儿也告诉了他，皆因他奶奶不在外头，所以使他明白了。若不出来，大家乐得丢开手。若犯出来，他心里已有稿子，自有头绪，就冤屈不着平人了。你只听我说，以后留神小心就是了，这话也不可对第二个人讲。"

说着，来到沁芳亭边，只见袭人，香菱，待书，素云，晴雯，麝月，芳官，蕊官，藕官等十来个人都在那里看鱼作耍。见他们来了，都说："芍药栏里预备下了，快去上席罢。"宝钗等随携了他们同到了芍药栏中红香圃三间小敞厅内。连尤氏已请过来了，诸人都在那里，只没平儿。

原来平儿出去，有赖林诸家送了礼来，连三接四，上中下三等家人来拜寿送礼的不少，平儿忙着打发赏钱道谢，一面又色色的回明凤姐儿，不过留下几样，也有不收的，也有收下即刻赏与人的。忙了一回，又直待凤姐儿吃过面，方换了衣裳往园里来。

刚进了园，就有几个丫鬟来找他，一同到了红香圃中。只见筵开玳瑁，褥设芙蓉。众人都笑："寿星全了。"上面四座定要让他四个人坐，四人皆不肯。薛姨妈说："我老天拔地，又不合你们的群儿，我倒觉拘的慌，不如我到厅上随便躺躺去倒好。我又吃不下什么去，又不大吃酒，这里让他们倒便宜。"尤氏等执意不从。宝钗道："这也罢了，倒是让妈在厅上歪着自如些，有爱吃的送些过去，倒自在了。且前头没人在那里，又可照看了。"探春等笑道："既这样，恭敬不如从命。"因大家送了他到议事厅上，眼看着命丫头们铺了一个锦褥并靠背引枕之类，又嘱咐："好生给姨妈捶腿，要茶要水别推三扯四的。回来送了东西来，姨妈吃了就赏你们吃。只别离了这里出去。"小丫头们都答应了。探春等方回来。终久让宝琴岫烟二人在上，平儿面西坐，宝玉面东坐。探春又接了鸳鸯来，二人并肩对面相陪。西边一桌，宝钗黛玉湘云迎春惜春，一面又拉了香菱玉钏儿二人打横。三桌上，尤氏李纨又拉了袭人彩云陪坐。四桌上便是紫鹃，莺儿，晴雯，小螺，司棋等人围坐。当下探春等还要把盏，宝琴等四人都说："这一闹，一日都坐不成了。"方才罢了。两个女先儿要弹词上寿，众人都说："我们没人要听那些野话，你厅上去说给姨太太解闷儿去罢。"一面又将各色吃食拣了，命人送与薛姨妈去。宝玉便说："雅坐无趣，须要行令才好。"众人有的说行这个令好，那个又说行那个令好。黛玉道："依我说，拿了笔砚将各色全都写了，拈成阄儿，咱们抓出那个来，就是那个。"众人都道妙。即拿了一副笔砚花笺。香菱近日学了诗，又天天学写字，见了笔砚便图不得，连忙起座说："我写"。大家想了一回，共得了十来个，念着，香菱一一的写了，搓成阄儿，掷在一个瓶中间。探春便命平儿拣，平儿向内搅了一搅，用箸拈了一个出来，打开看，上写着"射覆"二字。宝钗笑道："把个酒令的祖宗拈出来。'射覆'从古有的，如今失了传，这是后人纂的，比一切的令都难。这里头倒有一半是不会的，不如毁了，另拈一个雅俗共赏的。"探春笑道："既拈了出来，如何又毁。如今再拈一个，若是雅俗共赏的，便叫他们行去。咱们行这个。"说着又着袭人拈了一个，却是"拇战"。史湘云笑着说："这个简断爽利，合了我的脾气。我不行这个'射覆'，没的垂头丧气闷人，我只划拳去了。"探春道："惟有他乱令，宝姐姐快罚他一钟。"宝钗不容分说，便灌湘云一杯。探春道："我吃一杯，我是令官，也不用宣，只听我分派。”命取了令骰令盆来，“从琴妹掷起，挨下掷去，对了点的二人射覆。”宝琴一掷，是个三，岫烟宝玉等皆掷的不对，直到香菱方掷了一个三。宝琴笑道：“只好室内生春，若说到外头去，可太没头绪了。”探春道：“自然。三次不中者罚一杯。你覆，他射。”宝琴想了一想，说了个“老”字。香菱原生于这令，一时想不到，满室满席都不见有与“老”字相连的成语。湘云先听了，便也乱看，忽见门斗上贴着“红香圃”三个字，便知宝琴覆的是“吾不如老圃”的“圃”字。见香菱射不着，众人击鼓又催，便悄悄的拉香菱，教他说“药”字。黛玉偏看见了，说“快罚他，又在那里私相传递呢。”哄的众人都知道了，忙又罚了一杯，恨的湘云拿筷子敲黛玉的手。于是罚了香菱一杯。下则宝钗和探春对了点子。探春便覆了一个“人”字。宝钗笑道：“这个‘人’字泛的很。”探春笑道：“添一字，两覆一射也不泛了。”说着，便又说了一个“窗”字。宝钗一想，因见席上有鸡，便射着他是用“鸡窗”“鸡人”二典了，因射了一个“埘”字。探春知他射着，用了"鸡栖于埘”的典，二人一笑，各饮一口门杯。湘云等不得，早和宝玉“三”“五"乱叫，划起拳来。那边尤氏和鸳鸯隔着席也，“七”“八”乱叫，划起拳来。平儿袭人也作了一对。叮叮当当，只听得腕上镯子响。一时，湘云赢了宝玉，袭人赢了平儿，尤氏赢了鸳鸯，三个人限酒底酒面，湘云便说：“酒面要一句古文，一句旧诗，一句骨牌名，一句曲牌名，还要一句时宪书上的话，共总凑成一句话。酒底要关人事的果菜名。”众人听了，都笑说：“惟有他的令也比人唠叨，倒也有意思。”便催宝玉快说。宝玉笑道：“谁说过这个，也等想一想儿。”黛玉便道：“你多喝一钟，我替你说。”宝玉真个喝了酒，听黛玉说道：

落霞与孤鹜齐飞，风急江天过雁哀，却是一只折足雁，叫的人九回肠，这是鸿雁来宾。

说的大家笑了，说：“这一串子倒有些意思。”黛玉又拈了一个榛穰，说酒底道：

榛子非关隔院砧，何来万户捣衣声。

令完，鸳鸯袭人等皆说的是一句俗话，都带一个“寿”字的，不能多赘。

大家轮流乱划了一阵，这上面湘云又和宝琴对了手，李纨和岫烟对了点子。李纨便覆了一个“瓢”字，岫烟便射了一个“绿”字，二人会意，各饮一口。湘云的拳却输了，请酒面酒底。宝琴笑道：“请君入瓮。”大家笑起来，说：“这个典用的当。”湘云便说道：

奔腾而砰湃，江间波浪兼天涌，须要铁锁缆孤舟，既遇着一江风，不宜出行。说的众人都笑了，说：“好个诌断了肠子的。怪道他出这个令，故意惹人笑。”又听他说酒底。湘云吃了酒，拣了一块鸭肉呷口，忽见碗内有半个鸭头，遂拣了出来吃脑子。众人催他"别只顾吃，到底快说了。”湘云便用箸子举着说道：

这鸭头不是那丫头，头上那讨桂花油。众人越发笑起来，引的晴雯，小螺，莺儿等一干人都走过来说：“云姑娘会开心儿，拿着我们取笑儿，快罚一杯才罢。怎见得我们就该擦桂花油的？倒得每人给一瓶子桂花油擦擦。”黛玉笑道：“他倒有心给你们一瓶子油，又怕挂误着打盗窃的官司。”众人不理论，宝玉却明白，忙低了头。彩云有心病，不觉的红了脸。宝钗忙暗暗的瞅了黛玉一眼。黛玉自悔失言，原是趣宝玉的，就忘了趣着彩云，自悔不及，忙一顿行令划拳岔开了。

底下宝玉可巧和宝钗对了点子。宝钗覆了一个“宝”字，宝玉想了一想，便知是宝钗作戏指自己所佩通灵玉而言，便笑道：“姐姐拿我作雅谑，我却射着了。说出来姐姐别恼，就是姐姐的讳‘钗’字就是了。”众人道：“怎么解？”宝玉道：“他说‘宝’，底下自然是‘玉’了。我射‘钗’字，旧诗曾有’敲断玉钗红烛冷’，岂不射着了。”湘云说道：“这用时事却使不得，两个人都该罚。”香菱忙道：“不止时事，这也有出处。”湘云道：“‘宝玉’二字并无出处，不过是春联上或有之，诗书纪载并无，算不得。”香菱道：“前日我读岑嘉州五言律，现有一句说‘此乡多宝玉’，怎么你倒忘了？后来又读李义山七言绝句，又有一句‘宝钗无日不生尘’，我还笑说他两个名字都原来在唐诗上呢。”众人笑说：“这可问住了，快罚一杯。”湘云无语，只得饮了。大家又该对点的对点，划拳的划拳。这些人因贾母王夫人不在家，没了管束，便任意取乐，呼三喝四，喊七叫八。满厅中红飞翠舞，玉动珠摇，真是十分热闹。顽了一回，大家方起席散了一散，倏然不见了湘云，只当他外头自便就来，谁知越等越没了影响，使人各处去找，那里找得着。

接着林之孝家的同着几个老婆子来，生恐有正事呼唤，二者恐丫鬟们年青，乘王夫人不在家不服探春等约束，恣意痛饮，失了体统，故来请问有事无事。探春见他们来了，便知其意，忙笑道：“你们又不放心，来查我们来了。我们没有多吃酒，不过是大家顽笑，将酒作个引子，妈妈们别耽心。”李纨尤氏都也笑说：“你们歇着去罢，我们也不敢叫他们多吃了。”林之孝家的等人笑说：“我们知道，连老太太叫姑娘吃酒姑娘们还不肯吃，何况太太们不在家，自然顽罢了。我们怕有事，来打听打听。二则天长了，姑娘们顽一回子还该点补些小食儿。素日又不大吃杂东西，如今吃一两杯酒，若不多吃些东西，怕受伤。”探春笑道：“妈妈们说的是，我们也正要吃呢。”因回头命取点心来。两旁丫鬟们答应了，忙去传点心。探春又笑让：“你们歇着去罢，或是姨妈那里说话儿去。我们即刻打发人送酒你们吃去。”林之孝家的等人笑回：“不敢领了。”又站了一回，方退了出来。平儿摸着脸笑道：“我的脸都热了，也不好意思见他们。依我说竟收了罢，别惹他们再来，倒没意思了。”探春笑道：“不相干，横竖咱们不认真喝酒就罢了。”

正说着，只见一个小丫头笑嘻嘻的走来：“姑娘们快瞧云姑娘去，吃醉了图凉快，在山子后头一块青板石凳上睡着了。”众人听说，都笑道：“快别吵嚷。”说着，都走来看时，果见湘云卧于山石僻处一个石凳子上，业经香梦沉酣，四面芍药花飞了一身，满头脸衣襟上皆是红香散乱，手中的扇子在地下，也半被落花埋了，一群蜂蝶闹穰穰的围着他，又用鲛帕包了一包芍药花瓣枕着。众人看了，又是爱，又是笑，忙上来推唤挽扶。湘云口内犹作睡语说酒令，唧唧嘟嘟说：

泉香而酒冽，玉ゼ盛来琥珀光，直饮到梅梢月上，醉扶归，却为宜会亲友。

众人笑推他，说道：“快醒醒儿吃饭去，这潮凳上还睡出病来呢。”湘云慢启秋波，见了众人，低头看了一看自己，方知是醉了。原是来纳凉避静的，不觉的因多罚了两杯酒，娇ッ不胜，便睡着了，心中反觉自愧。连忙起身扎挣着同人来至红香圃中，用过水，又吃了两盏酽茶。探春忙命将醒酒石拿来给他衔在口内，一时又命他喝了一些酸汤，方才觉得好了些。

当下又选了几样果菜与凤姐送去，凤姐儿也送了几样来。宝钗等吃过点心，大家也有坐的，也有立的，也有在外观花的，也有扶栏观鱼的，各自取便说笑不一。探春便和宝琴下棋，宝钗岫烟观局。林黛玉和宝玉在一簇花下唧唧哝哝不知说些什么。只见林之孝家的和一群女人带了一个媳妇进来。那媳妇愁眉苦脸，也不敢进厅，只到了阶下，便朝上跪下了，碰头有声。探春因一块棋受了敌，算来算去总得了两个眼，便折了官着，两眼只瞅着棋枰，一只手却伸在盒内，只管抓弄棋子作想，林之孝家的站了半天，因回头要茶时才看见，问：“什么事？”林之孝家的便指那媳妇说：“这是四姑娘屋里的小丫头彩儿的娘，现是园内伺候的人。嘴很不好，才是我听见了问着他，他说的话也不敢回姑娘，竟要撵出去才是。”探春道：“怎么不回大奶奶？”林之孝家的道：“方才大奶奶都往厅上姨太太处去了，顶头看见，我已回明白了，叫回姑娘来。”探春道：“怎么不回二奶奶？”平儿道：“不回去也罢，我回去说一声就是了。”探春点点头，道：“既这么着，就撵出他去，等太太来了，再回定夺。”说毕仍又下棋。这林之孝家的带了那人去不提。黛玉和宝玉二人站在花下，遥遥知意。黛玉便说道：“你家三丫头倒是个乖人。虽然叫他管些事，倒也一步儿不肯多走。差不多的人就早作起威福来了。”宝玉道：“你不知道呢。你病着时，他干了好几件事。这园子也分了人管，如今多掐一草也不能了。又蠲了几件事，单拿我和凤姐姐作筏子禁别人。最是心里有算计的人，岂只乖而已。”黛玉道：“要这样才好，咱们家里也太花费了。我虽不管事，心里每常闲了，替你们一算计，出的多进的少，如今若不省俭，必致后手不接。”宝玉笑道：“凭他怎么后手不接，也短不了咱们两个人的。”黛玉听了，转身就往厅上寻宝钗说笑去了。宝玉正欲走时，只见袭人走来，手内捧着一个小连环洋漆茶盘，里面可式放着两钟新茶，因问：“他往那去了？我见你两个半日没吃茶，巴巴的倒了两钟来，他又走了。”宝玉道：“那不是他，你给他送去。”说着自拿了一钟。袭人便送了那钟去，偏和宝钗在一处，只得一钟茶，便说：“那位渴了那位先接了，我再倒去。”宝钗笑道：“我却不渴，只要一口漱一漱就够了。”说着先拿起来喝了一口，剩下半杯递在黛玉手内。袭人笑道：“我再倒去。”黛玉笑道：“你知道我这病，大夫不许我多吃茶，这半钟尽够了，难为你想的到。”说毕，饮干，将杯放下。袭人又来接宝玉的。宝玉因问：“这半日没见芳官，他在那里呢？”袭人四顾一瞧说：“才在这里几个人斗草的，这会子不见了。”宝玉听说，便忙回至房中，果见芳官面向里睡在床上。宝玉推他说道：“快别睡觉，咱们外头顽去，一回儿好吃饭的。”芳官道：“你们吃酒不理我，教我闷了半日，可不来睡觉罢了。”宝玉拉了他起来，笑道：“咱们晚上家里再吃，回来我叫袭人姐姐带了你桌上吃饭，何如？”芳官道：“藕官蕊官都不上去，单我在那里也不好。我也不惯吃那个面条子，早起也没好生吃。才刚饿了，我已告诉了柳嫂子，先给我做一碗汤盛半碗粳米饭送来，我这里吃了就完事。若是晚上吃酒，不许教人管着我，我要尽力吃够了才罢。我先在家里，吃二三斤好惠泉酒呢。如今学了这劳什子，他们说怕坏嗓子，这几年也没闻见。乘今儿我是要开斋了。”宝玉道：“这个容易。”

说着，只见柳家的果遣了人送了一个盒子来。小燕接着揭开，里面是一碗虾丸鸡皮汤，又是一碗酒酿清蒸鸭子，一碟腌的胭脂鹅脯，还有一碟四个奶油松瓤卷酥，并一大碗热腾腾碧荧荧蒸的绿畦香稻粳米饭。小燕放在案上，走去拿了小菜并碗箸过来，拨了一碗饭。芳官便说：“油腻腻的，谁吃这些东西。”只将汤泡饭吃了一碗，拣了两块腌鹅就不吃了。宝玉闻着，倒觉比往常之味有胜些似的，遂吃了一个卷酥，又命小燕也拨了半碗饭，泡汤一吃，十分香甜可口。小燕和芳官都笑了。吃毕，小燕便将剩的要交回。宝玉道：“你吃了罢，若不够再要些来。”小燕道：“不用要，这就够了。方才麝月姐姐拿了两盘子点心给我们吃了，我再吃了这个，尽不用再吃了。”说着，便站在桌边一顿吃了，又留下两个卷酥，说：“这个留着给我妈吃。晚上要吃酒，给我两碗酒吃就是了。”宝玉笑道：“你也爱吃酒？等着咱们晚上痛喝一阵。你袭人姐姐和晴雯姐姐量也好，也要喝，只是每日不好意思。今儿大家开斋。还有一件事，想着嘱咐你，我竟忘了，此刻才想起来。以后芳官全要你照看他，他或有不到的去处，你提他，袭人照顾不过这些人来。”小燕道：“我都知道，都不用操心。但只这五儿怎么样？”宝玉道：“你和柳家的说去，明儿直叫他进来罢，等我告诉他们一声就完了。”芳官听了，笑道：“这倒是正经。”小燕又叫两个小丫头进来，伏侍洗手倒茶，自己收了家伙，交与婆子，也洗了手，便去找柳家的，不在话下。宝玉便出来，仍往红香圃寻众姐妹，芳官在后拿着巾扇。刚出了院门，只见袭人晴雯二人携手回来。宝玉问：“你们做什么？”袭人道：“摆下饭了，等你吃饭呢。”宝玉便笑着将方才吃的饭一节告诉了他两个。袭人笑道：“我说你是猫儿食，闻见了香就好。隔锅饭儿香。虽然如此，也该上去陪他们多少应个景儿。”晴雯用手指戳在芳官额上，说道：“你就是个狐媚子，什么空儿跑了去吃饭，两个人怎么就约下了，也不告诉我一声儿。”袭人笑道：“不过是误打误撞的遇见了，说约下了可是没有的事。”晴雯道：“既这么着，要我们无用。明儿我们都走了，让芳官一个人就够使了。”袭人笑道：“我们都去了使得，你却去不得。”晴雯道：“惟有我是第一个要去，又懒又笨，性子又不好，又没用。”袭人笑道：“倘或那孔雀褂子再烧个窟窿，你去了谁可会补呢。你倒别和我拿三撇四的，我烦你做个什么，把你懒的横针不拈，竖线不动。一般也不是我的私活烦你，横竖都是他的，你就都不肯做。怎么我去了几天，你病的七死八活，一夜连命也不顾给他做了出来，这又是什么原故？你到底说话，别只佯憨，和我笑，也当不了什么。”大家说着，来至厅上。薛姨妈也来了。大家依序坐下吃饭。宝玉只用茶泡了半碗饭，应景而已。一时吃毕，大家吃茶闲话，又随便顽笑。

外面小螺和香菱，芳官，蕊官，藕官，豆官等四五个人，都满园中顽了一回，大家采了些花草来兜着，坐在花草堆中斗草。这一个说：“我有观音柳。”那一个说：“我有罗汉松。”那一个又说：“我有君子竹。”这一个又说：“我有美人蕉。”这个又说：“我有星星翠。”那个又说：“我有月月红。”这个又说：“我有《牡丹亭》上的牡丹花。”那个又说：“我有《琵琶记》里的枇杷果。”豆官便说：’我有姐妹花。”众人没了，香菱便说：“我有夫妻蕙。”豆官说：“从没听见有个夫妻蕙。”香菱道：“一箭一花为兰，一箭数花为蕙。凡蕙有两枝，上下结花者为兄弟蕙，有并头结花者为夫妻蕙。我这枝并头的，怎么不是。”豆官没的说了，便起身笑道：“依你说，若是这两枝一大一小，就是老子儿子蕙了。若两枝背面开的，就是仇人蕙了。你汉子去了大半年，你想夫妻了？便扯上蕙也有夫妻，好不害羞！香菱听了，红了脸，忙要起身拧他，笑骂道：“我把你这个烂了嘴的小蹄子！满嘴里汗ソ的胡说了。等我起来打不死你这小蹄子！”ш官见他要勾来，怎容他起来，便忙连身将他压倒。回头笑着央告蕊官等：“你们来，帮着我拧他这诌嘴。”两个人滚在草地下。众人拍手笑说：“了不得了，那是一洼子水，可惜污了他的新裙子了。”豆官回头看了一看，果见旁边有一汪积雨，香菱的半扇裙子都污湿了，自己不好意思，忙夺了手跑了。众人笑个不住，怕香菱拿他们出气，也都哄笑一散。香菱起身低头一瞧，那裙上犹滴滴点点流下绿水来。正恨骂不绝，可巧宝玉见他们斗草，也寻了些花草来凑戏，忽见众人跑了，只剩了香菱一个低头弄裙，因问：“怎么散了？”香菱便说：“我有一枝夫妻蕙，他们不知道，反说我诌，因此闹起来，把我的新裙子也脏了。”宝玉笑道：“你有夫妻蕙，我这里倒有一枝并蒂菱。”口内说，手内却真个拈着一枝并蒂菱花，又拈了那枝夫妻蕙在手内。香菱道：“什么夫妻不夫妻，并蒂不并蒂，你瞧瞧这裙子。”宝玉方低头一瞧，便嗳呀了一声，说：“怎么就拖在泥里了？可惜这石榴红绫最不经染。”香菱道：“这是前儿琴姑娘带了来的。姑娘做了一条，我做了一条，今儿才上身。”宝玉跌脚叹道：“若你们家，一日遭踏这一百件也不值什么。只是头一件既系琴姑娘带来的，你和宝姐姐每人才一件，他的尚好，你的先脏了，岂不辜负他的心。二则姨妈老人家嘴碎，饶这么样，我还听见常说你们不知过日子，只会遭踏东西，不知惜福呢。这叫姨妈看见了，又说一个不清。”香菱听了这话，却碰在心坎儿上，反倒喜欢起来了，因笑道：“就是这话了。我虽有几条新裙子，都不和这一样的，若有一样的，赶着换了，也就好了。过后再说。”宝玉道：“你快休动，只站着方好，不然连小衣儿膝裤鞋面都要拖脏。我有个主意：袭人上月做了一条和这个一模一样的，他因有孝，如今也不穿。竟送了你换下这个来，如何？”香菱笑着摇头说：“不好，他们倘或听见了倒不好。”宝玉道：“这怕什么。等他们孝满了，他爱什么难道不许你送他别的不成。你若这样，还是你素日为人了！况且不是瞒人的事，只管告诉宝姐姐也可，只不过怕姨妈老人家生气罢了。”香菱想了一想有理，便点头笑道：“就是这样罢了，别辜负了你的心。我等着你，千万叫他亲自送来才好。”宝玉听了，喜欢非常，答应了忙忙的回来。一壁里低头心下暗算：“可惜这么一个人，没父母，连自己本姓都忘了，被人拐出来，偏又卖与了这个霸王。”因又想起上日平儿也是意外想不到的，今日更是意外之意外的事了。一壁胡思乱想，来至房中，拉了袭人，细细告诉了他原故。香菱之为人，无人不怜爱的。袭人又本是个手中撒漫的，况与香菱素相交好，一闻此信，忙就开箱取了出来折好，随了宝玉来寻着香菱，他还站在那里等呢。袭人笑道："我说你太淘气了，足的淘出个故事来才罢。"香菱红了脸，笑道："多谢姐姐了，谁知那起促狭鬼使黑心。"说着，接了裙子，展开一看，果然同自己的一样。又命宝玉背过脸去，自己叉手向内解下来，将这条系上。袭人道："把这脏了的交与我拿回去，收拾了再给你送来。你若拿回去，看见了也是要问的。"香菱道："好姐姐，你拿去不拘给那个妹妹罢。我有了这个，不要他了。"袭人道："你倒大方的好。"香菱忙又万福道谢，袭人拿了脏裙便走。

香菱见宝玉蹲在地下，将方才的夫妻蕙与并蒂菱用树枝儿抠了一个坑，先抓些落花来铺垫了，将这菱蕙安放好，又将些落花来掩了，方撮土掩埋平服。香菱拉他的手，笑道："这又叫做什么？怪道人人说你惯会鬼鬼祟祟使人肉麻的事。你瞧瞧，你这手弄的泥乌苔滑的，还不快洗去。"宝玉笑着，方起身走了去洗手，香菱也自走开。二人已走远了数步，香菱复转身回来叫住宝玉。宝玉不知有何话，扎着两只泥手，笑嘻嘻的转来问："什么？"香菱只顾笑。因那边他的小丫头臻儿走来说："二姑娘等你说话呢。"香菱方向宝玉道："裙子的事可别向你哥哥说才好。"说毕，即转身走了。宝玉笑道："可不我疯了，往虎口里探头儿去呢。"说着，也回去洗手去了。不知端详，且听下回分解。

第 63 回 寿怡红群芳开夜宴 死金丹独艳理亲丧

话说宝玉回至房中洗手，因与袭人商议："晚间吃酒，大家取乐，不可拘泥。如今吃什么好，早说给她们备办去。"袭人笑道："你放心，我和晴雯、麝月、秋纹四个人，每人五钱银子，共是二两；芳官、碧痕、小燕，四儿四个人，每人三钱银子，她们告假的不算，共是三两二钱银子，早已交给了柳嫂子，预备四十碟果子。我和平儿说了，已经抬了一坛好绍兴酒藏在那边了。我们八个人单替你过生日。"宝玉听了，喜得忙说："她们是哪里的钱，不该叫她们出才是。"晴雯道："他们没钱，难道我们是有钱的？这原是各人的心。哪怕她偷的呢，只管领她们的情就是。"

宝玉听了，笑说："你说得是。"袭人笑道："你一天不挨她两句硬话村你，你再过不去。"晴雯笑道："你如今也学坏了，专会架桥拨火儿。"说着，大家都笑了。宝玉说："关院门罢。"袭人笑道："怪不得人说你是'无事忙'，这会子关了门，人倒疑惑，索性再等一等。"宝玉点头，因说："我出去走走，四儿舀水去，小燕一个跟我来罢。"说着，走至外边，因见无人，便问五儿之事。小燕道："我才告诉了柳嫂子，她倒喜欢得很。只是五儿那夜受了委屈烦恼，回家去又气病了，哪里来得！只等好了罢。"宝玉听了，不免后悔长叹，因又问："这事袭人知道不知道？"小燕道："我没告诉，不知芳官可说了不曾。"宝玉道："我却没告诉过他，也罢，等我告诉她就是了。"说毕，复走进来，故意洗手。

已是掌灯时分，听得院门前有一群人进来。大家隔窗悄视，果见林之孝家的和几个管事的女人走来，前头一人提着大灯笼。晴雯悄笑道："她们查上夜的人来了。这一出去，咱们好关门了。"只见怡红院凡上夜的人，都迎了出去，林之孝家的看了不少。林之孝家的吩咐："别耍钱吃酒，放倒头睡到大天亮。我听见是不依的。"众人都笑说："哪里有这么样大胆子的人。"林之孝家的又问："宝二爷睡下了没有？"众人都回"不知道。"。袭人忙推宝玉。宝玉靸了鞋，便迎出来，笑道："我还没睡呢。妈妈进来歇歇。"又叫："袭人，倒茶来。"林之孝家的忙进来，笑说："还没睡？如今天长夜短了，该早些睡，明儿起得方早。不然，到了明日起迟了，人笑话，说不是个读书上学的公子了，倒像那起挑脚汉了。"说毕，又笑。宝玉忙笑道："妈妈说得是。我每日都睡得早，妈妈每日进来可都是我不知道的，已经睡了。今儿因吃了麵，怕停住食，所以多玩一会。"林之孝家的又向袭人等笑说："该沏些个普洱茶吃。"袭人晴雯二人忙笑说："沏了一盄子女儿茶，已经吃过两碗了。大娘也尝一碗，都是现成的。"说着，晴雯便倒了一碗来。

林之孝家的又笑道："这些时，我听见二爷嘴里都换了字眼，赶着这几位大姑娘们竟叫起名字来。虽然在这屋里，到底是老太太、太太的人，还该嘴里尊重些才是。若一时半刻偶然叫一声使得，若只管顺口叫起来，怕以后兄弟侄儿照样，便惹人笑话，说这家子的人眼里没有长辈。"宝玉笑道："妈妈说得是。我原不过是一时半刻的。"袭人、晴雯都笑说："这可别委屈了他。直到如今，他可'姐姐'没离了口，不过玩的时候叫一声半声名字，若当着人，却是和先一样。"林之孝家的笑道："这才好呢，这才是读书知礼的。越自己谦越尊重，别说是三五代的陈人，现从老太太、太太屋里拨过来的，便是老太太、太太屋里的猫儿狗儿，轻易也伤它不得。这才是受过调教的公子行事。"说毕，吃了茶，便说："请安歇罢，我们走了。"宝玉还说："再歇歇息。"那林之孝家的已带了众人，又查别处去了。这里晴雯等忙命关了门，进来笑说："这位奶奶哪里吃了一杯来了？唠三叨四的，又排场了我们一顿去了。"麝月笑道："她也不是好意的？少不得也要常提着些儿。也提防着怕走了大褶儿的意思。"说着，一面摆上酒果。袭人道："不用围桌，咱们把那张花梨圆炕桌子放在炕上坐，又宽绰，又便宜。"说着，大家果然抬来。麝月和四儿那边去搬果子，用两个大茶盘，做四五次方搬运了来。两个老婆子蹲在外面火盆上筛酒。

宝玉说："天热，咱们都脱了大衣裳才好。"众人笑道："你要脱你脱，我们还要轮流安席呢。"宝玉笑道："这一安就安到五更天了。知道我最怕这些俗套子，在外人跟前不得已的，这会子还怄我，就不好了。"众人听了，都说："依你。"于是先不上坐，且忙着卸妆宽衣。一时将正装卸去，头上只随便挽着鬟儿，身上皆是长裙短袄。宝玉只穿着大红棉纱小袄子，下面绿绫弹墨夹裤，散着裤脚，倚着一个各色玫瑰芍药花瓣装的玉色夹纱新枕头，和芳官两个先划拳。当时芳官满口嚷热，只穿着一件玉色红青酡绒三色缎子斗的水田小夹袄，束着一条柳绿汗巾，底下是水红撒花夹裤，也散着裤腿。头上眉额编着一圈小辫，总归至顶心，结一根鹅卵粗细的总辫，拖在脑后。右耳眼内只塞着米粒大小的一个小玉塞子，左耳上单带着一个白果大小的硬红镶金大坠子，越显的面如满月犹白，眼如秋水还清。引得众人笑说："他两个倒像是双生的弟兄两个。"

袭人等一一的斟了酒来说："且等等再划拳，虽不安席，每人在手里吃我们一口罢了。"于是袭人为先，端在唇上吃了一口，余依次下去，一一吃过，大家方团团坐定。小燕、四儿因炕沿坐不下，便端了两张椅子近炕放下。那四十个碟子，皆是一色白粉定窑的，不过只有小茶碟大，里面不过是山南海北，中原外国，或干或鲜，或水或陆，天下所有的酒馔果菜。

宝玉因说："咱们也该行个令才好。"袭人道："斯文些的才好，别大呼小叫，惹人听见。二则我们不识字，可不要那些文的。"麝月笑道："拿骰子咱们抢红罢。"宝玉道："没趣，不好。咱们占花名儿好。"晴雯笑道："正是，早已想弄这个玩意儿。"袭人道："这个玩意虽好，人少了没趣。"小燕笑道："依我说，咱们竟悄悄的把宝姑娘、云姑娘、林姑娘请了来玩一回子，到二更天再睡不迟。"袭人道："又开门合户的闹，倘或遇见巡夜的问呢？"宝玉道："怕什么！咱们三姑娘也吃酒，再请她一声才好。还有琴姑娘。"众人都道："琴姑娘罢了，他在大奶奶屋里，叨登得大发了。"宝玉道："怕什么，你们就快请去。"小燕、四儿都巴不得一声，二人忙命开了门，分头去请。

晴雯、麝月、袭人三人又说："她两个去请，只怕宝林两个不肯来，须得我们请去，死活拉她来。"于是袭人、晴雯忙又命老婆子打个灯笼，二人又去。果然宝钗说‘夜深了’，黛玉说‘身上不好’，她二人再三央求说：“好歹给我们一点体面，略坐坐再来。”探春听了，却也欢喜。因想：“不请李纨，倘或被她知道了，倒不好。”便命翠墨同了小燕也再三的请了李纨和宝琴二人，会齐，先后都到了怡红院中。袭人又死活拉了香菱来。炕上又并了一张桌子，方坐开了。

宝玉忙说：“林妹妹怕冷，过这边靠板壁坐。”又拿个靠背垫着些。袭人等都端了椅子，在炕沿下一陪。黛玉却离桌远远的靠着靠背，因笑向宝钗、李纨、探春等道：“你们日日说人夜聚饮博，今儿我们自己也如此，以后怎么说人？”李纨笑道：“这有何妨。一年之中不过生日节间如此，并无夜夜如此，这倒也不怕。”

说着，晴雯拿了一个竹凋的签筒来，里面装着象牙花名签子，摇了一摇，放在当中。又取过骰子来，盛在盒内，摇了一摇，揭开一看，里面是五点，数至宝钗。宝钗便笑道：“我先抓，不知抓出个什么来。”说着，将筒摇了一摇，伸手掣出一根，大家一看，只见签上画着一支牡丹，题着“艳冠群芳”四字，下面又有镌的小字一句唐诗，道是：任是无情也动人。

又注着：“在席共贺一杯，此为群芳之冠，随意命人，不拘诗词雅谑，道一则以侑酒。”众人看了，都笑说：“巧得很，你也原配牡丹花。”说着，大家共贺了一杯。宝钗吃过，便笑说：“芳官唱一支我们听罢。”芳官道：“既这样，大家吃门杯好听。”于是大家吃酒。芳官便唱：“寿筵开处风光好。”众人都道：“快打回去。这会子很不用你来上寿，拣你极好的唱来。”芳官只得细细的唱了一支《赏花时》：

翠凤毛翎扎帚叉，闲为仙人扫落花。您看那风起玉尘沙。勐可的那一层云下，抵多少门外即天涯！您再休要剑斩黄龙一线儿差，再休向东老贫穷卖酒家。您与俺眼向云霞。洞宾呵，您得了人可便早些儿回话，若迟呵，错教人留恨碧桃花。

才罢。宝玉却只管拿着那签，口内颠来倒去念“任是无情也动人”，听听这曲子，眼看着芳官不语。湘云忙一手夺了，掷与宝钗。宝钗又掷了一个十六点，数到探春，探春笑道：“我还不知得个什么呢。”伸手掣了一根出来，自己一瞧，便掷在地下，红了脸，笑道：“这东西不好，不该行这令。这原是外头男人们行的令，许多混话在上头。”众人不解，袭人等忙拾了起来，众人看上面是一枝杏花，那红字写着“瑶池仙品”四字，诗云：日边红杏倚云栽。

注云：“得此签者，必得贵婿，大家恭贺一杯，共同饮一杯。”众人笑道：“我说是什么呢！这籤原是闺阁中取戏的，除了这两三根有这话的，并无杂话，这有何妨！我们家已有了个王妃，难道你也是王妃不成？大喜，大喜！”说着大家来敬。探春哪里肯饮，却被史湘云、香菱、李纨等三四个人强死强活灌了下去。探春只命：“蠲了这个，再行别的。”众人断不肯依。湘云拿着她的手，强掷了个十九点出来，便该李氏掣。

李氏摇了一摇，掣出一根来一看，笑道：“好极。你们瞧瞧，这劳什子竟有些意思。”众人瞧那签上，画着一枝老梅，是写着“霜晓寒姿”四字，那一面旧诗是：

竹篱茅舍自甘心。

注云：“自饮一杯，下家掷骰。”李纨笑道：“真有趣，你们掷去罢。我只自吃一杯，不问你们的废与兴。”说着，便吃酒，将骰过与黛玉。黛玉一掷，是个十八点，便该湘云掣。湘云笑着，揎拳掳袖的伸手掣了一根出来。大家看时，一面画着一枝海棠，题着“香梦沉酣”四字，那面诗道是：

只恐夜深花睡去。

黛玉笑道：“‘夜深’两个字，改‘石凉’两个字。”众人便知她趣白日间湘云醉卧的事，都笑了。湘云笑指那自行船与黛玉看，又说：“快坐上那船家去罢，别多话了。”众人都笑了。因看注云：“既云‘香梦沉酣’，掣此签者不便饮酒，只令上下二家各饮一杯。”湘云拍手笑道：“阿弥陀佛，真真好签！”恰好黛玉是上家，宝玉是下家。二人斟了两杯，只得要饮。宝玉先饮了半杯，瞅人不见，递与芳官，端起来便一扬脖喝了。黛玉只管和人说话，将酒全折在漱盂内了。

湘云便绰起骰子来，一掷个九点，数去该麝月。麝月便掣了一根出来。大家看时，这面上一枝荼蘼花，题着“韶华胜极”四字，那边写着一句旧诗，道是：

开到荼蘼花事了。

注云：“在席各饮三杯送春。”麝月问：“怎么讲？”宝玉愁眉，忙将签藏了，说：“咱们且喝酒。”说着，大家吃了三口，以充三杯之数。麝月一掷个十九点，该香菱。香菱便掣了一根并蒂花，题着“联春绕瑞”，那面写着一句诗，道是：

连理枝头花正开。

注云：“共贺掣者三杯，大家陪饮一杯。”香菱便又掷了个六点，该黛玉掣。黛玉默默的想道：“不知还有什么好的被我掣着方好。”一面伸手取了一根，只见上面画着一枝芙蓉，题着“风露清愁”四字，那面一句旧诗，道是：

莫怨东风当自嗟。

注云：“自饮一杯，牡丹陪饮一杯。”众人笑说：“这个好极。除了她，别人不配作芙蓉。”黛玉也自笑了。于是饮了酒，便掷了个二十点，该着袭人。袭人便伸手取了一支出来，却是一枝桃花，题着“武陵别景”四字，那一面写着旧诗，道是：

桃红又是一年春。

注云：“杏花陪一盏，坐中同庚者陪一盏，同辰者陪一盏，同姓者陪一盏。”众人笑道：“这一回热闹有趣。”大家算来，香菱、晴雯、宝钗三人皆与她同庚，黛玉与她同辰，只无同姓者。芳官忙道：“我也姓花，我也陪她一锺。”于是大家斟了酒，黛玉因向探春笑道：“命中该着招贵婿的，你是杏花，快喝了，我们好喝。”探春笑道：“这是个什么话，大嫂子顺手给他一下子。”李纨笑道：“人家不得贵婿反挨打，我也不忍的。”说得众人都笑了。

袭人才要掷，只听有人叫门。老婆子忙出去问时，原来是薛姨妈打发人来了，接黛玉的。众人因问：“几更了？”人回：“二更以后了，钟打过十一下了。”宝玉犹不信，要过表来瞧了一瞧，已是子初初刻十分了。黛玉便起身说：“我可撑不住了，回去还要吃药呢。”众人说：“也都该散了。”袭人、宝玉等还要留着众人。李纨宝钗等都说：“夜太深了不像，这已是破格了。”袭人道：“既如此，每位再吃一杯再走。”说着，晴雯等已都斟满了酒，每人吃了，都命点灯。袭人等直送过沁芳亭河那边，方回来。

关了门，大家复又行起令来。袭人等又用大钟斟了几锺，用盘攒了各样果菜，与地下的老嬷嬷们吃。彼此有了三分酒，便猜拳赢唱小曲儿。那天已四更时分，老嬷嬷们一面明吃，一面暗偷，酒坛已罄，众人听了纳罕，方收拾盥漱睡觉。芳官吃得两腮胭脂一般，眉稍眼角越添了许多丰韵，身子图不得，便睡在袭人身上，说：“好姐姐，心跳得很。”袭人笑道：“谁许你尽力灌起来！”小燕、四儿也图不得，早睡了。晴雯还只管叫。宝玉道：“不用叫了，咱们且胡乱歇一歇罢。”自己便枕了那红香枕，身子一歪，便也睡着了。袭人见芳官醉得很，恐闹她唾酒，只得轻轻起来，就将芳官扶在宝玉之侧，由她睡了。自己却在对面榻上倒下。大家黑甜一觉，不知所之。

及至天明，袭人睁眼一看，只见天色晶明，忙说："可迟了！"向对面床上瞧了一瞧，只见芳官头枕着炕沿上，睡犹未醒，连忙起来叫她。宝玉已翻身醒了，笑道："可迟了！"因又推芳官起身。那芳官坐起来，犹发怔揉眼睛。袭人笑道："不害羞！你吃醉了，怎么也不拣地方儿，乱挺下了？"芳官听了，瞧了一瞧，方知是和宝玉同榻，忙笑得下地来说："我怎么吃得不知道了？"宝玉笑道："我竟也不知道了。若知道，给你脸上抹些黑墨。"说着，丫头进来伺候梳洗。宝玉笑道："昨儿有扰，今儿晚上我还席。"袭人笑道："罢、罢、罢！今儿可别闹了，再闹就有人说话了。"宝玉道："怕什么！不过才两次罢了。咱们也算是会吃酒了，那一坛子酒怎么就吃光了？正是有趣，偏又没了。"袭人笑道："原要这样才有趣。必至兴尽了，反无后味了，昨儿都好上来了，晴雯连臊也忘了，我记得她还唱了一个。"四儿笑道："姐姐忘了？连姐姐还唱了一个呢。在席的谁没唱过？"众人听了，俱红了脸，用两手捂着，笑个不住。

忽见平儿笑嘻嘻的走来，说："亲自来请昨日在席的人，今儿我还东，短一个也使不得。"众人忙让坐吃茶。晴雯笑道："可惜昨夜没她。"平儿忙问："你们夜里做什么来？"袭人便说："告诉不得你。昨儿夜里热闹非常，连往日老太太、太太带着众人玩也不及昨儿这一玩。一坛酒我们都鼓捣光了，一个个吃得把臊都丢了，三不知的又都唱起来。四更多天，才横三竖四的打了一个盹儿。"平儿笑道："好！白和我要了酒来，也不请我，还说着给我听，气我。"晴雯道："今儿他还席，必来请你的，等着罢。"平儿笑问道："'他是谁'，谁是'他'？"晴雯听了，赶着笑打，说着："偏你这耳朵尖，听得真。"平儿笑道："这会子有事，不和你说，我干事去了。一回再打发人来请，一个不到，我是打上门来的。"宝玉等忙留她，已经去了。

这里宝玉梳洗了，正吃茶，忽然一眼看见砚台底下压着一张纸，因说道："你们这随便混压东西也不好。"袭人、晴雯等忙问："又怎么了，谁又有了不是了？"宝玉指道："砚台下是什么？一定又是哪位的样子，忘记了收的。"晴雯忙启砚拿了出来，却是一张字帖儿，递与宝玉看时，原来是一张粉笺子，上面写着"槛外人妙玉恭肃遥叩芳辰。"宝玉看毕，直跳了起来，忙问："这是谁接了来的？也不告诉。"袭人、晴雯等见了这般，不知当是哪个要紧的人来的帖子，忙一齐问："昨儿谁接下了一个帖子？"四儿忙飞跑进来，笑说："昨儿妙玉并没亲来，只打发个妈妈送来。我就搁在那里，谁知一顿酒就忘了。"众人听了，道："我当谁的，这样大惊小怪！这也不值得。"宝玉忙命："快拿纸来。"当时拿了纸，研了墨，看她下着"槛外人"三字，自己竟不知回帖上回个什么字样才相敌。只管提笔出神，半天仍没主意。因又想："若问宝钗去，她必又批评怪诞，不如问黛玉去。"

想罢，袖了帖儿，迳来寻黛玉。刚过了沁芳亭，忽见岫烟颤颤巍巍的迎面走来。宝玉忙问："姐姐哪里去？"岫烟笑道："我找妙玉说话。"宝玉听了诧异，说道："她为人孤癖，不合时宜，万人不入她目。原来她推重姐姐，竟知姐姐不是我们一流的俗人。"岫烟笑道："她也未必真心重我，但我和她做过十年的邻居，只一牆之隔。她在蟠香寺修炼，我家原寒素，赁房居住，就赁的是她庙里的房子，住了十年，无事到她庙里去作伴。我所认的字，都是承她所授。我和她又是贫贱之交，又有半师之分。因我们投亲去了，闻得她因不合时宜，权势不容，竟投到这里来。如今又天缘凑合，我们得遇，旧情竟未易。承她青目，更胜当日。"

宝玉听了，恍如听了焦雷一般，喜得笑道："怪道姐姐举止言谈，超然如野鹤闲云，原来有本而来。正因她的一件事我为难，要请教别人去。如今遇见姐姐，真是天缘巧合，求姐姐指教。"说着，便将拜帖取与岫烟看。岫烟笑道："她这脾气竟不能改，竟是生成这等放诞诡僻了。从来没见拜帖上下别号的，这可是俗语说的'僧不僧，俗不俗，女不女，男不男'，成个什么道理！"宝玉听说，忙笑道："姐姐不知道，她原不在这些人中算，她原是世人意外之人。因取我是个些微有知识的，方给我这帖子。我因不知回什么字样才好，竟没了主意，正要去问林妹妹，可巧遇见了姐姐。"

岫烟听了宝玉这话，且只顾用眼上下细细打量了半日，方笑道："怪道俗语说的'闻名不如见面'，又怪不得妙玉竟下这帖子给你，又怪不得上年竟给你那些梅花。既连她这样，少不得我告诉你原故。她常说：'古人中自汉、晋、五代、唐、宋以来，皆无好诗，只有两句好，说道："纵有千年铁门槛，终须一个土馒头。"所以他自称'槛外之人'。又常赞文是庄子的好，故又或称为'畸人'。她若帖子上自称'畸人'的，你就还她个'世人'。畸人者，她自称是畸零之人；你谦自己乃世中扰扰之人，她便喜了。如今她自称'槛外之人'，是自谓蹈于铁槛之外了；故你如今只下'槛内人'，便合了她的心了。"宝玉听了，如醍醐灌顶，'嗳哟'了一声，方笑道："怪道我们家庙说是'铁槛寺'呢！原来有这一说。姐姐就请，让我去写回帖。"岫烟听了，便自往栊翠庵来。宝玉回房写了帖子，上面只写"槛内人宝玉熏沐谨拜"几字，亲自拿了到栊翠庵，只隔门缝儿投进去便回来了。

因又见芳官梳了头，挽起鬢来，带了些花翠，忙命她改妆，又命将周围的短髮剃了去，露出碧青头皮来，当中分大顶，又说："冬天必须大貂鼠卧兔儿戴，脚上穿虎头盘云五彩小战靴，或散着裤腿，只用淨袜厚底镶鞋。"又说："'芳官'之名不好，竟改了男名才别致。"因又改作"雄奴"。芳官十分称心，又说："既如此，你出门也带我出去。有人问，只说我和茗烟一样的小厮就是了。"宝玉笑道："到底人看得出来。"芳官笑道："我说你是无才的。咱家现有几家土番，你就说我是个小土番儿。况且人人说我打联垂好看，你想这话可妙？"宝玉听了，喜出意外，忙笑道："这却很好。我亦常见官员人等，多有跟从外国献俘之种，图其不畏风霜，鞍马便捷。既这等，再起个番名叫作"耶律雄奴"。'雄奴'二音。又与'匈奴'相通，都是犬戎名姓。况且这两种人，自尧舜时便为中华之患，晋、唐诸朝，深受其害。幸得咱们有福，生在当今之世，大舜之正裔，圣虞之功德仁孝，赫赫格天，同天地日月亿兆不朽，所以凡历朝中跳梁猖獗之小丑，到了如今，竟不用一干一戈，皆天使其拱手俯头，缘远来降。我们正该作践他们，为君父生色。"芳官笑道："既这样着，你该去操习弓马，学些武艺，挺身出去，拿几个反叛来，岂不进忠效力了。何必借我们，你鼓唇摇舌的自己开心作戏，却说是称功颂德呢！"宝玉笑道："所以你不明白。如今四海宾服，八方宁静，千载百载，不用武备。咱们虽一戏一笑，也该称颂，方不负坐享升平了。"芳官听了有理，二人自为妥贴甚宜。宝玉便叫她"耶律雄奴"。

究竟贾府二宅，皆有先人当年所获之囚，赐为奴隶，只不过令其饲养马匹，皆不堪大用。湘云素习憨戏异常，也最喜武扮的，每每自己束銮带，穿折袖。近见宝玉将芳官扮成男子，她便将葵官也扮了个小子。那葵官本是常刮剔短髮，好便于面上粉墨油彩，手脚又伶便，打扮了又省一层手。李纨、探春见了也爱，便将宝琴的豆官也就命她打扮了一个小童，头上两个丫髻，短袄红鞋，只差了涂脸，便俨是戏上的一个琴童。湘云将葵官改了，换作"大英"。因她姓韦，便叫她"韦大英"，方合自己的意思，暗有'惟大英雄能本色'之语，何必涂朱抹粉，才是男子。豆官身量年纪皆极小，又极鬼灵，故曰豆官。园中人也唤他作"阿豆"的，也有唤她作"炒豆子"的。宝琴反说琴童书童等名太熟了，竟是豆字别致，便换作"豆童"。

因饭后平儿还席，说红香圃太热，便在榆荫堂中摆了几席新酒佳肴。可喜尤氏又带了佩凤、偕鸾二妾过来游玩。这二妾亦是青年娇憨女子，不常过来的，今既入了这园，再遇见湘云、香菱、芳、蕊一干女子，所谓'方以类聚，物以群分'二语不错，只见她们说笑不了，也不管尤氏在那里，只凭丫鬟们去服侍，且同众人一一的游玩。

一时到了怡红院，忽听宝玉叫“耶律雄奴”，把佩凤、偕鸾、香菱三个人笑在一处，问是什么话，大家也学着叫这名字，又叫错了音韵，或忘了字眼，甚至于叫出“野驴子”来，引得合园中人凡听见无不笑倒。宝玉又见人人取笑，恐作贱了她，忙又说：“海西福朗思牙，闻有金星玻璃宝石，他本国番语以金星玻璃名为‘温都里纳’。如今将你比作它，就改名唤叫‘温都里纳’可好？”芳官听了更喜，说：“就是这样罢。”因此又唤了这名。众人嫌拗口，仍翻汉名，就唤“玻璃”。

闲言少述，且说当下众人都在榆荫堂中以酒为名，大家玩笑，命女先儿击鼓。平儿採了一枝芍药，大家约二十来人传花为令，热闹了一回。因人回说：“甄家有两个女人送东西来了。”探春和李纨、尤氏三人出去议事厅相见，这里众人且出来散一散。佩凤、偕鸳两个去打秋千玩耍，宝玉便说：“你两个上去，让我送。”慌得佩凤说：“罢了！别替我们闹乱子，倒是叫‘野驴子’来送送使得。”宝玉忙笑说：“好姐姐们，别玩了，没的叫人跟着你们学着骂她。”偕鸾又说：“笑软了，怎么打呢？掉下来栽出你的黄子来。”佩凤便赶着她打。

正玩笑不绝，忽见东府中几个人慌慌张张跑来，说：“老爷宾天了。”众人听了，唬了一大跳，忙都说：“好好的并无疾病，怎么就没了？”家下人说：“老爷天天修炼，定是功行圆满，升仙去了。”尤氏一闻此言，又见贾珍父子并贾琏等皆不在家，一时竟没个着己的男子来，未免慌了。只得忙卸了妆饰，命人先到玄真观将所有的道士都锁了起来，等大爷来家审问。一面忙忙坐车，带了赖升一干家人媳妇出城。又请太医看视，到底係何病。

大夫们见人已死，何处诊脉来，素知贾敬导气之术，总属虚诞，更至参星礼斗，守庚申，服灵砂，妄作虚为，过于劳神费力，反因此伤了性命的。如今虽死，肚中坚硬似铁，面皮嘴唇烧得紫绛皱裂。便向媳妇回说：“係玄教中吞金服砂，烧胀而殁。”众道士慌得回说：“原是老爷秘法新製的丹砂吃坏事，小道们也曾劝说‘功行未到，且服不得’，不承望老爷于今夜守庚申时，悄悄的服了下去，便升仙了。这恐是虔心得道，已出苦海，脱去皮囊，自了去也。”尤氏也不听，只命锁着，等贾珍来发放，且命人去飞马报信。一面看视这里窄狭，不能停放，横竖也不能进城的，忙装裹好了，用软轿抬至铁槛寺来停放，掐指算来，至早也得半月的工夫，贾珍方能来到。目今天气炎热，实不得相待，遂自行主持，命天文生择了日期入殓。寿木已係早年备下，寄在此庙的，甚是便宜。三日后，便开丧破孝。一面且做起道场来等贾珍。

荣府中凤姐儿出不来，李纨又照顾姊妹，宝玉不识事体，只得将外头之事暂托了几个家中二等管事人。贾㻞、贾珖、贾珩、贾璎、贾菖、贾菱等各有执事。尤氏不能回家，便将她继母接来，在宁府看家。她这继母只得将两个未出嫁的小女带来，一并起居，才放心。

且说贾珍闻了此信，即忙告假，并贾蓉是有职之人。礼部见当今隆敦孝弟，不敢自专，具本请旨。原来天子极是仁孝过天的，且更隆重功臣之裔，一见此本，便诏问贾敬何职。礼部代奏：“係进士出身，祖职已荫其子贾珍。贾敬因年迈多疾，常养静于都城之外玄真观。今因疾殁于观中，其子珍，其孙蓉，现因国丧，随驾在此，故乞假归殓。”天子听了，忙下额外恩旨曰：“贾敬虽白衣，无功于国，念彼祖父之功，追赐五品之职。令其子孙扶柩，由北下之门进都，入彼私第殡殓。任子孙尽丧，礼毕扶柩回籍外着光禄寺按上例赐祭。朝中自王公以下，准其祭弔。钦此。”此旨一下，不但贾府中人谢恩，连朝中所有大臣，皆嵩呼称颂不绝。

贾珍父子星夜驰回，半路中又见贾㻞、贾珖二人领家丁飞骑而来，看见贾珍，一齐滚鞍下马请安。贾珍忙问：“作什么？”贾㻞回说：“嫂子恐哥哥和侄儿来了，老太太路上无人，叫我们两个来护送老太太的。”贾珍听了，赞称不绝，又问家中如何料理。贾㻞等便将如何拿了道士，如何挪至家庙，怕家内无人，接了亲家母和两个姨娘在上房住着。贾蓉当下也下了马，听见两个姨娘来了，便和贾珍一笑。贾珍忙说了几声“妥当”，加鞭便走，店也不投，连夜换马飞驰。

一日，到了都门，先奔入铁槛寺。那天已是四更天气，坐更的闻知，忙喝起众人来。贾珍下了马，和贾蓉放声大哭，从大门外便跪爬进来，至棺前稽颡泣血，直哭到天亮，喉咙都哑了方住。尤氏等都一齐见过。贾珍父子忙按礼换了凶服，在棺前俯伏，无奈要理事，竟不能目不视物，耳不闻声，少不得减些悲戚，好指挥众人。因将恩旨备述与众亲友听了。一面先打发贾蓉家中来料理停灵之事。贾蓉巴不得一声儿，先骑马飞来至家，忙命前厅收桌椅，下槅扇，挂孝幔子，门前起鼓手棚、牌楼等事。又忙着进来看外祖母、两个姨娘。原来尤老安人年高喜睡，常歪着，他二姨娘、三姨娘都和丫头们作活计，见他来了，都道烦恼。贾蓉且嘻嘻的望他二姨娘笑说：“二姨娘，你又来了？我们父亲正想你呢。”尤二姐便红了脸，骂道：“蓉小子，我过两日不骂你几句，你就过不得了！越发连个体统都没了。还亏你是大家公子哥儿，每日念书学礼的，越发连那小家子瓢坎的也跟不上！”说着，顺手拿起一个熨斗来，搂头就打，吓得贾蓉抱着头，滚到怀里告饶。尤三姐便上来撕嘴，又说：“等姐姐来家，咱们告诉她。”

贾蓉忙笑着跪在炕上求饶，她两个又笑了。贾蓉又和二姨抢砂仁吃，尤二姐嚼了一嘴渣子，吐了他一脸。贾蓉用舌头都舔着吃了。众丫头看不过，都笑说：“热孝在身上，老娘才睡了觉，她两个虽小，到底是姨娘家，你太眼里没有奶奶了。回来告诉爷，你吃不了兜着走！”贾蓉撇下他姨娘，便抱着丫头们亲嘴，说：“我的心肝！你说得是，咱们馋他两个。”丫头们忙推他，恨得骂：“短命鬼儿，你一般有老婆、丫头，只和我们闹，知道的说是玩，不知道的人，再遇见那脏心烂肺的、爱多管闲事嚼舌头的人，吵嚷得那府里谁不知道，谁不背地里嚼舌说咱们这边混帐。”贾蓉笑道：“各门另户，谁管谁的事？都够使的了。从古至今，连汉朝和唐朝，人还说‘脏唐臭汉’，何况咱们这宗人家！谁家没风流事？别讨我说出来：连那边大老爷这么利害，琏叔还和那小姨娘不干淨呢。凤姑娘那样刚强，瑞叔还想她的帐。哪一件瞒了我！”

贾蓉只管信口开河胡言乱道之间，只见她老娘醒了，忙去请安问好，又说：“难为老祖宗劳心，又难为两位姨娘受委屈，我们爷儿们感戴不尽。惟有等事完了，我们合家大小登门去磕头。”尤老安人点头道：“我的儿，倒是你们会说话。亲戚们原是该的。”又问：“你父亲好？几时得了信赶到的？”贾蓉笑道：“才刚赶到的，先打发我瞧你老人家来了。好歹求你老人家事完了再去。”说着，又和他二姨挤眼，那尤二姐便悄悄咬牙含笑骂：“很会嚼舌头的猴儿崽子，留下我们给你爹作娘不成！”贾蓉又戏她老娘道：“放心罢，我父亲每日为两位姨娘操心，要寻两个又有根基又富贵又年青又俏皮的两位姨爹，好聘嫁这二位姨娘的。这几年总没拣得，可巧前日路上才相准了一个。”尤老只当真话，忙问：“是谁家的？”尤二姊妹丢了活计，一头笑，一头赶着打。说：“妈，别信这雷打的。”连丫头们都说：“天老爷有眼，仔细雷要紧！”又值人来回话：“事已完了，请哥儿出去看了，回爷的话去。”那贾蓉方笑嘻嘻的去了。不知如何，且听下回分解。

第 64 回 幽淑女悲题五美吟 浪荡子情遗九龙珮

题曰:

深闺有奇女，绝世空珠翠。情痴苦泪多，未习颜憔悴。哀哉千秋魂，薄命无二致。嗟彼桑间人，好丑非其类。

话说贾蓉见家中诸事已妥，连忙赶至寺中，回明贾珍。于是连夜分派各项执事人役，并预备一切应用幡杠等物。择于初四日卯时请灵柩进城，一面使人知会诸位亲友。是日，丧仪焜耀，宾客如云，自铁槛寺至宁府，夹道而观者，何啻数万也。也有羡慕的，也有嗟叹的，也有羡慕的，又有一等半瓶醋的读书人，说是"丧礼与其奢易莫若俭戚"的，一路纷纷议论不一。至未申时方到，将灵柩停放在正堂之内。供奠举哀已毕，亲友渐次散回，只剩族中人分理迎宾送客等事。近亲只有邢大舅相伴未去。贾珍贾蓉此时为礼法所拘，不免在灵旁藉草枕块，恨苦居丧。人散后，仍乘空寻他小姨子们厮混。宝玉亦每日在宁府穿孝，至晚人散，方回园里。凤姐身体未愈，虽不能时常在此，或遇开坛诵经，亲友打祭之日，亦扎挣过来，相帮尤氏料理。

一日，供毕早饭，因此时天气尚长，贾珍等连日劳倦，不免在灵旁假寐。宝玉见无客至，遂欲回家看视黛玉，因先回至怡红院中。进入门来，只见院中寂静无人，有几个老婆子与小丫头们在回廊下取便乘凉，也有睡卧的，也有坐着打盹的。宝玉也不去惊动。只有四儿看见，连忙上前来打帘子。将掀起时，只见芳官自内带笑跑出，几乎与宝玉撞个满怀。一见宝玉，方含笑站住说道："你怎么来了？你快与我拦住晴雯，她要打我呢。"一语未了，只听得屋内嘻熘（原字为左口右留）哗喇的乱响，不知是何物撒了一地。随后晴雯赶来骂道："我看你这小蹄子往哪里去！输了不叫打。宝玉不在家，我看谁来救你！"宝玉连忙拦住，笑道："你妹子小，不知怎么得罪了你，看我的分上，饶了她罢。"晴雯也不想宝玉此时回来，乍一见，不觉好笑，遂笑说道："芳官竟是个狐狸精变的，就是会拘神遣将的，符咒也没有这样快。"又笑道："就是你真请了神来，我也不怕。"遂夺手仍要捉拿芳官。芳官早已藏在宝玉身后。宝玉遂一手拖了晴雯，一手携了芳官。进入屋内。看时，只见西边炕上麝月、秋纹、碧痕、紫绡等正在那里抓子儿赢瓜子呢。却是芳官输与晴雯，芳官不肯叫打，跑了出去。晴雯因赶芳官，将怀内的子儿撒了一地。宝玉欢喜道："如此长天，我不在家，正恐你们寂寞，吃了饭睡觉，睡出病来，大家寻件事玩笑消遣甚好。"因不见袭人，又问道："你袭人姐姐呢？"晴雯道："袭人么。越发道学了，独自一个在屋里面壁呢。这好一会我们没进去，不知她作什么呢，一些声气也听不见。你快瞧瞧去罢，或者此时参悟了，也未可定。"

宝玉听说，一面笑，一面走至里间。只见袭人坐在近窗的床上，手中拿着一根灰色绦子，正在那里打结子呢。见宝玉进来，连忙站起来，笑道："晴雯这东西编派我什么呢？我因要赶着打完这结子，没工夫和她们瞎闹，因哄她们道：'你们玩去罢，趁着二爷不在家，我要在这里静坐一坐，养一养神。'她就编派了许多混话，什么'面壁了''参禅了'的，等一会我不撕她那嘴！"

宝玉笑着挨近袭人坐下，瞧他打结子，问道："这么长天，你也该歇息歇息，或和她们玩去，要不，瞧瞧林妹妹去也好。怪热的，打这个哪里使？"袭人道："我见你带的扇套还是那年东府里蓉大奶奶的事情上做的。那个青东西除族中或亲友家夏天有丧事方带得着，一年遇着带一两遭，平常又不犯做。如今那府里有事，这是要过去天天带的，所以我赶着另作一个。等打完了结子，给你换下那旧的来。你虽然不讲究这个，若叫老太太回来看见，又该说我们躲懒，连你穿带之物都不经心了。"宝玉笑道："这真难为你想得到。只是也不可过于赶，热着了，倒是大事。"说着，芳官早托了一杯凉水内新湃的茶来。因宝玉素昔秉赋柔脆，虽暑月不敢用冰，只以新汲井水将茶连壶浸在盆内，不时更换，取其凉意而已。宝玉就芳官手内吃了半盏，遂向袭人道："我来时已吩咐了茗烟，若珍大哥那边有要紧人客来时，令彼即来通禀；若无甚要事，我就不过去了。"说毕，遂出了房门，又回头向碧痕等道："如有事，往林姑娘处来找我。"于是一迳往潇湘馆来看黛玉。

将过了沁芳桥，只见雪雁领着两个老婆子，手中都拿着菱藕瓜果之类。宝玉忙问雪雁道："你们姑娘从来不大吃这些凉东西的，拿这些瓜果何用？莫非是要请哪位姑娘、奶奶么？"雪雁笑道："我告诉你，可不许你对姑娘说去。"宝玉点头应允。雪雁便命两个婆子："先将瓜果送去交与紫鹃姐姐。她要问我，你就说我做什么呢，就来。"那婆子答应着去了。雪雁方说道："我们姑娘这两日方觉身上好些了。今日饭后，三姑娘来，会着要瞧二奶奶去，姑娘也没去。又不知想起甚么来，自己伤感了一会，题笔写了好些，不知是诗啊词啊。叫我传瓜果去时，又听叫紫鹃将屋内摆着的小琴桌上的陈设搬下来，将桌子挪在外间当地，又叫将那龙文鼐放在桌上，等瓜果来时听用。若说是请人呢，不犯先忙着把个炉摆出来；若说点香呢，我们姑娘素日屋内除摆新鲜花儿、木瓜、佛手之类，又不大喜熏香；就是点香，亦当点在常坐卧之处。难道是老婆子们把屋子熏臭了，要拿香熏熏不成？究竟连我也不知何故。"说毕，便连忙去了。

宝玉这里，不由得低头细想，心内道："据雪雁说来，必有原故。若是同哪一位姊妹们闲坐，亦不必如此先设馔具。或者是姑爹、姑妈的忌辰，但我记得每年到此日期，老太太都吩咐另外整理肴馔，送去与林妹妹私祭，此时已过。大约是因七月为瓜果之节，家家都上秋祭的坟，林妹妹有感于心，所以在私室自己奠祭，取《礼记》'春秋荐其时食'之意，也未可定。但我此刻走去，见林妹妹伤感，必极力劝解，又怕她烦恼郁结于心；若竟不去，又恐她过于伤感，无人劝止；两件皆足致疾。莫若先到凤姐姐处一看，在彼稍坐即回。如若见林妹妹伤感，再设法开解，既不至使其过悲，哀痛稍申，亦不至抑郁致病。"想毕，遂出了园门，一迳到凤姐处来。

正有许多执事婆子们回事毕，纷纷散出。凤姐儿正倚着门和平儿说话呢。一见了宝玉，笑道："你回来了么？我才吩咐了林之孝家的。叫她使人告诉跟你的小厮，若没什么事，趁便请你回来歇息歇息。再者那里人多，你哪里禁得住那些气味。不想恰好你倒来了。"宝玉笑道："多谢姐姐记挂。我也因今日没事，又见姐姐这两日没往那府里去，不知身上可大愈否，所以回来看视看视。"凤姐道："左右也不过是这样，三日好两日不好的。老太太、太太不在家，这些大娘们，嗳，哪一个是安分的！每日不是打架，就拌嘴，连赌博偷盗的事情都闹出来了两三件了。虽说有三姑娘帮着办理，她又是个没出阁的姑娘。也有好叫她知道的，也有对她说不得的事，也只好强扎挣着罢了。总不得心静一会。别说想病好，求其不添也就罢了。"宝玉道："虽如此说，姐姐还要保重身体，少操些心才是。"说毕，又说了些闲话，别过凤姐，一直往园中走来。

进了潇湘馆的院门看时，只见炉袅残烟，奠余玉醴。紫鹃正看着人往里搬桌子，收陈设呢。宝玉便知已经祭完了，走入屋内，只见黛玉面向里歪着，病体恹恹，大有不胜之态。紫鹃连忙说道："宝二爷来了。"黛玉方慢慢的起来，含笑让坐。宝玉道："妹妹这两天可大好些了？气色倒觉静些，只是为何又伤心了？"黛玉道："可是你没的说了，好好的我多早晚又伤心了？"宝玉笑道："妹妹脸上现有哭泣之状，如何还哄我呢。只是我想妹妹素日本来多病，凡事当各自宽解，不可过作无益之悲。若作践坏了身子，将来使我……"说到这里，觉得以下的话有些难说，连忙咽住。只因他虽说和黛玉自小一处长大，情投意合，又愿同生死，却只是心中领会，从来未曾当面说出。况兼黛玉心重，每每因说话造次，得罪了她，致彼哭泣。今日原为的是来劝解黛玉，不想把话来说造次了，接不下去，心中一急，又怕黛玉恼他。又想一想自己的心实在是为好，因而转急为悲，早已滚下泪来。黛玉起先原恼宝玉说话不论轻重，如今见此光景，心有所感，本来素昔爱哭，此时亦不免无言对泣。

却说紫鹃端了茶来，打量他二人不知又为何事角口，因说道："姑娘才身上好些，宝二爷又来怄气来了，到底是怎么样？"宝玉一面拭泪，笑道："谁敢怄妹妹了！"一面搭讪着起来闲步。只见砚台底下微露一纸角，不禁伸手拿起。黛玉忙要起身来夺，已被宝玉揣在怀内，笑央道："好妹妹！赏我看看罢。"黛玉道："不管什么，来了就混翻。"

一语未了，只见宝钗走来，笑道："宝兄弟要看什么？"宝玉因未见上面是何言词，又不知黛玉心中如何，未敢造次回答，却望着黛玉笑。黛玉一面让宝钗坐，一面笑说道："我曾见古史中有才色的女子，终身遭际，令人可喜、可羡、可悲、可叹者甚多。今日饭后无事，因择出数人，胡乱凑几首诗，以寄感慨，可巧探丫头来会我瞧凤姐姐去，我因身上懒懒的，没同她去，适才做了五首，一时困倦起来，撂在那里，不想二爷来了，就瞧见了，其实给他看也倒没有什么，但只我嫌他是不是的写了给人看去。"宝玉忙道："我多早晚给人看来呢？昨日那把扇子，原是我爱那几首白海棠的诗，所以我自己用小楷写了，不过为的是拿在手中看着便易。我岂不知闺阁中诗词字迹是轻易往外传诵不得的？自从你说了，我总没拿出园子去。"宝钗道："林妹妹这虑得也是。你既写在扇子上，偶然忘记了，拿在书房里去，被相公们看见了，岂有不问是谁做的呢。倘或传扬开了，反为不美。自古道'女子无才便是德'，总以贞静为主，女工还是第二件。其余诗词之类，不过是闺中游戏，原可以会，可以不会。咱们这样人家的姑娘，倒不要这些才华的名誉。"因又笑向黛玉道："拿出来给我看看无妨，只不叫宝兄弟拿出去就是了。"黛玉笑道："既如此说，，连你也可以不必看了。"又指着宝玉笑道："他早已抢了去了。"宝玉听了，方自怀内取出，凑至宝钗身旁，一同细看。只见写道：

西施 一代倾城逐浪花，吴宫空自忆儿家。效颦莫笑东村女，头白溪边尚浣纱。

虞姬 肠断乌骓夜啸风，虞兮幽恨对重瞳。黥彭甘受他年醢，饮剑何如楚帐中！

明妃 绝艳惊人出汉宫，红颜命薄古今同。君王纵使轻颜色，予夺权何畀画工？

绿珠 瓦砾明珠一例抛，何曾石尉重娇娆！都缘顽福前生造，更有同归慰寂寥。

红拂 长揖雄谈态自殊，美人巨眼识穷途。尸居余气杨公幕，岂得羁縻女丈夫！

宝玉看了，赞不绝口，又说道："妹妹这诗，恰好只做了五首，何不就命名曰《五美吟》。"于是不容分说，便提笔写在后面。宝钗亦说道："做诗不论何题，只要善翻古人之意。若要随人脚踪走去，纵使字句精工，已落第二义，究竟算不得好诗。即如前人所咏昭君之诗甚多，有悲挽昭君的，有怨恨延寿的，又有讥汉帝不能使画工图貌贤臣而画美人的，纷纷不一。后来王荆公复有'意态由来画不成，当时枉杀毛延寿'；永叔有'耳目所见尚如此，万里安能制夷狄'。二诗俱能各出己见，不袭前人。今日林妹妹这五首诗，亦可谓命意新奇，别开生面了。"

仍欲往下说时，只见有人回道："琏二爷回来了。适才外间传说，往东府里去了好一会了，想必就回来的。"宝玉听了，连忙起身，迎至大门以内等待。恰好贾琏自外下马进来。于是宝玉先迎着贾琏跪下，口中给贾母、王夫人等请了安，又给贾琏请了安。二人携手走了进来。只见李纨、风姐、宝钗、黛玉、迎、探、惜等早在中堂等候，一一相见已毕。因听贾琏说道："老太太明日一早到家，一路身体甚好。今日先打发了我来回家看视，明日五更，仍要出城迎接。"说毕，众人又问了些路途的景况。因贾琏是远路适归，遂大家别过，让贾琏回房歇息。一宿晚景，不必细述。

至次日饭时前后，果见贾母、王夫人等到来。众人接见已毕，略坐了一坐，吃了一杯茶，便领了王夫人等人过宁府中来。只听见里面哭声震天，却是贾瑞、贾珖送贾母到家，即过这边来了。当下贾母进入里面，早有贾赦、贾琏率领族中人哭着迎了出来。他父子一边一个挽了贾母，走至灵前，又有贾珍、贾蓉跪着，扑入贾母怀中痛哭。贾母暮年人，见此光景，亦搂了珍、蓉等痛哭不已。贾赦、贾琏在旁苦劝，方略略止住。又转至灵右，见了尤氏婆媳，不免又相持大痛一场。哭毕，众人方上前一一请安问好。贾珍因贾母才回家来，未得歇息，坐在此间看着，未免要伤心，遂再三求贾母回家，王夫人等亦再三相劝。贾母不得已，方回来了。

果然，年迈的人禁不住风霜伤感，至夜间，便觉头闷身酸，鼻塞声重。连忙请了医生来诊脉下药，足足的忙乱了半夜一日。幸而发散得快，未曾传经，至三更天，些须发了点汗，脉静身凉，大家方放了心。至次日仍服药调理。又过了数日，乃贾敬送殡之期，贾母犹未大愈，遂留宝玉在家侍奉。凤姐因未曾甚好，亦未去。其余贾赦、贾琏、邢夫人、王夫人等率领家人仆妇，都送至铁槛寺，至晚方回。贾珍、尤氏并贾蓉仍在寺中守灵，等过百日后，方扶柩回籍。家中仍托尤老娘并二姐、三姐照管。

却说贾琏素日既闻尤氏姐妹之名，恨无缘得见。近因贾敬停灵在家，每日与二姐、三姐相识已熟，不禁动了垂涎之意。况知与贾珍、贾蓉等素有聚鹿之诮，因而乘机百般撩拨，眉目传情。那三姐却只是澹澹相对，只有二姐也十分有意，但只是眼目众多，无从下手。贾琏又怕贾珍吃醋，不敢轻动，只好二人心领神会而已。此时出殡以后，贾珍家下人少，除尤老娘带领二姐、三姐并几个粗使的丫鬟、老婆子在正室居住外，其余婢妾都随在寺中。外面仆妇，不过晚间巡更，日间看守门户，白日无事，亦不进里面去。所以贾琏便欲趁此下手，遂托相伴贾珍为名，亦在寺中住宿，又时常借着替贾珍料理家务，不时至宁府中来勾搭二姐。

一日，有小管家俞禄来回贾珍道："前者所用棚杠孝布并请杠人青衣，共使银一千两，除给银五百两外，仍欠五百两。昨日两处买卖人俱来催讨，奴才特来讨爷的示下。"贾珍道："你向库上去领就是了，这又何必来问我。"俞禄道："昨日已曾向库上去领，但只是老爷宾天以后，各处支领甚多，所剩还要预备百日道场及庙寺中用度，此时竟不能发给。所以小奴才今日特来回爷，或者爷内库里暂且发给，或者挪借何项，吩咐了奴才好办。"贾珍笑道："你还当是先呢，有银子放着不使。你无论哪里暂且借了给他罢。"俞禄笑回道："若说一二百，还可以巴结，这四五百两，一时哪里办得来！"贾珍想了一想，向贾蓉道："你问你娘去，昨日出殡以后，有江南甄家送来打祭银五百两，未曾交到库上去，你先要了来，给他去罢。"贾蓉答应了，连忙过这边来，回了尤氏，复转来回他父亲道："昨日那项银子已使了二百两，下剩的三百两，令人送至家中，交与老娘收了。"贾珍道："既然如此，你就带了他去，向你老娘要了出来交给他。再也瞧瞧家中有事无事，问你两个姨娘好。下剩的，俞禄先借了添上罢。"

贾蓉与俞禄答应了，方欲退出，只见贾琏走了进来。俞禄忙上前请了安。贾琏便问何事，贾珍一一告诉了。贾琏心中想道："趁此机会，正可至宁府寻二姐。"一面遂说道："这有多大事，何必向人借去。昨日我方得了一项银子，还没有使呢，莫若给他添上，岂不省事？"贾珍道："如此甚好。你就吩咐了蓉儿，一并令他取去。"贾琏忙道："这必得我亲身取去。再我这几日没回家了，还要给老太太、老爷、太太们请请安去。再到阿哥那边查查家人们有无生事，也给亲家太太请请安。"贾珍笑道："只是又劳动你老二，我心不安。"贾琏也笑道："自家兄弟，这又何妨。"贾珍又吩咐贾蓉道："你跟了你叔叔去，也到那边给老太太、老爷、太太们请安，说我和你娘都请安，打听打听老太太身上可大安了，还服药呢没有？"贾蓉一一答应了，跟随贾琏出来，带了几个小厮，骑上马，一同进城。

在路叔侄闲话。贾琏有心，便提到尤二姐，因夸说如何标致，如何做人好，举止大方，言语温柔，无一处不令人可敬可爱，"人人都说你婶子好，据我看哪里及你二姨一零儿呢。"贾蓉揣知其意，便笑道："叔叔既这么爱他，我给叔叔作媒，说了做二房何如？”贾琏笑道：“敢是好呢。只怕你婶子不依，再也怕你老娘不愿意。况且我听见说，你二姨已有了人家了。”贾蓉道：“这都无妨。我二姨、三姨都不是我老爷养的，原是我老娘带了来的。听见说我老娘在那一家时，就把我二姨许给皇粮庄头张家，指腹为婚。后来张家遭了官司，败落了，我老娘又自那家嫁了出来，如今这十数年，两家音信不通。我老娘时常报怨，要与他家退婚，我父亲也要将二姨转聘。只等有了好人家，不过令人找着张家，给他数两银子，写上一张退婚的字儿。想张家穷极了的人，见了银子，有什么不依的。再他也知道咱们这样的人家，也不怕他不依。又是叔叔这样人说了做二房，我管保我老娘和我父亲都愿意。倒只是婶子那里却难。”

贾琏听到这里，心花都开了，哪里还有什么话说，只是一味呆笑而已。贾蓉又想了一想，笑道：“叔叔若有胆量，依我的主意行去，管保无妨，不过多花上几个钱。”贾琏忙道：“有何主意，快些说来，我没有不依的。”贾蓉道：“叔叔回家，一点声色也别露。等我回明了我父亲，向我老娘说妥，然后在咱府后方近左右，买上一所房子及应用傢伙什物，再拨两窝子家下人过去服侍。择了日子，人不知，鬼不觉，娶了过去，嘱咐家人不许走漏风声。嫂子在里面住着，深宅大院，哪里就得知道了。叔叔两下里住着，过个一年半载，即或闹出来，不过挨上老爷一顿骂。叔叔只说婶子总不生育，原是为子嗣起见，所以私自在外面作成此事。就是婶子，见生米做成熟饭，也只得罢了。再求一求老太太，没有不完的事。”

自古道“慾令智昏”，贾琏只顾贪图二姐美色，听了贾蓉一篇话，遂为计出万全，将现今身上有服，并停妻再娶，严父妒妻种种不妥之处，皆置之度外了。却不知贾蓉亦非好意，素日因同他两个姨娘有情，只因贾珍在内，不能畅意。如今若是贾琏娶了，少不得在外居住，趁贾琏不在时，好去鬼混之意。贾琏哪里意想及此，遂向贾蓉致谢道：“好侄儿，你果然能够说成了，我买两个绝色的丫头谢你。”说着，已至宁府门首。贾说道：“叔叔进去，向我老娘要出银子来，就交给俞禄罢。我先给老太太请安去。”贾琏含笑点头道：“老太太跟前，别提我和你一同来的。”贾蓉道：“知道。”又附耳向贾琏道：“今日要遇见二姨，可别性急了，闹出事来，往后倒难办了。”贾琏笑道：“少胡说！你快去罢。我在这里等你。”于是贾蓉自去给贾母请安。

贾琏进入宁府，早有家人头儿率领家人等请安，一路围随至厅上。贾琏一一的问了些话，不过塞责而已，便命家人散去，独自往里面走来。原来贾琏、贾珍素日亲密，又是弟兄，本无可避忌之人，自来是不等通报的。于是走至上房，早有廊下伺候的老婆子打起帘子，让贾琏进去。贾琏进入房中一看，只见南边炕上只有尤二姐带着两个丫鬟一处做活，却不见尤老娘与三姐。贾琏忙上前问好相见。尤二姐亦含笑让坐，贾琏便靠东边板壁坐了，仍将上首让与二姐，寒温毕，贾琏笑问道：“亲家太太和三妹妹哪里去了。怎么不见？”尤二姐笑道：“才有事往后头去了，也就来的。”此时，伺候的丫鬟因倒茶去，无人在跟前，贾琏便睨视二姐一笑。二姐亦低了头，只含笑不理。贾琏又不敢造次动手动脚，因见二姐手中拿着一条拴着荷包的手巾摆弄，便搭讪着往腰内摸了摸，说道：“槟榔荷包也忘记带了来，妹妹有槟榔，赏我一口吃。”二姐道：“槟榔倒有，只是我的槟榔从来不给人吃。”

贾琏便笑着，欲近身来拿。二姐怕人看见不雅，便连忙一笑，撂了过来。贾琏接在手中，都倒了出来，拣了半块吃剩下的，撂在口中吃了，又将剩下的都揣了起来。刚要把荷包亲身送过去，只见两个丫鬟倒了茶来。贾琏一面接了茶吃茶，一面暗将自己带的一个汉玉九龙珮解了下来，拴在手绢上，趁丫鬟回头时，仍撂了过去。二姐亦不去拿，只装看不见，仍坐着吃茶。只听后面一阵帘子响，却是尤老娘、三姐带着两个小丫头自后面走来。贾琏送目与二姐，令其拾取，这尤二姐亦只是不理。贾琏不知二姐何意，甚是着急，只得迎上来与尤老娘、三姐相见。一面又回头看二姐时，只见二姐笑着，没事人似的，再又看一看手巾，已不知哪里去了，贾琏方放了心。

于是大家归坐后，叙了些闲话。贾琏说道：“大嫂子说，前日有一包银子交给亲家太太收起来了，今日因要还人，大哥令我来取。再也看看家里有事无事。”尤老娘听了，连忙使二姐拿钥匙去取银子。这里贾琏又说道：“我也要给亲家太太请请安，瞧瞧二位妹妹。亲家太太脸面倒好，只是二位妹妹在我们家里受委屈。”尤老娘笑道：“咱们都是至亲骨肉，说哪里的话。在家里也是住着，在这里也是住着。不瞒二爷说，我们家里自从先夫去世，家计也着实艰难了，全亏了这里姑爷帮助。如今姑爷家里有了这样大事，我们不能别的出力，白看一看家还有什么委屈了的呢。”正说着，二姐已取了银子来，交与尤老娘。尤老娘便递与贾琏。贾琏叫一个小丫头叫了一个老婆子来，吩咐她道：“你把这个交给俞禄，叫他拿过那边去等我。”老婆子答应了出去。

只听得院内是贾蓉的声音说话。须臾进来，给他老娘、姨娘请了安，又向贾琏笑道：“才刚老爷还问叔叔呢，说是有什么事情要使唤。原要使人到寺里去叫，我回老爷说，叔叔就来。老爷还吩咐我，路上遇着叔叔叫快去呢。”贾琏听了，忙要起身，又听贾蓉和他老娘说道：“那一次我和老太太说的，我父亲要给二姨说的姨爹，就和我这叔叔的面貌身量差不多儿。老太太说好不好？”一面说着，又悄悄的用手指着贾琏，和他二姨努嘴。二姐倒不好意思说什么，只见三姐笑骂道：“坏透了的小猴儿崽子！没了你娘的说的了，等我撕他那嘴！”一面说着，便赶了过来。贾蓉早笑着跑了出去，贾琏也笑着辞了出来。走至厅上，又吩咐了家人们不可要钱吃酒等话；又悄悄的央贾蓉，回去急速和他父亲说。一面便带了俞禄过来，将银子添足，交给他拿去。一面自己见他父亲，给贾母去请安，不提。

却说贾蓉见俞禄跟了贾琏去取银子，自己无事，便仍回至里面，和他两个姨娘嘲戏一回，方起身。至晚到寺，见了贾珍，回道：“银子已经交给俞禄了。老太太已大愈了，如今已经不服药了。”说毕，又趁便将路上贾琏要娶尤二姐做二房之意说了。又说如何在外面置房子住，不使凤姐知道，“此时总不过为的是子嗣艰难起见，为的是二姨是见过的，亲上做亲，比别处不知道的人家说了来的好。所以二叔再三央我对父亲说。”只不说是他自己的主意。

贾珍想了想，笑道：“其实倒也罢了。只不知你二姨心中愿意不愿意。明日你先去和你老娘商量，叫你老娘问准了你二姨，再作定夺。”于是又教了贾蓉一篇话，便走过来，将此事告诉了尤氏。尤氏却知此事不妥，因而极力劝止。无奈贾珍主意已定，素日又是顺从惯了的，况且她与二姐本非一母，不便深管，因而也只得由他们闹去了。

至次日一早，果然贾蓉复进城来见他老娘，将他父亲之意说了，又添上许多话，说贾琏做人如何好，目今凤姐身子有病，已是不能好的了，暂且买了房子，在外面住着，过个一年半载，只等凤姐一死，便接了二姨进去做正室。又说他父亲此时如何聘，贾琏那边如何娶，如何接了你老人家养老，往后三姨也是那边应了替聘，说得天花乱坠，不由得尤老娘不肯。况且素日全亏贾珍周济，此时又是贾珍作主替聘，而且妆奁不用自己置买，贾琏又是青年公子，比张华胜强十倍，遂连忙过来与二姐商议。二姐又是水性的人，在先已和姐夫不妥，又常怨恨当时错许张华，致使后来终身失所，今见贾琏有情，况是姐夫将他聘嫁，有何不肯，也便点头依允。当下回覆了贾蓉，贾蓉回了他父亲。

次日，命人请了贾琏到寺中来，贾珍当面告诉了他尤老娘应允之事。贾琏自是喜出望外，又感谢贾珍、贾蓉父子不尽。于是三人商议着，使人看房子，打首饰，给二姐置买妆奁及新房中应用床帐等物。不过几日，早将诸事办妥。已于宁荣街后二里远近小花枝巷内买定一所房子，共二十余间。又买了两个小丫鬟。只是府里家人不敢擅动，外头买人又怕不知心腹，走漏了风声，忽然想起家人鲍二来。当初因和他女人偷情，被凤姐打闹了一阵，含羞吊死了，贾琏给了二百银子，叫他另娶一个。那鲍二向来却就和厨子多浑虫的媳妇多姑娘有一手儿，后来多浑虫酒痨死了，这多姑娘儿见鲍二手里从容了，便嫁了鲍二。况且这多姑娘儿原也和贾琏好的，此时都搬出外头住着。贾琏一时想起来，便叫了他两口儿到新房子里来，预备二姐过来时服侍。那鲍二两口子听见这个巧宗儿，如何不来呢。又使人将张华父子叫来，逼勒着与尤老娘写退婚书。

却说张华之祖，原当皇粮庄头，后来死去。至张华父亲时，仍充此役，因与尤老娘前夫相好，所以将张华与尤二姐指腹为婚。后来不料遭了官司，败落了家产，弄得衣食不周，哪里还娶得起媳妇呢。尤老娘又自那家嫁了出来。两家有十数年音信不通。今被贾府家人唤至，逼他与二姐退婚，心中虽不愿意，无奈惧怕贾珍等势焰，不敢不依，只得写了一张退婚文约。尤老娘与银十数两银子，两家退罢亲，不提。

这里贾琏等见诸事已妥，遂择了初三黄道吉日，以便迎娶二姐过门。未知如何，下回分解。正是：

只为同枝贪色欲，致教连理起戈矛。

第 65 回 贾二舍偷娶尤二姨 尤三姐思嫁柳二郎

话说贾琏、贾珍、贾蓉等三人商议，事事妥贴，至初二日，先将尤老和三姐送入新房。尤老一看，虽不似贾蓉口内之言，也十分齐备，母女二人已称了心。鲍二夫妇见了如一盆火，赶着尤老一口一声唤“老娘”，又或是“老太太”；赶着三姐唤“三姨”，或是“姨娘”。至次日五更天，一乘素轿，将二姐抬来。各色香烛、纸马，并铺盖以及酒饭，早已备得十分妥当。一时，贾琏素服坐了小轿而来，拜过天地，焚了纸马。那尤老见二姐身上头上焕然一新，不是在家模样，十分得意。搀入洞房。是夜贾琏同她颠鸾倒凤，百般恩爱，不消细说。

那贾琏越看越爱，越瞧越喜，不知怎生奉承这二姐，乃命鲍二等人不许提三说二的，直以“奶奶”称之，自己也称“奶奶”，竟将凤姐一笔勾倒。有时，回家中只说在东府有事羁绊，凤姐辈因知他和贾珍相得，自然是或有事商议，也不疑心。再家下人虽多，都不管这些事。便有那游手好闲、专打听小事的人，也都去奉承贾琏，乘机讨些便宜，谁肯去露风。于是贾琏深感贾珍不尽。贾琏一月出五两银子，做天天的供给。若不来时，她母女三人一处吃饭；若贾琏来了，他夫妻二人一处吃，她母女便回房自吃。贾琏又将自己积年所有的梯己，一併搬了与二姐收着；又将凤姐素日之为人行事，枕边衾内，尽情告诉了她，只等一死，便接她进去。二姐听了，自是愿意。当下十来个人，倒也过起日子来，十分丰足。

眼见已是两个月光景。这日，贾珍在铁槛寺作完佛事，晚间回家时，因与他姨妹久别，竟要去探望探望。先命小厮去打听贾琏在与不在。小厮回来说不在。贾珍欢喜，将左右一概先遣回去，只留两个心腹小童牵马。一时到了新房，已是掌灯时分，悄悄入去。两个小厮将马拴在圈内，自往下房去听候。

贾珍进来，屋内才点灯，先看过了尤氏母女，然后二姐出见，贾珍仍唤“二姨”。大家吃茶，说了一回闲话。贾珍因笑说：“我作的这保山如何？若错过了，打着灯笼还没处寻，过日你姐姐还备了礼来瞧你们呢。”说话之间，尤二姐已命人预备下酒馔，关起门来，都是一家人 ，原无避讳。那鲍二来请安，贾珍便说：“你还是个有良心的小子，所以叫你来服侍。日后自有大用你之处，不可在外头吃酒生事。我自然赏你。倘或这里短了什么，你琏二爷事多，那里人杂，你只管去回我。我们弟兄，不比别人。”鲍二答应道：“是，小的知道。若小的不尽心，除非不要这脑袋了。”贾珍点头说：“要你知道就好。”当下四人一处吃酒。尤二姐知局，便邀他母亲说：“我怪怕的，妈同我到那边走走来。”尤老也会意，便真个同她出来，只剩小丫头们。贾珍便和三姐挨肩擦脸，百般轻薄起来。小丫头子们看不过，也都躲了出去，凭他两个自在取乐，不知作些什么勾当。

跟的两个小厮都在厨下和鲍二饮酒，鲍二女人上灶。忽见两个丫头也走了来，嘲笑要吃酒。鲍二因说：“姐儿们，不在上头服侍，也偷懒来了。一时叫起来没人，又是事。”他女人骂道：“胡涂浑呛了的忘八！你撞丧那黄汤罢。撞丧醉了，夹着你那膫子挺你的尸去！叫不叫，与你屄相干！一应有我承当，风雨横竖洒不着你头上来。”这鲍二原是因妻子发迹的，近日越发亏他。自己除赚钱吃酒之外，一概不管，贾琏等也不肯责备她，故他视妻如母，百依百随，且吃够了，便去睡觉。这里鲍二家的陪着这些丫鬟、小厮吃酒，讨他们的好，准备在贾珍前上些好话儿。

四人正吃得高兴，忽听扣门之声，鲍二家的忙出来开门，看时，见是贾琏下马，问有事无事。鲍二女人便悄悄告他说：“大爷在这里西院里呢。”贾琏听了，便回至卧房。只见尤二姐和他母亲都在房中，见他来了，二人面上便有些讪讪的。贾琏反推不知，只命：“快拿酒来！咱们吃两杯好睡觉。我今日很乏了。”尤二姐忙上来陪笑，接衣捧茶，问长问短。贾琏喜得心痒难受。一时，鲍二家的端上酒来，二人对饮。他丈母不吃，自回房中睡去了。两个小丫头分了一个过来服侍。

贾琏的心腹小童隆儿拴马去，见已有了一匹马，细瞧一瞧，知是贾珍的，心下会意，也来厨下。只见喜儿、寿儿两个正在那里坐着吃酒，见他来了，也都会意，故笑道：“你这会子来得巧。我们因赶不上爷的马，恐怕犯夜，往这里来借宿一宵的。”隆儿便笑道：“有的是炕，只管睡。我是二爷使我送月银的，交给了奶奶，我也不回去了。”喜儿便说：“我们吃多了，你来吃一锺。”

隆儿才坐下，端起杯来，忽听马棚内闹将起来。原来二马同槽，不能相容，互相蹶踢起来。隆儿等慌得忙放下酒杯，出来喝马，好容易喝住，另拴好了，方进来。鲍二家的笑说：“你三人就在这里罢，茶也现成了，我可去了。”说着，带门出去。这里喜儿喝了几杯，已是愣子眼了。隆儿、寿儿关了门，回头见喜儿直挺挺的仰卧炕上，二人便推他说：“好兄弟，起来好生睡，只顾你一个人，我们就苦了。”那喜儿便说道：“咱们今儿可要公公道道的贴一炉子烧饼，要有一个充正经的人，我痛把你妈一肏！”隆儿寿儿见他醉了，也不必多说，只得吹了灯，将就睡下。

尤二姐听见马闹，心下便不自安，只管用言语混乱贾琏。那贾琏吃了几杯，春兴发作，便命收了酒果，掩门宽衣。尤二姐只穿着大红小袄，散挽乌云，满脸春色，比白日更增了颜色。贾琏搂她笑道：“人人都说我们那夜叉婆齐整，如今我看来，给你拾鞋也不要。”尤二姐道：“我虽标致，却无品行。看来到底是不标致的好。”贾琏忙问道：“这话如何说？我却不解。”尤二姐滴泪说道：“你们拿我作愚人待，什么事我不知道？我如今和你做了两个月夫妻，日子虽浅，我也知你不是愚人。我生是你的人，死是你的鬼，如今既作了夫妻，我终身靠你，岂敢瞒藏一字。我算是有靠，将来我妹子却如何结果？据我看来，这个形景，恐非长策，要作长久之计方可。”贾琏听了笑道：“你且放心，我不是拈酸吃醋之辈。前事我已尽知，你也不必惊慌。你因妹夫是作兄的，自然不好意思，不如我去破了这例。”说着走了，便至西院中来，只见窗内灯烛辉煌，二人正吃酒取乐。

贾琏便推门进去，笑说："大爷在这里，兄弟来请安。"贾珍羞得无话，只得起身让坐。贾琏忙笑道："何必又作如此景象，咱们弟兄从前是如何样来！大哥为我操心，我今日粉身碎骨，感激不尽。大哥若多心，我意何安。从此以后，还求大哥如昔方好；不然兄弟宁能可绝后，再不敢到此处来了。"说着，便要跪下。慌得贾珍连忙搀起，只说："兄弟怎么说，我无不领命。"贾琏忙命人："看酒来，我和大哥吃两杯。"又拉尤三姐说："你过来，陪小叔子一杯。"贾珍笑着说："老二，到底是你，哥哥必要吃干这锺。"说着一扬脖。

尤三姐站在炕上，指贾琏笑道："你不用和我花马吊嘴的，咱们清水下杂麺，你吃我看！见提着影戏人子上场，好歹别戳破这层纸儿。你别油蒙了心，打量我们不知道你府上的事！这会子花了几个臭钱，你们哥儿俩拿着我们姐儿两个权当粉头来取乐儿，你们就打错了算盘了！我也知道你那老婆太难缠，如今把我姐姐拐了来做二房，偷的锣儿敲不得。我也要会会那凤奶奶去，看她是几个脑袋，几隻手。若大家好取和便罢；倘若有一点叫人过不去，我有本事不先把你两个的牛黄狗宝掏了出来，再和那泼妇拼了这命，也不算是尤三姑奶奶！喝酒怕什么，咱们就喝！"说着，自己绰起壶来斟了一杯，自己先喝了半杯，搂过贾琏的脖子来就灌，说："我和你哥哥已经吃过了，咱们来亲香亲香！"唬得贾琏酒都醒了。贾珍也不承望尤三姐这等无耻老辣。弟兄两个本是风月场中耍惯的，不想今日反被这闺女一席话说住。尤三姐一叠声又叫："将姐姐请来！要乐咱们四个一处同乐。俗语说'便宜不过当家'，他们是弟兄，咱们是姊妹，又不是外人，只管上来。"尤二姐反不好意思起来。贾珍得便就要一熘，尤三姐哪里肯放。贾珍此时方后悔，不承望她是这种为人，与贾琏反不好轻薄起来。

这尤三姐鬆鬆挽着头髮，大红袄子半掩半开，露着葱绿抹胸，一痕雪脯。底下绿裤红鞋，一对金莲或翘或并，没半刻斯文。两个坠子却似打鞦韆一般，灯光之下，越显得柳眉笼翠雾，檀口点丹砂。本是一双秋水眼，再吃了酒，又添了饧涩淫浪，不独将她二姊压倒，据珍、琏评去，所见过的上下贵贱若干女子，皆未有此绰约风流者。二人已酥麻如醉，不禁去招她一招，她那淫态风情，反将二人禁住。那尤三姐放出手眼来略试了一试，他弟兄两个竟全然无一点别识别见，连口中一句响亮话都没了，不过是"酒色"二字而已。自己高谈阔论，任意挥霍洒落一阵，拿他弟兄二人嘲笑取乐，竟真是她嫖了男人，并非男人淫了她。一时，她的酒足兴尽，也不容他弟兄多坐，撵了出去，自己关门睡去了。

自此后，或略有丫鬟、婆娘不到之处，便将贾珍、贾琏、贾蓉三个泼声厉言痛骂，说他爷儿三个诓骗了他寡妇孤女。贾珍回去之后，以后亦不敢轻易再来，有时，尤三姐自己高了兴，悄命小厮来请，方敢去一会；到了这里，也只好随她的便。谁知这尤三姐天生脾气不堪，仗着自己风流标緻，偏要打扮得出色，另式作出许多万人不及的淫情浪态来，哄得男子们垂涎落魄，欲近不能，欲远不舍，迷离颠倒，她以为乐。她母姊二人也十分相劝，他反说："姐姐糊涂！咱们金玉一般的人，白叫这两个现世宝沾污了去，也算无能。而且他家有一个极利害的女人，如今瞒着她不知，咱们方安。倘或一日她知道了，岂有干休之理！势必有一场大闹，不知谁生谁死。趁如今，我不拿他们取乐作践准折，到那时白落个臭名，后悔不及！"因此一说，她母女见不听劝，也只得罢了。那尤三姐天天挑拣穿吃，打了银的，又要金的，有了珠子，又要宝石，吃的肥鹅，又宰肥鸭。或不趁心，连桌一推；衣裳不如意，不论绫缎新整，便用剪刀剪碎，撕一条，骂一句，究竟贾珍等何曾遂意了一日，反花了许多昧心钱。

贾琏来了，只在二姐房内，心中也悔上来。无奈二姐倒是个多情人，以为贾琏是终身之主了，凡事倒还知疼着痒。若论起温柔和顺，凡事必商必议，不敢恃才自专，实较凤姐高十倍；若论标致，言谈行事，也胜五分。虽然如今改过，但已经失了脚，有了一个"淫"字，凭有甚好处，也不算了。偏这贾琏又说："谁人无错？知过必改就好。"故不提已往之淫，只取现今之善，便如胶投漆，似水如鱼，一心一计，誓同生死，哪里还有凤平二人在意了？二姐在枕边衾内，也常劝贾琏说："你和珍大哥商议商议，拣个熟的人，把三丫头聘了罢。留着她不是常法子，终久要生出事来，怎么处？"贾琏道："前日我曾回过大哥的，他只是舍不得。我说'是块肥羊肉，只是烫得慌；玫瑰花儿可爱，刺太扎手。咱们未必降得住，正经拣个人聘了罢。'他只意意思思，就丢开手了。你叫我有何法？"二姐道："你放心。咱们明日先劝三丫头，她肯了，让她自己闹去。闹得无法，少不得聘她。"贾琏听了说："这话极是。"

至次日，二姐另备了酒，贾琏也不出门，至午间特请她小妹过来，与她母亲上坐。尤三姐便知其意，酒过三巡，不用姐姐开口，先便滴泪泣道："姐姐今日请我，自有一番大礼要说。但妹子不是那愚人也不用絮絮叨叨提那从前丑事，我已尽知，说也无益。既如今姐姐也得了好处安身，妈也有了安身之处，我也要自寻归结去，方是正理。但终身大事，一生至一死，非同儿戏。我如今改过守分，只要我拣一个素日可心如意的人，方跟他去。若凭你们拣择，虽是富比石崇，才过子建，貌比潘安的，我心里进不去，也白过了一世。"贾琏笑道："这也容易。凭你说是谁就是谁，一应彩礼都有我们置办，母亲也不用操心。"尤三姐泣道："姐姐知道，不用我说："贾琏笑问二姐：'是谁？'二姐一时也想不起来。大家想来，贾琏便料定是此人无疑了，便拍手笑道："我知道了。这人原不差，果然好眼力！"二姐笑问：'是谁？'贾琏笑道："别人她如何进得去，一定是宝玉。"二姐与尤老听了，亦以为然。尤三姐便啐了一口，道："我们有姊妹十个，也嫁你弟兄十个不成。难道除了你家，天下就没了好男子了不成？"众人听了都诧异："除去他，还有哪一个？"尤三姐笑道："别只在眼前想，姐姐只在五年前想，就是了。"

正说着，忽见贾琏的心腹小厮兴儿走来请贾琏，说："老爷那边紧等着叫爷呢。小的答应往舅老爷那边去了，小的连忙来请。"贾琏又忙问："昨日家里没人问？"兴儿道："小的回奶奶说，爷在家庙里同珍大爷商议作百日的事，只怕不能来家。"贾琏忙命拉马，隆儿跟随去了，留下兴儿答应人来事务。

尤二姐拿了两碟菜，命拿大杯斟了酒，就命兴儿在炕沿下蹲着吃，一长一短向他说话儿。问他家里奶奶多大年纪，怎个利害的样子，老太太多大年纪，太太多大年纪，姑娘几个，各样家常等语。兴儿笑嘻嘻的在炕沿下一头吃，一头将荣府之事备细告诉她母女。又说："我是二门上该班的人。我们共是两班，一班四个，共是八个。这八个人有几个是奶奶的心腹，有几个是爷的心腹。奶奶的心腹，我们不敢惹；爷的心腹，奶奶的人就敢惹。提起我们奶奶来告诉不得，奶奶心里歹毒，口里尖快。我们二爷也算是个好的，哪里见得她！倒是跟前的平姑娘为人很好，虽然和奶奶一气，她倒背着奶奶常作些个好事。小的们凡有了不是，奶奶是容不过的，只求求她去就完了。如今合家大小，除了老太太、太太两个人，没有不恨她的，只不过面子情儿怕她。皆因她一时看得人都不及她，只一味哄着老太太、太太两个人喜欢。她说一是一，说二是二，没人敢拦她。又恨不得把银子钱省下来堆成山，好叫老太太、太太说她会过日子，殊不知苦了下人，她讨好儿。估着有好事，他就不等别人去说，她先抓尖儿，或有了不好事或她自己错了，她便一缩头，推到别人身上来，她还在旁边拨火儿。如今连她正经婆婆大太太都嫌了她，说她'雀儿拣着旺处飞，黑母鸡一窝儿，自家的事不管，倒替人家去瞎张罗'。若不是老太太在头里，早叫过她去了。"

尤二姐笑道："你背着她这等说她，将来你又不知怎么说我呢。我又差她一层儿，越发有得说了。"兴儿忙跪下说道："奶奶要这样说，小的不怕雷打！但凡小的们有造化，起先娶奶奶时，若得了奶奶这样的人，小的们也少挨些打骂，也少提心吊胆的。如今跟爷的这几个人，谁不背前背后称扬奶奶圣德怜下？我们商量着叫二爷要出来，情愿来答应奶奶呢。”尤二姐笑道：“猴儿肏的，还不起来呢！说句玩话就唬得那样起来。你们作什么来？我还要找了你奶奶去呢。”兴儿连忙摇手说：“奶奶千万不要去！我告诉奶奶，一辈子别见她才好。嘴甜心苦，两面三刀，上头一脸笑，脚下使绊子；明是一盆火，暗是一把刀：都占全了。只怕三姨的这张嘴还说她不过。奶奶这样斯文良善的人，哪里是她的对手！”

尤氏笑道：“我只以礼待她，她敢怎样！”兴儿道：“不是小的吃了酒，放肆胡说，奶奶便有礼让，她看见奶奶比她标緻，又比她得人心，她怎肯干休善罢？人家是醋罐子，她是醋缸醋瓮。凡丫头们，二爷多看一眼，她有本事当着爷打个烂羊头。虽然平姑娘在屋里，大约一年二年之间，两个有一次到一处，她还要口里掂十个过子呢，气得平姑娘性子发了，哭闹一阵，说：‘又不是我自己寻来的，你又浪着劝我，我原不依，你反说我反了。这会子又这样！’她一般的也罢了，倒央告平姑娘。”尤二姐笑道：“可是扯谎？这样一个夜叉，怎么反怕屋里的人呢？”兴儿道：“这就是俗语说的‘天下逃不过一个理字去’了。这平儿是她自幼的丫头，陪了过来，一共四个，嫁人的嫁人，死的死了，只剩了这个心腹。她原为收了屋里，一则显她贤良名儿，二则又叫拴爷的心，好不外头走邪路。又还有一段因果：我们家的规矩，凡爷们大了，未娶亲之先，都先放两个人服侍的。二爷原有两个，谁知她来了没半年，都寻出不是来，都打发出去了。别人虽不好说，自己脸上过不去，所以强逼着平姑娘作了房里人。那平姑娘又是个正经人，从不把这一件事放在心上，也不会挑妻窝夫的，倒一味忠心赤胆服侍他，才容下了。”

尤二姐笑道：“原来如此。但我听见你们家还有一位寡妇奶奶和几位姑娘。她这样利害，这些人如何依得？”兴儿拍手笑道：“原来奶奶不知道。我们家这位寡妇奶奶，她的浑名叫作‘大菩萨’，第一个善德人。我们家的规矩又大，寡妇奶奶们不管事，只宜清淨守节。妙在姑娘又多，只把姑娘们交给她，看书写字，学针线，学道理，这是她的责任。除此，问事不知，说事不管。只因这一向她病了，事多，这大奶奶暂管几日。究竟也无可管，不过是按例而行，不像她多事逞才。我们大姑娘不用说，但凡不好，也没这段大福了。二姑娘的诨名是‘二木头’，戳一针，也不知‘嗳哟’一声。三姑娘的浑名是‘玫瑰花’。”尤氏姊妹忙笑问何意。兴儿笑道：“玫瑰花又红又香，无人不爱的，只是有刺戳手。也是一位神道，可惜不是太太养的，‘老鸹窝里出凤凰’。四姑娘小，她正经是珍大爷亲妹子，因自幼无母，老太太命太太抱过来，养这么大，也是一位不管事的。奶奶不知道，我们家的姑娘不算，另外有两个姑娘，真是天上少有，地下无双。一个是咱们姑太太的女儿，姓林，小名儿叫什么黛玉，面庞身段和三姨不差什么，一肚子文章，只是一身多病，这样的天，还穿夹的出来，风儿一吹就倒了。我们这起没王法的嘴，都悄悄的叫她‘多病西施’。还有一位姨太太的女儿，姓薛，叫什么宝钗，竟是雪堆出来的。每常出门或上车，或一时院子里瞥见一眼，我们鬼使神差，见了她们两个，不敢出气儿。”尤二姐笑道：“你们大家规矩，虽然你们小孩子进得去，然遇见小姐们，原该远远的藏开。”兴儿摇手道：“不是，不是。那正经大礼，自然远远的藏开，自不必说。就藏开了，自己不敢出气，是生怕这气大了，吹倒了姓林的，气暖了，吹化了姓薛的。”说得满屋里都笑起来了。不知端详，且听下回分解。

第 66 回 情小妹耻情归地府 冷二郎一冷入空门

话说鲍二家的打了兴儿一下子，笑道：“原有些真的，叫你又编了这些混话，越发没了捆儿。你倒不像跟二爷的人，这些混话倒像是宝玉那边的了。”尤二姐才要又问，忽见尤三姐笑问道：“可是你们家那宝玉，除了上学，他作些什么？”兴儿笑道：“姨娘别问他，说起来，姨娘也未必信。他长了这么大，独他没有上过正经学堂。我们家从祖宗直到二爷，谁不是寒窗十载，偏他不喜欢读书。老太太的宝贝，老爷先还管，如今也不敢管了。成天家疯疯癫癫的，说的话人也不懂，干的事人也不知。外头人人看着好清俊模样儿，心里自然是聪明的，谁知是外清而内浊，见了人，一句话也没有。所有的好处，虽没上过学，倒难为他认得几个字。每日也不习文，也不学武，又怕见人，只爱在丫头群里闹。再者也没刚柔，有时见了我们，喜欢时，没上没下大家乱玩一阵；不喜欢，各自走了，他也不理人。我们坐着卧着，见了他也不理，他也不责备。因此，没人怕他，只管随便，都过得去。”

尤三姐笑道：“主子宽了，你们又这样；严了，又抱怨。可知你们难缠”尤二姐道：“我们看他倒好，原来这样！可惜了一个好胎子。”尤三姐道：“姐姐信他胡说，咱们也不是见过一面两面的？行事、言谈、吃喝，原有些女儿气，那是天天只在里头惯了的。若说糊涂，哪些儿糊涂？姐姐记得穿孝时咱们同在一处，那日正是和尚们进来绕棺，咱们都在那里站着，他只站在头里挡着人。人说他不知礼，又没眼色。过后，他没悄悄的告诉咱们说：‘姐姐不知道，我并不是没眼色。我想和尚们脏，恐怕气味熏了姐姐们。’接着他吃茶，姐姐又要茶，那个老婆子就拿了他的碗去倒。他赶忙说：‘我吃脏了的，另洗了再拿来。’这两件上，我冷眼看去，原来他在女孩子们前，不管怎样都过得去，只不大合外人的式，所以他们不知道。”尤二姐听说，笑道：“依你说，你两个已是情投意合了。竟把你许了他，岂不好？”三姐见有兴儿，不便说话，只低头磕瓜子。兴儿笑道：“若论模样儿、行事为人，倒是一对好的。只是他已有了，只未露形。将来准是林姑娘定了的。因林姑娘多病，二则都还小，故尚未及此。再过三二年，老太太便一开言，那是再无不准的了。”

大家正说话，只见隆儿又来了，说：“老爷有事，是件机密大事，要遣二爷往平安州去。不过三五日就起身，来回也得半月工夫。今日不能来了。请老奶奶早和二姨定了那事，明日爷来，好作定夺。”说着，带了兴儿，也回去了。

这里尤二姐命掩了门早睡，盘问她妹子一夜。至次日午后，贾琏方来了。尤二姐因劝他说：“既有正事，何必忙忙又来，千万别为我误事。”贾琏道：“也没甚事，只是偏偏的又出来了一件远差。出了月就起身，得半月工夫才来。”尤二姐道：“既如此，你只管放心前去，这里一应不用你记挂。三妹子她从不会朝更暮改的。她已说了改悔，必是改悔的。她已择定了人，你只要依她就是了。”贾琏问是谁，尤二姐笑道：“这人此刻不在这里，不知多早才来，也难为他眼力。自己说了，这人一年不来，她等一年，十年不来，等十年；若这人死了，再不来了，她情愿剃了头当姑子去，吃长斋念佛，以了今生。”贾琏问：“倒底是谁，这样动她的心？”二姐笑道：“说来话长。五年前，我们老娘家里做生日，妈和我们到那里与老娘拜寿。她家请了一起串客，里头有个做小生的叫作柳湘莲，她看上了，如今要是他才嫁。旧年，我们闻得柳湘莲惹了一个祸逃走了，不知可有来了不曾？”贾琏听了，说：“怪道呢！我说是个什么样人，原来是他！果然眼力不错。你不知道，这柳二郎，那样一个标緻人，最是冷面冷心的，差不多的人，都无情无义。他最和宝玉合得来。去年因打了薛呆子，他不好意思见我们的，不知哪里去了一向。后来听见有人说来了，不知是真是假。一问宝玉的小子们，就知道了。倘或不来，他萍踪浪迹，知道几年才来，岂不白耽搁了？”尤二姐道：“我们这三丫头，说得出来，干得出来，他怎样说，只依她便了。”

二人正说之间，只见尤三姐走来说道：“姐夫，你只放心。我们不是那心口两样的人，说什么是什么。若有了姓柳的来，我便嫁他。从今日起，我吃斋念佛，只服侍母亲，等他来了，嫁了他去，若一百年不来，我自己修行去了。”说着，将一根玉簪，击作两段，“一句不真，就如这簪子！”说着，回房去了，真个竟“非礼不动，非礼不言”起来。贾琏没了法，只得和二姐商议了一回家务，复回家与凤姐商议起身之事。一面着人问茗烟，茗烟说：“竟不知道，大约未来。若来了，没必是知道的。”一面又问他的街坊，也说未来。贾琏只得回覆了二姐。至起身之日已近，前两天便说起身，却先往二姐这边来住两夜，从这里再悄悄长行。果见小妹竟又换了一个人，又见二姐持家勤慎，自是不消记挂。

是日，一早出城，就奔平安州大道，晓行夜住，渴饮飢餐。方走了三日，那日正走之间，顶头来了一群驮子，内中一伙，主仆十来骑马，走得近来一看，不是别人，竟是薛蟠和柳湘连来了。贾琏深为奇怪，忙伸马迎了上来，大家一齐相见，说些别后寒温，便入酒店歇下，叙谈叙谈。贾琏因笑道：“闹过之后，我们忙着请你两个和解，谁知柳兄踪迹全无。怎么你两个今日倒在一处了？”薛蟠笑道：“天下竟有这样奇事：我同伙计贩了货物，自春天起身，往回里走，一路平安。谁知前日到了平安州界，遇见一伙强盗，已将东西劫去。不想柳二弟从那边来了，方把贼人赶散，夺回货物，还救了我们的性命。我谢他又不受，所以我们结拜了生死弟兄，如今一路进京。从此后，我们是亲弟亲兄一般。到前面岔口上分路，他往南去，二百里地有他一个姑妈，他去望候望候。我先进京去安置了我的事，然后给他寻一所宅子，寻一门好亲事，大家过起来。”贾琏听了道：“原来如此，倒教我们悬了几日心。”因又听得寻亲，便忙说道：“我正有一门好亲事，堪配二弟。”说着，便将自己娶尤氏，如今又要发嫁小姨一节说了出来，只不说尤三姐自择之语。又嘱薛蟠：“且不可告诉家里，等生了儿子，自然是知道的。”

薛蟠听了大喜，说：“早该如此，这都是舍表妹之过。”湘莲忙笑说：“你又忘情了，还不住口！”薛蟠忙止住不语，便说：“既是这等，这门亲事定要做的。”湘莲道：“我本有愿，定要一个绝色的女子。如今既是贵昆仲高谊，顾不得许多了，任凭裁夺，我无不从命。”贾琏笑道：“如今口说无凭，等柳兄一见，便知我这内娣的品貌，是古今有一无二的了。”湘莲听了大喜，说：“既如此说，等弟探过姑母，不过月中就进京的，那时再定，如何？”贾琏笑道：“你我一言为定，只是我信不过柳兄。你乃萍踪浪迹，倘然淹滞不归，岂不误了人家？须得留一定礼。”湘莲道：“大丈夫岂有失信之理！小弟素係寒贫，况且客中，如何能有定礼？”薛蟠道：“我这里现成，就备一分，二哥带去。”贾琏笑道：“也不用金帛之礼，须是柳兄亲身自有之物，不论物之贵贱，不过我带去取信耳。”湘莲道：“既如此说，弟无别物，此剑防身，不能解下。囊中尚有一把鸳鸯剑，乃吾家传代之宝，弟也不敢擅用，只随身收藏而已。贾兄请拿去为定。弟纵係水流花落之性，然亦断不舍此剑者。”说毕，大家又饮了几杯，方各自上马，作别起程。正是：将军不下马，各自奔前程。

且说贾琏一日到了平安州，见了节度，完了公事。因又嘱他十月前后务要还来一次。贾琏领命，次日连忙取路回家，先到尤二姐处探望。谁知自贾琏出门之后，尤二姐操持家务，十分谨肃，每日关门闔户，一点外事不闻。她小妹子果是个斩钉截铁之人，每日侍奉母姊之余，只安分守己，随分过活。虽是夜晚间孤衾独枕，不惯寂寞，奈一心丢了众人，只念柳湘莲早早回来，完了终身大事。

这日贾琏进门，见了这般景况，喜之不尽，深念二姐之德。大家叙些寒温之后，贾琏便将路上相遇湘莲一事说了出来，又将鸳鸯剑取出，递与三姐。三姐看时，上面龙吞夔护，珠宝晶荧，将靶一掣，里面却是两把合体的。一把上面錾着一“鸳”字，一把上面錾着一”鸯”字，冷飕飕，明亮亮，如两痕秋水一般。三姐喜出望外，连忙收了，挂在自己绣房床上，每日望着剑，自笑终身有靠。贾琏住了两天，回去覆了父命，回家合宅相见。那时，凤姐已大愈，出来理事行走了。贾琏又将此事告诉了贾珍。贾珍因近日又遇了新友，将这事丢过，不在心上，任凭贾琏裁夺，只怕贾琏独力不加，少不得又给了他三十两银子。贾琏拿来交与二姐预备妆奁。

谁知八月内湘莲方进了京，先来拜见薛姨妈，又遇见薛蝌，方知薛蟠不惯风霜，不服水土，一进京时便病倒在家，请医调治。听见湘莲来了，请入卧室相见。薛姨妈也不念旧事，只感新恩，母子们十分称谢。又说起亲事一节，凡一应东西皆已妥当，只等择日。柳湘莲也感激不尽。

次日，又来见宝玉，二人相会，如鱼得水。湘莲因问贾琏偷娶二房之事，宝玉笑道：“我听见茗烟一干人说，我却未见，我也不敢多管。我又听见茗烟说琏二哥哥着实问你，不知有何话说？”湘莲就将路上所有之事，一概告诉宝玉，宝玉笑道：“大喜，大喜！难得这个标緻人，果然是个古今绝色，堪配你之为人。”湘莲道：“既是这样，他哪里少了人物，如何只想到我？况且我又素日不甚和他相厚，也关切不至此。路上忙忙的，就那样再三要定，难道女家反赶着男家不成？我自己疑惑起来，后悔不该留下那剑作定礼。所以后来想起你来，可以细细问个底里才好。”宝玉道：“你原是个精细人，如何既许了定礼，又疑惑起来？你原说只要一个绝色的，如今既得了个绝色便罢了。何必再疑？”湘莲道：“你既不知他娶，如何又知是绝色？”宝玉道：“她是珍大嫂子的继母带来的两位小姨。我在那里和她们混了一个月，怎么不知？真真一对尤物，可巧她又姓尤。”湘莲听了跌足道：“这事不好，断乎做不得了！你们东府里，除了那两个石头狮子干淨，只怕连猫儿狗儿都不干淨。我不做这剩忘八！”宝玉听说，红了脸。湘莲自惭失言，连忙作揖说：“我该死胡说！你好歹告诉我，她品行如何？”宝玉笑道：“你既深知，又来问我作做甚么？连我也未必干淨了。”湘莲笑道：“原是我自己一时忘情，好歹别多心。”宝玉笑道：“何必再提，这倒似有心了。”湘莲作揖告辞出来，心下想：“若去找薛蟠，一则他现卧病，二则他又浮躁，不如去索回定礼。”主意已定，便一迳来找贾琏。

贾琏正在新房中，闻得湘莲来了，喜之不禁，忙迎了出来，让到内室与尤老相见。湘莲只作揖，称“老伯母”，自称“晚生”，贾琏听了诧异。吃茶之间，湘莲便说：“客中偶然忙促，谁知家姑母于四月间订了弟妇，使弟无言可回。若从了老兄背了姑母，似非合理。若係金帛之订，弟不敢索取，但此剑係祖父所遗，请仍赐回为幸。”贾琏听了，便不自在，还说：“定者，定也。原怕反悔，所以为定。岂有婚姻之事，出入随意的？还要斟酌。”湘莲笑道：“虽如此说，弟愿领责领罚，然此事断不敢从命。”贾琏还要饶舌，湘莲便起身说：“请兄外坐一叙，此处不便。”那尤三姐在房明明听见。好容易等了他来，今忽见反悔，便知他在贾府中得了消息，自然是嫌自己淫奔无耻之流，不屑为妻。今若容他出去和贾琏说退亲，料那贾琏必无法可处，自己岂不无趣！一听贾琏要同他出去，连忙摘下剑来，将一股雌锋隐在肘后，出来便说：“你们不必出去再议，还你的定礼。”一面泪如雨下，左手将剑并鞘送与湘莲，右手回肘只往项上一横。可怜：

揉碎桃花红满地，玉山倾倒再难扶

芳灵蕙性，淼淼冥冥，不知哪边去了。当下唬得众人急救不迭。尤老一面嚎哭，一面又骂湘莲。贾琏忙揪住湘莲，命人捆了送官。尤二姐忙止泪，反劝贾琏：“你太多事，人家并没威逼她死，是她自寻短见。你便送他到官，又有何益？反觉生事出丑。不如放他去罢，岂不省事？”贾琏此时也没了主意，便放了手，命湘莲快去。湘莲反不动身，泣道：“我并不知是这等刚烈贤妻，可敬，可敬！”湘莲反扶尸大哭一场。等买了棺木，眼见入殓，又俯棺大哭一场，方告辞而去。

出门无所之，昏昏默默，自想方才之事："原来尤三姐这样标緻，又这等刚烈！"自悔不及。正走之间，只见薛蟠的小厮寻他家去，那湘莲只管出神。那小厮带他到新房之中，十分齐整。忽听环珮叮当，尤三姐从外而入，一手捧着鸳鸯剑，一手捧着一卷册子，向柳湘莲泣道："妾痴情待君五年矣！不期君果冷心冷面，妾以死报此痴情。妾今奉警幻之命，前往太虚幻境，修注案中所有一干情鬼。妾不忍一别，故来一会，从此再不能相见矣！"说着便走。湘莲不舍，忙欲上来拉住问时，那尤三姐便说："来自情天，去由情地。前生误被情惑，今既耻情而觉，与君两无干涉。"说毕，一阵香风，无踪无影去了。

湘莲警觉，似梦非梦，睁眼看时，哪里有薛家小童，也非新室，竟是一座破庙，旁边坐着一个跏腿道士捕虱。湘莲便起身稽首相问："此係何方？仙师仙名法号？"道士笑道："连我也不知道此係何方，我係何人，不过暂来歇足而已。"柳湘莲听了，不觉冷然如寒冰侵骨，掣出那股雄剑，将万根烦恼丝一挥而尽，便随那道士，不知往哪里去了。且听下回分解。

第 67 回 馈土物颦卿念故里 讯家童凤姐蓄阴谋

话说尤三姐自戕之后，尤老娘以及尤二姐、贾珍、尤氏并贾蓉、贾琏等闻之，俱各不胜悲痛伤感，自不必说，忙着人治买棺木盛殓，送往城外埋葬。柳湘莲见尤三姐身亡，迷性不悟，尚有痴情眷恋，却被道人数句偈言打破迷关，竟自削髮出家，跟随疯道人飘然而去，不知何往。后事暂且不表。

且说薛姨妈闻知湘莲已说定了尤三姐为妻，心中甚喜，正自高高兴兴要打算替他买房治屋办妆奁，择吉日迎娶过门等事，以报他救命之恩。忽有家中小厮见薛姨妈，告知尤三姐自戕与柳湘莲出家的信息，心甚叹息。正自猜疑是为什么原故，时值宝钗从园里过来，薛姨妈便对宝钗说道："我的儿，你听见了没有？你珍大嫂子的妹妹尤三姐，她不是已经许定了给你哥哥的义弟柳湘莲了的？这也很好。不知为什么自刎了。那柳湘莲也出了家了。。真正奇怪的事，叫人意想不到！"宝钗听了，并不在意，便说道："俗话说的好，'天有不测风云，人有旦夕祸福'。这也是他们前生命定，活该不是夫妻。妈所为的是因有救哥哥的一段好处，故谆谆感叹。如果他两人齐齐全全的，妈自然该替他料理，如今死的死了，出家的出家了，依我说，也只好由他罢了。妈也不必为他们伤感，损了自己的身子。倒是自从哥哥打江南回来了一二十日，贩了来的货物，想来也该发完了，那同伴去的伙计们辛辛苦苦的，回来几个月，妈同哥哥商议商议，也该请一请，酬谢酬谢才是。不然，倒叫他们看着无理似的。"

母女正说话之间，见薛蟠自外而入，眼中尚有泪痕未干。一进门。便向他母亲拍手说道："妈，可知柳大哥、尤三姐的事么？"薛姨妈说："我才听见说，正在这里和你妹子说这件公案呢。"薛蟠道："这事奇不奇？"薛姨妈说："可是柳相公那样一个年轻聪明的人，怎么就一时煳涂跟着道士去了呢？我想他前世必是有夙缘、有根基的人，所以才容易听得进这些度化他的话去。你们好了一场，他又无父母兄弟，只身一人在此，你该各处找一找才是。靠那跛足道士疯疯癫癫的，能往哪里远去！左不过是在这方近左右的庙里寺里躲藏着罢咧。"薛蟠说："何尝不是呢。我一听见这个信儿，就连忙带了小厮们在各处寻找去，连一个影儿也没有。又去问人，人人都说不曾看见。我因如此，急得没法，唯有望着西北上大哭了一场回来。"说着，眼眶又红了上来了。薛姨妈说："你既找寻了没有，也算把你作朋友的心也尽了。焉知他这一出家，不是得了好处去呢？你也不必太过虑了。一则张罗张罗买卖，二则把你自己娶媳妇应办的事情，倒是早些料理料理。咱们家里没人手儿，竟自'笨雀儿先飞'，省得临时丢三忘四的不齐全，令人笑话。再者，你妹妹才说，你也回家半个多月了，想货物也该发完了，同你作买卖的伙计们，也该设桌酒席请请他们，酬酬劳乏才是。他们固然是咱们约请的吃工食劳金的人，到底也算是外客，又陪着你走了一二千里的路程，受了四五个月的辛苦，而且在路上又替你担了多少的惊怕沉重。"薛蟠闻听，说："妈说得很是，妹妹想得周到。我也这样想来着，只因这些日子为各处发货，闹得头晕。又为柳大哥的亲事又忙了这几日，反倒落了一个空，白张罗了一会子，倒把正经事都误了。要不然，就定了明儿后儿下帖儿请罢。"薛姨妈道："由你办去罢。"

话犹未了，外面小厮进来回说："张管总的伙计着人送了两个箱子来，说这是爷各自买的，不在货账里面。本要早送来，因货物箱子压着，没得拿；昨儿货物发完了，所以今日才送来了。"一面说，一面又见两个小厮搬进了两个夹板夹的大棕箱。薛蟠一见说："嗳哟，可是我怎么就煳涂到这步田地了！特特的给妈和妹妹带来的东西，都忘了，没拿了家里来，还是伙计送了来了。"宝钗说："亏你才说！还是特特的带来的，还是这样放了一二十天才送来，若不是特特的带来，必定是要放到年底下才送进来呢。你也诸事太不留心了。"薛蟠笑道："想是在路上叫贼把魂吓掉了，还没归窍呢。"

说着，大家笑了一阵，便向回话的小厮说："东西收下了，叫他们回去罢。"薛姨妈同宝钗忙问："是什么好东西，这样捆着夹着的？"便命人挑了绳子，去了夹板，开了锁看时，却是些绸缎、绫锦、洋货等家常应用之物。独有宝钗她的那个箱子里，除了笔、墨、砚、各色笺纸、香袋、香珠、扇子、扇坠、花粉、胭脂头油等物外，还有虎丘带来的自行人、酒令儿、水银灌的打筋斗的小小子，沙子灯，一齣一齣的泥人儿的戏，用青纱罩的匣子装着，又有在虎丘山上作的薛蟠的小像，泥捏成的与薛蟠毫无相差，以及许多碎小玩意儿的东西。宝钗一见，满心欢喜，便叫自己使的丫头来吩咐："你将我的这个箱子，与我拿到园子里去，我好就近从那边送人。"说着，便站起身来，告辞母亲，往园子里来了。这里薛姨妈将自己这个箱子里的东西取出，一份一份的打点清楚，着同喜丫头送往贾母并王夫人等处不讲。

且说宝钗随着箱子到了自己房中，将东西逐件逐件过了目，除将自己留用之外，遂一分一分配合妥当：也有送笔、墨、纸、砚的，也有送香袋、扇子、香坠的，也有送脂粉、头油的，有单送玩意儿的；酌量其人分办。只有黛玉的比别人不同，比众人加厚一倍。一一打点完毕，使莺儿同一个老婆子跟着，送往各处。

其李纨、宝玉等以及诸人，不过收了东西，赏赐来使，皆说些见面再谢等语而已。惟有林黛玉她见江南家乡之物，反自触物伤情，因想起她父母来了。便对着这些东西，挥泪自叹，暗想："我乃江南之人，父母双亡，又无兄弟，只身一人，可怜寄居外祖母家中，而且又多疾病，除外祖母以及舅母、姐妹看问外，哪里还有一个姓林的亲人来看问看问，给我带些土物？"想到这里，不觉就大伤起心来了。紫鹃乃服侍黛玉多年，朝夕不离左右的，深知黛玉心肠，但也不敢说破，只在一旁劝道："姑娘的身子多病，早晚尚服丸药，这两日看着比那些日子略饮食好些，精神壮一点儿，还算不得十分大好。今儿宝姑娘送来这些东西，可见宝姑娘素日看姑娘甚重，姑娘看着该喜欢才是，为什么反倒伤感。这不是？宝姑娘送东西来为的是叫姑娘喜欢，这反倒是招姑娘烦恼了不成？若令宝姑娘知道了，怎么脸上下得来呢？再者姑娘也想一想，老太太、太太们为姑娘的病症千方百计请好大夫诊脉配药调治，所为的是病情好。这如今才好些，又这样哭哭啼啼的，岂不是自己遭踏己身子，不肯叫老太太喜欢？难道说姑娘这个病，不是因素日从忧虑过度上伤多了气血得的么？姑娘的千金贵体别自己看轻了。"紫鹃正在这里劝解黛玉，只听见小丫头子在院内说："宝二爷来了。"紫鹃忙说："快请。"

话犹未毕，只见宝玉已进房来了。黛玉让坐毕，宝玉见黛玉泪痕满面，便问："妹妹，又是谁得罪了你了？两眼都哭得红了，是为什么？”黛玉不回答。旁边紫鹃将嘴向床后桌上一努，宝玉会意，便往床上一看，见堆着许多东西，就知道是宝钗送来的，便取笑说道：“好东西，想是妹妹要开杂货铺么？摆着这些东西作什么？”黛玉只是不理。紫鹃说：“二爷还提东西呢。因宝姑娘送了些东西来，我们姑娘一看，就伤心哭起来了。我正在这里好劝歹劝，总劝不住呢。而且又是才吃了饭，若只管哭，大发了，再吐了，犯了旧病，可不叫老太太骂死了我们么？倒是二爷来得很好，替我们劝一劝。”宝玉本是聪明人，而且一心总留意在黛玉身上最重，所以深知黛玉之为人心细心窄，而又多心好强，不落人后，因见了人家哥哥自江南带了东西来送人，又係故乡之物，勾想起痛肠来，是以伤感是实。这是宝玉心里揣摩黛玉的心病，却不肯明明的说出，恐黛玉越发动情，乃笑道：“你们姑娘的原故不为别的，为的是宝姑娘送来的东西少，所以生气伤心。妹妹，你放心！等我明年往江南去与你多多的带两船来，省得你淌眼抹泪的。”黛玉听了这些话，不由“嗤”的一声笑了，忙说道：“我任凭怎么没有见世面，也到不了这步田地，因送的东西少，就生气伤心。我又不是两三岁的小孩子，你也忒把人看得小气了。我有我的缘故，你哪里知道。”说着说着，眼泪又流下来了。宝玉忙走到床前，挨着黛玉坐下，将那些东西一件一件拿起来，摆弄着细瞧，故意问：“这是什么，叫什么名字？那是什么做的，这样齐整？这是什么，要它做什么使用？妹妹，你瞧，这一件可以摆在书阁儿上作陈设，放在条案上当古董儿倒好呢！”一味的将些没要紧的话来支吾。搭讪了一会，黛玉见宝玉那些呆样子，问东问西，招人可笑，稍将烦恼丢开，略有些喜笑之意。宝玉见她有些喜色，便说道：“宝姐姐送东西来给咱们，我想着，咱们也该到她那里道个谢去才是，不知妹妹可去不去？”黛玉原不愿意为送那些东西就特特的道谢去，不过一时见了，谢一声就完了。今被宝玉说得有理难以推托，无可奈何，同宝玉去了。这且不提。

且说薛蟠听了母亲之言，急忙下请帖，置办酒席。张罗了一日，至次日，请了四位伙计，俱已到齐，不免说些贩卖、帐目、发货之事。不一时，上席让坐，薛蟠与各位奉酒酬劳。里面薛姨妈又使人出来致谢道乏，毕，内有一位问道：“今日席上怎么柳二爷大哥不出来？想是东家忘了，没请么？”薛蟠闻言，把眉一皱，叹了一口气道：“休提，休提想来众位不知深情。若说起此人，真真可叹！于两日前，忽被一个道士度化的出了家，跟着他去了。你们众位听一听，可奇不奇？”众人说道：“我们在店内也听见外面人吵嚷说，有一个道士三言两语把一个俗家弟子人度了去了，又闻说一阵风刮了去了，又说架着一片彩云去了，纷纷议论不一。我们因发货事忙，那里有工夫当正经事，也没去仔细打听，到如今还是似信不信的。今听此言，那道士度化的原来就是柳大哥么？早知是他，我们大家也该劝解劝解。任凭怎么，也不容他去。嗳，又少了一个有趣儿的好朋友了！实实在在的可惜可叹。也怨不得东家你心里不爽快。”内中一个道：“别是这么着罢？”众人问：“怎么样？”那人道：“想他那样一个伶俐人，未必是真跟了道士去罢。柳大哥原会些武艺，又有力量，或者看破了道士有些什么妖术邪法的破绽出来，故意假跟了他去，在背地摆佈他也未可知。”薛蟠说：“谁知道，果能如此，倒也罢了，世上也少一个妖言惑众的人了。”众人道：“那时，难道你知道了也没找寻他去不成？”薛蟠说：“城里城外，哪里没有找到！不怕你们笑话，我还哭了一场呢。”言毕，只是长吁短叹，无精打彩的，不像往日高兴玩笑，让酒畅饮。席上虽设了些鸡鹅鱼鸭，山珍海味，美品佳肴，怎奈东家愁眉叹气，众伙计见此光景，不便久坐，不过随便喝了几杯酒，吃了些饭食，就都大家散了。这也不必提。

且说宝玉拉了黛玉至宝钗处来道谢。彼此见面，未免各说几句客言套语。黛玉便对宝钗说道：“大哥哥辛辛苦苦的能带了多少东西来，搁得住送我们这些处，你还剩什么呢？”宝玉说：“可是这话呢。”宝钗笑道：“东西不是什么好的，不过是远路带来的土物儿，大家看着略觉新鲜似的。我剩不剩什么要紧，我如今果爱什么，今年虽然不剩，明年我哥哥去时，再叫他给我带些来，有什么难呢？”宝玉听说，忙笑道：“明年再带什么来，我们还要姐姐送我们呢。可别忘了我们！”黛玉说：“你只管说，不必拉扯上‘我们’的字眼，姐姐你瞧，宝哥哥不是给姐姐来道谢，竟是又要定下明年的东西来了。”宝玉笑说：“我要出来，难道没有你的一份不成？你不知道帮着说，反倒说起这散话来了。”黛玉听了，笑了一声。宝钗问：“你二人如何来得这样巧，是谁会谁去的？”宝玉说：“休提，我因姐姐送我东西，想来林妹妹也必有，我想要道谢，想林妹妹也必来道谢，故此我就到她房里会了她一同要到这里来。谁知到她家，她正在房里伤心落泪，也不知是为什么这样爱哭。”宝玉刚说到“落泪”两字，见黛玉瞪了他一眼，恐他往下还说宝玉会意，随即换过口来说道：“林妹妹这几日因身上不爽快，恐怕又病扳嘴，故此着急落泪。我劝解了一会子，才拉了她来了。一则道谢；二则省得叫她一个人在房里坐着只是发闷”宝钗说：“妹妹怕病，固然是正理，也不过是在那饮食起居、穿脱衣服冷热上加些小心就是了，为什么伤起心来呢？妹妹难道不知道，一伤心，难免不伤气血精神，把要紧的伤了，反倒要受病的。妹妹你细想想。”黛玉说：“姐姐说得很是。我自己何尝不知道呢，只因我这几年，姐姐是看见的，哪一年不病一两场？病得我怕怕的了。药，无论见效不见效，一闻见，先就头疼发恶心，怎么不叫我怕病呢？”宝钗说：“虽然如此说，却也不该伤心，倒是觉得着身上不爽快，反自己勉强扎挣着，出来走走逛逛，把心鬆散鬆散，比在屋里闷坐着还强呢。伤心是自己添病的大毛病。我那两日不时觉着发懒，浑身乏倦，只是要歪着，心里也是为时气不好，怕病，因此偏扭着它，寻些事情作作，一般里也混过去了。妹妹别怪我说，越怕越有鬼呢！认真的果有鬼，你又该骇哭了。”黛玉因此笑道：“姐姐说得很是。很该说他，谁叫他嘴快！”宝玉说：“有人说我的不是，你就乐了。你这会子也不懊恼了，咱们也该走罢。”于是彼此又说笑一会，二人辞了宝钗出来。宝玉仍把黛玉送至潇湘馆门首，自己回家。这且不提。

且说赵姨娘因见宝钗送环哥儿物件，忙忙接下，心中甚喜，满嘴夸奖：“人人都说宝姑娘会行事，很大方，今日看来，果然不错。她哥哥能带了多少东西来，她挨家送到，并不遗漏一处，也不露出谁薄谁厚，连我们搭拉嘴子，她都想到，实在的可敬。若是林姑娘，也罢了么，也没人给她送东西带什么来；即或有人带了来，她只是拣着那有势力、有体面的人头儿跟前才送去，哪里还轮得到我们娘儿们身上呢！可见人会行事，真真露着各别另样的好。”赵姨娘因环哥儿得了东西，深为得意，不住的托在掌上摆弄瞧看一会。想宝钗乃係王夫人之表侄女，特要在王夫人跟前卖好儿。自己叠叠歇歇的拿着那东西，走至王夫人房中，站在一旁说道：“这是宝姑娘才给环哥的，她哥哥带来的，。她年轻轻的人想得周到，我还给了送东西的小丫头二百钱。听见说姨太太也给太太送来了，不知是什么东西？你们瞧瞧这一个门里头，这就是两份儿，能有多少呢？怪不得老太太同太太都夸她疼她，果然招人爱。”说着，将抱的东西递过去与王夫人瞧，谁知王夫人头也没抬，手也没伸，只口内说了声“好，给环哥玩罢咧”并无正眼看一看。赵姨娘因招了一鼻子灰，满肚气恼，无精打彩的回至自己房中，将东西丢在一边，说了许多劳儿三、巴儿四，不着要的一套闲话；也无人它问她，她却自己咕嘟着嘴，一边子坐着。可见赵姨娘为人小器糊涂，饶得了东西，反说许多令人不入耳生厌的閒话，也怨不得探春生气，看不起她。閒话休提。

且说宝钗送东西的丫头回来，说：“也有道谢的，也有赏钱的，独有给巧姐儿的那一份，仍旧拿回来了。”宝钗一见，不知何意，便问：“为什么这一份没送去呢，还是送了去没收呢？”莺儿说：“我方才给环哥儿送东西的时候，见琏二奶奶往老太太房里去了。我想，琏二奶奶不在家，知道交给谁呢，所以没有去送。”宝钗说：“你也太煳涂了。二奶奶不在家，难道平儿、丰儿也不在家不成？你只管交给他们收下，等二奶奶回来，自有他们告诉就是了，必定要你交给才算么？”莺儿听了，复又拿着东西出了园子，往凤姐处去。在路上走着，便对拿东西的老婆子说："早知道一就市儿送了去不完了，省得又跑这一趟。"老婆子说："閒着也是白閒着，借此出来逛逛也好。只是姑娘你今日来回各处走了好些路儿，想是不惯，乏了，咱们送了这个，可就完了，一打总儿再歇着。"两人说着话，到了凤姐处，送了东西，回来见宝钗。

宝钗问道："你见了琏二奶奶没有？"莺儿说："我没见。"宝钗说："想是二奶奶没有回来么？"丫头说："回来是回来了。因丰儿对我说：'二奶奶自老太太屋里回房来，不像往日欢天喜地的，一脸的怒气，叫了平儿去，唧唧咕咕的说话，也不叫人听见。连我都撵出来了，你不必见，等我替你回一声儿就是了。'因此便着丰儿拿进去，回了出来说：'二奶奶说，给你们姑娘道生受。'赏了我们一吊钱，就回来了。"宝钗听了，自己纳闷，也想不出凤姐是为什么生气。这也不表。

且说袭人见宝玉，便问："你怎么不逛，就回来了？你原说约着林姑娘两个同到宝姑娘处道谢去，可去了没有？"宝玉说："你别问，我原说是要会林姑娘同去的，谁知到了她家，她在房里守着东西哭呢。我也知道林姑娘的那些原故的，又不好直问她，又不好说她，只装不知道，搭讪着说别的宽解了她一会子，才好了。然后方拉了她到了宝姐姐那里道了谢，说了一会子闲话，方散了。我又送她到家，我才回来了。"袭人说："你看送林姑娘的东西，比送我们的多些少些，还是一样呢？"宝玉说："比送我们的多着一两倍呢。"袭人说："这才是明白人，会行事。宝姑娘她想别的姊妹等都是亲的热的跟着，有人送东西，唯有林姑娘离家二三千里远，又无一个亲人在这里，哪有人送东西。况且她们两个不但是亲戚，还是干姊妹，难道你不知道林姑娘去年曾认过薛姨太太作干妈的？论理多给她些也是该的。"

宝玉笑说："你就是会评事的一个公道老儿。"说着话儿，便叫小丫头取了拐枕来，要在床上歪着。袭人说："你不出去了？我有一句话告诉你。"宝玉便问："什么话？"袭人说："素日琏二奶奶待我很好，你是知道的。她自从病了一场之后，如今又好了。我早就想着要到那里看看去，只因琏二爷在家不方便，始终没有去，闻说琏二爷不在家，你今日又不往哪里去，而且初秋天气，不冷不热，一则看二奶奶，尽个礼，省得日后见了，受她的数落；二则藉此逛一逛。你同她们看着家，我去去就来。"晴雯说："这确是该的，难得这个巧空儿。"宝玉说："我才为她议论宝姑娘，夸她是个公道人，这一件事，行的又是一个周到人了。"袭人笑道："好小爷，你也不用夸我，你只在家同她们好生玩；好歹别睡觉，睡出病来，又是我担沉重。"宝玉说："我知道了，你只管去罢。"言毕，袭人遂到自己房里，换了两件新鲜衣服，拿着把镜儿照着，抿了抿头，匀了匀脸上脂粉，步出下房。复又嘱咐了晴雯、麝月几句话，便出了怡红院来。

至沁芳桥上立住，往四下里观看那园中景致。时值秋令，秋蝉鸣于树，草虫鸣于野；见这石榴花也开败了，荷叶也将残上来了，倒是芙蓉近着河边，都发了红铺铺的咕嘟子，衬着碧绿的叶儿，到令人可爱。一壁里瞧着，一壁里下了桥。走了不远，迎见李纨房里使唤的丫头素云，跟着个老婆子，手里捧着个洋漆盒儿走来。袭人便问："往哪里去？送的是什么东西？"素云说："这是我们奶奶给三姑娘送去的菱角、鸡头。"袭人说："这个东西，还是咱们园子里河内採的，还是外头买来的呢？"素云说："这是我们房里使唤的刘妈妈，她告假瞧亲戚去，带来孝敬奶奶的。因三姑娘在我们那里坐着看见了，我们奶奶叫人剥了让她吃。她说：'才喝了热茶了，不吃，一会子再吃罢。'故此给三姑娘送了家去。"言毕，各自分路走了。

袭人远远的看见那边葡萄架底下，有一个人拿着掸子在那里动手动脚的，因迎着日光，看不真切。至离得不远，那祝老婆子见了袭人，便笑嘻嘻的迎上来，说道："姑娘怎么今日得工夫出来闲逛，往哪里去？"袭人说："我哪里还得工夫来逛，我往琏二奶奶家瞧瞧去。你在这里做什么？"那祝婆子说："我在这里赶马蜂呢。今年三伏里雨水少，不知怎么，这些果木树上长了虫子，把果子吃得巴拉眼睛的，掉了好些下来，可惜了儿的白扔了！。就是这葡萄，刚成了珠儿，怪好看的，那马蜂、蜜蜂儿满满的围着蚍，都咬破了。这还罢了，喜鹊、雀儿，它也来吃这个葡萄。还有一个毛病儿，无论雀儿虫儿，一咕噜上只咬破三五个，那破的水淌到好的上头，连这一嘟噜都是要烂的。这些雀儿、马蜂可恶着呢，故此我在这里赶。姑娘你瞧，咱们说话的空儿没赶，就蚍了许多上来了。"袭人道："你就是不住手的赶，也赶不了这许多；你刚赶了这里，。倒是告诉买办说，叫他多多的作些冷布口袋来，一嘟噜一嘟噜的套上，免得翎禽草虫糟蹋，而且又透风，捂不坏。"婆子笑道："倒是姑娘说的是。我今年才上来，哪里就知道这些巧法儿呢。"

袭人说："如今这园子里这些果品有好些种，倒是哪样先熟得快些？"祝老婆子说："如今才入七月的门，果子都是才红上来，要是好吃，想来还得月尽头儿才熟透了呢。姑娘不信，我摘一个给姑娘尝尝。"袭人正色说道："这哪里使得？不但没熟吃不得，就是熟了，一则没有供鲜，二则主子们尚然没有吃，咱们如何先吃得呢？你是府里的陈人，难道连这个规矩也不晓得么？"老婆子忙笑道："姑娘说得有理。我因为姑娘问我，我白这样说。"口内说，心里暗说道："够了！我方才幸亏是在这里赶马蜂，若是顺手儿摘一个嚐嚐，叫她们看见，还了得了！"袭人说："我方才告诉你要口袋的话，你就回一回二奶奶，叫管事的做去罢。"言必，遂一直出了园子的门，就到凤姐这里来了。

正是凤姐与平儿议论贾琏之事。因见袭人她是轻易不来之人，又不知是有什么事情，便连忙只住话语，勉强带笑说道："贵人从哪阵风儿刮了我们这个贱地来了？"袭人笑说："我就知道奶奶见了我，是必定要先麻烦我一顿的，我有什么说的呢！但是奶奶欠安，本心惦着要过来请请安，头一件，琏二爷在家不便，二则奶奶在病中，又怕嫌烦，故未敢来。想奶奶素日疼爱我的那个份儿上，必是体谅我在不肯恼我的。"凤姐笑道："宝兄弟屋里虽然人多，也就靠着你一个儿照看，也实在的离不开。我常听见平儿告诉我说，你背地里还惦着我，常问，我听见就喜欢得什么似的。今日见了你，我还要给你道谢呢，我还舍得麻烦你吗？我的姑娘！"袭人说："我的奶奶，若是这样说，就是真疼我了。"凤姐拉了袭人的手，让她坐下。袭人哪里肯坐，让之再三，方才挨炕沿脚踏上坐了。

平儿忙自己端了茶来。"袭人说："你叫小人们端罢，劳动姑娘我倒不安。"一面站起，接过茶来吃着，一面回头看见床沿上放着一个活计簸罗儿内，装着一个大红洋锦的小兜肚，袭人说："奶奶一天七事八事的，忙得不了，还有工夫作活计么？"凤姐说："我本来就不会作什么，如今病了才好，又着兼家务事闹个不清，哪里还有工夫做这些呢？要紧要紧的我都丢开了。这是我往老太太屋里请安去，正遇见薛姨太太送老太太这个锦，老太太说：'这个花红柳绿的倒对，给小孩子们做小衣小裳儿的，穿着倒好玩呢！'因此我就向老祖宗讨了来了。还惹得众人都笑了。你是知道我是脸皮厚，不怕说的人，老祖宗只管说，我只管装听不见，拿着就走。所以才交给平儿，给巧姐儿先做件小兜肚穿着玩，剩下的等消闲有功夫再作别的。"

袭人听毕，笑道："也就是奶奶，才能够怄的老祖宗喜欢罢咧。"伸手拿起来一看，便夸道："果然好看！各样颜色都有。好材料也需得这样巧手的人做才对。况又是巧姐儿她穿的，抱了出去，谁不多看一看。"平儿说："方才宝姑娘那里送了些玩的东西来，她一见了很希罕，就摆弄着玩了好一会子，她奶妈子才抱了出去，想是乏了，睡觉去了。"袭人说："巧姐儿比先前自然越发会玩了。"平儿说："小脸蛋子，吃得银盆似的，见了人就赶着笑，再不得罪人，真真的是我奶奶的解闷的宝贝疙瘩儿。"凤姐便问："宝兄弟在家做什么呢？"袭人笑道："我只求他同晴雯她们看家，我才告了假来了。可是呢！只顾说话，我也来了好大半天了，要回去了。别较宝玉在家里抱怨，说我屁股沉，到那里就坐住了。"说着，便立起身来告辞，回怡红院来了。这且不提。

且说凤姐见平儿送出袭人回来，复又把平儿叫入房中，追问前事，越说越气，说道："二爷在外边偷娶老婆，你说是听二门上的小厮们说的。到底是哪个说的呢？"平儿：说"是旺儿他说的。"凤姐便命人把旺儿叫来，问道："你二爷在外边买房子娶小老婆，你知道么？"旺儿说："小的终日在二门上听差，如何知道二爷的事，这是听见兴儿告诉的。"凤姐又问："兴儿是几时告诉你的？"旺儿说："兴儿在新二奶奶那里呢。"凤姐一听，满腔怒气，啐了一口，骂道："下作猴儿崽子！什么是'新奶奶'、'旧奶奶'，你就私自封奶奶了？满嘴里胡说，这就该打嘴巴。"又问："兴儿他是跟二爷的人，怎么没有跟了二爷去呢？"旺儿说："特留下他在家里照看尤二姐，故此未跟去。"凤姐听说，忙得一叠连声命旺儿："快把兴儿叫来！"

旺儿忙忙的跑了出去，见了兴儿只说："二奶奶叫你呢。"兴儿正在外边同小子们玩笑，听见叫他，也不问旺儿二奶奶叫他做什么，便跟了旺儿，急急忙忙的来至二门前。回明进去，见了凤姐，请了安，旁边侍立。凤姐一见，便先瞪了两眼，问道："你们主子奴才在外面干的好事！你们打量我呆瓜，不知道？你是紧跟二爷的人，自必深知根由。你须细细的对我实说，稍有一些而隐瞒撒谎，我将你的腿打折了！"兴儿跪下磕头，说："奶奶问的是什么事，是我同爷干的？"凤姐骂道："好小杂种！你还敢来支吾我？我问你，二爷在外边，怎么就说成了尤二姐？怎么买房子、治傢伙？怎么娶了过来？一五一十的说个明白，饶你狗命！"

兴儿听说，仔细想了一想："此事两府皆知，就是瞒着老爷、太太、老太太同二奶奶不知道，终究也是要知道的。我如今何苦来瞒着，不如告诉了她，省得唉眼前打，受委屈。"在兴而一则年幼，不知事的轻重；二则素日又知道凤姐是个烈口子，连二爷还惧怕她五分；三则此是原是二爷同珍大爷、蓉哥儿他叔侄弟兄商量着办的，与自己无干。故此把主意拿定，壮着胆子，跪下说道："奶奶别生气，等奴才回禀奶奶听：只因那府里的大老爷的丧事上穿孝，不知二爷怎么看见过尤二姐几次，大约就看中了，动了要说的心。故此先同蓉哥商议，求蓉哥替二爷从中调停办理，做了媒人，说合事成之后，还许下谢礼。蓉哥满应，将此话转告诉了珍大爷；珍大爷告诉了珍大奶奶和尤老娘。尤老娘听了很愿意，但求蓉哥说是：'二姐从小而以许过张家为媳，如何又许二爷呢？恐张家知道，生出事来不妥当。'珍大爷笑道：'这算什么大事，交给我！便说那张姓小子，本是个穷苦破落户，哪里见得多给他几两银子，较他写章退亲的休书，就完了。'后来，果然找了姓张的来，如此说明，写了休书，给了银子去了。二爷闻知，才放心大胆的说定了。又恐怕奶奶知道。拦阻不依，所以在外边咱们后身儿买了几间房子，治了东西，就娶过来了。珍大爷还给了爷两口人使唤。二爷时常推说给老爷办事，又说给珍大爷张罗事，都是些支吾的谎话，竟是在外头住着。从前原是娘儿三个住着，还要商量给尤三姐说人家，又许下后聘嫁她；如今尤三姐也死了，只剩下那尤老娘跟着尤二姐住着作伴儿呢。这是一网从前的实话，并不敢隐瞒一句。"说毕，复又磕头。

凤姐听了这一篇言词，只起得痴呆了半天，面如金纸，两只吊稍子眼越发直竖起来了，浑身乱战。半晌，连话也说不上来，只是发怔。勐低头，见兴儿在地下跪着，便说道："这也没有你的大不是，但只是二爷在外头行这样的是，你也该早些告诉我才是。这却很该打，因你肯实说，不撒谎，且饶恕你这一次。"兴儿道："未能早回奶奶，这是奴才该死！"便叩头有声。凤姐说："你去罢。"兴儿才立身要走，凤姐又说："叫你时，须要快来，不可远去。"兴儿连连答应了几个"是"，就出去了。到外面伸了伸舌头，说："够了我的了，差一差儿没有挨一顿好打。"暗自后悔不该告诉旺儿，又愁二爷回来怎么见，各自害怕。这且不提。

且说凤姐见兴儿出去，回头向平儿说："方才兴儿说的话，你都听见了没有？"平儿说："我都听见了。"凤姐说："天下那有这样没脸的男人！吃着碗里，看着锅里，见一个，爱一个，真成了喂不饱的狗，实在是个弃旧迎新的坏货。只可惜这五六品的顶带给他！他别想着俗语说的'家花哪有野花香'的话，他要信了这个话，可就大错了。多早晚在外面闹一个很没脸、亲戚朋友见不得的事出来，他才罢手呢！"平儿一旁劝道："奶奶生气，却是该的。但奶奶身子才好了，也不可过于气恼。看二爷自从鲍二的女人那一件事之后，到很收了心，好了呢，如今为什么又干起这样事来？这都是珍大爷他的不是。"凤姐说："珍大爷固有不是，也总因咱们那位下作不堪的爷他眼馋，人家才引诱他罢咧。俗语说'牛儿不吃水，也强按头么？'"平儿说："珍大爷干这样事，珍大奶奶也不想一想，把一个妹子要许几家子弟才好，先许了姓张的，今又嫁了姓贾的；天下的男人都死绝了，都嫁到贾家来！难道贾家的衣食这样好不成？这不是说幸而那一个没脸的尤三姐知道好歹，早早而死了，若是不死，将来不是嫁宝玉，就是嫁环哥儿呢。总也不给她妹子留一些儿体面，叫妹子日后抬头竖脸的见人呢？妹子好歹也罢咧！那妹子本来也不是她亲的，而且听见说原是个混帐烂桃。难道珍大奶奶现做着命妇，家中有这样一个打嘴现世的妹子，也不知到羞臊，躲避着些，反倒大面上扬明打鼓的，在这门里丢丑，也不怕笑话么？再者，珍大爷也是做官的人，别的律例不知道也罢了，连个服中娶亲，停妻再娶，使不得的规矩，他也不知道不成？你替他细想一想，他十的这件事，是疼兄弟，还是害兄弟呢？"平儿说："珍大爷只顾眼前，叫兄弟喜欢，也不管日后的轻重干係了。"凤解而冷笑道："这是什么'叫兄弟喜欢'，这是给他毒要吃呢！若论亲叔伯兄弟中，他年纪又最大，又居长，不知教导学好，反引诱兄弟学不长进，担罪名儿，日后闹出事来，他在一边缸沿儿上站着看热闹，真真我要骂也骂不出口来。再者，他在那边府釐的丑事坏名声，已经叫人听不上了，必定也叫兄弟学他一样，才好显不出他的丑来。这是什么作哥哥的道理？倒不如撒泡尿浸死了，替大老爷死了也罢咧，活着作什么呢！你瞧，东府里大老爷那样厚德，吃斋唸佛行善，怎么反得了这样一个儿子孙子？大概是好风水都叫他了人家一个人拔尽了。"平儿说："想来不错。若不然，怎么这样拆着格儿呢？"凤姐说："这件事幸而老太太、老爷、太太不知道，倘或吹到这几位耳朵里去，不但咱们那没出息的二爷挨打受骂，就是珍大爷珍大奶奶也保不住要吃不了兜着走呢！"连说带詈，直闹了半天，联午饭也推头疼，没过去吃。

平儿看此光景越说越气，劝道："奶奶也煞一煞气儿，事从缓来，等二爷回来，慢慢的再商量就是了。"凤姐听了此言，从鼻孔内哼了两声，冷笑道："好罢咧，等爷回来，可就迟了！"平儿便跪在地下，在三苦劝安慰一会子，凤姐才略消了些气恼。喝了口茶，喘息了良久，便要了拐枕，歪在床上，闭着眼睛打主意。平儿见凤姐儿躺着，方退出去。偏有不懂眼的几起子回事的人来，都被丰儿撵出去了。又有贾母处着玛瑙来问："二奶奶为什么不吃饭？老太太不放心，着我来瞧瞧。"凤姐因是贾母处打发人来，遂勉强起来，说："我不过有些头疼，并没别的病，请老太太放心。我已经躺了一躺儿，好了。"言毕，打发来人去后，却自己一个人将前事从头至尾细细的盘算多时，得了个"一计害三贤"的狠主意出来。自己暗想：须得如此如此方妥。主意已定，也不告诉平儿，反外面作出嘻笑自若、无事的光景，并不露出恼恨妒嫉之意。

于是叫丫头传了来旺来吩咐，令他明日传唤匠役人等，收拾东厢房，裱煳铺设等语。平儿与众人皆不知为何缘故。要知端详，且听下回分解。

第 68 回 苦尤娘赚入大观园 酸凤姐大闹宁国府

话说贾琏起身去后，偏值平安节度巡边在外，约一个月方回。贾琏未得确信，只得住在下处等候。及至回来相见，将事办妥，回程已是将两个月的限了。

谁知凤姐心下早已算定，只待贾琏前脚走了，回来便传各色匠役，收拾东厢房三间，照依自己正室一样装饰陈设。至十四日，便回明贾母、王夫人，说十五一早要到姑子庙进香去。只带了平儿、丰儿、周瑞媳妇、旺儿媳妇四人，未曾上车，便将原故告诉了众人。又吩咐众男人，素衣素盖，一迳前来。

兴儿引路，一直到了二姐门前扣门。鲍二家的开了。兴儿笑说："快回二奶奶去，大奶奶来了。"鲍二家的听了这话，顶梁骨走了真魂，忙飞跑进，内报与尤二姐。尤二姐虽也一惊，但已来了，只得以礼相见，于是忙整衣迎了出来。至门前，凤姐方下车进来。尤二姐一看，只见头上皆是素白银器，身上月白缎袄，青缎披风，白绫素裙。眉弯柳叶，高吊两梢，目横丹凤，神凝三角。俏丽若三春之桃，清素如九秋之菊。周瑞家的、旺儿家的二人搀入院来。尤二姐陪笑，忙迎上来万福，张口便叫："姐姐下降，不曾远迎，望恕仓促之罪。"说着，便福了下来。凤姐忙陪笑还礼不迭。二人携手同入室中。

凤姐上座，尤二姐命丫鬟拿褥子来便行礼，说："奴家年轻，一从到了这里，诸事皆係家母和家姐商议主张。今日有幸相会，若姐姐不弃奴家寒微，凡事求姐姐的指示教训。奴亦倾心吐胆，只服侍姐姐。"说着，便行下礼去。凤姐儿忙下座，以礼相还，口内忙说："皆因奴家妇人之见，一味劝夫慎重，不可在外眠花卧柳，恐惹父母担忧。此皆是你我之痴心，怎奈二爷错会奴意。眠花宿柳之事，瞒奴或可；今娶姐姐作二房之大事，亦人家大礼，亦不曾对奴说。奴亦曾劝二爷早行此礼，以备生育。不想二爷反以奴为那等嫉妒之妇，私自行此大事，并未说知。使奴有冤难诉，惟天地可表。前于十日之先，奴已风闻，恐二爷不乐，遂不敢先说。今可巧远行在外，故奴家亲自拜见过，还求姐姐下体奴心，起动大驾，挪至家中。你我姊妹同居同处，彼此合心，谏劝二爷，慎重世务，保养身体，方是大礼。若姐姐在外，奴在内，虽愚贱不堪相伴，奴心又何安？再者，使外人闻知，亦甚不雅观。二爷之名也要紧，倒是谈论奴家，奴亦不怨。所以今生今世，奴之名节，全在姐姐身上。那起下人小人之言，未免见我素日持家太严，背后加减些言语，自是常情。姐姐乃何等样人物，岂可信真！若我实有不好之处，上头三层公婆，中有无数姊妹妯娌，况贾府世代名家，岂容我到今日？今日二爷私娶姐姐在外，若别人则怒，我则以为幸。正是天地神佛不忍我被小人们诽谤，故生此事。我今来求姐姐进去和我一样同居同处，同分同例，同侍公婆，同谏丈夫。喜则同喜，悲则同悲；情似亲妹，和比骨肉。不但那起小人见了，自悔从前错认了我；就是二爷来家一见，他作丈夫之人，心中也未免暗悔。所以姐姐竟是我的大恩人，使我从前之名一洗无余了。若姐姐不随奴去，奴亦情愿在此相陪。奴愿作妹子，每日服侍姐姐梳头洗面。只求姐姐在二爷跟前替我好言方便方便，容我一席之地安身，奴死也愿意。"说着，便呜呜咽咽哭将起来。尤二姐见了这般，也不免滴下泪来。

二人对见了礼，分序座下。平儿忙也上来要见礼。尤二姐见她打扮不俗，举止品貌不凡，料定是平儿，连忙亲身挽住，只叫"妹子快休如此，你我是一样的人。"凤姐忙也起身笑说："折死她了！妹子只管受礼，她原是咱们的丫头。以后快别如此。"说着，又命周家的从包袱里取出四匹上色尺头、四对金珠簪环为拜见之礼。尤二姐忙拜受了。二人吃茶，对诉已往之事。凤姐口内全是自怨自错，"怨不得别人，如今只求姐姐疼我"等语。

尤二姐见了这般，便认她是个极好的人，小人不遂心，诽谤主子，亦是常理，故倾心吐胆，叙了一会，竟把凤姐认为知己。又见周瑞等媳妇在旁边称扬凤姐素日许多善政，只是吃亏心太痴了，惹人怨。又说"已经预备了房屋，奶奶进去一看便知。"尤氏心中早已要进去同住方好，今又见如此，岂有不允之理，便说："原该跟了姐姐去，只是这里怎样？"凤姐儿道："这有何难，姐姐的箱笼细软，只管着小厮搬了进去。这些粗笨货要它无用，还叫人看着。姐姐说谁妥当，就叫谁在这里。"尤二姐忙说："今日既遇见姐姐，这一进去，凡事只凭姐姐料理。我也来的日子浅，也不曾当过家，世事不明白，如何敢作主？这几件箱笼拿进去罢。我也没有什么东西，那也不过是二爷的。"

凤姐听了，便命周瑞家的记清，好生看管着，抬到东厢房去。于是催着尤二姐穿戴了，二人携手上车，又同坐一处，又悄悄的告诉她："我们家的规矩大。这事老太太一概不知，倘或知二爷孝中娶你，管把他打死了。如今且别见老太太、太太。我们有一个花园子极大，姊妹们住着，轻易没人去的。你这一去且在园里住两天，等我设个法子回明白了，那时再见方妥。"尤二姐道："任凭姐姐裁处。"那些跟车的小厮们皆是预先说明的，如今不去大门，只奔后门而来。

下了车，赶散众人。凤姐便带尤氏进了大观园的后门，来到李纨处相见了。彼时大观园中十停人已有九停人知道了，今忽见凤姐带了进来，引动多人来看问。尤二姐一一见过。众人见她标致和悦，无不称扬。凤姐一一的吩咐了众人："都不许在外走了风声，若老太太、太太知道，我先叫你们死。"园中婆子、丫鬟都素惧凤姐的，况又係贾琏国孝家孝中所行之事，知道关係非常，都不管这事。凤姐悄悄的求李纨收养几日，"等回明了，我们自然过去的。"李纨见凤姐那边已收拾了房屋，况在服中不好倡扬，自是正理，只得收下权住。凤姐又变法将她的丫头一概退出，又将自己的一个丫头送她使唤。暗暗吩咐园中媳妇们："好生照看着他。若有走失逃亡，一概和你们算账。"自己又去暗中行事。合家之人都暗暗的纳罕说："看她如何这等贤惠起来了？"那尤二姐得了这个所在，又见园中姊妹各各相好，倒也安心乐业的自为得其所矣。

谁知三日之后，丫头善姐便有些不服使唤起来。尤二姐因说："没了头油了，你去回声大奶奶，拿些来。"善姐便道："二奶奶，你怎么不知好歹，没眼色？我们奶奶天天承应了老太太，又要承应这边太太、那边太太。这些妯娌姊妹，上下几百男女，天天起来，都等她的话。一日少说，大事也有一二十件，小事还有三五十件。外头的从娘娘算起，以及王公侯伯家，多少人情客礼，家里又有这些亲友的调度。银子上千钱上万，一日都从她一个手、一个心、一个口里调度，哪里为这点子小事去烦琐她！我劝你能着些儿罢。咱们又不是明媒正娶来的，这是她亘古少有一个贤良人，才这样待你，若差些儿的人，听见了这话，吵嚷起来，把你丢在外，死不死，活不活，你又敢怎样呢！"一席话说得尤氏垂了头，自为有这一说，少不得将就些罢了。那善姐渐渐的连饭也怕端来与她吃，或早一顿，或晚一顿，所拿来之物，皆是剩的。尤二姐说过两次，她反先乱叫起来。尤二姐又怕人笑她不安分，少不得忍着。隔上五日八日，见凤姐一面，那凤姐却是和容悦色，满嘴里"姐姐"不离口。又说："倘有下人不到之处，你降不住她们，只管告诉我，我打她们。"又骂丫头媳妇说："我深知你们，软的欺，硬的怕，背开我的眼，还怕谁。倘或二奶奶告诉我一个'不'字，我要你们的命！"尤氏见他这般的好心，想道："既有她，何必我又多事？下人不知好歹也是常情。我若告了她们，受了委屈，反叫人说我不贤良。"因此，反替她们遮掩。

凤姐一面使旺儿在外打听细事，这尤二姐之事，皆已深知。原来已有了婆家的，女婿现在才十九岁，成日在外嫖赌，不理生业，家私花尽，父亲撵他出来，现在赌钱厂存身。父亲得了尤婆十两银子，退了亲的，这女婿尚不知道。原来这小伙子名叫张华。凤姐都一一尽知原委，便封了二十两银子与旺儿，悄悄命他将张华勾来养活，"着他写一张状子，只管往有司衙门中告去，就告琏二爷国孝家孝之中，背旨瞒亲，仗财依势，强逼退亲，停妻再娶”等语。这张华也深知利害，先不敢造次。旺儿回了凤姐，凤姐气得骂：“癞狗扶不上墙的种子！你细细的说给他，便告我们家谋反，也没事的。不过是借他一闹，大家没脸。若告大了，我这里自然能够平息的。”旺儿领命，只得细说与张华。凤姐又吩咐旺儿：“他若告了你，你就和他对词去。”如此如此，这般这般，“我自有道理。”旺儿听了有她做主，便又命张华状子上添上自己，说：“你只告我来往过付，一应调唆二爷做的。”张华便得了主意，和旺儿商议定了，写了一纸状子，次日便往都察院喊了冤。

察院坐堂看状，见是告贾琏的事，上面有家人旺儿一人，只得遣人去贾府传旺儿来对词。青衣不敢擅入，只命人带信。那旺儿正等着此事，不用人带信，早在这条街上等候。见了青衣，反迎上去笑道：“惊动众位兄弟的事犯了。说不得，快来套上罢。”众青衣不敢，只说：“你老去罢，别闹了。”于是来至堂前跪了。察院命将状子与他看。旺儿故意看了一遍，碰头说道：“这事小的尽知，小的主人实有此事。但这张华素与小的有仇，故意攀扯小的在内。其中还有别人，求老爷再问。”张华碰头说：“虽还有人，小的不敢告他，所以只告他下人。”旺儿故意急得说：“糊涂东西，还不快说出来！这是朝廷公堂之上，凭是主子，也要说出来。”张华便说出贾蓉来。察院听了无法，只得去传贾蓉。

凤姐又差了庆儿，暗中打听告了起来，便忙将王信唤来，告诉他此事，命他托察院只虚张声势，警唬而已，又拿了三百银子与他去打点。是夜，王信到了察院私第，安了根子。那察院深知原委，收了赃银。次日回堂，只说张华无赖，因拖欠了贾府银两，诳捏虚词，诬赖良人。都察院又素与王子腾相好，王信也只到家说了一声，况是贾府之人，巴不得了事，便也不提此事，且都收下，只传贾蓉对词。

且说贾蓉等正忙着贾珍之事，忽有人来报信，说有人告你们如此如此，这般这般，快作道理。贾蓉慌了，忙来回贾珍。贾珍说：“我防了这一着，只亏他好大胆子。”即刻封了二百银子着人去打点察院；又命家人去对词。正商议之间，人报：“西府二奶奶来了。”贾珍听了这个，倒吃了一惊，忙要同贾蓉藏躲。不想凤姐进来了，说：“好大哥哥，带着兄弟干的好事！”贾蓉忙请安，凤姐拉了他就进来。贾珍还笑说：“好生伺候你婶娘，吩咐他们杀牲口备饭。”说了，忙命备马，躲往别处去了。

这里凤姐儿带着贾蓉走来上房，尤氏正迎了出来，见凤姐气色不善，忙笑说：“什么事情这等忙？”凤姐照脸一口唾沫，啐道：“你尤家的丫头没人要了，偷着只往贾家送！难道贾家的人都是好的，普天下死绝了男人了！你就愿意给，也要三媒六証，大家说明，成个体统才是。你痰迷了心，脂油蒙了窍！国孝家孝，两重在身，就把个人送了来。这会子被人家告我们，我又是个没脚蟹，连官场中都知道我利害吃醋，如今指名提我，要休我。我来了你家，干错了什么不是，你这等害我？或是老太太、太太有了话在你心里，使你们做这圈套要挤我出去？如今咱们两个一同去见官，分证明白。回来咱们公同请了合族中人，大家觌面说个明白。给我休书，我就走路。”一面说，一面大哭，拉着尤氏，只要去见官。急得贾蓉跪在地下碰头，只求“姑娘婶子息怒。”凤姐儿一面又骂贾蓉：“天雷劈脑子、五鬼分尸的没良心的种子！不知天有多高，地有多厚，成日家调三窝四，干出这些没脸面、没王法、败家破业的营生。你死了的娘阴灵也不容你！祖宗也不容你，还敢来劝我！”哭骂着，扬手就打。贾蓉忙磕头有声说：“婶子别生气，仔细手，让我自己打。婶子别动气。”说着，自己举手，左右开弓，自己打了一顿嘴巴子，又自己问着自己说：“以后可再顾三不顾四的混管闲事了？以后还单听叔叔的话，不听婶子的话了？”众人又是劝，又要笑，又不敢笑。

凤姐儿滚到尤氏怀里，嚎天动地，大放悲声，只说：“给你兄弟娶亲，我不恼。为什么使他违旨背亲，将混账名儿给我背着？咱们只去见官，省得捕快皂隶来拿。再者，咱们只过去见了老太太、太太和众族人，大家公议了，我既不贤良，又不容丈夫娶亲买妾，只给我一纸休书，我即刻就走。你妹妹我也亲身接了来家，生怕老太太、太太生气，也不敢回，现在三茶六饭，金奴银婢的住在园里。我这里赶着收拾房子，和我的一样，只等老太太知道了，原说接过来大家安分守己的，我也不提旧事了。谁知又是有了人家的。不知你们干的什么事，我一概又不知道。如今告我，我昨日急了，纵然我出去见官，也丢的是你贾家的脸，少不得偷把太太的五百两银子去打点。如今把我的人还锁在那里。”说了又哭，哭了又骂，后来放声又哭起祖宗爹妈来，又要寻死撞头。把个尤氏揉搓成一个麵团，衣服上全是眼泪鼻涕，尤氏并无别话，只骂贾蓉：“孽障种子，和你老子作的好事！我就说不好的。”凤姐儿听说，哭着两手搬着尤氏的脸，紧对相问道：“你发昏了？你的嘴里难道有茄子塞着？不然，他们给你嚼子衔上了？为什么你不告诉我去？你若告诉了我，这会子不平安了？怎得经官动府，闹到这步田地？你这会子还怨他们！自古说：‘妻贤夫祸少’，‘表壮不如里壮。’你但凡是个好的，他们怎得闹出这些事来！你又没才干，又没口齿，锯了嘴子的葫芦，就只会一味瞎小心，图贤良的名儿。总是他们也不怕你，也不听你。”说着，啐了几口。尤氏也哭道：“何曾不是这样，你不信，问问跟的人，我何曾不劝的，也得他们听。叫我怎么样呢？怨不得妹妹生气，我只好听着罢了。”

众姬妾、丫鬟、媳妇已是乌压压跪了一地，陪笑求说：“二奶奶最圣明的。虽是我们奶奶的不是，奶奶也作践够了。当着奴才们，奶奶们素日何等的好来，如今还求奶奶给留脸。”说着，捧上茶来。凤姐也摔了，一面止了哭，挽头髮，又喝骂贾蓉：“出去请大哥哥来。我对面问他，亲大爷的孝才五七，侄儿娶亲，这个礼我竟不知道。我问问，也好学着日后教导子侄的。”贾蓉只跪着磕头，说：“这事原不与我父母相干，都是儿子一时吃了屎，调唆着叔叔作的。我父亲也并不知道。如今我父亲正要商量接太爷出殡，婶子若闹起来，儿子也是个死。只求婶婶责罚儿子，儿子谨领。这官司还求婶子料理，儿子竟不能干这大事。婶婶是何等样人，岂不知俗语说的‘胳膊只折在袖子里’。儿子糊涂死了，既作了不肖的事，就同那猫儿狗儿一般。婶婶既教训，就不和儿子一般见识了，少不得还要婶婶费心费力，将外头的压住了才好。原是婶婶有这个不肖的儿子，既惹了祸，少不得委屈还要疼儿子。”说着，又磕头不绝。

凤姐见他母子这般，也再难往前施展了，只得又转过了一副形容言谈来，与尤氏反陪礼说：“我是年轻不知事的人，一听见有人告诉了，把我吓昏了，不知方才怎样得罪了嫂子。可是蓉儿说的‘胳膊折了，往袖子里藏’，少不得嫂子要体谅我。还要嫂子转替哥哥说了，先把这官司按下去才好。”尤氏、贾蓉一齐都说：“婶婶放心，横竖一点儿连累不着叔叔。婶婶方才说用过了五百两银子，少不得我娘儿们打点五百两银子与婶婶送过去，好补上。不然岂有反教婶婶又添上亏空之名，越发我们该死了。但还有一件，老太太、太太们跟前，婶婶还要周全方便，别提这些话方好。”

凤姐儿又冷笑道：“你们饶压着我的头干了事，这会子反哄着我替你们周全。我虽然是个呆子，也呆不到如此。嫂子的兄弟是我的丈夫，嫂子既怕他绝后，我岂不比嫂子更怕绝后？嫂子的令妹就是我的妹子一样。我一听见这话，连夜喜欢得连觉也睡不成，赶着传人收拾了屋子，就要接进来同住。倒是奴才小人的见识，他们倒说：‘奶奶太好性了。若是我们的主意，先回了老太太、太太，看是怎样，再收拾房子去接也不迟。’我听了这话，教我要打要骂的，才不言语了。谁知偏不称我的意，偏打我的嘴，半空里又跑出一个张华来告了一状。我听见了，吓得两夜没合眼儿，又不敢声张，只得求人去打听这张华是什么人，这样大胆。打听了两日，谁知是个无赖的花子。我年轻不知事，反笑了说：‘他告什么？’倒是小子们说：‘原是二奶奶许了他的。他如今正是急了，冻死饿死，也是个死，现在有这个理他抓着，纵然死了，死得倒比冻死饿死还值些。怎么怨得他告呢？这事原是爷做得太急了。国孝一层罪，家孝一层罪，背着父母私娶一层罪，停妻再娶一层罪。俗语说：'拼着一身剐，敢把皇帝拉下马。'他穷疯了的人，什么事作不出来？况且他又拿着这满理，不告等请不成？'嫂子说，我便是个韩信、张良，听了这话，也把智谋吓回去了。你兄弟又不在家，又没个商议，少不得拿钱去垫补。谁知越使钱越被人拿住了刀靶儿，越发来讹。我是耗子尾巴上长疮，多少脓血儿呢？所以又急又气，少不得来找嫂子。"尤氏、贾蓉不等说完，都说："不必操心，自然要料理的。"贾蓉又道："那张华不过是穷急，故舍了命去告咱们。我如今想了一个法儿，竟许他些银子，只叫他应个妄告不实之罪，咱们替他打点完了官司。他出来时，再给他些个银子就完了。"凤姐冷笑道："好孩子，怨不得你顾一不顾二的，做这些事出来。原来你竟糊涂。若依你说的这话，他暂且依了，且打出官司来，又得了银子，眼前自然了事。这些人既是无赖之徒，银子到手，一旦光了，他又寻事故讹诈。倘又叨登起来这事，咱们虽不怕，也终担心。搁不住他说，既没毛病，为什么反给他银子？终久是不了之局。"

贾蓉原是个明白人，听如此一说，便笑道："我还有个主意，'来是是非人，去是是非者'，这事还得我了才好。如今我竟去问张华个主意，或是他定要人，或是他愿意了事，得钱再娶。他若说一定要人，少不得我去劝我二姨，叫她出来，仍嫁他去；若说要钱，我们这里少不得给他。"凤姐儿忙道："虽如此说，我断舍不得你姨娘出去，我也断不肯使她去。好侄儿，你若疼我，只能可多给他钱为是。"贾蓉深知凤姐口虽如此，心却是巴不得只要本人出来，她却做贤良人。如今怎说怎依。

凤姐儿欢喜了，又说："外头好处了，家里终久怎么样？你也同我过去回明才是。"尤氏又慌了，拉凤姐讨主意，如何撒谎才好。凤姐冷笑道："既没这本事，谁叫你干这事了？这会子又这个腔儿，我又看不上！待要不出个主意，我又是个心慈面软的人，凭人撮弄我，我还是一片痴心。说不得让我应起来。如今你们只别露面，我只领了你妹妹去与老太太、太太们磕头，只说原係你妹妹，我看上了很好。正因我不大生长，原说买两个人放在屋里的，今既见你妹妹很好，而又是亲上做亲的，我愿意娶来做二房。皆因她家中父母姊妹新近一概死了，日子又艰难，不能度日，若等百日之后，无奈无家无业，实难等得。我的主意接了进来，已经厢房收拾了出来，暂且住着。等满了服再圆房。仗着我这不怕臊的脸，死活赖去，有了不是，也寻不着你们了。你们母子想想，可使得？"尤氏、贾蓉一齐笑说："到底是婶子宽洪大量，足智多谋。等事妥了，少不得我们娘儿两个过去拜谢。"尤氏忙命丫鬟们服侍凤姐梳妆洗脸，又摆酒饭，亲自递酒拣菜。

凤姐也不多坐，执意就走了。进园中，将此事告诉与尤二姐，又说，我怎么操心打听，又怎么设法子，须得如此如此，方能救下众人无罪，少不得我去拆开这鱼头，大家才好。要知端详，且听下回分解。

第 69 回 弄小巧用借剑杀人 觉大限吞生金自逝

少不得也过来跟着凤姐去回方是大礼。凤姐笑说："你只别说话，等我去说。"尤氏道："这个自然。但一有个不是，是往你身上推的。"说着，大家先来至贾母房中。

正值贾母和园中姊妹们说笑解闷，忽见凤姐带了一个标緻小媳妇进来，忙觑着眼瞧，说："这是谁家的孩子？好可怜见的。"凤姐上来笑道："老祖宗倒细细的看看，好不好？"说着，忙拉二姐说："这是太婆婆，快磕头。"二姐忙行了大礼，展拜起来。又指着众姊妹说："这是某人某人，你先认了，太太瞧过了，再见礼。二姐听了，一一又从新故意的问过，垂头站在旁边。贾母上下瞧了一遍，因又笑问："你姓什么？今年十几了？"凤姐忙又笑说："老祖宗且别问，只说比我俊不俊。"贾母又戴了眼镜，命鸳鸯、琥珀："把那孩子拉过来，我瞧瞧肉皮儿。"众人都抿嘴儿笑着，只得推她上去。贾母细瞧了一遍，又命琥珀："拿出手来我瞧瞧。"鸳鸯又揭起裙子来。贾母瞧毕，摘下眼镜来，笑说道："更是个齐全孩子，我看比你俊些。"凤姐听说，笑着忙跪下，将尤氏那边所编之话一五一十细细的说了一遍，"少不得老祖宗发慈心，先许她进来，住一年后再圆房。"贾母听了道："这有什么不是？既你这样贤良，很好。只是一年后方可圆得房。"凤姐听了，叩头起来，又求贾母："着两个女人一同带去见太太们，说是老祖宗的主意。贾母依允，遂使二人带去，见了邢夫人等。王夫人正因她风声不雅，深为忧虑，见她今行此事，岂有不乐之理。于是尤二姐自此见了天日，挪到厢房住居。

凤姐一面使人暗暗调唆张华，只叫他要原妻。这里还有许多赔送外，还给他银子安家过活。张华原无胆无心告贾家的，后来又见贾蓉打发人来对词，那人原说的："张华先退了亲，我们皆是亲戚。接到家里住着是真，并无娶嫁之说。皆因张华拖欠了我们的债务，追索不与，方诬赖小的主人那些个。"察院都和贾、王两处有瓜葛，况又受了贿，只说张华无赖，以穷讹诈，状子也不收，打了一顿赶出来。庆儿在外替张华打点，也没打重。又调唆张华说："亲原是你家定的，你只要亲事，官必还断给你。"于是又告。王信那边又透了消息与察院，察院便批："张华所欠贾宅之银，令其限内按数交还，其所定之亲，仍令其有力时娶回。"又传了他父亲来，当堂批准。他父亲亦係庆儿说明，乐得人财两进，便去贾家领人。

凤姐儿一面吓得来回贾母，说如此这般，都是珍大嫂子干事不明，并没和那家退准，惹人告了，如此官断。贾母听了，忙唤了尤氏过来，说她作事不妥，"既是你妹子从小曾与人指腹为婚，又没退断，使人混告了。"尤氏听了，只得说："他连银子都收了，怎么没准？"凤姐在旁又说："张华的口供上现说不曾见银子，也没见人去。他老子又说：'原是亲家母说过一次，并没应准。亲家母死了，你们就接进去作二房。'如此没有对証，只好由他去混说。幸而琏二爷不在家，没曾圆房，这还无妨。只是人已来了，怎好送回去，岂不伤脸。"贾母道："又没圆房，没的强占人家有夫之人，名声也不好，不如送给他去。哪里寻不出好人来。"尤二姐听了，又回贾母说："我母亲宝于某年月日给了他十两银子退准的。他因穷急了告，又翻了口。我姐姐原没错办。"贾母听了，便说："可见刁民难惹。既这样，凤丫头去料理料理。"

凤姐听了，无法，只得应着。回来只命人去找贾蓉。贾蓉深知凤姐之意，若要使张华领回，成何体统！便回了贾珍，暗暗遣人去说张华："你如今既有许多银子，何必定要原人。若只管执定主意，岂不怕爷们一怒，寻出个由头，你死无葬身之地。你有了银子，回家去，什么好人寻不出来。你若走时，还赏你些路费。"张华听了，心中想了一想："这倒是好主意"，和父亲商议已定，约共也得了有百金，父子次日起个五更，便回原籍去了。

贾蓉打听得真了，来回了贾母、凤姐，说："张华父子妄告不实，惧罪逃走，官府已知此情，也不追究，大事完毕。"凤姐听了，心中一想：若必定着张华带回二姐去，未免贾琏回来再花几个钱包占住，不怕张华不依。还是二姐不去，自己相伴着还妥当，且再作道理。只是张华此去，不知何往，倘或他再将此事告诉了别人，或日后再寻出这由头来翻案，岂不是自己害了自己？原先不该如此将刀靶付与外人去的。因此，悔之不迭，复又想了一条主意出来，悄命旺儿遣人寻着了他，或讹他作贼，和他打官司，将他治死，或暗中使人算计，务将张华治死，方剪草除根，保住自己的名誉。

旺儿领命出来，回家细想："人已走了完事，何必如此大做！人命关天，非同儿戏，我且哄过她去，再作道理。"因此在外躲了几日，回来告诉凤姐，只说："张华因有几两银子在身上，逃去第三日，在京口地界，五更天，已被截路人打闷棍的打死了。他老子唬死在店房，在那里验尸掩埋。"凤姐听了不信，说："你要扯谎，我再使人打听出来，敲你的牙！"自此，方丢过不究。凤姐和尤二姐和美非常，更比亲姊亲妹还胜十倍。

那贾琏一日事毕回来，先到了新房中，已竟悄悄的封锁，只有一个看房子的老头儿。贾琏问他原故，老头子细说原委，贾琏只在镫中跌足。少不得来见贾赦与邢夫人，将所完之事回明。贾赦十分欢喜，说他中用，赏了他一百两银子，又将房中一个十七岁的丫鬟名唤秋桐者，赏他为妾。贾琏叩头领去，喜之不尽。见了贾母和家中人，回来见凤姐，未免脸上有些愧色。谁知凤姐儿她反不似往日容颜，同尤二姐一同出迎，叙了寒温。贾琏将秋桐之事说了，未免脸上有些得意之色，骄矜之容。凤姐听了，忙命两个媳妇坐车往那边接了来。心中一刺未除，又平空添了一刺，说不得且吞声忍气，将好颜面换出来遮掩。一面又命摆酒接风，一面带了秋桐来见贾母与王夫人等。贾琏心中也暗暗的纳罕。

那日已是腊月十二日，贾珍起身，先拜了宗祠，然后过来辞拜贾母等人。和族中人直送到洒泪亭方回，独贾琏、贾蓉二人送出三日三夜方回。一路上，贾珍命他好生收心治家等语，二人口内答应，也说些大礼套话，不必烦叙。

且说凤姐在家，外面待尤二姐自不必说得，只是心中又怀别意。无人处只和尤二姐说："妹妹的声名很不好听，连老太太、太太们都知道了，说妹妹在家做女孩儿就不干净，又和姐夫有些首尾，'没人要的了你拣了来，还不休了再寻好的！'我听见这话，气了个倒仰，查是谁说的，又查不出来。这日久天长，这些个奴才们跟前怎么说嘴？我反弄了个鱼头来拆。"说了两遍，自己又气病了，茶饭也不吃，除了平儿，众丫头媳妇无不言三语四，指桑说槐暗相讥刺。

秋桐自为係贾赦之赐，无人僭她的，连凤姐、平儿皆不放在眼里，岂肯容她。张口是"先姦后娶、没汉子要的娼妇，也来要我的强。"凤姐听了，暗乐，尤二姐听了，暗愧暗怒暗气。凤姐既装病，便不和尤二姐吃饭了。每日只命人端了菜饭，到她房中去吃，那茶饭都係不堪之物。平儿看不过，自拿了钱出来，弄菜与她吃，或是有时只说和她园中去玩，在园中厨内，另做了汤水与她吃，也无人敢回凤姐。只有秋桐，一时撞见了，便去说舌，告诉凤姐说："奶奶的名声，生是平儿弄坏了的。这样好菜好饭，浪着不吃，却往园里去偷吃。"凤姐听了，骂平儿说："人家养猫拿耗子，我的猫反倒咬鸡。"平儿不敢多说，自此也要远着了。又暗恨秋桐，难以出口。

园中姊妹和李纨、迎春、惜春等人，皆为凤姐是好意，然宝、黛一干人暗为二姐担心。虽都不便多事，惟见二姐可怜，常来了倒还都悯恤她。每日常无人处，说起话来，尤二姐便淌眼抹泪，又不敢抱怨。凤姐儿又并无露出一点坏形来。贾琏来家时，见了凤姐贤良，也便不留心。况素习以来，因贾赦姬妾、丫鬟最多，贾琏每怀不轨之心，只未敢下手。如这秋桐辈等人，皆是恨老爷年迈昏愦，贪多嚼不烂，没的留下这些人作什么，因此除了几个知礼有耻的，余者或有与二门上小么儿们嘲戏的。甚至于与贾琏眉来眼去，私相偷期的，只惧贾赦之威，未曾到手。这秋桐便和贾琏有旧，从未来过一次。今日天缘凑巧，竟赏了他，真是一对烈火干柴，如胶投漆，燕尔新婚，连日那里拆得开。那贾琏在二姐身上之心，也渐渐澹了，只有秋桐一人是命。凤姐虽恨秋桐，且喜借她先可发脱二姐，自己且抽头，用"借剑杀人"之法，"坐山观虎斗"，等秋桐杀了尤二姐，自己再杀秋桐。主意已定，没人处，常又私劝秋桐说："你年轻不知事。她现是二房奶奶，你爷心坎儿上的人，我还让她三分，你去硬碰她，岂不是自寻其死？"

那秋桐听了这话，越发恼了，天天大口乱骂，说："奶奶是软弱人，那等贤惠，我却做不来。奶奶把素日的威风，怎都没了？奶奶宽洪大量，我却眼里揉不下沙子去。让我和她这淫妇做一回，她才知道。"凤姐儿在屋里，只装不敢出声儿。气得尤二姐在房里哭泣，连饭也不吃，又不敢告诉贾琏。次日，贾母见她眼睛红红的肿了，问她，又不敢说。秋桐正是抓乖卖俏之时，她便悄悄的告诉贾母、王夫人等说："她专会作死，好好的成天家号丧，背地里咒二奶奶和我早死了，她好和二爷一心一计的过。"贾母听了便说："人太生娇俏了，可知心就嫉妒。凤丫头倒好意待她，她倒这样争风吃醋。可是个贱骨头！"因此，渐次便不大喜欢。众人见贾母不喜，不免又往下踏践起来，弄得这尤二姐要死不能，要生不得。还是亏了平儿，时常背着凤姐，看她这般，与她排解排解。

那尤二姐原是个花为肠肚，雪作肌肤的人，如何经得这般折磨，不过受了一个月的暗气，便恹恹得了一病，四肢懒动，茶饭不进，渐次黄瘦下去。夜来合上眼，只见她小妹子手捧鸳鸯宝剑前来，说："姐姐，你一生为人心痴意软，终吃了这亏。休信那妒妇花言巧语，外作贤良，内藏奸狡，她发狠定要弄你一死方罢。若妹子在世，断不肯令你进来，即进来时，亦不容她这样。此亦係理数应然，你我生前淫奔不才，使人家丧伦败行，故有此报。你还依我，将此剑斩了那妒妇，一同归至警幻案下，听其发落。不然，你则白白的丧命，且无人怜惜。"尤二姐泣道："妹妹，我一生品行既亏，今日之报，既係当然，何必又生杀戮之冤。随我去忍耐。若天见怜，使我好了，岂不两全？"小妹笑道："姐姐，你终是个痴人。自古'天网恢恢，疏而不漏'，天道好还。你虽悔过自新，然已将人父子兄弟致于麀聚之乱，天怎容你安生？"尤二姐泣道："既不得安生，亦是理之当然，奴亦无怨。"小妹听了，长叹而去。尤二姐惊醒，却是一梦。等贾琏来看时，因无人在侧，便泣说："我这病不能好了。我来了半年，腹中也有身孕，但不能预知男女。倘天见怜，生了下来还可，若不然，我这命就不保，何况于他。"贾琏亦泣说："你只放心，我请明人来医治于你。"出去，即刻请医生。

谁知王太医亦谋干了军前效力，回来好讨荫封的。小厮们走去，便请了个姓胡的太医，名叫君荣。进来诊脉。看了，说是经水不调，全要大补。贾琏便说："已是三月庚信不行，又常作呕酸，恐是胎气。"胡君荣听了，复又命老婆子们请出手来，再看看。尤二姐少不得又从帐内伸出手来。胡君荣又诊了半日，说："若论胎气，肝脉自应洪大。然木盛则生火，经水不调，亦皆因由肝木所致。医生要大胆，须得请奶奶将金面略露一露，医生观观气色，方敢下药。"贾琏无法，只得命将帐子掀起一缝，尤二姐露出脸来。胡君荣一见，魂魄如飞上九天，通身麻木，一无所知。一时掩了帐子，贾琏就陪他出来，问是如何。胡太医道："不是胎气，只是瘀血凝结。如今只以下瘀血通经脉要紧。"于是写了一方，作辞而去。

贾琏命人送了药礼，抓了药来，调服下去。只半夜，尤二姐腹痛不止，谁知竟将一个已成形的男胎打了下来。于是血行不止，二姐就昏迷过去。贾琏闻知，大骂胡君荣。一面遣人再去请医调治，一面命人去打告胡君荣。胡君荣听了，早已卷包逃走。这里太医便说："本来气血生成亏弱，受胎以来，想是着了些气恼，鬱结于中。这位先生擅用虎狼之剂，如今大人元气十分伤其八九，一时难保就愈。煎、丸二药并行，还要一些闲言闲事不闻，庶可望好。"说毕而去。急得贾琏查是谁请了姓胡的来，一时查了出来，便打了个半死。

凤姐比贾琏更急十倍，只说："咱们命中无子，好容易有了一个，又遇见这样没本事的大夫。"于是天地前烧香礼拜，自己通陈祷告说："我或有病，只求尤氏妹子身体大愈，再得怀胎生一男子，我愿吃长斋念佛。"贾琏、众人见了，无不称赞。贾琏与秋桐在一处时，凤姐又做汤做水的，着人送与二姐。又骂平儿不是个有福的，"也和我一样。我因多病了，你却无病也不见怀胎。如今二奶奶这样，都因咱们无福，或犯了什么，冲她这样。"因又叫人出去算命打卦。偏算命的回来又说："係属兔的阴人冲犯。”大家算将起来，只有秋桐一人属兔，说她冲的。

秋桐近见贾琏请医治药，打人骂狗，为尤二姐十分尽心，她心中早浸了一缸醋在内了。今又听见如此说她冲了，凤姐儿又劝她说：“你暂且别处去躲几个月再来。”秋桐便气得哭骂道：“理那起瞎肏的，混咬舌根！我和她‘井水不犯河水’，怎么就冲了她？好个爱八哥儿，在外头什么人不见，偏来了就有人冲了。白眉赤脸，哪里来的孩子？她不过指着哄我们那个棉花耳朵的爷罢了。总有孩子，也不知姓张姓王。奶奶希罕那杂种羔子，我不喜欢！老了谁不成？谁不会养？一年半载养一个，倒还是一点掺杂没有的呢！”骂得众人又要笑，又不敢笑。

可巧邢夫人过来请安，秋桐便哭告邢夫人说：“二爷、奶奶要撵我回去，我没了安身之处，太太好歹开恩！”邢夫人听说，慌得数落凤姐儿一阵，又骂贾琏：“不知好歹的种子！凭她怎不好，是你父亲给的。为个外头来的撵她，连老子都没了。你要撵她，你不如还你父亲去倒好。”说着，赌气去了。秋桐更又得意，索性走到她窗户根底下，大哭大骂起来。尤二姐听了，不免更添烦恼。

晚间，贾琏在秋桐房中歇了，凤姐已睡，平儿过来瞧她，又悄悄劝她：“好生养病，不要理那畜生。”尤二姐拉她哭道：“姐姐，我从到了这里，多亏姐姐照应。为我，姐姐也不知受了多少闲气。我若逃得出命来，我必答报姐姐的恩德，只怕我逃不出命来，也只好等来生罢！”平儿也不禁滴泪说道：“想来都是我坑了你。我原是一片痴心，从没瞒她的话。既听见你在外头，岂有不告诉她的？谁知生出这些个事来！”尤二姐忙道：“姐姐这话错了。若姐姐便不告诉她，她岂有打听不出来的？不过是姐姐说的在先。况且我也要一心进来，方成个体统，与姐姐何干！”二人哭了一回，平儿又嘱咐了几句，夜已深了，方去安息。

这里尤二姐心下自思：“病已成势，日无所养，反有所伤，料定必不能好。况胎已打下，无可悬心，何必受这些零气，不如一死，倒还干淨。常听见人说，生金子可以坠死，岂不比上吊自刎又干淨？”想毕，扎挣起来，打开箱子，找出一块生金，也不知多重，恨命含泪，便吞入口中，几次狠命直脖，方咽了下去。于是赶忙将衣服首饰穿戴齐整，上炕躺下了。当下人不知，鬼不觉。

到第二日早晨，丫鬟、媳妇们见她不叫人，乐得且自己去梳洗。凤姐便和秋桐都上去了。平儿看不过，说丫头们：“你们就只配没人心的打着骂着使也罢了，一个病人，也不知可怜可怜。她虽好性儿，你们也该拿出个样儿来，别太过逾了，墙倒众人推！”丫鬟听了，急推房门进来看时，却穿戴得齐齐整整，死在炕上。于是方吓慌了，喊叫起来。平儿进来看了，不禁大哭。众人虽素习惧怕凤姐，然想尤二姐实在温和怜下，比凤姐原强，如今死去，谁不伤心落泪，只不敢与凤姐看见。

当下合宅皆知。贾琏进来，搂尸大哭不止。凤姐也假意哭：“狠心的妹妹！你怎么丢下我去了！辜负了我的心！”尤氏、贾蓉等也来哭了一场，劝住贾琏。贾琏便回了王夫人，讨了梨香院停放五日，挪到铁槛寺去，王夫人依允。贾琏忙命人去开了梨香院的门，收拾出正房来停灵。贾琏嫌后门出灵不像，便对着梨香院的正墙上，通街现开了一个大门。两边搭棚，安坛场做佛事。用软榻铺了锦缎衾褥，将二姐抬上榻去，用衾单盖了。八个小厮和几个媳妇围随，从内子墙一带抬往梨香院来。那里已请下天文生预备，揭起衾单一看，只见这尤二姐面色如生，比活着还美貌。贾琏又搂着大哭，只叫“奶奶，你死的不明，都是我坑了你！”贾蓉忙上来劝：“叔叔，解着些儿，我这个姨娘自己没福。”说着，又向南指大观园的界墙，贾琏会意，只悄悄跌脚说：“我忽略了，终久对出来，我替你报仇。”天文生回说：“奶奶卒于今日正卯时，五日出不得，或是三日，或是七日方可。明日寅时入殓大吉。”贾琏道：“三日断乎使不得，竟是七日。因家叔、家兄皆在外，小丧不敢多停，等到外头，还放五七，做大道场才掩灵。明年往南去下葬。”天文生应诺，写了殃榜而去。宝玉已早过来，陪哭一场。众族中人也都来了。

贾琏忙进去找凤姐，要银子治办棺椁丧礼。凤姐见抬了出去，推有病，回：“老太太、太太说我病着，忌三房，不许我去。”因此，也不出来穿孝，且往大观园中来。绕过群山，至北界墙根下往外听，隐隐绰绰听了一言半语，回来又回贾母说如此这般。贾母道：“信他胡说！谁家痨病死的孩子不烧了一撒？也认真的开丧破土起来。既是二房一场，也是夫妻之分，停五七日抬出来，或一烧，或乱葬地上埋了完事。”凤姐笑道：“可是这话。我又不敢劝他。”正说着，丫鬟来请凤姐，说：“二爷等着奶奶拿银子呢。”凤姐只得来了，便问他“什么银子？家里近来艰难，你还不知道？咱们的月例，一月赶不上一月，鸡儿吃了过年粮。昨儿我把两个金项圈当了三百银子，你还做梦呢！这里还有二三十两银子，你要就拿去。”说着，命平儿拿了出来，递与贾琏，指着贾母有话，又去了。恨的贾琏没话可说，只得开了尤氏箱柜，去拿自己的梯己。及开了箱柜，一滴无存，只有些折簪烂花，并几件半新不旧的绸绢衣裳，都是尤二姐素习所穿的，不禁又伤心哭了起来。自己用个包袱一齐包了，也不命小厮、丫鬟来拿，便自己提着来烧。平儿又是伤心，又是好笑，忙将二百两一包的碎银子偷了出来，到厢房拉住贾琏，悄递与他说：“你只别作声才好，你要哭，外头多少哭不得，又跑了这里来点眼。”贾琏听说，便说：“你说的是。”接了银子，又将一条裙子递与平儿，说：“这是她家常穿的，你好生替我收着，作个念心儿。”平儿只得接了，自己收去。贾琏拿了银子与衣服，走来命人先去买板。好的又贵，中的又不要。贾琏骑马自去要瞧，至晚间，果抬了一副好板进来，价银五百两赊着，连夜赶造。一面分派了人口穿孝守灵，晚来也不进去，只在这里伴宿。要知端详，且听下回分解。

第 70 回 林黛玉重建桃花社 史湘云偶填柳絮词

话说贾琏自在梨香院伴宿七日夜，天天僧道不断做佛事。贾母唤了他去，吩咐不许送往家庙中。贾琏无法，只得又和时觉说了，就在尤三姐之上点了一个穴，破土埋葬。那日送殡，只不过族中人与王信夫妇、尤氏婆媳而已。凤姐一应不管，只凭他自去办理。

因又年近岁逼，诸务猬集不算外，又有林之孝开了一个人名单子来，共有八个二十五岁的单身小厮，应该娶妻成房，等里面有该放的丫头们好求指配。凤姐看了，先来问贾母和王夫人。大家商议，虽有几个应该发配的，奈各人皆有原故：第一个鸳鸯发誓不去。自那日之后，一向未和宝玉说话，也不盛妆浓饰。众人她志坚，也不好相强。第二个琥珀，现有病，这次不能了。彩云因近日和贾环分崩了，也染了无医之症。只有凤姐儿和李纨房中粗使的几个大丫头配出去了。其余年纪未足，令他们外头自娶去了。

原来这一向因凤姐病了，李纨、探春料理家务，不得闲暇，接着过年过节，出来许多杂事，竟将诗社搁起。如今仲春天气，虽得了工夫，争奈宝玉因冷遁了柳湘莲，剑刎了尤小妹，金逝了尤二姐，气病了柳五儿，连连接接，闲愁胡恨，一重不了一重添。弄得情色若痴，语言常乱，似染怔忡之疾。慌的袭人等又不敢回贾母，只百般逗他玩笑。

这日清晨方醒，只听外间房内咭咭呱呱，笑声不断。袭人因笑说：“你快出去解救，晴雯和麝月两个人按住温都里那膈肢呢。”宝玉听了，忙披上灰鼠袄子，出来一瞧，只见她三人被褥尚未叠起，大衣也未穿。那晴雯只穿葱绿院绸小袄，红小衣，红睡鞋，披着头髮，骑在雄奴身上。麝月是红绫抹胸，披着一身旧衣，在那里抓雄奴的肋肢。雄奴却仰在炕上，穿着撒花紧身儿，红裤绿袜，两脚乱蹬，笑的喘不过气来。宝玉忙上前笑说："两个大的欺负一个小的，等我助力。"说着，也上床来膈肢晴雯。晴雯触痒，笑的忙丢下雄奴，和宝玉对抓，雄奴趁势又将晴雯按倒，向她肋下抓动。袭人笑说："仔细冻着了。"看他四人裹在一处倒好笑。

忽有李纨打发碧月来说："昨儿晚上，奶奶在这里把块手帕子忘了去，不知可在这里？"小燕说："有，有，有，我在地下拾了起来，不知是那一位的，才洗了出来，晾着还未干呢。"碧月见他四人乱滚，因笑道："倒是这里热闹，大清早起就咭咭呱呱的玩到一处。"宝玉笑道："你们那里人也不少，怎么不玩？"碧月道："我们奶奶不玩，把两个姨娘和琴姑娘也屏住了。如今琴姑娘又跟了老太太前头去，更寂寞了。两个姨娘今年过了，到明年冬天，都去了，又更寂寞呢。你瞧，宝姑娘那里，出去了一个香菱，就冷清了多少，把个云姑娘落了单。"

正说着，只见湘云又打发了翠缕来说："请二爷快出去瞧好诗。"宝玉听了，忙问："那里的好诗？"翠缕笑道："姑娘们都在沁芳亭上，你去了便知。"宝玉听了，忙梳洗了出来，果见黛玉、宝钗、湘云、宝琴、探春都在那里，手里拿着一篇诗看。见他来时，都笑说："这会子还不起来，咱们的诗社散了一年，也没有人作兴。如今正是和春时节，万物更新，正该鼓舞另立起来才好。"湘云笑道："一起诗社时是秋天，就不应发达。如今恰好万物逢春，皆主生盛。况这首桃花诗又好，就把海棠社改作桃花社。"宝玉听着，点头说："很好。"且忙着要诗看。众人都又说："咱们此时就访稻香老农去，大家议定好起社。"说着，一齐起来，都往稻香村来。宝玉一壁走，一壁看那纸上写着《桃花行》一篇，曰：

桃花帘外东风软，桃花帘内晨妆懒。帘外桃花帘内人，人与桃花隔不远。东风有意揭帘栊，花欲窥人帘不卷。桃花帘外开仍旧，帘中人比桃花瘦。花解怜人花也愁，隔帘消息风吹透。风透湘帘花满庭，庭前春色倍伤情。闲苔院落门空掩，斜日栏杆人自凭。凭栏人向东风泣，茜裙偷傍桃花立。桃花桃叶乱纷纷，花绽新红叶凝碧。

雾裹烟封一万株，烘楼照壁红模煳。天机烧破鸳鸯锦，春酣欲醒移珊枕。侍女金盆进水来，香泉影蘸胭脂冷。胭脂鲜艳何相类？花之颜色人之泪，若将人泪比桃花，泪自长流花自媚。泪眼观花泪易干，泪干春尽花憔悴。憔悴花遮憔悴人，花飞人倦易黄昏。一声杜宇春归尽，寂寞帘栊空月痕！

宝玉看了并不称赞，却滚下泪来。便知出自黛玉，因此落下泪，又怕众人看见，又忙自己擦了。因问："你们怎么得来？"宝琴笑道："你猜是谁做的？"宝玉笑道："自然是潇湘子稿。"宝琴笑道："现是我作的呢。"宝玉笑道："我不信。这声调口气，迥乎不像蘅芜之体，所以不信。"宝钗笑道："所以你不通。难道杜工部首首都作'丛菊两开他日泪'之句不成？一般的也有'红绽雨肥梅''水荇牵风翠带长'之媚语。"宝玉笑道："固然如此说。但我知道姐姐断不许妹妹有此伤悼语句，妹妹虽有此才，是断不肯作的。比不得林妹妹曾经离丧，作此哀音。"众人听说，都笑了。已至稻香村中，将诗与李纨看了，自不必说，称赏不已。

说起诗社，大家议定："明日乃三月初二日，就起社，便改"海棠社"为"桃花社"，林黛玉就为社主。明日饭后，齐集潇湘馆。因又大家拟题。黛玉便说："大家就要桃花诗一百韵。"宝钗道："使不得。从来桃花诗最多，纵作了必落套，比不得你这一首古风。须得再拟。"正说着，人回："舅太太来了。请姑娘们出去请安。"因此大家都往前头来见王子腾的夫人，陪着说话。吃饭毕，又陪入园中来各处游玩一遍。至晚饭后掌灯方去。

次日乃是探春的寿日，元春早打发了两个小太监送了几件玩器。合家皆有寿仪，自不必说。饭后，探春换了礼服各处行礼。黛玉笑向众人道："我这一社开得又不巧了，偏忘了这两日是她的生日。虽不摆酒唱戏的，少不得都要陪她在老太太、太太跟前玩笑一日，如何能得闲空儿。"因此改至初五。

这日众姊妹皆在房中侍早膳毕，便有贾政书信到了。宝玉请安，将请贾母的安禀拆开，念与贾母听，上面不过是请安的话，说六月中准进京等语。其余家信事务之帖，自有贾琏和王夫人开读。众人听说六七月回京，都喜之不尽。偏生近日王子腾之女许与保宁侯之子为妻，择日于五月初十日过门，凤姐儿又忙着张罗，常三五日不在家。这日王子腾的夫人又来接凤姐儿，一并请众甥男甥女闲乐一日。贾母和王夫人命宝玉、探春、黛玉、宝钗四人同凤姐去。众人不敢违拗，只得回房去另妆饰了起来。五人作辞，去了一日，掌灯方回。

宝玉进入怡红院，歇了半刻，袭人便乘机见景劝他收一收心，闲时把书理一理预备着。宝玉屈指算一算，说："还早呢。"袭人道："书是第一件，字是第二件。到那时，你纵有了书，你的字写的在那里呢？"宝玉笑道："我时常也有写下的好些，难道都没收着？"袭人道："何曾没收着。你昨儿不在家，我就拿出来，共总数了一数，才有五六十篇。这三四年的工夫，难道只有这几张字不成？依我说，从明日起，把别的心全收了起来，天天快临几张字补上。虽不能按日都有，也要大概看得过去。"宝玉听了，忙得自己又亲检了一遍，实在搪塞不去，便说："明日为始，一天写一百字才好。"说话时，大家安息。

至次日起来，梳洗了，便在窗下研墨，恭楷临帖。贾母因不见他，只当病了，忙使人来问。宝玉方去请安，便说："写字之故，先将早起清晨的工夫尽了出来，再作别的，因此出来迟了。"贾母听了，便十分欢喜，就吩咐他："以后只管写字念书，不用出来也使得。你去回你太太知道。"宝玉听说，便往王夫人房中来说明。王夫人便说："临阵磨枪也中用？有这会子着急，天天写写念念，有多少完不了的！这一赶，又赶出病来才罢。"宝玉回说不妨事。这里贾母也说怕急出病来。探春、宝钗等都笑说："老太太不用急。书虽替他不得，字却替得的。我们每人每日临一篇给他，搪塞过这一步就完了。一则老爷到家不生气，二则他也急不出病来。"贾母听说，喜之不尽。

原来林黛玉闻得贾政回家，必问宝玉的功课，宝玉肯分心，恐临期吃了亏。因此自己只装作不耐烦，把诗社便不起，也不以外事去勾引他。探春、宝钗二人每日也临一篇楷书字与宝玉，宝玉自己每日也加工，或写二百三百不拘。至三月下旬，便将字又集凑出许多来。这日正算，再得五十篇也就混得过去了。谁知紫鹃走来，送了一拳东西与宝玉，拆开看时，却是一色老油竹纸上临的锺、王蝇头小楷，字迹且与自己十分相似。喜得宝玉向紫鹃作了一个揖，又亲自来道谢。接着湘云、宝琴二人亦皆临了几篇相送。凑成虽不足功课，亦足搪塞了。宝玉放了心，于是将所应读之书，又温理过几遍。正是天天用功，可巧近海一带海啸，又遭踏了几处生民。地方官题本奏闻，奉旨就着贾政顺路查看赈济回来。如此算去，至冬底方回。宝玉听了，便把书字又搁过一边，仍是照旧游荡。

时值暮春之际，史湘云无聊，因见柳花飘舞，便偶成一小令，调寄《如梦令》， 其词曰：

岂是绣绒残吐，捲起半帘香雾，纤手自拈来，空使鹃啼燕妒。且住，且住！莫使春光别去。

自己作了，心中得意，便用一条纸儿写好，与宝钗看了，又来找黛玉。黛玉看毕，笑道："好！也新鲜有趣。我却不能。"湘云笑道："咱们这几社总没有填词。你明日何不起社填词，改个样儿，岂不新鲜些？"黛玉听了，偶然兴动，便说：

“这话说得极是。我如今便请他们去。”说着，一面吩咐预备了几色果点之类，一面就打发人分头去请众人。这里她二人便拟了“柳絮”之题，又限出几个调来，写了，绾在壁上。

众人来看时：“以柳絮为题，限各色小调。”又都看了史湘云的，称赏了一回。宝玉笑道：“这词上我倒平常，少不得也要胡诌起来。”于是大家拈阄，宝钗便拈得了《临江仙》，宝琴拈得《西江月》，探春拈得了《南柯子》，黛玉拈得了《唐多令》，宝玉拈得了《蝶恋花》。紫鹃炷了一支梦甜香，大家思索起来。一时黛玉有了，写完。接着宝琴、宝钗都有了。她三人写完，互相看时，宝钗便笑道：“我先瞧完了你们的，再看我的。”探春笑道：“嗳呀，今儿这香怎么这样快，已剩了三分了！我才有了半首。”因又问宝玉可有了。宝玉虽作了些，只是自己嫌不好，又都抹了要另作，回头看香，已将烬了。李纨等笑道：“这算输了。蕉丫头的半首且写出来。”探春听说，忙写了出来。众人看时，上面却只半首《南柯子》，写道是：

空挂纤纤缕，徒垂络络丝，也难绾系也难羁，一任东西南北各分离。

李纨笑道：“这却也好作，何不续上？”宝玉见香没了，情愿认输，不肯勉强塞责，将笔搁下，来瞧这半首。见没完时，反倒动了兴，开了机，乃提笔续道是：

落去君休惜，飞来我自知。莺愁蝶倦晚芳时，纵是明春再见——隔年期！

众人笑道：“正经你分内的又不能，这却偏有了。纵然好，也不算得。”说着，看黛玉的《唐多令》：

粉堕百花州，香残燕子楼。一团团逐对成毬。飘泊亦如人命薄，空缱绻，说风流！ 草木也知愁，韶华竟白头！叹今生谁拾谁收？嫁与东风春不管，凭尔去，忍淹留。

众人看了，俱点头感叹，说：“太作悲了，好是固然好的。”因又看宝琴的是《西江月》：

汉苑零星有限，隋堤点缀无穷。三春事业付东风，明月梅花一梦。

几处落红庭院？谁家香雪帘栊？江南江北一般同，偏是离人恨重！

众人都笑说：“到底是她的声调壮。‘几处’‘谁家’两句最妙。”宝钗笑道：“终不免过于丧败。我想，柳絮原是一件轻薄无根无绊的东西，然依我的主意，偏要把它说好了，才不落套。所以我诌了一首来，未必合你们的意思。”众人笑道：“不要太谦。我们且赏鉴，自然是好的。”因看这一首《临江仙》道是：

白玉堂前春解舞，东风卷得均匀。

湘云先笑道：“好一个‘东风卷得均匀’！这一句就出人之上了。”又看底下道：

蜂团蝶阵乱纷纷。几曾随逝水？岂必委芳尘？ 万缕千丝终不改，任他随聚随分。韶华休笑本无根，好风频借力，送我上青云！

众人拍案叫绝，都说：“果然翻得好气力，自然是这首为尊。缠绵悲戚，让潇湘妃子，情致妩媚，却是枕霞，小薛与蕉客今日落第，要受罚的。”宝琴笑道：“我们自然受罚，但不知交白卷子的，又怎么罚？”李纨道：“不要忙，这定要重重罚他。下次为例。”

一语未了，只听窗外竹子上一声响，恰似帘屉子倒了一般，众人吓了一跳。丫鬟们出去瞧时，帘外丫鬟嚷道：“一个大蝴蝶风筝，挂在竹梢上了。”众丫鬟笑道：“好一个齐整风筝！不知是谁家放断了绳。拿下它来。”宝玉等听了，也都出来看时，宝玉笑道：“我认得这风筝。这是大老爷那院里娇红姑娘放的，拿下来给她送过去罢。”紫鹃笑道：“难道天下没有一样的风筝，单她有这个不成？我不管，我且拿起来。”探春道：“紫鹃也学小气了。你们一般的也有，这会子拾人走了的，也不怕忌讳！”黛玉笑道：“可是呢，知道是谁放晦气的，快丢出去罢！把咱们的拿出来，咱们也放晦气。”紫鹃听了，赶着命小丫头们将这风筝送出与园门上值日的婆子去，倘有人来找，好还他们去的。

这里小丫头们听见放风筝，巴不得一声儿七手八脚，都忙着拿出一个美人风筝来。也有搬高凳去的，也有捆剪子股的，也有拨籰的。宝钗等都立在院门前，命丫头们在院外敞地下放去。宝琴笑道：“你这个不大好看，不如三姐姐的那一个软翅子大凤凰好。”宝钗笑道：“果然。”因回头向翠墨笑道：“你去把你们的拿来也放放。”翠墨笑嘻嘻的果然也取去了。宝玉又兴头起来，也打发个小丫头子家去，说：“把昨儿赖大娘送我的那个大鱼取来。”小丫头子去了半天，空手回来，笑道：“晴姑娘昨儿放走了。”宝玉道：“我还没放一遭儿呢。”探春笑道：“横竖是给你放晦气罢了。”宝玉道：“也罢。再把那个大螃蟹拿来罢。”丫头去了，同了几个人扛了一个美人并籰子来，说道：”袭姑娘说，昨儿把螃蟹给了三爷了。这一个是林大娘才送来的，放这一个罢。”宝玉细看了一回，只见这美人做的十分精致。心中欢喜，便命叫放起来。

此时探春的也取了来，翠墨带着几个小丫头子们在那边山坡上已放了起来。宝琴也命人将自己的一个大红蝙蝠也取来。宝钗也高兴，也取了一个来，却是一连七个大雁的，都放起来。独有宝玉的美人放不起来。宝玉说丫头们不会放，自己放了半天，只起房高，便落下来了。急得宝玉头上出汗，众人又笑。宝玉恨得掷在地下，指着风筝道：“若不是个美人，我一顿脚，跺个稀烂！”黛玉笑道：“那是顶线不好，拿出去另使人打了顶线，就好了。”宝玉一面使人拿去打顶线，一面又取一个来放。大家都仰面看天上，这几个风筝都起在半空中去了。

一时，丫鬟们又拿了许多各式各样的“送饭的”来，玩了一回。紫鹃笑道：“这一回的劲大，姑娘来放罢。”黛玉听说，用手帕垫着手，顿了一顿，果然风紧力大，接过籰子来，随着风筝的势将籰子一松，只听一阵“豁剌剌”响，登时籰子线尽。黛玉因让众人来放。众人都笑道：“各人都有，你先请罢。”黛玉笑道：“这一放，虽有趣，只是不忍。”李纨道：“放风筝图的是这一乐，所以又说放晦气，你更该多放些，把你这病根儿都带了去就好了。”紫鹃笑道：“我们姑娘越发小气了。哪一年不放几个子？今忽然又心疼了。姑娘不放，等我放。”说着，向雪雁手中接过一把西洋小银剪子来，齐籰子根下寸丝不留，“咯登”一声铰断，笑道：“这一去把病根儿可都带了去了！”那风筝飘飘飖飖，只管往后退了去，一时只有鸡蛋大小，展眼只剩了一点黑星儿，再展眼便不见了。众人皆仰面睃眼说：“有趣，有趣。”宝玉道：“可惜不知落在那里去了。若落在有人烟处，被小孩子得了还好，若落在荒郊野外，无人烟处，我替它寂寞。想起来，把我这个放去，教它两个作伴儿罢。”于是也用剪子剪断，照先放了去。

探春正要剪自己的凤凰，见天上也有一个凤凰，因道：“这也不知是谁家的？”众人皆笑说：“且别剪你的，看他倒像要来绞的样儿。”说着，只见那凤凰渐逼近来，遂与这凤凰绞在一处。众人方要往下收线，那一家也要收线，正不开交，又

见一个门扇大的玲珑“喜”字儿带响鞭，在半天如钟鸣一般，也逼近来。众人笑道：“这一个也来绞了。且别收，让它三个绞在一处，倒有趣呢！”说着，那“喜”字果然与这两个凤凰绞在一处。三下齐收乱顿，谁知线都断了，那三个风筝，飘飘飖飖都去了。众人拍手，哄然一笑，说：“倒有趣，可不知那“喜”字是谁家的，忒促狭了些！”黛玉说：“我的风筝也放去了，我也乏了，我也要歇息去了。”宝钗说：“且等我们放了去，大家好散。”说着，看她姊妹都放去了，大家方散。黛玉回房，歪着养乏。要知端详，下回便见。

第 71 回 嫌隙人有心生嫌隙 鸳鸯女无意遇鸳鸯

话说贾政回京之后，诸事完毕，赐假一月，在家歇息。因年景渐老，事重身衰，又近因在外几年，骨肉离分，今得晏然复聚于庭室，自觉喜幸不尽。一应大小事务，一概益发付于度外，只是看书，闷了便与清客们下棋吃酒，或日间在里面，母子夫妻共叙天伦庭闱之乐。

因今岁八月初三日，乃贾母八旬之庆，又因亲友全来，恐筵宴排设不开，便早同贾赦及贾珍、贾琏等商议，议定于七月二十八日起至八月初五日止，荣、宁两处，齐开筵宴，宁国府中单请官客，荣国府中单请堂客，大观园中，收拾出缀锦阁并嘉荫堂等几处大地方来，作退居。二十八日请皇亲、附马、王公诸公主、郡主、王妃、国君、太君、夫人等，二十九日便是阁下、都府、督镇及诰命等，三十日便是诸官长及诰命并远近亲友及堂客。初一日是贾赦的家宴，初二日是贾政，初三日是贾珍、贾琏，初四日是贾府中合族长幼大小共凑的家宴。初五日是赖大、林之孝等家下管事人等共凑一日。自七月上旬，送寿礼者便络绎不绝。礼部奉旨：钦赐金玉如意一柄，彩缎四端，金玉环四个，帑银五百两。元春又命太监送出金寿星一尊，沉香拐一只，伽南珠一串，福寿香一盒，金锭一对，银锭四对，彩缎十二匹，玉杯四只，余者自亲王、驸马以及大小文武官员之家，凡所来往者，莫不有礼，不能胜记。堂屋内设下大桌案，铺了红毡，将凡所有精细之物，都摆上，请贾母过目。贾母先一二日，还高兴过来瞧瞧，后来烦了，也不过目，只说："叫凤丫头收了，改日闲了再瞧。"

至二十八日，两府中俱悬灯结彩，屏开鸾凤，褥设芙蓉，笙箫鼓乐之音，通衢越巷。宁府中，本日只有北静王、南安郡王、永昌驸马，乐善郡王并几个世交公侯应袭，荣府中，南安王太妃、北静王妃并几位世交公侯诰命。贾母等俱是按品大妆迎接。大家厮见，先请入大观园内嘉荫堂，茶毕更衣后，方出至荣庆堂上拜寿入席。大家谦逊半日，方才坐席。上面两席是南北王妃，下面依叙，便是众公侯的诰命。左边下手一席，陪客是锦乡侯诰命与临昌伯诰命，右边下手一席，方是贾母主位。邢夫人、王夫人带领尤氏、凤姐并族中几个媳妇，两熘雁翅，站在贾母身后侍立。林之孝、赖大家的带领众媳妇，都在竹帘外面，侍候上菜上酒，周瑞家的带领几个丫鬟，在围屏后侍候呼唤。凡跟来的人，早又有人别处管待去了。

一时台上参了场，台下一色十二个未留髮的小厮侍候。须臾，一小厮捧了戏单至阶下，先递与回事的媳妇。这媳妇接了，才递与林之孝家的，用一小茶盘托上，挨身入帘来，递与尤氏的侍妾佩凤；佩凤接了才奉与尤氏；尤氏托着，走至上席，南安太妃谦让了一回，点了一齣吉庆戏文，然后又谦让了一回，北静王妃也点了一齣。众人又让了一回，命随便拣好的唱罢了。少时，菜已四献，汤始一道，跟来的人拿出赏来各家放了赏，大家便更衣复入园来，另献好茶。

南安太妃因问宝玉，贾母笑道："今日几处里念'保安延寿经'，他跪经去了。"又问众小姐们，贾母笑道："他们姊妹们病的病，弱的弱，见人腼腆，所以叫他们给我看屋子去了。有的是小戏子，传了一班在那边厅上，陪着他姨娘家姊妹们也看戏呢。"南安太妃笑道："既这样，叫人请来。"贾母回头命凤姐儿去把林带来史、薛，"再只叫你三妹妹陪着来罢。"凤姐答应了，来至贾母这边，只见他姊妹们正吃果子看戏呢，宝玉也才从庙里跪经回来。凤姐儿说了话。宝钗姊妹与黛玉、探春、湘云五人来至园中，大家见了，不用请安、问好、让坐等事。众人中也有见过的，还有一两家不曾见过的，都齐声夸赞不绝。其中湘云最熟，南安太妃因笑道："你在这里，听见我来了，还不出来？还等请去。我明儿和你叔叔算账。"因一手拉着探春，一手拉着宝钗，问几岁了，又连声夸赞。因又鬆了她两个，又拉着黛玉、宝琴，也着实细看极夸一回。又笑道："都是好的，你不知叫我夸哪一个的是。"早有人将备用礼物打点出五份来：金玉戒指各五个，腕香珠五串。南安太妃笑道："你们姊妹们别笑话，留着赏丫头们罢。"五人忙拜谢过。北静王妃也有五样礼物，余者不必细说。

吃了茶，园中略逛了一逛，贾母等因又让入席。南安太妃便告辞，说身上不快，"今日若不来，实在使不得，因此恕我竟先要告别了。"贾母等听说，也不便强留，大家又让了一回，送至园门，坐轿而去。接着北静王妃略坐一坐，也就告辞了。余者也有终席的，也有不终席的。

贾母劳乏了一日，次日便不会人，一应都是邢夫人、王夫人管待。有那些世家子弟拜寿的，只到厅上行礼，贾赦、贾政、贾珍等还礼管待，至宁府坐席。不在话下。

这几日，尤氏晚间也不回那府里去，白日间待客，晚间在园内李氏房中歇宿。这日，晚间陪贾母玩笑，又帮着凤姐料理出入大小器皿以及放赏礼事务，晚间伏侍过贾母晚饭后，贾母因说："你们也乏了，我也乏了，早些寻一点子吃的，歇息去。明儿还要起早闹呢。"尤氏答应着，退了出来，到凤姐儿房里来吃饭。凤姐儿在楼上看着人收送礼的新围屏，只有平儿在房里与凤姐叠衣服。尤氏因问："你们奶奶吃了饭了没有？"平儿笑道："吃饭岂不请奶奶去的。"尤氏笑道："既这样，我别处找吃的去。饿得我受不得了。"说着，就走。平儿忙笑道："奶奶请回来。这里有点心，且点补一点儿，回来再吃饭。"尤氏笑道："你们忙得这样，我园里和她姊妹们闹去。"一面说，一面就走。平儿留不住，只得罢了。

且说尤氏一迳来至园中，只见园中正门与各处角门仍未关，犹吊着各色彩灯，因回头命小丫头叫该班的女人。那丫鬟走入班房中，竟没一个人影儿，回来回了尤氏。尤氏便命传管家的女人。这丫头应了便出去，到二门外鹿顶内，乃是管事的女人议事取齐之所。到了这里，只有两个婆子分菜果呢。因问："哪一位奶奶在这里？东府奶奶立等一位奶奶，有话吩咐。"这两个婆子只顾分菜果，又听见是东府里的奶奶，不大在心上，因就回说："管家奶奶们才散了。"小丫头道："散了，你们家里传她去。"婆子道："我们只管看屋子，不管传人。姑娘要传人，再派传人的去。"小丫头听了道："嗳呀，嗳呀，这可反了！怎么你们不传去？你哄那新来的，怎么哄起我来了！素日你们不传，谁传去！这会子打听了梯己信儿，或是赏了那位管家奶奶的东西，你们争着狗颠儿似的传去，不知谁是谁呢！琏二奶奶要传，你们可也这么回？"这两个婆子一则吃了酒，二则被这丫头揭挑着弊病，便羞恼成怒了，因回口道：" 扯你的臊！我们的事传不传，不与你相干，你不用揭挑我们，你想想，你那老子娘在那边管家爷们跟前，比我们还更会熘呢。什么'清水下杂麵你吃我也见'的事，各家门，另家户，你有本事，排场你们那边人去。我们这边，你还早些呢！"丫头听了，气白了脸，因说道："好，好，这话说好！"一面转身进来回话。

尤氏已早入园来，因遇见了袭人、宝琴、湘云三人同着地藏庵的两个姑子，正说故事玩笑，尤氏因说饿了，先到怡红院，袭人装了几样荤素点心出来，与尤氏吃。两个姑子、宝琴、湘云等都吃茶，仍说故事。那小丫头子一迳找了来，气狠狠的把方才的话都说了出来。尤氏听了冷笑道："这是两个什么人？"两个姑子并宝琴、湘云等听了，生怕尤氏生气，忙劝说："没有的事，必是这一个　听错了。"两个姑子笑推这丫头道："你这孩子好性气，那糊涂老嬷嬷们的话，你也不该来回才是。咱们奶奶万金之躯，劳乏了几日，黄汤辣水没吃，咱们哄他欢喜一会还不得一半儿，说这些话做什么？"袭人也忙笑着拉出她去，说："好妹子，你且出去歇息，我打发人叫她们去。"尤氏道：" 你不要叫人，你去就叫这两个婆子来，到那边把她们家的凤儿叫来。"袭人笑道："我请去。"尤氏说："偏不要你去。"两个姑子忙立起身来，笑说："奶奶素日宽洪大量，今日老祖宗千秋，奶奶生气，岂不惹人谈论。"宝琴、湘云二人也都笑劝。尤氏道："不为老太太的千秋，我断不依。且放着就是了。”

说话之间，袭人早又遣了一个丫头去到园门外找人，可巧遇见周瑞家的，这小丫头子就把这话告诉周瑞家的。周瑞家的虽不管事，因她素日仗着是王夫人的陪房，原有些体面，心性乖滑，专管各处献勤讨好，所以各处房主人都喜欢她。她今日听了这话，忙得跑入怡红院来，一面飞走，一面口内说道："气坏了奶奶了，可了不得！我们家里如今惯得太不堪了。偏生我不在跟前，若在跟前，且打给她们几个耳刮子，再等过了这几日算帐。"

尤氏见了她，也便笑道："周姐姐，你来，有个理你说说。这早晚门还大开着，明灯蜡烛，出入的人又杂，倘有不防的事，如何使得？因此，叫该班的人吹灯关门。谁知一个人芽儿也没有。"周瑞家的道："这还了得！前儿二奶奶还吩咐了她们，说这几日事多人杂，一晚就关门吹灯，不是园里的人，不许放进去。今儿就没了人。这事过了这几日，必要打几个才好。"尤氏又说小丫头子的话。周瑞家的道："奶奶不要生气，等过了事，我告诉管事的，打她个臭死。只问她们，谁叫她们说这'各家门各家户'的话！我已经叫她们吹了灯，关上正门和角门子。"正乱着，只见凤姐儿打发人来请吃饭。尤氏道："我也不饿了，才吃了几个饽饽，请你奶奶自吃罢。"

一时周瑞家的得便出去，便把方才的事回了凤姐，又说："这两个婆子就是管家奶奶似的，时常我们和她说话，都似狠虫一般。奶奶若不戒饬，大奶奶脸上过不去。"凤姐道："既这么着，记上两个人的名字，等过了这几日，捆了送到那府里，凭大嫂子开发，或是打几下子，或是她开恩饶了她们，随她去就是了，什么大事！"周瑞家的听了，巴不得一声儿，素日因与这几个人不睦，出来了，便命一个小厮到林之孝家传凤姐的话，立刻叫林之孝家的进来见大奶奶，一面又传人立刻捆起这两个婆子来，交到马圈里，派人看守。

林之孝家的不知有什么事，此时已经点灯，忙坐车进来，先见凤姐。至二门上，传进话去，丫头们出来说："奶奶才歇下了。大奶奶在园子里，叫大娘见了大奶奶就是了。"林之孝家的只得进园来到稻香村，丫鬟们回进去，尤氏听了反过意不去，忙唤进她来，因笑问她道："我不过为找人找不着，因问你，你既去了，也不是什么大事，谁又把你叫进来？倒要你白跑一遭。不大的事，已经撒开手了。"林之孝家的也笑道："二奶奶打发人传我，说奶奶有话吩咐。"尤氏笑道："这是那里的话，只当你没去，白问你。这是谁又多事，告诉了凤丫头，大约周姐姐说的。你家去歇着罢，没有什么大事。"李纨又要说原故，尤氏反拦住了。

林之孝家的见如此，只得便回身出园去。可巧遇见赵姨娘，姨娘因笑道："嗳哟哟，我的嫂子！这会子还不家去歇歇，还跑些什么？"林之孝家的便笑说："何

曾不家去的！"如此这般进来了。又是个齐头故事。赵姨娘原是好察听这些事的，且素日又与管事的女人们扳厚，互相连络，好作首尾。方才之事已竟闻得八九，听林之孝家的如此说，便这般如此，告诉了林之孝家的一遍，林之孝家的听了，笑道："原来是这事，也值一个屁！开恩呢，就不理论，心窄些儿，也不过打几下子就完了。"赵姨娘道："我的嫂子，事虽不大，可见她们太张狂了些。巴巴的传进你来，明明戏弄你，玩耍你。快歇息去，明儿还有事呢，也不留你吃茶去。"

说毕，林之孝家的出来，到了侧门前，就有方才两个婆子的女儿上来哭着求情。林之孝家的笑道："你这孩子好糊涂！谁叫你娘吃酒混说了，惹出事来，连我也不知道。二奶奶打发人捆她，连我还有不是呢。我替谁讨情去！"这两个小丫头子才七八岁，原不识事，只管哭啼求告。缠的林之孝家的没法，因说道："糊涂东西！你放着门路不去，却缠我来。你姐姐现给了那边太太作陪房费大娘的儿子，你走过去告诉你姐姐，叫亲家娘求大太太，什么完不了的事！"一语提醒了一个，那一个还求。林之孝家的啐道：" 糊涂攮的！她过去一说，自然都完了。没有个单放了她妈又只打你妈的理。"说毕，上车去了。

这一个小丫头果然过来告诉了他姐姐，和费婆子说了。这费婆子原是邢夫人的陪房，起先也曾兴过时，只因贾母近来不大作兴邢夫人，所以连这边的人也减了威势。凡贾政这边有些体面的人，那边各各皆虎视眈眈。这费婆子常倚老卖老，仗着邢夫人，常吃些酒，嘴里胡骂乱怨的出气。如今贾母庆寿这样大事，干看着人家逞才卖技办事，呼么喝六弄手脚，心中早已不自在，指鸡骂狗，闲言闲语的乱闹。这边的人也不和她较量。如今听了周瑞家的捆了她亲家，越发火上浇油，仗着酒兴，指着隔断的牆，大骂了一阵，便走上来求邢夫人，说她亲家并没什么不是，"不过和那府里的大奶奶的小丫头白斗了两句话，周瑞家的便调唆了咱家二奶奶捆到马圈里，等过了这两日还要打。求太太——我那亲家娘也是七八十岁的老婆子——和二奶奶说声，饶他这一次罢。"

邢夫人自为要鸳鸯之后讨了没意思，后来贾母越发冷澹了她，凤姐的体面反胜自己，且前日南安太妃来了，要见她姊妹，贾母又只令探春出来，迎春竟似有如无，自己心内早已怨忿不乐，只是使不出来。又值这一干小人在侧，他们心内嫉妒挟怨之事不敢施展，便背地里造言生事，调拨主人。先不过是告那边的奴才，后来渐次告到凤姐，"只哄着老太太喜欢了她好就中作威作福，辖治着琏二爷，调唆二太太，把这边的正经太太倒不放在心上。"后来又告到王夫人，说："老太太不喜欢太太，都是二太太和琏二奶奶调唆的。"邢夫人纵是铁心铜胆的人，妇女家终不免生些嫌隙之心，近日因此着实恶绝凤姐。今又听了如此一篇话，也不说长短。

至次日一早，见过贾母，众族中人到齐，坐席开戏。贾母高兴，又见今日无远亲，都是自己族中子侄辈，只便衣常妆出来堂上受礼。当中独设一榻，引枕、靠背、脚踏俱全，自己歪在榻上。榻之前后左右，皆是一色的小矮凳，宝钗、宝琴、黛玉、湘云、迎春、探春、惜春姊妹等围绕。因贾瑞之母也带了女儿喜鸾，贾琼之母也带了女儿四姐儿，还有几房的孙女儿，大小共有二十来个。贾母独见喜鸾和四姐儿生得又好，说话行事与众不同，心中喜欢，便命他两个也过来榻前同坐。宝玉却在榻上脚下与贾母捶腿。首席便是薛姨妈，下边两熘皆顺着房头辈数坐下去。帘外两廊，都是族中男客，也依次而坐。先是那女客一起一起行礼，后方是男客行礼。贾母歪在榻上，只命人说"免了罢"，早已都行完了。然后赖大等带领众人，从仪门直跪至大厅上，磕头礼毕，又是众家下媳妇，然后各房的丫鬟，足闹了两三顿饭时。然后又抬了许多雀笼来，在当院中放了生。贾赦等焚过了天地寿星纸，方开戏饮酒。直到歇了中台，贾母方进来歇息，命他们取便，因命凤姐儿留下喜鸾四姐儿玩两日再去。凤姐儿出来便和她母亲说，她两个母亲素日都承凤姐的照顾，也巴不得一声儿。她两个也愿意在园内玩耍，至晚便不回家了。

邢夫人直至晚间散时，当着许多人陪笑和凤姐求情说："我听见昨儿晚上二奶奶生气，打发周管家的娘子捆了两个老婆子，可也不知犯了什么罪。论理，我不该讨情，我想老太太好日子，发狠的还舍钱舍米，周贫济老，咱们家先倒折磨起人家来了。不看我的脸，权且看老太太，竟放了她们罢。"说毕，上车去了。

凤姐听了这话，又当着许多人，又羞又气，一时抓寻不着头脑，憋得脸紫涨，回头向赖大家的等笑道："这是哪里的话。昨儿因为这里的人得罪了那府里的大嫂子，我怕大嫂子多心，所以尽让她发放，并不为得罪了我。这又是谁的耳报神这么快？"王夫人因问："为什么事？"凤姐儿笑将昨日的事说了。尤氏也笑道："连我并不知道。你原也太多事了。"凤姐儿道："我为你脸上过不去，所以等你开发，不过是个礼。就如我在你哪里有人得罪了我，你自然送了来，尽我开发。凭他是什

么好奴才，到底错不过这个礼去。这又不知谁过去没的献勤儿，这也当作一件事情去说。”王夫人道：“你太太说得是。就是珍哥媳妇，也不是外人，也不用这些虚礼。老太太的千秋要紧，放了她们为是。”说着，回头便命人去放了那两个婆子。凤姐由不得越想越气越愧，不觉的灰心转悲，滚下泪来。因赌气回房哭泣，又不使人知觉。偏又贾母打发了琥珀来叫，立等说话。琥珀见了，诧异道：“好好的这是什么原故？那里立等你呢。”凤姐听了，忙擦干了泪，洗面另施了脂粉，方同琥珀过来。

贾母因问道：“前儿这些人家送礼来的，共有几家有围屏？”凤姐儿道：“共有十六家有围屏，十二架大的，四架小的炕屏。内中只有江南甄家一架大屏十二扇，大红缎子缂丝‘满床笏’，一面是泥金‘百寿图’的，是头等的。还有粤海将军邬家一架玻璃的还罢了。”贾母道：“既这样，这两架别动，好生搁着，我要送人的。”凤姐儿答应了。

鸳鸯忽过来向凤姐儿面上只管瞧，引得贾母问说：“你不认得她？只管瞧什么？”鸳鸯笑道：“怎么她的眼肿肿的，所以我诧异，只管看。”贾母听说，便叫进前来，也觑着眼看。凤姐笑道：“才觉得一阵痒痒，揉肿了些。”鸳鸯笑道：“别又是受了谁的气了不成？”凤姐道：“谁敢给我气受，便受了气，老太太好日子，我也不敢哭的。”贾母道：“正是呢。我正要吃晚饭，你在这里打发我吃，剩下的，你就和珍儿媳妇吃了。你两个在这里帮着两个师傅，替我拣佛豆儿，你们也积积寿，前儿你姊妹们和宝玉都拣了，如今也叫你们拣拣，别说我偏心。”说话时，先摆上一桌素的来。两个姑子吃了，然后才摆上荤的，贾母吃毕，抬出外间。尤氏、凤姐儿二人正吃着，贾母又叫把喜鸾、四姐儿二人也叫来，跟她二人吃毕，洗了手，点上香，捧过一升豆子来。两个姑子先念了佛偈，然后一个一个的拣在一个簸箩内，每拣一个，念一声佛。明日煮熟了，令人在十字街结寿缘。贾母歪着，听两个姑子又说些佛家的因果善事。

鸳鸯早已听见琥珀说凤姐哭之事，又和平儿跟前打听得原故。晚间人散时，便回说：“二奶奶还是哭的，那边大太太当着人给二奶奶没脸。”贾母因问：“为什么原故？”鸳鸯便将原故说了。贾母道：“这才是凤丫头知礼处，难道为我的生日，由着奴才们把一族中的主子都得罪了，也不管罢？这是太太素日没好气，不敢发作，所以今儿拿着这个作法子，明是当着众人给凤儿没脸罢了！”正说着，只见宝琴等进来，也就不说了。

贾母因问：“你在那里来。”宝琴道：“在园里林姐姐屋里大家说话来。”贾母忽想起一事来，忙唤一个老婆子来，吩咐她：“到园里各处女人们跟前嘱咐嘱咐，留下的喜姐儿和四姐儿虽然穷，也和家里的姑娘们是一样，大家照看经心些。我知道咱们家的男男女女都是‘一个富贵心，两只体面眼’，未必把她两个放在眼里。有人小看了她们，我听见，可不依。”婆子应了方要走时，鸳鸯道：“我说去罢。她们哪里听她的话。”说着，便一迳往园子来。

先到稻香村中，李纨与尤氏都不在这里。问丫鬟们，说：“都在三姑娘那里呢。”鸳鸯回身又来至晓翠堂，果见那园中人都在那里说笑。见她来了，都笑说：“你这会子又跑来做什么？”又让她坐。鸳鸯笑道：“不许我也逛逛么？”于是把方才的话说了一遍。李纨忙起身听了，即刻就叫人把各处的头儿唤了一个来。令她们传与诸人知道。不在话下。

这里尤氏笑道：“老太太也太想得到，实在我们年轻力壮的人，捆上十个也赶不上。”李纨道：“凤丫头仗着鬼聪明儿，还离脚踪儿不远。咱们是不能的了。”鸳鸯道：“罢哟，还提“凤丫头”“虎丫头”呢，她也可怜见儿的。虽然这几年没有在老太太、太太跟前有个错缝儿，暗里也不知得罪了多少人。总而言之，为人是难作的：若太老实了，没有个机变，公婆又嫌太老实了，家里人也不怕；若有些机变，未免又“治一经”“损一经”。如今咱们家里更好，新出来的这些底下奴字号的奶奶们，一个个心满意足，都不知要怎么样才好，少有不得意，不是背地里咬舌根，就是挑三窝四的。我怕老太太生气，一点儿也不肯说。不然，我告诉出来，大家别过太平日子。这不是我当着三姑娘说，老太太偏疼宝玉，有人背地里怨言还罢了，算是偏心。如今老太太偏疼你，我听着也是不好。这可笑不可笑？”探春笑道：“糊涂人多，哪里较量得许多。我说倒不如小人家人少，虽然寒素些，倒是天天娘儿们欢天喜地，大家快乐。我们这样人家人多，外头看着我们不知千金万金小姐何等快乐，殊不知我们这里说不出来的烦难，更利害。”

宝玉道：“谁都像三妹妹好多心多事我常劝你，总别听那些俗语，想那俗事，只管安富尊荣才是。比不得我们没这清福，该应浊闹的。”尤氏道：“谁都像你，真是一心无挂碍，只知道和姊妹们玩笑，饿了吃，困了睡，再过几年，不过还是这样，一点后事也不虑。”宝玉笑道：“我能够和姊妹们过一日是一日，死了就完了。什么后事不后事！”李纨等都笑道：“这可又是胡说。就算你是个没出息的，终老在这里，难道她姊妹们都不出门的？”尤氏笑道：“怨不得人都说他是假长了一个胎子，究竟是个又傻又呆的。”宝玉笑道：“人事莫定，知道谁死谁活。倘或我在今日明日，今年明年死了，也算是遂心一辈子了。”众人不等说完，便说：“可是又疯了，别和他说话才好。若和他说话，不是呆话，就是疯话。”喜鸾因笑道：“二哥哥，你别这样说，等这里姐姐们果然都出了门，横竖老太太、太太也寂寞，我来和你作伴儿。”李纨、尤氏等都笑道：“姑娘也别说呆话，难道你是不出门的？这话哄谁。”说得喜鸾低了头。当下已是起更时分，大家各自归房安歇，众人都且不提。

且说鸳鸯一迳回来，刚至园门前，只见角门虚掩，犹未上闩。此时园内无人来往，只有该班的房里灯光掩映，微月半天。鸳鸯又不曾有个作伴的，也不曾提灯笼，独自一个，脚步又轻，所以该班的人皆不理会。偏生又要小解，因下了甬路，寻微草处，行至一湖山石后大桂树阴下来。刚转过石后，只听一阵衣衫响，吓了一惊不小。定睛一看，只见是两个人在那里，见她来了，便想往石后树丛藏躲。鸳鸯眼尖，趁月色，看准一个穿红裙子梳鬅头高大丰壮身材的，是迎春房里的司棋。鸳鸯只当他和别的女孩子也在此方便，见自己来了，故意藏躲恐吓着耍，因便笑叫道：“司棋，你不快出来，吓着我，我就喊起来，当贼拿了。这么大丫头了，也没个黑家白日的只是玩不够。”

这本是鸳鸯的戏语，叫她出来。谁知她贼人胆虚，只当鸳鸯已看见她的首尾了，生恐叫喊起来，使众人知觉，更不好，且素日鸳鸯又和自己亲厚，不比别人，便从树后跑出来，一把拉住鸳鸯，便双膝跪下，只说：“好姐姐，千万别嚷！”鸳鸯反不知因何，忙拉她起来，笑问道：“这是怎么说？”司棋满脸红胀，又流下泪来。鸳鸯再一回想，那一个人影恍惚像个小厮，心下便猜疑了八九，自己反羞的面红耳赤，又怕起来。因定了一会，忙悄问：“那个是谁？”司棋复跪下道：“是我姑舅兄弟。”鸳鸯啐了一口，道：“要死，要死。”司棋又回头悄道：“你不用藏着，姐姐已看见了，快出来磕头。”那小厮听得，只得也从树后爬出来，磕头如捣蒜。鸳鸯忙要回身，司棋拉住苦求，哭道：“我们的性命，都在姐姐身上，只求姐姐超生要紧！”鸳鸯道：“你放心，我横竖不告诉一个人就是了。”一语未了，只听角门上有人说道：“金姑娘已出去了，角门上锁罢。”鸳鸯正被司棋拉住，不得脱身，听见如此说，便接声道：“我在这里有事，且略住手，我出来了。”司棋听了，只得松手让他去了。要知端详，下回分解。

第 72 回 王熙凤恃强羞说病 来旺妇倚势霸成亲

且说鸳鸯出了角门，脸上犹红，心内突突的，真是意外之事。因想这事非常，若说出来，奸盗相连，关係人命，还保不住带累了旁人。横竖与自己无干，且藏在心内不说与一人知道。回房复了贾母的命，大家安息。从此凡晚间便不大往园中来。因思园中尚有这样奇事，何况别处，因此，连别处也不大轻走动了。

原来那司棋因从小儿和她姑表兄弟在一处玩笑起住时，小儿戏言，便都订下将来不娶不嫁。近年大了，彼此又出落得品貌风流，常时司棋回家时，二人眉来眼去，旧情不忘，只不能入手。又彼此生怕父母不从，二人便设法彼此里外买嘱园内老婆子们留门看道，今日趁乱，方初次入港。虽未成双，却也海誓山盟，私传表记，已有无限风情了。忽被鸳鸯惊散，那小厮早穿花度柳，从角门出去了。司棋一夜不曾睡着，又后悔不来。至次日见了鸳鸯，自是脸上一红一白，百般过不去。心内怀着鬼胎，茶饭无心，起坐恍惚。挨了两日，竟不听见有动静，方略放下了心。这日晚间，忽有个婆子来悄告诉她道："你兄弟竟逃走了，三四天没归家。如今打发人四处找他呢。"司棋听了，气个倒仰，因思道："纵是闹了出来，也该死在一处。他自为是男人，先就走了，可见是个没情意的。"因此，又添了一层气。次日便觉心内不快，百般支持不住，一头睡倒，恹恹的成了大病。

鸳鸯闻知那边无故走了一个小厮，园内司棋又病重，要往外挪，心下料定是二人惧罪之故，"生怕我说出来，方吓到这样。"因此，自己反过意不去，指着来望候司棋，支出人去，反自己立身发誓，与司棋说："我告诉一个人，立刻现死现报！你只管放心养病，别白糟踏了小命儿。"司棋一把拉住，哭道："我的姐姐，咱们从小儿耳鬓厮磨，你不曾拿我当外人待，我也不敢怠慢了你。如今我虽一着走错，你若果然不告诉一个人，你就是我的亲娘一样。从此后我活一日，是你给我一日，我的病好之后，把你立个长生牌位，我天天焚香礼拜，保佑你一生福寿双全。我若死了时，变驴变狗报答你。再俗语说，'千里搭长棚，没有不散的筵席。'再过三二年，咱们都是要离这里的。俗语又说，'浮萍尚有相逢日，人岂全无见面时。'倘或日后咱遇见了，那时，我又怎么报你的德行。"一面说，一面哭。这一席话，反把鸳鸯说得心酸，也哭起来了。因点头道："正是这话。我又不是管事的人，何苦我坏你的声名，我白去献勤！况且，这事我自己也不便开口向人说。你只放心。从此养好了，可要安分守己，再不许胡行乱作了。"司棋在枕上点首不绝。

鸳鸯又安慰了她一番，方出来。因知贾琏不在家中，又因这两日凤姐儿声色怠惰了些，不似往日一样，因顺路也来望候。因进入凤姐院门，二门上的人见是她来，便立身待他进去。鸳鸯刚至堂屋中，只见平儿从里间出来，见了她来，忙上来悄声笑道："才吃了一口饭，歇了午睡，你且这屋里略坐坐。"鸳鸯听了，只得同平儿到东边房里来。小丫头倒了茶来。鸳鸯因悄问："你奶奶这两日是怎么了？我只看她懒懒的。"平儿见问，因房内无人，便叹道："她这懒懒的，也不止今日了，这有一月之前便是这样。又兼这几日忙乱了几天，又受了些闲气，从新又勾起来。这两日比先又添了些病，所以支持不住，便露出马脚来了。"鸳鸯忙道："既这样，怎么不早请大夫来治？"

平儿叹道："我的姐姐，你还不知道她那脾气的。别说请大夫来吃药。我看不过，白问了一声'身上觉怎么样'她就动了气，反说我咒她病了。饶这样，天天还是察三访四，自己再不肯看破些且养身子。"鸳鸯道："虽然如此，到底该请大夫来瞧瞧，是什么病也都好放心。"平儿叹道："我的姐姐，说起病来，据我看也不是什么小症候。"鸳鸯忙道："是什么病呢？"平儿见问，又往前凑了一凑，向耳边说道："只从上月行了经之后，这一个月竟沥沥淅淅的没有止住。这可是大病不是？"鸳鸯听了，忙答道："嗳哟！依你这话，这可不成了'血山崩'了？"平儿忙啐了一口，又悄笑道："你女孩儿家，这是怎么说的，倒会咒人呢！"鸳鸯见说，不禁红了脸，又悄笑道："究竟我也不知什么是崩不崩的，你倒忘了不成，先我姐姐不是害这病死了？我也不知是什么病，因无心中听见妈和亲家妈说，我还纳闷，后来也是听见妈细说原故才明白了一二分。"平儿笑道："你该知道的，我竟也忘了。"

二人正说着，只见小丫头进来向平儿道："方才朱大娘又来了。我们回了她"奶奶才歇午觉"她往太太上头去了。"平儿听了点头。鸳鸯问："哪一个朱大娘？"平儿道："就是官媒婆那朱嫂子。因有什么孙大人家来和咱们求亲，所以她这两日天天弄个帖子来赖死赖活。"一语未了，小丫头跑来说："二爷进来了。"说话之间，贾琏已走至堂屋门口，唤平儿。平儿答应着，才要出来，贾琏已找至这间房内来。至门前，忽见鸳鸯坐在炕上，便煞住脚，笑道："鸳鸯姐姐，今儿贵脚踏贱地。"鸳鸯只坐着，笑道："来请爷奶奶的安，偏又不在家的不在家，睡觉的睡觉。"贾琏笑道："姐姐一年到头辛苦服侍老太太，我还没看你去，哪里还敢劳动来看我们"又说："巧的很，我才要找姐姐去。因为穿着这袍子热，先来换了夹袍子，再过去找姐姐，不想天可怜，省我走这一趟，姐姐先在这里等我了。"一面说，一面在椅上坐下。

鸳鸯因问："又有什么说的？"贾琏未语先笑，道："因有一件事，我竟忘了，只怕姐姐还记得：上年老太太生日，曾有一个外路和尚来孝敬一个蜡油冻的佛手，因老太太爱，就即刻拿过来摆着了。因前日老太太生日，我看古董帐上还有这一笔，却不知此时这件东西着落何方。古董房里的人也回过我两次，等我问准了好注上一笔。所以我问姐姐，如今还是老太太摆着呢，还是交到谁手里去了呢？"鸳鸯听说，便道："老太太摆了几日，厌烦了，就给了你们奶奶。你这会子又问我来！我连日子还记得，还是我打发了老王家的送来的。你忘了，或是问你们奶奶和平儿。"平儿正拿衣服，听见如此说，忙出来回说："交过来了，现在楼上放着呢。奶奶已经打发过人出去说过，给了这屋里，他们发昏没记上，又来叨登这些没要紧的事。"贾琏听说，笑道："既然给了你奶奶，我怎么不知道，你们就昧下了。"平儿道："奶奶告诉二爷，二爷还要送人，奶奶不肯，好容易留下的。这会子自己忘了，倒说我们昧下。那是什么好东西，什么没有的物儿。比那强十倍的东西也没昧下一遭，这会子爱上那不值钱的？"贾琏垂头含笑，想了一想，拍手道："我如今竟糊涂了，丢三忘四，惹人抱怨，竟大不像先了。"鸳鸯笑道："也怨不得。事情又多，口舌又杂，你再喝上两杯酒，那里清楚得许多。"一面说，一面就起身要去。

贾琏忙也立身说道："好姐姐，再坐一坐，兄弟还有事相求。"说着，便骂小丫头："怎么不沏好茶来！快拿干淨盖碗，把昨儿进上的新茶沏一碗来。"说着，向鸳鸯道："这两日，因老太太的千秋，所有的几千两银子都使了。几处房租，地税，通在九月才得，这会子竟接不上。明儿又要送南安府里的礼，又要预备娘娘的重阳节礼，还有几家红白大礼，至少还得三二千两银子用，一时难去支借。俗语说，'求人不如求己'。说不得姐姐担个不是，暂且把老太太查不着的金银家伙，偷着运出一箱子来，暂押千数两银子，支腾过去。不上半月的光景，银子来了，我就赎了交还，断不能叫姐姐落不是。"鸳鸯听了，笑道："你倒会变法儿，亏你怎么想来！"贾琏笑道："不是我扯谎，若论除了姐姐，也还有人手里管得起千数两银子的，只是她们为人，都不如你明白有胆量。我若和她们一说，反吓住了他们。所以我'宁撞金钟一下，不打破鼓三千'。"一语未了，忽有贾母那边的小丫头子忙忙走来找鸳鸯，说："老太太找姐姐。这半日，我们那里没找到，却在这里。"鸳鸯听说，忙得且去见贾母。

贾琏见她去了，只得回来瞧凤姐。谁知凤姐已醒了，听他和鸳鸯借当，自己不便答话，只躺在榻上。听见鸳鸯去了，贾琏进来，凤姐因问道："她可应准了？"贾琏笑道："虽然未应准，却有几分成手，须得你晚上再和她一说，就十成了。"凤姐笑道："我不管这事。倘或说准了，这会子说得好听，到有了钱的时节，你就丢在脖子后头，谁去和你打饥荒去！倘或老太太知道了，倒把我这几年的脸面都丢了。”贾琏笑道：“好人，你若说定了，我谢你如何？”凤姐笑道：“你说，谢我什么？”贾琏笑道：“你说要什么，就谢你什么。”

平儿一旁笑道：“奶奶倒不要谢的。昨儿正说，要作一件什么事，恰少一二百银子使，不如借了来，奶奶拿一二百银子，岂不两全其美。”凤姐笑道：“幸亏提起我来，就是这样也罢了。”贾琏笑道：“你们太也狠了！你们这会子别说一千两的当头，就是现银子，要三五千，只怕也难不倒。我不和你们借就罢了。这会子烦你说一句话，还要个利钱，真真了不得。”凤姐听了，翻身起来，说：“我有三千五万，不是赚的你的。如今里里外外上上下下，背着我嚼说我的不少，就差你来说了，可知没家亲引不出外鬼来。我们王家可那里来的钱，都是你们贾家赚的。别叫我恶心了！你们看着你家什么石崇邓通？把我王家的地缝子扫一扫，就够你们过一辈子呢。说出来的话，也不怕臊！现有对証：把太太和我的嫁妆细看看，比一比你们的，那一样是配不上你们的？贾琏笑道：“说句顽话就急了。这有什么这样的，你要使一二百两银子值什么，多的没有，这还有，先拿进来，你使了再说，如何？”凤姐道：“我又不等着衔垫背，忙了什么！”贾琏道：“何苦来，不犯着这样肝火盛。”

凤姐听了，又自笑起来，“不是我着急，你说的话戳人的心。我因为我想着后日是尤二姐的周年，我们好了一场，虽不能别的，到底给她上个坟，烧张纸，也是姊妹一场。她虽没留下个男女，也不要‘前人撒土，迷了后人的眼’才是。”一语倒把贾琏说没了话，低头打算了半晌，方道：“难为你想得周全，我竟忘了。既是后日才用，若明日得了这个，你随便使多少就是了。”

一语未了，只见旺儿媳妇走进来。凤姐便问：“可成了没有？”旺儿媳妇道：“竟不中用。我说须得奶奶作主就成了。”贾琏便问：“又是什么事？”凤姐儿问，便说道：“不是什么大事。旺儿有个小子，今年十七岁了，还没得女人，因要求太太房里彩霞，不知太太心里怎么样，就没有计较得。前日太太见彩霞大了，二则又多病多灾的，因此开恩打发她出去了，给她老子娘随便自己拣女婿去罢。因此，旺儿媳妇来求我。我想他两家也就算门当户对的，一说去，自然成的，谁知她这会子来了，说不中用。”贾琏道：“这是什么大事，比彩霞好的多着呢。”旺儿家的陪笑道：“爷虽如此说，连她家还看不起我们，别人越发看不起我们了。好容易相看准一个媳妇，我只说求爷奶奶的恩典，替作成了。奶奶又说她必肯的，我就烦了人走过去试一试，谁知白讨了个没趣。若论那孩子，倒好，据我素日私意儿试她，她心里没有甚说的，只是她老子娘两个老东西，太心高了些。”

一语戳动了凤姐和贾琏，凤姐因见贾琏在此，且不作一声，只看贾琏的光景。贾琏心中有事，哪里把这点子事放在心里。待要不管，只是看着她是凤姐儿的陪房，且又素日出过力的，脸上实在过不去，因说道：“什么大事！只管咕咕唧唧的。你放心且去，我明儿作媒，打发两个有体面的人，一面说，一面带着定礼去，就说是我的主意。他十分不依，叫他来见我。”旺儿家的看着凤姐，凤姐便扭嘴儿。旺儿家的会意，忙爬下就给贾琏磕头谢恩。贾琏忙道：“你只给你姑娘磕头。我虽如此说了这样行，到底也得你姑娘打发个人去叫他女人上来，和他好说更好些。虽然他们必依，然这事也不可太霸道了。”凤姐忙道：“连你还这样开恩操心呢，我倒反袖手旁观不成？旺儿家的，你听见了，说了这事，你也忙忙的给我完了事来。说给你男人，外头所有的账，一概赶今年年底下收了进来，少一个钱我也不依的。我的名声不好，再放一年，都要生吃了我呢。”

旺儿媳妇笑道：“奶奶也太胆小了。谁敢议论奶奶？若收了时，公道说，我们倒还省些事，不大得罪人。”凤姐冷笑道：”我也是一场痴心白使了。我真个的还等钱作什么，不过为的是日用，出的多，进的少。这屋里有的没的，我和你姑爷一月的月钱，再连上四个丫头的月钱，通共一二十两银子，还不够三五天的使用呢。若不是我千凑万挪的，早不知道到什么破窑里去了。如今倒落了一个放账破落户的名儿。既这样，我就收了回来。我比谁不会花钱？咱们以后就坐着花，到多早晚，是多早晚。这不是样儿：前儿老太太生日，太太急了两个月，想不出法儿来，还是我提了一句，后楼上现有些没要紧的大铜锡傢伙，四五箱子，拿出去弄了三百银子，才把太太遮羞礼儿搪过去了。我是你们知道的，那一个金自鸣钟卖了五百六十两银子。没有半个月，大事小事倒有十来件，白填在里头。今儿外头也短住了，不知是谁的主意，搜寻上老太太了。明儿再过一年，各人搜寻到头面衣服，可就好了！”旺儿媳妇笑道：“那一位太太奶奶的头面衣服折变了不够过一辈子的？只是不肯罢了。”凤姐道：“不是我说没了能奈的话，要像这样，我竟不能了。昨儿晚上，忽然作了一个梦，说来也可笑，梦见一个人，虽然面善，却又不知名姓，找我。问他作什么，他说娘娘打发他来要一百匹锦。我问他是那一位娘娘，他说的又不是咱们家的娘娘。我就不肯给他，他就上来夺。正夺着，就醒了。”旺儿家的笑道：“这是奶奶的日间操心，常应候宫里的事。”

一语未了，人回：“夏太府打发了一个小内监来说话。”贾琏听了，忙皱眉道：“又是什么话？一年他们也搬够了。”凤姐道：“你藏起来，等我见他，若是小事，罢了，若是大事，我自有话回他。”贾琏便躲入内套间去。这里凤姐命人带进小太监来，让他椅子上坐了吃茶，因问何事。那小太监便说：“夏爷爷因今儿偶见一所房子，如今竟短二百两银子，打发我来问舅奶奶家里，有现成的银子暂借一二百，过一两日就送过来，”凤姐儿听了，笑道：“什么是送过来，有的是银子，只管先兑了去。改日等我们短了，再借去也是一样。”小太监道：“夏爷爷还说了，上两回还有一千二百两银子没送来，等今年年底下，自然一齐都送过来。”凤姐笑道：“你夏爷爷好小气，这也值得提在心上？我说一句话，不怕他多心，若都这样记清了还我们，不知还了多少了。只怕没有；若有，只管拿去。”因叫旺儿媳妇来，“出去，不管哪里先支二百两来。”旺儿媳妇会意，因笑道：“我才因别处支不动，才来和奶奶支的。”凤姐道：“你们只会里头来要钱，叫你们外头算去，就不能了。”说着叫平儿，“把我那两个金项圈拿出去，暂且押四百两银子。”

平儿答应了，去了半日，果然拿了一个锦盒子来，里面两个锦袱包着。打开时，一个金累丝攒珠的，那珍珠都有莲子大小，一个点翠嵌宝石的。两个都与宫中之物不离上下。一时拿去，果然拿了四百两银子来。凤姐命与小太监打叠起一半，那一半命人与了旺儿媳妇，命她拿去办八月中秋的节。那小太监便告辞了，凤姐命人替他拿着银子，送出大门去了。这里贾琏出来笑道：“这一起外祟，何日是了？”凤姐笑道：“刚说着，就来了一股子。”贾琏道：“昨儿周太监来，张口一千两。我略应慢了些，他就不自在。将来得罪人之处不少。这会子再发个三二百万的财就好了。”一面说，一面平儿服侍凤姐另洗了面，更衣往贾母处去伺候晚饭。

这里贾琏出来，刚至外书房，忽见林之孝走来。贾琏因问何事。林之孝说道：“方才听得雨村降了，却不知因何事，只怕未必真。”贾琏道：“真不真，他那官儿也未必保得长。将来有事，只怕未必不连累咱们，宁可疏远着他好。”林之孝道：“何尝不是，只是一时难以疏远。如今东府大爷和他更好，老爷又喜欢他，时常来往，哪个不知。”贾琏道：“横竖不和他谋事，也不相干。你去再打听真了，是为什么。”

林之孝答应了，却不动身，坐在下面椅子上，且说些闲话。因又说起家道艰难，便趁势又说：“人口太重了。不如拣个空日回明老太太、老爷，把这些出过力的老人家用不着的，开恩放几家出去。一则他们各有营运，二则家里一年也省些口粮月钱。再者，里头的姑娘也太多。俗语说，‘一时比不得一时’，如今说不得先时的例了，少不得大家委屈些，该使八个的使六个，该使四个的便使两个。若各房算起来，一年也可以省得许多月米月钱。况且里头的女孩子们，一半都太大了，也该配人的配人。成了房，岂不又孳生出人来。”贾琏道：“我也这样想着，只是老爷才回家来，多少大事未回，哪里议到这个上头。前儿官媒拿了个庚帖来求亲，太太还说老爷才来家，每日欢天喜地的说骨肉完聚，忽然就提起这事，恐老爷又伤心，所以且不叫提这事。”林之孝道：“这也是正理，太太想得周到。”贾琏道：“正是，提起这话，我想起了一件事来。我们旺儿的小子，要说太太房里的彩霞。他昨儿求我，我想什么大事，不管谁去说一声去。这会子有谁闲着，我打发个人去说一声，就说我的话。”

林之孝听了，只得应着，半晌笑道：“依我说，二爷竟别管这件事。旺儿的那小儿子，虽然年轻，在外头吃酒赌钱，无所不至。虽说都是奴才们，到底是一辈子的事。彩霞那孩子这几年我虽没见，听得越发出挑得好了，何苦来白糟塌一个人。”贾琏道：“他小儿子原会吃酒，不成人么？”林之孝冷笑道：“岂只吃酒赌钱，在外头无所不为。我们看他是奶奶的人，也只见一半，不见一半罢了。”贾琏道：“我竟不知道这些事。既这样，哪里还给他老婆，且给他一顿棍，锁起来，再问他老子娘。”林之孝笑道：“何必在这一时。那是错，也等他再生事，我们自然回爷处治。如今且恕他。”贾琏不语，一时林之孝出去。

晚间，凤姐已命人唤了彩霞之母来说媒。那彩霞之母满心纵不愿意，见凤姐亲自和她说，何等体面，便心不由意的满口应了出去。今凤姐问贾琏：“可说了没有？”贾琏因说：“我原要说的，打听得他小儿子大不成人，故还不曾说。若果然不成人，且管教他两日，再给他老婆不迟。”凤姐听说，便说：“你听见谁说他不成人？”贾琏道：“不过是家里的人，还有谁。”凤姐笑道：“我们王家的人，连我还不中你们的意，何况奴才呢。我才已经和她母亲说了，她娘已经欢天喜地应了，难道又叫进她来，不要了不成？”贾琏道：“既你说了，又何必退，明儿说给他老子，好生管他就是了。”这里说话不提。

且说彩霞因前日出去，等父母择人，心中虽是与贾环有旧，尚未作准。今日又见旺儿每每来求亲，早闻得旺儿之子酗酒赌博，而且容颜丑陋，一技不知，自此心中越发懊恼。生恐旺儿仗凤姐之势，一时作成，终身为患，不免心中急躁。遂至晚间，悄命他妹子小霞进二门来找赵姨娘，问了端详。赵姨娘素日深与彩霞契合，巴不得与了贾环，方有个膀臂，不承望王夫人放了出去。每唆贾环去讨，一则贾环羞口难开，二则贾环也不大甚在意，不过是个丫头，她去了，将来自然还有，遂迁延着不说，意思便丢开手。无奈赵姨娘又不舍，又见她妹子来问，是晚得空，便先求了贾政。贾政因说道：“且忙什么，等他们再念一二年书再放人不迟。我已经看中了两个丫头，一个与宝玉，一个给环儿。只是年纪还小，又怕他们误了书，所以再等一二年。”赵姨娘道：“宝玉已有了二年了，老爷还不知道？”贾政听了，忙问道：“谁给的？”赵姨娘方欲说话，只听外面一声响，不知何物，大家吃了一惊不小。要知端详，且听下回分解。

第 73 回 痴丫头误拾绣春囊 懦小姐不问累金凤

话说那赵姨娘和贾政说话，忽听外面一声响，不知何物。忙问时，原来是外间窗屉不曾扣好，塌了屈戌了，掉下来。赵姨娘骂了丫头几句，自己带领丫鬟上好，方进来打发贾政安歇。不在话下。

却说怡红院中宝玉才睡下，丫鬟们正欲各散安歇，忽听有人击院门。老婆子开了门，见是赵姨娘房内的丫鬟名唤小鹊的。问她什么事，小鹊不答，直往房内来找宝玉。只见宝玉才睡下，晴雯等犹在床边坐着，大家玩笑，见她来了，都问：“什么事，这时候又跑了来作什么？”小鹊笑向宝玉道：“我来告诉你一个信儿。方才我们奶奶这般如此在老爷前说了你。你仔细明儿老爷问你话。”说着，回身就去了。袭人命留她吃茶，因怕关门，遂一直去了。

这里宝玉听了这话，便如孙大圣听见了紧箍咒一般，登时四肢五内，一齐皆不自在起来。想来想去，别无它法，且理熟了书，预备明儿盘考。只能书不舛错，便有它事，也可搪塞一半。想罢，忙披衣起来要读书。心中又自后悔，这些日子只说不提了，偏又丢生，早知该天天好歹温习些的。如今打算打算，肚子内现可背诵的，不过只有“学”“庸”“二论”是带注背得出的。至上本《孟子》，就有一半是夹生的，若凭空提一句，断不能接背的，至下“孟”，就有一大半忘了。算起“五经”来，因近来作诗，常把《诗经》读，虽不甚精阐，还可塞责。别的虽不记得，素日贾政也幸未吩咐过读的，纵不知，也还不妨。至于古文，这是那几年所读过的几篇，连“左传”“国策”“公羊”“穀梁”汉、唐等文，不过几十篇，这几年竟未曾温得半篇片语，虽闲时也曾遍阅，不过一时之兴，随看随忘，未下苦工夫，如何记得？这是断难塞责的。更有时文八股一道，因平素深恶此道，原非圣贤之制撰，焉能阐发圣贤之微奥，不过作后人饵名钓禄之阶。虽贾政当日起身时，选了百十篇命他读的，不过偶因见其中或一二股内，或承起之中，有作的或精緻、或流荡、或游戏、或悲感，稍能动性者，偶一读之，不过供一时之兴趣，究竟何曾成篇潜心玩索。如今若温习这个，又恐明日盘诘那个；若温习那个，又恐盘驳这个。况一夜之功，亦不能全然温习。因此越添了焦燥。自己读书，不致紧要，却带累着一房丫鬟们皆不能睡。袭人、麝月、晴雯等几个大的，是不用说，在旁剪烛斟茶，那些小的，都困眼朦胧，前仰后合起来。晴雯因骂道：“什么蹄子们！一个个黑日白夜挺尸挺不够，偶然一次睡迟了些，就装出这腔调来了。再这样，我拿针戳给你们两下子！”

话犹未了，只听外间“咕咚”一声，急忙看时，原来是一个小丫头子坐着打盹，一头撞到壁上了，从梦中惊醒，恰正是晴雯说这话之时，她怔怔的只当是晴雯打了她一下，遂哭央说：“好姐姐，我再不敢了！”众人都发起笑来。宝玉忙劝道：“饶她罢，原该叫她们都睡去才是。你们也该替换着睡去。”袭人忙道：“小祖宗，你只顾你的罢！通共这一夜的功夫，你把心暂且用在这几本书上，等过了这一关，由你再张罗别的去，也不算误了什么。”宝玉听她说得恳切，只得又读。读了没有几句，麝月又斟了一杯茶来润舌，宝玉接茶吃了。因见麝月只穿着短袄，解了裙子，宝玉道：“夜静了，冷，到底穿一件大衣裳才是。”麝月笑指着书道：“你暂且把我们忘了，把心且略对着它些罢。”

话犹未了，只听金星玻璃从后房门跑进来，口内喊说：“不好了，一个人从墙上跳下来了！”众人听说，忙问：“在哪里？”即喝起人来，各处寻找。晴雯因见宝玉读书苦恼，劳费一夜神思，明日也未必妥当，心下正要替宝玉想出一个主意来脱此难，正好忽然逢此一惊，即便生计，向宝玉道：“趁这个机会快装病，只说唬着了。”此话正中宝玉心怀，因而遂传起上夜人等来，打着灯笼各处搜寻，并无踪迹，都说：“小姑娘们想是睡花了眼出去，风摇的树枝儿，错认作人了。”晴雯便道：“别放狗屁！你们查得不严，怕耽不是，还拿这话来支吾。才刚并不是一个人见的，宝玉和我们出去有事，大家亲见的。如今宝玉唬得颜色都变了，满身发热，我如今还要上房里取安魂丸药去。太太问起来，是要回明白的，难道依你说就罢了不成？”众人听了，吓得不敢则声，只得又各处去找。晴雯和玻璃二人果出去要药，故意闹的众人皆知宝玉吓着了。王夫人听了，忙命人来看视给药，又吩咐各上夜人仔细搜查，又一面叫查二门外邻园墙上夜的小厮们。于是园内灯笼火把，直闹了一夜。至五更天，就传管家男女，命仔细访查，一一拷问内外上夜男女等人。

贾母闻知宝玉被吓，细问原由，不敢再隐，只得回明。贾母道："我必料到有此事。如今各处上夜都不小心，还是小事，只怕他们就是贼，也未可知。"当下邢夫人并尤氏等都过来请安，凤姐及李纨姊妹等皆陪侍，听贾母如此说，都默无所答。独探春出位笑道："近因凤姐姐身子不好几日，园内的人，比先放肆了许多。先前不过是大家偷着一时半刻，或夜里坐更时，三四个人聚在一处，或掷骰，或斗牌，小小的玩意，不过为熬困。近来渐次放诞，竟开了赌局，甚至有头家局主，或三十吊、五十吊、一百吊的大输赢。半月前，竟有争斗相打之事。"贾母听了，忙说："你既知道，为何不早回我们来？"探春道："我因想着太太事多，且连日不自在，所以没回。只告诉了大嫂子和管事的人们，戒饬过几次，近日好些。"贾母忙道："你姑娘家如何知道这里头的利害。你自为耍钱常事，不过怕起争端。殊不知夜间既耍钱，就保不住不吃酒，既吃酒，就免不得门户任意开锁。或买东西，寻张觅李，其中夜静人稀，趋便藏贼引奸引盗，何等事作不出来！况且园内的姊妹们起居所伴者，皆係丫头媳妇们，贤愚混杂，贼盗事小，再有别事，倘略沾带些，关係不小。这事岂可轻恕！"

探春听说，便默然归坐。凤姐虽未大愈，精神因此比常稍减，今见贾母如此说，便忙道："偏生我又病了。"遂回头命人速传林之孝家的等总理家事四个媳妇到来，当着贾母，申饬了一顿。贾母命即刻查了头家赌家来，有人出首者赏，隐情不告者罚。林之孝家的等见贾母动怒，谁敢徇私，忙至园内传齐了人，一一盘查。虽不免大家赖一回，终不免水落石出。查得大头家三人，小头家八人，聚赌者通共二十多人，都带来见贾母，跪在院内磕响头求饶。贾母先问大头家名姓和钱之多少。原来这三个大头家，一个就是林之孝的两姨亲家，一个就是园内厨房里柳家媳妇之妹，一个就是迎春之乳母。这是三个为首的，余者不能多记。贾母便命将骰子牌一并烧毁，所有的钱入官，分散与众人，将为首者每人四十大板，撵出，总不许再入；从者每人二十大板，革去三月月钱，拨入圊厕行内。又将林之孝家的申饬了一番。

林之孝家的见她的亲戚又给她打了嘴，自己也觉没趣。迎春在坐，也觉没意思。黛玉、宝钗、探春等见迎春的乳母如此，也是物伤其类的意思，遂都起身笑向贾母讨情说："这个妈妈素日原不玩的，不知怎么，也偶然高兴。求看二姐姐面上，饶他这次罢。"贾母道："你们不知。大约这些奶妈子们，一个个仗着奶过哥儿姐儿，原比别人有些体面，她们就生事，比别人更可恶，专管调唆主子，护短偏向。我都是经过的。况且要拿一个作法，恰好果然就遇见了一个。你们别管，我自有道理。"宝钗等听说，只得罢了。

一时，贾母歇晌，大家散出，都知贾母今日生气，皆不敢各散回家，只得在此暂候。尤氏便往凤姐儿处来闲话了一回，因她也不自在，只得往园内寻众姑嫂闲谈。邢夫人在王夫人处坐了一回，也就往园内散散心来。刚至园门前，只见贾母房内的小丫头子名唤傻大姐的，笑嘻嘻走来，手内拿着个花红柳绿的东西，低头一壁瞧着，一壁只管走，不防迎头撞见邢夫人，抬头看见，方才站住。邢夫人因说："这痴丫头，又得了个什么狗不识儿，这么欢喜？拿来我瞧瞧。"

原来这傻大姐年方十四五岁，是新挑上来的，与贾母这边提水桶、扫院子，专作粗活的一个丫头。只因她生得体肥面阔，两只大脚作粗活简捷爽利，且心性愚顽，一无知识，行事出言，常在规矩之外。贾母因喜欢她爽利便捷，又喜她出言可以发笑，便起名为"呆大姐"，常闷来便引她取笑一回，毫无忌避，因此又叫她作"痴丫头"。她纵有失礼之处，见贾母喜欢她，众人也就不去苛责。这丫头也得了这个力，若贾母不唤她时，便入园内来玩耍。今日正在园内掏促织，忽在山石背后得了一个五彩绣香囊，其华丽精緻，固是可爱，但上面绣的并非花鸟等物，一面却是两个人，赤条条的盘踞相抱，一面是几个字。这痴丫头原不认得是春意，便心下盘算："敢是两个妖精打架？不然，必是两口子相打。"左右猜解不来，正要拿去与贾母看，是以笑嘻嘻的一壁看，一壁走，忽见了邢夫人如此说，便笑道："太太真个说得巧，真个是狗不识呢！太太请瞧一瞧。"说着，便送过去。邢夫人接来一看，吓得连忙死紧攥住，忙问："你是哪里得的？"傻大姐道："我掏促织儿在山石上拣的。"邢夫人道："快休告诉一人：这不是好东西，连你也要打死。皆因你素日是傻子，以后再别提起了。"这傻大姐听了，反吓得黄了脸，说："再不敢了。"磕了个头，呆呆而去。邢夫人回头看时，都是些女孩儿，不便递与，自己便塞在袖内，心内十分罕异，揣摩此物从何而至，且不形于声色，且来至迎春室中。

迎春正因他乳母获罪，自觉无趣，心中不自在，忽报母亲来了，遂接入内室。奉茶毕，邢夫人因说道："你这么大了，你那奶妈子行此事，你也不说说她。如今别人都好好的，偏咱们的人做出这事来，什么意思！"迎春低着头弄衣带，半晌答道："我说她两次，她不听也无法。况且她是妈妈，只有她说我的，没有我说她的。"邢夫人道："胡说！你不好了，她原该说，如今她犯了法，你就该拿出小姐的身份来。他敢不从，你就回我去才是。如今直等外人共知，是什么意思！再者，只她去放头儿，还恐怕她巧言花语的和你借贷些簪环、衣履作本钱，你这心活面软的，未必不周接她些。若被她骗去，我是一个钱没有的，看你明日怎么过节！"迎春不语，只低头弄衣带。邢夫人见她这般，因冷笑道："总是你那好哥哥好嫂子，一对儿赫赫扬扬，琏二爷，凤奶奶，两口子遮天盖日，百事周到，竟通共这一个妹子，全不在意。但凡是我身上掉下来的，又有一话说，一一只好凭他们罢了。况且你又不是我养的，你虽不是同他一娘所生，到底是同出一父，也该彼此瞻顾些，也免别人笑话。我想，天下的事也难较定，你是大老爷跟前人养的，这里探丫头也是二老爷跟前人养的，出身一样。如今你娘死了，从前看来，你两个的娘，只有你娘比如今赵姨娘强十倍的，你该比探丫头强才是。怎么反不及她一半？谁知竟不然，这可不是异事！倒是我一生，无儿无女的，一生干淨，也不能惹人笑话议论为高。"旁边伺侯的媳妇们便趁机道："我们的姑娘老实仁德，那里像他们三姑娘伶牙俐齿，会要姊妹们的强。他们明知姐姐这样，竟不顾恤一点儿。"邢夫人道："连她哥哥、嫂子还如是，别人又作什么呢！"一言未了，人回："琏二奶奶来了。"邢夫人听了，冷笑两声，命人出去说："请她自去养病，我这里不用她伺候。"接着，又有探春的小丫头来报说："老太太醒了。"邢夫人方起身前边来。

迎春送至院外方回。绣橘因说道："如何？前儿我回姑娘：'那一个攒珠累丝金凤，竟不知哪里去了。'回了姑娘，姑娘竟不问一声儿。我说：'必是老奶奶拿去，典了银子放头儿的。'姑娘不信，只说：'司棋收着呢。'叫问司棋。司棋虽病着，心里却明白。我去问她，她说：'没有收起来，还在书架上匣内暂放着，预备八月十五日恐怕要戴呢。'姑娘就该问老奶奶一声，只是脸软怕人恼。如今竟怕无着落，明儿要都戴时，独咱们不戴，是何意思呢！"迎春道："何用问，自然是她拿去暂时借一肩了。我只说她悄悄的拿了出去，不过一时半晌，仍旧悄悄的送来就完了，谁知她就忘了。今日偏又闹出来，问她想也无益。"绣橘道："何曾是忘记！她是试准了姑娘的性格，所以才这样。如今我有个主意：我竟走到二奶奶房里，将此事回了她，或她着人去要，或她省事拿几吊钱来替她赔补。如何？"迎春忙道："罢，罢，罢！省些事罢。宁可没有了，又何必生事！"绣桔道："姑娘怎么这样软弱！都要省起事来，将来连姑娘还骗了去呢！我竟去的是。"说着便走。迎春便不言语，只好由她。

谁知迎春乳母子媳王住儿媳妇正因她婆婆得了罪，来求迎春去讨情，听她们正说金凤一事，且不进去。也因素日迎春懦弱，她们都不放在心上。如今见绣桔立意去回凤姐，估着这事脱不去的，且又有求迎春之事，只得进来，陪笑先向绣橘说："姑娘，你别去生事。姑娘的金丝凤，原是我们老奶奶老糊涂了，输了几个钱，没得捞梢，所以暂借了去。原说一日半晌就赎的，因总未捞过本儿来，就迟住了。可巧今儿又不知是谁走了风声，弄出事来。虽然这样，到底主子的东西，我们不敢迟误下，终究是要赎的。如今还要求姑娘看从小儿吃奶的情分，往老太太那边去讨个情面，救出她老人家来才好。”迎春先便说道：“好嫂子，你趁早儿打了这妄想，要等我去说情，等到明年也不中用的。方才连宝姐姐林妹妹大伙儿说情，老太太还不依，何况是我一个人。我自己愧还愧不来，反去讨臊去？”绣橘便说：“赎金凤是一件事，说情是一件事，别绞在一处说。难道姑娘不去说情，你就不赎了不成？嫂子且取了金凤来再说。”

王住儿家的听见迎春如此拒绝她，绣橘的话又锋利无可回答，一时脸上过不去，也明欺迎春素日好性儿，乃向绣橘发话道：“姑娘，你别太仗势了。你满家子算一算，谁的妈妈、奶子不仗着主子哥儿、姐儿多得些益，偏咱们就这样“丁是丁，卯是卯”的，只许你们偷偷摸摸的哄骗了去。自从邢姑娘来了，太太吩咐一个月俭省出一两银子来与舅太太去，这里饶添了邢姑娘的使费，反少了一两银子。常时短了这个，少了那个，哪不是我们供给，谁又要去？不过大家将就些罢了。算到今日，少说些也有三十两了。我们这一向的钱，岂不白填了限呢！”绣橘不待说完，便啐了一口，道：“作什么的白填了三十两，我且和你算算账，姑娘要了些什么东西？”

迎春听见这媳妇发邢夫人之私意，忙止道：“罢，罢，罢！你不能拿了金凤来，不必牵三扯四乱嚷。我也不要那凤了。便是太太们问时，我只说丢了，也妨碍不着你什么，你出去歇息歇息倒好。”一面叫绣橘倒茶来。绣橘又气又急，因说道：“姑娘虽不怕，我们是作什么的？把姑娘的东西丢了。她倒赖说姑娘使了她们的钱，这如今竟要准折起来。倘或太太问姑娘为什么使了这些钱，敢是我们就中取势了？这还了得！”一行说，一行就哭了。司棋听不过，只得勉强过来，帮着绣橘问着那媳妇。迎春劝止不住，自拿了一本《太上感应篇》来看。

三人正没开交，可巧宝钗、黛玉、宝琴、探春等因恐迎春今日不自在，都约来安慰她。走至院中，听得两三个人较口。探春从纱窗内一看，只见迎春倚在床上看书，若有不闻之状。探春也笑了。小丫鬟们忙打起帘子报道：“姑娘们来了。”迎春方放下书起身。那媳妇见有人来，且又有探春在内，不劝而自止了，遂趁便要去。探春坐下，便问：“才刚谁在这里说话？倒像拌嘴似的。”迎春笑道：“没有说什么，左不过是她们小题大作罢了。何必问它。”探春笑道：“我才听见什么‘金凤’，又是什么‘没有钱只和我们奴才要’，谁和奴才要钱了？难道姐姐和奴才要钱了不成？难道姐姐不是和我们一样有月钱的，一样有用度不成？”司棋、绣橘道：“姑娘说得是了。姑娘们都是一样的，哪一位姑娘的钱不是由着奶奶妈妈们使，连我们也不知道怎样是算账，不过要东西只说得一声儿。如今她偏要说姑娘使过了头儿，她赔出许多来了。究竟姑娘何曾和她要什么了？”探春笑道：“姐姐既没有和她要，必定是我们或者和她们要了不成！你叫她进来，我倒要问问她。”迎春笑道：“这话又可笑。你们又无沾碍，何得带累于她？”探春道：“这倒不然。我和姐姐一样，姐姐的事和我的也是一般，她说姐姐就是说我。我那边的人有怨我的，姐姐听见也即同怨姐姐是一理。咱们是主子，自然不理论那些钱财小事，只知想起什么要什么，也是有的事。但不知金累丝凤因何又夹在里头？”

那王住儿媳妇生恐绣橘等告出她来，遂忙进来用话掩饰。探春深知其意，因笑道：“你们所以糊涂。如今你奶奶已得了不是，趁此求求二奶奶，把方才的钱尚未散人的拿出些来赎取了就完了。比不得没闹出来，大家都藏着留脸面，如今既是没了脸，趁此时纵有十个罪，也只一人受罚，没有砍两颗头的理。你依我说，竟是和二奶奶说说。在这里大声小气，如何使得。”这媳妇被探春说出真病，也无可赖了，只不敢往凤姐处自首。探春笑道：“我不听见便罢，既听见，少不得替你们分解分解。”

谁知探春早使个眼色与待书，待书出去了。这里正说话，忽见平儿进来。宝琴拍手笑说道：“三姐姐敢是有驱神召将的符术？”黛玉笑道：“这倒不是道家玄术，倒是用兵最精的，所谓‘守如处女，脱如狡兔’，出其不备之妙策也。”二人取笑。宝钗便使眼色与二人，令其不可，遂以别话岔开。探春见平儿来了，遂问：“你奶奶可好些了？真是病糊涂了，事事都不在心上，叫我们受这样的委曲。”平儿忙道：“姑娘怎么委曲？谁敢给姑娘气受？姑娘快吩咐我。”当时，住儿媳妇方慌了手脚，遂上来赶着平儿叫“姑娘坐下，让我说原故你听听。”平儿正色道：“姑娘这里说话，也有你我混插口的礼！你但凡知礼，只该在外头伺候。不叫你，进不来的地方，几曾有外头的媳妇子们无故到姑娘们房里来的例？”绣橘道：“你不知我们这屋里是没礼的，谁爱来就来。”平儿道：“都是你们的不是。姑娘好性儿，你们就该打出去，然后再回太太去才是。”

王住儿媳妇见平儿出了言，红了脸，方退出去。探春接着道：“我且告诉你，若是别人得罪了我，倒还罢了。如今那住儿媳妇和她婆婆，仗着是妈妈，又瞅着二姐姐好性儿，如此这般私自拿了首饰去赌钱，而且还捏造假账折算，威逼着还要去讨情，和这两个丫头在卧房里大嚷大叫，二姐姐竟不能辖治，所以我看不过，才请你来问一声：还是她原是天外的人，不知道理？还是谁主使她如此，先把二姐姐制伏，然后就要治我和四姑娘了？”平儿忙陪笑道：“姑娘怎么今日说这话出来我们奶奶如何当得起！”探春冷笑道：“俗语说的，‘物伤其类’，‘齿竭唇亡’， 我自然有些惊心。”平儿向迎春道：“若论此事，还不是大事，极好处置。但她现是姑娘的奶嫂，据姑娘怎么样为是？”

当下迎春只和宝钗阅“感应篇”故事，究竟连探春之语亦不曾闻得，忽见平儿如此说，乃笑道：“问我，我也没什么法子。她们的不是，自作自受，我也不能讨情，我也不去苛责就是了。至于私自拿去的东西，送来，我收下，不送来，我也不要了。太太们要问，我可以隐瞒遮饰过去，是她的造化，若瞒不住，我也没法，没有个为她们反欺诳太太们的理，少不得直说。你们若说我好性儿，没个决断，竟有好主意，可以使此事八面周全，不使太太们生气，任凭你们处治，我总不知道。”众人听了，都好笑起来。黛玉笑道：“真是‘虎狼屯于阶陛，尚谈因果’。若使二姐姐是个男人，这一家上下若许人，又如何裁治他们？”迎春笑道：“正是。多少男人尚如此，何况我哉！”一语未了，只见又有一人进来。正不知是谁，且听下回分解。

第 74 回 惑奸谗抄检大观园 矢孤介杜绝宁国府

话说平儿听迎春之言，正自好笑，忽见宝玉也来了。原来管厨房柳家媳妇之妹，也因放头开赌得了不是。这园中有素与柳家不睦的，便又告出柳家的来，说她和她妹子是伙计，虽然她妹子出名，其实赚了钱，两个人平分。因此凤姐要治柳家之罪。那柳家的因得此信，便慌了手脚，因思素与怡红院人最为深厚，故走来悄悄的央求晴雯、金星玻璃等人。金星玻璃告诉了宝玉。宝玉因思内中迎春之乳母也现有此罪，不若来约同迎春讨情，比自己独去，单为柳家说情，又更妥当，故此前来。忽见许多人在此，见他来时，都问：“你的病可好了？跑来作什么？”宝玉不便说出讨情一事，只说：“来看二姐姐。”当下众人也不在意，且说些闲话。

平儿便出去办累丝金凤一事。那王住儿媳妇紧跟在后，口内百般央求，只说：“姑娘好歹口内超生，我横竖去赎了来。”平儿笑道：“你迟也赎，早也赎，既有今日，何必当初。你的意思得过去就过去了。既是这样，我也不好意思告人，趁早去赎了来，交与我送去，我一字不提。”王住儿媳妇听说，方放下心来，就拜谢，又说：“姑娘自去贵干，我赶晚拿了来，先回了姑娘，再送去，如何？”平儿道：“赶晚不来，可别怨我。”说毕，二人方分路各自散了。

平儿到房，凤姐问她：“三姑娘叫你作什么？”平儿笑道：“三姑娘怕奶奶生气，叫我劝着奶奶些，问奶奶这两天可吃些什么。”凤姐笑道：“倒是她还记挂着我。刚才又出来了一件事：有人来告柳二媳妇和她妹子通同开局，凡妹子所为，都是她作主。我想，况且你素日肯劝我‘多一事不如省一事’，就可闲一时心，自己保养保养也是好的。我因听不进去，果然应了些，先把太太得罪了，而且自己反赚了一场病。如今我也看破了，随他们闹去罢，横竖还有许多人呢。我白操一会子心，倒惹得万人咒骂。我且养病要紧，便是病好了，我也作个好好先生，得乐且乐，得笑且笑，一概是非，都凭他们去罢。所以我只答应着知道了，白不在我心上。”平儿笑道：“奶奶果然如此，便是我们的造化。”

一语未了，只见贾琏进来，拍手叹气道：“好好的又生事！前儿我和鸳鸯借当，那边太太怎么知道了。才刚太太叫过我去，叫我不管那里先迁挪二百银子，做八月十五日节间使用。我回没处迁挪。太太就说：你没有钱，就有地方迁挪，我白和你商量，你就搪塞我，你就说没地方？前儿一千银子的当是哪里的？连老太太的东西你都有神通弄出来，这会子二百银子，你就这样。幸亏我没和别人说去。’我想太太分明不短，何苦来要寻事奈何人！”凤姐儿道：“那日并没一个外人，谁走了这个消息？”平儿听了，也细想那日有谁在此，想了半日，笑道：“是了。那日说话时没一个外人，但晚上送东西来的时节，老太太那边傻大姐的娘，也可巧来送浆洗衣服。她在下房里坐了一会子，见一大箱子东西，自然要问，必是小丫头们不知道，说了出来，也未可知。”因此便唤了几个小丫头来问：“那日谁告诉傻大姐的娘来？众小丫头慌了，都跪下赌咒发誓，说：“自来也不敢多说一句话。有人凡问什么，都答应不知道。这事如何敢多说。”凤姐详情说：“她们必不敢，倒别委屈了她们。如今且把这事靠后，且把太太打发了去要紧。宁可咱们短些，又别讨没意思。”因叫平儿：“把我的金项圈拿来，且去暂押二百银子来送去完事。”贾琏道：“索性多押二百，咱们也要使呢。”凤姐道：“很不必，我没处使钱。这一去还不知指哪一项赎呢！”平儿拿去，吩咐一个人唤了旺儿媳妇来领去，不一时，拿了银子来。贾琏亲自送去，不在话下。

这里凤姐和平儿猜疑，终是谁人走的风声，竟拟不出人来。凤姐又道：“知道这事还是小事，怕的是小人趁便，又造非言生出别的事来。打紧那边正和鸳鸯结有仇了，如今听得她私自借给琏二爷东西，那起小人眼馋肚饱，连没缝儿的鸡蛋还要下蛆呢，如今有了这个因由，恐怕又造出些没天理的话来，也定不得。在你琏二爷还无妨，只是鸳鸯正经女儿，带累了她受屈，岂不是咱们的过失！”平儿笑道：“这也无妨。鸳鸯借东西看的是奶奶，并不为的是二爷。一则鸳鸯虽应名是她私情，其实她是回过老太太的。老太太因怕孙男弟女多，这个也借，那个也要，到跟前撒个娇儿，和谁要去？因此只装不知道。纵闹了出来，究竟那也无碍。”凤姐儿道：“理虽如此。只是你我是知道的，那不知道的，焉得不生疑呢！”

一语未了，人报：“太太来了。”凤姐听了诧异，不知为何事亲来，与平儿等忙迎出来。只见王夫人气色更变，只带一个贴己的小丫头走来，一语不发，走至里间坐下。凤姐忙奉茶，因陪笑问道：“太太今日高兴，到这里逛逛？”王夫人喝命：“平儿出去！”平儿见了这般光景，心内着慌不知怎么样了，忙应了一声，带着众小丫头一齐出去，在房门外站住，索性将房门掩了，自己坐在台矶上，所有的人，一个不许进去。

凤姐也着了慌，不知有何等事。只见王夫人含着泪，从袖内掷出一个香袋子来，说：“你瞧！”凤姐忙拾起一看，见是十锦春意香袋，也吓了一跳，忙问：“太太从哪里得来？”王夫人见问，越发泪如雨下，颤声说道：“我从哪里得来！我天天坐在井里，拿你当个细心人，所以我才偷个空儿。谁知你也和我一样。这样的东西大天白日，明摆在园里山石上，被老太太的丫头拾着，不亏你婆婆遇见，早已送到老太太跟前去了。我且问你，这个东西如何遗在那里来？”凤姐听得，也更了颜色，忙问：“太太怎知是我的？”王夫人又哭又叹，说道：“你反问我！你想，一家子除了你们小夫小妻，余者老婆子们，要这个何用！再女孩子们是从哪里得来？自然是那琏儿不长进下流种子哪里弄来。你们又和气，当作一件玩意儿，年轻人儿女闺房私意是有的，你还和我赖！幸而园内上下人还不解事，尚未拣得。倘或丫头们拣着，你姊妹看见，这还了得！不然，有那小丫头们拣着，拿出去说是园内拣着的，外人知道，这性命脸面要也不要？”

凤姐听说，又急又愧，登时紫涨了面皮，便依炕沿双膝跪下，也含泪诉道：“太太说得固然有理，我也不敢辩我并无这样的东西。但其中还要求太太细详其理：那香袋是外头傩工仿着内工绣的，带子、穗子一概是市卖货。我便年轻不尊重些，也不要这劳什子，自然都是好的，此其一。二者这东西也不是常带着的，我纵有，也只好在家里，焉肯带在身上，各处去？况且又在园里去，个个姊妹，我们都肯拉拉扯扯，倘或露出来，不但在姊妹前，就是奴才看见，我有什么意思！我就年轻不尊重，亦不能糊涂至此。三则论主子内我是年轻媳妇，算起奴才来，比我更年轻的又不止一个人了。况且她们也常进园，晚间各人家去，焉知不是她们身上的？四则除我常在园里之外，还有那边太太常带过几个小姨娘来，如嫣红、翠云等人，皆係年轻侍妾，她们更该有这个了。还有那边珍大嫂子，她不算甚老外，她也常带过佩凤等人来，又焉知不是她们的？五则园内丫头太多，保得住个个都是正经的不成？也有年纪大些的，知道了人事，或者一时半刻人查问不到，偷着出去，或借着因由，同二门上小么儿们打牙犯嘴，外头得了来的，也未可知。如今不但我没此事，就连平儿我也可以下保的。太太请细想。”

王夫人听了这一席话，大近情理，因叹道：“你起来。我也知道你是大家小姐出身，焉得轻薄至此，不过我气急了，拿了话激你。但如今却怎么处？你婆婆才打发人封了这个给我瞧，说是前日从傻大姐手里得的，把我气了个死。”凤姐道：”太太快别生气。若被众人觉察了，保不定老太太不知道。且平心静气，暗暗访察，才得确实，纵然访不着，外人也不能知道。这叫作‘胳膊折在袖内’。如今惟有趁着赌钱的因由革了许多人这空儿，把周瑞媳妇旺儿媳妇等四五个贴近不能走话的人，安插在园里，以查赌为由。再如今各处的丫头也太多了，保不住人大心大，生事作耗，等闹出事来，反悔之不及。如今若无故裁革，不但姑娘们委屈烦恼，就连太太和我也过不去。不如趁此机会，以后凡年纪大些的，或有些咬牙难缠的，拿个错儿撵出去，配了人。一则保得住没有别的事，二则也可省些用度。太太想我这话如何？”王夫人叹道：“你说的何尝不是，但从公细想，你这几个姊妹，也甚可怜了。也不用远比，只说你如今林妹妹的母亲，未出阁时，是何等的娇生惯养，是何等的金尊玉贵，那才像个千金小姐的体统。如今这几个姊妹，不过比人家的丫头略强些罢了。通共每人只有两三个丫头像个人样，余者纵有四五个小丫头子，竟是庙里的小鬼。如今还要裁革了去，不但于我心不忍，只怕老太太未必就依。虽然艰难，也穷不至此。我虽没受过大荣华富贵，比你们是强的。如今我宁可省些，别委屈了她们。以后要省俭，先从我来倒使得。如今且叫人传了周瑞家的等人进来，就吩咐她们快快暗地访拿这事要紧。”凤姐听了，即唤平儿进来吩咐出去。

一时，周瑞家的与吴兴家的、郑华家的、来旺家的、来喜家的现在五家陪房进来，余者皆在南方各有执事。王夫人正嫌人少不能勘察，忽见邢夫人的陪房王善保家的走来，方才正是她送香囊来的。王夫人向来看视邢夫人之得力心腹人等，原无二意，今见她来打听此事，十分关切，便向她说：“你去回了太太，你也进园内照管照管，不比别人又强些？”这王善保家正因素日进园去那些丫鬟们不大趋奉她，她心里大不自在，要寻她们的故事又寻不着，恰好生出这事来，以为得了把柄。又听王夫人委托她，正撞在心坎上，说："这个容易。不是奴才多话，论理这事该早严紧的。太太也不大往园里去，这些女孩子们一个个倒像受了封诰似的。她们就成了千金小姐了。闹下天来，谁敢哼一声儿！不然，就调唆姑娘的丫头们，说欺负了姑娘们了，谁还担得起。"王夫人道："这也是个常情，跟姑娘的丫头，原比别的娇贵些。你们该劝她们。连主子们的姑娘不教导，尚且不堪，何况她们。"王善保家的道："别的都还罢了。太太不知道，头一个宝玉屋里的晴雯，那丫头仗着她生得模样儿比别人标致些，又生了一张巧嘴，天天打扮得像个西施的样子，在人跟前能说惯道，掐尖要强。一句话不投机，她就立起两个骚眼睛来骂人，妖妖娇娇，大不成个体统。"

王夫人听了这话，勐然触动往事，便问凤姐道："上次我们跟了老太太进园逛去，有一个水蛇腰、削肩膀、眉眼又有些像你林妹妹的，正在那里骂小丫头。我的心里很看不上那狂样子，因同老太太走，我不曾说得。后来要问是谁，又偏忘了。今日对了槛儿，这丫头想必就是她了。"凤姐道："若论这些丫头们，共总比起来，都没晴雯生得好。论举止言语，她原有些轻薄。方才太太说的倒很像她，我也忘了那日的事，不敢乱说。"王善保家的便道："不用这样，此刻不难叫了她来，太太瞧瞧。"王夫人道："宝玉房里常见我的，只有袭人、麝月，这两个笨笨的倒好。若有这个，她自不敢来见我的。我一生最嫌这样的人，况且又出来这个事。好好的宝玉，倘或叫这蹄子勾引坏了，那还了得！"因叫自己的丫头来，吩咐她到园里去，"只说我说有话问她们，留下袭人、麝月服侍宝玉不必来，有一个晴雯最伶俐，叫她即刻快来。你不许和她说什么。"

小丫头子答应了，走入怡红院，正值晴雯身上不自在，睡中觉才起来，正发闷，听如此说，只得随了她来。素日这些丫鬟皆知王夫人最嫌娇妆艳饰语薄言轻者，故晴雯不敢出头。今因连日不自在，并没十分妆饰，自为无碍。及到了凤姐房中，王夫人一见她钗軃鬓鬆，衫垂带褪，有春睡捧心之遗风，而且形容面貌恰是上月的那人，不觉勾起方才的火来。王夫人原是天真烂漫之人，喜怒出于心臆，不比那些饰词掩意之人，今既真怒攻心，又勾起往事，便冷笑道："好个美人！真像个病西施了。你天天作这轻狂样儿给谁看？你干的事打量我不知道呢！我且放着你，自然明儿揭你的皮。宝玉今日可好些？"

晴雯一听如此说，心内大异，便知有人暗算了他。虽然着恼，只不敢作声。她本是个聪明过顶的人，见问宝玉可好些，他便不肯以实话对，只说："我不大到宝玉房里去，又不常和宝玉在一处，好歹我不能知道，只问袭人、麝月两个。"王夫人道："这就该打嘴。你难道是死人，要你们作什么！"晴雯道："我原是跟老太太的人。因老太太说园里空大人少，宝玉害怕，所以拨了我去外间屋里上夜，不过看屋子。我原回过我笨，不能服侍。老太太骂了我，说'又不叫你管他的事，要伶俐的作什么！'我听了这话才去的。不过十天半个月之内，宝玉闷了，大家玩一会子，就散了。至于宝玉饮食起坐，上一层有老奶奶、老妈妈们，下一层又有袭人、麝月、秋纹几个人。我闲着还要作老太太屋里的针线，所以宝玉的事，竟不曾留心。太太既怪，从此后我留心就是了。"

王夫人信以为实了，忙说："阿弥陀佛！你不近宝玉，是我的造化，竟不劳你费心。既是老太太给宝玉的，我明儿回了老太太，再撵你。"因向王善保家的道："你们进去，好生防她几日，不许她在宝玉房里睡觉。等我回过老太太，再处治她。"喝声"去！站在这里，我看不上这浪样儿！谁许你这样花红柳绿的妆扮！"晴雯只得出来，这气非同小可，一出门，便拿手帕子捂着脸，一头走，一头哭，直哭到园门内去。

这里王夫人向凤姐等自怨道："这几年我越发精神短了，照顾不到。这样妖精似的东西，竟没看见。只怕这样的还有，明日倒得查查。"凤姐见王夫人盛怒之际，又因王善保家的是邢夫人的耳目，常时调唆着邢夫人生事，纵有千百样言词，此刻也不敢说，只低头答应着。王善保家的道："太太且请养息身体要紧，这些小事只交与奴才。如今要查这个主儿也极容易，等到晚上园门关了的时节，内外不通风，我们竟给她们个勐不防，带着人到各处丫头们房里搜寻。想来谁有这个，断不单只有这个，自然还有别的东西。那时翻出别的来，自然这个也是她的了。"王夫人道："这话倒是。若不如此，断不能清的清白的白。"因问凤姐如何。凤姐只得答应说："太太说得是，就行罢了。"王夫人道："这主意很是，不然一年也查不出来。"于是大家商议已定。

至晚饭后，待贾母安寝了，宝钗等入园时，王善保家的便请了凤姐一并入园，喝命将角门皆上锁，便从上夜的婆子屋内抄检起，不过抄检出些多余攒下蜡烛、灯油等物。王善保家的道："这也是赃，不许动，等明儿回过太太再动。"于是先就到怡红院中，喝命关门。当下宝玉正因晴雯不自在，忽见这一干人来，不知为何，直扑了丫头们的房门去，因迎出凤姐来，问是何故。凤姐道："丢了一件要紧的东西，因大家混赖，恐怕有丫头们偷了，所以大家都查一查去疑。"一面说，一面坐下吃茶。

王善保家的等搜了一回，又细问："这几个箱子是谁的？"都叫本人来亲自打开。袭人因见晴雯这样，知道必有异事，又见这番抄检，只得自己先出来打开了箱子并匣子，任其搜检一番，不过是平常动用之物。遂放下，又搜别人的，挨次都一一搜过。到了晴雯的箱子，因问："是谁的？怎不开了让搜？"袭人等方欲代晴雯开时，只见晴雯挽着头髮闯进来，"豁啷"一声将箱子掀开，两手提着，底子朝天，往地下尽情一倒，将所有之物尽都倒出。王善保家的也觉没趣，看了一看，也无甚私弊之物。回了凤姐，要往别处去。凤姐儿道："你们可细细的查，若这一番查不出来，难回话的。"众人都道："都细翻看了，没有什么差错东西。虽有几样男人物件，都是小孩子的东西，想是宝玉的旧物，没甚关係的。"凤姐听了，笑道："既如此，咱们就走，再瞧别处去。"

说着，一迳出来，因向王善保家的道："我有一句话，不知是不是。要抄检只抄检咱们家的人，薛大姑娘屋里，断乎检抄不得的。"王善保家的笑道："这个自然。岂有抄起亲戚家来。"凤姐点头道："我也这样说呢。"一头说，一头到了潇湘馆内。黛玉已了，忽报这些人来，也不知为甚事。才要起来，只见凤姐已走进来，忙按住她不许起来，只说："睡着罢，我们就走。"这边且说些闲话。

那个王善保家的带了众人到丫鬟房中，也一一开箱倒笼抄检了一番。因从紫鹃房中抄出两副宝玉常换下来的寄名符儿，一副束带上的披带，两个荷包并扇套，套内有扇子。打开看时，皆是宝玉往年往日手内曾拿过的。王善保家的自为得了意，遂忙请凤姐过来验视，又说："这些东西从哪里来的？"凤姐笑道："宝玉和她们从小儿在一处混了几年，这自然是宝玉的旧东西。这也不算什么罕事，撂下再往别处去是正经。"紫鹃笑道："直到如今，我们两下里的帐也算不清。要问这个，连我也忘了是哪年月日有的了。"王善保家的听凤姐如此说，也只得罢了。

又到探春院内，谁知早有人报与探春了。探春也就猜着必有原故，所以引出这等丑态来，遂命众丫鬟秉烛开门而待。一时众人来了。探春故问何事。凤姐笑道："因丢了一件东西，连日访察不出人来，恐怕旁人赖这些女孩子们，所以索性大家搜一搜，使人去疑，倒是洗淨她们的好法子。"探春冷笑道："我们的丫头自然都是些贼，我就是头一个窝主。既如此，先来搜我的箱柜，她们所有偷了来的，都交给我藏着呢。"说着，便命丫头们把箱柜一齐打开，将镜奁、妆盒、衾袱、衣包若大若小之物一齐打开，请凤姐去抄阅。凤姐陪笑道："我不过是奉太太的命来，妹妹别错怪我。何必生气。"因命丫鬟们快快关上。

平儿、丰儿等忙着替待书等关的关，收的收。探春道："我的东西倒许你们搜阅，要想搜我的丫头，这却不能。我原比众人歹毒，凡丫头所有的东西我都知道，都在我这里间收着，一针一线，她们也没的收藏，要搜，只管来搜我。你们不依，只管去回太太，只说我违背了太太，该怎么处治，我去自领。你们别忙，自然连你们抄的日子有呢！你们今日早起不曾议论甄家，自己家里好好的抄家，果然今日真抄了。咱们也渐渐的来了。可知这样大族人家，若从外头杀来，一时是杀不死的，这是古人曾说的‘百足之虫，死而不僵’，必须先从家里自杀自灭起来，才能一败涂地！”说着，不觉流下泪来。

凤姐只看着众媳妇们。周瑞家的便道：“既是女孩子的东西全在这里，奶奶且请到别处去罢，也让姑娘好安寝。”凤姐便起身告辞。探春道：“可细细的搜明白了？若明日再来，我就不依了。”凤姐笑道：“既然丫头们的东西都在这里，就不必搜了。”探春冷笑道：“你果然倒乖。连我的包袱都打开了，还说没翻。明日敢说我护着丫头们，不许你们翻了。你趁早说明，若还要翻，不妨再翻一遍。”凤姐知道探春素日与众不同的，只得陪笑道：“我已经连你的东西都搜查明白了。”探春又问众人：“你们也都搜明白了不曾？”周瑞家的等都陪笑说：“都翻明白了。”

那王善保家的本是个心内没成算的人，素日虽闻探春的名，她自为众人没眼力，没胆量罢了，哪里一个姑娘家就这样起来，况且又是庶出，她敢怎么！她自恃是邢夫人陪房，连王夫人尚另眼相看，何况别个。今见探春如此，她只当是探春认真单恼凤姐，与她们无干。她便要趁势作脸献好，因越众向前，拉起探春的衣襟，故意一掀，嘻嘻笑道：“连姑娘身上我都翻了，果然没有什么。”凤姐见她这样，忙说：“妈妈走罢，别疯疯颠颠的！”一语未了，只听“拍”的一声，王善保家的脸上早着了探春一掌。探春登时大怒，指着王善保家的问道：“你是什么东西，敢来拉扯我的衣裳！我不过看着太太的面上，你又有年纪，叫你一声‘妈妈’， 你就狗仗人势，天天作耗，专管生事。如今发了不得了。你打量我是同你们姑娘那样好性儿，由着你们欺负她，你可就错了主意！你搜检东西我不恼，你不该拿我取笑。”说着，便亲自解衣卸裙，拉着凤姐说：“你细细的翻，省得叫奴才来翻我身上。”凤姐、平儿等忙与探春束裙整袂，口内喝着王善保家的说：“妈妈吃两口酒，就疯疯颠颠起来。前儿把太太也冲撞了。快出去！不要提起了。”又劝探春休得生气。探春冷笑道：“我但凡有气性，早一头碰死了！不然岂许奴才来我身上翻贼赃呢。明儿一早，我先回过老太太、太太，然后过去给大娘陪礼，该怎么，我就领。”

那王善保家的讨了个没意思，在窗外只说：“罢了，罢了，这也是头一遭挨打。我明儿回了太太，仍回老娘家去罢。这个老命还要它做什么！”探春喝命丫鬟道：“你们听着她说话，还等我和她对嘴去不成？”待书等听说，便出去说道：“你果然回老娘家去，倒是我们的造化了。只怕舍不得去！”凤姐笑道：“好丫头，真是有其主必有其仆。”探春冷笑道：“我们作贼的人，嘴里都有三言两语的。这还算笨的，背地里就只不会调唆主子。”平儿忙也陪笑解劝，一面又拉了待书进来。周瑞家的等人劝了一番。凤姐直待服侍探春睡下，方带着人往对过暖香坞来。

彼时李纨犹病在床上，她与惜春是紧邻，又与探春相近，故顺路先到这两处。因李纨才吃了药睡着，不好惊动，只到丫鬟们房中一一的搜了一遍，也没有什么东西，遂到惜春房中来。因惜春年少，尚未识事，吓得不知当有什么事故凤姐也少不得安慰她。谁知竟在入画箱中寻出一大包金银锞子来，约共三四十个；又有一副玉带板子并一包男人的靴袜等物。入画也黄了脸。因问：“是哪里来的？”入画只得跪下，哭诉真情，说：“这是珍大爷赏我哥哥的。因我们老子娘都在南方，如今只跟着叔叔过日子。我叔叔、婶子只要吃酒赌钱，我哥哥怕交给他们又花了，所以每常得了，悄悄的烦老妈妈带进来，叫我收着的。”

惜春胆小，见了这个也害怕，说：“我竟不知道。这还了得！二嫂子，你要打她，好歹带她出去打罢，我听不惯的。”凤姐笑道：“这话若果真呢，也倒可恕，只是不该私自传送进来。这个可以传递，什么不可以传递。这倒是传递人的不是了。若这话不真，倘是偷来的，你可就别想活了。”入画跪着哭道：“我不敢扯谎。奶奶只管明日问我们奶奶和大爷去，若说不是赏的，就拿我和我哥哥一同打死无怨。”凤姐道：“这个自然要问的，只是真赏的，也有不是。谁许你私自传送东西的！你且说是谁作接应，我便饶你。下次万万不可。”惜春道：“嫂子别饶她这次方可。这里人多，若不拿一个人作法，那些大的听见了，又不知怎样呢。嫂子若饶她，我也不依。”凤姐道：“素日我看她还好。谁没一个错，只这一次。二次犯下，二罪俱罚。但不知传递是谁？”惜春道：“若说传递，再无别个，必是后门上的张妈。她常肯和这些丫头们鬼鬼祟祟的，这些丫头们也都肯照顾她。”凤姐听说，便命人记下，将东西且交给周瑞家的暂拿着，等明日对明再议。于是别了惜春，方往迎春房内来。

迎春已经睡着了，丫鬟们也才要睡，众人叩门半日才开。凤姐吩咐：“不必惊动小姐。”遂往丫鬟们房里来。因司棋是王善保的外孙女儿，凤姐倒要看看王家的可藏私不藏，遂留神看她搜检。先从别人箱子搜起，皆无别物。及到了司棋箱子中搜了一回，王善保家的说：“也没有什么东西。”才要盖箱时，周瑞家的道：“且住，这是什么？”说着，便伸手掣出一双男子的锦带袜并一双缎鞋来。又有一个小包袱，打开看时，里面有一个同心如意并一个字帖儿。一总递与凤姐。凤姐因当家理事，每每看开帖并账目，也颇识得几个字了。便看那帖子是大红双喜笺帖，上面写道：

“上月你来家后，父母已觉察你我之意。但姑娘未出阁，尚不能完你我之心愿。若园内可以相见，你可托张妈给一信息。若得在园内一见，倒比来家得说话。千万，千万！再所赐香袋二个，今已查收外，特寄香珠一串，略表我心。千万收好！表弟潘又安拜具。”

凤姐看罢，不怒而反乐，别人并不识字。王善保家的素日并不知道她姑表姊弟有这一节风流故事，见了这鞋袜，心内已是有些毛病，又见有一红帖，凤姐又看着笑，她便说道：“必是她们胡写的账目，不成个字，所以奶奶见笑。”凤姐笑道：“正是，这个帐竟算不过来：你是司棋的老娘，她的表弟也该姓王，怎么又姓潘呢？”王善保家的见问得奇怪，只得勉强告道：“司棋的姑妈给了潘家，所以他姑表兄弟姓潘。上次逃走了的潘又安就是她表弟。”凤姐笑道：“这就是了。”因说：“我念给你听听。”说着，从头念了一遍，大家都吓一跳。这王善保家的一心只要拿人的错儿，不想反拿住了她外孙女儿，又气又臊。周瑞家的四人又都问着她道：“你老可听见了？明明白白，再没得话说了。如今据你老人家，该怎么样？”

这王家的只恨没地缝儿鑽进去。凤姐只瞅着她嘻嘻的笑，向周瑞家的笑道：“这倒也好。不用你们老娘操一点儿心，她鸦雀不闻的给你们弄个好女婿来，大家倒省心。”周瑞家的也笑着凑趣儿。王善保家的气无处洩，便自己回手打着自己的脸，骂道：“老不死的娼妇，怎么造下孽了！说嘴打嘴，现世现报在人眼里。”众人见这般，俱笑个不住，又半劝半讽的。凤姐见司棋低头不语，也并无畏惧惭愧之意，倒觉可异。料此时深，且不必盘问，只怕她夜间自愧去寻拙志，遂唤两个婆子监守起她来。带了人，拿了赃証回来，且自安歇，等待明日料理。

谁知到夜里又连起来几次，下面淋血不止。至次日，便觉身体十分软弱，起来发晕，遂撑不住。请太医来，诊脉毕，遂立药案云：”看得少奶奶係心气不足，虚火乘脾，皆由忧劳所伤，以致嗜卧好眠，胃虚土弱，不思饮食。今聊用升阳养荣之剂。”写毕，遂开了几样药名，不过是人参、当归、黄芪等类之剂。一时退去，有老嬷嬷们拿了方子回过王夫人，不免又添一番愁闷，遂将司棋等事暂且不理。

可巧这日尤氏来看凤姐，坐了一回，到园中去又看过李纨。才要望候众姊妹们去，忽见惜春遣人来请，尤氏遂到了她房中来。惜春便将昨晚之事细细告诉与尤氏，又命将入画的东西一概要来与尤氏过目。尤氏道：“实是你哥哥赏她哥哥的，只不该私自传送，如今官盐竟成了私盐了。”因骂入画“糊涂脂油蒙了心的！”惜春道：“你们管教不严，反骂丫头。这些姊妹，独我的丫头这样没脸，我如何去见人！昨儿我立逼着凤姐姐带了她去，她只不肯。我想，她原是那边的人，凤姐姐不带她去，也原有理。我今日正要送过去，嫂子来得恰好，快带了她去。或打，或杀，或卖，我一概不管。”入画听说，又跪下哭求，说：“再不敢了。只求姑娘看从小儿的情常，好歹生死在一处罢！”尤氏和奶娘等人也都十分分解，说：“她不过一时糊涂了，下次再不敢的。她从小儿服侍你一场，到底留着她为是。”

谁知惜春虽然年幼，却天生成一种百折不回的廉介孤独僻性，任人怎说，她只以为丢了她的体面，咬定牙，断乎不肯。更又说得好：“不但不要入画，如今我也大了，连我也不便往你们那边去了。况且近日我每每风闻得有人背地里议论什么，多少不堪的閒话！我若再去，连我也编排上了。”尤氏道：“谁议论什么？又有什么可议论的！姑娘是谁？我们是谁？姑娘既听见人议论我们，就该问着他才是。”惜春冷笑道：“你这话问着我倒好。我一个姑娘家，只有躲是非的，我反去寻是非，成个什么人了！还有一句话：我不怕你恼，好歹自有公论，又何必去问人。古人说得好，‘善恶生死，父子不能有所勖助’，何况你我二人之间。我只知道保得住自己就够了，不管你们。从此以后，你们有事别累我。”

尤氏听了，又气又好笑，因向地下众人道：“怪道人人都说这四丫头年轻糊涂，我只不信。你们听方才一篇话，无原无故，又不知好歹，又没个轻重。虽然是小孩子的话，却又能寒人的心。”众嬷嬷笑道：“姑娘年轻，奶奶自然要吃些亏的。”惜春冷笑道：“我虽年轻，这话却不年轻。你们不看书，不识几个字，所以都是些呆子，看着明白人，倒说我年轻糊涂。”尤氏道：“你是状元、榜眼、探花，古今第一个才子。我们是糊涂人，不如你明白，何如？”惜春道：“状元、榜眼难道就没有糊涂的不成？可知他们更有不能了悟的更多。”尤氏笑道：“你倒好。才是才子，这会子又作大和尚了，又讲起了悟来了。”惜春道：“我不了悟，我也舍不得入画了。”尤氏道：“可知你是个心冷口冷，心狠意狠的人。”惜春道：“古人曾也说的，‘不作狠心人，难得自了汉。’我清清白白的一个人，为什么教你们带累坏了我！”

尤氏心内原有病，怕说这些话。方才听说有人议论，已是心中羞恼激射，只是在惜春分中，不好发作，忍耐了大半日。今见惜春又说这句，因按捺不住，因问惜春道：“怎么就带累了你？你的丫头的不是，无故说我；我倒忍了这半日，你倒越发得了意，只管说这些话。你是千金万金的小姐，我们以后就不亲近，仔细带累了小姐的美名。即刻就叫人将入画带了过去！”说着，便赌气起身去了。惜春道：“若果然不来，倒也省了口舌是非，大家倒还清淨。”尤氏也不答话，一迳往前边去了。不知后事如何，且听下回分解。

第 75 回 开夜宴异兆发悲音 赏中秋新词得佳谶

话说尤氏从惜春处赌气出来，正欲往王夫人处去。跟从的老嬷嬷们因悄悄的回道：“奶奶且别往上房去。才有甄家的几个人来，还有些东西，不知是作什么机密事。奶奶这一去恐不便。”尤氏听了道：“昨日听见你爷说，看邸报甄家犯了罪，现今抄没家私，调取进京治罪。怎么又有人来？”老嬷嬷道：“正是呢。才来了几个女人，气色不成气色，慌慌张张的，想必有什么瞒人的事情，也是有的。”

尤氏听了，便不往前去，仍往李氏这边来了。恰好太医才诊了脉去。李纨近日也略觉精爽了些，拥衾倚枕，坐在床上，正欲一二人来说些闲话。因见尤氏进来，不似往日和蔼可亲，只呆呆的坐着。李纨因问道：“你过来了这半日，可在别屋里吃些东西没有？只怕饿了。”命素云瞧有什么新鲜点心拣了来。尤氏忙止道：“不必，不必。你这一向病着，那里有什么新鲜东西。况且我也不饿。”李纨道：“昨日他姨娘家送来的好茶麵子，倒是对碗来你喝罢。”说毕，便吩咐人去对茶。

尤氏出神无语。跟来的丫头媳妇们因问：“奶奶今日中晌尚未洗脸，这会子趁便可淨一淨好？”尤氏点头。李纨忙命素云来取自己的妆奁。素云一面取来，一面将自己的胭粉拿来，笑道：“我们奶奶就少这个。奶奶不嫌脏，这是我的，能着用些。”李纨道：“我虽没有，你就该往姑娘们那里取去。怎么公然拿出你的来？幸而是她，若是别人，岂不恼呢！”尤氏笑道：“这又何妨。自来我凡过来，谁的没使过，今日忽然又嫌脏了？”一面说，一面盘膝坐在炕沿上。银蝶上来，忙代为卸去腕镯、戒指，又将一大袱手巾盖在下截，将衣裳护严。小丫鬟炒豆儿捧了一大盆温水，走至尤氏跟前，只弯腰捧着。李纨道：“怎么这样没规矩？”银蝶笑道：“说一个个没机变的，说一个葫芦，就是一个瓢。奶奶不过待咱们宽些，在家里不管怎样罢了，你就得了意！不管在家出外，当着亲戚也只随着便了。”尤氏道：“你随她去罢，横竖洗了就完事了。”炒豆儿忙赶着跪下。尤氏笑道：“你们家下大小的人，只会讲外面假礼假体面，究竟作出来的事都够使的了。”李纨听如此说，便知她已知道昨夜的事，因笑道：“你这话有因，谁作事究竟够使了？”尤氏道：“你倒问我，你敢是病着死过去了！”

一语未了，只见人报：“宝姑娘来了。”李纨忙说快请时，宝钗已走进来。尤氏忙擦脸起身让坐，因问：“怎么一个人忽然走来，别的姊妹怎么不见？”宝钗道：“正是，我也没见她们。只因今日我们奶奶身上不自在，家里两个女人也都因时症未起炕，别的靠不得，我今儿要出去伴着老人家夜里作伴儿。要去回老太太、太太，我想又不是什么大事，且不用提，等好了，我横竖进来的，所以来告诉大嫂子一声。”李纨听说，只看着尤氏笑。尤氏也只看着李纨笑。

一时，尤氏盥沐已毕，大家吃麵茶。李纨因笑道：“既这样，且打发人去请姨娘的安，问是何病。我也病着，不能亲自来得。好妹妹，你去只管去，我自打发人去到你那里去看屋子。你好歹住一两天还进来，别叫我落不是。”宝钗笑道：“落什么不是呢？这也是通共常情，你又不曾卖放了贼。依我的主意，也不必添人过去，竟把云丫头请了来，你和她住一两日，岂不省事。”尤氏道：“可是，史大妹妹往哪里去了？”宝钗道：“我才打发她们找你们探丫头去了，叫她同到这里来，我也明白告诉她。”

正说着，果然报：“云姑娘和三姑娘来了。”大家让坐已毕，宝钗便说要出去一事，探春道：“很好。不但姨妈好了还来的，就便好了不来，也使得。”尤氏笑道：“这话奇怪，怎么撵起亲戚来了？”探春冷笑道：“正是呢，有叫人撵的，不如我先撵。亲戚们好，也不在必要死住着才好。咱们倒是一家子亲骨肉呢，一个个不像乌眼鸡，恨不得你吃了我，我吃了你！”尤氏忙笑道：“我今儿是那里来的晦气，偏都碰着你姊妹们的气头儿上了！”探春道：“谁叫你赶热灶来了！”因问：“谁又得罪了你呢？”因又寻思道：“四丫头不犯罗嗦你，却是谁呢？”尤氏只含煳答应。

探春知她畏事，不肯多言，因笑道：“你别装老实了。除了朝廷治罪，没有砍头的，你不必畏头畏尾。实告诉你罢，我昨儿把王善保家那老婆子打了，我还顶着个罪呢。不过背地里说我些闲话，难道她还打我一顿不成！”宝钗忙问：“因何又打她？”探春悉把昨夜怎的抄检，怎的打她，一一说了出来。尤氏见探春已经说了出来，便把惜春方才之事也说了出来。探春道：“这是她的僻性，孤介太过，我们再傲不过她的。”又告诉她们说：“今日一早不见动静，打听凤辣子又病了。我就打发我奶妈子出去打听王善保家的是怎样。回来告诉我说：“王善保家的挨了一顿打，大太太嗔着她多事。”尤氏、李纨道：“这倒也是正理。”探春冷笑道：“这种掩饰谁不会作！且再瞧就是了。”尤氏、李纨皆默无所答。一时，估着前头用饭，湘云和宝钗回房打点衣衫，不在话下。

尤氏等遂辞了李纨，往贾母这边来。贾母歪在榻上，王夫人说甄家因何获罪，如今抄没了家产，回京治罪等语。贾母听了，正不自在，恰好见她姊妹来了，因问：“从哪里来的？可知凤姐妯娌两个的病今日怎样？”尤氏等忙回道：“今日都好些。”贾母点头叹道：“咱们别管人家的事，且商量咱们八月十五日赏月是正经。”王夫人笑道：“都已预备下了。不知老太太拣那里好，只是园里恐夜晚风冷。”贾母笑道：“多穿两件衣服何妨，那里正是赏月的地方，岂可倒不去的。”

说话之间，早有媳妇、丫鬟们抬过饭桌来，王夫人、尤氏等忙上来放箸捧饭。贾母见自己的几色菜已摆完，另有两大捧盒内盛了几色菜来，便知是各房另外孝敬的旧规矩。贾母因问：“都是些什么？上几次我就吩咐过，如今可以把这些蠲了罢，你们还不听。如今比不得在先辐辏的时光了！”鸳鸯忙道：“我说过几次，都不听，也只罢了。”王夫人笑道：“不过都是家常东西。今日我吃斋，没有别的。那些麵筋、豆腐，老太太又不大甚爱吃，只拣了一样椒油莼齑酱来。”贾母笑道：“这样正好，正想这个吃。”鸳鸯听说，便将碟子挪在跟前。宝琴一一的让了，方归坐。贾母便命探春来同吃。探春也都让过了，便和宝琴对面坐下。待书忙去取了碗来。鸳鸯又指那几样菜道：“这两样看不出是什么东西来，大老爷送来的。这一碗是鸡髓笋，是外头老爷送上来的。”一面说，一面就只将这碗笋送至桌上。贾母略尝了两点，便命：“将那两样着人送回去，就说我吃了。以后不必天天送，我想吃自然来要。”媳妇们答应着，仍送过去，不在话下。

贾母因问：“有稀饭吃些罢了。”尤氏早捧过一碗来，说是红稻米粥。贾母接来吃了半碗，便吩咐：“将这粥送给凤哥儿吃去，”又指着“这一碗笋和这一盘风腌果子狸给颦儿、宝玉两个吃去，那一碗肉给兰小子吃去。”又向尤氏道：“我吃了，你就来吃了罢。”尤氏答应，待贾母漱口洗手毕，贾母便下地，和王夫人说闲话行食。尤氏告坐。探春、宝琴二人也起来了，笑道：“失陪，失陪！”尤氏笑道：“剩我一个人，大排桌的吃不惯。”贾母笑道：“鸳鸯、琥珀来趁势也吃些，又作了陪客。”尤氏笑道：“好，好，好，我正要说呢。”贾母笑道：“看着多多的人吃饭，最有趣的。”又指银蝶道：“这孩子也好，也来同你主子一块儿来吃，等你们离了我，再立规矩去。”尤氏道：“快过来，不必装假。”贾母负手看着取乐。因见伺候添饭的人手内捧着一碗下人的米饭，尤氏吃的仍是白粳米饭，贾母问道：“你怎么昏了，盛这个饭来给你奶奶？”那人道：“老太太的饭吃完了。今日添了一位姑娘，所以短了些。”鸳鸯道：“如今都是‘可着头做帽子’了，要一点儿富余也不能的。”王夫人忙回道：“这一二年旱涝不定，田上的米都不能按数交的。这几样细米更艰难了，所以都可着吃的多少关去，生恐一时短了，买的不顺口。”贾母笑道：“这正是‘巧媳妇做不出没米的粥’来。”众人都笑起来。鸳鸯道：“既这然，就去把三姑娘的饭拿来添上也是一样，就这样笨。”尤氏笑道：“我这个就够了，也不用取去。”鸳鸯道：“你够了，我不会吃的？”地下的媳妇们听说，方忙着取去了。一时，王夫人也去用饭。

这里尤氏直陪贾母说话取笑。到起更的时候，贾母说：“黑了，过去罢。”尤氏方告辞出来。走至大门前上了车，银蝶坐在车沿上。众媳妇放下帘子来，便带着小丫头们先走，过那边大门口等着去了。因二府之门相隔没有一箭之路，每日家常来往，不必定要周备，况天黑夜晚之间，回来的遭数更多，所以老嬷嬷带着小丫头，只几步便走了过来。两边大门上的人都到东西街口，早把行人断住。尤氏大车上也不用牲口，只用七八个小厮挽环拽轮，轻轻的便推拽过这边阶矶上来。于是众小厮退过狮子以外，众嬷嬷打起帘子，银蝶先下来，然后搀下尤氏来。大小七八个灯笼照得十分真切。尤氏因见两边狮子下放着四五辆大车，便知係来赴赌之人所乘，遂向银蝶、众人道：“你看，坐车的是这些，骑马的还不知有几个呢！马自然在圈里拴着，咱们看不见。也不知道他娘老子挣下多少钱与他们这么开心儿！”一面说，一面已到了厅上。贾蓉之妻带领家下媳妇、丫头们，也都秉烛接了出来。尤氏笑道“成日家我要偷着瞧瞧他们，也没得便。今儿倒巧，就顺便打他们窗户跟前走过去。”众媳妇答应着，提灯引路，又有一个先去悄悄的知会服侍的小厮们，不要失惊打怪。于是尤氏一行人悄悄的来至窗下，只听里面称三赞四，耍笑之音虽多，又兼有恨五骂六，忿怨之声亦不少。

原来贾珍近因居丧，每不得游玩旷朗，又不得观优闻乐作遣。无聊之极，便生了个破闷之法。日间以习射为由，请了各世家弟兄及诸富贵亲友来较射。因说：“白白的只管乱射，终无裨益，不但不能长进，而且坏了式样，必须立个罚约，赌个利物，大家才有勉力之心。”因此，在天香楼下箭道内立了鹄子，皆约定每日早饭后来射鹄子。贾珍不肯出名，便命贾蓉作局家。这些来的皆係世袭公子，人人家道丰富，且都在少年，正是斗鸡走狗，问柳评花的一干游荡纨袴。因此，大家议定，每日轮流作晚饭之主，——每日来射，不便独扰贾蓉一人之意。于是天天宰猪割羊，屠鹅戮鸭，好似临潼斗宝一般，都要卖弄自己家的好厨役，好烹炮。

不到半月工夫，贾赦、贾政听见这般，不知就里，反说这才是正理，文既误矣，武事当亦该习，况在武荫之属。两处遂也命贾环、贾琮、宝玉、贾兰等四人于饭后过来，跟着贾珍习射一回，方许回去。

贾珍之志不在此，再过一二日便渐次以歇臂养力为由，晚间或抹抹骨牌，赌个酒东而已，自后渐次至钱。如今三四月的光景，竟一日一日赌胜于射了，公然斗叶掷骰，放头开局，夜赌起来。家下人借此各有些进益，巴不得的如此，所以竟成了势。外人皆不知一字。近日邢夫人之胞弟邢德全也酷好如此，故也在其中。又有薛蟠，头一个惯喜送钱与人的，见此岂不快乐。这邢德全虽係邢夫人之胞弟，却居心行事，大不相同，只知吃酒赌钱，眠花宿柳为乐，手中滥漫使钱，待人无二心，好酒者喜之，不饮者则不去亲近，无论上下主仆，皆出自一意，并无贵贱之分，因此都唤他“傻大舅”。薛蟠早已出名的“呆大爷”。今日二人皆凑在一处，都爱“抢新快”爽利，便又会了两家在外间炕上“抢新快”。别的又有几家在当地下大桌上打么番。里间又一起斯文些的，抹骨牌打天九。

此间服侍的小厮都是十五岁以下的孩子，若成丁的男子，到不了这里，故尤氏方潜至窗外偷看。其中有两个十六七岁娈童以备奉酒的，都打扮的粉妆玉琢。今日薛蟠又输了一张，正没好气，幸而掷第二张完了，算来，除翻过来，倒反赢了，心中只是兴头起来。贾珍道：“且打住，吃了东西再来。”因问：“那两处怎样？”里头打天九的，也作了帐等吃饭。打么番的未清，且不肯吃。于是各不能催，先摆下一大桌，贾珍陪着吃，命贾蓉落后陪那一起。薛蟠兴头了，便搂着一个娈童吃酒，又命将酒去敬邢傻舅。傻舅输家，没心绪，吃了两碗，便有些醉意，嗔着两个娈童只赶着赢家，不理输家了，因骂道：“你们这起兔子，就是这样专洑上水。天天在一处，谁的恩你们不沾？只不过我这一会子输了几两银子，你们就三六九等了！难道从此以后再没有求着我们的事了？”众人见他带酒，忙说：“很是，很是。果然他们风俗不好。”因喝命：“快敬酒赔罪！”两个娈童都是演就的局套，忙都跪下奉酒，说：“我们这行人，师父教的：“不论远近厚薄，只看一时有钱有势，就亲敬；便是活佛神仙，一时没了钱势了，也不许去理他。况且我们又年轻，又居这个行次，求舅太爷体恕些我们，就过去了！”说着，便举着酒俯膝跪下。邢大舅心内虽软了，只还故作怒意不理。众人又劝道：“这孩子是实情说话。老舅是久惯怜香惜玉的，如何今日反这样起来？若不吃这酒，他两个怎样起来？”邢大舅已撑不住了，便说道：“若不是众位说，我再不理。”说着，方接过来一气喝干。又斟一碗来。

这邢大舅便酒勾往事，醉露真情起来，乃拍案对贾珍叹道："怨不得他们视钱如命。多少世宦大家出身的，若提起'钱势'二字，连骨肉都不认了。老贤甥，昨日我和你那边的令伯母赌气，你可知道否？"贾珍道："不曾听见。"邢大舅叹道："就为钱这件混帐东西。利害，利害！"贾珍深知他与邢夫人不睦，每遭邢夫人弃恶，故出怨言，因劝道："老舅，你也太散漫些。若只管花去，有多少给老舅花的？"邢大舅道："老贤甥，你不知我邢家底里。我母亲去世时，我尚小，世事不知。她姊妹三个人，只有你令伯母年长出阁，一分家私，都是她把持带来。如今二家姐虽也出阁，她家也甚艰窘，三家姐尚在家里，一应用度，都是这里陪房王善保家的掌管。我便来要钱，也非要的是你贾府的，我邢家家私，也就够我花的了。无奈竟不得到手，所以有冤无处诉。"贾珍见他酒后叨叨，恐人听见不雅，连忙用话解劝。

外面尤氏听得十分真切，乃悄向银蝶笑道："你听见了？这是北院里大太太的兄弟抱怨她呢。可怜她亲兄弟还是这样说，这就怨不得这些人了。"因还要听时，正值打么番者也歇住了，要吃酒。因有一个问道："方才是谁得罪了老舅？我们竟不曾听明白，且告诉我们评评理。"邢德全见问，便把两个娈童不理输的，只赶赢的话说了一遍。这一个年少的纨袴道："这样说，原可恼的，怨不得舅太爷生气。我且问你两个："舅太爷虽然输了，输的不过是银子钱，并没有输丢了鸡巴，怎就不理他了？"众人大笑起来，连邢德全也喷了一地饭。尤氏在外面悄悄的啐了一口，骂道："你听听，这一起子没廉耻的小挨刀的！才丢了脑袋骨子，就胡吣嚼毛了。再肏攮下黄汤去，还不知吣出些什么来呢！"一面说，一面便进去卸妆安歇。至四更时，贾珍方散，往佩凤房里去了。

次日起来，就有人回："西瓜、月饼都全了，只待分派送人。"贾珍吩咐佩凤道："你请你奶奶看着送罢，我还有别的事呢。"佩凤答应去了，回了尤氏，尤氏只得一一分派遣人送去。一时，佩凤又来说："爷问奶奶，今儿出门不出？说咱们是孝家，明儿十五过不得节，今儿晚上倒好，可以大家应个景儿，吃些瓜饼酒。"尤氏道："我倒不愿出门呢。那边珠大奶奶又病了，凤丫头又睡倒了，我再不过去，越发没个人了。况且又不得闲，应什么景儿！"佩凤道："爷说了，今儿已辞了众人，直等十六才来呢，好歹定要请奶奶吃酒的。"尤氏笑道："请我，我没的还席。"佩凤笑着去了，一时，又来笑道："爷说，连晚饭也请奶奶吃，好歹早些回来，叫我跟了奶奶去呢。"尤氏道："这样，早饭吃什么？快些吃了，我好走。"佩凤道："爷说早饭在外头吃，请奶奶自己吃罢。"尤氏问道："今日外头有谁？"佩凤道："听见说外头有两个南京新来的，倒不知是谁。"说话之间，贾蓉之妻也梳妆了来见过。少时，摆上饭来，尤氏在上，贾蓉之妻在下相陪，婆媳二人吃毕饭。尤氏便换了衣服，仍过荣府来，至晚方回去。

果然贾珍煮了一口猪，烧了一腔羊，余者桌菜及果品之类，不可胜记，就在会芳园丛绿堂中，屏开孔雀，褥设芙蓉，带领妻子姬妾，先饭后酒，开怀赏月作乐。将一更时分，真是风清月朗，上下如银。贾珍因要行令，尤氏便叫佩凤等四个人也都入席，下面一熘坐下，猜枚划拳，饮了一回。贾珍有了几分酒，益发高兴，便命取了一竿紫竹箫来，命佩凤吹箫，文花唱曲，喉清嗓嫩，真令人魄醉魂飞。唱罢，复又行令。那天将有三更时分，贾珍酒已八分。大家正添衣饮茶，换盏更酌之际，忽听那边墙下有人长叹之声。大家明明听见，都悚然疑畏起来。贾珍忙厉声叱咤，问："谁在那里？"连问几声，没有人答应。尤氏道："必是墙外边家里人，也未可知。"贾珍道："胡说！这墙四面皆无下人的房子，况且那边又紧靠着祠堂，焉得有人！"一语未了，只听得一阵风声，竟过墙去了。恍惚闻得祠堂内扇开阖之声。只觉得风气森森，比先更觉凉飒起来，月色惨澹，也不似先明朗。众人都觉毛发倒竖。贾珍酒已醒了一半，只比别人撑持得住些，心下也十分疑畏，便大没兴头起来。勉强又坐了一会子，就归房安歇去了。次日一早起来，乃是十五日，带领众子侄开祠堂，行朔望之礼，细查祠内，都仍是照旧好好的，并无怪异之迹。贾珍自为醉后自怪，也不提此事。礼毕，仍闭上门，看着锁禁起来。

贾珍夫妻至晚饭后方过荣府来。只见贾赦、贾政都在贾母房内坐着说闲话，与贾母取笑。贾琏、宝玉、贾环、贾兰皆在地下侍立。贾珍来了，都一一见过。说了两句话后，贾母命坐，贾珍方在近门小杌子上告了坐，警身侧坐。贾母笑问道："这两日，你宝兄弟的箭如何了？"贾珍忙起身笑道："大长进了，不但样式好，而且弓也长了一个力气。"贾母道："这也够了，且别贪力，仔细努伤。"贾珍忙答应几个"是"。贾母又道："你昨日送来的月饼好，西瓜看着好，打开却也罢了。"贾珍笑道："月饼是新来的一个专做点心的厨子，我试了试果然好，才敢做了孝敬。西瓜往年都还可以，不知今年怎么就不好了。"贾政道："大约今年雨水太勤之故。"贾母笑道："此时月已上了，咱们且去上香。"说着，便起身扶着宝玉的肩，带领众人齐往园中来。

当下园之正门俱已大开，吊着羊角大灯。嘉荫堂前月台上，焚着斗香，秉着风烛，陈献着瓜饼及各色果品。邢夫人等一干女客，皆在里面久候。真是月明灯彩，人气香烟，晶艳氤氲，不可形状。地下铺着拜毯锦褥。贾母盥手上香，拜毕，于是大家皆拜过。贾母便说："赏月在山上最好。"因命在那山嵴上的大厅上去。众人听说，就忙着在那里去铺设。贾母且在嘉荫堂中吃茶少歇，说些闲话。

一时，人回："都齐备了。"贾母方扶着人上山来。王夫人等因说："恐石上苔滑，还是坐竹椅上去。"贾母道："天天有人打扫，况且极平稳的宽路，何必不疏散疏散筋骨。"于是贾赦、贾政等在前导引，又是两个老婆子秉着两把羊角手罩，鸳鸯、琥珀、尤氏等贴身搀扶，邢夫人等在后围随，从下逶迤而上，不过百余步，至山之峰嵴上，便是这座敞厅。因在山之高嵴，故名曰凸碧山庄。于厅前平台上列下桌椅，又用一架大围屏隔作两间。凡桌椅形式皆是圆的，特取团圆之意。上面居中贾母坐下，左垂首贾赦、贾珍、贾琏、贾蓉，右垂首贾政、宝玉、贾环、贾兰，团团围坐。只坐了半壁，下面还有半壁余空。贾母笑道："常日倒还不觉人少，今日看来，还是咱们的人也甚少，算不得甚么。想当年过的日子，到今夜，男女三四十个，何等热闹！今日就这样，太少了。待要再叫几个来，他们都是有父母的，家里去应景，不好来的。如今叫女孩们来坐那边罢。"于是令人向围屏后邢夫人等席上将迎春、探春、惜春三个请出来。贾琏、宝玉等一齐出坐，先尽他姊妹坐了，然后在下方依次坐定。

贾母便命折一枝桂花来，命一媳妇在屏后击鼓传花。若花到谁手中，饮酒一杯，罚说笑话一个。于是先从贾母起，次贾赦，一一接过。鼓声两转，恰恰在贾政手中住了，只得饮了酒。众姊妹弟兄皆你悄悄的扯我一下，我暗暗的又捏你一把，都含笑，倒要听是何笑话。贾政见贾母喜悦，只得承欢。方欲说时，贾母又笑道："若说得不笑了，还要罚。"贾政笑道："只得一个，说来不笑，也只好受罚了。"因笑道："一家子一个人，最怕老婆的。"才说了一句，大家都笑了。因从不曾见贾说过笑话，所以才笑。贾母笑道："这必是好的。"贾政笑道："若好，老太太多吃一杯。"贾母笑道："自然。"贾政又说道："这个怕老婆的人，从不敢多走一步。偏是那日是八月十五，到街上买东西，便遇见了几个朋友，死活拉到家里去吃酒。不想吃醉了，便在朋友家睡着了，第二日才醒，后悔不及，只得来家赔罪。他老婆正洗脚，说：'既是这样，你替我舔舔就饶你。'这男人只得给她舔，未免恶心要吐。他老婆便恼了，要打，说：'你这样轻狂！'吓得她男人忙跪下求说：'并不是奶奶的脚脏，只因昨晚吃多了黄酒，又吃了几块月饼馅子，所以今日有些作酸呢。’”说得贾母与众人都笑了。贾政忙斟了一杯，送与贾母。贾母笑道：“既这样，快叫人取烧酒来，别叫你们受累。”众人又都笑起来。

于是又击鼓，便从贾政传起，可巧传至宝玉鼓止。宝玉因贾政在坐，自是踧踖不安，花偏又在他手内，因想：“说笑话倘或不发笑，又说没口才，连一笑话不能说，何况别的，这有不是。若说好了，又说正经的不会，只惯油嘴贫舌，更有不是。不如不说的好。”乃起身辞道：“我不能说笑话，求再限别的罢了。”贾政道：“既这样，限一个‘秋’字，就即景作一首诗。若好，便赏你；若不好，明日仔细。”贾母忙道：“好好的行令，如何又要作诗？”贾政道：“他能的。”贾母听说，“既这样，就快作。”命人取了纸笔来，贾政道：“只不许用那些‘冰’‘玉’‘晶’‘银’‘彩’‘光’‘明’‘素’等样堆砌字眼，要另出己见，试试你这几年的情思。”宝玉听了，碰在心坎上，遂立想了四句，向纸上写了，呈与贾政看，道是：“……”贾政看了，点头不语。贾母见这般，知无甚大不好，便问：“怎么样？”贾政因欲贾母喜悦，便说：“难为他。只是不肯念书，到底词句不雅。”贾母道：“这就罢了。他能多大？定要他做才子不成！这就该奖励他，以后越发上心了。”贾政道：“正是。”因回头命个老嬷嬷出去吩咐书房内的小厮，“把我海南带来的扇子取两把给他。”宝玉忙拜谢，仍复归座行令。当下贾兰见奖励宝玉，他便出席，也做一首，递与贾政看时，写道是：“……”贾政看了，喜不自胜。遂并讲与贾母听时，贾母也十分欢喜，也忙令贾政赏他。

于是大家归坐，复行起令来。这次在贾赦手内住了，只得吃了酒，说笑话。因说道：“一家子一个儿子最孝顺。偏生母亲病了，各处求医不得，便请了一个针灸的婆子来。这婆子原不知道脉理，只说是心火，如今用针灸之法，针灸针灸就好了。这儿子慌了，便问：‘心见铁即死，如何针得？’婆子道：‘不用针心，只针肋条就是了。’儿子道，‘肋条离心甚远，怎么就好呢？’婆子道：‘不妨事。你不知天下父母心偏的多呢。’”众人听说，都笑起来。贾母也只得吃半杯酒，半日，笑道：“我也得这个婆子针一针就好了。”贾赦听说，便知自己出言冒撞，贾母疑心，忙起身笑与贾母把盏，以别言解释。贾母亦不好再提，且行起令来。

不料这次花却在贾环手里。贾环近日读书稍进，其脾味中不好务正，也与宝玉一样，故每常也好看些诗词，专好奇诡仙鬼一格。今见宝玉作诗受奖，他便技痒，只当着贾政不敢造次。如今可巧花在手中，便也索纸笔来，立挥一绝与贾政。贾政看了，亦觉罕异，只是词句终带着不乐读书之意，遂不悦道：“可见是弟兄了。发言吐气，总属邪派，将来都是不由规矩准绳，一起下流货。妙在古人中有‘二难’，你两个也可以称‘二难’了。只是你两个的‘难’字，却是作‘难以教训’之‘难’字讲才好。哥哥是公然以温飞卿自居，如今兄弟又自为曹唐再世了。”说得贾赦等都笑了。贾赦乃要诗瞧了一遍，连声赞好，道：“这诗据我看甚是有骨气。想来咱们这样人家，原不比那起寒酸，定要‘雪窗荧火’，一日蟾宫折桂，方得扬眉吐气。咱们的子弟都原该读些书，不过比别人略明白些，可以做得官时，就跑不了一个官的。何必多费了工夫，反弄出书呆子来。所以我爱他这诗，竟不失咱们侯门的气概。”因回头吩咐人去取了自己的许多玩物来赏赐与他。因又拍着贾环的头，笑道：“以后就这么做去，方是咱们的口气，将来这世袭的前程，定跑不了你袭呢。”贾政听说，忙劝说：“不过他胡诌如此，那里就论到后事了。”说着便斟上酒，又行了一回令。

贾母便说：“你们去罢。自然外头还有相公们候着，也不可轻忽了他们。况且二更多了，你们散了，再让我和姑娘们多乐一回，好歇着了。”贾赦等听了，方止了令，又大家公进了一杯酒，方带着子侄们出去了。要知端详，再听下回。

第 76 回 凸碧堂品笛感凄清 凹晶馆联诗悲寂寞

话说贾赦、贾政带领贾珍等散去不提。且说贾母这里命将围屏撤去，两席併而为一。众媳妇另行擦桌整果，更杯洗箸，陈设一番。贾母等都添了衣，盥漱吃茶，方又入坐，团团围绕。贾母看时，宝钗姊妹二人不在坐内，知她们家去圆月去了，且李纨、凤姐二人又病着，少了四个人，便觉冷清了好些。贾母因笑道：“往年你老爷们不在家，咱们越发请过姨太太来，大家赏月，却十分闹热。忽一时想起你老爷来，又不免想到母子、夫妻儿女不能一处，也都没兴。及至今年你老爷来了，正该大家团圆取乐，又不便请她们娘儿们来说说笑笑。况且他们今年又添了两口人，也难丢了他们，跑到这里来。偏又把凤丫头病了，有他一人来说说笑笑，还抵得十个人的空儿。可见天下事总难十全。”说毕，不觉长叹一声，遂命拿大杯来斟热酒。王夫人笑道：“今日得母子团圆，自比往年有趣。往年娘儿们虽多，终不似今年自己骨肉齐全的好。”贾母笑道：“正是为此，所以我才高兴拿大杯来吃酒。你们也换大杯才是。”邢夫人等只得换上大杯来。因夜深体乏，且不能胜酒，未免都有些倦意，无奈贾母兴犹未阑，只得陪饮。

贾母又命将罽毡铺于阶上，命将月饼、西瓜、果品等类都叫搬下去，令丫头、媳妇们也都团团围坐赏月。贾母因见月至中天，比先越发精彩可爱，因说：“如此好月，不可不闻笛。”因命人将十番上女孩子传来。贾母道：“音乐多了，反失雅致，只用吹笛的远远的吹起来就够了。”说毕，刚才去吹时，只见跟邢夫人的媳妇走来，向邢夫人前说了两句话。贾母便问：“什么事？”那媳妇便回说：“方才大老爷出去，被石头绊了一下，歪了腿。”贾母听说，忙命两个婆子快看去，又命邢夫人快去。邢夫人遂告辞起身。贾母便又说：“珍哥媳妇也趁着便就家去罢，我也就睡了。”尤氏笑道：“我今日不回去了，定要和老祖宗吃一夜。”贾母笑道：“使不得，使不得。你们小夫妻家，今夜不要团圆团圆，如何为我耽搁了！”尤氏红了脸，笑道：“老祖宗说得我们太不堪了。我们虽然年轻，已经是十来年的夫妻，也奔四十岁的人了。况且孝服未满，陪着老太太玩一夜还罢了，岂有自去团圆的理？”贾母听说，笑道：“这话很是，我倒也忘了孝未满。可怜你公公已是二年多了，可是我倒忘了，该罚我一大杯。既这样，你就越性别送，陪着我罢了。你叫蓉儿媳妇送去，就顺便回去罢。”尤氏说了。蓉妻答应着，送出邢夫人，一同至大门，各自上车回去。不在话下。

这里贾母仍带众人赏了一回桂花，又入席换暖酒来。正说着闲话，勐不防只听那壁厢桂花树下，呜呜咽咽，悠悠扬扬，吹出笛声来。趁着这明月清风，天空地浄，真令人烦心顿解，万虑齐除，都肃然危坐，默默相赏。听约两盏茶时，方才止住，大家称赞不已。于是遂又斟上暖酒来。贾母笑道：“果然可听么？”众人笑道：“实在可听。我们也想不到这样，须得老太太带领着，我们也得开些心胸。”贾母道：“这还不大好，须得拣那曲谱越慢的吹来越好。”说着，便将自己吃的一个内造瓜仁油松穰月饼，又命斟一大杯热酒，送给谱笛之人，慢慢的吃了，再细细的吹一套来。媳妇们答应了，方送去，只见方才瞧贾赦的两个婆子回来说：“瞧了右脚面上白肿了些，如今调服了药，疼得好些了，也不甚大关係。”贾母点头叹道：“我也太操心。打紧说我偏心，我反这样。”因就将方才贾赦的笑话，说与王夫人、尤氏等听。王夫人等因笑劝道：“这原是酒后大家说笑，不留心也是有的，岂有敢说老太太之理。老太太自当解释才是。”

只见鸳鸯拿了软巾兜与大斗篷来，说：“夜深了，恐露水下来，风吹了头，须要添了这个。坐坐也该歇了。”贾母道：

"偏今儿高兴，你又来催。难道我醉了不成，偏到天亮！"因命再斟酒来。一面戴上兜巾，披了斗篷，大家陪着又饮，说些笑话。只听桂花阴里，呜呜咽咽，袅袅悠悠，又发出一缕笛音来，果真比先越发凄凉。大家都寂然而坐。夜静月明，且笛声悲怨，贾母年老带酒之人，听此声音，不免有触于心，禁不住堕下泪来。此时众人彼此都不禁有凄凉寂寞之意，半日，方知贾母伤感，才忙转身陪笑，发语解释。又命暖酒，且住了笛。

尤氏笑道："我也就学一个笑话，说与老太太解解闷。"贾母勉强笑道："这样更好，快说来我听。"尤氏乃说道："一家子养了四个儿子：大儿子只一个眼睛，二儿子只一个耳朵，三儿子只一个鼻子眼，四儿子倒都齐全，偏又是个哑叭。"正说到这里，只见贾母已朦胧双眼，似有睡去之态。尤氏方住了，忙和王夫人轻轻的请醒。贾母睁眼笑道："我不困，白闭闭眼养神。你们只管说，我听着呢。"王夫人等笑道："夜已四更了，风露也大，请老太太安歇罢。明日再赏十六，也不辜负这月色。"贾母道："哪里就四更了？"王夫人笑道："实已四更，他们姊妹们熬不过，都去睡了。"贾母听说，细看了一看，果然都散了，只有探春一人在此。贾母笑道："也罢。你们也熬不惯夜，况且弱的弱，病的病，去了倒省心。只是三丫头可怜见的，尚还等着。你也去罢，我们散了。"说着，便起身，吃了一口清茶，便有预备下的竹椅小轿，便围着斗篷坐上，两个婆子搭起，众人围随，出园去了。不在话下。

这里众媳妇收拾杯盘碗盏时，却少了个细茶杯，各处寻觅不见，又问众人："必是谁失手打了。撂在哪里，告诉我，拿了磁瓦去交收，是证见，不然，又说偷起来了。"众人都说："没有打了，只怕跟姑娘的人打了，也未可知。你细想想，或问问她们去。"一语提醒了这管傢伙的媳妇，因笑道："是了，那一会记得是翠缕拿着的。我去问她。"说着便去找时，刚下了甬路，就遇见了紫鹃和翠缕来了。翠缕便问道："老太太散了？可知我们姑娘那去了？"这媳妇道："我来问那一个茶锺往哪里去了，你们倒问我要姑娘。"翠缕笑道："我因倒茶给姑娘吃的，展眼回头，就连姑娘也没了。"那媳妇道："太太才说，都睡觉去了。你不知哪里玩去了，还不知道呢。"翠缕向紫鹃道："断乎没有悄悄的睡去之理，只怕在哪里走了一走。如今见老太太散了，赶过前边送去，也未可知。我们且往前边找找去。有了姑娘，自然你的茶锺也有了。你明日一早再找，有什么忙的！"媳妇笑道："有了下落，就不必忙了，明儿就和你要罢。"说毕，回去仍查收傢伙。这里紫鹃和翠缕便往贾母处来。不在话下。

原来黛玉和湘云二人并未去睡觉。只因黛玉见贾府中许多人赏月，贾母犹叹人少，不似当年热闹，又提宝钗姊妹家去，母女弟兄自去赏月等语，不觉对景感怀，自去俯栏垂泪。宝玉近因晴雯病势甚重，诸务无心，王夫人再四遣他去睡，他也便去了。探春又因近日家事着恼，无暇游玩；虽有迎春、惜春二人，偏又素日不大甚合。所以只剩了湘云一人宽慰她，因说："你是个明白人，何必作此形像自苦。我也和你一样，我就不似你这样心窄。何况你又多病，还不自己保养。可恨宝姐姐姊妹，天天说亲道热，早已说今年中秋，要大家一处赏月，必要起社，大家联句，到今日，便弃了咱们，自己赏月去了。社也散了，诗也不做了。倒是他们父子叔侄纵横起来。你可知宋太祖说得好：'卧榻之侧，岂许他人酣睡。'她们不做，咱们两个竟联起句来，明日羞她们一羞。"

黛玉见她这般劝慰，不肯负她的豪兴，因笑道："你看这里这等人声嘈杂，有何诗兴？"湘云笑道："这山上赏月虽好，终不及近水赏月更妙。你知道这山坡底下就是池沿，山坳里近水一个所在，就是凹晶馆。可知当日盖这园子时，就有学问。这山之高处，就叫作凸碧；山之低洼近水处，就叫作凹晶。这'凸''凹'二字，历来用的人最少。如今直用作轩馆之名，更觉新鲜，不落窠臼。可知这两处一上一下，一明一暗，一高一矮，一山一水，竟是特因玩月而设此两处。有爱那山高月小的，便往这里来；有爱那皓月清波的，便往那里去。只是这两个字俗念作'洼''拱'二音，便说俗了，不大见用，只陆放翁用了一个'凹'字，说'古砚微凹聚墨多'，还有人批他俗，岂不可笑！"林黛玉道："也不只放翁才用，古人中用者太多。如江淹《青苔赋》，东方朔《神异经》，以至《画记》上云"张僧繇画一乘寺"的故事，不可胜举。只是今人不知，误作俗字用了。实和你说罢，这两个字还是我拟的呢。因那年试宝玉，因他拟了几处，也有存的，也有删改的，也有尚未拟的。这是后来我们大家把这没有名色的，也都拟出来了，注了出处，写了这房屋的坐落，一併带进去，与大姐姐瞧了。她又带出来，命给舅舅瞧过。谁知舅舅倒喜欢起来，又说：'早知这样，那日该就叫他姊妹一併拟了，岂不有趣！'所以凡我拟的，一字不改都用了。如今就往凹晶馆去看看。"

说着，二人便同下了山坡。只一转弯就是池沿，沿上一带竹栏相接，直通着那边藕香榭的路径。因这几间就在此山怀抱之中，乃凸碧山庄之退居，因洼而近水，故颜其额曰"凹晶溪馆"。因此处房宇不多，且又矮小，故只有两个老婆子上夜。今日，打听得凸碧山庄的人应差，与她们无干，这两个老婆子关了月饼、果品并犒赏的酒食来，二人吃得既醉且饱，早已息灯睡了。

黛玉、湘云见息了灯，湘云笑道："倒是她们睡了好。咱们就在这卷棚底下赏这水、月如何？"二人遂在两个湘妃竹墩上坐下。只见天上一轮皓月，池中一轮水月，上下争辉，如置身于晶宫鲛室之内。微风一过，粼粼然池面皱碧铺纹，真令人神清气淨。湘云笑道："怎得这会子坐上船吃酒倒好。这要是我家里这样，我就立刻坐船了。"黛玉笑道："正是古人常说得好，'事若求全何所乐'。据我说，这也罢了，偏要坐船起来。"湘云笑道："得陇望蜀，人之常情。可知那些老人家说得不错。说贫穷之家自为富贵之家事事趁心，告诉他说竟不能遂心，他们不肯信的；必得亲历其境，他方知觉了。就如咱们两个，虽父母不在，然却也忝在富贵之乡，只你我就有许多不遂心的事。"黛玉笑道："不但你我不能趁心，就连老太太、太太以至宝玉、探丫头等人，无论事大事小，有理无理，其不能各遂其心者，同一理也，何况你我旅居客寄之人哉！"湘云听说，恐怕黛玉又伤感起来，忙道："休说这些闲话，咱们且联诗。"

正说间，只听笛韵悠扬起来。黛玉笑道："今日老太太、太太高兴了，这笛子吹有趣，倒是助咱们的兴趣了。咱两个都爱五言，就还是五言排律罢。"湘云道："限何韵？"黛玉笑道："咱们数这个栏杆的直棍，这头到那头为止。他是第几根，就用第几韵。若十六根，便是'一先'起。这可新鲜？"湘云笑道："这倒别致。"于是二人起身，便从头数至尽头止，得十三根。湘云道："偏又是'十三元'了。这个少作排律，只怕牵强不能押韵呢。少不得你先起一句罢了。"黛玉笑道："倒要试试咱们谁强谁弱，只是没有纸笔记。"湘云道："不妨，明儿再写。只怕这一点聪明还有。"黛玉道："我先起一句现成的俗语罢。"因念道：

三五中秋夕，

湘云想了一想，道：

清游拟上元。撒天箕斗灿，

林黛玉笑道：

匝地管弦繁。几处狂飞盏，

湘云笑道："这一句'几处狂飞盏'有些意思。这倒要对得好呢。"想了一想，笑道：

谁家不启轩。轻寒风剪剪，

黛玉道："对得比我的却好。只是底下这句又说熟话了，就该加劲说了去才是。"湘云道："诗多韵险，也要铺陈些才是。纵有好的，且留在后头。"

黛玉笑道："到后头没有好的，我看你羞不羞。"因联道：

良夜景暄暄。争饼嘲黄髮，

湘云笑道："这句不好，杜撰，用俗事来难我了。"黛玉笑道："我说你不曾见过书呢。'吃饼'是旧典，《唐书》《唐志》你看了来再说。"湘云笑道："这也难不倒我，我也有了。"因联道：

分瓜笑绿媛。香新荣玉桂，

黛玉笑道："'分瓜'可是实实你的杜撰了。"湘云笑道："明日咱们对查了出来，大家看看，这会子别耽误工夫。"黛玉笑道："虽如此，下句也不好，不犯着又用'玉桂''金兰'等字样来塞责。"因联道：

色健茂金萱。蜡烛辉琼宴，

湘云笑道："'金萱'二字便宜了你，省了多少力。这样现成的韵，被你得了，只是不犯着替他们颂圣去。况且下句你也是塞责了。"黛玉笑道："你不说'玉桂'， 我难道强对个'金萱'么？再也要铺陈些富丽，方才是即景之实事。"湘云只得又联道：

觥筹乱绮园。分曹尊一令，

黛玉笑道："下句好，只是难对些。"因想了一想，联道：

射覆听三宣。骰彩红成点，

湘云笑道："'三宣'有趣，竟化俗成雅了。只是下句又说上骰子。"少不得联道：

传花鼓滥喧。晴光摇院宇，

黛玉笑道："对得却好。下句又熘了，只管拿些风月来塞责。"湘云道："究竟没说到月上，也要点缀点缀，方不落题。"黛玉道："且姑存之，明日再斟酌。"因联道：

素彩接干坤。赏罚无宾主，

湘云道："又说他们作什么，不如说咱们。"只得联道：

吟诗序仲昆。构思时倚槛，

黛玉道："这可以入上你我了。"因联道：

拟景或依门。酒尽情犹在，

湘云说道："是时侯了。"乃联道：

更残乐已谖。渐闻语笑寂，

黛玉说："这时候，可知一步难似一步了。"因联道：

空剩雪霜痕。阶露团朝菌，

湘云笑道："这一句怎么押韵，让我想想。"因起身负手，想了一想，笑道："够了，幸而想出一个字来，几乎败了。"因联道：

庭烟敛夕棔。秋湍泻石髓，

黛玉听了，不禁也起身叫妙，说："这促狭鬼！果然留下好的。这会子才说'棔'字，亏你想得出。"湘云道："幸而昨日看《历朝文选》见了这个字，我不知是何树，因要查一查。宝姐姐说："不用查，这就是如今俗叫作'明开夜合'的"。我信不及，到底查了一查，果然不错。看来宝姐姐知道的竟多。"黛玉笑道："'棔'字用在此时更恰，也还罢了。只是'秋湍'一句亏你好想。只这一句，别的都要抹倒。我少不得打起精神来对一句，只是再不能似这一句了。"因想了一想，道：

风叶聚云根。宝婺情孤洁，

湘云道："这对得也还好。只是下一句你也熘了，幸而是景中情，不单用'宝婺'来塞责。"因联道：

银蟾气吐吞。药经灵兔捣，

黛玉不语点头，半日随念道：

人向广寒奔。犯斗邀牛女，

湘云也望月点首，联道：

乘槎待帝孙。虚盈轮莫定，

黛玉笑道："又用比兴了。"因联道：

晦朔魄空存。壶漏声将涸，

湘云方欲联时，黛玉指池中黑影与湘云看，道："你看那河里，怎么像个人在

黑影里去了，敢是个鬼罢？"湘云笑道："可是，又见鬼了。我是不怕鬼的，等我打它一下。"因弯腰拾了一块小石片，向那池中打去，只听打得水响，一个大圆圈将月影荡散复聚者几次。只听那黑影里嘎然一声，却飞起一个白鹤来，直往藕香榭去了。黛玉笑道："原来是它，勐然想不到，反吓了一跳。"湘云笑道："这个鹤有趣，倒助了我了。"因联道：

窗灯焰已昏。寒塘渡鹤影，

林黛玉听了，又叫好，又跺足，说道："了不得，这鹤真是助她的了！这一句更比'秋湍'不同，叫我对什么才好？'影'字只有一个'魂'字可对，况且'寒塘渡鹤'，何等自然，何等现成，何等有景！且又新鲜，我竟要搁笔了。"湘云笑道："大家细想就有了，不然，就放着明日再联也可。"黛玉只看天，不理她，半日，勐然笑道："你不必说嘴，我也有了，你听听。"因对道：

冷月葬花魂。

湘云拍手赞道："果然好极！非此不能对。好个'葬花魂'！"因又叹道："诗固新奇，只是太颓丧了些。你现病着，不该作此过于凄清奇谲之语。"黛玉笑道："不如此，如何压倒你？下句竟还未得，只为用工在这一句了。"

一语未了，只见栏外山石后转出一个人来，笑道："好诗，好诗！果然太悲凉了。不必再往下联，若底下只这样去，反不显这两句了，倒觉得堆砌牵强。"二人不防，倒唬了一跳。细看时，不是别人，却是妙玉。二人皆诧异，因问："你如何到了这里？"妙玉笑道："我听见你们大家赏月，又吹得好笛，我也出来玩赏这清池皓月。顺脚走到这里，忽听见你两个联诗，更

觉清雅异常，故此听住了。只是方才我听见这一首中，有几句虽好，只是过于颓败凄楚。此亦关人之气数而有，所以我出来止住。如今老太太都已早散了，满园的人想俱已睡熟了，你两个的丫头还不知在哪里找你们呢。你们也不怕冷了？快同我来，到我那里去吃杯茶，只怕就天亮了。”黛玉笑道：“谁知道就这个时候了。”

三人遂一同来至栊翠庵中。只见龛焰犹青，炉香未烬。几个老嬷嬷也都睡了，只有小丫鬟在蒲团上垂头打盹。妙玉唤她起来，现去烹茶。忽听叩门之声，小丫鬟忙去开门看时，却是紫鹃翠缕与几个老嬷嬷来找她姊妹两个。进来见她们正吃茶，因都笑道：“要我们好找，一个园里走遍了，连姨太太那里都找到了。才到了那山坡底下小亭里找时，可巧那里上夜的正睡醒了。我们问她们，她们说，方才庭外头棚下两个人说话，后来又添了一个，听见说大家往庵里去。我们就知是这里了。”

妙玉忙命小丫鬟引她们到那边去坐着歇息吃茶。自取了笔砚纸墨出来，将方才的诗，命她二人念着，遂从头写出来。黛玉见她今日十分高兴，便笑道：“从来没见你这样高兴。若不见你这样高兴，我也不敢唐突请教，这还可以见教否？若不堪时，便就烧了；若还可政，即请改正改正。”妙玉笑道：“也不敢妄加评赞。只是这才有了二十二韵。我意思想着：你二位警句已出，再若续时，恐后力不加。我竟要续貂，又恐有玷。”黛玉从没见妙玉作过诗，今见她高兴如此，忙说：“果然如此，我们的虽不好，亦可以带好了。”妙玉道：“如今收结，到底还该归到本来面目上去。若只管丢了真情真事，且去搜奇捡怪，一则失了咱们的闺阁面目，二则也与题目无涉了。”林、史二人皆道：“极是。”妙玉遂提笔，一挥而就，递与她二人道：“休要见笑。依我必须如此，方翻转过来。虽前头有凄楚之句，亦无甚碍了。”二人接了看时，只见她续道：

香篆销金鼎，脂冰腻玉盆。箫增嫠妇泣，衾倩侍儿温。空帐悬文凤，闲屏掩彩鸳。露浓苔更滑，霜重竹难扪。犹步萦纡沼，还登寂历原。石奇神鬼搏，木怪虎狼蹲。赑屃朝光透，罘罳晓露屯。振林千树鸟，啼谷一声猿。歧熟焉忘径，泉知不问源。钟鸣栊翠寺，鸡唱稻香村。有兴悲何继，无愁意岂烦。芳情只自遣，雅趣向谁言。彻旦休云倦，烹茶更细论。

后书：《右中秋夜大观园即景联句三十五韵》。

听了黛玉湘云二人皆赞赏不已，说：“可见我们天天是舍近而求远。现有这样诗仙在此，却天天去纸上谈兵。”妙玉笑道：“明日再润色。此时想也快天明了，到底要歇息歇息才是。”林、史二人听说，便起身告辞，带领丫鬟出来。妙玉送至门外，看她们去远，方掩门进来。不在话下。

这里翠缕向湘云道：“大奶奶那里还有人等着咱们睡去呢。如今还是那里去好。”湘云笑道：“你顺路告诉她们，叫她们睡罢。我这一去，未免惊动病人，不如闹林姑娘半夜去罢。”说着，大家走至潇湘馆中，有一半人已睡去。二人进去，方才卸妆宽衣，盥漱已毕，方上床安歇。紫鹃放下绡帐，移灯掩门出去。

谁知湘云有择席之病，虽在枕上，只是睡不着。黛玉又是个心血不足，常常失眠的，今日又错过困头，自然也是睡不着。二人在枕上翻来覆去。黛玉因问道：“怎么你还没睡着？”湘云笑道：“我有择席的病，况且走了困，只好躺躺罢。你怎么也睡不着？”黛玉叹道：“我这睡不着，也并非今日了，大约一年之中，通共也只好睡十夜满足的。”湘云道：“却是你病的原故，所以不足”不知下文什么，且听下回分解。

第 77 回 俏丫鬟抱屈夭风流 美优伶斩情归水月

话说王夫人见中秋已过，凤姐病已比先减了，虽未大愈，然亦可出入行走得了，仍命大夫每日诊脉服药，又开了丸药方子来，配调经养荣丸。因用上等人参二两，王夫人取时，翻寻了半日，只向小匣内寻了几枝簪挺粗细的。王夫人看了嫌不好，命再找去，又找了一大包鬚末出来。王夫人焦躁道：“用不着偏有，但用着了，再找不着！成日家我说叫你们查一查，都归拢在一处，你们白不听，就随手混撂。你们不知它的好处，用起来得多少换买来还不中使呢！”彩云道：“想是没了，就只有这个。上次那边的太太来寻了些去，太太都给过去了。”王夫人道：“没有的事，你再细找找。”彩云只得又去找，拿了几包药来说：“我们不认得这个，请太太自看。除这个再没有了。”王夫人打开看时，也都忘了，不知都是什么药，并没有一枝人参。因一面遣人去问凤姐有无，凤姐来说：“也只有些参膏。芦鬚虽有几枝，也不是上好的，每日还要煎药里用呢。”王夫人听了，只得向邢夫人那里问去。邢夫人说：“因上次没了，才往这里来寻，早已用完了。”王夫人没法，只得亲自过来请问贾母。贾母忙命鸳鸯取出当日所余的来，竟还有一大包，皆有手指头粗细的，遂称了二两与王夫人。王夫人出来，交与周瑞家的拿去，令小厮送与医生家去；又命将那几包不能辨得的药也带了去，命医生认了，各包记号了来。

一时，周瑞家的又拿了进来，说：“这几包都各包好，记上名字了。但这一包人参，固然是上好的，如今就连三十换也不能得这样的了，但年代太陈了。这东西比别的不同，凭是怎样好的，只过一百年后，便自己就成了灰了。如今这个虽未成灰，然已成了朽糟烂木，也无性力的了。请太太收了这个，倒不拘粗细，好歹再换些新的倒好。”王夫人听了，低头不语，半日才说：“这可没法了，只好去买二两来罢。”也无心看那些，只命：“都收了罢。”因向周瑞家的说：“你就去说给外头人们，拣好的换二两来。倘或一时老太太问，你们只说用的是老太太的，不必多说。”

周瑞家的方才要去时，宝钗因在坐，乃笑道：“姨娘且住。如今外头卖的人参都没好的。虽有一枝全的，他们也必截做两三段，镶嵌上芦泡鬚枝，掺匀了好卖，看不得粗细。我们铺子里常和参行交易，如今我去和妈说了，叫哥哥去托个伙计，过去和参行商议说明，叫他把未作的原枝好参兑二两来。不妨咱们多使几两银子，也得了好的。”王夫人笑道：“倒是你明白。就难为你亲自走一趟。”于是宝钗去了，半日回来说：“已遣人去，赶晚就有回信的。明日一早去配也不迟。”王夫人自是喜悦，因说道：“‘卖油的娘子水梳头’，自来家里有好的，好坏不知给了人多少。这会子轮到自己用，反倒各处求人去了。”说毕长叹。宝钗笑道：“这东西虽然值钱，究竟不过是药，原该济众散人才是。咱们比不得那没见世面的人家，得了这个，就珍藏密敛的。”王夫人点头道：“这话极是。”

一时，宝钗去后，因见无别人在室，遂唤周瑞家的来问：“前日园中搜检的事情，可得个下落？”周瑞家的是已和凤姐等人商议定妥，一字不隐，遂回明王夫人。王夫人听了，虽惊且怒，却又作难，因思司棋係迎春之人，皆係那边的人，只得令人去回邢夫人。周瑞家的回道：“前日那边太太嗔着王善保家的多事，打了几个嘴巴子，如今她也装病在家，不肯出头了。况且又是她外孙女儿，自己打了嘴，他只好装个忘了，日久平服了再说。如今我们过去回时，恐怕又多心，倒像似咱们多事似的。不如直把司棋带过去，一併连赃证与那边太太瞧了，不过打一顿配了人，再指个丫头来，岂不省事。如今白告诉去，那边太太再推三阻四的，又说‘既这样，你太太就该料理，又来说什么’，岂不反耽搁了？倘或那丫头瞅空寻了死，反不好了。如今看了两三天，人都有个偷懒的时候，倘一时不到，岂不倒弄出事来？”王夫人想了一想，说：“这也倒是。快办了这一件，再办咱们家的那些妖精。”

周瑞家的听说，会齐了那几个媳妇，先到迎春房里，回迎春道：“太太们说了，司棋大了，连日他娘求了太太，太太已赏了她娘配人，今日叫她出去，另挑好的与姑娘使。”说着，便命司棋打点走路。迎春听了，含泪似有不舍之意。因前夜已闻得别的丫鬟悄悄的说了原故，虽数年之情难舍，但事关风化，亦无可如何了。那司棋也曾求了迎春，实指望迎春能死保赦下的，只是迎春语言迟慢，耳软心活，是不能作主的。司棋见了这般，知不能免，因哭道：“姑娘好狠心！哄了我这两日，如今怎么连一句话也没有？”周瑞家的等说道：“你还要姑娘留你不成？便留下，你也难见园里的人了。依我们的好话，快快收了这样子，倒是人不知鬼不觉的去罢，大家体面些。”

迎春含泪道：“我知道你干了什么大不是？我还十分说情留下，岂不连我也完了？你瞧入画也是几年的，怎么说去就去了。自然不止你两个，想这园子里凡大的都要去呢。依我说，将来终有一散，不如各人去罢。”周瑞家的道：“所以到底是姑娘明白。明儿还有打发的人呢，你放心罢。”司棋无法，只得含泪与迎春磕头，和众姊妹告别，又向迎春耳根说：“姑娘，好歹打听我受罪，替我说个情儿，就是主仆一场！”迎春亦含答应：“放心。”

于是周瑞家的等人带了司棋出了院门，又命两个婆子将司棋所有的东西都与她拿着。走了没几步，后头只见后头绣橘赶来，一面也擦着泪，一面递与司棋一个绢包，说：“这是姑娘给你的。主仆一场，如今一旦分离，这个与你作个想念罢。”司棋接了，不觉更哭起来了，又和绣橘哭了一回。周瑞家的不耐烦，只管催促，二人只得散了。司棋因又哭告道：“婶婶大娘们，好歹略徇个情儿，如今且歇一歇，让我到相好的姊妹跟前辞一辞，也是我们这几年好了一场。”周瑞家的等人皆各有事务，作这些事，便是不得已了，况且又深恨他们素日大样，如今哪里有工夫听她的话，因冷笑道：“我劝你走罢，别拉拉扯扯的了。我们还有正经事呢。谁是你一个衣胞里爬出来的，辞她们作什么？她们看你的笑声还看不了呢。你不过是挨一会是一会罢了，难道就算了不成！依我说，快走罢。”一面说，一面总不住脚，直带着往后角门出去了。司棋无奈，又不敢再说，只得跟了出来。

可巧正值宝玉从外而入，一见带了司棋出去，又见后面抱着些东西，料着此去再不能来了。因闻得上夜之事，又兼晴雯之病亦因那日加重，细问晴雯，又不说是为何。上日又见入画已去，今又见司棋亦走，不觉如丧魂魄一般，因忙拦住，问道：“哪里去？”周瑞家的等皆知宝玉素日行为，又恐唠叨误事，因笑道：“不干你事，快念书去罢。”宝玉笑道：“好姐姐们！且站一站，我有道理。”周瑞家的便道：“太太吩咐不许少捱一刻，又有什么道理！我们只知遵太太的话，管不得许多。”司棋见了宝玉，因拉住哭道：“她们做不得主，你好歹求求太太去！”宝玉不禁也伤心，含泪说道：“我不知你做了什么大事，晴雯也气病了，如今你又去。都要去了，这却怎么的好！”周瑞家的发躁向司棋道：“你如今不是副小姐了，若不听话，我就打得你了。别想着往日有姑娘护着，任你们作耗。越说着，你还不好好的走。如今和小爷们拉拉扯扯的了，成个什么体统！”那几个媳妇不由分说，拉着司棋便出去了。

宝玉又恐她们去告舌，恨得只瞪着她们，看已去远，方指着恨道：“奇怪，奇怪！怎么这些人，只一嫁了汉子，染了男人的气味，就这样混账起来，比男人更可杀了！”守园门的婆子听了，也不禁好笑起来，说：“这个宝二爷，说的也不知是些什么，也不知是哪里学来的这些话，叫人听了又可气又可笑。”因问道：“这样说，凡女儿个个是好的了，女人个个都是坏的了？”宝玉点头道：“不错，不错！”

婆子们笑道：“还有一句话，我们糊涂不解，倒要请问请问……。”方欲说时，只见几个老婆子走来，忙说道：“你们小心，传齐了伺候着，此刻太太亲自来园里，在那里查人呢，只怕还查到这里来呢。”又吩咐：“快叫怡红院的晴雯姑娘的哥嫂来，在这里等着，领出他妹妹去。”因又笑道：“阿弥陀佛！今日天睁了眼，把这一个祸害妖精退送了，大家清淨些。”宝玉一闻得王夫人进来清查，便料定晴雯也保不住了，早飞也似的赶了去，所以，这后来趁愿之语，竟未得听见。

宝玉及到了怡红院，只见一群人在那里，王夫人在屋里里坐着，一脸怒色，见宝玉也不理。晴雯四五日水米不曾沾牙，恹恹弱息，如今现从炕上拉了下来，蓬头垢面，两个女人才搀起来去了。王夫人吩咐：“只许把她贴身衣服撂出去，余者，好衣服留下，给好丫头们穿。”又命把这里所有的丫头们都叫来，一一过目。

原来王夫人自那日着恼之后，王善保家的去趁势告倒了晴雯，本处有人和园中不睦的，也就随机趁便，下了些话在王夫人耳中。王夫人皆记在心里，因节间有碍（原字为左石右事），故忍了两日，今日特来亲自阅人。一则为晴雯事犹可，二则因竟有人指宝玉为由，说他大了，已解人事，都由屋里的丫头们不长进，教习坏了。因这事更比晴雯一人较甚，乃从袭人起，以至于极小作粗活的小丫头们，个个亲自看了一遍。

因问：“谁是和宝玉一日的生日的？”本人不敢答应，老嬷嬷指道：“这一个蕙香又叫作四儿的，是同宝玉一日生日的。”王夫人细看了一看，虽比不上晴雯一半，却也有几分水秀；视其行止，聪明皆露在外面，且也打扮得不同。王夫人冷笑道：“这也是个不怕臊的！她背地里说的，‘同日生日就是夫妻’。这可是你说的？打量我隔得远，都不知道呢。可知道我身子虽不大来，我的心耳神意，时时都在这里。难道我通共一个宝玉，就白放心凭你们勾引坏了不成！”这个

四儿见王夫人说着她素日和宝玉的私语，不禁红了脸，低头垂泪。王夫人即命：“也快把她家的人叫来，领出去配人。”

又问：“谁是什么耶律雄奴？”老嬷嬷们便将芳官指出。王夫人道：“唱戏的女孩子，自然是狐狸精了！上次放你们，你们又懒怠出去，可就该安分守己才是。你就成精鼓捣起来，调唆着宝玉无所不为！”芳官哭辩道：“并不敢调唆什么来。”王夫人冷笑道：“你还强嘴！我且问你：前年我们往皇陵上去，是谁调唆宝玉要柳家的丫头五儿了？幸而那丫头短命死了，不然进来了，你们又连伙聚党，遭害这园子呢。你连你干娘都欺倒了。岂止别人！”因喝命：“唤她干娘来领去，就赏她外头自寻个女婿去吧。把她的东西一概给她。”又吩咐：“上年凡有姑娘分的唱戏的女孩子们，一概不许留在园里，都令其干娘带出去，自行聘嫁。”一语传出，这些干娘皆感恩趁愿不尽，都约齐来与王夫人磕头领去。

王夫人又满屋里搜检宝玉之物。凡略有眼生之物，一併命收的收，捲的捲，着人拿到自己房内去了。因说：“这才干淨，省得旁人口舌。”因又吩咐袭人、麝月等人：“你们小心！往后再有一点分外之事，我一概不饶。因叫人查看了，今年不宜迁挪，暂且挨过今年，明年一併给我仍旧搬出去心淨。”说毕，茶也不吃，遂带领众人又往别处去阅人。暂且说不到后文。

如今且说宝玉只当王夫人不过来搜检搜检，无甚大事，谁知竟这样雷嗔电怒的来了。所责之事，皆係平日之语，一字不爽，料必不能挽回的。虽心下恨不能一死，但王夫人盛怒之际，自不敢多言一句，多动一步，一直跟送王夫人到沁芳亭。王夫人命：“回去好生念念那书！仔细明儿问你。才已发下恨了。”宝玉听如此说，方回来，一路打算：“谁这样犯舌？况这里事也无人知道，如何就都说着了？”一面想，一面进来，只见袭人在那里垂泪；且去了心上第一等的人，岂不伤心，便倒在床上也哭起来。袭人知他心内别的还犹可，独有晴雯是第一件大事，乃推他劝道：“哭也不中用了。你起来，我告诉你，晴雯已经好了，她这一家去，倒心淨养几天。你果然舍不得她，等太太气消了，你再求老太太，慢慢的叫进来，也不难。不过太太偶然信了人的诽言，一时气头上如此罢了。”

宝玉哭道：“我究竟不知晴雯犯了何等滔天大罪！”袭人道：“太太只嫌她生得太好了，未免轻佻些。在太太是深知这样

美人似的人，必不安静，所以很嫌她，像我们这粗粗笨笨的倒好。”宝玉道：“这也罢了。咱们私自顽话怎么也知道了？又没外人走风，这可奇怪！”袭人道：“你有甚忌讳的，一时高兴了，你就不管有人无人了。我也曾使过眼色，也曾递过暗号，被那别人已知道了，你反不觉。”宝玉道：“怎么人人的不是，太太都知道，单不挑出你和麝月秋纹来？”袭人听了这话，心内一动，低头半日，无可回答，因便笑道：“正是呢。若论我们，也有玩笑不留心的孟浪去处，怎么太太竟忘了？想是还有别的事，等完了，再发放我们，也未可知。”宝玉笑道：“你是头一个出了名的至善至贤之人，她两个又是你陶冶教育的，焉得还有孟浪该罚之处！只是芳官尚小，过于伶俐些，未免倚强压倒了人，惹人厌。四儿是我误了她，还是那年我和你拌嘴的那日起，叫上来作些细活，未免夺占了地位，故有今日。只是晴雯也是和你一样，从小儿在老太太屋里过来的，虽然她生得比人强些，也没甚妨碍去处；就只是她的性情爽利，口角锋芒些，究竟也不曾得罪你们。想是她过于生得好了，反被这好所误。”说毕，复又哭起来。

袭人细揣此话，好似宝玉有疑她之意，竟不好往前再劝，因叹道：“天知道罢了。此时也查不出人来了，白哭一会子也无益。倒是养着精神，等老太太喜欢时，回明白了，再要她进来是正理。”宝玉冷笑道：“你不必虚宽我的心。等到太太平服了，再瞧势头去要时，知她这病等得等不得。她自幼上来娇生惯养，何尝受过一日委屈。连我知道她的性格，还时常冲撞了她。她这一下去，就如同一盆才抽出嫩箭来的兰花送到猪窝里去一般。况又是一身重病，里头一肚子的闷气。她又没有亲爷热娘，只有一个醉泥鳅姑舅哥哥。他这一去，一时也不惯的，哪里还等得几日？知道还能见她一面两面不能了！”说着，又越发伤心起来。

袭人笑道：“可是你‘只许州官放火，不许百姓点灯’。我们偶然说一句略妨碍些的话，就说是不利之谈，你如今好好的咒他，是该的了？她便比别人娇些，也不至这样起来。”宝玉道：“不是我妄口咒他，今年春天已有兆头的。”袭人忙问何兆。宝玉道：“这阶下好好的一株海棠花，竟无故死了半边，我就知有异事，果然应在她身上。”袭人听了，又笑起来，因说道：“我待不说，又撑不住，你太也婆婆妈妈的了。这样的话，岂是你读书的男人说的。草木怎又关係起人来？若不婆婆妈妈的，真也成了个呆子了。”宝玉叹道：“你们哪里知道，不但草木，凡天下之物，皆是有情有理的，也和人一样，得了知己，便极有灵验的。若用大题目比，就有孔子庙前之桧，坟前之蓍，诸葛祠前之柏，岳武穆坟前之松。这都是堂堂正大、随人之正气，千古不磨之物。世乱则萎，世治则荣，几千百年了，枯而复生者几次。这岂不是兆应？就是小题目比，也有杨太真沉香亭之木芍药，端正楼之相思树，王昭君塚上之草，岂不也有灵验？所以这海棠亦应其人欲亡，故先就死了半边。”

袭人听了这篇痴话，又可笑，又可叹，因笑道：“真真的这话越发说上我的气来了。那晴雯是个什么东西，就费这样心思，比出这些正经人来。还有一说，他纵好，也灭不过我的次序去。便是这海棠，也该先来比我，也还轮不到她。想是我要死了。”宝玉听说，忙捂她的嘴，劝道：“这是何苦！一个未清，你又这样起来。罢了，再别提这事，别弄得去了三个，又饶上一个。”袭人听说，心下暗喜道：“若不如此，你也不能了局。”

宝玉乃道：“从此休提起，全当她们三个死了，只不过如此。况且死了的也曾有过，也没见我怎么样，此一理也。如今且说现在的，倒是把她的东西，作瞒上不瞒下，悄悄的打发人送出去，与了她。再或有咱们常时积攒下的钱，拿几吊出去给她养病，也是你姊妹好了一场。”袭人听了，笑道：“你太把我们看得又小器又没人心了。这话还等你说！我才已将她素日所有的衣裳以至各什各物，总打点下了，都放在那里。如今白日里人多眼杂，又恐生事，且等到晚上，悄悄的叫宋妈给她拿出去。我还有攒下的几吊钱也给她去罢。”宝玉听了，感谢不尽。袭人笑道：“我原是久已出了名的贤人，连这一点子现成的好名儿还不会买来不成？”宝玉听她点方才的话，忙陪笑抚慰一时。晚间，果密遣宋妈送去。

宝玉将一切人稳住，便独自得便，出了后角门，央一个老婆子带他到晴雯家去瞧瞧。先是这婆子百般不肯，只说怕人知道，“回了太太，我还吃饭不吃饭！”无奈宝玉死活央告，又许她些钱，那婆子方带了他来。这晴雯当日係赖大家用银子买的，那时晴雯才得十岁，尚未留头。因常跟赖嬷嬷进来，贾母见她生得伶俐标緻，十分喜爱。故此赖嬷嬷就孝敬了贾母使唤，后来所以到了宝玉房里。这晴雯进来时，也不记得家乡父母。只知有个姑舅哥哥，专能庖宰，也沦落在外，故又求了赖家的收买进来吃工食。赖家的见晴雯虽到贾母跟前，千伶百俐，嘴尖性大，却倒还不忘旧，故又将她姑舅哥哥收买进来，把家里的一个女孩子配了他。成了房后，谁知她姑舅哥哥一朝身安泰，就忘却当年流落时，任意吃死酒，家小也不顾。偏又娶了个多情美色之妻，见他不顾身命，不知风月，一味死吃酒，便不免有蒹葭倚玉之叹，红颜寂寞之悲。又见他器量宽宏，并无嫉衾妒枕之意，这媳妇遂恣情纵慾，满宅内，便延揽英雄，收纳材俊，上上下下竟有一半是她考试过的。若问他夫妻姓甚名谁，便是上回贾琏所接见的多浑虫、灯姑娘儿的便是了。目今晴雯只有这一门亲戚，所以出来就在他家。

此时，多浑虫外头去了，那灯姑娘吃了饭去串门子，只剩下晴雯一人在外间房内爬着。宝玉命那婆子在院门外瞭哨，他独自掀起草帘进来，一眼就看见晴雯睡在芦席土炕上，幸而衾褥还是旧日铺的。心内不知自己怎么才好，因上来含泪伸手轻轻拉她，悄唤两声。当下晴雯又因着了风，又受了她哥嫂的歹话，病上加病，嗽了一日，才朦胧睡了。忽闻有人唤她，强展星眸，一见是宝玉，又惊又喜，又悲又痛，忙一把死攥住他的手。哽咽了半日，方说出半句话来：“我只当不得见你了。”接着，便嗽个不住。宝玉也只有哽咽的分。晴雯道：“阿弥陀佛！你来得好，且把那茶倒半碗我喝。渴了这半日，叫半个人也叫不着。”宝玉听说，忙拭泪问：“茶在哪里？”晴雯道：“那炉台上就是。”宝玉看时，虽有个黑沙吊子，却不像个茶壶。只得桌上去拿了一个碗，也甚大甚粗，不像个茶碗，未到手内，先就闻得油膻之气。宝玉只得拿了来，先拿些水洗了两次，复又用水汕过，方提起沙壶斟了半碗。看时，绛红的，也太不成茶。晴雯扶枕道：“快给我喝一口罢；这就是茶了。哪里比得咱们的茶。”宝玉听说，先自己尝了一尝，并无清香，且无茶味，只一味苦涩，略有茶意而已。尝毕，方递与晴雯。只见晴雯如得了甘露一般，一气都灌下去了。

宝玉心下暗道：“往常那样好茶，她尚有不如意之处，今日这样。看来，可知古人说的‘饱饫烹宰，飢饜糟糠’，又道是‘饭饱弄粥’，可见都不错了。”一面想，一面流泪问道：“你有什么说的，趁着没人，告诉我。”晴雯呜咽道：“有什么可说的！不过挨一刻是一刻，挨一日是一日。我已知道横竖不过三五日的光景，我就好回去了。只是一件，我死也不甘心的：我虽生得比别人略好些，并没有私情密意勾引你怎样，如何一口死咬定了我是个狐狸精！我大不服。今日既已担了虚名，而且临死，不是我说句后悔的话，早知如此，我当日也另有个道理。不料痴心傻意，只说大家横竖是在一处。不想平空里生出这一节话来，有冤无处诉！”说毕，又哭。

宝玉拉着她的手，只觉瘦如枯柴，腕上犹戴着四个银镯，因泣道：“且卸下这个来，等好了再戴上罢。”因与她卸下来，塞在枕下。又说：“可惜这两个指甲，好容易长了二寸长，这一病好了，又损好些。”晴雯拭泪，就伸手取了剪刀，将左指上两根葱管一般的指甲齐根铰下，又伸手向被内，将贴身穿着的一件旧红绫袄脱下，并指甲都与宝玉道：“这个你收了，以后就如见我一般。快把你的袄儿脱下来我穿。我将来在棺材里独自躺着，也就像还在怡红院一样了。论理不该如此，只是担了虚名，我可也是无可如何了。”宝玉听说，忙宽衣换上，藏了指甲。晴雯又哭道：“回去她们看见了要问，不必撒谎，就说是我的。既担了虚名，越性如此，也不过这样了。”

一语未了，只见她嫂子笑嘻嘻掀帘进来，说道：“好呀！你两个的话，我已都听见了。”又向宝玉道：“你一个作主子的，跑到下人房里作什么？看我年轻又俊，敢是来调戏我么？”宝玉听说，吓得忙陪笑央道：“好姐姐，快别大声！她服侍我一场，我私自来瞧瞧她。”灯姑娘便一手拉了宝玉进里间来，笑道：“你不叫我嚷也容易，只是依我一件事。”说着，便坐在炕沿上，却紧紧的将宝玉搂入怀中。宝玉如何见过这个，心内早突突的跳起来了，急得满面红胀，又羞又怕，只说：“好姐姐，别闹！”灯姑娘乜斜醉眼，笑道：“呸！成日家听见你风月场中惯作工夫的，怎么今日就反讪起来？”宝玉红了脸，笑道：“姐姐放手，有话咱们好说。外头有老妈妈，听见什么意思！”灯姑娘笑道：“我早进来了，已叫那婆子去园门等着呢。我等什么似的，今儿等着了你。虽然闻名不如见面，空长了一个好模样儿，竟是没药性的炮仗，只好装幌子罢了，倒比我还发讪怕羞。可知人的嘴一概听不得的。就比如方才我们姑娘下来，我也料定你们素日偷鸡盗狗的。我进来一会，在窗下细听，屋内只你二人，若有偷鸡盗狗的事，岂有不谈及于此，谁知你两个竟还是各不相扰。可知天下委屈事也不少。如今我反后悔错怪了你们。既然如此，你但放心。以后你只管来，我也不罗唣你。”

宝玉听说，才放下心来，方起身整衣，央道：“好姐姐，你千万照看她两天！我如今去了。”说毕出来，又告诉晴雯。二人自是依依不舍，也少不得一别。晴雯知宝玉难行，遂用被蒙头，总不理他，宝玉方出来。意欲到芳官、四儿处去，无奈天黑，出来了半日，恐里面人找他不见，又恐生事，遂且进园来了，明日再作计较。因乃至后角门看时，看角门的小厮正抱铺盖，里边嬷嬷们正查人，若再迟一步，也就关了。

宝玉进入园中，且喜无人知道。到了自己房内，告诉袭人，只说在薛姨妈家去的，也就罢了。一时铺床，袭人不得不问：“今日怎么睡？”宝玉道：“不管怎么睡罢了。”原来这一二年间，袭人因王夫人看重了她了，越发自要尊重。凡背人之处，或夜晚之间，总不与宝玉狎昵，较先幼时反倒疏远了。况虽无大事办理，然一应针线，并宝玉及诸小丫头出入银钱、衣履、什物等事，也甚烦琐；且有吐血旧症，虽愈，然每因劳碌，风寒所感，即嗽中带血，故迩来夜间总不与宝玉同房。宝玉夜间常醒，又极胆小，每醒必唤人。因晴雯睡卧警心，且举动轻便，故夜晚一应茶水、起坐呼唤之任，皆悉委她一人，所以宝玉外床只是她睡。今她去了，袭人只得要问，因思此任比日间紧要之意。宝玉既答不管怎样，袭人只得还依旧年之例，遂仍将自己铺盖搬来，设于床外。

宝玉发了一晚上呆。及催他睡下，袭人等也都睡后，听着宝玉在枕上长吁短叹，覆去翻来，直至三更以后，方渐渐的安顿了。略有齁声，袭人方放心，也就朦胧睡着。没半盏茶时，只听宝玉叫：“晴雯。”袭人忙睁开眼，连声答应，问：“作什么？”宝玉因要吃茶。袭人忙下去，向盆内蘸过手，从暖壶内倒了半盏茶来吃过。宝玉乃笑道：“我近来叫惯了她，却忘了是你。”袭人笑道：“她一乍来时，你也曾睡梦中直叫我，半年后才改了。我知道这晴雯人虽去了，这两个字只怕是不能去的。”说着，大家又卧下。宝玉又翻转了一个更次，至五更方睡去时，只见晴雯从外头走来，仍是往日形景，进来笑向宝玉道：“你们好生过罢，我从此就别过了。”说毕，翻身便走。宝玉忙叫时，又将袭人叫醒。袭人还只当他惯了口乱叫，却见宝玉哭了，说道：“晴雯死了！”袭人笑道：“这是哪里的话！你就知道胡闹，被人听着，什么意思！”宝玉哪里肯听，恨不得一时亮了，就遣人去问信。

及至天亮时，就有王夫人房里小丫头立等，叫开前角门传王夫人的话：“‘即时叫起宝玉，快洗脸，换了衣裳快来，因今儿有人请老爷寻秋赏桂花，老爷因喜欢他前儿作的诗好，故此要带他们去。’这都是太太的话，一句别错了。你们快告诉去，立逼他快来，老爷在上屋里还等他们吃麵茶呢。环哥儿已来了，快跑快跑！再着一个人去叫兰哥儿，也要这等说。”里面的婆子听一句，应一句，一面扣扭子，一面开门。一面早有两三个人，一行扣衣，一行分头去了。袭人听得叩院门，便知有事，忙一面命人问时，自己已起来了。听得这话，忙促人来舀了洗脸水，催宝玉起来盥漱，她自去取衣。因思跟贾政出门，便不肯拿出十分出色的新鲜衣履来。只拣那二等成色的来。宝玉此时亦无法，只得忙忙的前来。果然贾政在那里吃茶，十分喜悦。宝玉忙行了省晨之礼。贾环贾兰二人也都见过宝玉。贾政命坐吃茶，向环、兰二人道：“宝玉读书不如你两个，论题联和诗这种聪明，你们皆不及他。今日此去，未免强你们做诗，宝玉须听便助他们两个。”王夫人等自来不曾听见这等考语，真是意外之喜。

一时，候他父子二人等去了，方欲过贾母这边来时，就有芳官等三个的干娘走来，回说：“芳官自前日蒙太太的恩典赏了出去，她就疯了似的，茶也不吃，饭也不用，勾引上藕官、蕊官，三个人寻死觅活，只要剪了头髮做尼姑去。我只当是小孩子家一时出去不惯，也是有的，不过隔两日就好了。谁知越闹越凶，打骂着也不怕。实在没法，所以来求太太，或者就依她们做尼姑去，或教导她们一顿，赏给别人作女儿去罢，我们也没这福。”王夫人听了道：“胡说！哪里由得她们起来，佛门也是轻易人进去的？每人打一顿给她们，看还闹不闹了！”

当下因八月十五日，各庙内上供去，皆有各庙内的尼姑来送供尖之例，王夫人曾于十五日就留下水月庵的智通与地藏庵的圆信住两日，至今未回，听得此信，巴不得又拐两个女孩子去作活使唤，因都向王夫人道：“咱们府上到底是善人家。因太太好善，所以感应得这些小姑娘们皆如此。虽说佛门轻易难入，也要知道佛法平等。我佛立愿，原是一切众生，无论鸡犬，皆要度它，无奈迷人不醒。若果有善根，能醒悟，即可以超脱轮迴。所以经上现有虎狼蛇虫得道者就不少。如今这两三个姑娘，既然无父无母，家乡又远，她们既经了这富贵，又想从小儿命苦，入了这风流行次，将来知道终身怎么样，所以苦海回头，出家修修来世，也是她们的高意。太太倒不要阻了善念。”

王夫人原是个好善的，先听彼等之语不肯听其自由者，因思芳官等不过皆係小儿女，一时不遂心，故有此意，但恐将来熬不得清淨，反致获罪。今听了这两个拐子的话，大近情理，且近日家中多故，又有邢夫人遣人来知会，明日接迎春家去住两日，以备人家相看，且又有官媒婆来求说探春等事，心绪甚烦，哪里着意在这些小事上。既听此言，便笑答道：“你两个既这等说，你们就带了作徒弟去，如何？”两个姑子听了，念一声佛道：“善哉，善哉！若如此，可是你老人家阴德不小。”说毕，便稽首拜谢。王夫人道：“既这样，你们问她们去。若果真心，即上来当着我拜了师父去罢。”

这三个女人听了出去，果然将她三人带来。王夫人问之再三，她三人已是立定主意，遂与两个姑子叩了头，又拜辞了王夫人。王夫人见她们意皆决断，知不可强了，反倒伤心可怜，忙命人取了些东西来赍赏了她们，又送了两个姑子些礼物。从此，芳官跟了水月庵的智通，蕊官、藕官二人跟了地藏庵的圆信，各自出家去了。再听下回分解。

第 78 回 老学士闲徵姽婳词 痴公子杜撰芙蓉诔

话说两个尼姑领了芳官等去后，王夫人便往贾母处来省晨，见贾母喜欢，便趁便回道："宝玉屋里有个晴雯，那个丫头也大了，而且一年之间，病不离身；我常见他比别人分外淘气，也懒；前日又病倒了十几天，叫大夫瞧，说是女儿痨，所以我就赶着叫他下去了。若养好了也不用叫他进来，就赏他家配人去也罢了。再那几个学戏的女孩子，我也作主放出去了。一则他们都会戏，口里没轻没重，只会混说，女孩儿们听了如何使得？二则他们既唱了会子戏，白放了他们，也是应该的。况丫头们也太多，若说不够使，再挑上几个来也是一样。"贾母听了，点头道："这倒是正理，我也正想着如此呢。但晴雯那丫头我看他甚好，怎么就这样起来。我的意思这些丫头的模样爽利言谈针线多不及他，将来只他还可以给宝玉使唤得。谁知变了。"王夫人笑道："老太太挑中的人原不错。只怕她命里没造化，所以得了这个病。俗语又说，'女大十八变'。况且有本事的人，未免就有些调歪。老太太还有什么不曾经验过的。三年前，我也就留心这件事。先只取中了她，我便留心。冷眼看去，他色色虽比人强，只是不大沉重。若说沉重知大礼，莫若袭人第一。虽说贤妻美妾，然也要性情和顺，举止沉重的更好些。就是袭人，模样虽比晴雯略次一等，然放在房里，也算得一二等的了。况且行事大方，心地老实，这几年来，从未逢迎着宝玉淘气。凡宝玉十分胡闹的事，她只有死劝的。因此品择了二年，一点不错了，我就悄悄的把她丫头的月分钱止住，我的月分银子里批出二两银子来给她。不过使她自己知道，越发小心学好之意。且不明说者，一则宝玉年纪尚小，老爷知道了又恐说耽误了书；二则宝玉再自为已是跟前的人，不敢劝他说他，反倒纵性起来。所以直到今日，才回明老太太。"

贾母听了，笑道："原来这样，如此更好了。袭人本来从小儿不言不语，我只说她是没嘴的葫芦。既是你深知，岂有大错误的。而且你这不明说与宝玉的主意更好。且大家别提这事，只是心里知道罢了。我深知宝玉将来也是个不听妻妾劝的。我也解不过来，也从未见过这样的孩子。别的淘气都是应该的，只他这种和丫头们好，却是难懂。我为此也耽心，每每的冷眼查看他。只和丫头们闹，必是人大心大，知道男女的事了，所以爱亲近她们。既细细查试，究竟不是为此。岂不奇怪！想必原是个丫头，错投了胎不成？"说着，大家笑了。王夫人又回今日贾政如何夸奖，又如何带他们逛去，贾母听了，更加喜悦。

一时，只见迎春妆扮了前来告辞过去。凤姐也来省晨，伺候过早饭，又说笑了一回。贾母歇晌后，王夫人便唤了凤姐，问她丸药可曾配来。凤姐道："还不曾呢，如今还是吃汤药。太太只管放心，我已大好了。"王夫人见她精神复初，也就信了。因告诉撵逐晴雯等事，又说："怎么宝丫头私自回家睡了，你们都不知道？我前儿顺路都查了一查。谁知兰小子这一个新进来的奶子也十分的妖乔，我也不喜欢她。我也说与你嫂子了，好不好叫她各自去罢。况且兰小子也大了，用不着奶子了。我因问你大嫂子：'宝丫头出去，难道你也不知道不成？'她说是告诉了她的，不过两三日，等你姨妈好了就进来。你姨妈究竟没甚大病，不过还是咳嗽腰疼，年年是如此的。她这去必有原故，敢是有人得罪了她不成？那孩子心重，亲戚们住一场，别得罪了人，反不好了。"凤姐笑道："谁可好好的得罪着她？她们天天在园里，左不过是她们姊妹那一群人。"王夫人道："别是宝玉有嘴无心，傻子似的从没个忌讳，高兴了，信嘴胡说也是有的。"凤姐笑道："这可是太太过于操心了。若说他出去干正经事，说正经话去，却像个傻子；若只叫进来在这些姊妹跟前，以至于大小的丫头们跟前，他最有尽让，又恐怕得罪了人，那是再不得有人恼他的。我想薛妹妹此去，想必为着前时搜检众丫头的东西的原故。她自然为信不及园里的人才搜检，她又是亲戚，现也有丫头，老婆在内，我们又不好去搜检，恐我们疑她，所以多了这个心，自己迴避了。也是应该避嫌疑的。"

王夫人听了这话不错，自己遂低头想了一想，便命人请了宝钗来，分晰前日的事，以解她疑心，又仍命她进来照旧居住。宝钗陪笑道："我原要早出去的，只是姨娘有许多大事，所以不便来说。可巧前日妈又不好了，家里两个靠得的女人也病着，我所以趁便出去了。姨娘今日既已知道了，我正好明讲出情理来，就从今日辞了，好搬东西。"王夫人、凤姐都笑着："你太固执了。正经再搬进来为是，休为没要紧的事，反疏远了亲戚。"宝钗笑道："这话说的太不解了，并没为什么事我出去。我为的是妈近来神思比先大减，而且夜晚没有得靠的人，通共只我一个。二则如今我哥哥眼看要娶嫂子，多少针线活计，并家里一切动用的器皿，尚有未齐备的，我也须得帮着妈去料理料理。姨娘和凤姐姐都知道我们家的事，不是我撒谎。三则自我在园里，东南上小角门子就常开着，原是为我走的。保不住出入的人就图省路，也从那里走，又没人盘查，设若从那里生出一件事来，岂不两碍脸面。而且我进园里来睡，原不是什么大事，因前几年年纪皆小，且家里没事，有在外头的不如进来，姊妹相共，或作针线，或玩笑，皆比在外头闷坐着好，如今彼此都大了，也彼此皆有事。况姨娘这边历年皆遇不遂心的事故，那园子也太大，一时照顾不到，皆有关係，惟有少几个人，就可以少操些心。所以今日不但我执意辞去之外，还要劝姨娘，如今该减些的就减些，也不为失了大家的体统。据我看，园里这一项费用，也竟可以免的，说不得当日的话。姨娘深知我家的，难道我们当日也是这样冷落不成？"凤姐听了这篇话，便向王夫人笑道："这话依我说竟是不必强她了。"王夫人点头道："我也无可回答，只好随你便罢了。"

话说之间，只见宝玉等已回来，因说他父亲还未散，恐天黑了，所以先叫我们回来了。王夫人忙问："今日可有丢了丑？"宝玉笑道："不但不丢丑，倒拐了许多东西来。"接着，就有老婆子们从二门上小厮手内接了东西来。王夫人一看时，只见扇子三把，扇坠三个，笔墨共六匣，香珠三串，玉絛环三个。宝玉说道："这是梅翰林送的，那是杨侍郎送的，这是李员外送的，每人一份。"说着，又向怀中取出一个旃檀香小护身佛来，说："这是庆国公单给我的。"王夫人又问在席何人、作何诗词等，语毕，只将宝玉一份令人拿着，同宝玉、兰、环，前来见过贾母。贾母看了，喜欢不尽，不免又问些话。无奈宝玉一心记着晴雯，答应完了话时，便说："骑马颠了，骨头疼。"贾母便说："快回房去，换了衣服，疏散疏散就好了，不许睡倒。"宝玉听了，便忙入园来。

当下麝月、秋纹已带了两个丫头来等候，见宝玉辞了贾母出来，秋纹便将笔墨拿起来，一同随宝玉进园来。宝玉满口里说"好热！"，一壁走，一壁便摘冠解带，将外面的大衣服都脱下来，麝月拿着，只穿着一件松花绫子夹袄，袄内露出血点般大红裤子来。秋纹见这条红裤是晴雯手内针线，因叹道："这条裤子以后收了罢，真是物件在人去了！"麝月忙也笑道："这是晴雯的针线。"又叹道："真真物在人亡了！"秋纹将麝月拉了一把，笑道："这裤子配着松花色袄儿、石青靴子，越显出这靛青的头，雪白的脸来了。"宝玉在前，只装听不见，又走了两步，便止步道："我要走一走，这怎么好？"麝月道："大白日里，还怕什么？还怕丢了你不成！"因命两个小丫头跟着，"我们送了这些东西去再来。"宝玉道："好姐姐，等一等我再去。"麝月道："我们去了就来。两个人手里都有东西，倒像摆执事的，一个捧着文房四宝，一个捧着冠袍带履，成个什么样子！"宝玉听说，正中心怀，便让她两个去了。

他便带了两个小丫头到一石后，也不怎么样，只问她二人道："自我去了，你袭人姐姐打发人瞧晴雯姐姐去了不曾？"这一个答道："打发宋妈瞧去了。"宝玉道："回来说什么？"小丫头道："回来说，晴雯姐姐直着脖子叫了一夜，今日早起，就闭了眼，住了口，世事不知，也出不得一声儿，只有倒气的分儿了。"宝玉忙道："一夜叫的是谁？"小丫头子说："一夜叫的是娘。”宝玉拭泪道：“还叫谁？”小丫头子道：“没有听见叫别人了。”宝玉道：“你糊涂！想必没有听真。”

旁边那一个小丫头最伶俐，听宝玉如此说，便上来说：“真个她糊涂。”又向宝玉道：“不但我听得真切，我还亲自偷着看去的。”宝玉听说，忙问：“你怎么又亲自看去？”小丫头道：“我因想晴雯姐姐素日与别人不同，待我们极好。如今她虽受了委屈出去，我们不能别的法子救她，只亲去瞧瞧，也不枉素日疼我们一场。就是人知道了，回了太太，打我们一顿，也是愿受的。所以我拚着挨一顿打，偷着下去，瞧了一瞧。谁知她平生为人聪明，至死不变。她因想着那起俗人不可说话，所以只闭眼养神，见我去了，便睁开眼，拉我的手问：‘宝玉哪去了？’我告诉她实情。她叹了一口气说：‘不能见了！’我就说：‘姐姐何不等一等他回来见一面，岂不两完心愿？’他就笑道：‘你们还不知道。我不是死，如今天上少了一位花神，玉皇敕命我去司主。我如今在未正二刻到任司花，宝玉须待未正三刻才到家，只少得一刻的工夫，不能见面。世上凡该死之人，阎王勾取了过去，是差些小鬼来捉人魂魄。若要迟延一时半刻，不过烧些纸钱，浇些浆饭，那鬼只顾抢钱去了，该死的人就可多待些个工夫。我这如今是有天上的神仙来召请，岂可捱得时刻？’我听了这话，竟不大信，及进来到房里，留神看时辰表时，果然是未正二刻，她咽了气，正三刻上，就有人来叫我们，说你来了。这时候倒都对合。”

宝玉忙道：“你不识字看书，所以不知道。这原是有的，不但花有一个神，一样花有一位神之外，还有总花神。但她不知是作总花神去了，还是单管一样花的神？”这丫头听了，一时诌不出来。恰好这是八月时节，园中池上芙蓉正开。这丫头便见景生情，忙答道：“我也曾问她是管什么花的神，告诉我们，日后也好供养的。她说：‘天机不可泄漏。你既这样虔诚，我只告诉你，‘你只可告诉宝玉一人。除他之外，若泄了天机，五雷就来轰顶的。’她就告诉我说，她就是专管这芙蓉花的。”宝玉听了这话，不但不为怪，亦且去悲而生喜，乃指芙蓉笑道：“此花也须得这样一个人去司掌。我早就料定她那样的人必有一番事业做的。虽然超出苦海，从此不能相见，也免不得伤感思念。”因又想：“虽然临终未见，如今且去灵前一拜，也算尽这五六年的情意。”

想毕，忙至房中，又另穿戴了，只说去看黛玉，遂一人出园来，往前次之处去，意为停柩在内。谁知她哥嫂见她一咽气，便回了进去，希图早些得几两发送例银。王夫人闻知，便命赏了十两烧埋银子。又命：“即刻送到外头焚化了罢。女儿痨死的，断不可留！”她哥嫂听了这话，一面得银，一面就雇了人来入殓，抬往城外化人场上去了。剩的衣履簪环，约有三四百金之数，她兄嫂自收了，为后日之计。二人将门锁上，一同送殡去未回。宝玉走来，扑了个空。

宝玉发怔，自立了半天，别无法儿，只得复身进入园中。待回至房中，甚觉无味，因乃顺路来找黛玉。偏黛玉不在房中，问其何往，丫鬟们回说：“往宝姑娘那里去了。”宝玉又至蘅芜苑中，只见寂静无人，房内搬的空空落落的，不觉吃一大惊。忽见个老婆子走来，宝玉忙问：“这是什么原故？”老婆子道：“宝姑娘出去了。这里交我们看着，还没有搬清楚。我们帮着送了些东西去，这也就完了。你老人家请出去罢，让我们扫扫灰尘也好，从此你老人家省跑这一处的腿子了。”宝玉听了，怔了半天，因看着那院中的香藤异蔓，仍是翠翠青青，忽比昨日好似改作凄凉了一般，更又添了伤感。默默出来，又见门外的一条翠樾埭上也半日无人来往，不似当日各处房中丫鬟不约而来者络绎不绝。又俯身看那埭下之水，仍是溶溶脉脉的流将过去。心下因想：“天地间竟有这样无情的事！”悲感一番，忽又想到：“去了司棋、入画、芳官等五个；死了晴雯；今又去了宝钗、迎春虽尚未去，然连日也不见回来，且接连有媒人来求亲：大约园中之人，不久都要散的了。纵生烦恼，也无济于事。不如还是找黛玉去相伴一日，回来还是和袭人厮混，只这两三个人，只怕还是同死同归的。”想毕，仍往潇湘馆来，偏黛玉尚未回来。宝玉想，亦当出去候送才是，无奈不忍悲感，还是不去的是，遂又垂头丧气的回来。

正在不知所以之际，忽见王夫人的丫头进来找他说：“老爷回来了，找你呢，又得了好题目来了。快走，快走！”宝玉听了，只得跟了出来。到王夫人房中，他父亲已出去了。王夫人命人送宝玉至书房中。

彼时，贾政正与众幕友们谈论寻秋之胜，又说：“快散时，忽然谈及一事，最是千古佳谈，‘风流隽逸，忠义慷慨’八字皆备，倒是个好题目，大家要作一首輓词。”众幕宾听了，都忙请教是係何等妙事。贾政乃道：“当日曾有一位王，封曰恒王，出镇青州。这恒王最喜女色，且公余好武，因选了许多美女，日习武事。每公余辄开宴连日，令众美女习战斗功拔之事。其姬中有姓林行四者，姿色既冠，且武艺更精，皆呼为林四娘。恒王最得意，遂超拔林四娘统辖诸姬，又呼为‘姽婳将军’。”众清客都称“妙极，神奇！竟以‘姽婳’下加‘将军’二字，反更觉妩媚风流，真绝世奇文也！想这恒王也是千古第一风流人物了。”

贾政笑道：“这话自然是如此，但更有可奇可叹之事。”众清客都愕然惊问道：“不知底下有何奇事？”贾政道：“谁知次年便有‘黄巾’‘赤眉’一干流贼余党复又乌合，抢掠山左一带。恒王意为犬羊之辈，不足大举，因轻骑前剿。不意贼众颇有诡谲智术，两战不胜，恒王遂为众贼所戮。于是青州城内文武官员，各各皆谓‘王尚不胜，你我何为！’遂将有献城之举。林四娘得闻凶报，遂集聚众女将，发令说道：‘你我皆向蒙王恩，戴天履地，不能报其万一。今王既殒身国事，我意亦当殒身于王。尔等有愿随者，即时同我前往同一死战；有不愿者，亦早各散。’众女将听她这样，都一齐说：“愿意！”于是林四娘带领众人，连夜出城，直杀至贼营，里头众贼不防，也被斩戮了几员首贼。后来大家见不过是几个女人，料不能济事，遂回戈倒兵，奋力一阵，把林四娘等一个不曾留下，倒作成了这林四娘的一片忠义之志。后来报至中都，自天子以至百官，无不惊骇道奇。其后朝中自然又有人去剿灭，天兵一到，化为乌有，不必深论。只就林四娘一节，众位听了，可羡不可羡？”众幕友都叹道：“实在可羡可奇！实是个妙题，原该大家輓一輓才是。”

说着，早有人取了笔砚，按贾政口中之言，稍加改易了几个字，便成了一篇短序，递与贾政看了。贾政道：“不过如此。他们那里已有原序。昨日因又奉恩旨，着察核前代以来，应加褒奖而遗落未经奏请各项人等，无论僧尼、乞丐与女妇人等，有一事可嘉，即行汇送履历至礼部，备请恩奖。所以他这原序也送往礼部去了。大家听见这新闻，所以都要作一首《姽婳词》，以志其忠义。”众人听了，都又笑道：“这原该如此。只是更可羡者，本朝皆係千古未有之旷典隆恩，实历代所不及处，可谓‘圣朝无阙事’，唐朝人预先竟说了，竟应在本朝。如今年代方不虚此一句。”贾政点头道：“正是。”

说话间，贾环叔侄亦到。贾政命他们看了题目。他两个虽能诗，较腹中之虚实，虽也去宝玉不远，但第一件，他两个终是别途，若论举业一道，似高过宝玉，若论杂学，则远不能及；第二件他二人才思滞钝，不及宝玉空灵娟逸，每作诗亦如八股之法，未免拘板庸涩。那宝玉虽不算是个读书人，然亏他天性聪敏，且素喜好些杂书，他自谓古人中也有杜撰的，也有误失之处，拘较不得许多；若只管怕前怕后起来，纵堆砌成一篇，也觉得甚无趣味。因心里怀着这个念头，每见一题，不拘难易，他便毫无费力之处，就如世上的流嘴滑舌之人，无风作浪，信着伶口俐舌，长篇大论，胡扳乱扯，敷演出一篇话来。虽无稽考，却都说得四座春风。虽有正言厉语之人，亦不得压倒这一种风流去的。

近日贾政年迈，名利大灰，然起初天性也是个诗酒放诞之人，因在子侄辈中，少不得规以正路。近见宝玉虽不读书，竟颇能解此，细评起来，也还不算十分玷辱了祖宗。就思及祖宗们各各亦皆如此，虽有深精举业的，也不曾发迹过一个，看来此亦贾门之数。况母亲溺爱，遂也不强以举业逼他了。所以近日是这等待他。又要环、兰二人举业之余，怎得亦同宝玉才好，所以每欲作诗，必将三人一齐唤来对作。

闲言少述。且说贾政又命他三人各吊一首，谁先成者赏，佳者额外加赏。贾环、贾兰二人，近日当着多人皆作过几首了，胆量愈壮，今看了题目，遂自去思索。一时，贾兰先有了。贾环生恐落后，也就有了。二人皆已录出，宝玉尚出神。贾政与众人且看他二人的二首。贾兰的是一首七言绝句，写道是：

姽婳将军林四娘，玉为肌骨铁为肠，捐躯自报恒王后，此日青州土亦香。

众幕宾看了，便皆大赞："小哥儿十三岁的人，就如此，可知家学渊源，真不诬矣。"贾政笑道："稚子口角，也还难为他。"又看贾环的，是首五言律，写道是：

红粉不知愁，将军意未休。掩啼离绣幕，抱恨出青州。

自谓酬王德，讵能复寇仇？谁题忠义墓，千古独风流！

众人道："更佳。倒是大几岁年纪，立意又自不同。"贾政道："倒还不甚大错，终不恳切。"众人道："这就罢了。三爷才大不多两岁，俱在未冠之时如此用了功去，再过几年，怕不是大阮、小阮了？"贾政道："过奖了。只是不肯读书的过失。"因又问宝玉怎样。众人道："二爷细心镂刻，定又是风流悲感，不同此等的了。"

宝玉笑道："这个题目似不称近体，须得古体，或歌或行，长篇一首，方能恳切。"众人听了，都立身点头拍手道："我说他立意不同！每一题到手，必先度其体格宜与不宜，这便是老手妙法。就如裁衣一般，未下剪时，须度其身量。这题目名曰《姽婳词》，且既有了序，此必是长篇歌行，方合体的。或拟温八叉《缶瓯歌》，或拟白乐天《长恨歌》，或拟古词，半叙半咏，流利飘逸，始能尽妙。"贾政听说，也合了主意，遂自提笔向纸上要写，又向宝玉笑道："如此，你念我写。若不好了，我捶你那肉。谁许你先大言不惭了！"宝玉只得念了一句，道是：

恒王好武兼好色，

贾政写了看时，摇头道："粗鄙。"一幕宾道："要这样方古，究竟不粗。且看他底下的。"贾政道："姑存之。"宝玉又道：

遂教美女习骑射。秾歌艳舞不成欢，列阵挽戈为自得。

贾政写出，众人都道："只这第三句便古朴老健，极妙！这四句平叙出．也最得体。"贾政道："休谬加奖誉，且看转得如何。"宝玉念道：

眼前不见尘沙起，将军俏影红灯里。

众人听了这两句，便都叫："妙！好个'不见尘沙起'！又承了一句'俏影红灯里'，用字用句，皆入神化了。"宝玉道：

叱咤时闻口舌香，霜矛雪剑娇难举。

众人听了，便拍手笑道："益发画出来了。当日敢是宝公也在座，见其娇且闻其香否？不然，何体贴至此？"宝玉笑道："闺阁习武，任其勇悍，怎似男人。不待问而可知娇怯之形的了。"贾政道："还不快续！这又有你说嘴的了。"宝玉只得又想了一想，念道：

丁香结子芙蓉絛，

众人都道："转'絛'，'萧'韵，更妙，这才流利飘荡。而且这一句也绮靡秀媚的妙。"贾政写了，看道："这一句不好。已写过'口舌香''娇难举'，何必又如此。这是力量不加，故又用这些堆砌货来搪塞。"宝玉笑道："长歌也须得要些词藻点缀点缀，不然便觉萧索。"贾政道："你只顾用这些，但这一句底下，如何能转至武事？若再多说两句，岂不蛇足了？"宝玉道："如此，底下一句转煞住，想亦可矣。"贾政冷笑道："你有多大本领？上头说了一句大开门的散话，如今又要一句连转带煞，岂不心有余而力不足些？"宝玉听了，垂头想了一想，说了一句道：

不繫明珠繫宝刀。

忙问："这一句可还使得？"众人拍案叫绝。贾政写了，看着笑道："且放着，再续。"宝玉道："若使得，我便要一气下去了。若使不得，索性涂了，我再想别的意思出来，再另措词。"贾政听了，便喝："多话！不好了再作，便作十篇百篇，还怕辛苦了不成！"宝玉听说，只得想了一会，便念道：战罢夜阑心力怯，脂痕粉渍污鲛鮹。贾政道："又一段。底下怎样？"宝玉道：

明年流寇走山东，强吞虎豹势如蜂。

众人道："好个'走'字！便见得高低了。且通句转得也不板。"宝玉又念道：

王率天兵思剿灭，一战再战不成功。

腥风吹折陇头麦，日照旌旗虎帐空。

青山寂寂水澌澌，正是恒王战死时。

雨淋白骨血染草，月冷黄沙鬼守尸。

众人都道："妙极，妙极！布置，叙事，词藻，无不尽美。且看如何至四娘，必另有妙转奇句。"宝玉又念道：

纷纷将士只保身，青州眼见皆灰尘，

不期忠义明闺阁，愤起恒王得意人。

众人都道："铺叙得委婉。"贾政道："太多了，底下只怕累赘呢。"宝玉乃又念道：

恒王得意数谁行？就死将军林四娘，号令秦姬驱赵女，艳李秾桃临战场。绣鞍有泪春愁重，铁甲无声夜气凉。胜负自然难预定，誓盟生死报前王。贼势猖獗不可敌，柳折花残实可伤，魂依城郭家乡近，马践胭脂骨髓香。星驰时报入京师，谁家儿女不伤悲！天子惊慌恨失守，此时文武皆垂首。何事文武立朝纲，不及闺中林四娘！我为四娘长太息，歌成余意尚傍徨。

念毕，众人都大赞不止，又都从头看了一遍。贾政笑道："虽然说了几句，到底不大恳切。"因说："去罢。"三人如得了赦的一般，一齐出来，各自回房。

众人皆无别话，不过至晚安歇而已。独有宝玉一心凄楚，回至园中，劬然见池上芙蓉，想起小丫鬟说晴雯作了芙蓉之神，不觉又喜欢起来，乃看着芙蓉，嗟叹了一会。忽又想起："死后并未到灵前一祭，如今何不在芙蓉前一祭，岂不尽了礼？比俗人去灵前祭吊，又更觉别致。想毕，便欲行礼。忽又止住道："虽如此，亦不可太草率，也须得衣冠整齐，奠仪周备，方为诚敬。"想了一想，"如今若学那世俗之奠礼，断然不可，竟也还别开生面，另立排场，风流奇异，于世无涉，方不负我二人之为人。况且古人有云："潢污行潦，苹蘩蕴藻之贱，可以羞王公，荐鬼神。'原不在物之贵贱，全在心之诚敬而已。此其一也。二则诔文輓词，也须另出己见，自放手眼，亦不可蹈袭前人的套头，填写几字搪塞耳目之文，亦必须洒泪泣血，一字一咽，一句一啼，宁使文不足，悲有余，万不可尚文藻而反失悲戚。况且古人多有微词，非自我今作俑也。奈今人全惑于“功名”二字，故尚古之风一洗皆尽，恐不合时宜，于功名有碍之故也。我又不希罕那功名，不为世人观阅称赞，何必不远师楚人之《大言》、《招魂》、《离骚》、《九辩》、《枯树》、《问难》、《秋水》、《大人先生传》等法，或杂参单句，或偶成短联，或用实典，或设譬寓，随意所之，信笔而去，喜则以文为戏，悲则以言志痛，辞达意尽为止，何必若世俗之拘拘于方寸之间哉。”宝玉本是个不读书之人，再心中有了这篇歪意，怎得有好诗文作出来。他自己却任意纂着，并不为人知慕，所以大肆妄诞，竟杜撰成一篇长文，用晴雯素日所喜之冰鲛縠一幅楷字写成，名曰《芙蓉女儿诔》，前序后歌。又备了四样晴雯所喜之物，于是夜月下，命那小丫头捧至芙蓉花前。先行礼毕，将那诔文即挂于芙蓉枝上，乃泣涕念曰：

维太平不易之元，蓉桂竞芳之月，无可奈何之日，怡红院浊玉，谨以群花之蕊，冰鲛之縠、沁芳之泉、枫露之茗：四者虽微，聊以达诚申信，乃致祭于白帝宫中抚司秋艳芙蓉女儿之前曰：

窃思女儿自临浊世，迄今凡十有六载。

其先之乡籍姓氏，湮沦而莫能考者久矣。

而玉得于衾枕栉沐之间，栖息宴游之夕，亲昵狎亵，

相与共处者，仅五年八月有奇。

忆女儿曩生之昔，其为质则金玉不足喻其贵，其为性则冰雪不足喻其洁，其为神则星日不足喻其精，其为貌则花月不足喻其色。姊妹悉慕英（原字为左女右英）娴，妪媪咸仰惠德。

孰料鸠鸩恶其高，鹰鸷翻遭罦罬，薋葹妒其臭，茝兰竟被芟鉏！花原自怯，岂奈狂飙？柳本多愁，何禁骤雨？偶遭蛊虿之谗，遂抱膏肓之疚。故尔樱唇红褪，韵吐呻吟；杏脸香枯，色陈頔颔，诼谣謑诟，出自屏帏；荆棘蓬榛，蔓延户牖。岂招尤则替，实攘诟而终。既忳幽沉于不尽，复含罔屈于无穷。高标见嫉，闺帏恨比长沙；直烈遭危，巾帼惨于羽野。自蓄辛酸，谁怜夭折？仙云既散，芳趾难寻。洲迷聚窟，何来却死之香？海失灵槎，不获回生之药。

眉黛烟青，昨犹我画；指环玉冷，今倩谁温？鼎炉之剩药犹存，襟泪之余痕尚渍。镜分鸾别，愁开麝月之奁；梳化龙飞，哀折檀云之齿。委金钿于草莽，拾翠匐于尘埃。楼空鳷鹊，徒悬七夕之针；带断鸳鸯，谁续五丝之缕？

况乃金天属节，白帝司时，孤衾有梦，空室无人。桐阶月暗，芳魂与倩影同销；蓉帐香残，娇喘共细言皆绝。连天衰草，岂独蒹葭；匝地悲声，无非蟋蟀。露苔晚砌，穿帘不度寒砧；雨荔秋垣，隔院希闻怨笛。芳名未泯，檐前鹦鹉犹呼；艳质将亡，槛外海棠预老。捉迷屏后，莲瓣无声；斗草庭前，兰芽枉待。抛残绣线，银笺彩缕谁裁？摺断冰丝，金斗御香未熨。

昨承严命，既趋车而远涉芳园；今犯慈威，复拄杖而近抛孤柩。及闻槥棺被燹，惭违共穴之盟；石椁成灾，愧迨同灰之诮。

尔乃西风古寺，淹滞青燐；落日荒丘，零星白骨。楸榆飒飒，蓬艾萧萧。隔雾圹以啼猿，绕烟塍而泣鬼。自为红绡帐里，公子情深；始信黄土垄中，女儿命薄！汝南泪血，斑斑洒向西风；梓泽余衷，默默诉凭冷月。

呜呼！固鬼蜮之为灾，岂神灵而亦妒？钳诐奴之口，讨岂从宽？剖悍妇之心，忿犹未释！在君之尘缘虽浅，然玉之鄙意岂终。因蓄惓惓之思，不禁谆谆之问。始知上帝垂旌，花宫待诏，生侪兰蕙，死辖芙蓉。听小婢之言，似涉无稽；据浊玉之思，则深为有据。何也？昔叶法善摄魂以撰碑，李长吉被诏而为记，事虽殊，其理则一也。故相物以配才，苟非其人，恶乃滥乎其位？始信上帝委托权衡，可谓至洽至协，庶不负其所秉赋也。因希其不昧之灵，或陟降于兹，特不揣鄙俗之词，有污慧听。乃歌而招之曰：

天何如是之苍苍兮，乘玉虬（原字为左虫右乙）以游乎穹窿耶？地何如是之茫茫兮，驾瑶象以降乎泉壤耶？望伞盖之陆离兮，抑箕尾之光耶？列羽葆而为前导兮，卫危虚于旁耶？驱丰隆以为比从兮，望舒月以离耶？听车轨而伊轧兮，御鸾鹥以征耶？闻馥郁而薆然兮，纫蘅杜以为纕耶？炫裙裾之烁烁兮，镂明月以为珰耶？籍葳蕤而成坛畸兮，檠莲焰以烛兰膏耶？文爮瓟以为觯斝兮，漉醽醁以浮桂醑耶？瞻云气而凝睇兮，彷佛有所觇耶？俯窈窕而属耳兮，恍惚有所闻耶？期汗漫而无夭阏兮，忍捐弃余于尘埃耶？倩风廉之为余驱车兮，冀联辔而携归耶？余中心为之慨然兮，徒噭噭而何为耶？君偃然而长寝兮，岂天运之变于斯耶？既窀穸且安稳兮，反其真而复奚化耶？余犹桎梏而悬附兮，灵格余以嗟来耶？来兮止兮，君其来耶！

若夫鸿蒙而居，寂静以处，虽临于兹，余亦莫睹。搴烟萝而为步幛，列枪蒲而森行伍。警柳眼之贪眠，释莲心之味苦。素女约于桂岩，宓妃迎于兰渚。弄玉吹笙，寒簧击敔。徵嵩岳之妃，启骊山之姥。龟呈洛浦之灵，兽作咸池之舞。潜赤水兮龙吟，集珠林兮凤翥。爰格爰诚，匪簠匪筥。发轫乎霞城，返旌乎玄圃。既显微而若通，复氤氲而倏阻。离合兮烟云，空蒙兮雾雨。尘霾敛兮星高，溪山丽兮月午。何心意之忡忡，若寤寐之栩栩？余乃欷歔怅望，泣涕彷徨。人语兮寂历，天籁兮篔簹。鸟惊散而飞，鱼唼喋以响。志哀兮是祷，成礼兮期祥。呜呼哀哉！尚飨！

读毕，遂焚帛奠茗，犹依依不舍。小鬟催至再四，方才回身。忽听山石之后有一人笑道：“且请留步。”二人听了，不免一惊。那小鬟回头一看，却是个人影从芙蓉花中走出来，她便大叫：“不好，有鬼！晴雯真来显魂了！”唬得宝玉也忙看时，——且听下回分解。

第 79 回 薛文龙悔娶河东狮 贾迎春误嫁中山狼

话说宝玉才祭完了晴雯，只听花影中有人声，倒唬了一跳。走出来细看，不是别人，却是林黛玉，满面含笑，口内说道：“好新奇的祭文！可与曹娥碑并传的了。”宝玉听了，不觉红了脸，笑答道：“我想着世上这些祭文，都蹈于熟滥了，所以改个新样，原不过是我一时的顽意，谁知又被你听见了。有什么大使不得的？何不改削改削。”

黛玉道：“原稿在哪里？倒要细细一读。长篇大论，不知说的是些什么，只听见中间两句，什么‘红绡帐里，公子多情；黄土垄中，女儿薄命。’这一联意思却好，只是‘红绡帐里’未免熟滥些。放着现成的真事，为什么不用？”宝玉忙问：“什么现成的真事？”黛玉笑道：“咱们如今都係霞影纱糊的窗槅，何不说‘茜纱窗下，公子多情’呢？”宝玉听了，不禁跌足笑道：“好极，是极！到底是你想的出，说的出。可知天下古今现成的好景妙事尽多，只是愚人蠢子说不出，想不出罢了。但只一件：虽然这一改新妙之极，但你居此则可，在我实不敢当。”说着，又接连说了一二十句“不敢”。

黛玉笑道：“何妨。我的窗即可为你之窗，何必分晰得如此生疏。古人异姓陌路，尚然同肥马，衣轻裘，敝之而无憾，何况咱们。”宝玉笑道：“论交之道，不在肥马轻裘，即黄金白璧，亦不当锱铢较量。倒是这唐突闺阁，万万使不得的。如今我越性将‘公子’‘女儿’改去，竟算是你诔她的倒妙。况且素日你又待她甚厚，故今宁可弃此一篇大文，万不可弃此‘茜纱’

新句。竟莫若改作'茜纱窗下，小姐多情；黄土垄中，丫鬟薄命。'如此一改，虽于我无涉，我也惬怀的。"黛玉笑道："她又不是我的丫头，何用作此语。况且'小姐''丫鬟'亦不典雅，等我的紫鹃死了，我再如此说，还不算迟。"宝玉听了，忙笑道："这是何苦，又咒她。"黛玉笑道："是你要咒的，并不是我说的。"宝玉道："我又有了，这一改可妥当了。莫若说'茜纱窗下，我本无缘；黄土垄中，卿何薄命。'"黛玉听了，忡然变色，心中虽有无限的狐疑乱拟，外面却不肯露出，反连忙含笑点头称妙，说："果然改得好。再不必乱改了，快去干正经事罢。才刚太太打发人，叫你明儿一早快过大舅母那边去。你二姐姐已有人家求准了，想是明儿那家人来拜允，所以叫你们过去呢。"宝玉拍手道："何必如此忙？我身上也不大好，明儿还未必能去呢。"黛玉道："又来了，我劝你把脾气改改罢。一年大，二年小，……"一面说话，一面咳嗽起来。宝玉忙道："这里风冷，咱们只顾呆站在这里，快回去罢。"黛玉道："我也家去歇息了，明儿再见罢。"说着，便自取路去了。宝玉只得闷闷的转步，又忽想起来黛玉无人随伴，忙命小丫头子跟了送回去。自己到了怡红院中，果有王夫人打发老嬷嬷来，吩咐他明日一早过贾赦那边去，与方才黛玉之言相对。

原来贾赦已将迎春许与孙家了。这孙家乃是大同府人氏，祖上係军官出身，乃当日宁荣府中之门生，算来亦係世交。如今孙家只有一人在京，现袭指挥之职，此人名唤孙绍祖，生得相貌魁梧，体格健壮，弓马娴熟，应酬权变，年纪未满三十，且又家资饶富，现在兵部候缺题陞。因未有室，贾赦见是世交之孙，且人品家当都相称合，遂青目择为东床娇婿。亦曾回明贾母。贾母心中却不十分称意，想来拦阻亦恐不听，儿女之事自有天意前因，况且她是亲父主张，何必出头多事；为此，只说"知道了"三字，余不多及。贾政又深恶孙家，虽是世交，当年不过是彼祖希慕荣、宁之势，有不能了结之事，才拜在门下的，并非诗礼名族之裔，因此，倒劝谏过两次，无奈贾赦不听，也只得罢了。

宝玉却从未会过这孙绍祖一面的，次日只得过去聊以塞责。只听见说娶亲的日子甚急，不过今年，就要过门的：又见邢夫人等回了贾母，将迎春接出大观园去等事，越发扫去了兴头，每日痴痴呆呆的，不知作何消遣。又听得说陪四个丫头过去，更又跌足自叹道："从今后，这世上又少了五个清洁人了！"因此，天天到紫菱洲一带地方徘徊瞻顾，见其轩窗寂寞，屏帐翛然，不过有几个该班上夜的老妪；再看那岸上的蓼花苇叶，池内的翠荇香菱，也都觉摇摇落落，似有追忆故人之态，迥非素常逞妍斗色之可比。既领略得如此寥落凄惨之景，是以情不自禁，乃信口吟成一歌曰：

池塘一夜秋风冷，吹散芰荷红玉影。蓼花菱叶不胜愁，重露繁霜压纤梗。不闻永昼敲棋声，燕泥点点污棋枰。古人惜别怜朋友，况我今当手足情！

宝玉方才吟罢，忽闻背后有人笑道："你又发什么呆呢？"宝玉回头忙看是谁，原来是香菱。宝玉一转身，笑问道："我的姐姐，你这会子跑到这里来做什么？许多日子也不进来逛逛。"香菱拍手，笑嘻嘻的说道："我何曾不要来。如今你哥哥回来了，哪里比先时自由自在的了。才刚我们奶奶使人找你凤姐姐的，竟没找着，说往园子里来了。我听见了这信，我就讨了这件差，进来找她。遇见她的丫头，说在稻香村呢。如今我往稻香村去，谁知又遇见了你。我且问你，袭人姐姐这几日可好？怎么忽然把个晴雯姐姐也没了，到底是什么病？二姑娘搬出去得好快，你瞧瞧，这地方好空落落的。"宝玉应之不迭，又让他同到怡红院去吃茶。香菱道："此刻竟不能，等找着琏二奶奶，说完了正经事再来。"

宝玉道："什么正经事这么忙？"香菱道："为你哥哥娶嫂子的事，所以要紧。"宝玉道："正是。说的到底是哪一家的？只听见吵嚷了这半年，今儿又说张家的好，明儿又要李家的，后儿又议论王家的。这些人家的女儿，她也不知道造了什么罪了，叫人家好端端议论。"香菱道："这如今定了，可以不用搬扯别家了。"宝玉忙问："定了谁家的？"香菱道："因你哥哥上次出门贸易时，顺路到了个亲戚家去。这门亲原是老亲，且又和我们是同在户部挂名行商，也是数一数二的大门户。前日说起来，你们两府都也知道的。合长安城中，上至王侯，下至买卖人，都称他家是'桂花夏家。'"宝玉笑问道："如何又称为'桂花夏家'？"香菱道："她家本姓夏，非常的富贵。其余田地不用说，单有几十顷地独种桂花，凡这长安城里城外桂花局，俱是她家的，连宫里一应陈设盆景，亦是她家贡奉，因此才有这个浑号。如今太爷也没了，只有老奶奶带着一个亲生的姑娘过活，也并没有哥儿兄弟，可惜她们家竟绝了后。"

宝玉忙道："咱们也别管他绝后不绝后，只是这姑娘可好？你们大爷怎么就中意了？"香菱笑道："一则是天缘，二则是'情人眼里出西施'。当年又是通家来往，从小儿都一处厮混过。叙亲是姑舅兄妹，又没嫌疑。虽离开了这几年，前儿一到她家，夏奶奶又是没儿子的，一见了你哥哥出落得这样，又是哭，又是笑，竟比见了儿子的还胜。又令他兄妹相见，谁知这姑娘出落得花朵似的了，在家里也读书写字，所以你哥哥当时就一心看准了。连当铺里老朝奉、伙计们一群人，连扰了人家三四日，她们还留多住几日，好容易苦辞才放回家。你哥哥一进门，就咕咕唧唧求我们奶奶去求亲。我们奶奶原也是见过这姑娘的，且又门当户对，也就依了。和这里姨太太、凤姑娘商议了，打发人去一说，就成了。只是娶的日子太急，所以我们忙乱得很。我也巴不得早些过来，又添一个作诗的人了。"宝玉冷笑道："虽如此说，但只我听这话，不知怎么，倒替你耽心虑后呢。"香菱听了，不觉红了脸，正色道："这是什么话！素日咱们都是厮抬厮敬的，今日忽然提起这些事来，是什么意思？怪不得人人都说你是个亲近不得的人。"一面说，一面转身走了。

宝玉见她这样，便怅然如有所失，呆呆的站了半天，思前想后，不觉滴下泪来，只得没精打彩，还入怡红院来。一夜不曾安稳，睡梦之中犹唤晴雯，或魇魔惊怖，种种不宁。次日，便懒进饮食，身体作热。此皆近日抄检大观园、逐司棋、别迎春、悲晴雯等羞辱、惊恐、悲凄之所致，兼以风寒外感，故酿成一疾，卧床不起。贾母听得如此，天天亲来看视。王夫人心中自悔不合因晴雯过于逼责了他。心中虽如此，脸上却不露出。只吩咐众奶娘等好生伏侍看守，一日两次带进医生来诊脉下药。一月之后，方才渐渐的痊愈。贾母命好生保养，过百日，方许动荤腥油麵等物，方可出门行走。

这一百日内，连院门前皆不许到，只在房中玩笑。四五十日后，就把他拘约的火星乱进，哪里忍耐得住。虽百般设法，无奈贾母、王夫人执意不从，也只得罢了。因此，和那些丫鬟们无所不至，恣意耍笑作戏。又听得薛蟠摆酒唱戏，热闹非常，已娶亲入门；闻得这夏家小姐十分俊俏，也略通文翰，宝玉恨不得就过去一见才好。再过些时，又闻得迎春出了阁，宝玉思及当时姊妹们一处，耳鬓厮磨，从今一别，纵得相逢，也必不似先前那等亲密了。眼前又不能去一望，真令人凄惶迫切之至。少不得潜心忍耐，暂同这些丫鬟们厮闹释闷，幸免贾政责备逼迫读书之难。这百日内，只不曾拆毁了怡红院，和这些丫头们无法无天，凡世上所无之事，都顽耍出来。如今且不消细说。

且说香菱自那日抢白了宝玉之后，心中自为宝玉有意唐突她，"怨不得我们宝姑娘不敢亲近，可见我不如宝姑娘远矣。怨不得林姑娘时常和他角口，气得痛哭，自然唐突她也是有的了。从此倒要远避他些才好。"因此，以后连大观园也不轻易进来。日日忙乱着，薛蟠娶过亲，自为得了护身符，自己身上分去责任，到底比这样安宁些；二则又闻得是个有才有貌的佳人，自然是典雅和平的：因此她心中盼过门的日子，比薛蟠还急十倍。好容易盼得一日娶过了门，他便十分殷勤，小心服侍。

原来这夏家小姐今年方十七岁，生得亦颇有姿色，亦颇识得几个字。若论心中的邱壑经纬，颇步熙凤之后尘。只吃亏了一件，从小时，父亲去世得早，又无同胞弟兄，寡母独守此女，娇养溺爱，不啻珍宝，凡女儿一举一动，彼母皆百依百随，因此未免娇养太过，竟酿成个盗跖的性气。爱自己，尊若菩萨，窥他人，秽如粪土；外具花柳之姿，内秉风雷之性。在家中，时常就和丫鬟们使性弄气，轻骂重打的。今日出了阁，自为要作当家的奶奶，比不得作女儿时腼腆温柔，须要拿出这威风来，才钤压得住人。况且见薛蟠气质刚硬，举止骄奢，若不趁热灶一气炮制熟烂，将来必不能自竖旗帜矣。又见有香菱这等一个才貌俱全的爱妾在室，越发添了"宋太祖灭南唐"之意，"卧榻之侧，岂容他人酣睡"之心。因她家多桂花，她小名就唤做金桂。她在家时，不许人口中带出"金桂"二字来，凡有不留心误道一字者，她便定要苦打重罚才罢。她因想"桂花"二字是禁止不住的，须另唤一名，因想桂花曾有广寒嫦娥之说，便将桂花改为"嫦娥花"，又寓自己身分如此。

薛蟠本是个怜新弃旧的人，且是有酒胆、无饭力的。如今得了这样一个妻子，正在新鲜兴头上，凡事未免尽让她些。那夏金桂见了这般形景，便也试着一步紧似一步。一月之中，二人气概还都相平；至两月之后，便觉薛蟠的气概渐次低矮了下去。

一日，薛蟠酒后，不知要行何事，先与金桂商议，金桂执意不从。薛蟠忍不住，便发了几句话，赌气自行了，这金桂便气得哭如醉人一般，茶汤不进，装起病来。请医疗治，医生又说："气血相逆，当进宽胸顺气之剂。"薛姨娘恨得骂了薛蟠一顿，说："如今娶了亲，眼前抱儿子了，还是这样胡闹。人家凤凰蛋似的，好容易养了一个女儿，比花朵儿还轻巧，原看的你是个人物，才给你作老婆。你不说收了心，安分守己，一心一计，和和气气的过日子，还是这样胡闹，味嗓了黄汤，折磨人家。这会子花钱吃药白操心。"

一席话，说得薛蟠后悔不迭，反来安慰金桂。金桂见婆婆如此说丈夫，越发得了意，便装出些张致来，总不理薛蟠。薛蟠没了主意，惟自怨而已，好容易十天半月之后，才渐渐的哄转过金桂的心来，自此，便加一倍小心，不免气概又矮了半截下来。那金桂见丈夫旗纛渐倒，婆婆良善，也就渐渐的持戈试马起来。先时，不过挟制薛蟠，后来倚娇作媚，将及薛姨妈，又将至薛宝钗。宝钗久察其不轨之心，每随机应变，暗以言语弹压其志。金桂知其不可犯，每欲寻隙，又无隙可乘，只得曲意附就。

一日金桂无事，因和香菱闲谈，问香菱了家乡父母。香菱皆答忘记，金桂便不悦，说有意欺瞒了她。回问她"香菱"二字是谁起的名字？"香菱便答："姑娘起的。"金桂冷笑道："人人都说姑娘通，只这一个名字就不通。"香菱忙笑道："嗳哟！奶奶不知道，我们姑娘的学问，连我们姨老爷时常还夸呢。"欲明后事，且见下回。

第 80 回 懦弱迎春肠回九曲 姣怯香菱病入膏肓

话说香菱言还未尽，金桂听了，将脖项一扭，嘴唇一撇，鼻孔里"哧哧"两声，拍着掌冷笑道："菱角花谁闻见香来着？若说菱角香了，正经那些香花放在赤哪里？可是不通之极！"香菱道："不独菱角花，就连荷叶莲蓬，都是有一股清香的。但它那原不是花香可比，若静日静夜，或清早半夜，细领略了去，那一股清香比是花儿都好闻呢。就连菱角、鸡头、苇叶、芦根，得了风露，那一股清香，就令人心神爽快的。"金桂道："依你说，那兰花、桂花，倒香得不好了？"香菱说到热闹头上，忘了忌讳，便接口道："兰花、桂花的香，又非别花之香可比。"

一句未完，金桂的丫鬟名唤宝蟾者，忙指着香菱的脸说道："要死，要死！你怎么真叫起姑娘的名字来！"香菱勐省了，反不好意思，忙陪笑赔罪说："一时说顺了嘴，奶奶别计较。"金桂笑道："这有什么，你也太小心了。但只是我想这个'香'字到底不妥，意思要换一个字，不知你服不服？"香菱忙笑道："奶奶说哪里话，此刻连我一身一体俱属奶奶，何得换一名字反问我服不服，叫我如何当得起！奶奶说哪一个字好，就用哪一个。"金桂笑道："你虽说得是，只怕姑娘多心，说'我起的名字反不如你，你能来了几日，就驳我的回了！'"香菱笑道："奶奶有所不知，当日买了我来时，原是老奶奶使唤的，故此姑娘起得名字。后来我自伏侍了爷，就与姑娘无涉了。如今又有了奶奶，益发不与姑娘相干。况且姑娘又是极明白的人，如何恼得这些呢。"金桂道："既这样说，'香'字竟不如'秋'字妥当。菱角菱花皆盛于秋，岂不比'香'字有来历些？"香菱道："就依奶奶这样罢了。"自此后，遂改了"秋"字，宝钗亦不在意。

只因薛蟠天性是"得陇望蜀"的，如今得娶了金桂，又见金桂的丫鬟宝蟾有三分姿色，举止轻浮可爱，便时常要茶要水的，故意撩逗他。宝蟾虽亦解事，只是怕着金桂，不敢造次，且看金桂的眼色。金桂亦颇觉察其意，想着："正要摆布香菱，无处寻隙，如今他既看上了宝蟾，如今且舍出宝蟾去与他，他一定就和香菱疏远了，我且乘他疏远之时，便摆布了香菱。那时宝蟾原是我的人，也就好处了。"打定了主意，伺机而发。

这日，薛蟠晚间微醺，又命宝蟾倒茶来吃。薛蟠接碗时，故意捏她的手。宝蟾又乔装躲闪，连忙缩手。两下失误，豁啷一声，茶碗落地，泼了一身一地的茶。薛蟠不好意思，佯说宝蟾不好生拿着。宝蟾说："姑爷不好生接。"金桂冷笑道："两个人的腔调儿都够使了。别打量谁是傻子！"薛蟠低头微笑不语，宝蟾红了脸出去。一时，安歇之时，金桂便故意的撵薛蟠别处去睡，"省得你馋痨饿眼。"薛蟠只是笑。金桂道："要作什么和我说，别偷偷摸摸的不中用。"薛蟠听了，仗着酒盖脸，便趁势跪在被上拉着金桂笑道："好姐姐，你若要把宝蟾赏了我，你要怎样，就怎样。你要活人脑子也弄来给你。"金桂笑道："这话好不通。你爱谁，说明了，就收在房里，省得别人看着不雅。我可要什么呢！"薛蟠得了这话，喜得称谢不尽，是夜，曲尽丈夫之道，奉承金桂。次日也不出门，只在家中厮奈，越发放大了胆。

至午后，金桂故意出去，让个空儿与他二人。薛蟠便拉拉扯扯的起来。宝蟾心里也知八九，也就半推半就，正要入港。谁知金桂是有心等候的，料必在难分之际，便叫丫头小舍儿过来。原来这小丫头也是金桂从小儿在家使唤的，因她自幼父母双亡，无人看管，便大家叫她作小舍儿，专作些粗笨的生活。金桂如今有意独唤她来，吩咐道："你去告诉香菱，到我屋里，将手帕取来，不必说我说的。"小舍儿听了，一迳寻着香菱，说："菱姑娘，奶奶的手帕子忘记在屋里了。你去取来送上去，岂不好？"

香菱正因金桂近日每每的折挫他。不知何意，百般竭力挽回不暇。听了这话，忙往房里来取。不防正遇见他二人推就之际，一头撞了进去，自己倒羞的耳面飞红，忙转身回避不迭。那薛蟠自为是过了明路的，除了金桂，无人可怕，所以连门也不掩，今见香菱撞来，故也略有些惭愧，还不十分在意。无奈宝蟾素日最是说嘴要强的，今遇见了香菱，便恨无地缝儿可入，忙推开薛蟠，一迳跑了，口内还恨怨不迭，说他强姦力逼等语。薛蟠好容易圈哄的要上手，却被香菱打散，不免一腔兴头变作了一腔恶怒，都在香菱身上，不容分说，赶出来啐了两口，骂道："死娼妇，你这会子作什么来撞尸游魂！"香菱料事不好，三步两步早已跑了。薛蟠再来找宝蟾，已无踪迹了，于是恨的只骂香菱。至晚饭后，已吃得醺醺然，洗澡时不防水略热了些，烫了脚，便说香菱有意害他，赤条精光赶着香菱踢打了两下。香菱虽未受过这气苦，既到此时，也说不得了，只好自悲自怨，各自走开。

彼时，金桂已暗和宝蟾说明，今夜令薛蟠和宝蟾在香菱房中去成亲，命香菱过来陪自己睡。先是香菱不肯，金桂说她嫌脏了，再必是图安逸，怕夜里劳动伏侍，又骂说："你那没见世面的主子，见一个爱一个，把我的人霸占了去，又不叫你来。到底是什么主意，想必是逼我死罢了。"薛蟠听了这话，又怕闹黄了宝蟾之事，忙又赶来骂香菱："不识抬举！再不去，便要打了！"香菱无奈，只得抱了铺盖来。金桂命她在地下铺睡。香菱无奈，只得依命。刚睡下，便叫倒茶，一时又叫捶腿，如是一夜七八次，总不使其安逸稳卧片时。那薛蟠得了宝蟾，如获珍宝，一概都置之不顾。恨得金桂暗暗的发恨道："且叫你乐这几天，等我慢慢的摆布了来，那时可别怨我！"一面隐忍，一面设计摆布香菱。

半月光景，忽又装起病来，只说心疼难忍，四肢不能转动。请医疗治不效，众人都说是香菱气的。闹了两日，忽又从金桂的枕头内抖出纸人来，上面写着金桂的年庚八字，有五根针钉在心窝并四肢骨节等处。于是众人反乱起来，当作新闻，先报与薛姨妈。薛姨妈先忙手忙脚的；薛蟠自然更乱起来，立刻要拷打众人。金桂笑道："何必冤枉众人，大约是宝蟾的镇魇法儿。"薛蟠道："她这些时并没有多空儿在你房里，何苦赖好人？"金桂冷笑道："除了她还有谁，莫不是我自己不成！虽有别人，谁可敢进我的房呢？"薛蟠道："香菱如今是天天跟着你，她自然知道，先拷问她就知道了。"金桂冷笑道："拷问谁，谁肯认？依我说，竟装个不知道，大家丢开手罢了。横竖治死我，也没什么要紧，乐得再娶好的。若据良心上说，左不过你三个多嫌我一个。"说着，一面痛哭起来。

薛蟠更被这一席话激怒，顺手抓起一根门闩来，一迳抢步找着香菱，不容分说便劈头劈面打起来，一口咬定是香菱所施。香菱叫屈，薛姨妈跑来，禁喝说："不问明白，你就打起人来了。这丫头服侍了你这几年，哪一点不周到，不尽心？她岂肯如今作这没良心的事！你且问个清浑皂白，再动粗卤。"金桂听见他婆婆如此说，生怕薛蟠耳软心活了，便益发嚎啕大哭起来，一面又哭喊说："这半个多月把我的宝蟾霸占了去，不容她进我的房，唯有香菱跟着我睡。我要拷问宝蟾，你又护到头里。你这会子又赌气打她去。治死我，再拣富贵的标致的娶来就是了，何苦作出这些把戏来！"薛蟠听了这些话，越发着了急。

薛姨妈听见金桂句句挟制着儿子，百般恶赖的样子，十分可恨。无奈儿子偏不硬气，已是被她挟制软惯了。如今又勾搭上了丫头，被她说霸占了去，他自己反要占温柔让夫之礼。这魇魔法究竟不知谁作的，实是俗语说的"清官难断家务事"，此事正是公婆难断床帏事了。因此无法，只得赌气喝骂薛蟠说："不争气的孽障！骚狗也比你体面些！谁知你三不知的把陪房丫头也摸索上了，叫老婆说霸占了丫头，什么脸出去见人！也不知谁使的法子，也不问青红皂白好歹就打人。我知道你是个得新弃旧的东西，白辜负了我当日的心。她既不好，你也不许打，我即刻叫人牙子来卖了她，你就心淨了。"说着，命香菱"收拾了东西，跟我来"， 一面叫人："去！快叫个人牙子来，多少卖几两银子，拔去肉中刺、眼中钉，大家过太平日子。"

薛蟠见母亲动了气，早也低下头了。金桂听了这话，便隔着窗子往外哭道："你老人家只管卖人，不必说着一个、扯着一个的。我们很是那吃醋拈酸、容不下人的不成？怎么'拔出肉中刺，眼中钉'？是谁的钉，谁的刺？但凡多嫌着她，也不肯把我的丫头也收在房里了。"薛姨妈听说，气得身战气咽，道："这是谁家的规矩？婆婆这里说话，媳妇隔着窗子拌嘴。亏你是旧家人家的女儿！满嘴里大呼小喊，说的是些什么！"薛蟠急得跺脚说："罢哟，罢哟！看人听见笑话。"金桂意谓一不作，二不休，越发发泼喊起来了，说："我不怕人笑话！你的小老婆治我害我，我倒怕人笑话了？再不然，留下她，就卖了我！谁还不知道你薛家有钱，行动拿钱垫人，又有好亲戚，挟制着别人。你不趁早施为，还等什么？嫌我不好，谁叫你们瞎了眼，三求四告的跑了我们家作什么去了！这会子人也来了，金的银的也赔了，略有个眼睛鼻子的也霸占去了，该挤发我了！"一面哭喊，一面滚揉，自己拍打。薛蟠急得说又不好，劝又不好，打又不好，央告又不好，只是出入咳声叹气，抱怨说运气不好。

当下薛姨妈早被薛宝钗劝进去了，只命人来卖香菱。宝钗笑道："咱们家从来只知买人，并不知卖人之说。妈可是气糊涂了，倘或叫人听见，岂不笑话。哥哥、嫂子嫌她不好，留着我使唤，我正也没人使呢。"薛姨妈道："留着她还是淘气，不如打发了她倒干淨。"宝钗笑道："她跟着我也是一样，横竖不叫她到前头去。从此断绝了他那里，也如卖了一般。"香菱早已跑到薛姨妈跟前痛哭哀求，只不愿出去，情愿跟着姑娘，薛姨妈也只得罢了。

自此以后，香菱果跟随宝钗去了，把前面路径，竟一心断绝。虽然如此，终不免对月伤悲，挑灯自叹。本来怯弱，虽在薛蟠房中几年，皆由血分中有病，是以并无胎孕。今复加以气怒伤感，内外折挫不堪，竟酿成干血之症，日渐羸瘦作烧，饮食懒进，请医诊视服药，亦不效验。

那时，金桂又吵闹了数次，气得薛姨妈母女惟暗自垂泪，怨命而已。薛蟠虽曾仗着酒胆，挺撞过两三次，持棍欲打，那金桂便递与他身子，随意叫打；这里持刀欲杀时，便伸与他脖项。薛蟠也实不能下手，只得乱闹了一阵罢了。如今习惯成自然，反使金桂越发长了威风，薛蟠越发软了气骨。虽是香菱犹在，却亦如不在的一般，虽不能十分畅快，就不觉碍眼了，且姑置不究。

如此又渐次寻趁宝蟾。宝蟾却不比香菱的情性，最是个烈火干柴，既和薛蟠情投意合，便把金桂忘在脑后。近见金桂又作践她，她便不肯低服容让半点儿。先是一冲一撞的拌嘴，后来金桂气急了，甚至于骂，再至于打。她虽不敢还言还手，便大撒泼性，拾头打滚，寻死觅活，昼则刀剪，夜则绳索，无所不闹。薛蟠此时一身难以两顾，惟徘徊观望于二者之间，十分闹得无法，便出门躲在外厢。金桂不发作性气，有时欢喜，便纠聚人来斗纸牌、掷骰子作乐。又生平最喜啃骨头，每日务要杀鸡鸭，将肉赏人吃，只单以油炸焦骨头下酒。吃得不耐烦，或动了气，便肆行海骂，说："有别的忘八粉头乐的，我为什么不乐！"薛家母女总不去理她。薛蟠亦无别法，惟日夜悔恨不该娶这搅家星罢了，都是一时没了主意。于是宁、荣二宅之人，上上下下，无有不知，无有不叹者。

此时，宝玉已过了百日，出门行走。亦曾过来，见过金桂，"举止形容，也不怪厉，一般是鲜花嫩柳，与众姊妹不差上下的人，焉得这等样情性，可为奇之至极。"因此，心下纳闷。这日，与王夫人请安去，又正遇见迎春奶娘来家请安，说起孙绍祖甚属不端："姑娘惟有背地里淌眼抹泪的，只要接了来家散诞两日。"王夫人因说："我正要这两日接她去，只因七事八事的都不遂心，所以就忘了。前儿宝玉去了，回来也曾说过的。明日是个好日子，就接她去。"正说着，贾母打发人来找宝玉，说："明儿一早往天齐庙还愿。"宝玉如今巴不得各处去逛逛，听见如此，喜得一夜不曾合眼，盼明不明的。

次日一早，梳洗穿带已毕，随了两三个老嬷嬷，坐车出西城门外天齐庙来烧香还愿。这庙里已于昨日预备停妥的。宝玉天生性怯，不敢近狰狞神鬼之像。这天齐庙本係前朝所修，极其宏壮。如今年深岁久，又极其荒凉。里面泥胎塑像，皆极其凶恶，是以忙忙的供过纸马、钱粮，便退至道院歇息。一时，吃过饭，众嬷嬷和李贵等人围随宝玉，到处散诞玩耍了一回。宝玉困倦，复回至静室安歇。众嬷嬷生恐他睡着了，便请当家的老王道士来陪他说话儿。这老王道士专意在江湖上卖药，弄些海上方治人射利，这庙外现挂着招牌，丸、散、膏、丹，色色俱备，亦常在宁、荣两宅走动熟惯，都与他起了个浑号，唤他作"王一贴"，言他的膏药灵验，只一贴百病皆除之意。当下王一贴进来，宝玉正歪在炕上想睡，李贵等正说着"哥儿别睡着了"，厮混着。看见王一贴进来，都笑道："来得好，来得好。王师父，你极会说古记的，说一个与我们小爷听听。"王一贴笑道：

“正是呢。哥儿别睡，仔细肚里麵筋作怪。”说着，满屋里人都笑了。

宝玉也笑着起身整衣。王一贴喝命徒弟们快泡好酽茶来。茗烟道：“我们爷不吃你的茶，连在这屋里坐着，还嫌膏药气息呢。”王一贴笑道：“没当家花花的，膏药从不拿进这屋里来的。知道哥儿今日必来，头三五天就拿香熏了又熏的。”宝玉道：“可是呢，天天只听见你的膏药好，到底治什么病？”王一贴道：“哥儿若问我的膏药，说来话长，其中细理，一言难尽。共药一百二十味，君臣相际，宾客得宜，温凉兼用，贵贱殊方。内则调元补气，开胃口，养荣卫，宁神安志，去寒去暑，化食化痰；外则和血脉，舒筋络，出死肌，生新肉，去风散毒。其效如神，贴过的便知。”宝玉道：“我不信一张膏药就治这些病。我且问你，倒有一种病，可也贴得好么？”王一贴道：“百病千灾，无不立效。若不见效，哥儿只管揪着胡子，打我这老脸，拆我这庙何如？只说出病源来。”宝玉笑道：“你猜，若你猜的着，便贴的好了。”王一贴听了，寻思一会，笑道：“这倒难猜，只怕膏药有些不灵了。”宝玉命李贵等：“你们且出去散散。这屋里人多，越发蒸臭了。”李贵等听说，且都出去自便，只留下茗烟一人。这茗烟手内点着一枝梦甜香，宝玉命他坐在身旁，却倚在他身上。王一贴心有所动，便笑嘻嘻走近前来，悄悄的说道：“我可猜着了。想是哥儿如今有了房中的事情，要滋助的药，可是不是？”

话犹未完，茗烟先喝道：“该死，打嘴！”宝玉犹未解，忙问：“他说什么？”茗烟道：“信他胡说！”唬得王一贴不敢再问，只说：“哥儿明说了罢。”宝玉道：“我问你，可有贴女人的妒病方子没有？”王一贴听说，拍手笑道：“这可罢了。不但说没有方子，就是听也没有听见过。”宝玉笑道：“这样还算不得什么。”王一贴又忙道：“贴妒的膏药倒没经过，倒有一种汤药，或者可医，只是慢些儿，不能立竿见影的效验。”宝玉道：“什么汤药？怎么吃法？”王一贴道：“这叫做‘疗妒汤’，用极好的秋梨一个，二钱冰糖，一钱陈皮，水三碗，梨熟为度，每日清早吃这么一个梨，吃来吃去，就好了。”宝玉道：“这也不值什么，只怕未必见效。”王一贴道：“一剂不效，吃十剂；今日不效，明日再吃；今年不效，吃到明年。横竖这三味药都是润肺开胃、不伤人的，甜丝丝的，又止咳嗽，又好吃。吃过一百岁，人横竖是要死的，死了还妒什么！那时就见效了。”说着，宝玉茗烟都大笑

不止，骂“油嘴的牛头！”王一贴笑道：“不过是闲着解午盹罢了，有什么关係。说笑了你们，就值钱。实告你们说，连膏药也是假的。我有真药，我还吃了作神仙呢。有真的，跑到这里来混？”正说着，吉时已到，请宝玉出去，焚化钱粮，散福。功课完毕，方进城回家。

那时，迎春已来家好半日，孙家的婆娘、媳妇等人已待过晚饭，打发回家去了。迎春方哭哭啼啼的，在王夫人房中诉委曲，说孙绍祖“一味好色，好赌酗酒，家中所有的媳妇、丫头，将及淫遍。略劝过两三次，便骂我是‘醋汁子老婆拧出来的’。又说老爷曾收着他五千银子，不该使了他的。如今他来要了两三次不得，他便指着我的脸，说道：‘你别和我充夫人娘子！你老子使了我五千银子，把你准折买给我的。好不好打一顿，撵在下房里睡去。当日有你爷爷在时，希图上我们的富贵，赶着相与的。论理，我和你父亲是一辈，如今强压我的头，晚了一辈，不该作了这门亲，倒没的叫人看着赶势利似的。’”一行说，一行哭得呜呜咽咽，连王夫人并众姊妹无不落泪。王夫人只得用言语解劝，说：“已是遇见了这不晓事的人，可怎么样呢！想当日你叔叔也曾劝过大老爷，不叫作这门亲的。大老爷执意不听，一心情愿，到底作不好了。我的儿！这也是你的命。”迎春哭道：“我不信我的命就这么苦！从小儿没了娘，幸而过婶子这边来，过了几年心淨日子，如今偏又是这么个结果！”

王夫人一面劝解，一面问她随意要在哪里安歇。迎春道：“乍乍的离了姊妹们，只是眠思梦想；二则还记挂着我的屋子，还得在园里旧房子里住得三五天，死也甘心了。不知下次还可能得住不得住了呢！”王夫人忙劝道：“快休乱说！不过年轻的夫妻们闲牙斗齿，亦是万万人之常事，何必说这丧话。”仍命人忙忙的收拾紫菱洲房屋，命姊妹们陪伴着解释。又吩咐宝玉：“不许在老太太跟前走漏一些风声，倘或老太太知道了这些事，都是你说的。”宝玉唯唯的听命。迎春是夕仍在旧馆安歇，。众姊妹等更加亲热异常。

一连住了三日，才往邢夫人那边去。先辞过贾母及王夫人，然后与众姊妹分别，更皆悲伤不舍，还是王夫人、薛姨妈等安慰劝释，方止住了过那边去。又在邢夫人处住了两日，就有孙绍祖的人来接去。迎春虽不愿去，无奈惧孙绍祖之恶，只得勉强忍情，作辞去了。邢夫人本不在意，也不问其夫妻和睦，家务烦难，只面情塞责而已。且听下回分解。

第 81 回 占旺相四美钓游鱼 奉严词两番入家塾

且说迎春归去之后，邢夫人像没有这事，倒是王夫人抚养了一场，却甚实伤感，在房中自己叹息了一回。只见宝玉走来请安，看见王夫人脸上似有泪痕，也不敢坐，只在旁边站着。王夫人叫他坐下，宝玉才捱上炕来，就在王夫人身旁坐了。王夫人见他呆呆的瞅着，似有欲言不言的光景，便道：“你又为什么这样呆呆的？”宝玉道：“并不为什么，只是昨儿听见二姐姐这种光景，我实在替她受不得。虽不敢告诉老太太，却这两夜只是睡不着。我想咱们这样人家的姑娘，那里受得这样的委屈。况且二姐姐是个最懦弱的人，向来不会和人拌嘴，偏偏儿的遇见这样没人心的东西，竟一点儿不知道女人的苦处。”说着，几乎滴下泪来。王夫人道：“这也是没法儿的事。俗语说的，‘嫁出去的女孩儿泼出去的水’，叫我能怎么样呢。”宝玉道：“我昨儿夜里倒想了一个主意：咱们索性回明了老太太，把二姐姐接回来，还叫他紫菱洲住着，仍旧我们姐妹弟兄们一块儿吃，一块儿顽，省得受孙家那混帐行子的气。等他来接，咱们硬不叫他去。由他接一百回，咱们留一百回，只说是老太太的主意。这个岂不好呢！”王夫人听了，又好笑，又好恼，说道：“你又发了呆气了，混说的是什么！大凡做了女孩儿，终究是要出门子的，嫁到人家去，娘家那里顾得，也只好看他自己的命运，碰得好就好，碰得不好也就没法儿。你难道没听见人说‘嫁鸡随鸡，嫁狗随狗’，那里个个都像你大姐姐做娘娘呢。况且你二姐姐是新媳妇，孙姑爷也还是年轻的人，各人有各人的脾气，新来乍到，自然要有些扭别的。过几年大家摸着脾气儿，生儿长女以后，那就好了。你断断不许在老太太跟前说起半个字，我知道了是不依你的。快去干你的去罢，不要在这里混说。”说得宝玉也不敢作声，坐了一回，无精打彩的出来了。憋着一肚子闷气，无处可泄，走到园中，一径往潇湘馆来。

刚进了门，便放声大哭起来。黛玉正在梳洗才毕，见宝玉这个光景，倒吓了一跳，问：“是怎么了？和谁怄了气了？”连问几声。宝玉低着头，伏在桌子上，呜呜咽咽，哭得说不出话来。黛玉便在椅子上怔怔的瞅着他，一会子问道：“到底是别人和你怄了气了，还是我得罪了你呢？”宝玉摇手道：“都不是，都不是。”黛玉道：“那么着为什么这么伤起心来？”宝玉道：“我只想着咱们大家越早些死的越好，活着真真没有趣儿！”黛玉听了这话，更觉惊讶，道：“这是什么话，你真正发了疯了不成！”宝玉道：“也并不是我发疯，我告诉你，你也不能不伤心。前儿二姐姐回来的样子和那些话，你也都听见看见了。我想人到了大的时候，为什么要嫁？嫁出去受人家这般苦楚！还记得咱们初结‘海棠社’的时候，大家吟诗做东道，那时

候何等热闹。如今宝姐姐家去了，连香菱也不能过来，二姐姐又出了门子了，几个知心知意的人都不在一处，弄得这样光景。我原打算去告诉老太太接二姐姐回来，谁知太太不依，倒说我呆、混说，我又不敢言语。这不多几时，你瞧瞧，园中遥光景，已经大变了。若再过几年，又不知怎么样了。故此越想不由人不心里难受起来。”黛玉听了这番言语，把头渐渐的低了下去，身子渐渐的退至炕上，一言不发，叹了口气，便向里躺下去了。

紫鹃刚拿进茶来，见他两个这样，正在纳闷。只见袭人来了，进来看见宝玉，便道：“二爷在这里呢么，老太太那里叫呢。我估量着二爷就是在这里。”黛玉听见是袭人，便欠身起来让坐。黛玉的两个眼圈儿已经哭的通红了。宝玉看见道：“妹妹，我刚才说的不过是些呆话，你也不用伤心。你要想我的话时，身子更要保重才好。你歇歇儿罢，老太太那边叫我，我看看去就来。”说着，往外走了。袭人悄问黛玉道：“你两个人又为什么？”黛玉道：“他为他二姐姐伤心；我是刚才眼睛发痒揉的，并不为什么。”袭人也不言语，忙跟了宝玉出来，各自散了。宝玉来到贾母那边，贾母却已经歇晌，只得回到怡红院。

到了午后，宝玉睡了中觉起来，甚觉无聊，随手拿了一本书看。袭人见他看书，忙去沏茶伺候。谁知宝玉拿的那本书却是《古乐府》，随手翻来，正看见曹孟德“对酒当歌，人生几何”一首，不觉刺心。因放下这一本，又拿一本看时，却是《晋文》，翻了几页，忽然把书掩上，托着腮，只管痴痴的坐着。袭人倒了茶来，见他这般光景便道：“你为什么又不看了？”宝玉也不答言，接过茶来喝了一口，便放下了。袭人一时摸不着头脑，也只管站在旁边呆呆的看着他。忽见宝玉站起来，嘴里咕咕哝哝的说道：“好一个‘放浪形骸之外’！”袭人听了，又好笑，又不敢问他，只得劝道：“你若不爱看这些书，不如还到园里逛逛，也省得闷出毛病来。”那宝玉只管口中答应，只管出着神往外走了。

一时走到沁芳亭，但见萧疏景象，人去房空。又来至蘅芜院，更是香草依然，门窗掩闭。转过藕香榭来，远远的只见几个人在蓼溆一带栏杆上靠着，有几个小丫头蹲在地下找东西。宝玉轻轻的走在假山背后听着。只听一个说道：“看他洑上来不洑上来。”好似李纹的语音。一个笑道：“好，下去了。我知道他不上来的。”这个却是探春的声音。一个又道：“是了，姐姐你别动，只管等着。他横竖上来。”一个又说：“上来了。”这两个是李绮、邢岫烟的声儿。宝玉忍不住，拾了一块小砖头儿，往那水里一撂，“咕咚”一声，四个人都吓了一跳，惊讶道：“这是谁这么促狭？唬了我们一跳。”宝玉笑着从山子后直跳出来，笑道：“你们好乐啊，怎么不叫我一声儿？”探春道：“我就知道再不是别人，必是二哥哥这样淘气。没什么说的，你好好儿的赔我们的鱼罢。刚才一个鱼上来，刚刚儿的要钓着，叫你唬跑了。”宝玉笑道：“你们在这里玩竟不找我，我还要罚你们呢。”大家笑了一回。宝玉道：咱们大家今儿钓鱼，占占谁的运气好。看谁钓得着，就是他今年的运气好，钓不着，就是他今年运气不好。咱们谁先钓？”探春便让李纹，李纹不肯。探春笑道：“这样就是我先钓。”回头向宝玉说道：“二哥哥，你再赶走了我的鱼，我可不依了。”宝玉道：“头里原是我要唬你们玩，这会子你只管钓罢。”

探春把丝绳抛下，没十来句话的工夫，就有一个杨叶窜儿吞着钩子把漂儿坠下去，探春把竿一挑，往地下一撩，却活迸的。侍书在满地上乱抓，两手捧着搁在小磁坛内，清水养着。探春把钓竿递与李纹。李纹也把钓竿垂下，但觉丝儿一动，忙挑起来，却是个空钩子。又垂下去，半晌，钓丝一动，又挑起来，还是空钩子。李纹把那钩子拿上来一瞧，原来往里钩了。李纹笑道：“怪不得钓不着。”忙叫素云把钩子敲好了，换上新虫子，上边贴好了苇片儿。垂下去一会儿，见苇片直沉下去，急忙提起来，倒是一个二寸长的鲫瓜儿。李纹笑着道：“宝哥哥钓罢。”宝玉道：“索性三妹妹和邢妹妹钓了，我再钓。”岫烟却不答言。只见李绮道：“宝哥哥先钓罢。”说着水面上起了一个泡儿。探春道：“不必尽着让了。你看那鱼都在三妹妹那边呢，还是三妹妹快着钓罢。”李绮笑着接了钓竿儿，果然沉下去就钓了一个。然后岫烟也钓着了一个，随将竿子仍旧递给探春，探春才递与宝玉。宝玉道：“我是要做姜太公的。”便走下石矶，坐在池边钓起来，岂知那水里的鱼看见人影儿，都躲到别处去了。宝玉抡着钓竿等了半天，那钓丝儿动也不动。刚有一个鱼儿在水边吐沫，宝玉把竿子一幌，又唬走了。急的宝玉道：“我最是个性儿急的人，他偏性儿慢，这可怎么样呢。好鱼儿，快来罢！你也成全成全我呢。”说得四人都笑了。一言未了，只见钓丝微微一动。宝玉喜得满怀，用力往上一兜，把钓竿往石上一碰，折作两段，丝也振断了，钩子也不知往那里去了。众人越发笑起来。探春道：“再没见像你这样鲁人。”

正说着，只见麝月慌慌张张的跑来说：“二爷，老太太醒了，叫你快去呢。”五个人都唬了一跳。探春便问麝月道：“老太太叫二爷什么事？”麝月道：“我也不知道。就只听见说是什么闹破了，叫宝玉来问，还要叫琏二奶奶一块儿查问呢。”吓得宝玉发了一回呆，说道：“不知又是那个丫头遭了瘟了。”探春道：“不知什么事，二哥哥你快去，有什么信儿，先叫麝月来告诉我们一声儿。”说着，便同李纹、李绮、岫烟走了。

宝玉走到贾母房中，只见王夫人陪着贾母摸牌。宝玉看见无事，才把心放下了一半。贾母见他进来，便问道：“你前年那一次大病的时候，后来亏了一个疯和尚和个瘸道士治好了的。那会子病里，你觉得是怎么样？”宝玉想了一回，道：“我记得得病的时候儿，好好的站着，倒像背地里有人把我拦头一棍，疼得眼睛前头漆黑，看见满屋子里都是些青面獠牙、拿刀举棒的恶鬼。躺在炕上，觉得脑袋上加了几个脑箍似的。以后便疼得任什么不知道了。到好的时候，又记得堂屋里一片金光直照到我房里来，那些鬼都跑着躲避，便不见了。我的头也不疼了，心上也就清楚了。”贾母告诉王夫人道：“这个样儿也就差不多了。”

说着凤姐也进来了，见了贾母，又回身见过了王夫人，说道：“老祖宗要问我什么？”贾母道：“你前年害了邪病，你还记得怎么样？”凤姐儿笑道：“我也不很记得了。但觉自己身子不由自主，倒像有些鬼怪拉拉扯扯要我杀人才好，有什么拿什么，见什么杀什么。自己原觉很乏，只是不能住手。”贾母道：“好的时候还记得么？”凤姐道：“好的时候好像空中有人说了几句话似的，却不记得说什么来着。”贾母道：“这么看起来竟是她了。他姐儿两个病中的光景和才说的一样。这老东西竟这样坏心，宝玉枉认了她做干妈。倒是这个和尚道人，阿弥陀佛，才是救宝玉性命的，只是没有报答他。”凤姐道：“怎么老太太想起我们的病来呢？”贾母道：“你问你太太去，我懒待说。”

王夫人道：“才刚老爷进来说起宝玉的干妈竟是个混帐东西，邪魔外道的。如今闹破了，被锦衣府拿住，送入刑部监，要问死罪的了，前几天被人告发的。那个人叫做什么潘三保，有一所房子卖与斜对过当舖里。这房子加了几倍价钱，潘三保还要加，当舖里那里还肯。潘三保便买嘱了这老东西，因她常到当舖里去，那当铺里人的内眷都与她好的。她就使了个法儿，叫人家的内人便得了邪病，家翻宅乱起来。她又去说这个病她能治，就用些神马纸钱烧献了，果然见效。她又向人家内眷们要了十几两银子。岂知老佛爷有眼，应该败露了。这一天急要回去，掉了一个绢包儿。当舖里人捡起来一看，里头有许多纸人，还有四丸子很香的香。正诧异着呢，那老东西倒回来找这绢包儿。这里的人就把她拿住，身边一搜，搜出一个匣子，里面有象牙刻的一男一女，不穿衣服，光着身子的两个魔王，还有七根朱红绣花针。立时送到锦衣府去，问出许多官员家大户太太、姑娘们的隐情事来。所以知会了营里，把她家中一抄，抄出好些泥塑的煞神，几匣子闹香。炕背后空屋子里挂着一盏七星灯，灯下有几个草人，有头上戴着脑箍的，有胸前穿着钉子的，有项上拴着锁子的。柜子里无数纸人儿，底下几篇小账，上面记着某家验过，应找银若干。得人家油钱香分也不计其数。凤姐道："咱们的病一准是她。我记得咱们病后，那老妖精向赵姨娘处来过几次，要向赵姨娘讨银子，见了我，便脸上变貌变色，两眼黧鸡似的。我当初还猜疑了几遍，总不知什么原故。如今说起来，却原来都是有因的。但只我在这里当家，自然惹人恨怨，怪不得人治我。宝玉可和人有什么仇呢，忍得下这样毒手。"贾母道："焉知不因我疼宝玉不疼环儿，竟给你们种了毒了呢。"王夫人道："这老货已经问了罪，决不好叫她来对证。没有对证，赵姨娘那里肯认账。事情又大，闹出来，外面也不雅，等他自作自受，少不得要自己败露的。"贾母道："你这话说的也是，这样事，没有对证，也难作准。只是佛爷菩萨看的真，他们娘儿两个，如今又比谁不济了呢。罢了，过去的事，凤哥儿也不必提了。今日你和你太太都在我这边吃了晚饭再过去罢。"遂叫鸳鸯、琥珀等传饭。凤姐赶忙笑道："怎么老祖宗倒操起心来！"王夫人也笑了。只见外头几个媳妇伺候。凤姐连忙告诉小丫头子传饭："我和太太都跟着老太太吃。"正说着，只见玉钏儿走来对王夫人道："老爷要找一件什么东西，请太太伺候了老太太的饭完了自己去找一找呢。"贾母道："你去罢，保不住你老爷有要紧的事。"王夫人答应着，便留下凤姐儿伺候，自己退了出来。

回至房中，和贾政说了些闲话，把东西找了出来。贾政便问道："迎儿已经回去了，他在孙家怎么样？"王夫人道："迎丫头一肚子眼泪，说孙姑爷凶横的了不得。"因把迎春的话述了一遍。贾政叹道："我原知不是对头，无奈大老爷已说定了，教我也没法。不过迎丫头受些委屈罢了。"王夫人道："这还是新媳妇，只指望他以后好了好。"说着，嗤的一笑。贾政道："笑什么？"王夫人道："我笑宝玉，今儿早起特特的到这屋里来，说的都是些孩子话。"贾政道："他说什么？"王夫人把宝玉的言语笑述了一遍。贾政也忍不住的笑，因又说道："你提宝玉，我正想起一件事来。这小孩子天天放在园里，也不是事。生女儿不得济，还是别人家的人，生儿若不济事，关系非浅。前日倒有人和我提起一位先生来，学问人品都是极好的，也是南边人。但我想南边先生性情最是和平，咱们城里的小孩，个个踢天弄井，鬼聪明倒是有的，可以搪塞就搪塞过去了，胆子又大，先生再要不肯给没脸，一日哄哥儿似的，没的白耽误了。所以老辈子不肯请外头的先生，只在本家择出有年纪再有点学问的请来掌家塾。如今儒大太爷虽学问也只中平，但还弹压的住这些小孩子们，不至以颟顸了事。我想宝玉闲着总不好，不如仍旧叫他家塾中读书去罢了。"王夫人道："老爷说的很是。自从老爷外任去了，他又常病，竟耽搁了好几年。如今且在家学里温习温习，也是好的。"贾政点头，又说些闲话，不提。

且说宝玉次日起来，梳洗已毕，早有小厮们传进话来说："老爷叫二爷说话。"宝玉忙整理了衣服，来至贾政书房中，请了安，站着。贾政道："你近来作些什么功课？虽有几篇字，也算不得什么。我看你近来的光景，越发比头几年散荡了，况且每每听见你推病不肯念书。如今可大好了，我还听见你天天在园子里和姊妹们玩玩笑笑，甚至和那些丫头们混闹，把自己的正经事，总丢在脑袋后头。就是做得几句诗词，也并不怎么样，有什么稀罕处！比如应试选举，到底以文章为主，你这上头倒没有一点儿工夫。我可嘱咐你：自今日起，再不许做诗做对的了，单要习学八股文章。限你一年，若毫无长进，你也不用念书了，我也不愿有你这样的儿子了。"遂叫李贵来，说："明儿一早，传茗烟跟了宝玉去收拾应念的书籍，一齐拿过来我看看，亲自送他到家学里去。"喝命宝玉："去罢！明日起早来见我。"宝玉听了半日，竟无一言可答，因回到怡红院来。

袭人正在着急听信，见说取书，倒也欢喜。独是宝玉要人即刻送信与贾母，欲叫拦阻。贾母得信，便命人叫宝玉来，告诉他说："只管放心先去，别叫你老子生气。有什么难为你，有我呢。"宝玉没法，只得回来嘱咐了丫头们："明日早早叫我，老爷要等着送我到家学里去呢。"袭人等答应了，同麝月两个倒替着醒了一夜。

次日一早，袭人便叫醒宝玉，梳洗了，换了衣服，打发小丫头子传了茗烟在二门上伺候，拿着书籍等物。袭人又催了两遍，宝玉只得出来过贾政书房中来，先打听"老爷过来了没有？"书房中小厮答应："方才一位清客相公请老爷回话，里边说梳洗呢，命清客相公出去候着去了。"宝玉听了，心里稍稍安顿，连忙到

贾政这边来。恰好贾政着人来叫，宝玉便跟着进去。贾政不免又嘱咐几句话，带了宝玉上了车，茗烟拿着书籍，一直到家塾中来。

早有人先抢一步回代儒说："老爷来了。"代儒站起身来，贾政早已走入，向代儒请了安。代儒拉着手问了好，又问："老太太近日安么？"宝玉过来也请了安。贾政站着，请代儒坐了，然后坐下。贾政道："我今日自己送他来，因要求托一番。这孩子年纪也不小了，到底要学个成人的举业，才是终身立身成名之事。如今他在家中只是和些孩子们混闹，虽懂得几句诗词，也是胡诌乱道的，就是好了，也不过是风云月露，与一生的正事毫无关涉。"代儒道："我看他相貌也还体面，灵性也还去得，为什么不念书，只是心野贪玩？诗词一道，不是学不得的，只要发达了以后，再学还不迟呢。"贾政道："原是如此。目今只求叫他读书，讲书，作文章。倘或不听教训，还求太爷认真的管教管教他，才不至有名无实的白耽误了他的一世。"说毕，站起来，又作了一个揖，然后说了些闲话，才辞了出去。代儒送至门首，说："老太太前替我问好请安罢。"贾政答应着，自己上车去了。

代儒回身进来，看见宝玉在西南角靠窗户摆着一张花梨小桌，右边堆下两套旧书，薄薄儿的一本文章，叫茗烟将纸墨笔砚都搁在抽屉里藏着。代儒道："宝玉，我听见说你前儿有病，如今可大好了？"宝玉站起来道："大好了。"代儒道："如今论起来，你可也该用功了。你父亲望你成人恳切的很。你且把从前念过的书，打头儿理一遍。每日早起理书，饭后写字，晌午讲书，念几遍文章就是了。"宝玉答应了个"是"，回身坐下时，不免四面一看。见昔时金荣 辈不见了几个，又添了几个小学生，都是些粗俗异常的。忽然想起秦钟来，如今没有一个做得伴说句知心话儿的，心上凄然不乐，却不敢作声，只是闷着看书。代儒告诉宝玉道："今日头一天，早些放你家去罢。明日要讲书了。但是你又不是很愚夯的，明日我倒要你先讲一两章书我听，试试你近来的功课何如，我才晓得你到怎么个分儿上头。"说得宝玉心中乱跳。欲知明日听解何如，且听下回分解。

第 82 回 老学究讲义警玩心 病潇湘痴魂惊恶梦

话说宝玉下学回来，见了贾母。贾母笑道："好了，如今野马上了笼头了。去罢，见见你老爷，回来散散儿去罢。"宝玉答应着，去见贾政。贾政道："这早晚就下了学了么？师父给你定了工课没有？"宝玉道："定了。早起理书，饭后写字，晌午讲书、念文章。"贾政听了，点点头儿，因道："去罢，还到老太太那边陪着坐坐去。你也该学些人功道理，别一味的贪玩。晚上早些睡，天天上学早些起来。你听见了？"宝玉连忙答应几个"是"，退出来，忙忙又去见王夫人，又到贾母那边打了个照面儿。

赶着出来，恨不得一走就走到潇湘馆才好。刚进门口，便拍着手笑道："我依旧回来了！"勐可里倒唬了黛玉一跳。紫鹃打起帘子，宝玉进来坐下。黛玉道："我恍惚听见你念书去了。这么早就回来了？"宝玉道："嗳呀，了不得！我今儿不是被老爷叫了念书去了么，心上倒像没有和你们见面的日子了。好容易熬了一天，这会子瞧见你们，竟如死而复生的一样，真真古

人说‘一日三秋’，这话再不错的。”黛玉道：“你上头去过了没有？”宝玉道：“都去过了。”黛玉道：“别处呢？”宝玉道：“没有。”黛玉道：“你也该瞧瞧他们去。”宝玉道：“我这会子懒待动了，只和妹妹坐着说一会子话儿罢。老爷还叫早睡早起，只好明儿再瞧他们去了。”黛玉道：“你坐坐儿，可是正该歇歇儿去了。”宝玉道：“我那里是乏，只是闷得慌。这会子咱们坐着才把闷散了，你又催起我来。”黛玉微微的一笑，因叫紫鹃：“把我的龙井茶给二爷沏一碗。二爷如今念书了，比不的头里。”紫鹃笑着答应，去拿茶叶，叫小丫头子沏茶。宝玉接着说道：“还提什么念书，我最厌这些道学话。更可笑的是八股文章，拿它诓功名混饭吃也罢了，还要说代圣贤立言。好些的，不过拿些经书凑搭凑搭还罢了，更有一种可笑的，肚子里原没有什么，东拉西扯，弄的牛鬼蛇神，还自以为博奥。这那里是阐发圣贤的道理！目下老爷口口声声叫我学这个，我又不敢违拗，你这会子还提念书呢。”黛玉道：“我们女孩儿家虽然不要这个，但小时跟着你们雨村先生念书，也曾看过。内中也有近情近理的，也有清微澹远的。那时候虽不大懂，也觉得好，不可一概抹倒。况且你要取功名，这个也清贵些。”宝玉听到这里，觉得不甚入耳，因想黛玉从来不是这样人，怎么也这样势欲薰心起来？又不敢在她跟前驳回，只在鼻子眼里笑了一声。正说着，忽听外面两个人说话，却是秋纹和紫鹃。只听秋纹道：“袭人姐姐叫我老太太那里接去，谁知却在这里。”紫鹃道：“我们这里才沏了茶，索性让他喝了再去。”说着，二人一齐进来。宝玉和秋纹笑道：“我就过去，又劳动你来找。”秋纹未及答言，只见紫鹃道：“你快喝了茶去罢，人家都想了一天了。”秋纹啐道：“呸，好混账丫头！”说的大家都笑了。宝玉起身才辞了出来。黛玉送到屋门口儿，紫鹃在台阶下站着，宝玉出去，才回房里来。

却说宝玉回到怡红院中，进了屋子，只见袭人从里间迎出来，便问：“回来了么？”秋纹应道：“二爷早来了，在林姑娘那边来着。”宝玉道：“今日有事没有？”袭人道：“事却没有。方才太太叫鸳鸯姐姐来吩咐我们：如今老爷发狠叫你念书，如有丫鬟们再敢和你玩笑，都要照着晴雯、司棋的例办。我想，服侍你一场，赚了这些言语，也没什么趣儿。”说着，便伤起心来。宝玉忙道：“好姐姐，你放心。我只好生念书，太太再不说你们了。我今儿晚上还要看书，明日师父叫我讲书呢。我要使唤，横竖有麝月、秋纹呢，你歇歇去罢。”袭人道：“你要真肯念书，我们服侍你，也是欢喜的。”宝玉听了，赶忙吃了晚饭，就叫点灯，把念过的“四书”翻出来。只是从何处看起？翻了一本，看去章章里头似乎明白，细按起来，却不很明白。看着小注，又看讲章，闹到梆子下来了，自己想道：“我在诗词上觉得很容易，在这个上头竟没头脑。”便坐着呆呆的呆想。袭人道：“歇歇罢，做工夫也不在这一时的。”宝玉嘴里只管胡乱答应。麝月、袭人才服侍他睡下，两个才也睡了。及至睡醒一觉，听得宝玉炕上还是翻来覆去。袭人道：“你还醒着呢么？你倒别混想了，养养神，明儿好念书。”宝玉道：“我也是这样想，只是睡不着。你来给我揭去一层被。”袭人道：“天气不热，别揭罢。”宝玉道：“我心里烦躁的很。”自把被窝褪下来。袭人忙爬起来按住，把手去他头上一摸，觉得微微有些发烧。袭人道：“你别动了，有些发烧了。”宝玉道：“可不是！”袭人道：“这是怎么说呢！”宝玉道：“不怕，是我心烦的原故。你别吵嚷，省得老爷知道了，必说我装病逃学，不然怎么病的这样巧。明儿好了，原到学里去，就完事了。”袭人也觉得可怜，说道：“我靠着你睡罢。”便和宝玉捶了一回脊梁，不知不觉大家都睡着了。

直到红日高升，方才起来，宝玉道：“不好了，晚了！”急忙梳洗毕，问了安，就往学里来了。代儒已经变着脸，说：“怪不得你老爷生气，说你没出息。第二天你就懒惰，这是什么时候才来！”宝玉把昨儿发烧的话说了一遍，方过去了，原旧念书。

到了下晚，代儒道：“宝玉，有一章书你来讲讲。”宝玉过来一看，却是“后生可畏”章。宝玉心上说：“这还好，幸亏不是‘学’‘庸’。”问道：“怎么讲呢？”代儒道：“你把节旨句子细细儿讲来。”宝玉把这章先朗朗的念了一遍，说：“这章书是圣人勉励后生，教他及时努力，不要弄到……”说到这里，抬头向代儒一瞧。代儒觉得了，笑了一笑道：“你只管说，讲书是没有什么避忌的。《礼记》上说‘临文不讳’，只管说，‘不要弄到’什么？”宝玉道：“不要弄到老大无成。先将‘可畏’二字激发后生的志气，后把‘不足畏’二字警惕后生的将来。”说罢，看着代儒。代儒道：“也还罢了。串讲呢？”宝玉道：“圣人说，人生少时，心思才力，样样聪明能干，实在是可怕的。那里料得定他后来的日子不像我的今日。若是悠悠忽忽到了四十岁，又到五十岁，既不能够发达，这种人虽是他后生时像个有用的，到了那个时候，这一辈子就没有人怕他了。”代儒笑道：“你方才节旨讲的倒清楚，只是句子里有些孩子气。‘无闻’二字不是不能发达做官的话。‘闻’是实在自己能够明理见道，就不做官也是有‘闻’了。不然，古圣贤有遁世不见知的，岂不是不做官的人，难道也是‘无闻’么？‘不足畏’是使人料得定，方与‘焉知’的‘知’字对针，不是‘怕’的字眼。要从这里看出，方能入细。你懂得不懂得？”宝玉道：“懂得了。”代儒道：“还有一章，你也讲一讲。”代儒往前揭了一篇，指给宝玉。宝玉看是“吾未见好德如好色者也。”宝玉觉得这一章却有些刺心，便陪笑道：“这句话没有什么讲头。”代儒道：“胡说！譬如场中出了这个题目，也说没有做头么？”宝玉不得已，讲道：“是圣人看见人不肯好德，见了色便好的了不得。殊不想德是性中本有的东西，人偏都不肯好他。至于那个色呢，虽也是从先天中带来，无人不好的。但是德乃天理，色是人欲，人那里肯把天理好的像人欲似的。孔子虽是叹息的话，又是望人回转来的意思。并且见得人就有好德的，好得终是浮浅，直要像色一样的好起来，那才是真好呢。”代儒道：“这也讲的罢了。我有句话问你：你既懂得圣人的话，为什么正犯着这两件病？我虽不在家中，你们老爷也不曾告诉我，其实你的毛病我却尽知的。做一个人，怎么不望长进？你这会儿正是‘后生可畏’的时候，‘无闻’‘不足畏’全在你自己做去了。我如今限你一个月，把念过的旧书全要理清，再念一个月文章。以后我要出题目，叫你作文章了。如若懈怠，我是断乎不依的。自古道：‘成人不自在，自在不成人。’你好生记着我的话。”宝玉答应了，也只得天天按着功课干去。不提。

且说宝玉上学之后，怡红院中甚觉清净闲暇。袭人倒可做些活计，拿着针线要绣个槟榔包儿，想着如今宝玉有了功课，丫头们可也没有饥荒了。早要如此，晴雯何至弄到没有结果？兔死狐悲，不觉滴下泪来。忽又想到自己终身本不是宝玉的正配，原是偏房。宝玉的为人，却还拿得住，只怕娶了一个利害的，自己便是尤二姐、香菱的后身。素来看着贾母、王夫人光景及凤姐儿往往露出话来，自然是黛玉无疑了。那黛玉就是个多心人。想到此际，脸红心热，拿着针不知戳到那里去了，便把活计放下，走到黛玉处去探探她的口气。

黛玉正在那里看书，见是袭人，欠身让坐。袭人也连忙迎上来问：“姑娘这几天身子可大好了？”黛玉道：“那里能够，不过略硬朗些。你在家里做什么呢？”袭人道：“如今宝二爷上了学，房中一点事儿没有，因此来瞧瞧姑娘，说说话儿。”说着，紫鹃拿茶来。袭人忙站起来道：“妹妹坐着罢。”因又笑道：“我前儿听见秋纹说，妹妹背地里说我们什么来着。”紫鹃也笑道：“姐姐信她的话！我说宝二爷上了学，宝姑娘又隔断了，连香菱也不过来，自然是闷的。”袭人道：“你还提香菱呢！这才苦呢，撞着这位太岁奶奶，难为他怎么过！”把手伸着两个指头道：“说起来，比他还利害，连外头的脸面都不顾了。”黛玉接着道：“她也够受了，尤二姑娘怎么死了！”袭人道：“可不是。想来都是一个人，不过名分里头差些，何苦这样毒？外面名声也不好听。”黛玉从不闻袭人背地里说人，今听此话有因，便说道：“这也难说。但凡家庭之事，不是东风压了西风，就是西风压了东风。”袭人道：“做了旁边人，心里先怯了，那里倒敢去欺负人呢！”

说着，只见一个婆子在院里问道：“这里是林姑娘的屋子么？那位姐姐在这里呢？”雪雁出来一看，模模糊糊认得是薛姨妈那边的人，便问道：“作什么？”婆子道：“我们姑娘打发来给这里林姑娘送东西的。”雪雁道：“略等等儿。”雪雁进来回了黛玉，黛玉便叫领她进来。那婆子进来，请了安，且不说送什么，只是觑着眼瞧黛玉，看的黛玉脸上倒不好意思起来，因问道：“宝姑娘叫你来送什么？”婆子方笑着回道：“我们姑娘叫给姑娘送了一瓶儿蜜饯荔枝来。”回头又瞧见袭人，便问道：“这位姑娘不是宝二爷屋里的花姑娘么？”袭人笑道：“妈妈怎么认得我？”

婆子笑道：“我们只在太太屋里看屋子，不大跟太太、姑娘出门，所以姑娘们都不大认得。姑娘们碰着到我们那边去，我们都模糊记得。”说着，将一个瓶儿递给雪雁，又回头看看黛玉，因笑着向袭人道：“怨不得我们太太说这林姑娘和你们宝二爷是一对儿，原来真是天仙似的。”袭见她说话造次，连忙岔道：“妈妈，你乏了，坐坐吃茶罢。”那婆子笑嘻嘻的道：“我们那里忙呢，都张罗琴姑娘的事呢。姑娘还有两瓶荔枝，叫给宝二爷送去。”说着，颤颤巍巍告辞出去。黛玉虽恼这婆子方才冒撞，但因是宝钗使来的，也不好怎么样她。等她出了屋门，才说一声道：“给你们姑娘道费心。”那老婆子还只管嘴里咕咕哝哝的说：“这样好模样儿，除了宝玉，什么人擎受的起？”黛玉只装没听见。袭人笑道：“怎么人到了老来，就是混说白道的，叫人听着又生气，又好笑。”一时雪雁拿过瓶子来与黛玉看。黛玉道：“我懒待吃，拿了搁起去罢。”又说了一回话，袭人才去了。

一时，晚妆将卸，黛玉进了套间，猛抬头看见了荔枝瓶，不禁想起日间老婆子的一番混话，甚是刺心。当此黄昏人静，千愁万绪，堆上心来。想起自己身子不牢，年纪又大了。看宝玉的光景，心里虽没别人，但是老太太、舅母又不见有半点意思。深恨父母在时，何不早定了这头婚姻。又转念一想道：“倘若父母在时，别处定了婚姻，怎能够似宝玉这般人才心地，不如此时尚有可图。”心内一上一下，辗转缠绵，竟像辘轳一般。叹了一回气，掉了几点泪，无情无绪，和衣倒下。

不知不觉，只见小丫头走来说道：“外面雨村贾老爷请姑娘。”黛玉道：“我虽跟他读过书，却不比男学生，要见我作什么？况且他和舅舅往来，从未提起我，也不便见的。”因叫小丫头：“回覆‘身上有病不能出来’，与我请安道谢就是了。”小丫头道：“只怕要与姑娘道喜，南京还有人来接。”说着，又见凤姐同邢夫人、王夫人、宝钗等都来笑道：“我们一来道喜，二来送行。”黛玉慌道：“你们说什么话？”凤姐道：“你还装什么呆！你难道不知道林姑爷升了湖北的粮道，娶了一位继母，十分合心合意？如今想着你撂在这里，不成事体，因托了贾雨村作媒，将你许了你继母的什么亲戚，还说是续弦，所以着人到这里来接你回去。大约一到家中，就要过去的，都是你继母作主。怕的是道儿上没有照应，还叫你琏二哥哥送去。”说得黛玉一身冷汗。黛玉又恍惚父亲果在那里做官的样子，心上急着，硬说道：“没有的事，都是凤姐姐混闹！”只见邢夫人向王夫人使个眼色儿：“她还不信呢，咱们走罢。”黛玉含着泪道：“二位舅母坐坐去。”众人不言语，都冷笑而去。黛玉此时心中干急，又说不出来，哽哽咽咽。恍惚又是和贾母在一处的似的，心中想道：“此事惟求老太太，或还可救。”于是两腿跪下去，抱着贾母的腰说道：“老太太救我！我南边是死也不去的。况且有了继母，又不是我的亲娘。我是情愿跟着老太太一块儿的。”但见老太太呆着脸儿笑道：“这个不干我事。”黛玉哭道：“老太太，这是什么事呢。”老太太道：“续弦也好，倒多一副妆奁。”黛玉哭道：“我若在老太太跟前，决不使这里分外的闲钱，只求老太太救我。”贾母道：“不中用了。做了女人，终是要出嫁的，你孩子家不知道，在此地终非了局。”黛玉道：“我在这里情愿自己做个奴婢过活，自做自吃，也是愿意。只求老太太作主。”老太太总不言语。黛玉抱着贾母的腰哭道：“老太太，你向来最是慈悲的，又最疼我的，到了紧急的时候怎么全不管！不要说我是你的外孙女儿，是隔了一层了，我的娘是你的亲生女儿，看我娘份上，也该护庇些。”说着，撞在怀里痛哭，听见贾母道：“鸳鸯，你来送姑娘出去歇歇。我倒被他闹乏了。”黛玉情知不是路了，求去无用，不如寻个自尽，站起来，往外就走。深痛自己没有亲娘，便是外祖母与舅母姊妹们，平时何等待的好，可见都是假的。又一想：“今日怎么独不见宝玉？或见一面，看他还有法儿？”便见宝玉站在面前，笑嘻嘻地说：“妹妹大喜呀！”黛玉听了这一句话，越发急了，也顾不得什么了，把宝玉紧紧拉住说：“好，宝玉，我今日才知道你是个无情无义的人了！”宝玉道：“我怎么无情无义？你既有了人家儿，咱们各自干各自的了。”黛玉越听越气，越没了主意，只得拉着宝玉哭道：“好哥哥，你叫我跟了谁去？”宝玉道：“你要不去，就在这里住着。你原是许了我的，所以你才到我们这里来。我待你是怎么样的，你也想想。”黛玉恍惚又像果曾许过宝玉的，心内忽又转悲作喜，问宝玉道：“我是死活打定主意的了。你到底叫我去不去？”宝玉道：“我说叫你住下。你不信我的话，你就瞧瞧我的心。”说着，就拿着一把小刀子往胸口上一划，只见鲜血直流。黛玉吓得魂飞魄散，忙用手握着宝玉的心窝，哭道：“你怎么做出这个事来，你先来杀了我罢！”宝玉道：“不怕，我拿我的心给你瞧。”还把手在划开的地方儿乱抓。黛玉又颤又哭，又怕人撞破，抱住宝玉痛哭。宝玉道：“不好了，我的心没有了，活不得了。”说着，眼睛往上一翻，咕咚就倒了。黛玉拚命放声大哭。只听见紫鹃叫道：“姑娘，姑娘，怎么魇住了？快醒醒儿，脱了衣服睡罢。”黛玉一翻身，却原来是一场恶梦。

喉间犹是哽咽，心上还是乱跳，枕头上已经湿透，肩背身心，但觉冰冷。想了一回：“父亲死得久了，与宝玉尚未放定，这是从那里说起？”又想梦中光景，无倚无靠，再真把宝玉死了，那可怎么样好？一时痛定思痛，神魂俱乱。又哭了一回，遍身微微的出了一点儿汗，扎挣起来，把外罩大袄脱了，叫紫鹃盖好了被窝，又躺下去。翻来覆去，那里睡得着。只听得外面淅淅飒飒，又像风声，又像雨声。又停了一会子，又听得远远的吆呼声儿，却是紫鹃已在那里睡着，鼻息出入之声。自己扎挣着爬起来，围着被坐了一会。觉得窗缝里透进一缕凉风来，吹得寒毛直竖，便又躺下。正要朦胧睡去，听得竹枝上不知有多少家雀儿的声儿，啾啾唧唧，叫个不住。那窗上的纸，隔着屉子，渐渐的透进清光来。

黛玉此时已醒得双眸炯炯，一回儿咳嗽起来，连紫鹃都咳嗽醒了。紫鹃道：“姑娘，你还没睡着么？又咳嗽起来了，想是着了风了。这会儿窗户纸发清了，也待好亮起来了。歇歇儿罢，养养神，别尽着想长想短的了。”黛玉道：“我何尝不要睡，只是睡不着。你睡你的罢。”说了又嗽起来。紫鹃见黛玉这般光景，心中也自伤感，睡不着了。听见黛玉又嗽，连忙起来，捧着痰盒。这时天已亮了。黛玉道：“你不睡了么？”紫鹃笑道：“天都亮了，还睡什么呢。”黛玉道：“既这样，你就把痰盒儿换了罢。”紫鹃答应着，忙出来换了一个痰盒儿，将手里的这个盒儿放在桌上，开了套间门出来，仍旧带上门，放下撒花软帘，出来叫醒雪雁。开了屋门去倒那盒子时，只见满盒子痰，痰中好些血星，唬了紫鹃一跳，不觉失声道：“嗳哟，这还了得！”黛玉里面接着问是什么，紫鹃自知失言，连忙改说道：“手里一滑，几乎撂了痰盒子。”黛玉道：“不是盒子里的痰有了什么？”紫鹃道：“没有什么。”说着这句话时，心中一酸，那眼泪直流下来，声儿早已岔了。黛玉因为喉间有些甜腥，早自疑惑，方才听见紫鹃在外边诧异，这会子又听见紫鹃说话声音带着悲惨的光景，心中觉了八九分，便叫紫鹃：“进来罢，外头看凉着。”紫鹃答应了一声，这一声更比头里凄惨，竟是鼻中酸楚之音。黛玉听了，凉了半截。看紫鹃推门进来时，尚拿手帕拭眼。黛玉道：“大清早起，好好的为什么哭？”紫鹃勉强笑道：“谁哭来，早起起，来眼睛里有些不舒服。姑娘今夜大概比往常醒的时候更大罢，我听见咳嗽了大半夜。”黛玉道：“可不是，越要睡，越睡不着。”紫鹃道：“姑娘身上不大好，依我说，还得自己开解着些。身子是根本，俗语说的：‘留得青山在，依旧有柴烧。’况这里自老太太、太太起，那个不疼姑娘。”只这一句话，又勾起黛玉的梦来。觉得心头一撞，眼中一黑，神色俱变，紫鹃连忙端着痰盒，雪雁捶着嵴梁，半日才吐出一口痰来。痰中一缕紫血，簌簌乱跳。紫鹃、雪雁脸都唬黄了。两个旁边守着，黛玉便昏昏躺下。紫鹃看着不好，连忙努嘴叫雪雁叫人去。

雪雁才出屋门，只见翠缕、翠墨两个人笑嘻嘻的走来。翠缕便道：“林姑娘怎么这早晚还不出门？我们姑娘和三姑娘都在四姑娘屋里讲究四姑娘画的那张园子景儿呢。”雪雁连忙摆手儿，翠缕、翠墨二人倒都吓了一跳，说：“这是什么原故？”雪雁将方才的事一一告诉她二人。二人都吐了吐舌头儿说：“这可不是玩的！你们怎么不告诉老太太去？这还了得！你们怎么这么烟涂。”雪雁道：“我这里才要去，你们就来了。”正说着，只听紫鹃叫道：“谁在外头说话？姑娘问呢。”三个人连忙一齐进来。翠缕、翠墨见黛玉盖着被躺在床上，见了他二人便说道：“谁告诉你们了？你们这样大惊小怪的。”翠墨道：“我们姑娘和云姑娘才都在四姑娘屋里讲究四姑娘画的那张园子图儿，叫我们来请姑娘来，不知姑娘身上又欠安了。”黛玉道：“也不是什么大病，不过觉得身子略软些，躺躺儿就起来了。你们回去告诉三姑娘和云姑娘，饭后若无事，倒是请她们来这里坐坐罢。宝二爷没到你们那边去？”二人答道：“没有。”翠墨又道：“宝二爷这两天上了学了，老爷天天要查功课，那里还能像从前那么乱跑呢。”黛玉听了，默然不言。二人又略站了一回，都悄悄的退出来了。

且说探春、湘云正在惜春那边论评惜春所画大观园图，说这个多一点，那个少一点，这个太疏，那个太密。大家又议着题诗，着人去请黛玉商议。正说着，忽见翠缕、翠墨二人回来，神色匆忙。湘云便先问道：“林姑娘怎么不来？”翠缕道：“林姑娘昨日夜里又犯了病了，咳嗽了一夜。我们听见雪雁说，吐了一盒子痰血。”探春听了，诧异道：“这话真么？”翠缕道：“怎么不真。”翠墨道：“我们刚才进去去瞧了瞧，颜色不成颜色，说话儿的气力儿都微了。”湘云道：“不好的这么着，怎么还能说话呢。”探春道：“怎么你这么烟涂，不能说话不是已经……”说到这里，却咽住了。惜春道：“林姐姐那样一个聪明人，我看她总有些瞧不破，一点半点儿都要认起真来。天下事那里有多少真的呢！”探春道：“既这么着，咱们都过去看看。倘若病的利害，咱们好过去告诉大嫂子回老太太，传大夫进来瞧瞧，也得个主意。”湘云道：“正是这样。”惜春道：“姐姐们先去，我回来再过去。”

于是探春、湘云扶了小丫头，都到潇湘馆来。进入房中，黛玉见她二人，不免又伤心起来。因又转念想起梦中，连老太太尚且如此，何况她们。况且我不请她们，她们还不来呢。心里虽是如此，脸上却碍不过去，只得勉强令紫鹃扶起，口中让坐。探春、湘云都坐在床沿上，一头一个。看了黛玉这般光景，也自伤感。探春便道：“姐姐怎么身上又不舒服了？”黛玉道：“也没什么要紧，只是身子软得很。”紫鹃在黛玉身后偷偷的用手指那痰盒儿。湘云到底年轻，性情又兼直爽，伸手便把痰盒拿起来看。不看则已，看了唬的惊疑不止，说：“这是姐姐吐的？这还了得！”初时，黛玉昏昏沉沉，吐了也没细看，此时见湘云这么说，回头看时，自己早已灰了一半。探春见湘云冒失，连忙解说道：“这不过是肺火上炎，带出一半点来，也是常事。偏是云丫头，不拘什么，就这样蝎蝎螫螫的！”湘云红了脸，自悔失言。探春见黛玉精神短少，似有烦倦之意，连忙起身说道：“姐姐静静的养养神罢，我们回来再瞧你。”黛玉道：“累你两位惦着。”探春又嘱咐紫鹃好生留神服侍姑娘，紫鹃答应着。探春才要走，只听外面一个人嚷起来。未知是谁，下回分解。

第 83 回 省宫闱贾元妃染恙 闹闺阃薛宝钗吞声

话说探春、湘云才要走时，忽听外面一个人嚷道：“你这不成人的小蹄子！你是个什么东西，来这园子里头混搅！”黛玉听了，大叫一声道：“这里住不得了。”一手指着窗外，两眼反插上去。原来黛玉住在大观园中，虽靠着贾母疼爱，然在别人身上，凡事终是寸步留心。听见窗外老婆子这样骂着，在别人呢，一句是贴不上的，竟像专骂着自己的。自思一个千金小姐，只因没了爹娘，不知何人指使这老婆子来这般辱骂，那里委屈得来，因此肝肠崩裂，哭晕去了。紫鹃只是哭叫：“姑娘怎么样了，快醒转来罢。”探春也叫了一回。半晌，黛玉回过这口气，还说不出话来，那隻手仍向窗外指着。

探春会意，开门出去，看见老婆子手中拿着拐棍赶着一个不干不淨的毛丫头道：“我是为照管这园中的花果树木来到这里，你作什么来了！等我家去打你一个知道。”这丫头扭着头，把一个指头探在嘴里，瞅着老婆子笑。探春骂道：“你们这些人，如今越发没了王法了！这里是你骂人的地方儿吗！”老婆子见是探春，连忙陪着笑脸儿说道：“刚才是我的外孙女儿，看见我来了，她就跟了来。我怕她闹，所以才吆喝她回去，哪里敢在这里骂人呢。”探春道：“不用多说了，快给我都出去。这里林姑娘身上不大好，还不快去么。”老婆子答应了几个“是”，说着，一扭身去了。那丫头也就跑了。

探春回来，看见湘云拉着黛玉的手，只管哭，紫鹃一手抱着黛玉，一手给黛玉揉胸口，黛玉的眼睛方渐渐的转过来了。探春笑道：“想是听见老婆子的话，你疑了心了么？”黛玉只摇摇头儿。探春道：“他是骂他外孙女儿，我才刚也听见了。这种东西，说话再没有一点道理的，他们懂得什么避讳。”黛玉听了，点点头儿，拉着探春的手道：“妹妹……”叫了一声，又不言语了。探春又道：“你别心烦。我来看你，是姊妹们应该的，你又少人服侍。只要你安心肯吃药，心上把喜欢事儿想想，能够一天一天的硬朗起来，大家依旧结社做诗，岂不好呢？”湘云道：“可是三姐姐说的，那么着不乐？”黛玉哽咽道：“你们只顾要我喜欢，可怜我哪里赶得上这日子，只怕不能够了！”探春道：“你这话说的太过了。谁没个病儿灾儿的，哪里就想到这里来了。你好生歇歇儿罢，我们到老太太那边，回来再看你。你要什么东西，只管叫紫鹃告诉我。”黛玉流泪道：“好妹妹，你到老太太那里，只说我请安，身上略有点不好，不是什么大病，也不用老太太烦心的。”探春答应道：“我知道，你只管养着罢。”说着，才同湘云出去了。

这里紫鹃扶着黛玉躺在床上，地下诸事，自有雪雁照料，自己只守着旁边，看着黛玉，又是心酸，又不敢哭泣。那黛玉闭着眼躺了半晌，哪里睡得着。觉得园里头平日只见寂寞，如今躺在床上，偏听得风声，虫鸣声，鸟语声，人走的脚步声，又像远远的孩子们啼哭声，一阵一阵的聒噪的烦躁起来，因叫紫鹃放下帐子来。雪雁捧了一碗燕窝汤递与紫鹃，紫鹃隔着帐子轻轻问道：“姑娘喝一口汤罢？”黛玉微微应了一声。紫鹃复将汤递给雪雁，自己上来搀扶黛玉坐起，然后接过汤来，搁在唇边试了一试，一手搂着黛玉肩臂，一手端着汤送到唇边。黛玉微微睁眼，喝了两三口，便摇摇头儿不喝了。紫鹃仍将碗递给雪雁，轻轻扶黛玉睡下。

静了一时，略觉安顿。只听窗外悄悄问道：“紫鹃妹妹在家么？”雪雁连忙出来，见是袭人，因悄悄说道：“姐姐屋里坐着。”袭人也便悄悄问道：“姑娘怎么着？”一面走，一面雪雁告诉夜间及方才之事。袭人听了这话，也唬怔了，因说道：“怪道刚才翠缕到我们那边，说你们姑娘病了，唬的宝二爷连忙打发我来看看是怎么样。”正说着，只见紫鹃从里间掀起帘子望外看，见袭人，点头儿叫她。袭人轻轻走过来问道："姑了娘睡着了吗？"紫鹃点点头儿，问道："姐姐才听见说了？"袭人也点点头儿，蹙着眉道："终究怎么样好呢！那一位昨夜也把我唬了个半死儿。"紫鹃忙问怎么了，袭人道："昨日晚上睡觉还是好好儿的，谁知半夜里一叠连声的嚷起心疼来，嘴里胡说白道，只说好像刀子割了去的似的。直闹到打亮梆子以后，才好些了。你说唬人不唬人？今日不能上学，还要请大夫来吃药呢。"正说着，只听黛玉在帐子里又咳嗽起来。紫鹃连忙过来，捧痰盒儿接痰。黛玉微微睁眼，问道："你和谁说话呢？"紫鹃道："袭人姐姐来瞧姑娘来了。"说着，袭人已走到床前。黛玉命紫鹃扶起，一手指着床边，让袭人坐下。袭人侧身坐了，连忙陪着笑劝道："姑娘倒还是躺着罢。"黛玉道："不妨，你们快别这样大惊小怪的。刚才是说谁半夜里心疼起来？"袭人道："是宝二爷偶然魇住了，不是认真怎么样。"黛玉会意，知道是袭人怕自己又悬心的原故，又感激，又伤心。因趁势问道："既是魇住了，不听见他还说什么？"袭人道："也没说什么。"黛玉点点头儿。迟了半日，叹了一声，才说道："你们别告诉宝二爷说我不好，看耽搁了他的工夫，又叫老爷生气。"袭人答应了，又劝道："姑娘还是躺躺歇歇罢。"黛玉点头，命紫鹃扶着歪下。袭人不免坐在旁边，又宽慰了几句，然后告辞，回到怡红院，只说黛玉身上略觉不受用，也没什么大病。宝玉才放了心。

且说探春、湘云出了潇湘馆，一路往贾母这边来。探春因嘱咐湘云道："妹妹，回来见了老太太，别像刚才那样冒冒失失的了。"湘云点头笑道："知道了，我头里是叫她唬的忘了神了。"说着，已到贾母那边。探春因提起黛玉的病来。贾母听了，自是心烦，因说道："偏是这两个玉儿多病多灾的。林丫头一来二去的大了，她这个身子也要紧。我看那孩子太是个心细。"众人也不敢答言。贾母便向鸳鸯道："你告诉他们，明儿大夫来瞧了宝玉，就叫他到林姑娘那屋里去。"鸳鸯答应着，出来告诉了婆子们，婆子们自去传话。这里探春、湘云就跟着贾母吃了晚饭，然后同回园中去。不提。

到了次日，大夫来了，瞧了宝玉，不过说饮食不调，着了点儿风邪，没大要紧，疏散疏散就好了。这里王夫人、凤姐等一面遣人拿了方子回贾母，一面使人到潇湘馆告诉说大夫就过来。紫鹃答应了，连忙给黛玉盖好被窝，放下帐子。雪雁赶着收拾房里的东西。

一时，贾琏陪着大夫进来了，便说道："这位老爷是常来的，姑娘们不用回避。"老婆子打起帘子，贾琏让着进入房中坐下。贾琏道："紫鹃姐姐，你先把姑娘的病势向王老爷说说。"王大夫道："且慢说。等我诊了脉，听我说了，看是对不对，若有不合的地方，姑娘们再告诉我。"紫鹃便向帐中扶出黛玉的一隻手来，搁在迎手上。紫鹃又把镯子连袖子轻轻的搂起，不叫压住了脉息。那王大夫诊了好一回儿，又换那只手也诊了，便同贾琏出来，到外间屋里坐下，说道："六脉皆弦，因平日鬱结所致。"说着，紫鹃也出来站在里间门口。那王大夫便向紫鹃道："这病时常应得头晕，减饮食，多梦，每到五更，必醒个几次。即日间听见不干自己的事，也必要动气，且多疑多惧。不知者疑为性情乖诞，其实因肝阴亏损，心气衰耗，都是这个病在那里作怪。不知是否？"紫鹃点点头儿，向贾琏道："说的很是。"王太医道："既这样就是了。"说毕，起身同贾琏往外书房去开方子。小厮们早已预备下一张梅红单帖。王太医吃了茶，因提笔先写道：

六脉弦迟，素由积鬱。左寸无力，心气已衰。关脉独洪，肝邪偏旺。木气不能疏达，势必上侵脾土，饮食无味；甚至胜所不胜，肺金定受其殃。气不流精，凝而为痰；血随气涌，自然咳吐。理宜疏肝保肺，涵养心脾。虽有补剂，未可骤施。姑拟黑逍遥以开其先，复用归肺固金以继其后。不揣固陋，俟高明裁服。

又将七味药与引子写了。贾琏拿来看时，问道："血势上冲，柴胡使得么？"王大夫笑道："二爷但知柴胡是升提之品，为吐衄所忌。岂知用鳖血拌炒，非柴胡不足宣少阳甲胆之气。以鳖血制之，使其不致升提，且能培养肝阴，制遏邪火。所以《内经》说：'通因通用，塞因塞用。'柴胡用鳖血拌炒，正是'假周勃以安刘'的法子。"贾琏点头道："原来是这么着，这就是了。"王大夫又道："先请服两剂，再加减或再换方子罢。我还有一点小事，不能久坐，容日再来请安。"说着，贾琏送了出来，说道："舍弟的药就是那么着了？"王大夫道："宝二爷倒没什么大病，大约再吃一剂就好了。"说着，上车而去。

这里贾琏一面叫人抓药。一面回到房中告诉凤姐黛玉的病原与大夫用的药，述了一遍。只见周瑞家的走来回了几件没要紧的事，贾琏听到一半，便说道："你回二奶奶罢，我还有事呢。"说着就走了。周瑞家的回完了这件事，又说道："我方才到林姑娘那边，看她那个病，竟是不好呢。脸上一点血色也没有，摸了摸身上，只剩得一把骨头。问问她，也没有话说，只是淌眼泪。回来紫鹃告诉我说：'姑娘现在病着，要什么自己又不肯要，我打算要问二奶奶那里支用一两个月的月钱。如今吃药虽是公中的，零用也得几个钱。'我答应了她，替她来回奶奶。"凤姐低了半日头，说道："竟这么着罢：我送她几两银子使罢，也不用告诉林姑娘。这月钱却是不好支的，一个人开了例，要是都支起来，那如何使得呢！你不记得赵姨娘和三姑娘拌嘴了，也无非为的是月钱。况且近来你也知道，出去的多，进来的少，总绕不过弯儿来。不知道的，还说我打算的不好，更有那一种嚼舌根的，说我搬运到娘家去了。周嫂子，你倒是那里经手的人，这个自然还知道些。"周瑞家的道："真正委屈死人！这样大门头儿，除了奶奶这样心计儿当家罢了。别说是女人当不来，就是三头六臂的男人，还撑不住呢。还说这些个混账话。"说着，又笑了一声，道："奶奶还没听见呢，外头的人还更糊涂呢。前儿周瑞回家来，说起外头的人，打量着咱们府里不知怎么样有钱呢。也有说'贾府里的银库几间，金库几间，使的家伙都是金子镶了玉石嵌了的。'也有说'姑娘做了王妃，自然皇上家的东西分的了一半子给娘家。前儿贵妃娘娘省亲回来，我们还亲见她带了几车金银回来，所以家里收拾摆设的水晶宫似的。那日在庙里还愿，花了几万银子，只算得牛身上拔了一根毛罢咧。'有人还说：'他门前的狮子只怕还是玉石的呢。园子里还有金麒麟，叫人偷了一个去，如今剩下一个了。家里的奶奶、姑娘不用说，就是屋里使唤的姑娘们，也是一点儿不动，喝酒下棋，弹琴画画，横竖有服侍的人呢。单管穿罗罩纱，吃的戴的，都是人家不认得的。那些哥儿姐儿们更不用说了，要天上的月亮，也有人去拿下来给他玩。'还有歌儿呢，说是'宁国府，荣国府，金银财宝如粪土。吃不穷，穿不穷，算来……'"说到这里，勐然咽住。原来那时歌儿说道是"算来总是一场空"。这周瑞家的说熘了嘴，说到这里，忽然想起这话不好，因咽住了。凤姐儿听了，已明白必是句不好的话了，也不便追问，因说道："那都没要紧。只是这金麒麟的话从何而来？"周瑞家的笑道："就是那庙里的老道士送给宝二爷的小金麒麟儿。后来丢了几天，亏了史姑娘捡着还了他，外头就造出这个谣言来了。奶奶说这些人可笑不可笑？"凤姐道："这些话倒不是可笑，倒是可怕的。咱们一日难似一日，外面还是这么讲究。俗语儿说的，'人怕出名猪怕壮'，况且又是个虚名儿，终究还不知怎么样呢。"周瑞家的道："奶奶虑的也是。只是满城里茶坊酒舖儿以及各胡同儿都是这样说，并且不是一年了，那里握的住众人的嘴。"凤姐点点头儿，因叫平儿称了几两银子，递给周瑞家的，道："你先拿去交给紫鹃，只说我给她添补买东西的。若要官中的，只管要去，别提这月钱的话。她也是个伶透人，自然明白我的话。我得了空儿，就去瞧姑娘去。"周瑞家的接了银子，答应着自去。不提。

且说贾琏走到外面，只见一个小厮迎上来，回道："大老爷叫二爷说话呢。"贾琏急忙过来，见了贾赦。贾赦道："方才风闻宫里头传了一个太医院御医，两个吏目去看病，想来不是宫女儿下人了。这几天娘娘宫里有什么信儿没有？"贾琏道：

"没有。"贾赦道:"你去问问二老爷和你珍大哥。不然,还该叫人去到太医院里打听打听才是。"贾琏答应了,一面吩咐人往太医院去,一面连忙去见贾政、贾珍。贾政听了这话,因问道:"是那里来的风声?"贾琏道:"是大老爷才说的。"贾政道:"你索性和你珍大哥到里头打听打听。"贾琏道:"我已经打发人往太医院打听去了。"一面说着,一面退出来,去找贾珍。只见贾珍迎面来了,贾琏忙告诉贾珍。贾珍道:"我正为也听见这话,来回大老爷、二老爷去的。"于是两个人同着来见贾政。贾政道:"如係元妃,少不得终有信的。"说着,贾赦也过来了。

到了晌午,打听的人尚未回来。门上人进来,回说:"有两个内相在外,要见二位老爷呢。"贾赦道:"请进来。"门上的人领了老公进来。贾赦、贾政迎至二门外,先请了娘娘的安,一面同着进来,走至厅上,让了坐。老公道:"前日这里贵妃娘娘有些欠安。昨日奉过旨意,宣召亲丁四人,进里头探问。许各带丫头一人,余皆不用。亲丁男人只许在宫门外递个职名,请安听信,不得擅入。准于明日辰巳时进去,申酉时出来。"贾政、贾赦等站着听了旨意,复又坐下,让老公吃茶毕,老公辞了出去。

贾赦、贾政送出大门,回来先禀贾母。贾母道:"亲丁四人,自然是我和你们两位太太了。那一个人呢?"众人也不敢答言,贾母想了一想,道:"必得是凤姐儿,她诸事有照应。你们爷儿们一一各自商量去罢。"贾赦、贾政答应了出来,因派了贾琏、贾蓉看家外,凡"文"字辈至"草"字辈一应都去。遂吩咐家人预备四乘绿轿,十余辆大车,明儿黎明伺候。家人答应去了。贾赦、贾政又进去,回明老太太,辰巳时进去,申酉时出来,今日早些歇歇,明日好早些起来,收拾进宫。贾母道:"我知道,你们去罢。"赦、政等退出。这里,邢夫人、王夫人、凤姐儿也都说了一会子元妃的病,又说了些闲话,才各自散了。

次日黎明,各间屋子丫头们将灯火俱已点齐,太太们各梳洗毕,爷们亦各整顿好了。一到卯初,林之孝和赖大进来,至二门口回道:"轿车俱已齐备,在门外伺候着呢。"不一时,贾赦、邢夫人也过来了。大家用了早饭。凤姐先扶老太太出来,众人围随,各带使女一人,缓缓前行。又命李贵等二人先骑马去外宫门接应,自己家眷随后。"文"字辈至"草"字辈各自登车骑马,跟着众家人,一齐去了。贾琏、贾蓉在家中看家。

且说贾家的车辆轿马,俱在外西垣门口歇下等着。一回儿,有两个内监出来说:"贾府省亲的太太、奶奶们,着令入宫探问,爷们俱着令内宫门外请安,不得入见。"门上人叫快进去。贾府中四乘轿子跟着小内监前行,贾家爷们在轿后步行跟着,令众家人在外等候。走近宫门口,只见几个老公在门上坐着,见他们来了,便站起来说道:"贾府爷们至此。"贾赦、贾政便挨次立定。轿子抬至宫门口,便都出了轿。早几个小内监引路,贾母等各有丫头扶着步行。走至元妃寝宫,只见奎壁　辉煌,琉璃照耀。又有两个小宫女儿传谕道:"只用请安,一概仪注都免。"贾母等谢了恩,来至床前请安毕,元妃都赐了坐。贾母等又告了坐。元妃便向贾母道:"近日身上可好?"贾母扶着小丫头,颤颤巍巍站起来,答应道:"托娘娘洪福,起居尚健。"元妃又向邢夫人、王夫人问了好,邢、王二夫人站着回了话。元妃又问凤姐家中过的日子若何,凤姐站起来,回奏道:"尚可支持。"元妃道:"这几年来,难为你操心。"凤姐正要站起来回奏,只见一个宫女传进许多职名,请娘娘龙目。元妃看时,就是贾赦、贾政等若干人。那元妃看了职名,眼圈儿一红,止不住流下泪来。宫女儿递过绢子,元妃一面拭泪,一面传谕道:"今日稍安,令他们外面暂歇。"贾母等站起来,又谢了恩。元妃含泪道:"父女弟兄,反不如小家子得以常常亲近。"贾母等都忍着泪道:"娘娘不用悲伤,家中已托着娘娘的福多了。"元妃又问:"宝玉近来若何?"贾母道:"近来颇肯念书。因他父亲逼得严紧,如今文字也都做上来了。"元妃道:"这样才好。"遂命外宫赐宴,便有两个宫女儿、四个小太监引了到一座宫里,已摆得齐整,各按坐次坐了。不必细述。一时吃完了饭,贾母带着他婆媳三人谢过宴,又耽搁了一回。看看已近酉初,不敢羁留,俱各辞了出来。元妃命宫女儿引道,送至内宫门,门外仍是四个小太监送出。贾母等依旧坐着轿子出来,贾赦接着,大伙儿一齐回去。到家又要安排明后日进宫,仍令照应齐集。不提。

且说薛家夏金桂赶了薛蟠出去,日间拌嘴没有对头,秋菱又住在宝钗那边去了,只剩得宝蟾一人同住。既给与薛蟠作妾,宝蟾的意气又不比从前了。金桂看去,更是一个对头,自己也后悔不来。一日,吃了几杯闷酒,躺在炕上,便要借那宝蟾做个醒酒汤儿,因问着宝蟾道:"大爷前日出门,到底是到那里去?你自然是知道的了。"宝蟾道:"我那里知道。他在奶奶跟前还不说,谁知道他那些事!"金桂冷笑道:"如今还有什么奶奶太太的,都是你们的世界了。别人是惹不得的,有人护庇着,我也不敢去虎头上捉虱子。你还是我的丫头,问你一句话,你就和我摔脸子,说塞话。你既这么有势力,为什么不把我勒死了?你和秋菱不拘谁做了奶奶,那不清淨了么!偏我又不死,碍着你们的道儿。"宝蟾听了这话,那里受得住,便眼睛直直的瞅着金桂道:"奶奶这些闲话只好说给别人听去,我并没和奶奶说什么。奶奶不敢惹人家,何苦来拿着我们小软儿出气呢。正经的,奶奶又装听不见,没事人一大堆了。"说着,便哭天哭地起来。金桂越发性起,便爬下炕来,要打宝蟾。宝蟾也是夏家的风气,半点儿不让。金桂将桌椅杯盏尽行打翻,那宝蟾只管喊冤叫屈,那里理会他半点儿。

岂知薛姨妈在宝钗房中听见如此吵嚷,叫香菱:"你去瞧瞧,且劝劝她。"宝钗道:"使不得!妈妈别叫她去。她去了岂能劝她,那更是火上浇了油了。"薛姨妈道:"既这么样,我自己过去。"宝钗道:"依我说妈妈也不用去,由着她们闹去罢。这也是没法儿的事了。"薛姨妈道:"这那里还了得!"说着,自己扶了丫头,往金桂这边来。宝钗只得也跟着过去,又嘱咐香菱道:"你在这里罢。"

母女同至金桂房门口,听见里头正还嚷哭不止。薛姨妈道:"你们是怎么着,又这样家翻宅乱起来,这还像个人家儿吗!矮牆浅屋的,难道都不怕亲戚们听见笑话了么?"金桂屋里接声道:"我倒怕人笑话呢!只是这里扫帚颠倒竖,也没有主子,也没有奴才,也没有妻,没有妾,是个混账世界了。我们夏家门子里没见过这样规矩,实在受不得你们家这样委屈了!"宝钗道:"大嫂子,妈妈因听见闹得慌,才过来的。就是问的急了些,没有分清'奶奶''宝蟾'两字,也没有什么。如今且先把事情说开,大家和和气气的过日子,也省的妈妈天天为咱们操心。"那薛姨妈道:"是啊,先把事情说开了,你再问我的不是还不迟呢。"金桂道:"好姑娘,好姑娘,你是个大贤大德的。你日后必定有个好人家,好女婿,决不像我这样守活寡,举眼无亲,叫人家骑上头来欺负我的。我是个没心眼儿的人,只求姑娘,我说话别往死里挑捡,我从小儿到如今,没有爹娘教导。再者我们屋里老婆、汉子、大女人、小女人的事,姑娘也管不得!"宝钗听了这话,又是羞,又是气,见他母亲这样光景,又是疼不过,因忍了气,说道:"大嫂子,我劝你少说句儿罢。谁挑捡你?又是谁欺负你?不要说是嫂子,就是秋菱,我也从来没有加她一点声气儿的。"金桂听了这几句话,更加拍着炕沿大哭起来说:"我那里比得秋菱,连她脚底下的泥我还跟不上呢!她是来久了的,知道姑娘的心事,又会献勤儿;我是新来的,又不会献勤儿,如何拿我比她。何苦来,天下有几个都是贵妃的命,行点好儿罢!别修的像我嫁个烟涂行子守活寡,那就是活活儿的现了眼了!"薛姨妈听到这里,万分气不过,便站起身来道:"不是我护着自己的女孩儿,她句句劝你,你却句句怄她。你有什么过不去,不要寻她,勒死我倒也是希鬆的。"宝钗忙劝道:"妈妈,你老人家不用动气。咱们既来劝她,自己生气,倒多了层气。不如且出去,等嫂子歇歇儿再说。"因吩咐宝蟾道："你可别再多嘴了。"跟了薛姨妈出得房来。

走过院子里，只见贾母身边的丫头同着秋菱迎面走来。薛姨妈道："你从那里来，老太太身上可安？"那丫头道："老太太身上好，叫来请姨太太安，还谢谢前儿的荔枝，还给琴姑娘道喜。"宝钗道："你多早晚来的？"那丫头道："来了好一会子了。"薛姨妈料她知道，红着脸说道："这如今我们家里闹得也不像个过日子的人家了，叫你们那边听见笑话。"丫头道："姨太太说那里的话，谁家没个碟大碗小磕着碰着的呢。那是姨太太多心罢咧。"说着，跟了回到薛姨妈房中，略坐了一回就去了。宝钗正嘱咐香菱些话，只听薛姨妈忽然叫道："左肋疼痛的很。"说着，便向炕上躺下。唬得宝钗、香菱二人手足无措。要知后事如何，下回分解。

第 84 回 试文字宝玉始提亲 探惊风贾环重结怨

也等不及医生来看，先叫人去买了几钱钩藤来，浓浓的煎了一碗，给他母亲吃了。又和秋菱给薛姨妈捶腿揉胸，停了一会儿，略觉安顿。这薛姨妈只是又悲又气，气的是金桂撒泼，悲的是宝钗有涵养，倒觉可怜。宝钗又劝了一回，不知不觉的睡了一觉，肝气也渐渐平复了。宝钗便说道："妈妈，你这种闲气不要放在心上才好。过几天走的动了，乐得往那边老太太、姨妈处去说说话儿散散闷也好。家里横竖有我和秋菱照看着，谅她不敢怎么样。"薛姨妈点点头道："过两日看罢了。"

且说元妃疾愈之后，家中俱各喜欢。过了几日，有几个老公走来，带着东西银两，宣贵妃娘娘之命，因家中省问勤劳，俱有赏赐。把物件银两一一交代清楚。贾赦、贾政等禀明了贾母，一齐谢恩毕，太监吃了茶去了。大家回到贾母房中，说笑了一回。外面老婆子传进来说："小厮们来回道，那边有人请大老爷说要紧的话呢。"贾母便向贾赦道："你去罢。"贾赦答应着，退出来自去了。

这里贾母忽然想起，和贾政笑道："娘娘心里却甚实惦记着宝玉，前儿还特特的问他来着呢。"贾政陪笑道："只是宝玉不大肯念书，辜负了娘娘的美意。"贾母道："我倒给他上了个好儿，说他近日文章都做上来了。"贾政笑道："那里能像老太太的话呢。"贾母道："你们时常叫他出去作诗作文，难道他都没作上来么。小孩子家慢慢的教导他，可是人家说的，'胖子也不是一口儿吃的'。"贾政听了这话，忙陪笑道："老太太说的是。"贾母又道："提起宝玉，我还有一件事和你商量。如今他也大了，你们也该留神看一个好孩子给他定下。这也是他终身的大事。也别论远近亲戚，什么穷啊富的，只要深知那姑娘的脾性儿好，模样儿周正的就好。"贾政道："老太太吩咐的很是。但只一件，姑娘也要好，第一要他自己学好才好，不然，不稂不莠的，反倒耽误了人家的女孩儿，岂不可惜。"贾母听了这话，心里却有些不喜欢，便说道："论起来，现放着你们作父母的，哪里用我去操心。但只我想宝玉这孩子从小儿跟着我，未免多疼他一点儿，耽误了他成人的正事，也是有的。只是我看他那生来的模样儿也还齐整，心性儿也还实在，未必一定是那种没出息的，必至遭塌了人家的女孩儿。也不知是我偏心，我看着横竖比环儿略好些，不知你们看着怎么样。"几句话说得贾政心中甚实不安，连忙陪笑道："老太太看的人也多了，既说他好，有造化的，想来是不错的。只是儿子望他成人性儿太急了一点，或者竟和古人的话相反，倒是'莫知其子之美'了。"一句话把贾母也怄笑了，众人也都陪着笑了。贾母因说道："你这会子也有了几岁年纪，又居着官，自然越历练越老成。"说到这里，回头瞅着邢夫人和王夫人笑道："想他那年轻的时侯，那一种古怪脾气，比宝玉还加一倍呢。直等娶了媳妇，才略略的懂了些人事儿。如今只抱怨宝玉，这会子我看宝玉比他还略体些人情儿呢。"说的邢夫人、王夫人都笑了。因说道："老太太又说起逗笑儿的话儿来了。"说着，小丫头子们进来告诉鸳鸯："请示老太太，晚饭伺侯下了。"贾母便问："你们又咕咕唧唧的说什么？"鸳鸯笑着回明了。贾母道："那么着，你们也都吃饭去罢，单留凤姐儿和珍哥媳妇跟着我吃罢。"贾政及邢、王二夫人都答应着，伺侯摆上饭来。贾母又催了一遍，才都退出各散。

却说邢夫人自去了。贾政同王夫人进入房中。贾政因提起贾母方才的话来，说道："老太太这样疼宝玉，毕竟要他有些实学，日后可以混得功名才好，不枉老太太疼他一场，也不至糟塌了人家的女儿。"王夫人道："老爷这话自然是该当的。"贾政因着个屋里的丫头传出去告诉李贵："宝玉放学回来，索性吃饭后再叫他过来，说我还要问他话呢。"李贵答应了"是"。至宝玉放了学，刚要过来请安，只见李贵道："二爷先不用过去。老爷吩咐了，今日叫二爷吃了饭再过去呢，听见还有话问二爷呢。"宝玉听了这话，又是一个闷雷。只得见过贾母，便回园吃饭。三口两口吃完，忙漱了口，便往贾政这边来。

贾政此时在内书房坐着，宝玉进来请了安，一旁侍立。贾政问道："这几日我心上有事，也忘了问你。那一日，你说你师父叫你讲一个月的书就要给你开笔，如今算来将两个月了，你到底开了笔了没有？"宝玉道："才做过三次。师父说，且不必回老爷知道，等好些，再回老爷知道罢。因此这两天总没敢回。"贾政道："是什么题目？"宝玉道："一个是《吾十有五而志于学》，一个是《人不知而不愠》，一个是《则归墨》三字。"贾政道："都有稿儿么？"宝玉道："都是做了抄出来师父又改的。"贾政道："你带了家来了，还是在学房里呢？"宝玉道："在学房里呢。"贾政道："叫人取了来我瞧。"宝玉连忙叫人传话与茗烟："叫他往学房中去，我书桌子抽屉里有一本薄薄儿竹纸本子，上面写着'窗课'两字的就是，快拿来。"一回儿茗烟拿了来递给宝玉。宝玉呈与贾政。贾政翻开看时，见头一篇写着题目是《吾十有五而志于学》。他原本破的是"圣人有志于学，幼而已然矣。"代儒却将幼字抹去，明用"十五"。贾政道："你原本'幼'字便扣不清题目了。'幼'字是从小起至十六以前都是'幼'。这章书是圣人自言学问工夫与年俱进的话，所以十五、三十、四十、五十、六十、七十俱要明点出来，才见得到了几时有这么个光景，到了几时又有那么个光景。师父把你'幼'字改了'十五'，便明白了好些。"看到承题，那抹去的原本云："夫不志于学，人之常也。"贾政摇头道："不但是孩子气，可见你本性不是个学者的志气。"又看后句，"圣人十五而志之，不亦难乎"，说道："这更不成话了。"然后看代儒的改本云："夫人孰不学，而志于学者卒鲜。此圣人所为自信于十五时欤？"便问："改的懂得么？"宝玉答应道："懂得。"又看第二艺，题目是《不知而不愠》，便先看代儒的改本云："不以不知而愠者，终无改其说乐矣。"方觑着眼看那抹去的底本，说道："你是什么？——'能无愠人之心，纯乎学者也。'上一句似单做了'而不愠'三个字的题目，下一句又犯了下文'君子'的分界。必如改笔才合题位呢。且下句找清上文，方是书理。须要细心领略。"宝玉答应着。贾政又往下看，"夫不知，未有不愠者也；而竟不然。是非由说而乐者，曷克臻此？"原本末句"非纯学者乎"。贾政道："这也与破题同病的。这改的也罢了，不过清楚，还说得去。"第三艺是《则归墨》，贾政看了题目，自己扬着头想了一想，因问宝玉道："你的书讲到这里了么？"宝玉道："师父说，《孟子》好懂些，所以倒先讲《孟子》，大前日才讲完了。如今讲'上论语'呢。"贾政因看这个破、承，倒没大改。破题云："言于舍杨之外，若别无所归者焉。"贾政道："第二句倒难为你。""夫墨，非欲归者也；而墨之言已半天下矣，则舍杨之外，欲不归于墨，得乎？"贾政道："这是你做的么？"宝玉答应道："是。"贾政点点头儿，因说道："这也并没有什么出色处，但初试笔能如此，还算不离。前年我在任上时，还出过《惟士为能》这个题目。那些童生都读过前人这篇，不能自出心裁，每多抄袭。你念过没有？”宝玉道：“也念过。”贾政道：“我要你另换个主意，不许雷同了前人，只做个破题也使得。”宝玉只得答应着，低头搜索枯肠。贾政背着手，也在门口站着作想。只见一个小小厮往外飞走，看见贾政，连忙侧身垂手站住。贾政便问道：“作什么？”小厮回道：“老太太那边姨太太来了，二奶奶传出话来，叫预备饭呢。”贾政听了，也没言语。那小厮自去了。

谁知宝玉自从宝钗搬回家去，十分想念，听见薛姨妈来了，只当宝钗同来，心中早已忙了，便乍着胆子回道：“破题倒作了一个，但不知是不是。”贾政道：“你念来我听。”宝玉念道：“天下不皆士也，能无产者亦仅矣。”贾政听了，点着头道：“也还使得。以后作文，总要把界限分清，把神理想明白了，再去动笔。你来的时侯老太太知道不知道？”宝玉道：“知道的。”贾政道：“既如此，你还到老太太处去罢。”宝玉答应了个“是”，只得拿捏着慢慢的退出，刚过穿廊月洞门的影屏，便一熘烟跑到老太太院门口。急得茗烟在后头赶着叫：“看跌倒了！老爷来了。”宝玉那里听得见。刚进得门来，便听见王夫人、凤姐、探春等笑语之声。

丫鬟们见宝玉来了，连忙打起帘子，悄悄告诉道：“姨太太在这里呢。”宝玉赶忙进来给薛姨妈请安，过来才给贾母请了晚安。贾母便问：“你今儿怎么这早晚才散学？”宝玉悉把贾政看文章并命作破题的话述了一遍。贾母笑容满面。宝玉因问众人道：“宝姐姐在那里坐着呢？”薛姨妈笑道：“你宝姐姐没过来，家里和香菱作活呢。”宝玉听了，心中索然，又不好就走。只见说着话儿已摆上饭来，自然是贾母、薛姨妈上坐，探春等陪坐。薛姨妈道：“宝哥儿呢？”贾母忙笑说道：“宝玉跟着我这边坐罢。”宝玉连忙回道：“头里散学时，李贵传老爷的话，叫吃了饭过去。我赶着要了一碟菜，泡茶吃了一碗饭，就过去了。老太太和姨妈、姐姐们用罢。”贾母道：“既这么着，凤丫头就过来跟着我。你太太才说他今儿吃斋，叫他们自己吃去罢。”王夫人也道：“你跟着老太太、姨太太吃罢，不用等我，我吃斋呢。”于是凤姐告了坐，丫头安了杯箸，凤姐执壶斟了一巡，才归坐。

大家吃着酒。贾母便问道：“可是，才姨太太提香菱，我听见前儿丫头们说‘秋菱’，不知是谁，问起来才知道是她。怎么那孩子好好的又改了名字呢？”薛姨妈满脸飞红，叹了一口气道：“老太太再别提起。自从蟠儿娶了这个不知好歹的媳妇，成日家咕咕唧唧，如今闹的也不成个人家了。我也说过她几次，她牛心不听说，我也没那么大精神和他们尽着吵去，只好由他们去。可不是，她嫌这丫头的名儿不好，改的。”贾母道：“名儿什么要紧的事呢？”薛姨妈道：“说起来我也怪臊的，其实老太太这边有什么不知道的。她那里是为这名儿不好，听见说她因为是宝丫头起的，她才有心要改。”贾母道：“这又是什么原故呢？”薛姨妈把手绢子不住的擦眼泪，未曾说，又叹了一口气，道：“老太太还不知道呢，这如今媳妇子专和宝丫头怄气。前日老太太打发人看我去，我们家里正闹呢。”贾母连忙接着问道：“可是，前儿听见姨太太肝气疼，要打发人看去；后来听见说好了，所以没着人去。依我劝，姨太太竟把他们别放在心上。再者，他们也是新过门的小夫妻，过些时自然就好了。我看宝丫头性格儿温厚和平，虽然年轻，比大人还强几倍。前日那小丫头子回来说，我们这边还都赞叹了他一会子。都像宝丫头那样心胸儿脾气儿，真是百里挑一的。不是我说句冒失话，那给人家做了媳妇儿，怎么叫公婆不疼，家里上上下下的不宾服呢。”宝玉头里已经听烦了，推故要走，及听见这话，又坐了，呆呆的往下听。薛姨妈道：“不中用。她虽好，到底是女孩儿家。养了蟠儿这个糊涂孩子，真真叫我不放心，只怕在外头喝点子酒，闹出事来。幸亏老太太这里的大爷、二爷常和他在一块儿，我还放点儿心。”宝玉听到这里，便接口道：“姨妈更不用悬心。薛大哥相好的都是些正经买卖大客人，都是有体面的，那里就闹出事来。”薛姨妈笑道：“依你这样说，我敢只不用操心了。”说话间，饭已吃完。宝玉先告辞了，晚间还要看书，便各自去了。

这里丫头们刚捧上茶来，只见琥珀走过来向贾母耳朵旁边说了几句，贾母便向凤姐儿道：“你快去罢，瞧瞧巧姐儿去罢。”凤姐听了，还不知何故，大家也怔了。琥珀遂过来向凤姐道：“刚才平儿打发小丫头子来回二奶奶，说巧姐儿身上不大好，请二奶奶忙着些过来才好呢。”贾母因说道：“你快去罢，姨太太也不是外人。”凤姐连忙答应，在薛姨妈跟前告了辞。又见王夫人说道：“你先过去，我就去。小孩子家魂儿还不全呢，别叫丫头们大惊小怪的，屋里的猫儿狗儿，也叫他们留点神儿。尽着孩子贵气，偏有这些琐碎。”凤姐答应了，然后带了小丫头回房去了。

这里薛姨妈又问了一回黛玉的病。贾母道：“林丫头那孩子倒罢了，只是心重些，所以身子就不大很结实了。要赌灵性儿，也和宝丫头不差什么，要赌宽厚待人里头，却不济他宝姐姐有耽待、有尽让了。”薛姨妈又说了两句闲话儿，便道：“老太太歇子着罢。我也要到家里去看看，只剩下宝丫头和香菱了。打那么同着姨太太看看巧姐儿。”贾母道：“正是。姨太太上年纪的人，看看是怎么不好，说给他们，也得点主意儿。”薛姨妈便告辞，同着王夫人出来，往凤姐院里去了。

却说贾政试了宝玉一番，心里却也喜欢，走向外面和那些门客闲谈。说起方才的话来，便有新进到来、最善大棋的一个王尔调名作梅的说道：“据我们看来，宝二爷的学问已是大进了。”贾政道：“那有进益，不过略懂得些罢咧，‘学问’两个字早得很呢。”詹光道：“这是老世翁过谦的话。不但王大兄这般说，就是我们看，宝二爷必定要高发的。”贾政笑道：“这也是诸位过爱的意思。”

那王尔调又道：“晚生还有一句话，不揣冒昧，和老世翁商议。”贾政道：“什么事？”王尔调陪笑道：“也是晚生的相与，做过南韶道的张大老爷家有一位小姐，说是生得德容功貌俱全，此时尚未受聘。他又没有儿子，家资巨万。但是要富贵双全的人家，女婿又要出众，才肯作亲。晚生来了两个月，瞧着宝二爷的人品学业，都是必要大成的。老世翁这样门楣，还有何说。若晚生过去，包管一说就成。”贾政道：“宝玉说亲却也是年纪了，并且老太太常说起。但只张大老爷素来尚未深悉。”詹光道：“王兄所提张家，晚生却也知道。况和大老爷那边是旧亲，老世翁一问便知。”贾政想了一回，道：“大老爷那边不曾听得这门亲戚。”詹光道：“老世翁原来不知，这张府上原和邢舅太爷那边有亲的。”贾政听了，方知是邢夫人的亲戚。

坐了一回，进来了，便要同王夫人说知，转问邢夫人去。谁知王夫人陪了薛姨妈到凤姐那边看巧姐儿去了。那天已经掌灯时候，薛姨妈去了，王夫人才过来了。贾政告诉了王尔调和詹光的话，又问巧姐儿怎么了。王夫人道：“怕是惊风的光景。”贾政道：“不甚利害呀？”王夫人道：“看着是搐风的来头，只还没搐出来呢。”贾政听了，便不言语，各自安歇，一宿晚景不提。

却说次日邢夫人过贾母这边来请安，王夫人便提起张家的事，一面回贾母，一面问邢夫人。邢夫人道：“张家虽係老亲，但近年来久已不通音信，不知他家的姑娘是怎么样的。倒是前日孙亲家太太打发老婆子来问安，却说起张家的事，说他家有个姑娘，托孙亲家那边有对劲的提一提。听见说只这一个女孩儿，十分娇养，也识得几个字，见不得大阵仗儿，常在房中不出来的。张大老爷又说，只有这一个女孩儿，不肯嫁出去，怕人家公婆严，姑娘受不得委屈，必要女婿过门赘在他家，给他料理些家事。”贾母听到这里，不等说完，便道：“这断使不得。我们宝玉别人服侍他还不够呢，倒给人家当家去！”邢夫人道：“正是老太太这个话。”贾母因向王夫人道：“你回来告诉你老爷，就说我的话，这张家的亲事是作不得的。”王夫人答应了。贾母便问："你们昨日看巧姐儿怎么样？头里平儿来回我，说很不大好，我也要过去看看呢。"邢、王二夫人道："老太太虽疼她，她那里耽的住。"贾母道："却也不止为她，我也要走动走动，活活筋骨儿。"说着，便吩咐："你们吃饭去罢，回来同我过去。"邢、王二夫人答应着出来，各自去了。

一时吃了饭，都来陪贾母到凤姐房中。凤姐连忙出来接了进去。贾母便问："巧姐儿到底怎么样？"凤姐儿道："只怕是搐风的来头。"贾母道："这么着还不请人赶着瞧！"凤姐道："已经请去了。"贾母因同邢、王二夫人进房来看，只见奶子抱着，用桃红绫子小绵被儿裹着，脸皮趣青，眉梢鼻翅微有动意。贾母同邢、王二夫人看了看，便出外间坐下。正说间，只见一个小丫头回凤姐道："老爷打发人问姐儿怎么样。"凤姐道："替我回老爷，就说请大夫去了。一会儿开了方子，就过去回老爷。"

贾母忽然想起张家的事来，向王夫人道："你该就去告诉你老爷，省得人家去说了回来，又驳回。"又问邢夫人道："你们和张家如今为什么不走了？"邢夫人因又说："论起那张家行事，也难和咱们作亲，太啬克，没的玷辱了宝玉。"凤姐听了这话，已知八九，便问道："太太不是说宝兄弟的亲事？"邢夫人道："可不是么。"贾母接着因把刚才的话告诉凤姐。凤姐笑道："不是我当着老祖宗太太们跟前说句大胆的话，现放着天配的姻缘，何用别处去找。"贾母笑问道："在那里？"

凤姐道："一个'宝玉'，一个'金锁'，老太太怎么忘了？"贾母笑了一笑，因说："昨日你姑妈在这里，你为什么不提？"凤姐道："老祖宗和太太们在前头，那里有我们小孩子家说话的地方儿。况且姨妈过来瞧老祖宗，怎么提这些个，这也得太太们过去求亲才是。"贾母笑了，邢、王二夫人也都笑了。贾母因道："可是我背晦了。"

说着人回："大夫来了。"贾母便坐在外间，邢、王二夫人略避。那大夫同贾琏进来，给贾母请了安，方进房中。看了出来，站在地下，躬身回贾母道："妞儿一半是内热，一半是惊风。须先用一剂发散风痰药，还要用四神散才好，因病势来得不轻。如今的牛黄都是假的，要找真牛黄方用得。"贾母道了乏，那大夫同贾琏出去开了方子，去了。凤姐道："人参家里常有，这牛黄倒怕未必有，外头买去，只是要真的才好。"王夫人道："等我打发人到姨太太那边去找找。他家蟠儿是向与那些西客们做买卖，或者有真的也未可知。我叫人去问问。"正说话间，众姊妹都来瞧来了，坐了一回，也都跟着贾母等去了。

这里煎了药，给巧姐儿灌了下去，只听"喀"的一声，连药带痰都吐出来，凤姐才略放了一点儿心。只见王夫人那边的小丫头拿着一点儿的小红纸包儿，说道："二奶奶，牛黄有了。太太说了，叫二奶奶亲自把分两对准了呢。"凤姐答应着接过来，便叫平儿配齐了真珠、冰片、朱砂，快熬起来。自己用戥子按方秤了，搀在里面，等巧姐儿醒了好给她吃。只见贾环掀帘进来说："二姐姐，你们巧姐儿怎么了？妈叫我来瞧瞧她。"凤姐见了他母子便嫌，说："好些了。你回去说，叫你们姨娘想着。"那贾环口里答应，只管各处瞧看。看了一回，便问凤姐儿道："你这里听的说有牛黄，不知牛黄是怎么个样儿，给我瞧瞧呢。"凤姐道："你别在这里闹了，妞儿才好些。那牛黄都煎上了。"贾环听了，便去伸手拿那吊子瞧时，岂知措手不及，"沸"的一声，吊子倒了，火已泼灭了一半。贾环见不是事，自觉没趣，连忙跑了。凤姐急的火星直爆，骂道："真真哪一世的对头冤家！你何苦来，还来使促狭！从前你妈要想害我，如今又来害妞儿。我和你几辈子的仇呢？"一面骂平儿不照应。正骂着，只见丫头来找贾环。凤姐道："你去告诉赵姨娘，说她操心也太苦了。巧姐儿死定了，不用她惦着了！"平儿急忙在那里配药再熬，那丫头摸不着头脑，便悄悄问平儿道："二奶奶为什么生气？"平儿将环哥弄倒药吊子说了一遍。丫头道："怪不得他不敢回来，躲了别处去了。这环哥儿明日还不知怎么样呢。平姐姐，我替你收拾罢。"平儿说："这倒不消。幸亏牛黄还有一点，如今配好了，你去罢。"丫头道："我一准回去告诉赵姨奶奶，也省得她天天说嘴。"

丫头回去果然告诉了赵姨娘。赵姨娘气的叫："快找环儿！"环儿在外间屋子里躲着，被丫头找了来。赵姨娘便骂道："你这个下作种子！你为什么弄洒了人家的药，招的人家咒骂。我原叫你去问一声，不用进去，你偏进去，又不就走，还要虎头上捉虱子。你看我回了老爷，打你不打！"这里赵姨娘正说着，只听贾环在外间屋子里更说出些惊心动魄的话来。未知何言，下回分解。

第 85 回 贾存周报升郎中任 薛文起复惹放流刑

话说赵姨娘正在屋里抱怨贾环，只听贾环在外间屋里发话道："我不过弄倒了药吊子，洒了一点子药，那丫头子又没就死了，值的她也骂我，你也骂我，赖我心坏，把我往死里糟塌。等着我明儿还要那小丫头子的命呢，看你们怎么着！只叫她们提防着就是了。"那赵姨娘赶忙从里间出来，握住他的嘴说道："你还只管信口胡吣，还叫人家先要了我的命呢！"娘儿两个吵了一回。赵姨娘听见凤姐的话，越想越气，也不着人来安慰凤姐一声儿。过了几天，巧姐儿也好了。因此两边结怨比从前更加一层了。

一日，林之孝进来回道："今日是北静郡王生日，请老爷的示下。"贾政吩咐道："只按向年旧例办了，回大老爷知道，送去就是了。"林之孝答应了，自去办理。不一时，贾赦过来同贾政商议，带了贾珍、贾琏、宝玉去与北静王拜寿。别人还不理论，惟有宝玉素日仰慕北静王的容貌威仪，巴不得常见才好，遂连忙换了衣服，跟着来到北府。贾赦、贾政递了职名候谕。不多时，里面出来了一个太监，手里掐着数珠儿，见了贾赦、贾政，笑嘻嘻的说道："二位老爷好？"贾赦、贾政也都赶忙问好。他兄弟三人也过来问了好。那太监道："王爷叫请进去呢。"于是爷儿五个跟着那太监进入府中，过了两层门，转过一层殿去，里面方是内宫门。刚到门前，大家站住，那太监先进去回王爷去了。这里门上小太监都迎着问了好。一时那太监出来，说了个"请"字，爷儿五个肃敬跟入。

只见北静郡王穿着礼服，已迎到殿门廊下。贾赦、贾政先上来请安，捱次便是珍、琏、宝玉请安。那北静郡王单拉着宝玉道："我久不见你，很惦记你。"因又笑问道："你那块玉儿好？"宝玉躬着身，打着一半千儿，回道："蒙王爷福庇，都好。"北静王道："今日你来，没有什么好东西给你吃的，倒是大家说说话儿罢。"说着，几个老公打起帘子，北静王说"请"，自己却先进去，然后贾赦等都躬着身跟进去。先是贾赦请北静王受礼，北静王也说了两句谦辞，那贾赦早已跪下，次及贾政等捱次行礼，自不必说。

那贾赦等复肃敬退出。北静王吩咐太监等让在众戚旧一处，好生款待，却单留宝玉在这里说话儿，又赏了坐。宝玉又磕头谢了恩，在挨门边绣墩上侧坐，说了一回读书作文诸事。北静王甚加爱惜，又赏了茶，因说道："昨儿巡抚吴大人来陛见，说起令尊翁前任学政时，秉公办事，凡属生童，俱心服之至。他陛见时，万岁爷也曾问过，他也十分保举，可知是令尊翁的喜兆。"宝玉连忙站起，听毕这一段话，才回启道："此是王爷的恩典，吴大人的盛情。"正说着，小太监进来回道："外面诸位大人老爷都在前殿谢王爷赏宴。"说着，呈上谢宴并请午安的帖子 来。北静王略看了一看，仍递给小太监，笑了一笑，说道："知道了，劳动他们。"那小太监又回道："这贾宝玉王爷单赏的饭预备了。"北静王便命那太监带了宝玉到一所极小巧精致的院里，派人陪着吃了饭，又过来谢了恩。北静王又说了些好话儿，忽然笑说道："我前次见你那块玉倒有趣儿，回来说了个式样，叫他们也作了一块来。今日你来得正好，就给你带回去玩罢。"因命小太监取来，亲手递给宝玉。宝玉接过来捧着，又谢了，然后退出。北静王又命两个小太监跟出来，才同着贾赦等回来了。贾赦便各自回院里去。

这里贾政带着他三人回来，见过贾母，请过了安，说了一回府里遇见的人。宝玉又回了贾政吴大人陛见保举的话。贾政道："这吴大人本来咱们相好，也是我辈中人，还倒是有骨气的。"又说了几句闲话儿，贾母便叫"歇着去罢。"贾政退出，珍、琏、宝玉都跟到门口。贾政道："你们都回去陪老太太坐着去罢。"说着，便回房去。刚坐了一坐，只见一个小丫头回道："外面林之孝请老爷回话。"说着递上个红单帖来，写着吴巡抚的名字。贾政知是来拜，便叫小丫头叫林之孝进来。贾政出至廊檐下。林之孝进来回道："今日巡抚吴大人来拜，奴才回了去了。再奴才还听见说，现今工部出了一个郎中缺，外头人和部里都吵嚷是老爷拟正呢。"贾政道："瞧罢咧。"林之孝又回了几句话，才出去了。

且说珍、琏、宝玉三人回去，独有宝玉到贾母那边，一面述说北静王待他的光景，并拿出玉来。大家看着笑了一回。贾母因命人："给他收起去罢，别丢了。"因问："你那块玉好生带着罢？别闹混了。"宝玉在项上摘了下来，说："这不是我那一块玉，那里就掉了呢。比起来，两块玉差远着呢，那里混得过。我正要告诉老太太，前儿晚上我睡的时候，把玉摘下来挂在帐子里，他竟放起光来了，满帐子都是红的。"贾母说道："又胡说了，帐子的檐子是红的，火光照着，自然红是有的。"宝玉道："不是。那时候灯已灭了，屋里都漆黑的了，还看得见他呢。"邢、王二夫人抿着嘴笑。凤姐道："这是喜信发动了。"宝玉道："什么喜信？"贾母道："你不懂得。今儿个闹了一天，你去歇歇儿去罢，别在这里说呆话了。"宝玉又站了一回儿，才回园中去了。

这里贾母问道："正是。你们去看薛姨妈说起这事没有？"王夫人道："本来就要去看的，因凤丫头为巧姐儿病着，耽搁了两天，今日才去的。这事我们都告诉了，姨妈倒也十分愿意，只说蟠儿这时侯不在家，目今他父亲没了，只得和他商量商量再办。"贾母道："这也是情理的话。既这么样，大家先别提起，等姨太太那边商量定了再说。"

不说贾母处谈论亲事，且说宝玉回到自己房中，告诉袭人道："老太太与凤姐姐方才说话含含煳煳，不知是什么意思。"袭人想了想，笑了一笑道："这个我也猜不着。但只刚才说这些话时，林姑娘在跟前没有？"宝玉道："林姑娘才病起来，这些时何曾到老太太那边去呢。"正说着，只听外间屋里麝月与秋纹拌嘴。袭人道："你两个又闹什么？"麝月道："我们两个斗牌，她赢了我的钱，她拿了去，她输了钱，就不肯拿出来。这也罢了，她倒把我的钱都抢了去了。"宝玉笑道："几个钱什么要紧，傻丫头，不许闹了。"说的两个人都咕嘟着嘴，坐着去了。这里袭人打发宝玉睡下。不提。

却说袭人听了宝玉方才的话，也明知是给宝玉提亲的事。因恐宝玉每有痴想，这一提起，不知又招出他多少呆话来，所以故作不知，自己心上却也是头一件关切的事。夜间躺着想了个主意，不如去见见紫鹃，看他有什么动静，自然就知道了。

次日一早起来，打发宝玉上了学，自己梳洗了，便慢慢的去到潇湘馆来。只见紫鹃正在那里掐花儿呢，见袭人进来，便笑嘻嘻的道："姐姐屋里坐着。"袭人道："坐着，妹妹掐花儿呢吗？姑娘呢？"紫鹃道："姑娘才梳洗完了，等着温药呢。"紫鹃一面说着，一面同袭人进来。见了黛玉正在那里拿着一本书看。袭人陪着笑道："姑娘怨不得劳神，起来就看书。我们宝二爷念书，若能像姑娘这样，岂不好了呢！"黛玉笑着把书放下。雪雁已拿着个小茶盘里托着一钟药，一钟水，小丫头在后面捧着痰盒、漱盂进来。原来袭人来时要探探口气，坐了一回，无处入话，又想着黛玉最是心多，探不成消息，再惹着了她倒是不好，又坐了坐，搭讪着辞了出来了。

将到怡红院门口，只见两个人在那里站着呢。袭人不便往前走，那一个早看见了，连忙跑过来。袭人一看，却是锄药，因问"你作什么？"锄药道："刚才芸二爷来了，拿了个帖儿，说给咱们宝二爷瞧的，在这里候信。"袭人道："宝二爷天天上学，你难道不知道，还候什么信呢。"锄药笑道："我告诉他了。他叫告诉姑娘，听姑娘的信呢。"袭人正要说话，只见那一个也慢慢的蹭了过来，细看时，就是贾芸，熘熘湫湫往这边来了。袭人见是贾芸，连忙向锄药道："你告诉说知道了，回来给宝二爷瞧罢。"那贾芸原要过来和袭人说话，无非亲近之意，又不敢造次，只得慢慢踱来。相离不远，不想袭人说出这话，自己也不好再往前走，只好站住。这里袭人已掉背脸，往回里去了。贾芸只得怏怏而回，同锄药出去了。

晚间宝玉回房，袭人便回道："今日廊下小芸二爷来了。"宝玉道："作什么？"袭人道："他还有个帖儿呢。"宝玉道："在那里？拿来我看看。"麝月便走去在里间屋里书子上头拿了来。宝玉接过看时，上面皮儿上写着"叔父大人安禀"。宝玉道："这孩子怎么又不认我作父亲了？"袭人道："怎么？"宝玉道："前年他送我白海棠时称我作'父亲大人'今日这帖子封皮上写着'叔父'，可不是又不认了么。"袭人道：他也不害臊，你也不害臊！他那么大了，倒认你这么大儿的作父亲，可不是他不害臊？你正经连个——"刚说到这里，脸一红，微微的一笑。宝玉也觉得了，便道："这倒难讲。俗语说：'和尚无儿，孝子多着呢。'只是我看着他还伶俐得人心儿，才这么着；他不愿意，我还不希罕呢！"说着，一面拆那帖儿，袭人也笑道："那小芸二爷也有些鬼鬼头头的。什么时候又要看人，什么时侯又躲躲藏藏的，可知也是个心术不正的货。"宝玉只顾拆开看那字儿，也不理会袭人这些话。袭人见他看那帖儿，皱一回眉，又笑一笑儿，又摇摇头儿，后来光景竟大不耐烦起来。袭人等他看完了，问道："是什么事情？"宝玉也不答言，把那帖子已经撕作几段，袭人见这般光景，也不便再问，便问宝玉吃了饭还看书不看。宝玉道："可笑芸儿这孩子竟这样的混账。"袭人见他所答非所问，便微微的笑着问道："到底是什么事？"宝玉道："问他作什么，咱们吃饭罢。吃了饭歇着罢，心里闹的怪烦的。"说着叫小丫头子点了一个火儿来，把那撕的帖儿烧了。

一时小丫头们摆上饭来。宝玉只是怔怔的坐着，袭人连哄带怄，催着吃了一口儿饭，便搁下了，仍是闷闷的歪在床上。一时间，忽然掉下泪来。此时袭人、麝月都摸不着头脑。麝月道："好好儿的，这又是为什么？都是什么芸儿雨儿的，不知什么事弄了这么个浪帖子来，惹的这么傻了的似的，哭一会子，笑一会子。要天长日久闹起这闷葫芦来，可叫人怎么受呢！"说着，竟伤起心来。袭人旁边由不得要笑，便劝道："好妹妹，你也别怄人了。他一个人就够受了，你又这么着。他那帖子上的事，难道与你相干？"麝月道："你混说起来了。知道他帖儿上写的是什么混账话，你混往人身上扯。要那么说，他帖儿上只怕倒与你相干呢。"袭人还未答言，只听宝玉在床上"噗哧"的一声笑了，爬起来抖了抖衣裳，说："咱们睡觉罢，别闹了。明日我还起早念书呢。"说着，便躺下睡了。一宿无话。

次日，宝玉起来梳洗了，便往家塾里去。走出院门，忽然想起，叫茗烟略等，急忙转身回来叫："麝月姐姐呢？"麝月答应着出来，问道："怎么又回来了？"宝玉道："今日芸儿要来了，告诉他别在这里闹，再闹，我就回老太太和老爷去了。"麝月答应了，宝玉才转身去了。刚往外走着，只见贾芸慌慌张张往里来，看见宝玉连忙请安，说："叔叔大喜了。"那宝玉估量着是昨日那件事，便说道："你也太冒失了，不管人心里有事没事，只管来搅！"贾芸陪笑道："叔叔不信只管瞧去，人都来了，在咱们大门口呢。”宝玉越发急了，说：“这是那里的话！”正说着，只听外边一片声嚷起来。贾芸道：“叔叔听，这不是？”宝玉越发心里狐疑起来，只听一个人嚷道：“你们这些人好没规矩，这是什么地方，你们在这里混嚷。”那人答道：“谁叫老爷升了官呢，怎么不叫我们来吵喜呢。别人家盼着吵还不能呢。”宝玉听了，才知道是贾政升了郎中了，人来报喜的。心中自是甚喜。连忙要走时，贾芸赶着说道：“叔叔乐不乐？叔叔的亲事要再成了，不用说，是两层喜了。”宝玉红了脸，啐了一口道：“呸！没趣儿的东西！还不快走呢。”贾芸把脸红了道：“这有什么的，我看你老人家就不－－”宝玉沉着脸道：“就不什么？”贾芸未及说完，也不敢言语了。

宝玉连忙来到家塾中，只见代儒笑着说道：“我才刚听见你老爷升了。你今日还来了么？”宝玉陪笑道：“过来见了太爷，好到老爷那边去。”代儒道：“今日不必来了，放你一天假罢。可不许回园子里玩去。你年纪不小了，虽不能办事，也当跟着你大哥他们学学才是。”宝玉答应着回来。刚走到二门口，只见李贵走来迎着，旁边站住笑道：“二爷来了么，奴才才要到学里请去。”宝玉笑道：“谁说的？”李贵道：“老太太才打发人到院里去找二爷，那边的姑娘们说二爷学里去了。刚才老太太打发人出来叫奴才去给二爷告几天假，听说还要唱戏贺喜呢，二爷就来了。”说着，宝玉自己进去。进了二门，只见满院里丫头老婆都是笑容满面，见他来了，笑道：“二爷这早晚才来，还不快进去给老太太道喜去呢。”

宝玉笑着进了房门，只见黛玉挨着贾母左边坐着呢，右边是湘云。地下邢、王二夫人。探春、惜春、李纨、凤姐、李纹、邢绮，邢岫烟一干姊妹，都在屋里，只不见宝钗、宝琴、迎春三人。宝玉此时喜的无话可说，忙给贾母道了喜，又给邢、王二夫人道喜，一一见了众姊妹，便向黛玉笑道：“妹妹身体可大好了？”黛玉也微笑道：“大好了。听见说二哥哥身上也欠安，好了么？”宝玉道：“可不是，我那日夜里忽然心里疼起来，这几天刚好些，就上学去了，也没能过去看妹妹。”黛玉不等他说完，早扭过头和探春说话去了。凤姐在地下站着笑道：“你两个那里像天天在一处的，倒像是客一般，有这些套话，可是人说的‘相敬如宾’了。”说的大家一笑。林黛玉满脸飞红，又不好说，又不好不说，迟了一回儿，才说道：“你懂得什么？”众人越发笑了。凤姐一时回过味来，才知道自己出言冒失，正要拿话岔时，只见宝玉忽然向黛玉道：“林妹妹，你瞧芸儿这种冒失鬼。”说了一句，方想起来，便不言语了。招的大家又都笑起来，说：“这从那里说起。”黛玉也摸不着头脑，也跟着讪讪的笑。宝玉无可搭讪，因又说道：“可是，刚才我听见有人要送戏，说是几儿？”大家都瞅着他笑。凤姐儿道：“你在外头听见，你来告诉我们。你这会子问谁呢？”宝玉得便说道：“我外头再去问问去。”贾母道：“别跑到外头去，头一件看报喜的笑话，第二件你老子今日大喜，回来碰见你，又该生气了。”宝玉答应了个“是”，才出来了。

这里贾母因问凤姐谁说送戏的话，凤姐道：“说是舅太爷那边说，后儿日子好，送一班新出的小戏儿给老太太、老爷、太太贺喜。”因又笑着说道：“不但日子好，还是好日子呢。”说着这话，却瞅着黛玉笑。黛玉也微笑。王夫人因道：“可是呢，后日还是外甥女儿的好日子呢。”贾母想了一想，也笑道：“可见我如今老了，什么事都糊涂了。亏了有我这凤丫头是我个‘给事中’。既这么着，很好，他舅舅家给他们贺喜，你舅舅家就给你做生日，岂不好呢。”说的大家都笑起来，说道：“老祖宗说句话儿都是上篇上论的，怎么怨得有这么大福气呢。”说着，宝玉进来，听见这些话，越发乐的手舞足蹈了。一时，大家都在贾母这边吃饭，甚热闹，自不必说。饭后，那贾政谢恩回来，给宗祠里磕了头，便来给贾母磕头，站着说了几句话，便出去拜客去了。这里接连着亲戚族中的人来来去去，闹闹攘攘，车马填门，貂蝉满座，真是：

花到正开蜂蝶闹，月逢十足海天宽。

如此两日，已是庆贺之期。这日一早，王子腾和亲戚家已送过一班戏来，就在贾母正厅前搭起行台。外头爷们都穿着公服陪侍，亲戚来贺的约有十余桌酒。里面为着是新戏，又见贾母高兴，便将琉璃戏屏隔在后厦，里面也摆下酒席。上首薛姨妈一桌，是王夫人、宝琴陪着；对面老太太一桌，是邢夫人、岫烟陪着；下面尚空两桌，贾母叫他们快来。一回儿，只见凤姐领着众丫头，都簇拥着林黛玉来了。黛玉略换了几件新鲜衣服，打扮得宛如嫦娥下界，含羞带笑的出来见了众人。湘云、李纹、李纨都让他上首座，黛玉只是不肯。贾母笑道：“今日你坐了罢。”薛姨妈站起来问道：“今日林姑娘也有喜事么？”贾母笑道：“是她的生日。”薛姨妈道：“咳，我倒忘了。”走过来说道：“恕我健忘，回来叫宝琴过来拜姐姐的寿。”黛玉笑说“不敢”。大家坐了。那黛玉留神一看，独不见宝钗，便问道：“宝姐姐可好么？为什么不过来？”薛姨妈道：“她原该来的，只因无人看家，所以不来。”黛玉红着脸微笑道：“姨妈那里又添了大嫂子，怎么倒用宝姐姐看起家来？大约是她怕人多热闹，懒待来罢。我倒怪想她的。”薛姨妈笑道：“难得你惦记她。她也常想你们姊妹们，过一天我叫她来大家叙叙。”

说着，丫头们下来斟酒上菜，外面已开戏了。出场自然是一两齣吉庆戏文，乃至第三齣，只见金童玉女，旗幡宝幢，引着一个霓裳羽衣的小旦，头上披着一条黑帕，唱了一回儿进去了。众皆不识，听见外面人说：“这是新打的《蕊珠记》里的《冥升》，小旦扮的是嫦娥，前因堕落人寰，几乎给人为配，幸亏观音点化，她就未嫁而逝，此时升引月宫。不听见曲里头唱的‘人间只道风情好，那知道秋月春花容易抛，几乎不把广寒宫忘却了！’”第四齣是《吃糠》，第五齣是达摩带着徒弟过江回去，正扮出些海市蜃楼好不热闹。

众人正在高兴时，忽见薛家的人满头汗闯进来，向薛蝌说道：“二爷快回去，并里头回明太太也请速回去，家中有要事。”薛蝌道：“什么事？”家人道：“家去说罢。”薛蝌也不及告辞就走了。薛姨妈见里头丫头传进话去，更骇得面如土色，即忙起身，带着宝琴，别了一声，即刻上车回去了。弄得内外愕然。贾母道：“咱们这里打发人跟过去听听，到底是什么事，大家都关切的。”众人答应了个“是”。

不说贾府依旧唱戏，单说薛姨妈回去，只见有两个衙役站在二门口，几个当舖里伙计陪着，说：“太太回来自有道理。”正说着，薛姨妈已进来了。那衙役们见跟从着许多男妇簇拥着一位老太太，便知是薛蟠之母。看见这个势派，也不敢怎么，只得垂手侍立，让薛姨妈进去了。

那薛姨妈走到厅房后面，早听见有人大哭，却是金桂。薛姨妈赶忙走来，只见宝钗迎出来，满面泪痕，见了薛姨妈，便道：“妈妈听了先别着急，办事要紧。”薛姨妈同着宝钗进了屋子，因为头里进门时，已经走着听见家人说了，吓的战战兢兢的了，一面哭着，因问：“到底是和谁？”只见家人回道：“太太此时且不必问那些底细。凭他是谁，打死了总是要偿命的，且商量怎么办才好。”薛姨妈哭着出来道：“还有什么商议？”家人道：“依小的们的主见，今夜打点银两，同着二爷赶去和大爷见了面，就在那里访一个有斟酌的刀笔先生，许他些银子，先把死罪撕掳开，回来再求贾府去上司衙门说情。还有外面的衙役，太太先拿出几两银子来打发了他们。我们好赶着办事。”薛姨妈道：“你们找着那家子，许他发送银子，再给他些养济银子，原告不追，事情就缓了。”宝钗在帘内说道：“妈妈，使不得！这些事越给钱越闹的凶，倒是刚才小厮说的话是。”薛姨妈又哭道：“我也不要命了，赶到那里见他一面，同他死在一处就完了。”宝钗急的一面劝，一面在帘子里叫人：“快同二爷办去罢。”丫头们搀进薛姨妈来。薛蝌才往外走，宝钗道：“有什么信，打发人即刻寄了来，你们只管在外头照料。”薛蝌答应着去了。

这宝钗方劝薛姨妈，那里金桂趁空儿抓住香菱，又和她嚷道："平常你们只管夸，他们家里打死了人，一点事也没有，就进京来了的，如今撺掇的真打死人了。平日里只讲有钱有势有好亲戚，这时侯我看着也是唬的慌手慌脚的了。大爷明儿有个好歹儿不能回来时，你们各自干你们的去了，撂下我一个人受罪！"说着，又大哭起来。这里薛姨妈听见，越发气的发昏。宝钗急的没法。正闹着，只见贾府中王夫人早打发大丫头过来打听来了。宝钗虽心知自己是贾府的人了，一则尚未提明，二则事急之时，只得向那大丫头道："此时事情头尾尚未明白，就只听见说我哥哥在外头打死了人，被县里拿了去了，也不知怎么定罪呢，刚才二爷才去打听去了。一半日得了准信，赶着就给那边太太送信去。你先回去道谢太太惦记着，底下我们还有多少仰仗那边爷们的地方呢。"那丫头答应着去了。薛姨妈和宝钗在家抓摸不着。

过了两日，只见小厮回来，拿了一封书交给小丫头拿进来。宝钗拆开看时，书内写着：

大哥人命是误伤，不是故杀。今早用蝌出名补了一张呈纸进去，尚未批出。大哥前头口供甚是不好，待此纸批准后再录一堂，能够翻供得好，便可得生了。快向当舖内再取银五百两来使用。千万莫迟！并请太太放心。余事问小厮。

宝钗看了，一一念给薛姨妈听了。薛姨妈拭着眼泪说道："这么看起来，竟是死活不定了。"宝钗道："妈妈先别伤心，等着叫进小厮来问明了再说。"一面打发小丫头把小厮叫进来。薛姨妈便问小厮道："你把大爷的事细说与我听听。"小厮道："我那一天晚上，听见大爷和二爷说的，把我唬煳涂了。"未知小厮说出什么话来，下回分解。

第 86 回 受私贿老官翻案牍 寄闲情淑女解琴书

把人打死了呢？"小厮道："小的也没听真切。那一日大爷告诉二爷说－"说着，回头看了一看，见无人，才说道："大爷说，自从家里闹的特利害，大爷也没心肠了，所以要到南边置货去。这日想着约一个人同行，这人在咱们这城南二百多地住。大爷找他去了，遇见在先和大爷好的那个蒋玉菡，带着些小戏子进城。大爷同他在个舖子里吃饭喝酒，因为这当槽儿的尽着拿眼瞟蒋玉菡，大爷就有了气了。后来，蒋玉菡走了。第二天，大爷就请找的那个人喝酒，酒后想起头一天的事来，叫那当槽儿的换酒，那当槽儿的来迟了，大爷就骂起来了。那个人不依，大爷就拿起酒碗照他打去。谁知那个人也是个泼皮，便把头伸过来叫大爷打。大爷拿碗就砸他的脑袋一下，他就冒了血了，躺在地下，头里还骂，后头就不言语了。"薛姨妈道："怎么也没人劝劝吗？"那小厮道："这个没听见大爷说，小的不敢妄言。"薛姨妈道："你先去歇歇罢。"小厮答应出来。这里薛姨妈自来见王夫人，托王夫人转求贾政。贾政问了前后，也只好含煳应了，只说等薛蝌递了呈子，看他本县怎么批了再作道理。

这里薛姨妈又在当舖里兑了银子，叫小厮赶着去了。三日后果有回信。薛姨妈接着了，即叫小丫头告诉宝钗，连忙过来看了。只见书上写道：

带去银两做了衙门上下使费。哥哥在监也不大吃苦，请太太放心。独是这里的人很刁，尸亲见证都不依，连哥哥请的那个朋友也帮着他们。我与李祥两个俱係生地生人，幸找着一个好先生，许他银子，才讨个主意，说是须得拉扯着同哥哥喝酒的吴良，弄人保出他来，许他银两，叫他撕掳。他若不依，便说张三是他打死，明推在异乡人身上，他吃不住，就好办了。我依着他，果然吴良出来。现在买嘱尸亲见证，又做了一张呈子。前日递的，今日批来，请看呈底便知。

因又念呈底道：

具呈人某，呈为兄遭飞祸代伸冤抑事。窃生胞兄薛蟠，本籍南京，寄寓西京。于某年月日备本往南贸易。去未数日，家奴送信回家，说遭人命。生即奔宪治，知兄误伤张姓，及至囹圄。据兄泣告，实与张姓素不相认，并无仇隙。偶因换酒角口，生兄将酒泼地，恰值张三低头拾物，一时失手，酒碗误碰卤门身死。蒙恩拘讯，兄惧受刑，承认斗殴致死。仰蒙宪天仁慈，知有冤抑，尚未定案。生兄在禁，具呈诉辩，有干例禁。生念手足，冒死代呈，伏乞宪慈恩准，提证质讯，开恩莫大。生等举家仰戴鸿仁，永永无既矣。激切上呈。

批的是：

尸场检验，証据确凿。且并未用刑，尔兄自认斗杀，招供在案。今尔远来，并非目睹，何得捏词妄控。理应治罪，思念为兄情切，且恕。不准。

薛姨妈听到那里，说道："这不是救不过来了么。这怎么好呢！"宝钗道："二哥的书还没看完，后面还有呢。"因又念道："有要紧的问来使便知。"薛姨妈便问来人，因说道："县里早知我们的家当充足，须得在京里谋干得大情，再送一分大礼，还可以复审，从轻定案。太太此时必得快办，再迟了就怕大爷要受苦了。"

薛姨妈听了，叫小厮自去，即刻又到贾府与王夫人说明原故，恳求贾政。贾政只肯托人与知县说情，不肯提及银物。薛姨妈恐不中用，求凤姐与贾琏说了，花上几千银子，才把知县买通。薛蝌那里也便弄通了。

然后知县挂牌坐堂，传齐了一干邻保证见尸亲人等，监里提出薛蟠。刑房书吏俱一一点名。知县便叫地保对明初供，又叫尸亲张王氏并尸叔张二问话。张王氏哭禀道："小的的男人是张大，南乡里住，十八年前死了。大儿子、二儿子也都死了，光留下这个死的儿子叫张三，今年二十三岁，还没有娶女人呢。为小人家里穷，没得养活，在李家店里做当槽儿的。那一天晌午，李家店里打发人来叫俺，说'你儿子叫人打死了。"我的青天老爷，小的就唬死了。跑到那里，看见我儿子头破血出的躺在地下喘气儿，问他话也说不出来，不多一会儿就死了。小人就要揪住这个小杂种拚命。"众衙役吆喝一声。张王氏便磕头道："求青天老爷伸冤，小人就只这一个儿子了。"

知县便叫"下去"，又叫李家店的人问道："那张三是你店内佣工的么？"那李二回道："不是佣工，是做当槽儿的。"知县道："那日尸场上，你说张三是薛蟠将碗砸死的，你亲眼见的么。"李二说道："小的在柜上，听见说客房里要酒。不多一回，便听见说'不好了，打伤了。'小的跑进去，只见张三躺在地下，也不能言语。小的便喊禀地保，一面报他母亲去了。他们到底怎样打的，实在不知道，求太爷问那喝酒的便知道了。"知县喝道："初审口供，你是亲见的，怎么如今说没有见？"李二道："小的前日唬昏了，乱说。"衙役又吆喝了一声。

知县便叫吴良问道："你是同在一处喝酒的么？薛蟠怎么打的，据实供来。"吴良说："小的那日在家，这个薛大爷叫我喝酒。他嫌酒不好要换，张三不肯。薛大爷生气把酒向他脸上泼去，不晓得怎么样就碰在那脑袋上了。这是亲眼见的。"知县道："胡说！前日尸场上薛蟠自己认拿碗砸死的，你说你亲眼见的，怎么今日的供不对？掌嘴！"衙役答应着要打，吴良求着说："薛蟠实没有与张三打架，酒碗失手，碰在脑袋上的。求老爷问薛蟠，便是恩典了。"

知县叫提薛蟠，问道："你与张三到底有什么仇隙？毕竟是如何死的？实供上来。"薛蟠道："求太老爷开恩，小的实没有打他。为他不肯换酒，故拿酒泼他，不想一时失手，酒碗误碰在他的脑袋上。小的即忙掩他的血，那里知道再掩不住，血淌多了，过一回就死了。前日尸场上怕太老爷要打，所以说是拿碗砸他的。只求太爷开恩！”知县便喝道：“好个糊涂东西！本县问你怎么砸他的，你便供说恼他不换酒才砸的，今日又供是失手碰的。”知县假作声势，要打要夹，薛蟠一口咬定。

知县叫仵作将前日尸场填写伤痕据实报来。仵作禀报说：“前日验得张三尸身无伤，惟卤门有磁器伤长一寸七分，深五分，皮开，卤门骨脆，裂破三分。实係磕碰伤。”知县查对尸格相符，早知书吏改轻，也不驳诘，胡乱便叫画供。张王氏哭喊道：“青天老爷！前日听见还有多少伤，怎么今日都没有了？”知县道：“这妇人胡说！现有尸格，你不知道么。”叫尸叔张二便问道：“你侄儿身死，你知道有几处伤？”张二忙供道：“脑袋上一伤。”知县道：“可又来。”叫书吏将尸格给张王氏瞧去，并叫地保、尸叔指明与她瞧：“现有尸场亲押证见，俱供并未打架，不为斗殴。只依误伤吩咐画供。将薛蟠监禁候详，余令原保领出，退堂。”

张王氏哭着乱嚷，知县叫众衙役撵她出去。张二也劝张王氏道：“实在误伤，怎么赖人！现在太老爷断明，不要胡闹了。”薛蝌在外打听明白，心内喜欢，便差人回家送信。等批详回来，便好打点赎罪，且住着等信。只听路上三三两两传说，有个贵妃薨了，皇上辍朝三日。这里离陵寝不远，知县办差垫道，一时料着不得闲，住在这里无益，不如到监告诉哥哥：“安心等着，我回家去，过几日再来。”薛蟠也怕母亲痛苦，带信说：“我无事，必须衙门再使费几次，便可回家了。只是不要可惜银钱。”

薛蝌留下李祥在此照料，一径回家，见了薛姨妈，陈说知县怎样徇情，怎样审断，终定了误伤，将来尸亲那里，再花些银子，一准赎罪，便没事了。薛姨妈听说，暂且放心，说：“正盼你来家中照应。贾府里本该谢去，况且周贵妃薨了，他们天天进去，家里空落落的。我想着，要去替姨太太那边照应照应作伴儿，只是咱们家又没人。你这来的正好。”薛蝌道：“我在外头原听见说是贾妃薨了，这么才赶回来的。我们元妃好好儿的，怎么说死了？”薛姨妈道：“上年原病过一次，也就好了。这回又没听见元妃有什么病。只闻那府里头几天老太太不大受用，合上眼便看见元妃娘娘。众人都不放心，直至打听起来，又没有什么事。到了大前儿晚上，老太太亲口说是‘怎么元妃独自一个人到我这里？’众人只道是病中想的话，总不信。老太太又说：‘你们不信，元妃还与我说是荣华易尽，须要退步抽身。’众人都说：‘谁不想到？这是有年纪的人思前想后的心事。’所以也不当件事。恰好第二天早起，里头吵嚷出来说娘娘病重，宣各诰命进去请安。她们就惊疑的了不得，赶着进去。他们还没有出来，我们家里已听见周贵妃薨逝了。你想外头的讹言，家里的疑心，恰碰在一处，可奇不奇！”

宝钗道：“不但是外头的讹言舛错，便在家里的，一听见‘娘娘’两个字，也就都忙了，过后才明白。这两天那府里这些丫头婆子来说，他们早知道不是咱们家的娘娘。我说：‘你们那里拿得定呢？’她说道：‘前几年正月，外省荐了一个算命的，说是很准。那老太太叫人将元妃八字夹在丫头们八字里头，送出去叫他推算。他独说：“这正月初一日生日的那位姑娘，只怕时辰错了，不然，真是个贵人，也不能在这府中”老爷和众人说：“不管她错不错，照八字算去。”那先生便说：“甲申年正月丙寅，这四个字内有伤官败财，惟申字内有正官禄马，这就是家里养不住的，也不见什么好。这日子是乙卯，初春木旺，虽是比肩，那里知道愈比愈好，就像那个好木料，愈经斸削，才成大器。”独喜得时上什么辛金为贵，什么巳中正官禄马独旺，这叫作飞天禄马格。又说什么“日禄归时，贵重的很，天月二德坐本命，贵受椒房之宠。这位姑娘若是时辰准了，定是一位主子娘娘。”这不是算准了么？我们还记得说，“可惜荣华不久，只怕遇着寅年卯月，这就是比而又比，劫而又劫，譬如好木，太要做玲珑剔透，本质就不坚了。”她们把这些话都忘记了，只管瞎忙。我才想起来告诉我们大奶奶，今年那里是寅年卯月呢。”宝钗尚未说完，薛蝌急道：“且不要管人家的事，既有这样个神仙算命的，我想哥哥今年什么恶星照命，遭这么横祸，快开八字与我给他算去，看有妨碍么。”宝钗道：“他是外省来的，不知如今在京不在了。”

说着，便打点薛姨妈往贾府去。到了那里，只有李纨、探春等在家接着，便问道：“大爷的事怎么样了？”薛姨妈道：“等详上司才定，看来也到不了死罪了。”这才大家放心。探春便道：“昨晚太太想着说，上回家里有事，全仗姨太太照应，如今自己有事，也难提了。心里只是不放心。”薛姨妈道：“我在家里也是难过。只是你大哥遭了事，你二兄弟又办事去了，家里你姐姐一个人，中什么用？况且我们媳妇儿又是个不大晓事的，所以不能脱身过来。目今那里知县也正为预备周贵妃的差事，不得了结案件，所以你二兄弟回来了，我才得过来看看。”李纨便道：“请姨太太这里住几天更好。”薛姨妈点头道：“我也要在这边给你们姐妹们作作伴儿，就只你宝妹妹冷静些。”惜春道：“姨妈要惦着，为什么不把宝姐姐也请过来？”薛姨妈笑着说道：“使不得。”惜春道：“怎么使不得？她先怎么住着来呢？”李纨道：“你不懂的，人家家里如今有事，怎么来呢。”惜春也信以为实，不便再问。

正说着，贾母等回来。见了薛姨妈，也顾不得问好，便问薛蟠的事。薛姨妈细述了一遍。宝玉在旁听见什么蒋玉菡一段，当着众人不问，心里打量是：“他既回了京，怎么不来瞧我？”又见宝钗也不过来，不知是怎么个原故。心内正自呆呆的想呢，恰好黛玉也来请安。宝玉稍觉心里喜欢，便把想宝钗来的念头打断，同着姊妹们在老太太那里吃了晚饭。大家散了，薛姨妈将就住在老太太的套间屋里。

宝玉回到自己房中，换了衣服，忽然想起蒋玉菡给的汗巾，便向袭人道：“你那一年没有繫的那条红汗巾子还有没有？”袭人道：“我搁着呢。问他做什么？”宝玉道：“我白问问。”袭人道：“你没有听见，薛大爷相与这些混账人，所以闹到人命关天。你还提那些作什么？有这样白操心，倒不如静静儿的念念书，把这些个没要紧的事撂开了也好。”宝玉道：“我并不闹什么，偶然想起，有也罢，没也罢，我白问一声，你们就有这些话。”袭人笑道：“并不是我多话。一个人知书达理，就该往上巴结才是。就是心爱的人来了，也叫她瞧着喜欢尊敬啊。”宝玉被袭人一提，便说：“了不得！方才我在老太太那边，看见人多，没有与林妹妹说话。她也不曾理我，散的时候，她先走了，此时必在屋里。我去就来。”说着就走。袭人道：“快些回来罢，这都是我提头儿，倒招起你的高兴来了。”

宝玉也不答言，低着头，一径走到潇湘馆来。只见黛玉靠在桌上看书。宝玉走到跟前，笑说道：“妹妹早回来了？”黛玉也笑道：“你不理我，我还在那里做什么！”宝玉一面笑说：“他们人多说话，我插不下嘴去，所以没有和你说话。”一面瞧着黛玉看的那本书。书上的字一个也不认得，有的像“芍”字，有的像“茫”字，也有一个“大”字旁边“九”字加上一勾，中间又添个“五”字，也有上头“五”字“六”字又添一个“木”字，底下又是一个“五”字，看着又奇怪，又纳闷，便说：“妹妹近日愈发进了，看起天书来了。”黛玉“嗤”的一声笑道：“好个念书的人，连个琴谱都没有见过？”宝玉道：“琴谱怎么不知道，为什么上头的字一个也不认得？妹妹，你认得么？”黛玉道：“不认得瞧它做什么？”宝玉道：“我不信，从没有听见你会抚琴。我们书房里挂着好几张，前年来了一个清客先生，叫做什么嵇好古，老爷烦他抚了一曲。他取下琴来说，‘都使不得’，还说：‘老先生若高兴，改日携琴来请教。’想是我们老爷也不懂，他便不来了。怎么你有本事藏着？”黛玉道：“我何尝真会呢。前日身上略觉舒服，在大书架上翻书，看有一套琴谱，甚有雅趣，上头讲的琴理甚通，手法说的也明白，真是古人静心养性的工夫。我在扬州，也听得讲究过，也曾学过，只是不弄了，就没有了。这果真是‘三日不弹，手生荆棘’前日看这几篇没有曲文，只有操名。我又到别处找了一本有曲文的来看着，才有意思，究竟怎么弹得好，实在也难。书上说的，师旷鼓琴，能来风雷龙凤；孔圣人尚学琴于师襄，一操便知其为文王；高山流水，得遇知音。”说到这里，眼皮儿微微一动，慢慢的低下头去。

宝玉正听得高兴，便道：“好妹妹，你才说的实在有趣，只是我才见上头的字，都不认得，你教我几个呢。”黛玉道：“不用教的，一说便可以知道的。”宝玉道：“我是个糊涂人，得教我那个‘大’字加一勾，中间一个‘五’字的。”黛玉笑道：”这‘大’字‘九’字是用左手大拇指按琴上的九徽，这一勾加‘五’字是右手钩五弦。并不是一个字，乃是一声，是极容易的。还有吟、揉、绰、注、撞、走、飞、推等法，是讲究手法的。”宝玉乐得手舞足蹈的说：“好妹妹，你既明琴理，我们何不学起来？”黛玉道：“琴者，禁也。古人制下，原以治身，涵养性情，抑其淫荡，去其奢侈。若要抚琴，必择静室高斋，或在层楼的上头，在林石的里面，或是山巅上，或是水涯上。再遇着那天地清和的时候，风清月朗，焚香静坐，心不外想，气血和平，才能与神合灵，与道合妙。所以古人说‘知音难遇’，若无知音，宁可独对着那清风明月，苍松怪石，野猿老鹤，抚弄一番，以寄兴趣，方为不负了这琴。还有一层，又要指法好，取音好。若必要抚琴，先须衣冠整齐，或鹤氅，或深衣，要如古人的像表，那才能称圣人之器。然后盥了手，焚上香，方才将身就在榻边，把琴放在案上，坐在第五徽的地方儿，对着自己的当心，两手方从容抬起，这才心身俱正。还要知道轻重疾徐，卷舒自若，体态尊重方好。”宝玉道：“我们学着玩，若这么讲究起来，那就难了。”

两个人正说着，只见紫鹃进来，看见宝玉，笑说道：“宝二爷，今日这样高兴。”宝玉笑道：“听见妹妹讲究的，叫人顿开茅塞，所以越听越爱听。”紫鹃道：“不是这个高兴，说的是二爷到我们这边来的话。”宝玉道：“先时妹妹身上不舒服，我怕闹的他烦。再者，我又上学，因此显着就疏远了似的。”紫鹃不等说完，便道：“姑娘也是才好，二爷既这么说，坐坐也该让姑娘歇歇儿了，别叫姑娘只是讲究劳神了。”宝玉笑道：“可是，我只顾爱听，也就忘了妹妹劳神了。”黛玉笑道：“说这些倒也开心，也没有什么劳神的。只是怕我只管说，你只管不懂呢。”宝玉道：“横竖慢慢的自然明白了。”说着，便站起来道：“当真的妹妹歇歇儿罢。明儿我告诉三妹子妹和四妹妹去，叫她们都学起来，让我听。”黛玉笑道：“你也太受用了。即如大家学会了抚起来，你不懂，可不是对一一”黛玉说到那里，想起心上的事，便缩住口，不肯往下说了。宝玉便笑道：“只要你们能弹，我便爱听，也不管牛不牛的了。”黛玉红了脸一笑，紫鹃、雪雁也都笑了。

于是走出门来，只见秋纹带着小丫头捧着一盆兰花来，说：“太太那边有人送了四盆兰花来，因里头有事，没有空儿玩他，叫给二爷一盆，林姑娘一盆。”黛玉看时，却有几枝双朵儿的，心中忽然一动，也不知是喜是悲，便呆呆地呆看。那宝玉此时却一心只在琴上，便说：“妹妹有了兰花，就可以做《猗兰操》了。”黛玉听了，心里反不舒服。回到房中，看着花，想到“草木当春，花鲜叶茂，想我年纪尚小，便像三秋蒲柳。若是果能随愿，或者渐渐的好来，不然，只恐似那花柳残春，怎禁得风催雨送。”想到那里，不禁又滴下泪来。紫鹃在旁看见这般光景，却想不出原故来：“方才宝玉在这里那么高兴，如今好好的看花，怎么又伤起心来。”正愁着没法儿劝解，只见宝钗那边打发人来。未知何事，下回分解。

第 87 回 感深秋抚琴悲往事 坐禅寂走火入邪魔

却说黛玉叫进宝钗家的女人来，问了好，呈上书子。黛玉叫她去喝茶，便将宝钗书打开看时，只见上面写着：

妹生辰不偶，家运多艰，姊妹伶仃，萱亲衰迈。兼之猇声狺语，旦暮无休。更遭惨祸飞灾，不啻惊风密雨。夜深辗侧，愁绪何堪。属在同心，能不为之愍恻乎？回忆海棠结社，序属清秋，对菊持螯，同盟欢洽；犹记“孤标傲世偕谁隐，一样花开为底迟”之句，未尝不叹冷节遗芳，如吾两人也。感怀触绪，聊赋四章。匪曰无故呻吟，亦长歌当哭之意耳。

悲时序之递嬗兮，又属清秋。感遭家之不造兮，独处离愁。北堂有萱兮，何以忘忧？无以解忧兮，我心咻咻！一解。

云凭凭兮秋风酸，步中庭兮霜叶干。何去何从兮，失我故欢。静言思之兮恻肺肝！二解。

惟鲔有潭兮，惟鹤有梁。鳞甲潜伏兮，羽毛何长！搔首问兮茫茫，高天厚地兮，谁知余之永伤？三解。

银河耿耿兮寒气侵，月色横斜兮玉漏沉。忧心炳炳兮发我哀吟，吟复吟兮，寄我知音。四解。

黛玉看了，不胜伤感。又想：“宝姐姐不寄与别人，单寄与我，也是惺惺惜惺惺 的意思。”正在沉吟，只听见外面有人说道：“林姐姐在家里呢么？”黛玉一面把宝钗的书叠起，口内便答应道：“是谁？”正问着，早见几个人进来，却是探春、湘云、李纹、李绮。彼此问了好，雪雁倒上茶来，大家喝了，说些闲话。因想起前年的菊花诗来，黛玉便道：“宝姐姐自从挪出去，来了两遭，如今索性有事也不来了，真真奇怪。我看他终究还来我们这里不来。”探春微笑道：“怎么不来，横竖要来的。如今是他们尊嫂有些脾气，姨妈上了年纪的人，又兼有薛大哥的事，自然得宝姐姐照料一切，那里还比得先前有工夫呢。”

正说着，忽听得忽喇喇一片风声，吹了好些落叶打在窗纸上。停了一回儿，又透过一阵清香来。众人闻着，都说道：“这是何处来的香风？这像什么香？”黛玉道：“好像木樨香。”探春笑道：“林姐姐终不脱南边人的话，这大九月里的，那里还有桂花呢。”黛玉笑道：“原是啊，不然，怎么不竟说是桂花香，只说似乎像呢。”湘云道：“三姐姐，你也别说。你可记得‘十里荷花，三秋桂子’？在南边正是晚桂开的时候了。你只没有见过罢了，等你明日到南边去的时候，你自然也就知道了。”探春笑道：“我有什么事到南边去？况且这个也是我早知道的，不用你们说嘴。”李纹、李绮只抿着嘴儿笑。黛玉道：“妹妹，这可说不齐。俗语说，‘人是地行仙’，今日在这里，明日就不知在那里。譬如我，原是南边人，怎么到了这里呢？”湘云拍着手笑道：“今儿三姐姐可叫林姐姐问住了。不但林姐姐是南边人到这里，就是我们这几个人就不同。也有本来是北边的；也有根子是南边，生长在北边的；也有生长在南边，到这北边的，今儿大家都凑在一处。可见人总有一个定数，大凡地和人，总是各自有缘分的。”众人听了，都点头，探春也只是笑。又说了一会子闲话儿，大家散出。

黛玉送到门口，大家都说：“你身上才好些，别出来了，看着了风！”于是黛玉一面说着话儿，一面站在门口，又与四人殷勤了几句，便看着他们出院去了。进来坐着，看看已是林鸟归山，夕阳西坠。因史湘云说起南边的话，便想着“父母若在，南边的景致，春花秋月，水秀山明，二十四桥，六朝遗迹。不少下人服侍，诸事可以任意，言语亦可不避。香车画舫，红杏青帘，惟我独尊。今日寄人篱下，纵有许多照应，自己无处不要留心。不知前生作了什么罪孽，今生这样孤凄。真是李后主说的‘此间日中，只以眼泪洗面’矣！”一面思想，不知不觉神往那里去了。

紫鹃走来，看见这样光景，想着必是因刚才说起南边北边的话来，一时触着黛玉的心事了，便问道：“姑娘们来说了半天话，想来姑娘又劳了神了。刚才我叫雪雁告诉厨房里，给姑娘作了一碗火肉白菜汤，加了一点儿虾米儿，配了点青笋紫菜。姑娘想着好么？”黛玉道：“也罢了。”紫鹃道：“还熬了一点江米粥。”黛玉点点头儿，又说道：“那粥该你们两个自己熬了，不用他们厨房里熬才是。”紫鹃道：“我也怕厨房里弄的不干淨，我们各自熬呢。就是那汤，我也告诉雪雁和柳嫂儿说了，要弄干淨着。柳嫂儿说了，她打点妥当，拿到她屋里，叫他们五儿瞅着炖呢。”黛玉道：“我倒不是嫌人家肮脏，只是病了好些日子，不周不备，都是人家；这会子又汤儿粥儿的调度，未免惹人厌烦。”说着，眼圈儿又红了。紫鹃道：“姑娘这话也是多想。姑娘是老太太的外孙女儿，又是老太太心坎儿上的。别人求其在姑娘跟前讨好儿还不能呢，那里有抱怨的！”黛玉点点头儿，因又问道：“你才说的五儿，不是那日和宝二爷那边的芳官在一处的那个女孩儿？”紫鹃道：“就是她。”黛玉道：“不听见说要进来么？”紫鹃道：“可不是，因为病了一场，后来好了才要进来，正是晴雯他们闹出事来的时候，也就耽搁住了。”黛玉道：“我看那丫头倒也还头脸儿干淨。”

说着，外头婆子送了汤来。雪雁出来接时，那婆子说道：“柳嫂儿叫回姑娘，这是他们五儿作的，没敢在大厨房里作，怕姑娘嫌肮脏。”雪雁答应着，接了进来。黛玉在屋里已听见了，吩咐雪雁告诉那老婆子回去说，叫她费心。雪雁出来说了，老婆子自去。这里雪雁将黛玉的碗箸安放在小几儿上，因问黛玉道：“还有咱们南来的五香大头菜，拌些麻油、醋可好么？”黛玉道：“也使得，只不必累赘了。”一面盛上粥来。黛玉吃了半碗，用羹匙舀了两口汤喝，就搁下了。两个丫鬟撤了下来，拭淨了小几端下去，又换上一张常放的小几。黛玉漱了口，盥了手，便道：“紫鹃，添了香了没有？”紫鹃道：“就添去。”黛玉道：“你们就把那汤和粥吃了罢，味儿还好，且是干淨。待我自己添香罢。”两个人答应了，在外间自吃去了。

这里黛玉添了香，自己坐着。才要拿本书看，只听得园内的风自西边直透到东边，穿过树枝，都在那里唏哩哗喇不住的响。一回儿，檐下的铁马也只管叮叮噹噹的乱敲起来。一时，雪雁先吃完了，进来伺候。黛玉便问道：“天气冷了，我前日叫你们把那些小毛儿衣服晾晾，可曾晾过没有？”雪雁道：“都晾过了。”黛玉道：“你拿一件来我披披。”雪雁走去将一包小毛衣服抱来，打开毡包，给黛玉自拣。只见内中夹着个绢包儿，黛玉伸手拿起，打开看时，却是宝玉病时送来的旧手帕，自己题的诗，上面泪痕犹在。里头却包着那剪破了的香囊、扇袋并宝玉通灵玉上的穗子。原来晾衣服时，从箱中捡出，紫鹃恐怕遗失了，遂夹在这毡包里的。

这黛玉不看则已，看了时，也不说穿那一件衣服，手里只拿着那两方手帕，呆呆的看那旧诗。看了一回，不觉的簌簌泪下。紫鹃刚从外间进来，只见雪雁正捧着一毡包衣裳，在旁边呆立，小几上却搁着剪破的香囊，两三截儿扇袋和那铰折了的穗子。黛玉手中自拿着两方旧帕，上边写着字迹，在那里对着滴泪。正是：

失意人逢失意事，新啼痕间旧啼痕。

紫鹃见了这样，知是她触物伤情，感怀旧事，料道劝也无益，只得笑着道：“姑娘还看那些东西作什么？那都是那几年宝二爷和姑娘小时，一时好了，一时恼了，闹出来的笑话儿。要像如今这样斯抬斯敬，那里能把这些东西白遭塌了呢！”紫鹃这话原给黛玉开心，不料这几句话更提起黛玉初来时和宝玉的旧事来，一发珠泪连绵起来。紫鹃又劝道：“雪雁这里等着呢，姑娘披上一件罢。”那黛玉才把手帕撂下。紫鹃连忙拾起，将香袋等物包起拿开。这黛玉方披了一件皮衣，自己闷闷的走到外间来坐下。回头看见案上宝钗的诗启尚未收好，又拿出来瞧了两遍，叹道：“境遇不同，伤心则一。不免也赋四章，翻入琴谱，可弹可歌，明日写出来寄去，以当和作。”便叫雪雁将外边桌上笔砚拿来，濡墨挥毫，赋成四叠。又将琴谱翻出，借他《猗兰》《思贤》两操，合成音韵，与自己做的配齐了，然后写出，以备送与宝钗。又即叫雪雁向箱中将自己带来的短琴拿出，调上弦，又操演了指法。黛玉本是个绝顶聪明人，又在南边学过几时，虽是手生，到底一理就熟。抚了一番，夜已深了，便叫紫鹃收拾睡觉。不提。

却说宝玉这日起来梳洗了，带着茗烟正往书房中来，只见墨雨笑嘻嘻的跑来，迎头说道：“二爷，今日便宜了！太爷不在书房里，都放了学了。”宝玉道：“当真的么？”墨雨道：“二爷不信，那不是三爷和兰哥儿来了？”宝玉看时，只见贾环、贾兰跟着小厮们，两个笑嘻的，嘴里咭咭呱呱，不知说些什么，迎头来了。见了宝玉都垂手站住。宝玉问道：“你们两个怎么就回来了？”贾环道：“今日太爷有事，说是放一天学，明儿再去呢。”宝玉听了，方回身到贾母、贾政处去禀明了，然后回到怡红院中。袭人问道：“怎么又回来了？”宝玉告诉了她，只坐了一坐儿，便往外走。袭人道：“往那里去，这样忙法？就放了学，依我说也该养养神儿了。”宝玉站住脚，低了头，说道：“你的话也是。但是好容易放一天学，还不散散去，你也该可怜我些儿了。”袭人见说的可怜，笑道：“由爷去罢。”正说着，端了饭来。宝玉也没法儿，只得且吃饭，三口两口忙忙的吃完，漱了口，一熘烟往黛玉房中去了。

走到门口，只见雪雁在院中晾绢子呢。宝玉因问：“姑娘吃了饭了么？”雪雁道：“早起喝了半碗粥，懒待吃饭。这时候打盹儿呢。二爷且到别处走走，回来再来罢。”

宝玉只得回来。无处可去，忽然想起惜春有好几天没见，便信步走到蓼风轩来。刚到窗下，只见静悄悄一无人声。宝玉打量她也睡午觉，不便进去。才要走时，只听屋里微微一响，不知何声。宝玉站住再听，半日又“拍”的一响。宝玉还未听出，只见一个人道：“你在这里下了一个子儿，那里你不应么？”宝玉方知是下大棋，但只急切听不出这个人的语音是谁。底下方听见惜春道：“怕什么？你这么一吃我，我这么一应，你又这么吃，我又这么应。还缓着一着儿呢，终究连得上。”那一个又道：“我要这么一吃呢？”惜春道：“阿嗄，还有一着‘反扑’在里头呢！我倒没防备。”宝玉听了听，那一个声音很熟，却不是她们姊妹。料着惜春屋里也没外人，轻轻的掀帘进去。看时，不是别人，却是那栊翠庵的槛外人妙玉。这宝玉见是妙玉，不敢惊动。妙玉和惜春正在凝思之际，也没理会。宝玉却站在旁边看他两个的手段。只见妙玉低着头，问惜春道：“你这个‘畸角儿’不要了么？”惜春道：“怎么不要？你那里头都是死子儿，我怕什么。”妙玉道：“且别说满话，试试看。”惜春道：“我便打了起来，看你怎么样。”妙玉却微微笑着，把边上子一接，却搭转一吃，把惜春的一个角儿都打起来了，笑着说道：“这叫做‘倒脱靴势’。”

惜春尚未答言，宝玉在旁情不自禁，哈哈一笑，把两个人都唬了一大跳。惜春道：“你这是怎么说，进来也不言语，这么使促狭唬人。你多早晚进来的？”宝玉道：“我头里就进来了，看着你们两个争这个‘畸角儿’。”说着，一面与妙玉施礼，一面又笑问道：“妙公轻易不出禅关，今日何缘下凡一走？”妙玉听了，忽然把脸一红，也不答言，低了头，自看那棋。宝玉自觉造次，连忙陪笑道：“倒是出家人比不得我们在家的俗人，头一件心是静的。静则灵，灵则慧——”宝玉尚未说完，只见妙玉微微的把眼一抬，看了宝玉一眼，复又低下头去，那脸上的颜色渐渐的红晕起来。宝玉见她不理，只得讪讪的旁边坐了。惜春还要下子，妙玉半日说道：“再下罢。”便起身理理衣裳，重新坐下，痴痴的问着宝玉道：“你从何处来？”宝玉巴不得这一声，好解释前头的话，忽又想道：“或是妙玉的机锋。”转红了脸，答应不出来。妙玉微微一笑，自和惜春说话。惜春也笑道：“二哥哥，这什么难答的，你没的听见人家常说的，‘从来处来’么？这也值得把脸红了，见了生人的似的。”妙玉听了这话，想起自家，心上一动，脸上一热，必然也是红的，倒觉不好意思起来。因站起来说道：“我来得久了，要回庵里去了。”惜春知妙玉为人，也不深留，送出门口。妙玉笑道：“久已不来，这里弯弯曲曲的，回去的路头都要迷住了。”宝玉道："这倒要我来指引指引，何如？"妙玉道："不敢，二爷前请。"

于是二人别了惜春，离了蓼风轩，弯弯曲曲，走近潇湘馆，忽听得叮咚之声。妙玉道："那里的琴声？"宝玉道："想必是林妹妹那里抚琴呢。"妙玉道："原来她也会这个，怎么素日不听见提起？"宝玉悉把黛玉的事述了一遍，因说："咱们去看她。"妙玉道："从古只有听琴，再没有看琴的。"宝玉笑道："我原说我是个俗人。"说着，二人走至潇湘馆外，在山子石坐着静听，甚觉音调清切。只听得低吟道：

风萧萧兮秋气深，美人千里兮独沉吟。望故乡兮何处，倚栏杆兮涕沾襟。

歇了一回，听得又吟道：

山迢迢兮水长，照轩窗兮明月光。耿耿不寐兮银河淼茫，罗衫怯怯兮风露凉。

又歇了一歇。妙玉道："刚才'侵'字韵是第一叠，如今'阳'字韵是第二叠了。咱们再听。"里边又吟道：

子之遭兮不自由，予之遇兮多烦忧。之子与我兮心焉相投，思古人兮俾无尤。

妙玉道："这又是一拍。何忧思之深也！"宝玉道："我虽不懂得，但听她声调，也觉得过悲了。"里头又调了一回弦。妙玉道："君弦太高了，与无射律只怕不配呢。"里边又吟道：

人生斯世兮如轻尘，天上人间兮感夙因。感夙因兮不可惙，素心如何天上月。

妙玉听了，呀然失色道："如何忽作变徵之声？音韵可裂金石矣。只是太过。"宝玉道："太过便怎么？"妙玉道："恐不能持久。"正议论时，听得君弦蹦的一声断了。妙玉站起来，连忙就走。宝玉道："怎么样？"妙玉道："日后自知，你也不必多说。"竟自走了。弄得宝玉满肚疑团，没精打彩的，归至怡红院中，不表。

单说妙玉归去，早有道婆接着，掩了庵门，坐了一回，把"禅门日诵"念了一遍。吃了晚饭，点上香拜了菩萨，命道婆自去歇着，自己的禅床靠背俱已整齐，屏息垂帘，跏趺坐下，断除妄想，趋向真如。坐到三更过后，听得屋上"骨碌碌"一片瓦响，妙玉恐有贼来，下了禅床，出到前轩，但见云影横空，月华如水。那时天气尚不很凉，独自一个凭栏站了一回，忽听房上两个猫儿一递一声厮叫。

那妙玉忽想起日间宝玉之言，不觉一阵心跳耳热。自己连忙收慑心神，走进禅房，仍到禅床上坐了。怎奈神不守舍，一时如万马奔驰，觉得禅床便恍荡起来，身子已不在庵中。便有许多王孙公子要求娶他，又有些媒婆扯扯拽拽，扶她上车，自己不肯去。一回儿，又有盗贼劫她，持刀执棍的逼勒，只得哭喊求救。早惊醒了庵中女尼、道婆等众，都拿火来照看。只见妙玉两手撒开，口中流沫。急叫醒时，只见眼睛直竖，两颧鲜红，骂道："我是有菩萨保佑，你们这些强徒敢要怎么样！"众人都唬的没了主意，都说道："我们在这里呢，快醒转来罢。"妙玉道：

"我要回家去，你们有什么好人，送我回去罢。"道婆道："这里就是你住的房子。"说着，又叫别的女尼忙向观音前祷告，求了籤，翻开签书看时，是触犯了西南角上的阴人。就有一个说："是了。大观园中西南角上本来没有人住，阴气是有的。"一面弄汤弄水的在那里忙乱。那女尼原是自南边带来的，服侍妙玉自然比别人尽心，围着妙玉，坐在禅床上。妙玉回头道："你是谁？"女尼道："是我。"妙玉仔细瞧了一瞧，道："原来是你。"便抱住那女尼呜呜咽咽的哭起来，说道："你是我的妈呀，你不救我，我不得活了！"那女尼一面唤醒她，一面给她揉着。道婆倒上茶来喝了，直到天明才睡了。

女尼便打发人去请大夫来看脉，也有说是思虑伤脾的，也有说是热入血室的，也有说是邪祟触犯的，也有说是内外感冒的，终无定论。后请得一个大夫来看了，问："曾打坐过没有？"道婆说道："向来打坐的。"大夫道："这病可是昨夜忽然来的么？"道婆道："是。"大夫道："这是走火入火魔的原故。"众人问："有碍没有？"大夫道："幸亏打坐不久，魔还入得浅，可以有救。"写了降伏心火的药，吃了一剂，稍稍平复些。外面那些游头浪子听见了，便造作许多谣言说："这样年纪，那里忍得住！况且又是很风流的人品，很乖觉的性灵，以后不知飞在谁手里，便宜谁去呢。"过了几日，妙玉病虽略好，神思未复，终有些恍惚。

一日，惜春正坐着，彩屏忽然进来，回道："姑娘知道妙玉师父的事吗？"惜春道："她有什么事？"彩屏道："我昨日听见邢姑娘和大奶奶那里说呢。她自从那日和姑娘下棋回去，夜间忽然中了邪，嘴里乱嚷说，强盗来抢她来了，到如今还没好。姑娘，你说这不是奇事吗？"惜春听了，默然无语，因想："妙玉虽然洁淨，毕竟尘缘未断。可惜我生在这种人家，不便出家。我若出了家时，那有邪魔缠扰，一念不生，万缘俱寂。"想到这里，蓦与神会，若有所得，便口占一偈云：

大造本无方，云何是应住。既从空中来，应向空中去。

占毕，即命丫头焚香。自己静坐了一回，又翻开那棋谱来，把孔融、王积薪等所着看了几篇。内中"荷叶包蟹势"，"黄莺搏兔势"都不出奇，"三十六局杀角势"一时也难会难记，独看到"八龙走马"，觉得甚有意思。正在那里作想，只听见外面一个人走进院来，连叫："彩屏！"未知是谁，下回分解。

第 88 回 博庭欢宝玉赞孤儿 正家法贾珍鞭悍仆

彩屏出去，同着鸳鸯进来。那鸳鸯却带着一个小丫头，提了一个小黄绢包儿。惜春笑问道："什么事？"鸳鸯道："老太太因明年八十一岁，是个暗九。许下一场九昼夜的功德，发心要写三千六百五十零一部《金刚经》。这已发出外面人写了。但是俗说，《金刚经》就像那道家的符壳，《心经》才算是符胆。故此，《金刚经》内必要插着《心经》，更有功德。老太太因《心经》是更要紧的，观自在又是女菩萨，所以要几个亲丁奶奶姑娘们写上三百六十五部，如此，又虔诚，又洁淨。咱们家中除了二奶奶，头一宗她当家没有空儿，二宗她也写不上来，其余会写字的，不论写得多少，连东府珍大奶奶、姨娘们都分了去，本家里头自不用说。"惜春听了，点头道："别的我做不来，若要写经，我最信心的。你搁下喝茶罢。"

鸳鸯才将那小包儿搁在桌上，同惜春坐下。彩屏倒了一锺茶来。惜春笑问道："你写不写？"鸳鸯道："姑娘又说笑话了。那几年还好，这三四年来，姑娘见我还拿了拿笔儿么。"惜春道："这却是有功德的。"鸳鸯道："我也有一件事：向来服侍老太太安歇后，自己念上米佛，已经念了三年多了。我把这个米收好，等老太太做功德的时候，我将他衬在里头，供佛施食，也是我一点诚心。"惜春道："这样说来，老太太做了观音，你就是龙女了。"鸳鸯道："那里跟得上这个分儿！却是除了老太太，别的也服侍不来，不晓得前世什么缘分儿。"说着要走，叫小丫头把小绢包打开，拿出来道："这素纸一扎，是写《心经》的。"又拿起一子儿藏香，道："这是叫写经时点着写的。"惜春都应了。

鸳鸯遂辞了出来，同小丫头来至贾母房中，回了一遍。看见贾母与李纨打双陆，鸳鸯旁边瞧着。李纨的骰子好，掷下去，把老太太的锤打下了好几个去。鸳鸯抿着嘴儿笑。忽见宝玉进来，手中提了两个细蔑丝的小笼子，笼内有几个蝈蝈儿，说道："我听说老太太夜里睡不着，我给老太太留下解解闷。"贾母笑道："你别瞅着你老子不在家，你只管淘气。"宝玉笑道：

“我没有淘气。”贾母道：“你没淘气，不在学房里念书，为什么又弄这个东西呢？”宝玉道：“不是我自己弄的。今儿因师父叫环儿和兰儿对对子，环儿对不来，我悄悄的告诉了他。他说了，师父喜欢，夸了他两句。他感激我的情，买了来孝敬我的。我才拿了来孝敬老太太的。”贾母道：“他没有天天念书么，为什么对不上来？对不上来，就叫你儒大爷爷打他的嘴巴子，看他臊不臊！你也够受了，不记得你老子在家时，一叫做诗做词，唬的倒像个小鬼儿似的？这会子又说嘴了。那环儿小子更没出息，求人替做了，就变着方法儿打点人。这么点子孩子，就闹鬼闹神的，也不害臊，赶大了，还不知是个什么东西呢！”说的满屋子人都笑了。贾母又问道：“兰小子呢，做上来了没有？这该环儿替他了，他又比他小了，是不是？”宝玉笑道：“他倒没有，却是自己对的。”贾母道：“我不信，不然，就也是你闹了鬼了。如今你还了得，‘羊群里跑出骆驼来了，就只你大。’你又会做文章了。”宝玉笑道：“实在是他作的。师父还夸他明儿一定有出息呢。老太太不信，就打发人叫了他来亲自试试，老太太就知道了。”贾母道：“果然这么着，我才喜欢。我不过怕你撒谎。既是他做的，这孩子明儿大概还有一点儿出息。”

因看着李纨，又想起贾珠来，“这也不枉你大哥哥死了，你大嫂子拉扯他一场，日后也替你大哥哥顶门壮户。”说到这里，不禁流下泪来。李纨听了这话，却也动心，只是贾母已经伤心，自己连忙忍住泪，笑劝道：“这是老祖宗的余德，我们托着老祖宗的福罢咧。只要他应得了老祖宗的话，就是我们的造化了。老祖宗看着也喜欢，怎么倒伤起心来呢。”因又回头向宝玉道：“宝叔叔明儿别这夸他，他多大孩子，知道什么！你不过是爱惜他的意思，他那里懂得，一来二去，眼大心肥，那里还能够有长进呢。”贾母道：“你嫂子这也说的是。就只他还太小呢，也别逼梏紧了他。小孩子胆儿小，一时逼急了，弄出点子毛病来，书倒念不成，把你的工夫都白遭塌了。”贾母说到这里，李纨却忍不住扑簌簌掉下泪来，连忙擦了。

只见贾环、贾兰也都进来给贾母请了安。贾兰又见过他母亲，然后过来，在贾母旁边侍立。贾母道：“我刚才听见你叔叔说你对的好对子，师父夸你来着。”贾兰也不言语，只管抿着嘴儿笑。鸳鸯过来说道：“请示老太太，晚饭伺候下了。”贾母道：“请你姨太太去罢。”琥珀接着便叫人去王夫人那边请薛姨妈。这里宝玉、贾环退出。素云和小丫头们过来把双陆收起。李纨尚等着伺候贾母的晚饭，贾兰便跟着他母亲站着。贾母道：“你们娘儿两个跟着我吃罢。”李纨答应了。一时摆上饭来，丫鬟回来禀道：“太太叫回老太太，姨太太这几天浮来暂去，不能过来回老太太，今日饭后家去了。”于是贾母叫贾兰在身旁边坐下，大家吃饭，不必细述。

却说贾母刚吃完了饭，盥漱了，歪在床上说闲话儿。只见小丫头子告诉琥珀，琥珀过来回贾母道：“东府大爷请晚安来了。”贾母道：“你们告诉他，如今他办理家务乏乏的，叫他歇着去罢。我知道了。”小丫头告诉老婆子们，老婆子才告诉贾珍。贾珍然后退出。

到了次日，贾珍过来料理诸事。门上小厮陆续回了几件事，又一个小厮回道：“庄头送果子来了。”贾珍道：“单子呢？”那小厮连忙呈上。贾珍看时，上面写着不过是果品，还夹带菜蔬、野味若干在内。贾珍看完，问向来经管的是谁。门上的回道：“是周瑞。”便叫周瑞：“照账点清，送往里头交代。等我把来账抄下一个底子，留着好对。”又叫：“告诉厨房，把下菜中添几宗，给送果子的来人，照常赏饭给钱。”

周瑞答应了。一面叫人搬至凤姐儿院子里去，又把庄上的账同果子交代明白，出去了。一回儿，又进来回贾珍道：“才刚来的果子，大爷曾点过数目没有？”贾珍道：“我那里有工夫点这个呢。给了你账，你照账点就是了。”周瑞道：“小的曾点过，也没有少，也不能多出来。大爷既留下底子，再叫送果子来的人问问他，这账是真的假的。”贾珍道：“这是怎么说？不过是几个果子罢咧，有什么要紧？我又没有疑你。”说着，只见鲍二走来，磕了一个头，说道：“求大爷原旧放小的在外头伺候罢。”贾珍道：“你们这又是怎么着？”鲍二道：“奴才在这里又说不上话来。”贾珍道：“谁叫你说话。”鲍二道：“何苦来，在这里作眼睛珠儿。”周瑞接口道：“奴才在这里经管地租庄子银钱出入，每年也有三五十万来往，老爷、太太、奶奶们从没有说过话的，何况这些零星东西。若照鲍二说起来，爷们家里的田地房产都被奴才们弄完了。”贾珍想道：“必是鲍二在这里拌嘴，不如叫他出去。”因向鲍二说道：“快滚罢！”又告诉周瑞说：“你也不用说了，你干你的事罢。”二人各自散了。

贾珍正在厢房里歇着，听见门上闹的翻江搅海。叫人去查问，回来说道：“鲍二和周瑞的干儿子打架。”贾珍道：“周瑞的干儿子是谁？”门上的回道：“他叫何三，本来是个没味儿的，天天在家里喝酒闹事，常来门上坐着。听见鲍二与周瑞拌嘴，他就插在里头。”贾珍道：“这却可恶！把鲍二和那个什么何几给我一块儿捆起来！周瑞呢？”门上的回道：“打架时，他先走了。”贾珍道：“给我拿了来！这还了得了！”众人答应了。

正嚷着，贾琏也回来了，贾珍便告诉了一遍。贾琏道：“这还了得！”又添了人去拿周瑞。周瑞知道躲不过，也找到了。贾珍便叫：“都捆上！”贾琏便向周瑞道：“你们前头的话也不要紧，大爷说开了，很是了。为什么外头又打架？你们打架已经使不得，又弄个野杂种什么何三来闹。你不压伏压伏他们，倒竟走了。”就把周瑞踢了几脚。贾珍道：“单打周瑞不中用。”喝命人把鲍二和何三各人打了五十鞭子，撵了出去，方和贾琏两个商量正事。下人背地里便生出许多议论来：也有说贾珍护短的；也有说不会调停的；也有说他本不是好人，前儿尤家姊妹弄出许多丑事来，那鲍二不是他调停着二爷叫了来的吗，这会子又嫌鲍二不济事，必是鲍二的女人服侍不到了。人多嘴杂，纷纷不一。

却说贾政自从在工部掌印，家人中尽有发财的。那贾芸听见了，也要插手弄一点事儿，便在外头说了几个工头，讲了成数，便买了些时新绣货，要走凤姐儿门子。凤姐正在房中听见丫头们说：“大爷、二爷都生了气，在外头打人呢 。”凤姐听了，不知何故，正要叫人去问问，只见贾琏已进来了，把外面的事告诉了一遍。凤姐道：“事情虽不要紧，但这风俗儿断不可长。此刻还算咱们家里正旺的时候儿，他们就敢打架。以后小辈儿们当了家，他们越发难制伏了。前年我在东府里，亲眼见过焦大吃的烂醉，躺在台阶子底下骂人，不管上上下下，一混汤子的混骂。他虽是有过功的人，到底主子奴才的名份，也要存点儿体统才好。珍大奶奶，不是我说，是个老实头，个个人都叫他养得无法无天的。如今又弄出一个什么鲍二，我还听见是你和珍大爷得用的人，为什么今儿又打他呢？”贾琏听了这话刺心，便觉讪讪的，拿话来支开，借有事，说着就走了。

小红进来回道：“芸二爷在外头要见奶奶。”凤姐一想，“他又来做什么？”便道：“叫他进来罢。”小红出来，瞅着贾芸微微一笑。贾芸赶忙凑近一步，问道：“姑娘替我回了没有？”小红红了脸，说道：“我就是见二爷的事多。”贾芸道：“何曾有多少事能到里头来劳动姑娘呢！就是那一年姑娘在宝二叔房里，我才和姑娘——”小红怕人撞见，不等说完，赶忙问道：“那年我换给二爷的一块绢子，二爷见了没有？”那贾芸听了这句话，喜的心花俱开，才要说话，只见一个小丫头从里面出来，贾芸连忙同着小红往里走。两个人一左一右，相离不远。贾芸悄悄的道：“回来我出来，还是你送出我来。我告诉你，还有笑话儿呢。”小红听了，把脸飞红，瞅了贾芸一眼，也不答言。同他到了凤姐门口，自己先进去回了，然后出来，掀起帘子，点手儿，口中却故意说道：“奶奶请芸二爷进来呢。”

贾芸笑了一笑，跟着她走进房来，见了凤姐儿，请了安，并说："母亲叫问好。"凤姐也问了他母亲好。凤姐道："你来有什么事？"贾芸道："侄儿从前承婶娘疼爱，心上时刻想着，总过意不去。欲要孝敬婶娘，又怕婶娘多想。如今重阳时候，略备了一点儿东西。婶娘这里那一件没有？不过是侄儿一点孝心。只怕婶娘不肯赏脸。"凤姐儿笑道："有话坐下说。"贾芸才侧身坐了，连忙将东西捧着搁在旁边桌上。凤姐又道："你不是什么有余的人，何苦又去花钱！我又不等着使。你今日来意，是怎么个想头儿，你倒是实说。"贾芸道："并没有别的想头儿，不过感念婶娘的恩惠，过意不去罢咧。"说着，微微的笑了。凤姐道："不是这么说。你手里窄，我很知道，我何苦白白儿使你的！你要我收下这个东西，须先和我说明白了。要是这么含着骨头露着肉的，我倒不收。"

贾芸没法儿，只得站起来，陪着笑儿说道："并不是有什么妄想。前几日听见老爷总办陵工，侄儿有几个朋友办过好些工程，极妥当的，要求婶娘在老爷跟前提一提。办得一两种，侄儿再忘不了婶娘的恩典。若是家里用得着侄儿，也能给婶娘出力。"凤姐道："若是别的，我却可以作主。至于衙门里的事，上头呢，都是堂官司员定的；底下呢，都是那些书办衙役们办的，别人只怕插不上手。连自己的家人也不过跟着老爷服侍服侍。就是你二叔去，亦只是为的是各自家里的事，他也并不能搀越公事。论家事，这里是踩一头儿橇一头儿的，连珍大爷还弹压不住。你的年纪儿又轻，辈数儿又小，那里缠的清这些人呢。况且衙门里头的事差不多儿也要完了，不过吃饭瞎跑。你在家里什么事作不得，难道没了这碗饭吃不成？我这是实在话，你自己回去想想就知道了。你的情意，我已经领了，把东西快拿回去，是那里弄来的，仍旧给人家送了去罢。"

正说着，只见奶妈子一大起带了巧姐儿进来。那巧姐儿身上穿得锦团花簇，手里拿着好些玩意儿，笑嘻嘻走到凤姐身边学舌。贾芸一见，便站起来笑盈盈的赶着说道："这就是大妹妹么？你要什么好东西不要？"那巧姐儿便"哑"的一声哭了。贾芸连忙退下。凤姐道："乖乖不怕。"连忙将巧姐揽在怀里，道："这是你芸大哥哥，怎么认起生来了。"贾芸道："妹妹生得好相貌，将来又是个有大造化的。"那巧姐儿回头把贾芸一瞧，又哭起来，叠连几次。

贾芸看这光景坐不住，便起身告辞要走。凤姐道："你把东西带了去罢。"贾芸道："这一点子婶娘还不赏脸？"凤姐道："你不带去，我便叫人送到你家去。芸哥儿，你不要这么样。你又不是外人，我这里有机会，少不得打发人去叫你，没有事也没法儿，不在乎这些东东西西上的。"贾芸看见凤姐执意不受，只得红着脸道："既这么着，我再找得用的东西来孝敬婶娘罢。"凤姐儿便叫小红拿了东西，跟着贾芸送出来。

贾芸走着，一面心中想道："人说二奶奶利害，果然利害。一点儿都不漏缝，真正斩钉截铁，怪不得没有后世。这巧姐儿更怪，见了我好像前世的冤家似的。真正晦气，白闹了这么一天！"小红见贾芸没得彩头，也不高兴，拿着东西跟出来。贾芸接过来，打开包儿，拣了两件，悄悄的递给小红。小红不接，嘴里说道："二爷别这么着，看奶奶知道了，大家倒不好看。"贾芸道："你好生收着罢，怕什么！那里就知道了呢。你若不要，就是瞧不起我了。"小红微微一笑，才接过来，说道："谁要你这些东西！算什么呢？"说了这句话，把脸又飞红了。贾芸也笑道："我也不是为东西，况且那东西也算不了什么。"说着话儿，两个已走到二门口。贾芸把下剩的仍旧揣在怀内。小红催着贾芸道："你先去罢，有什么事情，只管来找我。我今日在这院里了，又不隔手。"贾芸点点头儿，说道："二奶奶太利害，我可惜不能长来。刚才我说的话，你横竖心里明白，得了空儿，再告诉你罢。"小红满脸羞红，说道："你去罢，明儿也长来走走。谁叫你和她生疏呢？"贾芸道："知道了。"贾芸说着，出了院门。这里小红站在门口，怔怔的看他去远了，才回来了。

却说凤姐在房中吩咐预备晚饭，因又问道："你们熬了粥了没有？"丫鬟们连忙去问，回来回道："预备了。"凤姐道："你们把那南边来的糟东西，弄一两碟来罢。"秋桐答应了，叫丫头们伺候。平儿走来笑道："我倒忘了，今儿晌午，奶奶在上头老太太那边的时候，水月庵的师父打发人来，要向奶奶讨两瓶南小菜，还要支用几个月的月银，说是身上不受用。我问那道婆来着：'师父怎么不受用？'他说：'四五天了，前儿夜里，因那些小沙弥、小道士里头有几个女孩子，睡觉没有吹灯，她说了几次不听。那一夜看见他们三更以后灯还点着呢，她便叫他们吹灯，个个都睡着了，没有人答应，只得自己亲自起来给他们吹灭了。回到炕上，只见有两个人，一男一女，坐在炕上。她赶着问是谁，那里把一根绳子往她脖子上一套，她便叫起人来。众人听见，点上灯火一齐赶来，已经躺在地下，满口吐白沫子，幸亏救醒了。此时还不能吃东西，所以叫来寻些小菜儿的。我因奶奶不在房中，不便给她。我说：'奶奶此时没有空儿，在上头呢，回来告诉。'便打发她回去了。才刚听见说起南菜，方想起来了，不然就忘了。"凤姐听了，呆了一呆，说道："南菜不是还有呢，叫人送些去就是了。那银子过一天叫芹哥来领就是了。"又见小红进来回道："才刚二爷差人来，说是今晚城外有事，不能回来，先通知一声。"凤姐道："是了。"

说着，只听见小丫头从后面喘吁吁的嚷着，直跑到院子里来。外面平儿接着，还有几个丫头们，咕咕唧唧的说话。凤姐道："你们说什么呢？"平儿道："小丫头子有些胆怯，说鬼话。"凤姐叫那一个小丫头进来，问道："什么鬼话？"那丫头道："我才刚到后边去叫打杂儿的添煤，只听得三间空屋子里哗喇哗喇的响，我还道是猫儿耗子，又听得'嗳'的一声，像个人出气儿的似的。我害怕，就跑回来了。"凤姐骂道："胡说！我这里断不兴说神说鬼，我从来不信这些个话。快滚出去罢！"那小丫头出去了。凤姐便叫彩明将一天零碎日用账对过一遍，时已将近二更。大家又歇了一回，略说些闲话，遂叫各人安歇去罢。凤姐也睡下了。

将近三更，凤姐似睡不睡，觉得身上寒毛一乍，自己惊醒了。越躺着越发起渗来，因叫平儿、秋桐过来作伴。二人也不解何意。那秋桐本来不顺凤姐，后来贾琏因尤二姐之事，不大爱惜她了，凤姐又笼络她，如今倒也安静，只是心里比平儿差多了，外面情儿。今见凤姐不受用，只得端上茶来。凤姐喝了一口，道："难为你，睡去罢，只留平儿在这里就够了。"秋桐却要献殷勤儿，因说道："奶奶睡不着，倒是我们两个轮流坐坐也使得。"凤姐一面说，一面睡着了。平儿、秋桐看见凤姐已睡，只听得远远的鸡叫了，二人方都穿着衣服略躺了一躺，就天亮了，连忙起来服侍凤姐梳洗。

凤姐因夜中之事，心神恍惚不宁，只是一味要强，仍然扎挣起来。正坐着纳闷，忽听个小丫头子在院里问道："平姑娘在屋里么？"平儿答应了一声，那小丫头掀起帘子进来，却是王夫人打发过来，来找贾琏，说："外头有人回要紧的官事。老爷才出了门，太太叫快请二爷过去呢。"凤姐听见，唬了一跳。未知何事，下回分解。

第 89 回 人亡物在公子填词 蛇影杯弓颦卿绝粒

却说凤姐正自起来纳闷，忽听见小丫头这话，又唬了一跳，连忙问道："什么官事？"小丫头道："也不知道。刚才二门上小厮回进来，回老爷有要紧的官事，所以太太叫我请二爷来了。"凤姐听是工部里的事，才把心略略的放下，因说道："你回去回太太，就说二爷昨日晚上出城有事，没有回来。打发人先回珍大爷去罢。"那丫头答应着去了。

一时，贾珍过来，见了部里的人，问明了，进来见了王夫人，回道："部中来报，昨日总河奏到，河南一带决了河口，湮没了几府州县。又要开销国帑，修理城工。工部司官又有一番照料。所以部里特来报知老爷的。”说完退出，及贾政回家来，回明。从此，直到冬间，贾政天天有事，常在衙门里。宝玉的功课也渐渐松了，只是怕贾政觉察出来，不敢不常在学房里去念书，连黛玉处也不敢常去。

那时已到十月中旬，宝玉起来，要往学房中去。这日天气陡寒，只见袭人早已打点出一包衣服，向宝玉道：“今日天气很冷，早晚宁使暖些。”说着，把衣服拿出来给宝玉挑了一件穿。又包了一件，叫小丫头拿出，交给茗烟，嘱咐道：“天气凉，二爷要换时，好生预备着。”茗烟答应了，抱着毡包，跟着宝玉自去。

宝玉到了学房中，做了自己的功课，忽听得纸窗“呼喇喇”一派风声。代儒道：“天气又发冷。”把风门推开一看，只见西北上一层层的黑云，渐渐往东南扑上来。茗烟走进来回宝玉道：“二爷，天气冷了，再添些衣服罢。”宝玉点点头儿。只见茗烟拿进一件衣服来，宝玉不看则已，看了时，神已痴了。那些小学生都巴着眼瞧。却原是晴雯所补的那件雀金裘。宝玉道：“怎么拿这一件来！是谁给你的？”茗烟道：“是里头姑娘们包出来的。”宝玉道：“我身上不大冷，且不穿呢，包上罢。”代儒只当宝玉可惜这件衣服，却也心里喜他知道俭省。茗烟道：“二爷穿上罢，着了凉，又是奴才的不是了。二爷只当疼奴才罢。”宝玉无奈，只得穿上，呆呆的对着书坐着。代儒也只当他看书，不甚理会。晚间放学时，宝玉便往代儒托病告假一天。代儒本来上年纪的人，也不过伴着几个孩子解闷儿，时常也八病九痛的，乐得去一个，少操一日心。况且明知贾政事忙，贾母溺爱，便点点头儿。

宝玉一径回来，见过贾母、王夫人，也是这样说，自然没有不信的。略坐一坐，便回园中去了。见了袭人等，也不似往日有说有笑的，便和衣躺在炕上。袭人道：“晚饭预备下了，这会儿吃，还是等一等儿？”宝玉道：“我不吃了，心里不舒服。你们吃去罢。”袭人道：“那么着，你也该把这件衣服换下来了，那个东西那里禁得住揉搓。”宝玉道：“不用换。”袭人道：“倒也不但是娇嫩物儿，你瞧瞧那上头的针线，也不该这么遭塌他呀。”宝玉听了这话，正碰在他心坎儿上，叹了一口气道：“那么着，你就收拾起来，给我包好了。我也总不穿他了。”说着，站起来脱下。袭人才过来接时，宝玉已经自己叠起。袭人道：“二爷怎么今日这样勤谨起来了？”宝玉也不答言，叠好了，便问：“包这个的包袱呢？”麝月连忙递过来，让他自己包好，回头却和袭人挤着眼儿笑。宝玉也不理会，自己坐着，无精打彩。猛听架上钟响，自己低头看了看表，针已指到酉初二刻了。一时，小丫头点上灯来。袭人道：“你不吃饭，喝一口粥儿罢。别淨饿着，看仔细饿上虚火来，那又是我们的累赘了。”宝玉摇摇头儿，说：“不大饿，强吃了倒不受用。”袭人道：“既这么着，就索性早些歇着罢。”于是袭人、麝月铺设好了，宝玉也就歇下。翻来覆去只睡不着，将及黎明，反朦胧睡去，不一顿饭时，早又醒了。

此时袭人、麝月也都起来。袭人道：“昨夜听着你翻腾到五更多，我也不敢问你。后来我就睡着了，不知到底你睡着了没有？”宝玉道：“也睡了一睡，不知怎么就醒了。”袭人道：“你没有什么不受用？”宝玉道：“没有，只是心上发烦。”袭人道：“今日学房里去不去？”宝玉道：“我昨儿已经告了一天假了，今儿我要想园里逛一天，散散心，只是怕冷。你叫她们收拾一间房子，备下一炉香，搁下纸墨笔砚。你们只管干你们的，我自己静坐半天才好。别叫她们来搅我。”麝月接着道：“二爷要静静儿的用功夫，谁敢来搅！”袭人道：“这么着很好，也省得着了凉。自己坐坐，心神也不散。”因又问：“你既懒待吃饭，今日吃什么？早说，好传给厨房里去。”宝玉道：“还是随便罢，不必闹的大惊小怪的。倒是要几个果子搁在那屋里，借点果子香。”袭人道：“那个屋里好？别的都不大干淨，只有晴雯起先住的那一间，因一向无人，还干淨，就是清冷些。”宝玉道：“不妨，把火盆挪过去就是了。”袭人答应了。

正说着，只见一个小丫头端了一个茶盘儿，一个碗，一双牙箸，递给麝月，道：“这是刚才花姑娘要的，厨房里老婆子送了来了。”麝月接了一看，却是一碗燕窝汤，便问袭人道：“这是姐姐要的么？”袭人笑道：“昨夜二爷没吃饭，又翻腾了一夜，想来今日早起心里必是发空的，所以我告诉小丫头们，叫厨房里作了这个来的。”袭人一面叫小丫头放桌儿，麝月打发宝玉喝了，漱了口。只见秋纹走来，说道：“那屋里已经收拾妥了，但等着一时炭劲过了，二爷再进去罢。”宝玉点头，只是一腔心事，懒怠说话。

一时，小丫头来请，说：“笔砚都安放妥当了。”宝玉道：“知道了。”又一个小丫头回道：“早饭得了。二爷在那里吃？”宝玉道：“就拿了来罢，不必累赘了。”小丫头答应了自去。一时端上饭来，宝玉笑了一笑，向袭人、麝月道：“我心里闷得很，自己吃只怕又吃不下去，不如你们两个同我一块儿吃，或者吃的香甜，我也多吃些。”麝月笑道：“这是二爷的高兴，我们可不敢。”袭人道：“其实也使得，我们一处喝酒，也不止今日。只是偶然替你解闷儿还使得，若认真这样，还有什么规矩体统呢。”说着，三人坐下。宝玉在上首，袭人、麝月两个打横陪着。吃了饭，小丫头端上漱口茶，两个看着撤了下去。宝玉因端着茶，默默如有所思，又坐了一坐，便问道：“那屋里收拾妥了么？”麝月道：“头里就回过了，这回子又问。”

宝玉略坐了一坐，便过这间屋子来。亲自点了一炷香，摆上些果品，便叫人出去，关上了门。外面袭人等都静悄无声。宝玉拿了一幅泥金角花的粉红笺出来，口中祝了几句，便提起笔来写道：“怡红主人焚付晴姐知之，酌茗清香，庶几来飨。”其词云：

随身伴，独自意绸缪。谁料风波平地起，顿教躯命即时休。孰与话轻柔？东逝水，无复向西流。想像更无怀梦草，添衣还见翠云裘。脉脉使人愁！

写毕，就在香上点个火，焚化了。静静儿等着，直待一炷香点尽了，才开门出来。

袭人道：“怎么出来了？想来又闷的慌了。”宝玉笑了一笑，假说道：“我原是心里烦，才找个地方儿静坐坐儿。这会子好了，还要外头走走去呢。”说着，一径出来，到了潇湘馆中，在院里问道：“林妹妹在家里呢么？”紫鹃接应道：“是谁？”掀帘看时，笑道：“原来是宝二爷。姑娘在屋里呢，请二爷到屋里坐着。”宝玉同着紫鹃走进来。黛玉却在里间呢，说道：“紫鹃，请二爷屋里坐罢。”宝玉走到里间门口，看见新写的一付紫墨色泥金云龙笺的小对，上写着：“绿窗明月在，青史古人空。”宝玉看了，笑了一笑，走入门去，笑问道：“妹妹做什么呢？”黛玉站起来，迎了两步，笑着让道：“请坐。我在这里写经，只剩得两行了，等写完了再说话儿。”因叫雪雁倒茶。宝玉道：“你别动，只管写。”说着，一面看见中间挂着一幅单条，上面画着一个嫦娥，带着一个侍者；又一个女仙，也有一个侍者，捧着一个长长儿的衣囊似的，二人身边略有些云护，别无点缀。全仿李龙眠白描笔意，上有“斗寒图”三字，用八分书写着。宝玉道：“妹妹这幅《斗寒图》可是新挂上的？”黛玉道：“可不是。昨日她们收拾屋子，我想起来，拿出来叫她们挂上的。”宝玉道：“是什么出处？”黛玉笑道：“眼前熟的很的，还要问人。”宝玉笑道：“我一时想不起，妹妹告诉我罢。”黛玉道：“岂不闻‘青女素娥俱耐冷，月中霜里斗婵娟’。”宝玉道：“是啊，这个实在新奇雅致，却好此时拿出来挂。”说着，又东瞧瞧，西走走。

雪雁沏了茶来，宝玉吃着。又等了一会子，黛玉经才写完，站起来道：“简慢了。”宝玉笑道：“妹妹还是这么客气。”

但见黛玉身上穿着月白绣花小毛皮袄，加上银鼠坎肩：头上挽着随常云髻，簪上一枝赤金匾簪，别无花朵，腰下击着杨妃色绣花绵裙。真比如：

亭亭玉树临风立，冉冉香莲带露开。

宝玉因问道："妹妹这两日弹琴来着没有？"黛玉道："两日没弹了。因为写字，已经觉得手冷，那里还去弹琴。"宝玉道："不弹也罢了。我想琴虽是清高之品，却不是好东西，从没有弹琴里弹出富贵寿考来的，只有弹出忧思怨乱来的。再者，弹琴也得心里记谱，未免费心。依我说，妹妹身子又单弱，不操这心也罢了。"黛玉抿着嘴儿笑。宝玉指着壁上道："这张琴可就是么？怎么这么短？"黛玉笑道："这张琴不是短，因我小时学抚的时候，别的琴都够不着，因此特地做起来的。虽不是焦尾枯桐，这鹤山凤尾，还配得齐整，龙池雁足，高下还相宜。你看这断纹，不是牛旄似的么？所以音韵也还清越。"宝玉道："妹妹这几天来做诗没有？"黛玉道："自结社以后没大作。"宝玉笑道："你别瞒我！我听见你吟的什么'不可惙，素心如何天上月'，你搁在琴里，觉得音响分外的响亮。有的没有？"黛玉道："你怎么听见了？"宝玉道："我那一天从蓼风轩来听见的，又恐怕打断你的清韵，所以静听了一会，就走了。我正要问你：前路是平韵，到末了儿忽转了仄韵，是个什么意思？"黛玉道："这是人心自然之音，做到那里就到那里，原没有一定的。"宝玉道："原来如此。可惜我不知音，枉听了一会子。"黛玉道："古来知音人能有几个？"宝玉听了，又觉得出言冒失了，又怕寒了黛玉的心。坐了一坐，心里像有许多话，却再无可讲的。黛玉因方才的话也是冲冲而出，此时回想，觉得太冷澹些，也就无话。宝玉一发打量黛玉设疑，遂讪讪地站起来，说道："妹妹坐着罢。我还要到三妹妹那里瞧瞧去呢。"黛玉道："你若是见了三妹妹，替我问候一声罢。"宝玉答应着，便出来了。

黛玉送至屋门口，自己回来闷闷的坐着，心里想道："宝玉近来说话，半吐半吞，忽冷忽热，也不知他是什么意思。"正想着，紫鹃走来道："姑娘，经不写了？我把笔砚都收好了？"黛玉道："不写了，收起去罢。"说着，自己走到里间屋里床上歪着，慢慢的细想。紫鹃进来问道："姑娘喝碗茶罢？"黛玉道："不喝呢。我略歪歪儿，你们自己去罢。"

紫鹃答应着出来，只见雪雁一个人在那里发呆。紫鹃走到她跟前问道："你这会子也有了什么心事了么？"雪雁只顾发呆，倒被她唬了一跳，因说道："你别嚷，今日我听见了一句话，我告诉你听，奇不奇。你可别言语。"说着，往屋里努嘴儿。因自己先行，点着头儿叫紫鹃同她出来，到门外平台底下，悄悄儿的道："姐姐你听见了么？宝玉定了亲了！"紫鹃听见，唬了一跳，说道："这是那里来的话？只怕不真罢。"雪雁道："怎么不真！别人大概都知道，就只咱们没听见。"紫鹃道："你是那里听来的？"雪雁道："我听见侍书说的，是个什么知府家，家资也好，人才也好。"

紫鹃正听时，只听得黛玉咳嗽了一声，似乎起来的光景。紫鹃恐怕她出来听见，便拉了雪雁摇摇手儿，往里望望，不见动静，才又悄悄儿的问道："她到底怎么说来？"雪雁道："前儿不是叫我到三姑娘那里去道谢吗，三姑娘不在屋里，只有侍书在那里。大家坐着，无意中说起宝二爷的淘气来，她说宝二爷怎么好，只会玩儿，全不像大人的样子，已经说亲了，还是这么呆头呆脑。我问她定了没有，她说是定了，是个什么王大爷做媒的。那王大爷是东府里的亲戚，所以也不用打听，一说就成了。"紫鹃侧着头想了一想，"这句话奇！"又问道："怎么家里没有人说起？"雪雁道："侍书也说的，是老太太的意思。若一说起，恐怕宝玉野了心，所以都不提起。侍书告诉了我，又叮嘱千万不可露风，说出来，只道是我多嘴。"把手往里一指，"所以她面前也不提。今日是你问起，我不犯瞒你。"

正说到这里，只听鹦鹉叫唤，学着说："姑娘回来了，快倒茶来！"倒把紫鹃、雪雁吓了一跳，回头并不见有人，便骂了鹦鹉一声，走进屋内。只见黛玉喘吁吁的刚坐在椅子上。紫鹃搭讪着问茶问水。黛玉问道："你们两个那里去了？再叫不出一个人来。"说着，便走到炕边，将身子一歪，仍旧倒在炕上，往里躺下，叫把帐子撩下。紫鹃、雪雁答应出去。她两个心里疑惑方才的话只怕被她听了去了，只好大家不提。谁知黛玉一腔心事，又窃听了紫鹃、雪雁的话，虽不很明白，已听得了七八分，如同将身撂在大海里一般。思前想后，竟应了前日梦中之谶。千愁万恨，堆上心来。左右打算，不如早些死了，免得眼见了意外的事情，那时反倒无趣。又想到自己没了爹娘的苦，自今以后，把身子一天一天的遭塌起来，一年半载，少不得身登清淨。打定了主意，被也不盖，衣也不添，竟是合眼装睡。紫鹃和雪雁来伺候几次，不见动静，又不好叫唤。晚饭都不吃。点灯已后，紫鹃掀开帐子，见已睡着了，被窝都蹬在脚后。怕她着了凉，轻轻儿拿来盖上。黛玉也不动，单待她出去，仍然褪下。那紫鹃只管问雪雁："今儿的话，到底是真的是假的？"雪雁道："怎么不真！"紫鹃道："侍书怎么知道的？"雪雁道："是小红那里听来的。"紫鹃道："头里咱们说话，只怕姑娘听见了，你看刚才的神情，大有原故。今日以后，咱们倒别提这件事了。"说着，两个人也收拾要睡。紫鹃进来看时，只见黛玉被窝又蹬下来，复又给他轻轻盖上。一宿晚景不提。

次日，黛玉清早起来，也不叫人，独自一个呆呆的坐着。紫鹃醒来，看见黛玉已起，便惊问道："姑娘怎么这么早？"黛玉道："可不是，睡得早，所以醒得早。"紫鹃连忙起来，叫醒雪雁，伺候梳洗。那黛玉对着镜子，只管呆呆的自看。看了一回，那泪珠儿断断连连，早已湿透了罗帕。正是：

瘦影正临春水照，卿须怜我我怜卿。

紫鹃在旁也不敢劝，只怕倒把闲话勾引旧恨来。迟了好一会，黛玉才随便梳洗了，那眼中泪渍，终是不干。又自坐了一会，叫紫鹃道："你把藏香点上。"紫鹃道："姑娘，你睡也没睡得几时，如何点香？不是要写经？"黛玉点点头儿。紫鹃道："姑娘今日醒得太早，这会子又写经，只怕太劳神了罢。"黛玉道："不怕，早完了早好！况且我也并不是为经，倒借着写字解解闷儿。以后你们见了我的字迹，就算见了我的面儿了。"说着，那泪直流下来。紫鹃听了这话，不但不能再劝，连自己也掌不住滴下泪来。

原来黛玉立定主意，自此以后，有意糟蹋身子，茶饭无心，每日渐减下来。宝玉下学时，也常抽空问候，只是黛玉虽有万千言语，自知年纪已大，又不便似小时可以柔情挑逗，所以满腔心事，只是说不出来。宝玉欲将实言安慰，又恐黛玉生嗔，反添病症。两个人见了面，只得用浮言劝慰，真真是亲极反疏了。

那黛玉虽有贾母、王夫人等怜恤，不过请医调治，只说黛玉常病，那里知她的心病。紫鹃等虽知其意，也不敢说。从此，一天一天的减，到半月之后，肠胃日薄一日，果然粥都不能吃了。黛玉日间听见的话，都似宝玉娶亲的话，看见怡红院中的人，无论上下，也像宝玉娶亲的光景。薛姨妈来看，黛玉不见宝钗，越发起疑心，索性不要人来看望，也不肯吃药，只要速死。睡梦之中，常听见有人叫"宝二奶奶"的。一片疑心，竟成蛇影。一日，竟是绝粒，粥也不喝，恹恹一息，垂毙殆尽。未知黛玉性命如何，且看下回分解。

第 90 回 失绵衣贫女耐嗷嘈 送果品小郎惊叵测

却说黛玉自立意自戕之后，渐渐不支，一日竟至绝粒。从前十几天内，贾母等轮流看望，她有时还说几句话，这两日索性不大言语。心里虽有时昏晕，却也有时清楚。贾母等见她这病不似无因而起，也将紫鹃、雪雁盘问过两次，两个哪里敢说。便是紫鹃欲向侍书打听消息，又怕越闹越真，黛玉更死得快了，所以见了侍书，毫不提起。那雪雁是她传话弄出这样缘故来，此时恨不得长出百十个嘴来说“我没说”，自然更不敢提起。到了这一天黛玉绝粒之日，紫鹃料无指望了，守着哭了会子，因出来偷向雪雁道：“你进屋里来，好好儿的守着她。我去回老太太、太太和二奶奶去，今日这个光景，大非往常可比了。”雪雁答应，紫鹃自去。

这里雪雁正在屋里伴着黛玉，见她昏昏沉沉，小孩子家那里见过这个样儿，只打量如此便是死的光景了，心中又痛又怕，恨不得紫鹃一时回来才好。正怕着，只听窗外脚步走响，雪雁知是紫鹃回来，才放下心了，连忙站起来，掀着里间帘子等她。只见外面帘子响处，进来了一个人，却是侍书。那侍书是探春打发来看黛玉的，见雪雁在那里掀着帘子，便问道：“姑娘怎么样？”雪雁点点头儿，叫她进来。侍书跟进来，见紫鹃不在屋里，瞧了瞧黛玉，只剩得残喘微延，唬的惊疑不止，因问：“紫鹃姐姐呢？”雪雁道：“告诉上屋里去了。”

那雪雁此时只打量黛玉心中一无所知了，又见紫鹃不在面前，因悄悄的拉了侍书的手问道：“你前日告诉我说的什么王大爷给这里宝二爷说了亲，是真话么？”侍书道：“怎么不真！”雪雁道：“多早晚放定的？”侍书道：“那里就放定了呢！那一天我告诉你时，是我听见小红说的。后来我到二奶奶那边去，二奶奶正和平姐姐说呢，说那都是门客们借着这个事讨老爷的喜欢，往后好拉拢的意思。别说大太太说不好，就是大太太愿意，说那姑娘好，那大太太眼里看的出什么人来！再者，老太太心里早有了人了，就在咱们园子里的。大太太那里摸的着底呢。老太太不过因老爷的话，不得不问问罢咧。又听见二奶奶说，宝玉的事，老太太总是要亲上作亲的，凭谁来说亲，横竖不中用。”雪雁听到这里，也忘了神了，因说道：“这是怎么说！白白的送了我们这一位的命了！”侍书道：“这是从那里说起？”雪雁道：“你还不知道呢！前日都是我和紫鹃姐姐说来着，这一位听见了，就弄到这步田地了。”侍书道：“你悄悄儿的说罢，看仔细她听见了。”雪雁道：“人事都不省了，瞧瞧罢，左不过在这一两天了。”正说着，只见紫鹃掀帘进来说：“这还了得！你们有什么话，还不出去说，还在这里说！索性逼死她就完了。”侍书道：“我不信有这样奇事。”紫鹃道：“好姐姐，不是我说，你又该恼了。你懂得什么呢！懂得也不传这些舌了。”

这里三个人正说着，只听黛玉忽然又嗽了一声。紫鹃连忙跑到炕沿前站着，侍书、雪雁也都不言语了。紫鹃弯着腰，在黛玉身后轻轻问道：“姑娘，喝口水罢？”黛玉微微答应了一声。雪雁连忙倒了半钟滚白水，紫鹃接了托着，侍书也走近前来。紫鹃和她摇头儿，不叫她说话，侍书只得咽住了。站了一回，黛玉又嗽了一声。紫鹃趁势问道：“姑娘，喝水呀？”黛玉又微微应了一声，那头似有欲抬之意，那里抬得起。紫鹃爬上炕去，爬在黛玉旁边，端着水，试了冷热，送到唇边，扶了黛玉的头，就到碗边，喝了一口。紫鹃才要拿时，黛玉意思还要喝一口，紫鹃便托着那碗不动。黛玉又喝了一口，摇摇头儿，不喝了，喘了一口气，仍旧躺下。半日，微微睁眼，说道：“刚才说话不是侍书么？”紫鹃答应道：“是。”侍书尚未出去，因连忙过来问候。黛玉睁眼看了，点点头儿，又歇了一歇，说道：“回去问你姑娘好罢。”侍书见这番光景，只当黛玉嫌烦，只得悄悄的退出去了。

原来那黛玉虽则病势沉重，心里却还明白。起先侍书、雪雁说话时，她也模糊听见了一半句，却只作不知，也因实无精神答理。及听了雪雁、侍书的话，才明白过前头的事情原是议而未成的，又兼侍书说是凤姐说的，老太太的主意亲上作亲，又是园中住着的，非自己而谁？因此一想，阴极阳生，心神顿觉清爽许多，所以才喝了两口水，又要想问侍书的话。恰好贾母、王夫人、李纨、凤姐听见紫鹃之言，都赶着来看。黛玉心中疑团已破，自然不似先前寻死之意了。虽身体软弱，精神短少，却也勉强答应一两句了。凤姐因叫过紫鹃问道：“姑娘也不至这样，这是怎么说，你这样唬人。”紫鹃道：“实在头里看着不好，才敢去告诉的，回来见姑娘竟好了许多，也就怪了。”贾母笑道：“你也别怪她，她懂得什么。看见不好就言语，这倒是她明白的地方，小孩子家不嘴懒脚懒就好。”说了一回，贾母等料着无妨，也就去了。正是：

心病终须心药治，解铃还是击铃人。

不言黛玉病渐减退，且说雪雁、紫鹃背地里都念佛。雪雁向紫鹃说道：“亏她好了，只是病的奇怪，好的也奇怪。”紫鹃道：“病的倒不怪，就只好的奇怪。想来宝玉和姑娘必是姻缘。人家说的‘好事多磨’，又说道‘是姻缘棒打不回’。这样看起来，人心大意，他们两个竟是天配的了。再者，你想那一年，我说了林姑娘要回南去，把宝玉没急死了，闹得家翻宅乱。如今一句话，又把这一个弄得死去活来。可不说的三生石上百年前结下的么？”说着，两个悄悄的抿着嘴笑了一回。雪雁又道：“幸亏好了。咱们明儿再别说了，就是宝玉娶了别的人家儿的姑娘，我亲见他在那里结亲，我也再不露一句话了。”紫鹃笑道：“这就是了。”不但紫鹃和雪雁在私下里讲究，就是众人也都知道黛玉的病也病得奇怪，好也好得奇怪，三三两两，唧唧哝哝议论着。不多几时，连凤姐儿也知道了，邢、王二夫人也有些疑惑，倒是贾母略猜着了八九。

那时正值邢、王二夫人、凤姐等在贾母房中说闲话，说起黛玉的病来。贾母道：“我正要告诉你们，宝玉和林丫头是从小儿在一处的，我只说小孩子们，怕什么？以后时常听得林丫头忽然病，忽然好，都为有了些知觉了。所以我想他们若尽着搁在一块儿，毕竟不成体统。你们怎么说？”王夫人听了，便呆了一呆，只得答应道：“林姑娘是个有心计儿的。至于宝玉，呆头呆恼，不避嫌疑是有的。看起外面，却还都是个小孩儿形象。此时若忽然或把那一个分出园外，不是倒露了什么痕迹了么？古来说的：‘男大须婚，女大须嫁。’，老太太想，倒是赶着把他们的事办办也罢了。”贾母皱了一皱眉，说道：“林丫头的乖僻，虽也是她的好处，我的心里不把林丫头配他，也是为这点子。况且林丫头这样虚弱，恐不是有寿的。只有宝丫头最妥。”王夫人道：“不但老太太这么想，我们也是这样。但林姑娘也得给她说了人家儿才好，不然，女孩儿家长大了，那个没有心事？倘或真与宝玉有些私心，若知道宝玉定下宝丫头，那倒不成事了。”贾母道：“自然先给宝玉娶了亲，然后给林丫头说人家，再没有先是外人后是自己的。况且林丫头年纪到底比宝玉小两岁。依你们这样说，倒是宝玉定亲的话，不许叫他知道倒罢了。”凤姐便吩咐众丫头们道：“你们听见了？宝二爷定亲的话，不许混吵嚷；若有多嘴的，隄防着她的皮！”贾母又向凤姐道：“凤哥儿，你如今自从身上不大好，也不大管园里的事了。我告诉你，须得经点儿心。不但这个，就像前年那些人喝酒耍钱，都不是事。你还精细些，少不得多分点心儿，严紧严紧他们才好。况且我看他们也就只还服你。”凤姐答应了。娘儿们又说了一回话，方各自散了。

从此，凤姐常到园中照料。一日，刚走进大观园，到了紫菱洲畔，只听见一个老婆子在那里嚷。凤姐走到跟前，那婆子才瞧见了，早垂手侍立，口里请了安。凤姐道：“你在这里闹什么？”婆子道：“蒙奶奶们派我在这里看守花果，我也没有差错，不料邢姑娘的丫头说我们是贼。”凤姐道：“为什么呢？”婆子道：“昨儿我们家的黑儿跟着我到这里玩了一回，她不知道，又往邢姑娘那边去瞧了一瞧，我就叫她回去了。今儿早起听见她们丫头说，丢了东西了。我问她丢了什么，她就问起我来了。”凤姐道：“问了你一声，也犯不着生气呀。”婆子道：“这里园子，到底是奶奶家里的，并不是她们家里的。我们都是奶奶派的，贼名儿怎么敢认呢？”凤姐照脸啐了一口，厉声道：“你少在我跟前唠唠叨叨的！你在这里照看，姑娘丢了东西，你们就该问哪，怎么说出这些没道理的话来！把老林叫了来，撵出她去！”丫头们答应了。

只见邢岫烟赶忙出来，迎着凤姐陪笑道：“这使不得，没有的事，事情早过去了。”凤姐道：“姑娘，不是这个话。倒不讲事情，这名分上太岂有此理了！”岫烟见婆子跪在地下告饶，便忙请凤姐到里边去坐。凤姐道：“她们这种人我知道，她除了我，其余都没上没下的了。”岫烟再三替她讨饶，只说自己的丫头不好。凤姐道：“我看着邢姑娘的份上，饶你这一次。”婆子才起来，磕了头，又给岫烟磕了头，才出去了。

这里二人让了坐。凤姐笑问道：“你丢了什么东西了？”岫烟笑道：“没有什么要紧的，是一件红小袄儿，已经旧了的。我原叫她们找，找不着就罢了。这小丫头不懂事，问了那婆子一声，那婆子自然不依了。这都是小丫头糊涂不懂事，我也骂了几句，已经过去了，不必再提了。”凤姐把岫烟内外一瞧，看见虽有些皮绵衣服，已是半新不旧的，未必能暖和；她的被窝多半是薄的。至于房中桌上摆设的东西，就是老太太拿来的，却一些不动，收拾的干干浄浄。凤姐心上便很爱敬她，说道：“一件衣服原不要紧，这时候冷，又是贴身的，怎么就不问一声儿呢？这撒野的奴才，了不得了！”说了一回，凤姐出来，各处去坐了一坐，就回去了。到了自己房中，叫平儿取了一件大红洋绉的小袄儿，一件松花色绫子一斗珠儿的小皮袄，一条宝蓝盘锦镶花绵裙，一件佛青银鼠褂子，包好叫人送去。

那时，岫烟被那老婆子聒噪了一场，虽有凤姐来压住，心上终是不安。想起“许多姊妹们在这里，没有一个下人敢得罪她的，独自我这里，他们言三语四，刚刚凤姐来碰见。”想来想去，终是没意思，又说不出来。正在吞声饮泣，看见凤姐那边的丰儿送衣服过来。岫烟一看，决不肯受。丰儿道：“奶奶吩咐我说，姑娘要嫌是旧衣裳，将来送新的来。”岫烟笑谢道：“承奶奶的好意，只是因我丢了衣服，她就拿来，我断不敢受。你拿回去，千万谢你们奶奶！承你奶奶的情，我算领了。”倒拿个荷包给了丰儿。那丰儿只得拿了去了。

不多时，又见平儿同着丰儿过来，岫烟忙迎着问了好，让了坐。平儿笑说道：“我们奶奶说，姑娘特外道的了不得。”岫烟道：“不是外道，实在不过意。”平儿道：“奶奶说，姑娘要不收这衣裳，不是嫌太旧，就是瞧不起我们奶奶。刚才说了，我要拿回去，奶奶不依我呢。”岫烟红着脸笑谢道：“这样说了，叫我不敢不收。”又让了一回茶。

平儿同丰儿回去，将到凤姐那边，碰见薛家差来的一个老婆子，接着问好。平儿便问道：“你那里来的？”婆子道：“那边太太、姑娘叫我来请各位太太、奶奶、姑娘们的安。我才刚在奶奶前问起姑娘来，说姑娘到园中去了。可是从邢姑娘那里来么？”平儿道：“你怎么知道？”婆子道：“方才听见说。真真的二奶奶和姑娘们的行事叫人感念。”平儿笑了一笑说：“你回来坐着罢。”婆子道：“我还有事，改日再过来瞧姑娘罢。”说着走了。平儿回来，回复了凤姐。不在话下。

且说薛姨妈家中被金桂搅得翻江倒海，看见婆子回来，述起岫烟的事，宝钗母女二人不免滴下泪来。宝钗道：“都为哥哥不在家，所以叫邢姑娘多吃几天苦。如今还亏凤姐姐不错。咱们底下也得留心，到底是咱们家里人。”说着，只见薛蝌进来说道：“大哥哥这几年在外头相与的都是些什么人！连一个正经的也没有，来一起子，都是些狐群狗党。我看他们那里是不放心，不过将来探探消息儿罢咧。这两天都被我赶出去了。以后吩咐了门上，不许传进这种人来。”薛姨妈道：“又是蒋玉菡那些人哪？”薛蝌道：“蒋玉菡却倒没来，倒是别人。”薛姨妈听了薛蝌的话，不觉又伤心起来，说道：“我虽有儿，如今就像没有的了。就是上司准了，也是个废人。你虽是我侄儿，我看你还比你哥哥明白些，我这后辈子全靠你了。你自己从今更要学好。再者，你聘下的媳妇儿，家道不比往时了。人家的女孩儿出门子不是容易，再没别的想头，只盼着女婿能干，他就有日子过了。若邢丫头也像这个东西——”说着把手往里头一指，道：“我也不说了。邢丫头实在是个有廉耻、有心计儿的，又守得贫，耐得富。只是等咱们的事情过去了，早些把你们的正经事完结了，也了我一宗心事。”薛蝌道：“琴妹妹还没有出门子，这倒是太太烦心的一件事。至于这个，可算什么呢！”大家又说了一回闲话。

薛蝌回到自己房中，吃了晚饭，想起邢岫烟住在贾府园中，终是寄人篱下，况且又穷，日用起居不想可知。况兼当初一路同来，模样儿、性格儿都知道的。可知天意不均：如夏金桂这种人，偏教她有钱，娇养得这般泼辣；邢岫烟这种人，偏教他这样受苦。阎王判命的时候，不知如何判法的。想到闷来，也想吟诗一首，写出来出出胸中的闷气。又苦自己没有工夫，只得混写道：

蛟龙失水似枯鱼，两地情怀感索居。

同在泥涂多受苦，不知何日向清虚！

写毕，看了一回，意欲拿来粘在壁上，又不好意思。自己沉吟道：“不要被人看见笑话。”又念了一遍，道：“管他呢，左右粘上自己看着解闷儿罢。”又看了一回，到底不好，拿来夹在书里。又想：“自己年纪可也不小了，家中又碰见这样飞灾横祸，不知何日了局，致使幽闺弱质，弄得这般凄凉寂寞。”

正在那里想时，只见宝蟾推门进来，拿着一个盒子，笑嘻嘻放在桌上。薛蝌站起来让坐。宝蟾笑着向薛蝌道：“这是四碟果子，一小壶儿酒，大奶奶叫给二爷送来的。”薛蝌陪笑道：“大奶奶费心！但是叫小丫头们送来就完了，怎么又劳动姐姐呢？”宝蟾道：“好说。自家人，二爷何必说这些套话；再者，我们大爷这件事，实在叫二爷操心，大奶奶久已要亲自弄点什么儿谢二爷，又怕别人多心。二爷是知道的，咱们家里都是言合意不合，送点子东西没要紧，倒没的惹人七嘴八舌的讲究。所以今日些微的弄了一两样果子，一壶酒，叫我亲自悄悄儿的送来。”说着，又笑瞅了薛蝌一眼，道：“明儿二爷再别说这些话，叫人听着怪不好意思的。我们不过也是底下的人，服侍的着大爷，就服侍的着二爷，这有何妨呢！”

薛蝌一则秉性忠厚，二则到底年轻，只是向来不见金桂和宝蟾如此相待，心中想到刚才宝蟾说为薛蟠之事，也是情理，因说道：“果子留下罢，这个酒儿，姐姐只管拿回去。我向来的酒上实在很有限，挤住了，偶然喝一钟，平日无事，是不能喝的。难道大奶奶和姐姐还不知道么？”宝蟾道：“别的我作得主，独这一件事，我可不敢应。大奶奶的脾气儿，二爷是知道的，我拿回去，不说二爷不喝，倒要说我不尽心了。”薛蝌没法，只得留下。宝蟾方才要走，又到门口往外看看，回过头来向着薛蝌一笑，又用手指着里面说道：“她还只怕要来亲自给你道乏呢！”薛蝌不知何意，反倒讪讪的起来，因说道：“姐姐替我谢大奶奶罢。天气寒，看凉着。再者，自己叔嫂也不必拘这些个礼。”宝蟾也不答言，笑着走了。

薛蝌始而以为金桂为薛蟠之事，或者真是不过意，备此酒果给自己道乏，也是有的。及见了宝蟾这种鬼鬼祟祟，不尴不尬的光景，也觉了几分。却自己回心一想：“她到底是嫂子的名份，那里就有别的讲究了呢！或者宝蟾不老成，自己不好意思怎么样，却指着金桂的名儿，也未可知。然而到底是哥哥的屋里人，也不好——”忽又一转念：“那金桂素性为人毫无闺阁理法，况且有时高兴，打扮得妖调非常，自以为美，又焉知不是怀着坏心呢？不然，就是她和琴妹妹也有了什么不对的地方儿，所以设下这个毒法儿，要把我拉在浑水里，弄一个不清不白的名儿，也未可知。”想到这里，索性倒怕起来。正在不得主意的时候，忽听窗外“噗哧”的笑了一声，把薛蝌倒唬了一跳。未知是谁，下回分解。

第 91 回 纵淫心宝蟾工设计 布疑阵宝玉妄谈禅

话说薛蝌正在狐疑，忽听窗外一笑，唬了一跳，心中想道：“不是宝蟾，定是金桂。只不理她们，看她们有什么法儿。”听了半日，却又寂然无声。自己也不敢吃那酒果。掩上房门，刚要脱衣时，只听见窗纸上微微一响。薛蝌此时被宝蟾鬼混了一阵，心中七上八下，竟不知是如何是可。听见窗纸微响，细看时；又无动静，自己反倒疑心起来，掩了怀，坐在灯前，呆呆的细想；又把那果子拿了一块，翻来覆去的细看。趔回头，看见窗上纸湿了一块，走过来觑着眼看时，冷不防外面往里一吹，把薛蝌唬了一大跳。听得吱吱的笑声，薛蝌连忙把灯吹灭了，屏息而卧。只听外面一个人说道：“二爷为什么不喝酒吃果子，就睡了？”这句话仍是宝蟾的语音。薛蝌只不作声装睡。又隔有两句话时，又听得外面似有恨声道：“天下那里有这样没造化的人！”薛蝌听了，是宝蟾，又似是金桂的语音。这才知道她们原来是这一番意思，翻来覆去，直到五更后才睡着了。

刚到天明，早有人来扣门。薛蝌忙问是谁，外面也不答应。薛蝌只得起来，开了门看时，却是宝蟾，拢着头髮，掩着怀，穿一件片锦边琵琶襟小紧身，上面繫一条松花绿半新的汗巾，下面并未穿裙，正露着石榴红洒花夹裤，一双新绣红鞋。原来宝蟾尚未梳洗，恐怕人见，赶早来取家伙。薛蝌见她这样打扮便走进来，心中又是一动，只得陪笑问道：“怎么这样早就起来了？”宝蟾把脸红着，并不答言，只管把果子折在一个碟子里，端着就走。薛蝌见她这般，知是昨晚的原故，心里想道：“这也罢了。倒是她们恼了，索性死了心，也省得来缠。”于是把心放下，唤人舀水洗脸。自己打算在家里静坐两天，一则养养心神，二则出去怕人找他。原来和薛蟠好的那些人，因见薛家无人，只有薛蝌在那里办事，年纪又轻，便生许多觊觎之心。也有想插在里头做跑腿的；也有能做状子的，认得一二个书役的，要给他上下打点的；甚至有叫他在内趁钱的，也有造作谣言恐吓的：种种不一。薛蝌见了这些人，远远躲避，又不敢面辞，恐怕激出意外之变，只好藏在家中听候传详。不提。

且说金桂昨夜打发宝蟾送了些酒果去，探探薛蝌的消息，宝蟾回来将，薛蝌的光景一一的说了。金桂见事有些不大投机，便怕白闹一场，反被宝蟾瞧不起，欲把两三句话遮饰，改过口来，又可惜了这个人。心里倒没了主意，只怔怔的坐着。那知宝蟾亦知薛蟠难以回家，正欲寻个头路，因怕金桂拿她，所以不敢透漏。今见金桂所为，先已开了端了，她便乐得借风使船，先弄薛蝌到手，不怕金桂不依，所以用言挑拨。见薛蝌似非无情，又不甚兜揽，一时也不敢造次。后来见薛蝌吹灯自睡，大觉扫兴，回来告诉金桂，看金桂有甚方法，再作道理。及见金桂怔怔的，似乎无技可施，她也只得陪金桂收拾睡了。

夜里那里睡得着，翻来覆去，想出一个法子来：不如明儿一早起来，先去取了家伙，却自己换上一两件动人的衣服，也不梳洗，越显出一番娇媚来。只看薛蝌的神情，自己反倒装出一番恼意，索性不理他。那薛蝌若有悔心，自然移船泊岸，不愁不先到手。及至见了薛蝌，仍是昨晚这般光景，并无邪僻之意，自己只得以假为真，端了碟子回来，却故意留下酒壶，以为再来搭转之地。只见金桂问道：“你拿东西去，有人碰见么？”宝蟾道：“没有。”“二爷也没问你什么？”宝蟾道：“也没有。”金桂因一夜不曾睡着，也想不出一个法子来，只得回思道：“若作此事，别人可瞒，宝蟾如何能瞒？不如我分惠于她，她自然没有不尽心的。我又不能自去，少不得要她作脚，倒不如和她商量一个稳便主意。”因带笑说道：“你看二爷到底是个怎么样的人？”宝蟾道：“倒像个糊涂人。”金桂听了笑道：“你如何说起爷们来了？”宝蟾也笑道：“他辜负奶奶的心，我就说得他！”金桂道：“他怎么辜负我的心？你倒得说说。”宝蟾道：“奶奶给他好东西吃，他倒不吃，这不是辜负奶奶的心么？”说着，却把眼熘着金桂一笑。金桂道：“你别胡想。我给他送东西，为大爷的事不辞劳苦，我所以敬他；又怕人说瞎话，所以问你。你这些话向我说，我不懂是什么意思。”宝蟾笑道：“奶奶别多心，我是跟奶奶的，还有两个心么！但是事情要密些，倘或声张起来，不是玩的。”

金桂也觉得脸飞红了，因说道：“你这个丫头，就不是个好货！想来你心里看上了，却拿我作筏子，是不是呢？”宝蟾道：“只是奶奶那么想罢咧，我倒是替奶奶难受。奶奶要真瞧二爷好，我倒有个主意。奶奶想，那个耗子不偷油呢？他也不过怕事情不密，大家闹出乱子来，不好看。依我想，奶奶且别性急，时常在他身上不周不备的去处，张罗张罗。他是个小叔子，又没娶媳妇儿，奶奶就多尽点心儿和他贴个好儿，别人也说不出什么来。过几天，他感奶奶的情，他自然要谢候奶奶。那时，奶奶再备点东西儿在咱们屋里，我帮着奶奶灌醉了他，怕跑了他？他要不应，咱们索性闹起来，就说他调戏奶奶。他害怕，他自然得顺着咱们的手儿。他再不应，他也不是人，咱们也不至白丢了脸面。奶奶想怎么样？”金桂听了这话，两颧早已红晕了，笑骂道：“小蹄子！你倒偷过多少汉子的似的，怪不得大爷在家时离不开你。”宝蟾把嘴一撇，笑说道：“罢哟！人家倒替奶奶拉纤，奶奶倒往我们说这个话咧！”从此，金桂一心笼络薛蝌，倒无心混闹了。家中也少觉安静。

当日，宝蟾自去取了酒壶，仍是稳稳重重，一脸的正气。薛蝌偷眼看了，反倒后悔，疑心或者是自己错想了她们，也未可知。果然如此，倒辜负了她这一番美意，保不住日后倒要和自己也闹起来，岂非自惹的呢？过了两天，甚觉安静。薛蝌遇见宝蟾，宝蟾便低头走了，连眼皮儿也不抬；遇见金桂，金桂却一盆火儿的赶着。薛蝌见这般光景，反倒过意不去。这且不表。

且说宝钗母女觉得金桂几天安静，待人忽亲热起来，一家子都为罕事。薛姨妈十分欢喜，想到必是薛蟠娶这媳妇时冲犯了什么，才败坏了这几年。目今闹出这样事来，亏得家里有钱，贾府出力，方才有了指望。媳妇儿忽然安静起来，或者是蟠儿转过运气来了，也未可知。于是自己心里倒以为希有之奇。

这日饭后，扶了同贵过来，到金桂房里瞧瞧。走到院中，只听一个男人和金桂说话。同贵知机，便说道：“大奶奶，老太太过来了。”说着，已到门口。只见一个人影儿在房门后一躲，薛姨妈一吓，倒退了出来。金桂道：“太太请里头坐。没有外人，他就是我的过继兄弟，本住在屯里，不惯见人，因没有见过太太，今儿才来，还没去请太太的安。”薛姨妈道：“既是舅爷，不妨见见。”金桂叫兄弟出来见了薛姨妈，作了一个揖，问了好。薛姨妈也问了好，坐下叙起话来。薛姨妈道：“舅爷上京几时了？”那夏三道：“前月我妈没有人管家，把我过继来的。前日才进京，今日来瞧姐姐。”薛姨妈看那人不尴尬，于是略坐坐儿，便起身道：“舅爷坐着罢。”回头向金桂道：“舅爷头上末下的来，留在咱们这里吃了饭再去罢。”金桂答应着，薛姨妈自去了。

金桂见婆婆去了，便向夏三道：“你坐着，今日可是过了明路的了，省得我们二爷查考你。我今日还叫你买些东西，只别叫众人看见。”夏三道：“这个交给我就完了。你要什么，只要有钱，我就买得来。”金桂道：“且别说嘴，你买上了当，我可不收。”说着，二人又笑了一回，然后金桂陪夏三吃了晚饭，又告诉他买的东西，又嘱咐一回，夏三自去。从此夏三往来不绝。虽有个年老的门上人，知是舅爷，也不常回，从此生出无限风波，这是后话。不表。

一日，薛蟠有信寄回，薛姨妈打开叫宝钗看时，上写：

男在县里也不受苦，母亲放心。但昨日县里书办说，府里已经准详，想是我们的情到了。岂知府里详上去，道里反驳下来。亏得县里主文相公好，即刻做了回文顶上去了。那道里却把知县申饬。现在道里要亲提，若一上去，又要吃苦。必是道里没有托到。母亲见字，快快托人求道爷去。还叫兄弟快来，不然，就要解道。银子短不得。火速，火速！

薛姨妈听了，又哭了一场，自不必说。薛蝌一面劝慰，一面说道："事不宜迟。"薛姨妈没法，只得叫薛蝌到县照料，命人即便收拾行李，兑了银子，家人李祥本在那里照应的，薛蝌又同了一个当中伙计连夜起程。

那时，手忙脚乱，虽有下人办理，宝钗又恐他们思想不到，亲来帮着，直闹至四更才歇。到底富家女子娇养惯的，心上又急，又苦劳了一会，晚上就发烧。到了明日，汤水都吃不下。莺儿去回了薛姨妈。薛姨妈急来看时，只见宝钗满面通红，身如燔灼，话都不说。薛姨妈慌了手脚，便哭得死去活来。宝琴扶着劝薛姨妈。秋菱也泪如泉涌，只管叫着。宝钗不能说话，手也不能摇动，眼干鼻塞。叫人请医调治，渐渐苏醒回来。薛姨妈等大家略略放心。早惊动荣、宁两府的人，先是凤姐打发人送十香返魂丹来，随后王夫人又送至宝丹来。贾母、邢、王二夫人以及尤氏等都打发丫头来问候，却都不叫宝玉知道。一连治了七八天，终不见效，还是她自己想起冷香丸，吃了三丸，才得病好。后来宝玉也知道了，因病好了，没有瞧去。

那时，薛蝌又有信回来。薛姨妈看了，怕宝钗耽忧，也不叫她知道。自己来求王夫人，并述了一会子宝钗的病。薛姨妈去后，王夫人又求贾政。贾政道："此事上头可托，底下难托，必须打点才好。"王夫人又提起宝钗的事来，因说道："这孩子也苦了。既是我家的人了，也该早些娶了过来才是，别叫他糟塌坏了身子。"贾政道："我也是这么想。但是他家乱忙，况且如今到了冬底，已经年近岁逼，不无各自要料理些家务。今冬且放了定，明春再过礼，过了老太太的生日，就定日子娶。你把这番话先告诉薛姨太太。"王夫人答应了。

到了明日，王夫人将贾政的话向薛姨妈述了。薛姨妈想着也是。到了饭后，王夫人陪着来到贾母房中，大家让了坐。贾母道："姨太太才过来？"薛姨妈道："还是昨儿过来的。因为晚了，没得过来给老太太请安。"王夫人便把贾政昨夜所说的话，向贾母述了一遍，贾母甚喜。说着，宝玉进来了。贾母便问道："吃了饭了没有？"宝玉道："才打学房里回来，吃了要往学房里去，先见见老太太。又听见说姨妈来了，过来给姨妈请请安。"因问："宝姐姐可大好了？"薛姨妈笑道："好了。"原来方才大家正说着，见宝玉进来，都煞住了。宝玉坐了坐，见薛姨妈情形不似从前亲热，"虽是此刻没有心情，也不犯大家都不言语"，满腹猜疑，自往学中去了。

晚间回来，都见过了，便往潇湘馆来。掀帘进去，紫鹃接着，见里间屋内无人，宝玉道："姑娘那里去了？"紫鹃道："上屋里去了。知道姨太太过来，姑娘请安去了。二爷没有到上屋里去么？"宝玉道："我去了来的，没有见你姑娘。"紫鹃道："这也奇了。"宝玉问："姑娘到底那里去了？"紫鹃道："不定。"宝玉往外便走。刚出屋门，只见黛玉带着雪雁，冉冉而来。宝玉道："妹妹回来了。"缩身退步进来。黛玉进来，走入里间屋内，便请宝玉里头坐。紫鹃拿了一件外罩换上，然后坐下，问道："你上去看见姨妈没有？"宝玉道："见过了。"黛玉道："姨妈说起我没有？"宝玉道："不但没有说起你，连见了我也不像先时亲热。今日我问起宝姐姐病来，她不过笑了一笑，并不答言。难道怪我这两天没有去瞧她么。"黛玉笑了一笑道："你去瞧过没有？"宝玉道："头几天不知道；这两天知道了，也没有去。"黛玉道："可不是。"宝玉道："老太太不叫我去，太太也不叫我去，老爷又不叫我去，我如何敢去！若是像从前这扇小门走得通的时候，要我一天瞧她十趟也不难。如今把门堵了，要打前头过去，自然不便了。"黛玉道："她那里知道这个原故。"宝玉道："宝姐姐为人是最体谅我的。"黛玉道："你不要自己打错了主意。若论宝姐姐，更不体谅，又不是姨妈病，是宝姐姐病。向来在园中，做诗，赏花，饮酒，何等热闹，如今隔开了，你看见她家里有事了，她病到那步田地，你像没事人一般，她怎么不恼呢？"宝玉道："这样难道宝姐姐便不和我好了不成？"黛玉道："她和你好不好，我却不知，我也不过是照理而论。"

宝玉听了，瞪着眼呆了半晌。黛玉看见宝玉这样光景，也不睬他，只是自己叫人添了香，又翻出书来，细看了一会。只见宝玉把眉一皱，把脚一跺，道："我想这个人，生他做什么！天地间没有了我，倒也干淨！"黛玉道："原是有了我，便有了人；有了人，便有无数的烦恼生出来。恐怖、颠倒、梦想，更有许多缠碍。－－才刚我说的都是玩话，你不过是看见姨妈没精打彩，如何便疑到宝姐姐身上去？姨妈过来原为他的官司事情心绪不宁，那里还来应酬你？都是你自己心上胡思乱想，鑽入魔道里去了。"宝玉豁然开朗，笑道："很是，很是。你的性灵比我竟强远了，怨不得前年我生气的时候，你和我说过几句禅语，我实在对不上来。我虽丈六金身，还借你一茎所化。"

黛玉乘此机会，说道："我便问你一句话，你如何回答？"宝玉盘着腿，合着手，闭着眼，嘘着嘴，道："讲来。"黛玉道："宝姐姐和你好，你怎么样？宝姐姐不和你好，你怎么样？宝姐姐前儿和你好，如今不和你好，你怎么样？今儿和你好，后来不和你好，你怎么样？你和她好，她偏不和你好，你怎么样？你不和她好，她偏要和你好，你怎么样？"宝玉呆了半晌，忽然大笑道："任凭弱水三千，我只取一瓢饮。"黛玉道："瓢之漂水奈何？"宝玉道："非瓢漂水，水自流，瓢自漂耳！"黛玉道："水止珠沉，奈何？"宝玉道："禅心已作沾泥絮，莫向春风舞鹧鸪。"黛玉道："禅门第一戒是不打诳语的。"宝玉道："有如三宝。"

黛玉低头不语。只听见檐外老鸹"呱呱"的叫了几声，便飞向东南上去，宝玉道："不知主何吉凶？"黛玉道："人有吉凶事，不在鸟音中。"忽见秋纹走来说道："请二爷回去。老爷叫人到园里来问过，说二爷打学里回来了没有。袭人姐姐只说已经来了。快去罢。"吓得宝玉站起身来，往外忙走，黛玉也不敢相留。未知何事，下回分解。

第 92 回 评女传巧姐慕贤良 玩母珠贾政参聚散

话说宝玉从潇湘馆出来，连忙问秋纹道："老爷叫我作什么？"秋纹笑道："没有叫。袭人姐姐叫我请二爷，我怕你不来，才哄你的。"宝玉听了，才把心放下，因说："你们请我也罢了，何苦来唬我！"说着，回到怡红院内。袭人便问道："你这好半天到那里去了？"宝玉道："在林姑娘那边，说起薛姨妈、宝姐姐的事来，便坐住了。"袭人又问道："说些什么？"宝玉将打禅语的话述了一遍。袭人道："你们再没个计较，正经说些家常闲话儿，或讲究些诗句，也是好的，怎么又说到禅语上了？又不是和尚。"宝玉道："你不知道，我们有我们的禅机，别人是插不下嘴去的。"袭人笑道："你们参禅参翻了，又叫我们跟着打闷葫芦了。"宝玉道："头里我也年纪小，她也孩子气，所以我说了不留神的话，她就恼了。如今我也留神，她也没有恼的了。只是她近来不常过来，我又念书，偶然到一处，好像生疏了似的。"袭人道："原该这么着才是。都长了几岁年纪了，怎么好意思还像小孩子时候的样子。"

宝玉点头道："我也知道。如今且不用说那个。我问你，老太太那里打发人来说什么来着没有？"袭人道："没有说什么。”宝玉道：“必是老太太忘了。明儿不是十一月初一日么，年年老太太那里必是个老规矩，要办消寒会，齐打伙儿坐下，喝酒说笑。我今日已经在学房里告了假了。这会子没有信儿，明儿可是去不去呢？若去了呢，白白的告了假；若不去，老爷知道了，又说我偷懒。”袭人道：“据我说，你竟是去的是，才念的好些儿了，又想歇着。依我说也该上紧些才好。昨儿听见太太说，兰哥儿念书真好，他打学房里回来，还各自念书作文章，天天晚上弄到四更多天才睡。你比他大多了，又是叔叔，倘或赶不上他，又叫老太太生气。倒不如明儿早起去罢。”麝月道：“这样冷天，已经告了假，又去，倒叫学房里说。既这么着，就不该告假呀。显见的是告谎假，脱滑儿。依我说，落得歇一天。就是老太太忘记了，咱们这里就不消寒了么？咱们也闹个会儿，不好么？”袭人道：“都是你起头儿，二爷更不肯去了。”麝月道：“我也是乐一天是一天，比不得你要好名儿，使唤一个月，再多得二两银子！”袭人啐道：“小蹄子，人家说正经话，你又来胡拉混扯的了。”麝月道：“我倒不是混拉扯，我是为你。”袭人道：“为我什么？”麝月道：“二爷上学去了，你又该咕嘟着嘴想着，巴不得二爷早一刻儿回来，就有说有笑的了。这会儿又假撇清，何苦呢！我都看见了。”

袭人正要骂她，只见老太太那里打发人来，说道：“老太太说了，叫二爷明儿不用上学去呢。明儿请了姨太太来给他解闷，只怕姑娘们都来家里的。史姑娘、邢姑娘、李姑娘们都请了，明儿来赴什么‘消寒会’呢。”宝玉没有听完便喜欢道：“可不是？老太太最高兴的，明日不上学，是过了明路的了。”袭人也便不言语了。那丫头回去。宝玉认真念了几天书，巴不得玩这一天。又听见薛姨妈过来，想着宝姐姐自然也来。心里喜欢，便说：“快睡罢，明日早些起来。”于是一夜无话。

到了次日，果然一早到老太太那里请了安，又到贾政、王夫人那里请了安，回明了老太太今儿不叫上学，贾政也没言语，便慢慢退出来，走了几步，便一熘烟跑到贾母房中。。见众人都没来，只有凤姐那边的奶妈子带了巧姐儿，跟着几个小丫头过来，给老太太请了安，说：“我妈妈先叫我来请安，陪着老太太说说话儿。妈妈回来就来。”贾母笑着道：“好孩子，我一早就起来了。等他们总不来，只有你二叔叔来了。”那奶妈子便说：“姑娘，给你二叔叔请安。”宝玉也问了一声“妞妞好？”巧姐儿道：“我昨夜听见我妈妈说，要请二叔叔去说话。”宝玉道：“说什么呢？”巧姐儿道：“我妈妈说，跟着李妈认了几年字，不知道我认得不认得。我说都认得，我认给妈妈瞧。妈妈说我瞎认，不信，说我一天尽子玩，哪里认得。我瞧着那些字也不要紧，就是那《女孝经》也是容易念的。妈妈说我哄她，要请二叔叔得空儿的时候给我理理。”贾母听了，笑道：“好孩子，你妈妈是不认得字的，所以说你哄她。明儿叫你二叔叔理给她瞧瞧，她就信了。”宝玉道：“你认了多少字了？”巧姐儿道：“认了三千多字，念了一本《女孝经》，半个月头里又上了《列女传》。”宝玉道：“你念了懂得吗？你要不懂，我倒是讲讲这个你听罢。”贾母道：“做叔叔的也该讲究给侄女儿听听。”

宝玉道：“那文王后妃是不必说了，想来是知道的。那姜后脱簪待罪，齐国的无盐虽丑，能安邦定国，是后妃里头的贤能的。若说有才的，是曹大姑、班婕妤、蔡文姬、谢道韫诸人，孟光的荆钗布裙，鲍宣妻的提瓮出汲，陶侃母的截发留宾，还有画荻教子的，这是不厌贫的。那苦的里头，有乐昌公主破镜重圆，苏蕙的廻文感主。那孝的是更多了，木兰代父从军，曹娥投水寻父的尸首等类也多，我也说不得许多。那个曹氏的引刀割鼻，是魏国的故事。那守节的更多了，只好慢慢的讲。若是那些艳的，王嫱、西子、樊素、小蛮、绛仙等。妒的是秃妾髮、怨洛神等类，也少。文君、红拂是女中的……”贾母听到这里，说：“够了，不用说了。你讲的太多，她那里还记得呢。”巧姐儿道：“二叔叔才说的，也有念过的，也有没念过的。念过的二叔叔一讲，我更知道了好些。”宝玉道：“那字是自然认得的了，不用再理。明儿我还上学去呢。”巧姐儿道：“我还听见我妈妈昨儿说，我们家的小红，头里是二叔叔那里的，我妈妈要了来，还没有补上人呢。我妈妈想着要把什么柳家的五儿补上，不知二叔叔要不要。”宝玉听了更喜欢，笑着道：“你听你妈妈的话，要补谁就补谁罢咧，又问什么要不要呢。”因又向贾母笑道：“我瞧大妞妞这个小模样儿，又有这个聪明儿，只怕将来比凤姐姐还强呢，又比她认的字。”贾母道：“女孩儿家认得字呢也好，只是女工针黹倒是要紧的。”巧姐儿道：“我也跟着刘妈妈学着做呢。什么扎花儿咧，拉锁子，我虽弄不好，却也学着会做几针儿。”贾母道：“咱们这样人家固然不仗着自己做，但只到底知道些，日后才不受人家的拿捏。”巧姐儿答应着“是”，还要宝玉解说《列女传》，见宝玉呆呆的，也不敢再说。

你道宝玉呆的是什么？只因柳五儿要进怡红院，头一次是他病了，不能进来；第二次王夫人撵了晴雯，大凡有些姿色的，都不敢挑。后来又在吴贵家看晴雯去，五儿跟着她妈给晴雯送东西去，见了一面，更觉娇娜妩媚。今日亏得凤姐想着，叫她补入小红的窝儿，竟是喜出望外了。所以呆呆的想她。

贾母等着那些人，见这时候还不来，又叫丫头去请。回来李纨同着她妹子、探春、惜春、史湘云、黛玉都来了，大家请了贾母的安。众人厮见。独有薛姨妈未到，贾母又叫请去。果然姨妈带着宝琴过来。宝玉请了安，问了好。只不见宝钗、邢岫烟二人。黛玉便问起：“宝姐姐为何不来？”薛姨妈假说身上不好。邢岫烟知道薛姨妈在坐，所以不来。宝玉虽见宝钗不来，心中纳闷，因黛玉来了，便把想宝钗的心暂且搁开。不多时，邢、王二夫人也来了。凤姐听见婆婆们先到了，自己不好落后，只得打发平儿先来告假，说是：“正要过来，因身上发热，过一回儿就来。”贾母道：“既是身上不好，不来也罢。咱们这时候很该吃饭了。”丫头们把火盆往后挪了一挪儿，就在贾母榻前一熘摆下两桌，大家序次坐下。吃了饭，依旧围炉闲谈，不须多赘。

且说凤姐因何不来？头里为着倒比邢、王二夫人迟了，不好意思，后来旺儿家的来回说：“迎姑娘那里打发人来请奶奶安，还说并没有到上头，只到奶奶这里来。”凤姐听了纳闷，不知又是什么事，便叫那人进来，问：“姑娘在家好？”那人道：“有什么好的！奴才并不是姑娘打发来的，实在是司棋的母亲央我来求奶奶的。”凤姐道：“司棋已经出去了，为什么来求我？”那人道：“自从司棋出去，终日啼哭。忽然那一日她表兄来了，她母亲见了，恨得什么似的，说他害了司棋，一把拉住要打。那小子不敢言语。谁知司棋听见了，急忙出来，老着脸和她母亲道：‘我是为他出来的，我也恨他没良心。如今他来了，妈要打他，不如勒死了我。’她母亲骂她：‘不害臊的东西！你心里要怎么样？’司棋说道：‘一个女人配一个男人。我一时失脚，上了他的当，我就是他的人了，决不肯再失身给别人的。我恨他为什么这样胆小，一身作事一身当，为什么要逃？就是他一辈子不来了，我也一辈子不嫁人的。妈要给我配人，我原拚着一死的。今儿他来了，妈问他怎么样。若是他不改心，我在妈跟前磕了头，只当是我死了，他到那里，我跟到那里，就是讨饭吃，也是愿意的。’她妈气得了不得，便哭着骂着说：‘你是我的女儿，我偏不给他，你敢怎么着。’那知道那司棋这东西糊涂，便一头撞在牆上，把脑袋撞破，鲜血直流，竟死了。她妈哭着救不过来，便要叫那小子偿命。她表兄也奇，说道：‘你们不用着急。我在外头原发了财，因想着她才回来的，心也算是真了。你们若不信，只管瞧。’说着，打怀里掏出一匣子金珠首饰来。她妈妈看见了，便心软了，说：‘你既有心，为什么总不言语？’她外甥道：‘大凡女人都是水性杨花，我若说有钱，她便是贪图银钱了。如今她只为人，就是难得的。我把金珠给你们，我去买棺盛殓她。’那司棋的母亲接了东西，也不顾女孩儿了，便由着外甥去。那里知道她外甥叫人抬了两口棺材来。司棋的母亲看见诧异，说：‘怎么棺材要两口？’他外甥笑道：‘一口装不下，得两口才好。’司棋的母亲见她外甥又不哭，只当是他心疼的傻了。岂知他忙着把司棋收拾了，也不啼哭，眼错不见，把带的小刀子往脖子里一抹，也就抹死了。司棋的母亲懊悔起来，倒哭得了不得。如今坊上知道了，要报官。她急了，央我来求奶奶说个人情，她再过来给奶奶磕头。”

凤姐听了，诧异道：“那有这样傻丫头，偏偏的就碰见这个傻小子！怪不得那一天翻出那些东西来，她心里没事人似的，敢只是这么么个烈性孩子。论起来我也没这么大工夫管她这些闲事，但只你才说的，叫人听着怪可怜见儿的。也罢了，你回去告诉她，我和你二爷说，打发旺儿给她撕掳就是了。”凤姐打发那人去了，才过贾母这边来。不提。

且说贾政这日正与詹光下大棋，通局的输赢也差不多，单为着一隻角儿死活未分，在那里打劫。门上的小厮进来回道：“外面冯大爷要见老爷。”贾政道：“请进来。”小厮出去请了，冯紫英走进门来。贾政即忙迎着。冯紫英进来，在书房中坐下，见是下棋，便道：“只管下棋，我来观局。”詹光笑道：“晚生的棋是不堪瞧的。”冯紫英道：“好说，请下罢。”贾政道：“有什么事么？”冯紫英道：“没有什么话。老伯只管下棋，我也学几着儿。”贾政向詹光道：“冯大爷是我们相好的，既没事，我们索性下完了这一局再说话儿。冯大爷在旁边瞧着。”冯紫英道：“下采不下采？”詹光道：“下采的。”冯紫英道：“下采的是不好多嘴的。”贾政道：“多嘴也不妨，横竖他输了十来两银子，终究是不拿出来的。往后只好罚他做东便了。”詹光笑道：“这倒使得。”冯紫英道：“老伯和詹公对下么？”贾政笑道：“从前对下，他输了；如今让他两个子儿，他又输了。时常还要悔几着，不叫他悔，他就急了。”詹光也笑道：“没有的事。”贾政道：“你试试瞧。”大家一面说笑，一面下完了。做起棋来，詹光还了棋头，输了七个子儿。冯紫英道：“这盘终吃亏在打劫里头。老伯劫少，就便宜了。”

贾政对冯紫英道：“有罪，有罪！咱们说话儿罢。”冯紫英道：“小侄与老伯久不见面。一来会会，二来因广西的同知进来引见，带了四种洋货，可以做得贡的。一件是围屏，有二十四扇槅子，都是紫檀凋刻的。中间虽说不是玉，却是绝好的硝子石，石上镂出山水、人物、楼台、花鸟等物。一扇上有五六十个人，都是宫妆的女子，名为《汉宫春晓》。人的眉、目、口、鼻，以及出手、衣褶，刻得又清楚，又细腻。点缀布置，都是好的。我想尊府大观园中正厅上却可用得着。还有一个钟表，有三尺多高，也是一个小童儿拿着时辰牌，到了什么时候，他就报什么时辰。里头也有些人在那里打十番的。这是两件重笨的，却还没有拿来。现在我带在这里两件却有些意思儿。”就在身边拿出一个锦匣子，见几重白绵裹着，揭开了绵子，第一层是一个玻璃盒子，里头金托子，大红绉绸托底，上放着一颗桂圆大的珠子，光华耀目。冯紫英道：“据说这就叫做母珠。”因叫拿一个盘儿来。詹光即忙端过一个黑漆茶盘，道：“使得么？”冯紫英道：“使得。”便又向怀里掏出一个白绢包儿，将包儿里的珠子都倒在盘里散着，把那颗母珠搁在中间，将盘置于桌上。看见那些小珠子儿滴熘滴熘滚到大珠身边来，一回儿把这颗大珠子抬高了，别处的小珠子一颗也不剩，都黏在大珠上。詹光道：“这也奇怪。”贾政道：“这是有的，所以叫做母珠，原是珠之母。”

那冯紫英又回头看着他跟来的小厮道：“那个匣子呢？”那小厮赶忙捧过一个花梨木匣子来。大家打开看时，原来匣内衬着虎纹锦，锦上叠着一束蓝纱。詹光道：“这是什么东西？”冯紫英道：“这叫做鲛绡帐。”在匣子里拿出来时，叠得长不满五寸，厚不上半寸，冯紫英一层一层的打开，打到十来层，已经桌上铺不下了。冯紫英道：“你看，里头还有两摺，必得高屋里去才张得下。这就是鲛丝所织，暑热天气张在堂屋里头，苍蝇蚊子一个不能进来，又轻又亮。”贾政道：“不用全打开，怕叠起来倒费事。”詹光便与冯紫英一层一层摺好收拾。冯紫英道：“这四件东西价儿也不很贵，两万银他就卖。母珠一万，鲛绡帐五千，《汉宫春晓》与自鸣钟五千。”贾政道：“那里买得起。”冯紫英道：“你们是个国戚，难道宫里头用不着么？”贾政道：“用得着的很多，只是那里有这些银子？等我叫人拿进去给老太太瞧瞧。”冯紫英道：“很是。”

贾政便着人叫贾琏把这两件东西送到老太太那边去，并叫人请了邢、王二夫人、凤姐儿都来瞧着，又把两样东西一一试过。贾琏道：“他还有两件：一件是围屏。一件是乐锺。共总要卖二万银子呢。”凤姐儿接着道：“东西自然是好的，但是那里有这些闲钱。咱们又不比外任督抚要办贡。我已经想了好些年了，像咱们这种人家，必得置些不动摇的根基才好，或是祭地，或是义庄，再置些坟屋。往后子孙遇见不得意的事，还是点儿底子，不到一败涂地。我的意思是这样，不知老太太、老爷、太太们怎么样？若是外头老爷们要买，只管买。”贾母与众人都说：“这话说的倒也是。”贾琏道：“还了他罢。原是老爷叫我送给老太太瞧，为的是宫里好进，谁说买来搁在家里？老太太还没开口，你便说了一大些丧气话！”

说着，便把两件东西拿了出去，告诉了贾政，说老太太不要。便与冯紫英道：“这两件东西好可好，就只没银子。我替你留心，有要买的人，我便送信给你去。”冯紫英只得收拾好，坐下说些闲话，没有兴头，就要起身。贾政道：“你在我这里吃了晚饭去罢。”冯紫英道：“罢了，来了就叨扰老伯吗！”贾政道：“说那里的话。”正说着，人回：“大老爷来了。”贾赦早已进来。彼此相见，叙些寒温。不一时，摆上酒来，肴馔罗列，大家喝着酒。至四五巡后，说起洋货的话，冯紫英道：“这种货本是难消的，除非要像尊府这种人家，还可消得，其余就难了。”贾政道：“这也不见得。”贾赦道：“我们家里也比不得从前了，这回儿也不过是个空门面。”冯紫英又问：“东府珍大爷可好么？我前儿见他，说起家常话儿来，提到他令郎续娶的媳妇，远不及头里那位秦氏奶奶了。如今后娶的到底是那一家的，我也没有问起。”贾政道：“我们这个侄孙媳妇儿，也是这里大家，从前做过京畿道的胡老爷的女孩儿。”紫英道：“胡道长我是知道的。但是他家教上也不怎么样。也罢了，只要姑娘好就好。”

贾琏道：“听得内阁里人说起，贾雨村又要陞了。”贾政道：“这也好，不知准不准。”贾琏道：“大约有意思的了。”冯紫英道：“我今儿从吏部里来，也听见这样说。雨村老先生是贵本家不是？”贾政道：“是。”冯紫英道：“是有服的还是无服的？”贾政道：“说也话长。他原籍是浙江湖州府人，流寓到苏州，甚不得意。有个甄士隐和他相好，时常周济他。以后中了进士，得了榜下知县，便娶了甄家的丫头。如今的太太不是正配。岂知甄士隐弄到零落不堪，没有找处。雨村革了职以后，那时还与我家并未相识，只因舍妹丈林如海林公在扬州巡盐的时候，请他在家做西席，外甥女儿是他的学生。因他有起复的信，要进京来，恰好外甥女儿要上来探亲，林姑老爷便托他照应上来的；还有一封荐书，托我吹嘘吹嘘。那时看他不错，大家常会。岂知雨村也奇：我家世袭起，从‘代’字辈下来，宁、荣两宅，人口房舍，以及起居事宜，一概都明白，因此，遂觉得亲热了。”因又笑说道：“几年间，门子也会鑽了。由知府推陞转了御史，不过几年，陞了吏部侍郎，署兵部尚书。为着一件事降了三级，如今又要陞了。”冯紫英道：“人世的荣枯，仕途的得失，终属难定。”贾政道：“像雨村算便宜的了。还有我们差不多的人家，就是甄家，从前一样功勋，一样的世袭，一样的起居，我们也是时常往来。不多几年，他们进京来，差人到我这里请安，还很热闹。一回儿抄了原籍的家财，至今杳无音信，不知他近况若何，心下也着实惦记。看了这样，你想，做官的怕不怕！”

贾赦道：“咱们家是最没有事的。”冯紫英道：“果然，尊府是不怕的。一则里头有贵妃照应；二则故旧好，亲戚多；三则你家自老太太起，至于少爷们，没有一个刁鑽刻薄的。”贾政道：“虽无刁鑽刻薄，却没有德行才情。白白的衣租食税，那里当得起！”贾赦道：“咱们不用说这些话，大家吃酒罢。”大家又喝了几杯，摆上饭来。吃毕，喝茶。冯家的小厮走来，轻轻的向紫英说了一句。冯紫英便要告辞了。贾赦、贾政道："你说什么？"小厮道："外面下雪，早已下了梆子了。"贾政叫人看时，已是雪深一寸多了。贾政道："那两件东西，你收拾好了么？"冯紫英道："收好了。若尊府要用，价钱还自然让些。"贾政道："我留神就是了。"紫英道："我再听信罢。天气冷，请罢，别送了。"贾赦、贾政便命贾琏送了出去。未知后事如何，下回分解。

第 93 回 甄家仆投靠贾家门 水月庵掀翻风月案

却说冯紫英去后，贾政叫门上人来吩咐道："今儿临安伯那里来请吃酒，知道是什么事？"门上的人道："奴才曾问过，并没有什么喜庆事。不过南安王府里到了一班小戏子，都说是个名班。伯爷高兴，唱两天戏，请相好的老爷们瞧瞧，热闹热闹。大约不用送礼的。"说着，贾赦过来问道："明儿二老爷去不去？"贾政道："承他亲热，怎么好不去的？"说着，门上进来回道："衙门里书办来请老爷明日上衙门，有堂派的事，必得早些去。"贾政道："知道了。"说着，只见两个管屯里地租子的家人走来，请了安，磕了头，旁边站着。贾政道："你们是郝家庄的？"两个答应了一声。贾政也不往下问，竟与贾赦各自说了一回话儿散了。家人等秉着手灯，送过贾赦去。这里贾琏便叫那管租的人道："说你的。"那人说道："十月里的租子，奴才已经赶上来了。原是明儿可到，谁知京外拿车，把车上的东西，不由分说，都掀在地下。奴才告诉他，说是府里收租子的车，不是买卖车。他更不管这些。奴才叫车夫只管拉着走，几个衙役就把车夫混打了一顿，硬扯了两辆车去了。奴才所以先来回报，求爷打发个人到衙门里去要了来才好。再者，也整治整治这些无法无天的差役才好。爷还不知道呢，更可怜的是那买卖车，客商的东西全不顾，掀下来，赶着就走。那些赶车的但说句话，打的头破血出的。"贾琏听了，骂道："这个还了得！"立刻写了一个帖儿，叫家人："拿去向拿车的衙门里要车去，并车上东西。若少了一件，是不依的。快叫周瑞。"周瑞不在家，又叫旺儿。旺儿晌午出去了，还没有回来。贾琏道："这些忘八羔子，一个都不在家！他们终年家吃粮不管事。"因吩咐小厮们："快给我找去！"说着，也回到自己屋里睡下。不提。

且说临安伯第二天又打发人来请。贾政告诉贾赦道："我是衙门里有事，琏儿要在家等候拿车的事情，也不能去。倒是大老爷带宝玉应酬一天也罢了。"贾赦点头道："也使得。"贾政遣人去叫宝玉，说："今儿跟大爷到临安伯那里听戏去。"宝玉喜欢的了不得，便换上衣服，带了茗烟、扫红、锄药三个小子出来，见了贾赦，请了安，上了车，来到临安伯府里。门上人回进去，一会子出来说："老爷请。"于是贾赦带着宝玉走入院内，只见宾客喧阗。贾赦、宝玉见了临安伯，又与众宾客都见过了礼。大家坐着说笑了一回。只见一个掌班的拿着一本戏单，一个牙笏，向上打了一个千儿，说道："求各位老爷赏戏。"先从尊位点起，挨至贾赦，也点了一齣。那人回头见了宝玉，便不向别处去，竟抢步上来打个千儿道："求二爷赏两齣。"

宝玉一见那人，面如傅粉，唇若涂朱，鲜润如出水芙蕖，飘扬似临风玉树。原来不是别人，就是蒋玉菡。前日听得他带了小戏儿进京，也没有到自己那里。此时见了，又不好站起来，只得笑道："你多早晚来的？"蒋玉菡把手在自己身子上一指，笑道："怎么二爷不知道么？"宝玉因众人在坐，也难说话，只得胡乱点了一齣。蒋玉菡去了，便有几个议论道："此人是谁？"有的说："他向来是唱小旦的，如今不肯唱小旦，年纪也大了，就在府里掌班。头里也改过小生。他也攒了好几个钱，家里已经有两三个舗子，只是不肯放下本业，原旧领班。"有的说："想必成了家了。"有的说："亲还没有定。他倒拿定一个主意，说是人生配偶，关係一生一世的事，不是混闹得的，不论尊卑贵贱，总要配的上他的才能。所以到如今还并没娶亲。"宝玉暗忖度道："不知日后谁家的女孩儿嫁他？要嫁着这样的人材儿，也算是不辜负了。"

那时开了戏，也有昆腔，也有高腔，也有弋腔、梆子腔，做得热闹。过了晌午，便摆开桌子吃酒。又看了一回，贾赦便欲起身。临安伯过来留道："天色尚早，听见说蒋玉菡还有一齣《占花魁》，他们顶好的首戏。"宝玉听了，巴不得贾赦不走。于是贾赦又坐了一会。果然蒋玉菡扮着秦小官服侍花魁醉后神情，把这一种怜香惜玉的意思，做得极情尽致。以后对饮对唱，缠绵缱绻。宝玉这时不看花魁，只把两隻眼睛独射在秦小官身上。更加蒋玉菡声音响亮，口齿清楚，按腔落板，宝玉的神魂都唱了进去了。直等这齣戏进场后，更知蒋玉菡极是情种，非寻常戏子可比。因想着："《乐记》上说的是：'情动于中，故形于声。声成文，谓之音。'所以知声、知音、知乐，有许多讲究。声音之原，不可不察。诗词一道，但能传情，不能入骨，自后想要讲究讲究音律。"宝玉想出了神，忽见贾赦起身，主人不及相留。宝玉没法，只得跟了回来。

到了家中，贾赦自回那边去了，宝玉来见贾政。贾政才下衙门，正向贾琏问起拿车之事。贾琏道："今儿门人拿帖儿去，知县不在家。他的门上说了：'这是本官不知道的，并无牌票出去拿车，都是那些混账东西在外头撒野挤讹头。既是老爷府里的，我便立刻叫人去追办，包管明儿连车连东西一并送来。如有半点差迟，再行禀讨本官，重重处治。此刻本官不在家，求这里老爷看破些，可以不用本官知道更好。'"贾政道："既无官票，到底是何等样人在那里作怪？"贾琏道："老爷不知，外头都是这样。想来明儿必定送来的。"贾琏说完下来，宝玉上去见了。贾政问了几句，便叫他往老太太那里去。

贾琏因为昨夜叫空了家人，出来传唤，那起人多已伺候齐全。贾琏骂了一顿，叫大管家赖升："将各行档的花名册子拿来，你去查点查点。写一张谕帖，叫那些人知道：若有并未告假，私自出去，传唤不到，贻误公事的，立刻给我打了撵出去！"赖升连忙答应了几个"是"，出来吩咐了一回。家人各自留意。

过不几时，忽见有一个人头上载着毡帽，身上穿着一身青布衣裳，脚下穿着一双撒鞋，走到门上，向众人作了个揖。众人拿眼上上下下打量了他一番，便问他是那里来的。那人道："我自南边甄府中来的。并有家老爷手书一封，求这里的爷们呈上尊老爷。"众人听见他是甄府来的，才站起来让他坐下道："你乏了，且坐坐，我们给你回就是了。"门上一面进来回明贾政，呈上来书。贾政拆书看时，上写着：

世交夙好，气谊素敦。遥仰襜帷，不胜依切。弟因菲材获谴，自分万死难偿，幸邀宽宥，待罪边隅。迄今门户凋零，家人星散。所有奴子包勇，向曾使用，虽无奇技，人尚悫实。倘使得备奔走，糊口有资，屋乌之爱，感佩无涯矣！专此奉达，余容再叙。不宣。

贾政看完，笑道："这里正因人多，甄家倒荐人来，又不好却的。"吩咐门上："叫他见我。且留他住下，因材使用便了。"门上出去，带进人来。见贾政，便磕了三个头，起来道："家老爷请老爷安。"自己又打个千儿，说："包勇请老爷安。"贾政回问了甄老爷的好，便把他上下一瞧。但见包勇身长五尺有零，肩背宽肥，浓眉爆眼，磕额长髯，气色粗黑，垂着手站着。便问道："你是向来在甄家的，还是住过几年的？"包勇道："小的向在甄家的。"贾政道："你如今为什么要出来呢？"包勇道："小的原不肯出来。只是家爷再四叫小的出来，说是别处你不肯去，这里老爷家里只当原在自己家里一样的，所以小的来的。"贾政道："你们老爷不该有这事情，弄到这样的田地。"包勇道："小的本不敢说，我们老爷只是太好了，一味的真心待人，反倒招出事来。"贾政道："真心是最好的了。"包勇道："因为太真了，人人都不喜欢，讨人厌烦是有的。”贾政笑了一笑道：“既这样，皇天自然不负他的。”

包勇还要说时，贾政又问道：“我听见说你们家的哥儿不是也叫宝玉么？”包勇道：“是。”贾政道：“他还肯向上巴结么？”包勇道：“老爷若问我们哥儿，倒是一段奇事。哥儿的脾气也和我家老爷一个样子，也是一味的诚实；从小儿只管和那些姐妹们在一处玩，老爷、太太也狠打过几次，他只是不改。那一年太太进京的时候儿，哥儿大病了一场，已经死了半日，把老爷几乎急死，装裹都预备了。幸喜后来好了，嘴里说道，走到一座牌楼那里，见了一个姑娘，领着他到了一座庙里，见了好些柜子，里头见了好些册子；又到屋里，见了无数女子，说是多变了鬼怪似的，也有变做骷髅儿的。他吓急了，便哭喊起来。老爷知他醒过来了，连忙调治，渐渐的好了。老爷仍叫他在姊妹们一处玩去，他竟改了脾气了，好着时候的玩意儿一概都不要了，惟有念书为事。就有什么人来引诱他，他也全不动心。如今渐渐的能够帮着老爷料理些家务了。”贾政默然想了一回，道：“你去歇歇去罢。等这里用着你时，自然派你一个行次儿。”包勇答应着退下来，跟着这里人出去歇息。不提。

一日贾政早起，刚要上衙门，看见门上那些人在那里交头接耳，好像要使贾政知道的似的，又不好明回，只管咕咕唧唧的说话。贾政叫上来问道：“你们有什么事，这么鬼鬼祟祟的？”门上的人回道：“奴才们不敢说。”贾政道：“有什么事不敢说的？”门上的人道：“奴才今儿起来开门出去，见门上贴着一张白纸，上写着许多不成事体的字。”贾政道：“那里有这样的事，写的是什么？”门上的人道：“是水月庵里的腌脏话。”贾政道：“拿给我瞧。”门上的人道：“奴才本要揭下来，谁知他贴得结实，揭不下来，只得一面抄，一面洗。刚才李德揭了一张给奴才瞧，就是那门上贴的话。奴才们不敢隐瞒。”说着呈上那帖儿。贾政接来看时，上面写着：

西贝草斤年纪轻，水月庵里管尼僧。一个男人多少女，窝娼聚赌是陶情。不肖子弟来办事，荣国府内出新闻。

贾政看了，气得头昏目晕，赶着叫门上的人不许声张，悄悄叫人往宁、荣两府靠近的夹道子牆壁上再去找寻。随即叫人去唤贾琏出来。

贾琏即忙赶至。贾政忙问道：“水月庵中寄居的那些女尼、女道，向来你也查考查考过没有？”贾琏道：“没有。一向都是芹儿在那里照管。”贾政道：“你知道芹儿照管得来照管不来？”贾琏道：“老爷既这么说，想来芹儿必有不妥当的地方儿。”贾政叹道：“你瞧瞧这个帖儿写的是什么。”贾琏一看，道：“有这样事么。”正说着，只见贾蓉走来，拿着一封书子，写着“二老爷密启”。打开看时，也是无头榜一张，与门上所贴的话相同。贾政道：“快叫赖大带了三四辆车子到水月庵里去，把那些女尼、女道士一齐拉回来。不许泄漏，只说里面传唤。”赖大领命去了。

且说水月庵中小女尼女、道士等初到庵中，沙弥与道士原系老尼收管，日间教他些经忏。以后元妃不用，也便习学得懒怠了。那些女孩子们年纪渐渐的大了，都也有个知觉了。更兼贾芹也是风流人物，打量芳官等出家，只是小孩子性儿，便去招惹她们。那知芳官竟是真心，不能上手，便把这心肠移到女尼、女道士身上。因那小沙弥中有个名叫沁香的，和女道士中有个叫做鹤仙的，长得都甚妖娆，贾芹便和这两个人勾搭上了。闲时便学些丝弦，唱个曲儿。

那时，正当十月中旬，贾芹给庵中那些人领了月例银子，便想起法儿来，告诉众人道：“我为你们领月钱，不能进城，又只得在这里歇着。怪冷的，怎么样？我今儿带些果子酒，大家吃着乐一夜，好不好？”那些女孩子都高兴，便摆起桌子，连本庵的女尼也叫了来，惟有芳官不来。贾芹喝了几杯，便说道要行令。沁香等道：“我们都不会，到不如搳拳罢。谁输了喝一杯，岂不爽快？”本庵的女尼道：“这天刚过晌午，混嚷混喝的不像。且先喝几锺，爱散的先散去，谁爱陪芹大爷的，回来晚上尽子喝去，我也不管。”

正说着，只见道婆急忙进来说：“快散了罢，府里赖大爷来了。”众女尼忙乱收拾，便叫贾芹躲开。贾芹因多喝了几杯，便道：“我是送月钱来的，怕什么！”话犹未完，已见赖大进来，见这般样子，心里大怒。为的是贾政吩咐不许声张，只得含煳装笑道：“芹大爷也在这里呢么？”贾芹连忙站起来道：“赖大爷，你来作什么？”赖大说：“大爷在这里更好。快快叫沙弥、道士收拾上车进城，宫里传呢。”贾芹等不知原故，还要细问。赖大说：“天已不早了，快快的，好赶进城。”众女孩子只得一齐上车。赖大骑着大走骡，押着赶进城。不提。

却说贾政知道这事，气得衙门也不能上了，独坐在内书房叹气。贾琏也不敢走开。忽见门上的进来禀道：“衙门里今夜该班是张老爷，因张老爷病了，有知会来请老爷补一班。”贾政正等赖大回来要办贾芹，此时又要该班，心里纳闷，也不言语。贾琏走上去说道：“赖大是饭后出去的，水月庵离城二十来里，就赶进城，也得二更天。今日又是老爷的帮班，请老爷只管去。赖大来了，叫他押着，也别声张，等明儿老爷回来再发落。倘或芹儿来了，也不用说明，看他明儿见了老爷怎么样说。”贾政听来有理，只得上班去了。

贾琏抽空才要回到自己房中，一面走着，心里抱怨凤姐出的主意，欲要埋怨，因她病着，只得隐忍，慢慢的走着。且说那些下人，一人传十，传到里头。先是平儿知道，即忙告诉凤姐。凤姐因那一夜不好，恹恹的总没精神，正是惦记铁槛寺的事情。听说外头贴了匿名揭帖的一句话，吓了一跳，忙问：“贴的是什么？”平儿随口答应，不留神，就错说了，道：“没要紧，是馒头庵里的事情。”凤姐本是心虚，听见馒头庵的事情，这一唬直唬怔了，一句话没说出来，急火上攻，眼前发晕，咳嗽了一阵，哇的一声，吐出一口血来。平儿慌了，说道：“水月庵里，不过是女沙弥、女道士的事，奶奶着什么急。”凤姐听是水月庵，才定了定神，说道：“呸，煳涂东西！到底是水月庵呢，是馒头庵？”平儿笑道：“是我头里错听了是馒头庵，后来听见不是馒头庵，是水月庵。我刚才也就说熘了嘴，说成馒头庵了。”凤姐道：“我就知道是水月庵，那馒头庵与我什么相干！原是这水月庵是我叫芹儿管的。大约剋扣了月钱。”平儿道：“我听着不像月钱的事，还有些腌脏话呢。”凤姐道：“我更不管那个。你二爷那里去了？”平儿说：“听见老爷生气，他不敢走开。我听见事情不好，我吩咐这些人不许吵嚷。不知太太们知道了么。但听见说老爷叫赖大拿这些女孩子去了。且叫个人前头打听打听。奶奶现在病着，依我竟先别管他们的闲事。”

正说着，只见贾琏进来。凤姐欲待问他，见贾琏一脸的怒气，暂且装作不知。贾琏饭没吃完，旺儿来说：“外头请爷呢，赖大回来了。”贾琏道：“芹儿来了没有？”旺儿道：“也来了。”贾琏便道：“你去告诉赖大，说老爷上班儿去了。把这些个女孩子暂且收在园里，明日等老爷回来，送进宫去。只叫芹儿在内书房等着我。”旺儿去了。

贾芹走进书房，只见那些下人指指点点，不知说什么，看起这个样儿来，不像宫里要人。想着问人，又问不出来。正在心里疑惑，只见贾琏走出来。贾芹便请了安，垂手侍立，说道：“不知道娘娘宫里即刻传那些孩子们做什么？叫侄儿好赶！幸喜侄儿今儿送月钱去，还没有走，便同着赖大来了。二叔想来是知道的。”贾琏道：“我知道什么！你才是明白的呢。”贾芹摸不着头脑儿，也不敢再问。贾琏道：“你干得好事！把老爷都气坏了。”贾芹道：“侄儿没有干什么。庵里月钱是月月给的，孩子们经忏是不忘记的。”贾琏见他不知，又是平素常在一处玩笑的，便叹口气道：“打嘴的东西，你各自去瞧瞧罢！”便从靴掖儿里头拿出那个揭帖来，扔与他瞧。贾芹拾来一看，吓得面如土色，说道：“这是谁干的！我并没得罪人，为什么这么坑我！我一月送钱去，只走一趟，并没有这些事。若是老爷回来，打着问我，侄儿该便死了。我母亲知道，更要打死。”说着，见没人在旁边，便跪下去说道：“好叔叔，救我一救儿罢！”说着，只管磕头，满眼泪流。贾琏想道：“老爷最恼这些，要是问准了有这些事，这场气也不小。闹出去也不好听，又长那个贴帖儿的人的志气了。将来咱们的事多着呢。倒不如趁着老爷上班儿，和赖大商量着，若混过去，就可以没事了。现在没有对证。”想定主意，便说：“你别瞒我，你干的鬼鬼祟祟的事，你打量我都不知道呢！若要完事，就是老爷打着问你，你一口咬定没有才好。没脸的，起去罢！”叫人去唤赖大。

不多时，赖大来了。贾琏便与他商量。赖大说：“这芹大爷本来闹的不像了。奴才今儿到庵里的时候，他们正在那里喝酒呢。帖儿上的话，是一定有的。”贾琏道：“芹儿你听！赖大还赖你不成？”贾芹此时红涨了脸，一句也不敢言语。还是贾琏拉着赖大，央他：“护庇护庇罢，只说是芹哥儿在家里找来的。你带了他去，只说没有见我。明日你求老爷，也不用问那些女孩子了，竟是叫了媒人来，领了去一卖完事。果然娘娘再要的时候儿，咱们再买。”赖大想来，闹也无益，且名声不好，就应了。贾琏叫贾芹：“跟了赖大爷去罢，听着他教你。你就跟着他。”说罢，贾芹又磕了一个头，跟着赖大出去。到了没人的地方儿，又给赖大磕头。赖大说：“我的小爷，你太闹的不像了！不知得罪了谁，闹出这个乱儿。你想想，谁和你不对罢？”贾芹想了一想，忽然想起一个人来。未知是谁，下回分解。

第 94 回 宴海棠贾母赏花妖 失宝玉通灵知奇祸

话说赖大带了贾芹出来，一宿无话，静候贾政回来。单是那些女尼，女道重进园来，都喜欢的了不得，欲要到各处逛逛，明日预备进宫。不料赖大便吩咐了看园的婆子并小厮看守，惟给了些饮食，却是一步不准走开。那些女孩子摸不着头脑，只得坐着，等到天亮。园里各处的丫头虽都知道拉进女尼们来预备宫里使唤，却也不能深知原委。

到了明日早起，贾政正要下班，因堂上发下两省城工估销册子，立刻要查核，一时不能回家，便叫人回来告诉贾琏说：“赖大回来，你务必查问明白。该如何办，就如何办了，不必等我。”贾琏奉命，先替芹儿喜欢，又想道：若是办得一点影儿都没有，又恐贾政生疑，“不如回明二太太，讨个主意办去，便是不合老爷的心，我也不至甚担干係。”主意定了，进内去见王夫人，陈说：“昨日老爷见了揭帖生气，把芹儿和女尼、女道等都叫进府来查办。今日老爷没空问这种不成体统的事，叫我来回太太，该怎么便怎么样。我所以来请示太太，这件事如何办理？”王夫人听了，诧异道：“这是怎么说，若是芹儿这么样起来，这还成咱们家的人了么！但只这个贴帖儿的也可恶，这些话可是混嚼说得的么！你到底问了芹儿有这件事没有呢？”贾琏道：“刚才也问过了。太太想，别说他干了没有，就是干了，一个人干了混账事也肯应承么？但只我想芹儿也不敢行此事，知道那些女孩子都是娘娘一时要叫的，倘或闹出事来，怎么样呢？依侄儿的主见，要问也不难，若问出来，太太怎么个办法呢？”王夫人道：“如今那些女孩子在那里？”贾琏道：“都在园里锁着呢。”王夫人道：“姑娘们知道不知道？”贾琏道：“大约姑娘们也都知道是预备宫里头的话，外头并没提起别的来。”王夫人道：“很是。这些东西一刻也是留不得的。头里我原要打发她们去来着，都是你们说留着好，如今不是弄出事来了么！你竟叫赖大那些人带去，细细的问她的本家有人没有，将文书查出，花上几十两银子，僱隻船，派个妥当人送到本地，一概连书发还了，也落得无事。若是为着一两个不好，个个都押着她们还俗，那又太造孽了。若在这里发给官媒，虽然我们不要身价，他们弄去卖钱，那里顾人的死活呢！芹儿呢，你便狠狠的说他一顿。除了祭祀喜庆，无事叫他不用到这里来，看仔细碰在老爷气头儿上，那可就吃不了兜着走了。并说与帐房儿里，把这一项钱粮档子销了。还打发个人到水月庵说，老爷的谕：除了上坟烧纸，若有本家爷们到她那里去，不许接待。若再有一点不好风声，连老姑子一并撵出去。”

贾琏一一答应了，出去将王夫人的话告诉赖大，说：“是太太主意，叫你这么办去。办完了，告诉我去回太太。你快办去罢。回来老爷来，你也按着太太的话回去。”赖大听说，便道：“我们太太真正是个佛心。这班东西着人送回去！既是太太好心，不得不挑个好人。芹哥儿竟交给二爷开发了罢。那个贴帖儿的，奴才想法儿查出来，重重的收拾他才好。”贾琏点头说：“是了。”即刻将贾芹发落。赖大也赶着把女尼等领出，按着主意办去了。晚上贾政回家，贾琏、赖大回明贾政。贾政本是省事的人，听了也便撂开手了。独有那些无赖之徒，听得贾府发出二十四个女孩子出来，那个不想。究竟那些人能够回家不能，未知着落，亦难虚拟。

且说紫鹃因黛玉渐好，园中无事，听见女尼等预备宫内使唤，不知何事，便到贾母那边打听打听，恰遇着鸳鸯下来闲着，坐下说闲话儿，提起女尼的事。鸳鸯诧异道：“我并没有听见，回来问问二奶奶就知道了。”正说着，只见傅试家两个女人过来请贾母的安，鸳鸯要陪了上去。那两个女人因贾母正睡晌觉，就与鸳鸯说了一声儿，回去了。紫鹃问：“这是谁家差来的？”鸳鸯道：“好讨人嫌！家里有了一个女孩儿生得好些，便献宝的似的，常常在老太太面前夸她家姑娘长得怎么好，心地怎么好，礼貌上又能，说话儿又简绝，做活计儿手儿又巧，会写会算，尊长上头最孝敬的，就是待下人也是极和平的。来了就编这么一大套，常常说给老太太听。我听着很烦。这几个老婆子真讨人嫌。我们老太太偏爱听那些个话。老太太也罢了，还有宝玉，素常见了老婆子，便很厌烦的，偏见了他们家的老婆子便不厌烦。你说奇不奇？前儿还来说，他们姑娘现有多少人家儿来求亲，他们老爷总不肯应，心里只要和咱们这种人家作亲才肯。一回夸奖，一回奉承，把老太太的心都说活了。”紫鹃听了一呆，便假意道：“若老太太喜欢，为什么不就给宝玉定了呢？”鸳鸯正要说出原故，听见上头说：“老太太醒了。”鸳鸯赶着上去。

紫鹃只得起身出来，回到园里。一头走，一头想道：“天下莫非只有一个宝玉，你也想他，我也想他。我们家的那一位，越发痴心起来了。看她的那个神情儿，是一定在宝玉身上的了。三番五次的病，可不是为着这个是什么！这家里‘金’的‘银’的还闹不清，若添了一个什么傅姑娘，更了不得了。我看宝玉的心也在我们那一位的身上，听着鸳鸯的说话，竟是见一个爱一个的，这不是我们姑娘白操了心了吗？”紫鹃本是想着黛玉，往下一想，连自己也不得主意了，不免掉下泪来。要想叫黛玉不用瞎操心呢，又恐怕她烦恼；若是看着她这样，又可怜见儿的。左思右想，一时烦躁起来，自己啐自己道：“你替人耽什么忧！就是林姑娘真配了宝玉，她的那性情儿也是难服侍的。宝玉性情虽好，又是贪多嚼不烂的。我倒劝人不必瞎操心，我自己才是瞎操心呢！从今以后，我尽我的心服侍姑娘，其余的事全不管。”这么一想，心里倒觉清淨。回到潇湘馆来，见黛玉独自一人坐在炕上，理从前做过的诗文词稿。抬头见紫鹃来，便问：“你到那里去了？”紫鹃道：“我今儿瞧了瞧姊妹们去。”黛玉道：“敢是找袭人姐姐去么？”紫鹃道：“我找她做什么。”

黛玉一想，这话怎么顺嘴说了出来，反觉不好意思，便啐道：“你找谁与我什么相干！倒茶去罢。”紫鹃也心里暗笑，出来倒茶。只听见园里的一叠声乱嚷，不知何故。一面倒茶，一面叫人去打听。回来说道：“怡红院里的海棠本来萎了几棵，也没人去浇灌他。昨日宝玉走去，瞧见枝头上好像有了骨朵儿似的。人都不信，没有理他。忽然今日开得很好的海棠花，众人诧异，都争着去看。连老太太、太太都哄动了，来瞧花儿呢。所以大奶奶叫人收拾园里败叶枯枝，这些人在那里传唤。”黛玉也听见了，知道老太太来，便更了衣，叫雪雁去打听，“若是老太太来了，即来告诉我。”雪雁去不多时，便跑来说：“老太太、太太好些人都来了，请姑娘就去罢。”

黛玉略自照了一照镜子，掠了一掠鬓髮，便扶着紫鹃到怡红院来，已见老太太坐在宝玉常卧的榻上，黛玉便说道：“请老太太安。”退后，便见了邢、王二夫人，回来与李纨、探春、惜春、邢岫烟彼此问了好。只有凤姐因病未来；史湘云因她叔叔调任回京，接了家去；薛宝琴跟她姐姐家去住了；李家姐妹因见园内多事，李婶娘带了在外居住，所以黛玉今日见的只有数人。大家说笑了一回，讲究这花开得古怪。贾母道：“这花儿应在三月里开的，如今虽是十一月，因节气迟，还算十月，应着小阳春的天气，因为和暖，开花也是有的。”王夫人道：“老太太见的多，说得是。也不为奇。”邢夫人道：“我听见这花已经萎了一年，怎么这回不应时候儿开了，必有个原故。”李纨笑道：“老太太与太太说得都是。据我的煳涂想头，必是宝玉有喜事来了，此花先来报信。”探春虽不言语，心内想：“此花必非好兆。大凡顺者昌，逆者亡。草木知运，不时而发，必是妖孽。”只不好说出来。独有黛玉听说是喜事，心里触动，便高兴说道：“当初田家有荆树一棵，三个弟兄因分了家，那荆树便枯了。后来感动了他弟兄们，仍旧在一处，那荆树也就荣了。可知草木也随人的。如今二哥哥认真念书，舅舅喜欢，那棵树也就发了。”贾母、王夫人听了喜欢，便说：“林姑娘比方得有理，很有意思。”

正说着，贾赦、贾政、贾环、贾兰都进来看花。贾赦便说：“据我的主意，把他砍去，必是花妖作怪。”贾政道：“见怪不怪，其怪自败。不用砍他，随他去就是了。”贾母听见，便说：“谁在这里混说！人家有喜事好处，什么怪不怪的。若有好事，你们享去；若是不好，我一个人当去。你们不许混说！”贾政听了，不敢言语，讪讪的同贾赦等走了出来。

那贾母高兴，叫人传话到厨房里，快快预备酒席，大家赏花。叫：“宝玉、环儿、兰儿各人做一首诗志喜。林姑娘的病才好，不要她费心；若高兴，给你们改改。”对着李纨道：“你们都陪我喝酒。”李纨答应了“是”，便笑对探春笑道：“都是你闹的。”探春道：“饶不叫我们做诗，怎么我们闹的。”李纨道：“海棠社不是你起的么？如今那棵海棠也要来入社了。”大家听着，都笑了。一时摆上酒菜，一面喝着。彼此都要讨老太太的欢喜，大家说些兴头话。宝玉上来，斟了酒，便立成了四句诗，写出来念与贾母听道：

海棠何事忽摧隤？今日繁花为底开？应是北堂增寿考，一阳旋复占先梅。

贾环也写了来，念道：

草木逢春当茁芽，海棠未发候偏差。人间奇事知多少，冬月开花独我家。

贾兰恭楷誊正，呈与贾母，贾母命李纨念道：

烟凝媚色春前萎，霜浥微红雪后开。莫道此花知识浅，欣荣预佐合欢杯。

贾母听毕，便说：“我不大懂诗，听去倒是兰儿的好，环儿做得不好。都上来吃饭罢。”宝玉看见贾母喜欢，更是兴头。因想起：“晴雯死的那年，海棠死的；今日海棠复荣，我们院内这些人自然都好。但是晴雯不能像花的死而复生了。”顿觉转喜为悲。忽又想起前日巧姐提凤姐要把五儿补入，或此花为她而开，也未可知，却又转悲为喜，依旧说笑。

贾母还坐了半天，然后扶了珍珠回去了。王夫人等跟着过来。只见平儿笑嘻嘻的迎上来，说：“我们奶奶知道老太太在这里赏花，自己不得来，叫奴才来服侍老太太、太太们，还有两匹红送给宝二爷包裹这花，当作贺礼。”袭人过来接了，呈与贾母看。贾母笑道：“偏是凤丫头行出点事儿来，叫人看着又体面，又新鲜，很有趣儿。”袭人笑着向平儿道：“回去替宝二爷给二奶奶道谢。要有喜，大家喜。”贾母听了，笑道：“嗳哟，我还忘了呢！凤丫头虽病着，还是她想得到，送得也巧。”一面说着，众人就随着去了。平儿私与袭人道：“奶奶说，这花开得奇怪，叫你铰块红绸子挂挂，便应在喜事上去了。以后也不必只管当作奇事混说。”袭人点头答应，送了平儿出去。不提。

且说那日宝玉本来穿着一裹圆的皮袄在家歇息，因见花开，只管出来看一回，赏一回，叹一回，爱一回的，心中无数悲喜离合，都弄到这株花上去了。忽然听说贾母要来，便去换了一件狐腋箭袖，罩一件元狐腿外褂，出来迎接贾母。匆匆穿换，未将通灵宝玉挂上。及至后来贾母去了，仍旧换衣，袭人见宝玉脖子上没有挂着，便问：“那块玉呢？”宝玉道：“才刚忙乱换衣，摘下来放在炕桌上，我没有带。”袭人回看桌上，并没有玉，便向各处找寻，踪影全无，吓得袭人满身冷汗。宝玉道：“不用着急，少不得在屋里的。问她们就知道了。”袭人当作麝月等藏起吓她玩，便向麝月等笑着说道：“小蹄子们！玩呢到底有个玩法。把这件东西藏在那里了？别真弄丢了，那可就大家活不成了。”麝月等都正色道：“这是那里的话！玩是玩，笑是笑，这个事非同儿戏，你可别混说！你自己昏了心了，想想罢，想想搁在那里了。这会子又混赖人了。”袭人见她这般光景，不像是玩话，便着急道：“皇天菩萨，小祖宗！到底你摆在那里去了？”宝玉道：“我记得明明放在炕桌上的，你们到底找啊。”袭人、麝月、秋纹等也不敢叫人知道，大家偷偷儿的各处搜寻。闹了大半天，毫无影响，甚至翻箱倒笼，实在没处去找，便疑到方才这些人进来，不知谁捡了去了。袭人说道：“进来的，谁不知道这玉是性命似的东西呢，谁敢捡了去呢！你们好歹先别声张，快到各处问去。若有姊妹们捡着吓我们玩呢，你们给她磕头，要了回来；若是小丫头偷了去，问出来，也不回上头，不论把什么送给她换了出来都使得的。这可不是小事，真要丢了这个，比丢了宝二爷的还利害呢。”麝月、秋纹刚要往外走，袭人又赶出来嘱咐道：“头里在这里吃饭的倒先别问去。找不成，再惹出些风波来，更不好了。”麝月等依言，分头各处追问，人人不晓，个个惊疑。麝月等回来，俱目瞪口呆，面面相窥。宝玉也吓怔了。袭人急的只是干哭。找是没处找，回又不敢回，怡红院里的人吓得个个像木凋泥塑一般。

大家正在发呆，只见各处知道的都来了。探春叫把园门关上，先命个老婆子带着两个丫头，再往各处去寻去；一面又叫告诉众人：“若谁找出来，重重的赏银。”大家头宗要脱干係，二宗听见重赏，不顾命的混找了一遍，甚至于茅厕里都找到。谁知那块玉竟像绣花针儿一般，找了一天，总无影响。李纨急了，说：“这件事不是玩的，我要说句无礼的话了。”众人道：“什么呢？”李纨道：“事情到了这里，也顾不得了。现在园里，除了宝玉，都是女人。要求各位姐姐、妹妹、姑娘都要叫跟来的丫头脱了衣服，大家搜一搜。若没有，再叫丫头们去搜那些老婆子并粗使的丫头。”大家说道：“这话也说的有理。现在人多手乱，鱼龙混杂，倒是这么一来，你们也洗洗清。”探春独不言语。那些丫头们也都愿意洗淨自己。先是平儿起。平儿说道：“打我先搜起。”于是各人自己解怀，李纨一气儿混搜。探春嗔着李纨道：“大嫂子，你也学那起不成材料的样子来了。那个人既偷了去，还肯藏在身上？况且这件东西，在家里是宝，到了外头不知道的是废物，偷他做什么？我想来必是有人使促狭。”

众人听说，又见环儿不在这里，昨儿是他满屋里乱跑，都疑到他身上，只是不肯说出来。探春又道：“使促狭的只有环儿。你们叫个人去悄悄的叫了他来，背地里哄着他，叫他拿出来，然后吓着他，叫他不要声张。这就完了。”大家点头称是。

李纨便向平儿道：“这件事还是得你去才弄得明白。”平儿答应，就赶着去了。不多时，同了环儿来了。众人假意装出没事的样子，叫人沏了碗茶，搁在里间屋里，众人故意搭讪走开，原叫平儿哄他。平儿便笑着向环儿道：“你二哥哥的玉丢了，你瞧见了没有？”贾环便急得紫涨了脸，瞪着眼，说道：“人家丢了东西，你怎么又叫我来查问，疑我。我是犯过案的贼么？”平儿见这样子，倒不敢再问，便又陪笑道：“不是这么说，怕三爷要拿了去吓他们，所以白问问瞧见了没有，好叫他们找。”贾环道：“他的玉在他身上，看见不看见该问他，怎么问我？捧着他的人多着咧，得了什么不来问我，丢了东西就来问我！”说着，起身就走。众人不好拦他。这里宝玉倒急了，说道：“都是这劳什子闹事！我也不要他了。你们也不用闹了。环儿一去，必是嚷得满院里都知道了，这可不是闹事了么。”袭人等急得又哭道：“小祖宗，你看这玉丢了没要紧，若是上头知道了，我们这些人就要粉身碎骨了。”说着，便嚎啕大哭起来。

众人更加伤感，明知此事掩饰不来，只得要商议定了话，回来好回贾母诸人。宝玉道：“你们竟也不用商议，硬说我砸了就完了。”平儿道：“我的爷，好轻巧话儿！上头要问为什么砸的呢？她们也是个死啊！倘或要起砸破的碴儿来，那又怎么样呢？”宝玉道：“不然，便说我前日出门丢了。”众人一想，这句话倒还混得过去，但是这两天又没上学，又没往别处去。宝玉道：“怎么没有，大前儿还到南安王府里听戏去了呢，便说那日丢的。”探春道：“那也不妥。既是前儿丢的，为什么当日不来回？”众人正在胡思乱想，要装点撒谎，只听得赵姨娘的声儿，哭着喊着走来说：“你们丢了东西，自己不找，怎么叫人背地里拷问环儿！我把环儿带了来，索性交给你们这一起洑上水的，该杀该剐，随你们罢！”说着，将环儿一推，说：“你是个贼，快快的招罢！”气得环儿也哭喊起来。

李纨正要劝解，丫头来说：“太太来了。”袭人等此时无地可容，宝玉等赶忙出来迎接。赵姨娘暂且也不敢作声，跟了出来。王夫人见众人都有惊惶之色，才信方才听见的话，便道：“那块玉真丢了么？”众人都不敢作声。王夫人走进屋里坐下，便叫袭人，慌得袭人连忙跪下，含泪要禀。王夫人道：“你起来，快快叫人细细找去，一忙乱倒不好了。”袭人哽咽难言。宝玉生恐袭人真告诉出来，便说道：“太太，这事不与袭人相干。是我前日到南安王府那里听戏，在路上丢了。”王夫人道：“为什么那日不找？”宝玉道：“我怕她们知道，没有告诉她们。我叫茗烟等在外头各处找过的。”王夫人道：“胡说！如今脱换衣服，不是袭人她们服侍的么？大凡哥儿出门回来，手巾、荷包短了，还要个明白，何况这块玉不见了，便不问的么？”宝玉无言可答。赵姨娘听见，便得意了，忙接过口道：“外头丢了东西，也赖环儿！”话未说完，被王夫人喝道：“这里说这个，你且说那些没要紧的话！”赵姨娘便不敢言语了。还是李纨、探春从实的告诉了王夫人一遍，王夫人也急得泪如雨下，索性要回明贾母，去问邢夫人那边跟来的这些人去。

凤姐病中，也听见宝玉失玉，知道王夫人过来，料躲不住，便扶了丰儿来到园里。正值王夫人起身要走，凤姐姣怯怯的说：“请太太安。”宝玉等过来问了凤姐好。王夫人因说道：“你也听见了么？这可不是奇事吗？刚才眼错不见就丢了，再找不着。你去想想，打从老太太那边丫头起，至你们平儿，谁的手不稳，谁的心促狭。我要回了老太太，认真的查出来才好。不然，是断了宝玉的命根子了。”凤姐回道：“咱们家人多手杂，自古说的，‘知人知面不知心’，那里保得住谁是好的？但是一吵嚷，已经都知道了，偷玉的人若叫太太查出来，明知是死无葬身之地，他着了急，反要毁坏了灭口，那时可怎么处呢？据我的糊涂想头，只说宝玉本不爱他，撂丢了，也没有什么要紧。只要大家严密些，别叫老太太、老爷知道。这么说了，暗暗的派人去各处察访，哄骗出来，那时玉也可得，罪名也好定。不知太太心里怎么样？”王夫人迟了半日，才说道：“你这话虽也有理，但只是老爷跟前怎么瞒的过呢？”便叫环儿过来道：“你二哥哥的玉丢了，白问了你一句，怎么你就乱嚷？若是嚷破了，人家把那个毁坏了，我看你活得活不得！”贾环吓得哭道：“我再不敢嚷了。”赵姨娘听了，那里还敢言语。王夫人便吩咐众人道：“想来自然有没找到的地方儿，好端端详在家里的，还怕他飞到那里去不成？只是不许声张。限袭人三天内给我找出来，要是三天找不着，只怕也瞒不住，大家那就不用过安静日子了。”说着，便叫凤姐儿跟到邢夫人那边商议踩缉。不提。

这里李纨等纷纷议论，便传唤看园子的一干人来，叫把园门锁上，快传林之孝家的来，悄悄儿的告诉了她，叫她吩咐前后门上，三天之内，不论男女下人，从里头可以走动，要出去时，一概不许放出。只说里头丢了东西，待这件东西有了着落，然后放人出来。林之孝家的答应了“是”，因说：“前儿奴才家里也丢了一件不要紧的东西，林之孝必要明白，上街去找了一个测字的，那人叫做什么刘铁嘴，测了一个字，说的很明白，回来依旧一找，便找着了。”袭人听见，便央及林家的道：“好林奶奶！出去快求林大爷替我们问问去。”那林之孝家的答应着出去了。邢岫烟道：“若说那外头测字打卦的，是不中用的。我在南边闻妙玉能扶乩，何不烦她问一问。况且我听见说，这块玉原有仙机，想来问得出来。”众人都诧异道：“咱们常见的，从没有听她说起。”麝月便忙问岫烟道：“想来别人求她是不肯的，好姑娘，我给姑娘磕个头，求姑娘就去，若问出来了，我一辈子总不忘你的恩！”说着，赶忙就要磕下头去，岫烟连忙拦住。黛玉等也都怂恿着岫烟速往栊翠庵去。一面林之孝家的进来说道：“姑娘们大喜。林之孝测了字回来说，这玉是丢不了的，将来横竖有人送还来的。”众人听了，也都半信半疑，惟有袭人、麝月喜欢的了不得。探春便问：“测的是什么字？”林之孝家的道：“他的话多，奴才也学不上来，记得是拈了个赏人东西的‘赏’字。那刘铁嘴也不问，便说：‘丢了东西不是？’”李纨道：“这就算好。”林之孝家的道：“他还说，‘赏’字上头一个‘小’字，底下一个‘口’字，这件东西很可嘴里放得，必是个珠子宝石。”众人听了，夸赞道：“真是神仙！往下怎么说？”林之孝家的道：“他说底下‘贝’字，拆开不成一个‘见’字，可不是‘不见’了？因上头拆了‘当’字，叫快到当铺里找去。‘赏’字加一‘人’字，可不是‘偿’字？只要找着当铺就有人，有了人便赎了来，可不是偿还了吗。”众人道：“既这么着，就先往左近找起，横竖几个当铺都找遍了，少不得就有了。咱们有了东西，再问人就容易了。”李纨道：“只要东西，那怕不问人都使得。林嫂子，烦你就把测字的话快去告诉二奶奶，回了太太，先叫太太放心。就叫二奶奶快派人查去。”林家的答应了便走。

众人略安了一点儿神，呆呆的等岫烟回来。正呆等，只见跟宝玉的茗烟在门外招手儿，叫小丫头子快出来。那小丫头赶忙的出去了。茗烟便说道：“你快进去告诉我们二爷和里头太太、奶奶、姑娘们，天大喜事。”那小丫头子道：“你快说罢，怎么这么累赘！”茗烟笑着拍手道：“我告诉姑娘，姑娘进去回了，咱们两个人都得赏钱呢。你打量什么，宝二爷的那块玉呀，我得了准信来了。”未知如何，下回分解。

第 95 回 因讹成实元妃薨逝 以假混真宝玉疯颠

话说茗烟在门口和小丫头子说宝玉的玉有了，那小丫头急忙回来告诉宝玉。

众人听了，都推着宝玉出去问他，众人在廊下听着。宝玉也觉放心，便走到门口，问道：“你那里得了？快拿来。”茗烟道：“拿是拿不来的，还得托人做保去呢。”宝玉道：“你快说是怎么得的，我好叫人取去。”茗烟道：“我在外头知道林爷爷去测字，我就跟了去。我听见说在当舖里找，我没等他说完，便跑到几个当舖里去。我比给他们瞧，有一家便说有。我说：

"给我罢。"那舖子里要票子。我说:"当多少钱?"他说:"三百钱的也有,五百钱的也有。前儿有一个人拿这么一块玉,当了三百钱去;今儿又有人也拿了一块玉,当了五百钱去。"宝玉不等说完,便道:"你快拿三百五百钱去取了来,我们挑着看是不是。"里头袭人便啐道:"二爷不用理他!我小时候儿听见我哥哥常说,有些人卖那些小玉儿,没钱用,便去当。想来是家家当舖里有的。"众人正在听得诧异,被袭人一说,想了一想,倒大家笑起来,说:"快叫二爷进来罢,不用理那糊涂东西了。他说的那些玉,想来不是正经东西。"

宝玉正笑着,只见岫烟来了。原来岫烟走到栊翠庵见了妙玉,不及闲话,便求妙玉扶乩。妙玉冷笑几声,说道:"我与姑娘来往,为的是姑娘不是势利场中的人。今日怎么听了那里的谣言,过来缠我?况且我并不晓得什么叫扶乩。"说着,将要不理。岫烟懊悔此来,知她脾气是这么着的,"一时我已说出,不好白回去,又不好与她质证她会扶乩的话。"只得陪着笑将袭人等性命关係的话说了一遍。见妙玉略有活动,便起身拜了几拜。妙玉叹道:"何必为人作嫁!但是我进京以来,素无人知,今日你来破例,恐将来缠绕不休。"岫烟道:"我也一时不忍,知你必是慈悲的。便是将来他人求你,愿不愿在你,谁敢相强?"妙玉笑了一笑,叫道婆焚香,在箱子里找出沙盘乩架,书了符,命岫烟行礼,祝告毕,起来同妙玉扶着乩。不多时,只见那仙乩疾书道:

噫!来无迹,去无踪,青埂峰下倚古松。欲追寻,山万重,入我门来一笑逢。

书毕,停了乩。岫烟便问:"请是何仙?"妙玉道:"请的是拐仙。"岫烟录了出来,请教妙玉解识。妙玉道:"这个可不能,连我也不懂。你快拿去,他们的聪明人多着哩。"

岫烟只得回来。进入院中,各人都问:"怎么样了?"岫烟不及细说,便将所录乩语递与李纨。众姊妹及宝玉争看,都解的是:"一时要找是找不着的,然而丢是丢不了的,不知几时不找便出来了。但是青埂峰不知在那里?"李纨道:"这是仙机隐语。咱们家里那里跑出青埂峰来?必是谁怕查出,撂在有松树的山子石底下,也未可定。独是'入我门来'这句,到底是入谁的门呢?"黛玉道:"不知请的是谁!"岫烟道:"拐仙。"探春道:"若是仙家的门,便难入了。"

袭人心里着忙,便捕风捉影的混找,没一块石底下不找到,只是没有。回到院中,宝玉也不问有无,只管傻笑。麝月着急道:"小祖宗!你到底是那里丢的?说明了,我们就是受罪,也在明处啊!"宝玉笑道:"我说外头丢的,你们又不依。你如今问我,我知道么!"李纨、探春道:"今儿从早起闹起,已到三更来的天了。你瞧林妹妹已经掌不住,各自去了。我们也该歇歇儿了,明儿再闹罢。"说着,大家散去。宝玉即便睡下。可怜袭人等哭一回,想一回,一夜无眠。暂且不提。

且说黛玉先自回去,想起"金""石"的旧话来,反自喜欢,心里说道:"和尚道士的话真个信不得。果真'金''玉'有缘,宝玉如何能把这玉丢了呢?或者因我之事,拆散他们的'金玉',也未可知。"想了半天,更觉安心,把这一天的劳乏竟不理会,重新倒看起书来。紫鹃倒觉身倦,连催黛玉睡下。黛玉虽躺下,又想到海棠花上,说"这块玉原是胎里带来的,非比寻常之物,来去自有关係。若是这花主好事呢,不该失了这玉呀?看来此花开的不祥,莫非他有不吉之事?"不觉又伤起心来。又转想到喜事上头,此花又似应开,此玉又似应失,如此一悲一喜,直想到五更,方睡着。

次日,王夫人等早派人到当舖里去查问,凤姐暗中设法找寻。一连闹了几天,总无下落。还喜贾母、贾政未知。袭人等每日提心吊胆。宝玉也好几天不上学,只是怔怔的,不言不语,没心没绪的。王夫人只知他因失玉而起,也不大着意。那日正在纳闷,忽见贾琏进来请安,嘻嘻的笑道:"今日听得军机贾雨村打发人来告诉二老爷说,舅太爷陞了内阁大学士,奉旨来京,已定明年正月二十日宣麻。有三百里的文书去了,想舅太爷昼夜趱行,半个多月就要到了。侄儿特来回太太知道。"王夫人听说,便欢喜非常。正想娘家人少,薛姨妈家又衰败了,兄弟又在外任,照应不着。今日忽听兄弟拜相回京,王家荣耀,将来宝玉都有倚靠,便把失玉的心又略放开些了。天天专望兄弟来京。

忽一天,贾政进来,满脸泪痕,喘吁吁的说道:"你快去禀知老太太,即刻进宫。不用多人的,是你服侍进去。因娘娘忽得暴病,现在太监在外立等。他说:'太医院已经奏明痰厥,不能医治。'"王夫人听说,便大哭起来。贾政道:"这不是哭的时候,快快去请老太太,说得宽缓些,不要吓坏了老人家。"贾政说着,出来吩咐家人伺候。王夫人收了泪,去请贾母,只说元妃有病,进去请安。贾母念佛道:"怎么又病了?前番吓的我了不得,后来又打听错了。这回情愿再错了也罢。"王夫人一面回答,一面催鸳鸯等开箱取衣饰,穿戴起来。王夫人赶着回到自己房中,也穿戴好了,过来伺候。一时出厅,上轿进宫。不提。

且说元春自选了凤藻宫后,圣眷隆重,身体发福,未免举动费力。每日起居劳乏,时发痰疾。因前日侍宴回宫,偶沾寒气,勾起旧病。不料此回甚属利害,竟至痰气壅塞,四肢厥冷。一面奏明,即召太医调治。岂知汤药不进,连用通关之剂,并不见效。内官忧虑,奏请预办后事。所以传旨命贾氏椒房进见。贾母、王夫人遵旨进宫,见元妃痰塞口涎,不能言语,见了贾母,只有悲泣之状,却少眼泪。贾母进前请安,奏些宽慰的话。少时贾政等职名递进,宫嫔传奏,元妃目不能顾,渐渐脸色改变。内宫太监即要奏闻,恐派各妃看视,椒房姻戚未便久羁,请在外宫伺候。贾母、王夫人怎忍便离,无奈国家制度,只得下来,又不敢啼哭,惟有心内悲感。朝门内官员有信。不多时,只见太监出来,立传钦天监。贾母便知不好,尚未敢动。稍刻,小太监传谕出来说:"贾娘娘薨逝。"是年甲寅年十二月十八日立春,元妃薨日是十二月十九日,已交卯年寅月,存年四十三岁。贾母含悲起身,只得出宫上轿回家。贾政等亦已得信,一路悲戚。到家中,邢夫人、李纨、凤姐、宝玉等出厅,分东西迎着贾母请了安,并贾政、王夫人请安,大家哭泣。不提。

次日早起,凡有品级的,按贵妃丧礼,进内请安哭临。贾政又是工部,虽按照仪注办理,未免堂上又要周旋他些,同事又要请教他,所以两头更忙,非比从前太后与周妃的丧事了。但元妃并无所出,惟谥曰"贤淑贵妃"。此是王家制度,不必多赘。只讲贾府中男女天天进宫,忙的了不得。幸喜凤姐儿近日身子好些,还得出来照应家事,又要预备王子腾进京,接风贺喜。凤姐胞兄王仁知道叔叔入了内阁,仍带家眷来京。凤姐心里喜欢,便有些心病,有这些娘家的人,也便撂开,所以身子倒觉比前好了些。王夫人看见凤姐照旧办事,又把担子卸了一半,又眼见兄弟来京,诸事放心,倒觉安静些。

独有宝玉原是无职之人,又不念书,代儒学里知他家里有事,也不来管他;贾政正忙,自然没有空儿查他。想来宝玉趁此机会竟可与姊妹们天天畅乐。不料他自失了玉后,终日懒怠走动,说话也糊涂了。并贾母等出门回来,有人叫他去请安,便去;没人叫他,他也不动。袭人等怀着鬼胎,又不敢去招惹他,恐他生气。每天茶饭,端到面前便吃,不来也不要。袭人看这光景,不像是有气,竟像是有病的。袭人偷着空儿到潇湘馆告诉紫鹃,说是"二爷这么着,求姑娘给他开导开导。"紫鹃虽即告诉黛玉,只因黛玉想着亲事上头,一定是自己了,如今见了他,反觉不好意思:"若是他来呢,原是小时在一处的,也难不理他;若说我去找他,断断使不得。"所以黛玉不肯过来。袭人又背地里去告诉探春。那知探春心里明明知道海棠开得怪异,"宝玉"失的更奇,接连着元妃姐姐薨逝,谅家道不祥,日日愁闷,那有心肠去劝宝玉。况兄妹们男女有别,只好过来一两次。宝玉又终是懒懒的,所以也不大常来。

宝钗也知失玉。因薛姨妈那日应了宝玉的亲事，回去便告诉了宝钗。薛姨妈还说："虽是你姨妈说了，我还没有应准，说等你哥哥回来再定。你愿意不愿意？"宝钗反正色的对母亲道："妈妈这话说错了。女孩儿家的事情是父母做主的。如今我父亲没了，妈妈应该做主的；再不然，问哥哥；怎么问起我来？"所以薛姨妈更爱惜她，说她虽是从小娇养惯的，却也生来的贞静，因此，在她面前，反不提起宝玉了。宝钗自从听此一说，把"宝玉"两个字自然更不提起了。如今虽然听见失了玉，心里也甚惊疑，倒不好问，只得听旁人说去，竟像不与自己相干的。只有薛姨妈打发丫头过来了好几次问信，因她自己的儿子薛蟠的事焦心，只等哥哥进京，便好为他出脱罪名；又知元妃已薨，虽然贾府忙乱，却得凤姐好了，出来理家，也把贾家的事撂开了。只苦了袭人，虽然在宝玉跟前低声下气的服侍劝慰，宝玉竟是不懂，袭人只有暗暗的着急而已。

过了几日，元妃停灵寝庙，贾母等送殡去了几天。岂知宝玉一日呆似一日，也不发烧，也不疼痛，只是吃不像吃，睡不像睡，甚至说话都无头绪。那袭人、麝月等一发慌了，回过凤姐几次。凤姐不时过来，起先道是找不着玉生气，如今看他失魂落魄的样子，只有日日请医调治。煎药吃了好几剂，只有添病的，没有减病的。及至问他那里不舒服，宝玉也不说出来。

直至元妃事毕，贾母惦记宝玉，亲自到园看视。王夫人也随过来。袭人等忙叫宝玉接去请安。宝玉虽说是病，每日原起来行动。今日叫他接贾母去，他依然仍是请安，惟是袭人在旁扶着指教。贾母见了，便道："我的儿，我打量你怎么病着，故此过来瞧你。今你依旧的模样儿，我的心放了好些。"王夫人也自然是宽心的。但宝玉并不回答，只管嘻嘻的笑。贾母等进屋坐下，问他的话，袭人教一句，他说一句，大不似往常，直是一个傻子似的。贾母愈看愈疑，便说："我才进来看时，不见有什么病，如今细细一瞧，这病果然不轻，竟是神魂失散的样子。到底因什么起的呢？"王夫人知事难瞒，又瞧瞧袭人怪可怜的样子，只得便依着宝玉先前的话，将那往南安王府里去听戏时丢了这块玉的话，悄悄的告诉了一遍。心里也彷徨的很，生恐贾母着急，并说："现在着人在四下里找寻，求籤问卦，都说在当舖里找，少不得找着的。"贾母听了，急得站起来，眼泪直流，说道："这件玉如何是丢得的！你们忒不懂事了！难道老爷也是撂开手的不成？"王夫人知贾母生气，叫袭人等跪下，自己敛容低首，回说："媳妇恐老太太着急，老爷生气，都没敢回。"贾母咳道："这是宝玉的命根子。因丢了，所以他是这么失魂丧魄的。还了得！况是这玉满城里都知道，谁捡了去，便叫你们找出来么？叫人快快请老爷，我与他说。"那时，吓得王夫人、袭人等俱哀告道："老太太这一生气，回来老爷更了不得了。现在宝玉病着，交给我们尽命的找来就是了。"贾母道："你们怕老爷生气，有我呢！"便叫麝月传人去请，不一时，传进话来，说："老爷谢客去了。"贾母道："不用他也使得。你们便说我说的话，暂且也不用责罚下人，我便叫琏儿来，写出赏格，悬在前日经过的地方，便说，有人捡得送来者，情愿送银一万两；如有知人捡得，送信找得者，送银五千两。如真有了，不可吝惜银子。这么一找，少不得就找出来了。若是靠着咱们家几个人找，就找一辈子，也不能得！"王夫人也不敢直言。贾母传话告诉贾琏，叫他速办去了。贾母便叫人："将宝玉动用之物，都搬到我那里去，只派袭人、秋纹跟过来，余者仍留园内看屋子。"宝玉听了，终不言语，只是傻笑。

贾母便携了宝玉起身，袭人等搀扶出园。回到自己房中，叫王夫人坐下，看人收拾里间屋内安置，便对王夫人道："你知道我的意思么？我为的园里人少，怡红院里的花树忽萎忽开，有些奇怪。头里仗着一块玉能除邪祟，如今此玉丢了，生恐邪气易侵，故我带他过来一块儿住着。这几天也不用叫他出去，大夫来，就在这里瞧。"王夫人听说，便接口道："老太太想的自然是。如今宝玉同着老太太住了，老太太福气大，不论什么都压住了。"贾母道："什么福气！不过我屋里干净些，经卷也多，都可以念念，定定心神。你问宝玉，好不好？"那宝玉见问，只是笑。袭人叫他说"好"，宝玉也就说"好"。王夫人见了这般光景，未免落泪，在贾母这里，不敢出声。贾母知王夫人着急，便说道："你回去罢，这里有我调停他。晚上老爷回来，告诉他不必见我，不许言语就是了。"王夫人去后，贾母叫鸳鸯找些安神定魄的药，按方吃了。不提。

且说贾政当晚回家，在车内听见道儿上人说道："人要发财，也容易的很。"那个问道："怎么见得？"这个人又道："今日听见荣府里丢了什么哥儿的玉了，贴着招帖儿，上头写着玉的大小式样颜色，说有人捡了送去，就给一万两银子，送信的还给五千呢。"贾政虽未听得如此真切，心里诧异，急忙赶回，便叫门上的人，问起那事来。门上的人禀道："奴才头里也不知道，今儿晌午，琏二爷传出老太太的话，叫人去贴帖儿，才知道的。"贾政便叹气道："家道该衰，偏生养这么一个孽障！才养他的时候，满街的谣言，隔了十几年，略好了些。这会子又大张晓谕的找玉，成何道理！"说着，忙走进里头去问王夫人。王夫人便一五一十的告诉。贾政知是老太太的主意，又不敢违拗，只抱怨王夫人几句。又走出来，叫瞒着老太太，背地里揭了这个帖儿下来。岂知早有那些游手好闲的人揭了去了。

过了些时，竟有人到荣府门上，口称送玉来。家内人们听见，喜欢的了不得，便说："拿来，我给你回去。"那人便怀内掏出赏格来，指给门上人瞧，"这不是你府上的帖子么，写明送玉来的给银一万两。二太爷，你们这会子瞧我穷，回来我得了银子，就是个财主了。别这么待理不理的！"门上听他话头来得硬，说道："你到底略给我瞧一瞧，我好给你回去。"那人初倒不肯，后来听人说得有理，便掏出那玉，托在掌中一扬说："这是不是？"众家人原是在外服役，只知有玉，也不常见，今日才看见这玉的模样儿了。急忙跑到里头，抢头报似的。那日贾政、贾赦出门，只有贾琏在家。众人回明，贾琏还细问："真不真？"门上人口称："亲眼见过，只是不给奴才，要见主子，一手交银，一手交玉。"贾琏却也喜欢，忙去禀知王夫人，即便回明贾母。把个袭人乐得合掌念佛。贾母并不改口，一叠连声："快叫琏儿请那人到书房内坐下，将玉取来一看，即便送银。"贾琏依言，请那人进来，当客待他，用好言道谢："要借这玉送到里头，本人见了，谢银分厘不短。"那人只得将一个红绸子包儿送过去。贾琏打开一看，可不是那一块晶莹美玉吗？贾琏素昔原不理论，今日倒要看看，看了半日，上面的字也彷彿认得出来，什么"除邪祟"。贾琏看了，喜之不胜，便叫家人伺候，忙忙的送与贾母、王夫人认去。

这会子惊动了合家的人，都等着争看。凤姐见贾琏进来，便劈手夺去，不敢先看，送到贾母手里。贾琏笑道："你这么一点儿事，还不叫我献功呢！"贾母打开看时，只见那玉比先前昏暗了好些。一面用手擦摸，鸳鸯拿上眼镜儿来，戴着一瞧，说："奇怪！这块玉倒是的，怎么把头里的宝色都没了呢？"王夫人看了一会子，也认不出，便叫凤姐过来看。凤姐看了道："像倒像，只是颜色不大对。不如叫宝兄弟自己一看，就知道了。"袭人在旁，也看着未必是那一块，只是盼得的心盛，也不敢说出不像来。凤姐于是从贾母手中接过来，同着袭人，拿来给宝玉瞧。这时，宝玉正睡着才醒。凤姐告诉道："你的玉有了。"宝玉睡眼朦胧，接在手里，也没瞧，便往地上一撂，道："你们又来哄我了！"说着，只是冷笑。凤姐连忙拾起来，道："这也奇了，怎么你没瞧就知道呢？"宝玉也不答言，只管笑。王夫人也进屋里来了，见他这样，便道："这不用说了。他那玉原是胎里带来的一种古怪东西，自然他有道理。想来这个必是人见了帖儿，照样做的。"大家此时恍然大悟。

贾琏在外间屋里听见这话，便说道："既不是，快拿来给我问问他去，人家这样事，他敢来鬼混！"贾母喝住道："琏儿，拿了去给他，叫他去罢。那也是穷极了的人没法儿了，所以见我们家有这样事，他便想着赚几个钱，也是有的。如今白白的花了钱，弄了这个东西，又叫咱们认出来了。依着我，不要难为他，把这玉还他，说不是我们的，赏给他几两银子。外头的人知道了，才肯有信儿就送来呢。若是难为了这一个人，就有真的，人家也不敢拿来了。"贾琏答应出去。那人还等着呢，半日不见人来，正在那里心里发虚，只见贾琏气忿走出来了。未知何如，下回分解。

第 96 回 瞒消息凤姐设奇谋 泄机关颦儿迷本性

话说贾琏拿了那块假玉忿忿走出，到了书房。那个人看见贾琏的气色不好，心里先发了虚了，连忙站起来迎着。刚要说话，只见贾琏冷笑道："好大胆，我把你这个混账东西！这里是什么地方儿，你敢来掉鬼！"回头便问："小厮们呢？"外头轰雷一般，几个小厮齐声答应。贾琏道："取绳子去捆起他来！等老爷回来问明了，把他送到衙门里去。"众小厮又一齐答应："预备着呢。"嘴里虽如此，却不动身。那人先自唬的手足无措，见这般势派，知道难逃公道，只得跪下给贾琏碰头，口口声声只叫："老太爷别生气！是我一时穷极无奈，才想出这个没脸的营生来。那玉是我借钱做的，我也不敢要了，只得孝敬府里的哥儿顽罢。"说毕，又连连磕头。贾琏啐道："你这个不知死活的东西！这府里希罕你的那朽不了的浪东西！"正闹着，只见赖大进来，陪着笑向贾琏道："二爷别生气了。靠他算个什么东西，饶了他，叫他滚出去罢。"贾琏道："实在可恶。"赖大、贾琏作好作歹，众人在外头都说道："煳涂狗党的！还不给爷和赖大爷磕头呢！快快的滚罢，还等窝心脚呢！"那人赶忙磕了两个头，抱头鼠窜而去。从此街上闹动了："贾宝玉弄出'假宝玉'来。"

且说贾政那日拜客回来，众人因为灯节底下，恐怕贾政生气，已过去的事了，便也都不肯回。只因元妃的事忙碌了好些时，近日宝玉又病着，虽有旧例家宴，大家无兴，也无有可记之事。到了正月十七日，王夫人正盼王子腾来京，只见凤姐进来回说："今日二爷在外听得有人传说，我们家大老爷赶着进京，离城只二百多里地，在路上没了。太太听见了没有？"王夫人吃惊道："我没有听见，老爷昨晚也没有说起，到底在那里听见的？"凤姐道："说是在枢密张老爷家听见的。"王夫人怔了半天，那眼泪早流下来了，因拭泪说道："回来再叫琏儿索性打听明白了来告诉我。"凤姐答应去了。王夫人不免暗里落泪，悲女哭弟，又为宝玉耽忧。如此连三接二，都是不随意的事，那里搁得住！便有些心口疼痛起来。又加贾琏打听明白了，来说道："舅太爷是赶路劳乏，偶然感冒风寒，到了十里屯地方，延医调治；无奈这个地方没有名医，误用了药，一剂就死了。但不知家眷可到了那里没有。"王夫人听了，一阵心酸，便心口疼得坐不住，叫彩云等扶了上炕，还扎挣着叫贾琏去回了贾政，"即速收拾行装，迎到那里，帮着料理完毕，既刻回来告诉我们，好叫你媳妇儿放心。"贾琏不敢违拗，只得辞了贾政起身。

贾政早已知道，心里很不受用，又知宝玉失玉以后，神志惛愦，医药无效；又值王夫人心疼。那年正值京察，工部将贾政保列一等；二月，吏部带领引见。皇上念贾政勤俭谨慎，即放了江西粮道。即日谢恩，已奏明起程日期。虽有众亲朋贺喜，贾政也无心应酬，只念家中人口不宁，又不敢耽延在家。

正在无计可施，只听见贾母那边叫："请老爷。"贾政即忙进去，看见王夫人带着病也在那里，便向贾母请了安。贾母叫他坐下，便说："你不日就要赴任，我有多少话与你说，不知你听不听？"说着，掉下泪来。贾政忙站起来，说道："老太太有话，只管吩咐，儿子怎敢不遵命呢？"贾母咽哽着说道："我今年八十一岁的人了，你又要做外任去。偏有你大哥在家，你又不能告亲老。你这一去了，我所疼的只有宝玉，偏偏的又病得煳涂，还不知道怎么样呢！我昨日叫赖升媳妇出去，叫人给宝玉算算命，这先生算得好灵，说：'要娶了金命的人帮扶他，必要冲冲喜才好；不然，只怕保不住。'我知道你不信那些话，所以教你来商量。你的媳妇也在这里，你们两个也商量商量，还是要宝玉好呢？还是随他去呢？"贾政陪笑说道："老太太当初疼儿子这么疼的，难道做儿子的就不疼自己的儿子不成么？只为宝玉不上进，所以时常恨他，也不过是恨铁不成钢的意思。老太太既要给他成家，这也是该当的，岂有逆着老太太不疼他的理！如今宝玉病着，儿子也是不放心。因老太太不叫他见我，所以儿子也不敢言语。我到底瞧瞧宝玉是个什么病。"王夫人见贾政说着，也有些眼圈儿红，知道心里是疼的，便叫袭人扶了宝玉来。宝玉见了他父亲，袭人叫他请安，他便请了个安。贾政见他脸面很瘦，目光无神，大有疯傻之状，便叫人扶了进去，便想到："自己也是望六的人了，如今又放外任，不知道几年回来。倘或这孩子果然不好，一则年老无嗣，虽说有孙子，到底隔了一层；二则老太太最疼的是宝玉，若有差错，可不是我的罪名更重了？"瞧瞧王夫人一包眼泪，又想到她身上，复站起来说："老太太这么大年纪，想法儿疼孙子，做儿子的还敢违拗？老太太主意该怎么便怎么就是了。但只姨太太那边，不知说明白了没有？"王夫人便道："姨太太是早应了的。只为蟠儿的事没有结案，所以这些时总没提起。"贾政又道："这就是第一层的难处。他哥哥在监里，妹子怎么出嫁？况且贵妃的事虽不禁婚嫁，宝玉应照已出嫁的姐姐，有九个月的功服，此时也难娶亲。再者，我的起身日期已经奏明，不敢耽搁，这几天怎么办呢？"

贾母想了一想："说的果然不错。若是等这几件事过去，他父亲又走了。倘或这病一天重似一天，怎么好？只可越些礼办了才好。"想定主意，便说道："你若给他办呢，我自然有个道理，包管都碍不着。姨太太那边，我和你媳妇亲自过去求她。蟠儿那里，我央蝌儿去告诉他，说是要救宝玉的命，诸事将就，自然应的。若说服里娶亲，当真使不得。况且宝玉病着，也不可教他成亲，不过是冲冲喜。我们两家愿意，孩子们又有'金玉'的道理，婚是不用合的了。即挑了好日子，按着咱们家分儿过了礼。赶着挑个娶亲日子，一概鼓乐不用，倒按宫里的样子，用十二对提灯，一乘八人轿子抬了来，照南边规矩拜了堂，一样坐床撒帐，可不是算娶了亲了么？宝丫头心地明白，是不用虑的。内中又有袭人，也还是个妥妥当当的孩子，再有个明白人常劝她，更好。她又和宝丫头合的来。再者，姨太太曾说：'宝丫头的金锁也有个和尚说过，只等有玉的便是婚姻。'焉知宝丫头过来，不因金锁倒招出他那块玉来，也定不得。从此一天好似一天，岂不是大家的造化？这会子只要立刻收拾屋子，铺排起来，这屋子是要你派的。一概亲友不请，也不排筵席；待宝玉好了，过了功服，然后再摆席请人。这么着，都赶的上；你也看见了他们小两口的事，也好放心的去。"

贾政听了，原不愿意，只是贾母做主，不敢违命，勉强陪笑说道："老太太想的极是，也很妥当。只是要吩咐家下众人，不许吵嚷得里外皆知，这要耽不是的。姨太太那边，只怕不肯；若是果真应了，也只好按着老太太的主意办去。"贾母道："姨太太那里有我呢，你去吧。"贾政答应出来，心中好不自在。因赴任事多，部里领凭，亲友们荐人，种种应酬不绝，竟把宝玉的事听凭贾母交与王夫人、凤姐儿了。惟将荣禧堂后身王夫人内屋旁边一大跨所二十余间房屋指与宝玉，余者一概不管。贾母定了主意，叫人告诉他去，贾政只说很好。此是后话。

且说宝玉见过贾政，袭人扶回里间炕上。因贾政在外，无人敢与宝玉说话，宝玉便昏昏沉沉的睡去。贾母与贾政所说的话，宝玉一句也没有听见。袭人等却静静儿的听得明白。头里虽也听得些风声，到底影响，只不见宝钗过来，却也有些信真。今日听了这些话，心里方才水落归漕，倒也喜欢。心里想道："果然上头的眼力不错，这才配得是。我也造化。若她来了，我可以卸了好些担子。但是这一位的心里只有一个林姑娘，幸亏他没有听见，若知道了，又不知要闹到什么分儿了。"袭人想到这里，转喜为悲，心想："这件事怎么好？老太太、太太那里知道他们心里的事？一时高兴，说给他知道，原想要他病好－－若是他仍似前的心事：初见林姑娘，便要摔玉砸玉；况且那年夏天在园里，把我当作林姑娘，说了好些私心话；后来因为紫鹃说了句玩话儿，便哭得死去活来——若是如今和他说要娶宝姑娘，竟把林姑娘撂开，除非是他人事不知还可，若稍明白些，只怕不但不能冲喜，竟是催命了！我再不把话说明，那不是一害三个人了么？”袭人想定主意，待等贾政出去，叫秋纹照看着宝玉，便从里间出来，走到王夫人身旁，悄悄的请了王夫人到贾母后身屋里去说话。贾母只道是宝玉有话，也不理会，还在那里打算怎么过礼，怎么娶亲。

那袭人同了王夫人到了后间，便跪下哭了。王夫人不知何意，把手拉着她说：“好端端详，这是怎么说？有什么委屈，起来说。”袭人道：“这话奴才是不该说的，这会子因为没有法儿了。”王夫人道：“你慢慢说。”袭人道：“宝玉的亲事，老太太、太太已定了宝姑娘了，自然是极好的一件事。只是奴才想着，太太看去，宝玉和宝姑娘好，还是和林姑娘好呢？”王夫人道：“他两个因从小儿在一处，所以宝玉和林姑娘又好些。”袭人道：“不是‘好些’。”便将宝玉素与黛玉这些光景一一的说了，还说：“这些事都是太太亲眼见的。独是夏天的话，我从没敢和别人说。”王夫人拉着袭人道：“我看外面儿已瞧出几分来了，你今儿一说，更加是了。但是刚才老爷说，的话想必都听见了，你看他的神情儿怎么样？”袭人道：“如今宝玉若有人和他说话，他就笑，没人和他说话，他就睡，所以头里的话却倒都没听见。”王夫人道：“倒是这件事叫人怎么样呢？”袭人道：“奴才说是说了，还得太太告诉老太太，想个万全的主意才好。”王夫人便道：“既这么着，你去干你的，这时候满屋子的人，暂且不用提起，等我瞅空儿回明老太太，再作道理。”说着，仍到贾母跟前。

贾母正在那里和凤姐儿商议，见王夫人进来，便问道：“袭人丫头说什么，这么鬼鬼祟祟的？”王夫人趁问，便将宝玉的心事细细回明贾母。贾母听了，半日没言语。王夫人和凤姐也都不再说了。只见贾母叹道：“别的事都好说。林丫头倒没有什么。若宝玉真是这样，这可叫人作了难了！”只见凤姐想了一想，因说道：“难倒不难，只是我想了个主意，不知姑妈肯不肯。”王夫人道：“你有主意，只管说给老太太听，大家娘儿们商量着办罢了。”凤姐道：“依我想，这件事只有一个掉包儿的法子。”贾母道：“怎么掉包儿？”凤姐道：“如今不管宝兄弟明白不明白，大家吵嚷起来，说是老爷做主，将林姑娘配了他了。瞧他的神情儿怎么样。要是他全不管，这个包儿也就不用掉了；若是他有些喜欢的意思，这事却要大费周折呢！”王夫人道：“就算他喜欢，你怎么样办法呢？”凤姐走到王夫人耳边，如此这般的说了一遍。王夫人点了几点头儿，笑了一笑，说道：“也罢了。”贾母便问道：“你娘儿两个捣鬼，到底告诉我是怎么着呀！”凤姐恐贾母不懂，露泄机关，便也向耳边轻轻的告诉了一遍。贾母果真一时不懂，凤姐笑着又说了几句。贾母笑道：“这么着也好，可就只忒苦了宝丫头了。倘或吵嚷出来，林丫头又怎么样呢？”凤姐道：“这个话原只说给宝玉听，外头一概不许提起，有谁知道呢？”

正说间，丫头传进话来，说：“琏二爷回来了。”王夫人恐贾母问及，使个眼色与凤姐。凤姐便迎着贾琏，努了个嘴儿，同到王夫人屋里等着去了。一回儿，王夫人进来，已见凤姐哭的两眼通红。贾琏请了安，将到十里屯料理王子腾的丧事的话说了一遍，便说：“有恩旨赏了内阁的职衔，谥了文勤公，命本宗扶柩回籍，着沿途地方官员照料。昨日起身，连家眷回南去了。舅太太叫我回来请安问好，说如今想不到不能进京，有多少话不能说。听见我大舅子要进京，若是路上遇见了，便叫他来到咱们这里细细的说。”王夫人听毕，其悲痛自不必言。凤姐劝慰了一番，“请太太略歇一歇，晚上来，再商量宝玉的事罢。”说毕，同了贾琏回到自己房中，告诉了贾琏，叫他派人收拾新房。不提。

一日，黛玉早饭后，带着紫鹃到贾母这边来，一则请安，二则也为自己散散闷。出了潇湘馆，走了几步，忽然想起忘了手绢子来，因叫紫鹃回去取来，自己却慢慢的走着等她。刚走到沁芳桥那边山石背后，当日同宝玉葬花之处，忽听一个人呜呜咽咽在那里哭。黛玉煞住脚听时，又听不出是谁的声音，也听不出哭着叨叨的是些什么话。心里甚是疑惑，便慢慢的走去。及到了跟前，却见一个浓眉大眼的丫头在那里哭呢。黛玉未见她时，还只疑府里这些大丫头有什么说不出的心事，所以来这里发泄发泄；及至见了这个丫头，却又好笑，因想到：“这种蠢货，有什么情种！自然是那屋里作粗活的丫头，受了大女孩子的气了。”细瞧了一瞧，却不认得。那丫头见黛玉来了，便也不敢再哭，站起来拭眼泪。

黛玉问道：“你好好的为什么在这里伤心？”那丫头听了这话，又流泪道：“林姑娘，你评评这个理。她们说话，我又不知道，我就说错了一句话，我姐姐也不犯就打我呀！”黛玉听了，不懂她说的是什么，因笑问道：“你姐姐是那一个？”那丫头道：“就是珍珠姐姐。”黛玉听了，才知道她是贾母屋里的，因又问：“你叫什么？”那丫头道：“我叫傻大姐儿。”黛玉笑了一笑，又问：“你姐姐为什么打你？你说错了什么话了？”那丫头道：“为什么呢，就是为我们宝二爷娶宝姑娘的事情。”黛玉听了这一句，如同一个疾雷，心头乱跳。略定了定神，便叫了这丫头“你跟了我这里来。”那丫头跟着黛玉到那畸角儿上葬桃花的去处，那里背静。黛玉因问道：“宝二爷娶宝姑娘，她为什么打你呢？”傻大姐道：“我们老太太和太太、二奶奶商量了，因为我们老爷要起身，说就赶着往姨太太商量，把宝姑娘娶过来罢。头一宗，给宝二爷冲什么喜；第二宗，——”说到这里，又瞅着黛玉笑了一笑，才说道：“赶着办了，还要给林姑娘说婆婆家呢。”黛玉已经听呆了。这丫头只管说道：“我又不知道她们怎么商量的，不叫人吵嚷，怕宝姑娘听见害臊。我白和宝二爷屋里的袭人姐姐说了一句：‘咱们明儿更热闹了，又是宝姑娘，又是宝二奶奶，这可怎么叫呢？’林姑娘，你说我这话害着珍珠姐姐什么了吗？她走过来就打了我一个嘴巴，说我混说，不遵上头的话，要撵出我去。我知道上头为什么不叫言语呢？你们又没告诉我，就打我！”说着，又哭起来。

那黛玉此时心里竟是油儿、酱儿、糖儿、醋儿倒在一处的一般，甜、苦、酸、咸，竟说不上什么味儿来了。停了一会儿，颤巍巍的说道：“你别混说了。你再混说，叫人听见，又要打你了。你去罢。”说着，自己移身要回潇湘馆去。那身子竟有千百斤重的，两只脚却像踩着棉花一般，早已软了，只得一步一步慢慢的走将来。走了半天，还没到沁芳桥畔。原来脚下软了，走的慢，且又迷迷痴痴，信着脚从那边绕过来，更添了两箭地的路。这时刚到沁芳桥畔，却又不知不觉的顺着堤往回里走起来。紫鹃取了绢子来，却不见黛玉。正在那里看时，只见黛玉颜色雪白，身子恍恍荡荡的，眼睛也直直的，在那里东转西转。又见一个丫头往前头走了，离的远，也看不出是那一个来。心中惊疑不定，只得赶过来，轻轻的问道：“姑娘怎么又回去？是要往那里去？”黛玉也只模糊听见，随口应道：“我问问宝玉去。”紫鹃听了，摸不着头脑，只得搀着她到贾母这边来。

黛玉走到贾母门口，心里微觉明晰，回头看见紫鹃搀着自己，便站住了问道：“你作什么来的？”紫鹃陪笑道：“我找了绢子来了。头里见姑娘在桥那边呢，我赶着过来问姑娘，姑娘没理会。”黛玉笑道：“我打量你来瞧宝二爷来了呢，不然怎么往这里走呢？”紫鹃见她心里迷惑，便知黛玉必是听见那丫头什么话了，惟有点头微笑而已。只是心里怕她见了宝玉，那一个已经是疯疯傻傻，这一个又这样恍恍惚惚，一时说出些不大体统的话来，那时如何是好？心里虽如此想，却也不敢违拗，只得搀她进去。

那黛玉却又奇怪了，这时不似先前那样软了，也不用紫鹃打帘子，自己掀起帘子进来，却是寂然无声。因贾母在屋里歇中觉，丫头们也有脱滑玩去的，也有打盹儿的，也有在那里伺候老太太的。倒是袭人听见帘子响，从屋里出来一看，见是黛玉，便让道：“姑娘屋里坐罢。”黛玉笑着道：“宝二爷在家么？”袭人不知底里，刚要答言，只见紫鹃在黛玉身后和她努嘴儿，指着黛玉，又摇摇手儿。袭人不解何意，也不敢言语。黛玉却也不理会，自己走进房来。看见宝玉在那里坐着，也不起来让坐，只瞅着嘻嘻的傻笑。黛玉自己坐下，却也瞅着宝玉笑。两个人也不问好，也不说话，也无推让，只管对着脸傻笑起来。袭人看见这番光景，心里大不得主意，只是没法儿。

忽然听着黛玉说道："宝玉，你为什么病了？"宝玉笑道："我为林姑娘病了。"袭人、紫鹃两个吓得面目改色，连忙用言语来岔。两个却又不答言，仍旧傻笑起来。袭人见了这样，知道黛玉此时心中迷惑不减于宝玉，因悄和紫鹃说道："姑娘才好了，我叫秋纹妹妹同着你搀回姑娘，歇歇去罢。"因回头向秋纹道："你和紫鹃姐姐送林姑娘去罢，你可别混说话。"秋纹笑着，也不言语，便来同着紫鹃搀起黛玉。那黛玉也就起来，瞅着宝玉只管笑，只管点头儿。紫鹃又催道："姑娘，回家去歇歇罢。"黛玉道："可不是？我这就是回去的时候儿了。"说着，便回身笑着出来了，仍旧不用丫头们搀扶，自己却走得比往常飞快。紫鹃、秋纹后面赶忙跟着走。

黛玉出了贾母院门，只管一直走去。紫鹃连忙搀住，叫道："姑娘，往这么来。"黛玉仍是笑着，随了往潇湘馆来。离门口不远，紫鹃道："阿弥陀佛，可到了家了！"只这一句话没说完，只见黛玉身子往前一栽"哇"的一声，一口血直吐出来。未知性命如何，且听下回分解。

第 97 回 林黛玉焚稿断痴情 薛宝钗出闺成大礼

话说黛玉到潇湘馆门口，紫鹃说了一句话，更动了心，一时吐出血来，几乎晕倒，亏了还同着秋纹，两个人挽扶着黛玉到屋里来。那时秋纹去后，紫鹃、雪雁守着，见她渐渐苏醒过来，问紫鹃道："你们守着哭什么？"紫鹃见她说话明白，倒放了心了，因说："姑娘刚才打老太太那边回来，身上觉着不大好，唬的我们没了主意，所以哭了。"黛玉笑道："我那里就能够死呢！"这一句话没完，又喘成一处。

原来黛玉因今日听得宝玉、宝钗的事情，这本是她数年的心病，一时急怒，所以迷惑了本性。及至回来吐了这一口血，心中却渐渐的明白过来，把头里的事一字也不记得了。这会子见紫鹃哭，方模糊想起傻大姐的话来。此时反不伤心，惟求速死，以完此债。这里紫鹃、雪雁只得守着，想要告诉人去，怕又像上次招得凤姐儿说他们失惊打怪的。

那知秋纹回去，神情慌遽，正值贾母睡起中觉来，看见这般光景，便问："怎么了？"秋纹吓的连忙把刚才的事回了一遍。贾母大惊说："这还了得！"连忙着人叫了王夫人、凤姐过来，告诉了她婆媳两个。凤姐道："我都嘱咐到了，这是什么人走了风呢？这不更是一件难事了吗！"贾母道："且别管那些，先瞧瞧去，是怎么样了。"说着，便起身带着王夫人、凤姐等过来看视。见黛玉颜色如雪，并无一点血色，神气昏沉，气息微细。半日又咳嗽了一阵，丫头递了痰盒，吐出都是痰中带血的。大家都慌了。只见黛玉微微睁眼，看见贾母在她旁边，便喘吁吁的说道："老太太，你白疼了我了！"贾母一闻此言，十分难受，便道："好孩子，你养着罢，不怕的！"黛玉微微一笑，把眼又闭上了。外面丫头进来回凤姐道："大夫来了。"于是大家略避。王大夫同着贾琏进来，诊了脉，说道："尚不妨事。这是鬱气伤肝，肝不藏血，所以神气不定。如今要用敛阴止血的药，方可望好。"王大夫说完，同着贾琏出去开方取药去了。

贾母看黛玉神气不好，便出来告诉凤姐等道："我看这孩子的病，不是我咒她，只怕难好。你们也该替她预备预备，冲一冲。或者好了，岂不是大家省心？就是怎么样，也不至临时忙乱。咱们家里这两天正有事呢。"凤姐儿答应了。贾母又问了紫鹃一回，到底不知是那个说的。贾母心里只是纳闷，因说："孩子们从小儿在一处儿玩，好些是有的。如今大了，懂的人事，就该要分别些，才是做女孩儿的本分，我才心里疼她。若是她心里有别的想头，成了什么人了呢！我可是白疼了她了。你们说了，我倒有些不放心。"因回到房中，又叫袭人来问。袭人仍将前日回王夫人的话并方才黛玉的光景述了一遍。贾母道："我方才看她却还不至糊涂，这个理我就不明白了。咱们这种人家，别的事自然没有的，这心病也是断断有不得的。林丫头若不是这个病呢，我凭着花多少钱都使得；若是这个病，不但治不好，我也没心肠了。"凤姐道："林妹妹的事，老太太倒不必挂心，横竖有她二哥哥天天同着大夫瞧看。倒是姑妈那边的事要紧。今日早起，听见说，房子不差什么就妥当了。竟是老太太、太太到姑妈那边，我也跟了去，商量商量。就只一件，姑妈家里有宝妹妹在那里，难以说话，不如索性请姑妈晚上过来，咱们一夜都说结了，就好办了。"贾母、王夫人都道："你说的是。今日晚了，明日饭后，咱们娘儿们就过去。"说着，贾母用了晚饭。凤姐同王夫人各自归房。不提。

且说次日凤姐吃了早饭过来，便要试试宝玉，走进里间说道："宝兄弟大喜！老爷已择了吉日，要给你娶亲了。你喜欢不喜欢？"宝玉听了，只管瞅着凤姐笑，微微的点点头儿。凤姐笑道："给你娶林妹妹过来，好不好？"宝玉却大笑起来。凤姐看着，也断不透他是明白是糊涂，因又问道："老爷说，你好了才给你娶林妹妹呢；若还是这么傻，便不给你娶了。"宝玉忽然正色道："我不傻，你才傻呢。"说着，便站起来说："我去瞧瞧林妹妹，叫她放心。"凤姐忙扶住了，说："林妹妹早知道了。她如今要做新媳妇了，自然害羞，不肯见你的。"宝玉道："娶过来，她到底是见我不见？"凤姐又好笑，又着忙，心里想："袭人的话不差。提了林妹妹，虽说仍旧说些疯话，却觉得明白些。若真明白了，将来不是林妹妹，打破了这个灯虎儿，那饥荒才难打呢！"便忍笑说道："你好好儿的便见你，若是疯疯颠颠的，她就不见你了。"宝玉说道："我有一个心，前儿已交给林妹妹了。她要过来，横竖给我带来，还放在我肚子里头。"凤姐听着竟是疯话，便出来看着贾母笑。贾母听了，又是笑，又是疼，便说道："我早听见了。如今且不用理他，叫袭人好好的安慰他。咱们走罢。"

说着，王夫人也来。大家到了薛姨妈那里，只说惦记着这边的事，来瞧瞧。薛姨妈感激不尽，说些薛蟠的话。喝了茶，薛姨妈才要人告诉宝钗，凤姐连忙拦住，说："姑妈不必告诉宝妹妹。"又向薛姨妈陪笑说道："老太太此来，一则为瞧姑妈，二则也有句要紧的话，特请姑妈到那边商议。"薛姨妈听了，点点头儿说："是了。"于是大家又说些闲话，便回来了。

当晚，薛姨妈果然过来，见过了贾母，到王夫人屋里来，不免说起王子腾来，大家落了一回泪。薛姨妈便问道："刚才我到老太太那里，宝哥儿出来请安，还好好儿的，不过略瘦些，怎么你们说得很利害？"凤姐便道："其实也不怎么样，只是老太太悬心。目今老爷又要起身外任去，不知几年才来。老太太的意思，头一件叫老爷看着宝兄弟成了家，也放心；二则也给宝兄弟冲冲喜，借大妹妹的金琐压压邪气，只怕就好了。"薛姨妈心里也愿意，只虑着宝钗委屈，便道："也使得，只是大家还要从长计较计较才好。"王夫人便按着凤姐的话和薛姨妈说，只说："姨太太这会子家里没人，不如把装奁一概蠲免。明日就打发蝌儿去告诉蟠儿，一面这里过门，一面给他变法儿撕掳官事。"并不提宝玉的心事。又说："姨太太既作了亲，娶过来，早早好一天，大家早放一天心。"正说着，只见贾母差鸳鸯过来候信。薛姨妈虽恐宝钗委屈，然也没法儿，又见这般光景，只得满口应承。鸳鸯回去回了贾母。贾母也甚喜欢，又叫鸳鸯过来求薛姨妈和宝钗说明原故，不叫她受委屈。薛姨妈也答应了，便议定凤姐夫妇作媒人。大家散了。王夫人姊妹不免又叙了半夜话儿。

次日，薛姨妈回家，将这边的话细细的告诉了宝钗，还说："我已经应承了。"宝钗始则低头不语，后来便自垂泪。薛姨妈用好言劝慰，解释了好些话。宝钗自回房内，宝琴随去解闷。薛姨妈才告诉了薛蝌，叫他："明日起身，一则打听审详的事，二则告诉你哥哥一个信儿。你即便回来。"

薛蝌去了四日，便回来回复薛姨妈道："哥哥的事，上司已经准了误杀，一过堂就要题本了，叫咱们预备赎罪的银子。妹妹的事，说：'妈妈做主很好的。赶着办又省了好些银子，叫妈妈不用等我，该怎么着就怎么办罢。'"薛姨妈听了，一则薛蟠可以回家，二则完了宝钗的事，心里安放了好些。便是看着宝钗心里好像不愿意似的，"虽是这样，她是女儿家，素来也孝顺守礼的人，知我应了，她也没得说的。"便叫薛蝌："办泥金庚帖，填上八字，即叫人送到琏二爷那边去，还问了过礼的日子来，你好预备。本来咱们不惊动亲友，哥哥的朋友，是你说的，都是混帐人；亲戚呢，就是贾、王两家，如今贾家是男家，王家无人在京里。史姑娘放定的事，她家没有请咱们，咱们也不用通知。倒是把张德辉请了来，托他照料些，他上几岁年纪的人，到底懂事。"薛蝌领命，叫人送帖过去。

次日，贾琏过来见了薛姨妈，请了安，便说："明日就是上好的日子，今日过来回姨太太，就是明日过礼罢。只求姨太太不要挑饬就是了。"说着，捧过通书来。薛姨妈也谦逊了几句，点头应允。贾琏赶着回去，回明贾政。贾政便道："你回老太太说，既不叫亲友们知道，诸事宁可简便些。若是东西上，请老太太瞧了就是了，不必告诉我。"贾琏答应，进内将话回明贾母。

这里王夫人叫了凤姐命人将过礼的物件都送与贾母过目，并叫袭人告诉宝玉。那宝玉又嘻嘻的笑道："这里送到园里，回来园里又送到这里。咱们的人送，咱们的人收，何苦来呢？"贾母、王夫人听了，都喜欢道："说他糊涂，他今日怎么这么明白呢？"鸳鸯等忍不住好笑，只得上来一件一件的点明给贾母瞧，说："这是金项圈，这是金珠首饰，共八十件。这是妆蟒四十匹。这是各色绸缎一百二十匹。这是四季的衣服，共一百二十件。外面也没有预备羊酒，这是折羊酒的银子。"贾母看了，都说好，轻轻的与凤姐说道："你去告诉姨太太说：不是虚礼，求姨太太等蟠儿出来，慢慢的叫人给他妹妹做来就是了。那好日子的被褥，还是咱们这里代办了罢。"凤姐答应了出来，叫贾琏先过去，又叫周瑞、旺儿等，吩咐他们："不必走大门，只从园里从前开的便门内送去，我也就过去。这门离潇湘馆还远，倘别处的人见了，嘱咐他们不用在潇湘馆里提起。"众人答应着，送礼而去。宝玉认以为真，心里大乐，精神便觉得好些，只是语言总有些疯傻。那过礼的回来，都不提名说姓，因此上下人等虽都知道，只因凤姐吩咐，都不敢走漏风声。

且说黛玉虽然服药，这病日重一日。紫鹃等在旁苦劝，说道："事情到了这个分儿，不得不说了。姑娘的心事，我们也都知道。至于意外之事，是再没有的。姑娘不信，只拿宝玉的身子说起，这样大病，怎么做得亲呢？姑娘别听瞎话，自己安心保重才好。"黛玉微笑一笑，也不答言，又咳嗽数声，吐出好些血来。紫鹃等看去，只有一息奄奄，明知劝不过来，惟有守着流泪，天天三四趟去告诉贾母。鸳鸯测度贾母近日比前疼黛玉的心差了些，所以不常去回。况贾母这几日的心都在宝钗、宝玉身上，不见黛玉的信儿，也不大提起，只请太医调治罢了。

黛玉向来病着，自贾母起，直到姊妹们的下人，常来问候。今见贾府中上下人等都不过来，连一个问的人都没有，睁开眼，只有紫鹃一人。自料万无生理，因扎挣着向紫鹃说道："妹妹，你是我最知心的，虽是老太太派你服侍我这几年，我拿你就当作我的亲妹妹。"说到这里，气又接不上来。紫鹃听了，一阵心酸，早哭得说不出话来。迟了半日，黛玉又一面喘，一面说道："紫鹃妹妹，我躺着不受用，你扶起我来靠着坐坐才好。"紫鹃道："姑娘的身上不大好，起来又要抖搂着了。"黛玉听了，闭上眼不言语了。一时，又要起来，紫鹃没法，只得同雪雁把她扶起，两边用软枕靠住，自己却倚在旁边。

黛玉那里坐得住，下身自觉硌的疼，狠命的撑着。叫过雪雁来道："我的诗本子——"说着，又喘。雪雁料是要她前日所理的诗稿，因找来送到黛玉跟前。黛玉点点头儿，又抬眼看那箱子。雪雁不解，只是发怔。黛玉气的两眼直瞪，又咳嗽起来，又吐了一口血。雪雁连忙回身取了水来，黛玉漱了，吐在盒内。紫鹃用绢子给她拭了嘴。黛玉便拿那绢子指着箱子，又喘成一处，说不上来，闭了眼。紫鹃道："姑娘歪歪儿罢。"黛玉又摇摇头儿。紫鹃料是要绢子，便叫雪雁开箱，拿出一块白绫绢子来。黛玉瞧了，撂在一边，使劲说道："有字的！"紫鹃这才明白过来，要那块题诗的旧帕，只得叫雪雁拿出来，递给黛玉。紫鹃劝道："姑娘歇歇罢，何苦又劳神，等好了再瞧罢。"只见黛玉接到手里，也不瞧诗，扎挣着伸出那隻手来，狠命的撕那绢子，却是只有打颤的份儿，那里撕得动。紫鹃早已知她是恨宝玉，却也不敢说破，只说："姑娘何苦自己又生气！"黛玉点点头儿，掖在袖里，便叫雪雁点灯。雪雁答应，连忙点上灯来。

黛玉瞧瞧，又闭了眼坐着，喘了一会子，又道："笼上火盆。"紫鹃打量她冷。因说道："姑娘躺下，多盖一件罢。那炭气只怕耽不住。"黛玉又摇头儿。雪雁只得笼上，搁在地下火盆架上。黛玉点头，意思叫挪到炕上来。雪雁只得端上来，出去拿那张火盆炕桌。那黛玉却又把身子欠起，紫鹃只得两隻手来扶着她。黛玉这才将方才的绢子拿在手中，瞅着那火，点点头儿，往上一撂。紫鹃唬了一跳，欲要抢时，两隻手却不敢动。雪雁又出去拿火盆桌子，此时那绢子已经烧着了。紫鹃劝道："姑娘，这是怎么说呢？"黛玉只作不闻，回手又把那诗稿拿起来，瞧了瞧，又撂下了。紫鹃怕她也要烧，连忙将身倚住黛玉，腾出手来拿时，黛玉又早拾起，撂在火上。此时紫鹃却够不着，干急。雪雁正拿进桌子来，看见黛玉一撂，不知何物，赶忙抢时，那纸沾火就着，如何能够少待，早已烘烘的着了。雪雁也顾不得烧手，从火里抓起来，撂在地下乱踩，却已烧得所余无几了。那黛玉把眼一闭，往后一仰，几乎不曾把紫鹃压倒。紫鹃连忙叫雪雁上来，将黛玉扶着放倒，心里突突的乱跳。欲要叫人时，天又晚了；欲不叫人时，自己同着雪雁和鹦哥等几个小丫头，又怕一时有什么原故。好容易熬了一夜。

到了次日早起，觉黛玉又缓过一点儿来。饭后，忽然又嗽又吐，又紧起来。紫鹃看着不祥了，连忙将雪雁等都叫进来看守，自己却来回贾母。那知到了贾母上房，静悄悄的，只有两三个老妈妈和几个做粗活的丫头在那里看屋子呢。紫鹃因问道："老太太呢？"那些人都说不知道。紫鹃听这话诧异，遂到宝玉屋里去看，竟也无人。遂问屋里的丫头，也说不知。紫鹃已知八九，"但这些人怎么竟这样狠毒冷淡！"又想到黛玉这几天竟连一个人问的也没有，越想越悲，索性激起一腔闷气来，一扭身，便出来了。自己想了一想，"今日倒要看看宝玉是何形状！看他见了我怎么样过的去！那一年我说了一句谎话，他就急病了。今日竟公然做出这件事来！可知天下男子之心真真是冰寒雪冷，令人切齿的！"一面走，一面想，早已来到怡红院。只见院门虚掩，里面却又寂静的很。紫鹃忽然想到："他要娶亲，自然是有新屋子的，但不知他这新屋子在何处？"

正在那里徘徊瞻顾，看见墨雨飞跑，紫鹃便叫住他。墨雨过来笑嘻嘻的道："姐姐在这里做什么？"紫鹃道："我听见宝二爷娶亲，我要来看看热闹儿，谁知不在这里，也不知是几儿？"墨雨悄悄的道："我这话只告诉姐姐，你可别告诉雪雁她们。上头吩咐了，连你们都不叫知道呢。就是今日夜里娶，那里是在这里！老爷派琏二爷另收拾了房子了。"说着，又问："姐姐有什么事么？"紫鹃道："没什么事，你去罢。"墨雨仍旧飞跑去了。紫鹃自己也发了一回呆，忽然想起黛玉来，这时候还不知是死是活。因两泪汪汪，咬着牙，发狠道："宝玉！我看她明儿死了，你算是躲的过不见了。你过了你那如心如意的事儿，拿什么脸来见我！”一面哭，一面走，呜呜咽咽的自回去了。

还未到潇湘馆，只见两个小丫头在门里往外探头探脑的，一眼看见紫鹃，那一个便嚷道：“那不是紫鹃姐姐来了吗？”紫鹃知道不好了，连忙摆手儿不叫嚷，赶忙进去看时，只见黛玉肝火上炎，两颧红赤。紫鹃觉得不妥，叫了黛玉的奶妈王奶奶来，一看，她便大哭起来。这紫鹃因王奶妈有些年纪，可以仗个胆儿，谁知竟是个没主意的人，反倒把紫鹃弄得心里七上八下。忽然想起一个人来，便命小丫头急忙去请。你道是谁？原来紫鹃想起李宫裁是个孀居，今日宝玉结亲，她自然回避。况且园中诸事，向係李纨料理，所以打发人去请她。

李纨正在那里给贾兰改诗，冒冒失失的见一个丫头进来回说：“大奶奶，只怕林姑娘好不了，那里都哭呢！”李纨听了，吓了一大跳，也来不及问了，连忙站起身来便走，素云、碧月跟着，一头走着，一头落泪，想着：“姐妹在一处一场，更兼她那容貌才情，真是寡二少双，惟有青女、素娥可以彷彿一二，竟这样小小的年纪就作了北邙乡女！偏偏凤姐想出一条偷梁换柱之计，自己也不好过潇湘馆来，竟未能少尽姊妹之情。真真可怜可叹！”一头想着，已走到潇湘馆的门口。里面却又寂然无声，李纨倒着起忙来：“想来必是已死，都哭过了。那衣衾未知装裹妥当了没有？”连忙三步两步走进屋子来。

里间门口一个小丫头已经看见，便说：“大奶奶来了。”紫鹃忙往外走，和李纨走了个对脸。李纨忙问：“怎么样？”紫鹃欲说话时，惟有喉中哽咽的分儿，却一字说不出，那眼泪一似断线珍珠一般，只将一隻手回过去指着黛玉。李纨看了紫鹃这般光景，更觉心酸，也不再问，连忙走过来看时，那黛玉已不能言。李纨轻轻叫了两声，黛玉却还微微的开眼，似有知识之状，但只眼皮嘴唇微有动意，口内尚有出入之息，却要一句话、一点泪，也没有了。

李纨回身，见紫鹃不在跟前，便问雪雁。雪雁道：“她在外头屋里呢。”李纨连忙出来，只见紫鹃在外间空床上躺着，颜色青黄，闭了眼，只管流泪，那鼻涕眼泪把一个砌花锦边的褥子已湿了碗大的一片。李纨连忙唤她，那紫鹃才慢慢的睁开眼，欠起身来。李纨道：“傻丫头！这是什么时候，且只顾哭你的！林姑娘的衣衾，还不拿出来给她换上，还等多早晚呢？难道她个女孩儿家，你还叫她赤身露体，精着来，光着去吗？”紫鹃听了这句话，一发止不住痛哭起来。李纨一面也哭，一面着急，一面拭泪，一面拍着紫鹃的肩膀说：“好孩子，你把我的心都哭乱了，快着收拾她的东西罢，再迟一会子就了不得了。”

正闹着，外边一个人慌慌张张跑进来，倒把李纨唬了一跳。看时，却是平儿，跑进来，看见这样，只是呆磕磕的发怔。李纨道：“你这会子不在那边，做什么来了？”说着，林之孝家的也进来了。平儿道：“奶奶不放心，叫来瞧瞧。既有大奶奶在这里，我们奶奶就只顾那一头儿了。”李纨点点头儿。平儿道：“我也见见林姑娘。”说着，一面往里走，一面早已流下泪来。这里李纨因和林之孝家的道：“你来的正好，快出去瞧瞧去，告诉管事的预备林姑娘的后事。妥当了，叫他来回我，不用到那边去。”林之孝家的答应了，还站着。李纨道：“还有什么话呢？”林之孝家的道：“刚才二奶奶和老太太商量了，那边用紫鹃姑娘使唤使唤呢。”李纨还未答言，只见紫鹃道：“林奶奶，你先请罢！等着人死了，我们自然是出去的，那里用这么……”说到这里，却又不好说了，因又改说道：“况且我们在这里守着病人，身上也不洁淨。林姑娘还有气儿呢，不时的叫我。”李纨在旁解说道：“当真这林姑娘和这丫头也是前世的缘法儿。倒是雪雁是她南边带来的，她倒不理会。惟有紫鹃，我看她两个一时也离不开。”林之孝家的头里听了紫鹃的话，未免不受用，被李纨这番一说，却也没的说，又见紫鹃哭得泪人一般，只好瞅着她微微的笑，因又说道：“紫鹃姑娘这些闲话倒不要紧，只是她却说得，我可怎么回老太太呢？况且这话是告诉得二奶奶的吗？”

正说着，平儿擦着眼泪出来道：“告诉二奶奶什么事？”林之孝家的将方才的话说了一遍。平儿低了一回头，说：“这么着罢，就叫雪姑娘去罢。”李纨道：“她使得吗？”平儿走到李纨耳边说了几句，李纨点点头儿道：“既是这么着，就叫雪雁过去也是一样的。”林之孝家的因问平儿道：“雪姑娘使得吗？”平儿道：“使得，都是一样。”林家的道：“那么，姑娘就快叫雪姑娘跟了我去。我先去回了老太太和二奶奶去。这可是大奶奶和姑娘的主意，回来姑娘再各自回二奶奶去。”李纨道：“是了。你这么大年纪，连这么点子事还不耽呢！”林家的笑道：“不是不耽，头一宗，这件事老太太和二奶奶办的，我们都不能很明白；再者，又有大奶奶和平姑娘呢。”说着，平儿已叫了雪雁出来。原来雪雁因这几日嫌她小孩子家懂得什么，便也把心冷澹了；况且听是老太太和二奶奶叫，也不敢不去，连忙收拾了头。平儿叫她换了新鲜衣服，跟着林家的去了。随后平儿又和李纨说了几句话。李纨又嘱咐平儿打那么催着林之孝家的叫她男人快办了来。平儿答应着出来，转了个弯子，看见林家的带着雪雁在前头走呢，赶忙叫住道：“我带了她去罢，你先告诉林大爷办林姑娘的东西去罢。奶奶那里我替回就是了。”那林家的答应着去了。这里平儿带了雪雁到了新房子里，回明了，自去办事。

却说雪雁看见这般光景，想起她家姑娘，也未免伤心，只是在贾母、凤姐跟前不敢露出。因又想道：“也不知用我作什么？我且瞧瞧。宝玉一日家和我们姑娘好的蜜里调油，这时候总不见面了，也不知是真病假病。怕我们姑娘不依，他假说丢了玉，装出傻子样儿来，叫我们姑娘寒了心，他好娶宝姑娘的意思。我看看他去，看他见了我傻不傻。莫不成今儿还装傻么！”一面想着，已熘到里间屋子门口，偷偷儿的瞧。这时宝玉虽因失玉昏愦，但只听见娶了黛玉为妻，真乃是从古至今、天上人间、第一件畅心满意的事了，那身子顿觉健旺起来，只不过不似从前那般灵透，——所以凤姐的妙计，百发百中，——巴不得即见黛玉。盼到今日完姻，真乐得手舞足蹈，虽有几句傻话，却与病时光景大相悬绝了。雪雁看了，又是生气，又是伤心。她那里晓得宝玉的心事，便各自走开。

这里宝玉便叫袭人快快给他装新，坐在王夫人屋里，看见凤姐、尤氏忙忙碌碌，再盼不到吉时，只管问袭人道：“林妹妹打园里来，为什么这么费事，还不来？”袭人忍着笑道：“等好时辰就来。”又听见凤姐与王夫人道：“虽然有服，外头不用鼓乐，咱们南边规矩要拜堂的，冷清清使不得。我传了家内学过音乐、管过戏子的那些女人来吹打，热闹些。”王夫人点头说：“使得。”

一时，大轿从大门进来，家里细乐迎出去，十二对宫灯排着进来，倒也新鲜雅致。傧相请了新人出轿。宝玉见新人蒙着盖头，喜娘披着红，扶着。下首扶新人的，你道是谁？原来就是雪雁。宝玉看见雪雁，犹想：“因何紫鹃不来，倒是她呢？”又想道：“是了，雪雁原是她南边家里带来的，紫鹃仍是我们家的，自然不必带来。”因此，见了雪雁竟如见了黛玉的一般欢喜。傧相赞礼，拜了天地。请出贾母受了四拜，后请贾政夫妇登堂行礼毕，送入洞房。还有坐床撒帐等事，俱是按金陵旧例。贾政原为贾母作主，不敢违拗，不信冲喜之说。那知今日宝玉居然像个好人一般，贾政见了，倒也喜欢。

那新人坐了床，便要揭起盖头的，凤姐早已防备，故请贾母、王夫人等进去照应。宝玉此时到底有些傻气，便走到新人跟前说道：“妹妹身上好了？好些天不见了，盖这劳什子做什么？”欲待要揭去，反把贾母急出一身冷汗来。宝玉又转念一想道：“林妹妹是爱生气的，不可造次。”又歇了一歇，仍是按捺不住，只得上前揭了。喜娘接去盖头。雪雁走开，莺儿等上来伺候。宝玉睁眼一看，好像宝钗，心里不信，自己一手持灯，一手擦眼，一看，可不是宝钗么！只见她盛妆艳服，丰肩陕体，鬟低鬓弹，眼瞬息微。真是荷粉露垂，杏花烟润了。宝玉发了一回怔，又见莺儿立在旁边，不见了雪雁。宝玉此时心无主意，自己反以为是梦中了，呆呆的只管站着。众人接过灯去，扶了宝玉，仍旧坐下，两眼直视，半语全无。贾母恐他病发，亲自扶他上床。凤姐、尤氏请了宝钗进入里间床上坐下，宝钗此时自然是低头不语。

宝玉定了一回神，见贾母、王夫人坐在那边，便轻轻的叫袭人道："我是在那里呢？这不是做梦么？"袭人道："你今日好日子，什么梦不梦的混说！老爷可在外头呢。"宝玉悄悄儿的拿手指着道："坐在那里这一位美人儿是谁？"袭人握了自己的嘴，笑的说不出话来，歇了半日才说道："是新娶的二奶奶。"众人也都回过头去，忍不住的笑。宝玉又道："好煳涂！你说，二奶奶到底是谁？"袭人道："宝姑娘。"宝玉道："林姑娘呢？"袭人道："老爷作主娶的是宝姑娘，怎么混说起林姑娘来？"宝玉道："我才刚看见林姑娘了么，还有雪雁呢，怎么说没有。你们这都是做什么玩呢？"凤姐便走上来，轻轻的说道："宝姑娘在屋里坐着呢，别混说，回来得罪了她，老太太不依的。"宝玉听了，这会子煳涂更利害了。本来原有昏愦的病，加以今夜神出鬼没，更叫他不得主意，便也不顾别的了，口口声声只要找林妹妹去。贾母等上前安慰，无奈他只是不懂。又有宝钗在内，又不好明说。知宝玉旧病复发，也不讲明，只得满屋里点起安息香来，定住他的神魂，扶他睡下。众人鸦雀无闻，停了片时。宝玉便昏沉睡去，贾母等才得略略放心，只好坐以待旦，叫凤姐去请宝钗安歇。宝钗置若罔闻，也便和衣在内暂歇。贾政在外，未知内里原由，只就方才眼见的光景想来，心下倒宽了。恰是明日就是起程的吉日，略歇了一歇，众人贺喜送行。贾母见宝玉睡着，也回房去暂歇。

次早，贾政辞了宗祠，过来拜别贾母，禀称："不孝远离，惟愿老太太顺时颐养。儿子一到任所，即修禀请安，不必挂念。宝玉的事，已经依了老太太完结，只求老太太训诲。"贾母恐贾政在路不放心，并不将宝玉复病的话说起，只说："我有一句话，宝玉昨夜完姻，并不是同房。今日你起身，必该叫他远送才是。他因病冲喜，如今才好些，又是昨日一天劳乏，出来恐怕着了风。故此问你：你叫他送呢，我即刻去叫他；你若疼他，我就叫人带了他来，你见见，叫他给你磕头就算了。"贾政道："叫他送什么？只要他从此以后认真念书，比送我还喜欢呢。"贾母听了，又放了一条心，便叫贾政坐着，叫鸳鸯去，如此如此，带了宝玉，叫袭人跟着来。鸳鸯去了不多一会，果然宝玉来了，仍是叫他行礼。宝玉见了父亲，神志略敛些，片时清楚，也没什么大差。贾政吩咐了几句，宝玉答应了。贾政叫人扶他回去了，自己回到王夫人房中，又切实的叫王夫人管教儿子，"断不可如前娇纵。明年乡试，务必叫他下场。"王夫人一一的听了，也没提起别的，即忙命人扶了宝钗过来，行了新妇送行之礼，也不出房。其余内眷俱送至二门而回。贾珍等也受了一番训饬。大家举酒送行，一班子弟及晚辈亲友直送至十里长亭而别。

不言贾政起程赴任。且说宝玉回来，旧病陡发，更加昏愦，连饮食也不能进了。未知性命如何，下回分解。

第 98 回 苦绛珠魂归离恨天 病神瑛泪洒相思地

话说宝玉见了贾政，回至房中，更觉头昏脑闷，懒待动弹，连饭也没吃，便昏沉睡去。仍旧延医诊治，服药不效，索性连人也认不明白了。大家扶着他坐起来，还是像个好人。一连闹了几天。那日恰是回九之期，若不过去，薛姨妈脸上过不去；若说去呢，宝玉这般光景。贾母明知是为黛玉而起，欲要告诉明白，又恐气急生变；宝钗是新媳妇，又难劝慰，必得姨妈过来才好；若不回九，姨妈嗔怪。便与王夫人、凤姐商议道："我看宝玉竟是魂不守舍。起动是不怕的。用两乘小轿，叫人扶着，从园里过去，应了回九的吉期，以后请姨妈过来安慰宝钗，咱们一心一意的调治宝玉，可不两全？"王夫人答应了，即刻预备。幸亏宝钗是新媳妇，宝玉是个疯傻的，由人掇弄过去了。宝钗也明知其事，心里只怨母亲办得煳涂，事已至此，不肯多言。独有薛姨妈看见宝玉这般光景，心里懊悔，只得草草完事。

到家，宝玉越加沉重，次日连起坐都不能了。日重一日，甚至汤水不进，薛姨妈等忙了手脚，各处遍请名医，皆不识病源。只有城外破寺中住着个穷医，姓毕别号知庵的，诊得病源是悲喜激射，冷暖失调，饮食失时，忧忿滞中，正气壅闭：此内伤外感之症。于是度量用药，至晚服了，二更后，果然省些人事，便要水喝。贾母、王夫人等才放了心，请了薛姨妈带了宝钗，都到贾母那里，暂且歇息。

宝玉片时清楚，自料难保，见诸人散后，房中只有袭人，因唤袭人至跟前，拉着手哭道："我问你，宝姐姐怎么来的？我记得老爷给我娶了林妹妹过来，怎么被宝姐姐赶了去了？她为什么霸占住在这里？我要说呢，又恐怕得罪了她。你们听见林妹妹哭得怎么样了？"袭人不敢明说，只得说道："林姑娘病着呢。"宝玉又道："我瞧瞧她去。"说着，要起来。岂知连日饮食不进，身子那能动转，便哭道："我要死了！我有一句心里的话，只求你回明老太太：横竖林妹妹也是要死的，我如今也不能保，两处两个病人都要死的。死了越发难张罗，不如腾一处空房子，趁早将我同林妹妹两个抬在那里，活着也好一处医治、服侍，死了也好一处停放。你依我这话，不枉了几年的情分。"袭人听了这些话，便哭的哽嗓气噎。

宝钗恰好同了莺儿过来，也听见了，便说道："你放着病不保养，何苦说这些不吉利的话！老太太才安慰了些，你又生出事来。老太太一生疼你一个，如今八十多岁的人了，虽不图你的封诰，将来你成了人，老太太也看着乐一天，也不枉了老人家的苦心。太太更是不必说了，一生的心血精神，抚养了你这一个儿子，若是半途死了，太太将来怎么样呢？我虽是命薄，也不至于此。据此三件看来，你便要死，那天也不容你死的，所以你是不得死的。只管安稳着，养个四五天后，风邪散了，太和正气一足，自然这些邪病都没有了。"宝玉听了，竟是无言可答，半晌，方才嘻嘻的笑道："你是好些时不和我说话了，这会子说这些大道理的话给谁听？"宝钗听了这话，便又说道："实告诉你说罢，那两日你不知人事的时候，林妹妹已经亡故了。"宝玉忽然坐起来，大声诧异道："果真死了吗？"宝钗道："果真死了。岂有红口白舌咒人死的呢！老太太、太太知道你姊妹和睦，你听见她死了，自然你也要死，所以不肯告诉你！"

宝玉听了，不禁放声大哭，倒在床上，忽然眼前漆黑，辨不出方向，心中正自恍惚，只见眼前好像有人走来。宝玉茫然问道："借问此是何处？"那人道："此阴司泉路。你寿未终，何故至此？"宝玉道："适闻有一故人已死，遂寻访至此，不觉迷途。"那人道："故人是谁？"宝玉道："姑苏林黛玉。"那人冷笑道："林黛玉生不同人，死不同鬼，无魂无魄，何处寻访？凡人魂魄，聚而成形，散而为气，生前聚之，死则散焉。常人尚无可寻访，何况林黛玉呢？汝快回去罢。"宝玉听了，呆了半晌，道："既云死者散也，又如何有这个阴司呢？"那人冷笑道："那阴司说有便有，说无就无。皆为世俗溺于生死之说，设言以警世，便道上天深怒愚人，或不守分安常，或生禄未终，自行夭折；或嗜淫欲，尚气逞凶，无故自陨者，特设此地狱，囚其魂魄，受无边的苦，以偿生前之罪。汝寻黛玉，是无故自陷也。且黛玉已归太虚幻境，汝若有心寻访，潜心修养，自然有时相见。如不安生，即以自行夭折之罪，囚禁阴司，除父母外，欲图一见黛玉，终不能矣。"那人说毕，袖中取出一石，向宝玉心口掷来。宝玉听了这话，又被这石子打着心窝，吓的即欲回家，只恨迷了道路。正在踌躇，忽听那边有人唤他。回首看时，不是别人，正是贾母、王夫人、宝钗、袭人等围绕哭泣叫着。自己仍旧躺在床上。见案上红灯，窗前皓月，依然锦绣丛中，繁华世界。定神一想，原来竟是一场大梦。浑身冷汗，觉得心内清爽。仔细一想，真正无可奈何，不过长叹数声而已。

宝钗早知黛玉已死，因贾母等不许众人告诉宝玉知道，恐添病难治。自己却深知宝玉之病实因黛玉而起，失玉次之，故趁势说明，使其一痛决绝，神魂归一，庶可疗治。贾母、王夫人等不知宝钗的用意，深怪她造次。后来见宝玉醒了过来，方才放心。立即到外书房请了毕大夫进来诊视。那大夫进来诊了脉，便道："奇怪！这回脉气沉静，神安鬱散，明日进调理的药，就可以望好了。"说着出去。众人各自安心散去。

袭人起初深怨宝钗不该告诉，惟是口中不好说出。莺儿背地也说宝钗道："姑娘忒性急了。"宝钗道："你知道什么！好歹横竖有我呢。"那宝钗任人诽谤，并不介意，只窥察宝玉心病，暗下针砭。一日，宝玉渐觉神志安定，虽一时想起黛玉，尚有煳涂。更有袭人缓缓的将"老爷选定的宝姑娘为人和厚，嫌林姑娘秉性古怪，原恐早夭。老太太恐你不知好歹，病中着急，所以叫雪雁过来哄你"的话，时常劝解。宝玉终是心酸落泪。欲待寻死，又想着梦中之言，又恐老太太、太太生气，又不能撩开。又想黛玉已死，宝钗又是第一等人物，方信金石姻缘有定，自己也解了好些。宝钗看来不妨大事，于是自己心也安了，只在贾母王、夫人等前尽行过家庭之礼后，便设法以释宝玉之忧。宝玉虽不能时常坐起，亦常见宝钗坐在床前，禁不住生来旧病。宝钗每以正言劝解，以"养身要紧，你我既为夫妇，岂在一时"之语安慰他。那宝玉心里虽不顺遂，无奈日里贾母、王夫人及薛姨妈等轮流相伴，夜间宝钗独去安寝，贾母又派人服侍，只得安心静养。又见宝钗举动温柔，也就渐渐的将爱慕黛玉的心肠略移在宝钗身上。此是后话。

却说宝玉成家的那一日，黛玉白日已昏晕过去，却心头口中一丝微气不断，把个李纨和紫鹃哭的死去活来。到了晚间，黛玉却又缓过来了，微微睁开眼，似有要水要汤的光景。此时雪雁已去，只有紫鹃和李纨在旁。紫鹃便端了一盏桂圆汤和的梨汁，用小银匙灌了两三匙。黛玉闭着眼，静养了一会子，觉得心里似明似暗的。此时李纨见黛玉略缓，明知是迴光反照的光景，却料着还有一半天耐头，自己回到稻香村，料理了一回事情。

这里黛玉睁开眼一看，只有紫鹃和奶妈并几个小丫头在那里，便一手攥了紫鹃的手，使着劲说道："我是不中用的人了！你服侍我几年，我原指望咱们两个总在一处，不想我……。说着，又喘了一会子，闭了眼歇着。紫鹃见她攥着不肯鬆手，自己也不敢挪动，看她的光景比早半天好些，只当还可以回转，听了这话，又寒了半截。半天，黛玉又说道："妹妹，我这里并没亲人，我的身子是干淨的，你好歹叫他们送我回去。"说到这里，又闭了眼不言语了。那手却渐渐紧了，喘成一处，只是出气大，入气小，已经促疾的很了。

紫鹃忙了，连忙叫人请李纨，可巧探春来了。紫鹃见了，忙悄悄的说道："三姑娘，瞧瞧林姑娘罢！"说着，泪如雨下。探春过来，摸了摸黛玉的手，已经凉了，连目光也都散了。探春、紫鹃正哭着叫人端水来给黛玉擦洗，李纨赶忙进来了。三个人才见了，不及说话。刚擦着，勐听黛玉直声叫道："宝玉，宝玉！你好……"说到"好"字，便浑身冷汗，不作声了。紫鹃等急忙扶住，那汗愈出，身子便渐渐的冷了。探春、李纨叫人乱着拢头穿衣，只见黛玉两眼一翻，呜呼！

香魂一缕随风散，愁绪三更入梦遥！

当时黛玉气绝，正是宝玉娶宝钗的这个时辰。紫鹃等都大哭起来。李纨、探春想她素日的可疼，今日更加可怜，也便伤心痛哭。因潇湘馆离新房子甚远，所以那边并没听见。一时，大家痛哭了一阵，只听得远远一阵音乐之声，侧耳一听，却又没有了。探春、李纨走出院外再听时，惟有竹梢风动，月影移牆，好不凄凉冷澹！一时叫了林之孝家的过来，将黛玉停放毕，派人看守，等明早去回凤姐。

凤姐因见贾母、王夫人等忙乱，贾政起身，又为宝玉惛愦更甚，正在着急异常之时，若是又将黛玉的凶信一回，恐贾母、王夫人愁苦交加，急出病来，只得亲自到园。到了潇湘馆内，也不免哭了一场。见了李纨、探春，知道诸事齐备，便说："很好。只是刚才你们为什么不言语，叫我着急？"探春道："刚才送老爷，怎么说呢。"凤姐道："还倒是你们两个可怜她些。这么着，我还得那边去招呼那个冤家呢。但是这件事好累坠，若是今日不回，使不得，若回了，恐怕老太太搁不住。"李纨道："你去见机行事，得回再回方好。"凤姐点头，忙忙的去了。

凤姐到了宝玉那里，听见大夫说不妨事，贾母、王夫人略觉放心，凤姐便背了宝玉，缓缓的将黛玉的事回明了。贾母、王夫人听得，都唬了一大跳。贾母眼泪交流，说道："是我弄坏了她了。但只是这个丫头也忒傻气！"说着，便要到园里去哭她一场，又惦记着宝玉，两头难顾。王夫人等含悲共劝贾母："不必过去，老太太身子要紧。"贾母无奈，只得叫王夫人自去。又说："你替我告诉她的阴灵：'并不是我忍心不来送你，只为有个亲疏。你是我的外孙女儿，是亲的了；若与宝玉比起来，可是宝玉比你更亲些。倘宝玉有些不好，我怎么见他父亲呢。'"说着，又哭起来。王夫人劝道："林姑娘是老太太最疼的，但只寿夭有定。如今已经死了，无可尽心，只是葬礼上要上等的发送。一则可以少尽咱们的心，二则就是姑太太和外甥女儿的阴灵儿也可以少安了。"贾母听到这里，越发痛哭起来。凤姐恐怕老人家伤感太过，明仗着宝玉心中不甚明白，便偷偷的使人来撒个谎儿，哄老太太道："宝玉那里找老太太呢。"贾母听见，才止住泪问道："不是又有什么缘故？"凤姐陪笑道："没什么缘故，他大约是想老太太的意思。"贾母连忙扶了珍珠儿，凤姐也跟着过来。

走至半路，正遇王夫人过来，一一回明了贾母。贾母自然又是哀痛的，只因要到宝玉那边，只得忍泪含悲的说道："既这么着，我也不过去了。由你们办罢，我看着心里也难受，只别委屈了她就是了。"王夫人、凤姐一一答应了。贾母才过宝玉这边来，见了宝玉，因问："你做什么找我？"宝玉笑道："我昨日晚上看见林妹妹来了，她说要回南去。我想没人留的住，还得老太太给我留一留她。"贾母听着，说："使得，只管放心罢。"袭人因扶宝玉躺下。

贾母出来，到宝钗这边来。那时宝钗尚未回九，所以每每见了人，倒有些含羞之意。这一天，见贾母满面泪痕，递了茶，贾母叫她坐下。宝钗侧身陪着坐了，才问道："听得林妹妹病了，不知她可好些了？"贾母听了这话，那眼泪止不住流下来，因说道："我的儿，我告诉你，你可别告诉宝玉。都是因你林妹妹，才叫你受了多少委屈！你如今作媳妇了，我才告诉你：这如今你林妹妹没了两三天了，就是娶你的那个时辰死的。如今宝玉这一番病，还是为着这个。你们先都在园子里，自然也都是明白的。"宝钗把脸飞红了，想到黛玉之死，又不免落下泪来。贾母又说了一回话，去了。自此，宝钗千回万转，想了一个主意，只不肯造次；所以过了回九，才想出这个法子来。如今果然好些，然后大家说话，才不至似前留神。

独是宝玉虽然病势一天好似一天，他的痴心总不能解，必要亲去哭她一场。贾母等知他病未除根，不许他胡思乱想，怎奈他郁闷难堪，病多反复。倒是大夫看出心病，索性叫他开散了，再用药调理，倒可好得快些。宝玉听说，立刻要往潇湘馆来。贾母等只得叫人抬了竹椅子过来，扶宝玉坐上。贾母、王夫人即便先行。到了潇湘馆内，一见黛玉灵柩，贾母已哭得泪干气绝。凤姐等再三劝住。王夫人也哭了一场。李纨便请贾母、王夫人在里间歇着，犹自落泪。

宝玉一到，想起未病之先，来到这里，今日屋在人亡，不禁嚎啕大哭。想起从前何等亲密，今日死别，怎不更加伤感！众人原恐宝玉病后过哀，都来解劝，宝玉已经哭得死去活来。大家搀扶歇息。其余随来的，如宝钗，俱极痛哭。独是宝玉必要叫紫鹃来见，问明姑娘临死有何话说。紫鹃本来深恨宝玉，见如此，心里已回过来些，又见贾母、王夫人都在这里，不敢洒落宝玉，便将林姑娘怎么复病，怎么烧毁帕子，焚化诗稿，并将临死说的话，一一的都告诉了。宝玉又哭得气噎喉干。探春趁便又将黛玉临终嘱咐带柩回南的话也说了一遍。贾母、王夫人又哭起来。多亏凤姐能言劝慰，略略止些，便请贾母等回去。宝玉那里肯舍，无奈贾母逼着，只得勉强回房。

贾母有了年纪的人，打从宝玉病起，日夜不宁，今又大痛一阵，已觉头晕身热。虽是不放心惦着宝玉，却也挣扎不住，回到自己房中睡下。王夫人更加心痛难禁，也便回去，派了彩云帮着袭人照应，并说："宝玉若再悲戚，速来告诉我们。"宝钗是知宝玉一时必不能舍，也不相劝，只用讽刺的话说他。宝玉倒恐宝钗多心，也便饮泣收心。歇了一夜，倒也安稳。明日一早，众人都来瞧他，但觉气虚身弱，心病倒觉去了几分。于是加意调养，渐渐的好起来。贾母幸不成病，惟是王夫人心痛未痊。那日薛姨妈过来探望，看见宝玉精神略好，也就放心，暂且住下。

一日，贾母特请薛姨妈过去商量，说："宝玉的命，都亏姨太太救的，如今想来不妨了，独委屈了你的姑娘。如今宝玉调养百日，身体复旧，又过了姑娘的功服，正好圆房。要求姨太太作主，另择个上好的吉日。"薛姨妈便道："老太太主意很好，何必问我？宝丫头虽生的粗笨，心里却还是极明白的。他的性情，老太太素日是知道的。但愿他们两口儿言和意顺，从此老太太也省好些心，我姐姐也安慰些，我也放了心了。老太太便定个日子，还通知亲戚不用呢？"贾母道："宝玉和你们姑娘生来第一件大事，况且费了多少周折，如今才得安逸，必要大家热闹几天。亲戚都要请的。一来酬愿，二则咱们吃杯喜酒，也不枉我老人家操了好些心。"薛姨妈听说，自然也是喜欢的，便将要办妆奁的话也说了一番。贾母道："咱们亲上做亲，我想也不必这些。若说动用的，他屋里已经满了。必定宝丫头她心爱的要你几件，姨太太就拿了来。我看宝丫头也不是多心的人，不比的我那外孙女儿的脾气，所以她不得长寿。"说着，连薛姨妈也便落泪。恰好凤姐进来，笑道："老太太、姑妈又想着什么了？"薛姨妈道："我和老太太说起你林妹妹来，所以伤心。"凤姐笑道："老太太和姑妈且别伤心，我刚才听了个笑话儿来了，意思说给老太太和姑妈听。"贾母拭了拭眼泪，微笑道："你又不知要编派谁呢？你说来，我和姨太太听听。说不笑，我们可不依。"只见那凤姐未从张口，先用两只手比着，笑弯了腰了。未知他说出些什么来，下回分解。

第 99 回 守官箴恶奴同破例 阅邸报老舅自担惊

话说凤姐见贾母和薛姨妈为黛玉伤心，便说："有个笑话儿说给老太太和姑妈听。"，未从开口，先自笑了，因说道："老太太和姑妈打量是那里的笑话儿？就是咱们家的那二位新姑爷、新媳妇啊！"贾母道："怎么了？"凤姐拿手比着道："一个这么坐着，一个这么站着；一个这么扭过去，一个这么转过来。一个又……"说到这里，贾母已经大笑起来，说道："你好生说罢，倒不是他们两口儿，你倒把人怄的受不得了。"薛姨妈也笑道："你往下直说罢，不用比了。"凤姐才说道："刚才我到宝兄弟屋里，我听见好几个人笑。我只道是谁，巴着窗户眼儿一瞧，原来宝妹妹坐在炕沿上，宝兄弟站在地下。宝兄弟拉着宝妹妹的袖子，口口声声只叫：'宝姐姐，你为什么不会说话了？你这么说一句话，我的病包管全好。'宝妹妹却扭着头，只管躲。宝兄弟却作了一个揖，上前又拉宝妹妹的衣服。宝妹妹急得一扯，宝兄弟自然病后是脚软的，索性一扑，扑在宝妹妹身上了。宝妹妹急得红了脸，说道：'你越发比先不尊重了。'"说到这里，贾母和薛姨妈都笑起来。凤姐又道："宝兄弟便立起身来，笑道：'亏了跌了这一交，好容易才跌出你的话来了。'"薛姨妈笑道："这是宝丫头古怪。这有什么的，既作了两口儿，说说笑笑的怕什么？她没见她琏二哥和你。"凤姐儿笑道："这是怎么说呢？我饶说笑话给姑妈解闷儿，姑妈反倒拿我打起卦来了！"贾母也笑道："要这么着才好。夫妻固然要和气，也得有个分寸儿。我爱宝丫头就在这尊重上头。只是我愁着宝玉还是那么傻头傻脑的，这么说起来，比头里竟明白多了。你再说说，还有什么笑话儿没有？"凤姐道："明儿宝玉圆了房，亲家太太抱了外孙子，那时侯不更是笑话儿了么？"贾母笑道："猴儿！我在这里同着姨太太想你林妹妹，你来怄个笑儿还罢了，怎么臊起皮来了！你不叫我们想你林妹妹，你不用太高兴了，你林妹妹恨你，将来不要独自一个到园里去，隄防她拉着你不依。"凤姐笑道："她倒不怨我。她临死咬牙切齿，倒恨着宝玉呢。"贾母、薛姨妈听着，还道是玩话儿，也不理会，便道："你别胡拉扯了。你去叫外头挑个很好的日子给你宝兄弟圆了房儿罢。"凤姐去了，择了吉日，重新摆酒，唱戏、请亲友。这不在话下。

却说宝玉虽然病好复原，宝钗有时高兴，翻书观看，谈论起来，宝玉所有眼前常见的，尚可记忆，若论灵机，大不似从前活变了，连他自己也不解。宝钗明知是"通灵"失去，所以如此。倒是袭人时常说他："你何故把从前的灵机都忘了？那些旧毛病忘了才好，为什么你的脾气还觉照旧，在道理上更糊涂了呢？"宝玉听了，并不生气，反是嘻嘻的笑。有时宝玉顺性胡闹，多亏宝钗劝说，诸事略觉收敛些。袭人倒可少费些唇舌，惟知悉心服侍。别的丫头素仰宝钗贞静和平，各人心服，无不安静。

只有宝玉到底是爱动不爱静的，时常要到园里去逛。贾母等一则怕他招受寒暑，二则恐他睹景伤情，虽黛玉之柩已寄放城外庵中，然而潇湘馆依然人亡屋在，不免勾起旧病来，所以也不使他去。况且亲戚姊妹们如宝琴已回到薛姨妈那边去了；史湘云因史侯回京，也接了家去了，又有了出嫁的日子，所以不大常来。只有宝玉娶亲那一日，与吃喜酒这天，来过两次，也只在贾母那边住下。为着宝玉已经娶过亲的人，又想自己就要出嫁的，也不肯如从前的诙谐谈笑，就是有时过来，也只和宝钗说话，见了宝玉，不过问好而已；那邢岫烟却是因迎春出嫁之后，便随着邢夫人过去；李家姊妹也另住在外，即同着李婶娘过来，亦不过到太太们与姐妹们处请安问好，即回到李纨那里略住一两天就去了：所以园内的只有李纨、探春、惜春了。贾母还要将李纨等挪进来，为着元妃薨后，家中事情接二连三，也无暇及此。现今天气一天热似一天，园里尚可住得，等到秋天再挪。此是后话，暂且不提。

且说贾政带了几个在京请的幕友，晓行夜宿，一日到了本省，见过上司，即到任拜印受事，便查盘各属州县粮米仓库。贾政向来作京官，只晓得郎中事务都是一景儿的事情，就是外任，原是学差，也无关于吏治上。所以外省州县折收粮米，勒索乡愚，这些弊端，虽也听见别人讲究，却未尝身亲其事，只有一心做好官。便与幕宾商议，出示严禁，并谕以一经查出，必定详参揭报。初到之时，果然胥吏畏惧，便百计钻营，偏遇贾政这般古执。那些家人跟了这位老爷在都中一无出息，好容易盼到主人放了外任，便在京指着在外发财的名头向人借贷，做衣裳，装体面，心里想着到了任，银钱是容易的了。不想这位老爷呆性发作，认真要查办起来，州县馈送，一概不受。门房、签押等人，心里盘算道："我们再挨半个月，衣服也要当完了。债又逼起来，那可怎么样好呢？眼见得白花花的银子，只是不能到手。"那些长随也道："你们爷们到底还没花什么本钱来的。我们才冤，花了若干的银子，打了个门子，来了一个多月，连半个钱也没见过！想来跟这个主儿是不能捞本儿的了。明儿我们齐打伙儿告假去。"次日，果然聚齐，都来告假。贾政不知就里，便说："要来也是你们，要去也是你们。既嫌这里不好，就都请便。”

那些长随怨声载道而去。只剩下些家人，又商议道：“他们可去的去了，我们去不了的，到底想个法儿才好。”内中有一个管门的叫李十儿，便说：“你们这些没能耐的东西，着什么忙！我见这‘长’字号儿的在这里，不犯给他出头。如今都饿跑了，瞧瞧你十太爷的本领，少不得本主儿依我。只是要你们齐心，打伙儿弄几个钱，回家受用；若不随我，我也不管了，横竖拚得过你们。”众人都说：“好十爷！你还主儿信得过。若你不管，我们实在是死症了。”李十儿道：“不要我出了头，得了银钱，又说我得了大分儿了，窝儿里反起来，大家没意思。”众人道：“你万安，没有的事。就没有多少，也强似我们腰里掏钱。”

正说着，只见粮房书办走来找周二爷。李十儿坐在椅子上，跷着一只腿，挺着腰，说道：“找他做什么？”书办便垂手陪着笑，说道：“本官到了一个多月的任，这些州县太爷见得本官的告示利害，知道不好说话，到了这时侯，都没有开仓。若是过了漕，你们太爷们来做什么的？”李十儿道：“你别混说！老爷是有根蒂的，说到那里是要办到那里。这两天原要行文催兑，因我说了缓几天，才歇的。你到底找我们周二爷做什么？”书办道：“原为打听催文的事，没有别的。”李十儿道：“越发胡说！方才我说催文，你就信嘴胡诌。可别鬼鬼祟祟来讲什么赈，我叫本官打了你，退你！”书办道：“我在这衙门内已经三代了，外头也有些体面，家里还过得，就规规矩矩伺侯本官陞了还能够，不像那些等米下锅的。”说着，回了一声：“二太爷，我走了。”李十儿便站起，堆着笑说：“这么不禁玩，几句话就脸急了。”书办道：“不是我脸急，若再说什么，岂不带累了二太爷的清名呢？”李十儿过来拉着书办的手，说：“你贵姓啊？”书办道：“不敢，我姓詹，单名是个会字，从小儿也在京里混了几年。”李十儿道：“詹先生，我是久闻你的名的。我们兄弟们是一样的，有什么话，晚上到这里，咱们说一说。”书办也说：“谁不知道李十太爷是能事的，把我一诈，就吓毛了。”大家笑着走开。那晚便与书办咕唧了半夜。

第二天，拿话去探贾政，被贾政痛骂了一顿。隔一天拜客，里头吩咐伺侯，外头答应了。停了一会子，打点已经三下了，大堂上没有人接鼓。好容易叫个人来打了鼓。贾政踱出暖阁，站班喝道的衙役只有一个。贾政也不查问，在墀下上了轿，等轿夫又等了好一回，来齐了，抬出衙门，那个炮只响得一声。吹鼓亭的鼓手只有一个打鼓，一个吹号筒。贾政便也生气，说：“往常还好，怎么今儿不齐集至此？”抬头看那执事，却是搀前落后。勉强拜客回来，便传误班的要打。有的说因没有帽子误的；有的说是号衣当了误的；又有的说是三天没吃饭抬不动。贾政生气，打了一两个，也就罢了。

隔一天，管厨房的上来要钱，贾政带来银两付了。以后便觉样样不如意，比在京的时侯倒不便了好些。无奈，便唤李十儿问道：“我跟来这些人，怎样都变了？你也管管。现在带来银两，早使没有了，藩库俸银尚早，该打发京里取去。”李十儿禀道：“奴才那一天不说他们？不知道怎么样，这些人都是没精打彩的，叫奴才也没法儿。老爷说家里取银子，取多少？现在打听节度衙门这几天有生日，别的府道老爷都上千上万的送了，我们到底送多少呢？”贾政道：“为什么不早说？”李十儿说：“老爷最圣明的。我们新来乍到，又不与别位老爷很来往，谁肯送信？巴不得老爷不去，便好想老爷的美缺。”贾政道：“胡说！我这官是皇上放的，不与节度做生日，便叫我不做不成！”李十儿笑着回道：“老爷说的也不错。京里离这里很远，凡百的事，都是节度奏闻。他说好便好，说不好便吃不住。到得明白，已经迟了。就是老太太、太太们，那个不愿意老爷在外头烈烈轰轰的做官呢？”

贾政听了这话，也自然心里明白，道：“我正要问你，为什么都说起来？”李十儿回说：“奴才本不敢说。老爷既问到这里，若不说，是奴才没良心；若说了，少不得老爷又生气。”贾政道：“只要说得在理。”李十儿说道：“那些书吏衙役，都是花了钱买着粮道的衙门，那个不想发财？俱要养家活口。自从老爷到了任，并没见为国家出力，倒先有了口碑载道。”贾政道：“民间有什么话？”李十儿道：“百姓说，凡有新到任的老爷，告示出得愈利害，愈是想钱的法儿。州县害怕了，好多多的送银子。收粮的时侯，衙门里便说，新道爷的法令，明是不敢要钱，这一留难叨蹬，那些乡民心里愿意花几个钱，早早了事。所以那些人不说老爷好，反说不谙民情。便是本家大人，是老爷最相好的，他不多几年，已巴到极顶的分儿，也只为识时达务，能够上和下睦罢了。”贾政听到这话，道：“胡说！我就不识时务吗？若是上和下睦，叫我与他们‘猫鼠同眠’吗？”李十儿回说道：“奴才为着这点忠心儿掩不住，才这么说，若是老爷就是这样做去，到了功不成、名不就的时侯，老爷又说奴才没良心，有什么话，不告诉老爷了。”

贾政道：“依你怎么做才好？”李十儿道：“也没有别的，趁着老爷的精神年纪，里头的照应，老太太的硬朗，为顾着自己就是了。不然，到不了一年，老爷家里的钱也都贴补完了，还落了自上至下的人抱怨，都说老爷是做外任的，自然弄了钱藏着受用。倘遇着一两件为难的事，谁肯帮着老爷？那时办也办不清，悔也悔不及。”贾政道：“据你一说，是叫我做贪官吗？送了命还不要紧，必定将祖父的功勳抹了才是？”李十儿回禀道：“老爷极圣明的人，没看见旧年犯事的几位老爷吗？这几位都与老爷相好，老爷常说是个做清官的，如今名在那里？现有几位亲戚，老爷向来说他们不好的，如今陞的陞、迁的迁，只在要做的好就是了。老爷要知道，民也要顾，官也要顾。若是依着老爷，不准州县得一个大钱，外头这些差使谁办？只要老爷外面还是这样清名声原好，里头的委屈，只要奴才办去，关碍不着老爷的。奴才跟主儿一场，到底也要掏出忠心来。”贾政被李十儿一番言语，说得心无主见，道：“我是要保性命的，你们闹出来，不与我相干！”说着，便踱了进去。

李十儿便自己做起威福，钩连内外一气的哄着贾政办事，反觉得事事周到，件件随心。所以贾政不但不疑，反多相信。便有几处揭报，上司见贾政古朴忠厚，也不查察。惟是幕友们耳目最长，见得如此，得便用言规谏，无奈贾政不信，也有辞去的，也有与贾政相好在内维持的。于是，漕务事毕，尚无陨越。

一日，贾政无事，在书房中看书。签押上呈进一封书子，外面官封，上开着：“镇守海门等处总制公文一角，飞递江西粮道衙门。”贾政拆封看时，只见上写道：

金陵契好，桑梓情深。昨岁供职来都，窃喜常依座右。仰蒙雅爱，许结朱陈，至今佩德勿谖。祇因调任海疆，未敢造次奉求，衷怀歉仄，自叹无缘。今幸戟戟遥临，快慰平生之愿。正申燕贺，先蒙翰教，边帐光生，武夫额手。虽隔重洋，尚叨樾荫。想蒙不弃卑寒，希望茑萝之附。小儿已承青盼，淑媛素仰芳仪。如蒙践诺，即遣冰人。途路虽遥，一水可通。不敢云百辆之迎，敬备仙舟以侯。兹修寸幅，恭贺陞祺，并求金允。临颖不胜待命之至。世弟周琼顿首。贾政看了，心想：“儿女姻缘，果然有一定的。旧年因见他就了京职，又是同乡的人，素来相好，又见那孩子长得好，在席间原提起这件事。因未说定，也没有与她们说起。后来他调了海疆，大家也不说了。不料我今陞任至此，他写书来问。我看起门户却也相当，与探春到也相配。但是我并未带家眷，只可写字与她商议。”正在踌躇，只见门上传进一角文书，是议取到省会议事件。贾政只得收拾上省，侯节度派委。

一日，在公馆闲坐，见桌上堆着一堆字纸，贾政一一看去，见刑部一本：“为报明事，会看得金陵籍行商薛蟠——”贾政便吃惊道：“了不得，已经提本了！”随用心看下去，是“薛蟠殴伤张三身死，串嘱尸证捏供误杀一案。”贾政一拍桌道：

"完了！"只得又看，底下是：

据京营节度使咨称："缘薛蟠籍隶金陵，行过太平县，在李家店歇宿，与店内当槽之张三素不相认。于某年月日，薛蟠令店主备酒邀请太平县民吴良同饮，令当槽张三取酒。因酒不甘，薛蟠令换好酒。张三因称酒已沽定难换。薛蟠因伊倔强，将酒照脸泼去，不期去势甚勐，恰值张三低头拾箸，一时失手，将酒碗掷在张三鲁门，皮破血出，逾时殒命。李店主趋救不及，随向张三之母告知。伊母张王氏往看，见已身死，随喊禀地保，赴县呈报。前署县诣验，仵作将骨破一寸三分及腰眼一伤，漏报填格，详府审转。看得薛蟠实系泼酒失手，掷碗误伤张三身死，将薛蟠照过失杀人，准斗杀罪收赎。"等因前来。臣等细阅各犯证尸亲前后供词不符，且查《斗杀律》注云："相争为斗，相打为殴。"必实无争斗情形，邂逅身死，方可以过失杀定拟。应令该节度审明实情，妥拟具题。今据该节度疏称：薛蟠因张三不肯换酒，醉后拉着张三右手，先殴腰眼一拳。张三被殴回骂，薛蟠将碗掷出，致伤鲁门深重，骨碎脑破，立时殒命。是张三之死实由薛蟠以酒碗砸伤深重致死，自应以薛蟠拟抵，将薛蟠依《斗杀律》拟绞监侯，吴良拟以杖徒。承审不实之府州县应请……

以下注"此稿未完"。

贾政因薛姨妈之托，曾托过知县，若请旨革审起来，牵连着自己，好不放心。即将下一本开看，偏又不是。只好翻来复去将报看完，终没有接这一本的，心中狐疑不定，更加害怕起来。

正在纳闷，只见李十儿进来："请老爷到官厅伺候去，大人衙门已经打了二鼓了。"贾政只是发怔，没有听见。李十儿又请了一遍。贾政道："这便怎么处？"李十儿道："老爷有什么心事？"贾政将看报之事说了一遍。李十儿道："老爷放心。若是部里这么办了，还算便宜薛大爷呢！奴才在京的时侯听见，薛大爷在店里叫了好些媳妇，都喝醉了生事，直把个当槽儿的活活打死的。奴才听见不但是托了知县，还求琏二爷去花了好些钱，各衙门打通了，才提的，不知道怎么部里没有弄明白。如今就是闹破了，也是官官相护的，不过认个承审不实，革职处分罢，那里还肯认得银子听情呢？老爷不用想，等奴才再打听罢？不要误了上司的事。"贾政道："你们那里知道？只可惜那知县听了一个情，把这个官都丢了，还不知道有罪没有呢！"李十儿道："如今想他也无益，外头伺候着好半天了，请老爷就去罢。"贾政不知节度传办何事，且听下回分解。

第 100 回 破好事香菱结深恨 悲远嫁宝玉感离情

话说贾政去见了节度，进去了半日，不见出来，外头议论不一。李十儿在外也打听不出什么事来，便想到报上的饿荒，实在也着急。好容易听见贾政出来，便迎上来跟着，等不得回去，在无人处，便问："老爷进去这半天，有什么要紧的事？"贾政笑道："并没有事。只为镇海总制是这位大人的亲戚，有书来嘱托照应我，所以说了些好话。又说'我们如今也是亲戚了'。"李十儿听得，心内喜欢，不免又壮了些胆子，便竭力纵恿贾政许这亲事。贾政心想，薛蟠的事到底有什么挂碍，在外头信息不早，难以打点，故回到本任来便打发家人进京打听，顺便将总制求亲之事回明贾母，如若愿意，即将三姑娘接到任所。家人奉命，赶到京中，回明了王夫人，便在吏部打听得贾政并无处分，惟将署太平县的这位老爷革职。即写了禀帖，安慰了贾政，然后住着等信。

且说薛姨妈为着薛蟠这件人命官司，各衙门内不知花了多少银钱，才定了误杀具题。原打量将当舖折变给人，备银赎罪。不想刑部驳审，又托人花了好些钱，总不中用，依旧定了个死罪，监着守候秋天大审。薛姨妈又气又疼，日夜啼哭。宝钗虽时常过来劝解，说是："哥哥本来没造化，承受了祖父这些家业，就该安安顿顿的守着过日子。在南边已经闹的不像样，便是香菱那件事情，就了不得，因为仗着亲戚们的势力，花了些银钱，这算白打死了一个公子。哥哥就该改过，做起正经人来，也该奉养母亲才是。不想进了京仍是这样。妈妈为他，不知受了多少气，哭掉了多少眼泪。给他娶了亲，原想大家安安逸逸的过日子，不想命该如此，偏偏娶的嫂子又是一个不安静的，所以哥哥躲出门的。真正俗语说的，'冤家路儿狭'，不多几天就闹出人命来了。妈妈和二哥哥也算不得不尽心的了，花了银钱不算，自己还求三拜四的谋干。无奈命里应该，也算自作自受。大凡养儿女是为着老来有靠，便是小户人家，还要挣一碗饭养活母亲，那里有将现成的闹光了，反害的老人家哭的死去活来的？不是我说，哥哥的这样行为，不是儿子，竟是个冤家对头。妈妈再不明白，明哭到夜，夜哭到明，又受嫂子的气。我呢，又不能常在这里劝解，我看见妈妈这样，那里放得下心！他虽说是傻，也不肯叫我回去。前儿老爷打发人回来说，看见京报，唬的了不得，所以才叫人来打点的。我想哥哥闹了事，担心的人也不少。幸亏我还是在跟前的一样，若是离乡调远，听见了这个信，只怕我想妈妈也就想杀了。我求妈妈暂且养养神，趁哥哥的活口现在，问问各处的账目。人家该咱们的，咱们该人家的，亦该请个旧伙计来算一算，看看还有几个钱没有。"

薛姨妈哭着说道："这几天为闹你哥哥的事，你来了，不是你劝我，便是我告诉你衙门的事。你还不知道，京里的官商名字已经退了，两个当舖已经给了人家，银子早拿来使完了。还有一个当舖，管事的逃了，亏空了好几千两银子，也夹在里头打官司。你二哥哥天天在外头要账，料着京里的账已经去了几万银子，只好拿南边公分里银子并住房折变才够。前两天还听见一个谎信，说是南边的公当舖也因为折了本儿收了。若是这么着，你娘的命可就活不成的了！"说着，又大哭起来。

宝钗也哭着劝道："银钱的事，妈妈操心也不中用，还有二哥哥给我们料理。单可恨这些伙计们，见咱们的势头儿败了，各自奔各自的去也罢了，我还听见说帮着人家来挤我们的讹头。可见我哥哥活了这么大，交的人总不过是些个酒肉弟兄，急难中是一个没有的。妈妈若是疼我，听我的话；有年纪的人，自己保重些。妈妈这一辈子想来还不致挨冻受饿。家里这点子衣裳家伙，只好听凭嫂子去，那是没法儿的了。所有的家人婆子，瞧他们也没心在这里，该去的叫他们去。就可怜香菱苦了一辈子，只好跟着妈妈过去。实在短什么，我要是有的，还可以拿些过来，料我们那个也没有不依的。就是袭姑娘也是心术正道的，她听见我哥哥的事，她倒提起妈妈来就哭。我们那一个还道是没事的，所以不大着急；若听见了，也是要唬个半死儿的。"薛姨妈不等说完，便说："好姑娘，你可别告诉他。他为一个林姑娘，几乎没要了命，如今才好了些。要是他急出个原故来，不但你添一层烦恼，我越发没了依靠了。"宝钗道："我也是这么想，所以总没告诉他。"

正说着，只听见金桂跑来外间屋里哭喊道："我的命是不要的了！男人呢，已经是没有活的份儿了。咱们如今索性闹一闹，大伙儿到法场上去拚一拚。"说着，便将头往隔断板上乱撞，撞的披头散发。气得薛姨妈白瞪着两隻眼，一句话也说不出来。还亏得宝钗"嫂子"长、"嫂子"短，好一句、歹一句的劝她。金桂道："姑奶奶，如今你是比不得头里的了。你两口儿好好的过日子，我是个单身人儿，要脸做什么！"说着，便要跑到街上，回娘家去，亏得人还多，扯住了，又劝了半天方住。把个宝琴唬的再不敢见她。若是薛蝌在家，她便抹粉施脂，描眉画鬓，奇情异致的打扮收拾起来。不时打从薛蝌住房前过，或故意咳嗽一声，或明知薛蝌在屋，特问房里何人。有时遇见薛蝌，她便妖妖乔乔、娇娇痴痴的问寒问热，忽喜忽嗔。丫头们看见，都赶忙躲开。她自己也不觉得，只是一意一心要弄得薛蝌感情时，好行宝蟾之计。那薛蝌却只躲着，有时遇见，也不敢不周旋一二，只怕她撒泼放刁的意思。更加金桂一则为色迷心，越瞧越爱，越想越幻，那里还看得出薛蝌的真假来。只有一宗，她见薛蝌有什么东西都是托香菱收着，衣服缝洗，也是香菱，两个人偶然说话，她来了，急忙散开，一发动了一个“醋”字。欲待发作薛蝌，却是舍不得，只得将一腔隐恨都搁在香菱身上。却又恐怕闹了香菱得罪了薛蝌，倒弄得隐忍不发。

一日，宝蟾走来，笑嘻嘻的向金桂道：“奶奶，看见了二爷没有？”金桂道：“没有。”宝蟾笑道：“我说二爷的那种假正经是信不得的。咱们前日送了酒去，他说不会喝；刚才我见他到太太那屋里去，那脸上红扑扑儿的一脸酒气。奶奶不信，回来只在咱们院门口等他，他打那边过来时，奶奶叫住他问问，看他说什么。”金桂听了，一心的怒气，便道：“他那里就出来了呢？他既无情义，问他作什么！”宝蟾道：“奶奶又迂了。他好说，咱们也好说；他不好说，咱们再另打主意。”金桂听着有理，因叫宝蟾：“瞧着他，看他出去了。”宝蟾答应着出来。金桂却去打开镜奁，又照了一照，把嘴唇儿又抹了一抹，然后拿一条洒花绢子，才要出来，又似忘了什么的，心里倒不知怎么是好了。只听宝蟾外面说道：“二爷，今日高兴啊。那里喝了酒来了？”金桂听了，明知是叫她出来的意思，连忙掀起帘子出来。

只见薛蝌和宝蟾说道：“今日是张大爷的好日子，所以被他们强不过，吃了半钟，到这时候脸还发烧呢。”一句话没说完，金桂早接口道：“自然人家外人的酒比咱们自己家里的酒是有趣儿的。”薛蝌被她拿话一激，脸越红了，连忙走过来陪笑道：“嫂子说那里的话！”宝蟾见他二人交谈，便躲到屋里去了。这金桂初时原要假意发作薛蝌两句，无奈一见他两颊微红，双眸带涩，别有一种谨愿可怜之意，早把自己那骄悍之气，感化到爪洼国去了，因笑说道：“这么说，你的酒是硬强着才肯喝的呢。”薛蝌道：“我那里喝得来！”金桂道：“不喝也好，强如像你哥哥喝出乱子来，明儿娶了你们奶奶儿，像我这样守活寡受孤单呢！”说到这里，两个眼已经乜斜了，两腮上也觉红晕了。薛蝌见这话越发邪僻了，打算着要走。金桂也看出来了，那里容得，早已走过来一把拉住。薛蝌急了道：“嫂子，放尊重些！”说着，浑身乱颤。金桂索性老着脸道：“你只管进来，我和你说一句要紧的话。”正闹着，忽听背后一个人叫道：“奶奶，香菱来了！”把金桂唬了一跳。回头瞧时，却是宝蟾掀着帘子看他二人的光景，一抬头见香菱从那边来了，赶忙知会金桂。金桂这一惊不小，手已鬆了。薛蝌得便脱身跑了。那香菱正走着，原不理会，忽听宝蟾一嚷，才瞧见金桂在那里拉住薛蝌，往里死拽。香菱却唬的心头乱跳，自己连忙转身回去。这里金桂早已连吓带气，呆呆的瞅着薛蝌去了。怔了半天，恨了一声，自己扫兴归房，从此把香菱恨入骨髓。那香菱本是要到宝琴那里，刚走出腰门，看见这般，吓回去了。

是日，宝钗在贾母屋里，听得王夫人告诉老太太要聘探春一事。贾母说道：“既是同乡的人，很好。只是听见那孩子到过我们家里，怎么你老爷没有提起？”王夫人道：“连我们也不知道。”贾母道：“好便好，但是道儿太远。虽然老爷在那里，倘或将来老爷调任，可不是我们孩子太单了吗？”王夫人道：“两家都是做官的，也是拿不定。或者那边还调进来。即不然，终有个叶落归根。况且老爷既在那里做官，上司已经说了，好意思不给么？想来老爷的主意定了，只是不做主，故遣人来回老太太的。”贾母道：“你们愿意更好。只是三丫头这一去了，不知三年两年那边可能回家？若再迟了，恐怕我赶不上再见她一面了！”说着，掉下泪来。王夫人道：“孩子们大了，少不得总要给人家的。就是本乡本土的人，除非不做官还使得，若是做官的，谁保得住总在一处？只要孩子们有造化就好。譬如迎姑娘倒配得近呢，偏是时常听见她被女婿打闹，甚至不给饭吃。就是我们送了东西去，她也摸不着。近来听见益发不好了，也不放她回来。两口子拌起来，就说咱们使了他家的银钱。可怜这孩子总不得个出头的日子！前儿我惦记她，打发人去瞧她，迎丫头藏在耳房里，不肯出来。老婆子们必要进去，看见我们姑娘这样冷天还穿着几件旧衣裳。她一包眼泪的告诉婆子们说：‘回去别说我这么苦，这也是命里所招，也不用送什么衣服东西来，不但摸不着，反要添一顿打。说是我告诉的。’老太太想想，这倒是近处眼见的，若不好，更难受。倒亏了大太太也不理会她，大老爷也不出个头。如今迎姑娘实在比我们三等使唤的丫头还不如。我想探丫头虽不是我养的，老爷既看见过女婿，定然是好才许的。只请老太太示下，择个好日子，多派几个人，送到他老爷任上。该怎么着，老爷也不肯将就。”贾母道：“有他老子作主，你就料理妥当，拣个长行的日子送去，也就定了一件事。”王夫人答应着“是”。宝钗听得明白，也不敢则声，只是心里叫苦：“我们家里姑娘们就算她是个尖儿，如今又要远嫁，眼看着这里的人一天少似一天了！”见王夫人起身告辞出去，她也送了出来，一径回到自己房中，并不与宝玉说话。见袭人独自一个做活，便将听见的话说了。袭人也很不受用。

却说赵姨娘听见探春这事，反欢喜起来，心里说道：“我这个丫头，在家忒瞧不起我，我何尝还是个娘？比她的丫头还不济！况且洑上水，护着别人。她挡在头里，连环儿也不得出头。如今老爷接了去，我倒干淨，想要她孝敬我，不能够了！只愿意她像迎丫头似的，我也称称愿。”一面想着，一面跑到探春那边与她道喜，说：“姑娘，你是要高飞的人了，到了姑爷那边，自然比家里还好，想来你也是愿意的。便是养了你一场，并没有借你的光儿。就是我有七分不好，也有三分的好，总不要一去了把我搁在脑杓子后头。”探春听着毫无道理，只低头作活，一句也不言语。赵姨娘见她不理，气忿忿的自己去了。

这里探春又气又笑又伤心，也不过自己掉泪而已。坐了一回，闷闷的走到宝玉这边来。宝玉因问道：“三妹妹，我听见林妹妹死的时候，你在那里来着。我还听见说，林妹妹死的时候，远远的有音乐之声。或者她是有来历的，也未可知。”探春笑道：“那是你心里想着罢了。只是那夜却怪，不似人家鼓乐之音，你的话或者也是。”宝玉听了，更以为实。又想前日自己神魂飘荡之时，曾见一人，说是黛玉生不同人，死不同鬼，必是那里的仙子临凡。忽又想起那年唱戏做的嫦娥，飘飘艳艳，何等风致。过了一回，探春去了，因必要紫鹃过来，立即回了贾母去叫她。

无奈紫鹃心里不愿意，虽经贾母、王夫人派了过来，也就没法，只是在宝玉跟前不是嗳声，就是叹气的。宝玉背地里拉着她，低声下气，要问黛玉的话，紫鹃从没好话回答。宝钗倒背底里夸她有忠心，并不嗔怪她。那雪雁虽是宝玉娶亲这夜出过力的，宝钗见她心地不甚明白，便回了贾母、王夫人，将她配了一个小厮，各自过活去了。王奶妈，养着她，将来好送黛玉的灵柩回南。鹦哥等小丫头，仍服侍了老太太。

宝玉本想念黛玉，因此及彼，又想跟黛玉的人已经云散，更加纳闷。闷到无可如何，忽又想起黛玉死得这样清楚，必是离凡返仙去了，反又喜欢。忽然听见袭人和宝钗那里讲究探春出嫁之事，宝玉听了，“啊呀”的一声，哭倒在炕上。唬得宝钗、袭人都来扶起，说：“怎么了？”宝玉早哭的说不出来，定了一回子神，说道：“这日子过不得了！我姊妹们都一个一个的散了。林妹妹是成了仙去了。大姐姐呢，已经死了，这也罢了，没天天在一块。二姐姐呢，碰着了一个混账不堪的东西。三妹妹又要远嫁，总不得见的了。史妹妹又不知要到那里去。薛妹妹是有了人家的。这些姐姐妹妹，难道一个都不留在家里，单留我做什么？”

袭人忙又拿话解劝。宝钗摆着手说：“你不用劝他，让我来问他。”因问着宝玉道：“据你的心里，要这些姐妹都在家里陪到你老了，都不要为终身的事吗？若说别人，或者还有别的想头，你自己的姐姐妹妹，不用说没有远嫁的；就是有，老爷作主，你有什么法儿？打量天下独是你一个人爱姐姐妹妹呢？若是都像你，就连我也不能陪你了。大凡人念书，原为的是明理，怎么你益发糊涂了！这么说起来，我同袭姑娘各自一边儿去，让你把姐姐妹妹们都邀了来守着你。”宝玉听了，两隻手拉住宝钗、袭人道："我也知道。为什么散的这么早呢？等我化了灰的时候再散也不迟。"袭人掩着他的嘴道："又胡说！才这两天身上好些，二奶奶才吃些饭。若是你又闹翻了，我也不管了。"宝玉慢慢的听她两个人说话都有道理，只是心上不知道怎么才好，只得强说道："我却明白，但只是心里闹的慌。"宝钗也不理他，暗叫袭人快把定心丸给他吃了，慢慢的开导他。袭人便欲告诉探春，说临行不必来辞。宝钗道："这怕什么？等消停几日，待他心里明白，还要叫他们多说句话儿呢。况且三姑娘是极明白的人，不像那些假惺惺的人，少不得有一番箴谏。他以后便不是这样了。"正说着，贾母那边打发过鸳鸯来说："知道宝玉旧病又发，叫袭人劝说安慰，叫他不要胡思乱想。"袭人等应了。鸳鸯坐了一会子去了。

那贾母又想起探春远行，虽不备妆奁，其一应动用之物，俱该预备，便把凤姐叫来，将老爷的主意告诉了一遍，即叫她料理去。凤姐答应，不知怎么办理，下回分解。

第 101 回 大观园月夜感幽魂 散花寺神籤惊异兆

已有黄昏以后，因忽然想起探春来，要瞧瞧她去，便叫丰儿与两个丫头跟着，头里一个丫头打着灯笼。走出门来，见月光已上，照耀如水，凤姐便命打灯笼的："回去罢。"因而走至茶房窗下，听见里面有人嘁嘁喳喳的，又似哭，又似笑，又似议论什么的。凤姐知道不过是家下婆子们又不知搬什么是非，心内大不受用，便命小红进去，装做无心的样子，细细打听着，用话套出原委来。小红答应着去了。

凤姐只带着丰儿来至园门前，门尚未关，只虚虚的掩着。于是主仆二人方推门进去，只见园中月色比着外面更觉明朗，满地下重重树影，杳无人声，甚是凄凉寂静。刚欲往秋爽斋这条路来，只听"忽"（原字为左口右忽）的一声风过，吹的那树枝上落叶满园中"唰喇喇"的作响，枝梢上"吱喽喽"发哨，将那些寒鸦宿鸟都惊飞起来。凤姐吃了酒，被风一吹，只觉身上发噤起来。那丰儿也把头一缩，说："好冷！"凤姐也撑不住，便叫丰儿："快回去把那件银鼠坎肩儿拿来，我在三姑娘那里等着。"丰儿巴不得一声，也要回去穿衣裳来，答应了一声，回头就跑了。

凤姐刚举步走了不远，只觉身后"咈咈哧哧"，似有闻嗅之声，不觉头髮森然竖了起来。由不得回头一看，只见黑油油一个东西在后面伸着鼻子闻她呢，那两隻眼睛恰似灯光一般。凤姐吓的魂不附体，不觉失声的"咳"了一声，却是一隻大狗。那狗抽头回身，拖着一个扫帚尾巴，一气跑上大土山上，方站住了，回身犹向凤姐拱爪儿。

凤姐儿此时心跳神移，急急的向秋爽斋来。已将来至门口，方转过山子，只见迎面有一个人影儿一恍。凤姐心中疑惑，心里想着必是那一房里的丫头，便问："是谁？"问了两声，并没有人出来，已经吓得神魂飘荡，恍恍忽忽的似乎背后有人说道："婶娘连我也不认得了？"凤姐忙回头一看，只见这人形容俊俏，衣履风流，十分眼熟，只是想不起是那房那屋里的媳妇来。只听那人又说道："婶娘只管享荣华、受富贵的心盛，把我那年说的立万年永远之基，都付于东洋大海了。"凤姐听说，低头寻思，总想不起。那人冷笑道："婶娘那时怎样疼我了，如今就忘在九霄云外了。"凤姐听了，此时方想起来是贾蓉的先妻秦氏，便说道："嗳呀！你是死了的人哪，怎么跑到这里来了呢？"啐了一口，方转回身，脚下不防一块石头绊了一跤，犹如梦醒一般，浑身汗如雨下。虽然毛髮悚然，心中却也明白，只见小红、丰儿影影绰绰的来了。凤姐恐怕落人的褒贬，连忙爬起来，说道："你们做什么呢，去了这半天？快拿来我穿上罢。"一面丰儿走至跟前，服侍穿上，小红过来搀扶。凤姐道："我才到那里，他们都睡了，咱们回去罢。"一面说，一面带了两个丫头急急忙忙回到家中。贾琏已回来了，只是见她脸上神色更变，不似往常，待要问她，又知她素日性格，不敢突然相问，只得睡了。

至次日五更，贾琏就起来要往总理内庭都检点太监裘世安家来打听事务。因太早了，见桌上有昨日送来的抄报，便拿起来闲看。第一件是云南节度使王忠一本，新获了一起私带神枪火药出边事，共有十八名人犯。头一名鲍音，口称係太师镇国公贾化家人。第二件苏州刺史李孝一本，参劾纵放家奴，倚势凌辱军民，以致因奸不遂，杀死节妇一家人命三口事。凶犯姓时名福，自称係世袭三等职衔贾范家人。贾琏看见这两件，心中早又不自在起来，待要看第三件，又恐迟了不能见裘世安的面，因此急急的穿了衣服，也等不得吃东西，恰好平儿端上茶来，喝了两口，便出来骑马走了。

平儿在房内收拾换下的衣服。此时凤姐尚未起来，平儿因说道："今儿夜里我听着奶奶没睡什么觉，我这会子替奶奶捶着，好生打个盹儿罢。"凤姐半日不言语。平儿料着这意思是了，便爬上炕来，坐在身边，轻轻的捶着。才捶了几拳，那凤姐刚有要睡之意，只听那边大姐儿哭了。凤姐又将眼睁开，平儿连向那边叫道："李妈，你到底是怎么着？姐儿哭了，你到底拍着她些。你也忒好睡了！"那边李妈从梦中惊醒，听得平儿如此说，心中没好气，只得狠命拍了几下，口里嘟嘟哝哝的骂道："真真的小短命鬼儿，放着尸不挺，三更半夜嚎你娘的丧！"一面说，一面咬牙，便向那孩子身上拧了一把。那孩子"哇"的一声大哭起来了。凤姐听见，说"了不得！你听听，她该挫磨孩子了。你过去把那黑心的养汉老婆下死劲的打她几下子，把妞妞抱过来。"平儿笑道："奶奶别生气，她那里敢挫磨姐儿，只怕是不提防，错碰了一下子也是有的。这会子打她几下子没要紧，明儿叫她们背地里嚼舌根，倒说三更半夜打人。"凤姐听了，半日不言语，长叹一声，说道："你瞧瞧，这会子不是我十旺八旺的呢，明儿我要是死了，剩下这小孽障，还不知怎么样呢？"平儿笑道："奶奶这怎么说，大五更的，何苦来呢！"凤姐冷笑道："你那里知道，我是早已明白了。我也不久了。虽然活了二十五岁，人家没见的也见了，没吃的也吃了，也算全了，所有世上有的也都有了，气也算赌尽了，强也算争足了，就是'寿'字儿上头缺一点儿，也罢了。"平儿听说，由不的滚下泪来。凤姐笑道："你这会子不用假慈悲，我死了，你们只有欢喜的。你们一心一计和和气气的，省得我是你们眼里的刺似的。只有一件，你们知好歹，只疼我那孩子就是了。"平儿听说这话，越发哭的泪人似的。凤姐笑道："别扯你娘的臊了，那里就死了呢？哭的那么痛！我不死还叫你哭死了呢。"平儿听说，连忙止住哭，道："奶奶说得这么伤心。"一面说，一面又捶，半日不言语，凤姐又朦胧睡去。

平儿方下炕来要去，只听外面脚步响。谁知贾琏去迟了，那裘世安已经上朝去了，不遇而回，心中正没好气，进来就问平儿道："那些人还没起来呢么？"平儿回说："没有呢。"贾琏一路摔帘子进来，冷笑道："好，好！这会子还都不起来，安心打擂台打撒手儿！"一叠声又要吃茶。平儿忙倒了一碗茶来。原来那些丫头、老婆见贾琏出了门，又复睡了，不打量这会子回来，原不曾预备。平儿便把温过的拿了来。贾琏生气，举起碗来，"哗啷"一声，摔了个粉碎。

凤姐惊醒，唬了一身冷汗，"嗳哟"一声，睁开眼，只见贾琏气狠狠的坐在旁边，平儿弯着腰拾碗片子呢。凤姐道："你怎么就回来了？"问了一声，半日不答应，只得又问一声。贾琏嚷道："你不要我回来，叫我死在外头罢？"凤姐笑道："这又是何苦来呢！常时我见你不像今儿回来的快，问你一声，也没什么生气的。"贾琏又嚷道："又没遇见，怎么不快回来呢！"凤姐笑道："没有遇见，少不得奈烦些，明儿再去早些儿，自然遇见了。"贾琏嚷道："我可不吃着自己的饭，替人家赶獐子呢。我这里一大堆的事，没个动秤儿的，没来由为人家的事瞎闹了这些日子，当什么呢？正经那有事的人还在家里受用，死活不知，还听见说要锣鼓喧天的摆酒唱戏做生日呢。我可瞎跑他娘的腿子！”一面说，一面往地下啐了一口，又骂平儿。

凤姐听了，气的干咽，要和他分证；想了一想，又忍住了，勉强陪笑道：“何苦来生这么大气！大清早起，和我叫喊什么？谁叫你应了人家的事！你既应了，就得耐烦些，少不得替人家办办。也没见这个人自己有为难的事，还有心肠唱戏摆酒的闹。”贾琏道：“你可说么，你明儿倒也问问他！”凤姐诧异道：“问谁？”贾琏道：“问谁！问你哥哥。”凤姐道：“是他吗？”贾琏道：“可不是他，还有谁呢！”凤姐忙问道：“他又有什么事，叫你替他跑？”贾琏道：“你还在罈子里呢。”凤姐道：“真真这就奇了，我连一个字儿也不知道。”贾琏道：“你怎么能知道呢？这个事连太太和姨太太还不知道呢。头一件怕太太和姨太太不放心，二则你身上又常嚷不好，所以我在外头压住了，不叫里头知道的。说起来，真真可人恼，你今儿不问我，我也不便告诉你。你打量你哥哥行事像个人呢，你知道外头人都叫他什么？”凤姐道：“叫他什么？”贾琏道：“叫他什么，叫他‘忘仁’！”凤姐“扑哧”的一笑：“他可不叫王仁，叫什么呢？”贾琏道：“你打量那个王仁吗？是忘了仁义礼智信的那个‘忘仁’哪！”凤姐道：“这是什么人这么刻薄嘴儿遭塌人。”贾琏道：“不是遭塌他吗！今儿索性告诉你，你也不知道知道你那哥哥的好处。到底知道他给他二叔做生日呵！”凤姐想了一想，道：“嗳哟！可是呵，我还忘了问你，二叔不是冬天的生日吗？我记得年年都是宝玉去。前者老爷陞了，二叔那边送过戏来，我还偷偷儿的说：‘二叔为人是最啬刻的，比不得大舅太爷。他们各自家里还乌眼鸡似的。不么，昨儿大舅太爷没了，你瞧他是个兄弟，他还出了个头儿揽了个事儿吗？’所以那一天说，赶他的生日，咱们还他一班子戏，省了亲戚跟前落亏欠。如今这么早就做生日，也不知道是什么意思。”贾琏道：“你还作梦呢！他一到京，接着舅太爷的首尾就开了一个弔，他怕咱们知道拦他，所以没告诉咱们，弄了好几千银子。后来二舅嗔着他，说他不该一网打尽。他吃不住了，变了个法子，就指着你们二叔的生日撒了个网，想着再弄几个钱，好打点二舅太爷不生气。也不管亲戚朋友冬天夏天的，人家知道不知道，这么丢脸！你知道我起早为什么？这如今因海疆的事情，御史参了一本，说是大舅太爷的亏空，本员已故，应着落其弟王子胜、侄王仁赔补。爷儿两个急了，找了我给他们托人情。我见他们吓的那么个样儿，再者又关係太太和你，我才应了。想着找找总理内庭都检点老裘替办办，或者前任后任挪移挪移。偏又去晚了，他进里头去了，我白起来跑了一趟。他们家里还那里定戏摆酒呢。你说说，叫人生气不生气？”

凤姐听了，才知王仁所行如此。但她素性要强护短，听贾琏如此说，便道：“凭他怎么样，到底是你的亲大舅儿。再者，这件事死的大太爷、活的二叔都感激你。罢了，没什么说的，我们家的事，少不得我低三下四的求你了，省的带累别人受气，背地里骂我。”说着，眼泪早流下来，掀开被窝，一面坐起来，一面挽头髪，一面披衣裳。贾琏道：“你倒不用这么着，是你哥哥不是人，我并没说你呀。况且我出去了，你身上又不好，我都起来了，她们还睡觉，咱们老辈子有这个规矩么？你如今作好好先生，不管事了。我说了一句，你就起来，明儿我要嫌这些人，难道你都替了她们么？好没意思啊！”凤姐听了这些话，才把泪止住了，说道：“天呢不早了，我也该起来了。你有这么说的，你替他们家在心的办办，那就是你的情分了。再者，也不光为我，就是太太听见也喜欢。”贾琏道：“是了，知道了。‘大萝葡还用屎浇’？”平儿道：“奶奶这么早起来做什么？那一天奶奶不是起来有一定的时候儿呢。爷也不知是那里的邪火，拿着我们出气。何苦来呢！奶奶也算替爷挣够了，那一点儿不是奶奶挡头阵？不是我说，爷把现成儿的也不知吃了多少，这会子替奶奶办了一点子事，又关会着好几层儿呢，就是这么拿糖作醋的起来，也不怕人家寒心。况且这也不单是奶奶的事呀！我们起迟了，原该爷生气，左右到底是奴才呀。奶奶跟前，尽着身子累的成了个病包儿了，这是何苦来呢！”说着，自己的眼圈儿也红了。那贾琏本是一肚子闷气，那里见得这一对娇妻美妾又尖利又柔情的话呢，便笑道：“够了，算了罢！她一个人就够使的了，不用你帮着。左右我是外人，多早晚我死了，你们就清淨了。”凤姐道：“你也别说那个话，谁知道谁怎么样呢？你不死，我还死呢，早死一天早心淨！”说着，又哭起来。平儿只得又劝了一回。

那时天已大亮，日影横窗。贾琏也不便再说，站起来出去了。这里凤姐自己起来，正在梳洗，忽见王夫人那边小丫头过来道：“太太说了，叫问二奶奶今日过舅太爷那边去不去？要去，说叫二奶奶同着宝二奶奶一路去呢。”凤姐因方才一段话，已经灰心丧意，恨娘家不给争气，又兼昨夜园中受了那一惊，也实在没精神，便说道：“你先回太太去，我还有一两件事没办清，今日不能去。况且他们那又不是什么正经事。宝二奶奶要去，各自去罢。”小丫头答应着，回去回覆了。不在话下。

且说凤姐梳了头，换了衣服，想了想，虽然自己不去，也该带个信儿；再者，宝钗还是新媳妇，出门子自然要过去照应照应的。于是见过王夫人，支吾了一件事，便过来到宝玉房中。只见宝玉穿着衣服，歪在炕上，两个眼睛呆呆的看宝钗梳头。凤姐站在门口，还是宝钗一回头看见了，连忙起身让坐。宝玉也爬起来，凤姐才笑嘻嘻的坐下。宝钗因说麝月道：“你们瞧着二奶奶进来，也不言语声儿。”麝月笑着道：“二奶奶头里进来就摆手儿不叫言语么。”凤姐因向宝玉道：“你还不走，等什么呢？没见这么大人了，还是这么小孩子气的。人家各自梳头，你爬在旁边看什么？成日家一块子在屋里，还看不够？也不怕丫头们笑话？”说着，“哧”的一笑，又瞅着他咂嘴儿。宝玉虽也有些不好意思，还不理会，把个宝钗直臊的满脸飞红，又不好听着，又不好说什么。只见袭人端过茶来，只得搭讪着，自己递了一袋烟。凤姐儿笑着站起来接了，道：“二妹妹，你别管我们的事，你快穿衣服罢。”

宝玉一面也搭讪着，找这个弄那个。凤姐道：“你先去罢，那里有个爷们等着奶奶们一块儿走的理呢？”宝玉道：“我只是嫌我这衣裳不大好，不如前年穿着老太太给的那件雀金呢好。”凤姐因怄他道：“你为什么不穿？”宝玉道：“穿着太早些。”凤姐忽然想起，自悔失言，幸亏宝钗也和王家是内亲，只是那些丫头们跟前，已经不好意思了。袭人却接着说道：“二奶奶还不知道呢，就是穿得，他也不穿了。”凤姐儿道：“这是什么原故？”袭人道：“告诉二奶奶，真真是我们这位爷的行事都是天外飞来的。那一年因二舅太爷的生日，老太太给了他这件衣裳，谁知那一天就烧了。我妈病重了，我没在家。那时候还有晴雯妹妹呢，听见说，病着整给他补了一夜，第二天老太太才没瞧出来呢。去年那一天，上学天冷，我叫茗烟拿了去给他披披。谁知这位爷见了这件衣裳，想起晴雯来了，说了总不穿了，叫我给他收一辈子呢。”凤姐不等说完，便道：“你提晴雯，可惜了儿的！那孩子模样儿手儿都好，就只嘴头子利害些。偏偏儿的太太不知听了那里的谣言，活活儿的把个小命儿要了。还有一件事，那一天我瞧见厨房里柳家的女人，她女孩儿叫什么五儿，那丫头长的和晴雯脱了个影儿似的。我心里要叫她进来，后来我问她妈，她妈说是很愿意。我想着宝二爷屋里的小红跟了我去，我还没还他呢，就把五儿补过来。平儿说：‘太太那一天说了，凡像那个样儿的都不叫派到宝二爷屋里呢。’我所以也就搁下了。这如今宝二爷也成了家了，还怕什么呢？不如我就叫她进来。可不知宝二爷愿意不愿意？要想着晴雯，只瞧见这五儿就是了。”宝玉本要走，听见这些话已呆了。袭人道：“为什么不愿意？早就要弄了来的，只是因为太太的话说的结实罢了。”凤姐道：“那么着，明儿我就叫她进来。太太的跟前有我呢。”宝玉听了，喜不自胜，才走到贾母那边去了。这里宝钗穿衣服。

凤姐儿看他两口儿这般恩爱缠绵，想起贾琏方才那种光景，好不伤心，坐不住，便起身向宝钗笑道：“我和你向老太太屋里去罢。”笑着出了房门，一同来见贾母。宝玉正在那里回贾母往舅舅家去。贾母点头说道：“去罢，只是少吃酒，早些回来。你身子才好些。”宝玉答应着出来，刚走到院内，又转身回来，向宝钗耳边说了几句不知什么。宝钗笑道：“是了，你快去罢。”将宝玉催着去了。这贾母和凤姐、宝钗说了没三句话，只见秋纹进来传说：“二爷打发茗烟转来说，请二奶奶。”宝钗说道：“他又忘了什么，又叫他回来？”秋纹道：“我叫小丫头问了，茗烟说是‘二爷忘了一句话，二爷叫我回来告诉二奶奶：若是去呢，快些来罢；若不去呢，别在风地里站着。’”说的贾母、凤姐并地下站着的众老婆子、丫头都笑了。宝钗飞红了脸，把秋纹啐了一口，说道：“好个糊涂东西！这也值得这样慌慌张张跑了来说？”秋纹也笑着回去叫小丫头去骂茗烟。那茗烟一面跑着，一面回头说道：“二爷把我巴巴的叫下马来，叫回来说的。我若不说，回来对出来，又骂我了。这会子说了，她们又骂我。”那丫头笑着跑回来说了。贾母向宝钗道：“你去罢，省得他这么记挂。”说的宝钗站不住，又被凤姐怄她玩笑，正没好意思，才走了。

只见散花寺的姑子大了来了，给贾母请安，见过了凤姐，坐着吃茶。贾母因问她：“这一向怎么不来？”大了道：“因这几日庙中作好事，有几位诰命夫人不时在庙里起坐，所以不得空儿来。今日特来回老祖宗，明儿还有一家作好事，不知老祖宗高兴不高兴，若高兴，也去随喜随喜。”贾母便问：“做什么好事？”大了道：“前月为王大人府里不干淨，见神见鬼的。偏生那太太夜间又看见去世的老爷。因此昨日在我庙里告诉我，要在散花菩萨跟前许愿烧香，做四十九天的水陆道场，保佑家口安宁，亡者升天，生者获福。所以我不得空儿来请老太太的安。”

却说凤姐素日最厌恶这些事的，自从昨夜见鬼，心中总是疑疑惑惑的，如今听了大了这些话，不觉把素日的心性改了一半，已有三分信意，便问大了道：“这散花菩萨是谁？他怎么就能避邪除鬼呢？”大了见问，便知她有些信意，便说道：“奶奶今日问我，让我告诉奶奶知道：这个散花菩萨来历根基不浅，道行非常。生在西天大树国中，父母打柴为生。养下菩萨来，头长三角，眼横四目，身长三尺，两手拖地。父母说这是妖精，便弃在冰山之后了。谁知这山上有一个得道的老猢狲出来打食，看见菩萨顶上白气冲天，虎狼远避，知道来历非常，便抱回洞中抚养。谁知菩萨带了来的聪慧，禅也会谈，与猢狲天天谈道参禅，说的天花散漫缤纷。至一千年后飞升了。至今山上犹见谈经之处，天花散漫，所求必灵，时常显圣，救人苦厄。因此世人才盖了庙，塑了像供奉。”凤姐道：“这有什么凭据呢？”大了道：“奶奶又来搬驳了。一个佛爷可有什么凭据呢？就是撒谎，也不过哄一两个人罢咧，难道古往今来多少明白人都被他哄了不成？奶奶只想，惟有佛家香火历来不绝，他到底是祝国祝民，有些灵验，人才信服。”凤姐听了，大有道理，因道：“既这么，我明儿去试试。你庙里可有籤？我去求一籤，我心里的事，籤上批的出？批的出来，我从此就信了。”大了道：“我们的籤最是灵的，明儿奶奶去求一籤就知道了。”贾母道：“既这么着，索性等到后日初一，你再去求。”说着，大了吃了茶，到王夫人各房里去请了安回去，不提。

这里凤姐勉强扎挣着，到了初一清早，令人预备了车马，带着平儿并许多奴仆，来至散花寺。大了带了众姑子接了进去。献茶后，便洗手至大殿上焚香。那凤姐儿也无心瞻仰圣像，一秉虔诚，磕了头，举起籤筒，默默的将那见鬼之事并身体不安等故，祝告了一回，才摇了三下，只听“唰”的一声，筒中撺出一支籤来。于是叩头，拾起一看，只见写着“第三十三籤，上上大吉。”大了忙查籤薄看时，只见上面写着“王熙凤衣锦还乡”。凤姐一见这几个字，吃一大惊，惊问大了道：“古人也有叫王熙凤的么？”大了笑道：“奶奶最是通今博古的，难道汉朝的王熙凤求官的这一段事也不晓得？”周瑞家的在旁笑道：“前年李先儿还说这一回书的，我们还告诉她重着奶奶的名字，不要叫呢。”凤姐笑道：“可是呢，我倒忘了。”说着，又瞧底下的，写的是：

去国离乡二十年，于今衣锦返家园。蜂採百花成蜜后，为谁辛苦为谁甜？行人至。音信迟。讼宜和。婚再议。

看完也不甚明白。大了道：“奶奶大喜。这一籤巧得很，奶奶自幼在这里长大，何曾回南京去了？如今老爷放了外任，或者接家眷来，顺便还家，奶奶可不是‘衣锦还乡’了？”一面说，一面抄了个籤经交与丫头。凤姐也半疑半信的。大了摆了斋来，凤姐只动了一动，放下了要走，又给了香银。大了苦留不住，只得让她走了。凤姐回至家中，见了贾母、王夫人等，问起籤来，命人一解，都欢喜非常：“或者老爷果有此心，咱们走一趟也好。”凤姐儿见人人这么说，也就信了。不在话下。

却说宝玉这一日正睡午觉，醒来不见宝钗，正要问时，只见宝钗进来。宝玉问道：“那里去了，半日不见？”宝钗笑道：“我给凤姐姐瞧一回籤。”宝玉听说，便问是怎么样的。宝钗把籤帖念了一回，又道：“家中人人都说好的。据我看，这‘衣锦还乡’四字里头还有原故，后来再瞧罢了。”宝玉道：“你又多疑了，妄解圣意。‘衣锦还乡’四字，从古至今都知道是好的，今儿你又偏生看出缘故来了。依你说，这‘衣锦还乡’还有什么别的解说？”宝钗正要解说，只见王夫人那边打发丫头过来请二奶奶。宝钗立刻过去。未知何事，下回分解。

第 102 回 宁国府骨肉病灾祲 大观园符水驱妖孽

话说王夫人打发人来唤宝钗，宝钗连忙过来，请了安。王夫人道：“你三妹妹如今要出嫁了，只得你们作嫂子的大家开导开导她，也是你们姊妹之情。况且她也是个明白孩子，我看你们两个也很合的来。只是我听见说，宝玉听见他三妹妹出门子，哭的了不得，你也该劝劝他。如今我的身子是十病九痛的，你二嫂子也是三日好两日不好。你还心地明白些，诸事也别说只管吞着，不肯得罪人，将来这一番家事，都是你的担子。”宝钗答应着。王夫人又说道：“还有一件事，你二嫂子昨儿带了柳家媳妇的丫头来，说补在你们屋里。”宝钗道：“今日平儿才带过来，说是太太和二奶奶的主意。”王夫人道：“是吻，你二嫂子和我说，我想也没要紧，不便驳她的回。只是一件，我见那孩子眉眼儿上头也不是个很安顿的。起先为宝玉房里的丫头狐狸似的，我撵了几个，那时候你也知道，不然你怎么搬回家去了呢。如今有你，自然不比先前了。我告诉你，不过留点神儿就是了。你们屋里，就是袭人那孩子还可以使得。”宝钗答应了，又说了几句话，便过来了。饭后到了探春那边，自有一番殷勤劝慰之言，不必细说。

次日，探春将要起身，又来辞宝玉。宝玉自然难割难分。探春便将纲常大体的话说的宝玉始而低头不语，后来转悲作喜，似有醒悟之意。于是探春放心辞别众人，竟上轿登程，水舟车陆而去。

先前众姊妹们都住在大观园中，后来贾妃薨后，也不修葺。到了宝玉娶亲，林黛玉一死，史湘云回去，宝琴在家住着，园中人少，况兼天气寒冷，李纨姊妹、探春、惜春等俱挪回旧所。到了花朝月夕，依旧相约顽耍。如今探春一去，宝玉病后不出屋门，益发没有高兴的人了。所以园中寂寞，只有几家看园的人住着，那日，尤氏过来送探春起身，因天晚省得套车，便从前年在园里开通宁府的那个便门里走过去了。觉得凄凉满目，台榭依然，女墙一带都种作园地一般，心中怅然如有所失。因到家中，便有些身上发热，扎挣一两天，竟躺倒了。日间的发烧犹可，夜里身热异常，便谵语绵绵。贾珍连忙请了大夫看视。说感冒起的，如今缠经，入了足阳明胃经，所以谵语不清，如有所见，有了大秽，即可身安。尤氏服了两剂，并不稍减，更加发起狂来。

贾珍着急，便叫贾蓉来，打听外头有好医生，再请几位来瞧瞧。贾蓉回道："前儿这位太医是最兴时的了。只怕我母亲的病不是药治得好的。"贾珍道："胡说！不吃药，难道由他去罢？"贾蓉道："不是说不治。为的是前日母亲从西府去，回来是穿着园子里走来家的，一到了家，就身上发烧，别是撞客着了罢。外头有个毛半仙，是南方人，卦起的很灵，不如请他来占卦占卦。看有信儿呢，就依着他，要是不中用，再请别的好大夫来。"

贾珍听了，即刻叫人请来。坐在书房内喝了茶，便说："府上叫我，不知占什么事？"贾蓉道："家母有病，请教一卦。"毛半仙道："既如此，取淨水洗手，设下香案。让我起出一课来看就是了。"一时，下人安排定了。他便怀里掏出卦筒来，走到上头，恭恭敬敬的作了一个揖，手内摇着卦筒，口里念道："伏以太极两仪，絪緼交感。图书出而变化不穷，神圣作而诚求必应。兹有信官贾某，为因母病，虔请伏羲、文王、周公、孔子四大圣人，鉴临在上，诚感则灵，有凶报凶，有吉报吉。先请内象三爻。"说着，将筒内的钱倒在盘内，说"有灵的，头一爻就是'交'。"拿起来又摇了一摇，倒出来，说是"单"。第三爻又是"交"。检起钱来，嘴里说是："内爻已示，更请外象三爻，完成一卦。"起出来，是"单、拆、单"。那毛半仙收了卦筒和铜钱，便坐下问道："请坐，请坐。让我来细细的看看。这个卦乃是'未济'之卦。世爻是第三爻，午火兄弟劫财，晦气是一定该有的。如今尊驾为母问病，用神是初爻，真是父母爻动出官鬼来。五爻上又有一层官鬼，我看令堂太夫人的病是不轻的。还好，还好，如今子亥之水休囚，寅木动而生火。世爻上动出一个子孙来，倒是克鬼的。况且日月生身，再隔两日，子水官鬼落空，交到戌日就好了。但是父母爻上变鬼，恐怕令尊大人也有些关碍。就是本身世爻，比劫过重，到了水旺土衰的日子，也不好。"说完了，便嘬着鬍子坐着。

贾蓉起先听他捣鬼，心里忍不住要笑，听他讲的卦理明白，又说生怕父亲也不好，便说道："卦是极高明的，但不知我母亲到底是什么病？"毛半仙道："据这卦上，世爻午火变水相克，必是寒火凝结。若要断得清楚，揲蓍也不大明白，除非用'大六壬'才断得准。"贾蓉道："先生都高明的么？"毛半仙道："知道些。"贾蓉便要请教，报了一个时辰。毛先生便画了盘子，将神将排定算去，是戌上白虎，"这课叫做'魄化课'。大凡白虎乃是凶将，乘旺象气受制，便不能为害。如今乘着死神死煞，及时令囚死，则为饿虎，定是伤人。就如魄神受惊消散，故名'魄化'。这课象说是人身丧鬼，忧患相仍，病多丧死，讼有忧惊。按象有日暮虎临，必定是傍晚得病的。象内说，凡占此课，必定旧宅有伏虎作怪，或有形响。如今尊驾为大人而占，正合着虎在阳忧男，在阴忧女。此课十分凶险呢。"贾蓉没有听完，唬得面上失色道："先生说得很是。但与那卦又不大相合，到底有妨碍么？"毛半仙道："你不用慌，待我慢慢的再看。"低着头又咕哝了一会子，便说："好了，有救星了！算出巳上有贵神救解，谓之'魄化魂归'。先忧后喜，是不妨事的，只要小心些就是了。"

贾蓉奉上卦金，送了出去，回禀贾珍，说是："母亲的病是在旧宅傍晚得的，为撞着什么伏尸白虎。"贾珍道："你说你母亲前日从园里走回来的，可不是那里撞着的。你还记得你二婶娘到园里去，回来就病了？她虽没有见什么，后来那些丫头老婆们都说是山子上一个毛烘烘的东西，眼睛有灯笼大，还会说话，把她二奶奶赶了回来，唬出一场病来。"贾蓉道："怎么不记得！我还听见宝二叔家的茗烟说，晴雯是做了园里芙蓉花的神了，林姑娘死了，半空里有音乐，必定她也是管什么花儿了。想这许多妖怪在园里，还了得！头里人多阳气重，常来常往不打紧。如今冷落的时候，母亲打那里走，还不知踹了什么花儿呢，不然，就是撞着那一个。那卦也还算是准的。"贾珍道："到底说有妨碍没有呢？"贾蓉道："据他说，到了戌日就好了。只愿早两天好，或除两天才好。"贾珍道："这又是什么意思？"贾蓉道："那先生若是这样准，生怕老爷也有些不自在。"

正说着，里头喊说"奶奶要坐起到那边园里去，丫头们都按捺不住。"贾珍等进去安慰定了。只闻尤氏嘴里乱说："穿红的来叫我，穿绿的来赶我！"地下这些人又怕又好笑。贾珍便命人买些纸钱，送到园里烧化。果然那夜出了汗，便安静些。到了戌日，也就渐渐的好起来。

由是，一人传十，十人传百，都说大观园中有了妖怪。唬得那些看园的人也不修花补树，灌溉果蔬。起先晚上不敢行走，以致鸟兽逼人，甚至日里也是约伴持械而行。过了些时，果然贾珍患病。竟不请医调治，轻则到园化纸许愿，重则详星拜斗。贾珍方好，贾蓉等相继而病。如此接连数月，闹得两府俱怕。从此风声鹤唳，草木皆妖。园中出息，一概全蠲，各房月例，重新添起，反弄得荣府中更加拮据。那些看园的没有了想头，个个要离此处，每每造言生事，便将花妖树怪编派起来，各要搬出，将园门封固，再无人敢到园中。以致崇楼高阁，琼馆瑶台，皆为禽兽所栖。

却说晴雯的表兄吴贵正住在园门口，他媳妇自从晴雯死后，听见说作了花神，每日晚间便不敢出门。这一日，吴贵出门买东西，回来晚了。那媳妇子本有些感冒着了，日间吃错了药，晚上吴贵到家，已死在炕上。外面的人因那媳妇子不妥当，便都说妖怪爬过牆吸了精去死的。于是老太太着急的了不得，替另派了好些人将宝玉的住房围住，巡逻打更。这些小丫头们还说，有的看见红脸的，有的看见很俊的女人的，吵嚷不休。唬得宝玉天天害怕。亏得宝钗有把持的，听得丫头们混说，便唬吓着要打，所以那些谣言略好些。无奈各房的人都是疑人疑鬼的不安静，也添了人坐更，于是更加了好些食用。

独有贾赦不大很信，说："好好园子，那里有什么鬼怪！"挑了个风清日暖的日子，带了好几个家人，手内持着器械，到园踹看动静。众人劝他不依。到了园中，果然阴气逼人。贾赦还扎挣前走，跟的人都探头缩脑。内中有个年轻的家人，心内已经害怕，只听"呼"的一声，回过头来，只见五色灿烂的一件东西跳过去了，唬得"嗳哟"一声，腿子发软，便躺倒了。贾赦回身查问，那小子喘嘘嘘的回道："亲眼看见一个黄脸红鬚绿衣青裳一个妖怪走到树林子后头山窟窿里去了。"贾赦听了，便也有些胆怯，问道："你们都看见么？"有几个推顺水船儿的回说："怎么没瞧见，因老爷在头里，不敢惊动罢了。奴才们还撑得住。"说得贾赦害怕，也不敢再走，急急的回来，吩咐小子们："不要提及，只说看遍了，没有什么东西。"心里实也相信，要到真人府里请法官驱邪。岂知那些家人无事还要生事，今见贾赦怕了，不但不瞒着，反添些穿凿，说得人人吐舌。

贾赦没法，只得请道士到园作法事，驱邪逐妖。择吉日，先在省亲正殿上铺排起坛场，上供三清圣像，旁设二十八宿并马、赵、温、周四大将，下排三十六天将图像。香花灯烛设满一堂，钟鼓法器排两边，插着五方旗号。道纪司派定四十九位道众的执事，淨了一天的坛。三位法官行香取水毕，然后擂起法鼓，法师们俱戴上七星冠，披上九宫八卦的法衣，踏着登云履，手执牙笏，便拜表请圣。又念了一天的消灾驱邪接福的《洞元经》，以后便出榜召将。榜上大书"太乙混元上清三境灵宝符录演教大法师行文敕令本境诸神到坛听用。"

那日，两府上下爷们仗着法师擒妖，都到园中观看，都说："好大法令！呼神遣将的闹起来，不管有多少妖怪也唬跑了。"大家都挤到坛前。只见小道士们将旗幡举起，按定五方站住，伺候法师号令。三位法师，一位手提宝剑，拿着法水；一位捧着七星皂旗；一位举着桃木打妖鞭，立在坛前。只听法器一停，上头令牌三下，口中念念有词，那五方旗便团团散布。法师下坛，叫本家领着到各处楼阁殿亭，房廊屋舍，山崖水畔，洒了法水，将剑指画了一回。回来连击牌令，将七星旗祭起，众道士将旗幡一聚，接下打怪鞭望空打了三下。本家众人都道拿住妖怪，争着要看，及到跟前，并不见有什么形响。只见法师叫众道士拿取瓶罐，将妖收下，加上封条。法师朱笔书符收禁，令人带回在本观塔下镇住，一面撤坛谢将。

贾赦恭敬叩谢了法师。贾蓉等小弟兄背地都笑个不住，说："这样的大排场，我打量拿着妖怪给我们瞧瞧，到底是些什么东西，那里知道是这样收罗，究竟妖怪拿去了没有？"贾珍听见，骂道："糊涂东西！妖怪原是聚则成形，散则成气，如今多少神将在这里，还敢现形吗？无非把这妖气收了，便不作祟，就是法力了。"众人将信将疑，且等不见响动再说。那些下人只知妖怪被擒，疑心去了，便不大惊小怪，往后果然没人提起了。贾珍等病愈复原，都道法师神力。独有一个小子笑说道："头里那些响动，我也不知道，就是跟着大老爷进园这一日，明明是个大公野鸡飞过去了，拴儿吓离了眼，说得活像。我们都替他圆了个谎，大老爷就认真起来。倒瞧了个很热闹的坛场。"众人虽然听见，那里肯信，究无人住。

一日，贾赦无事，正想要叫几个家下人搬住园中，看守房屋，惟恐夜晚藏匿奸人。方欲传出话去，只见贾琏进来，请了安，回说今日到他大舅家去，听见一个荒信，"说是二叔被节度使参进来，为的是失察属员，重徵粮米，请旨革职的事。"贾赦听了，吃惊道："只怕是谣言罢？前儿你二叔带书子来说，探春于某日到了任所，择了某日吉时，送了你妹子到了海疆，路上风恬浪静，合家不必挂念。还说节度认亲，倒设席贺喜，那里有做了亲戚倒提参起来的？且不必言语，快到吏部打听明白，就来回我。"

贾琏即刻出去，不到半日回来，便说："才到吏部打听，果然二叔被参。题本上去，亏得皇上的恩典，没有交部，便下旨意，说是：'失察属员，重徵粮米，苛虐百姓，本应革职，姑念初膺外任，不谙吏治，被属员蒙蔽，着降三级，加恩仍以工部员外上行走，并令即日回京。'这信是准的。正在吏部说话的时候，来了一个江西引见知县，说起我们二叔是很感激的。但说是个好上司，只是用人不当，那些家人在外招摇撞骗，欺凌属员，已经把好名声都弄坏了。节度大人早已知道，也说我们二叔是个好人。不知怎么样，这回又参了。想是忒闹得不好，恐将来弄出大祸，所以借了一件失察的事情参的，倒是避重就轻的意思，也未可知。"贾赦未听说完，便叫贾琏："先去告诉你婶子知道，且不必告诉老太太就是了。"贾琏去回王夫人。未知有何话说，下回分解。

第 103 回 施毒计金桂自焚身 昧真禅雨村空遇旧

话说贾琏到了王夫人那边，一一的说了。次日，到了部里打点停妥，回来又到王夫人那边，将打点吏部之事告知。王夫人便道："打听准了么？果然这样，老爷也愿意，合家也放心。那外任是何尝做得的？若不是那样的参回来，只怕叫那些混账东西把老爷的性命都坑了呢。"贾琏道："太太那里知道？"王夫人道："自从你二叔放了外任，并没有一个钱拿回来，把家里的倒掏摸了好些去了。你瞧，那些跟老爷去的人，他男人在外头不多几时，那些小老婆子们便金头银面的妆扮起来了，可不是在外头瞒着老爷弄钱？你叔叔便由着他们闹去。若弄出事来，不但自己的官做不成，只怕连祖上的官也要抹掉了呢。"贾琏道："婶子说得很是。方才我听见参了，吓的了不得，直等打听明白才放心。也愿意老爷做个京官，安安逸逸的做几年，才保得住一辈子的声名。就是老太太知道了，倒也是放心的，只要太太说得宽缓些。"王夫人道："我知道。你到底再去打听打听。"

贾琏答应了，才要出来，只见薛姨妈家的老婆子慌慌张张的走来，到王夫人里间屋内，也没说请安，便道："我们太太叫我来告诉这里的姨太太说，我们家了不得了，又闹出事来了！"王夫人听了，便问："闹出什么事来？"那婆子又说："了不得，了不得！"王夫人哼道："糊涂东西！有要紧事你到底说啊！"婆子便说："我们家二爷不在家，一个男人也没有，这件事情出来，怎么办？要求太太打发几位爷们去料理料理。"王夫人听着不懂，便急着道："究竟要爷们去干什么事？"婆子道："我们大奶奶死了。"王夫人听了，便啐道："这种女死了罢咧，也值得大惊小怪的！"婆子道："不是好好儿死的，是混闹死的。快求太太打发人去办办。"说着就要走。王夫人又生气，又好笑，说："这婆子好混账！琏哥儿，倒不如你过去瞧瞧，别理那糊涂东西。"那婆子没听见打发人去，只听见说别理她，她便赌气跑回去了。

这里薛姨妈正在着急，再等不来，好容易见那婆子来了，便问："姨太太打发谁来？"婆子叹说道："人最不要有急难事。什么好亲好眷，看来也不中用。姨太太不但不肯照应我们，倒骂我糊涂。"薛姨妈听了，又气又急道："姨太太不管，你姑奶奶怎么说了？"婆子道："姨太太既不管，我们家的姑奶奶自然更不管了。没有去告诉。"薛姨妈啐道："姨太太是外人，姑娘是我养的，怎么不管！"婆子一时省悟道："是啊，这么着我还去。"

正说着，只见贾琏来了，给薛姨妈请了安，道了恼，回说："我婶子知道弟妇死了，问老婆子，再说不明，着急得很，打发我来问个明白，还叫我在这里料理。该怎么样，姨太太只管说了办去。"薛姨妈本来气得干哭，听见贾琏的话，便笑着说："倒要二爷费心。我说姨太太是待我最好的，都是这老货说不清，几乎误了事。请二爷坐下，等我慢慢的告诉你。"便说："不为别的事，为的是媳妇不是好死的。"贾琏道："想是为兄弟犯事，怨命死的？"薛姨妈道："若这样倒好了。前几个月头里，她天天蓬头赤脚的疯闹，后来听见你兄弟问了死罪，她虽哭了一场，以后倒擦脂抹粉的起来。我若说她，又要吵个了不得，我总不理她。有一天，不知怎么样来要香菱去作伴，我说：'你放着宝蟾，还要香菱做什么？况且香菱是你不爱的，何苦招气生？'她必不依。我没法儿，便叫香菱到她屋里去。可怜这香菱不敢违我的话，带着病就去了。谁知道她待香菱很好，我倒喜欢。你大妹妹知道了，说：'只怕不是好心罢。'我也不理会。头几天香菱病着，她倒亲手去做汤给她吃，那知香菱没福，刚端到跟前，她自己烫了手，连碗都砸了。我只说必要迁怒在香菱身上，她倒没生气，自己还拿笤帚扫了，拿水泼淨了地，仍旧两个人很好。昨儿晚上，又叫宝蟾去做了两碗汤来，自己说同香菱一块儿喝。隔了一回，听见她屋里两隻脚蹬响，宝蟾急的乱嚷，以后香菱也嚷着，扶着牆出来叫人。我忙着看去，只见媳妇鼻子眼睛里都流出血来，在地下乱滚，两手在心口乱抓，两脚乱蹬，把我就吓死了。问她也说不出来，只管直嚷，闹了一回就死了。我瞧那光景是服了毒的。宝蟾便哭着来揪香菱，说她把药药死了奶奶了。我看香菱也不是这么样的人，再者，她病的起还起不来，怎么能药人呢？无奈宝蟾一口咬定。我的二爷，这叫我怎么办？只得硬着心肠，叫老婆子们把香菱捆了，交给宝蟾，便把房门反扣了。我同你二妹妹守了一夜，等府里的门开了，才告诉去的。二爷你是明白人，这件事怎么好？"贾琏道："夏家知道了没有？"薛姨妈道："也得撕掳明白了才好报啊。"贾琏道："据我看起来，必要经官才了得下来。我们自然疑在宝蟾身上，别人便说宝蟾为什么药死她奶奶，也是没答对的。若说在香菱身上，竟还装得上。"

正说着，只见荣府女人们进来说："我们二奶奶来了。"贾琏虽是大伯子，因从小儿见的，也不回避。宝钗进来见了母亲，又见了贾琏，便往里间屋里同宝琴坐下。薛姨妈也将前事告诉一遍。宝钗便说："若把香菱捆了，可不是我们也说是香菱药死的了么？妈妈说这汤是宝蟾做的，就该捆起宝蟾来问她呀！一面便该打发人报夏家去，一面报官的是。"薛姨妈听见有理，便问贾琏。贾琏道："二妹子说得很是。报官还得我去托了刑部里的人，相验问口供的时候，有照应得。只是要捆宝蟾放香菱，倒怕难些。"薛姨妈道："并不是我要捆香菱，我恐怕香菱病中受冤着急，一时寻死，又添了一条人命，才捆了交给宝蟾，也是一个主意。"贾琏道："虽是这么说，我们倒帮了宝蟾了。若要放都放，要捆都捆，她们三个人是一处的。只要叫人安慰香菱就是了。"薛姨妈便叫人开门进去，宝钗就派了带来几个女人帮着捆宝蟾。只见香菱已哭得死去活来。宝蟾反得意洋洋，以后见人要捆她，便乱嚷起来。那禁得荣府的人吆喝着，也就捆了。竟开着门，好叫人看着。这里报夏家的人已经去了。

那夏家先前不住在京里，因近年消索，又记挂女儿，新近搬进京来。父亲已没，只有母亲，又过继了一个混账儿子，把家业都花完了，不时的常到薛家。那金桂原是个水性人儿，那里守得住空房，况兼天天心里想念薛蝌，便有些飢不择食的光景。无奈她这一干兄弟又是个蠢货，虽也有些知觉，只是尚未入港。所以金桂时常回去，也帮贴他些银钱。这些时正盼金桂回家，只见薛家的人来，心里就想又拿什么东西来了。不料说这里姑娘服毒死了，他便气得乱嚷乱叫。金桂的母亲听见了，更哭喊起来，说："好端端详女孩儿在他家，为什么服了毒呢？"哭着喊着的，带了儿子，也等不得僱车，便要走来。那夏家本是买卖人家，如今没了钱，那顾什么脸面。儿子头里就走，她跟了一个破老婆子出了门，在街上啼啼哭哭的僱了一辆破车，便跑到薛家。

进门也不搭话，便"儿"一声、"肉"一声的要讨人命。那时贾琏到刑部托人，家里只有薛姨妈、宝钗、宝琴，何曾见过个阵仗，都吓得不敢则声。便要与她讲理，他们也不听，只说："我女孩儿在你家，得过什么好处？两口朝打暮骂的，闹了几时，还不容他两口子在一处。你们商量着把女婿弄在监里，永不见面。你们娘儿们仗着好亲戚受用也罢了，还嫌她碍眼，叫人药死了她，倒说是服毒，她为什么服毒？"说着，直奔着薛姨妈来。薛姨妈只得后退，说："亲家太太，且请瞧瞧你女儿，问问宝蟾，再说歪话不迟。"那宝钗、宝琴因外面有夏家的儿子，难以出来拦护，只在里边着急。

恰好王夫人打发周瑞家的照看，一进门来，见一个老婆子指着薛姨妈的脸哭骂。周瑞家的知道必是金桂的母亲，便走上来说："这位是亲家太太么？大奶奶自己服毒死的，与我们姨太太什么相干？也不犯这么遭塌呀！"那金桂的母亲问："你是谁？"薛姨妈见有了人，胆子略壮了些，便说："这就是我亲戚贾府里的。"金桂的母亲便说道："谁不知道你们有仗腰子的亲戚，才能够叫姑爷坐在监里。如今我的女孩儿倒白死了不成？"说着，便拉薛姨妈说："你到底把我女儿怎样弄杀了？给我瞧瞧！"周瑞家的一面劝说："只管瞧瞧，用不着拉拉扯扯。"便把手一推。夏家的儿子便跑进来不依，道："你仗着府里的势头儿来打我母亲么？"说着，便将椅子打去，却没有打着。里头跟宝钗的人听见外头闹起来，赶着来瞧，恐怕周瑞家的吃亏，齐打伙的上去，半劝半喝。那夏家的母子索性撒起泼来，说："知道你们荣府的势头儿。我们家的姑娘已经死了，如今也都不要命了！"说着，仍奔薛姨妈拼命。地下的人虽多，那里挡得住，自古说的"一人拼命，万夫莫当。"

正闹到危急之际，贾琏带了七八个家人进来，见是如此，便叫人先把夏家的儿子拉出去，便说："你们不许闹，有话好好儿的说。快将家里收拾收拾，刑部里头的老爷们就来相验了。"金桂的母亲正在撒泼，只见来了一位老爷，几个在头里吆喝，那些人都垂手侍立。金桂的母亲见这个光景，也不知是贾府何人，又见她儿子已被众人揪住，又听见说刑部来验，她心里原想看见女儿尸首，先闹了一个稀烂，再去喊官去，不承望这里先报了官，也便软了些。薛姨妈已吓糊涂了。还是周瑞家的回说："他们来了，也没有去瞧她姑娘，便作践起姨太太来了。我们为好劝她，那里跑进一个野男人，在奶奶们里头混撒村混打，这可不是没有王法了！"贾琏道："这回子不用和他讲理，等一会子打着问他，说：男人有男人的所在，里头都是些姑娘奶奶们，况且有他母亲，还瞧不见他们姑娘么，他跑进来不是要打抢来了么！"家人们做好做歹，压伏住了。周瑞家的仗着人多，便说："夏太太，你不懂事，既来了，该问个青红皂白。你们姑娘是自己服毒死了，不然，便是宝蟾药死她主子了，怎么不问明白，又不看尸首，就想讹人来了呢？我们就肯叫一个媳妇儿白死了不成？现在把宝蟾捆着，因为你们姑娘必要点病儿，所以叫香菱陪着她，也在一个屋里住，故此，两个人都看守在那里，原等你们来眼看看刑部相验，问出道理来才是啊。"

金桂的母亲此时势孤，也只得跟着周瑞家的到她女孩儿屋里，只见满脸黑血，直挺挺的躺在炕上，便叫哭起来。宝蟾见是她家的人来，便哭喊说："我们姑娘好意待香菱，叫她在一块儿住，她倒抽空儿药死我们姑娘！"那时，薛家上下人等俱在，便齐声吆喝道："胡说！昨日奶奶喝了汤才药死的，这汤可不是你做的！"宝蟾道："汤是我做的，端了来，我有事走了，不知香菱起来放些什么在里头药死的。"金桂的母亲听未说完，就奔香菱。众人拦住。薛姨妈便道："这样子是砒霜药的，家里决无此物。不管香菱、宝蟾，终有替她买的，回来刑部少不得问出来，才赖不去。如今把媳妇权放平正，好等官来相验。"众婆子上来抬放。宝钗道："都是男人进来，你们将女人动用的东西检点检点。"只见炕褥底下有一个揉成团的纸包儿。金桂的母亲瞧见，便拾起，打开看时，并没有什么，便撩开了。宝蟾看见道："可不是有了凭据了？这个纸包儿我认得，头几天耗子闹得慌，奶奶家去与舅爷要的，拿回来搁在首饰匣内，必是香菱看见了，拿来药死奶奶的。若不信，你们看看首饰匣里有没有了。"

金桂的母亲便依着宝蟾的所言，取出匣子，只有几支银簪子。薛姨妈便说："怎么好些首饰都没有了？"宝钗叫人打开箱柜，俱是空的，便道："嫂子这些东西被谁拿去？这可要问宝蟾。"金桂的母亲心里也虚了好些，见薛姨妈查问宝蟾，便说："姑娘的东西，她那里知道？"周瑞家的道："亲家太太别这么说呢。我知道宝姑娘是天天跟着大奶奶的，怎么说不知？"这宝蟾见问得紧，又不好胡赖，只得说道："奶奶自己每每带回家去，我管得么？"众人便说："好个亲家太太！哄着拿姑娘的东西，哄完了，叫她寻死，来讹我们。好罢了！回来相验，便是这么说。"宝钗叫人："到外头告诉琏二爷说，别放了夏家的人。"

里面金桂的母亲忙了手脚，便骂宝蟾道："小蹄子！别嚼舌头了！姑娘几时拿东西到我家去？"宝蟾道："如今东西是小，给姑娘偿命是大。"宝琴道："有了东西，就有偿命的人了。快请琏二哥哥问准了夏家的儿子买砒霜的话，回来好回刑部里的话。"金桂的母亲着了急道："这宝蟾必是撞见鬼了，混说起来。我们姑娘何尝买过砒霜？若这么说，必是宝蟾药死了的。"宝蟾急的乱嚷，说："别人赖我也罢了，怎么你们也赖起我来呢？你们不是常和姑娘说，叫她别受委屈，闹得他们家破人亡，那时将东西捲包儿一走，再配一个好姑爷。这个话是有的没有？"金桂的母亲还未及答言，周瑞家的便接口说道："这是你们家的人说的，还赖什么呢？"金桂的母亲恨的咬牙切齿的骂宝蟾说："我待你不错呀！为什么你倒拿话来葬送我呢？回来见了官，我就说是你药死姑娘的。"宝蟾气得瞪着眼说："请太太放了香菱罢，不犯着白害别人。我见官自有我的话。"

宝钗听出这个话头儿来了，便叫人反倒放开了宝蟾，说："你原是个爽快人，何苦白冤在里头？你有话，索性说了，大家明白，岂不完了事了呢？"宝蟾也怕见官受苦，便说："我们奶奶天天抱怨说：'我这样人，为什么碰着这个瞎眼的娘，不配给二爷，偏给了这么个混账糊涂行子。要是能够同二爷过一天，死了也是愿意的。'说到那里，便恨香菱。我起初不理会，后来看见与香菱好了，我只道是香菱教她什么了，不承望昨儿的汤不是好意。"金桂的母亲接说道："益发胡说了！若是要药香菱，为什么倒药了自己呢？"宝钗便问道："香菱，昨日你喝汤来着没有？"香菱道："头几天我病得抬不起头来，奶奶叫我喝汤，我不敢说不喝，刚要扎挣起来，那碗汤已经洒了，倒叫奶奶收拾了个难，我心里很过不去。昨儿听见叫我喝汤，我喝不下去，没有法儿，正要喝的时候儿呢，偏又头晕起来。只见宝蟾姐姐端了去，我正喜欢，刚合上眼，奶奶自己喝着汤，叫我尝尝，我便勉强也喝了。”宝蟾不待说完便道：“是了，我老实说罢。昨儿奶奶叫我做两碗汤，说是和香菱同喝。我气不过，心里想着，香菱那里配我做汤给她喝呢？我故意的一碗里头多抓了一把盐，记了暗记儿，原想给香菱喝的。刚端进来，奶奶却拦着我到外头叫小子们僱车，说今日回家去。我出去说了回来，见盐多的这碗汤在奶奶跟前呢，我恐怕奶奶喝着咸，又要骂我。正没法的时候，奶奶往后头走动，我眼错不见，就把香菱这碗汤换了过来。也是合该如此，奶奶回来就拿了汤去到香菱床边喝着，说：‘你到底尝尝。’那香菱也不觉咸。两个人都喝完了。我正笑香菱没嘴道儿，那里知道这死鬼奶奶要药香菱，必定趁我不在，将砒霜撒上了，也不知道我换碗。这可就是天理昭彰，自害其身了。”于是众人往前后一想，真正一丝不错，便将香菱也放了，扶着她仍旧睡在床上。

不说香菱得放，且说金桂母亲心虚事实，还想辩赖。薛姨妈等你言我语，反要她儿子偿还金桂之命。正然吵嚷，贾琏在外嚷说：“不用多说了！快收拾停当，刑部老爷就到了。”此时惟有夏家母子着忙，想来总要吃亏的，不得已反求薛姨妈道：“千不是，万不是，终是我死的女孩儿不长进，这也是她自作自受。若是刑部相验，到底府上脸面不好看，求亲家太太息了这件事罢。”宝钗道：“那可使不得，已经报了，怎么能息呢？”周瑞家的等人大家做好做歹的劝说：“若要息事，除非夏亲家太太自己出去拦验，我们不提长短罢了。”贾琏在外也将她儿子吓住，他情愿迎到刑部具结拦验。众人依允。薛姨妈命人买棺成殓。不提。

且说贾雨村陞了京兆府尹，兼管税务。一日，出都查勘开垦地亩，路过知机县，到了急流津，正要渡过彼岸，因待人夫，暂且停轿。只见村旁有一座小庙，牆壁坍颓，露出几株古松，倒也苍老。雨村下轿，闲步进庙，但见庙内神像金身脱落，殿宇歪斜，旁有断碣，字蹟模糊，也看不明白。意欲行至后殿，只见一翠柏下荫着一间茅庐，庐中有一个道士合眼打坐。雨村走近看时，面貌甚熟，想着倒像在那里见来的，一时再想不出来。从人便欲吆喝，雨村止住，徐步向前，叫一声：“老道。”那道士双眼微启，微微的笑道：“贵官何事？”雨村便道：“本府出都查勘事件，路过此地，见老道静修自得，想来道行深通，意欲冒昧请教。”那道人说：“来自有地，去自有方。”雨村知是有些来历的，便长揖请问：“老道从何处修来，在此结庐？此庙何名？庙中共有几人？或欲真修，岂无名山？或欲结缘，何不通衢？”那道人道：“葫芦尚可安身，何必名山结舍？庙名久隐，断碣犹存，形影相随，何须修募？岂似那‘玉在卖中求善价，钗于奁内待时飞’之辈耶！”

雨村原是个颖悟人，初听见“葫芦”两字，后闻“玉钗”一对，忽然想起甄士隐的事来。重复将那道士端详一回，见他容貌依然，便屏退从人，问道：“君家莫非甄老先生么？”那道人从容笑道：“什么‘真’，什么‘假’！要知道‘真’即是‘假’，‘假’即是‘真’。”雨村听说出“贾”字来，益发无疑，便从新施礼，道：“学生自蒙慨赠到都，托庇获隽公车，受任贵乡，始知老先生超悟尘凡，飘举仙境。学生虽溯洄思切，自念风尘俗吏，未由再觐仙颜。今何幸于此处相遇！求老仙翁指示愚蒙。倘荷不弃，京寓甚近，学生当得供奉，得以朝夕聆教。”那道人也站起来回礼，道：“我于蒲团之外，不知天地间尚有何物。适才尊官所言，贫道一概不解。”说毕，依旧坐下。雨村复又心疑：“想去若非士隐，何貌言相似若此？离别来十九载，面色如旧，必是修炼有成，未肯将前身说破。但我既遇恩公，又不可当面错过。看来不能以富贵动之，那妻女之私更不必说了。”想罢，又道：“仙师既不肯说破前因，弟子于心何忍！”正要下礼，只见从人进来，禀说：“天色将晚，快请渡河。”雨村正无主意，那道人道：“请尊官速登彼岸，见面有期，迟则风浪顿起。果蒙不弃，贫道他日尚在渡头候教。”说毕，仍合眼打坐。雨村无奈，只得辞了道人出庙。正要过渡，只见一人飞奔而来。未知何事，下回分解。

第 104 回 醉金刚小鳅生大浪 痴公子余痛触前情

话说贾雨村刚欲过渡，见有人飞奔而来，跑到跟前，口称：“老爷，方才进的那庙火起了！”雨村回首看时，只见烈炎烧天，飞灰蔽目。雨村心想，“这也奇怪，我才出来走不多远，这火从何而来？莫非士隐遭劫于此？”欲待回去，又恐误了过河；若不回去，心下又不安。想了一想，便问道：“你方才见这老道士出来了没有？”那人道：“小的原随老爷出来，因腹内疼痛，略走了一走。回头看见一片火光，原来就是那庙中火起，特赶来禀知老爷。并没有见有人出来。”雨村虽则心里狐疑，究竟是名利关心的人，那肯回去看视，便叫那人：“你在这里等火灭了，进去瞧那老道在与不在，即来回禀。”那人只得答应了伺候。

雨村过河，仍自去查看，查了几处，遇公馆便自歇下。明日，又行一程，进了都门，众衙役接着，前呼后拥的走着。雨村坐在轿内，听见轿前开路的人吵嚷。雨村问是何事，那开路的拉了一个人过来，跪在轿前，禀道：“那人酒醉，不知回避，反冲突过来。小的吆喝他，他倒恃酒撒赖，躺在街心，说小的打了他了。”雨村便道：“我是管理这里地方的，你们都是我的子民，知道本府经过，喝了酒不知退避，还敢撒赖！”那人道：“我喝酒是自己的钱，醉了躺的是皇上的地，便是大人老爷也管不得。”雨村怒道：“这人目无法纪，问他叫什么名字。”那人回道：“我叫醉金刚倪二。”雨村听了生气，叫人：“打这金刚，瞧他是金刚不是！”手下把倪二按倒，着实的打了几鞭。倪二负痛，酒醒求饶。雨村在轿内笑道：“原来是这么个金刚么！我且不打你，叫人带进衙门慢慢的问你。”众衙役答应，拴了倪二，拉着便走。倪二哀求，也不中用。雨村进内复旨回曹，那里把这件事放在心上。

那街上看热闹的，三三两两传说：“倪二仗着有些力气，恃酒讹人，今儿碰在贾大人手里，只怕不轻饶的。”这话已传到他妻女耳边。那夜果等倪二不见回家，他女儿便到各处赌场寻觅，那赌博的都是这么说，他女儿急得哭了。众人都道：“你不用着急。那贾大人是荣府的一家。荣府里的一个什么二爷和你父亲相好，你同你母亲去找他说个情，就放出来了。”倪二的女儿听了，想了一想：“果然我父亲常说间壁贾二爷和他好，为什么不找他去？”赶着回来，即和母亲说了。娘儿两个去找贾芸。

那日，贾芸恰在家，见他母女两个过来，便让坐。贾芸的母亲便倒茶。倪家母女即将倪二被贾大人拿去的话说了一遍，“求二爷说情放出来”。贾芸一口应承，说：“这算不得什么，我到西府里说一声就放了。那贾大人全仗我家的西府里才得做了这么大官，只要打发个人去一说就完了。”倪家母女欢喜，回来便到府里告诉了倪二，叫他不用忙，已经求了贾二爷，他满口应承，讨个情便放出来的。倪二听了也喜欢。

不料贾芸自从那日给凤姐送礼不收，不好意思进来，也不常到荣府。那荣府的门上原看着主子的行事，叫谁走动，才有些体面。一时来了，他便进去通报；若主子不大理了，不论本家亲戚，他一概不回，支了去就完事。那日贾芸到府上说：“给琏二爷请安”。门上的说：“二爷不在家，等回来，我们替回罢。”贾芸欲要说“请二奶奶的安”，生恐门上厌烦，只得回家。

又被倪家母女催逼着，说："二爷常说府上是不论那个衙门，说一声谁敢不依。如今还是府里的一家，又不为什么大事，这个情还讨不来，白是我们二爷了。"贾芸脸上下不来，嘴里还说硬话："昨儿我们家里有事，没打发人说去，少不得今儿说了就放。什么大不了的事！"倪家母女只得听信。

岂知贾芸近日大门竟不得进去，绕到后头，要进园内找宝玉，不料园门锁着，只得垂头丧气的回来。想起："那年倪二借银与我，买了香料送给她，才派我种树。如今我没有钱去打点，就把我拒绝。她也不是什么好的，拿着太爷留下的公中银钱在外放加一钱，我们穷本家要借一两也不能。她打量保得住一辈子不穷的了，那知外头的声名很不好。我不说罢了；若说起来，人命官司不知有多少呢！"一面想着，来到家中，只见倪家母女都等着。贾芸无言可支，便说道："西府里已经打发人说了，只言贾大人不依。你还求我们家的奴才周瑞的亲戚冷子兴去才中用。"倪家母女听了，说："二爷这样体面爷们还不中用，若是奴才，是更不中用了。"贾芸不好意思，心里发急道："你不知道，如今的奴才比主子强多着呢！"倪家母女听来无法，只得冷笑几声说："这倒难为二爷白跑了这几天，等我们那一个出来再道乏罢。"说毕出来，另托人将倪二弄了出来，只打了几板，也没有什么罪。

倪二回家，他妻女将贾家不肯说情的话说了一遍。倪二正喝着酒，便生气要找贾芸，说："这小杂种，没良心的东西！头里他没有饭吃，要到府内鑽谋事办，亏我倪二爷帮了他。如今我有了事，他不管！好罢咧，若是我倪二闹出来，连两府里都不干淨！"他妻女忙劝道："嗳！你又喝了黄汤，便是这样有天没日头的，前儿可不是醉了闹的乱子，捱了打，还没好呢，你又闹了。"倪二道："捱了打便怕他不成？只怕拿不着由头！我在监里的时候，倒认得了好几个有义气的朋友，听见他们说起来，不独是城内姓贾的多，外省姓贾的也不少。前儿监里收下了好几个贾家的家人。我倒说这里的贾家小一辈子并奴才们虽不好，他们老一辈的还好，怎么犯了事？我打听打听，说是和这里贾家是一家，都住在外省，审明白了，解进来问罪的，我才放心。若说贾二这小子，他忘恩负义，我便和几个朋友说他家怎样倚势欺人，怎样盘剥小民，怎样强娶有男妇女，叫他们 吵嚷出来，有了风声到了都老爷耳朵里，这一闹起来，叫你们才认得倪二金刚呢！"他女人道："你喝了酒，睡去罢！他又强占谁家的女人来了？没有的事，你不用混说了。"倪二道："你们在家里，那里知道外头的事？前年我在赌场里碰见了小张，说他女人被贾家占了，他还和我商量。我倒劝他，才了事的。但不知这小张如今那里去了，这两年没见。若碰着了他，我倪二出个主意，叫贾老二死给我瞧瞧，好好的孝敬孝敬我倪二太爷才罢了。你倒不理我了！"说罢，倒身躺下，嘴里还是咕咕嘟嘟的说了一回，便睡去了。他妻女只当是醉话，也不理他。明日早起，倪二又往赌场中去了。不提。

且说雨村回到家中，歇息了一夜，将道上遇见甄士隐的事告诉了他夫人一遍。他夫人便埋怨他："为什么不回去瞧一瞧？倘或烧死了，可不是咱们没良心！"说着，掉下泪来。雨村道："他是方外的人了，不肯和咱们在一处的。"正说着，外头传进话来，禀说："前日老爷吩咐瞧火烧庙去的回来了回话。"雨村踱了出来。那衙役打千请了安，回说："小的奉老爷的命回去，也不等火灭，便冒火进去瞧那个道士，岂知他坐的地方多烧了。小的想着那道士必定烧死了。那烧的牆屋往后塌去，道士的影儿都没有，只有一个蒲团，一个瓢儿，还是好好的。小的各处找寻他的尸首，连骨头都没有一点儿。小的恐老爷不信，想要拿这蒲团、瓢儿回来做个証见，小的这么一拿，岂知都成了灰了。"雨村听毕，心下明白，知士隐仙去，便把那衙役打发了出去。回到房中，并没提起士隐火化之言，恐她妇女不知，反生悲感，只说并无形迹，必是他先走了。

雨村出来，独坐书房，正要细想士隐的话，忽有家人传报说："内廷传旨，交看事件。"雨村疾忙上轿进内，只听见人说："今日贾存周江西粮道被参回来，在朝内谢罪。"雨村忙到了内阁，见了各大人，将海疆办理不善的旨意看了，出来即忙找着贾政，先说了些为他抱屈的话，后又道喜，问："一路可好？"贾政也将违别以后的话细细的说了一遍。雨村道："谢罪的本上了去没有？"贾政道："已上去了，等膳后下来看旨意罢。"正说着，只听里头传出旨来叫贾政，贾政即忙进去。各大人有与贾政关切的，都在里头等着。等了好一回，方见贾政出来，看见他带着满头的汗。众人迎上去接着，问："有什么旨意。"贾政吐舌道："吓死人，吓死人！倒蒙各位大人关切，幸喜没有什么事。"众人道："旨意问了些什么？"贾政道："旨意问的是云南私带神枪一案。本上奏明是原任太师贾化的家人，主上一时记着我们先祖的名字，便问起来。我忙着磕头奏明先祖的名字是代化，主上便笑了，还降旨意说：'前放兵部，后降府尹的，不是也叫贾化么？'"那时雨村也在旁边，倒吓了一跳，便问贾政道："老先生怎么奏的？贾政道："我便慢慢奏道：'原任太师贾化是云南人，现任府尹贾某是浙江湖州人。'主上又问'苏州刺史奏的贾范，是你一家了？'我又磕头奏道：'是。'主上便变色道：'纵使家奴强占良民妻女，还成事么？'我一句不敢奏。主上又问道：'贾范是你什么人？'我忙奏道：'是远族。'主上哼了一声，降旨叫出来了。可不是诧事！"众人道："本来也巧，怎么一连有这两件事？"贾政道："事倒不奇，倒是都姓贾的不好。算来我们寒族人多，年代久了，各处都有。现在虽没有事，究竟主上记者一个'贾'字就不好。"众人说："真是真，假是假，怕什么。"贾政道："我心里巴不得不做官，只是不敢告老。现在我们家里两个世袭，这也无可奈何的。"雨村道："如今老先生仍是工部，想来京官是没有事的。"贾政道："京官虽然无事，我究竟做过两次外任，也就说不齐了。"众人道："二老爷的人品行事，我们都佩服的。就是令兄大老爷，也是个好人。只要在令侄辈身上严紧些就是了。"贾政道："我因在家的日子少，舍侄的事情不大查考，我心里也不甚放心。诸位今日提起，都是至相好，或者听见东宅的侄儿家有什么不奉规矩的事么？"众人道："没听见别的，只有几位侍郎心里不大和睦，内监里头也有些。想来不怕什么，只要嘱咐那边令侄诸事留神就是了。"众人说毕，举手而散。

贾政然后回家，众子侄等都迎接上来。贾政迎着请贾母的安，然后众子侄俱请了贾政的安，一同进府。王夫人等已到了荣禧堂迎接。贾政先到了贾母那里拜见了，陈述些违别的话。贾母问探春消息。贾政将许嫁探春的事都禀明了，还说："儿子起身急促，难过重阳，虽没有亲见，听见那边亲家的人来，说的极好。亲家老爷、太太都说请老太太的安。还说今冬明春，大约还可调进京来，这便好了。如今闻得海疆有事，只怕那时还不能调。"贾母始则因贾政降调回来，知探春远在他乡，一无亲故，心下不悦。后听贾政将官事说明，探春安好，也便转悲为喜，便笑着叫贾政出去。然后弟兄相见，众子侄拜见，定了明日清晨拜祠堂。

贾政回到自已屋内，王夫人等见过，宝玉、贾琏替另拜见。贾政见了宝玉果然比起身之时脸面丰满，倒觉安静，并不知他心里煳涂，所以心甚喜欢，不以降调为念，心想："幸亏老太太办理的好。"又见宝钗沉厚更胜先时，兰儿文雅俊秀，便喜形于色。独见环儿仍是先前，究不甚锺爱。歇息了半天，忽然想起："为何今日短了一人？"王夫人知是想着黛玉。前因家书未报，今日又初到家，正是喜欢，不便直告，只说是病着。岂知宝玉的心里已如刀绞，因父亲到家，只得把持心性伺候。王夫人家筵接风，子孙敬酒。凤姐虽是侄媳，现办家事，也随了宝钗等递酒。贾政便叫："递了一巡酒，都歇息去罢。"命众家人不必伺候，待明早拜过宗祠，然后进见。分派已定，贾政与王夫人说些别后的话，余者王夫人都不敢言。倒是贾政先提起王子腾的事来，王夫人也不敢悲戚。贾政又说蟠儿的事，王夫人只说他是自作自受，趁便也将黛玉已死的话告诉。贾政反吓了一惊，不觉掉下泪来，连声叹息。王夫人也掌不住，也哭了。旁边彩云等即忙拉衣，王夫人止住，重又说些喜欢的话，便安寝了。

次日一早，至宗祠行礼，众子侄都随往。贾政便在祠旁厢房坐下，叫了贾珍、贾琏过来，问起家中事务，贾珍拣可说的说了。贾政又道："我初回家，也不便来细细查问。只是听见外头说起你家里更不比往前，诸事要谨慎才好。你年纪也不小了，孩子们该管教管教，别叫他们在外头得罪人。琏儿也该听听。不是才回家便说你们，因我有所闻，所以才说的，你们更该小心些。"贾珍等脸涨通红的，也只答应个"是"字，不敢说什么。贾政也就罢了。回归西府，众家人磕头毕，仍复进内，众女仆行礼，不必多赘。

只说宝玉因昨贾政问起黛玉，王夫人答以有病，他便暗里伤心，直待贾政命他回去，一路上已滴了好些眼泪。回到房中，见宝钗和袭人等说话，他便独坐外间纳闷。宝钗叫袭人送过茶去，知他必是怕老爷查问功课，所以如此，只得过来安慰。宝玉便借此说："你们今夜先睡一回，我要定定神。这时更不如从前，三言可忘两语，老爷瞧了不好。你们睡罢，叫袭人陪着我。"宝钗听去有理，便自己到房先睡。

宝玉轻轻的叫袭人坐着，央她："把紫鹃叫来，有话问她。但是紫鹃见了我，脸上嘴里总是有气似的，须得你去解释开了，她来才好。"袭人道："你说要定神，我倒喜欢，怎么又定到这上头了？有话你明儿问不得！"宝玉道："我就是今晚得闲，明日倘或老爷叫干什么，便没空儿。好姐姐，你快去叫她来。"袭人道："她不是二奶奶叫是不来的。"宝玉道："我所以央你去说明白了才好。"袭人道："叫我说什么？"宝玉道："你还不知道我的心，也不知道她的心么？都为的是林姑娘。你说，我并不是负心的，我如今叫你们弄成了一个负心人了！"说着这话，便瞧瞧里头，用手一指说："她是我本不愿意的，都是老太太她们捉弄的，好端端把一个林妹妹弄死了。就是她死，也该叫我见见，说个明白，她自己死了也不怨我。你是听见三姑娘她们说的，临死恨怨我。那紫鹃为她姑娘，也恨得我了不得。你想，我是无情的人么？晴雯到底是个丫头，也没有什么大好处，她死了，我老实告诉你罢，我还做个祭文去祭她。那时林姑娘还亲眼见的。如今林姑娘死了，莫非倒不如晴雯么？死了连祭都不能祭一祭。林姑娘死了还有知的，她想起来不要更怨我么？"袭人道："你要祭便祭去，要我们做什么？"宝玉道："我自从好了起来，就想要做一首祭文的，不知道我如今一点灵机都没有了。若祭别人呢，胡乱却使得；若是她，断断俗俚不得一点儿的。所以叫紫鹃来问，她姑娘这条心，她打从哪里看出来的。我没病的头里还想得出来，一病以后都不记得。你说林姑娘已经好了，怎么忽然死的？她好的时候我不去，她怎么说？我病时候她不来，她也怎么说？所以她有的东西，我诓了过来，你二奶奶总不叫我动，不知什么意思。"袭人道："二奶奶惟恐你伤心罢了，还有什么？"宝玉道："我不信。既是她这么念我，为什么临死都把诗稿烧了，不留给我作个纪念？又听见说天上有音乐响，必是她成了神，或是登了仙去。我虽见过了棺材，倒底不知道棺材里有她没有。"袭人道："你这话益发糊涂了！怎么一个人不死就搁上一个空棺材当死了人呢？"宝玉道："不是嘎！大凡成仙的人，或是肉身去的，或是脱胎去的。好姐姐，你倒底叫了紫鹃来。"袭人道："如今等我细细的说明了你的心，她若肯来，还好；若不肯来，还得费多少话。就是来了，见你也不肯细说。据我主意，明后日等二奶奶上去了，我慢慢的问她，或者倒可仔细。遇着闲空儿，我再慢慢的告诉你。"宝玉道："你说得也是。你不知道我心里的着急。"

正说着，麝月出来说："二奶奶说，天已四更了，请二爷进去睡罢。袭人姐姐必是说高了兴了，忘了时候儿了。"袭人听了，道："可不是，该睡了，有话明儿再说罢。"宝玉无奈，只得含愁进去，又向袭人耳边道："明儿不要忘了。"袭人笑说："知道了。"麝月笑道："你们两个又闹鬼了。何不和二奶奶说了，就到袭人那边睡去？由着你们说一夜，我们也不管。"宝玉摆手道："不用言语。"袭人恨道："小蹄子！你又嚼舌根，看我明儿撕你！"回转头来对宝玉道："这不是二爷闹的？说了四更的话，总没有完。"说到这里，一面说，一面送宝玉进屋，各人散去。

那夜宝玉无眠，到了明日，还思这事。只闻得外头传进话来，说："众亲朋因老爷回家，都要送戏接风。老爷再四推辞，说：'唱戏不必，竟在家里备了水酒，倒请亲朋过来，大家谈谈。'于是定了后儿摆席请人，所以进来告诉。"不知所请何人，下回分解。

第 105 回 锦衣军查抄宁国府 骢马使弹劾平安州

话说贾政正在那里设宴请酒，忽见赖大急忙走上荣禧堂来，回贾政道："有锦衣府堂官赵老爷带领好几位司官，说来拜望。奴才要取职名来回，赵老爷说：'我们至好，不用的。'一面就下车来，走进来了。请老爷同爷们快接去。"贾政听了，心想："赵老爷并无来往，怎么也来？现在有客，留他不便，不留又不好。"正自思想，贾琏说："叔叔快去罢，再想一回，人都进来了。"正说着，只见二门上家人又报进来说："赵老爷已进二门了。"贾政等抢步接去，只见赵堂官满脸笑容，并不说什么，一迳走上厅来。后面跟着五六位司官，也有认得的，也有不认得的，但是总不答话。贾政等心里不得主意，只得跟了上来让坐。众亲友也有认得赵堂官的，见他仰着脸不大理人，只拉着贾政的手，笑着说了几句寒温的话。众人看见来头不好，也有躲进里间屋里的，也有垂手侍立的。

贾政正要带笑叙话，只见家人慌张报道："西平王爷到了。"贾政慌忙去接，已见王爷进来。赵堂官抢上去请了安，便说："王爷已到，随来各位老爷就该带领府役把守前后门。"众官应了出去。贾政等知事不好，连忙跪接。西平郡王用两手扶起，笑嘻嘻的说道："无事不敢轻造，有奉旨交办事件，要赦老接旨。如今满堂中筵席未散，想有亲友在此未便，且请众位府上亲友各散，独留本宅的人听候。"赵堂官回说："王爷虽是恩典，但东边的事，这位王爷办事认真，想是早已封门。"众人知是两府干係，恨不能脱身。只见王爷笑道："众位只管就请，叫人来给我送出去，告诉锦衣府的官员说，这都是亲友，不必盘查，快快放出。"那些亲友听见，就一熘烟如飞的出去了。独有贾赦、贾政一干人，唬得面如土色，满身发颤。

不多一回，只见进来无数番役，各门把守，本宅上下人等一步不能乱走。赵堂官便转过一副脸来，回王爷道："请爷宣旨意，就好动手。"这些番役却撩衣勒臂，专等旨意。西平王慢慢的说道："小王奉旨，带领锦衣府赵全来查看贾赦家产。"贾赦等听见，俱俯伏在地。王爷便站在上头说："有旨意：'贾赦交通外官，依势凌弱，辜负朕恩，有忝祖德，着革去世职。钦此。'"赵堂官一叠声叫："拿下贾赦，其余皆看守。"维时，贾赦、贾政、贾琏、贾珍、贾蓉、贾蔷、贾芝、贾兰俱在，惟宝玉假说有病，在贾母那边打闹，贾环本来不大见人的，所以就将现在几人看住。赵堂官即叫他的家人传齐司员，带同番役，分头按房，抄查登账。这一言不打紧，唬得贾政上下人等面面相看，喜得番役家人摩拳擦掌，就要往各处动手。西平王道："闻得赦老与政老同房各爨的，理应遵旨查看贾赦的家资，其余且按房封锁，我们覆旨去，再候定夺。"赵堂官站起来说："回王爷，贾赦、贾政并未分家，闻得他侄儿贾琏现在承总管家，不能不尽行查抄。"西平王听了，也不言语。赵堂官便说："贾琏、贾赦两处须得奴才带领去查抄才好。"西平王便说："不必忙，先传信后宅，且请内眷迴避，再查不迟。"一言未了，老赵家奴番役已经拉着本宅家人领路，分头查抄去了。王爷喝命："不许罗唣！待本爵自行查看。"说着，便慢慢的站起来要走，又吩咐说："跟我的人一个不许动，都给我站在这里候着，回来一齐瞧着登数。"

正说着，只见锦衣司官跪禀说："在内查出御用衣裙并多少禁用之物，不敢擅动，回来请示王爷。"一回儿，又有一起人来拦住王爷，就回说："东跨所抄出两箱房地契，又一箱借票，却都是违例取利的。"老赵便说："好个重利盘剥！很该全抄！请王爷就此坐下，叫奴才去全抄来，再候定夺罢。"说着，只见王府长史来禀说："守门军传进来说，主上特命北静王到这里宣旨，请爷接去。"赵堂官听了心里喜欢说："我好晦气，碰着这个酸王。如今那位来了，我就好施威。"一面想着，也迎出来。

只见北静王已到大厅，就向外站着，说："有旨意，锦衣府赵全听宣。"说："奉旨意：'着锦衣官惟提贾赦质审，余交西平王遵旨查办。钦此。'"西平王领了，好不喜欢，便与北静王坐下，着赵堂官提取贾赦回衙。里头那些查抄的人，听得北静王到，俱一齐出来，及闻赵堂官走了，大家没趣，只得侍立听候。北静王便挑选两个诚实司官并十来个老年番役，余者一概逐出。西平王便说："我正与老赵生气。幸得王爷到来降旨，不然，这里很吃大亏。"北静王说："我在朝内听见王爷奉旨查抄贾宅，我甚放心，谅这里不致荼毒。不料老赵这么混账。但不知现在政老及宝玉在那里，里面不知闹到怎么样了？"众人回禀："贾政等在下房看守着，里面已抄得乱腾腾的了。"北静王便吩咐司员："快将贾政带来问话。"众人领命，带了上来。贾政跪了请安，不免含泪乞恩。北静王便起身拉着，说："政老放心。"便将旨意说了。贾政感激涕零，望北又谢了恩，仍上来听候。王爷道："政老，方才老赵在这里的时候，番役呈禀有禁用之物并重利欠票，我们也难掩过。这禁用之物，原办进贵妃用的，我们声明也无碍。独是借券，想个什么法儿才好。如今政老且带司员实在将赦老家产呈出，也就了事，切不可再有隐匿，自干罪戾。"贾政答应道："犯官再不敢。但犯官祖父遗产并未分过，惟各人所住的房屋有的东西便为己有。"两王便说："这也无妨，惟将赦老那一边所有的交出就是了。"又吩咐司员等依命行去，不许胡混乱动。司员领命去了。

且说贾母那边女眷也摆家宴，王夫人正在那边说："宝玉不到外头，恐他老子生气。"凤姐带病哼哼唧唧的说："我看宝玉也不是怕人，他见前头陪客的人也不少了，所以在这里照应，也是有的。倘或老爷想起里头少个人在那里照应，太太便把宝兄弟献出去，可不是好？"贾母笑道："凤丫头病到这地位，这张嘴还是那么尖巧。"正说到高兴，只听见邢夫人那边的人一直声的嚷进来说："老太太，太太，不……不好了！多多少少的穿靴带帽的强……强盗来了，翻箱倒笼的来拿东西。"贾母等听着发呆。又见平儿披头散髪，拉着巧姐，哭啼啼的来说："不好了！我正与姐儿吃饭，只见来旺被人拴着进来说：'姑娘快快传进去请太太们迴避，外面王爷就进来查抄家产！'我听了着忙，正要进房拿要紧东西，被一伙人浑推浑赶出来的。咱们这里该穿该带的快快收拾。"王、邢二夫人等听得，俱魂飞天外，不知怎样才好。独见凤姐先前圆睁两眼听着，后来便一仰身栽到地下死了。贾母没有听完，便吓得涕泪交流，连话也说不出来。那时，一屋子人拉那个扯那个，正闹得翻天覆地，又听见一叠声嚷说："叫里面女眷们迴避，王爷进来了！"

可怜宝钗、宝玉等正在没法，只见地下这些丫头婆子乱抬乱扯的时候，贾琏喘吁吁的跑进来说："好了，好了！幸亏王爷救了我们了！"众人正要问他，贾琏见凤姐死在地下，哭着乱叫，又怕老太太吓坏了，急得死去活来。还亏平儿将凤姐叫醒，令人扶着，老太太也回过气来，哭得气短神昏，躺在炕上。李纨再三宽慰。然后贾琏定神，将两王恩典说明，惟恐贾母、邢夫人知道贾赦被拿，又要唬死，暂且不敢明说，只得出来照料自己屋内。

一进屋门，只见箱开柜破，物件抢得半空。此时急得两眼直竖，淌泪发呆。听见外头叫，只得出来。见贾政同司员登记物件，一人报说：

赤金首饰共一百二十三件，珠宝俱全。珍珠十三挂、澹金盘二件、金碗二对、金抢碗二个、金匙四十把、银大碗八十个、银盘二十个、三镶金象牙筋二把、镀金执壶四把、镀金折盂三对、茶托二件、银碟七十六件、银酒杯三十六个。黑狐皮十八张、青狐六张、貂皮三十六张、黄狐三十张、猞猁狲皮十二张、麻叶皮三张、洋灰皮六十张、灰狐腿皮四十张、酱色羊皮二十张、猢狸皮二张、黄狐腿二把、小白狐皮二十块、洋呢三十度、毕叽二十三度、姑绒十二度、香鼠筒子十件、豆鼠皮四方、天鹅绒一卷、梅鹿皮一方、云狐筒子二件、貉崽皮一卷、鸭皮七把、灰鼠一百六十张、獾子皮八张、虎皮六张、海豹三张、海龙十六张、灰色羊四十把、黑色羊皮六十三张、元狐帽沿十副、倭刀帽沿十二副、貂帽沿二副、小狐皮十六张、江貉皮二张、獭子皮二张、猫皮三十五张、倭股十二度、绸缎一百三十卷、纱绫一百八一卷、羽线绉三十二卷、氆氇三十卷、妆蟒缎八卷、葛布三捆、各色布三捆、各色皮衣一百三十二件、棉夹单纱绢衣三百四十件。玉玩三十二件、带头九副、铜锡等物五百余件、钟表十八件、朝珠九挂、各色妆蟒三十四件、上用蟒缎迎手靠背三分、宫妆衣裙八套、脂玉圈带一条、黄缎十二卷。潮银五千二百两、赤金五十两、钱七千吊。一切动用家伙攒钉登记，以及荣国赐第，俱一一开列。

其房地契纸、家人文书亦俱封裹。

贾琏在旁边窃听，只不听见报他的东西，心里正在疑惑。只闻两家王爷问贾政道："所抄家资内有借券，实係盘剥，究是谁行的？政老据实才好。"贾政听了，跪在地下碰头，说："实在犯官不理家务，这些事全不知道，问犯官侄儿贾琏才知。"贾琏连忙走上跪下，禀说："这一箱文书既在奴才屋内抄出来的，敢说不知道么？只求王爷开恩，奴才叔叔并不知道的。"两王道："你父已经获罪，只可并案办理。你今认了，也是正理。如此叫人将贾琏看守，余俱散收宅内。政老，你须小心候旨。我们进内覆旨去了。这里有官役看守。"说着，上轿出门。贾政等就在二门跪送。北静王把手一伸，说："请放心。"觉得脸上大有不忍之色。

此时贾政魂魄方定，犹是发怔。贾兰便说："请爷爷进内瞧老太太，再想法儿打听东府里的事。"贾政疾忙起身进内。只见各门上妇女乱糟糟的，不知要怎样。贾政无心查问，一直到贾母房中，只见人人泪痕满面，王夫人、宝玉等围住贾母，寂静无言，各各掉泪。惟有邢夫人哭作一团。因见贾政进来，都说："好了，好了！"便告诉老太太说："老爷仍旧好好的进来，请老太太安心罢。"贾母奄奄一息的，微开双目，说："我的儿，不想还见得着你！"一声未了，便嚎啕的哭起来。于是满屋里人俱哭个不住。贾政恐哭坏老母，即收泪说："老太太放心罢。本来事情原不小，蒙主上天恩，两位王爷的恩典，万般轸恤。就是大老爷暂时拘质，等问明白了，主上还有恩典。如今家里一些也不动了。"贾母见贾赦不在，又伤心起来，贾政再三安慰方止。

众人俱不敢走散，独邢夫人回至自己那边，见门总封锁，丫头、婆子亦锁在几间屋内。邢夫人无处可走，放声大哭起来，只得往凤姐那边去。见二门旁舍亦上封条，惟有屋门开着，里头呜咽不绝。邢夫人进去，见凤姐面如纸灰，合眼躺着，平儿在旁暗哭。邢夫人打量凤姐死了，又哭起来。平儿迎上来说："太太不要哭。奶奶抬回来觉着像是死的了，幸得歇息一回，苏过来，哭了几声，如今痰息气定，略安一安神。太太也请定定神罢。但不知老太太怎样了？"邢夫人也不答言，仍走到贾母那边。见眼前俱是贾政的人，自己夫子被拘，媳妇病危，女儿受苦，现在身无所归，那里禁得住。众人劝慰，李纨等令人收拾房屋，请邢夫人暂住，王夫人拨人服侍。

贾政在外，心惊肉跳，拈鬚搓手的等候旨意。听见外面看守军人乱嚷道：“你到底是那一边的？既碰在我们这里，就记在这里册上。拴着他，交给里头锦衣府的爷们！”贾政出外看时，见是焦大，便说：“怎么跑到这里来？”焦大见问，便号天蹈地的哭道：“我天天劝这些不长进的爷们，倒拿我当作冤家。连爷还不知道焦大跟着太爷受的苦！今朝弄到这个田地！珍大爷、蓉哥儿都叫什么王爷拿了去了，里头女主儿们都被什么府里衙役抢得披头散髮，撂在一处空房里，那些不成材料的狗男女却象猪狗似的拦起来了。所有的都抄出来搁着，木器钉得破烂，磁器打得粉碎。他们还要把我拴起来。我活了八九十岁，只有跟着太爷捆人的，那里倒叫人捆起来！我便说我是西府里，就跑出来。那些人不依，押到这里，不想这里也是那么着。我如今也不要命了，和那些人拚了罢！”说着撞头。众役见他年老，又是两王吩咐，不敢发狠，便说：“你老人家安静些，这是奉旨的事。你且这里歇歇，听个信儿再说。”贾政听明，虽不理他，但是心里刀绞似的，便道：“完了，完了！不料我们一败涂地如此！”

正在着急听候内信，只见薛蝌气嘘嘘的跑进来说：“好容易进来了！姨父在那里？”贾政道：“来得好，但是外头怎么放进来的？”薛蝌道：“我再三央说，又许他们钱，所以我才能够出入的。”贾政便将抄去之事告诉了他，便烦去打听打听，说：“就有好亲，在火头上，也不便送信，是你就好通信了。”薛蝌道：“这里的事，我倒想不到；那边东府的事，我已听见说，完了。”贾政道：“究竟犯什么事？”薛蝌道：“今朝为我哥哥打听决罪的事，在衙内闻得有两位御史，风闻得珍大爷引诱世家子弟赌博，这款还轻；还有一大款是强占良民妻女为妾，因其女不从，凌逼致死。那御史恐怕不准，还将咱们家的鲍二拿去，又还拉出一个姓张的来。只怕连都察院都有不是，为的是姓张的曾告过的。”贾政尚未听完，便跺脚道：“了不得！罢了，罢了！”叹了一口气，扑簌簌的掉下泪来。

薛蝌宽慰了几句，即便又出来打听去了。隔了半日，仍旧进来，说：“事情不好。我在刑科打听，倒没有听见两王覆旨的信，但听得说，李御史今早参奏平安州奉承京官，迎合上司，虐害百姓，好几大款。”贾政慌道：“那管他人的事，到底打听我们的怎么样？”薛蝌道：“说是平安州，就有我们，那参的京官就是赦老爷。说的是包揽词讼，所以火上浇油。就是同朝这些官府，俱藏躲不迭，谁肯送信？就如才散的这些亲友，有的竟回家去了，也有远远儿的歇下打听的。可恨那些贵本家便在路上说，‘祖宗掷下的功业，弄出事来了，不知道飞到那个头上，大家也好施威。’”贾政没有听完，复又顿足道：“都是我们大爷忒煳涂，东府也忒不成事体！如今老太太与琏儿媳妇是死是活，还不知道呢。你再打听去，我到老太太那边瞧瞧。若有信，能够早一步才好。”正说着，听见里头乱嚷出来说：“老太太不好了！”急得贾政即忙进去。未知生死如何，下回分解。

第 106 回 王熙凤致祸抱羞惭 贾太君祷天消祸患

话说贾政闻知贾母危急，即忙进去看视。见贾母惊吓气逆，王夫人、鸳鸯等唤醒回来，即用疏气安神的丸药服了，渐渐的好些，只是伤心落泪。贾政在旁劝慰，总说：“是儿子们不肖，招了祸来，累老太太受惊。若老太太宽慰些，儿子们尚可在外料理；若是老太太有什么不自在，儿子们的罪孽更重了。”贾母道：“我活了八十多岁，自作女孩儿起，到你父亲手里，都托着祖宗的福，从没有听见过那些事。如今到老了，见你们倘或受罪，叫我心里过得去么？倒不如合上眼，随你们去罢了。”说着，又哭。

贾政此时着急异常，又听外面说：“请老爷，内廷有信。”贾政急忙出来，见是北静王府长史，一见面便说：“大喜！”贾政谢了，请长史坐下，请问：“王爷有何谕旨？”那长史道：“我们王爷同西平郡王进内覆奏，将大人的惧怕的心、感激天恩之话都代奏了。主上甚是悯恤，并念及贵妃溘逝未久，不忍加罪，着加恩仍在工部员外上行走。所封家产，惟将贾赦的入官，余俱给还。并传旨令尽心供职。惟抄出借券，令我们王爷查核，如有违禁重利的，一概照例入官，其在定例生息的，同房地文书，尽行给还。贾琏着革去职衔，免罪释放。”贾政听毕，即起身叩谢天恩，又拜谢王爷恩典：“先请长史大人代为禀谢，明晨到阙谢恩，并到府里磕头。”那长史去了。少停，传出旨来，承办官遵旨一一查清，入官者入官，给还者给还，将贾琏放出，所有贾赦名下男妇人等造册入官。

可怜贾琏屋内东西，除将按例放出的文书发给外，其余虽未尽入官的，早被查抄的人尽行抢去，所存者只有傢伙物件。贾琏始则惧罪，后蒙释放，已是大幸，及想起历年积聚的东西并凤姐的体己，不下七八万金，一朝而尽，怎得不痛？且他父亲现禁在锦衣府，凤姐病在垂危，一时悲痛。又见贾政含泪叫他，问道：“我因官事在身，不大理家，故叫你们夫妇总理家事。你父亲所为，固难劝谏，那重利盘剥，究竟是谁干的？况且非咱们这样人家所为。如今入了官，在银钱，是不打紧的，这种声名出去，还了得吗！”贾琏跪下说道：“侄儿办家事，并不敢存一点私心，所有出入的账目，自有赖大、吴新登、戴良等登记，老爷只管叫他们来查问。现在这几年库内的银子出多入少，虽没贴补在内，已在各处做了好些空头，求老爷问太太就知道了。这些放出去的账，连侄儿也不知道那里的银子，要问周瑞、旺儿才知道。”贾政道：“据你说来，连你自己屋里的事还不知道，那些家中上下的事更不知道了。我这回也不来查问你。现今你无事的人，你父亲的事和你珍大哥的事，还不快去打听打听！”贾琏一心委屈，含着眼泪，答应了出去。

贾政叹气，连连的想道：“我祖父勤劳王事，立下功勋，得了两个世职，如今两房犯事，都革去了。我瞧这些子侄没一个长进的。老天啊，老天啊！我贾家何至一败如此！我虽蒙圣恩格外垂慈，给还家产，那两处食用自应归并一处，叫我一人那里支撑的住？方才琏儿所说，更加诧异，说不但库上无银，而且尚有亏空，这几年竟是虚名在外。只恨我自己为什么煳涂若此。倘或我珠儿在世，尚有膀臂；宝玉虽大，更是无用之物。”想到那里，不觉泪满衣襟。又想：“老太太偌大年纪，儿子们并没有自能奉养一日，反累她吓得死去活来。种种罪孽，叫我委之何人！”

正在独自悲切，只见家人禀报各亲友进来看候。贾政一一道谢，说起：“家门不幸，是我不能管教子侄，所以至此。”有的说：“我久知令兄赦大老爷行事不妥，那边珍哥更加骄纵。若说因官事错误，得个不是，于心无愧；如今自己闹出的，倒带累了二老爷。”有的说：“人家闹的也多，也没见御史参奏。不是珍老大得罪朋友，何至如此！”有的说：“也不怪御史，我们听见说是府上的家人同几个泥腿在外头哄嚷出来的。御史恐参奏不实，所以诓了这里的人去，才说出来的。我想府上待下人最宽的，为什么还有这事。”有的说：“大凡奴才们是一个养活不得的。今儿在这里都是好亲友，我才敢说。就是尊驾在外任，我保不得——你是不爱钱的，——那外头的风声也不好，都是奴才们闹的，你该隄防些。如今虽说没有动你的家，倘或再遇着主上疑心起来，好些不便呢。”贾政听说，心下着忙道：“众位听见我的风声怎样？”众人道：“我们虽没听见实据，只闻外面人说你在粮道任上，怎么叫门上家人要钱。”贾政听了，便说道：“我是对得天的，从不敢起这要钱的念头。只是奴才在外招摇撞骗，闹出事来，我就吃不住了。”众人道：“如今怕也无益，只好将现在的管家们都严严的查一查，若有抗主的奴才，查出来严严的办一办。”

贾政听了点头。便见门上进来回禀说："孙姑爷那边打发人来说，自己有事不能来，着人来瞧瞧。说大老爷该他一种银子，要在二老爷身上还的。"贾政心内忧闷，只说："知道了。"众人都冷笑道："人说令亲孙绍祖混账，真有些。如今丈人抄了家，不但不来瞧看帮补照应，倒赶忙的来要银子，真真不在理上！"贾政道："如今且不必说他。那头亲事原是家兄配错的，我的侄女儿的罪已经受够了，如今又招我来。"正说着，只见薛蝌进来说道："我打听锦衣府赵堂官必要照御史参的办去，只怕大老爷和珍大爷吃不住。"众人都道："二老爷，还得是你出去求求王爷，怎么挽回挽回才好，不然，这两家就完了。"贾政答应致谢，众人都散。

那时，天已点灯时候，贾政进去请贾母的安，见贾母略略好些。回到自己房中，埋怨贾琏夫妇不知好歹，如今闹出放账取利的事情，大家不好。方见凤姐所为，心里很不受用。凤姐现在病重，知她所有什物，尽被抄抢一光，心内鬱结，一时未便埋怨，暂且隐忍不言。一夜无话。

次早贾政进内谢恩，并到北静王府、西平王府两处叩谢，求两位王爷照应他哥哥、侄儿。两位应许。贾政又在同寅相好处托情。

且说贾琏打听得父兄之事不很妥，无法可施，只得回到家中。平儿守着凤姐哭泣，秋桐在耳房中抱怨凤姐。贾琏走近旁边，见凤姐奄奄一息，就有多少怨言一时也说不出来。平儿哭道："如今事已如此，东西已去，不能复来。奶奶这样，还得再请个大夫调治调治才好。"贾琏啐道："我的性命还不保，我还管她么！"凤姐听见，睁眼一瞧，虽不言语，那眼泪流个不尽。见贾琏出去，便与平儿道："你别不达事务了，到了这样田地，你还顾我做什么？我巴不得今儿就死了才好。只要你能够眼里有我，我死之后，你扶养大了巧姐儿，我在阴司里也感激你的。"平儿听了，放声大哭。凤姐道："你也是聪明人。他们虽没有来说我，他必抱怨我。虽说事是外头闹的，我若不贪财，如今也没有我的事，不但是枉费心计，挣了一辈子的强，如今落在人后头。我只恨用人不当，恍惚听得那边珍大爷的事，说是强占良民妻子为妾，不从逼死，有个姓张的在里头，你想想还有谁？若是这件事审出来，咱们二爷是脱不了的，我那时怎样见人？我要即时就死，又耽不起吞金服毒的。你到还要请大夫，可不是你为顾我，反倒害了我了么？"平儿愈听愈惨，想来实在难处，恐凤姐自寻短见，只得紧紧守着。

幸贾母不知底细，因近日身子好些，又见贾政无事，宝玉、宝钗在旁，天天不离左右，略觉放心。素来最疼凤姐，便叫鸳鸯："将我体己东西拿些给凤丫头，再拿些银钱交给平儿，好好的服侍好了凤丫头，我再慢慢的分派。"又命王夫人照看了邢夫人。又加了宁国府第入官，所有财产房地等并家奴等俱造册收尽，这里贾母命人将车接了尤氏婆媳等过来。可怜赫赫宁府，只剩得她们婆媳两个并佩凤、偕鸾二人，连一个下人没有。贾母指出房子一所居住，就在惜春所住的间壁。又派了婆子四人、丫头两个服侍。一应饮食起居在大厨房内分送，衣裙什物又是贾母送去，零星需用亦在账房内开销，俱照荣府每人月例之数。那贾赦、贾珍、贾蓉在锦衣府使用，账房内实在无项可支。如今凤姐一无所有，贾琏况又多债务满身，贾政不知家务，只说："已经托人，自有照应。"贾琏无计可施，想到那亲戚里头，薛姨妈家已败，王子腾已死，余在亲戚虽有，俱是不能照应，只得暗暗差人下屯，将地亩暂卖了数千金，作为监中使费。贾琏如此一行，那些家奴见主家势败，也便趁此弄鬼，并将东庄租税也就指名借用些。此是后话，暂且不提。

且说贾母见祖宗世职革去，现在子孙在监质审，邢夫人、尤氏等日夜啼哭，凤姐病在垂危，虽有宝玉、宝钗在侧，只可解劝，不能分忧，所以日夜不宁，思前想后，眼泪不干。一日傍晚，叫宝玉回去，自己扎挣坐起，叫鸳鸯等各处佛堂上香，又命自己院内焚起斗香，用拐拄着，出到院中。琥珀知是老太太拜佛，铺下大红短毡拜垫。贾母上香跪下，磕了好些头，念了一回佛，含泪祝告天地道："皇天菩萨在上，我贾门史氏，虔诚祷告，求菩萨慈悲。我贾门数世以来，不敢行凶霸道。我帮夫助子，虽不能为善，亦不敢作恶。必是后辈儿孙骄侈暴佚，暴殄天物，以致合府抄检。现在儿孙监禁，自然凶多吉少，皆由我一人罪孽，不教儿孙，所以至此。我今即求皇天保佑：在监逢凶化吉，有病的早早安身。总有合家罪孽，情愿一人承当，只求饶恕儿孙。若皇天见怜，念我虔诚，早早赐我一死，宽免儿孙之罪。"默默说到此，不禁伤心，呜呜咽咽的哭泣起来。鸳鸯、珍珠一面解劝，一面扶进房去。

只见王夫人带了宝玉、宝钗过来请晚安，见贾母悲伤，三人也大哭起来。宝钗更有一层苦楚：想哥哥也在外监，将来要处决，不知可减缓否；翁姑虽然无事，眼见家业萧条；宝玉依然疯傻，毫无志气。想到后来终身，更比贾母、王夫人哭得更痛。宝玉见宝钗如此大恸，他亦有一番悲戚，想的是："老太太年老不得安，老爷、太太见此光景，不免悲伤。众姐妹风流云散，一日少似一日。追想在园中吟诗起社，何等热闹。自从林妹妹一死，我鬱闷到今，又有宝姐姐过来，未便时常悲切。见她忧兄思母，日夜难得笑容。"今见她悲哀欲绝，心里更加不忍，竟嚎啕大哭。鸳鸯、彩云、莺儿、袭人见他们如此，也各有所思，便也呜咽起来。余者丫头们看得伤心，也便陪哭，竟无人解慰。满屋中哭声惊天动地，将外头上夜婆子吓慌，急报于贾政知道。

那贾政正在书房纳闷，听见贾母的人来报，心中着忙，飞奔进内。远远听得哭声甚众，打量老太太不好，急得魂魄俱丧，疾忙进来，只见坐着悲啼，神魂方定。说是"老太太伤心，你们该劝解，怎么的齐打伙儿哭起来了？"众人听得贾政声气，急忙止哭，大家对面发怔。贾政上前安慰了老太太，又说了众人几句。各自心想道："我们原恐老太太悲伤，故来劝解，怎么忘情，大家痛哭起来？"

正自不解，只见老婆子带了史侯家的两个女人进来，请了贾母的安，又向众人请安毕，便说："我们家老爷、太太、姑娘打发我来，说听见府里的事，原没有什么大事，不过一时受惊。恐怕老爷、太太烦恼，叫我们过来告诉一声，说这里二老爷是不怕的了。我们姑娘本要自己来的，因不多几日就要出阁，所以不能来了。"贾母听了，即便道谢，说："你回去给我问好。这是我们的家运合该如此。承你老爷、太太惦记，过一日再来奉谢。你家姑娘出阁，想来你们姑爷是不用说的了。他们的家计如何？"两个女人回道："家计倒不怎么着，只是姑爷长的很好，为人又和平。我们见过好几次，看来与这里宝二爷差不多，还听得说，才情学问都好的。"贾母听了，喜欢道："咱们都是南边人，虽在这里住久了，那些大规矩还是从南方礼儿，所以新姑爷我们都没见过。我前儿还想起我娘家的人来，最疼的就是你们家姑娘，一年三百六十天，在我跟前的日子倒有二百多天，混得这么大了。我原想给她说个好女婿，又为她叔叔不在家，我又不便作主。她既造化配了个好姑爷，我也放心。月里出阁，我原想过来吃杯喜酒的，不料我家闹出这样事来，我的心就像在热锅里熬的似的，那里能够再到你们家去？你回去说我问好，我们这里的人都说请安问好。你替另告诉你家姑娘，不要将我放在心里。我是八十多岁的人了，就死也算不得没福的了。只愿她过了门，两口子和顺，百年到老，我便安心了。"说着，不觉掉下泪来。那女人道："老太太也不必伤心。姑娘过了门，等回了九，少不得同姑爷过来请老太太的安，那时老太太见了才喜欢呢。"贾母点头。那女人出去。别人都不理论，只有宝玉听了发了一回怔，心里想道："如今一天一天的都过不得了。为什么人家养了女儿到大了必要出嫁？一出了嫁就改变。史妹妹这样一个人，又被她叔叔硬压着配人了，她将来见了我，必是又不理我了。我想一个人到了这个没人理的份儿，还活着做什么！”想到那里，又是伤心。见贾母此时才安，又不敢哭泣，只是闷闷的。

一时，贾政不放心，又进来瞧瞧老太太，见是好些，便出来传了赖大，叫他将合府里管事家人的花名册子拿来，一齐点了一点。除去贾赦入官的人，尚有三十余家，共男女二百十二名。贾政叫现在府内当差的男人共二十一名进来，问起历年居家用度，共有若干进来，该用若干出去。那管总的家人将近来支用簿子呈上。贾政看时，所入不敷所出，又加连年宫里花用，账上有在外浮借的也不少。再查东省地租，近年所交不及祖上一半，如今用度比祖上更加十倍。贾政不看则已，看了急得跺脚道："这了不得！我打量虽是琏儿管事，在家自有把持，岂知好几年头里，已就寅年用了卯年的，还是这样装好看，竟把世职俸禄当作不打紧的事情，为什么不败呢？我如今要就省俭起来，已是迟了。"想到那里，背着手踱来踱去，竟无方法。

众人知贾政不知理家，也是白操心着急，便说道："老爷也不用焦心，这是家家这样的。若是统总算起来，连王爷家还不够。不过是装着门面，过到那里就到那里。如今老爷到底得了主上的恩典，才有这点子家产，若是一并入了官，老爷就不用过了不成？"贾政嗔道："放屁！你们这班奴才最没有良心的，仗着主子好的时候，任意开销；到弄光了，走的走，跑的跑，还顾主子的死活吗？如今你们道是没有查封是好，那知道外头的名声。大本儿都保不住，还搁得住你们在外头支架子，说大话，诓人骗人？到闹出事来，往主子身上一推就完了。如今大老爷与珍大爷的事，说是咱们家人鲍二在外传播的，我看这人口册上并没有鲍二，这是怎么说？"众人回道："这鲍二是不在册档上的。先前在宁府册上，为二爷见他老实，把他们两口子叫过来了。及至他女人死了，他又回宁府去。后来老爷衙门有事，老太太、太太们和爷们往陵上去，珍大爷替理家事带过来的，以后也就去了。老爷数年不管家事，哪里知道这些事来？老爷打量册上没有名字的就只有这个人？不知一个人手下亲戚们也有好几个，奴才还有奴才呢！"贾政道："这还了得！"想去一时不能清理，只得喝退众人，早打了主意在心里了，且听贾赦等事审得怎样再定。

一日，正在书房筹算，只见一人飞奔进来说："请老爷快进内廷问话。"贾政听了，心下着忙，只得进去。未知凶吉，下回分解。

第 107 回 散余资贾母明大义 复世职政老沐天恩

话说贾政进内，见了枢密院各位大人，又见了各位王爷。北静王道："今日我们传你来，有遵旨问你的事。"贾政即忙跪下。众大人便问道："你哥哥交通外官，恃强凌弱，纵儿聚赌，强占良民妻女不遂逼死的事，你都知道么？"贾政回道："犯官自从主恩钦点学政任满后，查看赈恤，于上年冬底回家，又蒙堂派工程，后又任江西粮道，题参回都，仍在工部行走，日夜不敢怠惰。一应家务，并未留心伺察，实在糊涂。不能管教子侄，这就是辜负圣恩。只求主上重重治罪。"北静王据说转奏。

不多时，传出旨来，北静王便述道："主上因御史参奏贾赦交通外官，恃强凌弱。据该御史指出平安州互相往来，贾赦包揽词讼。严鞫贾赦，据供平安州原係姻亲来往，并未干涉官事，该御史亦不能指实。惟有倚势强索石呆子古扇一款是实的，然係玩物，究非强索良民之物可比。虽石呆子自尽，亦係疯傻所致，与逼勒致死者有间。今从宽将贾赦发往台站效力赎罪。所参贾珍强占良民妻女为妾、不从逼死一款，提取都察院原案，看得尤二姐实係张华指腹为婚未娶之妻，因伊贫苦自愿退婚，尤二姐之母愿给贾珍之弟为妾，并非强占。再尤三姐自刎掩埋并未报官一款，查尤三姐原係贾珍妻妹，本意为伊择配，因被逼索定礼，众人扬言秽乱，以致羞忿自尽，并非贾珍逼勒致死。但身係世袭职员，罔知法纪，私埋人命，本应重治，念伊究属功臣后裔，不忍加罪，亦从宽革去世职，派往海疆效力赎罪。贾蓉年幼无干，省释。贾政实係在外任多年，居官尚属勤慎，免治伊治家不正之罪。"贾政听了，感激涕零，叩首不及，又叩求王爷代奏下忱。北静王道："你该叩谢天恩，更有何奏？"贾政道："犯官仰蒙圣恩，不加大罪，又蒙将家产给还，实在扪心惶愧，愿将祖宗遗受重禄，积余置产，一并交官。"北静王道："主上仁慈待下，明慎用刑，赏罚无差。如今既蒙莫大深恩，给还财产，你又何必多此一奏？"众官也说不必。贾政便谢了恩，叩谢了王爷出来。恐贾母不放心，急忙赶回。

上下男女人等不知传进贾政是何吉凶，都在外头打听，一见贾政回家，都略略的放心，也不敢问。只见贾政忙忙的走到贾母跟前，将蒙圣恩宽免的事，细细告诉了一遍。贾母虽则放心，只是两个世职革去，贾赦又往台站效力，贾珍又往海疆，不免又悲伤起来。邢夫人、尤氏听见那话，更哭起来。贾政便道："老太太放心。大哥虽则台站效力，也是为国家办事，不致受苦，只要办得妥当，就可复职。珍儿正是年轻，很该出力。若不是这样，便是祖父的余德亦不能久享。"说了些宽慰的话。贾母素来本不大喜欢贾赦，那边东府贾珍究竟隔了一层。只有邢夫人、尤氏痛哭不已。邢夫人想着"家产一空，丈夫年老远出，膝下虽有琏儿，又是素来顺他二叔的，如今是都靠着二叔，他两口子更是顺着那边去了。独我一人孤苦伶仃，怎么好？"那尤氏本来独掌宁府的家计，除了贾珍，也算是惟她为尊，又与贾珍夫妇相和。如今犯事远出，家财抄尽，依往荣府，虽则老太太疼爱，终是依人门下。又带了偕鸾、佩凤，蓉儿夫妇又是不能兴家立业的人。又想着："二妹妹、三妹妹俱是琏二叔闹的，如今他们倒安然无事，依旧夫妇完聚。只留我们几人，怎生度日？"想到这里，痛哭起来。

贾母不忍，便问贾政道："你大哥和珍儿现已定案，可能回家？蓉儿既没他的事，也该放出来了。"贾政道："若在定例，大哥是不能回家的。我已托人徇个私情，叫我们大老爷同侄儿回家，好置办行装，衙门内业已应了。想来蓉儿同着他爷爷、父亲一起出来。只请老太太放心，儿子办去。"贾母又道："我这几年老的不成人了，总没有问过家事。如今东府是全抄去了，房屋入官不消说的。你大哥那边，琏儿那里，也都抄去了。咱们西府银库，东省地土，你知道到底还剩了多少？他两个起身，也得给他们几千银子才好。"贾政正是没法，听见贾母一问，心想着："若是说明，又恐老太太着急；若不说明，不用说将来，现在怎样办法？"定了主意，便回道："若老太太不问，儿子也不敢说。如今老太太既问到这里，现在琏儿也在这里，昨日儿子已查了：旧库的银子早已虚空，不但用尽，外头还有亏空。现今大哥这件事，若不花银托人，虽说主上宽恩，只怕他们爷儿两个也不大好，就是这项银子尚无打算。东省的地亩，早已寅年吃了卯年的租儿了，一时也算不转来，只好尽所有的——蒙圣恩没有动的衣服、首饰——折变了，给大哥、珍儿作盘费罢了。过日的事只可再打算。"贾母听了，又急得眼泪直淌，说道："怎么着，咱们家到了这样田地了么？我虽没有经过，我想起我家向日比这里还强十倍，也是摆了几年虚架子，没有出这样事，已经塌下来了，不消一二年就完了。据你说起来，咱们竟一两年就不能支了？"贾政道："若是这两个世俸不动，外头还有些挪移。如今无可指称，谁肯接济？"说着，也泪流满面，"想起亲戚来，用过我们的，如今都穷了，没有用过我们的，又不肯照应了。昨日儿子也没有细查，只看家下的人丁册子，别说上头的钱一无所出，那底下的人也养不起许多。"

贾母正在忧虑，只见贾赦、贾珍、贾蓉一齐进来给贾母请安。贾母看这般光景，一只手拉着贾赦，一只手拉着贾珍，便大哭起来。他两人脸上羞惭，又见贾母哭泣，都跪在地下哭着说道："儿孙们不长进，将祖上功勋丢了，又累老太太伤心，儿孙们是死无葬身之地的了！"满屋中人看这光景，又一齐大哭起来。贾政只得劝解："倒先要打算他两个的使用。大约在家只可住得一两日，迟则人家就不依了。”老太太含悲忍泪的说道：“你两个且各自同你们媳妇们说说话儿去罢。”又吩咐贾政道：“这件事是不能久待的，想来外面挪移，恐不中用，那时误了钦限怎么好？只好我替你们打算罢了。就是家中如此乱糟糟的，也不是常法儿。”一面说着，便叫鸳鸯吩咐去了。这里贾赦等出来，又与贾政哭泣了一会，都不免将从前任性，过后恼悔，如今分离的话说了一会，各自同媳妇那边悲伤去了。贾赦年老，倒也抛的下；独有贾珍与尤氏怎忍分离！贾琏、贾蓉两个也只有拉着父亲啼哭。虽说是比军流减等，究竟生离死别。这也是事到如此，只得大家硬着心肠过去。

却说贾母叫邢、王二夫人同了鸳鸯等开箱倒笼，将做媳妇到如今积攒的东西都拿出来，又叫贾赦、贾政、贾珍等，一一的分派说：“这里现有的银子，交贾赦三千两，你拿二千两去做你的盘费使用，留一千给大太太另用。这三千给珍儿，你只许拿一千去，留下二千交你媳妇过日子。仍旧各自度日，房子是在一处，饭食各自吃罢。四丫头将来的亲事，还是我的事。只可怜凤丫头操心了一辈子，如今弄得精光，也给她三千两，叫她自己收着，不许叫琏儿用。如今她还病得神昏气丧，叫平儿来拿去。这是你祖父留下来的衣服，还有我少年穿的衣服首饰，如今我用不着。男的呢，叫大老爷、珍儿、琏儿、蓉儿拿去分了；女的呢，叫大太太、珍儿媳妇、凤丫头拿了分去。这五百两银子交给琏儿，明年将林丫头的棺材送回南去。”分派定了，又叫贾政道：“你说现在还该着人的使用，这是少不得的，你叫拿这金子变卖偿还。这是他们闹掉了我的，你也是我的儿子，我并不偏向。宝玉已经成了家，我剩下这些金银等物，大约还值几千两银子，这是都给宝玉的了。珠儿媳妇向来孝顺我，兰儿也好，我也分给他们些。这便是我的事情完了。”

贾政见母亲如此明断分晰，俱跪下哭着说：“老太太这么大年纪，儿孙们没点孝顺，承受老祖宗这样恩典，叫儿孙们更无地自容了！”贾母道：“别瞎说，若不闹出这个乱儿，我还收着呢。只是现在家人过多，只有二老爷是当差的，留几个人就够了。你就吩咐管事的，将人叫齐了，分派妥当。各家有人便就罢了，譬如一抄尽了，怎么样呢？我们里头的，也要叫人分派，该配人的配人，赏去的赏去。如今虽说咱们这房子不入官，你到底把这园子交了才好。那些田地原交琏儿清理，该卖的卖，该留的留，断不要支架子，做空头。我索性说了罢，江南甄家还有几两银子，二太太那里收着，该叫人就送去罢。倘或再有点事出来，可不是他们躲过了风暴又遇了雨了么！”

贾政本是不知当家立计的人，一听贾母的话，一一领命，心想：“老太太实在真真是理家的人，都是我们这些不长进的闹坏了。”贾政见贾母劳乏，求着老太太歇歇养神。贾母又道：“我所剩的东西也有限，等我死了，做结果我的使用。余的都给我服侍的丫头。”贾政等听到这里，更加伤感，大家跪下说：“请老太太宽怀，只愿儿子们托老太太的福，过了些时都邀了恩眷，那时兢兢业业的治起家来，以赎前愆，奉养老太太到一百岁的时候。”贾母道：“但愿这样才好，我死了也好见祖宗。你们别打量我是享得富贵受不得贫穷的人哪，不过这几年看看你们轰轰烈烈，我落得都不管，说说笑笑，养身子罢了。那知道家运一败直到这样！若说外头好看，里头空虚，是我早知道的了。只是‘居移气，养移体’，一时下不得台来。如今借此正好收敛，守住这个门头，不然，叫人笑话你。你还不知，只打量我知道穷了，便着急的要死。我心里是想着祖宗莫大的功勋，无一日不指望你们比祖宗还强，能够守住也就罢了。谁知他们爷儿两个做些什么勾当！”

贾母正自长篇大论的说，只见丰儿慌慌张张的跑来回王夫人道：“今早我们奶奶听见外头的事，哭了一场，如今气都接不上来。平儿叫我来回太太。”丰儿没有说完，贾母听见，便问：“到底怎么样？”王夫人便代回道：“如今说是不大好。”贾母起身道：“嗳，这些冤家，竟要磨死我了！”说着，叫人扶着，要亲自看去。贾政即忙拦住，劝道：“老太太伤了好一回的心，又分派了好些事，这会该歇歇。便是孙子媳妇有什么事，该叫媳妇瞧去就是了，何必老太太亲身过去呢？倘或再伤感起来，老太太身上要有一点儿不好，叫做儿子的怎么处呢？”贾母道：“你们各自出去，等一会子再进来，我还有话说。”贾政不敢多言，只得出来料理兄侄起身的事，又叫贾琏挑人跟去。这里贾母才叫鸳鸯等派人拿了给凤姐的东西，跟着过来。

凤姐正在气厥。平儿哭得眼红，听见贾母带着王夫人，宝玉、宝钗过来，疾忙出来迎接。贾母便问：“这会子怎么样了？”平儿恐惊了贾母，便说：“这会子好些。老太太既来了，请进去瞧瞧。”她先跑进去，轻轻的揭开帐子。凤姐开眼瞧着，只见贾母进来，满心惭愧。先前原打算贾母等恼她，不疼的了，是死活由她的，不料贾母亲自来瞧，心里一宽，觉那拥塞的气略鬆动些，便要扎挣坐起。贾母叫平儿按着，“不要动，你好些么？”凤姐含泪道：“我从小儿过来，老太太、太太怎么样疼我。那知我福气薄，叫神鬼支使的失魂落魄，不但不能够在老太太跟前尽点孝心，公婆前讨个好，还是这样把我当人，叫我帮着料理家务，被我闹的七颠八倒，我还有什么脸儿见老太太，太太呢！今日老太太、太太亲自过来，我更当不起了，恐怕该活三天的又折上了两天去了。”说着悲咽。贾母道：“那些事原是外头闹起来的，与你什么相干？就是你的东西被人拿去，这也算不了什么呀！我带了好些东西给你，任你自便。”说着，叫人拿上来给她瞧瞧。凤姐本是贪得无厌的人，如今被抄尽淨，本是愁苦，又恐人埋怨，正是几不欲生的时候。今儿贾母仍旧疼她，王夫人也没嗔怪，过来安慰她，又想贾琏无事，心下安放好些，便在枕上与贾母磕头，说道：“请老太太放心。若是我的病托着老太太的福好了些，我情愿自己当个粗使丫头，尽心竭力的服侍老太太、太太罢。”贾母听她说得伤心，不免掉下泪来。宝玉是从来没有经过这大风浪的，心下只知安乐、不知忧患的人，如今碰来碰去都是哭泣的事，所以他竟比傻子尤甚，见人哭他就哭。凤姐看见众人忧闷，反倒勉强说几句宽慰贾母的话，求着：“请老太太、太太回去，我略好些，过来磕头。”说着，将头仰起。贾母叫平儿：“好生服侍，短什么，到我那里要去。”说着，带了王夫人将要回到自己房中。只听见两三处哭声。贾母实在不忍闻见，便叫王夫人散去，叫宝玉：“去见你大爷、大哥，送一送就回来。”自己躺在榻上下泪。幸喜鸳鸯等能用百样言语劝解，贾母暂且安歇。

不言贾赦等分离悲痛。那些跟去的人，谁是愿意的？不免心中抱怨，叫苦连天。正是生离果胜死别，看者比受者更加伤心。好好的一个荣国府，闹到人嚎鬼哭。贾政最循规矩，在伦常上也讲究的，执手分别后，自己先骑马赶至城外，举酒送行，又叮咛了好些国家轸恤勋臣，力图报称的话。贾赦等挥泪分头而别。

贾政带了宝玉回家，未及进门，只见门上有好些人在那里乱嚷，说：“今日旨意：将荣国公世职着贾政承袭。”那些人在那里要喜钱，门上人和他们分争，说是“本来的世职，我们本家袭了，有什么喜报？”那些人说道：“那世职的荣耀，比任什么还难得。你们大老爷闹掉了，想要这个，再不能的了。如今的圣人在位，赦过宥罪，还赏给二老爷袭了。这是千载难逢的，怎么不给喜钱？”正闹着，贾政回家，门上回了，虽则喜欢，究竟是哥哥犯事所致，反觉感极涕零，赶着进内告诉贾母。王夫人正恐贾母伤心，过来安慰，听得世职复还，自是欢喜。又见贾政进来，贾母拉了说些勤黾报恩的话。独有邢夫人、尤氏心下悲苦，只不好露出来。

且说外面这些趋炎奉势的亲戚朋友，先前贾宅有事，都远避不来；今儿贾政袭职，知圣眷尚好，大家都来贺喜。那知贾政纯厚性成，因他袭哥哥的职，心内反生烦恼，只知感激天恩。于第二日进内谢恩，到底将赏还府第园子备摺奏请入官。内廷降旨不必，贾政才得放心回家，以后循分供职。但是家计萧条，入不敷出。贾政又不能在外应酬。家人们见贾政忠厚，凤姐抱病不能理家，贾琏的亏缺一日重似一日，难免典房卖地。府内家人几个有钱的，怕贾琏缠扰，都装穷躲事，甚至告假不来，各自另寻门路。

独有一个包勇，虽是新投到此，恰遇荣府坏事，他倒有些真心办事，见那些人欺瞒主子，便时常不忿。奈他是个新来乍到的人，一句话也插不上，他便生气，每天吃了就睡。众人嫌他不肯随和，便在贾政前说他终日贪杯生事，并不当差。贾政道："随他去罢。原是甄府荐来，不好意思。横竖家内添这一人吃饭，虽说是穷，也不在他一人身上。"并不叫来驱逐。众人又在贾琏跟前说他怎样不好，贾琏此时也不敢自作威福，只得由他。

忽一日，包勇耐不过，吃了几杯酒，在荣府街上闲逛，见有两个人说话。那人说道："你瞧，这么个大府，前儿抄了家，不知如今怎么样了？"那人道："他家怎么能败？听见说，里头有位娘娘是他家的姑娘，虽是死了，到底有根基的。况且我常见他们来往的都是王公侯伯，那里没有照应？便是现在的府尹，前任的兵部，是他们的一家。难道有这些人还护庇不来么？"那人道："你白住在这里！别人犹可，独是那个贾大人更了不得！我常见他在两府来往，前儿御史虽参了，主子还叫府尹查明实蹟再办。你道他怎么样？他本沾过两府的好处，怕人说他回护一家，他便狠狠的踢了一脚，所以两府里才到底抄了。你道如今的世情还了得吗！"两人无心说闲话，岂知旁边有人跟着听的明白。包勇心下暗想："天下有这样负恩的人但不知是我老爷的什么人？我若见了他，便打他一个死，闹出事来，我承当去。"那包勇正在酒后胡思乱想，忽听那边喝道而来。包勇远远站着。只见那两人轻轻的说道："这来的就是那个贾大人了。"包勇听了，心里怀恨，趁了酒兴，便大声的道："没良心的男女！怎么忘了我们贾家的恩了。"雨村在轿内，听得一个"贾"字，便留神观看，见是一个醉汉，便不理会过去了。

那包勇醉着，不知好歹，便得意洋洋回到府中，问起同伴，知是方才见的那位大人是这府里提拔起来的。"他不念旧恩，反来踢弄咱们家里，见了他骂他几句，他竟不敢答言。"那荣府的人本嫌包勇，只是主人不计较他，如今他又在外闯祸，不得不回，趁贾政无事，便将包勇喝酒闹事的话回了。贾政此时正怕风波，听得家人回禀，便一时生气，叫进包勇骂了几句，便派去看园，不许他在外行走。那包勇本是直爽的脾气，投了主子，他便赤心护主，岂知贾政反倒责骂他。他也不敢再辩，只得收拾行李，往园中看守浇灌去了。未知后事如何，下回分解。

第 108 回 强欢笑蘅芜庆生辰 死缠绵潇湘闻鬼哭

却说贾政先前曾将房产并大观园奏请入官，内廷不收，又无人居住，只好封锁。因园子接连尤氏、惜春住宅，太觉旷阔无人，遂将包勇罚看荒园。此时贾政理家，又奉了贾母之命，将人口渐次减少，诸凡省俭，尚且不能支持。幸喜凤姐为贾母疼惜，王夫人等虽则不大喜欢，若说治家办事，尚能出力，所以将内事仍交凤姐办理。但近来因被抄以后，诸事运用不来，也是每形拮据。那些房头上下人等，原是宽裕惯的，如今较之往日十去其七，怎能周到，不免怨言不绝。凤姐也不敢推辞，扶病承欢贾母。过了些时，贾赦、贾珍各到当差地方，恃有用度，暂且自安，写书回家，都言安逸，家中不必挂念。于是贾母放心，邢夫人、尤氏也略略宽怀。

一日，史湘云出嫁回门，来贾母这边请安。贾母提起她女婿甚好，史湘云也将那里过日平安的话说了，请老太太放心。又提起黛玉去世，不免大家泪落。贾母又想起迎春苦楚，越觉悲伤起来。史湘云劝解一回，又到各家请安问好毕，仍到贾母房中安歇，言及薛家这样人家，被薛大哥闹的家破人亡，今年虽是缓决人犯，明年不知可能减等。贾母道："你还不知道呢，昨儿蟠儿媳妇死的不明白，几乎又闹出一场大事来。还幸亏老佛爷有眼，叫她带来的丫头自己供出来了，那夏奶奶才没的闹了，自家拦住相验，你姨妈这里才将皮裹肉的打发出去了。你说说，真真是六亲同运。薛家是这样了，姨太太守着薛蝌过日，为这孩子有良心，他说哥哥在监里尚未结局，不肯娶亲。你邢妹妹在大太太那边，也就很苦。琴姑娘为她公公死了尚未满服，梅家尚未娶去。二太太的娘家舅太爷一死，凤丫头的哥哥也不成人，那二舅太爷也是个小气的，又是官项不清，也是打饥荒。甄家自从抄家以后，别无信息。"湘云道："三姐姐去了，曾有书字回家么？"贾母道："自从嫁了去，二老爷回来说，你三姐姐在海疆甚好。只是没有书信，我也日夜惦记。为着我们家连连的出些不好事，所以我也顾不来。如今四丫头也没有给她提亲。环儿呢，谁有功夫提起他来？如今我们家的日子比你从前在这里的时侯更苦些。只可怜你宝姐姐，自过了门，没过一天安逸日子。你二哥哥还是这样疯疯颠颠，这怎么处呢？"湘云道："我从小儿在这里长大的，这里那些人的脾气，我都知道的。这一回来了，竟都改了样子了。我打量我隔了好些时没来，他们生疏我。我细想起来，竟不是的。就是见了，我瞧他们的意思，原要像先前一样的热闹，不知道怎么，说说就伤心起来了。我所以坐坐就到老太太这里来了。"贾母道："如今这样日子，在我也罢了；你们年轻轻儿的人，还了得！我正要想个法儿，叫他们还热闹一天才好，只是打不起这个精神来。"湘云道："我想起来了，宝姐姐不是后儿的生日吗？我多住一天，给她拜过寿，大家热闹一天。不知老太太怎么样？"贾母道："我真正气糊涂了。你不提，我竟忘了，后日可不是她的生日？我明日拿出钱来，给她办个生日。她没有定亲的时侯，倒做过好几次，如今她过了门，倒没有做。宝玉这孩子，头里很伶俐，很淘气，如今为着家里的事不好，把这孩子越发弄的话都没有了。倒是珠儿媳妇还好，她有的时侯是这么着，没的时侯她也是这么着，带着兰儿静静儿的过日子，倒难为她。"湘云道："别人还不离，独有琏二嫂子，连模样儿都改了，说话也不伶俐了。明日等我来引逗她们，看她们怎么样。但是她们嘴里不说，心里要抱怨我，说我有了——"湘云说到那里，却把脸飞红了。贾母会意，道："这怕什么？原来姊妹们都是在一处乐惯了的，说说笑笑，再别留这些心。大凡一个人，有也罢，没也罢，总要受得富贵，耐得贫贱才好。你宝姐姐生来是个大方的人。头里她家这样好，她也一点儿不骄傲，后来她家坏了事，她也是舒舒坦坦的。如今在我家里，宝玉待她好，她也是那样安顿；一时待她不好，不见她有什么烦恼。我看这孩子倒是个有福气的。你林姐姐，那是个最小性儿，又多心的，所以到底不长命。凤丫头也见过些事，很不该略见些风波就改了样子。她若这样没见识，也就是小器了。后儿宝丫头的生日，我替另拿出银子来，热热闹闹给她做个生日，也叫她喜欢这一天。"湘云答应道："老太太说得很是。索性把那些姊妹们都请来了，大家叙一叙。"贾母道："自然要请的。"一时高兴道："叫鸳鸯拿出一百银子来，交给外头，叫她明日起，预备两天的酒饭。"鸳鸯领命，叫婆子交了出去。一宿无话。

次日，传话出去，打发人去接迎春；又请了薛姨妈、宝琴，叫带了香菱来；又请李婶娘。不多半日，李纹、李绮都来了。宝钗本没有知道，听见老太太的丫头来请，说："薛姨太太来了，请二奶奶过去呢。"宝钗心里喜欢，便是随身衣服过去，要见她母亲。只见她妹子宝琴并香菱都在这里，又见李婶娘等人也都来了。心想："那些人必是知道我们家的事情完了，所以来问侯的。"便去问了李婶娘好，见了贾母，然后与她母亲说了几句话，便与李家姊妹们问好。湘云在旁说道："太太们请都坐下，让我们姊妹们给姐姐拜寿。"宝钗听了，倒呆了一呆，回来一想："可不是明日是我的生日吗？"便说："妹妹们过来瞧老太太是该的，若说为我的生日，是断断不敢的。"正推让着，宝玉也来请薛姨妈、李婶娘的安。听见宝钗自己推让，他心里本早打算过宝钗生日，因家中闹得七颠八倒，也不敢在贾母处提起。今见湘云等众人要拜寿，便喜欢道："明日才是生日，我正要告诉老太太来。”湘云笑道：“扯臊！老太太还等你告诉？你打量这些人为什么来，是老太太请的。”宝钗听了，心下未信。只听贾母合她母亲道：“可怜宝丫头做了一年新媳妇，家里接二连三的有事，总没有给她做过生日。今日我给她做个生日，请姨太太、太太们来，大家说说话儿。”薛姨妈道：“老太太这些时心里才安，她小人儿家，还没有孝敬老太太，倒要老太太操心。”湘云道：“老太太最疼的孙子是二哥哥，难道二嫂子就不疼了么？况且宝姐姐也配老太太给她做生日。”宝钗低头不语。宝玉心里想道：“我只说史妹妹出了阁是换了一个人了，我所以不敢亲近她，她也不来理我。如今听她的话，原是和先前一样的。为什么我们那个过了门，更觉得腼腆了，话都说不出来了呢？”

正想着，小丫头进来说：“二姑奶奶回来了。”随后李纨、凤姐都进来，大家厮见一番。迎春提起她父亲出门，说：“本要赶来见见，只是他拦着不许来，说是咱们家正是晦气时侯，不要沾染在身上。我扭不过，没有来，直哭了两三天。”凤姐道：“今儿为什么肯放你回来？”迎春道：“他又说咱们家二老爷又袭了职，还可以走走，不妨事的，所以才放我来。”说着，又哭起来。贾母道：“我原为气得慌，今日接你们来给孙子媳妇过生日，说说笑笑，解个闷儿，你们又提起这些烦事来，又招起我的烦恼来了。”迎春等都不敢作声了。凤姐虽勉强说了几句有兴的话，终不似先前爽利，招人发笑。贾母心里要宝钗喜欢，故意的呕凤姐儿说话。凤姐也知贾母之意，便竭力张罗，说道：“今儿老太太喜欢些了。你看这些人好几时没有聚在一处，今儿齐全。”说着，回过头去，看见婆婆、尤氏不在这里，又缩住了口。贾母为着“齐全”两字，也想邢夫人等，叫人请去。邢夫人、尤氏、惜春等听见老太太叫，不敢不来，心内也十分不愿意，想着家业零败，偏又高兴给宝钗做生日，到底老太太偏心，便来了也是无精打彩的。贾母问起岫烟来，邢夫人假说病着不来。贾母会意，知薛姨妈在这里有些不便，也不提了。

一时，摆下果酒。贾母说：“也不送到外头，今日只许咱们娘儿们乐一乐。”宝玉虽然娶过亲的人，因贾母疼爱，仍在里头打混，但不与湘云、宝琴等同席，便在贾母身旁设着一个坐儿，他代宝钗轮流敬酒。贾母道：“如今且坐下，大家喝酒，到挨晚儿再到各处行礼去。若如今行起来了，大家又闹规矩，把我的兴头打回去，就没趣了。”宝钗便依言坐下。贾母又叫人来道：“咱们今儿索性洒脱些，各留一两个人伺侯。我叫鸳鸯带了彩云、莺儿、袭人、平儿等在后间去，也喝一锺酒。”鸳鸯等说：“我们还没有给二奶奶磕头，怎么就好喝酒去呢？”贾母道：“我说了，你们只管去，用的着你们再来。”鸳鸯等去了。

这里贾母才让薛姨妈等喝酒，见他们都不是往常的样子，贾母着急道：“你们到底是怎么着？大家高兴些才好。”湘云道：“我们又吃又喝，还要怎样！”凤姐道：“他们小的时侯儿都高兴，如今都碍着脸不敢混说，所以老太太瞧着冷淨了。”宝玉轻轻的告诉贾母道：“话是没有什么说的，再说就说到不好的上头来了。不如老太太出个主意，叫她们行个令儿罢。”贾母侧着耳朵听了，笑道：“若是行令，又得叫鸳鸯去。”宝玉听了，不待再说，就出席到后间去找鸳鸯，说：“老太太要行令，叫姐姐去呢。”鸳鸯道：“小爷，让我们舒舒服服的喝一杯罢，何苦来，又来搅什么。”宝玉道：“当真老太太说的，叫你去呢。与我什么相干？”鸳鸯没法，说道：“你们只管喝，我去了就来。”便到贾母那边。

老太太道：“你来了，不是要行令吗。”鸳鸯道：“听见宝二爷说老太太叫我，敢不来吗？不知老太太要行什么令儿？”贾母道：“那文的怪闷的慌，武的又不好，你倒是想个新鲜顽意儿才好。”鸳鸯想了想道：“如今姨太太有了年纪，不肯费心，倒不如拿出令盆骰子来，大家掷个曲牌名儿赌输赢酒罢。”贾母道：“这也使得。”便命人取骰盆放在桌上。鸳鸯说：“如今用四个骰子掷去，掷不出名儿来的罚一杯，掷出名儿来，每人喝酒的杯数儿，掷出来再定。”众人听了道：“这是容易的，我们都随着。”鸳鸯便打点儿，众人叫鸳鸯喝了一杯，就在她身上数起，恰是薛姨妈先掷。薛姨妈便掷了一下，却是四个么。鸳鸯道：“这是有名的，叫做‘商山四皓’。有年纪的喝一杯。”于是贾母、李婶娘、邢、王二夫人都该喝。贾母举酒要喝，鸳鸯道：“这是姨太太掷的，还该姨太太说个曲牌名儿，下家儿接一句《千家诗》。说不出的罚一杯。”薛姨妈道：“你又来算计我了，我那里说得上来。”贾母道：“不说到底寂寞，还是说一句的好。下家儿就是我了，若说不出来，我陪姨太太喝一锺就是了。”薛姨妈便道：“我说个‘临老入花丛’。”贾母点点头儿道：“将谓偷闲学少年。”说完，骰盆过到李纹，便掷了两个“四”，两个“二”。鸳鸯说：“也有名了，这叫作‘刘阮入天台’。”李纹便接着说了个“二士入桃源。”下手儿便是李纨，说道：“寻得桃源　好避秦。”大家又喝了一口。骰盆又过到贾母跟前，便掷了两个“二”，两个“三”。贾母道：“这要喝酒了？”鸳鸯道：“有名儿的，这是‘江燕引雏’。众人都该喝一杯。”凤姐道：“雏是雏，倒飞了好些了。”众人瞅了她一眼，凤姐便不言语。贾母道：“我说什么呢？‘公领孙’罢。”下手是李绮，便说道：“闲看儿童捉柳花。”众人都说好。

宝玉巴不得要说，只是令盆轮不到，正想着，恰好到了跟前，便掷了一个“二”，　两个“三”，一个“么”，便说道：“这是什么？”鸳鸯笑道：“这是个‘臭’，先喝一杯再掷罢。”宝玉只得喝了又掷，这一掷掷了两个“三”，两个“四”。鸳鸯道：“有了，这叫做‘张敞画眉’。”宝玉明白打趣他，宝钗的脸也飞红了。凤姐不大懂得，还说：“二兄弟快说了，再找下家儿是谁。”宝玉明知难说，自认“罚了罢，我也没下家。”过了令盆，轮到李纨，便掷了一下儿。鸳鸯道：“大奶奶掷的是‘十二金钗’。”宝玉听了，赶到李纨身旁看时，只见红绿对开，便说：“这一个好看得很。”忽然想起十二钗的梦来，便呆呆的退到自己座上，心里想，“这十二钗说是金陵的，怎么家里这些人如今七大八小的就剩了这几个？”复又看看湘云、宝钗，虽说都在，只是不见了黛玉。一时按捺不住，眼泪便要下来。恐人看见，便说身上躁的很，脱脱衣服去，挂了筹，出席去了。这史湘云看见宝玉这般光景，打量宝玉掷不出好的，被别人掷了去，心里不喜欢，便去了；又嫌那个令儿没趣，便有些烦。只见李纨道：“我不说了，席间的人也不齐，不如罚我一杯。”贾母道：“这个令儿也不热闹，不如蠲了罢。让鸳鸯掷一下，看掷出个什么来。”

小丫头便把令盆放在鸳鸯跟前。鸳鸯依命，便掷了两个“二”，一个“五”，　那一个骰子在盆中只管转，鸳鸯叫道：“不要‘五’！”那骰子单单转出一个“五”来。鸳鸯道：“了不得！我输了。”贾母道：“这是不算什么的吗？”鸳鸯道：“名儿倒有，只是我说不上曲牌名来。”贾母道：“你说名儿，我给你诌。”鸳鸯道：“这是‘浪扫浮萍’。”贾母道：“这也不难，我替你说个‘秋鱼入菱窠’。”鸳鸯下手的就是湘云，便道：“‘白萍吟尽楚江秋’。”众人都道：“这句很确。”

贾母道：“这令完了。咱们喝两杯，吃饭罢。”回头一看，见宝玉还没进来，便问道：“宝玉那里去了，还不来？”鸳鸯道：“换衣服去了。”贾母道：“谁跟了去的？”那莺儿便上来回道：“我看见二爷出去，我叫袭人姐姐跟了去了。”贾母、王夫人才放心。等了一回，王夫人叫人去找来。小丫头子到了新房，只见五儿在那里插蜡。小丫头便问：“宝二爷那里去了？”五儿道：“在老太太那边喝酒呢。”小丫头道：“我在老太太那里，太太叫我来找的。岂有在那里倒叫我来找的理？”五儿道：“这就不知道了，你到别处找去罢。”小丫头没法，只得回来，遇见秋纹，便道：“你见二爷那里去了？”秋纹道：“我也找他。太太们等他吃饭，这会子那里去了呢？你快去回老太太去，不必说不在家，只说喝了酒不大受用，不吃饭了，略躺一躺再来，请老太太、太太们吃饭罢。”小丫头依言回去告诉珍珠，珍珠依言回了贾母。贾母道：“他本来吃不多，不吃也罢了。叫他歇歇罢。告诉他今儿不必过来，有他媳妇在这里。”珍珠便向小丫头道：“你听见了？”小丫头答应着，不便说明，只得在别处转了一转，说告诉了。众人也不理会，便吃毕饭，大家散坐说话。不提。

且说宝玉一时伤心，走了出来，正无主意，只见袭人赶来，问："是怎么了？"宝玉道："不怎么，只是心里烦得慌。何不趁她们喝酒，咱们两个到珍大奶奶那里逛逛去。"袭人道："珍大奶奶在这里，去找谁？"宝玉道："不找谁，瞧瞧她现在这里，住的房屋怎么样。"袭人只得跟着，一面走，一面说。走到尤氏那边，

又一个小门儿半开半掩，宝玉也不进去。只见看园门的两个婆子坐在门槛上说话儿。宝玉问道："这小门开着么？"婆子道："天天是不开的。今儿有人出来说，今日预备老太太要用园里的果子，故开着门等着。"宝玉便慢慢的走到那边，果见腰门半开，宝玉便走了进去。袭人忙拉住道："不用去，园里不干净，常没有人去，不要撞见什么。"宝玉仗着酒气，说："我不怕那些。"袭人苦苦的拉住，不容他去。婆子们上来说道："如今这园子安静的了。自从那日道士拿了妖去，我们摘花儿、打果子，一个人常走的。二爷要去，咱们都跟着，有这些人，怕什么！"宝玉喜欢，袭人也不便相强，只得跟着。

宝玉进得园来，只见满目凄凉，那些花木枯萎，更有几处亭馆，彩色久经剥落，远远望见一丛修竹，倒还茂盛。宝玉一想，说："我自病时出园，住在后边，一连几个月不准我到这里，瞬息荒凉。你看独有那几竿翠竹菁葱，这不是潇湘馆么？"袭人道："你几个月没来，连方向都忘了。咱们只管说话，不觉将怡红院走过了。"回过头来用手指着道："这才是潇湘馆呢。"宝玉顺着袭人的手一瞧，道："可不是过了吗？咱们回去瞧瞧。"袭人道："天晚了，老太太必是等着吃饭，该回去了。"宝玉不言，找着旧路，竟往前走。

你道宝玉虽离了大观园将及一载，岂遂忘了路径？只因袭人恐他见了潇湘馆，想起黛玉，又要伤心，所以用言混过。岂知宝玉只望里走，天又晚，恐招了邪气，故宝玉问她，只说已走过了，欲宝玉不去。不料宝玉的心惟在潇湘馆内。袭人见他往前急走，只得赶上。见宝玉站着，似有所见，如有所闻，便道："你听什么？"宝玉道："潇湘馆倒有人住着么？"袭人道："大约没有人罢。"宝玉道："我明明听见有人在内啼哭，怎么没有人？"袭人道："你是疑心。素常你到这里，常听见林姑娘伤心，所以如今还是那样。"宝玉不信，还要听去。婆子们赶上说道："二爷快回去罢。天已晚了，别处我们还敢走走，只是这里路又隐僻，又听得人说，这里林姑娘死后，常听见有哭声，所以人都不敢走的。"宝玉、袭人听说，都吃了一惊。宝玉道："可不是！"说着，便滴下泪来，说："林妹妹，林妹妹，好好儿的，是我害了你了！你别怨我，只是父母作主，并不是我负心。"愈说愈痛，便大哭起来。袭人正在没法，只见秋纹带着些人赶来，对袭人道："你好大胆！怎么领了二爷到这里来？老太太、太太他们打发人各处都找到了，刚才腰门上有人说是你同二爷到这里来了，唬得老太太、太太们了不得，骂着我，叫我带人赶来，还不快回去么！"宝玉犹自痛哭。袭人也不顾他哭，两个人拉着就走，一面替他拭眼泪，告诉他老太太着急。宝玉没法，只得回来。

袭人知老太太不放心，将宝玉仍送到贾母那边。众人都等着未散。贾母便说："袭人，我素常知你明白，才把宝玉交给你，怎么今儿带他园里去？他的病才好，倘或撞着什么，又闹起来，这便怎么处？"袭人也不敢分辩，只得低头不语。宝钗看宝玉颜色不好，心里着实的吃惊。倒还是宝玉恐袭人受委屈，说道："青天白日怕什么？我因为好些时没到园里逛逛，今儿趁着酒兴走走。那里就撞着什么了呢！"凤姐在园里吃过大亏的，听到那里，寒毛倒竖，说："宝兄弟胆子忒大了。"湘云道："不是胆大，倒是心实。不知是会芙蓉神去了，还是寻什么仙去了。"宝玉听着，也不答言。独有王夫人急的一言不发。贾母问道："你到园里可曾唬着么？这回不用说了，以后要逛，到底多带几个人才好。不然大家早散了。回去好好的睡一夜，明日一早过来，我还要找补，叫你们再乐一天呢。不要为他又闹出什么原故来。"

众人听说，辞了贾母出来。薛姨妈便到王夫人那里住下。史湘云仍在贾母房中。迎春便往惜春那里去了。余者各自回去。不提。独有宝玉回到房中，嗳声叹气。宝钗明知其故，也不理他，只是怕他忧闷，勾出旧病来，便进里间，叫袭人来，细问他宝玉到园怎么的光景。未知袭人怎生回说，下回分解。

第 109 回 候芳魂五儿承错爱 还孽债迎女返真元

话说宝钗叫袭人问出原故，恐宝玉悲伤成疾，便将黛玉临死的话与袭人假作闲谈，说是："人生在世，有意有情，到了死后，各自干各自的去了，并不是生前那样个人，死后还是这样。活人虽有痴心，死的竟不知道。况且林姑娘既说仙去，她看凡人是个不堪的浊物，那里还肯混在世上？只是人自己疑心，所以招些邪魔外祟来缠扰了。"宝钗虽是与袭人说话，原说给宝玉听的。袭人会意，也说是："没有的事。若说林姑娘的魂灵儿还在园里，我们也算好的，怎么不曾梦见了一次？"

宝玉在外间听得，细细的想道："果然也奇。我知道林妹妹死了，那一日不想几遍，怎么从没梦过？想是她到天上去了，瞧我这凡夫俗子不能交通神明，所以梦都没有一个儿。我就在外间睡着，或者我从园里回来，她知道我的实心，肯与我梦里一见。我必要问她实在那里去了。我也时常祭奠。若是果然不理我这浊物，竟无一梦，我便不想她了。"

主意已定，便说："我今夜就在外间睡了，你们也不用管我。"宝钗也不强他，只说："你不要胡思乱想。你不瞧瞧，太太因你园里去了，急得话都说不出来。若是知道还不保养身子，倘或老太太知道了，又说我们不用心。"宝玉道："白这么说罢咧，我坐一会子就进来。你也乏了，先睡罢。"宝钗知他必进来的，假意说道："我睡了，叫袭姑娘伺候你罢。"宝玉听了，正合机宜。候宝钗睡了，他便叫袭人、麝月另铺设下一副被褥，常叫人进来瞧二奶奶睡着了没有。宝钗故意装睡，也是一夜不宁。那宝玉知是宝钗睡着，便与袭人道："你们各自睡罢，我又不伤感。你若不信，你就服侍我睡了再进去，只要不惊动我就是了。"袭人果然服侍他睡下，便预备下了茶水，关好了门，进里间去照应一回，各自假寐，宝玉若有动静，再出来。宝玉见袭人等进来，便将坐更的两个婆子支到外头。他轻轻的坐起来，暗暗的祝了几句，便睡下了，欲与神交。起初再睡不着，以后把心一静，便睡去了。

岂知一夜安眠，直到天亮。宝玉醒来，拭眼坐起来，想了一回，并无有梦。便叹口气道："正是'悠悠生死别经年，魂魄不曾来入梦'！"宝钗却一夜反没有睡着，听宝玉在外边念这两句，便接口道："这句又说莽撞了。如若林妹妹在时，又该生气了。"宝玉听了，反不好意思，只得起来搭讪着，往里间走来，说："我原要进来的，不觉得一个盹儿就打着了。"宝钗道："你进来不进来，与我什么相干？"袭人等本没有睡，眼见他们两个说话，即忙倒上茶来。已见老太太那边打发小丫头来问："宝二爷昨睡得安顿么？若安顿时，早早的同二奶奶梳洗了就过去。"袭人便说："你去回老太太，说宝玉昨夜很安顿，回来就过来。"小丫头去了。

宝钗起来梳洗了，莺儿、袭人等跟着，先到贾母那里行了礼，便到王夫人那边起至凤姐，都让过了，仍到贾母处，见她母亲也过来了。大家问起："宝玉晚上好么？"宝钗便说："回去就睡了，没有什么。"众人放心，又说些闲话。只见小丫头进来说："二姑奶奶要回去了。听见说孙姑爷那边人来，到大太太那里说了些话，大太太叫人到四姑娘那边说，不必留了，让她

去罢。如今二姑奶奶在大太太那边哭呢，大约就过来辞老太太。”贾母众人听了，心中好不自在，都说：“二姑娘这样一个人，为什么命里遭着这样的人！一辈子不能出头，这便怎么好！”说着，迎春进来，泪痕满面，因为是宝钗的好日子，只得含着泪，辞了众人要回去。贾母知道她的苦处，也不便强留，只说道：“你回去也罢了。但是不要悲伤，碰着了这样人，也是没法儿的。过几天我再打发人接你去。”迎春道：“老太太始终疼我，如今也疼不来了。可怜我只是没有再来的时候了。”说着，眼泪直流。众人都劝道：“这有什么不能回来的？比不得你三妹妹，隔得远，要见面就难了。”贾母等想起探春，不觉也大家落泪。只为是宝钗的生日，即转悲为喜说：“这也不难，只要海疆平静，那边亲家调进京来，就见的着了。”大家说：“可不是这么着呢。”说着，迎春只得含悲而别。众人送了出来，仍回贾母那里。从早至暮，又闹了一天。众人见贾母劳乏，各自散了。

独有薛姨妈辞了贾母，到宝钗那里，说道：“你哥哥是今年过了，直要等到皇恩大赦的时候，减了等，才好赎罪。这几年叫我孤苦伶仃，怎么处！我想要与你二哥哥完婚，你想想好不好？”宝钗道：“妈妈是为着大哥哥娶了亲，唬怕的了，所以把二哥哥的事犹豫起来。据我说，很该就办。邢姑娘是妈妈知道的，如今在这里也很苦，娶了去，虽说我家穷，究竟比她傍人门户好多着呢。”薛姨妈道：“你得便的时候，就去告诉老太太，说我家没人，就要拣日子了。”宝钗道：“妈妈只管同二哥哥商量，挑个好日子，过来和老太太、大太太说了，娶过去就完了一宗事。这里大太太也巴不得娶了去才好。”薛姨妈道：“今日听见史姑娘也就回去了，老太太心里要留你妹妹在这里住几天，所以她住下了。我想她也是不定多早晚就走的人了，你们姊妹们也多叙几天话儿。”宝钗道：“正是呢。”于是薛姨妈又坐了一坐，出来辞了众人，回去了。

却说宝玉晚间归房，因想：“昨晚黛玉竟不入梦，或者她已经成仙，所以不肯来见我这种浊人，也是有的；不然，就是我的性儿太急了，也未可知。”便想了个主意，向宝钗说道：“我昨夜偶然在外间睡着，似乎比在屋里睡的安稳些，今日起来，心里也觉清淨些。我的意思还要在外间睡两夜，只怕你们又来拦我。”宝钗听了，明知早晨他嘴里念诗是为着黛玉的事了，想来他那个呆性是不能劝的，倒好叫他睡两夜，索性自己死了心也罢了。况兼昨夜听他睡的倒也安静，便道：“好没来由，你只管睡去，我们拦你作什么？但只不要胡思乱想，招出些邪魔外祟来。”宝玉笑道：“谁想什么？”袭人道：“依我劝，二爷竟还是屋里睡罢。外边一时照应不到，着了风，倒不好。”宝玉未及答言，宝钗却向袭人使了个眼色。袭人会意，便道：“也罢，叫个人跟着你罢，夜里好倒茶倒水的。”宝玉便笑道：“这么说，你就跟了我来。”袭人听了，倒没意思起来，登时飞红了脸，一声也不言语。宝钗素知袭人稳重，便说道：“她是跟惯了我的，还叫她跟着我罢。叫麝月、五儿照料着也罢了。况且今日她跟着我闹了一天，也乏了，该叫她歇歇了。”宝玉只得笑着出来。宝钗因命麝月、五儿给宝玉仍在外间铺设了，又嘱咐两个人醒睡些，要茶要水都留点神儿。

两个答应着出来，看见宝玉端然坐在床上，闭目合掌，居然像个和尚一般。两个也不敢言语，只管瞅着他笑。宝钗又命袭人出来照应。袭人看见这般，却也好笑，便轻轻的叫道：“该睡了，怎么又打起坐来了？”宝玉睁开眼看见袭人，便道：“你们只管睡罢，我坐一坐就睡。”袭人道：“因为你昨日那个光景，闹的二奶奶一夜没睡。你再这么着，成何事体！”宝玉料着自己不睡，都不肯睡，便收拾睡下。袭人又嘱咐了麝月等几句，才进去关门睡了。这里麝月、五儿两个人也收拾了被褥，伺候宝玉睡着，各自歇下。

那知宝玉要睡越睡不着，见她两个人在那里打铺，忽然想起那年袭人不在家时，晴雯、麝月两个人服侍，夜间麝月出去，晴雯要唬她，因为没穿衣服着了凉，后来还是从这个病上死的。想到这里，一心移在晴雯身上去了。忽又想起凤姐说五儿给晴雯脱了个影儿，因又将想晴雯的心肠移在五儿身上。自己假装睡着，偷偷的看那五儿，越瞧越像晴雯，不觉呆性复发。听了听，里间已无声息，知是睡了。却见麝月也睡着了，便故意叫了麝月两声，却不答应。五儿听见宝玉唤人，便问道：“二爷要什么？”宝玉道：“我要漱漱口。”五儿见麝月已睡，只得起来，重新剪了蜡花，倒了一锺茶来，一手托着漱盂。却因赶忙起来的，身上只穿着一件桃红绫子小袄儿，鬆鬆的挽着一个攒（原字为上“髟”下“赞”）儿。宝玉看时，居然晴雯复生。忽又想起晴雯说的：“早知担个虚名，也就打个正经主意了”，不觉呆呆的呆看，也不接茶。

那五儿自从芳官去后，也无心进来了。后来听见凤姐叫她进来服侍宝玉，竟比宝玉盼她进来的心还急。不想进来以后，见宝钗、袭人一般尊贵稳重，看着心里实在敬慕；又见宝玉疯疯傻傻，不似先前风致；又听见王夫人为女孩子们和宝玉玩笑都撵了：所以把这件事搁在心上，倒无一毫的儿女私情了。怎奈这位呆爷今晚把她当作晴雯，只管爱惜起来。那五儿早已羞得两颊红潮，又不敢大声说话，只得轻轻的说道：“二爷，漱口啊！”宝玉笑着接了茶在手中，也不知道漱了没有，便笑嘻嘻的问道：“你和晴雯姐姐好不是啊？”五儿听了，摸不着头脑，便道：“都是姊妹，也没有什么不好的。”宝玉又悄悄的问道：“晴雯病重了，我看她去，不是你也去了么？”五儿微微笑着点头儿。宝玉道：“你听见她说什么了没有？”五儿摇着头儿道：“没有。”宝玉已经忘神，便把五儿的手一拉。五儿急得红了脸，心里乱跳，便悄悄说道：“二爷有什么话只管说，别拉拉扯扯的。”宝玉才放了手，说道：“她和我说来着：‘早知担了个虚名，也就打正经主意了。’你怎么没听见么？”五儿听了这话，明明是轻薄自己的意思，又不敢怎么样，便说道：“那是她自己没脸，这也是我们女孩儿家说得的吗？”宝玉着急道：“你怎么也是这么个道学先生！我看你长的和她一模一样，我才肯和你说这个话，你怎么倒拿这些话来糟踏她！”

此时五儿心中也不知宝玉是怎么个意思，便说道：“夜深了，二爷也睡罢，别紧着坐着，看凉着。刚才奶奶和袭人姐姐怎么嘱咐了？”宝玉道：“我不凉。”说到这里，忽然想起五儿没穿着大衣服，就怕她也像晴雯着了凉，便说道：“你为什么不穿上衣服就过来？”五儿道：“爷叫的紧，那里有尽着穿衣裳的空儿？要知道说这半天话儿时，我也穿上了。”宝玉听了，连忙把自己盖的一件月白绫子绵袄儿揭起来递给五儿，叫她披上。五儿只不肯接，说：“二爷盖着罢，我不凉。我凉，我有我的衣裳。”说着，回到自己铺边，拉了一件长袄披上。又听了听，麝月睡的正浓，才慢慢过来说：“二爷今晚不是要养神呢吗？”宝玉笑道：“实告诉你罢，什么是养神，我倒是要遇仙的意思。”五儿听了，越发动了疑心，便问道：“遇什么仙？”宝玉道：“你要知道，这话长着呢。你挨着我来坐下，我告诉你。”五儿红了脸，笑道：“你在那里躺着，我怎么坐呢。”宝玉道：“这个何妨。那一年冷天，也是你麝月姐姐和你晴雯姐姐玩，我怕冻着她，还把她揽在被里渥着呢。这有什么的！大凡一个人，总不要酸文假醋才好。”五儿听了，句句都是宝玉调戏之意，那知这位呆爷却是实心实意的话儿。五儿此时走开不好，站着不好，坐下不好，倒没了主意了，因微微的笑着道：“你别混说了，看人家听见，这是什么意思？怨不得人家说你专在女孩儿身上用工夫。你自己放着二奶奶和袭人姐姐都是仙人儿似的，只爱和别人胡缠。明儿再说这些话，我回了二奶奶，看你什么脸见人。”

正说着，只听外面“咕咚”一声，把两个人吓了一跳。里间宝钗咳嗽了一声。宝玉听见，连忙呶嘴儿。五儿也就忙忙的息了灯，悄悄的躺下了。原来宝钗、袭人因昨夜不曾睡，又兼日间劳乏了一天，所以睡去，都不曾听见他们说话。此时院中一响，早已惊醒，听了听，也无动静。宝玉此时躺在床上，心里疑惑：“莫非林妹妹来了，听见我和五儿说话，故意吓我们的？”翻来覆去，胡思乱想，五更以后才朦胧睡去。

却说五儿被宝玉鬼混了半夜，又兼宝钗咳嗽，自己怀着鬼胎，生怕宝钗听见了，也是思前想后，一夜无眠。次日一早起来，见宝玉尚自昏昏睡着，便轻轻的收拾了屋子。那时麝月已醒，便道：“你怎么这么早起来了？你难道一夜没睡吗？”五儿听这话又似麝月知道了的光景，便只是讪笑，也不答言。不一时，宝钗、袭人也都起来。开了门，见宝玉尚睡，却也纳闷：“怎么外边两夜睡得倒这般安稳？”及宝玉醒来，见众人都起来了，自己连忙爬起，揉着眼睛，细想昨夜又不曾梦见，可是仙凡路隔了。慢慢的下了床，又想昨夜五儿说的“宝钗、袭人都是天仙一般”， 这话却也不错，便怔怔的瞅着宝钗。宝钗见他发怔，虽知他为黛玉之事，却也定不得梦不梦，只是瞅的自己倒不好意思，便道：“二爷昨夜可真遇见仙了么？”宝玉听了，只道昨晚的话宝钗听见了，笑着勉强说道：“这是那里的话！”那五儿听了这一句，越发心虚起来，又不好说的，只得且看宝钗的光景。只见宝钗又笑着问五儿道：“你听见二爷睡梦中和人说话来着么？”宝玉听了，自己坐不住，搭讪着走开了。五儿把脸飞红，只得含糊道：“前半夜倒说了几句，我也没听真。什么‘担了虚名’，又什么‘没打正经主意’，我也不懂，劝着二爷睡了。后来我也睡了，不知二爷还说来着没有。”宝钗低头一想，“这话明是为黛玉了。但尽着叫他在外头，恐怕心邪了，招出些花妖月姊来。况兼他的旧病原在姊妹上情重，只好设法将他的心意挪移过来，然后能免无事。”想到这里，不免面红耳热起来，也就讪讪的进房梳洗去了。

且说贾母两日高兴，略吃多了些，这晚有些不受用，第二天便觉着胸口饱闷。鸳鸯等要回贾政，贾母不叫言语，说：“我这两日嘴馋些，吃多了点子，我饿一顿就好了。你们快别吵嚷！”于是鸳鸯等并没有告诉人。

这日晚间，宝玉回到自己屋里，见宝钗自贾母、王夫人处才请了晚安回来。宝玉想着早起之事，未免赧颜抱惭。宝钗看他这样，也晓得是个没意思的光景，因想着：“他是个痴情人，要治他的这病，少不得仍以痴情治之。”想了一回，便问宝玉道：“你今夜还在外间睡去罢咧？”宝玉自觉没趣，便道：“里间外间都是一样的。”宝钗意欲再说，反觉不好意思。袭人道：“罢呀，这倒是什么道理呢！我不信睡得那么安稳。”五儿听见这话，连忙接口道：“二爷在外间睡，别的倒没什么，只是爱说梦话，叫人摸不着头脑儿，又不敢驳他的回。”袭人便道：“我今日挪到床上睡睡，看说梦话不说。你们只管把二爷的铺盖铺在里间就完了。”宝钗听了，也不作声。宝玉自己惭愧不来，那里还有强嘴的分儿，便依着搬进里间来。一则宝玉负愧，欲安慰宝钗之心；二则宝钗恐宝玉思鬱成疾，不如假以词色，使得稍觉亲近，以为移花接木之计。于是当晚袭人果然挪出去。宝玉因心中愧悔，宝钗欲拢络宝玉之心，自过门至今日，方才如鱼得水，恩爱缠绵，所谓“二五之精，妙合而凝”的了。此是后话。

且说次日宝玉、宝钗同起，宝玉梳洗了，先过贾母这边来。这里贾母因疼宝玉，又想宝钗孝顺，忽然想起一件东西，便叫鸳鸯开了箱子，取出祖上所遗一个汉玉玦，虽不及宝玉他那块玉石，挂在身上却也稀罕。鸳鸯找出来递与贾母，便说道：“这件东西，我好像从没见。老太太这些年还记得这样清楚，说是那一箱什么匣子里装着，我按着老太太的话，一拿就拿出来了。老太太怎么想着，拿出来做什么？”贾母道：“你那里知道，这块玉还是祖爷爷给我们老太爷，老太爷疼我，临出嫁的时候叫了我去，亲手递给我的。还说：‘这玉是汉时所佩的东西，很贵重，你拿着就像见了我的一样。’我那时还小，拿了来也不当什么，便撩在箱子里。到了这里，我见咱们家的东西也多，这算得什么！从没带过，一撩便撩了六十多年。今儿见宝玉这样孝顺，他又丢了一块玉，故此，想着拿出来给他，也像是祖上给我的意思。”

一时宝玉请了安，贾母便喜欢道：“你过来，我给你一件东西瞧瞧。”宝玉走到床前，贾母便把那块汉玉递给宝玉。宝玉接来一瞧，那玉有三寸方圆，形似甜瓜，色有红晕，甚是精緻。宝玉口口称赞。贾母道：“你爱么？这是我祖爷爷给我的，我传了你罢。”宝玉笑着，请了个安谢了，又拿了要送给他母亲瞧。贾母道：“你太太瞧了，告诉你老子，又说疼儿子不如疼孙子了。他们从没见过。”宝玉笑着去了。宝钗等又说了几句话，也辞了出来。

自此，贾母两日不进饮食，胸口仍是结闷，觉得头晕目眩，咳嗽。邢、王二夫人、凤姐等请安，见贾母精神尚好，不过叫人告诉贾政，立刻来请了安。贾政出来，即请大夫看脉。不多一时，大夫来诊了脉，说是有年纪的人，停了些饮食，感冒些风寒，略消导发散些就好了。开了方子，贾政看了，知是寻常药品，命人煎好进服。以后贾政早晚进来请安。一连三日，不见稍减。贾政又命贾琏：“打听好大夫，快去请来瞧老太太的病。咱们家常请的几个大夫，我瞧着不怎么好，所以叫你去。”贾琏想了一想，说道：“记得那年宝兄弟病的时候，倒是请了一个不行医的来瞧好了的，如今不如找他。”贾政道：“医道却是极难的，愈是不兴时的大夫倒有本领。你就打发人去找来罢。”贾琏即忙答应去了，回来说道：“这刘大夫新近出城教书去了，过十来天进城一次。这时等不得，又请了一位，也就来了。”贾政听了，只得等着。不提。

且说贾母病时，合宅女眷无日不来请安。一日，众人都在那里，只见看园内腰门的老婆子进来，回说：“园里的栊翠庵的妙师父知道老太太病了，特来请安。”众人道：“她不常过来，今儿特地来，你们快请进来。”凤姐走到床前回贾母。岫烟是妙玉的旧相识，先走出去接他。只见妙玉头带妙常髻，身上穿一件月白素绸袄儿，外罩一件水田青缎镶边长背心，拴着秋香色的丝絛，腰下繫一条瀋墨画的白绫裙，手执尘尾念珠，跟着一个侍儿，飘飘拽拽的走来。岫烟见了问好，说是：“在园内住的日子，可以常常来瞧瞧你。近来因为园内人少，一个人轻易难出来，况且咱们这里的腰门常关着，所以这些日子不得见你。今儿幸会。”妙玉道：“头里你们是热闹场中，你们虽在外园里住，我也不便常来亲近。如今知道这里的事情也不大好，又听说是老太太病着，又掂记你，并要瞧瞧宝姑娘。我那管你们的关不关，我要来就来，我不来，你们要我来也不能啊。”岫烟笑道：“你还是那种脾气。”一面说着，已到贾母房中。

众人见了，都问了好。妙玉走到贾母床前问候，说了几句套话。贾母便道：“你是个女菩萨，你瞧瞧我的病可好得了好不了？”妙玉道：“老太太这样慈善的人，寿数正有呢。一时感冒，吃几贴药，想来也就好了。有年纪人只要宽心些。”贾母道：“我倒不为这些，我是极爱寻快乐的。如今这病也不觉怎样，只是胸隔闷饱。刚才大夫说是气恼所致。你是知道的，谁敢给我气受？这不是那大夫脉理平常么？我和琏儿说了，还是头一个大夫说感冒、伤食的是，明儿仍请他来。”说着，叫鸳鸯吩咐厨房里办一桌淨素菜来，请她在这里便饭。妙玉道：“我已吃过午饭了，我是不吃东西的。”王夫人道：“不吃也罢，咱们多坐一会，说些闲话儿罢。”妙玉道：“我久已不见你们，今儿来瞧瞧。”又说了一回话，便要走，回头见惜春站着，便问道：“四姑娘为什么这样瘦？不要只管爱画劳了心。”惜春道：“我久不画了。如今住的房屋不比园里的显亮，所以没兴画。”妙玉道：“你如今住在那一所了？”惜春道：“就是你才进来的那个门东边的屋子。你要来，很近。”妙玉道：“我高兴的时候来瞧你。”惜春等说着送了出去。回身过来，听见丫头们回说大夫在贾母那边呢。众人暂且散去。

那知贾母这病日重一日，延医调治不效，以后又添腹泻。贾政着急，知病难医，即命人到衙门告假，日夜同王夫人亲视汤药。一日，见贾母略进些饮食，心里稍宽。只见老婆子在门外探头，王夫人叫彩云看去，问问是谁。彩云看了是陪迎春到孙家去的人，便道：“你来做什么？”婆子道：“我来了半日，这里找不着一个姐姐们，我又不敢冒撞，我心里又急。”彩云道：

“你急什么？又是姑爷作践姑娘不成么？”婆子道：“姑娘不好了！前儿闹了一场，姑娘哭了一夜，昨日痰堵住了。他们又不请大夫，今日更利害了。”彩云道：“老太太病着呢，别大惊小怪的！”王夫人在内已听见了，恐老太太听见不受用，忙叫彩云带她外头说去。岂知贾母病中心静，偏偏听见，便道：“迎丫头要死了么？”王夫人便道：“没有。婆子们不知轻重，说是这两日有些病，恐不能就好，到这里问大夫。”贾母道：“瞧我的大夫就好，快请了去。”王夫人便叫彩云叫这婆子去回大太太去，那婆子去了。

这里贾母便悲伤起来，说是：“我三个孙女儿，一个享尽了福死了；三丫头远嫁不得见面；迎丫头虽苦，或者熬出来，不打量她年轻轻儿的就要死了。留着我这么大年纪的人活着做什么！”王夫人、鸳鸯等解劝了好半天。那时宝钗、李氏等不在房中，凤姐近来有病。王夫人恐贾母生悲添病，便叫人叫了她们来陪着，自己回到房中，叫彩云来埋怨：“这婆子不懂事，以后我在老太太那里，你们有事，不用来回。”丫头们依命不言。岂知那婆子刚到邢夫人那里，外头的人已传进来说：“二姑奶奶死了。”邢夫人听了，也便哭了一场。现今她父亲不在家中，只得叫贾琏快去瞧看。知贾母病重，众人都不敢回。可怜一位如花似月之女，结褵年余，不料被孙家揉搓，以致身亡。又值贾母病笃，众人不便离开，竟容孙家草草完结。

贾母病势日增，只想这些好女儿。一时想起湘云，便打发人去瞧她。回来的人悄悄的找鸳鸯，因鸳鸯在老太太身旁，王夫人等都在那里，不便上去，到了后头，找了琥珀，告诉她道：“老太太想史姑娘，叫我们去打听。那里知道史姑娘哭得了不得，说是姑爷得了暴病，大夫都瞧了，说这病只怕不能好，若变了个痨病，还可挺过四五年。所以史姑娘心里着急。又知道老太太病，只是不能过来请安，还叫我不要在老太太面前提起。倘或老太太问起来，务必托你们变个法儿回老太太才好。”琥珀听了，“咳”了一声，就也不言语了，半日说道：“你去罢。”琥珀也不便回，心里打算告诉鸳鸯，叫她撒谎去，所以来到贾母床前。只见贾母神色大变，地下站着一屋子的人，嘁嘁的说：“瞧着是不好了。”也不敢言语了。

这里贾政悄悄的叫贾琏到身旁，向耳边说了几句话。贾琏轻轻的答应出去了，便传齐了现在家的一干家人，说：“老太太的事，待好出来了，你们快快分头派人办去。头一件，先请出板来瞧瞧，好挂里子。快到各处将各人的衣服量了尺寸，都开明了，便叫裁缝去做孝衣。那棚杠执事都去讲定。厨房里还该多派几个人。”赖大等回道：“二爷，这些事不用爷费心，我们早打算好了。只是这项银子在那里打算？”贾琏道：“这种银子不用打算了，老太太自己早留下了。刚才老爷的主意，只要办的好，我想外面也要好看。”赖大等答应，派人分头办去。

贾琏复回到自己房中，便问平儿：“你奶奶今儿怎么样？”平儿把嘴往里一努，说：“你瞧去。”贾琏进内，见凤姐正要穿衣，一时动不得，暂且靠在炕桌儿上。贾琏道：“你只怕养不住了。老太太的事，今儿明儿就要出来了，你还脱得过么？快叫人将屋里收拾收拾，就该扎挣上去了。若有了事，你我还能回来么？”凤姐道：“咱们这里还有什么收拾的，不过就是这点子东西，还怕什么！你先去罢，看老爷叫你。我换件衣裳就来。”

贾琏先回到贾母房里，向贾政悄悄的回道：“诸事已交派明白了。”贾政点头。外面又报太医进来了，贾琏接入，又诊了一回，出来悄悄的告诉贾琏：“老太太的脉气不好，防着些。”贾琏会意，与王夫人等说知。王夫人即忙使眼色叫鸳鸯过来，叫她把老太太的装裹衣服预备出来。鸳鸯自去料理。贾母睁眼要茶喝，邢夫人便进了一杯参汤。贾母刚用嘴接着喝，便道：“不要这个，倒一锺茶来我喝。”众人不敢违拗，即忙送上来，一口喝了，还要，又喝一口，便说：“我要坐起来。”贾政等道：“老太太要什么，只管说，可以不必坐起来才好。”贾母道：“我喝了口水，心里好些，略靠着和你们说说话。”珍珠等用手轻轻的扶起，看见贾母这回精神好些。未知生死，下回分解。

第 110 回 史太君寿终归地府 王凤姐力诎失人心

却说贾母坐起说道：“我到你们家已经六十多年了，从年轻的时候到老来，福也享尽了。自你们老爷起，儿子、孙子也都算是好的了。就是宝玉呢，我疼了他一场。……”说到那里，拿眼满地下瞅着。王夫人便推宝玉走到床前。贾母从被窝里伸出手来，拉着宝玉道：“我的儿，你要争气才好！”宝玉嘴里答应，心里一酸，那眼泪便要流下来，又不敢哭，只得站着。听贾母说道：“我想再见一个重孙子，我就安心了。我的兰儿在那里呢？”李纨也推贾兰上去。贾母放了宝玉，拉着贾兰道：“你母亲是要孝顺的，将来你成了人，也叫你母亲风光风光。凤丫头呢？”凤姐本来站在贾母旁边，赶忙走到眼前说：“在这里呢。”贾母道：“我的儿，你是太聪明了，将来修修福罢！我也没有修什么，不过心实吃亏。那些吃斋念佛的事我也不大干，就是旧年叫人写了些《金刚经》送送人，不知送完了没有？”凤姐道：“没有呢。”贾母道：“早该施舍完了才好。我们大老爷和珍儿是在外头罢了；最可恶的是史丫头没良心，怎么总不来瞧我？”鸳鸯等明知其故，都不言语。贾母又瞧了一瞧宝钗，叹了口气，只见脸上发红。贾政知是迴光返照，即忙进上参汤。贾母的牙关已经紧了，合了一回眼，又睁着满屋里瞧了一瞧。王夫人、宝钗上去轻轻扶着，邢夫人、凤姐等便忙穿衣。地下婆子们已将床安设停当，铺了被褥，听见贾母喉间略一响动，脸变笑容，竟是去了。享年八十三岁。众婆子疾忙停床。

于是贾政等在外一边跪着，邢夫人等在内一边跪着，一齐举起哀来。外面家人各样预备齐全，只听里头信儿一传出来，从荣府大门起至内宅门，扇扇大开，一色淨白纸糊了，孝棚高起，大门前的牌楼立时竖起，上下人等登时成服。贾政报了丁忧，礼部奏闻。主上深仁厚泽，念及世代功勋，又係元妃祖母，赏银一千两，谕礼部主祭。家人们各处报丧。众亲友虽知贾家势败，今见圣恩隆重，都来探丧。择了吉时成殓，停灵正寝。贾赦不在家，贾政为长，宝玉、贾环、贾兰是亲孙，年纪又小，都应守灵。贾琏虽也是亲孙，带着贾蓉，尚可分派家人办事。虽请了些男女外亲来照应，内里邢、王二夫人、李纨、凤姐、宝钗等是应灵旁哭泣的；尤氏虽可照应，她自贾珍外出，依住荣府，一向总不上前，且又荣府的事不甚谙练；贾蓉的媳妇更不必说了；惜春年小，虽在这里长的，她于家事全不知道。所以内里竟无一人支持，只有凤姐可以照管里头的事，况又贾琏在外作主，里外他二人，倒也相宜。

凤姐先前仗着自己的才干，原打量老太太死了，她大有一番作用。邢、王二夫人等本知她曾办过秦氏的事，必是妥当，于是仍叫凤姐总理里头的事。凤姐本不应辞，自然应了，心想：“这里的事本是我管的。那些家人更是我手下的人，太太和珍大嫂子的人本来难使唤些，如今她们都去了，银项虽没有了对牌，这宗银子是现成的。外头的事又是他办着。虽说我现今身子不好，想来也不致落褒贬，必是比宁府里还得办些。”心下已定，且待明日接了三，后日一早便叫周瑞家的传出话去，将花名册取上来。凤姐一一的瞧了，统共只有男仆二十一人，女仆只有十九人，余者俱是些丫头，连各房算上，也不过三十多人，难以点派差使。心里想道：“这回老太太的事倒没有东府里的人多。”又将庄上的弄出几个，也不敷差遣。

正在思算，只见一个小丫头过来说：“鸳鸯姐姐请奶奶。”凤姐只得过去。只见鸳鸯哭得泪人一般，一把拉着凤姐儿，说道：“二奶奶请坐，我给二奶奶磕个头。虽说服中不行礼，这个头是要磕的。”鸳鸯说着跪下，慌的凤姐赶忙拉住，说道：

"这是什么礼，有话好好的说。"鸳鸯跪着，凤姐便拉起来。鸳鸯说道："老太太的事，一应内外都是二爷和二奶奶办，这宗银子是老太太留下的。老太太这一辈子也没有遭塌过什么银钱，如今临了这件大事，必得求二奶奶体体面面的办一办才好！我方才听见老爷说什么'诗云''子曰'，我不懂；又说什么'丧与其易，宁戚'，我听了不明白。我问宝二奶奶，说是老爷的意思，老太太的丧事只要悲切才是真孝，不必糜费，图好看的念头。我想老太太这样一个人，怎么不该体面些？我虽是奴才丫头，敢说什么！只是老太太疼二奶奶和我这一场，临死了还不叫她风光风光！我想二奶奶是能办大事的，故此我请二奶奶来求作个主。我生是跟老太太的人，老太太死了，我也是跟老太太的，若是瞧不见老太太的事怎么办，将来怎么见老太太呢？"

凤姐听了这话来的古怪，便说："你放心，要体面是不难的。况且老爷虽说要省，那势派也错不得。便拿这项银子都花在老太太身上，也是该当的。"鸳鸯道："老太太的遗言说，所有剩下的东西是给我们的，二奶奶倘或用着不够，只管拿这个去折变补上。就是老爷说什么，我也不好违老太太的遗言。那日老太太分派的时候，不是老爷在这里听见的么？"凤姐道："你素来最明白的，怎么这会子那样的着急起来了？"鸳鸯道："不是我着急，为的是大太太是不管事的，老爷是怕招摇的。若是二奶奶心里也是老爷的想头，说抄过家的人家，丧事还是这么好，将来又要抄起来，也就不顾起老太太来，怎么处？在我呢，是个丫头，好歹碍不着，到底是这里的声名。"凤姐道："我知道了，你只管放心，有我呢。"鸳鸯千恩万谢的托了凤姐。

那凤姐出来，想道："鸳鸯这东西好古怪，不知打了什么主意。论理，老太太身上本该体面些。嗳！不要管她，且按着咱们家先前的样子办去。"于是叫了旺儿家的来，把话传出去，请二爷进来。不多时，贾琏进来，说道："怎么找我？你在里头照应着些就是了。横竖作主是咱们二老爷，他说怎么着，咱们就怎么着。"凤姐道："你也说起这个话来了，可不是鸳鸯说的话应验了么？"贾琏道："什么鸳鸯的话？"凤姐便将鸳鸯请进去的话述了一遍。贾琏道："她们的话算什么！才刚二老爷叫我去，说：'老太太的事固要认真办理，但是知道的呢，说是老太太自己结果自己；不知道的，只说咱们都隐匿起来了，如今很宽裕。老太太的这种银子用不了，谁还要么？仍旧该用在老太太身上。老太太是在南边的坟地虽有，阴宅却没有。老太太的柩是要归到南边去的。留这银子在祖坟上盖起些房屋来，再余下的置买几顷祭田。咱们回去也好，就是不回去，也叫这些贫穷族中住着，也好按时按节早晚上香，时常祭扫祭扫。'你想，这些话可不是正经主意？据你这个话，难道都花了罢？"凤姐道："银子发出来了没有？"贾琏道："谁见过银子！我听见咱们太太听见了二老爷的话，极力的撺掇二太太和二老爷说：'这是好主意。'叫我怎么着？现在外头棚扛上要支几百银子，这会子还没有发出来。我要去，他们都说有，先叫外头办了，回来再算。你想，这些奴才们，有钱的早熘了；按着册子叫去，有的说告病，有的说下庄子去了。走不动的有几个，只有赚钱的能耐，还有赔钱的本事么？"凤姐听了，呆了半天，说道："这还办什么！"

正说着，见来了一个丫头，说："大太太的话，问二奶奶，今儿第三天了，里头还很乱，供了饭，还叫亲戚们等着吗？叫了半天，来了菜，短了饭，这是什么办事的道理！"凤姐急忙进去，吆喝人来伺候，胡弄着将早饭打发了。偏偏那日人来的多，里头的人都死眉瞪眼的。凤姐只得在那里照料了一会子，又惦记着派人，赶着出来，叫了旺儿家的传齐了家人女人们，一一分派了。众人都答应着不动。凤姐道："什么时候，还不供饭！"众人道："传饭是容易的，只要将里头的东西发出来，我们才好照管去。"凤姐道："煳涂东西！派定了你们，少不得有的。"众人只得勉强应着。凤姐即往上房取发应用之物，要去请示邢、王二夫人，见人多难说，看那时候已经日渐平西了，只得找了鸳鸯，说要老太太存的这一分傢伙。鸳鸯道："你还问我呢，那一年二爷当了，赎了来了么？"凤姐道："不用银的金的，只要这一分平常使的。"鸳鸯道："大太太、珍大奶奶屋里使的是那里来的？"凤姐一想不差，转身就走，只得到王夫人那边找了玉钏、彩云，才拿了一分出来，急忙叫彩明登账，发与众人收管。

鸳鸯见凤姐这样慌张，又不好叫她回来，心想："她头里作事，何等爽利周到，如今怎么掣肘的这个样儿！我看这两三天连一点头脑都没有，不是老太太白疼了她了吗！"那里知邢夫人一听贾政的话，正合着将来家计艰难的心，巴不得留一点子作个收局。况且老太太的事原是长房作主，贾赦虽不在家，贾政又是拘泥的人，有件事便说请大奶奶的主意。邢夫人素知凤姐手脚大，贾琏的闹鬼，所以死拿住不放鬆。鸳鸯只道已将这项银两交了出去了，故见凤姐掣肘如此，便疑为不肯用心，便在贾母灵前唠唠叨叨哭个不了。邢夫人等听了话中有话，不想到自己不令凤姐便宜行事，反说："凤丫头果然有些不用心。"

王夫人到了晚上叫了凤姐过来，说："咱们家虽说不济，外头的体面是要的。这两三日人来人往，我瞧着那些人都照应不到，想是你没有吩咐，还得你替我们操点心儿才好！"凤姐听了，呆了一会，要将银两不凑手的话说出，但是银钱是外头管的，王夫人说的是照应不到，凤姐也不敢辩，只好不言语。邢夫人在旁说道："论理，该是我们做媳妇的操心，本不是孙子媳妇的事。但是我们动不得身，所以托你的，你是打不得撒手的。"凤姐紫涨了脸，正要回说，只听外头鼓乐一奏，是烧黄昏纸的时候了，大家举起哀来，又不得说，凤姐原想回来再说，王夫人催她出去料理，说道："这里有我们的，你快快儿的去料理明儿的事罢。"

凤姐不敢再言，只得含悲忍泣的出来，又叫人传齐了众人，又吩咐了一会，说："大娘婶子们可怜我罢！我上头捱了好些说，为的是你们不齐截，叫人笑话。明儿你们豁出些辛苦来罢。"那些人回道："奶奶办事，不是今儿个一遭儿了，我们敢违拗吗？只是这回的事上头过于累赘。只说打发这顿饭罢，有的在这里吃，有的要在家里吃；请了那位太太，又是那位奶奶不来。诸如此类，那得齐全？还求奶奶劝劝那些姑娘们不要挑饬就好了。"凤姐道："头一层是老太太的丫头们是难缠的，太太们的也难说话，叫我说谁去呢？"众人道："从前奶奶在东府里还是署事，要打要骂，怎么这样锋利，谁敢不依？如今这些姑娘们都压不住了？"凤姐叹道："东府里的事，虽说托办的，太太虽在那里，不好意思说什么。如今是自己的事情，又是公中的，人人说得话。再者，外头的银钱也叫不灵，即如棚里要一件东西，传了出来，总不见拿进来，这叫我什么法儿呢？"众人道："二爷在外头，倒怕不应付么？"凤姐道："还提那个！他也是那里为难。第一件，银钱不在他手里，要一件得回一件，那里凑手。"众人道："老太太这项银子不在二爷手里吗？"凤姐道："你们回来问管事的，便知道了。"众人道："怨不得！我们听见外头男人抱怨，说：'这么件大事，咱们一点摸不着，淨当苦差。'叫人怎么能齐心呢？"凤姐道："如今不用说了，眼面前的事大家留些神罢。倘或闹的上头有了什么说的，我和你们不依的。"众人道："奶奶要怎么样，我们敢抱怨吗？只是上头一人一个主意，我们实在难周到的。"凤姐听了没法，只得央说道："好大娘们！明儿且帮我一天，等我把姑娘们闹明白了，再说罢咧。"众人听命而去。

凤姐一肚子的委屈，愈想愈气，直到天亮，又得上去。要把各处的人整理整理，又恐邢夫人生气；要和王夫人说，怎奈邢夫人挑唆。这些丫头们见邢夫人等不助着凤姐的威风，更加作践起她来。幸得平儿替凤姐排解，说是："二奶奶巴不得要好，只是老爷、太太们吩咐了外头，不许糜费，所以我们二奶奶不能应付到了。"说过几次，才得安静些。虽说僧经道忏，上祭挂帐，络绎不绝，终是银钱吝啬，谁肯踊跃，不过草草了事。连日王妃诰命也来得不少，凤姐也不能上去照应，只好在底下张罗，叫了那个，走了这个；发一回急，央及一会；胡弄过了一起，又打发一起。别说鸳鸯等看去不像样，连凤姐自己心里也过不去了。

邢夫人虽说是冢妇，仗着“悲戚为孝”四个字，倒也都不理会。王夫人落得跟了邢夫人行事，余者更不必说了。独有李纨瞧出凤姐的苦处，也不敢替她说话，只自叹道：“俗语说的，‘牡丹虽好，全仗绿叶扶持’，太太们不亏了凤丫头，那些人还帮着吗？若是三姑娘在家还好，如今只有她几个自己的人瞎张罗，面前背后的也抱怨，说是一个钱摸不着，脸面也不能剩一点儿。老爷是一味的尽孝，庶务上头不大明白。这样的一件大事，不撒散几个钱就办的开了吗？可怜凤丫头闹了几年，不想在老太太的事上，只怕保不住脸了。”于是抽空儿叫了她的人来，吩咐道：“你们别看着人家的样儿，也糟踏起琏二奶奶来。别打量什么穿孝守灵就算了大事了，不过混过几天就是了。看见那些人张罗不开，便插个手儿也未为不可。这也是公事，大家都该出力的。”那些素服李纨的人都答应着说：“大奶奶说得很是。我们也不敢那么着，只听见鸳鸯姐姐们的口话儿，好像怪琏二奶奶的似的。”李纨道：“就是鸳鸯，我也告诉过她，我说琏二奶奶并不是在老太太的事上不用心，只是银子钱都不在她手里，叫她巧媳妇还作的上没米的粥来吗？如今鸳鸯也知道了，所以也不怪她了。只是鸳鸯的样子竟是不像从前了，这也奇怪。那时候有老太太疼她，倒没有作过什么威福；如今老太太死了；没有了仗腰子的了，我看她倒有些气质不大好了。我先前替她愁，这会子幸喜大老爷不在家，才躲过去了；不然，她有什么法儿。”

说着，只见贾兰走来说：“妈妈睡罢，一天到晚人来客去的也乏了，歇歇罢。我这几天总没有摸摸书本儿，今儿爷爷叫我家里睡，我喜欢的很，要理个一两本书才好，别等脱了孝再都忘了。”李纨道：“好孩子，看书呢，自然是好的。今儿且歇歇罢，等老太太送了殡再看罢。”贾兰道：“妈妈要睡，我也就睡在被窝里头想想也罢了。”众人听了都夸道：“好哥儿！怎么这点年纪，得了空儿就想到书上？不像宝二爷，娶了亲的人还是那么孩子气。这几日跟着老爷跪着，瞧他很不受用，巴不得老爷一动身就跑过来找二奶奶，不知唧唧咕咕的说些什么，甚至弄的二奶奶都不理他了。他又去找琴姑娘，琴姑娘也远避他，邢姑娘也不很同他说话。倒是咱们本家的什么喜姑娘咧、四姑娘咧，哥哥长哥哥短的和他亲蜜。我们看那宝二爷除了和奶奶姑娘们混混，只怕他心里也没有别的事，白过费了老太太的心，疼了他这么大，那里及兰哥儿一零儿呢！大奶奶，你将来是不愁的了。”李纨道：“就好也还小，只怕到他大了，咱们家还不知怎么样了呢！环哥儿你们瞧着怎么样？”众人道：“这一个更不像样儿了！两个眼睛倒像个活猴儿似的，东熘熘，西看看。虽在那里嚎丧，见了奶奶、姑娘们来了，他在孝幔子里头淨偷着眼儿瞧人呢。”李纨道：“他的年纪其实也不小了。前日听见说还要给他说亲呢，如今又得等着了。嗳，还有一件事，——咱们家这些人，我看来也是说不清的。且不必说闲话，后日送殡，各房的车辆是怎么样了？”

众人道：“琏二奶奶这几天闹的像失魂落魄的样儿了，也没见传出去。昨儿听见我的男人说，琏二爷派了蔷二爷料理，说是咱们家的车也不够，赶车的也少，要到亲戚家去借去呢。”李纨笑道：“车也都是借得的么？”众人道：“奶奶说笑话儿了，车怎么借不得？只是那一日所有的亲戚都用车，只怕难借，想来还得僱呢。”李纨道：“底下人的只得僱，上头白车也有僱的么？”众人道：“现在大太太、东府里的大奶奶、小蓉奶奶都没有车了，不僱，那里来的呢？”李纨听了，叹息道：“先前见有咱们家儿的太太奶奶们坐了僱的车来，咱们都笑话，如今轮到自己头上了。你明儿去告诉你的男人，我们的车马早早儿的预备好了，省得挤。”众人答应了出去。不提。

且说史湘云因她女婿病着，贾母死后只来的一次，屈指算是后日送殡，不能不去。又见她女婿的病已成痨症，暂且不妨，只得坐夜前一日过来。想起贾母素日疼她；又想到自己命苦，刚配了一个才貌双全的男人，性情又好，偏偏的得了冤孽症候，不过捱日子罢了。于是更加悲痛，直哭了半夜。鸳鸯等再三劝慰不止。宝玉瞅着也不胜悲伤，又不好上前去劝。见她澹妆素服，不敷脂粉，更比未出嫁的时候犹胜几分。转念又看宝琴等澹素装饰，自有一种天生丰韵。独有宝钗浑身孝服，那知道比寻常穿颜色时更有一番雅致。心里想道：“所以千红万紫，终让梅花为魁，殊不知并非为梅花开的早，竟是‘洁白清香’四字是不可及的了。但只这时候若有林妹妹，也是这样打扮，又不知怎样的丰韵了！”想到这里，不觉的心酸起来，那泪珠便直滚滚的下来了，趁着贾母的事，不妨放声大哭。众人正劝湘云不止，外间又添出一个哭的来了。大家只道是想着贾母疼他的好处，所以伤悲，岂知他们两个人各自有各自的心事。这场大哭，不禁满屋的人无不下泪。还是薛姨妈、李婶娘等劝住。

明日是坐夜之期，更加热闹。凤姐这日竟支撑不住，也无方法，只得用尽心力，甚至咽喉嚷破，敷衍过了半日。到了下半天，人客更多了，事情也更繁了，瞻前不能顾后。正在着急，只见一个小丫头跑来说：“二奶奶在这里呢！怪不得大太太说：‘里头人多，照应不过来，二奶奶是躲着受用去了。’”凤姐听了这话，一口气撞上来，往下一咽，眼泪直流，只觉得眼前一黑，嗓子里一甜，便喷出鲜红的血来，身子站不住，就蹲倒在地。幸亏平儿急忙过来扶住。只见凤姐的血吐个不住。未知性命如何，下回分解。

第 111 回 鸳鸯女殉主登太虚 狗彘奴欺天招伙盗

话说凤姐听了小丫头的话，又气又急又伤心，不觉吐了一口血，便昏晕过去，坐在地下。平儿急来靠着，忙叫了人来搀扶着，慢慢的送到自己房中，将凤姐轻轻的安放在炕上，立刻叫小红斟上一杯开水送到凤姐唇边。凤姐呷了一口，昏迷仍睡。秋桐过来略瞧了一瞧，却便走开，平儿也不叫她。只见丰儿在旁站着，平儿叫她快快的去回明白了“二奶奶吐血发晕，不能照应”的话，告诉了邢、王二夫人。邢夫人打量凤姐推病藏躲，因这时女亲在内不少，也不好说别的，心里却不全信，只说：“叫她歇着去罢。”众人也并无言语。只说这晚人客来往不绝，幸得几个内亲照应。家下人等见凤姐不在，也有偷闲歇力的，乱乱吵吵，已闹的七颠八倒，不成事体了。

到二更多天，远客去后，便预备辞灵。孝幕内的女眷，大家都哭了一阵。只见鸳鸯已哭的昏晕过去了，大家扶住捶闹了一阵，才醒过来，便说“老太太疼我一场，我跟了去”的话。众人都打量人到悲哭，俱有这些言语，也不理会。到了辞灵之时，上上下下也有百十余人，只鸳鸯不在。众人忙乱之时，谁去捡点。到了琥珀等一干的人哭奠之时，却不见鸳鸯，想来是她哭乏了，暂在别处歇着，也不言语。辞灵以后，外头贾政叫了贾琏问明送殡的事，便商量着派人看家。贾琏回说：“上人里头，派了芸儿在家照应，不必送殡，下人里头，派了林之孝的一家子照应拆棚等事。但不知里头派谁看家？”贾政道：“听见你母亲说是你媳妇病了，不能去，就叫她在家的。你珍大嫂子又说你媳妇病得利害，还叫四丫头陪着，带领了几个丫头婆子，照看上屋里才好。”贾琏听了，心想：“珍大嫂子与四丫头两个不合，所以撺掇着不叫她去。若是上头就是她照应，也是不中用的。我们那一个又病着，也难照应。”想了一回，回贾政道：“老爷且歇歇儿，等进去商量定了再回。”贾政点了点头，贾琏便进去了。

谁知此时鸳鸯哭了一场，想到：“自己跟着老太太一辈子，身子也没有着落。如今大老爷虽不在家，大太太的这样行为，我也瞧不上。老爷是不管事的人，以后便乱世为王起来了，我们这些人不是要叫他们掇弄了么？谁收在屋子里，谁配小子，我是受不得这样折磨的，倒不如死了干净。但是一时怎么样的个死法呢？”

一面想，一面走回老太太的套间屋内。刚跨进门，只见灯光惨澹，隐隐有个女人拿着汗巾子，好似要上吊的样子。鸳鸯也不惊怕，心里想道：“这一个是谁？和我的心事一样，倒比我走在头里了。”便问道：“你是谁？咱们两个人是一样的心，要死一块儿死。”那个人也不答言。鸳鸯走到跟前一看，并不是这屋子的丫头，仔细一看，觉得冷气侵人，一时就不见了。鸳鸯呆了一呆，退出在炕沿上坐下，细细一想道：“哦！是了，这是东府里的小蓉大奶奶啊！她早死了的了，怎么到这里来？必是来叫我来了。她怎么又上吊呢？”想了一想，道：“是了，必是教给我死的法儿。”

鸳鸯这么一想，邪侵入骨，便站起来，一面哭，一面开了妆匣，取出那年绞的一绺头髮，揣在怀里，就在身上解下一条汗巾，按着秦氏方才比的地方拴上。自己又哭了一回，听见外头人客散去，恐有人进来，急忙关上屋门，然后端了一个脚凳，自己站上，把汗巾拴上扣儿，套在咽喉，便把脚凳蹬开。可怜咽喉气绝，香魂出窍。正无投奔，只见秦氏隐隐在前，鸳鸯的魂魄疾忙赶上，说道：“蓉大奶奶，你等等我！”那个人道：“我并不是什么蓉大奶奶，乃警幻之妹可卿是也。”鸳鸯道：“你明明是蓉大奶奶，怎么说不是呢？”那人道：“这也有个缘故，待我告诉你，你自然明白了。我在警幻宫中，原是个锺情的首座，管的是风情月债，降临尘世，自当为第一情人，引这些痴情怨女，早早归入情司，所以该当悬梁自尽的。因我看破凡情，超出情海，归入情天，所以太虚幻境‘痴情’一司，竟自无人掌管。今警幻仙子已经将你补入，替我掌管此司，所以命我来引你前去的。”鸳鸯的魂道：“我是个最无情的，怎么算我是个有情的人呢？”那人道：“你还不知道呢，世人都把那淫欲之事当作‘情’字，所以作出伤风败化的事来，还自谓风月多情，无关紧要。不知‘情’之一字，喜怒哀乐未发之时，便是个性；喜怒哀乐已发，便是情了。至于你我这个情，正是未发之情，就如那花的含苞一样。欲待发泄出来，这情就不为真情了。”鸳鸯的魂听了，点头会意，便跟了秦氏可卿而去。

这里琥珀辞了灵，听邢、王二夫人分派看家的人，想着去问鸳鸯明日怎样坐车的，便在贾母的外间屋里找了一遍，不见，便找到套间里头。刚到门口，见门儿掩着，从门缝里望里看时，只见灯光半明不灭的，影影绰绰，心里害怕，又不听见屋里有什么动静，便走回来说道：“这蹄子跑到那里去了？”嚹头见了珍珠，说：“你见鸳鸯姐姐来着没有？”珍珠道：“我也找她，太太们等她说话呢。必在套间里睡着了罢？”琥珀道：“我瞧了，屋里没有。那灯也没人夹蜡花儿，漆黑怪怕的，我没进去。如今咱们一块儿进去瞧，看有没有。”琥珀等进去，正夹蜡花，珍珠说：“谁把脚凳撂在这里，几乎绊我一跤。”说着，往上一瞧，唬的“嗳哟”一声，身子往后一仰，“咕咚”的栽在琥珀身上。琥珀也看见了，便大嚷起来，只是两只脚挪不动。

外头的人也都听见了，跑进来一瞧，大家嚷着，报与邢、王二夫人知道。王夫人、宝钗等听了，都哭着去瞧。邢夫人道：“我不料鸳鸯倒有这样志气，快叫人去告诉老爷。”只有宝玉听见此信，便唬的双眼直竖。袭人等慌忙扶着，说道：“你要哭就哭，别憋着气。”宝玉死命的才哭出来了，心想“鸳鸯这样一个人，偏又这样死法。”又想：“实在天地间的灵气，独锺在这些女子身上了。她算得了死所，我们究竟是一件浊物，还是老太太的儿孙，谁能赶得上她？”复又喜欢起来。那时，宝钗听见宝玉大哭，也出来了，及到跟前，见他又笑。袭人等忙说：“不好了，又要疯了！”宝钗道：“不妨事，他有他的意思。”宝玉听了，更喜欢宝钗的话：“倒是她还知道我的心，别人那里知道！”正在胡思乱想，贾政等进来，着实的嗟叹着，说道：“好孩子，不枉老太太疼她一场！”即命贾琏：“出去吩咐人，连夜买棺盛殓，明日便跟着老太太的殡送出，也停在老太太棺后，全了她的心志。”贾琏答应出去。这里命人将鸳鸯放下，停放里间屋内。平儿也知道了，过来同袭人、莺儿等一干人都哭的哀哀欲绝。内中紫鹃也想起自己终身一无着落，恨不跟了林姑娘去，又全了主仆的恩义，又得了死所。如今空悬在宝玉屋内，虽说宝玉仍是柔情蜜意，究竟算不得什么，于是更哭得哀切。

王夫人即传了鸳鸯的嫂子进来，叫她看着入殓。遂与邢夫人商量了，在老太太项内赏了她嫂子一百两银子，还说等闲了将鸳鸯所有的东西俱赏他们。她嫂子磕了头出去，反喜欢说：“真真的我们姑娘是个有志气的，有造化的，又得了好名声，又得了好发送。”旁边一个婆子说道：“罢呀，嫂子！这会子你把一个活姑娘卖了一百银子便这么喜欢了，那时候儿给了大老爷，你还不知得多少银钱呢，你该更得意了。”一句话戳了她嫂子的心，便红了脸走开了。刚走到二门上，见林之孝带了人抬进棺材来了，她只得也跟进去，帮着盛殓，假意哭嚎了几声。

贾政因她为贾母而死，要了香来，上了三炷，作了一个揖，说：“她是殉葬的人，不可作丫头论。你们小一辈都该行个礼。”宝玉听了，喜不自胜，走上来恭恭敬敬磕了几个头。贾琏想她素日的好处，也要上来行礼，被邢夫人说道：“有了一个爷们便罢了，不要折受她不得超生。”贾琏就不便过来了。宝钗听了，心中好不自在，便说道：“我原不该给她行礼，但只老太太去世，咱们都有未了之事，不敢胡为，她肯替咱们尽孝，咱们也该托托她，好好的替咱们服侍老太太西去，也少尽一点子心哪！”说着，扶了莺儿走到灵前，一面奠酒，那眼泪早扑簌簌流下来了。奠毕，拜了几拜，狠狠的哭了她一场。众人也有说宝玉的两口子都是傻子，也有说他两个心肠儿好的，也有说她知礼的。贾政反倒合了意。一面商量定了看家的，仍是凤姐、惜春，余者都遣去伴灵。

一夜谁敢安眠，一到五更，听见外面齐人。到了辰初发引，贾政居长，衰麻哭泣，极尽孝子之礼。灵柩出了门，便有各家的路祭，一路上的风光，不必细述。走了半日，来至铁槛寺安灵，所有孝男等俱应在庙伴宿，不提。

且说家中林之孝带领拆了棚，将门窗上好，打扫净了院子，派了巡更的人，到晚打更上夜。只是荣府规例，一交二更，三门掩上，男人便进不去了，里头只有女人们查夜。凤姐虽隔了一夜，渐渐的神气清爽了些，只是那里动得，只有平儿同着惜春各处走了一走，咐吩了上夜的人，也便各自归房。

却说周瑞的干儿子何三，去年贾珍管事之时，因他和鲍二打架，被贾珍打了一顿，撵在外头，终日在赌场过日。近知贾母死了，必有些事情领办，岂知探了几天的信，一些也没有想头，便嗳声叹气的回到赌场中，闷闷的坐下。那些人便说道：“老三，你怎么样？不下来捞本了么？”何三道：“倒想要捞一捞呢，就只没有钱么。”那些人道：“你到你们周大太爷那里去了几日，府里的钱，你也不知弄了多少来，又来和我们装穷儿了。”何三道：“你们还说呢，他们的金银不知有几百万，只藏着不用。明儿留着，不是火烧了，就是贼偷了，他们才死心呢。”那些人道：“你又撒谎，他家抄了家，还有多少金银？”何三道：“你们还不知道呢，抄去的是撂不了的。如今老太太死，还留了好些金银，他们一个也不使，都在老太太屋里搁着，等送了殡回来才分呢。”

内中有一个人听在心里，掷了几骰，便说：“我输了几个钱，也不翻本儿了，睡去了。”说着，便走出来拉了何三道：“老三，我和你说句话。”何三跟他出来。那人道：“你这样一个伶俐人，这样穷，为你不服这口气。”何三道：“我命里穷，可有什么法儿呢！”那人道：“你才说荣府的银子这么多，为什么不去拿些使唤使唤？”何三道：“我的哥哥！他家的金银虽多，你我去白要一二钱，他们给咱们吗？”那人笑道：“他不给咱们，咱们就不会拿吗？”何三听了这话里有话，便问道：“依你说，怎么样拿呢？”那人道：“我说你没有本事，若是我，早拿了来了。”何三道：“你有什么本事？”那人便轻轻的说道："你若要发财，你就引个头儿。我有好些朋友，都是通天的本事，不要说他们送殡去了，家里剩下几个女人，就让有多少男人也不怕。只怕你没这么大胆子罢咧。"何三道："什么敢不敢！你打量我怕那个干老子么？我是瞧着干妈的情儿上头，才认他作干老子罢咧。他又算了人了？你刚才的话，就只怕弄不来，倒招了饥荒。他们哪个衙门不熟？别说拿不来，倘或拿了来，也要闹出来的。"那人道："这么说，你的运气来了！我的朋友，还有海边上的呢，现今都在这里，看个风头，等个门路。若到了手，你我在这里也无益，不如大家下海去受用，不好么？你若撂不下你干妈，咱们索性把你干妈也带了去，大家伙儿乐一乐，好不好？"何三道："老大，你别是醉了罢？这些话混说的什么。"说着，拉了那人走到一个僻静地方，两个人商量了一回，各人分头而去。暂且不提。

且说包勇自被贾政吆喝，派去看园，贾母的事出来，也忙了，不曾派他差使。他也不理会，总是自做自吃，闷来睡一觉，醒时便在园里耍刀弄棍，倒也无拘无束。

那日，贾母一早出殡，他虽知道，因没有派他差事，他任意闲游。只见一个女尼带了一个道婆来到园内腰门那里扣门。包勇走来，说道："女师父，那里去？"道婆道："今日听得老太太的事完了，不见四姑娘送殡，想必是在家看家。想她寂寞，我们师父来瞧她一瞧。"包勇道："主子都不在家，园门是我看的，请你们回去罢。要来呢，等主子们回来了再来。"婆子道："你是那里来的个黑炭头？也要管起我们的走动来了。"包勇道："我嫌你们这些人，我不叫你们来，你们有什么法儿？"婆子生了气，嚷道："这都是反了天的事了！连老太太在日还不能拦我们的来往走动呢，你是那里的这么个横强盗，这样没法没天的？我偏要打这里走！"说着，便把手在门环上狠狠的打了几下。妙玉已气的不言语，正要回身便走，不料里头看二门的婆子听见有人拌嘴似的，开门一看，见是妙玉，已经回身走去，明知必是包勇得罪了走了。近日婆子们都知道上头太太们、四姑娘都亲近得很，恐她日后说出门上不放她进来，那时如何担得住？赶忙走来说："不知师父来，我们开门迟了。我们四姑娘在家里，还正想师父呢，快请回来。看园子的小子是个新来的，他不知咱们的事，回来回了太太，打他一顿，撵出去就完了。"妙玉虽是听见，总不理她。那经得看腰门的婆子赶上，再四央求，后来才说出怕自己担不是，几乎急的跪下。妙玉无奈，只得随了那婆子过来。包勇见这般光景，自然不好再拦，气得瞪眼叹气而回。

这里妙玉带了道婆走到惜春那里，道了恼，叙了些闲话。说起："在家看家，只好熬个几夜。但是二奶奶病着，一个人又闷又是害怕。能有一个人在这里，我就放心。如今里头一个男人也没有。今儿你既光降，肯伴我一宵，咱们下棋说话儿，可使得么？"妙玉本自不肯，见惜春可怜，又提起下棋，一时高兴应了。打发道婆回去，取了她的茶具衣褥，命侍儿送了过来，大家坐谈一夜。惜春欣幸异常，便命彩屏去开上年蠲的雨水，预备好茶。那妙玉自有茶具。那道婆去了不多一时，又来了个侍者，带了妙玉日用之物。惜春亲自烹茶。两人言语投机，说了半天。那时已是初更时候，彩屏放下棋枰，两人对弈。惜春连输两盘，妙玉又让了四个子儿，惜春方赢了半子。

这时已到四更，天空地阔，万籁无声。妙玉道："我到五更须得打坐一回，我自有人服侍，你自去歇息。"惜春犹是不舍，见妙玉要自己养神，不便扭她。正要歇去，勐听得东边上屋内上夜的人一片声喊起。惜春那里的老婆子们也接着声嚷道："了不得了！有了人了！"唬得惜春、彩屏等心胆俱裂，听见外头上夜的男人便声喊起来。妙玉道："不好了！必是这里有了贼了。"正说着，这里不敢开门，便掩了灯光，在窗户眼内往外一瞧，只是几个男人站在院内，唬得不敢作声，回身摆着手轻轻的爬下来说："了不得，外头有几个大汉站着。"说犹未了，又听得房上响声不绝，便有外头上夜的人进来吆喝拿贼。一个人说道："上屋里的东西都丢了，并不见人。东边有人去了，咱们到西边去。"惜春的老婆子听见有自己的人，便在外间屋里说道："这里有好些人上了房了。"上夜的都道："你瞧，这可不是吗？"大家一齐嚷起来。只听房上飞下好些瓦来，众人都不敢上前。

正在没法，只听园门腰门一声大响，打进门来，见一个梢长大汉，手执木棍。众人唬得藏躲不及，听得那人喊说道："不要跑了他们一个！你们都跟我来。"这些家人听了这话，越发唬得骨软筋酥，连跑也跑不动了。只见这人站在当地，只管乱喊。家人中有一个眼尖些的看出来了，你道是谁？正是甄家荐来的包勇。这些家人不觉胆壮起来，便颤巍巍的说道："有一个走了，有的在房上呢。"包勇便向地下一扑，耸身上房，追赶那贼。这些贼人明知贾家无人，先在院内偷看惜春房内，见有个绝色女尼，便顿起淫心，又欺上屋俱是女人，且又畏惧，正要踹进门去，因听外面有人进来追赶，所以贼众上房。见人不多，还想抵挡，勐见一人上房赶来，那些贼见是一人，越发不理论了，便用短兵抵住。那经得包勇用力一棍打去，将贼打下房来。那些贼飞奔而逃，从园牆过去，包勇也在房上追捕。岂知园内早藏下了几个在那里接赃，已经接过好些，见贼伙跑回，大家举械保护，见追的只有一人，明欺寡不敌众，反倒迎上来。包勇一见，生气道："这些毛贼！敢来和我斗斗！"那伙贼便说："我们有一个伙计被他们打倒了，不知死活，咱们索性抢了他出来。"这里包勇闻声即打，那伙贼便抡起器械，四五个人围住包勇乱打起来。外头上夜的人也都仗着胆子只顾赶了来。众贼见斗他不过，只得跑了。包勇还要赶时，被一个箱子一绊，立定看时，心想东西未丢，众贼远逃，也不追赶。便叫众人将灯照着。地下只有几个空箱，叫人收拾，他便欲跑回上房。因路径不熟，走到凤姐那边，见里面灯烛辉煌，便问："这里有贼没有？"里头的平儿战兢兢的说道："这里也没开门，只听上屋叫喊，说有贼呢，你到那里去罢。"包勇正摸不着路头，遥见上夜的人过来，才跟着一齐寻到上屋。见是门开户启，那些上夜的在那里啼哭。

一时，贾芸、林之孝都进来了，见是失盗，大家着急。进内查点，老太太的房门大开，将灯一照，锁头拧折。进内一瞧，箱柜已开，便骂那些上夜女人道："你们都是死人么！贼人进来，你们不知道的么？"那些上夜的人啼哭着说道："我们几个人轮更上夜，是管二三更的，我们都没有住脚，前后走的。他们是四更五更，我们的下班儿。只听见他们喊起来，并不见一个人。赶着照看，不知什么时候把东西早已丢了。求爷们问管四五更的。"林之孝道："你们个个要死！回来再说，咱们先到各处看去。"上夜的男人领着走到尤氏那边，门儿关紧，有几个接音说："唬死我们了。"林之孝问道："这里没有丢东西？"里头的人方开了门，道："这里没丢东西。"林之孝带着人走到惜春院内，只听得里面说道："了不得了！唬死了姑娘了，醒醒儿罢！"林之孝便叫人开门，问是怎样了。里头婆子开门说："贼在这里打仗，把姑娘都唬坏了。亏得妙师父和彩屏才将姑娘救醒。东西是没失。"林之孝道："贼人怎么打仗？"上夜的男人说："幸亏包大爷上了房，把贼打跑了去了，还听见打倒一个人呢。"包勇道："在园门那里呢。"贾芸等走到那边，果见一人躺在地下死了。细细一瞧，好像周瑞的干儿子。众人见了诧异，派一个人看守着，又派两个人照看前后门，俱仍旧关锁着。

林之孝便叫人开了门，报了营官，立刻到来查勘。踏察贼迹，是从后夹道上屋的。到了西院房上，见那瓦破碎不堪，一直过了后园去了。众上夜的齐声说道："这不是贼，是强盗。"营官着急道："并非明火执杖，怎算是强盗？"上夜的道："我们赶贼，他在房上掷瓦，我们不能近前，幸亏我们家的姓包的上房打退。赶到园里，还有好几个贼，竟与姓包的打仗，打不过姓包的，才都跑了。"营官道："可又来，若是强盗，倒打不过你们的人么？不用说了，你们快查清了东西，递了失单，我们报就是了。”

贾芸等又到上屋，已见凤姐扶病过来，惜春也来。贾芸请了凤姐的安，问了惜春的好，大家查看失物。因鸳鸯已死，琥珀等又送灵去了，那些东西都是老太太的，并没见数，只用封锁，如今打从那里查去？众人都说：“箱柜东西不少，如今一空。偷的时候不少，那些上夜的人管什么的？况且打死的贼是周瑞的干儿子，必是他们通同一气的。”凤姐听了，气的眼睛直瞪瞪的，便说：“把那些上夜的女人都拴起来，交给营里审问。”众人叫苦连天，跪地哀求。不知怎生发放，并失去的物有无着落，下回分解。

第 112 回 活冤孽妙尼遭大劫 死雠仇赵妾赴冥曹

话说凤姐命捆起上夜众女人，送营审问，女人跪地哀求。林之孝同贾芸道：“你们求也无益。老爷派我们看家，没有事是造化；如今有了事，上下都担不是，谁救得你？若说是周瑞的干儿子，连太太起，里里外外的都不干浄。”凤姐喘吁吁的说道：“这都是命里所招，和她们说什么！带了她们去就是了。这丢的东西，你告诉营里去说：‘实在是老太太的东西，问老爷们才知道。等我们报了去，请了老爷们回来，自然开了失单送来。’文官衙门里我们也是这样报。”贾芸、林之孝答应出去。

惜春一句话也没有，只是哭道：“这些事我从来没有听见过，为什么偏偏碰在咱们两个人身上！明儿老爷、太太回来，叫我怎么见人？说把家里交给咱们，如今闹到这个份儿，还想活着么！”凤姐道：“咱们愿意吗？现在有上夜的人在那里。”惜春道：“你还能说，况且你又病着；我是没有说的。这都是我大嫂子害了我的，她撺掇着太太派我看家的。如今我的脸搁在那里呢？”说着，又痛哭起来。凤姐道：“姑娘，你快别这么想。若说没脸，大家一样的。你若这么煳涂想头，我更搁不住了。”

二人正说着，只听见外头院子里有人大嚷的说道：“我说那三姑六婆是再要不得的，我们甄府里从来是一概不许上门的。不想这府里倒不讲究这个呢。昨儿老太太的殡才出去，那个什么庵里的尼姑死要到咱们这里来。我吆喝着不准她们进来，腰门上的老婆子倒骂我，死央及叫放那姑子进去。那腰门子一会儿开着，一会儿关着，不知做什么。我不放心没敢睡，听到四更，这里就嚷起来。我来叫门倒不开了，我听见声儿紧了，打开了门，见西边院子里有人站着，我便赶走打死了。我今儿才知道这是四姑奶奶的屋子。那个姑子就在里头，今儿天没亮熘出去了。可不是那姑子引进来的贼么？”平儿等听着，都说：“这是谁这么没规矩？姑娘奶奶都在这里，敢在外头混嚷吗！”凤姐道：“你听见说‘他甄府里’，别就是甄家荐来的那个厌物罢。”惜春听得明白，更加心里过不得。凤姐接着问惜春道：“那个人混说什么姑子，你们那里弄了个姑子住下了？”惜春便将妙玉来瞧她，留着下棋守夜的话说了。凤姐道：“是她么，她怎么肯这样？是再没有的话。但是叫这讨人嫌的东西嚷出来，老爷知道了，也不好。”惜春愈想愈怕，站起来要走。凤姐虽说坐不住，又怕惜春害怕，弄出事来，只得叫她先别走：“且看着人把偷剩下的东西收起来，再派了人看着，才好走呢。”平儿道：“咱们不敢收，等衙门里来了，踏看了才好收呢。咱们只好看着。但只不知老爷那里有人去了没有？”凤姐道：“你叫老婆子问去。”一回进来说：“林之孝是走不开，家下人要伺候查验的，再有的是说不清楚的，已经芸二爷去了。”凤姐点头，同惜春坐着发愁。

且说那伙贼原是何三等邀的，偷抢了好些金银财宝接运出去，见人追赶，知道都是那些不中用的人，要往西边屋内偷去，在窗外看见里面灯光底下两个美人：一个姑娘，一个姑子。那些贼那顾性命，顿起不良，就要踹进来，因见包勇来赶，才获赃而逃，只不见了何三。大家且躲入窝家，到第二天打听动静，知是何三被他们打死，已经报了文武衙门。这里是躲不住的，便商量趁早归入海洋大盗一处去，若迟了，通缉文书一行，关津上就过不去了。

内中一个人胆子极大，便说：“咱们走是走，我就只舍不得那个姑子，长的实在好看。不知是那个庵里的雏儿呢？”一个人道：“啊呀！我想起来了，必就是贾府园里的什么栊翠庵里的姑子。不是前年外头说她和他们家什么宝二爷有原故，后来不知怎么又害起相思病来了，请大夫吃药的就是她。”那一个人听了，说：“咱们今日躲一天，叫咱们大哥借钱置办些买卖行头，明儿亮钟时候陆续出关。你们在关外二十里坡等我。”众贼议定分赃俵散，不提。

且说贾政等送殡到了寺内，安厝毕，亲友散去。贾政在外厢房伴灵，邢、王二夫人等在内，一宿无非哭泣。到了第二日，重新上祭。正摆饭时，只见贾芸进来，在老太太灵前磕了个头，忙忙的跑到贾政跟前，跪下请了安，喘吁吁的将昨夜被盗，将老太太上房的东西都偷去，包勇赶贼，打死了一个，已经呈报文武衙门的话说了一遍。贾政听了发怔。邢、王二夫人等在里头也听见了，都唬得魂不附体，并无一言，只有啼哭。贾政过了一会子，问失单怎样开的。贾芸回道：“家里的人都不知道，还没有开单。”贾政道：“还好，咱们动过家的，若开出好的来，反担罪名。快叫琏儿！”

贾琏领了宝玉等去别处上祭未回，贾政叫人赶了回来。贾琏听了，急得直跳，一见芸儿，也不顾贾政在那里，便把贾芸狠狠的骂了一顿，说：“不配抬举的东西！我将这样重任托你，押着人上夜巡更，你是死人么！亏你还有脸来告诉。”说着，往贾芸脸上啐了几口。贾芸垂手站着，不敢回一言。贾政道：“你骂他也无益了。”贾琏然后跪下，说：“这便怎么样？”贾政道：“也没法儿，只有报官缉贼。但只有一件，老太太遗下的东西，咱们都没动。你说要银子，我想老太太死得几天，谁忍得动她那一项银子。原打量完了事，算了帐，还人家；再有的，在这里和南边置坟产的，再有东西也没见数儿。如今说文武衙门要失单，若将几件好的东西开上，恐有碍；若说金银若干，衣饰若干，又没有实在数目，谎开使不得。倒可笑你如今竟换了一个人了，为什么这样料理不开？你跪在这里是怎么样呢！”贾琏也不敢答言，只得站起来就走。贾政又叫道：“你那里去？”贾琏又跪下道：“赶回去料理清楚，再来回。”贾政“哼”的一声，贾琏把头低下。贾政道：“你进去回了你母亲，叫了老太太的一两个丫头去，叫她们细细的想了开单子。”贾琏心里明知老太太的东西都是鸳鸯经管，她死了问谁，就问珍珠，她们那里记得清楚。只不敢驳回，连连的答应了。起来走到里头，邢、王夫人又埋怨了一顿，叫贾琏快回去，问他们这些看家的说：“明儿怎么见我们！”贾琏也只得答应了出来，一面命人套车，预备琥珀等进城；自己骑上骡子，跟了几个小厮，如飞的回去。贾芸也不敢再回贾政，斜签着身子慢慢的熘出来，骑上了马，来赶贾琏。一路无话。

到回了家中，林之孝请了安，一直跟了进来。贾琏到了老太太上屋，见了凤姐、惜春在那里，心里又恨，又说不出来，便问林之孝道：“衙门里瞧了没有？”林之孝自知有罪，便跪下回道：“文武衙门都瞧了，来踪去迹也看了，尸也验了。”贾琏吃惊道：“又验什么尸？”林之孝又将包勇打死的伙贼似周瑞的干儿子的话回了贾琏。贾琏道：“叫芸儿！”贾芸进来，也跪着听话。贾琏道：“你见老爷时，怎么没有回周瑞的干儿子做了贼，被包勇打死的话？”贾芸说道：“上夜的人说像他的，恐怕不真，所以没有回。”贾琏道：“好煳涂东西！你若告诉了我，就带了周瑞来一认，可不就知道了？”林之孝回道：“如今衙门里把尸首放在市口儿招认去了。”贾琏道：“这又是个煳涂东西！谁家的人做了贼，被人打死，要偿命么？”林之孝回道：“这不用人家认，奴才就认得是他。”贾琏听了想道：“是啊，我记得珍大爷那一年要打的，可不是周瑞家的么？”林之孝回说："他和鲍二打架来着，爷还见过的呢。"贾琏听了更生气，便要打上夜的人。林之孝哀告道："请二爷息怒。那些上夜的人，派了他们，还敢偷懒？只是爷府上的规矩，三门里一个男人不敢进去的，就是奴才们，里头不叫，也不敢进去。奴才在外同芸哥儿刻刻查点，见三门关的严严的，外头的门一重没有开。那贼是从后夹道子来的。"贾琏道："里头上夜的女人呢？"林之孝将分更上夜、奉奶奶的命捆着，等爷审问的话回了。贾琏又问"包勇呢？"林之孝说："又往园里去了。"贾琏便说："去叫来。"小厮们便将包勇带来。说："还亏你在这里，若没有你，只怕所有房屋里的东西都抢了去了呢。"包勇也不言语。惜春恐他说出那话，心下着急。凤姐也不敢言语。只见外头说："琥珀姐姐等回来了。"大家见了，不免又哭一场。

贾琏叫人检点偷剩下的东西，只有些衣服、尺头、钱箱未动，余者都没有了。贾琏心里更加着急，想着："外头的棚杠银、厨房的钱，都没有付给，明儿拿什么还呢？"便呆想了一会。只见琥珀等进去，哭了一会，见箱柜开着，所有的东西怎能记忆，便胡乱想猜，虚拟了一张失单，命人即送到文武衙门。贾琏复又派人上夜。凤姐、惜春各自回房。贾琏不敢在家安歇，也不及埋怨凤姐，竟自骑马赶出城外。这里凤姐又恐惜春短见，又打发了丰儿过去安慰。

天已二更。不言这里贼去关门，众人更加小心，谁敢睡觉。且说伙贼一心想着妙玉，知是孤庵女众，不难欺负。到了三更夜静，便拿了短兵器，带了些闷香，跳上高墙。远远瞧见栊翠庵内灯光犹亮，便潜身熘下，藏在房头僻处。

等到四更，见里头只有一盏海灯，妙玉一人在蒲团上打坐。歇了一会，便嗳声叹气的说道："我自元墓到京，原想传个名的，为这里请来，不能又栖他处。昨儿好心去瞧四姑娘，反受了这蠢人的气，夜里又受了大惊。今日回来，那蒲团再坐不稳，只觉肉跳心惊。"因素常一个打坐的，今日又不肯叫人相伴。岂知到了五更，寒颤起来。正要叫人，只听见窗外一响，想起昨晚的事，更加害怕，不免叫人。岂知那些婆子都不答应。自己坐着，觉得一股香气透入囟门，便手足麻木，不能动弹，口里也说不出话来，心中更自着急。只见一个人拿着明晃晃的刀进来。此时妙玉心中却是明白，只不能动，想是要杀自己，索性横了心，倒也不怕。那知那个人把刀插在背后，腾出手来，将妙玉轻轻的抱起，轻薄了一会子，便拖起背在身上。此时妙玉心中只是如醉如痴。可怜一个极洁极淨的女儿，被这强盗的闷香熏住，由着他掇弄了去了。

却说这贼背了妙玉，来到园后墙边，搭了软梯，爬上墙，跳出去了。外边早有伙计弄了车辆在园外等着，那人将妙玉放倒在车上，反打起官衔灯笼，叫开栅栏，急急行到城门，正是开门之时。门官只知是有公干出城的，也不及查诘。赶出城去，那伙贼加鞭，赶到二十里坡，和众强徒打了照面，各自分头奔南海而去。不知妙玉被劫，或是甘受污辱，还是不屈而死，不知下落，也难妄拟。

只言栊翠庵一个跟妙玉的女尼，她本住在静室后面，睡到五更，听见前面有人声响，只道妙玉打坐不安。后来听见有男人脚步，门窗响动，欲要起来瞧看，只是身子发软懒怠开口，又不听见妙玉言语，只睁着两眼听着。到了天亮，终觉得心里清楚，披衣起来，叫了道婆预备妙玉茶水，她便往前面来看妙玉。岂知妙玉的踪迹全无，门窗大开。心里诧异昨晚响动，甚是疑心，说："这样早她到那里去了？"走出院门一看，有一个软梯靠墙立着，地下还有一把刀鞘，一条搭膊，便道："不好了，昨晚是贼烧了闷香了！"急叫人起来查看，庵门仍是紧闭。那些婆子女侍们都说："昨夜煤气熏着了，今早都起不起来，这么早，叫我们做什么？"那女尼道："师父不知那里去了。"众人道："在观音堂打坐呢。"女尼道："你们还做梦呢！你来瞧瞧。"众人不知，也都着忙，开了庵门，满园里都找到了，想来或是到四姑娘那里去了。

众人来叩腰门，又被包勇骂了一顿。众人说道："我们妙师父昨晚不知去向，所以来找。求你老人家叫开腰门，问一问来了没来就是了。"包勇道："你们师父引了贼来偷我们，已经偷到手了，她跟了贼受用去了。"众人道："阿弥陀佛，说这些话的防着下割舌地狱！"包勇生气道："胡说！你们再闹，我就要打了。"众人陪笑央告道："求爷叫开门，我们瞧瞧；若没有，再不敢惊动你太爷了。"包勇道："你不信，你去找；若没有，回来问你们。"包勇说着，叫开腰门，众人找到惜春那里。

惜春正是愁闷，惦着："妙玉清早去后，不知听见我们姓包的话了没有，只怕又得罪了她，以后总不肯来。我的知己是没有了。况我现在实难见人，父母早死，嫂子嫌我。头里有老太太，到底还疼我些，如今也死了，留下我孤苦伶仃，如何了局？"想到："迎春姐姐磨折死了，史姐姐守着病人，三姐姐远去，这都是命里所招，不能自由。独有妙玉如闲云野鹤，无拘无束。我能学她，就造化不小了。但我是世家之女，怎能遂意！这回看家，已大担不是，还有何颜？在这里，又恐太太们不知我的心事，将来的后事如何呢？"想到其间，便要把自己的青丝绞去，要想出家。彩屏等听见，急忙来劝，岂知已将一半头髮绞去。彩屏愈加着忙，说道："一事不了，又出一事，这可怎么好呢！"

正在吵闹，只见妙玉的道婆来找妙玉。彩屏问起来由，先唬了一跳，说是："昨日一早去了没来。"里面惜春听见，急忙问道："那里去了？"道婆们将昨夜听见的响动，被煤气熏着，今早不见有妙玉，庵内软梯刀鞘的话说了一遍。惜春惊疑不定，想起昨日包勇的话来，必是那些强盗看见了她，昨晚抢去了，也未可知。但是她素来孤洁的很，岂肯惜命？"怎么你们都没听见么？"众人道："怎么不听见？只是我们这些人都是睁着眼，连一句话也说不出，必是那贼子烧了闷香。妙姑一人想也被贼闷住，不能言语，况且贼人必多，拿刀弄杖威逼着，她还敢声喊么？"正说着，包勇又在腰门那里嚷，说："里头快把这些混帐的婆子赶了出来罢，快关腰门！"彩屏听见，恐担不是，只得叫婆子出去，叫人关了腰门。惜春于是更加苦楚，无奈彩屏等再三以礼相劝，仍旧将一半青丝笼起。大家商议不必声张，就是妙玉被抢，也当作不知，且等老爷、太太回来再说。惜春心里的死定下一个出家的念头，暂且不提。

且说贾琏回到铁槛寺，将到家中查点了上夜的人，开了失单报去的话回了。贾政道："怎样开的？"贾琏便将琥珀所记得的数目单子呈出，并说："这上头元妃赐的东西，已经注明；还有那人家不大有的东西，不便开上，等侄儿脱了孝，出去托人细细的缉访，少不得弄出来的。"贾政听了合意，就点头不言。贾琏进内见了邢、王二夫人，商量着："劝老爷早些回家才好呢，不然，都是乱麻似的。"邢夫人道："可不是，我们在这里也是惊心吊胆。"贾琏道："这是我们不敢说的，还是太太的主意，二老爷是依的。"邢夫人便与王夫人商议妥了。

过了一夜，贾政也不放心，打发宝玉进来说："请太太们今日回家，过两三日再来。家人们已经派定了，里头请太太们派人罢。"邢夫人派了鹦哥等一干人伴灵，将周瑞家的等人派了总管，其余上下人等都回去。一时忙乱套车备马。贾政等在贾母灵前辞别，众人又哭了一场。

都起来正要走时，只见赵姨娘还爬在地下不起。周姨娘打量她还哭，便去拉她。岂知赵姨娘满嘴白沫，眼睛直竖，把舌头吐出，反把家人唬了一大跳。贾环过来乱嚷。赵姨娘醒来说道："我是不回去的，跟着老太太回南去。"众人道："老太太那用你来！"赵姨娘道："我跟了一辈子老太太，大老爷还不依，弄神弄鬼的来算计我。我想仗着马道婆要出出我的气，银子白花了好些，也没有弄死了一个。如今我回去了，又不知谁来算计我。"众人听见，早知是鸳鸯附在她身上。邢、王二夫人都不言语瞅着。只有彩云等代她央告道："鸳鸯姐姐，你死是自己愿意的，与赵姨娘什么相干？放了她罢。"见邢夫人在这里，也不敢说别的。赵姨娘道："我不是鸳鸯，她早到仙界去了。我是阎王差人拿我去的，要问我为什么和马婆子用魇魔法的案件。"说着，便叫"好琏二奶奶！你在这里老爷面前少顶一句儿罢，我有一千日的不好，还有一天的好呢。好二奶奶，亲二奶奶！并不是我要害你，我一时糊涂，听了那个老娼妇的话。"

正闹着，贾政打发人进来叫环儿。婆子们去回说："赵姨娘中了邪了，三爷看着呢。"贾政道："没有的事，我们先走了。"于是爷们等先回。这里赵姨娘还是混说，一时救不过来。邢夫人恐她又说出什么来，便说："多派几个人在这瞧着她，咱们先走，到了城里，打发大夫出来瞧罢。"王夫人本嫌她，也打撒手儿。宝钗本是仁厚的人，虽想着她害宝玉的事，心里究竟过不去，背地里托了周姨娘在这里照应。周姨娘也是个好人，便应承了。李纨说道："我也在这里罢。"王夫人道："可以不必。"于是大家都要起身。贾环急忙道："我也在这里吗？"王夫人啐道：

"糊涂东西！你姨妈的死活都不知，你还要走吗？"贾环就不敢言语了。宝玉道："好兄弟，你是走不得的。我进了城，打发人来瞧你。"说毕，都上车回家。寺里只有赵姨娘、贾环、鹦鹉等人。

贾政、邢夫人等先后到家，到了上房，哭了一场。林之孝带了家下众人请了安，跪着。贾政喝道："去罢！明日问你。"凤姐那日发晕了几次，竟不能出接；只有惜春见了，觉得满面羞惭。邢夫人也不理她，王夫人仍是照常，李纨、宝钗拉着手说了几句话。独有尤氏说道："姑娘，你操心了，倒照应了好几天。"惜春一言不答，只紫涨了脸。宝钗将尤氏一拉，使了个眼色。尤氏等各自归房去了。贾政略略的看了一看，叹了口气，并不言语。到书房席地坐下，叫了贾琏、贾蓉、贾芸吩咐了几句话。宝玉在书房来陪贾政，贾政道："不必。"兰儿仍跟他母亲。一宿无话。

次日，林之孝一早进书房跪着，贾政将后被盗的事问了一遍，并将周瑞供了出来，又说："衙门拿住了鲍二，身边搜出了失单上的东西，现在夹讯，要在他身上要这一伙贼呢。"贾政听了，大怒道："家奴负恩，引贼偷窃家主，真是反了！"立刻叫人到城外将周瑞捆了，送到衙门审问。林之孝只管跪着，不敢起来。贾政道："你还跪着做什么？"林之孝道："奴才该死，求老爷开恩。"正说着，赖大等一干办事家人上来请了安，呈上丧事账簿。贾政道："交给琏二爷算明了来回。"吆喝着林之孝出去了。

贾琏一腿跪着，在贾政身边说了一句话。贾政把眼一瞪道："胡说！老太太的事，银两被贼偷去，难道就该罚奴才拿出来么？"贾琏红了脸，不敢言语，站起来也不敢动。贾政道："你媳妇怎么样？"贾琏又跪下说："看来是不中用了。"贾政叹口气道："我不料家运衰败一至如此！况且环哥儿他妈尚在庙中病着，也不知是什么症候，你们知道不知道？"贾琏也不敢言语。贾政道："传出话去，叫人带了大夫瞧瞧去。"贾琏即忙答应着出来，叫人带了大夫到铁槛寺去瞧赵姨娘。未知死活，下回分解。

第 113 回 忏宿冤凤姐托村妪 释旧憾情婢感痴郎

话说赵姨娘在寺内得了暴病，见人少了，更加混说起来，唬得众人发怔。就有两个女人搀着，赵姨娘双膝跪在地下，说一回，哭一回。有时爬在地下叫饶，说："打杀我了，红胡子的老爷，我再不敢了！"有一时双手合着，也是叫疼。眼睛突出，嘴里鲜血直流，头髪披散。人人害怕，不敢近前。那时又将天晚，赵姨娘的声音只管暗哑起来了，居然鬼嚎一般。无人敢在她跟前，只得叫了几个有胆量的男人进来坐着。赵姨娘一时死去，隔了些时，又回过来，整整的闹了一夜。

到了第二天，也不言语，只装鬼脸，自己拿手撕开衣服，露出胸膛，好像有人剥她的样子。可怜赵姨娘虽说不出来，其痛苦之状，实在难堪。正在危急，大夫来了，也不敢诊脉，只嘱咐："办后事罢。"，说了，起身就走。那送大夫的家人再三央告，说："请老爷看看脉，小的好回禀家主。"那大夫用手一摸，已无脉息。贾环听了，然后大哭起来。众人只顾贾环，谁料理赵姨娘。只有周姨娘心里苦楚，想到："做偏房侧室的下场头，不过如此。况她还有儿子的，我将来死起来，还不知怎样呢！"于是反哭的悲切。

且说那人赶回家去回禀了，贾政即派家人去照例料理，陪着环儿住了三天，一同回来。那人去了，这里一人传十，十人传百，都知道赵姨娘使了毒心害人，被阴司里拷打死了。又说是"琏二奶奶只怕也好不了，怎么说琏二奶奶告的呢？"这些话传到平儿耳内，甚是着急，看着凤姐的样子，实在是不能好的了。看着贾琏近日并不似先前的恩爱，本来事也多，竟像不与他相干的。平儿在凤姐跟前只管劝慰。又想着邢、王二夫人回家几日，只打发人来问问，并不亲身来看。凤姐心里更加悲苦。贾琏回来也没有一句贴心的话。

凤姐此时只求速死，心里一想，邪魔悉至。只见尤二姐从房后走来，渐近床前，说："姐姐，许久的不见了，做妹妹的想念的很，要见不能，如今好容易进来见见姐姐。姐姐的心机也用尽了，咱们的二爷糊涂，也不领姐姐的情，反倒怨姐姐作事过于苛刻，把他的前程去了，叫他如今见不得人。我替姐姐气不平。"凤姐恍惚说道："我如今也后悔我的心忒窄了。妹妹不念旧恶，还来瞧我。"平儿在旁听见，说道："奶奶说什么？"凤姐一时苏醒，想起尤二姐已死，必是她来索命。被平儿叫醒，心里害怕，又不肯说出，只得勉强说道："我神魂不定，想是说梦话。给我捶捶。"平儿上去捶着，见个小丫头子进来，说是"刘姥姥来了，婆子们带着来请奶奶的安。"平儿急忙下来，说："在哪里呢？"小丫头子说："她不敢就进来，还听奶奶的示下。"平儿听了点头，想凤姐病里必是懒待见人，便说道："奶奶现在养神呢，暂且叫她等着。你问她来有什么事么？"小丫头子说道："她们问过了，没有事。说知道老太太去世了，因没有报，才来迟了。"小丫头子说着，凤姐听见，便叫"平儿，你来。人家好心来瞧，不要冷澹人家。你去请了刘姥姥进来，我和她说说话儿。"平儿只得出来请刘姥姥这里坐。凤姐刚要合眼，又见一个男人一个女人走向炕前，就像要上炕似的。凤姐着忙，便叫平儿，说："那里来了一个男人，跑到这里来了？"连叫两声，只见丰儿、小红赶来，说："奶奶要什么？"凤姐睁眼一瞧，不见有人，心里明白，不肯说出来，便问丰儿道："平儿这东西那里去了？"丰儿道："不是奶奶叫去请刘姥姥去了么？"凤姐定了一会神，也不言语。

只见平儿同刘姥姥带了一个小女孩儿进来，说："我们姑奶奶在那里？"平儿引到炕边，刘姥姥便说："请姑奶奶安。"凤姐睁眼一看，不觉一阵伤心，说："姥姥，你好？怎么这时候才来？你瞧你外孙女儿也长的这么大了。"刘姥姥看着凤姐骨瘦如柴，神情恍惚，心里也就悲惨起来，说："我的奶奶，怎么这几个月不见，就病到这个分儿！我糊涂的要死，怎么不早来请姑奶奶的安！"便叫青儿给姑奶奶请安。青儿只是笑，凤姐看了，倒也十分喜欢，便叫小红招呼着。刘姥姥道："我们屯乡里的人，不会病的，若一病了，就要求神许愿，从不知道吃药的。我想姑奶奶的病不要撞着什么了罢？"平儿听着那话不在理，便在背地里扯她。刘姥姥会意，便不言语。那里知道这句话倒合了凤姐的意，扎挣着说："姥姥，你是有年纪的人，说的不错。你见过的赵姨娘也死了，你知道么？"刘姥姥诧异道："阿弥陀佛！好端端一个人，怎么就死了？我记得她也有一个小哥儿，这便怎么样呢？"平儿道："这怕什么，他还有老爷、太太呢。"刘姥姥道："姑娘，你哪里知道，不好死了是亲生的，隔了肚皮子是不中用的。”这句话又招起凤姐的愁肠，呜呜咽咽的哭起来了。众人都来劝解。

巧姐儿听见她母亲悲哭，便走到炕前，用手拉着凤姐的手，也哭起来。凤姐一面哭着，道：“你见过了姥姥了没有？”巧姐儿道：“没有。”凤姐道：“你的名字还是她起的呢，就和干娘一样，你给她请个安。”巧姐儿便走到跟前，刘姥姥忙着拉着道：“阿弥陀佛，不要折杀我了！巧姑娘，我一年多不来，你还认得我么？”巧姐儿道：“怎么不认得。那年在园里见的时候，我还小；前年你来，我还和你要隔年的蝈蝈儿，你也没有给我，必是忘了。”刘姥姥道：“好姑娘，我是老煳涂了。若说蝈蝈儿，我们屯里多得很，只是不到我们那里去，若去了，要一车也容易。”凤姐道：“不然，你带了她去罢。”刘姥姥笑道：“姑娘这样千金贵体，绫罗裹大了的，吃的是好东西，到了我们那里，我拿什么哄她玩，拿什么给她吃呢？这倒不是坑杀我了么！”说着，自己还笑，她说：“那么着，我给姑娘做个媒罢。我们那里虽说是屯乡里，也有大财主人家，几千顷地，几百牲口，银子钱亦不少，只是不像这里有金的，有玉的。姑奶奶是瞧不起这种人家，我们庄家人瞧着这样大财主，也算是天上的人了。”凤姐道：“你说去，我愿意就给。”刘姥姥道：“这是玩话儿罢咧！放着姑奶奶这样，大官大府的人家只怕还不肯给，那里肯给庄家人。就是姑奶奶肯了，上头太太们也不给。”巧姐因她这话不好听，便走了去和青儿说话。两个女孩儿倒说得上，渐渐的就熟起来了。

这里平儿恐刘姥姥话多，搅烦了凤姐，便拉了刘姥姥说：“你提起太太来，你还没有过去呢。我出去叫人带了你去见见，也不枉来这一趟。”刘姥姥便要走。凤姐道：“忙什么！你坐下，我问你，近来的日子还过得么？”刘姥姥千恩万谢的说道：“我们若不仗着姑奶奶”，说着，指着青儿说：“她的老子娘都要饿死了。如今虽说是庄家人苦，家里也挣了好几亩地，又打了一眼井，种些菜蔬瓜果，一年卖的钱也不少，尽够他们嚼吃的了。这两年姑奶奶还时常给些衣服布匹，在我们村里算过得的了。阿弥陀佛！前日她老子进城，听见姑奶奶这里动了家，我就几乎唬杀了。亏得又有人说，不是这里，我才放心。后来又听见说这里老爷升了，我又喜欢，就要来道喜，为的是满地的庄稼，来不得。昨日又听说老太太没有了。我在地里打豆子，听见了这话，唬得连豆子都拿不起来了，就在地里狠狠的哭了一大场。我和女婿说：‘我也顾不得你们了，不管真话谎话，我是要进城瞧瞧去的。’我女儿、女婿也不是没良心的，听见了也哭了一回子。今儿天没亮，就赶着我进城来了。我也不认得一个人，没有地方打听。一径来到后门，见是门神都煳了，我这一唬又不小。进了门找周嫂子，再找不着，撞见一个小姑娘，说周嫂子她得了不是了，撵了。我又等了好半天，遇见了熟人，才得进来。不打量姑奶奶也是那么病。”说着，又掉下泪来。平儿等着急，也不等她说完，拉着就走，说：“你老人家说了半天，口干了，咱们喝碗茶去罢。”拉着刘姥姥到下房坐着，青儿在巧姐儿那边。刘姥姥道：“茶倒不要，好姑娘，叫人带了我去请太太的安，哭哭老太太去罢。”平儿道：“你不用忙，今儿也赶不出城的了。方才我是怕你说话不防头，招的我们奶奶哭，所以催你出来的。别思量。”刘姥姥道：“阿弥陀佛，姑娘是你多心，我知道。倒是奶奶的病怎么好呢？”平儿道：“你瞧去妨碍不妨碍？”刘姥姥道：“说是罪过，我瞧着不好。”

正说着，又听凤姐叫呢。平儿及到床前，凤姐又不言语了。平儿正问丰儿，贾琏进来，向炕上一瞧，也不言语，走到里间，气哼哼的坐下。只有秋桐跟了进去，倒了茶，殷勤一回，不知嘁嘁喳喳的说些什么。回来，贾琏叫平儿来问道：“奶奶不吃药么？”平儿道：“不吃药。怎么样呢？”贾琏道：“我知道么！你拿柜子上的钥匙来罢。”平儿见贾琏有气，又不敢问，只得出来凤姐耳边说了一声。凤姐不言语，平儿便将一个匣子搁在贾琏那里就走。贾琏道：“有鬼叫你吗！你搁着叫谁拿呢？”平儿忍气打开，取了钥匙，开了柜子，便问道：“拿什么？”贾琏道：“咱们有什么吗？”平儿气得哭道：“有话明白说，人死了也愿意！”贾琏道：“这还要说么！头里的事是你们闹的。如今老太太的还短了四五千银子，老爷叫我拿公中的地帐弄银子，你说有么？外头拉的帐不开发，使得么？谁叫我应这个名儿！只好把老太太给我的东西折变去罢了。你不依么？”平儿听了，一句不言语，将柜里东西搬出。只见小红过来说：“平姐姐快走！奶奶不好呢。”平儿也顾不得贾琏，急忙过来，见凤姐用手空抓，平儿用手攥着哭叫。贾琏也过来一瞧，把脚一跺道：“若是这样，是要我的命了！”说着，掉下泪来。丰儿进来说：“外头找二爷呢。”贾琏只得出去。

这里凤姐愈加不好，丰儿等不免哭起来。巧姐听见赶来。刘姥姥也急忙走到炕前，嘴里念佛，捣了些鬼，果然凤姐好些。一时，王夫人听了丫头的信，也过来了，先见凤姐安静些，心下略放心，见了刘姥姥，便说：“刘姥姥，你好？什么时候来的？”刘姥姥便说：“请太太安。”不及细说，只言凤姐的病。讲究了半天，彩云进来说：“老爷请太太呢。”王夫人叮咛了平儿几句话，便过去了。

凤姐闹了一回，此时又觉清楚些。见刘姥姥在这里，心里信她求神祷告，便把丰儿等支开，叫刘姥姥坐在头边，告诉她心神不宁，如见鬼怪的样。刘姥姥便说我们屯里什么菩萨灵，什么庙有感应。凤姐道：“求你替我祷告，要用供献的银钱我有。”便在手腕上褪下一支金镯子来交给他。刘姥姥道：“姑奶奶，不用那个。我们村庄人家许了愿，好了，花上几百钱就是了，那用这些！就是我替姑奶奶求去，也是许愿。等姑奶奶好了，要花什么，自己去花罢。”凤姐明知刘姥姥一片好心，不好勉强，只得留下，说：“姥姥，我的命交给你了。我的巧姐儿也是千灾百病的，也交给你了。”刘姥姥顺口答应，便说：“这么着，我看天气尚早，还赶得出城去，我就去了。明儿姑奶奶好了，再请还愿去。”凤姐因被众冤魂缠绕害怕，巴不得她就去，便说：“你若肯替我用心，我能安稳睡一觉，我就感激你了。你外孙女儿，叫她在这里住下罢。”刘姥姥道：“庄家孩子没有见过世面，没的在这里打嘴。我带她去的好。”凤姐道：“这就是多心了。既是咱们一家，这怕什么？虽说我们穷了，多一个人吃饭也不碍什么。”刘姥姥见凤姐真情，落得叫青儿住几天，又省了家里的嚼吃。只怕青儿不肯，不如叫她来问问，若是她肯，就留下。于是和青儿说了几句。青儿因与巧姐儿玩得熟了，巧姐又不愿她去，青儿又愿意在这里。刘姥姥便吩咐了几句，辞了平儿，忙忙的赶出城去。不提。

且说栊翠庵原是贾府的地址，因盖省亲园子，将那庵圈在里头，向来食用香火，并不动贾府的钱粮。今日妙玉被劫，那女尼呈报到官，一则候官府缉盗的下落，二则是妙玉基业，不便离散，依旧住下，不过回明了贾府。那时贾府的人虽都知道，只为贾政新丧，且又心事不宁，也不敢将这些没要紧的事回禀。只有惜春知道此事，日夜不安。渐渐传到宝玉耳边，说：“妙玉被贼劫去。”又有的说：“妙玉凡心动了跟人而走。”宝玉听得，十分纳闷：“想来必是被强徒抢去。这个人必不肯受，一定不屈而死。”但是一无下落，心下甚不放心，每日长嘘短叹。还说：“这样一个人，自称为‘槛外人’，怎么遭此结局！”又想到：“当日园中何等热闹。自从二姐姐出阁一来，死的死，嫁的嫁，我想她一尘不染，是保得住的了，岂知风波顿起，比林妹妹死的更奇！”由是一而二，二而三，追思起来，想到《庄子》上的话，虚无缥缈，人生在世，难免风流云散，不禁的大哭起来。袭人等又道是他的疯病发作，百般的温柔解劝。

宝钗初时不知何故，也用话箴规。怎奈宝玉抑郁不解，又觉精神恍惚。宝钗想不出道理，再三打听，方知妙玉被劫，不知去向，也是伤感。只为宝玉愁烦，便用正言解释。因提起：“兰儿自送殡回来，虽不上学，闻得日夜攻苦。他是老太太的重孙。老太太素来望你成人，老爷为你日夜焦心，你为闲情痴意，糟蹋自己，我们守着你如何是个结果？”说得宝玉无言可答，过了一回，才说道："我那管人家的闲事？只可叹咱们家的运气衰颓。"宝钗道："可又来，老爷、太太原为是要你成人，接续祖宗遗绪，你只是执迷不悟，如何是好！"宝玉听来，话不投机，便靠在桌上睡去。宝钗也不理他，叫麝月等伺候着，自己却去睡了。

宝玉见屋里人少，想起："紫鹃到了这里，我从没和她说句知心的话儿，冷冷清清撂着她，我心里甚不过意。她呢，又比不得麝月、秋纹，我可以安放得的。想起从前我病的时候，她在我这里伴了好些时－－如今她的那一面小镜子还在我这里－－她的情义却也不薄了。如今不知为什么，见我就是冷冷的。若说为我们这一个呢，她是和林妹妹最好的，我看她待紫鹃也不错。我有不在家的日子，紫鹃原也与她有说有讲的；到我来了，紫鹃便走开了。想来自然是为林妹妹死了，我便成了家的原故。嗳，紫鹃，紫鹃！你这样一个聪明女孩儿，难道连我这点子苦处都看不出来么！"因又一想："今晚她们睡的睡，做活的做活，不如趁着这个空儿，我找她去，看她有什么话？倘或我还有得罪之处，便陪个不是也使得。"想定主意，轻轻的走出了房门，来找紫鹃。

那紫鹃的下房也就在西厢里间。宝玉悄悄的走到窗下，只见里面尚有灯光，便用舌头舔破窗纸，往里一瞧，见紫鹃独自挑灯，又不是做什么，呆呆的坐着。宝玉便轻轻的叫道："紫鹃姐姐，还没有睡么？"紫鹃听了，唬了一跳，怔怔的半日，才说："是谁？"宝玉道："是我。"紫鹃听着，似乎是宝玉的声音，便问："是宝二爷么？"宝玉在外轻轻的答应了一声。紫鹃问道："你来做什么？"宝玉道："我有一句心里的话要和你说说，你开了门，我到你屋里坐坐。"紫鹃停了一会儿，说道："二爷有什么话，天晚了，请回罢，明日再说罢。"宝玉听了，寒了半截。自己还要进去，恐紫鹃未必开门；欲要回去，这一肚子的隐情越发被紫鹃这一句话勾起。无奈，说道："我也没有多余的话，只问你一句。"紫鹃道："既是一句，就请说。"宝玉半日反不言语。

紫鹃在屋里不见宝玉言语，知他素有痴病，恐怕一时实在抢白了他，勾起他的旧病，倒也不好了，因站起来，细听了一听，又问道："是走了，还是傻站着呢？有什么又不说，尽着在这里怄人。已经怄死了一个，难道还要怄死一个么？这是何苦来呢！"说着，也从宝玉舔破之处往外一张，见宝玉在那里呆听。紫鹃不便再说，回身剪了剪烛花。忽听宝玉叹了一声道："紫鹃姐姐，你从来不是这样铁心石肠，怎么近来连一句好好儿的话都不和我说了？我固然是个浊物，不配你们理我，但只我有什么不是，只望姐姐说明了，那怕姐姐一辈子不理我，我死了倒作个明白鬼呀！"紫鹃听了，冷笑道："二爷就是这个话呀，还有什么？若就是这个话呢，我们姑娘在时，我也跟着听俗了；若是我们有什么不好处呢，我是太太派来的，二爷倒是回太太去，左右我们丫头们更算不得什么了！"说到这里，那声儿便哽咽起来，说着，又擤鼻涕。宝玉在外知她伤心哭了，便急的跺脚道："这是怎么说！我的事情，你在这里几个月，还有什么不知道的？就便别人不肯替我告诉你，难道你还不叫我说，叫我憋死了不成！"说着，也呜咽起来了。

宝玉正在这里伤心，忽听背后一个人接言道："你叫谁替你说呢？谁是谁的什么？自己得罪了人，自己央及呀，人家赏脸不赏在人家，何苦来拿我们这些没要紧的垫喘儿呢！"这一句话把里外两个人都吓了一跳。你道是谁？原来却是麝月。宝玉自觉脸上没趣。只见麝月又说道："到底是怎么着？一个陪不是，一个人又不理。你倒是快快的央及呀。嗳！我们紫鹃姐姐也就太狠心了，外头这么怪冷的，人家央及了这半天，总连个活动气儿也没有。"又向宝玉道："刚才二奶奶说了，多早晚了，打量你在那里呢，你却一个人站在这房檐底下做什么？"紫鹃里面接着说道："这可是什么意思呢？早就请二爷进去，有话明日说罢。这是何苦来！"

宝玉还要说话，因见麝月在那里，不好再说别的，只得一面同麝月走回，一面说道："罢了，罢了！我今生今世也难剖白这个心了！惟有老天知道罢了！"说到这里，那眼泪也不知从何处来的，滔滔不断了。麝月道："二爷，依我劝，你死了心罢。白陪眼泪也可惜了儿的。"宝玉也不答言，遂进了屋子。只见宝钗睡了，宝玉也知宝钗装睡。却是袭人说了一句道："有什么话，明日说不得？巴巴儿的跑那里去闹，闹出——"说到这里，也就不肯说，迟了一迟，才接着道："身上不觉怎么样？"宝玉也不言语，只摇摇头儿，袭人一面才打发睡下。一夜无眠，自不必说。

这里紫鹃被宝玉一招，越发心里难受，直直的哭了一夜。思前想后："宝玉的事，明知他病中不能明白，所以众人弄鬼弄神的办成了。后来宝玉明白了，旧病复发，常时哭想，并非忘情负义之徒。今日这种柔情，一发叫人难受，只可怜我们林姑娘真真是无福消受他。如此看来，人生缘分都有一定，在那未到头时，大家都是痴心妄想。乃至无可如何，那糊涂的也就不理会了，那情深义重的也不过临风对月，洒泪悲啼。可怜那死的倒未必知道，这活的真真是苦恼伤心，无休无了。算来竟不如草木石头，无知无觉，倒也心中干淨！"想到此处，倒把一片酸热之心一时冰冷了。才要收拾睡时，只听东院里吵嚷起来。未知何事，下回分解。

第 114 回 王熙凤历幻返金陵 甄应嘉蒙恩还玉阙

却说宝玉、宝钗听说凤姐病的危急，赶忙起来。丫头秉烛伺候。正要出院，只见王夫人那边打发人来说："琏二奶奶不好了，还没有咽气，二爷、二奶奶且慢些过去罢。琏二奶奶的病有些古怪，从三更天起，到四更时候，琏二奶奶没有住嘴，说些胡话，要船要轿的，说到金陵归入册子去。众人不懂，她只是哭哭喊喊的。琏二爷没有法儿，只得去糊了船轿，还没拿来，琏二奶奶喘着气等呢。叫我们过来说，等琏二奶奶去了，再过去罢。"宝玉道："这也奇，她到金陵做什么？"袭人轻轻的和宝玉说道："你不是那年做梦，我还记得说有多少册子，不是琏二奶奶也到那里去么？"宝玉听了点头道："是呀，可惜我都不记得那上头的话了。这么说起来，人都有个定数的了。但不知林妹妹又到那里去了？我如今被你一说，我有些懂得了。若再做这个梦时，我得细细的瞧一瞧，便有未卜先知的份儿了。"袭人道："你这样的人，可是不可和你说话的，偶然提了一句，你便认起真来了吗。就算你能先知了，你有什么法儿！"宝玉道："只怕不能先知，若是能了，我也犯不着为你们瞎操心了。"

两个正说着，宝钗走来问道："你们说什么？"宝玉恐她盘诘，只说："我们谈论凤姐姐。"宝钗道："人要死了，你们还只管议论人。旧年你还说我咒人，那个籤不是应了么？"宝玉又想了一想，拍手道："是的，是的。这么说起来，你倒能先知了。我索性问问你，你知道我将来怎么样？"宝钗笑道："这是又胡闹起来了。我是就她求的籤上的话混解的，你就认了真了。你就和邢妹妹一样的了，你失了玉，她去求妙玉扶乩，批出来的众人不解，她还背地里和我说妙玉怎么前知，怎么参禅悟道。如今她遭此大难，她如何自己都不知道，这可是算得前知吗？就是我偶然说着了二奶奶的事情，其实知道她是怎么样了，只怕我连我自己也不知道呢。这样下落，可不是虚诞的事，是信得的么？"宝玉道："别提她了。你只说邢妹妹罢，自从我们这里连连的有事，把她这件事竟忘记了。你们家这么一件大事，怎么就草草的完了？也没请亲唤友的。"宝钗道："你这话又是迂了。我们家的亲戚，只有咱们这里和王家最近。王家没了什么正经人了。咱们家遭了老太太的大事，所以也没请，就是琏二哥张罗了张罗。别的亲戚虽也有一两门子，你没过去，如何知道？算起来，我们这二嫂子的命和我差不多，好好的许了我二哥哥，我妈妈原想体体面面的给二哥哥娶这房亲事的。一则为我哥哥在监里，二哥哥也不肯大办；二则为咱家的事；三则为我二嫂子在大太太那边忒苦，又加着抄了家，大太太是苛刻一点的，她也实在难受。所以我和妈妈说了，便将将就就的娶了过去。我看二嫂子如今倒是安心乐意的孝敬我妈妈，比亲媳妇还强十倍呢。待二哥哥也是极尽妇道的，和香菱又甚好，二哥哥不在家，她两个和和气气的过日子。虽说是穷些，我妈妈近来倒安逸好些。就是想起我哥哥来，不免悲伤。况且常打发人家里来要使用，多亏二哥哥在外头帐头儿上讨来应付他的。我听见说，城里有几处房子已经典去，还剩了一所在那里，打算着搬去住。”宝玉道：“为什么要搬？住在这里，你来去也便宜些；若搬远了，你去就要一天了。”宝钗道：“虽说是亲戚，到底各自的稳便些。那里有个一辈子住在亲戚家的呢！”

宝玉还要讲出不搬去的理，王夫人打发人来说：“琏二奶奶咽了气了，所有的人都过去了，请二爷、二奶奶就过去。”宝玉听了，也撑不住跺脚要哭。宝钗虽也悲戚，恐宝玉伤心，便说：“有在这里哭的，不如到那边哭去。”

于是两人一直到凤姐那里，只见好些人围着哭呢。宝钗走到跟前，见凤姐已经停床，便大放悲声。宝玉也拉着贾琏的手，大哭起来。贾琏也重新哭泣。平儿等因见无人劝解，只得含悲上来劝止了。众人都悲哀不止。贾琏此时手足无措，叫人传了赖大来，叫他办理丧事。自己回明了贾政去，然后行事。但是手头不济，诸事拮据；又想起凤姐素日来的好处，更加悲哭不已；又见巧姐哭的死去活来，越发伤心。哭到天明，即刻打发人去请他大舅子王仁过来。

那王仁自从王子腾死后，王子胜又是无能的人，任他胡为，已闹的六亲不和。今知妹子死了，只得赶着过来哭了一场。见这里诸事将就，心下便不舒服，说：“我妹妹在你家辛辛苦苦当了好几年家，也没有什么错处，你们家该认真的发送发送才是，怎么这时候诸事还没有齐备？”贾琏本与王仁不睦，见他说些混帐话，知他不懂的什么，也不大理他。王仁便叫了他外甥女儿巧姐过来，说：“你娘在时，本来办事不周到，只知道一味的奉承老太太，把我们的人都不大看在眼里。外甥女儿，你也大了，看见我曾经沾染过你们没有？如今你娘死了，诸事要听着舅舅的话。你母亲娘家的亲戚就是我和你二舅舅了。你父亲的为人，我也早知道的了，只有重别人，那年什么尤姨娘死了，我虽不在京，听见人说花了好些银子。如今你娘死了，你父亲倒是这样的将就办去吗？你也不快些劝劝你父亲！”

巧姐道：“我父亲巴不得要好看，只是如今比不得从前了。现在手里没钱，所以诸事省些是有的。”王仁道：“你的东西还少么！”巧姐儿道：“旧年抄去，何尝还有呢！”王仁道：“你也这样说？我听见老太太又给了好些东西，你该拿出来。”巧姐又不好说父亲用去，只推不知道。王仁便道：“哦！我知道了，不过是你要留着做嫁妆罢咧。”巧姐听了，不敢回言，只气得哽噎难鸣的哭起来了。平儿生气说道：“舅老爷，有话等我们二爷进来再说。姑娘这么点年纪，她懂得什么！”王仁道：“你们是巴不得二奶奶死了，你们就好为王了。我并不要什么，好看些，也是你们的脸面。”说着，赌气坐着。巧姐满怀的不舒服，心想：“我父亲并不是没情。我妈妈在时，舅舅不知拿了多少东西去，如今说得这样干淨！”于是便不大瞧得起她舅舅了。岂知王仁心里想来，他妹妹不知攒积了多少，虽说抄了家，那屋里的银子还怕少吗！“必是怕我来缠他们，所以也帮着这么说。这小东西儿也是不中用的。”从此，王仁也嫌了巧姐儿了。

贾琏并不知道，只忙着弄银钱使用。外头的大事叫赖大办了；里头也要用好些钱，一时实在不能张罗。平儿知他着急，便叫贾琏道：“二爷也别过于伤了自己的身子。”贾琏道：“什么身子！现在日用的钱都没有，这件事怎么办？偏有个糊涂行子又在这里蛮缠，你想有什么法儿！”平儿道：“二爷也不用着急，若说没钱使唤，我还有些东西，旧年幸亏没有抄去，在里头。二爷要，就拿去当着使唤罢。”贾琏听了，心想：“难得这样。”便笑道：“这样更好，省得我各处张罗。等我银子弄到手了还你。”平儿道：“我的也是奶奶给的，什么还不还！只要这件事办的好看些就是了。”贾琏心里倒着实感激她，便将平儿的东西拿了去，当钱使用。诸凡事情，便与平儿商量。秋桐看着，心里就有些不甘，每每口角里头便说：“平儿没有了奶奶，她要上去了。我是老爷的人，她怎么就越过我去了呢？”平儿也看出来了，只不理她。倒是贾琏一时明白，越发把秋桐嫌了，一时有些烦恼，便拿着秋桐出气。邢夫人知道，反说贾琏不好。贾琏忍气。不提。

再说凤姐停了十余天，送了殡。贾政守着老太太的孝，总在外书房。那时清客相公渐渐的都辞去了，只有个程日兴还在那里，时常陪着说说话儿。提起“家运不好，一连人口死了好些，大老爷和珍大爷又在外头，家计一天难似一天。外头东庄地亩也不知道怎么样，总不得了呀！”程日兴道：“我在这里好些年，也知道府上的人，那一个不是肥己的？一年一年都往他家里拿，那自然府上是一年不够一年了。又添了大老爷、珍大爷那边两处的费用，外头又有些债务，前儿又破了好些财，要想衙门里缉贼追赃，是难事。老世翁若要安顿家事，除非传那些管事的来，派一个心腹的人各处去清查清查，该去的去，该留的留，有了亏空，着在经手的身上赔补，这就有了数儿了。那一座大的园子，人家是不敢买的，这里头的出息也不少，又不派人管了。那年老世翁不在家，这些人就弄神弄鬼儿的，闹的一个人不敢到园里，这都是家人的弊。此时把下人查一查，好的使着，不好的便撵了，这才是道理。”贾政点头道：“先生，你所不知，不必说下人，便是自己的侄儿，也靠不住。若要我查起来，那能一一亲见亲知。况我又在服中，不能照管这些了。我素来又兼不大理家，有的没的，我还摸不着呢。”程日兴道：“老世翁最是仁德的人，若在别家的，这样的家计，就穷起来，十年五载还不怕，便向这些管家的要，也就够了。我听见世翁的家人还有做知县的呢。”贾政道：“一个人若要使起家人们的钱来便了不得了，只好自己俭省些。但是册子上的产业，若是实有还好，生怕有名无实了。”程日兴道：“老世翁所见极是。晚生为什么说要查查呢？”贾政道：“先生必有所闻。”程日兴道：“我虽知道些那些管事的神通，晚生也不敢言语的。”贾政听了，便知话里有因，便叹道：“我自祖父以来，都是仁厚的，从没有刻薄过下人。我看如今这些人一日不似一日了。在我手里行出主子样儿来，又叫人笑话。”

两人正说着，门上的进来回道：“江南甄老爷到来了。”贾政便问道：“甄老爷进京为什么？”那人道：“奴才也打听了，说是蒙圣恩起复了。”贾政道：“不用说了，快请罢。”那人出去，请了进来。那甄老爷即是甄宝玉之父，名叫甄应嘉，表字友忠，也是金陵人氏，功勋之后。原与贾府有亲，素来走动的。因前年挂误革了职，动了家产。今遇主上眷念功臣，赐还世职，行取来京陛见。知道贾母新丧，特备祭礼，择日到寄灵的地方拜奠，所以先来拜望。贾政有服，不能远接，在外书房门口等着。那位甄老爷一见，便悲喜交集，因在制中，不便行礼，便拉着了手叙了些阔别思念的话，然后分宾主坐下，献了茶，彼此又将别后事情的话说了。

贾政问道：“老亲翁几时陛见的？”甄应嘉道：“前日。”贾政道：“主上隆恩，必有温谕。”甄应嘉道：“主上的恩典，真是比天还高，下了好些旨意。”贾政道：“什么好旨意？”甄应嘉道：“近来越寇猖獗，海疆一带，小民不安，派了安国公征剿贼寇。主上因我熟悉土疆，命我前往安抚，但是即日就要起身。昨日知老太太仙逝，谨备瓣香至灵前拜奠，稍尽微忱。”贾政即忙叩首拜谢，便说：“老亲翁即此一行，必是上慰圣心，下安黎庶，诚哉莫大之功，正在此行！但弟不克亲睹奇才，只好遥聆捷报。现在镇海统制是弟舍亲，会时务望青照。”甄应嘉道：“老亲翁与统制是什么亲戚？”贾政道：“弟那年在江西粮道任时，将小女许配与统制少君，结褵已经三载。因海口案内未清，继以海寇聚奸，所以音信不通。弟深念小女，俟老亲翁安抚事竣后，拜恳便中请为一视。弟即修数行，烦尊纪带去，便感激不尽了。”甄应嘉道：“儿女之情，人所不免。我正在有奉托老亲翁的事。日蒙圣恩召取来京，因小儿年幼，家下乏人，将贱眷全带来京。我因钦限迅速，昼夜先行，贱眷在后缓行，到京尚需时日。弟奉旨出京，不敢久留。将来贱眷到京，少不得要到尊府，定叫小犬叩见。如可进教，遇有姻事可图之处，望乞留意为感。”贾政一一答应。那甄应嘉又说了几句话，就要起身，说：“明日在城外再见。”贾政见他事忙，谅难再坐，只得送出书房。

贾琏、宝玉早已伺候在那里代送，因贾政未叫，不敢擅入。甄应嘉出来，两人上去请安。应嘉一见宝玉，呆了一呆，心想：“这个怎么甚像我家宝玉？只是浑身缟素。”因问：“至亲久阔，爷们都不认得了。”贾政忙指贾琏道：“这是家兄名赦之子琏二侄儿。”又指着宝玉道：“这是第二小犬，名叫宝玉。”应嘉拍手道奇：“我在家听见说老亲翁有个衔玉生的爱子，名叫宝玉。因与小儿同名，心中甚为罕异。后来想着这个也是常有的事，不在意了。岂知今日一见，不但面貌相同，且举止一般，这更奇了。”问起年纪，比这里的哥儿略小一岁。贾政便因提起承属包勇，问及“令郎哥儿与小儿同名”的话述了一遍。应嘉因属意宝玉，也不暇问及那包勇的得妥，只连连的称道：“真真罕异！”因又拉了宝玉的手，极致殷勤。又恐安国公起身甚速，急须预备长行，勉强分手徐行。贾琏、宝玉送出，一路又问了宝玉好些的话。及至登车去后，贾琏、宝玉回来见了贾政，便将应嘉问的话回了一遍。贾政命他二人散去。

贾琏又去张罗，算明凤姐丧事的账目。宝玉回到自己房中，告诉了宝钗，说是：“常提的甄宝玉，我想一见不能，今日倒先见了他父亲了。我还听得说他家宝玉也不日要到京了，要来拜望我老爷呢。又人人说和我一模一样的，我只不信。若是他后儿到了咱们这里来，你们都去瞧去，看他果然和我像不像。”宝钗听了道：“嗳，你说话怎么越发不留神了？什么男人同你一样都说出来了，还叫我们瞧去吗！”宝玉听了，知是失言，脸上一红，连忙的还要解说。不知何话，下回分解。

第 115 回 惑偏私惜春矢素志 证同类宝玉失相知

话说宝玉为自己失言，被宝钗问住，想要掩饰过去，只见秋纹进来说：“外头老爷叫二爷呢。”宝玉巴不得一声，便走了。去到贾政那里，贾政道：“我叫你来不为别的，现在你穿着孝，不便到学里去，你在家里，必要将你念过的文章温习温习。我这几天倒也闲着，隔两三日要做几篇文章我瞧瞧，看你这些时进益了没有。”宝玉只得答应着。贾政又道：“你环兄弟、兰侄儿我也叫他们温习去了。倘若你作的文章不好，反倒不及他们，那可就不成事了。”宝玉不敢言语，答应了个“是”，站着不动。贾政道：“去罢。”宝玉退了出来，正撞见赖大诸人拿着些册子进来。

宝玉一熘烟回到自己房中，宝钗问了，知道叫他作文章，倒也喜欢。惟有宝玉不愿意，也不敢怠慢。正要坐下静静心，见有两个姑子进来，宝玉看是地藏庵的，来和宝钗说：“请二奶奶安。”宝钗待理不理的说：“你们好？”因叫人来：“倒茶给师父们喝。”宝玉原要和那姑子说话，见宝钗似乎厌恶这些，也不好兜搭。那姑子知道宝钗是个冷人，也不久坐，辞了要去。宝钗道：“再坐坐去罢。”那姑子道：“我们因在铁槛寺做了功德，好些时没来请太太、奶奶们的安，今日来了，见过了奶奶、太太们，还要看四姑娘呢。”宝钗点头，由她去了。

那姑子便到惜春那里，见了彩屏，说：“姑娘在那里呢？”彩屏道：“不用提了。姑娘这几天饭都没吃，只是歪着。”那姑子道：“为什么？”彩屏道：“说也话长。你见了姑娘，只怕她便和你说了。”惜春早已听见，急忙坐起来，说：“你们两个人好啊！见我们家事差了，便不来了。”那姑子道：“阿弥陀佛！有也是施主，没也是施主，别说我们是本家庵里的，受过老太太多少恩惠呢！如今老太太的事，太太、奶奶们都见了，只没有见姑娘，心里惦记，今儿是特特的来瞧姑娘来的。”惜春便问起水月庵的姑子来。那姑子道：“他们庵里闹了些事，如今门上也不肯常放进来了。”便问惜春道：“前儿听见说，栊翠庵的妙师父怎么跟了人去了？”惜春道：“那里的话！说这个话的人隄防着割舌头。人家遭了强盗抢去，怎么还说这样的坏话！”那姑子道：“妙师父的为人怪僻，只怕是假惺惺罢？在姑娘面前，我们也不好说的。那里像我们这些粗夯人，只知道讽经念佛，给人家忏悔，也为着自己修个善果。”惜春道：“怎么样就是善果呢？”那姑子道：“除了咱们家这样善德人家儿不怕，若是别人家，那些诰命夫人、小姐，也保不住一辈子的荣华。到了苦难来了，可就救不得了。只有个观世音菩萨大慈大悲，遇见人家有苦难的，就慈心发动，设法儿救济。为什么如今都说‘大慈大悲救苦救难的观世音菩萨’呢！我们修了行的人，虽说比夫人、小姐们苦多着呢，只是没有险难的了。虽不能成佛作祖，修修来世或者转个男身，自己也就好了。不像如今脱生了个女人胎子，什么委屈烦难都说不出来。姑娘，你还不知道呢，要是人家姑娘们出了门子，这一辈子跟着人，是更没法儿的。若说修行，也只要修得真。那妙师父自为才情比我们强，她就嫌我们这些人俗，岂知俗的才能得善缘呢，她如今到底是遭了大劫了。”

惜春被那姑子一番话说得合在机上，也顾不得丫头们在这里，便将尤氏待她怎样，前儿看家的事说了一遍，并将头发指给她瞧，道：“你打量我是什么没主意恋火坑的人么？早有这样的心，只是想不出道儿来。”那姑子听了，假作惊慌道：“姑娘再别说这个话！珍大奶奶听见，还要骂杀我们，撵出庵去呢！姑娘这样人品，这样人家，将来配个好姑爷，享一辈子的荣华富贵……”惜春不等说完，便红了脸，说：“珍大奶奶撵得你，我就撵不得么？”那姑子知是真心，便索性激她一激，说道：“姑娘别怪我们说错了话，太太、奶奶们那里就依得姑娘的性子呢？那时，闹出没意思来，倒不好。我们倒是为姑娘的话。”惜春道：“这也瞧罢咧。”彩屏等听这话头不好，便使个眼色儿给姑子，叫她去。那姑子会意，本来心里也害怕，不敢挑逗，便告辞出去。惜春也不留她，便冷笑道：“打量天下就是你们一个地藏庵么！”那姑子也不敢答言，去了。

彩屏见事不妥，恐担不是，悄悄的去告诉了尤氏说：“四姑娘绞头髮的念头还没有息呢。她这几天不是病，竟是怨命。奶奶提防些，别闹出事来，那会子归罪我们身上。”尤氏道：“她那里是为要出家，她为的是大爷不在家，安心和我过不去，也只好由她罢了。”彩屏等没法，也只好常常劝解。岂知惜春一天一天的不吃饭，只想绞头髮。彩屏等吃不住，只得到各处告诉。邢、王二夫人等也都劝了好几次，怎奈惜春执迷不解。

邢、王二夫人正要告诉贾政，只听外头传进来说：“甄家的太太带了他们家的宝玉来了。”众人急忙接出，便在王夫人处坐下。众人行礼，叙些温寒，不必细述。只言王夫人提起甄宝玉与自己的宝玉无二，要请甄宝玉一见。传话出去，回来说道：“甄少爷在外书房同老爷说话，说的投了机了，打发人来请我们二爷、三爷，还叫兰哥儿，在外头吃饭，吃了饭进来。”说毕，里头也便摆饭。不题。

且说贾政见甄宝玉相貌果与宝玉一样，试探他的文才，竟应对如流，甚是心敬，故叫宝玉等三人出来，警励他们；再者，到底叫宝玉来比一比。宝玉听命，穿了素服，带了兄弟、侄儿出来，见了甄宝玉，竟是旧相识一般。那甄宝玉也像那里见过的。两人行了礼，然后贾环、贾兰相见。本来贾政席地而坐，要让甄宝玉在椅子上坐。甄宝玉因是晚辈，不敢上坐，就在地下铺了褥子坐下。如今宝玉等出来，又不能同贾政一处坐着，为甄宝玉又是晚一辈，又不好叫宝玉等站着。贾政知是不便，站着又说了几句话，叫人摆饭，说："我失陪，叫小儿辈陪着，大家说说话儿，好叫他们领领大教。"甄宝玉逊谢道："老伯大人请便，侄儿正欲领世兄们的教呢。"贾政回复了几句，便自往内书房去。那甄宝玉反要送出来，贾政拦住。宝玉等先抢了一步，出了书房门槛站立着，看贾政进去，然后进来让甄宝玉坐下。彼此套叙了一回，诸如久慕竭想的话，也不必细述。

且说贾宝玉见了甄宝玉，想到梦中之景，并且素知甄宝玉为人，必是和他同心，以为得了知己。因初次见面，不便造次。且又贾环、贾兰在坐，只有极力夸赞说："久仰芳名，无由亲炙，今日见面，真是谪仙一流的人物。"那甄宝玉素来也知贾宝玉的为人，今日一见，果然不差，"只是可与我共学，不可与你适道。他既和我同名同貌，也是三生石上的旧精魂了。既我略知了些道理，怎么不和他讲讲？但是初见，尚不知他的心与我同不同，只好缓缓的来。"便道："世兄的才名，弟所素知的。在世兄是数万人的里头选出来最清最雅的，在弟是庸庸碌碌一等愚人，忝附同名，殊觉玷辱了这两个字。"贾宝玉听了，心想："这个人果然同我的心一样的。但是你我都是男人，不比那女孩儿们清洁，怎么他拿我当作女孩儿看待起来？"便道："世兄谬赞，实不敢当。弟是至浊至愚，只不过一块顽石耳，何敢比世兄品望高清，实称此两字。"甄宝玉道："弟少时不知分量，自谓尚可琢磨。岂知家遭消索，数年来更比瓦砾犹贱，虽不敢说历尽甘苦，然世道人情略略的领悟了好些。世兄是锦衣玉食，无不遂心的，必是文章经济高出人上，所以老伯锺爱，将为席上之珍。弟所以才说尊名方称。"

贾宝玉听这话头，又近了碌蠹的旧套，想话回答。贾环见未与他说话，心中早不自在。倒是贾兰听了这话，甚觉合意，便说道："世叔所言，固是太谦，若论到文章经济，实在从历练中出来的方为真才实学。在小侄年幼，虽不知文章为何物，然将读过的，细味起来，那膏粱文绣，比着令闻广誉，真是不啻百倍的了。"甄宝玉未及答言，贾宝玉听了兰儿的话，心里越发不合，想道："这孩子从几时也学了这一派酸论。"便说道："弟闻得世兄也诋尽流俗，性情中另有一番见解。今日弟幸会芝范，想欲领教一番超凡入圣的道理，从此可以浄洗俗肠，重开眼界。不意视弟为蠢物，所以将世路的话来酬应。"甄宝玉听说，心里晓得："他知我少年的性情，所以疑我为假。我索性把话说明，或者与我作个知心朋友，也是好的。"便说道："世兄高论，固是真切。但弟少时也曾深恶那些旧套陈言，只是一年长似一年，家君致仕在家，懒于酬应，委弟接待。后来见过那些大人先生，尽都是显亲扬名的人；便是着书立说，无非言忠言孝，自有一番立德立言的事业，方不枉生在圣明之时，也不致负了父亲师长养育教诲之恩，所以把少时那一派迂想痴情，渐渐的淘汰了些。如今尚欲访师觅友，教导愚蒙，幸会世兄，定当有以教我。适才所言，并非虚意。"贾宝玉愈听愈不耐烦，又不好冷澹，只得将言语支吾。幸喜里头传出话来说："若是外头爷们吃了饭，请甄少爷里头去坐呢。"宝玉听了，趁势便邀甄宝玉进去。

那甄宝玉依命前行，贾宝玉等陪着来见王夫人。贾宝玉见是甄太太上坐，便先请过了安，贾环、贾兰也见了。甄宝玉也请了王夫人的安。两母两子，互相厮认。虽是贾宝玉是娶过亲的，那甄夫人年纪已老，又是老亲，因见贾宝玉的相貌身材与他儿子一般，不禁亲热起来。王夫人更不用说，拉着甄宝玉问长问短，觉得比自己家的宝玉老成些。回看贾兰，也是清秀超群的，虽不能像两个宝玉的形像，也还随得上。只有贾环粗夯，未免有偏爱之色。

众人一见两个宝玉在这里，都来瞧看，说道："真真奇事！名字同了也罢，怎么相貌身材都是一样的。亏得是我们宝玉穿孝，若是一样的衣服穿着，一时也认不出来。"内中紫鹃一时痴意发作，便想起黛玉来，心里说道："可惜林姑娘死了，若不死时，就将那甄宝玉配了她，只怕也是愿意的。"正想着，只听得甄夫人道："前日听得我们老爷回来说，我们宝玉年纪也大了，求这里老爷留心一门亲事。"王夫人正爱甄宝玉，顺口便说道："我也想要与令郎作伐。我家有四个姑娘，那三个都不用说，死的死，嫁的嫁了。还有我们珍大侄儿的妹子，只是年纪过小几岁，恐怕难配。倒是我们大媳妇的两个堂妹子，生得人才齐整，二姑娘呢，已经许了人家，三姑娘正好与令郎为配。过一天，我给令郎作媒。但是她家的家计如今差些。"甄夫人道："太太这话又客套了。如今我们家还有什么？只怕人家嫌我们穷罢了。"王夫人道："现今府上复又出了差，将来不但复旧，必是比先前更要鼎盛起来。"甄夫人笑着道："但愿依着太太的话更好。这么着就求太太作个保山。"甄宝玉听他们说起亲事，便告辞出来。贾宝玉等只得陪着来到书房。见贾政已在那里，复又立谈几句。听见甄家的人来回甄宝玉道："太太要走了，请爷回去罢。"于是甄宝玉告辞出来。贾政命宝玉、环、兰相送。不提。

且说宝玉自那日见了甄宝玉之父，知道甄宝玉来京，朝夕盼望。今儿见面，原想得一知己，岂知谈了半天，竟有些冰炭不投。闷闷的回到自己房中，也不言，也不笑，只管发怔。宝钗便问："那甄宝玉果然像你么？"宝玉道："相貌倒还是一样的。只是言谈间看起来，并不知道什么，不过也是个禄蠹。"宝钗道："你又编派人家了。怎么就见得也是个禄蠹呢？"宝玉道："他说了半天，并没个明心见性之谈，不过说些什么文章经济，又说什么为忠为孝，这样人可不是个禄蠹么？只可惜他也生了这样一个相貌。我想来，有了他，我竟要连我这个相貌都不要了。"宝钗见他又发呆话，便说道："你真真说出句话来叫人发笑，这相貌怎么能不要呢？况且人家这话是正理，做了一个男人，原该要立身扬名的，谁像你一味的柔情私意。不说自己没有刚烈，倒说人家是禄蠹。"宝玉本听了甄宝玉的话，甚不耐烦，又被宝钗抢白了一场，心中更加不乐，闷闷昏昏，不觉将旧病又勾起来了，并不言语，只是傻笑。宝钗不知，只道是"我的话错了，他所以冷笑"，也不理他。岂知那日便有些发呆，袭人等怄他，也不言语。过了一夜，次日起来，只是发呆，竟有前番病的样子。

一日，王夫人因为惜春定要绞髮出家，尤氏不能拦阻，看着惜春的样子是若不依她必要自尽的，虽然昼夜着人看着，终非常事，便告诉了贾政。贾政叹气跺脚，只说："东府里不知干了什么，闹到如此地位！"叫了贾蓉来说了一顿，叫他去和他母亲说："认真劝解劝解。若是必要这样，就不是我们家的姑娘了。"岂知尤氏不劝还好，一劝了，更要寻死，说："做了女孩儿，终不能在家一辈子的，若像二姐姐一样，老爷、太太们倒要烦心，——况且死了。如今譬如我死了似的，放我出了家，干干浄浄的一辈子，就是疼我了。况且我又不出门，就是栊翠庵原是咱们家的基址，我就在那里修行。我有什么，你们也照应得着。现在妙玉的当家的在那里。你们依我呢，我就算得了命了；若不依我呢，我也没法，只有死就完了。我如若遂了自己的心愿，那时哥哥回来，我和他说，并不是你们逼着我的，若说我死了，未免哥哥回来，倒说你们不容我。"尤氏本与惜春不合，听她的话，也似乎有理，只得去回王夫人。

王夫人已到宝钗那里，见宝玉神魂失所，心下着忙，便说袭人道："你们忒不留神，二爷犯了病，也不来回我。"袭人道："二爷的病原来是常有的，一时好，一时不好。天天到太太那里，仍旧请安去，原是好好儿的，今儿才发煳涂些。二奶奶正要来回太太，恐防太太说我们大惊小怪。"宝玉听见王夫人说她们，心里一时明白，恐她们受委屈，便说道："太太放心，我没什么病，只是心里觉着有些闷闷的。"王夫人道："你是有这病根子，早说了，好请大夫瞧瞧，吃两剂药好了不好？若再闹到头里丢了玉的时候似的，就费事了。"宝玉道："太太不放心，便叫个人来瞧瞧，我就吃药。"王夫人便叫丫头传话出来请大夫。这一个心思都在宝玉身上，便将惜春的事忘了。迟了一回，大夫看了，服药。王夫人回去。

过了几天，宝玉更煳涂了，甚至于饭食不进，大家着急起来。恰又忙着脱孝，家中无人，又叫了贾芸来照应大夫。贾琏家下无人，请了王仁来在外帮着料理。那巧姐儿是日夜哭母，也是病了。所以荣府中又闹得马仰人翻。

一日，又当脱孝来家，王夫人亲身又看宝玉，见宝玉人事不醒，急得众人手足无措。一面哭着，一面告诉贾政说："大夫回了，不肯下药，只好预备后事。"贾政叹气连连，只得亲自看视，见其光景果然不好，便又叫贾琏办去。贾琏不敢违拗，只得叫人料理。手头又短，正在为难，只见一个人跑进来说："二爷，不好了！又有饥荒来了。"贾琏不知何事，这一唬非同小可，瞪着眼说道："什么事？"那小厮道："门上来了一个和尚，手里拿着二爷的这块丢的玉，说要一万赏银。"贾琏照脸啐道："我打量什么事，这样慌张！前番那假的你不知道么？就是真的，现在人要死了，要这玉做什么！"小厮道："奴才也说了，那和尚说给他银子就好了。"又听着外头嚷进来说："这和尚撒野，各自跑进来了，众人拦他拦不住。"贾琏道："那里有这样怪事？你们还不快打出去呢！"正闹着，贾政听见了，也没了主意了。里头又哭出来，说："宝二爷不好了！"贾政益发着急。只见那和尚嚷道："要命拿银子来！"贾政忽然想起："头里宝玉的病是和尚治好的，这会子和尚来，或者有救星。但是这玉倘或是真，他要起银子来，怎么样呢？"想了一想："姑且不管他，果真人好了再说。"

贾政叫人去请，那和尚已进来了，也不施礼，也不答话，便往里就跑。贾琏拉着道："里头都是内眷，你这野东西混跑什么！"那和尚道："迟了就不能救了！"贾琏急得一面走，一面乱嚷道："里头的人不要哭了，和尚进来了！"王夫人等只顾着哭，那里理会。贾琏走近来又嚷，王夫人等回过头来，见一个长大的和尚，唬了一跳，躲避不及。那和尚直走到宝玉炕前，宝钗避过一边，袭人见王夫人站着，不敢走开。只见那和尚道："施主们，我是送玉来的。"说着，把那块玉擎着道："快把银子拿出来！我好救他。"王夫人等惊惶无措，也不择真假，便说道："若是救活了人，银子是有的。"那和尚笑道："拿来！"王夫人道："你放心，横竖折变得出来。"和尚哈哈大笑，手拿着玉在宝玉耳边叫道："宝玉，宝玉！你的宝玉回来了。"说了这一句，王夫人等见宝玉把眼一睁。袭人说道："好了！"只见宝玉便问道："在那里呢？"那和尚把玉递给他手里。宝玉先前紧紧的攥着，后来慢慢的得过手来，放在自己眼前细细的一看，说："嗳呀，久违了！"里外众人都喜欢的念佛，连宝钗也顾不得有和尚了。贾琏也走过来一看，果见宝玉回过来了，心里一喜，疾忙躲出去了。

那和尚也不言语，赶来拉着贾琏就跑。贾琏只得跟着，到了前头，赶着告诉贾政。贾政听了喜欢，即找和尚施礼叩谢。和尚还了礼坐下。贾琏心下狐疑："必是要了银子才走。"贾政细看那和尚，又非前次见的，便问："宝刹何方？法师大号？这玉是那里得的？怎么小儿一见便会活过来呢？"那和尚微微笑道："我也不知道，只要拿一万银子来就完了。"贾政见这和尚粗鲁，也不敢得罪，便说："有。"和尚道："有便快拿来罢，我要走了。"贾政道："略请少坐，待我进内瞧瞧。"和尚道："你去，快出来才好。"

贾政果然进去，也不及告诉，便走到宝玉炕前。宝玉见是父亲来，欲要爬起，因身子虚弱，起不来。王夫人按着说道："不要动。"宝玉笑着，拿这玉给贾政瞧，道："宝玉来了。"贾政略略一看，知道此事有些根源，也不细看，便和王夫人道："宝玉好过来了。这赏银怎么样？"王夫人道："尽着我所有的折变了给他就是了。"宝玉道："只怕这和尚不是要银子的罢？"贾政点头道："我也看来古怪，但是他口口声声的要银子。"王夫人道："老爷出去先款留着他再说。"

贾政出来，宝玉便嚷饿了，喝了一碗粥还说要饭。婆子们果然取了饭来，王夫人还不敢给他吃。宝玉说："不妨的，我已经好了。"便爬着吃了一碗，渐渐的神气果然好过来了，便要坐起来。麝月上去轻轻的扶起，因心里喜欢，忘了情，说道："真是宝贝！才看见了一会儿，就好了。亏的当初没有砸破！"宝玉听了这话，神色一变，把玉一撂，身子往后一仰。未知死活，下回分解。

第 116 回 得通灵幻境悟仙缘 送慈柩故乡全孝道

话说宝玉一听麝月的话，身往后仰，复又死去，急得王夫人等哭叫不止。麝月自知失言致祸，此时王夫人等也不及说她。那麝月一面哭着，一面打定主意，心想："若是宝玉一死，我便自尽，跟了他去。"不言麝月心里的事，且言王夫人等见叫不回来，赶着叫人出来找和尚救治。岂知贾政进内出去时，那和尚已不见了。贾政正在诧异，听见里头又闹，急忙进来，见宝玉又是先前的样子，口关紧闭，脉息全无。用手在心窝中一摸，尚是温热。贾政只得急忙请医灌药救治。

那知那宝玉的魂魄早已出了窍了。你道死了不成？却原来恍恍惚惚赶到前厅，见那送玉的和尚坐着，便施了礼。那知和尚站起身来，拉着宝玉就走。宝玉跟了和尚，觉得身轻如叶，飘飘摇摇，也没出大门，不知从那里走了出来。行了一程，到了个荒野地方，远远的望见一座牌楼，好像曾到过的。正要问那和尚时，只见恍恍惚惚来了一个女人。宝玉心里想道："这样旷野地方，那得有如此的丽人，必是神仙下界了。"宝玉想着，走近前来，细细一看，竟有些认得的，只是一时想不起来。见那女人和和尚打了一个照面，就不见了。宝玉一想，竟是尤三姐的样子，越发纳闷："怎么她也在这里？"又要问时，那和尚拉着宝玉过了那牌楼，只见牌上写着"真如福地"四个大字，两边一副对联，乃是：

假去真来真胜假，无原有是有非无。

转过牌坊，便是一座宫门。门上横书四个大字道："福善祸淫"。又有一副对子，大书云：过去未来，莫谓智贤能打破；前因后果，须知亲近不相逢。

宝玉看了，心下想道："原来如此！我倒要问问因果来去的事了。"这么一想，只见鸳鸯站在那里，招手儿叫他。宝玉想道："我走了半日，原不曾出园子，怎么改了样子了呢？"赶着要和鸳鸯说话，岂知一转眼便不见了，心里不免疑惑起来。走到鸳鸯站的地方儿，乃是一溜配殿，各处都有匾额。宝玉无心去看，只向鸳鸯立的所在奔去。见那一间配殿的门半掩半开，宝玉也不敢造次进去，心里正要问那和尚一声，回过头来，和尚早已不见了。宝玉恍惚，见那殿宇巍峨，绝非大观园景象，便立住脚，抬头看那匾额上写道："引觉情痴"。两边写的对联道：

喜笑悲哀都是假，贪求思慕总因痴。

宝玉看了，便点头叹息。想要进去找鸳鸯，问她是什么所在。细细想来，甚是熟识，便仗着胆子推门进去。满屋一瞧，并不见鸳鸯，里头只是黑漆漆的。心下害怕，正要退出，见有十数个大橱，橱门半掩。宝玉忽然想起："我少时做梦曾到过这个地方。如今能够亲身到此，也是大幸。"

恍惚间，把找鸳鸯的念头忘了。便壮着胆把上首的大橱开了橱门一瞧，见有好几本册子。心里更觉喜欢，想道："大凡人做梦说是假的，岂知有这梦便有这事。我常说还要做这个梦，再不能的，不料今儿被我找着了。但不知那册子是那个见过的不是？"伸手在上头取了一本，册上写着《金陵十二钗正册》。宝玉拿着一想道："我恍惚记得是那个，只恨记不得清楚。"便打开头一页看去。见上头有画，但是画迹模煳，再瞧不出来。后面有几行字迹，也不清楚，尚可摹拟，便细细的看去，见有什么“玉带”，上头有个好像“林”字，心里想道：“不要是说林妹妹罢？”便认真看去，底下又有“金簪雪里”四字，诧异道：“怎么又像她的名字呢？”复将前后四句合起来一念，道：“也没有什么道理，只是暗藏着她两个名字，并不为奇。独有那‘怜’字‘叹’字不好。这是怎么解？”想到那里，又自啐道：“我是偷着看，若只管呆想起来，倘有人来，又看不成了。”遂往后看去，也无暇细玩那画图，只从头看去。看到尾儿，有几句词，什么“相逢大梦归”一句，便恍然大悟道：“是了！果然机关不爽，这必是元春姐姐了。若都是这样明白，我要抄了去细玩起来，那些姊妹们的寿夭穷通，没有不知的了。我回去自不肯泄漏，只做一个未卜先知的人，也省了多少闲想。”又向各处一瞧，并没有笔砚，又恐人来，只得忙着看去。只见图上影影有一个放风筝的人儿，也无心去看。急急的将那十二首诗词都看遍了。也有一看便知的，也有一想便得的，也有不大明白的，心下牢牢记着。一面叹息，一面又取那《金陵又副册》一看，看到“堪羡优伶有福，谁知公子无缘”先前不懂，见上面尚有花席的影子，便大惊痛哭起来。

待要往后再看，听见有人说道：“你又发呆了！林妹妹请你呢。”好似鸳鸯的声气，回头却不见人。心中正自惊疑，忽鸳鸯在门外招手。宝玉一见，喜得赶出来。但见鸳鸯在前，影影绰绰的走，只是赶不上。宝玉叫道：“好姐姐！等等我。”那鸳鸯并不理，只顾前走。宝玉无奈，尽力赶去。忽见别有一洞天，楼阁高耸，殿角玲珑，且有好些宫女隐约其间。宝玉贪看景致，竟将鸳鸯忘了。宝玉顺步走入一座宫门，内有奇花异卉，都也认不明白。惟有白石花阑围着一颗青草，叶头上略有红色，但不知是何名草，这样矜贵。只见微风动处，那青草已摇摆不休，虽说是一枝小草，又无花朵，其妩媚之态，不禁心动神怡，魂消魄丧。

宝玉只管呆呆的看着，只听见旁边有一人说道：“你是那里来的蠢物，在此窥探仙草？”宝玉听了，吃了一惊，回头看时，却是一位仙女，便施礼道：“我找鸳鸯姐姐，误入仙境，恕我冒昧之罪！请问神仙姐姐，这里是何地方？怎么我鸳鸯姐姐到此，还说是林妹妹叫我？望乞明示。”那人道：“谁知你的姐姐妹妹！我是看管仙草的，不许凡人在此逗留。”宝玉欲待要出来，又舍不得，只得央告道：“神仙姐姐，既是那管理仙草的，必然是花神姐姐了。但不知这草有何好处？”那仙女道：“你要知道这草，说起来话长着呢。那草本在灵河岸上，名曰绛珠草。因那时萎败，幸得一个神瑛侍者日以甘露灌溉，得以长生。后来降凡历劫，还报了灌溉之恩，今返归真境。所以警幻仙子命我看管，不令蜂缠蝶恋。”宝玉听了不解，一心疑定必是遇见了花神了，今日断不可当面错过，便问：“管这草的是神仙姐姐了。还有无数名花，必有专管的，我也不敢烦问，只有看管芙蓉花的是那位神仙？”那仙女道：“我却不知，除是我主人方晓。”宝玉便问道：“姐姐的主人是谁？”那仙女道：“我主人是潇湘妃子。”宝玉听道：“是了！你不知道这位妃子就是我的表妹林黛玉。”那仙女道：“胡说！此地乃上界神女之所，虽号为潇湘妃子，并不是娥皇、女英之辈，何得与凡人有亲？你少来混说，瞧着叫力士打你出去。”

宝玉听了发怔，只觉自形秽浊，正要退出，又听见有人赶来，说道：“里面叫请神瑛侍者。”那人道：“我奉命等了好些时，总不见有神瑛侍者过来，你叫我那里请去？”那一个笑道：“才退去的不是么？”那侍女慌忙赶出来，说：“请神瑛侍者回来。”宝玉只道是问别人，又怕被人追赶，只得踉跄而逃。正走时，只见一人手提宝剑，迎面拦住，说：“哪里走！”唬得宝玉惊慌无措。仗着胆抬头一看，却不是别人，就是尤三姐。宝玉见了，略定些神，央告道：“姐姐，怎么你也来逼起我来了？”那人道：“你们弟兄没有一个好人，败人名节，破人婚姻。今儿你到这里，是不饶你的了！”宝玉听去话头不好，正自着急，只听后面有人叫道：“姐姐，快快拦住！不要放他走了。”尤三姐道：“我奉妃子之命，等候已久，今儿见了，必定要一剑斩断你的尘缘。”宝玉听了，益发着忙，又不懂这些话到底是什么意思，只得回头要跑。岂知身后说话的并非别人，却是晴雯。宝玉一见，悲喜交集，便说：“我一个人走迷了道儿，遇见仇人，我要逃回，却不见你们一人跟着我。如今好了，晴雯姐姐，快快的带我回家去罢。”晴雯道：“侍者不必多疑，我非晴雯，我是奉妃子之命，特来请你一会，并不难为你。”宝玉满腹狐疑，只得问道：“姐姐说是妃子叫我，那妃子究是何人？”晴雯道：“此时不必问，到了那里，自然知道。”宝玉没法，只得跟着走。细看那人背后举动，恰是晴雯：“那面目声音是不错的了，怎么她说不是？我此时心里模糊。且别管她，到了那边，见了妃子，就有不是，那时再求她。到底女人的心肠是慈悲的，必是恕我冒失。”

正想着，不多时到了一个所在。只见殿宇精致，色彩辉煌，庭中一丛翠竹，户外数本苍松。廊檐下立着几个侍女，都是宫妆打扮，见了宝玉进来，便悄悄的说道：“这就是神瑛侍者么？”引着宝玉的说道：“就是。你快进去通报罢。”有一侍女笑着招手，宝玉便跟着进去。过了几层房舍，见一正房，珠帘高挂。那侍女说：“站着候旨。”宝玉听了，也不敢则声，只得在外等着。那侍女进去不多时，出来说：“请侍者参见。”又有一人捲起珠帘。只见一女子，头戴花冠，身穿绣服，端坐在内。宝玉略一抬头，见是黛玉的形容，便不禁的说道：“妹妹在这里！叫我好想。”那帘外的侍女悄诧道：“这侍者无礼，快快出去！”说犹未了，又见一个侍儿将珠帘放下。宝玉此时欲待进去又不敢，要走又不舍。待要问明，见那些侍女并不认得，又被驱逐，无奈出来。心想要问晴雯，回头四顾，并不见有晴雯。心下狐疑，只得怏怏出来，又无人引着，正欲找原路而去，却又找不出旧路了。

正在为难，见凤姐站在一所房檐下招手。宝玉看见，喜欢道：“可好了！原来回到自己家里了。我怎么一时迷乱如此？”急奔前来说：“姐姐在这里么，我被这些人捉弄到这个份儿，林妹妹又不肯见我，不知何原故？”说着，走到凤姐站的地方，细看起来，并不是凤姐，原来却是贾蓉的前妻秦氏。宝玉只得立住脚，要问凤姐姐在那里。那秦氏也不答言，竟自往屋里去了。宝玉恍恍惚惚的又不敢跟进去，只得呆呆的站着，叹道：“我今儿得了什么不是，众人都不理我。”便痛哭起来。见有几个黄巾力士执鞭赶来，说是：“何处男人敢闯入我们这天仙福地来，快走出去！”宝玉听得，不敢言语。正要寻路出来，远远望见一群女子说笑前来。宝玉看时，又像有迎春等一干人走来，心里喜欢，叫道：“我迷住在这里，你们快来救我！”正嚷着，后面力士赶来。宝玉急得往前乱跑，忽见那一群女子都变作鬼怪形象，也来追捕。

宝玉正在情急，只见那送玉来的和尚手，里拿着一面镜子一照，说道：“我奉元妃娘娘旨意，特来救你。”登时鬼怪全无，仍是一片荒郊。宝玉拉着和尚说道：“我记得是你领我到这里，你一时又不见了。看见了好些亲人，只是都不理我，忽又变作鬼怪，到底是梦是真？望老师明白指示。”那和尚道：“你到这里，曾偷看什么东西没有？”宝玉一想道：“他既能带我到天仙福地，自然也是神仙了，如何瞒得他，况且正要问个明白。”便道：“我倒见了好些册子来着。”那和尚道：“可又来！你见了册子，还不解么？世上的情缘，都是那些魔障。只要把历过的事情细细记着，将来我与你说明。”说着，把宝玉狠命的一推，说：“回去罢！”宝玉站不住脚，一交跌倒，口里嚷道：“啊哟！”

王夫人等正在哭泣，听见宝玉苏来，连忙叫唤。宝玉睁眼看时，仍躺在炕上，见王夫人、宝钗等哭的眼泡红肿。定神一想，心里说道：“是了，我是死去过来的。”遂把神魂所历的事呆呆的细想，幸喜多还记得，便哈哈的笑道：“是了，是了！”王夫人只道旧病复发，便好延医调治，即命丫头、婆子快去告诉贾政，说是：“宝玉回过来了。头里原是心迷住了，如今说出话来，不用备办后事了。”贾政听了，即忙进来看视，果见宝玉苏来，便道：“没的痴儿，你要唬死谁么！”说着，眼泪也不知不觉流下来了。又叹了几口气，仍出去叫人请医生，诊脉服药。

这里麝月正思自尽，见宝玉一过来，也放了心。只见王夫人叫人端了桂圆汤，叫他喝了几口，渐渐的定了神。王夫人等放心，也没有说麝月，只叫人仍把那玉交给宝钗给他带上。想起那和尚来，这玉不知哪里找来的？也是古怪。怎么一时要银，一时又不见了，莫非是神仙不成？宝钗道："说起那和尚来的踪迹，去的影响，那玉并不是找来的。头里丢的时候，必是那和尚取去的。"王夫人道："玉在家里，怎么能取的了去？"宝钗道："既可送来，就可取去。"袭人、麝月道："那年丢了玉，林大爷测了个字，后来二奶奶过了门，我还告诉过二奶奶，说测的那字是什么'赏'字。二奶奶还记得么？"宝钗想道："是了！你们说测的是当铺里找去，如今才明白了，竟是个和尚的'尚'字在上头，可不是和尚取了去的么？"王夫人道："那和尚本来古怪。那年宝玉病的时候，那和尚来说是我们家有宝贝可解，说的就是这块玉了。他既知道，自然这块玉到底有些来历。况且你女婿养下来就嘴里含着的。古往今来，你们听见过这么第二个么？只是不知终究这块玉到底是怎么着，就连咱们这一个也还不知是怎么着。病也是这块玉，好也是这块玉，生也是这块玉……"说到这里，忽然住了，不免又流下泪来。宝玉听了，心里却也明白，更想死去的事，愈加有因，只不言语，心里细细的记忆。

那时，惜春便说道："那年失玉，还请妙玉请过仙，说是'青埂峰下倚古松'， 还有什么'入我门来一笑逢'的话。想起来'入我门'三字大有讲究。佛教的法门最大，只怕二哥不能入得去。"宝玉听了，又冷笑几声。宝钗听了，不觉的把眉头儿肐揪着，发起怔来。尤氏道："偏你一说，又是佛门了。你出家的念头还没有歇么？"惜春笑道："不瞒嫂子说，我早已断了荤了。"王夫人道："好孩子，阿弥陀佛！这个念头是起不得的。"惜春听了，也不言语。宝玉想"青灯古佛前"的诗句，不禁连叹几声。忽又想起一床席、一枝花的诗句来，拿眼睛看着袭人，不觉又流下泪来。众人都见他忽笑忽悲，也不解是何意，只道是他的旧病。岂知宝玉触处机来，竟能把偷看册上诗句俱牢牢记住了，只是不说出来，心中早有一个成见在那里了，暂且不提。

且说众人见宝玉死去复生，神气清爽，又加连日服药，一天好似一天，渐渐的复原起来。便是贾政见宝玉已好，现在丁忧无事，想起贾赦不知几时遇赦，老太太的灵柩久停寺内，终不放心，欲要扶柩回南安葬，便叫了贾琏来商议。贾琏便道："老爷想得极是。如今趁着丁忧，干了一件大事更好。将来老爷起了服，生恐又不能遂意了。但是我父亲不在家，侄儿呢又不敢僭越。老爷的主意很好，只是这件事也得好几千银子。衙门里缉赃，那是再缉不出来的。"贾政道："我的主意是定了，只为大爷不在家，叫你来商议商议，怎么个办法。你是不能出门的，现在这里没有人，我为是好几口材都要带回去的，一个人怎么样的照应呢？想起把蓉哥儿带了去，况且有他媳妇的棺材也在里头。还有你林妹妹的，那是老太太的遗言，说跟着老太太一块儿回去的。我想这一项银子，只好在那里挪借几千，也就够了。"贾琏道："如今的人情过于澹薄。老爷呢又丁忧；我们老爷呢，又在外头。一时借是借不出来的了，只好拿房地文书出去押去。"贾政道："住的房子是官盖的，那里动得？"贾琏道："住房是不能动的。外头还有几所，可以出脱的，等老爷起复后再赎，也使得。将来我父亲回来了，倘能也再起用，也好赎的。只是老爷这么大年纪，辛苦这一场，侄儿们心里实不安。"贾政道："老太太的事，是应该的。只要你在家谨慎些，把持定了才好。"贾琏道："老爷这倒只管放心，侄儿虽糊涂，断不敢不认真办理的。况且老爷回南，少不得多带些人去，所留下的人也有限了，这点子费用，还可以过得来。就是老爷路上短少些，必经过赖尚荣的地方，可也叫他出点力儿。"贾政道："自己的老人家的事，叫人家帮什么！"贾琏答应了"是"，便退出来，打算银钱。

贾政便告诉了王夫人，叫她管了家，自己便择了发引长行的日子，就要起身。宝玉此时身体复元，贾环、贾兰倒认真念书，贾政都交付给贾琏，叫他管教，"今年是大比的年头。环儿是有服的，不能入场。兰儿是孙子，服满了也可以考的。务必叫宝玉同着侄儿考去，能够中一个举人，也好赎一赎咱们的罪名。"贾琏等唯唯应命。贾政又吩咐了在家的人，说了好些话，才别了宗祠，便在城外念了几天经，就发引下船，带了林之孝等而去。也没有惊动亲友，惟有自家男女送了一程回来。

宝玉因贾政命他赴考，王夫人便不时催逼，查考起他的功课来。那宝钗、袭人时常劝勉，自不必说。那知宝玉病后，虽精神日长，他的念头一发更奇僻了，竟换了一种，不但厌弃功名仕进，竟把那儿女情缘也看澹了好些。只是众人不大理会，宝玉也并不说出来。

一日，恰遇紫鹃送了林黛玉的灵柩回来，闷坐自己屋里啼哭，想道："宝玉无情，见他林妹妹的灵柩回去，并不伤心落泪，见我这样痛哭，也不来劝慰，反瞅着我笑。这样负心的人，从前都是花言巧语来哄着我们。前夜亏我想得开，不然，几乎又上了他的当。只是一件叫人不解，如今我看他待袭人等也是冷冷儿的。二奶奶是本来不喜欢亲热的，麝月那些人就不抱怨他么？我想女孩子们多半是痴心的，白操了那些时的心，看将来怎样结局。"正想着，只见五儿走来瞧她，见紫鹃满面泪痕，便说："姐姐又想林姑娘了？想一个人，闻名不如眼见，头里听着宝二爷女孩子跟前是最好的，我母亲再三的把我弄进来。岂知我进来了，尽心竭力的服侍了几次病，如今病好了，连一句好话也没有剩出来，如今索性连眼儿也都不瞧了。"紫鹃听她说的好笑，便"噗嗤"的一笑，啐道："呸，你这小蹄子！你心里要宝玉怎么个样儿待你才好？女孩儿家也不害臊！连名公正气的屋里人瞧着他还没事人一大堆呢，有功夫理你去！"因又笑着拿个指头往脸上抹着，问道："你到底算宝玉的什么人哪？"那五儿听了，自知失言，便飞红了脸。待要解说不是要宝玉怎样看待，说他近来不怜下的话，只听院门外乱嚷说："外头和尚又来了，要那一万银子呢。太太着急，叫琏二爷和他讲去，偏偏琏二爷又不在家。那和尚在外头说些疯话，太太叫请二奶奶过去商量。"不知怎样打发那和尚，下回分解。

第 117 回 阻超凡佳人双护玉 欣聚党恶子独承家

话说王夫人打发人来叫宝钗过去商量，宝玉听见说是和尚在外头，赶忙的独自一人走到前头，嘴里乱嚷道："我的师父在那里？"叫了半天，并不见有和尚，只得走到外面。见李贵将和尚拦住，不放他进来。宝玉便说道："太太叫我请师父进去。"李贵听了，松了手，那和尚便摇摇摆摆的进去。宝玉看见那僧的形状与他死去时所见的一般，心里早有些明白了，便上前施礼，连叫："师父，弟子迎候来迟。"那僧说："我不要你们接待，只要银子，拿了来，我就走。"宝玉听来，又不像有道行的话，看他满头癞疮，浑身腌臜破烂，心里想道："自古说'真人不露相，露相不真人'，也不可当面错过。我且应了他谢银，并探探他的口气。"便说道："师父不必性急。现在家母料理，请师父坐下，略等片刻。弟子请问师父，可是从'太虚幻境'而来？"那和尚道："什么'幻境'，不过是来处来，去处去罢了！我是送还你的玉来的。我且问你，那玉是从那里来的？"宝玉一时对答不来。那僧笑道："你自己的来路还不知，便来问我！"宝玉本来颖悟，又经点化，早把红尘看破。只是自己的底里未知，一闻那僧问起玉来，好像当头一棒，便说道："你也不用银子了，我把那玉还你罢。"那僧笑道："也该还我了。"

宝玉也不答言，往里就跑。走到自己院内，见宝钗、袭人等都到王夫人那里去了，忙向自己床边取了那玉，便走出来。迎面碰见了袭人，撞了一个满怀，把袭人唬了一跳，说道："太太说，你陪着和尚坐着很好，太太在那里打算送他些银两。你又回来做什么？"宝玉道："你快去回太太说，不用张罗银两了，我把这玉还了他就是了。"袭人听说，即忙拉住宝玉，道："这断使不得的！那玉就是你的命，若是他拿去了，你又要病着了。"宝玉道："如今不再病的了，我已经有了心了，要那玉何用？"摔脱袭人，便要想走。袭人急得赶着嚷道："你回来，我告诉你一句话！"宝玉回过头来道："没有什么说的了。"袭人顾不得什么，一面赶着跑，一面嚷道："上回丢了玉，几乎没有把我的命要了！刚刚儿的有了，你拿了去，你也活不成，我也活不成了！你要还他，除非是叫我死了！"说着，赶上一把拉住。宝玉急了，道："你死也要还，你不死也要还！"狠命的把袭人一推，抽身要走。怎奈袭人两隻手绕着宝玉的带子不放鬆，哭喊着坐在地下。

里面的丫头听见连忙赶来，瞧见他两个人的神情不好，只听见袭人哭道："快告诉太太去！宝二爷要把那玉去还和尚呢！"丫头赶忙飞报王夫人。那宝玉更加生气，用手来掰开了袭人的手，幸亏袭人忍痛不放。紫鹃在屋里听见宝玉要把玉给人，这一急比别人更甚，把素日冷澹宝玉的主意都忘在九霄云外了，连忙跑出来，帮着抱住宝玉。那宝玉虽是个男人，用力摔打，怎奈两个人死命的抱住不放，也难脱身，叹口气道："为一块玉，这样死命的不放，若是我一个人走了，又待怎么样呢？"袭人、紫鹃听到那里，不禁嚎啕大哭起来。

正在难分难解，王夫人、宝钗急忙赶来，见是这样形景，便哭着喝道："宝玉，你又疯了吗！"宝玉见王夫人来了，明知不能脱身，只得陪笑说道："这当什么，又叫太太着急。她们总是这样大惊小怪的，我说那和尚不近人情，他必要一万银子，少一个不能。我生气进来，拿这玉还他，就说是假的，要这玉干什么？他见得我们不希罕那玉，便随意给他些，就过去了。"王夫人道："我打量真要还他！这也罢了。为什么不告诉明白了她们，叫他们哭哭喊喊的像什么？"宝钗道："这么说呢，倒还使得。要是真拿那玉给他，那和尚有些古怪，倘或一给了他，又闹到家口不宁，岂不是不成事了么？至于银钱呢，就把我的头面折变了，也还够了呢。"王夫人听了，道："也罢了，且就这么办罢。"宝玉也不回答。只见宝钗走上来，在宝玉手里拿了这玉，说道："你也不用出去，我和太太给他钱就是了。"宝玉道："玉不还他也使得，只是我还得当面见他一见才好。"袭人等仍不肯放手，到底宝钗明决，说："放了手，由他去就是了。"袭人只得放手。宝玉笑道："你们这些人原来重玉不重人哪！你们既放了我，我便跟着他走了，看你们就守着那块玉怎么样？"袭人心里又着急起来，仍要拉他，只碍着王夫人和宝钗的面前，又不好太露轻薄，恰好宝玉一撒手就走了。袭人忙叫小丫头在三门口传了茗烟等："告诉外头照应着二爷，他有些疯了。"小丫头答应了出去。

王夫人、宝钗等进来坐下，问起袭人来由，袭人便将宝玉的话细细说了。王夫人、宝钗甚是不放心，又叫人出去，吩咐众人伺候，听着和尚说些什么。回来，小丫头传话进来回王夫人道："二爷真有些疯了。外头小厮们说，里头不给他玉，他也没法，如今身子出来了，求着那和尚带了他去。"王夫人听了，说道："这还了得！那和尚说什么来着？"小丫头回道："和尚说要玉，不要人。"宝钗道："不要银子了么？"小丫头道："没听见说。后来和尚和二爷两个人说着笑着，有好些话，外头小厮们都不大懂。"王夫人道："煳涂东西！听不出来，学是自然学得来的。"便叫小丫头："你把那小厮叫进来。"小丫头连忙出去叫进那小厮，站在廊下，隔着窗户请了安。王夫人便问道："和尚和二爷的话，你们不懂，难道学也学不来吗？"那小厮回道："我们只听见说什么'大荒山'，什么'青埂峰'，又说什么'太虚境'，'斩断尘缘'这些话。"王夫人听了也不懂。宝钗听了，唬得两眼直瞪，半句话都没有了。

正要叫人出去拉宝玉进来，只见宝玉笑嘻嘻的进来说："好了，好了！"宝钗仍是发怔。王夫人道："你疯疯颠颠的说的是什么？"宝玉道："正经话，又说我疯颠。那和尚与我原是认得的，他不过也是要来见我一见。他何尝是真要银子呢，也只当化个善缘就是了。所以说明了，他自己就飘然而去了。这可不是好了么！"王夫人不信，又隔着窗户问那小厮。那小厮连忙出去问了门上的人，进来回说："果然和尚走了。说：'请太太们放心，我原不要银子，只要宝二爷时常到他那里去去就是了。诸事只要随缘，自有一定的道理。'"王夫人道："原来是个好和尚，你们曾问住在那里？"门上道："奴才也问来着，他说我们二爷是知道的。"王夫人问宝玉道："他到底住在那里？"宝玉笑道："这个地方说远就远，说近就近。"宝钗不待说完，便道："你醒醒儿罢，别尽着迷在里头！现在老爷、太太就疼你一个人，老爷还吩咐叫你干功名长进呢。"宝玉道："我说的不是功名么？你们不知道，'一子出家，七祖昇天'呢。"王夫人听到那里，不觉伤心起来，说："我们的家运怎么好？一个四丫头口口声声要出家，如今又添出一个来了。我这样个日子过他做什么！"说着，大哭起来。宝钗见王夫人伤心，只得上前苦劝。宝玉笑道："我说了这一句顽话，太太又认起真来了。"王夫人止住哭声道："这些话也是混说的么！"

正闹着，只见丫头来回话："琏二爷回来了，颜色大变，说请太太回去说话。"王夫人又吃了一惊，说道："将就些，叫他进来罢，小婶子也是旧亲，不用迴避了。"贾琏进来，见了王夫人，请了安。宝钗迎着，也问了贾琏的安。回说道："刚才接了我父亲的书信，说是病重的很，叫我就去，若迟了，恐怕不能见面。"说到那里，眼泪便掉下来了。王夫人道："书上写的是什么病？"贾琏道："写的是感冒风寒起来的，如今成了痨病了。现在危急，专差一个人连日连夜赶来的。说如若再耽搁一两天，就不能见面了。故来回太太，侄儿必得就去才好。只是家里没人照管，蔷儿、芸儿虽说煳涂，到底是个男人，外头有了事来，还可传个话。侄儿家里倒没有什么事，秋桐是天天哭着喊着，不愿意在这里，侄儿叫了她娘家的人来领了去了，倒省了平儿好些气。虽是巧姐没人照应，还亏平儿的心不很坏。妞儿心里也明白，只是性气比她娘还刚硬些，求太太时常管教管教她。"说着眼圈儿一红，连忙把腰里拴槟榔荷包的小绢子拉下来擦眼。王夫人道："放着她亲祖母在那里，托我做什么？"贾琏轻轻的说道："太太要说这个话，侄儿就该活活儿的打死了。没什么说的，总求太太始终疼侄儿就是了。"说着，就跪下来了。王夫人也眼圈儿红了，说："你快起来，娘儿们说话儿，这是怎么说！只是一件，孩子也大了，倘或你父亲有个一差二错，又耽搁住了，或者有个门当户对的来说亲，还是等你回来，还是你太太作主？"贾琏道："现在太太们在家，自然是太太们做主，不必等我。"王夫人道："你要去，就写了禀帖给二老爷送个信，说家下无人，你父亲不知怎样，快请二老爷将老太太的大事早早的完结，快快回来。"

贾琏答应了"是"，正要走出去，复转回来，回说道："咱们家的家下人，家里还够使唤，只是园里没有人，太空了。包勇又跟了他们老爷去了。姨太太住的房子，薛二爷已搬到自己的房子内住了。园里一带屋子都空着，忒没照应，还得太太叫人常查看查看。那栊翠庵原是咱们家的地基，如今妙玉不知那里去了，所有的根基，她的当家女尼不敢自己作主，要求府里一个人管理管理。"王夫人道："自己的事还闹不清，还搁得住外头的事么？这句话好歹别叫四丫头知道，若是她知道了，又要吵着出家的念头出来了。你想，咱们家什么样的人家，好好的姑娘出了家，还了得！"贾琏道："太太不提起，侄儿也不敢说。四妹妹到底是东府里的，又没有父母，她亲哥哥又在外头，她亲嫂子又不大说的上话，侄儿听见要寻死觅活了好几次。她既是心里这么着的了，若是牛着她，将来倘或认真寻了死，比出家更不好了。"王夫人听了，点头道："这件事真真叫我也难担。

我也做不得主，由她大嫂子去就是了。”贾琏又说了几句，才出来，叫了众家人来，交待清楚，写了书，收拾了行装，平儿等不免叮咛了好些话。

只有巧姐儿惨伤的了不得。贾琏又欲托王仁照应，巧姐到底不愿意，听见外头托了芸、蔷二人，心里更不受用，嘴里却说不出来。只得送了她父亲，谨谨慎慎的随着平儿过日子。丰儿、小红因凤姐去世，告假的告假，告病的告病。平儿意欲接了家中一个姑娘来，一则给巧姐作伴，二则可以带量她。遍想无人，只有喜鸾、四姐儿是贾母旧日钟爱的，偏偏四姐儿新近出了嫁了，喜鸾也有了人家儿，不日就要出阁，也只得罢了。

且说贾芸、贾蔷送了贾琏，便进来见了邢、王二夫人。他两个倒替着在外书房住下，日间便与家人厮闹，有时找了几个朋友吃个车箍辘会，甚至聚赌，里头那里知道。一日，邢大舅、王仁来，瞧见了贾芸、贾蔷住在这里，知他热闹，也就借着照看的名儿，时常在外书房设局赌钱喝酒。所有几个正经的家人，贾政带了几个去，贾琏又跟去了几个，只有那赖、林诸家的儿子、侄儿。那些少年托着老子娘的福，吃喝惯了的，那知当家立计的道理。况且他们长辈都不在家，便是没笼头的马了。又有两个旁主人怂恿，无不乐为。这一闹，把个荣国府闹得没上没下，没里没外。

那贾蔷还想勾引宝玉。贾芸拦住道：“宝二爷那个人没运气的，不用惹他。那一年我给他说了一门子绝好的亲，父亲在外头做税官，家里开几个当铺，姑娘长的比仙女儿还好看。我巴巴儿的细细的写了一封书子给他，谁知他没造化。”说到这里，瞧了瞧左右无人，又说：“他心里早和咱们这个二婶娘好上了。你没听见说，还有一个林姑娘呢，弄的害了相思病死的，谁不知道！这也罢了，各自的姻缘罢咧。谁知他为这件事倒恼了我了，总不大理。他打量谁必是借谁的光儿呢！”贾蔷听了点点头，才把这个心歇了。

他两个还不知道宝玉自会那和尚以后，他是欲断尘缘。一则在王夫人跟前不敢任性，已与宝钗、袭人等皆不大款洽了。那些丫头不知道，还要逗他，宝玉那里看得到眼里。他也并不将家事放在心里。时常王夫人、宝钗劝他念书，他便假作攻书，一心想着那个和尚引他到那仙境的机关，心目中触处皆为俗人，却在家难受，闲来倒与惜春闲讲。他们两个人讲得上了，那种心更加准了几分，那里还管贾环、贾兰等。那贾环为他父亲不在家，赵姨娘已死，王夫人不大理会他，便入了贾蔷一路。倒是彩云时常规劝，反被贾环辱骂。玉钏儿见宝玉疯颠更甚，早和她娘说了，要求着出去。如今宝玉、贾环他哥儿两个，各有一种脾气，闹得人人不理。独有贾兰跟着他母亲上紧攻书，作了文字，送到学里请教代儒。因近来代儒老病在床，只得自己刻苦。李纨是素来沉静，除了请王夫人的安，会会宝钗，余者一步不走，只有看着贾兰攻书。所以荣府住的人虽不少，竟是各自过各自的，谁也不肯做谁的主。贾环、贾蔷等愈闹的不像事了，甚至偷典偷卖，不一而足。贾环更加宿娼滥赌，无所不为。

一日，邢大舅、王仁都在贾家外书房喝酒，一时高兴，叫了几个陪酒的来唱着喝着劝酒。贾蔷便说：“你们闹的太俗。我要行个令儿。”众人道：“使得。”贾蔷道：“咱们‘月’字流觞罢。我先说起‘月’字，数到那个便是那个喝酒，还要酒面酒底。须得依着令官，不依者罚三大杯。”众人都依了。贾蔷喝了一杯令酒，便说：“‘飞羽觞而醉月。’”顺饮数到贾环。贾蔷说：“酒面要个‘桂’字。”贾环便说道“‘冷露无声湿桂花’。酒底呢？”贾蔷道：“说个‘香’字。”贾环道：“‘天香云外飘。’”大舅说道：“没趣，没趣！你又懂得什么字了，也假斯文起来！这不是取乐，竟是怄人了。咱们都蠲了，倒是搳搳拳，输家喝，输家唱，叫做‘苦中苦’。若是不会唱的，说个笑话儿也使得，只要有趣。”众人都道：“使得。”于是乱搳起来。王仁输了，喝了一杯，唱了一个。众人道：“好！”又搳起来了。是个陪酒的输了，唱了一个什么“小姐小姐多丰彩”。以后邢大舅输了，众人要他唱曲儿，他道：“我唱不上来的，我说个笑话儿罢。”贾蔷道：“若说不笑，仍要罚的。”邢大舅就喝了杯，便说道：“诸位听着：村庄上有一座元帝庙，旁边有个土地祠。那元帝老爷常叫土地来说闲话儿。一日，元帝庙里被了盗，便叫土地去查访。土地禀道：‘这地方没有贼的，必是神将不小心，被外贼偷了东西去。’元帝道：‘胡说！你是土地，失了盗，不问你问谁去呢？你倒不去拿贼，反说我的神将不小心吗？’土地禀道：‘虽说是不小心，到底是庙里的风水不好。’元帝道：‘你倒会看风水么？’土地道：‘待小神看看。’那土地向各处瞧了一会，便来回禀道：‘老爷坐的身子背后两扇红门，就不谨慎。小神坐的背后是砌的墙，自然东西丢不了。以后老爷的背后亦改了墙就好了。’元帝老爷听来有理，便叫神将派人打墙。众神将叹口气道：‘如今香火一炷也没有，那里有砖灰人工来打墙？’元帝老爷没法，叫众神将作法，却都没有主意。那元帝老爷脚下的龟将军站起来道：‘你们不中用，我有主意。你们将红门拆下来，到了夜里，拿我的肚子垫住这门口，难道当不得一堵墙么？’众神将都说道：‘好！又不花钱，又便当结实。’于是龟将军便当这个差使，竟安静了。岂知过了几天，那庙里又丢了东西。众神将叫了土地来说道：‘你说砌了墙就不丢东西，怎么如今有了墙还要丢？’那土地道：‘这墙砌的不结实。’众神将道：‘你瞧去。’土地一看，果然是一堵好墙，怎么还有失事？把手摸了一摸，道：‘我打量是真墙，那里知道是个“假墙”！’”

众人听了，大笑起来。贾蔷也忍不住的笑，说道：“傻大舅，你好！我没有骂你，你为什么骂我？快拿杯来罚一大杯。”邢大舅喝了，已有醉意。众人又喝了几杯，都醉起来。邢大舅说他姐姐不好，王仁说他妹妹不好，都说的狠狠毒毒的。贾环听了，趁着酒兴，也说凤姐不好，怎样苛刻我们，怎么样踏我们的头。众人道：“大凡做个人，原要厚道些。看凤姑娘仗着老太太这样的利害，如今焦了尾巴梢子了，只剩了一个姐儿，只怕也要现世现报呢！”贾芸想着凤姐待他不好，又想起巧姐儿见他就哭，也信着嘴儿混说。还是贾蔷道：“喝酒罢，说人家做什么！”那两个陪酒的道：“这位姑娘多大年纪了？长得怎么样？”贾蔷道：“模样儿是好的很的，年纪也有十三四岁了。”那陪酒的说道：“可惜这样人生在府里这样人家，若生在小户人家，父母兄弟都做了官，还发了财呢。”众人道：“怎么样？”那陪酒的说：“现今有个外藩王爷，最是有情的，要选一个妃子。若合了式，父母兄弟都跟了去。可不是好事儿吗？”众人都不大理会，只有王仁心里略动了一动，仍旧喝酒。

只见外头走进赖、林两家的子弟来，说：“爷们好乐呀！”众人站起来说道：“老大、老三怎么这时候才来？叫我们好等。”那两个人说道：“今早听见一个谣言，说是咱们家又闹出事来了。心里着急，赶到里头打听去，并不是咱们。”众人道：“不是咱们就完了，为什么不就来？”那两个说道：“虽不是咱们，也有些干係。你们知道是谁？就是贾雨村老爷。我们今儿进去，看见带着锁子，说要解到三法司衙门里审问去呢。我们见他常在咱们家里来往，恐有什么事，便跟了去打听。”贾芸道：“到底老大用心，原该打听打听。你且坐下喝一杯再说。”

两人让了一回，便坐下，喝着酒道：“这位雨村老爷，人也能干，也会鑽营，官也不小了，只是贪财。被人家参了个‘婪索属员’的几款。如今的万岁爷是最圣明最仁慈的，独听了一个‘贪’字，或因糟蹋了百姓，或因恃势欺良，是极生气的，所以旨意便叫拿问。若是问出来了，只怕搁不住；若是没有的事，那参的人也不便。如今真真是好时候，只要有造化，做个官儿就好。”众人道：“你的哥哥就是有造化的，现做知县，还不好么？”赖家的说道：“我哥哥虽是做了知县，他的行为，只怕也保不住怎么样呢。”众人道：“手也长么？”赖家的点点头儿，便举起杯来喝酒。众人又道：“里头还听见什么新闻？”两人道：“别的事没有，只听见海疆的贼寇拿住了好些，也解到法司衙门里审问。还审出好些贼寇，也有藏在城里的，打听消息，抽空儿就劫抢人家。如今知道朝里那些老爷们都是能文能武，出力报效，所到之处，早就消灭了。”众人道：“你听见有在城里的，不知审出咱们家失盗了一案来没有？”两人道：“倒没有听见。恍惚有人说是有个内地里的人，城里犯了事，抢了一个女人下海去了。那女人不依，被这贼寇杀了。那贼寇正要跳出关去，被官兵拿住了，就在拿获的地方正了法了。”众人道：“咱们栊翠庵的什么妙玉，不是叫人抢去，不要就是她罢？”贾环道：“必是她！”众人道：“你怎么知道？”贾环道：“妙玉这个东西是最讨人嫌的。她一日家捏酸，见了宝玉就眉开眼笑了。我若见了她，她从不拿正眼瞧我一瞧。真要是她，我才趁愿呢！”众人道：“抢的人也不少，哪里就是她。”贾芸道：“有点信儿。前日有个人说她庵里的道婆做梦，说看见是妙玉叫人杀了。”众人笑道：“梦话算不得。”邢大舅道：“管她梦不梦，咱们快吃饭罢。今夜做个大输赢。”众人愿意，便吃毕了饭，大赌起来。

赌到三更多天，只听见里头乱嚷，说是：“四姑娘合珍大奶奶拌嘴，把头髮都绞掉了，赶到邢夫人、王夫人那里去磕了头，说是要求容他做尼姑呢，送她一个地方。若不容她，她就死在眼前。那邢、王两位太太没主意，叫请蔷大爷、芸二爷进去。贾芸听了，便知是那回看家的时候起的念头，想来是劝不过来的了，便合贾蔷商议道：“太太叫我们进去，我们是做不得主的，况且也不好做主，只好劝去。若劝不住，只好由她们罢。咱们商量了写封书给琏二叔，便卸了我们的干係了。”两人商量定了主意，进去见了邢、王两位太太，便假意的劝了一回。

无奈惜春立意必要出家，就不放她出去，只求一两间淨屋子给她诵经拜佛。尤氏见他两个不肯作主，又怕惜春寻死，自己便硬做主张，说是：“这个不是，索性我担了罢。说我做嫂子的容不下小姑子，逼她出了家了，就完了。若说到外头去呢，断断使不得；若在家里呢，太太们都在这里，算我的主意罢。叫蔷哥儿写封书子给你珍大爷、琏二叔就是了。”贾蔷等答应了。不知邢、王二夫人依与不依，下回分解。

第 118 回 记微嫌舅兄欺弱女 惊谜语妻妾谏痴人

说话邢、王二夫人听尤氏一段话，明知也难挽回。王夫人只得说道：“姑娘要行善，这也是前生的夙根，我们也实在拦不住。只是咱们这样人家的姑娘出了家，不成了事体。如今你嫂子说了，准你修行，也是好处。却有一句话要说，那头髮可以不剃的，只要自己的心真，那在头髮上头呢？你想妙玉也是带髮修行的，不知她怎样凡心一动，才闹到那个份儿。姑娘执意如此，我们就把姑娘住的房子便算了姑娘的静室。所有服侍姑娘的人，也得叫她们来问，她若愿意跟的，就讲不得说亲配人；若不愿意跟的，另打主意。”惜春听了，收了泪，拜谢了邢、王二夫人、李纨、尤氏等。王夫人说了，便问彩屏等：“谁愿跟姑娘修行？”彩屏等回道：“太太们派谁就是谁。”王夫人知道不愿意，正在想人。袭人立在宝玉身后，想来宝玉必要大哭，防着他的旧病。岂知宝玉叹道：“真真难得！”袭人心里更自伤悲。宝钗虽不言语，遇事试探，见是执迷不醒，只得暗中落泪。

王夫人才要叫了众丫头来问，忽见紫鹃走上前去，在王夫人面前跪下，回道：“刚才太太问跟四姑娘的姐姐，太太看着怎么样？”王夫人道：“这个如何强派得人的，谁愿意，她自然就说出来了。”紫鹃道：“姑娘修行，自然姑娘愿意，并不是别的姐姐们的意思。我有句话回太太，我也并不是拆开姐姐们，各人有各人的心。我服侍林姑娘一场，林姑娘待我，也是太太们知道的，实在恩重如山，无以可报。她死了，我恨不得跟了她去。但是她不是这里的人，我又受主子家的恩典，难以从死。如今四姑娘既要修行，我就求太太们将我派了跟着姑娘，服侍姑娘一辈子，不知太太们准不准？若准了，就是我的造化了。”邢、王二夫人尚未答言，只见宝玉听到那里，想起黛玉，一阵心酸，眼泪早下来了。众人才要问他时，他又哈哈的大笑，走上来道：“我不该说的。这紫鹃蒙太太派给我屋里，我才敢说。求太太准了她罢，全了她的好心。”王夫人道：“你头里姊妹出了嫁，还哭得死去活来；如今看见四妹妹要出家，不但不劝，倒说好事。你如今到底是怎么个意思？我索性不明白了。”宝玉道：“四妹妹修行是已经准的了，四妹妹也是一定主意了？若是真的，我有一句话告诉太太；若是不定的，我就不敢混说了。”惜春道：“二哥哥说话也好笑，一个人主意不定，便扭得过太太们来了？我也是像紫鹃的话，容我呢，是我的造化；不容我呢，还有一个死呢。那怕什么！二哥哥既有话，只管说。”宝玉道：“我这也不算什么洩露了，这也是一定的。我念一首诗给你们听听罢！”众人道：“人家苦得很的时候，你倒来做诗怄人。”宝玉道：“不是做诗，我到一个地方儿看了来的。你们听听罢。”众人道：“使得。你就念念，别顺着嘴儿胡诌。”宝玉也不分辩，便说道：

勘破三春景不长，缁衣顿改昔年妆。可怜绣户侯门女，独卧青灯古佛旁！

李纨、宝钗听了，诧异道：“不好了！这人入了迷了。”王夫人听了这话，点头叹息，便问宝玉：“你到底是那里看来的？”宝玉不便说出来，回道：“太太也不必问，我自有见的地方。”王夫人回过味来，细细一想，便更哭起来，道：“你说前儿是玩话，怎么忽然有这首诗？罢了，我知道了，你们叫我怎么样呢。我也没有法儿了，也只得由着你们去罢。但是要等我合上了眼，各自干各自的就完了！”

宝钗一面劝着，这个心比刀绞更甚，也撑不住，便放声大哭起来。袭人已经哭的死去活来，幸亏秋纹扶着。宝玉也不啼哭，也不相劝，只不言语。贾兰、贾环听到那里，各自走开。李纨竭力的解说：“总是宝兄弟见四妹妹修行，他想来是痛极了，不顾前后的疯话，这也作不得准的。独有紫鹃的事情，准不准，好叫她起来。”王夫人道：“什么依不依，横竖一个人的主意定了，那也是扭不过来的。可是宝玉说的，也是一定的了。”紫鹃听了磕头。惜春又谢了王夫人。紫鹃又给宝玉、宝钗磕了头。宝玉念声：“阿弥陀佛！难得，难得。不料你倒先好了。”宝钗虽然有把持，也难撑住。只有袭人也顾不得王夫人在上，便痛哭不止，说：“我也愿意跟了四姑娘去修行。”宝玉笑道：“你也是好心，但是你不能享这个清福的。”袭人哭道：“这么说，我是要死的了？”宝玉听到那里，倒觉伤心，只是说不出来。因时已五更，宝玉请王夫人安歇。李纨等各自散去。彩屏等暂且服侍惜春回去，后来指配了人家。紫鹃终身服侍，毫不改初。此是后话。

且言贾政扶了贾母灵柩一路南行，因遇着班师的兵将船隻过境，河道拥挤，不能速行，在道实在心焦。幸喜遇见了海疆的官员，闻得镇海统制钦召回京，想来探春一定回家，略略解些烦心。只打听不出起程的日期，心里又烦躁。想到盘费算来不敷，不得已，写书一封，差人到赖尚荣 任上借银五百，叫人沿途迎上来，应需用。那人去了几日，贾政的船才行得十数里。那家人回来，迎上船隻，将赖尚荣的禀启呈上。书内告了多少苦处，备上白银五十两。贾政看了生气，即命家人：“立刻送还！将原书发回，叫他不必费心。”那家人无奈，只得回到赖尚荣任所。

赖尚荣接到原书银两，心中烦闷，知事办得不周到，又添了一百，央来人带回，帮着说些好话。岂知那人不肯带回，撂下就走了。赖尚荣心下不安，立刻修书到家，回明他父亲，叫他设法告假，赎出身来。于是赖家托了贾蔷、贾芸等在王夫人面前乞恩放出。贾蔷明知不能，过了一日，假说王夫人不依的话，回覆了。赖家一面告假，一面差人到赖尚荣任上，叫他告病辞官。王夫人并不知道。

那贾芸听见贾蔷的假话，心里便没想头。连日在外又输了好些银钱，无所抵偿，便和贾环相商。贾环本是一个钱没有的，虽是赵姨娘积蓄些微，早被他弄光了，那能照应人家。便想起凤姐待他刻薄，要趁贾琏不在家，要摆佈巧姐出气，遂把这个当叫贾芸来上，故意的埋怨贾芸道："你们年纪又大，放着弄银钱的事又不敢办，倒和我没有钱的人相商。"贾芸道："三叔，你这话说的倒好笑，咱们一块儿顽，一块儿闹，那里有银钱的事？"贾环道："不是前儿有人说是外藩要买个偏房，你们何不和王大舅商量把巧姐说给他呢？"贾芸道："叔叔，我说句招你生气的话，外藩花了钱买人，还想能和咱们走动么。"贾环在贾芸耳边说了些话，贾芸虽然点头，只道贾环是小孩子的话，也不当事。恰好王仁走来说道："你们两个人商量些什么，瞒着我么？"贾芸便将贾环的话附耳低言的说了。王仁拍手道："这倒是一种好事，又有银子！只怕你们不能。若是你们敢办，我是亲舅舅，做得主的。只要环老三在大太太跟前那么一说，我找邢大舅再一说，太太们问起来，你们齐打伙说好就是了。"

贾环等商议定了，王仁便去找邢大舅，贾芸便去回邢、王二夫人，说得锦上添花。王夫人听了，虽然入耳，只是不信。邢夫人听得邢大舅知道，心里愿意，便打发人找了邢大舅来问他。那邢大舅已经听了王仁的话，又可分肥，便在邢夫人跟前说道："若说这位郡王，是极有体面的。若应了这门亲事，虽说是不是正配，保管一过了门，姊夫的官早复了，这里的声势又好了。"邢夫人本是没主意人，被傻大舅一番假话哄得心动，请了王仁来一问，更说得热闹。于是邢夫人倒叫人出去追着贾芸去说。王仁即刻找了人去到外藩公馆说了。

那外藩不知底细，便要打发人来相看。贾芸又鑽了相看的人，说明："原是瞒着合宅的，只说是王府相亲。等到成了，她祖母作主，亲舅舅的保山，是不怕的。"那相看的人应了。贾芸便送信与邢夫人，并回了王夫人。那李纨、宝钗等不知原故，只道是件好事，也都欢喜。

那日，果然来了几个女人，都是艳妆丽服。邢夫人接了进去，叙了些闲话。那来人本知是个诰命，也不敢怠慢。邢夫人因事未定，也没有和巧姐说明，只说有亲戚来瞧，叫她去见。那巧姐到底是个小孩子，那管这些，便跟了奶妈过来。平儿不放心，也跟着来。只见有两个宫人打扮的，见了巧姐，便浑身上下一看，更又起身来拉着巧姐的手又瞧了一遍，略坐了一坐就走了。倒把巧姐看得羞臊，回到房中纳闷，想来没有这门亲戚，便问平儿。平儿先看见来头，却也猜着八九，必是相亲的。"但是二爷不在家，大太太作主，到底不知是那府里的。若说是对头亲，不该这样相看。瞧那几个人的来头，不像是本支王府，好像是外头路数。如今且不必和姑娘说明，且打听明白再说。"

平儿心下留神打听。那些丫头、婆子都是平儿使过的，平儿一问，所有听见外头的风声都告诉了。平儿便吓的没了主意，虽不和巧姐说，便赶着去告诉了李纨、宝钗，求她二人告诉王夫人。王夫人知道这事不好，便和邢夫人说知。怎奈邢夫人信了兄弟并王仁的话，反疑心王夫人不是好意，便说："孙女儿也大了，现在琏儿不在家，这件事我还做得主。况且是她亲舅爷爷和她亲舅舅打听的，难道倒比别人不真么？我横竖是愿意的。倘有什么不好，我和琏儿也抱怨不着别人。"

王夫人听了这些话，心下暗暗生气，勉强说些闲话，便走了出来，告诉了宝钗，自己落泪。宝玉劝道："太太别烦恼，这件事我看来是不成的。这又是巧姐儿命里所招，只求太太不管就是了。"王夫人道："你一开口就是疯话。人家说定了就要接过去。若依平儿的话，你琏二哥可不抱怨我么？别说自己的侄孙女儿，就是亲戚家的，也是要好才好。邢姑娘是我们作媒的，配了你二大舅子，如今和和顺顺的过日子，不好么？那琴姑娘，梅家娶了去，听见说是丰衣足食的，很好。就是史姑娘，是她叔叔的主意，头里原好，如今姑爷痨病死了，你史妹妹立志守寡，也就苦了。若是巧姐儿错给了人家儿，可不是我的心坏？"

正说着，平儿过来瞧宝钗，并探听邢夫人的口气。王夫人将邢夫人的话说了一遍。平儿呆了半天，跪下求道："巧姐儿终身全仗着太太，若信了人家的话，不但姑娘一辈子受了苦，便是琏二爷回来，怎么说呢？"王夫人道："你是个明白人，起来听我说。巧姐儿到底是大太太孙女儿，她要作主，我能够拦她么？"宝玉劝道："无妨碍的，只要明白就是了。"平儿生怕宝玉疯颠嚷出来，也并不言语，回了王夫人，竟自去了。

这里王夫人想到烦闷，一阵心痛，叫丫头扶着，勉强回到自己房中躺下，不叫宝玉、宝钗过来，说："睡睡就好的。"自己却也烦闷。听见说李婶娘来了，也不及接待。只见贾兰进来请了安，回道："今早爷爷那里打发人带了一封书子来，外头小子们传进来的。我母亲接了，正要过来，因我老娘来了，叫我先呈给太太瞧，回来我母亲就过来来回太太。还说我老娘要过来呢。"说着，一面把书子呈上。王夫人一面接书，一面问道："你老娘来作什么？"贾兰道："我也不知道。我只见我老娘说，我三姨儿的婆婆家有什么信儿来了。"王夫人听了，想起来还是前次给甄宝玉说了李绮，后来放定下茶，想来此时甄家要娶过门，所以李婶娘来商量这件事情，便点点头儿。一面拆开书信，见上面写着道：

近因沿途俱係海疆凯旋船隻，不能迅速前行。闻探姐随翁婿来都，不知曾有信否？前接到琏侄手禀，知大老爷身体欠安，亦不知已有确信否？宝玉、兰哥场期已近，务须实心用功，不可怠惰。老太太灵柩抵家，尚需日时。我身体平善，不必挂念。此谕宝玉等知道。月日手书。蓉儿另禀。

王夫人看了，仍旧递给贾兰，说："你拿去给你二叔叔瞧瞧，还交给你母亲罢。"

正说着，李纨同李婶过来。请安问好毕，王夫人让了坐。李婶娘便将甄家要娶李绮的话说了一遍。大家商议了一会子。李纨因问王夫人道："老爷的书子，太太看过了么？"王夫人道："看过了。"贾兰便拿着给他母亲瞧。李纨看了，道："三姑娘出门了好几年，总没有来，如今要回京了，太太也放了好些心。"王夫人道："我本是心痛，看见探丫头要回来了，心里略好些。只是不知几时才到？"李婶娘便问了贾政在路好。李纨因向贾兰道："哥儿瞧见了？场期近了，你爷爷惦记得什么似的。你快拿了去给二叔叔瞧去罢。"李婶娘道："他们爷儿两个又没进过学，怎么能下场呢？"王夫人道："他爷爷做粮道的起身时，给他们爷儿两个援了例监了。"李婶娘点头。贾兰一面拿着书子出来，来找宝玉。

却说宝玉送了王夫人去后，正拿着《秋水》一篇在那里细玩。宝钗从里间走出，见他看得得意忘言，便走过来一看，见是这个，心里着实烦闷。细想："他只顾把这些出世离群的话当作一件正经事，终究不妥。"看他这种光景，料劝不过来，便坐在宝玉旁边，怔怔的坐着。宝玉见她这般，便道："你这又是为什么？"宝钗道："我想你我既为夫妇，你便是我终身的倚靠，却不在情欲之私。论起荣华富贵，原不过是过眼烟云，但自古圣贤以人品根柢为重……"宝玉也没听完，把那书本搁在旁边，微微的笑道："据你说人品根柢，又是什么古圣贤，你可知古圣贤说过'不失其赤子之心'。那赤子有什么好处？不过是无知、无识、无贪、无忌。我们生来已陷溺在贪、嗔、痴、爱中，犹如污泥一般，怎么能跳出这般尘网？如今才晓得'聚散浮生'四字，古人说了，不曾提醒一个。既要讲到人品根柢，谁是到那太初一步地位的？"宝钗道："你既说'赤子之心'，古圣贤原以忠孝为赤子之心，并不是遁世离群、无关无係为赤子之心。尧、舜、禹、汤、周、孔时刻以救民济世为心，所谓赤子之心，原不过是'不忍'二字。若你方才所说的，忍于抛弃天伦，还成什么道理？"宝玉点头笑道："尧舜不强巢许，武周不强夷齐。"宝钗不等他说完，便道："你这个话益发不是了。古来若都是巢、许、夷、齐，为什么如今人又把尧、舜、周、孔称为圣贤呢？况且你自比夷齐，更不成话，伯夷、叔齐原是生在商末世，有许多难处之事，所以才有托而逃。当此圣世，咱们世受国恩，祖父锦衣玉食，况你自有生以来，自去世的老太太，以及老爷、太太视如珍宝。你方才所说，自己想一想，是与不是？”宝玉听了，也不答言，只有仰头微笑。

宝钗因又劝道：“你既理屈词穷，我劝你从此把心收一收，好好的用用功，但能博得一第，便是从此而止，也不枉天恩祖德了。”宝玉点了点头，叹了口气，说道：“一第呢，其实也不是什么难事，倒是你这个‘从此而止，不枉天恩祖德’，却还不离其宗。”宝钗未及答言，袭人过来说道：“刚才二奶奶说的古圣先贤，我们也不懂。我只想着我们这些人，从小儿辛辛苦苦跟着二爷，不知陪了多少小心，论起理来，原该当的，但只二爷也该体谅体谅。况二奶奶替二爷在老爷、太太跟前行了多少孝道，就是二爷不以夫妻为事，也不可太辜负了人心。至于神仙那一层，更是谎话，谁见过有走到凡间来的神仙呢？那里来的这么个和尚，说了些混话，二爷就信了真。二爷是读书的人，难道他的话比老爷、太太还重么？”宝玉听了，低头不语。

袭人还要说时，只听外面脚步走响，隔着窗户问道：“二叔在屋里呢么？”宝玉听了，是贾兰的声音，便站起来笑道：“你进来罢。”宝钗也站起来。贾兰进来，笑容可掬的给宝玉、宝钗请了安，问了袭人的好。袭人也问了好。便把书子呈给宝玉瞧。宝玉接在手中看了，便道：“你三姑姑回来了？”贾兰道：“爷爷既如此写，自然是回来的了。”宝玉点头不语，默默如有所思。贾兰便问：“叔叔看见爷爷后头写的，叫咱们好生念书了？叔叔这一程　子只怕总没作文章罢？”宝玉笑道：“我也要作几篇熟一熟手，好去诓这个功名。”贾兰道：“叔叔既这样，就拟几个题目，我跟着叔叔作作，也好进去混场。别到那时交了白卷子，惹人笑话。不但笑话我，人家连叔叔都要笑话了。”宝玉道：“你也不至如此。”说着，宝钗命贾兰坐下。

宝玉仍坐在原处，贾兰侧身坐了。两个谈了一回文，不觉喜动颜色。宝钗见他爷儿两个谈得高兴，便仍进屋里去了。心中细想：“宝玉此时光景，或者醒悟过来了，只是刚才说话，他把那‘从此而止’四字单单的许可，这又不知是什么意思了。”宝钗尚自犹豫。惟有袭人看他爱讲文章，提到下场，更又欣然，心里想道：“阿弥陀佛！好容易讲《四书》似的才讲过来了。”这里宝玉和贾兰讲文，莺儿沏过茶来。贾兰站起来接了，又说了一会子下场的规矩，并请甄宝玉在一处的话，宝玉也甚似愿意。一时，贾兰回去，便将书子留给宝玉了。

那宝玉拿着书子，笑嘻嘻走进来，递给麝月收了，便出来将那本《庄子》收了，把几部向来最得意的，如《参同契》、《元命苞》、《五灯会元》之类，叫出麝月、秋纹、莺儿等都搬了搁在一边。宝钗见他这番举动，甚为罕异，因欲试探他，便笑问道：“不看他倒是正经，但又何必搬开呢？”宝玉道：“如今才明白过来了，这些书都算不得什么。我还要一火焚之，方为干淨。”宝钗听了，更欣喜异常。只听宝玉口中微吟道：“内典语中无佛性，金丹法外有仙舟。”宝钗也没很听真，只听得“无佛性”、“有仙舟”几个字，心中转又狐疑，且看他作何光景。宝玉便命麝月、秋纹等收拾一间静室，把那些语录、名稿及应制诗之类，都找出来，搁在静室中，自己却当真静静的用起功来。宝钗这才放了心。

那袭人此时真是闻所未闻，见所未见，便悄悄的笑着向宝钗道：“到底奶奶说话透彻，只一路讲究，就把二爷劝明白了。就只可惜迟了一点儿，临场太近了。”宝钗点头微笑道：“功名自有定数，中与不中倒也不在用功的迟早。但愿他从此一心巴结正路，把从前那些邪魔永不沾染就是好了。”说到这里，见房里无人，便悄说道：“这一番悔悟过来，固然很好，但只一件，怕又犯了前头的旧病，和女孩儿们打起交道来，也是不好。”袭人道：“奶奶说的也是。二爷自从信了和尚，才把这些姐妹冷澹了；如今不信和尚，真怕又要犯了前头的旧病呢。我想，奶奶和我，二爷原不大理会，紫鹃去了，如今只她们四个，这里头就是五儿有些个狐媚子，听见说她妈求了大奶奶和奶奶，说要讨出去给人家儿呢，但是这两天到底在这里呢。麝月、秋纹虽没别的，只是二爷那几年也都有些顽顽皮皮的。如今算来，只有莺儿二爷倒不大理会，况且莺儿也稳重。我想倒茶弄水，只叫莺儿带着小丫头们服侍就够了，不知奶奶心里怎么样？”宝钗道：“我也虑的是这些，你说的倒也罢了。”从此便派莺儿带着小丫头服侍。

那宝玉却也不出房门，天天只差人去给王夫人请安。王夫人听见他这番光景，那一种欣慰之情，更不待言了。到了八月初三这一日，正是贾母的冥寿。宝玉早晨过来，磕了头，便回去，仍到静室中去了。饭后，宝钗、袭人等都和姊妹们跟着邢、王二夫人在前面屋里说闲话儿。宝玉自在静室，冥心危坐。忽见莺儿端了一盘瓜果进来，说：“太太叫人送来给二爷吃的，这是老太太的克什。”宝玉站起来答应了，复又坐下，便道：“搁在那里罢。”莺儿一面放下瓜果，一面悄悄向宝玉道：“太太那里夸二爷呢。”宝玉微笑。莺儿又道：“太太说了，二爷这一用功，明儿进场中了出来，明年再中了进士，作了官，老爷、太太可就不枉了盼二爷了。”宝玉也只点头微笑。莺儿忽然想起那年给宝玉打络子的时候宝玉说的话来，便道：“真要二爷中了，那可是我们姑奶奶的造化了。二爷还记得那一年在园子里，不是二爷叫我打梅花络子时说的，我们姑奶奶后来带着我不知到那一个有造化的人家儿去呢。如今二爷可是有造化的罢咧！”宝玉听到这里，又觉尘心一动，连忙敛神定息，微微的笑道：“据你说来，我是有造化的，你们姑娘也是有造化的，你呢？”莺儿把脸飞红了，勉强道：“我们不过当丫头一辈子罢咧，有什么造化呢！”宝玉笑道：“果然能够一辈子是丫头，你这个造化比我们还大呢！”莺儿听见这话，似乎又是疯话了，恐怕自己招出宝玉的病根来，打算着要走。只见宝玉笑着说道：“傻丫头，我告诉你罢。”未知宝玉又说出什么话来，且听下回分解。

第 119 回 中乡魁宝玉却尘缘 沐皇恩贾家延世泽

话说莺儿见宝玉说话摸不着头脑，正自要走，只听宝玉又说道：“傻丫头，我告诉你罢。你姑娘既是有造化的，你跟着她，自然也是有造化的了。你袭人姐姐是靠不住的。只要往后你尽心服侍她就是了。日后或有好处，也不枉你跟着她熬了一场。”莺儿听了前头像话，后头说的又有些不像了，便道：“我知道了。姑娘还等我呢。二爷要吃果子时，打发小丫头叫我就是了。”宝玉点头，莺儿才去了。一时，宝钗、袭人回来，各自房中去了。不提。

且说过了几天，便是场期。别人只知盼望他爷儿两个作了好文章，便可以高中的了，只有宝钗见宝玉的功课虽好，只是那有意无意之间，却别有一种冷静的光景。知他要进场了，头一件，叔侄两个都是初次赴考，恐人马拥挤，有什么失闪；第二件，宝玉自和尚去后，总不出门，虽然见他用功喜欢，只是改的太速太好了，反倒有些信不及，只怕又有什么变故。所以进场的头一天，一面派了袭人带了小丫头们同着素云等给他爷儿两个收拾妥当，自己又都过了目，好好的搁起，预备着；一面过来同李纨回了王夫人，拣家里的老成管事的多派了几个，只说怕人马拥挤碰了。

次日，宝玉、贾兰换了半新不旧的衣服，欣然过来见了王夫人。王夫人嘱咐道：“你们爷儿两个都是初次下场，但是你们活了这么大，并不曾离开我一天。就是不在我眼前，也是丫鬟媳妇们围着，何曾自己孤身睡过一夜。今日各自进去，孤孤凄凄，举目无亲，须要自己保重。早些作完了文章出来，找着家人早些回来，也叫你母亲、媳妇们放心。”王夫人说着，不免伤心起来。贾兰听一句答应一句。只见宝玉一声不哼，待王夫人说完了，走过来给王夫人跪下，满眼流泪，磕了三个头，说道：

“母亲生我一世，我也无可答报。只有这一入场，用心作了文章，好好的中个举人出来，那时太太喜欢喜欢，便是儿子一辈的事也完了，一辈子的不好也都遮过去了。”王夫人听了，更觉伤心起来，便道：“你有这个心，自然是好的，可惜你老太太不能见你的面了。”一面说，一面拉他起来。那宝玉只管跪着，不肯起来，便说道：“老太太见与不见，总是知道的，喜欢的；既能知道了，喜欢了，便不见也和见了的一样。只不过隔了形质，并非隔了神气啊。”

李纨见王夫人和他如此，一则怕勾起宝玉的病来，二则也觉得光景不大吉祥，连忙过来说道：“太太，这是大喜的事，为什么这样伤心？况且宝兄弟近来很知好歹，很孝顺，又肯用功，只要带了侄儿进去，好好的作文章，早早的回来，写出来请咱们的世交老先生们看了，等着爷儿两个都报了喜，就完了。”一面叫人搀起宝玉来。宝玉却转过身来给李纨作了个揖，说：“嫂子放心。我们爷儿两个都是必中的。日后兰哥还有大出息，大嫂子还要戴凤冠穿霞帔呢。”李纨笑道：“但愿应了叔叔的话，也不枉……”说到这里，恐怕又惹起王夫人的伤心来，连忙咽住了。宝玉笑道：“只要有了个好儿子，能够接续祖基，就是大哥哥不能见，也算他的后事完了。”李纨见天气不早了，也不肯尽着和他说话，只好点点头儿。

此时，宝钗听得早已呆了，这些话，不但宝玉，便是王夫人、李纨所说，句句都是不祥之兆，却又不敢认真，只得忍泪无言。那宝玉走到跟前，深深的作了一个揖。众人见他行事古怪，也摸不着是怎么样，又不敢笑他。只见宝钗的眼泪直流下来，众人更是纳罕。又听宝玉说道：“姐姐，我要走了。你好生跟着太太，听我的喜信儿罢。”宝钗道：“是时候了，你不必说这些唠叨话了。”宝玉道：“你倒催的我紧，我自己也知道该走了。”回头见众人都在这里，只没惜春、紫鹃，便说道：“四妹妹和紫鹃姐姐跟前替我说一句罢，横竖是再见就完了。”众人见他的话又像有理，又像疯话。大家只说他从没出过门，都是太太的一套话招出来的，不如早早催他去了，就完了事了，便说道：“外面有人等你呢，你再闹就误了时辰了。”宝玉仰面大笑道：“走了，走了！不用胡闹了，完了事了！”众人也都笑道：“快走罢。”独有王夫人和宝钗娘儿两个倒像生离死别的一般，那眼泪也不知从那里来的，直流下来，几乎失声哭出。但见宝玉嘻天哈地，大有疯傻之状，遂从此出门走了。正是：

走来名利无双地，打出樊笼第一关。

不言宝玉、贾兰出门赴考，且说贾环见他们考去，自己又气又恨，便自大为王，说：“我可要给母亲报仇了。家里一个男人没有，上头大太太依了我，还怕谁！”想定了主意，跑到邢夫人那边请了安，说了些奉承的话。那邢夫人自然喜欢，便说道：“你这才是明理的孩子呢。像那巧姐儿的事，原该我做主的，你琏二哥糊涂，放着亲奶奶倒托别人去。”贾环道：“人家那头儿也说了，只认得这一门子，现在定了，还要备一分大礼来送太太呢。如今太太有了这样的藩王孙女婿儿，还怕大老爷没大官做么？不是我说自己的太太，他们有了元妃姐姐，便欺压的人难受。将来巧姐儿别也是这样没良心，等我去问问她。”邢夫人道：“你也该告诉她，她才知道你的好处。只怕她父亲在家也找不出这么门子好亲事来。但只平儿那个糊涂东西，她倒说这件事不好，说是你太太也不愿意。想来恐怕我们得了意。若迟了，你二哥回来，又听人家的话，就办不成了。”贾环道：“那边都定了，只等太太出了八字。王府的规矩，三天就要来娶的。但是一件，只怕太太不愿意，那边说是不该娶犯官的孙女，只好悄悄的抬了去，等大老爷免了罪，做了官，再大家热闹起来。”邢夫人道：“这有什么不愿意，也是礼上应该的。”贾环道：“既这么着，这帖子太太出了就是了。”邢夫人道：“这孩子又糊涂了。里头都是女人，你叫芸哥儿写了一个就是了。”贾环听说，喜欢的了不得，连忙答应了出来，赶着和贾芸说了，邀着王仁到那外藩公馆立文书，兑银子去了。

那知刚才所说的话，早被跟邢夫人的丫头听见。那丫头是求了平儿才挑上的，便抽空儿赶到平儿那里，一五一十的都告诉了。平儿早知此事不好，已和巧姐细细的说明。巧姐哭了一夜，必要等她父亲回来作主，大太太的话不能遵。今儿又听见这话，便大哭起来，要和太太讲去。平儿急忙拦住道：“姑娘且慢着。大太太是你的亲祖母，她说二爷不在家，大太太做得主的，况且还有舅舅做保山。他们都是一气，姑娘一个人，那里说得过呢？我到底是下人，说不上话去。如今只可想法儿，断不可冒失的。”邢夫人那边的丫头道：“你们快快的想主意，不然，可就要抬走了。”说着，各自去了。平儿回过头来，见巧姐哭作一团，连忙扶着道：“姑娘，哭是不中用的，如今是二爷够不着，听见他们的话头……”这句话还没说完，只见邢夫人那边打发人来告诉：“姑娘大喜的事来了。叫平儿将姑娘所有应用的东西料理出来。若是陪送呢，原说明了等二爷回来再办。”平儿只得答应了。

回来又见王夫人过来，巧姐儿一把抱住，哭得倒在怀里。王夫人也哭道：“妞儿不用着急，我为你吃了大太太好些话，看来是扭不过来的。我们只好应着缓下去，即刻差个家人赶到你父亲那里去告诉。”平儿道：“太太还不知道么？早起三爷在大太太跟前说了，什么外藩规矩，三日就要过去的。如今大太太已叫芸哥儿写了名字年庚去了，还等得二爷么？”王夫人听说是“三爷”，便气得说不出话来，呆了半天，一叠声叫人找贾环。找了半日，人回：“今早同蔷哥儿、王舅爷出去了。”王夫人问：“芸哥呢？”众人回说不知道。巧姐屋内人人瞪眼，一无方法。王夫人也难和邢夫人争论，只有大家抱头大哭。

有个婆子进来，回说：“后门上的人说，那个刘姥姥又来了。”王夫人道：“咱们家遭着这样事，那有功夫接待人。不拘怎么回了她去罢。”平儿道：“太太该叫她进来，她是姐儿的干妈，也得告诉告诉她。”王夫人不言语。那婆子便带了刘姥姥进来。各人见了问好。刘姥姥见众人的眼圈儿都是红的，也摸不着头脑，迟了一会子，便问道：“怎么了？太太、姑娘们必是想二姑奶奶了。”巧姐儿听见提起她母亲，越发大哭起来。平儿道：“姥姥别说闲话。你既是姑娘的干妈，也该知道的。”便一五一十的告诉了。把个刘姥姥也唬怔了。等了半天，忽然笑道：“你这样一个伶俐姑娘，没听见过鼓儿词么？这上头的方法多着呢。这有什么难的。”平儿赶忙问道：“姥姥，你有什么法儿？快说罢。”刘姥姥道：“这有什么难的呢，一个人也不叫他们知道，扔崩一走，就完了事了。”平儿道：“这可是混说了。我们这样人家的人，走到那里去？”刘姥姥道：“只怕你们不走，你们要走，就到我屯里去。我就把姑娘藏起来，即刻叫我女婿弄了人，叫姑娘亲笔写个字儿，赶到姑老爷那里，少不得他就来了。可不好么？”平儿道：“大太太知道呢？”刘姥姥道：“我来他们知道么？”平儿道：“大太太住在后头，她待人刻薄，有什么信，没有送给她的。你若前门走来，就知道了；如今是后门来的，不妨事。”刘姥姥道：“咱们说定了几时，我叫女婿打了车来接了去。”平儿道：“这还等得几时呢，你坐着罢。”急忙进去，将刘姥姥的话，避了旁人告诉了。

王夫人想了半天，不妥当。平儿道：“只有这样。为的是太太，才敢说明。太太就装不知道，回来倒问大太太。我们那里就有人去，想二爷回来也快。”王夫人不言语，叹了一口气。巧姐儿听见，便和王夫人道：“只求太太救我，横竖父亲回来，只有感激的。”平儿道：“不用说了，太太回去罢。回来只要太太派人看屋子。”王夫人道：“掩密些！你们两个人的衣服铺盖是要的。”平儿道：“要快走了才中用呢，若是他们定了，回来就有了饥荒了。”一句话提醒了王夫人，便道：“是了，你们快办去罢，有我呢。”于是王夫人回去，倒过去找邢夫人说闲话儿，把邢夫人先绊住了。平儿这里便遣人料理去了。嘱咐道：“倒别避人，有人进来看见，就说是大太太吩咐的，要一辆车子送刘姥姥去。”这里又买嘱了看后门的人雇了车来。平儿便将巧姐装做青儿模样，急急的去了。后来平儿只当送人，眼错不见，也跨上车去了。

原来近日贾府后门虽开，只有一两个人看着，余外虽有几个家下人，因房大人少，空落落的，谁能照应。且邢夫人又是个不怜下人的，众人明知此事不好，又都感念平儿的好处，所以通同一气，放走了巧姐。邢夫人还自和王夫人说话，那里理会。只有王夫人甚不放心，说了一回话，悄悄的走到宝钗那里坐下，心里还是惦记着。宝钗见王夫人神色恍惚，便问："太太的心里有什么事？"王夫人将这事背地里和宝钗说了。宝钗道："险得很！如今得快快儿的叫芸哥儿止住那里才妥当。"王夫人道："我找不着环儿呢。"宝钗道："太太总要装作不知，等我想个人去叫大太太知道才好。"王夫人点头，一任宝钗想人。暂且不言。

且说外藩原是要买几个使唤的女人，据媒人一面之辞，所以派人相看。相看的人回去禀明了藩王。藩王问起人家，众人不敢隐瞒，只得实说。那外藩听了，知是世代勋戚，便说："了不得！这是有干例禁的，几乎误了大事。况我朝觐已过，便要择日起程，倘有人来再说，快快打发出去！"这日，恰好贾芸、王仁等递送年庚，只见府门里头的人便说："奉王爷的命，再敢拿贾府的人来冒充民女者，要拿住究治的。如今太平时候，谁敢这样大胆！"这一嚷，唬得王仁等抱头鼠窜的出来，埋怨那说事的人，大家扫兴而散。

贾环在家候信，又闻王夫人传唤，急得烦燥起来，见贾芸一人回来，赶着问道："定了么？"贾芸慌忙跺足道："了不得，了不得！不知谁露了风了。"还把吃亏的话说了一遍。贾环气得发怔，说："我早起在大太太跟前说的这样好，如今怎么样处呢？这都是你们众人坑了我了！"正没主意，听见里头乱嚷，叫着贾环等的名字说："大太太二太太叫呢！"两个人只得蹭进去。只见王夫人怒容满面，说："你们干的好事！如今逼死了巧姐和平儿了，快快的给我找还尸首来完事！"两个人跪下。贾环不敢言语。贾芸低头说道："孙子不敢干什么。为的是邢舅太爷和王舅爷说给巧妹妹作媒，我们才回太太们的。大太太愿意，才叫孙子写帖儿去的。人家还不要呢。怎么我们逼死了妹妹呢？"王夫人道："环儿在大太太那里说的，三日内便要抬了走。说亲作媒，有这样的么？我也不问你们，快把巧姐儿还了我们，等老爷回来再说。"邢夫人如今也是一句话儿说不出了，只有落泪。王夫人便骂贾环说："赵姨娘这样混账的东西，留的种子也是这混账的！"说着，叫丫头扶了，回到自己房中。

那贾环、贾芸、邢夫人三个人互相埋怨，说道："如今且不用埋怨。想来死是不死的，必是平儿带了她到那什么亲戚家躲着去了。"邢夫人叫了前后的门人来骂着，问："巧姐儿和平儿，知道哪里去了？"岂知下人一口同音，说是："大太太不必问我们，问当家的爷们就知道了。在大太太也不用闹，等我们太太问起来，我们有话说。要打大家打，要发大家都发。自从琏二爷出了门，外头闹的还了得！我们的月钱月米是不给了，赌钱喝酒，闹小旦，还接了外头的媳妇儿到宅里来，这不是爷吗？"说得贾芸等顿口无言。王夫人那边又打发人来催说："叫爷们快找来！"那贾环等急得恨无地缝可钻，又不敢盘问巧姐那边的人。明知众人深恨，是必藏起来了，但是这句话怎敢在王夫人面前说，只得各处亲戚家打听，毫无踪迹。里头一个邢夫人，外头环儿等，这几天闹的昼夜不宁。

看看到了出场日期，王夫人只盼着宝玉、贾兰回来。等到晌午，不见回来，王夫人、李纨、宝钗着忙，打发人去到下处打听。去了一起，又无消息，连去的人也不来了。回来又打发一起人去，又不见回来。三个人心里如热油熬煎。等到傍晚，有人进来，见是贾兰。众人喜欢，问道："宝二叔呢？"贾兰也不及请安，便哭道："二叔丢了。"王夫人听了这话便怔了，半天也不言语，便直挺挺的躺倒床上。亏得彩云等在后面扶着，下死的叫醒转来，哭着。见宝钗也是白瞪两眼，袭人等已哭得泪人一般，只有哭着骂贾兰道："糊涂东西！你同二叔在一处，怎么他就丢了？"贾兰道："我和二叔在下处，是一处吃一处睡。进了场，相离也不远，刻刻在一处的。今儿一早，二叔的卷子早完了，还等我呢。我们两个人一起去交了卷子，一同出来，在龙门口一挤，回头就不见了。我们家接场的人都问我，李贵还说看见的，相离不过数步，怎么一挤就不见了。现叫李贵等分头的找去。我也带了人，各处号里都找遍了，没有，我所以这时候才回来。"王夫人是哭的一句话也说不出来，宝钗心里已知八九，袭人痛哭不已。贾蔷等不等吩咐，也是分头而去。可怜荣府的人，个个死多活少，空备了接场的酒饭。贾兰也忘却了辛苦，还要自己找去。倒是王夫人拦住道："我的儿，你叔叔丢了，还禁得再丢了你么？好孩子，你歇歇去罢。"贾兰那里肯走，尤氏等苦劝不止。众人中只有惜春心里却明白了，只不好说出来，便问宝钗道："二哥哥带了玉去了没有？"宝钗道："这是随身的东西，怎么不带？"惜春听了，便不言语。袭人想起那日抢玉的事来，也是料着那和尚作怪，柔肠几断，珠泪交流，呜呜咽咽哭个不住。追想当年宝玉相待的情分："有时怄他，他便恼了，也有一种令人回心的好处，那温存体贴，是不用说了。若怄急了他，便赌誓说做和尚。那知道今日却应了这句话。"看看那天已觉是四更天气，并没有个信儿。李纨又怕王夫人苦坏了，极力的劝着回房。众人都跟着伺候。只有邢夫人回去。贾环躲着不敢出来。王夫人叫贾兰去了，一夜无眠。次日天明，虽有家人回来，都说没有一处不寻到，实在没有影儿。于是薛姨妈、薛蝌、史湘云、宝琴、李婶等接二连三的过来请安问信。

如此一连数日，王夫人哭得饮食不进，命在垂危。忽有家人回道："海疆来了一人，口称统制大人那里来的，说我们家的三姑奶奶明日到京了。"王夫人听说探春回京，虽不能解宝玉之愁，那个心略放了些。到了明日，果然探春回来。众人远远接着，见探春出挑得比先前更好了，服采鲜明。见了王夫人形容枯藁，众人眼肿腮红，便也大哭起来，哭了一会，然后行礼。看见惜春道姑打扮，心里很不舒服。又听见宝玉心迷走失，家中多少不顺的事，大家又哭起来。还亏得探春能言，见解亦高，把话来慢慢儿的劝解了好些时，王夫人等略觉好些。再明儿，三姑爷也来了。知有这样的事，探春住下劝解。跟探春的丫头、老婆也与众姊妹们相聚，各诉别后的事。从此上上下下的人，竟是无昼无夜，专等宝玉的信。

那一夜五更多天，外头几个家人进来，到二门口报喜。几个小丫头乱跑进来，也不及告诉大丫头了，进了屋子，便说："太太、奶奶们大喜！"王夫人打量宝玉找着了，便喜欢的站起身来说："在哪里找着的？快叫他进来！"那人道："中了第七名举人。"王夫人道："宝玉呢？"家人不言语。王夫人仍旧坐下。探春便问："第七名中的是谁？"家人回说"是宝二爷。"正说着，外头又嚷道："兰哥儿中了！"那家人赶忙出去，接了报单回禀，见贾兰中了一百三十名。李纨心下喜欢，因王夫人不见了宝玉，不敢喜形于色。王夫人见贾兰中了，心下也是喜欢，只想："若是宝玉一回来，咱们这些人不知怎样乐呢！"独有宝钗心下悲苦，又不好掉泪。众人道喜，说是"宝玉既有中的命，自然再不会丢的。况天下那有迷失了的举人！"王夫人等想来不错，略有笑容。众人便趁势劝王夫人等多进了些饮食。只见三门外头茗烟乱嚷说："我们二爷中了举人，是丢不了的了！"众人问道："怎见得呢？"茗烟道："'一举成名天下闻'，如今二爷走到哪里，哪里就知道的，谁敢不送来！"里头的众人都说："这小子虽是没规矩，这句话是不错的。"惜春道："这样大人了，那里有走失的？只怕他勘破世情，入了空门，这就难找着他了。"这句话又招得王夫人等又大哭起来。李纨道："古来成佛作祖成神仙的，果然把爵位富贵都抛了，也多得很。"王夫人哭道："他若抛了父母，这就是不孝，怎能成佛作祖？"探春道："大凡一个人，不可有奇处。二哥哥生来带块玉来，都道是好事，这么说起来，都是有了这块玉的不好。若是再有几天不见－－我不是叫太太生气－－就有些原故了，只好譬如没有生这位哥哥罢了。果然有来头成了正果，也是太太几辈子的修积。"宝钗听了不言语。袭人那里忍得住，心里一疼，头上一晕，便栽倒了。王夫人见了可怜，命人扶她回去。贾环见哥哥、侄儿中了，又为巧姐的事大不好意思，只报怨蔷、芸两个。知道探春回来，此事不肯甘休，又不敢躲开，这几天竟是如在荆棘之中。

明日，贾兰只得先去谢恩，知道甄宝玉也中了，大家序了同年。提起贾宝玉心迷走失，甄宝玉叹息劝慰。知贡举的将考中的卷子奏闻，皇上一一的披阅，看取中的文章，俱是平正通达的。见第七名贾宝玉是金陵籍贯，第一百三十名又是金陵贾兰，皇上传旨询问："两个姓贾的是金陵人氏，是否贾妃一族？"大臣领命出来，传贾宝玉、贾兰问话。贾兰将宝玉场后迷失的话，并将三代陈明，大臣代为转奏。皇上最是圣明仁德，想起贾氏功勋，命大臣查复，大臣便细细的奏明。皇上甚是悯恤，命有司将贾赦犯罪情由查案呈奏。皇上又看到《海疆靖寇班师善后事宜》一本，奏的是海宴河清，万民乐业的事。皇上圣心大悦，命九卿叙功议赏，并大赦天下。贾兰等朝臣散后，拜了座师，并听见朝内有大赦的信，便回了王夫人等。合家略有喜色，只盼宝玉回来。薛姨妈更加喜欢，便要打算赎罪。

一日，人报甄老爷同三姑爷来道喜，王夫人便命贾兰出去接待。不多一时，贾兰进来，笑嘻嘻的回王夫人道："太太们大喜了！甄老伯在朝内听见有旨意，说是大老爷的罪名免了；珍大爷不但免了罪，仍袭了宁国三等世职。荣国世职，仍是老爷袭了，俟丁忧服满，仍陞工部郎中。所抄家产，全行赏还。二叔的文章，皇上看了甚喜，问知是元妃兄弟，北静王还奏说人品亦好，皇上传旨召见。众大臣奏称：'据伊侄贾兰回称出场时迷失，现在各处寻访。'皇上降旨，着五营各衙门用心寻访。这旨意一下，请太太们放心，皇上这样圣恩，再没有找不着了。"王夫人等这才大家称贺，喜欢起来。

只有贾环等心下着急，四处找寻巧姐。那知巧姐随了刘姥姥，带着平儿出了城，到了庄上，刘姥姥也不敢轻亵巧姐，便打扫上房，让给巧姐、平儿住下。每日供给，虽是乡村风味，倒也洁淨。又有青儿陪着，暂且宽心。那庄上也有几家富户，知道刘姥姥家来了贾府姑娘，谁不来瞧，都道是天上神仙。也有送菜果的，也有送野味的，倒也热闹。内中有个极富的人家，姓周，家财巨万，良田千顷；只有一子，生得文雅清秀，年纪十四岁，他父母延师读书，新近科试，中了秀才。那日他母亲看见了巧姐，心里羡慕，自想："我是庄家人家，那能配得起这样世家小姐？"呆呆的想着。刘姥姥知她心事，拉着她说："你的心事我知道了，我给你们做个媒罢。"周妈妈笑道："你别哄我，他们什么人家，肯给我们庄家人么？"刘姥姥道："说着瞧罢。"于是两人各自走开。

刘姥姥惦记着贾府，叫板儿进城打听。那日恰好到宁荣街，只见有好些车轿在那里。板儿便在邻近打听。说是："宁荣两府复了官，赏还抄的家产，如今府里又要起来了。只是他们的宝玉中了官，不知走到那里去了。"板儿心里喜欢，便要回去，又见好几匹马到来，在门前下马。只见门上打千儿请安，说："二爷回来了，大喜！大老爷身上安了么？"那位爷笑着道："好了，又遇恩旨，就要回来了。"还问："那些人做什么的？"门上回说："是皇上派官在这里下旨意，叫人领家产。"那位爷便喜欢进去。板儿便知是贾琏了。也不用打听，赶忙回去告诉了他外祖母。

刘姥姥听说，喜的眉开眼笑，去和巧姐儿贺喜，将板儿的话说了一遍。平儿笑说道："可不是，亏得姥姥这样一办，不然，姑娘也摸不着那好时候。"巧姐更自欢喜。正说着，那送贾琏信的人也回来了，说是："姑老爷感激得很，叫我一到家，快把姑娘送回去。又赏了我好几两银子。"刘姥姥听了得意，便叫人赶了两辆车，请巧姐、平儿上车。巧姐等在刘姥姥家住熟了，反是依依不舍，更有青儿哭着，恨不能留下。刘姥姥知她不忍相别，便叫青儿跟了进城，一径直奔荣府而来。

且说贾琏先前知道贾赦病重，赶到配所，父子相见，痛哭了一场，渐渐的好起来。贾琏接着家书，知道家中的事，禀明贾赦回来，走到中途，听得大赦，又赶了两天，今日到家，恰遇颁赏恩旨。里面邢夫人等正愁无人接旨，虽有贾兰，终是年轻。人报琏二爷回来，大家相见，悲喜交集。此时也不及叙话，即到前厅叩见了。钦命大人问了他父亲好，说："明日到内府领赏。宁国府第，发交居住。"众人起身辞别。贾琏送出门去，见有几辆屯车，家人们不许停歇，正在吵闹。贾琏早知道是巧姐来的车，便骂家人道："你们这班糊涂忘八崽子！我不在家，就欺心害主，将巧姐儿都逼走了。如今人家送来，还要拦阻，必是你们和我有什么仇么！"众家人原怕贾琏回来不依，想来少时才破，岂知贾琏说得更明，心下不懂，只得站着回道："二爷出门，奴才们有病的，有告假的，都是三爷、蔷大爷、芸大爷作主，不与奴才们相干。"贾琏道："什么混账东西！我完了事，再和你们说。快把车赶进来！"

贾琏进去，见邢夫人也不言语，转身到了王夫人那里，跪下磕了个头，回道："姐儿回来了，全亏太太！环兄弟太太也不用说他了。只是芸儿这东西，他上回看家，就闹乱儿；如今我去了几个月，便闹到这样。回太太的话，这种人撵了他不往来也使得。"王夫人道："你大舅子为什么也是这样？"贾琏道："太太不用说，我自有道理。"正说着，彩云等回道："巧姐儿进来了。"见了王夫人，虽然别不多时，想起这样逃难的景况，不免落下泪来。巧姐儿也便大哭。贾琏谢了刘姥姥。王夫人便拉她坐下，说起那日的话来。贾琏见平儿，外面不好说别的，心里感激，眼中流泪。自此贾琏心里愈敬平儿，打算等贾赦等回来，要扶平儿为正。此是后话，暂且不提。

邢夫人正恐贾琏不见了巧姐，必有一番的周折，又听见贾琏在王夫人那里，心下更是着急，便叫丫头去打听。回来说是巧姐儿同着刘姥姥在那里说话，邢夫人才如梦初觉，知他们的鬼，还抱怨着王夫人："调唆我母子不和，到底是那个送信给平儿的？"正问着，只见巧姐同着刘姥姥，带了平儿，王夫人在后头跟着进来，先把头里的话都说在贾芸、王仁身上，说："大太太原是听见人说，为的是好事，那里知道外头的鬼。"邢夫人听了，自觉羞惭。想起王夫人主意不差，心里也服。于是邢、王夫人彼此心下相安。

平儿回了王夫人，带了巧姐到宝钗那里来请安，各自提各自的苦处。又说到："皇上隆恩，咱们家该兴旺起来了。想来宝二爷必回来的。"正说到这话，只见秋纹急忙来说："袭人不好了！"不知何事，且听下回分解。

第 120 回 甄士隐详说太虚情 贾雨村归结红楼梦

话说宝钗听秋纹说袭人不好，连忙进去瞧看。巧姐儿同平儿也随着走到袭人炕前，只见袭人心痛难禁，一时气厥。宝钗等用开水灌了过来，仍旧扶她睡下，一面传请大夫。巧姐儿问宝钗道："袭人姐姐怎么病到这个样？"宝钗道："大前儿晚上，哭伤了心了，一时发晕栽倒了。太太叫人扶她回来，她就睡倒了。因外头有事，没有请大夫瞧她，所以致此。"说着，大夫来了，宝钗等略避。大夫看了脉，说是急怒所致，开了方子去了。

原来袭人模糊听见说，宝玉若不回来，便要打发屋里的人都出去，一急，越发不好了。到大夫瞧后，秋纹给她煎药，她独各自一人躺着，神魂未定，好像宝玉在她面前，恍惚又像是个和尚，手里拿着一本册子揭着看，还说道："你别错了主意，我是不认得你们的了。"袭人似要和他说话，秋纹走来说："药好了，姐姐吃罢。"袭人睁眼一瞧，知是个梦，也不告诉人。吃了药，便自己细细的想："宝玉必是跟了和尚去。上回他要拿玉出去，便是要脱身的样子，被我揪住，看他竟不像往常，把我混推混揉的，一点情意都没有。后来待二奶奶更生厌烦。在别的姊妹跟前，也是没有一点情意。这就是悟道的样子。但是你悟了道，抛了二奶奶怎么好！我是太太派我服侍你，虽是月钱照着那样的分例，其实我究竟没有在老爷、太太跟前回明，就算了你的屋里人。若是老爷、太太打发我出去，我若死守着，又叫人笑话，若是我出去，心想宝玉待我的情分，实在不忍。”左思右想，实在难处。想到刚才的梦，好像和我无缘的话，倒不如死了干淨。岂知吃药以后，心痛减了好些，也难躺着，只好勉强支持。过了几日，起来服侍宝钗。宝钗想念宝玉，暗中垂泪，自叹命苦。又知她母亲打算给哥哥赎罪，很费张罗，不能不帮着打算。暂且不表。

且说贾政扶贾母灵柩，贾蓉送了秦氏、凤姐、鸳鸯的棺木到了金陵，先安了葬。贾蓉自送黛玉的灵，也去安葬。贾政料理坟基的事。一日，接到家书，一行一行的看到宝玉，贾兰得中，心里自是喜欢；后来看到宝玉走失，复又烦恼，只得赶忙回来。在道儿上又闻得有恩赦的旨意，又接家书，果然赦罪复职，更是喜欢，便日夜趱行。

一日，行到毘陵驿地方，那天乍寒下雪，泊在一个清静去处。贾政打发众人上岸投帖，辞谢朋友，总说即刻开船，都不敢劳动。船中只留一个小厮伺候，自己在船中写家书，先要打发人起旱到家。写到宝玉的事，便停笔。抬头忽见船头上微微的雪影里面一个人，光着头，赤着脚，身上披着一领大红猩猩毡的斗篷，向贾政倒身下拜。贾政尚未认清，急忙出船，欲待扶住问他是谁。那人已拜了四拜，站起来打了个问讯。贾政才要还揖，迎面一看，不是别人，却是宝玉。贾政吃一大惊，忙问道：“可是宝玉么？”那人只不言语，似喜似悲。贾政又问道：“你若是宝玉，如何这样打扮，跑到这里？”宝玉未及回言，只见舡头上来了两人，一僧一道，夹住宝玉说道：“俗缘已毕，还不快走！”说着，三个人飘然登岸而去。贾政不顾地滑，疾忙来赶。见那三人在前，那里赶得上。只听见他们三人口中不知是那个作歌曰：

我所居兮，青埂之峰。我所游兮，鸿蒙太空。谁与我游兮，吾谁与从？淼淼茫茫兮，归彼大荒。

贾政一面听着，一面赶去，转过一小坡，倏然不见。贾政已赶得心虚气喘，惊疑不定，回过头来，见自己的小厮也是随后赶来。贾政问道：“你看见方才那三个人么？”小厮道：“看见的。奴才为老爷追赶，故也赶来。后来只见老爷，不见那三个人了。”贾政还欲前走，只见白茫茫一片旷野，并无一人。贾政知是古怪，只得回来。

众家人回舡，见贾政不在舱中，问了舡夫，说是“老爷上岸追赶两个和尚一个道士去了。”众人也从雪地里寻踪迎去，远远见贾政来了，迎上去接着，一同回船。贾政坐下，喘息方定，将见宝玉的话说了一遍。众人回禀，便要在这地方寻觅。贾政叹道：“你们不知道，这是我亲眼见的，并非鬼怪。况听得歌声，大有玄妙。那宝玉生下时，衔了玉来，便也古怪，我早知不祥之兆，为的是老太太疼爱，所以养育到今。便是那和尚道士，我也见了三次：头一次，是那僧道来说玉的好处；第二次，便是宝玉病重，他来了，将那玉持诵了一番，宝玉便好了；第三次，送那玉来，坐在前厅，我一转眼就不见了。我心里便有些诧异，只道宝玉果真有造化，高僧仙道来护佑他的。岂知宝玉是下凡历劫的，竟哄了老太太十九年！如今叫我才明白。”说到那里，掉下泪来。众人道：“宝二爷果然是下凡的和尚，就不该中举人了。怎么中了才去？”贾政道：“你们那里知道，大凡天上星宿，山中老僧，洞里的精灵，他自具一种性情。你看宝玉何尝肯念书，他若略一经心，无有不能的。他那一种脾气，也是各别另样。”说着，又叹了几声。众人便拿“兰哥得中，家道复兴”的话解了一番。贾政仍旧写家书，便把这事写上，劝谕合家不必想念了。写完封好，即着家人回去。贾政随后赶回。暂且不提。

且说薛姨妈得了赦罪的信，便命薛蝌去各处借贷，并自己凑齐了赎罪银两。刑部准了，收兑了银子，一角文书将薛蟠放出。他们母子姊妹弟兄见面，不必细述，自然是悲喜交集了。薛蟠自己立誓说道：“若是再犯前病，必定犯杀犯剐！”薛姨妈见他这样，便要握他嘴，说：“只要自己拿定主意，必定还要妄口巴舌血淋淋的起这样恶誓么！只香菱跟了你，受了多少的苦处！你媳妇已经自己治死自己了。如今虽说穷了，这碗饭还有得吃，据我的主意，我便算她是媳妇了。你心里怎么样？”薛蟠点头愿意。宝钗等也说：“很该这样。”倒把香菱急得脸胀通红，说是：“服侍大爷一样的，何必如此。”众人便称起“大奶奶”来，无人不服。

薛蟠便要去拜谢贾家。薛姨妈、宝钗也都过来。见了众人，彼此聚首，又说了一番的话。正说着，恰好那日贾政的家人回家，呈上书子，说：“老爷不日到了。”王夫人叫贾兰将书子念给听。贾兰念到贾政亲见宝玉的一段，众人听了，都痛哭起来，王夫人、宝钗、袭人等更甚。大家又将贾政书内叫家内“不必悲伤，原是借胎”的话解说了一番：“与其作了官，倘或命运不好，犯了事，坏家败产，那时倒不好了，宁可咱们家出一位佛爷，倒是老爷、太太的积德，所以才投到咱们家来。不是说句不顾前后的话，当初东府里太爷，倒是修炼了十几年，也没有成了仙，这佛是更难成的。太太这么一想，心里便开豁了。”

王夫人哭着和薛姨妈道：“宝玉抛了我，我还恨他呢。我叹的是媳妇的命苦，才成了一二年的亲，怎么他就硬着肠子都撂下了走了呢！”薛姨妈听了，也甚伤心。宝钗哭得人事不知。所有爷们都在外头，王夫人便说道：“我为他担了一辈子的惊，刚刚儿的娶了亲，中了举人，又知道媳妇作了胎，我才喜欢些，不想弄到这样结局！早知这样，就不该娶亲，害了人家的姑娘。”薛姨妈道：“这是自己一定的。咱们这样人家，还有什么别的说的吗？幸喜有了胎，将来生个外孙子，必定是有成立的，后来就有了结果了。你看大奶奶，如今兰哥儿中了举人，明年成了进士，可不是就做了官了么？她头里的苦也算吃尽的了，如今的甜来，也是应为人的好处。我们姑娘的心肠儿，姐姐是知道的，并不是刻薄轻佻的人，姐姐倒不必耽忧。”王夫人被薛姨妈一番言语说得极有理，心想：“宝钗小时候，便是廉静寡欲，极爱素澹的，所以才有这个事。想人生在世，真有一定数的。看着宝钗虽是痛哭，她端庄样儿一点不走，却倒来劝我，这是真真难得的！不想宝玉这样一个人，红尘中福分，竟没有一点儿。”想了一回，也觉解了好些。又想到袭人身上：“若说别的丫头呢，没有什么难处的，大的配了出去，小的服侍二奶奶就是了。独有袭人，可怎么处呢？”此时人多，也不好说，且等晚上和薛姨妈商量。

那日薛姨妈并未回家，因恐宝钗痛哭，所以在宝钗房中解劝。那宝钗却是极明理，思前想后：“宝玉原是一种奇异的人，夙世前因，自有一定，原无可怨天尤人。”更将大道理的话告诉她母亲了。薛姨妈心里反倒安了，便到王夫人那里，先把宝钗的话说了。王夫人点头叹道：“若说我无德，不该有这样好媳妇了。”说着更又伤心起来。薛姨妈倒又劝了一会子，因又提起袭人来，说：“我见袭人近来瘦的了不得，她是一心想着宝哥儿。但是正配呢，理应守的，屋里人愿守也是有的。惟有这袭人，虽说是算个屋里人，到底她和宝哥儿并没有过明路儿的。”王夫人道：“我才刚想着，正要等妹妹商量商量。若说放她出去，恐怕她不愿意，又要寻死觅活的；若要留着她也罢，又恐老爷不依。所以难处。”薛姨妈道：“我看姨老爷是再不肯叫守着的。再者，姨老爷并不知道袭人的事，想来不过是个丫头，那有留的理呢。只要姐姐叫她本家的人来，狠狠的吩咐他，叫他配一门正经亲事，再多多的陪送她些东西。那孩子心肠儿也好，年纪儿又轻，也不枉跟了姐姐会子，也算姐姐待她不薄了。袭人那里，还得我细细劝她。就是叫她家的人来，也不用告诉她，只等她家里果然说定了好人家儿，我们还去打听打听，若果然足衣足食，女婿长的像个人儿，然后叫她出去。”王夫人听了，道：“这个主意很是。不然，叫老爷冒冒失失的一办，我可不是又害了一个人了么！”薛姨妈听了，点头道：“可不是么！”又说了几句，便辞了王夫人，仍到宝钗房中去了。

看见袭人满面泪痕，薛姨妈便劝解譬喻了一会。袭人本来老实，不是伶牙利齿的人，薛姨妈说一句，她应一句，回来说道："我是做下人的人，姨太太瞧得起我，才和我说这些话。我是从不敢违拗太太的。"薛姨妈听她的话，"好一个柔顺的孩子！"心里更加喜欢。宝钗又将大义的话说了一遍，大家各自相安。

过了几日，贾政回家，众人迎接。贾政见贾赦、贾珍已都回家，弟兄叔侄相见，大家历叙别来的景况。然后内眷们见了，不免想起宝玉来，又大家伤了一会子心。贾政喝住道："这是一定的道理。如今只要我们在外把持家事，你们在内相助，断不可仍是从前这样的散慢。别房的事，各有各家料理，也不用承总。我们本房的事，里头全归于你，都要按理而行。"王夫人便将宝钗有孕的话也告诉了，将来丫头们都劝放出去。贾政听了，点头无语。

次日，贾政进内，请示大臣们，说是："蒙恩感激，但未服阕，应该怎么谢恩之处，望乞大人们指教。"众朝臣说是代奏请旨。于是圣恩浩荡，即命陛见。贾政进内谢了恩。圣上又降了好些旨意，又问起宝玉的事来。贾政据实回奏。圣上称奇，旨意说，宝玉的文章固是清奇，想他必是过来人，所以如此。若在朝中，可以进用。他既不敢受圣朝的爵位，便赏了一个"文妙真人"的道号。贾政又叩头谢恩而出。

回到家中，贾琏、贾珍接着，贾政将朝内的话述了一遍，众人喜欢。贾珍便回说："宁国府第收拾齐全，回明了要搬过去。栊翠庵圈在园内，给四妹妹静养。"贾政并不言语，隔了半日，却吩咐了一番仰报天恩的话。贾琏也趁便回说："巧姐亲事，父亲、太太都愿意给周家为媳。"贾政昨晚也知巧姐的始末，便说："大老爷、大太太作主就是了。莫说村居不好，只要人家清白，孩子肯念书，能够上进。朝里那些官儿，难道都是城里的人么？"贾琏答应了"是"，又说："父亲有了年纪，况且又有痰症的根子，静养几年，诸事原仗二老爷为主。"贾政道："提起村居养静，甚合我意。只是我受恩深重，尚未酬报耳。"贾政说毕进内。贾琏打发请了刘姥姥来，应了这件事。刘姥姥见了王夫人等，便说些将来怎样升官，怎样起家，怎样子孙昌盛。

正说着，丫头回道："花自芳的女人进来请安。"王夫人问几句话，花自芳的女人将亲戚作媒，说的是城南蒋家的，现在有房有地，又有铺面。姑爷年纪略大了几岁，并没有娶过的，况且人物儿长的是百里挑一的。王夫人听了愿意，说道："你去应了，隔几日进来，再接你妹子罢。"王夫人又命人打听，都说是好。王夫人便告诉了宝钗，仍请了薛姨妈细细的告诉了袭人。袭人悲伤不已，又不敢违命的，心里想起宝玉那年到她家去，回来说的死也不回去的话，"如今太太硬作主张。若说我守着，又叫人说我不害臊；若是去了，实不是我的心愿"便哭得咽哽难鸣，又被薛姨妈、宝钗等苦劝，回过念头想道："我若是死在这里，倒把太太的好心弄坏了。我该死在家里才是。"

于是，袭人含悲叩辞了众人，那姊妹分手时，自然更有一番不忍说。袭人怀着必死的心肠上车回去，见了哥哥、嫂子，也是哭泣，但只说不出来。那花自芳悉把蒋家的娉礼送给她看，又把自己所办妆奁一一指给她瞧，说："那是太太赏的，那是置办的。"袭人此时更难开口，住了两天，细想起来："哥哥办事不错，若是死在哥哥家里，岂不又害了哥哥呢？"千思万想，左右为难，真是一缕柔肠，几乎牵断，只得忍住。

那日，已是迎娶吉期。袭人本不是那一种泼辣人，委委屈屈的上轿而去，心里另想到那里再作打算。岂知过了门，见那蒋家办事，极其认真，全都按着正配的规矩。一进了门，丫头、仆妇都称"奶奶"。袭人此时欲要死在这里，又恐害了人家，辜负了一番好意。那夜原是哭着不肯俯就的，那姑爷却极柔情曲意的承顺。到了第二天开箱，这姑爷看见一条猩红汗巾，方知是宝玉的丫头。原来当初只知是贾母的侍儿，益想不到是袭人。此时蒋玉菡念着宝玉待他的旧情，倒觉满心惶愧，更加周旋，又故意将宝玉所换那条松花绿的汗巾拿出来。袭人看了，方知这姓蒋的原来就是蒋玉菡，始信姻缘前定。袭人才将心事说出。蒋玉菡也深为叹息敬服，不敢勉强，并越发温柔体贴，弄得个袭人真无死所了。

看官听说：虽然事有前定，无可奈何。但孽子孤臣，义夫节妇，这"不得已"三字也不是一概推委得的。此袭人所以在"又副册"也。正是前人过那桃花庙的诗上说道：

千古艰难惟一死，伤心岂独息夫人！

不言袭人从此又是一番天地。且说那贾雨村犯了婪索的案件，审明定罪，今遇大赦，褫籍为民。雨村因叫家眷先行，自己带了一个小厮，一车行李，来到急流津觉迷渡口。只见一个道者，从那渡头草棚里出来，执手相迎。雨村认得是甄士隐，也连忙打恭。士隐道："贾老先生，别来无恙？"雨村道："老仙长到底是甄老先生！何前次相逢，觌面不认？后知火焚草亭，下鄙深为惶恐。今日幸得相逢，益叹老仙翁道德高深。奈鄙人下愚不移，致有今日。"甄士隐道："前者老大人高官显爵，贫道怎敢相认！原因故交，敢赠片言，不意老大人相弃之深。然而富贵穷通，亦非偶然，今日复得相逢，也是一桩奇事。这里离草庵不远，暂请膝谈，未知可否？"

雨村欣然领命。两人携手而行，小厮驱车随后，到了一座茅庵。士隐让进，雨村坐下，小童献上茶来。雨村便请教仙长超尘的始末。士隐笑道："一念之间，尘凡顿易。老先生从繁华境中来，岂不知温柔富贵乡中有一宝玉乎？"雨村道："怎么不知！近闻纷纷传述，说他也遁入空门。下愚当时也曾与他往来过数次，再不想此人竟有如是之决绝。"士隐道："非也。这一段奇缘，我先知之。昔年我与先生在仁清巷旧宅门口叙话之前，我已会过他一面。"雨村惊讶道："京城离贵乡甚远，何以能见？"士隐道："神交久矣。"雨村道："既然如此，现今宝玉的下落，仙长定能知之。"士隐道："宝玉，即'宝玉'也。那年荣、宁查抄之前，钗、黛分离之日，此玉早已离世。一为避祸，二为撮合，从此夙缘一了，形质归一。又复稍示神灵，高魁子贵，方显得此玉那天奇地灵锻鍊之宝，非凡间可比。前经茫茫大士、淼淼真人携带下凡，如今尘缘已满，仍是此二人携归本处，这便是宝玉的下落。"雨村听了，虽不能全然明白，却也十知四五，便点头叹道："原来如此！下愚不知。但那宝玉既有如此的来历，又何以情迷至此，复又豁悟如此？还要请教。"士隐笑道："此事说来，老先生未必尽解。太虚幻境，即是真如福地。一番阅册，原始要终之道，历历生平，如何不悟？仙草归真，焉有通灵不复原之理呢？"雨村听着，却不明白了。知仙机也不便更问，因又说道："宝玉之事，既得闻命，但是敝族闺秀，如此之多，何元妃以下，算来结局俱属平常呢？"士隐叹息道："老先生莫怪拙言，贵族之女，俱属从情天孽海而来。大凡古今女子，那'淫'字固不可犯，只这'情'字也是沾染不得的。所以崔莺、苏小，无非仙子尘心，宋玉、相如，大是文人口孽。凡是情思缠绵的，那结果就不可问了。"雨村听到这里，不觉拈髯长叹，因又问道："请教老仙翁，那荣、宁两府，尚可如前？"士隐道："福善祸淫，古今定理。现今荣、宁两府，善者修缘，恶者悔祸，将来兰桂齐芳，家道复初，也是自然的道理。"雨村低了半日头，忽然笑道："是了，是了！现在他府中有一个名兰，的已中乡榜，恰好应着'兰'字。适间老仙翁说'兰桂齐芳'， 又道宝玉'高魁子贵'，莫非他有遗腹之子，可以飞黄腾达的么？"士隐微微笑道："此係后事，未便预说。"雨村还要再问，士隐不答，便命人设俱盘飧，邀雨村共食。

食毕，雨村还要问自己的终身，士隐便道："老先生草庵暂歇，我还有一段俗缘未了，正当今日完结。"雨村惊讶道：

“仙长纯修若此，不知尚有何俗缘？”士隐道：“也不过是儿女私情罢了。”雨村听了，益发惊异：“请问仙长，何出此言？”士隐道：“老先生有所不知，小女英莲，幼遭尘劫，老先生初任之时，曾经判断。今归薛姓，产难完劫。遗一子于薛家，以承宗祧。此时正是尘缘脱尽之时，只好接引接引。”士隐说着，拂袖而起。雨村心中恍恍惚惚，就在这急流津觉迷渡口草庵中睡着了。

这士隐自去度脱了香菱，送到太虚幻境，交那警幻仙子对册。刚过牌坊，见那一僧一道缥渺而来，士隐接着说道：“大士、真人，恭喜，贺喜！情缘完结，都交割清楚了么？”那僧说：“情缘尚未全结，倒是那蠢物已经回来了。还得把他送还原所，将他的后事叙明，不枉他下世一回。”士隐听了，便供手而别。那僧道仍携了玉到青埂峰下，将“宝玉”安放在女娲炼石补天之处，各自云游而去。从此后：天外书传天外事，两番人作一番人。”

这一日，空空道人又从青埂峰前经过，见那补天未用之石仍在那里，上面字迹依然如旧，又从头的细细看了一遍，见后面偈文后又历叙了多少收缘结果的话头，便点头叹道：“我从前见石兄这段奇文，原说可以闻世传奇，所以曾经抄录，但未见返本还原。不知何时复有此一佳话？方知石兄下凡一次，磨出光明，修成圆觉，也可谓无复遗憾了。只怕年深日久，字迹模糊，反有舛错，不如我再抄录一番，寻个世上清闲无事的人，托他传遍，知道奇而不奇，俗而不俗，真而不真，假而不假。或者尘梦劳人，聊倩鸟呼归去；山灵好客，更从石化飞来，亦未可知。”想毕，便又抄了，仍袖至那繁华昌盛的地方，遍寻了一番，不是建功立业之人，即系饶口谋衣之辈，那有闲情更去和石头饶舌。直寻到急流津觉迷度口，草庵中睡着一个人，因想他必是闲人，便要将这抄录的《石头记》给他看看。那知那人再叫不醒。空空道人复又使劲拉他，才慢慢的开眼坐起，便草草一看，仍旧掷下道：“这事我早已亲见尽知。你这抄录的尚无舛错。我只指与你一个人，托他传去，便可归结这一新鲜公案了。”空空道人忙问何人，那人道：“你须待某年、某月、某日、某时，到一个悼红轩中，有个曹雪芹先生，只说贾雨村言，托他如此如此。”说毕，仍旧睡下了。

那空空道人牢牢记着此言，又不知过了几世几劫，果然有个悼红轩，见那曹雪芹先生正在那里翻阅历来的古史。空空道人便将贾雨村言了，方把这《石头记》示看。那雪芹先生笑道：“果然是‘贾雨村言’了！”空空道人便问：“先生何以认得此人，便肯替他传述？”曹雪芹先生笑道：“说你空，原来你肚里果然空空。既是假语村言，但无鲁鱼亥豕以及背谬矛盾之处，乐得与二三同志，酒余饭饱，雨夕灯窗之下，同消寂寞，又不必大人先生品题传世。似你这样寻根问底，便是刻舟求剑、胶柱鼓瑟了。”那空空道人听了，仰天大笑，掷下抄本，飘然而去。一面走着，口中说道：“果然是敷衍荒唐！不但作者不知，抄者不知，并阅者也不知。不过游戏笔墨，陶情适性而已！”后人见了这本奇传，亦曾题过四句偈语，为作者缘起之言更转一竿头云：

说到辛酸处，荒唐愈可悲。由来同一梦，休笑世人痴！

西游记

吴承恩

第一回　灵根育孕源流出　心性修持大道生

诗曰：
混沌未分天地乱，茫茫渺渺无人见。
自从盘古破鸿蒙，开辟从兹清浊辨。
覆载群生仰至仁，发明万物皆成善。
欲知造化会元功，须看西游释厄传。

盖闻天地之数，有十二万九千六百岁为一元。将一元分为十二会，乃子、丑、寅、卯、辰、巳、午、未、申、酉、戌、亥之十二支也。每会该一万八百岁。且就一日而论：子时得阳气，而丑则鸡鸣；寅不通光，而卯则日出；辰时食后，而巳则挨排；日午天中，而未则西蹉；申时晡而日落酉；戌黄昏而人定亥。譬于大数，若到戌会之终，则天地昏蒙而万物否矣。再去五千四百岁，交亥会之初，则当黑暗，而两间人物俱无矣，故曰混沌。又五千四百岁，亥会将终，贞下起元，近子之会，而复逐渐开明。邵康节曰："冬至子之半，天心无改移。一阳初动处，万物未生时。"到此，天始有根。再五千四百岁，正当子会，轻清上腾，有日，有月，有星，有辰。日、月、星、辰，谓之四象。故曰，天开于子。又经五千四百岁，子会将终，近丑之会，而逐渐坚实。易曰："大哉乾元！至哉坤元！万物资生，乃顺承天。"至此，地始凝结。再五千四百岁，正当丑会，重浊下凝，有水，有火，有山，有石，有土。水、火、山、石、土谓之五形。故曰，地辟于丑。又经五千四百岁，丑会终而寅会之初，发生万物。历曰："天气下降，地气上升；天地交合，群物皆生。"至此，天清地爽，阴阳交合。再五千四百岁，正当寅会，生人，生兽，生禽，正谓天地人，三才定位。故曰，人生于寅。

感盘古开辟，三皇治世，五帝定伦，世界之间，遂分为四大部洲：曰东胜神洲，曰西牛贺洲，曰南赡部洲，曰北俱芦洲。这部书单表东胜神洲。海外有一国土，名曰傲来国。国近大海，海中有一座山，唤为花果山。此山乃十洲之祖脉，三岛之来龙，自开清浊而立，鸿蒙判后而成。真个好山！有词赋为证。赋曰：

势镇汪洋，威宁瑶海。势镇汪洋，潮涌银山鱼入穴；威宁瑶海，波翻雪浪蜃离渊。木火方隅高积上，东海之处耸崇巅。丹崖怪石，削壁奇峰。丹崖上，彩凤双鸣；削壁前，麒麟独卧。峰头时听锦鸡鸣，石窟每观龙出入。林中有寿鹿仙狐，树上有灵禽玄鹤。瑶草奇花不谢，青松翠柏长春。仙桃常结果，修竹每留云。一条涧壑藤萝密，四面原堤草色新。正是百川会处擎天柱，万劫无移大地根。那座山，正当顶上，有一块仙石。其石有三丈六尺五寸高，有二丈四尺围圆。三丈六尺五寸高，按周天三百六十五度；二丈四尺围圆，按政历二十四气。上有九窍八孔，按九宫八卦。四面更无树木遮阴，左右倒有芝兰相衬。盖自开辟以来，每受天真地秀，日精月华，感之既久，遂有灵通之意。内育仙胞，一日迸裂，产一石卵，似圆球样大。因见风，化作一个石猴，五官俱备，四肢皆全。便就学爬学走，拜了四方。目运两道金光，射冲斗府。惊动高天上圣大慈仁者玉皇大天尊玄穹高上帝，驾座金阙云宫灵霄宝店，聚集仙卿，见有金光焰焰，即命千里眼、顺风耳开南天门观看。二将果奉旨出门外，看的真，听的明。须臾回报道："臣奉旨观听金光之处，乃东胜神洲海东傲来小国之界，有一座花果山，山上有一仙石，石产一卵，见风化一石猴，在那里拜四方，眼运金光，射冲斗府。如今服饵水食，金光将潜息矣。"玉帝垂赐恩慈曰："下方之物，乃天地精华所生，不足为异。"

那猴在山中，却会行走跳跃，食草木，饮涧泉，采山花，觅树果；与狼虫为伴，虎豹为群，獐鹿为友，猕猿为亲；夜宿石崖之下，朝游峰洞之中。真是"山中无甲子，寒尽不知年。"一朝天气炎热，与群猴避暑，都在松阴之下顽耍。你看他一个个：

跳树攀枝，采花觅果；抛弹子，邱么儿；跑沙窝，砌宝塔；赶蜻蜓，扑八蜡；参老天，拜菩萨；扯葛藤，编草帓；捉虱子，咬又掐；理毛衣，剔指甲；挨的挨，擦的擦；推的推，压的压；扯的扯，拉的拉，青松林下任他顽，绿水涧边随洗濯。一群猴子耍了一会，却去那山涧中洗澡。见那股涧水奔流，真个似滚瓜涌溅。古云："禽有禽言，兽有兽语。"众猴都道："这股水不知是那里的水。我们今日赶闲无事，顺涧边往上溜头寻看源流，耍子去耶！"喊一声，都拖男挈女，呼弟呼兄，一齐跑来，顺涧爬山，直至源流之处，乃是一股瀑布飞泉。但见那：

一派白虹起，千寻雪浪飞；海风吹不断，江月照还依。
冷气分青嶂，馀流润翠微；潺湲名瀑布，真似挂帘帷。

众猴拍手称扬道："好水！好水！原来此处远通山脚之下，直接大海之波。"又道："那一个有本事的，钻进去寻个源头出来，不伤身体者，我等即拜他为王。"连呼了三声，忽见丛杂中跳出一名石猴，应声高叫道："我进去！我进去！"好猴！也是他：

今日芳名显，时来大运通；有缘居此地，王遣入仙宫。

你看他瞑目蹲身，将身一纵，径跳入瀑布泉中，忽睁睛抬头观看，那里边却无水无波，明明朗朗的一架桥梁。他住了身，定了神，仔细再看，原来是座铁板桥。桥下之水，冲贯于石窍之间，倒挂流出去，遮闭了桥门。却又欠身上桥头，再走再看，却似有人家住处一般，真个好所在。但见那：

翠藓堆蓝，白云浮玉，光摇片片烟霞。虚窗静室，滑凳板生花。乳窟龙珠倚挂，萦回满地奇葩。锅灶傍崖存火迹，樽罍靠案见肴渣。石座石床真可爱，石盆石碗更堪夸。又见那一竿两竿修竹，三点五点梅花。几树青松常带雨，浑然相个人家。

看罢多时，跳过桥中间，左右观看，只见正当中有一石碣。碣上有一行楷书大字，镌着"花果山福地，水帘洞洞天。"石猴喜不自胜，急抽身往外便走，复瞑目蹲身，跳出水外，打了两个呵呵道："大造化！大造化！"众猴把他围住，问道："里面怎么样？水有多深？"石猴道："没水！没水！原来是一座铁板桥。桥那边是一座天造地设的家当。"众猴道："怎见得是个家当？"石猴笑道："这股水乃是桥下冲贯石桥，倒挂下来遮闭门户的。桥边有花有树，乃是一座石房。房内有石窝、石灶、石碗、石盆、石床、石凳。中间一块石碣上，镌着'花果山福地，水帘洞洞天。'真个是我们安身之处。里面且是宽阔，容得千百口老小。我们都进去住也，省得受老天之气。这里边：

刮风有处躲，下雨好存身。霜雪全无惧，雷声永不闻。
烟霞常照耀，祥瑞每蒸熏。松竹年年秀，奇花日日新。"

众猴听得，个个欢喜，都道："你还先走，带我们进去，进去！"石猴却又瞑目蹲身，往里一跳，叫道："都随我进来！

进来！”那些猴有胆大的，都跳进去了；胆小的，一个个伸头缩颈，抓耳挠腮，大声叫喊，缠一会，也都进去了。跳过桥头，一个个抢盆夺碗，占灶争床，搬过来，移过去，正是猴性顽劣，再无一个宁时，只搬得力倦神疲方止。石猿端坐上面道：“列位呵，‘人而无信，不知其可。’你们才说有本事进得来，出得去，不伤身体者，就拜他为王。我如今进来又出去，出去又进来，寻了这一个洞天与列位安眠稳睡，各享成家之福，何不拜我为王？”众猴听说，即拱伏无违。一个个序齿排班，朝上礼拜，都称“千岁大王”。自此，石猴高登王位，将“石”字儿隐了，遂称美猴王。有诗为证。诗曰：

三阳交泰产群生，仙石胞含日月精。

借卵化猴完大道，假他名姓配丹成。

内观不识因无相，外合明知作有形。

历代人人皆属此，称王称圣任纵横。美猴王领一群猿猴、猕猴、马猴等，分派了君臣佐使，朝游花果山，暮宿水帘洞，合契同情，不入飞鸟之丛，不从走兽之类，独自为王，不胜欢乐。是以：

春采百花为饮食，夏寻诸果作生涯。

秋收芋栗延时节，冬觅黄精度岁华。

美猴王享乐天真，何期有三五百载。一日，与群猴喜宴之间，忽然忧恼，堕下泪来。众猴慌忙罗拜道：“大王何为烦恼？”猴王道：“我虽在欢喜之时，却有一点儿远虑，故此烦恼。”众猴又笑道：“大王好不知足！我等日日欢会，在仙山福地，古洞神州，不伏麒麟辖，不伏凤凰管，又不伏人间王位所拘束，自由自在，乃无量之福，为何远虑而忧也？”猴王道：“今日虽不归人王法律，不惧禽兽威服，将来年老血衰，暗中有阎王老子管着，一旦身亡，可不枉生世界之中，不得久住天人之内？”众猴闻此言，一个个掩面悲啼，俱以无常为虑。

只见那班部中，忽跳出一个通背猿猴，厉声高叫道：“大王若是这般远虑，真所谓道心开发也！如今五虫之内，惟有三等名色，不伏阎王老子所管。”猴王道：“你知那三等人？”猿猴道：“乃是佛与仙与神圣三者，躲过轮回，不生不灭，与天地山川齐寿。”猴王道：“此三者居于何所？”猿猴道：“他只在阎浮世界之中，古洞仙山之内。”猴王闻之，满心欢喜，道：“我明日就辞汝等下山，云游海角，远涉天涯，务必访此三者，学一个不老长生，常躲过阎君之难。”噫！这句话，顿教跳出轮回网，致使齐天大圣成。众猴鼓掌称扬，都道：“善哉！善哉！我等明日越岭登山，广寻些果品，大设筵宴送大王也。”

次日，众猴果去采仙桃，摘异果，刨山药，□【左“属”右“立刀”】黄精，芝兰香蕙，瑶草奇花，般般件件，整整齐齐，摆开石凳石桌，排列仙酒仙肴。但见那：

金丸珠弹，红绽黄肥。金丸珠弹腊樱桃，色真甘美；红绽黄肥熟梅子，味果香酸。鲜龙眼，肉甜皮薄；火荔枝，核小囊红。林檎碧实连枝献，枇杷缃苞带叶擎。兔头梨子鸡心枣，消渴除烦更解酲。香桃烂杏，美甘甘似玉液琼浆；脆李杨梅，酸荫荫如脂酸膏酪。红囊黑子熟西瓜，四瓣黄皮大柿子。石榴裂破，丹砂粒现火晶珠；芋栗剖开，坚硬肉团金玛瑙。胡桃银杏可传茶，椰子葡萄能做酒。榛松榧柰满盘盛，橘蔗柑橙盈案摆。熟煨山药，烂煮黄精，捣碎茯苓并薏苡，石锅微火漫炊羹。人间纵有珍馐味，怎比山猴乐更宁？群猴尊美猴王上坐，各依齿肩排于下边，一个个轮流上前，奉酒，奉花，奉果，痛饮了一日。次日，美猴王早起，教：“小的们，替我折些枯松，编作筏子，取个竹竿作篙，收拾些果品之类，我将去也。”果独自登筏，尽力撑开，飘飘荡荡，径向大海波中，趁天风，来渡南赡部洲地界。这一去，正是那：

天产仙猴道行隆，离山驾筏趁天风。

飘洋过海寻仙道，立志潜心建大功。

有分有缘休俗愿，无忧无虑会元龙。

料应必遇知音者，说破源流万法通。

也是他运至时来，自登木筏之后，连日东南风紧，将他送到西北岸前，乃是南赡部洲地界。持篙试水，偶得浅水，弃了筏子，跳上岸来，只见海边有人捕鱼、打雁、挖蛤、淘盐。他走近前，弄个把戏，妆个□【上左“齿”右“可”，下“女”】虎，吓得那些人丢筐弃网，四散奔跑。将那跑不动的拿住一个，剥了他衣裳，也学人穿在身上，摇摇摆摆，穿州过府，在市尘中，学人礼，学人话。朝餐夜宿，一心里访问佛仙神圣之道，觅个长生不老之方。见世人都是为名为利之徒，更无一个为身命者。正是那：

争名夺利几时休？早起迟眠不自由！

骑着驴骡思骏马，官居宰相望王侯。

只愁衣食耽劳碌，何怕阎君就取勾？

继子荫孙图富贵，更无一个肯回头！

猴王参访仙道，无缘得遇。在于南赡部洲，串长城，游小县，不觉八九年馀。忽行至西洋大海，他想着海外必有神仙。独自个依前作筏，又飘过西海，直至西牛贺洲地界。登岸偏访多时，忽见一座高山秀丽，林麓幽深。他也不怕狼虫，不惧虎豹，登山顶上观看。果是好山：

千峰开戟，万仞开屏。日映岚光轻锁翠，雨收黛色冷含青。枯藤缠老树，古渡界幽程。奇花瑞草，修竹乔松。修竹乔松，万载常青欺福地；奇花瑞草，四时不谢赛蓬瀛。幽鸟啼声近，源泉响溜清。重重谷壑芝兰绕，处处巉崖苔藓生。起伏峦头龙脉好，必有高人隐姓名。

正观看间，忽闻得林深之处，有人言语，急忙趋步，穿入林中，侧耳而听，原来是歌唱之声。歌曰：

“观棋柯烂，伐木丁丁，云边谷口徐行，卖薪沽酒，狂笑自陶情。苍迳秋高，对月枕松根，一觉天明。认旧林，登崖过岭，持斧断枯藤。收来成一担，行歌市上，易米三升。更无些子争竞，时价平平，不会机谋巧算，没荣辱，恬淡延生。相逢处，非仙即道，静坐讲黄庭。”美猴王听得此言，满心欢喜道：“神仙原来藏在这里！”急忙跳入里面，仔细再看，乃是一个樵子，在那里举斧砍柴。但看他打扮非常：

头上戴箬笠，乃是新笋初脱之箨。身上穿布衣，乃是木绵捻就之纱。腰间系环绦，乃是老蚕口吐之丝。足下踏草履，乃是枯莎搓就之爽。手执衡钢斧，担挽火麻绳。扳松劈枯树，争似此樵能！

猴王近前叫道：“老神仙！弟子起手。”那樵汉慌忙丢了斧，转身答礼道：“不当人！不当人！我拙汉衣食不全，怎敢当‘神仙’二字？”猴王道：“你不是神仙，如何说出神仙的话来？”樵夫道：“我说甚么神仙话？”猴王道：“我才来至林边，只听的你说：‘相逢处非仙即道，静坐讲黄庭。’黄庭乃道德真言，非神仙而何？”樵夫笑道：“实不瞒你说，这个词名做满庭芳，乃一神仙教我的。那神仙与我舍下相邻。他见我家事劳苦，日常烦恼，教我遇烦恼时，即把这词儿念念。一则散心，二则解困。我才有些不足处思虑，故此念念。不期被你听了。”猴王道：“你家既与神仙相邻，何不从他修行？学得个不老之方？却不是好？”樵夫道：“我一生命苦，自幼蒙父母养育至八九岁，才知人事，不幸父丧，母亲居孀。再无兄弟姊妹，只我一人，没奈何，早晚侍奉。如今母老，一发不敢抛离。却又田园荒芜，衣食不足，只得斫两束柴薪，挑向市尘之间，货几文钱，籴几升米，自炊自造，安排些茶饭，供养老母，所以不能修行。”

猴王道：“据你说起来，乃是一个行孝的君子，向后必有好处。但望你指与我那神仙住处，却好拜访去也。”樵夫道：“不远，不远。此山叫做灵台方寸山。山中有座斜月三星洞。那洞中有一个神仙，称名须菩提祖师。那祖师出去的徒弟，也不计其数，见今还有三四十人从他修行。你顺那条小路儿，向南行七八里远近，即是他家了。”猴王用手扯住樵夫道：“老兄，你便同我去去。若还得了好处，决不忘你指引之恩。”樵夫道：“你这汉子，甚不通变。我方才这般与你说了，你还不省？假若我与你去了，却不误了我的生意？老母何人奉养？我要斫柴，你自去，自去。”

猴王听说，只得相辞。出深林，找上路径，过一山坡，约有七八里远，果然望见一座洞府。挺身观看，真好去处！但见：

烟霞散彩，日月摇光。千株老柏，万节修篁。千株老柏，带雨半空青冉冉；万节修篁，含烟一壑色苍苍。门外奇花布锦，桥边瑶草喷香。石崖突兀青苔润，悬壁高张翠藓长。时闻仙鹤唳，每见凤凰翔。仙鹤唳时，声振九皋霄汉远；凤凰翔起，翎毛五色彩云光。玄猿白鹿随隐见，金狮玉象任行藏。细观灵福地，真个赛天堂！又见那洞门紧闭，静悄悄杳无人迹。忽回头，见崖头立一石牌，约有三丈馀高、八尺馀阔，上有一行十个大字，乃是“灵台方寸山，斜月三星洞”。美猴王十分欢喜道：“此间人果是朴实。果有此山此洞。”看勾多时，不敢敲门。且去跳上松枝梢头，摘松子吃了顽耍。

少顷间，只听得呀的一声，洞门开处，里面走出一个仙童，真个丰姿英伟，像貌清奇，比寻常俗子不同。但见他：

髽髻双丝绾，宽袍两袖风。貌和身自别，心与相俱空。

物外长年客，山中永寿童。一尘全不染，甲子任翻腾。

那童子出得门来，高叫道：“甚么人在此搔扰？”猴王扑的跳下树来，上前躬身道：“仙童，我是个访道学仙之弟子，更不敢在此搔扰。”仙童笑道：“你是个访道的么？”猴王道：“是。”童子道：“我家师父，正才下榻，登坛讲道。还未说出原由，就教我出来开门。说：‘外面有个修行的来了，可去接待接待。’想必就是你了？”猴王笑道：“是我，是我。”童子道：“你跟我进来。”

这猴王整衣端肃，随童子径入洞天深处观看：一层层深阁琼楼，一进进珠宫贝阙，说不尽那静室幽居，直至瑶台之下。见那菩提祖师端坐在台上，两边有三十个小仙侍立台下。果然是：

大觉金仙没垢姿，西方妙相祖菩提；

不生不灭三三行，全气全神万万慈。

空寂自然随变化，真如本性任为之；

与天同寿庄严体，历劫明心大法师。

美猴王一见，倒身下拜，磕头不计其数，口中只道：“师父！师父！我弟子志心朝礼！志心朝礼！”祖师道：“你是那方人氏？且说个乡贯姓名明白，再拜。”猴王道：“弟子东胜神洲傲来国花果山水帘洞人氏。”祖师喝令：“赶出去！他本是个撒诈捣虚之徒，那里修甚么道果！”猴王慌忙磕头不住道：“弟子是老实之言，决无虚诈。”祖师道：“你既老实，怎么说东胜神洲？那去处到我这里，隔两重大海，一座南赡部洲，如何就得到此？”猴王叩头道：“弟子飘洋过海，登界游方，有十数个年头，方才访到此处。”

祖师道：“既是逐渐行来的也罢。你姓甚么？”猴王又道：“我无性。人若骂我，我也不恼；若打我，我也不嗔，只是陪个礼儿就罢了。一生无性。”祖师道：“不是这个性。你父母原来姓甚么？”猴王道：“我也无父母。”祖师道：“既无父母，想是树上生的？”猴王道：“我虽不是树生，却是石里长的。我只记得花果山上有一块仙石，其年石破，我便生也。”祖师闻言，暗喜道：“这等说，却是天地生成的。你起来走走我看。”猴王纵身跳起，拐呀拐的走了两遍。祖师笑道：“你身躯虽是鄙陋，却像个食松果的猢狲。我与你就身上取个姓氏，意思教你姓‘猢’。猢字去了个兽傍，乃是古月。古者，老也；月者，阴也。老阴不能化育，教你姓‘狲’倒好。狲字去了兽傍，乃是个子系。子者，儿男也；系者，婴细也。正合婴儿之本论。教你姓‘孙’罢。”猴王听说，满心欢喜，朝上叩头道：“好！好！好！今日方知姓也。万望师父慈悲！既然有姓，再乞赐个名字，却好呼唤。”祖师道：“我门中有十二个字，分派起名到你乃第十辈之小徒矣。”猴王道：“那十二个字？”祖师道：“乃广、大、智、慧、真、如、性、海、颖、悟、圆、觉十二字。排到你，正当‘悟’字。与你起个法名叫做‘孙悟空’好么？”猴王笑道：“好！好！好！自今就叫做孙悟空也！”正是：鸿蒙初辟原无姓，打破顽空须悟空。

毕竟不之向后修些甚么道果，且听下回分解。

第二回　悟彻菩提真妙理　断魔归本合元神

话表美猴王得了姓名，怡然踊跃；对菩提前作礼启谢。那祖师即命大众引悟空出二门外，教他洒扫应对，进退周旋之节。众仙奉行而出。悟空到门外，又拜了大众师兄，就于廊庑之间，安排寝处。次早，与众师兄学言语礼貌、讲经论道，习字焚香，每日如此。闲时即扫地锄园，养花修树，寻柴燃火，挑水运浆。凡所用之物，无一不备。在洞中不觉倏六七年，一日，祖师登坛高坐，唤集诸仙，开讲大道。真个是：

天花乱坠，地涌金莲。妙演三乘教，精微万法全。

慢摇麈尾喷珠玉，响振雷霆动九天。

说一会道，讲一会禅，三家配合本如然。

开明一字皈诚理，指引无生了性玄。

孙悟空在旁闻听，喜得他抓耳挠腮，眉花眼笑。忍不住手之舞之，足之蹈之。忽被祖师看见，叫孙悟空道：“你在班中，怎么颠狂跃舞，不听我讲？”悟空道：“弟子诚心听讲，听到老师父妙音处，喜不自胜，故不觉作此踊跃之状。望师父恕罪！”祖师道：“你既识妙音，我且问你，你到洞中多少时了？”悟空道：“弟子本来懵懂，不知多少时节。只记得灶下无火，常去山后打柴，见一山好桃树，我在那里吃了七次饱桃矣。”祖师道：“那山唤名烂桃山。你既吃七次，想是七年了。你今要从我学些甚么道？”悟空道：“但凭尊祖教诲，只是有些道气儿，弟子便就学了。”

祖师道：“‘道’字门中有三百六十傍门，傍门皆有正果。不知你学那一门哩？”悟空道：“凭尊师意思。弟子倾心听从。”祖师道：“我教你个‘术’字门中之道，如何？”悟空道：“术门之道怎么说？”祖师道：“术字门中，乃是些请仙扶鸾，问卜揲蓍，能知趋吉避凶之理。”悟空道：“似这般可得长生么？”祖师道：“不能！不能！”悟空道：“不学！不学！”

祖师又道：“教你‘流’字门中之道，如何？”悟空又问：“流字门中，是甚义理？”祖师道：“流字门中，乃是儒家、释家、道家、阴阳家、墨家、医家，或看经，或念佛，并朝真降圣之类。”悟空道：“似这般可得长生么？”祖师道：“若要长生，也似‘壁里安柱’。”悟空道：“师父，我是个老实人，不晓得打市语。怎么谓之‘壁里安柱’？”祖师道：“人家盖房，欲图坚固，将墙壁之间，立一顶柱，有日大厦将颓，他必朽矣。”悟空道：“据此说，也不长久。不学！不学！”

祖师道：“教你‘静’字门中之道，如何？”悟空道：“静字门中，是甚正果？”祖师道：“此是休粮守谷，清静无为，参禅打坐，戒语持斋，或睡功，或立功，并入定坐关之类。”悟空道：“这般也能长生么？”祖师道：“也似‘窑头土坯’。”悟空笑道：“师父果有些滴泛。一行说我不会打市语。怎么谓之‘窑头土坯’？”祖师道：“就如那窑头上，造成砖瓦之坯，虽已成形，尚未经水火煅炼，一朝大雨滂沱，他必滥矣。”悟空道：“也不长远。不学！不学！”

祖师道：“教你‘动’字门中之道，如何？”悟空道：“动门之道，却又怎样？”祖师道：“此是有为有作，采阴补阳，攀弓踏弩，摩脐过气，用方炮制，烧茅打鼎，进红铅，炼秋石，并服妇乳之类。”悟空道：“似这等也得长生么？”祖师道：“此欲长生，亦如‘水中捞月’。”悟空道：“师父又来了！怎么叫做‘水中捞月’？”祖师道：“月在长空，水中有影，虽然看见，只是无捞摸处，到底只成空耳。”悟空道：“也不学！不学！”

祖师闻言，咄的一声，跳下高台，手持戒尺，指定悟空道：“你这猢狲，这般不学，那般不学，却待怎么？”走上前，将悟空头上打了三下，倒背着手，走入里面，将中门关了，撇下大众而去。唬得那一班听讲的，人人惊惧，皆怨悟空道：“你这泼猴，十分无状！师父传你道法，如何不学，却与师父顶嘴？这番冲撞了他，不知几时才出来啊！”此时俱甚抱怨他，又鄙贱嫌恶他。悟空一些儿也不恼，只是满脸陪笑。原来那猴王，已打破盘中之谜，暗暗在心，所以不与众人争竞，只是忍耐无言。祖师打他三下者，教他三更时分存心，倒背着手，走入里面，将中门关上者，教他从后门进步，秘处传他道也。

当日悟空与众等，喜喜欢欢，在三星仙洞之前，盼望天色，急不能到晚。及黄昏时，却与众就寝，假合眼，定息存神。山中又没打更传箭，不知时分，只自家将鼻孔中出入之气调定。约到子时前后，轻轻的起来，穿了衣服，偷开前门，躲离大众，走出外，抬头观看。正是那：

月明清露冷，八极迥无尘。深树幽禽宿，源头水溜汾。

飞萤光散影，过雁字排云。正直三更候，应该访道真。

你看他从旧路径至后门外，只见那门儿半开半掩。悟空喜道：“老师父果然注意与我传道，故此开着门也。”即曳步近前，侧身进得门里，只走到祖师寝榻之下。见祖师蜷局身躯，朝里睡着了。悟空不敢惊动，即跪在榻前。那祖师不多时觉来，舒开两足，口中自吟道：

“难！难！难！道最玄，莫把金丹作等闲。

不遇至人传妙诀，空言口困舌头干！”

悟空应声叫道：“师父，弟子在此跪候多时。”祖师闻得声音是悟空，即起披衣，盘坐喝道：“这猢狲！你不在前边去睡，却来我这后边作甚？”悟空道：“师父昨日坛前对众相允，教弟子三更时候，从后门里传我道理，故此大胆径拜老爷榻下。”祖师听说，十分欢喜，暗自寻思道：“这厮果然是个天地生成的！不然，何就打破我盘中之暗谜也？”悟空道：“此间更无六耳，止只弟子一人，望师父大舍慈悲，传与我长生之道罢，永不忘恩！”祖师道：“你今有缘，我亦喜说。既识得盘中暗谜，你近前来，仔细听之，当传与你长生之妙道也。”悟空叩头谢了，洗耳用心，跪于榻下。祖师云：

“显密圆通真妙诀，惜修生命无他说。

都来总是精气神，谨固牢藏休漏泄。

休漏泄，体中藏，汝受吾传道自昌。

口诀记来多有益，屏除邪欲得清凉。

得清凉，光皎洁，好向丹台赏明月。

月藏玉兔日藏乌，自有龟蛇相盘结。

相盘结，性命坚，却能火里种金莲。

攒簇五行颠倒用，功完随作佛和仙。”

此时说破根源，悟空心灵福至，切切记了口诀，对祖师拜谢深恩，即出后门观看。但见东方天色微舒白，西路金光大显明。依旧路，转到前门，轻轻的推开进去，坐在原寝之处，故将床铺摇响道：“天光了！天光了！起耶！”那大众还正睡哩，不知悟空已得了好事。当日起来打混，暗暗维持，子前午后，自己调息。

却早过了三年，祖师复登宝座，与众说法。谈的是公案比语，论的是外像包皮。忽问：“悟空何在？”悟空近前跪下：“弟子有。”祖师道：“你这一向修些什么道来？”悟空道：“弟子近来法性颇通，根源亦渐坚固矣。”祖师道：“你既通法性，会得根源，已注神体，却只是防备着‘三灾利害’。”悟空听说，沉吟良久道：“师父之言谬矣。我常闻道高德隆，与天同寿，水火既济，百病不生，却怎么有个三灾利害？”祖师道：“此乃非常之道：夺天地之造化，侵日月之玄机；丹成之后，鬼神难容。虽驻颜益寿，但到了五百年后，天降雷灾打你，须要见性明心，预先躲避。躲得过，寿与天齐，躲不过，就此绝命。再五百年后，天降火灾烧你。这火不是天火，亦不是凡火，唤做‘阴火’。自本身涌泉穴下烧起，直透泥垣宫，五脏成灰，四肢皆朽，把千年苦行，俱为虚幻。再五百年，又降风灾吹你。这风不是东南西北风，不是和薰金朔风，亦不是花柳松竹风，唤做‘赑风’。自囟门中吹入六腑，过丹田，穿九窍，骨肉消疏，其身自解。所以都要躲过。”悟空闻说，毛骨悚然，叩头礼拜道：“万老爷垂悯，传与躲避三灾之法，到底不敢忘恩。”祖师道：“此亦无难，只是你比他人不同，故传不得。”悟空道：“我也头圆顶天，足方履地，一般有九窍四肢，五脏六腑，何以比人不同？”祖师道：“你虽然像人，却比人少腮。”原来那猴子孤拐面，凹脸尖嘴。悟空伸手一摸，笑道：“师父没成算！我虽少腮，却比人多这个素袋，亦可准折过也。”祖师说：“也罢，你要学那一般？有一般天罡数，该三十六般变化，有一般地煞数，该七十二般变化。”悟空道：“弟子愿多里捞摸，学一个地煞变化罢。”祖师道：“既如此，上前来，传与你口诀。”遂附耳低言，不知说了些甚么妙法。这猴王也是一窍通时百窍通，当时习了口诀，自修自炼，将七十二般变化，都学成了。

忽一日，祖师与众门人在三星洞前戏玩晚景。祖师道：“悟空，事成了未曾？”悟空道：“多蒙师父海恩，弟子功果完备，已能霞举飞升也。”祖师道：“你试飞举我看。”悟空弄本事，将身一耸，打了个连扯跟头，跳离地有五六丈，踏云霞去勾有顿饭功夫，返复不上三里远近，落在面前，叉手道：“师父，这就是飞举腾云了。”祖师笑道：“这个算不得腾云，只算得爬云而已。自古道：‘神仙朝游北海暮苍梧。’似你这半日，去不上三里，即爬云也还算不得哩！”悟空道：“怎么为‘朝游北海暮苍梧’？”祖师道：“凡腾云之辈，早辰起自北海，游过东海、西海、南海、复转苍梧，苍梧者却是北海零陵之语话也。将四海之外，一日都游遍，方算得腾云。”悟空道：“这个却难！却难！”祖师道：“世上无难事，只怕有心人。”悟空闻得此言，叩头礼拜，启道：“师父，‘为人须为彻’，索性舍个大慈悲，将此腾云之法，一发传与我罢，决不敢忘恩。”祖师道：“凡诸仙腾云，皆跌足而起，你却不是这般。我才见你去，连扯方才跳上。我今只就你这个势，传你个‘筋斗云’罢。”悟空又礼拜恳求，祖师却又传个口诀道：“这朵云，捻着诀，念动真言，攒紧了拳，对身一抖，跳将起来，一筋斗就有十万八千里路哩！”大众听说，一个个嘻嘻笑道：“悟空造化！若会这个法儿，与人家当铺兵，送文书，递报单，不管那里都寻了饭吃！”师徒们天昏各归洞府。这一夜，悟空即运神炼法，会了筋斗云。逐日家无拘无束，自在逍遥此一长生之美。

一日，春归夏至，大众都在松树下会讲多时。大众曰：“悟空，你是那世修来的缘法？前日师父附耳低言，传与你的躲三灾变化之法，可都会么？”悟空笑道：“不瞒诸兄长说，一则是师父传授，二来也是我昼夜殷勤，那几般儿都会了。”大众道：“趁此良时，你试演演，让我等看看。”悟空闻说，抖擞精神，卖弄手段道：“众师兄请出个题目。要我变化甚么？”大众道：“就变棵松树罢。”悟空捻着诀，念动咒语，摇身一变，就变做一棵松树。真个是：

郁郁含烟贯四时，凌云直上秀贞姿。

全无一点妖猴像，尽是经霜耐雪枝。

大众见了，鼓掌呀呀大笑。都道：“好猴儿！好猴儿！”不觉的嚷闹，惊动了祖师。祖师急拽杖出门来问道：“是何人在此喧哗？”大众闻呼，慌忙检束，整衣向前。悟空也现了本相，杂在丛中道：“启上尊师，我等在此会讲，更无外姓喧哗。”祖师怒喝道：“你等大呼小叫，全不像个修行的体段！修行的人，口开神气散，舌动是非生。如何在此嚷笑？”大众道：“不敢瞒师父，适才孙悟空演变化耍子。教他变棵松树，果然是棵松树，弟子们俱称扬喝采，故高声惊冒尊师，望乞恕罪。”祖师道：“你等起去。”叫：“悟空，过来！我问你弄甚么精神，变甚么松树？这个工夫，可好在人前卖弄？假如你见别人有，不要求他？别人见你有，必然求你。你若畏祸，却要传他；若不传他，必然加害：你之性命又不可保。”悟空叩道：“只望师父恕罪！”祖师道：“我也不罪你，但只是你去吧。”悟空闻此言，满眼堕泪道：“师父教我往那里去？”祖师道：“你从那里来，便从那里去就是了。”悟空顿然醒悟道：“我自东胜神洲傲来国花果山水帘洞来的。”祖师道：“你快回去，全你性命，若在此间，断然不可！”悟空领罪，“上告尊师，我也离家有二十年矣，虽是回顾旧日儿孙，但念师父厚恩未报，不敢去。”祖师道：“那里甚么恩义？你只是不惹祸不牵带我就罢了！”

悟空见没奈何，只得拜辞，与众相别。祖师道：“你这去，定生不良。凭你怎么惹祸行凶，却不许说是我的徒弟。你说出半个字来，我就知之，把你这猢狲剥皮锉骨，将神魂贬在九幽之处，教你万劫不得翻身！”悟空道：“决不敢提起师父一字，只说是我自家会的便罢。”

悟空谢了。即抽身，捻着诀，丢个连扯，纵起筋斗云，径回东海。那里消一个时辰，早看见花果山水帘洞。美猴王自知快乐，暗暗的自称道：

“去时凡骨凡胎重，得道身轻体亦轻。

举世无人肯立志，立志修玄玄自明。

当时过海波难进，今日来回甚易行。

别语叮咛还在耳，何期顷刻见东溟。”

悟空按下云头，直至花果山。找路而走，忽听得鹤唳猿啼，鹤唳声冲霄汉外，猿啼悲切甚伤情。即开口叫道：“孩儿们，我来了也！”那崖下石坎边，花草中，树木里，若大若小之猴，跳出千千万万，把个美猴王围在当中，叩头叫道：“大王，你好宽心！怎么一去许久？把我们俱闪在这里，望你诚如饥渴！近来被一妖魔在此欺虐，强要占我们水帘洞府，是我等舍死忘生，与他争斗。这些时，被那厮抢了我们家火，捉了许多子侄，教我们昼夜无眠，看守家业。幸得大王来了！大王若再年载不来，我等连山洞尽属他人矣！”悟空闻说，心中大怒道：“是甚么妖魔，辄敢无状！你且细细说来，待我寻他报仇。”众猴叩头：“告上大王，那厮自称混世魔王，住居在直北下。”悟空道：“此间到他那里，有多少路程？”众猴道：“他来时云，去时雾，或风或雨，或雷或电，我等不知有多少路。”悟空道：“既如此，你们休怕，且自顽耍，等我寻他去来！”

好猴王，将身一纵，跳起去，一路筋斗，直至北下观看，见一座高山，真是十分险峻。好山：

笔峰挺立，曲涧深沉。笔峰挺立透空霄，曲涧深沉通地户。两崖花木争奇，几处松篁斗翠。左边龙，熟熟驯驯；右边虎，平平伏伏。每见铁牛耕，常有金钱种。幽禽□睆声，丹凤朝阳立。石磷磷，波净净，古怪跷蹊真恶狞。世上名山无数多，花开花谢繁还众。争如此景永长存，八节四时浑不动。诚为三界坎源山，滋养五行水脏洞！【□：左“目”右“见”；】美猴王正默看景致，只听得有人言语。径自下山寻觅，原来那陡崖之前，乃是那水脏洞。洞门外有几个小妖跳舞，见了悟空就走。悟空道：“休走！借你口中言，传我心内事。我乃正南方花果山水帘洞洞主。你家甚么混世鸟魔，屡次欺我儿孙，我特寻来，要与他见个上下！”

那小妖听说，疾忙跑入洞里，报道：“大王！祸事了！”魔王道：“有甚祸事？”小妖道：“洞外有猴头称为花果山水帘洞洞主。他说你屡次欺他儿孙，特来寻你，见个上下哩。”魔王笑道：“我常闻得那些猴精说他有个大王，出家修行去，想是今番来了。你们见他怎生打扮，有甚器械？”小妖道：“他也没甚么器械，光着个头，穿一领红色衣，勒一条黄绦，足下踏一对乌靴，不僧不俗，又不像道士神仙，赤手空拳，在门外叫哩。”魔王闻说：“取我批挂兵器来！”那小妖即时取出。那魔王穿了甲胄，绰刀在手，与众妖出得门来，即高声叫道：“那个是水帘洞洞主？”悟空急睁睛观看，只见那魔王：

头戴乌金盔，映日光明；身挂皂罗袍，迎风飘荡。下穿着黑铁甲，紧勒皮条；足踏着花褶靴，雄如上将。腰广十围，身高三丈，手执一口刀，锋刃多明亮。称为混世魔，磊落凶模样。

猴王喝道：“这泼魔这般眼大，看不见老孙！”魔王见了，笑道：“你身不满四尺，年不过三旬，手内又无兵器，怎么大胆猖狂，要寻我见甚么上下？”悟空骂道：“你这泼魔，原来没眼！你量我小，要大却也不难。你量我无兵器，我两只手勾着天边月哩！你不要怕，只吃老孙一拳！”纵一纵，跳上去，劈脸就打。那魔王伸手架住道：“你这般矬矮，我这般高长，你要使拳，我要使刀，使刀就杀了你，也吃人笑，待我放下刀，与你使路拳看。”悟空道：“说得是。好汉子！走来！”那魔王丢开架子便打，这悟空钻进去相撞相迎。他两个拳捶脚踢，一冲一撞。原来长拳空大，短簇坚牢。那魔王被悟空掏短肋，撞了裆，几下筋节，把他打重了。他闪过，拿起那板大的钢刀，望悟空劈头就砍。悮空急撤身，他砍了一个空。悟空见他凶猛，即使身外身法，拔一把毫毛，丢在口中嚼碎，望空中喷去，叫一声“变！”，即变做三二百个小猴，周围攒簇。

原来人得仙体，出神变化，无方不知。这猴王自从了道之后，身上有八万四千毛羽，根根能变，应物随心。那些小猴，眼乖会跳，刀来砍不着，枪去不能伤。你看他前踊后跃，钻上去，把魔王围绕，抱的抱，扯的扯，钻裆的钻裆，扳脚的扳脚，踢打挦毛，抠眼睛，捻鼻子，抬鼓弄，直打做一个攒盘。这悟空才去夺得他的刀来，分开小猴，照顶门一下，砍为两段。领众杀进洞中，将那大小妖精，尽皆剿灭。却把毫毛一抖，收上身来。又见那收不上身者，却是那魔王在水帘洞中擒去的小猴，悟空道："汝等何为到此？"约有三五十个，都含泪道："我等因大王修仙去后，这两年被他争吵，把我们都摄将来，那不是我们洞中的家火？石盆、石碗都被这厮拿来也。"悟空道："既是我们的家火，你们都搬出外去。"随即洞里放起火来，把那水脏洞烧得枯干，尽归了一体。对众道："汝等跟我回去。"众猴道："大王，我们来时，只听得耳边风声，虚飘飘到于此地，更不识路径，今怎得回乡？"悟空道："这是他弄的个术法儿，有何难也！我如今一窍通，百窍通，我也会弄。你们都合了眼，休怕！"

好猴王，念声咒语，驾阵狂风，云头落下。叫："孩儿们，睁眼。"众猴脚屣实地，认得是家乡，个个欢喜，都奔洞门旧路。那在洞众猴，都一齐簇拥同入，分班齿序，礼拜猴王。安排酒果，接风贺喜，启问降魔救子之事。悟空备细言了一遍，众猴称扬不尽道："大王去到那方，不意学得这般手段！"悟空又道："我当年别汝等，随波逐流，飘过东洋大海，径至南赡部洲，学成人像，着此衣，穿此履，摆摆摇摇，云游八九年馀，更不曾有道；又渡西洋大海，到西牛贺洲地界，访问多时，幸遇一老祖，传了我与天同寿的真功果，不死长生的大法门。"众猴称贺。都道："万劫难逢也！"悟空又笑道："小的们，又喜我这一门皆有姓氏。"众猴道："大王何姓？"悟空道："我今姓孙，法名悟空。"众猴闻说，鼓掌忻然道："大王是老孙，我们都是二孙、三孙、细孙、小孙、——一家孙、一国孙、一窝孙矣！"都来奉承老孙，大盆小碗的，椰子酒、葡萄酒、仙花、仙果，真个是合家欢乐！咦！贯通一姓身归本，只待荣迁仙录箓名。毕竟不知怎生结果，居此界终始如何，且听下回分解。

第三回　四海千山皆拱伏　九幽十类尽除名

却说美猴王荣归故里，自剿了混世魔王，夺了一口大刀，逐日操演武艺，教小猴砍竹为标，削木为刀，治旗幡，打哨子，一进一退，安营下寨，顽耍多时。忽然静坐处，思想道："我等在此，恐作耍成真，或惊动人王，或有禽王、兽王认此犯头，说我们操兵造反，兴师来相杀，汝等都是竹竿木刀，如何对敌？须得锋利剑戟方可。如今奈何？"众猴闻说，个个惊恐道："大王所见甚长，只是无处可取。"正说间，转上四个老猴，两个是赤尻马猴，两个是通背猿猴，走在面前道："大王，若要治锋利器械，甚是容易。"悟空道："怎见容易？"四猴道："我们这山，向东去，有二百里水面，那厢乃傲来国界。那国界中有一王位，满城中军民无数，必有金银铜铁等匠作。大王若去那里，或买或造些兵器，教演我等，守护山场，诚所谓保泰长久之机也。"悟空闻说，满心欢喜道："汝等在此顽耍，待我去来。"

好猴王，急纵筋斗云，霎时间过了二百里水面。果然那厢有座城池，六街三市，万户千门，来来往往，人都在光天化日之下。悟空心中想道："这里定有现成的兵器，我待下去买他几件，还不如使个神通觅他几件倒好。"他就捻起诀来，念动咒语，向巽地上吸一口气，呼的吹将去，便是一阵风，飞沙走石，好惊人也。

炮云起处荡乾坤，黑雾阴霾大地昏。江海波翻鱼蟹怕，山林树折虎狼奔。

诸般买卖无商旅，各样生涯不见人。殿上君王归内院，阶前文武转衙门。

千秋宝座都吹倒，五凤高楼幌动根。风起处，惊散了那傲来国君王，三街六市，都慌得关门闭户，无人敢走。悟空才按下云头。径闯入朝门里。直到兵器馆、武库中，打开门扇，看时，那里面无数器械：刀、枪、剑、戟、斧、钺、毛、镰、鞭、钯、挝、简、弓、弩、叉、矛，件件俱备。一见甚喜道："我一人能拿几何？还使个分身法搬将去罢。"好猴王，即拔一把毫毛，入口嚼烂，喷将处去，念动咒语，叫声："变！"变做千百个小猴，都乱搬乱抢；有力的拿五七件，力小的拿三二件，尽数搬个罄净。径踏云头，弄个摄法，唤转狂风，带领小猴，俱回本处。

却说那花果山大小猴儿，正在那洞门外顽耍，忽听得风声响处，见半空中，丫丫叉叉，无边无岸的猴精，唬得都乱跑乱躲。少时，美猴王按落云头，收了云雾，将身一抖：收了毫毛，将兵器乱堆在山前，叫道："小的们！都来领兵器！"众猴看时，只见悟空独立在平阳之地，俱跑来叩头问故。悟空将前使狂风，搬兵器，一应事说了一遍。众猴称谢毕，都去抢刀夺剑，挝斧争枪，扯弓扳弩，吆吆喝喝，耍了一日。

次日，依旧排营。悟空会集群猴，计有四万七千馀口。早惊动满山怪兽，都是些狼、虫、虎、豹鹿、獐、麂、狐、狸、獾、□【左"反犬"右"各"】、狮、象、狻猊、猩猩、熊、鹿、野豕、山牛、羚羊、青兕、狡儿、神獒……各样妖王，共有七十二洞，都来参拜猴王为尊。每年献贡，四时点卯。也有随班操备的，也有随节征粮的，齐齐整整，把一座花果山造得似铁桶金城，各路妖王，又有进金鼓，进彩旗，进盔甲的，纷纷攘攘，日逐家习舞兴师。

美猴王正喜间，忽对众说道："汝等弓弩熟谙，兵器精通，奈我这口刀着实榔槺，不遂我意，奈何？"四老猴上前启奏道："大王乃是仙圣，凡兵是不堪用；但不知大王水里可能去得？"悟空道："我自闻道之后，有七十二般地煞变化之功；筋斗云有莫大的神通；善能隐身遁身，起法摄法；上天有路，入地有门；步日月无影，入金石无碍；水不能溺，火不能焚。那些儿去不得？"四猴道："大王既有此神通，我们这铁板桥下，水通东海龙宫。大王若肯下去，寻着老龙王，问他要件甚么兵器，却不趁心？"悟空闻言甚喜道："等我去来。"

好猴王，跳至桥头，使一个闭水法，捻着诀，扑的钻入波中，分开水路，径入东洋海底。正行间，忽见一个巡海的夜叉，挡住问道："那推水来的，是何神圣？说个明白，好通报迎接。"悟空道："吾乃花果山天生圣人孙悟空，是你老龙王的紧邻，为何不识？"那夜叉听说，急转水晶宫传报道："大王，外面有个花果山天生圣人孙悟空，口称是大王紧邻，将到宫也。"东海龙王敖广即忙起身，与龙子、龙孙、虾兵、蟹将出宫迎道："上仙请进，请进。"直至宫里相见，上坐献茶毕，问道："上仙几时得道，授何仙术？"悟空道："我自生身之后，出家修行，得一个无生无灭之体。近因教演儿孙，守护山洞，奈何没件兵器，久闻贤邻享乐瑶宫贝阙，必有多馀神器，特来告求一件。"龙王见说，不好推辞，即着鳜都司取出一把大捍刀奉上。悟空道："老孙不会使刀，乞另赐一件。"龙王又着鲅太尉，领鳝力士，抬出一捍九股叉来。悟空跳下来，接在手中，使了一路，放下道："轻！轻！轻！又不趁手！再乞另赐一件。"龙王笑道："上仙，你不看看。这叉有三千六百斤重哩！"悟空道："不趁手！不趁手！"龙王心中恐惧，又着□【左"鱼"右"便"】提督、鲤总兵抬出一柄画杆方天戟，那戟有七千二百斤重。悟空见了，跑近前接在手中，丢几个架子，撒两个解数，插在中间道："也还轻！轻！轻！"老龙王一发怕道："上仙，我宫中只有这根戟重，再没甚么兵器了。"悟空笑道："古人云：'愁海龙王没宝哩！'你再去寻寻看。若有可意的，一一奉价。”龙王道：“委的再无。”

正说处，后面闪过龙婆、龙女道：“大王，观看此圣，决非小可。我们这海藏中，那一块天河底的神珍铁，这几日霞光艳艳，瑞气腾腾，敢莫是该出现，遇此圣也？”龙王道：“那是大禹治水之时，定江海浅深的一个定子。是一块神铁，能中何用？”龙婆道：“莫管他用不用，且送与他，凭他怎么改造，送出宫门便了。”老龙王依言，尽向悟空说了。悟空道：“拿出来我看。”龙王摇手道：“扛不动！抬不动！须上仙亲去看看。”悟空道：“在何处？你引我去。”龙王果引导至海藏中间，忽见金光万道。龙王指定道：“那放光的便是。”悟空撩衣上前，摸了一把，乃是一根铁柱子，约有斗来粗，二丈有馀长。他尽力两手挝过道：“忒粗忒长些！再短细些方可用。”说毕，那宝贝就短了几尺，细了一围。悟空又颠一颠道：“再细些更好！”那宝贝真个又细了几分。悟空十分欢喜，拿出海藏看时，原来两头是两个金箍，中间乃一段乌铁；紧挨箍有镌成的一行字，唤做“如意金箍棒”，重一万三千五百斤。心中暗喜道：“想必这宝贝如人意！”一边走，一边心思口念，手颠着道：“再短细些更妙！”拿出外面，只有二丈长短，碗口粗细。

你看他弄神通，丢开解数，打转水晶宫里。唬得老龙王胆战心惊，小龙子魂飞魄散；龟鳖鼋鼍皆缩颈，鱼虾鳌蟹尽藏头。悟空将宝贝执在手中，坐在水晶宫殿上。对龙王笑道：“多谢贤邻厚意。”龙王道：“不敢，不敢。”悟空道：“这块铁虽然好用，还有一说。”龙王道：“上仙还有甚说？”悟空道：“当时若无此铁，倒也罢了；如今手中既拿着他，身上无衣服相趁，奈何？你这里若有披挂，索性送我一件，一总奉谢。”龙王道：“这个却是没有。”悟空道：“‘一客不犯二主。’若没有，我也定不出此门。”龙王道：“烦上仙再转一海，或者有之。”悟空又道：“‘走三家不如坐一家。’千万告求一件。”龙王道：“委的没有；如有即当奉承。”悟空道：“真个没有，就和你试试此铁！”龙王慌了道：“上仙，切莫动手！切莫动手！待我看舍弟处可有，当送一副。”悟空道：“令弟何在？”龙王道：“舍弟乃南海龙王敖钦、北海龙王敖顺、西海龙王敖闰是也。”悟空道：“我老孙不去！不去！俗语谓‘赊三不敌见二’，只望你随高就低的送一副便了。”老龙道：“不须上仙去。我这里有一面铁鼓，一口金钟，凡有紧急事，擂得鼓响，撞得钟鸣，舍弟们就顷刻而至。”悟空道：“既是如此，快些去擂鼓撞钟！”真个那鼍将便去撞钟，鳖帅即来擂鼓。

少时，钟鼓响处，果然惊动那三海龙王，须臾来到，一齐在外面会着，敖钦道：“大哥，有甚紧事，擂鼓撞钟？”老龙道：“贤弟！不好说！有一个花果山甚么天生圣人，早间来认我做邻居，后来要求一件兵器，献钢叉嫌小，奉画戟嫌轻。将一块天河定底神珍铁，自己拿出手，丢了些解数。如今坐在宫中，又要索甚么披挂。我处无有，故响钟鸣鼓，请贤弟来。你们可有甚么披挂，送他一副，打发出门去罢了。”敖钦闻言，大怒道：“我兄弟们，点起兵，拿他不是！”老龙道：“莫说拿！那块铁，挽着些儿就死，磕着些儿就亡，挨挨皮儿破，擦擦儿筋伤！”西海龙王敖闰说：“二哥不可与他动手；且只凑副披挂与他，打发他出了门，启表奏上上天，天自诛也。”北海龙王敖顺道：“说的是。我这里有一双藕丝步云履哩。”西海龙王敖闰道：“我带了一副锁子黄金甲哩。”南海龙王敖钦道：“我有一顶凤翅紫金冠哩。”老龙大喜，引入水晶宫相见了，以此奉上。悟空将金冠、金甲、云履那穿戴停当，使动如意棒，一路打出去，对众龙道：“聒噪！聒噪！”四海龙王甚是不平，一边商议进表上奏不题。

你看这猴王，分开水道，径回铁板桥头，撺将上去，只见四个老猴，领着众猴：都在桥边等待。忽然见悟空跳出波外，身上更无一点水湿，金灿灿的，走上桥来。唬得众猴一齐跪下道：“大王，好华彩耶！好华彩耶！”悟空满面春风，高登宝座，将铁棒竖在当中。那些猴不知好歹，都来拿那宝贝，却便似蜻蜓撼铁树，分毫也不能禁动。一个个咬指伸舌道：“爷爷呀！这般重，亏你怎的拿来也！”悟空近前，舒开手，一把挝起，对众笑道：“物各有主。这宝贝镇于海藏中，也不知几千百年，可可的今岁放光。龙王只认做是块黑铁，又唤做天河镇底神珍。那厮每都扛不动，请我亲去拿之。那时此宝有二丈多长，斗来粗细；被我挝他一把，意思嫌大，他就少了许多；再教小些，他又小了许多；再教小些，他又小了许多；急对天光看处，上有一行字，乃‘如意金箍棒，一万三千五百斤。’你都站开，等我再叫他变一变看。”他将那宝贝颠在手中，叫：“小！小！小！”即时就小做一个绣花针儿相似，可以塞在耳朵里面藏下。众猴骇然，叫道：“大王！还拿出来耍耍！”猴王真个去耳朵里拿出，托放掌上叫：“大！大！大！”即又大做斗来粗细，二丈长短。他弄到欢喜处，跳上桥，走出洞外，将宝贝攥在手中，使一个法天像地的神通，把腰一躬，叫声“长！”他就长的高万丈，头如泰山，腰如峻岭，眼如闪电，口似血盆，牙如剑戟；手中那棒，上抵三十三天，下至十八层地狱，把些虎豹狼虫，满山群怪，七十二洞妖王，都唬得磕头拜礼，战兢兢魄散魂飞。霎时收了法像，将宝贝还变做个绣花针儿，藏在耳内，复归洞府。慌得那各洞妖王，都来参贺。

此时遂大开旗鼓，响振铜锣。广设珍馐百味，满斟椰液萄浆，与众饮宴多时。却又依前教演。猴王将那四个老猴封为健将；将两个赤尻马猴唤做马、流二元帅；两个通背猿猴唤做崩、芭二将军。将那安营下寨，赏罚诸事，都付与四键将维持。他放下心，日逐腾云驾雾，遨游四海，行乐千山。施武艺，遍访英豪；弄神通，广交贤友。此时又会了个七弟兄，乃牛魔王、蛟魔王、鹏魔王、狮驼王、猕猴王、□【左“反犬”右“禺”】狨王，连自家美猴王七个。日逐讲文论武，走叩、中“秃宝盖”（“冠”头、下“斗”，古时酒器）传觞，弦歌吹舞，朝去暮回，无般儿不乐。把那个万里之遥，只当庭闱之路，所谓点头径过三千里，扭腰八百有馀程。

一日，在本洞分付四健将安排筵宴，请六王赴饮，杀牛宰马，祭天享地，着众怪跳舞欢歌，俱吃得酩酊大醉。送六王出去，却又赏劳大小头目，倚在铁板桥边松阴之下，霎时间睡着。四健将领众围护，不敢高声。只见那美猴王睡里见两人拿一张批文，上有“孙悟空”三字，走近身，不容分说，套上绳，就把美猴王的魂灵儿索了去，踉踉跄跄，直带到一座城边。猴王渐觉酒醒，忽抬头观看，那城上有一铁牌，牌上有三个大字，乃“幽冥界”。美猴王顿然醒悟道：“幽冥界乃阎王所居，何为到此？”那两人道：“你今阳寿该终，我两人领批，勾你来也。”猴王听说，道：“我老孙超出三界之外，不在五行之中，已不伏他管辖，怎么朦胧，又敢来勾我？”那两个勾死人只管扯扯拉拉，定要拖他进去。那猴王恼起性来，耳朵中掣出宝贝，幌一幌，碗来粗细；略举手，把两个勾死人打为肉酱。自解其索，丢开手，轮着棒，打入城中。唬得那牛头鬼东躲西藏，马面鬼南奔北跑，众鬼卒奔上森罗殿，报着：“大王！祸事！祸事！外面一个毛脸雷公，打将来了！”

慌得那十代冥王急整衣来着；见他相貌凶恶，即排下班次，应声高叫道：“上仙留名！上仙留名！”猴王道：“你既不认得我，怎么差人来勾我？”十王道：“不敢！不敢！想是差人差了。”猴王道：“我本是花果山水帘洞天生圣人孙悟空。你等是甚么官位？”十王躬身道：“我等是阴间天子十代冥王。”悟空道：“快报名来，免打！”十王道：“我等是秦广王、初江王、宋帝王、忤官王、阎罗王、平等王、泰山王、都市王、卞城王、转轮王。”悟空道：“汝等既登王位，乃灵显感应之类，为何不知好歹？我老孙修仙了道，与天齐寿，超升三界之外，跳出五行之中，为何着人拘我？”十王道：“上仙息怒。普天下同名同姓者多，或是那勾死人错走了也？”悟空道：“胡说！胡说！常言道：‘官差吏差，来人不差。’你快取生死簿子来我看！”十王闻言，即请上殿查看。

悟空执着如意棒，径登森罗殿上，正中间南面坐上。十王即命掌案的判官取出文簿来查。那判官不敢怠慢，便到司房里，捧出五六簿文书并十类簿子，逐一查看。裸虫、毛虫、羽虫、昆虫、鳞介之属，俱无他名。又看到猴属之类，原来这猴似人相，不入人名；似裸虫，不居国界；似走兽，不伏麒麟管；似飞禽，不受凤凰辖。另有个簿子，悟空亲自检阅，直到那魂字一千三百五十号上，方注着孙悟空名字，乃天产石猴，该寿三百四十二岁，善终。悟空道："我也不记寿数几何，且只消了名字便罢！取笔过来！"那判官慌忙捧笔，饱掭浓墨。悟空拿过簿子，把猴属之类，但有名者，一概勾之。捽下簿子道："了帐！了帐！今番不伏你管了！"一路棒，打出幽冥界。那十王不敢相近，都去翠云宫，同拜地藏王菩萨，商量启表，奏闻上天，不在话下。

这猴王打出城中，忽然绊着一个草疙瘩，跌了个□【左"足"右"龙"】踵，猛的醒来，乃是南柯一梦。才觉伸腰，只闻得四健将与众猴高叫道："大王，吃了多少酒，睡这一夜，还不醒来？"悟空道："睡还小可，我梦见两个人，来此勾我，把我带到幽冥界城门之外，却才醒悟，是我显神通，直嚷到森罗殿，与那十王争吵，将我们的生死簿看了，但有我等名号，俱是我勾了，都不伏那厮所辖也。"众猴磕头礼谢。自此，山猴都有不老者，以阴司无名故也。美猴王言毕前事，四健将报知各洞妖王，都来贺喜。不几日，六个义兄弟，又来拜贺；一闻销名之故，又个个欢喜，每日聚乐不提。

却表启那个高天上圣大慈仁者玉皇大天尊玄穹高上帝，一日，驾坐金阙云宫灵霄宝殿，聚集文武仙卿早朝之际，忽有邱弘济真人启奏道："万岁，通明殿外，有东海龙王敖广进表，听天尊宣诏。"玉皇传旨：着宣来。敖广宣至灵霄殿下，礼拜毕。旁有引奏仙童，接上表文。玉皇从头看过。表曰：

"水元下界东胜神洲东海小龙臣敖广启奏大天圣主玄穹高上帝君：近因花果山生、水帘洞住妖仙孙悟空者，欺虐小龙，强坐水宅，索兵器，施法施威；要披挂，骋凶骋势。惊伤水族，唬走龟鼍。南海龙战战兢兢；西海龙凄凄惨惨；北海龙缩首归降；臣敖广舒身下拜。献神珍之铁棒，凤翅之金冠，与那锁子甲、步云履，以礼送出。他仍弄武艺，显神通，但云'聒噪！聒噪！'果然无敌，甚为难制，臣今启奏，伏望圣裁。恳乞天兵，收此妖孽，庶使海岳清宁，下元安泰。奉奏。"圣帝览毕，传旨："着龙神回海，朕即遣将擒拿。"老龙王顿首谢去。下面又有葛仙翁天师启奏道："万岁，有冥司秦广王赍奉幽冥教主地藏王菩萨表文进上。"旁有传言玉女，接上表文，玉皇亦从头看过。表曰：

"幽冥境界，乃地之阴司。天有神而地有鬼，阴阳转轮；禽有生而兽有死，反复雌雄。生生化化，孕女成男，此自然之数，不能易也。今有花果山水廉洞天产妖猴孙悟空，逞强行凶，不服拘唤。弄神通，打绝九幽鬼使；恃势力，惊伤十代慈王。大闹罗森，强销名号。致使猴属之类无拘，猕猴之畜多寿；寂灭轮回，各无生死。贫僧具表，冒渎天威。伏乞调遣神兵，收降此妖，整理阴阳，永安地府。谨奏。"玉皇览毕，传旨："着冥君回归地府，朕即遣将擒拿。"秦广王亦顿首谢去。

大天尊宣众文武仙卿，问曰："这妖猴是几年生育，何代出生，却就这般有道？"一言未已，班中闪出千里眼、顺风耳道："这猴乃三百年前天产石猴。当时不以为然，不知这几年在何方修炼成仙，降龙伏虎，强销死籍也。"玉帝道："那路神将下界收伏？"言未已，班中闪出太白长庚星，俯首启奏道："上圣三界中，凡有九窍者，皆可修仙。奈此猴乃天地育成之体，日月孕就之身，他也顶天履地，服露餐霞；今既修成仙道，有降龙伏虎之能，与人何以异哉？臣启陛下，可念生化之慈恩，降一道招安圣旨，把他宣来上届，授他一个大小官职，与他籍名在箓，拘束此间，若受天命，后再升赏；若违天命，就此擒拿。一则不动众劳师，二则收仙有道也。"玉帝闻言甚喜，道："依卿所奏。"即着文曲星官修诏，着太白金星招安。

金星领了旨，出南天门外，按下祥云，直至花果山水帘洞。对众小猴道："我乃天差天使，有圣旨在此，请你大王上届，快快报知！"洞外小猴，一层层传至洞天深处，道："大王，外面有一老人，背着一角文书，言是上天差来的天使，有圣旨请你也。"美猴王听得大喜，道："我这两日，正思量要上天走走，却就有天使来请。"叫："快请进来！"猴王急整衣冠，门外迎接。金星径入当中，面南立定道："我是西方太白金星，奉玉帝招安圣旨，下界请你上天，拜受仙录。"悟空笑道："多感老星降临。"教："小的们！安排筵宴款待。"金星道："圣旨在身，不敢久留；就请大王同往，待荣迁之后，再从容叙也。"悟空道："承光顾，空退！空退！"即唤四健将，分付："谨慎教演儿孙，待我上天去看看路，却好带你们上去同居住也。"四健将领诺。这猴王与金星纵起云头，升在空霄之上，正是那：高迁上品天仙位，名列云班宝录中。毕竟不知授个甚么官爵，且听下回分解。

第四回　官封弼马心何足　名注齐天意未宁

那太白金星与美猴王，同出了洞天深处，一齐驾云而起。原来悟空筋斗云比众不同，十分快疾，把个金星撇在脑后，先至南天门外。正欲收云前进，被增长天王领着庞、刘、苟、毕、邓、辛、张、陶，一路大力天丁，枪刀剑戟，挡住天门，不肯放进。猴王道："这个金星老儿，乃奸诈之徒！既请老孙，如何教人动刀动枪，阻塞门路？"正嚷间，金星倏到。悟空就觌面发狠道："你这老儿，怎么哄我？被你说奉玉帝招安旨意来请，却怎么教这些人阻住天门，不放老孙进去？"金星笑道："大王息怒。你自来未曾到此天堂，却又无名，众天丁又与你素不相识，他怎肯放你擅入？等如今见了天尊，授了仙录，注了官名，向后随你出入，谁复挡也？"悟空道："这等说，也罢，我不进去了。"金星又用手扯住道："你还同我进去。"

将近天门，金星高叫道："那天门天将，大小吏兵，放开路者。此乃下界仙人，我奉玉帝圣旨，宣他来也。"这增长天王与众天丁俱才敛兵退避。猴王始信其言。同金星缓步入里观看。真个是：

初登上界，乍入天堂。金光万道滚红霓，瑞气千条喷紫雾。只见那南天门，碧沉沉，琉璃造就；明幌幌，宝玉妆成。两边摆数十员镇天元帅，一员员顶梁靠柱，持铣拥旄；四下列十数个金甲神人，一个个执戟悬鞭，持刀仗剑。外厢犹可，入内惊人：里壁厢有几根大柱，柱上缠绕着金鳞耀日赤须龙；又有几座长桥，桥上盘旋着彩羽凌空丹顶凤。

明霞幌幌映天光，碧雾蒙蒙遮斗口。这天上有三十三座天宫，乃遣云宫、毗沙宫、五明宫、太阳宫、花药宫、……一宫宫脊吞金稳兽；又有七十二重宝殿，乃朝会殿、凌虚殿、宝光殿、天王殿、灵官殿、……一殿殿柱列玉麒麟。寿星台上，有千千年不卸的名花；炼药炉边，有万万载常青的绣草。又至那朝圣楼前，绛纱衣，星辰灿烂；芙蓉冠，金璧辉煌。玉簪珠履，紫绶金章。金钟撞动，三曹神表进丹墀；天鼓鸣时，万圣朝王参玉帝。又至那灵霄宝殿，金钉攒玉户，彩凤舞朱门。

复道回廊，处处玲珑剔透；三檐四簇，层层龙凤翱翔。上面有个紫巍巍，明幌幌，圆丢丢，亮灼灼，大金葫芦顶；下面有天妃悬掌扇，玉女捧仙巾。恶狠狠，掌朝的天将；气昂昂，护驾的仙卿。正中间，琉璃盘内，放许多重重叠叠太乙丹；玛瑙瓶中，插几枝弯弯曲曲珊瑚树。正是天宫异物般般有，世上如他件件无。金阙银銮并紫府，琪花瑶草暨琼葩。朝王玉兔坛边过，参圣金乌着底飞。猴王有分来天境，不堕人间点污泥。

太白金星，领着美猴王，到于灵霄殿外。不等宣诏，直至御前，朝上礼拜。悟空挺身在旁，且不朝礼，但侧耳以听金星启奏。金星奏道："臣领圣旨，已宣妖仙到了。"玉帝垂帘问曰："那个是妖仙？"悟空却才躬身答道："老孙便是！"仙卿们都大惊失色道："这个野猴！怎么不拜伏参见，辄敢这等答应道：'老孙便是！'却该死了！该死了！"玉帝传旨道："那孙悟空乃下界妖仙，初得人身，不知朝礼，且姑恕罪。"众仙卿叫声"谢恩！"猴王却才朝上唱个大喏。玉帝宣文选武选仙卿，看那处少甚官职，着孙悟空去除授。旁边转过武曲星君，启奏道："天宫里各宫各殿，各方各处，都不少官，只是御马监缺个正堂管事。"玉帝传旨道："就除他做个'弼马温'罢。"众臣叫谢恩，他也只朝上唱个大喏。玉帝又差木德星君送他去御马监到任。

当时猴王欢欢喜喜，与木德星官径去到任。事毕，木德星官回宫。他在监里，会聚了监丞、监副、典簿、力士，大小官员人等，查明本监事务，止有天马千匹。乃是：

骅骝骐骥，騄駬纤离；龙媒紫燕，挟翼骕骦；駃騠银騔，騕褭飞黄；騊駼翻羽，赤兔超光；逾辉弥景，腾雾胜黄；追风绝地，飞翻奔霄；逸飘赤电，铜爵浮云；骢珑虎〔马剌〕，绝尘紫鳞；四极大宛，八骏九逸，千里绝群：——此等良马，一个个，嘶风逐电精神壮，踏雾登云气力长。

这猴王查看了文簿，点明了马数。本监中典簿管征备草料；力士官管刷洗马匹、扎草、饮水、煮料；监丞、监副辅佐催办；弼马昼夜不睡，滋养马匹。日间舞弄犹可，夜间看管殷勤，但是马睡的，赶起来吃草；走的捉将来靠槽。那些天马见了他，泯耳攒蹄，倒养得肉膘肥满。不觉的半月有馀，一朝闲暇，众监官都安排酒席，一则与他接风，二则与他贺喜。

正在欢饮之间，猴王忽停杯问曰："我这'弼马温'是个甚么官衔？"众曰："官名就是此了。"又问："此官是个几品？"众道："没有品从。"猴王道："没品，想是大之极也。"众道："不大，不大，只唤做'未入流'。"猴王道："怎么叫做'未入流'？"众道："末等。这样官儿，最低最小，只可与他看马。似堂尊到任之后，这等殷勤，喂得马肥，只落得道声'好'字，如稍有些尪羸，还要见责；再十分伤损，还要罚赎问罪。"猴王闻此，不觉心头火起，咬牙大怒道："这般藐视老孙！老孙在花果山，称王称祖，怎么哄我来替他养马？养马者，乃后生小辈，下贱之役，岂是待我的？不做他！不做他！我将去也！"忽喇的一声，把公案推倒，耳中取出宝贝，幌一幌，碗来粗细，一路解数，直打出御马监，径至南天门。众天丁知他受了仙录，乃是个弼马温，不敢阻当，让他打出天门去了。

须臾，按落云头，回至花果山上。只见那四健将与各洞妖王，在那里操演兵卒。这猴王厉声高叫道："小的们！老孙来了！"一群猴都来叩头，迎接进洞天深处，请猴王高登宝位，一壁厢办酒接风都道："恭喜大王，上界去十数年，想必得意荣归也？"猴王道："我才半月有馀，那里有十数年？"众猴道："大王，你在天上，不觉时辰。天上一日，就是下界一年哩。请问大王，官居何职？"猴王摇手道："不好说！不好说！活活的羞杀人！那玉帝不会用人，他见老孙这般模样，封我做个甚么'弼马温'，原来是与他养马，未入流品之类。我初到任时不知，只在御马监中顽耍。及今日问我同寮，始知是这等卑贱。老孙心中大恼，推倒席面，不受官衔，因此走下来了。"众猴道："来得好！来得好！大王在这福地洞天之处为王，多少尊重快乐，怎么肯去与他做马夫？"教："小的们！快办酒来，与大王释闷。"

正饮酒欢会间，有人来报道："大王，门外有两个独角鬼王，要见大王。"猴王道："教他进来。"那鬼王整衣跑入洞中，倒身下拜。美猴王问他："你见我何干？"鬼王道："久闻大王招贤，无由得见；今见大王授了天录，得意荣归，特献赭黄袍一件，与大王称庆。肯不弃鄙贱，收纳小人，亦得效犬马之劳。"猴王大喜，将赭黄袍穿起，众等欣然排班朝拜，即将鬼王封为前部总督先锋。鬼王谢恩毕，复启道："大王在天许久，所授何职？"猴王道："玉帝轻贤，封我做个甚么'弼马温'！"鬼王听言，又奏道："大王有此神通，如何与他养马？就做个'齐天大圣'，有何不可？"猴王闻说，欢喜不胜，连道几个"好！好！好！"教四健将："就替我快置个旌旗，旗上写'齐天大圣'四大字，立竿张挂。自此以后，只称我为齐天大圣，不许再称大王。亦可传与各洞妖王，一体知悉。"此不在话下。

却说那玉帝次日设朝，只见张天师引御马监监丞、监副在丹墀下拜奏道："万岁，新任弼马温孙悟空，因嫌官小，昨日反下天宫去了。"正说间，又见南天门外增长天王领众天丁，亦奏道："弼马温不知何故，走出天门去了。"玉帝闻言，即传旨："着两路神元，各归本职，朕遣天兵，擒拿此怪。"班部中闪上托塔李天王与哪吒三太子，越班奏上道："万岁，微臣不才，请旨降此妖怪。"玉帝大喜，即封托塔天王李靖为降魔大元帅，哪吒三太子为三坛海会大神，即刻兴师下界。

李天王与哪吒叩头谢辞，径至本宫，点起三军，帅众头目，着巨灵神为先锋，鱼肚将掠后，药叉将催兵。一霎时出南天门外，径来到花果山。选平阳处安了营寨，传令教巨灵神挑战。巨灵神得令，结束整齐，轮着宣花斧，到了水帘洞外。只见小洞门外，许多妖魔，都是些狼虫虎豹之类，丫丫叉叉，轮枪舞剑，在那里跳斗咆哮。这巨灵神喝道："那业畜！快早去报与弼马温知道，吾乃上天大将，奉玉帝旨意，到此收伏；教他早早出来受降，免致汝等皆伤残也。"那些怪，奔奔波波，传报洞中道："祸事了！祸事了！"猴王问："有甚祸事？"众妖道："门外有一员天将，口称大圣官衔，道：奉玉帝圣旨，来此收伏；教早早出去受降，免伤我等性命。"猴王听说，教："取我披挂来！"就戴上紫金冠，贯上黄金甲，登上步云鞋，手执如意金箍棒，领众出门，摆开阵势。这巨灵神睁睛观看，真好猴王：

身穿金甲亮堂堂，头戴金冠光映映。手举金箍棒一根，足踏云鞋皆相称。

一双怪眼似明星，两耳过肩查又硬。挺挺身才变化多，声音响亮如钟磬。

尖嘴咨牙弼马温，心高要做齐天圣。

巨灵神厉声高叫道："那泼猴！你认得我么？"大圣听言，急问道："你是那路毛神，老孙不曾会你，你快报名来。"巨灵神道："我把你那欺心的猢狲！你是认不得我！我乃高上神灵托塔李天王部下先锋，巨灵天将！今奉玉帝圣旨，到此收降你。你快卸了装束，归顺天恩，免得这满山诸畜遭诛；若道半个'不'字，教你顷刻化为齑粉！"猴王听说，心中大怒道："泼毛神，休夸大口，少弄长舌！我本待一棒打死你，恐无人去报信；且留你性命，快早回天，对玉皇说：他甚不用贤！老孙有无穷的本事，为何教我替他养马？你看我这旌旗上字号。若依此字号升官，我就不动刀兵，自然的天地清泰；如若不依时间，就打上灵霄宝殿，教他龙床定坐不成！"这巨灵神闻此言，急睁睛迎风观看，果见门外竖一高竿，竿上有旌旗一面，上写着"齐天大圣"四大字。巨灵神冷笑三声道："这泼猴，这等不知人事，辄敢无状，你就要做齐天大圣！好好的吃吾一斧！"劈头就砍将去。那猴王正是会家不忙，将金箍棒应手相迎。这一场好杀：

棒名如意，斧号宣花。他两个乍相逢，不知深浅；斧和棒，左右交加。一个暗藏神妙，一个大口称夸。使动法，喷云暧雾；展开手，播土扬沙。天将神通就有道，猴王变化实无涯。棒举却如龙戏水，斧来犹似凤穿花。巨灵名望传天下，原来本事不如他；大圣轻轻轮铁棒，着头一下满身麻。巨灵神抵敌他不住，被猴王劈头一棒，慌忙将斧架隔，呵嚓的一声，把个斧柄打做两截，急撤身败阵逃生。猴王笑道："脓包！脓包！我已饶了你，你快去报信！快去报信！"

巨灵神回至营门，径见托塔天王，忙哈哈下跪道："弼马温果是神通广大！末将战他不得，败阵回来请罪。"李天王发怒道："这厮锉吾锐气，推出斩之！"旁边闪出哪吒太子，拜告："父王息怒，且恕巨灵之罪，待孩儿出师一遭，便知深浅。"天王听谏，且教回营待罪管事。

这哪吒太子，甲胄齐整，跳出营盘，撞至水帘洞外。那悟空正来收兵，见哪吒来的勇猛。好太子：

总角才遮囟，披毛未盖肩。神奇多敏悟，骨秀更清妍。诚为天上麒麟子，果是烟霞彩凤仙。龙种自然非俗相，妙龄端不类尘凡。身带六般神器械，飞腾变化广无边。今受玉皇金口诏，敕射海会号三坛。悟空迎近前来问曰："你是谁家小哥？闯近吾门，有何事干？"哪吒喝道："泼妖猴！岂不认得我？我乃托塔天王三太子哪吒是也。今奉玉帝钦差，至此捉你。"悟空笑道："小太子，你的奶牙尚未退，胎毛尚未干，怎敢说这般大话？我且留你的性命，不打你。你只看我旌旗上的是甚么字号，拜上玉帝：是这般官衔，再也不须动众，我自皈依；若是不遂我心，定要打上灵霄宝殿。"哪吒抬头看处，乃"齐天大圣"四字。哪吒道："这妖猴能有多大神通，就敢称此名号！不要怕！吃吾一剑！"悟空道："我只站下不动，任你砍几剑罢。"那哪吒奋怒，大喝一声，叫"变！"即变做三头六臂，恶狠狠，手持着六般兵器，乃是斩妖剑、砍妖刀、缚妖索、降妖杵、绣球儿、火轮儿，丫丫叉叉，扑面打来。悟空见了，心惊道："这小哥倒也会弄些手段！莫无礼，看我神通！"好大圣，喝声"变"也变做三头六臂；把金箍棒幌一幌，也变作三条；六只手拿着三条棒架住。这场斗，真是个地动山摇，好杀也：

六臂哪吒太子，天生美石猴王，相逢真对手，正遇本源流。那一个蒙差来下界，这一个欺心闹斗牛。斩妖宝剑锋芒快，砍妖刀狠鬼神愁；缚妖索子如飞蟒，降妖大杵似狼头；火轮掣电烘烘艳，往往来来滚绣球。大圣三条如意棒，前遮后挡运机谋。苦争数合无高下，太子心中不肯休。把那六件兵器多教变，百千万亿照头丢。猴王不惧呵呵笑，铁棒翻腾自运筹。以一化千千化万，满空乱舞赛飞虬。唬得各洞妖王都闭户，遍山鬼怪尽藏头。神兵怒气云惨惨，金箍铁棒响飕飕。那壁厢，天丁呐喊人人怕；这壁厢，猴怪摇旗个个忧。发狠两家齐斗勇，

不知那个刚强那个柔。三太子与悟空各骋神威，斗了个三十回合。那太子六般兵器，变做千千万万；孙悟空金箍棒，变作万万千千。半空中似雨点流星，不分胜负。原来悟空手疾眼快，正在那混乱之时，他拔下一根毫毛，叫声"变！"就变做他的本相，手挺着棒，演着哪吒；他的真身，却一纵，赶至哪吒脑后，着左膊上一棒打来。哪吒正使法间，听得棒头风响，急躲闪时，不能措手，被他着了一下，负痛逃走；收了法，把六件兵器，依旧归身，败阵而回。

那阵上李天王早已看见，急欲提兵助战。不觉太子倏至面前，战兢兢报道："父王！弼马温真个有本事！孩儿这般法力，也战他不过，已被他打伤膊也。"天王大惊失色道："这厮恁的神通，如何取胜？"太子道："他洞门外竖一竿，旗上写'齐天大圣'四字，亲口夸称，教玉帝就封他做齐天大圣，万事俱休；若还不是此号，定要打上灵霄宝殿哩！"天王道："既然如此，且不要与他相持，且去上界，将此言回奏，再多遣天兵，围捉这厮，未为迟也。"太子负痛，不能复战，故同天王回天启奏不题。

你看那猴王得胜归山，那七十二洞妖王与那六弟兄，俱来贺喜。在洞天福地，饮乐无比。他却对六弟兄说："小弟既称齐天大圣，你们亦可以大圣称之。"内有牛魔王忽然高声叫道："贤弟言之有理，我即称做个平天大圣。"蛟魔王道："我称覆海大圣。"鹏魔王道："我称混天大圣。"狮犭它王道："我称移山大圣。"猕猴王道："我称通风大圣。"犭狨王道："我称驱神大圣。"此时七大圣自作自为，自称自号，耍乐一日，各散讫。

却说那李天王与三太子领着众将，直至灵霄殿。启奏道："臣等奉圣旨出师下界，收伏妖仙孙悟空，不期他神通广大，不能取胜，仍望万岁添兵剿除。"玉帝道："谅一妖猴，有多少本事，还要添兵？"太子又近前奏道："望万岁赦臣死罪！那妖猴使一条铁棒，先败了巨灵神，又打伤臣臂膊。洞门外立一竿旗，上书'齐天大圣'四字，道是封他这官职，即便休兵来投；若不是此官，还要打上灵霄宝殿也。"玉帝闻言，惊讶道："这妖猴何敢这般狂妄！着众将即刻诛之。"正说间，班部中又闪出太白金星，奏道："那妖猴只知出言，不知大小。欲加兵与他争斗，想一时不能收伏，反又劳师。不若万岁大舍恩慈，还降招安旨意，就教他做个齐天大圣。只是加他个空衔，有官无禄便了。"玉帝道："怎么唤做'有官无禄'？"金星道："名是齐天大圣，只不与他事管，不与他俸禄，且养在天壤之间，收他的邪心，使不生狂妄，庶乾坤安靖，海宇得清宁也。"玉帝闻言道："依卿所奏。"即命降了诏书，仍着金星领去。

金星复出南天门，直至花果山水帘洞外观看。这番比前不同，威风凛凛，杀气森森，各样妖精，无般不有。一个个都执剑拈枪，拿刀弄杖的，在那里咆哮跳跃。一见金星，皆上前动手。金星道："那众头目来！累你去报你大圣知之。吾乃上帝遣来天使，有圣旨在此请他。"众妖即跑入报道："外面有一老者，他说是上界天使，有旨意请你。"悟空道："来得好！来得好！想是前番来的那太白金星。那次请我上界，虽是官爵不堪，却也天上走了一次，认得那天门内外之路。今番又来，定有好意。"教众头目大开旗鼓，摆队迎接。大圣即带引群猴，顶冠贯甲，甲上罩了赭黄袍，足踏云履，急出洞门，躬身施礼，高叫道："老星请进，恕我失迎之罪。"

金星趋步向前，径入洞内，面南立着道："今告大圣，前者因大圣嫌恶官小，躲离御马监，当有本监中大小官员奏了玉帝。玉帝传旨道：'凡授官者，皆由卑而尊，为何嫌小？'即有李天王领哪吒下界取战。不知大圣神通，故遭败北，回天奏道：'大圣立一竿旗，要做"齐天大圣"。'众武将还要支吾，是老汉力为大圣冒罪奏闻，免兴师旅，请大王授录。玉帝准奏，因此来请。"悟空笑道："前番勤劳，今又蒙爱，多谢！多谢！但不知上天可有此'齐天大圣'之官衔也？"金星道："老汉以此衔奏准，方敢岭旨而来；如有不遂，只坐罪老汉便是。"

悟空大喜，恳留饮宴不肯，遂与金星纵着祥云，到南天门外。那些天丁天将，都拱手相迎。径入灵霄殿下。金星拜奏道："臣奉诏宣弼马温孙悟空已到。"玉帝道："那孙悟空过来。今宣你做个'齐天大圣'，官品极矣，但切不可胡为。"这猴亦止朝上唱个喏，道声谢恩。玉帝即命工干官——张、鲁二班——在蟠桃园右首，起一座齐天大圣府，府内设个二司：一名安静司，一名宁神司。司俱有仙吏，左右扶持。又差五斗星君送悟空去到任，外赐御酒二瓶，金花十朵，着他安心定志，再勿胡为。那猴王信受奉行，即日与五斗星君到府，打开酒瓶，同众尽饮。送星官回转本宫，他才遂心满意，喜地欢天，在于天宫快乐，无挂无碍。正是：仙名永注长生录，不堕轮回万古传。毕竟不知向后如何，且听下回分解。

第五回　乱蟠桃大圣偷丹　反天宫诸神捉怪

话表齐天大圣到底是个妖猴，更不知官衔品从，也不较俸禄高低，但只注名便了。那齐天府下二司仙吏，早晚扶侍，只知日食三餐，夜眠一榻，无事牵萦，自由自在。闲时节会友游宫，交朋结义。见三清，称个"老"字；逢四帝，道个"陛下"。

与那九曜星、五方将、二十八宿、四大天王、十二元辰、五方五老、普天星相、河汉群神，俱只以弟兄相待，彼此称呼。今日东游，明日西荡，云去云来，行踪不定。

一日，玉帝早朝，班部中闪出许旌阳真人，俯囟启奏道："今有齐天大圣，无事闲游，结交天上众星宿，不论高低，俱称朋友。恐后闲中生事，不若与他一件事管，庶免别生事端。"玉帝闻言，即时宣诏。那猴王欣欣然而至，道："陛下，诏老孙有何升赏？"玉帝道："朕见你身闲无事，与你件执事。你且权管那蟠桃园，早晚好生在意。"大圣欢喜谢恩，朝上唱喏而退。

他等不得穷忙，即入蟠桃园内查勘。本园中有个土地拦住，问道："大圣何往？"大圣道："吾奉玉帝点差，代管蟠桃园，今来查勘也。"那土地连忙施礼，即呼那一班锄树力士、运水力士、修桃力士、打扫力士都来见大圣磕头，引他进去。但见那：

夭夭灼灼，颗颗株株。夭夭灼灼花盈树，颗颗株株果压枝。果压枝头垂锦弹，花盈树上簇胭脂。时开时结千年熟，无夏无冬万载迟。先熟的，酡颜醉脸；还生的，带蒂青皮。凝烟肌带绿，映日显丹姿。树下奇葩并异卉，四时不谢色齐齐。左右楼台并馆舍，盘空常见罩云霓。

不是玄都凡俗种，瑶池王母自栽培。大圣看玩多时，问土地道："此树有多少株数？"土地道："有三千六百株：前面一千二百株，花微果小，三千年一熟，人吃了成仙了道，体健身轻。中间一千二百株，层花甘实，六千年一熟，人吃了霞举飞升，长生不老。后面一千二百株，紫纹缃核，九千年一熟，人吃了与天地齐寿，日月同庚。"大圣闻言，欢喜无任，当日查明了株数，点看了亭阁，回府。自此后，三五日一次赏玩，也不交友，也不他游。

一日，见那老树枝头，桃熟大半，他心里要吃个尝新。奈何本园土地、力士并齐天府仙吏紧随不便。忽设一计道："汝等且出门外伺候，让我在这亭上少憩片时。"那众仙果退。只见那猴王脱了冠着服，爬上大树，拣那熟透的大桃，摘了许多，就在树枝上自在受用。吃了一饱，却跳下来，簪冠著服，唤众等仪从回府。迟三二日，又去设法偷桃，尽他享用。

一朝，王母娘娘设宴，大开宝阁，瑶池中做"蟠桃胜会"，即着那红衣仙女、素衣仙女、青衣仙女、皂衣仙女、紫衣仙女、黄衣仙女、绿衣仙女，各顶花篮，去蟠桃园摘桃建会。七衣仙女直至园门首，只见蟠桃园土地、力士同齐天府二司仙吏，都在那里把门。仙女近前道："我等奉王母懿旨，到此携桃设宴。"土地道："仙娥且住。今岁不比往年了，玉帝点差齐天大圣在此督理，须是报大圣得知，方敢开园。"仙女道："大圣何在？"土地道："大圣在园内，因困倦，自家在亭子上睡哩。"仙女道："既如此，寻他去来，不可延误。"土地即与同进。寻至花亭不见，只有衣冠在亭，不知何往。四下里都没寻处。原来大圣耍了一会，吃了几个桃子，变做二寸长的个人儿，在那大树梢头浓叶之下睡着了。七衣仙女道："我等奉旨前来，寻不见大圣，怎敢空回？"旁有仙吏道："仙娥既奉旨来，不必迟疑。我大圣闲游惯了，想是出园会友去了。汝等且去摘桃，我们替你回话便是。"那仙女依言，入树林之下摘桃。先在前树摘了二篮，又在中树摘了三篮；到后树上摘取，只见那树上花果稀疏，止有几个毛蒂青皮的。原来熟的都是猴王吃了。七仙女张望东西，只见南枝上止有一个半红半白的桃子。青衣女用手扯下枝来，红衣女摘了，却将枝子望上一放。原来那大圣变化了，正睡在此枝，被他惊醒。大圣即现本相，耳朵内掣出金箍棒，幌一幌，碗来粗细，咄的一声道："你是那方怪物，敢大胆偷摘我桃！"慌得那七仙女一齐跪下道："大圣息怒。我等不是妖怪，乃王母娘娘差来的七衣仙女，摘取仙桃，大开宝阁，做'蟠桃胜会'。适至此间，先见了本园土地等神，寻大圣不见。我等恐迟了王母懿旨，是以等不得大圣，故先在此摘桃，万望恕罪。"大圣闻言，回嗔作喜道："仙娥请起。王母开阁设宴，请的是谁？"仙女道："上会自有旧规。请的是西天佛老、菩萨、罗汉，南方南极观音，东方崇恩圣帝，十洲三岛仙翁，北方北极玄灵，中央黄极黄角大仙，这个是五方五老。还有五斗星君，上八洞三清、四帝、太乙天仙等众，中八洞玉皇、九垒、海岳神仙，下八洞幽冥教主、注世地仙。各宫各殿大小尊神，俱一齐赴蟠桃嘉会。"大圣笑道："可请我么？"仙女说："不曾听得说。"大圣道："我乃齐天大圣，就请我老孙做个尊席，有何不可？"仙女道："此是上会会规，今会不知如何。"大圣道："此言也是，难怪汝等。你且立下，待老孙先去打听个消息，看可请老孙不请。"

好大圣，捻着诀，念声咒语，对众仙女道："住！住！住！"这原来是个定身法，把那七衣仙女一个个睖睖睁睁，白着眼，都站在桃树之下。大圣纵朵祥云，跳出园内，竟奔瑶池路上而去。正行时，只见那壁厢：

一天瑞霭光摇曳，五色祥云飞不绝。白鹤声鸣振九皋，紫芝色秀分千叶。

中间现出一尊仙，相貌天然丰采别。神舞虹霓幌汉霄，腰悬宝录无生灭。

名称赤脚大罗仙，特赴蟠桃添寿节。那赤脚大仙觌面撞见大圣，大圣低头定计，赚哄真仙，他要暗去赴会，却问："老道何往？"大仙道："蒙王母见招，去赴蟠桃嘉会。"大圣道："老道不知。玉帝因老孙筋斗云疾，着老孙五路邀请列位，先至通明殿下演礼，后方去赴宴。"大仙是个光明正大之人，就以他的诳语作真。道："常年就在瑶池演礼谢恩，如何先去通明殿演礼，方去瑶池赴会？"无奈，只得拨转祥云，径往通明殿去了。

大圣驾着云，念声咒语，摇身一变，就变做赤脚大仙模样，前奔瑶池。不多时，直至宝阁，按住云头，轻轻移步，走入里面。只见那里：

琼香缭绕，瑞霭缤纷，瑶台铺彩结，宝阁散氤氲。凤翥鸾腾形缥缈，金花玉萼影浮沉。上排着九凤丹霞扆，八宝紫霓墩。五彩描金桌，千花碧玉盆。桌上有龙肝和凤髓，熊掌与猩唇。珍馐百味般般美，异果嘉肴色色新。

那里铺设得齐齐整整，却还未有仙来。这大圣点看不尽，忽闻得一阵酒香扑鼻；忽转头，见右壁厢长廊之下，有几个造酒的仙官，盘糟的力士，领几个运水的道人，烧火的童子，在那里洗缸刷瓮，已造成了玉液琼浆，香醪佳酿。大圣止不住口角流涎，就要去吃，奈何那些人都在这里。他就弄个神通，把毫毛拔下几根，丢入口中嚼碎，喷将出去，念声咒语，叫"变！"即变做几个瞌睡虫，奔在众人脸上。你看那伙人，手软头低，闭眉合眼，丢了执事，都去盹睡。大圣却拿了些百味珍馐，佳肴异品，走入长廊里面，就着缸，挨着瓮，放开量，痛饮一番。吃勾了多时，酕醄醉了。自揣自摸道："不好！不好！再过会，请的客来，却不怪我？一时拿住，怎生是好？不如早回府中睡去也。"

好大圣：摇摇摆摆，仗着酒，任情乱撞，一会把路差了；不是齐天府，却是兜率天宫。一见了，顿然醒悟道："兜率宫是三十三天之上，乃离恨天太上老君之处，如何错到此间？——也罢！也罢！一向要来望此老，不曾得来，今趁此残步，就望他一望也好。"即整衣撞进去，那里不见老君，四无人迹。原来那老君与燃灯古佛在三层高阁朱陵丹台上讲道，众仙童、仙将、仙官、仙吏，都侍立左右听讲。这大圣直至丹房里面，寻访不遇，但见丹灶之旁，炉中有火。炉左右安放着五个葫芦，葫芦里都是炼就的金丹。大圣喜道："此物乃仙家之至宝，老孙自了道以来，识破了内外相同之理，也要些金丹济入，不期到家无暇；今日有缘，却又撞着此物，趁老子不在，等我吃他几丸尝新。"他就把那葫芦都倾出来，就都吃了，如吃炒豆相似。

一时间丹满酒醒，又自己揣度道："不好！不好！这场祸，比天还大；若惊动玉帝，性命难存。走！走！走！不如下界为王去也！”他就跑出兜率宫，不行旧路，从西天门，使个隐身法逃去。即按云头，回至花果山界。但见那旌旗闪灼，戈戟光辉，原来是四健将与七十二洞妖王，在那里演习武艺。大圣高叫道：“小的们！我来也！”众怪丢了器械，跪倒道：“大圣好宽心！丢下我等许久，不来相顾！”大圣道：“没多时！没多时！”且说且行，径入洞天深处。四健将打扫安歇叩头礼拜毕。俱道：“大圣在天这百十年，实受何职？”大圣笑道：“我记得才半年光景，怎么就说百十年话？”健将道：“在天一日，即在下方一年也。”大圣道：“且喜这番玉帝相爱，果封做‘齐天大圣’，起一座齐天府，又设安静、宁神二司，司设仙吏侍卫。向后见我无事，着我看管蟠桃园。近因王母娘娘设‘蟠桃大会’，未曾请我，是我不待他请，先赴瑶池，把他那仙品、仙酒，都是我偷吃了。走出瑶池，踉踉跄跄误入老君宫阙，又把他五个葫芦金丹也偷吃了。但恐玉帝见罪，方才走出天门来也。”

众怪闻言大喜。即安排酒果接风，将椰酒满斟一石碗奉上，大圣喝了一口，即咨牙咧嘴道：“不好吃！不好吃！”崩、巴二将道：“大圣在天宫，吃了仙酒、仙肴，是以椰酒不甚美口。常言道：‘美不美，乡中水。’”大圣道：“你们就是‘亲不亲，故乡人。’我今早在瑶池中受用时，见那长廊之下，有许多瓶罐，都是那玉液琼浆。你们都不曾尝着。待我再去偷他几瓶回来，你们各饮半杯，一个个也长生不老。”众猴欢喜不胜。大圣即出洞门，又翻一筋斗，使个隐身法，径至蟠桃会上。进瑶池宫阙，只见那几个造酒、盘糟、运水、烧火的，还鼾睡未醒。他将大的从左右胁下挟了两个，两手提了两个，即拨转云头回来，会众猴在于洞中，就做个“仙酒会”，各饮了几杯，快乐不题。

却说那七衣仙女自受了大圣的定身法术，一周天方能解脱。各提花篮，回奏王母，说道：“齐天大圣使法术困住我等，故此来迟。”王母问道：“你等摘了多少蟠桃？”仙女道：“只有两篮小桃，三篮中桃。至后面，大桃半个也无，想都是大圣偷吃了。及正寻间，不期大圣走将出来，行凶挖打，又问设宴请谁。我等把上会事说了一遍，他就定住我等，不知去向。只到如今，才得醒解回来。”

王母闻言，即去见玉帝，备陈前事。说不了，又见那造酒的一班人，同仙官等来奏：“不知甚么人，搅乱了‘蟠桃大会’，偷吃了玉液琼浆，其八珍百味，亦俱偷吃了。”又有四个大天师来奏上：“太上道祖来了。”玉帝即同王母出迎。老君朝礼毕，道：“老道宫中，炼了些‘九转金丹’，伺候陛下做‘丹元大会’，不期被贼偷去，特启陛下知之。”玉帝见奏，悚惧。少时，又有齐天府仙吏叩头道：“孙大圣不守执事，自昨日出游，至今未转，更不知去向。”玉帝又添疑思。只见那赤脚大仙又俯囟上奏道：“臣蒙王母诏昨日赴会，偶遇齐天大圣，对臣言万岁有旨，着他邀臣等先赴通明殿演礼，方去赴会。臣依他言语，即返至通明殿外，不见万岁龙车凤辇，又急来此俟候。”玉帝越发大惊道：“这厮假传旨意，赚哄贤卿，快着纠察灵官缉访这厮踪迹！”

灵官领旨，即出殿遍访尽得其详细。回奏道：“搅乱天宫者，乃齐天大圣也。”又将前事尽诉一番。玉帝大恼。即差四大天王，协同李天王并哪吒太子，点二十八宿、九曜星官、十二元辰、五方揭谛、四值功曹、东西星斗、南北二神、五岳四渎、普天星相，共十万天兵，布一十八架天罗地网下界，去花果山围困，定捉获那厮处治。众神即时兴师，离了天宫。这一去，但见那：

黄风滚滚遮天暗，紫雾腾腾罩地昏。只为妖猴欺上帝，致令众圣降凡尘。四大天王，五方揭谛：四大天王权总制，五方揭谛调多兵。李托塔中军掌号，恶哪吒前部先锋。罗猴星为头检点，计都星随后峥嵘。太阴星精神抖擞，太阳星照耀分明。五行星偏能豪杰，九曜星最喜相争。元辰星子午卯酉，一个个都是大力天丁。五瘟五岳东西摆，六丁六甲左右行。四渎龙神分上下，二十八宿密层层。角亢氐房为总领，奎娄胃昴惯翻腾。斗牛女虚危室壁，心尾箕星个个能，井鬼柳星张翼轸，轮枪舞剑显威灵。停云降雾临凡世，花果山前扎下营。

诗曰：

天产猴王变化多，偷丹偷酒乐山窝。

只因搅乱蟠桃会，十万天兵布网罗。

当时李天王传了令，着众天兵扎了营，把那花果山围得水泄不通。上下布了十八架天罗地网，先差九曜恶星出战。九曜即提兵径至洞外，只见那洞外大小群猴跳跃顽耍。星官厉声高叫道：“那小妖！你那大圣在那里？我等乃上界差调的天神，到此降你这造反的大圣。教他快快来归降；若道半个‘不’字，教汝等一概遭诛！”那小妖慌忙传入道：“大圣，祸事了！祸事了！外面有九个凶神，口称上界来的天神，收降大圣。”

那大圣正与七十二洞妖王，并四健将分饮仙酒，一闻此报，公然不理道：“今朝有酒今朝醉，莫管门前是与非！”说不了，一起小妖又跳来道：“那九个凶神，恶言泼语，在门前骂战哩！”大圣笑道：“莫睬他。‘诗酒且图今日乐，功名休问几时成。’”说犹未了，又一起小妖来报：“爷爷！那九个凶神已把门打破了，杀进来也！”大圣怒道：“这泼毛神，老大无礼！本来不与他计较，如何上门来欺我？”即命独角鬼王，领帅七十二洞妖王出阵，老孙领四健将随后。那鬼王疾帅妖兵，出门迎敌，却被九曜恶星一齐掩杀，抵住在铁板桥头，莫能得出。

正嚷间，大圣到了。叫一声“开路！”掣开铁棒，幌一幌，碗来粗细，丈二长短，丢开架子，打将出来。九曜星那个敢抵，一时打退。那九曜星立住阵势道：“你这不知死活的弼马温！你犯了十恶之罪，先偷桃，后偷酒，搅乱了蟠桃大会，又窃了老君仙丹，又将御酒偷来此处享乐。你罪上加罪，岂不知之？”大圣笑道：“这几桩事，实有！实有！但如今你怎么？”九曜星道：“吾奉玉帝金旨，帅众到此收降你，快早皈依！免教这些生灵纳命。不然，就屣平了此山，掀翻了此洞也！”大圣大怒道：“量你这些毛神，有何法力，敢出浪言，不要走，请吃老孙一棒！”这九曜星一齐踊跃。那美猴王不惧分毫，轮起金箍棒，左遮右挡，把那九曜星战得筋疲力软，一个个倒拖器械，败阵而走，急入中军帐下，对托塔天王道：“那猴王果十分骁勇！我等战他不过，败阵来了。”李天王即调四大天王与二十八宿，一路出师来斗。大圣也公然不惧，调出独角鬼王、七十二洞妖王与四个健将，于洞门外列成阵势。你看这场混战，好惊人也：

寒风飒飒，怪雾阴阴。那壁廂旌旗飞彩，这壁厢戈戟生辉。滚滚盔明，层层甲亮。滚滚盔明映太阳，如撞天的银磬；层层甲亮砌岩崖，似压地的冰山。大捍刀，飞云掣电，楮白枪，度雾穿云。方天戟，虎眼鞭，麻林摆列；青铜剑，四明铲，密树排阵。弯弓硬弩雕翎箭，短棍蛇矛挟了魂。大圣一条如意棒，翻来覆去战天神。杀得那空中无鸟过，山内虎狼奔。扬砂走石乾坤黑，播土飞尘宇宙昏。只听兵兵扑扑惊天地，煞煞威威振鬼神。

这一场自辰时布阵，混杀到日落西山。那独角鬼王与七十二洞妖怪，尽被众天神捉拿去了，止走了四健将与那群猴，深藏在水帘洞底。这大圣一条棒，抵住了四大天神与李托塔、哪吒太子，俱在半空中，一一杀勾多时，大圣见天色将晚，即拉毫毛一把，丢在口中，嚼将出去，叫声“变！”就变了千百个大圣，都使的是金箍棒，打退了哪吒太子，战败了五个天王。

大圣得胜，收了毫毛，急转身回洞，早又见铁板桥头，四个健将，领众叩迎那大圣，哽哽咽咽大哭三声，又唏唏哈哈大笑三声。大圣道：“汝等见了我，又哭又笑，何也？”四健将道：“今早帅众将与天王交战，把七十二洞妖王与独角鬼王，尽被众神捉了，我等逃生，故此该哭。这见大圣得胜回来，未曾伤损，故此该笑。”大圣道：“胜负乃兵家之常。古人云：‘杀人一万，自损三千。’况捉了去的头目乃是虎、豹、狼虫、獾獐、狐狢之类，我同类者未伤一个，何须烦恼？他虽被我使个分身法杀退，他还要安营在我山脚下。我等且紧紧防守，饱食一顿，安心睡觉，养养精神。天明看我使个大神通，拿这些天将，与众报仇。”四将与众猴将椰酒吃了几碗，安心睡觉不题。

那四大天王收兵罢战，众各报功：有拿住虎豹的，有拿住狮象的，有拿住狼虫狐狢的，更不曾捉着一个猴精。当时果又安辕营，下大寨，赏劳了得功之将，吩咐了天罗地网之兵，个个提铃喝号，围困了花果山，专待明早大战。各人得令，一处处谨守。此正是：妖猴作乱惊天地，布网张罗昼夜看。毕竟天晓后如何处治，且听下回分解。

第六回　观音赴会问原因　小圣施威降大圣

且不言天神围绕，大圣安歇。话表南海普陀落伽山大慈大悲救苦救难灵感观世音菩萨，自王母娘娘请赴蟠桃大会，与大徒弟惠岸行者，同登宝阁瑶池，见那里荒荒凉凉，席面残乱；虽有几位天仙，俱不就座，都在那里乱纷纷讲论。菩萨与众仙相见毕，众仙备言前事。菩萨道：“既无盛会，又不传杯，汝等可跟贫僧去见玉帝。”众仙怡然随往。至通明殿前，早有四大天师、赤脚大仙等众俱在此，迎着菩萨，即道玉帝烦恼，调遣天兵，擒怪未回等因。菩萨道：“我要见见玉帝，烦为转奏。”天师邱弘济，即入灵霄宝殿，启知宣入。时有太上老君在上，王母娘娘在后。

菩萨引众同入里面，与玉帝礼毕，又与老君、王母相见，各坐下。便问：“蟠桃盛会如何？”玉帝道：“每年请会，喜喜欢欢，今年被妖猴作乱，甚是虚邀也。”菩萨道：“妖猴是何出处？”玉帝道：“妖猴乃东胜神洲傲来国花果山石卵化生的。当时生出，即目运金光，射冲斗府。始不介意，继而成精，降龙伏虎，自削死籍。当有龙王、阎王启奏。朕欲擒拿，是长庚星启奏道：‘三界之间，凡有九窍者，可以成仙。’朕即施教育贤，宣他上界，封为御马监弼马温官。那厮嫌恶官小，反了天宫。即差李天王与哪吒太子收降，又降诏抚安，宣至上界，就封他做个‘齐天大圣’，只是有官无禄。他因没事干管理，东游西荡。朕又恐别生事端，着他代管蟠桃园。他又不遵法律，将老树大桃，尽行偷吃。及至设会，他乃无禄人员，不曾请他，他就设计赚哄赤脚大仙，却自变他相貌入会，将仙肴仙酒尽偷吃了，又偷老君仙丹，又偷御酒若干，去与本山众猴享乐。朕心为此烦恼，故调十万天兵，天罗地网收伏。这一日不见回报，不知胜负如何。”

菩萨闻言，即命惠岸行者道：“你可快下天宫，到花果山，打探军情如何。如遇相敌，可就相助一功，务必的实回话。”惠岸行者整整衣裙，执一条铁棍，架云离阙，径至山前。见那天罗地网，密密层层，各营门提铃喝号，将那山围绕的水泄不通。惠岸立住，叫：“把营门的天丁，烦你传报。我乃李天王二太子木叉，南海观音大徒弟惠岸，特来打探军情。”那营里五岳神兵，即传入辕门之内。早有虚日鼠、昴日鸡、星日马、房日兔，将言传到中军帐下。李天王发下令旗，教开天罗地网，放他进来。此时东方才亮。惠岸随旗进入，见四大天王与李天王下拜。拜讫，李天王道：“孩儿，你自那厢来者？”惠岸道：“愚男随菩萨赴蟠桃会，菩萨见胜会荒凉，瑶池寂寞，引众仙并愚男去见玉帝。玉帝备言父王等下界收伏妖猴，一日不见回报，胜负未知，菩萨因命愚男到此打听虚实。”李天王道：“昨日到此安营下寨，着九曜星挑战；被这厮大弄神通，九曜星俱败走而回。后我等亲自提兵，那厮也排开阵势。我等十万天兵，与他混战至晚，他使个分身法战退。及收兵查勘时，止捉得些狼虫虎豹之类，不曾捉得他半个妖猴。今日还未出战。”

说不了，只见辕门外有人来报道：“那大圣引一群猴精，在外面叫喊。”四大天王与李天王并太子正议出兵。木叉道：“父王，愚男蒙菩萨吩咐，下来打探消息，就说若遇战时，可助一功。今不才愿往，看他怎么个大圣！”天王道：“孩儿，你随菩萨修行这几年，想必也有些神通，切须在意。”

好太子，双手轮着铁棍，束一束绣衣，跳出辕门，高叫：“那个是齐天大圣？”大圣挺如意棒，应声道：“老孙便是。你是甚人，辄敢问我？”木叉道：“吾乃李天王第二太子叉，今在观音菩萨宝座前为徒弟护教，法名惠岸是也。”大圣道：“你不在南海修行，却来此见我做甚？”木叉道：“我蒙师父差来打探军情，见你这般猖獗，特来擒你！”大圣道：“你敢说那等大话！且休走！吃老孙这一棒！”木叉全然不惧，使铁棒劈手相迎。他两个立那半山中，辕门外，这场好斗：

棍虽对棍铁各异，兵纵交兵人不同。一个是太乙散仙呼大圣，一个是观音徒弟正元龙。浑铁棍乃千锤打，六丁六甲运神功；如意棒是天河定，镇海神珍法力洪。两个相逢真对手，往来解数实无穷，这个的阵手棍，万千凶，绕腰贯索疾如风；那个的夹枪棒，不放空，左遮右挡怎相容？那阵上旌旗闪闪，这阵上鼍鼎冬冬。万员天将团团绕，一洞妖猴簇簇丛。怪雾愁云漫地府，狼烟煞气射天宫。昨朝混战还犹可今日争持更又凶。堪羡猴王真本事，木叉复败又逃生。

这大圣与惠岸战经五六十合，惠岸臂膊酸麻，不能迎敌，虚幌一幌，败阵而走。大圣也收了猴兵，安扎在洞门之外。只见天王营门外，大小天兵，接住了太子，让开大路，径入辕门，对四天王、李托塔、哪吒，气哈哈的，喘息未定：“好大圣！好大圣！着实神通广大！孩儿战不过，又败阵而来也！”李天王见了心惊，即命写表求助，便差大力鬼王与木叉太子上天启奏。

二人当时不敢停留，闯出天罗地网，驾起瑞霭祥云。须臾，径至通明殿下，见了四大天师，引至灵霄宝殿，呈上表章。惠岸又见菩萨施礼。菩萨道：“你打探的如何？”惠岸道：“始领命到花果山，叫开天罗地网门，见了父亲，道师父差命之意。父王道：‘昨日与那猴王战了一场，止捉得他虎豹狮象之类，更未捉他一个猴精。’正讲间，他又索战，是弟子使铁棍与他战经五六十合，不能取胜，败走回营。父亲因此差大力鬼王同弟子上界求助。”菩萨低头思忖。

却说玉帝拆开表章，见有求助之言，笑道：“叵耐这个猴精，能有多大手段，就敢敌过十万天兵！李天王又来求助，却将那路神兵助之？”言未毕，观音合掌启奏：“陛下宽心，贫僧举一神，可擒这猴。”玉帝道：“所举者何神？”菩萨道：“乃陛下令甥显圣二郎真君，现居灌洲灌江口，享受下方香火。他昔日曾力诛六怪，又有梅山兄弟与帐前一千二百草头神，神通广大。奈他只是听调不听宣，陛下可降一道调兵旨意，着他助力，便可擒也。”玉帝闻言，即传调兵的旨意，就差大力鬼王赍调。

那鬼王领了旨，即驾起云，径至灌江口。不消半个时辰，直至真君之庙。早有把门的鬼判，传报至里道：“外有天使，捧旨而至。”二郎即与众兄弟，出门迎接旨意，焚香开读旨意。上云：

“花果山妖猴齐天大圣作乱。因在宫偷桃、偷酒、偷丹，搅乱蟠桃大会，现着十万天兵，一十八架天罗地网，围山收伏，未曾得胜，今特调贤甥同义兄弟即赴花果山助力剿除。成功之后，高升重赏。”

真君大喜道：“天使请回，吾当就去拔刀相助也。”

鬼王回奏不题。

这真君即唤梅山六兄弟——乃康、张、姚、李四太尉，郭申、直健二将军，聚集殿前道："适才玉帝调遣我等往花果山收降妖猴，同去去来。"众兄弟俱忻然愿往。即点本部神兵，驾鹰牵犬，搭弩张弓，纵狂风，霎时过了东洋大海，径至花果山。见那天罗地网，密密层层，不能前进。因叫道："把天罗地网的神将听着：吾乃二郎显圣真君，蒙玉帝调来，擒拿妖猴者，快开营门放行。"一时，各神一层层传入。四大天王与李天王俱出辕门迎接，相见毕，问及胜败之事，天王将上项事备陈一遍。真君笑道："小圣来此，必须与他斗个变化，列公将天罗地网，不要幔了顶上，只四围紧密，让我赌斗。若我输与他，不必列公相助，我自有兄弟扶持；若赢了他，也不必列公绑缚，我自有兄弟动手。只请托塔天王与我使个照妖镜，住立空中。恐他一时败阵，逃窜他方，切须与我照耀明白，勿走了他。"天王各居四维，众天兵各挨排列阵去讫。这真君领着四太尉、二将军，连本身七兄弟，出营挑战；分付众将，紧守营盘，收全了鹰犬。众草头神得令，真君只到那水帘洞外，见那一群猴，齐齐整整，排作个蟠龙阵势；中军里，立一竿旗，上书"齐天大圣"四字。真君道："那泼猴，怎么称得起齐天之职？"梅山六弟道："且休赞叹，叫战去来。"那营口小猴见了真君，急走去报知。那猴王即掣金箍棒，整黄金甲，登步云履，按一按紫金冠，腾出营门，急睁眼观看，那真君的相貌，果是清奇，打扮得又秀气。真是个：

仪容清秀貌堂堂，两耳垂肩目有光。头戴三山飞凤帽，身穿一领淡鹅黄。

缕金靴衬盘龙袜，玉带团花八宝妆。腰挎弹弓新月样，手执三尖两刃枪。

斧劈桃山曾救母，弹打棕罗双凤凰。力诛八怪声名远，义结梅山七圣行。

心高不认天家眷，性傲归神住灌江。赤城昭惠英灵圣，显化无边号二郎。大圣见了，笑嘻嘻的，将金箍棒掣起，高叫道："你是何方小将，辄敢大胆到此挑战？"真君喝道："你这厮有眼无珠，认不得我么！吾乃玉帝外甥，敕封昭惠灵王二郎是也。今蒙上命，到此擒你这造反天宫的弼马温猢狲，你还不知死活！"大圣道："我记得玉帝妹子思凡下界，配合杨君，生一男子，曾使斧劈桃山的，是你么？我行要骂你几声，曾奈无甚冤仇，待要打你一棒，可惜了你的性命。你这郎君小辈，可急急回去，唤你四大天王出来。"真君闻言，心中大怒道："泼猴！休得无礼！吃吾一刀！"大圣侧身躲过，疾举金箍棒，劈手相还。他两个这场好杀：

昭惠二郎神，齐天孙大圣，这个心高欺敌美猴王，那个面生压伏真梁栋。两个乍相逢，个人皆睹兴。从来未识浅和深，今日方之轻与重。铁棒赛飞龙，神锋如舞凤，左挡右攻，前迎后映。这阵上梅山六弟助威风，那阵上马流四将传军令。摇旗擂鼓各齐心，呐喊筛锣都助兴。两个钢刀有见机，一来一往无丝缝。金箍棒是海中珍，变化飞腾能取胜；若还身慢命该休，但要差汽为蹭蹬。

真君与大圣斗经三百馀合，不知胜负。那真君抖擞神威，摇身一变，变得身高万丈，两只手，举着三尖两刃神锋，好便似华山顶上之峰，青脸獠牙，朱红头发，恶狠狠，望大圣着头就砍。这大圣也使神通，变得与二郎身躯一样，嘴脸一般，举一条如意金箍棒，却就是昆仑顶上擎天之柱，抵住二郎神，唬得那马、流元帅，战兢兢，摇不得旌旗；崩、巴二将，虚怯怯，使不得刀剑。这阵上，康、张、姚、李、郭申、直健，传号令，撒放草头神，向他那水帘洞外，纵着鹰犬，搭弩张弓，一齐掩杀。可怜冲散妖猴四健将，捉拿灵怪二三千！那些猴，抛戈弃甲，撇剑抛枪；跑的跑，喊的喊；上山的上山，归洞的归洞；好似夜猫惊宿鸟，飞洒满天星。众兄弟得胜不题。

却说真君与大圣变做法天象地的规模，正斗时，大圣忽见本营中妖猴惊散，自觉心慌，收了法象，掣棒抽身就起。真君见他败走，大步赶上道："那里走，趁早归降，饶你性命！"大圣不恋战，只情跑起，将近洞口，正撞着康、张、姚、李四太尉，郭申、直健二将军，一齐帅众挡住道："泼猴！那里走！"大圣慌了手脚，就把金箍棒捏做绣花针，藏在耳内，摇身一变，变作个麻雀儿，飞在树梢头钉住。那六兄弟，慌慌张张，前后寻觅不见，一齐吆喝道："走了这猴精也！走了这猴精也！"

正嚷间，真君到了，问："兄弟们，赶到那厢不见了？"众神道："才在这里围住，就不见了。"二郎圆睁凤眼观看，见大圣变了麻雀儿，钉在树上，就收了法象，撇了神锋，卸下弹弓，摇身一变，变作个雀鹰儿，抖开翅，飞将去扑打。大圣见了，搜的一翅飞起，去变作一只大鹚老，冲天而去。二郎见了，急抖翎毛，摇身一变，变作一只大海鹤，钻上云霄来衔。大圣又将身按下，入涧中，变作一个鱼儿，淬入水内。二郎赶至涧边，不见踪迹。心中暗想道："这猢狲必然下水去也。定变作鱼虾之类。等我再变变拿他。"果一变变作个鱼鹰儿，飘荡在下溜头波面上。等待片时，那大圣变鱼儿，顺水正游，忽见一只飞禽，似青鹞，毛片不青；似鹭鸶，顶上无缨；似老鹳，腿又不红："想是二郎变化了等我哩！……"急转头，打个花就走。二郎看见道："打花的鱼儿，似鲤鱼，尾巴不红；似鳜鱼，花鳞不见；似黑鱼，头上无星；似鲂鱼，腮上无针。他怎么见了我就回去了？必然是那猴变的。"赶上来，刷的啄一嘴。那大圣就撺出水中，一变，变作一条水蛇，游近岸，钻入草中。二郎因衔他不着，他见水响中，见一条蛇撺出去，认得是大圣，急转身，又变了一只朱绣顶的灰鹤，伸着一个长嘴，与一把尖头铁钳子相似，径来吃这水蛇。水蛇跳一跳，又变做一只花鸨，木木樗樗的，立在蓼汀之上。二郎见他变得低贱，——花鸨乃鸟中至贱至淫之物，不拘鸾、凤、鹰、鸦都与交群——故此不去拢傍，即现原身，走将去，取过弹弓拽满，一弹子把他打个〔足龙〕踵。

那大圣趁着机会，滚下山崖，伏在那里又变，变一座土地庙儿；大张着口，似个庙门；牙齿变做门扇，舌头变做菩萨，眼睛变做窗棂。只有尾巴不好收拾，竖在后面，变做一根旗竿。真君赶到崖下，不见打倒的鸨鸟，只有一间小庙，急睁凤眼，仔细看之，见旗竿立在后面，笑道："是这猢狲了！他今又在那里哄我。我也曾见庙宇，更不曾见一个旗竿竖在后面的。断是这畜生弄谊！他若哄我进去，他便一口咬住。我怎肯进去？等我掣拳先捣窗棂，后踢门扇！"大圣听得，心惊道："好狠！好狠！门扇是我牙齿，窗棂是我眼睛；若打了牙，捣了眼，却怎么是好？"扑的一个虎跳，又冒在空中不见。

真君前前后后乱赶，只见四太尉、二将军一齐拥至道："兄长，拿住大圣了么？"真君笑道："那猴儿才自变座庙宇哄我。我正要捣他窗棂，踢他门扇，他就纵一纵，又渺无踪迹。可怪！可怪！"众皆愕然，四望更无形影。真君道："兄弟们在此看守巡逻，等我上去寻他。"即纵身驾云，起在半空。见那李天王高擎照妖镜，与哪吒住立云端，真君道："天王，曾见那猴王么？"天王道："不曾上来。我这里照着他哩。"真君把那睹变化，弄神通，拿群猴一事说毕，却道："他变庙宇，正打处，就走了。"李天王闻言，又把照妖镜四方一照，呵呵的笑道："真君，快去！快去！那猴使了个隐身法，走出营围，往你那灌江口去也。"二郎听说，即取神锋，回灌江口来赶。

却说那大圣已至灌江口，摇身一变，变作二郎爷爷的模样，按下云头，径入庙里。鬼判不能相认，一个个磕头迎接。他坐中间，点查香火：见李虎拜还的三牲，张龙许下的保福，赵甲求子的文书，钱丙告病的良愿。正看处，有人报："又一个爷爷来了。"众鬼判急急观看，无不惊心。真君却道："有个甚么齐天大圣，才来这里否？"众鬼判道："不曾见甚么大圣，只有一个爷爷在里面查点哩。”真君撞进门，大圣见了，现出本相道：“郎君不消嚷，庙宇已姓孙了。”这真君即举三尖两刃神锋，劈脸就砍。那猴王使个身法，让过神锋，掣出那绣花针儿，幌一幌，碗来粗细，赶到前，对面相还。两个嚷嚷闹闹，打出庙门，半雾半云，且行且战，复打到花果山，慌得那四大天王等众，提防愈紧。这康、张太尉等迎着真君，合力努力，把那美猴王围绕不题。

话表大力鬼王既调了真君与六兄弟提兵擒魔去后，却上界回奏。玉帝与观音菩萨、王母并众仙卿，正在灵霄殿讲话，道：“既是二郎已去赴战，这一日还不见回报。”观音合掌道：“贫僧请陛下同道祖出南天门外，亲去看看虚实如何？”玉帝道：“言之有理。”即摆驾，同道祖、观音、王母与众仙卿至南天门。早有些天丁、力士接着，开门遥观，只见众天丁布罗网，围住四面；李天王与哪吒，擎照妖镜，立在空中；真君把大圣围绕中间，纷纷赌斗呢。菩萨开口对老君说：“贫僧所举二郎神如何？——果有神通，已把那大圣围困，只是未得擒拿。我如今助他一功，决拿住他也。”老君道：“菩萨将甚兵器？怎能助他？”菩萨道：“我将那净瓶杨柳抛下去，打那猴头；即不能打死，也打一跌，教二郎小圣，好去拿他。”老君道：“你这瓶是个磁器，准打着他便好；如打不着他的头，或撞着他的铁棒，却不打碎了？你且莫动手，等我老君助他一功。”菩萨道：“你有甚么兵器？”老君道：“有，有，有。”捋起衣袖，左膊上，取下一个圈子，说道：“这件兵器，乃锟钢抟炼的，被我将还丹点成，养就一身灵气，善能变化，水火不侵，又能套诸物；一名‘金钢琢’，又名‘金钢套’。当年过函关，化胡为佛，甚是亏他。早晚最可防身。等我丢下去打他一下。”

话毕，自天门上往下一掼，滴流流，径落花果山营盘里，可可的着猴王头上一下。猴王只顾苦战七圣，却不知天上坠下这兵器，打中了天灵，立不稳脚，跌了一跤，爬将起来就跑；被二郎爷爷的细犬赶上，照腿肚子上一口，又扯了一跌。他睡倒在地，骂道：“这个亡人！你不去妨家长，却来咬老孙！”急翻身爬不起来，被七圣一拥按住，即将绳索捆绑，使勾刀穿了琵琶骨，再不能变化。

那老君收了金钢琢，请玉帝同观音、王母、众仙等，俱回灵霄殿。这下面四大天王与李天王诸神，俱收兵拔寨，近前向小圣贺喜，道：“此小圣之功也！”小圣道：“此乃天尊洪福，众神威权，我何功之有？”康、张、姚、李道：“兄长不必多叙，且押这厮去上界见玉帝，请旨发落去也。”真君道：“贤弟，汝等未受天录，不得面见玉帝。教天甲神兵押着，我同天王等上届回旨。你们帅众在此搜山，搜净之后，仍回灌口。待我请了赏，讨了功，回来同乐。”四太尉、二将军，依言领诺。这真君与众即驾云头，唱凯歌，得胜朝天。不多时，到通明殿外。天师启奏道：“四大天王等众已捉了妖猴齐天大圣了。来此听宣。”玉帝传旨，即命大力鬼王与天丁等众，押至斩妖台，将这厮碎剁其尸。咦！正是：欺诳今遭刑宪苦，英雄气概等时休。毕竟不知那猴王性命如何，且听下回分解。

第七回　八卦炉中逃大圣　五行山下定心猿

富贵功名，前缘分定，为人切莫欺心。正大光明，忠良善果弥深。

些些狂妄天加谴，眼前不遇待时临。问东君因甚，如今祸害相侵。

只为心高图罔极，不分上下乱规箴。

话表齐天大圣被众天兵押去斩妖台下，绑在降妖柱上，刀砍斧剁，枪刺剑刳，莫想伤及其身。南斗星奋令火部众神，放火煨烧，亦不能烧着。又着雷部众神，以雷屑钉打，越发不能伤损一毫。那大力鬼王与众启奏道：“万岁，这大圣不知是何处学得这护身之法，臣等用刀砍斧剁，雷打火烧，一毫不能伤损，却如之何？”玉帝闻言道：“这厮这等，这等如何处治？”太上老君即奏道：“那猴吃了蟠桃，饮了御酒，又盗了仙丹，——我那五壶丹，有生有熟，被他都吃在肚里。运用三昧火，煅成一块，所以浑做金钢之躯，急不能伤。不若与老道领去，放在‘八卦炉’中，以文武火煅炼。炼出我的丹来，他身自为灰烬矣。”玉帝闻言，即教六丁、六甲，将他解下，付与老君。老君领旨去讫。一壁厢宣二郎显圣，赏赐金花百朵，御酒百瓶，还丹百粒，异宝明珠，锦绣等件，教与义兄弟分享。真君谢恩，回灌江口不题。

那老君到兜率宫，将大圣解去绳索，放了穿琵琶骨之器，推入八卦炉中，命看炉的道人，架火的童子，将火煽起煅炼。原来那炉是乾、坎、艮、震、巽、离、坤、兑八卦。他即将身钻在“巽宫”位下。巽乃风也，有风则无火。只是风搅得烟来，把一双眼熏红了，弄做个老害眼病，故唤作“火眼金睛”。

真个光阴迅速，不觉七七四十九日，老君的火候俱全。忽一日，开炉取丹，那大圣双手侮着眼，正自揉搓流涕，只听得炉头声响。猛睁眼看见光明，他就忍不住，将身一纵，跳出丹炉，忽喇的一声，蹬倒八卦炉，往外就走。慌得那架火、看炉，与丁甲一班人来扯，被他一个个都放倒，好似癫痫的白额虎，风狂的独角龙。老君赶上抓一把，被他一捽，捽了个倒栽葱，脱身走了。即去耳中掣出如意棒，迎风幌一幌，碗来粗细，依然拿在手中，不分好歹，却又大乱天宫，打得那九曜星闭门闭户，四天王无影无形。好猴精！有诗为证。诗曰：

混元体正合先天，万劫千番只自然。渺渺无为浑太乙，如如不动号初玄。

炉中久炼非铅汞，物外长生是本仙。变化无穷还变化，三皈五戒总休言。

又诗：

一点灵光彻太虚，那条拄杖亦如之：或长或短随人用，横竖横排任卷舒。

又诗：

猿猴道体假人心，心即猿猴意思深。大圣齐天非假论，官封弼马岂知音？

马猿合作心和意，紧缚拴牢莫外寻。万相归真从一理，如来同契住双林。

这一番，猴王不分上下，使铁棒东打西敌，更无一神可挡。只打到通明殿里，灵霄殿外。幸有佑圣真君的佐使王灵官执殿。他见大圣纵横，掣金鞭近前挡住道：“泼猴何往！有吾在此切莫猖狂！”这大圣不由分说，举棒就打。那灵官鞭起相迎。两个在灵霄殿前厮浑一处。好杀：

赤胆忠良名誉大，欺天诳上声名坏。一低一好幸相持，豪杰英雄同赌赛。铁棒凶，金鞭快，正直无私怎忍耐？这个是太乙雷声应化尊，那个是齐天大圣猿猴怪。金鞭铁棒两家能，都是神宫仙器械。今日在灵霄宝殿弄威风，各展雄才真可爱。一个欺心要夺斗牛宫，一个竭力匡扶玄圣界。苦争不让显神通，鞭棒往来无胜败。他两个斗在一处，胜败未分，早有佑圣真君，又差将佐发文到雷府，调三十六员雷将齐来，把大圣围在垓心，各骋凶恶鏖战。那大圣全无一毫惧色，使一条如意棒，左遮右挡，后架前迎。一时，见那众雷将的刀枪剑戟、鞭简挝锤、钺斧金瓜、旄镰月铲，来的甚紧，他即摇身一变，变做三头六臂；把如意棒幌一幌，变作三条；六只手使开三条棒，好便似纺车儿一般，滴流流，在那垓心里飞舞。众雷神莫能相近。真个是：

圆陀陀，光灼灼，亘古常存人怎学？入火不能焚，入水何曾溺？光明一颗摩尼珠，剑戟刀枪伤不着。也能善，也能恶，眼前善恶凭他作。

善时成佛与成仙，恶处披毛并带角。无穷变化闹天宫，雷将神兵不可捉。当时众神把大圣攒在一处，却不能近身，乱嚷乱斗，早惊动玉帝。遂传旨着游弈灵官同翊圣真君上西方请佛老降伏。

那二圣得了旨，径到灵山胜境，雷音宝刹之前，对四金刚、八菩萨礼毕，即烦转达。众神随至宝莲台下启知，如来召请。二圣礼佛三匝，侍立台下。如来问："玉帝何事，烦二圣下凡？"二圣即启道："向时花果山产一猴，在那里弄神通，聚众猴搅乱世界。玉帝降招安旨，封为'弼马温'，他嫌官小反去。当遣李天王、哪吒太子擒拿未获，复招安他，封做'齐天大圣'，先有官无禄。着他代管蟠桃园；他即偷桃；又走至瑶池，偷肴，偷酒，搅乱大会；仗酒又暗入兜率宫，偷老君仙丹，反出天宫。玉帝复遣十万天兵，亦不能收伏。后观世音举二郎真君同他义兄弟追杀，他变化多端，亏老君抛金钢琢打重，二郎方得拿住。解赴御前，即命斩之。刀砍斧剁，火烧雷打，俱不能伤，老君准奏领去，以火煅炼。四十九日开鼎，他却又跳出八卦炉，打退天丁，径入通明殿里，灵霄殿外；被佑圣真君的佐使王灵官挡住苦战，又调三十六员雷将，把他困在垓心，终不能相近。事在紧急，因此，玉帝特请如来救驾。"如来闻说，即对众菩萨道："汝等在此稳坐法庭，休得乱了禅位，待我炼魔救驾去来。"

如来即唤阿傩、迦叶二尊者相随，离了雷音，径至灵霄门外。忽听得喊声振耳，乃三十六员雷将围困着大圣哩。佛祖传法旨："教雷将停息干戈，放开营所，叫那大圣出来，等我问他有何法力。"众将果退。大圣也收了法象，现出原身近前，怒气昂昂，厉声高叫道："你是那方善士？敢来止住刀兵问我？"如来笑道："我是西方极乐世界释迦牟尼尊者，阿弥陀佛。今闻你猖狂村野，屡反天宫，不知是何方生长，何年得道，为何这等暴横？"大圣道："我本：

天地生成灵混仙，花果山中一老猿。水帘洞里为家业，拜友寻师悟太玄。

炼就长生多少法，学来变化广无边。在因凡间嫌地窄，立心端要住瑶天。

灵霄宝殿非他久，历代人王有分传。强者为尊该让我，英雄只此敢争先。"佛祖听言，呵呵冷笑道："你那厮乃是个猴子成精，焉敢欺心，要夺玉皇上帝尊位？他自幼修持，苦历过一千七百五十劫。每劫该十二万九千六百年。你算，他该多少年数，方能享受此无极大道？你那个初世为人的畜生，如何出此大言！不当人子！不当人子！折了你的寿算！趁早皈依，切莫胡说！但恐遭了毒手，性命顷刻而休，可惜了你的本来面目！"大圣道："他虽年久修长，也不应久占在此。常言道：'皇帝轮流做，明年到我家。'只教他搬出去，将天宫让与我，变罢了。若还不让，定要搅乱，永不清平！"佛祖道："你除了生长变化之法，在有何能，敢占天宫胜境？"大圣道："我的手段多哩！我有七十二般变化，万劫不老长生。会驾筋斗云，一纵十万八千里。如何坐不得天位？"佛祖道："我与你打个赌赛；你若有本事，一筋斗打出我这右手掌中，算你赢，再不用动刀兵苦争战，就请玉帝到西方居住，把天宫让你；若不能打出手掌，你还下界为妖，再修几劫，却来争吵。"

那大圣闻言，暗笑道："这如来十分好呆！我老孙一筋斗去十万八千里。他那手掌，方圆不满一尺，如何跳不出去？"急发声道："既如此说，你可做得主张？"佛祖道："做得！做得！"伸开右手，却似个荷叶大小。那大圣收了如意棒，抖擞神威，将身一纵，站在佛祖手心里，却道声："我出去也！"你看他一路云光，无影无形去了。佛祖慧眼观看，见那猴王风车子一般相似不住，只管前进。大圣行时，忽见有五根肉红柱子，撑着一股青气。他道："此间乃尽头路了。这番回去，如来作证，灵霄殿定是我坐也。"又思量说："且住！等我留下些记号，方好与如来说话。"拔下一根毫毛，吹口仙气，叫"变！"变作一管浓墨双毫笔，在那中间柱子上写一行大字云："齐天大圣，到此一游。"写毕，收了毫毛。又不庄尊，却在第一根柱子根下撒了一泡猴尿。翻转筋斗云，径回本处，站在如来掌："我已去，今来了。你教玉帝让天宫与我。"

如来骂道："我把你这个尿精猴子！你正好不曾离了我掌哩！"大圣道："你是不知。我去到天尽头，见五根肉红柱，撑着一股青气，我留个记在那里，你敢和我同去看么？"如来道："不消去，你只自低头看看。"那大圣睁圆火眼金睛，低头看时，原来佛祖右手中指写着"齐天大圣，到此一游。"大指丫里，还有些猴尿臊气。大圣大吃了一惊道："有这等事！有这等事！我将此字写在撑天柱子上，如何却在他手指上？莫非有个未卜先知的法术？我决不信！不信！等我再去来！"

好大圣，急纵身又要跳出，被佛祖翻掌一扑，把这猴王推出西天门外，将五指化作金、木、水、火、土五座联山，唤名"五行山"，轻轻的把他压住。众雷神与阿傩、迦叶，一个个合掌称扬道："善哉！善哉！

当年卵化学为人，立志修行果道真。万劫无移居胜境，一朝有变散精神。

欺天罔上思高位，凌圣偷丹乱大伦。恶贯满盈今有报，不知何日得翻身。"

如来佛祖殄灭了妖猴，即唤傩、迦叶同转西方极乐世界。时有天蓬、天佑急出灵霄宝殿道："请如来少待，我主大驾来也。"佛祖闻言，回首瞻仰。须臾，果见八景鸾舆，九光宝盖；声奏玄歌妙乐，咏哦无量神章；散宝花，喷真香，直至佛前谢曰："多蒙大法收殄妖邪。望如来少停一日，请诸仙做一会筵奉谢。"如来不敢违悖，即合掌谢道："老僧承大天尊宣命来此，有何法力？还是天尊与众神洪福，敢劳致谢？"玉帝传旨，即着云部众神，分头请三清、四御、五老、六司、七元、八极、九曜、十都、千真万圣，来此赴会，同谢佛恩。又命四大天师、九天仙女，大开玉京金阙、太玄宝宫、洞阳玉馆，请如来高坐七宝灵台。调设各班座位，安排龙肝凤髓，玉液蟠桃。

不一时，那玉清元始天尊、上清灵宝天尊、太清道德天尊、五气真君、五斗星君、三官四圣、九曜真君、左辅、右弼、天王、哪吒、元虚一应灵通，对对旌旗，双双幡盖，都捧着明珠异宝，寿果奇花，向佛前拜献曰："感如来无量法力，收伏妖猴。蒙大天尊设宴，呼唤我等皆来陈谢。请如来将此会立一名，如何？"如来领众神之托曰："今欲立名，可作个'安天大会'。"各仙老异口同声，俱道："好个'安天大会'！好个'安天大会'！"言讫，个坐座位，走叩传觞，簪花鼓瑟，果好会也。有诗为证。诗曰：

宴设蟠桃猴搅乱，安天大会胜蟠桃。龙旗鸾辂祥光蔼，宝节幢幡瑞气飘。

仙乐玄歌音韵美，凤箫玉管响声高。琼香缭绕群仙集，宇宙清平贺圣朝。

众皆畅然喜会，只见王母娘娘引一班仙子、仙娥、美姬、美女飘飘荡荡舞向佛前，施礼曰："前被妖猴搅乱蟠桃一会，今蒙如来大法链锁顽猴，喜庆'安天大会'，无物可谢，今是我净手亲摘大株蟠桃数枚奉献。"真个是：

半红半绿喷甘香，艳丽仙根万载长。堪笑武陵源上种，争如天府更奇强！

紫纹娇嫩寰中少，缃核清甜世莫双。延寿延年能易体，有缘食者自非常。

佛祖合掌向王母谢讫。王母又着仙姬、仙子唱的唱，舞的舞。满会群仙，又皆赏赞。正是：

缥缈天香满座，缤纷仙蕊仙花。玉京金阙大荣华，异品奇珍无价。

对对与天齐寿，双双万劫增加。桑田沧海任更差，他自无惊无讶。

王母正着仙姬仙子歌舞，觥筹交错，不多时，忽又闻得：

一阵异香来鼻嗅，惊动满堂星与宿。天仙佛祖把杯停，各各抬头迎目候。

霄汉中间现老人，手捧灵芝飞蔼绣。葫芦藏蓄万年丹，宝录名书千纪寿。

洞里乾坤任自由，壶中日月随成就。遨游四海乐清闲，散淡十洲容辐辏。

曾赴蟠桃醉几遭，醒时明月还依旧。长头大耳短身躯，南极之方称老寿。

寿星又到。见玉帝礼毕，又见如来，申谢道："始闻那妖猴被老君引至兜率宫煅炼，以为必致平安，不期他又反出。干如来善伏此怪，设宴奉谢，故此闻风而来。更无他物可献，特具紫芝瑶草，碧藕金丹奉上。"诗曰：

碧藕金丹奉释迦，如来万寿若恒沙。清平永乐三乘锦，康泰长生九品花。

无相门中真法王，色空天上是仙家。乾坤大地皆称祖，丈六金身福寿赊。

如来欣然领谢。寿星得座，依然走叫传觞。只见赤脚大仙又至。向玉帝前俯囟礼毕，又对佛祖谢道："深感法力，降伏妖猴。无物可以表敬，特具交梨二颗，火枣数枚奉献。"诗曰：

大仙赤脚枣梨香，敬献弥陀寿算长。七宝莲台山样稳，千金花座锦般妆。

寿同天地言非谬，福比洪波话岂狂。福寿如期真个是，清闲极乐那西方。

如来又称谢了。叫阿傩、迦叶，将各所献之物，一一收起，方向玉帝前谢宴。众各酩酊。只见个巡视灵官来报道："那大圣伸出头来了。"佛祖道："不妨，不妨。"袖中只抽出一张帖子，上有六个金字："唵、嘛、呢、叭、〔口迷〕、吽"。递与阿傩，叫贴在那山顶上。这尊者即领帖子，拿出天门，到那五行山顶上，紧紧的贴在一块四方石上。那座山即生根合缝，可运用呼吸之气，手儿爬出，可以摇挣摇挣。阿傩回报道："已将帖子贴了。"

如来即辞了玉帝众神，与二尊者出天门之外，又发一个慈悲心，念动真言咒语，将五行山召一尊土地神祇，会同五方揭谛，居住此山监押。但他饥时，与他铁丸子吃；渴时，与他溶化的铜汁饮。待他灾愆满日，自有人救他。正是：

妖猴大胆反天宫，却被如来伏手降。渴饮溶铜捱岁月，饥餐铁弹度时光。

天灾苦困遭磨折，人事凄凉喜命长。若得英雄重展挣，他年奉佛上西方。

又诗曰：

伏逞豪强大事兴，降龙伏虎弄乖能。偷桃偷酒游天府，受录承恩在玉京。

恶贯满盈身受困，善根不绝气还升。果然脱得如来手，且待唐朝出圣僧。

毕竟不知何年何月，方满灾殃，且听下回分解。

第八回　我佛造经传极乐　观音奉旨上长安

试问禅关，参求无数，往往到头虚老。磨砖作镜，积雪为粮，迷了几多年少？毛吞大海，芥纳须弥，金色头防微笑。悟时超十地三乘，凝滞了四生六道。谁听得绝想崖前，无阴树下，杜宇一声春晓？曹溪路险，暨岭云深，此处故人音杳。千丈冰崖，五叶莲开，古殿帘垂香袅。那时节，识破源流，便见龙王三宝。

这一篇词，名《苏武慢》。话表我佛如来，辞别了玉帝，回至雷音宝刹，但见那三千诸佛、五百阿罗、八大金刚、无边菩萨，一个个都执着幢幡宝盖，异宝仙花，摆列在灵山仙境．婆罗双林之下接迎。如来驾住祥云，对众道："我以甚深般苦，遍现三界。根本性原，毕竟寂灭。同虚空相，一无所有。殄伏乖猴．是事莫识。名生死始，法相如。"说罢，放舍利之光，满空有白虹四十二道，南北通连。大众见了，皈身礼拜。少顷间，聚庆云彩雾，登上品莲台，端然坐下。那三千诸佛、五百罗汉、八金刚、四菩萨合掌近前礼毕，问日："闹天宫搅乱蟠桃者，谁也？"如来道："那厮乃花果山产的一妖猴，罪恶滔天，不可名状。概天神将，俱莫能降伏，虽二郎捉获。老君用火锻炼，亦莫能伤损。我去时，正在雷将中间，扬威耀武，卖弄精神，被我止住兵戈，问他来历。他言有神通，会变化，又驾筋斗云．一去十万八千里。我与他打了个赌赛，他出不得我手，却将他一把抓住，指化五行山，封压他在那里。五帝大开金阙瑶宫，请我坐了首席．立安天大会谢我，却方辞驾而回。"

大众听言喜悦，极口称扬。谢罢，各分班而退，各执乃事，共乐天真。果然是：

瑞霭漫天竺，虹光拥世尊。西方称第一，无相法王门！常见玄猿献果，麋鹿衔花；青鸾舞，彩凤鸣；灵龟捧寿，仙鹤擒芝。安享净土祇园，受用龙宫法界。日日开花，时时果熟，习静归真，参禅果正。不灭不生，不增不减。烟霞缥缈随来往，寒暑无侵不记年。

诗曰：

去来自在任优游，也无恐怖也无愁。极乐场中俱坦荡，大千之处没春秋。

佛祖居一月灵山大雷音宝刹之间，一日，唤聚诸佛，阿罗、揭谛。菩萨、金刚、比丘增、尼等众，曰："自伏乖猿，安天之后，我处不知年月，料凡间有半千年矣，今值孟秋望日。我有一宝盆．具设百样花，千般异果等物，与法等享此'孟兰盆会'，如何？"概众一个个合掌，礼佛三匝．领会。如来却将宝盆中花果品物，着阿傩捧走，着迎叶布散、大众感激。各献诗伸谢。

福诗曰：

福圣光耀性尊前，福纳弥深远更绵。福德无疆同地久，福缘有庆与天连。福田广种年年盛，福海洪深岁岁坚。福满乾坤多福荫，福增无量永周全。

禄诗曰：

禄重如山彩凤鸣，禄随时泰视长庚。禄添万斛身康健，禄享千钟也太平。禄俸齐天还永固，禄名似海更澄清。禄思远继多瞻仰，禄爵无边万国荣。

寿诗曰：

寿星献彩对如来．寿域光华自此开。寿果满盘生瑞霭，寿花新采插莲台。寿诗清雅多奇妙，寿曲调音按美才。寿命延长同日月，寿如山海更悠哉。

众菩萨献毕，因请如来明示根本，指解源流。那如来微开善口，敷演大法，宣扬正果，讲的是三乘妙典，五蕴得严。但见那天龙同绕，花雨缤纷。正是："禅心朗照千江月，真性情涵万里天。"如来讲罢，对众言回："我现四大部洲，众生善恶，各方不一：东胜神洲者．敬天礼地，。心爽气平；北巨芦洲者，虽好亲生，只因糊口，性拙情流．无多作践；我西牛贺洲者，不贪不杀，养气潜灵，虽无上真，人人固寿；但那南赡部洲者，贪淫乐祸，多杀多争，正所谓口舌凶场，是非恶海。我今有三藏真经，可以劝人为善。”

诸菩萨闻言，合掌皈依，向佛前问曰：“如来有哪三藏真经 7”如来回：“我有法一藏，谈天；论一藏，说地；经一藏，度鬼；三藏共计三十五部，该一万五千一百四十四卷，乃是修真之径，正善之门。我待要送上东土，叵耐那方众生愚蠢，毁谤真言，不识我法门之要旨，怠慢了瑜迦之正宗。怎么得一个有法力的，去东土寻一个善信．教他苦历千山，远经万水，到我处求取真经，永传东土，劝他众生，却乃是个山大的福缘，海深的善庆、谁肯去走一遭来？”当有观音菩萨，行近莲台．礼佛三匝，道：“弟子不才，愿上东土寻一个取经人来也。”诸众抬头观看，那菩萨：

理圆四德，智满金身。缨络垂珠翠，香环结宝明，乌云巧叠盘龙警，绣带轻飘彩凤翎。碧玉纽，素罗袍，祥光笼罩；锦城裙，金落索，瑞气遮迎。眉如小月，眼似双星。五面天生喜，朱唇一点红。净瓶甘露年年盛，斜插垂杨岁岁青。解八难，度群生，大慈悯：故镇大山，居南海，救苦寻声，万称万应，千圣千灵。兰心欣紫竹，意性爱香藤。他是落伽山上慈悲主，潮音洞里活观音。

如来见了，心中大喜，道：“别个是也去不得，须是观音尊者、神通广大，方可去得。”菩萨道；“弟子此去东土，有甚言语吩咐？”如来道；“这一去。要踏看路道，不许在霄汉中行，须是要半云半雾；目过山水，谨记程途远近之数，叮咛那取经人。但恐善信难行，我与你五件宝贝。”即命阿傩、迦叶，取出“锦澜袈裟”一领，“九环锡杖”一根，对菩萨言回；“这袈裟、锡杖。可与那取经人亲用。若肯坚心来此，穿我的袈裟，免堕轮回；持我的锡枚，不遭毒害。”

这菩萨皈依拜领，如来又取三个箍儿，递与菩萨道：“此宝唤做‘紧箍儿’，虽是一样三个，但只是用各不同。我有‘金紧禁’的咒语三篇。假若路上撞见神通广大的妖魔。你须是劝他学好，跟那取经人做个徒弟。他若不伏使唤，可将此箍儿与他带在头上，自然见肉生根。各依所用的咒语念一念，眼胀头痛，脑门皆裂，管教他入我门来。”

那菩萨闻言，踊跃作礼而退，即唤惠岸行者随行。那惠岸使一条浑铁棍，重有千斤，只在菩萨左右作一个降魔的大力士。菩萨遂将镜湖袈裟作一个包裹，令他背了。菩萨将金箍藏了，执了锡枚，径下灵山。这一去，有分教：佛子还来归本愿，金蝉长老裹￥檀。

那菩萨到山脚下，有玉真观金顶大仙，在观门首接住，请菩萨献茶。菩萨不敢久停，对大仙曰；“今领如来法旨，上东土寻取经人去。”大仙道：“取经人几时方到？”菩萨道：“未定，约莫二三年间，或可至此。”遂辞了大仙，半云半雾，约记程途。有诗为证。诗曰:万里相寻自不言，却云谁得意难全？求人忽若浑如此，是我平生岂偶然？传道有方成是语，说明无信也虚传。愿倾肝胆寻相识，料想前头必有缘。

师徒二人正走间．忽然见弱水三千，乃是流沙河界。菩萨道：

“徒弟呀．此处却是难行。取经人浊骨凡胎，如何得渡了”惠岸道：“师父，你看河有多远？”那菩萨停云步看时．只见：

东连沙碛，两抵诸番；南达乌戈，北通鞑靼。径过有八百里遥．上下有千万里远。水流一似地翻身，浪滚却如山耸背。洋洋浩浩，漠漠茫茫，十里遥闻万丈洪。仙槎难到此，莲叶莫能浮。衰草斜阳流曲浦，黄云影日暗长堤。那里得客商来往？何曾有渔叟依栖？平沙无雁落，远岸有猿啼。只是红蓼花絮知景色，白苹香细任依依。

菩萨正然点看，只见那河中，泼刺一声响亮，水波里跳出一个妖魔来，十分丑恶。他生得：

青不青，黑不黑，晦气色脸；长不长，短不短，赤脚筋躯。眼光闪烁，好似灶底双灯；口角角丫叉．就如屠家火钵。獠牙撑剑刃，红发乱蓬松。一声叱咤如雷吼，两脚奔波似滚风。

那怪物手执一根宝杖，走上岸就捉菩萨．却被惠岸掣浑铁棒挡住，喝声：“休走！”那怪物就持定杖来迎。两个在流沙河边。这一场恶杀，真个惊人：

木吒浑铁棒，护法显神通；怪物降妖杖，努力逞英雄。双条银蟒河边舞，一对神谱岸上冲。那一个威镇流沙施本事，这一个力保观音建大功。那一个翻波跃浪．这一个吐雾喷云。翻波跃浪乾坤暗，吐雾喷云日月昏。那个降妖杖，好便似出山的白虎；这个浑铁棒，却就如卧道的黄龙。那个使将来．寻蛇拨草；这个丢开去，扑鹞分松。只杀得昏漠漠，星辰灿烂；雾腾腾，天地腾胧。那个久住弱水惟他狠。这个初出灵山第一功。

他两个来来往往，战上数十合，不分胜负。那怪物架住了铁棒道；“你是哪里和尚，敢来与我抵敌？”木吒道：“我是托塔天王二太子木吒惠岸行者，今保我师父往东土寻取经人去。你是何怪，敢大胆阻路？”那怪方才醒悟道：“我记得你跟南海观音在紫竹林中修行，你为何来此？”木呼道：“那岸上不是我师父？”

怪物闻言，连声喏喏，收了宝杖，让木吒揪了去见观音。纳头下拜，告道：“菩萨，恕我之罪，待我诉告。我不是妖邪，我是灵霄殿下侍銮舆的卷帘大将。只因在蟋桃会上，失手打碎了玻璃盏，玉帝把我打了八百，贬下界来，变得这般模样；又教七日一次，将飞剑来穿我胸胁百余下方回，故此这般苦恼。没奈何，饥寒难忍，三二日间，出波涛寻一个行人食用。不期今日无知，冲撞了大慈菩萨。”菩萨道：“你在天有罪，既贬下来，今又这等伤生，正所谓罪上加罪。我今领了佛旨．上东上寻取经人。你何不入我门来，皈依善果，跟那取经人做个徒弟，上西天拜佛求经？我教飞剑不来穿你。那时节功成免罪，复你本职，心下如何？”

那怪道：“我愿皈正果。”乃向前道：“菩萨，我在此间吃人无数，向来有几次取经人来，都被我吃了。凡吃的人头，抛落流沙，竟沉水底（这个水，鹅毛也不能浮），惟有九个取经人的骷髅，浮在水面，再不能沉。我以为异物，将索儿穿在一处，闲时拿来顽耍，这去，但恐取经人不得到此，却不是反误了我的前程也？”菩萨日：“岂有不到之理？你可将骷髅地挂在头顶下，等候取经入，自有用处。”怪物道：“既然如此，愿领教诲。”菩萨方与他摩项受戒，指沙为姓，就姓了沙，起个法名，叫做个沙悟净。当时入了沙门，送菩萨过了河，他洗心涤虑．再不伤生，专等取经人。

菩萨与他别了，同木吒径奔东土。行了多时，又见一座高山，山上有恶气遮漫，不能步上。正欲驾云过山，不觉狂风起处，又闪上一个妖魔。他生得又甚凶险：

卷上莲蓬吊搭嘴，耳如蒲扇显金睛。獠牙锋利如钢挫，长嘴张开似火盆。金盔紧系腮边带，勒甲丝绦蟒退鳞。手执钉把龙探爪，腰挎弯弓月十轮。纠纠威风欺太岁，昂昂志气压天神。他撞上来，不分好歹，望菩萨，举钉把就筑，被木呼行者挡住，大喝一声道：“那泼怪，休得无礼！看棒！”妖魔道：“这和尚不知死活！看钯！”两个在山底下，一冲一撞，赌斗输赢。真个好杀；

妖魔凶猛，惠岸威能。铁棒分心捣，钉钻劈面迎。播土扬尘天地暗，飞砂走石鬼神惊。九齿钯，光耀耀，双环响亮；一条棒，黑悠悠，两手飞腾。这个是天王太子，那个是元帅精灵。一个在普陀为护法，一个在山洞作妖精。这场相遇争高下，不知那个亏输那个赢。

他两个正杀到好处，观世音在半空中，抛下莲花，隔开钯杖。怪物见了心惊，便问：“你是哪里和尚，敢弄甚么‘眼前花’哄我？”木吒道：“我把你这个肉眼凡胎的泼物！我是南海菩萨的徒弟。这是我师父抛来的莲花，你也不认得哩！”那怪道：“南海菩萨，可是扫三灾救八难的观世音么？”木吐道：“不是他是谁？”怪物撇了钉把，纳头下礼道；“老兄，菩萨在哪里？累烦你引见一引见。”木吐仰面指道：“哪不是？”怪物朝上磕头，厉声高叫道：“菩萨，恕罪！恕罪！”

观音按下云头，前来问道：“你是那里成精的野豕，何方作怪的老彘，敢在此间挡我？”那怪道：“我不是野豕，亦不是老彘，我本是天河里天蓬元帅。只因带酒戏弄嫦娥，玉帝把我打了二千锤，贬下尘凡；一灵真性，竟来夺舍投胎，不期错了道路，投在个母猪胎里，变得这般模样。是我咬杀母猪，打死群彘，在此处占了山场，吃人度日。不期撞着菩萨，万望拨救拔救。”塔萨道：“此山叫做甚么山？”怪物道：“叫做福陵山。山中有一洞，叫做云栈洞。洞里原有个卵二姐。

他见我有些武艺，把我做个家长，又唤做‘倒查门’。不上一年，他死了，将一洞的家当尽归我受用。在此日久年深，没有个赡身的勾当．菩萨道：“古人云：‘若要有前程，莫做没前程。’你既上界违法．今又不改凶心，伤生造孽，却不是二罪俱罚？”那怪道：“前程！前程！若依你，教我喝风！常言道：‘依着官法打杀，依着佛法饿杀。’去也！去也！还不如捉个行人，肥腻腻的吃他家娘！管甚么二罪，三罪，千罪，万罪！”菩萨道：“‘人有善愿，天必从之。’汝若肯皈依正果，自有养身之处。世有五谷，尽能济饥，为何吃人度日？

怪物闻言，似梦方觉，向菩萨道：“我欲从正，奈何‘获罪于天，无所祷也’！”菩萨道：“我领了佛旨，上东土寻取经人。你可跟他做个徒弟，往西天走一遭来，将功折罪，管教你脱离灾瘴。”那怪满口道：“愿随！愿随！”菩萨才与他摩顶受戒，指身为姓，就姓了猪，替他起个法名，就叫做猪悟能。遂此领命归真，持斋把素，断绝了五荤三厌，专候那取经人。

菩萨却与木吒，辞了悟能，半兴云雾前来、正走处，只见空中有一条玉龙叫唤。菩萨近前问日：“你是何龙，在此受罪？”那龙道：“我是西海龙王敖闰之子。因纵火烧了殿上明珠，我父王表奏天庭，告了忤逆。五帝把我吊在空中。打了三百，不日遭诛。望菩萨搭救搭救。”

观音闻言。即与木吒撞上南天门里。早有丘、张二天师接着，问道：“何往？”菩萨道：“贫僧要见玉帝一面。”二天师即忙上奏。玉帝遂下殿迎接。菩萨上前礼毕道：“贫僧领佛旨上东土寻取经人，路遇孽龙悬吊，特来启奏，饶地性命，赐与贫僧，教他与取经人做个脚力。”五帝闻言，即传旨赦宥，差天将解放，送与菩萨。菩萨谢恩而出。这小龙叩头谢活命之恩，听从菩萨使唤。菩萨把他送在深涧之中，只等取经人来，变做白马，上西方立功。小龙领命潜身不题。

菩萨带引木吒行者过了此山，又奔东土。行不多时，忽见金光万道，瑞气千条。木吒道：“师父，那放光之处，乃是五行山了：见有如来的‘压帖’在那里。”菩萨道：“此却是那搅乱蟠桃会大闹天宫的齐天大圣，今乃压在此也。”木吒道：“正是，正是。”师徒俱上山来，观看帖子，乃是“唵嘛呢叭[口迷]吽”六字真言。菩萨看罢，叹惜不已，作诗一首。诗曰：

堪叹妖猴不奉公，当年狂妄逞英雄。欺心搅乱蟠桃会，大胆私行兜率宫。十万军中无敌手．九重天上有威风。自遭我佛如来困，何日舒伸再显功！

师徒们正说话处，早惊动了那大圣。大全在山根下，高叫道：

“是那个在山上吟诗，揭我的短哩？”菩萨闻言，径下山来寻着。只见那石崖之下，有土地、山神、监押大圣的天将，都来拜接了菩萨，引至那大圣面前。看时，他原来压于石匣之中，口能言，身不能动。菩萨道：“姓孙的，你认得我么？”大圣睁开火眼金睛，点着头儿高叫道；“我怎么不认得你。你好的是那南海普陀落伽山救苦救难大慈大悲南无观世音菩萨。承看顾！承看顾！我在此度日如年，更无一个相知的来看我一看。你从哪里来也？”菩萨道：“我奉佛旨，上东土寻取经人去，从此经过，特留残步看你。”大圣道：“如来哄了我，把我压在此山，五百余年了，不能展挣，万望菩萨方便一二，救我老孙一救！”菩萨道；“你这厮罪业弥深，救你出来，恐你又生祸害。反为不美。”大圣道：“我已知悔了，但愿大慈悲指条门路，情愿修行。”这才是：

人心生一念，天地尽皆知。善恶若无报，乾坤必有私。

那菩萨闻得此言，满心欢喜，对大圣道：“圣经云：‘出其言善。

则千里之外应之；出其言不善，则千里之外适之。’你既有此心，待我到了东土大唐国寻一个取经的人来，教他救你。你可跟他做个徒弟，秉教伽持，入我佛门。再修正果，如何？”大圣声声道：“愿去！愿去！”菩萨道：“既有善果，我与你起个法名。”大圣道：“我已有名了，叫做孙悟空。”菩萨又喜道：“我前面也有二人归降，正是‘悟’字排行。你今也是‘悟’字，却与他相合，甚好，甚好。这等也不消叮嘱，我去也。”那大圣见性明心归佛教，这菩萨留情在意访神谱。

他与木吒离了此处，一直东来，不一日就到了长安大唐国。敛雾收云，师徒们变作两个疥癞游憎，入长安城里，竟不觉天晚。行至大市街旁，见一座土地庙祠，二人径进，唬得那土地心慌，鬼兵胆战。知是菩萨，叩头接入。那土地又急跑报与城隍社令及满长安城各庙神抵，都来参见，告道：“菩萨，恕众神接迟之罪。”菩萨道：“汝等不可走漏消息。我奉佛旨，特来此处寻访取经人。借你庙宇，权住几日，待访着真僧即回。”众神各归本处，把个土地赶到城隍庙里暂住，他师徒们隐遁真形。

毕竟不知寻出那个取经来，且听下回分解。

附录　陈光蕊赴任逢灾　江流僧复仇报本

话表陕西大国长安城，乃历代帝王建都之地。自周、秦、汉以来，三州花似锦，八水绕城流，真个是名胜之邦。彼时是大唐太宗皇帝登基，改元贞观，已登极十三年，岁在己巳，天下太平，八方进贡，四海称臣。忽一日，太宗登位，聚集文武众官，朝拜礼毕，有魏征丞相出班奏道：“方今天下太平，八方宁静，应依古法，开立选场，招取贤士，擢用人材，以资化理。”太宗道：

“贤卿所奏有理。”就传招贤文榜，颁布天下：各府州县，不拘军民人等，但有读书儒流，文义明畅，三场精通者，前赴长安应试。

此榜行至海州地方，有一人姓陈名萼，表字光蕊，见了此榜，即时回家，对母张氏道：“朝廷颁下黄榜，诏开南省，考取贤才，孩儿意欲前去应试。倘得一官半职，显亲扬名，封妻荫子，光耀门间，乃儿之志也。特此禀告母亲前去。”张氏道：“我儿读书人，‘幼而学，壮而行’，正该如此。但去赴举，路上须要小心，得了官，早早回来。”光蕊便吩咐家僮收拾行李，即拜辞母亲，趱程前进。到了长安，正值大开选场，光蕊就进场。考毕中选，及廷试三策，唐王御笔亲赐状元，跨马游街三日。不期游到丞相殷开山门首，有丞相所生一女，名唤温娇，又名满堂娇，未曾婚配，正高结彩楼，抛打绣球卜婿。适值陈光蕊在楼下经过，小姐一见光蕊人材出众，知是新科状元，心内十分欢喜，就将绣球抛下，恰打着光蕊的乌纱帽。猛听得一派笙箫细乐，十数个婢妾走下楼来，把光蕊马头挽住，迎状元入相府成婚。那丞相和夫人，即时出堂，唤宾人赞礼，将小姐配与光蕊。拜了天地，夫妻交拜毕，又拜了岳丈岳母。丞相吩咐安排酒席，欢饮一宵。

二人同携素手，共入兰房。次日五更三点，太宗驾坐金銮宝殿，文武众臣趋朝。太宗问道："新科状元陈光蕊应授何官？"魏征丞相奏道："臣查所属州郡，有江州缺官。乞我主授他此职。"太宗就命为江州州主，即令收拾起身，勿误限期。光蕊谢恩出朝，回到相府，与妻商议，拜辞岳丈岳母，同妻前赴江州之任。

离了长安登途，正是暮春天气，和风吹柳绿，细雨点花红。

光蕊便道回家，同妻交拜母亲张氏。张氏道："恭喜我儿，且又娶亲回来。"光蕊道："孩儿叨赖母亲福庇，忝中状元，钦赐游街，经过丞相殷府门前，遇抛打绣球适中，蒙丞相即将小姐招孩儿为婿。朝廷除孩儿为江州州主，今来接取母亲，同去赴任。"张氏大喜，收拾行程。在路数日，前至万花店刘小二家安下，张氏身体忽然染病，与光蕊道："我身上不安，且在店中调养两日再去。"光蕊遵命。至次日早晨，见店门前有一人提着个金色鲤鱼叫卖，光蕊即将一贯钱买了，欲待烹与母亲吃，只见鲤鱼闪闪咪眼，光蕊惊异道："闻说鱼蛇咪眼，必不是等闲之物！"遂问渔人道："这鱼那里打来的？"渔人道："离府十五里洪江内打来的。"光蕊就把鱼送在洪江里去放了生。回店对母亲道知此事，张氏道："放生好事，我心甚喜。"光蕊道："此店已住三日了，钦限紧急，孩儿意欲明日起身，不知母亲身体好否？"

张氏道："我身子不快，此时路上炎热，恐添疾病。你可这里赁间房屋，与我暂住。付些盘缠在此，你两口儿先上任去，候秋凉却来接我。"光蕊与妻商议，就租了屋宇，付了盘缠与母亲，同妻拜辞前去。

途路艰苦，晓行夜宿，不觉已到洪江渡口。只见稍水刘洪、李彪二人，撑船到岸迎接。也是光蕊前生合当有此灾难，撞着这冤家。光蕊令家僮将行李搬上船去，夫妻正齐齐上船，那刘洪睁眼看见殷小姐面如满月，眼似秋波，樱桃小口，绿柳蛮腰，真个有沉鱼落雁之容，闭月羞花之貌，陡起狼心，遂与李彪设计，将船撑至没人烟处，候至夜静三更，先将家僮杀死，次将光蕊打死，把尸首都推在水里去了。小姐见他打死了丈夫，也便将身赴水，刘洪一把抱住道："你若从我，万事皆休！若不从时，一刀两断！"那小姐寻思无计，只得权时应承，顺了刘洪。那贼把船渡到南岸，将船付与李彪自管，他就穿了光蕊衣冠，带了官凭，同小姐往江州上任去了。

却说刘洪杀死的家僮尸首，顺水流去，惟有陈光蕊的尸首，沉在水底不动。有洪江口巡海夜叉见了，星飞报入龙宫，正值龙王升殿，夜叉报道："今洪江口不知甚人把一个读书士子打死，将尸撇在水底。"龙王叫将尸抬来，放在面前，仔细一看道："此人正是救我的恩人，如何被人谋死？常言道，恩将恩报。

我今日须索救他性命，以报日前之恩。"即写下牒文一道，差夜叉径往洪州城隍土地处投下，要取秀才魂魄来，救他的性命。

城隍土地遂唤小鬼把陈光蕊的魂魄交付与夜叉去，夜叉带了魂魄到水晶宫，禀见了龙王。龙王问道："你这秀才，姓甚名谁？

何方人氏？因甚到此，被人打死？"光蕊施礼道："小生陈萼，表字光蕊，系海州弘农县人。忝中新科状元，叨授江州州主，同妻赴任，行至江边上船，不料稍子刘洪，贪谋我妻，将我打死抛尸，乞大王救我一救！"龙王闻言道："原来如此，先生，你前者所放金色鲤鱼即我也，你是救我的恩人，你今有难，我岂有不救你之理？"就把光蕊尸身安置一壁，口内含一颗定颜珠，休教损坏了，日后好还魂报仇。又道："汝今真魂，权且在我水府中做个都领。"光蕊叩头拜谢，龙王设宴相待不题。

却说殷小姐痛恨刘贼，恨不食肉寝皮，只因身怀有孕，未知男女，万不得已，权且勉强相从。转盼之间，不觉已到江州。

吏书门皂，俱来迎接。所属官员，公堂设宴相叙。刘洪道："学生到此，全赖诸公大力匡持。"属官答道："堂尊大魁高才，自然视民如子，讼简刑清。我等合属有赖，何必过谦？"公宴已罢，众人各散。

光阴迅速。一日，刘洪公事远出，小姐在衙思念婆婆、丈夫，在花亭上感叹，忽然身体困倦，腹内疼痛，晕闷在地，不觉生下一子。耳边有人嘱曰："满堂娇，听吾叮嘱。吾乃南极星君，奉观音菩萨法旨，特送此子与你，异日声名远大，非比等闲。刘贼若回，必害此子，汝可用心保护。汝夫已得龙王相救，日后夫妻相会，子母团圆，雪冤报仇有日也。谨记吾言，快醒快醒！"言讫而去。小姐醒来，句句记得，将子抱定，无计可施。忽然刘洪回来，一见此子，便要淹杀，小姐道："今日天色已晚，容待明日抛去江中。"幸喜次早刘洪忽有紧急公事远出，小姐暗思："此子若待贼人回来，性命休矣！不如及早抛弃江中，听其生死。倘或皇天见怜，有人救得，收养此子，他日还得相逢。"但恐难以识认，即咬破手指，写下血书一纸，将父母姓名、跟脚原由，备细开载；又将此子左脚上一个小指，用口咬下，以为记验。取贴身汗衫一件，包裹此子，乘空抱出衙门。幸喜官衙离江不远，小姐到了江边，大哭一场。正欲抛弃，忽见江岸岸侧飘起一片木板，小姐即朝天拜祷，将此子安在板上，用带缚住，血书系在胸前，推放江中，听其所之。小姐含泪回衙不题。

却说此子在木板上，顺水流去，一直流到金山寺脚下停住。那金山寺长老叫做法明和尚，修真悟道，已得无生妙诀。正当打坐参禅，忽闻得小儿啼哭之声，一时心动，急到江边观看，只见涯边一片木板上，睡着一个婴儿，长老慌忙救起。见了怀中血书，方知来历，取个乳名，叫做江流，托人抚养，血书紧紧收藏。光阴似箭，日月如梭，不觉江流年长一十八岁。长老就叫他削发修行，取法名为玄奘，摩顶受戒，坚心修道。

一日，暮春天气，众人同在松阴之下，讲经参禅，谈说奥妙。那酒肉和尚恰被玄奘难倒，和尚大怒骂道："你这业畜，姓名也不知，父母也不识，还在此捣甚么鬼！"玄奘被他骂出这般言语，入寺跪告师父，眼泪双流道："人生于天地之间，禀阴阳而资五行，尽由父生母养，岂有为人在世而无父母者乎？"再三哀告，求问父母姓名。长老道："你真个要寻父母，可随我到方丈里来。"玄奘就跟到方丈，长老到重梁之上，取下一个小匣儿，打开来取出血书一纸，汗衫一件，付与玄奘。玄奘将血书拆开读之，才备细晓得父母姓名，并冤仇事迹。玄奘读罢，不觉哭倒在地道："父母之仇，不能报复，何以为人？十八年来，不识生身父母，至今日方知有母亲。此身若非师父捞救抚养，安有今日？容弟子去寻见母亲，然后头顶香盆，重建殿宇，报答师父之深恩也！"师父道："你要去寻母，可带这血书与汗衫前去，只做化缘，径往江州私衙，才得你母亲相见。"

玄奘领了师父言语，就做化缘的和尚，径至江州。适值刘洪有事出外，也是天教他母子相会，玄奘就直至私衙门口抄化。那殷小姐原来夜间得了一梦，梦见月缺再圆，暗想道："我婆婆不知音信，我丈夫被这贼谋杀，我的儿子抛在江中，倘若有人收养，算来有十八岁矣，或今日天教相会，亦未可知。"正沉吟间，忽听私衙前有人念经，连叫"抄化"，小姐又乘便出来问道："你是何处来的？"玄奘答道："贫僧乃是金山寺法明长老的徒弟。"小姐道："你既是金山寺长老的徒弟——"叫进衙来，将斋饭与玄奘吃。仔细看他举止言谈，好似与丈夫一般，小姐将从婢打发开去，问道："你这小师父，还是自幼出家的？还是中年出家的？姓甚名谁？可有父母否？"玄奘答道："我也不是自幼出家，我也不是中年出家，我说起来，冤有天来大，仇有海样深！我父被人谋死，我母亲被贼人占了。我师父法明长老教我在江州衙内寻取母亲。”小姐问道：“你母姓甚？”玄奘道：“我母姓殷名唤温娇，我父姓陈名光蕊，我小名叫做江流，法名取为玄奘。”小姐道：“温娇就是我。但你今有何凭据？”玄奘听说是他母亲，双膝跪下，哀哀大哭：“我娘若不信，见有血书汗衫为证！”温娇取过一看，果然是真，母子相抱而哭，就叫：“我儿快去！”玄奘道：“十八年不识生身父母，今朝才见母亲，教孩儿如何割舍？”小姐道：“我儿，你火速抽身前去！刘贼若回，他必害你性命！我明日假装一病，只说先年曾许舍百双僧鞋，来你寺中还愿。那时节，我有话与你说。”玄奘依言拜别。

却说小姐自见儿子之后，心内一忧一喜，忽一日推病，茶饭不吃，卧于床上。刘洪归衙，问其原故，小姐道：“我幼时曾许下一愿，许舍僧鞋一百双。昨五日之前，梦见个和尚，手执利刃，要索僧鞋，便觉身子不快。”刘洪道：“这些小事，何不早说？”随升堂吩咐王左衙、李右衙：江州城内百姓，每家要办僧鞋一双，限五日内完纳。百姓俱依派完纳讫。小姐对刘洪道：

“僧鞋做完，这里有甚么寺院，好去还愿？”刘洪道：“这江州有个金山寺、焦山寺，听你在那个寺里去。”小姐道：“久闻金山寺好个寺院，我就往金山寺去。”刘洪即唤王、李二衙办下船只。

小姐带了心腹人，同上了船，稍水将船撑开，就投金山寺去。

却说玄奘回寺，见法明长老，把前项说了一遍，长老甚喜。

次日，只见一个丫鬟先到，说夫人来寺还愿，众僧都出寺迎接。

小姐径进寺门，参了菩萨，大设斋衬，唤丫鬟将僧鞋暑袜，托于盘内。来到法堂，小姐复拈心香礼拜，就教法明长老分表与众僧去讫。玄奘见众僧散了，法堂上更无一人，他却近前跪下。小姐叫他脱了鞋袜看时，那左脚上果然少了一个小指头。当时两个又抱住而哭，拜谢长老养育之恩。法明道：“汝今母子相会，恐奸贼知之，可速速抽身回去，庶免其祸。”小姐道：“我儿，我与你一只香环，你径到洪州西北地方，约有一千五百里之程，那里有个万花店，当时留下婆婆张氏在那里，是你父亲生身之母。我再写一封书与你，径到唐王皇城之内，金殿左边，殷开山丞相家，是你母生身之父母。你将我的书递与外公，叫外公奏上唐王，统领人马，擒杀此贼，与父报仇，那时才救得老娘的身子出来。我今不敢久停，诚恐贼汉怪我归迟。”便出寺登舟而去。

玄奘哭回寺中，告过师父，即时拜别，径往洪州。来到万花店，问那店主刘小二道：“昔年江州陈客官有一母亲住在你店中，如今好么？”刘小二道：“他原在我店中，后来昏了眼，三四年并无店租还我，如今在南门头一个破瓦窑里，每日上街叫化度日。那客官一去许久，到如今杳无信息，不知为何。”玄奘听罢，即时问到南门头破瓦窑，寻着婆婆。婆婆道：“你声音好似我儿陈光蕊。”玄奘道：“我不是陈光蕊，我是陈光蕊的儿子。温娇小姐是我的娘。”婆婆道：“你爹娘怎么不来？”玄奘道：“我爹爹被强盗打死了，我娘被强盗霸占为妻。”婆婆道：“你怎么晓得来寻我？”玄奘道：“是我娘着我来寻婆婆。我娘有书在此，又有香环一只。”那婆婆接了书并香环，放声痛哭道：“我儿为功名到此，我只道他背义忘恩，那知他被人谋死！且喜得皇天怜念，不绝我儿之后，今日还有孙子来寻我。”玄奘问：“婆婆的眼，如何都昏了？”婆婆道：“我因思量你父亲，终日悬望，不见他来，因此上哭得两眼都昏了。”玄奘便跪倒向天祷告道：“念玄奘一十八岁，父母之仇不能报复。今日领母命来寻婆婆，天若怜鉴弟子诚意，保我婆婆双眼复明！”祝罢，就将舌尖与婆婆舔眼。须臾之间，双眼舔开，仍复如初。婆婆觑了小和尚道：

“你果是我的孙子！恰和我儿子光蕊形容无二！”婆婆又喜又悲。玄奘就领婆婆出了窑门，还到刘小二店内，将些房钱赁屋一间与婆婆栖身，又将盘缠与婆婆道：“我此去只月余就回。”

随即辞了婆婆，径往京城。寻到皇城东街殷丞相府上，与门上人道：“小僧是亲戚，来探相公。”门上人禀知丞相，丞相道：“我与和尚并无亲眷。”夫人道：“我昨夜梦见我女儿满堂娇来家，莫不是女婿有书信回来也。”丞相便教请小和尚来到厅上。小和尚见了丞相与夫人，哭拜在地，就怀中取出一封书来，递与丞相。丞相拆开，从头读罢，放声痛哭。夫人问道：“相公，有何事故？”丞相道：“这和尚是我与你的外甥。女婿陈光蕊被贼谋死，满堂娇被贼强占为妻。”夫人听罢，亦痛哭不止。丞相道：“夫人休得烦恼，来朝奏知主上，亲自统兵，定要与女婿报仇。”

次日，丞相入朝，启奏唐王曰：“今有臣婿状元陈光蕊，带领家小江州赴任，被稍水刘洪打死，占女为妻，假冒臣婿，为官多年，事属异变。乞陛下立发人马，剿除贼寇。”唐王见奏大怒，就发御林军六万，着殷丞相督兵前去。丞相领旨出朝，即往教场内点了兵，径往江州进发。晓行夜宿，星落鸟飞，不觉已到江州。殷丞相兵马，俱在北岸下了营寨。星夜令金牌下户唤到江州同知、州判二人，丞相对他说知此事，叫他提兵相助，一同过江而去。天尚未明，就把刘洪衙门围了。刘洪正在梦中，听得火炮一响，金鼓齐鸣，众兵杀进私衙，刘洪措手不及，早被擒住。丞相传下军令，将刘洪一干人犯，绑赴法场，令众军俱在城外安营去了。

丞相直入衙内正厅坐下，请小姐出来相见。小姐欲待要出，羞见父亲，就要自缢。玄奘闻知，急急将母解救，双膝跪下，对母道：“儿与外公，统兵至此，与父报仇。今日贼已擒捉，母亲何故反要寻死？母亲若死，孩儿岂能存乎？”丞相亦进衙劝解。

小姐道：“吾闻妇人从一而终。痛夫已被贼人所杀，岂可靦颜从贼？止因遗腹在身，只得忍耻偷生。今幸儿已长大，又见老父提兵报仇，为女儿者，有何面目相见！惟有一死以报丈夫耳！”

丞相道：“此非我儿以盛衰改节，皆因出乎不得已，何得为耻！”

父子相抱而哭，玄奘亦哀哀不止。丞相拭泪道：“你二人且休烦恼，我今已擒捉仇贼，且去发落去来。”即起身到法场，恰好江州同知亦差哨兵拿获水贼李彪解到。丞相大喜，就令军牢押过刘洪、李彪，每人痛打一百大棍，取了供状，招了先年不合谋死陈光蕊情由，先将李彪钉在木驴上，推去市曹，剐了千刀，枭首示众讫；把刘洪拿到洪江渡口先年打死陈光蕊处，丞相与小姐、玄奘，三人亲到江边，望空祭奠，活剜取刘洪心肝，祭了光蕊，烧了祭文一道。

三人望江痛哭，早已惊动水府。有巡海夜叉，将祭文呈与龙王。龙王看罢，就差鳖无帅去请光蕊来到，道：“先生，恭喜！

恭喜！今有先生夫人，公子同岳丈俱在江边祭你，我今送你还魂去也。再有如意珠一颗，走盘珠二颗，绞绡十端，明珠玉带一条奉送。你今日便可夫妻子母相会也。”光蕊再三拜谢。龙王就令夜叉将光蕊身尸送出江口还魂，夜叉领命而去。

却说殷小姐哭奠丈夫一番，又欲将身赴水而死，慌得玄奘拚命扯住。正在仓皇之际，忽见水面上一个死尸浮来，靠近江岸之旁。小姐忙向前认看，认得是丈夫的尸首，一发嚎啕大哭不已。众人俱来观看，只见光蕊舒拳伸脚，身子渐渐展动，忽地爬将起来坐下，众人不胜惊骇。光蕊睁开眼，早见殷小姐与丈人殷丞相同着小和尚俱在身边啼哭。光蕊道：“你们为何在此？”

小姐道："因汝被贼人打死，后来妾身生下此子，幸遇金山寺长老抚养长大，寻我相会。我教他去寻外公，父亲得知，奏闻朝廷，统兵到此，拿住贼人。适才生取心肝，望空祭奠我夫，不知我夫怎生又得还魂。"光蕊道："皆因我与你昔年在万花店时，买放了那尾金色鲤鱼，谁知那鲤鱼就是此处龙王。后来逆贼把我推在水中，全亏得他救我，方才又赐我还魂，送我宝物，俱在身上。更不想你生下这儿子，又得岳丈为我报仇。真是苦尽甘来，莫大之喜！"

众官闻知，都来贺喜。丞相就令安排酒席，答谢所属官员，即日军马回程。来到万花店，那丞相传令安营。光蕊便同玄奘到刘家店寻婆婆。那婆婆当夜得了一梦，梦见枯木开花，屋后喜鹊频频喧噪，想道："莫不是我孙儿来也？"说犹未了，只见店门外，光蕊父子齐到。小和尚指道："这不是俺婆婆？"光蕊见了老母，连忙拜倒。母子抱头痛哭一场，把上项事说了一遍。算还了小二店钱，起程回到京城。进了相府，光蕊同小姐与婆婆、玄奘都来见了夫人。夫人不胜之喜，吩咐家僮，大排筵宴庆贺。

丞相道："今日此宴可取名为团圆会。"真正合家欢乐。

次日早朝，唐王登殿，殷丞相出班，将前后事情备细启奏，并荐光蕊才可大用。唐王准奏，即命升陈萼为学士之职，随朝理政。玄奘立意安禅，送在洪福寺内修行。后来殷小姐毕竟从容自尽，玄奘自到金山寺中报答法明长老。不知后来事体若何，且听下回分解。

第九回　袁守诚妙算无私曲　老龙王拙计犯天条

诗曰：都城大国实堪观，八水周流绕四山。多少帝王兴此处，古来天下说长安。此单表陕西大国长安城，乃历代帝王建都之地。自周、秦、汉以来，三州花似锦，八水绕城流。三十六条花柳巷，七十二座管弦楼。华夷图上看，天下最为头，真是奇胜之方。今却是大唐太宗文皇帝登基，改元龙集贞观。此时已登极十三年，岁在己巳。且不说他驾前有安邦定国的英豪。与那创业争疆的杰士。

却说长安城外泾河岸边，有两个贤人：一个是渔翁，名唤张稍；一个是樵子，名唤李定。他两个是不登科的进士，能识字的山人。一日，在长安城里，卖了肩上柴，货了篮中鲤，同入酒馆之中，吃了半酣，各携一瓶，顺泾河岸边，徐步而回。张稍道：

"李兄，我想那争名的，因名丧体；夺利的，为利亡身；受爵的，抱虎而眠；承恩的，袖蛇而去。算起来，还不如我们水秀山青，逍遥自在，甘淡薄，随缘而过。"李定道："张兄说得有理。但只是你那水秀，不如我的山青。"张稍道："你山青不如我的水秀。有一《蝶恋花》词为证，词曰：烟波万里扁舟小，静依孤篷，西施声音绕。涤虑洗心名利少，闲攀蓼穗蒹葭草。数点沙鸥堪乐道，柳岸芦湾，妻子同欢笑。一觉安眠风浪俏，无荣无辱无烦恼。"

李定道："你的水秀，不如我的山青。也有个《蝶恋花》词为证，词曰：云林一段松花满，默听莺啼，巧舌如调管。红瘦绿肥春正暖，倏然夏至光阴转。又值秋来容易换，黄花香，堪供玩。迅速严冬如指拈，逍遥四季无人管。"渔翁道："你山青不如我水秀，受用些好物，有一《鹧鸪天》为证，仙乡云水足生涯，摆橹横舟便是家。活剖鲜鳞烹绿鳖，旋蒸紫蟹煮红虾。青芦笋，水荇芽，菱角鸡头更可夸。娇藕老莲芹叶嫩，慈菇茭白鸟英花。"樵夫道："你水秀不如我山青，受用些好物，亦有一《鹧鸪天》为证：

崔巍峻岭接天涯，草舍茅庵是我家。腌腊鸡鹅强蟹鳖，獐犯兔鹿胜鱼虾。香椿叶，黄楝芽，竹笋山茶更可夸。紫李红桃梅杏熟，甜梨酸枣木樨花。"渔翁道："你山青真个不如我的水秀，又有《天仙子》一首：一叶小舟随所寓，万迭烟波无恐惧。垂钩撒网捉鲜鳞，没酱腻，偏有味，老妻稚子团圆会。鱼多又货长安市，换得香醪吃个醉。蓑衣当被卧秋江，鼾鼾睡，无忧虑，不恋人间荣与贵。"樵子道："你水秀还不如我的山青，也有《天仙子》一首：茆舍数椽山下盖，松竹梅兰真可爱。穿林越岭觅干柴，没人怪，从我卖，或少或多凭世界。将钱沽酒随心快，瓦钵磁瓯殊自在。酕醄醉了卧松阴，无挂碍，无利害，不管人间兴与败。"渔翁道："李兄，你山中不如我水上生意快活，有一《西江月》为证："红蓼花繁映月，黄芦叶乱摇风。碧天清远楚江空，牵搅一潭星动。入网大鱼作队，吞钩小鳜成丛。得来烹煮味偏浓，笑傲江湖打哄。"樵夫道："张兄，你水上还不如我山中的生意快活，亦有《西江月》为证。败叶枯藤满路，破梢老竹盈山。女萝干葛乱牵攀，折取收绳杀担。虫蛀空心榆柳，风吹断头松楠。采来堆积备冬寒，换酒换钱从俺。"渔翁道："你山中虽可比过，还不如我水秀的幽雅，有一《临江仙》为证：潮落旋移孤艇去，夜深罢棹歌来。蓑衣残月甚幽哉，宿鸥惊不起，天际彩云开。困卧芦洲无个事，三竿日上还捱。随心尽意自安排，朝臣寒待漏，争似我宽怀？"樵夫道："你水秀的幽雅，还不如我山青更幽雅，亦有《临江仙》可证：苍径秋高拽斧去，晚凉抬担回来。野花插鬓更奇哉，拨云寻路出，待月叫门开。稚子山妻欣笑接，草床木枕攲捱。蒸梨炊黍旋铺排，瓮中新酿熟，真个壮幽怀！"渔翁道：

"这都是我两个生意，赡身的勾当，你却没有我闲时节的好处，有诗为证，诗曰：闲看天边白鹤飞，停舟溪畔掩苍扉。倚篷教子搓钓线，罢棹同妻晒网围。性定果然知浪静，身安自是觉风微。绿蓑青笠随时着，胜挂朝中紫绶衣。"樵夫道："你那闲时又不如我的闲时好也，亦有诗为证，诗曰：闲观缥缈白云飞，独坐茅庵掩竹扉。无事训儿开卷读，有时对客把棋围。喜来策杖歌芳径，兴到携琴上翠微。草履麻绦粗布被，心宽强似着罗衣。"

张稍道："李定，我两个真是微吟可相狎，不须檀板共金樽。但散道词章，不为稀罕，且各联几句，看我们渔樵攀话何如？"李定道："张兄言之最妙，请兄先吟。""舟停绿水烟波内，家住深山旷野中。偏爱溪桥春水涨，最怜岩岫晓云蒙。龙门鲜鲤时烹煮，虫蛀干柴日燎烘。钓网多般堪赡老，担绳二事可容终。小舟仰卧观飞雁，草径斜攲听唳鸿。口舌场中无我分，是非海内少吾踪。溪边挂晒缯如锦，石上重磨斧似锋。秋月晖晖常独钓，春山寂寂没人逢。鱼多换酒同妻饮，柴剩沽壶共子丛。

自唱自斟随放荡，长歌长叹任颠风。呼兄唤弟邀船伙，挈友携朋聚野翁。行令猜拳频递盏，拆牌道字漫传钟。烹虾煮蟹朝朝乐，炒鸭爊鸡日日丰。愚妇煎茶情散诞，山妻造饭意从容。晓来举杖淘轻浪，日出担柴过大冲。雨后披蓑擒活鲤，风前弄斧伐枯松。潜踪避世妆痴蠢，隐姓埋名作哑聋。"张稍道："李兄，我才僭先起句，今到我兄，也先起一联，小弟亦当续之。""风月佯狂山野汉，江湖寄傲老余丁。清闲有分随潇洒，口舌无闻喜太平。月夜身眠茅屋稳，天昏体盖箬蓑轻。忘情结识松梅友，乐意相交鸥鹭盟。名利心头无算计，干戈耳畔不闻声。随时一酌香醪酒，度日三餐野菜羹。两束柴薪为活计，一竿钓线是营生。闲呼稚子磨钢斧，静唤憨儿补旧缯。春到爱观杨柳绿，时融喜看荻芦青。夏天避暑修新竹，六月乘凉摘嫩菱。霜降鸡肥常日宰，重阳蟹壮及时烹。冬来日上还沉睡，数九天高自不蒸。

八节山中随放性，四时湖里任陶情。采薪自有仙家兴，垂钓全无世俗形。门外野花香艳艳，船头绿水浪平平。身安不说三公位，性定强如十里城。十里城高防阃令，三公位显听宣声。乐山乐水真是罕，谢天谢地谢神明。”他二人既各道词章，又相联诗句，行到那分路去处，躬身作别。张稍道：“李兄呵，途中保重！上山仔细看虎。假若有些凶险，正是明日街头少故人！”李定闻言，大怒道：“你这厮惫懒！好朋友也替得生死，你怎么咒我？我若遇虎遭害，你必遇浪翻江！”张稍道：“我永世也不得翻江。”李定道：“天有不测风云，人有暂时祸福。你怎么就保得无事？”张稍道：“李兄，你虽这等说，你还没捉摸；不若我的生意有捉摸，定不遭此等事。”李定道：“你那水面上营生，极凶极险，隐隐暗暗，有甚么捉摸？”张稍道：“你是不晓得。这长安城里，西门街上，有一个卖卦的先生。我每日送他一尾金色鲤，他就与我袖传一课，依方位，百下百着。今日我又去买卦，他教我在泾河湾头东边下网，西岸抛钓，定获满载鱼虾而归。明日上城来，卖钱沽酒，再与老兄相叙。”二人从此叙别。

这正是路上说话，草里有人。原来这泾河水府有一个巡水的夜叉，听见了百下百着之言，急转水晶宫，慌忙报与龙王道：

“祸事了！祸事了！”龙王问：“有甚祸事？”夜叉道：“臣巡水去到河边，只听得两个渔樵攀话。相别时，言语甚是利害。那渔翁说：长安城里西门街上，有个卖卦先生，算得最准。他每日送他鲤鱼一尾，他就袖传一课，教他百下百着。若依此等算准，却不将水族尽情打了？何以壮观水府，何以跃浪翻波辅助大王威力？”龙王甚怒，急提了剑就要上长安城，诛灭这卖卦的。旁边闪过龙子龙孙、虾臣蟹士、鲥军师鳜少卿鲤太宰，一齐启奏道：

“大王且息怒。常言道，过耳之言，不可听信。大王此去，必有云从，必有雨助，恐惊了长安黎庶，上天见责。大王隐显莫测，变化无方，但只变一秀士，到长安城内，访问一番。果有此辈，容加诛灭不迟；若无此辈，可不是妄害他人也？”龙王依奏，遂弃宝剑，也不兴云雨，出岸上，摇身一变，变作一个白衣秀士，真个丰姿英伟，耸壑昂霄。步履端祥，循规蹈矩。语言遵孔孟，礼貌体周文。身穿玉色罗襕服，头戴逍遥一字巾。上路来拽开云步，径到长安城西门大街上。只见一簇人，挤挤杂杂，闹闹哄哄，内有高谈阔论的道：“属龙的本命，属虎的相冲。寅辰巳亥，虽称合局，但只怕的是日犯岁君。”龙王闻言，情知是那卖卜之处，走上前，分开众人，望里观看，只见：四壁珠玑，满堂绮绣。

宝鸭香无断，磁瓶水恁清。两边罗列王维画，座上高悬鬼谷形。

端溪砚，金烟墨，相衬着霜毫大笔；火珠林，郭璞数，谨对了台政新经。六爻熟谙，八卦精通。能知天地理，善晓鬼神情。一槃子午安排定，满腹星辰布列清。真个那未来事，过去事，观如月镜；几家兴，几家败，鉴若神明。知凶定吉，断死言生。开谈风雨迅，下笔鬼神惊。招牌有字书名姓，神课先生袁守诚。此人是谁？原来是当朝钦天监台正先生袁天罡的叔父，袁守诚是也。那先生果然相貌稀奇，仪容秀丽，名扬大国，术冠长安。龙王入门来，与先生相见。礼毕，请龙上坐，童子献茶。先生问曰：

“公来问何事？”龙王曰：“请卜天上阴晴事如何。”先生即袖传一课，断曰：“云迷山顶，雾罩林梢。若占雨泽，准在明朝。”龙王曰：“明日甚时下雨？雨有多少尺寸？”先生道：“明日辰时布云，巳时发雷，午时下雨，未时雨足，共得水三尺三寸零四十八点”。龙王笑曰：“此言不可作戏。如是明日有雨，依你断的时辰数目，我送课金五十两奉谢。若无雨，或不按时辰数目，我与你实说，定要打坏你的门面，扯碎你的招牌，即时赶出长安，不许在此惑众！”先生欣然而答：“这个一定任你。请了，请了，明朝雨后来会。”

龙王辞别，出长安，回水府。大小水神接着，问曰：“大王访那卖卦的如何？”龙王道：“有，有，有！”但是一个掉嘴口讨春的先生。我问他几时下雨，他就说明日下雨；问他甚么时辰，甚么雨数，他就说辰时布云，巳时发雷，午时下雨，未时雨足，得水三尺三寸零四十八点，我与他打了个赌赛；若果如他言，送他谢金五十两；如略差些，就打破他门面，赶他起身，不许在长安惑众。”众水族笑曰：“大王是八河都总管，司雨大龙神，有雨无雨，惟大王知之，他怎敢这等胡言？那卖卦的定是输了！定是输了！”

此时龙子龙孙与那鱼鲫蟹士正欢笑谈此事未毕，只听得半空中叫：“泾河龙王接旨。”众抬头上看，是一个金衣力士，手擎玉帝敕旨，径投水府而来。慌得龙王整衣端肃，焚香接了旨。

金衣力士回空而去。龙王谢恩，拆封看时，上写着：“敕命八河总，驱雷掣电行；明朝施雨泽，普济长安城。”旨意上时辰数目，与那先生判断者毫发不差，唬得那龙王魂飞魄散。少顷苏醒，对众水族曰：“尘世上有此灵人！真个是能通天彻地，却不输与他呵！”鲥军师奏云：“大王放心。要赢他有何难处？臣有小计，管教灭那厮的口嘴。”龙王问计，军师道：“行雨差了时辰，少些点数，就是那厮断卦不准，怕不赢他？那时捽碎招牌，赶他跑路，果何难也？”龙王依他所奏，果不担忧。

至次日，点札风伯、雷公、云童、电母，直至长安城九霄空上。他挨到那巳时方布云，午时发雷，未时落雨，申时雨止，却只得三尺零四十点，改了他一个时辰，克了他三寸八点，雨后发放众将班师。他又按落云头，还变作白衣秀士，到那西门里大街上，撞入袁守诚卦铺，不容分说，就把他招牌、笔、砚等一齐捽碎。那先生坐在椅上，公然不动。这龙王又轮起门板便打、骂道：“这妄言祸福的妖人，擅惑众心的泼汉！你卦又不灵，言又狂谬！说今日下雨的时辰点数俱不相对，你还危然高坐，趁早去，饶你死罪！”守诚犹公然不惧分毫，仰面朝天冷笑道：“我不怕！我不怕！我无死罪，只怕你倒有个死罪哩！别人好瞒，只是难瞒我也。我认得你，你不是秀士，乃是泾河龙王。你违了玉帝敕旨，改了时辰，克了点数，犯了天条。你在那剐龙台上，恐难免一刀，你还在此骂我？”龙王见说，心惊胆战，毛骨悚然，急丢了门板，整衣伏礼，向先生跪下道：“先生休怪。前言戏之耳，岂知弄假成真，果然违犯天条，奈何？望先生救我一救！不然，我死也不放你。”守诚曰：“我救你不得，只是指条生路与你投生便了。”龙曰：“愿求指教。”先生曰：“你明日午时三刻，该赴人曹官魏征处听斩。你果要性命，须当急急去告当今唐太宗皇帝方好。那魏征是唐王驾下的丞相，若是讨他个人情，方保无事。”龙王闻言，拜辞含泪而去。不觉红日西沉，太阴星上，但见：烟凝山紫归鸦倦，远路行人投旅店。渡头新雁宿眭沙，银河现。催更筹，孤村灯火光无焰。风袅炉烟清道院，蝴蝶梦中人不见。月移花影上栏杆，星光乱。漏声换，不觉深沉夜已半。

这泾河龙王也不回水府，只在空中，等到子时前后，收了云头，敛了雾角，径来皇宫门首。此时唐王正梦出宫门之外，步月花阴，忽然龙王变作人相，上前跪拜。口叫“陛下，救我！救我！”

太宗云：“你是何人？朕当救你。”龙王云：“陛下是真龙，臣是业龙。臣因犯了天条，该陛下贤臣人曹官魏征处斩，故来拜求，望陛下救我一救！”太宗曰：“既是魏征处斩，朕可以救你。你放心前去。”龙王欢喜，叩谢而去。

却说那太宗梦醒后，念念在心。早已至五鼓三点，太宗设朝，聚集两班文武官员。但见那：

烟笼凤阙，香蔼龙楼。光摇丹扆动，云拂翠华流。君臣相契同尧舜，礼乐威严近汉周。侍臣灯，宫女扇，双双映彩；孔雀屏，麒麟殿，处处光浮。山呼万岁，华祝千秋。静鞭三下响，衣冠拜冕旒。宫花灿烂天香袭，堤柳轻柔御乐讴。珍珠帘，翡翠帘，金钩高控；龙凤扇，山河扇，宝辇停留。文官英秀，武将抖擞。御道分高下，丹墀列品流。金章紫绶乘三象，地久天长万万秋。众官朝贺已毕，各各分班。唐王闪凤目龙睛，一一从头观看，只见那文官内是房玄龄、杜如晦、徐世勣、许敬宗、王珪等，武官内是马三宝、段志贤、殷开山、程咬金、刘洪纪、胡敬德、秦叔宝等，一个个威仪端肃，却不见魏征丞相。唐王召徐世勣上殿道："朕夜间得一怪梦，梦见一人迎面拜谒，口称是泾河龙王，犯了天条，该人曹官魏征处斩，拜告寡人救他，朕已许诺。今日班前独不见魏征，何也？"世勣对曰："此梦告准，须臾魏征来朝，陛下不要放他出门。过此一日，可救梦中之龙。"唐王大喜，即传旨，着当驾官宣魏征入朝。

却说魏征丞相在府，夜观乾象，正爇宝香，只闻得九霄鹤唳，却是天差仙使，捧玉帝金旨一道，着他午时三刻，梦斩泾河老龙。这丞相谢了天恩，斋戒沐浴，在府中试慧剑，运元神，故此不曾入朝。一见当驾官赍旨来宣，惶惧无任，又不敢违迟君命，只得急急整衣束带，同旨入朝，在御前叩头请罪。唐王出旨道："赦卿无罪。"那时诸臣尚未退朝，至此，却命卷帘散朝，独留魏征，宣上金銮，召入便殿，先议论安邦之策，定国之谋。将近巳末午初时候，却命宫人取过大棋来，"朕与贤卿对弈一局。"众嫔妃随取棋枰，铺设御案。魏征谢了恩，即与唐王对弈。

毕竟不知胜负如何，且听下回分解。

第十回　二将军宫门镇鬼　唐太宗地府还魂

却说太宗与魏征在便殿对弈，一递一着，摆开阵势。正合《烂柯经》云：博弈之道，贵乎严谨。高者在腹，下者在边，中者在角，此棋家之常法。法曰：宁输一子，不失一先。击左则视右，攻后则瞻前。有先而后，有后而先。两生勿断，皆活勿连。阔不可太疏，密不可太促。与其恋子以求生，不若弃之而取胜；与其无事而独行，不若固之而自补。彼众我寡，先谋其生；我众彼寡，务张其势。善胜者不争，善阵者不战；善战者不败，善败者不乱。夫棋始以正合，终以奇胜。凡敌无事而自补者，有侵绝之意；弃小而不救者，有图大之心。随手而下者，无谋之人；不思而应者，取败之道。《诗》云："惴惴小心，如临于谷。"此之谓也。诗曰，

棋盘为地子为天，色按阴阳造化全。

下到玄微通变处，笑夸当日烂柯仙。

君臣两个对弈此棋，正下到午时三刻，一盘残局未终，魏征忽然踏伏在案边，鼾鼾盹睡。太宗笑曰："贤卿真是匡扶社稷之心劳，创立江山之力倦，所以不觉盹睡。"太宗任他睡着，更不呼唤，不多时，魏征醒来，俯伏在地道："臣该万死！臣该万死！却才晕困，不知所为，望陛下赦臣慢君之罪。"太宗道："卿有何慢罪？且起来，拂退残棋，与卿从新更着。"魏征谢了恩，却才拈子在手，只听得朝门外大呼小叫。原来是秦叔宝、徐茂功等，将着一个血淋的龙头，掷在帝前，启奏道："陛下，海浅河枯曾有见，这般异事却无闻。"太宗与魏征起身道："此物何来？"

叔宝、茂功道："千步廊南，十字街头，云端里落下这颗龙头，微臣不敢不奏。"唐王惊问魏征："此是何说？"魏征转身叩头道：

"是臣才一梦斩的。"唐王闻言，大惊道："贤卿盹睡之时，又不曾见动身动手，又无刀剑，如何却斩此龙？"魏征奏道："主公，臣的身在君前，梦离陛下。身在君前对残局，合眼朦胧；梦离陛下乘瑞云，出神抖擞。那条龙，在剐龙台上，被天兵将绑缚其中。是臣道：'你犯天条，合当死罪。我奉天命，斩汝残生。'龙闻哀苦，臣抖精神。龙闻哀苦，伏爪收鳞甘受死；臣抖精神，撩衣进步举霜锋。扢扠一声刀过处，龙头因此落虚空。"太宗闻言，心中悲喜不一。喜者夸奖魏征好臣，朝中有此豪杰，愁甚江山不稳？悲者谓梦中曾许救龙，不期竟致遭诛。只得强打精神，传旨着叔宝将龙头悬挂市曹，晓谕长安黎庶，一壁厢赏了魏征，众官散讫。当晚回宫，心中只是忧闷，想那梦中之龙，哭啼啼哀告求生，岂知无常，难免此患。思念多时，渐觉神魂倦怠，身体不安。当夜二更时分，只听得宫门外有号泣之声，太宗愈加惊恐。正朦胧睡间，又见那泾河龙王，手提着一颗血淋淋的首级，高叫："唐太宗！还我命来！还我命来！你昨夜满口许诺救我，怎么天明时反宣人曹官来斩我？你出来，你出来！我与你到阎君处折辨折辨！"他扯住太宗，再三嚷闹不放，太宗箝口难言，只挣得汗流遍体。正在那难分难解之时，只见正南上香云缭绕，彩雾飘飘，有一个女真人上前，将杨柳枝用手一摆，那没头的龙，悲悲啼啼，径往西北而去。原来这是观音菩萨，领佛旨上东土寻取经人，此住长安城都土地庙里，夜闻鬼泣神号，特来喝退业龙，救脱皇帝。那龙径到阴司地狱具告不题。

却说太宗苏醒回来，只叫"有鬼！有鬼！"慌得那三宫皇后，六院嫔妃，与近侍太监，战兢兢一夜无眠。不觉五更三点，那满朝文武多官，都在朝门外候朝。等到天明，犹不见临朝，唬得一个个惊惧踌躇。及日上三竿，方有旨意出来道："朕心不快，众官免朝。"不觉倏五七日，众官忧惶，都正要撞门见驾问安，只见太后有旨，召医官入宫用药，众人在朝门等候讨信。少时，医官出来，众问何疾。医官道："皇上脉气不正，虚而又数，狂言见鬼，又诊得十动一代，五脏无气，恐不讳只在七日之内矣。"众官闻言大惊失色。正怆惶间，又听得太后有旨宣徐茂功、护国公、尉迟公见驾。三公奉旨，急入到分宫楼下。拜毕，太宗正色强言道："贤卿，寡人十九岁领兵，南征北伐，东挡西除，苦历数载，更不曾见半点邪祟，今日却反见鬼！"尉迟公道："创立江山，杀人无数，何怕鬼乎？"太宗道："卿是不信。朕这寝宫门外，入夜就抛砖弄瓦，鬼魅呼号，着然难处。白日犹可，昏夜难禁。"

叔宝道："陛下宽心，今晚臣与敬德把守宫门，看有甚么鬼祟。"

太宗准奏，茂功谢恩而出。当日天晚，各取披挂，他两个介胄整齐，执金瓜钺斧，在宫门外把守。好将军！你看他怎生打扮：头戴金盔光烁烁，身披铠甲龙鳞。护心宝镜幌祥云，狮蛮收紧扣，绣带彩霞新。这一个凤眼朝天星斗怕，那一个环睛映电月光浮。他本是英雄豪杰旧勋臣，只落得千年称户尉，万古作门神。

二将军侍立门旁，一夜天晚，更不曾见一点邪祟。是夜，太宗在宫，安寝无事，晓来宣二将军，重重赏劳道："朕自得疾，数日不能得睡，今夜仗二将军威势甚安。卿且请出安息安息，待晚间再一护卫。"二将谢恩而出。遂此二三夜把守俱安，只是御膳减损，病转觉重。太宗又不忍二将辛苦，又宣叔宝、敬德与杜、房诸公入宫，吩咐道："这两日朕虽得安，却只难为秦、胡二将军彻夜辛苦。朕欲召巧手丹青，传二将军真容，贴于门上，免得劳他，如何？"众臣即依旨，选两个会写真的，着胡、秦二公依前披挂，照样画了，贴在门上，夜间也即无事。

如此二三日，又听得后宰门乒乓乒乓砖瓦乱响，晓来急宣众臣曰："连日前门幸喜无事，今夜后门又响，却不又惊杀寡人也！"茂功进前奏道："前门不安，是敬德、叔宝护卫；后门不安，该着魏征护卫。"太宗准奏，又宣魏征今夜把守后门。征领旨，当夜结束整齐，提着那诛龙的宝剑，侍立在后宰门前，真个的好英雄也！他怎生打扮：熟绢青巾抹额，锦袍玉带垂腰，

兜风氅袖采霜飘，压赛垒荼神貌。脚踏乌靴坐折，手持利刃凶骁。圆睁两眼四边瞧，那个邪神敢到？一夜通明，也无鬼魅。虽是前后门无事，只是身体渐重。一日，太后又传旨，召众臣商议殡殓后事。太宗又宣徐茂功，吩咐国家大事，叮嘱仿刘蜀主托孤之意。言毕，沐浴更衣，待时而已。旁闪魏征，手扯龙衣，奏道：

“陛下宽心，臣有一事，管保陛下长生。”太宗道：“病势已入膏肓，命将危矣，如何保得？”征云：“臣有书一封，进与陛下，捎去到冥司，付酆都判官崔珪。”太宗道：“崔珪是谁？”征云：“崔珪乃是太上先皇帝驾前之臣，先受兹州令，后升礼部侍郎。在日与臣八拜为交，相知甚厚。他如今已死，现在阴司做掌生死文簿的酆都判官，梦中常与臣相会。此去若将此书付与他，他念微臣薄分，必然放陛下回来，管教魂魄还阳世，定取龙颜转帝都。”太宗闻言，接在手中，笼入袖里，遂瞑目而亡。那三宫六院、皇后嫔妃、侍长储君及两班文武，俱举哀戴孝，又在白虎殿上，停着梓宫不题。

却说太宗渺渺茫茫，魂灵径出五凤楼前，只见那御林军马，请大驾出朝采猎。太宗欣然从之，缥渺而去。行多时，人马俱无。独自个散步荒郊草野之间。正惊惶难寻道路，只见那一边，有一人高声大叫道：“大唐皇帝，往这里来！往这里来！”太宗闻言，抬头观看，只见那人：头顶乌纱，腰围犀角。头顶乌纱飘软带，腰围犀角显金厢。手擎牙笏凝祥霭，身着罗袍隐瑞光。

脚踏一双粉底靴，登云促雾；怀揣一本生死簿，注定存亡。鬓发蓬松飘耳上，胡须飞舞绕腮旁。昔日曾为唐国相，如今掌案侍阎王。太宗行到那边，只见他跪拜路旁，口称“陛下，赦臣失悮远迎之罪！”太宗问曰：“你是何人？因甚事前来接拜？”那人道：

“微臣半月前，在森罗殿上，见泾河鬼龙告陛下许救反诛之故，第一殿秦广大王即差鬼使催请陛下，要三曹对案。臣已知之，故来此间候接，不期今日来迟，望乞恕罪恕罪。”太宗道：“你姓甚名谁？是何官职？”那人道：“微臣存日，在阳曹侍先君驾前，为兹州令，后拜礼部侍郎，姓崔名珪。今在阴司，得受酆都掌案判官。”太宗大喜，近前来御手忙搀道：“先生远劳。朕驾前魏征有书一封，正寄与先生，却好相遇。”判官谢恩，问书在何处。太宗即向袖中取出递与崔珪。珪拜接了，拆封而看。其书曰：辱爱弟魏征，顿首书拜大都案契兄崔老先生台下：忆昔交游，音容如在。倏尔数载，不闻清教。常只是遇节令设蔬品奉祭，未卜享否？又承不弃，梦中临示，始知我兄长大人高迁。奈何阴阳两隔，天各一方，不能面觌。今因我太宗文皇帝倏然而故，料是对案三曹，必然得与兄长相会。万祈俯念生日交情，方便一二，放我陛下回阳，殊为爱也。容再修谢。不尽。”那判官看了书，满心欢喜道：“魏人曹前日梦斩老龙一事，臣已早知，甚是夸奖不尽。又蒙他早晚看顾臣的子孙，今日既有书来，陛下宽心，微臣管送陛下还阳，重登玉阙。”太宗称谢了。

二人正说间，只见那边有一对青衣童子，执幢幡宝盖，高叫道：“阎王有请，有请。”太宗遂与崔判官并二童子举步前进。

忽见一座城，城门上挂着一面大牌，上写着“幽冥地府鬼门关”七个大金字。那青衣将幢幡摇动，引太宗径入城中，顺街而走。

只见那街旁边有先主李渊，先兄建成，故弟元吉，上前道：“世民来了！世民来了！”那建成、元吉就来揪打索命。太宗躲闪不及，被他扯住。幸有崔判官唤一青面獠牙鬼使，喝退了建成、元吉，太宗方得脱身而去。行不数里，见一座碧瓦楼台，真个壮丽，但见：飘飘万迭彩霞堆，隐隐千条红雾现。耿耿檐飞怪兽头，辉辉瓦迭鸳鸯片。门钻几路赤金钉，槛设一横白玉段。窗牖近光放晓烟，帘栊幌亮穿红电。楼台高耸接青霄，廊庑平排连宝院。兽鼎香云袭御衣，绛纱灯火明宫扇。左边猛烈摆牛头，右下峥嵘罗马面。接亡送鬼转金牌，引魄招魂垂素练。唤作阴司总会门，下方阎老森罗殿。太宗正在外面观看，只见那壁厢环珮叮噹，仙香奇异，外有两对提烛，后面却是十代阎王降阶而至。是那十代阎君：秦广王、楚江王、宋帝王、仵官王、阎罗王、平等王、泰山王、都市王、卞城王、转轮王。

十王出在森罗宝殿，控背躬身迎迓太宗。太宗谦下，不敢前行，十王道：“陛下是阳间人王，我等是阴间鬼王，分所当然，何须过让？”太宗道：“朕得罪麾下，岂敢论阴阳人鬼之道？”逊之不已。太宗前行，径入森罗殿上，与十王礼毕，分宾主坐定。

约有片时，秦广王拱手而进言曰：“泾河鬼龙告陛下许救而反杀之，何也？”太宗道：“朕曾夜梦老龙求救，实是允他无事，不期他犯罪当刑，该我那人曹官魏征处斩。朕宣魏征在殿着棋，不知他一梦而斩。这是那人曹官出没神机，又是那龙王犯罪当死，岂是朕之过也？”十王闻言，伏礼道：“自那龙未生之前，南斗星死簿上已注定该遭杀于人曹之手，我等早已知之。但只是他在此折辩，定要陛下来此三曹对案，是我等将他送入轮藏，转生去了。今又有劳陛下降临，望乞恕我催促之罪。”言毕，命掌生死簿判官：“急取簿子来，看陛下阳寿天禄该有几何？”崔判官急转司房，将天下万国国王天禄总簿，先逐一检阅，只见南赡部洲大唐太宗皇帝注定贞观一十三年。崔判官吃了一惊，急取浓墨大笔，将“一”字上添了两画，却将簿子呈上。十王从头看时，见太宗名下注定三十三年，阎王惊问：“陛下登基多少年了？”太宗道：“朕即位，今一十三年了。”阎王道：“陛下宽心勿虑，还有二十年阳寿。此一来已是对案明白，请返本还阳。”

太宗闻言，躬身称谢。十阎王差崔判官、朱太尉二人，送太宗还魂。太宗出森罗殿，又起手问十王道：“朕宫中老少安否如何？”

十王道：“俱安，但恐御妹寿似不永。”太宗又再拜启谢：“朕回阳世，无物可酬谢，惟答瓜果而已。”十王喜曰：“我处颇有东瓜西瓜，只少南瓜。”太宗道：“朕回去即送来，即送来。”从此遂相揖而别。

那太尉执一首引魂幡，在前引路，崔判官随后保着太宗，径出幽司。太宗举目而看，不是旧路，问判官曰：“此路差矣？”

判官道：“不差。阴司里是这般，有去路，无来路。如今送陛下自转轮藏出身，一则请陛下游观地府，一则教陛下转托超生。”

太宗只得随他两个，引路前来。径行数里，忽见一座高山，阴云垂地，黑雾迷空。太宗道：“崔先生，那厢是甚么山？”判官道：

“乃幽冥背阴山。”太宗悚惧道：“朕如何去得？”判官道：“陛下宽心，有臣等引领。”太宗战战兢兢，相随二人，上得山岩，抬头观看，只见：形多凸凹，势更崎岖。峻如蜀岭，高似庐岩。非阳世之名山，实阴司之险地。荆棘丛丛藏鬼怪，石崖磷磷隐邪魔。

耳畔不闻兽鸟噪，眼前惟见鬼妖行。阴风飒飒，黑雾漫漫。阴风飒飒，是神兵口内哨来烟；黑雾漫漫，是鬼祟暗中喷出气。一望高低无景色，相看左右尽猖亡。那里山也有，峰也有，岭也有，洞也有，涧也有；只是山不生草，峰不插天，岭不行客，洞不纳云，涧不流水。岸前皆魍魉，岭下尽神魔。洞中收野鬼，涧底隐邪魂。山前山后，牛头马面乱喧呼；半掩半藏，饿鬼穷魂时对泣。催命的判官，急急忙忙传信票；追魂的太尉，吆吆喝喝趱公文。急脚子旋风滚滚，勾司人黑雾纷纷。太宗全靠着那判官保护，过了阴山。前进，又历了许多衙门，一处处俱是悲声振耳，恶怪惊心。太宗又道："此是何处？"判官道："此是阴山背后一十八层地狱。"太宗道："是那十八层？"判官道："你听我说：吊筋狱、幽枉狱、火坑狱，寂寂寥寥，烦烦恼恼，尽皆是生前作下千般业，死后通来受罪名。酆都狱、拔舌狱、剥皮狱，哭哭啼啼，凄凄惨惨，只因不忠不孝伤天理，佛口蛇心堕此门。磨捱狱、碓捣狱、车崩狱，皮开肉绽，抹嘴咨牙，乃是瞒心昧己不公道，巧语花言暗损人。寒冰狱、脱壳狱、抽肠狱，垢面蓬头，愁眉皱眼，都是大斗小秤欺痴蠢，致使灾屯累自身。油锅狱、黑暗狱、刀山狱，战战兢兢，悲悲切切，皆因强暴欺良善，藏头缩颈苦伶仃。血池狱、阿鼻狱、秤杆狱，脱皮露骨，折臂断筋，也只为谋财害命，宰畜屠生，堕落千年难解释，沉沦永世下翻身。一个个紧缚牢栓，绳缠索绑，差些赤发鬼、黑脸鬼，长枪短剑；牛头鬼、马面鬼，铁简铜锤。只打得皱眉苦面血淋淋，叫地叫天无救应。正是人生却莫把心欺，神鬼昭彰放过谁？善恶到头终有报，只争来早与来迟。"太宗听说，心中惊惨。

进前又走不多时，见一伙鬼卒，各执幢幡，路旁跪下道：

"桥梁使者来接。"判官喝令起去，上前引着太宗，从金桥而过。

太宗又见那一边有一座银桥，桥上行几个忠孝贤良之辈，公平正大之人，亦有幢幡接引；那壁厢又有一桥，寒风滚滚，血浪滔滔，号泣之声不绝。太宗问道："那座桥是何名色？"判官道："陛下，那叫做奈河桥。若到阳间，切须传记，那桥下都是些奔流浩浩之水，险峻窄窄之路。俨如匹练搭长江，却似火坑浮上界。阴气逼人寒透骨，腥风扑鼻味钻心。波翻浪滚，往来并没渡人船；

赤脚蓬头，出入尽皆作业鬼。桥长数里，阔只三皻，高有百尺，深却千重。上无扶手栏杆，下有抢人恶怪。枷杻缠身，打上奈河险路。你看那桥边神将甚凶顽，河内孽魂真苦恼，桠杈树上，挂的是青红黄紫色丝衣；壁斗崖前，蹲的是毁骂公婆淫泼妇。

铜蛇铁狗任争餐，永堕奈河无出路。诗曰：时闻鬼哭与神号，血水浑波万丈高。无数牛头并马面，狰狞把守奈河桥。"正说间，那几个桥梁使者，早已回去了。太宗心又惊惶，点头暗叹，默默悲伤，相随着判官、太尉，早过了奈河恶水，血盆苦界。前又到枉死城，只听哄哄人嚷，分明说"李世民来了！李世民来了！"太宗听叫，心惊胆战。见一伙拖腰折臂、有足无头的鬼魅，上前拦住，都叫道：还我命来！还我命来！"慌得那太宗藏藏躲躲，只叫"崔先生救我！崔先生救我！"判官道：陛下，那些人都是那六十四处烟尘，七十二处草寇，众王子、众头目的鬼魂；尽是枉死的冤业，无收无管，不得超生，又无钱钞盘缠，都是孤寒饿鬼。陛下得些钱钞与他，我才救得哩。"太宗道："寡人空身到此，却那里得有钱钞？"判官道："陛下，阳间有一人，金银若干，在我这阴司里寄放。陛下可出名立一约，小判可作保，且借他一库，给散这些饿鬼，方得过去。"太宗问曰："此人是谁？"判官道："他是河南开封府人氏，姓相名良，他有十三库金银在此。陛下若借用过他的，到阳间还他便了。"太宗甚喜，情愿出名借用。遂立了文书与判官，借他金银一库，着太尉尽行给散。判官复吩咐道："这些金银，汝等可均分用度，放你大唐爷爷过去，他的阳寿还早哩。我领了十王钧语，送他还魂，教他到阳间做一个水陆大会，度汝等超生，再休生事。"众鬼闻言，得了金银，俱唯唯而退。判官令太尉摇动引魂幡，领太宗出离了枉死城中，奔上平阳大路，飘飘荡荡而去。毕竟不知从那条路出身，且听下回分解。

第十一回　还受生唐王遵善果　度孤魂萧瑀正空门

诗曰：百岁光阴似水流，一生事业等浮沤。昨朝面上桃花色，今日头边雪片浮。白蚁阵残方是幻，子规声切想回头。古来阴能延寿，善不求怜天自周。却说唐太宗随着崔判官、朱太尉，自脱了冤家债主，前进多时，却来到"六道轮回"之所，又见那腾云的身披霞帔，受箓的腰挂金鱼，僧尼道俗，走兽飞禽，魑魅魍魉，滔滔都奔走那轮回之下，各进其道。唐王问曰："此意何如？"判官道："陛下明心见性，是必记了，传与阳间人知。

这唤做六道轮回：行善的升化仙道，尽忠的超生贵道，行孝的再生福道，公平的还生人道，积德的转生富道，恶毒的沉沦鬼道。"唐王听说，点头叹曰："善哉，真善哉！作善果无灾！善心常切切，善道大开开。莫教兴恶念，是必少刁乖。休言不报应，神鬼有安排。"判官送唐王直至那超生贵道门，拜呼唐王道：

"陛下呵，此间乃出头之处，小判告回，着朱太尉再送一程。"唐王谢道："有劳先生远涉。"判官道："陛下到阳间，千万做个水陆大会，超度那无主的冤魂，切勿忘了。若是阴司里无报怨之声，阳世间方得享太平之庆。凡百不善之处，俱可一一改过，普谕世人为善，管教你后代绵长，江山永固。"唐王一一准奏，辞了崔判官，随着朱太尉，同入门来。那太尉见门里有一匹海骝马，鞍鞯齐备，急请唐王上马，太尉左右扶持。马行如箭，早到了渭水河边，只见那水面上有一对金色鲤鱼在河里翻波跳斗。

唐王见了心喜，兜马贪看不舍，太尉道："陛下，趱动些，趁早赶时辰进城去也。"那唐王只管贪看，不肯前行，被太尉撮着脚，高呼道："还不走，等甚！"扑的一声，望那渭河推下马去，却就脱了阴司，径回阳世。

却说那唐朝驾下有徐茂功、秦叔宝、胡敬德、段志贤、马三宝、程咬金、高士廉、虞世南、房玄龄、杜如晦、萧瑀、傅奕、张道源、张士衡、王珪等两班文武，俱保着那东宫太子与皇后、嫔妃、宫娥、侍长，都在那白虎殿上举哀，一壁厢议传哀诏，要晓谕天下，欲扶太子登基。时有魏征在旁道："列位且住，不可！不可！假若惊动州县，恐生不测。且再按候一日，我主必还魂也。"

下边闪上许敬宗道："魏丞相言之甚谬。自古云泼水难收，人逝不返，你怎么还说这等虚言，惑乱人心，是何道理！"魏征道：

"不瞒许先生说，下官自幼得授仙术，推算最明，管取陛下不死。"正讲处，只听得棺中连声大叫道："渰杀我耶！渰杀我耶"唬得个文官武将心慌，皇后嫔妃胆战。一个个面如秋后黄桑叶，腰似春前嫩柳条。储君脚软，难扶丧杖尽哀仪；侍长魂飞，怎戴梁冠遵孝礼？嫔妃打跌，彩女欹斜。嫔妃打跌，却如狂风吹倒败芙蓉；彩女欹斜，好似骤雨冲歪娇菡萏。众臣悚惧，骨软筋麻。战战兢兢，痴痴痖痖。把一座白虎殿却象断梁桥，闹丧台就如倒塌寺。此时众宫人走得精光，那个敢近灵扶柩。多亏了正直的徐茂功，理烈的魏丞相，有胆量的秦琼，忒猛撞的敬德，上前来扶着棺材，叫道："陛下有甚么放不下心处，说与我等，不要弄鬼，惊骇了眷族。"魏征道："不是弄鬼，此乃陛下还魂也。快取器械来！"打开棺盖，果见太宗坐在里面，还叫"渰死我了！是谁救捞？"茂功等上前扶起道："陛下苏醒莫怕，臣等都在此护驾哩。"唐王方才开眼道："朕适才好苦，躲过阴司恶鬼难，又遭水面丧身灾。”众臣道：“陛下宽心勿惧，有甚水灾来？”

唐王道：“朕骑着马，正行至渭水河边，见双头鱼戏，被朱太尉欺心，将朕推下马来，跌落河中，几乎淹死。”魏征道：“陛下鬼气尚未解。”急着太医院进安神定魄汤药，又安排粥膳。连服一二次，方才反本还原，知得人事。一计唐王死去，已三昼夜，复回阳间为君。诗曰：万古江山几变更，历来数代败和成。周秦汉晋多奇事，谁似唐王死复生？当日天色已晚，众臣请王归寝，各各散讫。次早，脱却孝衣，换了彩服，一个个红袍乌帽，一个个紫绶金章，在那朝门外等候宣召。

却说太宗自服了安神定魄之剂，连进了数次粥汤，被众臣扶入寝室，一夜稳睡，保养精神，直至天明方起，抖擞威仪，你看他怎生打扮：戴一顶冲天冠，穿一领赭黄袍。系一条蓝田碧玉带，踏一对创业无忧履。貌堂堂，赛过当朝；威烈烈，重兴今日。好一个清平有道的大唐王，起死回生的李陛下！唐王上金銮宝殿，聚集两班文武，山呼已毕，依品分班。只听得传旨道：

“有事出班来奏，无事退朝。”那东厢闪过徐茂功、魏征、王珪、杜如晦、房玄龄、袁天罡、李淳风、许敬宗等，西厢闪过殷开山、刘洪基、马三宝、段志贤、程咬金、秦叔宝、胡敬德、薛仁贵等，一齐上前，在白玉阶前俯伏启奏道：“陛下前朝一梦，如何许久方觉？”太宗道：“日前接得魏征书，朕觉神魂出殿，只见羽林军请朕出猎。正行时，人马无踪，又见那先君父王与先兄弟争嚷。

正难解处，见一人乌帽皂袍，乃是判官崔珪，喝退先兄弟，朕将魏征书传递与他。正看时，又见青衣者，执幢幡，引朕入内，到森罗殿上，与十代阎王叙坐。他说那泾河龙诬告我许救转杀之事，是朕将前言陈具一遍。他说已三曹对过案了，急命取生死文簿，检看我的阳寿。时有崔判官传上簿子，阎王看了道，寡人有三十三年天禄，才过得一十三年，还该我二十年阳寿，即着朱太尉、崔判官、送朕回来。朕与十王作别，允了送他瓜果谢恩。自出了森罗殿，见那阴司里，不忠不孝、非礼非义、作践五谷、明欺暗骗、大斗小秤、奸盗诈伪、淫邪欺罔之徒，受那些磨烧舂锉之苦，煎熬吊剥之刑，有千千万万，看之不足。又过着枉死城中，有无数的冤魂。尽都是六十四处烟尘的叛贼，七十二处草寇的魂灵，挡住了朕之来路。幸亏崔判官作保，借得河南相老儿的金银一库，买转鬼魂，方得前行。崔判官教朕回阳世，千万作一场水陆大会，超度那无主的孤魂，将此言叮咛分别。

出了那六道轮回之下，有朱太尉请朕上马，飞也相似行到渭水河边，我看见那水面上有双头鱼戏。正欢喜处，他将我撮着脚，推下水中，朕方得还魂也。”众臣闻此言，无不称贺，遂此编行传报，天下各府县官员，上表称庆不题。

却说太宗又传旨赦天下罪人，又查狱中重犯。时有审官将刑部绞斩罪人，查有四百余名呈上。太宗放赦回家，拜辞父母兄弟，托产与亲戚子侄，明年今日赴曹，仍领应得之罪。众犯谢恩而退。又出恤孤榜文，又查宫中老幼彩女共有三千人，出旨配军。自此，内外俱善，有诗为证，诗曰：大国唐王恩德洪，道过尧舜万民丰。死囚四百皆离狱，怨女三千放出宫。天下多官称上寿，朝中众宰贺元龙。善心一念天应佑，福荫应传十七宗。太宗既放宫女、出死囚已毕，又出御制榜文，遍传天下。榜曰：“乾坤浩大，日月照鉴分明；宇宙宽洪，天地不容奸党。使心用术，果报只在今生；善布浅求，获福休言后世。千般巧计，不如本分为人；万种强徒，怎似随缘节俭。心行慈善，何须努力看经？意欲损人，空读如来一藏！”

自此时，盖天下无一人不行善者。一壁厢又出招贤榜，招人进瓜果到阴司里去；一壁厢将宝藏库金银一库，差鄂国公胡敬德上河南开封府，访相良还债。榜张数日，有一赴命进瓜果的贤者，本是均州人，姓刘名全，家有万贯之资。只因妻李翠莲在门首拔金钗斋僧，刘全骂了他几句，说他不遵妇道，擅出闺门。李氏忍气不过，自缢而死。撇下一双儿女年幼，昼夜悲啼。

刘全又不忍见，无奈，遂舍了性命，弃了家缘，撇了儿女，情愿以死进瓜，将皇榜揭了，来见唐王。王传旨意，教他去金亭馆里，头顶一对南瓜，袖带黄钱，口噙药物。

那刘全果服毒而死，一点魂灵，顶着瓜果，早到鬼门关上。

把门的鬼使喝道：“你是甚人，敢来此处？”刘全道：“我奉大唐太宗皇帝钦差，特进瓜果与十代阎王受用的。”那鬼使欣然接引。刘全径至森罗宝殿，见了阎王，将瓜果进上道：“奉唐王旨意，远进瓜果，以谢十王宽宥之恩。”阎王大喜道：“好一个有信有德的太宗皇帝！”遂此收了瓜果。便问那进瓜的人姓名，那方人氏，刘全道：“小人是均州城民籍，姓刘名全。因妻李氏缢死，撇下儿女无人看管，小人情愿舍家弃子，捐躯报国，特与我王进贡瓜果，谢众大王厚恩。”十王闻言，即命查勘刘全妻李氏。

那鬼使速取来在森罗殿下，与刘全夫妻相会。诉罢前言，回谢十王恩宥，那阎王却检生死簿子看时，他夫妻们都有登仙之寿，急差鬼使送回。鬼使启上道：“李翠莲归阴日久，尸首无存，魂将何附？”阎王道：“唐御妹李玉英，今该促死；你可借他尸首，教他还魂去也。”那鬼使领命，即将刘全夫妻二人还魂。带定出了阴司，那阴风绕绕，径到了长安大国，将刘全的魂灵，推入金亭馆里；将翠莲的灵魂，带进皇宫内院，只见那玉英宫主，正在花阴下，徐步绿苔而行，被鬼使扑个满怀，推倒在地，活捉了他魂，却将翠莲的魂灵，推入玉英身内。鬼使回转阴司不题。

却说宫院中的大小侍婢，见玉英跌死，急走金銮殿，报与三宫皇后道：“宫主娘娘跌死也！”皇后大惊，随报太宗，太宗闻言点头叹曰：“此事信有之也。朕曾问十代阎君：‘老幼安乎？’他道：‘俱安，但恐御妹寿促。’果中其言。”合宫人都来悲切，尽到花阴下看时，只见那宫主微微有气。唐王道：“莫哭！莫哭！休惊了他。”遂上前将御手扶起头来，叫道：“御妹苏醒苏醒。”

那宫主忽的翻身，叫：“丈夫慢行，等我一等！”太宗道：“御妹，是我等在此。”宫主抬头睁眼观看道：“你是谁人，敢来扯我？”

太宗道：“是你皇兄、皇嫂。”宫主道：“我那里得个甚么皇兄、皇嫂！我娘家姓李，我的乳名唤做李翠莲，我丈夫姓刘名全，两口儿都是均州人氏。因为我三个月前，拔金钗在门首斋僧，我丈夫怪我擅出内门，不遵妇道，骂了我几句，是我气塞胸堂，将白绫带悬梁缢死，撇下一双儿女，昼夜悲啼。今因我丈夫被唐王钦差，赴阴司进瓜果，阎王怜悯，放我夫妻回来。他在前走，因我来迟，赶不上他，我绊了一跌。你等无礼！不知姓名，怎敢扯我！”太宗闻言，与众宫人道：“想是御妹跌昏了，胡说哩。”传旨教太医院进汤药，将玉英扶入宫中。

唐王当殿，忽有当驾官奏道：“万岁，今有进瓜果人刘全还魂，在朝门外等旨。”唐王大惊，急传旨将刘全召进，俯伏丹墀。

太宗问道：“进瓜果之事何如？”刘全道：“臣顶瓜果，径至鬼门关，引上森罗殿，见了那十代阎君，将瓜果奉上，备言我王殷勤致谢之意。阎君甚喜，多多拜上我王道：‘真是个有信有德的太宗皇帝’！”唐王道：“你在阴司见些甚么来？”刘全道：“臣不曾远行，没见甚的，只闻得阎王问臣乡贯、姓名。臣将弃家舍子、因妻缢死、愿来进瓜之事，说了一遍，他急差鬼使，引过我妻，就在森罗殿下相会。一壁厢又检看死生文簿，说我夫妻都有登仙之寿，便差鬼使送回。臣在前走，我妻后行，幸得还魂。但不知妻投何所。”唐王惊问道：“那阎王可曾说你妻甚么？”刘全道：“阎王不曾说甚么，只听得鬼使说，

‘李翠莲归阴日久，尸首无存。’阎王道：‘唐御妹李玉英今该促死，教翠莲即借玉英尸还魂去罢。’臣不知唐御妹是甚地方，家居何处，我还未曾得去找寻哩。”唐王闻奏，满心欢喜，当对多官道：“朕别阎君，曾问宫中之事，他言老幼俱安，但恐御妹寿促。却才御妹玉英，花阴下跌死，朕急扶看，须臾苏醒，口叫‘丈夫慢行，等我一等！’朕只道是他跌昏了胡言。又问他详细，他说的话，与刘全一般。”

魏征奏道：“御妹偶尔寿促，少苏醒即说此言，此是刘全妻借尸还魂之事。此事也有，可请宫主出来，看他有甚话说。”唐王道：

“朕才命太医院去进药，不知何如。”便教妃嫔入宫去请。那宫主在里面乱嚷道：“我吃甚么药？这里那是我家！我家是清凉瓦屋，不象这个害黄病的房子，花狸狐哨的门扇！放我出去！放我出去！”正嚷处，只见四五个女官，两三个太监，扶着他，直至殿上。唐王道：“你可认得你丈夫么？”玉英道：“说那里话，我两个从小儿的结发夫妻，与他生男育女，怎的不认得？”唐王叫内官搀他下去。那宫主下了宝殿，直至白玉阶前，见了刘全，一把扯住道：“丈夫，你往那里去，就不等我一等！我跌了一跤，被那些没道理的人围住我嚷，这是怎的说！”那刘全听他说的话是妻之言，观其人非妻之面，不敢相认。唐王道：“这正是山崩地裂有人见，捉生替死却难逢！”好一个有道的君王，即将御妹的妆奁、衣物、首饰，尽赏赐了刘全，就如陪嫁一般，又赐与他永免差徭的御旨，着他带领御妹回去。他夫妻两个，便在阶前谢了恩，欢欢喜喜还乡。有诗为证：人生人死是前缘，短短长长各有年。刘全进瓜回阳世，借尸还魂李翠莲。他两个辞了君王，径来均州城里，见旧家业儿女俱好，两口儿宣扬善果不题。

却说那尉迟公将金银一库，上河南开封府访看相良，原来卖水为活，同妻张氏在门首贩卖乌盆瓦器营生，但赚得些钱儿，只以盘缠为足，其多少斋僧布施，买金银纸锭，记库焚烧，故有此善果臻身。阳世间是一条好善的穷汉，那世里却是个积玉堆金的长者。尉迟公将金银送上他门，唬得那相公、相婆魂飞魄散；又兼有本府官员，茅舍外车马骈集，那老两口子如痴如哑，跪在地下，只是磕头礼拜。尉迟公道：“老人家请起。我虽是个钦差官，却赍着我王的金银送来还你。”他战兢兢的答道：“小的没有甚么金银放债，如何敢受这不明之财？”尉迟公道：“我也访得你是个穷汉，只是你斋僧布施，尽其所用，就买办金银纸锭，烧记阴司，阴司里有你积下的钱钞。是我太宗皇帝死去三日，还魂复生，曾在那阴司里借了你一库金银，今此照数送还与你。你可一一收下，等我好去回旨。”那相良两口儿只是朝天礼拜，那里敢受，道：“小的若受了这些金银，就死得快了。虽然是烧纸记库，此乃冥冥之事；况万岁爷爷那世里借了金银，有何凭据？我决不敢受。”尉迟公道：“陛下说，借你的东西，有崔判官作保可证，你收下罢。”相良道：“就死也是不敢受的。”尉迟公见他苦苦推辞，只得具本差人启奏。太宗见了本，知相良不受金银，道：“此诚为善良长者！”即传旨教胡敬德将金银与他修理寺院，起盖生祠，请僧作善，就当还他一般。旨意到日，敬德望阙谢恩，宣旨，众皆知之。遂将金银买到城里军民无碍的地基一段，周围有五十亩宽阔，在上兴工，起盖寺院，名“敕建相国寺”。左有相公相婆的生祠，镌碑刻石，上写着“尉迟公监造”，即今大相国寺是也。

工完回奏，太宗甚喜。却又聚集多官，出榜招僧，修建水陆大会，超度冥府孤魂。榜行天下，着各处官员推选有道的高僧，上长安做会。那消个月之期，天下多僧俱到。唐王传旨，着太史丞傅奕选举高僧，修建佛事。傅奕闻旨，即上疏止浮图，以言无佛。表曰：“西域之法，无君臣父子，以三途六道，蒙诱愚蠢，追既往之罪，窥将来之福，口诵梵言，以图偷免。且生死寿夭，本诸自然；刑德威福，系之人主。今闻俗徒矫托，皆云由佛。自五帝三王，未有佛法，君明臣忠，年祚长久。至汉明帝始立胡神，然惟西域桑门，自传其教，实乃夷犯中国，不足为信。”太宗闻言，遂将此表掷付群臣议之。时有宰相萧瑀，出班俯囟奏曰：

“佛法兴自屡朝，弘善遏恶，冥助国家，理无废弃。佛，圣人也。非圣者无法，请置严刑。”傅奕与萧瑀论辨，言礼本于事亲事君，而佛背亲出家，以匹夫抗天子，以继体悖所亲，萧瑀不生于空桑，乃遵无父之教，正所谓非孝者无亲。萧瑀但合掌曰：“地狱之设，正为是人。”太宗召太仆卿张道源、中书令张士衡，问佛事营福，其应何如。二臣对曰：“佛在清净仁恕，果正佛空。周武帝以三教分次：大慧禅师有赞幽远，历众供养而无不显；五祖投胎，达摩现象。自古以来，皆云三教至尊而不可毁，不可废。伏乞陛下圣鉴明裁。”太宗甚喜道：“卿之言合理。再有所陈者，罪之。”遂着魏征与萧瑀、张道源，邀请诸佛，选举一名有大德行者作坛主，设建道场，众皆顿首谢恩而退。自此时出了法律：但有毁僧谤佛者，断其臂。

次日，三位朝臣，聚众僧，在那山川坛里，逐一从头查选，内中选得一名有德行的高僧。你道他是谁人？灵通本讳号金蝉，只为无心听佛讲，转托尘凡苦受磨，降生世俗遭罗网。投胎落地就逢凶，未出之前临恶党。父是海州陈状元，外公总管当朝长。出身命犯落江星，顺水随波逐浪泱。海岛金山有大缘，迁安和尚将他养。年方十八认亲娘，特赴京都求外长。总管开山调大军，洪州剿寇诛凶党。状元光蕊脱天罗，子父相逢堪贺奖。复谒当今受主恩，凌烟阁上贤名响。恩官不受愿为僧，洪福沙门将道访。小字江流古佛儿，法名唤做陈玄奘。当日对众举出玄奘法师。这个人自幼为僧，出娘胎，就持斋受戒。他外公见是当朝一路总管殷开山，他父亲陈光蕊，中状元，官拜文渊殿大学士。一心不爱荣华，只喜修持寂灭。查得他根源又好，德行又高。千经万典，无所不通；佛号仙音，无般不会。当时三位引至御前，扬尘舞蹈，拜罢奏曰：“臣瑀等蒙圣旨，选得高僧一名陈玄奘。”太宗闻其名，沉思良久道：“可是学士陈光蕊之儿玄奘否？”江流儿叩头曰：“臣正是。”太宗喜道：“果然举之不错，诚为有德行有禅心的和尚。朕赐你左僧纲、右僧纲、天下大阐都僧纲之职。”玄奘顿首谢恩，受了大阐官爵。又赐五彩织金袈裟一件，毗卢帽一顶。教他用心再拜明僧，排次阇黎班首，书办旨意，前赴化生寺，择定吉日良时，开演经法。玄奘再拜领旨而出，遂到化生寺里，聚集多僧，打造禅榻，装修功德，整理音乐。选得大小明僧共计一千二百名，分派上中下三堂。诸所佛前，物件皆齐，头头有次。选到本年九月初三日，黄道良辰，开启做七七四十九日水陆大会。即具表申奏，太宗及文武国戚皇亲，俱至期赴会，拈香听讲。毕竟不知圣意如何，且听下回分解。

第十二回　玄奘秉诚建大会　观音显象化金蝉

诗曰：龙集贞观正十三，王宣大众把经谈。道场开演无量法，云雾光乘大愿龛。御敕垂恩修上刹，金蝉脱壳化西涵。普施善果超沉没，秉教宣扬前后三。贞观十三年，岁次己巳，九月甲戌初三日，癸卯良辰。陈玄奘大阐法师，聚集一千二百名高僧，都在长安城化生寺开演诸品妙经。那皇帝早朝已毕，帅文武多官，乘凤辇龙车，出离金銮宝殿，径上寺来拈香。怎见那銮驾？真个是：一天瑞气，万道祥光。仁风轻淡荡，化日丽非常。

千官环佩分前后，五卫旌旗列两旁。执金瓜，擎斧钺，双双对对；绛纱烛，御炉香，霭霭堂堂。龙飞凤舞，鹗荐鹰扬。圣明天子正，忠义大臣良。介福千年过舜禹，升平万代赛尧汤。又见那曲柄伞，滚龙袍，辉光相射；玉连环，彩凤扇，瑞霭飘扬。珠冠玉带，紫绶金章。护驾军千队，扶舆将两行。这皇帝沐浴虔诚尊敬佛，皈依善果喜拈香。唐王大驾，早到寺前，吩咐住了音乐响器，下了车辇，引着多官。拜佛拈香。三匝已毕，抬头观看，果然好座道场，但见：幢幡飘舞，宝盖飞辉。幢幡飘舞，凝空道道彩霞摇；宝盖飞辉，映日翩翩红电彻。世尊金象貌臻臻，罗汉玉容威烈烈。瓶插仙花，炉焚檀降。瓶插仙花，锦树辉辉漫宝刹；炉焚檀降，香云霭霭透清霄。时新果品砌朱盘，奇样糖酥堆彩案。高僧罗列诵真经，愿拔孤魂离苦难。太宗文武俱各拈香，拜了佛祖金身，参了罗汉。又见那大阐都纲陈玄奘法师引众僧罗拜唐王。礼毕，分班各安禅位，法师献上济孤榜文与太宗看，榜曰："至德渺茫，禅宗寂灭。清净灵通，周流三界。千变万化，统摄阴阳。体用真常，无穷极矣。观彼孤魂，深宜哀愍。此奉太宗圣命：选集诸僧，参禅讲法。大开方便门庭，广运慈悲舟楫，普济苦海群生，脱免沉疴六趣。引归真路，普玩鸿蒙；动止无为，混成纯素。仗此良因，邀赏清都绛阙；乘吾胜会，脱离地狱凡笼。早登极乐任逍遥，来往西方随自在。诗曰：一炉永寿香，几卷超生箓。无边妙法宣，无际天恩沐。冤孽尽消除，孤魂皆出狱。愿保我邦家，清平万年福。"太宗看了满心欢喜，对众僧道："汝等秉立丹衷，切休怠慢佛事。待后功成完备，各各福有所归，朕当重赏，决不空劳。"那一千二百僧，一齐顿首称谢。

当日三斋已毕，唐王驾回。待七日正会，复请拈香。时天色将晚，各官俱退。怎见得好晚？你看那：万里长空淡落辉，归鸦数点下栖迟。满城灯火人烟静，正是禅僧入定时。一宿晚景题过。

次早，法师又升坐，聚众诵经不题。

却说南海普陀山观世音菩萨，自领了如来佛旨，在长安城访察取经的善人，日久未逢真实有德行者。忽闻得太宗宣扬善果，选举高僧，开建大会，又见得法师坛主，乃是江流儿和尚，正是极乐中降来的佛子，又是他原引送投胎的长老，菩萨十分欢喜，就将佛赐的宝贝，捧上长街，与木叉货卖。你道他是何宝贝？有一件锦襕异宝袈裟、九环锡杖，还有那金紧禁三个箍儿，密密藏收，以俟后用，只将袈裟、锡杖出卖。长安城里，有那选不中的愚僧，倒有几贯村钞。见菩萨变化个疥癞形容，身穿破衲，赤脚光头，将袈裟捧定，艳艳生光，他上前问道："那癞和尚，你的袈裟要卖多少价钱？"菩萨道："袈裟价值五千两，锡杖价值二千两。"那愚僧笑道："这两个癞和尚是疯子！是傻子！这两件粗物，就卖得七千两银子？只是除非穿上身长生不老，就得成佛作祖，也值不得这许多！拿了去！卖不成！"那菩萨更不争吵，与木叉往前又走。行勾多时，来到东华门前，正撞着宰相萧瑀散朝而回，众头踏喝开街道。那菩萨公然不避，当街上拿着袈裟，径迎着宰相。宰相勒马观看，见袈裟艳艳生光，着手下人问那卖袈裟的要价几何。菩萨道："袈裟要五千两，锡杖要二千两。"萧瑀道："有何好处，值这般高价？"菩萨道："袈裟有好处，有不好处；有要钱处，有不要钱处。"萧瑀道："何为好？何为不好？"菩萨道："着了我袈裟，不入沉沦，不堕地狱，不遭恶毒之难，不遇虎狼之穴，便是好处；若贪淫乐祸的愚僧，不斋不戒的和尚，毁经谤佛的凡夫，难见我袈裟之面，这便是不好处。"

又问道："何为要钱，不要钱？"菩萨道："不遵佛法，不敬三宝，强买袈裟、锡杖，定要卖他七千两，这便是要钱；若敬重三宝，见善随喜，皈依我佛，承受得起，我将袈裟、锡杖，情愿送他，与我结个善缘，这便是不要钱。"萧瑀闻言，倍添春色，知他是个好人，即便下马，与菩萨以礼相见，口称："大法长老，恕我萧瑀之罪。我大唐皇帝十分好善，满朝的文武，无不奉行。即今起建水陆大会，这袈裟正好与大都阐陈玄奘法师穿用。我和你入朝见驾去来。"

菩萨欣然从之，拽转步，径进东华门里。黄门官转奏，蒙旨宣至宝殿。见萧瑀引着两个疥癞僧人，立于阶下，唐王问曰："萧瑀来奏何事？"萧瑀俯伏阶前道："臣出了东华门前，偶遇二僧，乃卖袈裟与锡杖者。臣思法师玄奘可着此服，故领僧人启见。"太宗大喜，便问那袈裟价值几何。菩萨与木叉侍立阶下，更不行礼，因问袈裟之价，答道："袈裟五千两，锡杖二千两。"

太宗道："那袈裟有何好处，就值许多？"菩萨道："这袈裟，龙披一缕，免大鹏蚕噬之灾；鹤挂一丝，得超凡入圣之妙。但坐处，有万神朝礼；凡举动，有七佛随身。这袈裟是冰蚕造练抽丝，巧匠翻腾为线。仙娥织就，神女机成。方方簇幅绣花缝，片片相帮堆锦簆。玲珑散碎斗妆花，色亮飘光喷宝艳。穿上满身红雾绕，脱来一段彩云飞。三天门外透玄光，五岳山前生宝气。重重嵌就西番莲，灼灼悬珠星斗象。四角上有夜明珠，攒顶间一颗祖母绿。虽无全照原本体，也有生光八宝攒。这袈裟，闲时折迭，遇圣才穿。闲时折迭，千层包裹透虹霓；遇圣才穿，惊动诸天神鬼怕。上边有如意珠、摩尼珠、辟尘珠、定风珠；又有那红玛瑙、紫珊瑚、夜明珠、舍利子。偷月沁白，与日争红。条条仙气盈空，朵朵祥光捧圣。条条仙气盈空，照彻了天关；朵朵祥光捧圣，影遍了世界。照山川，惊虎豹；影海岛，动鱼龙。沿边两道销金锁，叩领连环白玉琮。诗曰：三宝巍巍道可尊，四生六道尽评论。明心解养人天法，见性能传智慧灯。护体庄严金世界，身心清净玉壶冰。自从佛制袈裟后，万劫谁能敢断僧？"

唐王在那宝殿上闻言，十分欢喜，又问："那和尚，九环杖有甚好处？"菩萨道："我这锡杖，是那铜镶铁造九连环，九节仙藤永驻颜。入手厌看青骨瘦，下山轻带白云还。摩呵五祖游天阙，罗卜寻娘破地关。不染红尘些子秽，喜伴神僧上玉山。"唐王闻言，即命展开袈裟，从头细看，果然是件好物，道："大法长老，实不瞒你，朕今大开善教，广种福田，见在那化生寺聚集多僧，敷演经法。内中有一个大有德行者，法名玄奘。朕买你这两件宝物，赐他受用。你端的要价几何？"菩萨闻言，与木叉合掌皈依，道声佛号，躬身上启道："既有德行，贫僧情愿送他，决不要钱。"说罢，抽身便走。唐王急着萧瑀扯住，欠身立于殿上，问曰："你原说袈裟五千两，锡杖二千两，你见朕要买，就不要钱，敢是说朕心倚恃君位，强要你的物件？更无此理。朕照你原价奉偿，却不可推避。"菩萨起手道："贫僧有愿在前，原说果有敬重三宝，见善随喜，皈依我佛，不要钱，愿送与他。今见陛下明德止善，敬我佛门，况又高僧有德有行，宣扬大法，理当奉上，决不要钱。贫僧愿留下此物告回。"唐王见他这等勤恳甚喜，随命光禄寺大排素宴酬谢。菩萨又坚辞不受，畅然而去，依旧望都土地庙中隐避不题。

却说太宗设午朝，着魏征赍旨，宣玄奘入朝。那法师正聚众登坛，讽经诵偈，一闻有旨，随下坛整衣，与魏征同往见驾。

太宗道："求证善事，有劳法师，无物酬谢。早间萧瑀迎着二僧，愿送锦襕异宝袈裟一件，九环锡杖一条。今特召法师领去受用。"玄奘叩头谢恩。太宗道："法师如不弃，可穿上与朕看看。"

长老遂将袈裟抖开，披在身上，手持锡杖，侍立阶前。君臣个个欣然。诚为如来佛子，你看他：凛凛威颜多雅秀，佛衣可体如裁就。辉光艳艳满乾坤，结彩纷纷凝宇宙。朗朗明珠上下排，层层金线穿前后。兜罗四面锦沿边，万样稀奇铺绮绣。八宝妆花缚钮丝，金环束领攀绒扣。佛天大小列高低，星象尊卑分左右。

玄奘法师大有缘，现前此物堪承受。浑如极乐活罗汉，赛过西方真觉秀。锡杖叮噹斗九环，毗卢帽映多丰厚。诚为佛子不虚传，胜似菩提无诈谬。当时文武阶前喝采，太宗喜之不胜，即着法师穿了袈裟，持了宝杖，又赐两队仪从，着多官送出朝门，教他上大街行道，往寺里去，就如中状元夸官的一般。这位玄奘再拜谢恩，在那大街上，烈烈轰轰，摇摇摆摆。你看那长安城里，行商坐贾、公子王孙、墨客文人、大男小女，无不争看夸奖，俱道："好个法师！真是个活罗汉下降，活菩萨临凡。”玄奘直至寺里，僧人下榻来迎。一见他披此袈裟，执此锡杖，都道是地藏王来了，各各归依，侍于左右。玄奘上殿，炷香礼佛，又对众感述圣恩已毕，各归禅座。又不觉红轮西坠，正是那：日落烟迷草树，帝都钟鼓初鸣。叮叮三响断人行，前后御前寂静。上刹辉煌灯火，孤村冷落无声。禅僧入定理残经，正好炼魔养性。

光阴拈指，却当七日正会，玄奘又具表，请唐王拈香。此时善声遍满天下。太宗即排驾，率文武多官、后妃国戚，早赴寺里。那一城人，无论大小尊卑，俱诣寺听讲。当有菩萨与木叉道：“今日是水陆正会，以一七继七七，可矣了。我和你杂在众人丛中，一则看他那会何如，二则看金蝉子可有福穿我的宝贝，三则也听他讲的是那一门经法。”两人随投寺里。正是有缘得遇旧相识，般若还归本道场。入到寺里观看，真个是天朝大国，果胜裟婆，赛过祇园舍卫，也不亚上刹招提。那一派仙音响亮，佛号喧哗。这菩萨直至多宝台边，果然是明智金蝉之相。诗曰：万象澄明绝点埃，大典玄奘坐高台。超生孤魂暗中到，听法高流市上来。施物应机心路远，出生随意藏门开。对看讲出无量法，老幼人人放喜怀。又诗曰：因游法界讲堂中，逢见相知不俗同。尽说目前千万事，又谈尘劫许多功。法云容曳舒群岳，教网张罗满太空。检点人生归善念，纷纷天雨落花红。那法师在台上，念一会《受生度亡经》，谈一会《安邦天宝篆》，又宣一会《劝修功卷》。这菩萨近前来，拍着宝台厉声高叫道：“那和尚，你只会谈小乘教法，可会谈大乘么？”玄奘闻言，心中大喜，翻身跳下台来，对菩萨起手道：“老师父，弟子失瞻，多罪。见前的盖众僧人，都讲的是小乘教法，却不知大乘教法如何。”菩萨道：“你这小乘教法，度不得亡者超升，只可浑俗和光而已。我有大乘佛法三藏，能超亡者升天，能度难人脱苦，能修无量寿身，能作无来无去。”

正讲处，有那司香巡堂官急奏唐王道：“法师正讲谈妙法，被两个疥癞游僧，扯下来乱说胡话。”王令擒来，只见许多人将二僧推拥进后法堂。见了太宗，那僧人手也不起，拜也不拜，仰面道：“陛下问我何事？”唐王却认得他，道：“你是前日送袈裟的和尚？”菩萨道：“正是。”太宗道：“你既来此处听讲，只该吃些斋便了，为何与我法师乱讲，扰乱经堂，误我佛事？”菩萨道：

“你那法师讲的是小乘教法，度不得亡者升天。我有大乘佛法三藏，可以度亡脱苦，寿身无坏。”太宗正色喜问道：“你那大乘佛法，在于何处？”菩萨道：“在大西天天竺国大雷音寺我佛如来处，能解百冤之结，能消无妄之灾。”太宗道：“你可记得么？”

菩萨道：“我记得。”太宗大喜道：“教法师引去，请上台开讲。”

那菩萨带了木叉，飞上高台，遂踏祥云，直至九霄，现出救苦原身，托了净瓶杨柳。左边是木叉惠岸，执着棍，抖擞精神。

喜的个唐王朝天礼拜，众文武跪地焚香，满寺中僧尼道俗，士人工贾，无一人不拜祷道：“好菩萨！好菩萨！”有词为证，但见那：瑞霭散缤纷，祥光护法身。九霄华汉里，现出女真人。那菩萨，头上戴一顶金叶纽，翠花铺，放金光，生锐气的垂珠缨络；

身上穿一领淡淡色，浅浅妆，盘金龙，飞彩凤的结素蓝袍；胸前挂一面对月明，舞清风，杂宝珠，攒翠玉的砌香环珮；腰间系一条冰蚕丝，织金边，登彩云，促瑶海的锦绣绒裙；面前又领一个飞东洋，游普世，感恩行孝，黄毛红嘴白鹦哥；手内托着一个施恩济世的宝瓶，瓶内插着一枝洒青霄，撒大恶，扫开残雾垂杨柳。玉环穿绣扣，金莲足下深。三天许出入，这才是救苦救难观世音。喜的个唐太宗，忘了江山；爱的那文武官，失却朝礼；

盖众多人，都念“南无观世音菩萨”。太宗即传旨：教巧手丹青，描下菩萨真象。旨意一声，选出个图神写圣远见高明的吴道子，此人即后图功臣于凌烟阁者。当时展开妙笔，图写真形。那菩萨祥云渐远，霎时间不见了金光。只见那半空中，滴溜溜落下一张简帖，上有几句颂子，写得明白。颂曰：“礼上大唐君，西方有妙文。程途十万八千里，大乘进殷勤。此经回上国，能超鬼出群。若有肯去者，求正果金身。”太宗见了颂子，即命众僧：

“且收胜会，待我差人取得大乘经来，再秉丹诚，重修善果。”众官无不遵依。当时在寺中问曰：“谁肯领朕旨意，上西天拜佛求经？”问不了，旁边闪过法师，帝前施礼道：“贫僧不才，愿效犬马之劳，与陛下求取真经，祈保我王江山永固。”唐王大喜，上前将御手扶起道：“法师果能尽此忠贤，不怕程途遥远，跋涉山川，朕情愿与你拜为兄弟。”玄奘顿首谢恩。唐王果是十分贤德，就去那寺里佛前，与玄奘拜了四拜，口称“御弟圣僧”。玄奘感谢不尽道：“陛下，贫僧有何德何能，敢蒙天恩眷顾如此？我这一去，定要捐躯努力，直至西天。如不到西天，不得真经，即死也不敢回国，永堕沉沦地狱。”随在佛前拈香，以此为誓。唐王甚喜，即命回銮，待选良利日辰，发牒出行，遂此驾回各散。

玄奘亦回洪福寺里。那本寺多僧与几个徒弟，早闻取经之事，都来相见，因问：“发誓愿上西天，实否？”玄奘道：“是实。”

他徒弟道：“师父呵，尝闻人言，西天路远，更多虎豹妖魔。只怕有去无回，难保身命。”玄奘道：“我已发了弘誓大愿，不取真经，永堕沉沦地狱。大抵是受王恩宠，不得不尽忠以报国耳。我此去真是渺渺茫茫，吉凶难定。”又道：“徒弟们，我去之后，或三二年，或五七年，但看那山门里松枝头向东，我即回来；不然，断不回矣。”众徒将此言切切而记。

次早，太宗设朝，聚集文武，写了取经文牒，用了通行宝印。有钦天监奏曰：“今日是人专吉星，堪宜出行远路。”唐王大喜。又见黄门官奏道：“御弟法师朝门外候旨。”随即宣上宝殿道：“御弟，今日是出行吉日。这是通关文牒。朕又有一个紫金钵盂，送你途中化斋而用。再选两个长行的从者，又银駔的马一匹，送为远行脚力。你可就此行程。”玄奘大喜，即便谢了恩，领了物事，更无留滞之意。唐王排驾，与多官同送至关外，只见那洪福寺僧与诸徒将玄奘的冬夏衣服，俱送在关外相等。唐王见了，先教收拾行囊马匹，然后着官人执壶酌酒。太宗举爵，又问曰：“御弟雅号甚称？”玄奘道：“贫僧出家人，未敢称号。”太宗道：“当时菩萨说，西天有经三藏。御弟可指经取号，号作三藏何如？”玄奘又谢恩，接了御酒道：“陛下，酒乃僧家头一戒，贫僧自为人，不会饮酒。”太宗道：“今日之行，比他事不同。此乃素酒，只饮此一杯，以尽朕奉饯之意。”三藏不敢不受。接了酒，方待要饮，只见太宗低头，将御指拾一撮尘土，弹入酒中。

三藏不解其意，太宗笑道：“御弟呵，这一去，到西天，几时可回？”三藏道：“只在三年，径回上国。”太宗道：“日久年深，山遥路远，御弟可进此酒：宁恋本乡一捻土，莫爱他乡万两金。”三藏方悟捻土之意，复谢恩饮尽，辞谢出关而去。唐王驾回。毕竟不知此去何如，且听下回分解。

第十三回　陷虎穴金星解厄　双叉岭伯钦留僧

诗曰：大有唐王降敕封，钦差玄奘问禅宗。坚心磨琢寻龙穴，着意修持上鹫峰。边界远游多少国，云山前度万千重。自今别驾投西去，秉教迦持悟大空。却说三藏自贞观十三年九月望前三日，蒙唐王与多官送出长安关外。一二日马不停蹄，早至法门寺。本寺住持上房长老，带领众僧有五百余人，两边罗列，接至里面，相见献茶。茶罢进斋，斋后不觉天晚，正是那：影动星河近，月明无点尘。雁声鸣远汉，砧韵响西邻。归鸟栖枯树，禅僧讲梵音。蒲团一榻上，坐到夜将分。众僧们灯下议论佛门定旨，上西天取经的原由。有的说水远山高，有的说路多虎豹，有的说峻岭陡崖难度，有的说毒魔恶怪难降。三藏钳口不言，但以手指自心，点头几度。众僧们莫解其意，合掌请问道："法师指心点头者，何也？"三藏答曰："心生，种种魔生；心灭，种种魔灭。我弟子曾在化生寺对佛设下洪誓大愿，不由我不尽此心。这一去，定要到西天，见佛求经，使我们法轮回转，愿圣主皇图永固。"众僧闻得此言，人人称羡，个个宣扬，都叫一声"忠心赤胆大阐法师"，夸赞不尽，请师入榻安寐。

早又是竹敲残月落，鸡唱晓云生。那众僧起来，收拾茶水早斋。玄奘遂穿了袈裟，上正殿，佛前礼拜，道："弟子陈玄奘，前往西天取经，但肉眼愚迷，不识活佛真形。今愿立誓：路中逢庙烧香，遇佛拜佛，遇塔扫塔。但愿我佛慈悲，早现丈六金身，赐真经，留传东土。"祝罢，回方丈进斋。斋毕，那二从者整顿了鞍马，促趱行程。三藏出了山门，辞别众僧。众僧不忍分别，直送有十里之遥，噙泪而返，三藏遂直西前进。正是那季秋天气，但见：数村木落芦花碎，几树枫杨红叶坠。路途烟雨故人稀，黄菊丽，山骨细，水寒荷破人憔悴。白蘋红蓼霜天雪，落霞孤鹜长空坠。依稀黯淡野云飞，玄鸟去，宾鸿至，嘹嘹呖呖声宵碎。

师徒们行了数日，到了巩州城。早有巩州合属官吏人等，迎接入城中。安歇一夜，次早出城前去。一路饥餐渴饮，夜住晓行，两三日，又至河州卫。此乃是大唐的山河边界。早有镇边的总兵与本处僧道，闻得是钦差御弟法师上西方见佛，无不恭敬，接至里面供给了，着僧纲请往福原寺安歇。本寺僧人，一一参见，安排晚斋。斋毕，吩咐二从者饱喂马匹，天不明就行。

及鸡方鸣，随唤从者，却又惊动寺僧，整治茶汤斋供。斋罢，出离边界。

这长老心忙，太起早了。原来此时秋深时节，鸡鸣得早，只好有四更天气。一行三人，连马四口，迎着清霜，看着明月，行有数十里远近，见一山岭，只得拨草寻路，说不尽崎岖难走，又恐怕错了路径。正疑思之间，忽然失足，三人连马都跌落坑坎之中。三藏心慌，从者胆战。却才悚惧，又闻得里面哮吼高呼，叫："拿将来！拿将来！"只见狂风滚滚，拥出五六十个妖邪，将三藏、从者揪了上去。这法师战战兢兢的，偷眼观看，上面坐的那魔王，十分凶恶，真个是：雄威身凛凛，猛气貌堂堂。电目飞光艳，雷声振四方。锯牙舒口外，凿齿露腮旁。锦绣围身体，文斑裹脊梁。钢须稀见肉，钩爪利如霜。东海黄公惧，南山白额王。唬得个三藏魂飞魄散，二从者骨软筋麻。魔王喝令绑了，众妖一齐将三人用绳索绑缚。正要安排吞食，只听得外面喧哗，有人来报："熊山君与特处士二位来也。"三藏闻言，抬头观看，前走的是一条黑汉，你道他是怎生模样：雄豪多胆量，轻健夯身躯。涉水惟凶力，跑林逞怒威。向来符吉梦，今独露英姿。

绿树能攀折，知寒善谕时。准灵惟显处，故此号山君。又见那后边来的是一条胖汉，你道怎生模样：嵯峨双角冠，端肃耸肩背。性服青衣稳，蹄步多迟滞。宗名父作牯，原号母称牸。能为田者功，因名特处士。

这两个摇摇摆摆走入里面，慌得那魔王奔出迎接。熊山君道："寅将军，一向得意，可贺！可贺！"特处士道："寅将军丰姿胜常，真可喜！真可喜！"魔王道："二公连日如何？"山君道："惟守素耳。"处士道："惟随时耳。"三个叙罢，各坐谈笑。

只见那从者绑得痛切悲啼，那黑汉道："此三者何来？"魔王道："自送上门来者。"处士笑云："可能待客否？"魔王道："奉承！奉承！"山君道："不可尽用，食其二，留其一可也。"魔王领诺，即呼左左，将二从者剖腹剜心，剁碎其尸，将首级与心肝奉献二客，将四肢自食，其余骨肉，分给各妖。只听得啯啅之声，真似虎啖羊羔，霎时食尽。把一个长老，几乎唬死。这才是初出长安第一场苦难。

正怆慌之间，渐渐的东方发白，那二怪至天晓方散，俱道：

"今日厚扰，容日竭诚奉酬。"方一拥而退。不一时，红日高升。

三藏昏昏沉沉，也辨不得东西南北，正在那不得命处，忽然见一老叟，手持拄杖而来。走上前，用手一拂，绳索皆断，对面吹了一口气，三藏方苏，跪拜于地道："多谢老公公！搭救贫僧性命！"老叟答礼道："你起来。你可曾疏失了甚么东西？"三藏道：

"贫僧的从人，已是被怪食了，只不知行李马匹在于何处？"老叟用杖指定道："那厢不是一匹马、两个包袱？"三藏回头看时，果是他的物件，并不曾失落，心才略放下些，问老叟曰："老公公，此处是甚所在？公公何由在此？"老叟道："此是双叉岭，乃虎狼巢穴处。你为何堕此？"三藏道："贫僧鸡鸣时，出河州卫界，不料起得早了，冒霜拨露，忽失落此地。见一魔王，凶顽太甚，将贫僧与二从者绑了。又见一条黑汉，称是熊山君；一条胖汉，称是特处士，走进来，称那魔王是寅将军。他三个把我二从者吃了，天光才散。不想我是那里有这大缘大分，感得老公公来此救我？"老叟道："处士者是个野牛精，山君者是个熊罴精，寅将军者是个老虎精。左右妖邪，尽都是山精树鬼，怪兽苍狼。

只因你的本性元明，所以吃不得你。你跟我来，引你上路。"三藏不胜感激，将包袱捎在马上，牵著缰绳，相随老叟径出了坑坎之中，走上大路。却将马拴在道旁草头上，转身拜谢那公公，那公公遂化作一阵清风，跨一只朱顶白鹤，腾空而去。只见风飘飘遗下一张简帖，书上四句颂子，颂子云："吾乃西天太白星，特来搭救汝生灵。前行自有神徒助，莫为艰难报怨经。"三藏看了，对天礼拜道："多谢金星，度脱此难。"拜毕，牵了马匹，独自个孤孤凄凄，往前苦进。这岭上，真个是寒飒飒雨林风，响潺潺涧下水。香馥馥野花开，密丛丛乱石磊。闹嚷嚷鹿与猿，一队队獐和麂。喧杂杂鸟声多，静悄悄人事靡。那长老，战兢兢心不宁；这马儿，力怯怯蹄难举。三藏舍身拚命，上了那峻岭之间。行经半日，更不见个人烟村舍。一则腹中饥了，二则路又不平，正在危急之际，只见前面有两只猛虎咆哮，后边有几条长蛇盘绕。左有毒虫，右有怪兽，三藏孤身无策，只得放下身心，听天所命。又无奈那马腰软蹄弯，即便跪下，伏倒在地，打又打不起，牵又牵不动。苦得个法师衬身无地，真个有万分凄楚，已自分必死，莫可奈何。却说他虽有灾迍，却有救应。正在那不得命处，忽然见毒虫奔走，妖兽飞逃；猛虎潜踪，长蛇隐迹。三藏抬头看时，只见一人，手执钢叉，腰悬弓箭，自那山坡前转出，果然是一条好汉。你看他：头上戴一顶艾叶花斑豹皮帽，身上穿一领羊绒织锦叵罗衣，腰间束一条狮蛮带。脚下躧一对麂皮靴。环眼圆睛如吊客，圈须乱扰似河奎。悬一囊毒药弓矢，拿一杆点钢大叉。雷声震破山虫胆，勇猛惊残野雉魂。三藏见他来得渐近，跪在路旁，合掌高叫道："大王救命！大王救命！"那条汉到跟前，放下钢叉，用手搀起道："长老休怕。我不是歹人，我是这山中的猎户，姓刘名伯钦，绰号镇山太保。我才自来，要寻两只山虫食用，不期遇著你，多有冲撞。"三藏道：

"贫僧是大唐驾下钦差往西天拜佛求经的和尚。适间来到此处，遇著些狼虎蛇虫，四边围绕，不能前进。忽见太保来，众兽皆走，救了贫僧性命，多谢！多谢！"伯钦道："我在这里住人，专倚打些狼虎为生，捉些蛇虫过活，故此众兽怕我走了。你既是唐朝来的，与我都是乡里。此间还是大唐的地界，我也是唐朝的百姓，我和你同食皇王的水土，诚然是一国之人。你休怕，跟我来，到我舍下歇马，明朝我送你上路。”三藏闻言，满心欢喜，谢了伯钦，牵马随行。

过了山坡，又听得呼呼风响。伯钦道：“长老休走，坐在此间。风响处，是个山猫来了，等我拿他家去管待你。”三藏见说，又胆战心惊，不敢举步。那太保执了钢叉，拽开步，迎将上去。

只见一只斑斓虎，对面撞见，他看见伯钦，急回头就步。这太保霹雳一声，咄道：“那业畜！那里走！”那虎见赶得急，转身轮爪扑来。这太保三股叉举手迎敌，唬得个三藏软瘫在草地。这和尚自出娘肚皮，那曾见这样凶险的勾当？太保与那虎在那山坡下，人虎相持，果是一场好斗。但见：怒气纷纷，狂风滚滚。怒气纷纷，太保冲冠多膂力；狂风滚滚，斑彪逞势喷红尘。那一个张牙舞爪，这一个转步回身。三股叉擎天幌日，千花尾扰雾飞云。这一个当胸乱刺，那一个劈面来吞。闪过的再生人道，撞着的定见阎君。只听得那斑彪哮吼，太保声哏。斑彪哮吼，振裂山川惊鸟兽；太保声哏，喝开天府现星辰。那一个金睛怒出，这一个壮胆生嗔。可爱镇山刘太保，堪夸据地兽之君。人虎贪生争胜负，些儿有慢丧三魂。他两个斗了有一个时辰，只见那虎爪慢腰松，被太保举叉平胸刺倒，可怜呵，钢叉尖穿透心肝，霎时间血流满地。揪著耳朵，拖上路来，好男子！气不连喘，面不改色，对三藏道：“造化！造化！这只山猫，彀长老食用几日。”

三藏夸赞不尽，道：“太保真山神也！”伯钦道：“有何本事，敢劳过奖？这个是长老的洪福。去来！赶早儿剥了皮，煮些肉，管待你也。”他一只手执着叉，一只手拖着虎，在前引路。三藏牵着马，随后而行，迤逶行过山坡，忽见一座山庄。那门前真个是：参天古树，漫路荒藤。万壑风尘冷，千崖气象奇。一径野花香袭体，数竿幽竹绿依依。草门楼，篱笆院，堪描堪画；石板桥，白土壁，真乐真稀。秋容萧索，爽气孤高。道旁黄叶落，岭上白云飘。疏林内山禽聒聒，庄门外细犬嘹嘹。伯钦到了门首，将死虎掷下，叫：“小的们何在？”只见走出三四个家僮，都是怪形恶相之类，上前拖拖拉拉，把只虎扛将进去。伯钦吩咐教：“赶早剥了皮，安排将来待客。”复回头迎接三藏进内。彼此相见，三藏又拜谢伯钦厚恩怜悯救命，伯钦道：“同乡之人，何劳致谢。”坐定茶罢，有一老妪，领着一个媳妇，对三藏进礼。伯钦道：“此是家母、山妻。”三藏道：“请令堂上坐，贫僧奉拜。”老妪道：“长老远客，各请自珍，不劳拜罢。”伯钦道：“母亲呵，他是唐王驾下差往西天见佛求经者。适间在岭头上遇着孩儿，孩儿念一国之人，请他来家歇马，明日送他上路。”老妪闻言，十分欢喜道：“好！好！好！就是请他，不得这般，恰好明日你父亲周忌，就浼长老做些好事，念卷经文，到后日送他去罢。”这刘伯钦，虽是一个杀虎手，镇山的太保，他却有些孝顺之心，闻得母言，就要安排香纸，留住三藏。

说话间，不觉的天色将晚。小的们排开桌凳，拿几盘烂熟虎肉，热腾腾的放在上面。伯钦请三藏权用，再另办饭。三藏合掌当胸道：“善哉！贫僧不瞒太保说，自出娘胎，就做和尚，更不晓得吃荤。”伯钦闻得此说，沉吟了半晌道：“长老，寒家历代以来，不晓得吃素。就是有些竹笋，采些木耳，寻些干菜，做些豆腐，也都是獐鹿虎豹的油煎，却无甚素处。有两眼锅灶，也都是油腻透了，这等奈何？反是我请长老的不是。”三藏道：“太保不必多心，请自受用。我贫僧就是三五日不吃饭，也可忍饿，只是不敢破了斋戒。”伯钦道：“倘或饿死，却如之何？”三藏道：

“感得太保天恩，搭救出虎狼丛里，就是饿死，也强如喂虎。”伯钦的母亲闻说，叫道：“孩儿不要与长老闲讲，我自有素物，可以管待。”伯钦道：“素物何来？”母亲道：“你莫管我，我自有素的。”叫媳妇将小锅取下，着火烧了油腻，刷了又刷，洗了又洗，却仍安在灶上。先烧半锅滚水别用，却又将些山地榆叶子，着水煎作茶汤，然后将些黄粱粟米，煮起饭来，又把些干菜煮熟，盛了两碗，拿出来铺在桌上。老母对着三藏道：“长老请斋，这是老身与儿妇，亲自动手整理的些极洁极净的茶饭。”三藏下来谢了，方才上坐。那伯钦另设一处，铺排些没盐没酱的老虎肉、香獐肉、蟒蛇肉、狐狸肉、兔肉，点剁鹿肉干巴，满盘满碗的，陪着三藏吃斋。方坐下，心欲举著，只见三藏合掌诵经，唬得个伯钦不敢动著，急起身立在旁边。三藏念不数句，却教“请斋”。伯钦道：“你是个念短头经的和尚？”三藏道：“此非是经，乃是一卷揭斋之咒。”伯钦道：“你们出家人，偏有许多计较，吃饭便也念诵念诵。”

吃了斋饭，收了盘碗，渐渐天晚，伯钦引着三藏出中宅，到后边走走，穿过夹道，有一座草亭。推开门，入到里面，只见那四壁上挂几张强弓硬弩，插几壶箭，过梁上搭两块血腥的虎皮，墙根头插着许多枪刀叉棒，正中间设两张坐器。伯钦请三藏坐坐。三藏见这般凶险腌脏，不敢久坐，遂出了草亭。又往后再行，是一座大园子，却看不尽那丛丛菊蕊堆黄，树树枫杨挂赤；又见呼的一声，跑出十来只肥鹿，一大阵黄獐，见了人，呢呢痴痴，更不恐惧。三藏道：“这獐鹿想是太保养家了的？”伯钦道：“似你那长安城中人家，有钱的集财宝，有庄的集聚稻粮，似我们这打猎的，只得聚养些野兽，备天阴耳。”他两个说话闲行，不觉黄昏，复转前宅安歇。

次早，那合家老小都起来，就整素斋，管待长老，请开启念经。这长老净了手，同太保家堂前拈了香，拜了家堂。三藏方敲响木鱼，先念了净口业的真言，又念了净身心的神咒，然后开《度亡经》一卷。诵毕，伯钦又请写荐亡疏一道，再开念《金刚经》、《观音经》，一一朗音高诵。诵毕，吃了午斋，又念《法华经》、《弥陀经》。各诵几卷，又念一卷《孔雀经》，及谈苾蒭洗业的故事，早又天晚。献过了种种香火，化了众神纸马，烧了荐亡文疏，佛事已毕，又各安寝。

却说那伯钦的父亲之灵，超荐得脱沉沦，鬼魂儿早来到东家宅内，托一梦与合宅长幼道：“我在阴司里苦难难脱，日久不得超生。今幸得圣僧，念了经卷，消了我的罪业，阎王差人送我上中华富地长者人家托生去了。你们可好生谢送长老，不要怠慢、不要怠慢。我去也。”这才是：万法庄严端有意，荐亡离苦出沉沦。那合家儿梦醒，又早太阳东上，伯钦的娘子道：“太保，我今夜梦见公公来家，说他在阴司苦难难脱，日久不得超生。今幸得圣僧念了经卷，消了他的罪业，阎王差人送他上中华富地长者人家托生去，教我们好生谢那长老，不得怠慢。他说罢，径出门，徉徜去了。我们叫他不应，留他不住，醒来却是一梦。”伯钦道：“我也是那等一梦，与你一般。我们起去对母亲说去。”他两口子正欲去说，只见老母叫道：“伯钦孩儿，你来，我与你说话。”二人至前，老母坐在床上道：“儿呵，我今夜得了个喜梦，梦见你父亲来家，说多亏了长老超度，已消了罪业，上中华富地长者家去托生。”夫妻们俱呵呵大笑道：“我与媳妇皆有此梦，正来告禀，不期母亲呼唤，也是此梦。”遂叫一家大小起来，安排谢意，替他收拾马匹，都至前拜谢道：“多谢长老超荐我亡父脱难超生，报答不尽！”三藏道：“贫僧有何能处，敢劳致谢！”

伯钦把三口儿的梦话，对三藏陈诉一遍，三藏也喜。早供给了素斋，又具白银一两为谢。三藏分文不受。一家儿又恳恳拜央，三藏毕竟分文未受，但道：“是你肯发慈悲送我一程，足感至爱。”伯钦与母妻无奈，急做了些粗面烧饼干粮，叫伯钦远送，三藏欢喜收纳。太保领了母命，又唤两三个家僮，各带捕猎的器械，同上大路，看不尽那山中野景，岭上风光。行经半日，只见对面处，有一座大山，真个是高接青霄，崔巍险峻。三藏不一时，到了边前。那太保登此山如行平地。正走到半山之中，伯钦回身，立于路下道：“长老，你自前进，我却告回。”三藏闻言，滚鞍下马道：“千万敢劳太保再送一程！”伯钦道：“长老不知，此山唤做两界山，东半边属我大唐所管，西半边乃是鞑靼的地界。那厢狼虎，不伏我降，我却也不能过界，你自去罢。”三藏心惊，轮开手，牵衣执袂，滴泪难分。正在那叮咛拜别之际，只听得山脚下叫喊如雷道：“我师父来也！我师父来也！”唬得个三藏痴呆，伯钦打挣。毕竟不知是甚人叫喊，且听下回分解。

第十四回　心猿归正　六贼无踪

诗曰：佛即心兮心即佛，心佛从来皆要物。若知无物又无心，便是真如法身佛。法身佛，没模样，一颗圆光涵万象。无体之体即真体，无相之相即实相。非色非空非不空，不来不向不回向。无异无同无有无，难舍难取难听望。内外灵光到处同，一佛国在一沙中。一粒沙含大千界，一个身心万法同。知之须会无心诀，不染不滞为净业。善恶千端无所为，便是南无释迦叶。却说那刘伯钦与唐三藏惊惊慌慌，又闻得叫声师父来也。

众家僮道："这叫的必是那山脚下石匣中老猿。"太保道："是他！是他！"三藏问："是甚么老猿？"太保道："这山旧名五行山，因我大唐王征西定国，改名两界山。先年间曾闻得老人家说：

'王莽篡汉之时，天降此山，下压着一个神猴，不怕寒暑，不吃饮食，自有土神监押，教他饥餐铁丸，渴饮铜汁。自昔到今，冻饿不死。'这叫必定是他。长老莫怕，我们下山去看来。"三藏只得依从，牵马下山。行不数里，只见那石匣之间，果有一猴，露着头，伸着手，乱招手道："师父，你怎么此时才来？来得好！来得好！救我出来，我保你上西天去也！"这长老近前细看，你道他是怎生模样：尖嘴缩腮，金睛火眼。头上堆苔藓，耳中生薜萝。鬓边少发多青草，颔下无须有绿莎。眉间土，鼻凹泥，十分狼狈，指头粗，手掌厚，尘垢余多。还喜得眼睛转动，喉舌声和。

语言虽利便，身体莫能那。正是五百年前孙大圣，今朝难满脱天罗。

这太保诚然胆大，走上前来，与他拔去了鬓边草，颔下莎，问道："你有甚么说话？"那猴道："我没话说，教那个师父上来，我问他一问。"三藏道："你问我甚么？"那猴道："你可是东土大王差往西天取经去的么？"三藏道："我正是，你问怎么？"那猴道："我是五百年前大闹天宫的齐天大圣，只因犯了诳上之罪，被佛祖压于此处。前者有个观音菩萨，领佛旨意，上东土寻取经人。我教他救我一救，他劝我再莫行凶，归依佛法，尽殷勤保护取经人，往西方拜佛，功成后自有好处。故此昼夜提心，晨昏吊胆，只等师父来救我脱身。我愿保你取经，与你做个徒弟。"

三藏闻言，满心欢喜道："你虽有此善心，又蒙菩萨教诲，愿入沙门，只是我又没斧凿，如何救得你出？"那猴道："不用斧凿，你但肯救我，我自出来也。"三藏道："我自救你，你怎得出来？"

那猴道："这山顶上有我佛如来的金字压帖。你只上出去将帖儿揭起，我就出来了。"三藏依言，回头央浼刘伯钦道："太保啊，我与你上出走一遭。"伯钦道："不知真假何如！"那猴高叫道："是真！决不敢虚谬！"伯钦只得呼唤家僮，牵了马匹。他却扶着三藏，复上高山，攀藤附葛，只行到那极巅之处，果然见金光万道，瑞气千条，有块四方大石，石上贴着一封皮，却是"唵、嘛、呢、叭、咪、吽"六个金字。三藏近前跪下，朝石头，看着金字，拜了几拜，望西祷祝道："弟子陈玄奘，特奉旨意求经，果有徒弟之分，揭得金字，救出神猴，同证灵山；若无徒弟之分，此辈是个凶顽怪物，哄赚弟子，不成吉庆，便揭不得起。"祝罢，又拜。拜毕，上前将六个金字轻轻揭下。只闻得一阵香风，劈手把压帖儿刮在空中，叫道："吾乃监押大圣者。今日他的难满，吾等回见如来，缴此封皮去也。"吓得个三藏与伯钦一行人，望空礼拜。径下高山，又至石匣边，对那猴道："揭了压帖矣，你出来么。"那猴欢喜，叫道："师父，你请走开些，我好出来，莫惊了你。"伯钦听说，领着三藏，一行人回东即走。走了五七里远近，又听得那猴高叫道："再走！再走！"三藏又行了许远，下了山，只闻得一声响亮，真个是地裂山崩。众人尽皆悚惧，只见那猴早到了三藏的马前，赤淋淋跪下，道声"师父，我出来也！"对三藏拜了四拜，急起身，与伯钦唱个大喏道："有劳大哥送我师父，又承大哥替我脸上薅草。"谢毕，就去收拾行李，扣背马匹。

那马见了他，腰软蹄矬，战兢兢的立站不住。盖因那猴原是弼马温，在天上看养龙马的，有些法则，故此凡马见他害怕。

三藏见他意思，实有好心，真个象沙门中的人物，便叫：

"徒弟啊，你姓甚么？"猴王道："我姓孙。"三藏道："我与你起个法名，却好呼唤。"猴王道："不劳师父盛意，我原有个法名，叫做孙悟空。"三藏欢喜道："也正合我们的宗派。你这个模样，就象那小头陀一般，我再与你起个混名，称为行者，好么？"悟空道："好！好！好！"自此时又称为孙行者。那伯钦见孙行者一心收拾要行，却转身对三藏唱个喏道："长老，你幸此间收得个好徒，甚喜甚喜，此人果然去得。我却告回。"三藏躬身作礼相谢道："多有拖步，感激不胜。回府多多致意令堂老夫人，令荆夫人，贫僧在府多扰，容回时踵谢。"伯钦回礼，遂此两下分别。

却说那孙行者请三藏上马，他在前边，背着行李，赤条条，拐步而行。不多时，过了两界山，忽然见一只猛虎，咆哮剪尾而来，三藏在马上惊心。行者在路旁欢喜道："师父莫怕他，他是送衣服与我的。"放下行李，耳朵里拔出一个针儿，迎着风，幌一幌，原来是个碗来粗细一条铁棒。他拿在手中，笑道："这宝贝，五百余年不曾用着他，今日拿出来挣件衣服儿穿穿。"你看他拽开步，迎着猛虎，道声"业畜！那里去！"那只虎蹲着身，伏在尘埃，动也不敢动动。却被他照头一棒，就打的脑浆迸万点桃红，牙齿喷几点玉块，唬得那陈玄奘滚鞍落马，咬指道声"天哪！天哪！刘太保前日打的斑斓虎，还与他斗了半日；今日孙悟空不用争持，把这虎一棒打得稀烂，正是强中更有强中手！"

行者拖将虎来道："师父略坐一坐，等我脱下他的衣服来，穿了走路。"三藏道："他那里有甚衣服？"行者道："师父莫管我，我自有处置。"好猴王，把毫毛拔下一根，吹口仙气，叫"变！"变作一把牛耳尖刀，从那虎腹上挑开皮，往下一剥，剥下个囫囵皮来，剁去了爪甲，割下头来，割个四四方方一块虎皮，提起来，量了一量道："阔了些儿，一幅可作两幅。"拿过刀来，又裁为两幅。收起一幅，把一幅围在腰间，路旁揪了一条葛藤，紧紧束定，遮了下体道："师父，且去！且去！到了人家，借些针线，再缝不迟。"他把条铁棒，捻一捻，依旧象个针儿，收在耳里，背着行李，请师父上马。

两个前进，长老在马上问道："悟空，你才打虎的铁棒，如何不见？"行者笑道："师父，你不晓得。我这棍，本是东洋大海龙宫里得来的，唤做天河镇底神珍铁，又唤做如意金箍棒。当年大反天宫，甚是亏他。随身变化，要大就大，要小就小。刚才变做一个绣花针儿模样，收在耳内矣。但用时，方可取出。"三藏闻言暗喜。又问道："方才那只虎见了你，怎么就不动动，让自在打他，何说？悟空道："不瞒师父说，莫道是只虎，就是一条龙，见了我也不敢无礼。我老孙，颇有降龙伏虎的手段，翻江搅海的神通，见貌辨色，聆音察理，大之则量于宇宙，小之则摄于毫毛！变化无端，隐显莫测。剥这个虎皮，何为稀罕？见到那疑难处，看展本事么！"三藏闻得此言，愈加放怀无虑，策马前行。师徒两个走着路，说着话，不觉得太阳星坠，但见：焰焰斜辉返照，天涯海角归云。千出鸟雀噪声频，觅宿投林成阵。野兽双双对对，回窝族族群群。一勾新月破黄昏，万点明星光晕。

行者道：师父走动些，天色晚了。那壁厢树木森森，想必是人家庄院，我们赶早投宿去来。"三藏果策马而行，径奔人家，到了庄院前下马。行者撇了行李，走上前，叫声"开门！开门！"那里面有一老者，扶筇而出，唿喇的开了门，看见行者这般恶相，腰系着一块虎皮，好似个雷公模样，唬得脚软身麻，口出谵语道：

"鬼来了！鬼来了！"三藏近前搀住叫道："老施主，休怕。他是我贫僧的徒弟，不是鬼怪。"老者抬头，见了三藏的面貌清奇，方然立定，问道："你是那寺里来的和尚，带这恶人上我门来？"

三藏道："我贫僧是唐朝来的，往西天拜佛求经，适路过此间，天晚，特造檀府借宿一宵，明早不犯天光就行。万望方便一二。"老者道："你虽是个唐人，那个恶的却非唐人。"悟空厉声高呼道："你这个老儿全没眼色！唐人是我师父，我是他徒弟！

我也不是甚糖人蜜人，我是齐天大圣。你们这里人家，也有认得我的，我也曾见你来。"那老者道："你在那里见我？"悟空道：

"你小时不曾在我面前扒柴？不曾在我脸上挑菜？"老者道："这厮胡说！你在那里住？我在那里住？我来你面前扒柴挑菜！"

悟空道："我儿子便胡说！你是认不得我了，我本是这两界山石匣中的大圣。你再认认看。"老者方才省悟道："你倒有些象他，但你是怎么得出来的？"悟空将菩萨劝善、令我等待唐僧揭贴脱身之事，对那老者细说了一遍。老者却才下拜，将唐僧请到里面，即唤老妻与儿女都来相见，具言前事，个个欣喜。又命看茶，茶罢，问悟空道："大圣啊，你也有年纪了？"悟空道："你今年几岁了？"老者道："我痴长一百三十岁了。"行者道："还是我重子重孙哩！我那生身的年纪，我不记得是几时，但只在这山脚下，已五百余年了。"老者道："是有，是有。我曾记得祖公公说，此山乃从天降下，就压了一个神猴。只到如今，你才脱体。我那小时见你，是你头上有草，脸上有泥，还不怕你；如今脸上无了泥，头上无了草，却象瘦了些，腰间又苫了一块大虎皮，与鬼怪能差多少？"

一家儿听得这般话说，都呵呵大笑。这老儿颇贤，即令安排斋饭。饭后，悟空道："你家姓甚？"老者道："舍下姓陈。"三藏闻言，即下来起手道："老施主，与贫僧是华宗。"行者道："师父，你是唐姓，怎的和他是华宗？"三藏道："我俗家也姓陈，乃是唐朝海州弘农郡聚贤庄人氏。我的法名叫做陈玄奘。只因我大唐太宗皇帝赐我做御弟三藏，指唐为姓，故名唐僧也。"那老者见说同姓，又十分欢喜。行者道："老陈，左右打搅你家。我有五百多年不洗澡了，你可去烧些汤来，与我师徒们洗浴洗浴，一发临行谢你。"那老儿即令烧汤拿盆，掌上灯火。师徒浴罢，坐在灯前，行者道："老陈，还有一事累你，有针线借我用用。"那老儿道："有，有，有。"即教妈妈取针线来，递与行者。行者又有眼色，见师父洗浴，脱下一件白布短小直裰未穿，他即扯过来披在身上，却将那虎皮脱下，联接一处，打一个马面样的折子，围在腰间，勒了藤条，走到师父面前道："老孙今日这等打扮，比昨日如何？"三藏道："好！好！好！这等样，才象个行者。"三藏道："徒弟，你不嫌残旧，那件直裰儿，你就穿了罢。"悟空唱个喏道："承赐！承赐！"他又去寻些草料喂了马。此时各各事毕，师徒与那老儿，亦各归寝。

次早，悟空起来，请师父走路。三藏着衣，教行者收拾铺盖行李。正欲告辞，只见那老儿，早具脸汤，又具斋饭。斋罢，方才起身。三藏上马，行者引路，不觉饥餐渴饮，夜宿晓行，又值初冬时候，但见那：霜凋红叶千林瘦，岭上几株松柏秀。未开梅蕊散香幽，暖短昼，小春候，菊残荷尽山茶茂。寒桥古树争枝斗，曲涧涓涓泉水溜。淡云欲雪满天浮，朔风骤，牵衣袖，向晚寒威人怎受？师徒们正走多时，忽见路旁唿哨一声，闯出六个人来，各执长枪短剑，利刃强弓，大咤一声道："那和尚！那里走！赶早留下马匹，放下行李，饶你性命过去！"唬得那三藏魂飞魄散，跌下马来，不能言语。行者用手扶起道："师父放心，没些儿事，这都是送衣服送盘缠与我们的。"三藏道："悟空，你想有些耳闭？他说教我们留马匹、行李，你倒问他要甚么衣服、盘缠？"行者道："你管守着衣服、行李、马匹，待老孙与他争持一场，看是何如。"三藏道："好手不敌双拳，双拳不如四手。他那里六条大汉，你这般小小的一个人儿，怎么敢与他争持？"

行者的胆量原大，那容分说，走上前来，叉手当胸，对那六个人施礼道："列位有甚么缘故，阻我贫僧的去路？"那人道：

"我等是剪径的大王，行好心的山主。大名久播，你量不知，早早的留下东西，放你过去；若道半个不字，教你碎尸粉骨！"行者道："我也是祖传的大王，积年的山主，却不曾闻得列位有甚大名。"那人道："你是不知，我说与你听：一个唤做眼看喜，一个唤做耳听怒，一个唤做鼻嗅爱，一个唤作舌尝思，一个唤作意见欲，一个唤作身本忧。"悟空笑道："原来是六个毛贼！你却不认得我这出家人是你的主人公，你倒来挡路。把那打劫的珍宝拿出来，我与你作七分儿均分，饶了你罢！"那贼闻言，喜的喜，怒的怒，爱的爱，思的思，欲的欲，忧的忧，一齐上前乱嚷道："这和尚无礼！你的东西全然没有，转来和我等要分东西！"

他轮枪舞剑，一拥前来，照行者劈头乱砍，乒乒乓乓，砍有七八十下。悟空停立中间，只当不知。那贼道："好和尚！真个的头硬！"行者笑道："将就看得过罢了！你们也打得手困了，却该老孙取出个针儿来耍耍。"那贼道："这和尚是一个行针灸的郎中变的。我们又无病症，说甚么动针的话！"行者伸手去耳朵里拔出一根绣花针儿，迎风一幌，却是一条铁棒，足有碗来粗细，拿在手中道："不要走！也让老孙打一棍儿试试手！"唬得这六个贼四散逃走，被他拽开步，团团赶上，一个个尽皆打死。剥了他的衣服，夺了他的盘缠，笑吟吟走将来道："师父请行，那贼已被老孙剿了。"三藏道："你十分撞祸！他虽是剪径的强徒，就是拿到官司，也不该死罪；你纵有手段，只可退他去便了，怎么就都打死？这却是无故伤人的性命，如何做得和尚？出家人扫地恐伤蝼蚁命，爱惜飞蛾纱罩灯。你怎么不分皂白，一顿打死？全无一点慈悲好善之心！早还是山野中无人查考；若到城市，倘有人一时冲撞了你，你也行凶，执着棍子，乱打伤人，我可做得白客，怎能脱身？"悟空道："师父，我若不打死他，他却要打死你哩。"三藏道："我这出家人，宁死决不敢行凶。我就死，也只是一身，你却杀了他六人，如何理说？此事若告到官，就是你老子做官，也说不过去。"行者道："不瞒师父说，我老孙五百年前，据花果山称王为怪的时节，也不知打死多少人。假似你说这般到官，倒也得些状告是。"三藏道："只因你没收没管，暴横人间，欺天诳上，才受这五百年前之难。今既入了沙门，若是还象当时行凶，一味伤生，去不得西天，做不得和尚！忒恶！忒恶！"原来这猴子一生受不得人气，他见三藏只管绪绪叨叨，按不住心头火发道："你既是这等，说我做不得和尚，上不得西天，不必恁般绪聒恶我，我回去便了！"那三藏却不曾答应，他就使一个性子，将身一纵，说一声"老孙去也！"三藏急抬头，早已不见，只闻得呼的一声，回东而去。撇得那长老孤孤零零，点头自叹，悲怨不已，道："这厮！这等不受教诲！我但说他几句，他怎么就无形无影的，径回去了？罢！罢！罢！也是我命里不该招徒弟，进人口！如今欲寻他无处寻，欲叫他叫不应，去来！去来！"正是舍身拚命归西去，莫倚旁人自主张。

那长老只得收拾行李，捎在马上，也不骑马，一只手柱着锡杖，一只手揪着缰绳，凄凄凉凉，往西前进。行不多时，只见山路前面，有一个年高的老母，捧一件绵衣，绵衣上有一顶花帽。三藏见他来得至近，慌忙牵马，立于右侧让行。那老母问道："你是那里来的长老，孤孤凄凄独行于此？"三藏道："弟子乃东土大唐奉圣旨往西天拜活佛求真经者。"老母道："西方佛乃大雷音寺天竺国界，此去有十万八千里路。你这等单人独马，又无个伴侣，又无个徒弟，你如何去得！"三藏道："弟子日前收得一个徒弟，他性泼凶顽，是我说了他几句，他不受教，遂渺然而去也。"老母道："我有这一领绵布直裰，一顶嵌金花帽，原是我儿子用的。他只做了三日和尚，不幸命短身亡。我才去他寺里，哭了一场，辞了他师父，将这两件衣帽拿来，做个忆念。长老啊，你既有徒弟，我把这衣帽送了你罢。"三藏道："承老母盛赐，但只是我徒弟已走了，不敢领受。"老母道："他那厢去了？"三藏道："我听得呼的一声，他回东去了。"老母道："东边不远，就是我家，想必往我家去了。我那里还有一篇咒儿，唤做定心真言，又名做紧箍儿咒。你可暗暗的念熟，牢记心头，再莫泄漏一人知道。我去赶上他，叫他还来跟你，你却将此衣帽与他穿戴。他若不服你使唤，你就默念此咒，他再不敢行凶，也再不敢去了。"三藏闻言，低头拜谢。那老母化一道金光，回东而去。三藏情知是观音菩萨授此真言，急忙撮土焚香，望东恳恳礼拜。拜罢，收了衣帽，藏在包袱中间，却坐于路旁，诵习那定心真言。来回念了几遍，念得烂熟，牢记心胸不题。

却说那悟空别了师父，一筋斗云，径转东洋大海。按住云头，分开水道，径至水晶宫前。早惊动龙王出来迎接，接至宫里坐下，礼毕、龙王道："近闻得大圣难满，失贺！想必是重整仙山，复归古洞矣。"悟空道："我也有此心性，只是又做了和尚了。"龙王道："做甚和尚？"行者道："我亏了南海菩萨劝善，教我正果，随东土唐僧，上西方拜佛，皈依沙门，又唤为行者了。"

龙王道："这等真是可贺！可贺！这才叫做改邪归正，惩创善心。

既如此，怎么不西去，复东回何也？"行者笑道："那是唐僧不识人性。有几个毛贼剪径，是我将他打死，唐僧就绪绪叨叨，说了我若干的不是，你想老孙，可是受得闷气的？是我撇了他，欲回本山，故此先来望你一望，求钟茶吃。"龙王道："承降！承降！"

当时龙子龙孙即捧香茶来献。

茶毕，行者回头一看，见后壁上挂著一幅圯桥进履的画儿。行者道："这是甚么景致？"龙王道："大圣在先，此事在后，故你不认得。这叫做圯桥三进履。"行者道："怎的是三进履？"

龙王道："此仙乃是黄石公，此子乃是汉世张良。石公坐在圯桥上，忽然失履于桥下，遂唤张良取来。此子即忙取来，跪献于前。如此三度，张良略无一毫倨傲怠慢之心，石公遂爱他勤谨，夜授天书，着他扶汉。后果然运筹帷幄之中，决胜千里之外。太平后，弃职归山，从赤松子游，悟成仙道。大圣，你若不保唐僧，不尽勤劳，不受教诲，到底是个妖仙，休想得成正果。"悟空闻言，沉吟半晌不语。龙王道："大圣自当裁处，不可图自在，误了前程。"悟空道："莫多话，老孙还去保他便了。"龙王欣喜道：

"既如此，不敢久留，请大圣早发慈悲，莫要疏久了你师父。"行者见他催促请行，急耸身，出离海藏，驾着云，别了龙王。正走，却遇着南海菩萨。菩萨道："孙悟空，你怎么不受教诲，不保唐僧，来此处何干？"慌得个行者在云端里施礼道："向蒙菩萨善言，果有唐朝僧到，揭了压帖，救了我命，跟他做了徒弟。他却怪我凶顽，我才闪了他一闪，如今就去保他也。"菩萨道："赶早去，莫错过了念头。"言毕各回。

这行者，须臾间看见唐僧在路旁闷坐。他上前道："师父！

怎么不走路？还在此做甚？"三藏抬头道："你往那里去来？教我行又不敢行，动又不敢动，只管在此等你。"行者道："我往东洋大海老龙王家讨茶吃吃。"三藏道："徒弟啊，出家人不要说谎。你离了我，没多一个时辰，就说到龙王家吃茶？"行者笑道：

"不瞒师父说，我会驾筋斗云，一个筋斗有十万八千里路，故此得即去即来。"三藏道："我略略的言语重了些儿，你就怪我，使个性子丢了我去。象你这有本事的，讨得茶吃；象我这去不得的，只管在此忍饿，你也过意不去呀！"行者道："师父，你若饿了，我便去与你化些斋吃。"三藏道："不用化斋。我那包袱里，还有些干粮，是刘太保母亲送的，你去拿钵盂寻些水来，等我吃些儿走路罢。"行者去解开包袱，在那包裹中间见有几个粗面烧饼，拿出来递与师父。又见那光艳艳的一领绵布直裰，一顶嵌金花帽，行者道："这衣帽是东土带来的？"三藏就顺口儿答应道："是我小时穿戴的。这帽子若戴了，不用教经，就会念经；这衣服若穿了，不用演礼，就会行礼。"行者道："好师父，把与我穿戴了罢。"三藏道："只怕长短不一，你若穿得，就穿了罢。"行者遂脱下旧白布直裰，将绵布直裰穿上，也就是比量着身体裁的一般，把帽儿戴上。三藏见他戴上帽子，就不吃干粮，却默默的念那紧箍咒一遍。行者叫道："头痛！头痛！"那师父不住的又念了几遍，把个行者痛得打滚，抓破了嵌金的花帽。

三藏又恐怕扯断金箍，住了口不念。不念时，他就不痛了。伸手去头上摸摸，似一条金线儿模样，紧紧的勒在上面，取不下，揪不断，已此生了根了。他就耳里取出针儿来，插入箍里，往外乱捎。三藏又恐怕他捎断了，口中又念起来，他依旧生痛，痛得竖蜻蜓，翻筋斗，耳红面赤，眼胀身麻。那师父见他这等，又不忍不舍，复住了口，他的头又不痛了。行者道："我这头，原来是师父咒我的。"三藏道："我念得是紧箍经，何曾咒你？"行者道：

"你再念念看。"三藏真个又念，行者真个又痛，只教："莫念！莫念！念动我就痛了！这是怎么说？"三藏道："你今番可听我教诲了？"行者道："听教了！""你再可无礼了？"行者道："不敢了！"他口里虽然答应，心上还怀不善，把那针儿幌一幌，碗来粗细，望唐僧就欲下手，慌得长老口中又念了两三遍，这猴子跌倒在地，丢了铁棒，不能举手，只教："师父！我晓得了！再莫念！再莫念！"三藏道："你怎么欺心，就敢打我？"行者道："我不曾敢打，我问师父，你这法儿是谁教你的？"三藏道："是适间一个老母传授我的。"行者大怒道："不消讲了！这个老母，坐定是那个观世音！他怎么那等害我！等我上南海打他去！"三藏道：

"此法既是他授与我，他必然先晓得了。你若寻他，他念起来，你却不是死了？"行者见说得有理，真个不敢动身，只得回心，跪下哀告道："师父！这是他奈何我的法儿，教我随你西去。我也不去惹他，你也莫当常言，只管念诵。我愿保你，再无退悔之意了。"三藏道："既如此，伏侍我上马去也。"那行者才死心塌地，抖擞精神，束一束绵布直裰，扣背马匹，收拾行李，奔西而进。毕竟这一去，后面又有甚话说，且听下回分解。

第十五回　蛇盘山诸神暗佑　鹰愁涧意马收缰

却说行者伏侍唐僧西进，行经数日，正是那腊月寒天，朔风凛凛，滑冻凌凌，去的是些悬崖峭壁崎岖路，迭岭层峦险峻山。三藏在马上，遥闻唿喇喇水声聒耳，回头叫：“悟空，是那里水响？”行者道：“我记得此处叫做蛇盘山鹰愁涧，想必是涧里水响。”说不了，马到涧边，三藏勒缰观看，但见：涓涓寒脉穿云过，湛湛清波映日红。声摇夜雨闻幽谷，彩发朝霞眩太空。千仞浪飞喷碎玉，一泓水响吼清风。流归万顷烟波去，鸥鹭相忘没钓逢。师徒两个正然看处，只见那涧当中响一声，钻出一条龙来，推波掀浪，撺出崖山，就抢长老。慌得个行者丢了行李，把师父抱下马来，回头便走。那条龙就赶不上，把他的白马连鞍辔一口吞下肚去，依然伏水潜踪。行者把师父送在那高阜上坐了，却来牵马挑担，止存得一担行李，不见了马匹。他将行李担送到师父面前道：“师父，那孽龙也不见踪影，只是惊走我的马了。”三藏道：“徒弟啊，却怎生寻得马着么？”行者道：“放心，放心，等我去看来。”

他打个唿哨，跳在空中，火眼金睛，用手搭凉篷，四下里观看，更不见马的踪迹。按落云头报道：“师父，我们的马断乎是那龙吃了，四下里再看不见。”三藏道：“徒弟呀，那厮能有多大口，却将那匹大马连鞍辔都吃了？想是惊张溜缰，走在那山凹之中。你再仔细看看。”行者道：“你也不知我的本事。我这双眼，白日里常看一千里路的吉凶。象那千里之内，蜻蜓儿展翅，我也看见，何期那匹大马，我就不见！”三藏道：“既是他吃了，我如何前进！可怜啊！这万水千山，怎生走得！”说着话，泪如雨落。行者见他哭将起来，他那里忍得住暴燥，发声喊道：“师父莫要这等脓包形么！你坐着！坐着！等老孙去寻着那厮，教他还我马匹便了。”三藏却才扯住道：“徒弟啊，你那里去寻他？

只怕他暗地里撺将出来，却不又连我都害了？那时节人马两亡，怎生是好！”行者闻得这话，越加嗔怒，就叫喊如雷道：“你忒不济！不济！又要马骑，又不放我去，似这般看着行李，坐到老罢！”哏哏的吆喝，正难息怒，只听得空中有人言语，叫道：

“孙大圣莫恼，唐御弟休哭。我等是观音菩萨差来的一路神祇，特来暗中保取经者。”那长老闻言，慌忙礼拜。行者道：“你等是那几个？可报名来，我好点卯。”众神道：“我等是六丁六甲、五方揭谛、四值功曹、一十八位护教伽蓝，各各轮流值日听候。”

行者道：“今日先从谁起？”众揭谛道：“丁甲、功曹、伽蓝轮次。

我五方揭谛，惟金头揭谛昼夜不离左右。”行者道：“既如此，不当值者且退，留下六丁神将与日值功曹和众揭谛保守着我师父。等老孙寻那涧中的孽龙，教他还我马来。”众神遵令。三藏才放下心，坐在石崖之上，吩咐行者仔细，行者道：“只管宽心。”好猴王，束一束绵布直裰，撩起虎皮裙子，揝着金箍铁棒，抖擞精神，径临涧壑，半云半雾的，在那水面上，高叫道：“泼泥鳅，还我马来！还我马来！”

却说那龙吃了三藏的白马，伏在那涧底中间，潜灵养性。

只听得有人叫骂索马，他按不住心中火发，急纵身跃浪翻波，跳将上来道：“是那个敢在这里海口伤吾？”行者见了他，大咤一声“休走！还我马来！”轮着棍，劈头就打。那条龙张牙舞爪来抓。他两个在涧边前这一场赌斗，果是骁雄，但见那：龙舒利爪，猴举金箍。那个须垂白玉线，这个服幌赤金灯。那个须下明珠喷彩雾，这个手中铁棒舞狂风。那个是迷爷娘的业子，这个是欺天将的妖精。他两个都因有难遭磨折，今要成功各显能。来来往往，战罢多时，盘旋良久，那条龙力软筋麻，不能抵敌，打一个转身，又撺于水内，深潜涧底，再不出头，被猴王骂詈不绝，他也只推耳聋。

行者没及奈何，只得回见三藏道：“师父，这个怪被老孙骂将出来，他与我赌斗多时，怯战而走，只躲在水中间，再不出来了。”三藏道：“不知端的可是他吃了我马？”行者道：“你看你说的话！不是他吃了，他还肯出来招声，与老孙犯对？”三藏道：

“你前日打虎时，曾说有降龙伏虎的手段，今日如何便不能降他？”原来那猴子吃不得人急他，见三藏抢白了他这一句，他就发起神威道：“不要说！不要说！等我与他再见个上下！”

这猴王拽开步，跳到涧边，使出那翻江搅海的神通，把一条鹰愁陡涧彻底澄清的水，搅得似那九曲黄河泛涨的波。那孽龙在于深涧中，坐卧宁，心中思想道：“这才是福无双降，祸不单行。我才脱了天条死难，不上一年，在此随缘度日，又撞着这般个泼魔，他来害我！”你看他越思越恼，受不得屈气，咬着牙，跳将出去，骂道：“你是那里来的泼魔，这等欺我！”行者道：“你莫管我那里不那里，你只还了马，我就饶你性命！”那龙道：“你的马是我吞下肚去，如何吐得出来！不还你，便待怎的！”行者道“不还马时看棍！只打杀你，偿了我马的性命便罢！”他两个又在那山崖下苦斗。斗不数合，小龙委实难搪，将身一幌，变作一条水蛇儿，钻入草科中去了。

猴王拿着棍，赶上前来，拨草寻蛇，那里得些影响？急得他三尸神咋，七窍烟生，念了一声唵字咒语，即唤出当坊土地、本处山神，一齐来跪下道：“山神土地来见。”行者道：“伸过孤拐来，各打五棍见面，与老孙散散心！”二神叩头哀告道：“望大圣方便，容小神诉告。”行者道：“你说甚么？”二神道：“大圣一向久困，小神不知几时出来，所以不曾接得，万望恕罪。”行者道：

“既如此，我且不打你。我问你：鹰愁涧里，是那方来的怪龙？他怎么抢了我师父的白马吃了？”二神道：“大圣自来不曾有师父，原来是个不伏天不伏地混元上真，如何得有甚么师父的马来？”行者道：“你等是也不知。我只为那诳上的勾当，整受了这五百年的苦难。今蒙观音菩萨劝善，着唐朝驾下真僧救出我来，教我跟他做徒弟，往西天去拜佛求经。因路过此处，失了我师父的白马。”二神道：“原来是如此。这涧中自来无邪，只是深陡宽阔，水光彻底澄清，鸦鹊不敢飞过，因水清照见自己的形影，便认做同群之鸟，往往身掷于水内，故名鹰愁陡涧。只是向年间，观音菩萨因为寻访取经人去，救了一条玉龙，送他在此，教他等候那取经人，不许为非作歹，他只是饥了时，上岸来扑些鸟鹊吃，或是捉些獐鹿食用。不知他怎么无知，今日冲撞了大圣。”行者道：“先一次，他还与老孙侮手，盘旋了几合；后一次，是老孙叫骂，他再不出，因此使了一个翻江搅海的法儿，搅混了他涧水，他就撺将上来，还要争持。不知老孙的棍重，他遮架不住，就变做一条水蛇，钻在草里。我赶来寻他，却无踪迹。”

土地道：“大圣不知，这条涧千万个孔窍相通，故此这波澜深远。想是此间也有一孔，他钻将下去。也不须大圣发怒，在此找寻，要擒此物，只消请将观世音来，自然伏了。”

行者见说，唤山神土地同来见了三藏，具言前事。三藏道：

“若要去请菩萨，几时才得回来？我贫僧饥寒怎忍！”说不了，只听得暗空中有金头揭谛叫道：“大圣，你不须动身，小神去请菩萨来也。”行者大喜，道声“有累，有累！快行，快行！”那揭谛急纵云头，径上南海。行者吩咐山神、土地守护师父，日值功曹去寻斋供，他又去涧边巡绕不题。

却说金头揭谛一驾云，早到了南海，按祥光，直至落伽山紫竹林中，托那金甲诸天与木叉惠岸转达，得见菩萨。菩萨道：

“汝来何干？”揭谛道：“唐僧在蛇盘山鹰愁陡涧失了马，急得孙大圣进退两难。及问本处土神，说是菩萨送在那里的孽龙吞了，那大圣着小神来告请菩萨降这孽龙，还他马匹。”菩萨闻言道：“这厮本是西海敖闰之子。他为纵火烧了殿上明珠，他父告他忤逆，天庭上犯了死罪，是我亲见玉帝，讨他下来，教他与唐僧做个脚力。他怎么反吃了唐僧的马？这等说，等我去来。”那菩萨降莲台，径离仙洞，与揭谛驾着祥光，过了南海而来。有诗为证，诗曰：佛说蜜多三藏经，菩萨扬善满长城。摩诃妙语通天地，般若真言救鬼灵。致使金蝉重脱壳，故令玄奘再修行。只因路阻鹰愁涧，龙子归真化马形。那菩萨与揭谛，不多时到了蛇盘山。却在那半空里留住祥云，低头观看。只见孙行者正在涧边叫骂。菩萨着揭谛唤他来。那揭谛按落云头，不经由三藏，直至涧边，对行者道：“菩萨来也。”行者闻得，急纵云跳到空中，对他大叫道：“你这个七佛之师，慈悲的教主！你怎么生方法儿害我！”菩萨道：“我把你这个大胆的马流，村愚的赤尻！我倒再三尽意，度得个取经人来，叮咛教他救你性命，你怎么不来谢我活命之恩，反来与我嚷闹？”行者道：“你弄得我好哩！你既放我出来，让我逍遥自在耍子便了，你前日在海上迎着我，伤了我几句，教我来尽心竭力，伏侍唐僧便罢了；你怎么送他一顶花帽，哄我戴在头上受苦？把这个箍子长在老孙头上，又教他念一卷甚么紧箍儿咒，着那老和尚念了又念，教我这头上疼了又疼，这不是你害我也？”菩萨笑道：“你这猴子！你不遵教令，不受正果，若不如此拘系你，你又诳上欺天，知甚好歹！再似从前撞出祸来，有谁收管？须是得这个魔头，你才肯入我瑜伽之门路哩！”行者道：“这桩事，作做是我的魔头罢，你怎么又把那有罪的孽龙，送在此处成精，教他吃了我师父的马匹？此又是纵放歹人为恶，太不善也！”菩萨道：“那条龙，是我亲奏玉帝，讨他在此，专为求经人做个脚力。你想那东土来的凡马，怎历得这万水千山？怎到得那灵山佛地？须是得这个龙马，方才去得。”行者道：“象他这般惧怕老孙，潜躲不出，如之奈何？”菩萨叫揭谛道：“你去涧边叫一声‘敖闰龙王玉龙三太子，你出来，有南海菩萨在此。’他就出来了。”那揭谛果去涧边叫了两遍。那小龙翻波跳浪，跳出水来，变作一个人象，踏了云头，到空中对菩萨礼拜道：“向蒙菩萨解脱活命之恩，在此久等，更不闻取经人的音信。”菩萨指着行者道：“这不是取经人的大徒弟？”小龙见了道：“菩萨，这是我的对头。我昨日腹中饥馁，果然吃了他的马匹。他倚着有些力量，将我斗得力怯而回，又骂得我闭门不敢出来，他更不曾提着一个取经的字样。”行者道：

“你又不曾问我姓甚名谁，我怎么就说？”小龙道：“我不曾问你是那里来的泼魔？你嚷道：‘管甚么那里不那里，只还我马来！’何曾说出半个唐字！”菩萨道：“那猴头，专倚自强，那肯称赞别人？今番前去，还有归顺的哩，若问时，先提起取经的字来，却也不用劳心，自然拱伏。”行者欢喜领教。菩萨上前，把那小龙的项下明珠摘了，将杨柳枝蘸出甘露，往他身上拂了一拂，吹口仙气，喝声叫“变！”那龙即变做他原来的马匹毛片，又将言语吩咐道：“你须用心了还业障，功成后，超越凡龙，还你个金身正果。”那小龙口衔着横骨，心心领诺。菩萨教悟空领他去见三藏，“我回海上去也。”行者扯住菩萨不放道：“我不去了！我不去了！西方路这等崎岖，保这个凡僧，几时得到？似这等多磨多折，老孙的性命也难全，如何成得甚么功果！我不去了！我不去了！”菩萨道：“你当年未成人道，且肯尽心修悟；你今日脱了天灾，怎么倒生懒惰？我门中以寂灭成真，须是要信心正果。假若到了那伤身苦磨之处，我许你叫天天应，叫地地灵。十分再到那难脱之际，我也亲来救你。你过来，我再赠你一般本事。”菩萨将杨柳叶儿摘下三个，放在行者的脑后，喝声“变”！

即变做三根救命的毫毛，教他：“若到那无济无主的时节，可以随机应变，救得你急苦之灾。”行者闻了这许多好言，才谢了大慈大悲的菩萨。那菩萨香风绕绕，彩雾飘飘，径转普陀而去。

这行者才按落云头，揪着那龙马的顶鬃，来见三藏道：“师父，马有了也。”三藏一见大喜道：“徒弟，这马怎么比前反肥盛了些？在何处寻着的？”行者道：“师父，你还做梦哩！却才是金头揭谛请了菩萨来，把那涧里龙化作我们的白马。其毛片相同，只是少了鞍辔，着老孙揪将来也。”三藏大惊道：“菩萨何在？待我去拜谢他。”行者道：“菩萨此时已到南海，不耐烦矣。”

三藏就撮土焚香，望南礼拜，拜罢，起身即与行者收拾前进。行者喝退了山神土地，吩咐了揭谛功曹，却请师父上马。三藏道：

“那无鞍辔的马，怎生骑得？且待寻船渡过涧去，再作区处。”行者道：“这个师父好不知时务！这个旷野山中，船从何来？这匹马，他在此久住，必知水势，就骑着他做个船儿过去罢。”三藏无奈，只得依言，跨了刬马。行者挑着行囊，到了涧边。只见那上流头，有一个渔翁，撑着一个枯木的筏子，顺流而下。行者见了，用手招呼道：“那老渔，你来，你来。我是东土取经去的，我师父到此难过，你来渡他一渡。”渔翁闻言，即忙撑拢。行者请师父下了马，扶持左右。三藏上了筏子，揪上马匹，安了行李。

那老渔撑开筏子，如风似箭，不觉的过了鹰愁陡涧，上了西岸。

三藏教行者解开包袱，取出大唐的几文钱钞，送与老渔。老渔把筏子一篙撑开道：“不要钱，不要钱。”向中流渺渺茫茫而去。

三藏甚不过意，只管合掌称谢。行者道：“师父休致意了。你不认得他？他是此涧里的水神。不曾来接得我老孙，老孙还要打他哩。只如今免打就彀了他的，怎敢要钱！”那师父也似信不信，只得又跨刬着马，随着行者，径投大路，奔西而去。这正是：

广大真如登彼岸，诚心了性上灵山。同师前进，不觉的红日沉西，天光渐晚，但见：淡云撩乱，山月昏蒙。满天霜色生寒，四面风声透体。孤鸟去时苍渚阔，落霞明处远山低。疏林千树吼，空岭独猿啼。长途不见行人迹，万里归舟入夜时。三藏在马上遥观，忽见路旁一座庄院。三藏道：“悟空，前面人家，可以借宿，明早再行。”行者抬头看见道：“师父，不是人家庄院。”三藏道：“如何不是？”行者道：“人家庄院，却没飞鱼稳兽之脊，这断是个庙宇庵院。”

师徒们说着话，早已到了门首。三藏下了马，只见那门上有三个大字，乃里社祠，遂入门里。那里边有一个老者：顶挂着数珠儿，合掌来迎，叫声“师父请坐。”三藏慌忙答礼，上殿去参拜了圣象，那老者即呼童子献茶。茶罢，三藏问老者道：“此庙何为里社？”老者道：“敝处乃西番哈咇国界。这庙后有一庄人家，共发虔心，立此庙宇。里者，乃一乡里地；社者，乃一社上神。每遇春耕、夏耘、秋收、冬藏之日，各办三牲花果，来此祭社，以保四时清吉、五谷丰登、六畜茂盛故也。”三藏闻言，点头夸赞：“正是离家三里远，别是一乡风。我那里人家，更无此善。”老者却问：“师父仙乡是何处？”三藏道：“贫僧是东土大唐国奉旨意上西天拜佛求经的。路过宝坊，天色将晚，特投圣祠，告宿一宵，天光即行。”那老者十分欢喜，道了几声失迎，又叫童子办饭。三藏吃毕谢了。行者的眼乖，见他房檐下，有一条搭衣的绳子，走将去，一把扯断，将马脚系住。那老者笑道：“这马是那里偷来的？”行者怒道：“你那老头子，说话不知高低！我们是拜佛的圣僧，又会偷马？”老儿笑道：“不是偷的，如何没有鞍辔缰绳，却来扯断我晒衣的索子？”三藏陪礼道：“这个顽皮，只是性燥。你要拴马，好生问老人家讨条绳子，如何就扯断他的衣索？老先休怪，休怪。我这马，实不瞒你说，不是偷的：昨日东来，至鹰愁陡涧，原有骑的一匹白马，鞍辔俱全。不期那涧里有条孽龙，在彼成精，他把我的马连鞍辔一口吞之。幸亏我徒弟有些本事，又感得观音菩萨来涧边擒住那龙，教他就变做我原骑的白马，毛片俱同，驮我上西天拜佛。今此过涧，未经一日，却到了老先的圣祠，还不曾置得鞍辔哩。”那老者道：“师父休怪，我老汉作笑耍子，谁知你高徒认真。我小时也有几个村钱，也好骑匹骏马，只因累岁迍邅，遭丧失火，到此没了下梢，故充为庙祝，侍奉香火，幸亏这后庄施主家募化度日。我那里倒还有一副鞍辔，是我平日心爱之物，就是这等贫穷，也不曾舍得卖了。才听老师父之言，菩萨尚且救护，神龙教他化马驮你，我老汉却不能少有周济，明日将那鞍辔取来，愿送老师父，扣背前去，乞为笑纳。”三藏闻言，称谢不尽。早又见童子拿出晚斋，斋罢，掌上灯，安了铺，各各寝歇。

至次早，行者起来道：“师父，那庙祝老儿，昨晚许我们鞍辔，问他要，不要饶他。”说未了，只见那老儿，果擎着一副鞍辔、衬屉缰笼之类，凡马上一切用的，无不全备，放在廊下道：

“师父，鞍辔奉上。”三藏见了，欢喜领受，教行者拿了，背上马看，可相称否。行者走上前，一件件的取起看了，果然是些好物。有诗为证，诗曰：雕鞍彩晃柬银星，宝凳光飞金线明。衬屉几层绒苫迭，牵疆三股紫丝绳。辔头皮札团花粲，云扇描金舞兽形。环嚼叩成磨炼铁，两垂蘸水结毛缨。行者心中暗喜，将鞍辔背在马上，就似量着做的一般。三藏拜谢那老，那老慌忙搀起道：“惶恐！惶恐！何劳致谢？”那老者也不再留，请三藏上马。那长老出得门来，攀鞍上马，行者担着行李。那老儿复袖中取出一条鞭儿来，却是皮丁儿寸札的香藤柄子，虎筋丝穿结的梢儿，在路旁拱手奉上道：“圣僧，我还有一条挽手儿，一发送了你罢。”那三藏在马上接了道：“多承布施！多承布施！”正打问讯，却早不见了那老儿，及回看那里社祠，是一片光地。只听得半空中有人言语道：“圣僧，多简慢你。我是落伽山山神土地，蒙菩萨差送鞍辔与汝等的。汝等可努力西行，却莫一时怠慢。”慌得个三藏滚鞍下马，望空礼拜道：“弟子肉眼凡胎，不识尊神尊面，望乞恕罪。烦转达菩萨，深蒙恩佑。”你看他只管朝天磕头，也不计其数，路旁边活活的笑倒个孙大圣，孜孜的喜坏个美猴王，上前来扯住唐僧道：“师父，你起来罢，他已去得远了，听不见你祷祝，看不见你磕头。只管拜怎的？”长老道：

“徒弟呀，我这等磕头，你也就不拜他一拜，且立在旁边，只管哂笑，是何道理？”行者道：“你那里知道，象他这个藏头露尾的，本该打他一顿，只为看菩萨面上，饶他打尽彀了，他还敢受我老孙之拜？老孙自小儿做好汉，不晓得拜人，就是见了玉皇大帝、太上老君，我也只是唱个喏便罢了。”三藏道：“不当人子！莫说这空头话！快起来，莫误了走路。”那师父才起来收拾投西而去。

此去行有两个月太平之路，相遇的都是些虏虏、回回，狼虫虎豹。光阴迅速，又值早春时候，但见山林锦翠色，草木发青芽；梅英落尽，柳眼初开。师徒们行玩春光，又见太阳西坠。三藏勒马遥观，山凹里，有楼台影影，殿阁沉沉。三藏道：“悟空，你看那里是甚么去处？”行者抬头看了道：“不是殿宇，定是寺院。我们赶起些，那里借宿去。”三藏欣然从之，放开龙马，径奔前来。毕竟不知此去是甚么去处，且听下回分解。

第十六回　观音院僧谋宝贝　黑风山怪窃袈裟

却说他师徒两个，策马前来，直至山门首观看，果然是一座寺院。但见那层层殿阁，迭迭廊房，三山门外，巍巍万道彩云遮；五福堂前，艳艳千条红雾绕。两路松篁，一林桧柏。两路松篁，无年无纪自清幽；一林桧柏，有色有颜随傲丽。又见那钟鼓楼高，浮屠塔峻。安禅僧定性，啼树鸟音闲。寂寞无尘真寂寞，清虚有道果清虚。诗曰：上刹祇园隐翠窝，招提胜景赛婆婆。果然净土人间少，天下名山僧占多。长老下了马，行者歇了担，正欲进门，只见那门里走出一众僧来。你看他怎生模样：头戴左笄帽，身穿无垢衣。铜环双坠耳，绢带束腰围。草履行来稳，木鱼手内提。口中常作念，般若总皈依。三藏见了，侍立门旁，道个问讯，那和尚连忙答礼，笑道失瞻，问：“是那里来的？请入方丈献茶。”三藏道：“我弟子乃东土钦差，上雷音寺拜佛求经。至此处天色将晚，欲借上刹一宵。”那和尚道：“请进里坐，请进里坐。”三藏方唤行者牵马进来。那和尚忽见行者相貌，有些害怕，便问：“那牵马的是个甚么东西？”三藏道：“悄言！悄言！他的性急，若听见你说是甚么东西，他就恼了。他是我的徒弟。”

那和尚打了个寒噤，咬着指头道：“这般一个丑头怪脑的，好招他做徒弟？”三藏道：“你看不出来哩，丑自丑，甚是有用。”

那和尚只得同三藏与行者进了山门。山门里。又见那正殿上书四个大字，是观音禅院。三藏又大喜道：“弟子屡感菩萨圣恩，未及叩谢。今遇禅院，就如见菩萨一般，甚好拜谢。”那和尚闻言，即命道人开了殿门，请三藏朝拜。那行者拴了马，丢了行李，同三藏上殿。三藏展背舒身，铺胸纳地，望金象叩头。那和尚便去打鼓，行者就去撞钟。三藏俯伏台前，倾心祷祝。祝拜已毕，那和尚住了鼓，行者还只管撞钟不歇，或紧或慢，撞了许久，那道人道：“拜已毕了，还撞钟怎么？”行者方丢了钟杵，笑道：“你那里晓得，我这是做一日和尚撞一日钟的。”此时却惊动那寺里大小僧人、上下房长老，听得钟声乱响，一齐拥出道：“那个野人在这里乱敲钟鼓？”行者跳将出来，咄的一声道：

“是你孙外公撞了耍子的！”那些和尚一见了，唬得跌跌滚滚，都爬在地下道：“雷公爷爷！”行者道：“雷公是我的重孙儿哩！起来起来，不要怕，我们是东土大唐来的老爷。”众僧方才礼拜，见了三藏，都才放心不怕。内有本寺院主请道：“老爷们到后方丈中奉茶。”遂而解缰牵马，抬了行李，转过正殿，径入后房，序了坐次。

那院主献了茶，又安排斋供。天光尚早，三藏称谢未毕，只见那后面有两个小童，搀着一个老僧出来。看他怎生打扮：头上戴一顶毗卢方帽，猫睛石的宝顶光辉；身上穿一领锦绒褊衫，翡翠毛的金边晃亮。一对僧鞋攒八宝，一根拄杖嵌云星。满面皱痕，好似骊山老母；一双昏眼，却如东海龙君。口不关风因齿落，腰驼背屈为筋挛。众僧道：“师祖来了。”三藏躬身施礼迎接道：“老院主，弟子拜揖。”那老僧还了礼，又各叙坐。老僧道：

“适间小的们说东土唐朝来的老爷，我才出来奉见。”三藏道：“轻造宝山，不知好歹，恕罪恕罪！”老僧道：“不敢不敢！”因问：“老爷，东土到此，有多少路程？”三藏道：“出长安边界，有五千余里；过两界山，收了一个小徒，一路来，行过西番哈咇国，经两个月，又有五六千里，才到了贵处。”老僧道：“也有万里之遥了。我弟子虚度一生，山门也不曾出去，诚所谓坐井观天，樗朽之辈。”三藏又问：“老院主高寿几何？”老僧道：“痴长二百七十岁了。”行者听见道：“这还是我万代孙儿哩？”三藏瞅了他一眼道：“谨言！莫要不识高低冲撞人。”那和尚便问：老爷，你有多少年纪了？”行者道：“不敢说。”那老僧也只当一句疯话，便不介意，也不再回，只叫献茶。有一个小幸童，拿出一个羊脂玉的盘儿，有三个法蓝镶金的茶锺；又一童，提一把白铜壶儿，斟了三杯香茶。真个是色欺榴蕊艳，味胜桂花香。三藏见了，夸爱不尽道：“好物件！好物件！真是美食美器！”那老僧道：“污眼污眼！老爷乃天朝上国，广览奇珍，似这般器具，何足过奖？老爷自上邦来，可有甚么宝贝，借与弟子一观？”三藏道：“可怜！我那东土，无甚宝贝，就有时，路程遥远，也不能带得。”行者在旁道：“师父，我前日在包袱里，曾见那领袈裟，不是件宝贝？拿与他看看如何？”众僧听说袈裟，一个个冷笑。行者道：“你笑怎的？”院主道：“老爷才说袈裟是件宝贝，言实可笑。若说袈裟，似我等辈者，不止二三十件；若论我师祖，在此处做了二百五六十年和尚，足有七八百件！”叫：“拿出来看看。”那老和尚，也是他一时卖弄，便叫道人开库房，头陀抬柜子，就抬出十二柜，放在天井中，开了锁，两边设下衣架，四围牵了绳子，将袈裟一件件抖开挂起，请三藏观看。果然是满堂绮绣，四壁绫罗！行者一一观之，都是些穿花纳锦，刺绣销金之物，笑道：“好，好，好，收起收起！把我们的也取出来看看。”三藏把行者扯住，悄悄的道：“徒弟，莫要与人斗富。你我是单身在外，只恐有错。”

行者道：“看看袈裟，有何差错？”三藏道：“你不曾理会得，古人有云，珍奇玩好之物，不可使见贪婪奸伪之人。倘若一经入目，必动其心；既动其心，必生其计。汝是个畏祸的，索之而必应其求可也；不然，则殒身灭命，皆起于此，事不小矣。”行者道：“放心放心！都在老孙身上！”你看他不由分说，急急的走了去，把个包袱解开，早有霞光迸迸，尚有两层油纸裹定，去了纸，取出袈裟！抖开时，红光满室，彩气盈庭。众僧见了，无一个不心欢口赞。真个好袈裟！上头有：千般巧妙明珠坠，万样稀奇佛宝攒。上下龙须铺彩绮，兜罗四面锦沿边。体挂魍魉从此灭，身披魑魅入黄泉。托化天仙亲手制，不是真僧不敢穿。

那老和尚见了这般宝贝，果然动了奸心，走上前对三藏跪下，眼中垂泪道：“我弟子真是没缘！”三藏搀起道：“老院师有何话说？”他道：“老爷这件宝贝，方才展开，天色晚了，奈何眼目昏花，不能看得明白，岂不是无缘！”三藏教：“掌上灯来，让你再看。”那老僧道：“爷爷的宝贝，已是光亮，再点了灯，一发晃眼，莫想看得仔细。”行者道：“你要怎的看才好？”老僧道：

“老爷若是宽恩放心，教弟子拿到后房，细细的看一夜，明早送还老爷西去，不知尊意何如？”三藏听说，吃了一惊，埋怨行者道：“都是你！都是你！”行者笑道：“怕他怎的？等我包起来，教他拿了去看。但有疏虞，尽是老孙管整。”那三藏阻当不住，他把袈裟递与老僧道：“凭你看去，只是明早照旧还我，不得损污些须。”老僧喜喜欢欢，着幸童将袈裟拿进去，却吩咐众僧，将前面禅堂扫净，取两张藤床，安设铺盖，请二位老爷安歇；一壁厢又教安排明早斋送行，遂而各散。师徒们关了禅堂，睡下不题。

却说那和尚把袈裟骗到手，拿在后房灯下，对袈裟号啕痛哭，慌得那本寺僧，不敢先睡。小幸童也不知为何，却去报与众僧道：“公公哭到二更时候，还不歇声。”有两个徒孙，是他心爱之人，上前问道：“师公，你哭怎的？”老僧道：“我哭无缘，看不得唐僧宝贝！”小和尚道：“公公年纪高大，发过了他的袈裟，放在你面前，你只消解开看便罢了，何须痛哭？”老僧道：“看的不长久。我今年二百七十岁，空挣了几百件袈裟，怎么得有他这一件？怎么得做个唐僧？”小和尚道：“师公差了。唐僧乃是离乡背井的一个行脚僧。你这等年高，享用也彀了，倒要象他做行脚僧，何也？”老僧道：“我虽是坐家自在，乐乎晚景，却不得他这袈裟穿穿。若教我穿得一日儿，就死也闭眼，也是我来阳世间为僧一场！”众僧道：“好没正经！你要穿他的，有何难处？我们明日留他住一日，你就穿他一日，留他住十日，你就穿他十日便罢了。何苦这般痛哭？”老僧道：“纵然留他住了半载，也只穿得半载，到底也不得气长。他要去时只得与他去，怎生留得长远？”

正说话处，有一个小和尚名唤广智，出头道：“公公，要得长远也容易。”老僧闻言，就欢喜起来道：“我儿，你有甚么高见？”广智道：“那唐僧两个是走路的人，辛苦之甚，如今已睡着了。我们想几个有力量的，拿了枪刀，打开禅堂，将他杀了，把尸首埋在后园，只我一家知道，却又谋了他的白马、行囊，却把那袈裟留下，以为传家之宝，岂非子孙长久之计耶？”老和尚见说，满心欢喜，却才揩了眼泪道：“好！好！好！此计绝妙！”即便收拾枪刀。内中又有一个小和尚，名唤广谋，就是那广智的师弟，上前来道：“此计不妙。若要杀他，须要看看动静。那个白脸的似易，那个毛脸的似难。万一杀他不得，却不反招己祸？我有一个不动刀枪之法，不知你尊意如何？”老僧道：“我儿，你有何法？”广谋道：“依小孙之见，如今唤聚东山大小房头，每人要干柴一束，舍了那三间禅堂，放起火来，教他欲走无门，连马一火焚之。就是山前山后人家看见，只说是他自不小心，走了火，将我禅堂都烧了。那两个和尚，却不都烧死？又好掩人耳目。袈裟岂不是我们传家之宝？”那些和尚闻言，无不欢喜，都道：“强！强！强！此计更妙！更妙！”遂教各房头搬柴来。唉！

这一计，正是弄得个高寿老僧该尽命，观音禅院化为尘！原来他那寺里，有七八十个房头，大小有二百余众。当夜一拥搬柴，把个禅堂前前后后四面围绕不通，安排放火不题。

却说三藏师徒，安歇已定。那行者却是个灵猴，虽然睡下，只是存神炼气，朦胧着醒眼。忽听得外面不住的人走，揸揸的柴响风生，他心疑惑道：“此时夜静，如何有人行得脚步之声？

莫敢是贼盗，谋害我们的？”他就一骨鲁跳起，欲要开门出看，又恐惊醒师父。你看他弄个精神，摇身一变，变做一个蜜蜂儿，真个是：口甜尾毒，腰细身轻。穿花度柳飞如箭，粘絮寻香似落星。小小微躯能负重，嚣嚣薄翅会乘风。却自椽棱下，钻出看分明。只见那众僧们，搬柴运草，已围住禅堂放火哩。行者暗笑道：“果依我师父之言，他要害我们性命，谋我的袈裟，故起这等毒心。我待要拿棍打他啊，可怜又不禁打，一顿棍都打死了，师父又怪我行凶。罢，罢，罢！与他个顺手牵羊，将计就计，教他住不成罢！”好行者，一筋斗跳上南天门里，唬得个庞刘苟毕躬身，马赵温关控背，俱道：“不好了！不好了！那闹天宫的主子又来了！”行者摇着手道：“列位免礼休惊，我来寻广目天王的。”说不了，却遇天王早到，迎着行者道：“久阔，久阔。前闻得观音菩萨来见玉帝，借了四值功曹、六丁六甲并揭谛等，保护唐僧往西天取经去，说你与他做了徒弟，今日怎么得闲到此？”行者道：“且休叙阔。唐僧路遇歹人，放火烧他，事在万分紧急，特来寻你借辟火罩儿，救他一救。快些拿来使使，即刻返上。”天王道：“你差了，既是歹人放火，只该借水救他，如何要辟火罩？”行者道：“你那里晓得就里。借水救之，却烧不起来，倒相应了他；只是借此罩，护住了唐僧无伤，其余管他，尽他烧去，快些快些！此时恐已无及，莫误了我下边干事！”那天王笑道：“这猴子还是这等起不善之心，只顾了自家，就不管别人。”

行者道：“快着快着，莫要调嘴，害了大事！”那天王不敢不借，遂将罩儿递与行者。

行者拿了，按着云头，径到禅堂房脊上，罩住了唐僧与白马、行李，他却去那后面老和尚住的方丈房上头坐，着意保护那袈裟。看那些人放起火来，他转捻诀念咒，望巽地上吸一口气吹将去，一阵风起，把那火转刮得烘烘乱着。好火！好火！但见：黑烟漠漠，红焰腾腾。黑烟漠漠，长空不见一天星；红焰腾腾，大地有光千里赤。起初时，灼灼金蛇；次后来，威威血马。南方三炁逞英雄，回禄大神施法力。燥干柴烧烈火性，说甚么燧人钻木；熟油门前飘彩焰，赛过了老祖开炉。正是那无情火发，怎禁这有意行凶，不去弭灾，反行助虐。风随火势，焰飞有千丈余高；火趁风威，灰迸上九霄云外。乒乒乓乓，好便似残年爆竹；泼泼喇喇，却就如军中炮声。烧得那当场佛象莫能逃，东院伽蓝无处躲。胜如赤壁夜鏖兵，赛过阿房宫内火！这正是星星之火，能烧万顷之田。须臾间，风狂火盛，把一座观音院，处处通红。你看那众和尚，搬箱抬笼，抢桌端锅，满院里叫苦连天。

孙行者护住了后边方丈，辟火罩罩住了前面禅堂，其余前后火光大发，真个是照天红焰辉煌，透壁金光照耀！

不期火起之时，惊动了一山兽怪。这观音院正南二十里远近，有座黑风山，山中有一个黑风洞，洞中有一个妖精，正在睡醒翻身，只见那窗门透亮，只道是天明。起来看时，却是正北下的火光晃亮，妖精大惊道："呀！这必是观音院里失了火！这些和尚好不小心！我看时与他救一救来。"好妖精，纵起云头，即至烟火之下，果然冲天之火，前面殿宇皆空，两廊烟火方灼。他大拽步，撞将进去，正呼唤叫取水来，只见那后房无火，房脊上有一人放风。他却情知如此，急入里面看时，见那方丈中间有些霞光彩气，台案上有一个青毡包袱。他解开一看，见是一领锦襕袈裟，乃佛门之异宝。正是财动人心，他也不救火，他也不叫水，拿着那袈裟，趁哄打劫，拽回云步，径转东山而去。

那场火只烧到五更天明，方才灭息。你看那众僧们，赤赤精精，啼啼哭哭，都去那灰内寻铜铁，拨腐炭，扑金银。有的在墙筐里，苫搭窝棚；有的赤壁根头，支锅造饭。叫冤叫屈，乱嚷乱闹不题。

却说行者取了辟火罩，一筋斗送上南天门，交与广目天王道："谢借！谢借！"天王收了道："大圣至诚了。我正愁你不还我的宝贝，无处寻讨，且喜就送来也。"行者道："老孙可是那当面骗物之人？这叫做好借好还，再借不难。"天王道："许久不面，请到宫少坐一时何如？"行者道："老孙比在前不同，烂板凳高谈阔论了；如今保唐僧，不得身闲。容叙！容叙！"急辞别坠云，又见那太阳星上，径来到禅堂前，摇身一变，变做个蜜蜂儿，飞将进去，现了本象，看时那师父还沉睡哩。行者叫道："师父，天亮了，起来罢。"三藏才醒觉，翻身道："正是。"穿了衣服，开门出来，忽抬头只见些倒壁红墙，不见了楼台殿宇，大惊道：

"呀！怎么这殿宇俱无？都是红墙，何也？"行者道："你还做梦哩！今夜走了火的。"三藏道："我怎不知？"行者道："是老孙护了禅堂，见师父浓睡，不曾惊动。"三藏道："你有本事护了禅堂，如何就不救别房之火？"行者笑道："好教师父得知。果然依你昨日之言，他爱上我们的袈裟，算计要烧杀我们。若不是老孙知觉，到如今皆成灰骨矣！"三藏闻言，害怕道："是他们放的火么？"行者道："不是他是谁？"三藏道："莫不是怠慢了你，你干的这个勾当？"行者道："老孙是这等惫懒之人，干这等不良之事？实实是他家放的。老孙见他心毒，果是不曾与他救火，只是与他略略助些风的。"三藏道："天那！天那！火起时，只该助水，怎转助风？"行者道："你可知古人云，人没伤虎心，虎没伤人意。他不弄火，我怎肯弄风？"三藏道："袈裟何在？敢莫是烧坏了也？"行者道："没事！没事！烧不坏！那放袈裟的方丈无火。"三藏恨道："我不管你！但是有些儿伤损，我只把那话儿念动念动，你就是死了！"行者慌了道："师父，莫念！莫念！管寻还你袈裟就是了。等我去拿来走路。"三藏才牵着马，行者挑了担，出了禅堂，径往后方丈去。

却说那些和尚，正悲切间，忽的看见他师徒牵马挑担而来，唬得一个个魂飞魄散道："冤魂索命来了！"行者喝道："甚么冤魂索命？快还我袈裟来！"众僧一齐跪倒叩头道："爷爷呀！冤有冤家，债有债主。要索命不干我们事，都是广谋与老和尚定计害你的，莫问我们讨命。"行者咄的一声道："我把你这些该死的畜生！那个问你讨甚么命！只拿袈裟来还我走路！"其间有两个胆量大的和尚道："老爷，你们在禅堂里已烧死了，如今又来讨袈裟，端的还是人是鬼？"行者笑道："这伙孽畜！那里有甚么火来？你去前面看看禅堂，再来说话！"众僧们爬起来往前观看，那禅堂外面的门窗槅扇，更不曾燎灼了半分。众人悚惧，才认得三藏是位神僧，行者是尊护法，一齐上前叩头道：

"我等有眼无珠，不识真人下界！你的袈裟在后面方丈中老师祖处哩。"三藏行过了三五层败壁破墙，嗟叹不已。只见方丈果然无火，众僧抢入里面，叫道："公公！唐僧乃是神人，未曾烧死，如今反害了自己家当！趁早拿出袈裟，还他去也。"

原来这老和尚寻不见袈裟，又烧了本寺的房屋，正在万分烦恼焦燥之处，一闻此言，怎敢答应？因寻思无计，进退无方，拽开步，躬着腰，往那墙上着实撞了一头，可怜只撞得脑破血流魂魄散，咽喉气断染红沙！有诗为证，诗曰：堪叹老衲性愚蒙，枉作人间一寿翁。欲得袈裟传远世，岂知佛宝不凡同！但将容易为长久，定是萧条取败功。广智广谋成甚用？损人利己一场空！慌得个众僧哭道："师公已撞杀了，又不见袈裟，怎生是好？"行者道："想是汝等盗藏起也！都出来！开具花名手本，等老孙逐一查点！"那上下房的院主，将本寺和尚、头陀、幸童、道人尽行开具手本二张，大小人等，共计二百三十名。行者请师父高坐，他却一一从头唱名搜检，都要解放衣襟，分明点过，更无袈裟。又将那各房头搬抢出去的箱笼物件，从头细细寻遍，那里得有踪迹。三藏心中烦恼，懊恨行者不尽，却坐在上面念动那咒。行者扑的跌倒在地，抱着头，十分难禁，只教"莫念！莫念！管寻还了袈裟！"那众僧见了，一个个战兢兢的，上前跪下劝解，三藏才合口不念。行者一骨鲁跳起来，耳朵里掣出铁棒，要打那些和尚，被三藏喝住道："这猴头！你头痛还不怕，还要无礼？休动手！且莫伤人！再与我审问一问！"众僧们磕头礼拜，哀告三藏道："老爷饶命！我等委实的不曾看见。这都是那老死鬼的不是。他昨晚看着你的袈裟，只哭到更深时候，看也不曾敢看，思量要图长久，做个传家之宝，设计定策，要烧杀老爷。自火起之候，狂风大作，各人只顾救火，搬抢物件，更不知袈裟去向。"

行者大怒，走进方丈屋里，把那触死鬼尸首抬出，选剥了细看，浑身更无那件宝贝，就把个方丈掘地三尺，也无踪影。行者忖量半晌，问道："你这里可有甚么妖怪成精么？"院主道：

"老爷不问，莫想得知。我这里正东南有座黑风山，黑风洞内有一个黑大王。我这老死鬼常与他讲道，他便是个妖精。别无甚物。"行者道："那山离此有多远近？"院主道："只有二十里，那望见山头的就是。"行者笑道："师父放心，不须讲了，一定是那黑怪偷去无疑。"三藏道："他那厢离此有二十里，如何就断得是他？"行者道："你不曾见夜间那火，光腾万里，亮透三天，且休说二十里，就是二百里也照见了！坐定是他见火光焜耀，趁着机会，暗暗的来到这里，看见我们袈裟是件宝贝，必然趁哄掳去也。等老孙去寻他一寻。"三藏道："你去了时，我却何倚？"

行者道："这个放心，暗中自有神灵保护，明中等我叫那些和尚伏侍。"即唤众和尚过来道："汝等着几个去埋那老鬼，着几个伏侍我师父，看守我白马！"众僧领诺。行者又道："汝等莫顺口儿答应，等我去了，你就不来奉承。看师父的，要怡颜悦色；养白马的，要水草调匀。假有一毫儿差了，照依这个样棍，与你们看看！"他掣出棍子，照那火烧的砖墙扑的一下，把那墙打得粉碎，又震倒了有七八层墙。众僧见了，个个骨软身麻，跪着磕头滴泪道："爷爷宽心前去，我等竭力虔心，供奉老爷，决不敢一毫怠慢！"好行者，急纵筋斗云，径上黑风山，寻找这袈裟。正是那：金禅求正出京畿，仗锡投西涉翠微。虎豹狼虫行处有，工商士客见时稀。路逢异国愚僧妒，全仗齐天大圣威。火发风生禅院废，黑熊夜盗锦襕衣。毕竟此去不知袈裟有无，吉凶如何，且听下回分解。

第十七回　孙行者大闹黑风山　观世音收伏熊罴怪

话说孙行者一筋斗跳将起去，唬得那观音院大小和尚并头陀、幸童、道人等一个个朝天礼拜道："爷爷呀！原来是腾云驾雾的神圣下界，怪道火不能伤！恨我那个不识人的老剥皮，使心用心，今日反害了自己！"三藏道："列位请起，不须恨了。

这去寻着袈裟，万事皆休；但恐找寻不着，我那徒弟性子有些不好，汝等性命不知如何，恐一人不能脱也。"众僧闻得此言，一个个提心吊胆，告天许愿，只要寻得袈裟，各全性命不题。

却说孙大圣到空中，把腰儿扭了一扭，早来到黑风山上。

住了云头，仔细看，果然是座好山。况正值春光时节，但见：万壑争流，千崖竞秀。鸟啼人不见，花落树犹香。雨过天连青壁润，风来松卷翠屏张。山草发，野花开，悬崖峭嶂；薜萝生，佳木丽，峻岭平岗。不遇幽人，那寻樵子？涧边双鹤饮，石上野猿狂。

矗矗堆螺排黛色，巍巍拥翠弄岚光。那行者正观山景，忽听得芳草坡前有人言语。他却轻步潜踪，闪在那石崖之下，偷睛观看。原来是三个妖魔，席地而坐：上首的是一条黑汉，左首下是一个道人，右首下是一个白衣秀士，都在那里高谈阔论。讲的是立鼎安炉，抟砂炼汞，白雪黄芽，旁门外道。正说中间，那黑汉笑道："后日是我母难之日，二公可光顾光顾？"白衣秀士道：

年年与大王上寿，今年岂有不来之理？"黑汉道："我夜来得了一件宝贝，名唤锦襕佛衣，诚然是件玩好之物。我明日就以他为寿，大开筵宴，邀请各山道官，庆贺佛衣，就称为佛衣会如何？"道人笑道："妙！妙！妙！我明日先来拜寿，后日再来赴宴。"

行者闻得佛衣之言，定以为是他宝贝，他就忍不住怒气，跳出石崖，双手举起金箍棒，高叫道："我把你这伙贼怪！你偷了我的袈裟，要做甚么佛衣会！趁早儿将来还我！"喝一声"休走！"

轮起棒照头一下，慌得那黑汉化风而逃，道人驾云而走，只把个白衣秀士，一棒打死，拖将过来看处，却是一条白花蛇怪。索性提起来，捽做五七断，径入深山，找寻那个黑汉。转过尖峰，抹过峻岭，又见那壁陡崖前，耸出一座洞府，但见那：烟霞渺渺，松柏森森。烟霞渺渺采盈门，松柏森森青绕户。桥踏枯槎木，峰巅绕薜萝。鸟衔红蕊来云壑，鹿践芳丛上石台。那门前时催花发，风送花香。临堤绿柳转黄鹂，傍岸夭桃翻粉蝶。虽然旷野不堪夸，却赛蓬莱山下景。

行者到于门首，又见那两扇石门，关得甚紧，门上有一横石板，明书六个大字，乃"黑风山黑风洞"，即便轮棒，叫声"开门！"那里面有把门的小妖，开了门出来，问道："你是何人，敢来击吾仙洞？"行者骂道："你个作死的孽畜！甚么个去处，敢称仙洞！仙字是你称的？快进去报与你那黑汉，教他快送老爷的袈裟出来，饶你一窝性命！"小妖急急跑到里面，报道："大王！佛衣会做不成了！门外有一个毛脸雷公嘴的和尚，来讨袈裟哩！"那黑汉被行者在芳草坡前赶将来，却才关了门，坐还未稳，又听得那话，心中暗想道："这厮不知是那里来的，这般无礼，他敢嚷上我的门来！"教："取披挂！"随结束了，绰一杆黑缨枪，走出门来。这行者闪在门外，执着铁棒，睁睛观看，只见那怪果生得凶险：碗子铁盔火漆光，乌金铠甲亮辉煌。皂罗袍罩风兜袖，黑绿丝绦亸穗长。手执黑缨枪一杆，足踏乌皮靴一双。眼幌金睛如掣电，正是山中黑风王。行者暗笑道："这厮真个如烧窑的一般，筑煤的无二！想必是在此处刷炭为生，怎么这等一身乌黑？"那怪厉声高叫道："你是个甚么和尚，敢在我这里大胆？"行者执铁棒，撞至面前，大咤一声道："不要闲讲！快还你老外公的袈裟来！"那怪道："你是那寺里和尚？你的袈裟在那里失落了，敢来我这里索取？"行者道："我的袈裟，在直北观音院后方丈里放着。只因那院里失了火，你这厮，趁哄掳掠，盗了来，要做佛衣会庆寿，怎敢抵赖？快快还我，饶你性命！若牙迸半个不字，我推倒了黑风山，躧平了黑风洞，把你这一洞妖邪，都碾为齑粉！"那怪闻言，呵呵冷笑道："你这个泼物！原来昨夜那火就是你放的！你在那方丈屋上，行凶招风，是我把一件袈裟拿来了，你待怎么！你是那里来的？姓甚名谁？有多大手段，敢那等海口浪言！"行者道："是你也认不得你老外公哩！你老外公乃大唐上国驾前御弟三藏法师之徒弟，姓孙，名悟空行者。若问老孙的手段，说出来教你魂飞魄散，死在眼前！"那怪道："我不曾会你，有甚么手段，说来我听。"行者笑道："我儿子，你站稳着，仔细听了！我：自小神通手段高，随风变化逞英豪。养性修真熬日月，跳出轮回把命逃。一点诚心曾访道，灵台山上采药苗。那山有个老仙长，寿年十万八千高。老孙拜他为师父，指我长生路一条。他说身内有丹药，外边采取枉徒劳。

得传大品天仙诀，若无根本实难熬。回光内照宁心坐，身中日月坎离交。万事不思全寡欲，六根清净体坚牢。返老还童容易得，超凡入圣路非遥。三年无漏成仙体，不同俗辈受煎熬。十洲三岛还游戏，海角天涯转一遭。活该三百多余岁，不得飞升上九霄。下海降龙真宝贝，才有金箍棒一条。花果山前为帅首，水帘洞里聚群妖。玉皇大帝传宣诏，封我齐天极品高。几番大闹灵霄殿，数次曾偷王母桃。天兵十万来降我，层层密密布枪刀。战退天王归上界，哪吒负痛领兵逃。显圣真君能变化，老孙硬赌跌平交。道祖观音同玉帝，南天门上看降妖。却被老君助一阵，二郎擒我到天曹。将身绑在降妖柱，即命神兵把首枭。

刀砍锤敲不得坏，又教雷打火来烧。老孙其实有手段，全然不怕半分毫。送在老君炉里炼，六丁神火慢煎熬。日满开炉我跳出，手持铁棒绕天跑。纵横到处无遮挡，三十三天闹一遭。我佛如来施法力，五行山压老孙腰。整整压该五百载，幸逢三藏出唐朝。吾今皈正西方去，转上雷音见玉毫。你去乾坤四海问一问，我是历代驰名第一妖！"

那怪闻言笑道："你原来是那闹天宫的弼马温么？"行者最恼的是人叫他弼马温，听见这一声，心中大怒，骂道："你这贼怪！偷了袈裟不还，倒伤老爷！不要走！看棍！"那黑汉侧身躲过，绰长枪，劈手来迎。两家这场好杀：如意棒，黑缨枪，二人洞口逞刚强。分心劈脸刺，着臂照头伤。这个横丢阴棍手，那个直拈急三枪。白虎爬山来探爪，黄龙卧道转身忙。喷彩雾，吐毫光，两个妖仙不可量：一个是修正齐天圣，一个是成精黑大王。这场山里相争处，只为袈裟各不良。那怪与行者斗了十数回合，不分胜负。渐渐红日当午，那黑汉举枪架住铁棒道："孙行者，我两个且收兵，等我进了膳来，再与你赌斗。"行者道：

"你这个孽畜，教做汉子？好汉子，半日儿就要吃饭？似老孙在山根下，整压了五百余年，也未曾尝些汤水，那里便饿哩？莫推故，休走！还我袈裟来，方让你去吃饭！"那怪虚幌一枪，撤身入洞，关了石门，收回小怪，且安排筵宴，书写请帖，邀请各山魔王庆会不题。

却说行者攻门不开，也只得回观音院。那本寺僧人已葬埋了那老和尚，都在方丈里伏侍唐僧。早斋已毕，又摆上午斋，正那里添汤换水，只见行者从空降下，众僧礼拜，接入方丈，见了三藏。三藏道："悟空你来了，袈裟如何？"行者道："已有了根由。早是不曾冤了这些和尚，原来是那黑风山妖怪偷了。老孙去暗暗的寻他，只见他与一个白衣秀士，一个老道人，坐在那芳草坡前讲话。也是个不打自招的怪物，他忽然说出道：后日是他母难之日，邀请诸邪来做生日，夜来得了一件锦襕佛衣，要以此为寿，作一大宴，唤做庆赏佛衣会。是老孙抢到面前，打了一棍，那黑汉化风而走。道人也不见了，只把个白衣秀士打死，乃是一条白花蛇成精。我又急急赶到他洞口，叫他出来与他赌斗。他已承认了，是他拿回。战毂这半日，不分胜负。那怪回洞，却要吃饭，关了石门，惧战不出。老孙却来回看师父，先报此信，已是有了袈裟的下落，不怕他不还我。”众僧闻言，合掌的合掌，磕头的磕头，都念声“南无阿弥陀佛！今日寻着下落，我等方有了性命矣！”行者道：“你且休喜欢畅快，我还未曾到手，师父还未曾出门哩。只等有了袈裟，打发得我师父好好的出门，才是你们的安乐处；若稍有些须不虞，老孙可是好惹的主子！可曾有好茶饭与我师父吃？可曾有好草料喂马？”众僧俱满口答应道：“有！有！有！更不曾一毫有怠慢了老爷。”

三藏道：“自你去了这半日，我已吃过了三次茶汤，两餐斋供了，他俱不曾敢慢我。但只是你还尽心竭力去寻取袈裟回来。”

行者道：“莫忙！既有下落，管情拿住这厮，还你原物。放心，放心！”

正说处，那上房院主，又整治素供，请孙老爷吃斋。行者却吃了些须，复驾祥云，又去找寻。正行间，只见一个小怪，左胁下夹着一个花梨木匣儿，从大路而来。行者度他匣内必有甚么柬札，举起棒，劈头一下，可怜不禁打，就打得似个肉饼一般，却拖在路旁，揭开匣儿观看，果然是一封请帖。帖上写着：“侍生熊罴顿首拜，启上大阐金池老上人丹房：屡承佳惠，感激渊深。夜观回禄之难，有失救护，谅仙机必无他害。生偶得佛衣一件，欲作雅会，谨具花酌，奉扳清赏。至期，千乞仙驾过临一叙。是荷。先二日具。”行者见了，呵呵大笑道：“那个老剥皮，死得他一毫儿也不亏！他原来与妖精结党！怪道他也活了二百七十岁。想是那个妖精，传他些甚么服气的小法儿，故有此寿。老孙还记得他的模样，等我就变做那和尚，往他洞里走走，看我那袈裟放在何处。假若得手，即便拿回，却也省力。”

好大圣，念动咒语，迎着风一变，果然就象那老和尚一般，藏了铁棒，拽开步，径来洞口，叫声开门。那小妖开了门，见是这般模样，急转身报道：“大王，金池长老来了。”那怪大惊道：

“刚才差了小的去下简帖请他，这时候还未到那里哩，如何他就来得这等迅速？想是小的不曾撞着他，断是孙行者呼他来讨袈裟的。管事的，可把佛衣藏了，莫教他看见。”行者进了前门，但见那天井中，松篁交翠，桃李争妍，丛丛花发，簇簇兰香，却也是个洞天之处。又见那二门上有一联对子，写着：“静隐深山无俗虑，幽居仙洞乐天真。”行者暗道：“这厮也是个脱垢离尘、知命的怪物。”入门里，往前又进，到于三层门里，都是些画栋雕梁，明窗彩户。只见那黑汉子，穿的是黑绿纻丝袢袄，罩一领鸦青花绫披风，戴一顶乌角软巾，穿一双麂皮皂靴，见行者进来，整顿衣巾，降阶迎接道：“金池老友，连日欠亲。请坐，请坐。”行者以礼相见，见毕而坐，坐定而茶。茶罢，妖精欠身道：

“适有小简奉启，后日一叙，何老友今日就下顾也？”行者道：

“正来进拜，不期路遇华翰，见有佛衣雅会，故此急急奔来，愿求见见。”那怪笑道：“老友差矣。这袈裟本是唐僧的，他在你处住札，你岂不曾看见，反来就我看看？”行者道：“贫僧借来，因夜晚还不曾展看，不期被大王取来，又被火烧了荒山，失落了家私。那唐僧的徒弟，又有些骁勇，乱忙中，四下里都寻觅不见。原来是大王的洪福收来，故特来一见。”

正讲处，只见有一个巡山的小妖来报道：“大王！祸事了！

下请书的小校，被孙行者打死在大路旁边，他绰着经儿变化做金池长老，来骗佛衣也！”那怪闻言，暗道：“我说那长老怎么今日就来，又来得迅速，果然是他！”急纵身，拿过枪来，就刺行者。行者耳朵里急掣出棍子，现了本相，架住枪尖，就在他那中厅里跳出，自天井中，斗到前门外，唬得那洞里群魔都丧胆，家间老幼尽无魂。这场在山头好赌斗，比前番更是不同。好杀：

那猴王胆大充和尚，这黑汉心灵隐佛衣。语去言来机会巧，随机应变不差池。袈裟欲见无由见，宝贝玄微真妙微。小怪寻山言祸事，老妖发怒显神威。翻身打出黑风洞，枪棒争持辨是非。

棒架长枪声响亮，枪迎铁棒放光辉。悟空变化人间少，妖怪神通世上稀。这个要把佛衣来庆寿，那个不得袈裟肯善归？这番苦战难分手，就是活佛临凡也解不得围。他两个从洞口打上山头，自山头杀在云外，吐雾喷风，飞砂走石，只斗到红日沉西，不分胜败。那怪道：“姓孙的，你且住了手。今日天晚，不好相持。你去，你去！待明早来，与你定个死活。”行者叫道：“儿子莫走！要战便象个战的，不可以天晚相推。”看他没头没脸的，只情使棍子打来，这黑汉又化阵清风，转回本洞，紧闭石门不出。

行者却无计策奈何，只得也回观音院里，按落云头，道声“师父”。那三藏眼儿巴巴的，正望他哩，忽见到了面前，甚喜；

又见他手里没有袈裟，又惧。问道：“怎么这番还不曾有袈裟来？”行者袖中取出个简帖儿来，递与三藏道：“师父，那怪物与这死的老剥皮，原是朋友。他着一个小妖送此帖来，还请他去赴佛衣会。是老孙就把那小妖打死，变做那老和尚，进他洞去，骗了一钟茶吃，欲问他讨袈裟看看，他不肯拿出。正坐间，忽被一个甚么巡山的，走了风信，他就与我打将起来。只斗到这早晚，不分上下。他见天晚，闪回洞去，紧闭石门。老孙无奈，也暂回来。”三藏道：“你手段比他何如？”行者道：“我也硬不多儿，只战个手平。”三藏才看了简帖，又递与那院主道：“你师父敢莫也是妖精么？”那院主慌忙跪下道：“老爷，我师父是人。只因那黑大王修成人道，常来寺里与我师父讲经，他传了我师父些养神服气之术，故以朋友相称。”行者道：“这伙和尚没甚妖气，他一个个头圆顶天，足方履地，但比老孙肥胖长大些儿，非妖精也。你看那帖儿上写着侍生熊罴，此物必定是个黑熊成精。”三藏道：“我闻得古人云，熊与猩猩相类，都是兽类，他却怎么成精？”行者笑道：“老孙是兽类，见做了齐天大圣，与他何异？大抵世间之物，凡有九窍者，皆可以修行成仙。”三藏又道：

“你才说他本事与你手平，你却怎生得胜，取我袈裟回来？”行者道：“莫管，莫管，我有处治。”

正商议间，众僧摆上晚斋，请他师徒们吃了。三藏教掌灯，仍去前面禅堂安歇。众僧都挨墙倚壁，苫搭窝棚，各各睡下，只把个后方丈让与那上下院主安身。此时夜静，但见：银河现影，玉宇无尘。满天星灿烂，一水浪收痕。万籁声宁，千山鸟绝。溪边渔火息，塔上佛灯昏。昨夜阇黎钟鼓响，今宵一遍哭声闻。

是夜在禅堂歇宿。那三藏想着袈裟，那里得稳睡？忽翻身见窗外透白，急起叫道：“悟空，天明了，快寻袈裟去。”行者一骨鲁跳将起来，早见众僧侍立，供奉汤水，行者道：“你等用心伏侍我师父，老孙去也。”三藏下床扯住道：“你往那里去？”行者道“我想这桩事都是观音菩萨没理，他有这个禅院在此，受了这里人家香火，又容那妖精邻住。我去南海寻他，与他讲一讲，教他亲来问妖精讨袈裟还我。”三藏道：“你这去，几时回来？”行者道：“时少只在饭罢，时多只在晌午就成功了。那些和尚，可好伏侍，老孙去也。”说声去，早已无踪。须臾间，到了南海，停云观看，但见那：汪洋海远，水势连天。祥光笼宇宙，瑞气照山川。千层雪浪吼青霄，万迭烟波滔白昼。水飞四野，浪滚周遭。水飞四野振轰雷，浪滚周遭鸣霹雳。休言水势，且看中间。五色朦胧宝迭山，红黄紫皂绿和蓝。才见观音真胜境，试看南海落伽山。好去处！山峰高耸，顶透虚空。

中间有千样奇花，百般瑞草。风摇宝树，日映金莲。观音殿瓦盖琉璃，潮音洞门铺玳瑁。绿杨影里语鹦哥，紫竹林中啼孔雀。罗纹石上，护法威严；玛瑙滩前，木叉雄壮。这行者观不尽那异景非常，径直按云头，到竹林之下。早有诸天迎接道："菩萨前者对众言大圣归善，甚是宣扬。今保唐僧，如何得暇到此？"行者道："因保唐僧，路逢一事，特见菩萨，烦为通报。"诸天遂来洞口报知。菩萨唤入，行者遵法而行，至宝莲台下拜了。菩萨问曰："你来何干？"行者道："我师父路遇你的禅院，你受了人间香火，容一个黑熊精在那里邻住，着他偷了我师父袈裟，屡次取讨不与，今特来问你要的。"菩萨道："这猴子说话，这等无状！既是熊精偷了你的袈裟，你怎来问我取讨？都是你这个孽猴大胆，将宝贝卖弄，拿与小人看见，你却又行凶，唤风发火，烧了我的留云下院，反来我处放刁！"行者见菩萨说出这话，知他晓得过去未来之事，慌忙礼拜道："菩萨，乞恕弟子之罪，果是这般这等。但恨那怪物不肯与我袈裟，师父又要念那话儿咒语，老孙忍不得头疼，故此来拜烦菩萨。望菩萨慈悲之心，助我去拿那妖精，取衣西进也。"菩萨道："那怪物有许多神通，却也不亚于你。也罢，我看唐僧面上，和你去走一遭。"行者闻言，谢恩再拜。即请菩萨出门，遂同驾祥云，早到黑风山，坠落云头，依路找洞。

正行处，只见那山坡前，走出一个道人，手拿着一个玻璃盘儿，盘内安着两粒仙丹，往前正走，被行者撞个满怀，掣出棒，就照头一下，打得脑里浆流出，腔中血迸撺。菩萨大惊道：

"你这个猴子，还是这等放泼！他又不曾偷你袈裟，又不与你相识，又无甚冤仇，你怎么就将他打死？"行者道："菩萨，你认他不得。他是那黑熊精的朋友。他昨日和一个白衣秀士，都在芳草坡前坐讲。后日是黑精的生日，请他们来庆佛衣会。今日他先来拜寿，明日来庆佛衣会，所以我认得，定是今日替那妖去上寿。"菩萨说："既是这等说来，也罢。"行者才去把那道人提起来看，却是一只苍狼。旁边那个盘儿底下却有字，刻道：凌虚子制。行者见了，笑道："造化！造化！"老孙也是便益，菩萨也是省力。这怪叫做不打自招，那怪教他今日了劣。"菩萨说道：

"悟空，这教怎么说？"行者道："菩萨，我悟空有一句话儿，叫做将计就计，不知菩萨可肯依我？"菩萨道："你说。"行者说道：

"菩萨，你看这盘儿中是两粒仙丹，便是我们与那妖魔的贽见；

这盘儿后面刻的四个字，说凌虚子制，便是我们与那妖魔的勾头。菩萨若要依得我时，我好替你作个计较，也就不须动得干戈，也不须劳得征战，妖魔眼下遭瘟，佛衣眼下出现；菩萨要不依我时，菩萨往西，我悟空往东，佛衣只当相送，唐三藏只当落空。"菩萨笑道："这猴熟嘴！"行者道："不敢，倒是一个计较。"

菩萨说："你这计较怎说？"行者道：这盘上刻那凌虚子制，想这道人就叫做凌虚子。菩萨，你要依我时，可就变做这个道人，我把这丹吃了一粒，变上一粒，略大些儿。菩萨你就捧了这个盘儿两颗仙丹，去与那妖上寿，把这丸大些的让与那妖。待那妖一口吞之，老孙便于中取事，他若不肯献出佛衣，老孙将他肚肠，就也织将一件出来。"

菩萨没法，只得也点点头儿。行者笑道："如何？"尔时菩萨乃以广大慈悲，无边法力，亿万化身，以心会意，以意会身，恍惚之间，变作凌虚仙子：鹤氅仙风飒，飘飖欲步虚。苍颜松柏老，秀色古今无。去去还无住，如如自有殊。总来归一法，只是隔邪躯。行者看道："妙啊！妙啊！还是妖精菩萨，还是菩萨妖精？"菩萨笑道："悟空，菩萨妖精，总是一念。若论本来，皆属无有。"行者心下顿悟，转身却就变做一粒仙丹：走盘无不定，圆明未有方。三三勾漏合，六六少翁商。瓦铄黄金焰，牟尼白昼光。外边铅与汞，未许易论量。行者变了那颗丹，终是略大些儿。菩萨认定，拿了那个玻璃盘儿，径到妖洞门口看时，果然是：崖深岫险，云生岭上；柏苍松翠，风飒林间。崖深岫险，果是妖邪出没人烟少；柏苍松翠，也可仙真修隐道情多。山有涧，涧有泉，潺潺流水咽鸣琴，便堪洗耳；崖有鹿，林有鹤，幽幽仙籁动间岑，亦可赏心。这是妖仙有分降菩提，弘誓无边垂恻隐。菩萨看了，心中暗喜道："这孽畜占了这座山洞，却是也有些道分。"因此心中已是有个慈悲。

走到洞口，只见守洞小妖，都有些认得道：凌虚仙长来了。"一边传报，一边接引。那妖早已迎出二门道："凌虚，有劳仙驾珍顾，蓬荜有辉。"菩萨道："小道敬献一粒仙丹，敢称千寿。"他二人拜毕，方才坐定，又叙起他昨日之事。菩萨不答，连忙拿丹盘道："大王，且见小道鄙意。"觑定一粒大的，推与那妖道："愿大王千寿！"那妖亦推一粒，递与菩萨道："愿与凌虚子同之。"让毕，那妖才待要咽，那药顺口儿一直滚下。现了本相，理起四平，那妖滚倒在地。菩萨现相，问妖取了佛衣，行者早已从鼻孔中出去。菩萨又怕那妖无礼，却把一个箍儿，丢在那妖头上。那妖起来，提枪要刺，行者、菩萨早已起在空中，菩萨将真言念起。那怪依旧头疼，丢了枪，满地乱滚。半空里笑倒个美猴王，平地下滚坏个黑熊怪。菩萨道："孽畜！你如今可皈依么？"那怪满口道："心愿皈依，只望饶命！"行者恐耽搁了工夫，意欲就打，菩萨急止住道："休伤他命，我有用他处哩。"行者道："这样怪物，不打死他，反留他在何处用哩？"菩萨道："我那落伽山后，无人看管，我要带他去做个守山大神。"行者笑道：

"诚然是个救苦慈尊，一灵不损。若是老孙有这样咒语，就念上他娘千遍！这回儿就有许多黑熊，都教他了帐！"却说那怪苏醒多时，公道难禁疼痛，只得跪在地下哀告道："但饶性命，愿皈正果！"菩萨方坠落祥光，又与他摩顶受戒，教他执了长枪，跟随左右。那黑熊才一片野心今日定，无穷顽性此时收。菩萨吩咐道："悟空，你回去罢。好生伏侍唐僧，以后再休懈惰生事。"

行者道："深感菩萨远来，弟子还当回送回送。"菩萨道："免送。"行者才捧着袈裟，叩头而别。菩萨亦带了熊罴，径回大海。

有诗为证，诗曰：祥光霭霭凝金象，万道缤纷实可夸。普济世人垂悯恤，遍观法界现金莲。今来多为传经意，此去原无落点瑕。

降怪成真归大海，空门复得锦袈裟。毕竟不知向后事情如何，且听下回分解。

第十八回　观音院唐僧脱难　高老庄行者降魔

行者辞了菩萨，按落云头，将袈裟挂在香楠树上，掣出棒来，打入黑风洞里。那洞里那得一个小妖？原来是他见菩萨出现，降得那老怪就地打滚，急急都散走了。行者一发行凶，将他那几层门上，都积了干柴，前前后后，一齐发火，把个黑风洞烧做个红风洞，却拿了袈裟，驾祥光，转回直北。

话说那三藏望行者急忙不来，心甚疑惑，不知是请菩萨不至，不知是行者托故而逃，正在那胡猜乱想之中，只见半空中彩雾灿灿，行者忽坠阶前，叫道："师父，袈裟来了。"三藏大喜，众僧亦无不欢悦道："好了！好了！我等性命，今日方才得全了。"三藏接了袈裟道："悟空，你早间去时，原约到饭罢晌午，如何此时日西方回？"行者将那请菩萨施变化降妖的事情，备陈了一遍，三藏闻言，遂设香案，朝南礼拜罢，道："徒弟啊，既然有了佛衣，可快收拾包裹去也。"行者道："莫忙，莫忙。今日将晚，不是走路的时候，且待明日早行。”众僧们一齐跪下道：

“孙老爷说得是。一则天晚，二来我等有些愿心儿，今幸平安，有了宝贝，待我还了愿，请老爷散了福，明早再送西行。”行者道：“正是，正是。”你看那些和尚，都倾囊倒底，把那火里抢出的余资，各出所有，整顿了些斋供，烧了些平安无事的纸，念了几卷消灾解厄的经。当晚事毕。

次早方刷扮了马匹，包裹了行囊出门。众僧远送方回。行者引路而去，正是那春融时节，但见那：草衬玉骢蹄迹软，柳摇金线露华新。桃杏满林争艳丽，薜萝绕径放精神。沙堤日暖鸳鸯睡，山涧花香蛱蝶驯。这般秋去冬残春过半，不知何年行满得真文。师徒们行了五七日荒路，忽一日天色将晚，远远的望见一村人家。三藏道：“悟空，你看那壁厢有座山庄相近，我们去告宿一宵，明日再行何如？”行者道：“且等老孙去看看吉凶，再作区处。”那师父挽住丝缰，这行者定睛观看，真个是：竹篱密密，茅屋重重。参天野树迎门，曲水溪桥映户。道旁杨柳绿依依，园内花开香馥馥。此时那夕照沉西，处处山林喧鸟雀；晚烟出爨，条条道径转牛羊。又见那食饱鸡豚眠屋角，醉酣邻叟唱歌来。行者看罢道：“师父请行，定是一村好人家，正可借宿。”那长老催动白马，早到街衢之口。又见一个少年，头裹绵布，身穿蓝袄，持伞背包，敛裩扎裤，脚踏着一双三耳草鞋，雄纠纠的出街忙步。行者顺手一把扯住道：“那里去？我问你一个信儿：此间是甚么地方？”那个人只管苦挣，口里嚷道：“我庄上没人，只是我好问信？”行者陪着笑道：“施主莫恼，与人方便，自己方便。你就与我说说地名何害？我也可解得你的烦恼。”那人挣不脱手，气得乱跳道：“蹭蹬！蹭蹬！家长的屈气受不了，又撞着这个光头，受他的清气！”行者道：“你有本事，劈开我的手，你便就去了也罢。”那人左扭右扭，那里扭得动，却似一把铁钤拑住一般，气得他丢了包袱，撇了伞，两只手，雨点似来抓行者。行者把一只手扶着行李，一只手抵住那人，凭他怎么支吾，只是不能抓着。行者愈加不放，急得爆燥如雷。三藏道：“悟空，那里不有人来了？你再问那人就是，只管扯住他怎的？放他去罢。”行者笑道：“师父不知，若是问了别人没趣，须是问他，才有买卖。”那人被行者扯住不过，只得说出道：“此处乃是乌斯藏国界之地，唤做高老庄。一庄人家有大半姓高，故此唤做高老庄。你放了我去罢。”行者又道：“你这样行装，不是个走近路的。你实与我说你要往那里去，端的所干何事，我才放你。”这人无奈，只得以实情告诉道：“我是高太公的家人，名叫高才。我那太公有一个女儿，年方二十岁，更不曾配人，三年前被一个妖精占了。那妖整做了这三年女婿，我太公不悦，说道女儿招了妖精，不是长法，一则败坏家门，二则没个亲家来往，一向要退这妖精。那妖精那里肯退，转把女儿关在他后宅，将有半年，再不放出与家内人相见。我太公与了我几两银子，教我寻访法师，拿那妖怪。我这些时不曾住脚，前前后后，请了有三四个人，都是不济的和尚，脓包的道士，降不得那妖精。刚才骂了我一场，说我不会干事，又与了我五钱银子做盘缠，教我再去请好法师降他。不期撞着你这个纥刺星扯住，误了我走路，故此里外受气，我无奈，才与你叫喊。不想你又有些拿法，我挣不过你，所以说此实情。你放我走罢。”行者道：“你的造化，我有营生，这才是凑四合六的勾当。你也不须远行，莫要化费了银子。我们不是那不济的和尚，脓包的道士，其实有些手段，惯会拿妖。这正是一来照顾郎中，二来又医得眼好，烦你回去上复你那家主，说我们是东土驾下差来的御弟圣僧往西天拜佛求经者，善能降妖缚怪。”高才道：“你莫误了我。我是一肚子气的人，你若哄了我，没甚手段，拿不住那妖精，却不又带累我来受气？”行者道：“管教不误了你。你引我到你家门首去来。”那人也无计奈何，真个提着包袱，拿了伞，转步回身，领他师徒到于门首道：“二位长老，你且在马台上略坐坐，等我进去报主人知道。”行者才放了手，落担牵马，师徒们坐立门旁等候。

那高才入了大门，径往中堂上走，可可的撞见高太公。太公骂道：“你那个蛮皮畜生，怎么不去寻人，又回来做甚？”高才放下包伞道：“上告主人公得知，小人才行出街口，忽撞见两个和尚：一个骑马，一个挑担。他扯住我不放，问我那里去。我再三不曾与他说及，他缠得没奈何，不得脱手，遂将主人公的事情，一一说与他知。他却十分欢喜，要与我们拿那妖怪哩。”高老道：“是那里来的？”高才道：“他说是东土驾下差来的御弟圣僧，前往西天拜佛求经的。”太公道：“既是远来的和尚，怕不真有些手段。他如今在那里？”高才道：“现在门外等候。”那太公即忙换了衣服，与高才出来迎接，叫声“长老”。三藏听见，急转身，早已到了面前。那老者戴一顶乌绫巾，穿一领葱白蜀锦衣，踏一双糙米皮的犊子靴，系一条黑绿绦子，出来笑语相迎，便叫：“二位长老，作揖了。”三藏还了礼，行者站着不动。那老者见他相貌凶丑，便就不敢与他作揖。行者道：“怎么不唱老孙喏？”那老儿有几分害怕，叫高才道：“你这小厮却不弄杀我也？家里现有一个丑头怪脑的女婿打发不开，怎么又引这个雷公来害我？”行者道：“老高，你空长了许大年纪，还不省事！若专以相貌取人，干净错了。我老孙丑自丑，却有些本事，替你家擒得妖精，捉得鬼魅，拿住你那女婿，还了你女儿，便是好事，何必谆谆以相貌为言！”太公见说，战兢兢的，只得强打精神，叫声“请进”。这行者见请，才牵了白马，教高才挑着行李，与三藏进去。他也不管好歹，就把马拴在敞厅柱上，扯过一张退光漆交椅，叫三藏坐下。他又扯过一张椅子，坐在旁边。那高老道：

“这个小长老，倒也家怀。”行者道：“你若肯留我住得半年，还家怀哩。”

坐定，高老问道：“适间小价说，二位长老是东土来的？”三藏道：“便是。贫僧奉朝命往西天拜佛求经，因过宝庄，特借一宿，明日早行。”高老道：“二位原是借宿的，怎么说会拿怪？”行者道：“因是借宿，顺便拿几个妖怪儿耍耍的。动问府上有多少妖怪？”高老道：“天哪！还吃得有多少哩！只这一个妖怪女婿，已彀他磨慌了！”行者道：“你把那妖怪的始末，有多大手段，从头儿说说我听，我好替你拿他。”高老道：“我们这庄上，自古至今，也不晓得有甚么鬼祟魍魉，邪魔作耗。只是老拙不幸，不曾有子，止生三个女儿：大的唤名香兰，第二的名玉兰，第三的名翠兰。那两个从小儿配与本庄人家，止有小的个，要招个女婿，指望他与我同家过活，做个养老女婿，撑门抵户，做活当差。不期三年前，有一个汉子，模样儿倒也精致，他说是福陵山上人家，姓猪，上无父母，下无兄弟，愿与人家做个女婿。我老拙见是这般一个无羁无绊的人，就招了他。一进门时，倒也勤谨：耕田耙地，不用牛具；收割田禾，不用刀杖。昏去明来，其实也好，只是一件，有些会变嘴脸。”行者道：“怎么变么？”高老道：“初来时，是一条黑胖汉，后来就变做一个长嘴大耳朵的呆子，脑后又有一溜鬃毛，身体粗糙怕人，头脸就象个猪的模样。食肠却又甚大：一顿要吃三五斗米饭，早间点心，也得百十个烧饼才彀。喜得还吃斋素，若再吃荤酒，便是老拙这些家业田产之类，不上半年，就吃个罄净！”三藏道：“只因他做得，所以吃得。”高老道：“吃还是件小事，他如今又会弄风，云来雾去，走石飞砂，唬得我一家并左邻右舍，俱不得安生。又把那翠兰小女关在后宅子里，一发半年也不曾见面，更不知死活如何。因此知他是个妖怪，要请个法师与他去退，去退。”行者道：“这个何难？老儿你管放心，今夜管情与你拿住，教他写了退亲文书，还你女儿如何？”高老大喜道：“我为招了他不打紧，坏了我多少清名，疏了我多少亲眷。但得拿住他，要甚么文书？就烦与我除了根罢。”行者道：“容易，容易！入夜之时，就见好歹。”

老儿十分欢喜，才教展抹桌椅，摆列斋供。斋罢将晚，老儿问道：“要甚兵器？要多少人随？趁早好备。”行者道：“兵器我自有。”老儿道：“二位只是那根锡杖，锡杖怎么打得妖精？”行者随于耳内取出一个绣花针来，捻在手中，迎风幌了一幌，就是碗来粗细的一根金箍铁棒，对着高老道：“你看这条棍子，比你家兵器如何？可打得这怪否？”高老又道：“既有兵器，可要人跟？”行者道：“我不用人，只是要几个年高有德的老儿，陪我师父清坐闲叙，我好撇他而去。等我把那妖精拿来，对众取供，替你除了根罢。”那老儿即唤家僮，请了几个亲故朋友。一时都到，相见已毕，行者道：“师父，你放心稳坐，老孙去也。”

你看他揝着铁棒，扯着高老道：“你引我去后宅子里妖精的住处看看。”高老遂引他到后宅门首，行者道：“你去取钥匙来。”高老道：“你且看看，若是用得钥匙，却不请你了。”行者笑道：“你那老儿，年纪虽大，却不识耍。我把这话儿哄你一哄，你就当真。”走上前，摸了一摸，原来是铜汁灌的锁子。狠得他将金箍棒一捣，捣开门扇，里面却黑洞洞的。行者道：“老高，你去叫你女儿一声，看他可在里面。”那老儿硬着胆叫道：“三姐姐！”那女儿认得是他父亲的声音，才少气无力的应了一声道：

“爹爹，我在这里哩。”行者闪金睛，向黑影里仔细看时，你道他怎生模样？但见那：云鬓乱堆无掠，玉容未洗尘淄。一片兰心依旧，十分娇态倾颓。樱唇全无气血，腰肢屈屈偎偎。愁蹙蹙，蛾眉淡，瘦怯怯，语声低。他走来看见高老，一把扯住，抱头大哭。行者道：“且莫哭！且莫哭”！我问你，妖怪往那里去了？”

女子道：“不知往那里走。这些时，天明就去，入夜方来，云云雾雾，往回不知何所。因是晓得父亲要祛退他，他也常常防备，故此昏来朝去。”行者道：“不消说了，老儿，你带令爱往前边宅里，慢慢的叙阔，让老孙在此等他。他若不来，你却莫怪；他若来了，定与你剪草除根。”那老高欢欢喜喜的，把女儿带将前去。

行者却弄神通，摇身一变，变得就如那女子一般，独自个坐在房里等那妖精。不多时，一阵风来，真个是走石飞砂。好风：起初时微微荡荡，向后来渺渺茫茫。微微荡荡乾坤大，渺渺茫茫无阻碍。凋花折柳胜摁麻，倒树摧林如拔菜。翻江搅海鬼神愁，裂石崩山天地怪。衔花麋鹿失来踪，摘果猿猴迷在外。七层铁塔侵佛头，八面幢幡伤宝盖。金梁玉柱起根摇，房上瓦飞如燕块。举棹梢公许愿心，开船忙把猪羊赛。当坊土地弃祠堂，四海龙王朝上拜。海边撞损夜叉船，长城刮倒半边塞。那阵狂风过处，只见半空里来了一个妖精，果然生得丑陋：黑脸短毛，长喙大耳，穿一领青不青、蓝不蓝的梭布直裰，系一条花布手巾。行者暗笑道：“原来是这个买卖！”好行者，却不迎他，也不问他，且睡在床上推病，口里哼哼喷喷的不绝。那怪不识真假，走进房，一把搂住，就要亲嘴。行者暗笑道：“真个要来弄老孙哩！”即使个拿法，托着那怪的长嘴，叫做个小跌。漫头一料，扑的掼下床来。那怪爬起来，扶着床边道：“姐姐，你怎么今日有些怪我？想是我来得迟了？”行者道：“不怪！不怪！”那妖道：

“既不怪我，怎么就丢我这一跌？”行者道：“你怎么就这等样小家子，就搂我亲嘴？我因今日有些不自在，若每常好时，便起来开门等你了。你可脱了衣服睡是。”那怪不解其意，真个就去脱衣。行者跳起来，坐在净桶上。那怪依旧复来床上摸一把，摸不着人，叫道：“姐姐，你往那里去了？请脱衣服睡罢。”行者道：

“你先睡，等我出个恭来”那怪果先解衣上床。行者忽然叹口气，道声“造化低了！”那怪道：“你恼怎的？造化怎么得低的？我得到了你家，虽是吃了些茶饭，却也不曾白吃你的：我也曾替你家扫地通沟，搬砖运瓦，筑土打墙，耕田耙地，种麦插秧，创家立业。如今你身上穿的锦，戴的金，四时有花果享用，八节有蔬菜烹煎，你还有那些儿不趁心处，这般短叹长吁，说甚么造化低了？”行者道：“不是这等说。今日我的父母，隔着墙，丢砖料瓦的，甚是打我骂我哩。”那怪道：“他打骂你怎的？”行者道：

“他说我和你做了夫妻，你是他门下一个女婿，全没些儿礼体。

这样个丑嘴脸的人，又会不得姨夫，又见不得亲戚，又不知你云来雾去，端的是那里人家，姓甚名谁，败坏他清德，玷辱他门风，故此这般打骂，所以烦恼。”那怪道：“我虽是有些儿丑陋，若要俊，却也不难。我一来时，曾与他讲过，他愿意方才招我，今日怎么又说起这话！我家住在福陵山云栈洞。我以相貌为姓，故姓猪，官名叫做猪刚鬣。他若再来问你，你就以此话与他说便了。”行者暗喜道：“那怪却也老实，不用动刑，就供得这等明白。既有了地方姓名，不管怎的也拿住他。”行者道：“他要请法师来拿你哩。”那怪笑道：“睡着！睡着！莫睬他！我有天罡数的变化，九齿的钉钯，怕甚么法师、和尚、道士？就是你老子有虔心，请下九天荡魔祖师下界，我也曾与他做过相识，他也不敢怎的我。”行者道：“他说请一个五百年前大闹天宫姓孙的齐天大圣，要来拿你哩。”那怪闻得这个名头，就有三分害怕道：“既是这等说，我去了罢，两口子做不成了。”行者道：“你怎的就去？”那怪道：“你不知道，那闹天宫的弼马温，有些本事，只恐我弄他不过，低了名头，不象模样。”他套上衣服，开了门，往外就走，被行者一把扯住，将自己脸上抹了一抹，现出原身，喝道：“好妖怪，那里走！你抬头看看我是那个？”那怪转过眼来，看见行者咨牙俫嘴，火眼金睛，磕头毛脸，就是个活雷公相似，慌得他手麻脚软，划刺的一声，挣破了衣服，化狂风脱身而去。行者急上前，掣铁棒，望风打了一下。那怪化万道火光，径转本山而去。行者驾云，随后赶来，叫声：“那里走！你若上天，我就赶到斗牛宫！你若入地，我就追至枉死狱！”咦！毕竟不知这一去赶至何方，有何胜败，且听下回分解。

第十九回　云栈洞悟空收八戒　浮屠山玄奘受心经

却说那怪的火光前走，这大圣的彩霞随跟。正行处，忽见一座高山，那怪把红光结聚，现了本相，撞入洞里，取出一柄九齿钉钯来战。行者喝一声道：“泼怪！你是那里来的邪魔？怎么知道我老孙的名号？你有甚么本事，实实供来，饶你性命！”

那怪道：“是你也不知我的手段！上前来站稳着，我说与你听：

我自小生来心性拙，贪闲爱懒无休歇。不曾养性与修真，混沌迷心熬日月。忽然闲里遇真仙，就把寒温坐下说。劝我回心莫堕凡，伤生造下无边孽。有朝大限命终时，八难三途悔不喋。听言意转要修行，闻语心回求妙诀。有缘立地拜为师，指示天关并地阙。得传九转大还丹，工夫昼夜无时辍。上至顶门泥丸宫，下至脚板涌泉穴。周流肾水入华池，丹田补得温温热。婴儿姹女配阴阳，铅汞相投分日月。离龙坎虎用调和，灵龟吸尽金乌血。三花聚顶得归根，五气朝元通透彻。功圆行满却飞升，天仙对对来迎接。朗然足下彩云生，身轻体健朝金阙。玉皇设宴会群仙，各分品级排班列。敕封元帅管天河，总督水兵称宪节。

只因王母会蟠桃，开宴瑶池邀众客。那时酒醉意昏沉，东倒西歪乱撒泼。逞雄撞入广寒宫，风流仙子来相接。见他容貌挟人魂，旧日凡心难得灭。全无上下失尊卑，扯住嫦娥要陪歇。再三再四不依从，东躲西藏心不悦。色胆如天叫似雷，险些震倒天关阙。纠察灵官奏玉皇，那日吾当命运拙。广寒围困不通风，进退无门难得脱。却被诸神拿住我，酒在心头还不怯。押赴灵霄见玉皇，依律问成该处决。多亏太白李金星，出班俯囟亲言说。改刑重责二千锤，肉绽皮开骨将折。放生遭贬出天关，福陵山下图家业。我因有罪错投胎，俗名唤做猪刚鬣。”行者闻言道：“你这厮原来是天蓬水神下界，怪道知我老孙名号。”那怪道声：哏！你这诳上的弼马温，当年撞那祸时，不知带累我等多少，今日又来此欺人！不要无礼，吃我一钯！”行者怎肯容情，举起棒，当头就打。他两个在那半山之中黑夜里赌斗。好杀：行者金睛似闪电，妖魔环眼似银花。这一个口喷彩雾，那一个气吐红霞。气吐红霞昏处亮，口喷彩雾夜光华。金箍棒，九齿钯，两个英雄实可夸：一个是大圣临凡世，一个是元帅降天涯。那个因失威仪成怪物，这个幸逃苦难拜僧家。钯去好似龙伸爪，棒迎浑若凤穿花。那个道你破人亲事如杀父！这个道你强奸幼女正该拿！闲言语，乱喧哗，往往来来棒架钯。看看战到天将晓，那妖精两膊觉酸麻。他两个自二更时分，直斗到东方发白。那怪不能迎敌，败阵而逃，依然又化狂风，径回洞里，把门紧闭，再不出头。行者在这洞门外看有一座石碣，上书“云栈洞”三字，见那怪不出，天又大明，心却思量：“恐师父等候，且回去见他一见，再来捉此怪不迟。”随踏云点一点，早到高老庄。

却说三藏与那诸老谈今论古，一夜无眠。正想行者不来，只见天井里，忽然站下行者。行者收藏铁棒，整衣上厅，叫道：

“师父，我来了。”慌得那诸老一齐下拜。谢道：“多劳！多劳！”

三藏问道：“悟空，你去这一夜，拿得妖精在那里？”行者道：“师父，那妖不是凡间的邪祟，也不是山间的怪兽。他本是天蓬元帅临凡，只因错投了胎，嘴脸象一个野猪模样，其实性灵尚存。

他说以相为姓，唤名猪刚鬣。是老孙从后宅里掣棒就打，他化一阵狂风走了。被老孙着风一棒，他就化道火光，径转他那本山洞里，取出一柄九齿钉钯，与老孙战了一夜。适才天色将明，他怯战而走，把洞门紧闭不出。老孙还要打开那门，与他见个好歹，恐师父在此疑虑盼望，故先来回个信息。”说罢，那老高上前跪下道：“长老，没及奈何，你虽赶得去了，他等你去后复来，却怎区处？索性累你与我拿住，除了根，才无后患。我老夫不敢怠慢，自有重谢：将这家财田地，凭众亲友写立文书，与长老平分。只是要剪草除根，莫教坏了我高门清德。”行者笑道：

“你这老儿不知分限。那怪也曾对我说，他虽是食肠大，吃了你家些茶饭，他与你干了许多好事。这几年挣了许多家资，皆是他之力量。他不曾白吃了你东西，问你祛他怎的。据他说，他是一个天神下界，替你巴家做活，又未曾害了你家女儿。想这等一个女婿，也门当户对，不怎么坏了家声，辱了行止，当真的留他也罢。”老高道：“长老，虽是不伤风化，但名声不甚好听。

动不动着人就说，高家招了一个妖怪女婿！这句话儿教人怎当？”三藏道：“悟空，你既是与他做了一场，一发与他做个竭绝，才见始终。”行者道：“我才试他一试耍子，此去一定拿来与你们看，且莫忧愁。”叫：“老高，你还好生管待我师父，我去也。”

说声去，就无形无影的，跳到他那山上，来到洞口，一顿铁棍，把两扇门打得粉碎，口里骂道：“那馕糠的夯货，快出来与老孙打么！”那怪王喘嘘嘘的睡在洞里，听见打得门响，又听见骂馕糠的夯货，他却恼怒难禁，只得拖着钯，抖擞精神，跑将出来，厉声骂道：“你这个弼马温，着实惫懒！与你有甚相干，你把我大门打破？你且去看看律条，打进大门而入，该个杂犯死罪哩！”行者笑道：“这个呆子！我就打了大门，还有个辨处。象你强占人家女子，又没个三媒六证，又无些茶红酒礼，该问个真犯斩罪哩！”那怪道：“且休闲讲，看老猪这钯！”行者使棒支住道：“你这钯可是与高老家做园工筑地种菜的？有何好处怕你！”那怪道：“你错认了！这钯岂是凡间之物？你且听我道来：

此是锻炼神冰铁，磨琢成工光皎洁。老君自己动钤锤，荧惑亲身添炭屑。五方五帝用心机，六丁六甲费周折。造成九齿玉垂牙，铸就双环金坠叶。身妆六曜排五星，体按四时依八节。短长上下定乾坤，左右阴阳分日月。六爻神将按天条，八卦星辰依斗列。名为上宝沁金钯，进与玉皇镇丹阙。因我修成大罗仙，为吾养就长生客。勅封元帅号天蓬，钦赐钉钯为御节。举起烈焰并毫光，落下猛风飘瑞雪。天曹神将尽皆惊，地府阎罗心胆怯。人间那有这般兵，世上更无此等铁。随身变化可心怀，任意翻腾依口诀。相携数载未曾离，伴我几年无日别。日食三餐并不丢，夜眠一宿浑无撇。也曾佩去赴蟠桃，也曾带他朝帝阙。

皆因仗酒却行凶，只为倚强便撒泼。上天贬我降凡尘，下世尽我作罪孽。石洞心邪曾吃人，高庄情喜婚姻结。这钯下海掀翻龙鼍窝，上山抓碎虎狼穴。诸般兵刃且休题，惟有吾当钯最切。

相持取胜有何难，赌斗求功不用说。何怕你铜头铁脑一身钢，钯到魂消神气泄！”行者闻言，收了铁棒道：“呆子不要说嘴！老孙把这头伸在那里，你且筑一下儿，看可能魂消气泄？”那怪真个举起钯，着气力筑将来，扑的一下，钻起钯的火光焰焰，更不曾筑动一些儿头皮。唬得他手麻脚软，道声“好头！好头！”行者道：“你是也不知。老孙因为闹天宫，偷了仙丹，盗了蟠桃，窃了御酒，被小圣二郎擒住，押在斗牛宫前，众天神把老孙斧剁锤敲，刀砍剑刺，火烧雷打，也不曾损动分毫。又被那太上老君拿了我去，放在八卦炉中，将神火锻炼，炼做个火眼金睛，铜头铁臂。不信，你再筑几下，看看疼与不疼？”那怪道：“你这猴子，我记得你闹天宫时，家住在东胜神洲傲来国花果山水帘洞里，到如今久不闻名，你怎么来到这里上门子欺我？莫敢是我丈人去那里请你来的？”行者道：“你丈人不曾去请我。因是老孙改邪归正，弃道从僧，保护一个东土大唐驾下御弟，叫做三藏法师，往西天拜佛求经，路过高庄借宿，那高老儿因话说起，就请我救他女儿，拿你这馕糠的夯货！”那怪一闻此言，丢了钉钯，唱个大喏道：“那取经人在那里？累烦你引见引见。”行者道：

“你要见他怎的？”那怪道：“我本是观世音菩萨劝善，受了他的戒行，这里持斋把素，教我跟随那取经人往西天拜佛求经，将功折罪，还得正果。教我等他，这几年不闻消息。今日既是你与他做了徒弟，何不早说取经之事，只倚凶强，上门打我？”行者道：“你莫诡诈欺心软我，欲为脱身之计。果然是要保护唐僧，略无虚假，你可朝天发誓，我才带你去见我师父。”那怪扑的跪下，望空似捣碓的一般，只管磕头道：“阿弥陀佛，南无佛，我若不是真心实意，还教我犯了天条，劈尸万段！”行者见他赌咒发愿，道：“既然如此，你点把火来烧了你这住处，我方带你去。”那怪真个搬些芦苇荆棘，点着一把火，将那云栈洞烧得象个破瓦窑，对行者道：我今已无挂碍了，你却引我去罢。”行者道：“你把钉钯与我拿着。”那怪就把钯递与行者。行者又拔了一根毫毛，吹口仙气，叫“变！”即变做一条三股麻绳，走过来，把手背绑剪了。那怪真个倒背着手，凭他怎么绑缚。却又揪着耳朵，拉着他，叫：“快走！快走！”那怪道：“轻着些儿！你的手重，揪得我耳根子疼。”行者道：“轻不成，顾你不得！常言道，善猪恶拿。只等见了我师父，果有真心，方才放你。”他两个半云半雾的，径转高家庄来。有诗为证：金性刚强能克木，心猿降得木龙归。金从木顺皆为一，木恋金仁总发挥。一主一宾无间隔，三交三合有玄微。性情并喜贞元聚，同证西方话不违。

顷刻间，到了庄前。行者揝着他的钯，揪着他的耳道：“你看那厅堂上端坐的是谁？乃吾师也。”那高氏诸亲友与老高，忽见行者把那怪背绑揪耳而来，一个个欣然迎到天井中，道声“长老！长老！他正是我家的女婿！”那怪走上前，双膝跪下，背着手对三藏叩头，高叫道：“师父，弟子失迎，早知是师父住在我丈人家，我就来拜接，怎么又受到许多波折？”三藏道：“悟空，你怎么降得他来拜我？”行者才放了手，拿钉钯柄儿打着，喝道：“呆子！你说么！”那怪把菩萨劝善事情，细陈了一遍。三藏大喜，便叫：“高太公，取个香案用用。”老高即忙抬出香案。

三藏净了手焚香，望南礼拜道："多蒙菩萨圣恩！"那几个老儿也一齐添香礼拜。拜罢，三藏上厅高坐，教："悟空放了他绳。"

行者才把身抖了一抖，收上身来，其缚自解。那怪从新礼拜三藏，愿随西去。又与行者拜了，以先进者为兄，遂称行者为师兄。三藏道："既从吾善果，要做徒弟，我与你起个法名，早晚好呼唤。"他道："师父，我是菩萨已与我摩顶受戒，起了法名，叫做猪悟能也。"三藏笑道："好！好！你师兄叫做悟空，你叫做悟能，其实是我法门中的宗派。"悟能道："师父，我受了菩萨戒行，断了五荤三厌，在我丈人家持斋把素，更不曾动荤。今日见了师父，我开了斋罢。"三藏道："不可！不可！你既是不吃五荤三厌，我再与你起个别名，唤为八戒。"那呆子欢欢喜喜道："谨遵师命。"因此又叫做猪八戒。

高老见这等去邪归正，更十分喜悦，遂命家僮安排筵宴，酬谢唐僧。八戒上前扯住老高道："爷，请我拙荆出来拜见公公伯伯，如何？"行者笑道："贤弟，你既入了沙门，做了和尚，从今后，再莫题起那拙荆的话说。世间只有个火居道士，那里有个火居的和尚？我们且来叙了坐次，吃顿斋饭，赶早儿往西天走路。"高老儿摆了桌席，请三藏上坐，行者与八戒，坐于左右两旁，诸亲下坐。高老把素酒开樽，满斟一杯，奠了天地，然后奉与三藏。三藏道："不瞒太公说，贫僧是胎里素，自幼儿不吃荤。"老高道："因知老师清素，不曾敢动荤。此酒也是素的，请一杯不妨。"三藏道："也不敢用酒，酒是我僧家第一戒者。"悟能慌了道："师父，我自持斋，却不曾断酒。"悟空道："老孙虽量窄，吃不上坛把，却也不曾断酒。"三藏道："既如此，你兄弟们吃些素酒也罢，只是不许醉饮误事。"遂而他两个接了头锺。各人俱照旧坐下，摆下素斋，说不尽那杯盘之盛，品物之丰。

师徒们宴罢，老高将一红漆丹盘，拿出二百两散碎金银，奉三位长老为途中之费；又将三领绵布褊衫，为上盖之衣。三藏道："我们是行脚僧，遇庄化饭，逢处求斋，怎敢受金银财帛？"行者近前，轮开手，抓了一把，叫："高才，昨日累你引我师父，今日招了一个徒弟，无物谢你，把这些碎金碎银，权作带领钱，拿了去买草鞋穿。以后但有妖精，多作成我几个，还有谢你处哩。"高才接了，叩头谢赏。老高又道："师父们既不受金银，望将这粗衣笑纳，聊表寸心。"三藏又道："我出家人，若受了一丝之贿，千劫难修。只是把席上吃不了的饼果，带些去做干粮足矣。"八戒在旁边道："师父、师兄，你们不要便罢，我与他家做了这几年女婿，就是挂脚粮也该三石哩。丈人啊，我的直裰，昨晚被师兄扯破了，与我一件青锦袈裟，鞋子绽了，与我一双好新鞋子。"高老闻言，不敢不与，随买一双新鞋，将一领褊衫，换下旧时衣物。那八戒摇摇摆摆，对高老唱个喏道："上复丈母、大姨、二姨并姨夫、姑舅诸亲：我今日去做和尚了，不及面辞，休怪。丈人啊，你还好生看待我浑家，只怕我们取不成经时，好来还俗，照旧与你做女婿过活。"行者喝道："夯货，却莫胡说！"八戒道："哥呵，不是胡说，只恐一时间有些儿差池，却不是和尚误了做，老婆误了娶，两下里都耽搁了？"三藏道："少题闲话，我们赶早儿去来。"遂此收拾了一担行李，八戒担着；背了白马，三藏骑着；行者肩担铁棒，前面引路。一行三众，辞别高老及众亲友，投西而去。有诗为证，诗曰：满地烟霞树色高，唐朝佛子苦劳劳。饥餐一钵千家饭，寒着千针一衲袍。意马胸头休放荡，心猿乖劣莫教嚎。情和性定诸缘合，月满金华是伐毛。

三众进西路途，有个月平稳。行过了乌斯藏界，猛抬头见一座高山。三藏停鞭勒马道："悟空、悟能、前面山高，须索仔细，仔细。"八戒道："没事。这山唤做浮屠山，山中有一个乌巢禅师，在此修行，老猪也曾会他。"三藏道："他有些甚么勾当？"

八戒道："他倒也有些道行。他曾劝我跟他修行，我不曾去罢了。"师徒们说着话，不多时，到了山上。好山！但见那：山南有青松碧桧，山北有绿柳红桃。闹聒聒，山禽对语；舞翩翩，仙鹤齐飞。香馥馥，诸花千样色；青冉冉，杂草万般奇。涧下有滔滔绿水，崖前有朵朵祥云。真个是景致非常幽雅处，寂然不见往来人。那师父在马上遥观，见香桧树前，有一柴草窝。左边有麋鹿衔花，右边有山猴献果。树梢头，有青鸾彩凤齐鸣，玄鹤锦鸡咸集。八戒指道："那不是乌巢禅师！"三藏纵马加鞭，直至树下。

却说那禅师见他三众前来，即便离了巢穴，跳下树来。三藏下马奉拜，那禅师用手搀道："圣僧请起，失迎，失迎。"八戒道："老禅师，作揖了。"禅师惊问道："你是福陵山猪刚鬣，怎么有此大缘，得与圣僧同行？"八戒道："前年蒙观音菩萨劝善，愿随他做个徒弟。"禅师大喜道："好，好，好！"又指定行者，问道：

"此位是谁？"行者笑道："这老禅怎么认得他，倒不认得我？"禅师道："因少识耳。"三藏道："他是我的大徒弟孙悟空。"禅师陪笑道："欠礼，欠礼。"三藏再拜，请问西天大雷音寺还在那里。

禅师道："远哩！远哩！只是路多虎豹难行。"三藏殷勤致意，再回："路途果有多远？"禅师道："路途虽远，终须有到之日，却只是魔瘴难消。我有《多心经》一卷，凡五十四句，共计二百七十字。若遇魔瘴之处，但念此经，自无伤害。"三藏拜伏于地恳求，那禅师遂口诵传之。经云《摩诃般若波罗蜜多心经》：观自在菩萨，行深般若波罗蜜多，时照见五蕴皆空，度一切苦厄。舍利子，色不异空，空不异色；色即是空，空即是色。受想行识，亦复如是。舍利子，是诸法空相，不生不灭，不垢不净，不增不减。是故空中无色，无受想行识，无眼耳鼻舌身意，无色声香味触法，无眼界，乃至无意识界，无无明，亦无无明尽，乃至无老死，亦无老死尽。无苦寂灭道，无智亦无得。以无所得故，菩提萨

依般若波罗蜜多故，心无挂碍，无挂碍故，无有恐怖。远离颠倒梦想，究竟涅槃，三世诸佛，依般若波罗蜜多故，得阿耨多罗三藐三菩提。故知般若波罗蜜多，是大神咒，是大明咒，是无上咒，是无等等咒，能除一切苦，真实不虚。故说般若波罗蜜多咒，即说咒曰：'揭谛！揭谛！波罗揭谛！波罗僧揭谛！菩提萨婆诃！'"此时唐朝法师本有根源，耳闻一遍《多心经》，即能记忆，至今传世。此乃修真之总经，作佛之会门也。"

那禅师传了经文，踏云光，要上乌巢而去，被三藏又扯住奉告，定要问个西去的路程端的。那禅师笑云："道路不难行，试听我吩咐：千山千水深，多瘴多魔处。若遇接天崖，放心休恐怖。行来摩耳岩，侧着脚踪步。仔细黑松林，妖狐多截路。精灵满国城，魔主盈山住。老虎坐琴堂，苍狼为主簿。狮象尽称王，虎豹皆作御。野猪挑担子，水怪前头遇。多年老石猴，那里怀嗔怒。你问那相识，他知西去路。"行者闻言，冷笑道："我们去，不必问他，问我便了。"三藏还不解其意，那禅师化作金光，径上乌巢而去。长老往上拜谢，行者心中大怒，举铁棒望上乱捣，只见莲花生万朵，祥雾护千层。行者纵有搅海翻江力，莫想挽着乌巢一缕藤。三藏见了，扯住行者道："悟空，"这样一个菩萨，你捣他窝巢怎的？"行者道："他骂了我兄弟两个一场去了。"三藏道："他讲的西天路径，何尝骂你？"行者道："你那里晓得？他说野猪挑担子，是骂的八戒；多年老石猴，是骂的老孙。你怎么解得此意？"八戒道："师兄息怒。这禅师也晓得过去未来之事，但看他水怪前头遇这句话，不知验否，饶他去罢。"行者见莲花祥雾，近那巢边，只得请师父上马，下山往西而去。那一去：管教清福人间少，致使灾魔山里多。毕竟不知前程端的如何，且听下回分解。

第二十回　黄风岭唐僧有难　半山中八戒争先

偈曰："法本从心生，还是从心灭。生灭尽由谁，请君自辨别。既然皆己心，何用别人说？只须下苦功，扭出铁中血。绒绳着鼻穿，挽定虚空结。拴在无为树，不使他颠劣。莫认贼为子，心法都忘绝。休教他瞒我，一拳先打彻。现心亦无心，现法法也辍。人牛不见时，碧天光皎洁。秋月一般圆，彼此难分别。"

这一篇偈子，乃是玄奘法师悟彻了《多心经》，打开了门户，那长老常念常存，一点灵光自透。

且说他三众，在路餐风宿水，带月披星，早又至夏景炎天。

但见那：花尽蝶无情叙，树高蝉有声喧。野蚕成茧火榴妍，沼内新荷出现。那日正行时，忽然天晚，又见山路旁边，有一村舍。

三藏道："悟空，你看那日落西山藏火镜，月升东海现冰轮。幸而道旁有一人家，我们且借宿一宵，明日再走。"八戒道："说得是，我老猪也有些饿了，且到人家化些斋吃，有力气，好挑行李。"行者道："这个恋家鬼！你离了家几日，就生报怨！"八戒道："哥啊，似不得你这喝风呵烟的人。我从跟了师父这几日，长忍半肚饥，你可晓得？"三藏闻之道："悟能，你若是在家心重呵，不是个出家的了，你还回去罢。那呆子慌得跪下道："师父，你莫听师兄之言。他有些赃埋人。我不曾报怨甚的，他就说我报怨。我是个直肠的痴汉，我说道肚内饥了，好寻个人家化斋，他就骂我是恋家鬼。师父啊，我受了菩萨的戒行，又承师父怜悯，情愿要伏侍师父往西天去，誓无退悔，这叫做恨苦修行，怎的说不是出家的话！"三藏道："既是如此，你且起来。"

那呆子纵身跳起，口里絮絮叨叨的，挑着担子，只得死心塌地，跟着前来。早到了路旁人家门首，三藏下马，行者接了缰绳，八戒歇了行李，都伫立绿荫之下。三藏拄着九环锡杖，按按藤缠篾织斗篷，先奔门前，只见一老者，斜倚竹床之上，口里嘤嘤的念佛。三藏不敢高言，慢慢的叫一声："施主，问讯了。"那老者一骨鲁跳将起来，忙敛衣襟，出门还礼道："长老，失迎。你自那方来的？到我寒门何故？"三藏道："贫僧是东土大唐和尚，奉圣旨上雷音寺拜佛求经。适至宝方天晚，意投檀府告借一宵，万祈方便方便。"那老儿摆手摇头道："去不得，西天难取经。要取经，往东天去罢。"三藏口中不语，意下沉吟："菩萨指道西去，怎么此老说往东行？东边那得有经？"腼腆难言，半晌不答。却说行者索性凶顽，忍不住，上前高叫道："那老儿，你这们大年纪，全不晓事。我出家人远来借宿，就把这厌钝的话虎唬我。十分你家窄狭，没处睡时，我们在树底下，好道也坐一夜，不打搅你。"那老者扯住三藏道："师父，你倒不言语，你那个徒弟，那般拐子脸、别颏腮、雷公嘴、红眼睛的一个痨病魔鬼，怎么反冲撞我这年老之人！"行者笑道："你这个老儿，忒也没眼色！似那俊刮些儿的，叫做中看不中吃。想我老孙虽小，颇结实，皮裹一团筋哩。"那老者道："你想必有些手段。"行者道："不敢夸言，也将就看得过。"老者道："你家居何处？因甚事削发为僧？"行者道："老孙祖贯东胜神洲海东傲来国花果山水帘洞居住。自小儿学做妖怪，称名悟空，凭本事，挣了一个齐天大圣。只因不受天禄，大反天宫，惹了一场灾愆。如今脱难消灾，转拜沙门，前求正果，保我这唐朝驾下的师父，上西天拜佛走遭，怕甚么山高路险，水阔波狂！我老孙也捉得怪，降得魔。伏虎擒龙，踢天弄井，都晓得些儿。倘若府上有甚么丢砖打瓦，锅叫门开，老孙便能安镇。"那老儿听得这篇言语，哈哈笑道：

"原来是个撞头化缘的熟嘴儿和尚。"行者道："你儿子便是熟嘴！我这些时，只因跟我师父走路辛苦，还懒说话哩。"那老儿道："若是你不辛苦，不懒说话，好道活活的聒杀我！你既有这样手段，西方也还去得，去得。你一行几众？请至茅舍里安宿。"

三藏道："多蒙老施主不叱之恩，我一行三众。"老者道："那一众在那里？"行者指着道："这老儿眼花，那绿荫下站的不是？"

老儿果然眼花，忽抬头细看，一见八戒这般嘴脸，就唬得一步一跌，往屋里乱跑，只叫："关门！关门！妖怪来了！"行者赶上扯住道："老儿莫怕，他不是妖怪，是我师弟。"老者战兢兢的道："好！好！好！一个丑似一个的和尚！"八戒上前道："老官儿，你若以相貌取人，干净差了。我们丑自丑，却都有用。"

那老者正在门前与三个和尚相讲，只见那庄南边有两个少年人，带着一个老妈妈，三四个小男女，敛衣赤脚，插秧而回。他看见一匹白马，一担行李，都在他家门首喧哗，不知是甚来历，都一拥上前问道："做甚么的？"八戒调过头来，把耳朵摆了几摆，长嘴伸了一伸，吓得那些人东倒西歪，乱跄乱跌。慌得那三藏满口招呼道："莫怕！莫怕！我们不是歹人，我们是取经的和尚。"那老儿才出了门，搀着妈妈道："婆婆起来，少要惊恐。这师父，是唐朝来的，只是他徒弟脸嘴丑些，却也面恶人善。带男女们家去。"那妈妈才扯着老儿，二少年领着儿女进去。三藏却坐在他们楼里竹床之上，埋怨道："徒弟呀，你两个相貌既丑，言语又粗，把这一家儿吓得七损八伤，都替我身造罪哩！"八戒道："不瞒师父说，老猪自从跟了你，这些时俊了许多哩。若象往常在高老庄走时，把嘴朝前一掬，把耳两头一摆，常吓杀二三十人哩。"行者笑道："呆子不要乱说，把那丑也收拾起些。"三藏道："你看悟空说的话！相貌是生成的，你教他怎么收拾？"行者道："把那个耙子嘴，揣在怀里，莫拿出来；把那蒲扇耳，贴在后面，不要摇动，这就是收拾了。"那八戒真个把嘴揣了，把耳贴了，拱着头，立于左右。行者将行李拿入门里，将白马拴在桩上。

只见那老儿才引个少年，拿一个板盘儿，托三杯清茶来献。茶罢，又吩咐办斋。那少年又拿一张有窟窿无漆水的旧桌，端两条破头折脚的凳子，放在天井中，请三众凉处坐下。三藏方问道："老施主，高姓？"老者道："在下姓王。""有几位令嗣？"

道："有两个小儿，三个小孙。"三藏道："恭喜，恭喜。"又问："年寿几何？"道："痴长六十一岁。"行者道："好！好！好！花甲重逢矣。"三藏复问道："老施主，始初说西天经难取者，何也？"老者道："经非难取，只是道中艰涩难行。我们这向西去，只有三十里远近，有一座山，叫做八百里黄风岭，那山中多有妖怪。故言难取者，此也。若论此位小长老，说有许多手段，却也去得。"

行者道："不妨！不妨！有了老孙与我这师弟，任他是甚么妖怪，不敢惹我。"正说处，又见儿子拿将饭来，摆在桌上，道声"请斋。"三藏就合掌讽起斋经，八戒早已吞了一碗。长老的几句经还未了，那呆子又吃彀三碗。行者道："这个馕糠！好道撞着饿鬼了！"那老王倒也知趣，见他吃得快，道："这个长老，想着实饿了，快添饭来。"那呆子真个食肠大，看他不抬头，一连就吃有十数碗。三藏、行者俱各吃不上两碗，呆子不住，便还吃哩。

老王道："仓卒无肴，不敢苦劝，请再进一筋。"三藏、行者俱道：

"彀了。"八戒道："老儿滴答甚么，谁和你发课，说甚么五爻六爻！有饭只管添将来就是。"呆子一顿，把他一家子饭都吃得罄尽，还只说才得半饱。却才收了家火，在那门楼下，安排了竹床板铺睡下。

次日天晓，行者去背马，八戒去整担，老王又教妈妈整治些点心汤水管待，三众方致谢告行。老者道："此去倘路间有甚不虞，是必还来茅舍。"行者道："老儿，莫说哈话。我们出家人，不走回头路。"遂此策马挑担西行。噫！这一去，果无好路朝西域，定有邪魔降大灾。三众前来，不上半日，果逢一座高山，说起来，十分险峻。三藏马到临崖，斜挑宝镫观看，果然那：高的是山，峻的是岭；陡的是崖，深的是壑；响的是泉，鲜的是花。那山高不高，顶上接青霄；这涧深不深，底中见地府。山前面，有骨都都白云，屹嶝嶝怪石，说不尽千丈万丈挟魂崖。崖后有弯弯曲曲藏龙洞，洞中有叮叮当当滴水岩。又见些丫丫叉叉带角鹿，泥泥痴痴看人獐；盘盘曲曲红鳞蟒，耍耍顽顽白面猿。至晚巴山寻穴虎，带晓翻波出水龙，登的洞门唿喇喇响。草里飞禽，扑轳轳起；林中走兽，掬律律行。猛然一阵狼虫过，吓得人心趷蹬蹬惊。正是那当倒洞当当倒洞，洞当当倒洞当山。青岱染成千丈玉，碧纱笼罩万堆烟。那师父缓促银骢，孙大圣停云慢步，猪悟能磨担徐行。正看那山，忽闻得一阵旋风大作，三藏在马上心惊道："悟空，风起了！"行者道："风却怕他怎的！此乃天家四时之气，有何惧哉！"三藏道："此风其恶，比那天风不同。"行者道："怎见得不比天风？"三藏道："你看这风：巍巍荡荡飒飘飘，渺渺茫茫出碧霄。过岭只闻千树吼，入林但见万竿摇。岸边摆柳连根动，园内吹花带叶飘。收网渔舟皆紧缆，落篷客艇尽抛锚。途半征夫迷失路，山中樵子担难挑。仙果林间猴子散，奇花丛内鹿儿逃。崖前桧柏颗颗倒，涧下松篁叶叶凋。播土扬尘沙迸迸，翻江搅海浪涛涛。"八戒上前，一把扯住行者道："师兄，十分风大！我们且躲一躲儿干净。"行者笑道："兄弟不济！风大时就躲，倘或亲面撞见妖精，怎的是好？"八戒道："哥啊，你不曾闻得避色如避仇，避风如避箭哩！我们躲一躲，也不亏人。"行者道："且莫言语，等我把这风抓一把来闻一闻看。"八戒笑道："师兄又扯空头谎了，风又好抓得过来闻？就是抓得来，使也钻了去了。"行者道："兄弟，你不知道老孙有个抓风之法。"好大圣，让过风头，把那风尾抓过来闻了一闻，有些腥气，道："果然不是好风！这风的味道不是虎风，定是怪风，断乎有些蹊跷。"

说不了，只见那山坡下，剪尾跑蹄，跳出一只斑斓猛虎，慌得那三藏坐不稳雕鞍，翻根头跌下白马，斜倚在路旁，真个是魂飞魄散。八戒丢了行李，掣钉钯，不让行者走上前，大喝一声道："孽畜！那里走！"赶将去，劈头就筑。那只虎直挺挺站将起来，把那前左爪轮起，抠住自家的胸膛，往下一抓，唿剌的一声，把个皮剥将下来，站立道旁。你看他怎生恶相！咦，那模样：

血津津的赤剥身躯，红媸媸的弯环腿足。火焰焰的两鬓蓬松，硬搠搠的双眉直竖。白森森的四个钢牙，光耀耀的一双金眼。

气昂昂的努力大哮，雄纠纠的厉声高喊。喊道："慢来！慢来！

吾党不是别人，乃是黄风大王部下的前路先锋。今奉大王严命，在山巡逻，要拿几个凡夫去做案酒。你是那里来的和尚，敢擅动兵器伤我？"八戒骂道："我把你这个孽畜！你是认不得我！我等不是那过路的凡夫，乃东土大唐御弟三藏之弟子，奉旨上西方拜佛求经者。你早早的远避他方，让开大路，休惊了我师父，饶你性命。若似前猖獗，钯举处，却不留情！"那妖精那容分说，急近步，丢一个架子，望八戒劈脸来抓。这八戒忙闪过，轮钯就筑。那怪手无兵器，下头就走，八戒随后赶来。那怪到了山坡下乱石丛中，取出两口赤铜刀，急轮起转身来迎。两个在这坡前，一往一来，一冲一撞的赌斗。那里孙行者搀起唐僧道：

"师父，你莫害怕，且坐住，等老孙去助助八戒，打倒那怪好走。"三藏才坐将起来，战兢兢的，口里念着《多心经》不题。那行者掣了铁棒，喝声叫"拿了！"此时八戒抖擞精神，那怪败下阵去。行者道："莫饶他！务要赶上！"他两个轮钉钯，举铁棒，赶下山来。那怪慌了手脚，使个金蝉脱壳计，打个滚，现了原身，依然是一只猛虎。行者与八戒那里肯舍，赶着那虎，定要除根。那怪见他赶得至近，却又抠着胸膛，剥下皮来，苫盖在那卧虎石上，脱真身，化一阵狂风，径回路口。路口上那师父正念《多心经》，被他一把拿住，驾长风摄将去了。可怜那三藏啊：江流注定多磨折，寂灭门中功行难。

那怪把唐僧擒来洞口，按住狂风，对把门的道："你去报大王说，前路虎先锋拿了一个和尚，在门外听令。"那洞主传令，教："拿进来。"那虎先锋，腰撇着两口赤铜刀，双手捧着唐僧，上前跪下道："大王，小将不才，蒙钧令差往山上巡逻，忽遇一个和尚，他是东土大唐驾下御弟三藏法师，上西方拜佛求经，被我擒来奉上，聊具一馔。"那洞主闻得此言，吃了一惊道："我闻得前后有人传说：三藏法师乃大唐奉旨意取经的神僧，他手下有一个徒弟，名唤孙行者，神通广大，智力高强。你怎么能彀捉得他来？"先锋道："他有两个徒弟：先来的，使一柄九齿钉钯，他生得嘴长耳大；又一个，使一根金箍铁棒，他生得火眼金睛。正赶着小将争持，被小将使一个金蝉脱壳之计，撤身得空，把这和尚拿来，奉献大王，聊表一餐之敬。"洞主道："且莫吃他着。"先锋道："大王，见食不食，呼为劣蹶。"洞主道："你不晓得，吃了他不打紧，只恐怕他那两个徒弟上门吵闹，未为稳便，且把他绑在后园定风桩上，待三五日，他两个不来搅扰，那时节，一则图他身子干净，二来不动口舌，却不任我们心意？或煮或蒸，或煎或炒，慢慢的自在受用不迟。"先锋大喜道："大王深谋远虑，说得有理。"教："小的们，拿了去。"旁边拥上七八个绑缚手，将唐僧拿去，好便似鹰拿燕雀，索绑绳缠。这的是苦命江流思行者，遇难神僧想悟能，道声："徒弟啊！不知你在那山擒怪，何处降妖，我却被魔头拿来，遭此毒害，几时再得相见？好苦啊！你们若早些儿来，还救得我命；若十分迟了，断然不能保矣！"一边嗟叹，一边泪落如雨。

却说那行者、八戒，赶那虎下山坡，只见那虎跑倒了，塌伏在崖前，行者举棒，尽力一打，转震得自己手疼。八戒复筑了一钯，亦将钯齿迸起，原来是一张虎皮，盖着一块卧虎石。行者大惊道："不好了！不好了！中了他计也！"八戒道："中他甚计？"

行者道："这个叫做金蝉脱壳计，他将虎皮苫在此，他却走了。我们且回去看看师父，莫遭毒手。"两个急急转来，早已不见了三藏。行者大叫如雷道："怎的好！师父已被他擒去了。"八戒即便牵着马，眼中滴泪道："天哪！天哪！却往那里找寻！"行者抬着头跳道："莫哭！莫哭！一哭就挫了锐气。横竖想只在此山，我们寻寻去来。"

他两个果奔入山中，穿岗越岭，行彀多时，只见那石崖之下，耸出一座洞府。两人定步观瞻，果然凶险，但见那：迭障尖峰，回峦古道。青松翠竹依依，绿柳碧梧冉冉。崖前有怪石双双，林内有幽禽对对。涧水远流冲石壁，山泉细滴漫沙堤。野云片片，瑶草芊芊。妖狐狡兔乱撺梭，角鹿香獐齐斗勇。劈崖斜挂万年藤，深壑半悬千岁柏。奕奕巍巍欺华岳，落花啼鸟赛天台。行者道："贤弟，你可将行李歇在藏风山凹之间，撒放马匹，不要出头。等老孙去他门首，与他赌斗，必须拿住妖精，方才救得师父。"八戒道："不消吩咐，请快去。"行者整一整直裰，束一束虎裙，掣了棒，撞至那门前，只见那门上有六个大字，乃"黄风岭黄风洞"，却便丁字脚站定，执着棒，高叫道："妖怪！趁早儿送我师父出来，省得掀翻了你窝巢，躏平了你住处！"那小怪闻言，一个个害怕，战兢兢的，跑入里面报道："大王！祸事了！"那黄风怪正坐间，问："有何事？"小妖道："洞门外来了一个雷公嘴毛脸的和尚，手持着一根许大粗的铁棒，要他师父哩！"那洞主惊张，即唤虎先锋道："我教你去巡山，只该拿些山牛、野彘、肥鹿、胡羊，怎么拿那唐僧来，却惹他那徒弟来此闹吵，怎生区处？”先锋道：“大王放心稳便，高枕勿忧。小将不才，愿带领五十个小妖校出去，把那甚么孙行者拿来凑吃。”洞主道：“我这里除了大小头目，还有五七百名小校，凭你选择，领多少去。只要拿住那行者，我们才自自在在吃那和尚一块肉，情愿与你拜为兄弟；但恐拿他不得，反伤了你，那时休得埋怨我也。”虎怪道：“放心！放心！等我去来。”果然点起五十名精壮小妖，擂鼓摇旗，缠两口赤铜刀，腾出门来，厉声高叫道：“你是那里来的个猴和尚，敢在此间大呼小叫的做甚？”行者骂道：

“你这个剥皮的畜生！你弄甚么脱壳法儿，把我师父摄了，倒转问我做甚！趁早好好送我师父出来，还饶你这个性命！”虎怪道：“你师父是我拿了，要与我大王做顿下饭。你识起倒回去罢！不然，拿住你一齐凑吃，却不是买一个又饶一个？”行者闻言，心中大怒，扢迸迸，钢牙错啮；滴流流，火眼睁圆。掣铁棒喝道：“你多大欺心，敢说这等大话！休走！看棍！”那先锋急持刀按住。这一场果然不善，他两个各显威能。好杀：那怪是个真鹅卵，悟空是个鹅卵石。赤铜刀架美猴王，浑如垒卵来击石。鸟鹊怎与凤凰争？鹁鸽敢和鹰鹞敌？那怪喷风灰满山，悟空吐雾云迷日。来往不禁三五回，先锋腰软全无力。转身败了要逃生，却被悟空抵死逼。

那虎怪撑持不住，回头就走。他原来在那洞主面前说了嘴，不敢回洞，径往山坡上逃生。行者那里肯放，执着棒，只情赶来，呼呼吼吼，喊声不绝，却赶到那藏风山凹之间。正抬头，见八戒在那里放马。八戒忽听见呼呼声喊，回头观看，乃是行者赶败的虎怪，就丢了马，举起钯，刺斜着头一筑。可怜那先锋，脱身要跳黄丝网，岂知又遇罩鱼人，却被八戒一钯，筑得九个窟窿鲜血冒，一头脑髓尽流干。有诗为证，诗曰：三五年前归正宗，持斋把素悟真空。诚心要保唐三藏，初秉沙门立此功。那呆子一脚躧住他的脊背，两手轮钯又筑。行者见了，大喜道：

“兄弟，正是这等！他领了几十个小妖，敢与老孙赌斗，被我打败了，他转不往洞跑，却跑来这里寻死。亏你接着；不然，又走了。”八戒道：“弄风摄师父去的可是他？”行者道：“正是，正是。”八戒道：“你可曾问他师父的下落么？”行者道：“这怪把师父拿在洞里，要与他甚么鸟大王做下饭。是老孙恼了，就与他斗将这里来，却着你送了性命。兄弟啊，这个功劳算你的，你可还守着马与行李，等我把这死怪拖了去，再到那洞口索战。须是拿得那老妖，方才救得师父。”八戒道：“哥哥说得有理。你去，你去，若是打败了这老妖，还赶将这里来，等老猪截住杀他。”好行者，一只手提着铁棒，一只手拖着死虎，径至他洞口。

正是：法师有难逢妖怪，情性相和伏乱魔。毕竟不知此去可降得妖怪，救得唐僧，且听下回分解。

第二十一回　护法设庄留大圣　须弥灵吉定风魔

却说那五十个败残的小妖，拿着些破旗破鼓，撞入洞里，报道：“大王，虎先锋战不过那毛脸和尚，被他赶下东山坡去了。”老妖闻说，十分烦恼，正低头不语，默思计策，又有把前门的小妖道：“大王，虎先锋被那毛脸和尚打杀了，拖在门口骂战哩。”那老妖闻言，愈加烦恼道：“这厮却也无知！我倒不曾吃他师父，他转打杀我家先锋，可恨！可恨！”叫：“取披挂来。我也只闻得讲甚么孙行者，等我出去，看是个甚么九头八尾的和尚，拿他进来，与我虎先锋对命。”众小妖急急抬出披挂。老妖结束齐整，绰一杆三股钢叉，帅群妖跳出本洞。那大圣停立门外，见那怪走将出来，着实骁勇。看他怎生打扮，但见：金盔晃日，金甲凝光。盔上缨飘山雉尾，罗袍罩甲淡鹅黄。勒甲绦盘龙耀彩，护心镜绕眼辉煌。鹿皮靴，槐花染色；锦围裙，柳叶绒妆。手持三股钢叉利，不亚当年显圣郎。

那老妖出得门来，厉声高叫道：“那个是孙行者？”这行者脚躧着虎怪的皮囊，手执着如意的铁棒，答道：“你孙外公在此，送出我师父来！”那怪仔细观看，见行者身躯鄙猥，面容羸瘦，不满四尺，笑道：“可怜！可怜！我只道是怎么样扳翻不倒的好汉，原来是这般一个骷髅的病鬼！”行者笑道：“你这个儿子，忒没眼色！你外公虽是小小的，你若肯照头打一叉柄，就长三尺。”那怪道：“你硬着头，吃吾一柄。”大圣公然不惧。那怪果打一下来，他把腰躬一躬，足长了三尺，有一丈长短，慌得那妖把钢叉按住，喝道：“孙行者，你怎么把这护身的变化法儿，拿来我门前使唤！莫弄虚头！走上来，我与你见见手段！”行者笑道：“儿子啊！常言道：留情不举手，举手不留情。你外公手儿重重的，只怕你捱不起这一棒！”那怪那容分说，拈转钢叉，望行者当胸就刺。这大圣正是会家不忙，忙家不会，理开铁棒，使一个乌龙掠地势，拨开钢叉，又照头便打。他二人在那黄风洞口，这一场好杀：妖王发怒，大圣施威。妖王发怒，要拿行者抵先锋；大圣施威，欲捉精灵救长老。叉来棒架，棒去叉迎。一个是镇山都总帅，一个是护法美猴王。初时还在尘埃战，后来各起在中央。点钢叉，尖明锐利；如意棒，身黑箍黄。戳着的魂归冥府，打着的定见阎王。全凭着手疾眼快，必须要力壮身强。两家舍死忘生战，不知那个平安那个伤！

那老妖与大圣斗经三十回合，不分胜败。这行者要见功绩，使一个身外身的手段：把毫毛揪下一把，用口嚼得粉碎，望上一喷，叫声“变！”变有百十个行者，都是一样打扮，各执一根铁棒，把那怪围在空中。那怪害怕，也使一般本事：急回头，望着巽地上把口张了三张，嘑的一口气，吹将出去，忽然间，一阵黄风，从空刮起。好风！真个利害：冷冷飕飕天地变，无影无形黄沙旋。穿林折岭倒松梅，播土扬尘崩岭坫。黄河浪泼彻底浑，湘江水涌翻波转。碧天振动斗牛宫，争些刮倒森罗殿。五百罗汉闹喧天，八大金刚齐嚷乱。文殊走了青毛狮，普贤白象难寻见。真武龟蛇失了群，梓橦骡子飘其鞯。行商喊叫告苍天，梢公拜许诸般愿。烟波性命浪中流，名利残生随水办。仙山洞府黑攸攸，海岛蓬莱昏暗暗。老君难顾炼丹炉，寿星收了龙须扇。

王母正去赴蟠桃，一风吹断裙腰钏。二郎迷失灌州城，哪吒难取匣中剑。天王不见手心塔，鲁班吊了金头钻。雷音宝阙倒三层，赵州石桥崩两断。一轮红日荡无光，满天星斗皆昏乱。南山鸟往北山飞，东湖水向西湖漫。雌雄拆对不相呼，子母分离难叫唤。龙王遍海找夜叉，雷公到处寻闪电。十代阎王觅判官，地府牛头追马面。这风吹倒普陀山，卷起观音经一卷。白莲花卸海边飞，欢倒菩萨十二院。盘古至今曾见风，不似这风来不善。嗯喇喇，乾坤险不炸崩开，万里江山都是颤！那妖怪使出这阵狂风，就把孙大圣毫毛变的小行者刮得在那半空中，却似纺车儿一般乱转，莫想轮得棒，如何拢得身？慌得行者将毫毛一抖，收上身来，独自个举着铁棒，上前来打，又被那怪劈脸喷了一口黄风，把两只火眼金睛，刮得紧紧闭合，莫能睁开，因此难使铁棒，遂败下阵来。那妖收风回洞不题。

却说猪八戒见那黄风大作，天地无光，牵着马，守着担，伏在山凹之间，也不敢睁眼，不敢抬头，口里不住的念佛许愿，又不知行者胜负何如，师父死活何如。正在那疑思之时，却早风定天晴，忽抬头往那洞门前看处，却也不见兵戈，不闻锣鼓。呆子又不敢上他门，又没人看守马匹、行李，果是进退两难，怆惶不已。忧虑间，只听得孙大圣从西边吆喝而来，他才欠身迎着道：“哥哥，好大风啊！你从那里走来？”行者摆手道：“利害！利害！我老孙自为人，不曾见这大风。那老妖使一柄三股钢叉，来与老孙交战，战到有三十余合，是老孙使一个身外身的本事，把他围打，他甚着急，故弄出这阵风来，果是凶恶，刮得我站立不住，收了本事，冒风而逃。哏，好风！哏，好风！老孙也会呼风，也会唤雨，不曾似这个妖精的风恶！”八戒道：“师兄，那妖精的武艺如何？”行者道：“也看得过，叉法儿倒也齐整，与老孙也战个手平。却只是风恶了，难得赢他。”八戒道：“似这般怎生救得师父？”行者道：“救师父且等再处，不知这里可有眼科先生，且教他把我眼医治医治。”八戒道：“你眼怎的来？”行者道：“我被那怪一口风喷将来，吹得我眼珠酸痛，这会子冷泪常流。”八戒道：“哥啊，这半山中，天色又晚，且莫说要甚么眼科，连宿处也没有了！”行者道：“要宿处不难。我料着那妖精还不敢伤我师父，我们且找上大路，寻个人家住下，过此一宵，明日天光，再来降妖罢。”八戒道：“正是，正是。”

他却牵了马，挑了担，出山凹，行上路口。此时渐渐黄昏，只听得那路南山坡下，有犬吠之声。二人停身观看，乃是一家庄院，影影的有灯火光明。他两个也不管有路无路，漫草而行，直至那家门首，但见：紫芝翳翳，白石苍苍。紫芝翳翳多青草，白石苍苍半绿苔。数点小萤光灼灼，一林野树密排排。香兰馥郁，嫩竹新栽。清泉流曲涧，古柏倚深崖。地僻更无游客到，门前惟有野花开。他两个不敢擅入，只得叫一声：“开门，开门！”

那里有一老者，带几个年幼的农夫，叉钯扫帚齐来，问道：“甚么人？甚么人？”行者躬身道：“我们是东土大唐圣僧的徒弟，因往西方拜佛求经，路过此山，被黄风大王拿了我师父去了，我们还未曾救得。天色已晚，特来府上告借一宵，万望方便方便。”那老者答礼道：“失迎，失迎。此间乃云多人少之处，却才闻得叫门，恐怕是妖狐老虎及山中强盗等类，故此小介愚顽，多有冲撞，不知是二位长老。请进，请进。”他兄弟们牵马挑担而入，径至里边，拴马歇担，与庄老拜见叙坐。又有苍头献茶，茶罢捧出几碗胡麻饭。饭毕，命设铺就寝，行者道：“不睡还可，敢问善人，贵地可有卖眼药的？”老者道：“是那位长老害眼？”

行者道：“不瞒你老人家说，我们出家人，自来无病，从不晓得害眼。”老人道：“既不害眼，如何讨药？”行者道：“我们今日在黄风洞口救我师父，不期被那怪将一口风喷来，吹得我眼珠酸痛。今有些眼泪汪汪，故此要寻眼药。”那老者道：“善哉！善哉！

你这个长老，小小的年纪，怎么说谎？那黄风大圣风最利害。他那风，比不得甚么春秋风、松竹风与那东西南北风。”八戒道：

“想必是夹脑风、羊耳风、大麻风、偏正头风？”长者道：“不是，不是。他叫做三昧神风。”行者道：“怎见得？”老者道：“那风，能吹天地暗，善刮鬼神愁，裂石崩崖恶，吹人命即休。你们若遇着他那风吹了呵，还想得活哩！只除是神仙，方可得无事。”行者道：“果然！果然！我们虽不是神仙，神仙还是我的晚辈，这条命急切难休，却只是吹得我眼珠酸痛！”那老者道：“既如此说，也是个有来头的人。我这敝处却无卖眼药的，老汉也有些迎风冷泪，曾遇异人传了一方，名唤三花九子膏，能治一切风眼。”

行者闻言，低头唱喏道：“愿求些儿，点试，点试。”那老者应承，即走进去，取出一个玛瑙石的小罐儿来，拔开塞口，用玉簪儿蘸出少许与行者点上，教他不得睁开，宁心睡觉，明早就好。点毕，收了石罐，径领小介们退于里面。八戒解包袱，展开铺盖，请行者安置。行者闭着眼乱摸，八戒笑道：“先生，你的明杖儿呢？”行者道：“你这个馕糟的呆子！你照顾我做瞎子哩！”那呆子哑哑的暗笑而睡。行者坐在铺上，转运神功，直到有三更后，方才睡下。

不觉又是五更将晓，行者抹抹脸，睁开眼道：“果然好药！比常更有百分光明！”却转头后边望望，呀！那里得甚房舍窗门，但只见些老槐高柳，兄弟们都睡在那绿莎茵上。那八戒醒来道：“哥哥，你嚷怎的？”行者道：“你睁开眼看看。”呆子忽抬头，见没了人家，慌得一毂辘爬将起来道：“我的马哩？”行者道：“树上拴的不是？”“行李呢？”行者道：“你头边放的不是？”

八戒道：“这家子惫懒也。他搬了，怎么就不叫我们一声？通得老猪知道，也好与你送些茶果。想是躲门户的，恐怕里长晓得，却就连夜搬了。噫！我们也忒睡得死！怎么他家拆房子，响也不听见响响？”行者吸吸的笑道：“呆子，不要乱嚷，你看那树上是个甚么纸帖儿。”八戒走上前，用手揭了，原来上面四句颂子云：“庄居非是俗人居，护法伽蓝点化庐。妙药与君医眼痛，尽心降怪莫踌躇。”行者道：“这伙强神，自换了龙马，一向不曾点他，他倒又来弄虚头！”八戒道：“哥哥莫扯架子，他怎么伏你点札？”行者道：“兄弟，你还不知哩。这护教伽蓝、六丁六甲、五方揭谛、四值功曹，奉菩萨的法旨暗保我师父者。自那日报了名，只为这一向有了你，再不曾用他们，故不曾点札罢了。”八戒道：“哥哥，他既奉法旨暗保师父，所以不能现身明显，故此点化仙庄。你莫怪他，昨日也亏他与你点眼，又亏他管了我们一顿斋饭，亦可谓尽心矣。你莫怪他，我们且去救师父来。”行者道：“兄弟说得是。此处到那黄风洞口不远。你且莫动身，只在林子里看马守担，等老孙去洞里打听打听，看师父下落如何，再与他争战。”八戒道：“正是这等，讨一个死活的实信。假若师父死了，各人好寻头干事；若是未死，我们好竭力尽心。”行者道：“莫乱谈，我去也！”

他将身一纵，径到他门首，门尚关着睡觉。行者不叫门，且不惊动妖怪，捻着诀，念个咒语，摇身一变，变做一个花脚蚊虫，真个小巧！有诗为证，诗曰：扰扰微形利喙，嘤嘤声细如雷。

兰房纱帐善通随，正爱炎天暖气。只怕熏烟扑扇，偏怜灯火光辉。轻轻小小忒钻疾，飞入妖精洞里。只见那把门的小妖，正打鼾睡，行者往他脸上叮了一口，那小妖翻身醒了，道：“我爷哑！好大蚊子！一口就叮了一个大疙疸！”忽睁眼道：“天亮了。”

又听得支的一声，二门开了。行者嘤嘤的飞将进去，只见那老妖吩咐各门上谨慎，一壁厢收拾兵器：“只怕昨日那阵风不曾刮死孙行者，他今日必定还来，来时定教他一命休矣。”行者听说，又飞过那厅堂，径来后面。但见层门，关得甚紧，行者漫门缝儿钻将进去，原来是个大空园子，那壁厢定风桩上绳缠索绑着唐僧哩。那师父纷纷泪落，心心只念着悟空、悟能，不知都在何处。行者停翅，叮在他光头上，叫声“师父”。那长老认得他的声音道：“悟空啊，想杀我也！你在那里叫我哩？”行者道：“师父，我在你头上哩。你莫要心焦，少得烦恼，我们务必拿住妖精，方才救得你的性命。”唐僧道：“徒弟啊，几时才拿得妖精么？”行者道：“拿你的那虎怪，已被八戒打死了，只是老妖的风势利害。料着只在今日，管取拿他。你放心莫哭，我去哑。”

说声去，嘤嘤的飞到前面，只见那老妖坐在上面，正点札各路头目。又见那洞前有一个小妖，把个令字旗磨一磨，撞上厅来报道：“大王，小的巡山，才出门，见一个长嘴大耳朵的和尚坐在林里，若不是我跑得快些，几乎被他捉住。却不见昨日那个毛脸和尚。”老妖道：“孙行者不在，想必是风吹死也，再不便去那里求救兵去了！”众妖道：“大王，若果吹杀了他，是我们的造化，只恐吹不死他，他去请些神兵来，却怎生是好？”老妖道：“怕他怎的，怕那甚么神兵！若还定得我的风势，只除了灵吉菩萨来是，其余何足惧也！”行者在屋梁上，只听得他这一句言语，不胜欢喜，即抽身飞出，现本相来至林中，叫声

"兄弟！"

八戒道："哥，你往那里去来？刚才一个打令字旗的妖精，被我赶了去也。"行者笑道："亏你！亏你！老孙变做蚊虫儿，进他洞去探看师父，原来师父被他绑在定风桩上哭哩。是老孙吩咐，教他莫哭，又飞在屋梁上听了一听。只见那拿令字旗的，喘嘘嘘的，走进去报道：只是被你赶他，却不见我。老妖乱猜乱说，说老孙是风吹杀了，又说是请神兵去了。他却自家供出一个人来，甚妙！甚妙！"八戒道："他供的是谁？"行者道："他说怕甚么神兵，那个能定他的风势！只除是灵吉菩萨来是。但不知灵吉住在何处？"

正商议处，只见大路旁走出一个老公公来。你看他怎生模样：身健不扶拐杖，冰髯雪鬓蓬蓬。金花耀眼意朦胧，瘦骨衰筋强硬。屈背低头缓步，庞眉赤脸如童。看他容貌是人称，却似寿星出洞。八戒望见大喜道："师兄，常言道，要知山下路，须问去来人。你上前问他一声，何如？"真个大圣藏了铁棒，放下衣襟，上前叫道："老公公，问讯了。"那老者半答不答的，还了个礼道："你是那里和尚？这旷野处，有何事干？"行者道："我们是取经的圣僧，昨日在此失了师父，特来动问公公一声，灵吉菩萨在那里住？"老者道："灵吉在直南上，到那里，还有二千里路。有一山，呼名小须弥山。山中有个道场，乃是菩萨讲经禅院。汝等是取他的经去了？"行者道："不是取他的经，我有一事烦他，不知从那条路去。"老者用手向南指道："这条羊肠路就是了。"哄得那孙大圣回头看路，那公公化作清风，寂然不见，只是路旁边下一张简帖，上有四句颂子云："上复齐天大圣听，老人乃是李长庚。须弥山有飞龙杖，灵吉当年受佛兵。"行者执了帖儿，转身下路。八戒道："哥啊，我们连日造化低了。这两日忏日里见鬼！那个化风去的老儿是谁？"行者把帖儿递与八戒，念了一遍道："李长庚是那个？"行者道："是西方太白金星的名号。"八戒慌得望空下拜道："恩人！恩人！老猪若不亏金星奏准玉帝呵，性命也不知化作甚的了！"行者道："兄弟，你却也知感恩。但莫要出头，只藏在这树林深处，仔细看守行李、马匹，等老孙寻须弥山，请菩萨去耶。"八戒道："晓得！晓得！你只管快快前去！老猪学得个乌龟法，得缩头时且缩头。"

孙大圣跳在空中，纵觔斗云，径往直南上去，果然速快。他点头经过三千里，扭腰八百有余程。须臾见一座高山，半中间有祥云出现，瑞霭纷纷，山凹里果有一座禅院，只听得钟磬悠扬，又见那香烟缥缈。大圣直至门前，见一道人，项挂数珠，口中念佛。行者道："道人作揖。"那道人躬身答礼道："那里来的老爷？"行者道："这可是灵吉菩萨讲经处么？"道人道："此间正是，有何话说？"行者道："累烦你老人家与我传答传答：我是东土大唐驾下御弟三藏法师的徒弟，齐天大圣孙悟空行者。今有一事，要见菩萨。"道人笑道："老爷字多话多，我不能全记。"行者道："你只说是唐僧徒弟孙悟空来了。"道人依言，上讲堂传报。那菩萨即穿袈裟，添香迎接。

这大圣才举步入门，往里观看，只见那满堂锦绣，一屋威严。众门人齐诵《法华经》，老班首轻敲金铸磬。佛前供养，尽是仙果仙花；案上安排，皆是素肴素品。辉煌宝烛，条条金焰射虹霓；馥郁真香，道道玉烟飞彩雾。正是那讲罢心闲方入定，白云片片绕松梢。静收慧剑魔头绝，般若波罗善会高。那菩萨整衣出迓，行者登堂，坐了客位，随命看茶。行者道："茶不劳赐，但我师父在黄风山有难，特请菩萨施大法力降怪救师。"菩萨道："我受了如来法令，在此镇押黄风怪。如来赐了我一颗定风丹，一柄飞龙宝杖。当时被我拿住，饶了他的性命，放他去隐性归山，不许伤生造孽，不知他今日欲害令师，有违教令，我之罪也。"那菩萨欲留行者，治斋相叙，行者恳辞，随取了飞龙杖，与大圣一齐驾云。不多时，至黄风山上。菩萨道："大圣，这妖怪有些怕我，我只在云端里住定，你下去与他索战，诱他出来，我好施法力。"行者依言，按落云头，不容分说，掣铁棒把他洞门打破，叫道："妖怪，还我师父来也！"慌得那把门小妖，急忙传报。那怪道："这泼猴着实无礼！再不伏善，反打破我门！这一出去，使阵神风，定要吹死！"仍前披挂，手绰钢叉，又走出门来，见了行者，更不打话，拈叉当胸就刺。大圣侧身躲过，举棒对面相还。战不数合，那怪吊回头，望巽地上才待要张口呼风，只见那半空里，灵吉菩萨将飞龙宝杖丢将下来，不知念了些甚么咒语，却是一条八爪金龙，拨喇的轮开两爪，一把抓住妖精，提着头，两三捽，捽在山石崖边，现了本相，却是一个黄毛貂鼠。行者赶上举棒就打，被菩萨拦住道："大圣，莫伤他命，我还要带他去见如来。"对行者道："他本是灵山脚下的得道老鼠，因为偷了琉璃盏内的清油，灯火昏暗，恐怕金刚拿他，故此走了，却在此处成精作怪。如来照见了他，不该死罪，故着我辖押，但他伤生造孽，拿上灵山；今又冲撞大圣，陷害唐僧，我拿他去见如来，明正其罪，才算这场功绩哩。"行者闻言，却谢了菩萨。菩萨西归不题。

却说猪八戒在那林内，正思量行者，只听得山坂下叫声"悟能兄弟，牵马挑担来耶。"那呆子认得是行者声音，急收拾跑出林外，见了行者道："哥哥，怎的干事来？"行者道："请灵吉菩萨使一条飞龙杖，拿住妖精，原来是个黄毛貂鼠成精，被他带去灵山见如来去了。我和你洞里去救师父。"那呆子才欢欢喜喜。二人撞入里面，把那一窝狡兔、妖狐、香獐、角鹿，一顿钉钯铁棒尽情打死，却往后园拜救师父。师父出得门来，问道：

"你两人怎生捉得妖精？如何方救得我？"行者将那请灵吉降妖的事情，陈了一遍，师父谢之不尽。他兄弟们把洞中素物，安排些茶饭吃了，方才出门，找大路向西而去。毕竟不知向后如何，且听下回分解。

第二十二回　八戒大战流沙河　木叉奉法收悟净

话说唐僧师徒三众，脱难前来，不一日，行过了八百黄风岭，进西却是一脉平阳之地。光阴迅速，历夏经秋，见了些寒蝉鸣败柳，大火向西流。正行处，只见一道大水狂澜，浑波涌浪。

三藏在马上忙呼道："徒弟，你看那前边水势宽阔，怎不见船只行走，我们从那里过去？"八戒见了道："果是狂澜，无舟可渡。"

那行者跳在空中，用手搭凉篷而看，他也心惊道："师父啊，真个是难，真个是难！这条河若论老孙去呵，只消把腰儿扭一扭，就过去了；若师父，诚千分难渡，万载难行。"三藏道："我这里一望无边，端的有多少宽阔？"行者道："径过有八百里远近。"

八戒道："哥哥怎的定得个远近之数？"行者道："不瞒贤弟说，老孙这双眼，白日里常看得千里路上的吉凶。却才在空中看出：此河上下不知多远，但只见这径过足有八百里。"长老忧嗟烦恼，兜回马，忽见岸上有一通石碑。三众齐来看时，见上有三个篆字，乃流沙河，腹上有小小的四行真字云："八百流沙界，三千弱水深。鹅毛飘不起，芦花定底沉。"师徒们正看碑文，只听得那浪涌如山，波翻若岭，河当中滑辣的钻出一个妖精，十分凶丑：一头红焰发蓬松，两只圆睛亮似灯。不黑不青蓝靛脸，如雷如鼓老龙声。身披一领鹅黄氅，腰束双攒露白藤。项下骷髅悬九个，手持宝杖甚峥嵘。那怪一个旋风，奔上岸来，径抢唐僧，慌得行者把师父抱住，急登高岸，回身走脱。那八戒放下担子，掣出铁钯，望妖精便筑，那怪使宝杖架住。他两个在流沙河岸，各逞英雄。这一场好斗：九齿钯，降妖杖，二人相敌河岸上。

这个是总督大天蓬，那个是谪下卷帘将。昔年曾会在灵霄，今日争持赌猛壮。这一个钯去探爪龙，那一个杖架磨牙象。伸开大四平，钻入迎风戗。这个没头没脸抓，那个无乱无空放。一个是久占流沙界吃人精，一个是秉教迦持修行将。他两个来来往往，战经二十回合，不分胜负。

那大圣护了唐僧，牵着马，守定行李，见八戒与那怪交战，就恨得咬牙切齿，擦掌磨拳，忍不住要去打他，掣出棒来道：

“师父，你坐着，莫怕。等老孙和他耍耍儿来。”那师父苦留不住。他打个唿哨，跳到前边。原来那怪与八戒正战到好处，难解难分，被行者轮起铁棒，望那怪着头一下，那怪急转身，慌忙躲过，径钻入流沙河里。气得个八戒乱跳道：“哥啊！谁着你来的！那怪渐渐手慢，难架我钯，再不上三五合，我就擒住他了！他见你凶险，败阵而逃，怎生是好！”行者笑道：“兄弟，实不瞒你说，自从降了黄风怪，下山来，这个把月不曾耍棍，我见你和他战的甜美，我就忍不住脚痒，故就跳将来耍耍的。那知那怪不识耍，就走了。”

他两个搀着手，说说笑笑，转回见了唐僧。唐僧道：“可曾捉得妖怪？”行者道：“那妖怪不奈战，败回钻入水去也。”三藏道：“徒弟，这怪久住于此，他知道浅深。似这般无边的弱水，又没了舟楫，须是得个知水性的，引领引领才好哩。”行者道：“正是这等说。常言道，近朱者赤，近墨者黑。那怪在此，断知水性。我们如今拿住他，且不要打杀，只教他送师父过河，再做理会。”八戒道：“哥哥不必迟疑，让你先去拿他，等老猪看守师父。”行者笑道：“贤弟呀，这桩儿我不敢说嘴。水里勾当，老孙不大十分熟。若是空走，还要捻诀，又念念避水咒，方才走得。不然，就要变化做甚么鱼虾蟹鳖之类，我才去得。若论赌手段，凭你在高山云里，干甚么蹊跷异样事儿，老孙都会，只是水里的买卖，有些儿榔杭。”八戒道：“老猪当年总督天河，掌管了八万水兵大众，倒学得知些水性，却只怕那水里有甚么眷族老小，七窝八代的都来，我就弄他不过，一时不被他捞去耶？”行者道：“你若到他水中与他交战，却不要恋战，许败不许胜，把他引将出来，等老孙下手助你。”八戒道：“言得是，我去耶。”说声去，就剥了青锦直裰，脱了鞋，双手舞钯，分开水路，使出那当年的旧手段，跃浪翻波，撞将进去，径至水底之下，往前正走。

却说那怪败了阵回，方才喘定，又听得有人推得水响，忽起身观看，原来是八戒执了钯推水。那怪举杖当面高呼道：“那和尚那里走！仔细看打！”八戒使钯架住道：“你是个甚么妖精，敢在此间挡路？”那妖道：“你是也不认得我。我不是那妖魔鬼怪，也不是少姓无名。”八戒道：“你既不是邪妖鬼怪，却怎生在此伤生？你端的甚么姓名，实实说来，我饶你性命。”那怪道：

“我自小生来神气壮，乾坤万里曾游荡。英雄天下显威名，豪杰人家做模样。万国九州任我行，五湖四海从吾撞。皆因学道荡天涯，只为寻师游地旷。常年衣钵谨随身，每日心神不可放。沿地云游数十遭，到处闲行百余趟。因此才得遇真人，引开大道金光亮。先将婴儿姹女收，后把木母金公放。明堂肾水入华池，重楼肝火投心脏。三千功满拜天颜，志心朝礼明华向。玉皇大帝便加升，亲口封为卷帘将。南天门里我为尊，灵霄殿前吾称上。腰间悬挂虎头牌，手中执定降妖杖。头顶金盔晃日光，身披铠甲明霞亮。往来护驾我当先，出入随朝予在上。只因王母降蟠桃，设宴瑶池邀众将。失手打破玉玻璃，天神个个魂飞丧。

玉皇即便怒生嗔，却令掌朝左辅相：卸冠脱甲摘官衔，将身推在杀场上。多亏赤脚大天仙，越班启奏将吾放。饶死回生不典刑，遭贬流沙东岸上。饱时困卧此山中，饿去翻波寻食饷。樵子逢吾命不存，渔翁见我身皆丧。来来往往吃人多，翻翻复复伤生瘴。你敢行凶到我门，今日肚皮有所望。莫言粗糙不堪尝，拿住消停剁鲊酱！”八戒闻言大怒，骂道：“你这泼物，全没一些儿眼色！我老猪还掐出水沫儿来哩，你怎敢说我粗糙，要剁鲊酱！看起来，你把我认做个老走硝哩。休得无礼！吃你祖宗这一钯！”那怪见钯来，使一个凤点头躲过。两个在水中打出水面，各人踏浪登波。这一场赌斗，比前不同，你看那：卷帘将，天蓬帅，各显神通真可爱。那个降妖宝杖着头轮，这个九齿钉钯随手快。跃浪振山川，推波昏世界。凶如太岁撞幢幡，恶似丧门掀宝盖。这一个赤心凛凛保唐僧，那一个犯罪滔滔为水怪。

钯抓一下九条痕，杖打之时魂魄败。努力喜相持，用心要赌赛。

算来只为取经人，怒气冲天不忍耐。搅得那鯾鲌鲤鳜退鲜鳞，龟鳖鼋鼍伤嫩盖；红虾紫蟹命皆亡，水府诸神朝上拜。只听得波翻浪滚似雷轰，日月无光天地怪。二人整斗有两个时辰，不分胜败。这才是铜盆逢铁帚，玉磬对金钟。

却说那大圣保着唐僧，立于左右，眼巴巴的望着他两个在水上争持，只是他不好动手。只见那八戒虚幌一钯，佯输诈败，转回头往东岸上走。那怪随后赶来，将近到了岸边，这行者忍耐不住，撇了师父，掣铁棒，跳到河边，望妖精劈头就打。那妖物不敢相迎，飕的又钻入河内。八戒嚷道：“你这弼马温，真是个急猴子！你再缓缓些儿，等我哄他到了高处，你却阻住河边，教他不能回首呵，却不拿住他也！他这进去，几时又肯出来？”

行者笑道：“呆子，莫嚷！莫嚷！我们且回去见师父去来。”八戒却同行者到高岸上，见了三藏。三藏欠身道：“徒弟辛苦呀。”八戒道：“且不说辛苦，只是降了妖精，送得你过河，方是万全之策。”三藏道：“你才与妖精交战何如？”八戒道：“那妖的手段，与老猪是个对手。正战处，使一个诈败，他才赶到岸上。见师兄举着棍子，他就跑了。”三藏道：“如此怎生奈何？”行者道：

“师父放心，且莫焦恼。如今天色又晚，且坐在这崖次之下，待老孙去化些斋饭来，你吃了睡去，待明日再处。”八戒道：“说得是，你快去快来。”行者急纵云跳起去，正到直北下人家化了一钵素斋，回献师父。师父见他来得甚快，便叫：“悟空，我们去化斋的人家，求问他一个过河之策，不强似与这怪争持？”行者笑道：“这家子远得很哩！相去有五七千里之路。他那里得知水性？问他何益？”八戒道：“哥哥又来扯谎了。五七千里路，你怎么这等去来得快？”行者道：“你那里晓得，老孙的觔斗云，一纵有十万八千里。象这五七千路，只消把头点上两点，把腰躬上一躬，就是个往回，有何难哉！”八戒道：“哥啊，既是这般容易，你把师父背着，只消点点头，躬躬腰，跳过去罢了，何必苦苦的与他厮战？”行者道：“你不会驾云？你把师父驮过去不是？”八戒道：“师父的骨肉凡胎，重似泰山，我这驾云的，怎称得起？须是你的觔斗方可。”行者道：“我的觔斗，好道也是驾云，只是去的有远近些儿。你是驮不动，我却如何驮得动？自古道，遣泰山轻如芥子，携凡夫难脱红尘。象这泼魔毒怪，使摄法，弄风头，却是扯扯拉拉，就地而行，不能带得空中而去。象那样法儿，老孙也会使会弄。还有那隐身法、缩地法，老孙件件皆知。

但只是师父要穷历异邦，不能彀超脱苦海，所以寸步难行也。

我和你只做得个拥护，保得他身在命在，替不得这些苦恼，也取不得经来，就是有能先去见了佛，那佛也不肯把经善与你我。正叫做若将容易得，便作等闲看。”那呆子闻言，喏喏听受。

遂吃了些无菜的素食，师徒们歇在流沙河东崖次之下。

次早，三藏道："悟空，今日怎生区处？"行者道："没甚区处，还须八戒下水。"八戒道："哥哥，你要图干净，只作成我下水。"行者道："贤弟，这番我再不急性了，只让你引他上来，我拦住河沿，不让他回去，务要将他擒了。"好八戒，抹抹脸，抖擞精神，双手拿钯到河沿，分开水路，依然又下至窝巢。那怪方才睡醒，忽听推得水响，急回头睁睛看看，见八戒执钯下至，他跳出来，当头阻住，喝道："慢来！慢来！看杖！"八戒举钯架住道：

"你是个甚么哭丧杖，叫你祖宗看杖！"那怪道："你这厮甚不晓得哩！我这宝杖原来名誉大，本是月里梭罗派。吴刚伐下一枝来，鲁班制造工夫盖。里边一条金趁心，外边万道珠丝玠。名称宝杖善降妖，永镇灵霄能伏怪。只因官拜大将军，玉皇赐我随身带。或长或短任吾心，要细要粗凭意态。也曾护驾宴蟠桃，也曾随朝居上界。值殿曾经众圣参，卷帘曾见诸仙拜。养成灵性一神兵，不是人间凡器械。自从遭贬下天门，任意纵横游海外。不当大胆自称夸，天下枪刀难比赛。看你那个锈钉钯，只好锄田与筑菜！"八戒笑道："我把你少打的泼物！且莫管甚么筑菜，只怕荡了一下儿，教你没处贴膏药，九个眼子一齐流血！

纵然不死，也是个到老的破伤风！"那怪丢开架子，在那水底下，与八戒依然打出水面。这一番斗，比前果更不同，你看他：

宝杖轮，钉钯筑，言语不通非眷属。只因木母克刀圭，致令两下相战触。没输赢，无反复，翻波淘浪不和睦。这个怒气怎含容？

那个伤心难忍辱。钯来杖架逞英雄，水滚流沙能恶毒。气昂昂，劳碌碌，多因三藏朝西域。钉钯老大凶，宝杖十分熟。这个揪住要往岸上拖，那个抓来就将水里沃。声如霹雳动鱼龙，云暗天昏神鬼伏。这一场，来来往往，斗经三十回合，不见强弱。八戒又使个佯输计，拖了钯走。那怪随后又赶来，拥波捉浪，赶至崖边。八戒骂道："我把你这个泼怪！你上来！这高处，脚踏实地好打！"那妖骂道："你这厮哄我上去，又教那帮手来哩。你下来，还在水里相斗。"原来那妖乖了，再不肯上岸，只在河沿与八戒闹吵。

却说行者见他不肯上岸，急得他心焦性爆，恨不得一把捉来。行者道："师父！你自坐下，等我与他个饿鹰雕食。"就纵筋斗，跳在半空，刷的落下来，要抓那妖。那妖正与八戒嚷闹，忽听得风响，急回头，见是行者落下云来，却又收了那杖，一头淬下水，隐迹潜踪，渺然不见。行者伫立岸上，对八戒说："兄弟呀，这妖也弄得滑了。他再不肯上岸，如之奈何？"八戒道："难！难！难！战不胜他，就把吃奶的气力也使尽了，只绷得个手平。"

行者道："且见师父去。"

二人又到高岸，见了唐僧，备言难捉。那长老满眼下泪道：

"似此艰难，怎生得渡！"行者道："师父莫要烦恼。这怪深潜水底，其实难行。八戒，你只在此保守师父，再莫与他厮斗，等老孙往南海走走去来。"八戒道："哥呵，你去南海何干？"行者道：

"这取经的勾当，原是观音菩萨；及脱解我等，也是观音菩萨。

今日路阻流沙河，不能前进，不得他，怎生处治？等我去请他，还强如和这妖精相斗。"八戒道："也是，也是。师兄，你去时，千万与我上复一声：向日多承指教。"三藏道："悟空，若是去请菩萨，却也不必迟疑，快去赶来。"

行者即纵筋斗云，径上南海。咦！那消半个时辰，早望见普陀山境。须臾间坠下筋斗，到紫竹林外，又只见那二十四路诸天，上前迎着道："大圣何来？"行者道："我师有难，特来谒见菩萨。"诸天道："请坐，容报。"那轮日的诸天，径至潮音洞口报道："孙悟空有事朝见。"菩萨正与捧珠龙女在宝莲池畔扶栏看花，闻报，即转云岩，开门唤入。大圣端肃皈依参拜，菩萨问曰：

"你怎么不保唐僧？为甚事又来见我？"行者启上道："菩萨，我师父前在高老庄，又收了一个徒弟，唤名猪八戒，多蒙菩萨又赐法讳悟能。才行过黄风岭，今至八百里流沙河，乃是弱水三千，师父已是难渡。河中又有个妖怪，武艺高强，甚亏了悟能与他水面上大战三次，只是不能取胜，被他拦阻，不能渡河。因此特告菩萨，望垂怜悯。济渡他一济渡。"菩萨道："你这猴子，又逞自满，不肯说出保唐僧的话来么？"行者道："我们只是要拿住他，教他送我师父渡河。水里事，我又弄不得精细，只是悟能寻着他窝巢，与他打话，想是不曾说出取经的勾当。"菩萨道：

"那流沙河的妖怪，乃是卷帘大将临凡，也是我劝化的善信，教他保护取经之辈。你若肯说出是东土取经人呵，他决不与你争持，断然归顺矣。"行者道："那怪如今怯战，不肯上崖，只在水里潜踪，如何得他归顺？我师如何得渡弱水？"

菩萨即唤惠岸，袖中取出一个红葫芦儿，吩咐道："你可将此葫芦，同孙悟空到流沙河水面上，只叫悟净，他就出来了。先要引他归依了唐僧，然后把他那九个骷髅穿在一处，按九宫布列，却把这葫芦安在当中，就是法船一只，能渡唐僧过流沙河界。"惠岸闻言，谨遵师命，当时与大圣捧葫芦出了潮音洞，奉法旨辞了紫竹林。有诗为证，诗曰：五行匹配合天真，认得从前旧主人。炼已立基为妙用，辨明邪正见原因。金来归性还同类，木去求情共复沦。二土全功成寂寞，调和水火没纤尘。

他两个不多时按落云头，早来到流沙河岸。猪八戒认得是木叉行者，引师父上前迎接。那木叉与三藏礼毕，又与八戒相见。八戒道："向蒙尊者指示，得见菩萨，我老猪果遵法教，今喜拜了沙门。这一向在途中奔碌，未及致谢，恕罪恕罪。"行者道：

"且莫叙阔，我们叫唤那厮去来。"三藏道："叫谁？"行者道："老孙见菩萨，备陈前事。菩萨说：这流沙河的妖怪，乃是卷帘大将临凡，因为在天有罪，堕落此河，忘形作怪。他曾被菩萨劝化，愿归师父往西天去的。但是我们不曾说出取经的事情，故此苦苦争斗。菩萨今差木叉，将此葫芦，要与这厮结作法船，渡你过去哩。"三藏闻言，顶礼不尽，对木叉作礼道："万望尊者作速一行。"那木叉捧定葫芦，半云半雾，径到了流沙河水面上，厉声高叫道："悟净！悟净！取经人在此久矣，你怎么还不归顺！"却说那怪惧怕猴王，回于水底，正在窝中歇息，只听得叫他法名，情知是观音菩萨；又闻得说"取经人在此"，他也不惧斧钺，急翻波伸出头来，又认得是木叉行者。你看他笑盈盈，上前作礼道："尊者失迎，菩萨今在何处？"木叉道："我师未来，先差我来吩咐你早跟唐僧做个徒弟。叫把你项下挂的骷髅与这个葫芦，按九宫结做一只法船，渡他过此弱水。"悟净道："取经人却在那里？"木叉用手指道："那东岸上坐的不是？"悟净看见了八戒道："他不知是那里来的个泼物，与我整斗了这两日，何曾言着一个取经的字儿？"又看见行者，道："这个主子，是他的帮手，好不利害！我不去了。"木叉道："那是猪八戒，这是孙行者，俱是唐僧的徒弟，俱是菩萨劝化的，怕他怎的？我且和你见唐僧去。"那悟净才收了宝杖，整一整黄锦直裰，跳上岸来，对唐僧双膝跪下道："师父，弟子有眼无珠，不认得师父的尊容，多有冲撞，万望恕罪。"八戒道："你这脓包，怎的早不皈依，只管要与我打？是何说话！"行者笑道："兄弟，你莫怪他，还是我们不曾说出取经的事样与姓名耳。"长老道："你果肯诚心皈依吾教么？"悟净道："弟子向蒙菩萨教化，指河为姓，与我起了法名，唤做沙悟净，岂有不从师父之理！"三藏道："既如此，"叫："悟空，取戒刀来，与他落了发。"大圣依言，即将戒刀与他剃了头。

又来拜了三藏，拜了行者与八戒，分了大小。三藏见他行礼，真象个和尚家风，故又叫他做沙和尚。木叉道："既秉了迦持，不必叙烦，早与作法船去来。"那悟净不敢怠慢，即将颈项下挂的骷髅取下，用索子结作九宫，把菩萨葫芦安在当中，请师父下岸。那长老遂登法船，坐于上面，果然稳似轻舟。左有八戒扶持，右有悟净捧托，孙行者在后面牵了龙马半云半雾相跟，头直上又有木叉拥护，那师父才飘然稳渡流沙河界，浪静风平过弱河。真个也如飞似箭，不多时，身登彼岸，得脱洪波，又不拖泥带水，幸喜脚干手燥，清净无为，师徒们脚踏实地。那木叉按祥云，收了葫芦，又只见那骷髅一时解化作九股阴风，寂然不见。三藏拜谢了木叉，顶礼了菩萨。正是木叉径回东洋海，三藏上马却投西。毕竟不知几时才得正果求经，且听下回分解。

第二十三回　三藏不忘本　四圣试禅心

诗曰：奉法西来道路赊，秋风渐渐落霜花。乖猿牢锁绳休解，劣马勤兜鞭莫加。木母金公原自合，黄婆赤子本无差。咬开铁弹真消息，般若波罗到彼家。这回书，盖言取经之道，不离乎一身务本之道也。却说他师徒四众，了悟真如，顿开尘锁，自跳出性海流沙，浑无挂碍，径投大路西来。历遍了青山绿水，看不尽野草闲花。真个也光阴迅速，又值九秋，但见了些枫叶满山红，黄花耐晚风。老蝉吟渐懒，愁蟋思无穷。荷破青纨扇，橙香金弹丛。可怜数行雁，点点远排空。

正走处，不觉天晚。三藏道："徒弟，如今天色又晚，却往那里安歇？"行者道："师父说话差了，出家人餐风宿水，卧月眠霜，随处是家。又问那里安歇，何也？"猪八戒道："哥啊，你只知道你走路轻省，那里管别人累坠？自过了流沙河，这一向爬山过岭，身挑着重担，老大难挨也！须是寻个人家，一则化些茶饭，二则养养精神，才是个道理。"行者道："呆子，你这般言语，似有报怨之心。还象在高老庄，倚懒不求福的自在，恐不能也。

既是秉正沙门，须是要吃辛受苦，才做得徒弟哩。"八戒道："哥哥，你看这担行李多重？"行者道："兄弟，自从有了你与沙僧，我又不曾挑着，那知多重？"八戒道："哥啊，你看看数儿么：四片黄藤蔑，长短八条绳。又要防阴雨，毡包三四层。匾担还愁滑，两头钉上钉。铜镶铁打九环杖，篾丝藤缠大斗篷。似这般许多行李，难为老猪一个逐日家担着走，偏你跟师父做徒弟，拿我做长工！"行者笑道："呆子，你和谁说哩？"八戒道："哥哥，与你说哩。"行者道："错和我说了。老孙只管师父好歹，你与沙僧，专管行李马匹。但若怠慢了些儿，孤拐上先是一顿粗棍！"

八戒道："哥啊，不要说打，打就是以力欺人。我晓得你的尊性高傲，你是定不肯挑；但师父骑的马，那般高大肥盛，只驮着老和尚一个，教他带几件儿，也是弟兄之情。"行者道："你说他是马哩！他不是凡马，本是西海龙王敖闰之子，唤名龙马三太子。

只因纵火烧了殿上明珠，被他父亲告了忤逆，身犯天条，多亏观音菩萨救了他的性命，他在那鹰愁陡涧，久等师父，又幸得菩萨亲临，却将他退鳞去角，摘了项下珠，才变做这匹马，愿驮师父往西天拜佛。这个都是各人的功果，你莫攀他。"那沙僧闻言道："哥哥，真个是龙么？"行者道："是龙。"八戒道："哥啊，我闻得古人云，龙能喷云暖雾，播土扬沙。有巴山捎岭的手段，有翻江搅海的神通。怎么他今日这等慢慢而走？"行者道："你要他快走，我教他快走个儿你看。"好大圣，把金箍棒揝一揝，万道彩云生。那马看见拿棒，恐怕打来，慌得四只蹄疾如飞电，飕的跑将去了。那师父手软勒不住，尽他劣性，奔上山崖，才大达辿步走。师父喘息始定，抬头远见一簇松阴，内有几间房舍，着实轩昂，但见：门垂翠柏，宅近青山。几株松冉冉，数茎竹斑斑。

篱边野菊凝霜艳，桥畔幽兰映水丹。粉泥墙壁，砖砌围圜。高堂多壮丽，大厦甚清安。牛羊不见无鸡犬，想是秋收农事闲。

那师父正按辔徐观，又见悟空兄弟方到。悟净道："师父不曾跌下马来么？"长老骂道："悟空这泼猴，他把马儿惊了，早是我还骑得住哩！"行者陪笑道："师父莫骂我，都是猪八戒说马行迟，故此着他快些。"那呆子因赶马，走急了些儿，喘气嘘嘘，口里唧唧哝哝的闹道："罢了！罢了！见自肚别腰松，担子沉重，挑不上来，又弄我奔奔波波的赶马！"长老道："徒弟啊，你且看那壁厢，有一座庄院，我们却好借宿去也。"行者闻言，急抬头举目而看，果见那半空中庆云笼罩，瑞霭遮盈，情知定是佛仙点化，他却不敢泄漏天机，只道："好！好！好！我们借宿去来。"

长老连忙下马，见一座门楼，乃是垂莲象鼻，画栋雕梁。沙僧歇了担子，八戒牵了马匹道："这个人家，是过当的富实之家。"行者就要进去，三藏道："不可，你我出家人，各自避些嫌疑，切莫擅入。且自等他有人出来，以礼求宿，方可。"八戒拴了马，斜倚墙根之下，三藏坐在石鼓上，行者、沙僧坐在台基边。久无人出，行者性急，跳起身入门里看处：原来有向南的三间大厅，帘栊高控。屏门上，挂一轴寿山福海的横披画；两边金漆柱上，贴着一幅大红纸的春联，上写着：丝飘弱柳平桥晚，雪点香梅小院春。正中间，设一张退光黑漆的香几，几上放一个古铜兽炉。

上有六张交椅，两山头挂着四季吊屏。

行者正然偷看处，忽听得后门内有脚步之声，走出一个半老不老的妇人来，娇声问道："是甚么人，擅入我寡妇之门？"慌得个大圣喏喏连声道："小僧是东土大唐来的，奉旨向西方拜佛求经。一行四众，路过宝方，天色已晚，特奔老菩萨檀府，告借一宵。"那妇人笑语相迎道："长老，那三位在那里？请来。"行者高声叫道："师父，请进来耶。"三藏才与八戒、沙僧牵马挑担而入，只见那妇人出厅迎接。八戒饧眼偷看，你道他怎生打扮：

穿一件织金官绿纻丝袄，上罩着浅红比甲；系一条结彩鹅黄锦绣裙，下映着高底花鞋。时样鬟髻皂纱漫，相衬着二色盘龙发；

宫样牙梳朱翠晃，斜簪着两股赤金钗。云鬓半苍飞凤翅，耳环双坠宝珠排。脂粉不施犹自美，风流还似少年才。

那妇人见了他三众，更加欣喜，以礼邀入厅房，一一相见礼毕，请各叙坐看茶。那屏风后，忽有一个丫髻垂丝的女童，托着黄金盘、白玉盏，香茶喷暖气，异果散幽香。那人绰彩袖，春笋纤长；擎玉盏，传茶上奉。对他们一一拜了。茶毕，又吩咐办斋。三藏启手道："老菩萨，高姓？贵地是甚地名？"妇人道："此间乃西牛贺洲之地。小妇人娘家姓贾，夫家姓莫。幼年不幸，公姑早亡，与丈夫守承祖业，有家资万贯，良田千顷。夫妻们命里无子，止生了三个女孩儿，前年大不幸，又丧了丈夫，小妇居孀，今岁服满。空遗下田产家业，再无个眷族亲人，只是我娘女们承领。欲嫁他人，又难舍家业。适承长老下降，想是师徒四众。小妇娘女四人，意欲坐山招夫，四位恰好，不知尊意肯否如何。"三藏闻言，推聋妆哑，瞑目宁心，寂然不答。那妇人道："舍下有水田三百余顷，旱田三百余顷，山场果木三百余顷；黄水牛有一千余只，况骡马成群，猪羊无数。东南西北，庄堡草场，共有六七十处。家下有八九年用不着的米谷，十来年穿不着的绫罗；一生有使不着的金银，胜强似那锦帐藏春，说甚么金钗两行。你师徒们若肯回心转意，招赘在寒家，自自在在，享用荣华，却不强如往西劳碌？”那三藏也只是如痴如蠢，默默无言。

那妇人道：“我是丁亥年三月初三日酉时生。故夫比我年大三岁，我今年四十五岁。大女儿名真真，今年二十岁；次女名爱爱，今年十八岁；三小女名怜怜，今年十六岁，俱不曾许配人家。虽是小妇人丑陋，却幸小女俱有几分颜色，女工针指，无所不会。因是先夫无子，即把他们当儿子看养，小时也曾教他读些儒书，也都晓得些吟诗作对。虽然居住山庄，也不是那十分粗俗之类，料想也配得过列位长老，若肯放开怀抱，长发留头，与舍下做个家长，穿绫着锦，胜强如那瓦钵缁衣，雪鞋云笠！”

三藏坐在上面，好便似雷惊的孩子，雨淋的虾蟆，只是呆呆挣挣，翻白眼儿打仰。那八戒闻得这般富贵，这般美色，他却心痒难挠，坐在那椅子上，一似针戳屁股，左扭右扭的，忍耐不住，走上前，扯了师父一把道：“师父！这娘子告诵你话，你怎么佯佯不睬？好道也做个理会是。”那师父猛抬头，咄的一声，喝退了八戒道：“你这个孽畜！我们是个出家人，岂以富贵动心，美色留意，成得个甚么道理！”那妇人笑道：“可怜！可怜！出家人有何好处？”三藏道：“女菩萨，你在家人，却有何好处？”那妇人道：“长老请坐，等我把在家人好处说与你听。怎见得？有诗为证，诗曰：春裁方胜着新罗，夏换轻纱赏绿荷；秋有新蒭香糯酒，冬来暖阁醉颜酡。四时受用般般有，八节珍羞件件多；衬锦铺绫花烛夜，强如行脚礼弥陀。”三藏道：“女菩萨，你在家人享荣华，受富贵，有可穿，有可吃，儿女团圆，果然是好。但不知我出家的人，也有一段好处。怎见得？有诗为证，诗曰：出家立志本非常，推倒从前恩爱堂。外物不生闲口舌，身中自有好阴阳。

功完行满朝金阙，见性明心返故乡。胜似在家贪血食，老来坠落臭皮囊。”

那妇人闻言大怒道：“这泼和尚无礼！我若不看你东土远来，就该叱出。我倒是个真心实意，要把家缘招赘汝等，你倒反将言语伤我。你就是受了戒，发了愿，永不还俗，好道你手下人，我家也招得一个。你怎么这般执法？”三藏见他发怒，只得者者谦谦叫道：“悟空，你在这里罢。”行者道：“我从小儿不晓得干那般事，教八戒在这里罢。”八戒道：“哥啊，不要栽人么。大家从长计较。”三藏道：“你两个不肯，便教悟净在这里罢。”

沙僧道：“你看师父说的话。弟子蒙菩萨劝化，受了戒行，等候师父。自蒙师父收了我，又承教诲，跟着师父还不上两月，更不曾进得半分功果，怎敢图此富贵！宁死也要往西天去，决不干此欺心之事。”那妇人见他们推辞不肯，急抽身转进屏风，扑的把腰门关上。师徒们撇在外面，茶饭全无，再没人出。八戒心中焦燥，埋怨唐僧道：“师父忒不会干事，把话通说杀了。你好道还活着些脚儿，只含糊答应，哄他些斋饭吃了，今晚落得一宵快活，明日肯与不肯，在乎你我了。似这般关门不出，我们这清灰冷灶，一夜怎过！”悟净道：“二哥，你在他家做个女婿罢。”

八戒道：“兄弟，不要栽人。从长计较。”行者道：“计较甚的？你要肯，便就教师父与那妇人做个亲家，你就做个倒踏门的女婿。他家这等有财有宝，一定倒陪妆奁，整治个会亲的筵席，我们也落些受用。你在此间还俗，却不是两全其美？”八戒道：“话便也是这等说，却只是我脱俗又还俗，停妻再娶妻了。”沙僧道：“二哥原来是有嫂子的？”行者道：“你还不知他哩，他本是乌斯藏高老儿庄高太公的女婿。因被老孙降了，他也曾受菩萨戒行，没及奈何，被我捉他来做个和尚，所以弃了前妻，投师父往西拜佛。他想是离别的久了，又想起那个勾当，却才听见这个勾当，断然又有此心。呆子，你与这家子做了女婿罢，只是多拜老孙几拜，我不检举你就罢了。”那呆子道：“胡说！胡说！大家都有此心，独拿老猪出丑。常言道：和尚是色中饿鬼。那个不要如此？都这们扭扭捏捏的拿班儿，把好事都弄得裂了。这如今茶水不得见面，灯火也无人管，虽熬了这一夜，但那匹马明日又要驮人，又要走路，再若饿上这一夜，只好剥皮罢了。你们坐着，等老猪去放放马来。”那呆子虎急急的，解了缰绳，拉出马去。行者道：“沙僧，你且陪师父坐这里，等老孙跟他去，看他往那里放马。”三藏道：“悟空，你看便去看他，但只不可只管嘲他了。”行者道：“我晓得。”这大圣走出厅房，摇身一变，变作个红蜻蜓儿，飞出前门，赶上八戒。

那呆子拉着马，有草处且不教吃草，嗒嗒嗤嗤的赶着马，转到后门首去，只见那妇人，带了三个女子，在后门外闲立着，看菊花儿耍子。他娘女们看见八戒来时，三个女儿闪将进去，那妇人伫立门首道：“小长老那里去？”这呆子丢了缰绳，上前唱个喏，道声：“娘！我来放马的。”那妇人道：“你师父忒弄精细，在我家招了女婿，却不强似做挂搭僧，往西跄路？”八戒笑道：“他们是奉了唐王的旨意，不敢有违君命，不肯干这件事。

刚才都在前厅上栽我，我又有些奈上祝下的，只恐娘嫌我嘴长耳大。”那妇人道：“我也不嫌，只是家下无个家长，招一个倒也罢了，但恐小女儿有些儿嫌丑。”八戒道：“娘，你上复令爱，不要这等拣汉。想我那唐僧人才虽俊，其实不中用。我丑自丑，有几句口号儿。”妇人道：“你怎的说么？”八戒道：“我虽然人物丑，勤紧有些功。若言千顷地，不用使牛耕。只消一顿钯，布种及时生。没雨能求雨，无风会唤风。房舍若嫌矮，起上二三层。

地下不扫扫一扫，阴沟不通通一通。家长里短诸般事，踢天弄井我皆能。”那妇人道：“既然干得家事，你再去与你师父商量商量看，不尴尬，便招你罢。”八戒道：“不用商量！他又不是我的生身父母，干与不干，都在于我。”妇人道：“也罢，也罢，等我与小女说。”看他闪进去，扑的掩上后门。八戒也不放马，将马拉向前来。怎知孙大圣已一一尽知，他转翅飞来，现了本相，先见唐僧道：“师父，悟能牵马来了。”长老道：“马若不牵，恐怕撒欢走了。”行者笑将起来，把那妇人与八戒说的勾当，从头说了一遍，三藏也似信不信的。

少时间，见呆子拉将马来拴下，长老道：“你马放了？”八戒道：“无甚好草，没处放马。”行者道：“没处放马，可有处牵马么？”呆子闻得此言，情知走了消息，也就垂头扭颈，努嘴皱眉，半晌不言。又听得呀的一声，腰门开了，有两对红灯，一副提壶，香云霭霭，环珮叮叮，那妇人带着三个女儿，走将出来，叫真真、爱爱、怜怜，拜见那取经的人物。那女子排立厅中，朝上礼拜。果然也生得标致，但见他：一个个蛾眉横翠，粉面生春。

妖娆倾国色，窈窕动人心。花钿显现多娇态，绣带飘飖迥绝尘。

半含笑处樱桃绽，缓步行时兰麝喷。满头珠翠，颤巍巍无数宝钗簪；遍体幽香，娇滴滴有花金缕细。说甚么楚娃美貌，西子娇容？真个是九天仙女从天降，月里嫦娥出广寒！那三藏合掌低头，孙大圣佯佯不睬，这沙僧转背回身。你看那猪八戒，眼不转睛，淫心紊乱，色胆纵横，扭捏出悄语低声道：“有劳仙子下降。

娘，请姐姐们去耶。”那三个女子，转入屏风，将一对纱灯留下。

妇人道：“四位长老，可肯留心，着那个配我小女么？”悟净道：

“我们已商议了，着那个姓猪的招赘门下。”八戒道：“兄弟，不要栽我，还从众计较。”行者道：“还计较甚么？你已是在后门首说合的停停当当，娘都叫了，又有甚么计较？师父做个男亲家，这婆儿做个女亲家，等老孙做个保亲，沙僧做个媒人。也不必看通书，今朝是个天恩上吉日，你来拜了师父，进去做了女婿罢。”八戒道：“弄不成！弄不成！那里好干这个勾当！”行者道：

“呆子，不要者嚣，你那口里娘也不知叫了多少，又是甚么弄不成？快快的应成，带携我们吃些喜酒，也是好处。”他一只手揪着八戒，一只手扯住妇人道：“亲家母，带你女婿进去。”那呆子脚儿趄趄的要往那里走，那妇人即唤童子：“展抹桌椅，铺排晚斋，管待三位亲家。我领姑夫房里去也。”一壁厢又吩咐庖丁排筵设宴，明晨会亲，那几个童子，又领命讫。他三众吃了斋，急急铺铺，都在客座里安歇不题。

却说那八戒跟着丈母，行入里面，一层层也不知多少房舍，磕磕撞撞，尽都是门槛绊脚。呆子道：“娘，慢些儿走，我这里边路生，你带我带儿。”那妇人道：“这都是仓房、库房、碾房各房，还不曾到那厨房边哩。”八戒道：“好大人家！”磕磕撞撞，转湾抹角，又走了半会，才是内堂房屋。那妇人道：“女婿，你师兄说今朝是天恩上吉日，就教你招进来了。却只是仓卒间，不曾请得个阴阳，拜堂撒帐，你可朝上拜八拜儿罢。”八戒道：

“娘，娘说得是，你请上坐，等我也拜几拜，就当拜堂，就当谢亲，两当一儿，却不省事？”他丈母笑道：“也罢，也罢，果然是个省事干家的女婿。我坐着，你拜么。”咦！满堂中银烛辉煌，这呆子朝上礼拜，拜毕道：“娘，你把那个姐姐配我哩？”他丈母道：“正是这些儿疑难：我要把大女儿配你，恐二女怪；要把二女配你，恐三女怪；欲将三女配你，又恐大女怪；所以终疑未定。”八戒道：“娘，既怕相争，都与我罢，省得闹闹吵吵，乱了家法。”他丈母道：“岂有此理！你一人就占我三个女儿不成！”八戒道：“你看娘说的话。那个没有三房四妾？就再多几个，你女婿也笑纳了。我幼年间，也曾学得个熬战之法，管情一个个伏侍得他欢喜。”那妇人道：“不好！不好！我这里有一方手帕，你顶在头上，遮了脸，撞个天婚，教我女儿从你跟前走过，你伸开手扯倒那个就把那个配了你罢。”呆子依言，接了手帕，顶在头上。有诗为证，诗曰：痴愚不识本原由，色剑伤身暗自休。从来信有周公礼，今日新郎顶盖头。那呆子顶裹停当，道：“娘，请姐姐们出来么。”他丈母叫：“真真、爱爱、怜怜，都来撞天婚，配与你女婿。”只听得环珮响亮，兰麝馨香，似有仙子来往，那呆子真个伸手去捞人。两边乱扑，左也撞不着，右也撞不着。来来往往，不知有多少女子行动，只是莫想捞着一个。东扑抱着柱科，西扑摸着板壁，两头跑晕了，立站不稳，只是打跌。前来蹬着门扇，后去汤着砖墙，磕磕撞撞，跌得嘴肿头青，坐在地下，喘气呼呼的道：“娘啊，你女儿这等乖滑得紧，捞不着一个，奈何！奈何！”那妇人与他揭了盖头道：“女婿，不是我女儿乖滑，他们大家谦让，不肯招你。”八戒道：“娘啊，既是他们不肯招我啊，你招了我罢。”那妇人道：“好女婿呀！这等没大没小的，连丈母也都要了！我这三个女儿，心性最巧，他一人结了一个珍珠篏锦汗衫儿。你若穿得那个的，就教那个招你罢。”八戒道：

“好！好！好！把三件儿都拿来我穿了看。若都穿得，就教都招了罢。”那妇人转进房里，止取出一件来，递与八戒。那呆子脱下青锦布直裰，取过衫儿，就穿在身上，还未曾系上带子，扑的一蹻，跌倒在地，原来是几条绳紧紧绷住。那呆子疼痛难禁，这些人早已不见了。

却说三藏、行者、沙僧一觉睡醒，不觉的东方发白。忽睁睛抬头观看。那里得那大厦高堂，也不是雕梁画栋，一个个都睡在松柏林中。慌得那长老忙呼行者，沙僧道：“哥哥，罢了！罢了！我们遇着鬼了！”孙大圣心中明白，微微的笑道：“怎么说？”

长老道：“你看我们睡在那里耶！”行者道：“这松林下落得快活，但不知那呆子在那里受罪哩。”长老道：“那个受罪？”行者笑道：“昨日这家子娘女们，不知是那里菩萨，在此显化我等，想是半夜里去了，只苦了猪八戒受罪。”三藏闻言，合掌顶礼，又只见那后边古柏树上，飘飘荡荡的，挂着一张简帖儿。沙僧急去取来与师父看时，却是八句颂子云：“黎山老母不思凡，南海菩萨请下山。普贤文殊皆是客，化成美女在林间。圣僧有德还无俗，八戒无禅更有凡。从此静心须改过，若生怠慢路途难！”那长老、行者、沙僧正然唱念此颂，只听得林深处高声叫道：“师父啊，绷杀我了！救我一救！下次再不敢了！”三藏道：

“悟空，那叫唤的可是悟能么？”沙僧道：“正是。”行者道：“兄弟，莫睬他，我们去罢。”三藏道：“那呆子虽是心性愚顽，却只是一味懞直，倒也有些膂力，挑得行李，还看当日菩萨之念，救他随我们去罢，料他以后再不敢了。”那沙和尚却卷起铺盖，收拾了担子；孙大圣解缰牵马，引唐僧入林寻看。咦！这正是：从正修持须谨慎，扫除爱欲自归真。毕竟不知那呆子凶吉如何，且听下回分解。

第二十四回　万寿山大仙留故友 五庄观行者窃人参

却说那三人穿林入里，只见那呆子绷在树上，声声叫喊，痛苦难禁。行者上前笑道：“好女婿呀！这早晚还不起来谢亲，又不到师父处报喜，还在这里卖解儿耍子哩！咄！你娘呢？你老婆呢？好个绷巴吊拷的女婿呀！”那呆子见他来抢白着羞，咬着牙，忍着疼，不敢叫喊。沙僧见了老大不忍，放下行李，上前解了绳索救下。呆子对他们只是磕头礼拜，其实羞耻难当，有《西江月》为证：色乃伤身之剑，贪之必定遭殃。佳人二八好容妆，更比夜叉凶壮。只有一个原本，再无微利添囊。好将资本谨收藏，坚守休教放荡。那八戒撮土焚香，望空礼拜。行者道：

“你可认得那些菩萨么？”八戒道：“我已此晕倒昏迷，眼花撩乱，那认得是谁？”行者把那简帖儿递与八戒，八戒见了是颂子，更加惭愧。沙僧笑道：“二哥有这般好处哩，感得四位菩萨来与你做亲！”八戒道：“兄弟再莫题起，不当人子了！从今后，再也不敢妄为。就是累折骨头，也只是摩肩压担，随师父西域去也。”三藏道：“既如此说才是。”

行者遂领师父上了大路。在路餐风宿水，行罢多时，忽见有高山挡路，三藏勒马停鞭道：“徒弟，前面一山，必须仔细，恐有妖魔作耗，侵害吾党。”行者道：“马前但有我等三人，怕甚妖魔？”因此，长老安心前进。只见那座山，真是好山：高山峻极，大势峥嵘。根接昆仑脉，顶摩霄汉中。白鹤每来栖桧柏，玄猿时复挂藤萝。日映晴林，迭迭千条红雾绕；风生阴壑，飘飘万道彩云飞。幽鸟乱啼青竹里，锦鸡齐斗野花间。只见那千年峰、五福峰、芙蓉峰，巍巍凛凛放毫光；万岁石、虎牙石、三尖石，突突磷磷生瑞气。崖前草秀，岭上梅香。荆棘密森森，芝兰清淡淡。深林鹰凤聚千禽，古洞麒麟辖万兽。涧水有情，曲曲弯弯多绕顾；峰峦不断，重重迭迭自周回。又见那绿的槐，斑的竹，青的松，依依千载斗秾华；白的李、红的桃，翠的柳，灼灼三春争艳丽。龙吟虎啸，鹤舞猿啼。麋鹿从花出，青鸾对日鸣。乃是仙山真福地，蓬莱阆苑只如然。又见些花开花谢山头景，云去云来岭上峰。三藏在马上欢喜道：“徒弟，我一向西来，经历许多山水，都是那嵯峨险峻之处，更不似此山好景，果然的幽趣非常。若是相近雷音不远路，我们好整肃端严见世尊。”行者笑道：“早哩！早哩！正好不得到哩！”沙僧道：“师兄，我们到雷音有多少远？”行者道：“十万八千里，十停中还不曾走了一停哩。”八戒道：“哥啊，要走几年才得到？”行者道：“这些路，若论二位贤弟，便十来日也可到；若论我走，一日也好走五十遭，还见日色；若论师父走，莫想！

莫想！”唐僧道：“悟空，你说得几时方可到？”行者道：“你自小时走到老，老了再小，老小千番也还难。只要你见性志诚，念念回首处，即是灵山。”沙僧道：“师兄，此间虽不是雷音，观此景致，必有个好人居止。”行者道：“此言却当。这里决无邪祟，一定是个圣僧仙辈之乡，我们游玩慢行。”不题。

却说这座山名唤万寿山，山中有一座观，名唤五庄观，观里有一尊仙，道号镇元子，混名与世同君。那观里出一般异宝，乃是混沌初分，鸿蒙始判，天地未开之际，产成这颗灵根。盖天下四大部洲，惟西牛贺洲五庄观出此，唤名草还丹，又名人参果。三千年一开花，三千年一结果，再三千年才得熟，短头一万年方得吃。似这万年，只结得三十个果子。果子的模样，就如三朝未满的小孩相似，四肢俱全，五官咸备。人若有缘，得那果子闻了一闻，就活三百六十岁；吃一个，就活四万七千年。

当日镇元大仙得元始天尊的简帖，邀他到上清天上弥罗宫中听讲混元道果。大仙门下出的散仙，也不计其数，见如今还有四十八个徒弟，都是得道的全真。当日带领四十六个上界去听讲，留下两个绝小的看家：一个唤做清风，一个唤做明月。

清风只有一千三百二十岁，明月才交一千二百岁。镇元子吩咐二童道：“不可违了大天尊的简帖，要往弥罗宫听讲，你两个在家仔细。不日有一个故人从此经过，却莫怠慢了他，可将我人参果打两个与他吃，权表旧日之情。”二童道：“师父的故人是谁？望说与弟子，好接待。”大仙道：“他是东土大唐驾下的圣僧，道号三藏，今往西天拜佛求经的和尚。”二童笑道：“孔子云，道不同，不相为谋。我等是太乙玄门，怎么与那和尚做甚相识！”大仙道：“你那里得知。那和尚乃金蝉子转生，西方圣老如来佛第二个徒弟。五百年前，我与他在兰盆会上相识，他曾亲手传茶，佛子敬我，故此是为故人也。”二仙童闻言，谨遵师命。

那大仙临行，又叮咛嘱咐道：“我那果子有数，只许与他两个，不得多费。”清风道：“开园时，大众共吃了两个，还有二十八个在树，不敢多费。”大仙道：“唐三藏虽是故人，须要防备他手下人罗唣，不可惊动他知。”二童领命讫，那大仙承众徒弟飞升，径朝天界。

却说唐僧四众在山游玩，忽抬头见那松篁一簇，楼阁数层。唐僧道：“悟空，你看那里是甚么去处？”行者看了道：“那所在，不是观宇，定是寺院。我们走动些，到那厢方知端的。”不一时，来于门首观看，见那松坡冷淡，竹径清幽。往来白鹤送浮云，上下猿猴时献果。那门前池宽树影长，石裂苔花破。宫殿森罗紫极高，楼台缥缈丹霞堕。真个是福地灵区，蓬莱云洞。清虚人事少，寂静道心生。青鸟每传王母信，紫鸾常寄老君经。看不尽那巍巍道德之风，果然漠漠神仙之宅。三藏离鞍下马，又见那山门左边有一通碑，碑上有十个大字，乃是“万寿山福地，五庄观洞天”。长老道：“徒弟，真个是一座观宇。”沙僧道：“师父，观此景鲜明，观里必有好人居住。我们进去看看，若行满东回，此间也是一景。”行者道：“说得好。”遂都一齐进去，又见那二门上有一对春联：长生不老神仙府，与天同寿道人家。行者笑道：“这道士说大话唬人。我老孙五百年前大闹天宫时，在那太上老君门首，也不曾见有此话说。”八戒道：“且莫管他，进去进去，或者这道士有些德行，未可知也。”

及至二层门里，只见那里面急急忙忙，走出两个小童儿来。看他怎生打扮：骨清神爽容颜丽，顶结丫髻短发鬅。道服自然襟绕雾，羽衣偏是袖飘风。环绦紧束龙头结，芒履轻缠蚕口绒。丰采异常非俗辈，正是那清风明月二仙童。那童子控背躬身，出来迎接道：“老师父，失迎，请坐。”长老欢喜，遂与二童子上了正殿观看。原来是向南的五间大殿，都是上明下暗的雕花格子。那仙童推开格子，请唐僧入殿，只见那壁中间挂着五彩装成的“天地”二大字，设一张朱红雕漆的香几，几上有一副黄金炉瓶，炉边有方便整香。

唐僧上前，以左手拈香注炉，三匝礼拜，拜毕回头道：“仙童，你五庄观真是西方仙界，何不供养三清、四帝、罗天诸宰，只将天地二字侍奉香火？”童子笑道：“不瞒老师说，这两个字，上头的，礼上还当；下边的，还受不得我们的香火。是家师父谄佞出来的。”三藏道：“何为谄佞？”童子道：“三清是家师的朋友，四帝是家师的故人，九曜是家师的晚辈，元辰是家师的下宾。”那行者闻言，就笑得打跌，八戒道：“哥啊，你笑怎的？”行者道：“只讲老孙会捣鬼，原来这道童会捆风！”三藏道：“令师何在？”童子道：“家师元始天尊降简请到上清天弥罗宫听讲混元道果去了，不在家。”行者闻言，忍不住喝了一声道：“这个臊道童！人也不认得，你在那个面前捣鬼，扯甚么空心架子！那弥罗宫有谁是太乙天仙？请你这泼牛蹄子去讲甚么！”三藏见他发怒，恐怕那童子回言，斗起祸来，便道：“悟空，且休争竞，我们既进来就出去，显得没了方情。常言道，鹭鸶不吃鹭鸶肉。

他师既是不在，搅扰他做甚？你去山门前放马，沙僧看守行李，教八戒解包袱，取些米粮，借他锅灶，做顿饭吃，待临行，送他几文柴钱便罢了。各依执事，让我在此歇息歇息，饭毕就行。”

他三人果各依执事而去。

那明月、清风，暗自夸称不尽道：“好和尚！真个是西方爱圣临凡，真元不昧。师父命我们接待唐僧，将人参果与他吃，以表故旧之情，又教防着他手下人罗唣。果然那三个嘴脸凶顽，性情粗糙，幸得就把他们调开了。若在边前，却不与他人参果见面。”清风道：“兄弟，还不知那和尚可是师父的故人，问他一问看，莫要错了。”二童子又上前道：“启问老师可是大唐往西天取经的唐三藏？”长老回礼道：“贫僧就是，仙童为何知我贱名？”童子道：“我师临行，曾吩咐教弟子远接。不期车驾来促，有失迎迓。老师请坐，待弟子办茶来奉。”三藏道：“不敢。”那明月急转本房，取一杯香茶，献与长老。茶毕，清风道：“兄弟，不可违了师命，我和你去取果子来。”

二童别了三藏，同到房中，一个拿了金击子，一个拿了丹盘，又多将丝帕垫着盘底，径到人参园内。那清风爬上树去，使金击子敲果；明月在树下，以丹盘等接。须臾敲下两个果来，接在盘中，径至前殿奉献道：“唐师父，我五庄观土僻山荒，无物可奉，土仪素果二枚，权为解渴。”那长老见了，战战兢兢，远离三尺道：“善哉！善哉！今岁倒也年丰时稔，怎么这观里作荒吃人？这个是三朝未满的孩童，如何与我解渴？”清风暗道：“这和尚在那口舌场中，是非海里，弄得眼肉胎凡，不识我仙家异宝。”明月上前道：“老师，此物叫做人参果，吃一个儿不妨。”三藏道：“胡说！胡说！他那父母怀胎，不知受了多少苦楚，方生下未及三日，怎么就把他拿来当果子？”清风道：“实是树上结的。”长老道：“乱谈！乱谈！树上又会结出人来？拿过去，不当人子！”那两个童儿，见千推万阻不吃，只得拿着盘子，转回本房。那果子却也跷蹊，久放不得，若放多时即僵了，不中吃。二人到于房中，一家一个，坐在床边上，只情吃起。

噫！原来有这般事哩！他那道房，与那厨房紧紧的间壁，这边悄悄的言语，那边即便听见。八戒正在厨房里做饭，先前听见说取金击子，拿丹盘，他已在心；又听见他说唐僧不认得是人参果，即拿在房里自吃，口里忍不住流涎道：“怎得一个儿尝新！”自家身子又狼犺，不能彀得动，只等行者来，与他计较。

他在那锅门前，更无心烧火，不时的伸头探脑，出来观看。不多时，见行者牵将马来，拴在槐树上，径往后走，那呆子用手乱招道：“这里来！这里来！”行者转身到于厨声门首道：“呆子，你嚷甚的？想是饭不彀吃，且让老和尚吃饱，我们前边大人家，再化吃去罢。”八戒道：“你进来，不是饭少。这观里有一件宝贝，你可晓得？”行者道：“甚么宝贝？”八戒笑道：“说与你，你不曾见；

拿与你，你不认得。”行者道：“这呆子笑话我老孙。老孙五百年前，因访仙道时，也曾云游在海角天涯，那般儿不曾见？”八戒道：“哥啊，人参果你曾见么？”行者惊道：“这个真不曾见。但只常闻得人说，人参果乃是草还丹，人吃了极能延寿。如今那里有得？”八戒道：“他这里有。那童子拿两个与师父吃，那老和尚不认得，道是三朝未满的孩儿，不曾敢吃。那童子老大惫懒，师父既不吃，便该让我们，他就瞒着我们，才自在这隔壁房里，一家一个，啯啅啯啅的吃了出去，就急得我口里水泱。怎么得一个儿尝新？我想你有些溜撒，去他那园子里偷几个来尝尝，如何？”行者道：“这个容易，老孙去手到擒来。”急抽身，往前就走，八戒一把扯住道：“哥啊，我听得他在这房里说，要拿甚么金击子去打哩。须是干得停当，不可走露风声。”行者道：“我晓得，我晓得。”

那大圣使一个隐身法，闪进道房看时，原来那两个道童，吃了果子，上殿与唐僧说话，不在房里。行者四下里观看，看有甚么金击子，但只见窗棂上挂着一条赤金：有二尺长短，有指头粗细；底下是一个蒜疙疸的头子；上边有眼，系着一根绿绒绳儿。他道：“想必就是此物叫做金击子。”他却取下来，出了道房，径入后边去，推开两扇门，抬头观看，呀！却是一座花园！但见：朱栏宝槛，曲砌峰山。奇花与丽日争妍，翠竹共青天斗碧。

流杯亭外，一弯绿柳似拖烟；赏月台前，数簇乔松如泼靛。红拂拂，锦巢榴；绿依依，绣墩草。青茸茸，碧砂兰；攸荡荡，临溪水。

丹桂映金井梧桐，锦槐傍朱栏玉砌。有或红或白千叶桃，有或香或黄九秋菊。荼蘼架，映着牡丹亭；木槿台，相连芍药圃。看不尽傲霜君子竹，欺雪大夫松。更有那鹤庄鹿宅，方沼圆池；泉流碎玉，地萼堆金。朔风触绽梅花白，春来点破海棠红。诚所谓人间第一仙景，西方魁首花丛。那行者观看不尽，又见一层门，推开看处，却是一座菜园：布种四时蔬菜，菠芹莙荙姜苔。

笋薯瓜瓠茭白，葱蒜芫荽韭薤。窝蕖童蒿苦荬，葫芦茄子须栽。

蔓菁萝卜羊头埋，红苋青菘紫芥。行者笑道：“他也是个自种自吃的道士。”走过菜园，又见一层门。推开看处，呀！只见那正中间有根大树，真个是青枝馥郁，绿叶阴森，那叶儿却似芭蕉模样，直上去有千尺余高，根下有七八丈围圆。那行者倚在树下往上一看，只见向南的枝上，露出一个人参果，真个象孩儿一般。原来尾间上是个扢蒂，看他丁在枝头，手脚乱动，点头幌脑，风过处似乎有声。行者欢喜不尽，暗自夸称道：“好东西呀！

果然罕见！果然罕见！”他倚着树，飕的一声，撺将上去。

那猴子原来第一会爬树偷果子。他把金击子敲了一下，那果子扑的落将下来。他也随跳下来跟寻，寂然不见，四下里草中找寻，更无踪影。行者道：“跷蹊！跷蹊！想是有脚的会走，就走也跳不出墙去。我知道了，想是花园中土地不许老孙偷他果子，他收了去也。”他就捻着诀，念一口“唵”字咒，拘得那花园土地前来，对行者施礼道：“大圣，呼唤小神，有何吩咐？”行者道：“你不知老孙是盖天下有名的贼头。我当年偷蟠桃、盗御酒、窃灵丹，也不曾有人敢与我分用，怎么今日偷他一个果子，你就抽了我的头分去了！这果子是树上结的，空中过鸟也该有分，老孙就吃他一个，有何大害？怎么刚打下来，你就捞了去？”

土地道：“大圣，错怪了小神也。这宝贝乃是地仙之物，小神是个鬼仙，怎么敢拿去？就是闻也无福闻闻。”行者道：“你既不曾拿去，如何打下来就不见了？”土地道：“大圣只知这宝贝延寿，更不知他的出处哩。”行者道：“有甚出处？”土地道：“这宝贝三千年一开花，三千年一结果，再三千年方得成熟。短头一万年，只结得三十个。有缘的，闻一闻，就活三百六十岁；吃一个，就活四万七千年。却是只与五行相畏。”行者道：“怎么与五行相畏？”土地道：“这果子遇金而落，遇木而枯，遇水而化，遇火而焦，遇土而入。敲时必用金器，方得下来。打下来，却将盘儿用丝帕衬垫方可；若受些木器，就枯了，就吃也不得延寿。吃他须用磁器，清水化开食用，遇火即焦而无用。遇土而入者，大圣方才打落地上，他即钻下土去了。这个土有四万七千年，就是钢钻钻他也钻不动些须，比生铁也还硬三四分，人若吃了，所以长生。大圣不信时，可把这地下打打儿看。”行者即掣金箍棒筑了一下，响一声迸起棒来，土上更无痕迹。行者道：“果然！果然！我这棍，打石头如粉碎，撞生铁也有痕，怎么这一下打不伤些儿？这等说，我却错怪了你了，你回去罢。”那土地即回本庙去讫。

大圣却有算计：爬上树，一只手使击子，一只手将锦布直裰的襟儿扯起来，做个兜子等住，他却串枝分叶，敲了三个果，兜在襟中，跳下树，一直前来，径到厨房里去。那八戒笑道：“哥哥，可有么？”行者道：“这不是？老孙的手到擒来。这个果子，也莫背了沙僧，可叫他一声。”八戒即招手叫道：“悟净，你来。”

那沙僧撇下行李，跑进厨房道：“哥哥，叫我怎的？”行者放开衣兜道：“兄弟，你看这个是甚的东西？”沙僧见了道：“是人参果。”行者道：“好啊！你倒认得，你曾在那里吃过的？”沙僧道：

“小弟虽不曾吃，但旧时做卷帘大将，扶侍鸾舆赴蟠桃宴，尝见海外诸仙将此果与王母上寿。见便曾见，却未曾吃。哥哥，可与我些儿尝尝？”行者道：“不消讲，兄弟们一家一个。”他三人将三个果各各受用。那八戒食肠大，口又大，一则是听见童子吃时，便觉馋虫拱动，却才见了果子，拿过来，张开口，毂辘的囫囵吞咽下肚，却白着眼胡赖，向行者、沙僧道：“你两个吃的是甚么？”沙僧道：“人参果。”八戒道：“甚么味道？”行者道：“悟净，不要睬他！你倒先吃了，又来问谁？”八戒道：“哥哥，吃的忙了些，不象你们细嚼细咽，尝出些滋味。我也不知有核无核，就吞下去了。哥啊，为人为彻。已经调动我这馋虫，再去弄个儿来，老猪细细的吃吃。”行者道：“兄弟，你好不知止足这个东西，比不得那米食面食，撞着尽饱。象这一万年只结得三十个，我们吃他这一个，也是大有缘法，不等小可。罢罢罢！彀了！”

他欠起身来，把一个金击子，瞒窗眼儿，丢进他道房里，竟不睬他。

那呆子只管絮絮叨叨的唧哝，不期那两个道童复进房来取茶去献，只听得八戒还嚷甚么“人参果吃得不快活，再得一个儿吃吃才好。”清风听见心疑道：“明月，你听那长嘴和尚讲人参果还要个吃吃。师父别时叮咛，教防他手下人罗唣，莫敢是他偷了我们宝贝么？”明月回头道：“哥耶，不好了！不好了！

金击子如何落在地下？我们去园里看看来！”他两个急急忙忙的走去，只见花园开了，清风道：“这门是我关的，如何开了？”

又急转过花园，只见菜园门也开了。忙入人参园里，倚在树下，望上查数；颠倒来往，只得二十二个。明月道：“你可会算帐？”

清风道：“我会，你说将来。”明月道：“果子原是三十个。师父开园，分吃了两个，还有二十八个；适才打两个与唐僧吃，还有二十六个；如今止剩得二十二个，却不少了四个？不消讲，不消讲，定是那伙恶人偷了，我们只骂唐僧去来。”两个出了园门，径来殿上，指着唐僧，秃前秃后，秽语污言不绝口的乱骂；贼头鼠脑，臭短臊长，没好气的胡嚷。唐僧听不过道：“仙童啊，你闹的是甚么？消停些儿，有话慢说不妨，不要胡说散道的。”清风说：“你的耳聋？我是蛮话，你不省得？你偷吃了人参果，怎么不容我说。”唐僧道：“人参果怎么模样？”明月道：“才拿来与你吃，你说象孩童的不是？”唐僧道：“阿弥陀佛！那东西一见，我就心惊胆战，还敢偷他吃哩！就是害了馋痞，也不敢干这贼事。

不要错怪了人。”清风道：“你虽不曾吃，还有手下人要偷吃的哩。”三藏道：“这等也说得是，你且莫嚷，等我问他们看。果若是偷了，教他赔你。”明月道：“赔呀！就有钱那里去买？”三藏道：“纵有钱没处买呵，常言道，仁义值千金。教他陪你个礼，便罢了。也还不知是他不是他哩。”明月道：“怎的不是他？他那里分不均，还在那里嚷哩。”三藏叫声：“徒弟，且都来。”沙僧听见道：“不好了！决撒了！老师父叫我们，小道童胡厮骂，不是旧话儿走了风，却是甚的？”行者道：“活羞杀人！这个不过是饮食之类。若说出来，就是我们偷嘴了，只是莫认。”八戒道：“正是，正是，昧了罢。”他三人只得出了厨房，走上殿去。咦！毕竟不知怎么与他抵赖，且听下回分解。

第二十五回　镇元仙赶捉取经僧　孙行者大闹五庄观

却说他兄弟三众，到了殿上，对师父道：“饭将熟了，叫我们怎的？”三藏道：“徒弟，不是问饭。他这观里，有甚么人参果，似孩子一般的东西，你们是那一个偷他的吃了？”八戒道：“我老实，不晓得，不曾见。”清风道：“笑的就是他！笑的就是他！”

行者喝道：“我老孙生的是这个笑容儿，莫成为你不见了甚么果子，就不容我笑？”三藏道：“徒弟息怒，我们是出家人，休打诳语，莫吃昧心食，果然吃了他的，陪他个礼罢，何苦这般抵赖？”行者见师父说得有理，他就实说道：“师父，不干我事，是八戒隔壁听见那两个道童吃甚么人参果，他想一个儿尝新，着老孙去打了三个，我兄弟各人吃了一个。如今吃也吃了，待要怎么？”明月道：“偷了我四个，这和尚还说不是贼哩！”八戒道：

“阿弥陀佛！既是偷了四个，怎么只拿出三个来分，预先就打起一个偏手？”那呆子倒转胡嚷。二仙童问得是实，越加毁骂。就恨得个大圣钢牙咬响，火眼睁圆，把条金箍棒揝了又揝，忍了又忍道：“这童子这样可恶，只说当面打人也罢，受他些气儿，等我送他一个绝后计，教他大家都吃不成！”好行者，把脑后的毫毛拔了一根，吹口仙气，叫“变！”变做个假行者，跟定唐僧，陪着悟能、悟净，忍受着道童嚷骂；他的真身出一个神，纵云头跳将起去，径到人参园里，掣金箍棒往树上乒乓一下，又使个推山移岭的神力，把树一推推倒。可怜叶落桠开根出土，道人断绝草还丹！那大圣推倒树，却在枝儿上寻果子，那里得有半个？原来这宝贝遇金而落，他的棒刃头却是金裹之物，况铁又是五金之类，所以敲着就振下来，既下来，又遇土而入，因此上边再没一个果子。他道：“好！好！好！大家散火！”他收了铁棒，径往前来，把毫毛一抖，收上身来。那些人肉眼凡胎，看不明白。

却说那仙童骂彀多时，清风道：“明月，这些和尚也受得气哩，我们就象骂鸡一般，骂了这半会，通没个招声，想必他不曾偷吃。倘或树高叶密，数得不明，不要诳骂了他！我和你再去查查。”明月道：“也说得是。”他两个果又到园中，只见那树倒桠开，果无叶落，唬得清风脚软跌根头，明月腰酥打骸垢。那两个魂飞魄散，有诗为证，诗曰：三藏西临万寿山，悟空断送草还丹。桠开叶落仙根露，明月清风心胆寒。他两个倒在尘埃，语言颠倒，只叫：“怎的好！怎的好！害了我五庄观里的丹头，断绝我仙家的苗裔！师父来家，我两个怎的回话？”明月道：“师兄莫嚷，我们且整了衣冠，莫要惊张了这几个和尚。这个没有别人，定是那个毛脸雷公嘴的那厮，他来出神弄法，坏了我们的宝贝。若是与他分说，那厮毕竟抵赖，定要与他相争，争起来，就要交手相打，你想我们两个，怎么敌得过他四个？且不如去哄他一哄，只说果子不少，我们错数了，转与他陪个不是。他们的饭已熟了，等他吃饭时，再贴他些儿小菜。他一家拿着一个碗，你却站在门左，我却站在门右，扑的把门关倒，把锁锁住，将这几层门都锁了，不要放他，待师父来家，凭他怎的处置。他又是师父的故人，饶了他，也是师父的人情；不饶他，我们也拿住个贼在，庶几可以免我等之罪。”清风闻言道：“有理！有理！”

他两个强打精神，勉生欢喜，从后园中径来殿上，对唐僧控背躬身道：“师父，适间言语粗俗，多有冲撞，莫怪，莫怪。”三藏问道：“怎么说？”清风道：“果子不少，只因树高叶密，不曾看得明白。才然又去查查，还是原数。”那八戒就趁脚儿跷道：“你这个童儿，年幼不知事体，就来乱骂，白口咀咒，枉赖了我们也！不当人子！”行者心上明白，口里不言，心中暗想道：“是谎，是谎！果子已是了帐，怎的说这般话？想必有起死回生之法。”

三藏道：“既如此，盛将饭来，我们吃了去罢。”那八戒便去盛饭，沙僧安放桌椅。二童忙取小菜，却是些酱瓜、酱茄、糟萝卜、醋豆角、腌窝蕖、绰芥菜，共排了七八碟儿，与师徒们吃饭；又提一壶好茶，两个茶钟，伺候左右。那师徒四众，却才拿起碗来，这童儿一边一个，扑的把门关上，插上一把两鐄铜锁。八戒笑道：“这童子差了。你这里风俗不好，却怎的关了门里吃饭？”

明月道：“正是，正是，好歹吃了饭儿开门。”清风骂道：“我把你这个害馋劳、偷嘴的秃贼！你偷吃了我的仙果，已该一个擅食田园瓜果之罪，却又把我的仙树推倒，坏了我五庄观里仙根，你还要说嘴哩！若能彀到得西方参佛面，只除是转背摇车再托生！”三藏闻言，丢下饭碗，把个石头放在心上。那童子将那前山门、二山门，通都上了锁，却又来正殿门首，恶语恶言，贼前贼后，只骂到天色将晚，才去吃饭。饭毕，归房去了。

唐僧埋怨行者道：“你这个猴头，番番撞祸！你偷吃了他的果子，就受他些气儿，让他骂几句便也罢了。怎么又推倒他的树！若论这般情由，告起状来，就是你老子做官，也说不通。”行者道：“师父莫闹，那童儿都睡去了，只等他睡着了，我们连夜起身。”沙僧道：“哥啊，几层门都上了锁，闭得甚紧，如何走么？”行者笑道：“莫管！莫管！老孙自有法儿。”八戒道：“愁你没有法儿哩！你一变，变甚么虫蛭儿，瞒格子眼里就飞将出去，只苦了我们不会变的，便在此顶缸受罪哩！”唐僧道：“他若干出这个勾当，不同你我出去啊，我就念起旧话经儿，他却怎生消受！”八戒闻言，又愁又笑道：“师父，你说的那里话？我只听得佛教中有卷《楞严经》、《法华经》、《孔雀经》、《观音经》、《金刚经》，不曾听见个甚那旧话儿经啊。”行者道：“兄弟，你不知道，我顶上戴的这个箍儿，是观音菩萨赐与我师父的。师父哄我戴了，就如生根的一般，莫想拿得下来，叫做《紧箍儿咒》，又叫做《紧箍儿经》。他旧话儿经，即此是也。但若念动，我就头疼，故有这个法儿难我。师父你莫念，我决不负你，管情大家一齐出去。”说话之间，都已天昏，不觉东方月上。行者道：“此时万籁无声，冰轮明显，正好走了去罢。”八戒道：“哥啊，不要捣鬼，门俱锁闭，往那里走？”行者道：“你看手段！”好行者，把金箍棒捻在手中，使一个解锁法，往门上一指，只听得突蹡的一声响，几层门双鐄俱落，唿喇的开了门扇。八戒笑道：“好本事！

就是叫小炉儿匠使掭子，便也不象这等爽利！”行者道：“这个门儿，有甚稀罕！就是南天门，指一指也开了。”却请师父出了门，上了马，八戒挑着担，沙僧拢着马，径投西路而去。行者道：

“你们且慢行，等老孙去照顾那两个童儿睡一个月。”三藏道：

“徒弟，不可伤他性命；不然，又一个得财伤人的罪了。”行者道：“我晓得。”行者复进去，来到那童儿睡的房门外。他腰里有带的瞌睡虫儿，原来在东天门与增长天王猜枚耍子赢的。他摸出两个来，瞒窗眼儿弹将进去，径奔到那童子脸上，鼾鼾沉睡，再莫想得醒。他才拽开云步，赶上唐僧，顺大路一直西奔，这一夜马不停蹄，只行到天晓，三藏道：“这个猴头弄杀我也！你因为嘴，带累我一夜无眠！”行者道：“不要只管埋怨。天色明了，你且在这路旁边树林中将就歇歇，养养精神再走。”那长老只得下马，倚松根权作禅床坐下，沙僧歇了担子打盹，八戒枕着石睡觉。孙大圣偏有心肠，你看他跳树扳枝顽耍。四众歇息不题。

却说那大仙自元始宫散会，领众小仙出离兜率，径下瑶天，坠祥云，早来到万寿山五庄观门首。看时，只见观门大开，地上干净，大仙道：“清风、明月，却也中用。常时节，日高三丈，腰也不伸，今日我们不在，他倒肯起早，开门扫地。”众小仙俱悦。行至殿上，香火全无，人踪俱寂，那里有明月、清风！众仙道：“他两个想是因我们不在，拐了东西走了。”大仙道：“岂有此理！修仙的人，敢有这般坏心的事！想是昨晚忘却关门，就去睡了，今早还未醒哩。”众仙到他房门首看处，真个关着房门，鼾鼾沉睡。这外边打门乱叫，那里叫得醒来？众仙撬开门板，着手扯下床来，也只是不醒。大仙笑道：“好仙童啊！成仙的人，神满再不思睡，却怎么这般困倦？莫不是有人做弄了他也？快取水来。”一童急取水半盏递与大仙。大仙念动咒语，噀一口水，喷在脸上，随即解了睡魔。

二人方醒，忽睁睛抹抹脸，抬头观看，认得是仙师与世同君和仙兄等众，慌得那清风顿首，明月叩头道：“师父啊！你的故人，原是东来的和尚，一伙强盗，十分凶狠！”大仙笑道：“莫惊恐，慢慢的说来。”清风道：“师父啊，当日别后不久，果有个东土唐僧，一行有四个和尚，连马五口。弟子不敢违了师命，问及来因，将人参果取了两个奉上。那长老俗眼愚心，不识我们仙家的宝贝。他说是三朝未满的孩童，再三不吃，是弟子各吃了一个。不期他那手下有三个徒弟，有一个姓孙的，名悟空行者，先偷四个果子吃了。是弟子们向伊理说，实实的言语了几句，他却不容，暗自里弄了个出神的手段，苦啊！”二童子说到此处，止不住腮边泪落。众仙道：“那和尚打你来？”明月道：“不曾打，只是把我们人参树打倒了。”大仙闻言，更不恼怒，道：

“莫哭！莫哭！你不知那姓孙的，也是个太乙散仙，也曾大闹天宫，神通广大。既然打倒了宝树，你可认得那些和尚？”清风道：

“都认得。”大仙道：“既认得，都跟我来。众徒弟们，都收拾下刑具，等我回来打他。”

众仙领命。大仙与明月、清风纵起祥光，来赶三藏，顷刻间就有千里之遥。大仙在云端里向西观看，不见唐僧；及转头向东看时，倒多赶了九百余里。原来那长老一夜马不停蹄，只行了一百二十里路，大仙的云头一纵，赶过了九百余里。仙童道：

“师父，那路旁树下坐的是唐僧。”大仙道：“我已见了。你两个回去安排下绳索，等我自家拿他。”清风先回不题。

那大仙按落云头，摇身一变，变作个行脚全真。你道他怎生模样：穿一领百衲袍，系一条吕公绦。手摇麈尾，渔鼓轻敲。

三耳草鞋登脚下，九阳巾子把头包。飘飘风满袖，口唱《月儿高》。径直来到树下，对唐僧高叫道：“长老，贫道起手了。”那长老忙忙答礼道：“失瞻！失瞻！”大仙问：“长老是那方来的？为何在途中打坐？”三藏道：“贫僧乃东土大唐差往西天取经者。

路过此间，权为一歇。”大仙佯讶道：“长老东来，可曾在荒山经过？”长老道：“不知仙宫是何宝山？”大仙道：“万寿山五庄观，便是贫道栖止处。”行者闻言，他心中有物的人，忙答道：“不曾！不曾！我们是打上路来的。”那大仙指定笑道：“我把你这个泼猴！你瞒谁哩？你倒在我观里，把我人参果树打倒，你连夜走在此间，还不招认，遮饰甚么？不要走！趁早去还我树来！”

那行者闻言，心中恼怒，掣铁棒不容分说，望大仙劈头就打。大仙侧身躲过，踏祥光，径到空中。行者也腾云，急赶上去。大仙在半空现了本相，你看他怎生打扮：头戴紫金冠，无忧鹤氅穿。

履鞋登足下，丝带束腰间。体如童子貌，面似美人颜。三须飘颔下，鸦瓴叠鬓边。相迎行者无兵器，止将玉麈手中拈。那行者没高没低的，棍子乱打。大仙把玉麈左遮右挡，奈了他两三回合，使一个袖里乾坤的手段，在云端里把袍袖迎风轻轻的一展，刷地前来，把四僧连马一袖子笼住。八戒道：“不好了！我们都装在拉縺里了！”行者道：“呆子，不是拉縺，我们被他笼在衣袖中哩。”八戒道：“这个不打紧，等我一顿钉钯，筑他个窟窿，脱将下去，只说他不小心，笼不牢，吊的了罢。”那呆子使钯乱筑，那里筑得动？手捻着虽然是个软的，筑起来就比铁还硬。

那大仙转祥云，径落五庄观坐下，叫徒弟拿绳来。众小仙一一伺候。你看他从袖子里，却象撮傀儡一般，把唐僧拿出，缚在正殿檐柱上；又拿出他三个，每一根柱上，绑了一个；将马也拿出拴在庭下，与他些草料，行李抛在廊下。又道：“徒弟，这和尚是出家人，不可用刀枪，不可加铁钺，且与我取出皮鞭来，打他一顿，与我人参果出气！”众仙即忙取出一条鞭，不是甚么牛皮、羊皮、麂皮、犊皮的，原来是龙皮做的七星鞭，着水浸在那里。令一个有力量的小仙，把鞭执定道：“师父，先打那个？”大仙道：“唐三藏做大不尊，先打他。”行者闻言，心中暗道：“我那老和尚不禁打，假若一顿鞭打坏了啊，却不是我造的业？”他忍不住开言道：“先生差了。偷果子是我，吃果子是我，推倒树也是我，怎么不先打我，打他做甚？”大仙笑道：“这泼猴倒言语膂烈。这等便先打他。”小仙问：“打多少？”大仙道：“照依果数，打三十鞭。”那小仙轮鞭就打。行者恐仙家法大，睁圆眼瞅定，看他打那里。原来打腿，行者就把腰扭一扭，叫声“变！”变作两条熟铁腿，看他怎么打。那小仙一下一下的，打了三十，天早向午了。大仙又吩咐道：“还该打三藏训教不严，纵放顽徒撒泼。”那仙又轮鞭来打，行者道：“先生又差了。偷果子时，我师父不知，他在殿上与你二童讲话，是我兄弟们做的勾当。纵是有教训不严之罪，我为弟子的，也当替打，再打我罢。”大仙笑道：“这泼猴，虽是狡猾奸顽，却倒也有些孝意。既这等，还打他罢。”小仙又打了三十。行者低头看看，两只腿似明镜一般，通打亮了，更不知些疼痒。此时天色将晚，大仙道：“且把鞭子浸在水里，待明朝再拷打他。”小仙且收鞭去浸，各各归房。晚斋已毕，尽皆安寝不题。

那长老泪眼双垂，怨他三个徒弟道：“你等闯出祸来，却带累我在此受罪，这是怎的起？”行者道：“且休报怨，打便先打我，你又不曾吃打，倒转嗟呀怎的？”唐僧道：“虽然不曾打，却也绑得身上疼哩。”沙僧道：“师父，还有陪绑的在这里哩。”行者道：“都莫要嚷，再停会儿走路。”八戒道：“哥哥又弄虚头了。

这里麻绳喷水，紧紧的绑着，还比关在殿上被你使解锁法搠开门走哩！”行者道：“不是夸口说，那怕他三股的麻绳喷上了水，就是碗粗的棕缆，也只好当秋风！”正话处，早已万籁无声，正是天街人静。好行者，把身子小一小，脱下索来道：

“师父去哑！”沙僧慌了道：“哥哥，也救我们一救！”行者道：“悄言！悄言！”他却解了三藏，放下八戒、沙僧，整束了褊衫，扣背了马匹，廊下拿了行李，一齐出了观门。又教八戒：“你去把那崖边柳树伐四颗来。”八戒道：“要他怎的？”行者道：“有用处，快快取来！”那呆子有些夯力，走了去，一嘴一颗，就拱了四颗，一抱抱来。行者将枝梢折了，将兄弟二人复进去，将原绳照旧绑在柱上。那大圣念动咒语，咬破舌尖，将血喷在树上，叫“变！”一根变作长老，一根变作自身，那两根变作沙僧、八戒，都变得容貌一般，相貌皆同，问他也就说话，叫名也就答应。他两个却才放开步，赶上师父。这一夜依旧马不停蹄，躲离了五庄观。只走到天明，那长老在马上摇桩打盹，行者见了，叫道：“师父不济！出家人怎的这般辛苦？我老孙千夜不眠，也不晓得困倦。

且下马来，莫教走路的人，看见笑你，权在山坡下藏风聚气处，歇歇再走。”

不说他师徒在路暂住。且说那大仙，天明起来，吃了早斋，出在殿上，教拿鞭来：“今日却该打唐三藏了。”那小仙轮着鞭，望唐僧道：“打你哩。”那柳树也应道：“打么。”乒乓打了三十。

轮过鞭来，对八戒道：“打你哩。”那柳树也应道：“打么。”及打沙僧，也应道“打么。”及打到行者，那行者在路，偶然打个寒噤道：“不好了！”三藏问道：“怎么说？”行者道：“我将四颗柳树变作我师徒四众，我只说他昨日打了我两顿，今日想不打了。却又打我的化身，所以我真身打噤，收了法罢。”那行者慌忙念咒收法。

你看那些道童害怕，丢了皮鞭，报道：“师父啊，为头打的是大唐和尚，这一会打的都是柳树之根！”大仙闻言，呵呵冷笑，夸不尽道：“孙行者，真是一个好猴王！曾闻他大闹天宫，布地网天罗，拿他不住，果有此理。你走了便也罢，却怎么绑些柳树在此，冒名顶替？决莫饶他，赶去来！”那大仙说声赶，纵起云头，往西一望，只见那和尚挑包策马，正然走路。大仙低下云头，叫声：“孙行者！往那里走！还我人参树来！”八戒听见道：

“罢了！对头又来了！”行者道：“师父，且把善字儿包起，让我们使些凶恶，一发结果了他，脱身去罢。”唐僧闻言，战战兢兢，未曾答应，沙僧掣宝杖，八戒举钉钯，大圣使铁棒，一齐上前，把大仙围住在空中，乱打乱筑。这场恶斗，有诗为证，诗曰：悟空不识镇元仙，与世同君妙更玄。三件神兵施猛烈，一根麈尾自飘然。左遮右挡随来往，后架前迎任转旋。夜去朝来难脱体，淹留何日到西天！

他兄弟三众，各举神兵，一齐攻打，那大仙只把蝇帚儿演架。那里有半个时辰，他将袍袖一展，依然将四僧一马并行李，一袖笼去，返云头，又到观里。众仙接着，仙师坐于殿上，却又在袖儿里一个个搬出，将唐僧绑在阶下矮槐树上，八戒、沙僧各绑在两边树上。将行者捆倒，行者道：“想是调问哩。”不一时，捆绑停当，教把长头布取十匹来。行者笑道：“八戒！这先生好意思，拿出布来与我们做中袖哩！减省些儿，做个一口中罢了。”那小仙将家机布搬将出来。大仙道：“把唐三藏、猪八戒、沙和尚都使布裹了！”众仙一齐上前裹了。行者笑道：“好！

好！好！夹活儿就大殓了！”须臾，缠裹已毕，又教拿出漆来。众仙即忙取了些自收自晒的生熟漆，把他三个布裹的漆了，浑身俱裹漆，上留着头脸在外。八戒道：“先生，上头倒不打紧，只是下面还留孔儿，我们好出恭。”那大仙又教把大锅抬出来。行者笑道：“八戒，造化！抬出锅来，想是煮饭我们吃哩。”八戒道：

“也罢了，让我们吃些饭儿，做个饱死的鬼也好看。”众仙果抬出一口大锅支在阶下。大仙叫架起干柴，发起烈火，教：“把清油熬上一锅，烧得滚了，将孙行者下油锅扎他一扎，与我人参树报仇！”行者闻言暗喜道：“正可老孙之意。这一向不曾洗澡，有些儿皮肤燥痒，好歹荡荡，足感盛情。”顷刻间，那油锅将滚。

大圣却又留心，恐他仙法难参，油锅里难做手脚，急回头四顾，只见那台下东边是一座日规台，西边是一个石狮子。行者将身一纵，滚到西边，咬破舌尖，把石狮子喷了一口，叫声“变！”变作他本身模样，也这般捆作一团，他却出了元神，起在云端里，低头看着道士。

只见那小仙报道：“师父，油锅滚透了。”大仙教“把孙行者抬下去！”四个仙童抬不动，八个来，也抬不动，又加四个，也抬不动。众仙道：“这猴子恋土难移，小自小，倒也结实。”却教二十个小仙，扛将起来，往锅里一掼，烹的响了一声，溅起些滚油点子，把那小道士们脸上烫了几个燎浆大泡！只听得烧火的小童喊道：“锅漏了！锅漏了！”说不了，油漏得罄尽，锅底打破，原来是一个石狮子放在里面。大仙大怒道：“这个泼猴，着然无礼！教他当面做了手脚！你走了便罢，怎么又捣了我的灶？这泼猴枉自也拿他不住，就拿住他，也似抟砂弄汞，捉影捕风。

罢！罢！罢！饶他去罢。且将唐三藏解下，另换新锅，把他扎一扎，与人参树报报仇罢。”那小仙真个动手，拆解布漆。行者在半空里听得明白，他想着：“师父不济，他若到了油锅里，一滚就死，二滚就焦，到三五滚，他就弄做个稀烂的和尚了！我还去救他一救。”好大圣，按落云头，上前叉手道“莫要拆坏了布漆，我来下油锅了。”那大仙惊骂道：“你这猢猴！怎么弄手段捣了我的灶？”行者笑道：“你遇着我就该倒灶，干我甚事？我才自也要领你些油汤油水之爱，但只是大小便急了，若在锅里开风，恐怕污了你的熟油，不好调菜吃，如今大小便通干净了，才好下锅。不要扎我师父，还来扎我。”那大仙闻言，呵呵冷笑，走出殿来，一把扯住。毕竟不知有何话说，端的怎么脱身，且听下回分解。

第二十六回　孙悟空三岛求方　观世音甘泉活树

诗曰：处世须存心上刃，修身切记寸边而。常言刃字为生意，但要三思戒怒欺。上士无争传亘古，圣人怀德继当时。刚强更有刚强辈，究竟终成空与非。却说那镇元大仙用手搀着行者道：“我也知道你的本事，我也闻得你的英名，只是你今番越理欺心，纵有腾那，脱不得我手。我就和你讲到西天，见了你那佛祖，也少不得还我人参果树。你莫弄神通！”行者笑道：“你这先生好小家子样！若要树活，有甚疑难！早说这话，可不省了一场争竞？”大仙道：“不争竞，我肯善自饶你？”行者道：“你解了我师父，我还你一颗活树如何？”大仙道：“你若有此神通，医得树活，我与你八拜为交，结为兄弟。”行者道：“不打紧，放了他们，老孙管教还你活树。”大仙谅他走不脱，即命解放了三藏、八戒、沙僧。沙僧道：“师父啊，不知师兄捣得是甚么鬼哩。”

八戒道：“甚么鬼！这叫做当面人情鬼！树死了，又可医得活？

他弄个光皮散儿好看，者着求医治树，单单了脱身走路，还顾得你和我哩！”三藏道：“他决不敢撒了我们，我们问他那里求医去。”遂叫道：“悟空，你怎么哄了仙长，解放我等？”行者道：

“老孙是真言实语，怎么哄他？”三藏道：“你往何处去求方？”行者道：“古人云，方从海上来。我今要上东洋大海，遍游三岛十洲，访问仙翁圣老，求一个起死回生之法，管教医得他树活。”

三藏道："此去几时可回？"行者道："只消三日。"三藏道："既如此，就依你说，与你三日之限。三日里来便罢，若三日之外不来，我就念那话儿经了。"行者道："遵命，遵命。"你看他急整虎皮裙，出门来对大仙道："先生放心，我就去就来。你却要好生伏侍我师父，逐日家三茶六饭，不可欠缺。若少了些儿，老孙回来和你算帐，先捣塌你的锅底。衣服禳了，与他浆洗浆洗。脸儿黄了些儿，我不要；若瘦了些儿，不出门。"那大仙道："你去，你去，定不教他忍饿。"

好猴王，急纵觔斗云，别了五庄观，径上东洋大海。在半空中，快如掣电，疾如流星，早到蓬莱仙境。按云头，仔细观看，真个好去处！有诗为证，诗曰：大地仙乡列圣曹，蓬莱分合镇波涛。瑶台影蘸天心冷，巨阙光浮海面高。五色烟霞含玉籁，九霄星月射金鳌。西池王母常来此，奉祝三仙几次桃。那行者看不尽仙景，径入蓬莱。正然走处，见白云洞外，松阴之下，有三个老儿围棋：观局者是寿星，对局者是福星、禄星。行者上前叫道："老弟们，作揖了。"那三星见了，拂退棋枰，回礼道："大圣何来？"行者道："特来寻你们耍子。"寿星道："我闻大圣弃道从释，脱性命保护唐僧往西天取经，遂日奔波山路，那些儿得闲，却来耍子？"行者道："实不瞒列位说，老孙因往西方，行在半路，有些儿阻滞，特来小事欲干，不知肯否？"福星道："是甚地方？是何阻滞？乞为明示，吾好裁处。"行者道："因路过万寿山五庄观有阻。"三老惊讶道："五庄观是镇元大仙的仙宫。你莫不是把他人参果偷吃了"行者笑道："偷吃了能值甚么？"三老道："你这猴子，不知好歹。那果子闻一闻，活三百六十岁；吃一个，活四万七千年，叫做万寿草还丹。我们的道，不及他多矣！

他得之甚易，就可与天齐寿；我们还要养精、炼气、存神，调和龙虎，捉坎填离，不知费多少工夫。你怎么说他的能值甚紧？天下只有此种灵根！"行者道："灵根！灵根！我已弄了他个断根哩！"三老惊道："怎的断根？"行者道："我们前日在他观里，那大仙不在家，只有两个小童，接待了我师父，却将两个人参果奉与我师。我师不认得，只说是三朝未满的孩童，再三不吃。那童子就拿去吃了，不曾让得我们。是老孙就去偷了他三个，我三兄弟吃了。那童子不知高低，贼前贼后的骂个不住。是老孙恼了，把他树打了一棍，推倒在地，树上果子全无，椏开叶落，根出枝伤，已枯死了。不想那童子关住我们，又被老孙扭开锁走了。次日清晨，那先生回家赶来，问答间，语言不和，遂与他赌斗，被他闪一闪，把袍袖展开，一袖子都笼去了。绳缠索绑，拷问鞭敲，就打了一日。是夜又逃了，他又赶上，依旧笼去。他身无寸铁，只是把个麈尾遮架，我兄弟这等三般兵器，莫想打得着他。这一番仍旧摆布，将布裹滚了我师父与两师弟，却将我下油锅。我又做了个脱身本事走了，把他锅都打破。他见拿我不住，尽有几分醋我。是我又与他好讲，教他放了我师父、师弟，我与他医树管活，两家才得安宁。我想着方从海上来，故此特游仙境，访三位老弟，有甚医树的方儿，传我一个，急救唐僧脱苦。"三星闻言，心中也闷道："你这猴儿，全不识人。那镇元子乃地仙之祖，我等乃神仙之宗；你虽得了天仙，还是太乙散数，未入真流，你怎么脱得他手？若是大圣打杀了走兽飞禽，蜾虫鳞长，只用我黍米之丹，可以救活。那人参果乃仙木之根，如何医治？没方，没方。"那行者见说无方，却就眉峰双锁，额蹙千痕。福星道："大圣，此处无方，他处或有，怎么就生烦恼？"行者道："无方别访，果然容易，就是游遍海角天涯，转透三十六天亦是小可；只是我那唐长老法严量窄，止与了我三日期限。三日以外不到，他就要念那《紧箍儿咒》哩。"三星笑道："好！好！

好！若不是这个法儿拘束你，你又钻天了。"寿星道："大圣放心，不须烦恼。那大仙虽称上辈，却也与我等有识。一则久别，不曾拜望；二来是大圣的人情。如今我三人同去望他一望，就与你道达此情，教那唐和尚莫念《紧箍儿咒》，休说三日五日，只等你求得方来，我们才别。"行者道：感激！感激！就请三位老弟行行，我去也。"大圣辞别三星不题。

却说这三星驾起祥光，即往五庄观而来。那观中合众人等，忽听得长天鹤唳，原来是三老光临。但见那：盈空蔼蔼祥光簇，霄汉纷纷香馥郁。彩雾千条护羽衣，轻云一朵擎仙足。青鸾飞，丹凤鷫，袖引香风满地扑。拄杖悬龙喜笑生，皓髯垂玉胸前拂。童颜欢悦更无忧，壮体雄威多有福。执星筹，添海屋，腰挂葫芦并宝箓。万纪千旬福寿长，十洲三岛随缘宿。常来世上送千祥，每向人间增百福。概乾坤，荣福禄，福寿无疆今喜得。

三老乘祥谒大仙，福堂和气皆无极。那仙童看见，即忙报道：

"师父，海上三星来了。"镇元子正与唐僧师弟闲叙，闻报即降阶奉迎。那八戒见了寿星，近前扯住，笑道："你这肉头老儿，许久不见，还是这般脱洒，帽儿也不带个来。"遂把自家一个僧帽，扑的套在他头上，扑着手呵呵大笑道："好！好！好！真是加冠进禄也！"那寿星将帽子掼了骂道："你这个夯货，老大不知高低！"八戒道："我不是夯货，你等真是奴才！"福星道："你倒是个夯货，反敢骂人是奴才！"八戒又笑道："既不是人家奴才，好道叫做添寿、添福、添禄？"那三藏喝退了八戒，急整衣拜了三星。那三星以晚辈之礼见了大仙，方才叙坐。坐定，禄星道："我们一向久阔尊颜，有失恭敬，今因孙大圣搅扰仙山，特来相见。"大仙道："孙行者到蓬莱去的？"寿星道："是，因为伤了大仙的丹树，他来我处求方医治，我辈无方，他又到别处求访，但恐违了圣僧三日之限，要念《紧箍儿咒》。我辈一来奉拜，二来讨个宽限。"三藏闻言，连声应道："不敢念，不敢念。"止说处，八戒又跑进来，扯住福星，要讨果子吃。他去袖里乱摸，腰里乱吞，不住的揭他衣服搜检。三藏笑道："那八戒是甚么规矩！"八戒道："不是没规矩，此叫做番番是福。"三藏又叱令出去，那呆子　出门，瞅着福星，眼不转睛的发狠，福星道："夯货！我那里恼了你来，你这等恨我？"八戒道："不是恨你，这叫回头望福。"那呆子出得门来，只见一个小童，拿了四把茶匙，方去寻锺取果看茶，被他一把夺过，跑上殿，拿着小磬儿，用手乱敲乱打，两头玩耍。大仙道："这个和尚，越发不尊重了！"八戒笑道："不是不尊重，这叫做四时吉庆。"

且不说八戒打诨乱缠，却表行者纵祥云离了蓬莱，又早到方丈仙山。这山真好去处，有诗为证，诗曰：方丈巍峨别是天，太元宫府会神仙。紫台光照三清路，花木香浮五色烟。金凤自多槃蕊阙，玉膏谁逼灌芝田？碧桃紫李新成熟，又换仙人信万年。那行者按落云头，无心玩景，正走处，只闻得香风馥馥，玄鹤声鸣，那壁厢有个神仙，但见：盈空万道霞光现，彩雾飘飖光不断。丹凤衔花也更鲜，青鸾飞舞声娇艳。福如东海寿如山，貌似小童身体健。壶隐洞天不老丹，腰悬与日长生篆。人间数次降祯祥，世上几番消厄愿。武帝曾宣加寿龄，瑶池每赴蟠桃宴。教化众僧脱俗缘，指开大道明如电。也曾跨海祝千秋，常去灵山参佛面。圣号东华大帝君，烟霞第一神仙眷。孙行者觌面相迎，叫声："帝君，起手了。"那帝君慌忙回礼道："大圣，失迎。请荒居奉茶。"遂与行者搀手而入。果然是贝阙仙宫，看不尽瑶池琼阁。方坐待茶，只见翠屏后转出一个童儿。他怎生打扮：身穿道服飘霞烁，腰束丝绦光错落。头戴纶巾布斗星，足登芒履游仙岳。炼元真，脱本壳，功行成时遂意乐。识破原流精气神，主人认得无虚错。逃名今喜寿无疆，甲子周天管不着。转回廊，登宝阁，天上蟠桃三度摸。缥缈香云出翠屏，小仙乃是东方朔。行者见了，笑道："这个小贼在这里哩！帝君处没有桃子你偷吃！"东方朔朝上进礼，答道："老贼，你来这里怎的？我师父没有仙丹你偷吃。"帝君叫道："曼倩休乱言，看茶来也。"曼倩原是东方朔的道名，他急入里取茶二杯。饮讫，行者道："老孙此来，有一事奉干，未知允否？"帝君道："何事？自当领教。"

行者道："近因保唐僧西行，路过万寿山五庄观，因他那小童无状，是我一时发怒，把他人参果树推倒，因此阻滞，唐僧不得脱身，特来尊处求赐一方医治，万望慨然。"帝君道："你这猴子，不管一二，到处里闯祸。那五庄观镇元子，圣号与世同君，乃地仙之祖。你怎么就冲撞出他？他那人参果树，乃草还丹。你偷吃了，尚说有罪；却又连树推倒，他肯干休？”行者道：“正是呢，我们走脱了，被他赶上，把我们就当汗巾儿一般，一袖子都笼了去，所以角气。没奈何，许他求方医治，故此拜求。”帝君道：

“我有一粒九转太乙还丹，但能治世间生灵，却不能医树。树乃水土之灵，天滋地润。若是凡间的果木，医治还可；这万寿山乃先天福地，五庄观乃贺洲洞天，人参果又是天开地辟之灵根，如何可治？无方！无方！”

行者道：“既然无方，老孙告别。”帝君仍欲留奉玉液一杯，行者道：“急救事紧，不敢久滞。”遂驾云至瀛洲海岛。也好去处，有诗为证，诗曰：珠树玲珑照紫烟，瀛洲宫阙接诸天。青山绿水琪花艳，玉液锟鋘铁石坚。五色碧鸡啼海日，千年丹凤吸朱烟。世人罔究壶中景，象外春光亿万年。那大圣至瀛洲，只见那丹崖珠树之下，有几个皓发皤髯之辈，童颜鹤鬓之仙，在那里着棋饮酒，谈笑讴歌。真个是：祥云光满，瑞霭香浮。彩鸾鸣洞口，玄鹤舞山头。碧藕水桃为按酒，交梨火枣寿千秋。一个个丹诏无闻，仙符有籍；逍遥随浪荡，散淡任清幽。周天甲子难拘管，大地乾坤只自由，献果玄猿，对对参随多美爱；衔花白鹿，双双拱伏甚绸缪。那些老儿正然洒乐，这行者厉声高叫道：

“带我耍耍儿便怎的！”众仙见了，急忙趋步相迎。有诗为证，诗曰：人参果树灵根折，大圣访仙求妙诀。缭绕丹霞出宝林，瀛洲九老来相接。行者认得是九老，笑道：“老兄弟们自在哩！”九老道：“大圣当年若存正，不闹天宫，比我们还自在哩。如今好了，闻你归真向西拜佛，如何得暇至此？”行者将那医树求方之事，具陈了一遍。九老也大惊道：“你也忒惹祸！惹祸！我等实是无方。”行者道：“既是无方，我且奉别。”

九老又留他饮琼浆，食碧藕。行者定不肯坐，止立饮了他一杯浆，吃了一块藕，急急离了瀛洲，径转东洋大海。早望见落伽山不远，遂落下云头，直到普陀岩上，见观音菩萨在紫竹林中与诸天大神、木叉、龙女，讲经说法。有诗为证，诗曰：海主城高瑞气浓，更观奇异事无穷。须知隐约千般外，尽出希微一品中。四圣授时成正果，六凡听后脱樊笼。少林别有真滋味，花果馨香满树红。

那菩萨早已看见行者来到，即命守山大神去迎。那大神出林来，叫声：“孙悟空，那里去？”行者抬头喝道：“你这个熊罴！

我是你叫的悟空？当初不是老孙饶了你，你已此做了黑风山的尸鬼矣。今日跟了菩萨，受了善果，居此仙山，常听法教，你叫不得我一声老爷？”那黑熊真个得了正果，在菩萨处镇守普陀，称为大神，是也亏了行者。他只得陪笑道：“大圣，古人云，君子不念旧恶，只管题他怎的！菩萨着我来迎你哩。”这行者就端肃尊诚，与大神到了紫竹林里，参拜菩萨。菩萨道：“悟空，唐僧行到何处也？”行者道：“行到西牛贺洲万寿山了。”菩萨道：“那万寿山有座五庄观，镇元大仙你曾会他么？”行者顿首道：“因是在五庄观，弟子不识镇元大仙，毁伤了他的人参果树，冲撞了他，他就困滞了我师父，不得前进。”那菩萨情知，怪道：“你这泼猴，不知好歹！他那人参果树，乃天开地辟的灵根。镇元子乃地仙之祖，我也让他三分，你怎么就打伤他树！”行者再拜道：“弟子实是不知。那一日，他不在家，只有两个仙童，候待我等。是猪悟能晓得他有果子，要一个尝新，弟子委偷了他三个，兄弟们分吃了。那童子知觉，骂我等无已，是弟子发怒，遂将他树推倒。他次日回来赶上，将我等一袖子笼去，绳绑鞭抽，拷打了一日。我等当夜走脱，又被他赶上，依然笼了。三番两次，其实难逃，已允了与他医树。却才自海上求方，遍游三岛，众神仙都没有本事。弟子因此志心朝礼，特拜告菩萨，伏望慈悯，俯赐一方，以救唐僧早早西去。”菩萨道：“你怎么不早来见我，却往岛上去寻找？”行者闻得此言，心中暗喜道：“造化了！造化了！

菩萨一定有方也！”他又上前恳求，菩萨道：“我这净瓶底的甘露水，善治得仙树灵苗。”行者道：“可曾经验过么？”菩萨道：

“经验过的。”行者问：“有何经验？”菩萨道：“当年太上老君曾与我赌胜：他把我的杨柳枝拔了去，放在炼丹炉里，炙得焦干，送来还我。是我拿了插在瓶中，一昼夜，复得青枝绿叶，与旧相同。”行者笑道：“真造化了！真造化了！烘焦了的尚能医活，况此推倒的，有何难哉！”菩萨吩咐大众：“看守林中，我去去来。”

遂手托净瓶，白鹦哥前边巧啭，孙大圣随后相从。有诗为证，诗曰：玉毫金象世难论，正是慈悲救苦尊。过去劫逢无垢佛，至今成得有为身。几生欲海澄清浪，一片心田绝点尘。甘露久经真妙法，管教宝树永长春。

却说那观里大仙与三老正然清话，忽见孙大圣按落云头，叫道：“菩萨来了，快接快接！”慌得那三星与镇元子共三藏师徒，一齐迎出宝殿。菩萨才住了祥云，先与镇元子陪了话，后与三星作礼。礼毕上坐，那阶前，行者引唐僧、八戒、沙僧都拜了。

那观中诸仙，也来拜见。行者道：“大仙不必迟疑，趁早儿陈设香案，请菩萨替你治那甚么果树去。”大仙躬身谢菩萨道：“小可的勾当，怎么敢劳菩萨下降？”菩萨道：“唐僧乃我之弟子，孙悟空冲撞了先生，理当赔偿宝树。”三老道：“既如此，不须谦讲了。请菩萨都到园中去看看。”

那大仙即命设具香案，打扫后园，请菩萨先行，三老随后。

三藏师徒与本观众仙，都到园内观看时，那棵树倒在地下，土开根现，叶落枝枯。菩萨叫：“悟空，伸手来。”那行者将左手伸开。菩萨将杨柳枝，蘸出瓶中甘露，把行者手心里画了一道起死回生的符字，教他放在树根之下，但看水出为度。那行者捏着拳头，往那树根底下揣着，须臾有清泉一汪。菩萨道：“那个水不许犯五行之器，须用玉瓢舀出，扶起树来，从头浇下，自然根皮相合，叶长芽生，枝青果出。”行者道：“小道士们，快取玉瓢来。”镇元子道：“贫道荒山，没有玉瓢，只有玉茶盏、玉酒杯，可用得么？”菩萨道：“但是玉器，可舀得水的便罢，取将来看。”

大仙即命小童子取出有二三十个茶盏，四五十个酒盏，却将那根下清泉舀出。行者、八戒、沙僧，扛起树来，扶得周正，拥上土，将玉器内甘泉，一瓯瓯捧与菩萨。菩萨将杨柳枝细细洒上，口中又念着经咒。不多时，洒净那舀出之水，只见那树果然依旧青枝绿叶浓郁阴森，上有二十三个人参果。清风、明月二童子道：“前日不见了果子时，颠倒只数得二十二个，今日回生，怎么又多了一个？”行者道：“日久见人心。前日老孙只偷了三个，那一个落下地来，土地说这宝遇土而入，八戒只嚷我打了偏手，故走了风信，只缠到如今，才见明白。”菩萨道：“我方才不用五行之器者，知道此物与五行相畏故耳。”那大仙十分欢喜，急令取金击子来，把果子敲下十个，请菩萨与三老复回宝殿，一则谢劳，二来做个人参果会。众小仙遂调开桌椅，铺设丹盘，请菩萨坐了上面正席，三老左席，唐僧右席，镇元子前席相陪，各食了一个。有诗为证，诗曰：万寿山中古洞天，人参一熟九千年。灵根现出芽枝损，甘露滋生果叶全。三老喜逢皆旧契，四僧幸遇是前缘。自今会服人参果，尽是长生不老仙。此时菩萨与三老各吃了一个，唐僧始知是仙家宝贝，也吃了一个，悟空三人亦各吃一个，镇元子陪了一个，本观仙众分吃了一个。

行者才谢了菩萨回上普陀岩，送三星径转蓬莱岛。镇元子却又安排蔬酒，与行者结为兄弟。这才是不打不成相识，两家合了一家。师徒四众，喜喜欢欢，天晚歇了。那长老才是：有缘吃得草还丹，长寿苦捱妖怪难。毕竟到明日如何作别，且听下回分解。

第二十七回　尸魔三戏唐三藏　圣僧恨逐美猴王

却说三藏师徒，次日天明，收拾前进。那镇元子与行者结为兄弟，两人情投意合，决不肯放，又安排管待，一连住了五六日。那长老自服了草还丹，真似脱胎换骨，神爽体健。他取经心重，那里肯淹留，无已，遂行。

师徒别了上路，早见一座高山。三藏道："徒弟，前面有山险峻，恐马不能前，大家须仔细仔细。"行者道："师父放心，我等自然理会。"好猴王，他在那马前，横担着棒，剖开山路，上了高崖，看不尽：峰岩重叠，涧壑湾环。虎狼成阵走，麂鹿作群行。

无数獐豝钻簇簇，满山狐兔聚丛丛。千尺大蟒，万丈长蛇。大蟒喷愁雾，长蛇吐怪风。道旁荆棘牵漫，岭上松楠秀丽。薜萝满目，芳草连天。影落沧溟北，云开斗柄南。万古常含元气老，千峰巍列日光寒。那长老马上心惊，孙大圣布施手段，舞着铁棒，哮吼一声，唬得那狼虫颠窜，虎豹奔逃。师徒们入此山，正行到嵯峨之处，三藏道："悟空，我这一日，肚中饥了，你去那里化些斋吃？"行者陪笑道："师父好不聪明。这等半山之中，前不巴村，后不着店，有钱也没买处，教往那里寻斋？"三藏心中不快，口里骂道："你这猴子！想你在两界山，被如来压在石匣之内，口能言，足不能行，也亏我救你性命，摩顶受戒，做了我的徒弟。怎么不肯努力，常怀懒惰之心！"行者道："弟子亦颇殷勤，何尝懒惰？"三藏道："你既殷勤，何不化斋我吃？我肚饥怎行？况此地山岚瘴气，怎么得上雷音？"行者道："师父休怪，少要言语。我知你尊性高傲，十分违慢了你，便要念那话儿咒。你下马稳坐，等我寻那里有人家处化斋去。"行者将身一纵，跳上云端里，手搭凉篷，睁眼观看。可怜西方路甚是寂寞，更无庄堡人家，正是多逢树木少见人烟去处。看多时，只见正南上有一座高山，那山向阳处，有一片鲜红的点子。行者按下云头道：

"师父，有吃的了。"那长老问甚东西，行者道："这里没人家化饭，那南山有一片红的，想必是熟透了的山桃，我去摘几个来你充饥。"三藏喜道："出家人若有桃子吃，就为上分了，快去！"

行者取了钵盂，纵起祥光，你看他觔斗幌幌，冷气飕飕，须臾间，奔南山摘桃不题。

却说常言有云：山高必有怪，岭峻却生精。果然这山上有一个妖精，孙大圣去时，惊动那怪。他在云端里，踏着阴风，看见长老坐在地下，就不胜欢喜道："造化！造化！几年家人都讲东土的唐和尚取大乘，他本是金蝉子化身，十世修行的原体。

有人吃他一块肉，长寿长生。真个今日到了。"那妖精上前就要拿他，只见长老左右手下有两员大将护持，不敢拢身。他说两员大将是谁？说是八戒、沙僧。八戒、沙僧虽没甚么大本事，然八戒是天蓬元帅，沙僧是卷帘大将，他的威气尚不曾泄，故不敢拢身。妖精说："等我且戏他戏，看怎么说。"

好妖精，停下阴风，在那山凹里，摇身一变，变做个月貌花容的女儿，说不尽那眉清目秀，齿白唇红，左手提着一个青砂罐儿，右手提着一个绿磁瓶儿，从西向东，径奔唐僧。圣僧歇马在山岩，忽见裙钗女近前。翠袖轻摇笼玉笋，湘裙斜拽显金莲。

汗流粉面花含露，尘拂峨眉柳带烟。仔细定睛观看处，看看行至到身边。三藏见了，叫："八戒，沙僧，悟空才说这里旷野无人，你看那里不走出一个人来了？"八戒道："师父，你与沙僧坐着，等老猪去看看来。"那呆子放下钉钯，整整直裰，摆摆摇摇，充作个斯文气象，一直的觌面相迎。真个是远看未实，近看分明，那女子生得：冰肌藏玉骨，衫领露酥胸。柳眉积翠黛，杏眼闪银星。月样容仪俏，天然性格清。体似燕藏柳，声如莺啭林。

半放海棠笼晓日，才开芍药弄春晴。那八戒见他生得俊俏，呆子就动了凡心，忍不住胡言乱语，叫道："女菩萨，往那里去？手里提着是甚么东西？"分明是个妖怪，他却不能认得。那女子连声答应道："长老，我这青罐里是香米饭，绿瓶里是炒面筋，特来此处无他故，因还誓愿要斋僧。"八戒闻言，满心欢喜，急抽身，就跑了个猪颠风，报与三藏道："师父！吉人自有天报！师父饿了，教师兄去化斋，那猴子不知那里摘桃儿耍子去了。桃子吃多了，也有些嘈人，又有些下坠。你看那不是个斋僧的来了？"唐僧不信道："你这个夯货胡缠！我们走了这向，好人也不曾遇着一个，斋僧的从何而来！"八戒道："师父，这不到了？"

三藏一见，连忙跳起身来，合掌当胸道："女菩萨，你府上在何处住？是甚人家？有甚愿心，来此斋僧？"分明是个妖精，那长老也不认得。那妖精见唐僧问他来历，他立地就起个虚情，花言巧语来赚哄道："师父，此山叫做蛇回兽怕的白虎岭，正西下面是我家。我父母在堂，看经好善，广斋方上远近僧人，只因无子，求福作福，生了奴奴，欲扳门第，配嫁他人，又恐老来无倚，只得将奴招了一个女婿，养老送终。"三藏闻言道："女菩萨，你语言差了。圣经云：父母在，不远游，游必有方。你既有父母在堂，又与你招了女婿，有愿心，教你男子还，便也罢，怎么自家在山行走？又没个侍儿随从。这个是不遵妇道了。"

那女子笑吟吟，忙陪俏语道："师父，我丈夫在山北凹里，带几个客子锄田。这是奴奴煮的午饭，送与那些人吃的。只为五黄六月，无人使唤，父母又年老，所以亲身来送。忽遇三位远来，却思父母好善，故将此饭斋僧，如不弃嫌，愿表芹献。"三藏道：

"善哉！善哉！我有徒弟摘果子去了，就来，我不敢吃。假如我和尚吃了你饭，你丈夫晓得，骂你，却不罪坐贫僧也？"那女子见唐僧不肯吃，却又满面春生道："师父啊，我父母斋僧，还是小可；我丈夫更是个善人，一生好的是修桥补路，爱老怜贫。但听见说这饭送与师父吃了，他与我夫妻情上，比寻常更是不同。"三藏也只是不吃，旁边却恼坏了八戒。那呆子努着嘴，口里埋怨道："天下和尚也无数，不曾象我这个老和尚罢软！现成的饭三分儿倒不吃，只等那猴子来，做四分才吃！"他不容分说，一嘴把个罐子拱倒，就要动口。

只见那行者自南山顶上，摘了几个桃子，托着钵盂，一筋斗，点将回来，睁火眼金睛观看，认得那女子是个妖精，放下钵盂，掣铁棒，当头就打。唬得个长老用手扯住道："悟空！你走将来打谁？"行者道："师父，你面前这个女子，莫当做个好人。

他是个妖精，要来骗你哩。"三藏道："你这猴头，当时倒也有些眼力，今日如何乱道！这女菩萨有此善心，将这饭要斋我等，你怎么说他是个妖精？"行者笑道："师父，你那里认得！老孙在水帘洞里做妖魔时，若想人肉吃，便是这等：或变金银，或变庄台，或变醉人，或变女色。有那等痴心的，爱上我，我就迷他到洞里，尽意随心，或蒸或煮受用；吃不了，还要晒干了防天阴哩！师父，我若来迟，你定入他套子，遭他毒手！”那唐僧那里肯信，只说是个好人。行者道：“师父，我知道你了，你见他那等容貌，必然动了凡心。若果有此意，叫八戒伐几棵树来，沙僧寻些草来，我做木匠，就在这里搭个窝铺，你与他圆房成事，我们大家散了，却不是件事业？何必又跋涉，取甚经去！”那长老原是个软善的人，那里吃得他这句言语，羞得个光头彻耳通红。三藏正在此羞惭，行者又发起性来，掣铁棒，望妖精劈脸一下。那怪物有些手段，使个解尸法，见行者棍子来时，他却抖擞精神，预先走了，把一个假尸首打死在地下。唬得个长老战战兢兢，口中作念道：“这猴着然无礼！屡劝不从，无故伤人性命！”行者道：“师父莫怪，你且来看看这罐子里是甚东西。”沙僧搀着长老，近前看时，那里是甚香米饭，却是一罐子拖尾巴的长蛆，也不是面筋，却是几个青蛙、癞虾蟆，满地乱跳。长老才有三分儿信了，怎禁猪八戒气不忿，在旁漏八分儿唆嘴道：“师父，说起这个女子，他是此间农妇，因为送饭下田，路遇我等，却怎么栽他是个妖怪？哥哥的棍重，走将来试手打他一下，不期就打杀了；怕你念甚么《紧箍儿咒》，故意的使个障眼法儿，变做这等样东西，演幌你眼，使不念咒哩。”

三藏自此一言，就是晦气到了：果然信那呆子撺唆，手中捻诀，口里念咒，行者就叫：“头疼！头疼！莫念！莫念！有话便说。”唐僧道：“有甚话说！出家人时时常要方便，念念不离善心，扫地恐伤蝼蚁命，爱惜飞蛾纱罩灯。你怎么步步行凶，打死这个无故平人，取将经来何用？你回去罢！”行者道：“师父，你教我回那里去？”唐僧道：“我不要你做徒弟。”行者道：“你不要我做徒弟，只怕你西天路去不成。”唐僧道：“我命在天，该那个妖精蒸了吃，就是煮了，也算不过。终不然，你救得我的大限？

你快回去！”行者道：“师父，我回去便也罢了，只是不曾报得你的恩哩。”唐僧道：“我与你有甚恩？”那大圣闻言，连忙跪下叩头道：“老孙因大闹天宫，致下了伤身之难，被我佛压在两界山，幸观音菩萨与我受了戒行，幸师父救脱吾身，若不与你同上西天，显得我知恩不报非君子，万古千秋作骂名。”原来这唐僧是个慈悯的圣僧，他见行者哀告，却也回心转意道：“既如此说，且饶你这一次，再休无礼。如若仍前作恶，这咒语颠倒就念二十遍！”行者道：“三十遍也由你，只是我不打人了。”却才伏侍唐僧上马，又将摘来桃子奉上。唐僧在马上也吃了几个，权且充饥。

却说那妖精，脱命升空。原来行者那一棒不曾打杀妖精，妖精出神去了。他在那云端里，咬牙切齿，暗恨行者道：“几年只闻得讲他手段，今日果然话不虚传。那唐僧已此不认得我，将要吃饭。若低头闻一闻儿，我就一把捞住，却不是我的人了？

不期被他走来，弄破我这勾当，又几乎被他打了一棒。若饶了这个和尚，诚然是劳而无功也，我还下去戏他一戏。”

好妖精，按落阴云，在那前山坡下，摇身一变，变作个老妇人，年满八旬，手拄着一根弯头竹杖，一步一声的哭着走来。八戒见了，大惊道：“师父！不好了！那妈妈儿来寻人了！”唐僧道：

“寻甚人？”八戒道：“师兄打杀的，定是他女儿。这个定是他娘寻将来了。”行者道：“兄弟莫要胡说！那女子十八岁，这老妇有八十岁，怎么六十多岁还生产？断乎是个假的，等老孙去看来。”好行者，拽开步，走近前观看，那怪物：假变一婆婆，两鬓如冰雪。走路慢腾腾，行步虚怯怯。弱体瘦伶仃，脸如枯菜叶。

颧骨望上翘，嘴唇往下别。老年不比少年时，满脸都是荷叶摺。

行者认得他是妖精，更不理论，举棒照头便打。那怪见棍子起时，依然抖擞，又出化了元神，脱真儿去了，把个假尸首又打死在山路之下。唐僧一见，惊下马来，睡在路旁，更无二话，只是把《紧箍儿咒》颠倒足足念了二十遍。可怜把个行者头，勒得似个亚腰儿葫芦，十分疼痛难忍，滚将来哀告道：“师父莫念了！

有甚话说了罢！”唐僧道：“有甚话说！出家人耳听善言，不堕地狱。我这般劝化你，你怎么只是行凶？把平人打死一个，又打死一个，此是何说？”行者道：“他是妖精。”唐僧道：“这个猴子胡说！就有这许多妖怪！你是个无心向善之辈，有意作恶之人，你去罢！”行者道：“师父又教我去，回去便也回去了，只是一件不相应。”唐僧道：“你有甚么不相应处？”八戒道：“师父，他要和你分行李哩。跟着你做了这几年和尚，不成空着手回去？你把那包袱里的甚么旧褊衫，破帽子，分两件与他罢。”行者闻言，气得暴跳道：“我把你这个尖嘴的夯货！老孙一向秉教沙门，更无一毫嫉妒之意，贪恋之心，怎么要分甚么行李？”唐僧道：“你既不嫉妒贪恋，如何不去？”行者道：“实不瞒师父说，老孙五百年前，居花果山水帘洞大展英雄之际，收降七十二洞邪魔，手下有四万七千群怪，头戴的是紫金冠，身穿的是赭黄袍，腰系的是蓝田带，足踏的是步云履，手执的是如意金箍棒，着实也曾为人。自从涅槃罪度，削发秉正沙门，跟你做了徒弟，把这个金箍儿勒在我头上，若回去，却也难见故乡人。师父果若不要我，把那个《松箍儿咒》念一念，退下这个箍子，交付与你，套在别人头上，我就快活相应了，也是跟你一场。莫不成这些人意儿也没有了？”唐僧大惊道：“悟空，我当时只是菩萨暗受一卷《紧箍儿咒》，却没有甚么松箍儿咒。”行者道：“若无《松箍儿咒》，你还带我去走走罢。”长老又没奈何道：“你且起来，我再饶你这一次，却不可再行凶了。”行者道：“再不敢了，再不敢了。”又伏侍师父上马，剖路前进。

却说那妖精，原来行者第二棍也不曾打杀他。那怪物在半空中，夸奖不尽道：“好个猴王，着然有眼！我那般变了去，他也还认得我。这些和尚，他去得快，若过此山，西下四十里，就不伏我所管了。若是被别处妖魔捞了去，好道就笑破他人口，使碎自家心，我还下去戏他一戏。”好妖怪，按耸阴风，在山坡下摇身一变，变成一个老公公，真个是：白发如彭祖，苍髯赛寿星，耳中鸣玉磬，眼里幌金星。手拄龙头拐，身穿鹤氅轻。数珠掐在手，口诵南无经。唐僧在马上见了，心中欢喜道：“阿弥陀佛！西方真是福地！那公公路也走不上来，逼法的还念经哩。”

八戒道：“师父，你且莫要夸奖，那个是祸的根哩。”唐僧道：“怎么是祸根？”八戒道：“行者打杀他的女儿，又打杀他的婆子，这个正是他的老儿寻将来了。我们若撞在他的怀里呵，师父，你便偿命，该个死罪；把老猪为从，问个充军；沙僧喝令，问个摆站；那行者使个遁法走了，却不苦了我们三个顶缸？”行者听见道：“这个呆根，这等胡说，可不唬了师父？等老孙再去看看。”

他把棍藏在身边，走上前迎着怪物，叫声：“老官儿，往那里去？

怎么又走路，又念经？”那妖精错认了定盘星，把孙大圣也当做个等闲的，遂答道：“长老啊，我老汉祖居此地，一生好善斋僧，看经念佛。命里无儿，止生得一个小女，招了个女婿，今早送饭下田，想是遭逢虎口。老妻先来找寻，也不见回去，全然不知下落，老汉特来寻看。果然是伤残他命，也没奈何，将他骸骨收拾回去，安葬茔中。”行者笑道：“我是个做吓虎的祖宗，你怎么袖子里笼了个鬼儿来哄我？你瞒了诸人，瞒不过我！我认得你是个妖精！”那妖精唬得顿口无言。行者掣出棒来，自忖思道：“若要不打他，显得他倒弄个风儿；若要打他，又怕师父念那话儿咒语。”又思量道：“不打杀他，他一时间抄空儿把师父捞了去，却不又费心劳力去救他？还打的是！就一棍子打杀他，师父念起那咒，常言道，虎毒不吃儿。凭着我巧言花语，嘴伶舌便，哄他一哄，好道也罢了。”好大圣，念动咒语叫当坊土地、本处山神道：“这妖精三番来戏弄我师父，这一番却要打杀他。你与我在半空中作证，不许走了。”众神听令，谁敢不从？都在云端里照应。那大圣棍起处，打倒妖魔，才断绝了灵光。

那唐僧在马上，又唬得战战兢兢，口不能言。八戒在旁边又笑道："好行者！风发了！只行了半日路，倒打死三个人！"唐僧正要念咒，行者急到马前，叫道："师父，莫念！莫念！你且来看看他的模样。"却是一堆粉骷髅在那里。唐僧大惊道："悟空，这个人才死了，怎么就化作一堆骷髅？"行者道："他是个潜灵作怪的僵尸，在此迷人败本，被我打杀，他就现了本相。他那脊梁上有一行字，叫做白骨夫人。"唐僧闻说，倒也信了，怎禁那八戒旁边唆嘴道："师父，他的手重棍凶，把人打死，只怕你念那话儿，故意变化这个模样，掩你的眼目哩！"唐僧果然耳软，又信了他，随复念起。行者禁不得疼痛，跪于路旁，只叫："莫念！莫念！有话快说了罢！"唐僧道："猴头！还有甚说话！出家人行善，如春园之草，不见其长，日有所增；行恶之人，如磨刀之石，不见其损，日有所亏。你在这荒郊野外，一连打死三人，还是无人检举，没有对头；倘到城市之中，人烟凑集之所，你拿了那哭丧棒，一时不知好歹，乱打起人来，撞出大祸，教我怎的脱身？你回去罢！"行者道："师父错怪了我也。这厮分明是个妖魔，他实有心害你。我倒打死他，替你除了害，你却不认得，反信了那呆子谗言冷语，屡次逐我。常言道，事不过三。我若不去，真是个下流无耻之徒。我去我去！去便去了，只是你手下无人。"唐僧发怒道："这泼猴越发无礼！看起来，只你是人，那悟能、悟净就不是人？"那大圣一闻得说他两个是人，止不住伤情凄惨，对唐僧道声："苦啊！你那时节，出了长安，有刘伯钦送你上路；到两界山，救我出来，投拜你为师，我曾穿古洞，入深林，擒魔捉怪，收八戒，得沙僧，吃尽千辛万苦。今日昧着惺惺使糊涂，只教我回去：这才是鸟尽弓藏，兔死狗烹！罢罢罢！但只是多了那《紧箍儿咒》。"唐僧道："我再不念了。"行者道："这个难说。若到那毒魔苦难处不得脱身，八戒沙僧救不得你，那时节，想起我来，忍不住又念诵起来，就是十万里路，我的头也是疼的；假如再来见你，不如不作此意。"唐僧见他言言语语，越添恼怒，滚鞍下马来，叫沙僧包袱内取出纸笔，即于涧下取水，石上磨墨，写了一纸贬书，递于行者道："猴头！执此为照，再不要你做徒弟了！如再与你相见，我就堕了阿鼻地狱！"

行者连忙接了贬书道："师父，不消发誓，老孙去罢。"他将书摺了，留在袖中，却又软款唐僧道："师父，我也是跟你一场，又蒙菩萨指教，今日半途而废，不曾成得功果，你请坐，受我一拜，我也去得放心。"唐僧转回身不睬，口里唧唧哝哝的道："我是个好和尚，不受你歹人的礼！"大圣见他不睬，又使个身外法，把脑后毫毛拔了三根，吹口仙气，叫"变！"即变了三个行者，连本身四个，四面围住师父下拜。那长老左右躲不脱，好道也受了一拜。

大圣跳起来，把身一抖，收上毫毛，却又吩咐沙僧道："贤弟，你是个好人，却只要留心防着八戒言语，途中更要仔细。倘一时有妖精拿住师父，你就说老孙是他大徒弟。西方毛怪，闻我的手段，不敢伤我师父。"唐僧道："我是个好和尚，不题你这歹人的名字，你回去罢。"那大圣见长老三番两复，不肯转意回心，没奈何才去。你看他：噙泪叩头辞长老，含悲留意嘱沙僧。

一头拭进坡前草，两脚蹬翻地上藤。上天下地如轮转，跨海飞山第一能。顷刻之间不见影，霎时疾返旧途程。你看他忍气别了师父，纵筋斗云，径回花果山水帘洞去了。独自个凄凄惨惨，忽闻得水声聒耳，大圣在那半空里看时，原来是东洋大海潮发的声响。一见了，又想起唐僧，止不住腮边泪坠，停云住步，良久方去。毕竟不知此去反复何如，且听下回分解。

第二十八回　花果山群妖聚义　黑松林三藏逢魔

却说那大圣虽被唐僧逐赶，然犹思念，感叹不已，早望见东洋大海，道："我不走此路者，已五百年矣！"只见那海水：烟波荡荡，巨浪悠悠。烟波荡荡接天河，巨浪悠悠通地脉。潮来汹涌，水浸湾环。潮来汹涌，犹如霹雳吼三春；水浸湾环，却似狂风吹九夏。乘龙福老，往来必定皱眉行；跨鹤仙童，反复果然忧虑过。近岸无村社，傍水少渔舟。浪卷千年雪，风生六月秋。

野禽凭出没，沙鸟任沉浮，眼前无钓客，耳畔只闻鸥。海底游鱼乐，天边过雁愁。那行者将身一纵，跳过了东洋大海，早至花果山。按落云头，睁睛观看，那山上花草俱无，烟霞尽绝；峰岩倒塌，林树焦枯。你道怎么这等？只因他闹了天宫，拿上界去，此山被显圣二郎神，率领那梅山七弟兄，放火烧坏了。这大圣倍加凄惨，有一篇败山颓景的古风为证，古风云：回顾仙山两泪垂，对山凄惨更伤悲。当时只道山无损，今日方知地有亏。可恨二郎将我灭，堪嗔小圣把人欺。行凶掘你先灵墓，无干破尔祖坟基。满天霞雾皆消荡，遍地风云尽散稀。东岭不闻斑虎啸，西山那见白猿啼？北溪狐兔无踪迹，南谷獐豝没影遗。青石烧成千块土，碧砂化作一堆泥。洞外乔松皆倚倒，崖前翠柏尽稀少。椿杉槐桧栗檀焦，桃杏李梅梨枣了。柘绝桑无怎养蚕？柳稀竹少难栖鸟。峰头巧石化为尘，洞底泉干都是草。崖前土黑没芝兰，路畔泥红藤薜攀。往日飞禽飞那处？当时走兽走何山？

豹嫌蟒恶倾颓所，鹤避蛇回败坏间。想是日前行恶念，致令目下受艰难。

那大圣正当悲切，只听得那芳草坡前、曼荆凹里响一声，跳出七八个小猴，一拥上前，围住叩头，高叫道："大圣爷爷！今日来家了？"美猴王道："你们因何不耍不顽，一个个都潜踪隐迹？我来多时了，不见你们形影，何也？"群猴听说，一个个垂泪告道："自大圣擒拿上界，我们被猎人之苦，着实难捱！怎禁他硬弩强弓，黄鹰劣犬，网扣枪钩，故此各惜性命，不敢出头顽耍，只是深潜洞府，远避窝巢，饥去坡前偷草食，渴来涧下吸清泉。却才听得大圣爷爷声音，特来接见，伏望扶持。"那大圣闻得此言，愈加凄惨，便问："你们还有多少在此山上？"群猴道：

"老者小者，只有千把。"大圣道："我当时共有四万七千群妖，如今都往那里去了？"群猴道："自从爷爷去后，这山被二郎菩萨点上火，烧杀了大半。我们蹲在井里，钻在涧内，藏于铁板桥下，得了性命。及至火灭烟消，出来时，又没花果养赡，难以存活，别处又去了一半。我们这一半，捱苦的住在山中，这两年，又被些打猎的抢了一半去也。"行者道："他抢你去何干？"群猴道："说起这猎户可恨！他把我们中箭着枪的，中毒打死的，拿了去剥皮剔骨，酱煮醋蒸，油煎盐炒，当做下饭食用。或有那遭网的，遇扣的，夹活儿拿去了，教他跳圈做戏，翻筋斗，竖蜻蜓，当街上筛锣擂鼓，无所不为的顽耍。"大圣闻此言，更十分恼怒道"洞中有甚么人执事？"群妖道："还有马流二元帅，奔芭二将军管着哩。"大圣道："你们去报他知道，说我来了。"那些小妖，撞入门里报道："大圣爷爷来家了。"那马流奔芭闻报，忙出门叩头，迎接进洞。大圣坐在中间，群怪罗拜于前，启道："大圣爷爷，近闻得你得了性命，保唐僧往西天取经，如何不走西方，却回本山？"大圣道："小的们，你不知道，那唐三藏不识贤愚。我为他一路上捉怪擒魔，使尽了平生的手段，几番家打杀妖精，他说我行凶作恶，不要我做徒弟，把我逐赶回来，写立贬书为照，永不听用了。"众猴鼓掌大笑道："造化！造化！做甚么和尚，且家来，带携我们耍子几年罢！"叫："快安排椰子酒来，与爷爷接风。"大圣道："且莫饮酒，我问你那打猎的人，几时来我山上一度？"马流道："大圣，不论甚么时度，他逐日家在这里缠扰。"

大圣道："他怎么今日不来？"马流道："看待来耶。"大圣吩咐：

"小的们，都出去把那山上烧酥了的碎石头与我搬将起来堆着。或二三十个一推，或五六十个一堆，堆着我有用处。"那些小猴都是一窝峰，一个个跳天搠地，乱搬了许多堆集。大圣看了，教："小的们，都往洞内藏躲，让老孙作法。"

那大圣上了山巅看处，只见那南半边，冬冬鼓响，噹噹锣鸣，闪上有千余人马，都架着鹰犬，持着刀枪。猴王仔细看那些人，来得凶险。好男子，真个骁勇！但见：狐皮苫肩顶，锦绮裹腰胸。袋插狼牙箭，胯挂宝雕弓。人似搜山虎，马如跳涧龙。成群引着犬，满膀架其鹰。荆筐抬火炮，带定海东青。粘竿百十担，兔叉有千根。牛头拦路网，阎王扣子绳，一齐乱吆喝，散撒满天星。大圣见那些人布上他的山来，心中大怒，手里捻诀，口内念念有词，往那巽地上吸了一口气，呼的吹将去，便是一阵狂风。好风！但见：扬尘播土，倒树摧林。海浪如山耸，浑波万迭侵。乾坤昏荡荡，日月暗沉沉。一阵摇松如虎啸，忽然入竹似龙吟。万窍怒号天噫气，飞砂走石乱伤人。大圣作起这大风，将那碎石，乘风乱飞乱舞，可怜把那些千余人马，一个个石打乌头粉碎，沙飞海马俱伤。人参官桂岭前忙，血染朱砂地上。附子难归故里，槟榔怎得还乡？尸骸轻粉卧山场，红娘子家中盼望。有诗为证：人亡马死怎归家？野鬼孤魂乱似麻。可怜抖擞英雄将，不辨贤愚血染沙。

大圣按落云头，鼓掌大笑道："造化！造化！自从归顺唐僧，做了和尚，他每每劝我话道：千日行善，善犹不足；一日行恶，恶自有余。真有此话！我跟着他，打杀几个妖精，他就怪我行凶，今日来家，却结果了这许多猎户。"叫："小的们，出来！"那群猴，狂风过去，听得大圣呼唤，一个个跳将出来。大圣道："你们去南山下，把那打死的猎户衣服，剥得来家洗净血迹，穿了遮寒；把死人的尸首，都推在那万丈深潭里；把死倒的马，拖将来，剥了皮，做靴穿，将肉腌着，慢慢的食用；把那些弓箭枪刀，与你们操演武艺；将那杂色旗号，收来我用。"群猴一个个领诺。

那大圣把旗拆洗，总斗做一面杂彩花旗，上写着"重修花果山复整水帘洞齐天大圣"十四字，竖起杆子，将旗挂于洞外，逐日招魔聚兽，积草屯粮，不题和尚二字。他的人情又大，手段又高，便去四海龙王，借些甘霖仙水，把山洗青了。前栽榆柳，后种松楠，桃李枣梅，无所不备，逍遥自在，乐业安居不题。

却说唐僧听信狡性，纵放心猿，攀鞍上马，八戒前边开路，沙僧挑着行李西行。过了白虎岭，忽见一带林丘，真个是藤攀葛绕，柏翠松青。三藏叫道："徒弟呀，山路崎岖，甚是难走，却又松林丛簇，树木森罗，切须仔细，恐有妖邪妖兽。"你看那呆子，抖擞精神，叫沙僧带着马，他使钉钯开路，领唐僧径入松林之内。正行处，那长老兜住马道："八戒，我这一日其实饥了，那里寻些斋饭我吃？"八戒道："师父请下马，在此等老猪去寻。"

长老下了马，沙僧歇了担，取出钵盂，递与八戒。八戒道："我去也。"长老问："那里去？"八戒道："莫管，我这一去，钻冰取火寻斋至，压雪求油化饭来。"你看他出了松林，往西行经十余里，更不曾撞着一个人家，真是有狼虎无人烟的去处。那呆子走得辛苦，心内沉吟道："当年行者在日，老和尚要的就有，今日轮到我的身上，诚所谓当家才知柴米价，养子方晓父娘恩，公道没去化处。"却又走得瞌睡上来，思道："我若就回去，对老和尚说没处化斋，他也不信我走了这许多路。须是再多幌个时辰，才好去回话。也罢，也罢，且往这草科里睡睡。"呆子就把头拱在草里睡下，当时也只说朦胧朦胧就起来，岂知走路辛苦的人，丢倒头，只管齁齁睡起。

且不言八戒在此睡觉，却说长老在那林间，耳热眼跳，身心不安，急回叫沙僧道："悟能去化斋，怎么这早晚还不回？"沙僧道："师父，你还不晓得哩，他见这西方上人家斋僧的多，他肚子又大，他管你？只等他吃饱了才来哩。"三藏道："正是呀，倘或他在那里贪着吃斋，我们那里会他？天色晚了，此间不是个住处，须要寻个下处方好哩。"沙僧道："不打紧，师父，你且坐在这里，等我去寻他来。"三藏道："正是，正是。有斋没斋罢了，只是寻下处要紧。"沙僧绰了宝杖，径出松林来找八戒。

长老独坐林中，十分闷倦，只得强打精神，跳将起来，把行李攒在一处，将马拴在树上，取下戴的斗笠，插定了锡杖，整一整缁衣，徐步幽林，权为散闷。那长老看遍了野草山花，听不得归巢鸟噪。原来那林子内都是些草深路小的去处，只因他情思紊乱，却走错了。他一来也是要散散闷。二来也是要寻八戒沙僧。不期他两个走的是直西路，长老转了一会，却走向南边去了。出得松林，忽抬头，见那壁厢金光闪烁，彩气腾腾，仔细看处，原来是一座宝塔，金顶放光。这是那西落的日色，映着那金顶放亮。他道："我弟子却没缘法哩！自离东土，发愿逢庙烧香，见佛拜佛，遇塔扫塔。那放光的不是一座黄金宝塔？怎么就不曾走那条路？塔下必有寺院，院内必有僧家，且等我走走。这行李、白马，料此处无人行走，却也无事。那里若有方便处，待徒弟们来，一同借歇。"噫！长老一时晦气到了。你看他拽开步，竟至塔边，但见那：石崖高万丈，山大接青霄。根连地厚，峰插天高。两边杂树数千颗，前后藤缠百余里。花映草梢风有影，水流云窦月无根。倒木横担深涧，枯藤结挂光峰。石桥下，流滚滚清泉；台座上，长明明白粉。远观一似三岛天堂，近看有如蓬莱胜境。香松紫竹绕山溪，鸦鹊猿猴穿峻岭。洞门外，有一来一往的走兽成行；树林里，有或出或入的飞禽作队。青青香草秀，艳艳野花开。这所在分明是恶境，那长老晦气撞将来。那长老举步进前，才来到塔门之下，只见一个斑竹帘儿，挂在里面。他破步入门，揭起来，往里就进，猛抬头，见那石床上，侧睡着一个妖魔。你道他怎生模样：青靛脸，白獠牙，一张大口呀呀。两边乱蓬蓬的鬓毛，却都是些胭脂染色；三四紫巍巍的髭髯，恍疑是那荔枝排芽。鹦嘴般的鼻儿拱拱，曙星样的眼儿巴巴。两个拳头，和尚钵盂模样；一双蓝脚，悬崖榾柮杈楂。斜披着淡黄袍帐，赛过那织锦袈裟。拿的一口刀，精光耀映；眠的一块石，细润无瑕。他也曾小妖排蚁阵，他也曾老怪坐蜂衙，你看他威风凛凛，大家吆喝叫一声爷。他也曾月作三人壶酌酒，他也曾风生两腋盏倾茶，你看他神通浩浩，霎着下眼游遍天涯。

荒林喧鸟雀，深莽宿龙蛇。仙子种田生白玉，道人伏火养丹砂。

小小洞门，虽到不得那阿鼻地狱；楞楞妖怪，却就是一个牛头夜叉。

那长老看见他这般模样，唬得打了一个倒退，遍体酥麻，两腿酸软，即忙的抽身便走。刚刚转了一个身，那妖魔他的灵性着实是强大，撑开着一双金睛鬼眼，叫声："小的们，你看门外是甚么人！"一个小妖就伸头望门外一看，看见是个光头的长老，连忙跑将进去，报道："大王，外面是个和尚哩，团头大面，两耳垂肩，嫩刮刮的一身肉，细娇娇的一张皮：且是好个和尚！"那妖闻言，呵声笑道："这叫做个蛇头上苍蝇，自来的衣食。你众小的们，疾忙赶上去，与我拿将来，我这里重重有赏！"

那些小妖，就是一窝蜂，齐齐拥上。三藏见了，虽则是一心忙似箭，两脚走如飞，终是心惊胆颤，腿软脚麻，况且是山路崎岖，林深日暮，步儿那里移得动？被那些小妖，平抬将去，正是：龙游浅水遭虾戏，虎落平原被犬欺。纵然好事多磨障，谁象唐僧西向时？

你看那众小妖，抬得长老，放在那竹帘儿外，欢欢喜喜，报声道："大王，拿得和尚进来了。"那老妖，他也偷眼瞧一瞧，只见三藏头直上，貌堂堂，果然好一个和尚，他便心中想道："这等好和尚，必是上方人物，不当小可的，若不做个威风，他怎肯服降哩？"陡然间，就狐假虎威，红须倒竖，血发朝天，眼睛迸裂，大喝一声道："带那和尚进来！"众妖们，大家响响的答应了一声"是！"就把三藏望里面只是一推。这是既在矮檐下，怎敢不低头！三藏只得双手合着，与他见个礼，那妖道："你是那里和尚？从那里来？到那里去？快快说明！"三藏道："我本是唐朝僧人，奉大唐皇帝敕命，前往西方访求经偈，经过贵山，特来塔下谒圣，不期惊动威严，望乞恕罪。待往西方取得经回东土，永注高名也。"那妖闻言，呵呵大笑道："我说是上邦人物，果然是你。正要吃你哩，却来的甚好！甚好！不然，却不错放过了？

你该是我口里的食，自然要撞将来，就放也放不去，就走也走不脱！"叫小妖："把那和尚拿去绑了！"果然那些小妖一拥上前，把个长老绳缠索绑，缚在那定魂桩上。老妖持刀又问道：

"和尚，你一行有几个？终不然一人敢上西天？"三藏见他持刀，又老实说道："大王，我有两个徒弟，叫做猪八戒、沙和尚，都出松林化斋去了。还有一担行李，一匹白马，都在松林里放着哩。"老妖道："又造化了！两个徒弟，连你三个，连马四个，彀吃一顿了！"小妖道："我们去捉他来。"老妖道："不要出去，把前门关了。他两个化斋来，一定寻师父吃，寻不着，一定寻着我门上。常言道，上门的买卖好做，且等慢慢的捉他。"众小妖把前门闭了。

且不言三藏逢灾。却说那沙僧出林找八戒，直有十余里远近，不曾见个庄村。他却站在高埠上正然观看，只听得草中有人言语，急使杖拨开深草看时，原来是呆子在里面说梦话哩。

被沙僧揪着耳朵，方叫醒了，道："好呆子啊！师父教你化斋，许你在此睡觉的？"那呆子冒冒失失的醒来道："兄弟，有甚时候了？"沙僧道："快起来！师父说有斋没斋也罢，教你我那里寻下住处去哩。"呆子懵懵懂懂的，托着钵盂，拑着钉钯，与沙僧径直回来，到林中看时，不见了师父。沙僧埋怨道："都是你这呆子化斋不来，必有妖精拿师父也。"八戒笑道："兄弟，莫要胡说。那林子里是个清雅的去处，决然没有妖精。想是老和尚坐不住，往那里观风去了。我们寻他去来。"二人只得牵马挑担，收拾了斗篷锡杖，出松林寻找师父。

这一回，也是唐僧不该死。他两个寻一会不见，忽见那正南下有金光闪灼，八戒道："兄弟啊，有福的只是有福。你看师父往他家去了，那放光的是座宝塔，谁敢怠慢？一定要安排斋饭，留他在那里受用。我们还不走动些，也赶上去吃些斋儿。"

沙僧道："哥啊，定不得吉凶哩。我们且去看来。"二人雄纠纠的到了门前，呀！闭着门哩。只见那门上横安了一块白玉石板，上镌着六个大字："碗子山波月洞"。沙僧道："哥啊，这不是甚么寺院，是一座妖精洞府也。我师父在这里，也见不得哩。"八戒道："兄弟莫怕，你且拴下马匹，守着行李，待我问他的信看。"那呆子举着钯，上前高叫："开门！开门！"那洞内有把门的小妖开了门，忽见他两个的模样，急抽身跑入里面报道："大王！买卖来了！"老妖道："那里买卖？"小妖道："洞门外有一个长嘴大耳的和尚，与一个晦气色的和尚，来叫门了！"老妖大喜道："是猪八戒与沙僧寻将来也！噫，他也会寻哩！怎么就寻到我这门上？既然嘴脸凶顽，却莫要怠慢了他。"叫："取披挂来！"

小妖抬来，就结束了，绰刀在手，径出门来。

却说那八戒、沙僧在门前正等，只见妖魔来得凶险。你道他怎生打扮：青脸红须赤发飘，黄金铠甲亮光饶。裹肚衬腰磲石带，攀胸勒甲步云绦。闲立山前风吼吼，闷游海外浪滔滔。一双蓝靛焦筋手，执定追魂取命刀。要知此物名和姓，声扬二字唤黄袍。那黄袍老怪出得门来，便问："你是那方和尚，在我门首吆喝？"八戒道："我儿子，你不认得？我是你老爷！我是大唐差往西天去的！我师父是那御弟三藏。若在你家里，趁早送出来，省了我钉钯筑进去！"那怪笑道："是，是，是有一个唐僧在我家。我也不曾怠慢他，安排些人肉包儿与他吃哩。你们也进去吃一个儿，何如？"这呆子认真就要进去，沙僧一把扯住道：

"哥啊，他哄你哩，你几时又吃人肉哩？"呆子却才省悟，掣钉钯，望妖怪劈脸就筑。那怪物侧身躲过，使钢刀急架相迎。两个都显神通，纵云头，跳在空中厮杀。沙僧撇了行李白马，举宝杖，急急帮攻。此时两个狠和尚，一个泼妖魔，在云端里，这一场好杀，正是那：杖起刀迎，钯来刀架。一员魔将施威，两个神僧显化。九齿钯真个英雄，降妖伐诚然凶咤。没前后左右齐来，那黄袍公然不怕。你看他蘸钢刀晃亮如银，其实的那神通也为广大。只杀得满空中雾绕云迷、半山里崖崩岭咋。一个为声名，怎肯干休？一个为师父，断然不怕。他三个在半空中，往往来来，战经数十回合，不分胜负。各因性命要紧，其实难解难分。

毕竟不知怎救唐僧，且听下回分解。

第二十九回　脱难江流来国土　承恩八戒转山林

诗曰：妄想不复强灭，真如何必希求？本原自性佛前修，迷悟岂居前后？悟即刹那成正，迷而万劫沉流。若能一念合真修，灭尽恒沙罪垢。却说那八戒、沙僧与怪斗经个三十回合，不分胜负。你道怎么不分胜负？若论赌手段，莫说两个和尚，就是二十个，也敌不过那妖精。只为唐僧命不该死，暗中有那护法神祇保着他，空中又有那六丁六甲、五方揭谛、四值功曹、一十八位护教伽蓝，助着八戒沙僧。

且不言他三人战斗，却说那长老在洞里悲啼，思量他那徒弟，眼中流泪道："悟能啊，不知你在那个村中逢了善友，贪着斋供！悟净啊，你又不知在那里寻他，可能得会？岂知我遇妖魔，在此受难！几时得会你们，脱了大难，早赴灵山！"正当悲啼烦恼，忽见那洞里走出一个妇人来，扶着定魂桩叫道："那长老，你从何来？为何被他缚在此处？"长老闻言，泪眼偷看那妇人约有三十年纪，遂道："女菩萨，不消问了，我已是该死的，走进你家门来也。要吃就吃了罢，又问怎的？"那妇人道："我不是吃人的。我家离此西下，有三百余里。那里有座城，叫做宝象国。我是那国王的第三个公主，乳名叫做百花羞。只因十三年前八月十五日夜，玩月中间，被这妖魔一阵狂风摄将来，与他做了十三年夫妻。在此生儿育女，杳无音信回朝，思量我那父母，不能相见。你从何来，被他拿住？"唐僧道："贫僧乃是差往西天取经者，不期闲步，误撞在此。如今要拿住我两个徒弟，一齐蒸吃哩。"那公主陪笑道："长老宽心，你既是取经的，我救得你。那宝象国是你西方去的大路，你与我捎一封书儿去，拜上我那父母，我就教他饶了你罢。"三藏点头道："女菩萨，若还救得贫僧命，愿做捎书寄信人。"那公主急转后面，即修了一纸家书，封固停当，到桩前解放了唐僧，将书付与。唐僧得解脱，捧书在手道："女菩萨，多谢你活命之恩。贫僧这一去，过贵处，定送国王处。只恐日久年深，你父母不肯相认，奈何？切莫怪我贫僧打了诳语。"公主道："不妨，我父王无子，止生我三个姊妹，若见此书，必有相看之意。三藏紧紧袖了家书，谢了公主，就往外走，被公主扯住道："前门里你出不去！那些大小妖精，都在门外摇旗呐喊，擂鼓筛锣，助着大王，与你徒弟厮杀哩。你往后门里去罢，若是大王拿住，还审问审问；只恐小妖儿捉了，不分好歹，挟生儿伤了你的性命。等我去他面前，说个方便。若是大王放了你啊，待你徒弟讨个示下，寻着你一同好走。”三藏闻言，磕了头，谨依吩咐，辞别公主，躲离后门之外，不敢自行，将身藏在荆棘丛中。

却说公主娘娘，心生巧计，急往前来，出门外，分开了大小群妖，只听得叮叮噹，兵刃乱响，原来是八戒沙僧与那怪在半空里厮杀哩。这公主厉声高叫道：“黄袍郎！”那妖王听得公主叫唤，即丢了八戒沙僧，按落云头，揪了钢刀，搀着公主道：“浑家，有甚话说？”公主道：“郎君啊，我才时睡在罗帏之内，梦魂中，忽见个金甲神人。”妖魔道：“那个金甲神？上我门怎的？”公主道：“是我幼时，在宫里对神暗许下一桩心愿：若得招个贤郎驸马，上名山，拜仙府，斋僧布施。自从配了你，夫妻们欢会，到今不曾题起。那金甲神人来讨誓愿，喝我醒来，却是南柯一梦。

因此，急整容来郎君处诉知，不期那桩上绑着一个僧人，万望郎君慈悯，看我薄意，饶了那个和尚罢，只当与我斋僧还愿，不知郎君肯否？”那怪道：“浑家，你却多心呐！甚么打紧之事。我要吃人，那里不捞几个吃吃？这个把和尚，到得那里，放他去罢。”公主道：“郎君，放他从后门里去罢。”妖魔道：“奈烦哩，放他去便罢，又管他甚么后门前门哩。”他遂绰了钢刀高叫道：

“那猪八戒，你过来。我不是怕你，不与你战，看着我浑家的分上，饶了你师父也。趁早去后门首，寻着他，往西方去罢。若再来犯我境界，断乎不饶！”

那八戒与沙僧闻得此言，就如鬼门关上放回来的一般，即忙牵马挑担，鼠窜而行，转过那波月洞后门之外，叫声“师父！”

那长老认得声音，就在那荆棘中答应。沙僧就剖开草径，搀着师父，慌忙的上马。这里狠毒险遭青面鬼，殷勤幸有百花羞。鳌鱼脱却金钩钓，摆尾摇头逐浪游。

八戒当头领路，沙僧后随，出了那松林，上了大路。你看他两个哜哜嘈嘈，埋埋怨怨，三藏只是解和。遇晚先投宿，鸡鸣早看天，一程一程，长亭短亭，不觉的就走了二百九十九里。猛抬头，只见一座好城，就是宝象国。真好个处所也：云渺渺，路迢迢。地虽千里外，景物一般饶。瑞霭祥烟笼罩，清风明月招摇。

嵂嵂崒崒的远山，大开图画；潺潺湲湲的流水，碎溅琼瑶。可耕的连阡带陌，足食的密蕙新苗。渔钓的几家三涧曲，樵采的一担两峰椒。廓的廓，城的城，金汤巩固；家的家，户的户，只斗逍遥。九重的高阁如殿宇，万丈的层台似锦标。也有那太极殿、华盖殿、烧香殿、观文殿、宣政殿、延英殿，一殿殿的玉陛金阶，摆列着文冠武弁；也有那大明宫、昭阳宫、长乐宫、华清宫、建章宫、未央宫，一宫宫的钟鼓管籥，撒抹了闺怨春愁。也有禁苑的，露花匀嫩脸；也有御沟的，风柳舞纤腰。通衢上，也有个顶冠束带的，盛仪容，乘五马；幽僻中，也有个持弓挟矢的，拨云雾，贯双雕。花柳的巷，管弦的楼，春风不让洛阳桥。取经的长老，回首大唐肝胆裂；伴师的徒弟，息肩小驿梦魂消。看不尽宝象国的景致。师徒三众，收拾行李、马匹，安歇馆驿中。

唐僧步行至朝门外，对阁门大使道：“有唐朝僧人，特来面驾，倒换文牒，乞为转奏转奏。”那黄门奏事官，连忙走至白玉阶前奏道：“万岁，唐朝有个高僧，欲求见驾，倒换文牒。”那国王闻知是唐朝大国，且又说是个方上圣僧，心中甚喜，即时准奏，叫：“宣他进来。”把三藏宣至金阶，舞蹈山呼礼毕。两边文武多官，无不叹道：“上邦人物，礼乐雍容如此！”那国王道：“长老，你到我国中何事？”三藏道：“小僧是唐朝释子，承我天子敕旨，前往西方取经。原领有文牒，到陛下上国，理合倒换。故此不识进退，惊动龙颜。”国王道：“既有唐天子文牒，取上来看。”

三藏双手捧上去，展开放在御案上。牒云：“南赡部洲大唐国奉天承运唐天子牒行：切惟朕以凉德，嗣续丕基，事神治民，临深履薄，朝夕是惴。前者，失救泾河老龙，获谴于我皇皇后帝，三魂七魄，倏忽阴司，已作无常之客。因有阳寿未绝，感冥君放送回生，广陈善会，修建度亡道场。感蒙救苦观世音菩萨，金身出现，指示西方有佛有经，可度幽亡，超脱孤魂。特着法师玄奘，远历千山，询求经偈。倘到西邦诸国，不灭善缘，照牒放行。须至牒者。大唐贞观一十三年，秋吉日，御前文牒。”（上有宝印九颗）国王见了，取本国玉宝，用了花押，递与三藏。

三藏谢了恩，收了文牒，又奏道：“贫僧一来倒换文牒，二来与陛下寄有家书。”国王大喜道：“有甚书？”三藏道：“陛下第三位公主娘娘，被碗子山波月洞黄袍妖摄将去，贫僧偶尔相遇，故寄书来也。”国王闻言，满眼垂泪道：“自十三年前，不见了公主，两班文武官，也不知贬退了多少，宫内宫外，大小婢子太监，也不知打死了多少，只说是走出皇宫，迷失路径，无处找寻，满城中百姓人家，也盘诘了无数，更无下落。怎知道是妖怪摄了去！今日乍听得这句话，故此伤情流泪。”三藏袖中取出书来献上。国王接了，见有平安二字，一发手软，拆不开书，传旨宣翰林院大学士上殿读书。学士随即上殿，殿前有文武多官，殿后有后妃宫女，俱侧耳听书。学士拆开朗诵，上写着：“不孝女百花羞顿首百拜大德父王万岁龙凤殿前，暨三宫母后昭阳宫下，及举朝文武贤卿台次：拙女幸托坤宫，感激劬劳万种，不能竭力怡颜，尽心奉孝。乃于十三年前八月十五日良夜佳辰，蒙父王恩旨着各宫排宴，赏玩月华，共乐清霄盛会。正欢娱之间，不觉一阵香风，闪出个金睛蓝面青发魔王，将女擒住，驾祥光，直带至半野山中无人处，难分难辨，被妖倚强，霸占为妻。

是以无奈捱了一十三年，产下两个妖儿，尽是妖魔之种。论此真是败坏人伦，有伤风化，不当传书玷辱；但恐女死之后，不显分明。正含怨思忆父母，不期唐朝圣僧，亦被魔王擒住。是女滴泪修书，大胆放脱，特托寄此片楮，以表寸心。伏望父王垂悯，遣上将早至碗子山波月洞捉获黄袍怪，救女回朝，深为恩念。草草欠恭，面听不一。逆女百花羞再顿首顿首。’那学士读罢家书，国王大哭，三宫滴泪，文武伤情，前前后后，无不哀念。

国王哭之许久，便问两班文武：“那个敢兴兵领将，与寡人捉获妖魔，救我百花公主？”连问数声，更无一人敢答，真是木雕成的武将，泥塑就的文官。那国王心生烦恼，泪若涌泉。只见那多官齐俯伏奏道：“陛下且休烦恼，公主已失，至今一十三载无音。偶遇唐朝圣僧，寄书来此，未知的否。况臣等俱是凡人凡马，习学兵书武略，止可布阵安营，保国家无侵陵之患。那妖精乃云来雾去之辈，不得与他觌面相见，何以征救？想东土取经者，乃上邦圣僧。这和尚道高龙虎伏，德重鬼神钦，必有降妖之术。自古道，来说是非者，就是是非人。可就请这长老降妖邪，救公主，庶为万全之策。”那国王闻言，急回头便请三藏道：“长老若有手段，放法力，捉了妖魔，救我孩儿回朝，也不须上西方拜佛，长发留头，朕与你结为兄弟，同坐龙床，共享富贵如何？”三藏慌忙启上道：“贫僧粗知念佛，其实不会降妖。”国王道：“你既不会降妖，怎么敢上西天拜佛？”那长老瞒不过，说出两个徒弟来了，奏道：“陛下，贫僧一人，实难到此。贫僧有两个徒弟，善能逢山开路，遇水迭桥，保贫僧到此。”国王怪道：

“你这和尚大没理，既有徒弟，怎么不与他一同进来见朕？若到朝中，虽无中意赏赐，必有随分斋供。”三藏道：“贫僧那徒弟丑陋，不敢擅自入朝，但恐惊伤了陛下的龙体。”国王笑道：“你看你这和尚说话，终不然朕当怕他？”三藏道：“不敢说。我那大徒弟姓猪，法名悟能八戒，他生得长嘴獠牙，刚鬃扇耳，身粗肚大，行路生风。第二个徒弟姓沙，法名悟净和尚，他生得身长丈二，臂阔三停，脸如蓝靛，口似血盆，眼光闪灼，牙齿排钉。他都是这等个模样，所以不敢擅领入朝。”国王道：“你既这等样说了一遍，寡人怕他怎的？宣进来。”随即着金牌至馆驿相请。

那呆子听见来请，对沙僧道：“兄弟，你还不教下书哩，这才见了下书的好处。想是师父下了书，国王道：捎书人不可怠慢，一定整治筵宴待他。他的食肠不济，有你我之心，举出名来，故此着金牌来请。大家吃一顿，明日好行。”沙僧道：“哥啊，知道是甚缘故，我们且去来。”遂将行李马匹俱交付驿丞，各带随身兵器，随金牌入朝。早行到白玉阶前，左右立下，朝上唱个喏，再也不动。那文武多官，无人不怕，都说道：“这两个和尚，貌丑也罢，只是粗俗太甚！怎么见我王更不下拜，喏毕平身，挺然而立，可怪可怪！”八戒听见道：“列位，莫要议论，我们是这般。乍看果有些丑，只是看下些时来，却也耐看。”

那国王见他丑陋，已是心惊，及听得那呆子说出话来，越发胆颤，就坐不稳，跌下龙床，幸有近侍官员扶起。慌得个唐僧跪在殿前，不住的叩头道：“陛下，贫僧该万死万死！我说徒弟丑陋，不敢朝见，恐伤龙体，果然惊了驾也。”那国王战兢兢走近前，搀起道：“长老，还亏你先说过了；若未说，猛然见他，寡人一定唬杀了也！”国王定性多时，便问：“猪长老沙长老，是那一位善于降妖？”那呆子不知好歹，答道：“老猪会降。”国王道：

“怎么家降？”八戒道：“我乃是天蓬元帅，只因罪犯天条，堕落下世，幸今皈正为僧。自从东土来此，第一会降妖的是我。”国王道：“既是天将临凡，必然善能变化。”八戒道：“不敢，不敢，也将就晓得几个变化儿。”国王道：“你试变一个我看看。”八戒道：“请出题目，照依样子好变。”国王道：“变一个大的罢。”那八戒他也有三十六般变化，就在阶前卖弄手段，却便捻诀念咒，喝一声叫“长！”把腰一躬，就长了有八九丈长，却似个开路神一般。吓得那两班文武，战战兢兢；一国君臣，呆呆挣挣。时有镇殿将军问道：“长老，似这等变得身高，必定长到甚么去处，才有止极？”那呆子又说出呆话来道：“看风，东风犹可，西风也将就；若是南风起，把青天也拱个大窟窿！”那国王大惊道：“收了神通罢，晓得是这般变化了。”八戒把身一矬，依然现了本相，侍立阶前。国王又问道：“长老此去，有何兵器与他交战？”八戒腰里掣出钯来道：“老猪使的是钉钯。”国王笑道：“可败坏门面！我这里有的是鞭简瓜锤，刀枪钺斧，剑戟矛镰，随你选称手的拿一件去。那钯算做甚么兵器？”八戒道：“陛下不知，我这钯，虽然粗夯，实是自幼随身之器。曾在天河水府为帅，辖押八万水兵，全仗此钯之力。今临凡世，保护吾师，逢山筑破虎狼窝，遇水掀翻龙蜃穴，皆是此钯。”国王闻得此言，十分欢喜心信。即命九嫔妃子：“将朕亲用的御酒，整瓶取来，权与长老送行。”遂满斟一爵，奉与八戒道：“长老，这杯酒聊引奉劳之意。待捉得妖魔，救回小女，自有大宴相酬，千金重谢。”那呆子接杯在手，人物虽是粗鲁，行事倒有斯文，对三藏唱个大喏道：

“师父，这酒本该从你饮起，但君王赐我，不敢违背，让老猪先吃了，助助兴头，好捉妖怪。”那呆子一饮而干，才斟一爵，递与师父。三藏道：“我不饮酒，你兄弟们吃罢。”沙僧近前接了。八戒就足下生云，直上空里，国王见了道：“猪长老又会腾云！”呆子去了，沙僧将酒亦一饮而干，道：“师父！那黄袍怪拿住你时，我两个与他交战，只战个手平。今二哥独去，恐战不过他。”三藏道：“正是，徒弟啊，你可去与他帮帮功。”沙僧闻言，也纵云跳将起去。那国王慌了，扯住唐僧道：“长老，你且陪寡人坐坐，也莫腾云去了。”唐僧道：“可怜可怜！我半步儿也去不得！”此时二人在殿上叙话不题。

却说那沙僧赶上八戒道：“哥哥，我来了。”八戒道：“兄弟，你来怎的？”沙僧道：“师父叫我来帮帮功的。”八戒大喜道：“说得是，来得好。我两个努力齐心，去捉那怪物，虽不怎的，也在此国扬扬姓名。”你看他：叆叇祥光辞国界，氤氲瑞气出京城。

领王旨意来山洞，努力齐心捉怪灵。他两个不多时，到了洞口，按落云头。八戒掣钯，往那波月洞的门上，尽力气一筑，把他那石门筑了斗来大小的个窟窿。吓得那把门的小妖开门，看见是他两个，急跑进去报道：“大王，不好了！那长嘴大耳的和尚，与那晦气脸的和尚，又来把门都打破了！”那怪惊道：“这个还是猪八戒、沙和尚二人。我饶了他师父，怎么又敢复来打我的门！”小妖道：“想是忘了甚么物件，来取的。”老怪咄的一声道：

“胡缠！忘了物件，就敢打上门来？必有缘故！”急整束了披挂，绰了钢刀，走出来问道：“那和尚，我既饶了你师父，你怎么又敢来打上我门？”八戒道：“你这泼怪干得好事儿！”老魔道：“甚么事？”八戒道：“你把宝象国三公主骗来洞内，倚强霸占为妻，住了一十三载，也该还他了。我奉国王旨意，特来擒你。你快快进去，自家把绳子绑缚出来，还免得老猪动手！”那老怪闻言，十分发怒。你看他屹迸迸，咬响钢牙；滴溜溜，睁圆环眼；雄纠纠，举起刀来；赤淋淋，拦头便砍。八戒侧身躲过，使钉钯劈面迎来，随后又有沙僧举宝杖赶上前齐打。这一场在山头上赌斗，比前不同，真个是：言差语错招人恼，意毒情伤怒气生。这魔王大钢刀，着头便砍；那八戒九齿钯，对面来迎。沙悟净丢开宝杖，那魔王抵架神兵。一猛怪，二神僧，来来往往甚消停。这个说：“你骗国理该死罪！”那个说：“你罗闲事报不平！”这个说：“你强婚公主伤国体！”那个说：“不干你事莫闲争！”算来只为捎书故，致使僧魔两不宁。他们在那山坡前，战经八九个回合，八戒渐渐不济将来，钉钯难举，气力不加。你道如何这等战他不过？当时初相战斗，有那护法诸神，为唐僧在洞，暗助八戒沙僧，故仅得个手平；此时诸神都在宝象国护定唐僧，所以二人难敌。那呆子道：“沙僧，你且上前来与他斗着，让老猪出恭来。”他就顾不得沙僧，一溜往那蒿草薜萝，荆棘葛藤里，不分好歹，一顿钻进，那管刮破头皮，搠伤嘴脸，一毂辘睡倒，再也不敢出来，但留半边耳朵，听着梆声。那怪见八戒走了，就奔沙僧。沙僧措手不及，被怪一把抓住，捉进洞去，小妖将沙僧四马攒蹄捆住。毕竟不知端的性命如何，且听下回分解。

第三十回　邪魔侵正法　意马忆心猿

却说那怪把沙僧捆住，也不来杀他，也不曾打他，骂也不曾骂他一句，绰起钢刀，心中暗想道：“唐僧乃上邦人物，必知礼义，终不然我饶了他性命，又着他徒弟拿我不成？噫！这多是我浑家有甚么书信到他那国里，走了风讯！等我去问他一问。”那怪陡起凶性，要杀公主。

却说那公主不知，梳妆方毕，移步前来，只见那怪怒目攒眉，咬牙切齿。那公主还陪笑脸迎道：“郎君有何事这等烦恼？”

那怪咄的一声骂道：“你这狗心贱妇，全没人伦！我当初带你到此，更无半点儿说话。你穿的锦，戴的金，缺少东西我去寻，四时受用，每日情深。你怎么只想你父母，更无一点夫妇心？”那公主闻说，吓得跪倒在地，道：“郎君啊，你怎么今日说起这分离的话？”那怪道：“不知是我分离，是你分离哩！我把那唐僧拿来，算计要他受用，你怎么不先告过我，就放了他？原来是你暗地里修了书信，教他替你传寄；不然，怎么这两个和尚又来打上我门，教还你回去？这不是你干的事？”公主道："郎君，你差怪我了，我何尝有甚书去？"老怪道："你还强嘴哩！现拿住一个对头在此，却不是证见？"公主道："是谁？"老妖道："是唐僧第二个徒弟沙和尚。"原来人到了死处，谁肯认死，只得与他放赖。公主道："郎君且息怒，我和你去问他一声。果然有书，就打死了，我也甘心；假若无书，却不枉杀了奴奴也？"那怪闻言，不容分说，轮开一只簸箕大小的蓝靛手，抓住那金枝玉叶的发万根，把公主揪上前，捽在地下，执着钢刀，却来审沙僧，咄的一声道："沙和尚！你两个辄敢擅打上我们门来，可是这女子有书到他那国，国王教你们来的？"沙僧已捆在那里，见妖精凶恶之甚，把公主掼倒在地，持刀要杀。他心中暗想道："分明是他有书去，救了我师父，此是莫大之恩。我若一口说出，他就把公主杀了，此却不是恩将仇报？罢罢罢！想老沙跟我师父一场，也没寸功报效，今日已此被缚，就将此性命与师父报了恩罢。"

遂喝道："那妖怪不要无礼！他有甚么书来，你这等枉他，要害他性命！我们来此问你要公主，有个缘故，只因你把我师父捉在洞中，我师父曾看见公主的模样动静。及至宝象国，倒换关文，那皇帝将公主画影图形，前后访问，因将公主的形影，问我师父沿途可曾看见，我师父遂将公主说起，他故知是他儿女，赐了我等御酒，教我们来拿你，要他公主还宫。此情是实，何尝有甚书信？你要杀就杀了我老沙，不可枉害平人，大亏天理！"

那妖见沙僧说得雄壮，遂丢了刀，双手抱起公主道："是我一时粗卤，多有冲撞，莫怪莫怪。"遂与他挽了青丝，扶上宝髻，软款温柔，怡颜悦色，撮哄着他进去了，又请上坐陪礼，那公主是妇人家水性，见他错敬，遂回心转意道："郎君啊，你若念夫妇的恩爱，可把那沙僧的绳子略放松些儿。"老妖闻言，即命小的们把沙僧解了绳子，锁在那里。沙僧见解缚锁住，立起来，心中暗喜道："古人云，与人方便，自己方便。我若不方便了他，他怎肯教把我松放松放？"

那老妖又教安排酒席，与公主陪礼压惊。吃酒到半酣，老妖忽的又换了一件鲜明的衣服，取了一口宝刀，佩在腰里，转过手，摸着公主道："浑家，你且在家吃酒，看着两个孩儿，不要放了沙和尚。趁那唐僧在那国里，我也赶早儿去认认亲也。"公主道："你认甚亲？"老妖道："认你父王。我是他驸马，他是我丈人，怎么不去认认？"公主道："你去不得。'老妖道："怎么去不得？"公主道："我父王不是马挣力战的江山，他本是祖宗遗留的社稷。自幼儿是太子登基，城门也不曾远出，没有见你这等凶汉。你这嘴脸相貌，生得这等丑陋，若见了他，恐怕吓了他，反为不美，却不如不去认的还好。"老妖道："既如此说，我变个俊的儿去便罢。"公主道："你试变来我看看。"好怪物，他在那酒席间，摇身一变，就变做一个俊俏之人，真个生得：形容典雅，体段峥嵘。言语多官样，行藏正妙龄。才如子建成诗易，貌似潘安掷果轻。头上戴一顶鹊尾冠，乌云敛伏；身上穿一件玉罗褶，广袖飘迎。足下乌靴花摺，腰间鸾带光明。丰神真是奇男子，耸壑轩昂美俊英。公主见了，十分欢喜。那妖笑道："浑家，可是变得好么？"公主道："变得好！变得好！你这一进朝啊，我父王是亲不灭，一定着文武多官留你饮宴。倘吃酒中间，千千仔细，万万个小心，却莫要现出原嘴脸来，露出马脚，走了风讯，就不斯文了。"老妖道："不消吩咐，自有道理。'你看他纵云头，早到了宝象国，按落云光，行至朝门之外，对阁门大使道："三驸马特来见驾，乞为转奏转奏。"那黄门奏事官来至白玉阶前，奏道："万岁，有三驸马来见驾，现在朝门外听宣。"那国王正与唐僧叙话，忽听得三驸马，便问多官道：

"寡人只有两个驸马，怎么又有个三驸马？"多官道："三驸马，必定是妖怪来了。"国王道："可好宣他进来？"那长老心惊道：

"陛下，妖精啊，不精者不灵。他能知过去未来，他能腾云驾雾，宣他也进来，不宣他也进来，倒不如宣他进来，还省些口面。"

国王准奏叫宣，把怪宣至金阶，他一般的也舞蹈山呼的行礼。

多官见他生得俊丽，也不敢认他是妖精，他都是些肉眼凡胎，却当做好人。那国王见他耸壑昂霄，以为济世之梁栋，便问他：

"驸马，你家在那里居住？是何方人氏？几时得我公主配合？怎么今日才来认亲？"那老妖叩头道："主公，臣是城东碗子山波月庄人家。"国王道："你那山离此处多远？"老妖道："不远，只有三百里。"国王道："三百里路，我公主如何得到那里，与你匹配？"那妖精巧语花言虚情假意的答道："主公，微臣自幼儿好习弓马，采猎为生。那十三年前，带领家童数十，放鹰逐犬，忽见一只斑斓猛虎，身驮着一个女子，往山坡下走。是微臣兜弓一箭，射倒猛虎，将女子带上本庄，把温水温汤灌醒，救了他性命。因问他是那里人家，他更不曾题公主二字。早说是万岁的三公主，怎敢欺心，擅自配合？当得进上金殿，大小讨一个官职荣身。只因他说是民家之女，才被微臣留在庄所，女貌郎才，两相情愿，故配合至此多年。当时配合之后，欲将那虎宰了，邀请诸亲，却是公主娘娘教且莫杀。其不杀之故，有几句言词，道得甚好，说道托天托地成夫妇，无媒无证配婚姻。前世赤绳曾系足，今将老虎做媒人。臣因此言，故将虎解了索子，饶了他性命。那虎带着箭伤，跑蹄剪尾而去。不知他得了性命，在那山中修了这几年，炼体成精，专一迷人害人。臣闻得昔年也有几次取经的，都说是大唐来的唐僧，想是这虎害了唐僧，得了他文引，变作那取经的模样，今在朝中哄骗主公。主公啊，那绣墩上坐的，正是那十三年前驮公主的猛虎，不是真正取经之人！"

你看那水性的君王，愚迷肉眼不识妖精，转把他一片虚词，当了真实，道："贤驸马，你怎的认得这和尚是驮公主的老虎？"那妖道："主公，臣在山中，吃的是老虎，穿的也是老虎，与他同眠同起，怎么不认得？"国王道："你既认得，可教他现出本相来看。"怪物道："借半盏净水，臣就教他现了本相。"国王命官取水，递与驸马。那怪接水在手，纵起身来，走上前，使个黑眼定身法，念了咒语，将一口水望唐僧喷去，叫声"变！"那长老的真身，隐在殿上，真个变作一只斑斓猛虎。此时君臣同眼观看，那只虎生得：白额圆头，花身电目。四只蹄，挺直峥嵘；二十爪，钩弯锋利。锯牙包口，尖耳连眉。狞狰壮若大猫形，猛烈雄如黄犊样。刚须直直插银条，刺舌騂騂喷恶气。果然是只猛斑斓，阵阵威风吹宝殿。国王一见，魄散魂飞，唬得那多官尽皆躲避。有几个大胆的武将，领着将军校尉一拥上前，使各项兵器乱砍，这一番，不是唐僧该有命不死，就是二十个僧人，也打为肉酱。此时幸有丁甲、揭谛、功曹、护教诸神，暗在半空中护佑，所以那些人，兵器皆不能打伤。众臣嚷到天晚，才把那虎活活的捉了，用铁绳锁了，放在铁笼里，收于朝房之内。

那国王却传旨，教光禄寺大排筵宴，谢驸马救拔之恩，不然，险被那和尚害了。当晚众臣朝散，那妖魔进了银安殿。又选十八个宫娥彩女，吹弹歌舞，劝妖魔饮酒作乐。那怪物独坐上席，左右排列的，都是那艳质娇姿，你看他受用。饮酒至二更时分，醉将上来，忍不住胡为，跳起身大笑一声，现了本相，陡发凶心，伸开簸箕大手，把一个弹琵琶的女子，抓将过来，扢咋的把头咬了一口。吓得那十七个宫娥，没命的前后乱跑乱藏，你看那：宫娥悚惧，彩女忙惊。宫娥悚惧，一似雨打芙蓉笼夜雨；彩女忙惊，就如风吹芍药舞春风。捽碎琵琶顾命，跌伤琴瑟逃生。出门那分南北，离殿不管西东。磕损玉面，撞破娇容。人人逃命走，各各奔残生。那些人出去又不敢吆喝，夜深了又不敢惊驾，都躲在那短墙檐下，战战兢兢不题。

却说那怪物坐在上面，自斟自酌。喝一盏，扳过人来，血淋淋的啃上两口。他在里面受用，外面人尽传道："唐僧是个虎精！”乱传乱嚷，嚷到金亭馆驿。此时驿里无人，止有白马在槽上吃草吃料。他本是西海小龙王，因犯天条，锯角退鳞，变白马，驮唐僧往西方取经，忽闻人讲唐僧是个虎精，他也心中暗想道：“我师父分明是个好人，必然被怪把他变做虎精，害了师父。怎的好！怎的好？大师兄去得久了，八戒、沙僧又无音信！”

他只捱到二更时分，万籁无声，却才跳将起来道：“我今若不救唐僧，这功果休矣！休矣！”他忍不住，顿绝缰绳，抖松鞍辔，急纵身，忙显化，依然化作龙，驾起乌云，直上九霄空里观看。有诗为证，诗曰：三藏西来拜世尊，途中偏有恶妖氛。今宵化虎灾难脱，白马垂缰救主人。

小龙王在半空里，只见银安殿内，灯烛辉煌，原来那八个满堂红上，点着八根蜡烛。低下云头，仔细看处，那妖魔独自个在上面，逼法的饮酒吃人肉哩。小龙笑道：“这厮不济！走了马脚，识破风讯，躧匾秤铊了吃人，可是个长进的！却不知我师父下落何如，倒遇着这个泼怪。且等我去戏他一戏，若得手，拿住妖精再救师父不迟。”好龙王，他就摇身一变，也变做个宫娥，真个身体轻盈，仪容娇媚，忙移步走入里面，对妖魔道声万福：

“驸马啊，你莫伤我性命，我来替你把盏。”那妖道：“斟酒来。”

小龙接过壶来，将酒斟在他盏中，酒比锺高出三五分来，更不漫出，这是小龙使的逼水法。那怪见了不识，心中喜道：“你有这般手段！”小龙道：“还斟得有几分高哩。”那怪道：“再斟上！

再斟上！”他举着壶，只情斟，那酒只情高，就如十三层宝塔一般，尖尖满满，更不漫出些须。那怪物伸过嘴来，吃了一锺，扳着死人，吃了一口，道：“会唱么？”小龙道：“也略晓得些儿。”依腔韵唱了一个小曲，又奉了一锺。那怪道：“你会舞么？”小龙道：“也略晓得些儿，但只是素手，舞得不好看。”那怪揭起衣服，解下腰间所佩宝剑，掣出鞘来，递与小龙。小龙接了刀，就留心，在那酒席前，上三下四、左五右六，丢开了花刀法。那怪看得眼咤，小龙丢了花字，望妖精劈一刀来。好怪物，侧身躲过，慌了手脚，举起一根满堂红，架住宝刀。那满堂红原是熟铁打造的，连柄有八九十斤。两个出了银安殿，小龙现了本相，却驾起云头，与那妖魔在那半空中相杀。这一场，黑地里好杀！怎见得：那一个是碗子山生成的怪物，这一个是西洋海罚下的真龙。一个放毫光，如喷白电：一个生锐气，如迸红云。一个好似白牙老象走人间，一个就如金爪狸猫飞下界。一个是擎天玉柱，一个是架海金梁。银龙飞舞，黄鬼翻腾。左右宝刀无怠慢，往来不歇满堂红。他两个在云端里，战彀八九回合，小龙的手软筋麻，老魔的身强力壮。小龙抵敌不住，飞起刀去，砍那妖怪，妖怪有接刀之法，一只手接了宝刀，一只手抛下满堂红便打，小龙措手不及，被他把后腿上着了一下，急慌慌按落云头，多亏了御水河救了性命。小龙一头钻下水去，那妖魔赶来寻他不见，执了宝刀，拿了满堂红，回上银安殿，照旧吃酒睡觉不题。

却说那小龙潜于水底，半个时辰听不见声息，方才咬着牙，忍着腿疼跳将起去，踏着乌云，径转馆驿，还变作依旧马匹，伏于槽下。可怜浑身是水，腿有伤痕，那时节：意马心猿都失散，金公木母尽凋零。黄婆伤损通分别，道义消疏怎得成！

且不言三藏逢灾，小龙败战，却说那猪八戒，从离了沙僧，一头藏在草科里，拱了一个猪浑塘。这一觉，直睡到半夜时候才醒。醒来时，又不知是甚么去处，摸摸眼，定了神思，侧耳才听，噫！正是那山深无犬吠，野旷少鸡鸣。他见那星移斗转，约莫有三更时分，心中想道：“我要回救沙僧，诚然是单丝不线，孤掌难鸣。罢！罢！罢！我且进城去见了师父，奏准当今，再选些骁勇人马，助着老猪明日来救沙僧罢。”

那呆子急纵云头，径回城里，半霎时，到了馆驿。此时人静月明，两廊下寻不见师父，只见白马睡在那厢，浑身水湿，后腿有盘子大小一点青痕。八戒失惊道：“双晦气了！这亡人又不曾走路，怎么身上有汗，腿有青痕？想是歹人打劫师父，把马打坏了。”那白马认得是八戒，忽然口吐人言，叫声“师兄！”这呆子吓了一跌，扒起来往外要走，被那马探探身，一口咬住皂衣，道：“哥啊，你莫怕我。”八戒战兢兢的道：“兄弟，你怎么今日说起话来了？你但说话，必有大不祥之事。”小龙道：“你知师父有难么！”八戒道：“我不知。”小龙道：“你是不知！你与沙僧在皇帝面前弄了本事，思量拿倒妖魔，请功求赏，不想妖魔本领大，你们手段不济，禁他不过。好道着一个回来，说个信息是，却更不闻音。那妖精变做一个俊俏文人，撞入朝中，与皇帝认了亲眷，把我师父变作一个斑斓猛虎，见被众臣捉住，锁在朝房铁笼里面。我听得这般苦恼，心如刀割。你两日又不在不知，恐一时伤了性命。只得化龙身去救，不期到朝里，又寻不见师父。

及到银安殿外，遇见妖精，我又变做个宫娥模样，哄那怪物。那怪叫我舞刀他看，遂尔留心，砍他一刀，早被他闪过，双手举个满堂红，把我战败。我又飞刀砍去，他又把刀接了，捽下满堂红，把我后腿上着了一下，故此钻在御水河，逃得性命。腿上青是他满堂红打的。”八戒闻言道：“真个有这样事？”小龙道：“莫成我哄你了！”八戒道：“怎的好？怎的好！你可挣得动么？”小龙道：“我挣得动便怎的？”八戒道：“你挣得动，便挣下海去罢。

把行李等老猪挑去高老庄上，回炉做女婿去呀。”小龙闻说，一口咬住他直裰子，那里肯放，止不住眼中滴泪道：“师兄啊！你千万休生懒惰！”八戒道：“不懒惰便怎么？沙兄弟已被他拿住，我是战不过他，不趁此散火，还等甚么？”小龙沉吟半晌，又滴泪道：“师兄啊，莫说散火的话，若要救得师父，你只去请个人来。”八戒道：“教我请谁么？”小龙道：“你趁早儿驾云回上花果山，请大师兄孙行者来。他还有降妖的大法力，管教救了师父，也与你我报得这败阵之仇。”八戒道：“兄弟，另请一个儿便罢了，那猴子与我有些不睦。前者在白虎岭上，打杀了那白骨夫人，他怪我撺掇师父念《紧箍儿咒》。我也只当耍子，不想那老和尚当真的念起来，就把他赶逐回去，他不知怎么样的恼我，他也决不肯来。倘或言语上，略不相对，他那哭丧棒又重，假若不知高低，捞上几下，我怎的活得成么？”小龙道：“他决不打你，他是个有仁有义的猴王。你见了他，且莫说师父有难，只说师父想你哩，把他哄将来，到此处见这样个情节，他必然不忿，断乎要与那妖精比并，管情拿得那妖精，救得我师父。”八戒道：“也罢也罢，你倒这等尽心，我若不去，显得我不尽心了。我这一去，果然行者肯来，我就与他一路来了；他若不来，你却也不要望我，我也不来了。”小龙道：“你去你去，管情他来也。”

真个呆子收拾了钉钯，整束了直裰，跳将起去，踏着云，径往东来。这一回，也是唐僧有命，那呆子正遇顺风，撑起两个耳朵，好便似风篷一般，早过了东洋大海，按落云头。不觉的太阳星上，他却入山寻路。正行之际，忽闻得有人言语。八戒仔细看时，看来是行者在山凹里，聚集群妖。他坐在一块石头崖上，面前有一千二百多猴子，分序排班，口称“万岁！大圣爷爷！”八戒道：“且是好受用，且是好受用！怪道他不肯做和尚，只要来家哩！原来有这些好处，许大的家业，又有这多的小猴伏侍！若是老猪有这一座山场，也不做甚么和尚了。如今既到这里，却怎么好？必定要见他一见是。”那呆子有些怕他，又不敢明明的见他，却往草崖边，溜阿溜的溜在那一千二三百猴子当中挤着，也跟那些猴子磕头。

不知孙大圣坐得高，眼又乖滑，看得他明白，便问：“那班部中乱拜的是个夷人，是那里来的？拿上来！”说不了，那些小猴一窝蜂把个八戒推将上来，按倒在地。行者道：“你是那里来的夷人？”八戒低着头道：“不敢，承问了。不是夷人，是熟人熟人。”行者道：“我这大圣部下的群猴，都是一般模样。你这嘴脸生得各样，相貌有些雷堆，定是别处来的妖魔。既是别处来的，若要投我部下，先来递个脚色手本，报了名字，我好留你在这随班点扎。若不留你，你敢在这里乱拜！”八戒低着头，拱着嘴道：“不羞，就拿出这副嘴脸来了！我和你兄弟也做了几年，又推认不得，说是甚么夷人！”行者笑道：“抬起头来我看。”那呆子把嘴往上一伸道：“你看么！你认不得我，好道认得嘴耶！”行者忍不住笑道：“猪八戒。”他听见一声叫，就一毂辘跳将起来道：“正是！正是！我是猪八戒！”他又思量道：“认得就好说话了。”行者道：“你不跟唐僧取经去，却来这里怎的？想是你冲撞了师父，师父也贬你回来了？有甚贬书，拿来我看。”八戒道：

“不曾冲撞他，他也没甚么贬书，也不曾赶我。”行者道：“既无贬书，又不曾赶你，你来我这里怎的？”八戒道：“师父想你，着我来请你的。”行者道：“他也不请我，他也不想我。他那日对天发誓，亲笔写了贬书，怎么又肯想我，又肯着你远来请我？我断然也是不好去的。”八戒就地扯个谎，忙道：“委实想你！委是想你！”行者道：“他怎的想我来？”八戒道：“师父在马上正行，叫声徒弟，我不曾听见，沙僧又推耳聋。师父就想起你来，说我们不济，说你还是个聪明伶俐之人，常时声叫声应，问一答十。因这般想你，专专教我来请你的，万望你去走走，一则不孤他仰望之心，二来也不负我远来之意。”行者闻言，跳下崖来，用手搀住八戒道：“贤弟，累你远来，且和我耍耍儿去。”八戒道：“哥啊，这个所在路远，恐师父盼望去迟，我不耍子了。”行者道：

“你也是到此一场，看看我的山景何如。”那呆子不敢苦辞，只得随他走走。

二人携手相搀，概众小妖随后，上那花果山极巅之处。好山！自是那大圣回家，这几日，收拾得复旧如新，但见那：青如削翠，高似摩云。周围有虎踞龙蟠，四面多猿啼鹤唳。朝出云封山顶，暮观日挂林间。流水潺潺鸣玉珮，涧泉滴滴奏瑶琴。山前有崖峰峭壁，山后有花木秾华。上连玉女洗头盆，下接天河分派水。乾坤结秀赛蓬莱，清浊育成真洞府。丹青妙笔画时难，仙子天机描不就。玲珑怪石石玲珑，玲珑结彩岭头峰。日影动千条紫艳，瑞气摇万道红霞。洞天福地人间有，遍山新树与新花。八戒观之不尽，满心欢喜道：“哥啊，好去处！果然是天下第一名山！”行者道：“贤弟，可过得日子么？”八戒笑道：“你看师兄说的话，宝山乃洞天福地之处，怎么说度日之言也？“二人谈笑多时，下了山，只见路旁有几个小猴，捧着紫巍巍的葡萄，香喷喷的梨枣，黄森森的枇杷，红艳艳的杨梅，跪在路旁叫道：

“大圣爷爷，请进早膳。”行者笑道：“我猪弟食肠大，却不是以果子作膳的。也罢也罢，莫嫌菲薄，将就吃个儿当点心罢。”八戒道：“我虽食肠大，却也随乡入乡是。拿来拿来，我也吃几个儿尝新。”二人吃了果子，渐渐日高。那呆子恐怕误了救唐僧，只管催促道：“哥哥，师父在那里盼望我和你哩。望你和我早早儿去罢。”行者道：“贤弟，请你往水帘洞里去耍耍。”八戒坚辞道：“多感老兄盛意，奈何师父久等，不劳进洞罢。”行者道：“既如此，不敢久留，请就此处奉别。”八戒道：“哥哥，你不去了？”

行者道：“我往哪里去？我这里天不收地不管，自由自在，不耍子儿，做甚么和尚？我是不去，你自去罢。但上复唐僧：既赶退了，再莫想我。”呆子闻言，不敢苦逼，只恐逼发他性子，一时打上两棍，无奈，只得喏喏告辞，找路而去。行者见他去了，即差两个溜撒的小猴，跟着八戒，听他说些甚么。真个那呆子下了山，不上三四里路，回头指着行者，口里骂道：“这个猴子，不做和尚，倒做妖怪！这个猢狲，我好意来请他，他却不去！你不去便罢！”走几步，又骂几声。那两个小猴，急跑回来报道：“大圣爷爷，那猪八戒不大老实，他走走儿，骂几声。”行者大怒，叫：

“拿将来！”那众猴满地飞来赶上，把个八戒，扛翻倒了，抓鬃扯耳，拉尾揪毛，捉将回去，毕竟不知怎么处治，性命死活若何，且听下回分解。

第三十一回　猪八戒义激猴王　孙行者智降妖怪

义结孔怀，法归本性。金顺木驯成正果，心猿木母合丹元。

共登极乐世界，同来不二法门。经乃修行之总径，佛配自己之元神。兄和弟会成三契，妖与魔色应五行。剪除六门趣，即赴大雷音。却说那呆子被一窝猴子捉住了，扛抬扯拉，把一件直裰子揪破，口里劳劳叨叨的，自家念诵道：“罢了！罢了！这一去有个打杀的情了！”不一时，到洞口。那大圣坐在石崖之上，骂道：“你这馕糠的劣货！你去便罢了，怎么骂我？”八戒跪在地下道：“哥啊，我不曾骂你，若骂你，就嚼了舌头根。我只说哥哥不去，我自去报师父便了，怎敢骂你？”行者道：“你怎么瞒得过我？我这左耳往上一扯，晓得三十三天人说话；我这右耳往下一扯，晓得十代阎王与判官算帐。你今走路把我骂，我岂不听见？”八戒道：“哥啊，我晓得你贼头鼠脑的，一定又变作个甚么东西儿，跟着我听的。”行者叫：“小的们，选大棍来！先打二十个见面孤拐，再打二十个背花，然后等我使铁棒与他送行！”八戒慌得磕头道：“哥哥，千万看师父面上，饶了我罢！”行者道：

“我想那师父好仁义儿哩！”八戒又道：“哥哥，不看师父啊，请看海上菩萨之面，饶了我罢！”

行者见说起菩萨，却有三分儿转意道：“兄弟，既这等说，我且不打你，你却老实说，不要瞒我。那唐僧在那里有难，你却来此哄我？”八戒道：“哥哥，没甚难处，实是想你。”行者骂道：

“这个好打的劣货！你怎么还要者嚣？我老孙身回水帘洞，心逐取经僧。那师父步步有难，处处该灾，你趁早儿告诵我，免打！”八戒闻得此言，叩头上告道：“哥啊，分明要瞒着你，请你去的，不期你这等样灵。饶我打，放我起来说罢。”行者道：“也罢，起来说。”众猴撒开手，那呆子跳得起来，两边乱张，行者道：“你张甚么？”八戒道：“看看那条路儿空阔，好跑。”行者道：

“你跑到那里？我就让你先走三日，老孙自有本事赶转你来！快早说来，这一恼发我的性子，断不饶你！”八戒道：“实不瞒哥哥说，自你回后，我与沙僧保师父前行。只见一座黑松林，师父下马，教我化斋。我因许远，无一个人家，辛苦了，略在草里睡睡。

不想沙僧别了师父，又来寻我。你晓得师父没有坐性，他独步林间玩景，出得林，见一座黄金宝塔放光，他只当寺院，不期塔下有个妖精，名唤黄袍，被他拿住。后边我与沙僧回寻，止见白马行囊，不见师父，随寻至洞口，与那怪厮杀。师父在洞，幸亏了一个救星，原是宝象国王第三个公主，被那怪摄来者。他修了一封家书，托师父寄去，遂说方便，解放了师父。到了国中，递了书子，那国王就请师父降妖，取回公主。哥啊，你晓得，那老和尚可会降妖？我二人复去与战。不知那怪神通广大，将沙僧又捉了，我败阵而走，伏在草中。那怪变做个俊俏文人入朝，与国王认亲，把师父变作老虎。又亏了白龙马夜现龙身，去寻师父。师父倒不曾寻见，却遇着那怪在银安殿饮酒。他变一宫娥，与他巡酒舞刀，欲乘机而砍，反被他用满堂红打伤马腿。就是他教我来请师兄的，说道：“师兄是个有仁有义的君子，君子不念旧恶，一定肯来救师父一难。’万望哥哥念一日为师、终身为父之情，千万救他一救！”行者道：“你这个呆子！我临别之时，曾叮咛又叮咛，说道：‘若有妖魔捉住师父，你就说老孙是他大徒弟。’怎么却不说我？”八戒又思量道：“请将不如激将，等我激他一激。”道：“哥啊，不说你还好哩，只为说你，他一发无状！”行者道：“怎么说？”八戒道：“我说：‘妖精，你不要无礼，莫害我师父！我还有个大师兄，叫做孙行者。他神通广大，善能降妖。他来时教你死无葬身之地！’那怪闻言，越加忿怒，骂道：‘是个甚么孙行者，我可怕他？他若来，我剥了他皮，抽了他筋，啃了他骨，吃了他心！饶他猴子瘦，我也把他剁碎着油烹！’”行者闻言，就气得抓耳挠腮，暴躁乱跳道：“是那个敢这等骂我！”八戒道：“哥哥息怒，是那黄袍怪这等骂来，我故学与你听也。”行者道：“贤弟，你起来。不是我去不成，既是妖精敢骂我，我就不能不降他，我和你去。老孙五百年前大闹天宫，普天的神将看见我，一个个控背躬身，口口称呼大圣。这妖怪无礼，他敢背前面后骂我！我这去，把他拿住，碎尸万段，以报骂我之仇！报毕，我即回来。”八戒道：“哥哥，正是，你只去拿了妖精，报了你仇，那时来与不来，任从尊意。”

那猴才跳下崖，撞入洞里，脱了妖衣，整一整锦直裰，束一束虎皮裙，执了铁棒，径出门来。慌得那群猴拦住道：“大圣爷爷，你往那里去？带挈我们耍子几年也好。”行者道：“小的们，你说那里话！我保唐僧的这桩事，天上地下，都晓得孙悟空是唐僧的徒弟。他倒不是赶我回来，倒是教我来家看看，送我来家自在耍子。如今只因这件事，你们却都要仔细看守家业，依时插柳栽松，毋得废坠，待我还去保唐僧，取经回东土。功成之后，仍回来与你们共乐天真。”众猴各各领命。

那大圣才和八戒携手驾云，离了洞，过了东洋大海，至西岸，住云光，叫道：“兄弟，你且在此慢行，等我下海去净净身子。”八戒道：“忙忙的走路，且净甚么身子？”行者道：“你那里知道，我自从回来，这几日弄得身上有些妖精气了。师父是个爱干净的，恐怕嫌我。”八戒于此始识得行者是片真心，更无他意。须臾洗毕，复驾云西进，只见那金塔放光，八戒指道：“那不是黄袍怪家？沙僧还在他家里。”行者道：“你在空中，等我下去看看那门前如何，好与妖精见阵。”八戒道：“不要去，妖精不在家。”行者道：“我晓得。”好猴王，按落祥光，径至洞门外观看，只见有两个小孩子，在那里使弯头棍，打毛球，抢窝耍子哩。一个有十来岁，一个有八九岁了。正戏处，被行者赶上前，也不管他是张家李家的，一把抓着顶搭子，提将过来。那孩子吃了唬，口里夹骂带哭的乱嚷，惊动那波月洞的小妖，急报与公主道：

“奶奶，不知甚人把二位公子抢去也！”原来那两个孩子是公主与那怪生的。公主闻言，忙忙走出洞门来，只见行者提着两个孩子，站在那高崖之上，意欲往下掼，慌得那公主厉声高叫道：

“那汉子，我与你没甚相干，怎么把我儿子拿去？他老子利害，有些差错，决不与你干休！”行者道：“你不认得我？我是那唐僧的大徒弟孙悟空行者。我有个师弟沙和尚在你洞里，你去放他出来，我把这两个孩儿还你，似这般两个换一个，还是你便宜。”那公主闻言，急往里面，喝退那几个把门的小妖，亲动手，把沙僧解了。沙僧道：“公主，你莫解我，恐你那怪来家，问你要人，带累你受气。”公主道：“长老啊，你是我的恩人，你替我折辩了家书，救了我一命，我也留心放你。不期洞门之外，你有个大师兄孙悟空来了，叫我放你哩。”噫！那沙僧一闻孙悟空的三个字，好便似醍醐灌顶，甘露滋心，一面天生喜，满腔都是春，也不似闻得个人来，就如拾着一方金玉一般。你看他捽手佛衣，走出门来，对行者施礼道：“哥哥，你真是从天而降也！万乞救我一救！”行者笑道：“你这个沙尼！师父念《紧箍儿咒》，可肯替我方便一声？都弄嘴施展！要保师父，如何不走西方路，却在这里蹲甚么？”沙僧道：“哥哥，不必说了，君子既往不咎。我等是个败军之将，不可语勇，救我救儿罢！”行者道：“你上来。”

沙僧才纵身跳上石崖。

却说那八戒停立空中，看见沙僧出洞，即按下云头，叫声：

“沙兄弟，心忍！心忍！”沙僧见身道：“二哥，你从那里来？”八戒道：“我昨日败阵，夜间进城，会了白马，知师父有难，被黄袍使法，变做个老虎。那白马与我商议，请师兄来的。”行者道：“呆子，且休叙阔，把这两个孩子，你两人抱着，先进那宝象城去激那怪来，等我在这里打他。”沙僧道：“哥啊，怎么样激他？”行者道：“你两个驾起云，站在那金銮殿上，莫分好歹，把那孩子往那白玉阶前一掼。有人问你是甚人，你便说是黄袍妖精的儿子，被我两个拿将来也。那怪听见，管情回来，我却不须进城与他斗了。若在城上厮杀，必要喷云嗳雾，播土扬尘，惊扰那朝廷与多官黎庶，俱不安也。”八戒笑道：“哥哥，你但干事，就左我们。”行者道：“如何为左你？”八戒道：“这两个孩子，被你抓来，已此唬破胆了，这一会声都哭哑，再一会必死无疑。我们拿他往下一掼，掼做个肉糰子，那怪赶上肯放？定要我两个偿命。你却还不是个干净人？连见证也没你，你却不是左我们？”行者道：“他若扯你，你两个就与他打将这里来。这里有战场宽阔，我在此等候打他。”沙僧道：“正是正是，大哥说得有理。我们去来。”他两个才倚仗威风，将孩子拿去。

行者即跳下石崖，到他塔门之下，那公主道：“你这和尚，全无信义！你说放了你师弟，就与我孩儿，怎么你师弟放去，把我孩儿又留，反来我门首做甚？”行者陪笑道：“公主休怪，你来的日子已久，带你令郎去认他外公去哩。”公主道：“和尚莫无礼，我那黄袍郎比众不同。你若唬了我的孩儿，与他挪挪惊是。”行者笑道：“公主啊，为人生在天地之间，怎么便是得罪？”

公主道：“我晓得。”行者道：“你女流家，晓得甚么？”公主道：

“我自幼在宫，曾受父母教训。记得古书云，五刑之属三千，而罪莫大于不孝。”行者道：“你正是个不孝之人。盖父兮生我，母兮鞠我。哀哀父母，生我劬劳！故孝者，百行之原，万善之本，却怎么将身陪伴妖精，更不思念父母？非得不孝之罪如何？”公主闻此正言，半晌家耳红面赤，惭愧无地，忽失口道：“长老之言最善，我岂不思念父母？只因这妖精将我摄骗在此，他的法令又谨，我的步履又难，路远山遥，无人可传音信。欲要自尽，又恐父母疑我逃走，事终不明。故没奈何，苟延残喘，诚为天地间一大罪人也！”说罢，泪如泉涌。行者道：“公主不必伤悲。猪八戒曾告诉我，说你有一封书，曾救了我师父一命，你书上也有思念父母之意。老孙来，管与你拿了妖精，带你回朝见驾，别寻个佳偶，侍奉双亲到老，你意如何？”公主道：“和尚啊，你莫要寻死。昨者你两个师弟，那样好汉，也不曾打得过我黄袍郎。

你这般一个筋多骨少的瘦鬼，一似个螃蟹模样，骨头都长在外面，有甚本事，你敢说拿妖魔之话？”行者笑道：“你原来没眼色，认不得人。俗语云：尿泡虽大无斤两，秤铊虽小压千斤。他们相貌，空大无用，走路抗风，穿衣费布，种火心空，顶门腰软，吃食无功。咱老孙小自小，筋节。”那公主道：“你真个有手段么？”行者道：“我的手段，你是也不曾看见，绝会降妖，极能伏怪。”公主道：“你却莫误了我耶。”行者道：“决然误你不得。”公主道：“你既会降妖伏怪，如今却怎样拿他？”行者说：“你且回避回避，莫在我这眼前，倘他来时，不好动手脚，只恐你与他情浓了，舍不得他。”公主道：“我怎的舍不得他？其稽留于此者，不得已耳！”行者道：“你与他做了十三年夫妻，岂无情意？我若见了他，不与他儿戏，一棍便是一棍，一拳便是一拳，须要打倒他，才得你回朝见驾。”那公主果然依行者之言，往僻静处躲避，也是他姻缘该尽，故遇着大圣来临。那猴王把公主藏了，他却摇身一变，就变做公主一般模样，回转洞中，专候那怪。

却说八戒、沙僧，把两个孩子拿到宝象国中，往那白玉阶前捽下，可怜都掼做个肉饼相似，鲜血迸流，骨骸粉碎，慌得那满朝多官报道："不好了！不好了！天上掼下两个人来了！"八戒厉声高叫道："那孩子是黄袍妖精的儿子，被老猪与沙弟拿将来也！"那怪还在银安殿，宿酒未醒，正睡梦间，听得有人叫他名字，他就翻身，抬头观看，只见那云端里是猪八戒沙和尚二人吆喝。妖怪心中暗想道："猪八戒便也罢了，沙和尚是我绑在家里，他怎么得出来？我的浑家，怎么肯放他？我的孩儿，怎么得到他手？这怕是猪八戒不得我出去与他交战，故将此计来羁我。我若认了这个泛头，就与他打啊，噫！我却还害酒哩！假若被他筑上一钯，却不灭了这个威风，识破了那个关窍，且等我回家看看，是我的儿子不是我的儿子，再与他说话不迟。"好妖怪，他也不辞王驾，转山林，径去洞中查信息。此时朝中已知他是个妖怪了，原来他夜里吃了一个宫娥，还有十七个脱命去的，五更时，奏了国王，说他如此如此。又因他不辞而去，越发知他是怪，那国王即着多官看守着假老虎不题。

却说那怪径回洞口。行者见他来时，设法哄他，把眼挤了一挤，扑簌簌泪如雨落，儿天儿地的，跌脚捶胸，于此洞里嚎啕痛哭。那怪一时间那里认得？上前搂住道："浑家，你有何事，这般烦恼？"那大圣编成的鬼话，捏出的虚词，泪汪汪的告道：

"郎君啊！常言道，男子无妻财没主，妇女无夫身落空！你昨日进朝认亲，怎不回来？今早被猪八戒劫了沙和尚，又把我两个孩儿抢去，是我苦告，更不肯饶。他说拿去朝中认认外公，这半日不见孩儿，又不知存亡如何，你又不见来家，教我怎生割舍？

故此止不住伤心痛哭。"那怪闻言，心中大怒道："真个是我的儿子？"行者道："正是，被猪八戒抢去了。"那妖魔气得乱跳道：

"罢了！罢了！我儿被他掼杀了！已是不可活也！只好拿那和尚来与我儿子偿命报仇罢！浑家，你且莫哭，你如今心里觉道怎么？且医治一医治。"行者道："我不怎的，只是舍不得孩儿，哭得我有些心疼。"妖魔道："不打紧，你请起来，我这里有件宝贝，只在你那疼上摸一摸儿，就不疼了。却要仔细，休使大指儿弹着，若使大指儿弹着啊，就看出我本相来了"行者闻言，心中暗笑道："这泼怪，倒也老实，不动刑法，就自家供了。等他拿出宝贝来，我试弹他一弹，看他是个甚么妖怪。"那怪携着行者，一直行到洞里深远密闭之处。却从口中吐出一件宝贝，有鸡子大小，是一颗舍利子玲珑内丹。行者心中暗喜道："好东西耶！

这件物不知打了多少坐工，炼了几年磨难，配了几转雌雄，炼成这颗内丹舍利。今日大有缘法，遇着老孙。"那猴子拿将过来，那里有甚么疼处，特故意摸了一摸，一指头弹将去。那妖慌了，劈手来抢，你思量，那猴子好不溜撒，把那宝贝一口吸在肚里。那妖魔攥着拳头就打，被行者一手隔住，把脸抹了一抹，现出本相，道声"妖怪！不要无礼！你且认认看我是谁？"那妖怪见了，大惊道："呀！浑家，你怎么拿出这一副嘴脸来耶？"行者骂道："我把你这个泼怪！谁是你浑家？连你祖宗也还不认得哩？"那怪忽然省悟道："我象有些认得你哩。"行者道："我且不打你，你再认认看。"那怪道："我虽见你眼熟，一时间却想不起姓名。你果是谁，从那里来的？你把我浑家估倒在何处，却来我家诈诱我的宝贝？着实无礼！可恶！"行者道："你是也不认得我。我是唐僧的大徒弟，叫做孙悟空行者。我是你五百年前的旧祖宗哩！"那怪道："没有这话！没有这话！我拿住唐僧时，止知他有两个徒弟，叫做猪八戒、沙和尚，何曾见有人说个姓孙的。你不知是那里来的个怪物，到此骗我！"行者道："我不曾同他二人来，是我师父因老孙惯打妖怪，杀伤甚多，他是个慈悲好善之人，将我逐回，故不曾同他一路行走。你是不知你祖宗名姓。"那怪道："你好不丈夫啊！既受了师父赶逐，却有甚么嘴脸又来见人！"行者道："你这个泼怪，岂知一日为师，终身为父，父子无隔宿之仇！你伤害我师父，我怎么不来救他？你害他便也罢，却又背前面后骂我，是怎的说？"妖怪道："我何尝骂你？"行者道："是猪八戒说的。"那怪道："你不要信他，那个猪八戒，尖着嘴，有些会学老婆舌头，你怎听他？"行者道："且不必讲此闲话，只说老孙今日到你家里，你好怠慢了远客。虽无酒馔款待，头却是有的，快快将头伸过来，等老孙打一棍儿当茶！"那怪闻得说打，呵呵大笑道："孙行者，你差了计较了！你既说要打，不该跟我进来。我这里大小群妖，还有百十，饶你满身是手，也打不出我的门去。"行者道："不要胡说！莫说百十个，就有几千、几万，只要一个个查明白了好打，棍棍无空，教你断根绝迹！"那怪闻言，急传号令，把那山前山后群妖，洞里洞外诸怪，一齐点起，各执器械，把那三四层门，密密拦阻不放。行者见了，满心欢喜，双手理棍，喝声叫"变！"变的三头六臂，把金箍棒幌一幌，变做三根金箍棒。你看他六只手，使着三根棒，一路打将去，好便似虎入羊群，鹰来鸡栅，可怜那小怪，汤着的，头如粉碎；刮着的，血似水流！往来纵横，如入无人之境。止剩一个老妖，赶出门来骂道："你这泼猴，其实惫懒！怎么上门子欺负人家！"行者急回头，用手招呼道："你来！你来！

打倒你，才是功绩！"

那怪物举宝刀，分头便砍，好行者，掣铁棒，觌面相迎。这一场在那山顶上，半云半雾的杀哩：大圣神通大，妖魔本事高。

这个横理生金棒，那个斜举蘸钢刀。悠悠刀起明霞亮，轻轻棒架彩云飘。往来护顶翻多次，反复浑身转数遭。一个随风更面目，一个立地把身摇。那个大睁火眼伸猿膊，这个明幌金睛折虎腰。你来我去交锋战，刀迎棒架不相饶。猴王铁棍依三略，怪物钢刀按六韬。一个惯行手段为魔主，一个广施法力保唐僧。猛烈的猴王添猛烈，英豪的怪物长英豪。死生不顾空中打，都为唐僧拜佛遥。他两个战有五六十合，不分胜负。行者心中暗喜道："这个泼怪，他那口刀，倒也抵得住老孙的这根棒。等老孙丢个破绽与他，看他可认得。"好猴王，双手举棍，使一个高探马的势子。那怪不识是计，见有空儿，舞着宝刀，径奔下三路砍，被行者急转个大中平，挑开他那口刀，又使个叶底偷桃势，望妖精头顶一棍，就打得他无影无踪，急收棍子看处，不见了妖精，行者大惊道："我儿啊，不禁打，就打得不见了。果是打死，好道也有些脓血，如何没一毫踪影？想是走了。"急纵身跳在云端里看处，四边更无动静。"老孙这双眼睛，不管那里，一抹都见，却怎么走得这等溜撒？我晓得了：那怪说有些儿认得我，想必不是凡间的怪，多是天上来的精。"

那大圣一时忍不住怒发，攥着铁棒，打个筋斗，只跳到南天门上。慌得那庞刘苟毕、张陶邓辛等众，两边躬身控背，不敢拦阻，让他打入天门，直至通明殿下。早有张葛许邱四大天师问道："大圣何来？"行者道："因保唐僧至宝象国，有一妖魔，欺骗国女，伤害吾师，老孙与他赌斗。正斗间，不见了这怪。想那怪不是凡间之怪，多是天上之精，特来查勘，那一路走了甚么妖神。"天师闻言，即进灵霄殿上启奏，蒙差查勘九曜星官、十二元辰、东西南北中央五斗、河汉群辰、五岳四渎、普天神圣都在天上，更无一个敢离方位。又查那斗牛宫外，二十八宿，颠倒只有二十七位，内独少了奎星。天师回奏道："奎木狼下界了。"

玉帝道："多少时不在天了？"天师道："四卯不到。三日点卯一次，今已十三日了。"玉帝道："天上十三日，下界已是十三年。"

即命本部收他上界。那二十七宿星员，领了旨意，出了天门，各念咒语，惊动奎星。你道他在那里躲避？他原来是孙大圣大闹天宫时打怕了的神将，闪在那山涧里潜灾，被水气隐住妖云，所以不曾看见他。他听得本部星员念咒，方敢出头，随众上界。

被大圣拦住天门要打，幸亏众星劝住，押见玉帝。那怪腰间取出金牌，在殿下叩头纳罪，玉帝道："奎木狼，上界有无边的胜景，你不受用，却私走一方，何也？"奎宿叩头奏道："万岁，赦臣死罪。那宝象国王公主，非凡人也。他本是披香殿侍香的玉女，因欲与臣私通，臣恐点污了天宫胜境，他思凡先下界去，托生于皇宫内院，是臣不负前期，变作妖魔，占了名山，摄他到洞府，与他配了一十三年夫妻。一饮一啄，莫非前定，今被孙大圣到此成功。"玉帝闻言，收了金牌，贬他去兜率宫与太上老君烧火，带俸差操，有功复职，无功重加其罪。行者见玉帝如此发放，心中欢喜，朝上唱个大喏，又向众神道："列位，起动了。"天师笑道："那个猴子还是这等村俗，替他收了怪神，也倒不谢天恩，却就喏喏而退。"玉帝道："只得他无事，落得天上清平是幸。"

那大圣按落祥光，径转碗子山波月洞，寻出公主，将那思凡下界收妖的言语正然陈诉，只听得半空中八戒、沙僧厉声高叫道："师兄，有妖精，留几个儿我们打耶。"行者道："妖精已尽绝矣。"沙僧道："既把妖精打绝，无甚挂碍，将公主引入朝中去罢。不要睁眼，兄弟们使个缩地法来。"那公主只闻得耳内风响，霎时间径回城里。他三人将公主带上金銮殿上，那公主参拜了父王、母后，会了姊妹，各官俱来拜见。那公主才启奏道：

"多亏孙长老法力无边，降了黄袍怪，救奴回国。"那国王问曰：

"黄袍是个甚怪？"行者道："陛下的驸马，是上界的奎星，令爱乃侍香的玉女，因思凡降落人间，不非小可，都因前世前缘，该有这些姻眷。那怪被老孙上天宫启奏玉帝，玉帝查得他四卯不到，下界十三日，就是十三年了，盖天上一日，下界一年。随差本部星宿，收他上界，贬在兜率宫立功去讫，老孙却救得令爱来也。"那国王谢了行者的恩德，便教："看你师父去来。"

他三人径下宝殿，与众官到朝房里，抬出铁笼，将假虎解了铁索。别人看他是虎，独行者看他是人。原来那师父被妖术魇住，不能行走，心上明白，只是口眼难开。行者笑道："师父啊，你是个好和尚，怎么弄出这般个恶模样来也？你怪我行凶作恶，赶我回去，你要一心向善，怎么一旦弄出个这等嘴脸？"

八戒道："哥啊，救他一救罢，不要只管揭挑他了。"行者道："你凡事撺唆，是他个得意的好徒弟，你不救他，又寻老孙怎的？原与你说来，待降了妖精，报了骂我之仇，就回去的。"沙僧近前跪下道："哥啊，古人云，不看僧面看佛面。兄长既是到此，万望救他一救。若是我们能救，也不敢许远的来奉请你也。"行者用手挽起道："我岂有安心不救之理？快取水来。"那八戒飞星去驿中，取了行李马匹，将紫金钵盂取出，盛水半盂，递与行者。

行者接水在手，念动真言，望那虎劈头一口喷上，退了妖术，解了虎气。长老现了原身，定性睁睛，才认得是行者，一把搀住道："悟空！你从那里来也？"沙僧侍立左右，把那请行者降妖精，救公主，解虎气，并回朝上项事，备陈了一遍。三藏谢之不尽道："贤徒，亏了你也！亏了你也！这一去，早诣西方，径回东土，奏唐王，你的功劳第一。"行者笑道："莫说莫说！但不念那话儿，足感爱厚之情也。"国王闻此言，又劝谢了他四众，整治素筵，大开东阁。他师徒受了皇恩，辞王西去，国王又率多官远送。这正是：君回宝殿定江山，僧去雷音参佛祖。毕竟不知此后又有甚事，几时得到西天，且听下回分解。

第三十二回　平顶山功曹传信　莲花洞木母逢灾

话说唐僧复得了孙行者，师徒们一心同体，共诣西方。自宝象国救了公主，承君臣送出城西，说不尽沿路饥餐渴饮。夜住晓行。却又值三春景候，那时节：轻风吹柳绿如丝，佳景最堪题。时催鸟语，暖烘花发，遍地芳菲。海棠庭院来双燕，正是赏春时。红尘紫陌，绮罗弦管，斗草传卮。师徒们正行赏间，又见一山挡路。唐僧道："徒弟们仔细，前遇山高，恐有虎狼阻挡。"

行者道："师父，出家人莫说在家话。你记得那乌巢和尚的《心经》云心无挂碍，无挂碍，方无恐怖，远离颠倒梦想之言？但只是扫除心上垢，洗净耳边尘。不受苦中苦，难为人上人。你莫生忧虑，但有老孙，就是塌下天来，可保无事。怕甚么虎狼！"长老勒回马道："我当年奉旨出长安，只忆西来拜佛颜。舍利国中金象彩，浮屠塔里玉毫斑。寻穷天下无名水，历遍人间不到山。

逐逐烟波重迭迭，几时能彀此身闲？"行者闻说，笑呵呵道："师要身闲，有何难事？若功成之后，万缘都罢，诸法皆空。那时节，自然而然，却不是身闲也？"长老闻言，只得乐以忘忧。放辔催银騆，兜缰趱玉龙。师徒们上得山来，十分险峻，真个嵯峨好山：巍巍峻岭，削削尖峰。湾环深涧下，孤峻陡崖边。湾环深涧下，只听得唿喇喇戏水蟒翻身；孤峻陡崖边，但见那崒嵂出林虎剪尾。往上看，峦头突兀透青霄；回眼观，壑下深沉邻碧落。上高来，似梯似凳；下低行，如堑如坑。真个是古怪巅峰岭，果然是连尖削壁崖。巅峰岭上，采药人寻思怕走；削壁崖前，打柴夫寸步难行。胡羊野马乱撺梭，狡兔山牛如布阵。山高蔽日遮星斗，时逢妖兽与苍狼。草径迷漫难进马，怎得雷音见佛王？

长老勒马观山，正在难行之处。只见那绿莎坡上，伫立着一个樵夫。你道他怎生打扮：头戴一顶老蓝毡笠，身穿一领毛皂衲衣。老蓝毡笠，遮烟盖日果稀奇；毛皂衲衣，乐以忘忧真罕见。

手持钢斧快磨明，刀伐干柴收束紧。担头春色，幽然四序融融；

身外闲情，常是三星淡淡。到老只于随分过，有何荣辱暂关山？

那樵子正在坡前伐朽柴，忽逢长老自东来。停柯住斧出林外，趋步将身上石崖，对长老厉声高叫道："那西进的长老！暂停片时。我有一言奉告：此山有一伙毒魔狠怪，专吃你东来西去的人哩。"长老闻言，魂飞魄散，战兢兢坐不稳雕鞍，急回头，忙呼徒弟道："你听那樵夫报道此山有毒魔狠怪，谁敢去细问他一问？"行者道："师父放心，等老孙去问他一个端的。"

好行者，拽开步，径上山来，对樵子叫声"大哥"，道个问讯。樵夫答礼道："长老啊，你们有何缘故来此？"行者道："不瞒大哥说，我们是东土差来西天取经的，那马上是我的师父，他有些胆小。适蒙见教，说有甚么毒魔狠怪，故此我来奉问一声：

那魔是几年之魔，怪是几年之怪？还是个把势，还是个雏儿？烦大哥老实说说，我好着山神土地递解他起身。"樵子闻言，仰天大笑道："你原来是个风和尚。"行者道："我不风啊，这是老实话。"樵子道："你说是老实，便怎敢说把他递解起身？"行者道：

"你这等长他那威风，胡言乱语的拦路报信，莫不是与他有亲？

不亲必邻，不邻必友。"樵子笑道："你这个风泼和尚，忒没道理。我倒是好意，特来报与你们，教你们走路时，早晚间防备，你倒转赖在我身上。且莫说我不晓得妖魔出处，就晓得啊，你敢把他怎么的递解？解往何处？"行者道："若是天魔，解与玉帝；若是土魔，解与土府。西方的归佛，东方的归圣。北方的解与真武，南方的解与火德。是蛟精解与海主，是鬼祟解与阎王，各有地头方向。我老孙到处里人熟，发一张批文，把他连夜解着飞跑。"那樵子止不住呵呵冷笑道："你这个风泼和尚，想是在方上云游，学了些书符咒水的法术，只可驱邪缚鬼，还不曾撞见这等狠毒的怪哩。"行者道："怎见他狠毒？"樵子道："此山径过有六百里远近，名唤平顶山。山中有一洞，名唤莲花洞。洞里有两个魔头，他画影图形，要捉和尚；抄名访姓，要吃唐僧。

你若别处来的还好，但犯了一个唐字儿，莫想去得去得！"行者道："我们正是唐朝来的。"樵子道："他正要吃你们哩。"行者道："造化！造化！但不知他怎的样吃哩？"樵子道："你要他怎的吃？"行者道："若是先吃头，还好耍子；若是先吃脚，就难为了。"樵子道："先吃头怎么说？先吃脚怎么说？"行者道："你还不曾经着哩。若是先吃头，一口将他咬下，我已死了，凭他怎么煎炒熬煮，我也不知疼痛；若是先吃脚，他啃了孤拐，嚼了腿亭，吃到腰截骨，我还急忙不死，却不是零零碎碎受苦？此所以难为也。"樵子道："和尚，他那里有这许多工夫？只是把你拿住，捆在笼里，囫囵蒸吃了。"行者笑道："这个更好！更好！疼倒不忍疼，只是受些闷气罢了。"樵子道："和尚不要调嘴。那妖怪随身有五件宝贝，神通极大极广。就是擎天的玉柱，架海的金梁，若保得唐朝和尚去，也须要发发昏是。"行者道："发几个昏么？"樵子道："要发三四个昏是。"行者道："不打紧，不打紧。

我们一年，常发七八百个昏儿，这三四个昏儿易得发，发发儿就过去了。"

好大圣，全然无惧，一心只是要保唐僧，捽脱樵夫，拽步而转，径至山坡马头前道："师父，没甚大事。有便有个把妖精儿，只是这里人胆小，放他在心上。有我哩，怕他怎的？走路！走路！"长老见说，只得放怀随行。正行处，早不见了那樵夫。长老道："那报信的樵子如何就不见了？"八戒道："我们造化低，撞见日里鬼了。"行者道："想是他钻进林子里寻柴去了。等我看看来。"好大圣，睁开火眼金睛，漫山越岭的望处，却无踪迹。

忽抬头往云端里一看，看见是日值功曹，他就纵云赶上，骂了几声毛鬼，道："你怎么有话不来直说，却那般变化了，演样老孙？"慌得那功曹施礼道："大圣，报信来迟，勿罪，勿罪。那怪果然神通广大，变化多端。只看你腾那乖巧，运动神机，仔细保你师父；假若怠慢了些儿，西天路莫想去得。"

行者闻言，把功曹叱退，切切在心，按云头，径来山上。只见长老与八戒、沙僧，簇拥前进，他却暗想："我若把功曹的言语实实告诵师父，师父他不济事，必就哭了；假若不与他实说，梦着头，带着他走，常言道乍入芦圩，不知深浅。倘或被妖魔捞去，却不又要老孙费心？且等我照顾八戒一照顾，先着他出头与那怪打一仗看。若是打得过他，就算他一功；若是没手段，被怪拿去，等老孙再去救他不迟，却好显我本事出名。"正自家计较，以心问心道："只恐八戒躲懒便不肯出头，师父又有些护短，等老孙羁勒他羁勒。"好大圣，你看他弄个虚头，把眼揉了一揉，揉出些泪来，迎着师父，往前径走。八戒看见，连忙叫：

"沙和尚，歇下担子，拿出行李来，我两个分了罢！"沙僧道："二哥，分怎的？"八戒道："分了罢！你往流沙河还做妖怪，老猪往高老庄上盼盼浑家。把白马卖了，买口棺木，与师父送老，大家散火，还往西天去哩？"长老在马上听见，道："这个夯货！正走路，怎么又胡说了？"八戒道："你儿子便胡说！你不看见孙行者那里哭将来了？他是个钻天入地、斧砍火烧、下油锅都不怕的好汉，如今戴了个愁帽，泪汪汪的哭来，必是那山险峻，妖怪凶狠。似我们这样软弱的人儿，怎么去得？"长老道："你且休胡谈，待我问他一声，看是怎么说话。"问道："悟空，有甚话当面计较，你怎么自家烦恼？这般样个哭包脸，是虎唬我也！"行者道："师父啊，刚才那个报信的，是日值功曹。他说妖精凶狠，此处难行，果然的山高路峻，不能前进，改日再去罢。"长老闻言，恐惶悚惧，扯住他虎皮裙子道："徒弟呀，我们三停路已走了停半，因何说退悔之言？"行者道："我没个不尽心的，但只恐魔多力弱，行势孤单。纵然是块铁，下炉能打得几根钉？"长老道：

"徒弟啊，你也说得是，果然一个人也难。兵书云，寡不可敌众。

我这里还有八戒沙僧，都是徒弟，凭你调度使用，或为护将帮手，协力同心，扫清山径，领我过山，却不都还了正果？"那行者这一场扭捏，只逗出长老这几句话来，他揾了泪道："师父啊，若要过得此山，须是猪八戒依得我两件事儿，才有三分去得；

假若不依我言，替不得我手，半分儿也莫想过去。"八戒道："师兄不去，就散火罢，不要攀我。"长老道："徒弟，且问你师兄，看他教你做甚么。"呆子真个对行者说道："哥哥，你教我做甚事？"行者道："第一件是看师父，第二件是去巡山。"八戒道：

"看师父是坐，巡山去是走。终不然教我坐一会又走，走一会又坐，两处怎么顾盼得来？"行者道："不是教你两件齐干，只是领了一件便罢。"八戒又笑道："这等也好计较。但不知看师父是怎样，巡山是怎样，你先与我讲讲，等我依个相应些儿的去干罢。"行者道："看师父啊：师父去出恭，你伺候；师父要走路，你扶持；师父要吃斋，你化斋。若他饿了些儿，你该打；黄了些儿脸皮，你该打；瘦了些儿形骸，你该打。"八戒慌了道："这个难！

难！难！伺候扶持，通不打紧，就是不离身驮着，也还容易；假若教我去乡下化斋，他这西方路上，不识我是取经的和尚，只道是那山里走出来的一个半壮不壮的健猪，伙上许多人，叉钯扫帚，把老猪围倒，拿家去宰了，腌着过年，这个却不就遭瘟了？"行者道："巡山去罢。"八戒道："巡山便怎么样儿？"行者道："就入此山，打听有多少妖怪，是甚么山，是甚么洞，我们好过去。"八戒道："这个小可，老猪去巡山罢。"那呆子就撒起衣裙，挺着钉钯，雄纠纠，径入深山；气昂昂，奔上大路。

行者在旁，忍不住嘻嘻冷笑。长老骂道："你这个泼猴！兄弟们全无爱怜之意，常怀嫉妒之心。你做出这样獐智，巧言令色，撮弄他去甚么巡山，却又在这里笑他！"行者道："不是笑他，我这笑中有味。你看猪八戒这一去，决不巡山，也不敢见妖怪，不知往那里去躲闪半会，捏一个谎来，哄我们也。"长老道：

"你怎么就晓得他？"行者道："我估出他是这等，不信，等我跟他去看看，听他一听，一则帮副他手段降妖，二来看他可有个诚心拜佛。"长老道："好好好，你却莫去捉弄他。"行者应诺了，径直赶上山坡，摇身一变，变作个蟭蟟虫儿。其实变得轻巧，但见他：翅薄舞风不用力，腰尖细小如针。穿蒲抹草过花阴，疾似流星还甚。眼睛明映映，声气渺喑喑。昆虫之类惟他小，亭亭款款机深。几番闲日歇幽林，一身浑不见，千眼莫能寻。嘤的一翅飞将去，赶上八戒，钉在他耳朵后面鬃根底下。那呆子只管走路，怎知道身上有人，行有七八里路，把钉钯撇下，吊转头来，望着唐僧，指手画脚的骂道："你罢软的老和尚，捉掐的弼马温，面弱的沙和尚！他都在那里自在，捉弄我老猪来跄路！大家取经，都要望成正果，偏是教我来巡甚么山！哈哈哈！晓得有妖怪，躲着些儿走。还不毂一半，却教我去寻他，这等晦气哩！我往那里睡觉去，睡一觉回去，含含糊糊的答应他，只说是巡了山，就了其帐也。”那呆子一时间侥幸，搴着钯又走。只见山凹里一弯红草坡，他一头钻得进去，使钉钯扑个地铺，毂辘的睡下，把腰伸了一伸，道声“快活！就是那弼马温，也不得象我这般自在！”原来行者在他耳根后，句句儿听着哩，忍不住，飞将起来，又捉弄他一捉弄。又摇身一变，变作个啄木虫儿，但见：铁嘴尖尖红溜，翠翎艳艳光明。一双钢爪利如钉，腹馁何妨林静。最爱枯槎朽烂，偏嫌老树伶仃。圜睛决尾性丢灵，辟剥之声堪听。

这虫鹭不大不小的，上秤称，只有二三两重，红铜嘴，黑铁脚，刷刺的一翅飞下来。那八戒丢倒头，正睡着了，被他照嘴唇上扢揸的一下。那呆子慌得爬将起来，口里乱嚷道：“有妖怪！

有妖怪！把我戳了一枪去了！嘴上好不疼呀！”伸手摸摸，泱出血来了，他道：“蹭蹬啊！我又没甚喜事，怎么嘴上挂了红耶？”

他看着这血手，口里絮絮叨叨的两边乱看，却不见动静，道：

“无甚妖怪，怎么戳我一枪么？”忽抬头往上看时，原来是个啄木虫，在半空中飞哩。呆子咬牙骂道：“这个亡人！弼马温欺负我罢了，你也来欺负我！我晓得了，他一定不认我是个人，只把我嘴当一段黑朽枯烂的树，内中生了虫，寻虫儿吃的，将我啄了这一下也，等我把嘴揣在怀里睡罢。”那呆子毂辘的依然睡倒，行者又飞来，着耳根后又啄了一下。呆子慌得爬起来道：

“这个亡人，却打搅得我狠！想必这里是他的窠巢，生蛋布雏，怕我占了，故此这般打搅。罢！罢！罢！不睡他了！”搴着钯，径出红草坡，找路又走。可不喜坏了孙行者，笑倒个美猴王，行者道：“这夯货大睁着两个眼，连自家人也认不得！”好大圣，摇身又一变，还变做个蟭蟟虫，钉在他耳朵后面，不离他身上。那呆子入深山，又行有四五里，只见山凹中有桌面大的四四方方三块青石头。呆子放下钯，对石头唱个大喏。行者暗笑道：“这呆子！石头又不是人，又不会说话，又不会还礼的，唱他喏怎的，可不是个瞎帐？”原来那呆子把石头当着唐僧沙僧行者三人，朝着他演习哩。他道：“我这回去，见了师父，若问有妖怪，就说有妖怪。他问甚么山，我若说是泥捏的，土做的，锡打的，铜铸的，面蒸的，纸糊的，笔画的，他们见说我呆哩，若讲这话，一发说呆了，我只说是石头山。他问甚么洞，也只说是石头洞。

他问甚么门，却说是钉钉的铁叶门。他问里边有多远，只说入内有三层。十分再搜寻，问门上钉子多少，只说老猪心忙记不真。此间编造停当，哄那弼马温去！”

那呆子捏合了，拖着钯，径回本路，怎知行者在耳朵后，一一听得明白。行者见他回来，即腾两翅预先回去，现原身见了师父。师父道：“悟空，你来了，悟能怎不见回？”行者笑道：“他在那里编谎哩，就待来也。”长老道：“他两个耳朵盖着眼，愚拙之人也，他会编甚么谎？又是你捏合甚么鬼话赖他哩。”行者道：“师父，你只是这等护短，这是有对问的话。”把他那钻在草里睡觉，被啄木虫叮醒，朝石头唱喏，编造甚么石头山、石头洞、铁叶门、有妖精的话，预先说了。说毕，不多时，那呆子走将来，又怕忘了那谎，低着头口里温习。被行者喝了一声道：“呆子！念甚么哩？”八戒掀起耳朵来看看道：“我到了地头了！”那呆子上前跪倒，长老搀起道：“徒弟，辛苦啊。”八戒道：“正是。

走路的人，爬山的人，第一辛苦了。”长老道：“可有妖怪么？”八戒道：“有妖怪！有妖怪！一堆妖怪哩！”长老道：“怎么打发你来？”八戒说：“他叫我做猪祖宗，猪外公，安排些粉汤素食，教我吃了一顿，说道，摆旗鼓送我们过山哩。”行者道：“想是在草里睡着了，说得是梦话？”呆子闻言，就吓得矮了三寸道：“爷爷呀！我睡他怎么晓得？”行者上前，一把揪住道：“你过来，等我问你。”呆子又慌了，战战兢兢的道：“问便罢了，揪扯怎的？”行者道：“是甚么山？”八戒道：“是石头山。”“甚么洞？”道：“是石头洞。”“甚么门？”道：“是钉钉铁叶门。”“里边有多远？”道：“入内是三层。”行者道：“你不消说了，后半截我记得真。恐师父不信，我替你说了罢。”八戒道：“嘴脸！你又不曾去，你晓得那些儿，要替我说？”行者笑道：“门上钉子有多少，只说老猪心忙记不真。可是么？”那呆子即慌忙跪倒。行者道：“朝着石头唱喏，当做我三人，对他一问一答，可是么？又说，等我编得谎儿停当，哄那弼马温去！可是么？”那呆子连忙只是磕头道：“师兄，我去巡山，你莫成跟我去听的？”行者骂道：“我把你个馕糠的夯货！这般要紧的所在，教你去巡山，你却去睡觉！不是啄木虫叮你醒来，你还在那里睡哩。及叮醒，又编这样大谎，可不误了大事？你快伸过孤拐来，打五棍记心！”八戒慌了道：“那个哭丧棒重，擦一擦儿皮塌，挽一挽儿筋伤，若打五下，就是死了！”

行者道：“你怕打，却怎么扯谎？”八戒道：“哥哥呀，只是这一遭儿，以后再不敢了。”行者道：“一遭便打三棍罢。”八戒道：“爷爷呀，半棍儿也禁不得！”呆子没计奈何，扯住师父道：“你替我说个方便儿。”长老道：“悟空说你编谎，我还不信。今果如此，其实该打。但如今过山少人使唤，悟空，你且饶他，待过了山再打罢。”行者道：“古人云，顺父母言情，呼为大孝。师父说不打，我就且饶你。你再去与他巡山，若再说谎误事，我定一下也不饶你！”那呆子只得爬起来奔上大路又去。你看他疑心生暗鬼，步步只疑是行者变化了跟住他，故见一物，即疑是行者。走有七八里，见一只老虎，从山坡上跑过，他也不怕，举着钉钯道：

“师兄来听说谎的，这遭不编了。”又走处，那山风来得甚猛，呼的一声，把颗枯木刮倒，滚至面前，他又跌脚捶胸的道：“哥啊！

这是怎的起！一行说不敢编谎罢了，又变甚么树来打人！”又走向前，只见一个白颈老鸦，当头喳喳的连叫几声，他又道：“哥哥，不羞！不羞！我说不编就不编了，只管又变着老鸦怎的？你来听么？”原来这一番行者却不曾跟他去，他那里却自惊自怪，乱疑乱猜，故无往而不疑是行者随他身也。呆子惊疑且不题。

却说那山叫做平顶山，那洞叫做莲花洞。洞里两妖：一唤金角大王，一唤银角大王。金角正坐，对银角说：“兄弟，我们多少时不巡山了？”银角道：“有半个月了。”金角道：“兄弟，你今日与我去巡巡。”银角道：“今日巡山怎的？”金角道：“你不知，近闻得东土唐朝差个御弟唐僧往西方拜佛，一行四众，叫做孙行者、猪八戒、沙和尚，连马五口。你看他在那处，与我把他拿来。”银角道：“我们要吃人，那里不捞几个？这和尚到得那里，让他去罢。”金角道：“你不晓得。我当年出天界，尝闻得人言：

唐僧乃金蝉长老临凡，十世修行的好人，一点元阳未泄，有人吃他肉，延寿长生哩。”银角道：“若是吃了他肉就可以延寿长生，我们打甚么坐，立甚么功，炼甚么龙与虎，配甚么雌与雄？

只该吃他去了。等我去拿他来。”金角道：“兄弟，你有些性急，且莫忙着。你若走出门，不管好歹，但是和尚就拿将来，假如不是唐僧，却也不当人子？我记得他的模样，曾将他师徒画了一个影，图了一个形，你可拿去。但遇着和尚，以此照验照验。”又将某人是某名字，一一说了。银角得了图像，知道姓名，即出洞，点起三十名小怪，便来山上巡逻。

却说八戒运拙，正行处，可可的撞见群魔，当面挡住道：

“那来的甚么人？”呆子才抬起头来，掀着耳朵，看见是些妖魔，他就慌了，心中暗道：“我若说是取经的和尚，他就捞了去，只是说走路的。”小妖回报道：“大王，是走路的。”那三十名小怪，中间有认得的，有不认得的，旁边有听着指点说话的，道：“大王，这个和尚，象这图中猪八戒模样。”叫挂起影神图来，八戒看见，大惊道：“怪道这些时没精神哩！原来是他把我的影神传将来也！”小妖用枪挑着，银角用手指道：“这骑白马的是唐僧，这毛脸的是孙行者。”八戒听见道：“城隍，没我便也罢了，猪头三牲，清醮二十四分。”口里唠叨，只管许愿。那怪又道：“这黑长的是沙和尚，这长嘴大耳的是猪八戒。”呆子听见说他，慌得把个嘴揣在怀里藏了。那怪叫：“和尚，伸出嘴来！”八戒道：“胎里病，伸不出来。”那怪令小妖使钩子钩出来。八戒慌得把个嘴伸出道：“小家形罢了，这不是？你要看便就看，钩怎的？”那怪认得是八戒，掣出宝刀，上前就砍。这呆子举钉钯按住道：“我的儿，休无礼！看钯！”那怪笑道：“这和尚是半路出家的。”八戒道：“好儿子！有些灵性！你怎么就晓得老爷是半路出家的？”

那怪道：“你会使这钯，一定是在人家园圃中筑地，把他这钯偷将来也。”八戒道：“我的儿，你那里认得老爷这钯。我不比那筑地之钯，这是：巨齿铸来如龙爪，渗金妆就似虎形。若逢对敌寒风洒，但遇相持火焰生。能替唐僧消障碍，西天路上捉妖精。轮动烟霞遮日月，使起昏云暗斗星。筑倒泰山老虎怕，掀翻大海老龙惊。饶你这妖有手段，一钯九个血窟窿！”那怪闻言，那里肯让，使七星剑，丢开解数，与八戒一往一来，在山中赌斗，有二十回合，不分胜负。八戒发起狠来，舍死的相迎。那怪见他捽耳朵，喷粘涎，舞钉钯，口里吆吆喝喝的，也尽有些悚惧，即回头招呼小怪，一齐动手。若是一个打一个，其实还好。他见那些小妖齐上，慌了手脚，遮架不住，败了阵，回头就跑。原来是道路不平，未曾细看，忽被蓏萝藤绊了个跟跄。挣起来正走，又被个小妖，睡倒在地，扳着他脚跟，扑的又跌了个狗吃屎，被一群赶上按住，抓鬃毛，揪耳朵，扯着脚，拉着尾，扛扛抬抬，擒进洞去。咦！正是：一身魔发难消灭，万种灾生不易除。毕竟不知猪八戒性命如何，且听下回分解。

第三十三回　外道迷真性　元神助本心

却说那怪将八戒拿进洞去道：“哥哥啊，拿将一个来了。”

老魔喜道：“拿来我看。”二魔道：“这不是？”老魔道：“兄弟，错拿了，这个和尚没用。”八戒就绰经说道：“大王，没用的和尚，放他出去罢，不当人子！”二魔道：“哥哥，不要放他，虽然没用，也是唐僧一起的，叫做猪八戒。把他且浸在后边净水池中，浸退了毛衣，使盐腌着，晒干了，等天阴下酒。”八戒听言道：“蹭蹬啊！撞着个贩腌腊的妖怪了！”那小妖把八戒抬进去，抛在水里不题。

却说三藏坐在坡前，耳热眼跳，身体不安，叫声：“悟空！怎么悟能这番巡山，去之久而不来？”行者道：“师父还不晓得他的心哩。”三藏道：“他有甚心？”行者道：“师父啊，此山若是有怪，他半步难行，一定虚张声势，跑将回来报我；想是无怪，路途平静，他一直去了。”三藏道：“假若真个去了，却在那里相会？此间乃是山野空阔之处，比不得那店市城井之间。”行者道：“师父莫虑，且请上马。那呆子有些懒惰，断然走的迟慢。你把马打动些儿，我们定赶上他，一同去罢。”真个唐僧上马，沙僧挑担，行者前面引路上山。

却说那老怪又唤二魔道：“兄弟，你既拿了八戒，断乎就有唐僧。再去巡巡山来，切莫放过他去。”二魔道：“就行，就行。”

你看他急点起五十名小妖，上山巡逻。正走处，只见祥云缥缈，瑞气盘旋，二魔道：“唐僧来了。”众妖道：“唐僧在那里？”二魔道：“好人头上祥云照顶，恶人头上黑气冲天。那唐僧原是金蝉长老临凡，十世修行的好人，所以有这样云缥缈。”众怪都不看见，二魔用手指道：“那不是？”那三藏就在马上打了一个寒噤，又一指，又打个寒噤。一连指了三指，他就一连打了三个寒噤，心神不宁道：“徒弟啊，我怎么打寒噤么？”沙僧道：“打寒噤想是伤食病发了。行者道：“胡说，师父是走着这深山峻岭，必然小心虚惊。莫怕！莫怕！等老孙把棒打一路与你压压惊。”好行者，理开棒，在马前丢几个解数，上三下四，左五右六，尽按那六韬三略，使起神通。那长老在马上观之，真个是寰中少有，世上全无。剖开路一直前行，险些儿不唬倒那怪物。他在山顶上看见，魂飞魄丧，忽失声道：“几年间闻说孙行者，今日才知话不虚传果是真。”众怪上前道：“大王，怎么长他人之志气，灭自己之威风？你夸谁哩？”二魔道：“孙行者神通广大，那唐僧吃他不成。”众怪道：“大王，你没手段，等我们着几个去报大大王，教他点起本洞大小兵来，摆开阵势，合力齐心，怕他走了那里去！”二魔道：“你们不曾见他那条铁棒，有万夫不当之勇，我洞中不过有四五百兵，怎禁得他那一棒？”众妖道：“这等说，唐僧吃不成，却不把猪八戒错拿了？如今送还他罢。”二魔道：“拿便也不曾错拿，送便也不好轻送。唐僧终是要吃，只是眼下还尚不能。”众妖道：“这般说，还过几年么？”二魔道：“也不消几年。我看见那唐僧，只可善图，不可恶取。若要倚势拿他，闻也不得一闻，只可以善去感他，赚得他心与我心相合，却就善中取计，可以图之。”众妖道：“大王如定计拿他，可用我等？”二魔道：“你们都各回本寨，但不许报与大王知道。若是惊动了他，必然走了风讯，败了我计策。我自有个神通变化，可以拿他。”

众妖散去，他独跳下山来，在那道路之旁，摇身一变，变做个年老的道者，真个是怎生打扮？但见他：星冠晃亮，鹤发蓬松。羽衣围绣带，云履缀黄棕。神清目朗如仙客，体健身轻似寿翁。说甚么清牛道士，也强如素券先生。妆成假象如真象，捏作虚情似实情。他在那大路旁妆做个跌折腿的道士，脚上血淋津，口里哼哼的，只叫“救人！救人！”

却说这三藏仗着孙大圣与沙僧，欢喜前来，正行处，只听得叫“师父救人！”三藏闻得道：“善哉！善哉！这旷野山中，四下里更无村舍，是甚么人叫？想必是虎豹狼虫唬倒的。”这长老兜回俊马，叫道：“那有难者是甚人？可出来。”这怪从草科里爬出，对长老马前，乒乓的只情磕头。三藏在马上见他是个道者，却又年纪高大，甚不过意，连忙下马搀道：“请起，请起。”那怪道：“疼！疼！疼！”丢了手看处，只见他脚上流血，三藏惊问道：

“先生啊，你从那里来？因甚伤了尊足？”那怪巧语花言，虚情假意道：“师父啊，此山西去，有一座清幽观宇，我是那观里的道士。”三藏道：“你不在本观中侍奉香火，演习经法，为何在此闲行？”那魔道：“因前日山南里施主家，邀道众禳星，散福来晚，我师徒二人，一路而行。行至深衢，忽遇着一只斑斓猛虎，将我徒弟衔去，贫道战兢兢亡命走，一跤跌在乱石坡上，伤了腿足，不知回路。今日大有天缘，得遇师父，万望师父大发慈悲，救我一命。若得到观中，就是典身卖命，一定重谢深恩。”三藏闻言，认为真实，道：“先生啊，你我都是一命之人，我是僧，你是道，衣冠虽别，修行之理则同。我不救你啊，就不是出家之辈。救便救你，你却走不得路哩。”那怪道：“立也立不起来，怎生走路？”三藏道：“也罢，也罢。我还走得路，将马让与你骑一程，到你上宫，还我马去罢。”那怪道：“师父，感蒙厚情，只是腿胯跌伤，不能骑马。”三藏道：“正是。”叫沙和尚：“你把行李捎在我马上，你驮他一程罢。”沙僧道：“我驮他。”那怪急回头，抹了他一眼道：“师父啊，我被那猛虎唬怕了，见这晦气色脸的师父，愈加惊怕，不敢要他驮。”三藏叫道：“悟空，你驮罢。”行者连声答应道：“我驮我驮！”那妖就认定了行者，顺顺的要他驮，再不言语。沙僧笑道：“这个没眼色的老道！我驮着不好，颠倒要他驮。他若看不见师父时，三尖石上，把筋都掼断了你的哩！”行者驮了，口中笑道：“你这个泼魔，怎么敢来惹我？你也问问老孙是几年的人儿！你这般鬼话儿，只好瞒唐僧，又好来瞒我？我认得你是这山中的怪物，想是要吃我师父哩。我师父又非是等闲之辈，是你吃的！你要吃他，也须是分多一半与老孙是。”那魔闻得行者口中念诵，道：“师父，我是好人家儿孙，做了道士。

今日不幸，遇着虎狼之厄，我不是妖怪。”行者道：“你既怕虎狼，怎么不念《北斗经》？”三藏正然上马，闻得此言，骂道：“这个泼猴！救人一命，胜造七级浮屠。你驮他驮儿便罢了，且讲甚么北斗经南斗经！”行者闻言道：“这厮造化哩！我那师父是个慈悲好善之人，又有些外好里枒槎。我待不驮你，他就怪我。

驮便驮，须要与你讲开：若是大小便，先和我说。若在脊梁上淋下来，臊气不堪，且污了我的衣服，没人浆洗。”那怪道：“我这般一把子年纪，岂不知你的话说？”行者才拉将起来，背在身上，同长老、沙僧，奔大路西行。那山上高低不平之处，行者留心慢走，让唐僧前去。行不上三五里路，师父与沙僧下了山凹之中，行者却望不见，心中埋怨道：“师父偌大年纪，再不晓得事体。这等远路，就是空身子也还嫌手重，恨不得摔了，却又教我驮着这个妖怪！莫说他是妖怪，就是好人，这们年纪，也死得着了，掼杀他罢，驮他怎的？”这大圣正算计要掼，原来那怪就知道了，且会遣山，就使一个移山倒海的法术，就在行者背上捻诀，念动真言，把一座须弥山遣在空中，劈头来压行者。这大圣慌的把头偏一偏，压在左肩背上，笑道：“我的儿，你使甚么重身法来压老孙哩？这个倒也不怕，只是正担好挑，偏担儿难挨。”那魔道：“一座山压他不住！”却又念咒语，把一座峨眉山遣在空中来压。行者又把头偏一偏，压在右肩背上。看他挑着两座大山，飞星来赶师父！那魔头看见，就吓得浑身是汗，遍体生津道：“他却会担山！”又整性情，把真言念动，将一座泰山遣在空中，劈头压住行者。那大圣力软筋麻，遭逢他这泰山下顶之法，只压得三尸神咋，七窍喷红。

好妖魔，使神通压倒行者，却疾驾长风，去赶唐三藏，就于云端里伸下手来，马上挝人。慌得个沙僧丢了行李，掣出降妖棒，当头挡住。那妖魔举一口七星剑，对面来迎。这一场好杀：

七星剑，降妖杖，万映金光如闪亮。这个圜眼凶如黑杀神，那个铁脸真是卷帘将。那怪山前大显能，一心要捉唐三藏。这个努力保真僧，一心宁死不肯放。他两个喷云暧雾照天宫，播土扬尘遮斗象。杀得那一轮红日淡无光，大地乾坤昏荡荡。来往相持八九回，不期战败沙和尚。那魔十分凶猛，使口宝剑，流星的解数滚来，把个沙僧战得软弱难搪，回头要走，早被他逼住宝杖，轮开大手，挝住沙僧，挟在左胁下，将右手去马上拿了三藏，脚尖儿钩着行李，张开口，咬着马鬃，使起摄法，把他们一阵风，都拿到莲花洞里，厉声高叫道：“哥哥！这和尚都拿来了！”老魔闻言大喜道：“拿来我看。”二魔道：“这不是？”老魔道：“贤弟呀，又错拿来了也。”二魔道：“你说拿唐僧的。”老魔道：“是便就是唐僧，只是还不曾拿住那有手段的孙行者。须是拿住他，才好吃唐僧哩。若不曾拿得他，切莫动他的人。那猴王神通广大，变化多般，我们若吃了他师父，他肯甘心？来那门前吵闹，莫想能得安生。”二魔笑道：“哥啊，你也忒会抬举人。

若依你夸奖他，天上少有，地下全无，自我观之，也只如此，没甚手段。”老魔道：“你拿住了？”二魔道：“他已被我遣三座大山压在山下，寸步不能举移，所以才把唐僧、沙和尚连马行李，都摄将来也。”那老魔闻言满心欢喜道：“造化！造化！拿住这厮，唐僧才是我们口里的食哩。”叫小妖：“快安排酒来，且与你二大王奉一个得功的杯儿。”二魔道：“哥哥，且不要吃酒，叫小的们把猪八戒捞上水来吊起。”遂把八戒吊在东廊，沙僧吊在西边，唐僧吊在中间，白马送在槽上，行李收将进去。老魔笑道：

“贤弟好手段！两次捉了三个和尚。但孙行者虽是有山压住，也须要作个法，怎么拿他来凑蒸才好哩。”二魔道：“兄长请坐。

若要拿孙行者，不消我们动身，只教两个小妖，拿两件宝贝，把他装将来罢。”老魔道：“拿甚么宝贝去？”二魔道：“拿我的紫金红葫芦，你的羊脂玉净瓶。”老魔将宝贝取出道：“差那两个去？”二魔道：“差精细鬼、伶俐虫二人去。”吩咐道：“你两个拿着这宝贝，径至高山绝顶，将底儿朝天，口儿朝地，叫一声孙行者！他若应了，就已装在里面，随即贴上太上老君急急如律令奉敕的帖儿，他就一时三刻化为脓了。”二小妖叩头，将宝贝领出去拿行者不题。

却说那大圣被魔使法压住在山根之下，遇苦思三藏，逢灾念圣僧，厉声叫道：“师父啊！想当时你到两界山，揭了压帖，老孙脱了大难，秉教沙门，感菩萨赐与法旨，我和你同住同修，同缘同相，同见同知，乍想到了此处，遭逢魔障，又被他遣山压了。可怜！可怜！你死该当，只难为沙僧八戒与那小龙化马一场！这正是树大招风风撼树，人为名高名丧人！”叹罢，那珠泪如雨。早惊了山神土地与五方揭谛神众，会金头揭谛道：“这山是谁的？”土地道：“是我们的。”“你山下压的是谁？”土地道：

“不知是谁。”揭谛道：“你等原来不知。这压的是五百年前大闹天宫的齐天大圣孙悟空行者，如今皈依正果，跟唐僧做了徒弟。你怎么把山借与妖魔压他？你们是死了。他若有一日脱身出来，他肯饶你！就是从轻，土地也问个摆站，山神也问个充军，我们也领个大不应是。”那山神、土地才怕道：“委实不知不知，只听得那魔头念起遣山咒法，我们就把山移将来了，谁晓得是孙大圣？”揭谛道：“你且休怕，律上有云，不知者不坐。我与你计较，放他出来，不要教他动手打你们。”土地道：“就没理了，既放出来又打？”揭谛道：“你不知，他有一条如意金箍棒，十分利害：打着的就死，挽着的就伤。磕一磕儿筋断，擦一擦儿皮塌哩！”那土地山神，心中恐惧，与五方揭谛商议了，却来到三山门外叫道：“大圣！山神土地五方揭谛来见。”好行者，他虎瘦雄心还在，自然的气象昂昂，声音朗朗道：“见我怎的？”土地道：“告大圣得知，遣开山，请大圣出来，赦小神不恭之罪。”行者道：“遣开山，不打你。”喝声“起去！”就如官府发放一般。那众神念动真言咒语，把山仍遣归本位，放起行者。行者跳将起来，抖抖土，束束裙，耳后掣出棒来，叫山神土地：“都伸过孤拐来，每人先打两下，与老孙散散闷！”众神大惊道：“刚才大圣已吩咐，恕我等之罪，怎么出来就变了言语要打？”行者道：“好土地！好山神！你倒不怕老孙，却怕妖怪！”土地道：“那魔神通广大，法术高强，念动真言咒语，拘唤我等在他洞里，一日一个轮流当值哩！”行者听见当值二字，却也心惊，仰面朝天，高声大叫道：“苍天！苍天！自那混沌初分，天开地辟，花果山生了我，我也曾遍访明师，传授长生秘诀。想我那随风变化，伏虎降龙，大闹天宫，名称大圣，更不曾把山神、土地欺心使唤。今日这个妖魔无状，怎敢把山神、土地唤为奴仆，替他轮流当值？天啊！

既生老孙，怎么又生此辈？”

那大圣正感叹间，又见山凹里霞光焰焰而来，行者道："山神土地，你既在这洞中当值，那放光的是甚物件？"土地道："那是妖魔的宝贝放光，想是有妖精拿宝贝来降你。"行者道："这个却好耍子儿啊！我且问你，他这洞中有甚人与他相往？"土地道："他爱的是烧丹炼药，喜的是全真道人。"行者道："怪道他变个老道士，把我师父骗去了。既这等，你都且记打，回去罢，等老孙自家拿他。"那众神俱腾空而散。这大圣摇身一变，变做个老真人。你道他怎生打扮：头挽双髽髻，身穿百衲衣。手敲渔鼓简，腰系吕公绦。斜倚大路下，专候小魔妖。顷刻妖来到，猴王暗放刁。不多时，那两个小妖到了。行者将金箍棒伸开，那妖不曾防备，绊着脚，扑的一跌。爬起来，才看见行者，口里嚷道："惫懒！惫懒！若不是我大王敬重你这行人，就和比较起来。"行者陪笑道："比较甚么？道人见道人，都是一家人。"那怪道："你怎么睡在这里，绊我一跌？"行者道："小道童见我这老道人，要跌一跌儿做见面钱。"那妖道："我大王见面钱只要几两银子，你怎么跌一跌儿做见面钱？你别是一乡风，决不是我这里道士。"行者道："我当真不是，我是蓬莱山来的。"那妖道："蓬莱山是海岛神仙境界。"行者道："我不是神仙，谁是神仙？"

那妖却回嗔作喜，上前道："老神仙，老神仙！我等肉眼凡胎，不能识认，言语冲撞，莫怪，莫怪。"行者道："我不怪你，常言道，仙体不踏凡地，你怎知之？我今日到你山上，要度一个成仙了道的好人。那个肯跟我去？"精细鬼道："师父，我跟你去。"伶俐虫道："师父，我跟你去。"行者明知故问道："你二位从那里来的？"那怪道："自莲花洞来的。"要往那里去？"那怪道："奉我大王教命，拿孙行者去的。"行者道："拿那个？"那怪又道："拿孙行者。"孙行者道："可是跟唐僧取经的那个孙行者么？"那妖道："正是，正是。你也认得他？"行者道："那猴子有些无礼。我认得他，我也有些恼他，我与你同拿他去，就当与你助功。"那怪道："师父，不须你助功，我二大王有些法术，遣了三座大山把他压在山下，寸步难移，教我两个拿宝贝来装他的。"行者道："是甚宝贝？"精细鬼道："我的是红葫芦，他的是玉净瓶。"

行者道："怎么样装他？"小妖道："把这宝贝的底儿朝天，口儿朝地，叫他一声，他若应了，就装在里面，贴上一张太上老君急急如律令奉敕的帖子，他就一时三刻化为脓了。"行者见说，心中暗惊道："利害！利害！当时日值功曹报信，说有五件宝贝，这是两件了，不知那三件又是甚么东西？"行者笑道："二位，你把宝贝借我看看。"那小妖那知甚么诀窍，就于袖中取出两件宝贝，双手递与行者。行者见了，心中暗喜道："好东西！好东西！我若把尾子一抉，飕的跳起走了，只当是送老孙。"忽又思道："不好！不好！抢便抢去，只是坏了老孙的名头，这叫做白日抢夺了。"复递与他去道："你还不曾见我的宝贝哩。"那怪道："师父有甚宝贝？也借与我凡人看看压灾。"好行者，伸下手把尾上毫毛拔了一根，捻一捻，叫"变"！即变做一个一尺七寸长的大紫金红葫芦，自腰里拿将出来道："你看我的葫芦么？"

那伶俐虫接在手，看了道："师父，你这葫芦长大，有样范，好看，却只是不中用。"行者道："怎的不中用？"那怪道："我这两件宝贝，每一个可装千人哩。"行者道："你这装人的，何足稀罕？我这葫芦，连天都装在里面哩！"那怪道："就可以装天？"行者道："当真的装天。"那怪道："只怕是谎。就装与我们看看才信，不然决不信你。"行者道："天若恼着我，一月之间，常装他七八遭；不恼着我，就半年也不装他一次。"伶俐虫道："哥啊，装天的宝贝，与他换了罢。"精细鬼道："他装天的，怎肯与我装人的相换？伶俐虫道："若不肯啊，贴他这个净瓶也罢。"行者心中暗喜道："葫芦换葫芦，余外贴净瓶，一件换两件，其实甚相应！"即上前扯住那伶俐虫道："装天可换么？"那怪道："但装天就换，不换，我是你的儿子！"行者道："也罢，也罢，我装与你们看看。"

好大圣，低头捻诀，念个咒语，叫那日游神、夜游神、五方揭谛神："即去与我奏上玉帝，说老孙皈依正果，保唐僧去西天取经，路阻高山，师逢苦厄。妖魔那宝，吾欲诱他换之，万千拜上，将天借与老孙装闭半个时辰，以助成功。若道半声不肯，即上灵霄殿，动起刀兵！"那日游神径至南天门里灵霄殿下，启奏玉帝，备言前事，玉帝道："这泼猴头，出言无状，前者观音来说，放了他保护唐僧，朕这里又差五方揭谛、四值功曹，轮流护持，如今又借天装，天可装乎？"才说装不得，那班中闪出哪吒三太子，奏道："万岁，天也装得。"玉帝道："天怎样装？"哪吒道："自混沌初分，以轻清为天，重浊为地。天是一团清气而扶托瑶天宫阙，以理论之，其实难装；但只孙行者保唐僧西去取经，诚所谓泰山之福缘，海深之善庆，今日当助他成功。"玉帝道："卿有何助？"哪吒道："请降旨意，往北天门问真武借皂雕旗在南天门上一展，把那日月星辰闭了。对面不见人，捉白不见黑，哄那怪道，只说装了天，以助行者成功。"玉帝闻言："依卿所奏。"那太子奉旨，前来北天门，见真武备言前事。那祖师随将旗付太子。

早有游神急降大圣耳边道："哪吒太子来助功了。"行者仰面观之，只见祥云缭绕，果是有神，却回头对小妖道："装天罢。"小妖道："要装就装，只管阿绵花屎怎的？"行者道："我方才运神念咒来。"那小妖都睁着眼，看他怎么样装天。这行者将一个假葫芦儿抛将上去。你想，这是一根毫毛变的，能有多重？

被那山顶上风吹去，飘飘荡荡，足有半个时辰，方才落下。只见那南天门上，哪吒太子把皂旗拨喇喇展开，把日月星辰俱遮闭了，真是乾坤墨染就，宇宙靛装成。二小妖大惊道："才说话时，只好向午，却怎么就黄昏了？"行者道："天既装了，不辨时候，怎不黄昏！""如何又这等样黑？"行者道："日月星辰都装在里面，外却无光，怎么不黑！"小妖道："师父，你在那厢说话哩？"

行者道："我在你面前不是？"小妖伸手摸着道："只见说话，更不见面目。师父，此间是甚么去处？"行者又哄他道："不要动脚，此间乃是渤海岸上，若塌了脚，落下去啊，七八日还不得到底哩！"小妖大惊道："罢！罢！罢！放了天罢。我们晓得是这样装了。若弄一会子，落下海去，不得归家！"好行者，见他认了真实，又念咒语，惊动太子，把旗卷起，却早见日光正午。小妖笑道："妙啊！妙啊！这样好宝贝，若不换啊，诚为不是养家的儿子！"那精细鬼交了葫芦，伶俐虫拿出净瓶，一齐儿递与行者，行者却将假葫芦儿递与那怪。行者既换了宝贝，却又干事找绝：脐下拔一根毫毛，吹口仙气，变作一个铜钱，叫道："小童，你拿这个钱去买张纸来。"小妖道："何用？"行者道："我与你写个合同文书。你将这两件装人的宝贝换了我一件装天的宝贝，恐人心不平，向后去日久年深，有甚反悔不便，故写此各执为照。"小妖道："此间又无笔墨，写甚文书？我与你赌个咒罢。"行者道："怎么样赌？"小妖道："我两件装人之宝，贴换你一件装天之宝，若有反悔，一年四季遭瘟。"行者笑道："我是决不反悔，如有反悔，也照你四季遭瘟。"说了誓，将身一纵，把尾子翘了一翘，跳在南天门前，谢了哪吒太子麾旗相助之功。太子回宫缴旨，将旗送还真武不题。这行者伫立霄汉之间，观看那个小妖。毕竟不知怎生区处，且听下回分解。

第三十四回　魔王巧算困心猿　大圣腾那骗宝贝

却说那两个小妖，将假葫芦拿在手中，争看一会，忽抬头不见了行者。伶俐虫道："哥啊，神仙也会打诳语，他说换了宝贝，度我等成仙，怎么不辞就去了？”精细鬼道：“我们相应便宜的多哩，他敢去得成？拿过葫芦来，等我装装天，也试演试演看。”真个把葫芦往上一抛，扑的就落将下来，慌得个伶俐虫道：“怎么不装！不装！莫是孙行者假变神仙，将假葫芦换了我们的真的去耶？”精细鬼道：“不要胡说！孙行者是那三座山压住了，怎生得出？拿过来，等我念他那几句咒儿装了看。”这怪也把葫芦儿望空丢起，口中念道：“若有半声不肯，就上灵霄殿上，动起刀兵！”念不了，扑的又落将下来。两妖道：“不装不装！

一定是个假的。”正嚷处，孙大圣在半空里听得明白，看得真实，恐怕他弄得时辰多了，紧要处走了风讯，将身一抖，把那变葫芦的毫毛，收上身来，弄得那两妖四手皆空。精细鬼道：“兄弟，拿葫芦来。”伶俐虫道：“你拿着的。天呀！怎么不见了？”都去地下乱摸，草里胡寻，吞袖子，揣腰间，那里得有？二妖吓得呆呆挣挣道：“怎的好！怎的好！当时大王将宝贝付与我们，教拿孙行者，今行者既不曾拿得，连宝贝都不见了。我们怎敢去回话？这一顿直直的打死了也！怎的好！怎的好！”伶俐虫道：

“我们走了罢。”精细鬼道：“往那里走么？”伶俐虫道：“不管那里走罢。若回去说没宝贝，断然是送命了。”精细鬼道：“不要走，还回去。二大王平日看你甚好，我推一句儿在你身上。他若肯将就，留得性命，说不过，就打死，还在此间，莫弄得两头不着，去来去来！”那怪商议了，转步回山。

行者在半空中见他回去，又摇身一变，变作苍蝇儿飞下去，跟着小妖。你道他既变了苍蝇，那宝贝却放在何处？如丢在路上，藏在草里，被人看见拿去，却不是劳而无功？他还带在身上。带在身上啊，苍蝇不过豆粒大小，如何容得？原来他那宝贝，与他金箍棒相同，叫做如意佛宝，随身变化，可以大，可以小，故身上亦可容得。他嘤的一声飞下去，跟定那怪，不一时，到了洞里。只见那两个魔头，坐在那里饮酒。小妖朝上跪下，行者就钉在那门柜上，侧耳听着。小妖道：“大王。”二老魔即停杯道：“你们来了？”小妖道：“来了。”又问：“拿着孙行者否？”小妖叩头，不敢声言。老魔又问，又不敢应，只是叩头。问之再三，小妖俯伏在地：“赦小的万千死罪！赦小的万千死罪！

我等执着宝贝，走到半山之中，忽遇着蓬莱山一个神仙。他问我们那里去，我们答道，拿孙行者去。那神仙听见说孙行者，他也恼他，要与我们帮功。是我们不曾叫他帮功，却将拿宝贝装人的情由，与他说了。那神仙也有个葫芦，善能装天。我们也是妄想之心，养家之意：他的装天，我的装人，与他换了罢。原说葫芦换葫芦，伶俐虫又贴他个净瓶。谁想他仙家之物，近不得凡人之手，正试演处，就连人都不见了。万望饶小的们死罪！”老魔听说，暴躁如雷道：“罢了！罢了！这就是孙行者假妆神仙骗哄去了！那猴头神通广大，处处人熟，不知那个毛神放他出来，骗去宝贝！”二魔道：“兄长息怒。叵耐那猴头着然无礼，既有手段，便走了也罢，怎么又骗宝贝？我若没本事拿他，永不在西方路上为怪！”老魔道：“怎生拿他？”二魔道：“我们有五件宝贝，去了两件，还有三件，务要拿住他。”老魔道：“还有那三件？”二魔道：“还有七星剑与芭蕉扇在我身边，那一条幌金绳，在压龙山压龙洞老母亲那里收着哩。如今差两个小妖去请母亲来吃唐僧肉，就教他带幌金绳来拿孙行者。”老魔道：

“差那个去？”二魔道：“不差这样废物去！”将精细鬼、伶俐虫一声喝起。二人道：“造化！造化！打也不曾打，骂也不曾骂，却就饶了。”二魔道：“叫那常随的伴当巴山虎、倚海龙来。”二人跪下，二魔吩咐道：“你却要小心。”俱应道：“小心。”“却要仔细。”俱应道：“仔细。”又问道：“你认得老奶奶家么？”又俱应道：“认得。”“你既认得，你快早走动，到老奶奶处，多多拜上，说请吃唐僧肉哩。就着带幌金绳来，要拿孙行者。”

二怪领命疾走，怎知那行者在旁，一一听得明白。他展开翅，飞将去，赶上巴山虎，钉在他身上。行经二三里，就要打杀他两个。又思道：“打死他，有何难事？但他奶奶身边有那幌金绳，又不知住在何处，等我且问他一问再打。”好行者，嘤的一声，躲离小妖，让他先行有百十步，却又摇身一变，也变做个小妖儿，戴一顶狐皮帽子，将虎皮裙子倒插上来勒住，赶上道：

“走路的，等我一等。”那倚海龙回头问道：“是那里来的？”行者道：“好哥啊，连自家人也认不得？”小妖道：“我家没有你。”行者道：“怎么没我？你再认认看。”小妖道：“面生面生，不曾相会。”行者道：“正是，你们不曾会着我，我是外班的。”小妖道：

“外班长官，是不曾会。你往那里去？”行者道：“大王说差你二位请老奶奶来吃唐僧肉，教他就带幌金绳来拿孙行者。恐你二位走得缓，有些贪顽，误了正事，又差我来催你们快去。”小妖见说着海底眼，更不疑惑，把行者果认做一家人，急急忙忙，往前飞跑，一气又跑有八九里。行者道：“忒走快了些，我们离家有多少路了？”小怪道：“有十五六里了。”行者道：“还有多远？”

倚海龙用手一指道：“乌林子里就是。”行者抬头见一带黑林不远，料得那老怪只在林子里外，却立定步，让那小怪前走，即取出铁棒，走上前，着脚后一刮。可怜忒不禁打，就把两个小妖刮做一团肉饼，却拖着脚，藏在路旁深草科里。即便拔下一根毫毛，吹口仙气，叫“变！”变做个巴山虎，自身却变做个倚海龙，假妆做两个小妖，径往那压龙洞请老奶奶。这叫做七十二变神通大，指物腾那手段高。

三五步，跳到林子里，正找寻处，只见有两扇石门，半开半掩，不敢擅入，只得吆叫一声：“开门！开门！”早惊动那把门的一个女怪，将那半扇儿开了，道：“你是那里来的？”行者道：“我是平顶山莲花洞里差来请老奶奶的。”那女怪道：“进去。”到了二层门下，闪着头往里观看，又见那正当中高坐着一个老妈妈儿。你道他怎生模样？但见：雪鬓蓬松，星光晃亮。脸皮红润皱文多，牙齿稀疏神气壮。貌似菊残霜里色，形如松老雨余颜。

头缠白练攒丝帕，耳坠黄金嵌宝环。孙大圣见了，不敢进去，只在二门外仵着脸，脱脱的哭起来，你道他哭怎的，莫成是怕他？

就怕也便不哭，况先哄了他的宝贝，又打杀他的小妖，却为何而哭？他当时曾下九鼎油锅，就煠了七八日也不曾有一点泪儿，只为想起唐僧取经的苦恼，他就泪出痛肠，放眼便哭，心却想道：“老孙既显手段，变做小妖，来请这老怪，没有个直直的站了说话之理，一定见他磕头才是。我为人做了一场好汉，止拜了三个人：西天拜佛祖，南海拜观音，两界山师父救了我，我拜了他四拜。为他使碎六叶连肝肺，用尽三毛七孔心。一卷经能值几何？今日却教我去拜此怪。若不跪拜，必定走了风讯。

苦啊！算来只为师父受困，故使我受辱于人！”到此际也没及奈何，撞将进去，朝上跪下道：“奶奶磕头。”那怪道：“我儿，起来。”行者暗道：“好！好！好！叫得结实！”老怪问道：“你是那里来的？”行者道：“平顶山莲花洞，蒙二位大王有令，差来请奶奶去吃唐僧肉，教带幌金绳，要拿行者哩。”老怪大喜道：“好孝顺的儿子！”就去叫抬出轿来。行者道：“我的儿啊！妖精也抬轿！”后壁厢即有两个女怪，抬出一顶香藤轿，放在门外，挂上青绢纬幔。老怪起身出洞，坐在轿里，后有几个小女怪，捧着减妆，端着镜架，提着手巾，托着香盒，跟随左右。那老怪道：

“你们来怎的？我往自家儿子去处，愁那里没人伏侍，要你们去献勤塌嘴？都回去！关了门看家！”那几个小妖果俱回去，止有两个抬轿的。老怪问道：“那差来的叫做甚么名字？”行者连忙答应道：“他叫做巴山虎，我叫做倚海龙。”老怪道：“你两个前走，与我开路。”行者暗想道：“可是晦气！经倒不曾取得，且来替他做皂隶！”却又不敢抵强，只得向前引路，大四声喝起。

行了五六里远近，他就坐在石崖上，等候那抬轿的到了，行者道：“略歇歇如何？压得肩头疼啊。”小怪那知甚么诀窍，就把轿子歇下。行者在轿后，胸脯上拔下一根毫毛，变做一个大烧饼，抱着啃。轿夫道：“长官，你吃的是甚么？”行者道：“不好说。这远的路，来请奶奶，没些儿赏赐，肚里饥了，原带来的干粮，等我吃些儿再走。”轿夫道：“把些儿我们吃吃。”行者笑道：

“来么，都是一家人，怎么计较？”那小妖不知好歹，围着行者，分其干粮，被行者掣出棒，着头一磨，一个汤着的，打得稀烂；

一个擦着的，不死还哼。那老怪听得人哼，轿子里伸出头来看时，被行者跳到轿前，劈头一棍，打了个窟窿，脑浆迸流，鲜血直冒，拖出轿来看处，原是个九尾狐狸。行者笑道：“造孽畜！叫甚么老奶奶！你叫老奶奶，就该称老孙做上太祖公公是！”好猴王，把他那幌金绳搜出来，笼在袖里，欢喜道：“那泼魔纵有手段，已此三件儿宝贝姓孙了！”却又拔两根毫毛变做个巴山虎、倚海龙，又拔两根变做两个抬轿的，他却变做老奶奶模样，坐在轿里。将轿子抬起，径回本路。不多时，到了莲花洞口，那毫毛变的小妖，俱在前道：“开门！开门！”内有把门的小妖，开了门道：“巴山虎、倚海龙来了？”毫毛道：“来了。”“你们请的奶奶呢？”毫毛用手指道：“那轿内的不是？”小怪道：“你且住，等我进去先报。”报道：“大王，奶奶来耶。”两个魔头闻说，即命排香案来接。行者听得暗喜道：“造化！也轮到我为人了！我先变小妖，去请老怪，磕了他一个头。这番来，我变老怪，是他母亲，定行四拜之礼。虽不怎的，好道也赚他两个头儿！”好大圣，下了轿子，抖抖衣服，把那四根毫毛收在身上。那把门的小妖，把空轿抬入门里，他却随后徐行，那般娇娇啻啻，扭扭捏捏，就象那老怪的行动，径自进去。又只见大小群妖，都来跪接，鼓乐箫韶，一派响喨；博山炉里，霭霭香烟。他到正厅中，南面坐下，两个魔头，双膝跪倒，朝上叩头，叫道：“母亲，孩儿拜揖。”行者道：“我儿起来。”

却说猪八戒吊在梁上，哈哈的笑了一声。沙僧道：“二哥好啊！吊出笑来也！”八戒道：“兄弟，我笑中有故。”沙僧道：“甚故？”八戒道：“我们只怕是奶奶来了，就要蒸吃；原来不是奶奶，是旧话来了。”沙僧道：“甚么旧话？”八戒笑道：“弼马温来了。”沙僧道：“你怎么认得是他？”八戒道：“弯倒腰叫我儿起来，那后面就掬起猴尾巴子。我比你吊得高，所以看得明也。”

沙僧道：“且不要言语，听他说甚么话。”八戒道：“正是，正是。”

那孙大圣坐在中间问道：“我儿，请我来有何事干？”魔头道：

“母亲啊，连日儿等少礼，不曾孝顺得。今早愚兄弟拿得东土唐僧，不敢擅吃，请母亲来献献生，好蒸与母亲吃了延寿。”行者道：“我儿，唐僧的肉我倒不吃，听见有个猪八戒的耳朵甚好，可割将下来整治整治我下酒。”那八戒听见慌了道：“遭瘟的！

你来为割我耳朵的！我喊出来不好听啊！”

噫，只为呆子一句通情话，走了猴王变化的风。那里有几个巡山的小怪，把门的众妖，都撞将进来，报道：“大王，祸事了！孙行者打杀奶奶，假妆来耶！”魔头闻此言，那容分说，掣七星宝剑，望行者劈脸砍来。好大圣，将身一幌，只见满洞红光，预先走了。似这般手段，着实好耍子，正是那聚则成形，散则成气。唬得个老魔头魂飞魄散，众群精噬指摇头。老魔道：“兄弟，把唐僧与沙僧、八戒、白马、行李都送还那孙行者，闭了是非之门罢。”二魔道：“哥哥，你说那里话？我不知费了多少辛勤，施这计策，将那和尚都摄将来。如今似你这等怕惧孙行者的诡谲，就俱送去还他，真所谓畏刀避剑之人，岂大丈夫之所为也？

你且请坐勿惧。我闻你说孙行者神通广大，我虽与他相会一场，却不曾与他比试。取披挂来，等我寻他交战三合。假若他三合胜我不过，唐僧还是我们之食；如三战我不能胜他，那时再送唐僧与他未迟。”老魔道：“贤弟说得是。”教：“取披挂。”众妖抬出披挂，二魔结束齐整，执宝剑出门外叫声：“孙行者！你往那里走了？”此时大圣已在云端里，闻得叫他名字，急回头观看，原来是那二魔。你看他怎生打扮：头戴凤盔欺腊雪，身披战甲幌镔铁。腰间带是蟒龙筋，粉皮靴靿梅花摺。颜如灌口活真君，貌比巨灵无二别。七星宝剑手中擎，怒气冲霄威烈烈。二魔高叫道：“孙行者！快还我宝贝与我母亲来，我饶你唐僧取经去！”大圣忍不住骂道：“这泼怪物，错认了你孙外公！赶早儿送还我师父师弟白马行囊，仍打发我些盘缠，往西走路。若牙缝里道半个不字，就自家搓根绳儿去罢，也免得你外公动手。”二魔闻言，急纵云跳在空中，轮宝剑来刺，行者掣铁棒劈手相迎。

他两个在半空中，这场好杀：棋逢对手，将遇良才。棋逢对手难藏兴，将遇良才可用功。那两员神将相交，好便似南山虎斗，北海龙争。龙争处，鳞甲生辉；虎斗时，爪牙乱落。爪牙乱落撒银钩，鳞甲生辉支铁叶。这一个翻翻复复，有千般解数；那一个来来往往，无半点放闲。金箍棒，离顶门只隔三分；七星剑，向心窝惟争一蹍。那个威风逼得斗牛寒，这个怒气胜如雷电险。他两个战了有三十回合，不分胜负。

行者暗喜道：“这泼怪倒也架得住老孙的铁棒！我已得了他三件宝贝，却这般苦苦的与他厮杀，可不误了我的工夫？不若拿葫芦或净瓶装他去，多少是好。”又想道：“不好！不好！常言道：物随主便。倘若我叫他不答应，却又不误了事业？且使幌金绳扣头罢。”好大圣，一只手使棒，架住他的宝剑；一只手把那绳抛起，刷喇的扣了魔头。原来那魔头有个《紧绳咒》，有个《松绳咒》。若扣住别人，就念《紧绳咒》，莫能得脱；若扣住自家人，就念《松绳咒》，不得伤身。他认得是自家的宝贝，即念《松绳咒》，把绳松动，便脱出来，反望行者抛将去，却早扣住了大圣。大圣正要使“瘦身法”，想要脱身，却被那魔念动《紧绳咒》，紧紧扣住，怎能得脱？褪至颈项之下，原是一个金圈子套住。那怪将绳一扯，扯将下来，照光头上砍了七八宝剑，行者头皮儿也不曾红了一红。那魔道：“这猴子，你这等头硬，我不砍你，且带你回去再打你。将我那两件宝贝趁早还我！”行者道：

“我拿你甚么宝贝，你问我要？”那魔头将身上细细搜检，却将那葫芦、净瓶都搜出来，又把绳子牵着，带至洞里道：“兄长，拿将来了。”老魔道：“拿了谁来？”二魔道：“孙行者。你来看，你来看。”老魔一见，认得是行者，满面欢喜道：“是他！是他！把他长长的绳儿拴在柱科上耍子！”真个把行者拴住，两个魔头，却进后面堂里饮酒。那大圣在柱根下爬蹉，忽惊动八戒。那呆子吊在梁上，哈哈的笑道：“哥哥啊，耳朵吃不成了！”行者道：“呆子，可吊得自在么？我如今就出去，管情救了你们。”八戒道：

“不羞！不羞！本身难脱，还想救人，罢罢罢！师徒们都在一处死了，好到阴司里问路！”行者道：“不要胡说！你看我出去。”八戒道：“我看你怎么出去。”那大圣口里与八戒说话，眼里却抹着那些妖怪。见他在里边吃酒，有几个小妖拿盘拿盏，执壶酾酒，不住的两头乱跑，关防的略松了些儿。他见面前无人，就弄神通：顺出棒来，吹口仙气，叫“变！”即变做一个纯钢的锉儿，扳过那颈项的圈子，三五锉，锉做两段；扳开锉口，脱将出来，拔了一根毫毛，叫变做一个假身，拴在那里，真身却幌一幌，变做个小妖，立在旁边。八戒又在梁上喊道：“不好了！不好了！

拴的是假货，吊的是正身！”老魔停杯便问：“那猪八戒吆喝的是甚么？”行者已变做小妖，上前道：“猪八戒撺道孙行者教变化走了罢，他不肯走，在那里吆喝哩。”二魔道：“还说猪八戒老实，原来这等不老实！该打二十多嘴棍！”这行者就去拿条棍来打，八戒道：“你打轻些儿，若重了些儿，我又喊起，我认得你！”

行者道：“老孙变化，也只为你们，你怎么倒走了风息？这一洞里妖精，都认不得，怎的偏你认得？”八戒道：“你虽变了头脸，还不曾变得屁股。那屁股上两块红不是？我因此认得是你。”

行者随往后面，演到厨中，锅底上摸了一把，将两臀擦黑，行至前边。八戒看见又笑道：“那个猴子去那里混了这一会，弄做个黑屁股来了。”

行者仍站在跟前，要偷他宝贝，真个甚有见识：走上厅，对那怪扯个腿子道：“大王，你看那孙行者拴在柱上，左右爬蹉，磨坏那根金绳，得一根粗壮些的绳子换将下来才好。”老魔道：

“说得是。”即将腰间的狮蛮带解下，递与行者。行者接了带，把假妆的行者拴住，换下那条绳子，一窝儿窝儿笼在袖内，又拔一根毫毛，吹口仙气，变作一根假幌金绳，双手送与那怪。那怪只因贪酒，那曾细看，就便收下。这个是大圣腾那弄本事毫毛又换幌金绳。

得了这件宝贝，急转身跳出门外，现了原身高叫：“妖怪！”

那把门的小妖问道：“你是甚人，在此呼喝？”行者道：“你快早进去报与你那泼魔，说者行孙来了。”那小妖如言报告，老魔大惊道：“拿住孙行者，又怎么有个者行孙？”二魔道：“哥哥，怕他怎的？宝贝都在我手里，等我拿那葫芦出去，把他装将来。”老魔道：“兄弟仔细。”二魔拿了葫芦，走出山门，忽看见与孙行者模样一般，只是略矮些儿，问道：“你是那里来的”，行者道：“我是孙行者的兄弟，闻说你拿了我家兄，却来与你寻事的。”二魔道：“是我拿了，锁在洞中。你今既来，必要索战。我也不与你交兵，我且叫你一声，你敢应我么？”行者道：“可怕你叫上千声，我就答应你万声！”那魔执了宝贝，跳在空中，把底儿朝天，口儿朝地，叫声“者行孙。”行者却不敢答应，心中暗想道：“若是应了，就装进去哩。”那魔道：“你怎么不应我？”行者道：“我有些耳闭，不曾听见。你高叫。”那怪物又叫声“者行孙。”行者在底下掐着指头算了一算，道：“我真名字叫做孙行者，起的鬼名字叫做者行孙。真名字可以装得，鬼名字好道装不得。”却就忍不住，应了他一声，飕的被他吸进葫芦去，贴上帖儿。原来那宝贝，那管甚么名字真假，但绰个应的气儿，就装了去也。大圣到他葫芦里，浑然乌黑，把头往上一顶，那里顶得动，且是塞得甚紧，却才心中焦躁道：“当时我在山上，遇着那两个小妖，他曾告诵我说：不拘葫芦净瓶，把人装在里面，只消一时三刻，就化为脓了，敢莫化了我么？”一条心又想着道：“没事！化不得我！老孙五百年前大闹天宫，被太上老君放在八卦炉中炼了四十九日，炼成个金子心肝，银子肺腑，铜头铁背，火眼金睛，那里一时三刻就化得我？且跟他进去，看他怎的！”

二魔拿入里面道：“哥哥，拿来了。”老魔道：“拿了谁？”二魔道：“者行孙，是我装在葫芦里也。”老魔欢喜道：“贤弟请坐。

不要动，只等摇得响再揭帖儿。”行者听得道：“我这般一个身子，怎么便摇得响？只除化成稀汁，才摇得响是。等我撒泡溺罢，他若摇得响时，一定揭帖起盖。我乘空走他娘罢！”又思道，“不好不好！溺虽可响，只是污了这直裰。等他摇时，我但聚些唾津漱口，稀漓呼喇的，哄他揭开，老孙再走罢。”大圣作了准备，那怪贪酒不摇。大圣作个法，意思只是哄他来摇，忽然叫道：“天呀！孤拐都化了！”那魔也不摇。大圣又叫道：“娘啊！连腰截骨都化了！”老魔道：“化至腰时，都化尽矣，揭起帖儿看看。”那大圣闻言，就拔了一根毫毛。叫“变！”变作个半截的身子，在葫芦底上，真身却变做个蟭蟟虫儿，钉在那葫芦口边。只见那二魔揭起帖子看时，大圣早已飞出，打个滚，又变做个倚海龙。倚海龙却是原去请老奶奶的那个小妖，他变了，站在旁边。那老魔扳着葫芦口，张了一张，见是个半截身子动耽，他也不认真假，慌忙叫：“兄弟，盖上！盖上！还不曾化得了哩！”二魔依旧贴上。大圣在旁暗笑道：“不知老孙已在此矣！”

那老魔拿了壶，满满的斟了一杯酒，近前双手递与二魔道：“贤弟，我与你递个锺儿。”二魔道：“兄长，我们已吃了这半会酒，又递甚锺？”老魔道：“你拿住唐僧、八戒、沙僧犹可，又索了孙行者，装了者行孙，如此功劳，该与你多递几锺。”二魔见哥哥恭敬，怎敢不接，但一只手托着葫芦，一只手不敢去接，却把葫芦递与倚海龙，双手去接杯，不知那倚海龙是孙行者变的。你看他端葫芦，殷勤奉侍。二魔接酒吃了，也要回奉一杯，老魔道：“不消回酒，我这里陪你一杯罢。”两人只管谦逊。行者顶着葫芦，眼不转睛，看他两个左右传杯，全无计较，他就把个葫芦揌入衣袖，拔根毫毛变个假葫芦，一样无二，捧在手中。那魔递了一会酒，也不看真假，一把接过宝贝，各上席，安然坐下，依然叙饮。孙大圣撤身走过，得了宝贝，心中暗喜道：“饶这魔头有手段，毕竟葫芦还姓孙！”毕竟不知向后怎样施为，方得救师灭怪，且听下回分解。

第三十五回　外道施威欺正性　心猿获宝伏邪魔

“本性圆明道自通，翻身跳出网罗中。修成变化非容易，炼就长生岂俗同？清浊几番随运转，辟开数劫任西东。逍遥万亿年无计，一点神光永注空。”此诗暗合孙大圣的道妙。他自得了那魔真宝，笼在袖中，喜道：“泼魔苦苦用心拿我，诚所谓水中捞月；老孙若要擒你，就好似火上弄冰。”藏着葫芦，密密的溜出门外，现了本相，厉声高叫道：“精怪开门！”旁有小妖道：“你又是甚人，敢来吆喝？”行者道：“快报与你那老泼魔，吾乃行者孙来也。”那小妖急入里报道：“大王，门外有个甚么行者孙来了。”老魔大惊道：“贤弟，不好了！惹动他一窝风了！幌金绳现拴着孙行者，葫芦里现装着者行孙，怎么又有个甚么行者孙？

想是他几个兄弟都来了。”二魔道：兄长放心，我这葫芦装下一千人哩。我才装了者行孙一个，又怕那甚么行者孙！等我出去看看，一发装来。”老魔道：“兄弟仔细。”

你看那二魔拿着个假葫芦，还象前番雄纠纠、气昂昂走出门高呼道：“你是那里人氏，敢在此间吆喝？”行者道：“你认不得我？家居花果山，祖贯水帘洞。只为闹天宫，多时罢争竞。如今幸脱灾，弃道从僧用。秉教上雷音，求经归觉正。相逢野泼魔，却把神通弄。还我大唐僧，上西参佛圣。两家罢战争，各守平安境。休惹老孙焦，伤残老性命！”那魔道：“你且过来，我不与你相打，但我叫你一声，你敢应么？”行者笑道：“你叫我，我就应了；我若叫你，你可应么？”那魔道：“我叫你，是我有个宝贝葫芦，可以装人；你叫我，却有何物？”行者道：“我也有个葫芦儿。”那魔道：“既有，拿出来我看。”行者就于袖中取出葫芦道：“泼魔，你看！”幌一幌，复藏在袖中，恐他来抢。那魔见了大惊道：“他葫芦是那里来的？怎么就与我的一般？纵是一根藤上结的，也有个大小不同，偏正不一，却怎么一般无二？”他便正色叫道：“行者孙，你那葫芦是那里来的？”行者委的不知来历，接过口来就问他一句道：“你那葫芦是那里来的？”那魔不知是个见识，只道是句老实言语，就将根本从头说出道：“我这葫芦是混沌初分，天开地辟，有一位太上老祖，解化女娲之名，炼石补天，普救阎浮世界；补到乾宫夬地，见一座昆仑山脚下，有一缕仙藤，上结着这个紫金红葫芦，却便是老君留下到如今者。”大圣闻言，就绰了他口气道：“我的葫芦，也是那里来的。”

魔头道：“怎见得？”大圣道：“自清浊初开，天不满西北，地不满东南，太上道祖解化女娲，补完天缺，行至昆仑山下，有根仙藤，藤结有两个葫芦。我得一个是雄的，你那个却是雌的。”那怪道：“莫说雌雄，但只装得人的，就是好宝贝。”大圣道：“你也说得是，我就让你先装。”那怪甚喜，急纵身跳将起去，到空中执着葫芦，叫一声“行者孙。”大圣听得，却就不歇气连应了八九声，只是不能装去。那魔坠将下来，跌脚捶胸道：“天那！只说世情不改变哩！这样个宝贝也怕老公，雌见了雄，就不敢装了！”行者笑道：“你且收起，轮到老孙该叫你哩。”急纵筋斗，跳起去，将葫芦底儿朝天，口儿朝地，照定妖魔，叫声“银角大王”。那怪不敢闭口，只得应了一声，倏的装在里面，被行者贴上“太上老君急急如律令奉敕”的帖子，心中暗喜道：“我的儿，你今日也来试试新了！”

他就按落云头，拿着葫芦，心心念念，只是要救师父，又往莲花洞口而来。那山上都是些洼踏不平之路，况他又是个圈盘腿，拐呀拐的走着，摇的那葫芦里潮潮索索，响声不绝。你道他怎么便有响声？原来孙大圣是熬炼过的身体，急切化他不得，那怪虽也能腾云驾雾，不过是些法术，大端是凡胎未脱，到于宝贝里就化了。行者还不当他就化了，笑道：“我儿子啊，不知是撒尿耶，不知是漱口哩，这是老孙干过的买卖。不等到七八日，化成稀汁，我也不揭盖来看。忙怎的？有甚要紧？想着我出来的容易，就该千年不看才好！”他拿着葫芦说着话，不觉的到了洞口，把那葫芦摇摇，一发响了，他道：“这个象发课的筒子响，倒好发课。等老孙发一课，看师父甚么时才得出门。”你看他手里不住的摇，口里不住的念道：“周易文王、孔子圣人、桃花女先生、鬼谷子先生。”那洞里小妖看见道：“大王，祸事了！行者孙把二大王爷爷装在葫芦里发课哩！”那老魔闻得此言。唬得魂飞魄散，骨软筋麻，扑的跌倒在地，放声大哭道：“贤弟呀！我和你私离上界，转托尘凡，指望同享荣华，永为山洞之主。怎知为这和尚伤了你的性命，断吾手足之情！”满洞群妖，一齐痛哭。

猪八戒吊在梁上，听得他一家子齐哭，忍不住叫道：“妖精，你且莫哭，等老猪讲与你听。先来的孙行者，次来的者行孙，后来的行者孙，返复三字，都是我师兄一人。他有七十二变化，腾那进来，盗了宝贝，装了令弟。令弟已是死了，不必这等扛丧，快些儿刷净锅灶，办些香蕈、蘑菇、茶芽、竹笋、豆腐、面筋、木耳、蔬菜，请我师徒们下来，与你令弟念卷受生经。”那老魔闻言，心中大怒道：“只说猪八戒老实，原来甚不老实！他倒作笑话儿打觑我！”叫小妖：“且休举哀，把猪八戒解下来，蒸得稀烂，等我吃饱了，再去拿孙行者报仇。”沙僧埋怨八戒道：“好么！我说教你莫多话，多话的要先蒸吃哩！”那呆子也尽有几分悚惧。旁一小妖道：“大王，猪八戒不好蒸。”八戒道：“阿弥陀佛！是那位哥哥积阴德的？果是不好蒸。”又有一个妖道：“将他皮剥了，就好蒸。”八戒慌了道：“好蒸！好蒸！皮骨虽然粗糙，汤滚就烂，棬户！棬户！”正嚷处，只见前门外一个小妖报道：

“行者孙又骂上门来了！”那老魔又大惊道：“这厮轻我无人！”

叫：“小的们，且把猪八戒照旧吊起，查一查还有几件宝贝。”管家的小妖道：“洞中还有三件宝贝哩。”老魔问：“是那三件？”管家的道：“还有七星剑、芭蕉扇与净瓶。”老魔道：“那瓶子不中用，原是叫人，人应了就装得，转把个口诀儿教了那孙行者，倒把自家兄弟装去了。不用他，放在家里，快将剑与扇子拿来。”

那管家的即将两件宝贝献与老魔。老魔将芭蕉扇插在后项衣领，把七星剑提在手中，又点起大小群妖，有三百多名，都教一个个拈枪弄棒，理索轮刀。这老魔却顶盔贯甲，罩一领赤焰焰的丝袍。群妖摆出阵去，要拿孙大圣。那孙大圣早已知二魔化在葫芦里面，却将他紧紧拴扣停当，撒在腰间，手持着金箍棒，准备厮杀。只见那老妖红旗招展，跳出门来。却怎生打扮？头上盔缨光焰焰，腰间带束彩霞鲜。身穿铠甲龙鳞砌，上罩红袍烈火然。圆眼睁开光掣电，钢须飘起乱飞烟。七星宝剑轻提手，芭蕉扇子半遮肩。行似流云离海岳，声如霹雳震山川。威风凛凛欺天将，怒帅群妖出洞前。那老魔急令小妖摆开阵势，骂道：

“你这猴子十分无礼！害我兄弟，伤我手足，着然可恨！”行者骂道：“你这讨死的怪物！你一个妖精的性命舍不得，似我师父、师弟、连马四个生灵，平白的吊在洞里，我心何忍！情理何甘！

快快的送将出来还我，多多贴些盘费，喜喜欢欢打发老孙起身，还饶了你这个老妖的狗命！”那怪那容分说，举宝剑劈头就砍，这大圣使铁棒举手相迎。这一场在洞门外好杀！咦！金箍棒与七星剑，对撞霞光如闪电。悠悠冷气逼人寒，荡荡昏云遮岭堰。那个皆因手足情，些儿不放善；这个只为取经僧，毫厘不容缓。两家各恨一般仇，二处每怀生怒怨。只杀得天昏地暗鬼神惊，日淡烟浓龙虎战。这个咬牙锉玉钉，那个怒目飞金焰。一来一往逞英雄，不住翻腾棒与剑。这老魔与大圣战经二十回合，不分胜负，他把那剑梢一指，叫声“小妖齐来！”那三百余精，一齐拥上，把行者围在垓心。好大圣，公然无惧，使一条棒，左冲右撞，后抵前遮。那小妖都有手段，越打越上，一似绵絮缠身，搂腰扯腿，莫肯退后，大圣慌了，即使个身外身法，将左胁下毫毛，拔了一把，嚼碎喷去，喝声叫“变！”一根根都变做行者。你看他长的使棒，短的轮拳，再小的没处下手，抱着孤拐啃筋，把那小妖都打得星落云散，齐声喊道：“大王啊，事不谐矣！

难矣乎哉！满地盈山皆是孙行者了！”被这身外法把群妖打退，止撇得老魔围困中间，赶得东奔西走，出路无门。

那魔慌了，将左手擎着宝剑，右手伸于项后，取出芭蕉扇子，望东南丙丁火，正对离宫，唿喇的一扇子，搧将下来，只见那就地上，火光焰焰。原来这般宝贝，平白地搧出火来。那怪物着实无情：一连搧了七八扇子，熯天炽地，烈火飞腾。好火：

那火不是天上火，不是炉中火，也不是山头火，也不是灶底火，乃是五行中自然取出的一点灵光火。这扇也不是凡间常有之物，也不是人工造就之物，乃是自开辟混沌以来产成的珍宝之物。用此扇，搧此火、煌煌烨烨，就如电掣红绡；灼灼辉辉，却似霞飞绛绮。更无一缕青烟，尽是满山赤焰，只烧得岭上松翻成火树，崖前柏变作灯笼。那窝中走兽贪性命，西撞东奔；这林内飞禽惜羽毛，高飞远举。这场神火飘空燎，只烧得石烂溪干遍地红！大圣见此恶火，却也心惊胆颤，道声“不好了！我本身可处，毫毛不济，一落这火中，岂不真如燎毛之易？”将身一抖，遂将毫毛收上身来，只将一根变作假身子，避火逃灾，他的真身，捻着避火诀，纵筋斗，跳将起去，脱离了大火之中，径奔他莲花洞里，想着要救师父。急到门前，把云头按落，又见那洞门外有百十个小妖，都破头折脚，肉绽皮开，原来都是他分身法打伤了的，都在这里声声唤唤，忍疼而立。大圣见了，按不住恶性凶顽，轮起铁棒，一路打将进去。可怜把那苦炼人身的功果息，依然是块旧皮毛！

那大圣打绝了小妖，撞入洞里，要解师父，又见那内面有火光焰焰，唬得他手慌脚忙道："罢了！罢了！这火从后门口烧起来，老孙却难救师父也！"正悚惧处，仔细看时，呀！原来不是火光，却是一道金光。他正了性，往里视之，乃羊脂玉净瓶放光，却自心中欢喜道："好宝贝耶！这瓶子曾是那小妖拿在山上放光，老孙得了，不想那怪又复搜去。今日藏在这里，原来也放光。"你看他窃了这瓶子，喜喜欢欢，且不救师父，急抽身往洞外而走。才出门，只见那妖魔提着宝剑，拿着扇子，从南而来。

孙大圣回避不及，被那老魔举剑劈头就砍。大圣急纵筋斗云，跳将起去，无影无踪的逃了不题。

却说那怪到得门口，但见尸横满地，就是他手下的群精，慌得仰天长叹，止不住放声大哭道："苦哉！痛哉！"有诗为证，诗曰：可恨猿乖马劣顽，灵胎转托降尘凡。只因错念离天阙，致使忘形落此山。鸿雁失群情切切，妖兵绝族泪潺潺。何时孽满开愆锁，返本还原上御关？那老魔惭惶不已，一步一声，哭入洞内，只见那什物家火俱在，只落得静悄悄，没个人形；悲切切，愈加凄惨。独自个坐在洞中，蹋伏在那石案之上，将宝剑斜倚案边，把扇子插于肩后，昏昏默默睡着了，这正是人逢喜事精神爽，闷上心来瞌睡多。

话说孙大圣拨转筋斗云，伫立山前，想着要救师父，把那净瓶儿牢扣腰间，径来洞口打探。见那门开两扇，静悄悄的不闻消耗，随即轻轻移步，潜入里边，只见那魔斜倚石案，呼呼睡着，芭蕉扇褪出肩衣，半盖着脑后，七星剑还斜倚案边，却被他轻轻的走上前拔了扇子，急回头，呼的一声跑将出去。原来这扇柄儿刮着那怪的头发，早惊醒他。抬头看时，是孙行者偷了，急慌忙执剑来赶。那大圣早已跳出门前，将扇子撒在腰间，双手轮开铁棒，与那魔抵敌。这一场好杀：恼坏泼妖王，怒发冲冠志。恨不过挝来囫囵吞，难解心头气。恶口骂猢狲："你老大将人戏，伤我若干生，还来偷宝贝！这场决不容，定见存亡计！"大圣喝妖魔："你好不知趣！徒弟要与老师争，累卵焉能击石碎？"

宝剑来，铁棒去，两家更不留仁义。一翻二复赌输赢，三转四回施武艺。盖为取经僧，灵山参佛位，致令金火不相投，五行拨乱伤和气。扬威耀武显神通，走石飞沙弄本事。交锋渐渐日将晡，魔头力怯先回避。那老魔与大圣战经三四十合，天将晚矣，抵敌不住，败下阵来，径往西南上，投奔压龙洞去不题。

这大圣才按落云头，闯入莲花洞里，解下唐僧与八戒、沙和尚来。他三人脱得灾危，谢了行者，却问："妖魔那里去了？"

行者道："二魔已装在葫芦里，想是这会子已化了；大魔才然一阵战败，往西南压龙山去讫。概洞小妖，被老孙分身法打死一半，还有些败残回的，又被老孙杀绝，方才得入此处，解放你们。"唐僧谢之不尽道："徒弟啊，多亏你受了劳苦！"行者笑道：

"诚然劳苦。你们还只是吊着受疼，我老孙再不曾住脚，比急递铺的铺兵还甚，反复里外，奔波无已。因是偷了他的宝贝，方能平退妖魔。"猪八戒道："师兄，你把那葫芦儿拿出来与我们看看。只怕那二魔已化了也。"大圣先将净瓶解下，又将金绳与扇子取出，然后把葫芦儿拿在手道："莫看莫看！他先曾装了老孙，被老孙漱口，哄得他扬开盖子，老孙方得走了。我等切莫揭盖，只怕他也会弄喧走了。"师徒们喜喜欢欢，将他那洞中的米面菜蔬寻出。烧刷了锅灶，安排些素斋吃了，饱餐一顿，安寝洞中。一夜无词，早又天晓。

却说那老魔径投压龙山，会聚了大小女怪，备言打杀母亲，装了兄弟，绝灭妖兵，偷骗宝贝之事，众女怪一齐大哭。哀痛多时道："你等且休凄惨。我身边还有这口七星剑，欲会汝等女兵，都去压龙山后，会借外家亲戚，断要拿住那孙行者报仇。"说不了，有门外小妖报道："大王，山后老舅爷帅领若干兵卒来也。"老魔闻言，急换了缟素孝服，躬身迎接。原来那老舅爷是他母亲之弟，名唤狐阿七大王，因闻得哨山的妖兵报道，他姐姐被孙行者打死，假变姐形，盗了外甥宝贝，连日在平顶山拒敌。他却帅本洞妖兵二百余名，特来助阵，故此先拢姐家问信。才进门，见老魔挂了孝服，二人大哭。哭久，老魔拜下，备言前事。那阿七大怒，即命老魔换了孝服，提了宝剑，尽点女妖，合同一处，纵风云，径投东北而来。

这大圣却教沙僧整顿早斋，吃了走路，忽听得风声，走出门看，乃是一伙妖兵，自西南上来。行者大惊，急抽身忙呼八戒道："兄弟，妖精又请救兵来也。"三藏闻言，惊恐失色道："徒弟，似此如何？"行者笑道："放心！放心！"把他这宝贝都拿来与我。"大圣将葫芦、净瓶系在腰间，金绳笼于袖内，芭蕉扇插在肩后，双手轮着铁棒，教沙僧保守师父，稳坐洞中，着八戒执钉钯，同出洞外迎敌。那怪物摆开阵势，只见当头的是阿七大王。

他生的玉面长髯，钢眉刀耳，头戴金炼盔，身穿锁子甲，手执方天戟，高声骂道："我把你个大胆的泼猴！怎敢这等欺人！偷了宝贝，伤了眷族，杀了神兵，又敢久占洞府！赶早儿一个个引颈受死，雪我姐家之仇！"行者骂道："你这伙作死的毛团，不识你孙外公的手段！不要走！领吾一棒！"那怪物侧身躲过，使方天戟劈面相印。两个在山头一来一往，战经三四回合，那怪力软，败阵回走。行者赶来，却被老魔接住，又斗了三合，只见那狐阿七复转来攻。这壁厢八戒见了，急掣九齿钯挡住。一个抵一个，战经多时，不分胜败，那老魔喝了一声，众妖兵一齐围上。

却说那三藏坐在莲花洞里，听得喊声振地，便叫："沙和尚，你出去看你师兄胜负如何。"沙僧果举降妖杖出来，喝一声，撞将出去，打退群妖。阿七见事势不利，回头就走，被八戒赶上，照背后一钯，就筑得九点鲜红往外冒，可怜一灵真性赴前程。急拖来剥了衣服看处，原来也是个狐狸精。那老魔见伤了他老舅，丢了行者，提宝剑，就劈八戒，八戒使钯架住。正赌斗间，沙僧撞近前来，举杖便打，那妖抵敌不住，纵风云往南逃走，八戒沙僧紧紧赶来。大圣见了，急纵云跳在空中，解下净瓶，罩定老魔，叫声"金角大王！"那怪只道是自家败残的小妖呼叫，就回头应了一声，飕的装将进去，被行者贴上"太上老君急急如律令奉敕"的帖子。只见那七星剑坠落尘埃，也归了行者。八戒迎着道："哥哥，宝剑你得了，精怪何在？"行者笑道：了了！已装在我这瓶儿里也。"沙僧听说，与八戒十分欢喜。

当时通扫净诸邪，回至洞里，与三藏报喜道："山已净，妖已无矣，请师父上马走路。"三藏喜不自胜。师徒们吃了早斋，收拾了行李马匹，奔西找路。正行处，猛见路旁闪出一个瞽者，走上前扯住三藏马，道："和尚那里去？还我宝贝来！"八戒大惊道："罢了！这是老妖来讨宝贝了！"行者仔细观看，原来是太上李老君，慌得近前施礼道："老官儿，那里去？"那老祖急升玉局宝座，九霄空里伫立，叫："孙行者，还我宝贝。"大圣起到空中道："甚么宝贝？"老君道："葫芦是我盛丹的，净瓶是我盛水的，宝剑是我炼魔的，扇子是我搧火的，绳子是我一根勒袍的带。

那两个怪：一个是我看金炉的童子，一个是我看银炉的童子，只因他偷了我的宝贝，走下界来，正无觅处，却是你今拿住，得了功绩。"大圣道："你这老官儿，着实无礼，纵放家属为邪，该问个钤束不严的罪名。"老君道："不干我事，不可错怪了人。此乃海上菩萨问我借了三次，送他在此托化妖魔，看你师徒可有真心往西去也。"大圣闻言，心中作念道："这菩萨也老大惫懒！

当时解脱老孙，教保唐僧西去取经，我说路途艰涩难行，他曾许我到急难处亲来相救。如今反使精邪掯害，语言不的，该他一世无夫！若不是老官儿亲来，我决不与他。既是你这等说，拿去罢。”那老君收得五件宝贝，揭开葫芦与净瓶盖口，倒出两股仙气，用手一指，仍化为金、银二童子，相随左右。只见那霞光万道，咦！缥缈同归兜率院，逍遥直上大罗天。毕竟不知此后又有甚事，孙大圣怎生保护唐僧，几时得到西天，且听下回分解。

第三十六回　心猿正处诸缘伏　劈破旁门见月明

却说孙行者按落云头，对师父备言菩萨借童子、老君收去宝贝之事。三藏称谢不已，死心塌地，办虔诚，舍命投西，攀鞍上马，猪八戒挑着行李，沙和尚拢着马头，孙行者执了铁棒，剖开路，径下高山前进。说不尽那水宿风餐，披霜冒露，师徒们行罢多时，前又一山阻路。三藏在那马上高叫：“徒弟啊，你看那里山势崔巍，须是要仔细提防，恐又有魔障侵身也。”行者道：

“师父休要胡思乱想，只要定性存神，自然无事。”三藏道：“徒弟呀，西天怎么这等难行？我记得离了长安城，在路上春尽夏来，秋残冬至，有四五个年头，怎么还不能得到？”行者闻言，呵呵笑道：“早哩！早哩！还不曾出大门哩！”八戒道：“哥哥不要扯谎，人间就有这般大门？”行者道：“兄弟，我们还在堂屋里转哩！”沙僧笑道：“师兄，少说大话吓我，那里就有这般大堂屋，却也没处买这般大过梁啊。”行者道：“兄弟，若依老孙看时，把这青天为屋瓦，日月作窗棂，四山五岳为梁柱，天地犹如一敞厅！”八戒听说道：“罢了！罢了！我们只当转些时回去罢。”行者道：“不必乱谈，只管跟着老孙走路。”

好大圣，横担了铁棒，领定了唐僧，剖开山路，一直前进。

那师父在马上遥观，好一座山景，真个是：山顶嵯峨摩斗柄，树梢仿佛接云霄。青烟堆里，时闻得谷口猿啼；乱翠阴中，每听得松间鹤唳。啸风山魅立溪间，戏弄樵夫；成器狐狸坐崖畔，惊张猎户。好山！看那八面崖巍，四围险峻。古怪乔松盘翠盖，枯摧老树挂藤萝。泉水飞流，寒气透人毛发冷；巅峰屹崒，清风射眼梦魂惊。时听大虫哮吼，每闻山鸟时鸣。麂鹿成群穿荆棘，往来跳跃；獐兔结党寻野食，前后奔跑。伫立草坡，一望并无客旅；行来深凹，四边俱有豺狼。应非佛祖修行处，尽是飞禽走兽场。那师父战战兢兢，进此深山，心中凄惨，兜住马，叫声：“悟空啊！我自从益智登山盟，王不留行送出城。路上相逢三棱子，途中催趱马兜铃。寻坡转涧求荆芥，迈岭登山拜茯苓。防己一身如竹沥，茴香何日拜朝廷？”孙大圣闻言，呵呵冷笑道：“师父不必挂念，少要心焦，且自放心前进，还你个功到自然成也。”

师徒们玩着山景，信步行时，早不觉红轮西坠，正是：十里长亭无客走，九重天上现星辰。八河船只皆收港，七千州县尽关门。

六宫五府回官宰，四海三江罢钓纶。两座楼头钟鼓响，一轮明月满乾坤。

那长老在马上遥观，只见那山凹里有楼台迭迭，殿阁重重。三藏道：“徒弟，此时天色已晚，幸得那壁厢有楼阁不远，想必是庵观寺院，我们都到那里借宿一宵，明日再行罢。”行者道：“师父说得是。不要忙，等我且看好歹如何。”那大圣跳在空中，仔细观看，果然是座山门，但见八字砖墙泥红粉，两边门上钉金钉。迭迭楼台藏岭畔，层层宫阙隐山中。万佛阁对如来殿，朝阳楼应大雄门。七层塔屯云宿雾，三尊佛神现光荣。文殊台对伽蓝舍，弥勒殿靠大慈厅。看山楼外青光舞，步虚阁上紫云生。松关竹院依依绿，方丈禅堂处处清。雅雅幽幽供乐事，川川道道喜回迎。参禅处有禅僧讲，演乐房多乐器鸣。妙高台上昙花坠，说法坛前贝叶生。正是那林遮三宝地，山拥梵王宫。半壁灯烟光闪灼，一行香霭雾朦胧。孙大圣按下云头，报与三藏道：“师父，果然是一座寺院，却好借宿，我们去来。”

这长老放开马，一直前来，径到了山门之外。行者道：“师父，这一座是甚么寺？”三藏道：“我的马蹄才然停住，脚尖还未出镫，就问我是甚么寺，好没分晓！”行者道：“你老人家自幼为僧，须曾讲过儒书，方才去演经法，文理皆通，然后受唐王的恩宥，门上有那般大字，如何不认得？”长老骂道：“泼猢狲！说话无知！我才面西催马，被那太阳影射，奈何门虽有字，又被尘垢朦胧，所以未曾看见。”行者闻言，把腰儿躬一躬，长了二丈余高，用手展去灰尘道：“师父，请看。”上有五个大字，乃是敕建宝林寺。行者收了法身，道：“师父，这寺里谁进去借宿？”三藏道：“我进去。你们的嘴脸丑陋，言语粗疏，性刚气傲，倘或冲撞了本处僧人，不容借宿，反为不美。”行者道：“既如此，请师父进去，不必多言。”

那长老却丢了锡杖，解下斗篷，整衣合掌，径入山门，只见两边红漆栏杆里面，高坐着一对金刚，装塑的威仪恶丑：一个铁面钢须似活容，一个燥眉圜眼若玲珑。左边的拳头骨突如生铁，右边的手掌崚嶒赛赤铜。金甲连环光灿烂，明盔绣带映飘风。西方真个多供佛，石鼎中间香火红。三藏见了，点头长叹道：“我那东土，若有人也将泥胎塑这等大菩萨，烧香供养啊，我弟子也不往西天去矣。”正叹息处，又到了二层山门之内，见有四大天王之相，乃是持国、多闻、增长、广目，按东北西南风调雨顺之意。进了二层门里，又见有乔松四树，一树树翠盖蓬蓬，却如伞状，忽抬头，乃是大雄宝殿。那长老合掌皈依，舒身下拜。拜罢起来，转过佛台，到于后门之下，又见有倒座观音普度南海之相。那壁上都是良工巧匠装塑的那些虾鱼蟹鳖，出头露尾，跳海水波潮耍子。长老又点头三五度，感叹万千声道：

“可怜啊！鳞甲众生都拜佛，为人何不肯修行！”正赞叹间，又见三门里走出一个道人。那道人忽见三藏相貌稀奇，丰姿非俗，急趋步上前施礼道：“师父那里来的？”三藏道：“弟子是东土大唐驾下差来上西天拜佛求经的，今到宝方，天色将晚，告借一宿。”那道人道：“师父莫怪，我做不得主。我是这里扫地撞钟打勤劳的道人，里面还有个管家的老师父哩，待我进去禀他一声。他若留你，我就出来奉请；若不留你，我却不敢羁迟。”三藏道：“累及你了。”

那道人急到方丈报道：“老爷，外面有个人来了。”那僧官即起身，换了衣服，按一按毗卢帽，披上袈裟，急开门迎接，问道人：“那里人来？”道人用手指定道：“那正殿后边不是一个人？”那三藏光着一个头，穿一领二十五条达摩衣，足下登一双拖泥带水的达公鞋，斜倚在那后门首。僧官见了大怒道：“道人少打！你岂不知我是僧官，但只有城上来的士夫降香，我方出来迎接。这等个和尚，你怎么多虚少实，报我接他！看他那嘴脸，不是个诚实的，多是云游方上僧，今日天晚，想是要来借宿。我们方丈中，岂容他打搅！教他往前廊下蹲罢了，报我怎么！”抽身转去。长老闻言，满眼垂泪道：“可怜！可怜！这才是人离乡贱！我弟子从小儿出家，做了和尚，又不曾拜谶吃荤生歹意，看经怀怒坏禅心；又不曾丢瓦抛砖伤佛殿，阿罗脸上剥真金。噫！可怜啊！不知是那世里触伤天地，教我今生常遇不良人！和尚你不留我们宿便罢了，怎么又说这等惫懒话，教我们在前道廊下去蹲？此话不与行者说还好，若说了，那猴子进来，一顿铁棒，把孤拐都打断你的！”长老道：“也罢，也罢，常言道，人将礼乐为先。我且进去问他一声，看意下如何。”

那师父踏脚迹，跟他进方丈门里，只见那僧官脱了衣服，气呼呼的坐在那里，不知是念经，又不知是与人家写法事，见那桌案上有些纸札堆积。唐僧不敢深入，就立于天井里，躬身高叫道："老院主，弟子问讯了！"那和尚就有些不耐烦他进里边来的意思，半答不答的还了个礼道："你是那里来的？"三藏道："弟子乃东土大唐驾下差来上西天拜活佛求经的，经过宝方天晚，求借一宿，明日不犯天光就行了。万望老院主方便方便。"那僧官才欠起身来道："你是那唐三藏么？"三藏道："不敢，弟子便是。"僧官道："你既往西天取经，怎么路也不会走？"

三藏道："弟子更不曾走贵处的路。"他道："正西去，只有四五里远近，有一座三十里店，店上有卖饭的人家，方便好宿。我这里不便，不好留你们远来的僧。"三藏合掌道："院主，古人有云，庵观寺院，都是我方上人的馆驿，见山门就有三升米分。你怎么不留我，却是何情？"僧官怒声叫道："你这游方的和尚，便是有些油嘴油舌的说话！"三藏道："何为油嘴油舌？"僧官道：

"古人云，老虎进了城，家家都闭门。虽然不咬人，日前坏了名。"三藏道："怎么日前坏了名？"他道："向年有几众行脚僧，来于山门口坐下，是我见他寒薄，一个个衣破鞋无，光头赤脚，我叹他那般褴褛，即忙请入方丈，延之上坐。款待了斋饭，又将故衣各借一件与他，就留他住了几日。怎知他贪图自在衣食，更不思量起身，就住了七八个年头。住便也罢，又干出许多不公的事来。"三藏道："有甚么不公的事？"僧官道："你听我说：

闲时沿墙抛瓦，闷来壁上扳钉。冷天向火折窗棂，夏日拖门拦径。幡布扯为脚带，牙香偷换蔓菁。常将琉璃把油倾，夺碗夺锅赌胜。"三藏听言，心中暗道："可怜啊！我弟子可是那等样没脊骨的和尚？"欲待要哭，又恐那寺里的老和尚笑他，但暗暗扯衣揩泪，忍气吞声，急走出去，见了三个徒弟。那行者见师父面上含怒，向前问："师父，寺里和尚打你来？"唐僧道："不曾打。"

八戒说："一定打来，不是，怎么还有些哭包声？"那行者道："骂你来？"唐僧道："也不曾骂。"行者道："既不曾打，又不曾骂，你这般苦恼怎么？好道是思乡哩？"唐僧道："徒弟，他这里不方便。"行者笑道："这里想是道士？"唐僧怒道："观里才有道士，寺里只是和尚。"行者道："你不济事，但是和尚，即与我们一般。常言道，既在佛会下，都是有缘人。你且坐，等我进去看看。"

好行者，按一按顶上金箍，束一束腰间裙子，执着铁棒，径到大雄宝殿上，指着那三尊佛像道："你本是泥塑金装假像，内里岂无感应？我老孙保领大唐圣僧往西天拜佛求取真经，今晚特来此处投宿，趁早与我报名！假若不留我等，就一顿棍打碎金身，教你还现本相泥土！"这大圣正在前边发狠捣叉子乱说，只见一个烧晚香的道人，点了几枝香，来佛前炉里插，被行者咄的一声，唬了一跌，爬起来看见脸，又是一跌，吓得滚滚蹡蹡，跑入方丈里报道："老爷！外面有个和尚来了！"那僧官道：

"你这伙道人都少打！一行说教他往前廊下去蹲，又报甚么！再说打二十！"道人说："老爷，这个和尚，比那个和尚不同，生得恶躁，没脊骨。"僧官道："怎的模样？"道人道："是个圆眼睛，查耳朵，满面毛，雷公嘴。手执一根棍子，咬牙恨恨的，要寻人打哩。"僧官道："等我出去看。"他即开门，只见行者撞进来了，真个生得丑陋：七高八低孤拐脸，两只黄眼睛，一个磕额头；獠牙往外生，就象属螃蟹的，肉在里面，骨在外面。那老和尚慌得把方丈门关了。行者赶上，扑的打破门扇，道："赶早将干净房子打扫一千间，老孙睡觉！"僧官躲在房里，对道人说："怪他生得丑么，原来是说大话，折作的这般嘴脸。我这里连方丈、佛殿、钟鼓楼、两廊，共总也不上三百间，他却要一千间睡觉，却打那里来？"道人说："师父，我也是吓破胆的人了，凭你怎么答应他罢。"那僧官战索索的高叫道："那借宿的长老，我这小荒山不方便，不敢奉留，往别处去宿罢。"行者将棍子变得盆来粗细，直壁壁的竖在天井里，道："和尚，不方便，你就搬出去！"僧官道："我们从小儿住的寺，师公传与师父，师父传与我辈，我辈要远继儿孙。他不知是那里勾当，冒冒实实的，教我们搬哩。"

道人说："老爷，十分不猪魀，搬出去也罢，扛子打进门来了。"

僧官道："你莫胡说！我们老少众大四五百名和尚，往那里搬？

搬出去，却也没处住。"行者听见道："和尚，没处搬，便着一个出来打样棍！"老和尚叫："道人你出去与我打个样棍来。"那道人慌了道："爷爷呀！那等个大扛子，教我去打样棍！"老和尚道："养军千日，用军一朝。你怎么不出去？"道人说："那扛子莫说打来，若倒下来，压也压个肉泥！"老和尚道："也莫要说压，只道竖在天井里，夜晚间走路，不记得啊，一头也撞个大窟窿！"道人说："师父，你晓得这般重，却教我出去打甚么样棍？"

他自家里面转闹起来，行者听见道："是也禁不得，假若就一棍打杀一个，我师父又怪我行凶了。且等我另寻一个甚么打与你看看。"忽抬头，只见方丈门外有一个石狮子，却就举起棍来，乒乓一下打得粉乱麻碎。那和尚在窗眼儿里看见，就吓得骨软筋麻，慌忙往床下拱，道人就往锅门里钻，口中不住叫："爷爷，棍重棍重！禁不得！方便方便！"行者道："和尚，我不打你。我问你："这寺里有多少和尚？"僧官战索索的道："前后是二百八十五房头，共有五百个有度牒的和尚。"行者道："你快去把那五百个和尚都点得齐齐整整，穿了长衣服出去，把我那唐朝的师父接进来，就不打你了。"僧官道："爷爷，若是不打，便抬也抬进来。"行者道："趁早去！"僧官叫："道人，你莫说吓破了胆，就是吓破了心，便也去与我叫这些人来接唐僧老爷爷来。"

那道人没奈何，舍了性命，不敢撞门，从后边狗洞里钻将出去，径到正殿上，东边打鼓，西边撞钟。钟鼓一齐响处，惊动了两廊大小僧众，上殿问道："这早还下晚哩，撞钟打鼓做甚？"

道人说："快换衣服，随老师父排班，出山门外迎接唐朝来的老爷。"那众和尚，真个齐齐整整，摆班出门迎接。有的披了袈裟，有的着了褊衫，无的穿着个一口钟直裰，十分穷的，没有长衣服，就把腰裙接起两条披在身上。行者看见道："和尚，你穿的是甚么衣服？"和尚见他丑恶，道："爷爷，不要打，等我说。这是我们城中化的布，此间没有裁缝，是自家做的个一裹穷。"

行者闻言暗笑，押着众僧，出山门下跪下。那僧官磕头高叫道："唐老爷，请方丈里坐。"八戒看见道："师父老大不济事，你进去时，泪汪汪，嘴上挂得油瓶。师兄怎么就有此獐智，教他们磕头来接？"三藏道："你这个呆子，好不晓礼！常言道，鬼也怕恶人哩。"唐僧见他们磕头礼拜，甚是不过意，上前叫："列位请起。"众僧叩头道："老爷，若和你徒弟说声方便，不动扛子，就跪一个月也罢。"唐僧叫："悟空，莫要打他。"行者道："不曾打，若打，这会已打断了根矣。"那些和尚却才起身，牵马的牵马，挑担的挑担，抬着唐僧，驮着八戒，挽着沙僧，一齐都进山门里去，却到后面方丈中，依叙坐下。众僧却又礼拜，三藏道：

"院主请起，再不必行礼，作践贫僧，我和你都是佛门弟子。"僧官道："老爷是上国钦差，小和尚有失迎接。今到荒山，奈何俗眼不识尊仪，与老爷邂逅相逢。动问老爷：一路上是吃素？是吃荤？我们好去办饭。"三藏道："吃素。"僧官道："徒弟，这个爷爷好的吃荤。"行者道："我们也吃素，都是胎里素。"那和尚道：

"爷爷呀，这等凶汉也吃素！"有一个胆量大的和尚，近前又问：

"老爷既然吃素，煮多少米的饭方彀吃？"八戒道："小家子和尚！问甚么！一家煮上一石米。"那和尚都慌了，便去刷洗锅灶，各房中安排茶饭，高掌明灯，调开桌椅，管待唐僧。

师徒们都吃罢了晚斋，众僧收拾了家火，三藏称谢道："老院主，打搅宝山了。"僧官道："不敢不敢，怠慢怠慢。"三藏道：

"我师徒却在那里安歇？"僧官道："老爷不要忙，小和尚自有区处。"叫道人："那壁厢有几个人听使令的？"道人说："师父，有。"僧官吩咐道："你们着两个去安排草料，与唐老爷喂马；着几个去前面把那三间禅堂，打扫干净，铺设床帐，快请老爷安歇。"那些道人听命，各各整顿齐备，却来请唐老爷安寝。他师徒们牵马挑担出方丈，径至禅堂门首看处，只见那里面灯火光明，两梢间铺着四张藤屉床。行者见了，唤那办草料的道人，将草料抬来，放在禅堂里面，拴下白马，教道人都出去。三藏坐在中间，灯下两班儿立五百个和尚，都伺候着，不敢侧离。三藏欠身道："列位请回，贫僧好自在安寝也。"众僧决不敢退。僧官上前吩咐大众："伏侍老爷安置了再回。"三藏道："即此就是安置了，都就请回。"众人却才敢散去讫。

唐僧举步出门小解，只见明月当天，叫："徒弟。"行者、八戒，沙僧都出来侍立。因感这月清光皎洁，玉宇深沉，真是一轮高照，大地分明，对月怀归，口占一首古风长篇。诗云："皓魄当空宝镜悬，山河摇影十分全。琼楼玉宇清光满，冰鉴银盘爽气旋。万里此时同皎洁，一年今夜最明鲜。浑如霜饼离沧海，却似冰轮挂碧天。别馆寒窗孤客闷，山村野店老翁眠。乍临汉苑惊秋鬓，才到秦楼促晚奁。庾亮有诗传晋史，袁宏不寐泛江船。

光浮杯面寒无力，清映庭中健有仙。处处窗轩吟白雪，家家院宇弄冰弦。今宵静玩来山寺，何日相同返故园？"行者闻言，近前答曰："师父啊，你只知月色光华，心怀故里，更不知月中之意，乃先天法象之规绳也。月至三十日，阳魂之金散尽，阴魄之水盈轮，故纯黑而无光，乃曰晦。此时与日相交，在晦朔两日之间，感阳光而有孕。至初三日一阳现，初八日二阳生，魄中魂半，其平如绳，故曰上弦。至今十五日，三阳备足，是以团圆，故曰望。至十六日一阴生，二十二日二阴生，此时魂中魄半，其平如绳，故曰下弦。至三十日三阴备足，亦当晦。此乃先天采炼之意。我等若能温养二八，九九成功，那时节，见佛容易，返故田亦易也。诗曰：前弦之后后弦前，药味平平气象全。采得归来炉里炼，志心功果即西天。"那长老听说，一时解悟，明彻真言，满心欢喜，称谢了悟空。沙僧在旁笑道："师兄此言虽当，只说的是弦前属阳，弦后属阴，阴中阳半，得水之金；更不道水火相搀各有缘，全凭土母配如然。三家同会无争竞，水在长江月在天。"那长老闻得，亦开茅塞。正是理明一窍通千窍，说破无生即是仙。八戒上前扯住长老道："师父，莫听乱讲，误了睡觉。

这月啊：缺之不久又团圆，似我生来不十全。吃饭嫌我肚子大，拿碗又说有粘涎。他都伶俐修来福，我自痴愚积下缘。我说你取经还满三途业，摆尾摇头直上天！"三藏道："也罢，徒弟们走路辛苦，先去睡下，等我把这卷经来念一念。"行者道："师父差了，你自幼出家，做了和尚，小时的经文，那本不熟？却又领了唐王旨意，上西天见佛，求取大乘真典。如今功未完成，佛未得见，经未曾取，你念的是那卷经儿？"三藏道："我自出长安，朝朝跋涉，日日奔波，小时的经文恐怕生了；幸今夜得闲，等我温习温习。"行者道："既这等说，我们先去睡也。"他三人各往一张藤床上睡下。长老掩上禅堂门，高剔银缸，铺开经本，默默看念。正是那：楼头初鼓人烟静，野浦渔舟火灭时。毕竟不知那长老怎么样离寺，且听下回分解。

第三十七回　鬼王夜谒唐三藏　悟空神化引婴儿

却说三藏坐于宝林寺禅堂中，灯下念一会《梁皇水忏》，看一会《孔雀真经》，只坐到三更时候，却才把经本包在囊里，正欲起身去睡，只听得门外扑剌剌一声响喨，淅零零刮阵狂风。

那长老恐吹灭了灯，慌忙将褊衫袖子遮住，又见那灯或明或暗，便觉有些心惊胆战。此时又困倦上来，伏在经案上盹睡，虽是合眼朦胧，却还心中明白，耳内嘤嘤听着那窗外阴风飒飒。

好风，真个那淅淅潇潇，飘飘荡荡。淅淅潇潇飞落叶，飘飘荡荡卷浮云。满天星斗皆昏昧，遍地尘沙尽洒纷。一阵家猛，一阵家纯。纯时松竹敲清韵，猛处江湖波浪浑。刮得那山鸟难栖声哽哽，海鱼不定跳喷喷。东西馆阁门窗脱，前后房廊神鬼。佛殿花瓶吹堕地，琉璃摇落慧灯昏。香炉鞁＋倒香灰迸，烛架歪斜烛焰横。幢幡宝盖都摇拆，钟鼓楼台撼动根。

那长老昏梦中听着风声一时过处，又闻得禅堂外，隐隐的叫一声"师父！"忽抬头梦中观看，门外站着一条汉子，浑身上下，水淋淋的，眼中垂泪，口里不住叫："师父！师父！"三藏欠身道："你莫是魍魉妖魅，神怪邪魔，至夜深时来此戏我？我却不是那贪欲贪嗔之类。我本是个光明正大之僧，奉东土大唐旨意，上西天拜佛求经者。我手下有三个徒弟，都是降龙伏虎之英豪，扫怪除魔之壮士。他若见了你，碎尸粉骨，化作微尘。此是我大慈悲之意，方便之心。你趁早儿潜身远遁，莫上我的禅门来。"那人倚定禅堂道："师父，我不是妖魔鬼怪，亦不是魍魉邪神。"三藏道："你既不是此类，却深夜来此何为？"那人道：

"师父，你舍眼看我一看。"长老果仔细定睛看处，呀！只见他头戴一顶冲天冠，腰束一条碧玉带，身穿一领飞龙舞凤赭黄袍，足踏一双云头绣口无忧履，手执一柄列斗罗星白玉圭。面如东岳长生帝，形似文昌开化君。三藏见了，大惊失色，急躬身厉声高叫道："是那一朝陛下？请坐。"用手忙搀，扑了个空虚，回身坐定。再看处，还是那个人。长老便问："陛下，你是那里皇王？

何邦帝主？想必是国土不宁，谗臣欺虐，半夜逃生至此。有何话说，说与我听。"这人才泪滴腮边谈旧事，愁攒眉上诉前因，道："师父啊，我家住在正西，离此只有四十里远近。那厢有座城池，便是兴基之处。"三藏道："叫做甚么地名？"那人道："不瞒师父说，便是朕当时创立家邦，改号乌鸡国。"三藏道："陛下这等惊慌，却因甚事至此？"那人道："师父啊，我这里五年前，天年干旱，草子不生，民皆饥死，甚是伤情。"三藏闻言，点头叹道："陛下啊，古人云，国正天心顺。想必是你不慈恤万民，既遭荒歉，怎么就躲离城郭？且去开了仓库，赈济黎民；悔过前非，重兴今善，放赦了那枉法冤人。自然天心和合，雨顺风调。"那人道："我国中仓禀空虚，钱粮尽绝，文武两班停俸禄，寡人膳食亦无荤。仿效禹王治水，与万民同受甘苦，沐浴斋戒，昼夜焚香祈祷。如此三年，只干得河枯井涸。正都在危急之处，忽然锺南山来了一个全真，能呼风唤雨，点石成金。先见我文武多官，后来见朕，当即请他登坛祈祷，果然有应，只见令牌响处，顷刻间大雨滂沱。寡人只望三尺雨足矣，他说久旱不能润泽，又多下了二寸。朕见他如此尚义，就与他八拜为交，以兄弟称之。"三藏道："此陛下万千之喜也。”那人道：“喜自何来？”三藏道：“那全真既有这等本事，若要雨时，就教他下雨，若要金时，就教他点金。还有那些不足，却离了城阙来此？”那人道：“朕与他同寝食者，只得二年。又遇着阳春天气，红杏夭桃，开花绽蕊，家家士女，处处王孙，俱去游春赏玩。那时节，文武归衙，嫔妃转院。朕与那全真携手缓步，至御花园里，忽行到八角琉璃井边，不知他抛下些甚么物件，井中有万道金光。哄朕到井边看甚么宝贝，他陡起凶心，扑通的把寡人推下井内，将石板盖住井口，拥上泥土，移一株芭蕉栽在上面。可怜我啊，已死去三年，是一个落井伤生的冤屈之鬼也！”

唐僧见说是鬼，唬得筋力酥软，毛骨耸然，没奈何，只得将言又问他道：“陛下，你说的这话全不在理。既死三年，那文武多官，三宫皇后，遇三朝见驾殿上，怎么就不寻你？”那人道：

“师父啊，说起他的本事，果然世间罕有！自从害了朕，他当时在花园内摇身一变，就变做朕的模样，更无差别。现今占了我的江山，暗侵了我的国土。他把我两班文武，四百朝官，三宫皇后，六院嫔妃，尽属了他矣。”三藏道：“陛下，你忒也懦。”那人道：“何懦？”三藏道：“陛下，那怪倒有些神通，变作你的模样，侵占你的乾坤，文武不能识，后妃不能晓，只有你死的明白。你何不在阴司阎王处具告，把你的屈情伸诉伸诉？”那人道：“他的神通广大，官吏情熟，都城隍常与他会酒，海龙王尽与他有亲，东岳天齐是他的好朋友，十代阎罗是他的异兄弟。因此这般，我也无门投告。”三藏道：“陛下，你阴司里既没本事告他，却来我阳世间作甚？”那人道：“师父啊，我这一点冤魂，怎敢上你的门来？山门前有那护法诸天、六丁六甲、五方揭谛、四值功曹、一十八位护教伽蓝，紧随鞍马。却才被夜游神一阵神风，把我送将进来，他说我三年水灾该满，着我来拜谒师父。他说你手下有一个大徒弟，是齐天大圣，极能斩怪降魔。今来志心拜恳，千乞到我国中，拿住妖魔，辨明邪正，朕当结草衔环，报酬师恩也！”三藏道：“陛下，你此来是请我徒弟与你去除却那妖怪么？”那人道：“正是！正是！”三藏道：“我徒弟干别的事不济，但说降妖捉怪，正合他宜。陛下啊，虽是着他拿怪，但恐理上难行。”那人道：“怎么难行？”三藏道：“那怪既神通广大，变得与你相同，满朝文武，一个个言和心顺；三宫妃嫔，一个个意合情投。我徒弟纵有手段，决不敢轻动干戈。倘被多官拿住，说我们欺邦灭国，问一款大逆之罪，困陷城中，却不是画虎刻鹄也？”那人道：“我朝中还有人哩。”三藏道：“却好！却好！想必是一代亲王侍长，发付何处镇守去了？”那人道：“不是。我本宫有个太子，是我亲生的储君。”三藏道：“那太子想必被妖魔贬了？”那人道：“不曾，他只在金銮殿上，五凤楼中，或与学士讲书，或共全真登位。自此三年，禁太子不入皇宫，不能彀与娘娘相见。”三藏道：“此是何故？”那人道：“此是妖怪使下的计策，只恐他母子相见，闲中论出长短，怕走了消息。故此两不会面，他得永住常存也。”三藏道：“你的灾屯，想应天付，却与我相类。当时我父曾被水贼伤生，我母被水贼欺占，经三个月，分娩了我。我在水中逃了性命，幸金山寺恩师救养成人。记得我幼年无父母，此间那太子失双亲，惭惶不已！”又问道：“你纵有太子在朝，我怎的与他相见？”那人道：“如何不得见？”三藏道：

“他被妖魔拘辖，连一个生身之母尚不得见，我一个和尚，欲见何由？”那人道：“他明早出朝来也。”三藏问：“出朝作甚？”那人道：“明日早朝，领三千人马，架鹰犬出城采猎，师父断得与他相见。见时肯将我的言语说与他，他便信了。”三藏道：“他本是肉眼凡胎，被妖魔哄在殿上，那一日不叫他几声父王？他怎肯信我的言语？”那人道：“既恐他不信，我留下一件表记与你罢。”三藏问：“是何物件？”那人把手中执的金厢白玉圭放下道：“此物可以为记。”三藏道：“此物何如？”那人道：“全真自从变作我的模样，只是少变了这件宝贝。他到宫中，说那求雨的全真拐了此圭去了，自此三年，还没此物。我太子若看见，他睹物思人，此仇必报。”三藏道：“也罢，等我留下，着徒弟与你处置。却在那里等么？”那人道：“我也不敢等。我这去，还央求夜游神再使一阵神风，把我送进皇宫内院，托一梦与我那正宫皇后，教他母子们合意，你师徒们同心。”三藏点头应承道：“你去罢。”

那冤魂叩头拜别，举步相送，不知怎么踢了脚，跌了一个筋斗，把三藏惊醒，却原来是南柯一梦，慌得对着那盏昏灯，连忙叫：“徒弟！徒弟！”八戒醒来道：“甚么土地土地？当时我做好汉，专一吃人度日，受用腥膻，其实快活，偏你出家，教我们保护你跑路！原说只做和尚，如今拿做奴才，日间挑包袱牵马，夜间提尿瓶务脚！这早晚不睡，又叫徒弟作甚？”三藏道：“徒弟，我刚才伏在案上打盹，做了一个怪梦。”行者跳将起来道：

“师父，梦从想中来。你未曾上山，先怕妖怪，又愁雷音路远，不能得到，思念长安，不知何日回程，所以心多梦多。似老孙一点真心，专要西方见佛，更无一个梦儿到我。”三藏道：“徒弟，我这桩梦，不是思乡之梦。才然合眼，见一阵狂风过处，禅房门外有一朝皇帝，自言是乌鸡国王，浑身水湿，满眼泪垂。”这等这等，如此如此，将那梦中话一一的说与行者。行者笑道：“不消说了，他来托梦与你，分明是照顾老孙一场生意。必然是个妖怪在那里篡位谋国，等我与他辨个真假。想那妖魔，棍到处立要成功。”三藏道：“徒弟，他说那怪神通广大哩。”行者道：“怕他甚么广大！早知老孙到，教他即走无方！”三藏道：“我又记得留下一件宝贝做表记。”八戒答道：“师父莫要胡缠，做个梦便罢了，怎么只管当真？”沙僧道：“不信直中直，须防仁不仁。我们打起火，开了门，看看如何便是。”行者果然开门，一齐看处，只见星月光中，阶檐上真个放着一柄金厢白玉圭。八戒近前拿起道：“哥哥，这是甚么东西？”行者道：“这是国王手中执的宝贝，名唤玉圭。师父啊，既有此物，想此事是真。明日拿妖，全都在老孙身上，只是要你三桩儿造化低哩。”八戒道：“好好好！

做个梦罢了，又告诵他。他那些儿不会作弄人哩？就教你三桩儿造化低。”三藏回入里面道：“是那三桩？”行者道：“明日要你顶缸、受气、遭瘟。”八戒笑道：一桩儿也是难的，三桩儿却怎么耽得？”唐僧是个聪明的长老，便问：“徒弟啊，此三事如何讲？”

行者道：“也不消讲，等我先与你二件物。”

好大圣，拔了一根毫毛，吹口仙气，叫声“变！”变做一个红金漆匣儿，把白玉圭放在内盛着，道：“师父，你将此物捧在手中，到天晓时，穿上锦襕袈裟，去正殿坐着念经，等我去看看他那城池。端的是个妖怪，就打杀他，也在此间立个功绩；假若不是，且休撞祸。”三藏道：“正是！正是！”行者道：“那太子不出城便罢，若真个应梦出城来，我定引他来见你。”三藏道：“见了我如何迎答？”行者道：“来到时，我先报知，你把那匣盖儿扯开些，等我变作二寸长的一个小和尚，钻在匣儿里，你连我捧在手中。那太子进了寺来，必然拜佛，你尽他怎的下拜，只是不睬他。他见你不动身，一定教拿你，你凭他拿下去，打也由他，绑也由他，杀也由他。”三藏道：“呀！他的军令大，真个杀了我，怎么好？”行者道：“没事，有我哩，若到那紧关处，我自然护你。他若问时，你说是东土钦差上西天拜佛取经进宝的和尚。他道有甚宝贝？你却把锦襕袈裟对他说一遍，说道：‘此是三等宝贝，还有头一等、第二等的好物哩’。但问处，就说这匣内有一件宝贝，上知五百年，下知五百年，中知五百年，共一千五百年过去未来之事，俱尽晓得，却把老孙放出来。我将那梦中话告诵那太子，他若肯信，就去拿了那妖魔，一则与他父王报仇，二来我们立个名节；他若不信，再将白玉圭拿与他看。只恐他年幼，还不认得哩。”三藏闻言大喜道：“徒弟啊，此计绝妙！但说这宝贝，一个叫做锦襕袈裟，一个叫做白玉圭，你变的宝贝却叫做甚名？”行者道：“就叫做立帝货罢。”三藏依言记在心上。师徒们一夜那曾得睡。盼到天明，恨不得点头唤出扶桑日，喷气吹散满天星。

不多时，东方发白。行者又吩咐了八戒、沙僧，教他两个：

“不可搅扰僧人，出来乱走。待我成功之后，共汝等同行。”才别了唐僧，打了唿哨，一筋斗跳在空中，睁火眼平西看处，果见有一座城池。你道怎么就看见了？当时说那城池离寺只有四十里，故此凭高就望见了。行者近前仔细看处，又见那怪雾愁云漠漠，妖风怨气纷纷。行者在空中赞叹道：“若是真王登宝座，自有祥光五色云；只因妖怪侵龙位，腾腾黑气锁金门。”行者正然感叹。忽听得炮声响喨，又只见东门开处，闪出一路人马，真个是采猎之军，果然势勇，但见晓出禁城东，分围浅草中。彩旗开映日，白马骤迎风。鼍鼓冬冬擂，标枪对对冲。架鹰军猛烈，牵犬将骁雄。火炮连天振，粘竿映日红。人人支弩箭，个个挎雕弓。张网山坡下，铺绳小径中。一声惊霹雳，千骑拥貔熊。狡兔身难保，乖獐智亦穷。狐狸该命尽，麋鹿丧当终。山雉难飞脱，野鸡怎避凶？他都要捡占山场擒猛兽，摧残林木射飞虫。那些人出得城来，散步东郊，不多时，有二十里向高田地，又只见中军营里，有小小的一个将军，顶着盔，贯着甲，果肚花，十八札，手执青锋宝剑，坐下黄骠马，腰带满弦弓，真个是隐隐君王象，昂昂帝主容。规模非小辈，行动显真龙。行者在空暗喜道：

“不须说，那个就是皇帝的太子了。等我戏他一戏。”好大圣，按落云头，撞入军中太子马前，摇身一变，变作一个白兔儿，只在太子马前乱跑。太子看见，正合欢心，拈起箭，拽满弓，一箭正中了那兔儿。原来是那大圣故意教他中了，却眼乖手疾，一把接住那箭头，把箭翎花落在前边，丢开脚步跑了。那太子见箭中了玉兔，兜开马，独自争先来赶。不知马行的快，行者如风；

马行的迟，行者慢走，只在他面前不远。看他一程一程，将太子哄到宝林寺山门之下，行者现了本身，不见兔儿，只见一枝箭插在门槛上。径撞进去，见唐僧道：“师父，来了！来了！”却又一变，变做二寸长短的小和尚儿，钻在红匣之内。

却说那太子赶到山门前，不见了白兔，只见门槛上插住一枝雕翎箭。太子大惊失色道：“怪哉！怪哉！分明我箭中了玉兔，玉兔怎么不见，只见箭在此间！想是年多日久，成了精魅也。”拔了箭，抬头看处，山门上有五个大字，写着敕建宝林寺。

太子道：“我知之矣。向年间曾记得我父王在金銮殿上差官赍些金帛与这和尚修理佛殿佛象，不期今日到此。正是因过道院逢僧话，又得浮生半日闲，我且进去走走。”

那太子跳下马来，正要进去，只见那保驾的官将与三千人马赶上，簇簇拥拥，都入山门里面。慌得那本寺众僧，都来叩头拜接，接入正殿中间，参拜佛象。却才举目观瞻，又欲游廊玩景，忽见正当中坐着一个和尚，太子大怒道：“这个和尚无礼！

我今半朝銮驾进山，虽无旨意知会，不当远接，此时军马临门，也该起身，怎么还坐着不动？”教：“拿下来！”说声拿字，两边校尉，一齐下手，把唐僧抓将下来，急理绳索便捆。行者在匣里默默的念咒，教道：“护法诸天、六丁六甲，我今设法降妖，这太子不能知识，将绳要捆我师父，汝等即早护持，若真捆了，汝等都该有罪！”那大圣暗中吩咐，谁敢不遵，却将三藏护持定了：有些人摸也摸不着他光头，好似一壁墙挡住，难拢其身。那太子道：“你是那方来的，使这般隐身法欺我！”三藏上前施礼道：

“贫僧无隐身法，乃是东土唐僧，上雷音寺拜佛求经进宝的和尚。”太子道：“你那东土虽是中原，其穷无比，有甚宝贝，你说来我听。”三藏道：“我身上穿的这袈裟，是第三样宝贝。还有第一等、第二等更好的物哩！”太子道：“你那衣服，半边苫身，半边露臂，能值多少物，敢称宝贝！”三藏道：“这袈裟虽不全体，有诗几句，诗曰：佛衣偏袒不须论，内隐真如脱世尘。万线千针成正果，九珠八宝合元神。仙娥圣女恭修制，遗赐禅僧静垢身。

见驾不迎犹自可，你的父冤未报枉为人！”太子闻言，心中大怒道：“这泼和尚胡说！你那半片衣，凭着你口能舌便，夸好夸强。

我的父冤从何未报，你说来我听。”三藏进前一步，合掌问道：

“殿下，为人生在天地之间，能有几恩？”太子道：“有四恩。”三藏道：“那四恩？”太子道：“感天地盖载之恩，日月照临之恩，国王水土之恩，父母养育之恩。”三藏笑曰：“殿下言之有失，人只有天地盖载，日月照临，国王水土，那得个父母养育来？”太子怒道：“和尚是那游手游食削发逆君之徒！人不得父母养育，身从何来？”三藏道：“殿下，贫僧不知。但只这红匣内有一件宝贝，叫做立帝货，他上知五百年，中知五百年，下知五百年，共知一千五百年过去未来之事，便知无父母养育之恩，令贫僧在此久等多时矣。”

太子闻说，教：“拿来我看。”三藏扯开匣盖儿，那行者跳将出来，呀呀的，两边乱走。太子道：“这星星小人儿，能知甚事？”行者闻言嫌小，却就使个神通，把腰伸一伸，就长了有三尺四五寸。众军士吃惊道：“若是这般快长，不消几日，就撑破天也。”行者长到原身，就不长了。太子才问道：“立帝货，这老和尚说你能知未来过去吉凶，你却有龟作卜？有蓍作筮？凭书句断人祸福？”行者道：“我一毫不用，只是全凭三寸舌，万事尽皆知。”太子道：“这厮又是胡说。自古以来，《周易》之书，极其玄妙，断尽天下吉凶，使人知所趋避，故龟所以卜，蓍所以筮。

听汝之言，凭据何理，妄言祸福，扇惑人心！”行者道：“殿下且莫忙，等我说与你听。你本是乌鸡国王的太子，你那里五年前，年程荒旱，万民遭苦，你家皇帝共臣子，秉心祈祷。正无点雨之时，锺南山来了一个道士，他善呼风唤雨，点石为金。君王忒也爱小，就与他拜为兄弟。这桩事有么？”太子道：“有有有！你再说说。”行者道：“后三年不见全真，称孤的却是谁？”太子道：

“果是有个全真，父王与他拜为兄弟，食则同食，寝则同寝。三年前在御花园里玩景，被他一阵神风，把父王手中金厢白玉圭，摄回锺南山去了，至今父王还思慕他。因不见他，遂无心赏玩，把花园紧闭了，已三年矣。做皇帝的非我父王而何？”行者闻言，哂笑不绝。太子再问不答，只是哂笑。太子怒道：“这厮当言不言，如何这等哂笑？”行者又道：“还有许多话哩！奈何左右人众，不是说处。”太子见他言语有因，将袍袖一展，教军士且退。那驾上官将，急传令，将三千人马，都出门外住札。此时殿上无人，太子坐在上面，长老立在前边，左手旁立着行者。本寺诸僧皆退，行者才正色上前道：“殿下，化风去的是你生身之父母，见坐位的，是那祈雨之全真。”太子道：“胡说！胡说！我父自全真去后，风调雨顺，国泰民安。照依你说，就不是我父王了。还是我年孺，容得你；若我父王听见你这番话，拿了去，碎尸万段！”把行者咄的喝下来。行者对唐僧道：“何如？我说他不信，果然！果然！如今却拿那宝贝进与他，倒换关文，往西方去罢。”三藏即将红匣子递与行者。行者接过来，将身一抖，那匣儿卒不见了，原是他毫毛变的，被他收上身去。却将白玉圭双手捧上，献与太子。

太子见了道：“好和尚！好和尚！你五年前本是个全真，来骗了我家的宝贝，如今又妆做和尚来进献！”叫：“拿了！”一声传令，把长老唬得慌忙指着行者道：“你这弼马温！专撞空头祸，带累我哩！”行者近前一齐拦住道：“休嚷！莫走了风！我不叫做立帝货，还有真名哩。”太子怒道：“你上来！我问你个真名字，好送法司定罪！”行者道：“我是那长老的大徒弟，名唤悟空孙行者，因与我师父上西天取经，昨宵到此觅宿。我师父夜读经卷，至三更时分得一梦，梦见你父王道，他被那全真欺害，推在御花园八角琉璃井内，全真变作他的模样。满朝官不能知，你年幼亦无分晓，禁你入宫，关了花园，大端怕漏了消息。你父王今夜特来请我降魔，我恐不是妖邪，自空中看了，果然是个妖精。正要动手拿他，不期你出城打猎。你箭中的玉兔，就是老孙。老孙把你引到寺里，见师父，诉此衷肠，句句是实。你既然认得白玉圭，怎么不念鞠养恩情，替亲报仇？”那太子闻言，心中惨慽，暗自伤愁道：“若不信此言语，他却有三分儿真实；

若信了，怎奈殿上见是我父王？”这才是进退两难心问口，三思忍耐口问心。行者见他疑惑不定，又上前道：“殿下不必心疑，请殿下驾回本国，问你国母娘娘一声，看他夫妻恩爱之情，比三年前如何。只此一问，便知真假矣。”那太子回心道：“正是！

且待我问我母亲去来。”他跳起身，笼了玉圭就走。行者扯住道：“你这些人马都回，却不走漏消息，我难成功？但要你单人独马进城，不可扬名卖弄，莫入正阳门，须从后宰门进去。到宫中见你母亲，切休高声大气，须是悄语低言。恐那怪神通广大，一时走了消息，你娘儿们性命俱难保也。”太子谨遵教命，出山门吩咐将官：“稳在此札营，不得移动。我有一事，待我去了就来一同进城。”看他：指挥号令屯军士，上马如飞即转城。这一去，不知见了娘娘，有何话说，且听下回分解。

第三十八回　婴儿问母知邪正　金木参玄见假真

逢君只说受生因，便作如来会上人。一念静观尘世佛，十方同看降威神。欲知今日真明主，须问当年嫡母身。别有世间曾未见，一行一步一花新。却说那乌鸡国王太子，自别大圣，不多时回至城中，果然不奔朝门，不敢报传宣诏，径至后宰门首，见几个太监在那里把守。见太子来，不敢阻滞，让他进去了。好太子，夹一夹马，撞入里面，忽至锦香亭下，只见那正宫娘娘坐在锦香亭上，两边有数十个嫔妃掌扇，那娘娘倚雕栏儿流泪哩。你道他流泪怎的？原来他四更时也做了一梦，记得一半，含糊了一半，沉沉思想。这太子下马，跪于亭下，叫：“母亲！”那娘娘强整欢容，叫声“孩儿，喜呀！喜呀！这二三年在前殿与你父王开讲，不得相见，我甚思量，今日如何得暇来看我一面？诚万千之喜！诚万千之喜！孩儿，你怎么声音悲惨？你父王年纪高迈，有一日龙归碧海，凤返丹霄，你就传了帝位，还有甚么不悦？”太子叩头道：“母亲，我问你：即位登龙是那个？称孤道寡果何人？”娘娘闻言道：“这孩儿发风了！做皇帝的是你父王，你问怎的？”太子叩头道：“万望母亲赦子无罪，敢问；不赦，不敢问。”娘娘道：“子母家有何罪？赦你，赦你，快快说来。”太子道：

“母亲，我问你三年前夫妻宫里之事与后三年恩爱同否，如何？”娘娘见说，魂飘魄散，急下亭抱起，紧搂在怀，眼中滴泪道：“孩儿！我与你久不相见，怎么今日来宫问此？”太子发怒道：“母亲有话早说，不说时，且误了大事。”娘娘才喝退左右，泪眼低声道：“这桩事，孩儿不问，我到九泉之下，也不得明白。

既问时，听我说：三载之前温又暖，三年之后冷如冰。枕边切切将言问，他说老迈身衰事不兴！”太子闻言，撒手脱身，攀鞍上马。那娘娘一把扯住道：“孩儿，你有甚事，话不终就走？”太子跪在面前道：“母亲，不敢说！今日早期，蒙钦差架鹰逐犬，出城打猎，偶遇东土驾下来的个取经圣僧，有大徒弟乃孙行者，极善降妖。原来我父王死在御花园八角琉璃井内，这全真假变父王，侵了龙位。今夜三更，父王托梦，请他到城捉怪。孩儿不敢尽信，特来问母，母亲才说出这等言语，必然是个妖精。”那娘娘道：“儿啊，外人之言，你怎么就信为实？”太子道：“儿还不敢认实，父王遗下表记与他了。”娘娘问是何物，太子袖中取出那金厢白玉圭，递与娘娘。那娘娘认得是当时国王之宝，止不住泪如泉涌，叫声：“主公！你怎么死去三年，不来见我，却先见圣僧，后来见我？”太子道：“母亲，这话是怎的说？”娘娘道：“儿啊，我四更时分，也做了一梦，梦见你父王水淋淋的，站在我跟前，亲说他死了，鬼魂儿拜请了唐僧降假皇帝，救他前身。记便记得是这等言语，只是一半儿不得分明，正在这里狐疑，怎知今日你又来说这话，又将宝贝拿出。我且收下，你且去请那圣僧急急为之。果然扫荡妖氛，辨明邪正，庶报你父王养育之恩也。”

太子急忙上马，出后宰门，躲离城池，真个是噙泪叩头辞国母，含悲顿首复唐僧。不多时，出了城门，径至宝林寺山门前下马。众军士接着太子，又见红轮将坠。太子传令，不许军士乱动，他又独自个入了山门，整束衣冠，拜请行者。只见那猴王从正殿摇摇摆摆走来，那太子双膝跪下道：“师父，我来了。”行者上前搀住道：“请起，你到城中，可曾问谁么？”太子道：“问母亲来。”将前言尽说了一遍。行者微微笑道：“若是那般冷啊，想是个甚么冰冷的东西变的。不打紧！不打紧！等我老孙与你扫荡。却只是今日晚了，不好行事。你先回去，待明早我来。”

太子跪地叩拜道：“师父，我只在此伺候，到明日同师父一路去罢。”行者道：“不好！不好！若是与你一同入城，那怪物生疑，不说是我撞着你，却说是你请老孙，却不惹他反怪你也？”太子道：“我如今进城，他也怪我。”行者道：“怪你怎么？”太子道：

“我自早朝蒙差，带领若干人马鹰犬出城，今一日更无一件野物，怎么见驾？若问我个不才之罪，监陷羑里，你明日进城，却将何倚？况那班部中更没个相知人也。”行者道：“这甚打紧！你肯早说时，却不寻下些等你？”

好大圣！你看他就在太子面前，显个手段，将身一纵，跳在云端里，捻着诀，念一声“唵蓝净法界”的真言，拘得那山神土地在半空中施礼道：“大圣，呼唤小神，有何使令？”行者道：“老孙保护唐僧到此，欲拿邪魔，奈何那太子打猎无物，不敢回朝。

问汝等讨个人情，快将獐鹿兔，走兽飞禽，各寻些来，打发他回去。”山神土地闻言，敢不承命？又问各要几何。大圣道：“不拘多少，取些来便罢。”那各神即着本处阴兵，刮一阵聚兽阴风，捉了些野鸡山雉，角鹿肥獐，狐獾狢兔，虎豹狼虫，共有百千余只，献与行者。行者道：“老孙不要，你可把他都捻就了筋，单摆在那四十里路上两旁，教那些人不纵鹰犬，拿回城去，算了汝等之功。”众神依言，散了阴风，摆在左右。行者才按云头，对太子道：“殿下请回，路上已有物了，你自收去。”太子见他在半空中弄此神通，如何不信，只得叩头拜别，出山门传了令，教军士们回城。只见那路旁果有无限的野物，军士们不放鹰犬，一个个俱着手擒捉喝采，俱道是千岁殿下的洪福，怎知是老孙的神功？你听凯歌声唱，一拥回城。

这行者保护了三藏，那本寺中的和尚，见他们与太子这样绸缪，怎不恭敬？却又安排斋供，管待了唐僧，依然还歇在禅堂里。将近有一更时分，行者心中有事，急睡不着。他一毂辘爬起来，到唐僧床前叫：“师父。”此时长老还未睡哩，他晓得行者会失惊打怪的，推睡不应。行者摸着他的光头，乱摇道：“师父怎睡着了？”唐僧怒道：“这个顽皮！这早晚还不睡，吆喝甚么？”

行者道：“师父，有一桩事儿和你计较计较。”长老道：“甚么事？”行者道：“我日间与那太子夸口，说我的手段比山还高，比海还深，拿那妖精如探囊取物一般，伸了手去就拿将转来，却也睡不着，想起来，有些难哩。”唐僧道：“你说难，便就不拿了罢。”行者道：“拿是还要拿，只是理上不顺。”唐僧道：“这猴头乱说！妖精夺了人君位，怎么叫做理上不顺！”行者道：“你老人家只知念经拜佛，打坐参禅，那曾见那萧何的律法？常言道，拿贼拿赃。那怪物做了三年皇帝，又不曾走了马脚，漏了风声。他与三宫妃后同眠，又和两班文武共乐，我老孙就有本事拿住他，也不好定个罪名。”唐僧道：“怎么不好定罪？”行者道：“他就是个没嘴的葫芦，也与你滚上几滚。他敢道：我是乌鸡国王，有甚逆天之事，你来拿我？将甚执照与他折辩？”唐僧道：“凭你怎生裁处？”行者笑道：“老孙的计已成了，只是干碍着你老人家，有些儿护短。”唐僧道：“我怎么护短？”行者道：“八戒生得夯，你有些儿偏向他。”唐僧道：“我怎么向他？”行者道：“你若不向他啊，且如今把胆放大些，与沙僧只在这里。待老孙与八戒趁此时先入那乌鸡国城中，寻着御花园，打开琉璃井，把那皇帝尸首捞将上来，包在我们包袱里。明日进城，且不管甚么倒换文牒，见了那怪，掣棍子就打。他但有言语，就将骨榇与他看，说你杀的是这个人！却教太子上来哭父，皇后出来认夫，文武多官见主，我老孙与兄弟们动手。这才是有对头的官事好打。”唐僧闻言暗喜道：“只怕八戒不肯去。”行者笑道：“如何？

我说你护短，你怎么就知他不肯去？你只象我叫你时不答应，半个时辰便了！我这去，但凭三寸不烂之舌，莫说是猪八戒，就是猪九戒，也有本事教他跟着我走。”唐僧道：“也罢，随你去叫他。”

行者离了师父，径到八戒床边，叫：“八戒！八戒！”那呆子是走路辛苦的人，丢倒头只情打呼，那里叫得醒？行者揪着耳朵，抓着鬃，把他一拉，拉起来，叫声“八戒。”那呆子还打棱挣，行者又叫一声，呆子道：“睡了罢，莫顽！明日要走路哩！”行者道：“不是顽，有一桩买卖，我和你做去。”八戒道：“甚么买卖？”

行者道：“你可曾听得那太子说么？”八戒道：“我不曾见面，不曾听见说甚么。”行者说：“那太子告诵我说，那妖精有件宝贝，万夫不当之勇。我们明日进朝，不免与他争敌，倘那怪执了宝贝，降倒我们，却不反成不美，我想着打人不过，不如先下手。

我和你去偷他的来，却不是好？”八戒道：“哥哥，你哄我去做贼哩。这个买卖，我也去得，果是晓得实实的帮寸，我也与你讲个明白：偷了宝贝，降了妖精，我却不奈烦甚么小家罕气的分宝贝，我就要了。”行者道：“你要作甚？”八戒道：“我不如你们乖巧能言，人面前化得出斋来，老猪身子又夯，言语又粗，不能念经，若到那无济无生处，可好换斋吃么！”行者道：“老孙只要图名，那里图甚宝贝，就与你罢便了。”那呆子听见说都与他，他就满心欢喜，一毂辘爬将起来，套上衣服，就和行者走路。这正是清酒红人面，黄金动道心。两个密密的开了门，躲离三藏，纵祥光，径奔那城。

不多时到了，按落云头，只听得楼头方二鼓矣。行者道：

“兄弟，二更时分了。”八戒道：“正好！正好！人都在头觉里正浓睡也。”二人不奔正阳门，径到后宰门首，只听得梆铃声响。

行者道：“兄弟，前后门皆紧急，如何得入？”八戒道：“那见做贼的从门里走么？瞒墙跳过便罢。”行者依言，将身一纵，跳上里罗城墙，八戒也跳上去。二人潜入里面，找着门路，径寻那御花园。正行时，只见有一座三檐白簇的门楼，上有三个亮灼灼的大字，映着那星月光辉，乃是御花园。行者近前看了，有几重封皮，公然将锁门锈住了，即命八戒动手。那呆子掣铁钯，尽力一筑，把门筑得粉碎。行者先举步插入，忍不住跳将起来，大呼小叫，唬得八戒上前扯住道：“哥呀，害杀我也！那见做贼的乱嚷，似这般吆喝！惊醒了人，把我们拿住，发到官司，就不该死罪，也要解回原籍充军。”行者道：“兄弟啊，你却不知我发急为何，你看这：“彩画雕栏狼狈，宝妆亭阁敧歪。莎汀蓼岸尽尘埋，芍药荼蘼俱败。茉莉玫瑰香暗，牡丹百合空开。芙蓉木槿草垓垓，异卉奇葩壅坏。巧石山峰俱倒，池塘水涸鱼衰。青松紫竹似干柴，满路茸茸蒿艾。丹桂碧桃枝损，海榴棠棣根歪。桥头曲径有苍苔，冷落花园境界！”八戒道：“且叹他做甚？快干我们的买卖去来！”行者虽然感概，却留心想起唐僧的梦来，说芭蕉树下方是井。正行处，果见一株芭蕉，生得茂盛，比众花木不同，真是：一种灵苗秀，天生体性空。枝枝抽片纸，叶叶卷芳丛。翠缕千条细，丹心一点红。凄凉愁夜雨，憔悴怯秋风。长养元丁力，栽培造化工。缄书成妙用，挥洒有奇功。凤翎宁得似，鸾尾迥相同。薄露瀼瀼滴，轻烟淡淡笼。青阴遮户牖，碧影上帘栊。不许栖鸿雁，何堪系玉骢。霜天形槁悴，月夜色朦胧。仅可消炎暑，犹宜避日烘。愧无桃李色，冷落粉墙东。行者道：“八戒，动手么！宝贝在芭蕉树下埋着哩。”那呆子双手举钯，筑倒了芭蕉，然后用嘴一拱，拱了有三四尺深，见一块石板盖住。呆子欢喜道：“哥呀！造化了！果有宝贝，是一片石板盖着哩！不知是坛儿盛着，是柜儿装着哩。”行者道：“你掀起来看看。”那呆子果又一嘴，拱开看处，又见有霞光灼灼，白气明明。八戒笑道：

“造化！造化！宝贝放光哩！”又近前细看时，呀！原来是星月之光，映得那井中水亮。八戒道：“哥呀，你但干事，便要留根。”

行者道：“我怎留根？”八戒道：“这是一眼井。你在寺里，早说是井中有宝贝，我却带将两条捆包袱的绳来，怎么作个法儿，把老猪放下去。如今空手，这里面东西，怎么得下去上来耶？”行者道：“你下去么？”八戒道：“正是要下去，只是没绳索。”行者笑道：“你脱了衣服，我与你个手段。”八戒道：“有甚么好衣服？解了这直裰子就是了。”

好大圣，把金箍棒拿出来，两头一扯，叫“长！”足有七八丈长。教：“八戒，你抱着一头儿，把你放下井去。”八戒道：“哥呀，放便放下去，若到水边，就住了罢。”行者道：“我晓得。”那呆子抱着铁棒，被行者轻轻提将起来，将他放下去。不多时，放至水边，八戒道：“到水了！”行者听见他说，却将棒往下一按。那呆子扑通的一个没头蹲，丢了铁棒，便就负水，口里哺哺的嚷道：

“这天杀的！我说到水莫放，他却就把我一按！”行者掣上棒来，笑道：“兄弟，可有宝贝么？”八戒道：“见甚么宝贝，只是一井水！”行者道：“宝贝沉在水底下哩，你下去摸一摸来。”呆子真个深知水性，却就打个猛子，淬将下去，呀！那井底深得紧！他却着实又一淬，忽睁眼见有一座牌楼，上有水晶宫三个字。八戒大惊道：“罢了！罢了！错走了路了！蹡下海来也！海内有个水晶宫，井里如何有之？”原来八戒不知此是井龙王的水晶宫。

八戒正叙话处，早有一个巡水的夜叉，开了门，看见他的模样，急抽身进去报道：“大王，祸事了！井上落一个长嘴大耳的和尚来了！赤淋淋的，衣服全无，还不死，逼法说话哩。”那井龙王忽闻此言，心中大惊道：“这是天蓬元帅来也。昨夜夜游神奉上敕旨，来取乌鸡国王魂灵去拜见唐僧，请齐天大圣降妖。

这怕是齐天大圣、天蓬元帅来了，却不可怠慢他，快接他去也。”那龙王整衣冠，领众水族，出门来厉声高叫道：“天蓬元帅，请里面坐。”八戒却才欢喜道：“原来是个故知。”那呆子不管好歹，径入水晶宫里。其实不知上下，赤淋淋的，就坐在上面。龙王道：“元帅，近闻你得了性命，皈依释教，保唐僧西天取经，如何得到此处？”八戒道：“正为此说，我师兄孙悟空多多拜上，着我来问你取甚么宝贝哩。”龙王道：“可怜，我这里怎么得个宝贝？比不得那江河淮济的龙王，飞腾变化，便有宝贝。我久困于此，日月且不能长见，宝贝果何自而来也？”八戒道：“不要推辞，有便拿出来罢。”龙王道：“有便有一件宝贝，只是拿不出来，就元帅亲自来看看，何如？”八戒道：“妙妙妙！须是看看来也。”那龙王前走，这呆子随后，转过了水晶宫殿，只见廊庑下，横𦨭着一个六尺长躯。龙王用手指定道：“元帅，那厢就是宝贝了。”八戒上前看了，呀！原来是个死皇帝，戴着冲天冠，穿着赭黄袍，踏着无忧履，系着蓝田带，直挺挺睡在那厢。八戒笑道：“难难难！算不得宝贝！想老猪在山为怪时，时常将此物当饭，且莫说见的多少，吃也吃够无数，那里叫做甚么宝贝！”龙王道：“元帅原来不知，他本是乌鸡国王的尸首，自到井中，我与他定颜珠定住，不曾得坏。你若肯驮他出去，见了齐天大圣，假有起死回生之意啊，莫说宝贝，凭你要甚么东西都有。”八戒道：“既这等说，我与你驮出去，只说把多少烧埋钱与我？”龙王道“其实无钱。”八戒道：“你好白使人？果然没钱，不驮！”龙王道：“不驮，请行。”八戒就走。龙王差两个有力量的夜叉，把尸抬将出去，送到水晶宫门外，丢在那厢，摘了辟水珠，就有水响。

八戒急回头看，不见水晶宫门，一把摸着那皇帝的尸首，慌得他脚软筋麻，撺出水面，扳着井墙，叫道：“师兄！伸下棒来救我一救！”行者道：“可有宝贝么？”八戒道：“那里有！只是水底下有一个井龙王，教我驮死人，我不曾驮，他就把我送出门来，就不见那水晶宫了，只摸着那个尸首，唬得我手软筋麻，挣搓不动了！哥呀！好歹救我救儿！”行者道：“那个就是宝贝，如何不驮上来？”八戒道：“知他死了多少时了，我驮他怎的？”行者道：“你不驮，我回去耶。”八戒道：“你回那里去？”行者道：

“我回寺中，同师父睡觉去。”八戒道：“我就不去了？”行者道：

“你爬得上来，便带你去，爬不上来，便罢。”八戒慌了：“怎生爬得动！你想，城墙也难上，这井肚子大，口儿小，壁陡的圈墙，又是几年不曾打水的井，团团都长的是苔痕，好不滑也，教我怎爬？哥哥，不要失了兄弟们和气，等我驮上来罢。”行者道：“正是，快快驮上来，我同你回去睡觉。”那呆子又一个猛子，淬将下去，摸着尸首，拽过来，背在身上，撺出水面，扶井墙道：“哥哥，驮上来了。”那行者睁睛看处，真个的背在身上，却才把金箍棒伸下井底，那呆子着了恼的人，张开口，咬着铁棒，被行者轻轻的提将出来。八戒将尸放下，捞过衣服穿了。行者看时，那皇帝容颜依旧，似生时未改分毫。行者道：“兄弟啊，这人死了三年，怎么还容颜不坏？”八戒道：“你不知之，这井龙王对我说，他使了定颜珠定住了，尸首未曾坏得。”行者道：“造化！造化！一则是他的冤仇未报，二来该我们成功，兄弟快把他驮了去。”八戒道：“驮往那里去？”行者道：“驮了去见师父。”八戒口中作念道：“怎的起！怎的起！好好睡觉的人，被这猢狲花言巧语，哄我教做甚么买卖，如今却干这等事，教我驮死人！驮着他，腌脏臭水淋将下来，污了衣服，没人与我浆洗。上面有几个补丁，天阴发潮，如何穿么？”行者道：“你只管驮了去，到寺里，我与你换衣服。”八戒道：“不羞！连你穿的也没有，又替我换！”

行者道：“这般弄嘴，便不驮罢！”八戒道：“不驮！”“便伸过孤拐来，打二十棒！”八戒慌了道：“哥哥，那棒子重，若是打上二十，我与这皇帝一般了。”行者道：“怕打时，趁早儿驮着走路！”八戒果然怕打，没好气把尸首拽将过来，背在身上，拽步出园就走。

好大圣，捻着诀，念声咒语，往巽地上吸一口气，吹将去就是一阵狂风，把八戒撮出皇宫内院，躲离了城池，息了风头，二人落地，徐徐却走将来。那呆子心中暗恼，算计要报恨行者道：

“这猴子捉弄我，我到寺里也捉弄他捉弄，撺唆师父，只说他医得活；医不活，教师父念《紧箍儿咒》，把这猴子的脑浆勒出来，方趁我心！”走着路，再再寻思道：“不好！不好！若教他医人，却是容易：他去阎王家讨将魂灵儿来，就医活了。只说不许赴阴司，阳世间就能医活，这法儿才好。”说不了，却到了山门前，径直进去，将尸首丢在那禅堂门前，道：“师父，起来看邪。”那唐僧睡不着，正与沙僧讲行者哄了八戒去久不回之事，忽听得他来叫了一声，唐僧连忙起身道：“徒弟，看甚么？”八戒道：“行者的外公，教老猪驮将来了。”行者道：“你这馕糟的呆子！我那里有甚么外公？”八戒道：“哥，不是你外公，却教老猪驮他来怎么？也不知费了多少力了！”那唐僧与沙僧开门看处，那皇帝容颜未改，似活的一般。长老忽然惨凄道：“陛下，你不知那世里冤家，今生遇着他，暗丧其身，抛妻别子，致令文武不知，多官不晓！可怜你妻子昏蒙，谁曾见焚香献茶？”忽失声泪如雨下。

八戒笑道：“师父，他死了可干你事？又不是你家父祖，哭他怎的！”三藏道：“徒弟啊，出家人慈悲为本，方便为门，你怎的这等心硬？”八戒道：“不是心硬，师兄和我说来，他能医得活。若是医不活，我也不驮他来了。”那长老原来是一头水的，被那呆子摇动了，也便就叫：“悟空，若果有手段医活这个皇帝，正是救人一命，胜造七级浮图，我等也强似灵山拜佛。”行者道：“师父，你怎么信这呆子乱谈！人若死了，或三七五七，尽七七日，受满了阳间罪过，就转生去了，如今已死三年，如何救得！”三藏闻其言道：“也罢了。”八戒苦恨不息道：“师父，你莫被他瞒了，他有些夹脑风。你只念念那话儿，管他还你一个活人。”真个唐僧就念《紧箍儿咒》，勒得那猴子眼胀头疼。毕竟不知怎生医救，且听下回分解。

第三十九回　一粒金丹天上得　三年故主世间生

话说那孙大圣头痛难禁，哀告道：“师父，莫念！莫念！等我医罢！”长老问：“怎么医？”行者道：“只除过阴司，查勘那个阎王家有他魂灵，请将来救他。”八戒道：“师父莫信他。他原说不用过阴司，阳世间就能医活，方见手段哩。”那长老信邪风，又念《紧箍儿咒》，慌得行者满口招承道：“阳世间医罢！阳世间医罢！”八戒道：“莫要住！只管念！只管念！”行者骂道：“你这呆孽畜，撺道师父咒我哩！”八戒笑得打跌道：“哥耶！哥耶！你只晓得捉弄我，不晓得我也捉弄你捉弄！”行者道：“师父，莫念！莫念！待老孙阳世间医罢。”三藏道：“阳世间怎么医？”行者道：“我如今一筋斗云，撞入南天门里，不进斗牛宫，不入灵霄殿，径到那三十三天之上离恨天宫兜率院内，见太上老君，把他九转还魂丹求得一粒来，管取救活他也。”三藏闻言大喜道：“就去快来。”行者道：“如今有三更时候罢了，投到回来，好天明了。只是这个人睡在这里，冷淡冷淡，不象个模样；须得举哀人看着他哭，便才好哩。”八戒道：“不消讲，这猴子一定是要我哭哩。”行者道：“怕你不哭！你若不哭，我也医不成！”八戒道：“哥哥，你自去，我自哭罢了。”行者道：“哭有几样：若干着口喊谓之嚎，扭搜出些眼泪儿来谓之啕。又要哭得有眼泪，又要哭得有心肠，才算着嚎啕痛哭哩。”八戒道：“我且哭个样子你看看。”他不知那里扯个纸条，拈作一个纸拈儿，往鼻孔里通了两通，打了几个涕喷，你看他眼泪汪汪，粘涎答答的，哭将起来，口里不住的絮絮叨叨，数黄道黑，真个象死了人的一般。哭到那伤情之处，唐长老也泪滴心酸。行者笑道：“正是那样哀痛，再不许住声。你这呆子哄得我去了，你就不哭，我还听哩！

若是这等哭便罢，若略住住声儿，定打二十个孤拐！”八戒笑道：“你去你去！我这一哭动头，有两日哭哩。”沙僧见他数落，便去寻几枝香来烧献，行者笑道："好好好！一家儿都有些敬意，老孙才好用功。"

好大圣，此时有半夜时分，别了他师徒三众，纵筋斗云，只入南天门里，果然也不谒灵霄宝殿，不上那斗牛天宫，一路云光，径来到三十三天离恨天兜率宫中。才入门，只见那太上老君正坐在那丹房中，与众仙童执芭蕉扇扇火炼丹哩。他见行者来时，即吩咐看丹的童儿："各要仔细，偷丹的贼又来也。"行者作礼笑道："老官儿，这等没搭撒，防备我怎的？我如今不干那样事了。"老君道："你那猴子，五百年前大闹天宫，把我灵丹偷吃无数，着小圣二郎捉拿上界，送在我丹炉炼了四十九日，炭也不知费了多少。你如今幸得脱身，皈依佛果，保唐僧往西天取经，前者在平顶山上降魔，弄刁难，不与我宝贝，今日又来做甚？"行者道："前日事，老孙更没稽迟，将你那五件宝贝当时交还，你反疑心怪我？"老君道："你不走路，潜入吾宫怎的？"行者道："自别后，西过一方，名乌鸡国。那国王被一妖精假妆道士，呼风唤雨，阴害了国王，那妖假变国王相貌，现坐金銮殿上。是我师父夜坐宝林寺看经，那国王鬼魂参拜我师，敦请老孙与他降妖，辨明邪正。正是老孙思无指实，与弟八戒，夜入园中，打破花园，寻着埋藏之所，乃是一眼八角琉璃井内，捞上他的尸首，容颜不改。到寺中见了我师，他发慈悲，着老孙医救，不许去赴阴司里求索灵魂，只教在阳世间救治。我想着无处回生，特来参谒，万望道祖垂怜，把九转还魂丹借得一千丸儿，与我老孙搭救他也。"老君道："这猴子胡说！甚么一千丸，二千丸！

当饭吃哩！是那里土块捘的，这等容易？咄！快去！没有！"行者笑道："百十丸儿也罢。"老君道："也没有。"行者道："十来丸也罢。"老君怒道："这泼猴却也缠帐！没有，没有！出去，出去！"

行者笑道："真个没有，我问别处去救罢。"老君喝道："去！去！

去！"这大圣拽转步，往前就走。老君忽的寻思道："这猴子惫懒哩，说去就去，只怕溜进来就偷。"即命仙童叫回来道："你这猴子，手脚不稳，我把这还魂丹送你一丸罢。"行者道："老官儿，既然晓得老孙的手段，快把金丹拿出来，与我四六分分，还是你的造化哩；不然，就送你个皮笊篱，一捞个罄尽。"那老祖取过葫芦来，倒吊过底子，倾出一粒金丹，递与行者道："止有此了，拿去，拿去！送你这一粒，医活那皇帝，只算你的功果罢。"

行者接了道："且休忙，等我尝尝看，只怕是假的，莫被他哄了。"扑的往口里一丢，慌得那老祖上前扯住，一把揪着顶瓜皮，揝着拳头骂道："这泼猴若要咽下去，就直打杀了！"行者笑道："嘴脸！小家子样！那个吃你的哩！能值几个钱？虚多实少的，在这里不是？"原来那猴子颏下有嗉袋儿，他把那金丹噙在嗉袋里，被老祖捻着道："去罢！去罢！再休来此缠绕！"这大圣才谢了老祖，出离了兜率天宫。

你看他千条瑞霭离瑶阙，万道祥云降世尘，须臾间下了南天门，回到东观，早见那太阳星上。按云头，径至宝林寺山门外，只听得八戒还哭哩，忽近前叫声："师父。"三藏喜道："悟空来了，可有丹药？"行者道："有。"八戒道："怎么得没有？他偷也去偷人家些来！"行者笑道："兄弟，你过去罢，用不着你了。你揩揩眼泪，别处哭去。"教："沙和尚，取些水来我用。"沙僧急忙往后面井上，有个方便吊桶，即将半钵盂水递与行者。行者接了水，口中吐出丹来，安在那皇帝唇里，两手扳开牙齿，用一口清水，把金丹冲灌下肚。有半个时辰，只听他肚里呼呼的乱响，只是身体不能转移。行者道："师父，弄我金丹也不能救活，可是掯杀老孙么！"三藏道："岂有不活之理。似这般久死之尸，如何吞得水下？此乃金丹之仙力也。自金丹入腹，却就肠鸣了，肠鸣乃血脉和动，但气绝不能回伸。莫说人在井里浸了三年，就是生铁也上锈了，只是元气尽绝，得个人度他一口气便好。"

那八戒上前就要度气，三藏一把扯住道："使不得！还教悟空来。"那师父甚有主张：原来猪八戒自幼儿伤生作孽吃人，是一口浊气；惟行者从小修持，咬松嚼柏，吃桃果为生，是一口清气。这大圣上前，把个雷公嘴噙着那皇帝口唇，呼的一口气收入咽喉，度下重楼，转明堂，径至丹田，从涌泉倒返泥垣宫。呼的一声响喨，那君王气聚神归，便翻身，轮拳曲足，叫了一声"师父！"双膝跪在尘埃道："记得昨夜鬼魂拜谒，怎知道今朝天晓返阳神！"三藏慌忙搀起道："陛下，不干我事，你且谢我徒弟。"行者笑道："师父说那里话？常言道，家无二主，你受他一拜儿不亏。"三藏甚不过意，搀起那皇帝来，同入禅堂，又与八戒、行者、沙僧拜见了，方才按座。只见那本寺的僧人，整顿了早斋，却欲来奉献；忽见那个水衣皇帝，个个惊张，人人疑说。

孙行者跳出来道："那和尚，不要这等惊疑，这本是乌鸡国王，乃汝之真主也。三年前被怪害了性命，是老孙今夜救活，如今进他城去，要辨明邪正。若有了斋，摆将来，等我们吃了走路。"

众僧即奉献汤水，与他洗了面，换了衣服。把那皇帝赭黄袍脱了，本寺僧官，将两领布直裰，与他穿了；解下蓝田带，将一条黄丝绦子与他系了；褪下无忧履，与他一双旧僧鞋撒了。却才都吃了早斋，扣背马匹。

行者问："八戒，你行李有多重？"八戒道："哥哥，这行李日逐挑着，倒也不知有多重。"行者道："你把那一担儿分为两担，将一担儿你挑着，将一担儿与这皇帝挑，我们赶早进城干事。"

八戒欢喜道："造化！造化！当时驮他来，不知费了多少力，如今医活了，原来是个替身。"那呆子就弄玄虚，将行李分开，就问寺中取条匾担，轻些的自己挑了，重些的教那皇帝挑着。行者笑道："陛下，着你那般打扮，挑着担子，跟我们走走，可亏你么？"那国王慌忙跪下道："师父，你是我重生父母一般，莫说挑担，情愿执鞭坠镫，伏侍老爷，同行上西天去也。"行者道："不要你去西天，我内中有个缘故。你只挑得四十里进城，待捉了妖精，你还做你的皇帝，我们还取我们的经也。"八戒听言道：

"这等说，他只挑四十里路，我老猪还是长工！"行者道："兄弟，不要胡说，趁早外边引路。"真个八戒领那皇帝前行，沙僧伏侍师父上马，行者随后，只见那本寺五百僧人，齐齐整整，吹打着细乐，都送出山门之外。行者笑道："和尚们不必远送，但恐官家有人知觉，泄漏我的事机，反为不美。快回去！快回去！但把那皇帝的衣服冠带，整顿干净，或是今晚明早，送进城来，我讨些封赠赏赐谢你。"众僧依命各回讫。行者搀开大步，赶上师父，一直前来，正是：西方有诀好寻真，金木和同却炼神。丹母空怀懞懂梦，婴儿长恨杌樗身。必须井底求明主，还要天堂拜老君。悟得色空还本性，诚为佛度有缘人。

师徒们在路上，那消半日，早望见城池相近，三藏道："悟空，前面想是乌鸡国了。"行者道："正是，我们快赶进城干事。"

那师徒进得城来，只见街市上人物齐整，风光闹热，早又见凤阁龙楼，十分壮丽。有诗为证，诗曰：海外宫楼如上邦，人间歌舞若前唐。花迎宝扇红云绕，日照鲜袍翠雾光。孔雀屏开香霭出，珍珠帘卷彩旗张。太平景象真堪贺，静列多官没奏章。三藏下马道："徒弟啊，我们就此进朝倒换关文，省得又拢那个衙门费事。"行者道："说得有理，我兄弟们都进去，人多才好说话。"唐僧道："都进去，莫要撒村，先行了君臣礼，然后再讲。"

行者道："行君臣礼，就要下拜哩。"三藏道："正是，要行五拜三叩头的大礼。"行者笑道："师父不济，若是对他行礼，诚为不智。你且让我先走到里边，自有处置。等他若有言语，让我对答。我若拜，你们也拜；我若蹲，你们也蹲。"你看那惹祸的猴王，引至朝门，与阁门大使言道：“我等是东土大唐驾下差来上西天拜佛求经者，今到此倒换关文，烦大人转达，是谓不误善果。”那黄门官即入端门，跪下丹墀启奏道：“朝门外有五众僧人，言是东土唐国钦差上西天拜佛求经，今至此倒换关文，不敢擅入，现在门外听宣。”

那魔王即令传宣。唐僧却同入朝门里面，那回生的国主随行。正行，忍不住腮边堕泪，心中暗道：“可怜！我的铜斗儿江山，铁围的社稷，谁知被他阴占了！”行者道：“陛下切莫伤感，恐走漏消息。这棍子在我耳朵里跳哩，如今决要见功，管取打杀妖魔，扫荡邪物，这江山不久就还归你也。”那君王不敢违言，只得扯衣揩泪，舍死相生，径来到金銮殿下。又见那两班文武，四百朝官，一个个威严端肃，像貌轩昂。这行者引唐僧站立在白玉阶前，挺身不动，那阶下众官，无不悚惧，道：“这和尚十分愚浊！怎么见我王便不下拜，亦不开言呼祝？喏也不唱一个，好大胆无礼！”说不了，只听得那魔王开口问道：“那和尚是那方来的？”行者昂然答道：“我是南赡部洲东土大唐国奉钦差前往西域天竺国大雷音寺拜活佛求真经者，今到此方，不敢空度，特来倒换通关文牒。”那魔王闻说，心中作怒道：“你东土便怎么！我不在你朝进贡，不与你国相通，你怎么见吾抗礼，不行参拜！”行者笑道：“我东土古立天朝，久称上国，汝等乃下土边邦。自古道，上邦皇帝，为父为君；下邦皇帝，为臣为子。你倒未曾接我，且敢争我不拜？”那魔王大怒，教文武官：“拿下这野和尚去！”说声叫“拿”，你看那多官一齐踊跃。这行者喝了一声，用手一指，教：“莫来！”那一指，就使个定身法，众官俱莫能行动，真个是校尉阶前如木偶，将军殿上似泥人。

那魔王见他定住了文武多官，急纵身，跳下龙床，就要来拿。猴王暗喜道：“好！正合老孙之意，这一来就是个生铁铸的头，汤着棍子，也打个窟窿！”正动身，不期旁边转出一个救命星来。你道是谁，原来是乌鸡国王的太子，急上前扯住那魔王的朝服，跪在面前道：“父王息怒。”妖精问：“孩儿怎么说？”太子道：“启父王得知，三年前闻得人说，有个东土唐朝驾下钦差圣僧往西天拜佛求经，不期今日才来到我邦。父王尊性威烈，若将这和尚拿去斩首，只恐大唐有日得此消息，必生嗔怒。你想那李世民自称王位，一统江山，心尚未足，又兴过海征伐。若知我王害了他御弟圣僧，一定兴兵发马，来与我王争敌。奈何兵少将微，那时悔之晚矣。父王依儿所奏，且把那四个和尚，问他个来历分明，先定他一段不参王驾，然后方可问罪。”

这一篇，原来是太子小心，恐怕来伤了唐僧，故意留住妖魔，更不知行者安排着要打。那魔王果信其言，立在龙床前面，大喝一声道：“那和尚是几时离了东土？唐王因甚事着你求经？”行者昂然而答道：“我师父乃唐王御弟，号曰三藏。因唐王驾下有一丞相，姓魏名徵，奉天条梦斩泾河老龙。大唐王梦游阴司地府，复得回生之后，大开水陆道场，普度冤魂孽鬼。因我师父敷演经文，广运慈悲，忽得南海观世音菩萨指教来西。我师父大发弘愿，情欣意美，报国尽忠，蒙唐王赐与文牒。那时正是大唐贞观十三年九月望前三日。离了东土，前至两界山，收了我做大徒弟，姓孙，名悟空行者；又到乌斯国界高家庄，收了二徒弟，姓猪，名悟能八戒；流沙河界，又收了三徒弟，姓沙，名悟净和尚；前日在敕建宝林寺，又新收个挑担的行童道人。”魔王闻说，又没法搜检那唐僧，弄巧计盘诘行者，怒目问道：“那和尚，你起初时，一个人离东土，又收了四众，那三僧可让，这一道难容。那行童断然是拐来的。他叫做甚么名字？有度牒是无度牒？拿他上来取供。”唬得那皇帝战战兢兢道：“师父啊！

我却怎的供？”孙行者捻他一把道：“你休怕，等我替你供。”好大圣，趋步上前，对怪物厉声高叫道：“陛下，这老道是一个瘖痖之人，却又有些耳聋。只因他年幼间曾走过西天，认得道路，他的一节儿起落根本，我尽知之，望陛下宽恕，待我替他供罢。”魔王道：“趁早实实的替他供来，免得取罪。”行者道：“供罪行童年且迈，痴聋瘖痖家私坏。祖居原是此间人，五载之前遭破败。天无雨，民干坏，君王黎庶都斋戒。焚香沐浴告天公，万里全无云叆叇。百姓饥荒若倒悬，锺南忽降全真怪。呼风唤雨显神通，然后暗将他命害。推下花园水井中，阴侵龙位人难解。幸吾来，功果大，起死回生无挂碍。情愿皈依作行童，与僧同去朝西界。假变君王是道人，道人转是真王代。”那魔王在金銮殿上，闻得这一篇言语，唬得他心头撞小鹿，面上起红云，急抽身就要走路，奈何手内无一兵器，转回头，只见一个镇殿将军，腰挎一口宝刀，被行者使了定身法，直挺挺如痴如痖，立在那里，他近前，夺了这宝刀，就驾云头望空而去。气得沙和尚爆躁如雷，猪八戒高声喊叫，埋怨行者是一个急猴子：“你就慢说些儿，却不稳住他了？如今他驾云逃走，却往何处追寻？”行者笑道：“兄弟们且莫乱嚷。我等叫那太子下来拜父，嫔后出来拜夫。”却又念个咒语，解了定身法，“教那多官苏醒回来拜君，方知是真实皇帝，教诉前情，才见分晓，我再去寻他。好大圣，吩咐八戒、沙僧：“好生保护他君臣父子嫔后与我师父！”只听说声去，就不见形影。

他原来跳在九霄云里，睁眼四望，看那魔王哩。只见那畜果逃了性命，径往东北上走哩。行者赶得将近，喝道：“那怪物，那里去！老孙来了也！”那魔王急回头，掣出宝刀，高叫道：“孙行者，你好惫懒！我来占别人的帝位，与你无干，你怎么来抱不平，泄漏我的机密！”行者呵呵笑道：“我把你大胆的泼怪！皇帝又许你做？你既知我是老孙，就该远遁；怎么还刁难我师父，要取甚么供状！适才那供状是也不是？你不要走！好汉吃我老孙这一棒！”那魔侧身躲过，掣宝刀劈面相还。他两个搭上手，这一场好杀，真是：猴王猛，魔王强，刀迎棒架敢相当。一天云雾迷三界，只为当朝立帝王。他两个战经数合，那妖魔抵不住猴王，急回头复从旧路跳入城里，闯在白玉阶前两班文武丛中，摇身一变，即变得与唐三藏一般模样，并搀手，立在阶前。

这大圣赶上，就欲举棒来打，那怪道：“徒弟莫打，是我！”急掣棒要打那个唐僧，却又道：“徒弟莫打，是我！”一样两个唐僧，实难辨认。“倘若一棒打杀妖怪变的唐僧，这个也成了功果；假若一棒打杀我的真实师父，却怎么好！”只得停手，叫八戒、沙僧问道：“果然那一个是怪，那一个是我的师父？你指与我，我好打他。”八戒道：“你在半空中相打相嚷，我瞥瞥眼就见两个师父，也不知谁真谁假。”行者闻言，捻诀念声咒语，叫那护法诸天、六丁六甲、五方揭谛、四值功曹、一十八位护驾伽蓝、当坊土地、本境山神道：“老孙至此降妖，妖魔变作我师父，气体相同，实难辨认。汝等暗中知会者，请师父上殿，让我擒魔。”原来那妖怪善腾云雾，听得行者言语，急撒手跳上金銮宝殿。这行者举起棒望唐僧就打。可怜！若不是唤那几位神来，这一下，就是二千个唐僧，也打为肉酱！多亏众神架住铁棒道：“大圣，那怪会腾云，先上殿去了。”行者赶上殿，他又跳将下来扯住唐僧，在人丛里又混了一混，依然难认。

行者心中不快，又见那八戒在旁冷笑，行者大怒道：“你这夯货怎的？如今有两个师父，你有得叫，有得应，有得伏侍哩，你这般欢喜得紧！”八戒笑道：“哥啊，说我呆，你比我又呆哩！

师父既不认得，何劳费力？你且忍些头疼，叫我师父念念那话儿，我与沙僧各搀一个听着。若不会念的，必是妖怪，有何难也？”行者道：“兄弟，亏你也，正是，那话儿只有三人记得。原是我佛如来心苗上所发，传与观世音菩萨，菩萨又传与我师父，便再没人知道。也罢，师父，念念。”真个那唐僧就念起来。那魔王怎么知得，口里胡哼乱哼。八戒道：“这哼的却是妖怪了！”

他放了手，举钯就筑。那魔王纵身跳起，踏着云头便走。好八戒，喝一声，也驾云头赶上，慌得那沙和尚丢了唐僧，也掣出宝杖来打，唐僧才停了咒语。孙大圣忍着头疼，揝着铁棒，赶在空中。呀！这一场，三个狠和尚，围住一个泼妖魔。那魔王被八戒沙僧使钉钯宝杖左右攻住了，行者笑道："我要再去，当面打他，他却有些怕我，只恐他又走了。等我老孙跳高些，与他个捣蒜打，结果了他罢。"

这大圣纵祥光，起在九霄，正欲下个切手，只见那东北上，一朵彩云里面，厉声叫道："孙悟空，且休下手！"行者回头看处，原来文殊菩萨，急收棒，上前施礼道："菩萨，那里去？"文殊道："我来替你收这个妖怪的。"行者谢道："累烦了。"那菩萨袖中取出照妖镜，照住了那怪的原身。行者才招呼八戒、沙僧齐来见了菩萨。却将镜子里看处，那魔王生得好不凶恶：眼似琉璃盏，头若炼炒缸。浑身三伏靛，四爪九秋霜。搭拉两个耳，一尾扫帚长。青毛生锐气，红眼放金光。匾牙排玉板，圆须挺硬枪。镜里观真象，原是文殊一个狮猁王。行者道："菩萨，这是你坐下的一个青毛狮子，却怎么走将来成精，你就不收服他？"

菩萨道："悟空，他不曾走，他是佛旨差来的。"行者道："这畜类成精，侵夺帝位，还奉佛旨差来。似老孙保唐僧受苦，就该领几道敕书！"菩萨道："你不知道；当初这乌鸡国王，好善斋僧，佛差我来度他归西，早证金身罗汉。因是不可原身相见，变做一种凡僧，问他化些斋供。被吾几句言语相难，他不识我是个好人，把我一条绳捆了，送在那御水河中，浸了我三日三夜。多亏六甲金身救我归西，奏与如来、如来将此怪令到此处推他下井，浸他三年，以报吾三日水灾之恨。一饮一啄，莫非前定。今得汝等来此，成了功绩。"行者道："你虽报了甚么一饮一啄的私仇，但那怪物不知害了多少人也。"菩萨道："也不曾害人，自他到后，这三年间，风调雨顺，国泰民安，何害人之有？"行者道："固然如此，但只三宫娘娘，与他同眠同起，点污了他的身体，坏了多少纲常伦理，还叫做不曾害人？"菩萨道："点污他不得，他是个骟了的狮子。"八戒闻言，走近前，就摸了一把，笑道："这妖精真个是糟鼻子不吃酒——枉担其名了！"行者道：

"既如此，收了去罢。若不是菩萨亲来，决不饶他性命。"那菩萨却念个咒，喝道："畜生，还不皈正，更待何时！"那魔王才现了原身。菩萨放莲花罩定妖魔，坐在背上，踏祥光辞了行者。咦！

径转五台山上去，宝莲座下听谈经。毕竟不知那唐僧师徒怎的出城，且听下回分解。

第四十回　婴儿戏化禅心乱　猿马刀归木母空

却说那孙大圣兄弟三人，按下云头，径至朝内，只见那君臣储后，几班儿拜接谢恩。行者将菩萨降魔收怪的那一节，陈诉与他君臣听了，一个个顶礼不尽。正都在贺喜之间，又听得黄门官来奏："主公，外面又有四个和尚来也。"八戒慌了道：

"哥哥，莫是妖精弄法，假捏文殊菩萨哄了我等，却又变作和尚，来与我们斗智哩？"行者道："岂有此理！"即命宣进来看。众文武传令，着他进来。行者看时，原来是那宝林寺僧人，捧着那冲天冠、碧玉带、赭黄袍、无忧履进得来也。行者大喜道："来得好！来得好！"且教道人过来，摘下包巾，戴上冲天冠；脱了布衣，穿上赭黄袍；解了绦子，系上碧玉带；褪了僧鞋，登上无忧履。教太子拿出白玉圭来，与他执在手里，早请上殿称孤，正是自古道："朝廷不可一日无君。"那皇帝那里肯坐，哭啼啼跪在阶心道："我已死三年，今蒙师父救我回生，怎么又敢妄自称尊？请那一位师父为君，我情愿领妻子城外为民足矣。"那三藏那里肯受，一心只是要拜佛求经。又请行者，行者笑道："不瞒列位说，老孙若肯做皇帝，天下万国九州皇帝，都做遍了。只是我们做惯了和尚，是这般懒散。若做了皇帝，就要留头长发，黄昏不睡，五鼓不眠，听有边报，心神不安；见有灾荒，忧愁无奈。

我们怎么弄得惯？你还做你的皇帝，我还做我的和尚，修功行去也。"那国王苦让不过，只得上了宝殿，南面称孤，大赦天下，封赠了宝林寺僧人回去。却才开东阁，筵宴唐僧，一壁厢传旨宣召丹青，写下唐师徒四位喜容，供养在金銮殿上。

那师徒们安了邦国，不肯久停，欲辞王驾投西。那皇帝与三宫妃后、太子诸臣，将镇国的宝贝，金银缎帛，献与师父酬恩。那三藏分毫不受，只是倒换关文，催悟空等背马早行。那国王甚不过意，摆整朝銮驾请唐僧上坐，着两班文武引导，他与三宫妃后并太子一家儿，捧毂推轮，送出城廓，却才下龙辇，与众相别。国王道："师父啊，到西天经回之日，是必还到寡人界内一顾。"三藏道："弟子领命。"那皇帝阁泪汪汪，遂与众臣回去了。

那唐僧一行四僧，上了羊肠大路，一心里专拜灵山。正值秋尽冬初时节，但见霜凋红叶林林瘦，雨熟黄粱处处盈。日暖岭梅开晓色，风摇山竹动寒声。师徒们离了乌鸡国，夜住晓行，将半月有余，忽又见一座高山，真个是摩天碍日。三藏马上心惊，急兜缰忙呼行者。行者道："师父有何吩咐？"三藏道："你看前面又有大山峻岭，须要仔细堤防，恐一时又有邪物来侵我也。"行者笑道："只管走路，莫再多心，老孙自有防护。"那长老只得宽怀，加鞭策马，奔至山岩，果然也十分险峻。但见得：高不高，顶上接青霄；深不深，涧中如地府。山前常见骨都都白云，扢腾腾黑雾。红梅翠竹，绿柏青松。山后有千万丈挟魂灵台，台后有古古怪怪藏魔洞，洞中有叮叮猪猪滴水泉，泉下更有弯弯曲曲流水涧。又见那跳天搠地献果猿，丫丫叉叉带角鹿，呢呢痴痴看人獐。至晚巴山寻穴虎，待晓翻波出水龙。登得洞门唿喇的响，惊得飞禽扑鲁的起，看那林中走兽鞠律律的行。见此一伙禽和兽，吓得人心扢磴磴惊。堂倒洞堂堂倒洞，洞堂当倒洞当仙。青石染成千块玉，碧纱笼罩万堆烟。师徒们正当悚惧，又只见那山凹里有一朵红云，直冒到九霄空内，结聚了一团火气。行者大惊，走近前，把唐僧搊着脚，推下马来，叫："兄弟们，不要走了，妖怪来矣。"慌得个八戒急掣钉钯，沙僧忙轮宝杖，把唐僧围护在当中。

话分两头。却说红光里，真是个妖精。他数年前，闻得人讲："东土唐僧往西天取经，乃是金蝉长老转生，十世修行的好人。有人吃他一块肉，延生长寿，与天地同休。"他朝朝在山间等候，不期今日到了。他在那半空里，正然观看，只见三个徒弟，把唐僧围护在马上，各各准备。这精灵夸赞不尽道："好和尚！我才看着一个白面胖和尚骑了马，真是那唐朝圣僧，却怎么被三个丑和尚护持住了！一个个伸拳敛袖，各执兵器，似乎要与人打的一般。噫！不知是那个有眼力的，想应认得我了，似此模样，莫想得那唐僧的肉吃。"沉吟半晌，以心问心的自家商量道："若要倚势而擒，莫能得近；或者以善迷他，却到得手。

但哄得他心迷惑，待我在善内生机，断然拿了。且下去戏他一戏。"好妖怪，即散红光，按云头落下，去那山坡里，摇身一变，变作七岁顽童，赤条条的，身上无衣，将麻绳捆了手足，高吊在那松树梢头，口口声声，只叫"救人！救人！"

却说那孙大圣忽抬头再看处，只见那红云散尽，火气全无，便叫："师父，请上马走路。"唐僧道："你说妖怪来了，怎么又敢走路？"行者道："我才然间，见一朵红云从地而起，到空中结做一团火气，断然是妖精。这一会红云散了，想是个过路的妖精，不敢伤人，我们去耶！"八戒笑道："师兄说话最巧，妖精又有个甚么过路的？"行者道："你那里知道，若是那山那洞的魔王设宴，邀请那诸山各洞之精赴会，却就有东南西北四路的精灵都来赴会，故此他只有心赴会，无意伤人。此乃过路之妖精也。”三藏闻言，也似信不信的，只得攀鞍在马，顺路奔山前进。正行时，只听得叫声“救人！”长老大惊道：“徒弟呀，这半山中，是那里甚么人叫？”行者上前道：“师父只管走路，莫缠甚么人轿骡轿，明轿睡轿。这所在，就有轿，也没个人抬你。”唐僧道：“不是扛抬之轿，乃是叫唤之叫。”行者笑道：“我晓得，莫管闲事，且走路。”

三藏依言，策马又进，行不上一里之遥，又听得叫声“救人！”长老道：“徒弟，这个叫声，不是鬼魅妖邪；若是鬼魅妖邪，但有出声，无有回声。你听他叫一声，又叫一声，想必是个有难之人，我们可去救他一救。”行者道：“师父，今日且把这慈悲心略收起收起，待过了此山，再发慈悲罢。这去处凶多吉少，你知道那倚草附木之说，是物可以成精。诸般还可，只有一般蟒蛇，但修得年远日深，成了精魅，善能知人小名儿。他若在草科里，或山凹中，叫人一声，人不答应还可；若答应一声，他就把人元神绰去，当夜跟来，断然伤人性命。且走！且走！古人云，脱得去，谢神明，切不可听他。”长老只得依他，又加鞭催马而去，行者心中暗想：“这泼怪不知在那里，只管叫阿叫的。等我老孙送他一个卯酉星法，教他两不见面。”好大圣，叫沙和尚前来：“拢着马，慢慢走着，让老孙解解手。”你看他让唐僧先行几步，却念个咒语，使个移山缩地之法，把金箍棒往后一指，他师徒过此峰头，往前走了，却把那怪物撇下，他再拽开步，赶上唐僧，一路奔山。只见那三藏又听得那山背后叫声“救人！”长老道：

“徒弟呀，那有难的人，大没缘法，不曾得遇着我们。我们走过他了，你听他在山后叫哩。”八戒道：“在便还在山前，只是如今风转了也。”行者道：“管他甚么转风不转风，且走路。”因此，遂都无言语，恨不得一步插过此山，不题话下。

却说那妖精在山坡里，连叫了三四声，更无人到，他心中思量道：“我等唐僧在此，望见他离不上三里，却怎么这半晌还不到？想是抄下路去了。”他抖一抖身躯，脱了绳索，又纵红光，上空再看。不觉孙大圣仰面回观，识得是妖怪，又把唐僧撮着脚推下马来道：“兄弟们，仔细！仔细！那妖精又来也！”慌得那八戒、沙僧各持兵刀，将唐僧又围护在中间。那精灵见了，在半空中称羡不已道：“好和尚！我才见那白面和尚坐在马上，却怎么又被他三人藏了？这一去见面方知。先把那有眼力的弄倒了，方才捉得唐僧。不然啊，徒费心机难获物，枉劳情兴总成空。”却又按下云头，恰似前番变化，高吊在松树山头等候，这番却不上半里之地。

却说那孙大圣抬头再看，只见那红云又散，复请师父上马前行。三藏道：“你说妖精又来，如何又请走路？”行者道：“这还是个过路的妖精，不敢惹我们。”长老又怀怒道：“这个泼猴，十分弄我！正当有妖魔处，却说无事；似这般清平之所，却又恐吓我，不时的嚷道有甚妖精。虚多实少，不管轻重，将我搊着脚，捽下马来，如今却解说甚么过路的妖精。假若跌伤了我，却也过意不去！这等，这等！”行者道：“师父莫怪，若是跌伤了你的手足，却还好医治；若是被妖精捞了去，却何处跟寻？”三藏大怒，哏哏的，要念《紧箍儿咒》，却是沙僧苦劝，只得上马又行。

还未曾坐得稳，只听又叫“师父救人啊！”长老抬头看时，原来是个小孩童，赤条条的，吊在那树上，兜住缰，便骂行者道：“这泼猴多大惫懒！全无有一些儿善良之意，心心只是要撒泼行凶哩！我那般说叫唤的是个人声，他就千言万语只嚷是妖怪！你看那树上吊的不是个人么？”大圣见师父怪下来了，却又觌面看见模样，一则做不得手脚，二来又怕念《紧箍儿咒》，低着头，再也不敢回言，让唐僧到了树下。那长老将鞭梢指着问道：“你是那家孩儿？因有甚事，吊在此间？说与我，好救你。”噫！分明他是个精灵，变化得这等，那师父却是个肉眼凡胎，不能相识。

那妖魔见他下问，越弄虚头，眼中噙泪，叫道：“师父呀，山西去有一条枯松涧，涧那边有一庄村，我是那里人家。我祖公公姓红，只因广积金银，家私巨万，混名唤做红百万。年老归世已久，家产遗与我父。近来人事奢侈，家私渐废，改名唤做红十万，专一结交四路豪杰，将金银借放，希图利息。怎知那无籍之人，设骗了去啊，本利无归。我父发了洪誓，分文不借。那借金银人，身贫无计，结成凶党，明火执杖，白日杀上我门，将我财帛尽情劫掳，把我父亲杀了，见我母亲有些颜色，拐将去做甚么压寨夫人。那时节，我母亲舍不得我，把我抱在怀里，哭哀哀，战兢兢，跟随贼寇，不期到此山中，又要杀我，多亏我母亲哀告，免教我刀下身亡，却将绳子吊我在树上，只教冻饿而死，那些贼将我母亲不知掠往那里去了。我在此已吊三日三夜，更没一个人来行走。不知那世里修积，今生得遇老师父，若肯舍大慈悲，救我一命回家，就典身卖命，也酬谢师恩，致使黄沙盖面，更不敢忘也。”三藏闻言，认了真实，就教八戒解放绳索，救他下来。那呆子也不识人，便要上前动手，行者在旁，忍不住喝了一声道：“那泼物！有认得你的在这里哩！莫要只管架空捣鬼，说谎哄人！你既家私被劫，父被贼伤，母被人掳，救你去交与谁人？你将何物与我作谢？这谎脱节了耶！”那怪闻言，心中害怕，就知大圣是个能人，暗将他放在心上，却又战战兢兢，滴泪而言曰：“师父，虽然我父母空亡，家财尽绝，还有些田产未动，亲戚皆存。”行者道：“你有甚么亲戚？”妖怪道：“我外公家在山南，姑娘住居岭北。涧头李四，是我姨夫；林内红三，是我族伯。还有堂叔堂兄都住在本庄左右。老师父若肯救我，到了庄上，见了诸亲，将老师父拯救之恩，一一对众言说，典卖些田产，重重酬谢也。”八戒听说，扛住行者道：“哥哥，这等一个小孩子家，你只管盘诘他怎的！他说得是，强盗只打劫他些浮财，莫成连房屋田产也劫得去？若与他亲戚们说了，我们纵有广大食肠，也吃不了他十亩田价。救他下来罢。”呆子只是想着吃食，那里管甚么好歹，使戒刀挑断绳索，放下怪来。那怪对唐僧马下，泪汪汪只情磕头。长老心慈，便叫：“孩儿，你上马来，我带你去。”那怪道：“师父啊，我手脚都吊麻了，腰胯疼痛，一则是乡下人家，不惯骑马。”唐僧叫八戒驮着，那妖怪抹了一眼道：“师父，我的皮肤都冻熟了，不敢要这位师父驮。他的嘴长耳大，脑后鬃硬，搠得我慌。”唐僧道：“教沙和尚驮着。”那怪也抹了一眼道：“师父，那些贼来打劫我家时，一个个都搽了花脸，带假胡子，拿刀弄杖的。我被他唬怕了，见这位晦气脸的师父，一发没了魂了，也不敢要他驮。”唐僧教孙行者驮着，行者呵呵笑道：“我驮！我驮！”那怪物暗自欢喜，顺顺当当的要行者驮他。行者把他扯在路旁边，试了一试，只好有三斤十来两重。

行者笑道：“你这个泼怪物，今日该死了，怎么在老孙面前捣鬼！我认得你是个那话儿呵。”妖怪道：“师父，我是好人家儿女，不幸遭此大难，我怎么是个甚么那话儿？”行者道：“你既是好人家儿女，怎么这等骨头轻？”妖怪道：“我骨格儿小。”行者道：“你今年几岁了？”那怪道：“我七岁了。”行者笑道：“一岁长一斤，也该七斤，你怎么不满四斤重么？”那怪道：“我小时失乳。”行者说：“也罢，我驮着你，若要尿尿把把，须和我说。”三藏才与八戒、沙僧前走，行者背着孩儿随后，一行径投西去。有诗为证，诗曰：道德高隆魔障高，禅机本静静生妖。心君正直行中道，木母痴顽躧外趫。意马不言怀爱欲，黄婆无语自忧焦。客邪得志空欢喜，毕竟还从正处消。孙大圣驮着妖魔，心中埋怨唐僧，不知艰苦，“行此险峻山场，空身也难走，却教老孙驮人。

这厮莫说他是妖怪，就是好人，他没了父母，不知将他驮与何人，倒不如掼杀他罢。”那怪物却早知觉了，便就使个神通，往四下里吸了四口气，吹在行者背上，便觉重有千斤。行者笑道：

“我儿啊，你弄重身法压我老爷哩！”那怪闻言，恐怕大圣伤他，却就解尸，出了元神，跳将起去，伫立在九霄空里，这行者背上越重了。猴王发怒，抓过他来，往那路旁边赖石头上滑辣的一掼，将尸骸掼得象个肉饼一般，还恐他又无礼，索性将四肢扯下，丢在路两边，俱粉碎了。

那物在空中，明明看着，忍不住心头火起道："这猴和尚，十分惫懒！就作我是个妖魔，要害你师父，却还不曾见怎么下手哩，你怎么就把我这等伤损！早是我有算计，出神走了，不然，是无故伤生也。若不趁此时拿了唐僧，再让一番，越教他停留长智。"好怪物，就在半空里弄了一阵旋风，呼的一声响亮，走石扬沙，诚然凶狠。好风：淘淘怒卷水云腥，黑气腾腾闭日明。岭树连根通拔尽，野梅带干悉皆平。黄沙迷目人难走，怪石伤残路怎平。滚滚团团平地暗，遍山禽兽发哮声。刮得那三藏马上难存，八戒不敢仰视，沙僧低头掩面。孙大圣情知是怪物弄风，急纵步来赶时，那怪已骋风头，将唐僧摄去了，无踪无影，不知摄向何方，无处跟寻。

一时间，风声暂息，日色光明。行者上前观看，只见白龙马战兢兢发喊声嘶，行李担丢在路下，八戒伏于崖下呻吟，沙僧蹲在坡前叫唤。行者喊："八戒！"那呆子听见是行者的声音，却抬头看时，狂风已静，爬起来，扯住行者道："哥哥，好大风啊！"

沙僧却也上前道："哥哥，这是一阵旋风。"又问："师父在那里？"八戒道："风来得紧，我们都藏头遮眼，各自躲风，师父也伏在马上的。"行者道："如今却往那里去了？"沙僧道："是个灯草做的，想被一风卷去也。"行者道："兄弟们，我等自此就该散了！"八戒道："正是，趁早散了，各寻头路，多少是好。那西天路无穷无尽，几时能到得！"沙僧闻言，打了一个失惊，浑身麻木道："师兄，你都说的是那里话。我等因为前生有罪，感蒙观世音菩萨劝化，与我们摩顶受戒，改换法名，皈依佛果，情愿保护唐僧上西方拜佛求经，将功折罪。今日到此，一旦俱休，说出这等各寻头路的话来，可不违了菩萨的善果，坏了自己的德行，惹人耻笑，说我们有始无终也！"行者道："兄弟，你说的也是，奈何师父不听人说，我老孙火眼金睛，认得好歹，才然这风，是那树上吊的孩儿弄的。我认得他是个妖精，你们不识，那师父也不识，认作是好人家儿女，教我驮着他走。是老孙算计要摆布他，他就弄个重身法压我。是我把他掼得粉碎，他想是又使解尸之法，弄阵旋风，把我师父摄去也。因此上怪他每每不听我说。故我意懒心灰，说各人散了。既是贤弟有此诚意，教老孙进退两难。八戒，你端的要怎的处？"八戒道："我才自失口乱说了几句，其实也不该散。哥哥，没及奈何，还信沙弟之言，去寻那妖怪救师父去。"行者却回嗔作喜道："兄弟们，还要来结同心，收拾了行李马匹，上山找寻怪物，搭救师父去。"三个人附葛扳藤，寻坡转涧，行经有五七十里，却也没个音信，那山上飞禽走兽全无，老柏乔松常见。孙大圣着实心焦，将身一纵，跳上那巅险峰头，喝一声叫"变！"变作三头六臂，似那大闹天宫的本象，将金箍棒，幌一幌，变作三根金箍棒，劈哩扑辣的，往东打一路，往西打一路，两边不住的乱打。八戒见了道："沙和尚，不好了，师兄是寻不着师父，恼出气心风来了。"

那行者打了一会，打出一伙穷神来，都披一片，挂一片，裩无裆，裤无口的，跪在山前，叫："大圣，山神土地来见。"行者道："怎么就有许多山神土地？"众神叩头道："上告大圣，此山唤做六百里钻头号山。我等是十里一山神，十里一土地，共该三十名山神，三十名土地。昨日已此闻大圣来了，只因一时会不齐，故此接迟，致令大圣发怒，万望恕罪。"行者道："我且饶你罪名。我问你：这山上有多少妖精？"众神道："爷爷呀，只有得一个妖精，把我们头也摩光了，弄得我们少香没纸，血食全无，一个个衣不充身，食不充口，还吃得有多少妖精哩！"行者道："这妖精在山前住，是山后住？"众神道："他也不在山前山后。这山中有一条涧，叫做枯松涧，涧边有一座洞，叫做火云洞，那洞里有一个魔王，神通广大，常常的把我们山神土地拿了去，烧火顶门，黑夜与他提铃喝号。小妖儿又讨甚么常例钱。"行者道："汝等乃是阴鬼之仙，有何钱钞？"众神道："正是没钱与他，只得捉几个山獐野鹿，早晚间打点群精；若是没物相送，就要来拆庙宇，剥衣裳，搅得我等不得安生！万望大圣与我等剿除此怪，拯救山上生灵。"行者道："你等既受他节制，常在他洞下，可知他是那里妖精，叫做甚么名字？"众神道："说起他来，或者大圣也知道。他是牛魔王的儿子，罗刹女养的。他曾在火焰山修行了三百年，炼成三昧真火，却也神通广大。牛魔王使他来镇守号山，乳名叫做红孩儿，号叫做圣婴大王。"行者闻言满心欢喜，喝退了土地山神，却现了本象，跳下峰头，对八戒沙僧道："兄弟们放心，再不须思念，师父决不伤生，妖精与老孙有亲。"八戒笑道："哥哥，莫要说谎。你在东胜神洲，他这里是西牛贺洲，路程遥远，隔着万水千山，海洋也有两道，怎的与你有亲？"行者道："刚才这伙人都是本境土地山神。我问他妖怪的原因，他道是牛魔王的儿子，罗刹女养的，名字唤做红孩儿，号圣婴大王。想我老孙五百年前大闹天宫时，遍游天下名山，寻访大地豪杰，那牛魔王曾与老孙结七弟兄。一般五六个魔王，止有老孙生得小巧，故此把牛魔王称为大哥。这妖精是牛魔王的儿子，我与他父亲相识，若论将起来，还是他老叔哩，他怎敢害我师父？我们趁早去来。"沙和尚笑道："哥啊，常言道：三年不上门，当亲也不亲哩。你与他相别五六百年，又不曾往还杯酒，又没有个节礼相邀，他那里与你认甚么亲耶？"

行者道："你怎么这等量人！常言道，一叶浮萍归大海，为人何处不相逢！纵然他不认亲，好道也不伤我师父。不望他相留酒席，必定也还我个囫囵唐僧。"三兄弟各办虔心，牵着白马，马上驮着行李，找大路一直前进。无分昼夜，行了百十里远近，忽见一松林，林中有一条曲涧，涧下有碧澄澄的活水飞流，那涧梢头有一座石板桥，通着那厢洞府。行者道："兄弟，你看那壁厢有石崖磷磷，想必是妖精住处了。我等从众商议，那个管看守行李马匹，那个肯跟我过去降妖？"八戒道："哥哥，老猪没甚坐性，我随你去罢。"行者道："好！好！"教沙僧："将马匹行李俱潜在树林深处，小心守护，待我两个上门去寻师父耶。"那沙僧依命，八戒相随，与行者各持兵器前来。正是：未炼婴儿邪火胜，心猿木母共扶持。毕竟不知这一去吉凶何如，且听下回分解。

第四十一回　心猿遭火败　木母被魔擒

善恶一时忘念，荣枯都不关心。晦明隐现任浮沉，随分饥餐渴饮。神静湛然常寂，昏冥便有魔侵。五行蹭蹬破禅林，风动必然寒凛。却说那孙大圣引八戒别了沙僧，跳过枯松涧，径来到那怪石崖前，果见有一座洞府，真个也景致非凡。但见回銮古道幽还静，风月也听玄鹤弄。白云透出满川光，流水过桥仙意兴。猿啸鸟啼花木奇，藤萝石蹬芝兰胜。苍摇崖壑散烟霞，翠染松篁招彩凤。远列巅峰似插屏，山朝涧绕真仙洞。昆仑地脉发来龙，有分有缘方受用。将近行到门前，见有一座石碣，上镌八个大字，乃是"号山枯松涧火云洞"。那壁厢一群小妖，在那里轮枪舞剑的跳风顽耍。孙大圣厉声高叫道："那小的们，趁早去报与洞主知道，教他送出我唐僧师父来，免你这一洞精灵的性命！牙迸半个不字，我就掀翻了你的山场，躧平了你的洞府！"那些小妖闻有此言，慌忙急转身，各归洞里，关了两扇石门，到里边来报："大王，祸事了！"

却说那怪自把三藏拿到洞中，选剥了衣服，四马攒蹄，捆在后院里，着小妖打干净水刷洗，要上笼蒸吃哩，急听得报声祸事，且不刷洗，便来前庭上问："有何祸事？"小妖道："有个毛脸雷公嘴的和尚，带一个长嘴大耳的和尚，在门前要甚么唐僧师父哩。但若牙迸半个不字，就要掀翻山场，躏平洞府。"魔王微微冷笑道："这是孙行者与猪八戒，他却也会寻哩。他拿他师父，自半山中到此，有百五十里，却怎么就寻上门来？"教："小的们，把管车的，推出车去！"那一班几个小妖，推出五辆小车儿来，开了前门。八戒望见道："哥哥，这妖精想是怕我们，推出车子，往那厢搬哩。"行者道："不是，且看他放在那里。"只见那小妖将车子按金、木、水、火、土安下，着五个看着，五个进去通报。那魔王问："停当了？"答应："停当了。"教："取过枪来。"有那一伙管兵器的小妖，着两个抬出一杆丈八长的火尖枪，递与妖王。妖王轮枪拽步，也无甚么盔甲，只是腰间束一条锦绣战裙，赤着脚，走出门前。行者与八戒，抬头观看，但见那怪物：面如傅粉三分白，唇若涂朱一表才。鬓挽青云欺靛染，眉分新月似刀裁。战裙巧绣盘龙凤，形比哪吒更富胎。双手绰枪威凛冽，祥光护体出门来。哏声响若春雷吼，暴眼明如掣电乖。要识此魔真姓氏，名扬千古唤红孩。那红孩儿怪，出得门来，高叫道：

"是甚么人，在我这里吆喝！"行者近前笑道："我贤侄莫弄虚头，你今早在山路旁，高吊在松树梢头，是那般一个瘦怯怯的黄病孩儿，哄了我师父。我倒好意驮着你，你就弄风儿把我师父摄将来。你如今又弄这个样子，我岂不认得你？趁早送出我师父，不要白了面皮，失了亲情，恐你令尊知道，怪我老孙以长欺幼，不象模样。"那怪闻言，心中大怒，咄的一声喝道："那泼猴头！我与你有甚亲情？你在这里满口胡柴，绰甚声经儿！那个是你贤侄？"行者道："哥哥，是你也不晓得。当年我与你令尊做弟兄时，你还不知在那里哩。"那怪道："这猴子一发胡说！你是那里人，我是那里人，怎么得与我父亲做兄弟？"行者道："你是不知，我乃五百年前大闹天宫的齐天大圣孙悟空是也。我当初未闹天宫时，遍游海角天涯，四大部洲，无方不到。那时节，专慕豪杰，你令尊叫做牛魔王，称为平天大圣，与我老孙结为七弟兄，让他做了大哥；还有个蛟魔王，称为复海大圣，做了二哥；又有个大鹏魔王，称为混天大圣，做了三哥；又有个狮狔王，称为移山大圣，做了四哥；又有个猕猴王，称为通风大圣，做了五哥；又有个猸狨王，称为驱神大圣，做了六哥；惟有老孙身小，称为齐天大圣，排行第七。我老弟兄们那时节耍子时，还不曾生你哩！"

那怪物闻言，那里肯信，举起火尖枪就刺。行者正是那会家不忙，又使了一个身法，闪过枪头，轮起铁棒，骂道："你这小畜生，不识高低！看棍！"那妖精也使身法，让过铁棒道："泼猢狲，不达时务！看枪！"他两个也不论亲情，一齐变脸，各使神通，跳在云端里，好杀：行者名声大，魔王手段强。一个横举金箍棒，一个直挺火尖枪。吐雾遮三界，喷云照四方。一天杀气凶声吼，日月星辰不见光。语言无逊让，情意两乖张。那一个欺心失礼仪，这一个变脸没纲常。棒架威风长，枪来野性狂。一个是混元真大圣，一个是正果善财郎。二人努力争强胜，只为唐僧拜法王。那妖魔与孙大圣战经二十合，不分胜败。猪八戒在旁边，看得明白：妖精虽不败降，却只是遮拦隔架，全无攻杀之能；行者纵不赢他，棒法精强，来往只在那妖精头上，不离了左右。八戒暗想道："不好啊，行者溜撒，一时间丢个破绽，哄那妖魔钻进来，一铁棒打倒，就没了我的功劳。"你看他抖擞精神，举着九齿钯，在空里，望妖精劈头就筑。那怪见了心惊，急拖枪败下阵来。行者喝教八戒："赶上！赶上！"

二人赶到他洞门前，只见妖精一只手举着火尖枪，站在那中间一辆小车儿上，一只手捏着拳头，往自家鼻子上捶了两拳。八戒笑道："这厮放赖不羞！你好道捶破鼻子，淌出些血来，搽红了脸，往那里告我们去耶？"那妖魔捶了两拳，念个咒语，口里喷出火来，鼻子里浓烟迸出，闸闸眼火焰齐生。那五辆车子上，火光涌出。连喷了几口，只见那红焰焰、大火烧空，把一座火云洞，被那烟火迷漫，真个是熯天炽地。八戒慌了道："哥哥，不停当！这一钻在火里，莫想得活，把老猪弄做个烧熟的，加上香料，尽他受用哩！快走！快走！"说声走，他也不顾行者，跑过涧去了。这行者神通广大，捏着避火诀，撞入火中，寻那妖怪。那妖怪见行者来，又吐上几口，那火比前更胜。好火：炎炎烈烈盈空燎，赫赫威威遍地红。却似火轮飞上下，犹如炭屑舞西东。这火不是燧人钻木，又不是老子炮丹，非天火，非野火，乃是妖魔修炼成真三昧火。五辆车儿合五行，五行生化火煎成。肝木能生心火旺，心火致令脾土平。脾土生金金化水，水能生木彻通灵。生生化化皆因火，火遍长空万物荣。妖邪久悟呼三昧，永镇西方第一名。行者被他烟火飞腾，不能寻怪，看不见他洞门前路径，抽身跳出火中。那妖精在门首，看得明白，他见行者走了，却才收了火具，帅群妖，转于洞内，闭了石门，以为得胜，着小的排宴奏乐、欢笑不题。

却说行者跳过枯松涧，按下云头，只听得八戒与沙僧朗朗的在松间讲话。行者上前喝八戒道："你这呆子，全无人气！你就惧怕妖火，败走逃生，却把老孙丢下，早是我有些南北哩！"

八戒笑道："哥啊，你被那妖精说着了，果然不达时务。古人云：

识得时务者，呼为俊杰。那妖精不与你亲，你强要认亲；既与你赌斗，放出那般无情的火来，又不走，还要与他恋战哩！"行者道："那怪物的手段比我何如？"八戒道："不济。""枪法比我何如？"八戒道："也不济。老猪见他撑持不住，却来助你一钯，不期他不识耍，就败下阵来，没天理，就放火了。"行者道："正是你不该来。我再与他斗几合，我取巧儿捞他一棒，却不是好？"

他两个只管论那妖精的手段，讲那妖精的火毒，沙和尚倚着松根笑得呆了。行者看见道："兄弟，你笑怎么？你好道有甚手段，擒得那妖魔，破得那火阵？这桩事，也是大家有益的事。常言道，众毛攒毬。你若拿得妖魔，救了师父，也是你的一件大功绩。"沙僧道："我也没甚手段，也不能降妖。我笑你两个都着了忙也。"行者道："我怎么着忙？"沙僧道："那妖精手段不如你，枪法不如你，只是多了些火势，故不能取胜。若依小弟说，以相生相克拿他，有甚难处？"行者闻言，呵呵笑道："兄弟说得有理。果然我们着忙了，忘了这事。若以相生相克之理论之，须是以水克火，却往那里寻些水来，泼灭这妖火，可不救了师父？"沙僧道："正是这般，不必迟疑。"行者道："你两个只在此间，莫与他索战，待老孙去东洋大海求借龙兵，将些水来，泼息妖火，捉这泼怪。"八戒道："哥哥放心前去，我等理会得。"

好大圣，纵云离此地，顷刻到东洋，却也无心看玩海景，使个逼水法，分开波浪。正行时，见一个巡海夜叉相撞，看见是孙大圣，急回到水晶宫里，报知那老龙王。敖广即率龙子、龙孙、虾兵、蟹卒一齐出门迎接，请里面坐。坐定，礼毕告茶，行者道：

"不劳茶，有一事相烦。我因师父唐僧往西天拜佛取经，经过号山枯松涧火云洞，有个红孩儿妖精，号圣婴大王，把我师父拿了去。是老孙寻到洞边，与他交战，他却放出火来。我们禁不得他，想着水能克火，特来问你求些水去，与我下场大雨，泼灭了妖火，救唐僧一难。"那龙王道："大圣差了，若要求取雨水，不该来问我。"行者道："你是四海龙王，主司雨泽，不来问你，却去问谁？"龙王道："我虽司雨，不敢擅专，须得玉帝旨意，吩咐在那地方，要几尺几寸，甚么时辰起住，还要三官举笔，太乙移文，会令了雷公电母，风伯云童俗语云，龙无云而不行哩。"

行者道："我也不用着风云雷电，只是要些雨水灭火。"龙王道：

"大圣不用风云雷电，但我一人也不能助力，着舍弟们同助大圣一功如何？"行者道："令弟何在？"龙王道："南海龙王敖钦、北海龙王敖闰、西海龙王敖顺。"行者笑道："我若再游过三海，不如上界去求玉帝旨意了。"龙王道："不消大圣去，只我这里撞动铁鼓金钟，他自顷刻而至。”行者闻其言道：“老龙王，快撞钟鼓。”

须臾间，三海龙王拥至，问：“大哥，有何事命弟等？”敖广道：“孙大圣在这里借雨助力降妖。”三弟即引进见毕，行者备言借水之事，众神个个欢从，即点起鲨鱼骁勇为前部，鳠痴口大作先锋。鲤元帅翻波跳浪，鯾提督吐雾喷风。鲭太尉东方打哨，鲌都司西路催征。红眼马郎南面舞，黑甲将军北下冲。鱑把总中军掌号，五方兵处处英雄。纵横机巧鼋枢密，妙算玄微龟相分。有谋有智鼍丞相，多变多能鳖总戎。横行蟹士轮长剑，直跳虾婆扯硬弓。鲇外郎查明文簿，点龙兵出离波中。

诗曰：四海龙王喜助功，齐天大圣请相从。只因三藏途中难，借水前来灭火红。

那行者领着龙兵，不多时早到号山枯松涧上。行者道：“敖氏昆玉，有烦远涉。此间乃妖魔之处，汝等且停于空中，不要出头露面。让老孙与他赌斗，若赢了他，不须列位捉拿；若输与他，也不用列位助阵。只是他但放火时，可听我呼唤，一齐喷雨。”龙王俱如号令。

行者却按云头，入松林里见了八戒、沙僧，叫声：“兄弟。”

八戒道：“哥哥来得快哑！可曾请得龙王来？”行者道：“俱来了。

你两个切须仔细，只怕雨大，莫湿了行李，待老孙与他打去。”

沙僧道：“师兄放心前去，我等俱理会得了。”行者跳过涧，到了门首，叫声“开门！”那些小妖又去报道：“孙行者又来了。”红孩仰面笑道：“那猴子想是火中不曾烧了他，故此又来。这一来切莫饶他，断然烧个皮焦肉烂才罢！”急纵身，挺着长枪，教：“小的们，推出火车子来！”他出门前对行者道：“你又来怎的？”行者道：“还我师父来。”那怪道：“你这猴头，忒不通变。那唐僧与你做得师父，也与我做得按酒，你还思量要他哩，莫想莫想！”

行者闻言，十分恼怒，掣金箍棒劈头就打。那妖精，使火尖枪，急架相迎。这一场赌斗，比前不同，好杀：怒发泼妖魔，恼急猴王将。这一个专救取经僧，那一个要吃唐三藏。心变没亲情，情疏无义让。这个恨不得捉住活剥皮，那个恨不得拿来生蘸酱，真个忒英雄，果然多猛壮。棒来枪架赌输赢，枪去棒迎争下上。举手相轮二十回，两家本事一般样。那妖王与行者战经二十回合，见得不能取胜，虚幌一枪，怎抽身，捏着拳头，又将鼻子捶了两下，却就喷出火来。那门前车子上，烟火迸起；口眼中，赤焰飞腾。孙大圣回头叫道：“龙王何在？”那龙王兄弟，帅众水族，望妖精火光里喷下雨来。好雨！真个是：潇潇洒洒，密密沉沉。潇潇洒洒，如天边坠落星辰；密密沉沉，似海口倒悬浪滚。起初时如拳大小，次后来瓮泼盆倾。满地浇流鸭顶绿，高山洗出佛头青。沟壑水飞千丈玉，涧泉波涨万条银。三叉路口看看满，九曲溪中渐渐平。这个是唐僧有难神龙助，扳倒天河往下倾。那雨淙淙大小，莫能止息那妖精的火势。原来龙王私雨，只好泼得凡火，妖精的三昧真火，如何泼得？好一似火上浇油，越泼越灼。大圣道：“等我捻着诀。钻入火中！”轮铁棒，寻妖要打。那妖见他来到，将一口烟，劈脸喷来。行者急回头，熰得眼花雀乱，忍不住泪落如雨。原来这大圣不怕火，只怕烟。当年因大闹天宫时，被老君放在八卦炉中，锻过一番，他幸在那巽位安身，不曾烧坏，只是风搅得烟来，把他熰做火眼金睛，故至今只是怕烟。那妖又喷一口，行者当不得，纵云头走了。那妖王却又收了火具，回归洞府。

这大圣一身烟火，炮燥难禁，径投于涧水内救火。怎知被冷水一逼，弄得火气攻心，三魂出舍，可怜气塞胸堂喉舌冷，魂飞魄散丧残生！慌得那四海龙王在半空里，收了雨泽，高声大叫：“天蓬元帅！卷帘将军！休在林中藏隐，且寻你师兄出来！”

八戒与沙僧听得呼他圣号，急忙解了马、挑着担奔出林来，也不顾泥泞，顺涧边找寻，只见那上溜头，翻波滚浪，急流中淌下一个人来。沙僧见了，连衣跳下水中，抱上岸来，却是孙大圣身躯。噫！你看他蜷跼四肢伸不得，浑身上下冷如冰。沙和尚满眼垂泪道：“师兄！可惜了你，亿万年不老长生客，如今化作个中途短命人！”八戒笑道：“兄弟莫哭，这猴子佯推死，吓我们哩。你摸他摸，胸前还有一点热气没有？”沙僧道：“浑身都冷了，就有一点儿热气，怎的就是回生？”八戒道：“他有七十二般变化，就有七十二条性命。你扯着脚，等我摆布他。”真个那沙僧扯着脚，八戒扶着头，把他拽个直，推上脚来，盘膝坐定。八戒将两手搓热，仵住他的七窍，使一个按摩禅法。原来那行者被冷水逼了，气阻丹田，不能出声，却幸得八戒按摸揉擦，须臾间，气透三关，转明堂，冲开孔窍，叫了一声：“师父啊！”沙僧道：“哥啊，你生为师父，死也还在口里，且苏醒，我们在这里哩。”行者睁开眼道：“兄弟们在这里？老孙吃了亏也！”八戒笑道：“你才子发昏的，若不是老猪救你啊，已此了了帐了，还不谢我哩！”行者却才起身，仰面道：“敖氏弟兄何在？”那四海龙王在半空中答应道：“小龙在此伺候。”行者道：“累你远劳，不曾成得功果，且请回去，改日再谢。”龙王帅水族，泱泱而回，不在话下。

沙僧搀着行者，一同到松林之下坐定。少时间，却定神顺气，止不住泪滴腮边，又叫：“师父啊！忆昔当年出大唐，岩前救我脱灾殃。三山六水遭魔障，万苦千辛割寸肠。托钵朝餐随厚薄，参禅暮宿或林庄。一心指望成功果，今日安知痛受伤！”沙僧道：“哥哥，且休烦恼，我们早安计策，去那里请兵助力，搭救师父耶？”行者道：“那里请救么？”沙僧道：“当初菩萨吩咐，着我等保护唐僧，他曾许我们，叫天天应，叫地地应。那里请救去？”行者道：“想老孙大闹天宫时，那些神兵，都禁不得我。这妖精神通不小，须是比老孙手段大些的，才降得他哩。天神不济，地煞不能，若要拿此妖魔，须是去请观音菩萨才好。奈何我皮肉酸麻，腰膝疼痛，驾不起筋斗云，怎生请得？”八戒道：“有甚话吩咐，等我去请。”行者笑道：“也罢，你是去得。若见了菩萨，切休仰视，只可低头礼拜。等他问时，你却将地名、妖名说与他，再请教师父之事。他若肯来，定取擒了怪物。”八戒闻言，即便驾了云雾，向南而去。

却说那个妖王在洞里欢喜道：“小的们，孙行者吃了亏去了。这一阵虽不得他死，好道也发个大昏。咦，只怕他又请救兵来也，快开门，等我去看他请谁。”众妖开了门，妖精就跳在空里观看，只见八戒往南去了。妖精想着南边再无他处，断然是请观音菩萨，急按下云，叫：“小的们，把我那皮袋寻出来。多时不用，只恐口绳不牢，与我换上一条，放在二门之下，等我去把八戒赚将回来，装于袋内，蒸得稀烂，犒劳你们。”原来那妖精有一个如意的皮袋。众小妖拿出来、换了口绳，安于洞门内不题。

却说那妖王久居于此，俱是熟游之地，他晓得那条路上南海去近，那条去远。他从那近路上，一驾云头，赶过了八戒，端坐在壁岩之上，变作一个“假观世音”模样，等候着八戒。那呆子正纵云行处，忽然望见菩萨，他那里识得真假？这才是见象作佛。呆子停云下拜道：“菩萨，弟子猪悟能叩头。”妖精道：“你不保唐僧去取经，却见我有何事干？”八戒道：“弟子因与师父行至中途，遇着号山枯松涧火云洞，有个红孩儿妖精，他把我师父摄了去。是弟子与师兄等，寻上他门，与他交战。他原来会放火，头一阵，不曾得赢；第二阵，请龙王助雨，也不能灭火。

师兄被他烧坏了，不能行动，着弟子来请菩萨，万望垂慈，救我师父一难！”妖精道：“那火云洞洞主，不是个伤生的，一定是你们冲撞了他也。”八戒道：“我不曾冲撞他，是师兄悟空冲撞他的。他变作一个小孩子，吊在树上，试我师父。师父甚有善心，教我解下来，着师兄驮他一程。是师兄掼了他一掼，他就弄风儿，把师父摄去了。”妖精道：“你起来，跟我进那洞里见洞主，与你说个人情，你陪一个礼，把你师父讨出来罢。”八戒道：“菩萨呀，若肯还我师父，就磕他一个头也罢。”妖王道：“你跟来。”

那呆子不知好歹，就跟着他，径回旧路，却不向南洋海，随赴火云门，顷刻间，到了门首。妖精进去道：“你休疑忌，他是我的故人，你进来。”呆子只得举步入门。众妖一齐呐喊，将八戒捉倒，装于袋内，束紧了口绳，高吊在驮梁之上。妖精现了本象，坐在当中道：“猪八戒，你有甚么手段，就敢保唐僧取经，就敢请菩萨降我？你大睁着两个眼，还不认得我是圣婴大王哩！如今拿你，吊得三五日，蒸熟了赏赐小妖，权为案酒！”八戒听言，在里面骂道：“泼怪物！十分无礼！若论你百计千方，骗了我吃，管教你一个个遭肿头天瘟！”呆子骂了又骂，嚷了又嚷，不题。

却说孙大圣与沙僧正坐，只见一阵腥风，刮面而过，他就打了一个喷嚏道：“不好！不好！这阵风，凶多吉少。想是猪八戒走错路也。”沙僧道：“他错了路，不会问人？”行者道：“想必撞见妖精了。”沙僧道：“撞见妖精，他不会跑回？”行者道：“不停当。你坐在这里看守，等我跑过涧去打听打听。”沙僧道：“师兄腰疼，只恐又着他手，等小弟去罢。”行者道：“你不济事，还让我去。”好行者，咬着牙，忍着疼，捻着铁棒，走过涧，到那火云洞前，叫声“泼怪！”那把门的小妖，又急入里报：“孙行者又在门首叫哩！”那妖王传令叫拿，那伙小妖，枪刀簇拥，齐声呐喊，即开门，都道：“拿住！拿住！”行者果然疲倦，不敢相迎，将身钻在路旁，念个咒语叫“变！”即变做一个销金包袱。小妖看见，报道：“大王，孙行者怕了，只见说一声拿字，慌得把包袱丢下，走了。”妖王笑道：“那包袱也无甚么值钱之物，左右是和尚的破褊衫，旧帽子，背进来拆洗做补衬。”一个小妖，果将包袱背进，不知是行者变的。行者道：“好了！这个销金包袱，背着了！”那妖精不以为事，丢在门内。

好行者，假中又假，虚里还虚：即拔一根毫毛，吹口仙气，变作个包袱一样；他的真身，却又变作一个苍蝇儿，钉在门枢上。只听得八戒在那里哼哩哼的，声音不清，却似一个瘟猪。行者嘤的飞了去寻时，原来他吊在皮袋里也。行者钉在皮袋，又听得他恶言恶语骂道妖怪长，妖怪短，“你怎么假变作个观音菩萨，哄我回来，吊我在此，还说要吃我！有一日，我师兄大展齐天无量法，满山泼怪登时擒！解开皮袋放我出，筑你千钯方趁心！”行者闻言暗笑道：“这呆子虽然在这里面受闷气，却还不倒了旗枪。老孙一定要拿了此怪，若不如此，怎生雪恨！”正欲设法拯救八戒出来，只听那妖王叫道：“六健将何在？”时有六个小妖，是他知己的精灵，封为健将，都有名字：一个叫做云里雾，一个叫做雾里云，一个叫做急如火，一个叫做快如风，一个叫做兴烘掀，一个叫做掀烘兴。六健将上前跪下，妖王道：

“你们认得老大王家么？”六健将道：“认得。”妖王道：“你与我星夜去请老大王来，说我这里捉唐僧蒸与他吃，寿延千纪。”六怪领命，一个个厮拖厮扯，径出门去了。行者嘤的一声，飞下袋来，跟定那六怪，躲离洞中。毕竟不知怎的请来，且听下回分解。

第四十二回　大圣殷勤拜南海　观音慈善缚红孩

话说那六健将出洞门，径往西南上，依路而走。行者心中暗想道：“他要请老大王吃我师父，老大王断是牛魔王。我老孙当年与他相会，真个意合情投，交游甚厚，至如今我归正道，他还是邪魔。虽则久别，还记得他模样，且等老孙变作牛魔王，哄他一哄，看是何如。”好行者，躲离了六个小妖，展开翅，飞向前边，离小妖有十数里远近，摇身一变，变作个牛魔王，拔下几根毫毛，叫“变！”即变作几个小妖。在那山凹里，驾鹰牵犬，搭弩张弓，充作打围的样子，等候那六健将。那一伙厮拖厮扯，正行时，忽然看见牛魔王坐在中间，慌得兴烘掀、掀烘兴扑的跪下道：“老大王爷爷在这里也。”那云里雾、雾里云、急如火、快如风都是肉眼凡胎，那里认得真假，也就一同跪倒，磕头道：“爷爷！小的们是火云洞圣婴大王处差来，请老大王爷爷去吃唐僧肉，寿延千纪哩。”行者借口答道：“孩儿们起来，同我回家去，换了衣服来也。”小妖叩头道：“望爷爷方便，不消回府罢。路程遥远，恐我大王见责，小的们就此请行。”行者笑道：“好乖儿女，也罢也罢，向前开路，我和你去来。”六怪抖擞精神，向前喝路，大圣随后而来。

不多时，早到了本处。快如风、急如火撞进洞里报：“大王，老大王爷爷来了。”妖王欢喜道：“你们却中用，这等来的快。”

即便叫：“各路头目，摆队伍，开旗鼓，迎接老大王爷爷。”满洞群妖，遵依旨令，齐齐整整，摆将出去。这行者昂昂烈烈，挺着胸脯，把身子抖了一抖，却将那架鹰犬的毫毛，都收回身上，拽开大步，径走入门里，坐在南面当中。红孩儿当面跪下，朝上叩头道：“父王，孩儿拜揖。”行者道：“孩儿免礼。”那妖王四大拜拜毕，立于下手。行者道：“我儿，请我来有何事？”妖王躬身道：

“孩儿不才，昨日获得一人，乃东土大唐和尚。常听得人讲，他是一个十世修行之人，有人吃他一块肉，寿似蓬瀛不老仙。愚男不敢自食，特请父王同享唐僧之肉，寿延千纪。”行者闻言，打了个失惊道：“我儿，是那个唐僧？”妖王道：“是往西天取经的人也。”行者道：“我儿，可是孙行者师父么？”妖王道：“正是。”行者摆手摇头道：“莫惹他！莫惹他！别的还好惹，孙行者是那样人哩，我贤郎，你不曾会他？那猴子神通广大，变化多端。他曾大闹天宫，玉皇上帝差十万天兵，布下天罗地网，也不曾捉得他。你怎么敢吃他师父！快早送出去还他，不要惹那猴子。他若打听着你吃了他师父，他也不来和你打，他只把那金箍棒往山腰里搠个窟窿，连山都掬了去。我儿，弄得你何处安身，教我倚靠何人养老！”妖王道：“父王说那里话，长他人志气，灭孩儿的威风。那孙行者共有兄弟三人，领唐僧在我半山之中，被我使个变化，将他师父摄来。他与那猪八戒当时寻到我的门前，讲甚么攀亲托熟之言，被我怒发冲天，与他交战几合，也只如此，不见甚么高作。那猪八戒刺邪里就来助战，是孩儿吐出三昧真火，把他烧败了一阵。慌得他去请四海龙王助雨，又不能灭得我三昧真火，被我烧了一个小发昏，连忙着猪八戒去请南海观音菩萨。是我假变观音，把猪八戒赚来，见吊在如意袋中，也要蒸他与众小的们吃哩。那行者今早又来我的门首吆喝，我传令教拿他，慌得他把包袱都丢下走了。却才去请父王来看看唐僧活像，方可蒸与你吃，延寿长生不老也。”行者笑道：“我贤郎啊，你只知有三昧火赢得他，不知他有七十二般变化哩！”妖王道：“凭他怎么变化，我也认得，谅他决不敢进我门来。”行者道：“我儿，你虽然认得他，他却不变大的，如狼犺大象，恐进不得你门；他若变作小的，你却难认。”妖王道：

“凭他变甚小的，我这里每一层门上，有四五个小妖把守，他怎生得入！”行者道：“你是不知，他会变苍蝇、蚊子、虼蚤，或是蜜蜂、蝴蝶并蟭蟟虫等项，又会变我模样，你却那里认得？”妖王道：“勿虑，他就是铁胆铜心，也不敢近我门来也。”行者道：“既如此说，贤郎甚有手段，实是敌得他过，方来请我吃唐僧的肉，奈何我今日还不吃哩。”妖王道：“如何不吃？”行者道：“我近来年老，你母亲常劝我作些善事。我想无甚作善，且持些斋戒。”

妖王道：“不知父王是长斋，是月斋？”行者道：“也不是长斋，也不是月斋，唤做雷斋，每月只该四日。”妖王问：“是那四日？”行者道：“三辛逢初六。今朝是辛酉日，一则当斋，二来酉不会客。

且等明日，我去亲自刷洗蒸他，与儿等同享罢。”那妖王闻言心中暗想道：“我父王平日吃人为生，今活彀有一千余岁，怎么如今又吃起斋来了？想当初作恶多端，这三四日斋戒，那里就积得过来？此言有假，可疑！可疑！”即抽身走出二门之下，叫六健将来问：“你们老大王是那里请来的？”小妖道：“是半路请来的。”妖王道：“我说你们来的快，不曾到家么？”小妖道：“是，不曾到家。”妖王道：“不好了！着了他假也！这不是老大王！”小妖一齐跪下道：“大王，自家父亲，也认不得？”妖王道：“观其形容动静都象，只是言语不象，只怕着了他假，吃了人亏。你们都要仔细：会使刀的，刀要出鞘，会使枪的，枪要磨明，会使棍的使棍，会使绳的使绳。待我再去问他，看他言语如何。若果是老大王，莫说今日不吃，明日不吃，便迟个月何妨！假若言语不对，只听我哏的一声，就一齐下手。”群魔各各领命讫。

这妖王复转身到于里面，对行者当面又拜。行者道：“孩儿，家无常礼，不须拜，但有甚话，只管说来。”妖王伏于地下道：“愚男一则请来奉献唐僧之肉，二来有句话儿上请。我前日闲行，驾祥光，直至九霄空内，忽逢着祖延道龄张先生。”行者道：“可是做天师的张道龄么？”妖王道：“正是。”行者问曰：“有甚话说？”妖王道：“他见孩儿生得五官周正，三停平等，他问我是几年、那月、那日、那时出世，儿因年幼，记得不真。先生子平精熟，要与我推看五星，今请父王，正欲问此。倘或下次再得会他，好烦他推算。”行者闻言，坐在上面暗笑道：“好妖怪呀！老孙自归佛果，保唐师父，一路上也捉了几个妖精，不似这厮克剥。他问我甚么家长礼短，少米无柴的话说，我也好信口捏脓答他。他如今问我生年月日，我却怎么知道！”好猴王，也十分乖巧，巍巍端坐中间，也无一些儿惧色，面上反喜盈盈的笑道：

“贤郎请起，我因年老，连日有事不遂心怀，把你生时果偶然忘了。且等到明日回家，问你母亲便知。”妖王道：“父王把我八个字时常不离口论说，说我有同天不老之寿，怎么今日一旦忘了！岂有此理！必是假的！”哏的一声，群妖枪刀簇拥，望行者没头没脸的札来。这大圣使金箍棒架住了，现出本象，对妖精道：“贤郎，你却没理。那里儿子好打爷的？”那妖王满面羞惭。

不敢回视。行者化金光，走出他的洞府。小妖道：“大王，孙行者走了。”妖王道：“罢罢罢！让他走了罢！我吃他这一场亏也！

且关了门，莫与他打话，只来刷洗唐僧，蒸吃便罢。”

却说那行者搴着铁棒，呵呵大笑，自涧那边而来。沙僧听见，急出林迎着道：“哥啊，这半日方回，如何这等哂笑，想救出师父来也？”行者道：“兄弟，虽不曾救得师父，老孙却得个上风来了。”沙僧道：“甚么上风？”行者道：“原来猪八戒被那怪假变观音哄将回来，吊于皮袋之内。我欲设法救援，不期他着甚么六健将去请老大王来吃师父肉。是老孙想着他老大王必是牛魔王，就变了他的模样，充将进去，坐在中间。他叫父王，我就应他；他便叩头，我就直受，着实快活！果然得了上风！”沙僧道：“哥啊，你便图这般小便宜，恐师父性命难保。”行者道：“不须虑，等我去请菩萨来。”沙僧道：“你还腰疼哩。”行者道：“我不疼了。古人云，人逢喜事精神爽。你看着行李马匹，等我去。”

沙僧道：“你置下仇了，恐他害我师父。你须快去快来。”行者道：“我来得快，只消顿饭时，就回来矣。”

好大圣，说话间躲离了沙僧，纵筋斗云，径投南海。在那半空里，那消半个时辰，望见普陀山景。须臾按下云头，直至落伽崖上，端肃正行，只见二十四路诸天迎着道：“大圣，那里去？”

行者作礼毕，道：“要见菩萨。”诸天道：“少停，容通报。”时有鬼子母诸天来潮音洞外报道：“菩萨得知，孙悟空特来参见。”菩萨闻报，即命进去。大圣敛衣皈命，捉定步，径入里边，见菩萨倒身下拜。菩萨道：“悟空，你不领金蝉子西方求经去，却来此何干？”行者道：“上告菩萨，弟子保护唐僧前行，至一方，乃号山枯松涧火云洞。有一个红孩儿妖精，唤作圣婴大王，把我师父摄去，是弟子与猪悟能等寻至门前，与他交战。他放出三昧火来，我等不能取胜，救不出师父。急上东洋大海，请到四海龙王，施雨水，又不能胜火，把弟子都熏坏了，几乎丧了残生。”菩萨道：“既他是三昧火，神通广大，怎么去请龙王，不来请我？”

行者道：“本欲来的，只是弟子被烟熏了，不能驾云，却教猪八戒来请菩萨。”菩萨道：“悟能不曾来呀。”行者道：“正是。未曾到得宝山，被那妖精假变做菩萨模样，把猪八戒又赚入洞中，现吊在一个皮袋里，也要蒸吃哩。”菩萨听说，心中大怒道：“那泼妖敢变我的模样！”恨了一声，将手中宝珠净瓶往海心里扑的一掼，唬得那行者毛骨竦然，即起身侍立下面，道：“这菩萨火性不退，好是怪老孙说的话不好，坏了他的德行，就把净瓶掼了。可惜！可惜！早知送了我老孙，却不是一件大人事？”说不了，只见那海当中，翻波跳浪，钻出个瓶来，原来是一个怪物驮着出来。行者仔细看那驮瓶的怪物，怎生模样：根源出处号帮泥，水底增光独显威。世隐能知天地性，安藏偏晓鬼神机。藏身一缩无头尾，展足能行快似飞。文王画卦曾元卜，常纳庭台伴伏羲。云龙透出千般俏，号水推波把浪吹。条条金线穿成甲，点点装成彩玳瑁。九宫八卦袍披定，散碎铺遮绿灿衣。生前好勇龙王幸，死后还驮佛祖碑。要知此物名和姓，兴风作浪恶乌龟。那龟驮着净瓶，爬上崖边，对菩萨点头二十四点，权为二十四拜。行者见了，暗笑道：“原来是看瓶的，想是不见瓶，就问他要。”菩萨道：“悟空，你在下面说甚么？”行者道：“没说甚么。”

菩萨教：“拿上瓶来。”这行者即去拿瓶，唉！莫想拿得他动。好便似蜻蜓撼石柱，怎生摇得半分毫？行者上前跪下道：“菩萨，弟子拿不动。”菩萨道：“你这猴头，只会说嘴，瓶儿你也拿不动，怎么去降妖缚怪？”行者道：“不瞒菩萨说，平日拿得动，今日拿不动。想是吃了妖精亏，筋力弱了。”菩萨道：“常时是个空瓶，如今是净瓶抛下海去，这一时间，转过了三江五湖，八海四渎，溪源潭洞之间，共借了一海水在里面。你那里有架海的斤量？此所以拿不动也。”行者合掌道：“是弟子不知。”那菩萨走上前，将右手轻轻的提起净瓶，托在左手掌上。只见那龟点点头，钻下水去了。行者道：“原来是个养家看瓶的夯货！”菩萨坐定道：“悟空，我这瓶中甘露水浆，比那龙王的私雨不同，能灭那妖精的三昧火。待要与你拿了去，你却拿不动；待要着善财龙女与你同去，你却又不是好心，专一只会骗人。你见我这龙女貌美，净瓶又是个宝物，你假若骗了去，却那有工夫又来寻你？你须是留些甚么东西作当。”行者道：“可怜！菩萨这等多心，我弟子自秉沙门，一向不干那样事了。你教我留些当头，却将何物？我身上这件绵布直裰，还是你老人家赐的。这条虎皮裙子，能值几个铜钱？这根铁棒，早晚却要护身。但只是头上这个箍儿，是个金的，却又被你弄了个方法儿长在我头上，取不下来。你今要当头，情愿将此为当，你念个松箍儿咒，将此除去罢，不然，将何物为当？”菩萨道：“你好自在啊！我也不要你的衣服、铁棒、金箍，只将你那脑后救命的毫毛拔一根与我作当罢。”行者道：“这毫毛，也是你老人家与我的。但恐拔下一根，就拆破群了，又不能救我性命。”菩萨骂道：“你这猴子！你便一毛也不拔，教我这善财也难舍。”行者笑道：“菩萨，你却也多疑。正是不看僧面看佛面，千万救我师父一难罢！”那菩萨道遥欣喜下莲台，云步香飘上石崖。只为圣僧遭障害，要降妖怪救回来。孙大圣十分欢喜，请观音出了潮音仙洞。诸天大神都列在普陀岩上。菩萨道：“悟空过海。”行者躬身道：“请菩萨先行。”菩萨道：“你先过去。”行者磕头道：“弟子不敢在菩萨面前施展。若驾筋斗云啊，掀露身体，恐菩萨怪我不敬。”菩萨闻言，即着善财龙女去莲花池里，劈一瓣莲花，放在石岩下边水上，教行者：“你上那莲花瓣儿，我渡你过海。”行者见了道：“菩萨，这花瓣儿，又轻又薄，如何载得我起！这一躧翻跌下水去，却不湿了虎皮裙？走了硝，天冷怎穿！”菩萨喝道：“你且上去看！”行者不敢推辞，舍命往上跳。果然先见轻小，到上面比海船还大三分，行者欢喜道：“菩萨，载得我了。”菩萨道：“既载得，如何不过去？”行者道：“又没了篙桨篷桅，怎生得过？”菩萨道：“不用。”只把他一口气吹开吸拢，又着实一口气，吹过南洋苦海，得登彼岸。行者却脚躧实地，笑道：“这菩萨卖弄神通，把老孙这等呼来喝去，全不费力也！”

那菩萨吩咐概众诸天各守仙境，着善财龙女闭了洞门，他却纵祥云，躲离普陀岩，到那边叫：“惠岸何在？”惠岸乃托塔李天王第二个太子，俗名木叉是也，乃菩萨亲传授的徒弟，不离左左，称为护法惠岸行者，即对菩萨合掌伺候。菩萨道：“你快上界去，见你父王，问他借天罡刀来一用。”惠岸道：“师父用着几何？”菩萨道：“全副都要。”惠岸领命，即驾云头，径入南天门里，到云楼宫殿，见父王下拜。天王见了，问：“儿从何来？”木叉道：“师父是孙悟空请来降妖，着儿拜上父王，将天罡刀借了一用。”天王即唤哪吒将刀取三十六把，递与木叉。木叉对哪吒说：“兄弟，你回去多拜上母亲：我事紧急，等送刀来再磕头罢。”忙忙相别，按落祥光，径至南海，将刀捧与菩萨。菩萨接在手中，抛将去，念个咒语，只见那刀化作一座千叶莲台。菩萨纵身上去，端坐在中间。行者在旁暗笑道：“这菩萨省使俭用，那莲花池里有五色宝莲台，舍不得坐将来，却又问别人去借。”菩萨道：“悟空休言语，跟我来也。”却才都驾着云头，离了海上。

白鹦哥展翅前飞，孙大圣与惠岸随后。

顷刻间，早见一座山头，行者道：“这山就是号山了。从此处到那妖精门首，约摸有四百余里。”菩萨闻言，即命住下祥云，在那山头上念一声“唵”字咒语，只见那山左山右，走出许多神鬼，却乃是本山土地众神，都到菩萨宝莲座下磕头。菩萨道：“汝等俱莫惊张，我今来擒此魔王。你与我把这团围打扫干净，要三百里远近地方，不许一个生灵在地。将那窝中小兽，窟内雏虫，都送在巅峰之上安生。”众神遵依而退。须臾间，又来回复，菩萨道：“既然干净，俱各回祠。”遂把净瓶扳倒，唿喇喇倾出水来，就如雷响。真个是：漫过山头，冲开石壁。漫过山头如海势，冲开石壁似汪洋。黑雾涨天全水气，沧波影日幌寒光。

遍崖冲玉浪，满海长金莲。菩萨大展降魔法，袖中取出定身禅。

化做落伽仙景界，真如南海一般般。秀蒲挺出昙花嫩，香草舒开贝叶鲜。紫竹几竿鹦鹉歇，青松数簇鹧鸪喧。万迭波涛连四野，只闻风吼水漫天。孙大圣见了，暗中赞叹道：“果然是一个大慈大悲的菩萨！若老孙有此法力，将瓶儿望山一倒，管甚么禽兽蛇虫哩！”菩萨叫：“悟空，伸手过来。”行者即忙敛袖，将左手伸出。菩萨拔杨柳枝，蘸甘露，把他手心里写一个迷字，教他：“捏着拳头，快去与那妖精索战，许败不许胜。败将来我这跟前，我自有法力收他。”行者领命，返云光，径来至洞口，一只手使拳，一只手使棒，高叫道：“妖怪开门！”那些小妖，又进去报道：“孙行者又来了！”妖王道：“紧关了门！莫睬他！”行者叫道：“好儿子！把老子赶在门外，还不开门！”小妖又报道：“孙行者骂出那话儿来了！”妖王只教：“莫睬他！”行者叫两次，见不开门，心中大怒，举铁棒，将门一下打了一个窟窿。慌得那小妖跌将进去道：“孙行者打破门了！”妖王见报几次，又听说打破前门，急纵身跳将出去，挺长枪，对行者骂道：“这猴子，老大不识起倒！我让你得些便宜，你还不知尽足，又来欺我！打破我门，你该个甚么罪名？”行者道：“我儿，你赶老子出门，你该个甚么罪名？”那妖王羞怒，绰长枪劈胸便刺；这行者举铁棒，架隔相还。一番搭上手，斗经四五个回合，行者捏着拳头，拖着棒，败将下来。那妖王立在山前道：“我要刷洗唐僧去哩！”行者道：“好儿子，天看着你哩！你来！”那妖精闻言，愈加嗔怒，喝一声，赶到面前，挺枪又刺。这行者轮棒又战几合，败阵又走。那妖王骂道：“猴子，你在前有二三十合的本事，你怎么如今正斗时就要走了，何也？”行者笑道：“贤郎，老子怕你放火。”妖精道：“我不放火了，你上来。”行者道：“既不放火，走开些，好汉子莫在家门前打人。”那妖精不知是诈，真个举枪又赶。行者拖了棒，放了拳头，那妖王着了迷乱，只情追赶。前走的如流星过度，后走的如弩箭离弦。

不一时，望见那菩萨了。行者道：“妖精，我怕你了，你饶我罢。你如今赶至南海观音菩萨处，怎么还不回去？”那妖王不信，咬着牙，只管赶来。行者将身一幌，藏在那菩萨的神光影里。这妖精见没了行者，走近前，睁圆眼，对菩萨道：“你是孙行者请来的救兵么？”菩萨不答应。妖王拈转长枪喝道：“咄！你是孙行者请来的救兵么？”菩萨也不答应。妖精望菩萨劈心刺一枪来，那菩萨化道金光，径走上九霄空内。行者跟定道：“菩萨，你好欺伏我罢了！那妖精再三问你，你怎么推聋装哑，不敢做声，被他一枪搠走了，却把那个莲台都丢下耶！”菩萨只教：

“莫言语，看他再要怎的。”此时行者与木叉俱在空中，并肩同看。只见那妖呵呵冷笑道：“泼猴头，错认了我也！他不知把我圣婴当作个甚人。几番家战我不过，又去请个甚么脓包菩萨来，却被我一枪，搠得无形无影去了，又把个宝莲台儿丢了，且等我上去坐坐。”好妖精，他也学菩萨，盘手盘脚的，坐在当中。

行者看见道：“好！好！好！莲花台儿好送人了！”菩萨道：“悟空，你又说甚么？”行者道：“说甚？说甚？莲台送了人了！”那妖精坐放臀下，终不得你还要哩？”菩萨道：“正要他坐哩。”行者道：“他的身躯小巧，比你还坐得稳当。”菩萨叫：“莫言语，且看法力。”他将杨柳枝往下指定，叫一声“退！”只见那莲台花彩俱无，祥光尽散，原来那妖王坐在刀尖之上。即命木叉：“使降妖杵，把刀柄儿打打去来。”那木叉按下云头，将降魔杵，如筑墙一般，筑了有千百余下。那妖精，穿通两腿刀尖出，血流成汪皮肉开。好怪物，你看他咬着牙，忍着痛，且丢了长枪，用手将刀乱拔。行者却道：“菩萨啊，那怪物不怕痛，还拔刀哩。”菩萨见了，唤上木叉，“且莫伤他生命。”却又把杨柳枝垂下，念声“唵”字咒语，那天罡刀都变做倒须钩儿，狼牙一般，莫能褪得。那妖精却才慌了，扳着刀尖，痛声苦告道：“菩萨，我弟子有眼无珠，不识你广大法力。千乞垂慈，饶我性命！再不敢恃恶，愿入法门戒行也。”菩萨闻言，却与二行者、白鹦哥低下金光，到了妖精面前，问道：“你可受吾戒行么？”妖王点头滴泪道：“若饶性命，愿受戒行。”菩萨道：“你可入我门么？”妖王道：“果饶性命，愿入法门。”菩萨道：“既如此，我与你摩顶受戒。”就袖中取出一把金剃头刀儿，近前去，把那怪分顶剃了几刀，剃作一个太山压顶，与他留下三个顶搭，挽起三个窝角揪儿。行者在旁笑道：“这妖精大晦气！弄得不男不女，不知象个甚么东西！”菩萨道：“你今既受我戒，我却也不慢你，称你做善财童子，如何？”

那妖点头受持，只望饶命。菩萨却用手一指，叫声“退！”撞的一声，天罡刀都脱落尘埃，那童子身躯不损。菩萨叫：“惠岸，你将刀送上天宫，还你父王，莫来接我，先到普陀岩会众诸天等候。”那木叉领命，送刀上界，回海不题。

却说那童子野性不定，见那腿疼处不疼，臀破处不破，头挽了三个揪儿，他走去绰起长枪，望菩萨道：“那里有甚真法力降我！原来是个掩样术法儿！不受甚戒，看枪！”望菩萨劈脸刺来。恨得个行者轮铁棒要打，菩萨只叫：“莫打，我自有惩治。”

却又袖中取出一个金箍儿来道：“这宝贝原是我佛如来赐我往东土寻取经人的金紧禁三个箍儿。紧箍儿，先与你戴了，禁箍儿，收了守山大神，这个金箍儿，未曾舍得与人，今观此怪无礼，与他罢。”好菩萨，将箍儿迎风一幌，叫声“变！”即变作五个箍儿，望童子身上抛了去，喝声“着！”一个套在他头顶上，两个套在他左右手上，两个套在他左右脚上。菩萨道：“悟空，走开些，等我念念《金箍儿咒》。”行者慌了道：“菩萨呀，请你来此降妖，如何却要咒我？”菩萨道：“这篇咒，不是《紧箍儿咒》咒你的，是《金箍儿咒》咒那童子的。”行者却才放心，紧随左右，听得他念咒。菩萨捻着诀，默默的念了几遍，那妖精搓耳揉腮，攒蹄打滚。正是：一句能通遍沙界，广大无边法力深。毕竟不知那童子怎的皈依，且听下回分解。

第四十三回　黑河妖孽擒僧去　西洋龙子捉鼍回

却说那菩萨念了几遍，却才住口，那妖精就不疼了。又正性起身看处，颈项里与手足上都是金箍，勒得疼痛，便就除那箍儿时，莫想褪得动分毫，这宝贝已此是见肉生根，越抹越痛。

行者笑道：“我那乖乖，菩萨恐你养不大，与你戴个颈圈镯头哩。”那童子闻此言，又生烦恼，就此绰起枪来，望行者乱刺。行者急闪身，立在菩萨后面，叫：“念咒！念咒！”那菩萨将杨柳枝儿，蘸了一点甘露洒将去，叫声“合！”只见他丢了枪，一双手合掌当胸，再也不能开放，至今留了一个观音扭，即此意也。那童子开不得手，拿不得枪，方知是法力深微，没奈何，才纳头下拜。菩萨念动真言，把净瓶敧倒，将那一海水，依然收去，更无半点存留，对行者道：“悟空，这妖精已是降了，却只是野心不定，等我教他一步一拜，只拜到落伽山，方才收法。你如今快早去洞中，救你师父去来！”行者转身叩头道：“有劳菩萨远涉，弟子当送一程。”菩萨道：“你不消送，恐怕误了你师父性命。”行者闻言，欢喜叩别。那妖精早归了正果，五十三参，参拜观音，且不题善菩萨收了童子。

却说那沙僧久坐林间，盼望行者不到，将行李捎在马上，一只手执着降妖宝杖，一只手牵着缰绳，出松林向南观看。只见行者欣喜而来。沙僧迎着道：“哥哥，你怎么去请菩萨，此时才来！焦杀我也！”行者道：“你还做梦哩，老孙已请了菩萨，降了妖怪。”行者却将菩萨的法力，备陈了一遍。沙僧十分欢喜道：“救师父去也！”他两个才跳过涧去，撞到门前，拴下马匹，举兵器齐打入洞里，剿净了群妖，解下皮袋，放出八戒来。那呆子谢了行者道：“哥哥，那妖精在那里？等我去筑他几钯，出出气来！”行者道：“且寻师父去。”三人径至后边，只见师父赤条条捆在院中哭哩。沙僧连忙解绳，行者即取衣服穿上，三人跪在面前道：“师父吃苦了。”三藏谢道：“贤徒啊，多累你等，怎生降得妖魔也？”行者又将请菩萨、收童子之言，备陈一遍。三藏听得，即忙跪下，朝南礼拜。行者道：“不消谢他，转是我们与他作福，收了一个童子。”如今说童子拜观音，五十三参，参参见佛，即此是也。教沙僧将洞内宝物收了，且寻米粮，安排斋饭，管待了师父。那长老得性命全亏孙大圣，取真经只靠美猴精。

师徒们出洞来，攀鞍上马，找大路，笃志投西。

行经一个多月，忽听得水声振耳，三藏大惊道！徒弟呀，又是那里水声？”行者笑道：“你这老师父，忒也多疑，做不得和尚。我们一同四众，偏你听见甚么水声。你把那《多心经》又忘了也？”唐僧道：“多心经乃浮屠山乌巢禅师口授，共五十四句，二百七十个字。我当时耳传，至今常念，你知我忘了那句儿？”

行者道：“老师父，你忘了‘无眼耳鼻舌身意’。我等出家人，眼不视色，耳不听声，鼻不嗅香，舌不尝味，身不知寒暑，意不存妄想，如此谓之祛褪六贼。你如今为求经，念念在意，怕妖魔不肯舍身，要斋吃动舌，喜香甜嗅鼻，闻声音惊耳，睹事物凝眸，招来这六贼纷纷，怎生得西天见佛？”三藏闻言，默然沉虑道：

“徒弟啊，我一自当年别圣君，奔波昼夜甚殷勤。芒鞋踏破山头雾，竹笠冲开岭上云。夜静猿啼殊可叹，月明鸟噪不堪闻。何时满足三三行，得取如来妙法文？”行者听毕，忍不住鼓掌大笑道：“这师父原来只是思乡难息！若要那三三行满，有何难哉！

常言道，功到自然成哩。”八戒回头道：“哥啊，若照依这般魔障凶高，就走上一千年也不得成功！”沙僧道：“二哥，你和我一般，拙口钝腮，不要惹大哥热擦。且只捱肩磨担，终须有日成功也。”

师徒们正话间，脚走不停，马蹄正疾，见前面有一道黑水滔天，马不能进。四众停立岸边，仔细观看，但见那：层层浓浪，迭迭浑波，层层浓浪翻乌潦，迭迭浑波卷黑油。近观不照人身影，远望难寻树木形。滚滚一地墨，滔滔千里灰。水沫浮来如积炭，浪花飘起似翻煤。牛羊不饮，鸦鹊难飞。牛羊不饮嫌深黑，鸦鹊难飞怕渺弥。只是岸上芦蘋知节令，滩头花草斗青奇。

湖泊江河天下有，溪源泽洞世间多。人生皆有相逢处，谁见西方黑水河！唐僧下马道：“徒弟，这水怎么如此浑黑？”八戒道：

“是那家泼了靛缸了。”沙僧道：“不然，是谁家洗笔砚哩。”行者道：“你们且休胡猜乱道，且设法保师父过去。”八戒道：“这河若是老猪过去不难，或是驾了云头，或是下河负水，不消顿饭时，我就过去了。”沙僧道：“若教我老沙，也只消纵云躧水，顷刻而过。”行者道：“我等容易，只是师父难哩。”三藏道：“徒弟啊，这河有多少宽么？”八戒道：“约摸有十来里宽。”三藏道：

“你三个计较，着那个驮我过去罢。”行者道：“八戒驮得。”八戒道：“不好驮。若是驮着腾云，三尺也不能离地，常言道，背凡人重若丘山。若是驮着负水，转连我坠下水去了。”

师徒们在河边，正都商议，只见那上溜头，有一人棹下一只小船儿来。唐僧喜道：“徒弟，有船来了。叫他渡我们过去。”

沙僧厉声高叫道：棹船的，来渡人！来渡人！”船上人道：“我不是渡船，如何渡人？”沙僧道：“天上人间，方便第一。你虽不是渡船，我们也不是常来打搅你的。我等是东土钦差取经的佛子，你可方便方便，渡我们过去，谢你。”那人闻言，却把船儿棹近岸边，扶着桨道：“师父啊，我这船小，你们人多，怎能全渡？”

三藏近前看了，那船儿原来是一段木头刻的，中间只有一个舱口，只好坐下两个人。三藏道：“怎生是好？”沙僧道：“这般啊，两遭儿渡罢。”八戒就使心术，要躲懒讨乖，道：“悟净，你与大哥在这边看着行李马匹，等我保师父先过去，却再来渡马。教大哥跳过去罢。”行者点头道：“你说的是。”

那呆子扶着唐僧，那梢公撑开船，举棹冲流，一直而去。方才行到中间，只听得一声响喨，卷浪翻波，遮天迷目。那阵狂风十分利害！好风：当空一片炮云起，中溜千层黑浪高。两岸飞沙迷日色，四边树倒振天号。翻江搅海龙神怕，播土扬尘花木凋。呼呼响若春雷吼，阵阵凶如饿虎哮。蟹鳖鱼虾朝上拜，飞禽走兽失窝巢。五湖船户皆遭难，四海人家命不牢。溪内渔翁难把钓，河间梢子怎撑篙？揭瓦翻砖房屋倒，惊天动地泰山摇。

这阵风，原来就是那棹船人弄的，他本是黑水河中怪物。眼看着那唐僧与猪八戒，连船儿淬在水里，无影无形，不知摄了那方去也。

这岸上，沙僧与行者心慌道："怎么好？老师父步步逢灾，才脱了魔障，幸得这一路平安，又遇着黑水迍邅！"沙僧道："莫是翻了船，我们往下溜头找寻去。"行者道："不是翻船。若翻船，八戒会水，他必然保师父负水而出。我才见那个棹船的有些不正气，想必就是这厮弄风，把师父拖下水去了。"沙僧闻言道："哥哥何不早说，你看着马与行李，等我下水找寻去来。"行者道："这水色不正，恐你不能去。"沙僧道："这水比我那流沙河如何？去得！去得！"

好和尚，脱了褊衫，札抹了手脚，轮着降妖宝杖，扑的一声，分开水路，钻入波中，大踏步行将进去。正走处，只听得有人言语。沙僧闪在旁边，偷睛观看，那壁厢有一座亭台，台门外横封了八个大字，乃是"衡阳峪黑水河神府"。又听得那怪物坐在上面道："一向辛苦，今日方能得物。这和尚乃十世修行的好人，但得吃他一块肉，便做长生不老人。我为他也等够多时，今朝却不负我志。"教："小的们！快把铁笼抬出来，将这两个和尚囫囵蒸熟，具柬去请二舅爷来，与他暖寿。"沙僧闻言，按不住心头火起，掣宝杖，将门乱打，口中骂道："那泼物，快送我唐僧师父与八戒师兄出来！"唬得那门内妖邪，急跑去报："祸事了！"老怪问："甚么祸事？"小妖道："外面有一个晦气色脸的和尚，打着前门骂，要人哩！"那怪闻言，即唤取披挂。小妖抬出披挂，老妖结束整齐，手提一根竹节钢鞭，走出门来，真个是凶顽毒像。但见：方面圜睛霞彩亮，卷唇巨口血盆红。几根铁线稀髯摆，两鬓朱砂乱发蓬。形似显灵真太岁，貌如发怒狠雷公。身披铁甲团花灿，头戴金盔嵌宝浓。竹节钢鞭提手内，行时滚滚拽狂风。生来本是波中物，脱去原流变化凶。要问妖邪真姓字，前身唤做小鼍龙。那怪喝道："是甚人在此打我门哩！"沙僧道：

"我把你个无知的泼怪！你怎么弄玄虚，变作梢公，架船将我师父摄来？快早送还，饶你性命！"那怪呵呵笑道："这和尚不知死活！你师父是我拿了，如今要蒸熟了请人哩！你上来，与我见个雌雄！三合敌得我啊，还你师父；如三合敌不得，连你一发都蒸吃了，休想西天去也！"沙僧闻言大怒，轮宝杖，劈头就打。那怪举钢鞭，急架相迎。两个在水底下，这场好杀：降妖杖、竹节鞭，二人怒发各争先。一个是黑水河中千载怪，一个是灵霄殿外旧时仙。那个因贪三藏肉中吃，这个为保唐僧命可怜。都来水底相争斗，各要功成两不然。杀得虾鱼对对摇头躲，蟹鳖双双缩首潜。只听水府群妖齐擂鼓，门前众怪乱争喧。好个沙门真悟净，单身独力展威权！跃浪翻波无胜败，鞭迎杖架两牵连。

算来只为唐和尚，欲取真经拜佛天。他二人战经三十回合，不见高低。沙僧暗想道："这怪物是我的对手，枉自不能取胜，且引他出去，教师兄打他。"这沙僧虚丢了个架子，拖着宝杖就走。那妖精更不赶来，道："你去罢，我不与你斗了，我且具柬帖儿去请客哩。"

沙僧气呼呼跳出水来，见了行者道："哥哥，这怪物无礼。"

行者问："你下去许多时才出来，端的是甚妖邪？可曾寻见师父？"沙僧道："他这里边，有一座亭台，台门外横书八个大字，唤做'衡阳峪黑水河神府'。我闪在旁边，听着他在里面说话，教小的们刷洗铁笼，待要把师父与八戒蒸熟了，去请他舅爷来暖寿。是我发起怒来，就去打门。那怪物提一条竹节钢鞭走出来，与我斗了这半日，约有三十合，不分胜负。我却使个佯输法，要引他出来，着你助阵。那怪物乖得紧，他不来赶我，只要回去具柬请客，我才上来了。"行者道："不知是个甚么妖邪？"

沙僧道："那模样象一个大鳖；不然，便是个鼍龙也。"行者道：

"不知那个是他舅爷？"说不了，只见那下湾里走出一个老人，远远的跪下叫："大圣，黑水河河神叩头。"行者道："你莫是那棹船的妖邪，又来骗我么？"那老人磕头滴泪道："大圣，我不是妖邪，我是这河内真神。那妖精旧年五月间，从西洋海趁大潮来于此处，就与小神交斗。奈我年迈身衰，敌他不过，把我坐的那衡阳峪黑水河神府，就占夺去住了，又伤了我许多水族。我却没奈何，径往海内告他。原来西海龙王是他的母舅，不准我的状子，教我让与他住。我欲启奏上天，奈何神微职小，不能得见玉帝。今闻得大圣到此，特来参拜投生，万望大圣与我出力报冤！"行者闻言道："这等说，四海龙王都该有罪。他如今摄了我师父与师弟，扬言要蒸熟了，去请他舅爷暖寿，我正要拿他，幸得你来报信。这等啊，你陪着沙僧在此看守，等我去海中，先把那龙王捉来，教他擒此怪物。"河神道："深感大圣大恩！"

行者即驾云，径至西洋大海，按筋斗，捻了避水诀，分开波浪。正然走处，撞见一个黑鱼精棒着一个浑金的请书匣儿，从下流头似箭如梭钻将上来，被行者扑个满面，掣铁棒分顶一下，可怜就打得脑浆迸出，腮骨查开，嗗都的一声飘出水面。他却揭开匣儿看处，里边有一张简帖，上写着："愚甥鼍洁，顿首百拜，启上二舅爷敖老大人台下：向承佳惠，感感。今因获得二物，乃东土僧人，实为世间之罕物。甥不敢自用。因念舅爷圣诞在迩，特设菲筵，预祝千寿。万望车驾速临是荷！"行者笑道：

"这厮却把供状先递与老孙也！"正才袖了帖子，往前再行。早有一个探海的夜叉望见行者，急抽身撞上水晶宫报大王："齐天大圣孙爷爷来了！"那龙王敖顺即领众水族出宫迎接道："大圣，请入小宫少座，献茶。"行者道："我还不曾吃你的茶，你倒先吃了我的酒也！"龙王笑道："大圣一向皈依佛门，不动荤酒，却几时请我吃酒来？"行者道："你便不曾去吃酒，只是惹下一个吃酒的罪名了。"敖顺大惊道："小龙为何有罪？"行者袖中取出简帖儿，递与龙王。龙王见了，魂飞魄散，慌忙跪下叩头道：

"大圣恕罪！那厮是舍妹第九个儿子。因妹夫错行了风雨，刻减了雨数，被天曹降旨，着人曹官魏征丞相梦里斩了。舍妹无处安身，是小龙带他到此，恩养成人。前年不幸，舍妹疾故，惟他无方居住，我着他在黑水河养性修真，不期他作此恶孽，小龙即差人去擒他来也。"行者道："你令妹共有几个贤郎？都在那里作怪？"龙王道："舍妹有九个儿子。那八个都是好的。第一个小黄龙，见居淮渎；第二个小骊龙，见住济渎；第三个青背龙，占了江渎；第四个赤髯龙，镇守河渎；第五个徒劳龙，与佛祖司钟；第六个稳兽龙，与神官镇脊；第七个敬仲龙，与玉帝守擎天华表；第八个蜃龙，在大家兄处砥据太岳。此乃第九个鼍龙，因年幼无甚执事，自旧年才着他居黑水河养性，待成名，别迁调用，谁知他不遵吾旨，冲撞大圣也。"行者闻言笑道："你妹妹有几个妹丈？"敖顺道："只嫁得一个妹丈，乃泾河龙王。向年已此被斩，舍妹孀居于此，前年疾故了。"行者道："一夫一妻，如何生这几个杂种？"敖顺道："此正谓龙生九种，九种各别。"

行者道："我才心中烦恼，欲将简帖为证，上奏天庭，问你个通同作怪，抢夺人口之罪。据你所言，是那厮不遵教诲，我且饶你这次：一则是看你昆玉分上，二来只该怪那厮年幼无知，你也不甚知情。你快差人擒来，救我师父！再作区处。”敖顺即唤太子摩昂：“快点五百虾鱼壮兵，将小鼍捉来问罪！”一壁厢安排酒席，与大圣陪礼。行者道：“龙王再勿多心，既讲开饶了你便罢，又何须办酒？我今须与你令郎同回：一则老师父遭愆，二则我师弟盼望。”那老龙苦留不住，又见龙女捧茶来献。行者立饮他一盏香茶，别了老龙，随与摩昂领兵，离了西海。早到黑水河中，行者道：“贤太子，好生捉怪，我上岸去也。”摩昂道：“大圣宽心，小龙子将他拿上来先见了大圣，惩治了他罪名，把师父送上来，才敢带回海内，见我家父。”行者欣然相别，捏了避水诀，跳出波津，径到了东边崖上。沙僧与那河神迎着道：“师兄，你去时从空而去，怎么回来却自河内而回？”行者把那打死鱼精，得简帖，见龙王，与太子同领兵来之事，备陈了一遍。沙僧十分欢喜。都立在岸边，候接师父不题。

却说那摩昂太子着介士先到他水府门前，报与妖怪道：

“西海老龙王太子摩昂来也。”那怪正坐，忽闻摩昂来，心中疑惑道：“我差黑鱼精投简帖拜请二舅爷，这早晚不见回话，怎么舅爷不来，却是表兄来耶？”正说间，只见那巡河的小怪又来报：“大王，河内有一枝兵，屯于水府之西，旗号上书着‘西海储君摩昂小帅’。”妖怪道：“这表兄却也狂妄：想是舅爷不得来，命他来赴宴，既是赴宴，如何又领兵劳士？咳！但恐其间有故。”

教：“小的们，将我的披挂钢鞭伺候，恐一时变暴，待我且出去迎他，看是何如。”众妖领命，一个个擦掌摩拳准备。

这鼍龙出得门来，真个见一枝海兵札营在右，只见：征旗飘绣带，画戟列明霞。宝剑凝光彩，长枪缨绕花。弓弯如月小，箭插似狼牙。大刀光灿灿，短棍硬沙沙。鲸鳌并蛤蚌，蟹鳖共鱼虾。大小齐齐摆，干戈似密麻。不是元戎令，谁敢乱爬喳！鼍怪见了，径至那营门前厉声高叫：“大表兄，小弟在此拱候，有请。”有一个巡营的螺螺急至中军帐：“报千岁殿下，外有鼍龙叫请哩。”太子按一按顶上金盔，束一束腰间宝带，手提一根三棱简，拽开步，跑出营去道：“你来请我怎么？”鼍龙进礼道：“小弟今早有简帖拜请舅爷，想是舅爷见弃，着表兄来的，兄长既来赴席，如何又劳师动众，不入水府，札营在此，又贯甲提兵，何也？”太子道：“你请舅爷做甚？”妖怪道：“小弟一向蒙恩赐居于此，久别尊颜，未得孝顺。昨日捉得一个东土僧人，我闻他是十世修行的元体，人吃了他，可以延寿，欲请舅爷看过，上铁笼蒸熟，与舅爷暖寿哩。”太子喝道：“你这厮十分懵懂！你道僧人是谁？”妖怪道：“他是唐朝来的僧人，往西天取经的和尚。”太子道：“你只知他是唐僧，不知他手下徒弟利害哩。”妖怪道：

“他有一个长嘴的和尚，唤做个猪八戒，我也把他捉住了，要与唐和尚一同蒸吃。还有一个徒弟，唤做沙和尚，乃是一条黑汉子，晦气色脸，使一根宝杖，昨日在这门外与我讨师父，被我帅出河兵，一顿钢鞭，战得他败阵逃生，也不见怎的利害。”太子道：“原来是你不知！他还有一个大徒弟，是五百年前大闹天宫上方太乙金仙齐天大圣，如今保护唐僧往西天拜佛求经，是普陀岩大慈大悲观音菩萨劝善，与他改名，唤做孙悟空行者。你怎么没得做，撞出这件祸来？他又在我海内遇着你的差人，夺了请帖，径入水晶宫，拿捏我父子们，有结连妖邪，抢夺人口之罪。你快把唐僧、八戒送上河边，交还了孙大圣，凭着我与他陪礼，你还好得性命，若有半个不字，休想得全生居于此也！”那怪鼍闻此言，心中大怒道：“我与你嫡亲的姑表，你倒反护他人？听你所言，就教把唐僧送出，天地间那里有这等容易事也！

你便怕他，莫成我也怕他？他若有手段，敢来我水府门前，与我交战三合，我才与他师父，若敌不过我，就连他也拿来，一齐蒸熟，也没甚么亲人，也不去请客，自家关了门，教小的们唱唱舞舞，我坐在上面，自自在在，吃他娘不是！”太子见说，开口骂道：“这泼邪果然无状！且不要教孙大圣与你对敌，你敢与我相持么？”那怪道：“要做好汉，怕甚么相持！”教：“取披挂！”呼唤一声，众小妖跟随左右，献上披挂，捧上钢鞭。他两个变了脸，各逞英雄；传号令，一齐擂鼓。这一场比与沙僧争斗，甚是不同，但见那：旌旗照耀，戈戟摇光。这壁厢营盘解散，那壁厢门户开张。摩昂太子提金简，鼍怪轮鞭急架偿。一声炮响河兵烈，三棒锣鸣海士狂。虾与虾争，蟹与蟹斗。鲸鳌吞赤鲤，鯾鲌起黄鳍。鲨鲻吃鲎鲭鱼走，牡蛎擒蛏蛤蚌慌，少扬刺硬如铁棍，鳡司针利似锋芒。鲟鳇追白蟮，鲈鲙捉乌鲳。一河水怪争高下，两处龙兵定弱强。混战多时波浪滚，摩昂太子赛金刚。喝声金简当头重，拿住妖鼍作怪王。这太子将三棱简闪了一个破绽，那妖精不知是诈，钻将进来，被他使个解数，把妖精右臂，只一简，打了个蹦踵，赶上前，又一拍脚，跌倒在地。众海兵一拥上前，揪翻住，将绳子背绑了双手，将铁索穿了琵琶骨，拿上岸来，押至孙行者面前道：“大圣，小龙子捉住妖鼍，请大圣定夺。”

行者与沙僧见了道：“你这厮不遵旨令，你舅爷原着你在此居住，教你养性存身，待你名成之日，别有迁用。你怎么强占水神之宅，倚势行凶，欺心诳上，弄玄虚，骗我师父、师弟？我待要打你这一棒，奈何老孙这棒子甚重，略打打儿就了了性命。

你将我师父安在何处哩？”那怪叩头不住道：“大圣，小鼍不知大圣大名，却才逆了表兄，骋强背理，被表兄把我拿住。今见大圣，幸蒙大圣不杀之恩，感谢不尽。你师父还捆在那水府之间，望大圣解了我的铁索，放了我手，等我到河中送他出来。”摩昂在旁道：“大圣，这厮是个逆怪，他极奸诈，若放了他，恐生恶念。”沙和尚道：“我认得他那里，等我寻师父去。”他两个跳入水中，径至水府门前，那里门扇大开，更无一个小卒。直入亭台里面，见唐僧八戒，赤条条都捆在那里。沙僧即忙解了师父，河神亦随解了八戒，一家背着一个出水面，径至岸边。猪八戒见那妖精锁绑在侧，急掣钯上前就筑，口里骂道：“泼邪畜！你如今不吃我了？”行者扯住道：“兄弟，且饶他死罪罢，看敖顺贤父子之情。”摩昂进礼道：“大圣，小龙子不敢久停。既然救得你师父，我带这厮去见家父；虽大圣饶了他死罪，家父决不饶他活罪，定有发落处置，仍回复大圣谢罪。”行者道：“既如此，你领他去罢，多多拜上令尊，尚容面谢。”那太子押着那妖鼍，投水中，帅领海兵，径转西洋大海不题。

却说那黑水河神谢了行者道：“多蒙大圣复得水府之恩！”

唐僧道：“徒弟啊，如今还在东岸，如何渡此河也？”河神道：“老爷勿虑，且请上马，小神开路，引老爷过河。”那师父才骑了白马，八戒采着缰绳，沙和尚挑了行李，孙行者扶持左右，只见河神作起阻水的法术，将上流挡住。须臾下流撤干，开出一条大路。师徒们行过西边，谢了河神，登崖上路。这正是：禅僧有救来西域，彻地无波过黑河。毕竟不知怎生得拜佛求经，且听下回分解。

第四十四回　法身元运逢车力　心正妖邪度脊关

诗曰：求经脱障向西游，无数名山不尽休。兔走乌飞催昼夜，鸟啼花落自春秋。微尘眼底三千界，锡杖头边四百州。宿水餐风登紫陌，未期何日是回头。话说唐三藏幸亏龙子降妖，黑水河神开路，师徒们过了黑水河，找大路一直西来。真个是迎风冒雪，戴月披星，行彀多时，又值早春天气，但见三阳转运，万物生辉。三阳转运，满天明媚开图画；万物生辉，遍地芳菲设绣茵。梅残数点雪，麦涨一川云。渐开冰解山泉溜，尽放萌芽没烧痕。正是那太昊乘震，勾芒御辰，花香风气暖，云淡日光新。道旁杨柳舒青眼，膏雨滋生万象春。师徒们在路上游观景色，缓马而行，忽听得一声吆喝，好便似千万人呐喊之声。唐三藏心中害怕，兜住马不能前进，急回头道：悟空，是那里这等响振？”八戒道：“好一似地裂山崩。”沙僧道：“也就如雷声霹雳。”三藏道：“还是人喊马嘶。”孙行者笑道：“你们都猜不着，且住，待老孙看是何如。”

好行者，将身一纵，踏云光起在空中，睁眼观看，远见一座城池。又近觑，倒也祥光隐隐，不见甚么凶气纷纷。行者暗自沉吟道：“好去处！如何有响声振耳？那城中又无旌旗闪灼，戈戟光明，又不是炮声响振，何以若人马喧哗？”正议间，只见那城门外，有一块沙滩空地，攒簇了许多和尚，在那里扯车儿哩。

原来是一齐着力打号，齐喊“大力王菩萨”，所以惊动唐僧。行者渐渐按下云头来看处，呀！那车子装的都是砖瓦木植土坯之类；滩头上坡坂最高，又有一道夹脊小路，两座大关，关下之路都是直立壁陡之崖，那车儿怎么拽得上去？虽是天色和暖，那些人却也衣衫蓝缕，看此象十分窘迫。行者心疑道：“想是修盖寺院。他这里五谷丰登，寻不出杂工人来，所以这和尚亲自努力。”正自猜疑未定，只见那城门里，摇摇摆摆，走出两个少年道士来。你看他怎生打扮，但见他：头戴星冠，身披锦绣。头戴星冠光耀耀，身披锦绣彩霞飘。足踏云头履，腰系熟丝绦。面如满月多聪俊，形似瑶天仙客娇。那些和尚见道士来，一个个心惊胆战，加倍着力，恨苦的拽那车子。行者就晓得了：“咦！想必这和尚们怕那道士。不然啊，怎么这等着力拽扯？我曾听得人言，西方路上，有个敬道灭僧之处，断乎此间是也。我待要回报师父，奈何事不明白，返惹他怪，敢道这等一个伶俐之人，就不能探个实信？且等下去问得明白，好回师父话。

你道他来问谁？好大圣，按落云头，去郡城脚下，摇身一变，变做个游方的云水全真，左臂上挂着一个水火篮儿，手敲着渔鼓，口唱着道情词，近城门，迎着两个道士，当面躬身道：

“道长，贫道起手。”那道士还礼道：“先生那里来的？”行者道：

“我弟子云游于海角，浪荡在天涯；今朝来此处，欲募善人家。

动问二位道长，这城中那条街上好道？那个巷里好贤？我贫道好去化些斋吃。”那道士笑道：“你这先生，怎么说这等败兴的话？”行者道：“何为败兴？”道士道：“你要化些斋吃，却不是败兴？”行者道：“出家人以乞化为由，却不化斋吃，怎生有钱买？”

道士笑道：“你是远方来的，不知我这城中之事。我这城中，且休说文武官员好道，富民长者爱贤，大男小女见我等拜请奉斋，这般都不须挂齿，头一等就是万岁君王好道爱贤。”行者道：“我贫道一则年幼，二则是远方乍来，实是不知。烦二位道长将这里地名、君王好道爱贤之事，细说一遍，足见同道之情。”道士说：“此城名唤车迟国，宝殿上君王与我们有亲。”行者闻言呵呵笑道：“想是道士做了皇帝？”他道：“不是。只因这二十年前，民遭亢旱，天无点雨，地绝谷苗，不论君臣黎庶，大小人家，家家沐浴焚香，户户拜天求雨。正都在倒悬捱命之处，忽然天降下三个仙长来，俯救生灵。”行者问道：“是那三个仙长？”道士说：“便是我家师父。”行者道：“尊师甚号？”道士云：

“我大师父，号做虎力大仙；二师父，鹿力大仙；三师父，羊力大仙。”行者问曰：“三位尊师，有多少法力？”道士云：“我那师父，呼风唤雨，只在翻掌之间，指水为油，点石成金，却如转身之易。所以有这般法力，能夺天地之造化，换星斗之玄微，君臣相敬，与我们结为亲也。”行者道：“这皇帝十分造化。常言道，术动公卿。老师父有这般手段，结了亲，其实不亏他。噫，不知我贫道可有星星缘法，得见那老师父一面哩？”道士笑曰：“你要见我师父。有何难处！我两个是他靠胸贴肉的徒弟，我师父却又好道爱贤，只听见说个道字，就也接出大门。若是我两个引进你，乃吹灰之力。”行者深深的唱个大喏道：“多承举荐，就此进去罢。”道士说：“且少待片时，你在这里坐下，等我两个把公事干了来，和你进去。”行者道：“出家人无拘无束，自由自在，有甚公干？”道士用手指定那沙滩上僧人：“他做的是我家生活，恐他躲懒，我们去点他一卯就来。’行者笑道：“道长差了！

僧道之辈都是出家人，为何他替我们做活，伏我们点卯？”道士云：“你不知道，因当年求雨之时，僧人在一边拜佛，道士在一边告斗，都请朝廷的粮饷；谁知那和尚不中用，空念空经，不能济事。后来我师父一到，唤雨呼风，拔济了万民涂炭。却才恼了朝廷，说那和尚无用，拆了他的山门，毁了他的佛像，追了他的度牒，不放他回乡，御赐与我们家做活，就当小厮一般。我家里烧火的也是他，扫地的也是他，顶门的也是他。因为后边还有住房，未曾完备，着这和尚来拽砖瓦，拖木植，起盖房宇。只恐他贪顽躲懒，不肯拽车，所以着我两个去查点查点。”行者闻言。扯住道士滴泪道：“我说我无缘，真个无缘，不得见老师父尊面！”道士云：“如何不得见面？”行者道：“我贫道在方上云游，一则是为性命，二则也为寻亲。”道士问：“你有甚么亲？”行者道：“我有一个叔父，自幼出家，削发为僧，向日年程饥馑，也来外面求乞。这几年不见回家，我念祖上之恩，特来顺便寻访，想必是羁迟在此等地方，不能脱身，未可知也。我怎的寻着他见一面，才可与你进城？”道士云：“这般却是容易。我两个且坐下，即烦你去沙滩上替我一查，只点头目有五百名数目便罢，看内中那个是你令叔。果若有呀，我们看道中情分，放他去了，却与你进城好么？”

行者顶谢不尽，长揖一声，别了道士，敲着渔鼓，径往沙滩之上。过了双关，转下夹脊，那和尚一齐跪下磕头道：“爷爷，我等不曾躲懒，五百名半个不少，都在此扯车哩。”行者看见，暗笑道：“这些和尚，被道士打怕了，见我这假道士就这般悚惧，若是个真道士，好道也活不成了。”行者又摇手道：“不要跪，休怕。我不是监工的，我来此是寻亲的。”众僧们听说认亲，就把他圈子阵围将上来，一个个出头露面，咳嗽打响，巴不得要认出去。道：“不知那个是他亲哩。”行者认了一会，呵呵笑将起来，众僧道：“老爷不认亲，如何发笑？”行者道：“你们知我笑甚么？笑你这些和尚全不长俊！父母生下你来，皆因命犯华盖，妨爷克娘，或是不招姊妹，才把你舍断了出家。你怎的不遵三宝，不敬佛法，不去看经拜忏，却怎么与道士佣工，作奴婢使唤？”众僧道：“老爷，你来羞我们哩！你老人家想是个外边来的，不知我这里利害。”行者道：“果是外方来的，其实不知你这里有甚利害。”众僧滴泪道：“我们这一国君王，偏心无道，只喜得是老爷等辈，恼的是我们佛子。”行者道：“为何来？”众僧道：

“只因呼风唤雨，三个仙长来此处，灭了我等，哄信君王，把我们寺拆了，度牒追了，不放归乡，亦不许补役当差，赐与那仙长家使用，苦楚难当！但有个游方道者至此，即请拜王领赏；若是和尚来，不分远近，就拿来与仙长家佣工。”行者道：“想必那道士还有甚么巧法术，诱了君王？若只是呼风唤雨，也都是旁门小法术耳，安能动得君心？”众僧道：“他会抟砂炼汞，打坐存神，点水为油，点石成金。如今兴盖三清观宇，对天地昼夜看经忏悔，祈君王万年不老，所以就把君心惑动了。”行者道：“原来这般，你们都走了便罢。”众僧道：“老爷，走不脱！那仙长奏准君王，把我们画了影身图，四下里长川张挂。他这车迟国地界也宽，各府州县乡村店集之方，都有一张和尚图，上面是御笔亲题。若有官职的，拿得一个和尚，高升三级；无官职的，拿得一个和尚，就赏白银五十两，所以走不脱。且莫说是和尚，就是剪鬃、秃子、毛稀的，都也难逃。四下里快手又多，缉事的又广，凭你怎么也是难脱。我们没奈何，只得在此苦捱。”行者道：“既然如此，你们死了便罢。”众僧道：“老爷，有死的。到处捉来与本处和尚，也共有二千余众，到此熬不得苦楚，受不得爊煎，忍不得寒冷，服不得水土，死了有六七百，自尽了有七八百，只有我这五百个不得死。”行者道：“怎么不得死？”众僧道：“悬梁绳断，刀刎不疼，投河的飘起不沉，服药的身安不损。”行者道：

“你却造化，天赐汝等长寿哩！”众僧道：“老爷呀，你少了一个字儿，是长受罪哩！我等日食三餐，乃是糙米熬得稀粥，到晚就在沙滩上冒露安身，才合眼就有神人拥护。”行者道：“想是累苦了，见鬼么？”众僧道：“不是鬼，乃是六丁六甲、护教伽蓝，但至夜就来保护。但有要死的，就保着，不教他死。”行者道：“这些神却也没理，只该教你们早死早升天，却来保护怎的？”众僧道：“他在梦寐中劝解我们，教不要寻死，且苦捱着，等那东土大唐圣僧往西天取经的罗汉。他手下有个徒弟，乃齐天大圣，神通广大，专秉忠良之心，与人间报不平之事，济困扶危，恤孤念寡。只等他来显神通，灭了道士，还敬你们沙门禅教哩。”

行者闻得此言，心中暗笑道：“莫说老孙无手段，预先神圣早传名。”他急抽身，敲着渔鼓，别了众僧，径来城门口见了道士。那道士迎着道：“先生，那一位是令亲？”行者道：“五百个都与我有亲。”两个道士笑道：“你怎么就有许多亲？”行者道：“一百个是我左邻，一百个是我右舍，一百个是我父党，一百个是我母党，一百个是我交契。你若肯把这五百人都放了，我便与你进去；不放，我不去了。”道士云：“你想有些风病，一时间就胡说了。那些和尚，乃国王御赐，若放一二名，还要在师父处递了病状，然后补个死状，才了得哩。怎么说都放了？此理不通！

不通！且不要说我家没人使唤，就是朝廷也要怪。他那里长要差官查勘，或时御驾也亲来点札，怎么敢放？”行者道：“不放么？”道士说：“不放！”行者连问三声，就怒将起来，把耳朵里铁棒取出，迎风捻了一捻，就碗来粗细，幌了一幌，照道士脸上一刮，可怜就打得头破血流身倒地，皮开颈折脑浆倾！那滩上僧人远远望见他打杀了两个道士，丢了车儿，跑将上来道：“不好了！不好了！打杀皇亲了！”行者道：“那个是皇亲？”众僧把他簸箕阵围了，道：“他师父上殿不参王，下殿不辞主，朝廷常称做国师兄长先生。你怎么到这里闯祸？他徒弟出来监工，与你无干，你怎么把他来打死？那仙长不说是你来打杀，只说是来此监工，我们害了他性命，我等怎了？且与你进城去，会了人命出来。”行者笑道：“列位休嚷，我不是云水全真，我是来救你们的。”众僧道：“你倒打杀人，害了我们，添了担儿，如何是救我们的？”行者道：“我是大唐圣僧徒弟孙悟空行者，特特来此救你们性命。”众僧道：“不是！不是！那老爷我们认得他。”行者道：“又不曾会他，如何认得？”众僧道：“我们梦中尝见一个老者，自言太白金星，常教诲我等，说那孙行者的模样莫教错认了。”行者道：“他和你怎么说来？”众僧道：“他说那大圣：磕额金睛幌亮，圆头毛脸无腮。咨牙尖嘴性情乖，貌比雷公古怪。惯使金箍铁棒，曾将天阙攻开。如今皈正保僧来，专救人间灾害。”行者闻言，又嗔又喜，喜道替老孙传名！嗔道那老贼惫懒，把我的元身都说与这伙凡人！忽失声道：“列位诚然认我不是孙行者，我是孙行者的门人，来此处学闯祸耍子的。那里不是孙行者来了？”用手向东一指，哄得众僧回头，他却现了本相，众僧们方才认得，一个个倒身下拜道：“爷爷！我等凡胎肉眼，不知是爷爷显化。望爷爷与我们雪恨消灾，早进城降邪从正也！”行者道：“你们且跟我来。”众僧紧随左右。

那大圣径至沙滩上，使个神通，将车儿拽过两关，穿过夹脊，提起来，捽得粉碎，把那些砖瓦木植，尽抛下坡坂，喝教众僧：“散！莫在我手脚边，等我明日见这皇帝，灭那道士！”众僧道：“爷爷呀，我等不敢远走，但恐在官人拿住解来，却又吃打发赎，返又生灾。”行者道：“既如此，我与你个护身法儿。”好大圣，把毫毛拔了一把，嚼得粉碎，每一个和尚与他一截，都教他：“捻在无名指甲里，捻着拳头，只情走路。无人敢拿你便罢；

若有人拿你，攒紧了拳头，叫一声齐天大圣，我就来护你。”众僧道：“爷爷，倘若去得远了，看不见你，叫你不应，怎么是好？”

行者道：“你只管放心，就是万里之遥，可保全无事。”众僧有胆量大的，捻着拳头，悄悄的叫声“齐天大圣！”只见一个雷公站在面前，手执铁棒，就是千军万马，也不能近身。此时有百十众齐叫，足有百十个大圣护持，众僧叩头道：“爷爷！果然灵显！”

行者又吩咐：“叫声寂字，还你收了。”真个是叫声“寂！”依然还是毫毛在那指甲缝里。众和尚却才欢喜逃生，一齐而散。行者道：“不可十分远遁，听我城中消息。但有招僧榜出，就进城还我毫毛也。”五百个和尚，东的东，西的西，走的走，立的立，四散不题。

却说那唐僧在路旁，等不得行者回话，教猪八戒引马投西，遇着些僧人奔走，将近城边，见行者还与十数个未散的和尚在那里。三藏勒马道：“悟空，你怎么来打听个响声，许久不回？”行者引了十数个和尚，对唐僧马前施礼，将上项事说了一遍。三藏大惊道：“这般啊，我们怎了？”那十数个和尚道：“老爷放心，孙大圣爷爷乃天神降的，神通广大，定保老爷无虞。我等是这城里敕建智渊寺内僧人。因这寺是先王太祖御造的，现有先王太祖神象在内，未曾拆毁，城中寺院，大小尽皆拆了。我等请老爷赶早进城，到我荒山安下。待明日早朝，孙大圣必有处置。”行者道：“汝等说得是。也罢，趁早进城去来。”那长老却才下马，行到城门之下，此时已太阳西坠。过吊桥，进了三层门里，街上人见智渊寺的和尚牵马挑包，尽皆回避。正行时，却到山门前，但见那门上高悬着一面金字大匾，乃敕建智渊寺。众僧推开门，穿过金刚殿，把正殿门开了。唐僧取袈裟披起，拜毕金身，方入。众僧叫：“看家的！”老和尚走出来，看见行者就拜道，“爷爷！你来了？”行者道：“你认得我是那个爷爷，就是这等呼拜？”那和尚道：“我认得你是齐天大圣孙爷爷，我们夜夜梦中见你。太白金星常常来托梦，说道只等你来，我们才得性命。

今日果见尊颜与梦中无异。爷爷呀，喜得早来！再迟一两日，我等已俱做鬼矣！”行者笑道：“请起请起，明日就有分晓。”众僧安排了斋饭，他师徒们吃了，打扫乾净方丈，安寝一宿。

二更时候，孙大圣心中有事，偏睡不着，只听那里吹打，悄悄的爬起来，穿了衣服，跳在空中观看，原来是正南上灯烛荧煌。低下云头仔细再看，却是三清观道士禳星哩。但见那灵区高殿，福地真堂。灵区高殿，巍巍壮似蓬壶景；福地真堂，隐隐清如化乐宫。两边道士奏笙簧，正面高公擎玉简。宣理《消灾忏》，开讲《道德经》。扬尘几度尽传符，表白一番皆俯伏。咒水发檄，烛焰飘摇冲上界；查罡布斗，香烟馥郁透清霄。案头有供献新鲜，桌上有斋筵丰盛。殿门前挂一联黄绫织锦的对句，绣着二十二个大字，云：“雨顺风调，愿祝天尊无量法；河清海晏，祈求万岁有余年。”行者见三个老道士，披了法衣，想是那虎力、鹿力、羊力大仙。下面有七八百个散众，司鼓司钟，侍香表白，尽都侍立两边。行者暗自喜道：“我欲下去与他混一混，奈何单丝不线，孤掌难鸣，且回去照顾八戒沙僧，一同来耍耍。”

按落祥云，径至方丈中，原来八戒与沙僧通脚睡着。行者先叫悟净，沙和尚醒来道："哥哥，你还不曾睡哩？"行者道："你且起来，我和你受用些来。"沙僧道："半夜三更，口枯眼涩，有甚受用？"行者道："这城里果有一座三清观。观里道士们修醮，三清殿上有许多供养：馒头足有斗大，烧果有五六十斤一个，衬饭无数，果品新鲜。和你受用去来！"那猪八戒睡梦里听见说吃好东西就醒了，道："哥哥，就不带挈我些儿？"行者道："兄弟，你要吃东西，不要大呼小叫，惊醒了师父，都跟我来。"他两个套上衣服，悄悄的走出门前，随行者踏了云头，跳将起去。那呆子看见灯光，就要下手，行者扯住道："且休忙，待他散了，方可下去。"八戒道："他才念到兴头上，却怎么肯散？"行者道：

"等我弄个法儿，他就散了。"好大圣，捻着诀，念个咒语，往巽地上吸一口气，呼的吹去，便是一阵狂风，径直卷进那三清殿上，把他些花瓶烛台，四壁上悬挂的功德，一齐刮倒，遂而灯火无光。众道士心惊胆战，虎力大仙道："徒弟们且散，这阵神风所过，吹灭了灯烛香花，各人归寝，明朝早起，多念几卷经文补数。"众道士果各退回。

这行者却引八戒沙僧，按落云头，闯上三清殿。呆子不论生熟，拿过烧果来，张口就啃，行者掣铁棒，着手便打。八戒缩手躲过道："还不曾尝着甚么滋味，就打！"行者道："莫要小家子行，且叙礼坐下受用。"八戒道："不羞！偷东西吃，还要叙礼！

若是请将来，却要如何？"行者道："这上面坐的是甚么菩萨？"

八戒笑道："三清也认不得，却认做甚么菩萨！"行者道："那三清？"八戒道："中间的是元始天尊，左边的是灵宝道君，右边的是太上老君。"行者道："都要变得这般模样，才吃得安稳哩。"

那呆子急了，闻得那香喷喷供养要吃，爬上高台，把老君一嘴拱下去道："老官儿，你也坐得彀了，让我老猪坐坐。"八戒变做太上老君，行者变做元始天尊，沙僧变作灵宝道君，把原象都推下去。及坐下时，八戒就抢大馒头吃，行者道："莫忙哩！"八戒道："哥哥，变得如此，还不吃等甚？"行者道："兄弟呀，吃东西事小，泄漏天机事大。这圣象都推在地下，倘有起早的道士来撞钟扫地，或绊一个根头，却不走漏消息？你把他藏过一边来。"八戒道："此处路生，摸门不着，却那里藏他？"行者道："我才进来时，那右手下有一重小门儿，那里面秽气畜人，想必是个五谷轮回之所。你把他送在那里去罢。"这呆子有些夯力量，跳下来，把三个圣像拿在肩膊上，扛将出来。到那厢，用脚登开门看时，原来是个大东厕，笑道："这个弼马温着然会弄嘴弄舌！把个毛坑也与他起个道号，叫做甚么五谷轮回之所！"那呆子扛在肩上且不丢了去，口里啯啯哝哝的祷道："三清三清，我说你听：远方到此，惯灭妖精，欲享供养，无处安宁。借你坐位，略略少停。你等坐久，也且暂下毛坑。你平日家受用无穷，做个清净道士；今日里不免享些秽物，也做个受臭气的天尊！"祝罢，烹的望里一捽，灒了半衣襟臭水，走上殿来。行者道："可藏得好么？"八戒道："藏便藏得好；只是灒起些水来，污了衣服，有些腌脏臭气，你休恶心。"行者笑道："也罢，你且来受用，但不知可得个干净身子出门哩。"那呆子还变做老君。三人坐下，尽情受用，先吃了大馒头，后吃簇盘、衬饭、点心、拖炉、饼锭、油煠、蒸酥，那里管甚么冷热，任情吃起。原来孙行者不大吃烟火食，只吃几个果子，陪他两个。那一顿如流星赶月，风卷残云，吃得罄尽，已此没得吃了，还不走路，且在那里闲讲消食耍子。

噫！有这般事！原来那东廊下有一个小道士才睡下，忽然起来道："我的手铃儿忘记在殿上，若失落了，明日师父见责。"

与那同睡者道，"你睡着，等我寻去。"急忙中不穿底衣。止扯一领直裰，径到正殿中寻铃。摸来摸去，铃儿摸着了，正欲回头，只听得有呼吸之声，道士害怕。急拽步往外走时，不知怎的，躧着一个荔枝核子，扑的滑了一跌，猲的一声，把个铃儿跌得粉碎。猪八戒忍不住呵呵大笑出来，把个小道士唬走了三魂，惊回了七魄，一步一跌，撞到后方丈外，打着门叫："师公！不好了！祸事了！"三个老道士还未曾睡，即开门问："有甚祸事？"他战战兢兢道："弟子忘失了手铃儿，因去殿上寻铃，只听得有人呵呵大笑，险些儿唬杀我也！"老道士闻言即叫："掌灯来！看是甚么邪物？"一声传令，惊动那两廊的道士，大大小小，都爬起来点灯着火，往正殿上观看。不知端的何如，且听下回分解。

第四十五回　三清观大圣留名　车迟国猴王显法

却说孙大圣左手把沙和尚捻一把，右手把猪八戒捻一把，他二人却就省悟，坐在高处，倥着脸，不言不语，凭那些道士点灯着火，前后照看，他三个就如泥塑金装一般模样。虎力大仙道："没有歹人，如何把供献都吃了？"鹿力大仙道："却象人吃的勾当，有皮的都剥了皮，有核的都吐出核，却怎么不见人形？"羊力大仙道："师兄勿疑，想是我们虔心敬意，在此昼夜诵经，前后申文，又是朝廷名号，断然惊动天尊。想是三清爷爷圣驾降临，受用了这些供养。趁今仙从未返，鹤驾在斯，我等可拜告天尊，恳求些圣水金丹，进与陛下，却不是长生永寿，见我们的功果也？"虎力大仙道："说的是。"教："徒弟们动乐诵经！一壁厢取法衣来，等我步罡拜祷。"那些小道士俱遵命，两班儿摆列齐整，当的一声磬响，齐念一卷《黄庭道德真经》。虎力大仙披了法衣，擎着玉简，对面前舞蹈扬尘，拜伏于地，朝上启奏道："诚惶诚恐，稽首归依。臣等兴教，仰望清虚。灭僧鄙俚，敬道光辉。敕修宝殿，御制庭闱。广陈供养，高挂龙旗。通宵秉烛，镇日香菲。一诚达上，寸敬虔归。今蒙降驾，未返仙车。望赐些金丹圣水，进与朝廷，寿比南山。"八戒闻言，心中忐忑，默对行者道："这是我们的不是。吃了东西，且不走路，只等这般祷祝，却怎么答应？"行者又捻一把，忽地开口叫声："晚辈小仙，且休拜祝，我等自蟠桃会上来的，不曾带得金丹圣水，待改日再来垂赐。"那些大小道士听见说出话来，一个个抖衣而战道："爷爷呀！活天尊临凡，是必莫放，好歹求个长生的法儿！"

鹿力大仙上前，又拜云："扬尘顿首，谨办丹诚。微臣归命，俯仰三清。自来此界，兴道除僧。国王心喜，敬重玄龄。罗天大醮，彻夜看经。幸天尊之不弃，降圣驾而临庭。俯求垂念，仰望恩荣。是必留些圣水，与弟子们延寿长生。"沙僧捻着行者，默默的道："哥呀，要得紧，又来祷告了。"行者道："与他些罢。"八戒寂寂道："那里有得？"行者道："你只看着我，我有时，你们也都有了。"那道士吹打已毕，行者开言道："那晚辈小仙，不须拜伏。我欲不留些圣水与你们，恐灭了苗裔；若要与你，又忒容易了。"众道闻言，一齐俯伏叩头道："万望天尊念弟子恭敬之意，千乞喜赐些须。我弟子广宣道德，奏国王普敬玄门。"行者道：

"既如此，取器皿来。"那道士一齐顿首谢恩。虎力大仙爱强，就抬一口大缸放在殿上；鹿力大仙端一砂盆安在供桌之上；羊力大仙把花瓶摘了花，移在中间。行者道："你们都出殿前，掩上格子，不可泄了天机，好留与你些圣水。"众道一齐跪伏丹墀之下，掩了殿门。

那行者立将起来，掀着虎皮裙，撒了一花瓶臊溺。猪八戒见了欢喜道："哥啊，我把你做这几年兄弟，只这些儿不曾弄我。我才吃了些东西，道要干这个事儿哩。”那呆子揭衣服，忽喇喇，就似吕梁洪倒下坂来，沙沙的溺了一砂盆，沙和尚却也撒了半缸，依旧整衣端坐在上道：“小仙领圣水。”那些道士，推开格子，磕头礼拜谢恩，抬出缸去，将那瓶盆总归一处，教：“徒弟，取个锺子来尝尝。”小道士即便拿了一个茶钟，递与老道士。道士舀出一锺来，喝下口去，只情抹唇咂嘴，鹿力大仙道：

“师兄好吃么？”老道士努着嘴道：“不甚好吃，有些酣醡之味。”

羊力大仙道：“等我尝尝。”也喝了一口，道：“有些猪溺臊气。”

行者坐在上面，听见说出这话儿来，已此识破了，道：“我弄个手段，索性留个名罢。”大叫云：“道号道号，你好胡思！那个三清，肯降凡基？吾将真姓，说与你知。大唐僧众，奉旨来西。良宵无事，下降宫闱。吃了供养，闲坐嬉嬉。蒙你叩拜，何以答之？

那里是甚么圣水，你们吃的都是我一溺之尿！”那道士闻得此言，拦住门，一齐动叉钯扫帚瓦块石头，没头没脸往里面乱打。

好行者，左手挟了沙僧，右手挟了八戒，闯出门，驾着祥光，径转智渊寺方丈，不敢惊动师父，三人又复睡下。

早是五鼓三点，那国王设朝，聚集两班文武，四百朝官，但见绛纱灯火光明，宝鼎香云叆叇。此时唐三藏醒来叫：“徒弟徒弟，伏侍我倒换关文去来。”行者与沙僧、八戒急起身，穿了衣服，侍立左右道：“上告师父，这昏君信着那些道士，兴道灭僧，恐言语差错，不肯倒换关文，我等护持师父，都进朝去也。”唐僧大喜，披了锦襕袈裟。行者带了通关文牒，教悟净捧着钵盂，悟能拿了锡杖，将行囊马匹，交与智渊寺僧看守，径到五凤楼前，对黄门官作礼，报了姓名，言是东土大唐取经的和尚来此倒换关文，烦为转奏。那阁门大使，进朝俯伏金阶奏曰：“外面有四个和尚，说是东土大唐取经的，欲来倒换关文，现在五凤楼前候旨。”国王闻奏道：“这和尚没处寻死，却来这里寻死！那巡捕官员，怎么不拿他解来？”旁边闪过当驾的太师，启奏道：

“东土大唐，乃南赡部洲，号曰中华大国，到此有万里之遥，路多妖怪。这和尚一定有些法力，方敢西来。望陛下看中华之远僧，且召来验牒放行，庶不失善缘之意。”国王准奏，把唐僧等宣至金銮殿下。师徒们排列阶前，捧关文递与国王。国王展开方看，又见黄门官来奏：“三位国师来也。”慌得国王收了关文，急下龙座，着近侍的设了绣墩，躬身迎接。三藏等回头观看，见那大仙，摇摇摆摆，后带着一双丫髻蓬头的小童儿，往里直进，两班官控背躬身，不敢仰视。他上了金銮殿，对国王径不行礼。

那国王道：“国师，朕未曾奉请，今日如何肯降？”老道士云：“有一事奉告，故来也。那四个和尚是那国来的？”国王道：“是东土大唐差去西天取经的，来此倒换关文。”那三道士鼓掌大笑道：

“我说他走了，原来还在这里！”国王惊道：“国师有何话说？他才来报了姓名，正欲拿送国师使用，怎奈当驾太师所奏有理，朕因看远来之意，不灭中华善缘，方才召入验牒。不期国师有此问，想是他冒犯尊颜，有得罪处也？”道士笑云：“陛下不知，他昨日来的，在东门外打杀了我两个徒弟，放了五百个囚僧，捽碎车辆，夜间闯进观来，把三清圣象毁坏，偷吃了御赐供养。

我等被他蒙蔽了，只道是天尊下降，求些圣水金丹，进与陛下，指望延寿长生；不期他遗些小便，哄瞒我等。我等各喝了一口，尝出滋味，正欲下手擒拿，他却走了。今日还在此间，正所谓冤家路儿窄也！”那国王闻言发怒，欲诛四众。孙大圣合掌开言，厉声高叫道：“陛下暂息雷霆之怒，容僧等启奏。”国王道：“你冲撞了国师，国师之言，岂有差谬！”行者道：“他说我昨日到城外打杀他两个徒弟，是谁知证？我等且屈认了，着两个和尚偿命，还放两个去取经。他又说我捽碎车辆，放了囚僧，此事亦无见证，料不该死，再着一个和尚领罪罢了。他说我毁了三清，闹了观宇，这又是栽害我也。”国王道：“怎见栽害？”行者道：“我僧乃东土之人，乍来此处，街道尚且不通，如何夜里就知他观中之事？既遗下小便，就该当时捉住，却这早晚坐名害人。天下假名托姓的无限，怎么就说是我？望陛下回嗔详察。”那国王本来昏乱，被行者说了一遍，他就决断不定。

正疑惑之间，又见黄门官来奏：“陛下，门外有许多乡老听宣。”国王道：“有何事干？”即命宣来。宣至殿前，有三四十名乡老朝上磕头道：“万岁，今年一春无雨，但恐夏月干荒，特来启奏，请那位国师爷爷祈一场甘雨，普济黎民。”国王道：“乡老且退，就有雨来也。”乡老谢恩而出。国王道：“唐朝僧众，朕敬道灭僧为何？只为当年求雨，我朝僧人更未尝求得一点；幸天降国师，拯援涂炭。你今远来，冒犯国师，本当即时问罪。姑且恕你，敢与我国师赌胜求雨么？若祈得一场甘雨，济度万民，朕即饶你罪名，倒换关文，放你西去。若赌不过，无雨，就将汝等推赴杀场典刑示众。”行者笑道：“小和尚也晓得些儿求祷。”国王见说，即命打扫坛场，一壁厢教：“摆驾，寡人亲上五凤楼观看。”当时多官摆驾，须臾上楼坐了。唐三藏随着行者、沙僧、八戒，侍立楼下，那三道士陪国王坐在楼上。少时间，一员官飞马来报：“坛场诸色皆备，请国师爷爷登坛。”

那虎力大仙，欠身拱手，辞了国王，径下楼来。行者向前拦住道：“先生那里去？”大仙道：“登坛祈雨。”行者道：“你也忒自重了，更不让我远乡之僧。也罢，这正是强龙不压地头蛇。先生先去，必须对君前讲开。”大仙道：“讲甚么？”行者道：“我与你都上坛祈雨，知雨是你的，是我的？不见是谁的功绩了。”国王在上听见，心中暗喜道：“那小和尚说话倒有些筋节。”沙僧听见，暗笑道：“不知一肚子筋节，还不曾拿出来哩！”大仙道：

“不消讲，陛下自然知之。”行者道：“虽然知之，奈我远来之僧，未曾与你相会。那时彼此混赖，不成勾当，须讲开方好行事。”

大仙道：“这一上坛，只看我的令牌为号：一声令牌响风来，二声响云起，三声响雷闪齐鸣，四声响雨至，五声响云散雨收。”

行者笑道：“妙啊！我僧是不曾见！请了！请了！”

大仙拽开步前进，三藏等随后，径到了坛门外。抬头观看，那里有一座高台，约有三丈多高。台左右插着二十八宿旗号，顶上放一张桌子，桌上有一个香炉，炉中香烟霭霭。两边有两只烛台，台上风烛煌煌。炉边靠着一个金牌，牌上镌的是雷神名号。底下有五个大缸，都注着满缸清水，水上浮着杨柳枝。杨柳枝上，托着一面铁牌，牌上书的是雷霆都司的符字。左右有五个大桩，桩上写着五方蛮雷使者的名录。每一桩边，立两个道士，各执铁锤，伺候着打桩。台后面有许多道士，在那里写作文书。正中间设一架纸炉，又有几个象生的人物，都是那执符使者、土地赞教之神。

那大仙走进去，更不谦逊，直上高台立定。旁边有个小道士，捧了几张黄纸书就的符字，一口宝剑，递与大仙。大仙执着宝剑，念声咒语，将一道符在烛上烧了。那底下两三个道士，拿过一个执符的象生，一道文书，亦点火焚之。那上面乒的一声令牌响，只见那半空里，悠悠的风色飘来，猪八戒口里作念道：

“不好了！不好了！这道士果然有本事！令牌响了一下，果然就刮风！”行者道：“兄弟悄悄的，你们再莫与我说话，只管护持师父，等我干事去来。”好大圣，拔下一根毫毛，吹口仙气，叫“变！”就变作一个“假行者”，立在唐僧手下。他的真身出了元神，赶到半空中，高叫：“那司风的是那个？”慌得那风婆婆捻住布袋，巽二郎札住口绳，上前施礼。行者道：“我保护唐朝圣僧西天取经，路过车迟国，与那妖道赌胜祈雨，你怎么不助老孙，反助那道士？我且饶你，把风收了。若有一些风儿，把那道士的胡子吹得动动，各打二十铁棒！”风婆婆道：“不敢不敢！”遂而没些风气。八戒忍不住乱嚷道：“那先儿请退！令牌已响，怎么不见一些风儿？你下来，让我们上去！”

那道士又执令牌，烧了符檄，扑的又打了一下，只见那空中云雾遮满。孙大圣又当头叫道：“布云的是那个？”慌得那推云童子、布雾郎君当面施礼。行者又将前事说了一遍，那云童、雾子也收了云雾，放出太阳星耀耀，一天万里更无云。八戒笑道：“这先儿只好哄这皇帝，搪塞黎民，全没些真实本事！令牌响了两下，如何又不见云生？”

那道士心中焦躁，仗宝剑，解散了头发，念着咒，烧了符，再一令牌打将下去，只见那南天门里，邓天君领着雷公电母到当空，迎着行者施礼。行者又将前项事说了一遍，道：“你们怎么来的志诚！是何法旨？”天君道：“那道士五雷法是个真的。他发了文书，烧了文檄，惊动玉帝，玉帝掷下旨意，径至九天应元雷声普化天尊府下。我等奉旨前来，助雷电下雨。”行者道：“既如此，且都住了，同候老孙行事。”果然雷也不鸣，电也不灼。

那道士愈加着忙，又添香、烧符、念咒、打下令牌。半空中，又有四海龙王，一齐拥至。行者当头喝道：“敖广！那里去？”那敖广、敖顺、敖钦、敖闰上前施礼。行者又将前项事说了一遍，道：“向日有劳，未曾成功；今日之事，望为助力。”龙王道：“遵命！遵命！”行者又谢了敖顺道：“前日亏令郎缚怪，搭救师父。”

龙王道：“那厮还锁在海中，未敢擅便，正欲请大圣发落。”行者道：“凭你怎么处治了罢，如今且助我一功。那道士四声令牌已毕，却轮到老孙下去干事了。但我不会发符烧檄，打甚令牌，你列位却要助我行行。”邓天君道：“大圣吩咐，谁敢不从！但只是得一个号令，方敢依令而行；不然，雷雨乱了，显得大圣无款也。”行者道：“我将棍子为号罢。”那雷公大惊道：“爷爷呀！我们怎吃得这棍子？”行者道：“不是打你们，但看我这棍子往上一指，就要刮风。”那风婆婆、巽二郎没口的答应道：“就放风！”

“棍子第二指，就要布云。”那推云童子、布雾郎君道：“就布云！

就布云！”“棍子第三指，就要雷鸣电灼。”那雷公、电母道：“奉承！奉承！”“棍子第四指，就要下雨。”那龙王道：“遵命！遵命！”

“棍子第五指，就要大日晴天，却莫违误。”吩咐已毕，遂按下云头，把毫毛一抖，收上身来。那些人肉眼凡胎，那里晓得？行者遂在旁边高叫道：“先生请了，四声令牌俱已响毕，更没有风云雷雨，该让我了。”那道士无奈，不敢久占，只得下了台让他，努着嘴，径往楼上见驾。行者道：“等我跟他去，看他说些甚的。”

只听得那国王问道：“寡人这里洗耳诚听，你那里四声令响，不见风雨，何也？”道士云：“今日龙神都不在家。”行者厉声道：

“陛下，龙神俱在家，只是这国师法不灵，请他不来。等和尚请来你看。”国王道：“即去登坛，寡人还在此候雨。”行者得旨，急抽身到坛所，扯着唐僧道：“师父请上台。”唐僧道：“徒弟，我却不会祈雨。”八戒笑道：“他害你了，若还没雨，拿上柴蓬，一把火了帐！”行者道：“你不会求雨，好的会念经，等我助你。”那长老才举步登坛，到上面端然坐下，定性归神，默念那《密多心经》。正坐处，忽见一员官，飞马来问：“那和尚，怎么不打令牌，不烧符檄？”行者高声答道：“不用！不用！我们是静功祈祷。”

那官去回奏不题。

行者听得老师父经文念尽，却去耳朵内取出铁棒，迎风幌了一幌，就有丈二长短，碗来粗细，将棍望空一指，那风婆婆见了，急忙扯开皮袋，巽二郎解放口绳：只听得呼呼风响，满城中揭瓦翻砖，扬砂走石。看起来，真个好风，却比那寻常之风不同也，但见：折柳伤花，摧林倒树。九重殿损壁崩墙，五凤楼摇梁撼柱。天边红日无光，地下黄砂有翅。演武厅前武将惊，会文阁内文官惧。三宫粉黛乱青丝，六院嫔妃蓬宝髻。侯伯金冠落绣缨，宰相乌纱飘展翅。当驾有言不敢谈，黄门执本无由递。金鱼玉带不依班，象简罗衫无品叙。彩阁翠屏尽损伤，绿窗朱户皆狼狈。金銮殿瓦走砖飞，锦云堂门歪槅碎。这阵狂风果是凶，刮得那君王父子难相会；六街三市没人踪，万户千门皆紧闭！

正是那狂风大作，孙行者又显神通，把金箍棒钻一钻，望空又一指，只见那：推云童子，布雾郎君。推云童子显神威，骨都都触石遮天；布雾郎君施法力，浓漠漠飞烟盖地。茫茫三市暗，冉冉六街昏。因风离海上，随雨出昆仑。顷刻漫天地，须臾蔽世尘。宛然如混沌，不见凤楼门。此时昏雾朦胧，浓云叆叇。孙行者又把金箍棒钻一钻，望空又一指，慌得那：雷公奋怒，电母生嗔。雷公奋怒，倒骑火兽下天关，电母生嗔，乱掣金蛇离斗府。唿喇喇施霹雳，振碎了铁叉山；淅沥沥闪红绡，飞出了东洋海。呼呼隐隐滚车声，烨烨煌煌飘稻米。万萌万物精神改，多少昆虫蛰已开。君臣楼上心惊骇，商贾闻声胆怯忙。那沉雷护闪，乒乒乓乓，一似那地裂山崩之势，唬得那满城人，户户焚香，家家化纸。孙行者高呼：“老邓！仔细替我看那贪赃坏法之官，忤逆不孝之子，多打死几个示众！”那雷越发振响起来。行者却又把铁棒望上一指，只见那：龙施号令，雨漫乾坤。势如银汉倾天堑，疾似云流过海门。楼头声滴滴，窗外响潇潇。天上银河泻，街前白浪滔。淙淙如瓮捡，滚滚似盆浇。孤庄将漫屋，野岸欲平桥。真个桑田变沧海，霎时陆岸滚波涛。神龙借此来相助，抬起长江望下浇。这场雨，自辰时下起，只下到午时前后，下得那车迟城，里里外外，水漫了街衢。那国王传旨道：“雨彀了！雨彀了！十分再多，又渰坏了禾苗，反为不美。”五凤楼下听事官策马冒雨来报：“圣僧，雨彀了。”行者闻言，将金箍棒往上又一指，只见霎时间，雷收风息，雨散云收。国王满心欢喜，文武尽皆称赞道：“好和尚！这正是强中更有强中手！就是我国师求雨虽灵，若要晴，细雨儿还下半日，便不清爽。怎么这和尚要晴就晴，顷刻间杲杲日出，万里就无云也？”

国王教回銮，倒换关文，打发唐僧过去。正用御宝时，又被那三个道士上前阻住道：“陛下，这场雨全非和尚之功，还是我道门之力。”国王道：“你才说龙王不在家，不曾有雨，他走上去，以静功祈祷，就雨下来，怎么又与他争功，何也？”虎力大仙道：“我上坛发了文书，烧了符檄，击了令牌，那龙王谁敢不来？

想是别方召请，风云雷雨五司俱不在，一闻我令，随赶而来，适遇着我下他上，一时撞着这个机会，所以就雨。从根算来，还是我请的龙下的雨，怎么算作他的功果？”那国王昏乱，听此言，却又疑惑未定。行者近前一步，合掌奏道：“陛下，这些旁门法术，也不成个功果，算不得我的他的。如今有四海龙王，现在空中，我僧未曾发放，他还不敢遽退。那国师若能叫得龙王现身，就算他的功劳。”国王大喜道：“寡人做了二十三年皇帝，更不曾看见活龙是怎么模样。你两家各显法力，不论僧道，但叫得来的，就是有功；叫不出的，有罪。”那道士怎么有那样本事？就叫，那龙王见大圣在此，也不敢出头。道士云：“我辈不能，你是叫来。”那大圣仰面朝空，厉声高叫：“敖广何在？弟兄们都现原身来看！”那龙王听唤，即忙现了本身。四条龙，在半空中度雾穿云，飞舞向金銮殿上，但见：飞腾变化，绕雾盘云。玉爪垂钩白，银鳞舞镜明。髯飘素练根根爽，角耸轩昂挺挺清。磕额崔巍，圆睛幌亮。隐显莫能测，飞扬不可评。祷雨随时布雨，求晴即便天晴。这才是有灵有圣真龙象，祥瑞缤纷绕殿庭。那国王在殿上焚香。众公卿在阶前礼拜。国王道：“有劳贵体降临，请回，寡人改日醮谢。”行者道：“列位众神各自归去，这国王改日醮谢哩。”那龙王径自归海，众神各各回天。这正是：广大无边真妙法，至真了性劈旁门。毕竟不知怎么除邪，且听下回分解。

第四十六回　外道弄强欺正法　心猿显圣灭诸邪

话说那国王见孙行者有呼龙使圣之法，即将关文用了宝印，便要递与唐僧，放行西路。那三个道士，慌得拜倒在金銮殿上启奏，那皇帝即下龙位，御手忙搀道：“国师今日行此大礼，何也？”道士说：“陛下，我等至此匡扶社稷，保国安民，苦历二十年来，今日这和尚弄法力，抓了功去，败了我们声名，陛下以一场之雨，就恕杀人之罪，可不轻了我等也？望陛下且留住他的关文，让我兄弟与他再赌一赌，看是何如。”那国王着实昏乱，东说向东，西说向西，真个收了关文道：“国师，你怎么与他赌？”虎力大仙道：“我与他赌坐禅。”国王道：“国师差矣，那和尚乃禅教出身，必然先会禅机，才敢奉旨求经，你怎与他赌此？”大仙道：“我这坐禅，比常不同，有一异名，教做云梯显圣。”国王道：“何为云梯显圣？”大仙道：“要一百张桌子，五十张作一禅台，一张一张迭将起去，不许手攀而上，亦不用梯凳而登，各驾一朵云头，上台坐下，约定几个时辰不动。”国王见此有些难处，就便传旨问道：“那和尚，我国师要与你赌云梯显圣坐禅，那个会么？”行者闻言，沉吟不答。八戒道：“哥哥，怎么不言语？”行者道：“兄弟，实不瞒你说，若是踢天弄井，搅海翻江，担山赶月，换斗移星，诸般巧事，我都干得；就是砍头剁脑，剖腹剜心，异样腾那，却也不怕。但说坐禅我就输了，我那里有这坐性？你就把我锁在铁柱子上，我也要上下爬蹅，莫想坐得住。”三藏忽的开言道：“我会坐禅。”行者欢喜道：“却好却好！可坐得多少时？”三藏道：“我幼年遇方上禅僧讲道，那性命根本上，定性存神，在死生关里，也坐二三个年头。”行者道：“师父若坐二三年，我们就不取经罢。多也不上二三个时辰，就下来了。”三藏道：“徒弟呀，却是不能上去。”行者道：“你上前答应，我送你上去。”那长老果然合掌当胸道：“贫僧会坐禅。”国王教传旨立禅台。国家有倒山之力，不消半个时辰，就设起两座台，在金銮殿左右。

那虎力大仙下殿，立于阶心，将身一纵，踏一朵席云，径上西边台上坐下。行者拔一根毫毛，变做假象，陪着八戒沙僧立于下面，他却作五色祥云，把唐僧撮起空中，径至东边台上坐下。他又敛祥光，变作一个蟭蟟虫，飞在八戒耳朵边道：“兄弟，仔细看着师父，再莫与老孙替身说话。”那呆子笑道：“理会得！理会得！”却说那鹿力大仙在绣墩上坐看多时，他两个在高台上，不分胜负，这道士就助他师兄一功：将脑后短发，拔了一根，捻着一团，弹将上去，径至唐僧头上，变作一个大臭虫，咬住长老。那长老先前觉痒，然后觉疼。原来坐禅的不许动手，动手算输，一时间疼痛难禁，他缩着头，就着衣襟擦痒。八戒道：“不好了！师父羊儿风发了。”沙僧道：“不是，是头风发了。”

行者听见道：“我师父乃志诚君子，他说会坐禅，断然会坐，说不会，只是不会。君子家，岂有谬乎？你两个休言，等我上去看看。”好行者，嘤的一声，飞在唐僧头上，只见有豆粒大小一个臭虫叮他师父，慌忙用手捻下，替师父挠挠摸摸。那长老不疼不痒，端坐上面。行者暗想道：“和尚头光，虱子也安不得一个，如何有此臭虫？想是那道士弄的玄虚，害我师父。哈哈！枉自也不见输赢，等老孙去弄他一弄！”这行者飞将去，金殿兽头上落下，摇身一变，变作一条七寸长的蜈蚣，径来道士鼻凹里叮了一下。那道士坐不稳，一个筋斗翻将下去，几乎丧了性命，幸亏大小官员人多救起。国王大惊，即着当驾太师领他往文华殿里梳洗去了。行者仍驾祥云，将师父驮下阶前，已是长老得胜。

那国王只教放行，鹿力大仙又奏道：“陛下，我师兄原有暗风疾，因到了高处；冒了天风，旧疾举发，故令和尚得胜。且留下他，等我与他赌隔板猜枚。国王道：“怎么叫做隔板猜枚？”鹿力道：“贫道有隔板知物之法；看那和尚可能彀。他若猜得过我，让他出去；猜不着，凭陛下问拟罪名，雪我昆仲之恨，不污了二十年保国之恩也。”真个那国王十分昏乱，依此谗言。即传旨，将一朱红漆的柜子，命内官抬到宫殿，教娘娘放上件宝贝。

须臾抬出，放在白玉阶前，教僧道：“你两家各赌法力，猜那柜中是何宝贝。”三藏道：“徒弟，柜中之物，如何得知？”行者敛祥光，还变作蟭蟟虫，钉在唐僧头上道：“师父放心，等我去看看来。”好大圣，轻轻飞到柜上，爬在那柜脚之下，见有一条板缝儿。他钻将进去，见一个红漆丹盘，内放一套宫衣，乃是山河社稷袄，乾坤地理裙。用手拿起来，抖乱了，咬破舌尖上，一口血哨喷将去，叫声“变”！即变作一件破烂流丢一口钟，临行又撒上一泡臊溺，却还从板缝里钻出来，飞在唐僧耳朵上道：“师父，你只猜是破烂流丢一口钟。”三藏道：“他教猜宝贝哩，流丢是件甚宝贝？”行者道：“莫管他，只猜着便是。”唐僧进前一步正要猜，那鹿力大仙道：“我先猜，那柜里是山河社稷袄，乾坤地理裙。”唐僧道：“不是，不是，柜里是件破烂流丢一口钟。”国王道：“这和尚无礼！敢笑我国中无宝，猜甚么流丢一口钟！”

教：“拿了！”那两班校尉，就要动手，慌得唐僧合掌高呼：“陛下，且赦贫僧一时，待打开柜看。端的是宝，贫僧领罪；如不是宝，却不屈了贫僧也？”国王教打开看。当驾官即开了，捧出丹盘来看，果然是件破烂流丢一口钟。国王大怒道：“是谁放上此物？”龙座后面，闪上三宫皇后道：“我主，是梓童亲手放的山河社稷袄，乾坤地理裙，却不知怎么变成此物。”国王道：“御妻请退，寡人知之。宫中所用之物，无非是缎绢绫罗，那有此甚么流丢？”教：“抬上柜来，等朕亲藏一宝贝，再试如何。”

那皇帝即转后宫，把御花园里仙桃树上结得一个大桃子，有碗来大小，摘下放在柜内，又抬下叫猜。唐僧道：“徒弟啊，又来猜了。”行者道：“放心，等我再去看看。”又嘤的一声飞将去，还从板缝儿钻进去，见是一个桃子，正合他意，即现了原身，坐在柜里，将桃子一顿口啃得干干净净，连两边腮凹儿都啃净了，将核儿安在里面。仍变蟭蟟虫，飞将出去，钉在唐僧耳朵上道：“师父，只猜是个桃核子。”长老道：“徒弟啊，休要弄我。先前不是口快，几乎拿去典刑。这番须猜宝贝方好，桃核子是甚宝贝？”行者道：“休怕，只管赢他便了。”三藏正要开言，听得那羊力大仙道：“贫道先猜，是一颗仙桃。”三藏猜道：“不是桃，是个光桃核子。”那国王喝道：“是朕放的仙桃，如何是核？三国师猜着了。”三藏道：“陛下，打开来看就是。”当驾官又抬上去打开，捧出丹盘，果然是一个核子，皮肉俱无。国王见了，心惊道：

“国师，休与他赌斗了，让他去罢。寡人亲手藏的仙桃，如今只是一核子，是甚人吃了？想是有鬼神暗助他也。”八戒听说，与沙僧微微冷笑道："还不知他是会吃桃子的积年哩！"

正话间，只见那虎力大仙从文华殿梳洗了，走上殿前："陛下，这和尚有搬运抵物之术，抬上柜来，我破他术法，与他再猜。"国王道："国师还要猜甚？"虎力道："术法只抵得物件，却抵不得人身。将这道童藏在里面，管教他抵换不得。"这小童果藏在柜里，掩上柜盖，抬将下去，教："那和尚再猜，这三番是甚宝贝。"三藏道："又来了！"行者道："等我再去看看。"嘤的又飞去，钻入里面，见是一个小童儿。好大圣，他却有见识，果然是腾那天下少，似这伶俐世间稀！他就摇身一变，变作个老道士一般容貌，进柜里叫声"徒弟。"童儿道："师父，你从那里来的？"行者道："我使遁法来的。"童儿道："你来有么教诲？"行者道："那和尚看见你进柜来了，他若猜个道童，却不又输了？是特来和你计较计较，剃了头，我们猜和尚罢。"童儿道："但凭师父处治，只要我们赢他便了。若是再输与他，不但低了声名，又恐朝廷不敬重了。"行者道："说得是。我儿过来，赢了他，我重重赏你。"将金箍棒就变作一把剃头刀，搂抱着那童儿，口里叫道："乖乖，忍着疼，莫放声，等我与你剃头。"须臾剃下发来，窝作一团，塞在那柜脚纥络里，收了刀儿，摸着他的光头道："我儿，头便象个和尚，只是衣裳不趁。脱下来，我与你变一变。"那道童穿的一领葱白色云头花绢绣锦沿边的鹤氅，真个脱下来，被行者吹一口仙气，叫"变！"即变做一件土黄色的直裰儿，与他穿了。却又拔下两根毫毛，变作一个木鱼儿，递在他手里道：

"徒弟，须听着，但叫道童，千万莫出去；若叫和尚，你就与我顶开柜盖，敲着木鱼，念一卷佛经钻出来，方得成功也。"童儿道：

"我只会念《三官经》、《北斗经》、《消灾经》，不会念佛家经。"行者道："你可会念佛？"童儿道："阿弥陀佛，那个不会念？"行者道："也罢也罢，就念佛，省得我又教你。切记着，我去也。"还变蟭蟟虫，钻出去，飞在唐僧耳轮边道："师父，你只猜是个和尚。"三藏道："这番他准赢了。"行者道："你怎么定得？"三藏道："经上有云，佛、法、僧三宝。和尚却也是一宝。"正说处，只见那虎力大仙道："陛下，第三番是个道童。"只管叫，他那里肯出来。三藏合掌道："是个和尚。"八戒尽力高叫道："柜里是个和尚！"那童儿忽的顶开柜盖，敲着木鱼，念着佛，钻出来。喜得那两班文武，齐声喝采；唬得那三个道士，拑口无言。国王道：

"这和尚是有鬼神辅佐！怎么道士入柜，就变做和尚？纵有待诏跟进去，也只剃得头便了，如何衣服也能趁体，口里又会念佛？国师啊！让他去罢！"

虎力大仙道："陛下，左右是棋逢对手，将遇良材。贫道将锺南山幼时学的武艺，索性与他赌一赌。"国王道："有甚么武艺？"虎力道："弟兄三个，都有些神通。会砍下头来，又能安上；

剖腹剜心，还再长完；滚油锅里，又能洗澡。"国王大惊道："此三事都是寻死之路！"虎力道："我等有此法力，才敢出此朗言，断要与他赌个才休。"那国王叫道："东土的和尚，我国师不肯放你，还要与你赌砍头剖腹，下滚油锅洗澡哩。"行者正变作蟭蟟虫，往来报事，忽听此言，即收了毫毛，现出本相，哈哈大笑道："造化！造化！买卖上门了！"八戒道："这三件都是丧性命的事，怎么说买卖上门？"行者道："你还不知我的本事。"八戒道："哥哥，你只象这等变化腾那也彀了，怎么还有这等本事？"

行者道："我啊，砍下头来能说话，剁了臂膊打得人。扎去腿脚会走路，剖腹还平妙绝伦。就似人家包匾食，一捻一个就囫囵。

油锅洗澡更容易，只当温汤涤垢尘。"八戒沙僧闻言，呵呵大笑。行者上前道："陛下，小和尚会砍头。"国王道："你怎么会砍头？"行者道："我当年在寺里修行，曾遇着一个方上禅和子，教我一个砍头法，不知好也不好，如今且试试新。"国王笑道："那和尚年幼不知事，砍头那里好试新？头乃六阳之首，砍下即便死矣。"虎力道："陛下，正要他如此，方才出得我们之气。"那昏君信他言语，即传旨，教设杀场。

一声传旨，即有羽林军三千，摆列朝门之外。国王教："和尚先去砍头。"行者欣然应道："我先去！我先去！"拱着手，高呼道："国师，恕大胆占先了。"拽回头，往外就走。唐僧一把扯住道："徒弟呀，仔细些，那里不是耍处。"行者道："怕他怎的！撒了手，等我去来。"那大圣径至杀场里面，被刽子手挝住了，捆做一团，按在那土墩高处，只听喊一声"开刀！"飕的把个头砍将下来，又被刽子手一脚踢了去，好似滚西瓜一般，滚有三四十步远近。行者腔子中更不出血，只听得肚里叫声："头来！"慌得鹿力大仙见有这般手段，即念咒语，教本坊土地神祇："将人头扯住，待我赢了和尚，奏了国王，与你把小祠堂盖作大庙宇，泥塑像改作正金身。"原来那些土地神祇因他有五雷法，也服他使唤，暗中真个把行者头按住了。行者又叫声："头来！"那头一似生根，莫想得动。行者心焦，捻着拳，挣了一挣，将捆的绳子就皆挣断，喝声："长！"飕的腔子内长出一个头来。唬得那刽子手，个个心惊；羽林军，人人胆战。那监斩官急走入朝奏道：

"万岁，那小和尚砍了头，又长出一颗来了。"八戒冷笑道："沙僧，那知哥哥还有这般手段。"沙僧道："他有七十二般变化，就有七十二个头哩。"说不了，行者走来叫声"师父。"三藏大喜道："徒弟，辛苦么？"行者道："不辛苦，倒好耍子。"八戒道："哥哥，可用刀疮药么？"行者道："你是摸摸看，可有刀痕？"那呆子伸手一摸，就笑得呆呆睁睁道："妙哉！妙哉！却也长得完全，截疤儿也没些儿！"

兄弟们正都欢喜，又听得国王叫领关文："赦你无罪！快去！快去！"行者道："关文虽领，必须国师也赴曹砍砍头，也当试新去来。"国王道："大国师，那和尚也不肯放你哩。你与他赌胜，且莫唬了寡人。"虎力也只得去，被几个刽子手，也捆翻在地，幌一幌，把头砍下，一脚也踢将去，滚了有三十余步，他腔子里也不出血，也叫一声："头来！"行者即忙拔下一根毫毛，吹口仙气，叫"变！"变作一条黄犬跑入场中，把那道士头一口衔来，径跑到御水河边丢下不题。却说那道士连叫三声，人头不到，怎似行者的手段，长不出来，腔子中骨都都红光迸出，可怜空有唤雨呼风法，怎比长生果正仙？须臾倒在尘埃，众人观看，乃是一只无头的黄毛虎。那监斩官又来奏："万岁，大国师砍下头来，不能长出，死在尘埃，是一只无头的黄毛虎。"国王闻奏，大惊失色，目不转睛，看那两个道士。鹿力起身道："我师兄已是命到禄绝了，如何是只黄虎！这都是那和尚惫懒，使的掩样法儿，将我师兄变作畜类！我今定不饶他，定要与他赌那剖腹剜心！"

国王听说，方才定性回神，又叫："那和尚，二国师还要与你赌哩。"行者道："小和尚久不吃烟火食，前日西来，忽遇斋公家劝饭，多吃了几个馍馍，这几日腹中作痛，想是生虫，正欲借陛下之刀，剖开肚皮，拿出脏腑，洗净脾胃，方好上西天见佛。"

国王听说，教："拿他赴曹。"那许多人搀的搀，扯的扯。行者展脱手道："不用人搀，自家走去。但一件，不许缚手，我好用手洗刷脏腑。"国王传旨，教："莫绑他手。"行者摇摇摆摆，径至杀场，将身靠着大桩，解开衣带，露出肚腹。那刽子手将一条绳套在他膊项上，一条绳札住他腿足，把一口牛耳短刀，幌一幌，着肚皮下一割，搠个窟窿。这行者双手爬开肚腹，拿出肠脏来，一条条理彀多时，依然安在里面，照旧盘曲，捻着肚皮，吹口仙气，叫"长！"依然长合。国王大惊，将他那关文捧在手中道："圣僧莫误西行，与你关文去罢。"行者笑道："关文小可，也请二国师剖剖剜剜，何如？"国王对鹿力说："这事不与寡人相干，是你要与他做对头的，请去，请去。"鹿力道："宽心，料我决不输与他。"你看他也象孙大圣，摇摇摆摆，径入杀场，被刽子手套上绳，将牛耳短刀，唿喇的一声，割开肚腹，他也拿出肝肠，用手理弄。行者即拔一根毫毛，吹口仙气，叫"变！"即变作一只饿鹰，展开翅爪，飕的把他五脏心肝，尽情抓去，不知飞向何方受用。这道士弄做一个空腔破肚淋漓鬼，少脏无肠浪荡魂。那刽子手蹬倒大桩，拖尸来看，呀！原来是一只白毛角鹿！

慌得那监斩官又来奏道："二国师晦气，正剖腹时，被一只饿鹰将脏腑肝肠都刁去了。死在那里，原身是个白毛角鹿也。"

国王害怕道："怎么是个角鹿？"那羊力大仙又奏道："我师兄既死，如何得现兽形？这都是那和尚弄术法坐害我等。等我与师兄报仇者。"国王道："你有甚么法力赢他？"羊力道："我与他赌下滚油锅洗澡。"国王便教取一口大锅，满着香油，教他两个赌去。行者道："多承下顾，小和尚一向不曾洗澡，这两日皮肤燥痒，好歹荡荡去。"那当驾官果安下油锅，架起干柴，燃着烈火，将油烧滚，教和尚先下去。"行者合掌道："不知文洗，武洗？"国王道："文洗如何？武洗如何？"行者道："文洗不脱衣服，似这般叉着手，下去打个滚，就起来，不许污坏了衣服，若有一点油腻算输。武洗要取一张衣架，一条手巾，脱了衣服，跳将下去，任意翻筋斗，竖蜻蜓，当耍子洗也。"国王对羊力说："你要与他文洗，武洗？"羊力道："文洗恐他衣服是药炼过的，隔油，武洗罢。"行者又上前道："恕大胆，屡次占先了。"你看他脱了布直裰，褪了虎皮裙，将身一纵，跳在锅内，翻波斗浪，就似负水一般顽耍。八戒见了，咬着指头，对沙僧道："我们也错看了这猴子了！平时间劖言讪语，斗他耍子，怎知他有这般真实本事！"

他两个唧唧哝哝，夸奖不尽。行者望见，心疑道："那呆子笑我哩！正是巧者多劳拙者闲，老孙这般舞弄，他倒自在。等我作成他捆一绳，看他可怕。"正洗浴，打个水花，淬在油锅底上，变作个枣核钉儿，再也不起来了。那监斩官近前又奏："万岁，小和尚被滚油烹死了。"国王大喜，教捞上骨骸来看。刽子手将一把铁笊篱，在油锅里捞，原来那笊篱眼稀，行者变得钉小，往往来来，从眼孔漏下去了，那里捞得着！又奏道："和尚身微骨嫩，俱札化了。"国王教："拿三个和尚下去！"两边校尉，见八戒面凶，先揪翻，把背心捆了，慌得三藏高叫："陛下，赦贫僧一时。

我那个徒弟，自从归教，历历有功，今日冲撞国师，死在油锅之内，奈何先死者为神，我贫僧怎敢贪生！正是天下官员也管着天下百姓，陛下若教臣死，臣岂敢不死？只望宽恩，赐我半盏凉浆水饭，三张纸马，容到油锅边，烧此一陌纸，也表我师徒一念，那时再领罪也。"国王闻言道："也是，那中华人多有义气。"

命取些浆饭、黄钱与他。果然取了，递与唐僧。唐僧教沙和尚同去，行至阶下，有几个校尉，把八戒揪着耳朵，拉在锅边，三藏对锅祝曰："徒弟孙悟空！自从受戒拜禅林，护我西来恩爱深。指望同时成大道，何期今日你归阴！生前只为求经意，死后还存念佛心。万里英魂须等候，幽冥做鬼上雷音！"八戒听见道："师父，不是这般祝了。沙和尚，你替我奠浆饭，等我祷。"那呆子捆在地下，气呼呼的道："闯祸的泼猴子，无知的弼马温！

该死的泼猴子，油烹的弼马温！猴儿了帐，马温断根！"

孙行者在油锅底上听得那呆子乱骂，忍不住现了本相，赤淋淋的，站在油锅底道："馕糟的夯货！你骂那个哩！"唐僧见了道："徒弟，唬杀我也！"沙僧道："大哥干净推佯死惯了！"慌得那两班文武，上前来奏道："万岁，那和尚不曾死，又打油锅里钻出来了。"监斩官恐怕虚诳朝廷，却又奏道："死是死了，只是日期犯凶，小和尚来显魂哩。"行者闻言大怒，跳出锅来，揩了油腻，穿上衣服，掣出棒，挝过监斩官，着头一下打做了肉团，道："我显甚么魂哩！"唬得多官连忙解了八戒，跪地哀告："恕罪！恕罪！"国王走下龙座。行者上殿扯住道："陛下不要走，且教你三国师也下下油锅去。"那皇帝战战兢兢道："三国师，你救朕之命，快下锅去，莫教和尚打我。"

羊力下殿，照依行者脱了衣服，跳下油锅，也那般支吾洗浴。行者放了国王，近油锅边，叫烧火的添柴，却伸手探了一把，呀！那滚油都冰冷，心中暗想道："我洗时滚热，他洗时却冷。我晓得了，这不知是那个龙王，在此护持他哩。"急纵身跳在空中，念声"唵"字咒语，把那北海龙王唤来："我把你这个带角的蚯蚓，有鳞的泥鳅！你怎么助道士冷龙护住锅底，教他显圣赢我！"唬得那龙王喏喏连声道："敖顺不敢相助。大圣原来不知，这个孽畜苦修行了一场，脱得本壳，却只是五雷法真受，其余都躧了旁门，难归仙道。这个是他在小茅山学来的大开剥。那两个已是大圣破了他法，现了本相，这一个也是他自己炼的冷龙，只好哄瞒世俗之人耍子，怎瞒得大圣！小龙如今收了他冷龙，管教他骨碎皮焦，显什么手段。"行者道："趁早收了，免打！"那龙王化一阵旋风，到油锅边，将冷龙捉下海去不题。

行者下来，与三藏、八戒、沙僧立在殿前，见那道士在滚油锅里打挣，爬不出来，滑了一跌，霎时间骨脱皮焦肉烂。监斩官又来奏道："万岁，三国师煠化了也。"那国王满眼垂泪，手扑着御案，放声大哭道："人身难得果然难，不遇真传莫炼丹。空有驱神咒水术，却无延寿保生丸。圆明混，怎涅槃，徒用心机命不安。早觉这般轻折挫，何如秘食稳居山！"这正是：点金炼汞成何济，唤雨呼风总是空！毕竟不知师徒们怎的维持，且听下回分解。

第四十七回　圣僧夜阻通天水　金木垂慈救小童

却说那国王倚着龙床，泪如泉涌，只哭到天晚不住。行者上前高呼道："你怎么这等昏乱！见放着那道士的尸骸，一个是虎，一个是鹿，那羊力是一个羚羊。不信时，捞上骨头来看，那里人有那样骷髅？他本是成精的山兽，同心到此害你，因见气数还旺，不敢下手。若再过二年，你气数衰败，他就害了你性命，把你江山一股儿尽属他了。幸我等早来，除妖邪救了你命，你还哭甚？哭甚！急打发关文，送我出去。"国王闻此，方才省悟。那文武多官俱奏道："死者果然是白鹿黄虎，油锅里果是羊骨。圣僧之言，不可不听。"国王道："既是这等，感谢圣僧。今日天晚，教太师且请圣僧至智渊寺。明日早朝，大开东阁，教光禄寺安排素净筵宴酬谢。"果送至寺里安歇。次日五更时候，国王设朝，聚集多官，传旨："快出招僧榜文，四门各路张挂。"一壁厢大排筵宴，摆驾出朝，至智渊寺门外，请了三藏等，共入东阁赴宴，不在话下。却说那脱命的和尚闻有招僧榜，个个欣然，都入城来寻孙大圣，交纳毫毛谢恩。这长老散了宴，那国王换了关文，同皇后嫔妃，两班文武，送出朝门。只见那些和尚跪拜道旁，口称："齐天大圣爷爷！我等是沙滩上脱命僧人。闻知爷爷扫除妖孽，救拔我等，又蒙我王出榜招僧，特来交纳毫毛，叩谢天恩。"行者笑道："汝等来了几何？"僧人道："五百名，半个不少。"行者将身一抖，收了毫毛，对君臣僧俗人说道："这些和尚实是老孙放了，车辆是老孙运转双关穿夹脊，捽碎了，那两个妖道也是老孙打死了。今日灭了妖邪，方知是禅门有道，向后来再不可胡为乱信。望你把三教归一，也敬僧，也敬道，也养育人才，我保你江山永固。"国王依言，感谢不尽，遂送唐僧出城去讫。

这一去，只为殷勤经三藏，努力修持光一元。晓行夜住，渴饮饥餐，不觉的春尽夏残，又是秋光天气。一日，天色已晚，唐僧勒马道："徒弟，今宵何处安身也？"行者道："师父，出家人莫说那在家人的话。"三藏道："在家人怎么？出家人怎么？"行者道："在家人，这时候温床暖被，怀中抱子，脚后蹬妻，自自在在睡觉；我等出家人，那里能够！便是要带月披星，餐风宿水，有路且行，无路方住。"八戒道："哥哥，你只知其一，不知其二。如今路多险峻，我挑着重担，着实难走，须要寻个去处，好眠一觉，养养精神，明日方好捱担，不然，却不累倒我也？"行者道：

"趁月光再走一程，到有人家之所再住。"师徒们没奈何，只得相随行者往前。

又行不多时，只听得滔滔浪响。八戒道："罢了！来到尽头路了！"沙僧道："是一股水挡住也。"唐僧道："却怎生得渡？"八戒道："等我试之，看深浅何如。"三藏道："悟能，你休乱谈，水之浅深，如何试得？"八戒道："寻一个鹅卵石，抛在当中。若是溅起水泡来是浅，若是骨都都沉下有声是深。"行者道："你去试试看。"那呆子在路旁摸了一块顽石，望水中抛去，只听得骨都都泛起鱼津，沉下水底。他道："深深深！去不得！"唐僧道：

"你虽试得深浅，却不知有多少宽阔。"八戒道："这个却不知，不知。"行者道："等我看看。"好大圣，纵筋斗云，跳在空中，定睛观看，但见那：洋洋光浸月，浩浩影浮天。灵派吞华岳，长流贯百川。千层汹浪滚，万迭峻波颠。岸口无渔火，沙头有鹭眠。

茫然浑似海，一望更无边。急收云头，按落河边道："师父，宽哩宽哩！去不得！老孙火眼金睛，白日里常看千里，凶吉晓得是，夜里也还看三五百里。如今通看不见边岸，怎定得宽阔之数？"

三藏大惊，口不能言，声音哽咽道："徒弟啊，似这等怎了？"沙僧道："师父莫哭，你看那水边立的，可不是个人么。"行者道：

"想是扳罾的渔人，等我问他去来。"拿了铁棒，两三步跑到面前看处，呀！不是人，是一面石碑。碑上有三个篆文大字，下边两行，有十个小字。三个大字乃"通天河"，十个小字乃"径过八百里，亘古少人行"。行者叫："师父，你来看看。"三藏看见，滴泪道："徒弟呀，我当年别了长安，只说西天易走，那知道妖魔阻隔，山水迢遥！"八戒道："师父，你且听，是那里鼓钹声音？想是做斋的人家。我们且去赶些斋饭吃，问个渡口寻船，明日过去罢。"三藏马上听得，果然有鼓钹之声，"却不是道家乐器，足是我僧家举事。我等去来。"行者在前引马，一行闻响而来。那里有甚正路，没高没低，漫过沙滩，望见一簇人家住处，约摸有四五百家，却也都住得好，但见倚山通路，傍岸临溪。处处柴扉掩，家家竹院关。沙头宿鹭梦魂清，柳外啼鹃喉舌冷。短笛无声，寒砧不韵。红蓼枝摇月，黄芦叶斗风。陌头村犬吠疏篱，渡口老渔眠钓艇。灯火稀，人烟静，半空皎月如悬镜。忽闻一阵白蘋香，却是西风隔岸送。

三藏下马，只见那路头上有一家儿，门外竖一首幢幡，内里有灯烛荧煌，香烟馥郁。三藏道："悟空，此处比那山凹河边，却是不同。在人间屋檐下，可以遮得冷露，放心稳睡。你都莫来，让我先到那斋公门首告求。若肯留我，我就招呼汝等；假若不留，你却休要撒泼。汝等脸嘴丑陋，只恐唬了人，闯出祸来，却倒无住处矣。"行者道："说得有理。请师父先去，我们在此守待。"那长老才摘了斗笠，光着头，抖抖褊衫，拖着锡杖，径来到人家门外，见那门半开半掩，三藏不敢擅入。聊站片时，只见里面走出一个老者，项下挂着数珠，口念阿弥陀佛，径自来关门，慌得这长老合掌高叫："老施主，贫僧问讯了。"那老者还礼道：

"你这和尚，却来迟了。"三藏道："怎么说？"老者道："来迟无物了。早来啊，我舍下斋僧，尽饱吃饭，熟米三升，白布一段，铜钱十文。你怎么这时才来？"三藏躬身道："老施主，贫僧不是赶斋的。"老者道："既不赶斋，来此何干？"三藏道："我是东土大唐钦差往西天取经者，今到贵处，天色已晚，听得府上鼓钹之声，特来告借一宿，天明就行也。"那老者摇手道："和尚，出家人休打诳语。东土大唐到我这里，有五万四千里路，你这等单身，如何来得？"三藏道："老施主见得最是，但我还有三个小徒，逢山开路，遇水迭桥，保护贫僧，方得到此。"老者道："既有徒弟，何不同来？"教："请，请，我舍下有处安歇。"三藏回头叫声："徒弟，这里来。"那行者本来性急，八戒生来粗鲁，沙僧却也莽撞，三个人听得师父招呼，牵着马，挑着担，不问好歹，一阵风闯将进去。那老者看见，唬得跌倒在地，口里只说是"妖怪来了！妖怪来了！"三藏搀起道："施主莫怕，不是妖怪，是我徒弟。"老者战兢兢道："这般好俊师父，怎么寻这样丑徒弟！"三藏道："虽然相貌不中，却倒会降龙伏虎，捉怪擒妖。"老者似信不信的，扶着唐僧慢走。

却说那三个凶顽闯入厅房上，拴了马，丢下行李。那厅中原有几个和尚念经，八戒掬着长嘴喝道："那和尚，念的是甚么经？"那些和尚听见问了一声，忽然抬头观看外来人，嘴长耳朵大。身粗背膊宽，声响如雷咋。行者与沙僧，容貌更丑陋。厅堂几众僧，无人不害怕。阇黎还念经，班首教行罢。难顾磬和铃，佛象且丢下。一齐吹息灯，惊散光乍乍。跌跌与爬爬，门槛何曾跨！你头撞我头，似倒葫芦架。清清好道场，翻成大笑话。

这兄弟三人，见那些人跌跌爬爬，鼓着掌哈哈大笑。那些僧越加悚惧，磕头撞脑，各顾性命，通跑净了，三藏搀那老者，走上厅堂，灯火全无，三人嘻嘻哈哈的还笑。唐僧骂道："这泼物，十分不善！我朝朝教诲，日日叮咛。古人云，不教而善，非圣而何！教而后善，非贤而何！教亦不善，非愚而何！汝等这般撒泼，诚为至下至愚之类！走进门不知高低，唬倒了老施主，惊散了念经僧，把人家好事都搅坏了，却不是堕罪与我？"说得他们不敢回言。那老者方信是他徒弟，急回头作礼道："老爷，没大事，没大事，才然关了灯，散了花，佛事将收也。"八戒道："既是了帐，摆出满散的斋来，我们吃了睡觉。"老者叫："掌灯来！掌灯来！"

家里人听得，大惊小怪道："厅上念经，有许多香烛，如何又教掌灯？"几个僮仆出来看时，这个黑洞洞的，即便点火把灯笼，一拥而至，忽抬头见八戒沙僧，慌得丢了火把，忽抽身关了中门，往里嚷道："妖怪来了！妖怪来了！"

行者拿起火把，点上灯烛，扯过一张交椅，请唐僧坐在上面，他兄弟们坐在两旁，那老者坐在前面。正叙坐间，只听得里面门开处，又走出一个老者，拄着拐杖道："是甚么邪魔，黑夜里来我善门之家？"前面坐的老者，急起身迎到屏门后道："哥哥莫嚷，不是邪魔，乃东土大唐取经的罗汉。徒弟们相貌虽凶，果然是相恶人善。"那老者方才放下拄杖，与他四位行礼。礼毕，也坐了面前叫："看茶来，排斋。"连叫数声，几个僮仆，战战兢兢，不敢拢帐。八戒忍不住问道："老者，你这盛价，两边走怎的？"老者道："教他们捧斋来侍奉老爷。"八戒道："几个人伏侍？"老者道："八个人。"八戒道："这八个人伏侍那个？"老者道："伏侍你四位。"八戒道："那白面师父，只消一个人；毛脸雷公嘴的，只消两个人；那晦气脸的，要八个人；我得二十个人伏侍方彀。"老者道："这等说，想是你的食肠大些。"八戒道："也将就看得过。"老者道："有人，有人。"七大八小，就叫出有三四十人出来。

那和尚与老者，一问一答的讲话，众人方才不怕。却将上面排了一张桌，请唐僧上坐；两边摆了三张桌，请他三位坐；前面一张桌，坐了二位老者。先排上素果品菜蔬，然后是面饭、米饭、闲食、粉汤，排得齐齐整整。唐长老举起箸来，先念一卷《启斋经》。那呆子一则有些急吞，二来有些饿了，那里等唐僧经完，拿过红漆木碗来，把一碗白米饭，扑的丢下口去，就了了。

旁边小的道："这位老爷忒没算计，不笼馒头，怎的把饭笼了，却不污了衣服？"八戒笑道："不曾笼，吃了。"小的道："你不曾举口，怎么就吃了？"八戒道："儿子们便说谎！分明吃了；不信，再吃与你看。"那小的们，又端了碗，盛一碗递与八戒。呆子幌一幌，又丢下口去就了了。众僮仆见了道："爷爷呀！你是磨砖砌的喉咙，着实又光又溜！"那唐僧一卷经还未完，他已五六碗过手了，然后却才同举箸，一齐吃斋。呆子不论米饭面饭，果品闲食，只情一捞乱噇，口里还嚷："添饭！添饭！"渐渐不见来了！

行者叫道："贤弟，少吃些罢，也强似在山凹里忍饿，将就彀得半饱也好了。"八戒道："嘴脸！常言道，斋僧不饱，不如活埋哩。"行者教："收了家火，莫睬他！"二老者躬身道："不瞒老爷说，白日里倒也不怕，似这大肚子长老，也斋得起百十众；只是晚了，收了残斋，只蒸得一石面饭、五斗米饭与几桌素食，要请几个亲邻与众僧们散福。不期你列位来，唬得众僧跑了，连亲邻也不曾敢请，尽数都供奉了列位。如不饱，再教蒸去。"八戒道："再蒸去！再蒸去！"话毕收了家火桌席，三藏拱身，谢了斋供，才问："老施主，高姓？"老者道："姓陈。"三藏合掌道："这是我贫僧华宗了。"老者道："老爷也姓陈？"三藏道："是，俗家也姓陈，请问适才做的甚么斋事？"八戒笑道："师父问他怎的！岂不知道？必然是青苗斋、平安斋、了场斋罢了。"老者道："不是，不是。"三藏又问："端的为何？"老者道："是一场预修亡斋。"八戒笑得打跌道："公公忒没眼力！我们是扯谎架桥哄人的大王，你怎么把这谎话哄我！和尚家岂不知斋事？只有个预修寄库斋、预修填还斋，那里有个预修亡斋的？你家人又不曾有死的，做甚亡斋？"

行者闻言，暗喜道："这呆子乖了些也。老公公，你是错说了，怎么叫做预修亡斋？"那二位欠身道："你等取经，怎么不走正路，却蹶到我这里来？"行者道："走的是正路，只见一股水挡住，不能得渡，因闻鼓钹之声，特来造府借宿。"老者道："你们到水边，可曾见些甚么？"行者道："止见一面石碑，上书通天河三字，下书'径过八百里亘古少人行'十字，再无别物。"老者道："再往上岸走走，好的离那碑记只有里许，有一座灵感大王庙，你不曾见？"行者道："未见，请公公说说，何为灵感？"那两个老者一齐垂泪道："老爷啊！那大王：感应一方兴庙宇，威灵千里祐黎民。年年庄上施甘露，岁岁村中落庆云。"行者道："施甘雨，落庆云，也是好意思，你却这等伤情烦恼，何也？"那老者跌脚捶胸，哏了一声道："老爷啊！虽则恩多还有怨，纵然慈惠却伤人。只因要吃童男女，不是昭彰正直神。"行者道："要吃童男女么？"老者道："正是。"行者道："想必轮到你家了？"老者道："今年正到舍下。我们这里，有百家人家居住。此处属车迟国元会县所管，唤做陈家庄。这大王一年一次祭赛，要一个童男，一个童女，猪羊牲醴供献他。他一顿吃了，保我们风调雨顺；若不祭赛，就来降祸生灾。"行者道："你府上几位令郎？"老者捶胸道："可怜！可怜！说甚么令郎，羞杀我等！这个是我舍弟，名唤陈清，老拙叫做陈澄。我今年六十三岁，他今年五十八岁，儿女上都艰难。我五十岁上还没儿子，亲友们劝我纳了一妾，没奈何寻下一房，生得一女，今年才交八岁，取名唤做一秤金。"八戒道："好贵名！怎么叫做一秤金？"老者道："我因儿女艰难，修桥补路，建寺立塔，布施斋僧，有一本帐目，那里使三两，那里使五两，到生女之年，却好用过有三十斤黄金。三十斤为一秤，所以唤做一秤金。"行者道："那个的儿子么？"老者道：

"舍弟有个儿子，也是偏出，今年七岁了，取名唤做陈关保。"行者问："何取此名？"老者道："家下供养关圣爷爷，因在关爷之位下求得这个儿子，故名关保，我兄弟二人，年岁百二，止得这两个人种，不期轮次到我家祭赛，所以不敢不献。故此父子之情，难割难舍，先与孩儿做个超生道场，故曰预修亡斋者，此也。"三藏闻言，止不住腮边泪下道："这正是古人云，黄梅不落青梅落，老天偏害没儿人。"行者笑道："等我再问他。老公公，你府上有多大家当？"二老道："颇有些儿，水田有四五十顷，旱田有六七十顷，草场有八九十处，水黄牛有二三百头，驴马有三二十匹，猪羊鸡鹅无数。舍下也有吃不着的陈粮，穿不了的衣服。家财产业，也尽得数。"行者道："你这等家业，也亏你省将起来的。"老者道："怎见我省？"行者道："既有这家私，怎么舍得亲生儿女祭赛？拚了五十两银子，可买一个童男；拚了一百两银子，可买一个童女，连绞缠不过二百两之数，可就留下自己儿女后代，却不是好？"二老滴泪道："老爷！你不知道，那大王甚是灵感，常来我们人家行走。"行者道："他来行走，你们看见他是甚么嘴脸？有几多长短？"二老道："不见其形，只闻得一阵香风，就知是大王爷爷来了，即忙满斗焚香，老少望风下拜。他把我们这人家，匙大碗小之事，他都知道，老幼生时年月，他都记得。只要亲生儿女，他方受用。不要说二三百两没处买，就是几千万两，也没处买这般一模一样同年同月的儿女。"行者道："原来这等，也罢也罢，你且抱你令郎出来，我看看。"那陈清急入里面，将关保儿抱出厅上，放在灯前。小孩儿那知死活，笼着两袖果子，跳跳舞舞的，吃着耍子。行者见了，默默念声咒语，摇身一变，变作那关保儿一般模样。两个孩儿，搀着手，在灯前跳舞，唬得那老者谎忙跪着唐僧道："老爷，不当人子！不当人子！这位老爷才然说话，怎么就变作我儿一般模样，叫他一声，齐应齐走！却折了我们年寿！请现本相！请现本相！行者把脸抹了一把，现了本相。那老者跪在面前道：

"老爷原来有这样本事。"行者笑道："可象你儿子么？"老者道：

"象象象！果然一般嘴脸，一般声音，一般衣服，一般长短。"行者道："你还没细看哩，取秤来称称，可与他一般轻重。"老者道：是是是，是一般重。"行者道："似这等可祭赛得过么？"老者道："忒好忒好！祭得过了！"行者道："我今替这个孩儿性命，留下你家香烟后代，我去祭赛那大王去也。"那陈清跪地磕头道：

"老爷果若慈悲替得，我送白银一千两，与唐老爷做盘缠往西天去。"行者道："就不谢谢老孙？"老者道："你已替祭，没了你也。"行者道："怎的得没了？"老者道："那大王吃了。"行者道：

"他敢吃我？"老者道："不吃你，好道嫌腥。"行者笑道："任从天命，吃了我，是我的命短；不吃，是我的造化。我与你祭赛去。"

那陈清只管磕头相谢，又允送银五百两，惟陈澄也不磕头，也不说谢，只是倚着那屏门痛哭。行者知之，上前扯住道：

"老大，你这不允我，不谢我，想是舍不得你女儿么？"陈澄才跪下道："是舍不得，敢蒙老爷盛情，救替了我侄子也彀了。但只是老拙无儿，止此一女，就是我死之后，他也哭得痛切，怎么舍得！"行者道："你快去蒸上五斗米的饭，整治些好素菜，与我那长嘴师父吃，教他变作你的女儿，我兄弟同去祭赛，索性行个阴骘，救你两个儿女性命，如何？"那八戒听得此言，心中大惊道："哥哥，你要弄精神，不管我死活，就要攀扯我。"行者道：

"贤弟，常言道，鸡儿不吃无工之食。你我进门，感承盛斋，你还嚷吃不饱哩，怎么就不与人家救些患难？"八戒道："哥啊，你便会变化，我却不会哩。"行者道："你也有三十六般变化，怎么不会？"唐僧叫："悟能，你师兄说得最是，处得甚当。常言救人一命，胜造七级浮屠。一则感谢厚情，二来当积阴德，况凉夜无事，你兄弟耍耍去来。"八戒道："你看师父说的话！我只会变山变树，变石头变癞象，变水牛变大胖汉还可，若变小女儿，有几分难哩。”行者道：“老大莫信他，抱出你令爱来看。”那陈澄急入里边，抱将一秤金孩儿，到了厅上。一家子，妻妾大小，不分老幼内外，都出来磕头礼拜，只请救孩儿性命。那女儿头上戴一个八宝垂珠的花翠箍，身上穿一件红闪黄的纻丝袄，上套着一件官绿缎子棋盘领的披风；腰间系一条大红花绢裙，脚下踏一双虾蟆头浅红纻丝鞋，腿上系两只绡金膝裤儿，也袖着果子吃哩。行者道：“八戒，这就是女孩儿，你快变的象他，我们祭赛去。”八戒道：“哥呀，似这般小巧俊秀，怎变？”行者叫：“快些！

莫讨打！”八戒谎了道：“哥哥不要打，等我变了看。”这呆子念动咒语，把头摇了几摇，叫“变！”真个变过头来，就也象女孩儿面目，只是肚子胖大，郎伉不象。行者笑道：“再变变！”八戒道：

“凭你打了罢！变不过来，奈何？”行者道：“莫成是丫头的头，和尚的身子？弄的这等不男不女，却怎生是好？你可布起罡来。”

他就吹他一口仙气，果然即时把身子变过，与那孩儿一般。便教：“二位老者，带你宝眷与令郎令爱进去，不要错了。一会家，我兄弟躲懒讨乖，走进去，转难识认。你将好果子与他吃，不可教他哭叫，恐大王一时知觉，走了风讯，等我两人耍子去也！”

好大圣，吩咐沙僧保护唐僧，他变作陈关保，八戒变作一秤金。二人俱停当了，却问：“怎么供献？还是捆了去，是绑了去？蒸熟了去，是剁碎了去？”八戒道：“哥哥，莫要弄我，我没这个手段。”老者道：“不敢不敢！只是用两个红漆丹盘，请二位坐在盘内，放在桌上，着两个后生抬一张桌子，把你们抬上庙去。”行者道：“好好好！拿盘子出来，我们试试。”那老者即取出两个丹盘，行者与八戒坐上，四个后生，抬起两张桌子，往天井里走走儿，又抬回放在堂上。行者欢喜道：“八戒，象这般子走走耍耍，我们也是上台盘的和尚了。”八戒道：“若是抬了去，还抬回来，两头抬到天明，我也不怕；只是抬到庙里，就要吃哩，这个却不是耍子！”行者道：“你只看着我，划着吃我时，你就走了罢。”八戒道：“知他怎么吃哩？如先吃童男，我便好跑；如先吃童女，我却如何？”老者道：“常年祭赛时，我这里有胆大的，钻在庙后，或在供桌底下，看见他先吃童男，后吃童女。”八戒道：“造化！造化！兄弟正然谈论，只听得外面锣鼓喧天，灯火照耀，同庄众人打开前门叫：“抬出童男童女来！”这老者哭哭啼啼，那四个后生将他二人抬将出去。端的不知性命何如，且听下回分解。

第四十八回　魔弄寒风飘大雪　僧思拜佛履层冰

话说陈家庄众信人等，将猪羊牲醴与行者八戒，喧喧嚷嚷，直抬至灵感庙里排下，将童男女设在上首。行者回头，看见那供桌上香花蜡烛，正面一个金字牌位，上写灵感大王之神，更无别的神象。众信摆列停当，一齐朝上叩头道：“大王爷爷，今年今月今日今时，陈家庄祭主陈澄等众信，年甲不齐，谨遵年例，供献童男一名陈关保，童女一名陈一秤金，猪羊牲醴如数，奉上大王享用，保祐风调雨顺，五谷丰登。”祝罢，烧了纸马，各回本宅不题。

那八戒见人散了，对行者道：“我们家去罢。”行者道：“你家在那里？”八戒道：“往老陈家睡觉去。”行者道：“呆子又乱谈了，既允了他，须与他了这愿心才是哩。”八戒道：“你倒不是呆子，反说我是呆子！只哄他耍耍便罢，怎么就与他祭赛，当起真来！”行者道：“莫胡说，为人为彻，一定等那大王来吃了，才是个全始全终；不然，又教他降灾贻害，反为不美。”正说间，只听得呼呼风响。八戒道：“不好了！风响是那话儿来了！”行者只叫：“莫言语，等我答应。”顷刻间，庙门外来了一个妖邪，你看他怎生模样：金甲金盔灿烂新，腰缠宝带绕红云。眼如晚出明星皎，牙似重排锯齿分。足下烟霞飘荡荡，身边雾霭暖熏熏。行时阵阵阴风冷，立处层层煞气温。却似卷帘扶驾将，犹如镇寺大门神。那怪物拦住庙门问道：“今年祭祀的是那家？”行者笑吟吟的答道：“承下问，庄头是陈澄、陈清家。”那怪闻答，心中疑似道：“这童男胆大，言谈伶俐，常来供养受用的，问一声不言语，再问声，唬了魂，用手去捉，已是死人。怎么今日这童男善能应对？”怪物不敢来拿，又问：“童男女叫甚名字？”行者笑道：“童男陈关保，童女一秤金。”怪物道：“这祭赛乃上年旧规，如今供献我，当吃你。”行者道：“不敢抗拒，请自在受用。”怪物听说，又不敢动手，拦住门喝道：“你莫顶嘴！我常年先吃童男，今年倒要先吃童女！”八戒慌了道：“大王还照旧罢，不要吃坏例子。”

那怪不容分说，放开手，就捉八戒。呆子扑的跳下来，现了本相，掣钉钯，劈手一筑，那怪物缩了手，往前就走，只听得当的一声响。八戒道：“筑破甲了！”行者也现本相看处，原来是冰盘大小两个鱼鳞，喝声“赶上！”二人跳到空中。那怪物因来赴会，不曾带得兵器，空手在云端里问道：“你是那方和尚，到此欺人，破了我的香火，坏了我的名声！”行者道：“这泼物原来不知，我等乃东土大唐圣僧三藏奉钦差西天取经之徒弟。昨因夜寓陈家，闻有邪魔，假号灵感，年年要童男女祭赛，是我等慈悲，拯救生灵，捉你这泼物！趁早实实供来！一年吃两个童男女，你在这里称了几年大王，吃了多少男女？一个个算还我，饶你死罪！”那怪闻言就走，被八戒又一钉钯，未曾打着，他化一阵狂风，钻入通天河内。行者道：“不消赶他了，这怪想是河中之物。且待明日设法拿他，送我师父过河。”八戒依言，径回庙里，把那猪羊祭醴，连桌面一齐搬到陈家。此时唐长老、沙和尚共陈家兄弟，正在厅中候信，忽见他二人将猪羊等物都丢在天井里。三藏迎来问道：“悟空，祭赛之事何如？”行者将那称名赶怪钻入河中之事，说了一遍，二老十分欢喜，即命打扫厢房，安排床铺，请他师徒就寝不题。

却说那怪得命，回归水内，坐在宫中，默默无言，水中大小眷族问题：“大王每年享祭，回来欢喜，怎么今日烦恼？”那怪道：“常年享毕，还带些余物与汝等受用，今日连我也不曾吃得。造化低，撞着一个对头，几乎伤了性命。”众水族问：“大王，是那个？”那怪道：“是一个东土大唐圣僧的徒弟，往西天拜佛求经者，假变男女，坐在庙里。我被他现出本相，险些儿伤了性命。一向闻得人讲：唐三藏乃十世修行好人，但得吃他一块肉延寿长生。不期他手下有这般徒弟，我被他坏了名声，破了香火，有心要捉唐僧，只怕不得能彀。”那水族中，闪上一个斑衣鳜婆，对怪物跬跬拜拜笑道：“大王，要捉唐僧，有何难处！但不知捉住他，可赏我些酒肉？”那怪道：“你若有谋，合同用力，捉了唐僧，与你拜为兄妹，共席享之。”鳜婆拜谢了道：“久知大王有呼风唤雨之神通，搅海翻江之势力，不知可会降雪？”那怪道：“会降。”又道：“既会降雪，不知可会作冷结冰？”那怪道：

“更会！”鳜婆鼓掌笑道：“如此极易！极易！”那怪道：“你且将极易之功，讲来我听。”鳜婆道：“今夜有三更天气，大王不必迟疑，趁早作法，起一阵寒风，下一阵大雪，把通天河尽皆冻结。

着我等善变化者，变作几个人形，在于路口，背包持伞，担担推车，不住的在冰上行走。那唐僧取经之心甚急，看见如此人行，断然踏冰而渡。大王稳坐河心，待他脚踪响处，迸裂寒冰，连他那徒弟们一齐坠落水中，一鼓可得也！”那怪闻言。满心欢喜道：“甚妙！甚妙！”即出水府，踏长空兴风作雪，结冷凝冻成冰不题。

却说唐长老师徒四人歇在陈家，将近天晓，师徒们衾寒枕冷。八戒咳歌打战睡不得，叫道："师兄，冷啊！"行者道："你这呆子，忒不长俊！出家人寒暑不侵，怎么怕冷？"三藏道："徒弟，果然冷。你看，就是那重衾无暖气，袖手似揣冰。此时败叶垂霜蕊，苍松挂冻铃。地裂因寒甚，池平为水凝。渔舟不见叟，山寺怎逢僧？樵子愁柴少，王孙喜炭增。征人须似铁，诗客笔如菱。皮袄犹嫌薄，貂裘尚恨轻。蒲团僵老衲，纸帐旅魂惊。绣被重裀褥，浑身战抖铃。"师徒们都睡不得，爬起来穿了衣服，开门看处，呀！外面白茫茫的，原来下雪哩！行者道："怪道你们害冷哩，却是这般大雪！"四人眼同观看，好雪！但见那：彤云密布，惨雾重浸。彤云密布，朔风凛凛号空；惨雾重浸，大雪纷纷盖地。真个是六出花，片片飞琼；千林树，株株带玉。须臾积粉，顷刻成盐。白鹦歌失素，皓鹤羽毛同。平添吴楚千江水，压倒东南几树梅。却便似战退玉龙三百万，果然如败鳞残甲满天飞。那里得东郭履，袁安卧，孙康映读；更不见子猷舟，王恭币，苏武餐毡。但只是几家村舍如银砌，万里江山似玉团。好雪！

柳絮漫桥，梨花盖舍。柳絮漫桥，桥边渔叟挂蓑衣；梨花盖舍，舍下野翁煨榾柮。客子难沽酒，苍头苦觅梅。洒洒潇潇裁蝶翅，飘飘荡荡剪鹅衣。团团滚滚随风势，迭迭层层道路迷。阵阵寒威穿小幕，飕飕冷气透幽帏。丰年祥瑞从天降，堪贺人间好事宜。那场雪，纷纷洒洒，果如剪玉飞绵。师徒们叹玩多时，只见陈家老者，着两个僮仆，扫开道路，又两个送出热汤洗面。须臾又送滚茶乳饼，又抬出炭火，俱到厢房，师徒们叙坐。长老问道："老施主，贵处时令，不知可分春夏秋冬？"陈老笑道："此间虽是僻地，但只风俗人物与上国不同，至于诸凡谷苗牲畜，都是同天共日，岂有不分四时之理？"三藏道："既分四时，怎么如今就有这般大雪，这般寒冷？"陈老道："此时虽是七月，昨日已交白露，就是八月节了。我这里常年八月间就有霜雪。"三藏道："甚比我东土不同，我那里交冬节方有之。"

正话间，又见僮仆来安桌子，请吃粥。粥罢之后，雪比早间又大，须臾平地有二尺来深。三藏心焦垂泪，陈老道："老爷放心，莫见雪深忧虑。我舍下颇有几石粮食，供养得老爷们半生。"三藏道："老施主不知贫僧之苦。我当年蒙圣恩赐了旨意，摆大驾亲送出关，唐王御手擎杯奉饯，问道几时可回？贫僧不知有山川之险，顺口回奏，只消三年，可取经回国。自别后，今已七八个年头，还未见佛面，恐违了钦限，又怕的是妖魔凶狠，所以焦虑。今日有缘得寓潭府，昨夜愚徒们略施小惠报答，实指望求一船只渡河。不期天降大雪，道路迷漫，不知几时才得功成回故土也！"陈老道："老爷放心，正是多的日子过了，那里在这几日？且待天晴，化了冰，老拙倾家费产，必处置送老爷过河。"只见一僮又请进早斋。到厅上吃毕，叙不多时，又午斋相继而进。三藏见品物丰盛，再四不安道："既蒙见留，只可以家常相待。"陈老道："老爷，感蒙替祭救命之恩，虽逐日设筵奉款，也难酬难谢。"

此后大雪方住，就有人行走。陈老见三藏不快，又打扫花园，大盆架火，请去雪洞里闲耍散闷。八戒笑道："那老儿忒没算计！春二三月好赏花园，这等大雪又冷，赏玩何物！"行者道：

"呆子不知事！雪景自然幽静，一则游赏，二来与师父宽怀。"陈老道："正是，正是。"遂此邀请到园，但见：景值三秋，风光如腊。苍松结玉蕊，衰柳挂银花。阶下玉苔堆粉屑，窗前翠竹吐琼芽。巧石山头，养鱼池内。巧石山头，削削尖峰排玉笋；养鱼池内，清清活水作冰盘。临岸芙蓉娇色浅，傍崖木槿嫩枝垂。秋海棠，全然压倒；腊梅树，聊发新枝。牡丹亭、海榴亭、丹桂亭，亭亭尽鹅毛堆积；放怀处、款客处、遣兴处，处处皆蝶翅铺漫。

两篱黄菊玉绡金，几树丹枫红间白。无数闲庭冷难到，且观雪洞冷如冰。那里边放一个兽面象足铜火盆，热烘烘炭火才生；

那上下有几张虎皮搭苫漆交椅，软温温纸窗铺设。四壁上挂几轴名公古画，却是那七贤过关，寒江独钓，迭嶂层峦团雪景；苏武餐毡，折梅逢使，琼林玉树写寒文。说不尽那家近水亭鱼易买，雪迷山径酒难沽。真个可堪容膝处，算来何用访蓬壶？众人观玩良久，就于雪洞里坐下，对邻叟道取经之事，又捧香茶饮毕。陈老问：列位老爷，可饮酒么？"三藏道："贫僧不饮，小徒略饮几杯素酒。"陈老大喜，即命："取素果品，炖暖酒，与列位汤寒。"那僮仆即抬桌围炉，与两个邻叟各饮了几杯，收了家火。

不觉天色将晚，又仍请到厅上晚斋，只听得街上行人都说："好冷天啊！把通天河冻住了！"三藏闻言道："悟空，冻住河，我们怎生是好？"陈老道："乍寒乍冷，想是近河边浅水处冻结。"那行人道："把八百里都冻的似镜面一般，路口上有人走哩！"三藏听说有人走，就要去看。陈老道："老爷莫忙，今日晚了，明日去看。"遂此别却邻叟，又晚斋毕，依然歇在厢房。

及次日天晓，八戒起来道："师兄，今夜更冷，想必河冻住也。"三藏迎着门，朝天礼拜道："众位护教大神，弟子一向西来，虔心拜佛，苦历山川，更无一声报怨。今至于此，感得皇天祐助，结冻河水，弟子空心权谢，待得经回，奏上唐皇，竭诚酬答。"礼拜毕，遂教悟净背马，趁冰过河。陈老又道："莫忙，待几日雪融冰解，老拙这里办船相送。"沙僧道："就行也不是话，再住也不是话，口说无凭，耳闻不如眼见。我背了马，且请师父亲去看看。"陈老道："言之有理。"教："小的们，快去背我们六匹马来！且莫背唐僧老爷马。"就有六个小价跟随，一行人径往河边来看，真个是，雪积如山耸，云收破晓晴。寒凝楚塞千峰瘦，冰结江湖一片平。朔风凛凛，滑冻棱棱。池鱼偎密藻，野鸟恋枯槎。塞外征夫俱坠指，江头梢子乱敲牙。裂蛇腹，断鸟足，果然冰山千百尺。万壑冷浮银，一川寒浸玉。东方自信出僵蚕，北地果然有鼠窟。王祥卧，光武渡，一夜溪桥连底固。曲沼结棱层，深渊重迭冱。通天阔水更无波，皎洁冰漫如陆路。三藏与一行人到了河边，勒马观看，真个那路口上有人行走。三藏问道："施主，那些人上冰往那里去？"陈老道："河那边乃西梁女国，这起人都是做买卖的。我这边百钱之物，到那边可值万钱；那边百钱之物，到这边亦可值万钱。利重本轻，所以人不顾生死而去。常年家有五七人一船，或十数人一船，飘洋而过。见如今河道冻住，故舍命而步行也。"三藏道："世间事惟名利最重。似他为利的，舍死忘生，我弟子奉旨全忠，也只是为名，与他能差几何！"教："悟空，快回施主家，收拾行囊，叩背马匹，趁此层冰，早奔西方去也。"行者笑吟吟答应。沙僧道："师父啊，常言道，千日吃了千升米。今已托赖陈府上，且再住几日，待天晴化冻，办船而过，忙中恐有错也。"三藏道："悟净，怎么这等愚见！若是正二月，一日暖似一日，可以待得冻解。此时乃八月，一日冷似一日，如何可便望解冻！却不又误了半载行程？"

八戒跳下马来："你们且休讲闲口，等老猪试看有多少厚薄。"

行者道："呆子，前夜试水，能去抛石，如今冰冻重漫，怎生试得？"八戒道："师兄不知，等我举钉钯筑他一下。假若筑破，就是冰薄，且不敢行；若筑不动，便是冰厚，如何不行？"三藏道：

"正是，说得有理。"那呆子撩衣拽步，走上河边，双手举钯，尽力一筑，只听扑的一声，筑了九个白迹，手也振得生疼。呆子笑道："去得！去得！连底都锢住了。"

三藏闻言，十分欢喜，与众同回陈家，只教收拾走路。那两个老者苦留不住，只得安排些干粮烘炒，做些烧饼馍馍相送。

一家子磕头礼拜，又捧出一盘子散碎金银，跪在面前道："多蒙老爷活子之恩，聊表途中一饭之敬。"三藏摆手摇头，只是不受道："贫僧出家人，财帛何用？就途中也不敢取出。只是以化斋度日为正事，收了干粮足矣。"二老又再三央求，行者用指尖儿捻了一小块，约有四五钱重，递与唐僧道："师父，也只当些衬钱，莫教空负二老之意。"遂此相向而别，径至河边冰上，那马蹄滑了一滑，险些儿把三藏跌下马来。沙僧道："师父，难行！"

八戒道："且住！问陈老官讨个稻草来我用。"行者道："要稻草何用？"八戒道："你那里得知，要稻草包着马蹄方才不滑，免教跌下师父来也。"陈老在岸上听言，急命人家中取一束稻草，却请唐僧上岸下马。八戒将草包裹马足，然后踏冰而行。

别陈老离河边，行有三四里远近，八戒把九环锡杖递与唐僧道："师父，你横此在马上。"行者道："这呆子奸诈！锡杖原是你挑的，如何又叫师父拿着？"八戒道："你不曾走过冰凌，不晓得。凡是冰冻之上，必有凌眼，倘或躧着凌眼，脱将下去，若没横担之物，骨都的落水，就如一个大锅盖盖住，如何钻得上来！

须是如此架住方可。"行者暗笑道："这呆子倒是个积年走冰的！"果然都依了他。长老横担着锡杖，行者横担着铁棒，沙僧横担着降妖宝杖，八戒肩挑着行李，腰横着钉钯，师徒们放心前进。这一直行到天晚，吃了些干粮，却又不敢久停，对着星月光华，观的冰冻上亮灼灼、白茫茫，只情奔走，果然是马不停蹄，师徒们莫能合眼，走了一夜。天明又吃些干粮，望西又进。

正行时，只听得冰底下扑喇喇一声响喨，险些儿唬倒了白马。

三藏大惊道："徒弟呀！怎么这般响喨？"八戒道："这河忒也冻得结实，地凌响了，或者这半中间连底通锢住了也。"三藏闻言，又惊又喜，策马前进，趱行不题。

却说那妖邪自从回归水府，引众精在于冰下。等候多时，只听得马蹄响处，他在底下弄个神通，滑喇的迸开冰冻，慌得孙大圣跳上空中，早把那白马落于水内，三人尽皆脱下。那妖邪将三藏捉住，引群精径回水府，厉声高叫："鳜妹何在？"老鳜婆迎门施礼道："大王，不敢不敢！"妖邪道："贤妹何出此言！一言既出，驷马难追。原说听从汝计，捉了唐僧，与你拜为兄妹。

今日果成妙计，捉了唐僧，就好味了前言？"教："小的们，抬过案桌，磨快刀来，把这和尚剖腹剜心，剥皮剐肉，一壁厢响动乐器，与贤妹共而食之，延寿长生也。"鳜婆道："大王，且休吃他，恐他徒弟们寻来吵闹。且宁耐两日，让那厮不来寻，然后剖开，请大王上坐，众眷族环列，吹弹歌舞，奉上大王，从容自在享用，却不好也？"那怪依言，把唐僧藏于宫后，使一个六尺长的石匣，盖在中间不题。

却说八戒、沙僧在水里捞着行囊，放在白马身上驮了，分开水路，涌浪翻波，负水而出，只见行者在半空中看见，问道："师父何在？"八戒道："师父姓陈，名到底了，如今没处找寻，且上岸再作区处。"原来八戒本是天蓬元帅临凡，他当年掌管天河八万水兵大众，沙和尚是流沙河内出身，白马本是西海龙孙：故此能知水性。大圣在空中指引，须臾回转东崖，晒刷了马匹，䀹掠了衣裳，大圣云头按落，一同到于陈家庄上。早有人报与二老道："四个取经的老爷，如今只剩了三个来也。"兄弟即忙接出门外，果见衣裳还湿，道："老爷们，我等那般苦留，却不肯住，只要这样方休。怎么不见三藏老爷？"八戒道："不叫做三藏了，改名叫做陈到底也。"二老垂泪道："可怜！可怜！我说等雪融备船相送，坚执不从，致令丧了性命！"行者道："老儿，莫替古人耽忧，我师父管他不死长命。老孙知道，决然是那灵感大王弄法算计去了。你且放心，与我们浆浆衣服，晒晒关文，取草料喂着白马，等我弟兄寻着那厮，救出师父，索性剪草除根，替你一庄人除了后患，庶几永永得安生也。"陈老闻言，满心欢喜，即命安排斋供。兄弟三人，饱餐一顿，将马匹行囊交与陈家看守，各整兵器，径赴道边寻师擒怪。正是：误踏层冰伤本性，大丹脱漏怎周全？毕竟不知怎么救得唐僧，且听下回分解。

第四十九回　三藏有灾沉水宅　观音救难现鱼篮

却说孙大圣与八戒、沙僧辞陈老来至河边，道："兄弟，你两个议定，那一个先下水。"八戒道："哥啊，我两个手段不见怎的，还得你先下水。"行者道："不瞒贤弟说，若是山里妖精，全不用你们费力，水中之事，我去不得。就是下海行江，我须要捻着避水诀，或者变化甚么鱼蟹之形才去得。若是那般捻诀，却轮不得铁棒，使不得神通，打不得妖怪。我久知你两个乃惯水之人，所以要你两个下去。"沙僧道："哥啊，小弟虽是去得，但不知水底如何，我等大家都去，哥哥变作甚么模样，或是我驮着你，分开水道，寻着妖怪的巢穴，你先进去打听打听。若是师父不曾伤损，还在那里，我们好努力征讨。假若不是这怪弄法，或者淹杀师父，或者被妖吃了，我等不须苦求，早早的别寻道路何如？"行者道："贤弟说得有理，你们那个驮我？"八戒暗喜道："这猴子不知捉弄了我多少，今番原来不会水，等老猪驮他，也捉弄他捉弄！"呆子笑嘻嘻的叫道："哥哥，我驮你。"行者就知有意，却便将计就计道："是，也好，你比悟净还有些膂力。"八戒就背着他。沙僧剖开水路，弟兄们同入通天河内。向水底下行有百十里远近，那呆子要捉弄行者，行者随即拔下一根毫毛，变做假身，伏在八戒背上，真身变作一个猪虱子，紧紧的贴在他耳朵里。八戒正行，忽然打个躘踵，得故子把行者往前一掼，扑的跌了一跤。原来那个假身本是毫毛变的，却就飘起去，无影无形。沙僧道："二哥，你是怎么说？不好生走路，就跌在泥里，便也罢了，却把大哥不知跌在那里去了！"八戒道：

"那猴子不禁跌，一跌就跌化了。兄弟，莫管他死活，我和你且去寻师父去。"沙僧道："不好，还得他来，他虽水性不知，他比我们乖巧。若无他来，我不与你去。"行者在八戒耳朵里，忍不住高叫道："悟净！老孙在这里也。"沙僧听得，笑道："罢了！这呆子是死了！你怎么就敢捉弄他！如今弄得闻声不见面，却怎是好？"八戒慌得跪在泥里磕头道："哥哥，是我不是了，待救了师父上岸陪礼。你在那里做声？就影杀我也！你请现原身出来，我驮着你，再不敢冲撞你了。"行者道："是你还驮着我哩。

我不弄你，你快走！快走！"那呆子絮絮叨叨，只管念诵着陪礼，爬起来与沙僧又进。

行了又有百十里远近，忽抬头望见一座楼台，上有"水鼋之第"四个大字。沙僧道："这厢想是妖精住处，我两个不知虚实，怎么上门索战？"行者道："悟净，那门里外可有水么？"沙僧道："无水。"行者道："既无水，你再藏隐在左右，待老孙去打听打听。"好大圣，爬离了八戒耳朵里，却又摇身一变，变作个长脚虾婆，两三跳跳到门里。睁眼看时，只见那怪坐在上面，众水族摆列两边，有个斑衣鳜婆坐于侧手，都商议要吃唐僧。行者留心，两边寻找不见，忽看见一个大肚虾婆走将来，径往西廊下立定。行者跳到面前称呼道："姆姆，大王与众商议要吃唐僧，唐僧却在那里？"虾婆道："唐僧被大王降雪结冰，昨日拿在宫后石匣中间，只等明日他徒弟们不来吵闹，就奏乐享用也。”

行者闻言，演了一会，径直寻到宫后，看果有一个石匣，却象人家槽房里的猪槽，又似人间一口石棺材之样，量量足有六尺长短；却伏在上面，听了一会，只听得三藏在里面嘤嘤的哭哩。行者不言语，侧耳再听，那师父挫得牙响，哏了一声道：“自恨江流命有愆，生时多少水灾缠。出娘胎腹淘波浪，拜佛西天堕渺渊。前遇黑河身有难，今逢冰解命归泉。不知徒弟能来否，可得真经返故园？”行者忍不住叫道：“师父莫恨水灾，经云，土乃五行之母，水乃五行之源。无土不生，无水不长。老孙来了！”

三藏闻得道：“徒弟啊，救我耶！”行者道：“你且放心，待我们擒住妖精，管教你脱难。”三藏道：“快些儿下手！再停一日，足足闷杀我也！”行者道：“没事没事！我去也！”急回头，跳将出去，到门外现了原身叫：“八戒！”那呆子与沙僧近道：“哥哥，如何？”行者道：“正是此怪骗了师父。师父未曾伤损，被怪物盖在石匣之下。你两个快早挑战，让老孙先出水面。你若擒得他就擒；擒不得，做个佯输，引他出水，等我打他。”沙僧道：“哥哥放心先去，待小弟们鉴貌辨色。”这行者捻着避水法，钻出波中，停立岸边等候不题。

你看那猪八戒行凶，闯至门前，厉声高叫：“泼怪物！送我师父出来！”慌得那门里小妖急报：“大王，门外有人要师父哩！”妖邪道：“这定是那泼和尚来了。”教：“快取披挂兵器来！”

众小妖连忙取出。妖邪结束了，执兵器在手，即命开门，走将出来。八戒与沙僧对列左右，见妖邪怎生披挂。好怪物！你看他：

头戴金盔晃且辉，身披金甲掣虹霓。腰围宝带团珠翠，足踏烟黄靴样奇。鼻准高隆如峤耸，天庭广阔若龙仪。眼光闪灼圆还暴，牙齿钢锋尖又齐。短发蓬松飘火焰，长须潇洒挺金锥。口咬一枝青嫩藻，手拿九瓣赤铜锤。一声咿哑门开处，响似三春惊蛰雷。这等形容人世少，敢称灵显大王威。

妖邪出得门来，随后有百十个小妖，一个个轮枪舞剑，摆开两哨，对八戒道：“你是那寺里和尚，为甚到此喧嚷？”八戒喝道：“我把你这打不死的泼物！你前夜与我顶嘴，今日如何推不知来问我？我本是东土大唐圣僧之徒弟，往西天拜佛求经者。

你弄玄虚，假做甚么灵感大王，专在陈家庄要吃童男童女，我本是陈清家一秤金，你不认得我么？”那妖邪道：“你这和尚，甚没道理！你变做一秤金，该一个冒名顶替之罪。我倒不曾吃你，反被你伤了我手背，已此让了你，你怎么又寻上我的门来？”八戒道：“你既让我，却怎么又弄冷风，下大雪，冻结坚冰，害我师父？快早送我师父出来，万事皆休！牙迸半个不字，你只看看手中钯，决不饶你！”妖邪闻言，微微冷笑道：“这和尚卖此长舌，胡夸大口。果然是我作冷下雪冻河，摄你师父。你今嚷上门来，思量取讨，只怕这一番不比那一番了。那时节，我因赴会，不曾带得兵器，误中你伤。你如今且休要走，我与你交敌三合，三合敌得我过，还你师父；敌不过，连你一发吃了。”八戒道：“好乖儿子！正是这等说！仔细看钯！”妖邪道：“你原来是半路上出家的和尚。”八戒道：“我的儿，你真个有些灵感，怎么就晓得我是半路出家的？”妖邪道：“你会使钯，想是雇在那里种园，把他钉钯拐将来也。”八戒道：“儿子，我这钯不是那筑地之钯，你看巨齿铸就如龙爪，逊金妆来似蟒形。若逢对敌寒风洒，但遇相持火焰生。能与圣僧除怪物，西方路上捉妖精。轮动烟云遮日月，使开霞彩照分明。筑倒太山千虎怕，掀翻大海万龙惊。饶你威灵有手段，一筑须教九窟窿！”

那个妖邪那里肯信，举铜锤劈头就打，八戒使钉钯架住道：“你这泼物，原来也是半路上成精的邪魔！”那怪道：“你怎么认得我是半路上成精的？”八戒道：“你会使铜锤，想是雇在那个银匠家扯炉，被你得了手，偷将出来的。”妖邪道：“这不是打银之锤，你看，九瓣攒成花骨朵，一竿虚孔万年青。原来不比凡间物，出处还从仙苑名。绿房紫菂瑶池老，素质清香碧沼生。

因我用功抟炼过，坚如钢锐彻通灵。枪刀剑戟浑难赛，钺斧戈矛莫敢经。纵让你钯能利刃，汤着吾锤迸折钉！”

沙和尚见他两个攀话，忍不住近前高叫道：“那怪物休得浪言！古人云，口说无凭，做出便见。不要走！且吃我一杖！”

妖邪使锤杆架住道：“你也是半路里出家的和尚。”沙僧道：“你怎么认得？”妖邪道：“你这个模样，象一个磨博士出身。”沙僧道：“如何认得我象个磨博士？”妖邪道：“你不是磨博士，怎么会使赶面杖？”沙僧骂道：“你这孽障，是也不曾见！这般兵器人间少，故此难知宝杖名。出自月宫无影处，梭罗仙木琢磨成。外边嵌宝霞光耀，内里钻金瑞气凝。先日也曾陪御宴，今朝秉正保唐僧。西方路上无知识，上界宫中有大名。唤做降妖真宝杖，管教一下碎天灵！”那妖邪不容分说，三家变脸，这一场，在水底下好杀：铜锤宝杖与钉钯，悟能悟净战妖邪。一个是天蓬临世界，一个是上将降天涯。他两个夹攻水怪施威武，这一个独抵神僧势可夸。有分有缘成大道，相生相克秉恒沙。土克水，水干见底；水生木，木旺开花。禅法参修归一体，还丹炮炼伏三家。土是母，发金芽，金生神水产婴娃；水为本，润木华，木有辉煌烈火霞。攒簇五行皆别异，故然变脸各争差。看他那铜锤九瓣光明好，宝杖千丝彩绣佳。钯按阴阳分九曜，不明解数乱如麻。捐躯弃命因僧难，舍死忘生为释迦。致使铜锤忙不坠，左遮宝杖右遮钯。三人在水底下斗经两个时辰，不分胜败。猪八戒料道不得赢他，对沙僧丢了个眼色，二人诈败佯输，各拖兵器，回头就走。那怪物教：“小的们，扎住在此，等我赶上这厮，捉将来与汝等凑吃哑！”你看他如风吹败叶，似雨打残花，将他两个赶出水面。

那孙大圣在东岸上，眼不转睛，只望着河边水势，忽然见波浪翻腾，喊声号吼，八戒先跳上岸道：“来了！来了！”沙僧也到岸边道：“来了！来了！”那妖邪随后叫：“那里走！”才出头，被行者喝道：“看棍！”那妖邪闪身躲过，使铜锤急架相还。一个在河边涌浪，一个在岸上施威。搭上手未经三合，那妖遮架不住，打个花，又淬于水里，遂此风平浪息。行者回转高崖道：“兄弟们，辛苦啊。”沙僧道：“哥啊，这妖精，他在岸上觉到不济，在水底也尽利害哩！我与二哥左右齐攻，只战得个两平，却怎么处置救师父也？”行者道：“不必疑迟，恐被他伤了师父。”八戒道：

“哥哥，我这一去哄他出来，你莫做声，但只在半空中等候，估着他钻出头来，却使个捣蒜打，照他顶门上着着实实一下！纵然打不死他，好道也护疼发晕，却等老猪赶上一钯，管教他了帐！”行者道：“正是！正是！这叫做‘里迎外合’，方可济事。”他两个复入水中不题。

却说那妖邪败阵逃生，回归本宅，众妖接到宫中，鳜婆上前问道：“大王赶那两个和尚到那方来？”妖邪道：“那和尚原来还有一个帮手。他两个跳上岸去，那帮手轮一条铁棒打我，我闪过与他相持。也不知他那棍子有多少斤重，我的铜锤莫想架得他住，战未三合，我却败回来也。”鳜婆道：“大王，可记得那帮手是甚相貌？”妖邪道：“是一个毛脸雷公嘴，查耳朵，折鼻梁，火眼金睛和尚。”鳜婆闻说，打了一个寒噤道：“大王啊！亏了你识俊，逃了性命！若再三合，决然不得全生！那和尚我认得他。”妖邪道：“你认得他是谁？”鳜婆道：“我当年在东洋海内，曾闻得老龙王说他的名誉，乃是五百年前大闹天宫、混元一气上方太乙金仙美猴王齐天大圣，如今归依佛教，保唐僧往西天取经，改名唤做孙悟空行者。他的神通广大，变化多端，大王，你怎么惹他！今后再莫与他战了。”

说不了，只见门里小妖来报：“大王，那两个和尚又来门前索战哩！”妖精道：“贤妹所见甚长，再不出去，看他怎么。”急传令，教：“小的们，把门关紧了，正是任君门外叫，只是不开门。

让他缠两日，性摊了回去时，我们却不自在受用唐僧也？”那小妖一齐都搬石头，塞泥块，把门闭杀。八戒与沙僧连叫不出，呆子心焦，就使钉钯筑门。那门已此紧闭牢关，莫想能彀；被他七八钯，筑破门扇，里面却都是泥土石块，高迭千层。沙僧见了道：“二哥，这怪物惧怕之甚，闭门不出，我和你且回上河崖，再与大哥计较去来。”八戒依言，径转东岸。

那行者半云半雾，提着铁棒等哩。看见他两个上来，不见妖怪，即按云头迎至岸边，问道：“兄弟，那话儿怎么不上来？”

沙僧道：“那怪物紧闭宅门，再不出来见面，被二哥打破门扇看时，那里面都使些泥土石块实实的迭住了。故此不能得战，却来与哥哥计议，再怎么设法去救师父。”行者道：“似这般却也无法可治。你两个只在河岸上巡视着，不可放他往别处走了，待我去来。”八戒道：“哥哥，你往那里去？”行者道：“我上普陀岩拜问菩萨，看这妖怪是那里出身，姓甚名谁。寻着他的祖居，拿了他的家属，捉了他的四邻，却来此擒怪救师。”八戒笑道：

“哥啊，这等干，只是忒费事，担搁了时辰了。”行者道：“管你不费事，不担搁！我去就来！”

好大圣，急纵祥光，躲离河口，径赴南海。那里消半个时辰，早望见落伽山不远，低下云头，径至普陀崖上。只见那二十四路诸天与守山大神、木叉行者、善财童子、捧珠龙女，一齐上前，迎着施礼道：“大圣何来？”行者道：“有事要见菩萨。”众神道：“菩萨今早出洞，不许人随，自入竹林里观玩。知大圣今日必来，吩咐我等在此候接大圣，不可就见。请在翠岩前聊坐片时，待菩萨出来，自有道理。”行者依言，还未坐下，又见那善财童子上前施礼道：“孙大圣，前蒙盛意，幸菩萨不弃收留，早晚不离左右，专侍莲台之下，甚得善慈。行者知是红孩儿，笑道：

“你那时节魔业迷心，今朝得成正果，才知老孙是好人也。”

行者久等不见，心焦道：“列位与我传报传报，但迟了，恐伤吾师之命。”诸天道：“不敢报，菩萨吩咐，只等他自出来哩。”

行者性急，那里等得，急纵身往里便走。噫！这个美猴王，性急能鹊薄。诸天留不住，要往里边皋。拽步入深林，睁眼偷觑着。

远观救苦尊，盘坐衬残箬。懒散怕梳妆，容颜多绰约。散挽一窝丝，未曾戴缨络。不挂素蓝袍，贴身小袄缚。漫腰束锦裙，赤了一双脚。披肩绣带无，精光两臂膊。玉手执钢刀，正把竹皮削。行者见了，忍不住厉声高叫道：“菩萨，弟子孙悟空志心朝礼。”菩萨教：“外面俟候。”行者叩头道：“菩萨，我师父有难，特来拜问通天河妖怪根源。”菩萨道：“你且出去，待我出来。”行者不敢强，只得走出竹林，对众诸天道：“菩萨今日又重置家事哩，怎么不坐莲台，不妆饰，不喜欢，在林里削篾做甚？”诸天道：“我等却不知。今早出洞，未曾妆束，就入林中去了，又教我等在此接候大圣，必然为大圣有事。”行者没奈何，只得等候。

不多时，只见菩萨手提一个紫竹篮儿出林道：“悟空，我与你救唐僧去来。”行者慌忙跪下道：“弟子不敢催促，且请菩萨着衣登座。”菩萨道：“不消着衣，就此去也。”那菩萨撇下诸天，纵祥云腾空而去，孙大圣只得相随。顷刻间，到了通天河界，八戒与沙僧看见道：“师兄性急，不知在南海怎么乱嚷乱叫，把一个未梳妆的菩萨逼将来也。”说不了，到于河岸。二人下拜道：

“菩萨，我等擅干，有罪！有罪！”菩萨即解下一根束袄的丝绦，将篮儿拴定，提着丝绦，半踏云彩，抛在河中，往上溜头扯着，口念颂子道：“死的去，活的住，死的去，活的住！”念了七遍，提起篮儿，但见那篮里亮灼灼一尾金鱼，还斩眼动鳞。菩萨叫：

“悟空，快下水救你师父耶。”行者道：“未曾拿住妖邪，如何救得师父？”菩萨道：“这篮儿里不是？”八戒与沙僧拜问道：“这鱼儿怎生有那等手段。菩萨道：“他本是我莲花池里养大的金鱼，每日浮头听经，修成手段。那一柄九瓣铜锤，乃是一枝未开的菡萏，被他运炼成兵。不知是那一日，海潮泛涨，走到此间。我今早扶栏看花，却不见这厮出拜，掐指巡纹，算着他在此成精，害你师父，故此未及梳妆，运神功，织个竹篮儿擒他。”行者道：

“菩萨，既然如此，且待片时，我等叫陈家庄众信人等，看看菩萨的金面：一则留恩，二来说此收怪之事，好教凡人信心供养。”菩萨道：“也罢，你快去叫来。”那八戒与沙僧，一齐飞跑至庄前，高呼道：“都来看活观音菩萨！都来看活观音菩萨！”一庄老幼男女，都向河边，也不顾泥水，都跪在里面，磕头礼拜。内中有善图画者，传下影神，这才是鱼篮观音现身。当时菩萨就归南海。

八戒与沙僧，分开水道，径往那水鼋之第找寻师父。原来那里边水怪鱼精，尽皆死烂。却入后宫，揭开石匣，驮着唐僧，出离波津，与众相见。那陈清兄弟叩头称谢道：“老爷不依小人劝留，致令如此受苦。”行者道：“不消说了。你们这里人家，下年再不用祭赛，那大王已此除根，永无伤害。陈老儿，如今才好累你，快寻一只船儿，送我们过河去也。”那陈清道：“有！有！

有！”就教解板打船，众庄客闻得此言，无不喜舍。那个道我买桅篷，这个道我办篙桨，有的说我出绳索，有的说我雇水手。正都在河边上吵闹，忽听得河中间高叫：“孙大圣不要打船，花费人家财物，我送你师徒们过去。”众人听说，个个心惊，胆小的走了回家，胆大的战兢兢贪看。须臾那水里钻出一个怪来，你道怎生模样：方头神物非凡品，九助灵机号水仙。曳尾能延千纪寿，潜身静隐百川渊。翻波跳浪冲江岸，向日朝风卧海边。养气含灵真有道，多年粉盖癞头鼋。那老鼋又叫：“大圣，不要打船，我送你师徒过去。”行者轮着铁棒道：“我把你这个孽畜！若到边前，这一棒就打死你！”老鼋道：“我感大圣之恩，情愿办好心送你师徒，你怎么反要打我？”行者道：“与你有甚恩惠？”老鼋道：“大圣，你不知这底下水鼋之第，乃是我的住宅，自历代以来，祖上传留到我。我因省悟本根，养成灵气，在此处修行，被我将祖居翻盖了一遍，立做一个水鼋之第。那妖邪乃九年前海啸波翻，他赶潮头，来于此处，仗逞凶顽，与我争斗，被他伤了我许多儿女，夺了我许多眷族。我斗他不过，将巢穴白白的被他占了。今蒙大圣至此搭救唐师父，请了观音菩萨扫净妖氛，收去怪物，将第宅还归于我，我如今团圞老小，再不须挨土帮泥，得居旧舍。此恩重若丘山，深如大海。且不但我等蒙惠，只这一庄上人，免得年年祭赛，全了多少人家儿女，此诚所谓一举而两得之恩也！敢不报答？”行者闻言，心中暗喜，收了铁棒道：“你端的是真实之情么？”老鼋道：“因大圣恩德洪深，怎敢虚谬？”行者道：“既是真情，你朝天赌咒。”那老鼋张着红口，朝天发誓道：“我若真情不送唐僧过此通天河，将身化为血水！”行者笑道：“你上来，你上来。”老鼋却才负近岸边，将身一纵，爬上河崖。众人近前观看，有四丈围圆的一个大白盖。行者道：“师父，我们上他身，渡过去也。”三藏道：“徒弟呀，那层冰厚冻，尚且迍邅，况此鼋背，恐不稳便。”老鼋道：“师父放心，我比那层冰厚冻，稳得紧哩，但歪一歪，不成功果！”行者道：

“师父啊，凡诸众生，会说人话，决不打诳语。”教：“兄弟们，快牵马来。”

到了河边，陈家庄老幼男女，一齐来拜送。行者教把马牵在白鼋盖上，请唐僧站在马的颈项左边，沙僧站在右边，八戒站在马后，行者站在马前，又恐那鼋无礼，解下虎筋绦子，穿在老鼋的鼻之内，扯起来象一条缰绳，却使一只脚踏在盖上，一只脚登在头上，一只手执着铁棒，一只手扯着缰绳，叫道：“老鼋，慢慢走啊，歪一歪儿，就照头一下！”老鼋道：“不敢！不敢！”

他却蹬开四足，踏水面如行平地。众人都在岸上，焚香叩头，都念南无阿弥陀佛，这正是真罗汉临凡，活菩萨出现。众人只拜的望不见形影方回，不题。

却说那师父驾着白鼋，那消一日，行过了八百里通天河界，干手干脚的登岸。三藏上崖，合手称谢道：“老鼋累你，无物可赠，待我取经回谢你罢。”老鼋道：“不劳师父赐谢。我闻得西天佛祖无灭无生，能知过去未来之事。我在此间，整修行了一千三百余年，虽然延寿身轻，会说人语，只是难脱本壳。万望老师父到西天与我问佛祖一声，看我几时得脱本壳，可得一个人身。”三藏响允道：“我问，我问。”那老鼋才淬水中去了。行者遂伏侍唐僧上马，八戒挑着行囊，沙僧跟随左右，师徒们找大路，一直奔西。这的是：圣僧奉旨拜弥陀，水远山遥灾难多。意志心诚不惧死，白鼋驮渡过天河。毕竟不知此后还有多少路程，还有甚么凶吉，且听下回分解。

第五十回　情乱性从因爱欲　神昏心动遇魔头

词曰：心地频频扫，尘情细细除，莫教坑堑陷毗卢。本体常清净，方可论元初。性烛须挑剔，曹溪任吸呼，勿令猿马气声粗。昼夜绵绵息，方显是功夫。这一首词，牌名《南柯子》。单道着唐僧脱却通天河寒冰之灾，踏白鼋负登彼岸。四众奔西，正遇严冬之景，但见那林光漠漠烟中淡，山骨棱棱水外清。师徒们正当行处，忽然又遇一座大山，阻住去道，路窄崖高，石多岭峻，人马难行。三藏在马上兜住缰绳，叫声“徒弟。”那孙行者引八戒、沙僧近前侍立道：“师父，有何吩咐？”三藏道：“你看那前面山高，只恐有虎狼作怪，妖兽伤人，今番是必仔细！”行者道：“师父放心莫虑，我等兄弟三人，性和意合，归正求真，使出荡怪降妖之法，怕甚么虎狼妖兽！”三藏闻言，只得放怀前进，到于谷口，促马登崖，抬头观看，好山：嵯峨矗矗，峦削巍巍。嵯峨矗矗冲霄汉，峦削巍巍碍碧空。怪石乱堆如坐虎，苍松斜挂似飞龙。岭上鸟啼娇韵美，崖前梅放异香浓。涧水潺湲流出冷，巅云黯淡过来凶。又见那飘飘雪，凛凛风，咆哮饿虎吼山中。寒鸦拣树无栖处，野鹿寻窝没定踪。可叹行人难进步，皱眉愁脸把头蒙。

师徒四众，冒雪冲寒，战澌澌，行过那巅峰峻岭，远望见山凹中有楼台高耸，房舍清幽。唐僧马上欣然道：“徒弟啊，这一日又饥又寒，幸得那山凹里有楼台房舍，断乎是庄户人家，庵观寺院，且去化些斋饭，吃了再走。”行者闻言，急睁睛看，只见那壁厢凶云隐隐，恶气纷纷，回首对唐僧道：“师父，那厢不是好处。”三藏道：“见有楼台亭宇，如何不是好处？”行者笑道：

“师父啊，你那里知道？西方路上多有妖怪邪魔，善能点化庄宅，不拘甚么楼台房舍，馆阁亭宇，俱能指化了哄人。你知道龙生九种，内有一种名‘蜃’，蜃气放出，就如楼阁浅池。若遇大江昏迷，蜃现此势，倘有鸟鹊飞腾，定来歇翅，那怕你上万论千，尽被他一气吞之。此意害人最重，那壁厢气色凶恶，断不可入。”三藏道：“既不可入，我却着实饥了。”行者道：“师父果饥，且请下马，就在这平处坐下，待我别处化些斋来你吃。”三藏依言下马。八戒采定缰绳，沙僧放下行李，即去解开包裹，取出钵盂，递与行者。行者接钵盂在手，吩咐沙僧道：“贤弟，却不可前进，好生保护师父稳坐于此，待我化斋回来，再往西去。”沙僧领诺。行者又向三藏道：“师父，这去处少吉多凶，切莫要动身别往，老孙化斋去也。”唐僧道：“不必多言，但要你快去快来，我在这里等你。”行者转身欲行，却又回来道：“师父，我知你没甚坐性，我与你个安身法儿。”即取金箍棒，幌了一幌，将那平地下周围画了一道圈子，请唐僧坐在中间，着八戒沙僧侍立左右，把马与行李都放在近身，对唐僧合掌道：“老孙画的这圈，强似那铜墙铁壁，凭他甚么虎豹狼虫，妖魔鬼怪，俱莫敢近。但只不许你们走出圈外，只在中间稳坐，保你无虞；但若出了圈儿，定遭毒手。千万千万！至嘱至嘱！”三藏依言，师徒俱端然坐下。

行者才起云头，寻庄化斋，一直南行，忽见那古树参天，乃一村庄舍。按下云头，仔细观看，但只见：雪欺衰柳，冰结方塘。

疏疏修竹摇青，郁郁乔松凝翠。几间茅屋半装银，一座小桥斜砌粉。篱边微吐水仙花，檐下长垂冰冻箸。飒飒寒风送异香，雪漫不见梅开处。行者随步观看庄景，只听得呀的一声，柴扉响处，走出一个老者，手拖藜杖，头顶羊裘，身穿破衲，足踏蒲鞋，拄着杖，仰身朝天道：“西北风起，明日晴了。”说不了，后边跑出一个哈巴狗儿来，望着行者，汪汪的乱吠。老者却才转过头来，看见行者捧着钵盂，打个问讯道：“老施主，我和尚是东土大唐钦差上西天拜佛求经者，适路过宝方，我师父腹中饥馁，特造尊府募化一斋。”老者闻言，点头顿杖道：“长老，你且休化斋，你走错路了。”行者道：“不错。”老者道：“往西天大路，在那直北下，此间到那里有千里之遥，还不去找大路而行？”行者笑道：“正是直北下，我师父现在大路上端坐，等我化斋哩。”

那老者道：“这和尚胡说了。你师父在大路上等你化斋，似这千里之遥，就会走路，也须得六七日，走回去又要六七日，却不饿坏他也？”行者笑道：“不瞒老施主说，我才然离了师父，还不上一盏热茶之时，却就走到此处。如今化了斋，还要趁去作午斋哩。”老者见说，心中害怕道：“这和尚是鬼！是鬼！”急抽身往里就走。行者一把扯住道：“施主那里去？有斋快化些儿。”老者道：“不方便！不方便！别转一家儿罢！”行者道：“你这施主，好不会事！你说我离此有千里之遥，若再转一家，却不又有千里？

真是饿杀我师父也。”那老者道：“实不瞒你说，我家老小六七口，才淘了三升米下锅，还未曾煮熟。你且到别处去转转再来。”行者道：“古人云，走三家不如坐一家。我贫僧在此等一等罢。”那老者见缠得紧，恼了，举藜杖就打。行者公然不惧，被他照光头上打了七八下，只当与他拂痒。那老者道：“这是个撞头的和尚！”行者笑道：“老官儿，凭你怎么打，只要记得杖数明白，一杖一升米，慢慢量来。”那老者闻言，急丢了藜杖，跑进去把门关了，只嚷：“有鬼！有鬼！”慌得那一家儿战战兢兢，把前后门俱关上。行者见他关了门，心中暗想：“这老贼才说淘米下锅，不知是虚是实。常言道，道化贤良释化愚。且等老孙进去看看。”好大圣，捻着诀，使个隐身遁法，径走入厨中看处，果然那锅里气腾腾的，煮了半锅干饭。就把钵盂往里一椏，满满的椏了一钵盂，即驾云回转不题。

却说唐僧坐在圈子里，等待多时。不见行者回来，欠身怅望道：“这猴子往那里化斋去了？”八戒在旁笑道：“知他往那里耍子去来！化甚么斋，却教我们在此坐牢！”三藏道：“怎么谓之坐牢？”八戒道：“师父，你原来不知。古人划地为牢，他将棍子划了圈儿，强似铁壁铜墙，假如有虎狼妖兽来时，如何挡得他住？只好白白的送与他吃罢子。”三藏道：“悟能，凭你怎么处治？”八戒道：“此间又不藏风，又不避冷，若依老猪，只该顺着路，往西且行。师兄化了斋，驾了云，必然来快，让他赶来。如有斋，吃了再走。如今坐了这一会，老大脚冷！”三藏闻此言，就是晦气星进宫，遂依呆子，一齐出了圈外。沙僧牵了马，八戒担了担，那长老顺路步行前进，不一时，到了那楼阁之所，原来是坐北向南之家。门外八字粉墙，有一座倒垂莲升斗门楼，都是五色装的，那门儿半开半掩。八戒就把马拴在门枕石鼓上，沙僧歇了担子，三藏畏风，坐于门限之上。八戒道：“师父，这所在想是公侯之宅，相辅之家。前门外无人，想必都在里面烘火。你们坐着，让我进去看看。”唐僧道：“仔细耶！莫要冲撞了人家。”

呆子道：“我晓得，自从归正禅门，这一向也学了些礼数，不比那村莽之夫也。”

那呆子把钉钯撒在腰里，整一整青锦直裰，斯斯文文，走入门里，只见是三间大厅，帘栊高控，静悄悄全无人迹，也无桌椅家火。转过屏门，往里又走，乃是一座穿堂，堂后有一座大楼，楼上窗格半开，隐隐见一顶黄绫帐幔。呆子道：“想是有人怕冷，还睡哩。”他也不分内外，拽步走上楼来，用手掀开看时，把呆子唬了一个蹭踵。原来那帐里象牙床上，白媸媸的一堆骸骨，骷髅有巴斗大，腿挺骨有四五尺长。呆子定了性，止不住腮边泪落，对骷髅点头叹云：“你不知是那代那朝元帅体，何邦何国大将军。当时豪杰争强胜，今日凄凉露骨筋。不见妻儿来侍奉，那逢士卒把香焚？谩观这等真堪叹，可惜兴王霸业人。”八戒正才感叹，只见那帐幔后有火光一幌。呆子道：“想是有侍奉香火之人在后面哩。”急转步过帐观看，却是穿楼的窗扇透光。

那壁厢有一张彩漆的桌子，桌子上乱搭着几件锦绣绵衣。呆子提起来看时，却是三件纳锦背心儿。他也不管好歹，拿下楼来，出厅房，径到门外道：“师父，这里全没人烟，是一所亡灵之宅。

老猪走进里面，直至高楼之上，黄绫帐内，有一堆骸骨。串楼旁有三件纳锦的背心，被我拿来了，也是我们一程儿造化，此时天气寒冷，正当用处。师父，且脱了褊衫，把他且穿在底下，受用受用，免得吃冷。”三藏道：“不可不可！律云：公取窃取皆为盗。倘或有人知觉，赶上我们，到了当官，断然是一个窃盗之罪。还不送进去与他搭在原处！我们在此避风坐一坐，等悟空来时走路，出家人不要这等爱小。”八戒道：“四顾无人，虽鸡犬亦不知之，但只我们知道，谁人告我？有何证见？就如拾到的一般，那里论甚么公取窃取也！”三藏道：“你胡做啊！虽是人不知之，天何盖焉！玄帝垂训云，暗室亏心，神目如电。趁早送去还他，莫爱非礼之物。”那呆子莫想肯听，对唐僧笑道：“师父啊，我自为人，也穿了几件背心，不曾见这等纳锦的。你不穿，且待老猪穿一穿，试试新，晤晤脊背。等师兄来，脱了还他走路。”沙僧道：“既如此说，我也穿一件儿。”两个齐脱了上盖直裰，将背心套上。才紧带子，不知怎么立站不稳，扑的一跌。原来这背心儿赛过绑缚手，霎时间，把他两个背剪手贴心捆了。

慌得个三藏跌足报怨，急忙上前来解，那里便解得开？三个人在那里吆喝之声不绝，却早惊动了魔头也。

话说那座楼房果是妖精点化的，终日在此拿人。他在洞里正坐，忽闻得怨恨之声，急出门来看，果见捆住几个人了。妖魔即唤小妖，同到那厢，收了楼台房屋之形，把唐僧搀住，牵了白马，挑了行李，将八戒沙僧一齐捉到洞里。老妖魔登台高坐，众小妖把唐僧推近台边，跪伏于地。妖魔问道：“你是那方和尚？

怎么这般胆大，白日里偷盗我的衣服？”三藏滴泪告曰：“贫僧是东土大唐钦差往西天取经的，因腹中饥馁，着大徒弟去化斋未回，不曾依得他的言语，误撞仙庭避风。不期我这两个徒弟爱小，拿出这衣物，贫僧决不敢坏心，当教送还本处。他不听吾言，要穿此晤晤脊背，不料中了大王机会，把贫僧拿来。万望慈悯，留我残生，求取真经，永注大王恩情，回东土千古传扬也！”

那妖魔笑道：“我这里常听得人言：有人吃了唐僧一块肉，发白还黑，齿落更生，幸今日不请自来，还指望饶你哩！你那大徒弟叫做甚么名字？往何方化斋？”八戒闻言，即开口称扬道：“我师兄乃五百年前大闹天宫齐天大圣孙悟空也。”那妖魔听说是齐天大圣孙悟空，老大有些悚惧，口内不言，心中暗想道：“久闻那厮神通广大，如今不期而会。”教：“小的们，把唐僧捆了，将那两个解下宝贝，换两条绳子也捆了。且抬在后边，待我拿住他大徒弟，一发刷洗，却好凑笼蒸吃。”众小妖答应一声，把三人一齐捆了，抬在后边，将白马拴在槽头，行李挑在屋里。众妖都磨兵器，准备擒拿行者不题。

却说孙行者自南庄人家摄了一钵盂斋饭，驾云回返旧路。

径至山坡平处，按下云头，早已不见唐僧，不知何往，棍划的圈子还在，只是人马都不见了。回看那楼台处所，亦俱无矣，惟见山根怪石。行者心惊道：“不消说了！他们定是遭那毒手也！”

急依路看着马蹄，向西而赶。行有五六里，正在凄怆之际，只闻得北坡外有人言语。看时，乃一个老翁，毡衣苫体，暖帽蒙头，足下踏一双半新半旧的油靴，手持着一根龙头拐棒，后边跟一个年幼的僮仆，折一枝腊梅花，自坡前念歌而走。行者放下钵盂，觌面道个问讯，叫：“老公公，贫僧问讯了。”那老翁即便回礼道：“长老那里来的？”行者道：“我们东土来的，往西天拜佛求经，一行师徒四众。我因师父饥了，特去化斋，教他三众坐在那山坡平处相候。及回来不见，不知往那条路上去了。动问公公，可曾看见？”老者闻言，呵呵冷笑道：“你那三众，可有一个长嘴大耳的么？”行者道：“有有有！”“又有一个晦气色脸的，牵着一匹白马，领着一个白脸的胖和尚么？”行者道：“是是是！”

老翁道：“你们走错路了，你休寻他，各个顾命去也。”行者道：

“那白脸者是我师父，那怪样者是我师弟。我与他共发虔心，要往西天取经，如何不寻他去！”老翁道：“我才然从此过时，看见他错走了路径，闯入妖魔口里去了。”行者道：“烦公公指教指教，是个甚么妖魔，居于何方，我好上门取索他等，往西天去也。”老翁道：“这座山叫做金皘山，山前有个金皘洞，那洞中有个独角兕大王。那大王神通广大，威武高强。那三众此回断没命了，你若去寻，只怕连你也难保，不如不去之为愈也。我也不敢阻你，也不敢留你，只凭你心中度量，”行者再拜称谢道：“多蒙公公指教，我岂有不寻之理！”把这斋饭倒与他，将这空钵盂自家收拾。那老翁放下拐棒，接了钵盂，递与僮仆，现出本象，双双跪下叩头叫：“大圣，小神不敢隐瞒，我们两个就是此山山神土地，在此候接大圣。这斋饭连钵盂，小神收下，让大圣身轻好施法力。待救唐僧出难，将此斋还奉唐僧，方显得大丝至恭至孝。”行者喝道：“你这毛鬼讨打！既知我到，何不早迎？却又这般藏头露尾，是甚道理？”土地道：“大圣性急，小神不敢造次，恐犯威颜，故此隐象告知。”行者息怒道：“你且记打！好生与我收着钵盂！待我拿那妖精去来！”土地山神遵领。

这大圣却才束一束虎筋绦，拽起虎皮裙，执着金箍棒，径奔山前，找寻妖洞。转过山崖，只见那乱石磷磷，翠崖边有两扇石门，门外有许多小妖，在那里轮枪舞剑，真个是：烟云凝瑞，苔藓堆青。崚嶒怪石列，崎岖曲道萦。猿啸鸟啼风景丽，鸾飞凤舞若蓬瀛。向阳几树梅初放，弄暖千竿竹自青。陡崖之下，深涧之中，陡崖之下雪堆粉，深涧之中水结冰。两林松柏千年秀，几簇山茶一样红。这大圣观看不尽，拽开步径至门前，厉声高叫道："那小妖，你快进去与你那洞主说，我本是唐朝圣僧徒弟齐天大圣孙悟空，快教他送我师父出来，免教你等丧了性命！"那伙小妖，急入洞里报道："大王，前面有一个毛脸勾嘴的和尚，称是齐天大圣孙悟空，来要他师父哩。"那魔王闻得此言，满心欢喜道："正要他来哩！我自离了本宫，下降尘世，更不曾试试武艺。今日他来，必是个对手。"即命："小的们！取出兵器。"那洞中大小群魔，一个个精神抖擞，即忙抬出一根丈二长的点钢枪，递与老怪。老怪传令教："小的们，各要整齐，进前者赏，退后者诛！"众妖得令，随着老怪，腾出门来，叫道："那个是孙悟空？"行者在旁闪过，见那魔王生得好不凶丑：独角参差，双眸幌亮。顶上粗皮突，耳根黑肉光。舌长时搅鼻，口阔版牙黄。毛皮青似靛，筋挛硬如钢。比犀难照水，象牯不耕荒。全无喘月犁云用，倒有欺天振地强。两只焦筋蓝靛手，雄威直挺点钢枪。细看这等凶模样，不枉名称兕大王！孙大圣上前道：

"你孙外公在这里也！快早还我师父，两无毁伤！若道半个不字，我教你死无葬身之地！"那魔喝道："我把你这个大胆泼猴精！你有些甚么手段，敢出这般大言！"行者道："你这泼物，是也不曾见我老孙的手段！"那妖魔道："你师父偷盗我的衣服，实是我拿住了，如今待要蒸吃。你是个甚么好汉，就敢上我的门来取讨！"行者道："我师父乃忠良正直之僧，岂有偷你甚么妖物之理？"妖魔道："我在山路边点化一座仙庄，你师父潜入里面，心爱情欲，将我三领纳锦绵装背心儿偷穿在身，只有赃证，故此我才拿他。你今果有手段，即与我比势，假若三合敌得我，饶了你师之命；如敌不过我，教你一路归阴！"行者笑道：

"泼物！不须讲口！但说比势，正合老孙之意。走上来，吃吾之棒！"那怪物那怕甚么赌斗，挺钢枪劈面迎来。这一场好杀！你看那：金箍棒举，长杆枪迎。金箍棒举，亮藿藿似电掣金蛇；长杆枪迎，明幌幌如龙离黑海。那门前小妖擂鼓，排开阵势助威风；这壁厢大圣施功，使出纵横逞本事。他那里一杆枪，精神抖擞；我这里一条棒，武艺高强。正是英雄相遇英雄汉，果然对手才逢对手人。那魔王口喷紫气盘烟雾，这大圣眼放光华结绣云。只为大唐僧有难，两家无义苦争轮。他两个战经三十合，不分胜负。那魔王见孙悟空棍法齐整，一往一来，全无些破绽，喜得他连声喝采道："好猴儿！好猴儿！真个是那闹天宫的本事！"这大圣也爱他枪法不乱，右遮左挡，甚有解数，也叫道：

"好妖精！好妖精！果然是一个偷丹的魔头！"二人又斗了一二十合。那魔王把枪尖点地，喝令小妖齐来。那些泼怪，一个个拿刀弄杖，执剑轮枪，把个孙大圣围在中间。行者公然不惧，只叫："来得好！来得好！正合吾意！"使一条金箍棒，前迎后架，东挡西除，那伙群妖，莫想肯退。行者忍不住焦躁，把金箍棒丢将起去，喝声"变！"即变作千百条铁棒，好便似飞蛇走蟒，盈空里乱落下来。那伙妖精见了，一个个魄散魂飞，抱头缩颈，尽往洞中逃命。老魔王唏唏冷笑道："那猴不要无礼！看手段！"即忙袖中取出一个亮灼灼白森森的圈子来，望空抛起，叫声"着！"唿喇一下，把金箍棒收做一条，套将去了。弄得孙大圣赤手空拳，翻筋斗逃了性命。那妖魔得胜回归洞，行者朦胧失主张，这正是：道高一尺魔高一丈，性乱情昏错认家。可恨法身无坐位，当时行动念头差。毕竟不知这番怎么结果，且听下回分解。

第五十一回　心猿空用千般计　水火无功难炼魔

话说齐天大圣，空着手败了阵，来坐于金皘山后，扑梭梭两眼滴泪，叫道："师父啊！指望和你：佛恩有德有和融，同幼同生意莫穷。同住同修同解脱，同慈同念显灵功。同缘同相心真契，同见同知道转通。岂料如今无主杖，空拳赤脚怎兴隆！"大圣凄惨多时，心中暗想道："那妖精认得我。我记得他在阵上夸奖道：'真个是闹天宫之类！'这等啊，决不是凡间怪物，定然是天上凶星。想因思凡下界，又不知是那里降下来魔头，且须上界去查勘查勘。"

行者这才是以心问心，自张自主，急翻身纵起祥云，直至南天门外，忽抬头见广目天王，当面迎着长揖道："大圣何往？"

行者道："有事要见玉帝，你在此何干？"广目道：今日轮该巡视南天门。"说未了，又见那马赵温关四大元帅作礼道："大圣，失迎，请待茶。"行者道："有事哩。"遂辞了广目并四元帅，径入南天门里，直至灵霄殿外，果又见张道陵、葛仙翁、许旌阳、丘弘济四天师并南斗六司、北斗七元都在殿前迎着行者，一齐起手道："大圣如何到此？"又问："保唐僧之功完否？"行者道："早哩早哩！路遥魔广，才有一半之功，见如今阻住在金皘山金皘洞。

有一个兕怪，把唐师父拿于洞里，是老孙寻上门与他交战一场，那厮的神通广大，把老孙的金箍棒抢去了，因此难缚魔王。

疑是上界那个凶星思凡下界，又不知是那里降来的魔头，老孙因此来寻寻玉帝，问他个钳束不严。"许旌阳笑道："这猴头还是如此放刁！"行者道："不是放刁，我老孙一生是这口儿紧些，才寻的着个头儿。"张道陵道："不消多说，只与他传报便了。"

行者道："多谢多谢！"当时四天师传奏灵霄，引见玉陛。行者朝上唱个大喏道："老官儿，累你累你！我老孙保护唐僧往西天取经，一路凶多吉少，也不消说。于今来在金山兜山金山兜洞，有一兕怪，把唐僧拿在洞里，不知是要蒸要煮要晒。是老孙寻上他门，与他交战，那怪却就有些认得老孙，卓是神通广大，把老孙的金箍棒抢去，因此难缚妖魔。疑是上天凶星思凡下界，为此老孙特来启奏，伏乞天尊垂慈洞鉴，降旨查勘凶星，发兵收剿妖魔，老孙不胜战栗屏营之至！"却又打个深躬道："以闻。"旁有葛仙翁笑道："猴子是何前倨后恭？"行者道："不敢不敢！不是甚前倨后恭，老孙于今是没棒弄了。"

彼时玉皇天尊闻奏，即忙降旨可韩司知道："既如悟空所奏，可随查诸天星斗，各宿神王，有无思凡下界，随即复奏施行以闻。"可韩丈人真君领旨，当时即同大圣去查。先查了四天门门上神王官吏；次查了三微垣垣中大小群真；又查了雷霆官将陶张辛邓，苟毕庞刘；最后才查三十三天，天天自在；又查二十八宿：东七宿角亢氐房参尾箕，西七宿斗牛女虚危室壁，南七宿，北七宿，宿宿安宁；又查了太阳太阴，水火木金土七政；罗睺计都嗐孛四余。满天星斗，并无思凡下界。行者道："既是如此，我老孙也不消上那灵霄宝殿，打搅玉皇大帝，深为不便。你自回旨去罢，我只在此等你回话便了。"那可韩丈人真君依命。

孙行者等候良久，作诗纪兴曰："风清云霁乐升平，神静星明显瑞祯。河汉安宁天地泰，五方八极偃戈旌。"

那可韩司丈人真君，历历查勘，回奏玉帝道："满天星宿不少，各方神将皆存，并无思凡下界者。"玉帝闻奏："着孙悟空挑选几员天将，下界擒魔去也。"四大天师奉旨意，即出灵霄宝殿，对行者道："大圣啊，玉帝宽恩，言天宫无神思凡，着你挑选几员天将擒魔去哩。"行者低头暗想道："天上将不如老孙者多，胜似老孙者少。想我闹天宫时，玉帝遣十万天兵，布天罗地网，更不曾有一将敢与我比手。向后来，调了小圣二郎，方是我的对手。如今那怪物手段又强似老孙，却怎么得能彀取胜？"许旌阳道："此一时，彼一时，大不同也。常言道一物降一物哩，你好违了旨意？但凭高见，选用天将，勿得迟疑误事。”行者道：

“既然如此，深感上恩。果是不好违旨。一则老孙又不可空走这遭，烦旌阳转奏玉帝，只教托塔李天王与哪吒太子，他还有几件降妖兵器，且下界与那怪见一仗，以看如何。果若能擒得他，是老孙之幸；若不能，那时再作区处。”

真个那天师启奏了玉帝，玉帝即令李天王父子，率领众部天兵，与行者助力。那天王即奉旨来会行者，行者又对天师道：

“蒙玉帝遣差天王，谢谢不尽。还有一事，再烦转达：但得两个雷公使用，等天王战斗之时，教雷公在云端里下个雷捎，照顶门上锭死那妖魔，深为良计也。”天师笑道：“好！好！好！”天师又奏玉帝，传旨教九天府下点邓化、张蕃二雷公，与天王合力缚妖救难。遂与天王、孙大圣径下南天门外。

顷刻而到，行者道：“此山便是金皘山，山中间乃是金皘洞。列位商议，却教那个先去索战？”天王停下云头，扎住天兵在于山南坡下，道：“大圣素知小儿哪吒，曾降九十六洞妖魔，善能变化，随身有降妖兵器，须教他先去出阵。”行者道：“既如此，等老孙引太子去来。”那太子抖擞雄威，与大圣跳在高山，径至洞口，但见那洞门紧闭，崖下无精。行者上前高叫：“泼魔！

快开门！还我师父来也！”那洞里把门的小妖看见，急报道：“大王，孙行者领着一个小童男，在门前叫战哩。”那魔王道：“这猴子铁棒被我夺了，空手难争，想是请得救兵来也。”叫：“取兵器！”魔王绰枪在手，走到门外观看，那小童男，生得相貌清奇，十分精壮。真个是：玉面娇容如满月，朱唇方口露银牙。眼光掣电睛珠暴，额阔凝霞发髻髽。绣带舞风飞彩焰，锦袍映日放金花。环绦灼灼攀心镜，宝甲辉辉衬战靴。身小声洪多壮丽，三天护教恶哪吒。魔王笑道：“你是李天王第三个孩儿，名唤做哪吒太子，却如何到我这门前呼喝？”太子道：“因你这泼魔作乱，困害东土圣僧，奉玉帝金旨，特来拿你！”魔王大怒道：“你想是孙悟空请来的。我就是那圣僧的魔头哩！量你这小儿曹有何武艺，敢出浪言！不要走！吃吾一枪！”这太子使斩妖剑，劈手相迎。他两个搭上手，却才赌斗，那大圣急转山坡，叫：“雷公何在？快早去，着妖魔下个雷捎，助太子降伏来也！”邓张二公，即踏云光，正欲下手，只见那太子使出法来，将身一变，变作三头六臂，手持六般兵器，望妖魔砍来，那魔王也变作三头六臂，三柄长枪抵住。这太子又弄出降妖法力，将六般兵器抛将起去，是那六般兵器？却是砍妖剑、斩妖刀、缚妖索、降魔杵、绣球、火轮儿，大叫一声“变！”一变十，十变百，百变千，千变万，都是一般兵器，如骤雨冰雹，纷纷密密，望妖魔打将去。那魔王公然不惧，一只手取出那白森森的圈子来，望空抛起，叫声“着！”唿喇的一下，把六般兵器套将下来，慌得那哪吒太子赤手逃生，魔王得胜而回。

邓张二雷公，在空中暗笑道：“早是我先看头势，不曾放了雷捎，假若被他套将去，却怎么回见天尊？”二公按落云头，与太子来山南坡下对李天王道：“妖魔果神通广大！”悟空在旁笑道：“那厮神通也只如此，争奈那个圈子利害。不知是甚么宝贝，丢起来善套诸物。”哪吒恨道：“这大圣甚不成人！我等折兵败阵，十分烦恼，都只为你，你反喜笑何也！”行者道：“你说烦恼，终然我老孙不烦恼？我如今没计奈何，哭不得，所以只得笑也。”天王道：“似此怎生结果？”行者道：“凭你等再怎计较，只是圈子套不去的，就可拿住他了。”天王道：“套不去者，惟水火最利。常言道，水火无情。”行者闻言道：“说得有理！你且稳坐在此，待老孙再上天走走来。”邓、张二公道：“又去做甚的？”行者道：“老孙这去，不消启奏玉帝，只到南天门里上彤华宫，请荧惑火德星君来此放火，烧那怪物一场，或者连那圈子烧做灰烬，捉住妖魔。一则取兵器还汝等归天，二则可解脱吾师之难。”太子闻言甚喜，道：“不必迟疑，请大圣早去早来，我等只在此拱候。”

行者纵起祥光，又至南天门外，那广目与四将迎道：“大圣如何又来？”行者道：“李天王着太子出师，只一阵，被那魔王把六件兵器掳了去了。我如今要到彤华宫请火德星君助阵哩。”

四将不敢久留，让他进去。至彤华宫，只见那火部众神，即入报道：“孙悟空欲见主公。”那南方三噹火德星君，整衣出门迎进道：“昨日可韩司查点小宫，更无一人思凡。”行者道：“已知，但李天王与太子败阵，失了兵器，特来请你救援救援。”星君道：

“那哪吒乃三坛海会大神，他出身时，曾降九十六洞妖魔，神通广大，若他不能，小神又怎敢望也？”行者道：“因与李天王计议，天地间至利者，惟水火也。那怪物有一个圈子，善能套人的物件，不知是甚么宝贝，故此说火能灭诸物，特请星君领火部到下方纵火烧那妖魔，救我师父一难。”火德星君闻言，即点本部神兵，同行者到金皘山南坡下，与天王、雷公等相见了。天王道：“孙大圣，你还去叫那厮出来，等我与他交战，待他拿动圈子，我却闪过，教火德帅众烧他。”行者笑道：“正是，我和你去来。”火德共太子、邓、张二公立于高峰之上，与他挑战。

这大圣到了金皘洞口，叫声“开门！快早还我师父！”那妖又急通报道：“孙悟空又来了！”那魔帅众出洞，见了行者道：

“你这泼猴，又请了甚么兵来耶？”这壁厢转上托塔天王，喝道：

“泼魔头！认得我么？”魔王笑道：“李天王，想是要与你令郎报仇，欲讨兵器么？”天王道：“一则报仇要兵器，二来是拿你救唐僧！不要走！吃吾一刀！”那怪物侧身躲过，挺长枪，随手相迎。

他两个在洞前，这场好杀！你看那：天王刀砍，妖怪枪迎。刀砍霜光喷烈火，枪迎锐气迸愁云。一个是金皘山生成的恶怪，一个是灵霄殿差下的天神。那一个因欺禅性施威武，这一个为救师灾展大伦。天王使法飞沙石，魔怪争强播土尘。播土能教天地暗，飞沙善着海江浑。两家努力争功绩，皆为唐僧拜世尊。

那孙大圣，见他两个交战，即转身跳上高峰，对火德星君道：“三噹用心者！”你看那个妖魔与天王正斗到好处，却又取出圈子来，天王看见，即拨祥光，败阵而走。这高峰上火德星君，忙传号令，教众部火神，一齐放火。这一场真个利害。好火：

经云“南方者火之精也。”虽星星之火，能烧万顷之田；乃三噹之威，能变百端之火。今有火枪、火刀、火弓、火箭，各部神祇，所用不一，但见那半空中，火鸦飞噪；满山头，火马奔腾。双双赤鼠，对对火龙。双双赤鼠喷烈焰，万里通红；对对火龙吐浓烟，千方共黑。火车儿推出，火葫芦撒开。火旗摇动一天霞，火棒搅行盈地燎。说甚么宁戚鞭牛，胜强似周郎赤壁。这个是天火非凡真利害，烘烘焃焃火风红！那妖魔见火来时，全无恐惧，将圈子望空抛起，唿喇一声，把这火龙火马，火鸦火鼠，火枪火刀，火弓火箭，一圈子又套将下去，转回本洞，得胜收兵。

这火德星君，手执着一杆空旗，招回众将，会合天王等，坐于山南坡下，对行者道：“大圣啊，这个凶魔，真是罕见！我今折了火具，怎生是好？”行者笑道：“不须报怨，列位且请宽坐坐，待老孙再去去来。”天王道：“你又往那里去？”行者道：“那怪物既不怕火，断然怕水。常言道，水能克火。等老孙去北天门里，请水德星君施布水势，往他洞里一灌，把魔王渰死，取物件还你们。”天王道：“此计虽妙，但恐连你师父都渰杀也。”行者道：

“没事！渰死我师，我自有个法儿教他活来。如今稽迟列位，甚是不当。”火德道：“既如此，且请行，请行。”

好大圣，又驾筋斗云，径到北天门外，忽抬头，见多闻天王向前施礼道：“孙大圣何往？”行者道：“有一事要入乌浩宫见水德星君，你在此作甚？”多闻道：“今日轮该巡视。”正说处，又见那庞刘苟毕四大天将，进礼邀茶。行者道：“不劳不劳！我事急矣！”遂别却诸神，直至乌浩宫，着水部众神即时通报。众神报道：“齐天大圣孙悟空来了。”水德星君闻言，即将查点四海五湖、八河四渎、三江九派并各处龙王俱遣退，整冠束带，接出宫门，迎进宫内道：“昨日可韩司查勘小宫，恐有本部之神，思凡作怪，正在此点查江海河渎之神，尚未完也，”行者道：“那魔王不是江河之神，此乃广大之精。先蒙玉帝差李天王父子并两个雷公下界擒拿，被他弄个圈子，将六件神兵套去。老孙无奈，又上彤华宫请火德星君帅火部众神放火，又将火龙火马等物，一圈子套去。我想此物既不怕火，必然怕水，特来告请星君，施水势，与我捉那妖精，取兵器归还天将。吾师之难，亦可救也。”水德闻言，即令黄河水伯神王：“随大圣去助功。”水伯自衣袖中取出一个白玉盂儿道：“我有此物盛水。”行者道：“看这盂儿能盛几何？妖魔如何渰得？”水伯道：“不瞒大圣说。我这一盂，乃是黄河之水。半盂就是半河，一盂就是一河。”行者喜道：“只消半盂足矣。”遂辞别水德，与黄河神急离天阙。

那水伯将盂儿望黄河舀了半盂，跟大圣至金嶒山，向南坡下见了天王、太子、雷公、火德，具言前事行者道：“不必细讲，且教水伯跟我去。待我叫开他门，不要等他出来，就将水往门里一倒，那怪物一窝子可都渰死，我却去捞师父的尸首，再救活不迟。”那水伯依命，紧随行者，转山坡，径至洞口，叫声“妖怪开门！”那把门的小妖，听得是孙大圣的声音，急又去报道：

“孙悟空又来矣！”那魔闻说，带了宝贝，绰枪就走，响一声，开了石门。这水伯将白玉盂向里一倾，那妖见是水来，撒了长枪，即忙取出圈子，撑住二门。只见那股水骨都都的都往外泛将出来，慌得孙大圣急纵筋斗，与水伯跳在高峰。那天王同众都驾云停于高峰之前观看，那水波涛泛涨，着实狂澜。好水！真个是：一勺之多，果然不测。盖唯神功运化，利万物而流涨百川。

只听得那潺潺声振谷，又见那滔滔势漫天。雄威响若雷奔走，猛涌波如雪卷颠。千丈波高漫路道，万层涛激泛山岩。冷冷如漱玉，滚滚似鸣弦。触石沧沧喷碎玉，回湍渺渺漩窝圆。低低凹凹随流荡，满涧平沟上下连。行者见了心慌道：“不好啊！水漫四野，渰了民田，未曾灌在他的洞里，曾奈之何？”唤水伯急忙收水。水伯道：“小神只会放水，却不会收水，常言道泼水难收。”咦！那座山却也高峻，这场水只奔低流。须臾间，四散而归涧壑。

又只见那洞外跳出几个小妖，在外边吆吆喝喝，伸拳逻袖，弄棒拈枪，依旧喜喜欢欢耍子。天王道：“这水原来不曾灌入洞内，枉费一场之功也！”行者忍不住心中怒发，双手轮拳，闯至妖魔门首，喝道：“那里走！看打！”唬得那几个小妖，丢了枪棒，跑入洞里，战兢兢的报道：“大王，打将来了！”魔王挺长枪，迎出门前道：“这泼猴老大惫懒！你几番家敌不过我，纵水火亦不能近，怎么又踵将来送命？”行者道：“这儿子反说了哩！

不知是我送命，是你送命！走过来，吃老外公一拳！”那妖魔笑道：“这猴儿强勉缠帐！我倒使枪，他却使拳。那般一个筋骷子拳头，只好有个核桃儿大小，怎么称得个锤子起也？罢！罢！罢！

我且把枪放下，与你走一路拳看看！”行者笑道：“说得是！走上来！”那妖撩衣进步，丢了个架子，举起两个拳来，真似打油的铁锤模样。这大圣展足挪身，摆开解数，在那洞门前，与那魔王递走拳势。这一场好打！咦！拽开大四平，踢起双飞脚。韬肋劈胸墩，剜心摘胆着。仙人指路，老子骑鹤。饿虎扑食最伤人，蛟龙戏水能凶恶。魔王使个蟒翻身，大圣却施鹿解角。翘跟淬地龙，扭腕拿天橐。青狮张口来，鲤鱼跌脊跃。盖顶撒花，绕腰贯索。迎风贴扇儿，急雨催花落。妖精便使观音掌，行者就对罗汉脚。长掌开阔自然松，怎比短拳多紧削？两个相持数十回，一般本事无强弱。他两个在那洞门前厮打，只见这高峰头，喜得个李天王厉声喝采，火德星鼓掌夸称。那两个雷公与哪吒太子，帅众神跳到跟前，都要来相助；这壁厢群妖摇旗擂鼓，舞剑轮刀一齐护。孙大圣见事不谐，将毫毛拔下一把，望空撒起，叫“变！”即变做三五十个小猴，一拥上前，把那妖缠住，抱腿的抱腿，扯腰的扯腰，抓眼的抓眼，捋毛的捋毛。那怪物慌了，急把圈子拿将出来。大圣与天王等见他弄出圈套，拨转云头，走上高峰逃阵。那妖把圈子往上抛起，唿喇的一声，把那三五十个毫毛变的小猴收为本相，套入洞中，得了胜，领兵闭门，贺喜而去。

这太子道：“孙大圣还是个好汉！这一路拳，走得似锦上添花。使分身法，正是人前显贵。”行者笑道：“列位在此远观，那怪的本事，比老孙如何？”李天王道：“他拳松脚慢，不如大圣的紧疾，他见我们去时，也就着忙；又见你使出分身法来，他就急了，所以大弄个圈套。”行者道：“魔王好治，只是套子难降。”火德与水伯道：“若还取胜，除非得了他那宝贝，然后可擒。”行者道：“他那宝贝如何可得？只除是偷去来。”邓张二公笑道：“若要行偷礼，除大圣再无能者，想当年大闹天宫时，偷御酒，偷蟠桃，偷龙肝凤髓及老君之丹，那是何等手段！今日正该拿此处用也。”行者道：“好说好说！既如此，你们且坐，等老孙打听去来。”好大圣，跳下峰头，私至洞口摇身一变，变做个麻苍蝇儿。

真个秀溜！你看他：翎翅薄如竹膜，身躯小似花心。手足比毛更奘，星星眼窟明明。善自闻香逐气，飞时迅速乘风。称来刚压定盘星，可爱些些有用。轻轻的飞在门上，爬到门缝边，钻进去，只见那大小群妖，舞的舞，唱的唱，排列两旁；老魔王高坐台上，面前摆着些蛇肉、鹿脯、熊掌、驼峰、山蔬果品，有一把青磁酒壶，香喷喷的羊酪椰醪，大碗家宽怀畅饮。行者落于小妖丛里，又变做一个貛头精，慢慢的演近台边，看彀多时，全不见宝贝放在何方。急抽身转至台后，又见那后厅上高吊着火龙吟啸，火马号嘶。忽抬头，见他的那金箍棒靠在东壁，喜得他心痒难挝，忘记了更容变象，走上前拿了铁棒，现原身丢开解数，一路棒打将出去。慌得那群妖胆战心惊，老魔王措手不及，却被他推倒三个，放倒两个，打开一条血路，径自出了洞门。这才是：魔头骄傲无防备，主杖还归与本人。毕竟不知吉凶如何，且听下回分解。

第五十二回　悟空大闹金山兜洞　如来暗示主人公

话说孙大圣得了金箍棒，打出门前，跳上高峰，对众神满心欢喜。李天王道：“你这场如何”行者道：“老孙变化进他洞去，那怪物越发唱唱舞舞的，吃得胜酒哩，更不曾打听得他的宝贝在那里。我转他后面，忽听得马叫龙吟，知是火部之物。东壁厢靠着我的金箍棒，是老孙拿在手中，一路打将出来也。”众神道：“你的宝贝得了，我们的宝贝何时到手？”行者道：“不难！不难！我有了这根铁棒，不管怎的，也要打倒他，取宝贝还你。”

正讲处，只听得那山坡下锣鼓齐鸣，喊声振地，原来是兕大王帅众精灵来赶行者。行者见了，叫道：“好！好！好！正合吾意！列位请坐，待老孙再去捉他。”

好大圣，举铁棒劈面迎来，喝道：“泼魔那里走！看棍！”那怪使枪支住，骂道：“贼猴头！着实无礼！你怎么白昼劫吾物件？”行者道：“我把你这个不知死的孽畜！你倒弄圈套白昼抢夺我物！那件儿是你的？不要走！吃老爷一棍！”那怪物轮枪隔架。这一场好战：大圣施威猛，妖魔不顺柔。两家齐斗勇，那个肯干休！这一个铁棒如龙尾，那一个长枪似蟒头。这一个棒来解数如风响，那一个枪架雄威似水流。只见那彩雾朦朦山岭暗，祥云叆叆树林愁。满空飞鸟皆停翅，四野狼虫尽缩头。那阵上小妖呐喊，这壁厢行者抖擞。一条铁棒无人敌，打遍西方万里游。那杆长枪真对手，永镇金睛称上筹。相遇这场无好散，不见高低誓不休。那魔王与孙大圣战经三个时辰，不分胜败，早又见天色将晚。妖魔支着长枪道："悟空，你住了，天昏地暗，不是个赌斗之时，且各歇息歇息，明朝再与你比迸。"行者骂道："泼畜休言！老孙的兴头才来，管甚么天晚！是必与你定个输赢！"那怪物喝一声，虚幌一枪，逃了性命，帅群妖收转干戈，入洞中将门紧紧闭了。

这大圣拽棍方回，天神在岸头贺喜，都道："是有能有力的大齐天，无量无边的真本事！"行者笑道："承过奖！承过奖！"李天王近前道："此言实非褒奖，真是一条好汉子！这一阵也不亚当时瞒地网罩天罗也！"行者道："且休题夙话。那妖魔被老孙打了这一场，必然疲倦。我也说不得辛苦，你们都放怀坐坐，等我再进洞去打听他的圈子，务要偷了他的，捉住那怪，寻取兵器，奉还汝等归天。"太子道："今已天晚，不若安眠一宿，明早去罢。"行者笑道："这小郎不知世事！那见做贼的好白日里下手？似这等掏摸的，必须夜去夜来，不知不觉，才是买卖哩。"火德与雷公道："三太子休言，这件事我们不知，大圣是个惯家熟套，须教他趁此时候，一则魔头困倦，二来夜黑无防，就请快去！快去！"

好大圣，笑唏唏的，将铁棒藏了，跳下高峰，又至洞口，摇身一变，变作一个促织儿，真个嘴硬须长皮黑，眼明爪脚丫叉。

风清月明叫墙涯，夜静如同人话。泣露凄凉景色，声音断续堪夸。客窗旅思怕闻他，偏在空阶床下。蹬开大腿三五跳，跳到门边，自门缝里钻将进去，蹲在那壁根下，迎着里面灯光，仔细观看。只见那大小群妖，一个个狼餐虎咽，正都吃东西哩。行者揲揲锤锤的叫了一遍。少时间，收了家火，又都去安排窝铺，各各安身。约摸有一更时分，行者才到他后边房里，只听那老魔传令，教："各门上小的醒睡！恐孙悟空又变甚么私入家偷盗。"又有些该班坐夜的，涤涤托托，梆铃齐响，这大圣越好行事，钻入房门，见有一架石床，左右列几个抹粉搽胭的山精树鬼，展铺盖伏侍老魔，脱脚的脱脚，解衣的解衣。只见那魔王宽了衣服，左胳膊上，白森森的套着那个圈子，原来象一个连珠镯头模样。你看他更不取下，转往上抹了两抹，紧紧的勒在胳膊上，方才睡下。行者见了，将身又变，变作一个黄皮虼蚤，跳上石床，钻入被里，爬在那怪的胳膊上，着实一口，叮的那怪翻身骂道："这些少打的奴才！被也不抖，床也不拂，不知甚么东西，咬了我这一下！"他却把圈子又捋上两捋，依然睡下。行者爬上那圈子，又咬一口。那怪睡不得，又翻过身来道："刺闹杀我也！"

行者见他关防得紧，宝贝又随身，不肯除下，料偷他的不得。跳下床来，还变做促织儿，出了房门，径至后面，又听得龙吟马嘶，原来那层门紧锁，火龙火马，都吊在里面。行者现了原身，走近门前，使个解锁法，念动咒语，用手一抹，扢扠一声，那锁双鐄俱就脱落，推开门，闯将进去观看，原来那里面被火器照得明晃晃的，如白日一般。忽见东西两边斜靠着几件兵器，都是太子的砍妖刀等物，并那火德的火弓火箭等物。行者映火光，周围看了一遍，又见那门背后一张石桌子上有一个篾丝盘儿，放着一把毫毛。大圣满心欢喜，将毫毛拿起来，呵了两口热气，叫声"变！"即变作三五十个小猴，教他都拿了刀、剑、杵、索、球、轮及弓、箭枪、车、葫芦、火鸦、火鼠、火马一应套去之物，骑了火龙，纵起火势，从里边往外烧来。只听得烘烘焐焐，扑扑乒乒，好便似咋雷连炮之声。慌得那些大小妖精，梦梦查查的，披着被，朦着头，喊的喊，哭的哭，一个个走头无路，被这火烧死大半。美猴王得胜回来，只好有三更时候。却说那高峰上，李天王众位忽见火光幌亮，一拥前来，见行者骑着龙，喝喝呼呼，纵着小猴，径上峰头，厉声高叫道："来收兵器！来收兵器！"火德与哪吒答应一声，这行者将身一抖，那把毫毛复上身来。哪吒太子收了他六件兵器，火德星君着众火部收了火龙等物，都笑吟吟赞贺行者不题。

却说那金睛洞里火焰纷纷，唬得个兕大王魂不附体，急欠身开了房门，双手拿看圈子，东推东火灭，西推西火消，满空中冒烟突火，执着宝贝跑了一遍，四下里烟火俱熄。急忙收救群妖，已此烧杀大半，男男女女，收不上百十余丁；又查看藏兵之内，各件皆无；又去后面看处，见八戒、沙僧与长老还捆住未解，白龙马还在槽上，行李担亦在屋里。妖魔遂恨道："不知是那个小妖不仔细，失了火，致令如此！"旁有近侍的告道："大王，这火不干本家之事，多是个偷营劫寨之贼，放了那火部之物，盗了神兵去也。"老魔方然省悟道："没有别人，断乎是孙悟空那贼！怪道我临睡时不得安稳！想是那贼猴变化进来，在我这胳膊叮了两口。一定是要偷我的宝贝，见我抹勒得紧，不能下手，故此盗了兵器，纵着火龙，放此狠毒之心，意欲烧杀我也。贼猴啊！你枉使机关，不知我的本事！我但带了这件宝贝，就是入大海而不能溺，赴火池而不能焚哩！这番若拿住那贼，只把刮了点垛，方趁我心！"说着话，懊恼多时，不觉的鸡鸣天晓。

那高峰上太子得了六件兵器，对行者道："大圣，天色已明，不须怠慢。我们趁那妖魔挫了锐气，与火部等扶住你，再去力战，庶几这次可擒拿也。"行者笑道："说得有理。我们齐了心，耍子儿去耶！"一个个抖擞威风，喜弄武艺，径至洞口。行者叫道："泼魔出来！与老孙打者！"原来那里两扇石门被火气化成灰烬，门里边有几个小妖，正然扫地撮灰，忽见众圣齐来，慌得丢了扫帚，撇下灰耙，跑入里面，又报道："孙悟空领着许多天神，又在门外骂战哩！"那兕怪闻报大惊，扢迸迸，钢牙咬响；

滴溜溜，环眼睁圆，挺着长枪，带了宝贝，走出门来，泼口乱骂道："我把你这个偷营放火的贼猴！你有多大手段，敢这等藐视我也？"行者笑脸儿骂道："泼怪物！你要知我的手段，且上前来，我说与你听：自小生来手段强，乾坤万里有名扬。当时颖悟修仙道，昔日传来不老方。立志拜投方寸地，虔心参见圣人乡。

学成变化无量法，宇宙长空任我狂。闲在山前将虎伏，闷来海内把龙降。祖居花果称王位，水帘洞里逞刚强。几番有意图天界，数次无知夺上方。御赐齐天名大圣，敕封又赠美猴王。只因宴设蟠桃会，无简相邀我性刚。暗闯瑶池偷玉液，私行空阁饮琼浆；龙肝凤髓曾偷吃，百味珍馐我窃尝；千载蟠桃随受用，万年丹药任充肠。天宫异物般般取，圣府奇珍件件藏。玉帝访我有手段，即发天兵摆战场。九曜恶星遭我贬，五方凶宿被吾伤。普天神将皆无敌，十万雄师不敢当。威逼玉皇传旨意，灌江小圣把兵扬。相持七十单二变，各弄精神个个强。南海观音来助战，净瓶杨柳也相帮。老君又使金刚套，把我擒拿到上方。

绑见玉皇张大帝，曹官拷较罪该当。即差大力开刀斩，刀砍头皮火焰光。百计千方弄不死，将吾押赴老君堂。六丁神火炉中炼，炼得浑身硬似钢。七七数完开鼎看，我身跳出又凶张。诸神闭户无遮挡，众圣商量把佛央。其实如来多法力，果然智慧广无量。手中赌赛翻筋斗，将山压我不能强。玉皇才设安天会，西域方称极乐场。压困老孙五百载，一些茶饭不曾尝。金蝉长老临凡世，东土差他拜佛乡。欲取真经回上国，大唐帝主度先亡。观音劝我皈依善，秉教迦持不放狂。解脱高山根下难，如今西去取经章。泼魔休弄獐狐智，还我唐僧拜法王！"那怪闻言，指着行者道："你原来是个偷天的大贼！不要走！吃吾一枪！"这大圣使棒来迎。两个正自相持，这壁厢哪吒太子生嗔，火德星君发狠，即将那六件神兵，火部等物，望妖魔身上抛来，孙大圣更加雄势。一边又雷公使掮，天王举刀，不分上下，一拥齐来。那魔头巍巍冷笑，袖子中暗暗将宝贝取出，撒手抛起空中，叫声"着！"唿喇的一下，把六件神兵、火部等物、雷公掮、天王刀、行者棒，尽情又都捞去，众神灵依然赤手，孙大圣仍是空拳。妖魔得胜回身，叫："小的们，搬石砌门，动土修造，从新整理房廊。待齐备了，杀唐僧三众来谢土，大家散福受用。"众小妖领命维持不题。

却说那李天王帅众回上高峰，火德怨哪吒性急，雷公怪天王放刁，惟水伯在旁无语。行者见他们面不厮睹，心有萦思，没奈何，怀恨强欢，对众笑道："列位不须烦恼，自古道，胜败兵家之常。我和他论武艺，也只如此。但只是他多了这个圈子，所以为害，把我等兵器又套将去了。你且放心，待老孙再去查查他的脚色来也。"太子道："你前启奏玉帝，查勘满天世界，更无一点踪迹，如今却又何处去查？"行者道："我想起来，佛法无边，如今且上西天问我佛如来，教他着慧眼观看大地四部洲，看这怪是那方生长，何处乡贯住居，圈子是件甚么宝贝。不管怎的，一定要拿他，与列位出气，还汝等欢喜归天。"众神道：

"既有此意，不须久停，快去快去！"

好行者，说声去，就纵筋斗云，早至灵山，落下祥光，四方观看，好去处：灵峰疏杰，迭嶂清佳，仙岳顶巅摩碧汉。西天瞻巨镇，形势压中华。元气流通天地远，威风飞彻满台花。时闻钟磬音长，每听经声明朗。又见那青松之下优婆讲，翠柏之间罗汉行。白鹤有情来鹫岭，青鸾着意伫闲亭。玄猴对对擎仙果，寿鹿双双献紫英。幽鸟声频如诉语，奇花色绚不知名。回峦盘绕重重顾，古道湾环处处平。正是清虚灵秀地，庄严大觉佛家风。那行者正然点看山景，忽听得有人叫道："孙悟空，从那里来？往何处去？"急回头看，原来是比丘尼尊者。大圣作礼道：

"正有一事，欲见如来。"比丘尼道："你这个顽皮！既然要见如来，怎么不登宝刹，且在这里看山？"行者道："初来贵地，故此大胆。"比丘尼道："你快跟我来也。"这行者紧随至雷音寺山门下，又见那八大金刚，雄纠纠的两边挡住，比丘尼道。"悟空，暂候片时，等我与你奏上去来。"行者只得住立门外。那比丘尼至佛前合掌道："孙悟空有事，要见如来。"如来传旨令入，金刚才闪路放行。行者低头礼拜毕，如来问道："悟空，前闻得观音尊者解脱汝身，皈依释教，保唐僧来此求经，你怎么独自到此？有何事故？"行者顿首道："上告我佛，弟子自秉迦持，与唐朝师父西来，行至金皘山金皘洞，遇着一个恶魔头，名唤兕大王，神通广大，把师父与师弟等摄入洞中。弟子向伊求取，没好意，两家比进，被他将一个白森森的一个圈子，抢了我的铁棒。我恐他是天将思凡，急上界查勘不出。蒙玉帝差遣李天王父子助援，又被他抢了太子的六般兵器。及请火德星君放火烧他，又被他将火具抢去。又请水德星君放水渰他，一毫又渰他不着，弟子费若干精神气力，将那铁棒等物偷出，复去索战，又被他将前物依然套去，无法收降，因此特告我佛，望垂慈与弟子看看，果然是何物出身，我好去拿他家属四邻，擒此魔头，救我师父，合拱虔诚，拜求正果。"如来听说，将慧眼遥观，早已知识，对行者道："那怪物我虽知之，但不可与你说。你这猴儿口敞，一传道是我说他，他就不与你斗，定要嚷上灵山，反遗祸于我也。我这里着法力助你擒他去罢。"行者再拜称谢道："如来助我甚么法力"如来即令十八尊罗汉开宝库取十八粒"金丹砂"与悟空助力。行者道："金丹砂却如何？"如来道："你去洞外，叫那妖魔比试。演他出来，却教罗汉放砂，陷住他，使他动不得身，拔不得脚，凭你揪打便了。"行者笑道："妙！妙！妙！趁早去来！"那罗汉不敢迟延，即取金丹砂出门，行者又谢了如来。一路查看，止有十六尊罗汉，行者嚷道："这是那个去处，却卖放人！"众罗汉道："那个卖放？"行者道："原差十八尊，今怎么只得十六尊？"

说不了，里边走出降龙、伏虎二尊，上前道："悟空，怎么就这等放刁？我两个在后听如来吩咐话的。"行者道："忒卖法！忒卖法！才自若嚷迟了些儿，你敢就不出来了。"众罗汉笑呵呵驾起祥云。

不多时，到了金皘山界。那李天王见了，帅众相迎，备言前事。罗汉道："不必絮繁，快去叫他出来。"这大圣捻着拳头，来于洞口，骂道："泼怪物，快出来与你孙外公见个上下！"那小妖又飞跑去报，魔王怒道："这贼猴又不知请谁来猖獗也！"小妖道："更无甚将，止他一人。"魔王道："那根棒子已被我收来，怎么却又一人到此？敢是又要走拳？"随带了宝贝，绰枪在手，叫小妖搬开石块，跳出门来骂道："贼猴！你几番家不得便宜，就该回避，如何又来吆喝？"行者道："这泼魔不识好歹！若要你外公不来，除非你服了降，陪了礼，送出我师父师弟，我就饶你！"

那怪道："你那三个和尚已被我洗净了，不久便要宰杀，你还不识起倒！去了罢！"行者听说宰杀二字，扢蹬蹬腮边火发，按不住心头之怒，丢了架子，轮着拳，斜行拗步，望妖魔使个挂面。

那怪展长枪，劈手相迎。行者左跳右跳，哄那妖魔。妖魔不是计，赶离洞口南来。行者即招呼罗汉把金丹砂望妖魔一齐抛下，共显神通，好砂！正是那：似雾如烟初散漫，纷纷霭霭下天涯。白茫茫，到处迷人眼；昏漠漠，飞时找路差。打柴的樵子失了伴，采药的仙童不见家。细细轻飘如麦面，粗粗翻复似芝麻。

世界朦胧山顶暗，长空迷没太阳遮。不比嚣尘随骏马，难言轻软衬香车。此砂本是无情物，盖地遮天把怪拿。只为妖魔侵正道，阿罗奉法逞豪华。手中就有明珠现，等时刮得眼生花。那妖魔见飞砂迷目，把头低了一低，足下就有三尺余深，慌得他将身一纵，跳在浮上一层，未曾立得稳，须臾，又有二尺余深。

那怪急了，拔出脚来，即忙取圈子，往上一撇，叫声"着！"唿喇的一下，把十八粒金丹砂又尽套去，拽回步，径归本洞。

那罗汉一个个空手停云。行者近前问道："众罗汉，怎么不下砂了？"罗汉道："适才响了一声，金丹砂就不见矣。"行者笑道："又是那话儿套将去了。"天王等众道："这般难伏啊，却怎么捉得他，何日归天，何颜见帝也！"旁有降龙、伏虎二罗汉对行者道："悟空，你晓得我两个出门迟滞何也？"行者道："老孙只怪你躲避不来，却不知有甚话说。"罗汉道："如来吩咐我两个说，那妖魔神通广大，如失了金丹砂，就教孙悟空上离恨天兜率宫太上老君处寻他的踪迹，庶几可一鼓而擒也。"行者闻言道："可恨！可恨！如来却也闪赚老孙！当时就该对我说了，却不免教汝等远涉！"李天王道："既是如来有此明示，大圣就当早起。"

好行者，说声去，就纵一道筋斗云，直入南天门里。时有四大元帅擎拳拱手道："擒怪事如何？"行者且行且答道："未哩！

未哩！如今有处寻根去也。"四将不敢留阻，让他进了天门，不上灵霄殿，不入斗牛宫，径至三十三天之外离恨天兜率宫前，见两仙童侍立，他也不通姓名，一直径走，慌得两童扯住道：

"你是何人？待往何处去？"行者才说："我是齐天大圣，欲寻李老君哩。"仙童道："你怎这样粗鲁？且住下，让我们通报。"行者那容分说，喝了一声，往里径走，忽见老君自内而出，撞个满怀。行者躬身唱个喏道："老官，一向少看。"老君笑道："这猴儿不去取经，却来我处何干？"行者道："取经取经，昼夜无停；有些阻碍，到此行行。"老君道："西天路阻，与我何干？"行者道：

"西天西天，你且休言；寻着踪迹，与你缠缠。"老君道："我这里乃是无上仙宫，有甚踪迹可寻？"行者入里，眼不转睛，东张西看，走过几层廊宇，忽见那牛栏边一个童儿盹睡，青牛不在栏中。行者道："老官，走了牛也！走了牛也！"老君大惊道："这孽畜几时走了？"正嚷间，那童儿方醒，跪于当面道："爷爷，弟子睡着，不知是几时走的。"老君骂道："你这厮如何盹睡？"童儿叩头道："弟子在丹房里拾得一粒丹，当时吃了，就在此睡着。"

老君道："想是前日炼的七返火丹，吊了一粒，被这厮拾吃了。

那丹吃一粒，该睡七日哩，那孽畜因你睡着，无人看管，遂乘机走下界去，今亦是七日矣。"即查可曾偷甚宝贝。行者道："无甚宝贝，只见他有一个圈子，甚是利害。"老君急查看时，诸般俱在，止不见了金刚琢。老君道："是这孽畜偷了我金刚琢去了！"

行者道："原来是这件宝贝！当时打着老孙的是他！如今在下界张狂，不知套了我等多少物件！"老君道："这孽畜在甚地方？"行者道："现住金嶢山金嶢洞。他捉了我唐僧进去，抢了我金箍棒。请天兵相助，又抢了太子的神兵。及请火德星君，又抢了他的火具。惟水伯虽不能渰死他，倒还不曾抢他物件。至请如来着罗汉下砂，又将金丹砂抢去。似你这老官，纵放怪物，抢夺伤人，该当何罪？"老君道："我那金刚琢，乃是我过函关化胡之器，自幼炼成之宝。凭你甚么兵器，水火，俱莫能近他。若偷去我的芭蕉扇儿，连我也不能奈他何矣。"

大圣才欢欢喜喜，随着老君。老君执了芭蕉扇，驾着祥云同行，出了仙宫，南天门外，低下云头，径至金嶢山界，见了十八尊罗汉、雷公、水伯、火德、李天王父子，备言前事一遍。老君道："孙悟空还去诱他出来，我好收他。"这行者跳下峰头，又高声骂道："北泼孽畜！趁早出来受死！"那小妖又去报知，老魔道："这贼猴又不知请谁来也。"急绰枪举宝，迎出门来。行者骂道："你这泼魔，今番坐定是死了！不要走！吃吾一掌！"急纵身跳个满怀，劈脸打了一个耳括子，回头就跑。那魔轮枪就赶，只听得高峰上叫道："那牛儿还不归家，可待何日？"那魔抬头，看见是太上老君，就唬得心惊胆战道："这贼猴真个是个地里鬼！

却怎么就访得我的主公来也？"老君念个咒语，将扇子搧了一下，那怪将圈子丢来，被老君一把接住；又一，搧那怪物力软筋麻，现了本相，原来是一只青牛。老君将金钢琢吹口仙气，穿了那怪的鼻子，解下勒袍带，系于琢上，牵在手中。至今留下个拴牛鼻的拘儿，又名宾郎，职此之谓。老君辞了众神，跨上青牛背上，驾彩云，径归兜率院；缚妖怪，高升离恨天。孙大圣才同天王等众打入洞里，把那百十个小妖尽皆打死，各取兵器，谢了天王父子回天，雷公入府，火德归宫，水伯回河，罗汉向西；然后才解放唐僧八戒沙僧，拿了铁棒。他三人又谢了行者，收拾马匹行装，师徒们离洞，找大路方走。正走间，只听得路旁叫：

"唐圣僧，吃了斋饭去。"那长老心惊。不知是甚么人叫唤，且听下回分解。

第五十三回　禅主吞餐怀鬼孕　黄婆运水解邪胎

德行要修八百，阴功须积三千。均平物我与亲冤，始合西天本愿。魔兕刀兵不怯，空劳水火无愆。老君降伏却朝天，笑把青牛牵转。话说那大路旁叫唤者谁？乃金嶢山山神土地，捧着紫金钵盂叫道："圣僧啊，这钵盂饭是孙大圣向好处化来的。

因你等不听良言，误入妖魔之手，致令大圣劳苦万端，今日方救得出。且来吃了饭，再去走路，莫孤负孙大圣一片恭孝之心也。"三藏道："徒弟，万分亏你！言谢不尽！早知不出圈痕，那有此杀身之害。"行者道："不瞒师父说，只因你不信我的圈子，却教你受别人的圈子。多少苦楚，可叹！可叹！"八戒道："怎么又有个圈子。"行者道："都是你这孽嘴孽舌的夯货，弄师父遭此一场大难！着老孙翻天覆地，请天兵水火与佛祖丹砂，尽被他使一个白森森的圈子套去。如来暗示了罗汉，对老孙说出那妖的根原，才请老君来收伏，却是个青牛作怪。"三藏闻言，感激不尽道："贤徒，今番经此，下次定然听你吩咐。"遂此四人分吃那饭，那饭热气腾腾的。行者道："这饭多时了，却怎么还热？"土地跪下道："是小神知大圣功完，才自热来伺候。"须臾饭毕，收拾了钵盂，辞了土地山神。

那师父才攀鞍上马，过了高山。正是涤虑洗心皈正觉，餐风宿水向西行。行彀多时，又值早春天气，听了些"紫燕呢喃，黄鹂睍睆。紫燕呢喃香嘴困，黄鹂睍睆巧音频。满地落红如布锦，遍山发翠似堆茵。岭上青梅结豆，崖前古柏留云。野润烟光淡，沙暄日色曛。几处园林花放蕊，阳回大地柳芽新。正行处，忽遇一道小河，澄澄清水，湛湛寒波。唐长老勒过马观看，远见河那边有柳阴垂碧，微露着茅屋几椽。行者遥指那厢道：

"那里人家，一定是摆渡的。"三藏道："我见那厢也似这般，却不见船只，未敢开言。"八戒旋下行李，厉声高叫道："摆渡的！

撑船过来！"连叫几遍，只见那柳阴里面，咿咿哑哑的，撑出一只船儿。不多时，相近这岸。师徒们仔细看了那船儿，真个是：

短棹分波，轻桡泛浪。瞰堂油漆彩，艎板满平仓。船头上铁缆盘窝，船后边舵楼明亮。虽然是一苇之航，也不亚泛湖浮海。纵无锦缆牙樯，实有松桩桂楫。固不如万里神舟，真可渡一河之隔。往来只在两崖边，出入不离古渡口。那船儿须臾顶岸，有梢子叫云："过河的，这里去。"三藏纵马近前看处，那梢子怎生模样：头裹锦绒帕，足踏皂丝鞋。身穿百纳绵裆袄，腰束千针裙布衫。手腕皮粗筋力硬，眼花眉皱面容衰。声音娇细如莺啭，近观乃是老裙钗。行者近于船边道："你是摆渡的？"那妇人道：

"是。"行者道："梢公如何不在，却着梢婆撑船？"妇人微笑不答，用手拖上跳板。沙和尚将行李挑上去，行者扶着师父上跳，然后顺过船来，八戒牵上白马，收了跳板。那妇人撑开船，摇动桨，顷刻间过了河。

身登西岸，长老教沙僧解开包，取几文钱钞与他。妇人更不争多寡，将缆拴在傍水的桩上，笑嘻嘻径入庄屋里去了。三藏见那水清，一时口渴，便着八戒："取钵盂，舀些水来我吃。"

那呆子道："我也正要些儿吃哩。"即取钵盂，舀了一钵，递与师父。师父吃了有一少半，还剩了多半，呆子接来，一气饮干，却伏侍三藏上马。师徒们找路西行，不上半个时辰，那长老在马上呻吟道："腹痛！"八戒随后道："我也有些腹痛。"沙僧道："想是吃冷水了？"说未毕，师父声唤道："疼的紧！"八戒也道："疼得紧！"他两个疼痛难禁，渐渐肚子大了。用手摸时，似有血团肉块，不住的骨冗骨冗乱动。三藏正不稳便，忽然见那路旁有一村舍，树梢头挑着两个草把。行者道："师父，好了，那厢是个卖酒的人家。我们且去化他些热汤与你吃，就问可有卖药的，讨贴药，与你治治腹痛。"三藏闻言甚喜，却打白马，不一时，到了村舍门口下马。但只见那门儿外有一个老婆婆，端坐在草墩上绩麻。行者上前，打个问讯道："婆婆，贫僧是东土大唐来的，我师父乃唐朝御弟。因为过河吃了河水，觉肚腹疼痛。"那婆婆喜哈哈的道："你们在那边河里吃水来？"行者道："是在此东边清水河吃的。"那婆婆欣欣的笑道："好耍子！好耍子！你都进来，我与你说。"

行者即搀唐僧，沙僧即扶八戒，两人声声唤唤，腆着肚子，一个个只疼得面黄眉皱，入草舍坐下，行者只叫："婆婆，是必烧些热汤与我师父，我们谢你。”那婆婆且不烧汤，笑唏唏跑走后边叫道：“你们来看！你们来看！”那里面，蹼烤蹼踏的，又走出两三个半老不老的妇人，都来望着唐僧洒笑。行者大怒，喝了一声，把牙一嗟，唬得那一家子跌跌蹡蹡，往后就走。行者上前，扯住那老婆子道：“快早烧汤，我饶了你！”那婆子战兢兢的道：“爷爷呀，我烧汤也不济事，也治不得他两个肚疼。你放了我，等我说。”行者放了他，他说：“我这里乃是西梁女国。我们这一国尽是女人，更无男子，故此见了你们欢喜。你师父吃的那水不好了，那条河唤做子母河，我那国王城外，还有一座迎阳馆驿，驿门外有一个照胎泉。我这里人，但得年登二十岁以上，方敢去吃那河里水。吃水之后，便觉腹痛有胎。至三日之后，到那迎阳馆照胎水边照去。若照得有了双影，便就降生孩儿。你师吃了子母河水，以此成了胎气，也不日要生孩子，热汤怎么治得？”三藏闻言，大惊失色道：“徒弟啊！似此怎了？”八戒扭腰撒胯的哼道：“爷爷呀！要生孩子，我们却是男身！那里开得产门？如何脱得出来。”行者笑道：“古人云，瓜熟自落，若到那个时节，一定从胁下裂个窟窿，钻出来也。”八戒见说，战兢兢忍不得疼痛道：“罢了罢了！死了死了！”沙僧笑道：“二哥，莫扭莫扭！只怕错了养儿肠，弄做个胎前病。”那呆子越发慌了，眼中噙泪。扯着行者道：“哥哥！你问这婆婆，看那里有手轻的稳婆，预先寻下几个，这半会一阵阵的动荡得紧，想是摧阵疼。

快了！快了！”沙僧又笑道：“二哥，既知摧阵疼，不要扭动，只恐挤破浆泡耳。”三藏哼着道：“婆婆啊，你这里可有医家？教我徒弟去买一贴堕胎药吃了，打下胎来罢。”那婆子道：“就有药也不济事。只是我们这正南街上有一座解阳山，山中有一个破儿洞，洞里有一眼落胎泉。须得那井里水吃一口，方才解了胎气。

却如今取不得水了，向年来了一个道人，称名如意真仙，把那破儿洞改作聚仙庵，护住落胎泉水，不肯善赐与人。但欲求水者，须要花红表礼，羊酒果盘，志诚奉献，只拜求得他一碗儿水哩。你们这行脚僧，怎么得许多钱财买办？但只可挨命，待时而生产罢了。”行者闻得此言，满心欢喜道：“婆婆，你这里到那解阳山有几多路程？”婆婆道：“有三十里。”行者道：“好了！好了！师父放心，待老孙取些水来你吃。”好大圣，吩咐沙僧道：

“你好仔细看着师父，若这家子无礼，侵哄师父，你拿出旧时手段来，装吓虎唬他，等我取水去。”沙僧依命，只见那婆子端出一个大瓦钵来，递与行者道：“拿这钵头儿去，是必多取些来，与我们留着用急。”行者真个接了瓦钵，出草舍，纵云而去。那婆子才望空礼拜道：“爷爷呀！这和尚会驾云！”才进去叫出那几个妇人来，对唐僧磕头礼拜，都称为罗汉菩萨，一壁厢烧汤办饭，供奉唐僧不题。

却说那孙大圣筋斗云起，少顷间见一座山头，阻住云角，即按云光，睁睛看处，好山！但见那：幽花摆锦，野草铺蓝。涧水相连落，溪云一样闲。重重谷壑藤萝密，远远峰峦树木蘩。鸟啼雁过，鹿饮猿攀。翠岱如屏嶂，青崖似髻鬟。尘埃滚滚真难到，泉石涓涓不厌看。每见仙童采药去，常逢樵子负薪还。果然不亚天台景，胜似三峰西华山！这大圣正然观看那山不尽，又只见背阴处，有一所庄院，忽闻得犬吠之声。大圣下山，径至庄所，却也好个去处，看那：小桥通活水，茅舍倚青山。村犬汪篱落，幽人自往还。

不时来至门首，见一个老道人，盘坐在绿茵之上，大圣放下瓦钵，近前道问讯，那道人欠身还礼道：“那方来者？至小庵有何勾当？”行者道：“贫僧乃东土大唐钦差西天取经者。因我师父误饮了子母河之水，如今腹疼肿胀难禁。问及土人，说是结成胎气，无方可治。访得解阳山破儿洞有落胎泉可以消得胎气，故此特来拜见如意真仙，求些泉水，搭救师父，累烦老道指引指引。”那道人笑道：“此间就是破儿洞，今改为聚仙庵了。我却不是别人，即是如意真仙老爷的大徒弟。你叫做甚么名字？

待我好与你通报。”行者道：“我是唐三藏法师的大徒弟，贱名孙悟空。”那道人问曰：“你的花红酒礼，都在那里？”行者道：

“我是个过路的挂搭僧，不曾办得来。”道人笑道：“你好痴呀！

我老师父护住山泉，并不曾白送与人。你回去办将礼来，我好通报，不然请回，莫想莫想！”行者道：“人情大似圣旨，你去说我老孙的名字，他必然做个人情，或者连井都送我也。”

那道人闻此言，只得进去通报，却见那真仙抚琴，只待他琴终，方才说道：“师父，外面有个和尚，口称是唐三藏大徒弟孙悟空，欲求落胎泉水，救他师父。”那真仙不听说便罢，一听得说个悟空名字，却就怒从心上起，恶向胆边生，急起身，下了琴床，脱了素服，换上道衣，取一把如意钩子，跳出庵门，叫道：

“孙悟空何在？”行者转头，观见那真仙打扮：头戴星冠飞彩艳，身穿金缕法衣红。足下云鞋堆锦绣，腰间宝带绕玲珑。一双纳锦凌波袜，半露裙襕闪绣绒。手拿如意金钩子，鐏利杆长若蟒龙。凤眼光明眉药竖，钢牙尖利口翻红。额下髯飘如烈火，鬓边赤发短蓬松。形容恶似温元帅，争奈衣冠不一同。行者见了，合掌作礼道：“贫僧便是孙悟空。”那先生笑道：“你真个是孙悟空，却是假名托姓者？”行者道：“你看先生说话，常言道，君子行不更名，坐不改姓。我便是悟空，岂有假托之理？”先生道：

“你可认得我么？”行者道：“我因归正释门，秉诚僧教，这一向登山涉水，把我那幼时的朋友也都疏失，未及拜访，少识尊颜。

适间问道子母河西乡人家，言及先生乃如意真仙，故此知之。”

那先生道：“你走你的路，我修我的真，你来访我怎的？”行者道：“因我师父误饮了子母河水，腹疼成胎，特来仙府，拜求一碗落胎泉水，救解师难也。”那先生怒目道：“你师父可是唐三藏么？”行者道：“正是，正是。”先生咬牙恨道：“你们可曾会着一个圣婴大王么？”行者道：“他是号山枯松涧火云洞红孩儿妖怪的绰号，真仙问他怎的？”先生道：“是我之舍侄，我乃牛魔王的兄弟。前者家兄处有信来报我，称说唐三藏的大徒弟孙悟空惫懒，将他害了。我这里正没处寻你报仇，你倒来寻我，还要甚么水哩！”行者陪笑道：“先生差了，你令兄也曾与我做朋友，幼年间也曾拜七弟兄，但只是不知先生尊府，有失拜望。如今令侄得了好处，现随着观音菩萨，做了善财童子，我等尚且不如，怎么反怪我也？”先生喝道：“这泼猢狲！还弄巧舌！我舍侄还是自在为王好，还是与人为奴好？不得无礼！吃我这一钩！”大圣使铁棒架住道：“先生莫说打的话，且与些泉水去也。”那先生骂道：“泼猢狲！不知死活！如若三合敌得我，与你水去；敌不去，只把你剁为肉酱，方与我侄子报仇。”大圣骂道：“我把你不识起倒的孽障！既要打，走上来看棍！”那先生如意钩劈手相还。二人在聚仙庵好杀：圣僧误食成胎水，行者来寻如意仙。那晓真仙原是怪，倚强护住落胎泉。及至相逢讲仇隙，争持决不遂如然。言来语去成僝僽，意恶情凶要报冤。这一个因师伤命来求水，那一个为侄亡身不与泉。如意钩强如蝎毒，金箍棒狠似龙巅。当胸乱刺施威猛，着脚斜钩展妙玄。阴手棍丢伤处重，过肩钩起近头鞭。锁腰一棍鹰持雀，压顶三钩螂捕蝉。往往来来争胜败，返返复复两回还。钩挛棒打无前后，不见输赢在那边。那先生与大圣战经十数合，敌不得大圣。这大圣越加猛烈，一条棒似滚滚流星，着头乱打，先生败了筋力，倒拖着如意钩，往山上走了。

大圣不去赶他，却来庵内寻水，那个道人早把庵门关了。

大圣拿着瓦钵，赶至门前，尽力气一脚，踢破庵门，闯将进去，见那道人伏在井栏上，被大圣喝了一声，举棒要打，那道人往后跑了。却才寻出吊桶来，正自打水，又被那先生赶到前边，使如意钩子把大圣钩着脚一跌，跌了个嘴唝地。大圣爬起来，使铁棒就打，他却闪在旁边，执着钩子道："看你可取得我的水去！"大圣骂道："你上来！你上来！我把你这个孽障，直打杀你！"那先生也不上前拒敌，只是禁住了，不许大圣打水。大圣见他不动，却使左手轮着铁棒，右手使吊桶，将索子才突鲁鲁的放下。他又来使钩。大圣一只手撑持不得，又被他一钩钩着脚，扯了个躘踵，连井索通跌下井去了。大圣道："这厮却是无礼！"爬起来，双手轮棒，没头没脸的打将上去。那先生依然走了，不敢迎敌。大圣又要去取水，奈何没有吊桶，又恐怕来钩扯，心中暗暗想道："且去叫个帮手来！"

好大圣，拨转云头，径至村舍门首叫一声："沙和尚。"那里边三藏忍痛呻吟，猪八戒哼声不绝，听得叫唤，二人欢喜道：

"沙僧啊，悟空来也。"沙僧连忙出门接着道："大哥，取水来了？"大圣进门，对唐僧备言前事，三藏滴泪道："徒弟啊，似此怎了？"大圣道："我来叫沙兄弟与我同去，到那庵边，等老孙和那厮敌斗，教沙僧乘便取水来救你。"三藏道："你两个没病的都去了，丢下我两个有病的，教谁伏侍？"那个老婆婆在旁道：

"老罗汉只管放心，不须要你徒弟，我家自然看顾伏侍你。你们早间到时，我等实有爱怜之意，却才见这位菩萨云来雾去，方知你是罗汉菩萨。我家决不敢复害你。"行者咄的一声道："汝等女流之辈，敢伤那个？"老婆子笑道："爷爷呀，还是你们有造化，来到我家！若到第二家，你们也不得囫囵了！"八戒哼哼的道："不得囫囵，是怎么的？"婆婆道："我一家儿四五口，都是有几岁年纪的，把那风月事尽皆休了，故此不肯伤你。若还到第二家，老小众大，那年小之人，那个肯放过你去！就要与你交合。假如不从，就要害你性命，把你们身上肉，都割了去做香袋儿哩。"八戒道："若这等，我决无伤。他们都是香喷喷的，好做香袋；我是个臊猪，就割了肉去，也是臊的，故此可以无伤。"行者笑道："你不要说嘴，省些力气，好生产也。"那婆婆道："不必迟疑，快求水去。"行者道："你家可有吊桶？借个使使。"那婆子即往后边取出一个吊桶，又窝了一条索子，递与沙僧。沙僧道：

"带两条索子去，恐一时井深要用。"沙僧接了桶索，即随大圣出了村舍，一同驾云而去。那消半个时辰，却到解阳山界，按下云头，径至庵外。大圣吩咐沙僧道："你将桶索拿了，且在一边躲着，等老孙出头索战。你待我两人交战正浓之时，你乘机进去，取水就走。"沙僧谨依言命。

孙大圣掣了铁棒，近门高叫："开门！开门！"那守门的看见，急入里通报道："师父，那孙悟空又来了也。"那先生心中大怒道："这泼猴老大无状！一向闻他有些手段，果然今日方知，他那条棒真是难敌。"道人道："师父，他的手段虽高，你亦不亚与他，正是个对手。"先生道："前面两回，被他赢了。"道人道：

"前两回虽赢，不过是一猛之性；后面两次打水之时，被师父钩他两跌，却不是相比肩也？先既无奈而去，今又复来，必然是三藏胎成身重，埋怨得紧，不得已而来也，决有慢他师之心。管取我师决胜无疑。"真仙闻言，喜孜孜满怀春意，笑盈盈一阵威风，挺如意钩子，走出门来喝道："泼猢狲！你又来作甚？"大圣道："我来只是取水"。真仙道："泉水乃吾家之井，凭是帝王宰相，也须表礼羊酒来求，方才仅与些须。况你又是我的仇人，擅敢白手来取？"大圣道，"真个不与？"真仙道："不与，不与！"大圣骂道："泼孽障！既不与水，看棍！"丢一个架子，抢个满怀，不容说，着头便打。那真仙侧身躲过，使钩子急架相还。这一场比前更胜，好杀：金箍棒，如意钩，二人奋怒各怀仇。飞砂走石乾坤暗，播土扬尘日月愁。大圣救师来取水，妖仙为侄不容求。

两家齐努力，一处赌安休。咬牙争胜负，切齿定刚柔。添机见，越抖擞，喷云暖雾鬼神愁。朴朴兵兵钩棒响，喊声哮吼振山丘。

狂风滚滚催林木，杀气纷纷过斗牛。大圣愈争愈喜悦，真仙越打越绸缪。有心有意相争战，不定存亡不罢休。他两个在庵门外交手，跳跳舞舞的，斗到山坡之下，恨苦相持不题。

却说那沙和尚提着吊桶，闯进门去，只见那道人在井边挡住道："你是甚人，敢来取水！"沙僧放下吊桶，取出降妖宝杖，不对话，着头便打。那道人躲闪不及，把左臂膊打折，道人倒在地下挣命。沙僧骂道："我要打杀你这孽畜，怎奈你是个人身！

我还怜你，饶你去罢！让我打水！"那道人叫天叫地的，爬到后面去了。沙僧却才将吊桶向井中满满的打了一吊桶水，走出庵门，驾起云雾，望着行者喊道："大哥，我已取了水去也！饶他罢！饶他罢！"大圣听得，方才使铁棒支住钩子道："你听老孙说，我本待斩尽杀绝，争奈你不曾犯法，二来看你令兄牛魔王的情上。先头来，我被钩了两下，未得水去。才然来，我是个调虎离山计，哄你出来争战，却着我师弟取水去了。老孙若肯拿出本事来打你，莫说你是一个甚么如意真仙，就是再有几个，也打死了。正是打死不如放生，且饶你教你活几年耳，已后再有取水者，切不可勒掯他。"那妖仙不识好歹，演一演，就来钩脚，被大圣闪过钩头，赶上前，喝声："休走！"那妖仙措手不及，推了一个蹼辣，挣扎不起。大圣夺过如意钩来，折为两段，总拿着又一抉，抉作四段，掷之于地道："泼孽畜！再敢无礼么？"那妖仙战战兢兢，忍辱无言，这大圣笑呵呵，驾云而起。有诗为证，诗曰：真铅若炼须真水，真水调和真汞干。真汞真铅无母气，灵砂灵药是仙丹。婴儿枉结成胎象，土母施功不费难。推倒旁门宗正教，心君得意笑容还。大圣纵着祥光，赶上沙僧，得了真水，喜喜欢欢，回于本处，按下云头，径来村舍，只见猪八戒腆着肚子，倚在门枋上哼哩。行者悄悄上前道："呆子，几时占房的？"呆子慌了道："哥哥莫取笑，可曾有水来么？"行者还要耍他，沙僧随后就到，笑道："水来了！水来了！"三藏忍痛欠身道："徒弟啊，累了你们也！"那婆婆却也欢喜，几口儿都出礼拜道："菩萨呀，却是难得！难得！"即忙取个花磁盏子，舀了半盏儿，递与三藏道："老师父，细细的吃，只消一口，就解了胎气。"八戒道："我不用盏子，连吊桶等我喝了罢。"那婆子道：

"老爷爷，唬杀人罢了！若吃了这吊桶水，好道连肠子肚子都化尽了！"吓得呆子不敢胡为，也只吃了半盏。那里有顿饭之时，他两个腹中绞痛，只听毂辘毂辘三五阵肠鸣。肠鸣之后，那呆子忍不住，大小便齐流，唐僧也忍不住要往静处解手。行者道：

"师父啊，切莫出风地里去。怕人子，一时冒了风，弄做个产后之疾。"那婆婆即取两个净桶来，教他两个方便。须臾间，各行了几遍，才觉住了疼痛，渐渐的销了肿胀，化了那血团肉块。那婆婆家又煎些白米粥与他补虚，八戒道："婆婆，我的身子实落，不用补虚。且烧些汤水与我洗个澡，却好吃粥。"沙僧道：

"哥哥，洗不得澡，坐月子的人弄了水浆致病。"八戒道："我又不曾大生，左右只是个小产，怕他怎的？洗洗儿干净。"真个那婆子烧些汤与他两个净了手脚。唐僧才吃两盏儿粥汤，八戒就吃了十数碗，还只要添。行者笑道："夯货！少吃些！莫弄做个沙包肚，不象模样。”八戒道：“没事！没事！我又不是母猪，怕他做甚？”那家子真个又去收拾煮饭。

老婆婆对唐僧道：“老师父，把这水赐了我罢。”行者道：

“呆子，不吃水了？”八戒道：“我的肚腹也不疼了，胎气想是已行散了，洒然无事，又吃水何为？”行者道：“既是他两个都好了，将水送你家罢。”那婆婆谢了行者，将余剩之水，装于瓦罐之中，埋在后边地下，对众老小道：“这罐水，彀我的棺材本也！”众老小无不欢喜，整顿斋饭，调开桌凳，唐僧们吃了斋。消消停停，将息了一宿。次日天明，师徒们谢了婆婆家，出离村舍。唐三藏攀鞍上马。沙和尚挑着行囊。孙大圣前边引路，猪八戒拢了缰绳，这里才是洗净口孽身干净，销化凡胎体自然。

毕竟不知到国界中还有甚么理会，且听下回分解。

第五十四回　法性西来逢女国　心猿定计脱烟花

话说三藏师徒别了村舍人家，依路西进，不上三四十里，早到西梁国界。唐僧在马上指道：“悟空，前面城池相近，市井上人语喧哗，想是西梁女国。汝等须要仔细，谨慎规矩，切休放荡情怀，紊乱法门教旨。”三人闻言，谨遵严命。言未尽，却至东关厢街口。那里人都是长裙短袄，粉面油头，不分老少，尽是妇女，正在两街上做买做卖，忽见他四众来时，一齐都鼓掌呵呵，整容欢笑道：“人种来了！人种来了！”慌得那三藏勒马难行，须臾间就塞满街道，惟闻笑语。八戒口里乱嚷道：“我是个销猪！我是个销猪！”行者道：“呆子，莫胡谈，拿出旧嘴脸便是。”八戒真个把头摇上两摇，竖起一双蒲扇耳，扭动莲蓬吊搭唇，发一声喊，把那些妇女们唬得跌跌爬爬。有诗为证，诗曰：

圣僧拜佛到西梁，国内衠阴世少阳。农士工商皆女辈，渔樵耕牧尽红妆。娇娥满路呼人种，幼妇盈街接粉郎。不是悟能施丑相，烟花围困苦难当！

遂此众皆恐惧，不敢上前，一个个都捻手矬腰，摇头咬指，战战兢兢，排塞街旁路下，都看唐僧。孙大圣却也弄出丑相开路。沙僧也装吓虎维持，八戒采着马，掬着嘴，摆着耳朵。

一行前进，又见那市井上房屋齐整，铺面轩昂，一般有卖盐卖米、酒肆茶房，鼓角楼台通货殖，旗亭候馆挂帘栊。师徒们转湾抹角，忽见有一女官侍立街下，高声叫道：“远来的使客，不可擅入城门，请投馆驿注名上簿，待下官执名奏驾，验引放行。”

三藏闻言下马，观看那衙门上有一匾，上书迎阳驿三字。长老道：“悟空，那村舍人家传言是实，果有迎阳之驿。”沙僧笑道：“二哥，你却去照胎泉边照照，看可有双影。”八戒道：“莫弄我！我自吃了那盏儿落胎泉水，已此打下胎来了，还照他怎的？”三藏回头吩咐道：“悟能，谨言！谨言！”遂上前与那女官作礼。女官引路，请他们都进驿内，正厅坐下，即唤看茶。又见那手下人尽是三绺梳头、两截穿衣之类，你看他拿茶的也笑。少顷茶罢，女官欠身问曰：“使客何来？”行者道：“我等乃东土大唐王驾下钦差上西天拜佛求经者。我师父便是唐王御弟，号曰唐三藏，我乃他大徒弟孙悟空，这两个是我师弟猪悟能沙悟净，一行连马五口。随身有通关文牒，乞为照验放行。”那女官执笔写罢，下来叩头道：“老爷恕罪，下官乃迎阳驿驿丞，实不知上邦老爷，知当远接。”拜毕起身，即令管事的安排饮馔，道：“爷爷们宽坐一时，待下官进城启奏我王，倒换关文，打发领给，送老爷们西进。”三藏欣然而坐不题。

且说那驿丞整了衣冠，径入城中五凤楼前，对黄门官道：

“我是迎阳馆驿丞，有事见驾。”黄门即时启奏，降旨传宣至殿，问曰：“驿丞有何事来奏？”驿丞道：“微臣在驿，接得东土大唐王御弟唐三藏，有三个徒弟，名唤孙悟空、猪悟能、沙悟净，连马五口，欲上西天拜佛取经。特来启奏主公，可许他倒换关文放行？“女王闻奏满心欢喜，对众文武道：“寡人夜来梦见金屏生彩艳，玉镜展光明，乃是今日之喜兆也。”众女官拥拜丹墀道：“主公，怎见得是今日之喜兆？”女王道：“东土男人，乃唐朝御弟。我国中自混沌开辟之时，累代帝王，更不曾见个男人至此。幸今唐王御弟下降，想是天赐来的。寡人以一国之富，愿招御弟为王，我愿为后，与他阴阳配合，生子生孙，永传帝业，却不是今日之喜兆也？”众女官拜舞称扬，无不欢悦。驿丞又奏道：“主公之论，乃万代传家之好。但只是御弟三徒凶恶，不成相貌。”女王道：“卿见御弟怎生模样？他徒弟怎生凶丑？”驿丞道：“御弟相貌堂堂，丰姿英俊，诚是天朝上国之男儿，南赡中华之人物。那三徒却是形容狞恶，相貌如精。”女王道：“既如此，把他徒弟与他领给，倒换关文，打发他往西天，只留下御弟，有何不可？”众官拜奏道：“主公之言极当，臣等钦此钦遵。但只是匹配之事，无媒不可，自古道，姻缘配合凭红叶，月老夫妻系赤绳。”女王道：“依卿所奏，就着当驾太师作媒，迎阳驿丞主婚，先去驿中与御弟求亲。待他许可，寡人却摆驾出城迎接。”那太师驿丞领旨出朝。

却说三藏师徒们在驿厅上正享斋饭，只见外面人报：“当驾太师与我们本官老姆来了。”三藏道：“太师来却是何意？”八戒道：“怕是女王请我们也。”行者道：“不是相请，就是说亲。”

三藏道：“悟空，假如不放，强逼成亲，却怎么是好？”行者道：

“师父只管允他，老孙自有处治。”

说不了，二女官早至，对长老下拜。长老一一还礼道：“贫僧出家人，有何德能，敢劳大人下拜？”那太师见长老相貌轩昂，心中暗喜道：“我国中实有造化，这个男子，却也做得我王之夫。”二官拜毕起来，侍立左右道：“御弟爷爷，万千之喜了！”

三藏道：“我出家人，喜从何来？”太师躬身道：“此处乃西梁女国，国中自来没个男子。今幸御弟爷爷降临，臣奉我王旨意，特来求亲。”三藏道：“善哉！善哉！我贫僧只身来到贵地，又无儿女相随，止有顽徒三个，不知大人求的是那个亲事？”驿丞道：“下官才进朝启奏，我王十分欢喜，道夜来得一吉梦，梦见金屏生彩艳，玉镜展光明，知御弟乃中华上国男儿，我王愿以一国之富，招赘御弟爷爷为夫，坐南面称孤，我王愿为帝后。传旨着太师作媒，下官主婚，故此特来求这亲事也。”三藏闻言，低头不语。太师道：“大丈夫遇时不可错过，似此招赘之事，天下虽有；托国之富，世上实稀。请御弟速允，庶好回奏。”长老越加痴哑。八戒在旁掬着碓挺嘴叫道：“太师，你去上复国王：我师父乃久修得道的罗汉，决不爱你托国之富，也不爱你倾国之容，快些儿倒换关文，打发他往西去，留我在此招赘，如何？”太师闻说，胆战心惊，不敢回话。驿丞道：“你虽是个男身，但只形容丑陋，不中我王之意。”八戒笑道：“你甚不通变，常言道，粗柳簸箕细柳斗，世上谁见男儿丑。”行者道：“呆子，勿得胡谈，任师父尊意，可行则行，可止则止，莫要担阁了媒妁工夫。”三藏道：“悟空，凭你怎么说好！”行者道：“依老孙说，你在这里也好，自古道，千里姻缘似线牵哩，那里再有这般相应处？”三藏道：“徒弟，我们在这里贪图富贵，谁却去西天取经？那不望坏了我大唐之帝主也？”太师道：“御弟在上，微臣不敢隐言。我王旨意，原只教求御弟为亲，教你三位徒弟赴了会亲筵宴，发付领给，倒换关文，往西天取经去哩。”行者道：“太师说得有理，我等不必作难，情愿留下师父，与你主为夫，快换关文，打发我们西去，待取经回来，好到此拜爷娘，讨盘缠，回大唐也。”那太师与驿丞对行者作礼道：“多谢老师玉成之恩！”八戒道：“太师，切莫要口里摆菜碟儿，既然我们许诺，且教你主先安排一席，与我们吃锺肯酒，如何？”太师道：“有有有，就教摆设筵宴来也。”那驿丞与太师欢天喜地回奏女主不题。

却说唐长老一把扯住行者，骂道：“你这猴头，弄杀我也！怎么说出这般话来，教我在此招婚，你们西天拜佛，我就死也不敢如此。”行者道：“师父放心，老孙岂不知你性情，但只是到此地，遇此人，不得不将计就计！”三藏道：“怎么叫做将计就计？”行者道：“你若使住法儿不允他，他便不肯倒换关文，不放我们走路。倘或意恶心毒，喝令多人割了你肉，做甚么香袋啊，我等岂有善报？一定要使出降魔荡怪的神通。你知我们的手脚又重，器械又凶，但动动手儿，这一国的人尽打杀了。他虽然阻当我等，却不是怪物妖精，还是一国人身；你又平素是个好善慈悲的人，在路上一灵不损，若打杀无限的平人，你心何忍！诚为不善了也。”

三藏听说，道：“悟空，此论最善。但恐女主招我进去，要行夫妇之礼，我怎肯丧元阳，败坏了佛家德行；走真精，坠落了本教人身？”行者道：“今日允了亲事，他一定以皇帝礼，摆驾出城接你。你更不要推辞，就坐他凤辇龙车，登宝殿，面南坐下，问女王取出御宝印信来，宣我们兄弟进朝，把通关文牒用了印，再请女王写个手字花押，佥押了交付与我们。一壁厢教摆筵宴，就当与女王会喜，就与我们送行。待筵宴已毕，再叫排驾，只说送我们三人出城，回来与女王配合。哄得他君臣欢悦，更无阻挡之心，亦不起毒恶之念，却待送出城外，你下了龙车凤辇，教沙僧伺候左右，伏侍你骑上白马，老孙却使个定身法儿，教他君臣人等皆不能动，我们顺大路只管西行。行得一昼夜，我却念个咒，解了术法，还教他君臣们苏醒回城。一则不伤了他的性命，二来不损了你的元神。这叫做假亲脱网之计，岂非一举两全之美也？”三藏闻言，如醉方醒，似梦初觉，乐以忘忧，称谢不尽，道：“深感贤徒高见。”四众同心合意，正自商量不题。

却说那太师与驿丞不等宣诏，直入朝门白玉阶前奏道：“主公佳梦最准，鱼水之欢就矣。”女王闻奏，卷珠帘，下龙床，启樱唇，露银齿，笑吟吟娇声问曰：“贤卿见御弟，怎么说来？”

太师道：“臣等到驿，拜见御弟毕，即备言求亲之事。御弟还有推托之辞，幸亏他大徒弟慨然见允，愿留他师父与我王为夫，面南称帝，只教先倒换关文，打发他三人西去；取得经回，好到此拜认爷娘，讨盘费回大唐也。”女王笑道：“御弟再有何说。”

太师奏道：“御弟不言，愿配我主，只是他那二徒弟，先要吃席肯酒？”女王闻言，即传旨教光禄寺排宴，一壁厢排大驾，出城迎接夫君。众女官即钦遵王命，打扫宫殿，铺设庭台。一班儿摆宴的，火速安排；一班儿摆驾的，流星整备。你看那西梁国虽是妇女之邦，那銮舆不亚中华之盛，但见：六龙喷彩，双凤生祥。六龙喷彩扶车出，双凤生祥驾辇来。馥藹异香蔼，氤氲瑞气开。金鱼玉佩多官拥，宝髻云鬟众女排。鸳鸯掌扇遮銮驾，翡翠珠帘影凤钗。笙歌音美，弦管声谐。一片欢情冲碧汉，无边喜气出灵台。三檐罗盖摇天宇，五色旌旗映御阶。此地自来无合卺，女王今日配男才。

不多时，大驾出城，早到迎阳馆驿。忽有人报三藏师徒道：

“驾到了。”三藏闻言，即与三徒整衣出厅迎驾。女王卷帘下辇道：“那一位是唐朝御弟？”太师指道：“那驿门外香案前穿襕衣者便是。”女王闪凤目，簇蛾眉，仔细观看，果然一表非凡，你看他：丰姿英伟，相貌轩昂。齿白如银砌，唇红口四方。顶平额阔天仓满，目秀眉清地阁长。两耳有轮真杰士，一身不俗是才郎。好个妙龄聪俊风流子，堪配西梁窈窕娘。女王看到那心欢意美之处，不觉淫情汲汲，爱欲恣恣，展放樱桃小口，呼道：“大唐御弟，还不来占凤乘鸾也？”三藏闻言，耳红面赤，羞答答不敢抬头。

猪八戒在旁，掬着嘴，饧眼观看那女王，却也袅娜，真个眉如翠羽，肌似羊脂。脸衬桃花瓣，鬟堆金凤丝。秋波湛湛妖娆态，春笋纤纤妖媚姿。斜軃红绡飘彩艳，高簪珠翠显光辉。说甚么昭君美貌，果然是赛过西施。柳腰微展鸣金珮，莲步轻移动玉肢。月里嫦娥难到此，九天仙子怎如斯。宫妆巧样非凡类，诚然王母降瑶池。那呆子看到好处，忍不住口嘴流涎，心头撞鹿，一时间骨软筋麻，好便似雪狮子向火，不觉的都化去也。

只见那女王走近前来，一把扯住三藏，俏语娇声，叫道：“御弟哥哥，请上龙车，和我同上金銮宝殿，匹配夫妇去来。”这长老战兢兢立站不住，似醉如痴。行者在侧教道：“师父不必太谦，请共师娘上辇，快快倒换关文，等我们取经去罢。”长老不敢回言，把行者抹了两抹，止不住落下泪来，行者道：“师父切莫烦恼，这般富贵，不受用还待怎么哩？”三藏没及奈何，只得依从，揩了眼泪，强整欢容，移步近前，与女主：同携素手，共坐龙车。那女主喜孜孜欲配夫妻，这长老忧惶惶只思拜佛。一个要洞房花烛交鸳侣，一个要西宇灵山见世尊。女帝真情，圣僧假意。女帝真情，指望和谐同到老；圣僧假意，牢藏情意养元神。一个喜见男身，恨不得白昼并头谐伉俪；一个怕逢女色，只思量即时脱网上雷音。二人和会同登辇，岂料唐僧各有心！

那些文武官，见主公与长老同登凤辇，并肩而坐，一个个眉花眼笑，拨转仪从，复入城中。孙大圣才教沙僧挑着行李，牵着白马，随大驾后边同行。猪八戒往前乱跑，先到五凤楼前，嚷道：“好自在！好现成呀！这个弄不成！这个弄不成！吃了喜酒进亲才是！”唬得些执仪从引导的女官，一个个回至驾边道：

“主公，那一个长嘴大耳的，在五凤楼前嚷道要喜酒吃哩。”女主闻奏，与长老倚香肩，偎并桃腮，开檀口，俏声叫道：“御弟哥哥，长嘴大耳的是你那个高徒？”三藏道：“是我第二个徒弟，他生得食肠宽大，一生要图口肥。须是先安排些酒食与他吃了，方可行事。”女主急问：“光禄寺安排筵宴完否？”女官奏道：“已完，设了荤素两样，在东阁上哩。”女王又问：“怎么两样？”女官奏道：“臣恐唐朝御弟与高徒等平素吃斋，故有荤素两样。”女王却又笑吟吟，偎着长老的香腮道：“御弟哥哥，你吃荤吃素？”

三藏道：“贫僧吃素，但是未曾戒酒，须得几杯素酒，与我二徒弟吃些。”说未了，太师启奏：“请赴东阁会宴，今宵吉日良辰，就可与御弟爷爷成亲，明日天开黄道，请御弟爷爷登宝殿，面南改年号即位。”女王大喜，即与长老携手相搀，下了龙车，共入端门里，但见那：凤飘仙乐下楼台，阊阖中间翠辇来。凤阙大开光蔼蔼，皇宫不闭锦排排。麒麟殿内炉烟袅，孔雀屏边房影回。亭阁峥嵘如上国，玉堂金马更奇哉！

既至东阁之下，又闻得一派笙歌声韵美，又见两行红粉貌娇娆。正中堂排设两般盛宴：左边上首是素筵，右边上首是荤筵，下两路尽是单席。那女王敛袍袖，十指尖尖，奉着玉杯，便来安席。行者近前道：“我师徒都是吃素。先请师父坐了左手素席，转下三席，分左右，我兄弟们好坐。”太师喜道：“正是，正是。师徒即父子也，不可并肩。”众女官连忙调了席面。女王一一传杯，安了他弟兄三位。行者又与唐僧丢个眼色，教师父回礼。三藏下来，却也擎玉杯，与女王安席。那些文武官，朝上拜谢了皇恩，各依品从，分坐两边，才住了音乐请酒。那八戒那管好歹，放开肚子，只情吃起。也不管甚么玉屑米饭、蒸饼、糖糕、蘑菇、香蕈、笋芽，木耳、黄花菜、石花菜、紫菜、蔓菁、芋头、萝菔、山药、黄精、一骨辣噇了个罄尽，喝了五七杯酒。口里嚷道：

"看添换来！拿大觥来！再吃几觥，各人干事去。"沙僧问道：

"好筵席不吃，还要干甚事？"呆子笑道："古人云，造弓的造弓，造箭的造箭。我们如今招的招，嫁的嫁，取经的还去取经，走路的还去走路，莫只管贪杯误事，快早儿打发关文，正是将军不下马，各自奔前程。"女王闻说，即命取大杯来。近侍官连忙取几个鹦鹉杯、鸬鹚杓、金叵罗、银凿落、玻璃盏、水晶盆、蓬莱碗、琥珀锺，满斟玉液，连注琼浆，果然都各饮一巡。

三藏欠身而起，对女王合掌道："陛下，多蒙盛设，酒已彀了。请登宝殿，倒换关文，赶天早，送他三人出城罢。"女王依言，携着长老，散了筵宴，上金銮宝殿，即让长老即位。三藏道：

"不可！不可！适太师言过，明日天开黄道，贫僧才敢即位称孤。

今日即印关文，打发他去也。"女王依言，仍坐了龙床，即取金交椅一张，放在龙床左手，请唐僧坐了，叫徒弟们拿上通关文牒来。大圣便教沙僧解开包袱，取出关文。大圣将关文双手捧上。那女王细看一番，上有大唐皇帝宝印九颗，下有宝象国印，乌鸡国印，车迟国印。女王看罢，娇滴滴笑语道："御弟哥哥又姓陈？"三藏道："俗家姓陈，法名玄奘。因我唐王圣恩认为御弟，赐姓我为唐也。"女王道："关文上如何没有高徒之名？"三藏道："三个顽徒，不是我唐朝人物。"女王道："既不是你唐朝人物，为何肯随你来？"三藏道："大的个徒弟，祖贯东胜神洲傲来国人氏；第二个乃西牛贺洲乌斯庄人氏；第三个乃流沙河人氏。他三人都因罪犯天条，南海观世音菩萨解脱他苦，秉善皈依，将功折罪，情愿保护我上西天取经。皆是途中收得，故此未注法名在牒。"女王道："我与你添注法名，好么？"三藏道："但凭陛下尊意。"女王即令取笔砚来，浓磨香翰，饱润香毫，牒文之后，写上孙悟空、猪悟能、沙悟净三人名讳，却才取出御印，端端正正印了，又画个手字花押，传将下去。孙大圣接了，教沙僧包裹停当。那女王又赐出碎金碎银一盘，下龙床递与行者道："你三人将此权为路费，早上西天。待汝等取经回来，寡人还有重谢。"行者道："我们出家人，不受金银，途中自有乞化之处。"女王见他不受，又取出绫锦十匹，对行者道："汝等行色匆匆，裁制不及，将此路上做件衣服遮寒，"行者道："出家人穿不得绫锦，自有护体布衣。"女王见他不受，教："取御米三升，在路权为一饭。"八戒听说个饭字，便就接了，捎在包袱之间。行者道："兄弟，行李见今沉重，且倒有气力挑米？"八戒笑道："你那里知道，米好的是个日消货，只消一顿饭，就了帐也。"遂此合掌谢恩。

三藏道："敢烦陛下相同贫僧送他三人出城，待我嘱付他们几句，教他好生西去，我却回来，与陛下永受荣华，无挂无牵，方可会鸾交凤友也。"女王不知是计，便传旨摆驾，与三藏并倚香肩，同登凤辇，出西城而去。满城中都盏添净水，炉降真香，一则看女王銮驾，二来看御弟男身。没老没小，尽是粉容娇面、绿鬓云鬟之辈。不多时，大驾出城，到西关之处，行者、八戒、沙僧、同心合意，结束整齐，径迎着銮舆，厉声高叫道："那女王不必远送，我等就此拜别。"长老慢下龙车，对女王拱手道："陛下请回，让贫僧取经去也。"女王闻言，大惊失色，扯住唐僧道："御弟哥哥，我愿将一国之富，招你为夫，明日高登宝位，即位称君，我愿为君之后，喜筵通皆吃了，如何却又变卦？"

八戒听说，发起个风来，把嘴乱扭，耳朵乱摇，闯至驾前，嚷道："我们和尚家和你这粉骷髅做甚夫妻！放我师父走路！"那女王见他那等撒泼弄丑，唬得魂飞魄散，跌入辇驾之中。沙僧却把三藏抢出人丛，伏侍上马。只见那路旁闪出一个女子，喝道："唐御弟，那里走！我和你耍风月儿去来！"沙僧骂道："贼辈无知！"掣宝杖劈头就打。那女子弄阵旋风，呜的一声，把唐僧摄将去了，无影无踪，不知下落何处。咦！正是：脱得烟花网，又遇风月魔。毕竟不知那女子是人是怪，老师父的性命得死得生，且听下回分解。

第五十五回　色邪淫戏唐三藏　性正修持不坏身

却说孙大圣与猪八戒正要使法定那些妇女，忽闻得风响处，沙僧嚷闹，急回头时，不见了唐僧。行者道："是甚人来抢师父去了？"沙僧道："是一个女子，弄阵旋风，把师父摄了去也。"

行者闻言，唿哨跳在云端里，用手搭凉篷，四下里观看，只见一阵灰尘，风滚滚，往西北上去了，急回头叫道："兄弟们，快驾云同我赶师父去来！"八戒与沙僧，即把行囊捎在马上，响一声，都跳在半空里去。慌得那西梁国君臣女辈，跪在尘埃，都道：

"是白日飞升的罗汉，我主不必惊疑。唐御弟也是个有道的禅僧，我们都有眼无珠，错认了中华男子，枉费了这场神思。请主公上辇回朝也。"女王自觉惭愧，多官都一齐回国不题。

却说孙大圣兄弟三人腾空踏雾，望着那阵旋风，一直赶来，前至一座高山，只见灰尘息静，风头散了，更不知怪向何方。兄弟们按落云雾，找路寻访，忽见一壁厢，青石光明，却似个屏风模样。三人牵着马转过石屏，石屏后有两扇石门，门上有六个大字，乃是"毒敌山琵琶洞"。八戒无知，上前就使钉钯筑门，行者急止住道："兄弟莫忙，我们随旋风赶便赶到这里，寻了这会，方遇此门，又不知深浅如何。倘不是这个门儿，却不惹他见怪？你两个且牵了马，还转石屏前立等片时，待老孙进去打听打听，察个有无虚实，却好行事。"沙僧听说，大喜道：

"好！好！好！正是粗中有细，果然急处从宽。"他二人牵马回头。

孙大圣显个神通，捻着诀，念个咒语，摇身一变，变作蜜蜂儿，真个轻巧！你看他：翅薄随风软，腰轻映日纤。嘴甜曾觅蕊，尾利善降蟾。酿蜜功何浅，投衙礼自谦。如今施巧计，飞舞入门檐。行者自门瑕处钻将进去，飞过二层门里，只见正当中花亭子上端坐着一个女怪，左右列几个彩衣绣服、丫髻两拳的女童，都欢天喜地，正不知讲论甚么。这行者轻轻的飞上去，钉在那花亭格子上，侧耳才听，又见两个总角蓬头女子，捧两盘热腾腾的面食，上亭来道："奶奶，一盘是人肉馅的荤馍馍，一盘是邓沙馅的素馍馍。"那女怪笑道："小的们，搀出唐御弟来。"

几个彩衣绣服的女童，走向后房，把唐僧扶出。那师父面黄唇白，眼红泪滴，行者在暗中嗟叹道："师父中毒了！"

那怪走下亭，露春葱十指纤纤，扯住长老道："御弟宽心，我这里虽不是西梁女国的宫殿，不比富贵奢华，其实却也清闲自在，正好念佛看经。我与你做个道伴儿，真个是百岁和谐也。"三藏不语，那怪道："且休烦恼。我知你在女国中赴宴之时，不曾进得饮食。这里荤素面饭两盘，凭你受用些儿压惊。"

三藏沉思默想道："我待不说话，不吃东西，此怪比那女王不同，女王还是人身，行动以礼；此怪乃是妖神，恐为加害，奈何？

我三个徒弟，不知我困陷在于这里，倘或加害，却不枉丢性命？”以心问心，无计所奈，只得强打精神，开口道：“荤的何如？

素的何如？”女怪道：“荤的是人肉馅馍馍，素的是邓沙馅馍馍。”三藏道：“贫僧吃素。”那怪笑道：“女童，看热茶来，与你家长爷爷吃素馍馍。”一女童，果捧着香茶一盏，放在长老面前。

那怪将一个素馍馍劈破，递与三藏。三藏将个荤馍馍囫囵递与女怪。女怪笑道：“御弟，你怎么不劈破与我？”三藏合掌道：“我出家人，不敢破荤。”那女怪道：“你出家人不敢破荤，怎么前日在子母河边吃水高，今日又好吃邓沙馅？”三藏道：“水高船去急，沙陷马行迟。”行者在格子眼听着两个言语相攀，恐怕师父乱了真性，忍不住，现了本相，掣铁棒喝道：“孽畜无礼！”那女怪见了，口喷一道烟光，把花亭子罩住，教：“小的们，收了御弟！”他却拿一柄三股钢叉，跳出亭门，骂道：“泼猴惫懒！怎么敢私入吾家，偷窥我容貌！不要走！吃老娘一叉！”这大圣使铁棒架住，且战且退。

二人打出洞外，那八戒、沙僧，正在石屏前等候，忽见他两人争持，慌得八戒将白马牵过道：“沙僧，你只管看守行李马匹，等老猪去帮打帮打。”好呆子，双手举钯，赶上前叫道：“师兄靠后，让我打这泼贱！”那怪见八戒来，他又使个手段，呼了一声，鼻中出火，口内生烟，把身子抖了一抖，三股叉飞舞冲迎。那女怪也不知有几只手，没头没脸的滚将来。这行者与八戒，两边攻住。那怪道：“孙悟空，你好不识进退！我便认得你，你是不认得我。你那雷音寺里佛如来，也还怕我哩，量你这两个毛人，到得那里！都上来，一个个仔细看打！”这一场怎见得好战：女怪威风长，猴王气概兴。天蓬元帅争功绩，乱举钉钯要显能。那一个手多叉紧烟光绕，这两个性急兵强雾气腾。女怪只因求配偶，男僧怎肯泄元精！阴阳不对相持斗，各逞雄才恨苦争。阴静养荣思动动，阳收息卫爱清清。致令两处无和睦，叉钯铁棒赌输赢。这个棒有力，钯更能，女怪钢叉丁对丁。毒敌山前三不让，琵琶洞外两无情。那一个喜得唐僧谐凤侣，这两个必随长老取真经。惊天动地来相战，只杀得日月无光星斗更！三个斗罢多时，不分胜负。那女怪将身一纵，使出个倒马毒桩，不觉的把大圣头皮上扎了一下。行者叫声“苦啊！”忍耐不得，负痛败阵而走。八戒见事不谐，拖着钯彻身而退。那怪得了胜，收了钢叉。

行者抱头，皱眉苦面，叫声“利害！利害！”八戒到跟前问道：“哥哥，你怎么正战到好处，却就叫苦连天的走了？”行者抱着头，只叫：“疼！疼！疼！”沙僧道：“想是你头风发了？”行者跳道：“不是！不是！”八戒道：“哥哥，我不曾见你受伤，却头疼，何也？”行者哼哼的道：“了不得！了不得！我与他正然打处，他见我破了他的叉势，他就把身子一纵，不知是件甚么兵器，着我头上扎了一下，就这般头疼难禁，故此败了阵来。”八戒笑道：

“只这等静处常夸口，说你的头是修炼过的。却怎么就不禁这一下儿？”行者道：“正是，我这头自从修炼成真，盗食了蟠桃仙酒，老子金丹，大闹天宫时，又被玉帝差大力鬼王、二十八宿，押赴斗牛宫处处斩，那些神将使刀斧锤剑，雷打火烧，及老子把我安于八卦炉，锻炼四十九日，俱未伤损。今日不知这妇人用的是甚么兵器，把老孙头弄伤也！”沙僧道：“你放了手，等我看看。莫破了！”行者道：“不破！不破！”八戒道：“我去西梁国讨个膏药你贴贴。”行者道：“又不肿不破，怎么贴得膏药？”八戒笑道：“哥啊，我的胎前产后病倒不曾有，你倒弄了个脑门痈了。”沙僧道：“二哥且休取笑。如今天色晚矣，大哥伤了头，师父又不知死活，怎的是好！”行者哼道：“师父没事。我进去时，变作蜜蜂儿，飞入里面，见那妇人坐在花亭子上。少顷，两个丫鬟，捧两盘馍馍：一盘是人肉馅，荤的；一盘是邓沙馅，素的。又着两个女童扶师父出来吃一个压惊，又要与师父做甚么道伴儿。师父始初不与那妇人答话，也不吃馍馍，后见他甜言美语，不知怎么，就开口说话，却说吃素的。那妇人就将一个素的劈开递与师父，师父将个囫囵荤的递与那妇人。妇人道：‘怎不劈破？’师父道：‘出家人不敢破荤。’那妇人道：‘既不破荤，前日怎么在子母河边饮水高，今日又好吃邓沙馅？’师父不解其意，答他两句道：‘水高船去急，沙陷马行迟。’我在格子上听见，恐怕师父乱性，便就现了原身，掣棒就打。他也使神通，喷出烟雾，叫收了御弟，就轮钢叉，与老孙打出洞来也。”沙僧听说，咬指道：“这泼贱也不知从那里就随将我们来，把上项事都知道了！”八戒道：“这等说，便我们安歇不成？莫管甚么黄昏半夜，且去他门上索战，嚷嚷闹闹，搅他个不睡，莫教他捉弄了我师父。”行者道：“头疼，去不得！”沙僧道：“不须索战。一则师兄头痛，二来我师父是个真僧，决不以色空乱性，且就在山坡下，闭风处，坐这一夜，养养精神，待天明再作理会。”遂此三个弟兄，拴牢白马，守护行囊，就在坡下安歇不题。

却说那女怪放下凶恶之心，重整欢愉之色，叫：“小的们，把前后门都关紧了。”又使两个支更，防守行者，但听门响，即时通报。却又教：“女童，将卧房收拾齐整，掌烛焚香，请唐御弟来，我与他交欢。”遂把长老从后边搀出。那女怪弄出十分娇媚之态，携定唐僧道：“常言黄金未为贵，安乐值钱多。且和你做会夫妻儿，耍子去也。”这长老咬定牙关，声也不透。欲待不去，恐他生心害命，只得战兢兢，跟着他步入香房，却如痴如哑，那里抬头举目，更不曾看他房里是甚床铺幔帐，也不知有甚箱笼梳妆，那女怪说出的雨意云情，亦漠然无听。好和尚，真是那：

目不视恶色，耳不听淫声。他把这锦绣娇容如粪土，金珠美貌若灰尘。一生只爱参禅，半步不离佛地。那里会惜玉怜香，只晓得修真养性。那女怪，活泼泼，春意无边；这长老，死丁丁，禅机有在。一个似软玉温香，一个如死灰槁木。那一个，展鸳衾，淫兴浓浓；这一个，束褊衫，丹心耿耿。那个要贴胸交股和鸾凤，这个要画壁归山访达摩。女怪解衣，卖弄他肌香肤腻；唐僧敛衽，紧藏了糙肉粗皮。女怪道：“我枕剩衾闲何不睡？”唐僧道：“我头光服异怎相陪！”那个道：“我愿作前朝柳翠翠。”这个道：“贫僧不是月阇黎。”女怪道：“我美若西施还袅娜。”唐僧道：“我越王因此久埋尸。”女怪道：“御弟，你记得宁教花下死，做鬼也风流？”唐僧道：“我的真阳为至宝，怎肯轻与你这粉骷髅。”他两个散言碎语的，直斗到更深，唐长老全不动念。那女怪扯扯拉拉的不放，这师父只是老老成成的不肯。直缠到有半夜时候，把那怪弄得恼了，叫：“小的们，拿绳来！”可怜将一个心爱的人儿，一条绳，捆的象个猱狮模样，又教拖在房廊下去，却吹灭银灯，各归寝处。

一夜无词，不觉的鸡声三唱。那山坡下孙大圣欠身道：“我这头疼了一会，到如今也不疼不麻，只是有些作痒。”八戒笑道：“痒便再教他扎一下，何如？”行者啐了一口道：“放放放！”

八戒又笑道：“放放放！我师父这一夜倒浪浪浪！”沙僧道：“且莫斗口，天亮了，快赶早儿捉妖怪去。”行者道：“兄弟，你只管在此守马，休得动身。猪八戒跟我去。”那呆子抖擞精神，束一束皂锦直裰，相随行者，各带了兵器，跳上山崖，径至石屏之下。行者道：“你且立住，只怕这怪物夜里伤了师父，先等我进去打听打听。倘若被他哄了，丧了元阳，真个亏了德行，却就大家散火；若不乱性情，禅心未动，却好努力相持，打死精怪，救师西去。”八戒道：“你好痴哑！常言道，干鱼可好与猫儿作枕头？就不如此，就不如此，也要抓你几把是！”行者道：“莫胡疑乱说，待我看去。”

好大圣，转石屏，别了八戒，摇身还变个蜜蜂儿，飞入门里，见那门里有两个丫鬟，头枕着梆铃，正然睡哩。却到花亭子观看，那妖精原来弄了半夜，都辛苦了，一个个都不知天晓，还睡着哩。行者飞来后面，隐隐的只听见唐僧声唤，忽抬头，见那步廊下四马攒蹄捆着师父。行者轻轻的钉在唐僧头上，叫：“师父。”唐僧认得声音，道：“悟空来了？快救我命！”行者道：“夜来好事如何？”三藏咬牙道：“我宁死也不肯如此！”行者道：“昨日我见他有相怜相爱之意，却怎么今日把你这般挫折？”三藏道：

“他把我缠了半夜，我衣不解带，身未沾床。他见我不肯相从，才捆我在此。你千万救我取经去也！”他师徒们正然问答，早惊醒了那个妖精。妖精虽是下狠，却还有流连不舍之意，一觉翻身，只听见“取经去也”一句，他就滚下床来，厉声高叫道：“好夫妻不做，却取甚么经去！”行者慌了，撇却师父，急展翅，飞将出去，现了本相，叫声“八戒。”那呆子转过石屏道：“那话儿成了否？”行者笑道：“不曾！不曾！老师父被他摩弄不从，恼了，捆在那里，正与我诉说前情，那怪惊醒了，我慌得出来也。”八戒道：“师父曾说甚来？”行者道：“他只说衣不解带，身未沾床。”八戒笑道：“好！好！好！还是个真和尚！我们救他去！”

呆子粗鲁，不容分说，举钉钯，望他那石头门上尽力气一钯，唿喇喇筑做几块。唬得那几个枕梆铃睡的丫环，跑至二层门外，叫声：“开门！前门被昨日那两个丑男人打破了！”那女怪正出房门，只见四五个丫鬟跑进去报道：“奶奶，昨日那两个丑男人又来把前门已打碎矣。”那怪闻言，即忙叫：“小的们！快烧汤洗面梳妆！”叫：“把御弟连绳抬在后房收了，等我打他去！”好妖精，走出来，举着三股叉骂道：“泼猴！野彘！老大无知！你怎敢打破我门！”八戒骂道：“滥淫贱货！你倒困陷我师父，返敢硬嘴！我师父是你哄将来做老公的，快快送出饶你！敢再说半个不字，老猪一顿钯，连山也筑倒你的！”那妖精那容分说，抖擞身躯，依前弄法，鼻口内喷烟冒火，举钢叉就刺八戒。八戒侧身躲过，着钯就筑，孙大圣使铁棒并力相帮。那怪又弄神通，也不知是几只手，左右遮拦，交锋三五个回合，不知是甚兵器，把八戒嘴唇上，也又扎了一下。那呆子拖着钯，侮着嘴，负痛逃生。

行者却也有些醋他，虚丢一棒，败阵而走。那妖精得胜而回，叫小的们搬石块垒迭了前门不题。

却说那沙和尚正在坡前放马，只听得那里猪哼，忽抬头，见八戒侮着嘴，哼将来。沙僧道：“怎的说？”呆子哼道：“了不得！了不得！疼疼疼！”说不了，行者也到跟前笑道：“好呆子啊！

昨日咒我是脑门痈，今日却也弄做个肿嘴瘟了！”八戒哼道：

“难忍难忍！疼得紧！利害，利害！”三人正然难处，只见一个老妈妈儿，左手提着一个青竹篮儿，自南山路上挑菜而来。沙僧道：“大哥，那妈妈来得近了，等我问他个信儿，看这个是甚妖精，是甚兵器，这般伤人。”行者道：“你且住，等老孙问他去来。”行者急睁睛看，只见头直上有祥云盖顶，左右有香雾笼身。行者认得，即叫：“兄弟们，还不来叩头！那妈妈是菩萨来也。”慌得猪八戒忍疼下拜，沙和尚牵马躬身，孙大圣合掌跪下，叫声“南无大慈大悲救苦救难灵感观世音菩萨。”那菩萨见他们认得元光，即踏祥云，起在半空，现了真象，原来是鱼篮之象。行者赶到空中，拜告道：“菩萨，恕弟子失迎之罪！我等努力救师，不知菩萨下降，今遇魔难难收，万望菩萨搭救搭救！”

菩萨道：“这妖精十分利害，他那三股叉是生成的两只钳脚。扎人痛者，是尾上一个钩子，唤做倒马毒。本身是个蝎子精。他前者在雷音寺听佛谈经，如来见了，不合用手推他一把，他就转过钩子，把如来左手中拇指上扎了一下，如来也疼难禁，即着金刚拿他，他却在这里。若要救得唐僧，除是别告一位方好，我也是近他不得。”行者再拜道：“望菩萨指示指示，别告那位去好，弟子即去请他也。”菩萨道：“你去东天门里光明宫告求昴日星官，方能降伏。”言罢，遂化作一道金光，径回南海。

孙大圣才按云头，对八戒沙僧道：“兄弟放心，师父有救星了。”沙僧道：“是那里救星？”行者道：“才然菩萨指示，教我告请昴日星官，老孙去来。”八戒侮着嘴哼道：“哥啊！就问星官讨些止疼的药饵来！”行者笑道：“不须用药，只似昨日疼过夜就好了。”沙僧道：“不必烦叙，快早去罢。”好行者，急忙驾筋斗云，须臾到东天门外。忽见增长天王当面作礼道：“大圣何往？”

行者道：“因保唐僧西方取经，路遇魔障缠身，要到光明宫见昴日星官走走。”忽又见陶张辛邓四大元帅，也问何往，行者道：

“要寻昴日星官去降妖救师。”四元帅道：“星官今早奉玉帝旨意，上观星台巡札去了。”行者道：“可有这话？”辛天君道：“小将等与他同下斗牛宫，岂敢说假？”陶天君道：“今已许久，或将回矣。大圣还先去光明宫，如未回，再去观星台可也。”大圣遂喜，即别他们，至光明宫门首，果是无人，复抽身就走，只见那壁厢有一行兵士摆列，后面星官来了。那星官还穿的是拜驾朝衣，一身金缕，但见他：冠簪五岳金光彩，笏执山河玉色琼。袍挂七星云叆叇，腰围八极宝环明。叮当珮响如敲韵，迅速风声似摆铃。翠羽扇开来昴宿，天香飘袭满门庭。

前行的兵士，看见行者立于光明宫外，急转身报道：“主公，孙大圣在这里也。”那星官敛云雾整束朝衣，停执事分开左右，上前作礼道：“大圣何来？”行者道：“专来拜烦救师父一难。”星官道：“何难？在何地方？”行者道：“在西梁国毒敌山琵琶洞。”星官道：“那山洞有甚妖怪，却来呼唤小神？”行者道：

“观音菩萨适才显化，说是一个蝎子精，特举先生方能治得，因此来请。”星官道：“本欲回奏玉帝，奈大圣至此，又感菩萨举荐，恐迟误事，小神不敢请献茶，且和你去降妖精，却再来回旨罢。”大圣闻言，即同出东天门，直至西梁国。望见毒敌山不远，行者指道：“此山便是。”星官按下云头，同行者至石屏前山坡之下。沙僧见了道：“二哥起来，大哥请得星官来了。”那呆子还侮着嘴道：“恕罪恕罪！有病在身，不能行礼。”星官道：“你是修行之人，何病之有？”八戒道：“早间与那妖精交战，被他着我唇上扎了一下，至今还疼呀。”星官道：“你上来，我与你医治医治。”呆子才放了手，口里哼哼啧啧道：“千万治治！待好了谢你。”那星官用手把嘴唇上摸了一摸，吹一口气，就不疼了。呆子欢喜下拜道：“妙啊！妙啊！”行者笑道：“烦星官也把我头上摸摸。”星官道：“你未遭毒，摸他何为？”行者道：“昨日也曾遭过，只是过了夜，才不疼，如今还有些麻痒，只恐发天阴，也烦治治。”星官真个也把头上摸了一摸，吹口气，也就解了余毒，不麻不痒了。八戒发狠道：“哥哥，去打那泼贱去！”星官道：“正是正是，你两个叫他出来，等我好降他。”

行者与八戒跳上山坡，又至石屏之后。呆子口里乱骂，手似捞钩，一顿钉钯，把那洞门外垒迭的石块爬开，闯至一层门，又一钉钯，将二门筑得粉碎。慌得那门里小妖飞报：“奶奶！那两个丑男人，又把二层门也打破了！”那怪正教解放唐僧，讨素茶饭与他吃哩，听见打破二门，即便跳出花亭子，轮叉来刺八戒。八戒使钉钯迎架，行者在旁，又使铁棒来打。那怪赶至身边，要下毒手，他两个识得方法，回头就走。那怪赶过石屏之后，行者叫声：“昴宿何在？”只见那星官立于山坡上，现出本相，原来是一只双冠子大公鸡，昂起头来，约有六七尺高，对着妖精叫一声，那怪即时就现了本象，是个琵琶来大小的蝎子精。星官再叫一声，那怪浑身酥软，死在坡前。有诗为证，诗曰：

花冠绣颈若团缨，爪硬距长目怒睛。踊跃雄威全五德，峥嵘壮势羡三鸣。岂如凡鸟啼茅屋，本是天星显圣名。毒蝎枉修人道行，还原反本见真形。八戒上前，一只脚躧住那怪的胸背道：

“孽畜！今番使不得倒马毒了！”那怪动也不动，被呆子一顿钉钯，捣作一团烂酱。那星官复聚金光，驾云而去。行者与八戒沙僧朝天拱谢道："有累有累！改日赴宫拜酬。"三人谢毕，却才收拾行李马匹，都进洞里，见那大小丫环，两边跪下拜道："爷爷，我们不是妖邪，都是西梁国女人，前者被这妖精摄来的。你师父在后边香房里坐着哭哩。"行者闻言，仔细观看，果然不见妖气，遂入后边叫道："师父！"那唐僧见众齐来，十分欢喜道：

"贤徒，累及你们了！那妇人何如也？"八戒道："那厮原是个大母蝎子。幸得观音菩萨指示，大哥去天宫里请得那昴日星官下降，把那厮收伏。才被老猪筑做个泥了，方敢深入于此，得见师父之面。"唐僧谢之不尽。又寻些素米、素面，安排了饮食，吃了一顿，把那些摄将来的女子赶下山，指与回家之路。点上一把火，把几间房宇，烧毁罄尽，请唐僧上马，找寻大路西行。正是：

割断尘缘离色相，推干金海悟禅心。毕竟不知几年上才得成真，且听下回分解。

第五十六回　神狂诛草寇　道昧放心猿

诗曰：灵台无物谓之清，寂寂全无一念生。猿马牢收休放荡，精神谨慎莫峥嵘。除六贼，悟三乘，万缘都罢自分明。色邪永灭超真界，坐享西方极乐城。话说唐三藏咬钉嚼铁，以死命留得一个不坏之身，感蒙行者等打死蝎子精，救出琵琶洞。一路无词，又早是朱明时节，但见那：熏风时送野兰香，濯雨才晴新竹凉。艾叶满山无客采，蒲花盈涧自争芳。海榴娇艳游蜂喜，溪柳阴浓黄雀狂。长路那能包角黍，龙舟应吊汨罗江。他师徒们行赏端阳之景，虚度中天之节，忽又见一座高山阻路。长老勒马回头叫道："悟空，前面有山，恐又生妖怪，是必谨防。"行者等道："师父放心，我等皈命投诚，怕甚妖怪！"长老闻言甚喜，加鞭催骏马，放辔趱蛟龙。须臾上了山崖，举头观看，真个是：顶巅松柏接云青，石壁荆榛挂野藤。万丈崔巍，千层悬削。

万丈崔巍峰岭峻，千层悬削壑崖深。苍苔碧藓铺阴石，古桧高槐结大林。林深处，听幽禽，巧声睍睆实堪吟。涧内水流如泻玉，路旁花落似堆金。山势恶，不堪行，十步全无半步平。狐狸麋鹿成双遇，白鹿玄猿作对迎。忽闻虎啸惊人胆，鹤鸣振耳透天庭。黄梅红杏堪供食，野草闲花不识名。

四众进山，缓行良久，过了山头，下西坡，乃是一段平阳之地。猪八戒卖弄精神，教沙和尚挑着担子，他双手举钯，上前赶马。那马更不惧他，凭那呆子嗒笞笞的赶，只是缓行不紧。行者道："兄弟，你赶他怎的？让他慢慢走罢了。"八戒道："天色将晚，自上山行了这一日，肚里饿了，大家走动些，寻个人家化些斋吃。"行者闻言道："既如此，等我教他快走。"把金箍棒幌一幌，喝了一声，那马溜了缰，如飞似箭，顺平路往前去了。你说马不怕八戒，只怕行者何也？行者五百年前曾受玉帝封在大罗天御马监养马，官名弼马温，故此传留至今，是马皆惧猴子。那长老挽不住缰口，只扳紧着鞍桥，让他放了一路辔头，有二十里向开田地，方才缓步而行。

正走处，忽听得一棒锣声，路两边闪出三十多人，一个个枪刀棍棒，拦住路口道："和尚！那里走！"唬得个唐僧战兢兢，坐不稳，跌下马来，蹲在路旁草科里，只叫："大王饶命！大王饶命！"那为头的两个大汉道："不打你，只是有盘缠留下。"长老方才省悟，知他是伙强人，却欠身抬头观看，但见他：一个青脸獠牙欺太岁，一个暴睛圆眼赛丧门。鬓边红发如飘火，颔下黄须似插针。他两个头戴虎皮花磕脑，腰系貂裘彩战裙。一个手中执着狼牙棒，一个肩上横担扢挞藤。果然不亚巴山虎，真个犹如出水龙。三藏见他这般凶恶，只得走起来，合掌当胸道：

"大王，贫僧是东土唐王差往西天取经者，自别了长安，年深日久，就有些盘缠也使尽了。出家人专以乞化为由，那得个财帛？

万望大王方便方便，让贫僧过去罢！"那两个贼帅众向前道：

"我们在这里起一片虎心，截住要路，专要些财帛，甚么方便方便？你果无财帛，快早脱下衣服，留下白马，放你过去！"三藏道："阿弥陀佛！贫僧这件衣服，是东家化布，西家化针，零零碎碎化来的。你若剥去，可不害杀我也？只是这世里做得好汉，那世里变畜生哩！"那贼闻言大怒，掣大棍，上前就打。这长老口内不言，心中暗想道："可怜！你只说你的棍子，还不知我徒弟的棍子哩！"那贼那容分说，举着棒，没头没脸的打来。长老一生不会说谎，遇着这急难处，没奈何，只得打个诳语道："二位大王，且莫动手，我有个小徒弟，在后面就到。他身上有几两银子，把与你罢。"那贼道："这和尚是也吃不得亏，且捆起来。"

众娄罗一齐下手，把一条绳捆了，高高吊在树上。

却说三个撞祸精，随后赶来。八戒呵呵大笑道："师父去得好快，不知在那里等我们哩。"忽见长老在树上，他又说："你看师父，等便罢了，却又有这般心肠，爬上树去，扯着藤儿打秋千耍子哩！"行者见了道："呆子，莫乱谈。师父吊在那里不是？你两个慢来，等我去看看。"好大圣，急登高坡细看，认得是伙强人，心中暗喜道："造化！造化！买卖上门了！"即转步，摇身一变，变做个干干净净的小和尚，穿一领缁衣，年纪只有二八，肩上背着一个蓝布包袱，拽开步，来到前边，叫道："师父，这是怎么说话？这都是些甚么歹人？"三藏道："徒弟呀，还不救我一救，还问甚的？"行者道："是干甚勾当的？"三藏道："这一伙拦路的，把我拦住，要买路钱。因身边无物，遂把我吊在这里，只等你来计较计较，不然，把这匹马送与他罢。"行者闻言笑道：

"师父不济，天下也有和尚，似你这样皮松的却少。唐太宗差你往西天见佛，谁教你把这龙马送人？"三藏道："徒弟呀，似这等吊起来，打着要，怎生是好？"行者道："你怎么与他说来？"三藏道："他打的我急了，没奈何，把你供出来也。"行者道："师父，你好没搭撒，你供我怎的？"三藏道："我说你身边有些盘缠，且教道莫打我，是一时救难的话儿。"行者道："好！好！好！承你抬举，正是这样供。若肯一个月供得七八十遭，老孙越有买卖。"

那伙贼见行者与他师父讲话，撒开势，围将上来道："小和尚，你师父说你腰里有盘缠，趁早拿出来，饶你们性命！若道半个不字，就都送了你的残生！"行者放下包袱道："列位长官，不要嚷。盘缠有些在此包袱，不多，只有马蹄金二十来锭，粉面银二三十锭，散碎的未曾见数。要时就连包儿拿去，切莫打我师父。古书云，德者本也，财者末也，此是末事。我等出家人，自有化处。若遇着个斋僧的长者，衬钱也有，衣服也有，能用几何？只望放下我师父来，我就一并奉承。"那伙贼闻言，都甚欢喜道："这老和尚悭吝，这小和尚倒还慷慨。"教："放下来。"那长老得了性命，跳上马，顾不得行者，操着鞭，一直跑回旧路。

行者忙叫道："走错路了。"提着包袱，就要追去。那伙贼拦住道："那里走？将盘缠留下，免得动刑！"行者笑道："说开，盘缠须三分分之。"那贼头道："这小和尚忒乖，就要瞒着他师父留起些儿。也罢，拿出来看。若多时，也分些与你背地里买果子吃。"行者道："哥呀，不是这等说。我那里有甚盘缠？说你两个打劫别人的金银，是必分些与我。"那贼闻言大怒，骂道："这和尚不知死活！你倒不肯与我，返回我要！不要走！看打！"轮起一条扢挞藤棍，照行者光头上打了七八下。行者只当不知，且满面陪笑道："哥呀，若是这等打，就打到来年打罢春，也是不当真的。"那贼大惊道："这和尚好硬头！"行者笑道："不敢不敢，承过奖了，也将就看得过。"那贼那容分说，两三个一齐乱打，行者道："列位息怒，等我拿出来。"好大圣，耳中摸一摸，拔出一个绣花针儿道："列位，我出家人，果然不曾带得盘缠，只这个针儿送你罢。"那贼道："晦气呀！把一个富贵和尚放了，却拿住这个穷秃驴！你好道会做裁缝？我要针做甚的？"行者听说不要，就拈在手中，幌了一幌，变作碗来粗细的一条棍子。那贼害怕道："这和尚生得小，倒会弄术法儿。"行者将棍子插在地下道："列位拿得动，就送你罢。"两个贼上前抢夺，可怜就如蜻蜓撼石柱，莫想弄动半分毫。这条棍本是如意金箍棒，天秤称的，一万三千五百斤重，那伙贼怎么知得？大圣走上前，轻轻的拿起，丢一个蟒翻身拗步势，指着强人道："你都造化低，遇着我老孙了！"那贼上前来，又打了五六十下。行者笑道："你也打得手困了，且让老孙打一棒儿，却休当真。"你看他展开棍子，幌一幌，有井栏粗细，七八丈长短，荡的一棍，把一个打倒在地，嘴唇揞土，再不做声。那一个开言骂道："这秃厮老大无礼！盘缠没有，转伤我一个人！"行者笑道："且消停，且消停！待我一个个打来，一发教你断了根罢！"荡的又一棍，把第二个又打死了，唬得那众娄罗撇枪弃棍，四路逃生而走。

却说唐僧骑着马，往东正跑，八戒、沙僧拦住道："师父往那里去？错走路了。"长老兜马道："徒弟啊，趁早去与你师兄说，教他棍下留情，莫要打杀那些强盗。"八戒道："师父住下，等我去来。"呆子一路跑到前边，厉声高叫道："哥哥，师父教你莫打人哩。"行者道："兄弟，那曾打人？"八戒道："那强盗往那里去了？"行者道："别个都散了，只是两个头儿在这里睡觉哩。"八戒笑道："你两个遭瘟的，好道是熬了夜，这般辛苦，不往别处睡，却睡在此处！"呆子行到身边，看看道："倒与我是一起的，干净张着口睡，淌出些粘涎来了。"行者道："是老孙一棍子打出豆腐来了。"八戒道："人头上又有豆腐？"行者道："打出脑子来了！"八戒听说打出脑子来，慌忙跑转去，对唐僧道："散了伙也！"三藏道："善哉！善哉！往那条路上去了？"八戒道：

"打也打得直了脚，又会往那里去走哩！"三藏道："你怎么说散伙？"八戒道："打杀了，不是散伙是甚的？"三藏问："打的怎么模样？"八戒道："头上打了两个大窟窿。"三藏教："解开包，取几文衬钱，快去那里讨两个膏药与他两个贴贴。"八戒笑道：

"师父好没正经，膏药只好贴得活人的疮肿，那里好贴得死人的窟窿？"三藏道："真打死了？"就恼起来，口里不住的絮絮叨叨，猢狲长，猴子短，兜转马，与沙僧、八戒至死人前，见那血淋淋的，倒卧山坡之下。

这长老甚不忍见，即着八戒："快使钉钯，筑个坑子埋了，我与他念卷倒头经。"八戒道："师父左使了人也。行者打杀人，还该教他去烧埋，怎么教老猪做土工？"行者被师父骂恼了，喝着八戒道："泼懒夯货！趁早儿去埋！迟了些儿，就是一棍！"呆子慌了，往山坡下筑了有三尺深，下面都是石脚石根，扛住钯齿，呆子丢了钯，便把嘴拱，拱到软处，一嘴有二尺五，两嘴有五尺深，把两个贼尸埋了，盘作一个坟堆。三藏叫："悟空，取香烛来，待我祷祝，好念经。"行者努着嘴道："好不知趣！这半山之中，前不巴村，后不着店，那讨香烛？就有钱也无处去买。"三藏恨恨的道："猴头过去！等我撮土焚香祷告。"这是三藏离鞍悲野冢，圣僧善念祝荒坟，祝云："拜惟好汉，听祷原因：念我弟子，东土唐人。奉太宗皇帝旨意，上西方求取经文。适来此地，逢尔多人，不知是何府、何州、何县，都在此山内结党成群。我以好话，哀告殷勤。尔等不听，返善生嗔。却遭行者，棍下伤身。

切念尸骸暴露，吾随掩土盘坟。折青竹为香烛，无光彩，有心勤；取顽石作施食，无滋味，有诚真。你到森罗殿下兴词，倒树寻根，他姓孙，我姓陈，各居异姓。冤有头，债有主，切莫告我取经僧人。"八戒笑道："师父推了干净，他打时却也没有我们两个。"三藏真个又撮土祷告道："好汉告状，只告行者，也不干八戒、沙僧之事。"大圣闻言，忍不住笑道："师父，你老人家忒没情义。为你取经，我费了多少殷勤劳苦，如今打死这两个毛贼，你倒教他去告老孙。虽是我动手打，却也只是为你。你不往西天取经，我不与你做徒弟，怎么会来这里，会打杀人！索性等我祝他一祝。"攥着铁棒，望那坟上捣了三下，道："遭瘟的强盗，你听着！我被你前七八棍，后七八棍，打得我不疼不痒的，触恼了性子，一差二误，将你打死了，尽你到那里去告，我老孙实是不怕：玉帝认得我，天王随得我；二十八宿惧我，九曜星官怕我；府县城隍跪我，东岳天齐怖我；十代阎君曾与我为仆从，五路猖神曾与我当后生；不论三界五司，十方诸宰，都与我情深面熟，随你那里去告！"三藏见说出这般恶话，却又心惊道："徒弟呀，我这祷祝是教你体好生之德，为良善之人，你怎么就认真起来？"行者道："师父，这不是好耍子的勾当，且和你赶早寻宿去。"那长老只得怀嗔上马。

孙大圣有不睦之心，八戒、沙僧亦有嫉妒之意，师徒都面是背非，依大路向西正走，忽见路北下有一座庄院。三藏用鞭指定道："我们到那里借宿去。"八戒道："正是。"遂行至庄舍边下马。看时，却也好个住场，但见：野花盈径，杂树遮扉。远岸流山水，平畦种麦葵。蒹葭露润轻鸥宿，杨柳风微倦鸟栖。青柏间松争翠碧，红蓬映蓼斗芳菲。村犬吠，晚鸡啼，牛羊食饱牧童归。爨烟结雾黄粱熟，正是山家入暮时。长老向前，忽见那村舍门里走出一个老者，即与相见，道了问讯。那老者问道：

"僧家从那里来？"三藏道："贫僧乃东土大唐钦差往西天求经者。适路过宝方，天色将晚，特来檀府告宿一宵。"老者笑道：

"你贵处到我这里，程途迢递，怎么涉水登山，独自到此？"三藏道："贫僧还有三个徒弟同来。"老者问："高徒何在？"三藏用手指道："那大路旁立的便是。"老者猛抬头，看见他们面貌丑陋，急回身往里就走，被三藏扯住道："老施主，千万慈悲，告借一宿！"老者战兢兢钳口难言，摇着头，摆着手道："不不不不象人模样！是是是几个妖精！"三藏陪笑道："施主切休恐惧，我徒弟生得是这等相貌，不是妖精！"老者道："爷爷呀，一个夜叉，一个马面，一个雷公！"行者闻言，厉声高叫道："雷公是我孙子，夜叉是我重孙，马面是我玄孙哩！"那老者听见，魄散魂飞，面容失色，只要进去。三藏搀住他，同到草堂，陪笑道："老施主，不要怕他。他都是这等粗鲁，不会说话。"

正劝解处，只见后面走出一个婆婆，携着五六岁的一个小孩儿，道："爷爷，为何这般惊恐？"老者才叫："妈妈，看茶来。"

那婆婆真个丢了孩儿，入里面捧出二锺茶来。茶罢，三藏却转下来，对婆婆作礼道："贫僧是东土大唐差往西天取经的，才到贵处，拜求尊府借宿，因是我三个徒弟貌丑，老家长见了虚惊也。"婆婆道："见貌丑的就这等虚惊，若见了老虎豺狼，却怎么好？"老者道："妈妈呀，人面丑陋还可，只是言语一发吓人。我说他象夜叉马面雷公，他吆喝道，雷公是他孙子，夜叉是他重孙，马面是他玄孙。我听此言，故然悚惧。"唐僧道："不是不是，象雷公的是我大徒孙悟空，象马面的是我二徒猪悟能，象夜叉的是我三徒沙悟净。他们虽是丑陋，却也秉教沙门，皈依善果，不是甚么恶魔毒怪，怕他怎么！"公婆两个，闻说他名号皈正沙门之言，却才定性回惊，教："请来，请来。"长老出门叫来，又吩咐道："适才这老者甚恶你等，今进去相见，切勿抗礼，各要尊重些。"八戒道："我俊秀，我斯文，不比师兄撒泼。"行者笑道：

"不是嘴长，耳大、脸丑，便也是一个好男子。"沙僧道："莫争讲，这里不是那抓乖弄俏之处，且进去！且进去！"

遂此把行囊马匹，都到草堂上，齐同唱了个喏，坐定。那妈妈儿贤慧，即便携转小儿，咐吩煮饭，安排一顿素斋，他师徒吃了。渐渐晚了，又掌起灯来，都在草堂上闲叙。长老才问："施主高姓？"老者道："姓杨。"又问年纪。老者道："七十四岁。"又问："几位令郎？"老者道："止得一个，适才妈妈携的是小孙。"

长老："请令郎相见拜揖。"老者道："那厮不中拜。老拙命苦，养不着他，如今不在家了。"三藏道："何方生理？"老者点头而叹：

"可怜！可怜！若肯何方生理，是吾之幸也！那厮专生恶念，不务本等，专好打家截道，杀人放火！相交的都是些狐群狗党！自五日之前出去，至今未回。"三藏闻说，不敢言喘，心中暗想道：

"或者悟空打杀的就是也。"长老神思不安，欠身道："善哉！善哉！如此贤父母，何生恶逆儿！"行者近前道："老官儿，似这等不良不肖、奸盗邪淫之子，连累父母，要他何用！等我替你寻他来打杀了罢。"老者道："我待也要送了他，奈何再无以次人丁，纵是不才，一定还留他与老汉掩土。"沙僧与八戒笑道："师兄，莫管闲事，你我不是官府。他家不肖，与我何干！且告施主，见赐一束草儿，在那厢打铺睡觉，天明走路。"老者即起身，着沙僧到后园里拿两个稻草，教他们在园中草团瓢内安歇。行者牵了马，八戒挑了行李，同长老俱到团瓢内安歇不题。

却说那伙贼内果有老杨的儿子。自天早在山前被行者打死两个贼首，他们都四散逃生，约摸到四更时候，又结坐一伙，在门前打门。老者听得门响，即披衣道："妈妈，那厮们来也。"

妈妈道："既来，你去开门，放他来家。"老者方才开门，只见那一伙贼都嚷道："饿了！饿了！"这老杨的儿子忙入里面，叫起他妻来，打米煮饭。却厨下无柴，往后园里拿柴到厨房里，问妻道："后园里白马是那里的？"其妻道："是东土取经的和尚，昨晚至此借宿，公公婆婆管待他一顿晚斋，教他在草团瓢内睡哩。"那厮闻言，走出草堂，拍手打掌笑道："兄弟们，造化！造化！冤家在我家里也！"众贼道："那个冤家？"那厮道："却是打死我们头儿的和尚，来我家借宿，现睡在草团瓢里。"众贼道：

"却好！却好！拿住这些秃驴，一个个剁成肉酱，一则得那行囊白马，二来与我们头儿报仇！"那厮道："且莫忙，你们且去磨刀。等我煮饭熟了，大家吃饱些，一齐下手。"真个那些贼磨刀的磨刀，磨枪的磨枪。那老儿听得此言，悄悄的走到后园，叫起唐僧四位道："那厮领众来了，知得汝等在此，意欲图害，我老拙念你远来，不忍伤害，快早收拾行李，我送你往后门出去罢！"三藏听说，战兢兢的叩头谢了老者，即唤八戒牵马，沙僧挑担，行者拿了九环锡杖。老者开后门，放他去了，依旧悄悄的来前睡下。

却说那厮们磨快了刀枪，吃饱了饭食，时已五更天气，一齐来到园中看处，却不见了。即忙点灯着火，寻彀多时，四无踪迹，但见后门开着，都道："从后门走了！走了！"发一声喊，"赶将上拿来。"一个个如飞似箭，直赶到东方日出，却才望见唐僧。那长老忽听得喊声，回头观看，后面有二三十人，枪刀簇簇而来，便叫："徒弟啊，贼兵追至，怎生奈何！"行者道："放心！放心！老孙了他去来！"三藏勒马道："悟空，切莫伤人，只吓退他便罢。"行者那肯听信，急掣棒回首相迎道："列位那里去？"众贼骂道："秃厮无礼！还我大王的命来！"那厮们圈子阵把行者围在中间，举枪刀乱砍乱搠。这大圣把金箍棒幌一幌，碗来粗细，把那伙贼打得星落云散，汤着的就死，挽着的就亡；搕着的骨折，擦着的皮伤，乖些的跑脱几个，痴些的都见阎王！

三藏在马上，见打倒许多人，慌的放马奔西。猪八戒与沙和尚，紧随鞭镫而去。行者问那不死带伤的贼人道："那个是那杨老儿的儿子？"那贼哼哼的告道："爷爷，那穿黄的是！"行者上前，夺过刀来，把个穿黄的割下头来，血淋淋提在手中，收了铁棒，拽开云步，赶到唐僧马前，提着头道："师父，这是杨老儿的逆子，被老孙取将首级来也。"三藏见了，大惊失色，慌得跌下马来，骂道："这泼猢狲唬杀我也！快拿过！快拿过！"八戒上前，将人头一脚踢下路旁，使钉钯筑些土盖了。沙僧放下担子，搀着唐僧道："师父请起。"那长老在地下正了性，心中念起《紧箍儿咒》来，把个行者勒得耳红面赤，眼胀头昏，在地下打滚，只教："莫念！莫念！"那长老念彀有十余遍，还不住口。行者翻筋斗，竖蜻蜓，疼痛难禁，只叫："师父饶我罪罢！有话便说，莫念！莫念！"三藏却才住口道："没话说，我不要你跟了，你回去罢！"行者忍疼磕头道："师父，怎的就赶我去耶？"三藏道："你这泼猴，凶恶太甚，不是个取经之人。昨日在山坡下，打死那两个贼头，我已怪你不仁。及晚了到老者之家，蒙他赐斋借宿，又蒙他开后门放我等逃了性命，虽然他的儿子不肖，与我无干，也不该就枭他首，况又杀死多人，坏了多少生命，伤了天地多少和气。屡次劝你，更无一毫善念，要你何为！快走！快走！免得又念真言！"行者害怕，只教："莫念，莫念！我去也！"说声去，一路筋斗云，无影无踪，遂不见了。咦！这正是：心有凶狂丹不熟，神无定位道难成。毕竟不知那大圣投向何方，且听下回分解。

第五十七回　真行者落伽山诉苦　假猴王水帘洞誊文

却说孙大圣恼恼闷闷，起在空中，欲待回花果山水帘洞，恐本洞小妖见笑，笑我出乎尔反乎尔，不是个大丈夫之器；欲待要投奔天宫，又恐天宫内不容久住；欲待要投海岛，却又羞见那三岛诸仙；欲待要奔龙宫，又不伏气求告龙王。真个是无依无倚，苦自忖量道："罢！罢！罢！我还去见我师父，还是正果。"遂按下云头，径至三藏马前侍立道："师父，恕弟子这遭！

向后再不敢行凶，一一受师父教诲，千万还得我保你西天去也。"唐僧见了，更不答应，兜住马，即念《紧箍儿咒》，颠来倒去，又念有二十余遍，把大圣咒倒在地，箍儿陷在肉里有一寸来深浅，方才住口道："你不回去，又来缠我怎的？"行者只教：

"莫念！莫念！我是有处过日子的，只怕你无我去不得西天。"

三藏发怒道："你这猢狲杀生害命，连累了我多少，如今实不要你了！我去得去不得，不干你事！快走快走！迟了些儿，我又念真言，这番决不住口，把你脑浆都勒出来哩！"大圣疼痛难忍，见师父更不回心，没奈何，只得又驾筋斗云，起在空中，忽然省悟道："这和尚负了我心，我且向普陀崖告诉观音菩萨去来。"

好大圣，拨回筋斗，那消一个时辰，早至南洋大海，住下祥光，直至落伽山上，撞入紫竹林中，忽见木叉行者迎面作礼道：

"大圣何往？"行者道："要见菩萨。"木叉即引行者至潮音洞口，又见善财童子作礼道："大圣何来？"行者道："有事要告菩萨。”

善财听见一个告字，笑道：“好刁嘴猴儿！还象当时我拿住唐僧被你欺哩！我菩萨是个大慈大悲，大愿大乘，救苦救难，无边无量的圣善菩萨，有甚不是处，你要告他？”行者满怀闷气，一闻此言，心中怒发，咄的一声，把善财童子喝了个倒退，道：“这个背义忘恩的小畜生，着实愚鲁！你那时节作怪成精，我请菩萨收了你，皈正迦持，如今得这等极乐长生，自在逍遥，与天同寿，还不拜谢老孙，转倒这般侮慢！我是有事来告求菩萨，却怎么说我刁嘴要告菩萨？”善财陪笑道：“还是个急猴子，我与你作笑耍子，你怎么就变脸了？”

正讲处，只见白鹦哥飞来飞去，知是菩萨呼唤，木叉与善财遂向前引导，至宝莲台下。行者望见菩萨，倒身下拜，止不住泪如泉涌，放声大哭。菩萨教木叉与善财扶起道：“悟空，有甚伤感之事，明明说来，莫哭莫哭，我与你救苦消灾也。”行者垂泪再拜道：“当年弟子为人，曾受那个气来？自蒙菩萨解脱天灾，秉教沙门，保护唐僧往西天拜佛求经，我弟子舍身拚命，救解他的魔障，就如老虎口里夺脆骨，蛟龙背上揭生鳞。只指望归真正果，洗业除邪，怎知那长老背义忘恩，直迷了一片善缘，更不察皂白之苦！”菩萨道：“且说那皂白原因来我听。”行者即将那打杀草寇前后始终，细陈了一遍。却说唐僧因他打死多人，心生怨恨，不分皂白，遂念《紧箍儿咒》，赶他几次，上天无路，入地无门，特来告诉菩萨。菩萨道：“唐三藏奉旨投西，一心要秉善为僧，决不轻伤性命。似你有无量神通，何苦打死许多草寇！草寇虽是不良，到底是个人身，不该打死，比那妖禽怪兽、鬼魅精魔不同。那个打死，是你的功绩；这人身打死，还是你的不仁。但袪退散，自然救了你师父，据我公论，还是你的不善。”行者噙泪叩头道：“纵是弟子不善，也当将功折罪，不该这般逐我。万望菩萨舍大慈悲，将《松箍儿咒》念念，褪下金箍，交还与你，放我仍往水帘洞逃生去罢！”菩萨笑道：“《紧箍儿咒》，本是如来传我的。当年差我上东土寻取经人，赐我三件宝贝，乃是锦襕袈裟、九环锡杖、金紧禁三个箍儿，秘授与咒语三篇，却无甚么《松箍儿咒》。”行者道：“既如此，我告辞菩萨去也。”

菩萨道：“你辞我往那里去？”行者道：“我上西天，拜告如来，求念《松箍儿咒》去也。”菩萨道：“你且住，我与你看看祥晦如何。”行者道：“不消看，只这样不祥也彀了。”菩萨道：“我不看你，看唐僧的祥晦。”好菩萨，端坐莲台，运心三界，慧眼遥观，遍周宇宙，霎时间开口道：“悟空，你那师父顷刻之际，就有伤身之难，不久便来寻你。你只在此处，待我与唐僧说，教他还同你去取经，了成正果。”孙大圣只得皈依，不敢造次，侍立于宝莲台下不题。

却说唐长老自赶回行者，教八戒引马，沙僧挑担，连马四口，奔西走不上五十里远近，三藏勒马道：“徒弟，自五更时出了村舍，又被那弼马温着了气恼，这半日饥又饥，渴又渴，那个去化些斋来我吃？”八戒道：“师父且请下马，等我看可有邻近的庄村，化斋去也。”三藏闻言，滚下马来。呆子纵起云头，半空中仔细观看，一望尽是山岭，莫想有个人家。八戒按下云来，对三藏道：“却是没处化斋，一望之间，全无庄舍。”三藏道：“既无化斋之处，且得些水来解渴也可。”八戒道：“等我去南山涧下取些水来。”沙僧即取钵盂，递与八戒，八戒托着钵盂，驾起云雾而去。那长老坐在路旁，等彀多时，不见回来，可怜口干舌苦难熬。有诗为证，诗曰：保神养气谓之精，情性原来一禀形。心乱神昏诸病作，形衰精败道元倾。三花不就空劳碌，四大萧条枉费争。土木无功金水绝，法身疏懒几时成！沙僧在旁，见三藏饥渴难忍，八戒又取水不来，只得稳了行囊，拴牢了白马道：

“师父，你自在着，等我去催水来。”长老含泪无言，但点头相答。沙僧急驾云光，也向南山而去。

那师父独炼自熬，困苦太甚，正在怆惶之际，忽听得一声响亮，唬得长老欠身看处，原来是孙行者跪在路旁，双手捧着一个磁杯道：“师父，没有老孙，你连水也不能彀哩。这一杯好凉水，你且吃口水解渴，待我再去化斋。”长老道：“我不吃你的水！立地渴死，我当任命！不要你了！你去罢！”行者道：“无我你去不得西天也。”三藏道：“去得去不得，不干你事！泼猢狲！

只管来缠我做甚！”那行者变了脸，发怒生嗔，喝骂长老道：“你这个狠心的泼秃，十分贱我！”轮铁棒，丢了磁杯，望长老脊背上砑了一下，那长老昏晕在地，不能言语，被他把两个青毡包袱，提在手中，驾筋斗云，不知去向。

却说八戒托着钵盂，只奔山南坡下，忽见山凹之间，有一座草舍人家。原来在先看时，被山高遮住，未曾见得；今来到边前，方知是个人家。呆子暗想道：“我若是这等丑嘴脸，决然怕我，枉劳神思，断然化不得斋饭。须是变好！须是变好！”好呆子，捻着诀，念个咒，把身摇了七八摇，变作一个食痨病黄胖和尚，口里哼哼啧啧的，挨近门前，叫道：“施主，厨中有剩饭，路上有饥人。贫僧是东土来往西天取经的，我师父在路饥渴了，家中有锅巴冷饭，千万化些儿救口。”原来那家子男人不在，都去插秧种谷去了，只有两个女人在家，正才煮了午饭，盛起两盆，却收拾送下田，锅里还有些饭与锅巴，未曾盛了。那女人见他这等病容，却又说东土往西天去的话，只恐他是病昏了胡说，又怕跌倒，死在门首，只得哄哄翕翕，将些剩饭锅巴，满满的与了一钵。呆子拿转来，现了本象，径回旧路。正走间，听得有人叫“八戒”。八戒抬头看时，却是沙僧站在山崖上喊道：“这里来！这里来！”及下崖，迎至面前道：“这涧里好清水不舀，你往那里去的？”八戒笑道：“我到这里，见山凹子有个人家，我去化了这一钵干饭来了。”沙僧道：“饭也用着，只是师父渴得紧了，怎得水去？”八戒道：“要水也容易，你将衣襟来兜着这饭，等我使钵盂去舀水。”

二人欢欢喜喜，回至路上，只见三藏面磕地，倒在尘埃，白马撒缰，在路旁长嘶跑跳，行李担不见踪影。慌得八戒跌脚捶胸，大呼小叫道：“不消讲！不消讲！这还是孙行者赶走的余党，来此打杀师父，抢了行李去了！”沙僧道：“且去把马拴住！”只叫：“怎么好！怎么好！这诚所谓半途而废，中道而止也！”叫一声：“师父！”满眼抛珠，伤心痛哭。八戒道：“兄弟且休哭，如今事已到此，取经之事，且莫说了。你看着师父的尸灵，等我把马骑到那个府州县乡村店集卖几两银子，买口棺木，把师父埋了，我两个各寻道路散伙。”沙僧实不忍舍，将唐僧扳转身体，以脸温脸，哭一声：“苦命的师父！”只见那长老口鼻中吐出热气，胸前温暖，连叫：“八戒，你来！师父未伤命哩！”那呆子才近前扶起。长老苏醒，呻吟一会，骂道：“好泼猢狲，打杀我也！”沙僧、八戒问道：“是那个猢狲？”长老不言，只是叹息，却讨水吃了几口，才说：“徒弟，你们刚去，那悟空更来缠我。是我坚执不收，他遂将我打了一棒，青毡包袱都抢去了。”八戒听说，咬响口中牙，发起心头火道：“叵耐这泼猴子，怎敢这般无礼！”教沙僧道：“你伏侍师父，等我到他家讨包袱去！”沙僧道：“你且休发怒，我们扶师父到那山凹人家化些热茶汤，将先化的饭热热，调理师父，再去寻他。”八戒依言，把师父扶上马，拿着钵盂，兜着冷饭，直至那家门首，只见那家止有个老婆子在家，忽见他们，慌忙躲过。沙僧合掌道：“老母亲，我等是东土唐朝差往西天去者，师父有些不快，特拜府上，化口热茶汤，与他吃饭。”那妈妈道：“适才有个食痨病和尚，说是东土差来的，已化斋去了，又有个甚么东土的。我没人在家，请别转转。”长老闻言，扶着八戒，下马躬身道：“老婆婆，我弟子有三个徒弟，合意同心，保护我上天竺国大雷音拜佛求经。只因我大徒弟唤孙悟空一生凶恶，不遵善道，是我逐回。不期他暗暗走来，着我背上打了一棒，将我行囊衣钵抢去。如今要着一个徒弟寻他取讨，因在那空路上不是坐处，特来老婆婆府上权安息一时。待讨将行李来就行，决不敢久住。”那妈妈道：“刚才一个食痨病黄胖和尚，他化斋去了，也说是东土往西天去的，怎么又有一起？”

八戒忍不住笑道：“就是我。因我生得嘴长耳大，恐你家害怕，不肯与斋，故变作那等模样。你不信，我兄弟衣兜里不是你家锅巴饭？”那妈妈认得果是他与的饭，遂不拒他，留他们坐了，却烧了一確热茶，递与沙僧泡饭。沙僧即将冷饭泡了，递与师父。师父吃了几口，定性多时，道：“那个去讨行李？”八戒道：

“我前年因师父赶他回去，我曾寻他一次，认得他花果山水帘洞，等我去！等我去！”长老道：“你去不得。那猢狲原与你不和，你又说话粗鲁，或一言两句之间，有些差池，他就要打你。着悟净去罢。”沙僧应承道：“我去，我去。”长老又吩咐沙僧道：“你到那里，须看个头势。他若肯与你包袱，你就假谢谢拿来；若不肯，切莫与他争竞，径至南海菩萨处，将此情告诉，请菩萨去问他要。”沙僧一一听从，向八戒道：“我今寻他去，你千万莫僝僽，好生供养师父。这人家亦不可撒泼，恐他不肯供饭，我去就回。”八戒点头道：“我理会得。但你去，讨得讨不得，次早回来，不要弄做尖担担柴两头脱也。”沙僧遂捻了诀，驾起云光，直奔东胜神洲而去。真个是：身在神飞不守舍，有炉无火怎烧丹。黄婆别主求金老，木母延师奈病颜。此去不知何日返，这回难量几时还。五行生克情无顺，只待心猿复进关。

那沙僧在半空里，行经三昼夜，方到了东洋大海，忽闻波浪之声，低头观看，真个是黑雾涨天阴气盛，沧溟衔日晓光寒。

他也无心观玩，望仙山渡过瀛洲，向东方直抵花果山界。乘海风，踏水势，又多时，却望见高峰排戟，峻壁悬屏，即至峰头，按云找路下山，寻水帘洞。步近前，只听得一派喧声，见那山中无数猴精，滔滔乱嚷。沙僧又近前仔细再看，原来是孙行者高坐石台之上，双手扯着一张纸，朗朗的念道：“东土大唐王皇帝李，驾前敕命御弟圣僧陈玄奘法师，上西方天竺国娑婆灵山大雷音寺专拜如来佛祖求经。朕因促病侵身，魂游地府，幸有阳数臻长，感冥君放送回生，广陈善会，修建度亡道场。盛蒙救苦救难观世音菩萨金身出现，指示西方有佛有经，可度幽亡超脱，特着法师玄奘，远历千山，询求经偈。倘过西邦诸国，不灭善缘，照牒施行。大唐贞观一十三年秋吉日御前文牒。自别大国以来，经度诸邦，中途收得大徒弟孙悟空行者，二徒弟猪悟能八戒，三徒弟沙悟净和尚。”念了从头又念。沙僧听得是通关文牒，止不住近前厉声高叫：“师兄，师父的关文你念他怎的？”

那行者闻言急抬头，不认得是沙僧，叫：“拿来！拿来！”众猴一齐围绕，把沙僧拖拖扯扯，拿近前来，喝道：“你是何人，擅敢近吾仙洞？”沙僧见他变了脸，不肯相认，只得朝上行礼道：“上告师兄，前者实是师父性暴，错怪了师兄，把师兄咒了几遍，逐赶回家。一则弟等未曾劝解，二来又为师父饥渴去寻水化斋。不意师兄好意复来，又怪师父执法不留，遂把师父打倒，昏晕在地，将行李抢去。后救转师父，特来拜兄，若不恨师父，还念昔日解脱之恩，同小弟将行李回见师父，共上西天，了此正果。倘怨恨之深，不肯同去，千万把包袱赐弟，兄在深山，乐桑榆晚景，亦诚两全其美也。”

行者闻言，呵呵冷笑道：“贤弟，此论甚不合我意。我打唐僧，抢行李，不因我不上西方，亦不因我爱居此地。我今熟读了牒文，我自己上西方拜佛求经，送上东土，我独成功，教那南赡部洲人立我为祖，万代传名也。”沙僧笑道：“师兄言之欠当，自来没个孙行者取经之说。我佛如来造下三藏真经，原着观音菩萨向东土寻取经人求经，要我们苦历千山，询求诸国，保护那取经人。菩萨曾言：取经人乃如来门生，号曰金蝉长老，只因他不听佛祖谈经，贬下灵山，转生东土，教他果正西方，复修大道。遇路上该有这般魔障，解脱我等三人，与他做护法。兄若不得唐僧去，那个佛祖肯传经与你！却不是空劳一场神思也？”

那行者道：“贤弟，你原来懞懂，但知其一，不知其二。谅你说你有唐僧，同我保护，我就没有唐僧？我这里另选个有道的真僧在此，老孙独力扶持，有何不可！已选明日起身去矣。你不信，待我请来你看。”叫：“小的们，快请老师父出来。”果跑进去，牵出一匹白马，请出一个唐三藏，跟着一个八戒，挑着行李；一个沙僧，拿着锡杖。这沙僧见了大怒道：“我老沙行不更名，坐不改姓，那里又有一个沙和尚！不要无礼！吃我一杖！”好沙僧，双手举降妖杖，把一个假沙僧劈头一下打死，原来这是一个猴精。那行者恼了，轮金箍棒，帅众猴，把沙僧围了。沙僧东冲西撞，打出路口，纵云雾逃生道：“这泼猴如此惫懒，我告菩萨去来！”那行者见沙僧打死一个猴精，把沙和尚逼得走了，他也不来追赶，回洞教小的们把打死的妖尸拖在一边，剥了皮，取肉煎炒，将椰子酒、葡萄酒，同众猴都吃了。另选一个会变化的妖猴，还变一个沙和尚，从新教道，要上西方不题。

沙僧一驾云离了东海，行经一昼夜，到了南海。正行时，早见落伽山不远，急至前低停云雾观看。好去处！果然是：包乾之奥，括坤之区。会百川而浴日滔星，归众流而生风漾月。潮发腾凌大鲲化，波翻浩荡巨鳌游。水通西北海，浪合正东洋。四海相连同地脉，仙方洲岛各仙宫。休言满地蓬莱，且看普陀云洞。好景致！山头霞彩壮元精，岩下祥风漾月晶。紫竹林中飞孔雀，绿杨枝上语灵鹦。琪花瑶草年年秀，宝树金莲岁岁生。白鹤几番朝顶上，素鸾数次到山亭。游鱼也解修真性，跃浪穿波听讲经。沙僧徐步落伽山，玩看仙境，只见木叉行者当面相迎道：“沙悟净，你不保唐僧取经，却来此何干？”沙僧作礼毕道：

“有一事特来朝见菩萨，烦为引见引见。”木叉情知是寻行者，更不题起，即先进去对菩萨道：“外有唐僧的小徒弟沙悟净朝拜。”孙行者在台下听见，笑道：“这定是唐僧有难，沙僧来请菩萨的。”菩萨即命木叉门外叫进。这沙僧倒身下拜，拜罢抬头正欲告诉前事，忽见孙行者站在旁边，等不得说话，就掣降妖杖望行者劈脸便打。这行者更不回手，彻身躲过。沙僧口里乱骂道：“我把你个犯十恶造反的泼猴！你又来影瞒菩萨哩！”菩萨喝道：“悟净不要动手，有甚事先与我说。”沙僧收了宝杖，再拜台下，气冲冲的对菩萨道：“这猴一路行凶，不可数计。前日在山坡下打杀两个剪路的强人，师父怪他。不期晚间就宿在贼窝主家里，又把一伙贼人尽情打死，又血淋淋提一个人头来与师父看。师父唬得跌下马来，骂了他几句，赶他回来。分别之后，师父饥渴太甚，教八戒去寻水，久等不来，又教我去寻他。不期孙行者见我二人不在，复回来把师父打一铁棍，将两个青毡包袱抢去。我等回来，将师父救醒，特来他水帘洞寻他讨包袱，不想他变了脸，不肯认我，将师父关文念了又念。我问他念了做甚，他说不保唐僧，他要自上西天取经，送上东土，算他的功果，立他为祖，万古传扬。我又说：没唐僧，那肯传经与你？他说他选了一个有道的真僧。及请出，果是一匹白马，一个唐僧，后跟着八戒、沙僧。我道我便是沙和尚，那里又有个沙和尚？是我赶上前，打了他一宝杖，原来是个猴精。他就帅众拿我，是我特来告请菩萨。不知他会使筋斗云，预先到此处，又不知他将甚巧语花言，影瞒菩萨也。”菩萨道：“悟净，不要赖人，悟空到此今已四日，我更不曾放他回去，他那里有另请唐僧、自去取经之意？”沙僧道：“见如今水帘洞有一个孙行者，怎敢欺诳？”

菩萨道：“既如此，你休发急，教悟空与你同去花果山看看。是真难灭，是假易除，到那里自见分晓。”这大圣闻言，即与沙僧辞了菩萨。这一去，到那花果山前分皂白，水帘洞口辨真邪。毕竟不知如何分辨，且听下回分解。

第五十八回　二心搅乱大乾坤　一体难修真寂灭

这行者与沙僧拜辞了菩萨，纵起两道祥光，离了南海。原来行者筋斗云快，沙和尚仙云觉迟，行者就要先行。沙僧扯住道："大哥不必这等藏头露尾，先去安根，待小弟与你一同走。"

大圣本是良心，沙僧却有疑意，真个二人同驾云而去。不多时，果见花果山，按下云头，二人洞外细看，果见一个行者，高坐石台之上，与群猴饮酒作乐。模样与大圣无异：也是黄发金箍，金睛火眼；身穿也是锦布直裰，腰系虎皮裙；手中也拿一条儿金箍铁棒，足下也踏一双麂皮靴；也是这等毛脸雷公嘴，朔腮别土星，查耳额颅阔，獠牙向外生。这大圣怒发，一撒手，撇了沙和尚，掣铁棒上前骂道："你是何等妖邪，敢变我的相貌，敢占我的儿孙，擅居吾仙洞，擅作这威福！"那行者见了，公然不答，也使铁棒来迎。二行者在一处，果是不分真假，好打呀：两条棒，二猴精，这场相敌实非轻。都要护持唐御弟，各施功绩立英名。真猴实受沙门教，假怪虚称佛子情。盖为神通多变化，无真无假两相平。一个是混元一气齐天圣，一个是久炼千灵缩地精。这个是如意金箍棒，那个是随心铁杆兵。隔架遮拦无胜败，撑持抵敌没输赢。先前交手在洞外，少顷争持起半空。他两个各踏云光，跳斗上九霄云内。沙僧在旁，不敢下手，见他们战此一场，诚然难认真假，欲待拔刀相助，又恐伤了真的。忍耐良久，且纵身跳下山崖，使降妖宝杖，打近水帘洞外，惊散群妖，掀翻石凳，把饮酒食肉的器皿，尽情打碎，寻他的青毡包袱，四下里全然不见。原来他水帘洞本是一股瀑布飞泉，遮挂洞门，远看似一条白布帘儿，近看乃是一股水脉，故曰水帘洞。沙僧不知进步来历，故此难寻。即便纵云，赶到九霄云里，轮着宝杖，又不好下手。大圣道："沙僧，你既助不得力，且回复师父，说我等这般这般，等老孙与此妖打上南海落伽山菩萨前辨个真假。"道罢，那行者也如此说。沙僧见两个相貌、声音，更无一毫差别，皂白难分，只得依言，拨转云头，回复唐僧不题。

你看那两个行者，且行且斗，直嚷到南海，径至落伽山，打打骂骂，喊声不绝。早惊动护法诸天，即报入潮音洞里道："菩萨，果然两个孙悟空打将来也。"那菩萨与木叉行者、善财童子、龙女降莲台出门喝道："那孽畜那里走！"这两个递相揪住道："菩萨，这厮果然象弟子模样。才自水帘洞打起，战斗多时，不分胜负。沙悟净肉眼愚蒙，不能分识，有力难助，是弟子教他回西路去回复师父，我与这厮打到宝山，借菩萨慧眼，与弟子认个真假，辨明邪正。"道罢，那行者也如此说一遍。众诸天与菩萨都看良久，莫想能认。菩萨道："且放了手，两边站下，等我再看。"果然撒手，两边站定。这边说："我是真的！"那边说："他是假的！"

菩萨唤木叉与善财上前，悄悄吩咐："你一个帮住一个，等我暗念《紧箍儿咒》，看那个害疼的便是真，不疼的便是假。"他二人果各帮一个。菩萨暗念真言，两个一齐喊疼，都抱着头，地下打滚，只叫："莫念！莫念！"菩萨不念，他两个又一齐揪住，照旧嚷斗。菩萨无计奈何，即令诸天木叉，上前助力。众神恐伤真的，亦不敢下手。菩萨叫声"孙悟空"，两个一齐答应。菩萨道："你当年官拜弼马温，大闹天宫时，神将皆认得你，你且上界去分辨回话。"这大圣谢恩，那行者也谢恩。

二人扯扯拉拉，口里不住的嚷斗，径至南天门外，慌得那广目天王帅马赵温关四大天将，及把门大小众神，各使兵器挡住道："那里走！此间可是争斗之处？"大圣道："我因保护唐僧往西天取经，在路上打杀贼徒，那三藏赶我回去，我径到普陀崖见观音菩萨诉苦，不想这妖精，几时就变作我的模样，打倒唐僧，抢去包袱。有沙僧至花果山寻讨，只见这妖精占了我的巢穴，后到普陀崖告请菩萨，又见我侍立台下，沙僧诳说是我驾筋斗云，又先在菩萨处遮饰。菩萨却是个正明，不听沙僧之言，命我同他到花果山看验。原来这妖精果象老孙模样，才自水帘洞打到普陀山见菩萨，菩萨也难识认，故打至此间，烦诸天眼力，与我认个真假。"说罢，那行者也似这般这般说了一遍。众天神看彀多时，也不能辨，他两个吆喝道："你们既不能认，让开路，等我们去见玉帝！"众神搪抵不住，放开天门，直至灵霄宝殿，马元帅同张葛许邱四天师奏道："下界有一般两个孙悟空，打进天门，口称见王。"说不了，两个直嚷将进来，唬得那玉帝即降立宝殿，问曰："你两个因甚事擅闹天宫，嚷至朕前寻死！"大圣口称："万岁！万岁！臣今皈命，秉教沙门，再不敢欺心诳上，只因这个妖精变作臣的模样。"如此如彼，把前情备陈了一遍，"指望与臣辨个真假！"那行者也如此陈了一遍。玉帝即传旨宣托塔李天王，教："把照妖镜来照这厮谁真谁假，教他假灭真存。"天王即取镜照住，请玉帝同众神观看。镜中乃是两个孙悟空的影子，金箍衣服，毫发不差。玉帝亦辨不出，赶出殿外。这大圣呵呵冷笑，那行者也哈哈欢喜，揪头抹颈，复打出天门，坠落西方路上道："我和你见师父去！我和你见师父去！"

却说那沙僧自花果山辞他两个，又行了三昼夜，回至本庄，把前事对唐僧说了一遍。唐僧自家悔恨道："当时只说是孙悟空打我一棍，抢去包袱，岂知却是妖精假变的行者！"沙僧又告道："这妖又假变一个长老，一匹白马，又有一个八戒挑着我们包袱，又有一个变作是我。我忍不住恼怒，一杖打死，原是一个猴精。因此惊散，又到菩萨处诉苦。菩萨着我与师兄又同去识认，那妖果与师兄一般模样。我难助力，故先来回复师父。"

三藏闻言，大惊失色。八戒哈哈大笑道："好好好！应了这施主家婆婆之言了！他说有几起取经的，这却不又是一起？"那家子老老小小的，都来问沙僧："你这几日往何处讨盘缠去的？"沙僧笑道："我往东胜神洲花果山寻大师兄取讨行李，又到南海普陀山拜见观音菩萨，却又到花果山，方才转回至此。"那老者又问："往返有多少路程？"沙僧道："约有二十余万里。"老者道："爷爷呀，似这几日，就走了这许多路，只除是驾云，方能彀得到！"八戒道："不是驾云，如何过海？"沙僧道："我们那算得走路，若是我大师兄，只消一二日，可往回也。"那家子听言，都说是神仙，八戒道："我们虽不是神仙，神仙还是我们的晚辈哩！"

正说间，只听半空中喧哗人嚷，慌得都出来看，却是两个行者打将来。八戒见了，忍不住手痒道："等我去认认看。"好呆子，急纵身跳起，望空高叫道："师兄莫嚷，我老猪来也！"那两个一齐应道："兄弟，来打妖精！来打妖精！"那家子又惊又喜道："是几位腾云驾雾的罗汉歇在我家！就是发愿斋僧的，也斋不着这等好人！"更不计较茶饭，愈加供养，又说："这两个行者只怕斗出不好来，地覆天翻，作祸在那里！"三藏见那老者当面是喜，背后是忧，即开言道："老施主放心，莫生忧叹。贫僧收伏了徒弟，去恶归善，自然谢你。"那老者满口回答道："不敢！不敢！"沙僧道："施主休讲，师父可坐在这里，等我和二哥去，一家扯一个来到你面前，你就念念那话儿，看那个害疼的就是真的，不疼的就是假的。"三藏道："言之极当。"沙僧果起在半空道："二位住了手，我同你到师父面前辨个真假去。"这大圣放了手，那行者也放了手。沙僧搀住一个，叫道："二哥，你也搀住一个。"果然搀住，落下云头，径至草舍门外。三藏见了，就念《紧箍儿咒》，二人一齐叫苦道："我们这等苦斗，你还咒我怎的？莫念！莫念！"那长老本心慈善，遂住了口不念，却也不认得真假。他两个挣脱手，依然又打。这大圣道："兄弟们，保着师父，等我与他打到阎王前折辨去也！"那行者也如此说，二人抓抓捽捽，须臾又不见了。八戒道："沙僧，你既到水帘洞，看见假八戒挑着行李，怎么不抢将来？"沙僧道："那妖精见我使宝杖打他假沙僧，他就乱围上来要拿，是我顾性命走了。及告菩萨，与行者复至洞口，他两个打在空中，是我去掀翻他的石凳，打散他的小妖，只见一股瀑布泉水流，竟不知洞门开在何处，寻不着行李，所以空手回复师命也。”八戒道：“你原来不晓得。

我前年请他去时，先在洞门外相见，后被我说泛了他，他就跳下，去洞里换衣来时，我看见他将身往水里一钻，那一股瀑布水流，就是洞门。想必那怪将我们包袱收在那里面也。”三藏道：“你既知此门，你可趁他都不在家，可先到他洞里取出包袱，我们往西天去罢。他就来，我也不用他了。”八戒道：“我去。”沙僧说：“二哥，他那洞前有千数小猴，你一人恐弄他不过，反为不美。”八戒笑道：“不怕！不怕！”急出门，纵着云雾，径上花果山寻取行李不题。

却说那两个行者又打嚷到阴山背后，唬得那满山鬼战战兢兢，藏藏躲躲。有先跑的，撞入阴司门里，报上森罗宝殿道：

“大王，背阴山上，有两个齐天大圣打得来也！”慌得那第一殿秦广王传报与二殿楚江王、三殿宋帝王、四殿卞城王，五殿阎罗王、六殿平等王、七殿泰山王、八殿都市王、九殿忤官王、十殿转轮王。一殿转一殿，霎时间，十王会齐，又着人飞报与地藏王。尽在森罗殿上，点聚阴兵，等擒真假。只听得那强风滚滚，惨雾漫漫，二行者一翻一滚的，打至森罗殿下。阴君近前挡住道：“大圣有何事，闹我幽冥？”这大圣道：“我因保唐僧西天取经，路过西梁国，至一山，有强贼截劫我师，是老孙打死几个，师父怪我，把我逐回。我随到南海菩萨处诉告，不知那妖精怎么就绰着口气，假变作我的模样，在半路上打倒师父，抢夺了行李。师弟沙僧，向我本山取讨包袱，这妖假立师名，要往西天取经。沙僧跑遁至南海见菩萨，我正在侧，他备说原因，菩萨又命我同他至花果山观看，果被这厮占了我巢穴。我与他争辨到菩萨处，其实相貌、言语等俱一般，菩萨也难辨真假。又与这厮打上天堂，众神亦果难辨，因见我师，我师念《紧箍咒》试验，与我一般疼痛。故此闹至幽冥，望阴君与我查看生死簿，见假行者是何出身，快早追他魂魄，免教二心沌乱。”那怪亦如此说一遍。阴君闻言，即唤管簿判官一一从头查勘，更无个假行者之名。再看毛虫文簿，那猴子一百三十条已是孙大圣幼年得道之时，大闹阴司，消死名一笔勾之，自后来凡是猴属，尽无名号。

查勘毕当殿回报，阴君各执笏对行者说：“大圣，幽冥处既无名号可查，你还到阳间去折辨。”正说处，只听得地藏王菩萨道：

“且住！且住！等我着谛听与你听个真假。”原来那谛听是地藏菩萨经案下伏的一个兽名。他若伏在地下，一霎时，将四大部洲山川社稷、洞天福地之间，蠃虫鳞虫毛虫羽虫昆虫，天仙地仙神仙人仙鬼仙可以顾鉴善恶，察听贤愚。那兽奉地藏钧旨，就于森罗庭院之中，俯伏在地，须臾抬起头来，对地藏道：“怪名虽有，但不可当面说破，又不能助力擒他。”地藏道：“当面说出便怎么？”谛听道：“当面说出，恐妖精恶发，搔扰宝殿，致令阴府不安。”又问：“何为不能助力擒拿？”谛听道：“妖精神通，与孙大圣无二。幽冥之神，能有多少法力？故此不能擒拿。”地藏道：“似这般怎生祛除？”谛听言：“佛法无边。”地藏早已省悟，即对行者道：“你两个形容如一，神通无二，若要辨明，须到雷音寺释迦如来那里，方得明白。”两个一齐嚷道：“说的是！说的是！我和你西天佛祖之前折辨去！”那十殿阴君送出，谢了地藏，回上翠云宫，着鬼使闭了幽冥关隘不题。

看那两个行者，飞云奔雾，打上西天。有诗为证，诗曰：人有二心生祸灾，天涯海角致疑猜。欲思宝马三公位，又忆金銮一品台，南征北讨无休歇，东挡西除未定哉。禅门须学无心诀，静养婴儿结圣胎。他两个在那半空里，扯扯拉拉，抓抓挜挜，且行且斗，直嚷至大西天灵鹫仙山雷音宝刹之外。早见那四大菩萨、八大金刚、五百阿罗、三千揭谛、比丘尼、比丘僧、优婆塞、优婆夷诸大圣众，都到七宝莲台之下，各听如来说法。那如来正讲到这：不有中有，不无中无。不色中色，不空中空。非有为有，非无为无。非色为色，非空为空。空即是空，色即是色。色无定色，色即是空。空无定空，空即是色。知空不空，知色不色。

名为照了，始达妙音。概众稽首皈依，流通诵读之际，如来降天花普散缤纷，即离宝座，对大众道：“汝等俱是一心，且看二心竞斗而来也。”大众举目看之，果是两个行者，吆天喝地，打至雷音胜境。慌得那八大金刚上前挡住道：“汝等欲往那里去？”

这大圣道：“妖精变作我的模样，欲至宝莲台下，烦如来为我辨个虚实也。”众金刚抵挡不住，直嚷至台下，跪于佛祖之前拜告道：“弟子保护唐僧，来造宝山，求取真经，一路上炼魔缚怪，不知费了多少精神。前至中途，偶遇强徒劫掳，委是弟子二次打伤几人，师父怪我赶回，不容同拜如来金身。弟子无奈，只得投奔南海，见观音诉苦。不期这个妖精，假变弟子声音相貌，将师父打倒，把行李抢去。师弟悟净寻至我山，被这妖假捏巧言，说有真僧取经之故。悟净脱身至南海，备说详细。观音知之，遂令弟子同悟净再至我山。因此，两人比并真假，打至南海，又打到天宫，又曾打见唐僧，打见冥府，俱莫能辨认。故此大胆轻造，千乞大开方便之门，广垂慈悯之念，与弟子辨明邪正，庶好保护唐僧亲拜金身，取经回东土，永扬大教。”大众听他两张口一样声俱说一遍，众亦莫辨，惟如来则通知之。正欲道破，忽见南下彩云之间，来了观音，参拜我佛。

我佛合掌道：“观音尊者，你看那两个行者，谁是真假？”菩萨道：“前日在弟子荒境，委不能辨。他又至天宫地府，亦俱难认，特来拜告如来，千万与他辨明辨明。”如来笑道：“汝等法力广大，只能普阅周天之事，不能遍识周天之物，亦不能广会周天之种类也。”菩萨又请示周天种类，如来才道：“周天之内有五仙，乃天地神人鬼；有五虫，乃蠃鳞毛羽昆。这厮非天非地非神非人非鬼，亦非蠃非鳞非毛非羽非昆。又有四猴混世，不入十类之种。”菩萨道：“敢问是那四猴？”如来道：“第一是灵明石猴，通变化，识天时，知地利，移星换斗。第二是赤尻马猴，晓阴阳，会人事，善出入，避死延生。第三是通臂猿猴，拿日月，缩千山，辨休咎，乾坤摩弄。第四是六耳猕猴，善聆音，能察理，知前后，万物皆明。此四猴者，不入十类之种，不达两间之名。我观假悟空乃六耳猕猴也。此猴若立一处，能知千里外之事，凡人说话，亦能知之，故此善聆音，能察理，知前后，万物皆明。与真悟空同象同音者，六耳猕猴也。”那猕猴闻得如来说出他的本象，胆战心惊，急纵身，跳起来就走。如来见他走时，即令大众下手，早有四菩萨、八金刚、五百阿罗、三千揭谛、比丘僧、比丘尼、优婆塞、优婆夷、观音、木叉，一齐围绕。孙大圣也要上前，如来道：“悟空休动手，待我与你擒他。”那猕猴毛骨悚然，料着难脱，即忙摇身一变，变作个蜜蜂儿，往上便飞。如来将金钵盂撇起去，正盖着那蜂儿，落下来。大众不知，以为走了，如来笑云：“大众休言，妖精未走，见在我这钵盂之下。”大众一发上前，把钵盂揭起，果然见了本象，是一个六耳猕猴。孙大圣忍不住，轮起铁棒，劈头一下打死，至今绝此一种。如来不忍，道声：

“善哉！善哉！”大圣道：“如来不该慈悯他，他打伤我师父，抢夺我包袱，依律问他个得财伤人，白昼抢夺，也该个斩罪哩！”如来道：“你自快去保护唐僧来此求经罢。”大圣叩头谢道：“上告如来得知，那师父定是不要我，我此去，若不收留，却不又劳一番神思！望如来方便，把松箍儿咒念一念，褪下这个金箍，交还如来，放我还俗去罢。”如来道：“你休乱想，切莫放刁。我教观音送你去，不怕他不收。好生保护他去，那时功成归极乐，汝亦坐莲台。”

那观音在旁听说，即合掌谢了圣恩，领悟空，辄驾云而去，随后木叉行者、白鹦哥，一同赶上。不多时，到了中途草舍人家，沙和尚看见，急请师父拜门迎接。菩萨道："唐僧，前日打你的，乃假行者六耳猕猴也，幸如来知识，已被悟空打死。你今须是收留悟空，一路上魔障未消，须得他保护你，才得到灵山，见佛取经，再休嗔怪。"三藏叩头道："谨遵教旨。"正拜谢时，只听得正东上狂风滚滚，众目视之，乃猪八戒背着两个包袱，驾风而至。呆子见了菩萨，倒身下拜道："弟子前日别了师父至花果山水帘洞寻得包袱，果见一个假唐僧假八戒，都被弟子打死，原是两个猴身。却入里，方寻着包袱，当时查点，一物不少。却驾风转此，更不知两行者下落如何。"菩萨把如来识怪之事，说了一遍。那呆子十分欢喜，称谢不尽。师徒们拜谢了，菩萨回海，却都照旧合意同心，洗冤解怒。又谢了那村舍人家，整束行囊马匹，找大路而西。正是：中道分离乱五行，降妖聚会合元明。神归心舍禅方定，六识祛降丹自成。毕竟这去，不知三藏几时得面佛求经，且听下回分解。

第五十九回　唐三藏路阻火焰山　孙行者一调芭蕉扇

若干种性本来同，海纳无穷。千思万虑终成妄，般般色色和融。有日功完行满，圆明法性高隆。休教差别走西东，紧锁牢靴。收来安放丹炉内，炼得金乌一样红。朗朗辉辉娇艳，任教出入乘龙。话表三藏遵菩萨教旨，收了行者，与八戒沙僧剪断二心，锁鑵猿马，同心戮力，赶奔西天。说不尽光阴似箭，日月如梭，历过了夏月炎天，却又值三秋霜景，但见那：薄云断绝西风紧，鹤鸣远岫霜林锦。光景正苍凉，山长水更长。征鸿来北塞，玄鸟归南陌。客路怯孤单，衲衣容易寒。师徒四众，进前行处，渐觉热气蒸人。三藏勒马道："如今正是秋天，却怎返有热气？"八戒道："原来不知，西方路上有个斯哈哩国，乃日落之处，俗呼为天尽头。若到申酉时，国王差人上城，擂鼓吹角，混杂海沸之严。日乃太阳真火，落于西海之间，如火淬水，接声滚沸；若无鼓角之声混耳，即振杀城中小儿。此地热气蒸人，想必到日落之处也。"大圣听说，忍不住笑道："呆子莫乱谈！若论斯哈哩国，正好早哩。似师父朝三暮二的，这等担阁，就从小至老，老了又小，老小三生，也还不到。"八戒道："哥啊，据你说，不是日落之处，为何这等酷热？"沙僧道："想是天时不正，秋行夏令故也。"他三个正都争讲，只见那路旁有座庄院，乃是红瓦盖的房舍，红砖砌的垣墙，红油门扇，红漆板榻，一片都是红的。三藏下马道："悟空，你去那人家问个消息，看那炎热之故何也。"

大圣收了金箍棒，整肃衣裳，扭捏作个斯文气象，绰下大路，径至门前观看。那门里忽然走出一个老者，但见他：穿一领黄不黄、红不红的葛布深衣，戴一顶青不青、皂不皂的篾丝凉帽。手中拄一根弯不弯、直不直、暴节竹杖，足下踏一双新不新、旧不旧、搴靸靴鞋。面似红铜，须如白练。两道寿眉遮碧眼，一张吮口露金牙。那老者猛抬头，看见行者，吃了一惊，拄着竹杖，喝道："你是那里来的怪人？在我这门首何干？"行者答礼道："老施主，休怕我，我不是甚么怪人，贫僧是东土大唐钦差上西方求经者。师徒四人，适至宝方，见天气蒸热，一则不解其故，二来不地知名，特拜问指教一二。"那老者却才放心，笑云：

"长老勿罪，我老汉一时眼花，不识尊颜。"行者道："不敢。"老者又问："令师在那条路上？"行者道："那南首大路上立的不是！"老者教："请来，请来。"行者欢喜，把手一招，三藏即同八戒、沙僧，牵白马，挑行李近前，都对老者作礼。老者见三藏丰姿标致，八戒沙僧相貌奇稀，又惊又喜，只得请入里坐，教小的们看茶，一壁厢办饭。三藏闻言，起身称谢道："敢问公公，贵处遇秋，何返炎热？"老者道："敝地唤做火焰山，无春无秋，四季皆热。"三藏道："火焰山却在那边？可阻西去之路，老者道："西方却去不得。那山离此有六十里远，正是西方必由之路，却有八百里火焰，四周围寸草不生。若过得山，就是铜脑盖，铁身躯，也要化成汁哩。"三藏闻言，大惊失色，不敢再问。

只见门外一个少年男子，推一辆红车儿，住在门旁，叫声"卖糕！"大圣拔根毫毛，变个铜钱，问那人买糕。那人接了钱，不论好歹，揭开车儿上衣裹，热气腾腾，拿出一块糕递与行者。

行者托在手中，好似火盆里的灼炭，煤炉内的红钉。你看他左手倒在右手，右手换在左手，只道："热热热！难吃难吃！"那男子笑道："怕热莫来这里，这里是这等热。"行者道："你这汉子好不明理，常言道，不冷不热，五谷不结。他这等热得很，你这糕粉，自何而来？"那人道："若知糕粉米，敬求铁扇仙。"行者道："铁扇仙怎的？"那人道："铁扇仙有柄芭蕉扇。求得来，一扇息火，二扇生风，三扇下雨，我们就布种，及时收割，故得五谷养生。不然，诚寸草不能生也。"行者闻言，急抽身走入里面，将糕递与三藏道："师父放心，且莫隔年焦着，吃了糕，我与你说。"长老接糕在手，向本宅老者道："公公请糕。"老者道："我家的茶饭未奉，敢吃你糕？"行者笑道："老人家，茶饭倒不必赐，我问你：铁扇仙在那里住？"老者道："你问他怎的？"行者道："适才那卖糕人说，此仙有柄芭蕉扇，求将来，一扇息火，二扇生风，三扇下雨，你这方布种收割，才得五谷养生。我欲寻他讨来扇息火焰山过去，且使这方依时收种，得安生也。"老者道："固有此说。你们却无礼物，恐那圣贤不肯来也。"三藏道：

"他要甚礼物？"老者道："我这里人家，十年拜求一度。四猪四羊，花红表里，异香时果，鸡鹅美酒，沐浴虔诚，拜到那仙山，请他出洞，至此施为。"行者道："那山坐落何处？唤甚地名？有几多里数？等我问他要扇子去。"老者道："那山在西南方，名唤翠云山。山中有一仙洞，名唤芭蕉洞。我这里众信人等去拜仙山，往回要走一月，计有一千四百五六十里。"行者笑道："不打紧，就去就来。"那老者道："且住，吃些茶饭，办些干粮，须得两人做伴。那路上没有人家，又多狼虎，非一日可到，莫当耍子。"行者笑道："不用不用，我去也！"说一声，忽然不见。那老者慌张道："爷爷呀！原来是腾云驾雾的神人也！"

且不说这家子供奉唐僧加倍，却说那行者霎时径到翠云山，按住祥光，正自找寻洞口，忽然闻得丁丁之声，乃是山林内一个樵夫伐木。行者即趋步至前，又闻得他道："云际依依认旧林，断崖荒草路难寻。西山望见朝来雨，南涧归时渡处深。"行者近前作礼道："樵哥，问讯了。"那樵子撇了柯斧，答礼道："长老何往？"行者道："敢问樵哥，这可是翠云山？"樵子道："正是。"行者道："有个铁扇仙的芭蕉洞，在何处？"樵子笑道："这芭蕉洞虽有，却无个铁扇仙，只有个铁扇公主，又名罗刹女。"

行者道："人言他有一柄芭蕉扇，能熄得火焰山，敢是他么？"樵子道："正是正是，这圣贤有这件宝贝，善能熄火，保护那方人家，故此称为铁扇仙。我这里人家用不着他，只知他叫做罗刹女，乃大力牛魔王妻也。"行者闻言，大惊失色，心中暗想道：

"又是冤家了！当年伏了红孩儿，说是这厮养的。前在那解阳山破儿洞遇他叔子，尚且不肯与水，要作报仇之意，今又遇他父母，怎生借得这扇子耶？"樵子见行者沉思默虑，嗟叹不已，便笑道："长老，你出家人，有何忧疑？这条小路儿向东去，不上五六里，就是芭蕉洞，休得心焦。"行者道："不瞒樵哥说，我是东土唐朝差往西天求经的唐僧大徒弟。前年在火云洞，曾与罗刹之子红孩儿有些言语，但恐罗刹怀仇不与，故生忧疑。"樵子道："大丈夫鉴貌辨色，只以求扇为名，莫认往时之溲话，管情借得。”行者闻言，深深唱个大喏道：“谢樵哥教诲，我去也。”

遂别了樵夫，径至芭蕉洞口，但见那两扇门紧闭牢关，洞外风光秀丽。好去处！正是那：山以石为骨，石作土之精。烟霞含宿润，苔藓助新青。嵯峨势耸欺蓬岛，幽静花香若海瀛。几树乔松栖野鹤，数株衰柳语山莺。诚然是千年古迹，万载仙踪。

碧梧鸣彩凤，活水隐苍龙。曲径荜萝垂挂，石梯藤葛攀笼。猿啸翠岩忻月上，鸟啼高树喜晴空。两林竹荫凉如雨，一径花浓没绣绒。时见白云来远岫，略无定体漫随风。行者上前叫：“牛大哥，开门！开门！”呀的一声，洞门开了，里边走出一个毛儿女，手中提着花篮，肩上担着锄子，真个是一身蓝缕无妆饰，满面精神有道心。行者上前迎着，合掌道：“女童，累你转报公主一声。我本是取经的和尚，在西方路上，难过火焰山，特来拜借芭蕉扇一用。”那毛女道：“你是那寺里和尚？叫甚名字？我好与你通报。”行者道：“我是东土来的，叫做孙悟空和尚。”

那毛女即便回身，转于洞内，对罗刹跪下道：“奶奶，洞门外有个东土来的孙悟空和尚，要见奶奶，拜求芭蕉扇，过火焰山一用。”那罗刹听见孙悟空三字，便似撮盐入火，火上浇油；骨都都红生脸上，恶狠狠怒发心头，口中骂道：“这泼猴！今日来了！”叫：“丫鬟，取披挂，拿兵器来！”随即取了披挂，拿两口青锋宝剑，整束出来。行者在洞外闪过，偷看怎生打扮，只见他：头裹团花手帕，身穿纳锦云袍。腰间双束虎筋绦，微露绣裙偏绡。凤嘴弓鞋三寸，龙须膝裤金销。手提宝剑怒声高，凶比月婆容貌。那罗刹出门，高叫道：“孙悟空何在？”行者上前，躬身施礼道：“嫂嫂，老孙在此奉揖。”罗刹咄的一声道：“谁是你的嫂嫂！那个要你奉揖！”行者道：“尊府牛魔王，当初曾与老孙结义，乃七兄弟之亲。今闻公主是牛大哥令正，安得不以嫂嫂称之！”罗刹道：“你这泼猴！既有兄弟之亲，如何坑陷我子？”行者佯问道：“令郎是谁？”罗刹道：“我儿是号山枯松涧火云洞圣婴大王红孩儿，被你倾了。我们正没处寻你报仇，你今上门纳命，我肯饶你！”行者满脸陪笑道：“嫂嫂原来不察理，错怪了老孙。你令郎因是捉了师父，要蒸要煮，幸亏了观音菩萨收他去，救出我师。他如今现在菩萨处做善财童子，实受了菩萨正果，不生不灭，不垢不净，与天地同寿，日月同庚。你倒不谢老孙保命之恩，返怪老孙，是何道理！”罗刹道：“你这个巧嘴的泼猴！

我那儿虽不伤命，再怎生得到我的跟前，几时能见一面？”行者笑道：“嫂嫂要见令郎，有何难处？你且把扇子借我，扇息了火，送我师父过去，我就到南海菩萨处请他来见你，就送扇子还你，有何不可！那时节，你看他可曾损伤一毫？如有些须之伤，你也怪得有理，如比旧时标致，还当谢我。”罗刹道：“泼猴，少要饶舌！伸过头来，等我砍上几剑！若受得疼痛，就借扇子与你；若忍耐不得，教你早见阎君！”行者叉手向前，笑道：“嫂嫂切莫多言，老孙伸着光头，任尊意砍上多少，但没气力便罢，是必借扇子用用。”那罗刹不容分说，双手轮剑，照行者头上乒乒乓乓，砍有十数下，这行者全不认真。罗刹害怕，回头要走，行者道：“嫂嫂，那里去？快借我使使！”那罗刹道：“我的宝贝原不轻借。”行者道：“既不肯借，吃你老叔一棒！”好猴王，一只手扯住，一只手去耳内掣出棒来，幌一幌，有碗来粗细。那罗刹挣脱手，举剑来迎，行者随又轮棒便打。两个在翠云山前，不论亲情，却只讲仇隙。这一场好杀：裙钗本是修成怪，为子怀仇恨泼猴。行者虽然生狠怒，因师路阻让娥流。先言拜借芭蕉扇，不展骁雄耐性柔。罗刹无知轮剑砍，猴王有意说亲由。女流怎与男儿斗，到底男刚压女流。这个金箍铁棒多凶猛，那个霜刃青锋甚紧稠。劈面打，照头丢，恨苦相持不罢休。左挡右遮施武艺，前迎后架骋奇谋。却才斗到沉酣处，不觉西方坠日头。罗刹忙将真扇了，一扇挥动鬼神愁！那罗刹女与行者相持到晚，见行者棒重，却又解数周密，料斗他不过，即便取出芭蕉扇，幌一幌，一扇阴风，把行者扇得无影无形，莫想收留得住。这罗刹得胜回归。

那大圣飘飘荡荡，左沉不能落地，右坠不得存身，就如旋风翻败叶，流水淌残花，滚了一夜，直至天明，方才落在一座山上，双手抱住一块峰石。定性良久，仔细观看，却才认得是小须弥山。大圣长叹一声道：“好利害妇人！怎么就把老孙送到这里来了？我当年曾记得在此处告求灵吉菩萨降黄风怪救我师父。那黄风岭至此直南上有三千余里，今在西路转来，乃东南方隅，不知有几万里。等我下去问灵吉菩萨一个消息，好回旧路。”正踌躇间，又听得钟声响亮，急下山坡，径至禅院。那门前道人认得行者的形容，即入里面报道：“前年来请菩萨去降黄风怪的那个毛脸大圣又来了。”菩萨知是悟空，连忙下宝座相迎，入内施礼道：“恭喜！取经来耶？”悟空答道：“正好未到！早哩早哩！”灵吉道：“既未曾得到雷音，何以回顾荒山？”行者道：

“自上年蒙盛情降了黄风怪，一路上不知历过多少苦楚。今到火焰山，不能前进，询问土人，说有个铁扇仙芭蕉扇，扇得火灭，老孙特去寻访，原来那仙是牛魔王的妻，红孩儿的母。他说我把他儿子做了观音菩萨的童子，不得常见，跟我为仇，不肯借扇，与我争斗。他见我的棒重难撑，遂将扇子把我一扇，扇得我悠悠荡荡，直至于此，方才落住。故此轻造禅院，问个归路，此处到火焰山，不知有多少里数？”灵吉笑道：“那妇人唤名罗刹女，又叫做铁扇公主。他的那芭蕉扇本是昆仑山后，自混沌开辟以来，天地产成的一个灵宝，乃太阴之精叶，故能灭火气。

假若扇着人，要飘八万四千里，方息阴风。我这山到火焰山，只有五万余里，此还是大圣有留云之能，故止住了。若是凡人，正好不得住也。”行者道：“利害利害！我师父却怎生得度那方？”

灵吉道：“大圣放心，此一来，也是唐僧的缘法，合教大圣成功。”行者道：“怎见成功？”灵吉道：“我当年受如来教旨，赐我一粒定风丹，一柄飞龙杖。飞龙杖已降了风魔，这定风丹尚未曾见用，如今送了大圣，管教那厮扇你不动，你却要了扇子，扇息火，却不就立此功也？”行者低头作礼，感谢不尽。那菩萨即于衣袖中取出一个锦袋儿，将那一粒定风丹与行者安在衣领里边，将针线紧紧缝了，送行者出门道：“不及留款，往西北上去，就是罗刹的山场也。”

行者辞了灵吉，驾筋斗云，径返翠云山，顷刻而至，使铁棒打着洞门叫道：“开门！开门！老孙来借扇子使使哩！”慌得那门里女童即忙来报：“奶奶，借扇子的又来了！”罗刹闻言，心中悚惧道：“这泼猴真有本事！我的宝贝扇着人，要去八万四千里方能停止，他怎么才吹去就回来也？这番等我一连扇他两三扇，教他找不着归路！”急纵身，结束整齐，双手提剑，走出门来道：“孙行者！你不怕我，又来寻死！”行者笑道：“嫂嫂勿得悭吝，是必借我使使。保得唐僧过山，就送还你。我是个志诚有余的君子，不是那借物不还的小人。”罗刹又骂道：“泼猢狲！好没道理，没分晓！夺子之仇，尚未报得：借扇之意，岂得如心！你不要走！吃我老娘一剑！”大圣公然不惧，使铁棒劈手相迎。他两个往往来来，战经五七回合，罗刹女手软难轮，孙行者身强善敌。他见事势不谐，即取扇子，望行者扇了一扇，行者巍然不动。行者收了铁棒，笑吟吟的道：“这番不比那番！任你怎么搧来，老孙若动一动，就不算汉子！”那罗刹又搧两搧。果然不动。

罗刹慌了，急收宝贝，转回走入洞里，将门紧紧关上。

行者见他闭了门，却就弄个手段，拆开衣领，把定风丹噙在口中，摇身一变，变作一个蟭蟟虫儿，从他门隙处钻进。只见罗刹叫道：“渴了！渴了！快拿茶来！”近侍女童，即将香茶一壶，沙沙的满斟一碗，冲起茶沫漕漕。行者见了欢喜，嘤的一翅，飞在茶沫之下。那罗刹渴极，接过茶，两三气都喝了。行者已到他肚腹之内，现原身厉声高叫道：“嫂嫂，借扇子我使使！”罗刹大惊失色，叫：“小的们，关了前门否？”俱说：“关了。”他又说：

"既关了门，孙行者如何在家里叫唤？"女童道："在你身上叫哩。"罗刹道："孙行者，你在那里弄术哩？"行者道："老孙一生不会弄术，都是些真手段，实本事，已在尊嫂尊腹之内耍子，已见其肺肝矣。我知你也饥渴了，我先送你个坐碗儿解渴！"却就把脚往下一登。那罗刹小腹之中，疼痛难禁，坐于地下叫苦。行者道："嫂嫂休得推辞，我再送你个点心充饥！"又把头往上一顶。那罗刹心痛难禁，只在地上打滚，疼得他面黄唇白，只叫"孙叔叔饶命！"行者却才收了手脚道："你才认得叔叔么？我看牛大哥情上，且饶你性命，快将扇子拿来我使使。"罗刹道："叔叔，有扇！有扇！你出来拿了去！"行者道："拿扇子我看了出来。"罗刹即叫女童拿一柄芭蕉扇，执在旁边。行者探到喉咙之上见了道："嫂嫂，我既饶你性命，不在腰肋之下搠个窟窿出来，还自口出。你把口张三张儿。"那罗刹果张开口。行者还作个蟭蟟虫，先飞出来，丁在芭蕉扇上。那罗刹不知，连张三次，叫："叔叔出来罢。"行者化原身，拿了扇子，叫道："我在此间不是？谢借了！谢借了！"拽开步，往前便走，小的们连忙开了门，放他出洞。

这大圣拨转云头，径回东路，霎时按落云头，立在红砖壁下。八戒见了欢喜道："师父，师兄来了！来了！"三藏即与本庄老者同沙僧出门接着，同至舍内。把芭蕉扇靠在旁边道："老官儿，可是这个扇子？"老者道："正是！正是！"唐僧喜道："贤徒有莫大之功，求此宝贝，甚劳苦了。"行者道："劳苦倒也不说。那铁扇仙，你道是谁？那厮原来是牛魔王的妻，红孩儿的母，名唤罗刹女，又唤铁扇公主。我寻到洞外借扇，他就与我讲起仇隙，把我砍了几剑。是我使棒吓他，他就把扇子扇了我一下，飘飘荡荡，直刮到小须弥山。幸见灵吉菩萨，送了我一粒定风丹，指与归路，复至翠云山。又见罗刹女，罗刹女又使扇子，搧我不动，他就回洞。是老孙变作一个蟭蟟虫，飞入洞去。那厮正讨茶吃，是我又钻在茶沫之下，到他肚里，做起手脚。他疼痛难禁，不住口的叫我做叔叔饶命，情愿将扇借与我，我却饶了他，拿将扇来，待过了火焰山，仍送还他。"三藏闻言，感谢不尽，师徒们俱拜辞老者。

一路西来，约行有四十里远近，渐渐酷热蒸人。沙僧只叫：

"脚底烙得慌！"八戒又道："爪子烫得痛！"马比寻常又快，只因地热难停，十分难进。行者道："师父且请下马，兄弟们莫走，等我搧息了火，待风雨之后，地土冷些，再过山去。"行者果举扇，径至火边，尽力一扇，那山上火光烘烘腾起，再一扇，更着百倍，又一扇，那火足有千丈之高，渐渐烧着身体。行者急回，已将两股毫毛烧净，径跑至唐僧面前叫："快回去，快回去！火来了，火来了！"那师父爬上马，与八戒沙僧，复东来有二十余里，方才歇下道："悟空，如何了呀！"行者丢下扇子道："不停当！不停当！被那厮哄了！"三藏听说，愁促眉尖，闷添心上，止不住两泪交流，只道："怎生是好！"八戒道："哥哥，你急急忙忙叫回去是怎么说？"行者道："我将扇子搧了一下，火光烘烘；第二扇，火气愈盛；第三扇，火头飞有千丈之高。若是跑得不快，把毫毛都烧尽矣！"八戒笑道："你常说雷打不伤，火烧不损，如今何又怕火？"行者道："你这呆子，全不知事！那时节用心防备，故此不伤；今日只为搧息火光，不曾捻避火诀，又未使护身法，所以把两股毫毛烧了。"沙僧道："似这般火盛，无路通西，怎生是好？"八戒道："只拣无火处走便罢。"三藏道："那方无火？"八戒道："东方南方北方俱无火。"又问："那方有经？"八戒道："西方有经。"三藏道："我只欲往有经处去哩！"沙僧道："有经处有火，无火处无经，诚是进退两难！"师徒们正自胡谈乱讲，只听得有人叫道："大圣不须烦恼，且来吃些斋饭再议。"四众回看时，见一老人，身披飘风氅，头顶偃月冠，手持龙头杖，只踏铁靿靴，后带着一个雕嘴鱼腮鬼，鬼头上顶着一个铜盆，盆内有些蒸饼糕糜，黄粮米饭，在于西路下躬身道："我本是火焰山土地，知大圣保护圣僧，不能前进，特献一斋。"行者道："吃斋小可，这火光几时灭得，让我师父过去？"土地道："要灭火光，须求罗刹女借芭蕉扇。"行者去路旁拾起扇子道："这不是？那火光越扇越着，何也？"土地看了，笑道："此扇不是真的，被他哄了。"行者道："如何方得真的？"那土地又控背躬身微微笑道：

"若还要借真蕉扇，须是寻求大力王。"毕竟不知大力王有甚缘故，且听下回分解。

第六十回　牛魔王罢战赴华筵　孙行者二调芭蕉扇

土地说："大力王即牛魔王也。"行者道："这山本是牛魔王放的火，假名火焰山？"土地道："不是不是，大圣若肯赦小神之罪，方敢直言。"行者道："你有何罪？直说无妨。"土地道："这火原是大圣放的。"行者怒道："我在那里，你这等乱谈！我可是放火之辈？"土地道："是你也认不得我了。此间原无这座山，因大圣五百年前大闹天宫时，被显圣擒了，压赴老君，将大圣安于八卦炉内，煅炼之后开鼎，被你蹬倒丹炉，落了几个砖来，内有余火，到此处化为火焰山。我本是兜率宫守炉的道人，当被老君怪我失守，降下此间，就做了火焰山土地也。"猪八戒闻言恨道："怪道你这等打扮！原来是道士变的土地！"行者半信不信道："你且说，早寻大力王何故？'土地道："大力王乃罗刹女丈夫。他这向撇了罗刹，现在积雷山摩云洞。有个万岁狐王，那狐王死了，遗下一个女儿，叫做玉面公主。那公主有百万家私，无人掌管，二年前，访着牛魔王神通广大，情愿倒陪家私，招赘为夫。那牛王弃了罗刹，久不回顾。若大圣寻着牛王，拜求来此，方借得真扇。一则扇息火焰，可保师父前进；二来永除火患，可保此地生灵；三者赦我归天，回缴老君法旨。"行者道：

"积雪山坐落何处？到彼有多少程途？"土地道："在正南方。此间到彼，有三千余里。"行者闻言，即吩咐沙僧、八戒保护师父，又教土地，陪伴勿回，随即忽的一声，渺然不见。

那里消半个时辰，早见一座高山凌汉。按落云头，停立巅峰之上观看，真是好山：高不高，顶摩碧汉；大不大，根扎黄泉。

山前日暖，岭后风寒。山前日暖，有三冬草木无知；岭后风寒，见九夏冰霜不化。龙潭接涧水长流，虎穴依崖花放早。水流千派似飞琼，花放一心如布锦。湾环岭上湾环树，扢扠石外扢扠松。真个是高的山，峻的岭，陡的崖，深的涧，香的花，美的果，红的藤，紫的竹，青的松，翠的柳：八节四时颜不改，千年万古色如龙。大圣看彀多时，步下尖峰，入深山，找寻路径。正自没个消息，忽见松阴下，有一女子，手折了一枝香兰，袅袅娜娜而来。大圣闪在怪石之旁，定睛观看，那女子怎生模样：娇娇倾国色，缓缓步移莲。貌若王嫱，颜如楚女。如花解语，似玉生香。

高髻堆青 鬌碧鸦，双睛蘸绿横秋水。湘裙半露弓鞋小，翠袖微舒粉腕长。说甚么暮雨朝云，真个是朱唇皓齿。锦江滑腻蛾眉秀，赛过文君与薛涛。那女子渐渐走近石边，大圣躬身施礼，缓缓而言曰："女菩萨何往？"那女子未曾观看，听得叫问，却自抬头，忽见大圣的相貌丑陋，老大心惊，欲退难退，欲行难行，只得战兢兢，勉强答道："你是何方来者？敢在此间问谁？"大圣沉思道："我若说出取经求扇之事，恐这厮与牛王有亲，且只以假亲托意，来请魔王之言而答方可。"那女子见他不语，变了颜色，怒声喝道："你是何人，敢来问我！"大圣躬身陪笑道："我是翠云山来的，初到贵处，不知路径。敢问菩萨，此间可是积雷山？"那女子道："正是。"大圣道："有个摩云洞，坐落何处？"那女子道："你寻那洞做甚？"大圣道："我是翠云山芭蕉洞铁扇公主央来请牛魔王的。"那女子一听铁扇公主请牛魔王之言，心中大怒，彻耳根子通红，泼口骂道："这贱婢，着实无知！牛王自到我家，未及二载，也不知送了他多少珠翠金银，绫罗缎匹。年供柴，月供米，自自在在受用，还不识羞，又来请他怎的！"大圣闻言，情知是玉面公主，故意子掣出铁棒大喝一声道："你这泼贱，将家私买住牛王，诚然是陪钱嫁汉！你倒不羞，却敢骂谁！"

那女子见了，唬得魄散魂飞，没好步乱躧金莲，战兢兢回头便走，这大圣吆吆喝喝，随后相跟。原来穿过松阴，就是摩云洞口，女子跑进去，扑的把门关了。大圣却收了铁棒，咳咳停步看时，好所在：树林森密，崖削崚嶒。薜萝阴冉冉，兰蕙味馨馨。流泉漱玉穿修竹，巧石知机带落英。烟霞笼远岫，日月照云屏。龙吟虎啸，鹤唳莺鸣。一片清幽真可爱，琪花瑶草景常明。不亚天台仙洞，胜如海上蓬瀛。

且不言行者这里观看景致，却说那女子跑得粉汗淋淋，唬得兰心吸吸，径入书房里面。原来牛魔王正在那里静玩丹书，这女子没好气倒在怀里，抓耳挠腮，放声大哭。牛王满面陪笑道："美人，休得烦恼。有甚话说？"那女子跳天索地，口中骂道：

"泼魔害杀我也！"牛王笑道："你为甚事骂我？"女子道："我因父母无依，招你护身养命。江湖中说你是条好汉，你原来是个惧内的庸夫！"牛王闻说，将女子抱住道："美人，我有那些不是处，你且慢慢说来，我与你陪礼。"女子道："适才我在洞外闲步花阴，折兰采蕙，忽有一个毛脸雷公嘴的和尚，猛地前来施礼，把我吓了个呆挣。及定性问是何人，他说是铁扇公主央他来请牛魔王的。被我说了两句，他倒骂了我一场，将一根棍子，赶着我打。若不是走得快些，几乎被他打死！这不是招你为祸？害杀我也！"牛王闻言，却与他整容陪礼，温存良久，女子方才息气。魔王却发狠道："美人在上，不敢相瞒，那芭蕉洞虽是僻静，却清幽自在。我山妻自幼修持，也是个得道的女仙，却是家门严谨，内无一尺之童，焉得有雷公嘴的男子央来，这想是那里来的怪妖，或者假绰名声，至此访我，等我出去看看。"好魔王，拽开步，出了书房，上大厅取了披挂，结束了，拿了一条混铁棍，出门高叫道："是谁人在我这里无状？"行者在旁，见他那模样，与五百年前又大不同，只见：头上戴一顶水磨银亮熟铁盔，身上贯一副绒穿锦绣黄金甲，足下踏一双卷尖粉底麂皮靴，腰间束一条攒丝三股狮蛮带。一双眼光如明镜，两道眉艳似红霓。口若血盆，齿排铜板。吼声响震山神怕，行动威风恶鬼慌。

四海有名称混世，西方大力号魔王。这大圣整衣上前，深深的唱个大喏道："长兄，还认得小弟么？"牛王答礼道："你是齐天大圣孙悟空么？"大圣道："正是，正是，一向久别未拜。适才到此问一女子，方得见兄，丰采果胜常，真可贺也！"牛王喝道：

"且休巧舌！我闻你闹了天宫，被佛祖降压在五行山下，近解脱天灾，保护唐僧西天见佛求经，怎么在号山枯松涧火云洞把我小儿牛圣婴害了？正在这里恼你，你却怎么又来寻我？"大圣作礼道："长兄勿得误怪小弟。当时令郎捉住吾师，要食其肉，小弟近他不得，幸观音菩萨欲救我师，劝他归正。现今做了善财童子，比兄长还高，享极乐之门堂，受逍遥之永寿，有何不可，返怪我耶？"牛王骂道："这个乖嘴的猢狲！害子之情，被你说过，你才欺我爱妾，打上我门何也？"大圣笑道："我因拜谒长兄不见，向那女子拜问，不知就是二嫂嫂；因他骂了我几句，是小弟一时粗卤，惊了嫂嫂。望长兄宽恕宽恕！"牛王道："既如此说，我看故旧之情，饶你去罢。"大圣道："既蒙宽恩，感谢不尽，但尚有一事奉渎，万望周济周济。"牛王骂道："这猢狲不识起倒！饶了你，倒还不走，反来缠我！甚么周济周济！"大圣道：

"实不瞒长兄，小弟因保唐僧西进，路阻火焰山，不能前进。询问土人，知尊嫂罗刹女有一柄芭蕉扇，欲求一用。昨到旧府，奉拜嫂嫂，嫂嫂坚执不借，是以特求长兄。望兄长开天地之心，同小弟到大嫂处一行，千万借扇扇灭火焰，保得唐僧过山，即时完璧。"牛王闻言，心如火发，咬响钢牙骂道："你说你不无礼，你原来是借扇之故！一定先欺我山妻，山妻想是不肯，故来寻我！且又赶我爱妾！常言道，朋友妻，不可欺；朋友妾，不可灭。

你既欺我妻，又灭我妾，多大无礼？上来吃我一棍！"大圣道：

"哥要说打，弟也不惧，但求宝贝，是我真心，万乞借我使使！"

牛王道："你若三合敌得我，我着山妻借你；如敌不过，打死你，与我雪恨！"大圣道："哥说得是，小弟这一向疏懒，不曾与兄相会，不知这几年武艺比昔日如何，我兄弟们请演演棍看。"这牛王那容分说，掣混铁棍劈头就打。这大圣持金箍棒，随手相迎。

两个这场好斗：金箍棒，混铁棍，变脸不以朋友论。那个说："正怪你这猢狲害子情！"这个说："你令郎已得道休嗔恨！"那个说："你无知怎敢上我门？"这个说："我有因特地来相问。"一个要求扇子保唐僧，一个不借芭蕉忒鄙吝。语去言来失旧情，举家无义皆生忿。牛王棍起赛蛟龙，大圣棒迎神鬼遁。初时争斗在山前，后来齐驾祥云进。半空之内显神通，五彩光中施妙运。

两条棍响振天关，不见输赢皆傍寸。这大圣与那牛王斗经百十回合，不分胜负。正在难解难分之际，只听得山峰上有人叫道：

"牛爷爷，我大王多多拜上，幸赐早临，好安座也。"牛王闻说，使混铁棍支住金箍棒，叫道："猢狲，你且住了，等我去一个朋友家赴会来者！"言毕，按下云头，径至洞里。对玉面公主道：

"美人，才那雷公嘴的男子乃孙悟空猢狲，被我一顿棍打走了，再不敢来，你放心耍子。我到一个朋友处吃酒去也。"他才卸了盔甲，穿一领鸦青剪绒袄子，走出门，跨上辟水金睛兽，着小的们看守门庭，半云半雾，一直向西北方而去。

大圣在高峰上看着，心中暗想道："这老牛不知又结识了甚么朋友，往那里去赴会，等老孙跟他走走。"好行者，将身幌一幌，变作一阵清风赶上，随着同走。不多时，到了一座山中，那牛王寂然不见。大圣聚了原身，入山寻看，那山中有一面清水深潭，潭边有一座石碣，碣上有六个大字，乃乱石山碧波潭。

大圣暗想道："老牛断然下水去了。水底之精，若不是蛟精，必是龙精鱼精，或是龟鳖鼋鼍之精，等老孙也下去看看。

好大圣，捻着诀，念个咒语，摇身一变，变作一个螃蟹，不大不小的，有三十六斤重，扑的跳在水中，径沉潭底。忽见一座玲珑剔透的牌楼，楼下拴着那个辟水金睛兽，进牌楼里面，却就没水。大圣爬进去，仔细看时，只见那壁厢一派音乐之声，但见：朱宫贝阙，与世不殊。黄金为屋瓦，白玉作门枢。屏开玳瑁甲，槛砌珊瑚珠。祥云瑞蔼辉莲座，上接三光下八衢。非是天宫并海藏，果然此处赛蓬壶。高堂设宴罗宾主，大小官员冠冕珠。忙呼玉女捧牙槃，催唤仙娥调律吕。长鲸鸣，巨蟹舞，鳖吹笙，鼍击鼓，骊颔之珠照樽俎。鸟篆之文列翠屏，虾须之帘挂廊庑。八音迭奏杂仙韶，宫商响彻遏云霄。青头鲈妓抚瑶瑟，红眼马郎品玉箫。鳜婆顶献香獐脯，龙女头簪金凤翘。吃的是，天厨八宝珍羞味；饮的是，紫府琼浆熟酝醪。那上面坐的是牛魔王，左右有三四个蛟精，前面坐着一个老龙精，两边乃龙子龙孙龙婆龙女。正在那里觥筹交错之际，孙大圣一直走将上去，被老龙看见，即命："拿下那个野蟹来！"龙子龙孙一拥上前，把大圣拿住。大圣忽作人言，只叫："饶命！饶命！"老龙道：

“你是那里来的野蟹？怎么敢上厅堂，在尊客之前，横行乱走？

快早供来，免汝死罪！”好大圣，假捏虚言，对众供道：“生自湖中为活，傍崖作窟权居。盖因日久得身舒，官受横行介士。踏草拖泥落索，从来未习行仪。不知法度冒王威，伏望尊慈恕罪！”座上众精闻言，都拱身对老龙作礼道：“蟹介士初入瑶宫，不知王礼，望尊公饶他去罢。”老龙称谢了。众精即教：“放了那厮，且记打，外面伺候。”大圣应了一声，往外逃命，径至牌楼之下，心中暗想道：“这牛王在此贪杯，那里等得他散？就是散了，也不肯借扇与我。不如偷了他的金睛兽，变做牛魔王，去哄那罗刹女，骗他扇子，送我师父过山为妙。”

好大圣，即现本象，将金睛兽解了缰绳，扑一把跨上雕鞍，径直骑出水底。到于潭外，将身变作牛王模样，打着兽，纵着云，不多时，已至翠云山芭蕉洞口，叫声“开门！”那洞门里有两个女童，闻得声音开了门，看见是牛魔王嘴脸，即入报：“奶奶，爷爷来家了。”那罗刹听言，忙整云鬟，急移莲步，出门迎接。这大圣下雕鞍，牵进金睛兽；弄大胆，诓骗女佳人。罗刹女肉眼，认他不出，即携手而入。着丫鬟设座看茶，一家子见是主公，无不敬谨。须臾间，叙及寒温。“牛王”道：“夫人久阔。”罗刹道：

“大王万福。”又云：“大王宠幸新婚，抛撇奴家，今日是那阵风儿吹你来的？’大圣笑道：“非敢抛撇，只因玉面公主招后，家事繁冗，朋友多顾，是以稽留在外，却也又治得一个家当了。”又道：“近闻悟空那厮保唐僧，将近火焰山界，恐他来问你借扇子。我恨那厮害子之仇未报，但来时，可差人报我，等我拿他，分尸万段，以雪我夫妻之恨。”罗刹闻言，滴泪告道：“大王，常言说，男儿无妇财无主，女子无夫身无主。我的性命，险些儿不着这猢狲害了！”大圣听得，故意发怒骂道：“那泼猴几时过去了？”罗刹道：“还未去，昨日到我这里借扇子，我因他害孩儿之故，披挂了轮宝剑出门，就砍那猢狲。他忍着疼，叫我做嫂嫂，说大王曾与他结义。”大圣道：“是五百年前曾拜为七兄弟。”罗刹道：“被我骂也不敢回言，砍也不敢动手，后被我一扇子扇去；不知在那里寻得个定风法儿，今早又在门外叫唤。是我又使扇扇，莫想得动。急轮剑砍时，他就不让我了。我怕他棒重，就走入洞里，紧关上门。不知他又从何处，钻在我肚腹之内，险被他害了性命！是我叫他几声叔叔，将扇与他去也。”大圣又假意捶胸道：“可惜可惜！夫人错了，怎么就把这宝贝与那猢狲？

恼杀我也！”罗刹笑道：“大王息怒。与他的是假扇，但哄他去了。”大圣问：“真扇在于何处？”罗刹道：“放心放心！我收着哩。”叫丫鬟整酒接风贺喜，遂擎杯奉上道：“大王，燕尔新婚，千万莫忘结发，且吃一杯乡中之水。”大圣不敢不接，只得笑吟吟，举觞在手道：“夫人先饱，我因图治外产，久别夫人，早晚蒙护守家门，权为酬谢。”罗刹复接杯斟起，递与大王道：“自古道，妻者齐也，夫乃养身之父，讲甚么谢。”两人谦谦讲讲，方才坐下巡酒。大圣不敢破荤，只吃几个果子，与他言言语语。

酒至数巡，罗刹觉有半酣，色情微动，就和孙大圣挨挨擦擦，搭搭拈拈，携着手，俏语温存，并着肩，低声俯就。将一杯酒，你喝一口，我喝一口，却又哺果。大圣假意虚情，相陪相笑，没奈何，也与他相倚相偎。果然是：钓诗钩，扫愁帚，破除万事无过酒。男儿立节放襟怀，女子忘情开笑口。面赤似夭桃，身摇如嫩柳。絮絮叨叨话语多，捻捻掐掐风情有。时见掠云鬟，又见轮尖手。几番常把脚儿跷，数次每将衣袖抖。粉项自然低，蛮腰渐觉扭。合欢言语不曾丢，酥胸半露松金钮。醉来真个玉山颓，饧眼摩娑几弄丑。大圣见他这等酣然，暗自留心，挑斗道：“夫人，真扇子你收在那里？早晚仔细。但恐孙行者变化多端，却又来骗去。”罗刹笑嘻嘻的，口中吐出，只有一个杏叶儿大小，递与大圣道：“这个不是宝贝？”大圣接在手中，却又不信，暗想着：“这些些儿，怎生扇得火灭？怕又是假的。”罗刹见他看着宝贝沉思，忍不住上前，将粉面揾在行者脸上，叫道：

“亲亲，你收了宝贝吃酒罢，只管出神想甚么哩？”大圣就趁脚儿跷问他一句道：“这般小小之物，如何扇得八百里火焰？”罗刹酒陶真性，无忌惮，就说出方法道：“大王，与你别了二载，你想是昼夜贪欢，被那玉面公主弄伤了神思，怎么自家的宝贝事情，也都忘了？只将左手大指头捻着那柄儿上第七缕红丝，念一声呬嘘呵吸嘻吹呼，即长一丈二尺长短。这宝贝变化无穷！

那怕他八万里火焰，可一扇而消也。”大圣闻言，切切记在心上，却把扇儿也噙在口里，把脸抹一抹，现了本象，厉声高叫道：“罗刹女！你看看我可是你亲老公！就把我缠了这许多丑勾当！不羞！不羞！”那女子一见是孙行者，慌得推倒桌席，跌落尘埃，羞愧无比，只叫“气杀我也！气杀我也！”

这大圣，不管他死活，捽脱手，拽大步，径出了芭蕉洞，正是无心贪美色，得意笑颜回。将身一纵，踏祥云，跳上高山，将扇子吐出来，演演方法。将左手大指头捻着那柄上第七缕红丝，念了一声呬嘘呵吸嘻吹呼，果然长了有一丈二尺长短。拿在手中，仔细看了又看，比前番假的果是不同，只见祥光幌幌，瑞气纷纷，上有三十六缕红丝，穿经度络，表里相联。原来行者只讨了个长的方法，不曾讨他个小的口诀，左右只是那等长短。没奈何，只得搴在肩上，找旧路而回不题。

却说那牛魔王在碧波潭底与众精散了筵席，出得门来，不见了辟水金睛兽。老龙王聚众精问道：“是谁偷放牛爷的金睛兽也？”众精跪下道：“没人敢偷，我等俱在筵前供酒捧盘，供唱奏乐，更无一人在前。”老龙道：“家乐儿断乎不敢，可曾有甚生人进来？”龙子龙孙道：“适才安座之时，有个蟹精到此，那个便是生人。”牛王闻说，顿然省悟道：“不消讲了！早间贤友着人邀我时，有个孙悟空保唐僧取经，路遇火焰山难过，曾问我求借芭蕉扇。我不曾与他，他和我赌斗一场，未分胜负，我却丢了他，径赴盛会。那猴子千般伶俐，万样机关，断乎是那厮变作蟹精，来此打探消息，偷了我兽，去山妻处骗了那一把芭蕉扇儿也！”众精见说，一个个胆战心惊，问道：“可是那大闹天宫的孙悟空么？”牛王道：“正是。列公若在西天路上，有不是处，切要躲避他些儿。”老龙道：“似这般说，大王的骏骑，却如之何？”牛王笑道：“不妨，不妨，列公各散，等我赶他去来。”遂而分开水路，跳出潭底，驾黄云，径至翠云山芭蕉洞，只听得罗刹女跌脚捶胸，大呼小叫，推开门，又见辟水金睛兽拴在下边，牛王高叫：“夫人，孙悟空那厢去了？”众女童看见牛魔，一齐跪下道：

“爷爷来了？”罗刹女扯住牛王，磕头撞脑，口里骂道：“泼老天杀的！怎样这般不谨慎，着那猢狲偷了金睛兽，变作你的模样，到此骗我！”牛王切齿道：“猢狲那厢去了？”罗刹捶着胸脯骂道：“那泼猴赚了我的宝贝，现出原身走了！气杀我也！”牛王道：“夫人保重，勿得心焦，等我赶上猢狲，夺了宝贝，剥了他皮，铿碎他骨，摆出他的心肝，与你出气！”叫：“拿兵器来！”女童道：“爷爷的兵器，不在这里。”牛王道：“拿你奶奶的兵器来罢！”侍婢将两把青锋宝剑捧出。牛王脱了那赴宴的鸦青绒袄，束一束贴身的小衣，双手绰剑，走出芭蕉洞，径奔火焰山上赶来。正是那：忘恩汉，骗了痴心妇；烈性魔，来近木叉人。毕竟不知此去吉凶如何，且听下回分解。

第六十一回　猪八戒助力败魔王　孙行者三调芭蕉扇

话表牛魔王赶上孙大圣，只见他肩膊上掮着那柄芭蕉扇，怡颜悦色而行。魔王大惊道："猢狲原来把运用的方法儿也叨餂得来了。我若当面问他索取，他定然不与。倘若扇我一扇，要去十万八千里远，却不遂了他意？我闻得唐僧在那大路上等候。他二徒弟猪精，三徒弟沙流精，我当年做妖怪时，也曾会他，且变作猪精的模样，返骗他一场。料猢狲以得意为喜，必不详细提防。"好魔王，他也有七十二变，武艺也与大圣一般，只是身子狼犺些，欠钻疾，不活达些；把宝剑藏了，念个咒语，摇身一变，即变作八戒一般嘴脸，抄下路，当面迎着大圣，叫道：

"师兄，我来也！"这大圣果然欢喜，古人云，得胜的猫儿欢似虎也，只倚着强能，更不察来人的意思，见是个八戒的模样，便就叫道："兄弟，你往那里去？"牛魔王绰着经儿道："师父见你许久不回，恐牛魔王手段大，你斗他不过，难得他的宝贝，教我来迎你的。"行者笑道："不必费心，我已得了手了。"牛王又问道：

"你怎么得的？"行者道："那老牛与我战经百十合，不分胜负。

他就撇了我，去那乱石山碧波潭底，与一伙蛟精龙精饮酒。是我暗跟他去，变作个螃蟹，偷了他所骑的辟水金睛兽，变了老牛的模样，径至芭蕉洞哄那罗刹女。那女子与老孙结了一场干夫妻，是老孙设法骗将来的。"牛王道："却是生受了，哥哥劳碌太甚，可把扇子我拿。"孙大圣那知真假，也虑不及此，遂将扇子递与他。

原来那牛王，他知那扇子收放的根本，接过手，不知捻个甚么诀儿，依然小似一片杏叶，现出本象，开言骂道："泼猢狲！认得我么？"行者见了，心中自悔道："是我的不是了！"恨了一声，跌足高呼道："咦！逐年家打雁，今却被小雁儿鸽了眼睛。"

狠得他爆躁如雷，掣铁棒，劈头便打，那魔王就使扇子搧他一下，不知那大圣先前变蟭蟟虫入罗刹女腹中之时，将定风丹噙在口里，不觉的咽下肚里，所以五脏皆牢，皮骨皆固，凭他怎么搧，再也搧他不动。牛王慌了，把宝贝丢入口中，双手轮剑就砍。那两个在那半空中这一场好杀：齐天孙大圣，混世泼牛王，只为芭蕉扇，相逢各骋强。粗心大圣将人骗，大胆牛王把扇诓。

这一个，金箍棒起无情义；那一个，双刃青锋有智量。大圣施威喷彩雾，牛王放泼吐毫光。齐斗勇，两不良，咬牙锉齿气昂昂。

播土扬尘天地暗，飞砂走石鬼神藏。这个说："你敢无知返骗我！"那个说："我妻许你共相将！"言村语泼，性烈情刚。那个说："你哄人妻女真该死！告到官司有罪殃！"伶俐的齐天圣，凶顽的大力王，一心只要杀，更不待商量。棒打剑迎齐努力，有些松慢见阎王。

且不说他两个相斗难分，却表唐僧坐在途中，一则火气蒸人，二来心焦口渴，对火焰山土地道："敢问尊神，那牛魔王法力如何？"土地道："那牛王神通不小，法力无边，正是孙大圣的敌手。"三藏道："悟空是个会走路的，往常家二千里路，一霎时便回，怎么如今去了一日？断是与那牛王赌斗。"叫："悟能，悟净！你两个，那一个去迎你师兄一迎？倘或遇敌，就当用力相助，求得扇子来，解我烦躁，早早过山赶路去也。"八戒道："今日天晚，我想着要去接他，但只是不认得积雷山路。"土地道：

"小神认得。且教卷帘将军与你师父做伴，我与你去来。"三藏大喜道："有劳尊神，功成再谢。"

那八戒抖擞精神，束一束皂锦直裰，搴着钯，即与土地纵起云雾，径回东方而去。正行时，忽听得喊杀声高，狂风滚滚。

八戒按住云头看时，原来孙行者与牛王厮杀哩。土地道："天蓬还不上前怎的？"呆子掣钉钯，厉声高叫道："师兄，我来也！"行者恨道："你这夯货，误了我多少大事！"八戒道："师父教我来迎你，因认不得山路，商议良久，教土地引我，故此来迟；如何误了大事？"行者道："不是怪你来迟，这泼牛十分无礼！我向罗刹处弄得扇子来，却被这厮变作你的模样，口称迎我，我一时欢悦，转把扇子递在他手，他却现了本象，与老孙在此比并，所以误了大事也。"八戒闻言大怒，举钉钯当面骂道："我把你这血皮胀的遭瘟！你怎敢变作你祖宗的模样，骗我师兄，使我兄弟不睦！"你看他没头没脸的使钉钯乱筑，那牛王一则是与行者斗了一日，力倦神疲；二则是见八戒的钉钯凶猛，遮架不住，败阵就走。只见那火焰山土地，帅领阴兵，当面挡住道："大力王，且住手，唐三藏西天取经，无神不保，无天不佑，三界通知，十方拥护。快将芭蕉扇来搧息火焰，教他无灾无障，早过山去；

不然，上天责你罪愆，定遭诛也。"牛王道："你这土地，全不察理！那泼猴夺我子，欺我妾，骗我妻，番番无道，我恨不得囫囵吞他下肚，化作大便喂狗，怎么肯将宝贝借他！"说不了，八戒赶上骂道："我把你个结心癀！快拿出扇来，饶你性命！"那牛王只得回头，使宝剑又战八戒，孙大圣举棒相帮，这一场在那里好杀：成精豕，作怪牛，兼上偷天得道猴。禅性自来能战炼，必当用土合元由。钉钯九齿尖还利，宝剑双锋快更柔。铁棒卷舒为主仗，土神助力结丹头。三家刑克相争竞，各展雄才要运筹。

捉牛耕地金钱长，唤豕归炉木气收。心不在焉何作道，神常守舍要拴猴。胡乱嚷，苦相求，三般兵刃响搜搜。钯筑剑伤无好意，金箍棒起有因由。只杀得星不光兮月不皎，一天寒雾黑悠悠！那魔王奋勇争强，且行且斗，斗了一夜，不分上下，早又天明。前面是他的积雷山摩云洞口，他三个与土地阴兵，又喧哗振耳，惊动那玉面公主，唤丫鬟看是那里人嚷。只见守门小妖来报："是我家爷爷与昨日那雷公嘴汉子并一个长嘴大耳的和尚同火焰山土地等众厮杀哩！"玉面公主听言，即命外护的大小头目，各执枪刀助力。前后点起七长八短，有百十余口，一个个卖弄精神，拈枪弄棒，齐告："大王爷爷，我等奉奶奶内旨，特来助力也！"牛王大喜道："来得好！来得好！"众妖一齐上前乱砍。八戒措手不及，倒拽着钯败阵而走，大圣纵筋斗云跳出重围，众阴兵亦四散奔走。老牛得胜，聚众妖归洞，紧闭了洞门不题。

行者道："这厮骁勇！自昨日申时前后，与老孙战起，直到今夜，未定输赢，却得你两个来接力。如此苦斗半日一夜，他更不见劳困。才这一伙小妖，却又莽壮。他将洞门紧闭不出，如之奈何？"八戒道："哥哥，你昨日巳时离了师父，怎么到申时才与他斗起？你那两三个时辰，在那里的？"行者道："别你后，顷刻就到这座山上，见一个女子问讯，原来就是他爱妾玉面公主。被我使铁棒唬他一唬，他就跑进洞，叫出那牛王来。与老孙泥言泥语，嚷了一会，又与他交手，斗了有一个时辰。正打处，有人请他赴宴去了。是我跟他到那乱石山碧波潭底，变作一个螃蟹，探了消息，偷了他辟水金睛兽，假变牛王模样，复至翠云山芭蕉洞，骗了罗刹女，哄得他扇子。出门试演试演方法，把扇子弄长了，只是不会收小。正掮了走处，被他假变做你的嘴脸，返骗了去，故此耽搁两三个时辰也。"八戒道："这正是俗语云，大海里翻了豆腐船，汤里来，水里去。如今难得他扇子，如何保得师父过山？且回去，转路走他娘罢！"土地道："大圣休焦恼，天蓬莫懈怠。但说转路，就是入了旁门，不成个修行之类，古语云，行不由径，岂可转走？你那师父，在正路上坐着，眼巴巴只望你们成功哩！"行者发狠道："正是正是，呆子莫要胡谈！土地说得有理，我们正要与他赌输赢，弄手段，等我施为地煞变。自到西方无对头，牛王本是心猿变。今番正好会源流，断要相持借宝扇。趁清凉，息火焰，打破顽空参佛面。行满超升极乐天，大家同赴龙华宴！"那八戒听言，便生努力，殷勤道：

“是，是，是！去，去，去！管甚牛王会不会，木生在亥配为猪，牵转牛儿归土类。申下生金本是猴，无刑无克多和气。用芭蕉，为水意，焰火消除成既济。昼夜休离苦尽功，功完赶赴盂兰会。”

他两个领着土地阴兵一齐上前，使钉钯，轮铁棒，乒乒乓乓，把一座摩云洞的前门，打得粉碎。唬得那外护头目，战战兢兢，闯入里边报道：“大王！孙悟空率众打破前门也！”那牛王正与玉面公主备言其事，懊恨孙行者哩，听说打破前门，十分发怒，急披挂，拿了铁棍，从里边骂出来道：“泼猢狲！你是多大个人儿，敢这等上门撒泼，打破我门扇？”八戒近前乱骂道：“泼老剥皮！你是个甚样人物，敢量那个大小！不要走！看钯！”牛王喝道：“你这个囔糟食的夯货，不见怎的！快叫那猴儿上来！”行者道：“不知好歹的鳖草！我昨日还与你论兄弟，今日就是仇人了！仔细吃吾一棒！”那牛王奋勇而迎。这场比前番更胜。三个英雄，厮混在一处。好杀：钉钯铁棒逞神威，同帅阴兵战老牺，牺牲独展凶强性，遍满同天法力恢。使钯筑，着棍擂，铁棒英雄又出奇。三般兵器叮当响，隔架遮拦谁让谁？他道他为首，我道我夺魁。士兵为证难分解，木土相煎上下随。这两个说：

“你如何不借芭蕉扇！”那一个道：“你焉敢欺心骗我妻！赶妾害儿仇未报，敲门打户又惊疑！”这个说：“你仔细堤防如意棒，擦着些儿就破皮！”那个说：“好生躲避钯头齿，一伤九孔血淋漓！”牛魔不怕施威猛，铁棍高擎有见机。翻云覆雨随来往，吐雾喷风任发挥。恨苦这场都拚命，各怀恶念喜相持。丢架子，让高低，前迎后挡总无亏。兄弟二人齐努力，单身一棍独施为。

卯时战到辰时后，战罢牛魔束手回。他三个舍死忘生，又斗有百十余合。八戒发起呆性，仗着行者神通，举钯乱筑。牛王遮架不住，败阵回头，就奔洞门，却被土地阴兵拦住洞门，喝道：

“大力王，那里走！吾等在此！”那老牛不得进洞，急抽身，又见八戒、行者赶来，慌得卸了盔甲，丢了铁棍，摇身一变，变做一只天鹅，望空飞走。行者看见，笑道：“八戒！老牛去了。”那呆子漠然不知，土地亦不能晓，一个个东张西觑，只在积雷山前后乱找。行者指道：“那空中飞的不是？”八戒道：“那是一只天鹅。”行者道：“正是老牛变的。”土地道：“既如此，却怎生么？”

行者道：“你两个打进此门，把群妖尽情剿除，拆了他的窝巢，绝了他的归路，等老孙与他赌变化去。”那八戒与土地，依言攻破洞门不题。

这大圣收了金箍棒，捻诀念咒，摇身一变，变作一个海东青，飕的一翅，钻在云眼里，倒飞下来，落在天鹅身上，抱住颈项嗛眼。那牛王也知是孙行者变化，急忙抖抖翅，变作一只黄鹰，返来嗛海东青。行者又变作一个乌凤，专一赶黄鹰。牛王识得，又变作一只白鹤，长唳一声，向南飞去。行者立定，抖抖翎毛，又变作一只丹凤，高鸣一声。那白鹤见凤是鸟王，诸禽不敢妄动，刷的一翅，淬下山崖，将身一变，变作一只香獐，乜乜些些，在崖前吃草。行者认得，也就落下翅来，变作一只饿虎，剪尾跑蹄，要来赶獐作食。魔王慌了手脚，又变作一只金钱花斑的大豹，要伤饿虎。行者见了，迎着风，把头一幌，又变作一只金眼狻猊，声如霹雳，铁额铜头，复转身要食大豹。牛王着了急，又变作一个人熊，放开脚，就来擒那狻猊。行者打个滚，就变作一只赖象，鼻似长蛇，牙如竹笋，撒开鼻子，要去卷那人熊。牛王嘻嘻的笑了一笑，现出原身，一只大白牛，头如峻岭，眼若闪光，两只角似两座铁塔，牙排利刃。连头至尾，有千余丈长短，自蹄至背，有八百丈高下，对行者高叫道：“泼猢狲！你如今将奈我何？”行者也就现了原身，抽出金箍棒来，把腰一躬，喝声叫：“长！”长得身高万丈，头如泰山，眼如日月，口似血池，牙似门扇，手执一条铁棒，着头就打。那牛王硬着头，使角来触。这一场，真个是撼岭摇山，惊天动地！有诗为证，诗曰：道高一尺魔千丈，奇巧心猿用力降。若得火山无烈焰，必须宝扇有清凉。黄婆矢志扶元老，木母留情扫荡妖。和睦五行归正果，炼魔涤垢上西方。他两个大展神通，在半山中赌斗，惊得那过往虚空一切神众与金头揭谛、六甲六丁、一十八位护教伽蓝都来围困魔王。那魔王公然不惧，你看他东一头，西一头，直挺挺光耀耀的两只铁角，往来抵触；南一撞，北一撞，毛森森筋暴暴的一条硬尾，左右敲摇。孙大圣当面迎，众多神四面打，牛王急了，就地一滚，复本象，便投芭蕉洞去。行者也收了法象，与众多神随后追袭。那魔王闯入洞里，闭门不出，概众把一座翠云山围得水泄不通。

正都上门攻打，忽听得八戒与土地阴兵嚷嚷而至。行者见了问曰：“那摩云洞事体如何？”八戒笑道：“那老牛的娘子被我一钯筑死，剥开衣看，原来是个玉面狸精。那伙群妖，俱是些驴骡犊特、獾狐狢獐、羊虎麋鹿等类，已此尽皆剿戮，又将他洞府房廊放火烧了。土地说他还有一处家小，住居此山，故又来这里扫荡也。”行者道：“贤弟有功，可喜！可喜！老孙空与那老牛赌变化，未曾得胜。他变做无大不大的白牛，我变了法天象地的身量，正和他抵触之间，幸蒙诸神下降，围困多时，他却复原身，走进洞去矣。”八戒道：“那可是芭蕉洞么？”行者道：“正是！

正是！罗刹女正在此间。”八戒发狠道：“既是这般，怎么不打进去，剿除那厮，问他要扇子，倒让他停留长智，两口儿叙情！”好呆子，抖擞威风，举钯照门一筑，忽辣的一声，将那石崖连门筑倒了一边。慌得那女童忙报：“爷爷！不知甚人把前门都打坏了！”牛王方跑进去，喘嘘嘘的，正告诉罗刹女与孙行者夺扇子赌斗之事，闻报心中大怒，就口中吐出扇子，递与罗刹女。罗刹女接扇在手，满眼垂泪道：“大王！把这扇子送与那猢狲，教他退兵去罢。”牛王道：“夫人啊，物虽小而恨则深。你且坐着，等我再和他比并去来。”那魔重整披挂，又选两口宝剑，走出门来，正遇着八戒使钯筑门，老牛更不打话，掣剑劈脸便砍。八戒举钯迎着，向后倒退了几步，出门来，早有大圣轮棒当头。那牛魔即驾狂风，跳离洞府，又都在那翠云山上相持。众多神四面围绕，土地兵左右攻击。这一场，又好杀哩：云迷世界，雾罩乾坤。飒飒阴风砂石滚，巍巍怒气海波浑。重磨剑二口，复挂甲全身。结冤深似海，怀恨越生嗔。你看齐天大圣因功绩，不讲当年老故人。八戒施威求扇子，众神护法捉牛君。牛王双手无停息，左遮右挡弄精神。只杀得那过鸟难飞皆敛翅，游鱼不跃尽潜鳞；鬼泣神嚎天地暗，龙愁虎怕日光昏！

那牛王拚命捐躯，斗经五十余合，抵敌不住，败了阵，往北就走。早有五台山秘魔岩神通广大泼法金刚阻住道：“牛魔，你往那里去！我等乃释迦牟尼佛祖差来，布列天罗地网，至此擒汝也！”正说间，随后有大圣、八戒、众神赶来。那魔王慌转身向南走，又撞着峨眉山清凉洞法力无量胜至金刚挡住喝道：“吾奉佛旨在此，正要拿住你也！”牛王心慌脚软，急抽身往东便走，却逢着须弥山摩耳崖毗卢沙门大力金刚迎住道：“你老牛何往！我蒙如来密令，教来捕获你也！”牛王又悚然而退，向西就走，又遇着昆仑山金霞岭不坏尊王永住金刚敌住喝道：“这厮又将安走！我领西天大雷音寺佛老亲言，在此把截，谁放你也！”那老牛心惊胆战，悔之不及。见那四面八方都是佛兵天将，真个似罗网高张，不能脱命。正在仓惶之际，又闻得行者帅众赶来，他就驾云头，望上便走。却好有托塔李天王并哪吒太子，领鱼肚药叉、巨灵神将，幔住空中，叫道：“慢来！慢来！吾奉玉帝旨意，特来此剿除你也！”牛王急了，依前摇身一变，还变做一只大白牛，使两只铁角去触天王，天王使刀来砍。随后孙行者又到，哪吒太子厉声高叫：“大圣，衣甲在身，不能为礼。

愚父子昨日见佛如来，发檄奏闻玉帝，言唐僧路阻火焰山，孙大圣难伏牛魔王，玉帝传旨，特差我父王领众助力。”行者道：

“这厮神通不小！又变作这等身躯，却怎奈何？”太子笑道：“大圣勿疑，你看我擒他。”这太子即喝一声“变！”变得三头六臂，飞身跳在牛王背上，使斩妖剑望颈项上一挥，不觉得把个牛头斩下。天王收刀，却才与行者相见。那牛王腔子里又钻出一个头来，口吐黑气，眼放金光。被哪吒又砍一剑，头落处，又钻出一个头来。一连砍了十数剑，随即长出十数个头。哪吒取出火轮儿挂在那老牛的角上，便吹真火，焰焰烘烘，把牛王烧得张狂哮吼，摇头摆尾。才要变化脱身，又被托塔天王将照妖镜照住本象，腾那不动，无计逃生，只叫“莫伤我命！情愿归顺佛家也！”哪吒道：“既惜身命，快拿扇子出来！”牛王道：“扇子在我山妻处收着哩。”

哪吒见说，将缚妖索子解下，跨在他那颈项上，一把拿住鼻头，将索穿在鼻孔里，用手牵来。孙行者却会聚了四大金刚、六丁六甲、护教伽蓝、托塔天王、巨灵神将并八戒、土地、阴兵，簇拥着白牛，回至芭蕉洞口。老牛叫道：“夫人，将扇子出来，救我性命！”罗刹听叫，急卸了钗环，脱了色服，挽青丝如道姑，穿缟素似比丘，双手捧那柄丈二长短的芭蕉扇子，走出门，又见有金刚众圣与天王父子，慌忙跪在地下，磕头礼拜道：“望菩萨饶我夫妻之命，愿将此扇奉承孙叔叔成功去也！”行者近前接了扇，同大众共驾祥云，径回东路。

却说那三藏与沙僧，立一会，坐一会，盼望行者，许久不回，何等忧虑！忽见祥云满空，瑞光满地，飘飘飖飖，盖众神行将近，这长老害怕道：“悟净！那壁厢是谁神兵来也？”沙僧认得道：“师父啊，那是四大金刚、金头揭谛、六甲六丁、护教伽蓝与过往众神。牵牛的是哪吒三太子，拿镜的是托塔李天王，大师兄执着芭蕉扇，二师兄并土地随后，其余的都是护卫神兵。”三藏听说，换了毗卢帽，穿了袈裟，与悟净拜迎众圣，称谢道：“我弟子有何德能，敢劳列位尊圣临凡也！”四大金刚道：“圣僧喜了，十分功行将完！吾等奉佛旨差来助汝，汝当竭力修持，勿得须臾怠惰。”三藏叩齿叩头，受身受命。

孙大圣执着扇子，行近山边，尽气力挥了一扇，那火焰山平平息焰，寂寂除光；行者喜喜欢欢，又搧一扇，只闻得习习潇潇，清风微动；第三扇，满天云漠漠，细雨落霏霏。有诗为证，诗曰：火焰山遥八百程，火光大地有声名。火煎五漏丹难熟，火燎三关道不清。时借芭蕉施雨露，幸蒙天将助神功。牵牛归佛休颠劣，水火相联性自平。此时三藏解燥除烦，清心了意。四众皈依，谢了金刚，各转宝山。六丁六甲升空保护，过往神祇四散，天王太子牵牛径归佛地回缴。止有本山土地，押着罗刹女，在旁伺候。行者道：“那罗刹，你不走路，还立在此等甚？”罗刹跪道：“万望大圣垂慈，将扇子还了我罢。”八戒喝道：“泼贱人，不知高低！饶了你的性命就彀了，还要讨甚么扇子，我们拿过山去，不会卖钱买点心吃？费了这许多精神力气，又肯与你！雨蒙蒙的，还不回去哩！”罗刹再拜道：“大圣原说扇息了火还我。

今此一场，诚悔之晚矣。只因不倜傥，致令劳师动众。我等也修成人道，只是未归正果，见今真身现象归西，我再不敢妄作。

愿赐本扇，从立自新，修身养命去也。”土地道：“大圣！趁此女深知息火之法，断绝火根，还他扇子，小神居此苟安，拯救这方生民；求些血食，诚为恩便。”行者道：“我当时问着乡人说，这山扇息火，只收得一年五谷，便又火发！”如何治得除根？”罗刹道：“要是断绝火根，只消连扇四十九扇，永远再不发了。”行者闻言，执扇子，使尽筋力。望山头连扇四十九扇，那山上大雨淙淙，果然是宝贝：有火处下雨，无火处天晴。他师徒们立在这无火处，不遭雨湿。坐了一夜，次早才收拾马匹行李，把扇子还了罗刹，又道：“老孙若不与你，恐人说我言而无信。你将扇子回山，再休生事。看你得了人身，饶你去罢！”那罗刹接了扇子。念个咒语，捏做个杏叶儿，噙在口里，拜谢了众圣，隐姓修行，后来也得了正果，经藏中万古流名。罗刹、土地俱感激谢恩，随后相送。行者、八戒、沙僧，保着三藏遂此前进，真个是身体清凉，足下滋润。诚所谓：坎离既济真元合，水火均平大道成。毕竟不知几年才回东土，且听下回分解。

第六十二回　涤垢洗心惟扫塔　缚魔归正乃修身

十二时中忘不得，行功百刻全收。五年十万八千周，休教神水涸，莫纵火光愁。水火调停无损处，五行联络如钩。阴阳和合上云楼，乘鸾登紫府，跨鹤赴瀛洲。这一篇词，牌名《临江仙》。单道唐三藏师徒四众，水火既济，本性清凉，借得纯阴宝扇，扇息燥火过山，不一日行过了八百之程，师徒们散诞逍遥，向西而去，正值秋末冬初时序，见了些：野菊残英落，新梅嫩蕊生。村村纳禾稼，处处食香羹。平林木落远山现，曲涧霜浓幽壑清。应钟气，闭蛰营，纯阴阳，月帝玄溟，盛水德，舜日怜晴。

地气下降，天气上升。虹藏不见影，池沼渐生冰。悬崖挂索藤花败，松竹凝寒色更青。四众行彀多时，前又遇城池相近。唐僧勒住马叫徒弟：“悟空，你看那厢楼阁峥嵘，是个甚么去处？”

行者抬头观看，乃是一座城池。真个是：龙蟠形势，虎踞金城。

四垂华盖近，百转紫墟平。玉石桥栏排巧兽，黄金台座列贤明。

真个是神洲都会，天府瑶京。万里邦畿固，千年帝业隆。蛮夷拱服君恩远，海岳朝元圣会盈。御阶洁净，辇路清宁。酒肆歌声闹，花楼喜气生。未央宫外长春树，应许朝阳彩凤鸣。

行者道：“师父，那座城池，是一国帝王之所。”八戒笑道：

“天下府有府城，县有县城，怎么就见是帝王之所？”行者道：

“你不知帝王之居，与府县自是不同。你看他四面有十数座门，周围有百十余里，楼台高耸，云雾缤纷。非帝京邦国，何以有此壮丽？”沙僧道：“哥哥眼明，虽识得是帝王之处，却唤做甚么名色？”行者道：“又无牌匾旌号，何以知之？须到城中询问，方可知也。”长老策马，须臾到门。下马过桥，进门观看，只见六街三市，货殖通财，又见衣冠隆盛，人物豪华。正行时，忽见有十数个和尚，一个个披枷戴锁，沿门乞化，着实的蓝缕不堪。三藏叹曰：“兔死狐悲，物伤其类。”叫：“悟空，你上前去问他一声，为何这等遭罪？”行者依言，即叫：“那和尚，你是那寺里的？为甚事披枷戴锁？”众僧跪倒道：“爷爷，我等是金光寺负屈的和尚。”行者道：“金光寺坐落何方？”众僧道：“转过隅头就是。”行者将他带在唐僧前，问道：“怎生负屈，你说我听。”众僧道：“爷爷，不知你们是那方来的，我等似有些面善。此问不敢在此奉告，请到荒山，具说苦楚。”长老道：“也是，我们且到他那寺中去，仔细询问缘由。”同至山门，门上横写七个金字：“敕建护国金光寺”。师徒们进得门来观看，但见那：古殿香灯冷，虚廊叶扫风。凌云千尺塔，养性几株松。满地落花无客过，檐前蛛网任攀笼。空架鼓，枉悬钟，绘壁尘多彩象朦。讲座幽然僧不见，禅堂静矣鸟常逢。凄凉堪叹息，寂寞苦无穷。佛前虽有香炉设，灰冷花残事事空。三藏心酸，止不住眼中出泪。众僧们顶着枷锁，将正殿推开，请长老上殿拜佛。长老进殿，奉上心香，叩齿三匝。却转于后面，见那方丈檐柱上又锁着六七个小和尚，三藏甚不忍见。及到方丈，众僧俱来叩头问道：“列位老爷象貌不一，可是东土大唐来的么？”行者笑道：“这和尚有甚未卜先知之法？我们正是。你怎么认得？”众僧道：“爷爷，我等有甚未卜先知之法，只是痛负了屈苦，无处分明，日逐家只是叫天叫地。

想是惊动天神，昨日夜间，各人都得一梦，说有个东土大唐来的圣僧，救得我等性命，庶此冤苦可伸。今日果见老爷这般异象。故认得也。”三藏闻言大喜道：“你这里是何地方？有何冤屈？”众僧跪告：“爷爷，此城名唤祭赛国，乃西邦大去处。当年有四夷朝贡：南月陀国，北高昌国，东西梁国，西本钵国，年年进贡美玉明珠，娇妃骏马。我这里不动干戈，不去征讨，他那里自然拜为上邦。”三藏道：“既拜为上邦，想是你这国王有道，文武贤良。”众僧道：“爷爷，文也不贤，武也不良，国君也不是有道。我这金光寺，自来宝塔上祥云笼罩，瑞霭高升，夜放霞光，万里有人曾见；昼喷彩气，四国无不同瞻。故此以为天府神京，四夷朝贡。只是三年之前，孟秋朔日，夜半子时，下了一场血雨。天明时，家家害怕，户户生悲。众公卿奏上国王，不知天公甚事见责。当时延请道士打醮，和尚看经，答天谢地。谁晓得我这寺里黄金宝塔污了，这两年外国不来朝贡。我王欲要征伐，众臣谏道：“我寺里僧人偷了塔上宝贝，所以无祥云瑞霭，外国不朝。”昏君更不察理，那些赃官，将我僧众拿了去，千般拷打，万样追求。当时我这里有三辈和尚，前两辈已被拷打不过死了，如今又捉我辈问罪枷锁。老爷在上，我等怎敢欺心盗取塔中之宝！万望爷爷怜念，方以类聚，物以群分，舍大慈大悲，广施法力，拯救我等性命！”

三藏闻言，点头叹道：“这桩事暗昧难明。一则是朝廷失政，二来是汝等有灾。既然天降血雨，污了宝塔，那时节何不启本奏君，致令受苦？”众僧道：“爷爷，我等凡人，怎知天意？况前辈俱未辨得，我等如何处之！”三藏道：“悟空，今日甚时分了？”

行者道：“有申时前后。”三藏道：“我欲面君倒换关文，奈何这众僧之事，不得明白，难以对君奏言。我当时离了长安，在法门寺里立愿：上西方逢庙烧香，遇寺拜佛，见塔扫塔。今日至此，遇有受屈僧人，乃因宝塔之累。你与我办一把新笤帚，待我沐浴了，上去扫扫，即看这污秽之事何如，不放光之故何如，访着端的，方好面君奏言，解救他们这苦难也。”这些枷锁的和尚听说，连忙去厨房取把厨刀，递与八戒道：“爷爷，你将此刀打开那柱子上锁的小和尚铁锁，放他去安排斋饭香汤，伏侍老爷进斋沐浴。我等且上街化把新笤帚来与老爷扫塔。”八戒笑道：

“开锁有何难哉？不用刀斧，教我那一位毛脸老爷，他是开锁的积年。”行者真个近前，使个解锁法，用手一抹，几把锁俱退落下。那小和尚俱跑到厨中，净刷锅灶，安排茶饭。三藏师徒们吃了斋，渐渐天昏，只见那枷锁的和尚，拿了两把笤帚进来，三藏甚喜。

正说处，一个小和尚点了灯，来请洗澡。此时满天星月光辉，谯楼上更鼓齐发，正是那：四壁寒风起，万家灯火明。六街关户牖，三市闭门庭。钓艇归深树，耕犁罢短绳。樵夫柯斧歇，学子诵书声。三藏沐浴毕，穿了小袖褊衫，束了环绦，足下换一双软公鞋，手里拿一把新笤帚，对众僧道：“你等安寝，待我扫塔去来。”行者道：“塔上既被血雨所污，又况日久无光，恐生恶物，一则夜静风寒，又没个伴侣，自去恐有差池，老孙与你同上如何？”三藏道：“甚好！甚好！”两人各持一把，先到大殿上，点起琉璃灯，烧了香，佛前拜道：“弟子陈玄奘奉东土大唐差往灵山参见我佛如来取经，今至祭赛国金光寺，遇本僧言宝塔被污，国王疑僧盗宝，衔冤取罪，上下难明。弟子竭诚扫塔，望我佛威灵，早示污塔之原因，莫致凡夫之冤屈。”祝罢，与行者开了塔门，自下层望上而扫。只见这塔，真是峥嵘倚汉，突兀凌空。正唤做五色琉璃塔，千金舍利峰。梯转如穿窟，门开似出笼。宝瓶影射天边月，金铎声传海上风。但见那虚檐拱斗，绝顶留云。虚檐拱斗，作成巧石穿花凤；绝顶留云，造就浮屠绕雾龙。远眺可观千里外，高登似在九霄中。层层门上琉璃灯，有尘无火；步步檐前白玉栏，积垢飞虫。塔心里，佛座上，香烟尽绝；窗棂外，神面前，蛛网牵蒙。炉中多鼠粪，盏内少油熔。只因暗失中间宝，苦杀僧人命落空。三藏发心将塔扫，管教重见旧时容。唐僧用帚子扫了一层，又上一层。如此扫至第七层上，却早二更时分。那长老渐觉困倦，行者道：“困了，你且坐下，等老孙替你扫罢。”三藏道：“这塔是多少层数？”行者道：“怕不有十三层哩。”长老耽着劳倦道：“是必扫了，方趁本愿。”又扫了三层，腰酸腿痛，就于十层上坐倒道：“悟空，你替我把那三层扫净下来罢。”行者抖擞精神，登上第十一层，霎时又上到第十二层。正扫处，只听得塔顶上有人言语，行者道：“怪哉！怪哉！

这早晚有三更时分，怎么得有人在这顶上言语？断乎是邪物也！且看看去。”

好猴王，轻轻的挟着笤帚，撒起衣服，钻出前门，踏着云头观看，只见第十三层塔心里坐着两个妖精，面前放一盘下饭，一只碗，一把壶，在那里猜拳吃酒哩。行者使个神通，丢了笤帚，掣出金箍棒，拦住塔门喝道：“好怪物！偷塔上宝贝的原来是你！”两个怪物慌了，急起身拿壶拿碗乱掼，被行者横铁棒拦住道：“我若打死你，没人供状。”只把棒逼将去。那怪贴在壁上，莫想挣扎得动，口里只叫：“饶命饶命！不干我事！自有偷宝贝的在那里也。”行者使个拿法，一只手抓将过来，径拿下第十层塔中。报道：“师父，拿住偷宝贝之贼了！”三藏正自盹睡，忽闻此言，又惊又喜道：“是那里拿来的？”行者把怪物揪到面前跪下道：“他在塔顶上猜拳吃酒耍子，是老孙听得喧哗，一纵云，跳到顶上拦住，未曾着力。但恐一棒打死，没人供状，故此轻轻捉来。师父可取他个口词，看他是那里妖精，偷的宝贝在于何处。”那怪物战战兢兢，口叫“饶命！”遂从实供道：“我两个是乱石山碧波潭万圣龙王差来巡塔的。他叫做奔波儿灞，我叫做灞波儿奔。他是鲇鱼怪，我是黑鱼精。因我万圣老龙生了一个女儿，就唤做万圣公主。那公主花容月貌，有二十分人才，招得一个驸马，唤做九头驸马，神通广大。前年与龙王来此，显大法力，下了一阵血雨，污了宝塔，偷了塔中的舍利子佛宝。公主又去大罗天上灵霄殿前，偷了王母娘娘的九叶灵芝草，养在那潭底下，金光霞彩，昼夜光明。近日闻得有个孙悟空往西天取经，说他神通广大，沿路上专一寻人的不是，所以这些时常差我等来此巡拦，若还有那孙悟空到时，好准备也。”行者闻言嘻嘻冷笑道：“那孽畜等这等无礼，怪道前日请牛魔王在那里赴会！原来他结交这伙泼魔，专干不良之事！”

说未了，只见八戒与两三个小和尚，自塔下提着两个灯笼，走上来道：“师父，扫了塔不去睡觉，在这里讲甚么哩？”行者道：“师弟，你来正好。塔上的宝贝，乃是万圣老龙偷了去。今着这两个小妖巡塔，探听我等来的消息，却才被我拿住也。”八戒道：“叫做甚么名字，甚么妖精？”行者道：“才然供了口词，一个叫做奔波儿灞，一个叫做灞波儿奔；一个是鲇鱼怪，一个是黑鱼精。”八戒掣钯就打，道：“既是妖精，取了口词，不打死何待？”行者道：“你不知，且留着活的，好去见皇帝讲话，又好做凿眼去寻贼追宝。”好呆子，真个收了钯，一家一个，都抓下塔来。那怪只叫：“饶命！”八戒道：“正要你鲇鱼黑鱼做些鲜汤，与那负冤屈的和尚吃哩！”两三个小和尚喜喜欢欢，提着灯笼引长老下了塔。一个先跑报众僧道：“好了！好了！我们得见青天了！偷宝贝的妖怪，已是爷爷们捉将来矣！”行者教：“拿铁索来，穿了琵琶骨，锁在这里。汝等看守，我们睡觉去，明日再做理会，”那些和尚都紧紧的守着，让三藏们安寝。

不觉的天晓，长老道：“我与悟空入朝，倒换关文去来。”长老即穿了锦襕袈裟，戴了毗卢帽，整束威仪，拽步前进。行者也束一束虎皮裙，整一整绵布直裰，取了关文同去。八戒道：“怎么不带这两个妖贼？”行者道：“待我们奏过了，自有驾帖着人来提他。”遂行至朝门外，看不尽那朱雀黄龙，清都绛阙。三藏到东华门，对阁门大使作礼道：“烦大人转奏，贫僧是东土大唐差去西天取经者，意欲面君，倒换关文。”那黄门官果与通报，至阶前奏道：“外面有两个异容异服僧人，称言南赡部洲东土唐朝差往西方拜佛求经，欲朝我王，倒换关文。”国王闻言，传旨教宣，长老即引行者入朝。文武百官，见了行者，无不惊怕，有的说是猴和尚，有的说是雷公嘴和尚，个个悚然，不敢久视。

长老在阶前舞蹈山呼的行拜，大圣叉着手，斜立在旁，公然不动。长老启奏道：“臣僧乃南赡部洲东土大唐国差来拜西方天竺国大雷音寺佛求取真经者，路经宝方，不敢擅过，有随身关文，乞倒验方行。”那国王闻言大喜。传旨教宣唐朝圣僧上金銮殿，安绣墩赐坐。长老独自上殿，先将关文捧上，然后谢恩敢坐。那国王将关文看了一遍，心中喜悦道：“似你大唐王有疾，能选高僧，不避路途遥远，拜我佛取经；寡人这里和尚，专心只是做贼，败国倾君！”三藏闻言合掌道：“怎见得败国倾君？”国王道：“寡人这国，乃是西域上邦，常有四夷朝贡，皆因国内有个金光寺，寺内有座黄金宝塔，塔上有光彩冲天，近被本寺贼僧，暗窃了其中之宝，三年无有光彩，外国这二年也不来朝，寡人心痛恨之。”三藏合掌笑道：“万岁，差之毫厘，失之千里矣。

贫僧昨晚到于天府，一进城门，就见十数个枷纽之僧。问及何罪，他道是金光寺负冤屈者。因到寺细审，更不干本寺僧人之事。贫僧入夜扫塔，已获那偷宝之妖贼矣。”国王大喜道：“妖贼安在？”三藏道：“现被小徒锁在金光寺里。”那国王急降金牌：

“着锦衣卫快到金光寺取妖贼来，寡人亲审。”三藏又奏道：“万岁，虽有锦衣卫，还得小徒去方可。”国王道：“高徒在那里？”三藏用手指道：“那玉阶旁立者便是。”国王见了，大惊道：“圣僧如此丰姿，高徒怎么这等象貌？”孙大圣听见了，厉声高叫道：

“陛下，人不可貌相，海水不可斗量。若爱丰姿者，如何捉得妖贼也？”国王闻言，回惊作喜道：“圣僧说的是，朕这里不选人材，只要获贼得宝归塔为上。”再着当驾官看车盖，教锦衣卫好生伏侍圣僧去取妖贼来。那当驾官即备大轿一乘，黄伞一柄，锦衣卫点起校尉，将行者八抬八绰，大四声喝路，径至金光寺。

自此惊动满城百姓，无处无一人不来看圣僧及那妖贼。

八戒、沙僧听得喝道，只说是国王差官，急出迎接，原来是行者坐在轿上。呆子当面笑道：“哥哥，你得了本身也！”行者下了轿，搀着八戒道：“我怎么得了本身？”八戒道：“你打着黄伞，抬着八人轿，却不是猴王之职分？故说你得了本身。”行者道：

“且莫取笑。”遂解下两个妖物，押见国王。沙僧道：“哥哥，也带挈小弟带挈。”行者道：“你只在此看守行李马匹。”那枷锁之僧道：“爷爷们都去承受皇恩，等我们在此看守。”行者道：“既如此，等我去奏过国王，却来放你。”八戒揪着一个妖贼，沙僧揪着一个妖贼，孙大圣依旧坐了轿，摆开头搭，将两个妖怪押赴当朝。须臾至白玉阶，对国王道：“那妖贼已取来了。”国王遂降龙床，与唐僧及文武多官同目视之，那怪一个是暴腮乌甲，尖嘴利牙；一个是滑皮大肚，巨口长须，虽然是有足能行，大抵是变成的人象。国王问曰：“你是何方贼怪，那处妖精，几年侵吾国土，何年盗我宝贝，一盘共有多少贼徒，都唤做甚么名字，从实一一供来！”二怪朝上跪下，颈内血淋淋的，更不知疼痛，供道：“三载之外，七月初一，有个万圣龙王，帅领许多亲戚，住居在本国东南，离此处路有百十，潭号碧波，山名乱石。生女多娇，妖娆美色，招赘一个九头驸马，神通无敌。他知你塔上珍奇，与龙王合盘做贼，先下血雨一场，后把舍利偷讫。见如今照耀龙宫，纵黑夜明如白日。公主施能，寂寂密密，又偷了王母灵芝，在潭中温养宝物。我两个不是贼头，乃龙王差来小卒。今夜被擒，所供是实。”国王道：“既取了供，如何不供自家名字？”

那怪道：“我唤做奔波儿灞，他唤做灞波儿奔，奔波儿灞是个鲇鱼怪，灞波儿奔是个黑鱼精。”国王教锦衣卫好生收监，传旨：

“赦了金光寺众僧的枷锁，快教光禄寺排宴，就于麒麟殿上谢圣僧获贼之功，议请圣僧捕擒贼首。”

光禄寺即时备了荤素两样筵席，国王请唐僧四众上麒麟殿叙坐，问道：“圣僧尊号？”唐僧合掌道：“贫僧俗家姓陈，法名玄奘。蒙君赐姓唐，贱号三藏。”国王又问：“圣僧高徒何号？”三藏道：“小徒俱无号，第一个名孙悟空，第二个名猪悟能，第三个名沙悟净，此乃南海观世音菩萨起的名字。因拜贫僧为师，贫僧又将悟空叫做行者，悟能叫做八戒，悟净叫做和尚。”国王听毕，请三藏坐了上席，孙行者坐了侧首左席，猪八戒沙和尚坐了侧首右席，俱是素果、素菜、素茶、素饭。前面一席荤的，坐了国王，下首有百十席荤的，坐了文武多官。众臣谢了君恩，徒告了师罪，坐定。国王把盏，三藏不敢饮酒，他三个各受了安席酒。下边只听得管弦齐奏，乃是教坊司动乐。你看八戒放开食嗓，真个是虎咽狼吞，将一席果菜之类，吃得罄尽。少顷间，添换汤饭又来，又吃得一毫不剩，巡酒的来，又杯杯不辞。这场筵席，直乐到午后方散。三藏谢了盛宴，国王又留住道：“这一席聊表圣僧获怪之功。”教光禄寺：“快翻席到建章宫里，再请圣僧定捕贼首，取宝归塔之计。”三藏道：“既要捕贼取宝，不劳再宴，贫僧等就此辞王，就擒捉妖怪去也。”国王不肯，一定请到建章宫，又吃了一席。国王举酒道：“那位圣僧帅众出师，降妖捕贼？”三藏道：“教大徒弟孙悟空去。”大圣拱手应承。国王道：

“孙长老既去，用多少人马？几时出城？”八戒忍不住高声叫道：

“那里用甚么人马！又那里管甚么时辰！趁如今酒醉饭饱，我共师兄去，手到擒来！”三藏甚喜道：“八戒这一向勤紧啊！”行者道：“既如此，着沙僧弟保护师父，我两个去来。”那国王道：

“二位长老既不用人马，可用兵器？”八戒笑道：“你家的兵器，我们用不得。我弟兄自有随身器械。”国王闻说，即取大觥来，与二位长老送行。孙大圣道：“酒不吃了，只教锦衣卫把两个小妖拿来，我们带了他去做凿眼。”国王传旨，即时提出。二人挟着两个小妖，驾风头，使个摄法，径上东南去了。噫！他那君臣一见腾风雾，才识师徒是圣僧。毕竟不知此去如何擒获，且听下回分解。

第六十三回　二僧荡怪闹龙宫　群圣除邪获宝贝

却说祭赛国王与大小公卿，见孙大圣与八戒腾云驾雾，提着两个小妖，飘然而去，一个个朝天礼拜道：“话不虚传！今日方知有此辈神仙活佛！”又见他远去无踪，却拜谢三藏、沙僧道：“寡人肉眼凡胎，只知高徒有力量，拿住妖贼便了，岂知乃腾云驾雾之上仙也。”三藏道：“贫僧无些法力，一路上多亏这三个小徒。”沙僧道：“不瞒陛下说，我大师兄乃齐天大圣皈依。

他曾大闹天宫，使一条金箍棒，十万天兵，无一个对手，只闹得太上老君害怕，玉皇大帝心惊。我二师兄乃天蓬元帅果正，他也曾掌管天河八万水兵大众。惟我弟子无法力，乃卷帘大将受戒。愚弟兄若干别事无能，若说擒妖缚怪，拿贼捕亡，伏虎降龙，踢天弄井，以至搅海翻江之类，略通一二。这腾云驾雾，唤雨呼风，与那换斗移星，担山赶月，特余事耳，何足道哉！”国王闻说，愈十分加敬，请唐僧上坐，口口称为老佛，将沙僧等皆称为菩萨。满朝文武欣然，一国黎民顶礼不题。

却说孙大圣与八戒驾着狂风，把两个小妖摄到乱石山碧波潭，住定云头，将金箍棒吹了一口仙气，叫“变！”变作一把戒刀，将一个黑鱼怪割了耳朵，鲇鱼精割了下唇，撇在水里，喝道：“快早去对那万圣龙王报知，说我齐天大圣孙爷爷在此，着他即送祭赛国金光寺塔上的宝贝出来，免他一家性命！若迸半个不字，我将这潭水搅净，教他一门儿老幼遭诛！”那两个小妖，得了命，负痛逃生，拖着锁索，淬入水内，唬得那些鼋鼍龟鳖，虾蟹鱼精，都来围住问道：“你两个为何拖绳带索？”一个掩着耳，摇头摆尾，一个侮着嘴，跌脚捶胸；都嚷嚷闹闹，径上龙王宫殿报：“大王，祸事了！”那万圣龙王正与九头驸马饮酒，忽见他两个来，即停杯问何祸事。那两个即告道：“昨夜巡拦，被唐僧、孙行者扫塔捉获，用铁索拴锁。今早见国王，又被那行者与猪八戒抓着我两个，一个割了耳朵，一个割了嘴唇，抛在水中，着我来报，要索那塔顶宝贝。”遂将前后事，细说了一遍。那老龙听说是孙行者齐天大圣，唬得魂不附体，魄散九霄，战兢兢对驸马道：“贤婿啊，别个来还好计较，若果是他，却不善也！”驸马笑道：“太岳放心，愚婿自幼学了些武艺，四海之内，也曾会过几个豪杰，怕他做甚！等我出去与他交战三合，管取那厮缩首归降，不敢仰视。”

好妖怪，急纵身披挂了，使一般兵器，叫做月牙铲，步出宫，分开水道，在水面上叫道：“是甚么齐天大圣！快上来纳命！”行者与八戒立在岸边，观看那妖精怎生打扮：戴一顶烂银盔，光欺白雪；贯一副兜鍪甲，亮敌秋霜。上罩着锦征袍，真个是彩云笼玉；腰束着犀纹带，果然象花蟒缠金。手执着月牙铲，霞飞电掣；脚穿着猪皮靴，水利波分。远看时一头一面，近睹处四面皆人。前有眼，后有眼，八方通见；左也口，右也口，九口言论。一声吆喝长空振，似鹤飞鸣贯九宸。他见无人对答，又叫一声：“那个是齐天大圣？”行者按一按金箍，理一理铁棒道：

“老孙便是。”那怪道：“你家居何处？身出何方！怎生得到祭赛国，与那国王守塔，却大胆获我头目，又敢行凶，上吾宝山索战？”行者骂道：“你这贼怪，原来不识你孙爷爷哩！你上前，听我道：老孙祖住花果山，大海之间水帘洞。自幼修成不坏身，玉皇封我齐天圣。只因大闹斗牛宫，天上诸神难取胜。当请如来展妙高，无边智慧非凡用。为翻筋斗赌神通，手化为山压我重。

整到如今五百年，观者劝解方逃命。大唐三藏上西天，远拜灵山求佛颂。解脱吾身保护他，炼魔净怪从修行。路逢西域祭赛城。屈害僧人三代命。我等慈悲问旧情，乃因塔上无光映。吾师扫塔探分明，夜至三更天籁静。捉住鱼精取实供，他言汝等偷宝珍。合盘为盗有龙王，公主连名称万圣。血雨浇淋塔上光，将他宝贝偷来用。殿前供状更无虚，我奉君言驰此境。所以相寻索战争，不须再问孙爷姓。快将宝贝献还他，免汝老少全家命。敢若无知骋胜强，教你水涸山颓都蹭蹬！”那驸马闻言，微微冷笑道：“你原来是取经的和尚，没要紧罗织管事！我偷他的宝贝，你取佛的经文，与你何干，却来厮斗！”行者道：“这贼怪甚不达理！我虽不受国王的恩惠，不食他的水米，不该与他出力。但是你偷他的宝贝，污他的宝塔，屡年屈苦金光寺僧人，他是我一门同气，我怎么不与他出力，辨明冤枉？”驸马道：“你既如此，想是要行赌赛。常言道，武不善作，但只怕起手处，不得留情，一时间伤了你的性命，误了你去取经！”行者大怒，骂道：

“这泼贼怪，有甚强能，敢开大口！走上来，吃老爷一棒！”那驸马更不心慌，把月牙铲架住铁棒，就在那乱石山头，这一场真个好杀，妖魔盗宝塔无光，行者擒妖报国王。小怪逃生回水内，老龙破胆各商量。九头驸马施威武，披挂前来展素强。怒发齐天孙大圣，金箍棒起十分刚。那怪物，九个头颅十八眼，前前后后放毫光；这行者，一双铁臂千斤力，蔼蔼纷纷并瑞祥。铲似一阳初现月，棒如万里遍飞霜。他说“你无干休把不平报！”我道“你有意偷宝真不良！”那泼贼，少轻狂，还他宝贝得安康！棒迎铲架争高下，不见输赢练战场。

他两个往往来来，斗经三十余合，不分胜负。猪八戒立在山前，见他们战到酣美之处，举着钉钯，从妖精背后一筑。原来那怪九个头，转转都是眼睛，看得明白，见八戒在背后来时，即使铲鐏架着钉钯，铲头抵着铁棒。又耐战五七合，挡不得前后齐轮，他却打个滚，腾空跳起，现了本象，乃是一个九头虫，观其形象十分恶，见此身模怕杀人！他生得：毛羽铺锦，团身结絮。方圆有丈二规模，长短似鼋鼍样致。两只脚尖利如钩，九个头攒环一处。展开翅极善飞扬，纵大鹏无他力气；发起声远振天涯，比仙鹤还能高唳。眼多闪灼幌金光，气傲不同凡鸟类。

猪八戒看见心惊道：“哥啊！我自为人，也不曾见这等个恶物！

是甚血气生此禽兽也？”行者道：“真个罕有！真个罕有！等我赶上打去！”好大圣，急纵祥云，跳在空中，使铁棒照头便打。那怪物大显身，展翅斜飞，飕的打个转身，掠到山前，半腰里又伸出一个头来，张开口如血盆相似，把八戒一口咬着鬃，半拖半扯，捉下碧波潭水内而去。及至龙宫外，还变作前番模样，将八戒掷之于地，叫：“小的们何在？”那里面鲭鲌鲤鳜之鱼精，龟鳖鼋鼍之介怪，一拥齐来，道声“有！”驸马道：“把这个和尚，绑在那里，与我巡拦的小卒报仇！”众精推推嚷嚷，抬进八戒去时，那老龙王欢喜迎出道：“贤婿有功，怎生捉他来也？”那驸马把上项原故，说了一遍，老龙即命排酒贺功不题。

却说孙行者见妖精擒了八戒，心中惧道：“这厮恁般利害！

我待回朝见师，恐那国王笑我。待要开言骂战，曾奈我又单身，况水面之事不惯。且等我变化了进去，看那怪把呆子怎生摆布，若得便，且偷他出来干事。”好大圣，捻着诀，摇身一变，还变做一个螃蟹，淬于水内，径至牌楼之前。原来这条路是他前番袭牛魔王盗金睛兽走熟了的，直至那宫阙之下，横爬过去，又见那老龙王与九头虫合家儿欢喜饮酒。行者不敢相近，爬过东廊之下，见几个虾精蟹精，纷纷纭纭耍子。行者听了一会言谈，却就学语学话，问道：“驸马爷爷拿来的那长嘴和尚，这会死了不曾？”众精道：“不曾死，缚在那西廊下哼的不是？”行者听说，又轻轻的爬过西廊，真个那呆子绑在柱上哼哩。行者近前道：“八戒，认得我么？”八戒听得声音，知是行者，道：“哥哥，怎么了！反被这厮捉住我也！”行者四顾无人，将钳咬断索子叫走，那呆子脱了手道：“哥哥，我的兵器，被他收了，又奈何？”行者道：“你可知道收在那里？”八戒道：“当被那怪拿上宫殿去了。”行者道：“你先去牌楼下等我。”八戒逃生，悄悄的溜出。行者复身爬上宫殿，观看左首下有光彩森森，乃是八戒的钉钯放光，使个隐身法，将钯偷出，到牌楼下，叫声：“八戒！接兵器！”

呆子得了钯，便道：“哥哥，你先走，等老猪打进宫殿。若得胜，就捉住他一家子；若不胜，败出来，你在这潭岸上救应。”行者大喜，只教仔细，八戒道：“不怕他！水里本事，我略有些儿。”行者丢了他，负出水面不题。

这八戒束了皂直裰，双手缠钯，一声喊，打将进去。慌得那大小水族，奔奔波波，跑上宫殿，吆喝道：“不好了！长嘴和尚挣断绳返打进来了！”那老龙与九头虫并一家子俱措手不及，跳起来，藏藏躲躲。这呆子不顾死活，闯上宫殿，一路钯，筑破门扇，打破桌椅，把些吃酒的家火之类，尽皆打碎。有诗为证，诗曰：木母遭逢水怪擒，心猿不舍苦相寻。暗施巧计偷开锁，大显神威怒恨深。驸马忙携公主躲，龙王战栗绝声音。水宫绛阙门窗损，龙子龙孙尽没魂。这一场，被八戒把玳瑁屏打得粉碎，珊瑚树掼得凋零。那九头虫将公主安藏在内，急取月牙铲，赶至前宫喝道：“泼夯豕彘！怎敢欺心惊吾眷族！”八戒骂道：“这贼怪，你焉敢将我捉来！这场不干我事，是你请我来家打的！快拿宝贝还我，回见国王了事；不然，决不饶你一家命也！”那怪那肯容情，咬定牙齿，与八戒交锋。那老龙才定了神思，领龙子龙孙，各执枪刀，齐来攻取。八戒见事体不谐，虚幌一钯，撤身便走，那老龙帅众追来。须臾，撺出水中，都到潭面上翻腾。却说孙行者立于潭岸等候，忽见他们追赶八戒，出离水中，就半踏云雾，掣铁棒，喝声“休走！”只一下，把个老龙头打得稀烂。

可怜血溅潭中红水泛，尸飘浪上败鳞浮！唬得那龙子龙孙各各逃命，九头驸马收龙尸，转宫而去。

行者与八戒且不追袭，回上岸，备言前事。八戒道：“这厮锐气挫了！被我那一路钯，打进去时，打得落花流水，魂散魄飞！正与那驸马厮斗，却被老龙王赶着，却亏了你打死。那厮们回去，一定停丧挂孝，决不肯出来。今又天色晚了，却怎奈何？”行者道：“管甚么天晚！乘此机会，你还下去攻战，务必取出宝贝，方可回朝。”那呆子意懒情疏，徉徉推托，行者催逼道：

“兄弟不必多疑，还象刚才引出来，等我打他。”两人正自商量，只听得狂风滚滚，惨雾阴阴，忽从东方径往南去。行者仔细观看，乃二郎显圣，领梅山六兄弟，架着鹰犬，挑着狐兔，抬着獐鹿，一个个腰挎弯弓，手持利刃，纵风雾踊跃而来。行者道：“八戒，那是我七圣兄弟，倒好留请他们，与我助战。若得成功，倒是一场大机会也。”八戒道：“既是兄弟，极该留请。”行者道：

“但内有显圣大哥，我曾受他降伏，不好见他。你去拦住云头，叫道：‘真君，且略住住。齐天大圣在此进拜。’他若听见是我，断然住了。待他安下，我却好见。”那呆子急纵云头，上山拦住，厉声高叫道：“真君，且慢车驾，有齐天大圣请见哩。”那爷爷见说，即传令就停住六兄弟，与八戒相见毕，问：“齐天大圣何在？”八戒道：“现在山下听呼唤。”二郎道：“兄弟们，快去请来。”六兄弟乃是康、张、姚、李、郭、直，各各出营叫道：“孙悟空哥哥，大哥有请。”行者上前，对众作礼，遂同上山。二郎爷爷迎见，携手相搀，一同相见道：“大圣，你去脱大难，受戒沙门，刻日功完，高登莲座，可贺！可贺！”行者道：“不敢，向蒙莫大之恩，未展斯须之报。虽然脱难西行，未知功行何如。今因路遇祭赛国，搭救僧灾，在此擒妖索宝。偶见兄长车驾，大胆请留一助，未审兄长自何而来，肯见爱否。”二郎笑道：“我因闲暇无事，同众兄弟采猎而回，幸蒙大圣不弃留会，足感故旧之情。若命挟力降妖，敢不如命！却不知此地是何怪贼？”六圣道：“大哥忘了？此间是乱石山，山下乃碧波潭，万圣之龙宫也。”二郎惊呀道：“万圣老龙却不生事，怎么敢偷塔宝？”行者道：“他近日招了一个驸马，乃是九头虫成精。他郎丈两个做贼，将祭赛国下了一场血雨，把金光寺塔顶舍利佛宝偷来。那国王不解其意，苦拿着僧人拷打。是我师父慈悲，夜来扫搭，当被我在塔上拿住两个小妖，是他差来巡探的。今早押赴朝中，实实供招了。

那国王就请我师收降，师命我等到此。先一场战，被九头虫腰里伸出一个头来，把八戒衔了去，我却又变化下水，解了八戒。

才然大战一场，是我把老龙打死，那厮们收尸挂孝去了。我两个正议索战，却见兄长仪仗降临，故此轻渎也。”二郎道：“既伤了老龙，正好与他攻击，使那厮不能措手，却不连窝巢都灭绝了？”八戒道：“虽是如此，奈天晚何？”二郎道：“兵家云，征不待时，何怕天晚！”康姚郭直道：“大哥莫忙，那厮家眷在此，料无处去。孙二哥也是贵客，猪刚鬣又归了正果，我们营内，有随带的酒肴，教小的们取火，就此铺设：一则与二位贺喜，二来也当叙情。且欢会这一夜，待天明索战何迟？”二郎大喜道：“贤弟说得极当。”却命小校安排，行者道：“列位盛情，不敢固却。但自做和尚，都是斋戒，恐荤素不便。”二郎道：“有素果品，酒也是素的。”众兄弟在星月光前，幕天席地，举杯叙旧。

正是寂寞更长，欢娱夜短，早不觉东方发白。那八戒几锺酒吃得兴抖抖的道：“天将明了，等老猪下水去索战也。”二郎道：“元帅仔细，只要引他出来，我兄弟们好下手。”八戒笑道：

“我晓得！我晓得！你看他敛衣缠钯，使分水法，跳将下去，径至那牌楼下，发声喊，打入殿内。此时那龙子披了麻，看着龙尸哭，龙孙与那驸马，在后面收拾棺材哩。这八戒骂上前，手起处，钯头着重，把个龙子夹脑连头，一钯筑了九个窟窿，唬得那龙婆与众往里乱跑，哭道：“长嘴和尚又把我儿打死了！”那驸马闻言，即使月牙铲，带龙孙往外杀来。这八戒举钯迎敌，且战且退，跳出水中。这岸上齐天大圣与七兄弟一拥上前，枪刀乱扎，把个龙孙剁成几断肉饼。那驸马见不停当，在山前打个滚，又现了本象，展开翅，旋绕飞腾。二郎即取金弓，安上银弹，扯满弓，往上就打。那怪急铩翅，掠到边前，要咬二郎；半腰里才伸出一个头来，被那头细犬，撺上去，汪的一口，把头血淋淋的咬将下来。那怪物负痛逃生，径投北海而去。八戒便要赶去，行者止住道：“且莫赶他，正是穷寇勿追，他被细犬咬了头，必定是多死少生。等我变做他的模样，你分开水路，赶我进去，寻那宫主，诈他宝贝来也。”二郎与六圣道：“不赶他，倒也罢了，只是遗这种类在世，必为后人之害。”至今有个九头虫滴血，是遗种也。

那八戒依言，分开水路，行者变作怪象前走，八戒吆吆喝喝后追。渐渐追至龙宫，只见那万圣宫主道：“驸马，怎么这等慌张？”行者道：“那八戒得胜，把我赶将进来，觉道不能敌他。

你快把宝贝好生藏了！”那宫主急忙难识真假，即于后殿里取出一个浑金匣子来，递与行者道：“这是佛宝。”又取出一个白玉匣子，也递与行者道：“这是九叶灵芝。你拿这宝贝藏去，等我与猪八戒斗上两三合，挡住他，你将宝贝收好了，再出来与他合战。”行者将两个匣儿收在身边，把脸一抹，现了本象道：

“宫主，你看我可是驸马么？”宫主慌了，便要抢夺匣子，被八戒跑上去，着背一钯，筑倒在地。还有一个老龙婆撤身就走，被八戒扯住，举钯才筑，行者道：“且住！莫打死他，留个活的，好去国内见功。”遂将龙婆提出水面。行者随后捧着两个匣子上岸，对二郎道：“感兄长威力，得了宝贝，扫净妖贼也。”二郎道：“一则是那国王洪福齐天，二则是贤昆玉神通无量，我何功之有！”

兄弟们俱道：“孙二哥既已功成，我们就此告别。”行者感谢不尽，欲留同见国王。诸公不肯，遂帅众回灌口去讫。

行者捧着匣子，八戒拖着龙婆，半云半雾，顷刻间到了国内。原来那金光寺解脱的和尚，都在城外迎接，忽见他两个云雾定时，近前磕头礼拜，接入城中。那国王与唐僧正在殿上讲论，这里有先走的和尚礼仗着胆入朝门奏道：“万岁，孙猪二老爷擒贼获宝而来也。”那国王听说，连忙下殿，共唐僧，沙僧，迎着称谢神功不尽，随命排筵谢恩。三藏道：“且不须赐饮，着小徒归了塔中之宝，方可饮宴。”三藏又问行者道：“汝等昨日离国，怎么今日才来？”行者把那战驸马，打龙王，逢真君，败妖怪，及变化诈宝贝之事，细说了一遍。三藏与国王，大小文武，俱喜之不胜。国王又问：“龙婆能人言语否？”八戒道：“乃是龙王之妻，生了许多龙子龙孙，岂不知人言？”国王道：“既知人言，快早说前后做贼之事。”龙婆道：“偷佛宝，我全不知，都是我那夫君龙鬼与那驸马九头虫，知你塔上之光乃是佛家舍利子，三年前下了血雨，乘机盗去。”又问：“灵芝草是怎么偷的？”

龙婆道："只是我小女万圣宫主私入大罗天上灵霄殿前，偷的王母娘娘九叶灵芝草。那舍利子得这草的仙气温养着，千年不坏，万载生光，去地下，或田中，扫一扫即有万道霞光，千条瑞气。如今被你夺来，弄得我夫死子绝，婿丧女亡，千万饶了我的命罢！"八戒道："正不饶你哩！"行者道："家无全犯，我便饶你，只便要你长远替我看塔。"龙婆道："好死不如恶活。但留我命，凭你教做甚么。"行者叫取铁索来，当驾官即取铁索一条，把龙婆琵琶骨穿了，教沙僧："请国王来看我们安塔去。"那国王即忙排驾，遂同三藏携手出朝，并文武多官，随至金光寺上塔。将舍利子安在第十三层塔顶宝瓶中间，把龙婆锁在塔心柱上，念动真言，唤出本国土地、城隍与本寺伽蓝，每三日送饮食一餐，与这龙婆度口，少有差讹，即行处斩，众神暗中领诺。行者却将芝草把十三层塔层层扫过，安在瓶内，温养舍利子。这才是整旧如新，霞光万道，瑞气千条，依然八方共睹，四国同瞻。下了塔门，国王就谢道："不是老佛与三位菩萨到此，怎生得明此事也！"行者道："陛下，金光二字不好，不是久住之物：金乃流动之物，光乃焖灼之气。贫僧为你劳碌这场，将此寺改作伏龙寺，教你永远常存。"那国王即命换了字号，悬上新匾，乃是"敕建护国伏龙寺"。一壁厢安排御宴，一壁厢召丹青写下四众生形，五凤楼注了名号。国王摆銮驾，送唐僧师徒，赐金玉酬答，师徒们坚辞，一毫不受。这真个是：邪怪剪除万境静，宝塔回光大地明。毕竟不知此去前路如何，且听下回分解。

第六十四回　荆棘岭悟能努力　木仙庵三藏谈诗

话表祭赛国王谢了唐三藏师徒获宝擒怪之恩，所赠金玉，分毫不受，却命当驾官照依四位常穿的衣服，各做两套，鞋袜各做两双，绦环各做两条，外备干粮烘炒，倒换了通关文牒，大排銮驾，并文武多官，满城百姓，伏龙寺僧人，大吹大打，送四众出城。约有二十里，先辞了国王。众人又送二十里辞回。伏龙寺僧人送有五六十里不回，有的要同上西天，有的要修行伏侍。行者见都不肯回去，遂弄个手段，把毫毛拔了三四十根，吹口仙气，叫"变！"都变作斑斓猛虎，拦住前路，哮吼踊跃。众僧方惧，不敢前进，大圣才引师父策马而去。少时间，去得远了，众僧人放声大哭，都喊："有恩有义的老爷！我等无缘，不肯度我们也！"

且不说众僧啼哭，却说师徒四众，走上大路，却才收回毫毛，一直西去。正是时序易迁，又早冬残春至，不暖不寒，正好逍遥行路。忽见一条长岭，岭顶上是路。三藏勒马观看，那岭上荆棘丫叉，薜萝牵绕，虽是有道路的痕迹，左右却都是荆刺棘针。唐僧叫："徒弟，这路怎生走得？"行者道："怎么走不得？"

又道："徒弟啊，路痕在下，荆棘在上，只除是蛇虫伏地而游，方可去了。若你们走，腰也难伸，教我如何乘马？"八戒道："不打紧，等我使出钯柴手来，把钉钯分开荆棘，莫说乘马，就抬轿也包你过去。"三藏道："你虽有力，长远难熬，却不知有多少远近，怎生费得这许多精神！"行者道："不须商量，等我去看看。"

将身一纵，跳在半空看时，一望无际。真个是：匝地远天，凝烟带雨。夹道柔茵乱，漫山翠盖张。密密搓搓初发叶，攀攀扯扯正芬芳。遥望不知何所尽，近观一似绿云茫。蒙蒙茸茸，郁郁苍苍。风声飘索索，日影映煌煌。那中间有松有柏还有竹，多梅多柳更多桑。薜萝缠古树，藤葛绕垂杨。盘团似架，联络如床。有处花开真布锦，无端卉发远生香。为人谁不遭荆棘，那见西方荆棘长！行者看罢多时，将云头按下道："师父，这去处远哩！"三藏问："有多少远？"行者道："一望无际，似有千里之遥。"三藏大惊道："怎生是好？"沙僧笑道："师父莫愁，我们也学烧荒的，放上一把火，烧绝了荆棘过去。"八戒道："莫乱谈！

烧荒的须在十来月，草衰木枯，方好引火。如今正是蕃盛之时，怎么烧得！"行者道："就是烧得，也怕人子。"三藏道："这般怎生得度？"八戒笑道："要得度，还依我。"好呆子，捻个诀，念个咒语，把腰躬一躬，叫"长！"就长了有二十丈高下的身躯，把钉钯幌一幌，教"变！"就变了有三十丈长短的钯柄，拽开步，双手使钯，将荆棘左右搂开："请师父跟我来也！"三藏见了甚喜，即策马紧随。后面沙僧挑着行李，行者也使铁棒拨开。这一日未曾住手，行有百十里，将次天晚，见有一块空阔之处，当路上有一通石碣，上有三个大字，乃"荆棘岭"；下有两行十四个小字，乃"荆棘蓬攀八百里，古来有路少人行"。八戒见了笑道："等我老猪与他添上两句：自今八戒能开破，直透西方路尽平！"三藏欣然下马道："徒弟啊，累了你也！我们就在此住过了今宵，待明日天光再走。"八戒道："师父莫住，趁此天色晴明，我等有兴，连夜搂开路走他娘！"那长老只得相从。

八戒上前努力，师徒们人不住手，马不停蹄，又行了一日一夜，却又天色晚矣。那前面蓬蓬结结，又闻得风敲竹韵，飒飒松声。却好又有一段空地，中间乃是一座古庙，庙门之外，有松柏凝青，桃梅斗丽。三藏下马，与三个徒弟同看，只见岩前古庙枕寒流，落日荒烟锁废丘。白鹤丛中深岁月，绿芜台下自春秋。

竹摇青珮疑闻语，鸟弄余音似诉愁。鸡犬不通人迹少，闲花野蔓绕墙头。行者看了道："此地少吉多凶，不宜久坐。"沙僧道：

"师兄差疑了，似这杳无人烟之处，又无个怪兽妖禽，怕他怎的？"说不了，忽见一阵阴风，庙门后，转出一个老者，头戴角巾，身穿淡服，手持拐杖，足踏芒鞋，后跟着一个青脸獠牙、红须赤身鬼使，头顶着一盘面饼，跪下道："大圣，小神乃荆棘岭土地，知大圣到此，无以接待，特备蒸饼一盘，奉上老师父，各请一餐。此地八百里，更无人家，聊吃些儿充饥。"八戒欢喜，上前舒手，就欲取饼。不知行者端详已久，喝一声："且住！这厮不是好人！休得无礼！你是甚么土地，来诳老孙！看棍！"那老者见他打来，将身一转，化作一阵阴风，呼的一声，把个长老摄将起去，飘飘荡荡，不知摄去何所。慌得那大圣没跟寻处，八戒沙僧俱相顾失色，白马亦只自惊吟。三兄弟连马四口，恍恍忽忽，远望高张，并无一毫下落，前后找寻不题。

却说那老者同鬼使，把长老抬到一座烟霞石屋之前，轻轻放下，与他携手相搀道："圣僧休怕，我等不是歹人，乃荆棘岭十八公是也。因风清月霁之宵，特请你来会友谈诗，消遣情怀故耳。"那长老却才定性，睁眼仔细观看，真个是：漠漠烟云去所，清清仙境人家。正好洁身修炼，堪宜种竹栽花。每见翠岩来鹤，时闻青沼鸣蛙。更赛天台丹灶，仍期华岳明霞。说甚耕云钓月，此间隐逸堪夸。坐久幽怀如海，朦胧月上窗纱。三藏正自点看，渐觉月明星朗，只听得人语相谈，都道："十八公请得圣僧来也。"长老抬头观看，乃是三个老者：前一个霜姿丰采，第二个绿鬓婆娑，第三个虚心黛色。各各面貌、衣服俱不相同，都来与三藏作礼。长老还了礼道："弟子有何德行，敢劳列位仙翁下爱？"十八公笑道："一向闻知圣僧有道，等待多时，今幸一遇。如果不吝珠玉，宽坐叙怀，足见禅机真派。"三藏躬身道："敢问仙翁尊号？"十八公道："霜姿者号孤直公，绿鬓者号凌空子，虚心者号拂云叟，老拙号曰劲节。"三藏道："四翁尊寿几何？"孤直公道："我岁今经千岁古，撑天叶茂四时春。香枝郁郁龙蛇状，碎影重重霜雪身。自幼坚刚能耐老，从今正直喜修真。乌栖凤宿非凡辈，落落森森远俗尘。"凌空子笑道："吾年千载傲风霜，高干灵枝力自刚。夜静有声如雨滴，秋晴荫影似云张。盘根已得长生诀，受命尤宜不老方，留鹤化龙非俗辈，苍苍爽爽近仙乡。”拂云叟笑道：“岁寒虚度有千秋，老景潇然清更幽。不杂嚣尘终冷淡，饱经霜雪自风流。七贤作侣同谈道，六逸为朋共唱酬。戛玉敲金非琐琐，天然情性与仙游。”劲节十八公笑道：“我亦千年约有余，苍然贞秀自如如。堪怜雨露生成力，借得乾坤造化机。万壑风烟惟我盛，四时洒落让吾疏。盖张翠影留仙客，博弈调琴讲道书。”三藏称谢道：“四位仙翁，俱享高寿，但劲节翁又千岁余矣。高年得道，丰采清奇，得非汉时之四皓乎？”四老道：“承过奖！承过奖！吾等非四皓，乃深山之四操也。敢问圣僧，妙龄几何？”三藏合掌躬身答曰：“四十年前出母胎，未产之时命已灾。逃生落水随波滚，幸遇金山脱本骸。

养性看经无懈怠，诚心拜佛敢俄捱？今蒙皇上差西去，路遇仙翁下爱来。”四老俱称道：“圣僧自出娘胎，即从佛教，果然是从小修行，真中正有道之上僧也。我等幸接台颜，敢求大教，望以禅法指教一二，足慰生平。”长老闻言，慨然不惧，即对众言曰：

“禅者静也，法者度也。静中之度，非悟不成。悟者，洗心涤虑，脱俗离尘是也。夫人身难得，中土难生，正法难遇：全此三者，幸莫大焉。至德妙道，渺漠希夷，六根六识，遂可扫除。菩提者，不死不生，无余无欠，空色包罗，圣凡俱遣。访真了元始钳锤，悟实了牟尼手段。发挥象罔，踏碎涅槃。必须觉中觉了悟中悟，一点灵光全保护。放开烈焰照婆娑，法界纵横独显露。至幽微，更守固，玄关口说谁人度？我本元修大觉禅，有缘有志方记悟。”

四老侧耳受了，无边喜悦，一个个稽首皈依，躬身拜谢道：

“圣僧乃禅机之悟本也！”拂云叟道：“禅虽静，法虽度，须要性定心诚，纵为大觉真仙，终坐无生之道。我等之玄，又大不同也。”三藏云：“道乃非常，体用合一，如何不同？”拂云叟笑云：

“我等生来坚实，体用比尔不同。感天地以生身，蒙雨露而滋色。笑傲风霜，消磨日月。一叶不凋，千枝节操。似这话不叩冲虚，你执持梵语。道也者，本安中国，反来求证西方。空费了草鞋，不知寻个甚么？石狮子剜了心肝，野狐涎灌彻骨髓。忘本参禅，妄求佛果，都似我荆棘岭葛藤谜语，萝蓏浑言。此般君子，怎生接引？这等规模，如何印授？必须要检点见前面目，静中自有生涯。没底竹篮汲水，无根铁树生花。灵宝峰头牢着脚，归来雅会上龙华。”三藏闻言叩头拜谢，十八公用手搀扶，孤直公将身扯起，凌空子打个哈哈道：“拂云之言，分明漏泄。圣僧请起，不可尽信。我等趁此月明，原不为讲论修持，且自吟哦逍遥，放荡襟怀也。”拂云叟笑指石屋道：“若要吟哦，且入小庵一茶，何如？”

长老真个欠身，向石屋前观看，门上有三个大字，乃“木仙庵”。遂此同入，又叙了坐次，忽见那赤身鬼使，捧一盘茯苓膏，将五盏香汤奉上。四老请唐僧先吃，三藏惊疑，不敢便吃。那四老一齐享用，三藏却才吃了两块，各饮香汤收去。三藏留心偷看，只见那里玲珑光彩，如月下一般：“水自石边流出，香从花里飘来。满座清虚雅致，全无半点尘埃。那长老见此仙境。

以为得意，情乐怀开，十分欢喜，忍不住念了一句道：“禅心似月迥无尘。”劲节老笑而即联道：“诗兴如天青更新。”孤直公道：“好句漫裁抟锦绣。”凌空子道：“佳文不点唾奇珍。”拂云叟道：“六朝一洗繁华尽，四始重删雅颂分。”三藏道：“弟子一时失口，胡谈几字，诚所谓班门弄斧。适闻列仙之言，清新飘逸，真诗翁也。”劲节老道：“圣僧不必闲叙，出家人全始全终。既有起句，何无结句？望卒成之。”三藏道：“弟子不能，烦十八公结而成篇为妙。”劲节道：“你好心肠！你起的句，如何不肯结果？

悭吝珠玑，非道理也。”三藏只得续后二句云：“半枕松风茶未熟，吟怀潇洒满腔春。”

十八公道：“好个吟怀潇洒满腔春！”孤直公道：“劲节，你深知诗味，所以只管咀嚼，何不再起一篇？”十八公亦慨然不辞道：“我却是顶针字起：春不荣华冬不枯，云来雾往只如无。”凌空子道：“我亦体前顶针二句：无风摇拽婆娑影，有客欣怜福寿图。”拂云叟亦顶针道：“图似西山坚节老，清如南国没心夫。”

孤直公亦顶针道：“夫因侧叶称梁栋，台为横柯作宪乌。”

长老听了，赞叹不已道：“真是阳春白雪，浩气冲霄！弟子不才，敢再起两句。”孤直公道：“圣僧乃有道之士，大养之人也。不必再相联句，请赐教全篇，庶我等亦好勉强而和。”三藏无已，只得笑吟一律曰：“杖锡西来拜法王，愿求妙典远传扬。

金芝三秀诗坛瑞，宝树千花莲蕊香。百尺竿头须进步，十方世界立行藏。修成玉象庄严体，极乐门前是道场。”四老听毕，俱极赞扬。十八公道：“老拙无能，大胆搀越，也勉和一首。”云：

“劲节孤高笑木王，灵椿不似我名扬。山空百丈龙蛇影。泉泌千年琥珀香。解与乾坤生气概，喜因风雨化行藏。衰残自愧无仙骨，惟有苓膏结寿场。”孤直公道：“此诗起句豪雄，联句有力，但结句自谦太过矣，堪羡！堪羡！老拙也和一首。”云：“霜姿常喜宿禽王，四绝堂前大器扬。露重珠缨蒙翠盖，风轻石齿碎寒香。长廊夜静吟声细，古殿秋阴淡影藏。元日迎春曾献寿，老来寄傲在山场。”凌空子笑而言曰：“好诗！好诗！真个是月胁天心，老拙何能为和？但不可空过，也须扯谈几句。”曰：“梁栋之材近帝王，太清宫外有声扬。晴轩恍若来青气，暗壁寻常度翠香。壮节凛然千古秀，深根结矣九泉藏。凌云势盖婆娑影，不在群芳艳丽场。”拂云叟道：“三公之诗，高雅清淡，正是放开锦绣之囊也。我身无力，我腹无才，得三公之教，茅塞顿开，无已，也打油几句，幸勿哂焉。”诗曰：“淇澳园中乐圣王，渭川千亩任分扬。翠筠不染湘娥泪，班箨堪传汉史香。霜叶自来颜不改，烟梢从此色何藏？子猷去世知音少，亘古留名翰墨场。”

三藏道：“众仙老之诗，真个是吐凤喷珠，游夏莫赞。厚爱高情，感之极矣。但夜已深沉，三个小徒，不知在何处等我。意者弟子不能久留，敢此告回寻访，尤天穷之至爱也，望老仙指示归路。”四老笑道：“圣僧勿虑，我等也是千载奇逢，况天光晴爽，虽夜深却月明如昼，再宽坐坐，待天晓自当远送过岭，高徒一定可相会也。”

正话间，只见石屋之外，有两个青衣女童，挑一对绛纱灯笼，后引着一个仙女。那仙女拈着一枝杏花，笑吟吟进门相见。

那仙女怎生模样？他生得：青姿妆翡翠，丹脸赛胭脂。星眼光还彩，蛾眉秀又齐。下衬一条五色梅浅红裙子，上穿一件烟里火比甲轻衣。弓鞋弯凤嘴，绫袜锦绣泥。妖娆娇似天台女，不亚当年俏妲姬。四老欠身问道：“杏仙何来？”那女子对众道了万福道：“知有佳客在此赓酬，特来相访，敢求一见。”十八公指着唐僧道：“佳客在此，何劳求见！”三藏躬身，不敢言语。那女子叫：“快献茶来。”又有两个黄衣女童，捧一个红漆丹盘，盘内有六个细磁茶盂，盂内设几品异果，横担着匙儿，提一把白铁嵌黄铜的茶壶，壶内香茶喷鼻。斟了茶，那女子微露春葱，捧磁盂先奉三藏，次奉四老，然后一盏，自取而陪。

凌空子道：“杏仙为何不坐？”那女子方才去坐。茶毕欠身问道：“仙翁今宵盛乐，佳句请教一二如何？”拂云叟道：“我等皆鄙俚之言，惟圣僧真盛唐之作，甚可嘉羡。”那女子道：“如不吝教，乞赐一观。”四老即以长老前诗后诗并禅法论，宣了一遍。那女子满面春风对众道：“妾身不才，不当献丑。但聆此佳句，似不可虚也，勉强将后诗奉和一律如何？”遂朗吟道：“上盖留名汉武王，周时孔子立坛场。董仙爱我成林积，孙楚曾怜寒食香。雨润红姿娇且嫩，烟蒸翠色显还藏。自知过熟微酸意，落处年年伴麦场。”四老闻诗，人人称贺，都道：“清雅脱尘，句内包含春意。好个雨润红姿娇且嫩，雨润红姿娇且嫩！”那女子笑而悄答道：“惶恐！惶恐！适闻圣僧之章，诚然锦心绣口，如不吝珠玉，赐教一阕如何？”唐僧不敢答应。那女子渐有见爱之情，挨挨轧轧，渐近坐边，低声悄语呼道：“佳客莫者，趁此良宵，不耍子待要怎的？人生光景，能有几何？”十八公道：“杏仙尽有仰高之情，圣僧岂可无俯就之意？如不见怜，是不知趣了也。”孤直公道：“圣僧乃有道有名之士，决不苟且行事。如此样举措，是我等取罪过了。污人名，坏人德，非远达也。果是杏仙有意，可教拂云叟与十八公做媒，我与凌空子保亲，成此姻眷，何不美哉！”

三藏听言，遂变了颜色，跳起来高叫道：“汝等皆是一类邪物，这般诱我！当时只以砥砺之言，谈玄谈道可也，如今怎么以美人局来骗害贫僧！是何道理！”四老见三藏发怒，一个个咬指担惊，再不复言。那赤身鬼使暴躁如雷道：“这和尚好不识抬举！我这姐姐，那些儿不好？他人材俊雅，玉质娇姿，不必说那女工针指，只这一段诗才，也配得过你。你怎么这等推辞！休错过了！孤直公之言甚当，如果不可苟合，待我再与你主婚。”

三藏大惊失色，凭他们怎么胡谈乱讲，只是不从。鬼使又道：

“你这和尚，我们好言好语，你不听从，若是我们发起村野之性，还把你摄了去，教你和尚不得做，老婆不得娶，却不枉为人一世也？”那长老心如金石，坚执不从。暗想道：“我徒弟们不知在那里寻我哩！”说一声，止不住眼中堕泪。那女子陪着笑，挨至身边，翠袖中取出一个蜜合绫汗巾儿与他揩泪，道：“佳客勿得烦恼，我与你倚玉偎香，耍子去来。”长老咄的一声吆喝，跳起身来就走，被那些人扯扯拽拽，嚷到天明。

忽听得那里叫声：“师父！师父！你在那方言语也？”原来那孙大圣与八戒沙僧，牵着马，挑着担，一夜不曾住脚，穿荆度棘，东寻西找，却好半云半雾的，过了八百里荆棘岭西下，听得唐僧吆喝，却就喊了一声。那长老挣出门来，叫声：“悟空，我在这里哩，快来救我！快来救我！”那四老与鬼使，那女子与女童，幌一幌都不见了。须臾间，八戒、沙僧俱到边前道：“师父，你怎么得到此也？”三藏扯住行者道：“徒弟啊，多累了你们了！昨日晚间见的那个老者，言说土地送斋一事，是你喝声要打，他就把我抬到此方。他与我携手相搀，走入门，又见三个老者，来此会我，俱道我做圣僧，一个个言谈清雅，极善吟诗。我与他赓和相攀，觉有夜半时候，又见一个美貌女子执灯火，也来这里会我，吟了一首诗，称我做佳客。因见我相貌，欲求配偶，我方省悟，正不从时，又被他做媒的做媒，保亲的保亲，主婚的主婚，我立誓不肯，正欲挣着要走，与他嚷闹，不期你们到了。一则天明，二来还是怕你，只才还扯扯拽拽，忽然就不见了。”行者道：

“你既与他叙话谈诗，就不曾问他个名字？”三藏道：“我曾问他之号，那老者唤做十八公，号劲节；第二个号孤直公；第三个号凌空子；第四个号拂云叟；那女子，人称他做杏仙。”八戒道：

“此物在于何处？才往那方去了？”三藏道：“去向之方，不知何所，但只谈诗之处，去此不远。”

他三人同师父看处，只见一座石崖，崖上有木仙庵三字。

三藏道：“此间正是。”行者仔细观之，却原来是一株大桧树，一株老柏，一株老松，一株老竹，竹后有一株丹枫。再看崖那边，还有一株老杏，二株腊梅，二株丹桂。行者笑道：“你可曾看见妖怪？”八戒道：“不曾。”行者道：“你不知，就是这几株树木在此成精也。”八戒道：“哥哥怎得知成精者是树？”行者道：“十八公乃松树，孤直公乃柏树，凌空子乃桧树，拂云叟乃竹竿，赤身鬼乃枫树，杏仙即杏树，女童即丹桂、腊梅也。”八戒闻言，不论好歹，一顿钉钯，三五长嘴，连拱带筑，把两颗腊梅、丹桂、老杏、枫杨俱挥倒在地，果然那根下俱鲜血淋漓。三藏近前扯住道：“悟能，不可伤了他！他虽成了气候，却不曾伤我，我等找路去罢。”行者道：“师父不可惜他，恐日后成了大怪，害人不浅也。”那呆子索性一顿钯，将松柏桧竹一齐皆筑倒，却才请师父上马，顺大路一齐西行。毕竟不知前去如何，且听下回分解。

第六十五回　妖邪假设小雷音　四众皆遭大厄难

这回因果，劝人为善，切休作恶。一念生，神明照鉴，任他为作。拙蠢乖能君怎学，两般还是无心药。趁生前有道正该修，莫浪泊。认根源，脱本壳。访长生，须把捉。要时时明见，醍醐斟酌。贯彻三关填黑海，管教善者乘鸾鹤。那其间愍故更慈悲，登极乐。话表唐三藏一念虔诚，且休言天神保护，似这草木之灵，尚来引送，雅会一宵，脱出荆棘针刺，再无萝蓏攀缠。四众西进，行彀多时，又值冬残，正是那三春之日：物华交泰，斗柄回寅。草芽遍地绿，柳眼满堤青。一岭桃花红锦浣，半溪烟水碧罗明。几多风雨，无限心情。日晒花心艳，燕衔苔蕊轻。山色王维画浓淡，鸟声季子舌纵横。芳菲铺绣无人赏，蝶舞蜂歌却有情。师徒们也自寻芳踏翠，缓随马步，正行之间，忽见一座高山，远望着与天相接。三藏扬鞭指道：“悟空，那座山也不知有多少高，可便似接着青天，透冲碧汉。”行者道：“古诗不云只有天在上，更无山与齐。但言山之极高，无可与他比并，岂有接天之理！”八戒道：“若不接天，如何把昆仑山号为天柱？”行者道：“你不知，自古天不满西北。昆仑山在西北乾位上，故有顶天塞空之意，遂名天柱。”沙僧笑道：“大哥把这好话儿莫与他说，他听了去，又降别人。我们且走路，等上了那山，就知高下也。”

那呆子赶着沙僧厮耍厮斗，老师父马快如飞，须臾，到那山崖之边。一步步往上行来，只见那山：林中风飒飒，涧底水潺潺。鸦雀飞不过，神仙也道难。千崖万壑，亿曲百湾。尘埃滚滚无人到，怪石森森不厌看。有处有云如水滉，是方是树鸟声繁。鹿衔芝去，猿摘桃还。狐貉往来崖上跳，麖獐出入岭头顽。

忽闻虎啸惊人胆，斑豹苍狼把路拦。唐三藏一见心惊，孙行者神通广大，你看他一条金箍棒，哮吼一声，吓过了狼虫虎豹，剖开路，引师父直上高山。行过岭头，下西平处，忽见祥光蔼蔼，彩雾纷纷，有一所楼台殿阁，隐隐的钟磬悠扬。三藏道：“徒弟们，看是个甚么去处。”行者抬头，用手搭凉篷，仔细观看，那壁厢好个所在！真个是：珍楼宝座，上刹名方。谷虚繁地籁，境寂散天香。青松带雨遮高阁，翠竹留云护讲堂。霞光缥缈龙宫显，彩色飘飖沙界长。朱栏玉户，画栋雕梁。谈经香满座，语箓月当窗。鸟啼丹树内，鹤饮石泉旁。四围花发琪园秀，三面门开舍卫光。楼台突兀门迎嶂，钟磬虚徐声韵长。窗开风细，帘卷烟茫。有僧情散淡，无俗意和昌。红尘不到真仙境，静土招提好道场。行者看罢回复道：“师父，那去处是便是座寺院，却不知禅光瑞蔼之中，又有些凶气何也。观此景象，也似雷音，却又路道差池。我们到那厢，决不可擅入，恐遭毒手。”唐僧道：“既有雷音之景，莫不就是灵山？你休误了我诚心，担搁了我来意。”行者道：“不是不是！灵山之路我也走过几遍，那是这路途！”八戒道：“纵然不是，也必有个好人居住。”沙僧道：“不必多疑，此条路未免从那门首过，是不是一见可知也。”行者道：

“悟净说得有理。”

那长老策马加鞭至山门前，见雷音寺三个大字，慌得滚下马来，倒在地下，口里骂道：“泼猢狲！害杀我也！现是雷音寺，还哄我哩！”行者陪笑道：“师父莫恼，你再看看。山门上乃四个字，你怎么只念出三个来，倒还怪我？”长老战兢兢的爬起来再看，真个是四个字，乃小雷音寺。三藏道：“就是小雷音寺，必定也有个佛祖在内。经上言三千诸佛，想是不在一方：似观音在南海，普贤在峨眉，文殊在五台。这不知是那一位佛祖的道场。

古人云，有佛有经，无方无宝，我们可进去来。”行者道：“不可进去，此处少吉多凶，若有祸患，你莫怪我。”三藏道：“就是无佛，也必有个佛象。我弟子心愿遇佛拜佛，如何怪你。”即命八戒取袈裟，换僧帽，结束了衣冠，举步前进。只听得山门里有人叫道：“唐僧，你自东土来拜见我佛，怎么还这等怠慢？”三藏闻言即便下拜，八戒也磕头，沙僧也跪倒，惟大圣牵马收拾行李在后。方入到二层门内，就见如来大殿。殿门外宝台之下，摆列着五百罗汉、三千揭谛、四金刚、八菩萨、比丘尼、优婆塞、无数的圣僧、道者，真个也香花艳丽，瑞气缤纷。慌得那长老与八戒沙僧一步一拜，拜上灵台之间，行者公然不拜。又闻得莲台座上厉声高叫道：“那孙悟空，见如来怎么不拜？”不知行者又仔细观看，见得是假，遂丢了马匹行囊，掣棒在手喝道：“你这伙孽畜，十分胆大！怎么假倚佛名，败坏如来清德！不要走！”

双手轮棒，上前便打。只听得半空中叮狢一声，撇下一副金铙，把行者连头带足，合在金铙之内。慌得个猪八戒、沙和尚连忙使起钯杖，就被些阿罗揭谛、圣僧道者一拥近前围绕。他两个措手不及，尽被拿了，将三藏捉住，一齐都绳缠索绑，紧缚牢栓。

原来那莲花座上装佛祖者乃是个妖王，众阿罗等都是些小怪。遂收了佛祖体象，依然现出妖身，将三众抬入后边收藏，把行者合在金铙之中永不开放，只搁在宝台之上，限三昼夜化为脓血。化后，才将铁笼蒸他三个受用。这正是：碧眼猢儿识假真，禅机见象拜金身。黄婆盲目同参礼，木母痴心共话论。邪怪生强欺本性，魔头怀恶诈天人。诚为道小魔头大，错入旁门枉费身。那时群妖将唐僧三众收藏在后，把马拴在后边，把他的袈裟僧帽安在行李担内，亦收藏了，一壁厢严紧不题。

却说行者合在金铙里，黑洞洞的，燥得满身流汗，左拱右撞，不能得出，急得他使铁棒乱打，莫想得动分毫。他心里没了算计，将身往外一挣，却要挣破那金铙，遂捻着一个诀，就长有千百丈高，那金铙也随他身长，全无一些瑕缝光明。却又捻诀把身子往下一小，小如芥菜子儿，那铙也就随身小了，更没些些孔窍。他又把铁棒吹口仙气，叫“变！”即变做幡竿一样，撑住金铙。他却把脑后毫毛选长的拔下两根，叫“变！”即变做梅花头五瓣钻儿，挨着棒下，钻有千百下，只钻得苍苍响魁，再不钻动一些。行者急了，却捻个诀，念一声“唵嚂静法界，乾元亨利贞”的咒语，拘得那五方揭谛，六丁六甲、一十八位护教伽蓝，都在金铙之外道：“大圣，我等俱保护着师父，不教妖魔伤害，你又拘唤我等做甚？”行者道：“我那师父，不听我劝解，就弄死他也不亏！但只你等怎么快作法将这铙钹掀开，放我出来，再作处治。这里面不通光亮，满身暴燥，却不闷杀我也？”众神真个掀铙，就如长就的一般，莫想揭得分毫。金头揭谛道：“大圣，这铙钹不知是件甚么宝贝，连上带下，合成一块。小神力薄，不能掀动。”行者道：“我在里面，不知使了多少神通，也不得动。”

揭谛闻言，即着六丁神保护着唐僧，六甲神看守着金铙，众伽蓝前后照察，他却纵起祥光，须臾间闯入南天门里，不待宣召，直上灵霄宝殿之下，见玉帝俯伏启奏道：“主公，臣乃五方揭谛使。今有齐天大圣保唐僧取经，路遇一山，名小雷音寺。

唐僧错认灵山进拜，原来是妖魔假设，困陷他师徒，将大圣合在一副金铙之内，进退无门，看看至死，特来启奏。”即传旨：

“差二十八宿星辰，快去释厄降妖。”那星宿不敢少缓，随同揭谛，出了天门，至山门之内。有二更时分，那些大小妖精，因获了唐僧，老妖俱犒赏了，各去睡觉。众星宿更不惊张，都到铙钹之外报道：“大圣，我等是玉帝差来二十八宿，到此救你。”行者听说大喜，便教：“动兵器打破，老孙就出来了！”众星宿道：“不敢打，此物乃浑金之宝，打着必响；响时惊动妖魔，却难救拔。

等我们用兵器捎他，你那里但见有一些光处就走。”行者道：

“正是。”你看他们使枪的使枪，使剑的使剑，使刀的使刀，使斧的使斧；扛的扛，抬的抬，掀的掀，捎的捎，弄到有三更天气，漠然不动，就是铸成了囫囵的一般。那行者在里边，东张张，西望望，爬过来，滚过去，莫想看见一些光亮。亢金龙道：“大圣啊，且休焦躁，观此宝定是个如意之物，断然也能变化。你在那里面，于那合缝之处，用手摸着，等我使角尖儿拱进来，你可变化了，顺松处脱身。”行者依言，真个在里面乱摸。这星宿把身变小了，那角尖儿就似个针尖一样，顺着钹合缝口上，伸将进去，可怜用尽千斤之力，方能穿透里面。却将本身与角使法象，叫“长！长！长！”角就长有碗来粗细。那钹口倒也不象金铸的，好似皮肉长成的，顺着亢金龙的角，紧紧噙住，四下里更无一丝拔缝。行者摸着他的角叫道：“不济事！上下没有一毫松处！

没奈何，你忍着些儿疼，带我出去。”好大圣，即将金箍棒变作一把钢钻儿，将他那角尖上钻了一个孔窍，把身子变得似个芥菜子儿，拱在那钻眼里蹲着叫：“扯出角去！扯出角去！”这星宿又不知费了多少力，方才拔出，使得力尽筋柔，倒在地下。

行者却自他角尖钻眼里钻出，现了原身，掣出铁棒，照铙钹当的一声打去，就如崩倒铜山，咋开金铙，可惜把个佛门之器，打做个千百块散碎之金！唬得那二十八宿惊张，五方揭谛发竖，大小群妖皆梦醒。老妖王睡里慌张，急起来披衣擂鼓，聚点群妖，各执器械。此时天将黎明，一拥赶到宝台之下，只见孙行者与列宿围在碎破金铙之外，大惊失色，即令：“小的们！紧关了前门，不要放出人去！”行者听说，即携星众，驾云跳在九霄空里。那妖王收了碎金，排开妖卒，列在山门外。妖王怀恨，没奈何披挂了，使一根短软狼牙棒，出营高叫：“孙行者！好男子不可远走高飞！快向前与我交战三合！”行者忍不住，即引星众，按落云头，观看那妖精怎生模样，但见他：蓬着头，勒一条扁薄金箍；光着眼，簇两道黄眉的竖。悬胆鼻，孔窍开查；四方口，牙齿尖利。穿一副叩结连环铠，勒一条生丝攒穗绦。脚踏乌喇鞋一对，手执狼牙棒一根。此形似兽不如兽，相貌非人却似人。行者挺着铁棒喝道：“你是个甚么怪物，擅敢假装佛祖，侵占山头，虚设小雷音寺！”那妖王道：“这猴儿是也不知我的姓名，故来冒犯仙山。此处唤做小西天，因我修行，得了正果，天赐与我的宝阁珍楼。我名乃是黄眉老佛，这里人不知，但称我为黄眉大王、黄眉爷爷。一向久知你往西去，有些手段，故此设象显能，诱你师父进来，要和你打个赌赛。如若斗得过我，饶你师徒，让汝等成个正果；如若不能，将汝等打死，等我去见如来取经，果正中华也。”行者笑道：“妖精不必海口，既要赌，快上来领棒！”那妖王喜孜孜，使狼牙棒抵住。这一场好杀：两条棒，不一样，说将起来有形状：一条短软佛家兵，一条坚硬藏海藏。都有随心变化功，今番相遇争强壮。短软狼牙杂锦妆，坚硬金箍蛟龙象。若粗若细实可夸，要短要长甚停当。猴与魔，齐打仗，这场真个无虚诳。驯猴秉教作心猿，泼怪欺天弄假象。

嗔嗔恨恨各无情，恶恶凶凶都有样。那一个当头手起不放松，这一个架丢劈面难推让。喷云照日昏，吐雾遮峰嶂。棒来棒去两相迎，忘生忘死因三藏。看他两个斗经五十回合，不见输赢。

那山门口，鸣锣擂鼓，众妖精呐喊摇旗。这壁厢有二十八宿天兵共五方揭谛众圣，各掮器械，吆喝一声，把那魔头围在中间，吓得那山门外群妖难擂鼓，战兢兢手软不敲锣。老妖魔公然不惧，一只手使狼牙棒，架着众兵，一只手去腰间解下一条旧白布搭包儿，往上一抛，滑的一声响喨，把孙大圣、二十八宿与五方揭谛，一搭包儿通装将去，挎在肩上，拽步回身，众小妖个个欢然得胜而回。老妖教小的们取了三五十条麻索，解开搭包，拿一个，捆一个，一个个都骨软筋麻，皮肤窊皱。捆了抬去后边，不分好歹，俱掷之于地。妖王又命排筵畅饮，自旦至暮方散，各归寝处不题。

却说孙大圣与众神捆至夜半，忽闻有悲泣之声。侧耳听时，却原来是三藏声音，哭道："悟空啊！我自恨当时不听伊，致令今日受灾危。金铙之内伤了你，麻绳捆我有谁知。四人遭逢缘命苦，三千功行尽倾颓。何由解得迍邅难，坦荡西方去复归！"行者听言，暗自怜悯道："那师父虽是未听吾言，今遭此毒，然于患难之中，还有忆念老孙之意。趁此夜静妖眠，无人防备，且去解脱众等逃生也。"好大圣，使了个遁身法，将身一小，脱下绳来，走近唐僧身边，叫声"师父。"长老认得声音，叫道：

"你为何到此？"行者悄悄的把前项事告诉了一遍，长老甚喜道："徒弟！快救我一救！向后事但凭你处，再不强了！"行者才动手，先解了师父，放了八戒沙僧，又将二十八宿、五方揭谛个个解了，又牵过马来，教快先走出去。方出门，却不知行李在何处，又来找寻。亢金龙道："你好重物轻人！既救了你师父就彀了，又还寻甚行李？"行者道："人固要紧，衣钵尤要紧。包袱中有通关文牒、锦襕袈裟、紫金钵盂，俱是佛门至宝，如何不要！"

八戒道："哥哥，你去找寻，我等先去路上等你。"你看那星众，簇拥着唐僧，使个摄法，共弄神通，一阵风撮出垣围，奔大路下了山坡，却屯于平处等候。

约有三更时分，孙大圣轻挪慢步，走入里面，原来一层层门户甚紧。他就爬上高楼看时，窗牖皆关，欲要下去，又恐怕窗棂儿响，不敢推动。捻着诀，摇身一变，变做一个仙鼠，俗名蝙蝠。你道他怎生模样：头尖还似鼠，眼亮亦如之。有翅黄昏出，无光白昼居。藏身穿瓦穴，觅食扑蚊儿。偏喜晴明月，飞腾最识时。他顺着不封瓦口椽子之下，钻将进去，越门过户，到了中间看时，只见那第三重楼窗之下，烱灼灼一道毫光，也不是灯烛之光，香火之光，又不是飞霞之光，掣电之光。他半飞半跳，近于光前看时，却是包袱放光。那妖精把唐僧的袈裟脱了，不曾折，就乱乱的揌在包袱之内。那袈裟本是佛宝，上边有如意珠、摩尼珠、红玛瑙、紫珊瑚、舍利子、夜明珠，所以透的光彩。

他见了此衣钵，心中一喜，就现了本象，拿将过来，也不管担绳偏正，抬上肩，往下就走，不期脱了一头，扑的落在楼板上，唿喇的一声响喨。噫！有这般事：可可的老妖精在楼下睡觉，一声响把他惊醒，跳起来乱叫道："有人了！有人了！"那些大小妖都起来，点灯打火，一齐吆喝，前后去看。有的来报道："唐僧走了！"又有的来报道："行者众人俱走了！"老妖急传号令，教：

"拿！各门上谨慎！"行者听言，恐又遭他罗网，挑不成包袱，纵筋斗就跳出楼窗外走了。

那妖精前前后后，寻不着唐僧等，又见天色将明，取了棒，帅众来赶，只见那二十八宿与五方揭谛等神，云雾腾腾，屯住山坡之下。妖王喝了一声"那里去！吾来也！"角木蛟急唤："兄弟们！怪物来了！"亢金龙、女土蝠、房日兔、心月狐、尾火虎、箕水豹、斗木獬、牛金牛、氐土貉、虚日鼠、危月燕、室火猪、壁水貐、奎木狼、娄金狗、胃土彘、昴日鸡、毕月乌、觜火猴、参水猿、井木犴、鬼金羊、柳土獐、星日马、张月鹿、翼火蛇、轸水蚓，领着金头揭谛、银头揭谛、六甲、六丁等神、护教伽蓝，同八戒沙僧，不领唐三藏，丢了白龙马，各执兵器，一拥而上。这妖王见了，呵呵冷笑，叫一声哨子，有四五千大小妖精，一个个威强力胜，浑战在西山坡上。好杀：魔头泼恶欺真性，真性温柔怎奈魔。百计施为难脱苦，千方妙用不能和。诸天来拥护，众圣助干戈。留情亏木母，定志感黄婆。浑战惊天并振地，强争设网与张罗。那壁厢摇旗呐喊，这壁厢擂鼓筛锣。枪刀密密寒光荡，剑戟纷纷杀气多。妖卒凶还勇，神兵怎奈何！愁云遮日月，惨雾罩山河。苦掤苦拽来相战，皆因三藏拜弥陀。那妖精倍加勇猛，帅众上前掩杀。正在那不分胜败之际，只闻得行者叱咤一声道："老孙来了！"八戒迎着道："行李如何？"行者道："老孙的性命几乎难免，却便说甚么行李！"沙僧执着宝杖道："且休叙话，快去打妖精也！"那星宿、揭谛、丁甲等神，被群妖围在垓心浑杀，老妖使棒来打他三个。这行者、八戒、沙僧丢开棍杖、轮着钉钯抵住。真个是地暗天昏，不能取胜，只杀得太阳星，西没山根；太阴星，东生海峤。那妖见天晚，打个哨子，教群妖各各留心，他却取出宝贝。孙行者看得分明，那怪解下搭包，拿在手中。行者道声"不好了！走啊！"他就顾不得八戒沙僧、诸天等众，一路筋斗，跳上九霄空里。众神、八戒、沙僧不解其意，被他抛起去，又都装在里面，只是走了行者。那妖王收兵回寺，又教取出绳索，照旧绑了。将唐僧、八戒、沙僧悬梁高吊，白马拴在后边，诸神亦俱绑缚，抬在地窖子内，封了盖锁。那众妖遵依，一一收了不题。

却说行者跳在九霄，全了性命，见妖兵回转，不张旗号，已知众等遭擒。他却按下祥光，落在那东山顶上，咬牙恨怪物，滴泪想唐僧，仰面朝天望，悲嗟忽失声，叫道："师父啊！你是那世里造下这迍邅难，今生里步步遇妖精，似这般苦楚难逃，怎生是好！"独自一个，嗟叹多时，复又宁神思虑，以心问心道："这妖魔不知是个甚么搭包子，那般装得许多物件？如今将天神天将许多人又都装进去了，我待求救于天，奈恐玉帝见怪。我记得有个北方真武，号曰荡魔天尊，他如今现在南赡部洲武当山上，等我去请他来搭救师父一难。"正是：仙道未成猿马散，心神无主五行枯。毕竟不知此去端的如何，且听下回分解。

第六十六回　诸神遭毒手　弥勒缚妖魔

话表孙大圣无计可施，纵一朵祥云，驾筋斗，径转南赡部洲去拜武当山，参请荡魔天尊，解释三藏、八戒、沙僧、天兵等众之灾。他在半空里无停止，不一日，早望见祖师仙境，轻轻按落云头，定睛观看，好去处：巨镇东南，中天神岳。芙蓉峰竦杰，紫盖岭巍峨。九江水尽荆扬远，百越山连翼轸多。上有太虚之宝洞，朱陆之灵台。三十六宫金磬响，百千万客进香来。舜巡禹祷，玉简金书。楼阁飞青鸟，幢幡摆赤裾。地设名山雄宇宙，天开仙境透空虚。几树榔梅花正放，满山瑶草色皆舒。龙潜涧底，虎伏崖中。幽含如诉语，驯鹿近人行。白鹤伴云栖老桧，青鸾丹凤向阳鸣。玉虚师相真仙地，金阙仁慈治世门。上帝祖师，乃净乐国王与善胜皇后梦吞日光，觉而有孕，怀胎一十四个月，于开皇元年甲辰之岁三月初一日午时降诞于王宫。那爷爷；幼而勇猛，长而神灵。不统王位，惟务修行。父母难禁，弃舍皇宫。参玄入定，在此山中。功完行满，白日飞升。玉皇敕号，真武之名。玄虚上应，龟蛇合形。周天六合，皆称万灵。无幽不察，无显不成。劫终劫始，剪伐魔精。

孙大圣玩着仙境景致，早来到一天门、二天门、三天门，却至太和宫外，忽见那祥光瑞气之间，簇拥着五百灵官。那灵官上前迎着道："那来的是谁？"大圣道："我乃齐天大圣孙悟空，要见师相。"众灵官听说，随报。祖师即下殿，迎到太和宫。行者作礼道："我有一事奉劳。"问："何事？"行者道："保唐僧西天取经，路遭险难。至西牛贺洲，有座山唤小西天，小雷音寺有一妖魔。我师父进得山门，见有阿罗揭谛，比丘圣僧排列，以为真佛，倒身才拜，忽被他拿住绑了。我又失于防闲，被他抛一副金铙，将我罩在里面，无纤毫之缝，口合如钳。甚亏金头揭谛请奏玉帝，钦差二十八宿，当夜下界，掀揭不起。幸得亢金龙将角透入铙内，将我度出，被我打碎金铙，惊醒怪物。赶战之间，又被撒一个白布搭包儿，将我与二十八宿并五方揭谛，尽皆装去，复用绳捆了。是我当夜脱逃，救了星辰等众与我唐僧等。后为找寻衣钵，又惊醒那妖，与天兵赶战。那怪又拿出搭包儿，理弄之时，我却知道前音，遂走了，众等被他依然装去。我无计可施，特来拜求师相一助力也。”祖师道："我当年威镇北方，统摄真武之位，剪伐天下妖邪，乃奉玉帝敕旨。后又披发跣足，踏腾蛇神龟，领五雷神将、巨虬狮子、猛兽毒龙，收降东北方黑气妖氛，乃奉元始天尊符召。今日静享武当山，安逸太和殿，一向海岳平宁，乾坤清泰。奈何我南赡部洲并北俱芦洲之地，妖魔剪伐，邪鬼潜踪。今蒙大圣下降，不得不行；只是上界无有旨意，不敢擅动干戈。假若法遣众神，又恐玉帝见罪，十分却了大圣，又是我逆了人情。我谅着那西路上纵有妖邪，也不为大害。我今着龟、蛇二将并五大神龙与你助力，管教擒妖精，救你师之难。”行者拜谢了祖师，即同龟、蛇、龙神各带精锐之兵，复转西洲之界。不一日，到了小雷音寺，按下云头，径至山门外叫战。

却说那黄眉大王聚众怪在宝阁下说："孙行者这两日不来，又不知往何方去借兵也。"说不了，只见前门上小妖报道：

"行者引几个龙蛇龟相，在门外叫战！"妖魔道："这猴儿怎么得个龙蛇龟相？此等之类，却是何方来者？"随即披挂，走出山门高叫："汝等是那路龙神，敢来造吾仙境？"五龙二将相貌峥嵘，精神抖擞喝道："那泼怪！我乃武当山太和宫混元教主荡魔天尊之前五位龙神、龟、蛇二将。今蒙齐天大圣相邀，我天尊符召，到此捕你这妖精，快送唐僧与天星等出来，免你一死！不然，将这一山之怪，碎劈其尸；几间之房，烧为灰烬！"那怪闻言，心中大怒道："这畜生有何法力，敢出大言！不要走！吃吾一棒！"这五条龙，翻云使雨，那两员将，播土扬沙，各执枪刀剑戟，一拥而攻，孙大圣又使铁棒随后。这一场好杀：凶魔施武，行者求兵。凶魔施武，擅据珍楼施佛象；行者求兵，远参宝境借龙神。龟蛇生水火，妖怪动刀兵。五龙奉旨来西路，行者因师在后收。剑戟光明摇彩电，枪刀晃亮闪霓虹。这个狼牙棒，强能短软；那个金箍棒，随意如心。只听得扢扑响声如爆竹，叮当音韵似敲金。水火齐来征怪物，刀兵共簇绕精灵。喊杀惊狼虎，喧哗振鬼神。浑战正当无胜处，妖魔又取宝和珍。行者帅五龙二将，与妖魔战经半个时辰，那妖精即解下搭包在手。行者见了心惊，叫道："列位仔细！"那龙神蛇龟不知甚么仔细，一个个都停住兵，近前抵挡。那妖精幌的一声，把搭包儿撇将起去。孙大圣顾不得五龙二将，驾筋斗，跳在九霄逃脱。他把个龙神龟蛇一搭包子又装将去了。妖精得胜回寺，也将绳捆了，抬在地窖子里盖住不题。

你看那大圣落下云头，斜攲在山巅之上，没精没采，懊恨道："这怪物十分利害！"不觉的合着眼，似睡一般，猛听得有人叫道："大圣，休推睡，快早上紧求救。你师父性命，只在须臾间矣！"行者急睁睛跳起来看，原来是日值功曹。行者喝道："你这毛神，这向在那方贪图血食，不来点卯，今日却来惊我！伸过孤拐来，让老孙打两棒解闷！"功曹慌忙施礼道："大圣，你是人间之喜仙，何闷之有！我等早奉菩萨旨令，教我等暗中护佑唐僧，乃同土地等神，不敢暂离左右，是以不得常来参见，怎么反见责也？"行者道："你既是保护，如今那众星、揭谛、伽蓝并我师等，被妖精困在何方？受甚罪苦？"功曹道："你师父师弟都吊在宝殿廊下，星辰等众都收在地窖之间受罪。这两日不闻大圣消息，却才见妖精又拿了神龙、龟、蛇，又送在地窖里去了，方知是大圣请来之兵，小神特来寻大圣。大圣莫辞劳倦，千万再急急去求救援。"行者闻言及此，不觉对功曹滴泪道："我如今愧上天宫，羞临海藏！怕问菩萨之原由，愁见如来之玉象！才拿去者，乃真武师相之龟、蛇、五龙圣众。教我再无方求救，奈何？"功曹笑道："大圣宽怀，小神想起一处精兵，请来断然可降。适才大圣至武当，是南赡部洲之地。这枝兵也在南赡部洲盱眙山蠙城，即今泗洲是也。那里有个大圣国师王菩萨，神通广大。他手下有一个徒弟，唤名小张太子，还有四大神将，昔年曾降伏水母娘娘。你今若去请他，他来施恩相助，准可捉怪救师也。"行者心喜道："你且去保护我师父，勿令伤他，待老孙去请也。"

行者纵起筋斗云，躲离怪处，直奔盱眙山。不一日早到，细观真好去处：南近江津，北临淮水。东通海峤，西接封浮。山顶上有楼观峥嵘，山凹里有涧泉浩涌。嵯峨怪石，槃秀乔松。百般果品应时新，千样花枝迎日放。人如蚁阵往来多，船似雁行归去广。上边有瑞岩观、东岳宫、五显祠、龟山寺，钟韵香烟冲碧汉；又有玻璃泉、五塔峪、八仙台、杏花园，山光树色映蠙城。

白云横不度，幽鸟倦还鸣。说甚泰嵩衡华秀，此间仙景若蓬瀛。

大圣点玩不尽，径过了淮河，入蠙城之内，到大圣禅寺山门外，又见那殿宇轩昂，长廊彩丽，有一座宝塔峥嵘。真是：插云倚汉高千丈，仰视金瓶透碧空。上下有光凝宇宙，东西无影映帘栊。

风吹宝铎闻天乐，日映冰虬对梵宫。飞宿灵禽时诉语，遥瞻淮水渺无穷。

行者且观且走，直至二层门下。那国师王菩萨早已知之，即与小张太子出门迎迓。相见叙礼毕，行者道："我保唐僧西天取经，路上有个小雷音寺，那里有个黄眉怪，假充佛祖。我师父不辨真伪就下拜，被他拿了。又将金铙把我罩了，幸亏天降星辰救出。是我打碎金铙，与他赌斗，又将一个布搭包儿，把天神、揭谛、伽蓝与我师父、师弟尽皆装了进去。我前去武当山请玄天上帝救援，他差五龙龟蛇拿怪，又被他一搭包子装去。弟子无依无倚，故来拜请菩萨，大展威力，将那收水母之神通，拯生民之妙用，同弟子去救师父一难！取得经回，永传中国，扬我佛之智慧，兴般若之波罗也。"国师王道："你今日之事，诚我佛教之兴隆，理当亲去，奈时值初夏，正淮水泛涨之时，新收了水猿大圣，那厮遇水即兴，恐我去后，他乘空生顽，无神可治。今着小徒领四将和你去助力，炼魔收伏罢。"行者称谢，即同四将并小张太子，又驾云回小西天，直至小雷音寺。小张太子使一条楮白枪，四大将轮四把锟鋘剑，和孙大圣上前骂战。小妖又去报知，那妖王复帅群妖，鼓噪而出道："猢狲！你今又请得何人来也？"说不了，小张太子指挥四将上前喝道："泼妖精！你面上无肉，不认得我等在此！"妖王道："是那方小将，敢来与他助力？"太子道："吾乃泗州大圣国师王菩萨弟子，帅领四大神将，奉令擒你！"妖王笑道："你这孩儿有甚武艺，擅敢到此轻薄？"

太子道："你要知我武艺，等我道来：祖居西土流沙国，我父原为沙国王。自幼一身多疾苦，命干华盖恶星妨。因师远慕长生诀，有分相逢舍药方。半粒丹砂祛病退，愿从修行不为王。学成不老同天寿，容颜永似少年郎。也曾赶赴龙华会，也曾腾云到佛堂。捉雾拿风收水怪，擒龙伏虎镇山场。抚民高立浮屠塔，静海深明舍利光。楮白枪尖能缚怪，淡缁衣袖把妖降。如今静乐蠙城内，大地扬名说小张！"妖王听说，微微冷笑道："那太子，你舍了国家，从那国师王菩萨，修的是甚么长生不老之术？

只好收捕淮河水怪，却怎么听信孙行者诳谬之言，千山万水，来此纳命！看你可长生可不老也！"小张闻言，心中大怒，缠枪当面便刺，四大将一拥齐攻，孙大圣使铁棒上前又打。好妖精，公然不惧，轮着他那短软狼牙棒，左遮右架，直挺横冲。这场好杀：小太子，楮白枪，四柄锟鋘剑更强。悟空又使金箍棒，齐心围绕杀妖王。妖王其实神通大，不惧分毫左右搪。狼牙棒是佛中宝，剑砍枪轮莫可伤。只听狂风声吼吼，又观恶气混茫茫。那个有意思凡弄本事，这个专心拜佛取经章。几番驰骋，数次张狂。喷云雾，闭三光，奋怒怀嗔各不良。多时三乘无上法，致令百艺苦相将。概众争战多时，不分胜负，那妖精又解搭包儿。行者又叫："列位仔细！"太子并众等不知"仔细"之意。那怪滑的一声，把四大将与太子，一搭包又装将进去，只是行者预先知觉走了，那妖王得胜回寺，又教取绳捆了，送在地窖，牢封固锁不题。

这行者纵筋斗云，起在空中，见那怪回兵闭门，方才按下祥光，立于西山坡上，怅望悲啼道："师父啊！我自从秉教入禅林，感荷菩萨脱难深。保你西来求大道，相同辅助上雷音。只言平坦羊肠路，岂料崔巍怪物侵。百计千方难救你，东求西告枉劳心！"大圣正当凄惨之时，忽见那西南上一朵彩云坠地，满山头大雨缤纷，有人叫道："悟空，认得我么？"行者急走前看处，那个人：大耳横颐方面相，肩查腹满身躯胖。一腔春意喜盈盈，两眼秋波光荡荡。敞袖飘然福气多，芒鞋洒落精神壮。极乐场中第一尊，南无弥勒笑和尚。行者见了，连忙下拜道："东来佛祖那里去？弟子失回避了，万罪！万罪！"佛祖道："我此来，专为这小雷音妖怪也。"行者道："多蒙老爷盛德大恩。敢问那妖是那方怪物，何处精魔，不知他那搭包儿是件甚么宝贝，烦老爷指示指示。"佛祖道："他是我面前司磬的一个黄眉童儿。

三月三日，我因赴元始会去，留他在宫看守，他把我这几件宝贝拐来，假佛成精。那搭包儿是我的后天袋子，俗名唤做人种袋。那条狼牙棒是个敲磬的槌儿。"行者听说，高叫一声道："好个笑和尚！你走了这童儿，教他诳称佛祖，陷害老孙，未免有个家法不谨之过！"弥勒道："一则是我不谨，走失人口，二则是你师徒们魔障未完，故此百灵下界，应该受难。我今来与你收他去也。"行者道："这妖精神通广大，你又无些兵器，何以收之？"

弥勒笑道："我在这山坡下，设一草庵，种一田瓜果在此，你去与他索战。交战之时，许败不许胜，引他到我这瓜田里。我别的瓜都是生的，你却变做一个大熟瓜。他来定要瓜吃，我却将你与他吃。吃下肚中，任你怎么在内摆布他，那时等我取了他的搭包儿，装他回去。"行者道："此计虽妙，你却怎么认得变的熟瓜？他怎么就肯跟我来此？"弥勒笑道："我为治世之尊，慧眼高明，岂不认得你！凭你变作甚物，我皆知之，但恐那怪不肯跟来耳。我却教你一个法术。"行者道："他断然是以搭包儿装我，怎肯跟来！有何法术可来也？"弥勒笑道："你伸手来。"行者即舒左手递将过去，弥勒将右手食指蘸着口中神水，在行者掌上写了一个禁字，教他捏着拳头，见妖精当面放手，他就跟来。

行者揝拳，欣然领教，一只手轮着铁棒，直至山门外，高叫道："妖魔，你孙爷爷又来了！可快出来，与你见个上下！"小妖又忙忙奔告，妖王问道："他又领多少兵来叫战？"小妖道："别无甚兵，止他一个。"妖王笑道："那猴儿计穷力竭，无处求人，断然是送命来也。"随又结束整齐，带了宝贝，举着那轻软狼牙棒，走出站来叫道："孙悟空，今番挣挫不得了！"行者骂道："泼怪物！我怎么挣挫不得？"妖王道："我见你计穷力竭，无处求人，独自个强来支持，如今拿住，再没个甚么神兵救拔，此所以说你挣挫不得也。"行者道："这怪不知死活！莫说嘴！吃吾一棒！"那妖王见他一只手轮棒，忍不住笑道："这猴儿，你看他弄巧！怎么一只手使棒支吾？"行者道："儿子！你禁不得我两只手打！若是不使搭包子，再着三五个，也打不过老孙这一只手！"妖王闻言道："也罢！也罢！我如今不使宝贝，只与你实打，比个雌雄。"即举狼牙棒，上前来斗。孙行者迎着面，把拳头一放，双手轮棒。那妖精着了禁，不思退步，果然不弄搭包，只顾使棒来赶。行者虚幌一下，败阵就走，那妖精直赶到西山坡下。

行者见有瓜田，打个滚，钻入里面，即变做一个大熟瓜，又熟又甜。那妖精停身四望，不知行者那方去了，他却赶至庵边叫道：

"瓜是谁人种的？"弥勒变作一个种瓜叟，出草庵答道："大王，瓜是小人种的。"妖王道："可有熟瓜么？"弥勒道："有熟的。"妖王叫："摘个熟的来，我解渴。"弥勒即把行者变的那瓜，双手递与妖王。妖王更不察情，到此接过手，张口便啃。那行者乘此机会，一毂辘钻入咽喉之下，等不得好歹，就弄手脚抓肠蒯腹，翻根头，竖蜻蜓，任他在里面摆布。那妖精疼得傞牙倈嘴，眼泪汪汪，把一块种瓜之地，滚得似个打麦之场，口中只叫："罢了！罢了！谁人救我一救！"弥勒却现了本象，嘻嘻笑叫道："孽畜！认得我么？"那妖抬头看见，慌忙跪倒在地，双手揉着肚子，磕头撞脑，只叫："主人公！饶我命罢！饶我命罢！再不敢了！"弥勒上前一把揪住，解了他的后天袋儿，夺了他的敲磬槌儿，叫：

"孙悟空，看我面上，饶他命罢。"行者十分恨苦，却又左一拳，右一脚，在里面乱掏乱捣。那怪万分疼痛难忍，倒在地下。弥勒又道："悟空，他也彀了，你饶他罢。"行者才叫："你张大口，等老孙出来。"那怪虽是肚腹绞痛，还未伤心。俗语云，人未伤心不得死，花残叶落是根枯。他听见叫张口，即便忍着疼，把口大张。行者方才跳出，现了本象，急掣棒还要打时，早被佛祖把妖精装在袋里，斜跨在腰间，手执着磬槌，骂道："孽畜！金铙偷了那里去了？"那怪却只要怜生，在后天袋内哼哼唧唧的道：

"金铙是孙悟空打破了。"佛祖道："铙破，还我金来。"那怪道：

"碎金堆在殿莲台上哩。"那佛祖提着袋子，执着磬槌，嘻嘻笑叫道："悟空，我和你去寻金还我。"行者见此法力，怎敢违误，只得引佛上山，回至寺内，收取金碴。只见那山门紧闭，佛祖使槌一指，门开入里看时，那些小妖，已得知老妖被擒，各自收拾囊底，都要逃生四散。被行者见一个，打一个；见两个，打两个，把五七百个小妖尽皆打死，各现原身，都是些山精树怪，兽孽禽魔。佛祖将金收攒一处，吹口仙气，念声咒语，即时返本还原，复得金铙一副，别了行者，驾祥云径转极乐世界。

这大圣却才解下唐僧、八戒、沙僧。那呆子吊了几日，饿得慌了，且不谢大圣，却就虾着腰，跑到厨房寻饭吃。原来那怪正安排了午饭，因行者索战，还未得吃。这呆子看见，即吃了半锅，却拿出两钵头叫师父、师弟们各吃了两碗，然后才谢了行者。问及妖怪原由，行者把先请祖师龟、蛇，后请大圣借太子，并弥勒收降之事，细陈了一遍。三藏闻言，谢之不尽，顶礼了诸天，道："徒弟，这些神圣，困于何所？"行者道："昨日日值功曹对老孙说，都在地窖之内。"叫："八戒，我与你去解脱他等。"

那呆子得食力壮，抖擞精神，寻着他的钉钯，即同大圣到后面，打开地窖，将众等解了绳，请出珍楼之下。三藏披了袈裟，朝上一一拜谢。这大圣才送五龙二将回武当，送小张太子与四将回蠙城，后送二十八宿归天府，发放揭谛伽蓝各回境。

师徒们却宽住了半日，喂饱了白马，收拾行囊，至次早登程。临行时，放上一把火，将那些珍楼、宝座、高阁、讲堂，俱尽烧为灰烬。这里才无挂无牵逃难去，消灾消障脱身行。毕竟不知几时才到大雷音，且听下回分解。

第六十七回　拯救驼罗禅性稳　脱离秽污道心清

话说三藏四众，躲离了小西天，欣然上路。行经个月程途，正是春深花放之时，见了几处园林皆绿暗，一番风雨又黄昏。

三藏勒马道："徒弟啊，天色晚矣，往那条路上求宿去？"行者笑道："师父放心，若是没有借宿处，我三人都有些本事，叫八戒砍草，沙和尚扳松，老孙会做木匠，就在这路上搭个蓬庵，好道也住得年把，你忙怎的！"八戒道："哥呀，这个所在，岂是住场！

满山多虎豹狼虫，遍地有魑魅魍魉。白日里尚且难行，黑夜里怎生敢宿？”行者道：“呆子！越发不长进了！不是老孙海口，只这条棒子揝在手里，就是塌下天来，也撑得住！”

师徒们正然讲论，忽见一座山庄不远。行者道：“好了！有宿处了！”长老问：“在何处？”行者指道：“那树丛里不是个人家？我们去借宿一宵，明早走路。”长老欣然促马，至庄门外下马。只见那柴扉紧闭，长老敲门道：“开门，开门。”里面有一老者，手拖藜杖，足踏蒲鞋，头顶乌巾，身穿素服，开了门便问：

“是甚人在此大呼小叫？”三藏合掌当胸，躬身施礼道：“老施主，贫僧乃东土差往西天取经者。适到贵地，天晚特造尊府假宿一宵，万望方便方便。”老者道：“和尚，你要西行，却是去不得啊。此处乃小西天，若到大西天，路途甚远。且休道前去艰难，只这个地方，已此难过。”三藏问：“怎么难过？”老者用手指道：“我这庄村西去三十余里，有一条稀柿衕，山名七绝。”三藏道：“何为七绝？”老者道：“这山径过有八百里，满山尽是柿果。

古云柿树有七绝：一益寿，二多阴，三无鸟巢，四无虫，五霜叶可玩，六嘉实，七枝叶肥大，故名七绝山。我这敝处地阔人稀，那深山亘古无人走到。每年家熟烂柿子落在路上，将一条夹石胡同，尽皆填满；又被雨露雪霜，经霉过夏，作成一路污秽。这方人家，俗呼为稀屎衕。但刮西风，有一股秽气，就是淘东圊也不似这般恶臭。如今正值春深，东南风大作，所以还不闻见也。”三藏心中烦闷不言。行者忍不住，高叫道：“你这老儿甚不通便！我等远来投宿，你就说出这许多话来唬人！十分你家窄逼没处睡，我等在此树下蹲一蹲，也就过了此宵，何故这般絮聒？”那老者见了他相貌丑陋，便也拧住口，惊嚰嚰的，硬着胆，喝了一声，用藜杖指定道：“你这厮，骨挝脸，磕额头，塌鼻子，凹颉腮，毛眼毛睛，痨病鬼，不知高低，尖着个嘴，敢来冲撞我老人家！”行者陪笑道：“老官儿，你原来有眼无珠，不识我这痨病鬼哩！相法云形容古怪，石中有美玉之藏。你若以言貌取人，干净差了，我虽丑便丑，却倒有些手段。”老者道：“你是那方人氏？姓甚名谁？有何手段？”行者笑道：“我祖居东胜大神洲，花果山前自幼修。身拜灵台方寸祖，学成武艺甚全周。也能搅海降龙母，善会担山赶日头；缚怪擒魔称第一，移星换斗鬼神愁。

偷天转地英名大，我是变化无穷美石猴！”老者闻言，回嗔作喜，躬着身便教：请入寒舍安置。遂此，四众牵马挑担一齐进去，只见那荆针棘刺，铺设两边；二层门是砖石垒的墙壁，又是荆棘苫盖，入里才是三间瓦房。老者便扯椅安坐待茶，又叫办饭。少顷，移过桌子，摆着许多面筋、豆腐、芋苗、萝白、辣芥、蔓菁、香稻米饭、醋烧葵汤，师徒们尽饱一餐。吃毕，八戒扯过行者背云：“师兄，这老儿始初不肯留宿，今返设此盛斋，何也？”

行者道：“这个能值多少钱！到明日，还要他十果十菜的送我们哩！”八戒道：“不羞！凭你那几句大话，哄他一顿饭吃了，明日却要跑路，他又管待送你怎的？”行者道：“不要忙，我自有个处治。”

不多时，渐渐黄昏，老者又叫掌灯。行者躬身问道：“公公高姓？”老者道：“姓李。”行者道：“贵地想就是李家庄？”老者道：“不是，这里唤做驼罗庄，共有五百多人家居住。别姓俱多，惟我姓李。”行者道：“李施主，府上有何善意，赐我等盛斋？”那老者起身道：“才闻得你说会拿妖怪，我这里却有个妖怪，累你替我们拿拿，自有重谢。”行者就朝上唱个喏道：“承照顾了！”

八戒道：“你看他惹祸！听见说拿妖怪，就是他外公也不这般亲热，预先就唱个喏！”行者道：“贤弟，你不知，我唱个喏就是下了个定钱，他再不去请别人了。”三藏闻言道：“这猴儿凡事便要自专，倘或那妖精神通广大，你拿他不住，可不是我出家人打诳语么？”行者笑道：“师父莫怪，等我再问了看。”那老者道：

“还问甚？”行者道：“你这贵处，地势清平，又许多人家居住，更不是偏僻之方，有甚么妖精，敢上你这高门大户？”老者道：“实不瞒你说，我这里久矣康宁。只这三年六月间，忽然一阵风起，那时人家甚忙，打麦的在场上，插秧的在田里，俱着了慌，只说是天变了。谁知风过处，有个妖精将人家牧放的牛马吃了，猪羊吃了，见鸡鹅囫囵咽，遇男女夹活吞。自从那次，这二年常来伤害。长老啊，你若有手段，拿了他，扫净此土，我等决然重谢，不敢轻慢。”行者道：“这个却是难拿。”八戒道：“真是难拿，难拿！我们乃行脚僧，借宿一宵，明日走路，拿甚么妖精！”老者道：“你原来是骗饭吃的和尚！初见时夸口弄舌，说会换斗移星，降妖缚怪，及说起此事，就推却难拿！”行者道：“老儿，妖精好拿。只是你这方人家不齐心，所以难拿。”老者道：“怎见得人心不齐？”行者道：“妖精搅扰了三年，也不知伤害了多少生灵。

我想着每家只出银一两，五百家可凑五百两银子，不拘到那里，也寻一个法官把妖拿了，却怎么就甘受他三年磨折？”老者道：“若论说使钱，好道也羞杀人！我们那家不花费三五两银子！前年音访着山南里有个和尚，请他到此拿妖，未曾得胜。”

行者道：“那和尚怎的拿来？”老者道：“那个僧伽，披领袈裟。先谈《孔雀》，后念《法华》。香焚炉内，手把铃拿。正然念处，惊动妖邪。风生云起，径至庄家。僧和怪斗，其实堪夸：一递一拳捣，一递一把抓。和尚还相应，相应没头发。须臾妖怪胜，径直返烟霞，原来晒干疤。我等近前看，光头打的似个烂西瓜！”行者笑道：“这等说，吃了亏也。”老者道：“他只拚得一命，还是我们吃亏：与他买棺木殡葬，又把些银子与他徒弟。那徒弟心还不歇，至今还要告状，不得干净！”行者道：“再可曾请甚么人拿他？”老者道：“旧年又请了一个道士。”行者道：“那道士怎么拿他？”老者道：“那道士：头戴金冠，身穿法衣。令牌敲响，符水施为。驱神使将，拘到妖魑。狂风滚滚，黑雾迷迷。即与道士，两个相持。斗到天晚，怪返云霓。乾坤清朗朗，我等众人齐。出来寻道士，渰死在山溪。捞得上来大家看，却如一个落汤鸡！”

行者笑道：“这等说，也吃亏了。”老者道：“他也只舍得一命，我们又使彀闷数钱粮。”行者道：“不打紧，不打紧，等我替你拿他来。”老者道：“你若果有手段拿得他，我请几个本庄长者与你写个文书。若得胜，凭你要多少银子相谢，半分不少；如若有亏，切莫和我等放赖，各听天命。”行者笑道：“这老儿被人赖怕了。我等不是那样人，快请长者去。”

那老者满心欢喜，即命家僮请几个左邻右舍，表弟姨兄，亲家朋友，共有八九位老者，都来相见。会了唐僧，言及拿妖一事，无不欣然。众老问：“是那一位高徒去拿？”行者叉手道：“是我小和尚。”众老悚然道：“不济！不济！那妖精神通广大，身体狼犺。你这个长老，瘦瘦小小，还不彀他填牙齿缝哩！”行者笑道：“老官儿，你估不出人来。我小自小，结实，都是吃了磨刀水的，秀气在内哩！”众老见说只得依从道：“长老，拿住妖精，你要多少谢礼？”行者道：“何必说要甚么谢礼！俗语云，说金子幌眼，说银子傻白，说铜钱腥气！我等乃积德的和尚，决不要钱。”

众老道：“既如此说，都是受戒的高僧。既不要钱，岂有空劳之理！我等各家俱以鱼田为活，若果降了妖孽，净了地方，我等每家送你两亩良田，共凑一千亩，坐落一处，你师徒们在上起盖寺院，打坐参禅，强似方上云游。”行者又笑道：“越不停当！但说要了田，就要养马当差，纳粮办草，黄昏不得睡，五鼓不得眠，好倒弄杀人也！”众老道：“诸般不要，却将何谢？”行者道：

"我出家人，但只是一茶一饭，便是谢了。"众老喜道："这个容易，但不知你怎么拿他。"行者道："他但来，我就拿住他。"众老道："那怪大着哩！上拄天，下拄地；来时风，去时雾，你却怎生近得他？"行者笑道："若论呼风驾雾的妖精，我把他当孙子罢了；若说身体长大，有那手段打他！"

正讲处，只听得呼呼风响，慌得那八九个老者，战战兢兢道："这和尚盐酱口！说妖精，妖精就来了！"那老李开了腰门，把几个亲戚连唐僧都叫："进来！进来！妖怪来了！"唬得那八戒也要进去，沙僧也要进去。行者两只手扯住两个道："你们忒不循理！出家人，怎么不分内外！站住！不要走！跟我去天井里，看看是个甚么妖精。"八戒道："哥啊，他们都是经过帐的，风响便是妖来。他都去躲，我们又不与他有亲，又不相识，又不是交契故人，看他做甚？"原来行者力量大，不容说，一把拉在天井里站下。那阵风越发大了，好风：倒树摧林狼虎忧，播江搅海鬼神愁。掀翻华岳三峰石，提起乾坤四部洲。村舍人家皆闭户，满庄儿女尽藏头。黑云漠漠遮星汉，灯火无光遍地幽。慌得那八戒战战兢兢，伏之于地，把嘴拱开土，埋在地下，却如钉了钉一般。沙僧蒙着头脸，眼也难睁。

行者闻风认怪，一霎时风头过处，只见那半空中隐隐的两盏灯来，即低头叫道："兄弟们！风过了，起来看！"那呆子扯出嘴来，抖抖灰土，仰着脸朝天一望，见有两盏灯光，忽失声笑道："好耍子！好耍子！原来是个有行止的妖精！该和他做朋友！"沙僧道："这般黑夜，又不曾觌面相逢，怎么就知好歹？"八戒道："古人云，夜行以烛，无烛则止。你看他打一对灯笼引路，必定是个好的。"沙僧道："你错看了，那不是一对灯笼，是妖精的两只眼亮。"这呆子就唬矮了三寸，道："爷爷呀！眼有这般大啊，不知口有多少大哩！"行者道："贤弟莫怕。你两个护持着师父，待老孙上去讨他个口气，看他是甚妖精。"八戒道："哥哥，不要供出我们来。"好行者，纵身打个唿哨跳到空中，执铁棒厉声高叫道："慢来！慢来！有吾在此！"那怪见了，挺住身躯，将一根长枪乱舞。行者执了棍势问道："你是那方妖怪？何处精灵？"那怪更不答应，只是舞枪。行者又问，又不答，只是舞枪。

行者暗笑道："好是耳聋口哑！不要走！看棍！"那怪更不怕，乱舞枪遮拦。在那半空中，一来一往，一上一下，斗到三更时分，未见胜败。八戒沙僧在李家天井里看得明白，原来那怪只是舞枪遮架，更无半分儿攻杀，行者一条棒不离那怪的头上。八戒笑道："沙僧，你在这里护持，让老猪去帮打帮打，莫教那猴子独干这功，领头一钟酒。"好呆子，就跳起云头，赶上就筑，那怪物又使一条枪抵住。两条枪，就如飞蛇掣电。八戒夸奖道："这妖精好枪法！不是山后枪，乃是缠丝枪，也不是马家枪，却叫做个软柄枪！"行者道："呆子莫胡谈！那里有个甚么软柄枪！"八戒道："你看他使出枪尖来架住我们，不见枪柄，不知收在何处。"行者道："或者是个软柄枪。但这怪物还不会说话，想是还未归人道，阴气还重，只怕天明时阳气胜，他必要走。但走时，一定赶上，不可放他。"八戒道："正是！正是！"

又斗多时，不觉东方发白，那怪不敢恋战，回头就走。行者与八戒一齐赶来，忽闻得污秽之气旭人，乃是七绝山稀柿衕也。八戒道："是那家淘毛厕哩！哏！臭气难闻！"行者侮着鼻子只叫："快快赶妖精！快快赶妖精！"那怪物撺过山去，现了本象，乃是一条红鳞大蟒。你看他：眼射晓星，鼻喷朝雾。密密牙排钢剑，弯弯爪曲金钩。头戴一条肉角，好便似千千块玛瑙攒成；身披一派红鳞，却就如万万片胭脂砌就。盘地只疑为锦被，飞空错认作虹霓。歇卧处有腥气冲天，行动时有赤云罩体。大不大，两边人不见东西；长不长，一座山跨占南北。八戒道："原来是这般一个长蛇！若要吃人啊，一顿也得五百个，还不饱足！"行者道："那软柄枪乃是两条信萘。我们赶他软了，从后打出去！"这八戒纵身赶上，将钯便筑。那怪物一头钻进窟里，还有七八尺长尾巴丢在外边。八戒放下钯，一把挝住道："着手！

着手！"尽力气往外乱扯，莫想扯得动一毫。行者笑道："呆子！

放他进去，自有处置，不要这等倒扯蛇。"八戒真个撒了手，那怪缩进去了。八戒怨道："才不放手时，半截子已是我们的了！

是这般缩了，却怎么得他出来？这不是叫做没蛇弄了？"行者道："这厮身体狼犺，窟穴窄小，断然转身不得，一定是个照直撺的，定有个后门出头。你快去后门外拦住，等我在前门外打。"那呆子真个一溜烟，跑过山去，果见有个孔窟，他就扎定脚。还不曾站稳，不期行者在前门外使棍子往里一捣，那怪物护疼，径往后门撺出。八戒未曾防备，被他一尾巴打了一跌，莫能挣挫得起，睡在地下忍疼。行者见窟中无物，搴着棍，穿进去叫赶妖怪。那八戒听得吆喝，自己害羞，忍着疼爬起来，使钯乱扑。行者见了笑道："妖怪走了，你还扑甚的了？"八戒道："老猪在此打草惊蛇哩！"行者道："活呆子！快赶上！"

二人赶过涧去，见那怪盘做一团，竖起头来，张开巨口，要吞八戒，八戒慌得往后便退。这行者反迎上前，被他一口吞之。

八戒捶胸跌脚大叫道："哥耶！倾了你也！"行者在妖精肚里，支着铁棒道："八戒莫愁，我叫他搭个桥儿你看！"那怪物躬起腰来，就似一道路东虹，八戒道："虽是象桥，只是没人敢走。"行者道："我再叫他变做个船儿你看！"在肚里将铁棒撑着肚皮。

那怪物肚皮贴地，翘起头来，就似一只赣保船，八戒道："虽是象船，只是没有桅篷，不好使风。"行者道："你让开路，等我叫他使个风你看。"又在里面尽着力把铁棒从脊背上一搠将出去，约有五七丈长，就似一根桅杆。那厮忍疼挣命，往前一撺，比使风更快，撺回旧路，下了山有二十余里，却才倒在尘埃，动荡不得，呜呼丧矣。八戒随后赶上来，又举钯乱筑。行者把那物穿了一个大洞，钻将出来道："呆子！他死也死了，你还筑他怎的？"八戒道："哥啊，你不知我老猪一生好打死蛇？"遂此收了兵器，抓着尾巴，倒拉将来。

却说那驼罗庄上李老儿与众等对唐僧道："你那两个徒弟，一夜不回，断然倾了命也。"三藏道："决不妨事，我们出去看看。"须臾间，只见行者与八戒拖着一条大蟒，吆吆喝喝前来，众人却才欢喜。满庄上老幼男女都来跪拜道："爷爷！正是这个妖精，在此伤人！今幸老爷施法，斩怪除邪，我辈庶各得安生也！"众家都是感激，东请西邀，各各酬谢。师徒们被留住五七日，苦辞无奈，方肯放行。又各家见他不要钱物，都办些干粮果品，骑骡压马，花红彩旗，尽来饯行。此处五百人家，到有七八百人相送。

一路上喜喜欢欢，不时到了七绝山稀柿同口。三藏闻得那般恶秽，又见路道填塞，道："悟空，似此怎生度得？"行者侮着鼻子道："这个却难也。"三藏见行者说难，便就眼中垂泪。李老儿与众上前道："老爷勿得心焦。我等送到此处，都已约定意思了。令高徒与我们降了妖精，除了一庄祸害，我们各办虔心，另开一条好路，送老爷过去。"行者笑道："你这老儿，俱言之欠当。你初然说这山径过有八百里，你等又不是大禹的神兵，那里会开山凿路！若要我师父过去，还得我们着力，你们都成不得。"三藏下马道："悟空，怎生着力么！"行者笑道："眼下就要过山，却也是难，若说再开条路，却又难也。须是还从旧胡同过去，只恐无人管饭。"李老儿道："长老说那里话！凭你四位担搁多少时，我等俱养得起，怎么说无人管饭！"行者道："既如此，你们去办得两石米的干饭，再做些蒸饼馍馍来，等我那长嘴和尚吃饱了，变了大猪，拱开旧路，我师父骑在马上，我等扶持着，管情过去了。”八戒闻言道：“哥哥，你们都要图个干净，怎么独教老猪出臭？”三藏道：“悟能，你果有本事拱开胡同，领我过山，注你这场头功。”八戒笑道：“师父在上，列位施主们都在此休笑话，我老猪本来有三十六般变化，若说变轻巧华丽飞腾之物，委实不能；若说变山，变树，变石块，变土墩，变赖象、科猪、水牛、骆驼，真个全会。只是身体变得大，肚肠越发大，须是吃得饱了，才好干事。”众人道：“有东西！有东西！我们都带得有干粮果品，烧饼馉饳在此。原要开山相送的，且都拿出来，凭你受用。待变化了，行动之时，我们再着人回去做饭送来。”八戒满心欢喜，脱了皂直裰，丢了九齿钯，对众道：“休笑话，看老猪干这场臭功。”好呆子，捻着诀，摇身一变，果然变做一个大猪，真个是嘴长毛短半脂膘，自幼山中食药苗。黑面环睛如日月，圆头大耳似芭蕉。修成坚骨同天寿，炼就粗皮比铁牢。齆齆鼻音呱诂叫，喳喳喉响喷喁哮。白蹄四只高千尺，剑鬣长身百丈饶。从见人间肥豕彘，未观今日老猪魈。唐僧等众齐称赞，羡美天蓬法力高。孙行者见八戒变得如此，即命那些相送人等，快将干粮等物推攒一处，叫八戒受用。那呆子不分生熟，一涝食之，却上前拱路。行者叫沙僧脱了脚，好生挑担，请师父稳坐雕鞍，他也脱了靴鞋，吩咐众人回去：“若有情，快早送些饭来与我师弟接力。”那些人有七八百相送随行，多一半有骡马的，飞星回庄做饭；还有三百人步行的，立于山下遥望他行。原来此庄至山，有三十余里，待回取饭来，又三十余里，往回担搁，约有百里之遥，他师徒们已此去得远了。众人不舍，催趱骡马进胡同，连夜赶至，次日方才赶上，叫道：“取经的老爷，慢行慢行！我等送饭来也！”长老闻言，谢之不尽道：“真是善信之人！”叫八戒住了，再吃些饭食壮神。那呆子拱了两日，正在饥饿之际，那许多人何止有七八石饭食，他也不论米饭、面饭，收积来一涝用之，饱餐一顿，却又上前拱路。三藏与行者、沙僧谢了众人，分手两别。正是：驼罗庄客回家去，八戒开山过同来。

三藏心诚神力拥，悟空法显怪魔衰。千年稀柿今朝净，七绝胡同此日开。六欲尘情皆剪绝，平安无阻拜莲台。这一去不知还有多少路程，还遇甚么妖怪，且听下回分解。

第六十八回　朱紫国唐僧论前世　孙行者施为三折肱

善正万缘收，名誉传扬四部洲。智慧光明登彼岸，飕飕，叆叆云生天际头。诸佛共相酬，永住瑶台万万秋。打破人间蝴蝶梦，休休，涤净尘氛不惹愁。话表三藏师徒，洗污秽之胡同，上逍遥之道路，光阴迅速，又值炎天，正是：海榴舒锦弹，荷叶绽青盘。两路绿杨藏乳燕，行人避暑扇摇绔。进前行处，忽见有一城池相近。三藏勒马叫：“徒弟们，你看那是甚么去处？”行者道：“师父原来不识字，亏你怎么领唐王旨意离朝也！”三藏道：

“我自幼为僧，千经万典皆通，怎么说我不识字？”行者道：“既识字，怎么那城头上杏黄旗，明书三个大字，就不认得，却问是甚去处何也？”三藏喝道：“这泼猴胡说！那旗被风吹得乱摆，纵有字也看不明白！”行者道：“老孙偏怎看见？”八戒沙僧道：“师父，莫听师兄捣鬼。这般遥望，城池尚不明白，如何就见是甚字号？”行者道：“却不是朱紫国三字？”三藏道：“朱紫国必是西邦王位，却要倒换关文。”行者道：“不消讲了。”

不多时，至城门下马过桥，入进三层门里，真个好个皇州！

但见：门楼高耸，垛迭齐排。周围活水通流，南北高山相对。六街三市货资多，万户千家生意盛。果然是个帝王都会处，天府大京城。绝域梯航至，遐方玉帛盈。形胜连山远，宫垣接汉清。

三关严锁钥，万古乐升平。师徒们在那大街市上行时，但见人物轩昂，衣冠齐整，言语清朗，真不亚大唐世界。那两边做买做卖的，忽见猪八戒相貌丑陋，沙和尚面黑身长，孙行者脸毛额廓，丢了买卖，都来争看。三藏只叫：“不要撞祸！低着头走！”

八戒遵依，把个莲蓬嘴揣在怀里，沙僧不敢仰视，惟行者东张西望紧随唐僧左右。那些人有知事的，看看儿就回去了。有那游手好闲的，并那顽童们，烘烘笑笑，都上前抛瓦丢砖，与八戒作戏。唐僧捏着一把汗，只教：“莫要生事！”那呆子不敢抬头。

不多时，转过隅头，忽见一座门墙，上有会同馆三字。唐僧道：“徒弟，我们进这衙门去也。”行者道：“进去怎的？”唐僧道：

“会同馆乃天下通会通同之所，我们也打搅得，且到里面歇下。

待我见驾，倒换了关文，再赶出城走路。”八戒闻言，掣出嘴来，把那些随看的人唬倒了数十个，他上前道：“师父说的是，我们且到里边藏下，免得这伙鸟人吵嚷。”遂进馆去，那些人方渐渐而退。

却说那馆中有两个馆使，乃是一正一副，都在厅上查点人夫，要往那里接官，忽见唐僧来到，个个心惊，齐道：“是甚么人？是甚么人？往那里走？”三藏合掌道：“贫僧乃东土大唐驾下，差往西天取经者，今到宝方，不敢私过，有关文欲倒验放行，权借高衙暂歇。”那两个馆使听言，屏退左右，一个个整冠束带，下厅迎上相见，即命打扫客房安歇，教办清素支应，三藏谢了。二官带领人夫，出厅而去。手下人请老爷客房安歇，三藏便走，行者恨道：“这厮惫懒！怎么不让老孙在正厅？”三藏道：“他这里不服我大唐管属，又不与我国相连，况不时又有上司过客往来，所以不好留此相待。”行者道：“这等说，我偏要他相待！”正说处，有管事的送支应来，乃是一盘白米、一盘白面、两把青菜、四块豆腐、两个面筋、一盘干笋、一盘木耳。三藏教徒弟收了，谢了管事的，管事的道：“西房里有干净锅灶，柴火方便，请自去做饭。”三藏道：“我问你一声，国王可在殿上么？”

管事的道：“我万岁爷爷久不上朝，今日乃黄道良辰，正与文武多官议出黄榜。你若要倒换关文，趁此急去还赶上。到明日，就不能彀了，不知还有多少时伺候哩。”三藏道：“悟空，你们在此安排斋饭，等我急去验了关文回来，吃了走路。”八戒急取出袈裟关文。三藏整束了进朝，只是吩咐徒弟们，切不可出外去生事。

不一时，已到五凤楼前，说不尽那殿阁峥嵘，楼台壮丽。直至端门外，烦奏事官转达天廷，欲倒验关文。那黄门官果至玉阶前启奏道：“朝门外有东土大唐钦差一员僧，前往西天雷音寺拜佛求经，欲倒换通关文牒，听宣。”国王闻言喜道：“寡人久病，不曾登基，今上殿出榜招医，就有高僧来国！”即传旨宣至阶下，三藏即礼拜俯伏。国王又宣上金殿赐坐，命光禄寺办斋，三藏谢了恩，将关文献上。国王看毕，十分欢喜道：“法师，你那大唐，几朝君正？几辈臣贤？至于唐王，因甚作疾回生，着你远涉山川求经？”这长老因问，即欠身合掌道：“贫僧那里三皇治世，五帝分伦。尧舜正位，禹汤安民。成周子众，各立乾坤。倚强欺弱，分国称君。邦君十八，分野边尘。后成十二，宇宙安淳。

因无车马，却又相吞。七雄争胜，六国归秦。天生鲁沛，各怀不仁。江山属汉，约法钦遵。汉归司马，晋又纷纭。南北十二，宋齐梁陈。列祖相继，大隋绍真。赏花无道，涂炭多民。我王李氏，国号唐君。高祖晏驾，当今世民。河清海晏，大德宽仁。兹因长安城北，有个怪水龙神，刻减甘雨，应该损身。夜间托梦，告王救迪。王言准赦，早召贤臣。款留殿内，慢把棋轮。时当日午，那贤臣梦斩龙身。”国王闻言，忽作呻吟之声问道：“法师，那贤臣是那邦来者？”三藏道：“就是我王驾前丞相，姓魏名徵。他识天文，知地理，辨阴阳，乃安邦立国之大宰辅也。因他梦斩了泾河龙王，那龙王告到阴司，说我王许救又杀之，故我王遂得促病，渐觉身危。魏徵又写书一封，与我王带至冥司，寄与酆都城判官崔珏。少时，唐王身死，至三日复得回生。亏了魏徵，感崔判官改了文书，加王二十年寿。今要做水陆大会，故遣贫僧远涉道途，询求诸国，拜佛祖，取大乘经三藏，超度孽苦升天也。”那国王又呻吟叹道：“诚乃是天朝大国，君正臣贤！似我寡人久病多时，并无一臣拯救。”长老听说，偷睛观看，见那皇帝面黄肌瘦，形脱神衰。长老正欲启问，有光禄寺官奏请唐僧奉斋。王传旨教：“在披香殿，连朕之膳摆下，与法师同享。”

三藏谢了恩，与王同进膳进斋不题。

却说行者在会同馆中，着沙僧安排茶饭，并整治素菜。沙僧道：“茶饭易煮，蔬菜不好安排。”行者问道：“如何？”沙僧道：

“油盐酱醋俱无也。”行者道：“我这里有几文衬钱，教八戒上街买去。”那呆子躲懒道：“我不敢去，嘴脸欠俊，恐惹下祸来，师父怪我。”行者道：“公平交易，又不化他，又不抢他，何祸之有！”八戒道：“你才不曾看见獐智？在这门前扯出嘴来，把人唬倒了十来个；若到闹市丛中，也不知唬杀多少人是！”行者道：

“你只知闹市丛中，你可曾看见那市上卖的是甚么东西？”八戒道：“师父只教我低着头，莫撞祸，实是不曾看见。”行者道：“酒店、米铺、磨坊，并绫罗杂货不消说，着然又好茶房、面店，大烧饼、大馍馍，饭店又有好汤饭，好椒料、好蔬菜，与那异品的糖糕、蒸酥、点心、卷子、油食、蜜食，无数好东西，我去买些儿请你如何？”那呆子闻说，口内流涎，喉咙里啯啯的咽唾，跳起来道：“哥哥！这遭我扰你，待下次攒钱，我也请你回席。”行者暗笑道：“沙僧，好生煮饭，等我们去买调和来。”沙僧也知是耍呆子，只得顺口应承道：“你们去，须是多买些，吃饱了来。”那呆子捞个碗盏拿了，就跟行者出门。有两个在官人问道：“长老那里去？”行者道：“买调和。”那人道：“这条街往西去，转过拐角鼓楼，那郑家杂货店，凭你买多少，油盐酱醋、姜椒茶叶俱全。”

他二人携手相搀，径上街西而去。行者过了几处茶房，几家饭店，当买的不买，当吃的不吃。八戒叫道：“师兄，这里将就买些用罢。”那行者原是耍他，那里肯买，道：“贤弟，你好不经纪！再走走，拣大的买吃。”两个人说说话儿，又领了许多人跟随争看。不时，到了鼓楼边，只见那楼下无数人喧嚷，挤挤挨挨，填街塞路。八戒见了道：“哥哥，我不去了，那里人嚷得紧，只怕是拿和尚的。又况是面生可疑之人，拿了去，怎的了？”行者道：“胡谈！和尚又不犯法，拿我怎的？我们走过去，到郑家店买些调和来。”八戒道：“罢罢罢！我不撞祸。这一挤到人丛里，把耳朵躧了两躧，唬得他跌跌爬爬，跌死几个，我倒偿命哩！”行者道：“既然如此，你在这壁根下站定，等我过去买了回来，与你买素面烧饼吃罢。”那呆子将碗盏递与行者，把嘴拄着墙根，背着脸，死也不动。这行者走至楼边，果然挤塞，直挨入人丛里听时，原来是那皇榜张挂楼下，故多人争看。行者挤到近处，闪开火眼金睛，仔细看时，那榜上却云：“朕西牛贺洲朱紫国王，自立业以来，四方平服，百姓清安。近因国事不祥，沉疴伏枕，淹延日久难痊。本国太医院，屡选良方，未能调治。今出此榜文，普招天下贤士。不拘北往东来，中华外国，若有精医药者，请登宝殿，疗理朕躬。稍得病愈，愿将社稷平分，决不虚示。为此出给张挂，须至榜者。”览毕，满心欢喜道：“古人云，行动有三分财气。早是不在馆中呆坐。即此不必买甚调和，且把取经事宁耐一日，等老孙做个医生耍耍。”好大圣，弯倒腰丢了碗盏，拈一撮土，往上洒去，念声咒语，使个隐身法，轻轻的上前揭了榜，又朝着巽地上吸口仙气吹来，那阵旋风起处，他却回身，径到八戒站处，只见那呆子嘴拄着墙根，却是睡着了一般。行者更不惊他，将榜文折了，轻轻揣在他怀里，拽转步先往会同馆去了不题。

却说那楼下众人，见风起时，各各蒙头闭眼。不觉风过时，没了皇榜，众皆悚惧。那榜原有十二个太监，十二个校尉，早朝领出，才挂不上三个时辰，被风吹去，战兢兢左右追寻，忽见猪八戒怀中露出个纸边儿来，众人近前道：“你揭了榜来耶？”那呆子猛抬头，把嘴一噘，唬得那几个校尉踉踉蹡蹡跌倒在地。

他却转身要走，又被面前几个胆大的扯住道：“你揭了招医的皇榜，还不进朝医治我万岁去，却待何往？”那呆子慌慌张张道：“你儿子便揭了皇榜！你孙子便会医治！”校尉道：“你怀中揣的是甚？”呆子却才低头看时，真个有一张字纸，展开一看，咬着牙骂道：“那猢狲害杀我也！”恨一声便要扯破，早被众人架住道：“你是死了！此乃当今国王出的榜文，谁敢扯坏？你既揭在怀中，必有医国之手，快同我去！”八戒喝道：“汝等不知，这榜不是我揭的，是我师兄孙悟空揭的。他暗暗揣在我怀中，他却丢下我去了。若得此事明白，我与你寻他去。”众人道：“说甚么乱话，现钟不打打铸钟？你现揭了榜文，教我们寻谁！不管你！扯了去见主上！”那伙人不分清白，将呆子推推扯扯。这呆子立定脚，就如生了根一般，十来个人也弄他不动。八戒道：

“汝等不知高低！再扯一会，扯得我呆性子发了，你却休怪！”

不多时，闹动了街人，将他围绕，内有两个年老的太监道：

“你这相貌稀奇，声音不对，是那里来的，这般村强？”八戒道：

“我们是东土差往西天取经的，我师父乃唐王御弟法师，却才入朝，倒换关文去了。我与师兄来此买办调和，我见楼下人多，未曾敢去，是我师兄教我在此等候。他原来见有榜文，弄阵旋风揭了暗揣我怀内先去了。”那太监道：“我头前见个白面胖和尚，径奔朝门而去，想就是你师父？”八戒道：“正是，正是。”太监道：“你师兄往那里去了？”八戒道：“我们一行四众，师父去倒换关文，我三众并行囊马匹俱歇在会同馆。师兄弄了我，他先回馆中去了。”太监道：“校尉，不要扯他，我等同到馆中，便知端的。”八戒道：“你这两个奶奶知事。”众校尉道：“这和尚委不识货！怎么赶着公公叫起奶奶来耶？”八戒笑道：“不羞！你这反了阴阳的！他二位老妈妈儿，不叫他做婆婆奶奶，倒叫他做公公！”众人道：“莫弄嘴！快寻你师兄去。”那街上人吵吵闹闹，何止三五百，共扛到馆门首。八戒道：“列位住了，我师兄却不比我任你们作戏，他却是个猛烈认真之士。汝等见了，须要行个大礼，叫他声孙老爷，他就招架了。不然啊，他就变了嘴脸，这事却弄不成也。”众太监校尉俱道：“你师兄果有手段，医好国王，他也该有一半江山，我等合该下拜。”

那些闲杂人都在门外喧哗，八戒领着一行太监校尉，径入馆中，只听得行者与沙僧在客房里正说那揭榜之事耍笑哩。八戒上前扯住乱嚷道：“你可成个人！哄我去买素面、烧饼、馍馍我吃，原来都是空头！又弄旋风，揭了甚么皇榜，暗暗的揣在我怀里，拿我装胖！这可成个弟兄！”行者笑道：“你这呆子，想是错了路，走向别处去。我过鼓楼，买了调和，急回来寻你不见，我先来了，在那里揭甚皇榜？”八戒道：“现在看榜的官员在此。”说不了，只见那几个太监校尉朝上礼拜道：孙老爷，今日我王有缘，天遣老爷下降，是必大展经纶手，微施三折肱，治得我王病愈，江山有分，社稷平分也。”行者闻言，正了声色，接了八戒的榜文，对众道：“你们想是看榜的官么？”太监叩头道：

"奴婢乃司礼监内臣，这几个是锦衣校尉。"行者道："这招医榜，委是我揭的，故遣我师弟引见。既然你主有病，常言道，药不跟卖，病不讨医。你去教那国王亲来请我，我有手到病除之功。"太监闻言，无不惊骇，校尉道："口出大言，必有度量。我等着一半在此哑请，着一半入朝启奏。"当分了四个太监，六个校尉，更不待宣召，径入朝当阶奏道："主公万千之喜！"那国王正与三藏膳毕清谈，忽闻此奏，问道："喜自何来？"太监奏道："奴婢等早领出招医皇榜，鼓楼下张挂，有东土大唐远来取经的一个圣僧孙长老揭了，现在会同馆内，要王亲自去请他，他有手到病除之功，故此特来启奏。"国王闻言满心欢喜，就问唐僧道："法师有几位高徒？"三藏合掌答曰："贫僧有三个顽徒。"国王问："那一位高徒善医？"三藏道："实不瞒陛下说，我那顽徒俱是山野庸才，只会挑包背马，转涧寻波，带领贫僧登山涉岭，或者到峻险之处，可以伏魔擒怪，捉虎降龙而已，更无一个能知药性者。"国王道："法师何必太谦？朕当今日登殿，幸遇法师来朝，诚天缘也。高徒既不知医，他怎肯揭我榜文，教寡人亲迎？断然有医国之能也。"叫："文武众卿，寡人身虚力怯，不敢乘辇；汝等可替寡人，俱到朝外，敦请孙长老看朕之病。汝等见他，切不可轻慢，称他做神僧孙长老，皆以君臣之礼相见。"那众臣领旨，与看榜的太监、校尉径至会同馆，排班参拜。唬得那八戒躲在厢房，沙僧闪于壁下。那大圣，看他坐在当中端然不动，八戒暗地里怨恶道："这猢狲活活的折杀也！怎么这许多官员礼拜，更不还礼，也不站将起来！"不多时，礼拜毕，分班启奏道："上告神僧孙长老，我等俱朱紫国王之臣，今奉王旨，敬以洁礼参请神僧，入朝看病。"行者方才立起身来对众道："你王如何不来？"众臣道："我王身虚力怯，不敢乘辇，特令臣等行代君之礼，拜请神僧也。"行者道："既如此说，列位请前行，我当随至。"众臣各依品从，作队而走。行者整衣而起，八戒道："哥哥，切莫攀出我们来。"行者道："我不攀你，只要你两个与我收药。"沙僧道："收甚么药？"行者道："凡有人送药来与我，照数收下，待我回来取用。"二人领诺不题。

这行者即同多官，顷间便到。众臣先走，奏知那国王，高卷珠帘，闪龙睛凤目，开金口御言便问："那一位是神僧孙长老？"

行者进前一步，厉声道："老孙便是。"那国王听得声音凶狠，又见相貌刁钻，唬得战兢兢，跌在龙床之上。慌得那女官内宦，急扶入宫中，道："唬杀寡人也！"众官都嗔怨行者道："这和尚怎么这等粗鲁村疏！怎敢就擅揭榜！"行者闻言笑道："列位错怪了我也。若象这等慢人，你国王之病，就是一千年也不得好。"

众臣道："人生能有几多阳寿？就一千年也还不好？"行者道：

"他如今是个病君，死了是个病鬼，再转世也还是个病人，却不是一千年也还不好？"众臣怒曰："你这和尚，甚不知礼！怎么敢这等满口胡柴！"行者笑道："不是胡柴，你都听我道来：医门理法至微玄，大要心中有转旋。望闻问切四般事，缺一之时不备全：第一望他神气色，润枯肥瘦起和眠；第二闻声清与浊，听他真语及狂言；三问病原经几日，如何饮食怎生便；四才切脉明经络，浮沉表里是何般。我不望闻并问切，今生莫想得安然。"

那两班文武丛中有太医院官，一闻此言，对众称扬道："这和尚也说得有理。就是神仙看病，也须望闻问切，谨合着神圣功巧也。"众官依此言，着近侍传奏道："长老要用望闻问切之理，方可认病用药。"那国王睡在龙床上，声声唤道："叫他去罢！寡人见不得生人面了！"近侍的出宫来道："那和尚，我王旨意，教你去罢，见不得生人面哩。"行者道："若见不得生人面啊，我会悬丝诊脉。"众官暗喜道："悬丝诊脉，我等耳闻，不曾眼见。再奏去来。"那近侍的又入宫奏道："主公，那孙长老不见主公之面，他会悬丝诊脉。"国王心中暗想道："寡人病了三年，未曾试此，宣他进来。"近侍的即忙传出道："主公已许他悬丝诊脉，快宣孙长老进宫诊视。"行者却就上了宝殿，唐僧迎着骂道："你这泼猴，害了我也！"行者笑道："好师父，我倒与你壮观，你返说我害你？"三藏喝道："你跟我这几年，那曾见你医好谁来！你连药性也不知，医书也未读，怎么大胆撞这个大祸！"行者笑道：

"师父，你原来不晓得。我有几个草头方儿，能治大病，管情医得他好便是。就是医死了，也只问得个庸医杀人罪名，也不该死，你怕怎的！不打紧，不打紧，你且坐下看我的脉理如何。"长老又道："你那曾见《素问》、《难经》、《本草》、《脉诀》，是甚般章句，怎生注解，就这等胡说散道，会甚么悬丝诊脉！"行者笑道：

"我有金线在身，你不曾见哩。"即伸手下去，尾上拔了三根毫毛，捻一把，叫声"变！"即变作三条丝线，每条各长二丈四尺，按二十四气，托于手内，对唐僧道："这不是我的金线？"近侍宦官在旁道："长老且休讲口，请入宫中诊视去来。"行者别了唐僧，随着近侍入宫看病。正是那：心有秘方能治国，内藏妙诀注长生。毕竟这去不知看出甚么病来，用甚么药品。欲知端的，且听下回分解。

第六十九回　心主夜间修药物　君王筵上论妖邪

话表孙大圣同近侍宦官，到于皇宫内院，直至寝宫门外立定，将三条金线与宦官拿入里面，吩咐："教内宫妃后，或近侍太监，先系在圣躬左手腕下，按寸关尺三部上，却将线头从窗棂儿穿出与我。"真个那宦官依此言，请国王坐在龙床，按寸关尺以金线一头系了，一头理出窗外。行者接了线头，以自己右手大指先托着食指，看了寸脉；次将中指按大指，看了关脉；又将大指托定无名指，看了尺脉；调停自家呼吸，分定四气五郁、七表八里九候、浮中沉、沉中浮，辨明了虚实之端；又教解下左手，依前系在右手腕下部位。行者即以左手指，一一从头诊视毕，却将身抖了一抖，把金线收上身来，厉声高呼道："陛下左手寸脉强而紧，关脉涩而缓，尺脉芤且沉；右手寸脉浮而滑，关脉迟而结，尺脉数而牢。夫左寸强而紧者，中虚心痛也；关涩而缓者，汗出肌麻也；尺芤而沉者，小便赤而大便带血也。右手寸脉浮而滑者，内结经闭也；关迟而结者，宿食留饮也；尺数而牢者，烦满虚寒相持也。诊此贵恙是一个惊恐忧思，号为双鸟失群之证。"那国王在内闻言满心欢喜，打起精神高声应道："指下明白！指下明白！果是此疾！请出外面用药来也。"大圣却才缓步出宫。早有在旁听见的太监，已先对众报知。须臾行者出来，唐僧即问如何，行者道："诊了脉，如今对证制药哩。"众官上前道："神僧长老，适才说双鸟失群之证，何也？"行者笑道："有雌雄二鸟，原在一处同飞，忽被暴风骤雨惊散，雌不能见雄，雄不能见雌，雌乃想雄，雄亦想雌：这不是双鸟失群也？"

众官闻说，齐声喝采道："真是神僧！真是神医！"称赞不已。当有太医官问道："病势已看出矣，但不知用何药治之？"行者道：

"不必执方，见药就要。"医官道："经云药有八百八味，人有四百四病。病不在一人之身，药岂有全用之理！如何见药就要？"

行者道："古人云，药不执方，合宜而用，故此全征药品，而随便加减也。"那医官不复再言，即出朝门之外，差本衙当值之人，遍晓满城生熟药铺，即将药品，每味各办三斤，送与行者。行者道："此间不是制药处，可将诸药之数并制药一应器皿，都送入会同馆，交与我师弟二人收下。”医官听命，即将八百八味每味三斤及药碾、药磨、药罗、药乳并乳钵、乳槌之类都送至馆中，一一交付收讫。

行者往殿上请师父同至馆中制药。那长老正自起身，忽见内宫传旨，教阁下留住法师，同宿文华殿，待明朝服药之后，病痊酬谢，倒换关文送行。三藏大惊道：“徒弟啊，此意是留我做当头哩。若医得好，欢喜起送；若医不好，我命休矣。你须仔细上心，精虔制度也！”行者笑道：“师父放心在此受用，老孙自有医国之手。”

好大圣，别了三藏，辞了众臣，径至馆中。八戒迎着笑道：

“师兄，我知道你了。”行者道：“你知甚么？”八戒道：“知你取经之事不果，欲作生涯无本，今日见此处富庶，设法要开药铺哩。”行者喝道：“莫胡说！医好国王，得意处辞朝走路，开甚么药铺！”八戒道：“终不然，这八百八味药，每味三斤，共计二千四百二十四斤，只医一人，能用多少？不知多少年代方吃得了哩！”行者道：“那里用得许多？他那太医院官都是些愚盲之辈，所以取这许多药品，教他没处捉摸，不知我用的是那几味，难识我神妙之方也。”正说处，只见两个馆使，当面跪下道：“请神僧老爷进晚斋。”行者道：“早间那般待我，如今却跪而请之，何也？”馆使叩头道：“老爷来时，下官有眼无珠，不识尊颜。今闻老爷大展三折之肱，治我一国之主，若主上病愈，老爷江山有分，我辈皆臣子也，礼当拜请。”行者见说，欣然登堂上坐，八戒、沙僧分坐左右，摆上斋来。沙僧便问道：“师兄，师父在那里哩？”行者笑道：“师父被国王留住作当头哩，只待医好了病，方才酬谢送行。”沙僧又问：“可有些受用么？”行者道：“国王岂无受用！我来时，他已有三个阁老陪侍左右，请入文华殿去也。”

八戒道：“这等说，还是师父大哩。他倒有阁老陪侍，我们只得两个馆使奉承。且莫管他，让老猪吃顿饱饭也。”兄弟们遂自在受用一番。

天色已晚，行者叫馆使：“收了家火，多办些油蜡，我等到夜静时方好制药。”馆使果送若干油蜡，各命散讫。至半夜，天街人静，万籁无声。八戒道：“哥哥，制何药？赶早干事。我瞌睡了。”行者道：“你将大黄取一两来，碾为细末。”沙僧乃道：

“大黄味苦，性寒无毒，其性沉而不浮，其用走而不守，夺诸郁而无壅滞，定祸乱而致太平，名之曰将军。此行药耳，但恐久病虚弱，不可用此。”行者笑道：“贤弟不知，此药利痰顺气，荡肚中凝滞之寒热。你莫管我，你去取一两巴豆，去壳去膜，捶去油毒，碾为细末来。”八戒道：“巴豆味辛，性热有毒，削坚积，荡肺腑之沉寒，通闭塞，利水谷之道路，乃斩关夺门之将，不可轻用。”行者道：“贤弟，你也不知，此药破结宣肠，能理心膨水胀。

快制来，我还有佐使之味辅之也。”他二人即时将二药碾细道：

“师兄，还用那几十味？”行者道：“不用了。”八戒道：“八百八味，每味三斤，只用此二两，诚为起夺人了。”行者将一个花磁盏子道：“贤弟莫讲，你拿这个盏儿，将锅脐灰刮半盏过来。”八戒道：“要怎的？”行者道：“药内要用。”沙僧道：“小弟不曾见药内用锅灰。”行者道：“锅灰名为百草霜，能调百病，你不知道。”

那呆子真个刮了半盏，又碾细了。行者又将盏子，递与他道：

“你再去把我们的马尿等半盏来。”八戒道：“要他怎的？”行者道：“要丸药。”沙僧又笑道：“哥哥，这事不是耍子。马尿腥臊，如何入得药品？我只见醋糊为丸，陈米糊为丸，炼蜜为丸，或只是清水为丸，那曾见马尿为丸？那东西腥腥臊臊，脾虚的人，一闻就吐；再服巴豆大黄，弄得人上吐下泻，可是耍子？”行者道：

“你不知就里，我那马不是凡马，他本是西海龙身。若得他肯去便溺，凭你何疾，服之即愈，但急不可得耳。”八戒闻言，真个去到马边。那马斜伏地下睡哩，呆子一顿脚踢起，衬在肚下，等了半会，全不见撒尿。他跑将来对行者说：“哥啊，且莫去医皇帝，且快去医医马来。那亡人干结了，莫想尿得出一点儿！”行者笑道：“我和你去。”沙僧道：“我也去看看。”三人都到马边，那马跳将起来，口吐人言，厉声高叫道：“师兄，你岂不知？我本是西海飞龙，因为犯了天条，观音菩萨救了我，将我锯了角，退了鳞，变作马，驮师父往西天取经，将功折罪。我若过水撒尿，水中游鱼食了成龙；过山撒尿，山中草头得味，变作灵芝，仙僮采去长寿。我怎肯在此尘俗之处轻抛却也？”行者道：“兄弟谨言，此间乃西方国王，非尘俗也，亦非轻抛弃也。常言道，众毛攒裘，要与本国之王治病哩。医得好时，大家光辉，不然，恐惧不得善离此地也。”那马才叫声“等着！”你看他往前扑了一扑，往后蹲了一蹲，咬得那满口牙龇支支的响喨，仅努出几点儿，将身立起。八戒道：“这个亡人！就是金汁子，再撒些儿也罢！”那行者见有少半盏，道：“彀了！彀了！拿去罢。”沙僧方才欢喜。

三人回至厅上，把前项药饵搅和一处，搓了三个大丸子。行者道：“兄弟，忒大了。”八戒道：“只有核桃大，若论我吃，还不彀一口哩！”遂此收在一个小盒儿里。兄弟们连衣睡下，一夜无词。

早是天晓，却说那国王耽病设朝，请唐僧见了，即命众官快往会同馆参拜神僧孙长老取药去。多官随至馆中，对行者拜伏于地道：“我王特命臣等拜领妙剂。”行者叫八戒取盒儿，揭开盖子，递与多官。多官启问：“此药何名？好见王回话。”行者道：“此名乌金丹。”八戒二人暗中作笑道：“锅灰拌的，怎么不是乌金！”多官又问道：“用何引子？”行者道：“药引儿两般都下得。有一般易取者，乃六物煎汤送下。”多官问：“是何六物？”行者道：“半空飞的老鸦屁，紧水负的鲤鱼尿，王母娘娘搽脸粉，老君炉里炼丹灰，玉皇戴破的头巾要三块，还要五根困龙须：

六物煎汤送此药，你王忧病等时除。”多官闻言道：“此物乃世间所无者，请问那一般引子是何？”行者道：“用无根水送下。”

众官笑道：“这个易取。”行者道：“怎见得易取？”多官道：“我这里人家俗论；若用无根水，将一个碗盏，到井边，或河下，舀了水急转步，更不落地，亦不回头，到家与病人吃药便是。”行者道：“井中河内之水，俱是有根的。我这无根水，非此之论，乃是天上落下者，不沾地就吃，才叫做无根水。”多官又道：“这也容易。等到天阴下雨时，再吃药便罢了。”遂拜谢了行者，将药持回献上。国王大喜，即命近侍接上来。看了道：“此是甚么丸子？”多官道：“神僧说是乌金丹，用无根水送下。”国王便教宫人取无根水，众官道：“神僧说，无根水不是井河中者，乃是天上落下不沾地的才是。”国王即唤当驾官传旨，教请法官求雨。

众官遵依出榜不题。

却说行者在会同馆厅上叫猪八戒道：“适间允他天落之水，才可用药，此时急忙，怎么得个雨水？我看这王，倒也是个大贤大德之君，我与你助他些儿雨下药，如何？”八戒道：“怎么样助？”行者道：“你在我左边立下，做个辅星。”又叫沙僧，“你在我右边立下，做个弼宿，等老孙助他些无根水儿。”好大圣，步了罡诀，念声咒语，早见那正东上，一朵乌云，渐近于头顶上。叫道：“大圣，东海龙王敖广来见。”行者道：“无事不敢捻烦，请你来助些无根水与国王下药。”龙王道：“大圣呼唤时，不曾说用水，小龙只身来了，不曾带得雨器，亦未有风云雷电，怎生降雨？”行者道：“如今用不着风云雷电，亦不须多雨，只要些须引药之水便了。”龙王道：“既如此，待我打两个喷涕，吐些涎津溢，与他吃药罢。”行者大喜道：“最好！最好！不必迟疑，趁早行事。”那老龙在空中，渐渐低下乌云，直至皇宫之上，隐身潜象，噀一口津唾，遂化作甘霖。那满朝官齐声喝采道：“我主万千之喜！天公降下甘雨来也！”国王即传旨，教：“取器皿盛着，不拘宫内外及官大小，都要等贮仙水，拯救寡人。”你看那文武多官并三宫六院妃嫔与三千彩女，八百娇娥，一个个擎杯托盏，举碗持盘，等接甘雨。那老龙在半空，运化津涎，不离了王宫前后，将有一个时辰，龙王辞了大圣回海。众臣将杯盂碗盏收来，也有等着一点两点者，也有等着三点五点者，也有一点不曾等着者，共合一处，约有三盏之多，总献至御案。真个是异香满袭金銮殿，佳味熏飘天子庭！

那国王辞了法师，将着乌金丹并甘雨至宫中，先吞了一丸，吃了一盏甘雨；再吞了一丸，又饮了一盏甘雨；三次，三丸俱吞了，三盏甘雨俱送下。不多时，腹中作响，如辘轳之声不绝，即取净桶，连行了三五次，服了些米饮，攲倒在龙床之上。

有两个妃子，将净桶捡看，说不尽那秽污痰涎，内有糯米饭块一团。妃子近龙床前来报：“病根都行下来也！”国王闻此言甚喜，又进一次米饭。少顷，渐觉心胸宽泰，气血调和，就精神抖擞，脚力强健。下了龙床，穿上朝服，即登宝殿见了唐僧，辄倒身下拜。那长老忙忙还礼。拜毕以御手搀着，便教阁下：“快具简帖，帖上写朕再拜顿首字样，差官奉请法师高徒三位。一壁厢大开东阁，光禄寺排宴酬谢。”多官领旨，具简的具简，排宴的排宴，正是国家有倒山之力，霎时俱完。

却说八戒见官投简，喜不自胜道：“哥啊，果是好妙药！今来酬谢，乃兄长之功。”沙僧道：“二哥说那里话！常言道，一人有福，带挈一屋。我们在此合药，俱是有功之人，只管受用去，再休多话。”咦！你看他弟兄们俱欢欢喜喜，径入朝来。众官接引，上了东阁，早见唐僧、国王、阁老，已都在那里安排筵宴哩。

这行者与八戒、沙僧，对师父唱了个喏，随后众官都至，只见那上面有四张素桌面，都是吃一看十的筵席；前面有一张荤桌面，也是吃一看十的珍馐。左右有四五百张单桌面，真个排得齐整：古云珍馐百味，美禄千锺。琼膏酥酪，锦缕肥红。宝妆花彩艳，果品味香浓。斗糖龙缠列狮仙，饼锭拖炉摆凤侣。荤有猪羊鸡鹅鱼鸭般般肉，素有蔬肴笋芽木耳并蘑菇。几样香汤饼，数次透酥糖。滑软黄粱饭，清新菰米糊。色色粉汤香又辣，般般添换美还甜。君臣举盏方安席，名分品级慢传壶。那国王御手擎杯，先与唐僧安坐，三藏道：“贫僧不会饮酒。”国王道：

“素酒，法师饮此一杯，何如？”三藏道：“酒乃僧家第一戒。”国王甚不过意道：“法师戒饮，却以何物为敬？”三藏道：“顽徒三众代饮罢。”国王却才欢喜，转金卮，递与行者。行者接了酒，对众礼毕，吃了一杯。国王见他吃得爽利，又奉一杯。行者不辞，又吃了。国王笑道：“吃个三宝锺儿。”行者不辞，又吃了。国王又叫斟上，“吃个四季杯儿。”八戒在旁见酒不到他，忍得他咽咽咽唾，又见那国王苦劝行者，他就叫将起来道：“陛下，吃的药也亏了我，那药里有马——”这行者听说，恐怕呆子走了消息，却将手中酒递与八戒。八戒接着就吃，却不言语。国王问道：“神僧说药里有马，是甚么马？”行者接过口来道：“我这兄弟，是这般口敞，但有个经验的好方儿，他就要说与人。陛下早间吃药，内有马兜铃。”国王问众官道：“马兜铃是何品味？能医何证？”时有太医院官在旁道：“主公：兜铃味苦寒无毒，定喘消痰大有功。通气最能除血蛊，补虚宁嗽又宽中。”国王笑道：“用得当！用得当！猪长老再饮一杯。”呆子亦不言语，却也吃了个三宝锺。国王又递了沙僧酒，也吃了三杯，却俱叙坐。

饮宴多时，国王又擎大爵奉与行者。行者道：“陛下请坐，老孙依巡痛饮，决不敢推辞。”国王道：“神僧恩重如山，寡人酬谢不尽，好歹进此一巨觥，朕有话说。”行者道：“有甚话说了，老孙好饮。”国王道：“寡人有数载忧疑病，被神僧一贴灵丹打通，所以就好了。”行者笑道：“昨日老孙看了陛下，已知是忧疑之疾，但不知忧惊何事？”国王道：“古人云，家丑不可外谈，奈神僧是朕恩主，惟不笑方可告之。”行者道：“怎敢笑话，请说无妨。”国王道：“神僧东来，不知经过几个邦国？”行者道：“经有五六处。”又问：“他国之后，不知是何称呼。”行者道：“国王之后，都称为正宫、东宫、西宫。”国王道：“寡人不是这等称呼：将正宫称为金圣宫，东宫称为玉圣宫，西宫称为银圣宫。现今只有银、玉二后在宫。”行者道：“金圣宫因何不在宫中？”国王滴泪道：“不在已三年矣。”行者道：“向那厢去了？”国王道：“三年前，正值端阳之节，朕与嫔后都在御花园海榴亭下解粽插艾，饮菖蒲雄黄酒，看斗龙舟。忽然一阵风至，半空中现出一个妖精，自称赛太岁，说他在麒麟山獬豸洞居住，洞中少个夫人，访得我金圣宫生得貌美姿娇，要做个夫人，教朕快早送出。如若三声不献出来，就要先吃寡人，后吃众臣，将满城黎民，尽皆吃绝。那时节，朕却忧国忧民，无奈将金圣宫推出海榴亭外，被那妖响一声摄将去了。寡人为此着了惊恐，把那粽子凝滞在内，况又昼夜忧思不息，所以成此苦疾三年。今得神僧灵丹服后，行了数次，尽是那三年前积滞之物，所以这会体健身轻，精神如旧。今日之命，皆是神僧所赐，岂但如泰山之重而已乎！”行者闻得此言，满心喜悦，将那巨觥之酒，两口吞之，笑问国王曰：“陛下原来是这等惊忧！今遇老孙，幸而获愈，但不知可要金圣宫回国？”那国王滴泪道：“朕切切思思，无昼无夜，但只是没一个能获得妖精的。岂有不要他回国之理！”行者道：“我老孙与你去伏妖邪，那时何如？”国王跪下道：“若救得朕后，朕愿领三宫九嫔，出城为民，将一国江山尽付神僧，让你为帝。”八戒在旁见出此言行此礼，忍不住呵呵大笑道：“这皇帝失了体统！怎么为老婆就不要江山，跪着和尚？”行者急上前，将国王搀起道：“陛下，那妖精自得金圣宫去后，这一向可曾再来？”国王道：“他前年五月节摄了金圣宫，至十月间来，要取两个宫娥，是说伏侍娘娘，朕即献出两个。至旧年三月间，又来要两个宫娥；七月间，又要去两个；今年二月里，又要去两个；不知到几时又要来也。”行者道：“似他这等频来，你们可怕他么？”国王道：“寡人见他来得多遭，一则惧怕，二来又恐有伤害之意，旧年四月内，是朕命工起了一座避妖楼，但闻风响，知是他来，即与二后九嫔入楼躲避。”行者道：“陛下不弃，可携老孙去看那避妖楼一番，何如？”那国王即将左手携着行者出席，众官亦皆起身。猪八戒道：“哥哥，你不达理！这般御酒不吃，摇席破坐的，且去看甚么哩？”国王闻说，情知八戒是为嘴，即命当驾官抬两张素桌面，看酒在避妖楼外伺候。呆子却才不嚷，同师父沙僧笑道：“翻席去也。”

一行文武官引导，那国王并行者相搀，穿过皇宫到了御花园后，更不见楼台殿阁。行者道：“避妖楼何在？”说不了，只见两个太监，拿两根红漆扛子，往那空地上掬起一块四方石板。

国王道：“此间便是。这底下有三丈多深，槃成的九间朝殿，内有四个大缸，缸内满注清油，点着灯火，昼夜不息。寡人听得风响，就入里边躲避，外面着人盖上石板。”行者笑道：“那妖精还是不害你，若要害你，这里如何躲得？”正说间，只见那正南上呼呼的，吹得风响，播土扬尘，唬得那多官齐声报怨道：“这和尚盐酱口，讲起甚么妖精，妖精就来了！”慌得那国王丢了行者，即钻入地穴，唐僧也就跟入，众官亦躲个干净。八戒、沙僧也都要躲，被行者左右手扯住他两个道，“兄弟们，不要怕得，我和你认他一认，看是个甚么妖精。”八戒道：“可是扯淡！认他怎的？众官躲了，师父藏了，国王避了，我们不去了罢，炫的是那家世！”那呆子左挣右挣，挣不得脱手，被行者拿定多时，只见那半空里闪出一个妖精。你看他怎生模样：九尺长身多恶狞，一双环眼闪金灯。两轮查耳如撑扇，四个钢牙似插钉。鬓绕红毛眉竖焰，鼻垂精准孔开明，髭髯几缕朱砂线，颧骨峻嶒满面青。两臂红筋蓝靛手，十条尖爪把枪擎。豹皮裙子腰间系，赤脚蓬头若鬼形。行者见了道：“沙僧，你可认得他？”沙僧道：

“我又不曾与他相识，那里认得！”又问：“八戒，你可认得他？”

八戒道：“我又不曾与他会茶会酒，又不是宾朋邻里，我怎么认得他！”行者道：“他却象东岳天齐手下把门的那个醮面金睛鬼。”八戒道：“不是！不是！”行者道：“你怎知他不是？”八戒道：

“我岂不知，鬼乃阴灵也，一日至晚，交申酉戌亥时方出。今日还在巳时，那里有鬼敢出来？就是鬼，也不会驾云。纵会弄风，也只是一阵旋风耳，有这等狂风？或者他就是赛太岁也。”行者笑道：“好呆子！倒也有些论头！既如此说，你两个护持在此，等老孙去问他个名号，好与国王救取金圣宫来朝。”八戒道：

“你去自去，切莫供出我们来。”行者昂然不答，急纵祥光，跳将上去。咦！正是：安邦先却君王病，守道须除爱恶心。毕竟不知此去，到于空中，胜败如何，怎么擒得妖怪，救得金圣宫，且听下回分解。

第七十回　妖魔宝放烟沙火　悟空计盗紫金铃

却说那孙行者抖擞神威，持着铁棒，踏祥光起在空中，迎面喝道：“你是那里来的邪魔，待往何方猖獗！”那怪物厉声高叫道：“吾党不是别人，乃麒麟山獬豸洞赛太岁大王爷爷部下先锋，今奉大王令，到此取宫女二名，伏侍金圣娘娘。你是何人，敢来问我！”行者道：“吾乃齐天大圣孙悟空，因保东土唐僧西天拜佛，路过此国，知你这伙邪魔欺主，特展雄才，治国祛邪。正没处寻你，却来此送命！”那怪闻言，不知好歹，展长枪就刺行者。行者举铁棒劈面相迎，在半空里这一场好杀：棍是龙宫镇海珍，枪乃人间转炼铁。凡兵怎敢比仙兵，擦着些儿神气泄。大圣原来太乙仙，妖精本是邪魔孽。鬼祟焉能近正人，一正之时邪就灭。那个弄风播土唬皇王，这个踏雾腾云遮日月。

丢开架子赌输赢，无能谁敢夸豪杰！还是齐天大圣能，乒乓一棍枪先折。那妖精被行者一铁棒把根枪打做两截，慌得顾性命，拨转风头，径往西方败走。

行者且不赶他，按下云头，来至避妖楼地穴之外叫道：“师父，请同陛下出来，怪物已赶去矣。”那唐僧才扶着君王，同出穴外，见满天清朗，更无妖邪之气。那皇帝即至酒席前，自己拿壶把盏，满斟金杯奉与行者道：“神僧，权谢！权谢！”这行者接杯在手，还未回言，只听得朝门外有官来报：“西门上火起了！”

行者闻说，将金杯连酒望空一撇，当的一声响喨，那个金杯落地。君王着了忙，躬身施礼道：“神僧，恕罪！恕罪！是寡人不是了！礼当请上殿拜谢，只因有这方便酒在此，故就奉耳。神僧却把杯子撇了，却不是有见怪之意？”行者笑道：“不是这话，不是这话。”少顷间，又有官来报：“好雨呀！才西门上起火，被一场大雨，把火灭了。满街上流水，尽都是酒气。”行者又笑道：

“陛下，你见我撇杯，疑有见怪之意，非也。那妖败走西方，我不曾赶他，他就放起火来。这一杯酒，却是我灭了妖火，救了西城里外人家，岂有他意！”国王更十分欢喜加敬。即请三藏四众，同上宝殿，就有推位让国之意。行者笑道：“陛下，才那妖精，他称是赛太岁部下先锋，来此取宫女的。他如今战败而回，定然报与那厮，那厮定要来与我相争。我恐他一时兴师帅众，未免又惊伤百姓，恐唬陛下。欲去迎他一迎，就在那半空中擒了他，取回圣后。但不知向那方去，这里到他那山洞有多少远近？”国王道：“寡人曾差夜不收军马到那里探听声息，往来要行五十余日。坐落南方，约有三千余里。”行者闻言叫：“八戒沙僧，护持在此，老孙去来。”国王扯住道：“神僧且从容一日，待安排些干粮烘炒，与你些盘缠银两，选一匹快马，方才可去。”行者笑道：“陛下说得是巴山转岭步行之话。我老孙不瞒你说，似这三千里路，斟酒在锺不冷，就打个往回。”国王道：“神僧，你不要怪我说。你这尊貌，却象个猿猴一般，怎生有这等法力会走路也？”行者道：“我身虽是猿猴数，自幼打开生死路。遍访明师把道传，山前修炼无朝暮。倚天为顶地为炉，两般药物团乌兔。采取阴阳水火交，时间顿把玄关悟。全仗天罡搬运功，也凭斗柄迁移步。退炉进火最依时，抽铅添汞相交顾。攒簇五行造化生，合和四象分时度。二气归于黄道间，三家会在金丹路。悟通法律归四肢，本来筋斗如神助。一纵纵过太行山，一打打过凌云渡。何愁峻岭几千重，不怕长江百十数。只因变化没遮拦，一打十万八千路！”那国王见说，又惊又喜，笑吟吟捧着一杯御酒递与行者道：“神僧远劳，进此一杯引意。”这大圣一心要去降妖，那里有心吃酒，只叫：“且放下，等我去了回来再饮。”好行者，说声去，唿哨一声，寂然不见。那一国君臣，皆惊讶不题。

却说行者将身一纵，早见一座高山阻住雾角，即按云头，立在那巅峰之上，仔细观看，好山：冲天占地，碍日生云。冲天处，尖峰矗矗；占地处，远脉迢迢。碍日的，乃岭头松郁郁；生云的，乃崖下石磷磷。松郁郁，四时八节常青；石磷磷，万载千年不改。林中每听夜猿啼，涧内常闻妖蟒过。山禽声咽咽，山兽吼呼呼。山獐山鹿，成双作对纷纷走；山鸦山鹊，打阵攒群密密飞。山草山花看不尽，山桃山果映时新。虽然倚险不堪行，却是妖仙隐逸处。这大圣看看不厌，正欲找寻洞口，只见那山凹里烘烘火光飞出，霎时间，扑天红焰，红焰之中冒出一股恶烟，比火更毒，好烟！但见那：火光迸万点金灯，火焰飞千条红虹。

那烟不是灶筒烟，不是草木烟，烟却有五色：青红白黑黄。熏着南天门外柱，燎着灵霄殿上梁。烧得那窝中走兽连皮烂，林内飞禽羽尽光。但看这烟如此恶，怎入深山伏怪王！大圣正自恐惧，又见那山中迸出一道沙来。好沙，真个是遮天蔽日！你看：

纷纷絯絯遍天涯，邓邓浑浑大地遮。细尘到处迷人目，粗灰满谷滚芝麻。采药仙僮迷失伴，打柴樵子没寻家。手中就有明珠现，时间刮得眼生花。

这行者只顾看玩，不觉沙灰飞入鼻内，痒斯斯的，打了两个喷嚏，即回头伸手，在岩下摸了两个鹅卵石，塞住鼻子，摇身一变，变做一个攒火的鹞子，飞入烟火中间，蓦了几蓦，却就没了沙灰，烟火也息了。急现本象下来。又看时，只听得丁丁东东的一个铜锣声响，却道：“我走错了路也！这里不是妖精住处。锣声似铺兵之锣，想是通国的大路，有铺兵去下文书。且等老孙去问他一问。”

正走处，忽见是个小妖儿，担着黄旗，背着文书，敲着锣儿，急走如飞而来，行者笑道：“原来是这厮打锣。他不知送的是甚么书信，等我听他一听。”好大圣，摇身一变，变做个猛虫儿，轻轻的飞在他书包之上，只听得那妖精敲着锣，绪绪聒聒的自念自诵道：“我家大王忒也心毒，三年前到朱紫国强夺了金圣皇后，一向无缘，未得沾身，只苦了要来的宫女顶缸。两个来弄杀了，四个来也弄杀了。前年要了，去年又要，今年又要，今年还要，却撞个对头来了。那个要宫女的先锋被个甚么孙行者打败了，不发宫女。我大王因此发怒，要与他国争持，教我去下甚么战书。这一去，那国王不战则可，战必不利。我大王使烟火飞沙，那国王君臣百姓等，莫想一个得活。那时我等占了他的城池，大王称帝，我等称臣，虽然也有个大小官爵，只是天理难容也！”行者听了，暗喜道：“妖精也有存心好的，似他后边这两句话说天理难容，却不是个好的？但只说金圣皇后一向无缘，未得沾身，此话却不解其意。等我问他一问。”嘤的一声，一翅飞离了妖精，转向前路，有十数里地，摇身一变，又变做一个道童：头挽双抓髻，身穿百衲衣。手敲鱼鼓简，口唱道情词。转山坡，迎着小妖，打个起手道：“长官，那里去？送的是甚么公文？”那妖物就象认得他的一般，住了锣槌，笑嘻嘻的还礼道：

“我大王差我到朱紫国下战书的。”行者接口问道：“朱紫国那话儿，可曾与大王配合哩？”小妖道：“自前年摄得来，当时就有一个神仙，送一件五彩仙衣与金圣宫妆新。他自穿了那衣，就浑身上下都生了针刺，我大王摸也不敢摸他一摸。但挽着些儿，手心就痛，不知是甚缘故，自始至今，尚未沾身。早间差先锋去要宫女伏侍，被一个甚么孙行者战败了。大王奋怒，所以教我去下战书，明日与他交战也。”行者道：“怎的大王却着恼呵？”小妖道：“正在那里着恼哩。你去与他唱个道情词儿解解闷也好。”

行者拱手抽身就走，那妖依旧敲锣前行。行者就行起凶来，掣出棒，复转身，望小妖脑后一下，可怜就打得头烂血流浆迸出，皮开颈折命倾之！收了棍子，却又自悔道：“急了些儿！不曾问他叫做甚么名字，罢了！”却去取下他的战书藏于袖内，将他黄旗、铜锣，藏在路旁草里捽时，只听当的一声，腰间露出一个镶金的牙牌，牌上有字，写道：“心腹小校一名，有来有去。五短身材，扢挞脸，无须。长用悬挂，无牌即假。”行者笑道：“这厮名字叫做有来有去，这一棍子，打得有去无来也！”将牙牌解下，带在腰间，欲要捽下尸骸，却又思量起烟火之毒，且不敢寻他洞府，即将棍子举起，着小妖胸前捣了一下，挑在空中，径回本国，且当报一个头功。你看他自思自念，唿哨一声，到了国界。

那八戒在金銮殿前，正护持着王师，忽回头看见行者半空中将个妖精挑来，他却怨道：“嗳！不打紧的买卖！早知老猪去拿来，却不算我一功？”说未毕，行者按落云头，将妖精捽在阶下。八戒跑上去就筑了一钯道：“此是老猪之功！”行者道：“是你甚功？”八戒道：“莫赖我，我有证见！你不看一钯筑了九个眼子哩！”行者道：“你看看可有头没头。”八戒笑道：“原来是没头的！我道如何筑他也不动动儿。”行者道：“师父在那里？”八戒道：“在殿里与王叙话哩。”行者道：“你且去请他出来。”八戒急上殿点点头，三藏即便起身下殿，迎着行者。行者将一封战书揣在三藏袖里道：“师父收下，且莫与国王看见。”说不了，那国王也下殿，迎着行者道：“神僧孙长老来了！拿妖之事如何？”行者用手指道：“那阶下不是妖精？被老孙打杀了也。”国王见了道：“是便是个妖尸，却不是赛太岁。赛太岁寡人亲见他两次：

身长丈八，膊阔五停，面似金光，声如霹雳，那里是这般鄙矮。”

行者笑道：“陛下认得，果然不是，这是一个报事的小妖撞见老孙，却先打死，挑回来报功。”国王大喜道：“好！好！好！该算头功！寡人这里常差人去打探，更不曾得个的实。似神僧一出，就捉了一个回来，真神通也！”叫：“看暖酒来！与长老贺功。”行者道：“吃酒还是小事，我问陛下，金圣宫别时，可曾留下个甚么表记？你与我些儿。”那国王听说表记二字，却似刀剑剜心，忍不住失声泪下，说道：“当年佳节庆朱明，太岁凶妖发喊声。

强夺御妻为压寨，寡人献出为苍生。更无会话并离话，那有长亭共短亭！表记香囊全没影，至今撇我苦伶仃！”行者道：“陛下在迩，何以为恼？那娘娘既无表记，他在宫内，可有甚么心爱之物，与我一件也罢。”国王道：“你要怎的？”行者道：“那妖王实有神通，我见他放烟、放火、放沙，果是难收。纵收了，又恐娘娘见我面生，不肯跟我回国。须是得他平日心爱之物一件，他方信我，我好带他回来，为此故要带去。”国王道：“昭阳宫里梳妆阁上，有一双黄金宝串，原是金圣宫手上带的，只因那日端午要缚五色彩线，故此褪下，不曾带上。此乃是他心爱之物，如今现收在简妆盒里。寡人见他遭此离别，更不忍见；一见即如见他玉容，病又重几分也。”行者道：“且休题这话，且将金串取来。如舍得，都与我拿去；如不舍，只拿一只去也。”国正遂命玉圣宫取出，取出即递与国王。国王见了，叫了几声知疼着热的娘娘，遂递与行者。行者接了，套在肐膊上。

好大圣，不吃得功酒，且驾筋斗云，唿哨一声，又至麒麟山上，无心玩景，径寻洞府而去。正行时，只听得人语喧嚷，即伫立凝睛观看，原来那獬豸洞口把门的大小头目，约摸有五百名，在那里：森森罗列，密密挨排。森森罗列执干戈，映日光明；

密密挨排展旌旗，迎风飘闪。虎将熊师能变化，豹头彪帅弄精神。苍狼多猛烈。獭象更骁雄。狡兔乖獐轮剑戟，长蛇大蟒挎刀弓。猩猩能解人言语，引阵安营识汛风。行者见了，不敢前进，抽身径转旧路。你道他抽身怎么？不是怕他，他却至那打死小妖之处，寻出黄旗铜锣，迎风捏诀，想象腾那，即摇身一变，变做那有来有去的模样，乒乓敲着锣，大踏步，一直前来，径撞至獬豸洞，正欲看看洞景，只闻得猩猩出语道：“有来有去，你回来了？”行者只得答应道：“来了。”猩猩道：“快走！大王爷爷正在剥皮亭上等你回话哩。”行者闻言，拽开步，敲着锣，径入前门里看处，原来是悬崖削壁石屋虚堂，左右有琪花瑶草，前后多古柏乔松。不觉又至二门之内，忽抬头见一座八窗明亮的亭子，亭子中间有一张戗金的交椅，椅子上端坐着一个魔王，真个生得恶象。但见他：幌幌霞光生顶上，威威杀气迸胸前。口外獠牙排利刃，鬓边焦发放红烟。嘴上髭须如插箭，遍体昂毛似迭毡。眼突铜铃欺太岁，手持铁杵若摩天。行者见了，公然傲慢那妖精，更不循一些儿礼法，调转脸朝着外，只管敲锣。妖王问道：“你来了？”行者不答，又问：“有来有去，你来了？”也不答应，妖王上前扯住道：“你怎么到了家还筛锣？问之又不答，何也？”行者把锣往地下一掼道：“甚么何也，何也！我说我不去，你却教我去。行到那厢，只见无数的人马列成阵势，见了我，就都叫拿妖精！拿妖精！把我揪揪扯扯，拽拽扛扛，拿进城去，见了那国王，国王便教斩了，幸亏那两班谋士道两家相争，不斩来使，把我饶了，收了战书，又押出城外，对军前打了三十顺腿，放我来回话。他那里不久就要来此与你交战哩。”

妖王道：“这等说，是你吃亏了，怪不道问你更不言语。”行者道：“却不是怎的，只为护疼，所以不曾答应。”妖王道：“那里有多少人马？”行者道：“我也唬昏了，又吃他打怕了，那里曾查他人马数目！只见那里森森兵器摆列着：弓箭刀枪甲与衣，干戈剑戟并缨旗。剽枪月铲兜鍪铠，大斧团牌铁蒺藜。长闷棍，短窝槌，钢叉铳铇及头盔。打扮得靴鞋护顶并胖袄，简鞭袖弹与铜锤。”那王听了笑道：“不打紧！不打紧！似这般兵器，一火皆空。你且去报与金圣娘娘得知，教他莫恼。今早他听见我发狠，要去战斗，他就眼泪汪汪的不干。你如今去说那里人马骁勇，必然胜我，且宽他一时之心。”

行者闻言十分欢喜道：“正中老孙之意！”你看他偏是路熟，转过角门，穿过厅堂。那里边尽都是高堂大厦，更不似前边的模样，直到后面宫里，远见彩门壮丽，乃是金圣娘娘住处。直入里面看时，有两班妖狐妖鹿，一个个都妆成美女之形，侍立左右，正中间坐着那个娘娘，手托着香腮，双眸滴泪，果然是玉容娇嫩，美貌妖娆。懒梳妆，散鬓堆鸦；怕打扮，钗环不戴。面无粉，冷淡了胭脂；发无油，蓬松了云鬓。努樱唇，紧咬银牙；皱蛾眉，泪淹星眼。一片心，只忆着朱紫君王；一时间，恨不离天罗地网。诚然是：自古红颜多薄命，恹恹无语对东风！行者上前打了个问讯道：“接喏。”那娘娘道：“这泼村怪，十分无状！想我在那朱紫国中，与王同享荣华之时，那太师宰相见了，就俯伏尘埃，不敢仰视。这野怪怎么叫声接喏？是那里来的这般村泼？”众侍婢上前道：“太太息怒，他是大王爷爷心腹的小校，唤名有来有去。今早差下战书的是他。”娘娘听说，忍怒问曰：“你下战书，可曾到朱紫国界？”行者道：“我持书直至城里，到于金銮殿，面见君王，已讨回音来也。”娘娘道：“你面君，君有何言？”行者道：“那君王敌战之言，与排兵布阵之事，才与大王说了。只是那君王有思想娘娘之意，有一句合心的话儿，特来上禀，奈何左右人众，不是说处。”娘娘闻言，喝退两班狐鹿。行者掩上宫门，把脸一抹，现了本象，对娘娘道：“你休怕我，我是东土大唐差往大西天天竺国雷音寺见佛求经的和尚。我师父是唐王御弟唐三藏，我是他大徒弟孙悟空。因过你国倒换关文，见你君臣出榜招医，是我大施三折之肱，把他相思之病治好了。排宴谢我，饮酒之间，说出你被妖摄来，我会降龙伏虎，特请我来捉怪，救你回国。那战败先锋是我，打死小妖也是我。我见他门外凶狂，是我变作有来有去模样，舍身到此，与你通信。”那娘娘听说，沉吟不语。行者取出宝串，双手奉上道：“你若不信，看此物何来？”娘娘一见垂泪，下座拜谢道：“长老，你果是救得我回朝，没齿不忘大恩！”行者道：“我且问你，他那放火、放烟、放沙的，是件甚么宝贝？”娘娘道：“那里是甚宝贝！乃是三个金铃。他将头一个幌一幌，有三百丈火光烧人；第二个幌一幌，有三百丈烟光熏人；第三个幌一幌，有三百丈黄沙迷人。烟火还不打紧，只是黄沙最毒，若钻入人鼻孔，就伤了性命。”行者道：“利害！利害！我曾经着，打了两个嚏喷，却不知他的铃儿放在何处？”娘娘道：“他那肯放下，只是带在腰间，行住坐卧，再不离身。”行者道：“你若有意于朱紫国，还要相会国王，把那烦恼忧愁，都且权解，使出个风流喜悦之容，与他叙个夫妻之情，教他把铃儿与你收贮。待我取便偷了，降了这妖怪，那时节，好带你回去，重谐鸾凤，共享安宁也。”那娘娘依言。

这行者还变作心腹小校，开了宫门，唤进左右侍婢。娘娘叫：“有来有去，快往前亭，请你大王来，与他说话。”好行者，应了一声，即至剥皮亭对妖精道：“大王，圣宫娘娘有请。”妖王欢喜道：“娘娘常时只骂，怎么今日有请？”行者道：“那娘娘问朱紫国王之事，是我说他不要你了，他国中另扶了皇后。娘娘听说，故此没了想头，方才命我来奉请。”妖王大喜道：“你却中用。待我剿除了他国，封你为个随朝的太宰。”行者顺口谢恩，疾与妖王来至后宫门首。那娘娘欢容迎接，就去用手相搀，那妖王喏喏而退道：“不敢不敢！多承娘娘下爱，我怕手痛，不敢相傍。”娘娘道：“大王请坐，我与你说。”妖王道：“有话但说不妨。”娘娘道：“我蒙大王辱爱，今已三年，未得共枕同衾，也是前世之缘，做了这场夫妻，谁知大王有外我之意，不以夫妻相待。我想着当时在朱紫国为后，外邦凡有进贡之宝，君看毕，一定与后收之。你这里更无甚么宝贝，左右穿的是貂裘，吃的是血食，那曾见绫锦金珠！只一味铺皮盖毯，或者就有些宝贝，你因外我，也不教我看见，也不与我收着。且如闻得你有三个铃铛，想就是件宝贝，你怎么走也带着，坐也带着？你就拿与我收着，待你用时取出，未为不可。此也是做夫妻一场，也有个心腹相托之意。如此不相托付，非外我而何？”妖王大笑陪礼道：“娘娘怪得是！怪得是！宝贝在此，今日就当付你收之。”便即揭衣取宝。行者在旁，眼不转睛看着那怪揭起两三层衣服，贴身带着三个铃儿。他解下来，将些绵花塞了口儿，把一块豹皮作一个包袱儿包了，递与娘娘道：“物虽微贱，却要用心收藏，切不可摇幌着他。”娘娘接过手道：“我晓得。安在这妆台之上，无人摇动。”叫：“小的们，安排酒来，我与大王交欢会喜，饮几杯儿。”众侍婢闻言，即铺排果菜，摆上些獐鹿兔之肉，将椰子酒斟来奉上。那娘娘做出妖娆之态，哄着精灵。

孙行者在旁取事，但挨挨摸摸，行近妆台，把三个金铃轻轻拿过，慢慢移步，溜出宫门，径离洞府。到了剥皮亭前无人处，展开豹皮幅子看时，中间一个，有茶锺大，两头两个，有拳头大。他不知利害，就把绵花扯了，只闻得当的一声响喨，骨都都的迸出烟火黄沙，急收不住，满亭中烘烘火起。唬得那把门精怪一拥撞入后宫，惊动了妖王，慌忙教：“去救火！救火！”出来看时，原来是有来有去拿了金铃儿哩。妖王上前喝道：“好贱奴！怎么偷了我的金铃宝贝，在此胡弄！”叫：“拿来！拿来！”那门前虎将、熊师、豹头、彪帅、獭象、苍狼、乖獐、狡兔、长蛇、大蟒、猩猩，帅众妖一齐攒簇。那行者慌了手脚，丢了金铃，现出本象，掣出金箍如意棒，撒开解数，往前乱打。那妖王收了宝贝，传号令，教：“关了前门！”众妖听了，关门的关门，打仗的打仗。那行者难得脱身，收了棒，摇身一变，变作个痴苍蝇儿，钉在那无火处石壁上。众妖寻不见，报道：“大王，走了贼也！走了贼也！”妖王问：“可曾自门里走出去？”众妖都说：“前门紧锁牢拴在此，不曾走出。”妖王只说：“仔细搜寻！”有的取水泼火，有的仔细搜寻，更无踪迹。妖王怒道：“是个甚么贼子，好大胆，变作有来有去的模样，进来见我回话，又跟在身边，乘机盗我宝贝！早是不曾拿将出去！若拿出山头，见了天风，怎生是好？”

虎将上前道：“大王的洪福齐天，我等的气数不尽，故此知觉了。”熊师上前道：“大王，这贼不是别人，定是那战败先锋的那个孙悟空。想必路上遇着有来有去，伤了性命，夺了黄旗、铜锣、牙牌，变作他的模样，到此欺骗了大王也。”妖王道：“正是！

正是！见得有理！”叫：“小的们，仔细搜求防避，切莫开门放出走了！”这才是个有分教：弄巧翻成拙，作耍却为真。毕竟不知孙行者怎么脱得妖门，且听下回分解。

第七十一回　行者假名降怪犼　观音现象伏妖王

色即空兮自古，空言是色如然。人能悟彻色空禅，何用丹砂炮炼。德行全修休懈，工夫苦用熬煎。有时行满始朝天，永驻仙颜不变。话说那赛太岁紧关了前后门户，搜寻行者，直嚷到黄昏时分，不见踪迹。坐在那剥皮亭上，点聚群妖，发号施令，都教各门上提铃喝号，击鼓敲梆，一个个弓上弦，刀出鞘，支更坐夜。原来孙大圣变做个痴苍蝇，钉在门旁，见前面防备甚紧，他即抖开翅，飞入后宫门首看处，见金圣娘娘伏在御案上，清清滴泪，隐隐声悲。行者飞进门去，轻轻的落在他那乌云散髻之上，听他哭的甚么。少顷间，那娘娘忽失声道：“主公啊！

我和你：前生烧了断头香，今世遭逢泼怪王。拆凤三年何日会？

分鸳两处致悲伤。差来长老才通信，惊散佳姻一命亡。只为金铃难解识，相思又比旧时狂。”行者闻言，即移身到他耳根后，悄悄的叫道：“圣宫娘娘，你休恐惧，我还是你国差来的神僧孙长老，未曾伤命。只因自家性急，近妆台偷了金铃，你与妖王吃酒之时，我却脱身私出了前亭，忍不住打开看看。不期扯动那塞口的绵花，那铃响一声，迸出烟火黄沙。我就慌了手脚，把金铃丢了，现出原身，使铁棒，苦战不出，恐遭毒手，故变作一个苍蝇儿，钉在门枢上，躲到如今。那妖王愈加严紧，不肯开门。

你可去再以夫妻之礼，哄他进来安寝，我好脱身行事，别作区处救你也。”娘娘一闻此言，战兢兢发似神揪，虚怯怯心如杵筑，泪汪汪的道：“你如今是人是鬼？”行者道：“我也不是人，我也不是鬼，如今变作个苍蝇儿在此。你休怕，快去请那妖王也。”娘娘不信，泪滴滴悄语低声道：“你莫魇寐我。”行者道：

“我岂敢魇寐你？你若不信，展开手，等我跳下来你看。”那娘娘真个把左手张开，行者轻轻飞下，落在他玉掌之间，好便似：菡萏蕊头钉黑豆，牡丹花上歇游蜂；绣球心里葡萄落，百合枝边黑点浓。金圣宫高擎玉掌，叫声神僧，行者嘤嘤的应道："我是神僧变的。"那娘娘方才信了，悄悄的道："我去请那妖王来时，你却怎生行事？"行者道："古人云，断送一生惟有酒。又云，破除万事无过酒。酒之为用多端，你只以饮酒为上，你将那贴身的侍婢，唤一个进来，指与我看，我就变作他的模样，在旁边伏侍，却好下手。"那娘娘真个依言，即叫："春娇何在？"那屏风后转出一个玉面狐狸来，跪下道："娘娘唤春娇有何使令？"娘娘道："你去叫他们来点纱灯，焚脑麝，扶我上前庭，请大王安寝也。"那春娇即转前面，叫了七八个怪鹿妖狐，打着两对灯龙，一对提炉，摆列左右。娘娘欠身叉手，那大圣早已飞去。好行者，展开翅，径飞到那玉面狐狸头上，拔下一根毫毛，吹口仙气，叫"变！"变作一个瞌睡虫，轻轻的放在他脸上。原来瞌睡虫到了人脸上，往鼻孔里爬，爬进孔中，即瞌睡了。那春娇果然渐觉困倦，立不住脚，摇桩打盹，即忙寻着原睡处，丢倒头只情呼呼的睡起。行者跳下来，摇身一变，变做那春娇一般模样，转屏风与众排立不题。

却说那金圣宫娘娘往前正走，有小妖看见，即报赛太岁道："大王，娘娘来了。"那妖王急出剥皮亭外迎迓，娘娘道："大王啊，烟火既息，贼已无踪，深夜之际，特请大王安置。"那妖满心欢喜道："娘娘珍重，却才那贼乃是孙悟空。他败了我先锋，打杀我小校，变化进来，哄了我们，我们这般搜检，他却渺无踪迹，故此心上不安。"娘娘道："那厮想是走脱了。大王放心勿虑，且自安寝去也。"妖精见娘娘侍立敬请，不敢坚辞，只得吩咐群妖，各要小心火烛，谨防盗贼，遂与娘娘径往后宫。行者假变春娇，从两班侍婢引入。娘娘叫："安排酒来与大王解劳。"妖王笑道："正是正是，快将酒来，我与娘娘压惊。"假春娇即同众怪铺排了果品，整顿些腥肉，调开桌椅。那娘娘擎杯，这妖王也以一杯奉上，二人穿换了酒杯。假春娇在旁执着酒壶道："大王与娘娘今夜才递交杯盏，请各饮干，穿个双喜杯儿。"真个又各斟上，又饮干了。假春娇又道："大王娘娘喜会，众侍婢会唱的供唱，善舞的起舞来耶。"说未毕，只听得一派歌声，齐调音律，唱的唱，舞的舞。他两个又饮了许多。娘娘叫住了歌舞。众侍婢分班，出屏风外摆列，惟有假春娇执壶，上下奉酒。娘娘与那妖王专说得是夫妻之话。你看那娘娘一片云情雨意，哄得那妖王骨软筋麻，只是没福，不得沾身。可怜！真是猫咬尿胞空欢喜！

叙了一会，笑了一会，娘娘问道："大王，宝贝不曾伤损么？"妖王道："这宝贝乃先天抟铸之物，如何得损！只是被那贼扯开塞口之绵，烧了豹皮包袱也。"娘娘说："怎生收拾？"妖王道："不用收拾，我带在腰间哩。"假春娇闻得此言，即拔下毫毛一把，嚼得粉碎，轻轻挨近妖王，将那毫毛放在他身上，吹了三口仙气，暗暗的叫"变！"那些毫毛即变做三样恶物，乃虱子、虼蚤、臭虫，攻入妖王身内，挨着皮肤乱咬。那妖王燥痒难禁，伸手入怀揣摸揉痒，用指头捏出几个虱子来，拿近灯前观看。娘娘见了，含忖道："大王，想是衬衣穰了，久不曾浆洗，故生此物耳。"妖王惭愧道："我从来不生此物，可可的今宵出丑。"娘娘笑道："大王何为出丑？常言道，皇帝身上也有三个御虱哩。且脱下衣服来，等我替你捉捉。"妖王真个解带脱衣。假春娇在旁，着意看着那妖王身上，衣服层层皆有虼蚤跳，件件皆排大臭虫；子母虱，密密浓浓，就如蝼蚁出窝中。不觉的揭到第三层见肉之处，那金铃上纷纷垓垓的，也不胜其数。假春娇道："大王，拿铃子来，等我也与你捉捉虱子。"那妖王一则羞，二则慌，却也不认得真假，将三个铃儿递与假春娇。假春娇接在手中，卖弄多时，见那妖王低着头抖这衣服，他即将金铃藏了，拔下一根毫毛，变作三个铃儿，一般无二，拿向灯前翻检；却又把身子扭扭捏捏的，抖了一抖，将那虱子、臭虫、虼蚤，收了归在身上，把假金铃儿递与那怪。那怪接在手中，一发朦胧无措，那里认得甚么真假，双手托着那铃儿，递与娘娘道："今番你却收好了，却要仔细仔细，不要象前一番。"那娘娘接过来，轻轻的揭开衣箱，把那假铃收了，用黄金锁锁了，却又与妖王叙饮了几杯酒，教侍婢："净拂牙床，展开锦被，我与大王同寝。"那妖王诺诺连声道："没福！没福！不敢奉陪，我还带个宫女往西宫里睡去，娘娘请自安置。"遂此各归寝处不题。

却说假春娇得了手，将他宝贝带在腰间，现了本象，把身子抖一抖，收去那个瞌睡虫儿，径往前走，只听得梆铃齐响，紧打三更。好行者，捏着诀，念动真言，使个隐身法，直至门边。又见那门上拴锁甚密，却就取出金箍棒，望门一指，使出那解锁之法，那门就轻轻开了，急拽步出门站下，厉声高叫道："赛太岁！还我金圣娘娘来！"连叫两三遍，惊动大小群妖，急急看处，前门开了，即忙掌灯寻锁，把门儿依然锁上，着几个跑入里边去报道："大王！有人在大门外呼唤大王尊号，要金圣娘娘哩！"

那里边侍婢即出宫门，悄悄的传言道："莫吆喝，大王才睡着了。"行者又在门前高叫，那小妖又不敢去惊动。如此者三四遍，俱不敢去通报。那大圣在外嚷嚷闹闹的，直弄到天晓，忍不住手轮着铁棒上前打门。慌得那大小群妖，顶门的顶门，报信的报信。那妖王一觉方醒，只闻得乱撺撺的喧哗，起身穿了衣服，即出罗帐之外问道："嚷甚么？"众侍婢才跪下道："爷爷，不知是甚人在洞外叫骂了半夜，如今却又打门。"妖王走出宫门，只见那几个传报的小妖，慌张张的磕头道："外面有人叫骂，要金圣宫娘娘哩！若说半个不字，他就说出无数的歪话，甚不中听。见天晓大王不出，逼得打门也。"那妖道："且休开门，你去问他是那里来的，姓甚名谁，快来回报。"小妖急出去，隔门问道："打门的是谁？"行者道："我是朱紫国拜请来的外公，来取圣宫娘娘回国哩！"那小妖听得，即以此言回报。那妖随往后宫，查问来历。原来那娘娘才起来，还未梳洗，早见侍婢来报：

"爷爷来了。"那娘娘急整衣，散挽黑云，出宫迎迓。才坐下，还未及问，又听得小妖来报："那来的外公已将门打破矣。"那妖笑道："娘娘，你朝中有多少将帅？"娘娘道："在朝有四十八卫人马，良将千员，各边上元帅总兵，不计其数。"妖王道："可有个姓外的么？"娘娘道："我在宫，只知内里辅助君王，早晚教诲妃嫔，外事无边，我怎记得名姓！"妖王道："这来者称为外公，我想着百家姓上，更无个姓外的。娘娘赋性聪明，出身高贵，居皇宫之中，必多览书籍。记得那本书上有此姓也？"娘娘道："止千字文上有句外受傅训，想必就是此矣。"

妖王喜道："定是！定是！"即起身辞了娘娘，到剥皮亭上，结束整齐，点出妖兵，开了门，直至外面，手持一柄宣花钺斧，厉声高叫道："那个是朱紫国来的外公？"行者把金箍棒攥在右手，将左手指定道："贤甥，叫我怎的？"那妖王见了，心中大怒道："你这厮：相貌若猴子，嘴脸似猢狲。七分真是鬼，大胆敢欺人！"行者笑道："你这个诳上欺君的泼怪，原来没眼！想我五百年前大闹天宫时，九天神将见了我，无一个老字，不敢称呼，你叫我声外公，那里亏了你！"妖王喝道："快早说出姓甚名谁，有些甚么武艺，敢到我这里猖獗！"行者道："你若不问姓名犹可，若要我说出姓名，只怕你立身无地！你上来，站稳着，听我道：

生身父母是天地，日月精华结圣胎。仙石怀抱无岁数，灵根孕育甚奇哉。当年产我三阳泰，今日归真万会谐。曾聚众妖称帅首，能降众怪拜丹崖。玉皇大帝传宣旨，太白金星捧诏来。请我上天承职裔，官封弼马不开怀。初心造反谋山洞，大胆兴兵闹御阶。托塔天王并太子，交锋一阵尽猥衰。金星复奏玄穹帝，再降招安敕旨来。封做齐天真大圣，那时方称栋梁材。又因搅乱蟠桃会，仗酒偷丹惹下灾。太上老君亲奏驾，西池王母拜瑶台。情知是我欺王法，即点天兵发火牌。十万凶星并恶曜，干戈剑戟密排排。天罗地网漫山布，齐举刀兵大会垓。恶斗一场无胜败，观音推荐二郎来，两家对敌分高下，他有梅山兄弟侪。

各逞英雄施变化，天门三圣拨云开。老君丢了金钢套，众神擒我到金阶。不须详允书供状，罪犯凌迟杀斩灾。斧剁锤敲难损命，刀轮剑砍怎伤怀！火烧雷打只如此，无计摧残长寿胎。押赴太清兜率院，炉中煅炼尽安排。日期满足才开鼎，我向当中跳出来。手挺这条如意棒，翻身打上玉龙台。各星各象皆潜躲，大闹天宫任我歪。巡视灵官忙请佛，释伽与我逞英才。手心之内翻筋斗，游遍周天去复来。佛使先知赚哄法，被他压住在天崖。到今五百余年矣，解脱微躯又弄乖。特保唐僧西域去，悟空行者甚明白。西方路上降妖怪，那个妖邪不惧哉！"那妖王听他说出悟空行者，遂道："你原来是大闹天宫的那厮，你既脱身保唐僧西去，你走你的路去便罢了。怎么罗织管事，替那朱紫国为奴，却到我这里寻死！"行者喝道："贼泼怪！说话无知！我受朱紫国拜请之礼，又蒙他称呼管待之恩，我老孙比那王位还高千倍，他敬之如父母，事之如神明，你怎么说出为奴二字！我把你这诳上欺君之怪，不要走！吃外公一棒！"那妖慌了手脚，即闪身躲过，使宣花斧劈面相迎。这一场好杀！你看：金箍如意棒，风刃宣花斧。一个咬牙发狠凶，一个切齿施威武。这个是齐天大圣降临凡，那个是作怪妖王来下土。两个喷云暧雾照天宫，真是走石扬沙遮斗府。往往来来解数多，翻翻复复金光吐。齐将本事施，各把神通赌。这个要取娘娘转帝都，那个喜同皇后居山坞。这场都是没来由，舍死忘生因国主。他两个战经五十回合，不分胜负。那妖王见行者手段高强，料不能取胜，将斧架住他的铁棒道："孙行者，你且住了。我今日还未早膳，待我进了膳，再来与你定雌雄。"行者情知是要取铃铛，收了铁棒道："好汉子不赶乏兔儿，你去你去！吃饱些，好来领死！"

那妖急转身闯入里边，对娘娘道："快将宝贝拿来！"娘娘道："要宝贝何干？"妖王道："今早叫战者，乃是取经的和尚之徒，叫做孙悟空行者，假称外公。我与他战到此时，不分胜负。等我拿宝贝出去，放些烟火，烧这猴头。"娘娘见说，心中忐突：

欲不取出铃儿，恐他见疑；欲取出铃儿，又恐伤了孙行者性命。

正自踌躇未定，那妖王又催逼道："快拿出来！"这娘娘无奈，只得将锁钥开了，把三个铃儿递与妖王。妖王拿了，就走出洞。娘娘坐在宫中，泪如雨下，思量行者不知可能逃得性命。两人却俱不知是假铃也。那妖出了门，就占起上风，叫道："孙行者休走！看我摇摇铃儿！"行者笑道："你有铃，我就没铃？你会摇，我就不会摇？"妖王道："你有甚么铃儿，拿出来我看。"行者将铁棒捏做个绣花针儿，藏在耳内，却去腰间解下三个真宝贝来，对妖王说："这不是我的紫金铃儿？"妖王见了，心惊道："跷蹊！跷蹊！他的铃儿怎么与我的铃儿就一般无二！纵然是一个模子铸的，好道打磨不到，也有多个瘢儿，少个蒂儿，却怎么这等一毫不差？"又问："你那铃儿是那里来的？"行者道："贤甥，你那铃儿却是那里来的。"妖王老实，便就说道："我这铃儿是：太清仙君道源深，八卦炉中久炼金。结就铃儿称至宝，老君留下到如今。"行者笑道："老孙的铃儿，也是那时来的。"妖王道："怎生出处？"行者道："我这铃儿是：道祖烧丹兜率宫，金铃抟炼在炉中。二三如六循环宝，我的雌来你的雄。"妖王道："铃儿乃金丹之宝，又不是飞禽走兽，如何辨得雌雄？但只是摇出宝来，就是好的！"行者道："口说无凭，做出便见，且让你先摇。"那妖王真个将头一个铃儿幌了三幌，不见火出；第二个幌了三幌，不见烟出；第三个幌了三幌，也不见沙出。妖王慌了手脚道："怪哉！怪哉！世情变了！这铃儿想是惧内，雄见了雌，所以不出来了。"行者道："贤甥，住了手，等我也摇摇你看。"好猴子，一把攥了三个铃儿，一齐摇起。你看那红火、青烟、黄沙，一齐滚出，骨都都燎树烧山！大圣口里又念个咒语，望巽地上叫："风来！"真个是风催火势，火挟风威，红焰焰，黑沉沉，满天烟火，遍地黄沙！把那赛太岁唬得魄散魂飞，走头无路，在那火当中，怎逃性命！

只闻得半空中厉声高叫："孙悟空！我来了也！"行者急回头上望，原来是观音菩萨，左手托着净瓶，右手拿着杨柳，洒下甘露救火哩，慌得行者把铃儿藏在腰间，即合掌倒身下拜。那菩萨将柳枝连拂几点甘露，霎时间，烟火俱无，黄沙绝迹。行者叩头道："不知大慈临凡，有失回避。敢问菩萨何往？"菩萨道：

"我特来收寻这个妖怪。"行者道："这怪是何来历，敢劳金身下降收之？"菩萨道："他是我跨的个金毛犼。因牧童盹睡，失于防守，这孽畜咬断铁索走来，却与朱紫国王消灾也。"行者闻言急欠身道："菩萨反说了，他在这里欺君骗后，败俗伤风，与那国王生灾，却说是消灾，何也？"菩萨道："你不知之，当时朱紫国先王在位之时，这个王还做东宫太子，未曾登基，他年幼间，极好射猎。他率领人马，纵放鹰犬，正来到落凤坡前，有西方佛母孔雀大明王菩萨所生二子，乃雌雄两个雀雏，停翅在山坡之下，被此王弓开处，射伤了雄孔雀，那雌孔雀也带箭归西。佛母忏悔以后，吩咐教他拆凤三年，身耽啾疾。那时节，我跨着这犼，同听此言，不期这孽畜留心，故来骗了皇后，与王消灾。至今三年，冤愆满足，幸你来救治王患，我特来收妖邪也。"行者道："菩萨，虽是这般故事，奈何他玷污了皇后，败俗伤风，坏伦乱法，却是该他死罪。今蒙菩萨亲临，饶得他死罪，却饶不得他活罪。让我打他二十棒，与你带去罢。"菩萨道："悟空，你既知我临凡，就当看我分上，一发都饶了罢，也算你一番降妖之功。

若是动了棍子，他也就是死了。"行者不敢违言，只得拜道："菩萨既收他回海，再不可令他私降人间，贻害不浅！"那菩萨才喝了一声："孽畜！还不还原，待何时也！"只见那怪打个滚，现了原身，将毛衣抖抖，菩萨骑上。菩萨又望项下一看，不见那三个金铃。菩萨道："悟空，还我铃来。"行者道："老孙不知。"菩萨喝道："你这贼猴！若不是你偷了这铃，莫说一个悟空，就是十个，也不敢近身！快拿出来！"行者笑道："实不曾见。"菩萨道："既不曾见，等我念念《紧箍儿咒》。"那行者慌了，只教："莫念莫念！铃儿在这里哩！"这正是：犼项金铃何人解？解铃人还问系铃人。菩萨将铃儿套在犼项下，飞身高坐。你看他四足莲花生焰焰，满身金缕迸森森，大慈悲回南海不题。

却说孙大圣整束了衣裙，轮铁棒打进獬豸洞去，把群妖众怪，尽情打死。剿除干净。直至宫中，请圣宫娘娘回国，那娘娘顶礼不尽。行者将菩萨降妖并拆凤原由备说了一遍，寻些软草，扎了一条草龙，教："娘娘跨上，合着眼莫怕，我带你回朝见主也。"那娘娘谨遵吩咐，行者使起神通，只听得耳内风响。半个时辰，带进城，按落云头叫："娘娘开眼。"那皇后睁开眼看，认得是凤阁龙楼，心中欢喜，撇了草龙，与行者同登宝殿。那国王见了，急下龙床，就来扯娘娘玉手，欲诉离情，猛然跌倒在地，只叫："手疼！手疼！"八戒哈哈大笑道："嘴脸！没福消受！

一见面就蛰杀了也！"行者道："呆子，你敢扯他扯儿么？"八戒道："就扯他扯儿便怎的？"行者道："娘娘身上生了毒刺，手上有蜇阳之毒。自到麒麟山，与那赛太岁三年，那妖更不曾沾身，但沾身就害身疼，但沾手就害手疼。"众官听说，道："似此怎生奈何？"此时外面众官忧疑，内里妃嫔悚惧，旁有玉圣、银圣二宫，将君王扶起。俱正在仓皇之际，忽听得那半空中，有人叫道："大圣，我来也。"行者抬头观看，只见那：肃肃冲天鹤唳，飘飘径至朝前。缭绕祥光道道，氤氲瑞气翩翩。棕衣苫体放云烟，足踏芒鞋罕见。手执龙须蝇帚，丝绦腰下围缠。乾坤处处结人缘，大地逍遥游遍。此乃是大罗天上紫云仙，今日临凡解魇。行者上前迎住道："张紫阳何往？"紫阳真人直至殿前，躬身施礼道："大圣，小仙张伯端起手。"行者答礼道："你从何来？"真人道："小仙三年前曾赴佛会，因打这里经过，见朱紫国王有拆凤之忧，我恐那妖将皇后玷辱，有坏人伦，后日难与国王复合。是我将一件旧棕衣变作一领新霞裳，光生五彩，进与妖王，教皇后穿了妆新。那皇后穿上身，即生一身毒刺，毒刺者，乃棕毛也。今知大圣成功，特来解魇。”行者道：“既如此，累你远来，且快解脱。”真人走向前，对娘娘用手一指，即脱下那件棕衣，那娘娘遍体如旧。真人将衣抖一抖，披在身上，对行者道：“大圣勿罪，小仙告辞。”行者道：“且住，待君王谢谢。”真人笑道：“不劳，不劳。”遂长揖一声，腾空而去，慌得那皇帝、皇后及大小众臣，一个个望空礼拜。

拜毕，即命大开东阁，酬谢四僧。那君王领众跪拜，夫妻才得重谐。正当欢宴时，行者叫：“师父，拿那战书来。”长老袖中取出递与行者，行者递与国王道：“此书乃那怪差小校送来者。

那小校已先被我打死，送来报功。后复至山中，变作小校，进洞回复，因得见娘娘，盗出金铃，几乎被他拿住；又变化，复偷出，与他对敌。幸遇观音菩萨将他收去，又与我说拆凤之故。”从头至尾，细说了一遍。那举国君臣内外，无一人不感谢称赞。唐僧道：“一则是贤王之福，二来是小徒之功。今蒙盛宴，至矣！至矣！就此拜别，不要误贫僧向西去也。”那国王恳留不得，遂换了关文，大排銮驾，请唐僧稳坐龙车，那君王妃后俱捧毂推轮，相送而别。正是：有缘洗尽忧疑病，绝念无思心自宁。毕竟这去后面再有甚么吉凶之事，且听下回分解。

第七十二回　盘丝洞七情迷本　濯垢泉八戒忘形

话表三藏别了朱紫国王，整顿鞍马西进。行彀多少山原，历尽无穷水道，不觉的秋去冬残，又值春光明媚。师徒们正在路踏青玩景，忽见一座庵林，三藏滚鞍下马，站立大道之旁。行者问道：“师父，这条路平坦无邪，因何不走？”八戒道：“师兄好不通情！师父在马上坐得困了，也让他下来关关风是。”三藏道：“不是关风，我看那里是个人家，意欲自去化些斋吃。”行者笑道：“你看师父说的是那里话。你要吃斋，我自去化，俗语云一日为师，终身为父，岂有为弟子者高坐，教师父去化斋之理？”三藏道：“不是这等说。平日间一望无边无际，你们没远没近的去化斋，今日人家逼近，可以叫应，也让我去化一个来。”

八戒道：“师父没主张。常言道，三人出外，小的儿苦，你况是个父辈，我等俱是弟子。古书云，有事弟子服其劳，等我老猪去。”

三藏道：“徒弟啊，今日天气晴明，与那风雨之时不同。那时节，汝等必定远去，此个人家，等我去，有斋无斋，可以就回走路。”

沙僧在旁笑道：“师兄，不必多讲，师父的心性如此，不必违拗。若恼了他，就化将斋来，他也不吃。”

八戒依言，即取出钵盂，与他换了衣帽。拽开步，直至那庄前观看，却也好座住场，但见：石桥高耸，古树森齐。石桥高耸，潺潺流水接长溪；古树森齐，聒聒幽禽鸣远岱。桥那边有数椽茅屋，清清雅雅若仙庵；又有那一座蓬窗，白白明明欺道院。窗前忽见四佳人，都在那里刺凤描鸾做针线。长老见那人家没个男儿，只有四个女子，不敢进去，将身立定，闪在乔林之下，只见那女子，一个个：闺心坚似石，兰性喜如春。娇脸红霞衬，朱唇绛脂匀。蛾眉横月小，蝉鬓迭云新。若到花间立，游蜂错认真。少停有半个时辰，一发静悄悄，鸡犬无声。自家思虑道：

“我若没本事化顿斋饭，也惹那徒弟笑我，敢道为师的化不出斋来，为徒的怎能去拜佛。”长老没计奈何，也带了几分不是，趋步上桥，又走了几步，只见那茅屋里面有一座木香亭子，亭子下又有三个女子在那里踢气球哩。你看那三个女子，比那四个又生得不同，但见那：飘扬翠袖，摇拽缃裙。飘扬翠袖，低笼着玉笋纤纤；摇拽缃裙，半露出金莲窄窄。形容体势十分全，动静脚跟千样躧。拿头过论有高低，张泛送来真又楷。转身踢个出墙花，退步翻成大过海。轻接一团泥，单枪急对拐。明珠上佛头，实捏来尖靴。窄砖偏会拿，卧鱼将脚跸。平腰折膝蹲，扭顶翘跟躧。扳凳能喧泛，披肩甚脱洒。绞裆任往来，锁项随摇摆。踢的是黄河水倒流，金鱼滩上买。那个错认是头儿，这个转身就打拐。端然捧上臁，周正尖来濮。提跟濮草鞋，倒插回头采。退步泛肩妆，钩儿只一歹。版篓下来长，便把夺门揣。踢到美心时，佳人齐喝采。一个个汗流粉腻透罗裳，兴懒情疏方叫海。

言不尽，又有诗为证，诗曰：蹴踘当场三月天，仙风吹下素婵娟。汗沾粉面花含露，尘染蛾眉柳带烟。翠袖低垂笼玉笋，缃裙斜拽露金莲。几回踢罢娇无力，云鬓蓬松宝髻偏。三藏看得时辰久了，只得走上桥头，应声高叫道：“女菩萨，贫僧这里随缘布施些儿斋吃。”那些女子听见，一个个喜喜欢欢抛了针线，撇了气球，都笑笑吟吟的接出门来道：“长老，失迎了，今到荒庄，决不敢拦路斋僧，请里面坐。”三藏闻言，心中暗道：“善哉，善哉！西方正是佛地！女流尚且注意斋僧，男子岂不虔心向佛？”长老向前问讯了，相随众女入茅屋，过木香亭看处，呀！

原来那里边没甚房廊，只见那：峦头高耸，地脉遥长。峦头高耸接云烟，地脉遥长通海岳。门近石桥，九曲九湾流水顾；园栽桃李，千株千颗斗秾华。藤薜挂悬三五树，芝兰香散万千花。远观洞府欺蓬岛，近睹山林压太华。正是妖仙寻隐处，更无邻舍独成家。有一女子上前，把石头门推开两扇，请唐僧里面坐。那长老只得进去，忽抬头看时，铺设的都是石桌、石凳，冷气阴阴。长老心惊，暗自思忖道：“这去处少吉多凶，断然不善。”众女子喜笑吟吟都道：“长老请坐。”长老没奈何，只得坐了，少时间，打个冷禁。众女子问道：“长老是何宝山？化甚么缘？还是修桥补路，建寺礼塔，还是造佛印经？请缘簿出来看看。”长老道：“我不是化缘的和尚。”女子道：“既不化缘，到此何干？”长老道：“我是东土大唐差去西天大雷音求经者。适过宝方，腹间饥馁，特造檀府，募化一斋，贫僧就行也。”众女子道：“好！好！好！常言道，远来的和尚好看经。妹妹们！不可怠慢，快办斋来。”

此时有三个女子陪着，言来语去，论说些因缘。那四个到厨中撩衣敛袖，炊火刷锅。你道他安排的是些甚么东西？原来是人油炒炼，人肉煎熬，熬得黑糊充作面筋样子，剜的人脑煎作豆腐块片。两盘儿捧到石桌上放下，对长老道：“请了，仓卒间，不曾备得好斋，且将就吃些充腹，后面还有添换来也。”那长老闻了一闻，见那腥膻，不敢开口，欠身合掌道：“女菩萨，贫僧是胎里素。”众女子笑道：“长老，此是素的。”长老道：“阿弥陀佛！若象这等素的啊，我和尚吃了，莫想见得世尊，取得经卷。”众女子道：“长老，你出家人，切莫拣人布施。”长老道：“怎敢，怎敢！我和尚奉大唐旨意，一路西来，微生不损，见苦就救，遇谷粒手拈入口，逢丝缕联缀遮身，怎敢拣主布施！”众女子笑道：“长老虽不拣人布施，却只有些上门怪人。莫嫌粗淡，吃些儿罢。”长老道：“实是不敢吃，恐破了戒，望菩萨养生不若放生，放我和尚出去罢。”那长老挣着要走，那女子拦住门，怎么肯放，俱道：“上门的买卖，倒不好做！放了屁儿，却使手掩，你往那里去？”他一个个都会些武艺，手脚又活，把长老扯住，顺手牵羊，扑的掼倒在地。众人按住，将绳子捆了，悬梁高吊，这吊有个名色，叫做“仙人指路”。原来是一只手向前，牵丝吊起；一只手拦腰捆住，将绳吊起，两只脚向后一条绳吊起，三条绳把长老吊在梁上，却是脊背朝上，肚皮朝下。那长老忍着疼，噙着泪，心中暗恨道：“我和尚这等命苦！只说是好人家化顿斋吃，岂知道落了火坑！徒弟啊！速来救我，还得见面，但迟两个时辰，我命休矣！”那长老虽然苦恼，却还留心看着那些女子。

那些女子把他吊得停当，便去脱剥衣服。长老心惊，暗自忖道：

“这一脱了衣服，是要打我的情了，或者夹生儿吃我的情也有哩。”原来那女子们只解了上身罗衫，露出肚腹，各显神通：一个个腰眼中冒出丝绳，有鸭蛋粗细，骨都都的，迸玉飞银，时下把庄门瞒了不题。

却说那行者、八戒、沙僧，都在大道之旁。他二人都放马看担，惟行者是个顽皮，他且跳树攀枝，摘叶寻果，忽回头，只见一片光亮，慌得跳下树来，吆喝道：“不好，不好！师父造化低了！”行者用手指道：“你看那庄院如何？”八戒沙僧共目视之，那一片如雪又亮如雪，似银又光似银。八戒道：“罢了罢了！师父遇着妖精了！我们快去救他也！”行者道：“贤弟莫嚷，你都不见怎的，等老孙去来。”沙僧道：“哥哥仔细。”行者道：“我自有处。”好大圣，束一束虎皮裙，掣出金箍棒，拽开脚，两三步跑到前边，看见那丝绳缠了有千百层厚，穿穿道道，却似经纬之势，用手按了一按，有些粘软沾人。行者更不知是甚么东西，他即举棒道：“这一棒，莫说是几千层，就有几万层，也打断了！”正欲打，又停住手道：“若是硬的便可打断，这个软的，只好打匾罢了。假如惊了他，缠住老孙，反为不美。等我且问他一问再打。”你道他问谁？即捻一个诀，念一个咒，拘得个土地老儿在庙里似推磨的一般乱转。土地婆儿道：“老儿，你转怎的？好道是羊儿风发了！”土地道：“你不知！你不知！有一个齐天大圣来了，我不曾接他，他那里拘我哩。”婆儿道：“你去见他便了，却如何在这里打转？”土地道：“若去见他，他那棍子好不重，他管你好歹就打哩！”婆儿道：“他见你这等老了，那里就打你？”

土地道：“他一生好吃没钱酒，偏打老年人。”两口儿讲一会，没奈何只得走出去，战兢兢的跪在路旁叫道：“大圣，当境土地叩头。”行者道：“你且起来，不要假忙，我且不打你，寄下在那里。

我问你，此间是甚地方？”土地道：“大圣从那厢来？”行者道：

“我自东土往西来的。”土地道：“大圣东来，可曾在那山岭上？”

行者道：“正在那山岭上，我们行李马匹还都歇在那岭上不是！”土地道：“那岭叫做盘丝岭，岭下有洞叫做盘丝洞，洞里有七个妖精。”行者道：“是男怪女怪？”土地道：“是女怪。”行者道：“他有多大神通？”土地道：“小神力薄威短，不知他有多大手段，只知那正南上，离此有三里之遥，有一座濯垢泉，乃天生的热水，原是上方七仙姑的浴池。自妖精到此居住，占了他的濯垢泉，仙姑更不曾与他争竞，平白地就让与他了。我见天仙不惹妖魔怪，必定精灵有大能。”行者道：“占了此泉何干？”土地道：“这怪占了浴池，一日三遭，出来洗澡。如今巳时已过，午时将来哑。”行者听言道：“土地，你且回去，等我自家拿他罢。”

那土地老儿磕了一个头，战兢兢的回本庙去了。

这大圣独显神通，摇身一变，变作个麻苍蝇儿，钉在路旁草梢上等待。须臾间，只听得呼呼吸吸之声，犹如蚕食叶，却似海生潮。只好有半盏茶时，丝绳皆尽，依然现出庄村，还象当初模样。又听得呀的一声，柴扉响处，里边笑语喧哗，走出七个女子。行者在暗中细看，见他一个个携手相搀，挨肩执袂，有说有笑的，走过桥来，果是标致。但见：比玉香尤胜，如花语更真。柳眉横远岫，檀口破樱唇。钗头翘翡翠，金莲闪绛裙。却似嫦娥临下界，仙子落凡尘。行者笑道：“怪不得我师父要来化斋，原来是这一般好处。这七个美人儿，假若留住我师父，要吃也不彀一顿吃，要用也不彀两日用，要动手轮流一摆布就是死了。

且等我去听他一听，看他怎的算计。”好大圣，嘤的一声，飞在那前面走的女子云髻上钉住。才过桥来，后边的走向前来呼道：“姐姐，我们洗了澡，来蒸那胖和尚吃去。”行者暗笑道：“这怪物好没算计！煮还省些柴，怎么转要蒸了吃！”那些女子采花斗草向南来，不多时，到了浴池。但见一座门墙，十分壮丽，遍地野花香艳艳，满旁兰蕙密森森。后面一个女子，走上前，唿哨的一声，把两扇门儿推开，那中间果有一塘热水。这水自开辟以来，太阳星原贞有十，后被羿善开弓，射落九乌坠地，止存金乌一星，乃太阳之真火也。天地有九处汤泉，俱是众乌所化。那九阳泉，乃香冷泉、伴山泉、温泉、东合泉、满山泉、孝安泉、广汾泉、汤泉，此泉乃濯垢泉。有诗为证，诗曰：一气无冬夏，三秋永注春。炎波如鼎沸，热浪似汤新。分溜滋禾稼，停流荡俗尘。

涓涓珠泪泛，滚滚玉团津。润滑原非酿，清平还自温。瑞祥本地秀，造化乃天真。佳人洗处冰肌滑，涤荡尘烦玉体新。那浴池约有五丈余阔，十丈多长，内有四尺深浅，但见水清彻底。底下水一似滚珠泛玉骨都都冒将上来，四面有六七个孔窍通流。

流去二三里之遥，淌到田里，还是温水。池上又有三间亭子，亭子中近后壁放着一张八只脚的板凳。两山头放着两个描金彩漆的衣架。行者暗中喜嘤嘤的，一翅飞在那衣架头上钉住。

那些女子见水又清又热，便要洗浴，即一齐脱了衣服，搭在衣架上。一齐下去，被行者看见：褪放纽扣儿，解开罗带结。

酥胸白似银，玉体浑如雪。肘膊赛凝胭，香肩疑粉捏。肚皮软又绵，脊背光还洁。膝腕半围团，金莲三寸窄。中间一段情，露出风流穴。那女子都跳下水去，一个个跃浪翻波，负水顽耍。行者道：“我若打他啊，只消把这棍子往池中一搅，就叫做滚汤泼老鼠，一窝儿都是死。可怜！可怜！打便打死他，只是低了老孙的名头。常言道，男不与女斗，我这般一个汉子，打杀这几个丫头，着实不济。不要打他，只送他一个绝后计，教他动不得身，出不得水，多少是好。”好大圣，捏着诀，念个咒，摇身一变，变作一个饿老鹰，但见：毛犹霜雪，眼若明星。妖狐见处魂皆丧，狡兔逢时胆尽惊。钢爪锋芒快，雄姿猛气横。会使老拳供口腹，不辞亲手逐飞腾。万里寒空随上下，穿云检物任他行。呼的一翅，飞向前，轮并利爪，把他那衣架上搭的七套衣服，尽情雕去，径转岭头，现出本相来见八戒、沙僧道：“你看。”那呆子迎着对沙僧笑道：“师父原来是典当铺里拿了去的。”沙僧道：

“怎见得？”八戒道：“你不见师兄把他些衣服都抢将来也？”行者放下道：“此是妖精穿的衣服。”八戒道：“怎么就有这许多？”

行者道：“七套。”八戒道：“如何这般剥得容易，又剥得干净？”

行者道：“那曾用剥。原来此处唤做盘丝岭，那庄村唤做盘丝洞。洞中有七个女怪，把我师父拿住，吊在洞里，都向濯垢泉去洗浴。那泉却是天地产成的一塘子热水。他都算计着洗了澡要把师父蒸吃。是我跟到那里，见他脱了衣服下水，我要打他，恐怕污了棍子，又怕低了名头，是以不曾动棍，只变做一个饿老鹰，雕了他的衣服。他都忍辱含羞，不敢出头，蹲在水中哩。

我等快去解下师父走路罢。”八戒笑道：“师兄，你凡干事，只要留根。既见妖精，如何不打杀他，却就去解师父！他如今纵然藏羞不出，到晚间必定出来。他家里还有旧衣服，穿上一套，来赶我们。纵然不赶，他久住在此，我们取了经，还从那条路回去。常言道，宁少路边钱，莫少路边拳。那时节，他拦住了吵闹，却不是个仇人也？”行者道：“凭你如何主张？”八戒道："依我，先打杀了妖精，再去解放师父，此乃斩草除根之计。"行者道：

"我是不打他。你要打，你去打他。"

八戒抖擞精神，欢天喜地举着钉钯，拽开步，径直跑到那里。忽的推开门看时，只见那七个女子，蹲在水里，口中乱骂那鹰哩，道："这个匾毛畜生！猫嚼头的亡人！把我们衣服都雕去了，教我们怎的动手！"八戒忍不住笑道："女菩萨，在这里洗澡哩，也携带我和尚洗洗何如？"那怪见了作怒道："你这和尚，十分无礼！我们是在家的女流，你是个出家的男子。古书云：七年男女不同席，你好和我们同塘洗澡？"八戒道："天气炎热，没奈何，将就容我洗洗儿罢。那里调甚么书担儿，同席不同席！"

呆子不容说，丢了钉钯，脱了皂锦直裰，扑的跳下水来，那怪心中烦恼，一齐上前要打。不知八戒水势极熟，到水里摇身一变，变做一个鲇鱼精。那怪就都摸鱼，赶上拿他不住：东边摸，忽的又渍了西去；西边摸，忽的又渍了东去；滑扢虀的，只在那腿裆里乱钻。原来那水有搀胸之深，水上盘了一会，又盘在水底，都盘倒了，喘嘘嘘的，精神倦怠。八戒却才跳将上来，现了本相，穿了直裰，执着钉钯喝道："我是那个？你把我当鲇鱼精哩！"那怪见了，心惊胆战对八戒道："你先来是个和尚，到水里变作鲇鱼，及拿你不住，却又这般打扮，你端的是从何到此？是必留名。"八戒道："这伙泼怪当真的不认得我！我是东土大唐取经的唐长老之徒弟，乃天蓬元帅悟能八戒是也。你把我师父吊在洞里，算计要蒸他受用！我的师父又好蒸吃？快早伸过头来，各筑一钯，教你断根！"那些妖闻此言，魂飞魄散，就在水中跪拜道："望老爷方便方便！我等有眼无珠，误捉了你师父，虽然吊在那里，不曾敢加刑受苦。望慈悲饶了我的性命，情愿贴些盘费，送你师父往西天去也。"八戒摇头道："莫说这话！俗语说得好，曾着卖糖君子哄，到今不信口甜人。是便筑一钯，各人走路！"呆子一味粗夯，显手段，那有怜香惜玉之心，举着钯，不分好歹，赶上前乱筑。那怪慌了手脚，那里顾甚么羞耻，只是性命要紧，随用手侮着羞处，跳出水来，都跑在亭子里站立，作出法来：脐孔中骨都都冒出丝绳，瞒天搭了个大丝篷，把八戒罩在当中。那呆子忽抬头，不见天日，即抽身往外便走，那里举得脚步！原来放了绊脚索，满地都是丝绳，动动脚，跌个躘踵：左边去，一个面磕地；右边去，一个倒栽葱；急转身，又跌了个嘴揾地；忙爬起，又跌了个竖蜻蜓。也不知跌了多少跟头，把个呆子跌得身麻脚软，头晕眼花，爬也爬不动，只睡在地下呻吟。那怪物却将他困住，也不打他，也不伤他，一个个跳出门来，将丝篷遮住天光，各回本洞。到了石桥上站下，念动真言，霎时间把丝篷收了，赤条条的，跑入洞里，侮着那话，从唐僧面前笑嘻嘻的跑过去。走入石房，取几件旧衣穿了，径至后门口立定叫："孩儿们何在？"原来那妖精一个有一个儿子，却不是他养的，都是他结拜的干儿子。有名唤做蜜、蚂、蜢、班、蜢、蜡、蜻：蜜是蜜蜂，蚂是蚂蜂，蜢是蜢蜂，班是班毛，蜢是牛蜢，蜡是抹蜡，蜻是蜻蜓。原来那妖精幔天结网，掳住这七般虫蛭，却要吃他。古云禽有禽言，兽有兽语，当时这些虫哀告饶命，愿拜为母，遂此春采百花供怪物，夏寻诸卉孝妖精。忽闻一声呼唤，都到面前问："母亲有何使令？"众怪道："儿啊，早间我们错惹了唐朝来的和尚，才然被他徒弟拦在池里，出了多少丑，几乎丧了性命！

汝等努力，快出门前去退他一退。如得胜后，可到你舅舅家来会我。"那些怪既得逃生，往他师兄处，孽嘴生灾不题。你看这些虫蛭，一个个摩拳擦掌，出来迎敌。

却说八戒跌得昏头昏脑，猛抬头见丝篷丝索俱无，他才一步一探爬将起来，忍着疼找回原路，见了行者，用手扯住道：

"哥哥，我的头可肿、脸可青么？"行者道："你怎的来？"八戒道：

"我被那厮将丝绳罩住，放了绊脚索，不知跌了多少跟头，跌得我腰拖背折，寸步难移。却才丝篷索子俱空，方得了性命回来也。"沙僧见了道："罢了，罢了！你闯下祸来也！那怪一定往洞里去伤害师父、我等快去救他！"行者闻言急拽步便走，八戒牵着马急急来到庄前，但见那石桥上有七个小妖儿挡住道："慢来，慢来！吾等在此！"行者看了道："好笑！干净都是些小人儿！

长的也只有二尺五六寸，不满三尺；重的也只有八九斤，不满十斤。"喝道："你是谁？"那怪道："我乃七仙姑的儿子。你把我母亲欺辱了，还敢无知，打上我门！不要走！仔细！"好怪物！一个个手之舞之，足之蹈之，乱打将来。八戒见了生嗔，本是跌恼了的性子，又见那伙虫蛭小巧，就发狠举钯来筑。

那些怪见呆子凶猛，一个个现了本象，飞将起去，叫声"变！"须臾间，一个变十个，十个变百个，百个变千个，千个变万个，个个都变成无穷之数。只见：满天飞抹蜡，遍地舞蜻蜓。

蜜蚂追头额，蜢蜂扎眼睛。班毛前后咬，牛蜢上下叮。扑面漫漫黑，翛翛神鬼惊。八戒慌了道："哥啊，只说经好取，西方路上，虫儿也欺负人哩！"行者道："兄弟，不要怕，快上前打！"八戒道："扑头扑脸，浑身上下，都叮有十数层厚，却怎么打？"行者道，"没事！没事！我自有手段！"沙僧道："哥啊，有甚手段，快使出来罢！一会子光头上都叮肿了！"好大圣，拔了一把毫毛，嚼得粉碎，喷将出去，即变做些黄、麻、鴏、白、雕、鱼、鹞。八戒道："师兄，又打甚么市语，黄啊、麻啊哩？"行者道："你不知，黄是黄鹰，麻是麻鹰，鴏是鴏鹰，白是白鹰，雕是雕鹰，鱼是鱼鹰，鹞是鹞鹰。那妖精的儿子是七样虫，我的毫毛是七样鹰。"

鹰最能、虫，一嘴一个，爪打翅敲，须臾，打得罄尽，满空无迹，地积尺余。

三兄弟方才闯过桥去，径入洞里，只见老师父吊在那里哼哼的哭哩。八戒近前道："师父，你是要来这里吊了耍子，不知作成我跌了多少跟头哩！"沙僧道："且解下师父再说。"行者即将绳索挑断放下唐僧，都问道："妖精那里去了？"唐僧道："那七个怪都赤条条的往后边叫儿子去了。"行者道："兄弟们，跟我来寻去。"三人各持兵器，往后园里寻处，不见踪迹。都到那桃李树上寻遍不见，八戒道："去了！去了！"沙僧道："不必寻他，等我扶师父去也。"弟兄们复来前面请唐僧上马道："师父，下次化斋，还让我们去。"唐僧道："徒弟呵，以后就是饿死，也再不自专了。"八戒道："你们扶师父走着，等老猪一顿钯筑倒他这房子，教他来时没处安身。"行者笑道："筑还费力，不若寻些柴来，与他个断根罢。"好呆子，寻了些朽松破竹，干柳枯藤，点上一把火，烘烘的都烧得干净。师徒却才放心前来。咦！毕竟这去，不知那怪的吉凶如何，且听下回分解。

第七十三回　情因旧恨生灾毒　心主遭魔幸破光

话说孙大圣扶持着唐僧，与八戒、沙僧奔上大路，一直西来。不半晌，忽见一处楼阁重重，宫殿巍巍。唐僧勒马道："徒弟，你看那是个甚么去处？"行者举头观看，忽然见：山环楼阁，溪绕亭台。门前杂树密森森，宅外野花香艳艳。柳间栖白鹭，浑如烟里玉无瑕；桃内啭黄莺，却似火中金有色。双双野鹿，忘情闲踏绿莎茵；对对山禽，飞语高鸣红树杪。真如刘阮天台洞，不亚神仙阆苑家。行者报道："师父，那所在也不是王侯第宅，也不是豪富人家，却象一个庵观寺院，到那里方知端的。”三藏闻言，加鞭促马。师徒们来至门前观看，门上嵌着一块石板，上有黄花观三字。三藏下马，八戒道：“黄花观乃道士之家，我们进去会他一会也好，他与我们衣冠虽别，修行一般。”沙僧道：

“说得是，一则进去看看景致，二来也当撒货头口。看方便处，安排些斋饭与师父吃。”长老依言，四众共入，但见二门上有一对春联：“黄芽白雪神仙府，瑶草琪花羽士家。”行者笑道：“这个是烧茅炼药，弄炉火，提罐子的道士。”三藏捻他一把道：“谨言！谨言！我们不与他相识，又不认亲，左右暂时一会，管他怎的？”说不了，进了二门，只见那正殿谨闭，东廊下坐着一个道士在那里丸药。你看他怎生打扮：戴一顶红艳艳戗金冠，穿一领黑淄淄乌皂服，踏一双绿阵阵云头履，系一条黄拂拂吕公绦。面如瓜铁，目若朗星。准头高大类回回，唇口翻张如达达。

道心一片隐轰雷，伏虎降龙真羽士。三藏见了，厉声高叫道：

“老神仙，贫僧问讯了。”那道士猛抬头，一见心惊，丢了手中之药，按簪儿，整衣服，降阶迎接道：“老师父失迎了，请里面坐。”

长老欢喜上殿，推开门，见有三清圣象，供桌有炉有香，即拈香注炉，礼拜三匝，方与道士行礼。遂至客位中，同徒弟们坐下。

急唤仙童看茶，当有两个小童，即入里边，寻茶盘，洗茶盏，擦茶匙，办茶果。忙忙的乱走，早惊动那几个冤家。

原来那盘丝洞七个女怪与这道士同堂学艺，自从穿了旧衣，唤出儿子，径来此处。正在后面裁剪衣服，忽见那童子看茶，便问道：“童儿，有甚客来了，这般忙冗？”仙童道：“适间有四个和尚进来，师父教来看茶。”女怪道：“可有个白胖和尚？”

道：“有。”又问：“可有个长嘴大耳朵的？”道：“有。”女怪道：“你快去递了茶，对你师父丢个眼色，着他进来，我有要紧的话说。”果然那仙童将五杯茶拿出去。道士敛衣，双手拿一杯递与三藏，然后与八戒、沙僧、行者。茶罢收锺，小童丢个眼色，那道士就欠身道：“列位请坐。”教：“童儿，放了茶盘陪侍，等我去去就来。”此时长老与徒弟们，并一个小童出殿上观玩不题。

却说道士走进方丈中，只见七个女子齐齐跪倒，叫：“师兄！师兄！听小妹子一言！”道士用手搀起道：“你们早间来时，要与我说甚么话，可可的今日丸药，这枝药忌见阴人，所以不曾答你。如今又有客在外面，有话且慢慢说罢。”众怪道：“告禀师兄，这桩事，专为客来方敢告诉，若客去了，纵说也没用了。”

道士笑道：“你看贤妹说话，怎么专为客来才说？却不疯了？且莫说我是个清静修仙之辈，就是个俗人家，有妻子老小家务事，也等客去了再处。怎么这等不贤，替我装幌子哩！且让我出去。”众怪又一齐扯住道：“师兄息怒，我问你，前边那客，是那方来的？”道士唾着脸不答应，众怪道：“方才小童进来取茶，我闻得他说，是四个和尚。”道士作怒道：“和尚便怎么？”众怪道：“四个和尚，内有一个白面胖的，有一个长嘴大耳的，师兄可曾问他是那里来的？”道士道：“内中是有这两个，你怎么知道？想是在那里见他来？”女子道：“师兄原不知这个委曲。那和尚乃唐朝差往西天取经去的，今早到我洞里化斋，委是妹子们闻得唐僧之名，将他拿了。”道士道：“你拿他怎的？”女子道：

“我等久闻人说，唐僧乃十世修行的真体，有人吃他一块肉，延寿长生，故此拿了他。后被那个长嘴大耳朵的和尚把我们拦在濯垢泉里，先抢了衣服，后弄本事，强要同我等洗浴，也止他不住。他就跳下水，变作一个鲇鱼，在我们腿裆里钻来钻去，欲行奸骗之事，果有十分惫懒！他又跳出水去，现了本相，见我们不肯相从，他就使一柄九齿钉钯，要伤我们性命。若不是我们有些见识，几乎遭他毒手。故此战兢兢逃生，又着你愚外甥与他敌斗，不知存亡如何。我们特来投兄长，望兄长念昔日同窗之雅，与我今日做个报冤之人！”那道士闻此言，却就恼恨，遂变了声色道：“这和尚原来这等无礼！这等惫懒！你们都放心，等我摆布他！”众女子谢道：“师兄如若动手，等我们都来相帮打他。”道士道：“不用打！不用打！常言道，一打三分低，你们都跟我来。”

众女子相随左右。他入房内，取了梯子，转过床后，爬上屋梁，拿下一个小皮箱儿。那箱儿有八寸高下，一尺长短，四寸宽窄，上有一把小铜锁儿锁住。即于袖中拿出一方鹅黄绫汗巾儿来，汗巾须上系着一把小钥匙儿。开了锁，取出一包儿药来，此药乃是：山中百鸟粪，扫积上千斤。是用铜锅煮，煎熬火候匀。

千斤熬一杓，一杓炼三分。三分还要炒，再锻再重熏。制成此毒药，贵似宝和珍。如若尝他味，入口见阎君！道士对七个女子道：“妹妹，我这宝贝，若与凡人吃，只消一厘，入腹就死；若与神仙吃，也只消三厘就绝。这些和尚，只怕也有些道行，须得三厘。快取等子来。”内一女子急拿了一把等子道：“称出一分二厘，分作四分。”却拿了十二个红枣儿，将枣掐破些儿，揌上一厘，分在四个茶锺内；又将两个黑枣儿做一个茶锺，着一个托盘安了，对众女说：“等我去问他。不是唐朝的便罢；若是唐朝来的，就教换茶，你却将此茶令童儿拿出。但吃了，个个身亡，就与你报了此仇，解了烦恼也。”七女感激不尽。

那道士换了一件衣服，虚礼谦恭走将出去，请唐僧等又至客位坐下道：“老师父莫怪，适间去后面吩咐小徒，教他们挑些青菜萝卜，安排一顿素斋供养，所以失陪。”三藏道：“贫僧素手进拜，怎么敢劳赐斋？”道士笑云：“你我都是出家人，见山门就有三升俸粮，何言素手？敢问老师父，是何宝山？到此何干？”

三藏道：“贫僧乃东土大唐驾下差往西天大雷音寺取经者。却才路过仙宫，竭诚进拜。”道士闻言，满面生春道：“老师乃忠诚大德之佛，小道不知，失于远候，恕罪！恕罪！”叫：“童儿，快去换茶来，一厢作速办斋。”那小童走将进去，众女子招呼他来道：“这里有现成好茶，拿出去。”那童子果然将五锺茶拿出。道士连忙双手拿一个红枣儿茶锺奉与唐僧。他见八戒身躯大，就认做大徒弟，沙僧认做二徒弟，见行者身量小，认做三徒弟，所以第四锺才奉与行者。行者眼乖，接了茶锺，早已见盘子里那茶锺是两个黑枣儿，他道：“先生，我与你穿换一杯。”道士笑道：“不瞒长老说，山野中贫道士，茶果一时不备。才然在后面亲自寻果子，止有这十二个红枣，做四锺茶奉敬。小道又不可空陪，所以将两个下色枣儿作一杯奉陪，此乃贫道恭敬之意也。”行者笑道：“说那里话？古人云，在家不是贫，路上贫杀人。

你是住家儿的，何以言贫！象我们这行脚僧，才是真贫哩。我和你换换，我和你换换。”三藏闻言道：“悟空，这仙长实乃爱客之意，你吃了罢，换怎的？”行者无奈，将左手接了，右手盖住，看着他们。

却说那八戒，一则饥，二则渴，原来是食肠大大的，见那锺子里有三个红枣儿，拿起来锺的都咽在肚里。师父也吃了，沙僧也吃了。一霎时，只见八戒脸上变色，沙僧满眼流泪，唐僧口中吐沫，他们都坐不住，晕倒在地。这大圣情知是毒，将茶锺手举起来，望道士劈脸一掼。道士将袍袖隔起，当的一声，把个锺子跌得粉碎。道士怒道：“你这和尚，十分村卤！怎么把我锺子碎了？”行者骂道：“你这畜生！你看我那三个人是怎么说！我与你有甚相干，你却将毒药茶药倒我的人？”道士道：“你这个村畜生，闯下祸来，你岂不知？”行者道：“我们才进你门，方叙了坐次，道及乡贯，又不曾有个高言，那里闯下甚祸？”道士道：

“你可曾在盘丝洞化斋么？你可曾在濯垢泉洗澡么？”行者道：

“濯垢泉乃七个女怪。你既说出这话，必定与他苟合，必定也是妖精！不要走！吃我一棒！”好大圣，去耳朵里摸出金箍棒，幌一幌，碗来粗细，望道士劈脸打来。那道士急转身躲过，取一口宝剑来迎。他两个厮骂厮打，早惊动那里边的女怪。他七个一拥出来，叫道：“师兄且莫劳心，待小妹子拿他。”行者见了越生嗔怒，双手轮铁棒，丢开解数，滚将进去乱打。只见那七个敞开怀，腆着雪白肚子，脐孔中作出法来：骨都都丝绳乱冒，搭起一个天篷，把行者盖在底下。行者见事不谐，即翻身念声咒语，打个筋斗，扑的撞破天篷走了，忍着性气，淤淤的立在空中看处，见那怪丝绳幌亮，穿穿道道，却是穿梭的经纬，顷刻间，把黄花观的楼台殿阁都遮得无影无形。行者道：“利害！利害！早是不曾着他手！怪道猪八戒跌了若干！似这般怎生是好！我师父与师弟却又中了毒药。这伙怪合意同心，却不知是个甚来历，待我还去问那土地神也。”

好大圣，按落云头，捻着诀，念声“唵”字真言，把个土地老儿又拘来了，战兢兢跪下路旁叩头道：“大圣，你去救你师父的，为何又转来也？”行者道：“早间救了师父，前去不远，遇一座黄花观。我与师父等进去看看，那观主迎接。才叙话间，被他把毒药茶药倒我师父等。我幸不曾吃茶，使棒就打，他却说出盘丝洞化斋、濯垢泉洗澡之事，我就知那厮是怪。才举手相敌，只见那七个女子跑出，吐放丝绳，老孙亏有见识走了。我想你在此间为神，定知他的来历。是个甚么妖精，老实说来，免打！”土地叩头道：“那妖精到此，住不上十年。小神自三年前检点之后，方见他的本相，乃是七个蜘蛛精。他吐那些丝绳，乃是蛛丝。”行者闻言，十分欢喜道：“据你说，却是小可。既这般，你回去，等我作法降他也。”那土地叩头而去。行者却到黄花观外，将尾巴上毛捋下七十根，吹口仙气，叫“变！”即变做七十个小行者；又将金箍棒吹口仙气，叫“变！”即变做七十个双角叉儿棒。每一个小行者，与他一根。他自家使一根，站在外边，将叉儿搅那丝绳，一齐着力，打个号子，把那丝绳都搅断，各搅了有十余斤。里面拖出七个蜘蛛，足有巴斗大的身躯，一个个攒着手脚，索着头，只叫：“饶命！饶命！”此时七十个小行者，按住七个蜘蛛，那里肯放。行者道：“且不要打他，只教还我师父师弟来。”那怪厉声高叫道：“师兄，还他唐僧，救我命也！”那道士从里边跑出道：“妹妹，我要吃唐僧哩，救不得你了。”行者闻言，大怒道：“你既不还我师父，且看你妹妹的样子！”好大圣，把叉儿棒幌一幌，复了一根铁棒，双手举起，把七个蜘蛛精，尽情打烂，却似七个劖肉布袋儿，脓血淋淋，却又将尾巴摇了两摇，收了毫毛，单身轮棒，赶入里边来打道士。

那道士见他打死了师妹，心甚不忍，即发狠举剑来迎。这一场各怀忿怒，一个个大展神通，这一场好杀：妖精轮宝剑，大圣举金箍。都为唐朝三藏，先教七女呜呼。如今大展经纶手，施威弄法逞金吾，大圣神光壮，妖仙胆气粗。浑身解数如花锦，双手腾那似辘轳。乒乓剑棒响。惨淡野云浮。劖言语，使机谋，一来一往如画图。杀得风响沙飞狼虎怕，天昏地暗斗星无。那道士与大圣战经五六十合，渐觉手软，一时间松了筋节，便解开衣带，忽辣的响一声，脱了皂袍。行者笑道：“我儿子！打不过人，就脱剥了也是不能彀的！”原来这道士剥了衣裳，把手一齐抬起，只见那两胁下有一千只眼，眼中迸放金光，十分利害：

森森黄雾，艳艳金光，森森黄雾，两边胁下似喷云；艳艳金光，千只眼中如放火。左右却如金桶，东西犹似铜钟。此乃妖仙施法力，道士显神通，幌眼迷天遮日月，罩人爆燥气朦胧；把个齐天孙大圣，困在金光黄雾中。行者慌了手脚，只在那金光影里乱转，向前不能举步，退后不能动脚，却便似在个桶里转的一般。无奈又爆燥不过，他急了，往上着实一跳，却撞破金光，扑的跌了一个倒栽葱，觉道撞的头疼，急伸头摸摸，把顶梁皮都撞软了，自家心焦道：“晦气！晦气！这颗头今日也不济了！常时刀砍斧剁，莫能伤损，却怎么被这金光撞软了皮肉？久以后定要贡脓，纵然好了，也是个破伤风。”一会家爆燥难禁，却又自家计较道：“前去不得，后退不得，左行不得，右行不得，往上又撞不得，却怎么好？往下走他娘罢！”

好大圣，念个咒语，摇身一变，变做个穿山甲，又名鲮鲤鳞。真个是：四只铁爪，钻山碎石如挝粉；满身鳞甲，破岭穿岩似切葱。两眼光明，好便似双星幌亮；一嘴尖利，胜强如钢钻金锥。药中有性穿山甲，俗语呼为鲮鲤鳞。你看他硬着头，往地下一钻，就钻了有二十余里，方才出头。原来那金光只罩得十余里。出来现了本相，力软筋麻，浑身疼痛，止不住眼中流泪，忽失声叫道：“师父啊！当年秉教出山中，共往西来苦用工。大海洪波无恐惧，阳沟之内却遭风！”

美猴王正当悲切，忽听得山背后有人啼哭，即欠身揩了眼泪，回头观看。但见一个妇人，身穿重孝，左手托一盏凉浆水饭，右手执几张烧纸黄钱，从那厢一步一声哭着走来。行者点头嗟叹道：“正是流泪眼逢流泪眼，断肠人遇断肠人！这一个妇人，不知所哭何事，待我问他一问。”那妇人不一时走上路来，迎着行者。行者躬身问道：“女菩萨，你哭的是甚人？”妇人噙泪道：“我丈夫因与黄花观观主买竹竿争讲，被他将毒药茶药死，我将这陌纸钱烧化，以报夫妇之情。”行者听言，眼中泪下。那妇女见了作怒道：“你甚无知！我为丈夫烦恼生悲，你怎么泪眼愁眉，欺心戏我？”行者躬身道：“女菩萨息怒，我本是东土大唐钦差御弟唐三藏大徒弟孙悟空行者。因往西天，行过黄花观歇马。那观中道士，不知是个甚么妖精，他与七个蜘蛛精，结为兄妹。蜘蛛精在盘丝洞要害我师父，是我与师弟八戒、沙僧救解得脱。那蜘蛛精走到他这里，背了是非，说我等有欺骗之意。道士将毒药茶药倒我师父师弟共三人，连马四口，陷在他观里。

惟我不曾吃他茶，将茶锺掼碎，他就与我相打。正嚷时，那七个蜘蛛精跑出来吐放丝绳，将我捆住，是我使法力走脱。问及土地，说他本相，我却又使分身法搅绝丝绳，拖出妖来，一顿棒打死。这道士即与他报仇，举宝剑与我相斗。斗经六十回合，他败了阵，随脱了衣裳，两胁下放出千只眼，有万道金光，把我罩定。所以进退两难，才变做一个鲮鲤鳞，从地下钻出来。正自悲切，忽听得你哭，故此相问。因见你为丈夫，有此纸钱报答，我师父丧身，更无一物相酬，所以自怨生悲，岂敢相戏！”那妇女放下水饭纸钱，对行者陪礼道：“莫怪，莫怪，我不知你是被难者。才据你说将起来，你不认得那道士。他本是个百眼魔君，又唤做多目怪。你既然有此变化，脱得金光，战得许久，必定有大神通，却只是还近不得那厮。我教你去请一位圣贤，他能破得金光，降得道士。”行者闻言，连忙唱喏道：“女菩萨知此来历，烦为指教指教。果是那位圣贤，我去请求，救我师父之难，就报你丈夫之仇。”妇人道：“我就说出来，你去请他，降了道士，只可报仇而已，恐不能救你师父。”行者道：“怎不能救？”妇人道：“那厮毒药最狠：药倒人，三日之间，骨髓俱烂。你此往回恐迟了，故不能救。”行者道：“我会走路；凭他多远，千里只消半日。”女子道：“你既会走路，听我说：此处到那里有千里之遥。那厢有一座山，名唤紫云山，山中有个千花洞。洞里有位圣贤，唤做毗蓝婆。他能降得此怪。”行者道：“那山坐落何方？

却从何方去？”女子用手指定道：“那直南上便是。”行者回头看时，那女子早不见了。行者慌忙礼拜道：“是那位菩萨？我弟子钻昏了，不能相识，千乞留名，好谢！”只见那半空中叫道：“大圣，是我。”行者急抬头看处，原是黎山老姆，赶至空中谢道：

“老姆从何来指教我也？”老姆道：“我才自龙华会上回来，见你师父有难，假做孝妇，借夫丧之名，免他一死。你快去请他，但不可说出是我指教，那圣贤有些多怪人。”

行者谢了，辞别，把筋斗云一纵，随到紫云山上，按定云头，就见那千花洞。那洞外：青松遮胜境，翠柏绕仙居。绿柳盈山道，奇花满涧渠。香兰围石屋，芳草映岩嵎。流水连溪碧，云封古树虚。野禽声聒聒，幽鹿步徐徐。修竹枝枝秀，红梅叶叶舒。寒鸦栖古树，春鸟噪高樗。夏麦盈田广，秋禾遍地余。四时无叶落，八节有花如。每生瑞霭连霄汉，常放祥云接太虚。这大圣喜喜欢欢走将进去，一程一节，看不尽天边的景致。直入里面，更没个人儿，见静静悄悄的，鸡犬之声也无，心中暗道：

“这圣贤想是不在家了。”又进数里看时，见一个女道姑坐在榻上。你看他怎生模样：头戴五花纳锦帽，身穿一领织金袍。脚踏云尖凤头履，腰系攒丝双穗绦。面似秋容霜后老，声如春燕社前娇。腹中久谙三乘法，心上常修四谛饶。悟出空空真正果，炼成了了自逍遥。正是千花洞里佛，毗蓝菩萨姓名高。行者止不住脚，近前叫道：“毗蓝婆菩萨，问讯了。”那菩萨即下榻，合掌回礼道：“大圣，失迎了，你从那里来的？”行者道：“你怎么就认得我是大圣？”毗蓝婆道：“你当年大闹天宫时，普地里传了你的形象，谁人不知，那个不识？”行者道：“正是好事不出门，恶事传千里，象我如今皈正佛门，你就不晓的了！”毗蓝道：“几时皈正？恭喜！恭喜！”行者道：“近能脱命，保师父唐僧上西天取经，师父遇黄花观道士，将毒药茶药倒。我与那厮赌斗，他就放金光罩住我，是我使神通走脱了。闻菩萨能灭他的金光，特来拜请。”菩萨道：“是谁与你说的？我自赴了盂兰会，到今三百余年，不曾出门。我隐姓埋名，更无一人知得，你却怎么得知？”

行者道：“我是个地里鬼，不管那里，自家都会访着。”毗蓝道：

“也罢也罢，我本当不去，奈蒙大圣下临，不可灭了求经之善，我和你去来。”行者称谢了，道：“我忒无知，擅自催促，但不知曾带甚么兵器。”菩萨道：“我有个绣花针儿，能破那厮。”行者忍不住道：“老姆误了我，早知是绣花针，不须劳你，就问老孙要一担也是有的。”毗蓝道：“你那绣花针，无非是钢铁金针，用不得。我这宝贝，非钢，非铁，非金，乃我小儿日眼里炼成的。”

行者道：“令郎是谁？”毗蓝道：“小儿乃昴日星官。”行者惊骇不已。早望见金光艳艳，即回向毗蓝道：“金光处便是黄花观也。”

毗蓝随于衣领里取出一个绣花针，似眉毛粗细，有五六分长短，拈在手，望空抛去。少时间，响一声，破了金光。行者喜道：

“菩萨，妙哉妙哉！寻针寻针！”毗蓝托在手掌内道：“这不是？”

行者却同按下云头，走入观里，只见那道士合了眼，不能举步。

行者骂道：“你这泼怪装瞎子哩！”耳朵里取出棒来就打。毗蓝扯住道：“大圣莫打，且看你师父去。”行者径至后面客位里看时，他三人都睡在地上吐痰吐沫哩。行者垂泪道：“却怎么好！

却怎么好”！毗蓝道：“大圣休悲，也是我今日出门一场，索性积个阴德，我这里有解毒丹，送你三丸。”行者转身拜求。那菩萨袖中取出一个破纸包儿，内将三粒红丸子递与行者，教放入口里。行者把药扳开他们牙关，每人揌了一丸。须臾，药味入腹，便就一齐呕哕，遂吐出毒味，得了性命。那八戒先爬起道：“闷杀我也！”三藏沙僧俱醒了道：“好晕也！”行者道：“你们那茶里中了毒了，亏这毗蓝菩萨搭救，快都来拜谢。”三藏欠身整衣谢了。八戒道：“师兄，那道士在那里？等我问他一问，为何这般害我！”行者把蜘蛛精上项事说了一遍，八戒发狠道：“这厮既与蜘蛛为姊妹，定是妖精！”行者指道：“他在那殿外立定装瞎子哩。”八戒拿钯就筑，又被毗蓝止住道：“天蓬息怒，大圣知我洞里无人，待我收他去看守门户也。”行者道：“感蒙大德，岂不奉承！但只是教他现本象，我们看看。”毗蓝道：“容易。”即上前用手一指，那道士扑的倒在尘埃，现了原身，乃是一条七尺长短的大蜈蚣精。毗蓝使小指头挑起，驾祥云径转千花洞去。八戒打仰道：“这妈妈儿却也利害，怎么就降这般恶物？”行者笑道：“我问他有甚兵器破他金光，他道有个绣花针儿，是他儿子在日眼里炼的。及问他令郎是谁，他道是昴日星官。我想昴日星是只公鸡，这老妈妈子必定是个母鸡。鸡最能降蜈蚣，所以能收伏也。”三藏闻言顶礼不尽，教：“徒弟们，收拾去罢。”那沙僧即在里面寻了些米粮，安排了些斋，俱饱餐一顿。牵马挑担，请师父出门。行者从他厨中放了一把火，把一座观霎时烧得煨烬，却拽步长行。正是，唐僧得命感毗蓝，了性消除多目怪。毕竟向前去还有甚么事体，且听下回分解。

第七十四回　长庚传报魔头狠　行者施为变化能

情欲原因总一般，有情有欲自如然。沙门修炼纷纷士，断欲忘情即是禅。须着意，要心坚，一尘不染月当天。行功进步休教错，行满功完大觉仙。话表三藏师徒们打开欲网，跳出情牢，放马西行。走多时，又是夏尽秋初，新凉透体，但见那：急雨收残暑，梧桐一叶惊。萤飞莎径晚，蛩语月华明。黄葵开映露，红蓼遍沙汀。蒲柳先零落，寒蝉应律鸣。三藏正然行处，忽见一座高山，峰插碧空，真个是摩星碍日。长老心中害怕，叫悟空道：“你看前面这山，十分高耸，但不知有路通行否。”行者笑道：“师父说那里话。自古道，山高自有客行路，水深自有渡船人，岂无通达之理？可放心前去。”长老闻言，喜笑花生，扬鞭策马而进，径上高岩。

行不数里，见一老者，鬓蓬松，白发飘搔；须稀朗，银丝摆动。项挂一串数珠子，手持拐杖现龙头。远远的立在那山坡上高呼：“西进的长老，且暂住骅骝，紧兜玉勒。这山上有一伙妖魔，吃尽了阎浮世上人，不可前进！”三藏闻言，大惊失色。一是马的足下不平，二是坐个雕鞍不稳，扑的跌下马来，挣挫不动，睡在草里哼哩。行者近前搀起道：“莫怕莫怕！有我哩！”长老道：“你听那高岩上老者，报道这山上有伙妖魔，吃尽阎浮世上人，谁敢去问他一个真实端的？”行者道：“你且坐地，等我去问他。”三藏道：“你的相貌丑陋，言语粗俗，怕冲撞了他，问不出个实信。”行者笑道：“我变个俊些儿的去问他。”三藏道：“你是变了我看。”好大圣，捻着诀，摇身一变，变做个干干净净的小和尚儿，真个是目秀眉清，头圆脸正，行动有斯文之气象，开口无俗类之言辞，抖一抖锦衣直裰，拽步上前，向唐僧道：“师父，我可变得好么？”三藏见了大喜道：“变得好！”八戒道：“怎么不好！只是把我们都比下去了。老猪就滚上二三年，也变不得这等俊俏！”

好大圣，躲离了他们，径直近前对那老者躬身道：“老公公，贫僧问讯了。”那老儿见他生得俊雅，年少身轻，待答不答的还了他个礼，用手摸着他头儿笑嘻嘻问道：“小和尚，你是那里来的？”行者道：“我们是东土大唐来的，特上西天拜佛求经。

适到此间，闻得公公报道有妖怪，我师父胆小怕惧，着我来问一声：端的是甚妖精，他敢这般短路！烦公公细说与我知之，我好把他贬解起身。”那老儿笑道：“你这小和尚年幼，不知好歹，言不帮衬。那妖魔神通广大得紧，怎敢就说贬解他起身！”行者笑道：“据你之言，似有护他之意，必定与他有亲，或是紧邻契友。不然，怎么长他的威智，兴他的节概，不肯倾心吐胆说他个来历？”公公点头笑道：“这和尚倒会弄嘴！”想是跟你师父游方，到处儿学些法术，或者会驱缚魍魉，与人家镇宅降邪，你不曾撞见十分狠怪哩！”行者道：“怎的狠？”公公道：“那妖精一封书到灵山，五百阿罗都来迎接；一纸简上天宫，十一大曜个个相钦。四海龙曾与他为友，八洞仙常与他作会，十地阎君以兄弟相称，社令城隍以宾朋相爱。”大圣闻言，忍不住呵呵大笑，用手扯着老者道：“不要说！不要说！那妖精与我后生小厮为兄弟朋友，也不见十分高作。若知是我小和尚来啊，他连夜就搬起身去了！”公公道：“你这小和尚胡说！不当人子！那个神圣是你的后生小厮？”行者笑道：“实不瞒你说，我小和尚祖居傲来国花果山水帘洞，姓孙，名悟空。当年也曾做过妖精，干过大事。曾因会众魔，多饮了几杯酒睡着，梦中见二人将批勾我去到阴司。一时怒发，将金箍棒打伤鬼判，唬倒阎王，几乎掀翻了森罗殿。吓得那掌案的判官拿纸，十阎王佥名画字，教我饶他打，情愿与我做后生小厮。”那公公闻说道：“阿弥陀佛！这和尚说了这过头话，莫想再长得大了。”行者道：“官儿，似我这般大也彀了。”公公道：“你年几岁了？”行者道：“你猜猜看。”老者道：“有七八岁罢了。”行者笑道：“有一万个七八岁！我把旧嘴脸拿出来你看看，你即莫怪。”公公道：“怎么又有个嘴脸？”行者道：“我小和尚有七十二副嘴脸哩。”那公公不识窍，只管问他，他就把脸抹一抹，即现出本象，咨牙倈嘴，两股通红，腰间系一条虎皮裙，手里执一根金箍棒，立在石崖之下，就象个活雷公。那老者见了，吓得面容失色，腿脚酸麻站不稳，扑的一跌；爬起来，又一个蹡蹡。大圣上前道：“老官儿，不要虚惊，我等面恶人善。莫怕！莫怕！适间蒙你好意，报有妖魔。委的有多少怪，一发累你说说，我好谢你。”那老儿战战兢兢，口不能言，又推耳聋，一句不应。

行者见他不言，即抽身回坡。长老道：“悟空，你来了？所问如何？”行者笑道：“不打紧！不打紧！西天有便有个把妖精儿，只是这里人胆小，把他放在心上。没事，没事！有我哩！”长老道：“你可曾问他此处是甚么山，甚么洞，有多少妖怪，那条路通得雷音？”八戒道：“师父，莫怪我说。若论赌变化，使促掐，捉弄人，我们三五个也不如师兄；若论老实，象师兄就摆一队伍，也不如我。“唐僧道：“正是！正是！你还老实。”八戒道：

“他不知怎么钻过头不顾尾的，问了两声，不猪不魀的就跑回来了。等老猪去问他个实信来。”唐僧道：“悟能，你仔细着。”

好呆子，把钉钯撒在腰里，整一整皂直裰，扭扭捏捏，奔上山坡，对老者叫道：“公公，唱喏了。”那老儿见行者回去，方拄着杖挣得起来，战战兢兢的要走，忽见八戒，愈觉惊怕道：“爷爷呀！今夜做的甚么恶梦，遇着这伙恶人！为先的那和尚丑便丑，还有三分人相；这个和尚，怎么这等个碓梃嘴，蒲扇耳朵，铁片脸，毶毛颈项，一分人气儿也没有了！”八戒笑道：“你这老公公不高兴，有些儿好褒贬人，你是怎的看我哩？丑便丑，奈看，再停一时就俊了。”那老者见他说出人话来，只得开言问他：“你是那里来的？”八戒道：“我是唐僧第二个徒弟，法名叫做悟能八戒。才自先问的，叫做悟空行者，是我师兄。师父怪他冲撞了公公，不曾问得实信，所以特着我来拜问。此处果是甚山甚洞，洞里果是甚妖精，那里是西去大路，烦公公指示指示。”老者道：“可老实么？”八戒道：“我生平不敢有一毫虚的。”

老者道：“你莫象才来的那个和尚走花弄水的胡缠。”八戒道：

“我不象他。”

公公拄着杖，对八戒说：“此山叫做八百里狮驼岭，中间有座狮驼洞，洞里有三个魔头。”八戒啐了一声：“你这老儿却也多心！三个妖魔，也费心劳力的来报遭信！”公公道：“你不怕么？”八戒道：“不瞒你说，这三个妖魔，我师兄一棍就打死一个，我一钯就筑死一个，我还有个师弟，他一降妖杖又打死一个。三个都打死，我师父就过去了，有何难哉！”那老者笑道：

“这和尚不知深浅！那三个魔头，神通广大得紧哩！他手下小妖，南岭上有五千，北岭上有五千，东路口有一万，西路口有一万；巡哨的有四五千，把门的也有一万；烧火的无数，打柴的也无数：共计算有四万七八千。这都是有名字带牌儿的，专在此吃人。”那呆子闻得此言，战兢兢跑将转来，相近唐僧，且不回话，放下钯，在那里出恭。行者见了喝道：“你不回话，却蹲在那里怎的？”八戒道：“唬出屎来了！如今也不消说，赶早儿各自顾命去罢！”行者道：“这个呆根！我问信偏不惊恐，你去问就这等慌张失智！”长老道：“端的何如？”八戒道：“这老儿说：此山叫做八百里狮驼山，中间有座狮驼洞，洞里有三个老妖，有四万八千小妖，专在那里吃人。我们若躧着他些山边儿，就是他口里食了，莫想去得！”三藏闻言，战兢兢，毛骨悚然道：“悟空，如何是好？”行者笑道：“师父放心，没大事。想是这里有便有几个妖精，只是这里人胆小，把他就说出许多人，许多大，所以自惊自怪。有我哩！”八戒道：“哥哥说的是那里话！我比你不同，我问的是实，决无虚谬之言。满出满谷都是妖魔，怎生前进？”行者笑道：“呆子嘴脸，不要虚惊！若论满山满谷之魔，只消老孙一路棒，半夜打个罄尽！”八戒道：“不羞，不羞，莫说大话！那些妖精点卯也得七八日，怎么就打得罄尽？”行者道：“你说怎样打？”八戒道：“凭你抓倒，捆倒，使定身法定倒，也没有这等快的。”行者笑道：“不用甚么抓拿捆缚。我把这棍子两头一扯叫长，就有四十丈长短；幌一幌叫粗，就有八丈围圆粗细。往山南一滚，滚杀五千；山北一滚，滚杀五千；从东往西一滚，只怕四五万砑做肉泥烂酱！”八戒道：“哥哥，若是这等赶面打，或者二更时也都了了。”沙僧在旁笑道：“师父，有大师兄恁样神通，怕他怎的！请上马走啊。”唐僧见他们讲论手段，没奈何，只得宽心上马而走。

正行间，不见了那报信的老者，沙僧道：“他就是妖怪，故意狐假虎威的来传报，恐唬我们哩。”行者道：“不要忙，等我去看看。”好大圣，跳上高峰，四顾无迹，急转面，见半空中有彩霞幌亮，即纵云赶上看时，乃是太白金星。走到身边，用手扯住，口口声声只叫他的小名道：“李长庚！李长庚！你好惫懒！有甚话，当面来说便好，怎么装做个山林之老魔样混我！”金星慌忙施礼道：“大圣，报信来迟，乞勿罪！乞勿罪！这魔头果是神通广大，势要峥嵘，只看你挪移变化，乖巧机谋，可便过去；如若怠慢些儿，其实难去。”行者谢道：“感激！感激！果然此处难行，望老星上界与玉帝说声，借些天兵帮助老孙帮助。”金星道：“有！有！有！你只口信带去，就是十万天兵，也是有的。”

大圣别了金星，按落云头，见了三藏道：“适才那个老儿，原是太白星来与我们报信的。”长老合掌道：“徒弟，快赶上他，问他那里另有个路，我们转了去罢。”行者道：“转不得，此山径过有八百里，四周围不知更有多少路哩，怎么转得？”三藏闻言，止不住眼中流泪道：“徒弟，似此艰难，怎生拜佛！”行者道：“莫哭莫哭！一哭便脓包行了！他这报信，必有几分虚话，只是要我们着意留心，诚所谓以告者，过也。你且下马来坐着。”八戒道：

“又有甚商议？”行者道：“没甚商议，你且在这里用心保守师父，沙僧好生看守行李马匹，等老孙先上岭打听打听，看前后共有多少妖怪，拿住一个，问他个详细，教他写个执结，开个花名，把他老老小小，一一查明，吩咐他关了洞门，不许阻路，却请师父静静悄悄的过去，方显得老孙手段！”沙僧只教：“仔细！

仔细！”行者笑道：“不消嘱咐，我这一去，就是东洋大海也荡开路，就是铁裹银山也撞透门！”

好大圣，唿哨一声，纵筋斗云，跳上高峰，扳藤负葛，平山观看，那山里静悄无人。忽失声道：“错了！错了！不该放这金星老儿去了，他原来恐唬我，这里那有个甚么妖精！他就出来跳风顽耍，必定拈枪弄棒，操演武艺，如何没有一个？”正自家揣度，只听得山背后，叮叮当当、辟辟剥剥梆铃之声。急回头看处，原来是个小妖儿，掮着一杆“令”字旗，腰间悬着铃子，手里敲着梆子，从北向南而走。仔细看他，有一丈二尺的身子。行者暗笑道：“他必是个铺兵，想是送公文下报帖的。且等我去听他一听，看他说些甚话。”好大圣，捻着诀，念个咒，摇身一变，变做个苍蝇儿，轻轻飞在他帽子上，侧耳听之。只见那小妖走上大路，敲着梆，摇着铃，口里作念道：“我等寻山的，各人是谨慎堤防孙行者：他会变苍蝇！”行者闻言，暗自惊疑道：“这厮看见我了，若未看见，怎么就知我的名字，又知我会变苍蝇！”原来那小妖也不曾见他，只是那魔头不知怎么就吩咐他这话，却是个谣言，着他这等胡念。行者不知，反疑他看见，就要取出棒来打他，却又停住，暗想道：“曾记得八戒问金星时，他说老妖三个，小妖有四万七八千名。似这小妖，再多几万，也不打紧，却不知这三个老魔有多大手段。等我问他一问，动手不迟。”好大圣！你道他怎么去问？跳下他的帽子来，钉在树头上，让那小妖先行几步，急转身腾那，也变做个小妖儿，照依他敲着梆，摇着铃，掮着旗，一般衣服，只是比他略长了三五寸，口里也那般念着，赶上前叫道：“走路的，等我一等。”那小妖回头道：“你是那里来的？”行者笑道：“好人呀！一家人也不认得！”小妖道：

“我家没你呀。”行者道：“怎的没我？你认认看。”小妖道：“面生，认不得！认不得！”行者道：“可知道面生，我是烧火的，你会得我少。”小妖摇头道：“没有！没有！我洞里就是烧火的那些兄弟，也没有这个嘴尖的。”行者暗想道：“这个嘴好的变尖了些了。”即低头，把手侮着嘴揉一揉道：“我的嘴不尖啊。”真个就不尖了。那小妖道：“你刚才是个尖嘴，怎么揉一揉就不尖了？疑惑人子！大不好认！不是我一家的！少会少会！可疑可疑！我那大王家法甚严，烧火的只管烧火，巡山的只管巡山，终不然教你烧火，又教你来巡山？”行者口乖，就趁过来道：“你不知道，大王见我烧得火好，就升我来巡山。”小妖道：“也罢！

我们这巡山的，一班有四十名，十班共四百名，各自年貌，各自名色。大王怕我们乱了班次，不好点卯，一家与我们一个牌儿为号。你可有牌儿？”行者只见他那般打扮，那般报事，遂照他的模样变了，因不曾看见他的牌儿，所以身上没有。好大圣，更不说没有，就满口应承道：“我怎么没牌？但只是刚才领的新牌。拿你的出来我看。”那小妖那里知这个机括，即揭起衣服，贴身带着个金漆牌儿，穿条绒线绳儿，扯与行者看看。行者见那牌背是个威镇诸魔的金牌，正面有三个真字，是小钻风，他却心中暗想道：“不消说了！但是巡山的，必有个风字坠脚。”便道：“你且放下衣走过，等我拿牌儿你看。”即转身，插下手，将尾巴梢儿的小毫毛拔下一根，捻他把，叫“变！”即变做个金漆牌儿，也穿上个绿绒绳儿，上书三个真字，乃总钻风，拿出来，递与他看了。小妖大惊道：“我们都叫做个小钻风，偏你又叫做个甚么总钻风！”行者干事找绝，说话合宜，就道：“你实不知，大王见我烧得火好，把我升个巡风，又与我个新牌，叫做总巡风，教我管你这一班四十名兄弟也。”那妖闻言，即忙唱喏道：

“长官，长官，新点出来的，实是面生，言语冲撞，莫怪！”行者还着礼笑道：“怪便不怪你，只是一件：见面钱却要哩。每人拿出五两来罢。”小妖道：“长官不要忙，待我向南岭头会了我这一班的人，一总打发罢。”行者道：“既如此，我和你同去。”那小妖真个前走，大圣随后相跟。

不数里，忽见一座笔峰。何以谓之笔峰？那山头上长出一条峰来，约有四五丈高，如笔插在架上一般，故以为名。行者到边前，把尾巴掬一掬，跳上去坐在峰尖儿上，叫道：“钻风！都过来！”那些小钻风在下面躬身道：“长官，伺候。”行者道：“你可知大王点我出来之故？”小妖道：“不知。”行者道：“大王要吃唐僧，只怕孙行者神通广大，说他会变化，只恐他变作小钻风，来这里躧着路径，打探消息，把我升作总钻风，来查勘你们这一班可有假的。”小钻风连声应道：“长官，我们俱是真的。”行者道：“你既是真的，大王有甚本事，你可晓得？”小钻风道：“我晓得。”行者道：“你晓得，快说来我听。如若说得合着我，便是真的；若说差了一些儿，便是假的，我定拿去见大王处治。”那小钻风见他坐在高处，弄獐弄智，呼呼喝喝的，没奈何，只得实说道：“我大王神通广大，本事高强，一口曾吞了十万天兵。”行者闻说，吐出一声道：“你是假的！”小钻风慌了道：“长官老爷，我是真的，怎么说是假的？”行者道：“你既是真的，如何胡说！大王身子能有多大，一口都吞了十万天兵？”小钻风道：“长官原来不知，我大王会变化：要大能撑天堂，要小就如菜子。因那年王母娘娘设蟠桃大会，邀请诸仙，他不曾具柬来请，我大王意欲争天，被玉皇差十万天兵来降我大王，是我大王变化法身，张开大口，似城门一般，用力吞将去，唬得众天兵不敢交锋，关了南天门，故此是一口曾吞十万兵。”行者闻言暗笑道：“若是讲手头之话，老孙也曾干过。”又应声道：“二大王有何本事？”

小钻风道：“二大王身高三丈，卧蚕眉，丹凤眼，美人声，匾担牙，鼻似蛟龙。若与人争斗，只消一鼻子卷去，就是铁背铜身，也就魂亡魄丧！”行者道：“鼻子卷人的妖精也好拿。”又应声道：“三大王也有几多手段？”小钻风道：“我三大王不是凡间之怪物，名号云程万里鹏，行动时，抟风运海，振北图南。随身有一件儿宝贝，唤做阴阳二气瓶。假若是把人装在瓶中，一时三刻，化为浆水。”行者听说，心中暗惊道：“妖魔倒也不怕，只是仔细防他瓶儿。”又应声道：“三个大王的本事，你倒也说得不差，与我知道的一样。但只是那个大王要吃唐僧哩？”小钻风道：“长官，你不知道？”行者喝道：“我比你不知些儿！因恐汝等不知底细，吩咐我来着实盘问你哩！”小钻风道：“我大大王与二大王久住在狮驼岭狮驼洞。三大王不在这里住，他原住处离此西下有四百里远近。那厢有座城，唤做狮驼国。他五百年前吃了这城国王及文武官僚，满城大小男女也尽被他吃了干净，因此上夺了他的江山，如今尽是些妖怪。不知那一年打听得东土唐朝差一个僧人去西天取经，说那唐僧乃十世修行的好人，有人吃他一块肉，就延寿长生不老。只因怕他一个徒弟孙行者十分利害，自家一个难为，径来此处与我这两个大王结为兄弟，合意同心，打伙儿捉那个唐僧也。”行者闻言，心中大怒道：

“这泼魔十分无礼！我保唐僧成正果，他怎么算计要吃我的人！”恨一声，咬响钢牙，掣出铁棒，跳下高峰，把棍子望小妖头上砑了一砑，可怜，就砑得象一个肉陀！自家见了，又不忍道：

“咦！他倒是个好意，把些家常话儿都与我说了，我怎么却这一下子就结果了他？也罢也罢，左右是左右！”好大圣，只为师父阻路，没奈何干出这件事来。就把他牌儿解下，带在自家腰里，将“令”字旗掮在背上，腰间挂了铃，手里敲着梆子，迎风捻个诀，口里念个咒语，摇身一变，变的就象小钻风模样，拽回步，径转旧路，找寻洞府，去打探那三个老妖魔的虚实。这正是：千般变化美猴王，万样腾那真本事。

闯入深山，依着旧路正走处，忽听得人喊马嘶之声，即举目观之，原来是狮驼洞口有万数小妖排列着枪刀剑戟，旗帜旌旄。这大圣心中暗喜道：“李长庚之言，真是不妄！真是不妄！”

原来这摆列的有些路数：二百五十名作一大队伍。他只见有四十名杂彩长旗，迎风乱舞，就知有万名人马，却又自揣自度道：

“老孙变作小钻风，这一进去，那老魔若问我巡山的话，我必随机答应。倘或一时言语差讹，认得我啊，怎生脱体？就要往外跑时，那伙把门的挡住，如何出得门去？要拿洞里妖王，必先除了门前众怪！”你道他怎么除得众怪？好大圣想着：“那老魔不曾与我会面，就知我老孙的名头，我且倚着我的这个名头，仗着威风，说些大话，吓他一吓看。果然中土众僧有缘有分，取得经回，这一去，只消我几句英雄之言，就吓退那门前若干之怪；

假若众僧无缘无分，取不得真经啊，就是纵然说得莲花现，也除不得西方洞外精。”心问口，口问心，思量此计，敲着梆，摇着铃，径直闯到狮驼洞口，早被前营上小妖挡住道：“小钻风来了？”行者不应，低着头就走。走至二层营里，又被小妖扯住道：

“小钻风来了？”行者道：“来了。”众妖道：“你今早巡风去，可曾撞见甚么孙行者么？”行者道：“撞见的，正在那里磨扛子哩。”

众妖害怕道：“他怎么个模样？磨甚么扛子？”行者道：“他蹲在那涧边，还似个开路神；若站起来，好道有十数丈长！手里拿着一条铁棒，就似碗来粗细的一根大扛子，在那石崖上抄一把水，磨一磨，口里又念着：“扛子啊！这一向不曾拿你出来显显神通，这一去就有十万妖精，也都替我打死！等我杀了那三个魔头祭你！他要磨得明了，先打死你门前一万精哩！”那些小妖闻得此言，一个个心惊胆战，魂散魄飞。行者又道：“列位，那唐僧的肉也不多几斤，也分不到我处，我们替他顶这个缸怎的！

不如我们各自散一散罢。”众妖都道：“说得是，我们各自顾命去来。”假若是些军民人等，服了圣化，就死也不敢走。原来此辈都是些狼虫虎豹，走兽飞禽，呜的一声都哄然而去了。这个倒不象孙大圣几句铺头话，却就如楚歌声吹散了八千兵！行者暗自喜道：“好了！老妖是死了！闻言就走，怎敢觌面相逢？这进去还似此言方好；若说差了，才这伙小妖有一两个倒走进去听见，却不走了风讯？”你看他存心来古洞，仗胆入深门。毕竟不知见那个老魔头有甚吉凶，且听下回分解。

第七十五回　心猿钻透阴阳窍　魔王还归大道真

却说孙大圣进于洞口，两边观看，只见：骷髅若岭，骸骨如林。人头发躧成毡片，人皮肉烂作泥尘。人筋缠在树上，干焦晃亮如银。真个是尸山血海，果然腥臭难闻。东边小妖，将活人拿了剐肉；西下泼魔，把人肉鲜煮鲜烹。若非美猴王如此英雄胆，第二个凡夫也进不得他门。不多时，行入二层门里看时，呀！这里却比外面不同：清奇幽雅，秀丽宽平；左右有瑶草仙花，前后有乔松翠竹。又行七八里远近，才到三层门。闪着身偷着眼看处，那上面高坐三个老妖，十分狞恶。中间的那个生得：凿牙锯齿，圆头方面。声吼若雷，眼光如电。仰鼻朝天，赤眉飘焰。但行处，百兽心慌；若坐下，群魔胆战。这一个是兽中王，青毛狮子怪。左手下那个生得：凤目金睛，黄牙粗腿。长鼻银毛，看头似尾。圆额皱眉，身躯磊磊。细声如窈窕佳人，玉面似牛头恶鬼。这一个是藏齿修身多年的黄牙老象。右手下那一个生得：金翅鲲头，星睛豹眼。振北图南，刚强勇敢。变生翱翔，鷃笑龙惨。抟风翮百鸟藏头，舒利爪诸禽丧胆。这个是云程九万的大鹏雕。那两下列着有百十大小头目，一个个全装披挂，介胄整齐，威风凛凛，杀气腾腾。行者见了，心中欢喜，一些儿不怕，大踏步径直进门，把梆铃卸下，朝上叫声“大王。”三个老魔，笑呵呵问道：“小钻风，你来了？”行者应声道：“来了。”你去巡山，打听孙行者的下落何如？”行者道：“大王在上，我也不敢说起。”老魔道：“怎么不敢说？”行者道：“我奉大王命，敲着梆铃，正然走处，猛抬头只看见一个人，蹲在那里磨扛子，还象个开路神，若站将起来，足有十数丈长短。他就着那涧崖石上，抄一把水，磨一磨，口里又念一声，说他那扛子到此还不曾显个神通，他要磨明，就来打大王。我因此知他是孙行者，特来报知。”那老魔闻此言，浑身是汗，唬得战呵呵的道：“兄弟，我说莫惹唐僧。他徒弟神通广大，预先作了准备，磨棍打我们，却怎生是好？”教：“小的们，把洞外大小俱叫进来，关了门，让他过去罢。”那头目中有知道的报：“大王，门外小妖，已都散了。”老魔道：“怎么都散了？想是闻得风声不好也，快早关门！快早关门！”众妖乒乓把前后门尽皆牢拴紧闭。行者自心惊道：“这一关了门，他再问我家长里短的事，我对不来，却不弄走了风，被他拿住？且再唬他一唬，教他开着门，好跑。”又上前道：“大王，他还说得不好。”老魔道：“他又说甚么？”行者道：“他说拿大大王剥皮，二大王剐骨，三大王抽筋。你们若关了门不出去啊，他会变化，一时变了个苍蝇儿，自门缝里飞进，把我们都拿出去，却怎生是好？”老魔道：“兄弟们仔细，我这洞里，递年家没个苍蝇，但是有苍蝇进来，就是孙行者。”行者暗笑道：“就变个苍蝇唬他一唬，好开门。”大圣闪在旁边，伸手去脑后拔了一根毫毛，吹一口仙气，叫“变！”即变做一个金苍蝇，飞去望老魔劈脸撞了一头。那老怪慌了道：“兄弟！不停当！那话儿进门来了！”

惊得那大小群妖，一个个丫钯扫帚，都上前乱扑苍蝇。这大圣忍不住，款款的笑出声来。干净他不宜笑，这一笑笑出原嘴脸来了，却被那第三个老妖魔跳上前，一把扯住道：“哥哥，险些儿被他瞒了！”老魔道：“贤弟，谁瞒谁？”三怪道：“刚才这个回话的小妖，不是小钻风，他就是孙行者。必定撞见小钻风，不知是他怎么打杀了，却变化来哄我们哩。”行者慌了道：“他认得我了！”即把手摸摸，对老怪道：“我怎么是孙行者？我是小钻风，大王错认了。”老魔笑道：“兄弟，他是小钻风。他一日三次在面前点卯，我认得他。”又问：“你有牌儿么？”行者道：“有。”

掳着衣服，就拿出牌子。老怪一发认实道：“兄弟，莫屈了他。”

三怪道：“哥哥，你不曾看见他，他才子闪着身，笑了一声，我见他就露出个雷公嘴来。见我扯住时，他又变作个这等模样。”

叫：“小的们，拿绳来！”众头目即取绳索。三怪把行者扳翻倒，四马攒蹄捆住，揭起衣裳看时，足足是个弼马温。原来行者有七十二般变化，若是变飞禽、走兽、花木、器皿、昆虫之类，却就连身子滚去了；但变人物，却只是头脸变了，身子变不过来，果然一身黄毛，两块红股，一条尾巴。老妖看着道：“是孙行者的身子，小钻风的脸皮，是他了！”教：“小的们，先安排酒来，与你三大王递个得功之杯。既拿倒了孙行者，唐僧坐定是我们口里食也。”三怪道：“且不要吃酒。孙行者溜撒，他会逃遁之法，只怕走了。教小的们抬出瓶来，把孙行者装在瓶里，我们才好吃酒。”老魔大笑道：“正是！正是！”即点三十六个小妖，入里面开了库房门，抬出瓶来。你说那瓶有多大？只得二尺四寸高。怎么用得三十六个人抬？那瓶乃阴阳二气之宝，内有七宝八卦、二十四气，要三十六人，按天罡之数，才抬得动。不一时，将宝瓶抬出，放在三层门外，展得干净，揭开盖，把行者解了绳索，剥了衣服，就着那瓶中仙气，飕的一声，吸入里面，将盖子盖上，贴了封皮，却去吃酒道：“猴儿今番入我宝瓶之中，再莫想那西方之路！若还能彀拜佛求经，除是转背摇车，再去投胎夺舍是。”你看那大小群妖，一个个笑呵呵都去贺功不题。

却说大圣到了瓶中，被那宝贝将身束得小了，索性变化，蹲在当中。半晌，倒还荫凉，忽失声笑道：“这妖精外有虚名，内无实事。怎么告诵人说这瓶装了人，一时三刻，化为脓血？若似这般凉快，就住上七八年也无事！”咦！大圣原来不知那宝贝根由：假若装了人，一年不语，一年荫凉，但闻得人言，就有火来烧了。大圣未曾说完，只见满瓶都是火焰。幸得他有本事，坐在中间，捻着避火诀，全然不惧。耐到半个时辰，四周围钻出四十条蛇来咬。行者轮开手，抓将过来，尽力气一搯，搯做八十段。少时间，又有三条火龙出来，把行者上下盘绕，着实难禁，自觉慌张无措道："别事好处，这三条火龙难为。再过一会不出，弄得火气攻心，怎了？"他想道："我把身子长一长，券破罢。"好大圣，捻着诀，念声咒，叫"长！"即长了丈数高下，那瓶紧靠着身，也就长起去，他把身子往下一小，那瓶儿也就小下来了。行者心惊道："难！难！难！怎么我长他也长，我小他也小？如之奈何！"说不了，孤拐上有些疼痛，急伸手摸摸，却被火烧软了，自己心焦道："怎么好？孤拐烧软了！弄做个残疾之人了！"忍不住吊下泪来，这正是：遭魔遇苦怀三藏，着难临危虑圣僧，道："师父啊！当年皈正，蒙观音菩萨劝善，脱离天灾，我与你苦历诸山，收殄多怪，降八戒，得沙僧，千辛万苦，指望同证西方，共成正果。何期今日遭此毒魔，老孙误入于此，倾了性命，撇你在半山之中，不能前进！想是我昔日名高，故有今朝之难！"正此凄怆，忽想起菩萨当年在蛇盘山曾赐我三根救命毫毛，不知有无，且等我寻一寻看。即伸手浑身摸了一把，只见脑后有三根毫毛，十分挺硬，忽喜道："身上毛都如彼软熟，只此三根如此硬枪，必然是救我命的。"即便咬着牙，忍着疼，拔下毛，吹口仙气，叫"变！"一根即变作金钢钻，一根变作竹片，一根变作绵绳。扳张篾片弓儿，牵着那钻，照瓶底下飕飕的一顿钻，钻成一个眼孔，诱进光亮，喜道："造化！造化！却好出去也！"才变化出身，那瓶复荫凉了。怎么就凉？原来被他钻了，把阴阳之气泄了，故此遂凉。

好大圣，收了毫毛，将身一小，就变做个蟭蟟虫儿，十分轻巧，细如须发，长似眉毛，自孔中钻出，且还不走，径飞在老魔头上钉着。那老魔正饮酒，猛然放下杯儿道："三弟，孙行者这回化了么？"三魔笑道："还到此时哩？"老魔教传令抬上瓶来。

那下面三十六个小妖即便抬瓶，瓶就轻了许多，慌得众小妖报道："大王，瓶轻了！"老魔喝道："胡说！宝贝乃阴阳二气之全功，如何轻了！"内中有一个勉强的小妖，把瓶提上来道："你看这不轻了？"老魔揭盖看时，只见里面透亮，忍不住失声叫道：

"这瓶里空者，控也！"大圣在他头上，也忍不住道一声"我的儿啊，搜者，走也！"众怪听见道："走了走了！"即传令："关门关门！"

那行者将身一抖，收了剥去的衣服，现本相，跳出洞外。回头骂道："妖精不要无礼！瓶子钻破，装不得人了，只好拿了出恭！"喜喜欢欢，嚷嚷闹闹，踏着云头，径转唐僧处。那长老正在那里撮土为香，望空祷祝，行者且停云头，听他祷祝甚的。那长老合掌朝天道："祈请云霞众位仙，六丁六甲与诸天。愿保贤徒孙行者，神通广大法无边。"大圣听得这般言语，更加努力，收敛云光，近前叫道："师父，我来了！"长老搀住道："悟空劳碌，你远探高山，许久不回，我甚忧虑。端的这山中有何吉凶？"行者笑道："师父，才这一去，一则是东土众僧有缘有分，二来是师父功德无量无边，三也亏弟子法力！"将前项妆钻风、陷瓶里及脱身之事，细陈了一遍，"今得见尊师之面，实为两世之人也！"长老感谢不尽道："你这番不曾与妖精赌斗么？"行者道：

"不曾。"长老道："这等保不得我过山了？"行者是个好胜的人，叫喊道："我怎么保你过山不得？"长老道："不曾与他见个胜负，只这般含糊，我怎敢前进！"大圣笑道："师父，你也忒不通变。常言道，单丝不线，孤掌难鸣。那魔三个，小妖千万，教老孙一人，怎生与他赌斗？"长老道："寡不敌众，是你一人也难处。八戒、沙僧他也都有本事，教他们都去，与你协力同心，扫净山路，保我过去罢。"行者沉吟道："师言最当，着沙僧保护你，着八戒跟我去罢。"那呆子慌了道："哥哥没眼色！我又粗夯，无甚本事，走路扛风，跟你何益？"行者道："兄弟，你虽无甚本事，好道也是个人。俗云放屁添风，你也可壮我些胆气。"八戒道："也罢也罢，望你带挈带挈。但只急溜处，莫捉弄我。"长老道："八戒在意，我与沙僧在此。"

那呆子抖擞神威，与行者纵着狂风，驾着云雾，跳上高山，即至洞口，早见那洞门紧闭，四顾无人。行者上前，执铁棒，厉声高叫道："妖怪开门！快出来与老孙打耶！"那洞里小妖报入，老魔心惊胆战道："几年都说猴儿狠，话不虚传果是真！"二老怪在旁问道："哥哥怎么说？"老魔道："那行者早间变小钻风混进来，我等不能相识。幸三贤弟认得，把他装在瓶里。他弄本事，钻破瓶儿，却又摄去衣服走了。如今在外叫战，谁敢与他打个头仗？"更无一人答应，又问又无人答，都是那装聋推哑。老魔发怒道："我等在西方大路上，忝着个丑名，今日孙行者这般藐视，若不出去与他见阵，也低了名头。等我舍了这老性命去与他战上三合！三合战得过，唐僧还是我们口里食；战不过，那时关了门，让他过去罢。"遂取披挂结束了，开门前走。

行者与八戒在门旁观看，真是好一个怪物：铁额铜头戴宝盔，盔缨飘舞甚光辉。辉辉掣电双睛亮，亮亮铺霞两鬓飞。勾爪如银尖且利，锯牙似凿密还齐。身披金甲无丝缝，腰束龙绦有见机。手执钢刀明晃晃，英雄威武世间稀。一声吆喝如雷震，问道"敲门者是谁？"大圣转身道：是你孙老爷齐天大圣也。"老魔笑道："你是孙行者？大胆泼猴！我不惹你，你却为何在此叫战？"行者道："有风方起浪，无潮水自平。你不惹我，我好寻你？

只因你狐群狗党，结为一伙，算计吃我师父，所以来此施为。"

老魔道："你这等雄纠纠的，嚷上我门，莫不是要打么？"行者道："正是。"老魔道："你休猖獗！我若调出妖兵，摆开阵势，摇旗擂鼓，与你交战，显得我是坐家虎，欺负你了。我只与你一个对一个，不许帮丁！"行者闻言叫："猪八戒走过，看他把老孙怎的！"那呆子真个闪在一边。老魔道："你过来，先与我做个桩儿，让我尽力气着光头砍上三刀，就让你唐僧过去；假若禁不得，快送你唐僧来，与我做一顿下饭！"行者闻言笑道："妖怪，你洞里若有纸笔，取出来，与你立个合同。自今日起，就砍到明年，我也不与你当真！"那老魔抖擞威风，丁字步站定，双手举刀，望大圣劈顶就砍。这大圣把头往上一迎，只闻扢扠一声响，头皮儿红也不红。那老魔大惊道："这猴子好个硬头儿！"大圣笑道："你不知，老孙是：生就铜头铁脑盖，天地乾坤世上无。斧砍锤敲不得碎，幼年曾入老君炉。四斗星官监临适，二十八宿用工夫。水浸几番不得坏，周围扢搭板筋铺。唐僧还恐不坚固，预先又上紫金箍。"老魔道："猴儿不要说嘴！看我这二刀来，决不容你性命！"行者道："不见怎的，左右也只这般砍罢了。"老魔道："猴儿，你不知这刀：金火炉中造，神功百炼熬。锋刃依三略，刚强按六韬。却似苍蝇尾，犹如白蟒腰。入山云荡荡，下海浪滔滔。琢磨无遍数，煎熬几百遭。深山古洞放，上阵有功劳。

搀着你这和尚天灵盖，一削就是两个瓢！"大圣笑道："这妖精没眼色！把老孙认做个瓢头哩！也罢，误砍误让，教你再砍一刀看怎么。"那老魔举刀又砍，大圣把头迎一迎，乒乓的劈做两半个；大圣就地打个滚，变做两个身子。那妖一见慌了，手按下钢刀。猪八戒远远望见，笑道："老魔好砍两刀的！却不是四个人了？"老魔指定行者道："闻你能使分身法，怎么把这法儿拿出在我面前使！"大圣道："何为分身法？"老魔道："为甚么先砍你一刀不动，如今砍你一刀，就是两个人？"大圣笑道："妖怪，你切莫害怕。砍上一万刀，还你二万个人！"老魔道："你这猴儿，你只会分身，不会收身。你若有本事收做一个，打我一棍去罢。”大圣道：“不许说谎，你要砍三刀，只砍了我两刀；教我打一棍，若打了棍半，就不姓孙！”老魔道：“正是，正是。”

好大圣，就把身搂上来，打个滚，依然一个身子，掣棒劈头就打，那老魔举刀架住道：“泼猴无礼！甚么样个哭丧棒，敢上门打人？”大圣喝道：“你若问我这条棍，天上地下，都有名声。”

老魔道：“怎见名声？”他道：“棒是九转镔铁炼，老君亲手炉中煅。禹王求得号神珍，四海八河为定验。中间星斗暗铺陈，两头箝裹黄金片。花纹密布鬼神惊，上造龙纹与凤篆。名号灵阳棒一条，深藏海藏人难见。成形变化要飞腾，飘飖五色霞光现。

老孙得道取归山，无穷变化多经验。时间要大瓮来粗，或小些微如铁线。粗如南岳细如针，长短随吾心意变。轻轻举动彩云生，亮亮飞腾如闪电。攸攸冷气逼人寒，条条杀雾空中现。降龙伏虎谨随身，天涯海角都游遍。曾将此棍闹天宫，威风打散蟠桃宴。天王赌斗未曾赢，哪吒对敌难交战。棍打诸神没躲藏，天兵十万都逃窜。雷霆众将护灵霄，飞身打上通明殿。掌朝天使尽皆惊，护驾仙卿俱搅乱。举棒掀翻北斗宫，回首振开南极院。金阙天皇见棍凶，特请如来与我见。兵家胜负自如然，困苦灾危无可辨。整整挨排五百年，亏了南海菩萨劝。大唐有个出家僧，对天发下洪誓愿。枉死城中度鬼魂，灵山会上求经卷。

西方一路有妖魔，行动甚是不方便。已知铁棒世无双，央我途中为侣伴。邪魔汤着赴幽冥，肉化红尘骨化面。处处妖精棒下亡，论万成千无打算。上方击坏斗牛宫，下方压损森罗殿。天将曾将九曜追，地府打伤催命判。半空丢下振山川，胜如太岁新华剑。全凭此棍保唐僧，天下妖魔都打遍！”

那魔闻言，战兢兢舍着性命，举刀就砍。猴王笑吟吟使铁棒前迎。他两个先时在洞前撑持，然后跳起去，都在半空里厮杀。这一场好杀：天河定底神珍棒，棒名如意世间高。夸称手段魔头恼，大捍刀擎法力豪。门外争持还可近，空中赌斗怎相饶！一个随心更面目，一个立地长身腰。杀得满天云气重，遍野雾飘飘。那一个几番立意吃三藏，这一个广施法力保唐朝。

都因佛祖传经典，邪正分明恨苦交。那老魔与大圣斗经二十余合，不分输赢。原来八戒在底下见他两个战到好处，忍不住掣钯架风，跳将起去，望妖魔劈脸就筑。那魔慌了，不知八戒是个呼头性子，冒冒失失的唬人，他只道嘴长耳大，手硬钯凶，败了阵，丢了刀，回头就走。大圣喝道：“赶上！赶上！”这呆子仗着威风，举着钉钯，即忙赶下怪去。老魔见他赶的相近，在坡前立定，迎着风头，幌一幌现了原身，张开大口，就要来吞八戒。八戒害怕，急抽身往草里一钻，也管不得荆针棘刺，也顾不得刮破头疼，战兢兢的，在草里听着梆声。随后行者赶到，那怪也张口来吞，却中了他的机关，收了铁棒，迎将上去，被老魔一口吞之。唬得个呆子在草里囊囊咄咄的埋怨道：“这个弼马温，不识进退！那怪来吃你，你如何不走，反去迎他！这一口吞在肚中，今日还是个和尚，明日就是个大恭也！”那魔得胜而去。这呆子才钻出草来，溜回旧路。

却说三藏在那山坡下，正与沙僧盼望，只见八戒喘呵呵的跑来。三藏大惊道：“八戒，你怎么这等狼狈？悟空如何不见？”

呆子哭哭啼啼道：“师兄被妖精一口吞下肚去了！”三藏听言，唬倒在地，半晌间跌脚拳胸道：“徒弟呀！只说你善会降妖，领我西天见佛，怎知今日死于此怪之手！苦哉，苦哉！我弟子同众的功劳，如今都化作尘土矣！’那师父十分苦痛。你看那呆子，他也不来劝解师父，却叫：“沙和尚，你拿将行李来，我两个分了罢。”沙僧道：“二哥，分怎的？”八戒道：”分开了，各人散火：你往流沙河，还去吃人；我往高老庄，看看我浑家。将白马卖了，与师父买个寿器送终。”长老气呼呼的，闻得此言，叫皇天，放声大哭。且不题。

却说那老魔吞了行者，以为得计，径回本洞。众妖迎问出战之功，老魔道：“拿了一个来了。”二魔喜道：“哥哥拿的是谁？”老魔道：“是孙行者。”二魔道：“拿在何处？”老魔道：“被我一口吞在腹中哩。”第三个魔头大惊道：“大哥啊，我就不曾吩咐你，孙行者不中吃！”那大圣肚里道：“忒中吃！又禁饥，再不得饿”慌得那小妖道：“大王，不好了！孙行者在你肚里说话哩！”老魔道：“怕他说话！有本事吃了他，没本事摆布他不成？

你们快去烧些盐白汤，等我灌下肚去，把他哕出来，慢慢的煎了吃酒。”小妖真个冲了半盆盐汤。老怪一饮而干，洼着口，着实一呕，那大圣在肚里生了根，动也不动，却又拦着喉咙，往外又吐，吐得头晕眼花，黄胆都破了，行者越发不动。老魔喘息了，叫声：“孙行者，你不出来？”行者道：“早哩！正好不出来哩！”老魔道：“你怎么不出？”行者道：“你这妖精，甚不通变。我自做和尚，十分淡薄：如今秋凉，我还穿个单直裰。这肚里倒暖，又不透风，等我住过冬才好出来。”众妖听说，都道：“大王，孙行者要在你肚里过冬哩！”老魔道：“他要过冬，我就打起禅来，使个搬运法，一冬不吃饭，就饿杀那弼马温！”大圣道：“我儿子，你不知事！老孙保唐僧取经，从广里过，带了个折迭锅儿，进来煮杂碎吃。将你这里边的肝肠肚肺细细儿受用，还彀盘缠到清明哩！”那二魔大惊道：“哥啊，这猴子他干得出来！”

三魔道：“哥啊，吃了杂碎也罢，不知在那里支锅。”行者道：“三叉骨上好支锅。”三魔道：“不好了！假若支起锅，烧动火烟，燎到鼻孔里，打嚏喷么？”行者笑道：“没事！等老孙把金箍棒往顶门里一搠，搠个窟窿：一则当天窗，二来当烟洞。”老魔听说，虽说不怕，却也心惊，只得硬着胆叫：“兄弟们，莫怕，把我那药酒拿来，等我吃几锺下去，把猴儿药杀了罢！”行者暗笑道：“老孙五百年前大闹天宫时，吃老君丹，玉皇酒，王母桃，及凤髓龙肝，那样东西我不曾吃过？是甚么药酒，敢来药我？”那小妖真个将药酒筛了两壶，满满斟了一锺，递与老魔。老魔接在手中，大圣在肚里就闻得酒香，道：“不要与他吃！”好大圣，把头一扭，变做个喇叭口子，张在他喉咙之下。那怪咽的咽下，被行者咽的接吃了。第二锺咽下，被行者咽的又接吃了。一连咽了七八锺，都是他接吃了。老魔放下锺道：“不吃了，这酒常时吃两锺，腹中如火，却才吃了七八锺，脸上红也不红！”原来这大圣吃不多酒，接了他七八锺吃了，在肚里撒起酒风来，不住的支架子，跌四平，踢飞脚，抓住肝花打秋千，竖蜻蜓，翻根头乱舞。

那怪物疼痛难禁，倒在地下。毕竟不知死活如何，且听下回分解。

第七十六回　心神居舍魔归性　木母同降怪体真

话表孙大圣在老魔肚里支吾一会，那魔头倒在尘埃，无声无气，若不言语，想是死了，却又把手放放。魔头回过气来，叫一声：“大慈大悲齐天大圣菩萨！”行者听见道：“儿子，莫废工夫，省几个字儿，只叫孙外公罢。”那妖魔惜命，真个叫：“外公！外公！是我的不是了！一差二误吞了你，你如今却反害我。万望大圣慈悲，可怜蝼蚁贪生之意，饶了我命，愿送你师父过山也。”大圣虽英雄，甚为唐僧进步，他见妖魔哀告，好奉承的人，也就回了善念，叫道：“妖怪，我饶你，你怎么送我师父？”老魔道：“我这里也没甚么金银、珠翠、玛瑙、珊瑚、琉璃、琥珀、玳瑁珍奇之宝相送，我兄弟三个，抬一乘香藤轿儿，把你师父送过此山。”行者笑道：“既是抬轿相送，强如要宝。你张开口，我出来。”那魔头真个就张开口。那三魔走近前，悄悄的对老魔道：

“大哥，等他出来时，把口往下一咬，将猴儿嚼碎，咽下肚，却不得磨害你了。”原来行者在里面听得，便不先出去，却把金箍棒伸出，试他一试。那怪果往下一口，扢喳的一声，把个门牙都迸碎了。行者抽回棒道：“好妖怪！我倒饶你性命出来，你反咬我，要害我命！我不出来，活活的只弄杀你！不出来！不出来！”老魔报怨三魔道：“兄弟，你是自家人弄自家人了。且是请他出来好了，你却教我咬他。他倒不曾咬着，却迸得我牙龈疼痛，这是怎么起的！“三魔见老魔怪他，他又作个激将法，厉声高叫道：

“孙行者，闻你名如轰雷贯耳，说你在南天门外施威，灵霄殿下逞势。如今在西天路上降妖缚怪，原来是个小辈的猴头！”行者道：“我何为小辈？”三怪道：“好汉千里客，万里去传名。你出来，我与你赌斗，才是好汉；怎么在人肚里做勾当！非小辈而何？”行者闻言，心中暗想道：“是是是！我若如今扯断他肠，揌破他肝，弄杀这怪，有何难哉？但真是坏了我的名头。也罢！也罢！你张口，我出来与你比并。但只是你这洞口窄逼，不好使家火，须往宽处去。”三魔闻说，即点大小怪，前前后后，有三万多精，都执着精锐器械，出洞摆开一个三才阵势，专等行者出口，一齐上阵。那二怪搀着老魔，径至门外叫道：“孙行者！好汉出来！此间有战场，好斗！”

大圣在他肚里，闻得外面鸦鸣鹊噪，鹤唳风声，知道是宽阔之处，却想着：“我不出去，是失信与他；若出去，这妖精人面兽心。先时说送我师父，哄我出来咬我，今又调兵在此。也罢也罢，与他个两全其美：出去便出去，还与他肚里生下一个根儿。”即转手，将尾上毫毛拔了一根，吹口仙气，叫“变！”即变一条绳儿，只有头发粗细，倒有四十丈长短。那绳儿理出去，见风就长粗了。把一头拴着妖怪的心肝系上，打做个活扣儿，那扣儿不扯不紧，扯紧就痛。却拿着一头笑道：“这一出去，他送我师父便罢；如若不送，乱动刀兵，我也没工夫与他打，只消扯此绳儿，就如我在肚里一般！”又将身子变得小小的，往外爬，爬到咽喉之下，见妖精大张着方口，上下钢牙，排如利刃，忽思量道：“不好！不好！若从口里出去扯这绳儿，他怕疼，往下一嚼，却不咬断了？我打他没牙齿的所在出去。”好大圣，理着绳儿，从他那上腭子往前爬，爬到他鼻孔里。那老魔鼻子发痒，“阿口妻”的一声，打了个喷嚏，却迸出行者。行者见了风，把腰躬一躬，就长了有三丈长短，一只手扯着绳儿，一只手拿着铁棒。那魔头不知好歹，见他出来了，就举钢刀，劈脸来砍，这大圣一只手使铁棒相迎。又见那二怪使枪，三怪使戟，没头没脸的乱上。大圣放松了绳，收了铁棒，急纵身驾云走了，原来怕那伙小妖围绕，不好干事。他却跳出营外，去那空阔山头上，落下云，双手把绳尽力一扯，老魔心里才疼。他害疼往上一挣，大圣复往下一扯。众小妖远远看见，齐声高叫道：“大王，莫惹他！让他去罢！这猴儿不按时景，清明还未到，他却那里放风筝也！”

大圣闻言，着力气蹬了一蹬，那老魔从空中，拍刺刺似纺车儿一般跌落尘埃，就把那山坡下死硬的黄土跌做个二尺浅深之坑。慌得那二怪三怪一齐按下云头，上前拿住绳儿，跪在坡下哀告道：“大圣啊，只说你是个宽洪海量之仙，谁知是个鼠腹蜗肠之辈。实实的哄你出来，与你见阵，不期你在我家兄心上拴了一根绳子！”行者笑道：“你这伙泼魔，十分无礼！前番哄我出去便就咬我，这番哄我出来，却又摆阵敌我。似这几万妖兵，战我一个，理上也不通，扯了去！扯了去见我师父！”那怪一齐叩头道，“大圣慈悲，饶我性命，愿送老师父过山！”行者笑道：“你要性命，只消拿刀把绳子割断罢了。”老魔道：“爷爷呀，割断外边的，这里边的拴在心上，喉咙里又恭恭的恶心，怎生是好？”

行者道：“既如此，张开口，等我再进去解出绳来。”老魔慌了道：“这一进去，又不肯出来，却难也！却难也！”行者道：“我有本事外边就可以解得里面绳头也，解了可实实的送我师父么？”老魔道：“但解就送，决不敢打诳语。”大圣审得是实，即便将身一抖，收了毫毛，那怪的心就不疼了。这是孙大圣掩样的法儿，使毫毛拴着他的心，收了毫毛，所以就不害疼也。三个妖纵身而起，谢道：“大圣请回，上复唐僧，收拾下行李，我们就抬轿来送。”众怪偃干戈，尽皆归洞。

大圣收绳子，径转山东，远远的看见唐僧睡在地下打滚痛哭，猪八戒与沙僧解了包袱，将行李搭分儿，在那里分哩。行者暗暗嗟叹道：“不消讲了，这定是八戒对师父说我被妖精吃了，师父舍不得我痛哭，那呆子却分东西散火哩。咦！不知可是此意，且等我叫他一声看。”落下云头叫道：“师父！”沙僧听见，报怨八戒道：“你是个棺材座子，专一害人！师兄不曾死，你却说他死了，在这里干这个勾当！那里不叫将来了？”八戒道：“我分明看见他被妖精一口吞了。想是日辰不好，那猴子来显魂哩。”

行者到跟前，一把挝住八戒脸，一个巴掌打了个踉跄，道：“夯货！我显甚么魂？”呆子侮着脸道：“哥哥，你实是那怪吃了，你、你怎么又活了？”行者道：“象你这个不济事的脓包！他吃了我，我就抓他肠，捏他肺，又把这条绳儿穿住地的心，扯他疼痛难禁，一个个叩头哀告，我才饶了他性命。如今抬轿来送我师父过山也。”那三藏闻言，一骨鲁爬起来，对行者躬身道：“徒弟啊，累杀你了！若信悟能之言，我已绝矣！”行者轮拳打着八戒骂道：“这个馕糠的呆子，十分懈怠，甚不成人！师父，你切莫恼，那怪就来送你也。”沙僧也甚生惭愧，连忙遮掩，收拾行李，扣背马匹，都在途中等候不题。

却说三个魔头帅群精回洞，二怪道：“哥哥，我只道是个九头八尾的孙行者，原来是恁的个小小猴儿！你不该吞他，只与他斗时，他那里斗得过你我！洞里这几万妖精，吐唾沫也可湅{杀他。你却将他吞在肚里，他便弄起法来，教你受苦，怎么敢与他比较？才自说送唐僧，都是假意，实为兄长性命要紧，所以哄他出来。决不送他！”老魔道：“贤弟不送之故，何也？”二怪道：

“你与我三千小妖，摆开阵势，我有本事拿住这个猴头！”老魔道：“莫说三千，凭你起老营去，只是拿住他便大家有功。”那二魔即点三千小妖，径到大路旁摆开，着一个蓝旗手往来传报，教：“孙行者！赶早出来，与我二大王爷爷交战！”八戒听见笑道：“哥啊，常言道，说谎不瞒当乡人，就来弄虚头捣鬼！怎么说降了妖精，就抬轿来送师父，却又来叫战，何也？”行者道：“老怪已被我降了，不敢出头，闻着个孙字儿，也害头疼。这定是二妖魔不伏气送我们，故此叫战。我道兄弟，这妖精有弟兄三个，这般义气；我弟兄也是三个，就没些义气？我已降了大魔，二魔出来，你就与他战战，未为不可。”八戒道：“怕他怎的！等我去打他一仗来！”行者道：“要去便去罢。”八戒笑道：“哥啊，去便去，你把那绳儿借与我使使。”行者道：“你要怎的？你又没本事钻在肚里，你又没本事拴在他心上，要他何用？”八戒道：“我要扣在这腰间，做个救命索。你与沙僧扯住后手，放我出去，与他交战。估着赢了他，你便放松，我把他拿住；若是输与他，你把我扯回来，莫教他拉了去。”真个行者暗笑道：“也是捉弄呆子一番！”就把绳儿扣在他腰里，撮弄他出战。

那呆子举钉钯跑上山崖，叫道：“妖精出来！与你猪祖宗打来！”那蓝旗手急报道：“大王，有一个长嘴大耳朵的和尚来了。”二怪即出营，见了八戒，更不打话，挺枪劈面刺来。这呆子举钯上前迎住。他两个在山坡前搭上手，斗不上七八回合，呆子手软，架不得妖魔，急回头叫：“师兄，不好了！扯扯救命索，扯扯救命索！”这壁厢大圣闻言，转把绳子放松了抛将去。那呆子败了阵，往后就跑。原来那绳子拖着走还不觉，转回来，因松了，倒有些绊脚，自家绊倒了一跌，爬起来又一跌。始初还跌个蹦踵，后面就跌了个嘴抢地。被妖精赶上，捽开鼻子，就如蛟龙一般，把八戒一鼻子卷住，得胜回洞。众妖凯歌齐唱，一拥而归。

这坡下三藏看见，又恼行者道："悟空，怪不得悟能咒你死哩！原来你兄弟全无相亲相爱之意，专怀相嫉相妒之心！他那般说，教你扯扯救命索，你怎么不扯，还将索子丢去？如今教他被害，却如之何？"行者笑道："师父也忒护短，忒偏心！罢了，象老孙拿去时，你略不挂念，左右是舍命之材；这呆子才自遭擒，你就怪我。也教他受些苦恼，方见取经之难。"三藏道："徒弟啊，你去，我岂不挂念？想着你会变化，断然不至伤身。那呆子生得狼犺，又不会腾那，这一去，少吉多凶，你还去救他一救。"

行者道："师父不得报怨，等我去救他一救。"急纵身赶上山，暗中恨道："这呆子咒我死，且莫与他个快活！且跟去看那妖精怎么摆布他，等他受些罪，再去救他。"即捻诀念起真言，摇身一变，即变做个蟭蟟虫，飞将去，钉在八戒耳朵根上，同那妖精到了洞里。二魔帅三千小怪，大吹大打的，至洞口屯下，自将八戒拿入里边道："哥哥，我拿了一个来也。"老怪道："拿来我看。"

他把鼻子放松，捽下八戒道："这不是？"老怪道："这厮没用。"

八戒闻言道："大王，没用的放出去，寻那有用的捉来罢。"三怪道："虽是没用，也是唐僧的徒弟猪八戒。且捆了，送在后边池塘里浸着，待浸退了毛，破开肚子，使盐腌了晒干，等天阴下酒。"八戒大惊道："罢了罢了！撞见那贩腌的妖怪也！"众怪一齐下手，把呆子四马攒蹄捆住，扛扛抬抬，送至池塘边，往中间一推，尽皆转去。

大圣却飞起来看处，那呆子四肢朝上，掘着嘴，半浮半沉，嘴里呼呼的，着然好笑，倒象八九月经霜落了子儿的一个大黑莲蓬。大圣见他那嘴脸，又恨他，又怜他，说道："怎的好么？他也是龙华会上的一个人，但只恨他动不动分行李散火，又要撺掇师父念《紧箍咒》咒我。我前日曾闻得沙僧说，也攒了些私房，不知可有否，等我且吓他一吓看。"好大圣，飞近他耳边，假捏声音叫声："猪悟能！猪悟能！"八戒慌了道："晦气呀！我这悟能是观世音菩萨起的，自跟了唐僧，又呼做八戒，此间怎么有人知道我叫做悟能？"呆子忍不住问道："是那个叫我的法名？"行者道："是我。"呆子道："你是那个？"行者道："我是勾司人。"那呆子慌了道："长官，你是那里来的？"行者道："我是五阎王差来勾你的。"那呆子道："长官，你且回去，上复五阎王，他与我师兄孙悟空交得甚好，教他让我一日儿，明日来勾罢。"

行者道："胡说！阎王注定三更死，谁敢留人到四更！趁早跟我去，免得套上绳子扯拉！"呆子道："长官，那里不是方便，看我这般嘴脸，还想活哩。死是一定死，只等一日，这妖精连我师父们都拿来，会一会，就都了帐也。"行者暗笑道："也罢，我这批上有三十个人，都在这中前后，等我拘将来就你，便有一日耽阁。你可有盘缠，把些儿我去。"八戒道："可怜啊！出家人那里有甚么盘缠？"行者道："若无盘缠索了去！跟着我走！"呆子慌了道："长官不要索，我晓得你这绳儿叫做追命绳，索上就要断气。有有有！有便有些儿，只是不多。"行者道："在那里？快拿出来！"八戒道："可怜，可怜！我自做了和尚，到如今，有些善信的人家斋僧，见我食肠大，衬钱比他们略多些儿，我拿了攒在这里，零零碎碎有五钱银子，因不好收拾，前者到城中，央了个银匠煎在一处，他又没天理，偷了我几分，只得四钱六分一块儿，你拿了去罢。"行者暗笑道："这呆子裤子也没得穿，却藏在何处？咄！你银子在那里？"八戒道："在我左耳朵眼儿里揌着哩。我捆了拿不得，你自家拿了去罢。"行者闻言，即伸手在耳朵窍中摸出，真个是块马鞍儿银子，足有四钱五六分重，拿在手里，忍不住哈哈的大笑一声。那呆子认是行者声音，在水里乱骂道："天杀的弼马温！到这们苦处还来打诈财物哩！"行者又笑道："我把你这馕糟的！老孙保师父，不知受了多少苦难，你到攒下私房！"八戒道："嘴脸！这是甚么私房！都是牙齿上刮下来的，我不舍得买了嘴吃，留了买匹布儿做件衣服，你却吓了我的。还分些儿与我。"行者道："半分也没得与你！"八戒骂道："买命钱让与你罢，好道也救我出去是。"行者道："莫发急，等我救你。"将银子藏了，即现原身，掣铁棒把呆子划拢，用手提着脚，扯上来，解了绳。八戒跳起来，脱下衣裳，整干了水，抖一抖，潮漉漉的披在身上，道："哥哥，开后门走了罢。"行者道："后门里走，可是个长进的？还打前门上去。"八戒道："我的脚捆麻了，跑不动。"行者道："快跟我来。"

好大圣，把铁棒一路丢开解数，打将出去。那呆子忍着麻，只得跟定他，只看见二门下靠着的是他的钉钯，走上前，推开小妖，捞过来往前乱筑，与行者打出三四层门，不知打杀了多少小妖。那老魔听见，对二魔道："拿得好人！拿得好人！你看孙行者劫了猪八戒，门上打伤小妖也！"那二魔急纵身，绰枪在手，赶出门来，应声骂道："泼猢狲！这般无礼！怎敢渺视我等！"

大圣听得，即应声站下。那怪物不容讲，使枪便刺。行者正是会家不忙，掣铁棒，劈面相迎。他两个在洞门外，这一场好杀：

黄牙老象变人形，义结狮王为弟兄。因为大魔来说合，同心计算吃唐僧。齐天大圣神通广，辅正除邪要灭精。八戒无能遭毒手，悟空拯救出门行。妖王赶上施英猛，枪棒交加各显能。那一个枪来好似穿林蟒，这一个棒起犹如出海龙。龙出海门云霭霭，蟒穿林树雾腾腾。算来都为唐和尚，恨苦相持太没情。那八戒见大圣与妖精交战，他在山嘴上竖着钉钯，不来帮打，只管呆呆的看着。那妖精见行者棒重，满身解数，全无破绽，就把枪架住，捽开鼻子，要来卷他。行者知道他的勾当，双手把金箍棒横起来，往上一举，被妖精一鼻子卷住腰胯，不曾卷手。你看他两只手在妖精鼻头上丢花棒儿耍子。八戒见了，捶胸道：

"咦！那妖怪晦气呀！卷我这夯的，连手都卷住了，不能得动，卷那们滑的，倒不卷手。他那两只手拿着棒，只消往鼻里一搠，那孔子里害疼流涕，怎能卷得他住？"行者原无此意，倒是八戒教了他。他就把棒幌一幌，小如鸡子，长有丈余，真个往他鼻孔里一搠。那妖精害怕，沙的一声，把鼻子捽放，被行者转手过来，一把挝住，用气力往前一拉，那妖精护疼，随着手举步跟来。八戒方才敢近，拿钉钯望妖精胯子上乱筑。行者道："不好！

不好！那钯齿儿尖，恐筑破皮，淌出血来，师父看见又说我们伤生，只调柄子来打罢。"真个呆子举钯柄，走一步，打一下，行者牵着鼻子，就似两个象奴，牵至坡下，只见三藏凝睛盼望，见他两个嚷嚷闹闹而来，即唤："悟净，你看悟空牵的是甚么？"沙僧见了笑道："师父，大师兄把妖精揪着鼻子拉来，真爱杀人也！"

三藏道："善哉！善哉！那般大个妖精！那般长个鼻子！你且问他：他若喜喜欢欢送我等过山呵，饶了他，莫伤他性命。"沙僧急纵前迎着，高声叫道："师父说：那怪果送师父过山，教不要伤他命哩。"那怪闻说，连忙跪下，口里呜呜的答应，原来被行者揪着鼻子，捏儴了，就如重伤风一般，叫道："唐老爷，若肯饶命，即便抬轿相送。"行者道："我师徒俱是善胜之人，依你言，且饶你命，快抬轿来。如再变卦，拿住决不再饶！"那怪得脱手，磕头而去。行者同八戒见唐僧，备言前事。八戒惭愧不胜，在坡前晾晒衣服，等候不题。

那二魔战战兢兢回洞，未到时，已有小妖报知老魔三魔，说二魔被行者揪着鼻子拉去。老魔悚惧，与三魔帅众方出，见二魔独回，又皆接入，问及放回之故。二魔把三藏慈悯善胜之言，对众说了一遍，一个个面面相觑，更不敢言。二魔道："哥哥可送唐僧么？"老魔道："兄弟，你说那里话，孙行者是个广施仁义的猴头，他先在我肚里，若肯害我性命，一千个也被他弄杀了。却才揪住你鼻子，若是扯了去不放回，只捏破你的鼻子头儿，却也惶恐。快早安排送他去罢。”三魔笑道：“送！送！送！”

老魔道：“贤弟这话，却又象尚气的了。你不送，我两个送去罢。”三魔又笑道：“二位兄长在上，那和尚倘不要我们送，只这等瞒过去，还是他的造化；若要送，不知正中了我的调虎离山之计哩。”老怪道：“何为调虎离山？”三怪道：“如今把满洞群妖点将起来，万中选千，千中选百，百中选十六个，又选三十个。”

老怪道：“怎么既要十六，又要三十？”三怪道：“要三十个会烹煮的，与他些精米、细面、竹笋、茶芽、香蕈、蘑菇、豆腐、面筋，着他二十里，或三十里，搭下窝铺，安排茶饭，管待唐僧。”老怪道：“又要十六个何用？”三怪道：“着八个抬，八个喝路。我弟兄相随左右，送他一程。此去向西四百余里，就是我的城池，我那里自有接应的人马，若至城边，如此如此，着他师徒首尾不能相顾。要捉唐僧，全在此十六个鬼成功。”老怪闻言，欢欣不已，真是如醉方醒，似梦方觉，道：“好！好！好！”即点众妖，先选三十，与他物件；又选十六，抬一顶香藤轿子，同出门来，又吩咐众妖：“俱不许上山闲走！孙行者是个多心的猴子，若见汝等往来，他必生疑，识破此计。”

老怪遂帅众至大路旁高叫道：“唐老爷，今日不犯红沙，请老爷早早过山。”三藏闻言道：“悟空，是甚人叫我？”行者指定道：“那厢是老孙降伏的妖精抬轿来送你哩。”三藏合掌朝天道：“善哉！善哉！若不是贤徒如此之能，我怎生得去？”径直向前，对众妖作礼道：“多承列位之爱，我弟子取经东回，向长安当传扬善果也。”众妖叩首道：“请老爷上轿。”那三藏肉眼凡胎，不知是计；孙大圣又是太乙金仙，忠正之性，只以为擒纵之功，降了妖怪，亦岂期他都有异谋？却也不曾详察，尽着师父之意，即命八戒将行囊捎在马上，与沙僧紧随，他使铁棒向前开路，顾盼吉凶。八个抬起轿子，八个一递一声喝道。三个妖扶着轿扛，师父喜喜欢欢的端坐轿上，上了高山，依大路而行。

此一去，岂知欢喜之间愁又至，经云泰极否还生，时运相逢真太岁，又值丧门吊客星。那伙妖魔，同心合意的，侍卫左右，早晚殷勤。行经三十里献斋，五十里又斋，未晚请歇，沿路齐齐整整。一日三餐，遂心满意；良宵一宿，好处安身。西进有四百里余程，忽见城池相近。大圣举铁棒，离轿仅有一里之遥，见城池把他吓了一跌，挣挫不起。你道他只这般大胆，如何见此着唬，原来望见那城中有许多恶气，乃是：攒攒簇簇妖魔怪，四门都是狼精灵。斑斓老虎为都管，白面雄彪作总兵。丫叉角鹿传文引，伶俐狐狸当道行。千尺大蟒围城走，万丈长蛇占路程。楼下苍狼呼令使，台前花豹作人声。摇旗擂鼓皆妖怪，巡更坐铺尽山精。狡兔开门弄买卖，野猪挑担干营生。先年原是天朝国，如今翻作虎狼城。那大圣正当悚惧，只听得耳后风响，急回头观看，原来是三魔双手举一柄画杆方天戟，往大圣头上打来。大圣急翻身爬起，使金箍棒劈面相迎。他两个各怀恼怒，气呼呼，更不打话；咬着牙，各要相争。又见那老魔头，传声号令，举钢刀便砍八戒。八戒慌得丢了马，轮着钯向前乱筑。那二魔缠长枪望沙僧刺来，沙僧使降妖杖支开架子敌住。三个魔头与三个和尚，一个敌一个，在那山头舍死忘生苦战。那十六个小妖却遵号令，各各效能：抢了白马行囊，把三藏一拥，抬着轿子径至城边，高叫道：“大王爷爷定计，已拿得唐僧来了！”那城上大小妖精，一个个跑下，将城门大开，吩咐各营卷旗息鼓，不许呐喊筛锣，说：“大王原有令在前，不许吓了唐僧。唐僧禁不得恐吓，一吓就肉酸不中吃了。”众精都欢天喜地邀三藏，控背躬身接主僧。把唐僧一轿子抬上金銮殿，请他坐在当中，一壁厢献茶献饭，左右旋绕。那长老昏昏沉沉，举眼无亲。毕竟不知性命何如，且听下回分解。

第七十七回　群魔欺本性　一体拜真如

且不言唐长老困苦，却说那三个魔头齐心竭力，与大圣兄弟三人，在城东半山内努力争持。这一场，正是那铁刷帚刷铜锅，家家挺硬。好杀：六般体相六般兵，六样形骸六样情。六恶六根缘六欲，六门六道赌输赢。三十六宫春自在，六六形色恨有名。这一个金箍棒，千般解数；那一个方天戟，百样峥嵘。八戒钉钯凶更猛，二怪长枪俊又能。小沙僧宝杖非凡，有心打死；

老魔头钢刀快利，举手无情。这三个是护卫真僧无敌将，那三个是乱法欺君泼野精。起初犹可，向后弥凶。六枚都使升空法，云端里面各翻腾。一时间吐雾喷云天地暗，哮哮吼吼只闻声。

他六个斗罢多时，渐渐天晚。却又是风雾漫漫，霎时间，就黑暗了。原来八戒耳大，盖着眼皮，越发昏蒙，手脚慢，又遮架不住，拖着钯，败阵就走，被老魔举刀砍去，几乎伤命，幸躲过头脑，被口刀削断几根鬃毛，赶上张开口咬着领头，拿入城中，丢与小怪，捆在金銮殿。老妖又驾云，起在半空助力。沙和尚见事不谐，虚幌着宝杖，顾本身回头便走，被二怪捽开鼻子，响一声，连手卷住，拿到城里，也叫小妖捆在殿下，却又腾空去叫拿行者。行者见两个兄弟遭擒，他自家独力难撑，正是好手不敌双拳，双拳难敌四手。他喊一声，把棍子隔开三个妖魔的兵器，纵筋斗驾云走了。三怪见行者驾筋斗时，即抖抖身，现了本象，扇开两翅，赶上大圣。你道他怎能赶上？当时如行者闹天宫，十万天兵也拿他不住者，以他会驾筋斗云，一去有十万八千里路，所以诸神不能赶上。这妖精搧一翅就有九万里，两搧就赶过了，所以被他一把挝住，拿在手中，左右挣挫不得。欲思要走，莫能逃脱，即使变化法遁法，又往来难行：变大些儿，他就放松了挝住；变小些儿，他又揝紧了挝住。复拿了径回城内，放了手，捽下尘埃，吩咐群妖，也照八戒、沙僧捆在一处。那老魔、二魔俱下来迎接。三个魔头，同上宝殿。噫！这一番倒不是捆住行者，分明是与他送行。

此时有二更时候，众怪一齐相见毕，把唐僧推下殿来。那长老于灯光前，忽见三个徒弟都捆在地下，老师父伏于行者身边，哭道：“徒弟啊！常时逢难，你却在外运用神通，到那里取救降魔，今番你亦遭擒，我贫僧怎么得命！”八戒、沙僧听见师父这般苦楚，便也一齐放声痛哭。行者微微笑道：“师父放心，兄弟莫哭！凭他怎的，决然无伤。等那老魔安静了，我们走路。”

八戒道：“哥啊，又来捣鬼了！麻绳捆住，松些儿还着水喷，想你这瘦人儿不觉，我这胖的遭瘟哩！不信，你看两膊上，入肉已有二寸，如何脱身？”行者笑道：“莫说是麻绳捆的，就是碗粗的棕缆，只也当秋风过耳，何足罕哉！”师徒们正说处，只闻得那老魔道：“三贤弟有力量，有智谋，果成妙计，拿将唐僧来了！”叫：

“小的们，着五个打水，七个刷锅，十个烧火，二十个抬出铁笼来，把那四个和尚蒸熟，我兄弟们受用，各散一块儿与小的们吃，也教他个个长生。”八戒听见，战兢兢的道：“哥哥，你听，那妖精计较要蒸我们吃哩！”行者道：“不要怕，等我看他是维儿妖精，是把势妖精。”沙和尚哭道：“哥呀！且不要说宽话，如今已与阎王隔壁哩，且讲甚么雏儿把势！”说不了，又听得二怪说：“猪八戒不好蒸。”八戒欢喜道：“阿弥陀佛，是那个积阴骘的，说我不好蒸？”三怪道：“不好蒸，剥了皮蒸。”八戒慌了，厉声喊道：“不要剥皮！粗自粗，汤响就烂了！”老怪道：“不好蒸的，安在底下一格。”行者笑道：“八戒莫怕，是雏儿，不是把势。”沙僧道：“怎么认得？”行者道：“大凡蒸东西，都从上边起。

不好蒸的，安在上头一格，多烧把火，圆了气，就好了；若安在底下，一住了气，就烧半年也是不得气上的。他说八戒不好蒸，安在底下，不是雏儿是甚的！”八戒道：“哥啊，依你说，就活活的弄杀人了！他打紧见不上气，抬开了，把我翻转过来，再烧起火，弄得我两边俱熟，中间不夹生了？”正讲时，又见小妖来报：

“汤滚了。”老怪传令叫抬。众妖一齐上手，将八戒抬在底下一格，沙僧抬在二格。行者估着来抬他，他就脱身道：“此灯光前好做手脚！”拔下一根毫毛，吹口仙气，叫声“变！”即变做一个行者，捆了麻绳，将真身出神，跳在半空里，低头看着。那群妖那知真假，见人就抬，把个“假行者”抬在上三格；才将唐僧揪翻倒捆住，抬上第四格。干柴架起，烈火气焰腾腾。大圣在云端里嗟叹道：“我那八戒沙僧，还捱得两滚，我那师父，只消一滚就烂。若不用法救他，顷刻丧矣！”好行者，在空中捻着诀，念一声“唵蓝净法界，乾元亨利贞”的咒语，拘唤得北海龙王早至。只见那云端里一朵乌云，应声高叫道：“北海小龙敖顺叩头。”行者道：“请起！请起！无事不敢相烦，今与唐师父到此，被毒魔拿住，上铁笼蒸哩。你去与我护持护持，莫教蒸坏了。”

龙王随即将身变作一阵冷风，吹入锅下，盘旋围护，更没火气烧锅。他三人方不损命。

将有三更尽时，只闻得老魔发放道：“手下的，我等用计劳形，拿了唐僧四众，又因相送辛苦，四昼夜未曾得睡。今已捆在笼里，料应难脱，汝等用心看守，着十个小妖轮流烧火，让我们退宫，略略安寝。到五更天色将明，必然烂了，可安排下蒜泥盐醋，请我们起来，空心受用。”众妖各各遵命，三个魔头却各转寝宫而去。行者在云端里，明明听着这等吩咐，却低下云头，不听见笼里人声。他想着：“火气上腾，必然也热，他们怎么不怕，又无言语？哼喷！莫敢是蒸死了？等我近前再听。”好大圣，踏着云，摇身一变，变作一个黑苍蝇儿，钉在铁笼格外听时，只闻得八戒在里面道：“晦气，晦气！不知是闷气蒸，又不知是出气蒸哩。”沙僧道：“二哥，怎么叫做闷气、出气？”八戒道：“闷气蒸是盖了笼头，出气蒸不盖。”三藏在浮上一层应声道：“徒弟，不曾盖。”八戒道：“造化！今夜还不得死！这是出气蒸了！”行者听得他三人都说话，未曾伤命，便就飞了去，把个铁笼盖，轻轻儿盖上。三藏慌了道：“徒弟！盖上了！”八戒道：“罢了！这个是闷气蒸，今夜必是死了！”沙僧与长老嘤嘤的啼哭。八戒道：

“且不要哭，这一会烧火的换了班了。”沙僧道：“你怎么知道？”

八戒道：“早先抬上来时，正合我意：我有些儿寒湿气的病，要他腾腾。这会子反冷气上来了。咦！烧火的长官，添上些柴便怎的？要了你的哩！”行者听见，忍不住暗笑道：“这个夯货！冷还好捱，若热就要伤命。再说两遭，一定走了风了，快早救他。

且住！要救他须是要现本相。假如现了，这十个烧火的看见，一齐乱喊，惊动老怪，却不又费事？等我先送他个法儿。”忽想起：“我当初做大圣时，曾在北天门与护国天王猜枚耍子，赢得他瞌睡虫儿，还有几个，送了他罢。”即往腰间顺带里摸摸，还有十二个。“送他十个，还留两个做种。”即将虫儿抛了去，散在十个小妖脸上，钻入鼻孔，渐渐打盹，都睡倒了。只有一个拿火叉的，睡不稳，揉头搓脸，把鼻子左捏右捏，不住的打喷嚏。行者道：“这厮晓得勾当了，我再与他个双掭灯。”又将一个虫儿抛在他脸上。“两个虫儿，左进右出，右出左进，谅有一个安住。”那小妖两三个大呵欠，把腰伸一伸，丢了火叉，也扑的睡倒，再不翻身。

行者道：“这法儿真是妙而且灵！”即现原身，走近前叫声“师父。”唐僧听见道：“悟空，救我啊！”沙僧道：“哥哥，你在外面叫哩？”行者道：“我不在外面，好和你们在里边受罪？”八戒道：“哥啊，溜撒的溜了，我们都是顶缸的，在此受闷气哩！”行者笑道：“呆子莫嚷，我来救你。”八戒道：“哥啊，救便要脱根救，莫又要复蒸笼。”行者却揭开笼头，解了师父，将假变的毫毛，抖了一抖，收上身来，又一层层放了沙僧，放了八戒。那呆子才解了，巴不得就要跑。行者道：“莫忙！莫忙！”却又念声咒语，发放了龙神，才对八戒道：“我们这去到西天，还有高山峻岭，师父没脚力难行，等我还将马来。！你看他轻手轻脚，走到金銮殿下，见那些大小群妖俱睡熟了，却解了缰绳，更不惊动。

那马原是龙马，若是生人飞踢两脚，便嘶几声，行者曾养过马，授弼马温之官，又是自家一伙，所以不跳不叫。悄悄的牵来，束紧了肚带，扣备停当，请师父上马。长老战兢兢的骑上，也就要走，行者道：“也且莫忙，我们西去还有国王，须要关文，方才去得，不然，将甚执照？等我还去寻行李来。”唐僧道：“我记得进门时，众怪将行李放在金殿左手下，担儿也在那一边。”行者道：“我晓得了。”即抽身跳在宝殿寻时，忽见光彩飘飖。行者知是行李，怎么就知？以唐僧的锦襕袈裟上有夜明珠，故此放光。

急到前，见担儿原封未动，连忙拿下去，付与沙僧挑着。八戒牵着马，他引了路，径奔正阳门。只听得梆铃乱响，门上有锁，锁上贴了封皮。行者道：“这等防守，如何去得？”八戒道：“后门里去罢。”行者引路径奔后门：“后宰门外，也有梆铃之声，门上也有封锁，却怎生是好？我这一番，若不为唐僧是个凡体，我三人不管怎的，也驾云弄风走了。只为唐僧未超三界外，见在五行中，一身都是父母浊骨，所以不得升驾难逃。”八戒道：“哥哥，不消商量，我们到那没梆铃不防卫处，撮着师父爬过墙去罢。”

行者笑道：“这个不好。此时无奈，撮他过去；到取经回来，你这呆子口敞，延地里就对人说，我们是爬墙头的和尚了。”八戒道：“此时也顾不得行检，且逃命去罢。”行者也没奈何，只得依他，到那净墙边，算计爬出。

噫！有这般事！也是三藏灾星未脱。那三个魔头，在宫中正睡，忽然惊觉。说走了唐僧，一个个披衣忙起，急登宝殿，问曰：“唐僧蒸了几滚了？”那些烧火的小妖已是有睡魔虫，都睡着了，就是打也莫想打得一个醒来。其余没执事的，惊醒几个，冒冒失失的答应道：“七……七……七……七滚了！”急跑近锅边，只见笼格子乱丢在地下，烧火的还都睡着，慌得又来报道：

“大王，走……走……走……走了！”三个魔头都下殿，近锅前仔细看时，果见那笼格子乱丢在地下，汤锅尽冷，火脚俱无，那烧火的俱呼呼鼾睡如泥。慌得众怪一齐呐喊，都叫：“快拿唐僧！快拿唐僧！”这一片喊声振起，把些前前后后、大大小小妖精，都惊起来。刀枪簇拥，至正阳门下，见那封锁不动，梆铃不绝，问外边巡夜的道：“唐僧从那里走了？”俱道：“不曾走出人来。”急赶至后宰门，封锁梆铃，一如前门。复乱抢抢的，灯笼火把，熔天通红，就如白日，却明明的照见他四众爬墙哩！老魔赶近，喝声：“那里走！”那长老唬得脚软筋麻，跌下墙来，被老魔拿住。二魔捉了沙僧，三魔擒倒八戒，众妖抢了行李白马，只是走了行者。那八戒口里口国口国哝哝的报怨行者道：“天杀的”我说要救便脱根救，如今却又复笼蒸了！”众魔把唐僧擒至殿上，却不蒸了。二怪吩咐把八戒绑在殿前檐柱上，三怪吩咐把沙僧绑在殿后檐柱上，惟老魔把唐僧抱住不放。三怪道：“大哥，你抱住他怎的？终不然就活吃？却也没些趣味。此物比不得那愚夫俗子，拿了可以当饭。此是上邦稀奇之物，必须待天阴闲暇之时，拿他出来，整制精洁，猜枚行令，细吹细打的吃方可。”

老魔笑道：“贤弟之言虽当，但孙行者又要来偷哩。”三魔道：

“我这皇宫里面有一座锦香亭子，亭子内有一个铁柜。依着我，把唐僧藏在柜里，关了亭子，却传出谣言，说唐僧已被我们夹生吃了。令小妖满城讲说，那行者必然来探听消息，若听见这话，他必死心塌地而去。待三五日不来搅扰，却拿出来，慢慢受用，如何？”老怪二怪俱大喜道：“是，是，是！兄弟说得有理！”可怜把个唐僧连夜拿将进去，藏在柜中，闭了亭子。传出谣言，满城里都乱讲不题。

却说行者自夜半顾不得唐僧，驾云走脱，径至狮驼洞里，一路棍，把那万数小妖，尽情剿绝。急回来，东方日出，到城边，不敢叫战，正是单丝不线，孤掌难鸣。他落下云头，摇身一变，变作个小妖儿，演入门里，大街小巷，缉访消息。满城里俱道：

“唐僧被大王夹生儿连夜吃了。”前前后后，都是这等说。行者着实心焦，行至金銮殿前观看，那里边有许多精灵，都戴着皮金帽子，穿着黄布直身，手拿着红漆棍，腰挂象牙牌，一往一来，不住的乱走。行者暗想道：“此必是穿宫的妖怪。就变做这个模样，进去打听打听。”好大圣，果然变得一般无二，混入金门。正走处，只见八戒绑在殿前柱上哼哩。行者近前叫声“悟能。”那呆子认得声音，道：“师兄，你来了？救我一救！”行者道：

“我救你，你可知师父在那里？”八戒道：“师父没了，昨夜被妖精夹生儿吃了。”行者闻言，忽失声泪似泉涌。八戒道：“哥哥莫哭，我也是听得小妖乱讲，未曾眼见。你休误了，再去寻问寻问。”这行者却才收泪，又往里面找寻。忽见沙僧绑在后檐柱上，即近前摸着他胸脯子叫道：“悟净。”沙僧也识得声音，道：

“师兄，你变化进来了？救我！救我！”行者道：“救你容易，你可知师父在那里？”沙僧滴泪道：“哥啊！师父被妖精等不得蒸，就夹生儿吃了！”大圣听得两个言语相同，心如刀搅，泪似水流，急纵身望空跳起，且不救八戒沙僧，回至城东山上，按落云头，放声大哭，叫道：“师父啊！恨我欺天困网罗，师来救我脱沉疴。

潜心笃志同参佛，努力修身共炼魔。岂料今朝遭蜇害，不能保你上婆娑。西方胜境无缘到，气散魂消怎奈何！”行者凄凄惨惨的，自思自忖，以心问心道：“这都是我佛如来坐在那极乐之境，没得事干，弄了那三藏之经！若果有心劝善，理当送上东土，却不是个万古流传？只是舍不得送去，却教我等来取。怎知道苦历千山，今朝到此丧命！罢！罢！罢！老孙且驾个筋斗云，去见如来，备言前事。若肯把经与我送上东土，一则传扬善果，二则了我等心愿；若不肯与我，教他把松箍儿咒念念，退下这个箍子，交还与他，老孙还归本洞，称王道寡，耍子儿去罢。”

好大圣，急翻身驾起筋斗云，径投天竺。那里消一个时辰，早望见灵山不远。须臾间，按落云头，直至鹫峰之下，忽抬头，见四大金刚挡住道：“那里走？”行者施礼道：“有事要见如来。”

当头又有昆仑山金霞岭不坏尊王永住金刚喝道：“这泼猴甚是粗狂！前者大困牛魔，我等为汝努力，今日面见，全不为礼！有事且待先奏，奉召方行。这里比南天门不同，教你进去出来，两边乱走！咄！还不靠开！”那大圣正是烦恼处，又遭此抢白，气得哮吼如雷，忍不住大呼小叫，早惊动如来。如来佛祖正端坐在九品宝莲台上，与十八尊轮世的阿罗汉讲经，即开口道：“孙悟空来了，汝等出去接待接待。”大众阿罗，遵佛旨，两路幢幡宝盖，即出山门应声道：“孙大圣，如来有旨相唤哩。”那山门口四大金刚却才闪开路，让行者前进。众阿罗引至宝莲台下，见如来倒身下拜，两泪悲啼。如来道：“悟空，有何事这等悲啼？”

行者道：“弟子屡蒙教训之恩，托庇在佛爷爷之门下，自归正果，保护唐僧，拜为师范，一路上苦不可言！今至狮驼山狮驼洞狮驼城，有三个毒魔，乃狮王、象王、大鹏，把我师父捉将去，连弟子一概遭迍，都捆在蒸笼里，受汤火之灾。幸弟子脱逃，唤龙王救免。是夜偷出师等，不料灾星难脱，复又擒回。及至天明，入城打听，叵耐那魔十分狠毒，万样骁勇，把师父连夜夹生吃了，如今骨肉无存。又况师弟悟能悟净见绑在那厢，不久，性命亦皆倾矣。弟子没及奈何，特地到此参拜如来。望大慈悲，将松箍咒儿念念，退下我这头上箍儿，交还如来，放我弟子回花果山宽闲耍子去罢！”说未了，泪如泉涌，悲声不绝。如来笑道：

“悟空少得烦恼。那妖精神通广大，你胜不得他，所以这等心痛。”行者跪在下面，捶着胸膛道：“不瞒如来说，弟子当年闹天宫，称大圣，自为人以来，不曾吃亏，今番却遭这毒魔之手！”如来闻言道：“你且休恨，那妖精我认得他。”行者猛然失声道：

“如来！我听见人讲说，那妖精与你有亲哩。”如来道：“这个刁猢狲！怎么个妖精与我有亲？”行者笑道：“不与你有亲，如何认得？”如来道：“我慧眼观之，故此认得。那老怪与二怪有主。”叫阿傩迦叶来：“你两个分头驾云，去五台山、峨眉山宣文殊、普贤来见。”二尊者即奉旨而去。如来道：“这是老魔、二怪之主。

但那三怪，说将起来，也是与我有些亲处。”行者道：“亲是父党？母党？”如来道：“自那混沌分时，天开于子，地辟于丑，人生于寅，天地再交合，万物尽皆生。万物有走兽飞禽，走兽以麒麟为之长，飞禽以凤凰为之长。那凤凰又得交合之气，育生孔雀、大鹏。孔雀出世之时最恶，能吃人，四十五里路把人一口吸之。

我在雪山顶上，修成丈六金身，早被他也把我吸下肚去。我欲从他便门而出，恐污真身，是我剖开他脊背，跨上灵山。欲伤他命，当被诸佛劝解，伤孔雀如伤我母，故此留他在灵山会上，封他做佛母孔雀大明王菩萨。大鹏与他是一母所生，故此有些亲处。”行者闻言笑道：“如来，若这般比论，你还是妖精的外甥哩。”如来道：“那怪须是我去，方可收得。”行者叩头，启上如来：“千万望玉趾一降！”

如来即下莲台，同诸佛众，径出山门，又见阿傩、迦叶引文殊、普贤来见。二菩萨对佛礼拜，如来道：“菩萨之兽，下山多少时了？”文殊道：“七日了。”如来道：“山中方七日，世上几千年。

不知在那厢伤了多少生灵，快随我收他去。”二菩萨相随左右，同众飞空。只见那：满天缥缈瑞云分，我佛慈悲降法门。明示开天生物理，细言辟地化身文。面前五百阿罗汉，脑后三千揭谛神。迦叶阿傩随左右，普文菩萨殄妖氛。大圣有此人情，请得佛祖与众前来，不多时，早望见城池。行者报道：“如来，那放黑气的乃是狮驼国也。”如来道：“你先下去，到那城中与妖精交战，许败不许胜。败上来，我自收他。”大圣即按云头，径至城上，脚踏着垛儿骂道：“泼孽畜！快出来与老孙交战！”慌得那城楼上小妖急跳下城中报道：“大王，孙行者在城上叫战哩。”老妖道：“这猴儿两三日不来，今朝却又叫战，莫不是请了些救兵来耶？”三怪道：“怕他怎的！我们都去看来。”三个魔头各持兵器赶上城来，见了行者更不打话，举兵器一齐乱刺，行者轮铁棒掣手相迎。斗经七八回合，行者佯输而走。那妖王喊声大振，叫道：“那里走！”大圣筋斗一纵，跳上半空，三个精即驾云来赶。行者将身一闪，藏在佛爷爷金光影里，全然不见。只见那过去、未来、见在的三尊佛像与五百阿罗汉、三千揭谛神，布散左右，把那三个妖王围住，水泄不通。老魔慌了手脚，叫道：“兄弟，不好了！那猴子真是个地里鬼！那里请得个主人公来也！”

三魔道：“大哥休得悚惧，我们一齐上前，使枪刀搠倒如来，夺他那雷音宝刹！”这魔头不识起倒，真个举刀上前乱砍，却被文殊、普贤，念动真言喝道："这孽畜还不皈正，更待怎生！"唬得老怪、二怪，不敢撑持，丢了兵器，打个滚，现了本相。二菩萨将莲花台抛在那怪的脊背上，飞身跨坐，二怪遂泯耳皈依。

二菩萨既收了青狮、白象，只有那第三个妖魔不伏，腾开翅，丢了方天戟，扶摇直上，轮利爪要刁捉猴王。原来大圣藏在光中，他怎敢近？如来情知此意，即闪金光，把那鹊巢贯顶之头，迎风一幌，变做鲜红的一块血肉。妖精轮利爪刁他一下，被佛爷把手往上一指，那妖翅膊上鞦了筋。飞不去，只在佛顶上，不能远遁，现了本相，乃是一个大鹏金翅雕，即开口对佛应声叫道："如来，你怎么使大法力困住我也？"如来道："你在此处多生孽障，跟我去，有进益之功。"妖精道："你那里持斋把素，极贫极苦；我这里吃人肉，受用无穷！你若饿坏了我，你有罪愆。"如来道："我管四大部洲，无数众生瞻仰，凡做好事，我教他先祭汝口。"那大鹏欲脱难脱，要走怎走？是以没奈何，只得皈依。行者方才转出，向如来叩头道："佛爷，你今收了妖精，除了大害，只是没了我师父也。"大鹏咬着牙恨道："泼猴头！寻这等狠人困我！你那老和尚几曾吃他？如今在那锦香亭铁柜里不是？"行者闻言，忙叩头谢了佛祖。佛祖不敢松放了大鹏，也只教他在光焰上做个护法，引众回云，径归宝刹。

行者却按落云头，直入城里。那城里一个小妖儿也没有了，正是蛇无头而不行，鸟无翅而不飞。他见佛祖收了妖王，各自逃生而去。行者才解救了八戒、沙僧，寻着行李马匹，与他二人说："师父不曾吃，都跟我来。"引他两个径入内院，找着锦香亭，打开门看，内有一个铁柜，只听得三藏有啼哭之声。沙僧使降妖杖打开铁锁，揭开柜盖，叫声："师父！"三藏见了，放声大哭道："徒弟啊！怎生降得妖魔？如何得到此寻着我也？"行者把上项事，从头至尾，细陈了一遍，三藏感谢不尽。师徒们在那宫殿里寻了些米粮，安排些茶饭，饱吃一餐，收拾出城，找大路投西而去。正是：真经必得真人取，意嚷心劳总是虚。毕竟这一去，不知几时得面如来，且听下回分解。

第七十八回　比丘怜子遣阴神　金殿识魔谈道德

一念才生动百魔，修持最苦奈他何！但凭洗涤无尘垢，也用收拴有琢磨。扫退万缘归寂灭，荡除千怪莫蹉跎。管教跳出樊笼套，行满飞升上大罗。话说孙大圣用尽心机，请如来收了众怪，解脱三藏师徒之难，离狮驼城西行。又经数月，早值冬天，但见那岭梅将破玉，池水渐成冰。红叶俱飘落，青松色更新。淡云飞欲雪，枯草伏山平。满目寒光迥，阴阴诱骨冷。师徒们冲寒冒冷，宿雨餐风，正行间，又见一座城池。三藏问道：

"悟空，那厢又是甚么所在？"行者道："到跟前自知，若是西邸王位，须要倒换关文；若是府州县，径过。"师徒言语未毕，早至城门之外。三藏下马，一行四众进了月城，见一个老军，在向阳墙下，偎风而睡。行者近前摇他一下，叫声："长官。"那老军猛然惊觉，麻麻糊糊的睁开眼，看见行者，连忙跪下磕头，叫："爷爷！"行者道："你休胡惊作怪，我又不是甚么恶神，你叫爷爷怎的！"老军磕头道："你是雷公爷爷！"行者道："胡说！吾乃东土去西天取经的僧人。适才到此，不知地名，问你一声的。"那老军闻言，却才正了心，打个呵欠，爬起来，伸伸腰道："长老，长老，恕小人之罪。此处地方，原唤比丘国，今改作小子城。"行者道："国中有帝王否？"老军道："有！有！有！"行者却转身对唐僧道："师父，此处原是比丘国，今改小子城。但不知改名之意何故也。"唐僧疑惑道："既云比丘，又何云小子？"八戒道："想是比丘王崩了，新立王位的是个小子，故名小子城。"唐僧道：

"无此理！无此理！我们且进去，到街坊上再问。"沙僧道："正是，那老军一则不知，二则被大哥唬得胡说，且入城去询问。"

又入三层门里，到通衢大市观看，倒也衣冠济楚，人物清秀。但见那：酒楼歌馆语声喧，彩铺茶房高挂帘。万户千门生意好，六街三市广财源。买金贩锦人如蚁，夺利争名只为钱。礼貌庄严风景盛，河清海晏太平年。师徒四众牵着马，挑着担，在街市上行彀多时，看不尽繁华气概，但只见家家门口一个鹅笼。三藏道："徒弟啊，此处人家，都将鹅笼放在门首，何也？"八戒听说，左右观之，果是鹅笼，排列五色彩缎遮幔。呆子笑道："师父，今日想是黄道良辰，宜结婚姻会友，都行礼哩。"行者道："胡谈！

那里就家家都行礼！其间必有缘故，等我上前看看。"三藏扯住道："你莫去，你嘴脸丑陋，怕人怪你。"行者道："我变化个儿去来。"好大圣，捻着诀，念声咒语，摇身一变，变作一个蜜蜂儿，展开翅，飞近边前，钻进幔里观看，原来里面坐的是个小孩儿。

再去第二家笼里看，也是个小孩儿。连看八九家，都是个小孩儿，却是男身，更无女子。有的坐在笼中顽耍，有的坐在里边啼哭，有的吃果子，有的或睡坐。行者看罢，现原身回报唐僧道：

"那笼里是些小孩子，大者不满七岁，小者只有五岁，不知何故。"三藏见说，疑思不定。忽转街见一衙门，乃金亭馆驿。长老喜道："徒弟，我们且进这驿里去，一则问他地方，二则撒喂马匹，三则天晚投宿。"沙僧道："正是，正是，快进去耶。"四众欣然而入。只见那在官人果报与驿丞，接入门，各各相见。叙坐定，驿丞问："长老自何方来？"三藏言："贫僧东土大唐差往西天取经者，今到贵处，有关文理当照验，权借高衙一歇。"驿丞即命看茶，茶毕即办支应，命当直的安排管待。三藏称谢，又问："今日可得入朝见驾，照验关文？"驿丞道："今晚不能，须待明日早朝。今晚且于敝衙门宽住一宵。"

少顷，安排停当，驿丞即请四众，同吃了斋供，又教手下人打扫客房安歇。三藏感谢不尽。既坐下，长老道："贫僧有一件不明之事请教，烦为指示。贵处养孩儿，不知怎生看待。"驿丞道："天无二日，人无二理。养育孩童，父精母血，怀胎十月，待时而生，生下乳哺三年，渐成体相，岂有不知之理！"三藏道：

"据尊言与敝邦无异。但贫僧进城时，见街坊人家，各设一鹅笼，都藏小儿在内。此事不明，故敢动问。"驿丞附耳低言道：

"长老莫管他，莫问他，也莫理他、说他。请安置，明早走路。"长老闻言，一把扯住驿丞，定要问个明白。驿丞摇头摇手只叫：

"谨言！"三藏一发不放，执死定要问个详细。驿丞无奈，只得屏去一应在官人等，独在灯光之下，悄悄而言道："适所问鹅笼之事，乃是当今国主无道之事。你只管问他怎的！"三藏道："何为无道？必见教明白，我方得放心。"驿丞道："此国原是比丘国，近有民谣，改作小子城。三年前，有一老人打扮做道人模样，携一小女子，年方一十六岁，其女形容娇俊，貌若观音，进贡与当今，陛下爱其色美，宠幸在宫，号为美后。近来把三宫娘娘，六院妃子，全无正眼相觑，不分昼夜，贪欢不已。如今弄得精神瘦倦，身体尪羸，饮食少进，命在须臾。太医院检尽良方，不能疗治。那进女子的道人，受我主诰封，称为国丈。国丈有海外秘方，甚能延寿，前者去十洲、三岛，采将药来，俱已完备。但只是药引子利害：单用着一千一百一十一个小儿的心肝，煎汤服药，服后有千年不老之功。这些鹅笼里的小儿，俱是选就的，养在里面。人家父母，惧怕王法，俱不敢啼哭，遂传播谣言，叫做小儿城。此非无道而何？长老明早到朝，只去倒换关文，不得言及此事。”言毕抽身而退。唬得个长老骨软筋麻，止不住腮边泪堕，忽失声叫道：“昏君，昏君！为你贪欢爱美，弄出病来，怎么屈伤这许多小儿性命！苦哉！苦哉！痛杀我也！”有诗为证，诗曰：邪主无知失正真，贪欢不省暗伤身。因求永寿戕童命，为解天灾杀小民。僧发慈悲难割舍，官言利害不堪闻。灯前洒泪长吁叹，痛倒参禅向佛人。八戒近前道：“师父，你是怎的起哩？

专把别人棺材抬在自家家里哭！不要烦恼！常言道，君教臣死，臣不死不忠；父教子亡，子不亡不孝。他伤的是他的子民，与你何干！且来宽衣服睡觉，莫替古人耽忧。”三藏滴泪道：“徒弟啊，你是一个不慈悯的！我出家人，积功累行，第一要行方便。

怎么这昏君一味胡行！从来也不见吃人心肝，可以延寿。这都是无道之事，教我怎不伤悲！”沙僧道：“师父且莫伤悲，等明早倒换关文，觌面与国王讲过。如若不从，看他是怎么模样的一个国丈。或恐那国丈是个妖精，欲吃人的心肝，故设此法，未可知也。”行者道：“悟净说得有理。师父，你且睡觉，明日等老孙同你进朝，看国丈的好歹。如若是人，只恐他走了旁门，不知正道，徒以采药为真，待老孙将先天之要旨，化他皈正；若是妖邪，我把他拿住，与这国王看看，教他宽欲养身，断不教他伤了那些孩童性命。”三藏闻言，急躬身反对行者施礼道：“徒弟啊，此论极妙！极妙！但只是见了昏君，不可便问此事，恐那昏君不分远近，并作谣言见罪，却怎生区处？”行者笑道：“老孙自有法力，如今先将鹅笼小儿摄离此城，教他明日无物取心。地方官自然奏表，那昏君必有旨意，或与国丈商量，或者另行选报。

那时节，借此举奏，决不致罪坐于我也。”三藏甚喜，又道：“如今怎得小儿离城？若果能脱得，真贤徒天大之德！可速为之，略迟缓些，恐无及也。”行者抖擞神威，即起身吩咐八戒沙僧：

同师父坐着，等我施为，你看但有阴风刮动，就是小儿出城了“他三人一齐俱念：“南无救生药师佛！南无救生药师佛！”

这大圣出得门外，打个唿哨，起在半空，捻了诀，念动真言，叫声“唵净法界”，拘得那城隍、土地、社令、真官，并五方揭谛、四值功曹、六丁六甲与护教伽蓝等众，都到空中，对他施礼道：“大圣，夜唤吾等，有何急事？”行者道：“今因路过比丘国，那国王无道，听信妖邪，要取小儿心肝做药引子，指望长生。我师父十分不忍，欲要救生灭怪，故老孙特请列位，各使神通，与我把这城中各街坊人家鹅笼里的小儿，连笼都摄出城外山凹中，或树林深处，收藏一二日，与他些果子食用，不得饿损；再暗的护持，不得使他惊恐啼哭。待我除了邪，治了国，劝正君王，临行时送来还我。”众神听令，即便各使神通，按下云头，满城中阴风滚滚，惨雾漫漫：阴风刮暗一天星，惨雾遮昏千里月。

起初时，还荡荡悠悠；次后来，就轰轰烈烈。悠悠荡荡，各寻门户救孩童；烈烈轰轰，都看鹅笼援骨血。冷气侵人怎出头，寒威透体衣如铁。父母徒张皇，兄嫂皆悲切。满地卷阴风，笼儿被神摄。此夜纵孤恓，天明尽欢悦。有诗为证，诗曰：释门慈悯古来多，正善成功说摩诃。万圣千真皆积德，三皈五戒要从和。比丘一国非君乱，小子千名是命讹。行者因师同救护，这场阴骘胜波罗。当夜有三更时分，众神祇把鹅笼摄去各处安藏。

行者按下祥光，径至驿庭上，只听得他三人还念“南无救生药师佛”哩。他也心中暗喜，近前叫：“师父，我来也。阴风之起何如？”八戒道：“好阴风！”三藏道：“救儿之事，却怎么说？”

行者道：“已一一救他出去，待我们起身时送还。”长老谢了又谢，方才就寝。

至天晓，三藏醒来，遂结束齐备道：“悟空，我趁早朝，倒换关文去也。”行者道：“师父，你自家去恐不济事，待老孙和你同去，看那国丈邪正如何。”三藏道：“你去却不肯行礼，恐国王见怪。”行者道：“我不现身，暗中跟随你，就当保护。”三藏甚喜，吩咐八戒沙僧看守行李马匹，却才举步，这驿丞又来相见。看这长老打扮起来，比昨日又甚不同，但见他：身上穿一领锦襕异宝佛袈裟，头戴金顶毗卢帽。九环锡杖手中拿，胸藏一点神光妙。通关文牒紧随身，包裹袋中缠锦套。行似阿罗降世间，诚如活佛真容貌。那驿丞相见礼毕，附耳低言，只教莫管闲事，三藏点头应声。大圣闪在门旁，念个咒语，摇身一变，变做个蟭蟟虫儿，嘤的一声，飞在三藏帽儿上，出了馆驿，径奔朝中。及到朝门外，见有黄门官，即施礼道：“贫僧乃东土大唐差往西天取经者，今到贵地，理当倒换关文。意欲见驾，伏乞转奏转奏。”

那黄门官果为传奏，国王喜道：“远来之僧，必有道行。”教请进来。黄门官复奉旨，将长老请入。长老阶下朝见毕，复请上殿赐坐。长老又谢恩坐了，只见那国王相貌尫羸，精神倦怠：举手处，揖让差池；开言时，声音断续。长老将文牒献上，那国王眼目昏朦，看了又看，方才取宝印用了花押，递与长老，长老收讫。

那国王正要问取经原因，只听得当驾官奏道：“国丈爷爷来矣。”那国王即扶着近侍小宦，挣下龙床，躬身迎接，慌得那长老急起身，侧立于旁。回头观看，原来是一个老道者，自玉阶前摇摇摆摆而进。但见他：头上戴一顶淡鹅黄九锡云锦纱巾，身上穿一领箸顶梅沉香绵丝鹤氅。腰间系一条纫蓝三股攒绒带，足下踏一对麻经葛纬云头履。手中拄一根九节枯藤盘龙拐杖，胸前挂一个描龙刺凤团花锦囊。玉面多光润，苍髯颔下飘。

金睛飞火焰，长目过眉梢。行动云随步，逍遥香雾饶。阶下众官都拱接，齐呼国丈进王朝。那国丈到宝殿前，更不行礼，昂昂烈烈径到殿上。国王欠身道：“国丈仙踪，今喜早降。”就请左手绣墩上坐。三藏起一步，躬身施礼道：“国丈大人，贫僧问讯了。”那国丈端然高坐，亦不回礼，转面向国王道：“僧家何来？”

国王道：“东土唐朝差上西天取经者，今来倒验关文。”国丈笑道：“西方之路，黑漫漫有甚好处！”三藏道：“自古西方乃极乐之胜境，如何不好？”那国王问道：“朕闻上古有云，僧是佛家弟子，端的不知为僧可能不死，向佛可能长生？”三藏闻言，急合掌应道：“为僧者，万缘都罢；了性者，诸法皆空。大智闲闲，澹泊在不生之内；真机默默，逍遥于寂灭之中。三界空而百端治，六根净而千种穷。若乃坚诚知觉，须当识心：心净则孤明独照，心存则万境皆清。真容无欠亦无余，生前可见；幻相有形终有坏，分外何求？行功打坐，乃为入定之原；布惠施恩，诚是修行之本。大巧若拙，还知事事无为；善计非筹，必须头头放下。但使一心不行，万行自全；若云采阴补阳，诚为谬语，服饵长寿，实乃虚词。只要尘尘缘总弃，物物色皆空。素素纯纯寡爱欲，自然享寿永无穷。”那国丈闻言，付之一笑，用手指定唐僧道：

“呵！呵！呵！你这和尚满口胡柴！寂灭门中，须云认性，你不知那性从何而灭！枯坐参禅，尽是些盲修瞎炼。俗语云，坐，坐，坐，你的屁股破！火熬煎，反成祸。更不知我这修仙者，骨之坚秀；达道者，神之最灵。携箪瓢而入山访友，采百药而临世济人。摘仙花以砌笠，折香蕙以铺裀。歌之鼓掌，舞罢眠云。阐道法，扬太上之正教；施符水，除人世之妖氛。夺天地之秀气，采日月之华精。运阴阳而丹结，按水火而胎凝。二八阴消兮，若恍若惚；三九阳长兮，如杳如冥。应四时而采取药物，养九转而修炼丹成。跨青鸾，升紫府；骑白鹤，上瑶京。参满天之华采，表妙道之殷勤。比你那静禅释教，寂灭阴神，涅槃遗臭壳，又不脱凡尘！三教之中无上品，古来惟道独称尊！”那国王听说，十分欢喜，满朝官都喝采道，“好个惟道独称尊！惟道独称尊”长老见人都赞他，不胜羞愧。国王又叫光禄寺安排素斋，待那远来之僧出城西去。三藏谢恩而退，才下殿，往外正走，行者飞下帽顶儿，来在耳边叫道：“师父，这国丈是个妖邪，国王受了妖气。你先去驿中等斋，待老孙在这里听他消息。”三藏知会了，独出朝门不题。

看那行者，一翅飞在金銮殿翡翠屏中钉下，只见那班部中闪出五城兵马官奏道：“我主，今夜一阵冷风，将各坊各家鹅笼里小儿，连笼都刮去了，更无踪迹。”国王闻奏，又惊又恼，对国丈道：“此事乃天灭朕也！连月病重，御医无效。幸国丈赐仙方，专待今日午时开刀，取此小儿心肝作引，何期被冷风刮去。非天欲灭朕而何？”国丈笑道：“陛下且休烦恼。此儿刮去，正是天送长生与陛下也。”国王道：“见把笼中之儿刮去，何以返说天送长生？”国丈道：“我才入朝来，见了一个绝妙的药引，强似那一千一百一十一个小儿之心。那小儿之心，只延得陛下千年之寿；此引子，吃了我的仙药，就可延万万年也。”国王漠然不知是何药引，请问再三，国丈才说：“那东土差去取经的和尚，我观他器宇清净，容颜齐整，乃是个十世修行的真体。自幼为僧，元阳未泄，比那小儿更强万倍，若得他的心肝煎汤，服我的仙药，足保万年之寿。”那昏君闻言十分听信，对国丈道：“何不早说？若果如此有效，适才留住，不放他去了。”国丈道：“此何难哉！适才吩咐光禄寺办斋待他，他必吃了斋，方才出城。如今急传旨，将各门紧闭，点兵围了金亭馆驿，将那和尚拿来，必以礼求其心。如果相从，即时剖而取出，遂御葬其尸，还与他立庙享祭；如若不从，就与他个武不善作，即时捆住，剖开取之。有何难事！“那昏君如其言，即传旨，把各门闭了。又差羽林卫大小官军，围住馆驿。行者听得这个消息，一翅飞奔馆驿，现了本相，对唐僧道：“师父，祸事了！祸事了！”那三藏才与八戒、沙僧领御斋，忽闻此言，唬得三尸神散，七窍烟生，倒在尘埃，浑身是汗，眼不定睛，口不能言。慌得沙僧上前搀住，只叫：“师父苏醒！师父苏醒！”八戒道：“有甚祸事？有甚祸事？你慢些儿说便也罢，却唬得师父如此！”行者道：“自师父出朝，老孙回视，那国丈是个妖精。少顷，有五城兵马来奏冷风刮去小儿之事。

国王方恼，他却转教喜欢，道这是天送长生与你，要取师父的心肝做药引，可延万年之寿。那昏君听信诬言，所以点精兵来围馆驿，差锦衣官来请师父求心也。”八戒笑道：“行的好慈悯！

救的好小儿！刮的好阴风，今番却撞出祸来了！”三藏战兢兢的爬起来，扯着行者哀告道：“贤徒啊！此事如何是好？”行者道：

“若要好，大做小。”沙僧道：“怎么叫做大做小？”行者道：“若要全命，师作徒，徒作师，方可保全。”三藏道：“你若救得我命，情愿与你做徒子徒孙也。”行者道：“既如此，不必迟疑。”教：“八戒，快和些泥来。”那呆子即使钉钯，筑了些土，又不敢外面去取水，后就掳起衣服撒溺，和了一团臊泥，递与行者。行者没奈何，将泥扑作一片，往自家脸上一安，做下个猴象的脸子，叫唐僧站起休动，再莫言语，贴在唐僧脸上，念动真言，吹口仙气，叫“变！”那长老即变做个行者模样，脱了他的衣服，以行者的衣服穿上。行者却将师父的衣服穿了，捻着诀，念个咒语，摇身变作唐僧的嘴脸，八戒沙僧也难识认。正当合心装扮停当，只听得锣鼓齐鸣，又见那枪刀簇拥。原来是羽林卫官，领三千兵把馆驿围了。又见一个锦衣官走进驿庭问道：“东土唐朝长老在那里？”慌得那驿丞战兢兢的跪下，指道：“在下面客房里。”

锦衣官即至客房里道：“唐长老，我王有请。”八戒沙僧左右护持假行者，只见假唐僧出门施礼道：“锦衣大人，陛下召贫僧，有何话说？”锦衣官上前一把扯住道：“我与你进朝去，想必有取用也。”咦！这正是：妖诬胜慈善，慈善反招凶。毕竟不知此去端的性命何如，且听下回分解。

第七十九回　寻洞擒妖逢老寿　当朝正主救婴儿

却说那锦衣官把假唐僧扯出馆驿，与羽林军围围绕绕，直至朝门外，对黄门官言：“我等已请唐僧到此，烦为转奏。”黄门官急进朝，依言奏上昏君，遂请进去。众官都在阶下跪拜，惟假唐僧挺立阶心，口中高叫：“比丘王，请我贫僧何说？”君王笑道：“朕得一疾，缠绵日久不愈。幸国丈赐得一方，药饵俱已完备，只少一味引子，特请长老求些药引。若得病愈，与长老修建祠堂，四时奉祭，永为传国之香火。”假唐僧道：“我乃出家人，只身至此，不知陛下问国丈要甚东西作引。”昏君道：“特求长老的心肝。”假唐僧道：“不瞒陛下说，心便有几个儿，不知要的甚么色样。”那国丈在旁指定道：“那和尚，要你的黑心。”假唐僧道：“既如此，快取刀来。剖开胸腹，若有黑心，谨当奉命。”那昏君欢喜相谢，即着当驾官取一把牛耳短刀，递与假僧。假僧接刀在手，解开衣服，挺起胸膛，将左手抹腹，右手持刀，唿喇的响一声，把腹皮剖开，那里头就骨都都的滚出一堆心来。唬得文官失色，武将身麻。国丈在殿上见了道：“这是个多心的和尚！”假僧将那些心，血淋淋的，一个个捡开与众观看，却都是些红心、白心、黄心、悭贪心、利名心、嫉妒心、计较心、好胜心、望高心、侮慢心、杀害心、狠毒心、恐怖心、谨慎心、邪妄心、无名隐暗之心、种种不善之心，更无一个黑心。那昏君唬得呆呆挣挣，口不能言，战兢兢的教：“收了去！收了去！”那假唐僧忍耐不住，收了法，现出本相，对昏君道：“陛下全无眼力！我和尚家都是一片好心，惟你这国丈是个黑心，好做药引。你不信，等我替你取他的出来看看。”那国丈听见，急睁睛仔细观看，见那和尚变了面皮，不是那般模样。咦！认得当年孙大圣，五百年前旧有名。却抽身，腾云就起，被行者翻筋斗，跳在空中喝道：

“那里走！吃吾一棒！”那国丈即使蟠龙拐杖来迎。他两个在半空中这场好杀如意棒，蟠龙拐，虚空一片云叆叆。原来国丈是妖精，故将怪女称娇色。国主贪欢病染身，妖邪要把儿童宰。相逢大圣显神通，捉怪救人将难解。铁棒当头着实凶，拐棍迎来堪喝采。杀得那满天雾气暗城池，城里人家都失色。文武多官魂魄飞，嫔妃绣女容颜改。唬得那比丘昏主乱身藏，战战兢兢没布摆。棒起犹如虎出山，拐轮却似龙离海。今番大闹比丘城，致令邪正分明白。那妖精与行者苦战二十余合，蟠龙拐抵不住金箍棒，虚幌了一拐，将身化作一道寒光，落入皇宫内院，把进贡的妖后带出宫门，并化寒光，不知去向。

大圣按落云头，到了宫殿下，对多官道：“你们的好国丈啊！”多官一齐礼拜，感谢神僧，行者道：“且休拜，且去看你那昏主何在。”多官道：“我主见争战时，惊恐潜藏，不知向那座宫中去也。”行者即命：“快寻！莫被美后拐去！”多官听言，不分内外，同行者先奔美后宫，漠然无踪，连美后也通不见了。正宫、东宫、西宫、六院，概众后妃，都来拜谢大圣。大圣道：“且请起，不到谢处哩，且去寻你主公。”少时，见四五个太监，搀着那昏君自谨身殿后面而来。众臣俯伏在地，齐声启奏道：“主公！主公！感得神僧到此，辨明真假。那国丈乃是个妖邪，连美后亦不见矣。”国王闻言，即请行者出皇宫，到宝殿拜谢了道：“长老，你早间来的模样，那般俊伟，这时如何就改了形容？”行者笑道：“不瞒陛下说，早间来者，是我师父，乃唐朝御弟三藏。我是他徒弟孙悟空，还有两个师弟，猪悟能沙悟净，见在金亭馆驿。因知你信了妖言，要取我师父心肝做药引，是老孙变作师父模样，特来此降妖也。”那国王闻说，即传旨着阁下太宰快去驿中请师众来朝。

那三藏听见行者现了相，在空中降妖，吓得魂飞魄散，幸有八戒沙僧护持，他又脸上戴着一片子臊泥，正闷闷不快，只听得人叫道："法师，我等乃比丘国王差来的阁下太宰，特请入朝谢恩也。"八戒笑道："师父。莫怕莫怕！这不是又请你取心，想是师兄得胜，请你酬谢哩。"三藏道："虽是得胜来请，但我这个臊脸，怎么见人？"八戒道："没奈何，我们且去见了师兄，自有解释。"真个那长老无计，只得扶着八戒沙僧挑着担，牵着马，同去驿庭之上。那太宰见了，害怕道："爷爷呀！这都相似妖头怪脑之类！"沙僧道："朝士休怪丑陋，我等乃是生成的遗体。若我师父来见了我师兄，他就俊了。"他三人与众来朝，不待宣召，直至殿下。行者看见，即转身下殿，迎着面把师父的泥脸子抓下，吹口仙气，叫"正！"那唐僧即时复了原身，精神愈觉爽利。国王下殿亲迎，口称："法师老佛。"师徒们将马拴住，都上殿来相见。行者道："陛下可知那怪来自何方？等老孙去与你一并擒来，剪除后患。"三宫六院，诸嫔群妃，都在那翡翠屏后，听见行者说剪除后患，也不避内外男女之嫌，一齐出来拜告道："万望神僧老佛大施法力，斩草除根，把他剪除尽绝，诚为莫大之恩，自当重报！"行者忙忙答礼，只教国王说他住居。

国王含羞告道："三年前他到时，朕曾问他。他说离城不远，只在向南去七十里路，有一座柳林坡湾华庄上。国丈年老无儿，止后妻生一女，年方十六，不曾配人，愿进与朕。朕因那女貌娉婷，遂纳了，宠幸在宫。不期得疾，太医屡药无功。他说我有仙方，止用小儿心煎汤为引。是朕不才，轻信其言，遂选民间小儿，选定今日午时开刀取心。不料神僧下降，恰恰又遇笼儿都不见了。他就说神僧十世修真，元阳未泄，得其心，比小儿心更加万倍。一时误犯，不知神僧识透妖魔。敢望广施大法，剪其后患，朕以倾国之资酬谢！"行者笑道："实不相瞒，笼中小儿，是我师慈悲，着我藏了。你且休题甚么资财相谢，待我捉了妖怪，是我的功行。"叫："八戒，跟我去来。"八戒道："谨依兄命。

但只是腹中空虚，不好着力。"国王即传旨教："光禄寺快办斋供。"不一时斋到。八戒尽饱一餐，抖擞精神，随行者驾云而起。

唬得那国王、妃后，并文武多官，一个个朝空礼拜，都道："是真仙真佛降临凡也！"那大圣携着八戒，径到南方七十里之地，住下风云，找寻妖处。但只见一股清溪，两边夹岸，岸上有千千万万的杨柳，更不知清华庄在于何处。正是那：万顷野田观不尽，千堤烟柳隐无踪。

孙大圣寻觅不着，即捻诀，念一声"唵"字真言，拘出一个当坊土地，战兢兢近前跪下叫道："大圣，柳林坡土地叩头。"行者道："你休怕，我不打你。我问你：柳林坡有个清华庄，在于何方？"土地道："此间有个清华洞，不曾有个清华庄。小神知道了，大圣想是自比丘国来的？"行者道："正是正是。比丘国王被一个妖精哄了，是老孙到那厢，识得是妖怪，当时战退那怪，化一道寒光，不知去向。及问比丘王，他说三年前进美女时，曾问其由，怪言居住城南七十里柳林坡清华庄。适寻到此，只见林坡，不见清华庄，是以问你。"土地叩头道："望大圣恕罪。比丘王亦我地之主也，小神理当鉴察，奈何妖精神威法大，如我泄漏他事，就来欺凌，故此未获。大圣今来，只去那南岸九叉头一颗杨树根下，左转三转，右转三转，用两手齐扑树上，连叫三声开门，即现清华洞府。"

大圣闻言，即令土地回去，与八戒跳过溪来，寻那颗杨树。

果然有九条叉枝，总在一颗根上。行者吩咐八戒："你且远远的站定，待我叫开门，寻着那怪，赶将出来，你却接应。"八戒闻命，即离树有半里远近立下。这大圣依土地之言，绕树根，左转三转，右转三转，双手齐扑其树，叫："开门！开门！"霎时间，一声响喨，唿喇喇的门开两扇，更不见树的踪迹。那里边光明霞采，亦无人烟。行者趁神威，撞将进去，但见那里好个去处：烟霞幌亮，日月偷明。白云常出洞，翠藓乱漫庭。一径奇花争艳丽，遍阶瑶草斗芳荣。温暖气，景常春，浑如阆苑，不亚蓬瀛。滑凳攀长蔓，平桥挂乱藤。蜂衔红蕊来岩窟，蝶戏幽兰过石屏。行者急拽步，行近前边细看，见石屏上有四个大字："清华仙府"。

他忍不住，跳过石屏看处，只见那老怪怀中搂着个美女，喘嘘嘘的，正讲比丘国事，齐声叫道："好机会来！三年事，今日得完，被那猴头破了！"行者跑近身，掣棒高叫道："我把你这伙毛团，甚么好机会！吃吾一棒！"那老怪丢放美人，轮起蟠龙拐，急架相迎。他两个在洞前，这场好杀，比前又甚不同：棒举迸金光，拐轮凶气发。那怪道："你无知敢进我门来！"行者道："我有意降邪怪！"那怪道："我恋国主你无干，怎的欺心来展抹？"行者道："僧修政教本慈悲，不忍儿童活见杀。"语去言来各恨仇，棒迎拐架当心札。促损琪花为顾生，踢破翠苔因把滑。只杀得那洞中霞采欠光明，岩上芳菲俱掩压。乒乓惊得鸟难飞，吆喝吓得美人散。只存老怪与猴王，呼呼卷地狂风刮。看看杀出洞门来，又撞悟能呆性发。原来八戒在外边，听见他们里面嚷闹，激得他心痒难挠，掣钉钯，把一棵九叉杨树刨倒，使钯筑了几下，筑得那鲜血直冒，嘤嘤的似乎有声。他道："这棵树成了精也！这棵树成了精也！"按在地下，又正筑处，只见行者引怪出来。那呆子不打话，赶上前，举钯就筑。那老怪战行者已是难敌，见八戒钯来，愈觉心慌，败了阵，将身一幌，化道寒光，径投东走。他两个决不放松，向东赶来。

正当喊杀之际，又闻得鸾鹤声鸣，祥光缥缈，举目视之，乃南极老人星也，那老人把寒光罩住，叫道："大圣慢来，天蓬休赶，老道在此施礼哩。"行者即答礼道："寿星兄弟，那里来"？八戒笑道："肉头老儿，罩住寒光，必定捉住妖怪了。"寿星陪笑道："在这里，在这里，望二公饶他命罢。"行者道："老怪不与老弟相干，为何来说人情？"寿星笑道："他是我的一副脚力，不意走将来，成此妖怪。"行者道："既是老弟之物，只教他现出本相来看看。"寿星闻言，即把寒光放出，喝道："孽畜！快现本相，饶你死罪！"那怪打个转身，原来是只白鹿，寿星拿起拐杖道："这孽畜！连我的拐棒也偷来也！"那只鹿俯伏在地，口不能言，只管叩头滴泪。但见他：一身如玉简斑斑，两角参差七汊湾。几度饥时寻药圃，有朝渴处饮云潺。年深学得飞腾法，日久修成变化颜。今见主人呼唤处，现身珉耳伏尘寰。寿星谢了行者，就跨鹿而行，被行者一把扯住道："老弟，且慢走，还有两件事未完哩。"寿星道："还有甚么未完之事？"行者道："还有美人未获，不知是个甚么怪物；还又要同到比丘城见那昏君，现相回旨也。"寿星道："既这等说，我且宁耐。你与天蓬下洞擒捉那美人来，同去现相可也。"行者道："老弟略等等儿，我们去了就来。"那八戒抖擞精神，随行者径入清华仙府，呐声喊叫："拿妖精！拿妖精！"那美人战战兢兢，正自难逃，又听得喊声大振，即转石屏之内，又没个后门出头，被八戒喝声："那里走！我把你这个哄汉子的臊精！看钯"！那美人手中又无兵器，不能迎敌，将身一闪，化道寒光，往外就走，被大圣抵住寒光，乒乓一棒，那怪立不住脚，倒在尘埃，现了本相，原来是一个白面狐狸。呆子忍不住手，举钯照头一筑，可怜把那个倾城倾国千般笑，化作毛团狐狸形！行者叫道："莫打烂他，且留他此身去见昏君。"

那呆子不嫌秽污，一把揪住尾子，拖拖扯扯，跟随行者出得门来。只见那寿星老儿手摸着鹿头骂道："好孽畜啊！你怎么背主逃去，在此成精！若不是我来，孙大圣定打死你了。"行者跳出来道："老弟说甚么？"寿星道："我嘱鹿哩！我嘱鹿哩！"八戒将个死狐狸掼在鹿的面前道："这可是你的女儿么？"那鹿点头幌脑，伸着嘴闻他几闻，呦呦发声，似有眷恋不舍之意，被寿星劈头扑了一掌道："孽畜！你得命足矣，又闻他怎的？"即解下勒袍腰带，把鹿扣住颈项，牵将起来，道："大圣，我和你比丘国相见去也。”行者道：“且住！索性把这边都扫个干净，庶免他年复生妖孽。”八戒闻言，举钯将柳树乱筑。行者又念声“唵”字真言，依然拘出当坊土地，叫：“寻些枯柴，点起烈火，与你这方消除妖患，以免欺凌。”那土地即转身，阴风飒飒，帅起阴兵，搬取了些迎霜草、秋青草、蓼节草、山蕊草、篓蒿柴、龙骨柴、芦荻柴，都是隔年干透的枯焦之物，见火如同油腻一般。行者叫：

“八戒，不必筑树，但得此物填塞洞里，放起火来，烧得个干净。”火一起，果然把一座清华妖怪宅，烧作火池坑。

这里才喝退土地，同寿星牵着鹿，拖着狐狸，一齐回到殿前，对国王道：“这是你的美后，与他耍子儿么？”那国王胆战心惊。又只见孙大圣引着寿星，牵着白鹿，都到殿前，唬得那国里君臣妃后，一齐下拜。行者近前搀住国王笑道：“且休拜我，这鹿儿却是国丈，你只拜他便是。”那国王羞愧无地，只道：“感谢神僧救我一国小儿，真天恩也！”即传旨教光禄寺安排素宴，大开东阁，请南极老人与唐僧四众，共坐谢恩。三藏拜见了寿星，沙僧亦以礼见，都问道：“白鹿既是老寿星之物，如何得到此间为害？”寿星笑道：“前者，东华帝君过我荒山，我留坐着棋，一局未终，这孽畜走了。及客去寻他不见，我因屈指询算，知他走在此处，特来寻他，正遇着孙大圣施威。若果来迟，此畜休矣。”

叙不了，只见报道：“宴已完备。”好素宴：五彩盈门，异香满座。

桌挂绣纬生锦艳，地铺红毯幌霞光。宝鸭内，沉檀香袅；御筵前，蔬品香馨。看盘高果砌楼台，龙缠斗糖摆走兽。鸳鸯锭，狮仙糖，似模似样；鹦鹉杯，鹭鹚杓，如相如形。席前果品般般盛，案上斋肴件件精。魁圆茧栗，鲜荔桃子。枣儿柿饼味甘甜，松子葡萄香腻酒。几般蜜食，数品蒸酥。油札糖浇，花团锦砌。金盘高垒大馍馍，银碗满盛香稻饭。辣爊爊汤水粉条长，香喷喷相连添换美。说不尽蘑菇、木耳、嫩笋、黄精，十香素菜，百味珍馐。往来绰摸不曾停，进退诸般皆盛设。当时叙了坐次，寿星首席，长老次席，国王前席，行者、八戒、沙僧侧席，旁又有两三个太师相陪左右。即命教坊司动乐，国王擎着紫霞杯，一一奉酒，惟唐僧不饮。八戒向行者道：“师兄，果子让你，汤饭等须请让我受用受用。”那呆子不分好歹，一齐乱上，但来的吃个精空。一席筵宴已毕，寿星告辞。那国王又近前跪拜寿星，求祛病延年之法，寿星笑道：“我因寻鹿，未带丹药。欲传你修养之方，你又筋衰神败，不能还丹。我这衣袖中，只有三个枣儿，是与东华帝君献茶的，我未曾吃，今送你罢。”国王吞之，渐觉身轻病退。后得长生者，皆原于此。八戒看见就叫道：“老寿，有火枣，送我几个吃吃。”寿星道：“未曾带得，待改日我送你几斤。”遂出了东阁，道了谢意，将白鹿一声喝起，飞跨背上，踏云而去。这朝中君王妃后，城中黎庶居民，各各焚香礼拜不题。

三藏叫：“徒弟，收拾辞王。”那国王又苦留求教，行者道：

“陛下，从此色欲少贪，阴功多积。凡百事将长补短，自足以祛病延年，就是教也。”遂拿出两盘散金碎银，奉为路费。唐僧坚辞，分文不受。国王无已，命摆銮驾，请唐僧端坐凤辇龙车，王与嫔后，俱推轮转毂，方送出朝。六街三市，百姓群黎，亦皆盏添净水，炉降真香，又送出城。忽听得半空中一声风响，路两边落下一千一百一十一个鹅笼，内有小儿啼哭，暗中有原护的城隍、土地、社令、真官、五方揭谛、四值功曹、六丁六甲、护教伽蓝等众，应声高叫道：“大圣，我等前蒙吩咐，摄去小儿鹅笼，今知大圣功成起行，一一送来也。”那国王妃后与一应臣民，又俱下拜。行者望空道：“有劳列位，请各归祠，我着民间祭祀谢你。”呼呼淅淅，阴风又起而退。行者叫城里人家来认领小儿。

当时传播，俱来各认出笼中之儿，欢欢喜喜，抱出叫哥哥，叫肉儿，跳的跳，笑的笑，都叫：“扯住唐朝爷爷，到我家奉谢救儿之恩！”无大无小，若男若女，都不怕他相貌之丑，抬着猪八戒，扛着沙和尚，顶着孙大圣，撮着唐三藏，牵着马，挑着担，一拥回城，那国王也不能禁止。这家也开宴，那家也设席。请不及的，或做僧帽、僧鞋、褊衫、布袜，里里外外，大小衣裳，都来相送。

如此盘桓将有个月，才得离城。又有传下影神，立起牌位，顶礼焚香供养。这才是：阴功高垒恩山重，救活千千万万人。毕竟不知向后又有甚么事体，且听下回分解。

第八十回　姹女育阳求配偶　心猿护主识妖邪

却说比丘国君臣黎庶，送唐僧四众出城，有二十里之远，还不肯舍。三藏勉强下辇，乘马辞别而行，目送者直至望不见踪影方回。四众行彀多时，又过了冬残春尽，看不了野花山树，景物芳菲，前面又见一座高山峻岭。三藏心惊问道：“徒弟，前面高山，有路无路，是必小心！”行者笑道：“师父这话，也不象个走长路的，却似个公子王孙，坐井观天之类。自古道：山不碍路，路自通山。何以言有路无路？”三藏道：“虽然是山不碍路，但恐险峻之间生怪物，密林深处出妖精。”八戒道：“放心，放心！这里来相近极乐不远，管取太平无事！”师徒正说，不觉的到了山脚下。行者取出金箍棒，走上石崖叫道：“师父，此间乃转山的路儿，忒好步，快来快来！”长老只得放怀策马。沙僧教：

“二哥，你把担子挑一肩儿。”真个八戒接了担子挑上。沙僧拢着缰绳，老师父稳坐雕鞍，随行者都奔山崖上大路。但见那山：

云雾笼峰顶，潺湲涌涧中。百花香满路，万树密丛丛。梅青李白，柳绿桃红。杜鹃啼处春将暮，紫燕呢喃社已终。峨峨石，翠盖松。崎岖岭道，突兀玲珑。削壁悬崖峻，藤萝草木秾。千岩竞秀如排戟，万壑争流远浪洪。老师父缓观山景，忽闻啼鸟之声，又起思乡之念。兜马叫道：“徒弟！我自天牌传旨意，锦屏风下领关文。观灯十五离东土，才与唐王天地分，甫能龙虎风云会，却又师徒拗马军。行尽巫山峰十二，何时对子见当今？”

行者道：“师父，你常以思乡为念，全不似个出家人。放心且走，莫要多忧，古人云，欲求生富贵，须下死工夫。”三藏道：“徒弟，虽然说得有理，但不知西天路还在那里哩！”八戒道：“师父，我佛如来舍不得那三藏经，知我们要取去，想是搬了；不然，如何只管不到？”沙僧道：“莫胡谈！只管跟着大哥走，只把工夫捱他，终须有个到之之日。”

师徒正自闲叙，又见一派黑松大林。唐僧害怕，又叫道：

“悟空，我们才过了那崎岖山路，怎么又遇这个深黑松林？是必在意。”行者道：“怕他怎的！”三藏道：“说那里话！不信直中直，须防仁不仁。我也与你走过好几处松林，不似这林深远。你看：

东西密摆，南北成行。东西密摆彻云霄，南北成行侵碧汉。密查荆棘周围结，蓼却缠枝上下盘。藤来缠葛，葛去缠藤。藤来缠葛，东西客旅难行；葛去缠藤，南北经商怎进。这林中，住半年，那分日月；行数里，不见斗星。你看那背阴之处千般景，向阳之所万丛花。又有那千年槐，万载桧，耐寒松，山桃果、野芍药，旱芙蓉，一攒攒密砌重堆，乱纷纷神仙难画。又听得百鸟声：鹦鹉哨，杜鹃啼，喜鹊穿枝，乌鸦反哺，黄鹂飞舞，百舌调音，鹧鸪鸣，紫燕语，八哥儿学人说话，画眉郎也会看经。又见那大虫摆尾，老虎磕牙，多年狐狢妆娘子，日久苍狼吼振林。就是托塔天王来到此，纵会降妖也失魂！”孙大圣公然不惧，使铁棒上前劈开大路，引唐僧径入深林，逍逍遥遥，行经半日，未见出林之路。唐僧叫道："徒弟，一向西来，无数的山林崎险，幸得此间清雅，一路太平。这林中奇花异卉，其实可人情意！我要在此坐坐：一则歇马，二则腹中饥了，你去那里化些斋来我吃。"行者道："师父请下马，老孙化斋去来。"那长老果然下了马。八戒将马拴在树上，沙僧歇下行李，取了钵盂，递与行者。

行者道："师父稳坐，莫要惊怕，我去了就来。"三藏端坐松阴之下，八戒沙僧却去寻风觅果闲耍。

却说大圣纵筋斗，到了半空，伫定云光，回头观看，只见松林中祥云缥缈，瑞霭氤氲，他忽失声叫道："好啊！好啊！"你道他叫好做甚？原来夸奖唐僧，说他是金蝉长老转世，十世修行的好人，所以有此祥瑞罩头。"若我老孙，方五百年前大闹天宫之时，云游海角，放荡天涯，聚群精自称齐天大圣，降龙伏虎，消了死籍；头戴着三额金冠，身穿着黄金铠甲，手执着金箍棒，足踏着步云履，手下有四万七千群怪，都称我做大圣爷爷，着实为人。如今脱却天灾。做小伏低，与你做了徒弟，想师父头顶上有祥云瑞霭罩定，径回东土，必定有些好处，老孙也必定得个正果。"正自家这等夸念中间，忽然见林南下有一股子黑气，骨都都的冒将上来。行者大惊道："那黑气里必定有邪了！

我那八戒沙僧却不会放甚黑气。"那大圣在半空中，详察不定。

却说三藏坐在林中，明心见性，讽念那《摩诃般若波罗密多心经》，忽听得嘤嘤的叫声"救人"。三藏大惊道："善哉！善哉！这等深林里，有甚么人叫？想是狼虫虎豹唬倒的，待我看看。"那长老起身挪步，穿过千年柏，隔起万年松，附葛攀藤，近前视之，只见那大树上绑着一个女子，上半截使葛藤绑在树上，下半截埋在土里。长老立定脚，问他一句道："女菩萨，你有甚事，绑在此间？"咦！分明这厮是个妖怪，长老肉眼凡胎，却不能认得。那怪见他来问，泪如泉涌。你看他桃腮垂泪，有沉鱼落雁之容；星眼含悲，有闭月羞花之貌。长老实不敢近前，又开口问道："女菩萨，你端的有何罪过？说与贫僧，却好救你。"那妖精巧语花言，虚情假意，忙忙的答应道："师父，我家住在贫婆国。离此有二百余里。父母在堂，十分好善，一生的和亲爱友。时遇清明，邀请诸亲及本家老小拜扫先茔，一行轿马，都到了荒郊野外。至茔前，摆开祭礼，刚烧化纸马，只闻得锣鸣鼓响，跑出一伙强人，持刀弄杖，喊杀前来，慌得我们魂飞魄散。

父母诸亲，得马得轿的，各自逃了性命；奴奴年幼，跑不动，唬倒在地，被众强人拐来山内，大大王要做夫人，二大王要做妻室，第三第四个都爱我美色，七八十家一齐争吵，大家都不忿气，所以把奴奴绑在林间，众强人散盘而去。今已五日五夜，看看命尽，不久身亡！不知是那世里祖宗积德，今日遇着老师父到此。千万发大慈悲，救我一命，九泉之下，决不忘恩！"说罢，泪下如雨。三藏真个慈心，也就忍不住吊下泪来，声音哽咽，叫道："徒弟"。那八戒沙僧正在林中寻花觅果，猛听得师父叫得凄怆，呆子道："沙和尚，师父在此认了亲耶。"沙僧笑道："二哥胡缠！我们走了这些时，好人也不曾撞见一个，亲从何来？"八戒道："不是亲，师父那里与人哭么？我和你去看来。"沙僧真个回转旧处，牵了马，挑了担，至跟前叫："师父，怎么说？"唐僧用手指定那树上，叫："八戒，解下那女菩萨来，救他一命。"呆子不分好歹，就去动手。

却说那大圣在半空中，又见那黑气浓厚，把祥光尽情盖了，道声："不好，不好！黑气罩暗祥光，怕不是妖邪害俺师父！

化斋还是小事，且去看我师父去。"即返云头，按落林里，只见八戒乱解绳儿。行者上前，一把揪住耳朵，扑的捽了一跌。呆子抬头看见，爬起来说道："师父教我救人，你怎么恃你有力，将我掼这一跌！"行者笑道："兄弟，莫解他。他是个妖怪，弄喧儿骗我们哩。"三藏喝道："你这泼猴，又来胡说了！怎么这等一个女子，就认得他是个妖怪！"行者道："师父原来不知。这都是老孙干过的买卖，想人肉吃的法儿，你那里认得！"八戒哝着嘴道："师父，莫信这弼马温哄你！这女子乃是此间人家。我们东土远来，不与相较，又不是亲眷，如何说他是妖精！他打发我们丢了前去，他却翻筋斗，弄神法转来和他干巧事儿，倒踏门也！"行者喝道："夯货！莫乱谈！我老孙一向西来，那里有甚惫懒处？似你这个重色轻生，见利忘义的馕糟，不识好歹，替人家哄了招女婿，绑在树上哩！"三藏道："也罢，也罢。八戒啊，你师兄常时也看得不差。既这等说，不要管他，我们去罢。"行者大喜道："好了！师父是有命的了！请上马，出松林外，有人家化斋你吃。"四人果一路前进，把那怪撇了。

却说那怪绑在树上，咬牙恨齿道："几年家闻人说孙悟空神通广大，今日见他，果然话不虚传。那唐僧乃童身修行，一点元阳未泄，正欲拿他去配合，成太乙金仙，不知被此猴识破吾法，将他救去了。若是解了绳，放我下来，随手捉将去，却不是我的人儿也？今被他一篇散言碎语带去，却又不是劳而无功？

等我再叫他两声，看是如何。"好妖精，不动绳索，把几声善言善语，用一阵顺风，嘤嘤的吹在唐僧耳内。你道叫的甚么？他叫道："师父啊，你放着活人的性命还不救，昧心拜佛取何经？"

唐僧在马上听得又这般叫唤，即勒马叫："悟空，去救那女子下来罢。"行者道："师父走路，怎么又想起他来了？"唐僧道："他又在那里叫哩。"行者问："八戒，你听见么？"八戒道："耳大遮住了，不曾听见。"又问："沙僧，你听见么？"沙僧道："我挑担前走，不曾在心，也不曾听见。"行者道："老孙也不曾听见。师父，他叫甚么？偏你听见。"唐僧道："他叫得有理，说道活人性命还不救，昧心拜佛取何经？救人一命，胜造七级浮屠。快去救他下来，强似取经拜佛。"行者笑道："师父要善将起来，就没药医。你想你离了东土，一路西来，却也过了几重山场，遇着许多妖怪，常把你拿将进洞，老孙来救你，使铁棒，常打死千千万万；今日一个妖精的性命舍不得，要去救他？"唐僧道："徒弟呀，古人云，勿以善小而不为，勿以恶小而为之，还去救他救罢。"行者道："师父既然如此，只是这个担儿，老孙却担不起。

你要救他，我也不敢苦劝你，劝一会，你又恼了。任你去救。"唐僧道："猴头莫多话！你坐着，等我和八戒救他去。"

唐僧回至林里，教八戒解了上半截绳子，用钯筑出下半截身子。那怪跌跌鞋，束束裙，喜孜孜跟着唐僧出松林，见了行者，行者只是冷笑不止。唐僧骂道："泼猴头！你笑怎的？"行者道："我笑你时来逢好友，运去遇佳人。"三藏又骂道："泼猢狲！

胡说！我自出娘肚皮，就做和尚。如今奉旨西来，虔心礼佛求经，又不是利禄之辈，有甚运退时！"行者笑道："师父，你虽是自幼为僧，却只会看经念佛，不曾见王法条律。这女子生得年少标致，我和你乃出家人，同他一路行走，倘或遇着歹人，把我们拿送官司，不论甚么取经拜佛，且都打做奸情；纵无此事，也要问个拐带人口。师父追了度牒，打个小死；八戒该问充军；沙僧也问摆站；我老孙也不得干净，饶我口能，怎么折辩，也要问个不应。"三藏喝道："莫胡说！终不然，我救他性命，有甚贻累不成！带了他去，凡有事，都在我身上。"行者道："师父虽说有事在你，却小知你不是救他，反是害他。"三藏道："我救他出林，得其活命，怎么反是害他？"行者道："他当时绑在林间，或三五日，十日半月，没饭吃饿死了，还得个完全身体归阴；如今带他出来，你坐得是个快马，行路如风，我们只得随你，那女子脚小，挪步艰难，怎么跟得上走？一时把他丢下，若遇着狼虫虎豹，一口吞之，却不是反害其生也？"三藏道："正是呀，这件事却亏你想，如何处置？"行者笑道："抱他上来，和你同骑着马走罢。"三藏沉吟道："我那里好与他同马！……他怎生得去？"三藏道："教八戒驮他走罢。”行者笑道：“呆子造化到了！”八戒道：“远路没轻担，教我驮人，有甚造化？”行者道：“你那嘴长，驮着他，转过嘴来，计较私情话儿，却不便益？”八戒闻此言，捶胸爆跳道：“不好！不好！师父要打我几下，宁可忍疼，背着他决不得干净，师兄一生会赃埋人。我驮不成！”三藏道：“也罢，也罢。我也还走得几步，等我下来，慢慢的同走，着八戒牵着空马罢。”行者大笑道：“呆子倒有买卖，师父照顾你牵马哩。”三藏道：“这猴头又胡说了！古人云，马行千里，无人不能自往。假如我在路上慢走，你好丢了我去？我若慢，你们也慢。大家一处同这女菩萨走下山去，或到庵观寺院，有人家之处，留他在那里，也是我们救他一场。”行者道：“师父说得有理，快请前进。”三藏拽步前走，沙僧挑担，八戒牵着空马，行者拿着棒，引着女子，一行前进。不上二三十里，天色将晚，又见一座楼台殿阁。三藏道：“徒弟，那里必定是座庵观寺院，就此借宿了，明日早行。”行者道：“师父说得是，各各走动些。”霎时到了门首。吩咐道：“你们略站远些，等我先去借宿。若有方便处，着人来叫你。”众人俱立在柳阴之下，惟行者拿铁棒，辖着那女子。

长老拽步近前，只见那门东倒西歪，零零落落。推开看时，忍不住心中凄惨：长廊寂静，古刹萧疏；苔藓盈庭，蒿蓁满径；

惟萤火之飞灯，只蛙声而代漏。长老忽然吊下泪来，真个是：殿宇凋零倒塌，廊房寂寞倾颓。断砖破瓦十余堆，尽是些歪梁折柱。前后尽生青草，尘埋朽烂香厨。钟楼崩坏鼓无皮，琉璃香灯破损。佛祖金身没色，罗汉倒卧东西。观音淋坏尽成泥，杨柳净瓶坠地。日内并无僧入，夜间尽宿狐狸，只听风响吼如雷，都是虎豹藏身之处。四下墙垣皆倒，亦无门扇关居。有诗为证，诗曰：多年古刹没人修，狼狈凋零倒更休。猛风吹裂伽蓝面，大雨浇残佛象头。金刚跌损随淋洒，土地无房夜不收。更有两般堪叹处，铜钟着地没悬楼。三藏硬着胆，走进二层门，见那钟鼓楼俱倒了，止有一口铜钟，札在地下。上半截如雪之白，下半截如靛之青，原来是日久年深，上边被雨淋白，下边是土气上的铜青。三藏用手摸着钟，高叫道：“钟啊！你也曾悬挂高楼吼，也曾鸣远彩梁声。也曾鸡啼就报晓，也曾天晚送黄昏。不知化铜的道人归何处，铸铜匠作那边存。想他二命归阴府，他无踪迹你无声。”长老高声赞叹，不觉的惊动寺里之人。那里边有一个侍奉香火的道人，他听见人语，扒起来，拾一块断砖，照钟上打将去。那钟当的响了一声，把个长老唬了一跌，挣起身要走，又绊着树根，扑的又是一跌。长老倒在地下，抬头又叫道：“钟啊！贫僧正然感叹你，忽的叮当响一声。想是西天路上无人到，日久多年变作精。”那道人赶上前，一把搀住道：“老爷请起。不干钟成精之事，却才是我打得钟响。”三藏抬头见他的模样丑黑，道：“你莫是魍魉妖邪？我不是寻常之人，我是大唐来的，我手下有降龙伏虎的徒弟。你若撞着他，性命难存也！”道人跪下道：“老爷休怕，我不是妖邪，我是这寺里侍奉香火的道人。却才听见老爷善言相赞，就欲出来迎接；恐怕是个邪鬼敲门，故此拾一块断砖，把钟打一下压惊，方敢出来。老爷请起。”那唐僧方然正性道：“住持，险些儿唬杀我也，你带我进去。”

那道人引定唐僧，直至三层门里看处，比外边甚是不同，但见那：青砖砌就彩云墙，绿瓦盖成琉璃殿。黄金装圣象，白玉造阶台。大雄殿上舞青光，毗罗阁下生锐气。文殊殿，结采飞云：轮藏堂，描花堆翠。三檐顶上宝瓶尖，五福楼中平绣盖。千株翠竹摇禅榻，万种青松映佛门。碧云宫里放金光，紫雾丛中飘瑞霭。朝闻四野香风远，暮听山高画鼓鸣。应有朝阳补破衲，岂无对月了残经？又只见半壁灯光明后院，一行香雾照中庭。

三藏见了不敢进去，叫：“道人，你这前边十分狼狈，后边这等齐整，何也？”道人笑道：“老爷，这山中多有妖邪强寇，天色清明，沿山打劫，天阴就来寺里藏身，被他把佛象推倒垫坐，木植搬来烧火。本寺僧人软弱，不敢与他讲论，因此把这前边破房都舍与那些强人安歇，从新另化了些施主，盖得那一所寺院。

清混各一，这是西方的事情。”三藏道：“原来是如此。

正行间，又见山门上有五个大字，乃镇海禅林寺。才举步跨入门里，忽见一个和尚走来。你看他怎生模样：头戴左笄绒锦帽，一对铜圈坠耳根。身着颇罗毛线服，一双白眼亮如银。手中摇着播郎鼓，口念番经听不真。三藏原来不认得，这是西方路上喇嘛僧。那喇嘛和尚走出门来，看见三藏眉清目秀，额阔顶平，耳垂肩，手过膝，好似罗汉临凡，十分俊雅。他走上前扯住，满面笑唏唏的与他捻手捻脚，摸他鼻子，揪他耳朵，以示亲近之意。携至方丈中，行礼毕却问：“老师父何来？”三藏道：“弟子乃东土大唐驾下钦差往西方天竺国大雷音寺拜佛取经者。

适行至宝方天晚，特奔上刹借宿一宵，明日早行，望垂方便一二。”那和尚笑道：“不当人子！不当人子！我们不是好意要出家的，皆因父母生身，命犯华盖，家里养不住，才舍断了出家，既做了佛门弟子，切莫说脱空之话。”三藏道：“我是老实话。”

和尚道：“那东土到西天，有多少路程！路上有山，山中有洞，洞内有精。象你这个单身，又生得娇嫩，那里象个取经的！”三藏道：“院主也见得是，贫僧一人，岂能到此？我有三个徒弟，逢山开路，遇水叠桥，保我弟子，所以到得上刹。”那和尚道：“三位高徒何在？”三藏道：“现在山门外伺候。”那和尚慌了道：“师父，你不知我这里有虎狼、妖贼、鬼怪伤人。白日里不敢远出，未经天晚，就关了门户。这早晚把人放在外边！”叫：“徒弟，快去请将进来。”

有两个小喇嘛儿跑出外去，看见行者唬了一跌，见了八戒又是一跌，扒起来往后飞跑道：“爷爷！造化低了！你的徒弟不见，只有三四个妖怪站在那门首也。”三藏问道：“怎么模样？”

小和尚道：“一个雷公嘴，一个碓挺嘴，一个青脸獠牙。旁有一个女子，倒是个油头粉面。”三藏笑道：“你不认得。那三个丑的，是我徒弟，那一个女子，是我打松林里救命来的。”那喇嘛道：“爷爷呀，这们好俊师父，怎么寻这般丑徒弟？”三藏道：“他丑自丑，却俱有用。你快请他进来，若再迟了些儿，那雷公嘴的有些闯祸，不是个人生父母养的，他就打进来也。”那小和尚即忙跑出，战兢兢的跪下道：“列位老爷，唐老爷请哩。”八戒笑道：“哥啊，他请便罢了，却这般战兢兢的，何也？”行者道：“看见我们丑陋害怕。”八戒道：“可是扯淡！我们乃生成的，那个是好要丑哩！”行者道：“把那丑且略收拾收拾！呆子真个把嘴揣在怀里，低着头，牵着马，沙僧挑着担，行者在后面，拿着棒，辖着那女子，一行进去。穿过了倒塌房廊，入三层门里。拴了马，歇了担，进方丈中，与喇嘛僧相见，分了坐次。那和尚入里边，引出七八十个小喇嘛来，见礼毕，收拾办斋管待。正是：积功须在慈悲念，佛法兴时僧赞僧。毕竟不知怎生离寺，且听下回分解。

第八十一回　镇海寺心猿知怪　黑松林三众寻师

话表三藏师徒到镇海禅林寺，众僧相见，安排斋供。四众食毕，那女子也得些食力。渐渐天昏，方丈里点起灯来，众僧一则是问唐僧取经来历，二则是贪看那女子，都攒攒簇簇，排列灯下。三藏对那初见的喇嘛僧道：“院主，明日离了宝山，西去的路途如何？”那僧双膝跪下，慌得长老一把扯住道：“院主请起，我问你个路程，你为何行礼？”那僧道：“老师父明日西行，路途平正，不须费心。只是眼下有件事儿不尴尬，一进门就要说，恐怕冒犯洪威，却才斋罢，方敢大胆奉告：老师东来，路遥辛苦，都在小和尚房中安歇甚好；只是这位女菩萨，不方便，不知请他那里睡好。”三藏道：“院主，你不要生疑，说我师徒们有甚邪意。早间打黑松林过，撞见这个女子绑在树上。小徒孙悟空不肯救他，是我发菩提心，将他救了，到此随院主送他那里睡去。”那僧谢道：“既老师宽厚，请他到天王殿里，就在天王爷爷身后，安排个草铺，教他睡罢。”三藏道：“甚好，甚好。”遂此时，众小和尚引那女子往殿后睡去。长老就在方丈中，请众院主自在，遂各散去。三藏吩咐悟空：“辛苦了，早睡早起！”遂一处都睡了，不敢离侧，护着师父。渐入夜深，正是那：玉兔高升万籁宁，天街寂静断人行。银河耿耿星光灿，鼓发谯楼趱换更。

一宵晚话不题。及天明了，行者起来，教八戒沙僧收拾行囊马匹，却请师父走路。此时长老还贪睡未醒，行者近前叫声“师父。”那师父把头抬了一抬，又不曾答应得出。行者问：“师父怎么说？”长老呻吟道：“我怎么这般头悬眼胀，浑身皮骨皆疼？”八戒听说，伸手去摸摸，身上有些发热。呆子笑道：“我晓得了，这是昨晚见没钱的饭，多吃了几碗，倒沁着头睡，伤食了。”行者喝道：“胡说！等我问师父，端的何如。”三藏道：“我半夜之间，起来解手，不曾戴得帽子，想是风吹了。”行者道：“这还说得是，如今可走得路么？”三藏道：“我如今起坐不得，怎么上马？但只误了路啊！”行者道：“师父说那里话！常言道，一日为师，终身为父。我等与你做徒弟，就是儿子一般。又说道，养儿不用阿金溺银，只是见景生情便好。你既身子不快，说甚么误了行程，便宁耐几日何妨！”兄弟们都伏侍着师父，不觉的早尽午来昏又至，良宵才过又侵晨。

光阴迅速，早过了三日。那一日，师父欠身起来叫道：“悟空，这两日病体沉疴，不曾问得你，那个脱命的女菩萨，可曾有人送些饭与他吃？”行者笑道：“你管他怎的，且顾了自家的病着。”三藏道：“正是，正是。你且扶我起来，取出我的纸、笔、墨，寺里借个砚台来使使。”行者道：“要怎的？”长老道：“我要修一封书，并关文封在一处，你替我送上长安驾下，见太宗皇帝一面。”行者道：“这个容易，我老孙别事无能，若说送书：人间第一。你把书收拾停当与我，我一筋斗送到长安，递与唐王，再一筋斗转将回来，你的笔砚还不干哩。但只是你寄书怎的？且把书意念念我听，念了再写不迟。”长老滴泪道：“我写着：臣僧稽首三顿首，万岁山呼拜圣君；文武两班同入目，公卿四百共知闻：当年奉旨离东土，指望灵山见世尊。不料途中遭厄难，何期半路有灾迍。僧病沉疴难进步，佛门深远接天门。有经无命空劳碌，启奏当今别遣人。”行者听得此言，忍不住呵呵大笑道：

“师父，你忒不济，略有些病儿，就起这个意念。你若是病重，要死要活，只消问我。我老孙自有个本事，问道‘那个阎王敢起心？那个判官敢出票？那个鬼使来勾取？’若恼了我，我拿出那大闹天宫之性子，又一路棍，打入幽冥，捉住十代阎王，一个个抽了他的筋，还不饶他哩！”三藏道：“徒弟呀，我病重了，切莫说这大话。”八戒上前道：“师兄，师父说不好，你只管说好，十分不尴尬。我们趁早商量，先卖了马，典了行囊，买棺木送终散火。”行者道：“呆子又胡说了！你不知道师父是我佛如来第二个徒弟，原叫做金蝉长老，只因他轻慢佛法，该有这场大难。”

八戒道：“哥啊，师父既是轻慢佛法，贬回东土，在是非海内，口舌场中，托化做人身，发愿往西天拜佛求经，遇妖精就捆，逢魔头就吊，受诸苦恼也彀了，怎么又叫他害病？”行者道：“你那里晓得，老师父不曾听佛讲法，打了一个盹，往下一失，左脚下躧了一粒米下界来，该有这三日病。”八戒惊道：“象老猪吃东西泼泼撒撒的，也不知害多少年代病是！”行者道：“兄弟，佛不与你众生为念。你又不知，人云锄禾日当午，汗滴禾下土。谁知盘中餐，粒粒皆辛苦！师父只今日一日，明日就好了。”三藏道：

“我今日比昨不同，咽喉里十分作渴。你去那里，有凉水寻些来我吃。”行者道：“好了！师父要水吃，便是好了。等我取水去。”

即时取了钵盂，往寺后面香积厨取水。忽见那些和尚一个个眼儿通红，悲啼哽咽，只是不敢放声大哭。行者道：“你们这些和尚，忒小家子样！我们住几日，临行谢你，柴火钱照日算还。怎么这等脓包！”众僧慌跪下道：“不敢！不敢！”行者道：

“怎么不敢？想是我那长嘴和尚，食肠大，吃伤了你的本儿也？”

众僧道：“老爷，我这荒山，大大小小，也有百十众和尚，每一人养老爷一日，也养得起百十日。怎么敢欺心，计较甚么食用！”

行者道：“既不计较，你却为甚么啼哭？”众僧道：“老爷，不知是那山里来的妖邪在这寺里。我们晚夜间着两个小和尚去撞钟打鼓，只听得钟鼓响罢，再不见人回。至次日找寻，只见僧帽僧鞋，丢在后边园里，骸骨尚存，将人吃了。你们住了三日，我寺里不见了六个和尚。故此，我兄弟们不由的不怕，不由的不伤。

因见你老师父贵恙，不敢传说，忍不住泪珠偷垂也。”行者闻言，又惊又喜道：“不消说了，必定是妖魔在此伤人也，等我与你剿除他。”众僧道：“老爷，妖精不精者不灵，一定会腾云驾雾，一定会出幽入冥。古人道得好，莫信直中直，须防仁不仁。

老爷，你莫怪我们说：你若拿得他住哩，便与我荒山除了这条祸根，正是三生有幸了；若还拿他不住啊，却有好些儿不便处。”行者道：“怎叫做好些不便处？”那众僧道：“直不相瞒老爷说。我这荒山，虽有百十众和尚，却都只是自小儿出家的，发长寻刀削，衣单破衲缝。早晨起来洗着脸，叉手躬身，皈依大道；

夜来收拾烧着香，虔心叩齿，念的弥陀。举头看见佛，莲九品，秇三乘，慈航共法云，愿见孁园释世尊；低头看见心，受五戒，度大千，生生万法中，愿悟顽空与色空。诸檀越来啊，老的、小的、长的、矮的、胖的、瘦的，一个个敲木鱼，击金磬，挨挨拶拶，两卷《法华经》，一策《梁王忏》；诸檀越不来啊，新的、旧的、生的、熟的、村的、俏的，一个个合着掌，瞑着目，悄悄冥冥，入定蒲团上，牢关月下门。一任他莺啼鸟语闲争斗，不上我方便慈悲大法乘。因此上，也不会伏虎，也不会降龙；也不识的怪，也不识的精。你老爷若还惹起那妖魔啊，我百十个和尚只彀他斋一饱，一则堕落我众生轮回，二则灭抹了这禅林古迹，三则如来会上，全没半点儿光辉。这却是好些儿不便处。”行者闻得众和尚说出这一端的话语，他便怒从心上起，恶向胆边生，高叫一声：“你这众和尚好呆哩！只晓得那妖精，就不晓得我老孙的行止么？”众僧轻轻的答道：“实不晓得。”行者道：“我今日略节说说，你们听着：我也曾花果山伏虎降龙，我也曾上天堂大闹天宫。饥时把老君的丹，略略咬了两三颗；渴时把玉帝的酒，轻轻呼了六七钟。睁着一双不白不黑的金睛眼，天惨淡，月朦胧；

拿着一条不短不长的金箍棒，来无影，去无踪。说甚么大精小怪，那怕他惫懒膭脓！一赶赶上去，跑的跑，颤的颤，躲的躲，慌的慌；一捉捉将来，锉的锉，烧的烧，磨的磨，舂的舂。正是八仙同过海，独自显神通！众和尚，我拿这妖精与你看看，你才认得我老孙！”众僧听着，暗点头道：“这贼秃开大口，话大话，想是有些来历。”都一个个诺诺连声，只有那喇嘛僧道：“且住！你老师父贵恙，你拿这妖精不至紧。俗语道，公子登筵，不醉便饱；

壮士临阵，不死即伤。你两下里角斗之时，倘贻累你师父，不当稳便。”行者道：“有理！有理！我且送凉水与师父吃了再来。”

掇起钵盂，着上凉水，转出香积厨，就到方丈，叫声：“师父，吃凉水哩。”三藏正当烦渴之时，便抬起头来，捧着水，只是一吸，真个渴时一滴如甘露，药到真方病即除。行者见长老精神渐爽，眉目舒开，就问道：“师父，可吃些汤饭么？”三藏道：“这凉水就是灵丹一般，这病儿减了一半，有汤饭也吃得些。”行者连声高高叫道：“我师父好了，要汤饭吃哩。”教那些和尚忙忙的安排。淘米，煮饭，捍面，烙饼，蒸馍馍，做粉汤，抬了四五桌。唐僧只吃得半碗儿米汤，行者沙僧止用了一席，其余的都是八戒一肚餐之。家火收去，点起灯来，众僧各散。”

三藏道：“我们今住几日了？”行者道：“三整日矣。明朝向晚，便就是四个日头。”三藏道：“三日误了许多路程。”行者道：

“师父，也算不得路程，明日去罢。”三藏道：“正是，就带几分病儿，也没奈何。”行者道：“既是明日要去，且让我今晚捉了妖精者。”三藏惊道：“又捉甚么妖精？”行者道：“有个妖精在这寺里，等老孙替他捉捉。”唐僧道：“徒弟呀，我的病身未可，你怎么又兴此念！倘那怪有神通，你拿他不住啊，却又不是害我？”

行者道：“你好灭人威风！老孙到处降妖，你见我弱与谁的？只是不动手，动手就要赢。”三藏扯住道：“徒弟，常言说得好，遇方便时行方便，得饶人处且饶人。操心怎似存心好，争气何如忍气高！”孙大圣见师父苦苦劝他，不许降妖，他说出老实话来道：“师父，实不瞒你说，那妖在此吃了人了。”唐僧大惊道：“吃了甚么人？”行者说道：“我们住了三日，已是吃了这寺里六个小和尚了。”长老道：“兔死狐悲，物伤其类。他既吃了寺内之僧，我亦僧也，我放你去，只但用心仔细些。”行者道：“不消说，老孙的手到就消除了。”

你看他灯光前吩咐八戒沙僧看守师父，他喜孜孜跳出方丈，径来佛殿看时，天上有星，月还未上，那殿里黑暗暗的。他就吹出真火，点起琉璃，东边打鼓，西边撞钟。响罢，摇身一变，变做个小和尚儿，年纪只有十二三岁，披着黄绢褊衫，白布直裰，手敲着木鱼，口里念经。等到一更时分，不见动静。二更时分，残月才升，只听见呼呼的一阵风响。好风：黑雾遮天暗，愁云照地昏。四方如泼墨，一派靛妆浑。先刮时扬尘播土，次后来倒树摧林。扬尘播土星光现，倒树摧林月色昏。只刮得嫦娥紧抱梭罗树，玉兔团团找药盆。九曜星官皆闭户，四海龙王尽掩门。庙里城隍觅小鬼，空中仙子怎腾云？地府阎罗寻马面，判官乱跑赶头巾。刮动昆仑顶上石，卷得江湖波浪混。那风才然过处，猛闻得兰麝香熏，环珮声响，即欠身抬头观看，呀！却是一个美貌佳人，径上佛殿。行者口里呜哩呜喇，只情念经。那女子走近前，一把搂住道：“小长老，念的甚么经？”行者道：“许下的。”女子道：“别人都自在睡觉，你还念经怎么？”行者道：

“许下的，如何不念？”女子搂住，与他亲个嘴道：“我与你到后面耍耍去。”行者故意的扭过头去道：“你有些不晓事！”女子道：“你会相面？”行者道：“也晓得些儿。”女子道：“你相我怎的样子？”行者道：“我相你有些儿偷生掠熟，被公婆赶出来的。”

女子道：“相不着！相不着！我不是公婆赶逐，不因掠熟偷生。

奈我前生命薄，投配男子年轻。不会洞房花烛，避夫逃走之情。

趁如今星光月皎，也是有缘千里来相会，我和你到后园中交欢配鸾俦去也。”行者闻言，暗点头道：“那几个愚僧。都被色欲引诱，所以伤了性命，他如今也来哄我。”就随口答应道：“娘子，我出家人年纪尚幼，却不知甚么交欢之事。”女子道：“你跟我去，我教你。”行者暗笑道：“也罢，我跟他去，看他怎生摆布。”

他两个搂着肩，携着手，出了佛殿，径至后边园里。那怪把行者使个绊子腿，跌倒在地，口里“心肝哥哥”的乱叫，将手就去掐他的臊根。行者道：“我的儿，真个要吃老孙哩！”却被行者接住他手，使个小坐跌法，把那怪一辘轳掀翻在地上。那怪口里还叫道：“心肝哥哥，你倒会跌你的娘哩！”行者暗算道：“不趁此时下手他，还到几时！正是先下手为强，后下手遭殃。”就把手一叉，腰一躬，一跳跳起来，现出原身法象，轮起金箍铁棒，劈头就打。那怪倒也吃了一惊，他心想道：“这个小和尚，这等利害！”打开眼一看，原来是那唐长老的徒弟姓孙的，他也不惧他。你说这精怪是甚么精怪：金作鼻，雪铺毛。地道为门屋，安身处处牢。养成三百年前气，曾向灵山走几遭。一饱香花和蜡烛，如来吩咐下天曹。托塔天王恩爱女，哪吒太子认同胞。也不是个填海鸟，也不是个戴山鳌。也不怕的雷焕剑，也不怕的吕虔刀。往往来来，一任他水流江汉阔；上上下下，那论他山耸泰恒高？你看他月貌花容娇滴滴，谁识得是个鼠老成精逞黠豪！他自恃的神通广大，便随手架起双股剑，玎玎珰珰的响，左遮右格，随东倒西。行者虽强些，却也捞他不倒。阴风四起，残月无光，你看他两人，后园中一场好杀：阴风从地起，残月荡微光。阒静梵王宇，阑珊小鬼廊。后园里一片战争场，孙大士，天上圣，毛姹女，女中王，赌赛神通未肯降。一个儿扭转芳心嗔黑秃，一个儿圆睁慧眼恨新妆。两手剑飞，那认得女菩萨；一根棍打，狠似个活金刚。响处金箍如电掣，霎时铁白耀星芒。玉楼抓翡翠，金殿碎鸳鸯。猿啼巴月小，雁叫楚天长。十八尊罗汉，暗暗喝采；三十二诸天，个个慌张。

那孙大圣精神抖擞，棍儿没半点差池。妖精自料敌他不住，猛可的眉头一蹙，计上心来，抽身便走。行者喝道：“泼货！

那走！快快来降！”那妖精只是不理，直往后退。等行者赶到紧急之时，即将左脚上花鞋脱下来，吹口仙气，念个咒语，叫一声“变！”就变做本身模样，使两口剑舞将来，真身一幌，化阵清风而去。这却不是三藏的灾星？他便径撞到方丈里，把唐三藏摄将去云头上，杳杳冥冥，霎霎眼就到了陷空山，进了无底洞，叫小的们安排素筵席成亲不题。

却说行者斗得心焦性燥，闪一个空，一棍把那妖精打落下来，乃是一只花鞋。行者晓得中了他计，连忙转身来看师父。那有个师父？只见那呆子和沙僧口里呜哩呜哪说甚么。行者怒气填胸，也不管好歹，捞起棍来一片打，连声叫道：“打死你们！

打死你们！”那呆子慌得走也没路，沙僧却是个灵山大将，见得事多，就软款温柔，近前跪下道：“兄长，我知道了，想你要打杀我两个，也不去救师父，径自回家去哩。”行者道：“我打杀你两个，我自去救他！”沙僧笑道：“兄长说那里话！无我两个，真是单丝不线，孤掌难鸣。兄啊，这行囊马匹，谁与看顾？宁学管鲍分金，休仿孙庞斗智。自古道，打虎还得亲兄弟，上阵须教父子兵，望兄长且饶打，待天明和你同心戮力，寻师去也。”行者虽是神通广大，却也明理识时，见沙僧苦苦哀告，便就回心道：

“八戒，沙僧，你都起来。明日找寻师父，却要用力。”那呆子听见饶了，恨不得天也许下半边，道：“哥啊，这个都在老猪身上。”兄弟们思思想想，那曾得睡，恨不得点头唤出扶桑日，一口吹散满天星。

三众只坐到天晓，收拾要行，早有寺僧拦门来问：“老爷那里去？”行者笑道：“不好说，昨日对众夸口，说与他们拿妖精，妖精未曾拿得，倒把我个师父不见了。我们寻师父去哩。”众僧害怕道：“老爷，小可的事，倒带累老师，却往那里去寻？”行者道：“有处寻他。”众僧又道：“既去莫忙，且吃些早斋。”连忙的端了两三盆汤饭。八戒尽力吃个干净，道：“好和尚！我们寻着师父，再到你这里来耍子。”行者道：“还到这里吃他饭哩！你去天王殿里看看那女子在否。”众僧道：“老爷，不在了，不在了。

自是当晚宿了一夜，第二日就不见了。”

行者喜喜欢欢的辞了众僧，着八戒、沙僧牵马挑担，径回东走。八戒道：“哥哥差了，怎么又往东行？”行者道：“你岂知道！前日在那黑松林绑的那个女子，老孙火眼金睛，把他认透了，你们都认做好人。今日吃和尚的也是他，摄师父的也是他！

你们救得好女菩萨！今既摄了师父，还从旧路上找寻去也。”二人叹服道：“好好好！真是粗中有细！去来去来！”三人急急到于林内，只见那：云蔼蔼，雾漫漫；石层层，路盘盘。狐踪兔迹交加走，虎豹豺狼往复钻。林内更无妖怪影，不知三藏在何端。行者心焦，掣出棒来。摇身一变，变作大闹天宫的本相，三头六臂，六只手，理着三根棒，在林里辟哩拨喇的乱打。八戒见了道：“沙僧，师兄着了恼，寻不着师父，弄做个气心风了。”原来行者打了一路，打出两个老头儿来，一个是山神，一个是土地，上前跪下道：“大圣，山神土地来见。”八戒道：“好灵根啊！打了一路，打出两个山神土地，若再打一路，连太岁都打出来也。”

行者问道：“山神土地，汝等这般无礼！在此处专一结伙强盗，强盗得了手，买些猪羊祭赛你，又与妖精结掳，打伙儿把我师父摄来！如今藏在何处？快快的从实供来，免打！”二神慌了道：

“大圣错怪了我耶。妖精不在小神山上，不伏小神管辖，但只夜间风响处，小神略知一二。”行者道：“既知，一一说来！”土地道：“那妖精摄你师父去，在那正南下，离此有千里之遥。那厢有座山，唤做陷空山，山中有个洞，叫做无底洞。是那山里妖精，到此变化摄去也。”行者听言，暗自惊心，喝退了山神土地，收了法身，现出本相，与八戒沙僧道：“师父去得远了。”八戒道：“远便腾云赶去！”好呆子，一纵狂风先起，随后是沙僧驾云，那白马原是龙子出身，驮了行李，也踏了风雾。大圣即起筋斗，一直南来。不多时，早见一座大山，阻住云脚。三人采住马，都按定云头，见那山：顶摩碧汉，峰接青霄。周围杂树万万千，来往飞禽喳喳噪。虎豹成阵走，獐鹿打丛行。向阳处，琪花瑶草馨香；背阴方，腊雪顽冰不化。崎岖峻岭，削壁悬崖。直立高峰，湾环深涧。松郁郁，石磷磷，行人见了悚其心。打柴樵子全无影，采药仙童不见踪。眼前虎豹能兴雾，遍地狐狸乱弄风。八戒道：“哥啊，这山如此险峻，必有妖邪。”行者道：“不消说了，山高原有怪，岭峻岂无精！”叫：“沙僧，我和你且在此，着八戒先下山凹里打听打听，看那条路好走，端的可有洞府，再看是那里开门，俱细细打探，我们好一齐去寻师父救他。”八戒道：

“老猪晦气！先拿我顶缸！”行者道：“你夜来说都在你身上，如何打仰？”八戒道：“不要嚷，等我去。”呆子放下钯，抖抖衣裳，空着手，跳下高山，找寻路径。这一去，毕竟不知好歹如何，且听下回分解。

第八十二回　姹女求阳　元神护道

却说八戒跳下山，寻着一条小路，依路前行，有五六里远近，忽见二个女怪，在那井上打水。他怎么认得是两个女怪？见他头上戴一顶一尺二三寸高的篾丝鬏髻，甚不时兴。呆子走近前叫声妖怪，那怪闻言大怒，两人互相说道：“这和尚惫懒！我们又不与他相识，平时又没有调得嘴惯，他怎么叫我们做妖怪！”那怪恼了，轮起抬水的杠子，劈头就打。这呆子手无兵器，遮架不得，被他捞了几下，侮着头跑上山来道：“哥啊，回去罢！妖怪凶！”行者道：“怎么凶？”八戒道：“山凹里两个女妖精在井上打水，我只叫了他一声，就被他打了我三四杠子！”行者道：

“你叫他做甚么的？”八戒道：“我叫他做妖怪。”行者笑道：“打得还少。”八戒道：“谢你照顾！头都打肿了，还说少哩！”行者道：“‘温柔天下去得，刚强寸步难移’。他们是此地之怪，我们是远来之僧，你一身都是手，也要略温存。你就去叫他做妖怪，他不打你，打我？人将礼乐为先。”八戒道：“一发不晓得！”行者道：“你自幼在山中吃人，你晓得有两样木么？”八戒道：“不知，是甚么木？”行者道：“一样是杨木，一样是檀木。杨木性格甚软，巧匠取来，或雕圣象，或刻如来，装金立粉，嵌玉装花，万人烧香礼拜，受了多少无量之福。那檀木性格刚硬，油房里取了去，做柞撒，使铁箍箍了头，又使铁锤往下打，只因刚强，所以受此苦楚。”八戒道：“哥啊，你这好话儿，早与我说说也好，却不受他打了。”行者道：“你还去问他个端的。”八戒道：“这去他认得我了。”行者道：“你变化了去。”八戒道：“哥啊，且如我变了，却怎么问么？”行者道：“你变了去，到他跟前，行个礼儿，看他多大年纪，若与我们差不多，叫他声姑娘；若比我们老些儿，叫他声奶奶。”八戒笑道：“可是蹭蹬！这般许远的田地，认得是甚么亲！”行者道：“不是认亲，要套他的话哩。若是他拿了师父，就好下手；若不是他，却不误了我们别处干事？”八戒道：

“说得有理，等我再去。”好呆子，把钉钯撒在腰里，下山凹，摇身一变，变做个黑胖和尚，摇摇摆摆走近怪前，深深唱个大喏道：“奶奶，贫僧稽首了。”那两个喜道：“这个和尚却好，会唱个喏儿，又会称道一声儿。”问道：“长老，那里来的？”八戒道：“那里来的。”又问：“那里去的？”又道：“那里去的。”又问：“你叫做甚么名字？”又答道：“我叫做甚么名字。”那怪笑道：“这和尚好便好，只是没来历，会说顺口话儿。”八戒道：“奶奶，你们打水怎的？”那怪道：“和尚，你不知道。我家老夫人今夜里摄了一个唐僧在洞内，要管待他，我洞中水不干净，差我两个来此打这阴阳交媾的好水，安排素果素菜的筵席，与唐僧吃了，晚间要成亲哩。”那呆子闻得此言，急抽身跑上山叫：“沙和尚，快拿将行李来，我们分了罢！”沙僧道：“二哥，又分怎的？”八戒道：“分了便你还去流沙河吃人，我去高老庄探亲，哥哥去花果山称圣，白龙马归大海成龙，师父已在这妖精洞内成亲哩！我们都各安生理去也！”行者道：“这呆子又胡说了！”八戒道：“你的儿子胡说！才那两个抬水的妖精说，安排素筵席与唐僧吃了成亲哩！”行者道：“那妖精把师父困在洞里，师父眼巴巴的望我们去救，你却在此说这样话！”八戒道：“怎么救？”行者道：“你两个牵着马，挑着担，我们跟着那两个女怪，做个引子，引到那门前，一齐下手。”真个呆子只得随行。行者远远的标着那两怪，渐入深山，有一二十里远近，忽然不见。八戒惊道：“师父是日里鬼拿去了！”行者道：“你好眼力！怎么就看出他本相来？”八戒道：“那两个怪，正抬着水走，忽然不见，却不是个日里鬼？”

行者道：“想是钻进洞去了，等我去看。”

好大圣，急睁火眼金睛，漫山看处，果然不见动静，只见那陡崖前，有一座玲珑剔透细妆花、堆五采、三檐四簇的牌楼。他与八戒沙僧近前观看，上有六个大字，乃陷空山无底洞。行者道：“兄弟呀，这妖精把个架子支在这里，这不知门向那里开哩。”沙僧说：“不远！不远！好生寻！”都转身看时，牌楼下山脚下有一块大石，约有十余里方圆；正中间有缸口大的一个洞儿，爬得光溜溜的。八戒道：“哥啊，这就是妖精出入洞也。”行者看了道：“怪哉！我老孙自保唐僧，瞒不得你两个，妖精也拿了些，却不见这样洞府。八戒，你先下去试试，看有多少浅深，我好进去救师父。”八戒摇头道：“这个难！这个难！我老猪身子夯夯的，若塌了脚吊下去，不知二三年可得到底哩！”行者道：“就有多深么？”八戒道：“你看！”大圣伏在洞边上，仔细往下看处，咦！深啊！周围足有三百余里，回头道："兄弟，果然深得紧！"八戒道："你便回去罢。师父救不得耶！"行者道："你说那里话！莫生懒惰意，休起怠荒心，且将行李歇下，把马拴在牌楼柱上，你使钉钯，沙僧使杖，拦住洞门，让我进去打听打听。

若师父果在里面，我将铁棒把妖精从里打出，跑至门口，你两个却在外面挡住，这是里应外合。打死精灵，才救得师父。"二人遵命。

行者却将身一纵，跳入洞中，足下彩云生万道，身边瑞气护千层。不多时，到于深远之间，那里边明明朗朗，一般的有日色，有风声，又有花草果木。行者喜道："好去处啊！想老孙出世，天赐与水帘洞，这里也是个洞天福地！"正看时，又见有一座二滴水的门楼，团团都是松竹，内有许多房舍，又想道："此必是妖精的住处了，我且到那里边去打听打听。且住！若是这般去啊，他认得我了，且变化了去。"摇身捻诀，就变做个苍蝇儿，轻轻的飞在门楼上听听。只见那怪高坐在草亭内，他那模样，比在松林里救他，寺里拿他，便是不同，越发打扮得俊了：

发盘云髻似堆鸦，身着绿绒花比甲。一对金莲刚半折，十指如同春笋发。团团粉面若银盆，朱唇一似樱桃滑。端端正正美人姿，月里嫦娥还喜恰。今朝拿住取经僧，便要欢娱同枕榻。行者且不言语，听他说甚话。少时，绽破樱桃，喜孜孜的叫道："小的们，快排素筵席来。我与唐僧哥哥吃了成亲。"行者暗笑道：

"真个有这话！我只道八戒作耍子乱说哩！等我且飞进去寻寻，看师父在那里。不知他的心性如何。假若被他摩弄动了啊，留他在这里也罢。"即展翅飞到里边看处，那东廊下上明下暗的红纸格子里面，坐着唐僧哩。行者一头撞破格子眼，飞在唐僧光头上丁着，叫声"师父。"三藏认得声音，叫道："徒弟，救我命啊！"行者道："师父不济呀！那妖精安排筵宴，与你吃了成亲哩。或生下一男半女，也是你和尚之后代，你愁怎的？"长老闻言，咬牙切齿道："徒弟，我自出了长安，到两界山中收你，一向西来，那个时辰动荤？那一日子有甚歪意？今被这妖精拿住，要求配偶，我若把真阳丧了，我就身堕轮回，打在那阴山背后，永世不得翻身！"行者笑道："莫发誓，既有真心往西天取经，老孙带你去罢。"三藏道："进来的路儿，我通忘了。"行者道："莫说你忘了。他这洞，不比走进来走出去的，是打上头往下钻。如今救了你，要打底下往上钻。若是造化高，钻着洞口儿，就出去了；若是造化低，钻不着，还有个闷杀的日子了。"三藏满眼垂泪道："似此艰难，怎生是好？"行者道："没事！没事！那妖精整治酒与你吃，没奈何，也吃他一锺；只要斟得急些儿，斟起一个喜花儿来，等我变作个蟭蟟虫儿，飞在酒泡之下，他把我一口吞下肚去，我就捻破他的心肝，扯断他的肺腑，弄死那妖精，你才得脱身出去。"三藏道："徒弟这等说，只是不当人子。"行者道："只管行起善来，你命休矣。妖精乃害人之物，你惜他怎的！"三藏道："也罢，也罢！你只是要跟着我。"正是那孙大圣护定唐三藏，取经僧全靠美猴王。

他师徒两个，商量未定，早是那妖精安排停当，走近东廊外，开了门锁，叫声："长老。"唐僧不敢答应。又叫一声，又不敢答应。他不敢答应者何意？想着口开神气散，舌动是非生。却又一条心儿想着，若死住法儿不开口，怕他心狠，顷刻间就害了性命。正是那进退两难心问口，三思忍耐口问心，正自狐疑，那怪又叫一声"长老。"唐僧没奈何，应他一声道："娘子，有。"

那长老应出这一句言来，真是肉落千斤。人都说唐僧是个真心的和尚，往西天拜佛求经，怎么与这女妖精答话？不知此时正是危急存亡之秋，万分出于无奈，虽是外有所答，其实内无所欲。妖精见长老应了一声，他推开门，把唐僧搀起来，和他携手挨背，交头接耳，你看他做出那千般娇态，万种风情，岂知三藏一腔子烦恼！行者暗中笑道："我师父被他这般哄诱，只怕一时动心。"正是：真僧魔苦遇娇娃，妖怪娉婷实可夸。淡淡翠眉分柳叶，盈盈丹脸衬桃花。绣鞋微露双钩凤，云髻高盘两鬓鸦。含笑与师携手处，香飘兰麝满袈裟。妖精挽着三藏，行近草亭道：

"长老，我办了一杯酒，和你酌酌。"唐僧道："娘子，贫僧自不用荤。"妖精道："我知你不吃荤，因洞中水不洁净，特命山头上取阴阳交媾的净水，做些素果素菜筵席，和你耍子。"唐僧跟他进去观看，果然见那：盈门下，绣缠彩结；满庭中，香喷金猊。摆列着黑油垒钿桌，朱漆篾丝盘。垒钿桌上，有异样珍羞；篾丝盘中，盛稀奇素物。林檎、橄榄、莲肉、葡萄、榧、柰、榛、松、荔枝、龙眼、山栗、风菱、枣儿、柿子、胡桃、银杏、金桔、香橙，果子随山有；蔬菜更时新：豆腐、面筋、木耳、鲜笋、蘑菇、香蕈、山药、黄精。石花菜、黄花菜，青油煎炒；扁豆角、豇豆角，熟酱调成。

王瓜、瓠子，白果、蔓菁。镟皮茄子鹌鹑做，剔种冬瓜方旦名。烂煨芋头糖拌着，白煮萝卜醋浇烹。椒姜辛辣般般美，咸淡调和色色平。那妖精露尖尖之玉指，捧晃晃之金杯，满斟美酒，递与唐僧，口里叫道："长老哥哥妙人，请一杯交欢酒儿。"三藏羞答答的接了酒，望空浇奠，心中暗祝道："护法诸天、五方揭谛、四值功曹：弟子陈玄奘，自离东土，蒙观世音菩萨差遣列位众神暗中保护，拜雷音见佛求经，今在途中，被妖精拿住，强逼成亲，将这一杯酒递与我吃。此酒果是素酒，弟子勉强吃了，还得见佛成功；若是荤酒，破了弟子之戒，永堕轮回之苦！"孙大圣，他却变得轻巧，在耳根后，若象一个耳报，但他说话，惟三藏听见，别人不闻。他知师父平日好吃葡萄做的素酒，教吃他一锺。

那师父没奈何吃了，急将酒满斟一锺，回与妖怪，果然斟起有一个喜花儿。行者变作个蟭蟟虫儿，轻轻的飞入喜花之下。那妖精接在手，且不吃，把杯儿放住，与唐僧拜了两拜，口里娇娇怯怯，叙了几句情话。却才举杯，那花儿已散，就露出虫来。妖精也认不得是行者变的，只以为虫儿，用小指挑起，往下一弹。

行者见事不谐，料难入他腹，即变做个饿老鹰。真个是：玉爪金睛铁翮，雄姿猛气抟云。妖狐狡兔见他昏，千里山河时遁。饥处迎风逐雀，饱来高贴天门。老拳钢硬最伤人，得志凌霄嫌近。

飞起来，轮开玉爪，响一声掀翻桌席，把些素果素菜、盘碟家火尽皆捽碎，撇却唐僧，飞将出去。唬得妖精心胆皆裂，唐僧的骨肉通酥。妖精战战兢兢，搂住唐僧道："长老哥哥，此物是那里来的？"三藏道："贫僧不知。"妖精道："我费了许多心，安排这个素宴与你耍耍，却不知这个扁毛畜生，从那里飞来，把我的家火打碎！"众小妖道："夫人，打碎家火犹可，将些素品都泼散在地，秽了怎用？"三藏分明晓得是行者弄法，他那里敢说。那妖精道："小的们，我知道了，想必是我把唐僧困住，天地不容，故降此物。你们将碎家火拾出去，另安排些酒肴，不拘荤素，我指天为媒，指地作订，然后再与唐僧成亲。"依然把长老送在东廊里坐下不题。

却说行者飞出去，现了本相，到于洞口，叫声"开门"八戒笑道："沙僧，哥哥来了。"他二人撒开兵器。行者跳出，八戒上前扯住道："可有妖精？可有师父？"行者道："有！有！有！"八戒道："师父在里边受罪哩？绑着是捆着？要蒸是要煮？"行者道："这个事倒没有，只是安排素宴，要与他干那个事哩。"八戒道："你造化，你造化！你吃了陪亲酒来了！"行者道："呆子啊！

师父的性命也难保，吃甚么陪亲酒！"八戒道："你怎的就来了？"行者把见唐僧施变化的上项事说了一遍，道："兄弟们，再休胡思乱想。师父已在此间，老孙这一去，一定救他出来。"复翻身入里面，还变做个苍蝇儿，丁在门楼上听之，只闻得这妖怪气呼呼的，在亭子上吩咐：“小的们，不论荤素，拿来烧纸。借烦天地为媒订，务要与他成亲。”行者听见暗笑道：“这妖精全没一些儿廉耻！青天白日的，把个和尚关在家里摆布。且不要忙，等老孙再进去看看。”嘤的一声，飞在东廊之下，见那师父坐在里边，清滴滴腮边泪淌。行者钻将进去，丁在他头上，又叫声“师父。长老认得声音，跳起来咬牙恨道：“猢狲啊！别人胆大，还是身包胆；你的胆大，就是胆包身！你弄变化神通，打破家火，能值几何！斗得那妖精淫兴发了，那里不分荤素安排，定要与我交媾，此事怎了！”行者暗中陪笑道：“师父莫怪，有救你处。”唐僧道：“那里救得我？”行者道：“我才一翅飞起去时，见他后边有个花园。你哄他往园里去耍子，我救了你罢。”唐僧道：“园里怎么样救？”行者道：“你与他到园里，走到桃树边，就莫走了。等我飞上桃枝，变作个红桃子。你要吃果子，先拣红的儿摘下来。红的是我，他必然也要摘一个，你把红的定要让他。他若一口吃了，我却在他肚里，等我捣破他的皮袋，扯断他的肝肠，弄死他，你就脱身了。”三藏道：“你若有手段，就与他赌斗便了，只要钻在他肚里怎么？”行者道：“师父，你不知趣。

他这个洞，若好出入，便可与他赌斗；只为出入不便，曲道难行，若就动手，他这一窝子，老老小小，连我都扯住，却怎么了？

须是这般捽手干，大家才得干净。”三藏点头听信，只叫：“你跟定我。”行者道：“晓得！晓得！我在你头上。”

师徒们商量定了，三藏才欠起身来，双手扶着那格子叫道：“娘子，娘子。”那妖精听见，笑唏唏的跑近跟前道：“妙人哥哥，有甚话说？”三藏道：“娘子，我出了长安，一路西来，无日不山，无日不水。昨在镇海寺投宿，偶得伤风重疾，今日出了汗，略才好些；又蒙娘子盛情，携入仙府，只得坐了这一日，又觉心神不爽。你带我往那里略散散心，耍耍儿去么？”那妖精十分欢喜道：“妙人哥哥倒有些兴趣，我和你去花园里耍耍。”叫：“小的们，拿钥匙来开了园门，打扫路径。”众妖都跑去开门收拾。

这妖精开了格子，搀出唐僧。你看那许多小妖，都是油头粉面，嬝娜娉婷，簇簇拥拥，与唐僧径上花园而去。好和尚！他在这绮罗队里无他故，锦绣丛中作哑聋，若不是这铁打的心肠朝佛去。第二个酒色凡夫也取不得经。一行都到了花园之外，那妖精俏语低声叫道：“妙人哥哥，这里耍耍，真可散心释闷。”唐僧与他携手相搀，同入园内，抬头观看，其实好个去处。但见那：

萦回曲径，纷纷尽点苍苔；窈窕绮窗，处处暗笼绣箔。微风初动，轻飘飘展开蜀锦吴绫；细雨才收，娇滴滴露出冰肌玉质。日灼鲜杏，红如仙子晒霓裳；月映芭蕉，青似太真摇羽扇。粉墙四面，万株杨柳啭黄鹂；闲馆周围，满院海棠飞粉蝶。更看那凝香阁；青蛾阁、解酲阁、相思阁，层层卷映，朱帘上，钩控虾须；又见那养酸亭、披素亭、画眉亭、四雨亭、个个峥嵘，华扁上，字书鸟篆。看那浴鹤池、洗觞池、怡月池、濯缨池，青萍绿藻耀金鳞；

又有墨花轩、异箱轩、适趣轩、慕云轩，玉斗琼卮浮绿蚁。池亭上下，有太湖石、紫英石、鹦落石、锦川石，青青栽着虎须蒲；轩阁东西，有木假山、翠屏山、啸风山、玉芝山，处处丛生凤尾竹。

荼蘼架、蔷薇架，近着秋千架，浑如锦帐罗帏；松柏亭、辛夷亭，对着木香亭，却似碧城绣幕。芍药栏，牡丹丛，朱朱紫紫斗秾华；夜合台，茉藜槛，岁岁年年生妩媚。涓涓滴露紫含笑，堪画堪描，艳艳烧空红拂桑，宜题宜赋。论景致，休夸阆苑蓬莱；较芳菲，不数姚黄魏紫。若到三春闲斗草，园中只少玉琼花。长老携着那怪，步赏花园，看不尽的奇葩异卉。行过了许多亭阁，真个是渐入佳境。忽抬头，到了桃树林边，行者把师父头上一掐，那长老就知。

行者飞在桃树枝儿上，摇身一变，变作个红桃儿，其实红得可爱。长老对妖精道：“娘子，你这苑内花香，枝头果熟，苑内花香蜂竞采，枝头果熟鸟争衔。怎么这桃树上果子青红不一，何也？”妖精笑道：“天无阴阳，日月不明；地无阴阳，草木不生；

人无阴阳，不分男女。这桃树上果子，向阳处有日色相烘者先熟，故红；背阴处无日者还生，故青：此阴阳之道理也。”三藏道，“谢娘子指教，其实贫僧不知。”即向前伸手摘了个红桃。妖精也去摘了一个青桃。三藏躬身将红桃奉与妖怪道：“娘子，你爱色，请吃这个红桃，拿青的来我吃。”妖精真个换了，且暗喜道：“好和尚啊！果是个真人！一日夫妻未做，却就有这般恩爱也。”那妖精喜喜欢欢的，把唐僧亲敬。这唐僧把青桃拿过来就吃，那妖精喜相陪，把红桃儿张口便咬。启朱唇，露银牙，未曾下口，原来孙行者十分性急，毂辘一个跟头，翻入他咽喉之下，径到肚腹之中。妖精害怕对三藏道：“长老啊，这个果子利害。

怎么不容咬破，就滚下去了？”三藏道：“娘子，新开园的果子爱吃，所以去得快了。”妖精道：“未曾吐出核子，他就撺下去了。”

三藏道：“娘子意美情佳，喜吃之甚，所以不及吐核，就下去了。”行者在他肚里，复了本相，叫声：“师父，不要与他答嘴，老孙已得了手也！”三藏道：“徒弟方便着些。”妖精听见道：“你和那个说话哩？”三藏道：“和我徒弟孙悟空说话哩。”妖精道：“孙悟空在那里？”三藏道：“在你肚里哩，却才吃的那个红桃子不是？”妖精慌了道：“罢了，罢了！这猴头钻在我肚里，我是死也！

孙行者！你千方百计的钻在我肚里怎的？”行者在里边恨道：

“也不怎的！只是吃了你的六叶连肝肺，三毛七孔心；五脏都淘净，弄做个梆子精！”妖精听说，唬得魂飞魄散，战战兢兢的，把唐僧抱住道：“长老啊！我只道夙世前缘系赤绳，鱼水相和两意浓。不料鸳鸯今拆散，何期鸾凤又西东！蓝桥水涨难成事，佛庙烟沉嘉会空。着意一场今又别，何年与你再相逢！行者在他肚里听见说时，只怕长老慈心，又被他哄了，便就轮拳跳脚，支架子，理四平，几乎把个皮装儿捣破了。那妖精忍不得疼痛，倒在尘埃，半晌家不敢言语。行者见不言语，想是死了，却把手略松一松，他又回过气来，叫：“小的们！在那里？”原来那些小妖，自进园门来，各人知趣，都不在一处，各自去采花斗草，任意随心耍子，让那妖精与唐僧两个自在叙情儿。忽听得叫，却才都跑将来，又见妖精倒在地上，面容改色，口里哼哼的爬不动，连忙搀起，围在一处道：“夫人，怎的不好？想是急心疼了？”妖精道：“不是！不是！你莫要问，我肚里已有了人也！快把这和尚送出去，留我性命！”那些小妖，真个都来扛抬。行者在肚里叫道：“那个敢抬！要便是你自家献我师父出去，出到外边，我饶你命！”那怪精没计奈何，只是惜命之心，急挣起来，把唐僧背在身上，拽开步，往外就走。小妖跟随道：“老夫人，往那里去？”

妖精道：“留得五湖明月在，何愁没处下金钩！把这厮送出去，等我别寻一个头儿罢！”好妖精，一纵云光，直到洞口。又闻得叮叮当当，兵刃乱响，三藏道：“徒弟，外面兵器响哩。”行者道：

“是八戒揉钯哩，你叫他一声。”三藏便叫：“八戒！”八戒听见道：“沙和尚！师父出来也！”二人掣开钯杖，妖精把唐僧驮出。

咦！正是：心猿里应降邪怪，土木司门接圣僧。毕竟不知那妖精性命如何，且听下回分解。

第八十三回　心猿识得丹头　姹女还归本性

却说三藏着妖精送出洞外，沙和尚近前问曰："师父出来，师兄何在？"八戒道："他有算计，必定贴换师父出来也。"三藏用手指着妖精道："你师兄在他肚里哩。"八戒笑道："腌脏杀人！在肚里做甚？出来罢！"行者在里边叫道："张开口，等我出来！"那怪真个把口张开。行者变得小小的，蹁在咽喉之内，正欲出来，又恐他无理来咬，即将铁棒取出，吹口仙气，叫"变！"

变作个枣核钉儿，撑住他的上腭子，把身一纵跳出口外，就把铁棒顺手带出，把腰一躬，还是原身法象，举起棒来就打。那妖精也随手取出两口宝剑，丁当架住。两个在山头上这场好杀：

双舞剑飞当面架，金箍棒起照头来。一个是天生猴属心猿体，一个是地产精灵姹女骸。他两个，恨冲怀，喜处生仇大会垓。那个要取元阳成配偶，这个要战纯阴结圣胎。棒举一天寒雾漫，剑迎满地黑尘筛。因长老，拜如来，恨苦相争显大才，水火不投母道损，阴阳难合各分开。两家斗罢多时节，地动山摇树木摧。

八戒见他们赌斗，口里絮絮叨叨，返恨行者，转身对沙僧道：

"兄弟，师兄胡缠！才子在他肚里，轮起拳来，送他一个满肚红，扒开肚皮钻出来，却不了帐？怎么又从他口里出来，却与他争战，让他这等猖狂！"沙僧道："正是，却也亏了师兄深洞中救出师父，返又与妖精厮战。且请师父自家坐着，我和你各持兵器，助助大哥，打倒妖精去来。"八戒摆手道："不，不，不！他有神通，我们不济。"沙僧道："说那里话！都是大家有益之事，虽说不济，却也放屁添风。"那呆子一时兴发，掣了钉钯，叫声"去来！"他两个不顾师父，一拥驾风赶上，举钉钯，使宝杖，望妖精乱打。那妖精战行者一个已是不能，又见他二人，怎生抵敌，急回头抽身就走。行者喝道："兄弟们赶上！"那妖精见他们赶得紧，即将右脚上花鞋脱下来，吹口仙气，念个咒语，叫"变！"即变作本身模样，使两口剑舞将来，将身一幌，化一阵清风，径直回去。这番也只说战他们不过，顾命而回，岂知又有这般样事！

也是三藏灾星未退：他到了洞门前牌楼下，却见唐僧在那里独坐，他就近前一把抱住，抢了行李，咬断缰绳，连人和马，复又摄将进去不题。

且说八戒闪个空，一钯把妖精打落地，乃是一只花鞋。行者看见道："你这两个呆子！看着师父罢了，谁要你来帮甚么功！"八戒道："沙和尚，如何么！我说莫来。这猴子好的有些夹脑风，我们替他降了妖怪，返落得他生报怨！"行者道："在那里降了妖怪？那妖怪昨日与我战时，使了一个遗鞋计哄了。你们走了，不知师父如何，我们快去看看！"三人急回来，果然没了师父，连行李白马一并无踪。慌得个八戒两头乱跑，沙僧前后跟寻，孙大圣亦心焦性燥。正寻觅处，只见那路旁边斜軃着半截儿缰绳。他一把拿起，止不住眼中流泪，放声叫道："师父啊！

我去时辞别人和马，回来只见这些绳！"正是那见鞍思俊马，滴泪想亲人。八戒见他垂泪，忍不住仰天大笑。行者骂道："你这个夯货！又是要散火哩！"八戒又笑道："哥啊，不是这话，师父一定又被妖精摄进洞去了。常言道，事无三不成，你进洞两遭了，再进去一遭，管情救出师父来也。"行者揩了眼泪道："也罢，到此地位，势不容已，我还进去。你两个没了行李马匹耽心，却好生把守洞口。"

好大圣，即转身跳入里面，不施变化，就将本身法相。真个是：古怪别腮心里强，自小为怪神力壮。高低面赛马鞍鞒，眼放金光如火亮。浑身毛硬似钢针，虎皮裙系明花响。上天撞散万云飞，下海混起千层浪。当天倚力打天王，挡退十万八千将。官封大圣美猴精，手中惯使金箍棒。今日西天任显能，复来洞内扶三藏。你看他停住云光，径到了妖精宅外，见那门楼门关了，不分好歹，轮铁棒一下打开，闯将进去。那里边静悄悄，全无人迹，东廊下不见唐僧，亭子上桌椅与各处家火，一件也无。原来他的洞里周围有三百余里，妖精窠穴甚多。前番摄唐僧在此，被行者寻着，今番摄了，又怕行者来寻，当时搬了，不知去向。

恼得这行者跌脚捶胸，放声高叫道："师父啊！你是个晦气转成的唐三藏，灾殃铸就的取经僧！噫！这条路且是走熟了，如何不在？却教老孙那里寻找也！"正自吆喝爆燥之间，忽闻得一阵香烟扑鼻，他回了性道："这香烟是从后面飘出，想是在后头哩。"拽开步，提着铁棒，走将进去看时，也不见动静。只见有三间倒坐儿，近后壁却铺一张龙吞口雕漆供桌，桌上有一个大流金香炉，炉内有香烟馥郁。那上面供养着一个大金字牌，牌上写着"尊父李天王之位"，略次些儿写着"尊兄哪吒三太子位"。

行者见了满心欢喜，也不去搜妖怪找唐僧，把铁棒捻作个绣花针儿，揌在耳朵里，轮开手，把那牌子并香炉拿将起来，返云光，径出门去。至洞口，唏唏哈哈，笑声不绝。八戒沙僧听见，掣放洞口，迎着行者道："哥哥这等欢喜，想是救出师父也？"行者笑道："不消我们救，只问这牌子要人。"八戒道："哥啊，这牌子不是妖精，又不会说话，怎么问他要人？"行者放在地下道：

"你们看！"沙僧近前看时，上写着"尊父李天王之位"、"尊兄哪吒三太子位"。沙僧道："此意何也？"行者道："这是那妖精家供养的。我闯入他住居之所，见人迹俱无，惟有此牌。想是李天王之女，三太子之妹，思凡下界，假扮妖邪，将我师父摄去。不问他要人，却问谁要？你两个且在此把守，等老孙执此牌位，径上天堂玉帝前告个御状，教天王爷儿们还我师父。"八戒道：

"哥啊，常言道，告人死罪得死罪，须是理顺，方可为之。况御状又岂是可轻易告的？你且与我说，怎的告他？"行者笑道："我有主张，我把这牌位香炉做个证见，另外再备纸状儿。"八戒道：

"状儿上怎么写？你且念念我听。"行者道："告状人孙悟空，年甲在牒，系东土唐朝西天取经僧唐三藏徒弟。告为假妖摄陷人口事。今有托塔天王李靖同男哪吒太子，闺门不谨，走出亲女，在下方陷空山无底洞变化妖邪，迷害人命无数。今将吾师摄陷曲邃之所，渺无寻处。若不状告，切思伊父子不仁，故纵女氏成精害众。伏乞怜准，行拘至案，收邪救师，明正其罪，深为恩便。

有此上告。"八戒沙僧闻其言，十分欢喜道："哥啊，告的有理，必得上风。切须早来，稍迟恐妖精伤了师父性命。"行者道："我快！我快！多时饭熟，少时茶滚就回。"

好大圣，执着这牌位香炉，将身一纵，驾祥云直至南天门外。时有把天门的大力天王与护国天王见了行者，一个个都控背躬身，不敢拦阻，让他进去。直至通明殿下，有张葛许邱四大天师迎面作礼道："大圣何来？"行者道："有纸状儿，要告两个人哩。"天师吃惊道："这个赖皮，不知要告那个。"无奈，将他引入灵霄殿下启奏。蒙旨宣进，行者将牌位香炉放下，朝上礼毕，将状子呈上。葛仙翁接了，铺在御案。玉帝从头看了，见这等这等，即将原状批作圣旨，宣西方长庚太白金星领旨到云楼宫宣托塔李天王见驾。行者上前奏道："望天主好生惩治，不然，又别生事端。"玉帝又吩咐："原告也去。"行者道："老孙也去？"

四天师道："万岁已出了旨意，你可同金星去来。"行者真个随着金星，纵云头早至云楼宫。原来是天王住宅，号云楼宫。金星见宫门首有个童子侍立，那童子认得金星，即入里报道："太白金星老爷来了，"天王遂出迎迓，又见金星捧着旨意，即命焚香。及转身，又见行者跟入，天王即又作怒。你道他作怒为何？

当年行者大闹天宫时，玉帝曾封天王为降魔大元帅，封哪吒太子为三坛海会之神，帅领天兵，收降行者，屡战不能取胜。还是五百年前败阵的仇气，有些恼他，故此作怒。他且忍不住道：

"老长庚，你赍得是甚么旨意？"金星道："是孙大圣告你的状子。"那天王本是烦恼，听见说个"告"字，一发雷霆大怒道："他告我怎的？"金星道："告你假妖摄陷人口事。你焚了香，请自家开读。"那天王气呼呼的设了香案，望空谢恩。拜毕，展开旨意看了，原来是这般这般，如此如此，恨得他手扑着香案道："这个猴头！他也错告我了！"金星道："且息怒，现有牌位香炉在御前作证，说是你亲女哩。"天王道："我止有三个儿子，一个女儿。大小儿名金吒，侍奉如来，做前部护法。二小儿名木叉，在南海随观世音做徒弟。三小儿得名哪吒，在我身边，早晚随朝护驾。一女年方七岁，名贞英，人事尚未省得，如何会做妖精！

不信，抱出来你看。这猴头着实无礼！且莫说我是天上元勋，封受先斩后奏之职，就是下界小民，也不可诬告。律云：诬告加三等。"叫手下："将缚妖索把这猴头捆了！"那庭下摆列着巨灵神、鱼肚将、药叉雄帅，一拥上前，把行者捆了。金星道："李天王莫闯祸啊！我在御前同他领旨意来宣你的人。你那索儿颇重，一时捆坏他，阁气。"天王道："金星啊，似他这等诈伪告扰，怎该容他！你且坐下，待我取砍妖刀砍了这个猴头，然后与你见驾回旨！"金星见他取刀，心惊胆战，对行者道："你干事差了，御状可是轻易告的？你也不访的实，似这般乱弄，伤其性命，怎生是好？"行者全然不惧，笑吟吟的道："老官儿放心，一些没事。老孙的买卖，原是这等做，一定先输后赢。"

说不了，天王轮过刀来，望行者劈头就砍。早有那三太子赶上前，将斩腰剑架住，叫道："父王息怒。"天王大惊失色。噫！

父见子以剑架刀，就当喝退，怎么返大惊失色？原来天王生此子时，他左手掌上有个"哪"字，右手掌上有个"吒"字，故名哪吒。这太子三朝儿就下海净身闯祸，踏倒水晶宫，捉住蛟龙要抽筋为绦子。天王知道，恐生后患，欲杀之。哪吒奋怒，将刀在手，割肉还母，剔骨还父，还了父精母血，一点灵魂，径到西方极乐世界告佛。佛正与众菩萨讲经，只闻得幢幡宝盖有人叫道："救命！"佛慧眼一看，知是哪吒之魂，即将碧藕为骨，荷叶为衣，念动起死回生真言，哪吒遂得了性命。运用神力，法降九十六洞妖魔，神通广大，后来要杀天王，报那剔骨之仇。天王无奈，告求我佛如来。如来以和为尚，赐他一座玲珑剔透舍利子如意黄金宝塔，那塔上层层有佛，艳艳光明。唤哪吒以佛为父，解释了冤仇。所以称为托塔李天王者，此也。今日因闲在家，未曾托着那塔，恐哪吒有报仇之意，故吓个大惊失色。却即回手，向塔座上取了黄金宝塔，托在手间问哪吒道："孩儿，你以剑架住我刀，有何话说？"哪吒弃剑叩头道："父王，是有女儿在下界哩。"天王道："孩儿，我只生了你姊妹四个，那里又有个女儿哩？"哪吒道："父王忘了，那女儿原是个妖精，三百年前成怪，在灵山偷食了如来的香花宝烛，如来差我父子天兵，将他拿住。拿住时，只该打死，如来吩咐道，积水养鱼终不钓，深山喂鹿望长生，当时饶了他性命。积此恩念，拜父王为父，拜孩儿为兄，在下方供设牌位，侍奉香火。不期他又成精，陷害唐僧，却被孙行者搜寻到巢穴之间，将牌位拿来，就做名告了御状。

此是结拜之恩女，非我同胞之亲妹也。"天王闻言悚然惊讶道：

"孩儿，我实忘了，他叫做甚么名字？"太子道："他有三个名字：

他的本身出处，唤做金鼻白毛老鼠精；因偷香花宝烛，改名唤做半截观音；如今饶他下界，又改了，唤做地涌夫人是也。"天王却才省悟，放下宝塔，便亲手来解行者。行者就放起刁来道：

"那个敢解我！要便连绳儿抬去见驾，老孙的官事才赢！"慌得天王手软，太子无言，众家将委委而退。那大圣打滚撒赖，只要天王去见驾。天王无计可施，哀求金星说个方便。金星道："古人云，万事从宽。你干事忒紧了些儿，就把他捆住，又要杀他。

这猴子是个有名的赖皮，你如今教我怎的处！若论你令郎讲起来，虽是恩女，不是亲女，却也晚亲义重，不拘怎生折辨，你也有个罪名。"天王道："老星怎说个方便，就没罪了。"金星道：

"我也要和解你们，却只是无情可说。"天王笑道："你把那奏招安授官衔的事说说，他也罢了。"真个金星上前，将手摸着行者道："大圣，看我薄面，解了绳好去见驾。"行者道："老官儿，不用解，我会滚法，一路滚就滚到也。"金星笑道："你这猴忒恁寡情，我昔日也曾有些恩义儿到你，你这些些事儿，就不依我？"

行者道："你与我有甚恩义？"金星道："你当年在花果山为怪，伏虎降龙，强消死籍，聚群妖大肆猖狂，上天欲要擒你，是老身力奏，降旨招安，把你宣上天堂，封你做弼马温。你吃了玉帝仙酒，后又招安，也是老身力奏，封你做齐天大圣。你又不守本分，偷桃盗酒，窃老君之丹，如此如此，才得个无灭无生。若不是我，你如何得到今日？"行者道："古人说得好，死了莫与老头儿同墓，干净会揭挑人！我也只是做弼马温，闹天宫罢了，再无甚大事。也罢，也罢，看你老人家面皮，还教他自己来解。"天王才敢向前，解了缚，请行者着衣上坐，一一上前施礼。

行者朝了金星道："老官儿，何如？我说先输后赢，买卖儿原是这等做。快催他去见驾，莫误了我的师父。"金星道："莫忙，弄了这一会，也吃锺茶儿去。"行者道："你吃他的茶，受他的私，卖放犯人，轻慢圣旨，你得何罪？"金星道："不吃茶！不吃茶！连我也赖将起来了！李天王，快走快走！"天王那里敢去，怕他没的说做有的，放起刁来，口里胡说乱道，怎生与他折辨，没奈何，又央金星，教说方便。金星道："我有一句话儿，你可依我？"行者道："绳捆刀砍之事，我也通看你面，还有甚话？你说！

你说！说得好，就依你；说得不好，莫怪。"金星道："一日官事十日打，你告了御状，说妖精是天王的女儿，天王说不是，你两个只管在御前折辨，反复不已，我说天上一日，下界就是一年。这一年之间，那妖精把你师父陷在洞中，莫说成亲，若有个喜花下儿子，也生了一个小和尚儿，却不误了大事？"行者低头想道："是啊！我离八戒沙僧，只说多时饭熟、少时茶滚就回，今已弄了这半会，却不迟了？老官儿，既依你说，这旨意如何回缴？"

金星道："教李天王点兵，同你下去降妖，我去回旨。"行者道：

"你怎么样回？"金星道："我只说原告脱逃，被告免提。"行者笑道："好啊！我倒看你面情罢了，你倒说我脱逃！教他点兵在南天门外等我，我即和你回旨缴状去。"天王害怕道："他这一去，若有言语，是臣背君也。"行者道："你把老孙当甚么样人？我也是个大丈夫！一言既出，驷马难追，岂又有污言顶你？”天王即谢了行者，行者与金星回旨。天王点起本部天兵，径出南天门外。金星与行者回见玉帝道：“陷唐僧者，乃金鼻白毛老鼠成精，假设天王父子牌位。天王知之，已点兵收怪去了，望天尊赦罪。”玉帝已知此情，降天恩免究。行者即返云光，到南天门外，见天王、太子，布列天兵等候。噫！那些神将，风滚滚，雾腾腾，接住大圣，一齐坠下云头，早到了陷空山上。

八戒沙僧眼巴巴正等，只见天兵与行者来了。呆子迎着天王施礼道：“累及！累及！”天王道：“天蓬元帅，你却不知，只因我父子受他一炷香，致令妖精无理，困了你师父，来迟莫怪。这个山就是陷空山了？但不知他的洞门还向那边开？”行者道：

“我这条路且是走熟了。只是这个洞叫做个无底洞，周围有三百余里，妖精窠穴甚多。前番我师父在那两滴水的门楼里，今番静悄悄，鬼影也没个，不知又搬在何处去也。”天王道：“任他设尽千般计，难脱天罗地网中。到洞门前，再作道理。”大家就行。咦，约有十余里，就到了那大石边。行者指那缸口大的门儿道：“兀的便是也。”天王道：“不入虎穴，安得虎子！谁敢当先”行者道：“我当先。”三太子道：“我奉旨降妖，我当先。”那呆子便莽撞起来，高声叫道：“当头还要我老猪！”天王道：“不须罗噪，但依我分摆：孙大圣和太子同领着兵将下去，我们三人在口上把守，做个里应外合，教他上天无路，入地无门，才显些些手段。”众人都答应了一声“是”。

你看那行者和三太子，领了兵将，望洞里只是一溜。驾起云光，闪闪烁烁，抬头一望，果然好个洞啊：依旧双轮日月，照般一望山川。珠渊玉井暖韬烟，更有许多堪羡。迭迭朱楼画阁，嶷嶷赤壁青田。三春杨柳九秋莲，兀的洞天罕见。顷刻间，停住了云光，径到那妖精旧宅。挨门儿搜寻，吆吆喝喝，一重又一重，一处又一处，把那三百里地草都踏光了，那见个妖精？那见个三藏？都只说：“这孽畜一定是早出了这洞，远远去哩。”那晓得在那东南黑角落上，望下去，另有个小洞。洞里一重小小门，一间矮矮屋，盆栽了几种花，檐傍着数竿竹，黑气氲氲，暗香馥馥，老怪摄了三藏，搬在这里逼住成亲，只说行者再也找不着。

谁知他命合该休，那些小怪在里面，一个个咛咛嘈嘈，挨挨簇簇。中间有个大胆些的，伸起颈来，望洞外略看一看，一头撞着个天兵，一声嚷道：“在这里！”那行者恼起性来，捻着金箍棒，一下闯将进去，那里边窄小，窝着一窟妖精。三太子纵起天兵，一齐拥上，一个个那里去躲？行者寻着唐僧，和那龙马，和那行李。那老怪寻思无路，看着哪吒太子，只是磕头求命。太子道：

“这是玉旨来拿你，不当小可。我父子只为受了一炷香。险些儿和尚拖木头，做出了寺！”啐声“天兵，取下缚妖索，把那些妖精都捆了！”老怪也少不得吃场苦楚。返云光，一齐出洞。行者口里嘻嘻嘎嘎。天王掣开洞口，迎着行者道：“今番却见你师父也。”行者道：“多谢了！多谢了！”就引三藏拜谢天王，次及太子。沙僧八戒只是要碎剐那老精，天王道：“他是奉玉旨拿的，轻易不得。我们还要去回旨哩。”一边天王同三太子领着天兵神将，押住妖精，去奏天曹，听候发落；一边行者拥着唐僧，沙僧收拾行李，八戒拢马，请唐僧骑马，齐上大路。这正是：割断丝萝干金海，打开玉锁出樊笼。毕竟不知前去何如，且听下回分解。

第八十四回　难灭伽持圆大觉　法王成正体天然

话说唐三藏固住元阳，出离了烟花苦套，随行者投西前进。不觉夏时，正值那熏风初动，梅雨丝丝，好光景：冉冉绿阴密，风轻燕引雏。新荷翻沼面，修竹渐扶苏。芳草连天碧，山花遍地铺。溪边蒲插剑，榴火壮行图。师徒四众，耽炎受热，正行处，忽见那路旁有两行高柳，柳阴中走出一个老母，右手下搀着一个小孩儿，对唐僧高叫道：“和尚，不要走了，快早儿拨马东回，进西去都是死路。“唬得个三藏跳下马来，打个问讯道：

“老菩萨，古人云，海阔从鱼跃，天空任鸟飞，怎么西进便没路了？”那老母用手朝西指道：“那里去，有五六里远近，乃是灭法国。那国王前生那世里结下冤仇，今世里无端造罪。二年前许下一个罗天大愿，要杀一万个和尚，这两年陆陆续续，杀彀了九千九百九十六个无名和尚，只要等四个有名的和尚，凑成一万，好做圆满哩。你们去，若到城中，都是送命王菩萨！”三藏闻言，心中害怕，战兢兢的道：“老菩萨，深感盛情，感谢不尽！但请问可有不进城的方便路儿，我贫僧转过去罢。”那老母笑道：

“转不过去，转不过去，只除是会飞的，就过去了也。”八戒在旁边卖嘴道：“妈妈儿莫说黑话，我们都会飞哩。”行者火眼金睛，其实认得好歹，那老母搀着孩儿，原是观音菩萨与善财童子，慌得倒身下拜，叫道：“菩萨，弟子失迎！失迎！”那菩萨一朵祥云，轻轻驾起，吓得个唐长老立身无地，只情跪着磕头。八戒沙僧也慌跪下，朝天礼拜。一时间，祥云缥缈，径回南海而去。行者起来，扶着师父道：“请起来，菩萨已回宝山也。”三藏起来道：“悟空，你既认得是菩萨，何不早说？”行者笑道：“你还问话不了，我即下拜，怎么还是不早哩？”八戒沙僧对行者道：“感蒙菩萨指示，前边必是灭法国，要杀和尚，我等怎生奈何？”行者道：“呆子休怕！我们曾遭着那毒魔狠怪，虎穴龙潭，更不曾伤损？此间乃是一国凡人，有何惧哉？只奈这里不是住处。天色将晚，且有乡村人家，上城买卖回来的，看见我们是和尚，嚷出名去，不当稳便。且引师父找下大路，寻个僻静之处，却好商议。”真个三藏依言，一行都闪下路来，到一个坑坎之下坐定。

行者道：“兄弟，你两个好生保守师父，待老孙变化了，去那城中看看，寻一条僻路，连夜去也。”三藏叮嘱道：“徒弟啊，莫当小可，王法不容，你须仔细！”行者笑道：“放心！放心！老孙自有道理。”

好大圣，话毕将身一纵，唿哨的跳在空中。怪哉：上面无绳扯，下头没棍撑，一般同父母，他便骨头轻。伫立在云端里、往下观看，只见那城中喜气冲融，祥光荡漾。行者道：“好个去处，为何灭法？”看一会，渐渐天昏，又见那：十字街灯光灿烂，九重殿香蔼钟鸣。七点皎星照碧汉，八方客旅卸行踪。六军营，隐隐的画角才吹；五鼓楼，点点的铜壶初滴。四边宿雾昏昏，三市寒烟蔼蔼。两两夫妻归绣幕，一轮明月上东方。他想着：“我要下去，到街坊打看路径，这般个嘴脸撞见人，必定说是和尚，等我变一变了。”捻着诀，念动真言，摇身一变，变做个扑灯蛾儿：

形细翼硗轻巧，灭灯扑烛投明。本来面目化生成，腐草中间灵应。每爱炎光触焰，忙忙飞绕无停。紫衣香翅赶流萤，最喜夜深风静。但见他翩翩翻翻，飞向六街三市。傍房檐，近屋角，正行时，忽见那隅头拐角上一湾子人家，人家门首挂着个灯笼儿。他道：“这人家过元宵哩？怎么挨排儿都点灯笼？”他硬硬翅飞近前来，仔细观看，正当中一家子方灯笼上，写着安歇往来商贾六字，下面又写着王小二店四字，行者才知是开饭店的。又伸头打一看，看见有八九个人，都吃了晚饭，宽了衣服，卸了头巾，洗了脚手，各各上床睡了。行者暗喜道：“师父过得去了。”你道他怎么就知过得去？他要起个不良之心，等那些人睡着，要偷他的衣服头巾，装做俗人进城。

噫，有这般不遂意的事！正思忖处，只见那小二走向前，吩咐："列位官人仔细些，我这里君子小人不同，各人的衣物行李都要小心着。"你想那在外做买卖的人，那样不仔细？又听得店家吩咐，越发谨慎。他都爬起来道："主人家说得有理，我们走路的人辛苦，只怕睡着，急忙不醒，一时失所，奈何？你将这衣服，头巾、搭联都收进去，待天将明，交付与我们起身。"那王小二真个把些衣物之类，尽情都搬进他屋里去了。行者性急，展开翅，就飞入里面，丁在一个头巾架上。又见王小二去门首摘了灯笼，放下吊搭，关了门窗，却才进房，脱衣睡下。那王小二有个婆婆，带了两个孩子，哇哇聒噪，急忙不睡。那婆子又拿了一件破衣，补补纳纳，也不见睡。行者暗想道："若等这婆子睡下下手，却不误了师父？"又恐更深，城门闭了，他就忍不住，飞下去，望灯上一扑，真是舍身投火焰，焦额探残生，那盏灯早已息了。他又摇身一变，变作个老鼠，睢睢哇哇的叫了两声，跳下来，拿着衣服头巾，往外就走。那婆子慌慌张张的道："老头子！

不好了！夜耗子成精也！"行者闻言，又弄手段，拦着门厉声高叫道："王小二，莫听你婆子胡说，我不是夜耗子成精。明人不做暗事，吾乃齐天大圣临凡，保唐僧往西天取经。你这国王无道，特来借此衣冠，装扮我师父。一时过了城去，就便送还。"那王小二听言，一毂辘起来，黑天摸地，又是着忙的人，捞着裤子当衫子，左穿也穿不上，右套也套不上。

那大圣使个摄法，早已驾云出去，复翻身，径至路下坑坎边前。三藏见星光月皎，探身凝望，见是行者，来至近前，即开口叫道："徒弟，可过得灭法国么？"行者上前放下衣物道："师父，要过灭法国，和尚做不成。"八戒道："哥，你勒掯那个哩？不做和尚也容易，只消半年不剃头，就长出毛来也。"行者道："那里等得半年！眼下就都要做俗人哩！"那呆子慌了道："但你说话，通不察理。我们如今都是和尚，眼下要做俗人，却怎么戴得头巾？就是边儿勒住，也没收顶绳处。"三藏喝道："不要打花，且干正事！端的何如？"行者道："师父，他这城池我已看了。虽是国王无道杀僧，却倒是个真天子，城头上有祥光喜气。城中的街道，我也认得，这里的乡谈，我也省得，会说。却才在饭店内借了这几件衣服头巾，我们且扮作俗人，进城去借了宿，至四更天就起来，教店家安排了斋吃；捱到五更时候，挨城门而去，奔大路西行，就有人撞见扯住，也好折辨，只说是上邦钦差的，灭法王不敢阻滞，放我们来的。"沙僧道："师兄处的最当，且依他行。"真个长老无奈，脱了褊衫，去了僧帽，穿了俗人的衣服，戴了头巾。沙僧也换了，八戒的头大，戴不得巾儿，被行者取了些针线，把头巾扯开，两顶缝做一顶，与他搭在头上，拣件宽大的衣服，与他穿了，然后自家也换上一套道："列位，这一去，把师父徒弟四个字儿且收起。"八戒道："除了此四字，怎的称呼？"行者道："都要做弟兄称呼：师父叫做唐大官儿，你叫做朱三官儿，沙僧叫做沙四官儿，我叫做孙二官儿。但到店中，你们切休言语，只让我一个开口答话。等他问甚么买卖，只说是贩马的客人。把这白马做个样子，说我们是十弟兄，我四个先来赁店房卖马。那店家必然款待我们，我们受用了，临行时，等我拾块瓦查儿，变块银子谢他，却就走路。"长老无奈，只得曲从。

四众忙忙的牵马挑担，跑过那边。此处是个太平境界，入更时分，尚未关门，径直进去，行到王小二店门首，只听得里边叫哩。有的说："我不见了头巾！"有的说："我不见了衣服！"行者只推不知，引着他们，往斜对门一家安歇。那家子还未收灯笼，即近门叫道："店家，可有闲房儿我们安歇？"那里边有个妇人答应道："有，有，有，请官人们上楼。"说不了，就有一个汉子来牵马。行者把马儿递与牵进去，他引着师父，从灯影儿后面，径上楼门。那楼上有方便的桌椅，推开窗格，映月光齐齐坐下。

只见有人点上灯来，行者拦门，一口吹息道："这般月亮不用灯。"那人才下去，又一个丫环拿四碗清茶。行者接住，楼下又走上一个妇人来，约有五十七八岁的模样，一直上楼，站着旁边问道："列位客官，那里来的？有甚宝货？"行者道："我们是北方来的，有几匹粗马贩卖。"那妇人道："贩马的客人尚还小。"

行者道："这一位是唐大官，这一位是朱三官，这一位是沙四官，我学生是孙二官。"妇人笑道："异姓。"行者道："正是异姓同居。我们共有十个弟兄，我四个先来赁店房打火；还有六个在城外借歇，领着一群马，因天晚不好进城。待我们赁了房子，明早都进来，只等卖了马才回。"那妇人道："一群有多少马？"

行者道："大小有百十匹儿，都象我这个马的身子，却只是毛片不一。"妇人笑道："孙二官人诚然是个客纲客纪。早是来到舍下，第二个人家也不敢留你。我舍下院落宽阔，槽札齐备，草料又有，凭你几百匹马都养得下。却一件：我舍下在此开店多年，也有个贱名。先夫姓赵，不幸去世久矣，我唤做赵寡妇店。我店里三样儿待客。如今先小人，后君子，先把房钱讲定后好算帐。"行者道："说得是。你府上是那三样待客？常言道，货有高低三等价，客无远近一般看，你怎么说三样待客？你可试说说我听。"赵寡妇道："我这里是上、中、下三样。上样者：五果五菜的筵席，狮仙斗糖桌面二位一张，请小娘儿来陪唱陪歇，每位该银五钱，连房钱在内。"行者笑道："相应啊！我那里五钱银子还不彀请小娘儿哩。"寡妇又道："中样者：合盘桌儿，只是水果、热酒，筛来凭自家猜枚行令，不用小娘儿，每位只该二钱银子。"行者道："一发相应！下样儿怎么？"妇人道："不敢在尊客面前说。"行者道："也说说无妨，我们好拣相应的干。"妇人道：

"下样者：没人伏侍，锅里有方便的饭，凭他怎么吃：吃饱了，拿个草儿，打个地铺，方便处睡觉，天光时，凭赐几文饭钱，决不争竞。"八戒听说道："造化，造化！老朱的买卖到了！等我看着锅吃饱了饭，灶门前睡他娘！"行者道："兄弟，说那里话！你我在江湖上，那里不赚几两银子！把上样的安排将来。"那妇人满心欢喜，即叫："看好茶来，厨下快整治东西。"遂下楼去，忙叫：

"宰鸡宰鹅，煮腌下饭。"又叫："杀猪杀羊，今日用不了，明日也可用。看好酒，拿白米做饭，白面捍饼。"三藏在楼上听见道：

"孙二官，怎好？他去宰鸡鹅，杀猪羊，倘送将来，我们都是长斋，那个敢吃？"行者道："我有主张。"去那楼门边跌跌脚道：

"赵妈妈，你上来。"那妈妈上来道："二官人有甚吩咐？"行者道："今日且莫杀生，我们今日斋戒。"寡妇惊讶道："官人们是长斋，是月斋？"行者道："俱不是，我们唤做庚申斋。今朝乃是庚申日当斋，只过三更后，就是辛酉，便开斋了，你明日杀生罢。如今且去安排些素的来，定照上样价钱奉上。"那妇人越发欢喜，跑下去教："莫宰！莫宰！取些木耳、闽笋、豆腐、面筋，园里拔些青菜，做粉汤，发面蒸卷子，再煮白米饭，烧香茶。"咦！

那些当厨的庖丁，都是每日家做惯的手段，霎时间就安排停当，摆在楼上。又有现成的狮仙糖果，四众任情受用。又问："可吃素酒？"行者道："止唐大官不用，我们也吃几杯。"寡妇又取了一壶暖酒，他三个方才斟上，忽听得乒乓板响，行者道：

"妈妈，底下倒了甚么家火了？"寡妇道："不是，是我小庄上几个客子送租米来晚了，教他在底下睡。因客官到，没人使用，教他们抬轿子去院中请小娘儿陪你们，想是轿杠撞得楼板响。"

行者道："早是说哩，快不要去请。一则斋戒日期，二则兄弟们未到。索性明日进来，一家请个表子，在府上耍耍时，待卖了马起身。”寡妇道：“好人！好人！又不失了和气，又养了精神。”教：

“抬进轿子来，不要请去。”四众吃了酒饭，收了家火，都散讫。

三藏在行者耳根边悄悄的道：“那里睡？”行者道：“就在楼上睡。”三藏道：“不稳便。我们都辛辛苦苦的，倘或睡着，这家子一时再有人来收拾，见我们或滚了帽子，露出光头，认得是和尚，嚷将起来，却怎么好？”行者道：“是啊！”又去楼前跌跌脚。寡妇又上来道：“孙官人又有甚吩咐？”行者道：“我们在那里睡？”妇人道：“楼上好睡，又没蚊子，又是南风，大开着窗子，忒好睡觉。”行者道：“睡不得，我这朱三官儿有些寒湿气，沙四官儿有些漏肩风，唐大哥只要在黑处睡，我也有些儿羞明。此间不是睡处。”那妈妈走下去，倚着柜栏叹气。他有个女儿，抱着个孩子近前道：“母亲，常言道，十日滩头坐，一日行九滩，如今炎天，虽没甚买卖，到交秋时，还做不了的生意哩，你嗟叹怎么？”妇人道：“儿啊，不是愁没买卖。今日晚间，已是将收铺子，入更时分，有这四个马贩子来赁店房，他要上样管待。实指望赚他几钱银子，他却吃斋，又赚不得他钱，故此嗟叹。”那女儿道：“他既吃了饭，不好往别人家去。明日还好安排荤酒，如何赚不得他钱？”妇人又道：“他都有病，怕风羞亮，都要在黑处睡。你想家中都是些单浪瓦儿的房子，那里去寻黑暗处？不若舍一顿饭与他吃了，教他往别家去罢。”女儿道：“母亲，我家有个黑处，又无风色，甚好，甚好。”妇人道：“是那里？”女儿道：

“父亲在日曾做了一张大柜。那柜有四尺宽，七尺长，三尺高下，里面可睡六七个人。教他们往柜里睡去罢。”妇人道：“不知可好，等我问他一声。孙官人，舍下蜗居，更无黑处，止有一张大柜，不透风，又不透亮，往柜里睡去如何？”行者道：“好！好！好！”即着几个客子把柜抬出，打开盖儿，请他们下楼。行者引着师父，沙僧拿担，顺灯影后径到柜边。八戒不管好歹就先睔进柜去，沙僧把行李递入，搀着唐僧进去，沙僧也到里边。行者道：“我的马在那里？”旁有伏侍的道：“马在后屋拴着吃草料哩。”行者道：“牵来，把槽抬来，紧挨着柜儿拴住。”方才进去，叫：“赵妈妈，盖上盖儿，插上锁钉，锁上锁子，还替我们看看，那里透亮，使些纸儿糊糊，明日早些儿来开。”寡妇道：“忒小心了！”遂此各各关门去睡不题。

却说他四个到了柜里，可怜啊！一则乍戴个头巾，二来天气炎热，又闷住了气，略不透风，他都摘了头巾，脱了衣服，又没把扇子，只将僧帽扑扑扇扇。你挨着我，我挤着你，直到有二更时分，却都睡着，惟行者有心闯祸，偏他睡不着，伸过手将八戒腿上一捻。那呆子缩了脚，口里哼哼的道：“睡了罢！辛辛苦苦的，有甚么心肠还捻手捻脚的耍子？”行者捣鬼道：“我们原来的本身是五千两，前者马卖了三千两，如今两搭联里现有四千两，这一群马还卖他三千两，也有一本一利，彀了！彀了！”八戒要睡的人，那里答对。岂知他这店里走堂的，挑水的，烧火的，素与强盗一伙，听见行者说有许多银子，他就着几个溜出去，伙了二十多个贼，明火执杖的来打劫马贩子。冲开门进来，唬得那赵寡妇娘女们战战兢兢的关了房门，尽他外边收拾。原来那贼不要店中家火，只寻客人。到楼上不见形迹，打着火把，四下照看，只见天井中一张大柜，柜脚上拴着一匹白马，柜盖紧锁，掀翻不动。众贼道：“走江湖的人都有手眼，看这柜势重，必是行囊财帛锁在里面。我们偷了马，抬柜出城，打开分用，却不是好？”那些贼果找起绳扛，把柜抬着就走，幌阿幌的。八戒醒了道：“哥哥，睡罢，摇甚么？”行者道：“莫言语！没人摇。”三藏与沙僧忽地也醒了，道：“是甚人抬着我们哩？”行者道：“莫嚷，莫嚷！等他抬！抬到西天，也省得走路。”

那贼得了手，不往西去，倒抬向城东，杀了守门的军，打开城门出去。当时就惊动六街三市，各铺上火甲人夫，都报与巡城总兵、东城兵马司。那总兵、兵马，事当干己，即点人马弓兵，出城赶贼。那贼见官军势大，不敢抵敌，放下大柜，丢了白马，各自落草逃走。众官军不曾拿得半个强盗，只是夺下柜，捉住马，得胜而回。总兵在灯光下见那马，好马：鬃分银线，尾軃玉条。说甚么八骏龙驹，赛过了骕骦款段。千金市骨，万里追风。

登山每与青云合，啸月浑如白雪匀。真是蛟龙离海岛，人间喜有玉麒麟。总兵官把自家马儿不骑，就骑上这个白马，帅军兵进城，把柜子抬在总府，同兵马写个封皮封了，令人巡守，待天明启奏，请旨定夺。官军散讫不题。

却说唐长老在柜里埋怨行者道：“你这个猴头，害杀我也！

若在外边，被人拿住，送与灭法国王，还好折辨；如今锁在柜里，被贼劫去，又被官军夺来，明日见了国王，现现成成的开刀请杀，却不凑了他一万之数？”行者道：“外面有人！打开柜，拿出来不是捆着，便是吊着。且忍耐些儿，免了捆吊。明日见那昏君，老孙自有对答，管你一毫儿也不伤，且放心睡睡。”挨到三更时分，行者弄个手段，顺出棒来，吹口仙气，叫“变！”即变做三尖头的钻儿，挨柜脚两三钻，钻了一个眼子。收了钻，摇身一变，变做个蝼蚁儿，睔将出去，现原身，踏起云头，径入皇宫门外。那国王正在睡浓之际，他使个大分身普会神法，将左臂上毫毛都拔下来，吹口仙气，叫“变！”都变做小行者。右臂上毛，也都拔下来，吹口仙气，叫“变！”都变做瞌睡虫；念一声“唵”字真言，教当坊土地，领众布散皇宫内院，五府六部，各衙门大小官员宅内，但有品职者，都与他一个瞌睡虫，人人稳睡，不许翻身。又将金箍棒取在手中，掂一掂，幌一幌，叫声“宝贝，变！”即变做千百口剃头刀儿，他拿一把，吩咐小行者各拿一把，都去皇宫内院、五府六部、各衙门里剃头。咦！这才是：法王灭法法无穷，法贯乾坤大道通。万法原因归一体，三乘妙相本来同。钻开玉柜明消息，布散金毫破蔽蒙。管取法王成正果，不生不灭去来空。这半夜剃削成功，念动咒语，喝退土地神祇，将身一抖，两臂上毫毛归伏，将剃头刀总捻成真，依然认了本性，还是一条金箍棒收来些小之形，藏于耳内。复翻身还做蝼蚁，钻入柜内！现了本相，与唐僧守困不题。

却说那皇宫内院宫娥彩女，天不亮起来梳洗，一个个都没了头发。穿宫的大小太监，也都没了头发，一拥齐来，到于寝宫外，奏乐惊寝，个个噙泪，不敢传言。少时，那三宫皇后醒来，也没了头发，忙移灯到龙床下看处，锦被窝中，睡着一个和尚，皇后忍不住言语出来，惊醒国王。那国王急睁睛，见皇后的头光，他连忙爬起来道：“梓童，你如何这等？”皇后道：“主公亦如此也。”那皇帝摸摸头，唬得三尸呻咋，七魄飞空，道：“朕当怎的来耶！”正慌忙处，只见那六院嫔妃，宫娥彩女，大小太监，皆光着头跪下道：“主公，我们做了和尚耶！”国王见了，眼中流泪道：“想是寡人杀害和尚。”即传旨吩咐：“汝等不得说出落发之事，恐文武群臣，褒贬国家不正，且都上殿设朝。”

却说那五府六部，合衙门大小官员，天不明都要去朝王拜阙。原来这半夜一个个也没了头发，各人都写表启奏此事。只听那：静鞭三响朝皇帝，表奏当今剃发因。毕竟不知那总兵官夺下柜里贼赃如何，与唐僧四众的性命如何，且听下回分解。

第八十五回　心猿妒木母　魔主计吞禅

话说那国王早朝，文武多官俱执表章启奏道：“主公，望赦臣等失仪之罪。”国王道：“众卿礼貌如常，有何失仪？”众卿道：

“主公啊，不知何故，臣等一夜把头发都没了。”国王执了这没头发之表，下龙床对群臣道：“果然不知何故，朕宫中大小人等，一夜也尽没了头发。”君臣们都各汪汪滴泪道：“从此后，再不敢杀戮和尚也。”王复上龙位，众官各立本班。王又道：“有事出班来奏，无事卷帘散朝。”只见那武班中闪出巡城总兵官，文班中走出东城兵马使，当阶叩头道：“臣蒙圣旨巡城，夜来获得贼赃一柜，白马一匹。微臣不敢擅专，请旨定夺。”国王大喜道：

“连柜取来。”二臣即退至本衙，点起齐整军士，将柜抬出。三藏在内，魂不附体道：“徒弟们，这一到国王前，如何理说？”行者笑道：“莫嚷！我已打点停当了。开柜时，他就拜我们为师哩，只教八戒不要争竞长短。”八戒道：“但只免杀，就是无量之福，还敢争竟哩！”说不了，抬至朝外，入五凤楼，放在丹墀之下。二臣请国王开看，国王即命打开。方揭了盖，猪八戒就忍不住往外一跳，唬得那多官胆战，口不能言，又见孙行者搀出唐僧，沙和尚搬出行李。八戒见总兵官牵着马，走上前，咄的一声道：

“马是我的！拿过来！”吓得那官儿翻跟头，跌倒在地。四众俱立在阶中。那国王看见是四个和尚，忙下龙床，宣召三宫妃后，下金銮宝殿，同群臣拜问道：“长老何来？”三藏道：“是东土大唐驾下差往西方天竺国大雷音寺拜活佛取真经的。”国王道：

“老师远来，为何在这柜里安歇？”三藏道：“贫僧知陛下有愿心杀和尚，不敢明投上国，扮俗人，夜至宝方饭店里借宿。因怕人识破原身，故此在柜中安歇。不幸被贼偷出，被总兵捉获抬来，今得见陛下龙颜，所谓拨云见日。望陛下赦放贫僧，海深恩便也！”国王道：“老师是天朝上国高僧，朕失迎迓。朕常年有愿杀僧者，曾因僧谤了朕，朕许天愿，要杀一万和尚做圆满。不期今夜皈依，教朕等为僧。如今君臣后妃，发都剃落了，望老师勿吝高贤，愿为门下。”八戒听言，呵呵大笑道：“既要拜为门徒，有何贽见之礼？”国王道：“师若肯从，愿将国中财宝献上。”行者道：“莫说财宝，我和尚是有道之僧。你只把关文倒换了，送我们出城，保你皇图永固，福寿长臻。”那国王听说，即着光禄寺大排筵宴，君臣合同，拜归于一，即时倒换关文，求三藏改换国号。行者道：“陛下法国之名甚好，但只灭字不通，自经我过，可改号钦法国，管教你海晏河清千代胜，风调雨顺万方安。”国王谢了恩，摆整朝銮驾，送唐僧四众出城西去。君臣们秉善归真不题。

却说长老辞别了钦法国王，在马上欣然道：“悟空，此一法甚善，大有功也。”沙僧道：“哥啊，是那里寻这许多整容匠，连夜剃这许多头？”行者把那施变化弄神通的事说了一遍，师徒们都笑不合口。正欢喜处，忽见一座高山阻路，唐僧勒马道：

“徒弟们，你看这面前山势崔巍，切须仔细！”行者笑道：“放心！放心！保你无事！”三藏道：“休言无事。我见那山峰挺立，远远的有些凶气，暴云飞出，渐觉惊煌，满身麻木，神思不安。”行者笑道：“你把乌巢禅师的《多心经》早已忘了？”三藏道：“我记得。”行者道：“你虽记得，还有四句颂子，你却忘了哩。”三藏道：“那四句？”行者道：“佛在灵山莫远求，灵山只在汝心头。人人有个灵山塔，好向灵山塔下修。”三藏道：“徒弟，我岂不知？若依此四句，千经万典，也只是修心。”行者道：“不消说了，心净孤明独照，心存万境皆清。差错些儿成惰懈，千年万载不成功。但要一片志诚，雷音只在眼下。似你这般恐惧惊惶，神思不安，大道远矣，雷音亦远矣。且莫胡疑，随我去。”那长老闻言，心神顿爽，万虑皆休。

四众一同前进。不几步，到于山上，举目看时：那山真好山，细看色班班。顶上云飘荡，崖前树影寒。飞禽淅沥，走兽凶顽。林内松千干，峦头竹几竿。吼叫是苍狼夺食，咆哮是饿虎争餐。野猿长啸寻鲜果，麋鹿攀花上翠岚。风洒洒，水潺潺，时闻幽鸟语间关。几处藤萝牵又扯，满溪瑶草杂香兰。磷磷怪石，削削峰岩。狐貉成群走，猴猿作队顽。行客正愁多险峻，奈何古道又湾还！师徒们怯怯惊惊，正行之时，只听得呼呼一阵风起。三藏害怕道：“风起了！”行者道：“春有和风，夏有熏风，秋有金风，冬有朔风：四时皆有风，风起怕怎的？”三藏道：“这风来得甚急，决然不是天风。”行者道：“自古来，风从地起，云自山出，怎么得个天风？”说不了，又见一阵雾起。那雾真个是：漠漠连天暗，蒙蒙匝地昏。日色全无影，鸟声无处闻。宛然如混沌，仿佛似飞尘。不见山头树，那逢采药人？三藏一发心惊道：

“悟空，风还未定，如何又这般雾起？”行者道：“且莫忙，请师父下马，你兄弟二个在此保守，等我去看看是何吉凶。”

好大圣，把腰一躬就到半空，用手搭在眉上，圆睁火眼，向下观之，果见那悬岩边坐着一个妖精。你看他怎生模样：炳炳文斑多采艳，昂昂雄势甚抖擞。坚牙出口如钢钻，利爪藏蹄似玉钩。金眼圆睛禽兽怕，银须倒竖鬼神愁。张狂哮吼施威猛，嗳雾喷风运智谋。又见那左右手下有三四十个小妖摆列，他在那里逼法的喷风嗳雾。行者暗笑道：“我师父也有些儿先兆。他说不是天风，果然不是，却是个妖精在这里弄喧儿哩。若老孙使铁棒往下就打，这叫做捣蒜打，打便打死了，只是坏了老孙的名头。”那行者一生豪杰，再不晓得暗算计人。他道：“我且回去，照顾猪八戒照顾，教他来先与这妖精见一仗。若是八戒有本事，打倒这妖，算他一功；若无手段，被这妖拿去，等我再去救他，才好出名。他想道，八戒有些躲懒，不肯出头，却只是有些口紧，好吃东西。等我哄他一哄，看他怎么说。”即时落下云头，到三藏前。三藏问道：“悟空，风雾处吉凶何如？”行者道：

“这会子明净了，没甚风雾。”三藏道：“正是，觉到退下些去了。”行者笑道：“师父，我常时间还看得好，这番却看错了。我只说风雾之中恐有妖怪，原来不是。”三藏道：“是甚么？”行者道：“前面不远，乃是一庄村。村上人家好善，蒸的白米干饭，白面馍馍斋僧哩。这些雾，想是那些人家蒸笼之气，也是积善之应。”八戒听说，认了真实，扯过行者悄悄的道：“哥哥，你先吃了他的斋来的？”行者道：“吃不多儿，因那菜蔬太咸酌了些，不喜多吃。”八戒道：“啐！凭他怎么咸，我也尽肚吃他一饱！十分作渴，便回来吃水。”行者道：“你要吃么？”八戒道：“正是，我肚里有些饥了，先要去吃些儿，不知如何？”行者道：“兄弟莫题，古书云，父在，子不得自专。师父又在此，谁敢先去？”八戒笑道：“你若不言语，我就去了。”行者道：“我不言语，看你怎么得去。”那呆子吃嘴的见识偏有，走上前唱个大喏道：“师父，适才师兄说，前村里有人家斋僧。你看这马，有些要打搅人家，便要草要料，却不费事？幸如今风雾明净，你们且略坐坐，等我去寻些嫩草儿，先喂喂马，然后再往那家子化斋去罢。”唐僧欢喜道：“好啊！你今日却怎肯这等勤谨？快去快来。”那呆子暗暗笑着便走，行者赶上扯住道：“兄弟，他那里斋僧，只斋俊的，不斋丑的。”八戒道：“这等说，又要变化是。”行者道：“正是，你变变儿去。”好呆子，他也有三十六般变化，走到山凹里，捻着诀，念动咒语，摇身一变，变做个矮胖和尚，手里敲个木鱼，口里哼阿哼的，又不会念经，只哼的是“上大人”。

却说那怪物收风敛雾，号令群妖，在于大路口上摆开一个圈子阵，专等行客。这呆子晦气，不多时撞到当中，被群妖围住，这个扯住衣服，那个扯着丝绦，推推拥拥，一齐下手。八戒道：“不要扯，等我一家家吃将来。”群妖道：“和尚，你要吃甚的？”八戒道：“你们这里斋僧，我来吃斋的。”群妖道：“你想这里斋僧，不知我这里专要吃僧。我们都是山中得道的妖仙，专要把你们和尚拿到家里，上蒸笼蒸熟吃哩，你倒还想来吃斋！”

八戒闻言，心中害怕，才报怨行者道："这个弼马温，其实惫懒！他哄我说是这村里斋僧，这里那得村庄人家，那里斋甚么僧，却原来是些妖精！"那呆子被他扯急了，即便现出原身，腰间掣钉钯，一顿乱筑，筑退那些小妖。小妖急跑去报与老怪道："大王，祸事了！"老修道："有甚祸事？"小妖道："山前来了一个和尚，且是生得干净。我说拿家来蒸他吃，若吃不了，留些儿防天阴，不想他会变化。"老妖道："变化甚的模样？"小妖道："那里成个人相！长嘴大耳朵，背后又有鬃，双手轮一根钉钯，没头没脸的乱筑，唬得我们跑回来报大王也。"老怪道："莫怕，等我去看。"轮着一条铁杵，走近前看时，见呆子果然丑恶。他生得：碓嘴初长三尺零，獠牙觜出赛银钉。一双圆眼光如电，两耳扇风唿唿声。脑后鬃长排铁箭，浑身皮糙癞还青。手中使件蹊跷物，九齿钉钯个个惊。妖精硬着胆喝道："你是那里来的，叫甚名字？快早说来，饶你性命！"八戒笑道："我的儿，你是也不认得你猪祖宗哩！上前来，说与你听：巨口獠牙神力大，玉皇升我天蓬帅。掌管天河八万兵，天宫快乐多自在。只因酒醉戏宫娥，那时就把英雄卖。一嘴拱倒斗牛宫，吃了王母灵芝菜。玉皇亲打二千锤，把吾贬下三天界。教吾立志养元神，下方却又为妖怪。正在高庄喜结亲，命低撞着孙兄到。金箍棒下受他降，低头才把沙门拜。背马挑包做夯工，前生少了唐僧债。铁脚天蓬本姓猪，法名改作猪八戒。"那妖精闻言，喝道："你原来是唐僧的徒弟。我一向闻得唐僧的肉好吃，正要拿你哩，你却撞得来，我肯饶你？不要走！看杵！"八戒道："孽畜，你原来是个染博士出身！"妖精道："我怎么是染博士？"八戒道："不是染博士，怎么会使棒槌？"那怪那容分说，近前乱打。他两个在山凹里，这一场好杀：九齿钉钯，一条铁棒。钯丢解数滚狂风，杵运机谋飞骤雨。一个是无名恶怪阻山程，一个是有罪天蓬扶性主。性正何愁怪与魔，山高不得金生土。那个杵架犹如蟒出潭，这个钯来却似龙离浦。喊声叱咤振山川，吆喝雄威惊地府。两个英雄各逞能，舍身却把神通赌。八戒长起威风，与妖精厮斗，那怪喝令小妖把八戒一齐围住不题。

却说行者在唐僧背后，忽失声冷笑。沙僧道："哥哥冷笑，何也？"行者道："猪八戒真个呆呀！听见说斋僧，就被我哄去了，这早晚还不见回来。若是一顿钯打退妖精，你看他得胜而回，争嚷功果；若战他不过，被他拿去，却是我的晦气，背前面后，不知骂了多少弼马温哩！悟净，你休言语，等我去看看。"好大圣，他也不使长老知道，悄悄的脑后拔了一根毫毛，吹口仙气，叫"变！"即变做本身模样，陪着沙僧，随着长老。他的真身出个神，跳在空中观看，但见那呆子被怪围绕，钉钯势乱，渐渐的难敌。行者忍不住，按落云头，厉声高叫道："八戒不要忙，老孙来了！"那呆子听得是行者声音，仗着势，愈长威风，一顿钯，向前乱筑，那妖精抵敌不住，道："这和尚先前不济，这会子怎么又发起狠来。"八戒道："我的儿，不可欺负我！我家里人来也！"一发向前，没头没脸筑去。那妖精抵架不住，领群妖败阵去了。行者见妖精败去，他就不曾近前，拨转云头，径回本处，把毫毛一抖，收上身来。长老的肉眼凡胎，那里认得。

不一时，呆子得胜，也自转来，累得那粘涎鼻涕，白沫生生，气呼呼的，走将来叫声"师父！"长老见了，惊讶道："八戒，你去打马草的，怎么这般狼狈回来？想是山上人家有人看护，不容你打草么？"呆子放下钯，捶胸跌脚道："师父！莫要问！说起来就活活羞杀人！"长老道："为甚么羞来？"八戒道："师兄捉弄我！他先头说风雾里不是妖精，没甚凶兆，是一庄村人家好善，蒸白米干饭、白面馍馍斋僧的，我就当真，想着肚里饥了，先去吃些儿，假倚打草为名，岂知若干妖怪，把我围了，苦战了这一会，若不是师兄的哭丧棒相助，我也莫想得脱罗网回来也！"行者在旁笑道："这呆子胡说！你若做了贼，就攀上一牢人。是我在这里看着师父，何曾侧离？"长老道："是啊，悟空不曾离我。"那呆子跳着嚷道："师父！你不晓得！他有替身！"长老道："悟空，端的可有怪么？"行者瞒不过，躬身笑道："是有个把小妖儿，他不敢惹我们。八戒，你过来，一发照顾你照顾。我们既保师父，走过险峻山路，就似行军的一般。"八戒道："行军便怎的？"行者道："你做个开路将军，在前剖路。那妖精不来便罢，若来时，你与他赌斗，打倒妖精，算你的功果。"八戒量着那妖精手段与他差不多，却说："我就死在他手内也罢，等我先走！"行者笑道："这呆子先说晦气话，怎么得长进！"八戒道：

"哥啊，你知道公子登筵，不醉即饱；壮士临阵，不死带伤？先说句错话儿，后便有威风。"行者欢喜，即忙背了马，请师父骑上，沙僧挑着行李，相随八戒，一路入山不题。

却说那妖精帅几个败残的小妖，径回本洞，高坐在那石崖上，默默无言。洞中还有许多看家的小妖，都上前问道："大王常时出去，喜喜欢欢回来，今日如何烦恼？"老妖道："小的们，我往常出洞巡山，不管那里的人与兽，定捞几个来家，养赡汝等，今日造化低，撞见一个对头。"小妖问："是那个对头？"老妖道："是一个和尚，乃东土唐僧取经的徒弟，名唤猪八戒。我被他一顿钉钯，把我筑得败下阵来。好恼啊！我这一向常闻得人说，唐僧乃十世修行的罗汉，有人吃他一块肉，可以延寿长生。不期他今日到我山里，正好拿住他蒸吃，不知他手下有这等徒弟！"说不了，班部丛中闪上一个小妖，对老妖哽哽咽咽哭了三声，又嘻嘻哈哈的笑了三声。老妖喝道："你又哭又笑，何也？"

小妖跪下道："大王才说要吃唐僧，唐僧的肉不中吃。"老妖道：

"人都说吃他一块肉可以长生不老，与天同寿，怎么说他不中吃？"小妖道："若是中吃，也到不得这里，别处妖精，也都吃了。他手下有三个徒弟哩。"老妖道："你知是那三个？"小妖道："他大徒弟是孙行者，三徒弟是沙和尚，这个是他二徒弟猪八戒。"

老妖道："沙和尚比猪八戒如何？"小妖道："也差不多儿。""那个孙行者比他如何？"小妖吐舌道："不敢说！那孙行者神通广大，变化多端！他五百年前曾大闹天宫，上方二十八宿、九曜星官、十二元辰、五卿四相、东西星斗、南北二神、五岳四渎、普天神将，也不曾惹得他过，你怎敢要吃唐僧？"老妖道："你怎么晓得他这等详细？"小妖道："我当初在狮驼岭狮驼洞与那大王居住，那大王不知好歹，要吃唐僧，被孙行者使一条金箍棒，打进门来，可怜就打得犯了骨牌名，都断么绝六，还亏我有些见识，从后门走了，来到此处，蒙大王收留，故此知他手段。"老妖听言，大惊失色，这正是大将军怕谶语，他闻得自家人这等说，安得不惊？正都在悚惧之际，又一个小妖上前道："大王莫恼，莫怕。常言道，事从缓来，若是要吃唐僧，等我定个计策拿他。"老妖道："你有何计？"小妖道："我有个分瓣梅花计。"老妖道："怎么叫做分瓣梅花计？"小妖道："如今把洞中大小群妖，点将起来，千中选百，百中选十，十中只选三个，须是有能干、会变化的，都变做大王的模样，顶大王之盔，贯大王之甲，执大王之杵，三处埋伏。先着一个战猪八戒，再着一个战孙行者，再着一个战沙和尚：舍着三个小妖，调开他弟兄三个，大王却在半空伸下拿云手去捉这唐僧，就如探囊取物，就如鱼水盆内捻苍蝇，有何难哉！"老妖闻此言，满心欢喜道："此计绝妙！绝妙！这一去，拿不得唐僧便罢；若是拿了唐僧，决不轻你，就封你做个前部先锋。"小妖叩头谢恩，叫点妖怪，即将洞中大小妖精点起，果然选出三个有能的小妖，俱变做老妖，各执铁杵，埋伏等待唐僧不题。

却说这唐长老无虑无忧，相随八戒上大路，行彀多时，只见那路旁边扑喇的一声响喨，跳出一个小妖，奔向前边，要捉长老。孙行者叫道："八戒！妖精来了，何不动手？"那呆子不认真假，掣钉钯赶上乱筑，那妖精使铁杵急架相迎。他两个一往一来的，在山坡下正然赌斗，又见那草科里响一声，又跳出个怪来，就奔唐僧。行者道："师父！不好了！八戒的眼拙，放那妖精来拿你了，等老孙打他去！"急掣棒迎上前喝道："那里去！

看棒！”那妖精更不打话，举杵来迎。他两个在草坡下一撞一冲，正相持处，又听得山背后呼的风响，又跳出个妖精来，径奔唐僧。沙僧见了，大惊道：“师父！大哥与二哥的眼都花了，把妖精放将来拿你了！你坐在马上，等老沙拿他去！”这和尚也不分好歹，即掣杖，对面挡住那妖精铁杵，恨苦相持。吆吆喝喝，乱嚷乱斗，渐渐的调远。那老怪在半空中，见唐僧独坐马上，伸下五爪钢钩，把唐僧一把挝住。那师父丢了马，脱了镫，被妖精一阵风径摄去了。可怜！这正是禅性遭魔难正果，江流又遇苦灾星！

老妖按下风头，把唐僧拿到洞里，叫：“先锋！”那定计的小妖上前跪倒，口中道：“不敢！不敢！”老妖道：“何出此言？大将军一言既出，如白染皂。当时说拿不得唐僧便罢，拿了唐僧，封你为前部先锋。今日你果妙计成功，岂可失信于你？你可把唐僧拿来，着小的们挑水刷锅，搬柴烧火，把他蒸一蒸，我和你都吃他一块肉，以图延寿长生也。先锋道：“大王，且不可吃。”老怪道：“既拿来，怎么不可吃？”先锋道：“大王吃了他不打紧，猪八戒也做得人情，沙和尚也做得人情，但恐孙行者那主子刮毒。他若晓得是我们吃了，他也不来和我们厮打，他只把那金箍棒往山腰里一搠，搠个窟窿，连山都掬倒了，我们安身之处也无之矣！”老怪道：“先锋，凭你有何高见？”先锋道：“依着我，把唐僧送在后园，绑在树上，两三日不要与他饭吃，一则图他里面干净；二则等他三人不来门前寻找，打听得他们回去了，我们却把他拿出来，自自在在的受用，却不是好？”老怪笑道：

“正是，正是！先锋说得有理！”一声号令，把唐僧拿入后园，一条绳绑在树上，众小妖都去前面去听候。你看那长老苦捱着绳缠索绑，紧缚牢拴，止不住腮边流泪，叫道：“徒弟呀！你们在那山中擒怪，甚路里赶妖？我被泼魔捉来，此处受灾，何日相会？痛杀我也！”正自两泪交流，只见对面树上有人叫道：“长老，你也进来了！”长老正了性道：“你是何人？”那人道：“我是本山中的樵子，被那山主前日拿来，绑在此间，今已三日，算计要吃我哩。”长老滴泪道：“樵夫啊，你死只是一身，无甚挂碍，我却死得不甚干净。”樵子道：“长老，你是个出家人，上无父母，下无妻子，死便死了，有甚么不干净？”长老道：“我本是东土往西天取经去的，奉唐朝太宗皇帝御旨拜活佛，取真经，要超度那幽冥无主的孤魂。今若丧了性命，可不盼杀那君王，孤负那臣子？

那枉死城中无限的冤魂，却不大失所望，永世不得超生？一场功果，尽化作风尘，这却怎么得干净也？”樵子闻言，眼中堕泪道：“长老，你死也只如此，我死又更伤情。我自幼失父，与母鳏居，更无家业，止靠着打柴为生。老母今年八十三岁，只我一人奉养。倘若身丧，谁与他埋尸送老？苦哉苦哉！痛杀我也！”长老闻言，放声大哭道：“可怜，可怜！山人尚有思亲意，空教贫僧会念经！事君事亲，皆同一理。你为亲恩，我为君恩。”正是那流泪眼观流泪眼，断肠人送断肠人！且不言三藏身遭困苦，却说孙行者在草坡下战退小妖，急回来路旁边，不见了师父，止存白马行囊。慌得他牵马挑担，向山头找寻。咦！正是那：有难的江流专遇难，降魔的大圣亦遭魔。毕竟不知寻找师父下落如何，且听下回分解。

第八十六回　木母助威征怪物　金公施法灭妖邪

话说孙大圣牵着马，挑着担，满山头寻叫师父，忽见猪八戒气呼呼的跑将来道：“哥哥，你喊怎的？”行者道：“师父不见了，你可曾看见？”八戒道：“我原来只跟唐僧做和尚的，你又捉弄我，教做甚么将军！我舍着命，与那妖精战了一会，得命回来。师父是你与沙僧看着的，反来问我？”行者道：“兄弟，我不怪你。你不知怎么眼花了，把妖精放回来拿师父。我去打那妖精，教沙和尚看着师父的，如今连沙和尚也不见了。”八戒笑道：“想是沙和尚带师父那里出恭去了。”说不了，只见沙僧来到。行者问道：“沙僧，师父那里去了？”沙僧道：“你两个眼都昏了，把妖精放将来拿师父，老沙去打那妖精的，师父自家在马上坐来。”行者气得暴跳道：“中他计了！中他计了！”沙僧道：

“中他甚么计？”行者道：“这是分瓣梅花计，把我弟兄们调开，他劈心里捞了师父去了。天天天！却怎么好！”止不住腮边泪滴。八戒道：“不要哭！一哭就脓包了！横竖不远，只在这座山上，我们寻去来。”

三人没计奈何，只得入山找寻，行了有二十里远近，只见那悬崖之下，有一座洞府：削峰掩映，怪石嵯峨。奇花瑶草馨香，红杏碧桃艳丽。崖前古树，霜皮溜雨四十围；门外苍松，黛色参天二千尺。双双野鹤，常来洞口舞清风；对对山禽，每向枝头啼白昼。簇簇黄藤如挂索，行行烟柳似垂金。方塘积水，深穴依山。方塘积水，隐穷鳞未变的蛟龙；深穴依山，住多年吃人的老怪。果然不亚神仙境，真是藏风聚气巢。行者见了，两三步跳到门前看处，那石门紧闭，门上横安着一块石版，石版上有八个大字，乃隐雾山折岳连环洞。行者道：“八戒，动手啊！此间乃妖精住处，师父必在他家也。”那呆子仗势行凶，举钉钯尽力筑将去，把他那石头门筑了一个大窟窿，叫道：“妖怪！快送出我师父来，免得钉钯筑倒门，一家子都是了帐！”守门的小妖急急跑入报道：“大王，闯出祸来了！”老怪道：“有甚祸？”小妖道：“门前有人把门打破，嚷道要师父哩！”老怪大惊道：“不知是那个寻将来也？”先锋道：“莫怕！等我出去看看。”那小妖奔至前门，从那打破的窟窿处，歪着头往外张，见是个长嘴大耳朵，即回头高叫：“大王莫怕他！这个是猪八戒，没甚本事，不敢无理。他若无理。开了门，拿他进来凑蒸。怕便只怕那毛脸雷公嘴的和尚。”八戒在外边听见道：“哥啊，他不怕我，只怕你哩。师父定在他家了，你快上前。”行者骂道：“泼孽畜！你孙外公在这里！送我师父出来，饶你命罢！”先锋道：“大王，不好了！孙行者也寻将来了！”

老怪报怨道：“都是你定的甚么分瓣分瓣，却惹得祸事临门！怎生结果？”先锋道“大王放心，且休埋怨。我记得孙行者是个宽洪海量的猴头，虽则他神通广大，却好奉承。我们拿个假人头出去哄他一哄，奉承他几句，只说他师父是我们吃了。若还哄得他去了，唐僧还是我们受用；哄不过再作理会。”老怪道：“那里得个假人头？”先锋道：“等我做一个儿看。”好妖怪，将一把衠钢刀斧，把柳树根砍做个人头模样，喷上些人血，糊糊涂涂的，着一个小怪，使漆盘儿拿至门下叫道：“大圣爷爷，息怒容禀。”孙行者果好奉承，听见叫声大圣爷爷，便就止住八戒：“且莫动手，看他有甚话说。”拿盘的小怪道：“你师父被我大王拿进洞来，洞里小妖村顽，不识好歹，这个来吞，那个来啃，抓的抓，咬的咬，把你师父吃了，只剩了一个头在这里也。”行者道：“既吃了便罢，只拿出人头来，我看是真是假。”那小怪从门窟里抛出那个头来，猪八戒见了就哭道：

“可怜啊！那们个师父进去，弄做这们个师父出来也！”行者道：

“呆子，你且认认是真是假，就哭！”八戒道：“不羞，人头有个真假的？”行者道：“这是个假人头。”八戒道：“怎认得是假？”行者道：“真人头抛出来，扑搭不响，假人头抛得象梆子声。你不信，等我抛了你听。”拿起来往石头上一掼，当的一声响亮。沙和尚道：“哥哥，响哩！”行者道：“响便是个假的，我教他现出本相来你看。”急掣金箍棒，扑的一下，打破了。八戒看时，乃是个柳树根。呆子忍不住骂起来道：“我把你这伙毛团！你将我师父藏在洞里，拿个柳树根哄你猪祖宗，莫成我师父是柳树精变的！”

慌得那拿盘的小怪，战兢兢跑去报道：“难难难！难难难！”

老妖道："怎么有许多难？"小妖道："猪八戒与沙和尚倒哄过了，孙行者却是个贩古董的——识货！识货！他就认得是个假人头。如今得个真人头与他，或者他就去了。"老怪道："怎么得个真人头？我们那剥皮亭内有吃不了的人头选一个来。"众妖即至亭内拣了个新鲜的头，教啃净头皮，滑塔塔的，还使盘儿拿出，叫："大圣爷爷，先前委是个假头。这个真正是唐老爷的头，我大王留了镇宅子的，今特献出来也。"扑通的把个人头又从门窟里抛出，血滴滴的乱滚。孙行者认得是个真人头，没奈何就哭，八戒沙僧也一齐放声大哭。八戒噙着泪道："哥哥，且莫哭，天气不是好天气，恐一时弄臭了。等我拿将去，乘生气埋下再哭。"行者道："也说得是。"那呆子不嫌秽污，把个头抱在怀里，跑上山崖。向阳处，寻了个藏风聚气的所在，取钉钯筑了一个坑，把头埋了，又筑起一个坟冢，才叫沙僧："你与哥哥哭着，等我去寻些甚么供养供养。"他就走向涧边，攀几根大柳枝，拾几块鹅卵石，回至坟前，把柳枝儿插在左右，鹅卵石堆在面前。行者问道："这是怎么说？"八戒道："这柳枝权为松柏，与师父遮遮坟顶；这石子权当点心，与师父供养供养。"行者喝道："夯货！人已死了，还将石子儿供他！"八戒道："表表生人意，权为孝道心。"行者道："且休胡弄！教沙僧在此：一则庐墓，二则看守行李马匹。我和你去打破他的洞府，拿住妖魔，碎尸万段，与师父报仇去来。"沙和尚滴泪道："大哥言之极当。你两个着意，我在此处看守。"

好八戒，即脱了皂锦直裰，束一束着体小衣，举钯随着行者。二人努力向前，不容分辨，径自把他石门打破，喊声振天叫道："还我活唐僧来耶！"那洞里大小群妖，一个个魂飞魄散，都报怨先锋的不是。老妖问先锋道："这些和尚打进门来，却怎处治？"先锋道："古人说得好，手插鱼篮，避不得腥。一不做，二不休，左右帅领家兵杀那和尚去来！"老怪闻言，无计可奈，真个传令，叫："小的们，各要齐心，将精锐器械跟我去出征。"果然一齐呐喊，杀出洞门。这大圣与八戒，急退几步，到那山场平处，抵住群妖，喝道："那个是出名的头儿？那个是拿我师父的妖怪？"那群妖扎下营盘，将一面锦绣花旗闪一闪，老怪持铁杵，应声高呼道："那泼和尚，你认不得我？我乃南山大王，数百年放荡于此。你唐僧已是我拿吃了，你敢如何？"行者骂道："这个大胆的毛团！你能有多少的年纪，敢称南山二字？李老君乃开天辟地之祖，尚坐于太清之右；佛如来是治世之尊，还坐于大鹏之下；孔圣人是儒教之尊，亦仅呼为夫子。你这个孽畜，敢称甚么南山大王，数百年之放荡！不要走！吃你外公老爷一棒！"那妖精侧身闪过，使杵抵住铁棒，睁圆眼问道："你这嘴脸象个猴儿模样，敢将许多言语压我！你有甚么手段，在吾门下猖狂？"行者笑道："我把你个无名的孽畜！是也不知老孙！你站住，硬着胆，且听我说：祖居东胜大神洲，天地包含几万秋。

花果山头仙石卵，卵开产化我根苗。生来不比凡胎类，圣体原从日月俦。本性自修非小可，天姿颖悟大丹头。官封大圣居云府，倚势行凶斗斗牛。十万神兵难近我，满天星宿易为收。名扬宇宙方方晓；智贯乾坤处处留。今幸皈依从释教，扶持长老向西游。逢山开路无人阻，遇水支桥有怪愁。林内施威擒虎豹，崖前复手捉貔貅。东方果正来西域，那个妖邪敢出头！孽畜伤师真可恨，管教时下命将休！"那怪闻言，又惊又恨。咬着牙，跳近前来，使铁杵望行者就打。行者轻轻的用棒架住，还要与他讲话，那八戒忍不住，掣钯乱筑那怪的先锋。先锋帅众齐来。这一场在山中平地处混战，真是好杀：东土大邦上国僧，西方极乐取真经。南山大豹喷风雾，路阻深山独显能。施巧计，弄乖伶，无知误捉大唐僧。相逢行者神通广，更遭八戒有声名。群妖混战山平处，尘土纷飞天不清。那阵上小妖呼哮，枪刀乱举；

这壁厢神僧叱喝，钯棒齐兴。大圣英雄无敌手，悟能精壮喜神生。南禺老怪，部下先锋，都为唐僧一块肉，致令舍死又亡生。

这两个因师性命成仇隙，那两个为要唐僧忒恶情。往来斗经多半会，冲冲撞撞没输赢。孙大圣见那些小妖勇猛，连打不退。即使个分身法，把毫毛拔下一把，嚼在口中，喷出去，叫声"变！"

都变做本身模样，一个使一条金箍棒，从前边往里打进。那一二百个小妖，顾前不能顾后，遮左不能遮右，一个个各自逃生，败走归洞。这行者与八戒，从阵里往外杀来。可怜那些不识俊的妖精，搪着钯，九孔血出；挽着棒，骨肉如泥！唬得那南山大王滚风生雾，得命逃回。那先锋不能变化，早被行者一棒打倒，现出本相，乃是个铁背苍狼怪。八戒上前扯着脚，翻过来看了道"这厮从小儿也不知偷了人家多少猪牙子、羊羔儿吃了！"行者将身一抖，收上毫毛道："呆子！不可迟慢！快赶老怪，讨师父的命去来！"八戒回头，就不见那些小行者，道："哥哥的法相儿都去了！"行者道："我已收来也。"八戒道："妙啊！妙啊！"两个喜喜欢欢，得胜而回。

却说那老怪逃了命回洞，吩咐小妖搬石块挑土，把前门堵了。那些得命的小妖，一个个战兢兢的，把门都堵了，再不敢出头。这行者引八戒，赶至门首吆喝，内无人答应。八戒使钯筑时，莫想得动。行者知之，道："八戒，莫费气力，他把门已堵了。"八戒道："堵了门，师仇怎报？"行者道："且回，上墓前看看沙僧去。"二人复至本处，见沙僧还哭哩。八戒越发伤悲，丢了钯，伏在坟上，手扑着土哭道："苦命的师父啊！远乡的师父啊！那里再得见你耶！"行者道："兄弟，且莫悲切。这妖精把前门堵了，一定有个后门出入。你两个只在此间，等我再去寻看。"八戒滴泪道："哥啊！仔细着！莫连你也捞去了，我们不好哭得：哭一声师父，哭一声师兄，就要哭得乱了。"行者道："没事！我自有手段！"

好大圣，收了棒，束束裙，拽开步，转过山坡，忽听得潺潺水响，且回头看处，原来是涧中水响，上溜头冲泄下来。又见涧那边有座门儿，门左边有一个出水的暗沟，沟中流出红水来。

他道："不消讲！那就是后门了。若要是原嘴脸，恐有小妖开门看见认得，等我变作个水蛇儿过去。且住！变水蛇恐师父的阴灵儿知道，怪我出家人变蛇缠长，变作个小螃蟹儿过去罢。也不好，恐师父怪我出家人脚多。"即做一个水老鼠，飕的一声撺过去，从那出水的沟中，钻至里面天井中。探着头儿观看，只见那向阳处有几个小妖，拿些人肉巴子，一块块的理着晒哩。行者道："我的儿啊！那想是师父的肉，吃不了，晒干巴子防天阴的。我要现本相，赶上前，一棍子打杀，显得我有勇无谋，且再变化进去，寻那老怪，看是何如。"跳出沟，摇身又一变，变做个有翅的蚂蚁儿。真个是：力微身小号玄驹，日久藏修有翅飞。闲渡桥边排阵势，喜来床下斗仙机。善知雨至常封穴，垒积尘多遂作灰。巧巧轻轻能爽利，几番不觉过柴扉。他展开翅，无声无影，一直飞入中堂，只见那老怪烦烦恼恼正坐，有一个小妖从后面跳将来报道："大王万千之喜！"老妖道："喜从何来？"小妖道："我才在后门外涧头上探看，忽听得有人大哭。即睔上峰头望望，原来是猪八戒、孙行者、沙和尚在那里拜坟痛哭。想是把那个人头认做唐僧的头葬下，睽作坟墓哭哩。"行者在暗中听说，心内欢喜道："若出此言，我师父还藏在那里，未曾吃哩。等我再去寻寻，看死活如何，再与他说话。"

好大圣，飞在中堂，东张西看，见旁边有个小门儿，关得甚紧，即从门缝儿里钻去看时，原是个大园子，隐隐的听得悲声。径飞入深处，但见一丛大树，树底下绑着两个人，一人正是唐僧。行者见了，心痒难挠，忍不住现了本相，近前叫声"师父。"那长老认得，滴泪道：

"悟空，你来了？快救我一救！悟空！悟空！"行者道："师父莫只管叫名字，面前有人，怕走了风讯。你既有命，我可救得你。那怪只说已将你吃了，拿个假人头哄我，我们与他恨苦相持。师父放心，且再熬熬儿，等我把那妖精弄倒，方好来解救。”

大圣念声咒语，却又摇身还变做个蚂蚁儿，复入中堂，丁在正梁之上。只见那些未伤命的小妖，簇簇攒攒，纷纷嚷嚷。内中忽跳出一个小妖告道：“大王，他们见堵了门，攻打不开，死心塌地，舍了唐僧，将假人头弄做个坟墓。今日哭一日，明日再哭一日，后日复了三，好道回去。打听得他们散了啊，把唐僧拿出来，碎劖碎剁，把些大料煎了，香喷喷的大家吃一块儿，也得个延年长寿。”又一个小妖拍着手道：“莫说莫说！还是蒸了吃的有味！”又一个说：“煮了吃，还省柴。”又一个道：“他本是个稀奇之物，还着些盐儿腌腌，吃得长久。”行者在那梁中听见，心中大怒道：“我师父与你有甚毒情，这般算计吃他！”即将毫毛拔了一把，口中嚼碎，轻轻吹出，暗念咒语，都教变做瞌睡虫儿，往那众妖脸上抛去。一个个钻入鼻中，小妖渐渐打盹，不一时，都睡倒了。只有那个老妖睡不稳，他两只手揉头搓脸，不住的打涕喷，捏鼻子。行者道：“莫是他晓得了？与他个双揿灯！”

又拔一根毫毛，依母儿做了，抛在他脸上，钻于鼻孔内。两个虫儿，一个从左进，一个从右入。那老妖睁起来，伸伸腰，打两个呵欠，呼呼的也睡倒了。行者暗喜，才跳下来，现出本相。耳朵里取出棒来，幌一幌，有鸭蛋粗细，当的一声，把旁门打破，跑至后园，高叫：“师父！”长老道：“徒弟，快来解解绳儿，绑坏我了！”行者道：“师父不要忙，等我打杀妖精，再来解你。”急抽身跑至中堂。正举棍要打，又滞住手道：“不好！等解了师父来打。”复至园中，又思量道：“等打了来救。”如此者两三番，却才跳跳舞舞的到园里。长老见了，悲中作喜道：“猴儿，想是看见我不曾伤命，所以欢喜得没是处，故这等作跳舞也？”行者才至前，将绳解了，挽着师父就走，又听得对面树上绑的人叫道：

“老爷舍大慈悲，也救我一命！”长老立定身，叫：“悟空，那个人也解他一解。”行者道：“他是甚么人？”长老道：“他比我先拿进一日。他是个樵子，说有母亲年老，甚是思想，倒是个尽孝的，一发连他都救了罢。”

行者依言，也解了绳索，一同带出后门，睁上石崖，过了陡涧。长老谢道：“贤徒，亏你救了他与我命！悟能悟净都在何处？”行者道：“他两个都在那里哭你哩，你可叫他一声。”长老果厉声高叫道：“八戒！八戒！”那呆子哭得昏头昏脑的，揩揩鼻涕眼泪道：“沙和尚，师父回家来显魂哩！在那里叫我们不是？”

行者上前喝了一声道：“夯货！显甚么魂？这不是师父来了？”

那沙僧抬头见了，忙忙跪在面前道：“师父，你受了多少苦啊！哥哥怎生救得你来也？”行者把上项事说了一遍。八戒闻言，咬牙恨齿，忍不住举起钯把那坟冢，一顿筑倒，掘出那人头，一顿筑得稀烂。唐僧道：“你筑他为何？”八戒道“师父啊，不知他是那家的亡人，教我朝着他哭！”长老道：“亏他救了我命哩。你兄弟们打上他门，嚷着要我，想是拿他来搪塞，不然啊，就杀了我也。还把他埋一埋，见我们出家人之意。”那呆子听长老此言，遂将一包稀烂骨肉埋下，也劖起个坟墓。行者却笑道：“师父，你请略坐坐，等我剿除去来。”即又跳下石崖，过涧入洞，把那绑唐僧与樵子的绳索拿入中堂，那老妖还睡着了，即将他四马攒蹄捆倒，使金箍棒掬起来，握在肩上，径出后门。猪八戒远远的望见道：“哥哥好干这握头事！再寻一个儿趁头挑着不好？”

行者到跟前放下，八戒举钯就筑。行者道：“且住！洞里还有小妖怪，未拿哩。”八戒道：“哥啊，有便带我进去打他。”行者道：

“打又费工夫了，不若寻些柴，教他断根罢。”那樵子闻言，即引八戒去东凹里寻了些破梢竹、败叶松、空心柳、断根藤、黄蒿、老荻、芦苇、干桑，挑了若干，送入后门里。行者点上火，八戒两耳扇起风。那大圣将身跳上，抖一抖，收了瞌睡虫的毫毛。那些小妖及醒来，烟火齐着，可怜！莫想有半个得命。连洞府烧得精空，却回见师父。师父听见老妖方醒声唤，便叫：“徒弟，妖精醒了。”八戒上前一钯，把老怪筑死，现出本相，原来是个艾叶花皮豹子精。行者道：“花皮会吃老虎，如今又会变人，这顿打死，才绝了后患也！”长老谢之不尽，攀鞍上马。那樵子道：

“老爷，向西南去不远，就是舍下。请老爷到舍，见见家母，叩谢老爷活命之恩，送老爷上路。”长老欣然，遂不骑马，与樵子并四众同行，向西南迤逶前来，不多路，果见那：石径重漫苔藓，柴门篷络藤花。四面山光连接，一林鸟雀喧哗。密密松篁交翠，纷纷异卉奇葩。地僻云深之处，竹篱茅舍人家。远见一个老妪，倚着柴扉，眼泪汪汪的，儿天儿地的痛哭。这樵子看见是他母亲，丢了长老，急忙忙先跑到柴扉前，跪下叫道：“母亲！儿来也！”老妪一把抱住道：“儿啊！你这几日不来家，我只说是山主拿你去，害了性命，是我心疼难忍。你既不曾被害，何以今日才来？你绳担、柯斧俱在何处？”樵子叩头道：“母亲，儿已被山主拿去，绑在树上，实是难得性命，幸亏这几位老爷！这老爷是东土唐朝往西天取经的罗汉。那老爷倒也被山主拿去绑在树上，他那三位徒弟老爷，神通广大，把山主一顿打死，却是个艾叶花皮豹子精；概众小妖，俱尽烧死，却将那老老爷解下救出，连孩儿都解救出来，此诚天高地厚之恩！不是他们，孩儿也死无疑了。如今山上太平，孩儿彻夜行走，也无事矣。”那老妪听言，一步一拜，拜接长老四众，都入柴扉茅舍中坐下。娘儿两个磕头称谢不尽，慌慌忙忙的安排些素斋酬谢。八戒道：“樵哥，我，见你府上也寒薄，只可将就一饭，切莫费心大摆布。”樵子道“不瞒老爷说，我这山间实是寒薄，没甚么香蕈、蘑菰、川椒、大料，只是几品野菜奉献老爷，权表寸心。”八戒笑道：“聒噪聒噪，放快些儿就是，我们肚中饥了。”樵子道：“就有！就有！”果然不多时，展抹桌凳，摆将上来，果是几盘野菜。但见那：嫩焯黄花菜，酸虀白鼓丁。浮蔷马齿苋，江荠雁肠英。燕子不来香且嫩，芽儿拳小脆还青。烂煮马蓝头，白熝狗脚迹。猫耳朵，野落荜，灰条熟烂能中吃；剪刀股，牛塘利，倒灌窝螺操帚荠。碎米荠，莴菜荠，几品青香又滑腻。油炒乌英花，菱科甚可夸；蒲根菜并茭儿菜，四般近水实清华。看麦娘，娇且佳；破破纳，不穿他，苦麻台下藩篱架。雀儿绵单，猢狲脚迹，油灼灼煎来只好吃。斜蒿青蒿抱娘蒿，灯娥儿飞上板荞荞。羊耳秃，枸杞头，加上乌蓝不用油。几般野菜一餐饭，樵子虔心为谢酬。

师徒们饱餐一顿，收拾起程。那樵子不敢久留，请母亲出来，再拜再谢。樵子只是磕头，取了一条枣木棍，结束了衣裙，出门相送。沙僧牵马，八戒挑担，行者紧随左右，长老在马上拱手道：“樵哥，烦先引路，到大路上相别。”一齐登高下坂，转涧寻坡。长老在马上思量道：“徒弟啊！自从别主来西域，递递迢迢去路遥。水水山山灾不脱，妖妖怪怪命难逃。心心只为经三藏，念念仍求上九霄。碌碌劳劳何日了，几时行满转唐朝！”樵子闻言道：“老爷切莫忧思。这条大路，向西方不满千里，就是天竺国极乐之乡也。”长老闻言，翻身下马道：“有劳远涉。既是大路，请樵哥回府，多多拜上令堂老安人：适间厚扰盛斋，贫僧无甚相谢，只是早晚诵经，保佑你母子平安，百年长寿。”那樵子喏喏相辞，复回本路，师徒遂一直投西。正是：降怪解冤离苦厄，受恩上路用心行。毕竟不知还有几日得到西天，且听下回分解。

第八十七回　凤仙郡冒天止雨　孙大圣劝善施霖

大道幽深，如何消息，说破鬼神惊骇。挟藏宇宙，剖判玄光，真乐世间无赛。灵鹫峰前，宝珠拈出，明映五般光彩。照乾坤上下群生，知者寿同山海。却说三藏师徒四众，别樵子下了隐雾山，奔上大路。行经数日，忽见一座城池相近，三藏道："悟空，你看那前面城池，可是天竺国么？"行者摇手道："不是！不是！如来处虽称极乐，却没有城池，乃是一座大山，山中有楼台殿阁，唤做灵山大雷音寺。就到了天竺国，也不是如来住处，天竺国还不知离灵山有多少路哩。那城想是天竺之外郡，到前边方知明白。"

不一时至城外，三藏下马，入到三层门里，见那民事荒凉，街衢冷落。又到市口之间，见许多穿青衣者左右摆列，有几个冠带者立于房檐之下。他四众顺街行走，那些人更不逊避。猪八戒村愚，把长嘴掬一掬，叫道："让路！让路！"那些人猛抬头，看见模样，一个个骨软筋麻，跌跌蹡蹡，都道："妖精来了！妖精来了！"唬得那檐下冠带者战兢兢躬身问道："那方来者？"三藏恐他们闯祸，一力当先对众道："贫僧乃东土大唐驾下拜天竺国大雷音寺佛祖求经者。路过宝方，一则不知地名，二则未落人家，才进城，甚失回避，望列公恕罪。那官人却才施礼道："此处乃天竺外郡，地名凤仙郡。连年干旱，郡侯差我等在此出榜，招求法师祈雨救民也。"行者闻言道："你的榜文何在？"众官道："榜文在此，适间才打扫廊檐，还未张挂。"行者道："拿来我看看。"众官即将榜文展开，挂在檐下。行者四众上前同看。榜上写着："大天竺国凤仙郡郡侯上官。为榜聘明师，招求大法事。慈因郡土宽弘，军民殷实，连年亢旱，累岁干荒，民田菑而军地薄，河道浅而沟浍空。井中无水，泉底无津。富室聊以全生，穷民难以活命。斗粟百金之价，束薪五两之资。十岁女易米三升，五岁男随人带去。城中惧法，典衣当物以存身；乡下欺公，打劫吃人而顾命。为此出给榜文，仰望十方贤哲，祷雨救民，恩当重报。愿以千金奉谢，决不虚言。须至榜者。"行者看罢，对众官道："郡侯上官何也？"众官道："上官乃是姓，此我郡侯之姓也。"行者笑道："此姓却少。"八戒道："哥哥不曾读书，百家姓后有一句上官欧阳。"三藏道："徒弟们，且休闲讲。那个会求雨，与他求一场甘雨，以济民瘼，此乃万善之事；如不会就行，莫误了走路。"行者道："祈雨有甚难事！我老孙翻江搅海，换斗移星，踢天弄井，吐雾喷云，担山赶月，唤雨呼风，那一件儿不是幼年耍子的勾当！何为稀罕！"

众官听说，着两个急去郡中报道："老爷，万千之喜至也！"

那郡侯正焚香默祝，听得报声喜至，即问："何喜？"那官道："今日领榜，方至市口张挂，即有四个和尚，称是东土大唐差往天竺国大雷音拜佛求经者，见榜即道能祈甘雨，特来报知。"那郡侯即整衣步行，不用轿马多人，径至市口，以礼敦请。忽有人报道："郡侯老爷来了。"众人闪过，那郡侯一见唐僧，不怕他徒弟丑恶，当街心倒身下拜道："下官乃凤仙郡郡侯上官氏，熏沐拜请老师祈雨救民。望师大舍慈悲，运神功，拔济拔济！"三藏答礼道："此间不是讲话处，待贫僧到那寺观，却好行事。"郡侯道："老师同到小衙，自有洁净之处，"师徒们遂牵马挑担，径至府中，一一相见。郡侯即命看茶摆斋。少顷斋至，那八戒放量吞餐，如同饿虎，唬得那些捧盘的心惊胆战，一往一来添汤添饭，就如走马灯儿一般刚刚供上，直吃得饱满方休。斋毕，唐僧谢了斋，却问："郡侯大人，贵处干旱几时了？"郡侯道："敝地大邦天竺国，凤仙外郡吾司牧。一连三载遇干荒，草子不生绝五谷。大小人家买卖难，十门九户俱啼哭。三停饿死二停人，一停还似风中烛。下官出榜遍求贤，幸遇真僧来我国。若施寸雨济黎民，愿奉千金酬厚德！"行者听说，满面喜生，呵呵的笑道：

"莫说！莫说！若说千金为谢，半点甘雨全无。但论积功累德，老孙送你一场大雨。"那郡侯原来十分清正贤良，爱民心重，即请行者上坐，低头下拜道："老师果舍慈悲，下官必不敢悖德。"

行者道："且莫讲话，请起。但烦你好生看着我师父，等老孙行事。"沙僧道："哥哥，怎么行事？"行者道："你和八戒过来，就在他这堂下随着我做个羽翼，等老孙唤龙来行雨。"八戒、沙僧谨依使令，三个人都在堂下，郡侯焚香礼拜，三藏坐着念经。

行者念动真言，诵动咒语，即时见正东上，一朵乌云，渐渐落至堂前，乃是东海老龙王敖广。那敖广收了云脚，化作人形，走向前，对行者躬身施礼道："大圣唤小龙来，那方使用？"行者道："请起，累你远来，别无甚事。此间乃凤仙郡，连年干旱，问你如何不来下雨？"老龙道："启上大圣得知，我虽能行雨，乃上天遣用之辈。上天不差，岂敢擅自来此行雨？"行者道："我因路过此方，见久旱民苦，特着你来此施雨救济，如何推托？"龙王道："岂敢推托？但大圣念真言呼唤，不敢不来。一则未奉上天御旨，二则未曾带得行雨神将，怎么动得雨部？大圣既有拔济之心，容小龙回海点兵，烦大圣到天宫奏准，请一道降雨的圣旨，请水官放出龙来，我却好照旨意数目下雨。"行者见他说出理来，只得发放老龙回海。他即跳出罡斗，对唐僧备言龙土之事，唐僧道："既然如此，你去为之，切莫打诳语。"行者即吩咐八戒沙僧："保着师父，我上天宫去也。"好大圣，说声去，寂然不见。那郡侯胆战心惊道："孙老爷那里去了？"八戒笑道："驾云上天去了。"郡侯十分恭敬，传出飞报，教满城大街小巷，不拘公卿士庶，军民人等，家家供养龙王牌位，门设清水缸，缸插杨柳枝，侍奉香火，拜天不题。

却说行者一路筋斗云，径到西天门外，早见护国天王引天丁力士上前迎接道："大圣，取经之事完乎？"行者道："也差不远矣。今行至天竺国界，有一外郡，名凤仙郡。彼处三年不雨，民甚艰苦，老孙欲祈雨拯救，呼得龙王到彼，他言无旨，不敢私自为之，特来朝见玉帝请旨。"天王道："那壁厢敢是不该下雨哩。我向时闻得说，那郡侯撒泼，冒犯天地，上帝见罪，立有米山、面山、黄金大锁，直等此三事倒断，才该下雨。"行者不知此意是何，要见玉帝。天王不敢拦阻，让他进去，径至通明殿外，又见四大天师迎道："大圣到此何干？"行者道："因保唐僧，路至天竺国界，凤仙郡无雨，郡侯召师祈雨。老孙呼得龙王，意命降雨，他说未奉玉帝旨意，不敢擅行，特来求旨，以苏民困。"四大天师道："那方不该下雨。"行者笑道："该与不该，烦为引奏引奏，看老孙的人情何如。"葛仙翁道："俗语云苍蝇包网儿，好大面皮！"许旌阳道："不要乱谈，且只带他进去。"邱洪济、张道陵与葛、许四真人引至灵霄殿下，启奏道："万岁，有孙悟空路至天竺国凤仙郡，欲与求雨，特来请旨。"玉帝道："那厮三年前十二月二十五日，朕出行监观万天，浮游三界，驾至他方，见那上官正不仁，将斋天素供，推倒喂狗，口出秽言，造有冒犯之罪，朕即立以三事，在于披香殿内。汝等引孙悟空去看，若三事倒断，即降旨与他；如不倒断，且休管闲事。"四天师即引行者至披香殿里看时，见有一座米山，约有十丈高下；一座面山，约有二十丈高下。米山边有一只拳大之鸡，在那里紧一嘴，慢一嘴，嗛那米吃。面山边有一只金毛哈巴狗儿，在那里长一舌，短一舌，餂那面吃。左边悬一座铁架子，架上挂一把金锁，约有一尺三四寸长短，锁梃有指头粗细，下面有一盏明灯，灯焰儿燎着那锁梃。行者不知其意，回头问天师曰："此何意也？"天师道："那厮触犯了上天，玉帝立此三事，直等鸡嗛了米尽，狗餂得面尽，灯焰燎断锁梃，那方才该下雨哩。"行者闻言，大惊失色，再不敢启奏，走出殿，满面含羞。四大天师笑道："大圣不必烦恼，这事只宜作善可解。若有一念善慈，惊动上天，那米、面山即时就倒，锁梃即时就断。你去劝他归善，福自来矣。"行者依言，不上灵霄辞玉帝，径来下界复凡夫。须臾到西天门，又见护国天王，天王道："请旨如何？"行者将米山、面山、金锁之事说了一遍，道："果依你言，不肯传旨。适间天师送我，教劝那厮归善，即福原也。"遂相别，降云下界。

那郡侯同三藏、八戒、沙僧、大小官员人等接着，都簇簇攒攒来问。行者将郡侯喝了一声道："只因你这斯三年前十二月二十五日冒犯了天地，致令黎民有难，如今不肯降雨！"郡侯慌得跪伏在地道："老师如何得知三年前事？"行者道："你把那斋天的素供，怎么推倒喂狗？可实实说来！"那郡侯不敢隐瞒，道：

"三年前十二月二十五日，献供斋天，在于本衙之内，因妻不贤，恶言相斗，一时怒发无知，推倒供桌，泼了素馔，果是唤狗来吃了。这两年忆念在心，神思恍惚，无处可以解释，不知上天见罪，遗害黎民。今遇老师降临，万望明示，上界怎么样计较。"

行者道："那一日正是玉皇下界之日，见你将斋供喂狗，又口出秽言，玉帝即立三事记汝。"八戒问道："哥，是那三事？"行者道："披香殿立一座米山，约有十丈高下；一座面山，约有二十丈高下。米山边有拳大的一只小鸡，在那里紧一嘴，慢一嘴的嗛那米吃；面山边有一个金毛哈巴狗儿，在那里长一舌，短一舌的餂那面吃。左边又一座铁架子，架上挂一把黄金大锁，锁梃儿有指头粗细，下面有一盏明灯，灯焰儿燎着那锁梃。直等那鸡嗛米尽，狗餂面尽，灯燎断锁梃，他这里方才该下雨哩。"

八戒笑道："不打紧！不打紧！哥肯带我去，变出法身来，一顿把他的米面都吃了，锁梃弄断了，管取下雨。"行者道："呆子莫胡说！此乃上天所设之计，你怎么得见？"三藏道："似这等说，怎生是好？"行者道："不难！不难！我临行时，四天师曾对我言，但只作善可解。"那郡侯拜伏在地，哀告道："但凭老师指教，下官一一皈依也。"行者道："你若回心向善，趁早儿念佛看经，我还替你作为；汝若仍前不改，我亦不能解释，不久天即诛之，性命不能保矣。"那郡侯磕头礼拜，誓愿皈依。当时召请本处僧道，启建道场，各各写发文书，申奏三天。郡侯领众拈香瞻拜，答天谢地，引罪自责，三藏也与他念经。一壁厢又出飞报，教城里城外大家小户，不论男女人等，都要烧香念佛。自此时，一片善声盈耳。行者却才欢喜，对八戒沙僧道："你两个好生护持师父，等老孙再与他去去来。"八戒道："哥哥，又往那里去？"行者道："这郡侯听信老孙之言，果然受教，恭敬善慈，诚心念佛，我这去再奏玉帝，求些雨来。"沙僧道："哥哥既要去，不必迟疑，且耽搁我们行路，必求雨一坛，庶成我们之正果也。"

好大圣，又纵云头，直至天门外，还遇着护国天王。天王道："你今又来做甚？"行者道："那郡侯已归善矣。"天王亦喜。

正说处，早见直符使者，捧定了道家文书，僧家关牒，到天门外传递。那符使见了行者，施礼道："此意乃大圣劝善之功。"行者道："你将此文牒送去何处？"符使道："直送至通明殿上，与天师传递到玉皇大天尊前。"行者道："如此，你先行，我当随后而去。"那符使入天门去了。"护国天王道："大圣，不消见玉帝了。

你只往九天应元府下，借点雷神，径自声雷掣电，还他就有雨下也。"真个行者依言，入天门里，不上灵霄殿求请旨意，转云步，径往九天应元府，见那雷门使者、纠录典者、廉访典者都来迎着，施礼道："大圣何来？"行者道："有事要见天尊。"三使者即为传奏，天尊随下九凤丹霞之扆，整衣出迎。相见礼毕，行者道："有一事特来奉求。"天尊道："何事？"行者道："我因保唐僧，至凤仙郡，见那干旱之甚，已许他求雨，特来告借贵部官将到彼声雷。"天尊道："我知那郡侯冒犯上天，立有三事，不知可该下雨哩。"行者笑道："我昨日已见玉帝请旨。玉帝着天师引我去披香殿看那三事，乃是米山、面山、金锁，只要三事倒断，方该下雨。我愁难得倒断，天师教我劝化郡侯等众作善，以为人有善念，天必从之，庶几可以回天心，解灾难也。今已善念顿生，善声盈耳。适间直符使者已将改行从善的文牒奏上玉帝去了，老孙因特造尊府，告借雷部官将相助相助。"天尊道："既如此，差邓辛张陶帅领闪电娘子，即随大圣下降凤仙郡声雷。"

那四将同大圣，不多时至于凤仙境界，即于半空中作起法来。只听得唿鲁鲁的雷声，又见那淅沥沥的闪电，真个是：电掣紫金蛇，雷轰群蛰哄。荧煌飞火光，霹雳崩山洞。列缺满天明，震惊连地纵。红销一闪发萌芽，万里江山都撼动。那凤仙郡，城里城外，大小官员，军民人等，整三年不曾听见雷电，今日见有雷声霍闪，一齐跪下，头顶着香炉，有的手拈着柳枝，都念：

"南无阿弥陀佛！南无阿弥陀佛！"这一声善念，果然惊动上天，正是那古诗云："人心生一念，天地悉皆知，善恶若无报，乾坤必有私。"

且不说孙大圣指挥雷将，掣电轰雷于凤仙郡，人人归善。

却说那上界直符使者，将僧道两家的文牒，送至通明殿，四天师传奏灵霄殿。玉帝见了道："那厮们既有善念，看三事如何。"

正说处，忽有披香殿看管的将官报道："所立米、面山俱倒了，霎时间米面皆无，锁梃亦断。"奏未毕，又有当驾天官引凤仙郡土地、城隍、社令等神齐来拜奏道："本郡郡主并满城大小黎庶之家，无一家一人不皈依善果，礼佛敬天。今启垂慈，普降甘雨，救济黎民。"玉帝闻言大喜，即传旨："着风部、云部、雨部，各遵号令，去下方，按凤仙郡界，即于今日今时，声雷布云，降雨三尺零四十二点。"时有四大天师奉旨，传与各部随时下界，各逞神威，一齐振作。

行者正与邓辛张陶令闪电娘子在空中调弄，只见众神都到，合会一天。那其间风云际会，甘雨滂沱，好雨：漠漠浓云，蒙蒙黑雾。雷车轰轰，闪电灼灼。滚滚狂风，淙淙骤雨。所谓一念回天，万民满望。全亏大圣施元运，万里江山处处阴。好雨倾河倒海，蔽野迷空。檐前垂瀑布，窗外响玲珑。万户千门人念佛，六街三市水流洪。东西河道条条满，南北溪湾处处通。槁苗得润，枯木回生。田畴麻麦盛，村堡豆粮升。客旅喜通贩卖，农夫爱尔耘耕。从今黍稷多条畅，自然稼穑得丰登。风调雨顺民安乐，海晏河清享太平。一日雨下足了三尺零四十二点，众神祇渐渐收回。孙大圣厉声高叫道："那四部众神，且暂停云从，待老孙去叫郡侯拜谢列位。列位可拨开云雾，各现真身，与这凡夫亲眼看看，他才信心供奉也。"众神听说，只得都停在空中。这行者按落云头，径至郡里，早见三藏、八戒、沙僧，都来迎接，那郡侯一步一拜来谢。行者道："且慢谢我，我已留住四部神祇，你可传召多人同此拜谢。教他向后好来降雨。"郡侯随传飞报，召众同酬，都一个个拈香朝拜，只见那四部神祇，开明云雾，各现真身。四部者，乃雨部、雷部、云部、风部，只见那龙王显象，雷将舒身。云童出现，风伯垂真。龙王显象，银须苍貌世无双。雷将舒身，钩嘴威颜诚莫比。云童出现，谁如玉面金冠；

风伯垂真，曾似燥眉环眼。齐齐显露青霄上，各各挨排观圣仪。

凤仙郡界人才信，顶礼拈香恶性回。今日仰朝天上将，洗心向善尽皈依。众神祇宁待了一个时辰，人民拜之不已。孙行者又起在云端，对众作礼道："有劳！有劳！请列位各归本部。老孙还教郡界中人家，供养高真，遇时节醮谢。列位从此后，五日一风，十日一雨，还来拯救拯救。"众神依言，各各转部不题。

却说大圣坠落云头与三藏道："事毕民安，可收拾走路矣。"那郡侯闻言，急忙行礼道："孙老爷说那里话！今此一场，乃无量无边之恩德。下官这里差人办备小宴，奉答厚恩。仍买治民间田地，与老爷起建寺院，立老爷生祠，勒碑刻名，四时享祀。虽刻骨镂心，难报万一，怎么就说走路的话！"三藏道："大人之言虽当，但我等乃西方挂搭行脚之僧，不敢久住。一二日间，定走无疑。"那郡侯那里肯放，连夜差多人治办酒席，起盖祠宇。

次日，大开佳宴，请唐僧高坐，孙大圣与八戒沙僧列坐，郡侯同本郡大小官员部臣把杯献馔，细吹细打，款待了一日。这场果是欣然，有诗为证：田畴久旱逢甘雨，河道经商处处通。深感神僧来郡界，多蒙大圣上天宫。解除三事从前恶，一念皈依善果弘。此后愿如尧舜世，五风十雨万年丰。

一日筵，二日宴，今日酬，明日谢，扳留将有半月，只等寺院生祠完备。一日，郡侯请四众往观，唐僧惊讶道："工程浩大，何成之如此速耶？"郡侯道："下官催趱人工，昼夜不息，急急命完，特请列位老爷看看。"行者笑道："果是贤才能干的好贤侯也！"即时都到新寺，见那殿阁巍峨，山门壮丽，俱称赞不已。行者请师父留一寺名，三藏道："有，留名当唤做甘霖普济寺。"郡侯称道："甚好！甚好！"用金贴广招僧众，侍奉香火。殿左边立起四众生祠，每年四时祭祀；又起盖雷神、龙神等庙，以答神功。看毕，即命趱行。那一郡人民，知久留不住，各备赆仪，分文不受。因此，合郡官员人等，盛张鼓乐，大展旌幢，送有三十里远近，犹不忍别，遂掩泪目送，直至望不见方回。这正是：硕德神僧留普济，齐天大圣广施恩。毕竟不知此去还有几日方见如来，且听下回分解。

第八十八回　禅到玉华施法会　心猿木母授门人

话说唐僧喜喜欢欢别了郡侯，在马上向行者道："贤徒，这一场善果，真胜似比丘国搭救儿童，皆尔之功也。"沙僧道："比丘国只救得一千一百一十一个小儿，怎似这场大雨，滂沱浸润，活彀者万万千千性命！弟子也暗自称赞大师兄的法力通天，慈恩盖地也。"八戒笑道："哥的恩也有，善也有，却只是外施仁义，内包祸心。但与老猪走，就要作践人。"行者道："我在那里作践你？"八戒道："也彀了！也彀了！常照顾我捆，照顾我吊，照顾我煮，照顾我蒸！今在风仙郡施了恩惠与万万之人，就该住上半年，带挈我吃几顿自在饱饭，却只管催趱行路！"长老闻言，喝道："这个呆子，怎么只思量掳嘴！快走路，再莫斗口！"

八戒不敢言，掬掬嘴，挑着行囊，打着哈哈，师徒们奔上大路。

此时光景如梭，又值深秋之候，但见：水痕收，山骨瘦。红叶纷飞，黄花时候。霜晴觉夜长，月白穿窗透。家家烟火夕阳多，处处湖光寒水溜。白蘋香，红蓼茂。桔绿橙黄，柳衰谷秀。荒村雁落碎芦花，野店鸡声收菽豆。四众行彀多时，又见城垣影影，长老举鞭遥指叫："悟空，你看那里又有一座城池，却不知是甚去处。"行者道："你我俱未曾到，何以知之？且行至边前问人。"

说不了，忽见树丛里走出一个老者，手持竹杖，身着轻衣，足踏一对棕鞋，腰束一条扁带，慌得唐僧滚鞍下马，上前道个问讯。

那老者扶杖还礼道："长老那方来的？"唐僧合掌道："贫僧东土唐朝差往雷音拜佛求经者，今至宝方，遥望城垣，不知是甚去处，特问老施主指教。"那老者闻言，口称："有道禅师，我这敝处，乃天竺国下郡，地名玉华县。县中城主，就是天竺皇帝之宗室，封为玉华王。此王甚贤，专敬僧道，重爱黎民。老禅师若去相见，必有重敬。"三藏谢了，那老者径穿树林而去。

三藏才转身对徒弟备言前事。他三人欣喜，扶师父上马。

三藏道："没多路，不须乘马。"四众遂步至城边街道观看。原来那关厢人家，做买做卖的，人烟凑集，生意亦甚茂盛。观其声音相貌，与中华无异。三藏吩咐："徒弟们谨慎，切不可放肆。那八戒低了头，沙僧掩着脸，惟孙行者搀着师父。两边人都来争看，齐声叫道："我这里只有降龙伏虎的高僧，不曾见降猪伏猴的和尚。"八戒忍不住，把嘴一掬道："你们可曾看见降猪王的和尚。"唬得满街上人跌跌蹡蹡，都往两边闪过。行者笑道："呆子，快藏了嘴，莫装扮，仔细脚下过桥。"那呆子低着头，只是笑。过了吊桥，入城门内，又见那大街上酒楼歌馆，热闹繁华，果然是神州都邑。有诗为证，诗曰：锦城铁瓮万年坚，临水依山色色鲜。百货通湖船入市，千家沽酒店垂帘。楼台处处人烟广，巷陌朝朝客贾喧。不亚长安风景好，鸡鸣犬吠亦般般。三藏心中暗喜道："人言西域诸番，更不曾到此。细观此景，与我大唐何异！所为极乐世界，诚此之谓也。"又听得人说，白米四钱一石，麻油八厘一斤，真是五谷丰登之处。行彀多时，方到玉华王府，府门左右有长史府、审理厅、典膳所、待客馆。三藏道："徒弟，此间是府，等我进去，朝王验牒而行。"八戒道："师父进去，我们可好在衙门前站立？"三藏道："你不看这门上是待客馆三字！你们都去那里坐下，看有草料，买些喂马。我见了王，倘或赐斋，便来唤你等同享。"行者道："师父放心前去，老孙自当理会。"那沙僧把行李挑至馆中。馆中有看馆的人役，见他们面貌丑陋，也不敢问他，也不敢教他出去，只得让他坐下不题。

却说老师父换了衣帽，拿了关文，径至王府前，早见引礼官迎着问道："长老何来？"三藏道："东土大唐差来大雷音拜佛祖求经之僧，今到贵地，欲倒换关文，特来朝参千岁。"引礼官即为传奏，那王子果然贤达，即传旨召进。三藏至殿下施礼，王子即请上殿赐坐。三藏将关文献上，王子看了，又见有各国印信手押，也就欣然将宝印了，押了花字，收折在案。问道："国师长老，自你那大唐至此，历遍诸邦，共有几多路程？"三藏道：

"贫僧也未记程途。但先年蒙观音菩萨在我王御前显身，曾留了颂子，言西方十万八千里。贫僧在路，已经过一十四遍寒暑矣。"王子笑道："十四遍寒暑，即十四年了。想是途中有甚耽搁。"三藏道："一言难尽！万蛰千魔，也不知受了多少苦楚，才到得宝方！"那王子十分欢喜。即着典膳官备素斋管待。三藏：

"启上殿下，贫僧有三个小徒，在外等候，不敢领斋，但恐迟误行程。"王子教："当殿官，快去请长老三位徒弟，进府同斋。"当殿官随出外相请，都道："未曾见，未曾见。"有跟随的人道："待客馆中坐着三个丑貌和尚，想必是也。"当殿官同众至馆中，即问看馆的道："那个是大唐取经僧的高徒？我主有旨，请吃斋也。"八戒正坐打盹，听见一个斋字，忍不住跳起身来答道："我们是！我们是！"当殿官一见了，魂飞魄丧，都战战的道："是个猪魈！猪魈！"行者听见，一把扯住八戒道："兄弟，放斯文些，莫撒村野。"那众官见了行者，又道："是个猴精！猴精！"沙僧拱手道："列位休得惊恐。我三人都是唐僧的徒弟。"众官见了，又道："灶君！灶君！"孙行者即教八戒牵马，沙僧挑担，同众入玉华王府。当殿官先入启知，那王子举目见那等丑恶，却也心中害怕。三藏合掌道："千岁放心，顽徒虽是貌丑，却都心良。"八戒朝上唱个喏道："贫僧问讯了。"王子愈觉心惊。三藏道："顽徒都是山野中收来的，不会行礼，万望赦罪。"王子奈着惊恐，教典膳官请众僧官去暴纱亭吃斋，三藏谢了恩，辞王下殿，同至亭内，埋怨八戒道："你这夯货，全不知一毫礼体！索性不开口，便也罢了，怎么那般粗鲁！一句话，足足冲倒泰山！"行者笑道："还是我不唱喏的好，也省些力气。"沙僧道："他唱喏又不等齐，预先就抒着个嘴吆喝。"八戒道："活淘气！活淘气！师父前日教我，见人打个问讯儿是礼。今日打问讯，又说不好，教我怎的干么！"三藏道："我教你见了人打个问讯，不曾教你见王子就此歪缠！常言道，物有几等物，人有几等人，如何不分个贵贱？"正说处，见那典膳官带领人役，调开桌椅，摆上斋来，师徒们却不言语，各各吃斋。

却说那王子退殿进宫，宫中有三个小王子，见他面容改色，即问道："父王今日为何有此惊恐？"王子道："适才有东土大唐差来拜佛取经的一个和尚，倒换关文，却一表非凡。我留他吃斋，他说有徒弟在府前，我即命请。少时进来，见我不行大礼，打个问讯，我已不快。及抬头看时，一个个丑似妖魔，心中不觉惊骇，故此面容改色。"原来那三个小王子比众不同，一个个好武好强，便就伸拳掳袖道："莫敢是那山里走来的妖精，假装人象，待我们拿兵器出去看来！"好王子，大的个拿一条齐眉棍，第二个轮一把九齿钯，第三个使一根乌油黑棒子，雄纠纠、气昂昂的走出王府，吆喝道："甚么取经的和尚！在那里？"时有典膳官员人等跪下道："小王，他们在这暴纱亭吃斋哩。"小王子不分好歹，闯将进去，喝道："汝等是人是怪，快早说来，饶你性命！"唬得三藏面容失色，丢下饭碗，躬着身道："贫僧乃唐朝来取经者，人也，非怪也。"小王子道："你便还象个人，那三个丑的，断然是怪！"八戒只管吃饭不睬。沙僧与行者欠身道："我等俱是人，面虽丑而心良，身虽夯而性善。汝三个却是何来，却这样海口轻狂？"旁有典膳等官道："三位是我王之子小殿下。"

八戒丢了碗道："小殿下，各拿兵器怎么？莫是要与我们打哩？"

二王子掣开步，双手舞钯，便要打八戒。八戒嘻嘻笑道："你那钯只好与我这钯做孙子罢了！"即揭衣，腰间取出钯来，幌一幌，金光万道，丢了解数，有瑞气千条，把个王子唬得手软筋麻，不敢舞弄。行者见大的个使一条齐眉棍，跳阿跳的，即耳朵里取出金箍棒来，幌一幌，碗来粗细，有丈二三长短，着地下一捣，捣了有三尺深浅，竖在那里，笑道："我把这棍子送你罢！"

那王子听言，即丢了自己棍，去取那棒，双手尽气力一拔，莫想得动分毫，再又端一端，摇一摇，就如生根一般。第三个撒起莽性，使乌油杆棒来打，被沙僧一手劈开，取出降妖宝杖，拈一拈，艳艳光生，纷纷霞亮，唬得那典膳等官，一个个呆呆挣挣，口不能言。三个小王子一齐下拜道："神师！神师！我等凡人不识，万望施展一番，我等好拜授也。"行者走近前，轻轻的把棒拿将起来道："这里窄狭，不好展手，等我跳在空中，耍一路儿你们看看。"好大圣，唿哨一声，将筋斗一纵，两只脚踏着五色祥云，起在半空，离地约有三百步高下，把金箍棒丢开个撒花盖顶，黄龙转身，一上一下，左旋右转。起初时人与棒似锦上添花，次后来不见人，只见一天棒滚。八戒在底下喝声采，也忍不住手脚，厉声喊道："等老猪也去耍耍来！"好呆子，驾起风头，也到半空，丢开钯，上三下四，左五右六，前七后八，满身解数，只听得呼呼风响。正使到热闹处，沙僧对长老道："师父，也等老沙去操演操演。"好和尚，双着脚一跳，轮着杖，也起在空中，只见那锐气氤氲，金光缥缈，双手使降妖杖丢一个丹凤朝阳，饿虎扑食，紧迎慢挡，捷转忙撺。弟兄三个即展神通，都在那半空中一齐扬威耀武。这才是：真禅景象不凡同，大道缘由满太空。金木施威盈法界，刀圭展转合圆通。神兵精锐随时显，丹器花生到处崇。天竺虽高还戒性，玉华王子总归中。唬得那三个小王子，跪在尘埃。暴纱亭大小人员，并王府里老王子，满城中军民男女，僧尼道俗，一应人等，家家念佛磕头，户户拈香礼拜。果然是：见象归真度众僧，人间作福享清平。从今果正菩提路，尽是参禅拜佛人。他三个各逞雄才，使了一路，按下祥云，把兵器收了，到唐僧面前问讯，谢了师恩，各各坐下不题。

那三个小王子急回宫里，告奏老王道："父王万千之喜！今有莫大之功也！适才可曾看见半空中舞弄么？"老王道："我才见半空霞彩，就于宫院内同你母亲等众焚香启拜，更不知是那里神仙降聚也。"小王子道："不是那里神仙，就是那取经僧三个丑徒弟。一个使金箍铁棒，一个使九齿钉钯，一个使降妖宝杖，把我三个的兵器，比的通没有分毫。我们教他使一路，他嫌地上窄狭，不好支吾，等我起在空中，使一路你看。他就各驾云头，满空中祥云缥缈，瑞气氤氲。才然落下，都坐在暴纱亭里。做儿的十分欢喜，欲要拜他为师，学他手段，保护我邦，此诚莫大之功！不知父王以为何如？"老王闻言，信心从愿。

当时父子四人，不摆驾，不张盖，步行到暴纱亭。他四众收拾行李，欲进府谢斋，辞王起行，偶见玉华王父子上亭来倒身下拜，慌得长老舒身，扑地还礼，行者等闪过旁边，微微冷笑。

众拜毕，请四众进府堂上坐。四众欣然而入，老王起身道："唐老师父，孤有一事奉求，不知三位高徒，可能容否？"三藏道：

"但凭千岁吩咐，小徒不敢不从。"老王道："孤先见列位时，只以为唐朝远来行脚僧，其实肉眼凡胎，多致轻亵。适见孙师、猪师、沙师起舞在空，方知是仙是佛。孤三个犬子，一生好弄武艺，今谨发虔心，欲拜为门徒，学些武艺。万望老师开天地之心，普运慈舟，传度小儿，必以倾城之资奉谢。"行者闻言忍不住呵呵笑道："你这殿下，好不会事！我等出家人，巴不得要传几个徒弟。你令郎既有从善之心，切不可说起分毫之利，但只以情相处，足为爱也。"王子听言，十分欢喜，随命大排筵宴，就于本府正堂摆列。噫！一声旨意，即刻俱完。但见那：结彩飘飖，香烟馥郁。戗金桌子挂绞绡，幌人眼目；彩漆椅儿铺锦绣，添座风光。树果新鲜，茶汤香喷。三五道闲食清甜，一两餐馒头丰洁。蒸酥蜜煎更奇哉，油札糖浇真美矣。有几瓶香糯素酒，斟出来，赛过琼浆；献几番阳羡仙茶，捧到手，香欺丹桂。般般品品皆齐备，色色行行尽出奇。一壁厢叫承应的歌舞吹弹，撮弄演戏。他师徒们并王父子，尽乐一日。不觉天晚，散了酒席，又叫即于暴纱亭铺设床帏，请师安宿，待明早竭诚焚香，再拜求传武艺。众皆听从，即备香汤，请师沐浴，众却归寝。此时那：

众鸟高栖万簌沉，诗人下榻罢哦吟。银河光显天弥亮，野径荒凉草更深。砧杵叮咚敲别院，关山杳窎动乡心。寒蛩声朗知人意，呖呖床头破梦魂。

一宵晚景题过，明早，那老王父子，又来相见这长老。昨日相见，还是王礼，今日就行师礼。那三个小王子对行者、八戒、沙僧当面叩头，拜问道："尊师之兵器，还借出与弟子们看看。"

八戒闻言，欣然取出钉钯，抛在地下。沙僧将宝杖抛出，倚在墙边。二王子与三王子跳起去便拿，就如蜻蜓撼石柱，一个个挣得红头赤脸，莫想拿动半分毫。大王子见了，叫道："兄弟，莫费力了。师父的兵器，俱是神兵，不知有多少重哩！"八戒笑道：

"我的钯也没多重，只有一藏之数，连柄五千零四十八斤。"三王子问沙僧道："师父宝杖多重？"沙僧笑道："也是五千零四十八斤。"大王子求行者的金箍棒看。行者去耳朵里取出一个针儿来，迎风幌一幌，就有碗来粗细，直直的竖立面前。那王父子都皆悚惧，众官员个个心惊。三个小王子礼拜道："猪师、沙师之兵，俱随身带在衣下，即可取之。孙师为何自耳中取出？见风即长，何也？"行者笑道："你不知我这棒不是凡间等闲可有者。这棒是：鸿蒙初判陶镕铁，大禹神人亲所设。湖海江河浅共深，曾将此棒知之切。开山治水太平时，流落东洋镇海阙。日久年深放彩霞，能消能长能光洁。老孙有分取将来，变化无方随口诀。要大弥于宇宙间，要小却似针儿节。棒名如意号金箍，天上人间称一绝。重该一万三千五百斤，或粗或细能生灭。也曾助我闹天宫，也曾随我攻地阙。伏虎降龙处处通，炼魔荡怪方方彻。举头一指太阳昏，天地鬼神皆胆怯。混沌仙传到至今，原来不是凡间铁。”那王子听言，个个顶礼不尽。三个向前重重拜礼，虔心求授，行者道：“你三人不知学那般武艺。”王子道：

“愿使棍的就学棍，惯使钯的就学钯，爱用杖的就学杖。”行者笑道：“教便也容易，只是你等无力量，使不得我们的兵器，恐学之不精，如画虎不成反类狗也。古人云，教训不严师之惰，学问无成子之罪。汝等既有诚心，可去焚香来拜了天地，我先传你些神力，然后可授武艺。”三个小王子闻言，满心欢喜，即便亲抬香案，沐手焚香，朝天礼拜。拜毕请师传法，行者转下身来，对唐僧行礼道：“告尊师，恕弟子之罪。自当年在两界山蒙师父大德救脱弟子，秉教沙门，一向西来，虽不曾重报师恩，却也曾渡水登山，竭尽心力。今来佛国之乡，幸遇贤王三子，投拜我等，欲学武艺。彼既为我等之徒弟，即为我师之徒孙也。谨禀过我师，庶好传授。”三藏十分大喜。八戒、沙僧见行者行礼，也那转身朝三藏磕头道：“师父，我等愚鲁，拙口钝腮，不会说话，望师父高坐法位，也让我两个各招个徒弟耍耍，也是西方路上之忆念。”三藏俱欣然允之。

行者才教三个王子就于暴纱亭后，静室之间，画了罡斗，教三人都俯伏在内，一个个瞑目宁神。这里却暗暗念动真言，诵动咒语，将仙气吹入他三人心腹之中，把元神收归本舍，传与口诀，各授得万千之膂力，运添了火候，却象个脱胎换骨之法。运遍了子午周天，那三个小王子，方才苏醒，一齐爬将起来，抹抹脸，精神抖擞，一个个骨壮筋强：大王子就拿得金箍棒，二王子就轮得九齿钯，三王子就举得降妖杖。老王见了欢喜不胜，又排素宴，启谢他师徒四众。就在筵前各传各授：学棍的演棍，学钯的演钯，学杖的演杖。虽然打几个转身，丢几般解数，终是有些着力，走一路，便喘气嘘嘘，不能耐久；盖他那兵器都有变化，其进退攻扬，随消随长，皆有变化自然之妙，此等终是凡夫，岂能以遽及也？当日散了筵宴。

次日，三个王子又来称谢道：“感蒙神师授赐了膂力，纵然轮得师的神器，只是转换艰难。意欲命工匠依师神器式样，减削斤两，打造一般，未知师父肯容否？”八戒道：“好！好！好！说得象话。我们的器械，一则你们使不得，二则我们要护法降魔，正该另造另造。”王子又随宣召铁匠，买办钢铁万斤，就于王府内前院搭厂，支炉铸造。先一日将钢铁炼熟，次日请行者三人将金箍棒、九齿钯、降妖杖，都取出放在篷厂之间，看样造作，遂此昼夜不收。

噫！这兵器原是他们随身之宝，一刻不可离者，各藏在身，自有许多光彩护体。今放在厂院中几日，那霞光有万道冲天，瑞气有千般罩地。其夜有一妖精，离城只有七十里远近，山唤豹头山，洞唤虎口洞，夜坐之间，忽见霞光瑞气，即驾云头而看。原是州城之光彩，他按下云来近前观看，乃是这三般兵器放光。妖精又喜又爱道：“好宝贝！好宝贝！这是甚人用的，今放在此？也是我的缘法，拿了去呀！拿了去呀！”他爱心一动，弄起威风，将三般兵器，一股收之，径转本洞。正是那：道不须臾离，可离非道也。神兵尽落空，枉费参修者。毕竟不知怎生寻得这兵器，且听下回分解。

第八十九回　黄狮精虚设钉钯宴　金木土计闹豹头山

却说那院中几个铁匠，因连日辛苦，夜间俱自睡了。及天明起来打造，篷下不见了三般兵器，一个个呆挣神惊，四下寻找。只见那三个王子出宫来看，那铁匠一齐磕头道：“小主啊，神师的三般兵器，都不知那里去了！”小王子听言，心惊胆战道：“想是师父今夜收拾去了。”急奔暴纱亭看时，见白马尚在廊下，忍不住叫道：“师父还睡哩！”沙僧道：“起来了。”即将房门开了，让王子进里看时，不见兵器，慌慌张张问道：“师父的兵器都收来了？”行者跳起道：“不曾收啊！”王子道：“三般兵器，今夜都不见了。”八戒连忙爬起道：“我的钯在么？”小王道：

“适才我等出来，只见众人前后找寻不见，弟子恐是师父收了，却才来问。老师的宝贝，俱是能长能消，想必藏在身边哄弟子哩。”行者道：“委的未收，都寻去来。”随至院中篷下，果然不见踪影。八戒道：“定是这伙铁匠偷了！快拿出来！略迟了些儿，就都打死！打死！”那铁匠慌得磕头滴泪道：“爷爷！我们连日辛苦，夜间睡着，乃至天明起来，遂不见了。我等乃一概凡人，怎么拿得动，望爷爷饶命！饶命！”行者无语暗恨道：“还是我们的不是，既然看了式样，就该收在身边，怎么却丢放在此！那宝贝霞彩光生，想是惊动甚么歹人，今夜窃去也。”八戒不信道：

“哥哥说那里话！这般个太平境界，又不是旷野深山，怎得个歹人来！定是铁匠欺心，他见我们的兵器光彩，认得是三件宝贝，连夜走出王府，伙些人来，抬的抬，拉的拉，偷出去了！拿过来打呀！打呀！”众匠只是磕头发誓。正嚷处，只见老王子出来，问及前事，却也面无人色，沉吟半晌，道：“神师兵器，本不同凡，就有百十余人也禁挫不动；况孤在此城，今已五代，不是大胆海口，孤也颇有个贤名在外，这城中军民匠作人等，也颇惧孤之法度，断是不敢欺心，望神师再思可矣。”行者笑道：“不用再思，也不须苦赖铁匠。我问殿下：你这州城四面，可有甚么山林妖怪？”王子道：“神师此问，甚是有理。孤这州城之北，有一座豹头山，山中有一座虎口洞。往往人言洞内有仙，又言有虎狼，又言有妖怪。孤未曾访得端的，不知果是何物。”行者笑道：

“不消讲了，定是那方歹人，知道俱是宝贝，一夜偷将去了。”

叫：“八戒沙僧，你都在此保着师父，护着城池，等老孙寻访去来。”又叫铁匠们不可住了炉火，一一炼造。

好猴王，辞了三藏，唿哨一声，形影不见，早跨到豹头山上。原来那城相去只有七十里，一瞬即到。径上山峰观看，果然有些妖气，真是：龙脉悠长，地形远大。尖峰挺挺插天高，陡涧沉沉流水紧。山前有瑶草铺茵，山后有奇花布锦。乔松老柏，古树修篁，山鸦山鹊乱飞鸣，野鹤野猿皆啸唳。悬崖下，麋鹿双双；峭壁前，獾狐对对。一起一伏远来龙，九曲九湾潜地脉。埂头相接玉华州，万古千秋兴胜处。行者正然看时，忽听得山背后有人言语，急回头视之，乃两个狼头怪妖，朗朗的说着话，向西北上走。行者揣道：“这定是巡山的怪物，等老孙跟他去听听，看他说些甚的。”捻着诀，念个咒，摇身一变，变做个蝴蝶儿，展开翅，翩翩翻翻，径自赶上。果然变得有样范：一双粉翅，两道银须。乘风飞去急，映日舞来徐。渡水过墙能疾俏，偷香弄絮甚欢娱。体轻偏爱鲜花味，雅态芳情任卷舒。他飞在那个妖精头直上，飘飘荡荡，听他说话。那妖猛的叫道：“二哥，我大王连日侥幸。前月里得了一个美人儿，在洞内盘桓，十分快乐。

昨夜里又得了三般兵器，果然是无价之宝。明朝开宴庆钉钯会哩，我们都有受用。”这个道：“我们也有些侥幸。拿这二十两银子买猪羊去，如今到了乾方集上，先吃几壶酒儿，把东西开个花帐儿，落他二三两银子，买件绵衣过寒，却不是好？”两个怪说说笑笑的，上大路急走如飞。行者听得要庆钉钯会，心中暗喜；欲要打杀他，争奈不管他事，况手中又无兵器。他即飞向前边，现了本相，在路口上立定。那怪看看走到身边，被他一口法唾喷将去，念一声“唵吽吒唎”，即使个定身法，把两个狼头精定住。眼睁睁，口也难开；直挺挺，双脚站住。又将他扳翻倒，揭衣搜捡，果是有二十两银子，着一条搭包儿打在腰间裙带上，又各挂着一个粉漆牌儿，一个上写着“刁钻古怪”，一个上写着“古怪刁钻”。

好大圣，取了他银子，解了他牌儿，返跨步回至州城。到王府中，见了王子、唐僧并大小官员、匠作人等，具言前事。八戒笑道："想是老猪的宝贝，霞彩光明，所以买猪羊，治筵席庆贺哩。但如今怎得他来？"行者道："我兄弟三人俱去，这银子是买办猪羊的，且将这银子赏了匠人，教殿下寻几个猪羊。八戒你变做刁钻古怪，我变做古怪刁钻，沙僧装做个贩猪羊的客人，走进那虎口洞里，得便处，各人拿了兵器，打绝那妖邪，回来却收拾走路。"沙僧笑道："妙，妙，妙！不宜迟！快走！"老王果依此计，即教管事的买办了七八口猪，四五腔羊。

他三人辞了师父，在城外大显神通。八戒道："哥哥，我未曾看见那刁钻古怪，怎生变得他模样？"行者道："那怪被老孙使了定身法定住在那里，直到明日此时方醒。我记得他的模样，你站下，等我教你变。如此如彼，就是他的模样了。"那呆子真个口里念着咒，行者吹口仙气，霎时就变得与那刁钻古怪一般无二，将一个粉牌儿带在腰间。行者即变做古怪刁钻，腰间也带了一个牌儿。沙僧打扮得象个贩猪羊的客人，一起儿赶着猪羊，上大路，径奔山来。不多时，进了山凹里，又遇见一个小妖。他生得嘴脸也恁地凶恶！看那：圆滴溜两只眼，如灯幌亮；

红剌赜一头毛，似火飘光。糟鼻子，猱狭口，獠牙尖利；查耳朵，砍额头，青脸泡浮。身穿一件浅黄衣，足踏一双莎蒲履。雄雄纠纠若凶神，急急忙忙如恶鬼。那怪左胁下挟着一个彩漆的请书匣儿，迎着行者三人叫道："古怪刁钻，你两个来了？买了几口猪羊？"行者道："这赶的不是？"那怪朝沙僧道："此位是谁？"

行者道："就是贩猪羊的客人，还少他几两银子，带他来家取的。你往那里去？"那怪道："我往竹节山去请老大王明早赴会。"行者绰他的口气儿，就问："共请多少人？"那怪道："请老大王坐首席，连本山大王共头目等众，约有四十多位。"正说处，八戒道："去罢，去罢！猪羊都四散走了！"行者道："你去邀着，等我讨他帖儿看看。"那怪见自家人，即揭开取出，递与行者。行者展开看时，上写着："明辰敬治肴酌庆钉钯嘉会，屈尊过山一叙，幸勿外，至感！右启祖翁九灵元圣老大人尊前。门下孙黄狮顿首百拜。"行者看毕，仍递与那怪。那怪放在匣内，径往东南上去了。

沙僧问道："哥哥，帖儿上是甚么话头？"行者道："乃庆钉钯会的请帖，名字写着门下孙黄狮顿首百拜，请的是祖翁九灵元圣老大人。"沙僧笑道："黄狮想必是个金毛狮子成精，但不知九灵元圣是个何物。"八戒听言，笑道："是老猪的货了！"行者道："怎见得是你的货？"八戒道："古人云，癞母猪专赶金毛狮子，故知是老猪之货物也。"他三人说说笑笑，赶着猪羊，却就望见虎口洞门。但见那门儿外：周围山绕翠，一脉气连城。峭壁扳青蔓，高崖挂紫荆。鸟声深树匝，花影洞门迎。不亚桃源洞，堪宜避世情。

渐渐近于门口，又见一丛大大小小的杂项妖精，在那花树之下顽耍，忽听得八戒"呵！呵！"赶猪羊到时，都来迎接，便就捉猪的捉猪，捉羊的捉羊，一齐捆倒。早惊动里面妖王，领十数个小妖，出来问道："你两个来了？买了多少猪羊？"行者道："买了八口猪，七腔羊，共十五个牲口。猪银该一十六两，羊银该九两，前者领银二十两，仍欠五两。这个就是客人，跟来找银子的。"妖王听说，即唤："小的们，取五两银子，打发他去。"行者道："这客人，一则来找银子，二来要看看嘉会。"那妖大怒骂道："你这个刁钻儿惫懒！你买东西罢了，又与人说甚么会不会！"八戒上前道："主人公得了宝贝，诚是天下之奇珍，就教他看看怕怎的？"那怪咄的一声道："你这古怪也可恶！我这宝贝，乃是玉华州城中得来的，倘这客人看了，去那州中传说，说得人知，那王子一时来访求，却如之何？"行者道："主公，这个客人，乃乾方集后边的人，去州许远，又不是他城中人也，那里去传说？二则他肚里也饥了，我两个也未曾吃饭。家中有现成酒饭，赏他些吃了，打发他去罢。"说不了，有一小妖，取了五两银子，递与行者。行者将银子递与沙僧道："客人，收了银子，我与你进后面去吃些饭来。"沙僧仗着胆，同八戒、行者进于洞内，到二层厂厅之上，只见正中间桌上，高高的供养着一柄九齿钉钯，真个是光彩映目，东山头靠着一条金箍棒，西山头靠着一条降妖杖。那怪王随后跟着道："客人，那中间放光亮的就是钉钯。你看便看，只是出去，千万莫与人说。"沙僧点头称谢了。

噫！这正是物见主，必定取，那八戒一生是个鲁夯的人，他见了钉钯，那里与他叙甚么情节，跑上去拿下来，轮在手中，现了本相，丢了解数，望妖精劈脸就筑。这行者、沙僧也奔至两山头各拿器械，现了原身。三兄弟一齐乱打，慌得那怪王急抽身闪过，转入后边，取一柄四明铲，杆长鐏利，赶到天井中，支住他三般兵器，厉声喝道："你是甚么人，敢弄虚头，骗我宝贝！"行者骂道："我把你这个贼毛团！你是认我不得！我们乃东土圣僧唐三藏的徒弟。因至玉华州倒换关文，蒙贤王教他三个王子拜我们为师，学习武艺，将我们宝贝作样，打造如式兵器。因放在院中，被你这贼毛团夤夜入城偷来，倒说我弄虚头骗你宝贝！不要走！就把我们这三件兵器，各奉承你几下尝尝！"那妖精就举铲来敌。这一场，从天井中斗出前门。看他三僧攒一怪！好杀：

呼呼棒若风，滚滚钯如雨。降妖杖举满天霞，四明铲伸云生绮。

好似三仙炼大丹，火光彩幌惊神鬼。行者施威甚有能，妖精盗宝多无礼！天蓬八戒显神通，大将沙僧英更美。兄弟合意运机谋，虎口洞中兴斗起。那怪豪强弄巧乖，四个英雄堪厮比。当时杀至日头西，妖邪力软难相抵。他们在豹头山战斗多时，那妖精抵敌不住，向沙僧前喊一声："看铲！"沙僧让个身法躲过，妖精得空而走，向东南巽宫上，乘风飞去。八戒拽步要赶，行者道："且让他去，自古道，穷寇勿追。且只来断他归路。"八戒依言。三人径至洞口，把那百十个若大若小的妖精，尽皆打死，原来都是些虎狼彪豹，马鹿山羊。被大圣使个手法，将他那洞里细软物件并打死的杂项兽身与赶来的猪羊，通皆带出。沙僧就取出干柴放起火来，八戒使两个耳朵扇风，把一个巢穴霎时烧得干净，却将带出的诸物，即转州城。

此时城门尚开，人家未睡，老王父子与唐僧俱在暴纱亭盼望。只见他们扑哩扑剌的丢下一院子死兽、猪羊及细软物件，一齐叫道："师父，我们已得胜回来也！"那殿下喏喏相谢，唐长老满心欢喜，三个小王子跪拜于地，沙僧搀起道："且莫谢，都近前看看那物件。"王子道："此物俱是何来？"行者笑道："那虎狼彪豹，马鹿山羊，都是成精的妖怪。被我们取了兵器，打出门来。那老妖是个金毛狮子，他使一柄四明铲，与我等战到天晚，败阵逃生，往东南上走了。我等不曾赶他，却扫除他归路，打杀这些群妖，搜寻他这些物件，带将来的。"老王听说，又喜又忧。

喜的是得胜而回，忧的是那妖日后报仇。行者道："殿下放心，我已虑之熟，处之当矣。一定与你扫除尽绝，方才起行，决不至贻害于后。我午间去时，撞见一个青脸红毛的小妖送请书，我看他帖子上写着'明辰敬治肴酌庆钉钯嘉会，屈尊车从过山一叙。幸勿外，至感！右启祖翁九灵元圣老大人尊前。'名字是门下孙黄狮顿首百拜。才子那妖精败阵，必然向他祖翁处去会话。明辰断然寻我们报仇，当情与你扫荡干净。"老王称谢了，摆上晚斋。师徒们斋毕，各归寝处不题。

却说那妖精果然向东南方奔到竹节山。那山中有一座洞天之处，唤名九曲盘桓洞。洞中的九灵元圣是他的祖翁。当夜足不停风，行至五更时分，到于洞口，敲门而进。小妖见了道：

"大王，昨晚有青脸儿下请书，老爷留他住到今早，欲同他去赴你钉钯会，你怎么又绝早亲来邀请？"妖精道："不好说，不好说！会成不得了！"正说处，见青脸儿从里边走出道："大王，你来怎的？老大王爷爷起来就同我去赴会哩。"妖精慌张张的，只是摇手不言。少顷，老妖起来了，唤入。这妖精丢了兵器，倒身下拜，止不住腮边泪落。老妖道："贤孙，你昨日下柬，今早正欲来赴会，你又亲来，为何发悲烦恼？"妖精叩头道："小孙前夜对月闲行，只见玉华州城中有光彩冲空。急去看时，乃是王府院中三般兵器放光：一件是九齿渗金钉钯，一件是宝杖，一件是金箍棒。小孙即使神法摄来，立名钉钯嘉会，着小的们买猪羊果品等物，设宴庆会，请祖爷爷赏之，以为一乐。昨差青脸来送柬之后，只见原差买猪羊的刁钻儿等赶着几个猪羊，又带了一个贩卖的客人来找银子。他定要看看会去，是小孙恐他外面传说，不容他看。他又说肚中饥饿，讨些饭吃，因教他后边吃饭。

他走到里边，看见兵器，说是他的。三人就各抢去一件，现出原身：一个是毛脸雷公嘴的和尚，一个是长嘴大耳朵的和尚，一个是晦气色脸的和尚，他都不分好歹，喊一声乱打。是小孙急取四明铲赶出与他相持，问是甚么人敢弄虚头。他道是东土大唐差往西天去的唐僧之徒弟，因过州城，倒换关文，被王子留住，习学武艺，将他这三件兵器作样子打造，放在院内，被我偷来，遂此不忿相持。不知那三个和尚叫做甚名，却真有本事。小孙一人敌他三个不过，所以败走祖爷处。望拔刀相助，拿那和尚报仇，庶见我祖爱孙之意也！"老妖闻言，默想片时，笑道：

"原来是他。我贤孙，你错惹了他也！"妖精道："祖爷知他是谁？"老妖道："那长嘴大耳者乃猪八戒，晦气色脸者乃沙和尚，这两个犹可。那毛脸雷公嘴者叫做孙行者，这个人其实神通广大，五百年前曾大闹天宫，十万天兵也不曾拿得住。他专意寻人的，他便就是个搜山揭海、破洞攻城、闯祸的个都头！你怎么惹他？也罢，等我和你去，把那厮连玉华王子都擒来替你出气！"那妖精听说，即叩头而谢。

当时老妖点猱狮、雪狮、狻猊、白泽、伏狸、抟象诸孙，各执锋利器械，黄狮引领，各纵狂风，径至豹头山界。只闻得烟火之气扑鼻，又闻得有哭泣之声。仔细看时，原来是刁钻、古怪二人在那里叫主公哭主公哩。妖精近前喝道："你是真刁钻儿，假刁钻儿？"二怪跪倒，噙泪叩头道："我们怎是假的？昨日这早晚领了银子去买猪羊，走至山西边大冲之内，见一个毛脸雷公嘴的和尚，他啐了我们一口，我们就脚软口强，不能言语，不能移步，被他扳倒，把银子搜了去，牌儿解了去，我两个昏昏沉沉，直到此时才醒。及到家，见烟火未息，房舍尽皆烧了，又不见主公并大小头目，故在此伤心痛哭。不知这火是怎生起的！"那妖精闻言，止不住泪如泉涌，双脚齐跌，喊声振天，恨道："那秃厮！十分作恶！怎么干出这般毒事，把我洞府烧尽，美人烧死，家当老小一空！气杀我也，气杀我也！"老妖叫猱狮扯他过来道："贤孙，事已至此，徒恼无益。且养全锐气，到州城里拿那和尚去。"那妖精犹不肯住哭，道："老爷！我那们个山场，非一日治的，今被这秃厮尽毁，我却要此命做甚的！"挣起来，往石崖上撞头磕脑，被雪狮、猱狮等苦劝方止。当时丢了此处，都奔州城。

只听得那风滚滚，雾腾腾，来得甚近，唬得那城外各关厢人等，拖男挟女，顾不得家私，都往州城中走，走入城门，将门闭了。有人报入王府中道："祸事！祸事！"那王子唐僧等，正在暴纱亭吃早斋，听得人报祸事，却出门来问。众人道："一群妖精，飞沙走石，喷雾掀风的，来近城了！"老王大惊道："怎么好？"行者笑道："都放心！都放心！这是虎口洞妖精，昨日败阵，往东南方去伙了那甚么九灵元圣儿来也。等我同兄弟们出去，吩咐教关了四门，汝等点人夫看守城池。"那王子果传令把四门闭了，点起人夫上城。他父子并唐僧在城楼上点札，旌旗蔽日，炮火连天。行者三人，却半云半雾，出城迎敌。这正是：失却慧兵缘不谨，顿教魔起众邪凶。毕竟不知这场胜败如何，且听下回分解。

第九十回　师狮授受同归一　盗道缠禅静九灵山

却说孙大圣同八戒、沙僧出城头，觌面相迎，见那伙妖精都是些杂毛狮子：黄狮精在前引领，狻猊狮、抟象狮在左，白泽狮、伏狸狮在右，猱狮、雪狮在后，中间却是一个九头狮子。那青脸儿怪执一面锦锈团花宝幢，紧挨着九头狮子，刁钻古怪儿、古怪刁钻儿打两面红旗，齐齐的都布在坎宫之地。八戒莽撞，走近前骂道："偷宝贝的贼怪！你去那里伙这几个毛团来此怎的？"黄狮精切齿骂道："泼狠秃厮！昨日三个敌我一个，我败回去，让你为人罢了；你怎么这般狠恶，烧了我的洞府，损了我的山场，伤了我的眷族！我和你冤仇深如大海！不要走！吃你老爷一铲！"好八戒，举钯就迎。两个才交手，还未见高低，那猱狮精轮一根铁蒺藜，雪狮精使一条三楞简，径来奔打。八戒发一声喊道："来得好！"你看他横冲直抵，斗在一处。这壁厢，沙和尚急掣降妖杖，近前相助，又见那狻猊精、白泽精与抟象、伏狸二精，一拥齐上。这里孙大圣使金箍棒架住群精，狻猊使闷棍，白泽使铜锤，抟象使钢枪，伏狸使钺斧。那七个狮子精，这三个狠和尚，好杀：棍锤枪斧三楞简，蒺藜骨朵四明铲。七狮七器甚锋芒，围战三僧齐呐喊。大圣金箍铁棒凶，沙僧宝杖人间罕。八戒颠风骋势雄，钉钯幌亮光华惨。前遮后挡各施功，左架右迎都勇敢。城头王子助威风，擂鼓筛锣齐壮胆。投来抢去弄神通，杀得昏濛天地反"那一伙妖精，齐与大圣三人，战经半日，不觉天晚。八戒口吐粘涎，看看脚软，虚幌一钯，败下阵去，被那雪狮、猱狮二精喝道："那里走"看打！"呆子躲闪不及，被他照脊梁上打了一简，睡在地下，只叫："罢了！罢了！"两个精把八戒采鬃拖尾，扛将去见那九头狮子，报道："祖爷，我等拿了一个来也。"说不了，沙僧行者也都战败。众妖精一齐赶来，被行者拔一把毫毛，嚼碎喷将去，叫声"变！"即变做百十个小行者，围围绕绕，将那白泽、狻猊、抟象、伏狸并金毛狮怪围裹在中。沙僧行者却又上前攒打。到晚，拿住狻猊、白泽，走了伏狸、抟象。金毛报知老妖，老怪见失了二狮，吩咐："把猪八戒捆了，不可伤他性命。待他还我二狮，却将八戒与他。他若无知，坏了我二狮，即将八戒杀了对命！"当晚群妖安歇城外不题。

却说孙大圣把两个狮子精抬近城边，老王见了，即传令开门，差二三十个校尉，拿绳扛出门，绑了狮精，扛入城里。孙大圣收了法毛，同沙僧径至城楼上，见了唐僧。唐僧道："这场事甚是利害呀！悟能性命，不知有无？"行者道："没事！我们把这两个妖精拿了，他那里断不敢伤。且将二精牢拴紧缚，待明早抵换八戒也。"三个小王子对行者叩头道："师父先前赌斗，只见一身，及后佯输而回，却怎么就有百十位师身？及至拿住妖精，近城来还是一身，此是甚么法力？"行者笑道："我身上有八万四千毫毛，以一化十，以十化百，百千万亿之变化，皆身外身之法也。"那王子一个个顶礼，即时摆上斋来，就在城楼上吃了。各垛口上都要灯笼旗帜，梆铃锣鼓，支更传箭，放炮呐喊。

早又天明。老怪即唤黄狮精定计道："汝等今日用心拿那行者、沙僧，等我暗自飞空上城，拿他那师父并那老王父子，先转九曲盘桓洞，待你得胜回报。"黄狮领计，便引猱狮、雪狮、抟象、伏狸各执兵器到城处，滚风酿雾的索战。这里行者与沙僧跳出城头，厉声骂道："贼泼怪！快将我师弟八戒送还我，饶你性命！不然，都教你粉骨碎尸！"那妖精那容分说，一拥齐来。这大圣弟兄两个，各运机谋，挡住五个狮子。这杀比昨日又甚不同：呼呼刮地狂风恶，暗暗遮天黑雾浓。走石飞沙神鬼怕，推林倒树虎狼惊。钢枪狠狠钺斧明，棍铲铜锤太毒情。恨不得囫囵吞行者，活活泼泼擒住小沙僧。这大圣一条如意棒，卷舒收放甚精灵。沙僧那柄降妖杖，灵霄殿外有名声。今番干运神通广，西域施功扫荡精。这五个杂毛狮子精与行者、沙僧正自杀到好处，那老怪驾着黑云，径直腾至城楼上，摇一摇头，唬得那城上文武大小官员并守城人夫等，都滚下城去，被他奔入楼中，张开口把三藏与老王父子一顿噙出，复至坎宫地下，将八戒也着口噙之。原来他九个头就有九张口，一口噙着唐僧，一口噙着八戒，一口噙着老王，一口噙着大王子，一口噙着二王子，一口噙着三王子，六口噙着六人，还空了三张口，发声喊叫道："我先去也！"这五个小狮精见他祖得胜，一个个愈展雄才。行者闻得城上人喊嚷，情知中了他计，急唤沙僧仔细；他却把臂膊上毫毛，尽皆拔下，入口嚼烂喷出，变作千百个小行者，一拥攻上，当时拖倒猱狮，活捉了雪狮，拿住了抟象狮，扛翻了伏狸狮，将黄狮打死，烘烘的嚷到州城之下，倒转走脱了青脸儿与刁钻古怪、古怪刁钻儿二怪。那城上官看见，却又开门，将绳把五个狮精又捆了，抬进城去。还未发落，只见那王妃哭哭啼啼，对行者礼拜道："神师啊，我殿下父子并你师父，性命休矣！这孤城怎生是好？"大圣收了法毛，对王妃作礼道："贤后莫愁，只因我拿他七个狮精，那老妖弄摄法，定将我师父与殿下父子摄去，料必无伤。待明日绝早，我兄弟二人去那山中，管情捉住老妖，还你四个王子。"那王妃一簇女眷闻得此言，都对行者下拜道："愿求殿下父子全生，皇图坚固！"拜毕，一个个含泪还宫。

行者吩咐各官："将打死那黄狮精剥了皮，六个活狮精，牢牢拴锁。取些斋饭来，我们吃了睡觉，你们都放心，保你无事。"

至次日，大圣领沙僧驾起祥云，不多时，到子竹节山头。按云头观看，好座高山！但见：峰排突兀，岭峻崎岖。深涧下潺湲水漱，陡崖前锦锈花香。回峦重迭，古道湾环。真是鹤来松有伴，果然云去石无依。玄猿觅果向晴晖，麋鹿寻花欢日暖。青鸾声晰呖，黄鸟语绵蛮。春来桃李争妍，夏至柳槐竞茂。秋到黄花布锦，冬交白雪飞绵。四时八节好风光，不亚瀛洲仙景象。

他两个正在山头上看景，忽见那青脸儿，手拿一条短棍，径跑出崖谷之间。行者喝道："那里走！老孙来也！"唬得那小妖一翻一滚的跑下崖谷。他两个一直追来，又不见踪迹，向前又转几步，却是一座洞府，两扇花斑石门，紧紧关闭。门檸上横嵌着一块石版，楷镌了十个大字，乃是万灵竹节山九曲盘桓洞。那小妖原来跑进洞去，即把洞门闭了，到中间对老妖道："爷爷，外面又有两个和尚来了。"老妖道："你大王并猱狮、雪狮、抟象、伏狸可曾来？"小妖道："不见！不见！只是两个和尚，在山峰高处眺望。我看见回头就跑，他赶将来，我却闭门来也。"老妖听说，低头不语，半晌，忽的吊下泪来，叫声："苦啊！我黄狮孙死了！猱狮孙等又尽被和尚捉进城去矣！此恨怎生报得！"

八戒捆在旁边，与王父子唐僧俱攒在一处，恓恓惶惶受苦，听见老妖说声"众孙被和尚捉进城去"，暗暗喜道："师父莫怕，殿下休愁，我师兄已得胜，捉了众妖，寻到此间救拔吾等也。"说罢，又听得老妖叫："小的们，好生在此看守，等我出去拿那两个和尚进来，一发惩治。"你看他身无披挂，手不拈兵，大踏步走到前边，只闻得孙行者吆喝哩。他就大开了洞门，不答话，径奔行者。行者使铁棒当头支住，沙僧轮宝杖就打。那老妖把头摇一摇，左右八个头，一齐张开口，把行者、沙僧轻轻的又衔于洞内，教："取绳索来！"那刁钻古怪、古怪刁钻与青脸儿是昨夜逃生而回者，即拿两条绳，把他二人着实捆了。老妖问道："你这泼猴，把我那七个儿孙捉了，我今拿住你和尚四个，王子四个，也足以抵得我儿孙之命！小的们，选荆条柳棍来，且打这猴头一顿，与我黄狮孙报报冤仇！"那三个小妖，各执柳棍，专打行者。行者本是熬炼过的身体，那些些柳棍儿，只好与他拂痒，他那里做声？凭他怎么捶打，略不介意。八戒、唐僧与王子见了，一个个毛骨悚然。少时，打折了柳棍，直打到天晚，也不计其数。沙僧见打得多了，甚不过意道："我替他打百十下罢。"老妖道：你且莫忙，明日就打到你了，一个个挨次儿打将来。"八戒着忙道："后日就打到我老猪也！"打一会，渐渐的天昏了，老妖叫："小的们且住，点起灯火来，你们吃些饮食，让我到锦云窝略睡睡去。汝三人都是遭过害的，却用心看守，待明早再打。"三个小妖移过灯来，拿柳棍又打行者脑盖，就象敲梆子一般，剔剔托，托托剔，紧几下，慢几下。夜将深了，却都盹睡。

行者就使个遁法，将身一小，脱出绳来，抖一抖毫毛，整束了衣服，耳朵内取出棒来，幌一幌，有吊桶粗细，二丈长短，朝着三个小妖道："你这孽畜，把你老爷就打了许多棍子！老爷还只照旧，老爷也把这棍子略椏你椏，看道如何！"把三个小妖轻轻一椏，就椏做三个肉饼，却又剔亮了灯，解放沙僧。八戒捆急了，忍不住大声叫道："哥哥！我的手脚都捆肿了，倒不来先解放我！"这呆子喊了一声，却早惊动老妖。老妖一毂辘爬起来道："是谁人解放？"那行者听见，一口吹息灯，也顾不得沙僧等众，使铁棒，打破几重门走了。那老妖到中堂里叫："小的们，怎么没了灯光？只莫走了人也？"叫一声，没人答应；又叫一声，又没人答应。及取灯火来看时，只见地下血淋淋的三块肉饼，老王父子及唐僧、八戒俱在，只不见了行者、沙僧。点着火，前后赶看，忽见沙僧还背贴在廊下站哩，被他一把拿住捽倒，照旧捆了。又找寻行者，但见几层门尽皆破损，情知是行者打破走了，也不去追赶，将破门补的补，遮的遮，固守家业不题。

却说孙大圣出了那九曲盘桓洞，跨祥云径转玉华州，但见那城头上各厢的土地神祇与城隍之神迎空拜接。行者道："汝等怎么今夜才见？"城隍道："小神等知大圣下降玉华州，因有贤王款留，故不敢见。今知王等遇怪，大圣降魔，特来叩接。"行者正在嗔怪处，又见金头揭谛、六甲六丁神将，押着一尊土地，跪在面前道："大圣，吾等捉得这个地里鬼来也。"行者喝道：

"汝等不在竹节出护我师父，却怎么嚷到这里？"丁甲神道："大圣，那妖精自你逃时，复捉住卷帘大将，依然捆了。我等见他法力甚大，却将竹节山土地押解至此。他知那妖精的根由，乞大圣问他一问，便好处治，以救圣僧贤王之苦。"行者听言甚喜，那土地战兢兢叩头道："那老妖前年下降竹节山。那九曲盘桓洞原是六狮之窝，那六个狮子，自得老妖至此，就都拜为祖翁。

祖翁乃是个九头狮子，号为九灵元圣。若得他灭，须去到东极妙岩宫，请他主人公来，方可收伏。他人莫想擒也。"行者闻言，思忆半晌道："东极妙岩宫，是太乙救苦天尊啊。他坐下正是个九头狮子。这等说——"便教："揭谛、金甲，还同土地回去，暗中护祐师父、师弟并州王父子。本处城隍守护城池，走出去来。"众神各各遵守去讫。

这大圣纵筋斗云，连夜前行。约有寅时分，到了东天门外，正撞着广目天王与天丁、力士一行仪从。众皆停住，拱手迎道：

"大圣何往？"行者对众礼毕，道："前去妙岩宫走走。"天王道：

"西天路不走，却又东天来做甚？"行者道："因到玉华州，蒙州王相款，遣三子拜我等弟兄为师，习学武艺，不期遇着一伙狮怪。今访得妙岩宫太乙救苦天尊乃怪之主人公也，欲请他为我降怪救师。"天王道："那厢因你欲为人师，所以惹出这一窝狮子来也。"行者笑道："正为此！正为此！"众天丁、力士一个个拱手，让道而行。大圣进了东天门，不多时，到妙岩宫前，但见：彩云重迭，紫气茏葱。瓦漾金波焰，门排玉兽崇。花盈双阙红霞绕，日映骞林翠雾笼。果然是万真环拱，千圣兴隆。殿阁层层锦，窗轩处处通。苍龙盘护神光蔼，黄道光辉瑞气浓。这的是青华长乐界，东极妙岩宫。那宫门里立着一个穿霓帔的仙童，忽见孙大圣，即入宫报道："爷爷，外面是闹天宫的齐天大圣来了。"太乙救苦天尊听得，即唤侍卫众仙迎接。迎至宫中，只见天尊高坐九色莲花座上，百亿瑞光之中，见了行者，下座来相见。行者朝上施礼，天尊答礼道："大圣，这几年不见，前闻得你弃道归佛，保唐僧西天取经，想是功行完了？"行者道："功行未完，却也将近。但如今因保唐僧到玉华州，蒙王子遣三子拜老孙等为师，习学武艺，把我们三件神兵照样打造，不期夜间被贼偷去。及天明寻找，原是城北豹头山虎口洞一个金毛狮子成精盗去。老孙用计取出，那精就伙了若干狮精与老孙大闹。内有一个九头狮子，神通广大，将我师父与八戒并王父子四人都衔去，到一竹节山九曲盘桓洞。次日，老孙与沙僧跟寻，亦被衔去。老孙被他捆打无数，幸而弄法走了，他们正在彼处受罪。问及当坊土地，始知天尊是他主人，特来奉请收降解救。”天尊闻言，即令仙将到狮子房唤出狮奴来问？”那狮奴熟睡，被众将推摇方醒，揪至中厅来见。天尊问道：“狮兽何在？”那奴儿垂泪叩头，只教：“饶命！饶命！”天尊道：“孙大圣在此，且不打你。你快说为何不谨，走了九头狮子。”狮奴道：“爷爷，我前日在大千甘露殿中见一瓶酒，不知偷去吃了，不觉沉醉睡着，失于拴锁，是以走了。”天尊道：“那酒是太上老君送的，唤做轮回琼液，你吃了该醉三日不醒。那狮兽今走几日了？”大圣道：“据土地说，他前年下降，到今二三年矣。”天尊笑道：“是了！是了！天宫里一日，在凡世就是一年。”叫狮奴道：“你且起来，饶你死罪，跟我与大圣下方去收他来。汝众仙都回去，不用跟随。”

天尊遂与大圣、狮奴，踏云径至竹节山，只见那五方揭谛、六丁六甲、本山土地都来跪接。行者道：“汝等护祐，可曾伤着我师？”众神道：“妖精着了恼睡了，更不曾动甚刑罚。”天尊道：

“我那元圣儿也是一个久修得道的真灵：他喊一声，上通三圣，下彻九泉，等闲也便不伤生。孙大圣，你去他门首索战，引他出来，我好收之。”行者听言，果掣棒跳近洞口，高骂道：“泼妖精，还我人来也！泼妖精，还我人来也！”连叫了数声，那老妖睡着了，无人答应。行者性急起来，轮铁棒，往里打进，口中不住的喊骂。那老妖方才惊醒，心中大怒，爬起来，喝一声“赶战！”摇摇头，便张口来衔。行者回头跳出。妖精赶到外边，骂道：“贼猴！那里走！”行者立在高崖上笑道：“你还敢这等大胆无礼！你死活也不知哩！这不是你老爷主公在此？”那妖精赶到崖前，早被天尊念声咒语，喝道：“元圣儿！我来了！”那妖认得是主人，不敢展挣，四只脚伏之于地，只是磕头。旁边跑过狮奴儿，一把挝住项毛，用拳着项上打彀百十，口里骂道：“你这畜生，如何偷走，教我受罪！”那狮兽合口无言，不敢摇动。狮奴儿打得手困，方才住了，即将锦韂安在他身上，天尊骑了，喝声教走。他就纵声驾起彩云，径转妙岩宫去。

大圣望空称谢了，却入洞中，先解玉华王，次解唐三藏，次又解了八戒、沙僧并三王子，共搜他洞里物件，逍逍停停，将众领出门外。八戒就取了若干枯柴，前后堆上，放起火来，把一个九曲盘桓洞，烧做了乌焦破瓦窑！大圣又发放了众神，还教土地在此镇守，却令八戒、沙僧，各各使法，把王父子背驮回州，他搀着唐僧。不多时，到了州城，天色渐晚，当有妃后官员，都来接见了。摆上斋筵，共坐享之。长老师徒还在暴纱亭安歇，王子们入宫各寝。一宵无话。

次日，王又传旨，大开素宴，合府大小官员，一一谢恩。行者又叫屠子来，把那六个活狮子杀了，共那黄狮子都剥了皮，将肉安排将来受用。殿下十分欢喜，即命杀了，把一个留在本府内外人用，一个与王府长史等官分用，把五个都剁做一二两重的块子，差校尉散给州城内外军民人等，各吃些须：一则尝尝滋味，二则押押惊恐。那些家家户户，无不瞻仰。又见那铁匠人等造成了三般兵器，对行者磕头道：“爷爷，小的们工都完了。”问道：“各重多少斤两？”铁匠道：“金箍棒有千斤，九齿钯与降妖杖各有八百斤。”行者道：“也罢了。”叫请三位王子出来，各人执兵器。三子对老王道：“父王，今日兵器完矣。”老王道：“为此兵器，几乎伤了我父子之命。”小王子道：“幸蒙神师施法，救出我等，却又扫荡妖邪，除了后患，诚所谓海晏河清，太平之世界也！”当时老王父子赏劳了匠作，又至暴纱亭拜谢了师恩。

三藏又教大圣等快传武艺，莫误行程。他三人就各轮兵器，在王府院中，一一传授。不数日，那三个王子尽皆操演精熟，其余攻退之方，紧慢之法，各有七十二到解数，无不知之。

一则那诸王子心坚，二则亏孙大圣先授了神力，此所以那千斤之棒，八百斤之钯杖，俱能举能运，较之初时自家弄的武艺，真天渊也！有诗为证，诗曰：缘因善庆遇神师，习武何期动怪狮。

扫荡群邪安社稷，皈依一体定边夷。九灵数合元阳理，四面精通道果之。授受心明遗万古，玉华永乐太平时。那王子又大开筵宴，谢了师教，又取出一大盘金银，用答微情。行者笑道：“快拿进去！快拿进去！我们出家人，要他何用？”八戒在旁道：“金银实不敢受，奈何我这件衣服被那些狮子精扯拉破了，但与我们换件衣服，足为爱也。”那王子随命针工，照依色样，取青锦、红锦、茶褐锦各数匹，与三位各做了一件。三人欣然领受，各穿了锦布直裰，收拾了行装起程，只见那城里城外，若大若小，无一人不称是罗汉临凡，活佛下界，鼓乐之声，旌旗之色，盈街塞道。正是家家户外焚香火，处处门前献彩灯，来至许远才回，他四众方得离城西去。这一去顿脱群思，潜心正果。才是：无虑无忧来佛界，诚心诚意上雷音。毕竟不知到灵山还有几多路程，何时行满，且听下回分解。

第九十一回　金平府元夜观灯　玄英洞唐僧供状

修禅何处用工夫？马劣猿颠速剪除。牢捉牢拴生五彩，暂停暂住堕三途。若教自在神丹漏，才放从容玉性枯。喜怒忧思须扫净，得玄得妙恰如无。话表唐僧师徒四众离了玉华城，一路平稳，诚所谓极乐之乡。去有五六日程途，又见一座城池，唐僧问行者道：“此又是甚么处所？”行者道：“是座城池，但城上有杆无旗，不知地方，俟近前再问。”及至关东厢，见那两边茶坊酒肆喧哗，米市油房热闹。街衢中有几个无事闲游的浪子，见猪八戒嘴长，沙和尚脸黑，孙行者眼红，都拥拥簇簇的争看，只是不敢近前而问。唐僧捏着一把汗，惟恐他们惹祸。又走过几条巷口，还不到城，忽见有一座山门，门上有慈云寺三字，唐僧道：“此处略进去歇歇马，打一个斋如何？”行者道：“好！好！”

四众遂一齐而入。但见那里边：珍楼壮丽，宝座峥嵘。佛阁高云外，僧房静月中。丹霞缥缈浮屠挺，碧树阴森轮藏清。真净土，假龙宫，大雄殿上紫云笼。两廊不绝闲人戏，一塔常开有客登。炉中香火时时爇，台上灯花夜夜荧。忽闻方丈金钟韵，应佛僧人朗诵经。四众正看时，又见廊下走出一个和尚，对唐僧作礼道：“老师何来？”唐僧道：“弟子中华唐朝来者。”那和尚倒身下拜，慌得唐僧搀起道：“院主何为行此大礼？”那和尚合掌道：“我这里向善的人，看经念佛，都指望修到你中华地托生。

才见老师丰采衣冠，果然是前生修到的，方得此受用，故当下拜。”唐僧笑道：“惶恐！惶恐！我弟子乃行脚僧，有何受用！若院主在此闲养自在，才是享福哩。”那和尚领唐僧入正殿，拜了佛像。唐僧方才招呼：“徒弟来耶。”原来行者三人，自见那和尚与师父讲话，他都背着脸，牵着马，守着担，立在一处，和尚不曾在心。忽的闻唐僧叫徒弟，他三人方才转面，那和尚见了，慌得叫：“爷爷呀！你高徒如何恁般丑样？”唐僧道：“丑则虽丑，倒颇有些法力，我一路甚亏他们保护。”正说处，里面又走出几个和尚作礼。先见的那和尚对后的说道：“这老师是中华大唐来的人物，那三位是他高徒。”众僧且喜且惧道：“老师中华大国，到此何为？”唐僧言：“我奉唐王圣旨，向灵山拜佛求经。适过宝方，特奔上刹，一则求问地方，二则打顿斋食就行。”那僧人个个欢喜，又邀入方丈，方丈里又有几个与人家做斋的和尚。这先进去的又叫道：“你们都来看看中华人物。原来中华有俊的，有丑的，俊的真个难描难画，丑的却十分古怪。”那许多僧同斋主都来相见。见毕，各坐下。茶罢，唐僧问道：“贵处是何地名？”

众僧道：“我这里乃天竺国外郡，金平府是也。”唐僧道：“贵府至灵山还有许多远近？”众僧道：“此间到都下有二千里，这是我等走过的。西去到灵山，我们未走，不知还有多少路，不敢妄对。”唐僧谢了。

少时，摆上斋来。斋罢，唐僧要行，却被众僧并斋主款留道：“老师宽住一二日，过了元宵，耍耍去不妨。”唐僧惊问道：

“弟子在路，只知有山，有水，怕的是逢怪，逢魔，把光阴都错过了，不知几时是元宵佳节。”众僧笑道：“老师拜佛与悟禅心重，故不以此为念。今日乃正月十三，到晚就试灯，后日十五上元，直至十八九，方才谢灯。我这里人家好事，本府太守老爷爱民，各地方俱高张灯火，彻夜笙箫。还有个金灯桥，乃上古传留，至今丰盛。老爷们宽住数日，我荒山颇管待得起。”唐僧无奈，遂俱住下。当晚只听得佛殿上钟鼓喧天，乃是街坊众信人等，送灯来献佛，唐僧等都出方丈来看了灯，各自归寝。

次日，寺僧又献斋。吃罢，同步后园闲耍。果然好个去处，正是：时维正月，岁届新春。园林幽雅，景物妍森。四时花木争奇，一派峰峦迭翠。芳草阶前萌动，老梅枝上生馨。红入桃花嫩，青归柳色新。金谷园富丽休夸，《辋川图》流风慢说。水流一道，野凫出没无常；竹种千竿，墨客推敲未定。芍药花、牡丹花、紫薇花、含笑花，天机方醒；山茶花、红梅花、迎春花、瑞香花，艳质先开。阴崖积雪犹含冻，远树浮烟已带春。又见那鹿向池边照影，鹤来松下听琴。东几厦，西几亭，客来留宿；南几堂，北几塔，僧静安禅。花卉中，有一两座养性楼，重檐高拱；山水内，有三四处炼魔室，静几明窗。真个是天然堪隐逸，又何须他处觅蓬瀛。师徒们玩赏一日，殿上看了灯，又都去看灯游戏。

但见那：玛瑙花城，琉璃仙洞，水晶云母诸宫：似重重锦绣，迭迭玲珑。星桥影幌乾坤动，看数株火树摇红。六街箫鼓，千门璧月，万户香风。几处鳌峰高耸，有鱼龙出海，鸾凤腾空。羡灯光月色，和气融融。绮罗队里，人人喜听笙歌，车马轰轰。看不尽花容玉貌，风流豪侠，佳景无穷。众等既在本寺里看了灯，又到东门厢各街上游戏。到二更时，方才回转安置。

次日，唐僧对众僧道：“弟子原有扫塔之愿，趁今日上元佳节，请院主开了塔门，让弟子了此愿心。”众僧随开了门。沙僧取了袈裟，随从唐僧，到了一层，就披了袈裟，拜佛祷祝毕，即将笤帚扫了一层，卸了袈裟，付与沙僧，又扫二层，一层层直扫上绝顶。那塔上，层层有佛，处处开窗，扫一层，赏玩赞美一层。

扫毕下来，已此天晚，又都点上灯火。此夜正是十五元宵，众僧道：“老师父，我们前晚只在荒山与关厢看灯。今晚正节，进城里看看金灯如何？”唐僧欣然从之，同行者三人及本寺多僧进城看灯。正是：三五良宵节，上元春色和。花灯悬闹市，齐唱太平歌。又见那六街三市灯亮，半空一鉴初升。那月如冯夷推上烂银盘，这灯似仙女织成铺地锦。灯映月，增一倍光辉；月照灯，添十分灿烂。观不尽铁锁星桥，看不了灯花火树。雪花灯、梅花灯，春冰剪碎；绣屏灯、画屏灯，五彩攒成。核桃灯、荷花灯，灯楼高挂；青狮灯、白象灯，灯架高檠。虾儿灯、鳖儿灯，棚前高弄；羊儿灯、兔儿灯，檐下精神。鹰儿灯、凤儿灯，相连相并；虎儿灯、马儿灯，同走同行。仙鹤灯、白鹿灯，寿星骑坐；金鱼灯、长鲸灯，李白高乘。鳌山灯，神仙聚会；走马灯，武将交锋。万千家灯火楼台，十数里云烟世界。那壁厢，索琅琅玉韂飞来；这壁厢，毂辘辘香车辇过。看那红妆楼上，倚着栏，隔着帘，并着肩，携着手，双双美女贪欢；绿水桥边，闹吵吵，锦簇簇，醉醺醺，笑呵呵，对对游人戏彩。满城中箫鼓喧哗，彻夜里笙歌不断。有诗为证，诗曰：锦绣场中唱彩莲，太平境内簇人烟。灯明月皎元宵夜，雨顺风调大有年。

此时正是金吾不禁，乱烘烘的无数人烟，有那跳舞的，蹿跷的，装鬼的，骑象的，东一攒，西一簇，看之不尽。却才到金灯桥上，唐僧与众僧近前看处，原来是三盏金灯。那灯有缸来大，上照着玲珑剔透的两层楼阁，都是细金丝儿编成；内托着琉璃薄片，其光幌月，其油喷香。唐僧回问众僧道：“此灯是甚油？怎么这等异香扑鼻？”众僧道：“老师不知，我这府后有一县，名唤旻天县，县有二百四十里。每年审造差徭，共有二百四十家灯油大户。府县的各项差徭犹可，惟有此大户甚是吃累，每家当一年，要使二百多两银子。此油不是寻常之油，乃是酥合香油。

这油每一两值价银二两，每一斤值三十二两银子。三盏灯，每缸有五百斤，三缸共一千五百斤，共该银四万八千两。还有杂项缴缠使用，将有五万余两，只点得三夜。”行者道：“这许多油，三夜何以就点得尽？”众僧道：“这缸内每缸有四十九个大灯马，都是灯草扎的把，裹了丝绵，有鸡子粗细，只点过今夜，见佛爷现了身，明夜油也没了，灯就昏了。”八戒在旁笑道：“想是佛爷连油都收去了。”众僧道：“正是此说，满城里人家，自古及今，皆是这等传说。但油干了，人俱说是佛祖收了灯，自然五谷丰登；若有一年不干，却就年成荒旱，风雨不调。所以人家都要这供献。”

正说处，只听得半空中呼呼风响，唬得些看灯的人尽皆四散。那些和尚也立不住脚道：“老师父，回去罢，风来了。是佛爷降祥，到此看灯也。”唐僧道：“怎见得是佛来看灯？”众僧道：

“年年如此，不上三更就有风来，知道是诸佛降祥，所以人皆回避。”唐僧道：“我弟子原是思佛念佛拜佛的人，今逢佳景，果有诸佛降临，就此拜拜，多少是好。”众僧连请不回。少时，风中果现出三位佛身，近灯来了。慌得那唐僧跑上桥顶，倒身下拜。行者急忙扯起道：“师父，不是好人，必定是妖邪也。”说不了，见灯光昏暗，呼的一声，把唐僧抱起，驾风而去。噫！不知是那山那洞真妖怪，积年假佛看金灯。唬得那八戒两边寻找，沙僧左右招呼。行者叫道：“兄弟！不须在此叫唤，师父乐极生悲，已被妖精摄去了！”那几个和尚害怕道：“爷爷，怎见得是妖精摄去？”行者笑道：“原来你这伙凡人，累年不识，故被妖邪惑了，只说是真佛降祥，受此灯供。刚才风到处现佛身者，就是三个妖精。我师父亦不能识，上桥顶就拜，却被他侮暗灯光，将器皿盛了油，连我师父都摄去。我略走迟了些儿，所以他三个化风而遁。”沙僧道：“师兄，这般却如之何？”行者道：“不必迟疑。你两个同众回寺，看守马匹行李，等老孙趁此风追赶去也。”

好大圣，急纵筋斗云，起在半空，闻着那腥风之气，往东北上径赶。赶至天晓，倏尔风息，见有一座大山，十分险峻，着实嵯峨。好山：重重丘壑，曲曲源泉。藤萝悬削壁，松柏挺虚岩。

鹤鸣晨雾里，雁唳晓云间。峨峨矗矗峰排戟，突突磷磷石砌磐。

顶巅高万仞，峻岭迭千湾。野花佳木知春发，杜宇黄莺应景妍。

能巍奕，实巉岩，古怪崎岖险又艰。停玩多时人不语，只听虎豹有声鼾。香獐白鹿随来往，玉兔青狼去复还。深涧水流千万里，回湍激石响潺潺。大圣在山崖上，正自找寻路径，只见四个人，赶着三只羊，从西坡下，齐吆喝“开泰”。大圣闪火眼金睛，仔细观看，认得是年、月、日、时四值功曹使者，隐像化形而来。大圣即掣出铁棒，幌一幌，碗来粗细，有丈二长短，跳下崖来，喝道：

“你都藏头缩颈的那里走！”四值功曹见他说出风息，慌得喝散三羊，现了本相，闪下路旁施礼道：“大圣，恕罪！恕罪！”行者道：“这一向也不曾用着你们，你们见老孙宽慢，都一个个弄懈怠了，见也不来见我一见！是怎么说！你们不在暗中保祐吾师，都往那里去？”功曹道：“你师父宽了禅性，在于金平府慈云寺贪欢，所以泰极生否，乐盛成悲，今被妖邪捕获。他身边有护法伽蓝保着哩，吾等知大圣连夜追寻，恐大圣不识山林，特来传报。”行者道：“你既传报，怎么隐姓埋名，赶着三个羊儿，吆吆喝喝作甚？”功曹道：“设此三羊，以应开泰之言，唤做三阳开泰，破解你师之否塞也。”行者恨恨的要打，见有此意，却就免之，收了棒，回嗔作喜道：“这座山，可是妖精之处？”功曹道：

“正是，正是。此山名青龙山，内有洞名玄英洞，洞中有三个妖精：大的个名辟寒大王，第二个号辟暑大王，第三个号辟尘大王，这妖精在此有千年了。他自幼儿爱食酥合香油。当年成精，到此假装佛像，哄了金平府官员人等，设立金灯，灯油用酥合香油。他年年到正月半，变佛像收油；今年见你师父，他认得是圣僧之身，连你师父都摄在洞内，不日要割剐你师之肉，使酥合香油煎吃哩。你快用工夫，救援去也。”行者闻言，喝退四功曹，转过山崖，找寻洞府。行未数里，只见那涧边有一石崖，崖下是座石屋，屋有两扇石门，半开半掩。门旁立有石碣，上有六字，却是青龙山玄英洞。行者不敢擅入，立定步，叫声：“妖怪！快送我师父出来！”那里唿喇一声，大开了门，跑出一阵牛头精，邓邓呆呆的问道：“你是谁，敢在这里呼唤！”行者道：“我本是东土大唐取经的圣僧唐三藏之大徒弟，路过金平府观灯，我师被你家魔头摄来，快早送还，免汝等性命！如或不然，掀翻你窝巢，教你群精都化为脓血！”

那些小妖听言，急入里边报道：“大王！祸事了！祸事了！”

三个老妖正把唐僧拿在那洞中深远处，那里问甚么青红皂白，教小的选剥了衣裳，汲湍中清水洗净，算计要细切细锉，着酥合香油煎吃，忽闻得报声“祸事”，老大着惊，问是何故。小妖道：“大门前有一个毛脸雷公嘴的和尚嚷道：大王摄了他师父来，教快送出去，免吾等性命；不然，就要掀翻窝巢，教我们都化为脓血哩！”那老妖听说，个个心惊道：“才拿了这厮，还不曾问他个姓名来历。小的们，且把衣服与他穿了，带过来审他一审，端是何人，何自而来也。”众妖一拥上前，把唐僧解了索，穿了衣服，推至座前，唬得唐僧战兢兢的跪在下面，只叫：“大王饶命，饶命！”三个妖精异口同声道：“你是那方来的和尚？怎么见佛像不躲，却冲撞我的云路？”唐僧磕头道：“贫僧是东土大唐驾下差来的，前往天竺国大雷音寺拜佛祖取经的。因到金平府慈云寺打斋，蒙那寺僧留过元宵看灯。正在金灯桥上，见大王显现佛像，贫僧乃肉眼凡胎，见佛就拜，故此冲撞大王云路。”那妖精道：“你那东土到此，路程甚远，一行共有几众，都叫甚名字，快实实供来，我饶你性命。”唐僧道：“贫僧俗名陈玄奘，自幼在金山寺为僧。后蒙唐皇敕赐在长安洪福寺为僧官。

又因魏徵丞相梦斩泾河老龙，唐王游地府，回生阳世，开设水陆大会，超度阴魂，蒙唐王又选赐贫僧为坛主，大阐都纲。幸观世音菩萨出现，指化贫僧，说西天大雷音寺有三藏真经，可以超度亡者升天，差贫僧来取，因赐号三藏，即倚唐为姓，所以人都呼我为唐三藏。我有三个徒弟，大的个姓孙，名悟空行者，乃齐天大圣归正。”群妖闻得此名，着了一惊道：“这个齐天大圣，可是五百年前大闹天宫的？”唐僧道：“正是，正是。第二个姓猪，名悟能八戒，乃天蓬大元帅转世。第三个姓沙，名悟净和尚，乃卷帘大将临凡。”三个妖王听说，个个心惊道：“早是不曾吃他。小的们，且把唐僧将铁链锁在后面，待拿他三个徒弟来凑吃。”遂点了一群山牛精、水牛精、黄牛精，各持兵器，走出门，掌了号头，摇旗擂鼓。

三个妖披挂整齐，都到门外喝道：“是谁人敢在我这里吆喝！”行者闪在石崖上，仔细观看，那妖精生得：彩面环睛，二角峥嵘。尖尖四只耳，灵窍闪光明。一体花纹如彩画，满身锦绣若蜚英。第一个，头顶狐裘花帽暖，一脸昂毛热气腾；第二个，身挂轻纱飞烈焰，四蹄花莹玉玲玲；第三个，威雄声吼如雷振，獠牙尖利赛银针。个个勇而猛，手持三样兵：一个使钺斧，一个大刀能；但看第三个，肩上横担扢挞藤。又见那七长八短、七肥八瘦的大大小小妖精，都是些牛头鬼怪，各执枪棒。有三面大旗，旗上明明书着“辟寒大王”、“辟暑大王”、“辟尘大王”。孙行者看了一会，忍耐不得，上前高叫道：“泼贼怪！认得老孙么？”

那妖喝道：“你是那闹天宫的孙悟空？真个是闻名不曾见面，见面羞杀天神！你原来是这等个猢狲儿，敢说大话！”行者大怒，骂道：“我把你这个偷灯油的贼！油嘴妖怪，不要胡谈！快还我师父来！”赶近前，轮铁棒就打。那三个老妖，举三般兵器，急架相迎。这一场在山凹中好杀：钺斧钢刀扢挞藤，猴王一棒敢来迎。辟寒辟暑辟尘怪，认得齐天大圣名。棒起致令神鬼怕，斧来刀砍乱飞腾。好一个混元有法真空像！抵住三妖假佛形。那三个偷油润鼻今年犯，务捉钦差驾下僧。这个因师不惧山程远，那个为嘴常年设献灯。乒乓只听刀斧响，劈朴惟闻棒有声。

冲冲撞撞三攒一，架架遮遮各显能。一朝斗至天将晚，不知那个亏输那个赢。孙行者一条棒与那三个妖魔斗经百五十合，天色将晚，胜负未分。只见那辟尘大王把扢挞藤闪一闪，跳过阵前，将旗摇了一摇，那伙牛头怪簇拥上前，把行者围在垓心，各轮兵器，乱打将来。行者见事不谐，唿喇的纵起筋斗云，败阵而走。那妖更不来赶，招回群妖，安排些晚食，众各吃了。也叫小妖送一碗与唐僧，只待拿住孙行者等才要整治。那师父一则长斋，二则愁苦，哭啼啼的未敢沾唇不题。

却说行者驾云回至慈云寺内，叫声“师弟！”那八戒沙僧正自盼望商量，听得叫时，一齐出接道：“哥哥，如何去这一日方回？端的师父下落何如？”行者笑道：“昨夜闻风而赶，至天晓到一山，不见。幸四值功曹传信道：那山叫做青龙山，山中有一玄英洞。洞中有三个妖精，唤做辟寒大王、辟暑大王、辟尘大王。

原来积年在此偷油，假变佛像，哄了金平府官员人等。今年遇见我们，他不知好歹，反连师父都摄去。老孙审得此情，吩咐功曹等众暗中保护师父，我寻近门前叫骂。那三怪齐出，都象牛头鬼形。大的个使钺斧，第二个使大刀，第三个使藤棍，后引一窝子牛头鬼怪，摇旗擂鼓，与老孙斗了一日，杀个手平。那妖王摇动旗，小妖都来，我见天晚，恐不能取胜，所以驾筋斗回来也。”八戒道：“那里想是酆都城鬼王弄喧。”沙僧道：“你怎么就猜道是酆都城鬼王弄喧？”八戒笑道：“哥哥说是牛头鬼怪，故知之耳。”行者道：“不是！不是！若论老孙看那怪，是三只犀牛成的精。”八戒道：“若是犀牛，且拿住他，锯下角来，倒值好几两银子哩！”正说处，众僧道：“孙老爷可吃晚斋？”行者道：“方便吃些儿，不吃也罢。”众僧道：“老爷征战这一日，岂不饥了？”

行者笑道：“这日把儿那里便得饥！老孙曾五百年不吃饮食哩！”众僧不知是实，只以为说笑。须臾拿来，行者也吃了，道：

“且收拾睡觉，待明日我等都去相持，拿住妖王，庶可救师父也。”沙僧在旁道：“哥哥说那里话！常言道，停留长智。那妖精倘或今晚不睡，把师父害了，却如之何？不若如今就去，嚷得他措手不及，方才好救师父。少迟，恐有失也。”八戒闻言，抖擞神威道：“沙兄弟说得是！我们都趁此月光去降魔耶！”行者依言，即吩咐寺僧：“看守行李马匹，待我等把妖精捉来，对本府刺史证其假佛，免却灯油，以苏概县小民之困，却不是好？”众僧领诺，称谢不已。他三个遂纵起祥云，出城而去。正是那：懒散无拘禅性乱，灾危有分道心蒙。毕竟不知此去胜败何如，且听下回分解。

第九十二回　三僧大战青龙山　四星挟捉犀牛怪

却说孙大圣挟同二弟滚着风，驾着云，向东北艮地上，顷刻至青龙山玄英洞口，按落云头。八戒就欲筑门，行者道："且消停，待我进去看看师父生死如何，再好与他争持。"沙僧道：

"这门闭紧，如何得进？"行者道："我自有法力。"好大圣，收了棒，捻着诀，念声咒语，叫"变！"即变做个火焰虫儿。真个也疾伶！你看他：展翅星流光灿，古云腐草为萤。神通变化不非轻，自有徘徊之性。飞近石门悬看，旁边瑕缝穿风。将身一纵到幽庭，打探妖魔动静。他自飞入，只见几只牛横攲直倒，一个个呼吼如雷，尽皆睡熟。又至中厅里面，全无消息。四下门户通关，不知那三个妖精睡在何处。才转过厅房，向后又照，只闻得啼泣之声，乃是唐僧锁在后房檐柱上哭哩。行者暗暗听他哭甚，只见他哭道："一别长安十数年，登山涉水苦熬煎。幸来西域逢佳节，喜到金平遇上元。不识灯中假佛像，概因命里有灾愆。贤徒追袭施威武，但愿英雄展大权。"行者闻言，满心欢喜，展开翅，飞近师前。唐僧揩泪道："呀！西方景象不同，此时正月，蛰虫始振，为何就有萤飞？"行者忍不住，叫声："师父，我来了！"

唐僧喜道："悟空，我心说正月怎得萤火，原来是你。"行者即现了本相道："师父啊，为你不识真假，误了多少路程，费了多少心力。我一行说不是好人，你就下拜，却被这怪侮暗灯光，盗取酥合香油，连你都摄将来了。我当吩咐八戒沙僧回寺看守，我即闻风追至此间，不识地名，幸遇四值功曹传报，说此山名青龙山玄英洞。我日间与此怪斗至天晚方回，与师弟辈细道此情，却就不曾睡，同他两个来此。我恐夜深不便交战，又不知师父下落，所以变化进来，打听师情。"唐僧喜道："八戒沙僧如今在外边哩？"行者道："在外边，才子老孙看时，妖精都睡着。我且解了锁，搠开门，带你出去罢。"唐僧点头称谢。

行者使个解锁法，用手一抹，那锁早自开了，领着师父往前正走，忽听得妖王在中厅内房里叫道："小的们，紧闭门户，小心火烛。这会怎么不叫更巡逻，梆铃都不响了？"原来那伙小妖征战一日，俱辛辛苦苦睡着，听见叫唤，却才醒了。梆铃响处，有几个执器械的，敲着锣从后而走，可可的撞着他师徒两个。众小妖一齐喊道："好和尚啊！扭开锁往那里去！"行者不容分说，掣出棒幌一幌，碗来粗细，就打。棒起处，打死两个，其余的丢了器械，近中厅打着门叫："大王！不好了！不好了！毛脸和尚在家里打杀人了！"那三怪听见，一毂辘爬将起来，只教"拿住！拿住！"唬得个唐僧手软脚软。行者也不顾师父，一路棒，滚向前来。众小妖遮架不住，被他放倒三两个，推倒两三个，打开几层门，径自出来，叫道："兄弟们何在？"八戒沙僧正举着钯杖等待，道："哥哥，如何了？"行者将变化入里解放师父正走，被妖惊觉，顾不得师父，打出来的事，讲说一遍不题。

那妖王把唐僧捉住，依然使铁索锁了，执着刀，轮着斧，灯火齐明，问道："你这厮怎样开锁，那猴子如何得进，快早供来，饶你之命！不然，就一刀两段！"慌得那唐僧，战战兢兢的跪道：

"大王爷爷！我徒弟孙悟空，他会七十二般变化。才变个火焰虫儿，飞进来救我。不期大王知觉，被小大王等撞见，是我徒弟不知好歹，打伤两个，众皆喊叫，举兵着火，他遂顾不得我，走出去了。"三个妖王，呵呵大笑道："早是惊觉，未曾走了！"叫小的们把前后门紧紧关闭，亦不喧哗。沙僧道："闭门不喧哗，想是暗弄我师父，我们动手耶！"行者道："说的是，快早打门。"那呆子卖弄神通，举钯尽力筑去，把那石门筑得粉碎，却又厉声喊骂道："偷油的贼怪！快送吾师出来也！"唬得那门内小妖滚将进去报道："大王，不好了！不好了！前门被和尚打破了！"三个妖王十分烦恼道："这厮着实无礼！"即命取披挂结束了，各持兵器，帅小妖出门迎敌。此时约有三更时候，半天中月明如昼。走出来，更不打话，便就轮兵。这里行者抵住钺斧，八戒敌住大刀，沙僧迎住大棍。这场好杀：僧三众，棍杖钯，三个妖魔胆气加。钺斧钢刀藤纥褡，只闻风响并尘沙。初交几合喷愁雾，次后飞腾散彩霞，钉钯解数随身滚，铁棒英豪更可夸。降妖宝杖人间少，妖怪顽心不让他。钺斧口明尖鐏利，藤条节懞一身花。大刀幌亮如门扇，和尚神通偏赛他。这壁厢因师性命发狠打，那壁厢不放唐僧劈脸挝。斧剁棒迎争胜负，钯轮刀砍两交搽。扢挞藤条降怪杖，翻翻复复逞豪华。三僧三怪，赌斗多时，不见输赢。那辟寒大王喊一声，叫："小的们上来！"众精各执兵刃齐来，早把个八戒绊倒在地，被几个水牛精，揪揪扯扯，拖入洞里捆了。沙僧见没了八戒，只见那群牛发喊哰声。即掣宝杖，望辟尘大王虚丢了架子要走，又被群精一拥而来，拉了个蹡踵，急挣不起，也被捉去捆了。行者觉道难为，纵筋斗云，脱身而去。当时把八戒沙僧拖至唐僧前。唐僧见了，满眼垂泪道：

"可怜你二人也遭了毒手！悟空何在？"沙僧道："师兄见捉住我们，他就走了。"唐僧道："他既走了，必然那里去求救。但我等不知何日方得脱网。"师徒们凄凄惨惨不题。

却说行者驾筋斗云复至慈云寺，寺僧接着，来问："唐老爷救得否？"行者道："难救！难救！那妖精神通广大，我弟兄三个，与他三个斗了多时，被他呼小妖先捉了八戒，后捉了沙僧，老孙幸走脱了。"众僧害怕道："爷爷这般会腾云驾雾，还捉获不得，想老师父被倾害也。"行者道："不妨！不妨！我师父自有伽蓝、揭谛、丁甲等神暗中护佑，却也曾吃过草还丹，料不伤命，只是那妖精有本事。汝等可好看马匹行李，等老孙上天去求救兵来。"众僧胆怯道："爷爷又能上天？"行者笑道："天宫原是我的旧家。当年我做齐天大圣，因为乱了蟠桃会，被我佛收降，如今没奈何，保唐僧取经，将功折罪。一路上辅正除邪，我师父该有此难，汝等却不知也。"众僧听此言，又磕头礼拜。行者出得门，打个唿哨，即时不见。

好大圣，早至西天门外，忽见太白金星与增长天王，殷、朱、陶、许四大灵官讲话。他见行者来，都慌忙施礼道："大圣那里去？"行者道："因保唐僧行至天竺国东界金平府旻天县，我师被本县慈云寺僧留赏元宵。比至金灯桥，有金灯三盏，点灯用酥合香油，价贵白金五万余两，年年有诸佛降祥受用。正看时，果有三尊佛像降临，我师不识好歹，上桥就拜。我说不是好人，早被他侮暗灯光，连油并我师一风摄去。我随风追袭，至天晓到一山，幸四功曹报道，那山名青龙山，山有玄英洞，洞有三怪，名辟寒大王、辟暑大王、辟尘大王。老孙急上门寻讨，与他赌斗一阵，未胜。是我变化入里，见师父锁住未伤，随解了欲出，又被他知觉，我遂走了。后又同八戒沙僧苦战，复被他将二人也捉去捆了。老孙因此特启玉帝，查他来历，请命将降之。"

金星呵呵冷笑道："大圣既与妖怪相持，岂看不出他的出处？"

行者道："认便认得，是一伙牛精。只是他大有神通，急不能降也。"金星道："那是三个犀牛之精。他因有天文之象，累年修悟成真，亦能飞云步雾。其怪极爱干净，常嫌自己影身，每欲下水洗浴。他的名色也多：有兕犀，有雄犀，有牯犀，有斑犀，又有胡冒犀、堕罗犀、通天花文犀，都是一孔三毛二角，行于江海之中，能开水道。似那辟寒、辟暑、辟尘都是角有贵气，故以此为名而称大王也。若要拿他，只是四木禽星见面就伏。"行者连忙唱喏问道："是那四木禽星？烦长庚老一一明示明示。"金星笑道："此星在斗牛宫外，罗布乾坤。你去奏闻玉帝，便见分晓。"

行者拱拱手称谢，径入天门里去。

不一时，到于通明殿下，先见葛邱张许四大天师。天师问道："何往？"行者道："近行至金平府地方，因我师宽放禅性，元夜观灯，遇妖魔摄去。老孙不能收降，特来奏闻玉帝求救。"四天师即领行者至灵霄宝殿启奏。各各礼毕，备言其事，玉帝传旨："教点那路天兵相助？"行者奏道："老孙才到西天门，遇长庚星说，那怪是犀牛成精，惟四木禽星可以降伏。"玉帝即差许天师同行者去斗牛宫点四木禽星下界收降。

及至宫外，早有二十八宿星辰来接，天师道："吾奉圣旨，教点四木禽星与孙大圣下界降妖。"旁即闪过角木蛟、斗木獬、奎木狼、井木犴应声呼道："孙大圣，点我等何处降妖？"行者笑道："原来是你。这长庚老儿却隐匿，我不解其意，早说是二十八宿中的四木，老孙径来相请，又何必劳烦旨意？"四木道："大圣说那里话！我等不奉旨意，谁敢擅离？端的是那方？快早去来。"行者道："在金平府东北艮地青龙山玄英洞，犀牛成精。"

斗木獬、奎木狼、角木蛟道："若果是犀牛成精，不须我们，只消井宿去罢。他能上山吃虎，下海擒犀。"行者道："那犀不比望月之犀，乃是修行得道，都有千年之寿者。须得四位同去才好，切勿推调，倘一时一位拿他不住，却不又费事了？"天师道："你们说得是甚话！旨意着你四人，岂可不去？趁早飞行，我回旨去也。"那天师遂别行者而去。四木道："大圣不必迟疑，你先去索战，引他出来，我们随后动手。"行者即近前骂道："偷油的贼怪！还我师来！"原来那门被八戒筑破，几个小妖弄了几块板儿搪住，在里边听得骂詈，急跑进报道："大王，孙和尚在外面骂哩！"辟尘儿道："他败阵去了，这一日怎么又来？想是那里求些救兵来了。"辟寒、辟暑道："怕他甚么救兵！快取披挂来！小的们，都要用心围绕，休放他走了。"那伙精不知死活，一个个各执枪刀，摇旗擂鼓，走出洞来，对行者喝道："你个不怕打的猢狲儿，你又来了！"行者最恼得是这猢狲二字，咬牙发狠举铁棒就打。三个妖王，调小妖，跑个圈子阵，把行者圈在垓心。那壁厢四木禽星一个个各轮兵刃道："孽畜！休动手！"那三个妖王看他四星，自然害怕，俱道："不好了！不好了！他寻将降手儿来了！小的们，各顾性命走耶！"只听得呼呼吼吼，喘喘呵呵，众小妖都现了本身：原来是那山牛精、水牛精、黄牛精，满山乱跑。那三个妖王，也现了本相，放下手来，还是四只蹄子，就如铁炮一般，径往东北上跑。这大圣帅井木犴、角木蛟紧追急赶，略不放松。惟有斗木獬、奎木狼在东山凹里、山头上、山涧中、山谷内，把些牛精打死的、活捉的，尽皆收净。却向玄英洞里解了唐僧、八戒、沙僧。沙僧认得是二星，随同拜谢，因问："二位如何到此相救？"二星道："吾等是孙大圣奏玉帝请旨调来收怪救你也。"唐僧又滴泪道："我悟空徒弟怎么不见进来？"二星道："那三个老怪是三只犀牛，他见吾等，各各顾命，向东北艮方逃遁。孙大圣帅井木犴、角木蛟追赶去了。我二星扫荡群牛到此，特来解放圣僧。"唐僧复又顿首拜谢，朝天又拜，八戒搀起道："师父，礼多必诈，不须只管拜了。四星官一则是玉帝圣旨，二则是师兄人情。今既扫荡群妖，还不知老妖如何降伏，我们且收拾些细软东西出来，掀翻此洞，以绝其根，回寺等候师兄罢。"奎木狼道："天蓬元帅说得有理。你与卷帘大将保护你师回寺安歇，待吾等还去艮方迎敌。"八戒道："正是，正是，你二位还协同一捉，必须剿尽，方好回旨。"二星官即时追袭。八戒与沙僧将他洞内细软宝贝，有许多珊瑚、玛瑙、珍珠、琥珀、琗琚、宝贝、美玉、良金，搜出一石，搬在外面，请师父到山崖上坐了，他又进去放起火来，把一座洞烧成灰烬，却才领唐僧找路回金平慈云寺去。正是：经云泰极还生否，好处逢凶实有之。

爱赏花灯禅性乱，喜游美景道心漓。大丹自古宜长守，一失原来到底亏。紧闭牢拴休旷荡，须臾懈怠见参差。

且不言他三众得命回寺，却表斗木獬、奎木狼二星官驾云直向东北艮方赶妖怪来。二人在那半空中，寻看不见，直到西洋大海，远望见孙大圣在海上吆喝。他两个按落云头道："大圣，妖怪那里去了？"行者恨道："你两个怎么不来追降？这会子却冒冒失失的问甚？"斗木獬道："我见大圣与井、角二星战败妖魔追赶，料必擒拿。我二人却就扫荡群精，入玄英洞救出你师父、师弟。搜了山，烧了洞，把你师父付托与你二弟领回府城慈云寺。多时不见车驾回转，故又追寻到此也。"行者闻言，方才喜谢道："如此，却是有功，多累！多累！但那三个妖魔，被我赶到此间，他就钻下海去。当有井、角二星，紧紧追拿，教老孙在岸边抵挡。你两个既来，且在岸边把截，等老孙也再去来。"

好大圣，轮着棒，捻着诀，辟开水径，直入波涛深处，只见那三个妖魔在水底下与井木犴、角木蛟舍死忘生苦斗哩。他跳近前喊道："老孙来也！"那妖精抵住二星官，措手不及，正在危难之处，忽听得行者叫喊，顾残生，拨转头往海心里飞跑。原来这怪头上角，极能分水，只闻得花花花，冲开明路。这后边二星官并孙大圣并力追之。

却说西海中有个探海的夜叉，巡海的介士，远见犀牛分开水势，又认得孙大圣与二天星，即赴水晶宫对龙王慌慌张张报道："大王！有三只犀牛，被齐天大圣和二位天星赶来也！"老龙王敖顺听言，即唤太子摩昂："快点水兵，想是犀牛精辟寒、辟暑、辟尘儿三个惹了孙行者。今既至海，快快拔刀相助。"敖摩昂得令，即忙点兵。顷刻间，龟鳖鼋鼍，鯾鱼白鳜鲤，与虾兵蟹卒等，各执枪刀，一齐呐喊，腾出水晶宫外，挡住犀牛精。犀牛精不能前进，急退后，又有井、角二星并大圣拦阻，慌得他失了群，各各逃生，四散奔走，早把个辟尘儿被老龙王领兵围住。孙大圣见了心欢，叫道："消停消停！捉活的，不要死的。"摩昂听令，一拥上前，将辟尘儿扳翻在地，用铁钩子穿了鼻，攒蹄捆倒。

老龙王又传号令，教分兵赶那两个，协助二星官擒拿。即时小龙王帅众前来，只见井木犴现原身，按住辟寒儿，大口小口的啃着吃哩。摩昂高叫道："井宿！井宿！莫咬死他，孙大圣要活的，不要死的哩。"连喊数喊，已是被他把颈项咬断了。摩昂吩咐虾兵蟹卒，将个死犀牛抬转水晶宫，却又与井木犴向前追赶。只见角木蛟把那辟暑儿倒赶回来，只撞着井宿。摩昂帅龟鳖鼋鼍，撒开簸箕阵围住，那怪只教："饶命！饶命！"井木犴走近前，一把揪住耳朵，夺了他的刀，叫道："不杀你！不杀你！

拿与孙大圣发落去来。"当即倒干戈，复至水晶宫外报道："都捉来也。"行者见一个断了头，血淋津的倒在地下，一个被井木犴拖着耳朵，推跪在地，近前仔细看了道："这头不是兵刀伤的啊。"摩昂笑道："不是我喊得紧，连身子都着井星官吃了。"行者道："既是如此，也罢，取锯子来，锯下他的这两只角，剥了皮带去。犀牛肉还留与龙王贤父子享之。"又把辟尘儿穿了鼻，教角木蛟牵着；辟暑儿也穿了鼻，教井木犴牵着："带他上金平府见那刺史官，明究其由，问他个积年假佛害民，然后的决。"

众等遵言，辞龙王父子，都出西海，牵着犀牛，会着奎、斗二星，驾云雾，径转金平府。行者足踏祥光，半空中叫道："金平府刺史、各佐贰郎官并府城内外军民人等听着：吾乃东土大唐差往西天取经的圣僧。你这府县每年家供献金灯，假充诸佛降祥者，即此犀牛之怪。我等过此，因元夜观灯，见这怪将灯油并我师父摄去，是我请天神收伏。今已扫清山洞，剿尽妖魔，不得为害，以后你府县再不可供献金灯，劳民伤财也。"那慈云寺里，八戒沙僧方保唐僧进得山门，只听见行者在半空言语，即便撇了师父，丢下担子，纵风云起到空中，问行者降妖之事。行者道："那一只被井星咬死，已锯角剥皮带来，两只活拿在此。"

八戒道："这两个索性推下此城，与官员人等看看，也认得我们是圣是神，左右累四位星官收云下地，同到府堂，将这怪的决。已此情真罪当，再有甚讲！”四星道：“天蓬帅近来知理明律，却好呀！”八戒道：“因做了这几年和尚，也略学得些儿。”

众神果推落犀牛，一簇彩云，降至府堂之上。唬得这府县官员，城里城外人等，都家家设香案，户户拜天神。少时间，慈云寺僧把长老用轿抬进府门，会着行者，口中不离“谢”字道：

“有劳上宿星官救出我等，因不见贤徒，悬悬在念，今幸得胜而回！然此怪不知赶向何方才捕获也！”行者道：“自前日别了尊师，老孙上天查访，蒙太白金星识得妖魔是犀牛，指示请四木禽星。当时奏闻玉帝，蒙旨差委，直至洞口交战。妖王走了，又蒙斗、奎二宿救出尊师。老孙与井、角二宿并力追妖，直赶到西洋大海，又亏龙王遣子帅兵相助，所以捕获到此审究也。”长老赞扬称谢不已。又见那府县正官并佐贰首领，都在那里高烧宝烛，满斗焚香，朝上礼拜。少顷间，八戒发起性来，掣出戒刀，将辟尘儿头一刀砍下，又一刀把辟暑儿头也砍下，随即取锯子锯下四只角来。孙大圣更有主张，就教：“四位星官，将此四只犀角拿上界去，进贡玉帝，回缴圣旨。”把自己带来的二只：“留一只在府堂镇库，以作向后免征灯油之证；我们带一只去，献灵山佛祖。”四星心中大喜，即时拜别大圣，忽驾彩云回奏而去。

府县官留住他师徒四众，大排素宴，遍请乡官陪奉。一壁厢出给告示，晓谕军民人等，下年不许点设金灯，永蠲买油大户之役；一壁厢叫屠子宰剥犀牛之皮，硝熟熏干，制造铠甲，把肉普给官员人等；又一壁厢动支枉罚无碍钱粮，买民间空地，起建四星降妖之庙；又为唐僧四众建立生祠，各各树碑刻文，用传千古，以为报谢。师徒们索性宽怀领受，又被那二百四十家灯油大户，这家酬，那家请，略无虚刻。八戒遂心满意受用，把洞里搜来的宝物，每样各笼些须在袖，以为各家斋筵之赏。

住经个月，犹不得起身，长老吩咐：“悟空，将余剩的宝物，尽送慈云寺僧，以为酬礼。瞒着那些大户人家，天不明走罢。恐只管贪乐，误了取经，惹佛祖见罪、又生灾厄，深为不便。”行者随将前件一一处分。

次日五更早起，唤八戒备马。那呆子吃了自在酒饭，睡得梦梦乍道：“这早备马怎的？”行者喝道：“师父教走路哩！”呆子抹抹脸道：“又是这长老没正经！二百四十家大户都请，才吃了有三十几顿饱斋，怎么又弄老猪忍饿！”长老听言骂道：“馕糟的夯货！莫胡说！快早起来！再若强嘴，教悟空拿金箍棒打牙！”

那呆子听见说打，慌了手脚道：“师父今番变了，常时疼我爱我，念我蠢夯护我，哥要打时，他又劝解；今日怎么发狠转教打么？”行者道：“师父怪你为嘴误了路程，快早收拾行李备马，免打！”那呆子真个怕打，跳起来穿了衣服，吆喝沙僧：“快起来！打将来了！”沙僧也随跳起，各各收拾皆完。长老摇手道：“寂寂悄悄的，不要惊动寺僧。”连忙上马，开了山门，找路而去。这一去，正所谓：暗放玉笼飞彩凤，私开金锁走蛟龙。毕竟不知天明时，酬谢之家端的如何，且听下回分解。

第九十三回　给孤园问古谈因　天竺国朝王遇偶

起念断然有爱，留情必定生灾。灵明何事辨三台？行满自归元海。不论成仙成佛，须从个里安排。清清净净绝尘埃，果正飞升上界。却说寺僧，天明不见了三藏师徒，都道：“不曾留得，不曾别得，不曾求告得，清清的把个活菩萨放得走了！”正说处，只见南关厢有几个大户来请，众僧扑掌道：“昨晚不曾防御，今夜都驾云去了。”众人齐望空拜谢。此言一讲，满城中官员人等，尽皆知之，叫此大户人家，俱治办五牲花果，往生祠祭献酬恩不题。

却说唐僧四众，餐风宿水，一路平宁，行有半个多月。忽一日，见座高山，唐僧又悚惧道：“徒弟，那前面山岭峻峭，是必小心！”行者笑道：“这边路上将近佛地，断乎无甚妖邪，师父放怀勿虑。”唐僧道：“徒弟，虽然佛地不远。但前日那寺僧说，到天竺国都下有二千里，还不知是有多少路哩。”行者道：“师父，你好是又把乌巢禅师《心经》忘记了也？”三藏道：“《般若心经》是我随身衣钵。自那乌巢禅师教后，那一日不念，那一时得忘？颠倒也念得来，怎会忘得！”行者道：“师父只是念得，不曾求那师父解得。”三藏说：“猴头！怎又说我不曾解得！你解得么？”行者道：“我解得，我解得。”自此，三藏、行者再不作声。旁边笑倒一个八戒，喜坏一个沙僧，说道：“嘴脸！替我一般的做妖精出身，又不是那里禅和子，听过讲经，那里应佛僧，也曾见过说法？弄虚头，找架子，说甚么晓得，解得！怎么就不作声？听讲！请解！”沙僧说：“二哥，你也信他。大哥扯长话，哄师父走路。他晓得弄棒罢了，他那里晓得讲经！”三藏道：“悟能悟净，休要乱说，悟空解得是无言语文字，乃是真解。”

他师徒们正说话间，却倒也走过许多路程，离了几个山冈，路旁早见一座大寺。三藏道：“悟空，前面是座寺啊，你看那寺，倒也不小不大，却也是琉璃碧瓦；半新半旧，却也是八字红墙。隐隐见苍松偃盖，也不知是几千百年间故物到于今；潺潺听流水鸣弦，也不道是那朝代时分开山留得在。山门上，大书着布金禅寺；悬扁上，留题着上古遗迹。”行者看得是布金禅寺，八戒也道是布金禅寺，三藏在马上沉思道：“布金，布金，这莫不是舍卫国界了么？”八戒道：“师父，奇啊！我跟师父几年，再不曾见识得路，今日也识得路了。”三藏说道：“不是，我常看经诵典，说是佛在舍卫城祇树给孤园。这园说是给孤独长者问太子买了，请佛讲经。太子说：‘我这园不卖。他若要买我的时，除非黄金满布园地。’给孤独长者听说，随以黄金为砖，布满园地，才买得太子祇园，才请得世尊说法。我想这布金寺莫非就是这个故事？”八戒笑道：“造化！若是就是这个故事，我们也去摸他块把砖儿送人。”大家又笑了一会，三藏才下得马来。

进得山门，只见山门下挑担的，背包的，推车的，整车坐下；也有睡的去睡，讲的去讲。忽见他们师徒四众，俊的又俊，丑的又丑，大家有些害怕，却也就让开些路儿。三藏生怕惹事，口中不住只叫：“斯文！斯文！”这时节，却也大家收敛。转过金刚殿后，早有一位禅僧走出，却也威仪不俗。真是：面如满月光，身似菩提树。拥锡袖飘风，芒鞋石头路。三藏见了问讯。那僧即忙还礼道：“师从何来？”三藏道：“弟子陈玄奘，奉东土大唐皇帝之旨，差往西天拜佛求经。路过宝方，造次奉谒，便求借一宿，明日就行。”那僧道：“荒山十方常住，都可随喜，况长老东土神僧，但得供养，幸甚。”三藏谢了，随即唤他三人同行，过了回廊香积，径入方丈。相见礼毕，分宾主坐定，行者三人，亦垂手坐了。

话说这时寺中听说到了东土大唐取经僧人，寺中若大若小，不问长住、挂榻、长老、行童，一一都来参见。茶罢，摆上斋供。这时长老还正开斋念偈，八戒早是要紧，馒头、素食、粉汤一搅直下。这时方丈却也人多，有知识的赞说三藏威仪，好耍子的都看八戒吃饭。却说沙僧眼溜，看见头底，暗把八戒捏了一把，说道：“斯文！”八戒着忙，急的叫将起来，说道：“斯文斯文！肚里空空！”沙僧笑道：“二哥，你不晓的，天下多少斯文，若论起肚子里来，正替你我一般哩。”八戒方才肯住。三藏念了结斋，左右彻了席面，三藏称谢。

寺僧问起东土来因，三藏说到古迹，才问布金寺名之由。

那僧答曰：“这寺原是舍卫国给孤独园寺，又名祇园。因是给孤独长者请佛讲经，金砖布地，又易今名。我这寺一望之前，乃是舍卫国，那时给孤独长者正在舍卫国居住。我荒山原是长者之祇园，因此遂名给孤布金寺，寺后边还有祇园基址。近年间，若遇时雨滂沱，还淋出金银珠儿，有造化的，每每拾着。”三藏道：

“话不虚传果是真！”又问道：“才进宝山，见门下两廊有许多骡马车担的行商，为何在此歇宿？”众僧道：“我这山唤做百脚山。

先年且是太平，近因天气循环，不知怎的，生几个蜈蚣精，常在路下伤人。虽不至于伤命，其实人不敢走。山下有一座关，唤做鸡鸣关，但到鸡鸣之时，才敢过去。那些客人因到晚了，惟恐不便，权借荒山一宿，等鸡鸣后便行。”三藏道：“我们也等鸡鸣后去罢。”师徒们正说处，又见拿上斋来，却与唐僧等吃毕。此时上弦月皎，三藏与行者步月闲行，又见个道人来报道：“我们老师爷要见见中华人物。”三藏急转身，见一个老和尚，手持竹杖，向前作礼道：“此位就是中华来的师父？”三藏答礼道：“不敢。”老僧称赞不已。因问：“老师高寿？”三藏道：“虚度四十五年矣，敢问老院主尊寿？”老僧笑道：“比老师痴长一花甲也。”

行者道：“今年是一百零五岁了，你看我有多少年纪？”老僧道：

“师家貌古神清，况月夜眼花，急看不出来。”叙了一会，又向后廊看看。三藏道：“才说给孤园基址，果在何处？”老僧道：“后门外就是。”快教开门，但见是一块空地，还有些碎石迭的墙脚。

三藏合掌叹曰：“忆昔檀那须达多，曾将金宝济贫疴。祇园千古留名在，长者何方伴觉罗？”

他都玩着月，缓缓而行，行近后门外，至台上又坐了一坐。

忽闻得有啼哭之声，三藏静心诚听，哭的是爷娘不知苦痛之言。他就感触心酸，不觉泪堕，回问众僧道：“是甚人在何处悲切？”老僧见问，即命众僧先回去煎茶，见无人方才对唐僧行者下拜。三藏搀起道：“老院主，为何行此礼？”老僧道：“弟子年岁百余，略通人事。每于禅静之间，也曾见过几番景象。若老爷师徒，弟子聊知一二，与他人不同。若言悲切之事，非这位师家，明辨不得。”行者道：“你且说是甚事？”老僧道：“旧年今日，弟子正明性月之时，忽闻一阵风响，就有悲怨之声。弟子下榻，到祇园基上看处，乃是一个美貌端正之女。我问他：‘你是谁家女子？为甚到于此地？’那女子道：‘我是天竺国国王的公主。因为月下观花，被风刮来的。’我将他锁在一间敝空房里，将那房砌作个监房模样，门上止留一小孔，仅递得碗过。当日与众僧传道，是个妖邪，被我捆了，但我僧家乃慈悲之人，不肯伤他性命。每日与他两顿粗茶粗饭，吃着度命。那女子也聪明，即解吾意，恐为众僧点污，就装风作怪，尿里眠，屎里卧。白日家说胡话，呆呆邓邓的；到夜静处，却思量父母啼哭。我几番家进城乞化打探公主之事，全然无损。故此坚收紧锁，更不放出。今幸老师来国，万望到了国中，广施法力，辨明辨明，一则救拔良善，二则昭显神通也。”三藏与行者听罢，切切在心。正说处，只见两个小和尚请吃茶安置，遂而回去。

八戒与沙僧在方丈中，突突哝哝的道：“明日要鸡鸣走路，此时还不来睡！”行者道：“呆子又说甚么？”八戒道：“睡了罢，这等夜深，还看甚么景致。”因此，老僧散去，唐僧就寝。正是那：人静月沉花梦悄，暖风微透壁窗纱。铜壶点点看三汲，银汉明明照九华。

当夜睡还未久，即听鸡鸣，那前边行商烘烘皆起，引灯造饭。这长老也唤醒八戒沙僧扣马收拾，行者叫点灯来。那寺僧已先起来，安排茶汤点心，在后候敬。八戒欢喜，吃了一盘馍馍，把行李马匹牵出。三藏、行者对众辞谢，老僧又向行者道：

“悲切之事，在心在心！”行者笑道：“谨领谨领！我到城中，自能聆音而察理，见貌而辨色也。”那伙行商，哄哄嚷嚷的，也一同上了大路，将有寅时，过了鸡鸣关。至巳时，方见城垣，真是铁瓮金城，神洲天府。那城：虎踞龙蟠形势高，凤楼麟阁彩光摇。

御沟流水如环带，福地依山插锦标。晓日旌旗明辇路，春风箫鼓遍溪桥。国王有道衣冠胜，五谷丰登显俊豪。

当日入于东市街，众商各投旅店。他师徒们进城，正走处，有一个会同馆驿，三藏等径入驿内。那驿内管事的，即报驿丞道：“外面有四个异样的和尚，牵一匹白马进来了。”驿丞听说有马，就知是官差的，出厅迎迓。三藏施礼道：“贫僧是东土唐朝钦差灵山大雷音见佛求经的，随身有关文，入朝照验。借大人高衙一歇，事毕就行。”驿丞答礼道：“此衙门原设待使客之处，理当款迓，请进，请进。”三藏喜悦，教徒弟们都来相见。那驿丞看见嘴脸丑陋，暗自心惊，不知是人是鬼，战兢兢的，只得看茶，摆斋。三藏见他惊怕，道：“大人勿惊，我等三个徒弟，相貌虽丑，心地俱良，俗谓山恶人善，何以惧为！”驿丞闻言，方才定了心性问道：“国师，唐朝在于何方？”三藏道：“在南赡部洲中华之地。”又问：“几时离家？”三藏道：“贞观十三年，今已历过十四载，苦经了些万水千山，方到此处。”驿丞道：“神僧！神僧！”三藏问道：“上国天年几何？”驿丞道：“我敝处乃大天竺国，自太祖太宗传到今，已五百余年。现在位的爷爷，爱山水花卉，号做怡宗皇帝，改元靖宴，今已二十八年了。”三藏道，“今日贫僧要去见驾倒换关文，不知可得遇朝？”驿丞道：“好！好！

正好！近因国王的公主娘娘，年登二十青春，正在十字街头，高结彩楼，抛打绣球，撞天婚招驸马。今日正当热闹之际，想我国王爷爷还未退朝，若欲倒换关文，趁此时好去。”三藏欣然要走，只见摆上斋来，遂与驿丞、行者等吃了。

时已过午，三藏道：“我好去了。”行者道：“我保师父去。”

八戒道：“我去。”沙僧道：“二哥罢么，你的嘴脸不见怎的，莫到朝门外装胖，还教大哥去。”三藏道：“悟净说得好，呆子粗夯，悟空还有些细腻。”那呆子掬着嘴道：“除了师父，我三个的嘴脸也差不多儿。”三藏却穿了袈裟，行者拿了引袋同去。只见街坊上，士农工商，文人墨客，愚夫俗子，齐咳咳都道：“看抛绣球去也！”三藏立于道旁对行者道：“他这里人物衣冠，宫室器用，言语谈吐，也与我大唐一般。我想着我俗家先母也是抛打绣球遇旧姻缘，结了夫妇。此处亦有此等风俗。”行者道：“我们也去看看如何？”三藏道：“不可！不可！你我服色不便，恐有嫌疑。”

行者道：“师父，你忘了那给孤布金寺老僧之言：一则去看彩楼，二则去辨真假。似这般忙忙的，那皇帝必听公主之喜报，那里视朝理事？且去去来！”三藏听说，真与行者相随，见各项人等俱在那里看打绣球。呀！那知此去，却是渔翁抛下钩和线，从今钓出是非来。

话表那个天竺国王，因爱山水花卉，前年带后妃、公主在御花园月夜赏玩，惹动一个妖邪，把真公主摄去，他却变做一个假公主。知得唐僧今年今月今日今时到此，他假借国家之富，搭起彩楼，欲招唐僧为偶，采取元阳真气，以成太乙上仙。

正当午时三刻，三藏与行者杂入人丛，行近楼下，那公主才拈香焚起，祝告天地。左右有五七十胭娇绣女，近侍的捧着绣球。

那楼八窗玲珑，公主转睛观看，见唐僧来得至近，将绣球取过来，亲手抛在唐僧头上。唐僧着了一惊，把个毗卢帽子打歪，双手忙扶着那球，那球毂辘的滚在他衣袖之内。那楼上齐声发喊道：“打着个和尚了！打着个和尚了！”噫！十字街头，那些客商人等，济济哄哄，都来奔抢绣球，被行者喝一声，把牙傞一傞，把腰躬一躬，长了有三丈高，使个神威，弄出丑脸，唬得些人跌跌爬爬，不敢相近。霎时人散，行者还现了本象。那楼上绣女宫娥并大小太监，都来对唐僧下拜道：“贵人！贵人！请入朝堂贺喜。”三藏急还礼，扶起众人，回头埋怨行者道：“你这猴头，又是撮弄我也！”行者笑道：“绣球儿打在你头上，滚在你袖里，干我何事？埋怨怎么？”三藏道：“似此怎生区处？”行者道：“师父，你且放心。便入朝见驾，我回驿报与八戒沙僧等候。若是公主不招你便罢，倒换了关文就行；如必欲招你，你对国王说，召我徒弟来，我要吩咐他一声。那时召我三个入朝，我其间自能辨别真假。此是倚婚降怪之计。”唐僧无已从言，行者转身回驿。

那长老被众宫娥等撮拥至楼前。公主下楼，玉手相搀，同登宝辇，摆开仪从，回转朝门。早有黄门官先奏道：“万岁，公主娘娘搀着一个和尚，想是绣球打着，现在午门外候旨。”那国王见说，心甚不喜，意欲赶退，又不知公主之意何如，只得含情宣入。公主与唐僧遂至金銮殿下，正是一对夫妻呼万岁，两门邪正拜千秋。礼毕，又宣至殿上，开言问道：“僧人何来，遇朕女抛球得中？”唐僧俯伏奏道：“贫僧乃南赡部洲大唐皇帝差往西天大雷音寺拜佛求经的，因有长路关文，特来朝王倒换。路过十字街彩楼之下，不期公主娘娘抛绣球，打在贫僧头上。贫僧是出家异教之人，怎敢与玉叶金枝为偶！万望赦贫僧死罪，倒换关文，打发早赴灵山，见佛求经，回我国土，永注陛下之天恩也！”国王道：“你乃东土圣僧，正是千里姻缘使线牵。寡人公主，今登二十岁未婚，因择今日年月日时俱利，所以结彩楼抛绣球，以求佳偶。可可的你来抛着，朕虽不喜，却不知公主之意如何。”那公主叩头道：“父王，常言嫁鸡逐鸡，嫁犬逐犬。女有誓愿在先，结了这球，告奏天地神明，撞天婚抛打。今日打着圣僧，即是前世之缘，遂得今生之遇，岂敢更移！愿招他为驸马。”

国王方喜，即宣钦天监正台官选择日期，一壁厢收拾妆奁，又出旨晓谕天下。三藏闻言，更不谢恩，只教“放赦！放赦！”国王道：“这和尚甚不通理。朕以一国之富，招你做驸马，为何不在此停用，念念只要取经！再若推辞，教锦衣官校推出斩了！”长老唬得魂不附体，只得战兢兢叩头启奏道：“感蒙陛下天恩，但贫僧一行四众，还有三个徒弟在外，今当领纳，只是不曾吩咐得一言，万望召他到此，倒换关文，教他早去，不误了西来之意。”国王遂准奏道：“你徒弟在何处？”三藏道：“都在会同馆驿。”随即差官召圣僧徒弟领关文西去，留圣僧在此为驸马，长老只得起身侍立。有诗为证：大丹不漏要三全，苦行难成恨恶缘。道在圣传修在己，善由人积福由天。休逞六根多贪欲，顿开一性本来原。无爱无思自清净，管教解脱得超然。当时差官至会同馆驿，宣召唐僧徒弟不题。

却说行者自彩楼下别了唐僧，走两步，笑两声，喜喜欢欢的回驿。八戒沙僧迎着道：“哥哥，你怎么那般喜笑？师父如何不见？”行者道：“师父喜了。”八戒道：“还未到地头，又不曾见佛取得经回，是何来之喜？”行者笑道：“我与师父只走至十字街彩楼之下，可可的被当朝公主抛绣球打中了师父，师父被些宫娥、彩女、太监推拥至楼前，同公主坐辇入朝，招为驸马，此非喜而何？”八戒听说，跌脚捶胸道：“早知我去好来！都是那沙僧惫懒！你不阻我啊，我径奔彩楼之下，一绣球打着我老猪，那公主招了我，却不美哉，妙哉！俊刮标致，停当，大家造化耍子儿，何等有趣！”沙僧上前，把他脸上一抹道：“不羞！不羞！好个嘴巴骨子！三钱银子买了老驴，自夸骑得！要是一绣球打着你，就连夜烧退送纸也还道迟了，敢惹你这晦气进门！”八戒道：“你这黑子不知趣！丑自丑，还有些风味。自古道，皮肉粗糙，骨格坚强，各有一得可取。”行者道：“呆子莫胡谈！且收拾行李。但恐师父着了急，来叫我们，却好进朝保护他。”八戒道：

“哥哥又说差了。师父做了驸马，到宫中与皇帝的女儿交欢，又不是爬山蹚路，遇怪逢魔，要你保护他怎的！他那样一把子年纪，岂不知被窝里之事，要你去扶揝？”行者一把揪住耳朵，轮拳骂道：“你这个淫心不断的夯货！说那甚胡话！”正吵闹间，只见驿丞来报道：“圣上有旨，差官来请三位神僧。”八戒道：“端的请我们为何？”驿丞道：“老神僧幸遇公主娘娘，打中绣球，招为驸马，故此差官来请。”行者道：“差官在那里？教他进来。”那官看行者施礼。礼毕，不敢仰视，只管暗念诵道：“是鬼，是怪？是雷公，夜叉？”行者道：“那官儿，有话不说，为何沉吟？”那官儿慌得战战兢兢的，双手举着圣旨，口里乱道：“我公主有请会亲，我主公会亲有请！”八戒道：“我这里没刑具，不打你，你慢慢说，不要怕。”行者道：“莫成道怕你打？怕你那脸哩！快收拾挑担牵马进朝，见师父议事去也！”这正是：路逢狭道难回避，定教恩爱反为仇。毕竟不知见了国王有何话说，且听下回分解。

第九十四回　四僧宴乐御花园　一怪空怀情欲喜

话表孙行者三人，随着宣召官至午门外，黄门官即时传奏宣进。他三个齐齐站定，更不下拜，国王问道：“那三位是圣僧驸马之高徒？姓甚名谁？何方居住？因甚事出家？取何经卷？”

行者即近前，意欲上殿，旁有护驾的喝道：“不要走！有甚话，立下奏来。”行者笑道：“我们出家人，得一步就进一步。”随后八戒沙僧亦俱近前。长老恐他村鲁惊驾，便起身叫道：“徒弟啊，陛下问你来因，你即奏上。”行者见他那师父在旁侍立，忍不住大叫一声道：“陛下轻人重己！既招我师为驸马，如何教他侍立？世间称女夫谓之贵人，岂有贵人不坐之理！”国王听说，大惊失色，欲退殿，恐失了观瞻，只得硬着胆，教近侍的取绣墩来，请唐僧坐了。行者才奏道：“老孙祖居东胜神洲傲来国花果山水帘洞。父天母地，石裂吾生。曾拜至人，学成大道。复转仙乡，啸聚在洞天福地。下海降龙，登山擒兽。消死名，上生籍，官拜齐天大圣。玩赏琼楼，喜游宝阁。会天仙，日日歌欢；居圣境，朝朝快乐。只因乱却蟠桃宴，大反天宫，被佛擒伏。困压在五行山下，饥餐铁弹，渴饮铜汁，五百年未尝茶饭。幸我师出东土，拜西方，观音教令脱天灾，离大难，皈正在瑜伽门下。旧讳悟空，称名行者。”国王闻得这般名重，慌得下了龙床，走将来，以御手挽定长老道：“驸马，也是朕之天缘，得遇你这仙姻仙眷。”三藏满口谢恩，请国王登位。复问：“那位是第二高徒？”八戒掬嘴扬威道：“老猪先世为人，贪欢爱懒。一生混沌，乱性迷心。未识天高地厚，难明海阔山遥。正在幽闲之际，忽然遇一真人。半句话，解开业网；两三言，劈破灾门。当时省悟，立地投师，谨修二八之工夫，敬炼三三之前后。行满飞升，得超天府。荷蒙玉帝厚恩，官赐天蓬元帅，管押河兵，逍遥汉阙。只因蟠桃酒醉，戏弄嫦娥，谪官衔，遭贬临凡；错投胎，托生猪象。住福陵山，造恶无边。遇观音，指明善道。皈依佛教，保护唐僧。径往西天，拜求妙典。法讳悟能，称为八戒。”

国王听言，胆战心惊，不敢观觑。这呆子越弄精神，摇着头，掬着嘴，撑起耳朵呵呵大笑。三藏又怕惊驾，即叱道：“八戒收敛！”方才叉手拱立，假扭斯文。又问：“第三位高徒，因甚皈依？”沙和尚合掌道：“老沙原系凡夫，因怕轮回访道。云游海角，浪荡天涯。常得衣钵随身，每炼心神在舍。因此虔诚，得逢仙侣。养就孩儿，配缘姹女。工满三千，合和四相。超天界，拜玄穹，官授卷帘大将，侍御凤辇龙车，封号将军。也为蟠桃会上，失手打破玻璃盏，贬在流沙河，改头换面，造孽伤生。幸喜菩萨远游东土，劝我皈依，等候唐朝佛子，往西天求经果正。从立自新，复修大觉，指河为姓。法讳悟净，称名沙僧。”国王见说，多惊多喜，喜的是女儿招了活佛，惊的是三个实乃妖神。正在惊喜之间，忽有正台阴阳官奏道：“婚期已定本年本月十二日。壬子辰良，周堂通利，宜配婚姻。”国王道：“今日是何日辰？”阴阳官奏：“今日初八，乃戊申之日，猿猴献果，正宜进贤纳事。”国王大喜，即着当驾官打扫御花园馆阁楼亭，且请驸马同三位高徒安歇，待后安排合卺佳筵，着公主匹配。众等钦遵，国王退朝，多官皆散不题。

却说三藏师徒们都到御花园，天色渐晚，摆了素膳。八戒喜道："这一日也该吃饭了。"管办人即将素米饭、面饭等物，整担挑来。那八戒吃了又添，添了又吃，直吃得撑肠拄腹，方才住手。少顷，又点上灯，设铺盖，各自归寝。长老见左右无人，却恨责行者，怒声叫道："悟空！你这猢狲，番番害我！我说只去倒换关文，莫向彩楼前去，你怎么直要引我去看看？如今看得好么！却惹出这般事来，怎生是好？"行者陪笑道："师父说，先母也是抛打绣球，遇旧缘，成其夫妇。似有慕古之意，老孙才引你去，又想着那个给孤布金寺长老之言，就此检视真假。适见那国王之面，略有些晦暗之色，但只未见公主何如耳。"长老道："你见公主便怎的？"行者道："老孙的火眼金睛，但见面，就认得真假善恶，富贵贫穷，却好施为，辨明邪正。"沙僧与八戒笑道："哥哥近日又学得会相面了。"行者道："相面之士，当我孙子罢了。"三藏喝道："且休调嘴！只是他如今定要招我，果何以处之？"行者道："且到十二日会喜之时，必定那公主出来参拜父母，等老孙在旁观看。若还是个真女人，你就做了驸马，享用国内之荣华也罢。"三藏闻言，越生嗔怒，骂道："好猢狲！你还害我哩！却是悟能说的，我们十节儿已上了九节七八分了，你还把热舌头铎我？快早夹着，你休开那臭口！再若无礼，我就念起咒来，教你了当不得！"行者听说念咒，慌得跪在面前道："莫念莫念！若是真女人，待拜堂时，我们一齐大闹皇宫，领你去也。"师徒说话，不觉早已入更。正是：沉沉宫漏，荫荫花香。绣户垂珠箔，闲庭绝火光。秋千索冷空留影，羌笛声残静四方。绕屋有花笼月灿，隔空无树显星芒。杜鹃啼歇，蝴蝶梦长。银汉横天宇，白云归故乡。正是离人情切处，风摇嫩柳更凄凉。八戒道："师父，夜深了，有事明早再议，且睡！且睡！"师徒们果然安歇。

一宵夜景已题，早又金鸡唱晓。五更三点，国王即登殿设朝，但见：宫殿开轩紫气高，风吹御乐透青霄。云移豹尾旌旗动，日射螭头玉佩摇。香雾细添宫柳绿，露珠微润苑花娇。山呼舞蹈千官列，海晏河清一统朝。众文武百官朝罢，又宣光禄寺安排十二日会喜佳筵，今日且整春罍，请驸马在御花园中款玩。吩咐仪制司领三位贤亲去会同馆少坐，着光禄寺安排三席素宴去彼奉陪。两处俱着教坊司奏乐，伏侍赏春景消迟日也。

八戒闻得，应声道："陛下，我师徒自相会，更无一刻相离。今日既在御花园饮宴，带我们去耍两日，好教师父替你家做驸马；不然，这个买卖生意弄不成。"那国王见他丑陋，说话粗俗，又见他扭头捏颈，掬嘴巴，摇耳朵，即象有些风气，犹恐搅破亲事，只得依从，便教："在永镇华夷阁里安排二席，我与驸马同坐。留春亭上安排三席，请三位别坐，恐他师徒们坐次不便。"

那呆子才朝上唱个喏，叫声多谢，各各而退。又传旨教内宫官排宴，着三宫六院后妃与公主上头，就为添妆饋子，以待十二日佳配。

将有巳时前后，那国王排驾，请唐僧都到御花园内观看。

好去处：径铺彩石，槛凿雕栏。径铺彩石，径边石畔长奇葩；槛凿雕栏，槛外栏中生异卉。夭桃迷翡翠，嫩柳闪黄鹂。步觉幽香来袖满，行沾清味上衣多。凤台龙沼，竹阁松轩。凤台之上，吹箫引凤来仪；龙沼之间，养鱼化龙而去。竹阁有诗，费尽推敲裁白雪；松轩文集，考成珠玉注青编。假山拳石翠，曲水碧波深。牡丹亭，蔷薇架，迭锦铺绒；茉藜槛，海棠畦，堆霞砌玉。芍药异香，蜀葵奇艳。白梨红杏斗芳菲，紫蕙金萱争烂熳。丽春花、木笔花、杜鹃花，夭夭灼灼；含笑花、凤仙花、玉簪花，战战巍巍。一处处红透胭脂润，一丛丛芳浓锦绣围。更喜东风回暖日，满园娇媚逞光辉。

一行君王几位，观之良久。早有仪制司官邀请行者三人入留春亭，国王携唐僧上华夷阁，各自饮宴。那歌舞吹弹，铺张陈设，真是：峥嵘阊阖曙光生，凤阁龙楼瑞霭横。春色细铺花草绣，天光遥射锦袍明。笙歌缭绕如仙宴，杯斝飞传玉液清。君悦臣欢同玩赏，华夷永镇世康宁。此时长老见那国王敬重，无计可奈，只得勉强随喜，诚是外喜而内忧也。坐间见壁上挂着四面金屏，屏上画着春夏秋冬四景，皆有题咏，皆是翰林名士之诗：《春景诗》曰："周天一气转洪钧，大地熙熙万象新。桃李争妍花烂熳，燕来画栋迭香尘。"《夏景诗》曰："熏风拂拂思迟迟，宫院榴葵映日辉。玉笛音调惊午梦，芰荷香散到庭帏。"《秋景诗》曰："金井梧桐一叶黄，珠帘不卷夜来霜。燕知社日辞巢去，雁折芦花过别乡。"《冬景诗》曰："天雨飞云暗淡寒，朔风吹雪积千山。深宫自有红炉暖，报道梅开玉满栏。"

那国王见唐僧恣意看诗，便道："驸马喜玩诗中之味，心定善于吟哦，如不吝珠玉，请依韵各和一首如何？"长老是个对景忘情、明心见性之意，见国王钦重，命和前韵，他不觉忽谈一句道："日暖冰消大地钧。"国王大喜，即召侍卫官："取文房四宝，请驸马和完录下，俟朕缓缓味之。"长老欣然不辞，举笔而和。

和《春景诗》曰："日暖冰消大地钧，御园花卉又更新。和风膏雨民沾泽，海晏河清绝俗尘。"和《夏景诗》曰："斗指南方白昼迟，槐云榴火斗光辉。黄鹂紫燕啼宫柳，巧转双声入绛帏。"和《秋景诗》曰："香飘橘绿与橙黄，松柏青青喜降霜。篱菊半开攒锦绣，笙歌韵彻水云乡。"和《冬景诗》曰："瑞雪初晴气味寒，奇峰巧石玉团山。炉烧兽炭煨酥酪，袖手高歌倚翠栏。"国王见和大喜，称唱道："好个袖手高歌倚翠栏！"遂命教坊司以新诗奏乐，尽日而散。

行者三人在留春亭亦尽受用，各饮了几杯，也都有些酣意，正欲去寻长老，只见长老已同国王在一阁。八戒呆性发作，应声叫道："好快活！好自在！今日也受用这一下了！却该趁饱儿睡觉去也！"沙僧笑道："二哥忒没修养，这气饱饫，如何睡觉？"八戒道："你那里知，俗语云吃了饭儿不挺尸，肚里没板脂哩！"唐僧与国王相别，只谨言，只谨言，既至亭内，嗔责他三人道："这夯货，越发村了！这是甚么去处，只管大呼小叫！倘或恼着国王，却不被他伤害性命？"八戒道："没事没事！我们与他亲家礼道的，他便不好生怪。常言道，打不断的亲，骂不断的邻。大家耍子，怕他怎的？"长老叱道，教："拿过呆子来，打他二十禅杖！"行者果一把揪翻，长老举杖就打，呆子喊叫道："驸马爷爷！饶罪饶罪！"旁有陪宴官劝住，呆子爬将起来，突突囔囔的道："好贵人！好驸马！亲还未成，就行起王法来了！"行者侮着他嘴道："莫胡说！莫胡说！快早睡去。"他们又在留春亭住了一宿。到明早，依旧宴乐。

不觉乐了三四日，正值十二日佳辰，有光禄寺三部各官回奏道："臣等自八日奉旨，驸马府已修完，专等妆奁铺设。合卺宴亦已完备，荤素共五百余席。"国王心喜，正欲请驸马赴席，忽有内宫官对御前启奏道："万岁，正宫娘娘有请。"国王遂退入内宫，只见那三宫皇后，六院嫔妃，引领着公主，都在昭阳宫谈笑。真个是花团锦簇！那一片富丽妖娆，真胜似天堂月殿，不亚于仙府瑶宫。有《喜会佳姻》新词四首为证。《喜词》云：喜！喜！喜！欣然乐矣！结婚姻，恩爱美。巧样宫妆，嫦娥怎比。龙钗与凤镮，艳艳飞金缕。樱唇皓齿朱颜，嬝娜如花轻体。锦重重，五彩丛中；香拂拂，千金队里。《会词》云：会！会！会！妖娆娇媚。赛毛嫱，欺楚妹。倾国倾城，比花比玉。妆饰更鲜妍，钗环多艳丽。兰心蕙性清高，粉脸冰肌荣贵。黛眉一线远山微，窈窕嫣娆攒锦队。《佳词》云：佳！佳！佳！玉女仙娃。深可爱，实堪夸。异香馥郁，脂粉交加。天台福地远，怎似国王家。笑语纷然娇态，笙歌缭绕喧哗。花堆锦砌千般美，看遍人间怎若他。《姻词云》：姻！姻！姻！兰麝香喷。仙子阵，美人群。嫔妃换彩，公主妆新。云鬓堆鸦髻，霓裳压凤裙。一派仙音嘹喨，两行朱紫缤纷。当年曾结乘鸾信，今朝幸喜会佳姻。

却说国王驾到，那后妃引着公主，并彩女宫娥都来迎接。

国王喜孜孜，进了昭阳宫坐下。后妃等朝拜毕，国王道："公主贤女，自初八日结彩抛球，幸遇圣僧，想是心愿已足。各衙门官，又能体朕心，各项事俱已完备。今日正是佳期，可早赴合卺之宴，不要错过时辰。"那公主走近前倒身下拜，奏道："父王，乞赦小女万千之罪。有一言启奏：这几日闻得宫官传说，唐圣僧有三个徒弟，他生得十分丑恶，小女不敢见他，恐见时必生恐惧。万望父王将他发放出城方好，不然惊伤弱体，反为祸害也。"国王道："孩儿不说，朕几乎忘了，果然生得有些丑恶，连日教他在御花园里留春亭管待。趁今日就上殿，打发他关文，教他出城，却好会宴。"公主叩头谢了恩，国王即出驾上殿，传旨："请驸马共他三位。"原来那唐僧捏指头儿算日子，熬至十二日，天未明，就与他三人计较道："今日却是十二了，这事如何区处？"行者道："那国王我已识得他有些晦气，还未沾身，不为大害，但只不得公主见面，若得出来，老孙一觑，就知真假，方才动作，你只管放心。他如今一定来请，打发我等出城，你自应承莫怕。我闪闪身儿就来，紧紧随护你也。"师徒们正讲，果见当驾官同仪制司来请。行者笑道："去来！去来"，必定是与我们送行，好留师父会合。"八戒道："送行必定有千百两黄金白银，我们也好买些人事回去，到我那丈人家，也再会亲耍子儿去耶。"沙僧道："二哥箝着口，休乱说，只凭大哥主张，"遂此将行李马匹，俱随那些官到于丹墀下。国王见了，教请行者三位近前道："汝等将关文拿上来，朕当用宝花押交付汝等，外多备盘缠，送你三位早去灵山见佛，若取经回来，还有重谢。留驸马在此，勿得悬念。"行者称谢，遂教沙僧取出关文递上。国王看了，即用了印，押了花字，又取黄金十锭，白金二十锭，聊达亲礼。八戒原来财色心重，即去接了。行者朝上唱个喏道："聒噪聒噪！"便转身要走，慌着个三藏一毂辘爬起，扯住行者，咬响牙根道："你们都不顾我就去了！"行者把手捏着三藏手掌，丢个眼色道："你在这里宽怀欢会，我等取了经，回来看你。"那长老似信不信的，不肯放手。多官都看见，以为实是相别而去。

早见国王又请驸马上殿，着多官送三位出城，长老只得放了手上殿。

行者三人，同众出了朝门，各自相别。八戒道："我们当真的走哩？"行者不言语，只管走至驿中。驿丞接入，看茶摆饭。行者对八戒沙僧道："你两个只在此，切莫出头。但驿丞问甚么事情，且含糊答应，莫与我说话，我保师父去也。"好大圣，拔一根毫毛，吹口仙气，叫"变！"即变作本身模样，与八戒沙僧同在驿内，真身却幌的跳在半空，变作一个蜜蜂儿，其实小巧。但见：

翅黄口甜尾利，随风飘舞颠狂。最能摘蕊与偷香，度柳穿花摇荡。辛苦几番淘染，飞来飞去空忙。酿成浓美自何尝，只好留存名状。你看他轻轻的飞入朝中。远见那唐僧在国王左边绣墩上坐着，愁眉不展，心存焦燥。径飞至他毗卢帽上，悄悄的爬及耳边，叫道："师父，我来了，切莫忧虑。"这句话，只有唐僧听见，那伙凡人，莫想知觉。唐僧听见，始觉心宽。不一时，宫官来请道："万岁，合卺嘉筵已排设在鳷鹊宫中，娘娘与公主，俱在宫伺候，专请万岁同贵人会亲也。"国王喜之不尽，即同驸马进宫而去。正是那：邪主爱花花作祸，禅心动念念生愁。毕竟不知唐僧在内宫怎生解脱，且听下回分解。

第九十五回　假合真形擒玉兔　真阴归正会灵元

却说那唐僧忧忧愁愁，随着国王至后宫，只听得鼓乐喧天，随闻得异香扑鼻，低着头，不敢仰视。行者暗里欣然，丁在那毗卢帽顶上，运神光，睁火眼金睛观看，又只见那两班彩女，摆列的似蕊宫仙府，胜强似锦帐春风。真个是：娉婷嬝娜，玉质冰肌。一双双娇欺楚女，一对对美赛西施。云髻高盘飞彩凤，娥眉微显远山低。笙簧杂奏，箫鼓频吹。宫商角徵羽，抑扬高下齐。清歌妙舞常堪爱，锦砌花团色色怡。行者见师父全不动念，暗自里咂嘴夸称道："好和尚！好和尚！身居锦绣心无爱，足步琼瑶意不迷。"

少时，皇后嫔妃簇拥着公主出鳷鹊宫，一齐迎接，都道声：

"我王万岁，万万岁！"慌的个长老战战兢兢，莫知所措。行者早已知识，见那公主头顶上微露出一点妖氛，却也不十分凶恶，即忙爬近耳朵叫道："师父，公主是个假的。"长老道："是假的，却如何教他现相。"行者道："使出法身，就此拿他也。"长老道：

"不可！不可！恐惊了主驾，且待君后退散，再使法力。"那行者一生性急，那里容得，大咤一声，现了本相，赶上前揪住公主骂道："好孽畜！你在这里弄假成真，只在此这等受用也尽彀了，心尚不足，还要骗我师父，破他的真阳，遂你的淫性哩！"唬得那国王呆呆挣挣，后妃跌跌爬爬，宫娥彩女，无一个不东躲西藏，各顾性命。好便似：春风荡荡，秋气潇潇。春风荡荡过园林，千花摆动；秋气潇潇来径苑，万叶飘摇。刮折牡丹攲槛下，吹歪芍药卧栏边。沼岸芙蓉乱撼，台基菊蕊铺堆。海棠无力倒尘埃，玫瑰有香眠野径。春风吹折芰荷楟，冬雪压歪梅嫩蕊。石榴花瓣，乱落在内院东西；岸柳枝条，斜垂在皇宫南北。好花风雨一宵狂，无数残红铺地锦。三藏一发慌了手脚，战兢兢抱住国王，只叫："陛下，莫怕！莫怕！此是我顽徒使法力，辨真假也。"

却说那妖精见事不谐，挣脱了手，解剥了衣裳，捽捽头摇落了钗环首饰，即跑到御花园土地庙里，取出一条碓嘴样的短棍，急转身来乱打行者。行者随即跟来，使铁棒劈面相迎。他两个吆吆喝喝，就在花园斗起，后却大显神通，各驾云雾，杀在空中。这一场：金箍铁棒有名声，碓嘴短棍无人识。一个因取真经到此方，一个为爱奇花来住迹。那怪久知唐圣僧，要求配合元精液。旧年摄去真公主，变作人身钦爱惜。今逢大圣认妖氛，救援活命分虚实。短棍行凶着顶丢，铁棒施威迎面击。喧喧嚷嚷两相持，云雾满天遮白日。他两个杀在半空赌斗，吓得那满城中百姓心慌，尽朝里多官胆怕。长老扶着国王，只叫：

"休惊！请劝娘娘与众等莫怕。你公主是个假作真形的，等我徒弟拿住他，方知好歹也。"那些妃子有胆大的，把那衣服钗环拿与皇后看了，道："这是公主穿的，戴的，今都丢下，精着身子，与那和尚在天上争打，必定是个妖邪。"此时国王后妃人等才正了性，望空仰视不题。

却说那妖精与大圣斗经半日，不分胜败。行者把棒丢起，叫一声"变！"就以一变十，以十变百，以百变千，半天里，好似蛇游蟒搅，乱打妖邪。妖邪慌了手脚，将身一闪，化道清风，即奔碧空之上逃走。行者念声咒语，将铁棒收做一根，纵祥光一直赶来。将近西天门，望见那旌旗熌灼，行者厉声高叫道："把天门的，挡住妖精，不要放他走了！"真个那天门上有护国天王帅领着庞刘苟毕四大元帅，各展兵器拦阻。妖邪不能前进，急回头，舍死忘生，使短棍又与行者相持。这大圣用心力轮铁棒，仔细迎着看时，见那短棍儿一头壮，一头细，却似舂碓臼的杵头模样，叱咤一声喝道："孽畜！你拿的是甚么器械，敢与老孙抵敌！快早降伏，免得这一棒打碎你的天灵！"那妖邪咬着牙道："你也不知我这兵器！听我道：仙根是段羊脂玉，磨琢成形不计年。混沌开时吾已得，洪蒙判处我当先。源流非比凡间物，本性生来在上天。一体金光和四相，五行瑞气合三元。随吾久住蟾宫内，伴我常居桂殿边。因为爱花垂世境，故来天竺假婵娟。与君共乐无他意，欲配唐僧了宿缘。你怎欺心破佳偶，死寻赶战逞凶顽！这般器械名头大，在你金箍棒子前。广寒宫里捣药杵，打人一下命归泉！”行者闻说，呵呵冷笑道：“好孽畜啊！你既住在蟾宫之内，就不知老孙的手段？你还敢在此支吾？快早现相降伏，饶你性命！”那怪道：“我认得你是五百年前大闹天宫的弼马温，理当让你。但只是破人亲事，如杀父母之仇，故此情理不甘，要打你欺天罔上的弼马温！”那大圣恼得是弼马温三字，他听得此言，心中大怒，举铁棒劈面就打。那妖邪轮杵来迎，就于西天门前，发狠相持。这一场：金箍棒，捣药杵，两般仙器真堪比。那个为结婚姻降世间，这个因保唐僧到这里。

原来是国王没正经，爱花引得妖邪喜。致使如今恨苦争，两家都把顽心起。一冲一撞赌输赢，劖语劖言齐斗嘴。药杵英雄世罕稀，铁棒神威还更美。金光湛湛幌天门，彩雾辉辉连地里。来往战经十数回，妖邪力弱难搪抵。那妖精与行者又斗了十数回，见行者的棒势紧密，料难取胜，虚丢一杵，将身幌一幌，金光万道，径奔正南上败走，大圣随后追袭，忽至一座大山，妖精按金光，钻入山洞，寂然不见。又恐他遁身回国，暗害唐僧，他认了这山的规模，返云头径转国内。

此时有申时矣。那国王正扯着三藏，战战兢兢只叫：“圣僧救我！”那些嫔妃皇后也正怆惶，只见大圣自云端里落将下来，叫道：“师父，我来也！”三藏道：“悟空立住，不可惊了圣躬。我问你：假公主之事，端的如何？”行者立于鸡鹊宫外，叉手当胸道：“假公主是个妖邪。初时与他打了半日，他战不过我，化道清风，径往天门上跑，是我吆喝天神挡住。他现了相，又与我斗到十数合，又将身化作金光，败回正南上一座山上。我急追至山，无处寻觅，恐怕他来此害你，特地回顾也。”国王听说，扯着唐僧问道：“既然假公主是个妖邪，我真公主在于何处？”行者应声道：“待我拿住假公主，你那真公主自然来也。”那后妃等闻得此言，都解了恐惧，一个个上前拜告道：“望圣僧救得我真公主来，分了明暗，必当重谢，”行者道：“此间不是我们说话处，请陛下与我师出宫上殿，娘娘等各转各宫，召我师弟八戒沙僧来保护师父，我却好去降妖。一则分了内外，二则免我悬心，谨当辨明，以表我一场心力。”国王依言，感谢不已，遂与唐僧携手出宫，径至殿上，众后妃各各回宫。一壁厢教备素膳，一壁厢请八戒沙僧。须臾间，二人早至。行者备言前事，教他两个用心护持。这大圣纵筋斗云，飞空而去，那殿前多官，一个个望空礼拜不题。

孙大圣径至正南方那座山上寻找。原来那妖邪败了阵，到此山，钻入窝中，将门儿使石块挡塞，虚怯怯藏隐不出。行者寻一会不见动静，心甚焦恼，捻着诀，念动真言，唤出那山中土地山神审问。少时，二神至了，叫头道：“不知不知，知当远接。万望恕罪！”行者道：“我且不打你，我问你：这山叫做甚么名字？

此处有多少妖精？从实说来，饶你罪过。”二神告道：“大圣，此山唤做毛颖山，山中只有三处兔穴。亘古至今没甚妖精，乃五环之福地也。大圣要寻妖精，还是西天路上去有。”行者道：“老孙到了西天天竺国，那国王有个公主被个妖精摄去，抛在荒野，他就变做公主模样，戏哄国王，结彩楼，抛绣球，欲招驸马。

我保唐僧至其楼下，被他有心打着唐僧，欲为配偶，诱取元阳。

是我识破，就于宫中现身捉获。他就脱了人衣、首饰，使一条短棍，唤名捣药杵，与我斗了半日，他就化清风而去。被老孙赶至西天门，又斗有十数合，他料不能胜，复化金光，逃至此处，如何不见？”二神听说，即引行者去那三窟中寻找，始于山脚下窟边看处，亦有几个草兔儿，也惊得走了。寻至绝顶上窟中看时，只见两块大石头，将窟门挡住。土地道：“此间必是妖邪赶急钻进去也。行者即使铁棒捎开石块，那妖邪果藏在里面，呼的一声，就跳将出来，举药杵来打。行者轮起铁棒架住，唬得那山神倒退，土地忙奔。那妖邪口里囔囔突突的，骂着山神土地道：

“谁教你引着他往这里来找寻！”他支支撑撑的，抵着铁棒，且战且退，奔至空中。正在危急之际，却又天色晚了。这行者愈发狠性，下毒手，恨不得一棒打杀，忽听得九霄碧汉之间，有人叫道：“大圣，莫动手！莫动手！棍下留情！”行者回头看时，原来是太阴星君，后带着姮娥仙子，降彩云到于当面。慌得行者收了铁棒，躬身施礼道：“老太阴，那里来的？老孙失回避了。太阴道：“与你对敌的这个妖邪，是我广寒宫捣玄霜仙药之玉兔也。他私自偷开玉关金锁走出宫来，经今一载。我算他目下有伤命之灾，特来救他性命，望大圣看老身饶他罢。”行者喏喏连声，只道：“不敢！不敢！怪道他会使捣药杵！原来是个玉兔儿！

老太阴不知，他摄藏了天竺国王之公主，却又假合真形，欲破我圣僧师父之元阳。其情其罪，其实何甘！怎么便可轻恕饶他？”太阴道：“你亦不知。那国王之公主，也不是凡人，原是蟾宫中之素娥。十八年前，他曾把玉兔儿打了一掌，却就思凡下界。一灵之光，遂投胎于国王正宫皇后之腹，当时得以降生。这玉兔儿怀那一掌之仇，故于旧年走出广寒，抛素娥于荒野。但只是不该欲配唐僧，此罪真不可逭。幸汝留心，识破真假，却也未曾伤损你师。万望看我面上，恕他之罪，我收他去也。”行者笑道：“既有这些因果，老孙也不敢抗违。但只是你收了玉兔儿，恐那国王不信，敢烦太阴君同众仙妹将玉兔儿拿到那厢，对国王明证明证，一则显老孙之手段，二来说那素娥下降之因由，然后着那国王取素娥公主之身，以见显报之意也。”太阴君信其言，用手指定妖邪，喝道：“那孽畜还不归正同来！”玉兔儿打个滚，现了原身。真个是：缺唇尖齿，长耳稀须。团身一块毛如玉，展足千山蹄若飞。直鼻垂酥，果赛霜华填粉腻；双睛红映，犹欺雪上点胭脂。伏在地，白穰穰一堆素练；伸开腰，白铎铎一架银丝。几番家吸残清露瑶天晓，捣药长生玉杵奇。

那大圣见了不胜欣喜，踏云光向前引导，那太阴君领着众姮娥仙子，带着玉兔儿，径转天竺国界。此时正黄昏，看看月上，到城边，闻得谯楼上擂鼓。那国王与唐僧尚在殿内，八戒沙僧与多官都在阶前，方议退朝，只见正南上一片彩霞，光明如昼。众抬头看处，又闻得孙大圣厉声高叫道：“天竺陛下，请出你那皇后嫔妃看者。这宝幢下乃月宫太阴星君，两边的仙妹是月里嫦娥。这个玉兔儿却是你家的假公主，今现真相也。”那国王急召皇后嫔妃与宫娥彩女等众，朝天礼拜，他和唐僧及多官亦俱望空拜谢。满城中各家各户，也无一人不设香案，叩头念佛。正此观看处，猪八戒动了欲心，忍不住跳在空中，把霓裳仙子抱住道：“姐姐，我与你是旧相识，我和你耍子儿去也。”行者上前揪着八戒，打了两掌骂道：“你这个村泼呆子！此是甚么去处，敢动淫心！”八戒道：“拉闲散闷耍子而已！”那太阴君令转仙幢，与众嫦娥收回玉兔，径上月宫而去。行者把八戒揪落尘埃。这国王在殿上谢了行者，又问前因道：“多感神僧大法力捉了假公主，朕之真公主，却在何处所也？”行者道：“你那真公主也不是凡胎，就是月宫里素娥仙子。因十八年前，他将玉兔儿打了一掌，就思凡下界，投胎在你正宫腹内，生下身来。那玉兔儿怀恨前仇，所以于旧年间偷开玉关金锁走下来，把素娥摄抛荒野，他却变形哄你。这段因果，是太阴君亲口才与我说的。今日既去其假者，明日请御驾去寻其真者。”国王闻说，又心意惭惶，止不住腮边流泪道：“孩儿！我自幼登基，虽城门也不曾出去，却教我那里去寻你也！”行者笑道：“不须烦恼，你公主现在给孤布金寺里装风。今且各散，到天明我还你个真公主便是。”

众官又拜伏奏道：“我王且心宽，这几位神僧，乃腾云驾雾之神佛，必知未来过去之因由。明日即烦神僧四众同去一寻，便知端的。”国王依言，即请至留春亭摆斋安歇。此时已近二更，正是那：铜壶滴漏月华明，金铎叮当风送声。杜宇正啼春去半，落花无路近三更。御园寂寞秋千影，碧落空浮银汉横。三市六街无客走，一天星斗夜光晴。当夜各寝不题。

这一夜，国王退了妖气，陡长精神，至五更三点复出临朝。

朝毕，命请唐僧四众议寻公主。长老随至，朝上行礼。大圣三人，一同打个问讯。国王欠身道："昨所云公主孩儿，敢烦神僧为一寻救。"长老道："贫僧前日自东来，行至天晚，见一座给孤布金寺，特进求宿，幸那寺僧相待。当晚斋罢，步月闲行，行至布金旧园，观看基址，忽闻悲声入耳。询问其由，本寺一老僧，年已百岁之外，他屏退左右，细细的对我说了一遍，道：'悲声者，乃旧年春深时，我正明性月，忽然一阵风生，就有悲怨之声。下榻到祥园基上看处，乃是一个女子。询问其故，那女子道，我是天竺国国王公主。因为夜间玩月观花，被风刮至于此。'那老僧多知人礼，即将公主锁在一间僻静房中，惟恐本寺顽僧污染，只说是妖精被我锁住。公主识得此意，日间胡言乱语，讨些茶饭吃了；夜深无人处，思量父母悲啼。那老僧也曾来国打听几番，见公主在宫无恙，所以不敢声言举奏。因见我徒弟有些神通，那老僧千叮万嘱，教贫僧到此查访。不期他原是蟾宫玉兔为妖，假合真形，变作公主模样，他却又有心要破我元阳。幸亏我徒弟施威显法，认出真假，今已被太阴星收去。贤公主见在布金寺装风也。"国王见说此详细，放声大哭。早惊动三宫六院，都来问及前因。无一人不痛哭者。良久，国王又问：

"布金寺离城多远？"三藏道："只有六十里路。"国王遂传旨：

"着东西二宫守殿，掌朝太师卫国，朕同正宫皇后帅多官、四神僧，去寺取公主也。"

当时摆驾，一行出朝。你看那行者就跳在空中，把腰一扭，先到了寺里。众僧慌忙跪接道："老爷去时，与众步行，今日何从天上下来？"行者笑道："你那老师在于何处？快叫他出来，排设香案接驾。天竺国王、皇后、多官与我师父都来了。"众僧不解其意，即请出那老僧，老僧见了行者，倒身下拜道："老爷，公主之事如何？"行者把那假公主抛绣球，欲配唐僧，并赶捉赌斗，与太阴星收去玉兔之言，备陈了一遍。那老僧又磕头拜谢，行者搀起道："且莫拜，且莫拜，快安排接驾。"众僧才知后房里锁得是个女子。一个个惊惊喜喜，便都设了香案，摆列山门之外，穿了袈裟，撞起钟鼓等候。不多时，圣驾早到，果然是：缤纷瑞霭满天香，一座荒山倏被祥。虹流千载清河海，电绕长春赛禹汤。草木沾恩添秀色，野花得润有余芳。古来长者留遗迹，今喜明君降宝堂。国王到于山门之外，只见那众僧齐齐整整，俯伏接拜，又见孙行者立在中间，国王道："神僧何先到此？"行者笑道："老孙把腰略扭一扭儿，就到了，你们怎么就走这半日？"随后唐僧等俱到。长老引驾，到于后面房边，那公主还装风胡说。老僧跪指道："此房内就是旧年风吹来的公主娘娘。"

国王即令开门。随即打开铁锁，开了门。国王与皇后见了公主，认得形容，不顾秽污，近前一把搂抱道："我的受苦的儿啊！你怎么遭这等折磨，在此受罪！"真是父母子女相逢，比他人不同，三人抱头大哭。哭了一会，叙毕离情，即令取香汤，教公主沐浴更衣，上辇回国。

行者又对国王拱手道："老孙还有一事奉上。"国王答礼道："神僧有事吩咐，朕即从之。"行者道："他这山，名为百脚山。近来说有蜈蚣成精，黑夜伤人，往来行旅，甚为不便。我思蜈蚣惟鸡可以降伏，可选绝大雄鸡千只，撒放山中，除此毒虫。

就将此山名改换改换。赐文一道敕封，就当谢此僧存养公主之恩也。"国王甚喜领诺，随差官进城取鸡；又改山名为宝华山，仍着工部办料重修，赐与封号，唤做"敕建宝华山给孤布金寺。"把那老僧封为"报国僧官"，永远世袭，赐俸三十六石。僧众谢了恩，送驾回朝。公主入宫，各各相见，安排筵宴，与公主释闷贺喜。后妃母子，复聚首团圞，国王君臣，亦共喜饮宴一宵不题。

次早，国王传旨，召丹青图下圣僧四众喜容，供养在华夷楼上，又请公主新妆重整，出殿谢唐僧四众救苦之恩。谢毕，唐僧辞王西去。那国王那里肯放，大设佳宴，一连吃了五六日，着实好了呆子，尽力放开肚量受用。国王见他们拜佛心重，苦留不住，遂取金银二百锭，宝贝各一盘奉谢，师徒们一毫不受。教摆銮驾，请老师父登辇，差官远送，那后妃并臣民人等俱各叩谢不尽。及至前途，又见众僧叩送，俱不忍相别。行者见送者不肯回去，无已，捻诀往巽地上吹口仙气，一阵暗风，把送的人都迷了眼目，方才得脱身而去。这正是：沐净恩波归了性，出离金海悟真空。毕竟不知前路如何，且听下回分解。

第九十六回　寇员外喜待高僧　唐长老不贪富贵

色色原无色，空空亦非空。静喧语默本来同，梦里何劳说梦。有用用中无用，无功功里施功。还如果熟自然红，莫问如何修种。话表唐僧师众，使法力，阻住那布金寺僧。僧见黑风过处，不见他师徒，以为活佛临凡，磕头而回不题。他师徒们西行，正是春尽夏初时节：清和天气爽，池沼芰荷生。梅逐雨余熟，麦随风里成。草香花落处，莺老柳枝轻。江燕携雏习，山鸡哺子鸣。斗南当日永，万物显光明，说不尽那朝餐暮宿，转涧寻坡。在那平安路上，行经半月，前边又见一城垣相近。三藏问道："徒弟，此又是甚么去处！"行者道："不知，不知。"八戒笑道："这路是你行过的，怎说不知！却是又有些儿跷蹊。故意推不认得，捉弄我们哩。"行者道："这呆子全不察理！这路虽是走过几遍，那时只在九霄空里，驾云而来，驾云而去，何曾落在此地？事不关心，查他做甚，此所以不知。却有甚跷蹊，又捉弄你也？"

说话间，不觉已至边前，三藏下马，过吊桥，径入门里。长街上，只见廊下坐着两个老儿叙话。三藏叫："徒弟，你们在那街心里站住，低着头，不要放肆，等我去那廊下问个地方。"行者等果依言立住，长老近前合掌叫声"老施主，贫僧问讯了。"

那二老正在那里闲讲闲论，说甚么兴衰得失，谁圣谁贤，当时的英雄事业，而今安在，诚可谓大叹息，忽听得道声问讯，随答礼道："长老有何话说？"三藏道："贫僧乃远方来拜佛祖的，适到宝方，不知是甚地名，那里有向善的人家，化斋一顿？"老者道："我敝处是铜台府，府后有一县叫做地灵县。长老若要吃斋，不须募化，过此牌坊，南北街，坐西向东者，有一个虎坐门楼，乃是寇员外家，他门前有个万僧不阻之牌。似你这远方僧，尽着受用。去！去！去！莫打断我们的话头。"三藏谢了，转身对行者道："此处乃铜台府地灵县。那二老道：'过此牌坊，南北街，向东虎坐门楼，有个寇员外家，他门前有个万僧不阻之牌。'教我到他家去吃斋哩。"沙僧道："西方乃佛家之地，真个有斋僧的。此间既是府县，不必照验关文，我们去化些斋吃了，就好走路。长老与三人缓步长街，又惹得那市口里人，都惊惊恐恐，猜猜疑疑的。围绕争看他们相貌。长老吩咐闭口，只教"莫放肆！莫放肆！"三人果低着头，不取仰视。转过拐角，果见一条南北大街。正行时，见一个虎坐门楼，门里边影壁上挂着一面大牌，书着万僧不阻四字。三藏道："西方佛地，贤者愚者俱无诈伪。那二老说时，我犹不信，至此果如其言。"八戒村野，就要进去。行者道："呆子且住，待有人出来，问及何如，方好进去。"沙僧道："大哥说得有理，恐一时不分内外，惹施主烦恼。"

在门口歇下马匹行李。须臾间，有个苍头出来，提着一把秤，一只篮儿，猛然看见，慌的丢了，倒跑进去报道："主公！外面有四个异样僧家来也！"那员外拄着拐，正在天井中闲走，口里不住的念佛，一闻报道，就丢了拐，出来迎接，见他四众，也不怕丑恶，只叫："请进，请进。"三藏谦谦逊逊，一同都入。转过一条巷子，员外引路，至一座房里，说道："此上手房宇，乃管待老爷们的佛堂、经堂、斋堂、下手的，是我弟子老小居住。"三藏称赞不已，随取袈裟穿了拜佛，举步登堂观看，但见那：香云叆叇，烛焰光辉。满堂中锦簇花攒，四下里金铺彩绚。朱红架，高挂紫金钟；彩漆檠，对设花腔鼓。几对幡，绣成八宝；千尊佛，尽戗黄金。古铜炉；古铜瓶；雕漆桌，雕漆盒。古铜炉内，常常不断沉檀；古铜瓶中，每有莲花现彩。雕漆桌上五云鲜，雕漆盒中香瓣积。玻璃盏，净水澄清；瑠璃灯；香油明亮。一声金磬，响韵虚徐。真个是红尘不到赛珍楼，家奉佛堂欺上刹。长老净了手，拈了香，叩头拜毕，却转回与员外行礼。员外道："且住！请到经堂中相见。"又见那："方台竖柜，玉匣金函。方台竖柜，堆积着无数经文；玉匣金函，收贮着许多简札。彩漆桌上，有纸墨笔砚，都是些精精致致的文房；椒粉屏前，有书画琴棋，尽是些妙妙玄玄的真趣。放一口轻玉浮金之仙磬，挂一柄披风披月之龙髯。清气令人神气爽，斋心自觉道心闲。长老到此，正欲行礼，那员外又搀住道："请宽佛衣"。三藏脱了袈裟，才与长老见了，又请行者三人见了，又叫把马喂了，行李安在廊下，方问起居。

三藏道："贫僧是东土大唐钦差，诣宝方谒灵山见佛祖求真经者。闻知尊府敬僧，故此拜见，求一斋就行。"员外面生喜色，笑吟吟的道："弟子贱名寇洪，字大宽，虚度六十四岁。自四十岁上，许斋万僧，才做圆满。今已斋了二十四年，有一簿斋僧的帐目。连日无事，把斋过的僧名算一算，已斋过九千九百九十六员，止少四众，不得圆满。今日可可的天降老师四位，完足万僧之数，请留尊讳，好歹宽住月余，待做了圆满，弟子着轿马送老师上山。此间到灵山只有八百里路，苦不远也。"三藏闻言，十分欢喜，都就权且应承不题。

他那几个大小家僮，往宅里搬柴打水，取米面蔬菜，整治斋供，忽惊动员外妈妈问道："是那里来的僧，这等上紧？"僮仆道："才有四位高僧，爹爹问他起居，他说是东土大唐皇帝差来的，往灵山拜佛爷爷，到我们这里，不知有多少路程。爹爹说是天降的，吩咐我们快整斋，供养他也。"那老妪听说也喜，叫丫鬟："取衣服来我穿，我也去看看。"僮仆道："奶奶，只一位看得，那三位看不得，形容丑得狠哩。老妪道："汝等不知，但形容丑陋，古怪清奇，必是天人下界。快先去报你爹爹知道。"那僮仆跑至经堂对员外道："奶奶来了，要拜见东土老爷哩。"三藏听见，即起身下座。说不了，老妪已至堂前，举目见唐僧相貌轩昂，丰姿英伟。转面见行者三人模样非凡，虽知他是天人下界，却也有几分悚惧，朝上跪拜。三藏急急还礼道："有劳菩萨错敬。"老妪问员外说道："四位师父，怎不并坐？"八戒掬着嘴道：

"我三个是徒弟。"噫！他这一声，就如深山虎啸，那妈妈一发害怕。

正说处，又见一个家僮来报道："两个叔叔也来了。三藏急转身看时，原来是两个少年秀才。那秀才走上经堂，对长老倒身下拜，慌得三藏急便还礼。员外上前扯住道："这是我两个小儿，唤名寇梁、寇栋，在书房里读书方回，来吃午饭，知老师下降，故来拜也。"三藏喜道："贤哉！贤哉！正是欲高门第须为善，要好儿孙在读书。"二秀才启上父亲道："这老爷是那里来的？"

员外笑道："来路远哩，南赡部洲东土大唐皇帝钦差到灵山拜佛祖爷爷取经的。"秀才道："我看《事林广记》上，盖天下只有四大部洲。我们这里叫做西牛贺洲，还有个东胜神洲。想南赡部洲至此，不知走了多少年代？"三藏笑道："贫僧在路，耽阁的日子多，行的日子少。常遭毒魔狠怪，万苦千辛，甚亏我三个徒弟保护，共计一十四遍寒暑，方得至宝方。"秀才闻言，称奖不尽道："真是神僧！真是神僧！说未毕，又有个小的来请道："斋筵已摆，请老爷进斋。"员外着妈妈与儿子转宅，他却陪四众进斋堂吃斋。那里铺设的齐整，但见：金漆桌案，黑漆交椅。前面是五色高果，俱巧匠新装成的时样。第二行五盘小菜，第三行五碟水果，第四行五大盘闲食。般般甜美，件件馨香。素汤米饭，蒸卷馒头，辣辣灶灶腾腾，尽皆可口，真足充肠。七八个僮仆往来奔奉，四五个庖丁不住手。你看那上汤的上汤，添饭的添饭，一往一来，真如流星赶月。这猪八戒一口一碗，就是风卷残云，师徒们尽受用了一顿。长老起身对员外谢了斋，就欲走路。那员外拦住道："老师，放心住几日儿。常言道，起头容易结梢难。只等我做过了圆满，方敢送程。"三藏见他心诚意恳，没奈何住了。

早经过五七遍朝夕，那员外才请了本处应佛僧二十四员，办做圆满道场。众僧们写作有三四日，选定良辰，开启佛事，他那里与大唐的世情一般，却倒也：大扬幡，铺设金容；齐秉烛，烧香供养。擂鼓敲铙。吹笙捻管。云锣儿，横笛音清，也都是尺工字样。打一回，吹一荡，朗言齐语开经藏。先安土地，次请神将。发了文书，拜了佛像。谈一部《孔雀经》，句句消灾障；点一架药师灯，焰焰辉光亮。拜水忏，解冤愆；讽《华严》。除诽谤。

三乘妙法甚精勤，一二沙门皆一样。如此做了三昼夜，道场已毕。唐僧想着雷音，一心要去，又相辞谢。员外道："老师辞别甚急，想是连日佛事冗忙，多致简慢，有见怪之意。"三藏道：

"深扰尊府，不知何以为报，怎敢言怪！但只当时圣君送我出关，问几时可回，我就误答三年可回，不期在路耽阁，今已十四年矣！取经未知有无，及回又得十二三年，岂不违背圣旨？罪何可当！望老员外让贫僧前去，待取得经回，再造府久住些时，有何不可！"八戒忍不住高叫道："师父忒也不从人愿！不近人情！老员外大家巨富，许下这等斋僧之愿，今已圆满，又况留得至诚，须住年把，也不妨事，只管要去怎的？放了这等现成好斋不吃，却往人家化募！前头有你甚老爷、老娘家哩？"长老咄的喝了一声道："你这夯货，只知要吃，更不管回向之因，正是那槽里吃食，胃里擦痒的畜生！汝等既要贪此嗔痴，明日等我自家去罢。"行者见师父变了脸，即揪住八戒，着头打一顿拳，骂道："呆子不知好歹，惹得师父连我们都怪了！"沙僧笑道："打得好！打得好！只这等不说话，还惹人嫌，且又插嘴！"那呆子气呼呼的立在旁边，再不敢言。员外见他师徒们生恼，只得满面陪笑道："老师莫焦燥，今日且少宽容，待明日我办些旗鼓，请几个邻里亲戚，送你们起程。"

正讲处，那老妪又出来道："老师父，既蒙到舍，不必苦辞。今到几日了？"三藏道："已半月矣。"老妪道："这半月算我员外的功德，老身也有些针线钱儿，也愿斋老师父半月。"说不了，寇栋兄弟又出来道："四位老爷，家父斋僧二十余年，更不曾遇着好人，今幸圆满，四位下降，诚然是蓬屋生辉。学生年幼，不知因果，常闻得有云，公修公得，婆修婆得，不修不得。我家父家母各欲献芹者，正是各求得些因果，何必苦辞？就是愚兄弟，也省得有些束修钱儿，也只望供养老爷半月，方才送行。"三藏道："令堂老菩萨盛情，已不敢领，怎么又承贤昆玉厚爱？决不敢领。今朝定要起身，万勿见罪，不然，久违钦限，罪不容诛矣。"那老妪与二子见他执一不住，便生起恼来道："好意留他，他这等固执要去，要去便就去了罢！只管劳叨甚么！"母子遂抽身进去。八戒忍不住口，又对唐僧道："师父，不要拿过了班儿。常言道，留得在，落得怪。我们且住一个月儿，了了他母子的愿心也罢了，只管忙怎的？"唐僧又咄了一声喝道，那呆子就自家把嘴打了两下道："啐！啐！啐！"说道："莫多话！又做声了！"

行者与沙僧欷欷的笑在一边。唐僧又怪行者道："你笑甚么？"

即捻诀要念紧箍儿咒，慌得个行者跪下道：“师父，我不曾笑，我不曾笑！千万莫念，莫念！”员外又见他师徒们渐生烦恼，再也不敢苦留，只叫：“老师不必吵闹，准于明早送行。”遂此出了经堂，吩咐书办，写了百十个简帖儿，邀请邻里亲戚，明早奉送唐朝老师西行；一壁厢又叫庖人安排饯行的筵宴；一壁厢又叫管办的做二十对彩旗，觅一班吹鼓手乐人，南来寺里请一班和尚，东岳观里请一班道士，限明日已时，各项俱要整齐。众执事领命去讫，不多时，天又晚了。吃了晚斋，各归寝处，正是那：几点归鸦过别村，楼头钟鼓远相闻。六街三市人烟静，万户千门灯火昏。月皎风清花弄影，银河惨淡映星辰。子规啼处更深矣，天籁无声大地钧。当时三四更天气，各管事的家僮，尽皆早起，买办各项物件。你看那办筵席的厨上慌忙，置彩旗的堂前吵闹，请僧道的两脚奔波，叫鼓乐的一声急纵，送简帖的东走西跑，备轿马的上呼下应。这半夜，直嚷至天明，将已时前后，各项俱完，也只是有钱不过。

却表唐僧师徒们早起，又有那一班人供奉。长老吩咐收拾行李，扣备马匹。呆子听说要走，又努嘴胖唇，唧唧哝哝，只得将衣钵收拾，找启高肩担子。沙僧刷鞄马匹，套起鞍辔伺候。行者将九环杖递在师父手里，他将通关文牒的引袋儿，挂在胸前，只是一齐要走。员外又都请至后面大厂厅内，那里面又铺设了筵宴，比斋堂中相待的更是不同。但见那：帘幕高挂，屏围四绕，正中间，挂一幅寿山福海之图；两壁厢，列四轴春夏秋冬之景。龙文鼎内香飘霭，鹊尾炉中瑞气生。看盘簇彩，宝妆花色色鲜明；排桌堆金，狮仙糖齐齐摆列。阶前鼓舞按宫商，堂上果肴铺锦绣。素汤素饭甚清奇，香酒香茶多美艳。虽然是百姓之家，却不亚王侯之宅。只听得一片欢声，真个也惊天动地。长老正与员外作礼。只见家僮来报：“客俱到了。”却是那请来的左邻、右舍、妻弟、姨兄、姐夫、妹丈，又有那些同道的斋公，念佛的善友，一齐都向长老礼拜。拜毕各各叙坐，只见堂下面鼓瑟吹笙，堂上边弦歌酒宴。这一席盛宴，八戒留心对沙僧道：

“兄弟，放怀放量吃些儿。离了寇家，再没这好丰盛的东西了！”

沙僧笑道：“二哥说那里话！常言道，珍馐百味，一饱便休。只有私房路，那有私房肚！”八戒道：“你也忒不济！不济！我这一顿尽饱吃了，就是三日也急忙不饿。行者听见道：“呆子，莫胀破了肚子！如今要走路哩！”

说不了，日将中矣，长老在上举箸，念揭斋经。八戒慌了，拿过添饭来，一口一碗，又丢彀有五六碗，把那馒头、卷儿、饼子、烧果，没好没歹的，满满笼了两袖，才跟师父起身。长老谢了员外，又谢了众人，一同出门。你看那门外摆着彩旗宝盖，鼓手乐人。又见那两班僧道方来，员外笑道：“列位来迟，老师去急，不及奉斋，俟回来谢罢。”众等让叙道路，抬轿的抬轿，骑马的骑马，步行的步行，都让长老四众前行。只闻得鼓乐喧天，旗幡蔽日，人烟凑集，车马骈填，都来看寇员外迎送唐僧。这一场富贵，真赛过珠围翠绕，诚不亚锦帐藏春！那一班僧，打一套佛曲；那一班道，吹一道玄音，俱送出府城之外。行至十里长亭，又设着箪食壶浆，擎杯把盏，相饮而别。那员外犹不忍舍，噙着泪道：“老师取经回来，是必到舍再住几日，以了我寇洪之心。”

三藏感之不尽，谢之无已道：“我若到灵山，得见佛祖，首表员外之大德。回时定踵门叩谢，叩谢！”说说话儿，不觉的又有二三里路，长老恳切拜辞，那员外又放声大哭而转。这正是“有愿斋僧归妙觉，无缘得见佛如来。

且不说寇员外送至十里长亭，同众回家。却说他师徒四众，行有四五十里之地，天色将晚。长老道：“天晚了，何方借宿？”八戒挑着担，努着嘴道：“放了现成茶饭不吃，清凉瓦屋不住，却要走甚么路，象抢丧踵魂的！如今天晚，倘下起雨来，却如之何！”三藏骂道：“泼孽畜，又来报怨了！常言道，长安虽好，不是久恋之家。待我们有缘拜了佛祖，取得真经，那时回转大唐，奏过主公，将那御厨里饭，凭你吃上几年，胀死你这孽畜，教你做个饱鬼！”那呆子吓吓的暗笑，不敢复言。行者举目遥观，只见大路旁有几间房宇，急请师父道：“那里安歇，那里安歇。”长老至前，见是一座倒塌的牌坊，坊上有一旧扁，扁上有落颜色积尘的四个大字，乃华光行院。长老下了马道：“华光菩萨是火焰五光佛的徒弟，因剿除毒火鬼王，降了职，化做五显灵官，此间必有庙祝。”遂一齐进去，但见廊房俱倒，墙壁皆倾，更不见人之踪迹，只是些杂草丛菁。欲抽身而出，不期天上黑云盖顶，大雨淋漓。没奈何，却在那破房之下，拣遮得风雨处，将身躲避。密密寂寂，不敢高声，恐有妖邪知觉。坐的坐，站的站，苦捱了一夜未睡。咦！真个是：泰极还生否，乐处又逢悲。

毕竟不知天晓向前去还是如何，且听下回分解。

第九十七回　金酬外护遭魔毒　圣显幽魂救本原

且不言唐僧等在华光破屋中，苦奈夜雨存身。却说铜台府地灵县城内有伙凶徒，因宿娼、饮酒、赌博，花费了家私，无计过活，遂伙了十数人做贼，算道本城那家是第一个财主，那家是第二个财主，去打劫些金银用度。内有一人道：“也不用缉访，也不须算计，只有今日送那唐朝和尚的寇员外家，十分富厚。我们乘此夜雨，街上人也不防备，火甲等也不巡逻，就此下手，劫他些资本，我们再去嫖赌儿耍子，岂不美哉！众贼欢喜，齐了心，都带了短刀、蒺藜、拐子、闷棍、麻绳、火把，冒雨前来，打开寇家大门，呐喊杀入。慌得他家里若大若小，是男是女，俱躲个干净。妈妈儿躲在床底，老头儿闪在门后，寇梁、寇栋与着亲的几个儿女，都战战兢兢的四散逃走顾命。那伙贼，拿着刀，点着火，将他家箱笼打开，把些金银宝贝，首饰衣裳，器皿家火，尽情搜劫。那员外割舍不得，拚了命，走出门来对众强人哀告道：“列位大王，彀你用的便罢，还留几件衣物与我老汉送终”那众强人那容分说，赶上前，把寇员外撩阴一脚踢翻在地，可怜三魂渺渺归阴府，七魄悠悠别世人！众贼得了手，走出寇家，顺城脚做了软梯，漫城墙一一系出，冒着雨连夜奔西而去。

那寇家僮仆、见贼退了，方才出头。及看时，老员外已死在地下，放声哭道：“天呀！主人公已打死了！”众皆伏尸而哭，悲悲啼啼。

将四更时，那妈妈想恨唐僧等不受他的斋供，因为花扑扑的送他，惹出这场灾祸，便生妒害之心，欲陷他四众，扶着寇梁道：“儿啊，不须哭了。你老子今日也斋僧，明日也斋僧，岂知今日做圆满，斋着那一伙送命的僧也！”他兄弟道：“母亲，怎么是送命的僧？”妈妈道：“贼势凶勇，杀进房来，我就躲在床下，战兢兢的留心向灯火处看得明白，你说是谁？点火的是唐僧，持刀的是猪八戒，搬金银的是沙和尚，打死你老子的是孙行者。”

二子听言，认了真实道：“母亲既然看得明白，必定是了。他四人在我家住了半月，将我家门户墙垣，窗棂巷道，俱看熟了，财动人心，所以乘此夜雨，复到我家，既劫去财物，又害了父亲，此情何毒！待天明到府里递失状坐名告他。”寇栋道：“失状如何写？”寇梁道：“就依母亲之言。”写道：“唐僧点着火，八戒叫杀人。沙和尚劫出金银去，孙行者打死我父亲。”一家子吵吵闹闹，不觉天晓。一壁厢传请亲人，置办棺木；一壁厢寇梁兄弟，赴府投词。原来这铜台府刺史正堂大人，平生正直，素性贤良。

少年向雪案攻书，早岁在金銮对策。常怀忠义之心，每切仁慈之念。名扬青史播千年，龚黄再见；声振黄堂传万古，卓鲁重生。当时坐了堂，发放了一应事务，即令抬出放告牌。这寇梁兄弟抱牌而入，跪倒高叫道："爷爷，小的们是告强盗得财，杀伤人命重情事。"刺史接上状去，看了这般这的，如此如彼，即问道："昨日有人传说，你家斋僧圆满，斋得四众高僧，乃东土唐朝的罗汉，花扑扑的满街鼓乐送行，怎么却有这般事情？"寇梁等磕头道："爷爷，小的父亲寇洪斋僧二十四年，因这四僧远来，恰足万僧之数，因此做了圆满，留他住了半月。他就将路道、门窗都看熟了。当日送出，当晚复回，乘黑夜风雨，遂明火执杖，杀进房来，劫去金银财宝，衣服首饰，又将父打死在地。望爷爷与小民做主！"刺史闻言，即点起马步快手并民壮人役，共有百五十人，各执锋利器械，出西门一直来赶唐僧四众。

却说他师徒们，在那华光行院破屋下挨至天晓方才出门，上路奔西。可可的那些强盗当夜打劫了寇家，系出城外，也向西方大路上，行经天晓，走过华光院西去，有二十里远近，藏于山凹中，分拨金银等物。分还未了，忽见唐僧四众顺路而来，众贼心犹不歇，指定唐僧道："那不是昨日送行的和尚来了！"众贼笑道："来得好！来得好！我们也是干这般没天理的买卖。这些和尚缘路来，又在寇家许久，不知身边有多少东西，我们索性去截住他，夺了盘缠，抢了白马凑分，却不是遂心满意之事？"众贼遂持兵器，呐一声喊，跑上大路，一字儿摆开，叫道：

"和尚，不要走！快留下买路钱，饶你性命！牙迸半个不字，一刀一个，决不留存！"唬得个唐僧在马上乱战，沙僧与八戒心慌，对行者道："怎的了！怎的了！苦奈得半夜雨天，又早遇强徒断路，诚所谓祸不单行也！"行者笑道：！师父莫怕，兄弟勿忧。等老孙去问他一问。"

好大圣，束一束虎皮裙子，抖一抖锦布直裰，走近前，叉手当胸道："列位是做甚么的？"贼徒喝道："这厮不知死活，敢来问我！你额颅下没眼，不认得我是大王爷爷！快将买路钱来，放你过去！"行者闻言，满面陪笑道："你原来是剪径的强盗！"

贼徒发狠叫："杀了！"行者假假的惊恐道："大王！大王！我是乡村中的和尚，不会说话，冲撞莫怪，莫怪！若要买路钱，不要问那三个，只消问我。我是个管帐的，凡有经钱、衬钱，那里化缘的、布施的，都在包袱中，尽是我管出入，那个骑马的，虽是我的师父，他却只会念经，不管闲事，财色俱忘，一毫没有。那个黑脸的，是我半路上收的个后生，只会养马。那个长嘴的，是我雇的长工，只会挑担。你把三个放过去，我将盘缠衣钵尽情送你。"众贼听说："这个和尚倒是个老实头儿。既如此，饶了你命，教那三个丢下行李，放他过去。"行者回头使个眼色，沙僧就丢了行李担子，与师父牵着马，同八戒往西径走。行者低头打开包袱，就地挝把尘土，往上一洒，念个咒语，乃是个定身之法，喝一声"住！"那伙贼共有三十来名，一个个咬着牙，睁着眼，撒着手，直直的站定，莫能言语，不得动身。行者跳出路口叫道："师父，回来！回来！"八戒慌了道："不好，不好！师兄供出我们来了！他身上又无钱财，包袱里又无金银，必定是叫师父要马哩，叫我们是剥衣服了。"沙僧笑道："二哥莫乱说！大哥是个了得的，向者那般毒魔狠怪，也能收服，怕这几个毛贼？他那里招呼，必有话说，快回去看看。"长老听言，欣然转马回至边前，叫道："悟空，有甚事叫回来也？"行者者："你们看这些贼是怎的说？"八戒近前推着他，叫道："强盗，你怎的不动弹了？"

那贼浑然无知，不言不语。八戒道："好的痴哑了！"行者笑道：

"是老孙使个定身法定住也。"八戒道："既定了身，未曾定口，怎么连声也不做？"行者道："师父请下马坐着。常言道，只有错拿，没有错放。兄弟，你们把贼都扳翻倒捆了，教他供一个供状，看他是个雏儿强盗，把势强盗。"沙僧道："没绳索哩。"行者即拔下些毫毛，吹口仙气，变作三十条绳索，一齐下手，把贼扳翻，都四马攒蹄捆住，却又念念解咒，那伙贼渐渐苏醒。

行者请唐僧坐在上首，他三人各执兵器喝道："毛贼，你们一起有多少人？做了几年买卖？打劫了有多少东西？可曾杀伤人口？还是初犯，却是二犯，三犯？"众贼开口道："爷爷饶命！"行者道："莫叫唤！从实供来！"众贼道："老爷，我们不是久惯做贼的，都是好人家子弟。只因不才，吃酒赌钱，宿娼顽耍，将父祖家业尽花费了，一向无干，又无钱用。访知铜台府城中寇员外家资财豪富，昨日合伙，当晚乘夜雨昏黑，就去打劫。劫的有些金银服饰，在这路北下山凹里正自分赃，忽见老爷们来。内中有认得是寇员外送行的，必定身边有物；又见行李沉重，白马快走，人心不足，故又来邀截。岂知老爷有大神通法力，将我们困住。万望老爷慈悲，收去那劫的财物，饶了我的性命也！"三藏听说是寇家劫的财物，猛然吃了一惊，慌忙站起道："悟空，寇老员外十分好善，如何招此灾厄？"行者笑道："只为送我们起身，那等彩帐花幢，盛张鼓乐，惊动了人眼目，所以这伙光棍就去下手他家。今又幸遇着我们，夺下他这许多金银服饰。三藏道："我们扰他半月，感激厚恩，无以为报，不如将此财物护送他家，却不是一件好事？"行者依言，即与八戒、沙僧，去山凹里取将那些赃物，收拾了，驮在马上。又教八戒挑了一担金银，沙僧挑着自己行李。行者欲将这伙强盗一棍尽情打死，又恐唐僧怪他伤人性命，只得将身一抖，收上毫毛。那伙贼松了手脚，爬起来，一个个落草逃生而去。这唐僧转步回身，将财物送还员外。这一去，却似飞蛾投火，反受其殃。有诗为证，诗曰：恩将恩报人间少，反把恩慈变作仇。下水救人终有失，三思行事却无忧。

三藏师徒们将着金银服饰拿转，正行处，忽见那枪刀簇簇而来。三藏大惊道："徒弟，你看那兵器簇拥相临，是甚好歹？"

八戒道："祸来了，祸来了！这是那放去的强盗，他取了兵器，又伙了些人，转过路来与我们斗杀也！"沙僧道："二哥，那来的不是贼势。大哥，你仔细观之。"行者悄悄的向沙僧道："师父的灾星又到了，此必是官兵捕贼之意。"说不了，众兵卒至边前，撒开个圈子阵，把他师徒围住道："好和尚，打劫了人家东西，还在这里摇摆哩！"一拥上前，先把唐僧抓下马来，用绳捆了，又把行者三人，也一齐捆了，穿上扛子，两个抬一个，赶着马，夺了担，径转府城。只见那：唐三藏，战战兢兢，滴泪难言。猪八戒，絮絮叨叨，心中报怨。沙和尚，囊突突，意下踌躇。孙行者，笑唏唏，要施手段。众官兵攒拥扛抬，须臾间拿到城里，径自解上黄堂报道："老爷，民快人等，捕获强盗来了。"那刺史端坐堂上，赏劳了民快，捡看了贼赃，当叫寇家领去，却将三藏等提近厅前，问道："你这起和尚，口称是东土远来，向西天拜佛，却原来是些设法躧看门路，打家劫舍之贼！"三藏道："大人容告：贫僧实不是贼，决不敢假，随身现有通关文牒可照。只因寇员外家斋我等半月，情意深重，我等路遇强盗，夺转打劫寇家的财物，因送还寇家报恩，不期民快人等捉获，以为是贼，实不是贼。望大人详察。"刺史道："你这厮见官兵捕获，却巧言报恩。

既是路遇强盗，何不连他捉来，报官报恩？如何只是你四众！你看！寇梁递得失状，坐名告你，你还敢展挣？"三藏闻言，一似大海烹舟，魂飞魄丧，叫："悟空，你何不上来折辨！"行者道："有赃是实，折辨何为！"刺史道："正是啊！赃证现存，还敢抵赖？"

叫手下："拿脑箍来，把这秃贼的光头箍他一箍，然后再打！"行者慌了，心中暗想道："虽是我师父该有此难，还不可教他十分受苦。"他见那皂隶们收拾索子结脑箍，即便开口道："大人且莫箍那个和尚。昨夜打劫寇家，点火的也是我，持刀的也是我，劫财的也是我，杀人的也是我。我是个贼头，要打只打我，与他们无干，但只不放我便是。”刺史闻言就教：“先箍起这个来。”

皂隶们齐来上手，把行者套上脑箍，收紧了一勒，扢扑的把索子断了。又结又箍，又扢扑的断了。一连箍了三四次，他的头皮，皱也不曾皱一些儿。却又换索子再结时，只听得有人来报道：“老爷，都下陈少保爷爷到了，请老爷出郭迎接。”那刺史即命刑房吏：“把贼收监，好生看辖，待我接过上司，再行拷问。”

刑房吏遂将唐僧四众，推进监门。八戒、沙僧将自己行李担进随身。

三藏道：“徒弟，这是怎么起的？“行者笑道：“师父，进去进去！这里边没狗叫，倒好耍子！”可怜把四众捉将进去，一个个都推入辖床，扣拽了滚肚、敌脑、攀胸，禁子们又来乱打。三藏苦痛难禁，只叫：“悟空！怎的好！怎的好！”行者道：“他打是要钱哩。常言道好处安身，苦处用钱。如今与他些钱，便罢了。”

三藏道：“我的钱自何来？”行者道：“若没钱，衣物也是，把那袈裟与了他罢。”三藏听说就如刀刺其心，一时间见他打不过，只得开言道：“悟空，随你罢。”行者便叫：“列位长官，不必打了。我们担进来的那两个包袱中，有一件锦襕袈裟，价值千金。你们解开拿了去罢。”众禁子听言，一齐动手，把两个包袱解看。

虽有几件布衣，虽有个引袋，俱不值钱，只见几层油纸包裹着一物，霞光焰焰，知是好物。抖开看时，但只见：巧妙明珠缀，稀奇佛宝攒。盘龙铺绣结，飞凤锦沿边。众皆争看，又惊动本司狱官，走来喝道：“你们在此嚷甚的？”禁子们跪道：“老爹才子却提控，送下四个和尚，乃是大伙强盗。他见我们打了他几下，把这两个包袱与我。我们打开看时，见有此物，无可处置。若众人扯破分之，其实可惜；若独归一人，众人无利。幸老爹来，凭老爹做个劈着。”狱官见了，乃是一件袈裟，又将别项衣服，并引袋儿通检看了，又打开袋内关文一看，见有各国的宝印花押，道：“早是我来看呀！不然，你们都撞出事来了。这和尚不是强盗，切莫动他衣物，待明日太爷再审，方知端的。”众禁子听言，将包袱还与他，照旧包裹，交与狱官收讫。

渐渐天晚，听得楼头起鼓，火甲巡更。捱至四更三点，行者见他们都不呻吟，尽皆睡着，他暗想道：“师父该有这一夜牢狱之灾，老孙不开口折辨，不使法力者，盖为此耳。如今四更将尽，灾将满矣，我须去打点打点，天明好出牢门。”你看他弄本事，将身小一小，脱出辖床，摇身一变，变做个蠓虫儿，从房檐瓦缝里飞出。见那星光月皎，正是清和夜静之天，他认了方向，径飞向寇家门首，只见那街西下一家儿灯火明亮。又飞近他门口看时，原来是个做豆腐的，见一个老头儿烧火，妈妈儿挤浆。

那老儿忽的叫声：“妈妈，寇大官且是有子有财，只是没寿。我和他小时同学读书，我还大他五岁。他老子叫做寇铭，当时也不上千亩田地，放些租帐，也讨不起。他到二十岁时，那铭老儿死了，他掌着家当，其实也是他一步好运。娶的妻是那张旺之女，小名叫做穿针儿，却倒旺夫。自进他门，种田又收，放帐又起；买着的有利，做着的赚钱，被他如今挣了有十万家私。他到四十岁上，就回心向善，斋了万僧，不期昨夜被强盗踢死。可怜！今年才六十四岁，正好享用，何期这等向善，不得好报，乃死于非命？可叹！可叹！”

行者一一听之，却早五更初点。他就飞入寇家，只见那堂屋里已停着棺材，材头边点着灯，摆列着香烛花果，妈妈在旁啼哭；又见他两个儿子也来拜哭，两个媳妇拿两盏饭儿供献。

行者就钉在他材头上，咳嗽了一声，唬得那两个媳妇查手舞脚的往外跑，寇梁兄弟伏在地下不敢动，只叫：“爹爹！口乐！口乐！口乐！”那妈妈子胆大，把材头扑了一把道：“老员外，你活了？”

行者学着那员外的声音道：“我不曾活。”两个儿子一发慌了，不住的叩头垂泪，只叫：“爹爹！口乐！口乐！口乐！”妈妈子硬着胆又问道：“员外，你不曾活，如何说话？”行者道：“我是阎王差鬼使押将来家与你们讲话的。”说道：“那张氏穿针儿枉口诳舌，陷害无辜。”那妈妈子听见叫他小名，慌得跪倒磕头道：“好老儿啊！这等大年纪还叫我的小名儿！我那些枉口诳舌，害甚么无辜？”

行者喝道：“那里有个甚么唐僧点着火，八戒叫杀人，沙僧劫出金银去，行者打死你父亲？只因你诳言，把那好人受难。那唐朝四位老师，路遇强徒，夺将财物，送来谢我，是何等好意！你却假捻失状，着儿子们首官，官府又未细审，又如今把他们监禁，那狱神、土地、城隍俱慌了，坐立不宁，报与阎王。阎王转差鬼使押解我来家，教你们趁早解放他去；不然，教我在家搅闹一月，将合门老幼并鸡狗之类，一个也不存留！”寇梁兄弟又磕头哀告道：“爹爹请回，切莫伤残老幼，待天明就去本府投递解状，愿认招回，只求存殁均安也。”行者听了即叫：“烧纸，我去呀！”他一家儿都来烧纸。

行者一翅飞起，径又飞至刺史住宅里面。低头观看，那房内里已有灯光，见刺史已起来了。他就飞进中堂看时，只见中间后壁挂着一轴画儿，是一个官儿骑着一匹点子马，有几个从人，打着一把青伞，搴着一张交床，更不识是甚么故事，行者就钉在中间。忽然那刺史自房里出来，湾着腰梳洗。行者猛的里咳嗽一声，把刺史唬得慌慌张张，走入房内梳洗毕，穿了大衣，即出来对着画儿焚香祷告道：“伯考姜公乾一神位，孝侄姜坤三蒙祖上德荫，忝中甲科，今叨受铜台府刺史，旦夕侍奉香火不绝，为何今日发声？切勿为邪为祟，恐唬家众。”行者暗笑道：

“此是他大爷的神子！”却就绰着经儿叫道：“坤三贤侄，你做官虽承祖荫，一向清廉，怎的昨日无知，把四个圣僧当贼，不审来因，囚于禁内！那狱神、土地、城隍不安，报与阎君，阎君差鬼使押我来对你说，教你推情察理，快快解放他；不然，就教你去阴司折证也。”刺史听说，心中悚惧道：“大爷请回，小侄升堂，当就释放。”行者道：“既如此，烧纸来，我去见阎君回话。”刺史复添香烧纸拜谢。

行者又飞出来看时，东方早已发白。及飞到地灵县，又见那合县官却都在堂上，他思道：“蠓虫儿说话，被人看见，露出马脚来不好。”他就半空中，改了个大法身，从空里伸下一只脚来，把个县堂躧满，口中叫道：“众官听着：吾乃玉帝差来的浪荡游神。说你这府监里屈打了取经的佛子，惊动三界诸神不安，教吾传说，趁早放他；若有差池，教我再来一脚，先踢死合府县官，后躧死四境居民，把城池都踏为灰烬！”概县官吏人等，慌得一齐跪倒，磕头礼拜道：“上圣请回。我们如今进府，禀上府尊，即教放出，千万莫动脚，惊唬死下官。”行者才收了法身，仍变做个蠓虫儿，从监房瓦缝儿飞入，依旧钻在辖床中间睡着。

却说那刺史升堂，才抬出投文牌去，早有寇梁兄弟抱牌跪门叫喊。刺史着令进来，二人将解状递上。刺史见了发怒道：

“你昨日递了失状，就与你拿了贼来，你又领了赃去，怎么今日又来递解状？”二人滴泪道：“老爷，今夜小的父亲显魂道：‘唐朝圣僧，原将贼徒拿住，夺获财物，放了贼去，好意将财物送还我家报恩，怎么反将他当贼，拿在狱中受苦！狱中土地城隍俱不安，报了阎王，阎王差鬼使押解我来教你赴府再告，释放唐僧，庶免灾咎，不然，老幼皆亡。’因此，特来递个解词，望老爷方便！方便！”刺史听他说了这话，却暗想道：“他那父亲，乃是热尸新鬼，显魂报应犹可；我伯父死去五六年了，却怎么今夜也来显魂，教我审放？看起来必是冤枉。”正忖度间，只见那地灵县知县等官，急急跑上堂乱道：“老大人，不好了！不好了！适才玉帝差浪荡游神下界，教你快放狱中好人。昨日拿的那些和尚，不是强盗，都是取经的佛子。若少迟延，就要踢杀我等官员，还要把城池连百姓俱尽踏为灰烬。”刺史又大惊失色，即叫刑房吏火速写牌提出。当时开了监门提出，八戒愁道：“今日又不知怎的打哩。行者笑道：“管你一下儿也不敢打，老孙俱已干办停当。上堂切不可下跪，他还要下来请我们上坐，却等我问他要行李，要马匹。少了一些儿，等我打他你看。”说不了，已至堂口，那刺史、知县并府县大小官员，一见都下来迎接道：“圣僧昨日来时，一则接上司忙迫，二则又见了所获之赃，未及细问端的。”唐僧合掌躬身，又将前情细陈了一遍。众官满口认称，都道：“错了错了！莫怪莫怪！”又问狱中可曾有甚疏失，行者近前努目睁看，厉声高叫道：“我的白马是堂上人得了，行李是狱中人得了，快快还我！今日却该我拷较你们了！枉拿平人做贼，你们该个甚罪？”府县官见他作恶，无一个不怕，即便叫收马的牵马来，收行李的取行李来，一一交付明白。你看他三人一个个逞凶，众官只以寇家遮饰。三藏劝解了道：“徒弟，是也不得明白。我们且到寇家去，一则吊问，二来与他对证对证，看是何人见我做贼。”行者道：“说得是，等老孙把那死的叫起来，看是那个打他。”沙僧就在府堂上把唐僧撮上马，吆吆喝喝，一拥而出。那些府县多官，也一一俱到寇家，唬得那寇梁兄弟在门前不住的磕头，接进厅。只见他孝堂之中，一家儿都在孝幔里啼哭，行者叫道：“那打诳语栽害平人的妈妈子，且莫哭！等老孙叫你老公来，看他说是那个打死的，羞他一羞！”众官员只道孙行者说的是笑话。行者道：“列位大人，略陪我师父坐坐。八戒、沙僧好生保护，等我去了就来。”好大圣，跳出门，望空就起，只见那遍地彩霞笼住宅，一天瑞气护元神。众等方才认得是个腾云驾雾之仙，起死回生之圣，这里一一焚香礼拜不题。

那大圣一路筋斗云，直至幽冥地界，径撞入森罗殿上，慌得那十代阎君拱手接，五方鬼判叩头迎。千株剑树皆欹侧，万迭刀山尽坦平。枉死城中魑魅化，奈河桥下鬼超生。正是那神光一照如天赦，黑暗阴司处处明。十阎王接下大圣，相见了问及何来何干。行者道：“铜台府地灵县斋僧的寇洪之鬼，是那个收了？快点查来与我。”十阎王道：“寇洪善士，也不曾有鬼使勾他，他自家到此，遇着地藏王的金衣童子，他引见地藏也。”行者即别了，径至翠云宫，见地藏王菩萨。菩萨与他礼毕，具言前事，菩萨喜道：“寇洪阳寿，止该卦数，命终不染床席，弃世而来。我因他斋僧，是个善士，收他做个掌善缘簿子的案长。既大圣来取，我再延他阳寿一纪，教他跟大圣去。金衣童子遂领出寇洪，寇洪见了行者，声声叫道：“老师！老师！救我一救！”

行者道：“你被强盗踢死。此乃阴司地藏王菩萨之处，我老孙特来取你到阳世间，对明此事，既蒙菩萨放回，又延你阳寿一纪，待十二年之后，你再来也。”那员外顶礼不尽。行者谢辞了菩萨，将他吹化为气，掉于衣袖之间，同去幽府，复返阳间。驾云头到了寇家，即唤八戒捎开材盖，把他魂灵儿推付本身。须臾间，透出气来活了，那员外爬出材来，对唐僧四众磕头道：“师父！师父！寇洪死于非命，蒙师父至阴司救活，乃再造之恩！”

言谢不已。及回头见各官罗列，即又磕头道：“列位老爹都如何在舍？”那刺史道：“你儿子始初递失状，坐名告了圣僧，我即差人捕获；不期圣僧路遇杀劫你家之贼，夺取财物，送还你家。是我下人误捉，未得详审，当送监禁。今夜被你显魂，我先伯亦来家诉告，县中又蒙浪荡游神下界，一时就有这许多显应，所以放出圣僧，圣僧却又去救活你也。”那员外跪道：“老爹，其实枉了这四位圣僧！那夜有三十多名强盗，明火执杖，劫去家私，是我难舍，向贼理说，不期被他一脚撩阴踢死，与这四位何干！”

叫过妻子来，“是谁人踢死，你等辄敢妄告？请老爹定罪。”当时一家老小只是磕头，刺史宽恩，免其罪过。寇洪教安排筵宴，酬谢府县厚恩，个个未坐回衙。至次日，再挂斋僧牌，又款留三藏，三藏决不肯住。却又请亲友，办旌幢，如前送行而去。咦！

这正是：地辟能存凶恶事，天高不负善心人。逍遥稳步如来径，只到灵山极乐门，毕竟不知见佛何如，且听下回分解。

第九十八回　猿熟马驯方脱壳　功成行满见真如

话表寇员外既得回生，复整理了幢幡鼓乐，僧道亲友，依旧送行不题。却说唐僧四众，上了大路，果然西方佛地，与他处不同。见了些琪花、瑶草、古柏、苍松，所过地方，家家向善，户户斋僧，每逢山下人修行，又见林间客诵经。师徒们夜宿晓行，又经有六七日，忽见一带高楼，几层杰阁，真个是冲天百尺，耸汉凌空。低头观落日，引手摘飞星。豁达窗轩吞宇宙，嵯峨栋宇接云屏，黄鹤信来秋树老，彩鸾书到晚风清。此乃是灵宫宝阙，琳馆珠庭。真堂谈道，宇宙传经。花向春来美，松临雨过青。

紫芝仙果年年秀，丹凤仪翔万感灵。三藏举鞭遥指道：“悟空，好去处耶！”行者道：“师父，你在那假境界假佛象处，倒强要下拜；今日到了这真境界真佛象处，倒还不下马，是怎的说？”三藏闻言，慌得翻身跳下来，已到了那楼阁门首。只见一个道童，斜立山门之前叫道：“那来的莫非东土取经人么？”长老急整衣，抬头观看，见他身披锦衣，手摇玉麈。身披锦衣，宝阁瑶池常赴宴；手摇玉麈，丹台紫府每挥尘。肘悬仙箓，足踏履鞋。飘然真羽士，秀丽实奇哉。炼就长生居胜境，修成永寿脱尘埃。圣僧不识灵山客，当年金顶大仙来。孙大圣认得他，即叫：“师父，此乃是灵山脚下玉真观金顶大仙，他来接我们哩。”三藏方才醒悟，进前施礼。大仙笑道：“圣僧今年才到，我被观音菩萨哄了。他十年前领佛金旨，向东土寻取经人，原说二三年就到我处。我年年等候，渺无消息，不意今年才相逢也。”三藏合掌道：

“有劳大仙盛意，感激！感激！”遂此四众牵马挑担，同入观里，却又与大仙一一相见。即命看茶摆斋，又叫小童儿烧香汤与圣僧沐浴了，好登佛地。正是那：功满行完宜沐浴，炼驯本性合天真。千辛万苦今方息，九戒三皈始自新。魔尽果然登佛地，灾消故得见沙门。洗尘涤垢全无染，反本还原不坏身。师徒们沐浴了，不觉天色将晚，就于玉真观安歇。

次早，唐僧换了衣服，披上锦襕袈裟，戴了毗卢帽，手持锡杖，登堂拜辞大仙。大仙笑道：“昨日褴褛，今日鲜明，观此相真佛子也。”三藏拜别就行，大仙道：“且住，等我送你。”行者道：“不必你送，老孙认得路。大仙道：“你认得的是云路。圣僧还未登云路，当从本路而行。”行者道：“这个讲得是，老孙虽走了几遭，只是云来云去，实不曾踏着此地。既有本路，还烦你送送，我师父拜佛心重，幸勿迟疑。那大仙笑吟吟，携着唐僧手，接引旃坛上法门。原来这条路不出山门，就自观宇中堂穿出后门便是。大仙指着灵山道：“圣僧，你看那半天中有祥光五色，瑞蔼千重的，就是灵鹫高峰，佛祖之圣境也。”唐僧见了就拜，行者笑道：“师父，还不到拜处哩。常言道望山走倒马，离此镇还有许远，如何就拜！若拜到顶上，得多少头磕是？”大仙道：

“圣僧，你与大圣、天蓬、卷帘四位，已此到于福地，望见灵山，我回去也。”三藏遂拜辞而去。

大圣引着唐僧等，徐徐缓步，登了灵山，不上五六里，见了一道活水，滚浪飞流，约有八九里宽阔，四无人迹。三藏心惊道："悟空，这路来得差了，敢莫大仙错指了？此水这般宽阔，这般汹涌，又不见舟楫，如何可渡？"行者笑道："不差！你看那壁厢不是一座大桥？要从那桥上行过去，方成正果哩。"长老等又近前看时，桥边有一扁，扁上有凌云渡三字，原来是一根独木桥。正是：远看横空如玉栋，近观断水一枯槎。维河架海还容易，独木单梁人怎踱！万丈虹霓平卧影，千寻白练接天涯。十分细滑浑难渡，除是神仙步彩霞。三藏心惊胆战道："悟空，这桥不是人走的，我们别寻路径去来。"行者笑道："正是路！正是路！八戒慌了道："这是路，那个敢走？水面又宽，波浪又涌，独独一根木头，又细又滑，怎生动脚？"行者道："你都站下，等老孙走个儿你看。"好大圣，拽开步跳上独木桥，摇摇摆摆，须臾跑将过去，在那边招呼道："过来！过来！"唐僧摇手，八戒沙僧咬指道："难！难！难！"行者又从那边跑过来，拉着八戒道："呆子，跟我走，跟我走！"那八戒卧倒在地道："滑！滑！滑！走不得！你饶我罢！让我驾风雾过去！"行者按住道："这是甚么去处，许你驾风雾？必须从此桥上走过，方可成佛。"八戒道："哥啊，佛做不成也罢，实是走不得！"

他两个在那桥边，滚滚爬爬，扯扯拉拉的耍斗。沙僧走去劝解，才撒脱了手。三藏回头，忽见那下溜中有一人撑一只船来，叫道："上渡！上渡！"长老大喜道："徒弟，休得乱顽。那里有只渡船儿来了。"他三个跳起来站定，同眼观看，那船儿来得至近，原来是一只无底的船儿。行者火眼金睛，早已认得是接引佛祖，又称为南无宝幢光王佛。行者却不题破，只管叫："这里来！撑拢来！"霎时撑近岸边，又叫："上渡！上渡！"三藏见了，又心惊道："你这无底的破船儿，如何渡人？"佛祖道："我这船鸿蒙初判有声名，幸我撑来不变更。有浪有风还自稳，无终无始乐升平。六尘不染能归一，万劫安然自在行。无底船儿难过海，今来古往渡群生。"孙大圣合掌称谢道："承盛意接引吾师。

师父，上船去，他这船儿虽是无底，却稳；纵有风浪，也不得翻。"长老还自惊疑，行者叉着膊子，往上一推。那师父踏不住脚，毂辘的跌在水里，早被撑船人一把扯起，站在船上。师父还抖衣服，垛鞋脚，抱怨行者。行者却引沙僧八戒，牵马挑担，也上了船，都立在舟早舟唐之上。那佛祖轻轻用力撑开，只见上溜头泱下一个死尸。长老见了大惊，行者笑道："师父莫怕，那个原来是你。"八戒也道："是你是你！"沙僧拍着手也道："是你是你！"那撑船的打着号子也说："那是你！可贺可贺！"

他们三人，也一齐声相和。撑着船，不一时稳稳当当的过了凌云仙渡。三藏才转身，轻轻的跳上彼岸。有诗为证，诗曰：

脱却胎胞骨肉身，相亲相爱是元神。今朝行满方成佛，洗净当年六六尘。此诚所谓广大智慧，登彼岸无极之法。四众上岸回头，连无底船儿却不知去向，行者方说是接引佛祖。三藏方才省悟，急转身，反谢了三个徒弟，行者道："两不相谢，彼此皆扶持也。我等亏师父解脱，借门路修功，幸成了正果；师父也赖我等保护，秉教伽持，喜脱了凡胎。师父，你看这面前花草松篁，鸾凤鹤鹿之胜境，比那妖邪显化之处，孰美孰恶？何善何凶？"

三藏称谢不已。一个个身轻体快，步上灵山，早见那雷音古刹：

顶摩霄汉中，根接须弥脉。巧峰排列，怪石参差。悬崖下瑶草琪花，曲径旁紫芝香蕙。仙猿摘果入桃林，却似火烧金；白鹤栖松立枝头，浑如烟捧玉。彩凤双双，青鸾对对。彩凤双双，向日一鸣天下瑞；青鸾对对，迎风耀舞世间稀。又见那黄森森金瓦迭鸳鸯，明幌幌花砖铺玛瑙。东一行，西一行，尽都是蕊宫珠阙；南一带，北一带，看不了宝阁珍楼。天王殿上放霞光，护法堂前喷紫焰。浮屠塔显，优钵花香、正是地胜疑天别，云闲觉昼长。红尘不到诸缘尽，万劫无亏大法堂。师徒们逍逍遥遥，走上灵山之巅，又见青松林下列优婆，翠柏丛中排善士。长老就便施礼，慌得那优婆塞、优婆夷、比丘僧、比丘尼合掌道："圣僧且休行礼，待见了牟尼，却来相叙。行者笑道："早哩！早哩！且去拜上位者。"

那长老手舞足蹈，随着行者，直至雷音寺山门之外。那厢有四大金刚迎住道："圣僧来耶？"三藏躬身道："是弟子玄奘到了。"答毕就欲进门，金刚道："圣僧少待，容禀过再进。"那金刚着一个转山门报与二门上四大金刚，说唐僧到了；二门上又传入三门上，说唐僧到了；三山门内原是打供的神僧，闻得唐僧到时，急至大雄殿下，报与如来至尊释迦牟尼文佛说："唐朝圣僧到于宝山取经来了。"佛爷爷大喜，即召聚八菩萨、四金刚、五百阿罗、三千揭谛、十一大曜、十八伽蓝，两行排列，却传金旨，召唐僧进。那里边，一层一节，钦依佛旨，叫："圣僧进来。"

这唐僧循规蹈矩，同悟空、悟能、悟净，牵马挑担，径入山门。正是：当年奋志奉钦差，领牒辞王出玉阶。清晓登山迎雾露，黄昏枕石卧云霾。挑禅远步三千水，飞锡长行万里崖。念念在心求正果，今朝始得见如来。

四众到大雄宝殿殿前，对如来倒身下拜。拜罢，又向左右再拜。各各三匝已遍，复向佛祖长跪，将通关文牒奉上，如来一一看了，还递与三藏。三藏俯囟作礼，启上道："弟子玄奘，奉东土大唐皇帝旨意，遥诣宝山，拜求真经，以济众生。望我佛祖垂恩，早赐回国。"如来方开怜悯之口，大发慈悲之心，对三藏言曰："你那东土乃南赡部洲，只因天高地厚，物广人稠，多贪多杀，多淫多诳，多欺多诈；不遵佛教，不向善缘，不敬三光，不重五谷；不忠不孝，不义不仁，瞒心昧已，大斗小秤，害命杀牲。造下无边之孽，罪盈恶满，致有地狱之灾，所以永堕幽冥，受那许多碓捣磨舂之苦，变化畜类。有那许多披毛顶角之形，将身还债，将肉饲人。其永堕阿鼻，不得超升者，皆此之故也。虽有孔氏在彼立下仁义礼智之教，帝王相继，治有徒流绞斩之刑，其如愚昧不明，放纵无忌之辈何耶！我今有经三藏，可以超脱苦恼，解释灾愆。三藏：有法一藏，谈天；有论一藏，说地；有经一藏，度鬼。共计三十五部，该一万五千一百四十四卷。真是修真之径，正善之门，凡天下四大部洲之天文、地理、人物、鸟兽、花木、器用、人事，无般不载。汝等远来，待要全付与汝取去，但那方之人，愚蠢村强，毁谤真言，不识我沙门之奥旨。"叫："阿傩、伽叶，你两个引他四众，到珍楼之下，先将斋食待他。斋罢，开了宝阁，将我那三藏经中三十五部之内，各检几卷与他，教他传流东土，永注洪恩。"二尊者即奉佛旨，将他四众领至楼下，看不尽那奇珍异宝，摆列无穷。只见那设供的诸神，铺排斋宴，并皆是仙品、仙肴、仙茶、仙果，珍馐百味，与凡世不同。师徒们顶礼了佛恩，随心享用，其实是：宝焰金光映目明，异香奇品更微精。千层金阁无穷丽，一派仙音入耳清。素味仙花人罕见，香茶异食得长生。向来受尽千般苦，今日荣华喜道成。

这番造化了八戒，便宜了沙僧，佛祖处正寿长生，脱胎换骨之馔，尽着他受用。二尊者陪奉四众餐毕，却入宝阁，开门登看。那厢有霞光瑞气，笼罩千重；彩雾祥云，遮漫万道。经柜上，宝箧外，都贴了红签，楷书着经卷名目。乃是：《涅槃经》一部，七百四十八卷；《菩萨经》一部，一千二十一卷；《虚空藏经》一部，四百卷；《首楞严经》一部，一百一十卷；《恩意经大集》一部，五十卷；《决定经》一部，一百四十卷；《宝藏经》一部，四十五卷；《华严经》一部，五百卷；《礼真如经》一部，九十卷；《大般若经》一部，九百一十六卷；《大光明经》一部，三百卷；《未曾有经》一部，一千一百一十卷；《维摩经》一部，一百七十卷；《三论别经》一部，二百七十卷；《金刚经》一部，一百卷；《正法论经》一部，一百二十卷；《佛本行经》一部，八百卷；《五龙经》一部，三十二卷；《菩萨戒经》一部，一百一十六卷；《大集经》一部，一百三十卷；《摩竭经》一部，三百五十卷；《法华经》一部，一百卷；《瑜伽经》一部，一百卷；《宝常经》一部，二百二十卷；《西天论经》一部，一百三十卷；《僧祇经》一部，一百五十七卷；《佛国杂经》一部，一千九百五十卷；《起信论经》一部，一千卷；《大智度经》一部，一千八十卷；《宝威经》一部，一千二百八十卷；《本阁经》一部，八百五十卷；《正律文经》一部，二百卷；《大孔雀经》一部，二百二十卷；《维识论经》一部，一百卷；《具舍论经》一部，二百卷。阿傩、伽叶引唐僧看遍经名，对唐僧道："圣僧东土到此，有些甚么人事送我们？快拿出来，好传经与你去。三藏闻言道："弟子玄奘，来路迢遥，不曾备得。"二尊者笑道：

"好，好，好！白手传经继世，后人当饿死矣！"行者见他讲口扭捏，不肯传经，他忍不住叫噪道："师父，我们去告如来，教他自家来把经与老孙也。"阿傩道："莫嚷！此是甚么去处，你还撒野放刁！到这边来接着经。"八戒沙僧耐住了性子，劝住了行者，转身来接。一卷卷收在包里，驮在马上，又捆了两担，八戒与沙僧挑着，却来宝座前叩头，谢了如来，一直出门。逢一位佛祖，拜两拜；见一尊菩萨，拜两拜。又到大门，拜了比丘僧、尼，优婆夷、塞，一一相辞，下山奔路不题。

却说那宝阁上有一尊燃灯古佛，他在阁上，暗暗的听着那传经之事，心中甚明，原是阿傩、伽叶将无字之经传去，却自笑云：东土众僧愚迷，不识无字之经，却不枉费了圣僧这场跋涉？

问："座边有谁在此？"只见白雄尊者闪出。古佛吩咐道："你可作起神威，飞星赶上唐僧，把那无字之经夺了，教他再来求取有字真经。"白雄尊者，即驾狂风，滚离了雷音寺山门之外，大作神威。那阵好风，真个是：佛前勇士，不比巽二风神。仙窍怒号，远赛吹嘘少女。这一阵，鱼龙皆失穴，江海逆波涛。玄猿捧果难来献，黄鹤回云找旧巢。丹凤清音鸣不美，锦鸡喔运叫声嘈。青松枝折，优钵花飘。翠竹竿竿倒，金莲朵朵摇。钟声远送三千里，经韵轻飞万壑高。崖下奇花残美色，路旁瑶草偃鲜苗。彩鸾难舞翅，白鹿躲山崖。荡荡异香漫宇宙，清清风气彻云霄。那唐长老正行间，忽闻香风滚滚，只道是佛祖之祯祥，未曾提防。又闻得响一声，半空中伸下一只手来，将马驮的经，轻轻抢去，唬得个三藏捶胸叫唤，八戒滚地来追，沙和尚护守着经担，孙行者急赶去如飞。那白雄尊者，见行者赶得将近，恐他棍头上没眼，一时间不分好歹，打伤身体，即将经包摔碎，抛落尘埃。行者见经包破落，又被香风吹得飘零，却就按下云头，顾经不去追赶。那白雄尊者收风敛雾，回报古佛不题。

八戒去追赶，见经本落下，遂与行者收拾背着，来见唐僧。

唐僧满眼垂泪道："徒弟呀！这个极乐世界，也还有凶魔欺害哩！"沙僧接了抱着的散经，打开看时，原来雪白，并无半点字迹，慌忙递与三藏道："师父，这一卷没字。"行者又打开一卷看时，也无字。八戒打开一卷，也无字。三藏叫："通打开来看看。"

卷卷俱是白纸。长老短叹长吁的道："我东土人果是没福！似这般无字的空本，取去何用？怎么敢见唐王！诳君之罪，诚不容诛也！"行者早已知之，对唐僧道："师父，不消说了，这就是阿傩、伽叶那厮，问我要人事没有，故将此白纸本子与我们来了。快回去告在如来之前，问他掯财作弊之罪。"八戒嚷道："正是！正是！告他去来！"四众急急回山，无好步，忙忙又转上雷音。不多时，到于山门之外，众皆拱手相迎，笑道："圣僧是换经来的？"三藏点头称谢。众金刚也不阻挡，让他进去，直至大雄殿前。行者嚷道："如来！我师徒们受了万蜇千魔，千辛万苦，自东土拜到此处，蒙如来吩咐传经，被阿傩、伽叶掯财不遂，通同作弊，故意将无字的白纸本儿教我们拿去，我们拿他去何用！望如来敕治！"佛祖笑道："你且休嚷，他两个问你要人事之情，我已知矣。但只是经不可轻传，亦不可以空取，向时众比丘圣僧下山，曾将此经在舍卫国赵长者家与他诵了一遍，保他家生者安全，亡者超脱，只讨得他三斗三升米粒黄金回来，我还说他们忒卖贱了，教后代儿孙没钱使用。你如今空手来取，是以传了白本。白本者，乃无字真经，倒也是好的。因你那东土众生，愚迷不悟，只可以此传之耳。"即叫："阿傩、伽叶，快将有字的真经，每部中各检几卷与他，来此报数。"

二尊者复领四众，到珍楼宝阁之下，仍问唐僧要些人事。

三藏无物奉承，即命沙僧取出紫金钵盂，双手奉上道："弟子委是穷寒路遥，不曾备得人事。这钵盂乃唐王亲手所赐，教弟子持此，沿路化斋。今特奉上，聊表寸心，万望尊者不鄙轻亵，将此收下，待回朝奏上唐王，定有厚谢。只是以有字真经赐下，庶不孤钦差之意，远涉之劳也。"那阿傩接了，但微微而笑。被那些管珍楼的力士，管香积的庖丁，看阁的尊者，你抹他脸，我扑他背，弹指的，扭唇的，一个个笑道："不羞！不羞！需索取经的人事！"须臾把脸皮都羞皱了，只是拿着钵盂不放。伽叶却才进阁检经，一一查与三藏，三藏却叫："徒弟们，你们都好生看看，莫似前番。"他三人接一卷，看一卷，却都是有字的。传了五千零四十八卷，乃一藏之数，收拾齐整驮在马上，剩下的还装了一担，八戒挑着。自己行囊，沙僧挑着。行者牵了马，唐僧拿了锡杖，按一按毗卢帽，抖一抖锦袈裟，才喜喜欢欢，到我佛如来之前、正是那：大藏真经滋味甜，如来造就甚精严。须知玄奘登山苦，可笑阿傩却爱钱。先次未详亏古佛，后来真实始安然。至今得意传东土，大众均将雨露沾。

阿傩、伽叶引唐僧来见如来，如来高升莲座，指令降龙、伏虎二大罗汉敲响云磬，遍请三千诸佛、三千揭谛、八金刚、四菩萨、五百尊罗汉、八百比丘僧、大众优婆塞、比丘尼、优婆夷，各天各洞，福地灵山，大小尊者圣僧，该坐的请登宝座，该立的侍立两旁。一时间，天乐遥闻，仙音嘹喨，满空中祥光迭迭，瑞气重重，诸佛毕集，参见了如来。如来问："阿傩、伽叶，传了多少经卷与他？可一一报数。"二尊者即开报："现付去唐朝《涅槃经》四百卷，《菩萨经》三百六十卷，《虚空藏经》二十卷，《首楞严经》三十卷，《恩意经大集》四十卷，《决定经》四十卷，《宝藏经》二十卷，《华严经》八十一卷，《礼真如经》三十卷，《大般若经》六百卷，《金光明品经》五十卷，《未曾有经》五百五十卷，《维摩经》三十卷，《三论别经》四十二卷，《金刚经》一卷，《正法论经》二十卷，《佛本行经》一百一十六卷，《五龙经》二十卷，《菩萨戒经》六十卷，《大集经》三十卷，《摩竭经》一百四十卷，《法华经》十卷，《瑜伽经》三十卷，《宝常经》一百七十卷，《西天论经》三十卷，《僧祇经》一百一十卷，《佛国杂经》一千六百三十八卷，《起信论经》五十卷，《大智度经》九十卷；《宝威经》一百四十卷，《本阁经》五十六卷，《正律文经》十卷，《大孔雀经》十四卷，《维识论经》十卷，《具舍论经》十卷。在藏总经，共三十五部，各部中检出五千零四十八卷，与东土圣僧传留在唐。现俱收拾整顿于人马驮担之上，专等谢恩。"

三藏四众拴了马，歇了担，一个个合掌躬身，朝上礼拜。如来对唐僧言曰："此经功德，不可称量，虽为我门之龟鉴，实乃三教之源流。若到你那南赡部洲，示与一切众生，不可轻慢，非沐浴斋戒，不可开卷，宝之重之！盖此内有成仙了道之奥妙，有发明万化之奇方也。"三藏叩头谢恩，信受奉行，依然对佛祖遍礼三匝，承谨归诚，领经而去。去到三山门，一一又谢了众圣不题。

如来因打发唐僧去后，才散了传经之会。旁又闪上观世音菩萨合掌启佛祖道："弟子当年领金旨向东土寻取经之人，今已成功，共计得一十四年，乃五千零四十日，还少八日，不合藏数。望我世尊，早赐圣僧回东转西，须在八日之内，庶完藏数，准弟子缴还金旨。"如来大喜道："所言甚当，准缴金旨。"即叫八大金刚吩咐道："汝等快使神威，驾送圣僧回东，把真经传留，即引圣僧西回、须在八日之内，以完一藏之数，勿得迟违。"

金刚随即赶上唐僧，叫道："取经的，跟我来！"唐僧等俱身轻体健，荡荡飘飘，随着金刚，驾云而起。这才是：见性明心参佛祖，功完行满即飞升。毕竟不知回东土怎生传授，且听下回分解。

第九十九回　九九数完魔灭尽　三三行满道归根

话表八金刚既送唐僧回国不题。那三层门下，有五方揭谛、四值功曹、六丁六甲、护教伽蓝，走向观音菩萨前启道："弟子等向蒙菩萨法旨，暗中保护圣僧，今日圣僧行满，菩萨缴了佛祖金旨，我等望菩萨准缴法旨。"菩萨亦甚喜道："准缴，准缴。"又问道："那唐僧四众，一路上心行何如？"诸神道："委实心虔志诚，料不能逃菩萨洞察。但只是唐僧受过之苦，真不可言。他一路上历过的灾愆患难，弟子已谨记在此，这就是他灾难的簿子。"菩萨从头看了一遍。上写着："蒙差揭谛皈依旨，谨记唐僧难数清：金蝉遭贬第一难，出胎几杀第二难，满月抛江第三难，寻亲报冤第四难，出城逢虎第五难，落坑折从第六难，双叉岭上第七难，两界山头第八难，陡涧换马第九难，夜被火烧第十难，失却袈裟十一难，收降八戒十二难，黄风怪阻十三难，请求灵吉十四难，流沙难渡十五难，收得沙僧十六难，四圣显化十七难，五庄观中十八难，难活人参十九难，贬退心猿二十难，黑松林失散二十一难，宝象国捎书二十二难，金銮殿变虎二十三难，平顶山逢魔二十四难，莲花洞高悬二十五难，乌鸡国救主二十六难，被魔化身二十七难，号山逢怪二十八难，风摄圣僧二十九难，心猿遭害三十难，请圣降妖三十一难，黑河沉没三十二难，搬运车迟三十三难，大赌输赢三十四难，祛道兴僧三十五难，路逢大水三十六难，身落天河三十七难，鱼篮现身三十八难，金山遇怪三十九难，普天神难伏四十难，问佛根源四十一难，吃水遭毒四十二难，西梁国留婚四十三难，琵琶洞受苦四十四难，再贬心猿四十五难，难辨猕猴四十六难，路阻火焰山四十七难，求取芭蕉扇四十八难，收缚魔王四十九难，赛城扫塔五十难，取宝救僧五十一难，棘林吟咏五十二难，小雷音遇难五十三难，诸天神遭困五十四难，稀柿衕秽阻五十五难，朱紫国行医五十六难，拯救疲癃五十七难，降妖取后五十八难，七情迷没五十九难，多目遭伤六十难，路阻狮驼六十一难，怪分三色六十二难，城里遇灾六十三难，请佛收魔六十四难，比丘救子六十五难，辨认真邪六十六难，松林救怪六十七难，僧房卧病六十八难，无底洞遭困六十九难，灭法国难行七十难，隐雾山遇魔七十一难，凤仙郡求雨七十二难，失落兵器七十三难，会庆钉钯七十四难，竹节山遭难七十五难，玄英洞受苦七十六难，赶捉犀牛七十七难，天竺招婚七十八难，铜台府监禁七十九难，凌云渡脱胎八十难，路经十万八千里，圣僧历难簿分明。"菩萨将难簿目过了一遍，急传声道："佛门中九九归真，圣僧受过八十难，还少一难，不得完成此数。"即令揭谛，"赶上金刚，还生一难者。"这揭谛得令，飞云一驾向东来。一昼夜赶上八大金刚，附耳低言道："如此如此，谨遵菩萨法旨，不得违误。"八金刚闻得此言，刷的把风按下，将他四众，连马与经，坠落下地。噫！正是那：九九归真道行难，坚持笃志立玄关。必须苦练邪魔退，定要修持正法还。莫把经章当容易，圣僧难过许多般。古来妙合参同契，毫发差殊不结丹。

三藏脚踏了凡地，自觉心惊。八戒呵呵大笑道："好！好！好！这正是要快得迟。"沙僧道："好！好！好！因是我们走快了些儿，教我们在此歇歇哩。"大圣道："俗语云，十日滩头坐，一日行九滩。"三藏道："你三个且休斗嘴，认认方向，看这是甚么地方。"沙僧转头四望道："是这里！是这里！师父，你听听水响。"行者道："水响想是你的祖家了。"八戒道："他祖家乃流沙河。"沙僧道："不是，不是，此通天河也。"三藏道："徒弟啊，仔细看在那岸。"行者纵身跳起，用手搭凉篷仔细看了，下来道：

"师父，此是通天河西岸。"三藏道："我记起来了，东岸边原有个陈家庄。那年到此，亏你救了他儿女，深感我们，要造船相送，幸白鼋伏渡。我记得西岸上，四无人烟，这番如何是好？"八戒道："只说凡人会作弊，原来这佛面前的金刚也会作弊。他奉佛旨，教送我们东回，怎么到此半路上就丢下我们？如今岂不进退两难！怎生过去！"沙僧道："二哥休报怨。我的师父已得了道，前在凌云渡已脱了凡胎，今番断不落水。教师兄同你我都作起摄法，把师父驾过去也。"行者频频的暗笑道："驾不去！"驾不去！"你看他怎么就说个驾不去？若肯使出神通，说破飞升之奥妙，师徒们就一千个河也过去了；只因心里明白，知道唐僧九九之数未完，还该有一难，故羁留于此。师徒们口里纷纷的讲，足下徐徐的行，直至水边，忽听得有人叫道："唐圣僧，唐圣僧！这里来，这里来！"四众皆惊。举头观看，四无人迹，又没舟船，却是一个大白赖头鼋在岸边探着头叫道："老师父，我等了你这几年，却才回也？"行者笑道："老鼋，向年累你，今岁又得相逢。"三藏与八戒、沙僧都欢喜不尽。行者道："老鼋，你果有接待之心，可上岸来。"那鼋即纵身爬上河来。行者叫把马牵上他身，八戒还蹲在马尾之后，唐僧站在马颈左边，沙僧站在右边，行者一脚踏着老鼋的项，一脚踏着老鼋的头叫道：

"老鼋，好生走稳着。"那老鼋蹬开四足，踏水面如行平地，将他师徒四众，连马五口，驮在身上，径回东岸而来。诚所谓：不二门中法奥玄，诸魔战退识人天。本来面目今方见，一体原因始得全。秉证三乘随出入，丹成九转任周旋。挑包飞杖通休讲，幸喜还元遇老鼋。老鼋驮着他们，蹿波踏浪，行经多半日，将次天晚，好近东岸，忽然问曰："老师父，我向年曾央到西方见我佛如来，与我问声归着之事，还有多少年寿，果曾问否？"原来那长老自到西天玉真观沐浴，凌云渡脱胎，步上灵山，专心拜佛及参诸佛菩萨圣僧等众，意念只在取经，他事一毫不理，所以不曾问得老鼋年寿，无言可答，却又不敢欺，打诳语，沉吟半晌，不曾答应。老鼋即知不曾替问，他就将身一幌，唿喇的淬下水去，把他四众连马并经，通皆落水。咦！还喜得唐僧脱了胎，成了道，若似前番，已经沉底。又幸白马是龙，八戒、沙僧会水，行者笑巍巍显大神通，把唐僧扶驾出水，登彼东岸。只是经包、衣服、鞍辔俱湿了。

师徒方登岸整理，忽又一阵狂风，天色昏暗，雷烟俱作，走石飞沙。但见那：一阵风，乾坤播荡；一声雷，振动山川。一个烟，钻云飞火；一天雾，大地遮漫。风气呼号，雷声激烈。烟掣红绡，雾迷星月。风鼓的尘沙扑面，雷惊的虎豹藏形，烟幌的飞禽叫噪，雾漫的树木无踪。那风搅得个通天河波浪翻腾，那雷振得个通天河鱼龙丧胆，那烟照得个通天河彻底光明，那雾盖得个通天河岸崖昏惨。好风！颓山烈石松篁倒。好雷！惊蛰伤人威势豪。好烟！流天照野金蛇走。好雾！混混漫空蔽九霄。唬得那三藏按住了经包，沙僧压住了经担，八戒牵住了白马，行者却双手轮起铁棒，左右护持。原来那风、雾、雷、烟乃是些阴魔作号，欲夺所取之经，劳攘了一夜，直到天明，却才止息。长老一身水衣，战兢兢的道："悟空，这是怎的起？"行者气呼呼的道："师父，你不知就里，我等保护你取获此经，乃是夺天地造化之功，可以与乾坤并久，日月同明，寿享长春，法身不朽，此所以为天地不容，鬼神所忌，欲来暗夺之耳。一则这经是水湿透了，二则是你的正法身压住，雷不能轰，电不能照，雾不能迷，又是老孙轮着铁棒，使纯阳之性，护持住了，及至天明，阳气又盛，所以不能夺去。"三藏、八戒、沙僧方才省悟，各谢不尽。少顷，太阳高照，却移经于高崖上，开包晒晾，至今彼处晒经之石尚存。他们又将衣鞋都晒在崖旁，立的立，坐的坐，跳的跳。真个是：一体纯阳喜向阳，阴魔不敢逞强梁。须知水胜真经伏，不怕风雷烟雾光。自此清平归正觉，从今安泰到仙乡。晒经石上留踪迹，千古无魔到此方。

他四众检看经本，一一晒晾，早见几个打鱼人，来过河边，抬头看见，内有认得的道："老师父可是前年过此河往西天取经的？”八戒道：“正是，正是，你是那里人？怎么认得我们？”渔人道：“我们是陈家庄上人。”八戒道：“陈家庄离此有多远？”渔人道：“过此冲南有二十里，就是也。”八戒道：“师父，我们把经搬到陈家庄上晒去。他那里有住坐，又有得吃，就教他家与我们浆浆衣服，却不是好？”三藏道：“不去罢，在此晒干了，就收拾找路回也。”那几个渔人行过南冲，恰遇着陈澄，叫道：“二老官，前年在你家替祭儿子的师父回来了。”陈澄道：“你在那里看见？”渔人回指道：“都在那石上晒经哩。”陈澄随带了几个佃户，走过冲来望见，跑近前跪下道：“老爷取经回来，功成行满，怎么不到舍下，却在这里盘弄？快请，快请到舍。”行者道：“等晒干了经，和你去。”陈澄又问道：“老爷的经典、衣物，如何湿了？”三藏道：“昔年亏白鼋驮渡河西，今年又蒙他驮渡河东。已将近岸，被他问昔年托问佛祖寿年之事，我本未曾问得，他遂淬在水内，故此湿了。”又将前后事细说了一遍。那陈澄拜请甚恳，三藏无已，遂收拾经卷。不期石上把佛本行经沾住了几卷，遂将经尾沾破了，所以至今本行经不全，晒经石上犹有字迹。

三藏懊悔道：“是我们怠慢了，不曾看顾得！”行者笑道：“不在此！不在此！盖天地不全，这经原是全全的，今沾破了，乃是应不全之奥妙也，岂人力所能与耶！”师徒们果收拾毕，同陈澄赴庄。

那庄上人家，一个传十，十个传百，百个传千，若老若幼，都来接看。陈清闻说，就摆香案在门前迎迓，又命鼓乐吹打。少顷到了迎入，陈清领合家人眷俱出来拜见，拜谢昔日救女儿之恩，随命看茶摆斋。三藏自受了佛祖的仙品仙肴，又脱了凡胎成佛，全不思凡间之食。二老苦劝，没奈何，略见他意。孙大圣自来不吃烟火食，也道：“彀了。”沙僧也不甚吃，八戒也不似前番，就放下碗。行者道：“呆子也不吃了？”八戒道：“不知怎么，脾胃一时就弱了。”遂此收了斋筵，却又问取经之事。三藏又将先至玉真观沐浴，凌云渡脱胎，及至雷音寺参如来，蒙珍楼赐宴，宝阁传经，始被二尊者索人事未遂，故传无字之经，后复拜告如来，始得授一藏之数，并白鼋淬水，阴魔暗夺之事，细细陈了一遍，就欲拜别。那二老举家，如何肯放，且道：“向蒙救拔儿女，深恩莫报，已创建一座院宇，名曰救生寺，专侍奉香火不绝。”又唤出原替祭之儿女陈关保、一秤金叩谢，复请至寺观看。三藏却又将经包儿收在他家堂前，与他念了一卷《宝常经》。后至寺中，只见陈家又设馔在此。还不曾坐下，又一起来请；还不曾举箸，又一起来请，络绎不绝，争不上手。三藏俱不敢辞，略略见意。只见那座寺果盖得齐整：山门红粉腻，多赖施主功。一座楼台从此立，两廊房宇自今兴。朱红隔扇，七宝玲珑。香气飘云汉，清光满太空。几株嫩柏还浇水，数干乔松未结丛。活水迎前，通天迭迭翻波浪；高崖倚后，山脉重重接地龙。三藏看毕，才上高楼，楼上果装塑着他四众之象。八戒看见，扯着行者道：“兄长的相儿甚象。”沙僧道：“二哥，你的又象得紧。只是师父的又忒俊了些儿。”三藏道：“却好！却好！”遂下楼来，下面前殿后廊，还有摆斋的候请。行者却问：“向日大王庙儿如何了？”众老道：“那庙当年拆了。老爷，这寺自建立之后，年年成熟，岁岁丰登，却是老爷之福庇。”行者笑道：“此天赐耳，与我们何与！但只我们自今去后，保你这一庄上人家，子孙繁衍，六畜安生，年年风调雨顺，岁岁雨顺风调。”众等却叩头拜谢。只见那前前后后，更有献果献斋的，无限人家。八戒笑道：“我的蹭蹬！那时节吃得，却没人家连请十请；今日吃不得，却一家不了，又是一家。”饶他气满，略动手又吃过八九盘素食；纵然胃伤，又吃了二三十个馒头，已皆尽饱又有人来相邀，三藏道：“弟子何能，感蒙至爱！望今夕暂停，明早再领。”

时已深夜，三藏守定真经，不敢暂离，就于楼下打坐看守。

将及三更，三藏悄悄的叫道：“悟空，这里人家，识得我们道成事完了。自古道，真人不露相，露相不真人。恐为久淹，失了大事。”行者道：“师父说得有理，我们趁此深夜，人皆熟睡，寂寂的去了罢。”八戒却也知觉，沙僧尽自分明，白马也能会意。遂此起了身，轻轻的抬上驮垛，挑着担，从庑廊驮出。到于山门，只见门上有锁。行者又使个解锁法，开了二门、大门，找路望东而去。只听得半空中有八大金刚叫道：“逃走的，跟我来！”那长老闻得香风荡荡，起在空中。这正是：丹成识得本来面，体健如如拜主人。毕竟不知怎生见那唐王，且听下回分解。

第一百回　径回东土　五圣成真

且不言他四众脱身，随金刚驾风而起，却说陈家庄救生寺内多人，天晓起来，仍治果肴来献，至楼下，不见了唐僧。这个也来问，那个也来寻，俱慌慌张张，莫知所措，叫苦连天的道：

“清清把个活佛放去了！”一会家无计，将办来的品物，俱抬在楼上祭祀烧纸。以后每年四大祭，二十四小祭。还有那告病的，保安的，求亲许愿，求财求子的，无时无日不来烧香祭赛，真个是金炉不断千年火，玉盏常明万载灯，不题。

却说八大金刚使第二阵香风，把他四众，不一日送至东土，渐渐望见长安。原来那太宗自贞观十三年九月望前三日送唐僧出城，至十六年，即差工部官在西安关外起建了望经楼接经，太宗年年亲至其地。恰好那一日出驾复到楼上，忽见正西方满天瑞霭，阵阵香风，金刚停在空中叫道：“圣僧，此间乃长安城了。我们不好下去，这里人伶俐，恐泄漏吾像。孙大圣三位也不消去，汝自去传了经与汝主，即便回来。我在霄汉中等你，与你一同缴旨。”大圣道：“尊者之言虽当，但吾师如何挑得经担？如何牵得这马？须得我等同去一送。烦你在空少等，谅不敢误。”金刚道：“前日观音菩萨启过如来，往来只在八日，方完藏数。今已经四日有余，只怕八戒贪图富贵，误了期限。”八戒笑道：“师父成佛，我也望成佛，岂有贪图之理！泼大粗人！都在此等我，待交了经，就来与你回向也。”呆子挑着担，沙僧牵着马，行者领着圣僧，都按下云头，落于望经楼边。太宗同多官一齐见了，即下楼相迎道：“御弟来也？”唐僧即倒身下拜，太宗搀起，又问：“此三者何人？”唐僧道：“是途中收的徒弟。”太宗大喜，即命侍官：“将朕御车马扣背，请御弟上马，同朕回朝。”

唐僧谢了恩，骑上马，大圣轮金箍棒紧随，八戒、沙僧俱扶马挑担，随驾后共入长安。真个是：当年清宴乐升平，文武安然显俊英。水陆场中僧演法，金銮殿上主差卿。关文敕赐唐三藏，经卷原因配五行。苦炼凶魔种种灭，功成今喜上朝京。

唐僧四众，随驾入朝，满城中无一不知是取经人来了。却说那长安唐僧旧住的洪福寺大小僧人，看见几株松树一颗颗头俱向东，惊讶道：“怪哉！怪哉！今夜未曾刮风，如何这树头都扭过来了？”内有三藏的旧徒道：“快拿衣服来！取经的老师父来了！”众僧问道：“你何以知之？”旧徒曰：“当年师父去时，曾有言道：‘我去之后，或三五年，或六七年，但看松树枝头若是东向，我即回矣。’我师父佛口圣言，故此知之。”急披衣而出，至西街时，早已有人传播说：“取经的人适才方到，万岁爷爷接入城来了。”众僧听说，又急急跑来，却就遇着，一见大驾，不敢近前，随后跟至朝门之外。唐僧下马，同众进朝。唐僧将龙马与经担，同行者、八戒、沙僧，站在玉阶之下。太宗传宣：

“御弟上殿。”赐坐，唐僧又谢恩坐了，教把经卷抬来。行者等取出，近侍官传上。太宗又问：“多少经数？怎生取来？”三藏道：

“臣僧到了灵山，参见佛祖，蒙差阿傩、伽叶二尊者先引至珍楼内赐斋，次到宝阁内传经。那尊者需索人事，因未曾备得，不曾送他，他遂以经与了。当谢佛祖之恩东行，忽被妖风抢了经去，幸小徒有些神通赶夺，却俱抛掷散漫。因展看，皆是无字空本。

臣等着惊，复去拜告恳求，佛祖道：'此经成就之时，有比丘圣僧将下山与舍卫国赵长者家看诵了一遍，保祐他家生者安全，亡者超脱，止讨了他三斗三升米粒黄金，意思还嫌卖贱了，后来子孙没钱使用。'我等知二尊者需索人事，佛祖明知，只得将钦赐紫金钵盂送他，方传了有字真经。此经有三十五部，各部中检了几卷传来，共计五千零四十八卷，此数盖合一藏也。"太宗更喜，教："光禄寺设宴，开东阁酬谢。"忽见他三徒立在阶下，容貌异常，便问："高徒果外国人耶？"长老俯伏道："大徒弟姓孙，法名悟空，臣又呼他为孙行者。他出身原是东胜神洲傲来国花果山水帘洞人氏，因五百年前大闹天宫，被佛祖困压在西番两界山石匣之内，蒙观音菩萨劝善，情愿皈依，是臣到彼救出，甚亏此徒保护。二徒弟姓猪，法名悟能，臣又呼他为猪八戒。他出身原是福陵山云栈洞人氏，因在乌斯藏高老庄上作怪，即蒙菩萨劝善，亏行者收之，一路上挑担有力，涉水有功。

三徒弟姓沙，法名悟净，臣又呼他为沙和尚。他出身原是流沙河作怪者，也蒙菩萨劝善，秉教沙门。那匹马不是主公所赐者。"太宗道："毛片相同，如何不是？"三藏道："臣到蛇盘山鹰愁涧涉水，原马被此马吞之，亏行者请菩萨问此马来历，原是西海龙王之子，因有罪，也蒙菩萨救解，教他与臣作脚力。当时变作原马，毛片相同。幸亏他登山越岭，跋涉崎岖，去时骑坐，来时驮经，亦甚赖其力也。"太宗闻言，称赞不已，又问："远涉西方，端的路程多少？"三藏道："总记菩萨之言，有十万八千里之远。途中未曾记数，只知经过了一十四遍寒暑。日日山，日日岭，遇林不小，遇水宽洪。还经几座国王，俱有照验印信。"

叫："徒弟，将通关文牒取上来，对主公缴纳。"当时递上。太宗看了，乃贞观一十三年九月望前三日给。太宗笑道："久劳远涉，今已贞观二十七年矣。"牒文上有宝象国印，乌鸡国印，车迟国印，西梁女国印，祭赛国印，朱紫国印，狮驼国印，比丘国印，灭法国印；又有凤仙郡印，玉华州印，金平府印。太宗览毕，收了。

早有当驾官请宴，即下殿携手而行，又问："高徒能礼貌乎？"三藏道："小徒俱是山村旷野之妖身，未谙中华圣朝之礼数，万望主公赦罪。"太宗笑道："不罪他，不罪他，都同请东阁赴宴去也。"三藏又谢了恩，招呼他三众，都到阁内观看。果是中华大国，比寻常不同。你看那：门悬彩绣，地衬红毡。异香馥郁，奇品新鲜。琥珀杯，玻璃盏，镶金点翠；黄金盘，白玉碗，嵌锦花缠。烂煮蔓菁，糖浇香芋。蘑菇甜美，海菜清奇。几次添来姜辣笋，数番办上蜜调葵。面筋椿树叶，木耳豆腐皮。石花仙菜，蕨粉干薇。花椒煮莱菔，芥末拌瓜丝。几盘素品还犹可，数种奇稀果夺魁。核桃柿饼，龙眼荔枝。宣州茧栗山东枣，江南银杏兔头梨。榛松莲肉葡萄大，榧子瓜仁菱米齐。橄榄林檎，苹婆沙果。慈菇嫩藕，脆李杨梅。无般不备，无件不齐。还有些蒸酥蜜食兼嘉馔，更有那美酒香茶与异奇。说不尽百味珍馐真上品，果然是中华大国异西夷。师徒四众与文武多官俱侍列左右，太宗皇帝仍正坐当中，歌舞吹弹，整齐严肃，遂尽乐一日。正是：君王嘉会赛唐虞，取得真经福有余。千古流传千古盛，佛光普照帝王居。当日天晚，谢恩宴散。太宗回宫，多官回宅，唐僧等归于洪福寺，只见寺僧磕头迎接。方进山门，众僧报道："师父，这树头儿今早俱忽然向东。我们记得师父之言，遂出城来接，果然到了！"长老喜之不胜，遂入方丈。此时八戒也不嚷茶饭，也不弄喧头，行者、沙僧个个稳重。只因道果完成，自然安静。当晚睡了。

次早，太宗升朝，对群臣言曰："朕思御弟之功，至深至大，无以为酬。一夜无寐，口占几句俚谈，权表谢意，但未曾写出。"

叫："中书官来，朕念与你，你一一写之。"其文云："盖闻二仪有象，显覆载以含生；四时无形，潜寒暑以化物。是以窥天鉴地，庸愚皆识其端；明阴洞阳，贤哲罕穷其数。然天地包乎阴阳，而易识者，以其有象也；阴阳处乎天地，而难穷者，以其无形也。

故知象显可征，虽愚不惑；形潜莫睹，在智犹迷。况乎佛道崇虚，乘幽控寂。弘济万品，典御十方。举威灵而无上，抑神力而无下；大之则弥于宇宙，细之则摄于毫厘。无灭无生，历千劫而亘古；若隐若显，运百福而长今。妙道凝玄，遵之莫知其际；法流湛寂，挹之莫测其源。故知蠢蠢凡愚，区区庸鄙，投其旨趣，能无疑惑者哉！然则大教之兴，基乎西土。腾汉庭而皎梦，照东域而流慈。古者分形分迹之时，言未驰而成化；当常见常隐之世，民仰德而知遵。及乎晦影归真，迁移越世，金容掩色，不镜三千之光；丽象开图，空端四八之相。于是微言广被，拯禽类于三途；遗训遐宣，导群生于十地。佛有经，能分大小之乘，更有法，传讹邪正之术。我僧玄奘法师者，法门之领袖也。幼怀慎敏，早悟三空之功；长契神清，先包四忍之行。松风水月，未足比其清华；仙露明珠，讵能方其朗润！故以智通无累，神测未形。超六尘而迥出，使千古而传芳。凝心内境，悲正法之陵迟；

栖虑玄门，慨深文之讹谬。思欲分条振理，广彼前闻；截伪续真，开兹后学。是以翘心净土，法游西域。乘危远迈，策杖孤征。

积雪晨飞，途间失地；惊沙夕起，空外迷天。万里山川，拨烟霞而进步；百重寒暑，蹑霜雨而前踪。诚重劳轻，求深欲达。周游西宇，十有四年。穷历异邦，询求正教。双林八水，味道餐风；

鹿苑鹫峰，瞻奇仰异。承至言于先圣，受真教于上贤。探赜妙门，精穷奥业。三乘六律之道，驰骤于心田；一藏百箧之文，波涛于海口。爰自所历之国无涯，求取之经有数。总得大乘要文，凡三十五部，计五千四十八卷，译布中华，宣扬胜业。引慈云于西极，注法雨于东陲。圣教缺而复全，苍生罪而还福。湿火宅之干焰，共拔迷途；朗金水之昏波，同臻彼岸。是知恶因业坠，善以缘升。升坠之端，惟人自作。譬之桂生高岭，云露方得泫其花；莲出绿波，飞尘不能染其叶。非莲性自洁而桂质本贞，良由所附者高，则微物不能累；所凭者净，则浊类不能沾。夫以卉木无知，犹资善而成善，矧乎人伦有识，宁不缘庆而成庆？方冀真经传布，并日月而无穷；景福遐敷，与乾坤而永大也欤！"写毕，即召圣僧。此时长老已在朝门外候谢，闻宣急入，行俯伏之礼。太宗传请上殿，将文字递与长老览遍。复下谢恩，奏道：

"主公文辞高古，理趣渊微，但不知是何名目。"太宗道："朕夜口占，答谢御弟之意，名曰圣教序，不知好否。"长老叩头，称谢不已。太宗又曰："朕才愧圭璋，言惭金石。至于内典，尤所未闻。口占叙文，诚为鄙拙。秽翰墨于金简，标瓦砾于珠林。循躬省虑，靦面恧心。甚不足称，虚劳致谢。"

当时多官齐贺，顶礼圣教御文，遍传内外。太宗道："御弟将真经演诵一番，何如？"长老道："主公，若演真经，须寻佛地，宝殿非可诵之处。"太宗甚喜，即问当驾官："长安城寺，有那座寺院洁净？"班中闪上大学士萧瑀奏道："城中有一雁塔寺洁净。"太宗即令多官："把真经各虔捧几卷，同朕到雁塔寺，请御弟谈经去来。"多官遂各各捧着，随太宗驾幸寺中，搭起高台，铺设齐整。长老仍命："八戒沙僧牵龙马，理行囊，行者在我左右。"又向太宗道："主公欲将真经传流天下，须当誊录副本，方可布散。原本还当珍藏，不可轻亵。"太宗又笑道："御弟之言甚当！甚当！"随召翰林院及中书科各官誊写真经。又建一寺，在城之东，名曰誊黄寺。

长老捧几卷登台，方欲讽诵，忽闻得香风缭绕，半空中有八大金刚现身高叫道："诵经的，放下经卷，跟我回西去也。"这底下行者三人，连白马平地而起，长老亦将经卷丢下，也从台上起于九霄，相随腾空而去，慌得那太宗与多官望空下拜。这正是：圣僧努力取经编，西宇周流十四年。苦历程途遭患难，多经山水受迍邅。功完八九还加九，行满三千及大千。大觉妙文回上国，至今东土永留传。太宗与多官拜毕，即选高僧，就于雁塔寺里，修建水陆大会，看诵《大藏真经》，超脱幽冥孽鬼，普施善庆，将誊录过经文，传布天下不题。

却说八大金刚，驾香风，引着长老四众，连马五口，复转灵山，连去连来，适在八日之内。此时灵山诸神，都在佛前听讲。

八金刚引他师徒进去，对如来道："弟子前奉金旨，驾送圣僧等，已到唐国，将经交纳，今特缴旨。"遂叫唐僧等近前受职。如来道："圣僧，汝前世原是我之二徒，名唤金蝉子。因为汝不听说法，轻慢我之大教，故贬汝之真灵，转生东土。今喜皈依，秉我迦持，又乘吾教，取去真经，甚有功果，加升大职正果，汝为旃檀功德佛。孙悟空，汝因大闹天宫，吾以甚深法力，压在五行山下，幸天灾满足，归于释教，且喜汝隐恶扬善，在途中炼魔降怪有功，全终全始，加升大职正果，汝为斗战胜佛。猪悟能，汝本天河水神，天蓬元帅，为汝蟠桃会上酗酒戏了仙娥，贬汝下界投胎，身如畜类，幸汝记爱人身，在福陵山云栈洞造孽，喜归大教，入吾沙门，保圣僧在路，却又有顽心，色情未泯，因汝挑担有功，加升汝职正果，做净坛使者。"八戒口中嚷道："他们都成佛，如何把我做个净坛使者？"如来道："因汝口壮身慵，食肠宽大。盖天下四大部洲，瞻仰吾教者甚多，凡诸佛事，教汝净坛，乃是个有受用的品级，如何不好！沙悟净，汝本是卷帘大将，先因蟠桃会上打碎玻璃盏，贬汝下界，汝落于流沙河，伤生吃人造孽，幸皈吾教，诚敬迦持、保护圣僧，登山牵马有功，加升大职正果，为金身罗汉。"又叫那白马："汝本是西洋大海广晋龙王之子，因汝违逆父命，犯了不孝之罪，幸得皈身皈法，皈我沙门，每日家亏你驮负圣僧来西，又亏你驮负圣经去东，亦有功者，加升汝职正果，为八部天龙马。"长老四众，俱各叩头谢恩。马亦谢恩讫，仍命揭谛引了马下灵山后崖化龙池边，将马推入池中。须臾间，那马打个展身，即退了毛皮，换了头角，浑身上长起金鳞，腮颔下生出银须，一身瑞气，四爪祥云，飞出化龙池，盘绕在山门里擎天华表柱上，诸佛赞扬如来的大法。

孙行者却又对唐僧道："师父，此时我已成佛，与你一般，莫成还戴金箍儿，你还念甚么《紧箍咒》儿掯勒我？趁早儿念个松箍儿咒，脱下来，打得粉碎，切莫叫那甚么菩萨再去捉弄他人。唐僧道："当时只为你难管，故以此法制之。今已成佛，自然去矣，岂有还在你头上之理！你试摸摸看。"行者举手去摸一摸，果然无之。此时旃檀佛、斗战佛、净坛使者、金身罗汉，俱正果了本位，天龙马亦自归真。有诗为证，诗曰：一体真如转落尘，合和四相复修身。五行论色空还寂，百怪虚名总莫论。正果旃檀皈大觉，完成品职脱沉沦。经传天下恩光阔，五圣高居不二门。

五圣果位之时，诸众佛祖、菩萨、圣僧、罗汉、揭谛、比丘、优婆夷塞，各山各洞的神仙、大神、丁甲、功曹、伽蓝、土地，一切得道的师仙，始初俱来听讲，至此各归方位。你看那：灵鹫峰头聚霞彩，极乐世界集祥云。金龙稳卧，玉虎安然。乌兔任随来往，龟蛇凭汝盘旋。丹凤青鸾情爽爽，玄猿白鹿意怡怡。八节奇花，四时仙果。乔松古桧，翠柏修篁。五色梅时开时结，万年桃时熟时新。千果千花争秀，一天瑞霭纷纭。大众合掌皈依，都念：南无燃灯上古佛。南无药师琉璃光王佛。南无释迦牟尼佛。南无过去未来现在佛。南无清净喜佛。南无毗卢尸佛。南无宝幢王佛。南无弥勒尊佛。南无阿弥陀佛。南无无量寿佛。

南无接引归真佛。南无金刚不坏佛。南无宝光佛。南无龙尊王佛。南无精进善佛。南无宝月光佛。南无现无愚佛。南无婆留那佛。南无那罗延佛。南无功德华佛。南无才功德佛。南无善游步佛。南无旃檀光佛。南无摩尼幢佛。南无慧炬照佛。

南无海德光明佛。南无大慈光佛。南无慈力王佛。南无贤善首佛。南无广主严佛。南无金华光佛。南无才光明佛。南无智慧胜佛。南无世静光佛。南无日月光佛。南无日月珠光佛。

南无慧幢胜王佛。南无妙音声佛。南无常光幢佛。南无观世灯佛。南无法胜王佛。南无须弥光佛。南无大慧力王佛。南无金海光佛。南无大通光佛。南无才光佛。南无旃檀功德佛。

南无斗战胜佛。南无观世音菩萨。南无大势至菩萨。南无文殊菩萨。南无普贤菩萨。南无清净大海众菩萨。南无莲池海会佛菩萨。南无西天极乐诸菩萨。南无三千揭谛大菩萨。南无五百阿罗大菩萨。南无比丘夷塞尼菩萨。南无无边无量法菩萨。南无金刚大士圣菩萨。南无净坛使者菩萨。南无八宝金身罗汉菩萨。南无八部天龙广力菩萨。如是等一切世界诸佛，愿以此功德，庄严佛净土。上报四重恩，下济三途苦。若有见闻者，悉发菩提心。同生极乐国，尽报此一身。十方三世一切佛，诸尊菩萨摩诃萨，摩诃般若波罗密。"《西游记》至此终。

三国演义

罗贯中

滚滚长江东逝水，浪花淘尽英雄。是非成败转头空。青山依旧在，几度夕阳红。
白发渔樵江渚上，惯看秋月春风。一壶浊酒喜相逢。古今多少事，都付笑谈中。
调寄《临江仙》

第一回 宴桃园豪杰三结义 斩黄巾英雄首立功

话说天下大势，分久必合，合久必分。周末七国分争，并入于秦。及秦灭之后，楚、汉分争，又并入于汉。汉朝自高祖斩白蛇而起义，一统天下，后来光武中兴，传至献帝，遂分为三国。推其致乱之由，殆始于桓、灵二帝。桓帝禁锢善类，崇信宦官。及桓帝崩，灵帝即位，大将军窦武、太傅陈蕃共相辅佐。时有宦官曹节等弄权，窦武、陈蕃谋诛之，机事不密，反为所害，中涓自此愈横。

建宁二年四月望日，帝御温德殿。方升座，殿角狂风骤起。只见一条大青蛇，从梁上飞将下来，蟠于椅上。帝惊倒，左右急救入宫，百官俱奔避。须臾，蛇不见了。忽然大雷大雨，加以冰雹，落到半夜方止，坏却房屋无数。建宁四年二月，洛阳地震；又海水泛溢，沿海居民，尽被大浪卷入海中。光和元年，雌鸡化雄。六月朔，黑气十余丈，飞入温德殿中。秋七月，有虹现于玉堂；五原山岸，尽皆崩裂。种种不祥，非止一端。帝下诏问群臣以灾异之由，议郎蔡邕上疏，以为蜺堕鸡化，乃妇寺干政之所致，言颇切直。帝览奏叹息，因起更衣。曹节在后窃视，悉宣告左右；遂以他事陷邕于罪，放归田里。后张让、赵忠、封谞、段珪、曹节、侯览、蹇硕、程旷、夏恽、郭胜十人朋比为奸，号为“十常侍”。帝尊信张让，呼为“阿父”。朝政日非，以致天下人心思乱，盗贼蜂起。

时巨鹿郡有兄弟三人，一名张角，一名张宝，一名张梁。那张角本是个不第秀才，因入山采药，遇一老人，碧眼童颜，手执藜杖，唤角至一洞中，以天书三卷授之，曰：“此名《太平要术》，汝得之，当代天宣化，普救世人；若萌异心，必获恶报。”角拜问姓名。老人曰：“吾乃南华老仙也。”言讫，化阵清风而去。角得此书，晓夜攻习，能呼风唤雨，号为“太平道人”。中平元年正月内，疫气流行，张角散施符水，为人治病，自称“大贤良师”。角有徒弟五百余人，云游四方，皆能书符念咒。次后徒众日多，角乃立三十六方，大方万余人，小方六七千，各立渠帅，称为将军；讹言：“苍天已死，黄天当立；岁在甲子，天下大吉。”令人各以白土书“甲子”二字于家中大门上。青、幽、徐、冀、荆、扬、兖、豫八州之人，家家侍奉大贤良师张角名字。角遣其党马元义，暗赍金帛，结交中涓封谞，以为内应。角与二弟商议曰：“至难得者，民心也。今民心已顺，若不乘势取天下，诚为可惜。”遂一面私造黄旗，约期举事；一面使弟子唐周，驰书报封谞。唐周乃径赴省中告变。帝召大将军何进调兵擒马元义，斩之；次收封谞等一干人下狱。张角闻知事露，星夜举兵，自称“天公将军”，张宝称“地公将军”，张梁称“人公将军”。申言于众曰：“今汉运将终，大圣人出。汝等皆宜顺天从正，以乐太平。”四方百姓，裹黄巾从张角反者四五十万。贼势浩大，官军望风而靡。何进奏帝火速降诏，令各处备御，讨贼立功。一面遣中郎将卢植、皇甫嵩、朱儁，各引精兵、分三路讨之。

且说张角一军，前犯幽州界分。幽州太守刘焉，乃江夏竟陵人氏，汉鲁恭王之后也。当时闻得贼兵将至，召校尉邹靖计议。靖曰：“贼兵众，我兵寡，明公宜作速招军应敌。”刘焉然其说，随即出榜招募义兵。

榜文行到涿县，引出涿县中一个英雄。那人不甚好读书；性宽和，寡言语，喜怒不形于色；素有大志，专好结交天下豪杰；生得身长七尺五寸，两耳垂肩，双手过膝，目能自顾其耳，面如冠玉，唇若涂脂；中山靖王刘胜之后，汉景帝阁下玄孙，姓刘名备，字玄德。昔刘胜之子刘贞，汉武时封涿鹿亭侯，后坐酎金失侯，因此遗这一枝在涿县。玄德祖刘雄，父刘弘。弘曾举孝廉，亦尝作吏，早丧。玄德幼孤，事母至孝；家贫，贩屦织席为业。家住本县楼桑村。其家之东南，有一大桑树，高五丈余，遥望之，童童如车盖。相者云：“此家必出贵人。”玄德幼时，与乡中小儿戏于树下，曰：“我为天子，当乘此车盖。”叔父刘元起奇其言，曰：“此儿非常人也！”因见玄德家贫，常资给之。年十五岁，母使游学，尝师事郑玄、卢植，与公孙瓒等为友。

及刘焉发榜招军时，玄德年已二十八岁矣。当日见了榜文，慨然长叹。随后一人厉声言曰：“大丈夫不与国家出力，何故长叹？”玄德回视其人，身长八尺，豹头环眼，燕颔虎须，声若巨雷，势如奔马。玄德见他形貌异常，问其姓名。其人曰：“某姓张名飞，字翼德。世居涿郡，颇有庄田，卖酒屠猪，专好结交天下豪杰。恰才见公看榜而叹，故此相问。”玄德曰：“我本汉室宗亲，姓刘，名备。今闻黄巾倡乱，有志欲破贼安民，恨力不能，故长叹耳。”飞曰：“吾颇有资财，当招募乡勇，与公同举大事，如何。”玄德甚喜，遂与同入村店中饮酒。

正饮间，见一大汉，推着一辆车子，到店门首歇了，入店坐下，便唤酒保：“快斟酒来吃，我待赶入城去投军。”玄德看其人：身长九尺，髯长二尺；面如重枣，唇若涂脂；丹凤眼，卧蚕眉，相貌堂堂，威风凛凛。玄德就邀他同坐，叩其姓名。其人曰：“吾姓关名羽，字长生，后改云长，河东解良人也。因本处势豪倚势凌人，被吾杀了，逃难江湖，五六年矣。今闻此处招军破贼，特来应募。”玄德遂以己志告之，云长大喜。同到张飞庄上，共议大事。飞曰：“吾庄后有一桃园，花开正盛；明日当于园中祭告天地，我三人结为兄弟，协力同心，然后可图大事。”玄德、云长齐声应曰：“如此甚好。”

次日，于桃园中，备下乌牛白马祭礼等项，三人焚香再拜而说誓曰：“念刘备、关羽、张飞，虽然异姓，既结为兄弟，则同心协力，救困扶危；上报国家，下安黎庶。不求同年同月同日生，只愿同年同月同日死。皇天后土，实鉴此心，背义忘恩，天人共戮！”誓毕，拜玄德为兄，关羽次之，张飞为弟。祭罢天地，复宰牛设酒，聚乡中勇士，得三百余人，就桃园中痛饮一醉。来日收拾军器，但恨无马匹可乘。正思虑间，人报有两个客人，引一伙伴当，赶一群马，投庄上来。玄德曰：“此天佑我也！”三人出庄迎接。原来二客乃中山大商：一名张世平，一名苏双，每年往北贩马，近因寇发而回。玄德请二人到庄，置酒管待，诉说欲讨贼安民之意。二客大喜，愿将良马五十匹相送；又赠金银五百两，镔铁一千斤，以资器用。

玄德谢别二客，便命良匠打造双股剑。云长造青龙偃月刀，又名“冷艳锯”，重八十二斤。张飞造丈八点钢矛。各置全身铠甲。共聚乡勇五百余人，来见邹靖。邹靖引见太守刘焉。三人参见毕，各通姓名。玄德说起宗派，刘焉大喜，遂认玄德为侄。不数日，人报黄巾贼将程远志统兵五万来犯涿郡。刘焉令邹靖引玄德等三人，统兵五百，前去破敌。玄德等欣然领军前进，直至大兴山下，与贼相见。贼众皆披发，以黄巾抹额。当下两军相对，玄德出马，左有云长，右有翼德，扬鞭大骂：“反国逆贼，何不早降！”程远志大怒，遣副将邓茂出战。张飞挺丈八蛇矛直出，手起处，刺中邓茂心窝，翻身落马。程远志见折了邓茂，拍马舞刀，直取张飞。云长舞动大刀，纵马飞迎。程远志见了，早吃一惊，措手不及，被云长刀起处，挥为两段。后人有诗赞二人曰：英雄露颖在今朝，一试矛兮一试刀。初出便将威力展，三分好把姓名标。

众贼见程远志被斩，皆倒戈而走。玄德挥军追赶，投降者不计其数，大胜而回。刘焉亲自迎接，赏劳军士。次日，接得青州太守龚景牒文，言黄巾贼围城将陷，乞赐救援。刘焉与玄德商议。玄德曰：“备愿往救之。”刘焉令邹靖将兵五千，同玄德、关、张，投青州来。贼众见救军至，分兵混战。玄德兵寡不胜，退三十里下寨。

玄德谓关、张曰："贼众我寡；必出奇兵，方可取胜。"乃分关公引一千军伏山左，张飞引一千军伏山右，鸣金为号，齐出接应。次日，玄德与邹靖引军鼓噪而进。贼众迎战，玄德引军便退。贼众乘势追赶，方过山岭，玄德军中一齐鸣金，左右两军齐出，玄德麾军回身复杀。三路夹攻，贼众大溃。直赶至青州城下，太守龚景亦率民兵出城助战。贼势大败，剿戮极多，遂解青州之围。后人有诗赞玄德曰：运筹决算有神功，二虎还须逊一龙。初出便能垂伟绩，自应分鼎在孤穷。

龚景犒军毕，邹靖欲回。玄德曰："近闻中郎将卢植与贼首张角战于广宗，备昔曾师事卢植，欲往助之。"于是邹靖引军自回，玄德与关、张引本部五百人投广宗来。至卢植军中，入帐施礼，具道来意。卢植大喜，留在帐前听调。

时张角贼众十五万，植兵五万，相拒于广宗，未见胜负。植谓玄德曰："我今围贼在此，贼弟张梁、张宝在颍川，与皇甫嵩、朱儁对垒。汝可引本部人马，我更助汝一千官军，前去颍川打探消息，约期剿捕。"玄德领命，引军星夜投颍川来。

时皇甫嵩、朱儁领军拒贼，贼战不利，退入长社，依草结营。嵩与儁计曰："贼依草结营，当用火攻之。"遂令军士，每人束草一把，暗地埋伏。其夜大风忽起。二更以后，一齐纵火，嵩与儁各引兵攻击贼寨，火焰张天，贼众惊慌，马不及鞍，人不及甲，四散奔走。

杀到天明，张梁、张宝引败残军士，夺路而走。忽见一彪军马，尽打红旗，当头来到，截住去路。为首闪出一将，身长七尺，细眼长髯，官拜骑都尉，沛国谯郡人也，姓曹名操字孟德。操父曹嵩，本姓夏侯氏，因为中常侍曹腾之养子，故冒姓曹。曹嵩生操，小字阿瞒，一名吉利。操幼时，好游猎，喜歌舞，有权谋，多机变。操有叔父，见操游荡无度，尝怒之，言于曹嵩。嵩责操。操忽心生一计，见叔父来，诈倒于地，作中风之状。叔父惊告嵩，嵩急视之。操故无恙。嵩曰："叔言汝中风，今已愈乎？"操曰："儿自来无此病；因失爱于叔父，故见罔耳。"嵩信其言。后叔父但言操过，嵩并不听。因此，操得恣意放荡。时人有桥玄者，谓操曰："天下将乱，非命世之才不能济。能安之者，其在君乎？"南阳何颙见操，言："汉室将亡，安天下者，必此人也。"汝南许劭，有知人之名。操往见之，问曰："我何如人？"劭不答。又问，劭曰："子治世之能臣，乱世之奸雄也。"操闻言大喜。年二十，举孝廉，为郎，除洛阳北部尉。初到任，即设五色棒十余条于县之四门，有犯禁者，不避豪贵，皆责之。中常侍蹇硕之叔，提刀夜行，操巡夜拿住，就棒责之。由是，内外莫敢犯者，威名颇震。后为顿丘令，因黄巾起，拜为骑都尉，引马步军五千，前来颍川助战。正值张梁、张宝败走，曹操拦住，大杀一阵，斩首万余级，夺得旗幡、金鼓、马匹极多。张梁、张宝死战得脱。操见过皇甫嵩、朱儁，随即引兵追袭张梁、张宝去了。

却说玄德引关、张来颍川，听得喊杀之声，又望见火光烛天，急引兵来时，贼已败散。玄德见皇甫嵩、朱儁，具道卢植之意。嵩曰："张梁、张宝势穷力乏，必投广宗去依张角。玄德可即星夜往助。"玄德领命，遂引兵复回。到得半路，只见一簇军马，护送一辆槛车，车中之囚，乃卢植也。玄德大惊，滚鞍下马，问其缘故。植曰："我围张角，将次可破；因角用妖术，未能即胜。朝廷差黄门左丰前来体探，问我索取贿赂。我答曰：'军粮尚缺，安有余钱奉承天使？'左丰挟恨，回奏朝廷，说我高垒不战，惰慢军心；因此朝廷震怒，遣中郎将董卓来代将我兵，取我回京问罪。"张飞听罢，大怒，要斩护送军人，以救卢植。玄德急止之曰："朝廷自有公论，汝岂可造次？"军士簇拥卢植去了。关公曰："卢中郎已被逮，别人领兵，我等去无所依，不如且回涿郡。"玄德从其言，遂引军北行。行无二日，忽闻山后喊声大震。玄德引关、张纵马上高冈望之，见汉军大败，后面漫山塞野，黄巾盖地而来，旗上大书"天公将军"。玄德曰："此张角也！可速战！"三人飞马引军而出。张角正杀败董卓，乘势赶来，忽遇三人冲杀，角军大乱，败走五十余里。

三人救了董卓回寨。卓问三人现居何职。玄德曰："白身。"卓甚轻之，不为礼。玄德出，张飞大怒曰："我等亲赴血战，救了这厮，他却如此无礼。若不杀之，难消我气！"便要提刀入帐来杀董卓。正是：人情势利古犹今，谁识英雄是白身？安得快人如翼德，尽诛世上负心人！毕竟董卓性命如何，且听下文分解。

第二回 张翼德怒鞭督邮 何国舅谋诛宦竖

且说董卓字仲颖，陇西临洮人也，官拜河东太守，自来骄傲。当日怠慢了玄德，张飞性发，便欲杀之。玄德与关公急止之曰："他是朝廷命官，岂可擅杀？"飞曰："若不杀这厮，反要在他部下听令，其实不甘！二兄要便住在此，我自投别处去也！"玄德曰："我三人义同生死，岂可相离？不若都投别处去便了。"飞曰："若如此，稍解吾恨。"

于是三人连夜引军来投朱儁。儁待之甚厚，合兵一处，进讨张宝。是时曹操自跟皇甫嵩讨张梁，大战于曲阳。这里朱儁进攻张宝。张宝引贼众八九万，屯于山后。儁令玄德为其先锋，与贼对敌。张宝遣副将高升出马搦战，玄德使张飞击之。飞纵马挺矛，与升交战，不数合，刺升落马。玄德麾军直冲过去。张宝就马上披发仗剑，作起妖法。只见风雷大作，一股黑气从天而降，黑气中似有无限人马杀来。玄德连忙回军，军中大乱。败阵而归，与朱儁计议。儁曰："彼用妖术，我来日可宰猪羊狗血，令军士伏于山头；候贼赶来，从高坡上泼之，其法可解。"玄德听令，拨关公、张飞各引军一千，伏于山后高冈之上，盛猪羊狗血并秽物准备。次日，张宝摇旗擂鼓，引军搦战，玄德出迎。交锋之际，张宝作法，风雷大作，飞砂走石，黑气漫天，滚滚人马，自天而下。玄德拨马便走，张宝驱兵赶来。将过山头，关、张伏军放起号炮，秽物齐泼。但见空中纸人草马，纷纷坠地；风雷顿息，砂石不飞。

张宝见解了法，急欲退军。左关公，右张飞，两军都出，背后玄德、朱儁一齐赶上，贼兵大败。玄德望见"地公将军"旗号，飞马赶来，张宝落荒而走。玄德发箭，中其左臂。张宝带箭逃脱，走入阳城，坚守不出。

朱儁引兵围住阳城攻打，一面差人打探皇甫嵩消息。探子回报，具说："皇甫嵩大获胜捷，朝廷以董卓屡败，命嵩代之。嵩到时，张角已死；张梁统其众，与我军相拒，被皇甫嵩连胜七阵，斩张梁于曲阳。发张角之棺，戮尸枭首，送往京师。余众俱降。朝廷加皇甫嵩为车骑将军，领冀州牧。皇甫嵩又表奏卢植有功无罪，朝廷复卢植原官。曹操亦以有功，除济南相，即日将班师赴任。"朱儁听说，催促军马，悉力攻打阳城。贼势危急，贼将严政刺杀张宝，献首投降。朱儁遂平数郡，上表献捷。时又黄巾余党三人：赵弘、韩忠、孙仲，聚众数万，望风烧劫，称与张角报仇。朝廷命朱儁即以得胜之师讨之。儁奉诏，率军前进。时贼据宛城，儁引兵攻之，赵弘遣韩忠出战。儁遣玄德、关、张攻城西南角。韩忠尽率精锐之众，来西南角抵敌。朱儁自纵铁骑二千，径取东北角。贼恐失城，急弃西南面回。玄德从背后掩杀，贼众大败，奔入宛城。朱儁分兵四面围定。城中断粮，韩忠使人出城投降。儁不许。玄德曰："昔高祖之得天下，盖为能招降纳顺；公何拒韩忠耶？"儁曰："彼一时，此一时也。昔秦项之际，天下大乱，民无定主，故招降赏附，以劝来耳。今海内一统，惟黄巾造反；若容其降，无以劝善。使贼得利恣意劫掠，失利便投降：此长寇之志，非良策也。"玄德曰："不容寇降是矣。今四面围如铁桶，贼乞降不得，必然死战。万人一心，尚不可当，况城中有数万死命之人乎？不若撤去东南，独攻西北。贼必弃城而走，无心恋战，可即擒也。"儁然之，随撤东南二面军马，一齐攻打西北。韩忠果引军弃城而奔。儁与玄德、关、张率三军掩杀，射死韩忠，余皆四散奔走。正追赶间，赵弘、孙仲引贼众到，与儁交战。儁见弘势大，引军暂退。弘乘势复夺宛城。儁离十里下寨。方欲攻打，忽见正东一彪人马到来。为首一将，生得广额阔面，虎体熊腰；吴郡富春人也，姓孙，名坚，字文台，乃孙武子之后。年十七岁时，与父至钱塘，见海贼十余人，劫取商人财物，于岸上分赃。坚谓父曰："此贼可擒也。"遂奋力提刀上岸，扬声大叫，东西指挥，如唤人状。贼以为官兵至，尽弃财物奔走。坚赶上，杀一贼。由是郡县知名，荐为校尉。后会稽妖贼许昌造反，自称"阳明皇帝"，聚众数万；坚与郡司马招募勇士千余人，会合州郡破之，斩许昌并其子许韶。刺史臧旻上表奏其功，除坚为盐渎丞，又除盱眙丞、下邳丞。今见黄巾寇起，聚集乡中少年及诸商旅，并淮泗精兵一千五百余人，前来接应。

朱儁大喜，便令坚攻打南门，玄德打北门，朱儁打西门，留东门与贼走。孙坚首先登城，斩贼二十余人，贼众奔溃。赵弘飞马突槊，直取孙坚。坚从城上飞身夺弘槊，刺弘下马；却骑弘马，飞身往来杀贼。孙仲引贼突出北门，正迎玄德，无心恋战，只待奔逃。玄德张弓一箭，正中孙仲，翻身落马。朱儁大军随后掩杀，斩首数万级，降者不可胜计。南阳一路，十数郡皆平。儁班师回京，诏封为车骑将军，河南尹。儁表奏孙坚、刘备等功。坚有人情，除别郡司马上任去了。惟玄德听候日久，不得除授，三人郁郁不乐，上街闲行，正值郎中张钧车到。玄德见之，自陈功绩。钧大惊，随入朝见帝曰："昔黄巾造反，其原皆由十常侍卖官鬻爵，非亲不用，非仇不诛，以致天下大乱。今宜斩十常侍，悬首南郊，遣使者布告天下，有功者重加赏赐，则四海自清平也。"十常侍奏帝曰："张钧欺主。"帝令武士逐出张钧。十常侍共议："此必破黄巾有功者，不得除授，故生怨言。权且教省家铨注微名，待后却再理会未晚。"因此玄德除授定州中山府安喜县尉，克日赴任。

玄德将兵散回乡里，止带亲随二十余人，与关、张来安喜县中到任。署县事一月，与民秋毫无犯，民皆感化。到任之后，与关、张食则同桌，寝则同床。如玄德在稠人广坐，关、张侍立，终日不倦。到县未及四月，朝廷降诏，凡有军功为长吏者当沙汰。玄德疑在遣中。适督邮行部至县，玄德出郭迎接，见督邮施礼。督邮坐于马上，惟微以鞭指回答。关、张二公俱怒。及到馆驿，督邮南面高坐，玄德侍立阶下。良久，督邮问曰："刘县尉是何出身？"玄德曰："备乃中山靖王之后；自涿郡剿戮黄巾，大小三十余战，颇有微功，因得除今职。"督邮大喝曰："汝诈称皇亲，虚报功绩！目今朝廷降诏，正要沙汰这等滥官污吏！"玄德喏喏连声而退。归到县中，与县吏商议。吏曰："督邮作威，无非要贿赂耳。"玄德曰："我与民秋毫无犯，那得财物与他？"次日，督邮先提县吏去，勒令指称县尉害民。玄德几番自往求免，俱被门役阻住，不肯放参。

却说张飞饮了数杯闷酒，乘马从馆驿前过，见五六十个老人，皆在门前痛哭。飞问其故，众老人答曰："督邮逼勒县吏，欲害刘公；我等皆来苦告，不得放入，反遭把门人赶打！"张飞大怒，睁圆环眼，咬碎钢牙，滚鞍下马，径入馆驿，把门人那里阻挡得住，直奔后堂，见督邮正坐厅上，将县吏绑倒在地。飞大喝："害民贼！认得我么？"督邮未及开言，早被张飞揪住头发，扯出馆驿，直到县前马桩上缚住；攀下柳条，去督邮两腿上着力鞭打，一连打折柳条十数枝。玄德正纳闷间，听得县前喧闹，问左右，答曰："张将军绑一人在县前痛打。"玄德忙去观之，见绑缚者乃督邮也。玄德惊问其故。飞曰："此等害民贼，不打死等甚！"督邮告曰："玄德公救我性命！"玄德终是仁慈的人，急喝张飞住手。傍边转过关公来，曰："兄长建许多大功，仅得县尉，今反被督邮侮辱。吾思枳棘丛中，非栖鸾凤之所；不如杀督邮，弃官归乡，别图远大之计。"玄德乃取印绶，挂于督邮之颈，责之曰："据汝害民，本当杀却；今姑饶汝命。吾缴还印绶，从此去矣。"督邮归告定州太守，太守申文省府，差人捕捉。玄德、关、张三人往代州投刘恢。恢见玄德乃汉室宗亲，留匿在家不题。

却说十常侍既握重权，互相商议：但有不从己者，诛之。赵忠、张让差人问破黄巾将士索金帛，不从者奏罢职。皇甫嵩、朱儁皆不肯与，赵忠等俱奏罢其官。帝又封赵忠等为车骑将军，张让等十三人皆封列侯。朝政愈坏，人民嗟怨。于是长沙贼区星作乱；渔阳张举、张纯反：举称天子，纯称大将军。表章雪片告急，十常侍皆藏匿不奏。

一日，帝在后园与十常侍饮宴，谏议大夫刘陶，径到帝前大恸。帝问其故。陶曰："天下危在旦夕，陛下尚自与阉宦共饮耶！"帝曰："国家承平，有何危急？"陶曰："四方盗贼并起，侵掠州郡。其祸皆由十常侍卖官害民，欺君罔上。朝廷正人皆去，祸在目前矣！"十常侍皆免冠跪伏于帝前曰："大臣不相容，臣等不能活矣！愿乞性命归田里，尽将家产以助军资。"言罢痛哭。帝怒谓陶曰："汝家亦有近侍之人，何独不容朕耶？"呼武士推出斩之。刘陶大呼："臣死不惜！可怜汉室天下，四百余年，到此一旦休矣！"

武士拥陶出，方欲行刑，一大臣喝住曰："勿得下手，待我谏去。"众视之，乃司徒陈耽，径入宫中来谏帝曰："刘谏议得何罪而受诛？"帝曰："毁谤近臣，冒渎朕躬。"耽曰："天下人民，欲食十常侍之肉，陛下敬之如父母，身无寸功，皆封列侯；况封谞等结连黄巾，欲为内乱：陛下今不自省，社稷立见崩摧矣！"帝曰："封谞作乱，其事不明。十常侍中，岂无一二忠臣？"陈耽以头撞阶而谏。帝怒，命牵出，与刘陶皆下狱。是夜，十常侍即于狱中谋杀之；假帝诏以孙坚为长沙太守，讨区星，不五十日，报捷，江夏平，诏封坚为乌程侯。

封刘虞为幽州牧，领兵往渔阳征张举、张纯。代州刘恢以书荐玄德见虞。虞大喜，令玄德为都尉，引兵直抵贼巢，与贼大战数日，挫动锐气。张纯专一凶暴，士卒心变，帐下头目刺杀张纯，将头纳献，率众来降。张举见势败，亦自缢死。渔阳尽平。刘虞表奏刘备大功，朝廷赦免鞭督邮之罪，除下密丞，迁高堂尉。公孙瓒又表陈玄德前功，荐为别部司马，守平原县令。玄德在平原，颇有钱粮军马，重整旧日气象。刘虞平寇有功，封太尉。中平六年夏四月，灵帝病笃，召大将军何进入宫，商议后事。那何进起身屠家；因妹入宫为贵人，生皇子辩，遂立为皇后。进由是得权重任。帝又宠幸王美人，生皇子协。何后嫉妒，鸩杀王美人。皇子协养于董太后宫中。董太后乃灵帝之母，解渎亭侯刘苌之妻也。初因桓帝无子，迎立解渎亭侯之子，是为灵帝。灵帝入继大统，遂迎养母氏于宫中，尊为太后。董太后尝劝帝立皇子协为太子。帝亦偏爱协，欲立之。当时病笃，中常侍蹇硕奏曰："若欲立协，必先诛何进，以绝后患。"帝然其说，因宣进入宫。进至宫门，司马潘隐谓进曰："不可入宫。蹇硕欲谋杀公。"进大惊，急归私宅，召诸大臣，欲尽诛宦官。座上一人挺身出曰："宦官之势，起自冲、质之时；朝廷滋蔓极广，安能尽诛？倘机不密，必有灭族之祸：请细详之。"进视之，乃典军校尉曹操也。进叱曰："汝小辈安知朝廷大事！"正踌躇间，潘隐至，言："帝已崩。今蹇硕与十常侍商议，秘不发丧，矫诏宣何国舅入宫，欲绝后患，册立皇子协为帝。"说未了，使命至，宣进速入，以定后事。操曰："今日之计，先宜正君位，然后图贼。"进曰："谁敢与吾正君讨贼？"一人挺身出曰："愿借精兵五千，斩关入内，册立新君，尽诛阉竖，扫清朝廷，以安天下！"进视之，乃司徒袁逢之子，袁隗之侄：名绍，字本初，现为司隶校尉。何进大喜，遂点御林军五千。绍全身披挂。何进引何颙、荀攸、郑泰等大臣三十余员，相继而入，就灵帝柩前，扶立太子辩即皇帝位。

百官呼拜已毕，袁绍入宫收蹇硕。硕慌走入御园，花阴下为中常侍郭胜所杀。硕所领禁军，尽皆投顺。绍谓何进曰："中官结党。今日可乘势尽诛之。"张让等知事急，慌入告何后曰："始初设谋陷害大将军者，止蹇硕一人，并不干臣等事。今大将军听袁绍之言，欲尽诛臣等，乞娘娘怜悯！"何太后曰："汝等勿忧，我当保汝。"传旨宣何进入。太后密谓曰："我与汝出身寒微，非张让等，焉能享此富贵？今蹇硕不仁，既已伏诛，汝何听信人言，欲尽诛宦官耶？"何进听罢，出谓众官曰：

“蹇硕设谋害我，可族灭其家。其余不必妄加残害。”袁绍曰：“若不斩草除根，必为丧身之本。”进曰：“吾意已决，汝勿多言。”众官皆退。次日，太后命何进参录尚书事，其余皆封官职。董太后宣张让等入宫商议曰：“何进之妹，始初我抬举他。今日他孩儿即皇帝位，内外臣僚，皆其心腹：威权太重，我将如何？”让奏曰：“娘娘可临朝，垂帘听政；封皇子协为王；加国舅董重大官，掌握军权；重用臣等：大事可图矣。”董太后大喜。次日设朝，董太后降旨，封皇子协为陈留王，董重为骠骑将军，张让等共预朝政。何太后见董太后专权，于宫中设一宴，请董太后赴席。酒至半酣，何太后起身捧杯再拜曰：“我等皆妇人也，参预朝政，非其所宜。昔吕后因握重权，宗族千口皆被戮。今我等宜深居九重；朝廷大事，任大臣元老自行商议，此国家之幸也。愿垂听焉。”董后大怒曰：“汝鸩死王美人，设心嫉妒。今倚汝子为君，与汝兄何进之势，辄敢乱言！吾敕骠骑断汝兄首，如反掌耳！”何后亦怒曰：“吾以好言相劝，何反怒耶？”董后曰：“汝家屠沽小辈，有何见识！”两宫互相争竞，张让等各劝归宫。何后连夜召何进入宫，告以前事。何进出，召三公共议。来早设朝，使廷臣奏董太后原系藩妃，不宜久居宫中，合仍迁于河间安置，限日下即出国门。一面遣人起送董后；一面点禁军围骠骑将军董重府宅，追索印绶。董重知事急，自刎于后堂。家人举哀，军士方散。张让、段珪见董后一枝已废，遂皆以金珠玩好结构何进弟何苗并其母舞阳君，令早晚入何太后处，善言遮蔽：因此十常侍又得近幸。

六月，何进暗使人鸩杀董后于河间驿庭，举柩回京，葬于文陵。进托病不出。司隶校尉袁绍入见进曰：“张让、段珪等流言于外，言公鸩杀董后，欲谋大事。乘此时不诛阉宦，后必为大祸。昔窦武欲诛内竖，机谋不密，反受其殃。今公兄弟部曲将吏，皆英俊之士；若使尽力，事在掌握。此天赞之时，不可失也。”进曰：“且容商议。”左右密报张让，让等转告何苗，又多送贿赂。苗入奏何后云：“大将军辅佐新君，不行仁慈，专务杀伐。今无端又欲杀十常侍，此取乱之道也。”后纳其言。少顷，何进入白后，欲诛中涓。何后曰：“中官统领禁省，汉家故事。先帝新弃天下，尔欲诛杀旧臣，非重宗庙也。”进本是没决断之人，听太后言，唯唯而出。袁绍迎问曰：“大事若何？”进曰：“太后不允，如之奈何？”绍曰：“可召四方英雄之士，勒兵来京，尽诛阉竖。此时事急，不容太后不从。”进曰：“此计大妙！”便发檄至各镇，召赴京师。主簿陈琳曰：“不可！俗云：掩目而捕燕雀，是自欺也，微物尚不可欺以得志，况国家大事乎？今将军仗皇威，掌兵要，龙骧虎步，高下在心：若欲诛宦官，如鼓洪炉燎毛发耳。但当速发雷霆，行权立断，则天人顺之。却反外檄大臣，临犯京阙，英雄聚会，各怀一心：所谓倒持干戈，授人以柄，功必不成，反生乱矣。”何进笑曰：“此懦夫之见也！”傍边一人鼓掌大笑曰：“此事易如反掌，何必多议！”视之，乃曹操也。正是：欲除君侧宵人乱，须听朝中智士谋。不知曹操说出甚话来，且听下文分解。

第三回 议温明董卓叱丁原 馈金珠李肃说吕布

且说曹操当日对何进曰：“宦官之祸，古今皆有；但世主不当假之权宠，使至于此。若欲治罪，当除元恶，但付一狱吏足矣，何必纷纷召外兵乎？欲尽诛之，事必宣露。吾料其必败也。”何进怒曰：“孟德亦怀私意耶？”操退曰：“乱天下者，必进也。”进乃暗差使命，赍密诏星夜往各镇去。

却说前将军、鳌乡侯、西凉刺史董卓，先为破黄巾无功，朝议将治其罪，因贿赂十常侍幸免；后又结托朝贵，遂任显官，统西州大军二十万，常有不臣之心。是时得诏大喜，点起军马，陆续便行；使其婿中郎将牛辅；守住陕西，自己却带李傕、郭汜、张济、樊稠等提兵望洛阳进发。

卓婿谋士李儒曰：“今虽奉诏，中间多有暗昧。何不差人上表，名正言顺，大事可图。”卓大喜，遂上表。其略曰：“窃闻天下所以乱逆不止者，皆由黄门常侍张让等侮慢天常之故。臣闻扬汤止沸，不如去薪；溃痈虽痛，胜于养毒。臣敢鸣钟鼓入洛阳，请除让等。社稷幸甚！天下幸甚！”何进得表，出示大臣。侍御史郑泰谏曰：“董卓乃豺狼也，引入京城，必食人矣。”进曰：“汝多疑，不足谋大事。”卢植亦谏曰：“植素知董卓为人，面善心狠；一入禁庭，必生祸患。不如止之勿来，免致生乱。”进不听，郑泰、卢植皆弃官而去。朝廷大臣，去者大半。进使人迎董卓于渑池，卓按兵不动。

张让等知外兵到，共议曰：“此何进之谋也；我等不先下手，皆灭族矣。”乃先伏刀斧手五十人于长乐宫嘉德门内，入告何太后曰：“今大将军矫诏召外兵至京师，欲灭臣等，望娘娘垂怜赐救。”太后曰：“汝等可诣大将军府谢罪。”让曰：“若到相府，骨肉齑粉矣。望娘娘宣大将军入宫谕止之。如其不从，臣等只就娘娘前请死。”太后乃降诏宣进。

进得诏便行。主簿陈琳谏曰：“太后此诏，必是十常侍之谋，切不可去。去必有祸。”进曰：“太后诏我，有何祸事？”袁绍曰：“今谋已泄，事已露，将军尚欲入宫耶？”曹操曰：“先召十常侍出，然后可入。”进笑曰：“此小儿之见也。吾掌天下之权，十常侍敢待如何？”绍曰：“公必欲去，我等引甲士护从，以防不测。”于是袁绍、曹操各选精兵五百，命袁绍之弟袁术领之。袁术全身披挂，引兵布列青琐门外。绍与操带剑护送何进至长乐宫前。黄门传懿旨云：“太后特宣大将军，余人不许辄入。”将袁绍、曹操等都阻住宫门外。

何进昂然直入。至嘉德殿门，张让、段珪迎出，左右围住，进大惊。让厉声责进曰：“董后何罪，妄以鸩死？国母丧葬，托疾不出！汝本屠沽小辈，我等荐之天子，以致荣贵；不思报效，欲相谋害，汝言我等甚浊，其清者是谁？”进慌急，欲寻出路，宫门尽闭，伏甲齐出，将何进砍为两段。后人有诗叹之曰；“汉室倾危天数终，无谋何进作三公。几番不听忠臣谏，难免宫中受剑锋。”

让等既杀何进，袁绍久不见进出，乃于宫门外大叫曰：“请将军上车！”让等将何进首级从墙上掷出，宣谕曰：“何进谋反，已伏诛矣！其余胁从，尽皆赦宥。”袁绍厉声大叫：“阉官谋杀大臣！诛恶党者前来助战！”何进部将吴匡，便于青琐门外放起火来。袁术引兵突入宫庭，但见阉官，不论大小，尽皆杀之。袁绍、曹操斩关入内。赵忠、程旷、夏恽、郭胜四个被赶至翠花楼前，剁为肉泥。宫中火焰冲天。张让、段珪、曹节、侯览将太后及太子并陈留王劫去内省，从后道走北宫。时卢植弃官未去，见宫中事变，擐甲持戈，立于阁下。遥见段珪拥逼何后过来，植大呼曰：“段珪逆贼，安敢劫太后！”段珪回身便走。太后从窗中跳出，植急救得免。吴匡杀入内庭，见何苗亦提剑出。匡大呼曰：“何苗同谋害兄，当共杀之！”众人俱曰：“愿斩谋兄之贼！”苗欲走，四面围定。砍为齑粉。绍复令军士分头来杀十常侍家属，不分大小，尽皆诛绝，多有无须者误被杀死。曹操一面救灭宫中之火，请何太后权摄大事，遣兵追袭张让等，寻觅少帝。

且说张让、段珪劫拥少帝及陈留王，冒烟突火，连夜奔走至北邙山。约二更时分，后面喊声大举，人马赶至；当前河南中部掾吏闵贡，大呼“逆贼休走！”张让见事急，遂投河而死。帝与陈留王未知虚实，不敢高声，伏于河边乱草之内。军马四散去赶，不知帝之所在。帝与王伏至四更，露水又下，腹中饥馁，相挤而哭；又怕人知觉，吞声草莽之中。陈留王曰：“此间不可久恋，须别寻活路。”于是二人以衣相结，爬上岸边。满地荆棘，黑暗之中，不见行路。正无奈何，忽有流萤千百成群，光芒照耀，只在帝前飞转。陈留王曰：“此天助我兄弟也！”遂随萤火而行，渐渐见路。行至五更，足痛不能行，山冈边见一草堆，帝与王卧于草堆之畔。草堆前面是一所庄院。庄主是夜梦两红日坠于庄后，惊觉，披衣出户，四下观望，见庄后草堆上红光冲天，慌忙往视，却是二人卧于草畔。庄主问曰："二少年谁家之子？"帝不敢应。陈留王指帝曰："此是当今皇帝，遭十常侍之乱，逃难到此。吾乃皇弟陈留王也。"庄主大惊，再拜曰："臣先朝司徒崔烈之弟崔毅也。因见十常侍卖官嫉贤，故隐于此。"遂扶帝入庄，跪进酒食。却说闵贡赶上段珪，拿住问："天子何在？"珪言："已在半路相失，不知何往。"贡遂杀段珪，悬头于马项下，分兵四散寻觅；自己却独乘一马。随路追寻，偶至崔毅庄，毅见首级，问之，贡说详细，崔毅引贡见帝，君臣痛哭。贡曰："国不可一日无君，请陛下还都。"崔毅庄上止有瘦马一匹，备与帝乘。贡与陈留王共乘一马。离庄而行，不到三里，司徒王允，太尉杨彪、左军校尉淳于琼、右军校尉赵萌、后军校尉鲍信、中军校尉袁绍，一行人众，数百人马，接着车驾。君臣皆哭。先使人将段珪首级往京师号令，另换好马与帝及陈留王骑坐，簇帝还京。先是洛阳小儿谣曰："帝非帝，王非王，千乘万骑走北邙。"至此果应其谶。

车驾行不到数里，忽见旌旗蔽日，尘土遮天，一枝人马到来。百官失色，帝亦大惊。袁绍骤马出问："何人？"绣旗影里，一将飞出，厉声问："天子何在？"帝战栗不能言。陈留王勒马向前，叱曰："来者何人？"卓曰："西凉刺史董卓也。"陈留王曰："汝来保驾耶，汝来劫驾耶？"卓应曰："特来保驾。"陈留王曰："既来保驾，天子在此，何不下马？"卓大惊，慌忙下马，拜于道左。陈留王以言抚慰董卓，自初至终，并无失语。卓暗奇之，已怀废立之意。是日还宫，见何太后，俱各痛哭。检点宫中，不见了传国玉玺。

董卓屯兵城外，每日带铁甲马军入城，横行街市，百姓惶惶不安。卓出入宫庭，略无忌惮。后军校尉鲍信，来见袁绍，言董卓必有异心，可速除之。绍曰："朝廷新定，未可轻动。"鲍信见王允，亦言其事。允曰："且容商议。"信自引本部军兵，投泰山去了。董卓招诱何进兄弟部下之兵，尽归掌握。私谓李儒曰："吾欲废帝立陈留王，何如？"李儒曰："今朝廷无主，不就此时行事，迟则有变矣。来日于温明园中，召集百官，谕以废立；有不从者斩之，则威权之行，正在今日。"卓喜。次日大排筵会，遍请公卿。公卿皆惧董卓，谁敢不到。卓待百官到了，然后徐徐到园门下马，带剑入席。酒行数巡，卓教停酒止乐，乃厉声曰："吾有一言，众官静听。"众皆侧耳。卓曰："天子为万民之主，无威仪不可以奉宗庙社稷。今上懦弱，不若陈留王聪明好学，可承大位。吾欲废帝，立陈留王，诸大臣以为何如？"诸官听罢，不敢出声。

座上一人推案直出，立于筵前，大呼："不可！不可！汝是何人，敢发大语？天子乃先帝嫡子，初无过失，何得妄议废立！汝欲为篡逆耶？"卓视之，乃荆州刺史丁原也。卓怒叱曰："顺我者生，逆我者死！"遂掣佩剑欲斩丁原。时李儒见丁原背后一人，生得器宇轩昂，威风凛凛，手执方天画戟，怒目而视。李儒急进曰："今日饮宴之处，不可谈国政；来日向都堂公论未迟。"众人皆劝丁原上马而去。

卓问百官曰："吾所言，合公道否？"卢植曰："明公差矣。昔太甲不明，伊尹放之于桐宫；昌邑王登位方二十七日，造恶三千余条，故霍光告太庙而废之。今上虽幼，聪明仁智，并无分毫过失。公乃外郡刺史，素未参与国政，又无伊、霍之大才，何可强主废立之事？圣人云：有伊尹之志则可，无伊尹之志则篡也。"卓大怒，拔剑向前欲杀植。侍中蔡邕、议郎彭伯谏曰："卢尚书海内人望，今先害之，恐天下震怖。"卓乃止。司徒王允曰："废立之事，不可酒后相商，另日再议。"于是百官皆散。卓按剑立于园门，忽见一人跃马持戟，于园门外往来驰骤。卓问李儒："此何人也？"儒曰："此丁原义儿：姓吕，名布，字奉先者也。主公且须避之。"卓乃入园潜避。次日，人报丁原引军城外搦战。卓怒，引军同李儒出迎。两阵对圆，只见吕布顶束发金冠，披百花战袍，擐唐猊铠甲，系狮蛮宝带，纵马挺戟，随丁建阳出到阵前。建阳指卓骂曰："国家不幸，阉官弄权，以致万民涂炭。尔无尺寸之功，焉敢妄言废立，欲乱朝廷！"董卓未及回言，吕布飞马直杀过来。董卓慌走，建阳率军掩杀。卓兵大败，退三十余里下寨，聚众商议。卓曰："吾观吕布非常人也。吾若得此人，何虑天下哉！"帐前一人出曰："主公勿忧。某与吕布同乡，知其勇而无谋，见利忘义。某凭三寸不烂之舌，说吕布拱手来降，可乎？"卓大喜，观其人，乃虎贲中郎将李肃也。卓曰："汝将何以说之？"肃曰："某闻主公有名马一匹，号曰赤兔，日行千里。须得此马，再用金珠，以利结其心。某更进说词，吕布必反丁原，来投主公矣。"卓问李儒曰："此言可乎？"儒曰："主公欲破天下，何惜一马！"卓欣然与之，更与黄金一千两、明珠数十颗、玉带一条。李肃赍了礼物，投吕布寨来。伏路军人围住。肃曰："可速报吕将军，有故人来见。"军人报知，布命入见。肃见布曰："贤弟别来无恙！"布揖曰："久不相见，今居何处？"肃曰："现任虎贲中郎将之职。闻贤弟匡扶社稷，不胜之喜。有良马一匹，日行千里，渡水登山，如履平地，名曰赤兔：特献与贤弟，以助虎威。"布便令牵过来看。果然那马浑身上下，火炭般赤，无半根杂毛；从头至尾，长一丈；从蹄至项，高八尺；嘶喊咆哮，有腾空入海之状。后人有诗单道赤兔马曰："奔腾千里荡尘埃，渡水登山紫雾开。掣断丝缰摇玉辔，火龙飞下九天来。"布见了此马，大喜，谢肃曰："兄赐此龙驹，将何以为报？"肃曰："某为义气而来。岂望报乎！"布置酒相待。酒甜，肃曰："肃与贤弟少得相见；令尊却常会来。"布曰："兄醉矣！先父弃世多年，安得与兄相会？"肃大笑曰："非也！某说今日丁刺史耳。"布惶恐曰："某在丁建阳处，亦出于无奈。"肃曰："贤弟有擎天驾海之才，四海孰不钦敬？功名富贵，如探囊取物，何言无奈而在人之下乎？"布曰："恨不逢其主耳。"肃笑曰："良禽择木而栖，贤臣择主而事。见机不早，悔之晚矣。"布曰："兄在朝廷，观何人为世之英雄？"肃曰："某遍观群臣，皆不如董卓。董卓为人敬贤礼士，赏罚分明，终成大业。"布曰："某欲从之，恨无门路。"肃取金珠、玉带列于布前。布惊曰："何为有此？"肃令叱退左右，告布曰："此是董公久慕大名，特令某将此奉献。赤兔马亦董公所赠也。"布曰："董公如此见爱，某将何以报之？"肃曰："如某之不才，尚为虎贲中郎将；公若到彼，贵不可言。"布曰："恨无涓埃之功，以为进见之礼。"肃曰："功在翻手之间，公不肯为耳。"布沈吟良久曰："吾欲杀丁原，引军归董卓，何如？"肃曰："贤弟若能如此，真莫大之功也！但事不宜迟，在于速决。"布与肃约于明日来降，肃别去。

是夜二更时分，布提刀径入丁原帐中。原正秉烛观书，见布至，曰："吾儿来有何事故？"布曰："吾堂堂丈夫，安肯为汝子乎！"原曰："奉先何故心变？"布向前，一刀砍下丁原首级，大呼左右："丁原不仁，吾已杀之。肯从吾者在此，不从者自去！"军士散其大半。次日，布持丁原首级，往见李肃。肃遂引布见卓。卓大喜，置酒相待。卓先下拜曰："卓今得将军，如旱苗之得甘雨也。"布纳卓坐而拜之曰："公若不弃，布请拜为义父。"卓以金甲锦袍赐布，畅饮而散。卓自是威势越大，自领前将军事，封弟董旻为左将军、鄠侯，封吕布为骑都尉、中郎将、都亭侯。李儒劝卓早定废立之计。卓乃于省中设宴，会集公卿，令吕布将甲士千余，侍卫左右。是日，太傅袁隗与百官皆到。酒行数巡，卓按剑曰"今上暗弱，不可以奉宗庙；吾将依伊尹、霍光故事，废帝为弘农王，立陈留王为帝。有不从者斩！"群臣惶怖莫敢对。中军校尉袁绍挺身出曰："今上即位未几，并无失德；汝欲废嫡立庶，非反而何？"卓怒曰："天下事在我！我今为之，谁敢不从！汝视我之剑不利否？"袁绍亦拔剑曰："汝剑利，吾剑未尝不利！"两个在筵上对敌。正是：丁原仗义身先丧，袁绍争锋势又危。毕竟袁绍性命如何，且听下文分解。

第四回 废汉帝陈留践位 谋董贼孟德献刀

且说董卓欲杀袁绍，李儒止之曰："事未可定，不可妄杀。"袁绍手提宝剑，辞别百官而出，悬节东门，奔冀州去了。卓谓太傅袁隗曰："汝侄无礼，吾看汝面，姑恕之。废立之事若何？"隗曰："太尉所见是也。"卓曰："敢有阻大议者，以军法从事！"群臣震恐，皆云一听尊命。宴罢，卓问侍中周毖、校尉伍琼曰："袁绍此去若何？"周毖曰："袁绍忿忿而去，若购之急，势必为变。且袁氏树恩四世，门生故吏遍于天下；倘收豪杰以聚徒众，英雄因之而起，山东非公有也。不如赦之，拜为一郡守，则绍喜于免罪，必无患矣。"伍琼曰："袁绍好谋无断，不足为虑；诚不若加之一郡守，以收民心。"卓从之，即日差人拜绍为渤海太守。

九月朔，请帝升嘉德殿，大会文武。卓拔剑在手，对众曰："天子暗弱，不足以君天下。今有策文一道，宜为宣读。"乃命李儒读策曰："孝灵皇帝，早弃臣民；皇帝承嗣，海内侧望。而帝天资轻佻，威仪不恪，居丧慢惰：否德既彰，有忝大位。皇太后教无母仪，统政荒乱。永乐太后暴崩，众论惑焉。三纲之道，天地之纪，毋乃有阙？陈留王协，圣德伟懋，规矩肃然；居丧哀戚，言不以邪；休声美誉，天下所闻，宜承洪业，为万世统。兹废皇帝为弘农王，皇太后还政，请奉陈留王为皇帝，应天顺人，以慰生灵之望。"李儒读策毕，卓叱左右扶帝下殿，解其玺绶，北面长跪，称臣听命。又呼太后去服候敕。帝后皆号哭，群臣无不悲惨。

阶下一大臣，愤怒高叫曰："贼臣董卓，敢为欺天之谋，吾当以颈血溅之！"挥手中象简，直击董卓。卓大怒，喝武士拿下：乃尚书丁管也。卓命牵出斩之。管骂不绝口，至死神色不变。后人有诗叹之曰："董贼潜怀废立图，汉家宗社委丘墟。满朝臣宰皆囊括，惟有丁公是丈夫。"

卓请陈留王登殿。群臣朝贺毕，卓命扶何太后并弘农王及帝妃唐氏永安宫闲住，封锁宫门，禁群臣无得擅入。可怜少帝四月登基，至九月即被废。卓所立陈留王协，表字伯和，灵帝中子，即献帝也；时年九岁。改元初平。董卓为相国，赞拜不名，入朝不趋，剑履上殿，威福莫比。

李儒劝卓擢用名流，以收人望，因荐蔡邕之才。卓命徵之，邕不赴。卓怒，使人谓邕曰："如不来，当灭汝族。"邕惧，只得应命而至。卓见邕大喜，一月三迁其官，拜为侍中，甚见亲厚。

却说少帝与何太后、唐妃困于永安宫中，衣服饮食，渐渐少缺；少帝泪不曾干。一日，偶见双燕飞于庭中，遂吟诗一首。诗曰："嫩草绿凝烟，袅袅双飞燕。洛水一条青，陌上人称羡。远望碧云深，是吾旧宫殿。何人仗忠义，泄我心中怨！"董卓时常使人探听。是日获得此诗，来呈董卓。卓曰："怨望作诗，杀之有名矣。"遂命李儒带武士十人，入宫弑帝。帝与后、妃正在楼上，宫女报李儒至，帝大惊。儒以鸩酒奉帝，帝问何故。儒曰："春日融和，董相国特上寿酒。"太后曰："既云寿酒，汝可先饮。"儒怒曰："汝不饮耶？"呼左右持短刀白练于前曰："寿酒不饮，可领此二物！"唐妃跪告曰："妾身代帝饮酒，愿公存母子性命。"儒叱曰："汝何人，可代王死？"乃举酒与何太后曰："汝可先饮？"后大骂何进无谋，引贼入京，致有今日之祸。儒催逼帝，帝曰："容我与太后作别。"乃大恸而作歌，其歌曰："天地易兮日月翻，弃万乘兮退守藩。为臣逼兮命不久，大势去兮空泪潸！"唐妃亦作歌曰："皇天将崩兮后土颓，身为帝姬兮命不随。生死异路兮从此毕，奈何茕速兮心中悲！"歌罢，相抱而哭，李儒叱曰："相国立等回报，汝等俄延，望谁救耶？"太后大骂："董贼逼我母子，皇天不佑！汝等助恶，必当灭族！"儒大怒，双手扯住太后，直撺下楼；叱武士绞死唐妃；以鸩酒灌杀少帝。

还报董卓，卓命葬于城外。自此每夜入宫，奸淫宫女，夜宿龙床。尝引军出城，行到阳城地方，时当二月，村民社赛，男女皆集。卓命军士围住，尽皆杀之，掠妇女财物，装载车上，悬头千余颗于车下，连轸还都，扬言杀贼大胜而回；于城门外焚烧人头，以妇女财物分散众军。越骑校尉伍孚，字德瑜，见卓残暴，愤恨不平，尝于朝服内披小铠，藏短刀，欲伺便杀卓。一日，卓入朝，孚迎至阁下，拔刀直刺卓。卓气力大，两手抠住；吕布便入，揪倒伍孚。卓问曰："谁教汝反？"孚瞪目大喝曰："汝非吾君，吾非汝臣，何反之有？汝罪恶盈天，人人愿得而诛之！吾恨不车裂汝以谢天下！"卓大怒，命牵出剖剐之。孚至死骂不绝口。后人有诗赞之曰："汉末忠臣说伍孚，冲天豪气世间无。朝堂杀贼名犹在，万古堪称大丈夫！"董卓自此出入常带甲士护卫。

时袁绍在渤海，闻知董卓弄权，乃差人赍密书来见王允。书略曰："卓贼欺天废主，人不忍言；而公恣其跋扈，如不听闻，岂报国效忠之臣哉？绍今集兵练卒，欲扫清王室，未敢轻动。公若有心，当乘间图之。如有驱使，即当奉命。"王允得书，寻思无计。一日，于侍班阁子内见旧臣俱在，允曰："今日老夫贱降，晚间敢屈众位到舍小酌。"众官皆曰："必来祝寿。"当晚王允设宴后堂，公卿皆至。酒行数巡，王允忽然掩面大哭。众官惊问曰："司徒贵诞，何故发悲？"允曰："今日并非贱降，因欲与众位一叙，恐董卓见疑，故托言耳。董卓欺主弄权，社稷旦夕难保。想高皇诛秦灭楚，奄有天下；谁想传至今日，乃丧于董卓之手：此吾所以哭也。"于是众官皆哭。坐中一人抚掌大笑曰："满朝公卿，夜哭到明，明哭到夜，还能哭死董卓否？"允视之，乃骁骑校尉曹操也。允怒曰："汝祖宗亦食禄汉朝，今不思报国而反笑耶？"操曰："吾非笑别事，笑众位无一计杀董卓耳。操虽不才，愿即断董卓头，悬之都门，以谢天下。"允避席问曰："孟德有何高见？"操曰："近日操屈身以事卓者，实欲乘间图之耳。今卓颇信操，操因得时近卓。闻司徒有七宝刀一口，愿借与操入相府刺杀之，虽死不恨！"允曰："孟德果有是心，天下幸甚！"遂亲自酌酒奉操。操沥酒设誓，允随取宝刀与之。操藏刀，饮酒毕，即起身辞别众官而去。众官又坐了一回，亦俱散讫。

次日，曹操佩着宝刀，来至相府，问："丞相何在？"从人云："在小阁中。"操径入。见董卓坐于床上，吕布侍立于侧。卓曰："孟德来何迟？"操曰："马羸行迟耳。"卓顾谓布曰："吾有西凉进来好马，奉先可亲去拣一骑赐与孟德。"布领令而出。操暗忖曰："此贼合死！"即欲拔刀刺之，惧卓力大，未敢轻动。卓胖大不耐久坐，遂倒身而卧，转面向内。操又思曰："此贼当休矣！"急掣宝刀在手，恰待要刺，不想董卓仰面看衣镜中，照见曹操在背后拔刀，急回身问曰："孟德何为？"时吕布已牵马至阁外。操惶遽，乃持刀跪下曰："操有宝刀一口，献上恩相。"卓接视之，见其刀长尺余，七宝嵌饰，极其锋利，果宝刀也；遂递与吕布收了。操解鞘付布。卓引操出阁看马，操谢曰："愿借试一骑。"卓就教与鞍辔。操牵马出相府，加鞭望东南而去。

布对卓曰："适来曹操似有行刺之状，及被喝破，故推献刀。"卓曰："吾亦疑之。"正说话间，适李儒至，卓以其事告之。儒曰："操无妻小在京，只独居寓所。今差人往召，如彼无疑而便来，则是献刀；如推托不来，则必是行刺，便可擒而问也。"卓然其说，即差狱卒四人往唤操。去了良久，回报曰："操不曾回寓，乘马飞出东门。门吏问之，操曰'丞相差我有紧急公事'，纵马而去矣。"儒曰："操贼心虚逃窜，行刺无疑矣。"卓大怒曰："我如此重用，反欲害我！"儒曰："此必有同谋者，待拿住曹操便可知矣。”卓遂令遍行文书，画影图形，捉拿曹操：擒献者，赏千金，封万户侯；窝藏者同罪。

且说曹操逃出城外，飞奔谯郡。路经中牟县，为守关军士所获，擒见县令。操言：“我是客商，覆姓皇甫。”县令熟视曹操，沉吟半晌，乃曰：“吾前在洛阳求官时，曾认得汝是曹操，如何隐讳！且把来监下，明日解去京师请赏。”把关军士赐以酒食而去。至夜分，县令唤亲随人暗地取出曹操，直至后院中审究；问曰：“我闻丞相待汝不薄，何故自取其祸？”操曰：“燕雀安知鸿鹄志哉！汝既拿住我，便当解去请赏。何必多问！”县令屏退左右，谓操曰：“汝休小觑我。我非俗吏，奈未遇其主耳。”操曰：“吾祖宗世食汉禄，若不思报国，与禽兽何异？吾屈身事卓者，欲乘间图之，为国除害耳。今事不成，乃天意也！”县令曰：“孟德此行，将欲何往？”操曰：“吾将归乡里，发矫诏，召天下诸侯兴兵共诛董卓：吾之愿也。”县令闻言，乃亲释其缚，扶之上坐，再拜曰：“公真天下忠义之士也！”曹操亦拜，问县令姓名。县令曰：“吾姓陈，名宫，字公台。老母妻子，皆在东郡。今感公忠义，愿弃一官，从公而逃。”操甚喜。是夜陈宫收拾盘费，与曹操更衣易服，各背剑一口，乘马投故乡来。

行了三日，至成皋地方，天色向晚。操以鞭指林深处谓宫曰：“此间有一人姓吕，名伯奢，是吾父结义弟兄；就往问家中消息，觅一宿，如何？”宫曰：“最好。”二人至庄前下马，入见伯奢。奢曰：“我闻朝廷遍行文书，捉汝甚急，汝父已避陈留去了。汝如何得至此？”操告以前事，曰：“若非陈县令，已粉骨碎身矣。”伯奢拜陈宫曰：“小侄若非使君，曹氏灭门矣。使君宽怀安坐，今晚便可下榻草舍。”说罢，即起身入内。良久乃出，谓陈宫曰：“老夫家无好酒，容往西村沽一樽来相待。”言讫，匆匆上驴而去。

操与宫坐久，忽闻庄后有磨刀之声。操曰：“吕伯奢非吾至亲，此去可疑，当窃听之。”二人潜步入草堂后，但闻人语曰：“缚而杀之，何如？”操曰：“是矣！今若不先下手，必遭擒获。”遂与宫拔剑直入，不问男女，皆杀之，一连杀死八口。搜至厨下，却见缚一猪欲杀。宫曰：“孟德心多，误杀好人矣！”急出庄上马而行。行不到二里，只见伯奢驴鞍前鞒悬酒二瓶，手携果菜而来，叫曰：“贤侄与使君何故便去？”操曰：“被罪之人，不敢久住。”伯奢曰：“吾已分付家人宰一猪相款，贤侄、使君何憎一宿？速请转骑。”操不顾，策马便行。行不数步，忽拔剑复回，叫伯奢曰：“此来者何人？”伯奢回头看时，操挥剑砍伯奢于驴下。宫大惊曰：“适才误耳，今何为也？”操曰：“伯奢到家，见杀死多人，安肯干休？若率众来追，必遭其祸矣。”宫曰：“知而故杀，大不义也！”操曰：“宁教我负天下人，休教天下人负我。”陈宫默然。

当夜，行数里，月明中敲开客店门投宿。喂饱了马，曹操先睡。陈宫寻思：“我将谓曹操是好人，弃官跟他；原来是个狼心之徒！今日留之，必为后患。”便欲拔剑来杀曹操。正是：设心狠毒非良士，操卓原来一路人。毕竟曹操性命如何，且听下文分解。

第五回 发矫诏诸镇应曹公 破关兵三英战吕布

却说陈宫临欲下手杀曹操，忽转念曰：“我为国家跟他到此，杀之不义。不若弃而他往。”插剑上马，不等天明，自投东郡去了。操觉，不见陈宫，寻思：“此人见我说了这两句，疑我不仁，弃我而去；吾当急行，不可久留。”遂连夜到陈留，寻见父亲，备说前事；欲散家资，招募义兵。父言：“资少恐不成事。此间有孝廉卫弘，疏财仗义，其家巨富；若得相助，事可图矣。”操置酒张筵，拜请卫弘到家，告曰：“今汉室无主，董卓专权，欺君害民，天下切齿。操欲力扶社稷，恨力不足。公乃忠义之士，敢求相助！”卫弘曰：“吾有是心久矣，恨未遇英雄耳。既孟德有大志，愿将家资相助。”操大喜；于是先发矫诏，驰报各道，然后招集义兵，竖起招兵白旗一面，上书“忠义”二字。不数日间，应募之士，如雨骈集。

一日，有一个阳平卫国人，姓乐，名进，字文谦，来投曹操。又有一个山阳巨鹿人，姓李，名典，字曼成，也来投曹操。操皆留为帐前吏。又有沛国谯人夏侯惇，字元让，乃夏侯婴之后；自小习枪棒；年十四从师学武，有人辱骂其师，惇杀之，逃于外方；闻知曹操起兵，与其族弟夏侯渊两个，各引壮士千人来会。此二人本操之弟兄：操父曹嵩原是夏侯氏之子，过房与曹家，因此是同族。不数日，曹氏兄弟曹仁、曹洪各引兵千余来助。曹仁字子孝，曹洪字子廉：二人弓马熟娴，武艺精通。操大喜，于村中调练军马。卫弘尽出家财，置办衣甲旗幡。四方送粮食者，不计其数。

时袁绍得操矫诏，乃聚麾下文武，引兵三万，离渤海来与曹操会盟。操作檄文以达诸郡。檄文曰：“操等谨以大义布告天下：董卓欺天罔地，灭国弑君；秽乱宫禁，残害生灵；狼戾不仁，罪恶充积！今奉天子密诏，大集义兵，誓欲扫清华夏，剿戮群凶。望兴义师，共泄公愤；扶持王室，拯救黎民。檄文到日，可速奉行！”操发檄文去后，各镇诸侯皆起兵相应：第一镇，后将军南阳太守袁术。第二镇，冀州刺史韩馥。第三镇，豫州刺史孔伷。第四镇，兖州刺史刘岱。第五镇，河内郡太守王匡。第六镇，陈留太守张邈。第七镇，东郡太守乔瑁。第八镇，山阳太守袁遗。第九镇，济北相鲍信。第十镇，北海太守孔融。第十一镇，广陵太守张超。第十二镇，徐州刺史陶谦。第十三镇，西凉太守马腾。第十四镇，北平太守公孙瓒。第十五镇，上党太守张杨。第十六镇，乌程侯长沙太守孙坚。第十七镇，祁乡侯渤海太守袁绍。诸路军马，多少不等，有三万者，有一二万者，各领文官武将，投洛阳来。

且说北平太守公孙瓒，统领精兵一万五千，路经德州平原县。正行之间，遥见桑树丛中，一面黄旗，数骑来迎。瓒视之，乃刘玄德也。瓒问曰：“贤弟何故在此？”玄德曰：“旧日蒙兄保备为平原县令，今闻大军过此，将来奉候，就请兄长入城歇马。”瓒指关、张而问曰：“此何人也？”玄德曰：“此关羽、张飞，备结义兄弟也。”瓒曰：“乃同破黄巾者乎？”玄德曰：“皆此二人之力。”瓒曰：“今居何职？”玄德答曰：“关羽为马弓手，张飞为步弓手。”瓒叹曰：“如此可谓埋没英雄！今董卓作乱，天下诸侯共往诛之。贤弟可弃此卑官，一同讨贼，力扶汉室，若何？”玄德曰：“愿往。”张飞曰：“当时若容我杀了此贼，免有今日之事。”云长曰：“事已至此，即当收拾前去。”玄德、关、张引数骑跟公孙瓒来，曹操接着。众诸侯亦陆续皆至，各自安营下寨，连接二百余里。操乃宰牛杀马，大会诸侯，商议进兵之策。太守王匡曰：“今奉大义，必立盟主；众听约束，然后进兵。”操曰：“袁本初四世三公，门多故吏，汉朝名相之裔，可为盟主。”绍再三推辞，众皆曰非本初不可，绍方应允。次日筑台三层，遍列五方旗帜，上建白旄黄钺，兵符将印，请绍登坛。绍整衣佩剑，慨然而上，焚香再拜。其盟曰：“汉室不幸，皇纲失统。贼臣董卓，乘衅纵害，祸加至尊，虐流百姓。绍等惧社稷沦丧，纠合义兵，并赴国难。凡我同盟，齐心戮力，以致臣节，必无二志。有渝此盟，俾坠其命，无克遗育。皇天后土，祖宗明灵，实皆鉴之！”读毕歃血。众因其辞气慷慨，皆涕泗横流。歃血已罢，下坛。众扶绍升帐而坐，两行依爵位年齿分列坐定。操行酒数巡，言曰：“今日既立盟主，各听调遣，同扶国家，勿以强弱计较。”袁绍曰：“绍虽不才，既承公等推为盟主，有功必赏，有罪必罚。国有常刑，军有纪律。各宜遵守，勿得违犯。”众皆曰惟命是听。绍曰：“吾弟袁术总督粮草，应付诸营，无使有缺。更须一人为先锋，直抵汜水关挑战。余各据险要，以为接应。”

长沙太守孙坚出曰："坚愿为前部。"绍曰："文台勇烈，可当此任。"坚遂引本部人马杀奔汜水关来。守关将士，差流星马往洛阳丞相府告急。董卓自专大权之后，每日饮宴。李儒接得告急文书，径来禀卓。卓大惊，急聚众将商议。温侯吕布挺身出曰："父亲勿虑。关外诸侯，布视之如草芥；愿提虎狼之师，尽斩其首，悬于都门。"卓大喜曰："吾有奉先，高枕无忧矣！"言未绝，吕布背后一人高声出曰："割鸡焉用牛刀？不劳温侯亲往。吾斩众诸侯首级，如探囊取物耳！"卓视之，其人身长九尺，虎体狼腰，豹头猿臂；关西人也，姓华，名雄。卓闻言大喜，加为骁骑校尉。拨马步军五万，同李肃、胡轸、赵岑星夜赴关迎敌。

众诸侯内有济北相鲍信，寻思孙坚既为前部，怕他夺了头功，暗拨其弟鲍忠，先将马步军三千，径抄小路，直到关下搦战。华雄引铁骑五百，飞下关来，大喝："贼将休走！"鲍忠急待退，被华雄手起刀落，斩于马下，生擒将校极多。华雄遣人赍鲍忠首级来相府报捷，卓加雄为都督。

却说孙坚引四将直至关前。那四将？--第一个，右北平土垠人，姓程，名普，字德谋，使一条铁脊蛇矛；第二个，姓黄，名盖，字公覆，零陵人也，使铁鞭；第三个，姓韩，名当，字义公，辽西令支人也，使一口大刀；第四个，姓祖，名茂，字大荣，吴郡富春人也，使双刀。孙坚披烂银铠，裹赤帻，横古锭刀，骑花鬃马，指关上而骂曰："助恶匹夫，何不早降！"华雄副将胡轸引兵五千出关迎战。程普飞马挺矛，直取胡轸。斗不数合，程普刺中胡轸咽喉，死于马下。坚挥军直杀至关前，关上矢石如雨。孙坚引兵回至梁东屯住，使人于袁绍处报捷，就于袁术处催粮。

或说术曰："孙坚乃江东猛虎；若打破洛阳，杀了董卓，正是除狼而得虎也。今不与粮，彼军必散。"术听之，不发粮草。孙坚军缺食，军中自乱，细作报上关来。李肃为华雄谋曰："今夜我引一军从小路下关，袭孙坚寨后，将军击其前寨，坚可擒矣。"雄从之，传令军士饱餐，乘夜下关。是夜月白风清。到坚寨时，已是半夜，鼓噪直进。坚慌忙披挂上马，正遇华雄。两马相交，斗不数合，后面李肃军到，竟天价放起火来。坚军乱窜。众将各自混战，止有祖茂跟定孙坚，突围而走。背后华雄追来。坚取箭，连放两箭，皆被华雄躲过。再放第三箭时，因用力太猛，拽折了鹊画弓，只得弃弓纵马而奔。祖茂曰："主公头上赤帻射目，为贼所识认。可脱帻与某戴之。"坚就脱帻换茂盔，分两路而走。雄军只望赤帻者追赶，坚乃从小路得脱。祖茂被华雄追急，将赤帻挂于人家烧不尽的庭柱上，却入树林潜躲。华雄军于月下遥见赤帻，四面围定，不敢近前。用箭射之，方知是计，遂向前取了赤帻。祖茂于林后杀出，挥双刀欲劈华雄；雄大喝一声，将祖茂一刀砍于马下。杀至天明，雄方引兵上关。

程普、黄盖、韩当都来寻见孙坚，再收拾军马屯扎。坚为折了祖茂，伤感不已，星夜遣人报知袁绍。绍大惊曰："不想孙文台败于华雄之手！"便聚众诸侯商议。众人都到，只有公孙瓒后至，绍请入帐列坐。绍曰："前日鲍将军之弟不遵调遣，擅自进兵，杀身丧命，折了许多军士；今者孙文台又败于华雄：挫动锐气，为之奈何？"诸侯并皆不语。绍举目遍视，见公孙瓒背后立着三人，容貌异常，都在那里冷笑。绍问曰："公孙太守背后何人？"瓒呼玄德出曰："此吾自幼同舍兄弟，平原令刘备是也。"曹操曰："莫非破黄巾刘玄德乎？"瓒曰："然。"即令刘玄德拜见。瓒将玄德功劳，并其出身，细说一遍。绍曰："既是汉室宗派，取坐来。"命坐。备逊谢。绍曰："吾非敬汝名爵，吾敬汝是帝室之胄耳。"玄德乃坐于末位，关、张叉手侍立于后。忽探子来报："华雄引铁骑下关，用长竿挑着孙太守赤帻，来寨前大骂搦战。"绍曰："谁敢去战？"袁术背后转出骁将俞涉曰："小将愿往。"绍喜，便著俞涉出马。即时报来："俞涉与华雄战不三合，被华雄斩了。"众大惊。太守韩馥曰："吾有上将潘凤，可斩华雄。"绍急令出战。潘凤手提大斧上马。去不多时，飞马来报："潘凤又被华雄斩了。"众皆失色。绍曰："可惜吾上将颜良、文丑未至！得一人在此，何惧华雄！"言未毕，阶下一人大呼出曰："小将愿往斩华雄头，献于帐下！"众视之，见其人身长九尺，髯长二尺，丹凤眼，卧蚕眉，面如重枣，声如巨钟，立于帐前。绍问何人。公孙瓒曰："此刘玄德之弟关羽也。"绍问现居何职。瓒曰："跟随刘玄德充马弓手。"帐上袁术大喝曰："汝欺吾众诸侯无大将耶？量一弓手，安敢乱言！与我打出！"曹操急止之曰："公路息怒。此人既出大言，必有勇略；试教出马，如其不胜，责之未迟。"袁绍曰："使一弓手出战，必被华雄所笑。"操曰："此人仪表不俗，华雄安知他是弓手？"关公曰："如不胜，请斩某头。"操教酾热酒一杯，与关公饮了上马。关公曰："酒且斟下，某去便来。"出帐提刀，飞身上马。众诸侯听得关外鼓声大振，喊声大举，如天摧地塌，岳撼山崩，众皆失惊。正欲探听，鸾铃响处，马到中军，云长提华雄之头，掷于地上。其酒尚温。后人有诗赞之曰："威镇乾坤第一功，辕门画鼓响冬冬。云长停盏施英勇，酒尚温时斩华雄。"曹操大喜。只见玄德背后转出张飞，高声大叫："俺哥哥斩了华雄，不就这里杀入关去，活拿董卓，更待何时！"袁术大怒，喝曰："俺大臣尚自谦让，量一县令手下小卒，安敢在此耀武扬威！都与赶出帐去！"曹操曰："得功者赏，何计贵贱乎？"袁术曰："既然公等只重一县令，我当告退。"操曰："岂可因一言而误大事耶？"命公孙瓒且带玄德、关、张回寨。众官皆散。曹操暗使人赍牛酒抚慰三人。却说华雄手下败军，报上关来。李肃慌忙写告急文书，申闻董卓。卓急聚李儒、吕布等商议。儒曰："今失了上将华雄，贼势浩大。袁绍为盟主，绍叔袁隗，现为太傅；倘或里应外合，深为不便，可先除之。请丞相亲领大军，分拨剿捕。"卓然其说，唤李傕、郭汜领兵五百，围住太傅袁隗家，不分老幼，尽皆诛绝，先将袁隗首级去关前号令。

卓遂起兵二十万，分为两路而来：一路先令李傕、郭汜引兵五万，把住汜水关，不要厮杀；卓自将十五万，同李儒、吕布、樊稠、张济等守虎牢关。这关离洛阳五十里。军马到关，卓令吕布领三万军，去关前扎住大寨。卓自在关上屯住。

流星马探听得，报入袁绍大寨里来。绍聚众商议。操曰："董卓屯兵虎牢，截俺诸侯中路，今可勒兵一半迎敌。"绍乃分王匡、乔瑁、鲍信、袁遗、孙融、张杨、陶谦、公孙瓒八路诸侯，往虎牢关迎敌。操引军往来救应。八路诸侯，各自起兵。河内太守王匡，引兵先到。吕布带铁骑三千，飞奔来迎。王匡将军马列成阵势，勒马门旗下看时，见吕布出阵：头戴三叉束发紫金冠，体挂西川红锦百花袍，身披兽面吞头连环铠，腰系勒甲玲珑狮蛮带；弓箭随身，手持画戟，坐下嘶风赤兔马：果然是"人中吕布，马中赤兔"！王匡回头问曰："谁敢出战？"后面一将，纵马挺枪而出。匡视之，乃河内名将方悦。两马相交，无五合，被吕布一戟刺于马下，挺戟直冲过来。匡军大败，四散奔走。布东西冲杀，如入无人之境。幸得乔瑁、袁遗两军皆至，来救王匡，吕布方退。三路诸侯，各折了些人马，退三十里下寨。随后五路军马都至，一处商议，言吕布英雄，无人可敌。

正虑间，小校报来："吕布搦战。"八路诸侯，一齐上马。军分八队，布在高冈。遥望吕布一簇军马，绣旗招飐，先来冲阵。上党太守张杨部将穆顺，出马挺枪迎战，被吕布手起一戟，刺于马下。众大惊。北海太守孔融部将武安国，使铁锤飞马而出。吕布挥戟拍马来迎。战到十余合，一戟砍断安国手腕，弃锤于地而走。八路军兵齐出，救了武安国。吕布退回去了。众诸侯回寨商议。曹操曰："吕布英勇无敌，可会十八路诸侯，共议良策。若擒了吕布，董卓易诛耳。"

正议间，吕布复引兵搦战。八路诸侯齐出。公孙瓒挥槊亲战吕布。战不数合，瓒败走。吕布纵赤兔马赶来。那马日行千里，飞走如风。看看赶上，布举画戟望瓒后心便刺。傍边一将，圆睁环眼，倒竖虎须，挺丈八蛇矛，飞马大叫："三姓家奴休走！燕人张飞在此！”吕布见了，弃了公孙瓒，便战张飞。飞抖擞精神，酣战吕布。连斗五十余合，不分胜负。云长见了，把马一拍，舞八十二斤青龙偃月刀，来夹攻吕布。三匹马丁字儿厮杀。战到三十合，战不倒吕布。刘玄德掣双股剑，骤黄鬃马，刺斜里也来助战。这三个围住吕布。转灯儿般厮杀。八路人马，都看得呆了。吕布架隔遮拦不定，看着玄德面上，虚刺一戟，玄德急闪。吕布荡开阵角，倒拖画戟，飞马便回。三个那里肯舍，拍马赶来。八路军兵，喊声大震，一齐掩杀。吕布军马望关上奔走；玄德、关、张随后赶来。古人曾有篇言语，单道着玄德、关、张三战吕布：“汉朝天数当桓灵，炎炎红日将西倾。奸臣董卓废少帝，刘协懦弱魂梦惊。曹操传檄告天下，诸侯奋怒皆兴兵。议立袁绍作盟主，誓扶王室定太平。温侯吕布世无比，雄才四海夸英伟。护躯银铠砌龙鳞，束发金冠簪雉尾。参差宝带兽平吞，错落锦袍飞凤起。龙驹跳踏起天风，画戟荧煌射秋水。出关搦战谁敢当？诸侯胆裂心惶惶。踊出燕人张翼德，手持蛇矛丈八枪。虎须倒竖翻金线，环眼圆睁起电光。酣战未能分胜败，阵前恼起关云长。青龙宝刀灿霜雪，鹦鹉战袍飞蛱蝶。马蹄到处鬼神嚎，目前一怒应流血。枭雄玄德掣双锋，抖擞天威施勇烈。三人围绕战多时，遮拦架隔无休歇。喊声震动天地翻，杀气迷漫牛斗寒。吕布力穷寻走路，遥望家山拍马还。倒拖画杆方天戟，乱散销金五彩幡。顿断绒绦走赤兔，翻身飞上虎牢关。”三人直赶吕布到关下，看见关上西风飘动青罗伞盖。张飞大叫：“此必董卓！追吕布有甚强处？不如先拿董贼，便是斩草除根！”拍马上关，来擒董卓。正是：擒贼定须擒贼首，奇功端的待奇人。未知胜负如何，且听下文分解。

第六回 焚金阙董卓行凶 匿玉玺孙坚背约

却说张飞拍马赶到关下，关上矢石如雨，不得进而回。八路诸侯，同请玄德、关、张贺功，使人去袁绍寨中报捷。绍遂移檄孙坚，令其进兵。坚引程普、黄盖至袁术寨中相见。坚以杖画地曰：“董卓与我，本无仇隙。今我奋不顾身，亲冒矢石，来决死战者，上为国家讨贼，下为将军家门之私；而将军却听谗言，不发粮草，致坚败绩，将军何安？”术惶恐无言，命斩进谗之人，以谢孙坚。

忽人报坚曰：“关上有一将，乘马来寨中，要见将军。”坚辞袁术，归到本寨，唤来问时，乃董卓爱将李傕。坚曰：“汝来何为？”傕曰：“丞相所敬者，惟将军耳。今特使傕来结亲：丞相有女，欲配将军之子。”坚大怒，叱曰：“董卓逆天无道，荡覆王室，吾欲夷其九族，以谢天下，安肯与逆贼结亲耶！吾不斩汝，汝当速去，早早献关，饶你性命！倘若迟误，粉骨碎身！”李傕抱头鼠窜，回见董卓，说孙坚如此无礼。卓怒，问李儒。儒曰：“温侯新败，兵无战心。不若引兵回洛阳，迁帝于长安，以应童谣。近日街市童谣曰：西头一个汉，东头一个汉。鹿走入长安，方可无斯难。臣思此言‘西头一个汉’，乃应高祖旺于西都长安，传一十二帝；‘东头一个汉’，乃应光武旺于东都洛阳，今亦传一十二帝。天运合回。丞相迁回长安，方可无虞。”卓大喜曰：“非汝言，吾实不悟。”遂引吕布星夜回洛阳，商议迁都。聚文武于朝堂，卓曰：“汉东都洛阳，二百余年，气数已衰。吾观旺气实在长安，吾欲奉驾西幸。汝等各宜促装。”司徒杨彪曰：“关中残破零落。今无故捐宗庙，弃皇陵，恐百姓惊动。天下动之至易，安之至难。望丞相监察。”卓怒曰：“汝阻国家大计耶？”太尉黄琬曰：“杨司徒之言是也。往者王莽篡逆，更始赤眉之时，焚烧长安，尽为瓦砾之地；更兼人民流移，百无一二。今弃宫室而就荒地，非所宜也。”卓曰：“关东贼起，天下播乱。长安有崤函之险；更近陇右，木石砖瓦，克日可办，宫室营造，不须月余。汝等再休乱言。”司徒荀爽谏曰：“丞相若欲迁都，百姓骚动不宁矣。”卓大怒曰：“吾为天下计，岂惜小民哉！”即日罢杨彪、黄琬、荀爽为庶民。卓出上车，只见二人望车而揖，视之，乃尚书周毖、城门校尉伍琼也。卓问有何事，毖曰：“今闻丞相欲迁都长安，故来谏耳。”卓大怒曰：“我始初听你两个，保用袁绍；今绍已反，是汝等一党！”叱武士推出都门斩首。遂下令迁都，限来日便行。李儒曰：“今钱粮缺少，洛阳富户极多，可籍没入官。但是袁绍等门下，杀其宗党而抄其家赀，必得巨万。”卓即差铁骑五千、遍行捉拿洛阳富户，共数千家，插旗头上大书“反臣逆党”，尽斩于城外，取其金赀。

李傕、郭汜尽驱洛阳之民数百万口，前赴长安。每百姓一队，间军一队，互相拖押；死于沟壑者，不可胜数。又纵军士淫人妻女，夺人粮食；啼哭之声，震动天地。如有行得迟者，背后三千军催督，军手执白刃，于路杀人。

卓临行，教诸门放火，焚烧居民房屋，并放火烧宗庙宫府。南北两宫，火焰相接；长乐宫庭，尽为焦土。又差吕布发掘先皇及后妃陵寝，取其金宝。军士乘势掘官民坟冢殆尽。董卓装载金珠缎匹好物数千余车，劫了天子并后妃等，竟望长安去了。却说卓将赵岑，见卓已弃洛阳而去，便献了汜水关。孙坚驱兵先入。玄德、关、张杀入虎牢关，诸侯各引军入。

且说孙坚飞奔洛阳，遥望火焰冲天，黑烟铺地，二三百里，并无鸡犬人烟；坚先发兵救灭了火，令众诸侯各于荒地上屯住军马。曹操来见袁绍曰：“今董贼西去，正可乘势追袭；本初按兵不动，何也？”绍曰：“诸兵疲困，进恐无益。”操曰：“董贼焚烧宫室，劫迁天子，海内震动，不知所归；此天亡之时也，一战而天下定矣。诸公何疑而不进？”众诸侯皆言不可轻动。操大怒曰：“竖子不足与谋！”遂自引兵万余，领夏侯惇、夏侯渊、曹仁、曹洪、李典、乐进，星夜来赶董卓。

且说董卓行至荥阳地方，太守徐荣出接。李儒曰：“丞相新弃洛阳，防有追兵。可教徐荣伏军荥阳城外山坞之旁，若有兵追来，可竟放过；待我这里杀败，然后截住掩杀。令后来者不敢复追。”卓从其计，又令吕布引精兵遏后。布正行间，曹操一军赶上。吕布大笑曰：“不出李儒所料也！”将军马摆开。曹操出马，大叫：“逆贼！劫迁天子，流徙百姓，将欲何往？”吕布骂曰：“背主懦夫，何得妄言！”夏侯惇挺枪跃马，直取吕布。战不数合，李傕引一军，从左边杀来，操急令夏侯渊迎敌。右边喊声又起，郭汜引军杀到，操急令曹仁迎敌。三路军马，势不可当。夏侯惇抵敌吕布不住，飞马回阵。布引铁骑掩杀，操军大败，回望荥阳而走。走至一荒山脚下，时约二更，月明如昼。方才聚集残兵，正欲埋锅造饭，只听得四围喊声，徐荣伏兵尽出。曹操慌忙策马，夺路奔逃，正遇徐荣，转身便走。荣搭上箭，射中操肩膊。操带箭逃命，踅过山坡。两个军士伏于草中，见操马来，二枪齐发，操马中枪而倒。操翻身落马，被二卒擒住。只见一将飞马而来，挥刀砍死两个步军，下马救起曹操。操视之，乃曹洪也。操曰：“吾死于此矣，贤弟可速去！”洪曰：“公急上马！洪愿步行。”操曰：“贼兵赶上，汝将奈何？”洪曰：“天下可无洪，不可无公。”操曰：“吾若再生，汝之力也。”操上马，洪脱去衣甲，拖刀跟马而走。约走至四更余，只见前面一条大河，阻住去路，后面喊声渐近。操曰：“命已至此，不得复活矣！”洪急扶操下马，脱去袍铠，负操渡水。才过彼岸，追兵已到，隔水放箭。操带水而走。比及天明，又走三十余里，土冈下少歇。忽然喊声起处，一彪人马赶来：却是徐荣从上流渡河来追。操正慌急间，只见夏侯惇、夏侯渊引数十骑飞至，大喝：“徐荣无伤吾主！”徐荣便奔夏侯惇，惇挺枪来迎。交马数合，惇刺徐荣于马下，杀散余兵。随后曹仁、李典、乐进各引兵寻到，见了曹操，忧喜交集；聚集残兵五百余人，同回河内。卓兵自往长安。却说众诸侯分屯洛阳。孙坚救灭宫中余火，屯兵城内，设帐于建章殿基上。坚令军士扫除宫殿瓦砾。凡董卓所掘陵寝。尽皆掩闭。于太庙基上，草创殿屋三间，请众诸侯立列圣神位，宰太牢祀之。祭毕，皆散。坚归寨中，是夜星月交辉，乃按剑露坐，仰观天文。见紫微垣中白气漫漫，坚叹曰：“帝星不明，贼臣乱国，万民涂炭，京城一空！”言讫，不觉泪下。

傍有军士指曰：“殿南有五色毫光起于井中，”坚唤军士点起火把，下井打捞。捞起一妇人尸首，虽然日久，其尸不烂：宫样装束，项下带一锦囊。取开看时，内有朱红小匣，用金锁锁着。启视之，乃一玉玺：方圆四寸，上镌五龙交纽；傍缺一角，以黄金镶之；上有篆文八字云：“受命于天，既寿永昌。”坚得玺，乃问程普。普曰：“此传国玺也。此玉是昔日卞和于荆山之下，见凤凰栖于石上，载而进之楚文王。解之，果得玉。秦二十六年，令良工琢为玺，李斯篆此八字于其上。二十八年，始皇巡狩至洞庭湖。风浪大作，舟将覆，急投玉玺于湖而止。至三十六年，始皇巡狩至华阴，有人持玺遮道，与从者曰：‘持此还祖龙。’言讫不见，此玺复归于秦。明年，始皇崩。后来子婴将玉玺献与汉高祖。后至王莽篡逆，孝元皇太后将玺打王寻、苏献，崩其一角，以金镶之。光武得此宝于宜阳，传位至今。近闻十常侍作乱，劫少帝出北邙，回宫失此宝。今天授主公，必有登九五之分。此处不可久留，宜速回江东，别图大事。”坚曰：“汝言正合吾意。明日便当托疾辞归。”商议已定，密谕军士勿得泄漏。

谁想数中一军，是袁绍乡人，欲假此为进身之计，连夜偷出营寨，来报袁绍。绍与之赏赐，暗留军中。次日，孙坚来辞袁绍曰：“坚抱小疾，欲归长沙，特来别公。”绍笑曰：“吾知公疾乃害传国玺耳。”坚失色曰：“此言何来？”绍曰：“今兴兵讨贼，为国除害。玉玺乃朝廷之宝，公既获得，当对众留于盟主处，候诛了董卓，复归朝廷。今匿之而去，意欲何为？”坚曰：“玉玺何由在吾处？”绍曰：“建章殿井中之物何在？”坚曰：“吾本无之，何强相逼？”绍曰：“作速取出，免自生祸。”坚指天为誓曰：“吾若果得此宝，私自藏匿，异日不得善终，死于刀箭之下！”众诸侯曰：“文台如此说誓，想必无之。”绍唤军士出曰：“打捞之时，有此人否？”坚大怒，拔所佩之剑，要斩那军士。绍亦拔剑曰：“汝斩军人，乃欺我也。”绍背后颜良、文丑皆拔剑出鞘。坚背后程普、黄盖、韩当亦掣刀在手。众诸侯一齐劝住。坚随即上马，拔寨离洛阳而去。绍大怒，遂写书一封，差心腹人连夜往荆州，送与刺史刘表，教就路上截住夺之。

次日，人报曹操追董卓，战于荥阳，大败而回。绍令人接至寨中，会众置酒，与操解闷。饮宴间，操叹曰：“吾始兴大义，为国除贼。诸公既仗义而来，操之初意，欲烦本初引河内之众，临孟津、酸枣；诸将固守成皋，据敖仓，塞轘辕、太谷，制其险要；公路率南阳之军，驻丹、析，入武关，以震三辅。皆深沟高垒，勿与战，益为疑兵，示天下形势。以顺诛逆，可立定也。今迟疑不进，大失天下之望。操窃耻之！”绍等无言可对。既而席散，操见绍等各怀异心，料不能成事，自引军投扬州去了。公孙瓒谓玄德、关、张曰：“袁绍无能为也，久必有变。吾等且归。”遂拔寨北行。至平原，令玄德为平原相，自去守地养军。兖州太守刘岱，问东郡太守乔瑁借粮。瑁推辞不与，岱引军突入瑁营，杀死乔瑁，尽降其众。袁绍见众人各自分散，就领兵拔寨，离洛阳，投关东去了。

却说荆州刺史刘表，字景升，山阳高平人也，乃汉室宗亲；幼好结纳，与名士七人为友，时号“江夏八俊”。那七人：汝南陈翔，字仲麟；同郡范滂，字孟博；鲁国孔昱，字世元；渤海范康，字仲真，山阳檀敷，字文友；同郡张俭，字元节；南阳岑晊，字公孝。刘表与此七人为友；有延平人蒯良、蒯越，襄阳人蔡瑁为辅。当时看了袁绍书，随令蒯越、蔡瑁引兵一万来截孙坚。坚军方到，蒯越将阵摆开，当先出马。孙坚问曰：“蒯异度何故引兵截吾去路？”越曰：“汝既为汉臣，如何私匿传国之宝？可速留下，放汝归去！”坚大怒，命黄盖出战。蔡瑁舞刀来迎。斗到数合，盖挥鞭打瑁正中护心镜。瑁拨回马走，孙坚乘势杀过界口。山背后金鼓齐鸣、乃刘表亲自引军来到。孙坚就马上施礼曰：“景升何故信袁绍之书，相逼邻郡？”表曰：“汝匿传国玺，将欲反耶？”坚曰：“吾若有此物，死于刀箭之下！”表曰：“汝若要我听信，将随军行李，任我搜看。”坚怒曰：“汝有何力，敢小觑我！”方欲交兵，刘表便退。坚纵马赶去，两山后伏兵齐起，背后蔡瑁、蒯越赶来，将孙坚困在垓心。正是：玉玺得来无用处，反因此宝动刀兵。毕竟孙坚怎地脱身，且听下文分解。

第七回 袁绍磐河战公孙 孙坚跨江击刘表

却说孙坚被刘表围住，亏得程普、黄盖、韩当三将死救得脱，折兵大半，夺路引兵回江东。自此孙坚与刘表结怨。

且说袁绍屯兵河内，缺少粮草。冀州牧韩馥，遣人送粮以资军用。谋士逢纪说绍曰：“大丈夫纵横天下，何待人送粮为食！冀州乃钱粮广盛之地，将军何不取之？”绍曰：“未有良策。”纪曰：“可暗使人驰书与公孙瓒，令进兵取冀州，约以夹攻，瓒必兴兵。韩馥无谋之辈，必请将军领州事；就中取事，唾手可得。”绍大喜，即发书到瓒处。瓒得书，见说共攻冀州，平分其地，大喜，即日兴兵。

绍却使人密报韩馥。馥慌聚荀谌、辛评二谋士商议。谌曰：“公孙瓒将燕、代之众，长驱而来，其锋不可当。兼有刘备、关、张助之，难以抵敌。今袁本初智勇过人，手下名将极广，将军可请彼同治州事，彼必厚待将军，无患公孙瓒矣。”韩馥即差别驾关纯去请袁绍。长史耿武谏曰：“袁绍孤客穷军，仰我鼻息，譬如婴儿在股掌之上，绝其乳哺，立可饿死。奈何欲以州事委之？此引虎入羊群也。”馥曰：“吾乃袁氏之故吏，才能又不如本初。古者择贤者而让之，诸君何嫉妒耶？”耿武叹曰：“冀州休矣！”于是弃职而去者三十余人。独耿武与关纯伏于城外，以待袁绍。

数日后，绍引兵至。耿武、关纯拔刀而出，欲刺杀绍。绍将颜良立斩耿武，文丑砍死关纯。绍入冀州，以馥为奋威将军，以田丰、沮授、许攸、逢纪分掌州事，尽夺韩馥之权。馥懊悔无及，遂弃下家小，匹马往投陈留太守张邈去了。

却说公孙瓒知袁绍已据冀州，遣弟公孙越来见绍，欲分其地。绍曰：“可请汝兄自来，吾有商议。”越辞归。行不到五十里，道旁闪出一彪军马，口称：“我乃董丞相家将也！”乱箭射死公孙越。从人逃回见公孙瓒，报越已死。瓒大怒曰：“袁绍诱我起兵攻韩馥，他却就里取事；今又诈董卓兵射死吾弟，此冤如何不报！”尽起本部兵，杀奔冀州来。

绍知瓒兵至，亦领军出。二军会于磐河之上：绍军于磐河桥东，瓒军于桥西。瓒立马桥上，大呼曰：“背义之徒，何敢卖我！”绍亦策马至桥边，指瓒曰：“韩馥无才，愿让冀州于吾，与尔何干？”瓒曰：“昔日以汝为忠义，推为盟主；今之所为，真狼心狗行之徒，有何面目立于世间！”袁绍大怒曰：“谁可擒之？”言未毕，文丑策马挺枪，直杀上桥。公孙瓒就桥边与文丑交锋。战不到十余合，瓒抵挡不住，败阵而走。文丑乘势追赶。瓒走入阵中，文丑飞马径入中军，往来冲突。瓒手下健将四员，一齐迎战；被文丑一枪，刺一将下马，三将俱走。文丑直赶公孙瓒出阵后，瓒望山谷而逃。文丑骤马厉声大叫：“快下马受降！”瓒弓箭尽落，头盔堕地；披发纵马，奔转山坡；其马前失，瓒翻身落于坡下。文丑急捻枪来刺。忽见草坡左侧转出个少年将军，飞马挺枪，直取文丑，公孙瓒扒上坡去，看那少年：生得身长八尺，浓眉大眼，阔面重颐，威风凛凛，与文丑大战五六十合，胜负未分。瓒部下救军到，文丑拨回马去了。那少年也不追赶。瓒忙下土坡，问那少年姓名。那少年欠身答曰：“某乃常山真定人也，姓赵，名云，字子龙。本袁绍辖下之人。因见绍无忠君救民之心，故特弃彼而投麾下，不期于此处相见。”瓒大喜，遂同归寨，整顿甲兵。次日，瓒将军马分作左右两队，势如羽翼。马五千余匹，大半皆是白马。因公孙瓒曾与羌人战，尽选白马为先锋，号为白马将军；羌人但见白马便走，因此白马极多。袁绍令颜良、文丑为先锋，各引弓弩手一千，亦分作左右两队；令在左者射公孙瓒右军，在右者射公孙瓒左军。再令麴义引八百弓手，步兵一万五千，列于阵中。袁绍自引马步军数万，于后接应。公孙瓒初得赵云，不知心腹，令其另领一军在后。遣大将严纲为先锋。瓒自领中军，立马桥上，傍竖大红圈金线帅字旗于马前。从辰时擂鼓，直到巳时，绍军不进。麴义令弓手皆伏于遮箭牌下，只听炮响发箭。严纲鼓噪呐喊，直取麴义。义军见严纲兵来，都伏而不动；直到来得至近，一声炮响，八百弓弩手一齐俱发。纲急待回，被麴义拍马舞刀，斩于马下，瓒军大败。左右两军，欲来救应，都被颜良、文丑引弓弩手射住。绍军并进，直杀到界桥边。麴义马到，先斩执旗将，把绣旗砍倒。公孙瓒见砍倒绣旗，回马下桥而走。麴义引军直冲到后军，正撞着赵云，挺枪跃马，直取麴义。战不数合，一枪刺麴义于马下。赵云一骑马飞入绍军，左冲右突，如入无人之境。公孙瓒引军杀回，绍军大败。

却说袁绍先使探马看时，回报麴义斩将搴旗，追赶败兵；因此不作准备，与田丰引着帐下持戟军士数百人，弓箭手数十骑，乘马出观，呵呵大笑曰："公孙瓒无能之辈！"正说之间，忽见赵云冲到面前。弓箭手急待射时，云连刺数人，众军皆走。后面瓒军团团围裹上来。田丰慌对绍曰："主公且于空墙中躲避！"绍以兜鍪扑地，大呼曰："大丈夫愿临阵斗死，岂可入墙而望活乎！"众军士齐心死战，赵云冲突不入，绍兵大队掩至，颜良亦引军来到，两路并杀。赵云保公孙瓒杀透重围，回到界桥。绍驱兵大进，复赶过桥，落水死者，不计其数。

袁绍当先赶来，不到五里，只听得山背后喊声大起，闪出一彪人马，为首三员大将，乃是刘玄德、关云长、张翼德。因在平原探知公孙瓒与袁绍相争，特来助战。当下三匹马，三般兵器，飞奔前来，直取袁绍。绍惊得魂飞天外，手中宝刀坠于马下，忙拨马而逃，众人死救过桥。公孙瓒亦收军归寨。玄德、关、张动问毕，瓒曰："若非玄德远来救我，几乎狼狈。"教与赵云相见。玄德甚相敬爱，便有不舍之心。

却说袁绍输了一阵，坚守不出。两军相拒月余，有人来长安报知董卓。李儒对卓曰："袁绍与公孙瓒，亦当今豪杰。现在磐河厮杀，宜假天子之诏，差人往和解之。二人感德，必顺太师矣。"卓曰："善。"次日便使太傅马日磾、太仆赵岐，赍诏前去。二人来至河北，绍出迎于百里之外，再拜奉诏。次日，二人至瓒营宣谕，瓒乃遣使致书于绍，互相讲和。二人自回京复命。瓒即日班师，又表荐刘玄德为平原相。玄德与赵云分别，执手垂泪，不忍相离。云叹曰："某曩日误认公孙瓒为英雄；今观所为，亦袁绍等辈耳！"玄德曰："公且屈身事之，相见有日。"洒泪而别。

却说袁术在南阳，闻袁绍新得冀州，遣使来求马千匹。绍不与，术怒。自此兄弟不睦。又遣使往荆州，问刘表借粮二十万，表亦不与。术恨之，密遣人遗书于孙坚，使伐刘表。其书略曰："前者刘表截路，乃吾兄本初之谋也。今本初又与表私议欲袭江东。公可速兴兵伐刘表，吾为公取本初，二仇可报。公取荆州，吾取冀州，切勿误也！"坚得书曰："叵耐刘表昔日断吾归路，今不乘时报恨，更待何年！"聚帐下程普、黄盖、韩当等商议。程普曰："袁术多诈，未可准信。"坚曰："吾自欲报仇，岂望袁术之助乎？"便差黄盖先来江边安排战船，多装军器粮草，大船装载战马，克日兴师。江中细作探知，来报刘表。表大惊，急聚文武将士商议。蒯良曰："不必忧虑。可令黄祖部领江夏之兵为前驱，主公率荆襄之众为援。孙坚跨江涉湖而来，安能用武乎？"表然之，令黄祖设备，随后便起大军。却说孙坚有四子，皆吴夫人所生：长子名策，字伯符；次子名权，字仲谋；三子名翊，字叔弼；四子名匡，字季佐。吴夫人之妹，即为孙坚次妻，亦生一子一女：子名朗，字早安；女名仁。坚又过房俞氏一子，名韶，字公礼。坚有一弟，名静，字幼台。坚临行，静引诸子列拜于马前而谏曰："今董卓专权，天子懦弱，海内大乱，各霸一方；江东方稍宁，以一小恨而起重兵，非所宜也。愿兄详之。"坚曰："弟勿多言。吾将纵横天下，有仇岂可不报！"长子孙策曰："如父亲必欲往，儿愿随行。"坚许之，遂与策登舟，杀奔樊城。

黄祖伏弓弩手于江边，见船傍岸，乱箭俱发。坚令诸军不可轻动，只伏于船中来往诱之；一连三日，船数十次傍岸。黄祖军只顾放箭，箭已放尽。坚却拔船上所得之箭，约十数万。当日正值顺风，坚令军士一齐放箭。岸上支吾不住，只得退走。坚军登岸，程普、黄盖分兵两路，直取黄祖营寨。背后韩当驱兵大进。三面夹攻，黄祖大败，弃却樊城，走入邓城。坚令黄盖守住船只，亲自统兵追袭。黄祖引军出迎，布阵于野。坚列成阵势，出马于门旗之下。孙策也全副披挂，挺枪立马于父侧。黄祖引二将出马，一个是江夏张虎，一个是襄阳陈生。黄祖扬鞭大骂："江东鼠贼，安敢侵犯汉室宗亲境界！"便令张虎搦战。坚阵内韩当出迎。两骑相交，战二十余合，陈生见张虎力怯，飞马来助。孙策望见，按住手中枪，扯弓搭箭，正射中陈生面门，应弦落马。张虎见陈生坠地，吃了一惊，措手不及，被韩当一刀，削去半个脑袋。程普纵马直来阵前捉黄祖。黄祖弃却头盔、战马，杂于步军内逃命。孙坚掩杀败军，直到汉水，命黄盖将船只进泊汉江。

黄祖聚败军，来见刘表，备言坚势不可当。表慌请蒯良商议。良曰："目今新败，兵无战心；只可深沟高垒，以避其锋；却潜令人求救于袁绍，此围自可解也。"蔡瑁曰："子柔之言，直拙计也。兵临城下，将至壕边，岂可束手待毙！某虽不才，愿请军出城，以决一战。"刘表许之。蔡瑁引军万余，出襄阳城外，于岘山布阵。孙坚将得胜之兵，长驱大进。蔡瑁出马。坚曰："此人是刘表后妻之兄也，谁与吾擒之？"程普挺铁脊矛出马，与蔡瑁交战。不到数合，蔡瑁败走。坚驱大军，杀得尸横遍野。蔡瑁逃入襄阳。蒯良言瑁不听良策，以致大败，按军法当斩。刘表以新娶其妹，不肯加刑。

却说孙坚分兵四面，围住襄阳攻打。忽一日，狂风骤起，将中军帅字旗竿吹折。韩当曰："此非吉兆，可暂班师。"坚曰："吾屡战屡胜，取襄阳只在旦夕；岂可因风折旗竿，遽尔罢兵！"遂不听韩当之言，攻城愈急。蒯良谓刘表曰："某夜观天象，见一将星欲坠。以分野度之，当应在孙坚。主公可速致书袁绍，求其相助。"刘表写书，问谁敢突围而出。健将吕公，应声愿往。蒯良曰："汝既敢去，可听吾计：与汝军马五百，多带能射者冲出阵去，即奔岘山。他必引军来赶，汝分一百人上山，寻石子准备；一百人执弓弩伏于林中。但有追兵到时，不可径走；可盘旋曲折，引到埋伏之处，矢石俱发。若能取胜，放起连珠号炮，城中便出接应。如无追兵，不可放炮，趱程而去。今夜月不甚明，黄昏便可出城。"

吕公领了计策，拴束军马。黄昏时分，密开东门，引兵出城。孙坚在帐中，忽闻喊声，急上马引三十余骑，出营来看。军士报说："有一彪人马杀将出来，望岘山而去。"坚不会诸将，只引三十余骑赶来。吕公已于山林丛杂去处，上下埋伏。坚马快，单骑独来，前军不远。坚大叫："休走！"吕公勒回马来战孙坚。交马只一合，吕公便走，闪入山路去。坚随后赶入，却不见了吕公。坚方欲上山，忽然一声锣响，山上石子乱下，林中乱箭齐发。坚体中石、箭，脑浆迸流，人马皆死于岘山之内；寿止三十七岁。

吕公截住三十骑，并皆杀尽，放起连珠号炮。城中黄祖、蒯越、蔡瑁分头引兵杀出，江东诸军大乱。黄盖听得喊声震天，引水军杀来，正迎着黄祖。战不两合，生擒黄祖。程普保着孙策，急待寻路，正遇吕公。程普纵马向前，战不到数合，一矛刺吕公于马下。两军大战，杀到天明，各自收军。

刘表军自入城。孙策回到汉水，方知父亲被乱箭射死，尸首已被刘表军士扛抬入城去了，放声大哭。众军俱号泣。策曰："父尸在彼，安得回乡！"黄盖曰："今活捉黄祖在此，得一人入城讲和，将黄祖去换主公尸首。"言未毕，军吏桓阶出曰：

“某与刘表有旧，愿入城为使。”策许之。桓阶入城见刘表，具说其事。表曰：“文台尸首、吾已用棺木盛贮在此。可速放回黄祖，两家各罢兵，再休侵犯。”桓阶拜谢欲行，阶下蒯良出曰：“不可！不可！吾有一言，今江东诸军片甲不回。请先斩桓阶，然后用计。”正是：追敌孙坚方殒命，求和桓阶又遭殃。未知桓阶性命如何，且听下文分解。

第八回 王司徒巧使连环计 董太师大闹凤仪亭

却说蒯良曰：“今孙坚已丧，其子皆幼。乘此虚弱之时，火速进军，江东一鼓可得。若还尸罢兵，容其养成气力，荆州之患也。”表曰：“吾有黄祖在彼营中，安忍弃之？”良曰：“舍一无谋黄祖而取江东，有何不可？”表曰：“吾与黄祖心腹之交，舍之不义。”遂送桓阶回营，相约以孙坚尸换黄祖。

孙策换回黄祖，迎接灵柩，罢战回江东，葬父于曲阿之原。丧事已毕，引军居江都，招贤纳士，屈己待人，四方豪杰，渐渐投之。不在话下。

却说董卓在长安，闻孙坚已死，乃曰：“吾除却一心腹之患也！”问：“其子年几岁矣？”或答曰十七岁，卓遂不以为意。自此愈加骄横，自号为“尚父”，出入僭天子仪仗；封弟董旻为左将军、鄠侯，侄董璜为侍中，总领禁军。董氏宗族，不问长幼，皆封列侯。离长安城二百五十里，别筑郿坞，役民夫二十五万人筑之：其城郭高下厚薄一如长安，内盖宫室，仓库屯积二十年粮食；选民间少年美女八百人实其中，金玉、彩帛、珍珠堆积不知其数；家属都住在内。卓往来长安，或半月一回，或一月一回，公卿皆候送于横门外；卓常设帐于路，与公卿聚饮。一日，卓出横门，百官皆送，卓留宴，适北地招安降卒数百人到。卓即命于座前，或断其手足，或凿其眼睛，或割其舌，或以大锅煮之。哀号之声震天，百官战慄失箸，卓饮食谈笑自若。又一日，卓于省台大会百官，列坐两行。酒至数巡，吕布径入，向卓耳边言不数句，卓笑曰：“原来如此。”命吕布于筵上揪司空张温下堂。百官失色。不多时，侍从将一红盘，托张温头入献。百官魂不附体。卓笑曰：“诸公勿惊。张温结连袁术，欲图害我，因使人寄书来，错下在吾儿奉先处。故斩之。公等无故，不必惊畏。”众官唯唯而散。

司徒王允归到府中，寻思今日席间之事，坐不安席。至夜深月明，策杖步入后园，立于荼蘼架侧，仰天垂泪。忽闻有人在牡丹亭畔，长吁短叹。允潜步窥之，乃府中歌伎貂蝉也。其女自幼选入府中，教以歌舞，年方二八，色伎俱佳，允以亲女待之。是夜允听良久，喝曰：“贱人将有私情耶？”貂蝉惊跪答曰：“贱妾安敢有私！”允曰：“汝无所私，何夜深于此长叹？”蝉曰：“容妾伸肺腑之言。”允曰：“汝勿隐匿，当实告我。”蝉曰：“妾蒙大人恩养，训习歌舞，优礼相待，妾虽粉身碎骨，莫报万一。近见大人两眉愁锁，必有国家大事，又不敢问。今晚又见行坐不安，因此长叹。不想为大人窥见。倘有用妾之处，万死不辞！”允以杖击地曰：“谁想汉天下却在汝手中耶！随我到画阁中来。”貂蝉跟允到阁中，允尽叱出妇妾，纳貂蝉于坐，叩头便拜。貂蝉惊伏于地曰：“大人何故如此？”允曰：“汝可怜汉天下生灵！”言讫，泪如泉涌。貂蝉曰：“适间贱妾曾言：但有使令，万死不辞。”允跪而言曰：“百姓有倒悬之危，君臣有累卵之急，非汝不能救也。贼臣董卓，将欲篡位；朝中文武，无计可施。董卓有一义儿，姓吕，名布，骁勇异常。我观二人皆好色之徒，今欲用连环计，先将汝许嫁吕布，后献与董卓；汝于中取便，谍间他父子反颜，令布杀卓，以绝大恶。重扶社稷，再立江山，皆汝之力也。不知汝意若何？”貂蝉曰：“妾许大人万死不辞，望即献妾与彼。妾自有道理。”允曰：“事若泄漏，我灭门矣。”貂蝉曰：“大人勿忧。妾若不报大义，死于万刃之下！”允拜谢。

次日，便将家藏明珠数颗，令良匠嵌造金冠一顶，使人密送吕布。布大喜，亲到王允宅致谢。允预备嘉肴美馔；候吕布至，允出门迎迓，接入后堂，延之上坐。布曰：“吕布乃相府一将，司徒是朝廷大臣，何故错敬？”允曰：“方今天下别无英雄，惟有将军耳。允非敬将军之职，敬将军之才也。”布大喜。允殷勤敬酒，口称董太师并布之德不绝。布大笑畅饮。允叱退左右，只留侍妾数人劝酒。酒至半酣，允曰：“唤孩儿来。”少顷，二青衣引貂蝉艳妆而出。布惊问何人。允曰：“小女貂蝉也。允蒙将军错爱，不异至亲，故令其与将军相见。”便命貂蝉与吕布把盏。貂蝉送酒与布。两下眉来眼去。允佯醉曰：“孩儿央及将军痛饮几杯。吾一家全靠着将军哩。”布请貂蝉坐，貂蝉假意欲入。允曰：“将军吾之至友，孩儿便坐何妨。”貂蝉便坐于允侧。吕布目不转睛的看。又饮数杯，允指蝉谓布曰：“吾欲将此女送与将军为妾，还肯纳否？”布出席谢曰：“若得如此，布当效犬马之报！”允曰：“早晚选一良辰，送至府中。”布欣喜无限，频以目视貂蝉。貂蝉亦以秋波送情。少顷席散，允曰：“本欲留将军止宿，恐太师见疑。”布再三拜谢而去。过了数日，允在朝堂，见了董卓，趁吕布不在侧，伏地拜请曰：“允欲屈太师车骑，到草舍赴宴，未审钧意若何？”卓曰：“司徒见招，即当趋赴。”允拜谢归家，水陆毕陈，于前厅正中设座，锦绣铺地，内外各设帏幔。次日晌午，董卓来到。允具朝服出迎，再拜起居。卓下车，左右持戟甲士百余，簇拥入堂，分列两傍。允于堂下再拜，卓命扶上，赐坐于侧。允曰：“太师盛德巍巍，伊、周不能及也。”卓大喜。进酒作乐，允极其致敬。天晚酒酣，允请卓入后堂。卓叱退甲士。允捧觞称贺曰：“允自幼颇习天文，夜观乾象，汉家气数已尽。太师功德振于天下，若舜之受尧，禹之继舜，正合天心人意。”卓曰：“安敢望此！”允曰：“自古有道伐无道，无德让有德，岂过分乎！”卓笑曰：“若果天命归我，司徒当为元勋。”允拜谢。堂中点上画烛，止留女使进酒供食。允曰：“教坊之乐，不足供奉；偶有家伎，敢使承应。”卓曰：“甚妙。”允教放下帘栊，笙簧缭绕，簇捧貂蝉舞于帘外。有词赞之曰：“原是昭阳宫里人，惊鸿宛转掌中身，只疑飞过洞庭春。按彻《梁州》莲步稳，好花风袅一枝新，画堂香暖不胜春。”又诗曰：“红牙催拍燕飞忙，一片行云到画堂。眉黛促成游子恨，脸容初断故人肠。榆钱不买千金笑，柳带何须百宝妆。舞罢隔帘偷目送，不知谁是楚襄王。”舞罢，卓命近前。貂蝉转入帘内，深深再拜。卓见貂蝉颜色美丽，便问：“此女何人？”允曰：“歌伎貂蝉也。”卓曰：“能唱否？”允命貂蝉执檀板低讴一曲。正是：“一点樱桃启绛唇，两行碎玉喷阳春。丁香舌吐衠钢剑，要斩奸邪乱国臣。”卓称赏不已。允命貂蝉把盏。卓擎杯问曰：“青春几何？”貂蝉曰：“贱妾年方二八。”卓笑曰：“真神仙中人也！”允起曰：“允欲将此女献上太师，未审肯容纳否？”卓曰：“如此见惠，何以报德？”允曰：“此女得侍太师，其福不浅。”卓再三称谢。允即命备毡车，先将貂蝉送到相府。卓亦起身告辞。允亲送董卓直到相府，然后辞回。

乘马而行，不到半路，只见两行红灯照道，吕布骑马执戟而来，正与王允撞见，便勒住马，一把揪住衣襟，厉声问曰：“司徒既以貂蝉许我，今又送与太师，何相戏耶？”允急止之曰：“此非说话处，且请到草舍去。”布同允到家，下马入后堂。叙礼毕，允曰：“将军何故怪老夫？”布曰：“有人报我，说你把毡车送貂蝉入相府，是何意故？”允曰：“将军原来不知！昨日太师在朝堂中，对老夫说：‘我有一事，明日要到你家。’允因此准备小宴等候。太师饮酒中间，说：‘我闻你有一女，名唤貂蝉，已许吾儿奉先。我恐你言未准，特来相求，并请一见。’老夫不敢有违，随引貂蝉出拜公公。太师曰：‘今日良辰，吾即当取此女回去，配与奉先。’将军试思：太师亲临，老夫焉敢推阻？”布曰：“司徒少罪。布一时错见，来日自当负荆。”允曰：“小女颇有妆奁，待过将军府下，便当送至。”布谢去。次日，吕布在府中打听，绝不闻音耗。径入堂中，寻问诸侍妾。侍妾对曰："夜来太师与新人共寝，至今未起。"布大怒，潜入卓卧房后窥探。时貂蝉起于窗下梳头，忽见窗外池中照一人影，极长大，头戴束发冠；偷眼视之，正是吕布。貂蝉故蹙双眉，做忧愁不乐之态，复以香罗频拭眼泪。吕布窥视良久，乃出；少顷，又入。卓已坐于中堂，见布来，问曰："外面无事乎？"布曰："无事。"侍立卓侧。卓方食，布偷目窃望，见绣帘内一女子往来观觑，微露半面，以目送情。布知是貂蝉，神魂飘荡。卓见布如此光景，心中疑忌，曰："奉先无事且退。"布怏怏而出。

董卓自纳貂蝉后，为色所迷，月余不出理事。卓偶染小疾，貂蝉衣不解带，曲意逢迎，卓心意喜。吕布入内问安，正值卓睡。貂蝉于床后探半身望布，以手指心，又以手指董卓，挥泪不止。布心如碎。卓朦胧双目，见布注视床后，目不转睛；回身一看，见貂蝉立于床后。卓大怒，叱布曰："汝敢戏吾爱姬耶！"唤左右逐出，今后不许入堂。吕布怒恨而归，路遇李儒，告知其故。儒急入见卓曰："太师欲取天下，何故以小过见责温侯？倘彼心变，大事去矣。"卓曰："奈何？"儒曰："来朝唤入，赐以金帛，好言慰之，自然无事。"卓依言。次日，使人唤布入堂，慰之曰："吾前日病中，心神恍惚，误言伤汝，汝勿记心。"随赐金十斤，锦二十匹。布谢归，然身虽在卓左右，心实系念貂蝉。

卓疾既愈，入朝议事。布执戟相随，见卓与献帝共谈，便乘间提戟出内门，上马径投相府来；系马府前，提戟入后堂，寻见貂蝉。蝉曰："汝可去后园中凤仪亭边等我。"布提戟径往，立于亭下曲栏之傍。良久，见貂蝉分花拂柳而来，果然如月宫仙子，--泣谓布曰："我虽非王司徒亲女，然待之如已出。自见将军，许侍箕帚。妾已生平愿足。谁想太师起不良之心，将妾淫污，妾恨不即死；止因未与将军一诀，故且忍辱偷生。今幸得见，妾愿毕矣！此身已污，不得复事英雄；愿死于君前，以明妾志！"言讫，手攀曲栏，望荷花池便跳。吕布慌忙抱住，泣曰："我知汝心久矣！只恨不能共语！"貂蝉手扯布曰："妾今生不能与君为妻，愿相期于来世。"布曰："我今生不能以汝为妻，非英雄也！"蝉曰："妾度日如年，愿君怜而救之。"布曰："我今偷空而来，恐老贼见疑，必当速去。"蝉牵其衣曰："君如此惧怕老贼，妾身无见天日之期矣！"布立住曰："容我徐图良策。"语罢，提戟欲去。貂蝉曰："妾在深闺，闻将军之名，如雷灌耳，以为当世一人而已；谁想反受他人之制乎！"言讫，泪下如雨。布羞惭满面，重复倚戟，回身搂抱貂蝉，用好言安慰。两个偎偎倚倚，不忍相离。

却说董卓在殿上，回头不见吕布，心中怀疑，连忙辞了献帝，登车回府；见布马系于府前；问门吏，吏答曰："温侯入后堂去了。"卓叱退左右，径入后堂中，寻觅不见；唤貂蝉，蝉亦不见。急问侍妾，侍妾曰："貂蝉在后园看花。"卓寻入后园，正见吕布和貂蝉在凤仪亭下共语，画戟倚在一边。卓怒，大喝一声。布见卓至，大惊，回身便走。卓抢了画戟，挺着赶来。吕布走得快，卓肥胖赶不上，掷戟刺布。布打戟落地。卓拾戟再赶，布已走远。卓赶出园门，一人飞奔前来，与卓胸膛相撞，卓倒于地。正是：冲天怒气高千丈，仆地肥躯做一堆。未知此人是谁，且听下文分解。

第九回 除暴凶吕布助司徒 犯长安李傕听贾诩

却说那撞倒董卓的人，正是李儒。当下李儒扶起董卓，至书院中坐定，卓曰："汝为何来此？"儒曰："儒适至府门，知太师怒入后园，寻问吕布。因急走来，正遇吕布奔走，云：'太师杀我！'儒慌赶入园中劝解，不意误撞恩相。死罪！死罪！"卓曰："叵耐逆贼！戏吾爱姬，誓必杀之！"儒曰："恩相差矣。昔楚庄王绝缨之会，不究戏爱姬之蒋雄，后为秦兵所困，得其死力相救。今貂蝉不过一女子，而吕布乃太师心腹猛将也。太师若就此机会，以蝉赐布，布感大恩，必以死报太师。太师请自三思。"卓沈吟良久曰："汝言亦是，我当思之。"儒谢而出。卓入后堂，唤貂蝉问曰："汝何与吕布私通耶？"蝉泣曰："妾在后园看花，吕布突至。妾方惊避，布曰：'我乃太师之子，何必相避？'提戟赶妾至凤仪亭。妾见其心不良，恐为所逼，欲投荷池自尽，却被这厮抱住。正在生死之间，得太师来，救了性命。"董卓曰："我今将汝赐与吕布，何如？"貂蝉大惊，哭曰："妾身已事贵人，今忽欲下赐家奴，妾宁死不辱！"遂掣壁间宝剑欲自刎。卓慌夺剑拥抱曰："吾戏汝！"貂蝉倒于卓怀，掩面大哭曰："此必李儒之计也！儒与布交厚，故设此计；却不顾惜太师体面与贱妾性命。妾当生噬其肉！"卓曰："吾安忍舍汝耶？"蝉曰："虽蒙太师怜爱，但恐此处不宜久居，必被吕布所害。"卓曰："吾明日和你归郿坞去，同受快乐，慎勿忧疑。"蝉方收泪拜谢。

次日，李儒入见曰："今日良辰，可将貂蝉送与吕布。"卓曰："布与我有父子之分，不便赐与。我只不究其罪。汝传我意，以好言慰之可也。"儒曰："太师不可为妇人所惑。"卓变色曰："汝之妻肯与吕布否？貂蝉之事，再勿多言；言则必斩！"李儒出，仰天叹曰："吾等皆死于妇人之手矣！"后人读书至此。有诗叹之曰："司徒妙算托红裙。不用干戈不用兵。三战虎牢徒费力，凯歌却奏凤仪亭。"

董卓即日下令还郿坞，百官俱拜送。貂蝉在车上，遥见吕布于稠人之内，眼望车中。貂蝉虚掩其面，如痛哭之状。车已去远，布缓辔于土冈之上，眼望车尘，叹惜痛恨。忽闻背后一人问曰："温侯何不从太师去，乃在此遥望而发叹？"布视之，乃司徒王允也。相见毕，允曰："老夫日来因染微恙，闭门不出，故久未得与将军一见。今日太师驾归郿坞，只得扶病出送，却喜得晤将军。请问将军，为何在此长叹？"布曰："正为公女耳。"允佯惊曰："许多时尚未与将军耶？"布曰："老贼自宠幸久矣！"允佯大惊曰："不信有此事！"布将前事一一告允。允仰面跌足，半晌不语；良久，乃言曰："不意太师作此禽兽之行！"因挽布手曰："且到寒舍商议。"布随允归。允延入密室，置酒款待。布又将凤仪亭相遇之事，细述一遍。允曰："太师淫吾之女，夺将军之妻，诚为天下耻笑。非笑太师，笑允与将军耳！然允老迈无能之辈，不足为道；可惜将军盖世英雄，亦受此污辱也！"布怒气冲天，拍案大叫。允急曰："老夫失语，将军息怒。"布曰："誓当杀此老贼，以雪吾耻！"允急掩其口曰："将军勿言，恐累及老夫。"布曰："大丈夫生居天地间，岂能郁郁久居人下！"允曰："以将军之才，诚非董太师所可限制。"布曰："吾欲杀此老贼，奈是父子之情，恐惹后人议论。"允微笑曰："将军自姓吕，太师自姓董。掷戟之时，岂有父子情耶？"布奋然曰："非司徒言，布几自误！"允见其意已决，便说之曰："将军若扶汉室，乃忠臣也，青史传名，流芳百世；将军若助董卓，乃反臣也，载之史笔，遗臭万年。"布避席下拜曰："布意已决，司徒勿疑。"允曰："但恐事或不成，反招大祸。"布拔带刀，刺臂出血为誓。允跪谢曰："汉祀不斩，皆出将军之赐也。切勿泄漏！临期有计，自当相报。"布慨诺而去。允即请仆射士孙瑞、司隶校尉黄琬商议。瑞曰："方今主上有疾新愈，可遣一能言之人，往郿坞请卓议事；一面以天子密诏付吕布，使伏甲兵于朝门之内，引卓入诛之：此上策也。"琬曰："何人敢去？"瑞曰："吕布同郡骑都尉李肃，以董卓不迁其官，甚是怀怨。若令此人去，卓必不疑。"允曰："善。"请吕布共议。布曰："昔日劝吾杀丁建阳，亦此人也。今若不去，吾先斩之。"使人密请肃至。布曰："昔日公说布使杀丁建阳而投董卓；今卓上欺天子，下虐生灵，罪恶贯盈，人神共愤。公可传天子诏往郿坞，宣卓入朝，伏兵诛之，力扶汉室，共作忠臣。尊意若何？"肃曰："我亦欲除此贼久矣，恨无同心者耳。今将军若此，是天赐也，肃岂敢有二心！"遂折箭为誓。允曰："公若能干此事，何患不得显官。"

次日，李肃引十数骑，前到郿坞。人报天子有诏，卓教唤入。李肃入拜。卓曰："天子有何诏？"肃曰："天子病体新痊，欲会文武于未央殿，议将禅位于太师，故有此诏。"卓曰："王允之意若何？"肃曰："王司徒已命人筑受禅台，只等主公到来。"卓大喜曰："吾夜梦一龙罩身，今日果得此喜信。时哉不可失！"便命心腹将李傕、郭汜、张济、樊稠四人领飞熊军三千守郿坞，自己即日排驾回京；顾谓李肃曰："吾为帝，汝当为执金吾。"肃拜谢称臣。卓入辞其母。母时年九十余矣，问曰："吾儿何往？"卓曰："儿将往受汉禅，母亲早晚为太后也！"母曰："吾近日肉颤心惊，恐非吉兆。"卓曰："将为国母，岂不预有惊报！"遂辞母而行。临行，谓貂蝉曰："吾为天子，当立汝为贵妃。"貂蝉已明知就里，假作欢喜拜谢。

卓出坞上车，前遮后拥，望长安来。行不到三十里，所乘之车，忽折一轮，卓下车乘马。又行不到十里，那马咆哮嘶喊，掣断辔头。卓问肃曰："车折轮，马断辔，其兆若何？"肃曰："乃太师应绍汉禅，弃旧换新，将乘玉辇金鞍之兆也。"卓喜而信其言。次日，正行间，忽然狂风骤起，昏雾蔽天。卓问肃曰："此何祥也？"肃曰："主公登龙位，必有红光紫雾，以壮天威耳。"卓又喜而不疑。既至城外，百官俱出迎接。只有李儒抱病在家，不能出迎。卓进至相府，吕布入贺。卓曰："吾登九五，汝当总督天下兵马。"布拜谢，就帐前歇宿。是夜有十数小儿于郊外作歌，风吹歌声入帐。歌曰："千里草，何青青！十日卜，不得生！"歌声悲切。卓问李肃曰："童谣主何吉凶？"肃曰："亦只是言刘氏灭、董氏兴之意。"

次日侵晨，董卓摆列仪从入朝，忽见一道人，青袍白巾，手执长竿，上缚布一丈，两头各书一"口"字。卓问肃曰："此道人何意？"肃曰："乃心恙之人也。"呼将士驱去。卓进朝，群臣各具朝服，迎谒于道。李肃手执宝剑扶车而行。到北掖门，军兵尽挡在门外，独有御车二十余人同入。董卓遥见王允等各执宝剑立于殿门，惊问肃曰："持剑是何意？"肃不应，推车直入。王允大呼曰："反贼至此，武士何在？"两旁转出百余人，持戟挺槊刺之。卓裹甲不入，伤臂坠车，大呼曰："吾儿奉先何在？"吕布从车后厉声出曰："有诏讨贼！"一戟直刺咽喉，李肃早割头在手。吕布左手持戟，右手怀中取诏，大呼曰："奉诏讨贼臣董卓，其余不问！"将吏皆呼万岁。后人有诗叹董卓曰："霸业成时为帝王，不成且作富家郎。谁知天意无私曲，郿坞方成已灭亡。"

却说当下吕布大呼曰："助卓为虐者，皆李儒也！谁可擒之？"李肃应声愿往。忽听朝门外发喊，人报李儒家奴已将李儒绑缚来献。王允命缚赴市曹斩之；又将董卓尸首，号令通衢。卓尸肥胖，看尸军士以火置其脐中为灯，膏流满地。百姓过者，莫不手掷其头，足践其尸。王允又命吕布同皇甫嵩、李肃领兵五万，至郿坞抄籍董卓家产、人口。

却说李傕、郭汜、张济、樊稠闻董卓已死，吕布将至，便引了飞熊军连夜奔凉州去了。吕布至郿坞，先取了貂蝉。皇甫嵩命将坞中所藏良家子女，尽行释放。但系董卓亲属，不分老幼，悉皆诛戮。卓母亦被杀。卓弟董旻、侄董璜皆斩首号令。收籍坞中所蓄，黄金数十万，白金数百万，绮罗、珠宝、器皿、粮食，不计其数。回报王允。允乃大犒军士，设宴于都堂，召集众官，酌酒称庆。

正饮宴间，忽人报曰："董卓暴尸于市，忽有一人伏其尸而大哭。"允怒曰："董卓伏诛，士民莫不称贺；此何人，独敢哭耶！"遂唤武士："与吾擒来！"须臾擒至。众官见之，无不惊骇：原来那人不是别人，乃侍中蔡邕也，允叱曰："董卓逆贼，今日伏诛，国之大幸。汝为汉臣，乃不为国庆，反为贼哭，何也？"邕伏罪曰："邕虽不才，亦知大义，岂肯背国而向卓？只因一时知遇之感，不觉为之一哭，自知罪大。愿公见原：倘得黥首刖足，使续成汉史，以赎其辜，邕之幸也。"众官惜邕之才，皆力救之。太傅马日磾亦密谓允曰："伯喈旷世逸才，若使续成汉史，诚为盛事。且其孝行素著，若遽杀之，恐失人望。"允曰："昔孝武不杀司马迁，后使作史，遂致谤书流于后世。方今国运衰微，朝政错乱，不可令佞臣执笔于幼主左右，使吾等蒙其讪议也。"日磾无言而退，私谓众官曰："王允其无后乎！善人，国之纪也；制作，国之典也。灭纪废典，岂能久乎？"当下王允不听马日磾之言，命将蔡邕下狱中缢死。一时士大夫闻者，尽为流涕。后人论蔡邕之哭董卓，固自不是；允之杀之，亦为已甚。有诗叹曰："董卓专权肆不仁，侍中何自竟亡身？当时诸葛隆中卧，安肯轻身事乱臣。"且说李傕、郭汜、张济、樊稠逃居陕西，使人至长安上表求赦。王允曰："卓之跋扈，皆此四人助之；今虽大赦天下，独不赦此四人。"使者回报李傕。傕曰："求赦不得，各自逃生可也。"谋士贾诩曰："诸君若弃军单行，则一亭长能缚君矣。不若诱集陕人并本部军马，杀入长安与董卓报仇。事济，奉朝廷以正天下；若其不胜，走亦未迟。"傕等然其说，遂流言于西凉州曰："王允将欲洗荡此方之人矣！"众皆惊惶。乃复扬言曰："徒死无益，能从我反乎？"众皆愿从。于是聚众十余万，分作四路，杀奔长安来。路逢董卓女婿中郎将牛辅，引军五千人，欲去与丈人报仇，李傕便与合兵，使为前驱。四人陆续进发。王允听知西凉兵来，与吕布商议。布曰："司徒放心。量此鼠辈，何足数也！"遂引李肃将兵出敌。肃当先迎战，正与牛辅相遇，大杀一阵。牛辅抵敌不过，败阵而去。不想是夜二更，牛辅乘肃不备，竟来劫寨。肃军乱窜，败走三十余里，折军大半，来见吕布，布大怒曰："汝何挫吾锐气！"遂斩李肃，悬头军门。次日吕布进兵与牛辅对敌。量牛辅如何敌得吕布，仍复大败而走。是夜牛辅唤心腹人胡赤儿商议曰："吕布骁勇，万不能敌；不如瞒了李傕等四人，暗藏金珠，与亲随三五人弃军而去。"胡赤儿应允。是夜收拾金珠，弃营而走，随行者三四人。将渡一河，赤儿欲谋取金珠，竟杀死牛辅，将头来献吕布。布问起情由，从人出首："胡赤儿谋杀牛辅，夺其金宝。"布怒，即将赤儿诛杀。领军前进，正迎着李傕军马。吕布不等他列阵，便挺戟跃马，麾军直冲过来。傕军不能抵当，退走五十余里，依山下寨，请郭汜、张济、樊稠共议，曰："吕布虽勇，然而无谋，不足为虑。我引军守住谷口，每日诱他厮杀，郭将军可领军抄击其后，效彭越挠楚之法，鸣金进兵，擂鼓收兵。张、樊二公，却分兵两路，径取长安。彼首尾不能救应，必然大败。"众用其计。

却说吕布勒兵到山下，李傕引军搦战。布忿怒冲杀过去，傕退走上山。山上矢石如雨，布军不能进。忽报郭汜在阵后杀来，布急回战。只闻鼓声大震，汜军已退。布方欲收军，锣声响处，傕军又来。未及对敌，背后郭汜又领军杀到。及至吕布来时，却又擂鼓收军去了。激得吕布怒气填胸。一连如此几日，欲战不得，欲止不得。正在恼怒，忽然飞马报来，说张济、樊稠两路军马，竟犯长安，京城危急。布急领军回，背后李傕、郭汜杀来。布无心恋战，只顾奔走，折了好些人马。比及到长安城下。贼兵云屯雨集，围定城池，布军与战不利。军士畏吕布暴厉，多有降贼者，布心甚忧。

数日之后，董卓余党李蒙、王方在城中为贼内应，偷开城门，四路贼军一齐拥入。吕布左冲右突，拦挡不住，引数百骑往青琐门外，呼王允曰："势急矣！请司徒上马，同出关去，别图良策。"允曰："若蒙社稷之灵，得安国家，吾之愿也；若不获已，则允奉身以死。临难苟免，吾不为也。为我谢关东诸公，努力以国家为念！"吕布再三相劝，王允只是不肯去。不一时，各门火焰竟天，吕布只得弃却家小，引百余骑飞奔出关，投袁术去了。

李傕、郭汜纵兵大掠。太常卿种拂、太仆鲁馗、大鸿胪周奂、城门校尉崔烈、越骑校尉王颀皆死于国难。贼兵围绕内庭至急，侍臣请天子上宣平门止乱。李傕等望见黄盖，约住军士，口呼"万岁"。献帝倚楼问曰："卿不候奏请，辄入长安，意欲何为？"李傕、郭汜仰面奏曰："董太师乃陛下社稷之臣，无端被王允谋杀，臣等特来报仇，非敢造反。但见王允，臣便退兵。"王允时在帝侧，闻知此言，奏曰："臣本为社稷计。事已至此，陛下不可惜臣，以误国家。臣请下见二贼。"帝徘徊不忍。允自宣平门楼上跳下楼去，大呼曰："王允在此！"李傕、郭汜拔剑叱曰："董太师何罪而见杀？"允曰："董贼之罪，弥天亘地，不可胜言！受诛之日。长安士民，皆相庆贺，汝独不闻乎？"傕、汜曰："太师有罪；我等何罪，不肯相赦？"王允大骂："逆贼何必多言！我王允今日有死而已！"二贼手起，把王允杀于楼下。史官有诗赞曰："王允运机筹，奸臣董卓休。心怀家国恨，眉锁庙堂忧。英气连霄汉，忠诚贯斗牛。至今魂与魄，犹绕凤凰楼。"

众贼杀了王允，一面又差人将王允宗族老幼，尽行杀害。士民无不下泪。当下李傕、郭汜寻思曰："既到这里，不杀天子谋大事，更待何时？"便持剑大呼，杀入内来。正是：巨魁伏罪灾方息，从贼纵横祸又来。未知献帝性命如何，且听下文分解。

第十回 勤王室马腾举义 报父仇曹操兴师

却说李、郭二贼欲弑献帝。张济、樊稠谏曰："不可。今日若便杀之，恐众人不服，不如仍旧奉之为主，赚诸侯入关，先去其羽翼，然后杀之，天下可图也。"李、郭二人从其言，按住兵器。帝在楼上宣谕曰："王允既诛，军马何故不退？"李傕、郭汜曰："臣等有功王室，未蒙赐爵，故不敢退军。"帝曰："卿欲封何爵？"李、郭、张、樊四人各自写职衔献上，勒要如此官品，帝只得从之。封李傕为车骑将军池阳侯领司隶校尉假节钺，郭汜为后将军美阳侯假节钺，同秉朝政；樊稠为右将军万年侯，张济为骠骑将军平阳侯，领兵屯弘农。其余李蒙、王方等，各为校尉。然后谢恩，领兵出城。又下令追寻董卓尸首，获得些零碎皮骨，以香木雕成形体，安凑停当，大设祭祀，用王者衣冠棺椁，选择吉日，迁葬郿坞。临葬之期，天降大雷雨，平地水深数尺，霹雳震开其棺，尸首提出棺外。李傕候晴再葬，是夜又复如是。三次改葬，皆不能葬，零皮碎骨，悉为雷火消灭。天之怒卓。可谓甚矣！

且说李傕、郭汜既掌大权，残虐百姓；密遣心腹侍帝左右，观其动静。献帝此时举动荆棘。朝廷官员，并由二贼升降。因采人望，特宣朱儁入朝封为太仆，同领朝政。一日，人报西凉太守马腾；并州刺史韩遂二将引军十余万，杀奔长安来，声言讨贼。原来二将先曾使人入长安，结连侍中马宇、谏议大夫种邵、左中郎将刘范三人为内应，共谋贼党。三人密奏献帝，封马腾为征西将军、韩遂为镇西将军，各受密诏，并力讨贼。当下李傕、郭汜、张济、樊稠闻二军将至，一同商议御敌之策。谋士贾诩曰："二军远来，只宜深沟高垒，坚守以拒之。不过百日，彼兵粮尽，必将自退，然后引兵追之，二将可擒矣。"李蒙、王方出曰："此非好计。愿借精兵万人，立斩马腾、韩遂之头，献于麾下。"贾诩曰："今若即战，必当败绩。"李蒙、王方齐声曰："若吾二人败，情愿斩首；吾若战胜，公亦当输首级与我。"诩谓李傕、郭汜曰："长安西二百里盩厔山，其路险峻，可使张、樊两将军屯兵于此，坚壁守之；待李蒙、王方自引兵迎敌，可也。"李傕、郭汜从其言，点一万五千人马与李蒙、王方。二人忻喜而去，离长安二百八十里下寨。

西凉兵到，两个引军迎去。西凉军马拦路摆开阵势。马腾、韩遂联辔而出，指李蒙、王方骂曰："反国之贼！谁去擒之？"言未绝，只见一位少年将军，面如冠玉，眼若流星，虎体猿臂，彪腹狼腰；手执长枪，坐骑骏马，从阵中飞出。原来那将即马腾之子马超，字孟起，年方十七岁，英勇无敌。王方欺他年幼，跃马迎战。战不到数合，早被马超一枪刺于马下。马超勒马便回。李蒙见王方刺死，一骑马从马超背后赶来。超只做不知。马腾在阵门下大叫："背后有人追赶！"声犹未绝，只见马超已将李蒙擒在马上。原来马超明知李蒙追赶，却故意俄延；等他马近举枪刺来，超将身一闪，李蒙搠个空，两马相并，被马超轻舒猿臂，生擒过去。军士无主，望风奔逃。马腾、韩遂乘势追杀，大获胜捷，直逼隘口下寨，把李蒙斩首号令。李傕、郭汜听知李蒙、王方皆被马超杀了，方信贾诩有先见之明，重用其计，只理会紧守关防，由他搦战，并不出迎。果然西凉军未及两月，粮草俱乏，商议回军。恰好长安城中马宇家僮出首家主与刘范、种邵，外连马腾、韩遂，欲为内应等情。李傕、郭汜大怒，尽收三家老少良贱斩于市，把三颗首级，直来门前号令。马腾、韩遂见军粮已尽，内应又泄，只得拔寨退军。李傕、郭汜令张济引军赶马腾，樊稠引军赶韩遂，西凉军大败。马超在后死战，杀退张济。樊稠去赶韩遂，看看赶上，相近陈仓，韩遂勒马向樊稠曰："吾与公乃同乡之人，今日何太无情？"樊稠也勒住马答道："上命不可违！"韩遂曰："吾此来亦为国家耳，公何相逼之甚也？"樊稠听罢，拨转马头，收兵回寨，让韩遂去了。

不提防李傕之侄李别，见樊稠放走韩遂，回报其叔。李傕大怒，便欲兴兵讨樊稠。贾诩曰："目今人心未宁，频动干戈，深为不便；不若设一宴，请张济、樊稠庆功，就席间擒稠斩之，毫不费力。"李傕大喜，便设宴请张济、樊稠。二将忻然赴宴。酒半阑，李傕忽然变色曰："樊稠何故交通韩遂，欲谋造反？"稠大惊，未及回言；只见刀斧手拥出，早把樊稠斩首于案下。吓得张济俯伏于地。李傕扶起曰："樊稠谋反，故尔诛之；公乃吾之心腹，何须惊惧？"将樊稠军拨与张济管领。张济自回弘农去了。李傕、郭汜自战败西凉兵，诸侯莫敢谁何。贾诩屡劝抚安百姓，结纳贤豪。自是朝廷微有生意。不想青州黄巾又起，聚众数十万，头目不等，劫掠良民。太仆朱儁保举一人，可破群贼。李傕、郭汜问是何人。朱儁曰："要破山东群贼，非曹孟德不可。"李傕曰："孟德今在何处？"儁曰："现为东郡太守，广有军兵。若命此人讨贼，贼可克日而破也。"李傕大喜，星夜草诏，差人赍往东郡，命曹操与济北相鲍信一同破贼。操领了圣旨，会合鲍信，一同兴兵，击贼于寿阳。鲍信杀入重地，为贼所害。操追赶贼兵，直到济北，降者数万。操即用贼为前驱，兵马到处，无不降顺。不过百余日，招安到降兵三十余万、男女百余万口。操择精锐者，号为"青州兵"，其余尽令归农。操自此威名日重。捷书报到长安，朝廷加曹操为镇东将军。操在兖州，招贤纳士。有叔侄二人来投操：乃颍川颍阴人，姓荀，名彧，字文若，荀绲之子也；旧事袁绍，今弃绍投操；操与语大悦，曰："此吾之子房也！"遂以为行军司马。其侄荀攸，字公达，海内名士，曾拜黄门侍郎，后弃官归乡，今与其叔同投曹操，操以为行军教授。荀彧曰："某闻兖州有一贤士，今此人不知何在。"操问是谁，彧曰："乃东郡东阿人，姓程，名昱，字仲德。"操曰："吾亦闻名久矣。"遂遣人于乡中寻问。访得他在山中读书，操拜请之。程昱来见，曹操大喜。昱谓荀彧曰："某孤陋寡闻，不足当公之荐。公之乡人姓郭，名嘉，字奉孝，乃当今贤士，何不罗而致之？"彧猛省曰："吾几忘却！"遂启操徵聘郭嘉到兖州，共论天下之事。郭嘉荐光武嫡派子孙，淮南成德人，姓刘，名晔，字子阳。操即聘晔至。晔又荐二人：一个是山阳昌邑人，姓满，名宠，字伯宁；一个是武城人，姓吕，名虔，字子恪。曹操亦素知这两个名誉，就聘为军中从事。满宠、吕虔共荐一人，乃陈留平邱人，姓毛，名玠，字孝先。曹操亦聘为从事。

又有一将引军数百人，来投曹操：乃泰山巨平人，姓于，名禁，字文则。操见其人弓马熟娴，武艺出众，命为点军司马。一日，夏侯惇引一大汉来见，操问何人，惇曰："此乃陈留人，姓典，名韦，勇力过人。旧跟张邈，与帐下人不和，手杀数十人，逃窜山中。惇出射猎，见韦逐虎过涧，因收于军中。今特荐之于公。"操曰："吾观此人容貌魁梧，必有勇力。"惇曰："他曾为友报仇杀人，提头直出闹市，数百人不敢近。只今所使两枝铁戟，重八十斤，挟之上马，运使如飞。"操即令韦试之。韦挟戟骤马，往来驰骋。忽见帐下大旗为风所吹，岌岌欲倒，众军士挟持不定；韦下马，喝退众军，一手执定旗杆，立于风中，巍然不动。操曰："此古之恶来也！"遂命为帐前都尉，解身上锦袄，及骏马雕鞍赐之。

自是曹操部下文有谋臣，武有猛将，威镇山东。乃遣泰山太守应劭，往瑯琊郡取父曹嵩。嵩自陈留避难，隐居瑯琊；当日接了书信，便与弟曹德及一家老小四十余人，带从者百余人，车百余辆，径望兖州而来。道经徐州，太守陶谦，字恭祖，为人温厚纯笃，向欲结纳曹操，正无其由；知操父经过，遂出境迎接，再拜致敬，大设筵宴，款待两日。曹嵩要行，陶谦亲送出郭，特差都尉张闿，将部兵五百护送。曹嵩率家小行到华、费间，时夏末秋初，大雨骤至，只得投一古寺歇宿。寺僧接入。嵩安顿家小，命张闿将军马屯于两廊。众军衣装，都被雨打湿，同声嗟怨。张闿唤手下头目于静处商议曰："我们本是黄巾余党，勉强降顺陶谦，未有好处。如今曹家辎重车辆无数，你们欲得富贵不难，只就今夜三更，大家砍将入去，把曹嵩一家杀了，取了财物，同往山中落草。此计何如？"众皆应允。是夜风雨未息，曹嵩正坐，忽闻四壁喊声大举。曹德提剑出看，就被搠死。曹嵩忙引一妾奔入方丈后，欲越墙而走；妾肥胖不能出，嵩慌急，与妾躲于厕中，被乱军所杀。应劭死命逃脱，投袁绍去了。张闿杀尽曹嵩全家，取了财物，放火烧寺，与五百人逃奔淮南去了。后人有诗曰："曹操奸雄世所夸，曾将吕氏杀全家。如今阖户逢人杀，天理循环报不差。"当下应劭部下有逃命的军士，报与曹操。操闻之，哭倒于地。众人救起。操切齿曰："陶谦纵兵杀吾父，此仇不共戴天！吾今悉起大军，洗荡徐州，方雪吾恨！"遂留荀彧、程昱领军三万守鄄城、范县、东阿三县，其余尽杀奔徐州来。夏侯惇、于禁、典韦为先锋。操令：但得城池，将城中百姓，尽行屠戮，以雪父仇。当有九江太守边让，与陶谦交厚，闻知徐州有难，自引兵五千来救。操闻之大怒，使夏侯惇于路截杀之。时陈宫为东郡从事，亦与陶谦交厚；闻曹操起兵报仇，欲尽杀百姓，星夜前来见操。操知是为陶谦作说客，欲待不见，又灭不过旧恩，只得请入帐中相见。宫曰："今闻明公以大兵临徐州，报尊父之仇，所到欲尽杀百姓，某因此特来进言。陶谦乃仁人君子，非好利忘义之辈；尊父遇害，乃张闿之恶，非谦罪也。且州县之民，与明公何仇？杀之不祥。望三思而行。"操怒曰："公昔弃我而去，今有何面目复来相见？陶谦杀吾一家，誓当摘胆剜心，以雪吾恨！公虽为陶谦游说，其如吾不听何！"陈宫辞出，叹曰："吾亦无面目见陶谦也！"遂驰马投陈留太守张邈去了。

且说操大军所到之处，杀戮人民，发掘坟墓。陶谦在徐州，闻曹操起军报仇，杀戮百姓，仰天恸哭曰："我获罪于天，致使徐州之民，受此大难！"急聚众官商议。曹豹曰："曹兵既至，岂可束手待死！某愿助使君破之。"陶谦只得引兵出迎，远望操军如铺霜涌雪，中军竖起白旗二面，大书报仇雪恨四字。军马列成阵势，曹操纵马出阵，身穿缟素，扬鞭大骂。陶谦亦出马于门旗下，欠身施礼曰："谦本欲结好明公，故托张闿护送。不想贼心不改，致有此事。实不干陶谦之故。望明公察之。"操大骂曰："老匹夫！杀吾父，尚敢乱言！谁可生擒老贼？"夏侯惇应声而出。陶谦慌走入阵。夏侯惇赶来，曹豹挺枪跃马，前来迎敌。两马相交，忽然狂风大作，飞沙走石，两军皆乱，各自收兵。

陶谦入城，与众计议曰："曹兵势大难敌，吾当自缚往操营，任其剖割，以救徐州一郡百姓之命。"言未绝，一人进前言曰："府君久镇徐州，人民感恩。今曹兵虽众，未能即破我城。府君与百姓坚守勿出；某虽不才，愿施小策，教曹操死无葬身之地！"众人大惊，便问计将安出。正是：本为纳交反成怨，那知绝处又逢生。毕竟此人是谁，且听下文分解。

第十一回 刘皇叔北海救孔融 吕温侯濮阳破曹操

却说献计之人，乃东海朐县人，姓糜，名竺，字子仲。此人家世富豪，尝往洛阳买卖，乘车而回，路遇一美妇人，来求同载，竺乃下车步行，让车与妇人坐。妇人请竺同载。竺上车端坐，目不邪视。行及数里，妇人辞去；临别对竺曰："我乃南方火德星君也，奉上帝敕，往烧汝家。感君相待以礼，故明告君。君可速归，搬出财物。吾当夜来。"言讫不见。竺大惊，飞奔到家，将家中所有，疾忙搬出。是晚果然厨中火起，尽烧其屋。竺因此广舍家财，济贫拔苦。后陶谦聘为别驾从事。当日献计曰："某愿亲往北海郡，求孔融起兵救援；更得一人往青州田楷处求救：若二处军马齐来，操必退兵矣。"谦从之，遂写书二封，问帐下谁人敢去青州求救。一人应声愿往。众视之，乃广陵人，姓陈，名登，字元龙。陶谦先打发陈元龙往青州去讫，然后命糜竺赍书赴北海，自己率众守城，以备攻击。

却说北海孔融，字文举，鲁国曲阜人也，孔子二十世孙，泰山都尉孔宙之子。自小聪明，年十岁时，往谒河南尹李膺，阍人难之，融曰："我系李相通家。"及入见，膺问曰："汝祖与吾祖何亲？"融曰："昔孔子曾问礼于老子，融与君岂非累世通家？"膺大奇之。少顷，太中大夫陈炜至。膺指融曰："此奇童也。"炜曰："小时聪明，大时未必聪明。"融即应声曰："如君所言，幼时必聪明者。"炜等皆笑曰："此子长成，必当代之伟器也。"自此得名。后为中郎将，累迁北海太守。极好宾客，常曰："座上客常满，樽中酒不空：吾之愿也。"在北海六年，甚得民心。当日正与客坐，人报徐州糜竺至。融请入见，问其来意，竺出陶谦书，言："曹操攻围甚急，望明公垂救。"融曰："吾与陶恭祖交厚，子仲又亲到此，如何不去？只是曹孟德与我无仇，当先遣人送书解和。如其不从，然后起兵。"竺曰："曹操倚仗兵威，决不肯和。"融教一面点兵，一面差人送书。正商议间，忽报黄巾贼党管亥部领群寇数万杀奔前来。孔融大惊，急点本部人马，出城与贼迎战。管亥出马曰："吾知北海粮广，可借一万石，即便退兵；不然，打破城池，老幼不留！"孔融叱曰："吾乃大汉之臣，守大汉之地，岂有粮米与贼耶！"管亥大怒，拍马舞刀，直取孔融，融将宗宝挺枪出马；战不数合，被管亥一刀，砍宗宝于马下。孔融兵大乱，奔入城中。管亥分兵四面围城，孔融心中郁闷。糜竺怀愁，更不可言。次日，孔融登城遥望，贼势浩大，倍添忧恼。忽见城外一人挺枪跃马杀入贼阵，左冲右突，如入无人之境，直到城下，大叫"开门"。孔融不识其人，不敢开门。贼众赶到壕边，那人回身连搠十数人下马，贼众倒退，融急命开门引入。其人下马弃枪，径到城上，拜见孔融。融问其姓名，对曰："某东莱黄县人也，覆姓太史，名慈，字子义。老母重蒙恩顾。某昨自辽东回家省亲，知贼寇城。老母说：'屡受府君深恩，汝当往救。'某故单马而来。"孔融大喜。原来孔融与太史慈虽未识面，却晓得他是个英雄。因他远出，有老母住在离城二十里之外，融常使人遗以粟帛；母感融德，故特使慈来救。

当下孔融重待太史慈，赠与衣甲鞍马。慈曰："某愿借精兵一千，出城杀贼。"融曰："君虽英勇，然贼势甚盛，不可轻出。"慈曰："老母感君厚德，特遣慈来；如不能解围，慈亦无颜见母矣。愿决一死战！"融曰："吾闻刘玄德乃当世英雄，若请得他来相救，此围自解。只无人可使耳。"慈曰："府君修书，某当急往。"融喜，修书付慈，慈擐甲上马，腰带弓矢，手持铁枪，饱食严装，城门开处，一骑飞出。近壕，贼将率众来战。慈连搠死数人，透围而出。管亥知有人出城，料必是请救兵的，便自引数百骑赶来，八面围定。慈倚住枪，拈弓搭箭，八面射之，无不应弦落马。贼众不敢来追。

太史慈得脱，星夜投平原来见刘玄德。施礼罢，具言孔北海被围求救之事，呈上书札。玄德看毕，问慈曰："足下何人？"慈曰："某太史慈，东海之鄙人也。与孔融亲非骨肉，比非乡党，特以气谊相投，有分忧共患之意。今管亥暴乱，北海被围，孤穷无告，危在旦夕。闻君仁义素著，能救人危急，故特令某冒锋突围，前来求救。"玄德敛容答曰："孔北海知世间有刘备耶？”乃同云长、翼德点精兵三千，往北海郡进发。

管亥望见救军来到，亲自引兵迎敌；因见玄德兵少，不以为意。玄德与关、张、太史慈立马阵前，管亥忿怒直出。太史慈却待向前，云长早出，直取管亥。两马相交，众军大喊。量管亥怎敌得云长，数十合之间，青龙刀起，劈管亥于马下。太史慈、张飞两骑齐出，双枪并举，杀入贼阵。玄德驱兵掩杀。城上孔融望见太史慈与关、张赶杀贼众，如虎入羊群，纵横莫当，便驱兵出城。两下夹攻，大败群贼，降者无数，余党溃散。孔融迎接玄德入城，叙礼毕，大设筵宴庆贺。又引麋竺来见玄德，具言张闿杀曹嵩之事：“今曹操纵兵大掠，围住徐州，特来求救。”玄德曰：“陶恭祖乃仁人君子，不意受此无辜之冤。”孔融曰：“公乃汉室宗亲。今曹操残害百姓，倚强欺弱，何不与融同往救之？”玄德曰：“备非敢推辞，奈兵微将寡，恐难轻动。”孔融曰：“融之欲救陶恭祖，虽因旧谊，亦为大义。公岂独无仗义之心耶？”玄德曰：“既如此，请文举先行，容备去公孙瓒处，借三五千人马，随后便来。”融曰；“公切勿失信。”玄德曰：“公以备为何如人也？圣人云：自古皆有死，人无信不立。刘备借得军、或借不得军，必然亲至。”孔融应允，教麋竺先回徐州去报，融便收拾起程。太史慈拜谢曰：“慈奉母命前来相助，今幸无虞。有扬州刺史刘繇，与慈同郡，有书来唤，不敢不去。容图再见。”融以金帛相酬，慈不肯受而归。其母见之，喜曰：“我喜汝有以报北海也！”遂遣慈往扬州去了。不说孔融起兵。且说玄德离北海来见公孙瓒，具说欲救徐州之事。瓒曰：“曹操与君无仇，何苦替人出力？”玄德曰：“备已许人，不敢失信。”瓒曰：“我借与君马步军二千。”玄德曰：“更望借赵子龙一行。”瓒许之。玄德遂与关、张引本部三千人为前部，子龙引二千人随后，往徐州来。

却说麋竺回报陶谦，言北海又请得刘玄德来助；陈元龙也回报青州田楷欣然领兵来救；陶谦心安。原来孔融、田楷两路军马，惧怕曹兵势猛，远远依山下寨，未敢轻进。曹操见两路军到，亦分了军势，不敢向前攻城。

却说刘玄德军到，见孔融。融曰：“曹兵势大，操又善于用兵，未可轻战。且观其动静，然后进兵。”玄德曰：“但恐城中无粮，难以久持。备令云长、子龙领军四千，在公部下相助；备与张飞杀奔曹营，径投徐州去见陶使君商议。”融大喜，会合田楷，为掎角之势；云长、子龙领兵两边接应。是日玄德、张飞引一千人马杀入曹兵寨边。正行之间，寨内一声鼓响，马军步军，如潮似浪，拥将出来。当头一员大将，乃是于禁，勒马大叫：“何处狂徒！往那里去！”张飞见了，更不打话，直取于禁。两马相交，战到数合，玄德掣双股剑麾兵大进，于禁败走。张飞当前追杀，直到徐州城下。

城上望见红旗白字，大书“平原刘玄德”，陶谦急令开门。玄德入城，陶谦接着，共到府衙。礼毕，设宴相待，一壁劳军。陶谦见玄德仪表轩昂，语言豁达，心中大喜，便命麋竺取徐州牌印，让与玄德。玄德愕然曰：“公何意也？”谦曰：“今天下扰乱，王纲不振；公乃汉室宗亲，正宜力扶社稷。老夫年迈无能，情愿将徐州相让。公勿推辞。谦当自写表文，申奏朝廷。”玄德离席再拜曰：“刘备虽汉朝苗裔，功微德薄，为平原相犹恐不称职。今为大义，故来相助。公出此言，莫非疑刘备有吞并之心耶？若举此念，皇天不佑！”谦曰：“此老夫之实情也。”再三相让，玄德那里肯受。麋竺进曰：“今兵临城下，且当商议退敌之策。待事平之日，再当相让可也。”玄德曰：“备生遗书于曹操，劝令解和。操若不从，厮杀未迟。”于是传檄三寨，且执兵不动；遣人赍书以达曹操。

却说曹操正在军中，与诸将议事，人报徐州有战书到。操拆而观之，乃刘备书也。书略曰：“备自关外得拜君颜，嗣后天各一方，不及趋侍。向者，尊父曹侯，实因张闿不仁，以致被害，非陶恭祖之罪也。目今黄巾遗孽，扰乱于外；董卓余党，盘踞于内。愿明公先朝廷之急，而后私仇；撤徐州之兵，以救国难：则徐州幸甚，天下幸甚！”曹操看书，大骂：“刘备何人，敢以书来劝我！且中间有讥讽之意！”命斩来使，一面竭力攻城。郭嘉谏曰：“刘备远来救援，先礼后兵，主公当用好言答之，以慢备心；然后进兵攻城，城可破也。”操从其言，款留来使，候发回书。

正商议间，忽流星马飞报祸事。操问其故，报说吕布已袭破兖州，进据濮阳。原来吕布自遭李、郭之乱，逃出武关，去投袁术；术怪吕布反覆不定，拒而不纳。投袁绍，绍纳之，与布共破张燕于常山。布自以为得志，傲慢袁绍手下将士。绍欲杀之。布乃去投张杨，杨纳之。时庞舒在长安城中，私藏吕布妻小，送还吕布。李傕、郭汜知之，遂斩庞舒，写书与张杨，教杀吕布。布因弃张杨去投张邈。恰好张邈弟张超引陈宫来见张邈。宫说邈曰：“今天下分崩，英雄并起；君以千里之众，而反受制于人，不亦鄙乎！今曹操征东，兖州空虚；而吕布乃当世勇士，若与之共取兖州，霸业可图也。”张邈大喜，便令吕布袭破兖州，随据濮阳。止有鄄城、东阿、范县三处，被荀彧、程昱设计死守得全，其余俱破。曹仁屡战，皆不能胜，特此告急。操闻报大惊曰：“兖州有失，使吾无家可归矣，不可不亟图之！”郭嘉曰：“主公正好卖个人情与刘备，退军去复兖州。”操然之，即时答书与刘备，拔寨退兵。

且说来使回徐州，入城见陶谦，呈上书札，言曹兵已退。谦大喜，差人请孔融、田楷、云长、子龙等赴城大会。饮宴既毕，谦延玄德于上座，拱手对众曰：“老夫年迈，二子不才，不堪国家重任。刘公乃帝室之胄，德广才高，可领徐州。老夫情愿乞闲养病。”玄德曰：“孔文举令备来救徐州，为义也。今无端据而有之，天下将以备为无义人矣。”麋竺曰：“今汉室陵迟，海宇颠覆，树功立业，正在此时。徐州殷富，户口百万，刘使君领此，不可辞也。”玄德曰：“此事决不敢应命。”陈登曰：“陶府君多病，不能视事，明公勿辞。”玄德曰：“袁公路四世三公，海内所归，近在寿春，何不以州让之？”孔融曰：“袁公路冢中枯骨，何足挂齿！今日之事，天与不取，悔不可追。”玄德坚执不肯。陶谦泣下曰：“君若舍我而去，我死不瞑目矣！”云长曰：“既承陶公相让，兄且权领州事。”张飞曰：“又不是我强要他的州郡；他好意相让，何必苦苦推辞！”玄德曰：“汝等欲陷我于不义耶？”陶谦推让再三，玄德只是不受。陶谦曰：“如玄德必不肯从，此间近邑，名曰小沛，足可屯军，请玄德暂驻军此邑，以保徐州。何如？”众皆劝玄德留小沛，玄德从之。陶谦劳军已毕，赵云辞去，玄德执手挥泪而别。孔融、田楷亦各相别，引军自回。玄德与关、张引本部军来至小沛，修葺城垣，抚谕居民。

却说曹操回军，曹仁接着，言吕布势大，更有陈宫为辅，兖州、濮阳已失，其鄄城、东阿、范县三处，赖荀彧、程昱二人设计相连，死守城郭。操曰：“吾料吕布有勇无谋，不足虑也。”教且安营下寨，再作商议。吕布知曹操回兵，已过滕县，召副将薛兰、李封曰：“吾欲用汝二人久矣。汝可引军一万，坚守兖州。吾亲自率兵，前去破曹。”二人应诺。陈宫急入见曰：“将军弃兖州，欲何往乎？”布曰：“吾欲屯兵濮阳，以成鼎足之势。”宫曰：“差分。薛兰必守兖州不住。--此去正南一百八十里，泰山路险，可伏精兵万人在彼。曹兵闻失兖州，必然倍道而进，待其过半，一击可擒也。”布曰：“吾屯濮阳，别有良谋，汝岂知之！”遂不用陈宫之言，而用薛兰守兖州而行。曹操兵行至泰山险路，郭嘉曰：“且不可进，恐此处有伏兵。”曹操笑曰：“吕布无谋之辈，故教薛兰守兖州，自往濮阳，安得此处有埋伏耶？教曹仁领一军围兖州，吾进兵濮阳，速攻吕布。”陈宫闻曹兵至近，乃献计曰：“今曹兵远来疲困，利在速战，不可养成气力。”布曰：“吾匹马纵横天下，何愁曹操！待其下寨，吾自擒之。”

却说曹操兵近濮阳，下住寨脚。次日，引众将出，陈兵于野。操立马于门旗下，遥望吕布兵到。阵圆处，吕布当先出马，两边排开八员健将：第一个雁门马邑人，姓张，名辽，字文远；第二个泰山华阴人，姓臧，名霸，字宣高。两将又各引三员健将：郝萌、曹性、成廉，魏续、宋宪、侯成。布军五万，鼓声大震。操指吕布而言曰："吾与汝自来无仇，何得夺吾州郡？"布曰："汉家城池，诸人有分，偏尔合得？"便叫臧霸出马搦战。曹军内乐进出迎。两马相交，双枪齐举。战到三十余合，胜负不分。夏侯惇拍马便出助战，吕布阵上张辽截住厮杀。恼得吕布性起，挺戟骤马，冲出阵来。夏侯惇、乐进皆走，吕布掩杀，曹军大败，退三四十里。布自收军。

曹操输了一阵，回寨与诸将商议。于禁曰："某今日上山观望，濮阳之西，吕布有一寨，约无多军。今夜彼将谓我军败走，必不准备，可引兵击之；若得寨，布军必惧：此为上策。"操从其言，带曹洪、李典、毛玠、吕虔、于禁、典韦六将，选马步二万人，连夜从小路进发。

却说吕布于寨中劳军。陈宫曰："西寨是个要紧去处，倘或曹操袭之，奈何？"布曰："他今日输了一阵，如何敢来！"宫曰："曹操是极能用兵之人，须防他攻我不备。"布乃拨高顺并魏续、侯成引兵往守西寨。

却说曹操于黄昏时分，引军至西寨，四面突入。寨兵不能抵挡，四散奔走，曹操夺了寨。将及四更，高顺方引军到，杀将入来。曹操自引军马来迎，正逢高顺，三军混战、将及天明，正西鼓声大震，人报吕布自引救军来了。操弃寨而走。背后高顺、魏续、侯成赶来；当头吕布亲自引军来到。于禁、乐进双战吕布不住。操望北而行。山后一彪军出：左有张辽，右有臧霸。操使吕虔、曹洪战之，不利。操望西而走。忽又喊声大震，一彪军至：郝萌、曹性、成廉、宋宪四将拦住去路。众将死战，操当先冲阵。梆子响处，箭如骤雨射将来。操不能前进，无计可脱，大叫："谁人救我！"马军队里，一将踊出，乃典韦也，手挺双铁戟，大叫："主公勿忧！"飞身下马，插住双戟，取短戟十数枝，挟在手中，顾从人曰："贼来十步乃呼我！"遂放开脚步，冒箭前行。布军数十骑追至。从人大叫曰："十步矣！"韦曰："五步乃呼我！"从人又曰："五步矣！"韦乃飞戟刺之，一戟一人坠马，并无虚发，立杀十数人。众皆奔走。韦复飞身上马，挺一双大铁戟，冲杀入去。郝、曹、成、宋四将不能抵挡，各自逃去。典韦杀散敌军，救出曹操。众将随后也到，寻路归寨。看看天色傍晚，背后喊声起处，吕布骤马提戟赶来，大叫："操贼休走！"此时人困马乏，大家面面相觑，各欲逃生。正是：虽能暂把重围脱，只怕难当劲敌追。不知曹操性命如何，且听下文分解。

第十二回 陶恭祖三让徐州 曹孟德大战吕布

曹操正慌走间，正南上一彪军到，乃夏侯惇引军来救援，截住吕布大战。斗到黄昏时分，大雨如注，各自引军分散。操回寨，重赏典韦，加为领军都尉。

却说吕布到寨，与陈宫商议。宫曰："濮阳城中有富户田氏，家僮千百，为一郡之巨室；可令彼密使人往操寨中下书，言'吕温侯残暴不仁，民心大怨。今欲移兵黎阳，止有高顺在城内。可连夜进兵，我为内应'。操若来，诱之入城，四门放火，外设伏兵。曹操虽有经天纬地之才，到此安能得脱也？"吕布从其计，密谕田氏使人径到操寨。操因新败，正在踌躇，忽报田氏人到，呈上密书云："吕布已往黎阳，城中空虚。万望速来，当为内应。城上插白旗，大书'义'字，便是暗号。"操大喜曰："天使吾得濮阳也！"重赏来人，一面收拾起兵。刘晔曰："布虽无谋，陈宫多计。只恐其中有诈，不可不防。明公欲去，当分三军为三队：两队伏城外接应，一队入城，方可。"操从其言，分军三队，来至濮阳城下。

操先往观之，见城上遍竖旗幡，西门角上，有一"义"字白旗，心中暗喜。是日午牌，城门开处，两员将引军出战：前军侯成，后军高顺。操即使典韦出马，直取侯成。侯成抵敌不过，回马望城中走。韦赶到吊桥边，高顺亦拦挡不住，都退入城中去了。数内有军人乘势混过阵来见操，说是田氏之使，呈上密书。约云："今夜初更时分，城上鸣锣为号，便可进兵。某当献门。"操拨夏侯惇引军在左，曹洪引军在右，自己引夏侯渊、李典、乐进、典韦四将，率兵入城。李典曰："主公且在城外，容某等先入城去。"操喝曰："我不自往，谁肯向前！"遂当先领兵直入。

时约初更，月光未上。只听得西门上吹蠃壳声，喊声忽起，门上火把燎乱，城门大开，吊桥放落。曹操争先拍马而入。直到州衙，路上不见一人，操知是计，忙拨回马，大叫："退兵！"州衙中一声炮响，四门烈火，轰天而起；金鼓齐鸣，喊声如江翻海沸。东巷内转出张辽，西巷内转出臧霸，夹攻掩杀。操走北门，道傍转出郝萌、曹性，又杀一阵。操急走南门，高顺、侯成拦住。典韦怒目咬牙，冲杀出去。高顺、侯成倒走出城。典韦杀到吊桥，回头不见了曹操，翻身复杀入城来，门下撞着李典。典韦问："主公何在？"典曰："吾亦寻不见。"韦曰："汝在城外催救军，我入去寻主公。"李典去了。典韦杀入城中，寻觅不见；再杀出城壕边，撞着乐进。进曰："主公何在？"韦曰："我往复两遭：寻览不见。"进曰："同杀入去救主！"两人到门边，城上火炮滚下，乐进马不能入。典韦冒烟突火，又杀入去，到处寻觅。

却说曹操见典韦杀出去了，四下里人马截来，不得出南门；再转北门，火光里正撞见吕布挺戟跃马而来。操以手掩面，加鞭纵马竟过。吕布从后拍马赶来，将戟于操盔上一击，问曰："曹操何在？"操反指曰："前面骑黄马者是他。"吕布听说，弃了曹操，纵马向前追赶。曹操拨转马头，望东门而走，正逢典韦。韦拥护曹操，杀条血路，到城门边，火焰甚盛，城上推下柴草，遍地都是火，韦用戟拨开，飞马冒烟突火先出。曹操随后亦出。方到门道边，城门上崩下一条火梁来，正打着曹操战马后胯，那马扑地倒了。操用手托梁推放地上，手臂须发，尽被烧伤。典韦回马来救，恰好夏侯渊亦到。两个同救起曹操，突火而出。操乘渊马，典韦杀条大路而走。直混战到天明，操方回寨。

众将拜伏问安，操仰面笑曰："误中匹夫之计，吾必当报之！"郭嘉曰："计可速发。"操曰："今只将计就计：诈言我被火伤，已经身死。布必引兵来攻。我伏兵于马陵山中，候其兵半渡而击之，布可擒矣。"嬴曰："真良策也！"于是令军士挂孝发丧，诈言操死。早有人来濮阳报吕布，说曹操被火烧伤肢体，到寨身死。布随点起军马，杀奔马陵山来。将到操寨，一声鼓响，伏兵四起。吕布死战得脱，折了好些人马；败回濮阳，坚守不出。

是年蝗虫忽起，食尽禾稻。关东一境，每谷一斛，直钱五十贯，人民相食。曹操因军中粮尽，引兵回鄄城暂住。吕布亦引兵出屯山阳就食。因此二处权且罢兵。

却说陶谦在徐州，时年已六十三岁，忽然染病，看看沉重，请糜竺、陈登议事。竺曰："曹兵之去，止为吕布袭兖州故也。今因岁荒罢兵，来春又必至矣。府君两番欲让位于刘玄德，时府君尚强健，故玄德不肯受；今病已沉重，正可就此而与之，玄德不肯辞矣。"谦大喜，使人来小沛：请刘玄德商议军务。玄德引关、张带数十骑到徐州，陶谦教请入卧内。玄德问安毕，谦曰："请玄德公来，不为别事：止因老夫病已危笃，朝夕难保；万望明公可怜汉家城池为重，受取徐州牌印，老夫死亦瞑目矣！"玄德曰："君有二子，何不传之？"谦曰："长子商，次子应，其才皆不堪任。老夫死后，犹望明公教诲，切勿令掌州事。"玄德曰："备一身安能当此大任？"谦曰："某举一人，可为公辅：系北海人，姓孙，名乾，字公祐。此人可使为从事。"又谓糜竺曰："刘公当世人杰，汝当善事之。"玄德终是推托，陶谦以手指心而死。众军举哀毕，即捧牌印交送玄德。玄德固辞。次日，徐州百姓，拥挤府前哭拜曰："刘使君若不领此郡，我等皆不能安生矣！"关、张二公亦再三相劝。玄德乃许权领徐州事；使孙乾、糜竺为辅，陈登为幕官；尽取小沛军马入城，出榜安民；一面安排丧事。玄德与大小军士，尽皆挂孝，大设祭奠祭毕，葬于黄河之原。将陶谦遗表，申奏朝廷。操在鄄城，知陶谦已死，刘玄德领徐州牧，大怒曰："我仇未报，汝不费半箭之功，坐得徐州！吾必先杀刘备，后戮谦尸，以雪先君之怨！"即传号令，克日起兵去打徐州。荀彧入谏曰："昔高祖保关中，光武据河内，皆深根固本以制天下，进足以胜敌，退足以坚守，故虽有困，终济大业。明公本首事兖州，且河、济乃天下之要地，是亦昔之关中、河内也。今若取徐州，多留兵则不足用，少留兵则吕布乘虚寇之，是无兖州也。若徐州不得，明公安所归乎？今陶谦虽死，已有刘备守之。徐州之民，既已服备，必助备死战。明公弃兖州而取徐州，是弃大而就小，去本而求末，以安而易危也。愿熟思之。"操曰："今岁荒乏粮，军士坐守于此，终非良策。"彧曰："不如东略陈地，使军就食汝南、颍川。黄巾余党何仪、黄劭等，劫掠州郡，多有金帛、粮食、此等贼徒，又容易破；破而取其粮，以养三军，朝廷喜，百姓悦，乃顺天之事也。"

操喜，从之，乃留夏侯惇、曹仁守鄄城等处，自引兵先略陈地，次及汝、颍。黄巾何仪、黄劭知曹兵到，引众来迎，会于羊山。时贼兵虽众，都是狐群狗党，并无队伍行列。操令强弓硬弩射住，令典韦出马。何仪令副元帅出战，不三合，被典韦一戟刺于马下。操引众乘势赶过羊山下寨。次日，黄劭自引军来。阵圆处，一将步行出战，头裹黄巾，身披绿袄，手提铁棒，大叫："我乃截天夜叉何曼也！谁敢与我厮斗？"曹洪见了，大喝一声，飞身下马，提刀步出。两下向阵前厮杀，四五十合，胜负不分。曹洪诈败而走，何曼赶来。洪用拖刀背砍计，转身一踅，砍中何曼，再复一刀杀死。李典乘势飞马直入贼阵。黄劭不及提备，被李典生擒活捉过来。曹兵掩杀贼众，夺其金帛、粮食无数。何仪势孤，引数百骑奔走葛陂。正行之间，山背后撞出一军。为头一个壮士，身长八尺，腰大十围，手提大刀，截住去路。何仪挺枪出迎，只一合，被那壮士活挟过去。余众着忙，皆下马受缚，被壮士尽驱入葛陂坞中。却说典韦追袭何仪到葛陂，壮士引军迎住。典韦曰："汝亦黄巾贼耶？"壮士曰："黄巾数百骑，尽被我擒在坞内！"韦曰："何不献出？"壮士曰："你若赢得手中宝刀，我便献出！"韦大怒，挺双戟向前来战。两个从辰至午，不分胜负，各自少歇。不一时，那壮士又出搦战，典韦亦出。直战到黄昏，各因马乏暂止。典韦手下军士，飞报曹操。操大惊，忙引众将来看。次日，壮士又出搦战。操见其人威风凛凛，心中暗喜，分付典韦，今日且诈败。韦领命出战；战到三十合，败走回阵，壮士赶到阵门中，弓弩射回。操急引军退五里，密使人掘下陷坑，暗伏钩手。次日，再令典韦引百余骑出。壮士笑曰："败将何敢复来！"便纵马接战。典韦略战数合，便回马走。壮士只顾望前赶来，不提防连人带马，都落于陷坑之内，被钩手缚来见曹操。操下帐叱退军士，亲解其缚，急取衣衣之，命坐，问其乡贯姓名。壮士曰："我乃谯国谯县人也，姓许，名褚，字仲康。向遭寇乱，聚宗族数百人，筑坚壁于坞中以御之。一日寇至，吾令众人多取石子准备，吾亲自飞石击之，无不中者，寇乃退去。又一日寇至，坞中无粮，遂与贼和，约以耕牛换米。米已送到，贼驱牛至坞外，牛皆奔走回还，被我双手掣二牛尾，倒行百余步。贼大惊，不敢取牛而走。因此保守此处无事。"操曰："吾闻大名久矣，还肯降否？"褚曰："固所意也。"遂招引宗族数百人俱降。操拜许褚为都尉，赏劳甚厚。随将何仪、黄劭斩讫。汝、颍悉平。

曹操班师，曹仁、夏侯惇接见，言近日细作报说：兖州薛兰、李封军士皆出掳掠，城邑空虚，可引得胜之兵攻之，一鼓可下。操遂引军径奔兖州。薛兰、李封出其不意，只得引兵出城迎战。许褚曰："吾愿取此二人，以为贽见之礼。"操大喜，遂令出战。李封使画戟，向前来迎。交马两合，许褚斩李封于马下。薛兰急走回阵，吊桥边李典拦住。薛兰不敢回城，引军投巨野而去；却被吕虔飞马赶来，一箭射于马下，军皆溃散。曹操复得兖州，程昱便请进兵取濮阳。操令许褚、典韦为先锋，夏侯惇、夏侯渊为左军，李典、乐进为右军，操自领中军，于禁、吕虔为合后。兵至濮阳，吕布欲自将出迎，陈宫谏："不可出战。待众将聚会后方可。"吕布曰："吾怕谁来？"遂不听宫言，引兵出阵，横戟大骂。许褚便出。斗二十合，不分胜负。操曰："吕布非一人可胜。"便差典韦助战，两将夹攻；左边夏侯惇、夏侯渊，右边李典、乐进齐到，六员将共攻吕布。布遮拦不住，拨马回城。城上田氏，见布败回，急令人拽起吊桥。布大叫；"开门！"田氏曰："吾已降曹将军矣。"布大骂，引军奔定陶而去。陈宫急开东门，保护吕布老小出城。操遂得濮阳，恕田氏旧日之罪。刘晔曰："吕布乃猛虎也，今日困乏，不可少容。"操令刘晔等守濮阳，自己引军赶至定陶。时吕布与张邈、张超尽在城中，高顺、张辽、臧霸、侯成巡海打粮未回。操军至定陶，连日不战，引军退四十里下寨。正值济郡麦熟。操即令军割麦为食。细作报知吕布，布引军赶来。将近操寨，见左边一望林木茂盛，恐有伏兵而回。操知布军回去，乃谓诸将曰："布疑林中有伏兵耳，可多插旌旗于林中以疑之。寨西一带长堤，无水，可尽伏精兵。明日吕布必来烧林，堤中军断其后，布可擒矣。"于是止留鼓手五十人于寨中擂鼓；将村中掳来男女在寨内呐喊。精兵多伏堤中。却说吕布回报陈宫。宫曰："操多诡计，不可轻敌。"布曰："吾用火攻，可破伏兵。"乃留陈宫、高顺守城。布次日引大军来，遥见林中有旗，驱兵大进，四面放火，竟无一人。欲投寨中，却闻鼓声大震。正自疑惑不定，忽然寨后一彪军出。吕布纵马赶来。炮响处，堤内伏兵尽出：夏侯惇、夏侯渊、许褚、典韦、李典、乐进骤马杀来。吕布料敌不过，落荒而走。从将成廉，被乐进一箭射死。布军三停去了二停，败卒回报陈宫，宫曰："空城难守，不若急去。"遂与高顺保着吕布老小，弃定陶而走。曹操将得胜之兵，杀入城中，势如劈竹。张超自刎，张邈投袁术去了。山东一境，尽被曹操所得。安民修城，不在话下。

却说吕布正走，逢诸将皆回。陈宫亦已寻着。布曰："吾军虽少，尚可破曹。"遂再引军来。正是：兵家胜败真常事，卷甲重来未可知。不知吕布胜负如何，且听下文分解。

第十三回 李傕郭汜大交兵 杨奉董承双救驾

却说曹操大破吕布于定陶，布乃收集败残军马于海滨，众将皆来会集，欲再与曹操决战，陈宫曰："今曹兵势大，未可与争。先寻取安身之地，那时再来未迟。"布曰："吾欲再投袁绍，何如？"宫曰："先使人往冀州探听消息，然后可去。"布从之。且说袁绍在冀州，闻知曹操与吕布相持，谋士审配进曰："吕布，豺虎也：若得兖州，必图冀州。不若助操攻之，方可无患。"绍遂遣颜良将兵五万，往助曹操。细作探知这个消息，飞报吕布。布大惊，与陈宫商议。宫曰："闻刘玄德新领徐州，可往投之。"布从其言，竟投徐州来。有人报知玄德。玄德曰："布乃当今英勇之士，可出迎之。"糜竺曰："吕布乃虎狼之徒，不可收留；收则伤人矣。"玄德曰："前者非布袭兖州，怎解此郡之祸。今彼穷而投我，岂有他心！"张飞曰："哥哥心肠忒好。虽然如此，也要准备。"

玄德领众出城三十里，接着吕布，并马入城。都到州衙厅上，讲礼毕，坐下。布曰："某自与王司徒计杀董卓之后，又遭傕、汜之变，飘零关东，诸侯多不能相容。近因曹贼不仁，侵犯徐州，蒙使君力救陶谦，布因袭兖州以分其势；不料反堕奸计，败兵折将。今投使君，共图大事，未审尊意如何？"玄德曰："陶使君新逝，无人管领徐州，因令备权摄州事。今幸将军至此，合当相让”遂将牌印送与吕布。吕布却待要接，只见玄德背后关、张二公各有怒色。布乃佯笑曰：“量吕布一勇夫，何能作州牧乎？”玄德又让。陈宫曰：“强宾不压主，请便君勿疑。”玄德方止。遂设宴相待，收拾宅院安下。次日，吕布回席请玄德，玄德乃与关、张同往。饮酒至半酣，布请玄德入后堂，关、张随入。布令妻女出拜玄德。玄德再三谦让。布曰：“贤弟不必推让。”张飞听了，瞋目大叱曰：“我哥哥是金枝玉叶，你是何等人，敢称我哥哥为贤弟！你来！我和你斗三百合！”玄德连忙喝住，关公劝飞出。玄德与吕布陪话曰：“劣弟酒后狂言，兄勿见责。”布默然无语。须臾席散。布送玄德出门，张飞跃马横枪而来，大叫：“吕布！我和你并三百合！”玄德急令关公劝止。

次日，吕布来辞玄德曰：“蒙使君不弃，但恐令弟辈不能相容。布当别投他处。”玄德曰：“将军若去，某罪大矣。劣弟冒犯，另日当令陪话。近邑小沛，乃备昔日屯兵之处。将军不嫌浅狭，权且歇马，如何？粮食军需，谨当应付。”吕布谢了玄德，自引军投小沛安身去了。玄德自去埋怨张飞不题。

却说曹操平了山东，表奏朝廷，加操为建德将军费亭侯。其时李傕自为大司马，郭汜自为大将军，横行无忌，朝廷无人敢言。太尉杨彪、大司农朱儁暗奏献帝曰：“今曹操拥兵二十余万，谋臣武将数十员，若得此人扶持社稷，剿除奸党，天下幸甚。”献帝泣曰：“朕被二贼欺凌久矣！若得诛之，诚为大幸！”彪奏曰：“臣有一计：先令二贼自相残害，然后诏曹操引兵杀之，扫清贼党，以安朝廷。”献帝曰：“计将安出？”彪曰：“闻郭汜之妻最妒，可令人于汜妻处用反间计，则二贼自相害矣。”帝乃书密诏付杨彪。彪即暗使夫人以他事入郭汜府，乘间告汜妻曰：“闻郭将军与李司马夫人有染，其情甚密。倘司马知之，必遭其害。夫人宜绝其往来为妙。”汜妻讶曰：“怪见他经宿不归！却干出如此无耻之事！非夫人言，妾不知也。当慎防之。”彪妻告归，汜妻再三称谢而别。过了数日，郭汜又将往李傕府中饮宴。妻曰：“傕性不测，况今两雄不并立，倘彼酒后置毒，妾将奈何？”汜不肯听，妻再三劝住。至晚间，傕使人送酒筵至。汜妻乃暗置毒于中，方始献入，汜便欲食。妻曰：“食自外来，岂可便食？”乃先与犬试之，犬立死。自此汜心怀疑。一日朝罢，李傕力邀郭汜赴家饮宴。至夜席散，汜醉而归，偶然腹痛。妻曰：“必中其毒矣！”急令将粪汁灌之，一吐方定。汜大怒曰：“吾与李共图大事，今无端欲谋害我，我不先发，必遭毒手。”遂密整本部甲兵，欲攻李傕。早有人报知傕。傕亦大怒曰：“郭阿多安敢如此！”遂点本部甲兵，来杀郭汜。两处合兵数万，就在长安城下混战，乘势掳掠居民。傕侄李暹引兵围住宫院，用车二乘，一乘载天子，一乘载伏皇后，使贾诩、左灵监押车驾；其余宫人内侍，并皆步走。拥出后宰门，正遇郭汜兵到，乱箭齐发，射死宫人不知其数。李傕随后掩杀，郭汜兵退，车驾冒险出城，不由分说，竟拥到李傕营中。郭汜领兵入宫，尽抢掳宫嫔采女入营，放火烧宫殿。次日，郭汜知李傕劫了天子，领军来营前厮杀。帝后都受惊恐。后人有诗叹之曰：“光武中兴兴汉世，上下相承十二帝。桓灵无道宗社堕，阉臣擅权为叔季。无谋何进作三公，欲除社鼠招奸雄。豺獭虽驱虎狼入，西州逆竖生淫凶。王允赤心托红粉，致令董吕成矛盾。渠魁殄灭天下宁，谁知李郭心怀愤。神州荆棘争奈何，六宫饥馑愁干戈。人心既离天命去，英雄割据分山河。后王规此存兢业，莫把金瓯等闲缺。生灵糜烂肝脑涂，剩水残山多怨血。我观遗史不胜悲，今古茫茫叹黍离。人君当守苞桑戒，太阿谁执全纲维。”

却说郭汜兵到，李傕出营接战。汜军不利，暂且退去。傕乃移帝后车驾于郿坞，使侄李暹监之，断绝内使，饮食不继，侍臣皆有饥色。帝令人问傕取米五斛，牛骨五具，以赐左右。傕怒曰：“朝夕上饭，何又他求？”乃以腐肉朽粮与之，皆臭不可食。帝骂曰：“逆贼直如此相欺！”侍中杨琦急奏曰：“傕性残暴。事势至此，陛下且忍之，不可撄其锋也。”帝乃低头无语，泪盈袍袖。忽左右报曰：“有一路军马，枪刀映日，金鼓震天，前来救驾。”帝教打听是谁，乃郭汜也。帝心转忧。只闻坞外喊声大起，原来李傕引兵出迎郭汜，鞭指郭汜而骂曰：“我待你不薄，你如何谋害我！”汜曰：“尔乃反贼，如何不杀你！”傕曰：“我保驾在此，何为反贼？”汜曰：“此乃劫驾，何为保驾？”傕曰：“不须多言！我两个各不许用军士，只自并输赢。赢的便把皇帝取去罢了。”二人便就阵前厮杀。战到十合。不分胜负。只见杨彪拍马而来，大叫：“二位将军少歇！老夫特邀众官，来与二位讲和。”傕、汜乃各自还营。

杨彪与朱儁会合朝廷官僚六十余人，先诣郭汜营中劝和。郭汜竟将众官尽行监下。众官曰：“我等为好而来，何乃如此相待？”汜曰：“李傕劫天子，偏我劫不得公卿！”杨彪曰：“一劫天子，一劫公卿，意欲何为？”汜大怒，便拔剑欲杀彪。中郎将杨密力劝，汜乃放了杨彪、朱儁，其余都监在营中。彪谓儁曰：“为社稷之臣，不能匡君救主，空生天地间耳！”言讫，相抱而哭，昏绝于地。儁归家成病而死。自此之后，傕、汜每日厮杀，一连五十余日，死者不知其数。

却说李傕平日最喜左道妖邪之术，常使女巫击鼓降神于军中。贾诩屡谏不听。侍中杨琦密奏帝曰：“臣观贾诩虽为李傕腹心，然实未尝忘君，陛下当与谋之。”正说之间，贾诩来到。帝乃屏退左右，泣谕诩曰：“卿能怜汉朝，救朕命乎？”诩拜伏于地曰：“固臣所愿也。陛下且勿言，臣自图之。”帝收泪而谢。少顷，李傕来见，带剑而入。帝面如土色。傕谓帝曰：“郭汜不臣，监禁公卿，欲劫陛下。非臣则驾被掳矣。”帝拱手称谢，傕乃出。时皇甫郦入见帝。帝知郦能言，又与李傕同乡，诏使往两边解和。郦奉诏，走至汜营说汜。汜曰：“如李傕送出天子，我便放出公卿。”郦即来见李傕曰：“今天子以某是西凉人，与公同乡，特令某来劝和二公。汜已奉诏，公意若何？”傕曰：“吾有败吕布之大功，辅政四年，多著勋绩，天下共知。郭阿多盗马贼耳，乃敢擅劫公卿，与我相抗，誓必诛之！君试观我方略士众，足胜郭阿多否？”郦答曰：“不然。昔有穷后羿恃其善射，不思患难，以致灭亡。近董太师之强，君所目见也，吕布受恩而反图之，斯须之间，头悬国门。则强固不足恃矣。将军身为上将，持钺仗节，子孙宗族，皆居显位，国恩不可谓不厚。今郭阿多劫公卿，而将军劫至尊，果谁轻谁重耶？”李傕大怒，拔剑叱曰：“天子使汝来辱我乎？我先斩汝头！”骑都尉杨奉谏曰：“今郭汜未除，而杀天使，则汜兴兵有名，诸侯皆助之矣。”贾诩亦力劝，傕怒少息。诩遂推皇甫郦出。郦大叫曰：“李傕不奉诏，欲弑君自立！”侍中胡邈急止之曰：“无出此言，恐于身不利。”郦叱之曰：“胡敬才！汝亦为朝廷之臣，如何附贼？君辱臣死，吾被李傕所杀，乃分也！”大骂不止。帝知之，急令皇甫郦回西凉。

却说李傕之军，大半是西凉人氏，更赖羌兵为助。却被皇甫郦扬言于西凉人曰：“李傕谋反，从之者即为贼党，后患不浅。”西凉人多有听郦之言，军心渐涣。傕闻郦言，大怒，差虎贲王昌追之。昌知郦乃忠义之士，竟不往追，只回报曰：“郦已不知何往矣。”贾诩又密谕羌人曰：“天子知汝等忠义，久战劳苦，密诏使汝还郡，后当有重赏。”羌人正怨李傕不与爵赏，遂听诩言，都引兵去。诩又密奏帝曰：“李傕贪而无谋，今兵散心怯，可以重爵饵之。”帝乃降诏，封傕为大司马。傕喜曰：“此女巫降神祈祷之力也！”遂重赏女巫，却不赏军将。骑都尉杨奉大怒，谓宋果曰：“吾等出生入死，身冒矢石，功反不及女巫耶！”宋果曰：“何不杀此贼，以救天子？”奉曰：“你于中军放火为号，吾当引兵外应。”二人约定是夜二更时分举事。不料其事不密，有人报知李傕。傕大怒，令人擒宋果先杀之。杨奉引兵在外，不见号火。李傕自将兵出，恰遇杨奉，就寨中混战到四更。奉不胜，引军投西安去了。李傕自此军势渐衰。更兼郭汜常来攻击，杀死者甚多。忽人来报：“张济统领大军，自陕西来到，欲与二公解和；声言如不从者，引兵击之。”傕便卖个人情，先遣人赴张济军中许和。郭汜亦只得许诺。张济上表，请天子驾幸弘农。帝喜曰："朕思东都久矣。今乘此得还，乃万幸也！"诏封张济为骠骑将军。济进粮食酒肉，供给百官。汜放公卿出营。傕收拾车驾东行，遣旧有御林军数百，持戟护送。

銮舆过新丰，至霸陵，时值秋天，金风骤起。忽闻喊声大作，数百军兵来至桥上拦住车驾，厉声问曰："来者何人？"侍中杨琦拍马上桥曰："圣驾过此，谁敢拦阻？"有二将出曰："吾等奉郭将军命，把守此桥，以防奸细。既云圣驾，须亲见帝，方可准信。"杨琦高揭珠帘。帝谕曰："朕躬在此，卿何不退？"众将皆呼"万岁"，分于两边，驾乃得过。二将回报郭汜曰："驾已去矣。"汜曰："我正欲哄过张济，劫驾再入郿坞，你如何擅自放了过去？"遂斩二将，起兵赶来。车驾正到华阴县，背后喊声震天，大叫："车驾且休动！"帝泣告大臣曰："方离狼窝，又逢虎口，如之奈何？"众皆失色。贼军渐近。只听得一派鼓声，山背后转出一将，当先一面大旗，上书"大汉杨奉"四字，引军千余杀来。

原来杨奉自为李傕所败，便引军屯终南山下；今闻驾至，特来保护。当下列开阵势。汜将崔勇出马，大骂杨奉"反贼"。奉大怒，回顾阵中曰："公明何在？"一将手执大斧，飞骤骅骝，直取崔勇。两马相交，只一合，斩崔勇于马下。杨奉乘势掩杀，汜军大败，退走二十余里。奉乃收军来见天子。帝慰谕曰："卿救朕躬，其功不小！"奉顿首拜谢。帝曰："适斩贼将者何人？"奉乃引此将拜于车下曰："此人河东杨郡人，姓徐，名晃，字公明。"帝慰劳之。杨奉保驾至华阴驻跸。将军段煨，具衣服饮膳上献。是夜，天子宿于杨奉营中。

郭汜败了一阵，次日又点军杀至营前来。徐晃当先出马，郭汜大军八面围来，将天子、杨奉困在垓心。正在危急之中，忽然东南上喊声大震，一将引军纵马杀来。贼众奔溃。徐晃乘势攻击，大败汜军。那人来见天子，乃国戚董承也。帝哭诉前事。承曰："陛下免忧。臣与杨将军誓斩二贼，以靖天下。"帝命早赴东都。连夜驾起，前幸弘农。

却说郭汜引败军回，撞着李傕，言："杨奉、董承救驾往弘农去了。若到山东，立脚得牢，必然布告天下，令诸侯共伐我等。三族不能保矣。"傕曰："今张济兵据长安，未可轻动。我和你乘间合兵一处，至弘农杀了汉君，平分天下，有何不可！"汜喜诺。二人合兵，于路劫掠，所过一空。杨奉、董承知贼兵远来，遂勒兵回，与贼大战于东涧。傕、汜二人商议："我众彼寡，只可以混战胜之。"于是李在左，郭汜在右，漫山遍野拥来。杨奉、董承两边死战，刚保帝后车出；百官宫人，符册典籍，一应御用之物，尽皆抛弃。郭汜引军入弘农劫掠。承、奉保驾走陕北，傕、汜分兵赶来。

承、奉一面差人与傕、汜讲和，一面密传圣旨往河东，急召故白波帅韩暹、李乐、胡才三处军兵前来救应。那李乐亦是啸聚山林之贼，今不得已而召之。三处军闻天子赦罪赐官，如何不来；并拔本营军士，来与董承约会一齐，再取弘农。其时李傕、郭汜但到之处，劫掠百姓，老弱者杀之，强壮者充军；临敌则驱民兵在前，名曰："敢死军"，贼势浩大，李乐军到，会于渭阳。郭汜令军士将衣服物件抛弃于道。乐军见衣服满地，争往取之，队伍尽失。傕、汜二军，四面混战，乐军大败。杨奉、董承遮拦不住，保驾北走，背后贼军赶来。李乐曰："事急矣！请天子上马先行！"帝曰："朕不可舍百官而去。"众皆号泣相随。胡才被乱军所杀。承、奉见贼追急，请天子弃车驾，步行到黄河岸边。李乐等寻得一只小舟作渡船。时值天气严寒，帝与后强扶到岸，边岸又高，不得下船，后面追兵将至。杨奉曰："可解马疆绳接连，拴缚帝腰，放下船去。"人丛中国舅伏德挟白绢十数匹至，曰："我于乱军中拾得此绢，可接连拽辇。"行军校尉尚弘用绢包帝及后，令众先挂帝往下放之，乃得下船。李乐仗剑立于船头上。后兄伏德，负后下船中。岸上有不得下船者，争扯船缆；李乐尽砍于水中。渡过帝后，再放船渡众人。其争渡者，皆被砍下手指，哭声震天。既渡彼岸，帝左右止剩得十余人。杨奉寻得牛车一辆，载帝至大阳。绝食，晚宿于瓦屋中，野老进粟饭，上与后共食，粗粝不能下咽。次日，诏封李乐为征北将军，韩暹为征东将军，起驾前行。有二大臣寻至，哭拜车前，乃太尉杨彪、太仆韩融也。帝后俱哭。韩融曰："傕、汜二贼，颇信臣言；臣舍命去说二贼罢兵。陛下善保龙体。"韩融去了。李乐请帝入杨奉营暂歇。杨彪请帝都安邑县。驾至安邑，苦无高房，帝后都居于茅屋中；又无门关闭，四边插荆棘以为屏蔽。帝与大臣议事于茅屋之下，诸将引兵于篱外镇压。李乐等专权，百官稍有触犯，竟于帝前殴骂；故意送浊酒粗食与帝，帝勉强纳之。李乐、韩暹又连名保奏无徒、部曲、巫医、走卒二百余名，并为校尉、御史等官。刻印不及，以锥画之，全不成体统。却说韩融曲说傕、汜二贼。二贼从其言，乃放百官及宫人归。是岁大荒，百姓皆食枣菜，饿莩遍野。河内太守张杨献米肉，河东太守王邑献绢帛，帝稍得宁。董承、杨奉商议，一面差人修洛阳宫院，欲奉车驾还东都。李乐不从。董承谓李乐曰："洛阳本天子建都之地，安邑乃小地面，如何容得车驾？今奉驾还洛阳是正理。"李乐曰："汝等奉驾去，我只在此处住。"承、奉乃奉驾起程。李乐暗令人结连李傕、郭汜，一同劫驾。董承、杨奉、韩暹知其谋，连夜摆布军士，护送车驾前奔箕关。李乐闻知，不等傕、汜军到，自引本部人马前来追赶。四更左侧，赶到箕山下，大叫："车驾休行！李傕、郭汜在此！"吓得献帝心惊胆战。山上火光遍起。正是：前番两贼分为二，今番三贼合为一。不知汉天子怎离此难，且听下文分解。

第十四回 曹孟德移驾幸许都 吕奉先乘夜袭徐郡

却说李乐引军诈称李傕、郭汜，来遍车驾，天子大惊。杨奉曰："此李乐也。"遂令徐晃出迎之。李乐亲自出战。两马相交，只一合，被徐晃一斧砍于马下，杀散余党，保护车驾过箕关。太守张杨具粟帛迎驾于轵道。帝封张杨为大司马。杨辞帝屯兵野王去了。帝入洛阳，见宫室烧尽，街市荒芜，满目皆是蒿草，宫院中只有颓墙坏壁。命杨奉且盖小宫居住。百官朝贺，皆立于荆棘之中。诏改兴平为建安元年。是岁又大荒。洛阳居民，仅有数百家，无可为食，尽出城去剥树皮、掘草根食之。尚书郎以下，皆自出城樵采，多有死于颓墙坏壁之间者。汉末气运之衰，无甚于此。后人有诗叹之曰："血流芒砀白蛇亡，赤帜纵横游四方。秦鹿逐翻兴社稷，楚骓推倒立封疆。天子懦弱奸邪起，气色凋零盗贼狂。看到两京遭难处，铁人无泪也恓惶！"太尉杨彪奏帝曰："前蒙降诏，未曾发遣。今曹操在山东，兵强将盛，可宣入朝，以辅王室。"帝曰："朕前既降诏。卿何必再奏，今即差人前去便了。"彪领旨，即差使命赴山东，宣召曹操。却说曹操在山东，闻知车驾已还洛阳，聚谋士商议，荀彧进曰："昔晋文公纳周襄王，而诸侯服从；汉高祖为义帝发丧，而天下归心。今天子蒙尘，将军诚因此时首倡义兵，奉天子以从众望，不世之略也。若不早图，人将先我而为之矣。"曹操大喜。正要收拾起兵，忽报有天使赍诏宣召。操接诏，克日兴师。却说帝在洛阳，百事未备，城郭崩倒，欲修未能。人报李傕、郭汜领兵将到。帝大惊，问杨奉曰："山东之使未回，李、郭之兵又至，为之奈何？"杨奉、韩暹曰："臣愿与贼决死战，以保陛下！"董承曰："城郭不坚，兵甲不多，战如不胜，当复如何？不若且奉驾往山东避之。"帝从其言，即日起驾望山东进发。百官无马，皆随驾步行。出了洛阳，行无一箭之地，但见尘头蔽日，金鼓喧天，无限人马来到。帝、后战慄不能言。忽见一骑飞来，乃前差往山东之使命也，至车前拜启曰："曹将军尽起山东之兵，应诏前来。闻李傕、郭汜犯洛阳，先差夏侯惇为先锋，引上将十员，精兵五万，前来保驾。"帝心方安。

少顷，夏侯惇引许褚、典韦等，至驾前面君，俱以军礼见。帝慰谕方毕，忽报正东又有一路军到。帝即命夏侯惇往探之，回妻曰："乃曹操步军也。"须臾，曹洪、李典、乐进来见驾。通名毕，洪奏曰："臣兄知贼兵至近，恐夏侯惇孤力难为，故又差臣等倍道而来协助。"帝曰："曹将军真社稷臣也！"遂命护驾前行。探马来报："李傕、郭汜领兵长驱而来。"帝令夏侯惇分两路迎之。惇乃与曹洪分为两翼，马军先出，步军后随，尽力攻击。傕、汜贼兵大败，斩首万余。于是请帝还洛阳故宫。夏侯惇屯兵于城外。

次日，曹操引大队人马到来。安营毕，入城见帝、拜于殿阶之下。帝赐平身，宣谕慰劳。操曰："臣向蒙国恩，刻思图报。今傕、汜二贼，罪恶贯盈；臣有精兵二十余万，以顺讨逆，无不克捷。陛下善保龙体，以社稷为重。"帝乃封操领司隶校尉假节钺录尚书事。

却说李傕、郭汜知操远来，议欲速战。贾诩谏曰："不可。操兵精将勇，不如降之，求免本身之罪。"傕怒曰："尔敢灭吾锐气！"拔剑欲斩诩。众将劝免。是夜，贾诩单马走回乡里去了。次日，李傕军马来迎操兵。操先令许褚、曹仁、典韦领三百铁骑，于傕阵中冲突三遭，方才布阵。阵圆处，李傕侄李暹、李别出马阵前，未及开言，许褚飞马过去，一刀先斩李暹；李别吃了一惊，倒撞下马，褚亦斩之，双挽人头回阵。曹操抚许褚之背曰："子真吾之樊哙也！"随令夏侯惇领兵左出、曹仁领兵右出，操自领中军冲阵。鼓响一声，三军齐进。贼兵抵敌不住，大败而走。操亲掣宝剑押阵，率众连夜追杀，剿戮极多，降者不计其数。傕、汜望西逃命，忙忙似丧家之狗；自知无处容身，只得往山中落草去了。曹操回兵，仍屯于洛阳城外。杨奉、韩暹两个商议："今曹操成了大功，必掌重权，如何容得我等？"乃入奏天子，只以追杀傕、汜为名，引本部军屯于大梁去了。

帝一日命人至操营，宣操入宫议事。操闻天使至，请入相见，只见那人眉清目秀，精神充足。操暗想曰："今东都大荒，官僚军民皆有饥色，此人何得独肥？"因问之曰："公尊颜充腴，以何调理而至此？"对曰："某无他法，只食淡三十年矣。"操乃颔之；又问曰："君居何职？"对曰："某举孝廉。原为袁绍、张杨从事。今闻天子还都，特来朝觐，官封正议郎。济阴定陶人，姓董，名昭，字公仁。"曹操避席曰："闻名久矣！幸得于此相见。"遂置酒帐中相待，令与荀彧相会。忽人报曰："一队军往东而去，不知何人。"操急令人探之。董昭曰："此乃李傕旧将杨奉，与白波帅韩暹，因明公来此，故引兵欲投大梁去耳。"操曰："莫非疑操乎？"昭曰："此乃无谋之辈，明公何足虑也。"操又曰："李、郭二贼此去若何？"昭曰："虎无爪，鸟无翼，不久当为明公所擒，无足介意。"

操见昭言语投机，便问以朝廷大事。昭曰："明公兴义兵以除暴乱，入朝辅佐天子，此五霸之功也。但诸将人殊意异，未必服从：今若留此，恐有不便。惟移驾幸许都为上策。然朝廷播越，新还京师，远近仰望，以冀一朝之安；今复徙驾，不厌众心。夫行非常之事，乃有非常之功，愿将军决计之。"操执昭手而笑曰："此吾之本志也。但杨奉在大梁，大臣在朝，不有他变否？"昭曰："易也。以书与杨奉，先安其心。明告大臣，以京师无粮，欲车驾幸许都，近鲁阳，转运粮食，庶无欠缺悬隔之忧。大臣闻之，当欣从也。"操大喜。昭谢别，操执其手曰："凡操有所图，惟公教之。"昭称谢而去。

操由是日与众谋士密议迁都之事。时侍中太史令王立私谓宗正刘艾曰："吾仰观天文，自去春太白犯镇星于斗牛，过天津，荧惑又逆行，与太白会于天关，金火交会，必有新天子出。吾观大汉气数将终，晋魏之地，必有兴者。"又密奏献帝曰："天命有去就，五行不常盛。代火者土也。代汉而有天下者，当在魏。"操闻之，使人告立曰："知公忠于朝廷，然天道深远，幸勿多言。"操以是告彧。彧曰："汉以火德王，而明公乃土命也。许都属土，到彼必兴。火能生土，土能旺木：正合董昭、王立之言。他日必有兴者。"操意遂决。次日，入见帝，奏曰："东都荒废久矣，不可修葺；更兼转运粮食艰辛。许都地近鲁阳，城郭宫室，钱粮民物，足可备用。臣敢请驾幸许都，惟陛下从之。"帝不敢不从；群臣皆惧操势，亦莫敢有异议。遂择日起驾。操引军护行，百官皆从。

行不到数程，前至一高陵。忽然喊声大举，杨奉、韩暹领兵拦路。徐晃当先，大叫："曹操欲劫驾何往！"操出马视之，见徐晃威风凛凛，暗暗称奇；便令许褚出马与徐晃交锋。刀斧相交，战五十余合，不分胜败。操即鸣金收军，召谋士议曰："杨奉、韩暹诚不足道；徐晃乃真良将也。吾不忍以力并之，当以计招之。"行军从事满宠曰："主公勿虑。某向与徐晃有一面之交，今晚扮作小卒，偷入其营，以言说之，管教他倾心来降。"操欣然遣之。

是夜满宠扮作小卒，混入彼军队中，偷至徐晃帐前，只见晃秉烛被甲而坐。宠突至其前，揖曰："故人别来无恙乎！"徐晃惊起，熟视之曰："子非山阳满伯宁耶！何以至此？"宠曰："某现为曹将军从事。今日于阵前得见故人，欲进一言，故特冒死而来。"晃乃延之坐，问其来意。宠曰："公之勇略，世所罕有，奈何屈身于杨、韩之徒？曹将军当世英雄，其好贤礼士，天下所知也；今日阵前，见公之勇，十分敬爱，故不忍以健将决死战，特遣宠来奉邀。公何不弃暗投明，共成大业？"晃沈吟良久，乃喟然叹曰："吾固知奉、暹非立业之人，奈从之久矣，不忍相舍。"宠曰："岂不闻良禽择木而栖，贤臣择主而事。遇可事之主，而交臂失之，非丈夫也。"晃起谢曰："愿从公言。"宠曰："何不就杀奉、暹而去，以为进见之礼？"晃曰："以臣弑主，大不义也。吾决不为。"宠曰："公真义士也！"晃遂引帐下数十骑，连夜同满宠来投曹操。早有人报知杨奉。奉大怒，自引千骑来追，大叫："徐晃反贼休走！"正追赶间，忽然一声炮响，山上山下，火把齐明，伏军四出，曹操亲自引军当先，大喝："我在此等候多时。休教走脱！"杨奉大惊，急待回军，早被曹兵围住。恰好韩暹引兵来救，两军混战，杨奉走脱。曹操趁彼军乱，乘势攻击，两家军士大半多降。杨奉、韩暹势孤，引败兵投袁术去了。

曹操收军回营，满宠引徐晃入见。操大喜，厚待之。于是迎銮驾到许都，盖造宫室殿宇，立宗庙社稷、省台司院衙门，修城郭府库；封董承等十三人为列侯。赏功罚罪，并听曹操处置。操自封为大将军武平侯，以荀彧为侍中尚书令，荀攸为军师，郭嘉为司马祭酒，刘晔为司空仓曹掾，毛玠、任峻为典农中郎将，催督钱粮，程昱为东平相，范成、董昭为洛阳令，满宠为许都令，夏侯惇、夏侯渊、曹仁、曹洪皆为将军，吕虔、李典、乐进、于禁、徐晃皆为校尉，许褚、典韦皆为都尉；其余将士，各各封官。自此大权皆归于曹操：朝廷大务，先禀曹操，然后方奏天子。

操既定大事，乃设宴后堂，聚众谋士共议曰："刘备屯兵徐州，自领州事；近吕布以兵败投之，备使居于小沛：若二人同心引兵来犯，乃心腹之患也。公等有何妙计可图之？"许褚曰："愿借精兵五万，斩刘备、吕布之头，献于丞相。"荀彧曰："将军勇则勇矣，不知用谋。今许都新定，未可造次用兵。彧有一计，名曰二虎竞食之计。今刘备虽领徐州，未得诏命。明公可奏请诏命实授备为徐州牧，因密与一书，教杀吕布。事成则备无猛士为辅，亦渐可图；事不成，则吕布必杀备矣：此乃二虎竞食之计也。"操从其言，即时奏请诏命，遣使赍往徐州，封刘备为征东将军宜城亭侯领徐州牧；并附密书一封。却说刘玄德在徐州，闻帝幸许都，正欲上表庆贺。忽报天使至，出郭迎接入郡，拜受恩命毕，设宴管待来使。使曰："君侯得此恩命，实曹将军于帝前保荐之力也。"玄德称谢。使者乃取出私书递与玄德。玄德看罢，曰："此事尚容计议。"席散，安歇来使于馆驿。玄德连夜与众商议此事。张飞曰："吕布本无义之人，杀之何碍！"玄德曰："他势穷而来投我，我若杀之，亦是不义。"张飞曰："好人难做！"玄德不从。次日，吕布来贺，玄德教请入见。布曰："闻公受朝廷恩命，特来相贺。"玄德逊谢。只见张飞扯剑上厅，要杀吕布。玄德慌忙阻住。布大惊曰：“翼德何故只要杀我？”张飞叫曰：“曹操道你是无义之人，教我哥哥杀你！”玄德连声喝退。乃引吕布同入后堂，实告前因；就将曹操所送密书与吕布看。布看毕，泣曰：“此乃曹贼欲令我二人不和耳！”玄德曰：“兄勿忧，刘备誓不为此不义之事。”吕布再三拜谢。备留布饮酒，至晚方回。关、张曰：“兄长何故不杀吕布？”玄德曰：“此曹孟德恐我与吕布同谋伐之，故用此计，使我两人自相吞并，彼却于中取利。奈何为所使乎？”关公点头道是。张飞曰：“我只要杀此贼以绝后患！”玄德曰：“此非大丈夫之所为也。”

次日，玄德送使命回京，就拜表谢恩，并回书与曹操，只言容缓图之。使命回见曹操，言玄德不杀吕布之事。操问荀彧曰：“此计不成，奈何？”彧曰：“又有一计，名曰驱虎吞狼之计。”操曰：“其计如何？”彧曰：“可暗令人往袁术处通问，报说刘备上密表，要略南郡。术闻之，必怒而攻备；公乃明诏刘备讨袁术。两边相并，吕布必生异心：此驱虎吞狼之计也。”操大喜，先发人往袁术处；次假天子诏，发人往徐州。

却说玄德在徐州，闻使命至，出郭迎接；开读诏书，却是要起兵讨袁术。玄德领命，送使者先回。糜竺曰：“此又是曹操之计。”玄德曰：“虽是计，王命不可违也。”遂点军马，克日起程，孙乾曰：“可先定守城之人。”玄德曰：“二弟之中，谁人可守？”关公曰：“弟愿守此城。”玄德曰：“吾早晚欲与尔议事，岂可相离？”张飞曰：“小弟愿守此城。”玄德曰：“你守不得此城：你一者酒后刚强，鞭挞士卒；二者作事轻易，不从人谏。吾不放心。”张飞曰：“弟自今以后，不饮酒，不打军士，诸般听人劝谏便了。”糜竺曰：“只恐口不应心。”飞怒曰：“吾跟哥哥多年，未尝失信，你如何轻料我！”玄德曰：“弟言虽如此，吾终不放心。还请陈元龙辅之，早晚令其少饮酒，勿致失事。”陈登应诺。玄德分付了当，乃统马步军三万，离徐州望南阳进发。却说袁术闻说刘备上表，欲吞其州县，乃大怒曰：“汝乃织席编屦之夫，今辄占据大郡，与诸侯同列；吾正欲伐汝，汝却反欲图我！深为可恨！”乃使上将纪灵起兵十万，杀奔徐州。两军会于盱眙。玄德兵少，依山傍水下寨。那纪灵乃山东人，使一口三尖刀，重五十斤。是日引兵出阵，大骂：“刘备村夫，安敢侵吾境界！”玄德曰：“吾奉天子诏，以讨不臣。汝今敢来相拒，罪不容诛！”纪灵大怒，拍马舞刀，直取玄德。关公大喝曰：“匹夫休得逞强！”出马与纪灵大战。一连三十合，不分胜负。纪灵大叫少歇，关公便拨马回阵，立于阵前候之。纪灵却遣副将荀正出马。关公曰：“只教纪灵来，与他决个雌雄！”荀正曰：“汝乃无名下将，非纪将军对手！”关公大怒，直取荀正；交马一合，砍荀正于马下。玄德驱兵杀将过去，纪灵大败，退守淮阴河口，不敢交战；只教军士来偷营劫寨，皆被徐州兵杀败。两军相拒，不在话下。

却说张飞自送玄德起身后，一应杂事，俱付陈元龙管理；军机大务，自家参酌，一日，设宴请各官赴席。众人坐定，张飞开言曰：“我兄临去时，分付我少饮酒，恐致失事。众官今日尽此一醉，明日都各戒酒，帮我守城。今日却都要满饮。”言罢，起身与众官把盏。酒至曹豹面前，豹曰：“我从天戒，不饮酒。”飞曰：“厮杀汉如何不饮酒？我要你吃一盏。”豹惧怕，只得饮了一杯。张飞把遍各官，自斟巨觥，连饮了几十杯，不觉大醉，却又起身与众官把盏。酒至曹豹，豹曰：“某实不能饮矣。”飞曰：“你恰才吃了，如今为何推却？”豹再三不饮。飞醉后使酒，便发怒曰：“你违我将令该打一百！”便喝军士拿下。陈元龙曰：“玄德公临去时，分付你甚来？”飞曰：“你文官，只管文官事，休来管我！”曹豹无奈，只得告求曰：“翼德公，看我女婿之面，且恕我罢。”飞曰：“你女婿是谁？”豹曰：“吕布是也。”飞大怒曰：“我本不欲打你；你把吕布来唬我，我偏要打你！我打你，便是打吕布！”诸人劝不住。将曹豹鞭至五十，众人苦苦告饶，方止。

席散，曹豹回去，深恨张飞，连夜差人赍书一封，径投小沛见吕布，备说张飞无礼；且云：玄德已往淮南，今夜可乘飞醉，引兵来袭徐州，不可错此机会。吕布见书，便请陈宫来议。宫曰：“小沛原非久居之地。今徐州既有可乘之隙，失此不取，悔之晚矣。”布从之，随即披挂上马，领五百骑先行；使陈宫引大军继进，高顺亦随后进发。

小沛离徐州只四五十里，上马便到。吕布到城下时，恰才四更，月色澄清，城上更不知觉。布到城门边叫曰：“刘使君有机密使人至。”城上有曹豹军报知曹豹，豹上城看之，便令军士开门。吕布一声暗号。众军齐入，喊声大举。张飞正醉卧府中，左右急忙摇醒，报说：“吕布赚开城门，杀将进来了！”张飞大怒，慌忙披挂，绰了丈八蛇矛；才出府门上得马时，吕布军马已到，正与相迎。张飞此时酒犹未醒，不能力战。吕布素知飞勇，亦不敢相逼。十八骑燕将，保着张飞，杀出东门，玄德家眷在府中，都不及顾了。

却说曹豹见张飞只十数人护从，又欺他醉，遂引百十人赶来。飞见豹，大怒，拍马来迎。战了三合，曹豹败走，飞赶到河边，一枪正刺中曹豹后心，连人带马，死于河中。飞于城外招呼士卒，出城者尽随飞投淮南而去。吕布入城安抚居民，令军士一百人守把玄德宅门，诸人不许擅入。

却说张飞引数十骑，直到盱眙来见玄德，具说曹豹与吕布里应外合，夜袭徐州。众皆失色。玄德叹曰：“得何足喜，失何足忧！”关公曰：“嫂嫂安在？”飞曰：“皆陷于城中矣。”玄德默然无语。关公顿足埋怨曰：“你当初要守城时说甚来？兄长分付你甚来？今日城池又失了，嫂嫂又陷了，如何是好！”张飞闻言，惶恐无地，掣剑欲自刎。正是：举杯畅饮情何放，拔剑捐生悔已迟！不知性命如何，且听下文分解。

第十五回 太史慈酣斗小霸王 孙伯符大战严白虎

却说张飞拔剑要自刎，玄德向前抱住，夺剑掷地曰：“古人云：‘兄弟如手足，妻子如衣服。衣服破，尚可缝；手足断，安可续？’吾三人桃园结义，不求同生，但愿同死。今虽失了城池家小，安忍教兄弟中道而亡？况城池本非吾有；家眷虽被陷，吕布必不谋害，尚可设计救之。贤弟一时之误，何至遽欲捐生耶！”说罢大哭。关、张俱感泣。

且说袁术知吕布袭了徐州，星夜差人至吕布处，许以粮五万斛、马五百匹、金银一万两、彩缎一千匹，使夹攻刘备。布喜，令高顺领兵五万袭玄德之后。玄德闻得此信，乘阴雨撤兵，弃盱眙而走，思欲东取广陵。比及高顺军来，玄德已去。高顺与纪灵相见，就索所许之物。灵曰：“公且回军，容某见主公计之。”高顺乃别纪灵回军，见吕布具述纪灵语。布正在迟疑，忽有袁术书至。书意云：“高顺虽来，而刘备未除；且待捉了刘备，那时方以所许之物相送。”布怒骂袁术失信，欲起兵伐之。陈宫曰：“不可。术据寿春，兵多粮广，不可轻敌。不如请玄德还屯小沛，使为我羽翼。他日令玄德为先锋，那时先取袁术，后取袁绍，可纵横天下矣。”布听其言，令人赍书迎玄德回。却说玄德引兵东取广陵，被袁术劫寨，折兵大半。回来正遇吕布之使，呈上书札，玄德大喜。关、张曰：“吕布乃无义之人，不可信也。”玄德曰：“彼既以好情待我，奈何疑之！”遂来到徐州。布恐玄德疑惑，先令人送还家眷。甘、糜二夫人见玄德，具说吕布令兵把定宅门。禁诸人不得入；又常使侍妾送物，未尝有缺。玄德谓关、张曰：“我知吕布必不害我家眷也。”乃入城谢吕布。张飞恨吕布，不肯随往，先奉二嫂往小沛去了。玄德入见吕布拜谢。吕布曰：“我非欲夺城；因令弟张飞在此恃酒杀人，恐有失事，故来守之耳。”玄德曰：“备欲让兄久矣。”布假意仍让玄德。玄德力辞，还屯小沛住扎。关、张心中不忿。玄德曰：“屈身守分，以待天时，不可与命争也。”

吕布令人送粮米缎匹。自此两家和好，不在话下。

却说袁术大宴将士于寿春。人报孙策征庐江太守陆康，得胜而回。术唤策至，策拜于堂下。问劳已毕，便令侍坐饮宴。原来孙策自父丧之后，退居江南，礼贤下士；后因陶谦与策母舅丹阳太守吴景不和，策乃移母并家属居于曲阿，自己却投袁术。术甚爱之，常叹曰："使术有子如孙郎，死复何恨！"因使为怀义校尉，引兵攻泾县大帅祖郎得胜。术见策勇，复使攻陆康，今又得胜而回。

当日筵散，策归营寨。见术席间相待之礼甚傲，心中郁闷，乃步月于中庭。因思父孙坚如此英雄，我今沦落至此，不觉放声大哭。忽见一人自外而入，大笑曰："伯符何故如此？尊父在日，多曾用我。君今有不决之事，何不问我，乃自哭耶！"策视之，乃丹阳故鄣人，姓朱，名治，字君理，孙坚旧从事官也。策收泪而延之坐曰："策所哭者，恨不能继父之志耳。"治曰："君何不告袁公路，借兵往江东，假名救吴景，实图大业，而乃久困于人之下乎？"正商议间，一人忽入曰："公等所谋，吾已知之。吾手下有精壮百人，暂助伯符一马之力。"策视其人，乃袁术谋士，汝南细阳人，姓吕，名范，字子衡。策大喜，延坐共议。吕范曰："只恐袁公路不肯借兵。"策曰："吾有亡父留下传国玉玺，以为质当。"范曰："公路款得此久矣！以此相质，必肯发兵。"三人计议已定。次日，策入见袁术，哭拜曰："父仇不能报，今母舅吴景，又为扬州刺史刘繇所逼；策老母家小，皆在曲阿，必将被害。策敢借雄兵数千，渡江救难省亲。恐明公不信，有亡父遗下玉玺，权为质当。"术闻有玉玺，取而视之，大喜曰："吾非要你玉玺，今且权留在此。我借兵三千、马五百匹与你。平定之后，可速回来。你职位卑微，难掌大权。我表你为折冲校尉、殄寇将军，克日领兵便行。"策拜谢，遂引军马，带领朱治、吕范、旧将程普、黄盖、韩当等，择日起兵。

行至历阳，见一军到。当先一人，姿质风流，仪容秀丽，见了孙策，下马便拜。策视其人，乃庐江舒城人，姓周，名瑜，字公瑾。原来孙坚讨董卓之时，移家舒城，瑜与孙策同年，交情甚密，因结为昆仲。策长瑜两月，瑜以兄事策。瑜叔周尚，为丹阳太守；今往省亲，到此与策相遇。策见瑜大喜，诉以衷情。瑜曰："某愿施犬马之力，共图大事。"策喜曰："吾得公瑾，大事谐矣！"便令与朱治、吕范等相见。瑜谓策曰："吾兄欲济大事，亦知江东有二张乎？"策曰："何为二张？"瑜曰："一人乃彭城张昭，字子布；一人乃广陵张纮，字子纲。二人皆有经天纬地之才，因避乱隐居于此。吾兄何不聘之？"策喜，即便令人赍礼往聘，俱辞不至。策乃亲到其家，与语大悦，力聘之，二人许允。策遂拜张昭为长史，兼抚军中郎将；张纮为参谋正议校尉：商议攻击刘繇。

却说刘繇字正礼，东莱牟平人也，亦是汉室宗亲，太尉刘宠之侄，兖州刺史刘岱之弟；旧为扬州刺史，屯于寿春，被袁术赶过江屯，故来曲阿。当下闻孙策兵至，急聚众将商议。部将张英曰："某领一军屯于牛渚，纵有百万之兵，亦不能近。"言未毕，帐下一人高叫曰："某愿为前部先锋！"众视之，乃东莱黄县人太史慈也。慈自解了北海之围后，便来见刘繇，繇留于帐下。当日听得孙策来到，愿为前部先锋。繇曰："你年尚轻，未可为大将，只在吾左右听命。"太史慈不喜而退。张英领兵至牛渚，积粮十万于邸阁。孙策引兵到，张英出迎，两军会于牛渚滩上。孙策出马，张英大骂，黄盖便出与张英战。不数合，忽然张英军中大乱，报说寨中有人放火。张英急回军。孙策引军前来，乘势掩杀。张英弃了牛渚，望深山而逃。原来那寨后放火的，只是两员健将：一人乃九江寿春人，姓蒋，名钦，字公奕；一人乃九江下蔡人，姓周，名泰，字幼平。二人皆遭世乱，聚人在洋子江中，劫掠为生；久闻孙策为江东豪杰，能招贤纳士，故特引其党三百余人，前来相投。策大喜，用为军前校尉。收得牛渚邸阁粮食、军器，并降卒四千余人，遂进兵神亭。却说张英败回见刘繇，繇怒欲斩之。谋士笮融、薛礼劝免，使屯兵零陵城拒敌。繇自领兵于神亭岭南下营，孙策于岭北下营。策问土人曰："近山有汉光武庙否？"土人曰："有庙在岭上。"策曰："吾夜梦光武召我相见，当往祈之。"长史张昭曰："不可。岭南乃刘繇寨，倘有伏兵，奈何？"策曰："神人佑我，吾何惧焉！"遂披挂绰枪上马，引程普、黄盖、韩当、蒋钦、周泰等共十三骑，出寨上岭，到庙焚香。下马参拜已毕，策向前跪祝曰："若孙策能于江东立业，复兴故父之基，即当重修庙宇，四时祭祀。"祝毕，出庙上马，回顾众将曰："吾欲过岭，探看刘繇寨栅。"诸将皆以为不可。策不从，遂同上岭，南望村林。早有伏路小军飞报刘繇，繇曰："此必是孙策诱敌之计，不可追之。"太史慈踊跃曰："此时不捉孙策，更待何时！"遂不候刘繇将令，竟自披挂上马，绰枪出营，大叫曰："有胆气者，都跟我来！"诸将不动。惟有一小将曰："太史慈真猛将也！吾可助之！"拍马同行。众将皆笑。

却说孙策看了半晌，方始回马。正行过岭，只听得岭上叫："孙策休走！"策回头视之，见两匹马飞下岭来。策将十三骑一齐摆开。策横枪立马于岭下待之。太史慈高叫曰："那个是孙策？"策曰："你是何人？"答曰："我便是东莱太史慈也，特来捉孙策！"策笑曰："只我便是。你两个一齐来并我一个，我不惧你！我若怕你，非孙信符也！"慈曰："你便众人都来，我亦不怕！"纵马横枪，直取孙策。策挺枪来迎。两马相交，战五十合，不分胜负。程普等暗暗称奇。慈见孙策枪法无半点儿渗漏，乃佯输诈败，引孙策赶来。慈却不由旧路上岭，竟转过山背后。策赶来，大喝曰："走的不算好汉！"慈心中自忖："这厮有十二从人，我只一个，便活捉了他，也吃众人夺去。再引一程，教这厮没寻处，方好下手。"于是且战且走。策那里肯舍，一直赶到平川之地。慈兜回马再战，又到五十合。策一枪搠去，慈闪过，挟住枪；慈也一枪搠去，策亦闪过，挟住枪。两个用力只一拖，都滚下马来。马不知走的那里去了。两个弃了枪，揪住厮打，战袍扯得粉碎。策手快，掣了太史慈背上的短戟，慈亦掣了策头上的兜鍪。策把戟来刺慈，慈把兜鍪遮架。忽然喊声后起，乃刘繇接应军到来，约有千余。策正慌急，程普等十二骑亦冲到。策与慈方才放手。慈于军中讨了一匹马，取了枪，上马复来。孙策的马却是程普收得，策亦取枪上马。刘繇一千余军，和程普等十二骑混战，逶迤杀到神亭岭下。喊声起处，周瑜领军来到。刘繇自引大军杀下岭来。时近黄昏，风雨暴至，两下各自收军。次日，孙策引军到刘繇营前，刘繇引军出迎。两阵圆处，孙策把枪挑太史慈的小戟于阵前，令军士大叫曰："太史慈若不是走的快，已被刺死了！"太史慈亦将孙策兜鍪挑于阵前，也令军士大叫曰："孙策头已在此！"两军呐喊，这边夸胜，那边道强。太史慈出马，要与孙策决个胜负，策遂欲出。程普曰："不须主公劳力，某自擒之。"程普出到阵前，太史慈曰："你非我之敌手，只教孙策出马来！"程普大怒，挺枪直取太史慈。两马相交，战到三十合，刘繇急鸣金收军。太史慈曰："我正要捉拿贼将，何故收军？"刘繇曰："人报周瑜领军袭取曲阿，有庐江松滋人陈武，字子烈，接应周瑜入去。吾家基业已失，不可久留。速往秣陵，会薛礼、笮融军马，急来接应。"太史慈跟着刘繇退军，孙策不赶，收住人马。长史张昭曰："彼军被周瑜袭取曲阿，无恋战之心，今夜正好劫营。"孙策然之。当夜分军五路，长驱大进。刘繇军兵大败，众皆四纷五落。太史慈独力难当，引十数骑连夜投泾县去了。

却说孙策又得陈武为辅，其人身长七尺，面黄睛赤，形容古怪。策甚敬爱之，拜为校尉，使作先锋，攻薛礼。武引十数骑突入阵去，斩首级五十余颗。薛礼闭门不敢出。策正攻城，忽有人报刘繇会合笮融去取牛渚。孙策大怒，自提大军竟奔牛渚。刘繇，笮融二人出马迎敌。孙策曰："吾今到此，你如何不降？"刘繇背后一人挺枪出马，乃部将于麋也，与策战不三合，被策生擒过去，拨马回阵。繇将樊能，见捉了于麋。挺枪来赶。那枪刚搠到策后心，策阵上军士大叫："背后有人暗算！"策回头，忽见樊能马到，乃大喝一声，声如巨雷。樊能惊骇，倒翻身撞下马来，破头而死。策到门旗下，将于麋丢下，已被挟死。一霎时挟死一将，喝死一将：自此人皆呼孙策为“小霸王”。当日刘繇兵大败，人马大半降策。策斩首级万余。刘繇与笮融走豫章投刘表去了。孙策还兵复攻秣陵，亲到城壕边，招谕薛礼投降。城上暗放一冷箭，正中孙策左腿，翻身落马，众将急救起，还营拔箭，以金疮药傅之。策令军中诈称主将中箭身死。军中举哀。拔寨齐起。薛礼听知孙策已死，连夜起城内之军，与骁将张英、陈横杀出城来追之。忽然伏兵四起，孙策当先出马，高声大叫曰：“孙郎在此！”众军皆惊，尽弃枪刀，拜于地下。策令休杀一人。张英拨马回走，被陈武一枪刺死。陈横被蒋钦一箭射死。薛礼死于乱军中。策入秣陵，安辑居民；移兵至泾县来捉太史慈。

却说太史慈招得精壮二千余人，并所部兵，正要来与刘繇报仇。孙策与周瑜商议活捉太史慈之计。瑜令三面攻县，只留东门放走；离城二十五里，三路各伏一军，太史慈到那里，人困马乏，必然被擒。原来太史慈所招军大半是山野之民，不谙纪律。泾县城头，苦不甚高。当夜孙策命陈武短衣持刀，首先爬上城放火。太史慈见城上火起，上马投东门走，背后孙策引军赶来。太史慈正走，后军赶至三十里，却不赶了。太史慈走了五十里，人困马乏，芦苇之中，喊声忽起。慈急待走，两下里绊马索齐来，将马绊翻了，生擒太史慈，解投大寨。策知解到太史慈，亲自出营喝散士卒，自释其缚，将自己锦袍衣之，请入寨中，谓曰：“我知子义真丈夫也。刘繇蠢辈，不能用为大将，以致此败。”慈见策待之甚厚，遂请降。

策执慈手笑曰：“神亭相战之时，若公获我，还相害否？”慈笑曰：“未可知也。”策大笑，请入帐，邀之上坐，设宴款待。慈曰：“刘君新破，士卒离心。某欲自往收拾余众，以助明公。不识能相信否？”策起谢曰：“此诚策所愿也。今与公约：明日日中，望公来还。”慈应诺而去。诸终曰：“太史慈此去必不来矣。”策曰：“子义乃信义之士，必不背我。”众皆未信。次日，立竿于营门以候日影。恰将日中，太史慈引一千余众到寨。孙策大喜。众皆服策之知人。于是孙策聚数万之众，下江东，安民恤众，投者无数。江东之民，皆呼策为“孙郎”。但闻孙郎兵至，皆丧胆而走。及策军到，并不许一人掳掠，鸡犬不惊，人民皆悦，赍牛酒到寨劳军。策以金帛答之，欢声遍野。其刘繇旧军，愿从军者听从，不愿为军者给赏归农。江南之民，无不仰颂。由是兵势大盛。策乃迎母叔诸弟俱归曲阿，使弟孙权与周泰守宣城。策领兵南取吴郡。

时有严白虎，自称东吴德王，据吴郡，遣部将守住乌程、嘉兴。当日白虎闻策兵至，令弟严舆出兵，会于枫桥。舆横刀立马于桥上。有人报入中军，策便欲出。张纮谏曰：“夫主将乃三军之所系命，不宜轻敌小寇。愿将军自重。”策谢曰：“先生之言如金石；但恐不亲冒矢石，则将士不用命耳。”随遣韩当出马。比及韩当到桥上时，蒋钦、陈武早驾小舟从河岸边杀过桥里。乱箭射倒岸上军，二人飞身上岸砍杀。严舆退走。韩当引军直杀到阊门下，贼退入城里去了。

策分兵水陆并进，围住吴城。一困三日，无人出战。策引众军到阊门外招谕。城上一员裨将，左手托定护梁，右手指着城下大骂。太史慈就马上拈弓取箭，顾军将曰：“看我射中这厮左手！”说声未绝，弓弦响处，果然射个正中，把那将的左手射透，反牢钉在护梁上。城上城下人见者，无不喝采。众人救了这人下城。白虎大惊曰：“彼军有如此人，安能敌乎！”遂商量求和。次日，使严舆出城，来见孙策。策请舆入帐饮酒。酒酣，问舆曰：“令兄意欲如何？”舆曰：“欲与将军平分江东。”策大怒曰：“鼠辈安敢与吾相等！”命斩严舆。舆拔剑起身，策飞剑砍之，应手而倒，割下首级，令人送入城中。白虎料敌不过，弃城而走。策进兵追袭，黄盖攻取嘉兴，太史慈攻取乌程，数州皆平。白虎奔余杭，于路劫掠，被土人凌操领乡人杀败，望会稽而走。凌操父子二人来接孙策，策使为从征校尉，遂同引兵渡江。严白虎聚寇，分布于西津渡口。程普与战，复大败之，连夜赶到会稽。会稽太守王朗，欲引兵救白虎。忽一人出曰：“不可。孙策用仁义之师，白虎乃暴虐之众，还宜擒白虎以献孙策。”朗视之，乃会稽余姚人，姓虞，名翻，字仲翔，现为郡吏。朗怒叱之，翻长叹而出。朗遂引兵会合白虎，同陈兵于山阴之野。两阵对圆，孙策出马，谓王朗曰：“吾兴仁义之兵，来安浙江，汝何故助贼？”朗骂曰：“汝童心不足！既得吴郡，而又强并吾界！今日特与严氏雪仇！”孙策大怒，正待交战，太史慈早出。王朗拍马舞刀，与慈战不数合，朗将周昕，杀出助战；孙策阵中黄盖，飞马接住周昕交锋。两下鼓声大震，互相鏖战。忽王朗阵后先乱，一彪军从背后抄来。朗大惊，急回马来迎：原来是周瑜与程普引军刺斜杀来，前后夹攻，王朗寡不敌众，与白虎、周昕杀条血路，走入城中，拽起吊桥，坚闭城门。孙策大军乘势赶到城下。分布众军，四门攻打。

王朗在城中见孙策攻城甚急，欲再出兵决一死战。严白虎曰：“孙策兵势甚大，足下只宜深沟高垒，坚壁勿出。不消一月，彼军粮尽。自然退走。那时乘虚掩之，可不战而破也。”朗依其议，乃固守会稽城而不出。孙策一连攻了数日，不能成功，乃与众将计议。孙静曰：“王朗负固守城，难可卒拔。会稽钱粮，大半屯于查渎；其地离此数十里，莫若以兵先据其内：所谓攻其无备，出其不意也。”策大喜曰：“叔父妙用，足破贼人矣！”即下令于各门燃火，虚张旗号，设为疑兵，连夜撤围南去。周瑜进曰：“主公大兵一起，王朗必然出城来赶，可用奇兵胜之。”策曰：“吾今准备下了，取城只在今夜。”遂令军马起行。却说王朗闻报孙策军马退去，自引众人来敌楼上观望；见城下烟火并起，旌旗不杂，心下迟疑。周昕曰：“孙策走矣，特设此计以疑我耳。可出兵袭之。”严白虎曰：“孙策此去，莫非要去查渎？我令部兵与周将军追之。”朗曰：“查渎是我屯粮之所，正须提防。汝引兵先行，吾随后接应。”白虎与周昕领五千兵出城追赶。将近初更，离城二十余里，忽密林里一声鼓响，火把齐明。白虎大惊，便勒马回走，一将当先拦住，火光中视之，乃孙策也。周昕舞刀来迎，被策一枪刺死。余众皆降。白虎杀条血路，望余杭而走。王朗听知前军已败，不敢入城，引部下奔遁海隅去了。孙策复回大军，乘势取了城池，安定人民。不隔一日，只见一人将着严白虎首级来孙策军前投献。策视其人，身长八尺，面方口阔。问其姓名，乃会稽余姚人，姓董，名袭，字元代。策喜，命为别部司马。自是东路皆平，令叔孙静守之，令朱治为吴郡太守，收军回江东。却说孙权与周泰守宣城，忽山贼窃发，四面杀至。时值更深，不及抵敌，泰抱权上马。数十贼众，用刀来砍。泰赤体步行，提刀杀贼，砍杀十余人。随后一贼跃马挺枪直取周泰，被泰扯住枪，拖下马来，夺了枪马，杀条血路。救出孙权。会贼远重。周泰身被十二枪，金疮发胀，命在须臾。策闻之大惊。帐下董袭曰：“某曾与海寇相持，身遭数枪，得会稽一个贤郡吏虞翻荐一医者，半月而愈。”策曰：“虞翻莫非虞仲翔乎？”袭曰：“然。”策曰：“此贤士也。我当用之。”乃令张昭与董袭同往聘请虞翻。翻至，策优礼相待，拜为功曹，因言及求医之意。翻曰：“此人乃沛国谯郡人，姓华，名佗，字元化。真当世之神医也。当引之来见。”不一日引至。策见其人，童颜鹤发，飘然有出世之姿。乃待为上宾，请视周泰疮。佗曰：“此易事耳。”投之以药，一月而愈。策大喜，厚谢华佗。遂进兵杀除山贼。江南皆平。孙策分拨将士，守把各处隘口，一面写表申奏朝廷；一面结交曹操，一面使人致书与袁术取玉玺。却说袁术暗有称帝之心，乃回书推托不还；急聚长史杨大将，都督张勋、纪灵、桥蕤，上将雷薄、陈芬等三十余人商议，曰：“孙策借我军马起事，今日尽得江东地面；乃不思根本，而反来索玺，殊为无礼。当以何策图之？”长史杨大将曰：“孙策据长江之险，兵精粮广，未可图也。今当先伐刘备，以报前日无故相攻之恨，然后图取孙策未迟。某献一计，使备即日就擒。”正是：不去江东图虎豹，却来徐郡斗蛟龙。不知其计若何，且听下文分解。

第十六回 吕奉先射戟辕门 曹孟德败师淯水

却说杨大将献计欲攻刘备。袁术曰："计将安出？"大将曰："刘备屯军小沛，虽然易取，奈吕布虎踞徐州，前次许他金帛粮马，至今未与，恐其助备；今当令人送与粮食，以结其心，使其按兵不动，则刘备可擒。先擒刘备，后图吕布，徐州可得也。"术喜，便具粟二十万斛，令韩胤赍密书往见吕布。吕布甚喜，重待韩胤。胤回告袁术，术遂遣纪灵为大将，雷薄、陈兰为副将，统兵数万，进攻小沛。玄德闻知此信，聚众商议。张飞要出战。孙乾曰："今小沛粮寡兵微，如何抵敌？可修书告急于吕布。"张飞曰："那厮如何肯来！"玄德曰："乾之言善。"遂修书与吕布。书略曰："伏自将军垂念，令备于小沛容身，实拜云天之德。今袁术欲报私仇，遣纪灵领兵到县，亡在旦夕，非将军莫能救。望驱一旅之师，以救倒悬之急，不胜幸甚！"吕布看了书，与陈宫计议曰："前者袁术送粮致书，盖欲使我不救玄德也。今玄德又来求救。吾想玄德屯军小沛，未必遂能为我害；若袁术并了玄德，则北连泰山诸将以图我，我不能安枕矣：不若救玄德。"遂点兵起程。

却说纪灵起兵长驱大进，已到沛县东南，扎下营寨。昼列旌旗，遮映山川；夜设火鼓，震明天地。玄德县中，止有五千余人，也只得勉强出县，布阵安营。忽报吕布引兵离县一里、西南上扎下营寨。纪灵知吕布领兵来救刘备，急令人致书于吕布，责其无信。布笑曰："我有一计，使袁、刘两家都不怨我。"乃发使往纪灵、刘备寨中，请二人饮宴。玄德闻布相请，即便欲往。关、张曰："兄长不可去。吕布必有异心。"玄德曰："我待彼不薄，彼必不害我。"遂上马而行。关、张随往，到吕布寨中，入见。布曰："吾今特解公之危。异日得志，不可相忘！"玄德称谢。布请玄德坐。关、张按剑立于背后。人报纪灵到，玄德大惊，欲避之。布曰："吾特请你二人来会议，勿得生疑。"玄德未知其意，心下不安。

纪灵下马入寨，却见玄德在帐上坐，大惊，抽身便回。左右留之不住。吕布向前一把扯回，如提童稚。灵曰："将军欲杀纪灵耶？"布曰："非也。"灵曰："莫非杀大耳儿乎？"布曰："亦非也。"灵曰："然则为何？"布曰："玄德与布乃兄弟也，今为将军所困，故来救之。"灵曰："若此则杀灵也？"布曰："无有此理。布平生不好斗，惟好解斗。吾今为两家解之。"灵曰："请问解之之法？"布曰："我有一法，从天所决。"乃拉灵入帐与玄德相见。二人各怀疑忌。布乃居中坐，使灵居左，备居右，且教设宴行酒。酒行数巡，布曰："你两家看我面上，俱各罢兵。"玄德无语。灵曰："吾奉主公之命，提十万之兵，专捉刘备，如何罢得？"张飞大怒，拔剑在手。叱曰："吾虽兵少，觑汝辈如儿戏耳！你比百万黄巾何如？你敢伤我哥哥！"关公急止之曰："且看吕将军如何主意，那时各回营寨厮杀未迟。"吕布曰："我请你两家解斗，须不教你厮杀！"这边纪灵不忿，那边张飞只要厮杀。布大怒，教左右："取我戟来。"布提画戟在手，纪灵、玄德尽皆失色。布曰："我劝你两家不要厮杀，尽在天命。"令左右接过画戟，去辕门外远远插定。乃回顾纪灵、玄德曰："辕门离中军一百五十步，吾若一箭射中戟小枝，你两家罢兵，如射不中，你各自回营，安排厮杀。有不从吾言者，并力拒之。"纪灵私忖："戟在一百五十步之外，安能便中？且落得应允。待其不中，那时凭我厮杀。"便一口许诺。玄德自无不允。布都教坐，再各饮一杯酒。酒毕，布教取弓箭来。玄德暗祝曰："只愿他射得中便好！"只见吕布挽起袍袖，搭上箭，扯满弓，叫一声："着！"正是：弓开如秋月行天，箭去似流星落地，一箭正中画戟小枝。帐上帐下将校，齐声喝采。后人有诗赞之曰："温侯神射世间稀，曾向辕门独解危。落日果然欺后羿，号猿直欲胜由基。虎筋弦响弓开处，雕羽翅飞箭到时。豹子尾摇穿画戟，雄兵十万脱征衣。"

当下吕布射中画戟小枝，呵呵大笑，掷弓于地，执纪灵、玄德之手曰："此天令你两家罢兵也！"喝教军士："斟酒来！"各饮一大觥。"玄德暗称惭愧。纪灵默然半晌，告布曰："将军之言，不敢不听；奈纪灵回去，主人如何肯信？"布曰："吾自作书复之便了。"酒又数巡，纪灵求书先回。布谓玄德曰："非我则公危矣。玄德拜谢，与关、张回。次日，三处军马都散。不说玄德入小沛，吕布归徐州。却说纪灵回淮南见袁术，说吕布辕门射戟解和之事，呈上书信。袁术大怒曰："吕布受吾许多粮米，反以此儿戏之事，偏护刘备。吾当自提重兵，亲征刘备，兼讨吕布！"纪灵曰："主公不可造次。吕布勇力过人，兼有徐州之地；若布与备首尾相连，不易图也。吴闻布妻严氏有一女，年已及笄。主公有一子，可令人求亲于布，布若嫁女于主公，必杀刘备：此乃疏不间亲之计也。"袁术从之，即日遣韩胤为媒，赍礼物往徐州求亲。

胤到徐州见布，称说："主公仰慕将军，欲求令爱为儿妇，永结秦晋之好。"布入谋于妻严氏。原来吕布有二妻一妾：先娶严氏为正妻，后娶貂蝉为妾；及居小沛时，又娶曹豹之女为次妻。曹氏先亡无出，貂蝉亦无所出，惟严氏生一女，布最钟爱。当下严氏对布曰："吾闻袁公路久镇淮南，兵多粮广，早晚将为天子。若成大事，则吾女有后妃之望。只不知他有几子？"布曰："止有一子。"妻曰："既如此，即当许之。纵不为皇后，吾徐州亦无忧矣。"布意遂决，厚款韩胤，许了亲事。韩胤回报袁术。术即备聘礼，仍令韩胤送至徐州。吕布受了、设席相待，留于馆驿安歇。

次日，陈宫竟往馆驿内拜望韩胤。讲礼毕，坐定。宫乃叱退左右，对胤曰："谁献此计，教袁公与奉先联姻？意在取刘玄德之头乎？"胤失惊，起谢曰："乞公台勿泄！"宫曰："吾自不泄，只恐其事若迟，必被他人识破，事将中变。"胤曰："然则奈何？愿公教之。"宫曰："吾见奉先，使其即日送女就亲，何如？"胤大喜，称谢曰："若如此，袁公感佩明德不浅矣！"宫遂辞别韩胤。入见吕布曰："闻公女许嫁袁公路，甚善。但不知于何日结亲？"布曰："尚容徐议。"宫曰："古者自受聘成婚之期，各有定例：天子一年，诸侯半年，大夫一季，庶民一月。"布曰："袁公路天赐国室，早晚当为帝，今从天子例，可乎？"宫曰："不可。"布曰："然则仍从诸侯例？"宫曰："亦不可。"布曰："然则将从卿大夫例矣？"宫曰："亦不可。"布笑曰："公岂欲吾依庶民例耶？"宫曰："非也"。布曰："然则公意欲如何？"宫曰："方今天下诸侯，互相争雄；今公与袁公路结亲，诸侯保无有嫉妒者乎？若复远择吉期，或竟乘我良辰，伏兵半路以夺之，如之奈何？为今之计：不许便休；既已许之。当趁诸侯未知之时，即便送女到寿春，另居别馆，然后择吉成亲，万无一失也。"布喜曰："公台之言甚当。"遂入告严氏。连夜具办妆奁，收拾宝马香车，令宋宪、魏续一同韩胤送女前去。鼓乐喧天，送出城外。

时陈元龙之父陈珪，养老在家，闻鼓乐之声，遂问左右。左右告以故。珪曰："此乃疏不间亲之计也。玄德危矣。"遂扶病来见吕布。布曰："大夫何来？"珪曰："闻将军死至，特来吊丧。"布惊曰："何出此言？"珪曰："前者袁公路以金帛送公，欲杀刘玄德，而公以射戟解之；今忽来求亲，其意盖欲以公女为质，随后就来攻玄德而取小沛。小沛亡，徐州危矣。且彼或来借粮，或来借兵：公若应之，是疲于奔命，而又结怨于人；若其不允，是弃亲而启兵端也。况闻袁术有称帝之意，是造反也。彼若造反，则公乃反贼亲属矣，得无为天下所不容乎？"布大惊曰："陈宫误我！"急命张辽引兵，追赶至三十里之外，将女抢归；连韩胤都拿回监禁，不放归去。却令人回复袁术，只说女儿妆奁未备，俟备毕便自送来。陈珪又说吕布，使解韩胤赴许都。布犹豫未决。

忽人报："玄德在小沛招军买马，不知何意。"布曰："此为将者本分事，何足为怪。"正话间，宋宪、魏续至，告布曰："我二人奉明公之命，往山东买马，买得好马三百余匹；回至沛县界首，被强寇劫去一半。打听得是刘备之弟张飞，诈妆出贼，抢劫马匹去了。”吕布听了大怒，随即点兵往小沛来斗张飞。玄德闻知大惊，慌忙领兵出迎。两阵圆处，玄德出马曰：“兄长何故领兵到此？”布指骂曰：“我辕门射戟，救你大难，你何故夺我马匹？”玄德曰：“备因缺马，令人四下收买，安敢夺兄马匹。”布曰：“你便使张飞夺了我好马一百五十匹，尚自抵赖！”张飞挺枪出马曰：“是我夺了你好马！你今待怎么？”布骂曰：“环眼贼！你累次渺视我！”飞曰：“我夺你马你便恼，你夺我哥哥的徐州便不说了！”布挺戟出马来战张飞，飞亦挺枪来迎。两个酣战一百余合，未见胜负。玄德恐有疏失，急鸣金收军入城。吕布分军四面围定。玄德唤张飞责之曰：“都是你夺他马匹，惹起事端！如今马匹在何处？”飞曰：“都寄在各寺院内。”玄德随令人出城，至吕布营中，说情愿送还马匹，两相罢兵。布欲从之。陈宫曰：“今不杀刘备，久后必为所害。”布听之，不从所请，攻城愈急。玄德与糜竺、孙乾商议。孙乾曰：“曹操所恨者，吕布也。不若弃城走许都，投奔曹操，借军破布，此为上策。”玄德曰：“谁可当先破围而出？”飞曰：“小弟情愿死战！”玄德令飞在前，云长在后；自居于中，保护老小。当夜三更，乘着月明，出北门而走。正遇宋宪、魏续，被翼德一阵杀退，得出重围。后而张辽赶来，关公敌住。吕布见玄德去了，也不来赶，随即入城安民，令高顺守小沛，自己仍回徐州去了。

却说玄德前奔许都，到城外下寨，先使孙乾来见曹操，言被吕布追逼。特来相投。操曰：“玄德与吾，兄弟也。”便请入城相见。次日，玄德留关、张在城外，自带孙乾、糜竺入见操。操待以上宾之礼。玄德备诉吕布之事，操曰：“布乃无义之辈，吾与贤弟并力诛之。”玄德称谢。操设宴相待，至晚送出。荀彧入见曰：“刘备，英雄也。今不早图，后必为患。”操不答。彧出，郭嘉入。操曰：“荀彧劝我杀玄德，当如何？”嘉曰：“不可。主公兴义兵，为百姓除暴，惟仗信义以招俊杰，犹惧其不来也；今玄德素有英雄之名，以困穷而来投，若杀之，是害贤也。天下智谋之士，闻而自疑，将裹足不前，主公谁与定天下乎？夫除一人之患，以阻四海之望：安危之机不可不察。”操大喜曰：“君言正合吾心。”次日，即表荐刘备领豫州牧。程昱谏曰：“刘备终不为人之下，不如早图之。”操曰：“方今正用英雄之时，不可杀一人而失天下之心。此郭奉孝与吾有同见也。”遂不听昱言，以兵三千、粮万斛送与玄德，使往豫州到任。进兵屯小沛，招集原散之兵，攻吕布。玄德至豫州，令人约会曹操。操正欲起兵，自往征吕布，忽流星马报说张济自关中引兵攻南阳，为流矢所中而死；济侄张绣统其众，用贾诩为谋士，结连刘表，屯兵宛城，欲兴兵犯阙夺驾。操大怒，欲兴兵讨之，又恐吕布来侵许都，乃问计于荀彧。彧曰：“此易事耳。吕布无谋之辈，见利必喜；明公可遣使往徐州，加官赐赏，令与玄德解和。布喜，则不思远图矣。”操曰：“善。”遂差奉军都尉王则，赍官诰并和解书，往徐州去讫。一面起兵十五万，亲讨张绣。分军三路而行，以夏侯惇为先锋。军马至淯水下寨。贾诩劝张绣曰：“操兵势大，不可与敌，不如举众投降。”张绣从之，使贾诩至操寨通款。操见诩应对如流，甚爱之，效用为谋士。诩曰：“某昔从李傕，得罪天下；今从张绣，言听计从，不忍弃之。”乃辞去。次日引绣来见操，操待之甚厚。引兵入宛城屯扎，余军分屯城外，寨栅联络十余里。一住数日，绣每日设宴请操。

一日操醉，退入寝所，私问左右曰：“此城中有妓女否？”操之兄子曹安民，知操意，乃密对曰：“昨晚小侄窥见馆舍之侧，有一妇人，生得十分美丽，问之，即绣叔张济之妻也。”操闻言，便令安民领五十甲兵往取之。须臾，取到军中。操见之，果然美丽。问其姓，妇答曰：“妾乃张济之妻邹氏也。”操曰：“夫人识吾否？”邹氏曰：“久闻丞相威名，今夕幸得瞻拜。”操曰：“吾为夫人故，特纳张绣之降；不然灭族矣。”邹氏拜曰：“实感再生之恩。”操曰：“今日得见夫人，乃天幸也。今宵愿同枕席，随吾还都，安享富贵，何如？”邹氏拜谢。是夜，共宿于帐中。邹氏曰：“久住城中，绣必生疑，亦恐外人议论。”操曰：“明日同夫人去寨中住。”次日，移于城外安歇，唤典韦就中军帐房外宿卫。他人非奉呼唤，不许辄入。因此，内外不通。操每日与邹氏取乐，不想归期。

张绣家人密报绣。绣怒曰：“操贼辱我太甚！”便请贾诩商议。诩曰：“此事不可泄漏。来日等操出帐议事，如此如此。”次日，操坐帐中，张绣入告曰：“新降兵多有逃亡者，乞移屯中军。”操许之。绣乃移屯其军。分为四寨，刻期举事。因畏典韦勇猛，急切难近，乃与偏将胡车儿商议。那胡车儿力能负五百斤，日行七百里，亦异人也。当下献计于绣曰：“典韦之可畏者，双铁戟耳。主公明日可请他来吃酒，使尽醉而归。那时某便混入他跟来军士数内，偷入帐房，先盗其戟，此人不足畏矣。”绣甚喜，预先准备弓箭、甲兵，告示各寨。至期，令贾诩致意请典韦到寨，殷勤待酒。至晚醉归，胡车儿杂在众人队里，直入大寨。是夜曹操于帐中与邹氏饮酒，忽听帐外人言马嘶。操使人观之。回报是张绣军夜巡，操乃不疑。时近二更，忽闻寨内呐喊，报说草车上火起。操曰：“军人失火，勿得惊动。”须臾，四下里火起。操始着忙，急唤典韦。韦方醉卧，睡梦中听得金鼓喊杀之声，便跳起身来，却寻不见了双戟。时敌兵已到辕门，韦急掣步卒腰刀在手。只见门首无数军马，各挺长枪，抢入寨来。韦奋力向前，砍死二十余人。马军方退，步军又到，两边枪如苇列。韦身无片甲，上下被数十枪，兀自死战。刀砍缺不堪用，韦即弃刀，双手提着两个军人迎敌，击死者八九人，群贼不敢近，只远远以箭射之，箭如骤雨。韦犹死拒寨门。争奈寨后贼军已入，韦背上又中一枪，乃大叫数声，血流满地而死。死了半晌，还无一人敢从前门而入者。

却说曹操赖典韦当住寨门，乃得从寨后上马逃奔，只有曹安民步随。操右臂中了一箭，马亦中了三箭。亏得那马是大宛良马，熬得痛，走得快。刚刚走到清水河边，贼兵追至，安民被砍为肉泥。操急骤马冲波过河，才上得岸，贼兵一箭射来，正中马眼，那马扑地倒了。操长子曹昂，即以己所乘之马奉操。操上马急奔。曹昂却被乱箭射死。操乃走脱。路逢诸将，收集残兵。时夏侯惇所领青州之兵，乘势下乡，劫掠民家，平虏校尉于禁，即将本部军于路剿杀，安抚乡民。青州兵走回，迎操泣拜于地，言于禁造反，赶杀青州军马。操大惊。须臾，夏侯惇、许褚、李典；乐进都到。操言于禁造反，可整兵迎之，却说于禁见操等俱到，乃引军射住阵角，凿堑安营。或告之曰：“青州军言将军造反，今丞相已到，何不分辩，乃先立营寨耶？”于禁曰：“今贼追兵在后，不时即至；若不先准备，何以拒敌？分辩小事，退敌大事。”

安营方毕，张绣军两路杀至。于禁身先出寨迎敌。绣急退兵。左右诸将，见于禁向前，各引兵击之，绣军大败，追杀百余里。绣势穷力孤，引败兵投刘表去了。曹操收军点将，于禁入见，备言青州之兵，肆行劫掠，大失民望，某故杀之。操曰：“不告我，先下寨，何也？”禁以前言对。操曰：“将军在匆忙之中，能整兵坚垒，任谤任劳，使反败为胜，虽古之名将，何以加兹！”乃赐以金器一副，封益寿亭侯；责夏侯惇治兵不严之过。又设祭祭典韦，操亲自哭而奠之，顾谓诸将曰：“吾折长子、爱侄，俱无深痛；独号泣典韦也！”众皆感叹，次日下令班师。不说曹操还兵许都。且说王则赍诏至徐州，布迎接入府，开读诏书：封布为平东将军，特赐印绶。又出操私书，王则在吕布面前极道曹公相敬之意。布大喜。忽报袁术遣人至，布唤入问之。使言：“袁公早晚即皇帝位，立东宫，催取皇妃早到淮南。”布大怒曰：“反贼焉敢如此！”遂杀来使，将韩胤用枷钉了，遣陈登赍谢表，解韩胤一同王则上许都来谢恩。且答书于操，欲求实授徐州牧。操知布绝婚袁术，大喜，遂斩韩胤于市曹。陈登密谏操曰：“吕布，豺狼也，勇而无谋，轻于去就，宜早图之。”操曰：“吾素知吕布狼子野心，诚难久养。非公父子莫能究其情，公当与吾谋之。”登曰：“丞相若有举动，某当为内应。”操喜，表赠陈珪秩中二千石，登为广陵太守。登辞回，操执登手曰：“东方之事，便以相付。”登点头允诺。回徐州见吕布，布问之，登言：“父赠禄，某为太守。”布大怒曰："汝不为吾求徐州牧，而乃自求爵禄！汝父教我协同曹公，绝婚公路，今吾所求，终无一获；而汝父子俱各显贵，吾为汝父子所卖耳！"遂拔剑欲斩之。登大笑曰："将军何其不明之甚也！"布曰："吾何不明？"登曰："吾见曹公，言养将军譬如养虎，当饱其肉，不饱则将噬人。曹公笑曰：'不如卿言。吾待温侯，如养鹰耳：狐兔未息，不敢先饱，饥则为用，饱则飏去。'某问谁为狐兔，曹公曰：'淮南袁术；江东孙策、冀州袁绍、荆襄刘表、益州刘璋、汉中张鲁，皆狐兔也。'"布掷剑笑曰："曹公知我也！"正说话间，忽报袁术军取徐州。吕布闻言失惊。正是：秦晋未谐吴越斗，婚姻惹出甲兵来。毕竟后事如何，且听下文分解。

第十七回 袁公路大起七军 曹孟德会合三将

却说袁术在淮南，地广粮多，又有孙策所质玉玺，遂思僭称帝号；大会群下议曰："昔汉高祖不过泗上一亭长，而有天下；今历年四百，气数已尽，海内鼎沸。吾家四世三公，百姓所归；吾效应天顺人，正位九五。尔众人以为何如？"主簿阎象曰："不可。昔周后稷积德累功，至于文王，三分天下有其二，犹以服事殷。明公家世虽贵，未若有周之盛；汉室虽微，未若殷纣之暴也。此事决不可行。"术怒曰："吾袁姓出于陈。陈乃大舜之后。以土承火，正应其运。又谶云：代汉者，当涂高也。吾字公路，正应其谶。又有传国玉玺。若不为君，背天道也。吾意已决，多言者斩！"遂建号仲氏，立台省等官，乘龙凤辇，祀南北郊，立冯方女为后，立子为东宫。因命使催取吕布之女为东宫妃，却闻布已将韩胤解赴许都，为曹操所斩，乃大怒；遂拜张勋为大将军，统领大军二十余万，分七路征徐州：第一路大将张勋居中，第二路上将桥蕤居左，第三路上将陈纪居右，第四路副将雷薄居左，第五路副将陈兰居右，第六路降将韩暹居左，第七路降将杨奉居右。各领部下健将，克日起行。命兖州刺史金尚为太尉，监运七路钱粮。尚不从，术杀之。以纪灵为七路都救应使。术自引军三万，使李丰、梁刚、乐就为催进使，接应七路之兵。

吕布使人探听得张勋一军从大路径取徐州，桥蕤一军取小沛，陈纪一军取沂都，雷薄一军取琅琊，陈兰一军取碣石，韩暹一军取下邳，杨奉一军取浚山：七路军马，日行五十里，于路劫掠将来。乃急召众谋士商议，陈宫与陈珪父子俱至。陈宫曰："徐州之祸，乃陈珪父子所招，媚朝廷以求爵禄，今日移祸于将军。可斩二人之头献袁术，其军自退。"布听其言，即命擒下陈珪、陈登。陈登大笑曰："何如是之懦也？吾观七路之兵，如七堆腐草，何足介意！"布曰："汝若有计破敌、免汝死罪。"陈登曰："将军若用老夫之言，徐州可保无虞。"布曰："试言之。"登曰："术兵虽众，皆乌合之师，素不亲信；我以正兵守之，出奇兵胜之，无不成功。更有一计，不止保安徐州，并可生擒袁术。"布曰："计将安出？"登曰："韩暹、杨奉乃汉旧臣，因惧曹操而走，无家可依，暂归袁术；术必轻之，彼亦不乐为术用。若凭尺书结为内应，更连刘备为外合，必擒袁术矣。"布曰："汝须亲到韩暹、杨奉处下书。"陈登允诺。布乃发表上许都，并致书与豫州，然后令陈登引数骑，先于下邳道上候韩暹。退引兵至，下寨毕，登入见。暹问曰："汝乃吕布之人，来此何干？"登笑曰："某为大汉公卿，何谓吕布之人？若将军者，向为汉臣，今乃为叛贼之臣，使昔日关中保驾之功，化为乌有，窃为将军不取也。且袁术性最多疑，将军后必为其所害。今不早图，悔之无及！"暹叹曰："吾欲归汉，恨无门耳。"登乃出布书。暹览书毕曰："吾已知之。公先回。吾与杨将军反戈击之。但看火起为号，温侯以兵相应可也。"登辞暹，急回报吕布。

布乃分兵五路，高顺引一军进小沛，敌桥蕤；陈宫引一军进沂都，敌陈纪；张辽、臧霸引一军出琅琊，敌雷薄；宋宪、魏续引一军出碣石，敌陈兰；吕布自引一军出大道，敌张勋。各领军一万，余者守城。吕布出城三十里下寨。张勋军到，料敌吕布不过，且退二十里屯住，待四下兵接应。

是夜二更时分，韩暹、杨奉分兵到处放火，接应吕家军入寨。勋军大乱。吕布乘势掩杀，张勋败走。吕布赶到天明，正撞纪灵接应。两军相迎，恰待交锋，韩暹、杨奉两路杀来。纪灵大败而走，吕布引兵追杀。山背后一彪军到，门旗开处，只见一队军马，打龙凤日月旗幡，四斗五方旌帜，金瓜银斧，黄钺白旄，黄罗销金伞盖之下，袁术身披金甲，腕悬两刀，立于阵前，大骂："吕布，背主家奴！"布怒，挺戟向前。术将李丰挺枪来迎；战不三合，被布刺伤其手，丰弃枪而走。吕布麾兵冲杀，术军大乱。吕布引军从后追赶，抢夺马匹衣甲无数。袁术引着败军，走不上数里，山背后一彪军出，截住去路。当先一将乃关云长也，大叫："反贼！还不受死！"袁术慌走，余众四散奔逃，被云长大杀了一阵。袁术收拾败军，奔回淮南去了。吕布得胜，邀请云长并杨奉、韩暹等一行人马到徐州，大排筵宴管待，军士都有犒赏。次日，云长辞归。布保韩暹为沂都牧、杨奉为琅琊牧，商议欲留二人在徐州。陈珪曰："不可。韩、杨二人据山东，不出一年，则山东城郭皆属将军也。"布然之，遂送二将暂于沂都、琅琊二处屯扎，以候恩命。陈登私问父曰："何不留二人在徐州，为杀吕布之根？"珪曰："倘二人协助吕布，是反为虎添爪牙也。"登乃服父之高见。

却说袁术败回淮南，遣人往江东问孙策借兵报仇。策怒曰："汝赖吾玉玺，僭称帝号，背反汉室，大逆不道！吾方欲加兵问罪，岂肯反助叛贼乎！"遂作书以绝之。使者赍书回见袁术。术看毕，怒曰："黄口孺子，何敢乃尔！吾先伐之！"长史杨大将力谏方止。却说孙策自发书后，防袁术兵来，点军守住江口。忽曹操使至，拜策为会稽太守，令起兵征讨袁术。策乃商议。便欲起兵。长史张昭曰："术虽新败，兵多粮足，未可轻敌。不如遗书曹操，劝他南征，吾为后应：两军相援，术军必败。万一有失，亦望操救援。"策从其言，遣使以此意达曹操。

却说曹操至许都，思慕典韦，立祀祭之；封其子典满为中郎，收养在府。忽报孙策遣使致书，操览书毕；又有人报袁术乏粮，劫掠陈留。欲乘虚攻之，遂兴兵南征。令曹仁守许都，其余皆从征：马步兵十七万，粮食辎重千余车。一面先发人会合孙策与刘备、吕布。兵至豫州界上，玄德早引兵来迎，操命请入营。相见毕，玄德献上首级二颗。操惊曰："此是何人首级？"玄德曰："此韩暹、杨奉之首级也。"操曰："何以得之？"玄德曰："吕布令二人权住沂都、琅琊两县。不意二人纵兵掠民，人人嗟怨。因此备乃说一宴，诈请议事：饮酒间，掷盏为号，使关、张二弟杀之，尽降其众。今特来请罪。"操曰："君为国家除害，正是大功，何言罪也？"遂厚劳玄德，合兵到徐州界。吕布出迎，操善言抚慰，封为左将军，许于还都之时，换给印绶。布大喜。操即分吕布一军在左，玄德一军在右，自统大军居中，令夏侯惇、于禁为先锋。

袁术知操兵至，令大将桥蕤引兵五万作先锋。两军会于寿春界口。桥蕤当先出马，与夏侯惇战不三合，被夏侯惇搠死。术军大败，奔走回城。忽报孙策发船攻江边西面，吕布引兵攻东面，刘备、关、张引兵攻南面，操自引兵十七万攻北面。术大惊，急聚众文武商议。杨大将曰："寿春水旱连年，人皆缺食；今又动兵扰民，民既生怨，兵至难以拒敌。不如留军在寿春，不必与战；待彼兵粮尽，必然生变。陛下且统御林军渡淮，一者就熟，二者暂避其锐。"术用其言，留李丰、乐就、梁刚、陈纪四人分兵十万，坚守寿春；其余将卒并库藏金玉宝贝，尽数收拾过淮去了。

却说曹兵十七万，日费粮食浩大，诸郡又荒旱，接济不及。操催军速战，李丰等闭门不出。操军相拒月余，粮食将尽，致书于孙策，借得粮米十万斛，不敷支散。管粮官任峻部下仓官王垕人禀操曰："兵多粮少，当如之何？"操曰："可将小斛散之，权且救一时之急。"垕曰："兵士倘怨，如何？"操曰："吾自有策。"垕依命，以小斛分散。操暗使人各寨探听，无不嗟怨，皆言丞相欺众。操乃密召王垕入曰："吾欲问汝借一物，以压众心，汝必勿吝。"垕曰："丞相欲用何物？"操曰："欲借汝头以示众耳。"垕大惊曰："某实无罪！"操曰："吾亦知汝无罪，但不杀汝，军必变矣。汝死后，汝妻子吾自养之，汝勿虑也。"垕再欲言时，操早呼刀斧手推出门外，一刀斩讫，悬头高竿，出榜晓示曰："王垕故行小斛，盗窃官粮，谨按军法。"于是众怨始解。

次日，操传令各营将领："如三日内不并力破城，皆斩！"操亲自至城下，督诸军搬土运石，填壕塞堑。城上矢石如雨，有两员裨将畏避而回，操掣剑亲斩于城下，遂自下马接土填坑。于是大小将士无不向前，军威大振。城上抵敌不住，曹兵争先上城，斩关落锁，大队拥入。李丰、陈纪、乐就、梁刚都被生擒，操令皆斩于市。焚烧伪造宫室殿宇、一应犯禁之物；寿春城中，收掠一空。商议欲进兵渡淮，追赶袁术。荀彧谏曰："年来荒旱，粮食艰难，若更进兵，劳军损民，未必有利。不若暂回许都，将来春麦熟，军粮足备，方可图之。"操踌躇未决。忽报马到，报说："张绣依托刘表，复肆猖獗、南阳、江陵诸县复反；曹洪拒敌不住，连输数阵，今特来告急。"操乃驰书与孙策，令其跨江布阵，以为刘表疑兵，使不敢妄动；自己即日班师，别议征张绣之事。临行，令玄德仍屯兵小沛，与吕布结为兄弟，互相救助，再无相侵。吕布领兵自回徐州。操密谓玄德曰："吾令汝屯兵小沛。是掘坑待虎之计也。公但与陈珪父子商议，勿致有失。某当为公外援。"话毕而别。却说曹操引军回许都，人报段煨杀了李傕，伍习杀了郭汜，将头来献。段煨并将李傕合族老小二百余口活解入许都。操令分于各门处斩，传首号令，人民称快。天子升殿，会集文武，作太平筵宴。封段煨为荡寇将军、伍习为殄虏将军，各引兵镇守长安。二人谢恩而去。操即奏张绣作乱，当兴兵伐之。天子乃亲排銮驾。送操出师。时建安三年夏四月也。

操留荀彧在许都，调遣兵将，自统大军进发。行军之次，见一路麦已熟；民因兵至，逃避在外，不敢刈麦。操使人远近遍谕村人父老，及各处守境官吏曰："吾奉天子明诏，出兵讨逆，与民除害。方今麦熟之时，不得已而起兵，大小将校，凡过麦田，但有践踏者，并皆斩首。军法甚严，尔民勿得惊疑。"百姓闻谕，无不欢喜称颂，望尘遮道而拜。官军经过麦田，皆下马以手扶麦，递相传送而过，并不敢践踏。操乘马正行，忽田中惊起一鸠。那马眼生，窜入麦中，践坏了一大块麦田。操随呼行军主簿，拟议自己践麦之罪。主簿曰："丞相岂可议罪？"操曰："吾自制法，吾自犯之，何以服众？"即掣所佩之剑欲自刎。众急救住。郭嘉曰："古者《春秋》之义：法不加于尊。丞相总统大军，岂可自戕？"操沉吟良久，乃曰："既《春秋》有法不加于尊之义，吾姑免死。"乃以剑割自己之发，掷于地曰："割发权代首。"使人以发传示三军曰："丞相践麦，本当斩首号令，今割发以代。"于是三军悚然，无不懔遵军令。后人有诗论之曰："十万貔貅十万心，一人号令众难禁。拔刀割发权为首，方见曹瞒诈术深。"

却说张绣知操引兵来，急发书报刘表，使为后应；一面与雷叙、张先二将领兵出城迎敌。两阵对圆，张绣出马，指操骂曰："汝乃假仁义无廉耻之人，与禽兽何异！"操大怒，令许褚出马。绣令张先接战。只三合，许褚斩张先于马下，绣军大败。操引军赶至南阳城下。绣入城，闭门不出。操围城攻打，见城壕甚阔，水势又深，急难近城。乃令军士运土填壕；又用土布袋并柴薪草把相杂，于城边作梯凳；又立云梯窥望城中；操自骑马绕城观之，如此三日。传令教军士于西门角上，堆积柴薪，会集诸将，就那里上城。城中贾诩见如此光景，便谓张绣曰："某已知曹操之意矣。今可将计就计而行。"正是：强中自有强中手，用诈还逢识诈人。不知其计若何，且听下文分解。

第十八回 贾文和料敌决胜 夏侯惇拨矢啖睛

却说贾诩料知曹操之意，便欲将计就计而行，乃谓张绣曰："某在城上见曹操绕城而观者三日。他见城东南角砖土之色，新旧不等，鹿角多半毁坏，意将从此处攻进，却虚去西北上积草，诈为声势，欲哄我撤兵守西北，彼乘夜黑必爬东南角而进也。"绣曰："然则奈何？"诩曰："此易事耳。来日可令精壮之兵，饱食轻装，尽藏于东南房屋内，却教百姓假扮军士，虚守西北。夜间任他在东南角上爬城。俟其爬进城时，一声炮响，伏兵齐起，操可擒矣。"绣喜，从其计。

早有探马报曹操，说张绣尽撤兵在西北角上，呐喊守城，东南却甚空虚。操曰："中吾计矣！"遂命军中密备锹钁爬城器具。日间只引军攻西北角。至二更时分，却领精兵于东南角上爬过壕去，砍开鹿角。城中全无动静，众军一齐拥入。只听得一声炮响，伏兵四起。曹军急退，背后张绣亲驱勇壮杀来。曹军大败，退出城外，奔走数十里。张绣直杀至天明方收军入城。曹操计点败军，折兵五万余人，失去辎重无数。吕虔、于禁俱各被伤。却说贾诩见操败走，急劝张绣遗书刘表，使起兵截其后路。表得书，即欲起兵。忽探马报孙策屯兵湖口。蒯良曰："策屯兵湖口，乃曹操之计也。今操新败，若不乘势击之，后必有患。"表乃令黄祖坚守隘口，自己统兵至安众县截操后路；一面约会张绣。绣知表兵已起，即同贾诩引兵袭操。

且说操军缓缓而行，至襄城，到淯水，操忽于马上放声大哭。众惊问其故，操曰："吾思去年于此地折了吾大将典韦，不由不哭耳！"因即下令屯住军马，大设祭筵，吊奠典韦亡魂。操亲自拈香哭拜，三军无不感叹。祭典韦毕，方祭侄曹安民及长子曹昂，并祭阵亡军士；连那匹射死的大宛马，也都致祭。次日，忽荀彧差人报说："刘表助张绣屯兵安众，截吾归路。"操答彧书曰："吾日行数里，非不知贼来追我；然吾计划已定，若到安众，破绣必矣。君等勿疑。"便催军行至安众县界。刘表军已守险要，张绣随后引军赶来。操乃令众军黑夜凿险开道，暗伏奇兵。及天色微明，刘表、张绣军会合，见操兵少，疑操遁去，俱引兵入险击之。操纵奇兵出，大破两家之兵。曹兵出了安众隘口，于隘外下寨。刘表、张绣各整败兵相见。表曰："何期反中曹操奸计！"绣曰："容再图之。"于是两军集于安众。且说荀彧探知袁绍欲兴兵犯许都，星夜驰书报曹操。操得书心慌，即日回兵。细作报知张绣，绣欲追之。贾诩曰："不可追也，追之必败。"刘表曰："今日不追，坐失机会矣。"力劝绣引军万余同往追之。约行十余里，赶上曹军后队。曹军奋力接战，绣、表两军大败而还。绣谓诩曰："不用公言，果有此败。"诩曰："今可整兵再往追之。"绣与表俱曰："今已败，奈何复追？"诩曰："今番追去，必获大胜；如其不然，请斩吾首。"绣信之。刘表疑虑，不肯同往。绣乃自引一军往追。操兵果然大败，军马辎重，连路散弃而走。绣正往前追赶。忽山后一彪军拥出。绣不敢前追，收军回安众。刘表问贾诩曰："前以精兵追退兵，而公曰必败；后以败卒击胜兵，而公曰必克：究竟悉如公言。何其事不同而皆验也？愿公明教我。"诩曰："此易知耳。将军虽善用兵，非曹操敌手。操军虽败，必有劲将为后殿，以防追兵；我兵虽锐，不能敌之也：故知必败。夫操之急于退兵者，必因许都有事；既破我追军之后，必轻车速回，不复为备；我乘其不备而更追之：故能胜也。"刘表、张绣俱服其高见。诩劝表回荆州，绣守襄城，以为唇齿。两军各散。且说曹操正行间，闻报后军为绣所追，急引众将回身救应，只见绣军已退。败兵回告操曰："若非山后这一路人马阻住中路，我等皆被擒矣。"操急问何人。那人绰枪下马，拜见曹操，乃镇威中郎将，江夏平春人，姓李，名通，字文达。操问何来。通曰："近守汝南，闻丞相与张绣、刘表战，特来接应。"操喜，封之为建功侯，守汝南西界，以防表、绣。李通拜谢而去。操还许都，表奏孙策有功，封为讨逆将军，赐爵吴侯，遣使赍诏江东，谕令防剿刘表。

操回府，众官参见毕，荀彧问曰："丞相缓行至安众，何以知必胜贼兵？"操曰："彼退无归路，必将死战，吾缓诱之而暗图之，是以知其必胜也。"荀彧拜服。郭嘉入，操曰："公来何暮也？"嘉袖出一书，白操曰："袁绍使人致书丞相，言欲出兵攻公孙瓒，特来借粮借兵。"操曰："吾闻绍欲图许都，今见吾归，又别生他议。"遂拆书观之。见其词意骄慢，乃问嘉曰："袁绍如此无状，吾欲讨之，恨力不及，如何？"嘉曰："刘、项之不敌，公所知也。高祖惟智胜，项羽虽强，终为所擒。今绍有十败，公有十胜，绍兵虽盛，不足惧也：绍繁礼多仪，公体任自然，此道胜也；绍以逆动，公以顺率，此义胜也；桓、灵以来，政失于宽，绍以宽济，公以猛纠，此治胜也；绍外宽内忌，所任多亲戚，公外简内明，用人惟才，此度胜也；绍多谋少决，公得策辄行，此谋胜也；绍专收名誉，公以至诚待人，此德胜也；绍恤近忽远，公虑无不周，此仁胜也；绍听谗惑乱，公浸润不行，此明胜也；绍是非混淆，公法度严明，此文胜也；绍好为虚势，不知兵要，公以少克众，用兵如神，此武胜也。公有此十胜，于以败绍无难矣。"操笑曰："如公所言，孤何足以当之！"荀彧曰："郭奉孝十胜十败之说，正与愚见相合。绍兵虽众，何足惧耶！"嘉曰："徐州吕布，实心腹大患。今绍北征公孙瓒，我当乘其远出，先取吕布，扫除东南，然后图绍，乃为上计；否则我方攻绍，布必乘虚来犯许都，为害不浅也。"操然其言，遂议东征吕布。荀彧曰："可先使人往约刘备，待其回报，方可动兵。"操从之，一面发书与玄德，一面厚遣绍使，奏封绍为大将军、太尉，兼都督冀、青、幽、并四州，密书答之云："公可讨公孙瓒。吾当相助。"绍得书大喜，便进兵攻公孙瓒。

且说吕布在徐州，每当宾客宴会之际，陈珪父子必盛称布德。陈宫不悦，乘间告布曰："陈珪父子面谀将军，其心不可测，宜善防之。"布怒叱曰："汝无端献谗，欲害好人耶？"宫出叹曰："忠言不入，吾辈必受殃矣！"意欲弃布他往，却又不忍；又恐被人嗤笑。乃终日闷闷不乐。一日，带领数骑去小沛地面围猎解闷，忽见官道上一骑驿马，飞奔前去。宫疑之，弃了围场，引从骑从小路赶上，问曰："汝是何处使命？"那使者知是吕布部下人，慌不能答。陈宫令搜其身，得玄德回答曹操密书一封。宫即连人与书，拿见吕布。布问其故。来使曰："曹丞相差我往刘豫州处下书，今得回书，不知书中所言何事。"布乃拆书细看。书略曰："奉明命欲图吕布，敢不夙夜用心。但备兵微将少，不敢轻动。丞相兴大师，备当为前驱。谨严兵整甲，专待钧命。"

吕布见了，大骂曰："操贼焉敢如此！"遂将使者斩首。先使陈宫、臧霸、结连泰山寇孙观、吴敦、尹礼、昌稀，东取山东兖州诸郡。令高顺、张辽取沛城，攻玄德。令宋宪、魏续西取汝、颍。布自总中军为三路救应。

且说高顺等引兵出徐州，将至小沛，有人报知玄德。玄德急与众商议。孙乾曰："可速告急于曹操。"玄德曰："谁可去许都告急？"阶下一人出曰："某愿往。"视之，乃玄德同乡人，姓简，名雍，字宪和，现为玄德幕宾。玄德即修书付简雍，使星夜赴许都求援；一面整顿守城器具。玄德自守南门，孙乾守北门，云长守西门，张飞守东门，令糜竺与其弟糜芳守护中军。原来糜竺有一妹，嫁与玄德为次妻。玄德与他兄弟有郎舅之亲，故令其守中军保护妻小。高顺军至，玄德在敌楼上问曰："吾与奉先无隙，何故引兵至此？"顺曰："你结连曹操，欲害吾主，今事已露，何不就缚！"言讫，便麾军攻城。玄德闭门不出。次日，张辽引兵攻打西门。云长在城上谓之曰："公仪表非俗，何故失身于贼？"张辽低头不语。云长知此人有忠义之气，更不以恶言相加，亦不出战。辽引兵退至东门，张飞便出迎战。早有人报知关公。关公急来东门看时，只见张飞方出城，张辽军已退。飞欲追赶，关公急召入城。飞曰："彼惧而退，何不追之。"关公曰："此人武艺不在你我之下。因我以正言感之，颇有自悔之心，故不与我等战耳。"飞乃悟，只令士卒坚守城门，更不出战。

却说简雍至许都见曹操，具言前事。操即聚众谋士议曰："吾欲攻吕布，不忧袁绍掣肘，只恐刘表、张绣议其后耳。"荀攸曰："二人新破，未敢轻动。吕布骁勇，若更结连袁术，纵横淮、泗，急难图矣。"郭嘉曰："今可乘其初叛，众心未附，疾往击之。"操从其言。即命夏侯惇与夏侯渊、吕虔、李典领兵五万先行，自统大军陆续进发，简雍随行。早有探马报知高顺。顺飞报吕布。布先令侯成、郝萌、曹性引二百余骑接应高顺，使离沛城三十里去迎曹军，自引大军随后接应。玄德在小沛城中见高顺退去，知是曹家兵至，乃只留孙乾守城，糜竺、糜芳守家，自己却与关、张二公，提兵尽出城外，分头下寨，接应曹军。却说夏侯惇引军前进，正与高顺军相遇，便挺枪出马搦战。高顺迎敌。两马相交，战有四五十合，高顺抵敌不住，败下阵来。惇纵马追赶，顺绕阵而走。惇不舍，亦绕阵追之。阵上曹性看见，暗地拈弓搭箭，觑得亲切，一箭射去，正中夏侯惇左目。惇大叫一声，急用手拔箭，不想连眼珠拔出，乃大呼曰："父精母血，不可弃也！"遂纳于口内啖之，仍复挺枪纵马，直取曹性。性不及提防，早被一枪搠透面门，死于马下。两边军士见者，无不骇然。夏侯惇既杀曹性，纵马便回。高顺从背后赶来，麾军齐上，曹兵大败。夏侯渊救护其兄而走。吕虔、李典将败军退去济北下寨。高顺得胜，引军回击玄德。恰好吕布大军亦至，布与张辽、高顺分兵三路，来攻玄德、关、张三寨，正是：啖睛猛将虽能战，中箭先锋难久持。未知玄德胜负如何，且听下文分解。

第十九回 下邳城曹操鏖兵 白门楼吕布殒命

却说高顺引张辽击关公寨，吕布自击张飞寨，关、张各出迎战，玄德引兵两路接应。吕布分军从背后杀来，关、张两军皆溃，玄德引数十骑奔回沛城。吕布赶来，玄德急唤城上军士放下吊桥。吕布随后也到。城上欲待放箭，又恐射了玄德。被吕布乘势杀入城门，把门将士，抵敌不住，都四散奔避。吕布招军入城。玄德见势已急，到家不及，只得弃了妻小，穿城而过，走出西门，匹马逃难，吕布赶到玄德家中，糜竺出迎，告布曰："吾闻大丈夫不废人之妻子。今与将军争天下者，曹公耳。玄德常念辕门射戟之恩，不敢背将军也。今不得已而投曹公，惟将军怜之。"布曰："吾与玄德旧交，岂忍害他妻子。"便令糜竺引玄德妻小，去徐州安置。布自引军投山东兖州境上，留高顺、张辽守小沛。此时孙乾已逃出城外。关、张二人亦各自收得些人马，往山中住扎。

且说玄德匹马逃难，正行间，背后一人赶至，视之乃孙乾也。玄德曰："吾今两弟不知存亡，妻小失散，为之奈何？"孙乾曰："不若且投曹操，以图后计。"玄德依言，寻小路投许都。途次绝粮，尝往村中求食。但到处，闻刘豫州，皆争进饮食。一日，到一家投宿，其家一少年出拜，问其姓名，乃猎户刘安也。当下刘安闻豫州牧至，欲寻野味供食，一时不能得，乃杀其妻以食之。玄值曰："此何肉也？"安曰："乃狼肉也。"玄德不疑，乃饱食了一顿，天晚就宿。至晓将去，往后院取马，忽见一妇人杀于厨下，臂上肉已都割去。玄德惊问，方知昨夜食者，乃其妻之肉也。玄德不胜伤感，洒泪上马。刘安告玄德曰："本欲相随使君，因老母在堂，未敢远行。"玄德称谢而别，取路出梁城。忽见尘头蔽日，一彪大军来到。玄德知是曹操之军，同孙乾径至中军旗下，与曹操相见，具说失沛城、散二弟、陷妻小之事。操亦为之下泪。又说刘安杀妻为食之事，操乃令孙乾以金百两往赐之。

军行至济北，夏侯渊等迎接入寨，备言兄夏侯惇损其一目，卧病未痊。操临卧处视之，令先回许都调理。一面使人打探吕布现在何处。探马回报云："吕布与陈宫、臧霸结连泰山贼寇，共攻兖州诸郡。"操即令曹仁引三千兵打沛城；操亲提大军，与玄德来战吕布。前至山东，路近萧关，正遇泰山寇孙观、吴敦、尹礼、昌豨领兵三万余拦住去路。操令许褚迎战，四将一齐出马。许褚奋力死战，四将抵敌不住，各自败走。操乘势掩杀，追至萧关。探马飞报吕布。

时布已回徐州，欲同陈登往救小沛，令陈珪守徐州。陈登临行，珪谓之曰："昔曹公曾言东方事尽付与汝。今布将败，可便图之。"登曰："外面之事，儿自为之；倘布败回，父亲便请糜竺一同守城，休放布入，儿自有脱身之计。"珪曰："布妻小在此，心腹颇多，为之奈何？"登曰："儿亦有计了。"乃入见吕布曰："徐州四面受敌，操必力攻，我当先思退步：可将钱粮移于下邳，倘徐州被围，下邳有粮可救。主公盍早为计？"布曰："元龙之言甚善。吾当并妻小移去。"遂令宋宪、魏续保护妻小与钱粮移屯下邳；一面自引军与陈登往救萧关。到半路，登曰："容某先到关探曹操虚实，主公方可行。"布许之，登乃先到关上。陈宫等接见。登曰："温侯深怪公等不肯向前，要来责罚"。宫曰："今曹兵势大，未可轻敌。吾等紧守关隘，可劝主公深保沛城，乃为上策。"陈登唯唯。至晚，上关而望，见曹兵直逼关下，乃乘夜连写三封书，拴在箭上，射下关去。次日辞了陈宫，飞马来见吕布曰："关上孙观等皆欲献关，某已留下陈宫守把，将军可于黄昏时杀去救应。"布曰："非公则此关休矣。"便教陈登飞骑先至关，约陈宫为内应，举火为号。登径往报宫曰："曹兵已抄小路到关内，恐徐州有失。公等宜急回。"宫遂引众弃关而走。登就关上放起火来。吕布乘黑杀至，陈宫军和吕布军在黑暗里自相掩杀。曹兵望见号火，一齐杀到，乘势攻击。孙观等各自四散逃避去了。吕布直杀到天明，方知是计；急与陈宫回徐州。到得城边叫门时，城上乱箭射下。糜竺在敌楼上喝曰："汝夺吾主城池，今当仍还吾主，汝不得复入此城也。"布大怒曰："陈珪何在？"竺曰："吾已杀之矣"。布回顾宫曰："陈登安在？"宫曰："将军尚执迷而问此佞贼乎？"布令遍寻军中，却只不见。宫劝布急投小沛，布从之。行至半路，只见一彪军骤至，视之，乃高顺、张辽也。布问之，答曰："陈登来报说主公被围，令某等急来救解。"宫曰："此又佞贼之计也。"布怒曰："吾必杀此贼！"急驱马至小沛。只见小沛城上尽插曹兵旗号。原来曹操已令曹仁袭了城池，引军守把。吕布于城下大骂陈登。登在城上指布骂曰："吾乃汉臣，安肯事汝反贼耶！"布大怒，正待攻城，忽听背后喊声大起，一队人马来到，当先一将乃是张飞。高顺出马迎敌，不能取胜。布亲自接战。正斗间，阵外喊声复起，曹操亲统大军冲杀前来。吕布料难抵敌，引军东走。曹兵随后追赶。吕布走得人困马乏。忽又闪出一彪军拦住去路，为首一将，立马横刀，大喝："吕布休走！关云长在此！"吕布慌忙接战。背后张飞赶来。布无心恋战，与陈宫等杀开条路，径奔下邳。侯成引兵接应去了。

关、张相见，各洒泪言失散之事。云长曰："我在海州路上住扎，探得消息，故来至此。"张飞曰："弟在芒砀山住了这几时，今日幸得相遇。"两个叙话毕，一同引兵来见玄德，哭拜于地。玄德悲喜交集，引二人见曹操，便随操入徐州。糜竺接见，具言家属无恙，玄德甚喜。陈珪父子亦来参拜曹操。操设一大宴，犒劳诸将。操自居中，使陈珪居右、玄德居左。其余将士，各依次坐。宴罢，操嘉陈珪父子之功，加封十县之禄，授登为伏波将军。且说曹操得了徐州，心中大喜，商议起兵攻下邳。程昱曰："布今止有下邳一城，若逼之太急，必死战而投袁术矣。布与术合，其势难攻。今可使能事者守住淮南径路，内防吕布，外当袁术。况今山东尚有臧霸、孙观之徒未曾归顺，防之亦不可忽也。"操曰："吾自当山东诸路。其淮南径路，请玄德当之。"玄德曰："丞相将令，安敢有违。"次日，玄德留糜竺、简雍在徐州，带孙乾、关、张引军住守淮南径路。曹操自引兵攻下邳。且说吕布在下邳，自恃粮食足备，且有泗水之险，安心坐守，可保无虞。陈宫曰："今操兵方来，可乘其寨栅未定，以逸击劳，无不胜者。"布曰："吾方屡败，不可轻出。待其来攻而后击之，皆落泗水矣。"遂不听陈宫之言。过数日，曹兵下寨已定。操统众将至城下，大叫吕布答话，布上城而立，操谓布曰："闻奉先又欲结婚袁术，吾故领兵至此。夫术有反逆大罪，而公有讨董卓之功，今何自弃其前功而从逆贼耶？倘城池一破，悔之晚矣！若早来降，共扶王室，当不失封侯之位。"布曰："丞相且退，尚容商议。"陈宫在布侧大骂曹操奸贼，一箭射中其麾盖。操指宫恨曰："吾誓杀汝！"遂引兵攻城。宫谓布曰："曹操远来，势不能久。将军可以步骑出屯于外，宫将余众闭守于内；操若攻将军，宫引兵击其背；若来攻城，将军为救于后；不过旬日，操军食尽，可一鼓而破；此乃犄角之势也。"布曰："公言极是。"遂归府收拾戎装。时方冬寒，分付从人多带绵衣，布妻严氏闻之，出问曰："君欲何往？"布告以陈宫之谋。严氏曰："君委全城，捐妻子，孤军远出，倘一旦有变，妾岂得为将军之妻乎？"布踌躇未决，三日不出。宫入见曰："操军四面围城，若不早出，必受其困。"布曰："吾思远出不如坚守。"宫曰："近闻操军粮少，遣人往许都去取，早晚将至。将军可引精兵往断其粮道。此计大妙。"布然其言，复入内对严氏说知此事。严氏泣曰："将军若出，陈宫、高顺安能坚守城池？倘有差失，悔无及矣！妾昔在长安，已为将军所弃，幸赖庞舒私藏妾身，再得与将军相聚；孰知今又弃妾而去乎？将军前程万里，请勿以妾为念！"言罢痛哭。布闻言愁闷不决，入告貂蝉。貂蝉曰："将军与妾作主，勿轻身自出。"布曰："汝无忧虑。吾有画戟、赤兔马，谁敢近我！"乃出谓陈宫曰："操军粮至者，诈也。操多诡计，吾未敢动。"宫出，叹曰："吾等死无葬身之地矣！"布于是终日不出，只同严氏、貂蝉饮酒解闷。

谋士许汜、王楷入见布，进计曰：今袁术在淮南，声势大振。将军旧曾与彼约婚，今何不仍求之？彼兵若至，内外夹攻，操不难破也。布从其计，即日修书，就着二人前去。许汜曰："须得一军引路冲出方好。"布令张辽、郝萌两个引兵一千，送出隘口。是夜二更，张辽在前，郝萌在后，保着许汜、王楷杀出城去。抹过玄德寨，众将追赶不及，已出隘口。郝萌将五百人，跟许汜、王楷而去。张辽引一半军回来，到隘口时，云长拦住。未及交锋，高顺引兵出城救应，接入城中去了。且说许汜、王楷至寿春，拜见袁术，呈上书信。术曰："前者杀吾使命，赖我婚姻！今又来相问，何也？"汜曰："此为曹操奸计所误，愿明上详之。"术曰："汝主不因曹兵困急，岂肯以女许我？"楷曰："明上今不相救，恐唇亡齿寒，亦非明上之福也。"术曰："奉先反复无信，可先送女，然后发兵。"许汜、王楷只得拜辞，和郝萌回来。到玄德寨边，汜曰："日间不可过。夜半吾二人先行，郝将军断后。"商量停当。夜过玄德寨，许汜、王楷先过去了。郝萌正行之次，张飞出寨拦路。郝萌交马只一合，被张飞生擒过去，五百人马尽被杀散。张飞解郝萌来见玄德，玄德押往大寨见曹操。郝萌备说求救许婚一事。操大怒，斩郝萌于军门，使人传谕各寨，小心防守：如有走透吕布及彼军士者，依军法处治。各寨悚然。玄德回营，分付关、张曰："我等正当淮南冲要之处。二弟切宜小心在意，勿犯曹公军令。"飞曰："捉了一员贼将，操不见有甚褒赏，却反来？吓，何也？"玄德曰："非也。曹操统领多军，不以军令，何能服人？弟勿犯之。"关、张应诺而退。

却说许汜、王楷回见吕布，具言袁术先欲得妇，然后起兵救援。布曰："如何送去？"汜曰："今郝萌被获，操必知我情，预作准备。若非将军亲自护送，谁能突出重围？"布曰："今日便送去，如何？"汜曰："今日乃凶神值日，不可去。明日大利，宜用戌、亥时。"布命张辽、高顺："引三千军马，安排小车一辆；我亲送至二百里外，却使你两个送去。"次夜二更时分，吕布将女以绵缠身，用甲包裹，负于背上，提戟上马。放开城门，布当先出城，张辽、高顺跟着。将次到玄德寨前，一声鼓响，关、张二人拦住去路，大叫："休走！"布无心恋战，只顾夺路而行。玄德自引一军杀来，两军混战。吕布虽勇，终是缚一女在身上，只恐有伤，不敢冲突重围。后面徐晃、许褚皆杀来，众军皆大叫曰："不要走了吕布！"布见军来太急，只得仍退入城。玄德收军，徐晃等各归寨，端的不曾走透一个。吕布回到城中，心中忧闷，只是饮酒。

却说曹操攻城，两月不下。忽报："河内太守张杨出兵东市，欲救吕布；部将杨丑杀之，欲将头献丞相，却被张杨心腹将眭固所杀，反投犬城去了。"操闻报，即遣史涣追斩眭固。因聚众将曰："张杨虽幸自灭，然北有袁绍之忧，东有表、绣之患，下邳久围不克，吾欲舍布还都，暂且息战，何如？"荀攸急止曰："不可。吕布屡败，锐气已堕，军以将为主，将衰则军无战心。彼陈宫虽有谋而迟。今布之气未复，宫之谋未定，作速攻之，布可擒也。"郭嘉曰："某有一计，下邳城可立破，胜于二十万师。"荀彧曰："莫非决沂、泗之水乎？"嘉笑曰："正是此意。"操大喜，即令军士决两河之水。曹兵皆居高原。坐视水淹下邳。下邳一城，只剩得东门无水；其余各门，都被水淹。众军飞报吕布。布曰："吾有赤兔马，渡水如平地，又何惧哉！"乃日与妻妾痛饮美酒，因酒色过伤，形容销减；一日取镜自照，惊曰："吾被酒色伤矣！自今日始，当戒之。"遂下令城中，但有饮酒者皆斩。

却说侯成有马十五匹，被后槽人盗去，欲献与玄德。侯成知觉，追杀后槽人，将马夺回；诸将与侯成作贺。侯成酿得五六斛酒，欲与诸将会饮，恐吕布见罪，乃先以酒五瓶诣布府，禀曰："托将军虎威，追得失马。众将皆来作贺。酿得些酒，未敢擅饮，特先奉上微意。"布大怒曰："吾方禁酒，汝却酿酒会饮，莫非同谋伐我乎！"命推出斩之。宋宪、魏续等诸将俱入告饶。布曰："故犯吾令，理合斩首。今看众将面，且打一百！"众将又哀告，打了五十背花，然后放归。众将无不丧气。宋宪、魏续至侯成家来探视，侯成泣曰："非公等则吾死矣！"宪曰："布只恋妻子，视吾等如草芥。"续曰："军围城下，水绕壕边，吾等死无日矣！"宪曰："布无仁无义，我等弃之而走，何如？"续曰："非丈夫也。不若擒布献曹公。"侯成曰："我因追马受责，而布所倚恃者，赤兔马也。汝二人果能献门擒布，吾当先盗马去见曹公。"三人商议定了。是夜侯成暗至马院，盗了那匹赤兔马，飞奔东门来。魏续便开门放出，却佯作追赶之状。侯成到曹操寨，献上马匹，备言宋宪、魏续插白旗为号，准备献门。曹操闻此信，便押榜数十张射入城去。其榜曰："大将军曹，特奉明诏，征伐吕布。如有抗拒大军者，破城之日，满门诛戮。上至将校，下至庶民，有能擒吕布来献，或献其首级者，重加官赏。为此榜谕，各宜知悉。"次日平明，城外喊声震地。吕布大惊，提戟上城，各门点视，责骂魏续走透侯成，失了战马，欲待治罪。城下曹兵望见城上白旗，竭力攻城，布只得亲自抵敌。从平明直打到日中，曹兵稍退。布少憩门楼，不觉睡着在椅上。宋宪赶退左右，先盗其画戟，便与魏续一齐动手，将吕布绳缠索绑，紧紧缚住。布从睡梦中惊醒，急唤左右，却都被二人杀散，把白旗一招，曹兵齐至城下。魏续大叫："已生擒吕布矣！"夏侯渊尚未信。宋宪在城上掷下吕布画戟来，大开城门，曹兵一拥而入。高顺、张辽在西门，水围难出，为曹兵所擒。陈宫奔至南门，为徐晃所获。

曹操入城，即传令退了所决之水，出榜安民；一面与玄德同坐白门楼上。关、张侍立于侧，提过擒获一干人来。吕布虽然长大，却被绳索捆作一团，布叫曰："缚太急，乞缓之！"操曰："缚虎不得不急。"布见侯成、魏续、宋宪皆立于侧，乃谓之曰："我待诸将不薄，汝等何忍背反？"宪曰："听妻妾言，不听将计，何谓不薄？"布默然。须臾，众拥高顺至。操问曰："汝有何言？"顺不答。操怒命斩之。徐晃解陈宫至。操曰："公台别来无恙！"宫曰："汝心术不正，吾故弃汝！"操曰："吾心不正，公又奈何独事吕布？"宫曰："布虽无谋，不似你诡诈奸险。"操曰："公自谓足智多谋，今竟何如？"宫顾吕布曰："恨此人不从吾言！若从吾言，未必被擒也。"操曰："今日之事当如何？"宫大声曰："今日有死而已！"操曰："公如是，奈公之老母妻子何？"宫曰："吾闻以孝治天下者，不害人之亲；施仁政于天下者，不绝人之祀。老母妻子之存亡，亦在于明公耳。吾身既被擒，请即就戮，并无挂念。"操有留恋之意，宫径步下楼，左右牵之不住。操起身泣而送之。宫并不回顾。操谓从者曰："即送公台老母妻子回许都养老。怠慢者斩。"宫闻言，亦不开口，伸颈就刑。众皆下泪。操以棺椁盛其尸，葬于许都。后人有诗叹之曰："生死无二志，丈夫何壮哉！不从金石论，空负栋梁材。辅主真堪敬，辞亲实可哀。白门身死日，谁肯似公台！"

方操送宫下楼时，布告玄德曰："公为坐上客，布为阶下囚，何不发一言而相宽乎？"玄德点头。及操上楼来，布叫曰："明公所患，不过于布；布今已服矣。公为大将，布副之，天下不难定也。"操回顾玄德曰！"何如？"玄德答曰："公不见丁建阳、董卓之事乎？"布目视玄德曰："是儿最无信者！"操令牵下楼缢之。布回顾玄德曰："大耳儿！不记辕门射戟时耶？"忽一人大叫曰："吕布匹夫！死则死耳，何惧之有！"众视之，乃刀斧手拥张辽至。操令将吕布缢死，然后枭首。后人有诗叹曰："洪水滔滔淹下邳，当年吕布受擒时：空余赤兔马千里，漫有方天戟一枝。缚虎望宽今太懦，养鹰休饱昔无疑。恋妻不纳陈宫谏，枉骂无恩大耳儿。"又有诗论玄德曰："伤人饿虎缚休宽，董卓丁原血未干。玄德既知能啖父，争如留取害曹瞒？"却说武士拥张辽至。操指辽曰："这人好生面善。"辽曰："濮阳城中曾相遇，如何忘却？"操笑曰："你原来也记得！"辽曰："只是可惜！"操曰："可惜甚的？"辽曰："可惜当日火不大，不曾烧死你这国贼！"操大怒曰："败将安敢辱吾！"拔剑在手，亲自来杀张辽。辽全无惧色，引颈待杀。曹操背后一人攀住臂膊，一人跪于面前，说道："丞相且莫动手！"正是：乞哀吕布无人救，骂贼张辽反得生。毕竟救张辽的是谁，且听下文分解。

第二十回 曹阿瞒许田打围 董国舅内阁受诏

话说曹操举剑欲杀张辽，玄德攀住臂膊，云长跪于面前。玄德曰，"此等赤心之人，正当留用。"云长曰："关某素知文远忠义之士，愿以性命保之。"操掷剑笑曰："我亦知文远忠义，故戏之耳。"乃亲释其缚，解衣衣之，延之上坐，辽感其意，遂降。操拜辽为中郎将，赐爵关内侯，使招安臧霸。霸闻吕布已死，张辽已降，遂亦引本部军投降。操厚赏之。臧霸又招安孙观、吴敦、尹礼来降；独昌豨未肯归顺。操封臧霸为琅琊相。孙观等亦各加官，令守青、徐沿海地面。将吕布妻女载回许都。大犒三军，拔寨班师。路过徐州，百姓焚香遮道，请留刘使君为牧。操曰："刘使君功大，且待面君封爵，回来未迟。"百姓叩谢。操唤车骑将军车胄权领徐州。操军回许昌，封赏出征人员，留玄德在相府左近宅院歇定。

次日，献帝设朝，操表奏玄德军功，引玄德见帝。玄德具朝服拜于丹墀。帝宣上殿，问曰："卿祖何人？"玄德奏曰："臣乃中山靖王之后，孝景皇帝阁下玄孙，刘雄之孙，刘弘之子也。"帝教取宗族世谱检看，令宗正卿宣读曰："孝景皇帝生十四子。第七子乃中山靖王刘胜。胜生陆城亭侯刘贞。贞生沛侯刘昂。昂生漳侯刘禄。禄生沂水侯刘恋。恋生钦阳侯刘英。英生安国侯刘建。建生广陵侯刘哀。哀生胶水侯刘宪。宪生祖邑侯刘舒。舒生祁阳侯刘谊。谊生原泽侯刘必。必生颍川侯刘达。达生丰灵侯刘不疑。不疑生济川侯刘惠。惠生东郡范令刘雄。雄生刘弘。弘不仕。刘备乃刘弘之子也。"帝排世谱，则玄德乃帝之叔也。帝大喜，请入偏殿叙叔侄之礼。帝暗思："曹操弄权，国事都不由朕主，今得此英雄之叔，朕有助矣！"遂拜玄德为左将军、宜城亭侯。设宴款待毕，玄德谢恩出朝。自此人皆称为刘皇叔。

曹操回府，荀彧等一班谋士入见曰："天子认刘备为叔，恐无益于明公。"操曰："彼既认为皇叔，吾以天子之诏令之，彼愈不敢不服矣。况吾留彼在许都，名虽近君，实在吾掌握之内，吾何惧哉？吾所虑者，太尉杨彪系袁术亲戚，倘与二袁为内应，为害不浅。当即除之。"乃密使人诬告彪交通袁术，遂收彪下狱，命满宠按治之。时北海太守孔融在许都，因谏操曰："杨公四世清德，岂可因袁氏而罪之乎？"操曰："此朝廷意也。"融曰："使成王杀召公，周公可得言不知耶？"操不得已，乃免彪官，放归田里。议郎赵彦愤操专横，上疏劾操不奉帝旨、擅收大臣之罪。操大怒，即收赵彦杀之。于是百官无不悚惧。谋士程昱说操曰："今明公威名日盛，何不乘此时行王霸之事？"操曰："朝廷股肱尚多，未可轻动。吾当请天子田猎，以观动静。"于是拣选良马、名鹰、俊犬、弓矢俱备，先聚兵城外，操入请天子田猎。帝曰："田猎恐非正道。"操曰："古之帝王，春搜夏苗，秋狝冬狩：四时出郊，以示武于天下。今四海扰攘之时，正当借田猎以讲武。"帝不敢不从，随即上逍遥马，带宝雕弓、金鈚箭，排銮驾出城。玄德与关、张各弯弓插箭，内穿掩心甲，手持兵器，引数十骑随驾出许昌。曹操骑爪黄飞电马，引十万之众，与天子猎于许田。军士排开围场，周广二百余里。操与天子并马而行，只争一马头。背后都是操之心腹将校。文武百官，远远侍从，谁敢近前。当日献帝驰马到许田，刘玄德起居道傍。帝曰："朕今欲看皇叔射猎。"玄德领命上马，忽草中赶起一兔。玄德射之，一箭正中那兔。帝喝采。转过土坡，忽见荆棘中赶出一只大鹿。帝连射三箭不中，顾谓操曰："卿射之。"操就讨天子宝雕弓、金鈚箭，扣满一射，正中鹿背，倒于草中。群臣将校，见了金鈚箭，只道天子射中，都踊跃向帝呼"万岁"。曹操纵马直出，遮于天子之前以迎受之。众皆失色。玄德背后云长大怒，剔起卧蚕眉，睁开丹凤眼，提刀拍马便出，要斩曹操。玄德见了，慌忙摇手送目。关公见兄如此，便不敢动。玄德欠身向操称贺曰："丞相神射，世所罕及！"操笑曰："此天子洪福耳。"乃回马向天子称贺，竟不献还宝雕弓，就自悬带。围场已罢，宴于许田。宴毕，驾回许都。众人各自归歇。云长问玄德曰："操贼欺君罔上，我欲杀之，为国除害，兄何止我？"玄德曰："投鼠忌器。操与帝相离只一马头，其心腹之人，周回拥侍；吾弟若逞一时之怒，轻有举动，倘事不成，有伤天子，罪反坐我等矣。"云长曰："今日不杀此贼，后必为祸。"玄德曰："且宜秘之，不可轻言。"却说献帝回宫，泣谓伏皇后曰："朕自即位以来，奸雄并起：先受董卓之殃，后遭傕、汜之乱。常人未受之苦，吾与汝当之。后得曹操，以为社稷之臣；不意专国弄权，擅作威福。朕每见之，背若芒刺。今日在围场上，身迎呼贺，无礼已极！早晚必有异谋，吾夫妇不知死所也！"伏皇后曰："满朝公卿，俱食汉禄，竟无一人能救国难乎？"言未毕，忽一人自外而入曰："帝，后休忧。吾举一人，可除国害。"帝视之，乃伏皇后之父伏完也。帝掩泪问曰："皇丈亦知操贼之专横乎？"完曰："许田射鹿之事，谁不见之？但满朝之中，非操宗族，则其门下。若非国戚，谁肯尽忠讨贼？老臣无权，难行此事。车骑将军国舅董承可托也。"帝曰："董国舅多赴国难，朕躬素知；可宜入内，共议大事。"完曰："陛下左右皆操贼心腹，倘事泄，为祸不深。"帝曰："然则奈何？"完曰："臣有一计：陛下可制衣一领，取玉带一条，密赐董承；却于带衬内缝一密诏以赐之，令到家见诏，可以昼夜画策，神鬼不觉矣。"帝然之，伏完辞出。

帝乃自作一密诏，咬破指尖，以血写之，暗令伏皇后缝于玉带紫锦衬内，却自穿锦袍，自系此带，令内史宣董承入。承见帝礼毕，帝曰："朕夜来与后说霸河之苦，念国舅大功，故特宣入慰劳。"承顿首谢。帝引承出殿，到太庙，转上功臣阁内。帝焚香礼毕，引承观画像。中间画汉高祖容像。帝曰："吾高祖皇帝起身何地？如何创业？"承大惊曰："陛下戏臣耳。圣祖之事，何为不知？高皇帝起自泗上亭长，提三尺剑，斩蛇起义，纵横四海，三载亡秦，五年灭楚：遂有天下，立万世之基业。"帝曰："祖宗如此英雄，子孙如此懦弱，岂不可叹！"因指左右二辅之像曰："此二人非留侯张良、酂侯萧何耶？"承曰："然也。高祖开基创业，实赖二人之力。"帝回顾左右较远，乃密谓承曰："卿亦当如此二人立于朕侧。"承曰："臣无寸功，何以当此？"帝曰："朕想卿西都救驾之功，未尝少忘，无可为赐。"因指所着袍带曰："卿当衣朕此袍，系朕此带，常如在朕左右也。"承顿首谢。帝解袍带赐承，密语曰："卿归可细观之，勿负朕意。"承会意，穿袍系带，辞帝下阁。

早有人报知曹操曰："帝与董承登功臣阁说话。"操即入朝来看。董承出阁，才过宫门，恰遇操来；急无躲避处，只得立于路侧施礼。操问曰："国舅何来？"承曰："适蒙天子宣召，赐以锦袍玉带。"操问曰："何故见赐？"承曰："因念某旧日西都救驾之功，故有此赐。"操曰："解带我看。"承心知衣带中必有密诏，恐操看破，迟延不解。操叱左右："急解下来！"看了半晌，笑曰："果然是条好玉带！再脱下锦袍来借看。"承心中畏惧，不敢不从，遂脱袍献上。操亲自以手提起，对日影中细细详看。看毕，自己穿在身上，系了玉带，回顾左右曰："长短如何？"左右称美。操谓承曰："国舅即以此袍带转赐与吾，何如？"承告曰："君恩所赐，不敢转赠；容某别制奉献。"操曰："国舅受此衣带，莫非其中有谋乎？"承惊曰："某焉敢？丞相如要，便当留下。"操曰："公受君赐，吾何相夺？聊为戏耳。"遂脱袍带还承。

承辞操归家，至夜独坐书院中，将袍仔细反复看了，并无一物。承思曰："天子赐我袍带，命我细观，必非无意；今不见甚踪迹，何也？"随又取玉带检看，乃白玉玲珑，碾成小龙穿花，背用紫锦为衬，缝缀端整，亦并无一物，承心疑，放于桌上，反复寻之。良久，倦甚。正欲伏几而寝，忽然灯花落于带上，烧着背衬。承惊拭之，已烧破一处，微露素绢，隐见血迹。急取刀拆开视之，乃天子手书血字密诏也。诏曰："朕闻人伦之大，父子为先；尊卑之殊，君臣为重。近日操贼弄权，欺压君父；结连党伍，败坏朝纲；敕赏封罚，不由朕主。朕夙夜忧思，恐天下将危。卿乃国之大臣，朕之至戚，当念高帝创业之艰难，纠合忠义两全之烈士，殄灭奸党，复安社稷，祖宗幸甚！破指洒血，书诏付卿，再四慎之，勿负朕意！建安四年春三月诏。"

董承览毕，涕泪交流，一夜寝不能寐。晨起，复至书院中，将诏再三观看，无计可施。乃放诏于几上，沈思灭操之计。忖量未定，隐几而卧。

忽侍郎王子服至。门吏知子服与董承交厚，不敢拦阻，竟入书院。见承伏几不醒，袖底压着素绢，微露"朕"字。子服疑之，默取看毕，藏于袖中，呼承曰："国舅好自在！亏你如何睡得着！"承惊觉，不见诏书，魂不附体，手脚慌乱。子服曰："汝欲杀曹公！吾当出首。"承泣告曰："若兄如此，汉室休矣！"子服曰："吾戏耳。吾祖宗世食汉禄，岂无忠心？愿助兄一臂之力，共诛国贼。"承曰："兄有此心，国之大幸！"子服曰："当于密室同立义状，各舍三族，以报汉君。"承大喜，取白绢一幅，先书名画字。子服亦即书名画字。书毕，子服曰："将军吴子兰，与吾至厚，可与同谋。"承曰："满朝大臣，惟有长水校尉种辑、议郎吴硕是吾心腹，必能与我同事。"正商议间，家僮入报种辑、吴硕来探。承曰："此天助我也！"教子服暂避于屏后。承接二人入书院坐定，茶毕，辑曰："许田射猎之事，君亦怀恨乎？"承曰："虽怀恨，无可奈何。"硕曰："吾誓杀此贼，恨无助我者耳！"辑曰："为国除害，虽死无怨！"王子服从屏后出曰："汝二人欲杀曹丞相！我当出首，董国舅便是证见。"种辑怒曰："忠臣不怕死！吾等死作汉鬼，强似你阿附国贼！"承笑曰："吾等正为此事，欲见二公。王侍郎之言乃戏耳。”便于袖中取出诏来与二人看。二人读诏，挥泪不止。承遂请书名。子服曰：“二公在此少待，吾去请吴子兰来。”子服去不多时，即同子兰至，与众相见，亦书名毕。承邀于后堂会饮。忽报西凉太守马腾相探。承曰：“只推我病，不能接见。”门吏回报。腾大怒曰：“我夜来在东华门外，亲见他锦袍玉带而出，何故推病耶！吾非无事而来，奈何拒我！”门吏入报，备言腾怒。承起曰：“诸公少待，暂容承出。”随即出厅延接。礼毕坐定，腾曰：“腾入觐将还，故来相辞，何见拒也？”承曰：“贱躯暴疾，有失迎候，罪甚！”腾曰：“面带春色，未见病容。”承无言可答。腾拂袖便起，嗟叹下阶曰：“皆非救国之人也！”承感其言，挽留之，问曰：“公谓何人非救国之人？”腾曰：“许田射猎之事，吾尚气满胸膛；公乃国之至戚，犹自殆于酒色，而不思讨贼，安得为皇家救难扶灾之人乎！”承恐其诈，佯惊曰：“曹丞相乃国之大臣，朝廷所倚赖，公何出此言？”腾大怒曰：“汝尚以曹贼为好人耶？”承曰：“耳目甚近，请公低声。”腾曰：“贪生怕死之徒，不足以论大事！”说罢又欲起身。承知腾忠义，乃曰：“公且息怒。某请公看一物。”遂邀腾入书院，取诏示之。腾读毕，毛发倒竖，咬齿嚼唇，满口流血，谓承曰：“公若有举动，吾即统西凉兵为外应。”承请腾与诸公相见，取出义状，教腾书名。腾乃取酒歃血为盟曰：“吾等誓死不负所约！”指坐上五人言曰：“若得十人，大事谐矣。”承曰：“忠义之士，不可多得。若所与非人，则反相害矣。”腾教取《鸳行鹭序簿》来检看。检到刘氏宗族，乃拍手言曰：“何不共此人商议？”众皆问何人。马腾不慌不忙，说出那人来。正是：本因国舅承明诏，又见宗潢佐汉朝。毕竟马腾之言如何，且听下文分解。

第二十一回 曹操煮酒论英雄 关公赚城斩车胄

却说董承等问马腾曰：“公欲用何人？”马腾曰：“见有豫州牧刘玄德在此，何不求之？”承曰：“此人虽系皇叔，今正依附曹操，安肯行此事耶？”腾曰：“吾观前日围场之中，曹操迎受众贺之时，云长在玄德背后，挺刀欲杀操，玄德以目视之而止。玄德非不欲图操，恨操牙爪多，恐力不及耳。公试求之，当必应允。”吴硕曰：“此事不宜太速，当从容商议。”众皆散去。次日黑夜里，董承怀诏，径往玄德公馆中来。门吏入报，玄德迎出，请入小阁坐定。关、张侍立于侧。玄德曰：“国舅夤夜至此，必有事故。”承曰：“白日乘马相访，恐操见疑，故黑夜相见。”玄德命取酒相待。承曰：“前日围场之中，云长欲杀曹操，将军动目摆头而退之，何也？”玄德失惊曰：“公何以知之？”承曰：“人皆不见，某独见之。”玄德不能隐讳，遂曰：“舍弟见操僭越，故不觉发怒耳。”承掩面而哭曰：“朝廷臣子，若尽如云长，何忧不太平哉！”玄德恐是曹操使他来试探，乃佯言曰：“曹丞相治国，为何忧不太平？”承变色而起曰：“公乃汉朝皇叔，故剖肝沥胆以相告，公何诈也？”玄德曰：“恐国舅有诈，故相试耳。”于是董承取衣带诏令观之，玄德不胜悲愤。又将义状出示，上止有六位：一，车骑将军董承；二，工部侍郎王子服；三，长水校尉种辑；四，议郎吴硕；五，昭信将军吴子兰；六，西凉太守马腾。玄德曰：“公既奉诏讨贼，备敢不效犬马之劳。”承拜谢，便请书名。玄德亦书“左将军刘备”，押了字，付承收讫。承曰：“尚容再请三人，共聚十义，以图国贼，”玄德曰：“切宜缓缓施行，不可轻泄。”共议到五更，相别去了。

玄德也防曹操谋害，就下处后园种菜，亲自浇灌，以为韬晦之计。关、张二人曰：“兄不留心天下大事，而学小人之事，何也？”玄德曰：“此非二弟所知也。”二人乃不复言。

一日，关、张不在，玄德正在后园浇菜，许褚、张辽引数十人入园中曰：“丞相有命，请使君便行。”玄德惊问曰：“有甚紧事？”许褚曰：“不知。只教我来相请。”玄德只得随二人入府见操。操笑曰：“在家做得好大事！”吓得玄德面如土色。操执玄德手，直至后园，曰：“玄德学圃不易！”玄德方才放心，答曰：“无事消遣耳。”操曰：“适见枝头梅子青青，忽感去年征张绣时，道上缺水，将士皆渴；吾心生一计，以鞭虚指曰：‘前面有梅林。’军士闻之，口皆生唾，由是不渴。今见此梅，不可不赏。又值煮酒正熟，故邀使君小亭一会。”玄德心神方定。随至小亭，已设樽俎：盘置青梅，一樽煮酒。二人对坐，开怀畅饮。酒至半酣，忽阴云漠漠，聚雨将至。从人遥指天外龙挂，操与玄德凭栏观之。操曰：“使君知龙之变化否？”玄德曰：“未知其详。”操曰：“龙能大能小，能升能隐；大则兴云吐雾，小则隐介藏形；升则飞腾于宇宙之间，隐则潜伏于波涛之内。方今春深，龙乘时变化，犹人得志而纵横四海。龙之为物，可比世之英雄。玄德久历四方，必知当世英雄。请试指言之。”玄德曰：“备肉眼安识英雄？”操曰：“休得过谦。”玄德曰：“备叨恩庇，得仕于朝。天下英雄，实有未知。”操曰：“既不识其面，亦闻其名。”玄德曰：“淮南袁术，兵粮足备，可为英雄？”操笑曰：“冢中枯骨，吾早晚必擒之！”玄德曰：“河北袁绍，四世三公，门多故吏；今虎踞冀州之地，部下能事者极多，可为英雄？”操笑曰：“袁绍色厉胆薄，好谋无断；干大事而惜身，见小利而忘命：非英雄也。”玄德曰：“有一人名称八俊，威镇九州：刘景升可为英雄？”操曰：“刘表虚名无实，非英雄也。”玄德曰：“有一人血气方刚，江东领袖--孙伯符乃英雄也？”操曰：“孙策藉父之名，非英雄也。”玄德曰：“益州刘季玉，可为英雄乎？”操曰：“刘璋虽系宗室，乃守户之犬耳，何足为英雄！”玄德曰：“如张绣、张鲁、韩遂等辈皆何如？”操鼓掌大笑曰：“此等碌碌小人，何足挂齿！”玄德曰：“舍此之外，备实不知。”操曰：“夫英雄者，胸怀大志，腹有良谋，有包藏宇宙之机，吞吐天地之志者也。”玄德曰：“谁能当之？”操以手指玄德，后自指，曰：“今天下英雄，惟使君与操耳！”玄德闻言，吃了一惊，手中所执匙箸，不觉落于地下。时正值天雨将至，雷声大作。玄德乃从容俯首拾箸曰：“一震之威，乃至于此。”操笑曰：“丈夫亦畏雷乎？”玄德曰：“圣人迅雷风烈必变，安得不畏？”将闻言失箸缘故，轻轻掩饰过了。操遂不疑玄德。后人有诗赞曰：“勉从虎穴暂趋身，说破英雄惊杀人。巧借闻雷来掩饰，随机应变信如神。”

天雨方住，见两个人撞入后园，手提宝剑，突至亭前，左右拦挡不住。操视之，乃关、张二人也。原来二人从城外射箭方回，听得玄德被许褚、张辽请将去了，慌忙来相府打听；闻说在后园，只恐有失，故冲突而入。却见玄德与操对坐饮酒。二人按剑而立。操问二人何来。云长曰：“听知丞相和兄饮酒，特来舞剑，以助一笑。”操笑曰：“此非鸿门会，安用项庄、项伯乎？”玄德亦笑。操命：“取酒与二樊哙压惊。”关、张拜谢。须臾席散，玄德辞操而归。云长曰：“险些惊杀我两个！”玄德以落箸事说与关、张。关、张问是何意。玄德曰：“吾之学圃，正欲使操知我无大志；不意操竟指我为英雄，我故失惊落箸。又恐操生疑，故借惧雷以掩饰之耳。”关、张曰：“兄真高见！”

操次日又请玄德。正饮间，人报满宠去探听袁绍而回。操召入问之。宠曰：“公孙瓒已被袁绍破了。”玄德急问曰：“愿闻其详。”宠曰：“瓒与绍战不利，筑城围圈，圈上建楼，高十丈，名曰易京楼，积粟三十万以自守。战士出入不息，或有被绍围者，众请救之。瓒曰：‘若救一人，后之战者只望人救，不肯死战矣。’遂不肯救。因此袁绍兵来，多有降者。瓒势孤，使人持书赴许都求救，不意中途为绍军所获。瓒又遗书张燕，暗约举火为号，里应外合。下书人又被袁绍擒住，却来城外放火诱敌。瓒自出战，伏兵四起，军马折其大半。退守城中，被袁绍穿地直入瓒所居之楼下，放起火来。瓒无走路，先杀妻子，然后自缢，全家都被火焚了。今袁绍得了瓒军，声势甚盛。绍弟袁术在淮南骄奢过度，不恤军民，众皆背反。术使人归帝号于袁绍。绍欲取玉玺，术约亲自送至，见今弃淮南欲归河北。若二人协力，急难收复。乞丞相作急图之。”玄德闻公孙瓒已死，追念昔日荐己之恩，不胜伤感；又不知赵子龙如何下落，放心不下。因暗想曰：“我不就此时寻个脱身之计，更待何时？”遂起身对操曰：“术若投绍，必从徐州过，备请一军就半路截击，术可擒矣。”操笑曰：“来日奏帝，即便起兵。”次日，玄德面奏君。操令玄德总督五万人马，又差朱灵、路昭二人同行。玄德辞帝，帝泣送之。

玄德到寓，星夜收拾军器鞍马，挂了将军印，催促便行。董承赶出十里长亭来送。玄德曰：“国舅宁耐。某此行必有以报命。”承曰：“公宜留意，勿负帝心。”二人分别。关、张在马上问曰：“兄今番出征，何故如此慌速？”玄德曰：“吾乃笼中鸟、网中鱼，此一行如鱼入大海、鸟上青霄，不受笼网之羁绊也！”因命关、张催朱灵、路昭军马速行。

时郭嘉、程昱考较钱粮方回，知曹操已遣玄德进兵徐州，慌入谏曰：“丞相何故令刘备督军？”操曰：“欲截袁术耳。”程昱曰：“昔刘备为豫州牧时，某等请杀之，丞相不听；今日又与之兵：此放龙入海，纵虎归山也。后欲治之，其可得乎？”郭嘉曰：“丞相纵不杀备，亦不当使之去。古人云：一日纵敌，万世之患。望丞相察之。”操然其言，遂令许褚将兵五百前往，务要追玄德转来。许褚应诺而去。

却说玄德正行之间，只见后面尘头骤起，谓关、张曰：“此必曹兵追至也。”遂下了营寨，令关、张各执军器，立于两边。许褚至，见严兵整甲，乃下马入营见玄德。玄德曰：“公来此何干？”褚曰：“奉丞相命，特请将军回去，别有商议。”玄德曰：“将在外，君命有所不受。吾面过君，又蒙丞相钧语。今别无他议，公可速回，为我禀覆丞相。”许褚寻思：“丞相与他一向交好，今番又不曾教我来厮杀，只得将他言语回覆，另候裁夺便了。”遂辞了玄德，领兵而回。回见曹操，备述玄德之言。操犹豫未决。程昱、郭嘉曰：“备不肯回兵，可知其心变矣。”操曰：“我有朱灵、路昭二人在彼，料玄德未必敢心变。况我既遣之，何可复悔？”遂不复追玄德。后人有诗叹玄德曰：“束兵秣马去匆匆，心念天言衣带中。撞破铁笼逃虎豹，顿开金锁走蛟龙。”却说马腾见玄德已去，边报又急，亦回西凉州去了。玄德兵至徐州，刺史车胄出迎。公宴毕，孙乾、糜竺等都来参见。玄德回家探视老小，一面差人探听袁术。探子回报：“袁术奢侈太过，雷薄、陈兰皆投嵩山去了。术势甚衰，乃作书让帝号于袁绍。绍命人召术，术乃收拾人马、宫禁御用之物，先到徐州来。”玄德知袁术将至，乃引关、张、朱灵、路昭五万军出，正迎着先锋纪灵至。张飞更不打话，直取纪灵。斗无十合，张飞大喝一声，刺纪灵于马下，败军奔走。袁术自引军来斗。玄德分兵三路：朱灵、路昭在左，关、张在右，玄德自引兵居中，与术相见，在门旗下责骂曰：“汝反逆不道，吾今奉明诏前来讨汝！汝当束手受降，免你罪犯。”袁术骂曰：“织席编履小辈，安敢轻我！”麾兵赶来。玄德暂退，让左右两路军杀出。杀得术军尸横遍野，血流成渠；兵卒逃亡，不可胜计。又被嵩山雷薄、陈兰劫去钱粮草料。欲回寿春，又被群盗所袭，只得住于江亭。止有一千余众，皆老弱之辈。时当盛暑，粮食尽绝，只剩麦三十斛，分派军士。家人无食，多有饿死者。术嫌饭粗，不能下咽，乃命庖人取蜜水止渴。庖人曰：“止有血水，安有蜜水！”术坐于床上，大叫一声，倒于地下，吐血斗余而死。时建安四年六月也。后人有诗曰：“汉末刀兵起四方，无端袁术太猖狂，不思累世为公相，便欲孤身作帝王。强暴枉夸传国玺，骄奢妄说应天祥。渴思蜜水无由得，独卧空床呕血亡。”袁术已死，侄袁胤将灵柩及妻子奔庐江来，被徐璆尽杀之。璆夺得玉玺，赴许都献于曹操。操大喜，封徐璆为高陵太守。此时玉玺归操。

却说玄德知袁术已丧，写表申奏朝廷，书呈曹操，令朱灵、路昭回许都，留下军马保守徐州；一面亲自出城，招谕流散人民复业。

且说朱灵、路昭回许都见曹操，说玄德留下军马。操怒，欲斩二人。荀彧曰：“权归刘备，二人亦无奈何。”操乃赦之。彧又曰：“可写书与车胄就内图之。”操从其计，暗使人来见车胄，传曹操钧旨。胄随即请陈登商议此事。登曰：“此事极易。今刘备出城招民，不日将还；将军可命军士伏于瓮城边，只作接他，待马到来，一刀斩之；某在城上射住后军，大事济矣。”胄从之。陈登回见父陈珪，备言其事。珪命登先往报知玄德。登领父命，飞马去报，正迎着关、张，报说如此如此。原来关、张先回，玄德在后。张飞听得，便要去厮杀。云长曰：“他伏瓮城边待我，去必有失。我有一计，可杀车胄：乘夜扮作曹军到徐州，引车胄出迎，袭而杀之。”飞然其言。那部下军原有曹操旗号，衣甲都同。当夜三更，到城边叫门。城上问是谁，众应是曹丞相差来张文远的人马。报知车胄，胄急请陈登议曰：“若不迎接，诚恐有疑；若出迎之，又恐有诈。”胄乃上城回言：“黑夜难以分辨，平明了相见。”城下答应：“只恐刘备知道，疾快开门！”车胄犹豫未定，城外一片声叫开门。车胄只得披挂上马，引一千军出城；跑过吊桥，大叫：“文远何在？”火光中只见云长提刀纵马直迎车胄，大叫曰：“匹夫安敢怀诈，欲杀吾兄！”车胄大惊，战未数合，遮拦不住，拨马便回。到吊桥边，城上陈登乱箭射下，车胄绕城而走。云长赶来，手起一刀，砍于马下，割下首级提回，望城上呼曰：“反贼车胄，吾已杀之；众等无罪，投降免死！”诸军倒戈投降，军民皆安。云长将胄头去迎玄德，具言车胄欲害之事，今已斩首。玄德大惊曰：“曹操若来。如之奈何？”云长曰：“弟与张飞迎之。”玄德懊悔不已，遂入徐州。百姓父老，伏道而接。玄德到府，寻张飞，飞已将车胄全家杀尽。玄德曰：“杀了曹操心腹之人，如何肯休？”陈登曰：“某有一计，可退曹操。”正是：既把孤身离虎穴，还将妙计息狼烟。不知陈登说出甚计来，且听下文分解。

第二十二回 袁曹各起马步三军 关张共擒王刘二将

却说陈登献计于玄德曰：“曹操所惧者袁绍。绍虎踞冀、青、幽、并诸郡，带甲百万，文官武将极多，今何不写书遣人到彼求救？”玄德曰：“绍向与我未通往来，今又新破其弟，安肯相助？”登曰：“此间有一人与袁绍三世通家，若得其一书致绍，绍必来相助。”玄德问何人。登曰：“此人乃公平日所折节敬礼者，何故忘之？”玄德猛省曰：“莫非郑康成先生乎？”登笑曰：“然也。”原来郑康成名玄，好学多才，尝受业于马融。融每当讲学，必设绛帐，前聚生徒，后陈声妓，侍女环列左右。玄听讲三年，目不邪视，融甚奇之。及学成而归。融叹曰：“得我学之秘者，惟郑玄一人耳！”玄家中侍婢俱通毛诗。一婢尝忤玄意，玄命长跪阶前。一婢戏谓之曰：“胡为乎泥中？”此婢应声曰：“薄言往愬，逢彼之怒。”其风雅如此。桓帝朝，玄官至尚书；后因十常侍之乱，弃官归田，居于徐州。玄德在涿郡时，已曾师事之；及为徐州牧，时时造庐请教，敬礼特甚。当下玄德想出此人，大喜，便同陈登亲至郑玄家中，求其作书。玄慨然依允，写书一封，付与玄德。玄德便差孙乾星夜赍往袁绍处投递。绍览毕，自忖曰：“玄德攻灭吾弟，本不当相助；但重以郑尚书之命，不得不往救之。”遂聚文武官，商议兴兵伐曹操。谋士田丰曰：“兵起连年，百姓疲弊，仓廪无积，不可复兴大军。宜先遣人献捷天子，若不得通，乃表称曹操隔我王路，然后提兵屯黎阳；更于河内增益舟楫，缮置军器，分遣精兵，屯扎边鄙。三年之中，大事可定也。”谋士审配曰：“不然。以明公之神武，抚河朔之强盛，兴兵讨曹贼，易如反掌，何必迁延日月？”谋士沮授曰：“制胜之策，不在强盛。曹操法令既行，士卒精练，比公孙瓒坐受困者不同。今弃献捷良策，而兴无名之兵，窃为明公不取。”谋士郭图曰：“非也。兵加曹操，岂曰无名？公正当及时早定大业。愿从郑尚书之言，与刘备共仗大义，剿灭曹贼，上合天意，下合民情，实为幸甚！”四人争论未定，绍踌躇不决。忽许攸、荀谌自外而入。绍曰：“二人多有见识，且看如何主张。”二人施礼毕，绍曰：“郑尚书有书来，令我起兵助刘备，攻曹操。起兵是乎？不起兵是乎？”二人齐声应曰：“明公以众克寡，以强攻弱，讨汉贼以扶王室：起兵是也。”绍曰：“二人所见，正合我心。”便商议兴兵。先令孙乾回报郑玄，并约玄德准备接应；一面令审配、逢纪为统军，田丰、荀谌、许攸为谋士，颜良、文丑为将军，起马军十五万，步兵十五万，共精兵三十万，望黎阳进发。分拨已定，郭图进曰：“以明公大义伐操，必须数操之恶，驰檄各郡，声罪致讨，然后名正言顺。”绍从之，遂令书记陈琳草檄。琳字孔璋，素有才名；灵帝时为主簿，因谏何进不听，复遭董卓之乱，避难冀州，绍用为记室。当下领命草檄，援笔立就。其文曰：

盖闻明主图危以制变，忠臣虑难以立权。是以有非常之人，然后有非常之事；有非常之事，然后立非常之功。夫非常者，固非常人所拟也。曩者，强秦弱主，赵高执柄，专制朝权，威福由己；时人迫胁，莫敢正言；终有望夷之败，祖宗焚灭，污辱至今，永为世鉴。及臻吕后季年，产禄专政，内兼二军，外统赵梁；擅断万机，决事省禁；下陵上替，海内寒心。于是绛侯朱虚兴兵奋怒，诛夷逆暴，尊立太宗，故能王道兴隆，光明显融：此则大臣立权之明表也。司空曹操：祖父中常侍腾，与左棺、徐璜并作妖孽，饕餮放横，伤化虐民；父嵩，乞匄携养，因赃假位，舆金辇璧，输货权门，窃盗鼎司，倾覆重器。操赘阉遗丑，本无懿德，[犭票]狡锋协，好乱乐祸。

幕府董统鹰扬，扫除凶逆；续遇董卓，侵官暴国。于是提剑挥鼓，发命东夏，收罗英雄，弃瑕取用；故遂与操同谘合谋，授以裨师，谓其鹰犬之才，爪牙可任。至乃愚佻短略，轻进易退，伤夷折衄，数丧师徒；幕府辄复分兵命锐，修完补辑，表行东郡，领兖州刺史，被以虎文，奖蹙威柄，冀获秦师一克之报。而操遂承资跋扈，恣行凶忒，割剥元元，残贤害善。

故九江太守边让，英才俊伟，天下知名；直言正色，论不阿谄；身首被枭悬之诛，妻孥受灰灭之咎。自是士林愤痛，民怨弥重；一夫奋臂，举州同声。故躬破于徐方，地夺于吕布；彷徨东裔，蹈据无所。幕府惟强干弱枝之义，且不登叛人之党，故复援旌擐甲，席卷起征，金鼓响振，布众奔沮；拯其死亡之患，复其方伯之位：则幕府无德于兖土之民，而有大造于操也。

后会銮驾返旆，群虏寇攻。时冀州方有北鄙之警，匪遑离局；故使从事中郎徐勋，就发遣操，使缮修郊庙，翊卫幼主。操便放志：专行胁迁，当御省禁；卑侮王室，败法乱纪；坐领三台，专制朝政；爵赏由心，弄戮在口；所爱光五宗，所恶灭三族；群谈者受显诛，腹议者蒙隐戮；百僚钳口，道路以目；尚书记朝会，公卿充员品而已。故太尉杨彪，典历二司，享国极位。操因缘眦睚，被以非罪；榜楚参并，五毒备至；触情任忒，不顾宪纲。又议郎赵彦，忠谏直言，义有可纳，是以圣朝含听，改容加饰。操欲迷夺时明，杜绝言路，擅收立杀，不俟报国。又梁孝王，先帝母昆，坟陵尊显；桑梓松柏，犹宜肃恭。而操帅将吏士，亲临发掘，破棺裸尸，掠取金宝。至令圣朝流涕，士民伤怀！操又特置发丘中郎将、摸金校尉，所过隳突，无骸不露。身处三公之位，而行桀虏之态，污国害民，毒施人鬼！加其细政惨苛，科防互设；罾缴充蹊，坑阱塞路；举手挂网罗，动足触机陷：是以兖、豫有无聊之民，帝都有吁嗟之怨。历观载籍，无道之臣，贪残酷烈，于操为甚！幕府方诘外奸，未及整训；加绪含容，冀可弥缝。而操豺狼野心，潜包祸谋，乃欲摧挠栋梁，孤弱汉室，除灭忠正，专为枭雄。往者伐鼓北征公孙瓒，强寇桀逆，拒围一年。操因其未破，阴交书命，外助王师，内相掩袭。会其行人发露，瓒亦枭夷，故使锋芒挫缩，厥图不果。今乃屯据敖仓，阻河为固，欲以螳螂之斧，御隆车之隧。幕府奉汉威灵，折冲宇宙；长戟百万，胡骑千群；奋中黄育获之士，骋良弓劲弩之势；并州越太行，青州涉济漯；大军泛黄河而角其前，荆州下宛叶而掎其后：雷震虎步，若举炎火以焫飞蓬，覆沧海以沃[火票]炭，有何不灭者哉？又操军吏士，其可战者，皆出自幽冀，或故营部曲，咸怨旷思归，流涕北顾。其余兖豫之民，及吕布张杨之余众，覆亡迫胁，权时苟从；各被创夷，人为仇敌。若回旆方徂，登高冈而击鼓吹，扬素挥以启降路，必土崩瓦解，不俟血刃。方今汉室陵迟，纲维弛绝；圣朝无一介之辅，股肱无折冲之势。方畿之内，简练之臣，皆垂头□翼，莫所凭恃；虽有忠义之佐，胁于暴虐之臣，焉能展其节？又操持部曲精兵七百，围守宫阙，外托宿卫，内实拘执。惧其篡逆之萌，因斯而作。此乃忠臣肝脑涂地之秋，烈士立功之会，可不勖哉！操又矫命称制，遣使发兵。恐边远州郡，过听给与，违众旅叛，举以丧名，为天下笑，则明哲不取也。即日幽并青冀四州并进。书到荆州，便勒现兵，与建忠将军协同声势。州郡各整义兵，罗落境界，举武扬威，并匡社稷：则非常之功于是乎著。

其得操首者，封五千户侯，赏钱五千万。部曲偏裨将校诸吏降者，勿有所问。广宜恩信，班扬符赏，布告天下，咸使知圣朝有拘迫之难。如律令！

绍览檄大喜，即命使将此檄遍行州郡，并于各处关津隘口张挂。檄文传至许都，时曹操方患头风，卧病在床。左右将此檄传进，操见之，毛骨悚然，出了一身冷汗，不觉头风顿愈，从床上一跃而起，顾谓曹洪曰：“此微何人所作？”洪曰：“闻是陈琳之笔。”操笑曰：“有文事者，必须以武略济之。陈琳文事虽佳，其如袁绍武略之不足何！”遂聚众谋士商议迎敌。孔融闻之，来见操曰：“袁绍势大，不可与战，只可与和。”荀彧曰：“袁绍无用之人，何必议和？”融曰：“袁绍士广民强。其部下如许攸、郭图、审配、逢纪皆智谋之士；田丰、沮授皆忠臣也；颜良、文丑勇冠三军；其余高览、张郃、淳于琼等俱世之名将。--何谓绍为无用之人乎？”彧笑曰：“绍兵多而不整。田丰刚而犯上，许攸贪而不智，审配专而无谋，逢纪果而无用：此数人者，势不相容，必生内变，颜良、文丑，匹夫之勇，一战可擒。其余碌碌等辈，纵有百万，何足道哉！”孔融默然。操大笑曰：“皆不出荀文若之料。”遂唤前军刘岱、后军王忠引军五万，打着丞相旗号，去徐州攻刘备。原来刘岱旧为兖州刺史；及操取兖州，岱降于操，操用为偏将，故今差他与王忠一同领兵。操却自引大军二十万，进黎阳，拒袁绍。程昱曰：“恐刘岱、王忠不称其使。”操曰：“吾亦知非刘备敌手，权且虚张声势。”分付：“不可轻进。待我破绍，再勒兵破备。”刘岱、王忠领兵去了。

曹操自引兵至黎阳。两军隔八十里，各自深沟高垒，相持不战。自八月守至十月。原来许攸不乐审配领兵，沮授又恨绍不用其谋，各不相和，不图进取。袁绍心怀疑惑，不思进兵，操乃唤吕布手下降将臧霸守把青、徐；于禁、李典屯兵河上；曹仁总督大军，屯于官渡，操自引一军，竟回许都。

且说刘岱、王忠引军五万，离徐州一百里下寨。中军虚打“曹丞相”旗号，未敢进兵，只打听河北消息。这里玄德也不知曹操虚实，未敢擅动，亦只探听河北。忽曹操差人催刘岱、王忠进战。二人在寨中商议。岱曰：“丞相催促攻城，你可先去。”王忠曰：“丞相先差你。”岱曰：“我是主将，如何先去？”忠曰：“我和你同引兵去。”岱曰：“我与你拈阄，拈着的便去。”王忠拈着“先”字，只得分一半军马，来攻徐州。

玄德听知军马到来，请陈登商议曰：“袁本初虽屯兵黎阳，奈谋臣不和，尚未进取。曹操不知在何处。闻黎阳军中，无操旗号，如何这里却反有他旗号？”登曰：“操诡计百出，必以河北为重，亲自监督，却故意不建旗号，乃于此处虚张旗号：吾意操必不在此。”玄德曰：“两弟谁可探听虚实？”张飞曰：“小弟愿往。”玄德曰：“汝为人躁暴，不可去。”飞曰：“便是有曹操也拿将来！”云长曰：“待弟往观其动静。”玄德曰：“云长若去，我却放心。”于是云长引三千人马出徐州来。

时值初冬，阴云布合，雪花乱飘，军马皆冒雪布阵。云长骤马提刀而出，大叫王忠打话。忠出曰：“丞相到此，缘何不降？”云长曰：“请丞相出阵，我自有话说。”忠曰：“丞相岂肯轻见你！”云长大怒，骤马向前。王忠挺枪来迎。两马相交，云长拨马便走。王忠赶来。转过山坡，云长回马，大叫一声，舞刀直取。王忠拦截不住，恰待骤马奔逃，云长左手倒提宝刀，右手揪住王忠勒甲绦，拖下鞍鞒，横担于马上，回本阵来。王忠军四散奔走。

云长押解王忠，回徐州见玄德。玄德问：“尔乃何人？现居何职？敢诈称曹丞相！”忠曰：“焉敢有诈。奉命教我虚张声势，以为疑兵。丞相实不在此。”玄德教付衣服酒食，且暂监下，待捉了刘岱，再作商议。云长曰：“某知兄有和解之意，故生擒将来。”玄德曰：“吾恐翼德躁暴，杀了王忠，故不教去。此等人杀之无益，留之可为解和之地。”张飞曰：“二哥捉了王忠，我去生擒刘岱来！”玄德曰：“刘岱昔为兖州刺史，虎牢关伐董卓时，也是一镇诸侯，今日为前军，不可轻敌。”飞曰：“量此辈何足道哉！我也似二哥生擒将来便了。”玄德曰：“只恐坏了他性命，误我大事。”飞曰：“如杀了，我偿他命！”玄德遂与军三千。飞引兵前进。

却说刘岱知王忠被擒，坚守不出。张飞每日在寨前叫骂，岱听知是张飞，越不敢出。飞守了数日，见岱不出，心生一计：传令今夜二更去劫寨；日间却在帐中饮酒诈醉，寻军士罪过，打了一顿，缚在营中，曰：“待我今夜出兵时，将来祭旗！”却暗使左右纵之去。军士得脱，偷走出营，径往刘岱营中来报劫寨之事。刘岱见降卒身受重伤，遂听其说，虚扎空寨，伏兵在外。是夜张飞却分兵三路，中间使三十余人，劫寨放火；却教两路军抄出他寨后，看火起为号，夹击之。三更时分，张飞自引精兵，先断刘岱后路；中路三十余人，抢入寨中放火。刘岱伏兵恰待杀入，张飞两路兵齐出。岱军自乱，正不知飞兵多少，各自溃散。刘岱引一队残军，夺路而走，正撞见张飞，狭路相逢，急难回避，交马只一合，早被张飞生擒过去。余众皆降。飞使人先报入徐州。玄德闻之，谓云长曰：“翼德自来粗莽，今亦用智，吾无忧矣！”乃亲自出郭迎之。飞曰：“哥哥道我躁暴，今日如何？”玄德曰：“不用言语相激，如何肯使机谋！”飞大笑。

玄德见缚刘岱过来，慌下马解其缚曰：“小弟张飞误有冒渎，望乞恕罪。”遂迎入徐州，放出王忠，一同管待。玄德曰：“前因车胄欲害备，故不得不杀之。丞相错疑备反，遣二将军前来问罪。备受丞相大恩，正思报效，安敢反耶？二将军至许都，望善言为备分诉，备之幸也。”刘岱、王忠曰：“深荷使君不杀之恩，当于丞相处方便，以某两家老小保使君。”玄德称谢。次日尽还原领军马，送出郭外。

刘岱、王忠行不上十余里，一声鼓响，张飞拦路大喝曰：“我哥哥忒没分晓！捉住贼将如何又放了？”吓得刘岱、王忠在马上发颤。张飞睁眼挺枪赶来，背后一人飞马大叫：“不得无礼！”视之，乃云长也。刘岱、王忠方才放心。云长曰：“既兄长放了，吾弟如何不遵法令？”飞曰：“今番放了，下次又来。”云长曰：“待他再来，杀之未迟。”刘岱、王忠连声告退曰：“便丞相诛我三族，也不来了。望将军宽恕。”飞曰：“便是曹操自来，也杀他片甲不回！今番权且寄下两颗头！”刘岱、王忠抱头鼠窜而去。云长、翼德回见玄德曰：“曹操必然复来。”孙乾谓玄德曰：“徐州受敌之地，不可久居；不若分兵屯小沛，守邳城，为犄角之势，以防曹操。”玄德用其言，令云长守下邳；甘、糜二夫人亦于下邳安置。甘夫人乃小沛人也，糜夫人乃糜竺之妹也。孙乾、简雍、糜竺、糜芳守徐州。玄德与张飞屯小沛。刘岱、王忠回见曹操，具言刘备不反之事。操怒骂：“辱国之徒，留你何用！”喝令左右推出斩之。正是：犬豕何堪共虎斗，鱼虾空自与龙争。不知二人性命如何，且听下文分解。

第二十三回 祢正平裸衣骂贼 吉太医下毒遭刑

却说曹操欲斩刘岱、王忠。孔融谏曰：“二人本非刘备敌手，若斩之，恐失将士之心。”操乃免其死，黜罢爵禄。欲自起兵伐玄德。孔融曰：“方今隆冬盛寒，未可动兵，待来春未为晚也。可先使人招安张绣、刘表，然后再图徐州。”操然其言，先遣刘晔往说张绣。晔至襄城，先见贾诩，陈说曹公盛德。诩乃留晔于家中。次日来见张绣，说曹公遣刘晔招安之事。正议间，忽报袁绍有使至。绣命入。使者呈上书信。绣览之，亦是招安之意。诩问来使曰：“近日兴兵破曹操，胜负何如？”使曰：“隆冬寒月，权且罢兵。今以将军与荆州刘表俱有国士之风，故来相请耳。”诩大笑曰：“汝可便回见本初，道汝兄弟尚不能容，何能容天下国士乎！”当面扯碎书，叱退来使。

张绣曰：“方今袁强曹弱；今毁书叱使，袁绍若至，当如之何？”诩曰：“不如去从曹操。”绣曰：“吾先与操有仇，安得相容？”诩曰：“从操其便有三：夫曹公奉天子明诏，征伐天下，其宜从一也；绍强盛，我以少从之，必不以我为重，操虽弱，得我必喜，其宜从二也；曹公王霸之志，必释私怨，以明德于四海，其宜从三也。愿将军无疑焉。”绣从其言，请刘晔相见。晔盛称操德，且曰：“丞相若记旧怨，安肯使某来结好将军乎？”绣大喜，即同贾诩等赴许都投降。绣见操，拜于阶下。操忙扶起，执其手曰：“有小过失，勿记于心。”遂封绣为扬武将军，封贾诩为执金吾使。

操即命绣作书招安刘表。贾诩进曰：“刘景升好结纳名流，今必得一有文名之士往说之，方可降耳。”操问荀攸曰：“谁人可去？”攸曰：“孔文举可当其任。”操然之。攸出见孔融曰：“丞相欲得一有文名之士，以备行人之选。公可当此任否？”融曰：“吾友祢衡，字正平，其才十倍于我。此人宜在帝左右，不但可备行人而已。我当荐之天子。”于是遂上表奏帝。其文曰：“臣闻洪水横流，帝思俾乂；旁求四方，以招贤俊。昔世宗继统，将弘基业；畴咨熙载，群士响臻。陛下睿圣，纂承基绪，遭遇厄运，劳谦日昃；维岳降神，异人并出。窃见处士平原祢衡：年二十四，字正平，淑质贞亮，英才卓跞。初涉艺文，升堂睹奥；目所一见，辄诵之口，耳所暂闻，不忘于心；性与道合，思若有神；弘羊潜计，安世默识，以衡准之，诚不足怪。忠果正直，志怀霜雪；见善若惊，嫉恶若仇；任座抗行，史鱼厉节，殆无以过也。鸷鸟累百，不如一鹗；使衡立朝，必有可观。飞辩骋词，溢气坌涌；解疑释结，临敌有余。昔贾谊求试属国，诡系单于；终军欲以长缨，牵制劲越：弱冠慷慨，前世美之。近日路粹、严象，亦用异才，擢拜台郎。衡宜与为比。如得龙跃天衢，振翼云汉，扬声紫微，垂光虹蜺，足以昭近署之多士，增四门之穆穆。钧天广乐，必有奇丽之观；帝室皇居，必蓄非常之宝。若衡等辈，不可多得。激楚、阳阿，至妙之容，掌伎者之所贪；飞兔、騕褭，绝足奔放，良、乐之所急也。臣等区区，敢不以闻？陛下笃慎取士，必须效试，乞令衡以褐衣召见。如无可观采，臣等受面欺之罪。”帝览表，以付曹操。操遂使人召衡至。礼毕，操不命坐。祢衡仰天叹曰：“天地虽阔，何无一人也！”操曰：“吾手下有数十人，皆当世英雄，何谓无人？”衡曰：“愿闻。”操曰：“荀彧、荀攸、郭嘉、程昱，机深智远，虽萧何、陈平不及也。张辽、许褚、李典、乐进，勇不可当，虽岑彭、马武不及也。吕虔、满宠为从事，于禁、徐晃为先锋；夏侯惇天下奇才，曹子孝世间福将。安得无人？”衡笑曰：“公言差矣！此等人物，吾尽识之：荀彧可使吊丧问疾，荀攸可使看坟守墓，程昱可使关门闭户，郭嘉可使白词念赋，张辽可使击鼓鸣金，许褚可使牧牛放马，乐进可使取状读招，李典可使传书送檄，吕虔可使磨刀铸剑，满宠可使饮酒食糟，于禁可使负版筑墙，徐晃可使屠猪杀狗；夏侯惇称为完体将军，曹子孝呼为要钱太守。其余皆是衣架、饭囊、酒桶、肉袋耳！”操怒曰：“汝有何能？”衡曰：“天文地理，无一不通；三教九流，无所不晓；上可以致君为尧、舜，下可以配德于孔、颜。岂与俗子共论乎！”时止有张辽在侧，掣剑欲斩之。操曰：“吾正少一鼓吏；早晚朝贺宴享，可令祢衡充此职。”衡不推辞，应声而去。辽曰：“此人出言不逊，何不杀之？”操曰：“此人素有虚名，远近所闻。今日杀之，天下必谓我不能容物。彼自以为能，故令为鼓吏以辱之。”来日，操于省厅上大宴宾客，令鼓吏挝鼓。旧吏云：“挝鼓必换新衣。”衡穿旧衣而入。遂击鼓为《渔阳三挝》。音节殊妙，渊渊有金石声。坐客听之，莫不慷慨流涕。左右喝曰：“何不更衣！”衡当面脱下旧破衣服，裸体而立，浑身尽露。坐客皆掩面。衡乃徐徐着裤，颜色不变。操叱曰：“庙堂之上，何太无礼？”衡曰：“欺君罔上乃谓无礼。吾露父母之形，以显清白之体耳！”操曰：“汝为清白，谁为污浊？”衡曰：“汝不识贤愚，是眼浊也；不读诗书，是口浊也；不纳忠言，是耳浊也；不通古今，是身浊也；不容诸侯，是腹浊也；常怀篡逆，是心浊也！吾乃天下名士，用为鼓吏，是犹阳货轻仲尼，臧仓毁孟子耳！欲成王霸之业，而如此轻人耶？”

时孔融在坐，恐操杀衡，乃从容进曰：“祢衡罪同胥靡，不足发明王之梦。”操指衡而言曰：“令汝往荆州为使。如刘表来降，便用汝作公卿。”衡不肯往。操教备马三匹，令二人扶挟而行；却教手下文武，整酒于东门外送之。荀彧曰：“如祢衡来，不可起身。”衡至，下马入见，众皆端坐。衡放声大哭。荀彧问曰：“何为而哭？”衡曰：“行于死柩之中，如何不哭？”众皆曰：“吾等是死尸，汝乃无头狂鬼耳！”衡曰：“吾乃汉朝之臣，不作曹瞒之党，安得无头？”众欲杀之。荀彧急止之曰：“量鼠雀之辈，何足汙刀！”衡曰：“吾乃鼠雀，尚有人性；汝等只可谓之蜾虫！”众恨而散。

衡至荆州，见刘表毕，虽颂德，实讥讽。表不喜，令去江夏见黄祖。或问表曰：“祢衡戏谑主公，何不杀之？”表曰：“祢衡数辱曹操，操不杀者，恐失人望；故令作使于我，欲借我手杀之，使我受害贤之名也。吾今遣去见黄祖，使曹操知我有识。”众皆称善。时袁绍亦遣使至。表问众谋士曰：“袁本初又遣使来，曹孟德又差祢衡在此，当从何便？”从事中郎将韩嵩进曰：“今两雄相持，将军若欲有为，乘此破敌可也。如其不然，将择其善者而从之。今曹操善能用兵，贤俊多归，其势必先取袁绍，然后移兵向江东，恐将军不能御；莫若举荆州以附操，操必重待将军矣。”表曰：“汝且去许都，观其动静，再作商议。”嵩曰：“君臣各有定分。嵩今事将军，虽赴汤蹈火，一唯所命。将军若能上顺天子，下从曹公，使嵩可也；如持疑未定，嵩到京师，天子赐嵩一官，则嵩为天子之臣，不复为将军死矣。”表曰：“汝且先往观之。吾别有主意。”

嵩辞表，到许都见操。操遂拜嵩为侍中，领零陵太守。荀彧曰：“韩嵩来观动静，未有微功，重加此职，祢衡又无音耗，丞相遣而不问，何也？”操曰：“祢衡辱吾太甚，故借刘表手杀之，何必再问？”遂遣韩嵩回荆州说刘表。

嵩回见表，称颂朝廷盛德，劝表遣子入侍，表大怒曰：“汝怀二心耶！”欲斩之。嵩大叫曰：“将军负嵩，焉不负将军！”蒯良曰：“嵩未去之前，先有此言矣。”刘表遂赦之。

人报黄祖斩了祢衡，表问其故，对曰：“黄祖与祢衡共饮，皆醉。祖问衡曰：‘君在许都有何人物？’衡曰：‘大儿孔文举，小儿杨德祖。除此二人，别无人物。’祖曰：‘似我何如？’衡曰：‘汝似庙中之神，虽受祭祀，恨无灵验！’祖大怒曰：‘汝以我为土木偶人耶！’遂斩之。衡至死骂不绝口。”刘表闻衡死，亦嗟呀不已，令葬于鹦鹉洲边。后人有诗叹曰：“黄祖才非长者俦，祢衡珠碎此江头。今来鹦鹉洲边过，惟有无情碧水流。”却说曹操知祢衡受害，笑曰：“腐儒舌剑，反自杀矣！”因不见刘表来降，便欲兴兵问罪。荀彧谏曰：“袁绍未平，刘备未灭，而欲用兵江汉，是犹舍心腹而顺手足也。可先灭袁绍，后灭刘备，江汉可一扫而平矣。”操从之。

且说董承自刘玄德去后，日夜与王子服等商议，无计可施。建安五年，元旦朝贺，见曹操骄横愈甚，感愤成疾。帝知国舅染病，令随朝太医前去医治。此医乃洛阳人，姓吉，名太，字称平，人皆呼为吉平，当时名医也。平到董承府用药调治，旦夕不离；常见董承长吁短叹，不敢动问。

时值元宵，吉平辞去，承留住，二人共饮。饮至更余，承觉困倦，就和衣而睡。忽报王子服等四人至，承出接入。服曰：“大事谐矣！”承曰：“愿闻其说。”服曰：“刘表结连袁绍，起兵五十万，共分十路杀来。马腾结连韩遂，起西凉军七十二万，从北杀来。曹操尽起许昌兵马，分头迎敌，城中空虚。若聚五家僮仆，可得千余人。乘今夜府中大宴，庆赏元宵，将府围住，突入杀之。不可失此机会！”承大喜，即唤家奴各人收拾兵器，自己披挂绰枪上马，约会都在内门前相会，同时进兵。夜至二鼓，众兵皆到。董承手提宝剑，徒步直入，见操设宴后堂，大叫：“操贼休走！”一剑剁去，随手而倒。霎时觉来，乃南柯一梦，口中犹骂“操贼”不止。

吉平向前叫曰：“汝欲害曹公乎？”承惊惧不能答。吉平曰：“国舅休慌。某虽医人，未尝忘汉。某连日见国舅嗟叹，不敢动问。恰才梦中之言，已见真情，幸勿相瞒。倘有用某之处，虽灭九族，亦无后悔！”承掩面而哭曰：“只恐汝非真心！”平遂咬下一指为誓。承乃取出衣带诏，令平视之；且曰：“今之谋望不成者，乃刘玄德、马腾各自去了，无计可施，因此感而成疾。”平曰：“不消诸公用心。操贼性命，只在某手中。”承问其故。平曰：“操贼常患头风，痛入骨髓；才一举发，便召某医治。如早晚有召，只用一服毒药，必然死矣，何必举刀兵乎？”承曰：“若得如此，救汉朝社稷者，皆赖君也！”时吉平辞归。承心中暗喜，步入后堂，忽见家奴秦庆童同侍妾云英在暗处私语。承大怒，唤左右捉下，欲杀之。夫人劝免其死，各人杖脊四十，将庆童锁于冷房。庆童怀恨，夤夜将铁锁扭断，跳墙而出，径入曹操府中，告有机密事。操唤入密室问之。庆童云：“王子服、吴子兰、种辑、吴硕、马腾五人在家主府中商议机密，必然是谋丞相。家主将出白绢一段，不知写着甚的。近日吉平咬指为誓，我也曾见。”曹操藏匿庆童于府中，董承只道逃往他方去了，也不追寻。

次日，曹操诈患头风，召吉平用药。平自思曰：“此贼合休！”暗藏毒药入府。操卧于床上，令平下药。平曰：“此病可一服即愈。”教取药罐，当面煎之。药已半干，平已暗下毒药，亲自送上。操知有毒，故意迟延不服。平曰：“乘热服之，少汗即愈。”操起曰：“汝既读儒书，必知礼义：君有疾饮药，臣先尝之；父有疾饮药，子先尝之。汝为我心腹之人，何不先尝而后进？”平曰：“药以治病，何用人尝？”平知事已泄，纵步向前，扯住操耳而灌之。操推药泼地，砖皆迸裂。

操未及言，左右已将吉平执下。操曰：“吾岂有疾，特试汝耳！汝果有害我之心！”遂唤二十个精壮狱卒，执平至后园拷问。操坐于亭上，将平缚倒于地。吉平面不改容，略无惧怯。操笑曰：“量汝是个医人，安敢下毒害我？必有人唆使你来。你说出那人，我便饶你。”平叱之曰：“汝乃欺君罔上之贼，天下皆欲杀汝，岂独我乎！”操再三磨问。平怒曰：“我自欲杀汝，安有人使我来？今事不成，惟死而已！”操怒，教狱卒痛打。打到两个时辰，皮开肉裂，血流满阶。操恐打死，无可对证，令狱卒揪去静处，权且将息。

传令次日设宴，请众大臣饮酒。惟董承托病不来。王子服等皆恐操生疑，只得俱至。操于后堂设席。酒行数巡，曰：“筵中无可为乐，我有一人，可为众官醒酒。”教二十个狱卒：“与吾牵来！”须臾，只见一长枷钉着吉平，拖至阶下。操曰：

“众官不知，此人连结恶党，欲反背朝廷，谋害曹某；今日天败，请听口词。”操教先打一顿，昏绝于地，以水喷面。吉平苏醒，睁目切齿而骂曰：“操贼！不杀我，更待何时！”操曰：“同谋者先有六人。与汝共七人耶？”平只是大骂。王子服等四人面面相觑，如坐针毡。操教一面打，一面喷。平并无求饶之意。操见不招，且教牵去。

众官席散，操只留王子服等四人夜宴。四人魂不附体，只得留待。操曰：“本不相留，争奈有事相问。汝四人不知与董承商议何事？”子服曰：“并未商议甚事。”操曰：“白绢中写着何事？”子服等皆隐讳。操教唤出庆童对证。子服曰：“汝于何处见来？”庆童曰：“你回避了众人，六人在一处画字，如何赖得？”子服曰：“此贼与国舅侍妾通奸，被责诬主，不可听也。”操曰：“吉平下毒，非董承所使而谁？”子服等皆言不知。操曰：“今晚自首，尚犹可恕：若待事发，其实难容！”子服等皆言并无此事。操叱左右将四人拿住监禁。

次日，带领众人径投董承家探病。承只得出迎。操曰：“缘何夜来不赴宴？”承曰：“微疾未痊，不敢轻出。”操曰：“此是忧国家病耳。”承愕然。操曰：“国舅知吉平事乎？”承曰：“不知。”操冷笑曰：“国舅如何不知？”唤左右：“牵来与国舅起病。”承举措无地。须臾，二十狱卒推吉平至阶下。吉平大骂：“曹操逆贼！”操指谓承曰：“此人曾攀下王子服等四人，吾已拿下廷尉。尚有一人，未曾捉获。”因问平曰：“谁使汝来药我？可速招出！”平曰：“天使我来杀逆贼！”操怒教打。身上无容刑之处。承在座视之，心如刀割。操又问平曰：“你原有十指，今如何只有九指？”平曰：“嚼以为誓，誓杀国贼！”操教取刀来，就阶下截去其九指，曰：“一发截了，教你为誓！”平曰：“尚有口可以吞贼，有舌可以骂贼！”操令割其舌。平曰：“且勿动手。吾今熬刑不过，只得供招。可释吾缚。”操曰：“释之何碍？”遂命解其缚。平起身望阙拜曰：“臣不能为国家除贼，乃天数也！”拜毕，撞阶而死。操令分其肢体号令。时建安五年正月也。史官有诗曰：“汉朝无起色，医国有称平：立誓除奸党，捐躯报圣明。极刑词愈烈，惨死气如生。十指淋漓处，千秋仰异名。”

操见吉平已死，教左右牵过秦庆童至面前。操曰：“国舅认得此人否？”承大怒曰：“逃奴在此，即当诛之！”操曰：“他首告谋反，今来对证，谁敢诛之？”承曰：“丞相何故听逃奴一面之说？”操曰：“王子服等吾已擒下，皆招证明白，汝尚抵赖乎？”即唤左右拿下，命从人直入董承卧房内，搜出衣带诏并义状。操看了，笑曰：“鼠辈安敢如此！”遂命：“将董承全家良贱，尽皆监禁，休教走脱一个。”操回府以诏状示众谋士商议，要废献帝，更立新君。正是：数行丹诏成虚望，一纸盟书惹祸殃。未知献帝性命如何，且听下文分解。

第二十四回 国贼行凶杀贵妃 皇叔败走投袁绍

却说曹操见了衣带诏，与众谋士商议，欲废却献帝，更择有德者立之。程昱谏曰：“明公所以能威震四方，号令天下者，以奉汉家名号故也，今诸侯未平，遽行废立之事，必起兵端矣。”操乃止。只将董承等五人，并其全家老小，押送各门处斩。死者共七百余人。城中官民见者，无不下泪。后人有诗叹董承曰：“密诏传衣带，天言出禁门。当年曾救驾，此日更承恩。忧国成心疾，除奸入梦魂。忠贞千古在，成败复谁论。”又有叹王子服等四人诗曰：“书名尺素矢忠谋，慷慨思将君父酬。赤胆可怜捐百口，丹心自是足千秋。”

且说曹操既杀了董承等众人，怒气未消，遂带剑入宫，来弑董贵妃。贵妃乃董承之妹，帝幸之，已怀孕五月。当日帝在后宫，正与伏皇后私论董承之事至今尚无音耗。忽见曹操带剑入宫，面有怒容，帝大惊失色。操曰：“董承谋反，陛下知否？”帝曰：“董卓已诛矣。”操大声曰：“不是董卓！是董承！”帝战栗曰：“朕实不知。”操曰：“忘了破指修诏耶？”帝不能答。操叱武士擒董妃至。帝告曰：“董妃有五月身孕，望丞相见怜。”操曰：“若非天败，吾已被害。岂得复留此女，为吾后患！”伏后告曰：“贬于冷宫，待分娩了，杀之未迟。”操曰：“欲留此逆种，为母报仇乎？”董妃泣告曰：“乞全尸而死，勿令彰露。”操令取白练至面前。帝泣谓妃曰：“卿于九泉之下，勿怨朕躬！”言讫，泪下如雨。伏后亦大哭。操怒曰：“犹作儿女态耶！”叱武士牵出，勒死于宫门之外。后人有诗叹董妃曰：“春殿承恩亦枉然，伤哉龙种并时捐。堂堂帝主难相救，掩面徒看泪涌泉。”操谕监宫官曰：“今后但有外戚宗族，不奉吾旨，辄入宫门者，斩，守御不严，与同罪。”又拨心腹人三千充御林军，令曹洪统领，以为防察。

操谓程昱曰：“今董承等虽诛，尚有马腾、刘备，亦在此数，不可不除。”昱曰：“马腾屯军西凉，未可轻取；但当以书慰劳，勿使生疑，诱入京师，图之可也。刘备现在徐州，分布犄角之势，亦不可轻敌。况今袁绍屯兵官渡，常有图许都之心。若我一旦东征，刘备势必求救于绍。绍乘虚来袭，何以当之？”操曰：“非也。备乃人杰也，今若不击，待其羽翼既成。急难图矣。袁绍虽强，事多怀疑不决，何足忧乎！”正议间，郭嘉自外而入。操问曰：“吾欲东征刘备，奈有袁绍之忧，如何？”嘉曰：“绍性迟而多疑，其谋士各相妒忌，不足忧也。刘备新整军兵，众心未服，丞相引兵东征，一战可定矣。”操大喜曰：“正合吾意。”遂起二十万大军，分兵五路下徐州。细作探知，报入徐州。孙乾先往下邳报知关公，随至小沛报知玄德，玄德与孙乾计议曰：“此必求救于袁绍，方可解危。”于是玄德修书一封，遣孙乾至河北。乾乃先见田丰，具言其事，求其引进。丰即引孙乾入见绍，呈上书信。只见绍形容憔悴，衣冠不整。丰曰：“今日主公何故如此？”绍曰：“我将死矣！”丰曰：“主公何出此言？”绍曰：“吾生五子，惟最幼者极快吾意；今患疥疮，命已垂绝。吾有何心更论他事乎？”丰曰：“今曹操东征刘玄德，许昌空虚，若以义兵乘虚而入，上可以保天子，下可以救万民。此不易得之机会也，惟明公裁之。”绍曰：“吾亦知此最好，奈我心中恍惚，恐有不利。”丰曰：“何恍惚之有？”绍曰：“五子中惟此子生得最异，倘有疏虞，吾命休矣。”遂决意不肯发兵，乃谓孙乾曰：“汝回见玄德，可言其故。倘有不如意，可来相投，吾自有相助之处。”田丰以杖击地曰：“遭此难遇之时，乃以婴儿之病，失此机会！大事去矣，可痛惜哉！”跌足长叹而出。

孙乾见绍不肯发兵，只得星夜回小沛见玄德，具说此事。玄德大惊曰：“似此如之奈何？”张飞曰：“兄长勿忧。曹兵远来，必然困乏；乘其初至，先去劫寨，可破曹操。”玄德曰：“素以汝为一勇夫耳。前者捉刘岱时，颇能用计；今献此策，亦中兵法。”乃从其言，分兵劫寨。

且说曹操引军往小沛来。正行间，狂风骤至，忽听一声响亮，将一面牙旗吹折。操便令军兵且住，聚众谋士问吉凶。荀彧曰：“风从何方来？吹折甚颜色旗？”操曰：“风自东南方来，吹折角上牙旗，旗乃青红二色。”彧曰：”不主别事，今夜刘备必来劫寨。”操点头。忽毛玠入见曰：“方才东南风起，吹折青红牙旗一面。主公以为主何吉凶？”操曰：“公意若何？”毛玠曰：“愚意以为今夜必主有人来劫寨。”后人有诗叹曰：“吁嗟帝胄势孤穷，全仗分兵劫寨功。争奈牙旗折有兆，老天何故纵奸雄？”操曰：“天报应我，当即防之。”遂分兵九队，只留一队向前虚扎营寨，余众八面埋伏。

是夜月色微明。玄德在左，张飞在右，分兵两队进发；只留孙乾守小沛。且说张飞自以为得计，领轻骑在前，突入操寨，但见零零落落，无多人马，四边火光大起，喊声齐举。飞知中计，急出寨外。正东张辽、正西许褚、正南于禁、正北李典、东南徐晃、西南乐进，东北夏侯惇、西北夏侯渊，八处军马杀来。张飞左冲右突，前遮后当；所领军兵原是曹操手下旧军，见事势已急，尽皆投降去了。飞正杀间，逢着徐晃大杀一阵，后面乐进赶到。飞杀条血路突围而走，只有数十骑跟定。欲还小沛，去路已断，欲投徐州、下邳，又恐曹军截住；寻思无路，只得望芒砀山而去。

却说玄德引军劫寨，将近寨门，忽然喊声大震，后面冲出一军，先截去了一半人马。夏侯惇又到。玄德突围而走，夏侯渊又从后赶来。玄德回顾，止有三十余骑跟随；急欲奔还小沛，早望见小沛城中火起，只得弃了小沛；欲投徐州、下邳，又见曹军漫山塞野，截住去路。玄德自思无路可归，想："袁绍有言，'倘不如意，可来相投'，今不若暂往依栖，别作良图。"遂望青州路而走，正逢李典拦住。玄德匹马落荒望北而逃，李典掳将从骑去了。

且说玄德匹马投青州，日行三百里，奔至青州城下叫门。门吏问了姓名，来报刺史。刺史乃袁绍长子袁谭。谭素敬玄德，闻知匹马到来，即便开门相迎，接入公廨，细问其故。玄德备言兵败相投之意。谭乃留玄德于馆驿中住下，发书报父袁绍；一面差本州人马，护送玄德。至平原界口，袁绍亲自引众出邺郡三十里迎接玄德。玄德拜谢，绍忙答礼曰："昨为小儿抱病，有失救援，于心怏怏不安。今幸得相见，大慰平生渴想之思。"玄德曰："孤穷刘备，久欲投于门下，奈机缘未遇。今为曹操所攻，妻子俱陷，想将军容纳四方之士，故不避羞惭，径来相投。望乞收录。誓当图报。"绍大喜，相待甚厚，同居冀州。且说曹操当夜取了小沛，随即进兵攻徐州。糜竺、简雍守把不住，只得弃城而走。陈登献了徐州。曹操大军入城，安民已毕，随唤众谋士议取下邳。荀彧曰："云长保护玄德妻小，死守此城。若不速取。恐为袁绍所窃。"操曰："吾素爱云长武艺人材，欲得之以为己用，不若令人说之使降。"郭嘉曰："云长义气深重，必不肯降。若使人说之，恐被其害。"帐下一人出曰："某与关公有一面之交，愿往说之。"众视之，乃张辽也。程昱曰："文远虽与云长有旧，吾观此人，非可以言词说也。某有一计，使此人进退无路，然后用文远说之，彼必归丞相矣。"正是：整备窝弓射猛虎，安排香饵钓鳌鱼。未知其计若何，且听下文分解。

第二十五回 屯土山关公约三事 救白马曹操解重围

却说程昱献计曰："云长有万人之敌，非智谋不能取之。今可即差刘备手下投降之兵，入下邳，见关公，只说是逃回的，伏于城中为内应；却引关公出战，诈败佯输，诱入他处，以精兵截其归路，然后说之可也。"操听其谋，即令徐州降兵数十，径投下邳来降关公。关公以为旧兵，留而不疑。

次日，夏侯惇为先锋，领兵五千来搦战。关公不出，惇即使人于城下辱骂。关公大怒，引三千人马出城，与夏侯惇交战。约战十馀合，惇拨回马走。关公赶来，惇且战且走。关公约赶二十里，恐下邳有失，提兵便回。只听得一声炮响，左有徐晃，右有许褚，两队军截住去路，关公夺路而走，两边伏兵排下硬弩百张，箭如飞蝗。关公不得过，勒兵再回，徐晃、许褚接住交战。关公奋力杀退二人，引军欲回下邳，夏侯惇又截住厮杀。公战至日晚，无路可归，只得到一座土山，引兵屯于山头，权且少歇。曹兵团团将土山围住。关公于山上遥望下邳城中火光冲天，却是那诈降兵卒偷开城门，曹操自提大军杀入城中，只教举火以惑关公之心。关公见下邳火起，心中惊惶，连夜几番冲下山来，皆被乱箭射回。

捱到天晓，再欲整顿下山冲突，忽见一人跑马上山来，视之乃张辽也。关公迎谓曰："文远欲来相敌耶？"辽曰："非也。想故人旧日之情，特来相见。"遂弃刀下马，与关公叙礼毕，坐于山顶。公曰："文远莫非说关某乎？"辽曰："不然。昔日蒙兄救弟，今日弟安得不救兄？"公曰："然则文远将欲助我乎？"辽曰："亦非也。"公曰："既不助我，来此何干？"辽曰："玄德不知存亡，翼德未知生死。昨夜曹公已破下邳，军民尽无伤害，差人护卫玄德家眷，不许惊忧。如此相待，弟特来报兄。"关公怒曰："此言特说我也。吾今虽处绝地，视死如归。汝当速去，吾即下山迎战。"张辽大笑曰："兄此言岂不为天下笑乎？"公曰："吾仗忠义而死，安得为天下笑？"辽曰："兄今即死，其罪有三。"公曰："汝且说我那三罪？"辽曰："当初刘使君与兄结义之时，誓同生死；今使君方败，而兄即战死，倘使君复出，欲求兄相助，而不可复得，岂不负当年之盟誓乎？其罪一也。刘使君以家眷付托于兄，兄今战死，二夫人无所依赖，负却使君依托之重。其罪二也。兄武艺超群，兼通经史，不思共使君匡扶汉室，徒欲赴汤蹈火，以成匹夫之勇，安得为义？其罪三也。兄有此三罪，弟不得不告。"

公沉吟曰："汝说我有三罪，欲我如何？"辽曰："今四面皆曹公之兵，兄若不降，则必死；徒死无益，不若且降曹公；却打听刘使君音信，如知何处，即往投之。一者可以保二夫人，二者不背桃园之约，三者可留有用之身：有此三便，兄宜详之。"公曰："兄言三便，吾有三约。若丞相能从，我即当卸甲；如其不允，吾宁受三罪而死。"辽曰："丞相宽洪大量，何所不容。愿闻三事。"公曰："一者，吾与皇叔设誓，共扶汉室，吾今只降汉帝，不降曹操；二者，二嫂处请给皇叔俸禄养赡，一应上下人等，皆不许到门；三者，但知刘皇叔去向，不管千里万里，便当辞去：三者缺一，断不肯降。望文远急急回报。"张辽应诺，遂上马，回见曹操，先说降汉不降曹之事。操笑曰："吾为汉相，汉即吾也。此可从之。"辽又言："二夫人欲请皇叔俸给，并上下人等不许到门。"操曰："吾于皇叔俸内，更加倍与之。至于严禁内外，乃是家法，又何疑焉！"辽又曰："但知玄德信息，虽远必往。"操摇首曰："然则吾养云长何用？此事却难从。"辽曰："岂不闻豫让众人国士之论乎？刘玄德待云长不过恩厚耳。丞相更施厚恩以结其心，何忧云长之不服也？"操曰："文远之言甚当，吾愿从此三事。"张辽再往山上回报关公。关公曰："虽然如此，暂请丞相退军，容我入城见二嫂，告知其事，然后投降。"张辽再回，以此言报曹操。操即传令，退军三十里。荀彧曰："不可，恐有诈。"操曰："云长义士，必不失信。"遂引军退。关公引兵入下邳，见人民安妥不动，竟到府中。来见二嫂。甘、糜二夫人听得关公到来，急出迎之。公拜于阶下曰："使二嫂受惊，某之罪也。"二夫人曰："皇叔今在何处？"公曰："不知去向。"二夫人曰："二叔今将若何？"公曰："关某出城死战，被困土山，张辽劝我投降，我以三事相约。曹操已皆允从，故特退兵，放我入城。我不曾得嫂嫂主意，未敢擅便。"二夫人问："那三事？"关公将上项三事，备述一遍。甘夫人曰："昨日曹军入城，我等皆以为必死；谁想毫发不动，一军不敢入门。叔叔既已领诺，何必问我二人？只恐日后曹操不容叔叔去寻皇叔。"公曰："嫂嫂放心，关某自有主张。"二夫人曰："叔叔自家裁处，凡事不必问俺女流。"

关公辞退，遂引数十骑来见曹操。操自出辕门相接。关公下马入拜，操慌忙答礼。关公曰："败兵之将，深荷不杀之恩。"操曰："素慕云长忠义，今日幸得相见，足慰平生之望。"关公曰："文远代禀三事，蒙丞相应允，谅不食言。"操曰："吾言既出，安敢失信。"关公曰："关某若知皇叔所在，虽蹈水火、必往从之。此时恐不及拜辞，伏乞见原。"操曰："玄德若在，必从公去；但恐乱军中亡矣。公且宽心，尚容缉听。"关公拜谢。操设宴相待。次日班师还许昌。关公收拾车仗，请二嫂上车，亲自护车而行。于路安歇馆驿，操欲乱其君臣之礼，使关公与二嫂共处一室。关公乃秉烛立于户外，自夜达旦，毫无倦色。操见公如此，愈加敬服。既到许昌，操拨一府与关公居住。关公分一宅为两院，内门拨老军十人把守，关公自居外宅。

操引关公朝见献帝，帝命为偏将军。公谢恩归宅。操次日设大宴，会众谋臣武士，以客礼待关公，延之上座；又备绫锦及金银器皿相送。关公都送与二嫂收贮。关公自到许昌，操待之甚厚：小宴三日，大宴五日；又送美女十人，使侍关公。关公尽送入内门，令伏侍二嫂。却又三日一次于内门外躬身施礼，动问二嫂安否。二夫人回问皇叔之事毕，曰"叔叔自便"，关公方敢退回。操闻之，又叹服关公不已。

一日，操见关公所穿绿锦战袍已旧，即度其身品，取异锦作战袍一领相赠。关公受之，穿于衣底，上仍用旧袍罩之。操笑曰："云长何如此之俭乎？"公曰："某非俭也。旧袍乃刘皇叔所赐，某穿之如见兄面，不敢以丞相之新赐而忘兄长之旧赐，故穿于上。"操叹曰："真义士也！"然口虽称羡，心实不悦。一日，关公在府，忽报："内院二夫人哭倒于地，不知为何，请将军速入。"关公乃整衣跪于内门外，问二嫂为何悲泣。甘夫人曰："我夜梦皇叔身陷于土坑之内，觉来与糜夫人论之，想在九泉之下矣！是以相哭。"关公曰："梦寐之事，不可凭信，此是嫂嫂想念之故。请勿忧愁。"

正说间，适曹操命使来请关公赴宴。公辞二嫂，往见操。操见公有泪容，问其故。公曰："二嫂思兄痛哭，不由某心不悲。"操笑而宽解之，频以酒相劝。公醉，自绰其髯而言曰："生不能报国家，而背其兄，徒为人也！"操问曰："云长髯有数乎？"公曰："约数百根。每秋月约退三五根。冬月多以皂纱囊裹之，恐其断也。"操以纱锦作囊，与关公护髯。次日，早朝见帝。帝见关公一纱锦囊垂于胸次，帝问之。关公奏曰："臣髯颇长，丞相赐囊贮之。"帝令当殿披拂，过于其腹。帝曰："真美髯公也！"因此人皆呼为"美髯公"。

忽一日，操请关公宴。临散，送公出府，见公马瘦，操曰："公马因何而瘦？"关公曰："贱躯颇重，马不能载，因此常瘦。"操令左右备一马来。须臾牵至。那马身如火炭，状甚雄伟。操指曰："公识此马否？"公曰："莫非吕布所骑赤兔马乎？"操曰："然也。"遂并鞍辔送与关公。关公再拜称谢。操不悦曰："吾累送美女金帛，公未尝下拜；今吾赠马，乃喜而再拜：何贱人而贵畜耶？"关公曰："吾知此马日行千里，今幸得之，若知兄长下落，可一日而见面矣。"操愕然而悔。关公辞去。后人有诗叹曰："威倾三国著英豪，一宅分居义气高。奸相枉将虚礼待，岂知关羽不降曹。"操问张辽曰："吾待云长不薄，而彼常怀去心，何也？"辽曰："容某探其情。"次日，往见关公。礼毕，辽曰："我荐兄在丞相处，不曾落后？"公曰："深感丞相厚意。只是吾身虽在此，心念皇叔，未尝去怀。"辽曰："兄言差矣，处世不分轻重，非丈夫也。玄德待兄，未必过于丞相，兄何故只怀去志？"公曰："吾固知曹公待吾甚厚。奈吾受刘皇叔厚恩，誓以共死，不可背之。吾终不留此。要必立效以报曹公，然后去耳。"辽曰："倘玄德已弃世，公何所归乎？"公曰："愿从于地下。"辽知公终不可留，乃告退，回见曹操，具以实告。操叹曰："事主不忘其本，乃天下之义士也！"荀彧曰："彼言立功方去，若不教彼立功，未必便去。"操然之。却说玄德在袁绍处，旦夕烦恼。绍曰："玄德何故常忧？"玄德曰："二弟不知音耗，妻小陷于曹贼；上不能报国，下不能保家：安得不忧？"绍曰："吾欲进兵赴许都久矣。方今春暖，正好兴兵。"便商议破曹之策。田丰谏曰："前操攻徐州，许都空虚，不及此时进兵；今徐州已破，操兵方锐，未可轻敌。不如以久持之，待其有隙而后可动也。"绍曰："待我思之。"因问玄德曰："田丰劝我固守，何如！"玄德曰："曹操欺君之贼，明公若不讨之，恐失大义于天下。"绍曰："玄德之言甚善。"遂欲兴兵。田丰又谏。绍怒曰："汝等弄文轻武，使我失大义！"田丰顿首曰："若不听臣良言，出师不利。"绍大怒，欲斩之。玄德力劝，乃囚于狱中，沮授见田丰下狱，乃会其宗族，尽散家财，与之诀曰："吾随军而去，胜则威无不加，败则一身不保矣！"众皆下泪送之。

绍遣大将颜良作先锋，进攻白马。沮授谏曰："颜良性狭，虽骁勇，不可独任。"绍曰："吾之上将，非汝等可料。"大军进发至黎阳，东郡太守刘延告急许昌。曹操急议兴兵抵敌。关公闻知，遂入相府见操曰："闻丞相起兵，某愿为前部。"操曰："未敢烦将军。早晚有事，当来相请。"关公乃退。

操引兵十五万，分三队而行。于路又连接刘延告急文书，操先提五万军亲临白马，靠土山扎住。遥望山前平川旷野之地，颜良前部精兵十万，排成阵势。操骇然，回顾吕布旧将宋宪曰："吾闻汝乃吕布部下猛将，今可与颜良一战。"宋宪领诺，绰枪上马，直出阵前。颜良横刀立马于门旗下；见宋宪马至，良大喝一声，纵马来迎。战不三合，手起刀落，斩宋宪于阵前。曹操大惊曰："真勇将也！"魏续曰："杀我同伴，愿去报仇！"操许之。续上马持矛，径出阵前，大骂颜良。良更不打话，交马一合，照头一刀，劈魏续于马下。操曰："今谁敢当之？"徐晃应声而出，与颜良战二十合，败归本阵。诸将栗然。曹操收军，良亦引军退去。

操见连斩二将，心中忧闷。程昱曰："某举一人可敌颜良。"操问是谁。昱曰："非关公不可。"操曰："吾恐他立了功便去。"昱曰："刘备若在，必投袁绍。今若使云长破袁绍之兵，绍必疑刘备而杀之矣。备既死，云长又安往乎？"操大喜，遂差人去请关公。关公即入辞二嫂。二嫂曰："叔今此去，可打听皇叔消息。"关公领诺而出，提青龙刀，上赤兔马，引从者数人，直至白马来见曹操。操叙说："颜良连诛二将，勇不可当，特请云长商议。"关公曰："容某观之。"操置酒相待。忽报颜良搦战。操引关公上土山观看。操与关公坐，诸将环立。曹操指山下颜良排的阵势，旗帜鲜明，枪刀森布，严整有威，乃谓关公曰："河北人马，如此雄壮！"关公曰："以吾观之，如土鸡瓦犬耳！"操又指曰："麾盖之下，绣袍金甲，持刀立马者，乃颜良也。"关公举目一望，谓操曰："吾观颜良，如插标卖首耳！"操曰："未可轻视。"关公起身曰："某虽不才，愿去万军中取其首级，来献丞相。"张辽曰："军中无戏言，云长不可忽也。"关公奋然上马，倒提青龙刀，跑下山来，凤目圆睁，蚕眉直竖，直冲彼阵。河北军如波开浪裂，关公径奔颜良。颜良正在麾盖下，见关公冲来，方欲问时，关公赤兔马快，早已跑到面前；颜良措手不及，被云长手起一刀，刺于马下。忽地下马，割了颜良首级，拴于马项之下，飞身上马，提刀出阵，如入无人之境。河北兵将大惊，不战自乱。曹军乘势攻击，死者不可胜数；马匹器械，抢夺极多。关公纵马上山，众将尽皆称贺。公献首级于操前。操曰："将军真神人也！"关公曰："某何足道哉！吾弟张翼德于百万军中取上将之头，如探囊取物耳。"操大惊，回顾左右曰："今后如遇张翼德，不可轻敌。"令写于衣袍襟底以记之。

却说颜良败军奔回，半路迎见袁绍，报说被赤面长须使大刀一勇将，匹马入阵，斩颜良而去，因此大败。绍惊问曰："此人是谁？"沮授曰："此必是刘玄德之弟关云长也。"绍大怒，指玄德曰："汝弟斩吾爱将，汝必通谋，留尔何用！"唤刀斧手推出玄德斩之。正是：初见方为座上客，此日几同阶下囚。未知玄德性命如何，且听下文分解。

第二十六回 袁本初败兵折将 关云长挂印封金

却说袁绍欲斩玄德。玄德从容进曰："明公只听一面之词，而绝向日之情耶？备自徐州失散，二弟云长未知存否；天下同貌者不少，岂赤面长须之人，即为关某也？明公何不察之？"袁绍是个没主张的人，闻玄德之言，责沮授曰："误听汝言，险杀好人。”遂仍请玄德上帐坐，议报颜良之仇。帐下一人应声而进曰：“颜良与我如兄弟，今被曹贼所杀，我安得不雪其恨？”玄德视其人，身长八尺，面如獬豸，乃河北名将文丑也。袁绍大喜曰：“非汝不能报颜良之仇。吾与十万军兵，便渡黄河，追杀曹贼！”沮授曰：“不可。今宜留屯延津，分兵官渡，乃为上策。若轻举渡河，设或有变，众皆不能还矣。”绍怒曰：“皆是汝等迟缓军心，迁延日月，有妨大事！岂不闻兵贵神速乎？”沮授出，叹曰：“上盈其志，下务其功；悠悠黄河，吾其济乎！”遂托疾不出议事。玄德曰：“备蒙大恩，无可报效，意欲与文将军同行：一者报明公之德，二者就探云长的实信。”绍喜，唤文丑与玄德同领前部。文丑曰：“刘玄德屡败之将，于军不利。既主公要他去时，某分三万军，教他为后部。”于是文丑自领七万军先行，令玄德引三万军随后。

且说曹操见云长斩了颜良，倍加钦敬，表奏朝廷，封云长为汉寿亭侯，铸印送关公。忽报袁绍又使大将文丑渡黄河，已据延津之上。操乃先使人移徙居民于西河，然后自领兵迎之；传下将令：以后军为前军，以前军为后军；粮草先行，军兵在后。吕虔曰：“粮草在先，军兵在后，何意也？”操曰：“粮草在后，多被剽掠，故令在前。”虔曰：“倘遇敌军劫去，如之奈何？”操曰：“且待敌军到时，却又理会。”虔心疑未决。操令粮食辎重沿河堑至延津。操在后军，听得前军发喊，急教人看时，报说：“河北大将文丑兵至，我军皆弃粮草，四散奔走。后军又远，将如之何？”操以鞭指南阜曰：“此可暂避。”人马急奔土阜。操令军士皆解衣卸甲少歇，尽放其马。文丑军掩至。众将曰：“贼至矣！可急收马匹，退回白马！”荀攸急止之曰：“此正可以饵敌，何故反退？”操急以目视荀攸而笑。攸知其意，不复言。文丑军既得粮草车仗，又来抢马。军士不依队伍，自相杂乱。曹操却令军将一齐下土阜击之，文丑军大乱。曹兵围裹将来，文丑挺身独战，军士自相践踏。文丑止遏不住，只得拨马回走。操在土阜上指曰：“文丑为河北名将、谁可擒之？”张辽、徐晃飞马齐出，大叫：“文丑休走！”文丑回头见二将赶上，遂按住铁枪，拈弓搭箭，正射张辽。徐晃大叫：“贼将休放箭！”张辽低头急躲，一箭射中头盔，将簪缨射去。辽奋力再赶，坐下战马，又被文丑一箭射中面颊。那马跪倒前蹄，张辽落地。文丑回马复来，徐晃急轮大斧，截住厮杀。只见文丑后面军马齐到，晃料敌不过，拨马而回。文丑沿河赶来。

忽见十余骑马，旗号翩翻，一将当头提刀飞马而来，乃关云长也，大喝：“贼将休走！”与文丑交马，战不三合，文丑心怯，拨马绕河而走。关公马快，赶上文丑，脑后一刀，将文丑斩下马来。曹操在土阜上，见关公砍了文丑，大驱人马掩杀。河北军大半落水，粮草马匹仍被曹操夺回。

云长引数骑东冲西突。正杀之间，刘玄德领三万军随后到。前面哨马探知，报与玄德云：“今番又是红面长髯的斩了文丑。”玄德慌忙骤马来看，隔河望见一簇人马，往来如飞，旗上写着“汉寿亭侯关云长”七字。玄德暗谢天地曰：“原来吾弟果然在曹操处！”欲待招呼相见，被曹兵大队拥来，只得收兵回去。袁绍接应至官渡，下定寨栅。郭图、审配入见袁绍，说：“今番又是关某杀了文丑，刘备佯推不知。”袁绍大怒，骂曰：“大耳贼焉敢如此！”少顷，玄德至，绍令推出斩之。玄德曰：“某有何罪？”绍曰：“你故使汝弟又坏我一员大将，如何无罪？”玄德曰：“容伸一言而死：曹操素忌备，今知备在明公处，恐备助公，故特使云长诛杀二将。公知必怒。此借公之手以杀刘备也。愿明公思之。”袁绍曰：“玄德之言是也。汝等几使我受害贤之名。”喝退左右，请玄德上帐而坐。玄德谢曰：“荷明公宽大之恩，无可补报，欲令一心腹人持密书去见云长，使知刘备消息，彼必星夜来到，辅佐明公，共诛曹操，以报颜良、文丑之仇，若何？”袁绍大喜曰：“吾得云长，胜颜良、文丑十倍也。”玄德修下书札，未有人送去。绍令退军武阳，连营数十里，按兵不动。操乃使夏侯惇领兵守住官渡隘口，自己班师回许都，大宴众官，贺云长之功。因谓吕虔曰：“昔日吾以粮草在前者，乃饵敌之计也。惟荀公达知吾心耳。”众皆叹服。正饮宴间，忽报：“汝南有黄巾刘辟、龚都，甚是猖獗。曹洪累战不利，乞遣兵救之。”云长闻言，进曰：“关某愿施犬马之劳，破汝南贼寇。”操曰：“云长建立大功，未曾重酬，岂可复劳征进？”公曰：“关某久闲，必生疾病。愿再一行。”曹操壮之，点兵五万，使于禁、乐进为副将，次日便行。荀彧密谓操曰：“云长常有归刘之心，倘知消息必去，不可频令出征。”操曰：“今次收功，吾不复教临敌矣。”

且说云长领兵将近汝南，扎住营寨。当夜营外拿了两个细作人来。云长视之，内中认得一人，乃孙乾也。关公叱退左右，问乾曰：“公自溃散之后，一向踪迹不闻，今何为在此处？”乾曰：“某自逃难，飘泊汝南，幸得刘辟收留。今将军为何在曹操处？未识甘、糜二夫人无恙否？”关公因将上项事细说一遍。乾曰：“近闻玄德公在袁绍处，欲往投之，未得其便。今刘、龚二人归顺袁绍，相助攻曹。天幸得将军到此，因特令小军引路，教某为细作，来报将军。来日二人当虚败一阵，公可速引二夫人投袁绍处，与玄德公相见。”关公曰：“既兄在袁绍处，吾必星夜而往。但恨吾斩绍二将，恐今事变矣。”乾曰：“吾当先往探彼虚实，再来报将军。”公曰：“吾见兄长一面，虽万死不辞。今回许昌，便辞曹操也。”当夜密送孙乾去了。次日，关公引兵出，龚都披挂出阵。关公曰：“汝等何故背反朝廷？”都曰：“汝乃背主之人，何反责我？”关公曰：“我何为背主？”都曰：“刘玄德在袁本初处，汝却从曹操，何也？”关公更不打话，拍马舞刀向前。龚都便走，关公赶上。都回身告关公曰：“故主之恩，不可忘也。公当速进，我让汝南。”关公会意，驱军掩杀。刘、龚二人佯输诈败，四散去了。云长夺得州县，安民已定，班师回许昌。曹操出郭迎接，赏劳军士。宴罢，云长回家，参拜二嫂于门外。甘夫人曰：“叔叔西番出军，可知皇叔音信否？”公答曰：“未也”。关公退，二夫人于门内痛哭曰：“想皇叔休矣！二叔恐我妹妹烦恼，故隐而不言。”正哭间，有一随行老军，听得哭声不绝，于门外告曰：“夫人休哭，主人现在河北袁绍处。”夫人曰：“汝何由知之？”军曰：“跟关将军出征，有人在阵上说来。”夫人急召云长责之曰：“皇叔未尝负汝，汝今受曹操之恩，顿忘旧日之义，不以实情告我，何也？”关公顿首曰：“兄今委实在河北。未敢教嫂嫂知者，恐有泄漏也。事须缓图，不可欲速。”甘夫人曰：“叔宜上紧。”公退，寻思去计，坐立不安。

原来于禁探知刘备在河北，报与曹操。操令张辽来探关公意。关公正闷坐，张辽入贺曰：“闻兄在阵上知玄德音信，特来贺喜。”关公曰：“故主虽在，未得一见，何喜之有！”辽曰：“兄与玄德交，比弟与兄交何如？”公曰：“我与兄，朋友之交也；我与玄德，是朋友而兄弟、兄弟而主臣者也：岂可共论乎？”辽曰：“今玄德在河北，兄往从否？”关公曰：“昔日之言，安肯背之！文远须为我致意丞相。”张辽将关公之言，回告曹操，操曰：“吾自有计留之。”

且说关公正寻思间，忽报有故人相访。及请入，却不相识。关公问曰：“公何人也？”答曰：“某乃袁绍部下南阳陈震也。”关公大惊，急退左右，问曰：“先生此来，必有所为？”震出书一缄，递与关公。公视之，乃玄德书也。其略云：“备与足下，自桃园缔盟，誓以同死。今何中道相违，割恩断义？君必欲取功名、图富贵，愿献备首级以成全功。书不尽言，死待来命。”关公看书毕，大哭曰：“某非不欲寻兄，奈不知所在也。安肯图富贵而背旧盟乎？”震曰：“玄德望公甚切，公既不背旧盟，宜速往见。”关公曰：“人生天地间，无终始者，非君子也。吾来时明白，去时不可不明白。吾今作书，烦公先达知兄长，容某辞却曹操，奉二嫂来相见。”震曰：“倘曹操不允。为之奈何？”公曰：“吾宁死，岂肯久留于此！”震曰：“公速作回书，免致刘使君悬望。”关公写书答云：“窃闻义不负心，忠不顾死。羽自幼读书，粗知礼义，观羊角哀、左伯桃之事，未尝不三叹而流涕也。前守下邳。内无积粟，外听援兵；欲即效死，奈有二嫂之重，未敢断首捐躯，致负所托；故尔暂且羁身，冀图后会。近至汝南，方知兄信；即当面辞曹公，奉二嫂归。羽但怀异心，神人共戮。披肝沥胆，笔楮难穷。瞻拜有期，伏惟照鉴。”陈震得书自回。

关公入内告知二嫂，随即至相府，拜辞曹操。操知来意，乃悬回避牌于门。关公怏怏而回，命旧日跟随人役，收拾车马，早晚伺候；分付宅中，所有原赐之物，尽皆留下，分毫不可带去。次日再往相府辞谢，门首又挂回避牌。关公一连去了数次，皆不得见。乃往张辽家相探，欲言其事。辽亦托疾不出。关公思曰：“此曹丞相不容我去之意。我去志已决，岂可复留！”即写书一封，辞谢曹操。书略曰：“羽少事皇叔，誓同生死；皇天后土，实闻斯言。前者下邳失守，所请三事，已蒙恩诺。今探知故主现在袁绍军中，回思昔日之盟，岂容违背？新恩虽厚，旧义难忘。兹特奉书告辞，伏惟照察。其有余恩未报，愿以俟之异日。”写毕封固，差人去相府投递；一面将累次所受金银，一一封置库中，悬汉寿亭侯印于堂上，请二夫人上车。关公上赤兔马，手提青龙刀，率领旧日跟随人役，护送车仗，径出北门。门吏挡之。关公怒目横刀，大喝一声，门吏皆退避。关公既出门，谓从者曰：“汝等护送车仗先行，但有追赶者，吾自当之，勿得惊动二位夫人。”从者推车，望官道进发。却说曹操正论关公之事未定，左右报关公呈书。操即看毕，大惊曰：“云长去矣！”忽北门守将飞报：“关公夺门而去，车仗鞍马二十余人，皆望北行。”又关公宅中人来报说：“关公尽封所赐金银等物。美女十人，另居内室。其汉寿亭侯印悬于堂上。丞相所拨人役，皆不带去，只带原跟从人，及随身行李，出北门去了。”众皆愕然。一将挺身出曰：“某愿将铁骑三千，去生擒关某，献与丞相！”众视之，乃将军蔡阳也。正是：欲离万丈蛟龙穴，又遇三千狼虎兵。蔡阳要赶关公，毕竟如何，且听下文分解。

第二十七回 美髯公千里走单骑 汉寿侯五关斩六将

却说曹操部下诸将中，自张辽而外，只有徐晃与云长交厚，其余亦皆敬服；独蔡阳不服关公，故今日闻其去，欲往追之。操曰：“不忘故主，来去明白，真丈夫也。汝等皆当效之。”遂叱退蔡阳，不令去赶。程昱曰：“丞相待关某甚厚，今彼不辞而去，乱言片楮，冒渎钧威，其罪大矣。若纵之使归袁绍，是与虎添翼也。不若追而杀了，以绝后患。”操曰：“吾昔已许之，岂可失信！彼各为其主，勿追也。”因谓张辽曰：“云长封金挂印，财贿不以动其心，爵禄不以移其志，此等人吾深敬之。想他去此不远，我一发结识他做个人情。汝可先去请住他，待我与他送行，更以路费征袍赠之，使为后日记念。”张辽领命，单骑先往。曹操引数十骑随后而来。

却说云长所骑赤兔马，日行千里，本是赶不上；因欲护送车仗，不敢纵马，按辔徐行。忽听背后有人大叫：“云长且慢行！”回头视之，见张辽拍马而至。关公教车仗从人，只管望大路紧行；自己勒住赤兔马，按定青龙刀，问曰：“文远莫非欲追我回乎？”辽曰：“非也。丞相知兄远行，欲来相送，特先使我请住台驾，别无他意。”关公曰：“便是丞相铁骑来，吾愿决一死战！”遂立马于桥上望之。见曹操引数十骑，飞奔前来，背后乃是许褚、徐晃、于禁、李典之辈。操见关公横刀立马于桥上，令诸将勒住马匹，左右排开。关公见众人手中皆无军器，方始放心。操曰：“云长行何太速？”关公于马上欠身答曰：“关某前曾禀过丞相。今故主在河北，不由某不急去。累次造府，不得参见，故拜书告辞，封金挂印，纳还丞相。望丞相勿忘昔日之言。”操曰：“吾欲取信于天下，安肯有负前言。恐将军途中乏用，特具路资相送。”一将便从马上托过黄金一盘。关公曰：“累蒙恩赐，尚有余资。留此黄金以赏将士。”操曰：“特以少酬大功于万一，何必推辞？”关公曰：“区区微劳，何足挂齿。”操笑曰：“云长天下义士，恨吾福薄，不得相留。锦袍一领，略表寸心。”令一将下马，双手捧袍过来。云长恐有他变，不敢下马，用青龙刀尖挑锦袍披于身上，勒马回头称谢曰：“蒙丞相赐袍，异日更得相会。”遂下桥望北而去。许褚曰：“此人无礼太甚，何不擒之？”操曰：“彼一人一骑，吾数十余人，安得不疑？吾言既出，不可追也。”曹操自引众将回城，于路叹想云长不已。

不说曹操自回。且说关公来赶车仗。约行三十里，却只不见。云长心慌，纵马四下寻之。忽见山头一人，高叫：“关将军且住！”云长举目视之，只见一少年，黄巾锦衣，持枪跨马，马项下悬着首级一颗，引百余步卒，飞奔前来。公问曰：“汝何人也？”少年弃枪下马，拜伏于地。云长恐是诈，勒马持刀问曰：“壮士，愿通姓名。”答曰：“吾本襄阳人，姓廖，名化，字元俭。因世乱流落江湖，聚众五百余人，劫掠为生。恰才同伴杜远下山巡哨，误将两夫人劫掠上山。吾问从者，知是大汉刘皇叔夫人，且闻将军护送在此，吾即欲送下山来。杜远出言不逊，被某杀之。今献头与将军请罪。”关公曰：“二夫人何在？”化曰：“现在山中。”关公教急取下山。不移时，百余人簇拥车仗前来。关公下马停刀，叉手于车前问候曰：“二嫂受惊否？”二夫人曰：“若非廖将军保全，已被杜远所辱。”关公问左右曰：“廖化怎生救夫人？”左右曰：“杜远劫上山去，就要与廖化各分一人为妻。廖化问起根由，好生拜敬，杜远不从，已被廖化杀了。”关公听言，乃拜谢廖化。廖化欲以部下人送关公。关公寻思此人终是黄巾余党，未可作伴，乃谢却之。廖化又拜送金帛，关公亦不受。廖化拜别，自引人伴投山谷中去了。云长将曹操赠袍事，告知二嫂，催促车仗前行。至天晚，投一村庄安歇。庄主出迎，须发皆白，问曰：“将军姓甚名谁？”关公施礼曰：“吾乃刘玄德之弟关某也。”老人曰：“莫非斩颜良、文丑的关公否？”公曰：“便是。”老人大喜，便请入庄。关公曰：“车上还有二位夫人。”老人便唤妻女出迎。二夫人至草堂上，关公叉手立于二夫人之侧。老人请公坐，公曰“尊嫂在上，安敢就坐！”老人乃令妻女请二夫人入内室款待，自于草堂款待关公。关公问老人姓名。老人曰：“吾姓胡，名华。桓帝时曾为议郎，致仕归乡。今有小儿胡班，在荥阳太守王植部下为从事。将军若从此处经过，某有一书寄与小儿。”关公允诺。次日早膳毕，请二嫂上车，取了胡华书信，相别而行，取路投洛阳来。前至一关，名东岭关。把关将姓孔，名秀，引五百军兵在岭上把守。当日关公押车仗上岭，军士报知孔秀，秀出关来迎。关公下马，与孔秀施礼。秀曰：“将军何往？”公曰：“某辞丞相，特往河北寻兄。”秀曰：“河北袁绍，正是丞相对头。将军此去，必有丞相文凭？”公曰：“因行期慌迫，不曾讨得。”秀曰：“既无文凭，待我差人禀过丞相，方可放行。”关公曰：“待去禀时，须误了我行程。”秀曰：“法度所拘，不得不如此。”关公曰：“汝不容我过关乎？”秀曰：“汝要过去，留下老小为质。”关公大怒，举刀就杀孔秀。秀退入关去，鸣鼓聚军，披挂上马，杀下关来，大喝曰：“汝敢过去么！”关公约退车仗，纵马提刀，竟不打话，直取孔秀。秀挺枪来迎。两马相交，只一合，钢刀起处，孔秀尸横马下。众军便走。关公曰：“军士休走。吾杀孔秀，不得已也，与汝等无干。借汝众军之口，传语曹丞相，言孔秀欲害我，我故杀之。”众军俱拜于马前。

关公即请二夫人车仗出关，望洛阳进发。早有军士报知洛阳太守韩福。韩福急聚众将商议。牙将孟坦曰：“既无丞相文凭，即系私行；若不阻挡，必有罪责。”韩福曰：“关公勇猛，颜良、文丑俱为所杀。今不可力敌，只须设计擒之。”孟坦曰：“吾有一计：先将鹿角拦定关口，待他到时，小将引兵和他交锋，佯败诱他来追，公可用暗箭射之。若关某坠马，即擒解许都，必得重赏。”商议停当，人报关公车仗已到。韩福弯弓插箭，引一千人马，排列关口，问：“来者何人？”关公马上欠身言曰："吾汉寿亭侯关某，敢借过路。"韩福曰："有曹丞相文凭否？"关公曰："事冗不曾讨得。"韩福曰："吾奉丞相钧命，镇守此地，专一盘诘往来奸细。若无文凭，即系逃窜。"关公怒曰："东岭孔秀，已被吾杀。汝亦欲寻死耶？"韩福曰："谁人与我擒之？"孟坦出马，轮双刀来取关公。关公约退车仗，拍马来迎。孟坦战不三合，拨回马便走。关公赶来。孟坦只指望引诱关公，不想关公马快，早已赶上，只一刀，砍为两段。关公勒马回来，韩福闪在门首，尽力放了一箭，正射中关公左臂。公用口拔出箭，血流不住，飞马径奔韩福，冲散众军，韩福急走不迭，关公手起刀落，带头连肩，斩于马下；杀散众军，保护车仗。

关公割帛束住箭伤，于路恐人暗算，不敢久住，连夜投汜水关来。把关将乃并州人氏，姓卞，名喜，善使流星锤；原是黄巾余党，后投曹操，拨来守关。当下闻知关公将到，寻思一计：就关前镇国寺中，埋伏下刀斧手二百余人，诱关公至寺，约击盏为号，欲图相害。安排已定，出关迎接关公。公见卞喜来迎，便下马相见。喜曰："将军名震天下，谁不敬仰！今归皇叔，足见忠义！"关公诉说斩孔秀、韩福之事。卞喜曰："将军杀之是也。某见丞相，代禀衷曲。"关公甚喜，同上马过了汜水关，到镇国寺前下马。众僧鸣钟出迎。原来那镇国寺乃汉明帝御前香火院，本寺有僧三十余人。内有一僧，却是关公同乡人，法名普净。当下普净已知其意，向前与关公问讯，曰："将军离蒲东几年矣？"关公曰："将及二十年矣。"普净曰："还认得贫僧否？"公曰："离乡多年，不能相识。"普净曰："贫僧家与将军家只隔一条河。"卞喜见普净叙出乡里之情，恐有走泄，乃叱之曰："吾欲请将军赴宴，汝僧人何得多言！"关公曰："不然。乡人相遇，安得不叙旧情耶？"普净请关公方丈待茶。关公曰："二位夫人在车上，可先献茶。"普净教取茶先奉夫人，然后请关公入方丈。普净以手举所佩戒刀，以目视关公。公会意，命左右持刀紧随。

卞喜请关公于法堂筵席。关公曰："卞君请关某，是好意，还是歹意？"卞喜未及回言，关公早望见壁衣中有刀斧手，乃大喝卞喜曰："吾以汝为好人，安敢如此！"卞喜知事泄，大叫："左右下手！"左右方欲动手，皆被关公拔剑砍之。卞喜下堂绕廊而走，关公弃剑执大刀来赶。卞喜暗取飞锤掷打关公。关公用刀隔开锤，赶将入去，一刀劈卞喜为两段。随即回身来看二嫂，早有军人围住，见关公来，四下奔走。关公赶散，谢普净曰："若非吾师，已被此贼害矣。"普净曰："贫僧此处难容，收拾衣钵，亦往他处云游也。后会有期，将军保重。"关公称谢，护送车仗，往荥阳进发。荥阳太守王植，却与韩福是两亲家；闻得关公杀了韩福，商议欲暗害关公，乃使人守住关口。待关公到时，王植出关，喜笑相迎。关公诉说寻兄之事。植曰："将军于路驱驰，夫人车上劳困，且请入城，馆驿中暂歇一宵，来日登途未迟。"关公见王植意甚殷勤，遂请二嫂入城。馆驿中皆铺陈了当。王植请公赴宴，公辞不往；植使人送筵席至馆驿。关公因于路辛苦，请二嫂晚膳毕，就正房歇定；令从者各自安歇，饱喂马匹。关公亦解甲憩息。却说王植密唤从事胡班听令曰："关某背丞相而逃，又于路杀太守并守关将校，死罪不轻！此人武勇难敌。汝今晚点一千军围住馆驿，一人一个火把，待三更时分，一齐放火；不问是谁，尽皆烧死！吾亦自引军接应。"胡班领命，便点起军士，密将干柴引火之物，搬于馆驿门首，约时举事。

胡班寻思："我久闻关云长之名，不识如何模样，试往窥之。"乃至驿中，问驿吏曰："关将军在何处？"答曰："正厅上观书者是也。"胡班潜至厅前，见关公左手绰髯，于灯下凭几看书。班见了，失声叹曰："真天人也！"公问何人，胡班入拜曰："荥阳太守部下从事胡班。"关公曰："莫非许都城外胡华之子否？"班曰："然也。"公唤从者于行李中取书付班。班看毕，叹曰："险些误杀忠良！"遂密告曰："王植心怀不仁，欲害将军，暗令人四面围住馆驿，约于三更放火。今某当先去开了城门，将军急收拾出城。"

关公大惊，忙披挂提刀上马，请二嫂上车，尽出馆驿，果见军士各执火把听候。关公急来到城边，只见城门已开。关公催车仗急急出城。胡班还去放火。关公行不到数里，背后火把照耀，人马赶来。当先王植大叫："关某休走！"关公勒马，大骂："匹夫！我与你无仇，如何令人放火烧我？"王植拍马挺枪，径奔关公，被关公拦腰一刀，砍为两段。人马都赶散。关公催车仗速行，于路感胡班不已。

行至滑州界首，有人报与刘延。延引数十骑，出郭而迎。关公马上欠身而言曰："太守别来无恙！"延曰："公今欲何往？"公曰："辞了丞相，去寻家兄。"延曰："玄德在袁绍处，绍乃丞相仇人，如何容公去？"公曰："昔日曾言定来。"延曰："今黄河渡口关隘，夏侯惇部将秦琪据守，恐不容将军过渡。"公曰："太守应付船只，若何？"延曰："船只虽有，不敢应付。"公曰："我前者诛颜良、文丑，亦曾与足下解厄。今日求一渡船而不与，何也？"延曰："只恐夏侯惇知之，必然罪我。"关公知刘延无用之人，遂自催车仗前进。到黄河渡口，秦琪引军出问："来者何人？"关公曰："汉寿亭侯关某也。"琪曰："今欲何往？"关公曰："欲投河北去寻兄长刘玄德，敬来借渡。"琪曰："丞相公文何在？"公曰："吾不受丞相节制，有甚公文！"琪曰："吾奉夏侯将军将令，守把关隘，你便插翅，也飞不过去！"关公大怒曰："你知我于路斩戮拦截者乎？"琪曰："你只杀得无名下将，敢杀我么？"关公怒曰："汝比颜良、文丑若何？"秦琪大怒，纵马提刀，直取关公。二马相交，只一合，关公刀起，秦琪头落。关公曰："当吾者已死，余人不必惊走。速备船只，送我渡河。"军士急撑舟傍岸。关公请二嫂上船渡河。渡过黄河，便是袁绍地方。关公所历关隘五处，斩将六员。后人有诗叹曰："挂印封金辞汉相，寻兄遥望远途还。马骑赤兔行千里，刀偃青龙出五关。忠义慨然冲宇宙，英雄从此震江山。独行斩将应无敌，今古留题翰墨间。"

关公于马上自叹曰："吾非欲沿途杀人，奈事不得已也。曹公知之，必以我为负恩之人矣。"正行间，忽见一骑自北而来，大叫："云长少住！"关公勒马视之，乃孙乾也。关公曰："自汝南相别，一向消息若何？"乾曰："刘辟、龚都自将军回兵之后，复夺了汝南；遣某往河北结好袁绍，请玄德同谋破曹之计。不想河北将士，各相妒忌。田丰尚囚狱中；沮授黜退不用；审配、郭图各自争权；袁绍多疑，主持不定。某与刘皇叔商议，先求脱身之计。今皇叔已往汝南会合刘辟去了。恐将军不知，反到袁绍处，或为所害，特遣某于路迎接将来。幸于此得见。将军可速往汝南与皇叔相会。"关公教孙乾拜见夫人。夫人问其动静。孙乾备说袁绍二次欲斩皇叔，今幸脱身往汝南去了。夫人可与云长到此相会。二夫人皆掩面垂泪。关公依言，不投河北去，径取汝南来。正行之间，背后尘埃起处，一彪人马赶来，当先夏侯惇大叫："关某休走！"正是：六将阻关徒受死，一军拦路复争锋。毕竟关公怎生脱身，且听下文分解。

第二十八回 斩蔡阳兄弟释疑 会古城主臣聚义

却说关公同孙乾保二嫂向汝南进发，不想夏侯惇领三百余骑，从后追来。孙乾保车仗前行。关公回身勒马按刀问曰："汝来赶我，有失丞相大度。"夏侯惇曰："丞相无明文传报，汝于路杀人，又斩吾部将，无礼太甚！我特来擒你，献与丞相发落！"言讫，便拍马挺枪欲斗。

只见后面一骑飞来，大叫："不可与云长交战！"关公按辔不动。来使于怀中取出公文，谓夏侯惇曰："丞相敬爱关将军忠义，恐于路关隘拦截，故遣某特赍公文，遍行诸处。"惇曰："关某于路杀把关将士，丞相知否？"来使曰："此却未知。"惇曰："我只活捉他去见丞相，待丞相自放他。"关公怒曰："吾岂惧汝耶！"拍马持刀，直取夏侯惇。惇挺枪来迎。两马相交，战不十合，忽又一骑飞至，大叫："二将军少歇！"惇停枪问来使曰："丞相叫擒关某乎？"使者曰："非也。丞相恐守关诸将阻挡关将军，故又差某驰公文来放行。"惇曰："丞相知其于路杀人否？"使者曰："未知。"惇曰："既未知其杀人，不可放去。"指挥手下军士，将关公围住。关公大怒，舞刀迎战。两个正欲交锋，阵后一人飞马而来，大叫："云长、元让，休得争战！"众视之，乃张辽也。二人各勒住马。张辽近前言曰："奉丞相钧旨：因闻知云长斩关杀将，恐于路有阻，特差我传谕各处关隘，任便放行。"惇曰："秦琪是蔡阳之甥。他将秦琪托付我处，今被关某所杀，怎肯干休？"辽曰："我见蔡将军，自有分解。既丞相大度，教放云长去，公等不可废丞相之意。"夏侯惇只得将军马约退。辽曰："云长今欲何往？"关公曰："闻兄长又不在袁绍处，吾今将遍天下寻之。"辽曰："既未知玄德下落，且再回见丞相，若何？"关公笑曰："安有是理！文远回见丞相，幸为我谢罪。"说毕，与张辽拱手而别。于是张辽与夏侯惇领军自回。

关公赶上车仗，与孙乾说知此事。二人并马而行。行了数日，忽值大雨滂沱，行装尽湿。遥望山冈边有一所庄院，关公引着车仗，到彼借宿。庄内一老人出迎。关公具言来意。老人曰："某姓郭，名常，世居于此。久闻大名，幸得瞻拜。"遂宰羊置酒相待，请二夫人于后堂暂歇。郭常陪关公、孙乾于草堂饮酒。一边烘焙行李，一边喂养马匹。至黄昏时候，忽见一少年，引数人入庄，径上草堂。郭常唤曰："吾儿来拜将军。"因谓关公曰："此愚男也。"关公问何来。常曰："射猎方回。"少年见过关公，即下堂去了。常流泪言曰："老夫耕读传家，止生此子，不务本业，惟以游猎为事。是家门不幸也！"关公曰："方今乱世，若武艺精熟，亦可以取功名，何云不幸？"常曰："他若肯习武艺，便是有志之人。今专务游荡，无所不为：老夫所以忧耳！"关公亦为叹息。

至更深，郭常辞出。关公与孙乾方欲就寝，忽闻后院马嘶人叫。关公急唤从人，却都不应，乃与孙乾提剑往视之。只见郭常之子倒在地上叫唤，从人正与庄客厮打。公问其故。从人曰："此人来盗赤兔马，被马踢倒。我等闻叫唤之声，起来巡看，庄客们反来厮闹。"公怒曰："鼠贼焉敢盗吾马！"恰待发作，郭常奔至告曰："不肖子为此歹事，罪合万死！奈老妻最怜爱此子，乞将军仁慈宽恕！"关公曰："此子果然不肖，适才老翁所言，真知子莫若父也。我看翁面，且姑恕之。"遂分付从人看好了马，喝散庄客，与孙乾回草堂歇息。

次日，郭常夫妇出拜于堂前，谢曰："犬子冒渎虎威，深感将军恩恕。"关公令唤出："我以正言教之。"常曰："他于四更时分，又引数个无赖之徒，不知何处去了。"关公谢别郭常，奉二嫂上车，出了庄院，与孙乾并马，护着车仗，取山路而行。不及三十里，只见山背后拥出百余人，为首两骑马：前面那人，头裹黄巾，身穿战袍；后面乃郭常之子也。黄巾者曰："我乃天公将军张角部将也！来者快留下赤兔马，放你过去！"关公大笑曰："无知狂贼！汝既从张角为盗，亦知刘、关、张兄弟三人名字否？"黄巾者曰："我只闻赤面长髯者名关云长，却未识其面。汝何人也？"公乃停刀立马，解开须囊，出长髯令视之。其人滚鞍下马，脑揪郭常之子拜献于马前。关公问其姓名。告曰："某姓裴，名元绍。自张角死后，一向无主，啸聚山林，权于此处藏伏。今早这厮来报：有一客人，骑一匹千里马，在我家投宿。特邀某来劫夺此马。不想却遇将军。"郭常之子拜伏乞命。关公曰："吾看汝父之面，饶你性命！"郭子抱头鼠窜而去。

公谓元绍曰："汝不识吾面，何以知吾名？"元绍曰："离此二十里有一卧牛山。山上有一关西人，姓周，名仓，两臂有千斤之力，板肋虬髯，形容甚伟；原在黄巾张宝部下为将，张宝死，啸聚山林。他多曾与某说将军盛名，恨无门路相见。"关公曰："绿林中非豪杰托足之处。公等今后可各去邪归正，勿自陷其身。"元绍拜谢。

正说话间，遥望一彪人马来到。元绍曰："此必周仓也。"关公乃立马待之。果见一人，黑面长身，持枪乘马，引众而至；见了关公，惊喜曰："此关将军也！"疾忙下马，俯伏道傍曰："周仓参拜。"关公曰："壮士何处曾识关某来？"仓曰："旧随黄巾张宝时，曾识尊颜；恨失身贼党，不得相随。今日幸得拜见。愿将军不弃，收为步卒，早晚执鞭随镫，死亦甘心！"公见其意甚诚，乃谓曰："汝若随我，汝手下人伴若何？"仓曰："愿从则俱从；不愿从者，听之可也。"于是众人皆曰："愿从。"关公乃下马至车前禀问二嫂。甘夫人曰："叔叔自离许都，于路独行至此，历过多少艰难，未尝要军马相随。前廖化欲相投，叔既却之，今何独容周仓之众耶？我辈女流浅见，叔自斟酌。"公曰："嫂嫂之言是也。"遂谓周仓曰："非关某寡情，奈二夫人不从。汝等且回山中，待我寻见兄长，必来相招。"周仓顿首告曰："仓乃一粗莽之夫，失身为盗；今遇将军，如重见天日，岂忍复错过！若以众人相随为不便，可令其尽跟裴元绍去。仓只身步行，跟随将军，虽万里不辞也！"关公再以此言告二嫂。甘夫人曰："一二人相从，无妨于事。"公乃令周仓拨人伴随裴元绍去。元绍曰："我亦愿随关将军。"周仓曰："汝若去时，人伴皆散；且当权时统领。我随关将军去，但有住扎处，便来取你。"元绍怏怏而别。

周仓跟着关公，往汝南进发。行了数日，遥见一座山城。公问土人："此何处也？"土人曰："此名古城。数月前有一将军，姓张，名飞，引数十骑到此，将县官逐去，占住古城，招军买马，积草屯粮。今聚有三五千人马，四远无人敢敌。"关公喜曰："吾弟自徐州失散，一向不知下落，谁想却在此！"乃令孙乾先入城通报，教来迎接二嫂。

却说张飞在芒砀山中，住了月余，因出外探听玄德消息，偶过古城。入县借粮；县官不肯，飞怒，因就逐去县官，夺了县印，占住城池，权且安身。当日孙乾领关公命，入城见飞。施礼毕，具言："玄德离了袁绍处，投汝南去了。今云长直从许都送二位夫人至此，请将军出迎。"张飞听罢，更不回言，随即披挂持矛上马，引一千余人，径出北门。孙乾惊讶，又不敢问，只得随出城来。关公望见张飞到来，喜不自胜，付刀与周仓接了，拍马来迎。只见张飞圆睁环眼，倒竖虎须，吼声如雷，挥矛向关公便搠。关公大惊，连忙闪过，便叫："贤弟何故如此？岂忘了桃园结义耶？"飞喝曰："你既无义，有何面目来与我相见！"关公曰："我如何无义？"飞曰："你背了兄长，降了曹操，封侯赐爵。今又来赚我！我今与你拼个死活！"关公曰："你原来不知！我也难说。现放着二位嫂嫂在此，贤弟请自问。"二夫人听得，揭帘而呼曰："三叔何故如此？"飞曰："嫂嫂住着。且看我杀了负义的人，然后请嫂嫂入城。"甘夫人曰："二叔因不知你等下落，故暂时栖身曹氏。今知你哥哥在汝南，特不避险阻，送我们到此。三叔休错见了。"糜夫人曰："二叔向在许都，原出于无奈。"飞曰："嫂嫂休要被他瞒过了！忠臣宁死而不辱。大丈夫岂有事二主之理！"关公曰："贤弟休屈了我。"孙乾曰："云长特来寻将军。"飞喝曰："如何你也胡说！他那里有好心，必是来捉我！"关公曰："我若捉你，须带军马来。"飞把手指曰："兀的不是军马来也！"关公回顾，果见尘埃起处，一彪人马来到。风吹旗号，正是曹军。张飞大怒曰："今还敢支吾么？"挺丈八蛇矛便搠将来。关公急止之曰："贤弟且住。你看我斩此来将，以表我真心。"飞曰："你果有真心，我这里三通鼓罢。便要你斩来将！"关公应诺。须臾，曹军至。为首一将，乃是蔡阳，挺刀纵马大喝曰："你杀吾外甥秦琪，却原来逃在此！吾奉丞相命，特来拿你！"关公更不打话，举刀便砍。张飞亲自擂鼓。只见一通鼓未尽，关公刀起处，蔡阳头已落地。众军士俱走。关公活捉执认旗的小卒过来，问取来由。小卒告说："蔡阳闻将军杀了他外甥，十分忿怒，要来河北与将军交战。丞相不肯，因差他往汝南攻刘辟。不想在这里遇着将军。"关公闻言，教去张飞前告说其事。飞将关公在许都时事细问小卒；小卒从头至尾，说了一遍，飞方才信。

正说间，忽城中军士来报："城南门外有十数骑来的甚紧，不知是甚人。"张飞心中疑虑，便转出南门看时，果见十数骑轻弓短箭而来。见了张飞，滚鞍下马。视之，乃糜竺、糜芳也。飞亦下马相见。竺曰："自徐州失散，我兄弟二人逃难回乡。使人远近打听，知云长降了曹操，主公在于河北；又闻简雍亦投河北去了。只不知将军在此。昨于路上遇见一伙客人，说有一姓张的将军，如此模样，今据古城。我兄弟度量必是将军，故来寻访。幸得相见！"飞曰："云长兄与孙乾送二嫂方到，已知哥哥下落。"二糜大喜，同来见关公，并参见二夫人。飞遂迎请二嫂入城。至衙中坐定，二夫人诉说关公历过之事，张飞方才大哭，参拜云长。二糜亦俱伤感。张飞亦自诉别后之事，一面设宴贺喜。

次日，张飞欲与关公同赴汝南见玄德。关公曰："贤弟可保护二嫂，暂住此城，待我与孙乾先去探听兄长消息。"飞允诺。关公与孙乾引数骑奔汝南来。刘辟、龚都接着，关公便问："皇叔何在？"刘辟曰："皇叔到此住了数日，为见军少，复往河北袁本初处商议去了。"关公怏怏不乐。孙乾曰："不必忧虑。再苦一番驱驰，仍往河北去报知皇叔，同至古城便了。"关公依言，辞了刘辟、龚都，回至古城，与张飞说知此事。张飞便欲同至河北。关公曰："有此一城，便是我等安身之处，未可轻弃。我还与孙乾同往袁绍处，寻见兄长，来此相会。贤弟可坚守此城。"飞曰："兄斩他颜良、文丑，如何去得？"关公曰："不妨。我到彼当见机而变。"遂唤周仓问曰："卧牛山裴元绍处，共有多少人马？"仓曰："约有四五百。"关公曰："我今抄近路去寻兄长。汝可往卧牛山招此一枝人马，从大路上接来。"仓领命而去。

关公与孙乾只带二十余骑投河北来，将至界首，乾曰："将军未可轻入，只在此间暂歇。待某先入见皇叔，别作商议。"关公依言，先打发孙乾去了，遥望前村有一所庄院，便与从人到彼投宿。庄内一老翁携杖而出，与关公施礼。公具以实告。老翁曰："某亦姓关，名定。久闻大名，幸得瞻谒。"遂命二子出见，款留关公，并从人俱留于庄内。

且说孙乾匹马入冀州见玄德，具言前事。玄德曰："简雍亦在此间，可暗请来同议。"少顷，简雍至，与孙乾相见毕，共议脱身之计。雍曰："主公明日见袁绍，只说要往荆州，说刘表共破曹操，便可乘机而去。"玄德曰："此计大妙！但公能随我去否？"雍曰："某亦自有脱身之计。"商议已定。次日，玄德入见袁绍，告曰："刘景升镇守荆襄九郡，兵精粮足，宜与相约，共攻曹操。"绍曰："吾尝遣使约之，奈彼未肯相从。"玄德曰："此人是备同宗，备往说之，必无推阻。"绍曰："若得刘表，胜刘辟多矣。"遂命玄德行。绍又曰："近闻关云长已离了曹操，欲来河北；吾当杀之，以雪颜良、文丑之恨！"玄德曰："明公前欲用之，吾故召之。今何又欲杀之耶？且颜良、文丑比之二鹿耳，云长乃一虎也：失二鹿而得一虎，何恨之有？"绍笑曰："吾实爱之，故戏言耳。公可再使人召之，令其速来。"玄德曰："即遣孙乾往召之可也。"绍大喜从之。玄德出，简雍进曰："玄德此去，必不回矣。某愿与偕往：一则同说刘表，二则监住玄德。"绍然其言，便命简雍与玄德同行。郭图谏绍曰："刘备前去说刘辟，未见成事；今又使与简雍同往荆州，必不返矣。"绍曰："汝勿多疑，简雍自有见识。"郭图嗟呀而出。却说玄德先命孙乾出城，回报关公；一面与简雍辞了袁绍，上马出城。行至界首，孙乾接着，同往关定庄上。关公迎门接拜，执手啼哭不止。关定领二子拜于草堂之前。玄德问其姓名。关公曰："此人与弟同姓，有二子：长子关宁，学文；次子关平，学武。"关定曰："今愚意欲遣次子跟随关将军，未识肯容纳否？"玄德曰："年几何矣？"定曰："十八岁矣。"玄德曰："既蒙长者厚意，吾弟尚未有子，今即以贤郎为子，若何？"关定大喜，便命关平拜关公为父，呼玄德为伯父。玄德恐袁绍追之，急收拾起行。关平随着关公，一齐起身。关定送了一程自回。关公教取路往卧牛山来。正行间，忽见周仓引数十人带伤而来。关公引他见了玄德。问其何故受伤，仓曰："某未至卧牛山之前，先有一将单骑而来，与裴元绍交锋，只一合，刺死裴元绍，尽数招降人伴，占住山寨。仓到彼招诱人伴时，止有这几个过来，余者俱惧怕，不敢擅离。仓不忿，与那将交战，被他连胜数次，身中三枪。因此来报主公。"玄德曰："此人怎生模样？姓甚名谁？"仓曰："极其雄壮，不知姓名。"于是关公纵马当先，玄德在后，径投卧牛山来。周仓在山下叫骂，只见那将全副披挂，持枪骤马，引众下山。玄德早挥鞭出马大叫曰："来者莫非子龙否？"那将见了玄德，滚鞍下马，拜伏道旁。原来果然是赵子龙。玄德、关公俱下马相见，问其何由至此。云曰："云自别使君，不想公孙瓒不听人言，以致兵败自焚，袁绍屡次招云，云想绍亦非用人之人，因此未往。后欲至徐州投使君，又闻徐州失守，云长已归曹操，使君又在袁绍处。云几番欲来相投，只恐袁绍见怪。四海飘零，无容身之地。前偶过此处，适遇裴元绍下山来欲夺吾马，云因杀之，借此安身。近闻翼德在古城，欲往投之，未知真实。今幸得遇使君！"玄德大喜，诉说从前之事。关公亦诉前事。玄德曰："吾初见子龙，便有留恋不舍之情。今幸得相遇！"云曰："云奔走四方，择主而事，未有如使君者。今得相随，大称平生。虽肝脑涂地，无恨矣。"当日就烧毁山寨，率领人众，尽随玄德前赴古城。张飞、糜竺、糜芳迎接入城，各相拜诉。二夫人具言云长之事，玄德感叹不已。于是杀牛宰马，先拜谢天地，然后遍劳诸军。玄德见兄弟重聚，将佐无缺，又新得了赵云，关公又得了关平、周仓二人，欢喜无限，连饮数日。后人有诗赞之曰："当时手足似瓜分，信断音稀杳不闻。今日君臣重聚义，正如龙虎会风云。"时玄德、关、张、赵云、孙乾、简雍、糜竺、糜芳、关平、周仓部领马步军校共四五千人。玄德欲弃了古城去守汝南，恰好刘辟、龚都差人来请。于是遂起军往汝南驻扎，招军买马，徐图征进，不在话下。

且说袁绍见玄德不回，大怒，欲起兵伐之。郭图曰："刘备不足虑。曹操乃劲敌也，不可不除。刘表虽据荆州，不足为强。江东孙伯符威镇三江，地连六郡，谋臣武士极多，可使人结之，共攻曹操。"绍从其言，即修书遣陈震为使，来会孙策。正是：只因河北英雄去，引出江东豪杰来。未知其事如何，且听下文分解。

第二十九回 小霸王怒斩于吉 碧眼儿坐领江东

却说孙策自霸江东，兵精粮足。建安四年，袭取庐江，败刘勋，使虞翻驰檄豫章，豫章太守华歆投降。自此声势大振，乃遣张纮往许昌上表献捷。曹操知孙策强盛，叹曰："狮儿难与争锋也！"遂以曹仁之女许配孙策幼弟孙匡，两家结婚。留张纮在许昌。孙策求为大司马，曹操不许。策恨之，常有袭许都之心。于是吴郡太守许贡，乃暗遣使赴许都上书于曹操。其略曰："孙策骁勇，与项籍相似。朝廷宜外示荣宠，召在京师；不可使居外镇，以为后患。"使者赍书渡江，被防江将士所获，解赴孙策处。策观书大怒，斩其使，遣人假意请许贡议事。贡至，策出书示之，叱曰："汝欲送我于死地耶！"命武士绞杀之。贡家属皆逃散。有家客三人，欲为许贡报仇，恨无其便。一日，孙策引军会猎于丹徒之西山，赶起一大鹿，策纵马上山逐之。正赶之间，只见树林之内有三个人持枪带弓而立。策勒马问曰："汝等何人？"答曰："乃韩当军士也。在此射鹿。"策方举辔欲行，一人拈枪望策左腿便刺。策大惊，急取佩剑从马上砍去，剑刃忽坠，止存剑靶在手。一人早拈弓搭箭射来，正中孙策面颊。策就拔面上箭，取弓回射放箭之人，应弦面倒。那二人举枪向孙策乱搠，大叫曰："我等是许贡家客，特来为主人报仇！"策别无器械，只以弓拒之，且拒且走。二人死战不退。策身被数枪，马亦带伤。正危急之时，程普引数人至。孙策大叫："杀贼！"程普引众齐上，将许贡家客砍为肉泥。看孙策时，血流满面，被伤至重，乃以刀割抱，裹其伤处，救回吴会养病。后人有诗赞许家三客曰："孙郎智勇冠江湄，射猎山中受困危。许客三人能死义，杀身豫让未为奇。"却说孙策受伤而回，使人寻请华佗医治。不想华佗已往中原去了，止有徒弟在吴，命其治疗。其徒曰："箭头有药，毒已入骨。须静养百日，方可无虞。若怒气冲激，其疮难治。"孙策为人最是性急，恨不得即日便愈。将息到二十余日，忽闻张纮有使者自许昌回，策唤问之。使者曰："曹操甚惧主公；其帐下谋士，亦俱敬服；惟有郭嘉不服。"策曰："郭嘉曾有何说？"使者不敢言。策怒，固问之。使者只得从实告曰："郭嘉曾对曹操言主公不足惧也：轻而无备，性急少谋，乃匹夫之勇耳，他日必死于小人之手。"策闻言，大怒曰："匹夫安敢料吾！吾誓取许昌！"遂不待疮愈，便欲商议出兵。张昭谏曰："医者戒主公百日休动，今何因一时之忿，自轻万金之躯？"正话间，忽报袁绍遣使陈震至。策唤入问之。震具言袁绍欲结东吴为外应，共攻曹操。策大喜，即日会诸将于城楼上，设宴款待陈震。饮酒之间，忽见诸将互相耳语，纷纷下楼。策怪问何故，左右曰："有于神仙者，今从楼下过，诸将欲往拜之耳。"策起身凭栏观之，见一道人，身披鹤氅，手携藜杖，立于当道，百姓俱焚香伏道而拜。策怒曰："是何妖人？快与我擒来！"左右告曰："此人姓于，名吉，寓居东方，往来吴会，普施符水，救人万病，无有不验。当世呼为神仙，未可轻渎。"策愈怒，喝令："速速擒来！违者斩！"

左右不得已，只得下楼，拥于吉至楼上。策叱曰："狂道怎敢煽惑人心！"于吉曰："贫道乃琅琊宫道士，顺帝时曾入山采药，得神书于阳曲泉水上，号曰《太平青领道》，凡百余卷，皆治人疾病方术。贫道得之，惟务代天宣化，普救万人，未曾取人毫厘之物，安得煽惑人心？"策曰："汝毫不取人，衣服饮食，从何而得？汝即黄巾张角之流，今若不诛，必为后患！"叱左右斩之。张昭谏曰："于道人在江东数十年，并无过犯，不可杀害。"策曰："此等妖人，君杀之，何异屠猪狗！"众官皆苦谏，陈震亦劝。策怒未息，命且囚于狱中。众官俱散。陈震自归馆驿安歇。孙策归府，早有内侍传说此事与策母吴太夫人知道。夫人唤孙策入后堂，谓曰："吾闻汝将于神仙下于缧绁。此人多曾医人疾病，军民敬仰，不可加害。"策曰："此乃妖人，能以妖术惑众，不可不除！"夫人再三劝解。策曰："母亲勿听外人妄言，儿自有区处。"乃出唤狱吏取于吉来问。原来狱吏皆敬信于吉，吉在狱中时，尽去其枷锁；及策唤取，方带枷锁而出。策访知大怒，痛责狱吏，仍将于吉械系下狱。张昭等数十人，连名作状，拜求孙策，乞保于神仙。策曰："公等皆读书人，何不达理？昔交州刺史张津，听信邪教，鼓瑟焚香，常以红帕裹头，自称可助出军之威，后竟为敌军所杀。此等事甚无益，诸君自未悟耳。吾欲杀于吉，正思禁邪觉迷也。"

吕范曰："某素知于道人能祈风祷雨。方今天旱，何不令其祈雨以赎罪？"策曰："吾且看此妖人若何。"遂命于狱中取出于吉，开其枷锁，令登坛求雨。吉领命，即沐浴更衣，取绳自缚于烈日之中。百姓观者，填街塞巷。于吉谓众人曰："吾求三尺甘霖，以救万民，然我终不免一死。"众人曰："若有灵验，主公必然敬服。"于吉曰："气数至此，恐不能逃。"少顷，孙策亲至坛中下令："若午时无雨，即焚死于吉。"先令人堆积干柴伺候。将及午时，狂风骤起。风过处，四下阴云渐合。策曰："时已近午，空有阴云，而无甘雨，正是妖人！"叱左右将于吉扛上柴堆，四下举火，焰随风起。忽见黑烟一道，冲上空中，一声响喨，雷电齐发，大雨如注。顷刻之间，街市成河，溪涧皆满，足有三尺甘雨。于吉仰卧于柴堆之上，大喝一声，云收雨住，复见太阳。于是众官及百姓，共将于吉扶下柴堆，解去绳索，再拜称谢。孙策见官民俱罗拜于水中，不顾衣服，乃勃然大怒，叱曰："晴雨乃天地之定数，妖人偶乘其便，你等何得如此惑乱！"掣宝剑令左右速斩于吉。众官力谏，策怒曰："尔等皆欲从于吉造反耶！"众官乃不敢复言。策叱武士将于吉一刀斩头落地。只见一道青气，投东北去了。策命将其尸号令于市，以正妖妄之罪。

是夜风雨交作，及晓，不见了于吉尸首。守尸军士报知孙策。策怒，欲杀守尸军士。忽见一人，从堂前徐步而来，视之，却是于吉。策大怒，正欲拔剑斫之，忽然昏倒于地。左右急救入卧内，半晌方苏。吴太夫人来视疾，谓策曰："吾儿屈杀神仙，故招此祸。"策笑曰："儿自幼随父出征，杀人如麻，何曾有为祸之理？今杀妖人，正绝大祸，安得反为我祸？"夫人曰："因汝不信，以致如此；今可作好事以禳之。"策曰："吾命在天，妖人决不能为祸。何必禳耶！"夫人料劝不信，乃自令左右暗修善事禳解。是夜二更，策卧于内宅，忽然阴风骤起，灯灭而复明。灯影之下，见于吉立于床前。策大喝曰："吾平生誓诛妖妄，以靖天下！汝既为阴鬼，何敢近我！"取床头剑掷之，忽然不见。吴太夫人闻之，转生忧闷。策乃扶病强行，以宽母心。母谓策曰："圣人云：'鬼神之为德，其盛矣乎！'又云：'祷尔于上下神祇。'鬼神之事，不可不信。汝屈杀于先生，岂无报应？吾已令人设醮于郡之玉清观内，汝可亲往拜祷，自然安妥。"

策不敢违母命，只得勉强乘轿至玉清观。道士接入，请策焚香，策焚香而不谢。忽香炉中烟起不散，结成一座华盖，上面端坐着于吉。策怒，唾骂之；走离殿宇，又见于吉立于殿门首，怒目视策。策顾左右曰："汝等见妖鬼否？"左右皆云未见。策愈怒，拔佩剑望于吉掷去，一人中剑而倒。众视之，乃前日动手杀于吉之小卒，被剑斫入脑袋，七窍流血而死。策命扛出葬之。比及出观，又见于吉走入观门来。策曰："此观亦藏妖之所也！"遂坐于观前，命武士五百人拆毁之。武士方上屋揭瓦，却见于吉立于屋上，飞瓦掷地。策大怒，传令逐出本观道士，放火烧毁殿宇。火起处，又见于吉立于火光之中。策怒归府，又见于吉立于府门前。策乃不入府，随点起三军，出城外下寨，传唤众将商议，欲起兵助袁绍夹攻曹操。众将俱曰："主公玉体违和，未可轻动。且待平愈，出兵未迟。"是夜孙策宿于寨内，又见于吉披发而来。策于帐中叱喝不绝。次日，吴太夫人传命，召策回府。策乃归见其母。夫人见策形容憔悴，泣曰："儿失形矣！"策即引镜自照，果见形容十分瘦损，不觉失惊，顾左右曰："吾奈何憔悴至此耶！"言未已，忽见于吉立于镜中。策拍镜大叫一声，金疮迸裂，昏绝于地。夫人令扶入卧内。须臾苏醒，自叹曰："吾不能复生矣！"

随召张昭等诸人，及弟孙权，至卧榻前，嘱付曰："天下方乱，以吴越之众，三江之固，大可有为。子布等幸善相吾弟。"乃取印绶与孙权曰："若举江东之众，决机于两阵之间，与天下争衡，卿不如我；举贤任能，使各尽力以保江东，我不如卿。卿宜念父兄创业之艰难，善自图之！"权大哭，拜受印绶。策告母曰："儿天年已尽，不能奉慈母。今将印绶付弟，望母朝夕训之。父兄旧人，慎勿轻怠。"母哭曰："恐汝弟年幼，不能任大事，当复如何？"策曰："弟才胜儿十倍，足当大任。倘内事不决，可问张昭；外事不决，可问周瑜。恨周瑜不在此，不得面嘱之也！"又唤诸弟嘱曰："吾死之后，汝等并辅仲谋。宗族中敢有生异心者，众共诛之；骨肉为逆，不得入祖坟安葬。"诸弟泣受命。又唤妻乔夫人谓曰："吾与汝不幸中途相分，汝须孝养尊姑。早晚汝妹入见，可嘱其转致周郎，尽心辅佐吾弟，休负我平日相知之雅。"言讫，瞑目而逝。年止二十六岁。后人有诗赞曰："独战东南地，人称小霸王。运筹如虎踞，决策似鹰扬。威镇三江靖，名闻四海香。临终遗大事，专意属周郎。"

孙策既死，孙权哭倒于床前。张昭曰："此非将军哭时也。宜一面治丧事，一面理军国大事。"权乃收泪。张昭令孙静理会丧事，请孙权出堂，受众文武谒贺。孙权生得方颐大口，碧眼紫髯。昔汉使刘琬入吴，见孙家诸昆仲，因语人曰："吾遍观孙氏兄弟，虽各才气秀达，然皆禄祚不终。惟仲谋形貌奇伟，骨格非常，乃大贵之表，又亨高寿，众皆不及也。"

且说当时孙权承孙策遗命，掌江东之事。经理未定，人报周瑜自巴丘提兵回吴。权曰："公瑾已回，吾无忧矣。"原来周瑜守御巴丘。闻知孙策中箭被伤，因此回来问候；将至吴郡，闻策已亡，故星夜来奔丧。当下周瑜哭拜于孙策灵柩之前。吴太夫人出，以遗嘱之语告瑜，瑜拜伏于地曰："敢不效犬马之力，继之以死！"少顷，孙权入。周瑜拜见毕，权曰："愿公无忘先兄遗命。"瑜顿首曰："愿以肝脑涂地，报知己之恩。"权曰："今承父兄之业，将何策以守之？"瑜曰："自古得人者昌，失人者亡。为今之计，须求高明远见之人为辅，然后江东可定也。"权曰："先兄遗言：内事托子布，外事全赖公瑾。"瑜曰："子布贤达之士，足当大任。瑜不才，恐负倚托之重，愿荐一人以辅将军。"权问何人。瑜曰："姓鲁，名肃，字子敬，临淮东川人也。此人胸怀韬略，腹隐机谋。早年丧父，事母至孝。其家极富，尝散财以济贫乏。瑜为居巢长之时，将数百人过临淮，因乏粮，闻鲁肃家有两囷米，各三千斛，因往求助。肃即指一囷相赠，其慷慨如此。平生好击剑骑射，寓居曲阿。祖母亡，还葬东城。其友刘子扬欲约彼往巢湖投郑宝，肃尚踌躇未往。今主公可速召之。"权大喜，即命周瑜往聘。

瑜奉命亲往，见肃叙礼毕，具道孙权相慕之意。肃曰："近刘子扬约某往巢湖，某将就之。"瑜曰："昔马援对光武云：当今之世，非但君择臣，臣亦择君。今吾孙将军亲贤礼士，纳奇录异，世所罕有。足下不须他计，只同我往投东吴为是。"

肃从其言，遂同周瑜来见孙权。权甚敬之，与之谈论，终日不倦。一日，众官皆散，权留鲁肃共饮，至晚同榻抵足而卧。夜半，权问肃曰："方今汉室倾危，四方纷扰；孤承父兄余业，思为桓、文之事，君将何以教我？"肃曰："昔汉高祖欲尊事义帝而不获者，以项羽为害也。今之曹操可比项羽，将军何由得为桓、文乎？肃窃料汉室不可复兴，曹操不可卒除。为将军计，惟有鼎足江东以观天下之衅。今乘北方多务，剿除黄祖，进伐刘表，竟长江所极而据守之；然后建号帝王，以图天下：此高祖之业也。"权闻言大喜，披衣起谢。次日厚赠鲁肃，并将衣服帏帐等物赐肃之母。

肃又荐一人见孙权：此人博学多才，事母至孝；覆姓诸葛，名瑾，字子瑜，琅琊南阳人也。权拜之为上宾。瑾劝权勿通袁绍，且顺曹操，然后乘便图之。权依言，乃遣陈震回，以书绝袁绍。却说曹操闻孙策已死，欲起兵下江南。侍御史张纮谏曰："乘人之丧而伐之，既非义举；若其不克，弃好成仇：不如因而善遇之。"操然其说，乃即奏封孙权为将军，兼领会稽太守；即令张纮为会稽都尉，赍印往江东。孙权大喜，又得张纮回吴，即命与张昭同理政事。张纮又荐一人于孙权：此人姓顾，名雍，字元叹，乃中郎蔡邕之徒；其为人少言语，不饮酒，严厉正大。权以为丞，行太守事。自是孙权威震江东，深得民心。且说陈震回见袁绍，具说："孙策已亡，孙权继立。曹操封之为将军，结为外应矣。"袁绍大怒，遂起冀、青、幽、并等处人马七十余万，复来攻取许昌。正是：江南兵革方休息，冀北干戈又复兴。未知胜负若何，且听下文分解。

第三十回 战官渡本初败绩 劫乌巢孟德烧粮

却说袁绍兴兵，望官渡进发。夏侯惇发书告急。曹操起军七万，前往迎敌，留荀彧守许都。绍兵临发，田丰从狱中上书谏曰："今且宜静守以待天时，不可妄兴大兵，恐有不利。"逢纪谮曰："主公兴仁义之师，田丰何得出此不祥之语！"绍因怒，欲斩田丰。众官告免。绍恨曰："待吾破了曹操，明正其罪！"遂催军进发，旌旗遍野，刀剑如林。行至阳武，下定寨栅。沮授曰："我军虽众，而勇猛不及彼军；彼军虽精，而粮草不如我军。彼军无粮，利在急战；我军有粮，宜且缓守。若能旷以日月，则彼军不战自败矣。"绍怒曰："田丰慢我军心，吾回日必斩之。汝安敢又如此！"叱左右："将沮授锁禁军中，待我破曹之后，与田丰一体治罪！"于是下令，将大军七十万，东西南北，周围安营，连络九十余里。

细作探知虚实，报至官渡。曹军新到，闻之皆惧。曹操与众谋士商议。荀攸曰："绍军虽多，不足惧也。我军俱精锐之士，无不一以当十。但利在急战。若迁延日月，粮草不敷，事可忧矣。"操曰："所言正合吾意。"遂传令军将鼓噪而进。绍军来迎，两边排成阵势。审配拨弩手一万，伏于两翼；弓箭手五千，伏于门旗内：约炮响齐发。三通鼓罢，袁绍金盔金甲，锦袍玉带，立马阵前。左右排列着张郃、高览、韩猛、淳于琼等诸将。旌旗节钺，甚是严整。曹阵上门旗开处，曹操出马。许诸、张辽、徐晃、李典等，各持兵器，前后拥卫。曹操以鞭指袁绍曰："吾于天子之前，保奏你为大将军，今何故谋反？"绍怒曰："汝托名汉相，实为汉贼！罪恶弥天，甚于莽、卓，乃反诬人造反耶！"操曰："吾今奉诏讨汝！"绍曰："吾奉衣带诏讨贼！"操怒，使张辽出战。张郃跃马来迎。二将斗了四五十合，不分胜负。曹操见了，暗暗称奇。许褚挥刀纵马，直出助战。高览挺枪接住。四员将捉对儿厮杀。曹操令夏侯惇、曹洪，各引三千军，齐冲彼阵。审配见曹军来冲阵，便令放起号炮：两下万弩并发，中军内弓箭手一齐拥出阵前乱射。曹军如何抵敌，望南急走。袁绍驱兵掩杀，曹军大败，尽退至官渡。袁绍移军逼近官渡下寨。审配曰："今可拨兵十万守官渡，就曹操寨前筑起土山，令军人下视寨中放箭。操若弃此而去，吾得此隘口，许昌可破矣。"绍从之，于各寨内选精壮军人，用铁锹土担，齐来曹操寨边，垒土成山。曹营内见袁军堆筑土山，欲待出去冲突，被审配弓弩手当住咽喉要路，不能前进。十日之内，筑成土山五十余座，上立高橹，分拨弓弩手于其上射箭。曹军大惧，皆顶着遮箭牌守御。土山上一声梆子响处，箭下如雨。曹军皆蒙楯伏地，袁军呐喊而笑。

曹操见军慌乱，集众谋士问计。刘晔进曰："可作发石车以破之。"操令晔进车式，连夜造发石车数百乘，分布营墙内，正对着土山上云梯。候弓箭手射箭时，营内一齐拽动石车，炮石飞空，往上乱打。人无躲处，弓箭手死者无数。袁军皆号其车为"霹雳车"。由是袁军不敢登高射箭。审配又献一计：令军人用铁锹暗打地道，直透曹营内，号为"掘子军"。曹兵望见袁军于山后掘土坑，报知曹操。操又问计于刘晔。晔曰："此袁军不能攻明而攻暗，发掘伏道，欲从地下透营而入耳。"操曰："何以御之？"晔曰："可绕营掘长堑，则彼伏道无用也。"操连夜差军掘堑。袁军掘伏道到堑边，果不能入，空费军力。

却说曹操守官渡，自八月起，至九月终，军力渐乏，粮草不继。意欲弃官渡退回许昌，迟疑未决，乃作书遣人赴许昌问荀彧。彧以书报之。书略曰："承尊命，使决进退之疑。愚以袁绍悉众聚于官渡，欲与明公决胜负，公以至弱当至强，若不能制，必为所乘：是天下之大机也。绍军虽众，而不能用；以公之神武明哲，何向而不济！今军实虽少，未若楚、汉在荥阳、成皋间也。公今画地而守，扼其喉而使不能进，情见势竭，必将有变。此用奇之时，断不可失。惟明公裁察焉。"曹操得书大喜，令将士效力死守。

绍军约退三十余里，操遣将出营巡哨。有徐晃部将史涣获得袁军细作，解见徐晃。晃问其军中虚实。答曰："早晚大将韩猛运粮至军前接济，先令我等探路。"徐晃便将此事报知曹操。荀攸曰："韩猛匹夫之勇耳。若遣一人引轻骑数千，从半路击之，断其粮草，绍军自乱。"操曰："谁人可往？"攸曰："即遣徐晃可也。"操遂差徐晃将带史涣并所部兵先出，后使张辽、许褚引兵救应。当夜韩猛押粮车数千辆，解赴绍寨。正走之间，山谷内徐晃、史涣引军截住去路。韩猛飞马来战，徐晃接住厮杀。史涣便杀散人夫，放火焚烧粮车。韩猛抵当不住，拨回马走。徐晃催军烧尽辎重。袁绍军中，望见西北上火起，正惊疑间，败军投来："粮草被劫！"绍急遣张郃、高览去截大路，正遇徐晃烧粮而回，恰欲交锋，背后张辽、许褚军到。两下夹攻，杀散袁军，四将合兵一处，回官渡寨中。曹操大喜，重加赏劳。又分军于寨前结营，为掎角之势。

却说韩猛败军还营，绍大怒，欲斩韩猛，众官劝免。审配曰："行军以粮食为重，不可不用心提防。乌巢乃屯粮之处，必得重兵守之。"袁绍曰："吾筹策已定。汝可回邺都监督粮草，休教缺乏。"审配领命而去。袁绍遣大将淳于琼，部领督将眭元进、韩莒子、吕威璜、赵睿等，引二万人马，守乌巢。那淳于琼性刚好酒，军士多畏之；既至乌巢，终日与诸将聚饮。且说曹操军粮告竭，急发使往许昌教荀彧作速措办粮草，星夜解赴军前接济。使者赍书而往，行不上三十里，被袁军捉住，缚见谋士许攸。那许攸字子远，少时曾与曹操为友，此时却在袁绍处为谋士。当下搜得使者所赍曹操催粮书信，径来见绍曰："曹操屯军官渡，与我相持已久，许昌必空虚；若分一军星夜掩袭许昌，则许昌可拔，而操可擒也。今操粮草已尽，正可乘此机会，两路击之。"绍曰："曹操诡计极多，此书乃诱敌之计也。"攸曰："今若不取，后将反受其害。"正话间，忽有使者自邺郡来，呈上审配书。书中先说运粮事；后言许攸在冀州时，尝滥受民间财物，且纵令子侄辈多科税，钱粮入己，今已收其子侄下狱矣。绍见书大怒曰："滥行匹夫！尚有面目于吾前献计耶！汝与曹操有旧，想今亦受他财贿，为他作奸细，啜赚吾军耳！本当斩首，今权且寄头在项！可速退出，今后不许相见！"许攸出，仰天叹曰："忠言逆耳，竖子不足与谋！吾子侄已遭审配之害，吾何颜复见冀州之人乎！"遂欲拔剑自刎。左右夺剑劝曰："公何轻生至此？袁绍不绝直言，后必为曹操所擒。公既与曹公有旧，何不弃暗投明？"只这两句言语，点醒许攸；于是许攸径投曹操。后人有诗叹曰："本初豪气盖中华，官渡相持枉叹嗟。若使许攸谋见用，山河争得属曹家？"

却说许攸暗步出营，径投曹寨，伏路军人拿住。攸曰："我是曹丞相故友，快与我通报，说南阳许攸来见。"军士忙报入寨中。时操方解衣歇息，闻说许攸私奔到寨，大喜，不及穿履，跣足出迎，遥见许攸，抚掌欢笑，携手共入，操先拜于地。攸慌扶起曰："公乃汉相，吾乃布衣，何谦恭如此？"操曰："公乃操故友，岂敢以名爵相上下乎！"攸曰："某不能择主，屈身袁绍，言不听，计不从，今特弃之来见故人。愿赐收录。"操曰："子远肯来，吾事济矣！愿即教我以破绍之计："攸曰："吾曾教袁绍以轻骑乘虚袭许都，首尾相攻。"操大惊曰："若袁绍用子言，吾事败矣。"攸曰："公今军粮尚有几何？"操曰："可支一年。"攸笑曰："恐未必。"操曰："有半年耳。"攸拂袖而起，趋步出帐曰："吾以诚相投，而公见欺如是，岂吾所望哉！"操挽留曰："子远勿嗔，尚容实诉：军中粮实可支三月耳。"攸笑曰："世人皆言孟德奸雄，今果然也。"操亦笑曰："岂不闻兵不厌诈！"遂附耳低言曰："军中止有此月之粮。"攸大声曰："休瞒我！粮已尽矣！"操愕然曰："何以知之？"攸乃出操与荀彧之书以示之曰："此书何人所写？"操惊问曰："何处得之？"攸以获使之事相告。操执其手曰："子远既念旧交而来，愿即有以教我。"攸曰："明公以孤军抗大敌，而不求急胜之方，此取死之道也。攸有一策，不过三日，使袁绍百万之众，不战自破。明公还肯听否？"操喜曰："愿闻良策。"攸曰："袁绍军粮辎重，尽积乌巢，今拨淳于琼守把，琼嗜酒无备。公可选精兵诈称袁将蒋奇领兵到彼护粮，乘间烧其粮草辎重，则绍军不三日将自乱矣。"操大喜，重待许攸，留于寨中。次日，操自选马步军士五千，准备往乌巢劫粮。张辽曰："袁绍屯粮之所，安得无备？丞相未可轻往，恐许攸有诈。"操曰："不然，许攸此来，天败袁绍。今吾军粮不给，难以久持；若不用许攸之计，是坐而待困也。彼若有诈，安肯留我寨中？且吾亦欲劫寨久矣。今劫粮之举，计在必行，君请勿疑。"辽曰："亦须防袁绍乘虚来袭。"操笑曰："吾已筹之熟矣。"便教荀攸、贾诩、曹洪同许攸守大寨，夏侯惇、夏侯渊领一军伏于左，曹仁、李典领一军伏于右，以备不虞。教张辽、许褚在前，徐晃、于禁在后，操自引诸将居中：共五千人马，打着袁军旗号，军士皆束草负薪，人衔枚，马勒口，黄昏时分，望乌巢进发。是夜星光满天。且说沮授被袁绍拘禁在军中，是夜因见众星朗列，乃命监者引出中庭，仰观天象。忽见太白逆行，侵犯牛、斗之分，大惊曰："祸将至矣！"遂连夜求见袁绍。时绍已醉卧，听说沮授有密事启报，唤入问之。授曰："适观天象，见太白逆行于柳、鬼之间，流光射入牛、斗之分，恐有贼兵劫掠之害。乌巢屯粮之所，不可不提备。宜速遣精兵猛将，于间道山路巡哨，免为曹操所算。"绍怒叱曰："汝乃得罪之人，何敢妄言惑众！"因叱监者曰："吾令汝拘囚之，何敢放出！"遂命斩监者，别唤人监押沮授。授出，掩泪叹曰："我军亡在旦夕，我尸骸不知落何处也！"后人有诗叹曰："逆耳忠言反见仇，独夫袁绍少机谋。乌巢粮尽根基拔，犹欲区区守冀州。"却说曹操领兵夜行，前过袁绍别寨，寨兵问是何处军马。操使人应曰："蒋奇奉命往乌巢护粮。"袁军见是自家旗号，遂不疑惑。凡过数处，皆诈称蒋奇之兵，并无阻碍。及到乌巢，四更已尽。操教军士将束草周围举火，众将校鼓噪直入。时淳于琼方与众将饮了酒，醉卧帐中；闻鼓噪之声，连忙跳起问："何故喧闹？"言未已，早被挠钩拖翻。眭元进、赵睿运粮方回，见屯上火起，急来救应。曹军飞报曹操，说："贼兵在后，请分军拒之。"操大喝曰："诸将只顾奋力向前，待贼至背后，方可回战！"于是众军将无不争先掩杀。一霎时，火焰四起，烟迷太空。眭、赵二将驱兵来救，操勒马回战。二将抵敌不住，皆被曹军所杀，粮草尽行烧绝。淳于琼被擒见操，操命割去其耳鼻手指，缚于马上，放回绍营以辱之。

却说袁绍在帐中，闻报正北上火光满天，知是乌巢有失，急出帐召文武各官，商议遣兵往救。张郃曰："某与高览同往救之。"郭图曰："不可。曹军劫粮，曹操必然亲往；操既自出，寨必空虚，可纵兵先击曹操之寨；操闻之，必速还：此孙膑围魏救赵之计也。"张郃曰："非也。曹操多谋，外出必为内备，以防不虞。今若攻操营而不拔，琼等见获，吾属皆被擒矣。"郭图曰："曹操只顾劫粮，岂留兵在寨耶！"再三请劫曹营。绍乃遣张郃、高览引军五千，往官渡击曹营；遣蒋奇领兵一万，往救乌巢。且说曹操杀散淳于琼部卒，尽夺其衣甲旗帜，伪作淳于琼部下收军回寨，至山僻小路，正遇蒋奇军马。奇军问之，称是乌巢败军奔回，奇遂不疑，驱马径过。张辽、许褚忽至，大喝："蒋奇休走！"奇措手不及，被张辽斩于马下，尽杀蒋奇之兵。又使人当先伪报云："蒋奇已自杀散乌巢兵了"。袁绍因不复遣人接应乌巢，只添兵往官渡。

却说张郃、高览攻打曹营，左边夏侯惇、右边曹仁，中路曹洪，一齐冲出：三下攻击，袁军大败。比及接应军到，曹操又从背后杀来，四下围住掩杀。张郃、高览夺路走脱。袁绍收得乌巢败残军马归寨，见淳于琼耳鼻皆无，手足尽落。绍问："如何失了乌巢？"败军告说："淳于琼醉卧，因此不能抵敌。"绍怒，立斩之。郭图恐张郃、高览回寨证对是非，先于袁绍前谮曰："张郃、高览见主公兵败，心中必喜。"绍曰："何出此言？"图曰："二人素有降曹之意，今遣击寨，故意不肯用力，以致损折士卒。"绍大怒，遂遣使急召二人归寨问罪。郭图先使人报二人云："主公将杀汝矣。"及绍使至，高览问曰："主公唤我等为何？"使者曰："不知何故。"览遂拔剑斩来使。郃大惊。览曰："袁绍听信谗言，必为曹操所擒；吾等岂可坐而待死？不如去投曹操。"郃曰："吾亦有此心久矣。"

于是二人领本部兵马，往曹操寨中投降。夏侯惇曰："张、高二人来降，未知虚实。"操曰："吾以恩遇之，虽有异心，亦可变矣。"遂开营门命二人入。二人倒戈卸甲，拜伏于地。操曰："若使袁绍肯从二将军之言，不至有败。今二将军肯来相投，如微子去殷，韩信归汉也。"遂封张郃为偏将军、都亭侯，高览为偏将军、东莱侯。二人大喜。

却说袁绍既去了许攸，又去了张郃、高览，又失了乌巢粮，军心皇皇。许攸又劝曹操作速进兵；张郃、高览请为先锋；操从之。即令张郃、高览领兵往劫绍寨。当夜三更时分，出军三路劫寨。混战到明，各自收兵，绍军折其大半。

荀攸献计曰："今可扬言调拨人马，一路取酸枣，攻邺郡；一路取黎阳，断袁兵归路。袁绍闻之，必然惊惶，分兵拒我；我乘其兵动时击之，绍可破也。"操用其计，使大小三军，四远扬言。绍军闻此信，来寨中报说："曹操分兵两路：一路取邺郡，一路取黎阳去也。"绍大惊，急遣袁谭分兵五万救邺郡，辛明分兵五万救黎阳，连夜起行。

曹操探知袁绍兵动，便分大队军马，八路齐出，直冲绍营。袁军俱无斗志，四散奔走，遂大溃。袁绍披甲不迭，单衣幅巾上马；幼子袁尚后随。张辽、许褚、徐晃、于禁四员将，引军追赶袁绍。绍急渡河，尽弃图书车仗金帛，止引随行八百余骑而去。操军追之不及，尽获遗下之物。所杀八万余人，血流盈沟，溺水死者不计其数。

操获全胜，将所得金宝缎匹，给赏军士。于图书中检出书信一束，皆许都及军中诸人与绍暗通之书。左右曰："可逐一点对姓名，收而杀之。"操曰："当绍之强，孤亦不能自保，况他人乎？"遂命尽焚之，更不再问。

却说袁绍兵败而奔，沮授因被囚禁，急走不脱，为曹军所获，擒见曹操。操素与授相识。授见操，大呼曰："授不降也！"操曰："本初无谋，不用君言，君何尚执迷耶？吾若早得足下，天下不足虑也。"因厚待之，留于军中。授乃于营中盗马，欲归袁氏。操怒，乃杀之。授至死神色不变。操叹曰："吾误杀忠义之士也！"命厚礼殡殓，为建坟安葬于黄河渡口，题其墓曰："忠烈沮君之墓。"后人有诗赞曰："河北多名士，忠贞推沮君：凝眸知阵法，仰面识天文；至死心如铁，临危气似云。曹公钦义烈，特与建孤坟。"操下令攻冀州。正是：势弱只因多算胜，兵强却为寡谋亡。未知胜负如何，且看下文分解。

第三十一回 曹操仓亭破本初 玄德荆州依刘表

却说曹操乘袁绍之败，整顿军马，迤逦追袭。袁绍幅巾单衣，引八百余骑，奔至黎阳北岸，大将蒋义渠出寨迎接。绍以前事诉与义渠。义渠乃招谕离散之众，众闻绍在，又皆蚁聚。军势复振，议还冀州。军行之次，夜宿荒山。绍于帐中闻远远有哭声，遂私往听之。却是败军相聚，诉说丧兄失弟，弃伴亡亲之苦，各各捶胸大哭，皆曰："若听田丰之言，我等怎遭此祸！"绍大悔曰："吾不听田丰之言，兵败将亡；今回去，有何面目见之耶！"次日，上马正行间，逢纪引军来接。绍对逢纪曰："吾不听田丰之言，致有此败。吾今归去，羞见此人。"逢纪因谮曰："丰在狱中闻主公兵败，抚掌大笑曰：果不出吾之料！"袁绍大怒曰："竖儒怎敢笑我！我必杀之！"遂命使者赍宝剑先往冀州狱中杀田丰。

却说田丰在狱中。一日，狱吏来见丰曰："与别驾贺喜！"丰曰："何喜可贺？"狱吏曰："袁将军大败而回，君必见重矣。"丰笑曰："吾今死矣！"狱吏问曰："人皆为君喜，君何言死也？"丰曰："袁将军外宽而内忌，不念忠诚。若胜而喜，犹能赦我；今战败则羞，吾不望生矣。"狱吏未信。忽使者赍剑至，传袁绍命，欲取田丰之首，狱吏方惊。丰曰："吾固知必死也。"狱吏皆流泪。丰曰："大丈夫生于天地间，不识其主而事之，是无智也！今日受死，夫何足惜！"乃自刎于狱中。后人有诗曰："昨朝沮授军中失，今日田丰狱内亡。河北栋梁皆折断，本初焉不丧家邦！"田丰既死，闻者皆为叹惜。

袁绍回冀州，心烦意乱，不理政事。其妻刘氏劝立后嗣。绍所生三子长子袁谭字显思，出守青州；次子袁熙字显奕，出守幽州；三子袁尚字显甫，是绍后妻刘氏所出，生得形貌俊伟，绍至爱之，因此留在身边。自官渡兵败之后，刘氏劝立尚为后嗣，绍乃与审配、逢纪、辛评、郭图四人商议、原来审、逢二人，向辅袁尚；辛、郭二人，向辅袁谭；四人各为其主。当下袁绍谓四人曰："今外患未息，内事不可不早定，吾将议立后嗣：长子谭，为人性刚好杀；次子熙，为人柔懦难成；三子尚，有英雄之表，礼贤敬士，吾欲立之。公等之意若何？"郭图曰："三子之中，谭为长，今又居外；主公若废长立幼，此乱萌也。今军威稍挫，敌兵压境，岂可复使父子兄弟自相争乱耶？主公且理会拒敌之策，立嗣之事，毋容多议。"袁绍踌躇未决。忽报袁熙引兵六万，自幽州来；袁谭引兵五万，自青州来；外甥高干亦引兵五万，自并州来：各至冀州助战。绍喜，再整人马来战曹操。时操引得胜之兵，陈列于河上，有土人箪食壶浆以迎之。操见父老数人，须发尽白，乃命入帐中赐坐，问之曰："老丈多少年纪？"答曰："欲近百岁矣。"操曰："吾军士惊扰汝乡，吾甚不安。"父老曰："桓帝时，有黄星见于楚、宋之分，辽东人殷馗善晓天文，夜宿于此，对老汉等言：黄星见于乾象，正照此间。后五十年，当有真人起于梁沛之间。今以年计之，整整五十年。袁本初重敛于民，民皆怨之。丞相兴仁义之兵，吊民伐罪，官渡一战，破袁绍百万之众，正应当时殷馗之言，兆民可望太平矣。"操笑曰："何敢当老丈所言？"遂取酒食绢帛赐老人而遣之。号令三军："如有下乡杀人家鸡犬者，如杀人之罪！"于是军民震服。操亦心中暗喜。人报袁绍聚四州之兵，得二三十万，前至仓亭下寨。操提兵前进，下寨已定。次日，两军相对，各布成阵势。操引诸将出阵，绍亦引三子一甥及文官武将出到阵前。操曰："本初计穷力尽，何尚不思投降？直待刀临项上，悔无及矣！"绍大怒，回顾众将曰："谁敢出马？"袁尚欲于父前逞能，便舞双刀，飞马出阵，来往奔驰。操指问众将曰："此何人？"有识者答曰："此袁绍三子袁尚也。"言未毕，一将挺枪早出。操视之，乃徐晃部将史涣也。两骑相交，不三合，尚拨马刺斜而走。史涣赶来，袁尚拈弓搭箭，翻身背射，正中史涣左目，坠马而死。袁绍见子得胜，挥鞭一指，大队人马拥将过来，混战大杀一场，各鸣金收军还寨。

操与诸将商议破绍之策。程昱献十面埋伏之计，劝操退军于河上，伏兵十队，诱绍追至河上，"我军无退路，必将死战，可胜绍矣。"操然其计。左右各分五队。左：一队夏侯惇，二队张辽，三队李典，四队乐进，五队夏侯渊；右：一队曹洪，二队张郃，三队徐晃，四队于禁，五队高览。中军许褚为先锋。次日，十队先进，埋伏左右已定。至半夜，操令许褚引兵前进，伪作劫寨之势。袁绍五寨人马，一齐俱起。许褚回军便走。袁绍引军赶来，喊声不绝；比及天明，赶至河上。曹军无去路，操大呼曰："前无去路，诸军何不死战？"众军回身奋力向前。许褚飞马当先，力斩十数将。袁军大乱。袁绍退军急回，背后曹军赶来。正行间：一声鼓响，左边夏侯渊，右边高览，两军冲出。袁绍聚三子一甥，死冲血路奔走。又行不到十里，左边乐进，右边于禁杀出，杀得袁军尸横遍野，血流成渠。又行不到数里，左边李典，右边徐晃，两军截杀一阵。袁绍父子胆丧心惊，奔入旧寨。令三军造饭，方欲待食，左边张辽，右边张郃，径来冲寨。绍慌上马，前奔仓亭。人马困乏，欲待歇息，后面曹操大军赶来，袁绍舍命而走。正行之间，右边曹洪，左边夏侯惇，挡住去路。绍大呼曰："若不决死战，必为所擒矣！"奋力冲突，得脱重围。袁熙、高干皆被箭伤。军马死亡殆尽。绍抱三子痛哭一场，不觉昏倒。众人急救，绍口吐鲜血不止，叹曰："吾自历战数十场，不意今日狼狈至此！此天丧吾也！汝等各回本州，誓与曹贼一决雌雄！"便教辛评、郭图火急随袁谭前往青州整顿，恐曹操犯境；令袁熙仍回幽州，高干仍回并州：各去收拾人马，以备调用。袁绍引袁尚等入冀州养病，令尚与审配、逢纪暂掌军事。却说曹操自仓亭大胜，重赏三军；令人探察冀州虚实。细作回报："绍卧病在床。袁尚、审配紧守城池。袁谭，袁熙、高干皆回本州。"众皆劝操急攻之。操曰："冀州粮食极广，审配又有机谋，未可急拔。现今禾稼在田，恐废民业，姑待秋成后取之未晚。"正议间，忽荀彧有书到，报说："刘备在汝南得刘辟、龚都数万之众。闻丞相提军出征河北，乃令刘辟守汝南，备亲自引兵乘虚来攻许昌。丞相可速回军御之。"操大惊，留曹洪屯兵河上，虚张声势。操自提大兵往汝南来迎刘备。却说玄德与关、张、赵云等，引兵欲袭许都。行近穰山地面，正遇曹兵杀来，玄德便于穰山下寨，军分三队：云长屯兵于东南角上，张飞屯兵于西南角上，玄德与赵云于正南立寨。曹操兵至，玄德鼓噪而出。操布成阵势，叫玄德打话。玄德出马于门旗下。操以鞭指骂曰："吾待汝为上宾，汝何背义忘恩？"玄德曰："汝托名汉相，实为国贼！吾乃汉室宗亲，奉天子密诏，来讨反贼！"遂于马上朗诵衣带诏。操大怒，教许褚出战。玄德背后赵云挺枪出马。二将相交三十合，不分胜负。忽然喊声大震，东南角上，云长冲突而来；西南角上，张飞引军冲突而来。三处一齐掩杀。曹军远来疲困，不能抵当，大败而走。玄德得胜回营。

次日，又使赵云搦战。操兵旬日不出。玄德再使张飞搦战，操兵亦不出。玄德愈疑。忽报龚都运粮至，被曹军围住，玄德急令张飞去救。忽又报夏侯惇引军抄背后径取汝南，玄德大惊曰："若如此，吾前后受敌，无所归矣！"急遣云长救之。两军皆去。不一日，飞马来报夏侯惇已打破汝南，刘辟弃城而走，云长现今被围。玄德大惊。又报张飞去救龚都，也被围住了。玄德急欲回兵，又恐操兵后袭。忽报寨外许褚搦战。玄德不敢出战，候至天明，教军士饱餐，步军先起，马军后随，寨中虚传更点。玄德等离寨约行数里，转过土山，火把齐明，山头上大呼曰："休教走了刘备！丞相在此专等！"玄德慌寻走路。赵云曰："主公勿忧，但跟某来。"赵云挺枪跃马，杀开条路，玄德掣双股剑后随。正战间。许褚追至，与赵云力战。背后于禁、李典又到。玄德见势危，落荒而走。听得背后喊声渐远，玄德望深山僻路，单马逃生。

捱到天明，侧首一彪军冲出。玄德大惊，视之，乃刘辟引败军千余骑，护送玄德家小前来；孙乾。简雍，糜芳亦至，诉说："夏侯惇军势甚锐，因此弃城而走。曹兵赶来，幸得云长挡住，因此得脱。"玄德曰："不知云长今在何处？"刘辟曰："将军且行，却再理会。"行到数里，一棒鼓响，前面拥出一彪人马。当先大将，乃是张郃，大叫："刘备快下马受降！"玄德方欲退后，只见山头上红旗磨动，一军从山坞内拥出，为首大将，乃高览也。玄德两头无路，仰天大呼曰："天何使我受此窘极耶！事势至此，不如就死！"欲拔剑自刎，刘辟急止之曰："容某死战，夺路救君。"言讫，便来与高览交锋。战不三合，被高览一刀砍于马下。

玄德正慌，方欲自战，高览后军忽然自乱，一将冲阵而来，枪起处，高览翻身落马。视之，乃赵云也。玄德大喜。云纵马挺枪，杀散后队，又来前军独战张郃。郃与云战三十余合，拨马败走。云乘势冲杀，却被郃兵守住山隘，路窄不得出。正夺路间，只见云长、关平、周仓引三百军到。两下相攻，杀退张郃。各出隘口，占住山险下寨。玄德使云长寻觅张飞。原来张飞去救龚都，龚都已被夏侯渊所杀；飞奋力杀退夏侯渊，迤逦赶去，却被乐进引军围住。云长路逢败军，寻踪而去，杀退乐进，与飞同回见玄德。

人报曹军大队赶来，玄德教孙乾等保护老小先行。玄德与关、张、赵云在后，且战且走。操见玄德去远，收军不赶。玄德败军不满一千，狼狈而奔。前至一江，唤土人问之，乃汉江也。玄德权且安营。土人知是玄德，奉献羊酒，乃聚饮于沙滩之上。玄德叹曰："诸君皆有王佐之才，不幸跟随刘备。备之命窘，累及诸君。今日身无立锥，诚恐有误诸君。君等何不弃备而投明主，以取功名乎？"众皆掩面而哭。云长曰："兄言差矣。昔日高祖与项羽争天下，数败于羽；后九里山一战成功，而开四百年基业。胜负兵家之常，何可自隳其志！"孙乾曰："成败有时，不可丧志。此离荆州不远。刘景升坐镇九郡，兵强粮足，更且与公皆汉室宗亲，何不往投之？"玄德曰："但恐不容耳。"乾曰："某愿先往说之，使景升出境而迎主公"玄德大喜，便令孙乾星夜往荆州。到郡入见刘表，礼毕，刘表问曰："公从玄德，何故至此？"乾曰："刘使君天下英雄，虽兵微将寡，而志欲匡扶社稷。汝南刘辟、龚都素无亲故，亦以死报之。明公与使君，同为汉室之胄；今使君新败，欲往江东投孙仲谋。乾僭言曰：不可背亲而向疏。荆州刘将军礼贤下士，士归之如水之投东，何况同宗乎？因此使君特使乾先来拜白。惟明公命之。"表大喜曰："玄德，吾弟也。久欲相会而不可得。今肯惠顾，实为幸甚！"蔡瑁谮曰："不可。刘备先从吕布，后事曹操，近投袁绍，皆不克终，足可见其为人。今若纳之，曹操必加兵于我，枉动干戈。不如斩孙乾之首，以献曹操，操必重待主公也。"孙乾正色曰："乾非惧死之人也。刘使君忠心为国，非曹操、袁绍、吕布等比。前此相从，不得已也。今闻刘将军汉朝苗裔，谊切同宗，故千里相投。尔何献谗而妒贤如此耶？"刘表闻言，乃叱蔡瑁曰："吾主意已定，汝勿多言。"蔡瑁惭恨而出，刘表遂命孙乾先往报玄德，一面亲自出郭三十里迎接。玄德见表，执礼甚恭。表亦相待甚厚。玄德引关、张等拜见刘表，表遂与玄德等同入荆州，分拨院宅居住。却说曹操探知玄德已往荆州投奔刘表，便欲引兵攻之。程昱曰："袁绍未除，而遽攻荆襄，倘袁绍从北而起，胜负未可知矣。不如还兵许都，养军蓄锐，待来年春暖，然后引兵先破袁绍，后取荆襄：南北之利，一举可收也。"操然其言，遂提兵回许都。至建安七年，春正月，操复商议兴兵。先差夏侯惇、满宠镇守汝南，以拒刘表；留曹仁、荀彧守许都：亲统大军前赴官渡屯扎。且说袁绍自旧岁感冒吐血症候，今方稍愈，商议欲攻许都。审配谏曰："旧岁官渡，仓亭之败，军心未振；尚当深沟高垒，以养军民之力。"正议间，忽报曹操进兵官渡，来攻冀州。绍曰："若候兵临城下，将至壕边，然后拒敌，事已迟矣。吾当自领大军出迎。"袁尚曰："父亲病体未痊，不可远征。儿愿提兵前去迎敌。"绍许之，遂使人往青州取袁谭，幽州取袁熙，并州取高干：四路同破曹操。正是：才向汝南鸣战鼓，又从冀北动征鼙。未知胜负如何，且听下文分解。

第三十二回 夺冀州袁尚争锋 决漳河许攸献计

却说袁尚自斩史涣之后，自负其勇，不待袁谭等兵至，自引兵数万出黎阳，与曹军前队相迎。张辽当先出马，袁尚挺枪来战，不三合，架隔遮拦不住，大败而走。张辽乘势掩杀，袁尚不能主张，急急引军奔回冀州。

袁绍闻袁尚败回，又受了一惊，旧病复发，吐血数斗，昏倒在地。刘夫人慌救入卧内，病势渐危。刘夫人急请审配、逢纪，直至袁绍榻前，商议后事。绍但以手指而不能言。刘夫人曰："尚可继后嗣否？"绍点头。审配便就榻前写了遗嘱。绍翻身大叫一声，又吐血斗余而死。后人有诗曰："累世公卿立大名，少年意气自纵横。空招俊杰三千客，漫有英雄百万兵。羊质虎皮功不就，凤毛鸡胆事难成。更怜一种伤心处，家难徒延两弟兄。"袁绍既死，审配等主持丧事。刘夫人便将袁绍所爱宠妾五人尽行杀害；又恐其阴魂于九泉之下再与绍相见，乃髡其发，刺其面，毁其尸：其妒恶如此。袁尚恐宠妾家属为害，并收而杀之。审配、逢纪立袁尚为大司马将军，领冀、青、幽、并四州牧，遣使报丧。此时袁谭已发兵离青州，知父死，便与郭图、辛评商议。图曰："主公不在冀州，审配、逢纪必立显甫为主矣。当速行。"辛评曰："审、逢二人，必预定机谋。今若速往，必遭其祸。"袁谭曰："若此当何如？"郭图曰："可屯兵城外，观其动静。某当亲往察之。"谭依言。郭图遂入冀州，见袁尚。礼毕，尚问："兄何不至？"图曰："因抱病在军中，不能相见。"尚曰："吾受父亲遗命，立我为主，加兄为车骑将军。目下曹军压境，请兄为前部，吾随后便调兵接应也。"图曰："军中无人商议良策，愿乞审正南、逢元图二人为辅。"尚曰："吾亦欲仗此二人早晚画策，如何离得！"图曰："然则于二人内遣一人去，何如？"尚不得已，乃令二人拈阄，拈着者便去。逢纪拈着，尚即命逢纪赍印绶，同郭图赴袁谭军中。纪随图至谭军，见谭无病，心中不安，献上印绶。谭大怒，欲斩逢纪。郭图密谏曰："今曹军压境，且只款留逢纪在此，以安尚心。待破曹之后，却来争冀州不迟。"

谭从其言。即时拔寨起行，前至黎阳，与曹军相抵。谭遣大将汪昭出战，操遣徐晃迎敌。二将战不数合，徐晃一刀斩汪昭于马下。曹军乘势掩杀，谭军大败。谭收败军入黎阳，遣人求救于尚。尚与审配计议，只发兵五千余人相助。曹操探知救军已到，遣乐进、李典引兵于半路接着，两头围住尽杀之。袁谭知尚止拨兵五千，又被半路坑杀，大怒，乃唤逢纪责骂。纪曰："容某作书致主公，求其亲自来救。"谭即令纪作书，遣人到冀州致袁尚，与审配共议。配曰："郭图多谋，前次不争而去者，为曹军在境也。今若破曹，必来争冀州矣。不如不发救兵，借操之力以除之。"尚从其言，不肯发兵。使者回报，谭大怒，立斩逢纪，议欲降曹。早有细作密报袁尚。尚与审配议曰："使谭降曹，并力来攻，则冀州危矣。"乃留审配并大将苏由固守冀州，自领大军来黎阳救谭。尚问军中谁敢为前部，大将吕旷、吕翔兄弟二人愿去。尚点兵三万，使为先锋，先至黎阳。谭闻尚自来，大喜，遂罢降曹之议。谭屯兵城中，尚屯兵城外，为掎角之势。

不一日，袁熙、高干皆领军到城外，屯兵三处，每日出兵与操相持。尚屡败，操兵屡胜。至建安八年春二月，操分路攻打，袁谭、袁熙、袁尚、高干皆大败，弃黎阳而走。操引兵追至冀州，谭与尚入城坚守；熙与于离城三十里下寨，虚张声势。操兵连日攻打不下。郭嘉进曰："袁氏废长立幼，而兄弟之间，权力相并，各自树党，急之则相救，缓之则相争；不如举兵南向荆州，征讨刘表，以候袁氏兄弟之变；变成而后击之，可一举而定也。"操善其言，命贾诩为太守，守黎阳；曹洪引兵守官渡。操引大军向荆州进兵。

谭、尚听知曹军自退，遂相庆贺。袁熙、高干各自辞去。袁谭与郭图、辛评议曰："我为长子，反不能承父业；尚乃继母所生，反承大爵：心实不甘。"图曰："主公可勒兵城外，只做请显甫、审配饮酒，伏刀斧手杀之，大事定矣。"谭从其言。适别驾王修自青州来，谭将此计告之。修曰："兄弟者，左右手也。今与他人争斗，断其右手，而曰我必胜，安可得乎？夫弃兄弟而不亲，天下其谁亲之？彼谗人离间骨肉，以求一朝之利，愿塞耳勿听也。"谭怒，叱退王修，使人去请袁尚。尚与审配商议。配曰："此必郭图之计也。主公若往，必遭奸计；不如乘势攻之。"袁尚依言，便披挂上马，引兵五万出城。袁谭见袁尚引军来，情知事泄，亦即披挂上马，与尚交锋。尚见谭大骂。谭亦骂曰："汝药死父亲，篡夺爵位，今又来杀兄耶！"二人亲自交锋，袁谭大败。尚亲冒矢石，冲突掩杀。

谭引败军奔平原，尚收兵还。袁谭与郭图再议进兵，令岑璧为将，领兵前来。尚自引兵出冀州。两阵对圆，旗鼓相望。璧出骂阵；尚欲自战，大将吕旷，拍马舞刀，来战岑璧。二将战无数合，旷斩岑璧于马下。谭兵又败，再奔平原。审配劝尚进兵，追至平原。谭抵挡不住，退入平原，坚守不出。尚三面围城攻打。谭与郭图计议。图曰："今城中粮少，彼军方锐，势不相敌。愚意可遣人投降曹操，使操将兵攻冀州，尚必还救。将军引兵夹击之，尚可擒矣。若操击破尚军，我因而敛其军实以拒操。操军远来，粮食不继，必自退去。我可以仍据冀州，以图进取也。"谭从其言，问曰："何人可为使？"图曰："辛评之弟辛毗，字佐治，见为平原令。此人乃能言之士，可命为使。"谭即召辛毗，毗欣然而至。谭修书付毗，使三千军送毗出境。毗星夜赍书往见曹操，时操屯军西平伐刘表，表遣玄德引兵为前部以迎之。未及交锋，辛毗到操寨。见操礼毕，操问其来意，毗具言袁谭相求之意，呈上书信。操看书毕，留辛毗于寨中，聚文武计议。程昱曰："袁谭被袁尚攻击太急，不得已而来降，不可准信。"吕虔、满宠亦曰："丞相既引兵至此，安可复舍表而助谭？"荀攸曰："三公之言未善。以愚意度之：天下方有事，而刘表坐保江、汉之间，不敢展足，其无四方之志可知矣。袁氏据四州之地，带甲数十万，若二子和睦，共守成业，天下事未可知也；今乘其兄弟相攻，势穷而投我，我提兵先除袁尚，后观其变，并灭袁谭，天下定矣。此机会不可失也。"操大喜，便邀辛毗饮酒，谓之曰："袁谭之降，真耶诈耶？袁尚之兵，果可必胜耶？"毗对曰："明公勿问真与诈也，只论其势可耳。袁氏连年丧败，兵革疲于外，谋臣诛于内；兄弟谗隙，国分为二；加之饥馑并臻，天灾人困：无问智愚，皆知土崩瓦解，此乃天灭袁氏之时也。今明公提兵攻邺，袁尚不还救，则失巢穴；若还救，则谭踵袭其后。以明公之威，击疲惫之众，如迅风之扫秋叶也。不此之图，而伐荆州；荆州丰乐之地，国和民顺，未可摇动。况四方之患，莫大于河北；河北既平，则霸业成矣。愿明公详之。"操大喜曰："恨与辛佐治相见之晚也！"即日督军还取冀州。玄德恐操有谋，不跟追袭，引兵自回荆州。

却说袁尚知曹军渡河，急急引军还邺，命吕旷、吕翔断后。袁谭见尚退军，乃大起平原军马，随后赶来。行不到数十里，一声炮响，两军齐出：左边吕旷，右边吕翔，兄弟二人截住袁谭。谭勒马告二将曰："吾父在日，吾并未慢待二将军，今何从吾弟而见逼耶？"二将闻言，乃下马降谭。谭曰："勿降我，可降曹丞相。"二将因随谭归营。谭候操军至，引二将见操。操大喜，以女许谭为妻，即令吕旷、吕翔为媒。谭请操攻取冀州。操曰："方今粮草不接，搬运劳苦，我济河，遏淇水入白沟，以通粮道，然后进兵。"令谭且居平原。操引军退屯黎阳，封吕旷、吕翔为列侯，随军听用。

郭图谓袁谭曰："曹操以女许婚，恐非真意。今又封赏吕旷、吕翔，带去军中，此乃牢笼河北人心。后必终为我祸。主公可刻将军印二颗，暗使人送与二吕，令作内应。待操破了袁尚，可乘便图之。"谭依言，遂刻将军印二颗，暗送与二吕。二吕受讫，径将印来禀曹操。操大笑曰："谭暗送印者，欲汝等为内助，待我破袁尚之后，就中取事耳。汝等且权受之，我自有主张。"自此曹操便有杀谭之心。

且说袁尚与审配商议："今曹兵运粮入白沟，必来攻冀州，如之奈何？"配曰："可发檄使武安长尹楷屯毛城，通上党运粮道；令沮授之子沮鹄守邯郸，遥为声援。主公可进兵平原，急攻袁谭。先绝袁谭，然后破曹。"袁尚大喜，留审配与陈琳守冀州，使马延、张顗二将为先锋，连夜起兵攻打平原。

谭知尚兵来近，告急于操。操曰："吾今番必得冀州矣。"正说间，适许攸自许昌来；闻尚又攻谭，入见操曰："丞相坐守于此，岂欲待天雷击杀二袁乎？"操笑曰："吾已料定矣。"遂令曹洪先进兵攻邺，操自引一军来攻尹楷。兵临本境，楷引军来迎。楷出马，操曰："许仲康安在？"许褚应声而出，纵马直取尹楷。楷措手不及，被许褚一刀斩于马下，余众奔溃。操尽招降之，即勒兵取邯郸。沮鹄进兵来迎。张辽出马，与鹄交锋。战不三合，鹄大败，辽从后追赶。两马相离不远，辽急取弓射之，应弦落马。操指挥军马掩杀，众皆奔散。

于是操引大军前抵冀州。曹洪已近城下。操令三军绕城筑起土山，又暗掘地道以攻之。审配设计坚守，法令甚严，东门守将冯礼，因酒醉有误巡警，配痛责之。冯礼怀恨，潜地出城降操。操问破城之策，礼曰："突门内土厚，可掘地道而入。"操便命冯礼引三百壮士，夤夜掘地道而入。却说审配自冯礼出降之后，每夜亲自登城点视军马。当夜在突门阁上，望见城外无灯火。配曰："冯礼必引兵从地道而入也。"急唤精兵运石击突闸门；门闭，冯礼及三百壮士，皆死于土内。操折了这一场，遂罢地道之计，退军于洹水之上，以候袁尚回兵。袁尚攻平原，闻曹操已破尹楷、沮鹄，大军围困冀州，乃掣兵回救。部将马延曰："从大路去，曹操必有伏兵；可取小路，从西山出滏水口去劫曹营，必解围也。"尚从其言，自领大军先行，令马延与张顗断后。早有细作去报曹操。操曰："彼若从大路上来，吾当避之：若从西山小路而来，一战可擒也。吾料袁尚必举火为号，令城中接应。吾可分兵击之。”于是分拨已定。却说袁尚出滏水界口，东至阳平，屯军阳平亭，离冀州十七里，一边靠着滏水。尚令军士堆积柴薪干草，至夜焚烧为号；遣主簿李孚扮作曹军都督，直至城下。大叫：“开门！”审配认得是李孚声音，放入城中，说：“袁尚已陈兵在阳平亭，等候接应，若城中兵出，亦举火为号。”配教城中堆草放火，以通音信。孚曰：“城中无粮，可发老弱残兵并妇人出降；彼必不为备，我即以兵继百姓之后出攻之。”配从其论。

次日，城上竖起白旗，上写“冀州百姓投降。”操曰：“此是城中无粮，教老弱百姓出降，后必有兵出也。”操教张辽、徐晃各引三千军来，伏于两边。操自乘马、张麾盖至城下、果见城门开处，百姓扶老携幼，手持白旗而出。百姓才出尽，城中兵突出。操教将红旗一招，张辽、徐晃两路兵齐出乱杀，城中兵只得复回。操自飞马赶来，到吊桥边，城中弩箭如雨，射中操盔，险透其顶。众将急救回阵。操更衣换马，引众将来攻尚寨，尚自迎敌。时各路军马一齐杀至，两军混战，袁尚大败。尚引败兵退往西山下寨，令人催取马延、张顗军来。不知曹操已使吕旷、吕翔去招安二将。二将随二吕来降，操亦封为列侯。即日进兵攻打西山，先使二吕、马延、张顗截断袁尚粮道。尚情知西山守不住，夜走滥口。安营未定，四下火光并起，伏兵齐出，人不及甲，马不及鞍。尚军大溃，退走五十里，势穷力极，只得遣豫州刺史阴夔至操营请降。操佯许之，却连夜使张辽、徐晃去劫寨。尚尽弃印绶、节钺、衣甲、辎重，望中山而逃。操回军攻冀州。许攸献计曰：“何不决漳河之水以淹之？”操然其计，先差军于城外掘壕堑，周围四十里。审配在城上见操军在城外掘堑，却掘得甚浅。配暗笑曰：“此欲决漳河之水以灌城耳。壕深可灌，如此之浅，有何用哉！”遂不为备。当夜曹操添十倍军士并力发掘，比及天明，广深二丈，引漳水灌之，城中水深数尺。更兼粮绝，军士皆饿死。辛毗在城外，用枪挑袁尚印绶衣服，招安城内之人。审配大怒，将辛毗家属老小八十余口，就于城上斩之，将头掷下。辛毗号哭不已。审配之侄审荣，素与辛毗相厚，见辛毗家属被害，心中怀忿，乃密写献门之书，拴于箭上，射下城来。军士拾献辛毗，毗将书献操。操先下令：如入冀州，休得杀害袁氏一门老小；军民降者免死。次日天明，审荣大开西门，放曹兵入。辛毗跃马先入，军将随后，杀入冀州。审配在东南城楼上，见操军已入城中，引数骑下城死战，正迎徐晃交马。徐晃生擒审配，绑出城来。路逢辛毗，毗咬牙切齿，以鞭鞭配首曰：“贼杀才！今日死矣！”配大骂：“辛毗贼徒！引曹操破我冀州，我恨不杀汝也！”徐晃解配见操。操曰：“汝知献门接我者乎？”配曰：“不知。”操曰：“此汝侄审荣所献也。”配怒曰：“小儿不行，乃至于此！”操曰：“昨孤至城下，何城中弩箭之多耶？”配曰：“恨少！恨少！”操曰：“卿忠于袁氏，不容不如此。今肯降吾否？”配曰：“不降！不降”辛毗哭拜于地曰：“家属八十余口，尽遭此贼杀害。愿丞相戮之，以雪此恨！”配曰：“吾生为袁氏臣，死为袁氏鬼，不似汝辈谗谄阿谀之贼！可速斩我！”操教牵出。临受刑，叱行刑者曰：“吾主在北，不可使我面南而死！”乃向北跪，引颈就刃。后人有诗叹曰：“河北多名士，谁如审正南：命因昏主丧，心与古人参。忠直言无隐，廉能志不贪。临亡犹北面，降者尽羞惭。”审配既死，操怜其忠义，命葬于城北。

众将请曹操入城。操方欲起行，只见刀斧手拥一人至，操视之，乃陈琳也。操谓之曰：“汝前为本初作檄，但罪状孤可也；何乃辱及祖父耶？”琳答曰：“箭在弦上，不得不发耳。”左右劝操杀之；操怜其才，乃赦之，命为从事。

却说操长子曹丕，字子桓，时年十八岁。丕初生时，有云气一片，其色青紫，圆如车盖，覆于其室，终日不散。有望气者，密谓操曰：“此天子气也。令嗣贵不可言！”丕八岁能属文，有逸才，博古通今，善骑射，好击剑。时操破冀州，不随父在军中，先领随身军，径投袁绍家，下马拔剑而入。有一将当之曰：“丞相有命，诸人不许入绍府。”不叱退，提剑入后堂。见两个妇人相抱而哭，不向前欲杀之。正是：四世公侯已成梦，一家骨肉又遭殃。未知性命如何，且听下文分解。

第三十三回 曹丕乘乱纳甄氏 郭嘉遗计定辽东

却说曹丕见二妇人啼哭，拔剑欲斩之。忽见红光满目，遂按剑而问曰：“汝何人也？”一妇人告曰：“妾乃袁将军之妻刘氏也。”丕曰：“此女何人？”刘氏曰：“此次男袁熙之妻甄氏也。因熙出镇幽州，甄氏不肯远行，故留于此。”丕拖此女近前，见披发垢面。不以衫袖拭其面而观之，见甄氏玉肌花貌，有倾国之色。遂对刘氏曰：“吾乃曹丞相之子也。愿保汝家。汝勿忧虑。”道按剑坐于堂上。

却说曹操统领众将入冀州城，将入城门，许攸纵马近前，以鞭指城门而呼操曰：“阿瞒，汝不得我，安得入此门？”操大笑。众将闻言，俱怀不平。操至绍府门下，问曰：“谁曾入此门来？”守将对曰：“世子在内。”操唤出责之。刘氏出拜曰：“非世子不能保全妾家，愿就甄氏为世子执箕帚。”操教唤出甄氏拜于前。操视之曰：“真吾儿妇也？”遂令曹不纳之。

操既定冀州，亲往袁绍墓下设祭，再拜而哭甚哀，顾谓众官曰：“昔日吾与本初共起兵时，本初问吾曰：‘若事不辑，方面何所可据？’吾问之曰：‘足下意欲若何？’本初曰：‘吾南据河，北阻燕代，兼沙漠之众，南向以争天下，庶可以济乎？’吾答曰：‘吾任天下之智力，以道御之，无所不可。’此言如昨，而今本初已丧，吾不能不为流涕也！”众皆叹息。操以金帛粮米赐绍妻刘氏。乃下令曰：“河北居民遭兵革之难，尽免今年租赋。”一面写表申朝；操自领冀州牧。

一日，许褚走马入东门，正迎许攸，攸唤褚曰：“汝等无我，安能出入此门乎？”褚怒曰：“吾等千生万死，身冒血战，夺得城池，汝安敢夸口！”攸骂曰：“汝等皆匹夫耳，何足道哉！”褚大怒，拔剑杀攸，提头来见曹操，说“许攸如此无礼，某杀之矣。”操曰：“子远与吾旧交，故相戏耳，何故杀之！”深责许褚，令厚葬许攸。乃令人遍访冀州贤士。冀民曰：“骑都尉崔琰，字季珪，清河东武城人也。数曾献计于袁绍，绍不从，因此托疾在家。”操即召琰为本州别驾从事，因谓曰：“昨按本州户籍，共计三十万众，可谓大州。”琰曰：“今天下分崩，九州幅裂，二袁兄弟相争，冀民暴骨原野，丞相不急存问风俗，救其涂炭，而先计校户籍，岂本州士女所望于明公哉？”操闻言，改容谢之，待为上宾。

操已定冀州，使人探袁谭消息。时谭引兵劫掠甘陵、安平、渤海、河间等处，闻袁尚败走中山，乃统军攻之。尚无心战斗，径奔幽州投袁熙。谭尽降其众，欲复图冀州。操使人召之，谭不至。操大怒，驰书绝其婚，自统大军征之，直抵平原。谭闻操自统军来，遣人求救于刘表。表请玄德商议。玄德曰：“今操已破冀州，兵势正盛，袁氏兄弟不久必为操擒，救之无益；况操常有窥荆襄之意，我只养兵自守，未可妄动。”表曰：“然则何以谢之？”玄德曰：“可作书与袁氏兄弟，以和解为名，婉词谢之。”表然其言，先遣人以书遗谭。书略曰：“君子违难，不适仇国。日前闻君屈膝降曹，则是忘先人之仇，弃手足之谊，而遗同盟之耻矣。若冀州不弟，当降心相从。待事定之后，使天下平其曲直，不亦高义耶？”又与袁尚书曰：“青州天性峭急，迷于曲直。君当先除曹操，以率先公之恨。事定之后，乃计曲直，不亦善乎？若迷而不返，则是韩卢、东郭自困于前，而遗田父之获也。”谭得表书，知表无发兵之意，又自料不能敌操，遂弃平原，走保南皮。

曹操追至南皮，时天气寒肃，河道尽冻，粮船不能行动。操令本处百姓敲冰拽船，百姓闻令而逃。操大怒，欲捕斩之。百姓闻得，乃亲往营中投首。操曰：“若不杀汝等，则吾号令不行；若杀汝等，吾又不忍：汝等快往山中藏避，休被我军士擒获。”百姓皆垂泪而去。

袁谭引兵出城，与曹军相敌。两阵对圆，操出马以鞭指谭而骂曰：“吾厚待汝，汝何生异心？”谭曰：“汝犯吾境界，夺吾城池，赖吾妻子，反说我有异心耶！”操大怒，使徐晃出马。谭使彭安接战。两马相交，不数合，晃斩彭安于马下。谭军败走，退入南皮。操遣军四面围住。谭着慌，使辛评见操约降。操曰：“袁谭小子，反覆无常，吾难准信。汝弟辛毗，吾已重用，汝亦留此可也。”评曰：“丞相差矣。某闻主贵臣荣，主忧臣辱。某久事袁氏，岂可背之！”操知其不可留，乃遣回。评回见谭，言操不准投降。谭叱曰：“汝弟现事曹操，汝怀二心耶？”评闻言，气满填胸，昏绝于地。谭令扶出，须臾而死。谭亦悔之。郭图谓谭曰：“来日尽驱百姓当先，以军继其后，与曹操决一死战。”谭从其言。

当夜尽驱南皮百姓，皆执刀枪听令。次日平明，大开四门，军在后，驱百姓在前，喊声大举，一齐拥出，直抵曹寨。两军混战，自辰至午，胜负未分，杀人遍地。操见未获全胜，弃马上山，亲自击鼓。将士见之，奋力向前，谭军大败。百姓被杀者无数。曹洪奋威突阵，正迎袁谭，举刀乱砍，谭竟被曹洪杀于阵中，郭图见阵大乱，急驰入城中。乐进望见，拈弓搭箭，射下城壕，人马俱陷。操引兵入南皮，安抚百姓。忽有一彪军来到，乃袁熙部将焦触、张南也。操自引军迎之。二将倒戈卸甲，特来投降。操封为列侯。又黑山贼张燕，引军十万来降，操封为平北将军。下令将袁谭首级号令，敢有哭者斩。头挂北门外。一人布冠衰衣，哭于头下。左右拿来见操。操问之，乃青州别驾王修也，因谏袁谭被逐，今知谭死，故来哭之。操曰：“汝知吾令否？”修曰：“知之。”操曰：“汝不怕死耶？”修曰：“我生受其辟命，亡而不哭，非义也。畏死忘义，何以立世乎！若得收葬谭尸，受戮无恨。”操曰：“河北义士，何其如此之多也！可惜袁氏不能用！若能用，则吾安敢正眼觑此地哉！”遂命收葬谭尸，礼修为上宾，以为司金中郎将。因问之曰：“今袁尚已投袁熙，取之当用何策？”修不答。操曰：“忠臣也。”问郭嘉，嘉曰：“可使袁氏降将焦触、张南等自攻之。”操用其言，随差焦触、张南、吕旷、吕翔、马延、张顗，各引本部兵，分三路进攻幽州；一面使李典、乐进会合张燕，打并州，攻高干。且说袁尚、袁熙知曹兵将至，料难迎敌，乃弃城引兵，星夜奔辽西投乌桓去了。幽州刺史乌桓触，聚幽州众官，歃血为盟，共议背袁向曹之事。乌桓触先言曰：“吾知曹丞相当世英雄，今往投降，有不遵令者斩。”依次歃血，循至别驾韩珩。珩乃掷剑于地，大呼曰：“吾受袁公父子厚恩，今主败亡，智不能救，勇不能死，于义缺矣！若北面而降操，吾不为也！”众皆失色。乌桓触曰：“夫兴大事，当立大义。事之济否，不待一人。韩珩既有志如此，听其自便。”推珩而出。乌桓触乃出城迎接三路军马，径来降操。操大喜，加为镇北将军。

忽探马来报：“乐进、李典、张燕攻打并州，高干守住壶关口，不能下。”操自勒兵前往。三将接着，说干拒关难击。操集众将共议破干之计。荀攸曰：“若破干，须用诈降计方可。”操然之。唤降将吕旷、吕翔，附耳低言如此如此。吕旷等引军数十，直抵关下，叫曰：“吾等原系袁氏旧将，不得已而降曹。曹操为人诡谲，薄待吾等；吾今还扶旧主。可疾开关相纳。”高干未信，只教二将自上关说话。二将卸甲弃马而入，谓干曰：“曹军新到，可乘其军心未定，今夜劫寨。某等愿当先。”干喜，从其言，是夜教二吕当先，引万余军前去。将至曹寨，背后喊声大震，伏兵四起。高干知是中计，急回壶关城，乐进、李典已夺了关、高于夺路走脱，往投单于。操领兵拒住关口，使人追袭高干。干到单于界，正迎北番左贤王。干下马拜伏于地，言曹操吞并疆土，今欲犯王子地面，万乞救援，同力克复，以保北方。左贤王曰：“吾与曹操无仇，岂有侵我土地？汝欲使我结怨于曹氏耶！”叱退高干。干寻思无路，只得去投刘表。行至上洛，被都尉王琰所杀，将头解送曹操。曹封琰为列侯。

并州既定，操商议西击乌桓。曹洪等曰：“袁熙、袁尚兵败将亡，势穷力尽，远投沙漠；我今引兵西击，倘刘备、刘表乘虚袭许都，我救应不及，为祸不浅矣：请回师勿进为上。”郭嘉曰：“诸公所言错矣。主公虽威震天下，沙漠之人恃其边远，必不设备；乘其无备，卒然击之，必可破也。且袁绍与乌桓有恩，而尚与熙兄弟犹存，不可不除。刘表坐谈之客耳，自知才不足以御刘备，重任之则恐不能制，轻任之则备不为用。虽虚国远征，公无忧也。”操曰：“奉孝之言极是。”遂率大小三军，车数千辆，望前进发。但见黄沙漠漠，狂风四起；道路崎岖，人马难行。操有回军之心，问于郭嘉。嘉此时不伏水土，卧病车上。操泣曰：“因我欲平沙漠，使公远涉艰辛，以至染病，吾心何安！”嘉曰：“某感丞相大恩，虽死不能报万一。”操曰：“吾见北地崎岖，意欲回军，若何？”嘉曰：“兵贵神速。今千里袭人，辎重多而难以趋利，不如轻兵兼道以出，掩其不备。但须得识径路者为引导耳。”

遂留郭嘉于易州养病，求向导官以引路。人荐袁绍旧将田畴深知此境，操召而问之。畴曰：“此道秋夏间有水，浅不通车马，深不载舟楫，最难行动。不如回军，从卢龙口越白檀之险，出空虚之地，前近柳城，掩其不备：蹋顿可一战而擒也。”操从其言，封田畴为靖北将军，作向导官，为前驱；张辽为次；操自押后：倍道轻骑而进。

田畴引张辽前至白狼山，正遇袁熙、袁尚会合蹋顿等数万骑前来。张辽飞报曹操。操自勒马登高望之，见蹋顿兵无队伍，参差不整。操谓张辽曰：“敌兵不整，便可击之。”乃以麾授辽。辽引许褚、于禁、徐晃分四路下山，奋力急攻，蹋顿大乱。辽拍马斩蹋顿于马下，余众皆降。袁熙、袁尚引数千骑投辽东去了。操收军入柳城，封田畴为柳亭侯，以守柳城。畴涕泣曰：“某负义逃窜之人耳，蒙厚恩全活，为幸多矣；岂可卖卢龙之寨以邀赏禄哉！死不敢受侯爵。”操义之，乃拜畴为议郎。操抚慰单于人等，收得骏马万匹，即日回兵。时天气寒且旱，二百里无水，军又乏粮，杀马为食，凿地三四十丈，方得水。操回至易州，重赏先曾谏者；因谓众将曰：“孤前者乘危远征，侥幸成功。虽得胜，天所佑也，不可以为法。诸君之谏，乃万安之计，是以相赏。后勿难言。”

操到易州时，郭嘉已死数日，停柩在公廨。操往祭之，大哭曰：“奉孝死，乃天丧吾也！”回顾众官曰：“诸君年齿，皆孤等辈，惟奉孝最少，吾欲托以后事。不期中年夭折，使吾心肠崩裂矣！”嘉之左右，将嘉临死所封之书呈上曰：“郭公临亡，亲笔书此，嘱曰：丞相若从书中所言，辽东事定矣。”操拆书视之，点头嗟叹。诸人皆不知其意。次日，夏侯惇引众人禀曰：“辽东太守公孙康，久不宾服。今袁熙、袁尚又往投之，必为后患。不如乘其未动，速往征之，辽东可得也。”操笑曰：“不烦诸公虎威。数日之后，公孙康自送二袁之首至矣。”诸将皆不肯信。却说袁熙、袁尚引数千骑奔辽东。辽东太守公孙康，本襄平人，武威将军公孙度之子也。当日知袁熙、袁尚来投，遂聚本部属官商议此事。公孙恭曰：“袁绍在日，常有吞辽东之心；今袁熙，袁尚兵败将亡，无处依栖，来此相投，是鸠夺鹊巢之意也。若容纳之，后必相图。不如赚入城中杀之，献头与曹公，曹公必重待我。”康曰：“只怕曹操引兵下辽东，又不如纳二袁使为我助。”恭曰：“可使人探听。如曹兵来攻，则留二袁；如其不动，则杀二袁，送与曹公。”康从之，使人去探消息。却说袁熙、袁尚至辽东，二人密议曰：“辽东军兵数万，足可与曹操争衡。今暂投之，后当杀公孙康而夺其地，养成气力而抗中原，可复河北也。”商议已定，乃入见公孙康。康留于馆驿，只推有病，不即相见。不一日，细作回报：“曹公兵屯易州，并无下辽东之意。”公孙康大喜，乃先伏刀斧手于壁衣中，使二袁入。相见礼毕，命坐。时天气严寒，尚见床榻上无茵褥，谓康曰：“愿铺坐席。”康瞋目言曰：“汝二人之头，将行万里！何席之有！”尚大惊。康叱曰：“左右何不下手！”刀斧手拥出，就坐席上砍下二人之头，用木匣盛贮，使人送到易州，来见曹操。时操在易州，按兵不动。夏侯惇、张辽入禀曰：“如不下辽东，可回许都。恐刘表生心。”操曰：“待二袁首级至，即便回兵。”众皆暗笑。忽报辽东公孙康遣人送袁熙、袁尚首级至，众皆大惊。使者呈上书信。操大笑曰：“不出奉孝之料！”重赏来使，封公孙康为襄平侯、左将军。众官问曰：“何为不出奉孝之所料？”操遂出郭嘉书以示之。书略曰：“今闻袁熙、袁尚往投辽东，明公切不可加兵。公孙康久畏袁氏吞并，二袁往投必疑。若以兵击之，必并力迎敌，急不可下；若缓之，公孙康、袁氏必自相图，其势然也。”众皆踊跃称善。操引众官复设祭于郭嘉灵前。亡年三十八岁，从征十有一年，多立奇勋。后人有诗赞曰：“天生郭奉孝，豪杰冠群英：腹内藏经史，胸中隐甲兵；运谋如范蠡，决策似陈平。可惜身先丧，中原梁栋倾。”操领兵还冀州，使人先扶郭嘉灵柩于许都安葬。

程昱等请曰：“北方既定，今还许都，可早建下江南之策。”操笑曰：“吾有此志久矣。诸君所言，正合吾意。”是夜宿于冀州城东角楼上，凭栏仰观天文。时荀攸在侧，操指曰：“南方旺气灿然，恐未可图也。”攸曰：“以丞相天威，何所不服！”正看间，忽见一道金光，从地而起。攸曰：“此必有宝于地下”。操下楼令人随光掘之。正是：星文方向南中指，金宝旋从北地生。不知所得何物，且听下文分解。

第三十四回 蔡夫人隔屏听密语 刘皇叔跃马过檀溪

却说曹操于金光处，掘出一铜雀，问荀攸曰：“此何兆也？”攸曰：“昔舜母梦玉雀入怀而生舜。今得铜雀，亦吉祥之兆也。”操大喜，遂命作高台以庆之。乃即日破土断木，烧瓦磨砖，筑铜雀台于漳河之上。约计一年而工毕。少子曹植进曰：“若建层台，必立三座：中间高者，名为铜雀；左边一座，名为玉龙；右边一座，名为金凤。更作两条飞桥，横空而上，乃为壮观。”操曰：“吾儿所言甚善。他日台成，足可娱吾老矣！”原来曹操有五子，惟植性敏慧，善文章，曹操平日最爱之。于是留曹植与曹丕在邺郡造台，使张燕守北寨。操将所得袁绍之兵，共五六十万，班师回许都。大封功臣；又表赠郭嘉为贞侯，养其子奕于府中。复聚众谋士商议，欲南征刘表。荀彧曰：“大军方北征而回，未可复动。且待半年，养精蓄锐，刘表、孙权可一鼓而下也。”操从之，遂分兵屯田，以候调用。

却说玄德自到荆州，刘表待之甚厚。一日，正相聚饮酒，忽报降将张武、陈孙在江夏掳掠人民，共谋造反。表惊曰：“二贼又反，为祸不小！”玄德曰：“不须兄长忧虑，备请往讨之。”表大喜，即点三万军，与玄德前去。玄德领命即行，不一日，来到江夏。张武、陈孙引兵来迎。玄德与关、张、赵云出马在门旗下，望见张武所骑之马，极其雄骏。玄德曰：“此必千里马也。”言未毕，赵云挺枪而出，径冲彼阵。张武纵马来迎，不三合，被赵云一枪刺落马下，随手扯住辔头，牵马回阵。陈孙见了，随赶来夺。张飞大喝一声，挺矛直出，将陈孙刺死。众皆溃散。玄德招安余党，平复江夏诸县，班师而回。表出郭迎接入城，设宴庆功。酒至半酣，表曰：“吾弟如此雄才，荆州有倚赖也。但忧南越不时来寇，张鲁、孙权皆足为虑。”玄德曰：“弟有三将，足可委用：使张飞巡南越之境；云长拒固子城，以镇张鲁；赵云拒三江，以当孙权。何足虑哉？”表喜，欲从其言。

蔡瑁告其姊蔡夫人曰：“刘备遣三将居外，而自居荆州，久必为患。”蔡夫人乃夜对刘表曰：“我闻荆州人多与刘备往来，不可不防之。今容其居住城中，无益，不若遣使他往。”表曰：“玄德仁人也。”蔡氏曰：“只恐他人不似汝心。”表沉吟不答。次日出城，见玄德所乘之马极骏，问之，知是张武之马，表称赞不已。玄德遂将此马送与刘表。表大喜，骑回城中。蒯越见而问之。表曰：“此玄德所送也。”越曰：“昔先兄蒯良，最善相马；越亦颇晓。此马眼下有泪槽，额边生白点，名为的卢，骑则妨主。张武为此马而亡。主公不可乘之。”表听其言。次日请玄德饮宴，因言曰：“昨承惠良马，深感厚意。但贤弟不时征进，可以用之。敬当送还。”玄德起谢。表又曰：“贤弟久居此间，恐废武事。襄阳属邑新野县，颇有钱粮。弟可引本部军马于本县屯扎，何如？”玄德领诺。次日，谢别刘表，引本部军马径往新野。

方出城门，只见一人在马前长揖曰：“公所骑马，不可乘也。”玄德视之，乃荆州幕宾伊籍，字机伯，山阳人也。玄德忙下马问之。籍曰：“昨闻蒯异度对刘荆州云：此马名的卢，乘则妨主。因此还公。公岂可复乘之？”玄德曰：“深感先生见爱。但凡人死生有命，岂马所能妨哉！”籍服其高见，自此常与玄德往来。玄德自到新野，军民皆喜，政治一新。建安十二年春，甘夫人生刘禅。是夜有白鹤一只，飞来县衙屋上，高鸣四十余声，望西飞去。临分娩时，异香满室。甘夫人尝夜梦仰吞北斗，因而怀孕，故乳名阿斗。此时曹操正统兵北征。玄德乃往荆州，说刘表曰：“今曹操悉兵北征，许昌空虚，若以荆襄之众，乘间袭之，大事可就也。”表曰：“吾坐据九郡足矣，岂可别图？”玄德默然。表邀入后堂饮酒。酒至半酣，表忽然长叹。玄德曰：“兄长何故长叹？”表曰：“吾有心事，未易明言。”玄德再欲问时，蔡夫人出立屏后。刘表乃垂头不语。须臾席散，玄德自归新野。至是年冬，闻曹操自柳城回，玄德甚叹表之不用其言。忽一日，刘表遣使至，请玄德赴荆州相会。玄德随使而往。刘表接着，叙礼毕，请入后堂饮宴；因谓玄德曰：“近闻曹操提兵回许都，势日强盛，必有吞并荆襄之心。昔日悔不听贤弟之言，失此好机会。”玄德曰：“今天下分裂，干戈日起，机会岂有尽乎？若能应之于后，未足为恨也。”表曰：“吾弟之言甚当。”相与对饮。酒酣，表忽潸然泪下。玄德问其故。表曰：“吾有心事，前者欲诉与贤弟，未得其便。”玄德曰：“兄长有何难决之事？倘有用弟之处，弟虽死不辞。”表曰：“前妻陈氏所生长子琦，为人虽贤，而柔懦不足立事；后妻蔡氏所生少子琮，颇聪明。吾欲废长立幼，恐碍于礼法；欲立长子，争奈蔡氏族中，皆掌军务，后必生乱：因此委决不下。”玄德曰：“自古废长立幼，取乱之道。若忧蔡氏权重，可徐徐削之，不可溺爱而立少子也。”表默然。

原来蔡夫人素疑玄德，凡遇玄德与表叙论，必来窃听。是时正在屏风后，闻玄德此言，心甚恨之。玄德自知语失，遂起身如厕。因见己身髀肉复生，亦不觉潸然流涕。少顷复入席。表见玄德有泪容，怪问之。玄德长叹曰：“备往常身不离鞍，髀肉皆散；今久不骑，髀里肉生。日月蹉跎，老将至矣，而功业不建：是以悲耳！”表曰：“吾闻贤弟在许昌，与曹操青梅煮酒，共论英雄；贤弟尽举当世名士，操皆不许，而独曰天下英雄，惟使君与操耳，以曹操之权力，犹不敢居吾弟之先，何虑功业不建乎？”玄德乘着酒兴，失口答曰：“备若有基本，天下碌碌之辈，诚不足虑也。”表闻言默然。玄德自知语失，托醉而起，归馆舍安歇。后人有诗赞玄德曰：“曹公屈指从头数：天下英雄独使君。髀肉复生犹感叹，争教寰宇不三分？”

却说刘表闻玄德语，口虽不言，心怀不足，别了玄德，退入内宅。蔡夫人曰：“适间我于屏后听得刘备之言，甚轻觑人，足见其有吞并荆州之意。今若不除，必为后患。”表不答，但摇头而已。蔡氏乃密召蔡瑁入，商议能事。瑁曰：“请先就馆舍杀之，然后告知主公。”蔡氏然其言。瑁出，便连夜点军。

却说玄德在馆舍中秉烛而坐，三更以后，方欲就寝。忽一人叩门而入，视之乃伊籍也：原来伊籍探知蔡瑁欲害玄德，特夤夜来报。当下伊籍将蔡瑁之谋，报知玄德，催促玄德速速起身。玄德曰：“未辞景升，如何便去？”籍曰：“公若辞，必遭蔡瑁之害矣。”玄德乃谢别伊籍，急唤从者，一齐上马，不待天明，星夜奔回新野。比及蔡瑁领军到馆舍时，玄德已去远矣。瑁悔恨无及，乃写诗一首于壁间，径入见表曰：“刘备有反叛之意，题反诗于壁上，不辞而去矣。”表不信，亲诣馆舍观之，果有诗四句。诗曰："数年徒守困，空对旧山川。龙岂池中物，乘雷欲上天！"刘表见诗大怒，拔剑言曰："誓杀此无义之徒！"行数步，猛省曰："吾与玄德相处许多时，不曾见他作诗。此必外人离间之计也。"遂回步入馆舍，用剑尖削去此诗，弃剑上马。蔡瑁请曰："军士已点齐，可就往新野擒刘备。"表曰："未可造次，容徐图之。"蔡瑁见表持疑不决，乃暗与蔡夫人商议：即日大会众官于襄阳，就彼处谋之。次日，瑁禀表曰："近年丰熟，合聚众官于襄阳，以示抚劝之意。请主公一行。"表曰："吾近日气疾作，实不能行。可令二子为主待客。"瑁曰："公子年幼，恐失于礼节。"表曰："可往新野请玄德待客。"瑁暗喜正中其计，便差人请玄德赴襄阳。

却说玄德奔回新野，自知失言取祸，未对众人言之。忽使者至，请赴襄阳。孙乾曰："昨见主公匆匆而回，意甚不乐。愚意度之，在荆州必有事故。今忽请赴会，不可轻往。"玄德方将前项事诉与诸人。云长曰："兄自疑心语失。刘荆州并无嗔责之意。外人之言，未可轻信。襄阳离此不远，若不去，则荆州反生疑矣。"玄德曰："云长之言是也。"张飞曰："筵无好筵，会无好会，不如休去。"赵云曰："某将马步军三百人同往，可保主公无事。"玄德曰："如此甚好。"

遂与赵云即日赴襄阳。蔡瑁出郭迎接，意甚谦谨。随后刘琦、刘琮二子，引一班文武官僚出迎。玄德见二公子俱在，并不疑忌。是日请玄德于馆舍暂歇。赵云引三百军围绕保护。云披甲挂剑，行坐不离左右。刘琦告玄德曰："父亲气疾作。不能行动，特请叔父待客，抚劝各处守收之官。"玄德曰："吾本不敢当此；既有兄命，不敢不从。"次日，人报九郡四十二州官员，俱已到齐。蔡瑁预请蒯越计议曰："刘备世之枭雄，久留于此，后必为害，可就今日除之。"越曰："恐失士民之望。"瑁曰："吾已密领刘荆州言语在此。"越曰："既如此，可预作准备。"瑁曰："东门岘山大路，已使吾弟蔡和引军守把；南门外已使蔡中守把；北门外已使蔡勋守把。止有西门不必守把：前有檀溪阻隔，虽有数万之众，不易过也。"越曰："吾见赵云行坐不离玄德，恐难下手。"瑁曰："吾伏五百军在城内准备。"越曰："可使文聘、王威二人另设一席于外厅，以待武将。先请住赵云，然后可行事。"瑁从其言。

当日杀牛宰马，大张筵席。玄德乘的卢马至州衙，命牵入后园拴系。众官皆至堂中。玄德主席，二公子两边分坐，其余各依次而坐。赵云带剑立于玄德之侧。文聘、王威入请赵云赴席。云推辞不去。玄德令云就席，云勉强应命而出。蔡瑁在外收拾得铁桶相似，将玄德带来三百军，都遣归馆舍，只待半酣，号起下手。酒至三巡，伊籍起把盏，至玄德前，以目视玄德，低声谓曰："请更衣，"玄德会意，即起如厕，伊籍把盏毕，疾入后园，接着玄德，附耳报曰："蔡瑁设计害君，城外东、南、北三处，皆有军马守把。惟西门可走，公宜速逃！"玄德大惊，急解的卢马，开后园门牵出，飞身上马，不顾从者，匹马望西门而走。门吏问之，玄德不答，加鞭而出。门吏当之不住，飞报蔡瑁。瑁即上马，引五百军随后追赶。

却说玄德撞出西门，行无数里，前有大溪，拦住去路，那檀溪阔数丈，水通襄江，其波甚紧。玄德到溪边，见不可渡，勒马再回，遥望城西尘头大起，追兵将至。玄德曰："今番死矣！"遂回马到溪边。回头看时，追兵已近。玄德着慌，纵马下溪。行不数步，马前蹄忽陷，浸湿衣袍。玄德乃加鞭大呼曰："的卢，的卢！今日妨吾！"言毕，那马忽从水中涌身而起，一跃三丈，飞上西岸。玄德如从云雾中起。后来苏学士有古风一篇，单咏跃马檀溪事。诗曰："老去花残春日暮，宦游偶至檀溪路；停骖遥望独徘徊，眼前零落飘红絮。暗想咸阳火德衰，龙争虎斗交相持；襄阳会上王孙饮，坐中玄德身将危。逃生独出西门道，背后追兵复将到。一川烟水涨檀溪，急叱征骑往前跳。马蹄蹄碎青玻璃，天风响处金鞭挥。耳畔但闻千骑走，波中忽见双龙飞。西川独霸真英主，坐下龙驹两相遇。檀溪溪水自东流，龙驹英主今何处！临流三叹心欲酸，斜阳寂寂照空山；三分鼎足浑如梦，踪迹空留在世间。"玄德跃过溪西，顾望东岸。蔡瑁已引军赶到溪边，大叫："使君何故逃席而去？"玄德曰："吾与汝无仇，何故欲相害？"瑚曰："吾并无此心。使君休听人言。"玄德见瑁手将拈弓取箭，乃急拨马望西南而去。瑁谓左右曰："是何神助也？"方欲收军回城，只见西门内赵云引三百军赶来。正是：跃去龙驹能救主，追来虎将欲诛仇。未知蔡瑁性命如何，且听下文分解。

第三十五回 玄德南漳逢隐沧 单福新野遇英主

却说蔡瑁方欲回城，赵云引军赶出城来。原来赵云正饮酒间，忽见人马动，急入内观之，席上不见了玄德。云大惊，出投馆舍，听得人说："蔡瑁引军望西赶去了。"云火急绰枪上马，引着原带来三百军，奔出西门，正迎着蔡瑁，急问曰："吾主何在？"瑁曰："使君逃席而去，不知何往。"赵云是谨细之人，不肯造次，即策马前行。遥望大溪，别无去路，乃复回马，喝问蔡瑁曰："汝请吾主赴宴，何故引着军马追来？"瑁曰："九郡四十二州县官僚俱在此，吾为上将，岂可不防护？"云曰："汝逼吾主何去了？"瑁曰："闻使君匹马出西门，到此却又不见。"云惊疑不定，直来溪边看时，只见隔岸一带水迹。云暗忖曰："难道连马跳过了溪去？"令三百军四散观望，并不见踪迹。云再回马时，蔡瑁已入城去了。云乃拿守门军士追问，皆说："刘使君飞马出西门而去。"云再欲入城？又恐有埋伏，遂急引军归新野。

却说玄德跃马过溪，似醉如痴，想："此阔涧一跃而过，岂非天意！"迤逦望南漳策马而行，日将沉西。正行之间，见一牧童跨于牛背上，口吹短笛而来。玄德叹曰："吾不如也！"遂立马观之。牧童亦停牛罢笛，熟视玄德，曰："将军莫非破黄巾刘玄德否？"玄德惊问曰："汝乃村僻小童，何以知吾姓字！"牧童曰："我本不知，因常侍师父，有客到日，多曾说有一刘玄德，身长七尺五寸，垂手过膝，目能自顾其耳，乃当世之英雌，今观将军如此模样，想必是也。"玄德曰："汝师何人也？"牧童曰："吾师覆姓司马，名徽，字德操，颍川人也。道号水镜先生。"玄德曰："汝师与谁为友？"小童曰："与襄阳庞德公、庞统为友。"玄德曰："庞德公乃庞统何人？"童子曰："叔侄也。庞德公字山民，长俺师父十岁；庞统字士元，少俺师父五岁。一日，我师父在树上采桑，适庞统来相访，坐于树下，共相议论，终日不倦。吾师甚爱庞统，呼之为弟。"玄德曰："汝师今居何处？"牧童遥指曰："前面林中，便是庄院。"玄德曰："吾正是刘玄德。汝可引我去拜见你师父。"童子便引玄德，行二里余，到庄前下马，入至中门，忽闻琴声甚美。玄德教童子且休通报，侧耳听之。琴声忽住而不弹。一人笑而出曰："琴韵清幽，音中忽起高抗之调。必有英雄窃听。"童子指谓玄德曰："此即吾师水镜先生也。"玄德视其人，松形鹤骨，器宇不凡。慌忙进前施礼，衣襟尚湿。水镜曰："公今日幸免大难！"玄德惊讶不已。小童曰："此刘玄德也。"水镜请入草堂，分宾主坐定。玄德见架上满堆书卷，窗外盛栽松竹，横琴于石床之上，清气飘然。水镜问曰："明公何来？"玄德曰："偶尔经由此地，因小童相指，得拜尊颜，不胜万幸！"水镜笑曰："公不必隐讳。公今必逃难至此。"玄德遂以襄阳一事告之。水镜曰："吾观公气色，已知之矣。"因问玄德曰："吾久闻明公大名，何故至今犹落魄不偶耶？"玄德曰："命途多蹇，所以至此。"水镜曰："不然。盖因将军左右不得其人耳。"玄德曰："备虽不才，文有孙乾、糜竺、简雍之辈，武有关、张、赵云之流，竭忠辅相，颇赖其力。"水镜曰："关、张、赵云，皆万人敌，惜无善用之之人。若孙乾、糜竺辈，乃白面书生，非经纶济世之才也。"玄德曰："备亦尝侧身以求山谷之遗贤，奈未遇其人何！"水镜曰："岂不闻孔子云十室之邑必有忠信，何谓无人？”玄德曰：“备愚昧不识，愿赐指教。”水镜曰：“公闻荆襄诸郡小儿谣言乎？其谣曰：八九年间始欲衰，至十三年无孑遗。到头天命有所归，泥中蟠龙向天飞。此谣始于建安初：建安八年，刘景升丧却前妻，便生家乱，此所谓始欲衰也；无孑遗者，不久则景升将逝，文武零落无孑遗矣；天命有归，龙向天飞，盖应在将军也。”玄德闻言惊谢曰：“备安敢当此！”水镜曰：“今天下之奇才，尽在于此，公当往求之。”玄德急问曰：“奇才安在？果系何人？”水镜曰：“伏龙、凤雏，两人得一，可安天下。”玄德曰：“伏龙、凤雏何人也？”水镜抚掌大笑曰：“好！好！”玄德再问时，水镜曰：“天色已晚，将军可于此暂宿一宵，明日当言之。”即命小童具饮馔相待，马牵入后院喂养。玄德饮膳毕，即宿于草堂之侧。玄德因思水镜之言，寝不成寐。约至更深，忽听一人叩门而入，水镜曰：“元直何来？”玄德起床密听之，闻其人答曰：“久闻刘景升善善恶恶，特往谒之。及至相见，徒有虚名，盖善善而不能用，恶恶而不能去者也。故遗书别之，而来至此。”水镜曰：“公怀王佐之才，宜择人而事，奈何轻身往见景升乎？且英雄豪杰，只在眼前，公自不识耳。”其人曰：“先生之言是也。”玄德闻之大喜，暗忖此人必是伏龙、凤雏，即欲出见，又恐造次。候至天晓，玄德求见水镜，问曰：“昨夜来者是谁？”水镜曰：“此吾友也。”玄德求与相见。水镜曰：“此人欲往投明主，已到他处去了。”玄德请问其姓名。水镜笑曰：“好！好！”玄德再问：“伏龙、凤雏，果系何人？”水镜亦只笑曰：“好！好！”玄德拜请水镜出山相助，同扶汉室。水镜曰：“山野闲散之人，不堪世用。自有胜吾十倍者来助公，公宜访之。”正谈论间，忽闻庄外人喊马嘶，小童来报：“有一将军，引数百人到庄来也。”玄德大惊，急出视之，乃赵云也。玄德大喜。云下马入见曰：“某夜来回县，寻不见主公，连夜跟问到此。主公可作速回县。只恐有人来县中厮杀。”玄德辞了水镜，与赵云上马，投新野来。行不数里，一彪人马来到，视之，乃云长、翼德也。相见大喜。玄德诉说跃马檀溪之事，共相嗟讶。到县中，与孙乾等商议。乾曰：“可先致书于景升，诉告此事。”玄德从其言，即令孙乾赍书至荆州。刘表唤入问曰：“吾请玄德襄阳赴会，缘何逃席而去？”孙乾呈上书札，具言蔡瑁设谋相害，赖跃马檀溪得脱。表大怒，急唤蔡瑁责骂曰：“汝焉敢害吾弟！”命推出斩之。蔡夫人出，哭求免死，表怒犹未息。孙乾告曰：“若杀蔡瑁，恐皇叔不能安居于此矣。”表乃责而释之，使长子刘琦同孙乾至玄德处请罪。

琦奉命赴新野，玄德接着，设宴相待。酒酣，琦忽然堕泪。玄德问其故。琦曰：“继母蔡氏，常怀谋害之心；侄无计免祸，幸叔父指教。”玄德劝以小心尽孝，自然无祸。次日，琦泣别。玄德乘马送琦出郭，因指马谓琦曰：“若非此马，吾已为泉下之人矣。”琦曰：“此非马之力，乃叔父之洪福也。”说罢。相别。刘琦涕泣而去。

玄德回马入城，忽见市上一人，葛巾布袍，皂绦乌履，长歌而来。歌曰：“天地反覆兮，火欲殂；大厦将崩兮，一木难扶。山谷有贤兮，欲投明主；明主求贤兮，却不知吾。”玄德闻歌，暗思：“此人莫非水镜所言伏龙、凤雏乎？”遂下马相见，邀入县衙。问其姓名，答曰：“某乃颍上人也，姓单，名福。久闻使君纳士招贤，欲来投托，未敢辄造；故行歌于市，以动尊听耳。”玄德大喜，待为上宾。单福曰：“适使君所乘之马，再乞一观。”玄德命去鞍牵于堂下。单福曰：“此非的卢马乎？虽是千里马，却只妨主，不可乘也。”玄德曰：“已应之矣。”遂具言跃檀溪之事。福曰：“此乃救主，非妨主也；终必妨一主。某有一法可禳。”玄德曰：“愿闻禳法。”福曰：“公意中有仇怨之人，可将此马赐之；待妨过了此人，然后乘之，自然无事。”玄德闻言变色曰：“公初至此，不教吾以正道，便教作利己妨人之事，备不敢闻教。”福笑谢曰：“向闻使君仁德，未敢便信，故以此言相试耳。”玄德亦改容起谢曰：“备安能有仁德及人，惟先生教之。”福曰：“吾自颍上来此，闻新野之人歌曰‘新野牧，刘皇叔；自到此，民丰足。’可见使君之仁德及人也。”玄德乃拜单福为军师，调练本部人马。

却说曹操自冀州回许都，常有取荆州之意，特差曹仁、李典并降将吕旷、吕翔等领兵三万，屯樊城，虎视荆襄，就探看虚实。时吕旷、吕翔禀曹仁曰：“今刘备屯兵新野，招军买马，积草储粮，其志不小，不可不早图之。吾二人自降丞相之后，未有寸功，愿请精兵五千，取刘备之头，以献丞相。”曹仁大喜，与二吕兵五千，前往新野厮杀。

探马飞报玄德。玄德请单福商议。福曰：“既有敌兵，不可令其入境。可使关公引一军从左而出，以敌来军中路；张飞引一军从右而出，以敌来军后路；公自引赵云出兵前路相迎：敌可破矣。”玄德从其言，即差关、张二人去讫；然后与单福、赵云等，共引二千人马出关相迎。

行不数里，只见山后尘头大起，吕旷、吕翔引军来到。两边各射住阵角。玄德出马于旗门下，大呼曰：“来者何人，敢犯吾境？”吕旷出马曰：“吾乃大将吕旷也。奉丞相命，特来擒汝！”玄德大怒，使赵云出马。二将交战，不数合，赵云一枪刺吕旷于马下。玄德麾军掩杀，吕翔抵敌不住，引军便走。正行间，路傍一军突出，为首大将，乃关云长也；冲杀一阵，吕翔折兵大半，夺路走脱。行不到十里，又一军拦住去路，为首大将，挺矛大叫：“张翼德在此！”直取吕翔。翔措手不及，被张飞一矛刺中，翻身落马而死。余众四散奔走。玄德合军追赶，大半多被擒获。玄德班师回县，重待单富，犒赏三军。

却说败军回见曹仁，报说：“二吕被杀，军士多被活捉。”曹仁大惊，与李典商议。典曰：“二将欺敌而亡，今只宜按兵不动，申报丞相，起大兵来征剿，乃为上策。”仁曰：“不然。今二将阵亡，死折许多军马，此仇不可不急报。量新野弹丸之地，何劳丞相大军？”典曰：“刘备人杰也，不可轻视。”仁曰：“公何怯也！”典曰：“兵法云知彼知己，百战百胜。某非怯战，但恐不能必胜耳。”仁怒曰：“公怀二心耶？吾必欲生擒刘备！”典曰：“将军若去，某守樊城。”仁曰：“汝若不同去，真怀二心矣！”典不得已，只得与曹仁点起二万五千军马，渡河投新野而来。正是：偏裨既有舆尸辱，主将重兴雪耻兵。未知胜负何如，且听下文分解。

第三十六回 玄德用计袭樊城 元直走马荐诸葛

却说曹仁忿怒，遂大起本部之兵，星夜渡河，意欲踏平新野。且说单福得胜回县，谓玄德曰：“曹仁屯兵樊城，今知二将被诛，必起大军来战。”玄德曰：“当何以迎之？”福曰：“彼若尽提兵而来，樊城空虚，可乘间夺之。”玄德问计。福附耳低言如此如此。玄德大喜，预先准备已定。忽报马报说：“曹仁引大军渡河来了。”单福曰：“果不出吾之料。”遂请玄德出军迎敌。两阵对圆，赵云出马唤彼将答话。曹仁命李典出阵，与赵云交锋。约战十数合，李典料敌不过，拨马回阵。云纵马追赶，两翼军射住，遂各罢兵归寨。李典回见曹仁，言：“彼军精锐，不可轻敌，不如回樊城。”曹仁大怒曰：“汝未出军时，已慢吾军心；今又卖阵，罪当斩首！”便喝刀斧手推出李典要斩；众将苦告方免。乃调李典领后军，仁自引兵为前部。次日鸣鼓进军，布成一个阵势，使人问玄德曰：“识吾阵势？”单福便上高处观看毕，谓玄德曰：“此八门金锁阵也。八门者：休、生、伤、杜、景、死、惊、开。如从生门、景门、开门而入则吉；从伤门、惊门、休门而入则伤；从杜门、死们而人则亡。今八门虽布得整齐，只是中间通欠主持。如从东南角上生门击人，往正西景门而出，其阵必乱。”玄德传令，教军士把住阵角，命赵云引五百军从东南而入，径往西出。云得令，挺枪跃马，引兵径投东南角上，呐喊杀入中军。曹仁便投北走。云不追赶，却突出西门，又从西杀转东南角上来。曹仁军大乱。玄德麾军冲击，曹兵大败而退。单福命休追赶，收军自回。却说曹仁输了一阵，方信李典之言；因复请典商议，言："刘备军中必有能者，吾阵竟为所破。"李典曰："吾虽在此，甚忧樊城。"曹仁曰："今晚去劫寨。如得胜，再作计议；如不胜，便退军回樊城。"李典曰："不可。刘备必有准备。"仁曰："若如此多疑，何以用兵！"遂不听李典之言。自引军为前队，使李典为后应，当夜二更劫寨。

却说单福正与玄德在寨中议事，忽信风骤起。福曰："今夜曹仁必来劫寨。"玄德曰："何以敌之？"福笑曰："吾已预算定了。"遂密密分拨已毕。至二更，曹仁兵将近寨，只见寨中四围火起，烧着寨栅。曹仁知有准备，急令退军。赵云掩杀将来。仁不及收兵回寨，急望北河而走。将到河边，才欲寻船渡河，岸上一彪军杀到：为首大将，乃张飞也。曹仁死战，李典保护曹仁下船渡河。曹军大半淹死水中。曹仁渡过河面，上岸奔至樊城，令人叫门。只见城上一声鼓响，一将引军而出，大喝曰："吾已取樊城多时矣！"众惊视之，乃关云长也。仁大惊，拨马便走。云长追杀过来。曹仁又折了好些军马，星夜投许昌。于路打听，方知有单福为军师，设谋定计。不说曹仁败回许昌。且说玄德大获全胜，引军入樊城，县令刘泌出迎。玄德安民已定。那刘泌乃长沙人，亦汉室宗亲，遂请玄德到家，设宴相待。只见一人侍立于侧。玄德视其人器宇轩昂，因问泌曰："此何人？"泌曰："此吾之甥寇封，本罗侯寇氏之子也；因父母双亡，故依于此。"玄德爱之，欲嗣为义子。刘泌欣然从之，遂使寇封拜玄德为父，改名刘封。玄德带回，令拜云长、翼德为叔。云长曰："兄长既有子，何必用螟蛉？后必生乱。"玄德曰："吾待之如子，彼必事吾如父，何乱之有！"云长不悦。玄德与单福计议，令赵云引一千军守樊城。玄德领众自回新野。

却说曹仁与李典回许都，见曹操，泣拜于地请罪，具言损将折兵之事。操曰："胜负乃军家之常。但不知谁为刘备画策？"曹仁言是单福之计。操曰："单福何人也？"程昱笑曰："此非单福也。此人幼好学击剑；中平末年，尝为人报仇杀人，披发涂面而走，为吏所获；问其姓名不答，吏乃缚于车上，击鼓行于市，令市人识之，虽有识者不敢言，而同伴窃解救之。乃更姓名而逃，折节向学，遍访名师，尝与司马徽谈论。此人乃颍川徐庶，字元直。单福乃其托名耳。"操曰："徐庶之才，比君何如？"昱曰："十倍于昱。"操曰："惜乎贤士归于刘备！羽翼成矣？奈何？"昱曰："徐庶虽在彼，丞相要用，召来不难。"操曰："安得彼来归？"昱曰："徐庶为人至孝。幼丧其父，止有老母在堂。现今其弟徐康已亡，老母无人侍养。丞相可使人赚其母至许昌，令作书召其子，则徐庶必至矣。"

操大喜，使人星夜前去取徐庶母。不一日取至，操厚待之。因谓之曰："闻令嗣徐元直，乃天下奇才也。今在新野，助逆臣刘备，背叛朝廷，正犹美玉落于汙泥之中，诚为可惜。今烦老母作书，唤回许都，吾于天子之前保奏，必有重赏。"遂命左右捧过文房四宝，令徐母作书。徐母曰："刘备何如人也？"操曰："沛郡小辈，妄称皇叔，全无信义，所谓外君子而内小人者也。"徐母厉声曰："汝何虚诳之甚也！吾久闻玄德乃中山靖王之后，孝景皇帝阁下玄孙，屈身下士，恭己待人，仁声素著，世之黄童、白叟、牧子、樵夫皆知其名：真当世之英雄也。吾儿辅之，得其主矣。汝虽托名汉相，实为汉贼。乃反以玄德为逆臣，欲使吾儿背明投暗，岂不自耻乎！"言讫，取石砚便打曹操。操大怒，叱武士执徐母出，将斩之。程昱急止之，入谏操曰："徐母触忤丞相者，欲求死也。丞相若杀之，则招不义之名，而成徐母之德。徐母既死，徐庶必死心助刘备以报仇矣；不如留之，使徐庶身心两处，纵使助刘备，亦不尽力也。且留得徐母在，昱自有计赚徐庶至此，以辅丞相。"操然其言，遂不杀徐母，送于别室养之。程昱日往问候，诈言曾与徐庶结为兄弟，待徐母如亲母；时常馈送物件，必具手启。徐母因亦作手启答之。程昱赚得徐母笔迹，乃仿其字体，诈修家书一封，差一心腹人，持书径奔新野县，寻问"单福"行幕。军士引见徐庶。庶知母有家书至，急唤入问之。来人曰："某乃馆下走卒，奉老夫人言语，有书附达。"庶拆封视之。书曰："近汝弟康丧，举目无亲。正悲凄间，不期曹丞相使人赚至许昌，言汝背反，下我于缧绁，赖程昱等救免。若得汝降，能免我死。如书到日，可念劬劳之恩，星夜前来，以全孝道；然后徐图归耕故园，免遭大祸。吾今命若悬丝，专望救援！更不多嘱。"徐庶览毕，泪如泉涌。持书来见玄德曰："某本颍川徐庶，字元直；为因逃难，更名单福。前闻刘景升招贤纳士，特往见之；及与论事，方知是无用之人，故作书别之。夤夜至司马水镜庄上，诉说其事。水镜深责庶不识主，因说刘豫州在此，何不事之？庶故作狂歌于市以动使君；幸蒙不弃，即赐重用。争奈老母今被曹操奸计赚至许昌囚禁，将欲加害。老母手书来唤，庶不容不去。非不欲效犬马之劳，以报使君；奈慈亲被执，不得尽力。今当告归，容图后会。"玄德闻言大哭曰："子母乃天性之亲，元直无以备为念。待与老夫人相见之后，或者再得奉教。"徐庶便拜谢欲行。玄德曰："乞再聚一宵，来日饯行。"孙乾密谓玄德曰："元直天下奇才，久在新野，尽知我军中虚实。今若使归曹操，必然重用，我其危矣。主公宜苦留之，切勿放去。操见元直不去，必斩其母。元直知母死，必为母报仇。力攻曹操也。"玄德曰："不可。使人杀其母，而吾用其子，不仁也；留之不使去，以绝其子母之道，不义也。吾宁死，不为不仁不义之事。"众皆感叹。

玄德请徐庶饮酒，庶曰："今闻老母被囚，虽金波玉液不能下咽矣。"玄德曰："备闻公将去，如失左右手，虽龙肝凤髓，亦不甘味。"二人相对而泣，坐以待旦。诸将已于郭外安排筵席饯行。玄德与徐庶并马出城，至长亭，下马相辞。玄德举杯谓徐庶曰："备分浅缘薄，不能与先生相聚。望先生善事新主，以成功名。"庶泣曰："某才微智浅，深荷使君重用。今不幸半途而别，实为老母故也。纵使曹操相逼，庶亦终身不设一谋。"玄德曰："先生既去，刘备亦将远遁山林矣。"庶曰："某所以与使君共图王霸之业者，恃此方寸耳；今以老母之故，方寸乱矣，纵使在此，无益于事。使君宜别求高贤辅佐，共图大业，何便灰心如此？"玄德曰："天下高贤，无有出先生右者。"庶曰："某樗栎庸材，何敢当此重誉。"临别，又顾谓诸将曰："愿诸公善事使君，以图名垂竹帛，功标青史，切勿效庶之无始终也。"诸将无不伤感。玄德不忍相离，送了一程，又送一程。庶辞曰："不劳使君远送，庶就此告别。"玄德就马上执庶之手曰："先生此去，天各一方，未知相会却在何日！"说罢，泪如雨下。庶亦涕泣而别。玄德立马于林畔，看徐庶乘马与从者匆匆而去。玄德哭曰："元直去矣！吾将奈何？"凝泪而望，却被一树林隔断。玄德以鞭指曰："吾欲尽伐此处树木。"众问何故。玄德曰："因阻吾望徐元直之目也。"

正望间，忽见徐庶拍马而回。玄德曰："元直复回，莫非无去意乎？"遂欣然拍马向前迎问曰："先生此回，必有主意。"庶勒马谓玄德曰："某因心绪如麻，忘却一语：此间有一奇士，只在襄阳城外二十里隆中。使君何不求之？"玄德曰："敢烦元直为备请来相见。"庶曰："此人不可屈致，使君可亲往求之。若得此人，无异周得吕望、汉得张良也。"玄德曰："此人比先生才德何如？"庶曰："以某比之，譬犹驽马并麒麟、寒鸦配鸾凤耳。此人每尝自比管仲，乐毅；以吾观之，管、乐殆不及此人。此人有经天纬地之才，盖天下一人也！"玄德喜曰："愿闻此人姓名。"庶曰："此人乃琅琊阳都人，覆姓诸葛，名亮，字孔明，乃汉司隶校尉诸葛丰之后。其父名珪，字子贡，为泰山郡丞，早卒；亮从其叔玄。玄与荆州刘景升有旧，因往依之，遂家于襄阳。后玄卒，亮与弟诸葛均躬耕于南阳。尝好为《梁父吟》。所居之地有一冈，名卧龙冈，因自号为卧龙先生。此人乃绝代奇才，使君急宜枉驾见之。若此人肯相辅佐，何愁天下不定乎！"玄德曰："昔水镜先生曾为备言：'伏龙、凤雏，两人得一，可安天下。'今所云莫非即伏龙、凤雏乎？"庶曰："凤雏乃襄阳庞统也。伏龙正是诸葛孔明。"玄德踊跃曰："今日方知伏龙、凤雏之语。何期大贤只在目前！非先生言，备有眼如盲也！"后人有赞徐庶走马荐诸葛诗曰："痛恨高贤不再逢，临岐泣别两情浓。片言却似春雷震，能使南阳起卧龙。”徐庶荐了孔明，再别玄德，策马而去。玄德闻徐庶之语，方悟司马德操之言，似醉方醒，如梦初觉。引众将回至新野，便具厚币，同关、张前去南阳请孔明。

且说徐庶既别玄德，感其留恋之情，恐孔明不肯出山辅之，遂乘马直至卧龙冈下，入草庐见孔明。孔明问其来意。庶曰："庶本欲事刘豫州，奈老母为曹操所囚，驰书来召，只得舍之而往。临行时，将公荐与玄德。玄德即日将来奉谒，望公勿推阻，即展平生之大才以辅之，幸甚！”孔明闻言作色曰：“君以我为享祭之牺牲乎！”说罢，拂袖而入。庶羞惭而退，上马趱程，赴许昌见母。正是：嘱友一言因爱主，赴家千里为思亲。未知后事若何，下文便见。

第三十七回 司马徽再荐名士 刘玄德三顾草庐

却说徐庶趱程赴许昌。曹操知徐庶已到，遂命荀彧、程昱等一班谋士往迎之。庶入相府拜见曹操。操曰：“公乃高明之士，何故屈身而事刘备乎？”庶曰：“某幼逃难，流落江湖，偶至新野，遂与玄德交厚，老母在此，幸蒙慈念，不胜愧感。”操曰：“公今至此，正可晨昏侍奉令堂，吾亦得听清诲矣。”庶拜谢而出。急往见其母，泣拜于堂下。母大惊曰：“汝何故至此？”庶曰：“近于新野事刘豫州；因得母书，故星夜至此。”徐母勃然大怒，拍案骂曰：“辱子飘荡江湖数年，吾以为汝学业有进，何其反不如初也！汝既读书，须知忠孝不能两全。岂不识曹操欺君罔上之贼？刘玄德仁义布于四海，况又汉室之胄，汝既事之，得其主矣，今凭一纸伪书，更不详察，遂弃明投暗，自取恶名，真愚夫也！吾有何面目与汝相见！汝玷辱祖宗，空生于天地间耳！”骂得徐庶拜伏于地，不敢仰视，母自转入屏风后去了。少顷，家人出报曰：“老夫人自缢于梁间。”徐庶慌入救时，母气已绝。后人有《徐母赞》曰：“贤哉徐母，流芳千古：守节无亏，于家有补；教子多方，处身自苦；气若丘山，义出肺腑；赞美豫州，毁触魏武；不畏鼎镬，不惧刀斧；唯恐后嗣，玷辱先祖。伏剑同流，断机堪伍；生得其名，死得其所：贤哉徐母，流芳千古！”徐虑见母已死，哭绝于地，良久方苏。曹操使人赍礼吊问，又亲往祭奠。徐庶葬母柩于许昌之南原，居丧守墓。凡曹操所赐，庶俱不受。

时操欲商议南征。荀彧谏曰：“天寒未可用兵；姑待春暖，方可长驱大进。”操从之，乃引漳河之水作一池，名玄武池，于内教练水军，准备南征。

却说玄德正安排礼物，欲往隆中谒诸葛亮，忽人报：“门外有一先生，峨冠博带，道貌非常，特来相探。”玄德曰：“此莫非即孔明否？”遂整衣出迎。视之，乃司马徽也。玄德大喜，请入后堂高坐，拜问曰：“备自别仙颜，因军务倥偬，有失拜访。今得光降，大慰仰慕之私。”徽曰：“闻徐元直在此，特来一会。”玄德曰：“近因曹操囚其母，似母遣人驰书，唤回许昌去矣。”徽曰：“此中曹操之计矣！吾素闻徐母最贤，虽为操所囚，必不肯驰书召其子；此书必诈也。元直不去，其母尚存；今若去，母必死矣！”玄德惊问其故，徽曰：“徐母高义，必羞见其子也。”玄德曰：“元直临行，荐南阳诸葛亮，其人若何？”徽笑曰：“元直欲去，自去便了，何又惹他出来呕心血也？”玄德曰：“先生何出此言？”徽曰：“孔明与博陵崔州平、颍川石广元、汝南孟公威与徐元直四人为密友。此四人务于精纯，惟孔明独观其大略。尝抱膝长吟，而指四人曰：‘公等仕进可至刺史、郡守。’众问孔明之志若何，孔明但笑而不答。每常自比管仲、乐毅，其才不可量也。”玄德曰：“何颍川之多贤乎！”徽曰：“昔有殷馗善观天文，尝谓群星聚于颍分，其地必多贤士。”时云长在侧曰：“某闻管仲、乐毅乃春秋、战国名人，功盖寰宇；孔明自比此二人，毋乃太过？”徽笑曰：“以吾观之，不当比此二人；我欲另以二人出之。”云长问：“那二人？”徽曰：“可比兴周八百年之姜子牙、旺汉四百年之张子房也。”众皆愕然。徽下阶相辞欲行，玄德留之不住。徽出门仰天大笑曰：“卧龙虽得其主，不得其时，惜哉！”言罢，飘然而去。玄德叹曰：“真隐居贤士也！”

次日，玄德同关、张并从人等来隆中。遥望山畔数人，荷锄耕于田间，而作歌曰：“苍天如圆盖，陆地似棋局；世人黑白分，往来争荣辱：荣者自安安，辱者定碌碌。南阳有隐居，高眠卧不足！”玄德闻歌，勒马唤农夫问曰：“此歌何人所作？”答曰：“乃卧龙先生所作也。”玄德曰：“卧龙先生住何处？”农夫曰：“自此山之南，一带高冈，乃卧龙冈也。冈前疏林内茅庐中，即诸葛先生高卧之地。”玄德谢之，策马前行。不数里，遥望卧龙冈，果然清景异常。后人有古风一篇，单道卧龙居处。诗曰：“襄阳城西二十里，一带高冈枕流水：高冈屈曲压云根，流水潺潺飞石髓；势若困龙石上蟠，形如单凤松阴里；柴门半掩闭茅庐，中有高人卧不起。修竹交加列翠屏，四时篱落野花馨；床头堆积皆黄卷，座上往来无白丁；叩户苍猿时献果，守门老鹤夜听经；囊里名琴藏古锦，壁间宝剑挂七星。庐中先生独幽雅，闲来亲自勤耕稼：专待春雷惊梦回，一声长啸安天下。”玄德来到庄前，下马亲叩柴门，一童出问。玄德曰：“汉左将军宜城亭侯领豫州牧皇叔刘备，特来拜见先生。”童子曰：“我记不得许多名字。”玄德曰：“你只说刘备来访。”童子曰：“先生今早少出。”玄德曰：“何处去了？”童子曰：“踪迹不定，不知何处去了。”玄德曰：“几时归？”童子曰：“归期亦不定，或三五日，或十数日。”玄德惆怅不已。张飞曰：“既不见，自归去罢了。”玄德曰：“且待片时。”云长曰：“不如且归，再使人来探听。”玄德从其言，嘱付童子：“如先生回，可言刘备拜访。”遂上马，行数里，勒马回观隆中景物，果然山不高而秀雅，水不深而澄清；地不广而平坦，林不大而茂盛；猿鹤相亲，松篁交翠。观之不已，忽见一人，容貌轩昂，丰姿俊爽，头戴逍遥巾，身穿皂布袍，杖藜从山僻小路而来。玄德曰：“此必卧龙先生也！”急下马向前施礼，问曰：“先生非卧龙否？”其人曰：“将军是谁？”玄德曰：“刘备也。”其人曰：“吾非孔明，乃孔明之友博陵崔州平也。”玄德曰：“久闻大名，幸得相遇。乞即席地权坐，请教一言。”二人对坐于林间石上，关、张侍立于侧。州平曰：“将军何故欲见孔明？”玄德曰：“方今天下大乱，四方云扰，欲见孔明，求安邦定国之策耳。”州平笑曰：“公以定乱为主，虽是仁心，但自古以来，治乱无常。自高祖斩蛇起义，诛无道秦，是由乱而入治也；至哀、平之世二百年，太平日久，王莽篡逆，又由治而入乱；光武中兴，重整基业，复由乱而入治；至今二百年，民安已久，故干戈又复四起：此正由治入乱之时，未可猝定也。将军欲使孔明斡旋天地，补缀乾坤，恐不易为，徒费心力耳。岂不闻顺天者逸，逆天者劳；数之所在，理不得而夺之；命之所在，人不得而强之乎？”玄德曰：“先生所言，诚为高见。但备身为汉胄，合当匡扶汉室，何敢委之数与命？”州平曰：“山野之夫，不足与论天下事，适承明问，故妄言之。”玄德曰：“蒙先生见教。但不知孔明往何处去了？”州平曰：“吾亦欲访之，正不知其何往。”玄德曰：“请先生同至敝县，若何？”州平曰：“愚性颇乐闲散，无意功名久矣；容他日再见。”言讫，长揖而去。玄德与关、张上马而行。张飞曰：“孔明又访不着，却遇此腐儒，闲谈许久！”玄德曰：“此亦隐者之言也。”

三人回至新野，过了数日，玄德使人探听孔明。回报曰：“卧龙先生已回矣。”玄德便教备马。张飞曰：“量一村夫，何必哥哥自去，可使人唤来便了。”玄德叱曰：“汝岂不闻孟子云：欲见贤而不以其道，犹欲其入而闭之门也。孔明当世大贤，岂可召乎！”遂上马再往访孔明。关、张亦乘马相随。时值隆冬，天气严寒，彤云密布。行无数里，忽然朔风凛凛，瑞雪霏霏：山如玉簇，林似银妆。张飞曰：“天寒地冻，尚不用兵，岂宜远见无益之人乎！不如回新野以避风雪。”玄德曰：“吾正欲使孔明知我殷勤之意。如弟辈怕冷，可先回去。”飞曰：“死且不怕，岂怕冷乎！但恐哥哥空劳神思。”玄德曰：“勿多言，只相随同去。”将近茅庐，忽闻路傍酒店中有人作歌。玄德立马听之。其歌曰：“壮士功名尚未成，呜呼久不遇阳春！君不见东海者叟辞荆榛，后车遂与文王亲；八百诸侯不期会，白鱼入舟涉孟津；牧野一战血流杵，鹰扬伟烈冠武臣。又不见高阳酒徒起草中，长楫芒砀隆准公；高谈王霸惊人耳，辍洗延坐钦英风；东下齐城七十二，天下无人能继踪。二人功迹尚如此，至今谁肯论英雄？”歇罢，又有一人击桌而歌。其歌曰：“吾皇提剑清寰海，创业垂基四百载；桓灵季业火德衰，奸臣贼子调鼎鼐。青蛇飞下御座傍，又见妖虹降玉堂；群盗四方如蚁聚，奸雄百辈皆鹰扬，吾侪长啸空拍手，闷来村店饮村酒；独善其身尽日安，何须千古名不朽！”

二人歌罢，抚掌大笑。玄德曰：“卧龙其在此间乎！”遂下马入店。见二人凭桌对饮：上首者白面长须，下首者清奇古貌。玄德揖而问曰：“二公谁是卧龙先生？”长须者曰：“公何人？欲寻卧龙何干？”玄德曰：“某乃刘备也。欲访先生，求济世安民之术。”长须者曰：“我等非卧龙，皆卧龙之友也：吾乃颍川石广元，此位是汝南孟公威。”玄德喜曰：“备久闻二公大名，幸得邂逅。今有随行马匹在此，敢请二公同往卧龙庄上一谈。”广元曰：“吾等皆山野慵懒之徒，不省治国安民之事，不劳下问。明公请自上马，寻访卧龙。”

玄德乃辞二人，上马投卧龙冈来。到庄前下马，扣门问童子曰：“先生今日在庄否？”童子曰：“现在堂上读书。”玄德大喜，遂跟童子而入。至中门，只见门上大书一联云：“淡泊以明志。宁静而致远。”玄德正看间，忽闻吟咏之声，乃立于门侧窥之，见草堂之上，一少年拥炉抱膝，歌曰：“凤翱翔于千仞兮，非梧不栖；士伏处于一方兮，非主不依。乐躬耕于陇亩兮，吾爱吾庐；聊寄傲于琴书兮，以待天时。”

玄德待其歌罢，上草堂施礼曰：“备久慕先生，无缘拜会。昨因徐元直称荐，敬至仙庄，不遇空回。今特冒风雪而来。得瞻道貌，实为万幸，”那少年慌忙答礼曰：“将军莫非刘豫州，欲见家兄否？”玄德惊讶曰：“先生又非卧龙耶？”少年曰：“某乃卧龙之弟诸葛均也。愚兄弟三人：长兄诸葛瑾，现在江东孙仲谋处为幕宾；孔明乃二家兄。”玄德曰：“卧龙今在家否？”均曰：“昨为崔州平相约，出外闲游去矣。”玄德曰：“何处闲游？”均曰：“或驾小舟游于江湖之中，或访僧道于山岭之上，或寻朋友于村落之间，或乐琴棋于洞府之内：往来莫测，不知去所。”玄德曰：“刘备直如此缘分浅薄，两番不遇大贤！”均曰：“少坐献茶。”张飞曰：“那先生既不在，请哥哥上马。”玄德曰：“我既到此间，如何无一语而回？”因问诸葛均曰：“闻令兄卧龙先生熟谙韬略，日看兵书，可得闻乎？”均曰：“不知。”张飞曰：“问他则甚！风雪甚紧，不如早归。”玄德叱止之。均曰：“家兄不在，不敢久留车骑；容日却来回礼。”玄德曰：“岂敢望先生枉驾。数日之后，备当再至。愿借纸笔作一书，留达令兄，以表刘备殷勤之意。”均遂进文房四宝。玄德呵开冻笔，拂展云笺，写书曰：“备久慕高名，两次晋谒，不遇空回，惆怅何似！窃念备汉朝苗裔，滥叨名爵，伏睹朝廷陵替，纲纪崩摧，群雄乱国，恶党欺君，备心胆俱裂。虽有匡济之诚，实乏经纶之策。仰望先生仁慈忠义，慨然展吕望之大才，施子房之鸿略，天下幸甚！社稷幸甚！先此布达，再容斋戒薰沐，特拜尊颜，面倾鄙悃。统希鉴原。”玄德写罢，递与诸葛均收了，拜辞出门。均送出，玄德再三殷勤致意而别。方上马欲行，忽见童子招手篱外，叫曰：“老先生来也。”玄德视之，见小桥之西，一人暖帽遮头，狐裘蔽体，骑着一驴，后随一青衣小童，携一葫芦酒，踏雪而来；转过小桥，口吟诗一首。诗曰：“一夜北风寒，万里彤云厚。长空雪乱飘，改尽江山旧。仰面观火虚，疑是玉龙斗。纷纷鳞甲飞，顷刻遍宇宙。骑驴过小桥，独叹梅花瘦！”玄德闻歌曰：“此真卧龙矣！”滚鞍下马，向前施礼曰：“先生冒寒不易！刘备等候久矣！”那人慌忙下驴答礼。

诸葛均在后曰：“此非卧龙家兄，乃家兄岳父黄承彦也。”玄德曰：“适间所吟之句，极其高妙。”承彦曰：“老夫在小婿家观《梁父吟》，记得这一篇；适过小桥，偶见篱落间梅花，故感而诵之。不期为尊客所闻。”玄德曰：“曾见令婿否？”承彦曰：“便是老夫也来看他。”玄德闻言，辞别承彦，上马而归。正值风雪又大，回望卧龙冈，悒怏不已。后人有诗单道玄德风雪访孔明。诗曰：“一天风雪访贤良，不遇空回意感伤。冻合溪桥山石滑，寒侵鞍马路途长。当头片片梨花落，扑面纷纷柳絮狂。回首停鞭遥望处，烂银堆满卧龙冈。”

玄德回新野之后，光阴荏苒，又早新春。乃令卜者揲蓍，选择吉期，斋戒三日，薰沐更衣，再往卧龙冈谒孔明。关、张闻之不悦，遂一齐入谏玄德。正是：高贤未服英雄志，屈节偏生杰士疑。未知其言若何，下文便晓。

第三十八回 定三分隆中决策 战长江孙氏报仇

却说玄德访孔明两次不遇，欲再往访之。关公曰：“兄长两次亲往拜谒，其礼太过矣。想诸葛亮有虚名而无实学，故避而不敢见。兄何惑于斯人之甚也！”玄德曰：“不然，昔齐桓公欲见东郭野人，五反而方得一面。况吾欲见大贤耶？”张飞曰：“哥哥差矣。量此村夫，何足为大贤；今番不须哥哥去；他如不来，我只用一条麻绳缚将来！”玄德叱曰：“汝岂不闻周文王谒姜子牙之事乎？文王且如此敬贤，汝何太无礼！今番汝休去，我自与云长去。”飞曰：“既两位哥哥都去，小弟如何落后！”玄德曰：“汝若同往，不可失礼。”飞应诺。

于是三人乘马引从者往隆中。离草庐半里之外，玄德便下马步行，正遇诸葛均。玄德忙施礼，问曰：“令兄在庄否？”均曰：“昨暮方归。将军今日可与相见。”言罢，飘然自去。玄德曰：“今番侥幸得见先生矣！”张飞曰：“此人无礼！便引我等到庄也不妨，何故竟自去了！”玄德曰：“彼各有事，岂可相强。”三人来到庄前叩门，童子开门出问。玄德曰：“有劳仙童转报：刘备专来拜见先生。”童子曰：“今日先生虽在家，但今在草堂上昼寝未醒。”玄德曰：“既如此，且休通报。”分付关、张二人，只在门首等着。玄德徐步而入，见先生仰卧于草堂几席之上。玄德拱立阶下。半晌，先生未醒。关、张在外立久，不见动静，入见玄德犹然侍立。张飞大怒，谓云长曰：“这先生如何傲慢！见我哥哥侍立阶下，他竟高卧，推睡不起！等我去屋后放一把火，看他起不起！”云长再三劝住。玄德仍命二人出门外等候。望堂上时，见先生翻身将起，忽又朝里壁睡着。童子欲报。玄德曰：“且勿惊动。”又立了一个时辰，孔明才醒，口吟诗曰：“大梦谁先觉？平生我自知，草堂春睡足，窗外日迟迟。”孔明吟罢，翻身问童子曰：“有俗客来否？”童子曰：“刘皇叔在此，立候多时。”孔明乃起身曰：“何不早报！尚容更衣。”遂转入后堂。又半晌，方整衣冠出迎。

玄德见孔明身长八尺，面如冠玉，头戴纶巾，身披鹤氅，飘飘然有神仙之概。玄德下拜曰：“汉室末胄、涿郡愚夫，久闻先生大名，如雷贯耳。昨两次晋谒，不得一见，已书贱名于文几，未审得入览否？”孔明曰：“南阳野人，疏懒性成，屡蒙将军枉临，不胜愧赧。”二人叙礼毕，分宾主而坐，童子献茶。茶罢，孔明曰：“昨观书意，足见将军忧民忧国之心；但恨亮年幼才疏，有误下问。”玄德曰：“司马德操之言，徐元直之语，岂虚谈哉？望先生不弃鄙贱，曲赐教诲。”孔明曰：“德操、元直，世之高士。亮乃一耕夫耳，安敢谈天下事？二公谬举矣。将军奈何舍美玉而求顽石乎？”玄德曰：“大丈夫抱经世奇才，岂可空老于林泉之下？愿先生以天下苍生为念，开备愚鲁而赐教。”孔明笑曰：“愿闻将军之志。”玄德屏人促席而告曰：“汉室倾颓，奸臣窃命，备不量力，欲伸大义于天下，而智术浅短，迄无所就。惟先生开其愚而拯其厄，实为万幸！”孔明曰：“自董卓造逆以来，天下豪杰并起。曹操势不及袁绍，而竟能克绍者，非惟天时，抑亦人谋也。今操已拥百万之众，挟天子以令诸侯，此诚不可与争锋。孙权据有江东，已历三世，国险而民附，此可用为援而不可图也。荆州北据汉、沔，利尽南海，东连吴会，西通巴、蜀，此用武之地，非其主不能守；是殆天所以资将军，将军岂有意乎？益州险塞，沃野千里，天府之国，高祖因之以成帝业；今刘璋暗弱，民殷国富，而不知存恤，智能之士，思得明君。将军既帝室之胄，信义著于四海，总揽英雄，思贤如渴，若跨有荆、益，保其岩阻，西和诸戎，南抚彝、越，外结孙权，内修政理；待天下有变，则命一上将将荆州之兵以向宛、洛，将军身率益州之众以出秦川，百姓有不箪食壶浆以迎将军者乎？诚如是，则大业可成，汉室可兴矣。此亮所以为将军谋者也。惟将军图之。”言罢，命童子取出画一轴，挂于中堂，指谓玄德曰：“此西川五十四州之图也。将军欲成霸业，北让曹操占天时，南让孙权占地利，将军可占人和。先取荆州为家，后即取西川建基业，以成鼎足之势，然后可图中原也。”玄德闻言，避席拱手谢曰：“先生之言，顿开茅塞，使备如拨云雾而睹青天。但荆州刘表、益州刘璋，皆汉室宗亲，备安忍夺之？”孔明曰：“亮夜观天象，刘表不久人世；刘璋非立业之主：久后必归将军。”玄德闻言，顿首拜谢。只这一席话，乃孔明未出茅庐，已知三分天下，真万古之人不及也！后人有诗赞曰：“豫州当日叹孤穷，何幸南阳有卧龙！欲识他年分鼎处，先生笑指画图中。”玄德拜请孔明曰：“备虽名微德薄，愿先生不弃鄙贱，出山相助。备当拱听明诲。”孔明曰：“亮久乐耕锄，懒于应世，不能奉命。”玄德泣曰：“先生不出，如苍生何！”言毕，泪沾袍袖，衣襟尽湿。孔明见其意甚诚，乃曰：“将军既不相弃，愿效犬马之劳。”玄德大喜，遂命关、张入，拜献金麻礼物。孔明固辞不受。玄德曰：“此非聘大贤之礼，但表刘备寸心耳。”孔明方受。于是玄德等在庄中共宿一宵。

次日，诸葛均回，孔明嘱付曰：“吾受刘皇叔三顾之恩，不容不出。汝可躬耕于此，勿得荒芜田亩。待我功成之日，即当归隐。”后人有诗叹曰：“身未升腾思退步，功成应忆去时言。只因先主丁宁后，星落秋风五丈原。”又有古风一篇曰：“高皇手提三尺雪，芒砀白蛇夜流血；平秦灭楚入咸阳，二百年前几断绝。大哉光武兴洛阳，传至桓灵又崩裂；献帝迁都幸许昌，纷纷四海生豪杰：曹操专权得天时，江东孙氏开鸿业；孤穷玄德走天下，独居新野愁民厄。南阳卧龙有大志，腹内雄兵分正奇；只因徐庶临行语，茅庐三顾心相知。先生尔时年三九，收拾琴书离陇亩；先取荆州后取川，大展经纶补天手；纵横舌上鼓风雷，谈笑胸中换星斗；龙骧虎视安乾坤，万古千秋名不朽！”玄德等三人别了诸葛均，与孔明同归新野。

玄德待孔明如师，食则同桌，寝则同榻，终日共论天下之事，孔明曰：“曹操于冀州作玄武池以练水军，必有侵江南之意。可密令人过江探听虚实。”玄德从之，使人往江东探听。

却说孙权自孙策死后，据住江东，承父兄基业，广纳贤士，开宾馆于吴会，命顾雍、张纮延接四方宾客。连年以来，你我相荐。时有会稽阚泽，字德润；彭城严畯，字曼才；沛县薛综，字敬文；汝阳程秉，字德枢；吴郡朱桓，字休穆；陆绩，字公纪；吴人张温，字惠恕；乌伤骆统，字公绪；乌程吾粲，字孔休：此数人皆至江东，孙权敬礼甚厚。又得良将数人：乃汝南吕蒙，字子明；吴郡陆逊，字伯言；琅琊徐盛，字文向；东郡潘璋，字文珪；庐江丁奉，字承渊。文武诸人，共相辅佐，由此江东称得人之盛。

建安七年，曹操破袁绍，遣使往江东，命孙权遣子入朝随驾。权犹豫未决。吴太夫人命周瑜、张昭等面议。张昭曰：“操欲令我遣子入朝，是牵制诸侯之法也。然若不令去，恐其兴兵下江东，势必危矣。”周瑜曰：“将军承父兄遗业，兼六郡之众，兵精粮足，将士用命，有何逼迫而欲送质于人？质一入，不得不与曹氏连和；彼有命召，不得不往：如此，则见制于人也。不如勿遣，徐观其变，别以良策御之。”吴太夫人曰：“公瑾之言是也。”权遂从其言，谢使者，不遣子。自此曹操有下江南之意。但正值北方未宁，无暇南征。

建安八年十一月，孙权引兵伐黄祖，战于大江之中。祖军败绩。权部将凌操，轻舟当先，杀入夏口，被黄祖部将甘宁一箭射死。凌操子凌统，时年方十五岁，奋力往夺父尸而归。权见风色不利，收军还东吴。

却说孙权弟孙翊为丹阳太守，翊性刚好酒，醉后尝鞭挞士卒。丹阳督将妫览、郡丞戴员二人，常有杀翊之心；乃与翊从人边洪结为心腹，共谋杀翊。时诸将县令，皆集丹阳，翊设宴相待。翊妻徐氏美而慧，极善卜《易》，是日卜一卦，其象大凶，劝翊勿出会客。翊不从，遂与众大会。至晚席散，边洪带刀跟出门外，即抽刀砍死孙翊。妫览、戴员乃归罪边洪，斩之于市。二人乘势掳翊家资侍妾。妫览见徐氏美貌，乃谓之曰：“吾为汝夫报仇，汝当从我；不从则死。”徐氏曰：“夫死未几，不忍便相从；可待至晦日，设祭除服，然后成亲未迟。”览从之。徐氏乃密召孙翊心腹旧将孙高、傅婴二人入府，泣告曰：“先夫在日，常言二公忠义。今妫、戴二贼，谋杀我夫，只归罪边洪，将我家资童婢尽皆分去。妫览又欲强占妾身，妾已诈许之，以安其心。二将军可差人星夜报知吴侯，一面设密计以图二贼，雪此仇辱，生死衔恩！”言毕再拜。孙高、傅婴皆泣曰：“我等平日感府君恩遇，今日所以不即死难者，正欲为复仇计耳。夫人所命，敢不效力！”于是密遣心腹使者往报孙权。

至晦日，徐氏先召孙、傅二人，伏于密室帏幕之中，然后设祭于堂上。祭毕，即除去孝服，沐浴薰香，浓妆艳裹，言笑自若。妫览闻之甚喜。至夜，徐氏遣婢妾请览入府，设席堂中饮酒。饮既醉，徐氏乃邀览入密室。览喜，乘醉而入。徐氏大呼曰：“孙、傅二将军何在！”二人即从帏幕中持刀跃出。妫览措手不及，被傅婴一刀砍倒在地，孙高再复一刀，登时杀死。徐氏复传请戴员赴宴。员入府来，至堂中，亦被孙、傅二将所杀。一面使人诛戮二贼家小及其余党。徐氏遂重穿孝服，将妫览、戴员首级，祭于孙翊灵前。不一日，孙权自领军马至丹阳，见徐氏已杀妫、戴二贼，乃封孙高、傅婴为牙门将，令守丹阳，取徐氏归家养老。江东人无不称徐氏之德。后人有诗赞曰：“才节双全世所无，奸回一旦受摧锄。庸臣从贼忠臣死，不及东吴女丈夫。”

且说东吴各处山贼，尽皆平复。大江之中，有战船七千余只。孙权拜周瑜为大都督，总统江东水陆军马。建安十二年，冬十月，权母吴太夫人病危，召周瑜、张昭二人至，谓曰：“我本吴人，幼亡父母，与弟吴景徙居越中。后嫁与孙氏，生四子。长子策生时，吾梦月入怀；后生次子权，又梦日入怀。卜者云：梦日月入怀者，其子大贵。不幸策早丧，今将江东基业付权。望公等同心助之，吾死不朽矣！”又嘱权曰：“汝事子布、公瑾以师傅之礼，不可怠慢。吾妹与我共嫁汝父，则亦汝之母也；吾死之后，事吾妹如事我。汝妹亦当恩养，择佳婿以嫁之。”言讫遂终。孙权哀哭，具丧葬之礼，自不必说。

至来年春，孙权商议欲伐黄祖。张昭曰：“居丧未及期年，不可动兵。”周瑜曰：“报仇雪恨，何待期年？”权犹豫未决。适平北都尉吕蒙入见，告权曰：“某把龙湫水口，忽有黄祖部将甘宁来降。某细询之：宁字兴霸，巴郡临江人也；颇通书史，有气力，好游侠；尝招合亡命，纵横于江湖之中；腰悬铜铃，人听铃声，尽皆避之。又尝以西川锦作帆幔，时人皆称为锦帆贼。后悔前非，改行从善，引众投刘表。见表不能成事，即欲来投东吴，却被黄祖留住在夏口。前东吴破祖时，祖得甘宁之力，救回夏口；乃待宁甚薄。都督苏飞屡荐宁于祖。祖曰：宁乃劫江之贼，岂可重用！宁因此怀恨。苏飞知其意，乃置酒邀宁到家，谓之曰：吾荐公数次，奈主公不能用。日月逾迈，人生几何，宜自远图。吾当保公为邾县长，自作去就之计。宁因此得过夏口，欲投江东，恐江东恨其救黄祖杀凌操之事。某具言主公求贤若渴，不记旧恨；况各为其主，又何恨焉？宁欣然引众渡江，来见主公。乞钧旨定夺。”孙权大喜曰：“吾得兴霸，破黄祖必矣。”遂命吕蒙引甘宁入见。参拜已毕，权曰：“兴霸来此，大获我心，岂有记恨之理？请无怀疑。愿教我以破黄祖之策。”宁曰：“今汉祚日危，曹操终必篡窃。南荆之地操所必争也。刘表无远虑，其子又愚劣，不能承业传基，明公宜早图之；若迟，则操先图之矣。今宜先取黄祖。祖今年老昏迈，务于货利；侵求吏民，人心皆怨；战具不修，军无法律。明公若往攻之，其势必破。既破祖军，鼓行而西，据楚关而图巴、蜀，霸业可定也。”孙权曰：“此金玉之论也！”遂命周瑜为大都督，总水陆军兵；吕蒙为前部先锋；董袭与甘宁为副将；权自领大军十万，征讨黄祖。

细作探知，报至江夏。黄祖急聚众商议，令苏飞为大将，陈就、邓龙为先锋，尽起江夏之兵迎敌。陈就、邓龙各引一队艨艟截住沔口，艨艟上各设强弓硬弩千余张，将大索系定艨艟于水面上。东吴兵至，艨艟上鼓响，弓弩齐发，兵不敢进，约退数里水面。甘宁谓董袭曰：“事已至此，不得不进。”乃选小船百余只，每船用精兵五十人：二十人撑船，三十人各披衣甲，手执钢刀，不避矢石，直至艨艟傍边，砍断大索，艨艟遂横。甘宁飞上艨艟，将邓龙砍死。陈就弃船而走。吕蒙见了，跳下小船，自举橹棹，直入船队，放火烧船。陈就急待上岸，吕蒙舍命赶到跟前，当胸一刀砍翻。比及苏飞引军于岸上接应时，东吴诸将一齐上岸，势不可当。祖军大败。苏飞落荒而走，正遇东吴大将潘璋，两马相交，战不数合，被璋生擒过去，径至船中来见孙权。权命左右以槛车囚之，待活捉黄祖，一并诛戮。催动三军，不分昼夜，攻打夏口。正是：只因不用锦帆贼，至令冲开大索船。未知黄祖胜负如何，且看下文分解。

第三十九回 荆州城公子三求计 博望坡军师初用兵

却说孙权督众攻打夏口，黄祖兵败将亡，情知守把不住，遂弃江夏，望荆州而走。甘宁料得黄祖必走荆州，乃于东门外伏兵等候。祖带数十骑突出东门，正走之间，一声喊起，甘宁拦住。祖于马上谓宁曰：“我向日不曾轻待汝，今何相逼耶？”宁叱曰：“吾昔在江夏，多立功绩，汝乃以劫江贼待我，今日尚有何说！”黄祖自知难免，拨马而走。甘宁冲开士卒，直赶将来，只听得后面喊声起处，又有数骑赶来。宁视之，乃程普也。宁恐普来争功，慌忙拈弓搭箭，背射黄祖，祖中箭翻身落马；宁枭其首级，回马与程普合兵一处，回见孙权，献黄祖首级。权命以木匣盛贮，待回江东祭献于亡父灵前。重赏三军，升甘宁为都尉。商议欲分兵守江夏。张昭曰：“孤城不可守，不如且回江东。刘表知我破黄祖，必来报仇；我以逸待劳，必败刘表；表败而后乘势攻之，荆襄可得也。”权从其言，遂弃江夏，班师回江东。

苏飞在槛车内，密使人告甘宁求救。宁曰：“飞即不言，吾岂忘之？”大军既至吴会，权命将苏飞枭首，与黄祖首级一同祭献。甘宁乃入见权，顿首哭告曰：“某向日若不得苏飞，则骨填沟壑矣，安能效命将军麾下哉？今飞罪当诛，某念其昔日之恩情，愿纳还官爵，以赎飞罪。”权曰：“彼既有恩于君，吾为君赦之。但彼若逃去奈何？”宁曰：“飞得免诛戮，感恩无地，岂肯走乎！若飞去，宁愿将首级献于阶下。”权乃赦苏飞，止将黄祖首级祭献。祭毕设宴，大会文武庆功。

正饮酒间，忽见座上一人大哭而起，拔剑在手，直取甘宁。宁忙举坐椅以迎之。权惊视其人，乃凌统也，因甘宁在江夏时，射死他父亲凌操，今日相见，故欲报仇。权连忙劝住，谓统曰：“兴霸射死卿父，彼时各为其主，不容不尽力。今既为一家人，岂可复理旧仇？万事皆看吾面。”凌统叩头大哭曰：“不共戴天之仇，岂容不报！”权与众官再三劝之，凌统只是怒目而视甘宁。权即日命甘宁领兵五千、战船一百只，往夏口镇守，以避凌统。宁拜谢，领兵自往夏口去了。权又加封凌统为承烈都尉。统只得含恨而止。东吴自此广造战船，分兵守把江岸；又命孙静引一枝军守吴会；孙权自领大军，屯柴桑；周瑜日于鄱阳湖教练水军，以备攻战。

话分两头。却说玄德差人打探江东消息，回报：“东吴已攻杀黄祖，现今屯兵柴桑。”玄德便请孔明计议。正话间，忽刘表差人来请玄德赴荆州议事。孔明曰：“此必因江东破了黄祖，故请主公商议报仇之策也。某当与主公同往，相机而行，自有良策。”玄德从之，留云长守新野，令张飞引五百人马跟随往荆州来。玄德在马上谓孔明曰：“今见景升，当若何对答？”孔明曰：“当先谢襄阳之事。他若令主公去征讨江东，切不可应允，但说容归新野，整顿军马。”玄德依言。

来到荆州，馆驿安下，留张飞屯兵城外，玄德与孔明入城见刘表。礼毕，玄德请罪于阶下。表曰：“吾已悉知贤弟被害之事。当时即欲斩蔡瑁之首，以献贤弟；因众人告危，故姑恕之。贤弟幸勿见罪。”玄德曰：“非干蔡将军之事，想皆下人所为耳。”表曰：“今江夏失守，黄祖遇害，故请贤弟共议报复之策。”玄德曰：“黄祖性暴，不能用人，故致此祸。今若兴兵南征，倘曹操北来，又当奈何？”表曰：“吾今年老多病，不能理事，贤弟可来助我。我死之后，弟便为荆州之主也。”玄德曰：“兄何出此言！量备安敢当此重任。”孔明以目视玄德。玄德曰：“容徐思良策。”遂辞出。

回至馆驿，孔明曰：“景升欲以荆州付主公，奈何却之？”玄德曰：“景升待我，恩礼交至，安忍乘其危而夺之？”孔明叹曰：“真仁慈之主也！”正商论间，忽报公子刘琦来见。玄德接入。琦泣拜曰：“继母不能相容，性命只在旦夕，望叔父怜而救之。”玄德曰：“此贤侄家事耳，奈何问我？”孔明微笑。玄德求计于孔明，孔明曰：“此家事，亮不敢与闻。”少时，玄德送琦出，附耳低言曰：“来日我使孔明回拜贤侄，可如此如此，彼定有妙计相告。”琦谢而去。

次日，玄德只推腹痛，乃浼孔明代往回拜刘琦。孔明允诺，来至公子宅前下马，入见公子。公子邀入后堂。茶罢，琦曰：“琦不见容于继母，幸先生一言相救。”孔明曰：“亮客寄于此，岂敢与人骨肉之事？倘有漏泄，为害不浅。”说罢，起身告辞。琦曰：“既承光顾，安敢慢别。”乃挽留孔明入密室共饮。饮酒之间，琦又曰：“继母不见容，乞先生一言救我。”孔明曰：“此非亮所敢谋也。”言讫，又欲辞去。琦曰：“先生不言则已，何便欲去？”孔明乃复坐。琦曰：“琦有一古书，请先生一观。”乃引孔明登一小楼，孔明曰：“书在何处？”琦泣拜曰：“继母不见容，琦命在旦夕，先生忍无一言相救乎？”孔明作色而起，便欲下楼，只见楼梯已撤去。琦告曰：“琦欲求教良策，先生恐有泄漏，不肯出言；今日上不至天，下不至地，出君之口，入琦之耳：可以赐教矣。”孔明曰：“疏不间亲，亮何能为公子谋？琦曰：”先生终不幸教琦乎！琦命固不保矣，请即死于先生之前。“乃掣剑欲自刎。孔明止之曰：”已有良策。“琦拜曰：”愿即赐教。“孔明曰：”公子岂不闻申生、重耳之事乎？申生在内而亡，重耳在外而安。今黄祖新亡，江夏乏人守御，公子何不上言，乞屯兵守江夏，则可以避祸矣。“琦再拜谢教，乃命人取梯送孔明下楼。孔明辞别，回见玄德，具言其事。玄德大喜。

次日，刘琦上言，欲守江夏。刘表犹豫未决，请玄德共议。玄德曰：”江夏重地，固非他人可守，正须公子自往。东南之事，兄父子当之；西北之事，备愿当之。“表曰：”近闻曹操于邺郡作玄武池以练水军，必有南征之意，不可不防。“玄德曰”备已知之，兄勿忧虑。“遂拜辞回新野。刘表令刘琦引兵三千往江夏镇守。却说曹操罢三公之职，自以丞相兼之。以毛玠为东曹掾，崔琰为西曹掾，司马懿为文学掾。懿字仲达，河内温人也。颍川太守司马隽之孙，京兆尹司马防之子，主簿司马朗之弟也。自是文官大备，乃聚武将商议南征。夏侯惇进曰：”近闻刘备在新野，每日教演士卒，必为后患，可早图之。“操即命夏侯惇为都督，于禁、李典、夏侯兰、韩浩为副将，领兵十万，直抵博望城，以窥新野。荀彧谏曰：”刘备英雄，今更兼诸葛亮为军师，不可轻敌。“惇曰：”刘备鼠辈耳，吾必擒之。“徐庶曰：”将军勿轻视刘玄德。今玄德得诸葛亮为辅，如虎生翼矣。“操曰：”诸葛亮何人也？“庶曰：亮字孔明，道号卧龙先生。有经天纬地之才，出鬼入神之计，真当世之奇才，非可小觑。”操曰：“比公若何？”庶曰：“庶安敢比亮？庶如萤火之光，亮乃皓月之明也。”夏侯惇曰：“元直之言谬矣。吾看诸葛亮如草芥耳，何足惧哉！吾若不一阵生擒刘备，活捉诸葛，愿将首级献与丞相。”操曰：“汝早报捷书，以慰吾心。”惇奋然辞曹操，引军登程。却说玄德自得孔明，以师礼待之。关、张二人不悦，曰：“孔明年幼，有甚才学？兄长待之太过！又未见他真实效验！”玄德曰：“吾得孔明，犹鱼之得水也。两弟勿复多言。”关、张见说，不言而退，一日，有人送犛牛尾至。玄德取尾亲自结帽。孔明入见，正色曰：“明公无复有远志，但事此而已耶？”玄德投帽于地而谢曰：“吾聊假此以忘忧耳。”孔明曰：“明公自度比曹操若何？”玄德曰：“不如也。”孔明曰：“明公之众，不过数千人，万一曹兵至，何以迎之？”玄德曰：“吾正愁此事，未得良策。”孔明曰：“可速招募民兵，亮自教之，可以待敌。”玄德遂招新野之民，得三千人。孔明朝夕教演阵法。

忽报曹操差夏侯惇引兵十万，杀奔新野来了。张飞闻知，谓云长曰：“可着孔明前去迎敌便了。”正说之间，玄德召二人入，谓曰：“夏侯惇引兵到来，如何迎敌？”张飞曰：“哥哥何不使水去？”玄德曰：“智赖孔明，勇须二弟，何可推调？”关、张出，玄德请孔明商议。孔明曰：“但恐关、张二人不肯听吾号令；主公若欲亮行兵，乞假剑印。”玄德便以剑印付孔明，孔明遂聚集众将听令。张飞谓云长曰：“且听令去，看他如何调度。”孔明令曰：“博望之左有山，名曰豫山；右有林，名曰安林：可以埋伏军马。云长可引一千军往豫山埋伏，等彼军至，放过休敌；其辎重粮草，必在后面，但看南面火起，可纵兵出击，就焚其粮草。翼德可引一千军去安林背后山谷中埋伏，只看南面火起，便可出，向博望城旧屯粮草处纵火烧之。关平、刘封可引五百军，预备引火之物，于博望坡后两边等候，至初更兵到，便可放火矣。”又命：“于樊城取回赵云，令为前部，不要赢，只要输，主公自引一军为后援。各须依计而行，勿使有失。”云长曰：“我等皆出迎敌，未审军师却作何事？”孔明曰：“我只坐守县城。”张飞大笑曰：“我们都去厮杀，你却在家里坐地，好自在！”孔明曰：“剑印在此，违令者斩！”玄德曰：“岂不闻运筹帷幄之中，决胜千里之外？二弟不可违令。”张飞冷笑而去。云长曰：“我们且看他的计应也不应，那时却来问他未迟。”二人去了。众将皆未知孔明韬略，今虽听令，却都疑惑不定。孔明谓玄德曰：“主公今日可便引兵就博望山下屯住。来日黄昏，敌军必到，主公便弃营而走；但见火起，即回军掩杀。亮与糜竺、糜芳引五百军守县。”命孙乾、简雍准备庆喜筵席，安排功劳簿伺候。派拨已毕，玄德亦疑惑不定。

却说夏侯惇与于禁等引兵至博望，分一半精兵作前队，其余尽护粮车而行。时当秋月，商飙徐起。人马趱行之间，望见前面尘头忽起。惇便将人马摆开，问向导官曰：“此向是何处？”答曰：“前面便是博望城，后面是罗川口。”惇令于禁、李典押住阵脚，亲自出马阵前。遥望军马来到，惇忽然大笑。众问：“将军为何而笑？”惇曰：“吾笑徐元直在丞相面前，夸诸葛亮为天人；今观其用兵，乃以此等军马为前部，与吾对敌，正如驱犬羊与虎豹斗耳！吾于丞相前夸口。要活捉刘备、诸葛亮，今必应吾言矣。”遂自纵马向前。赵云出马。惇骂曰：“汝等随刘备，如孤魂随鬼耳！”云大怒，纵马来战。两马相交，不数合，云诈败而走。夏侯惇从后追赶。云约走十余里，回马又战。不数合又走。韩浩拍马向前谏曰：“赵云诱敌，恐有埋伏。”惇曰：“敌军如此，虽十面埋伏，吾何惧哉！”遂不听浩言，直赶至博望坡。一声炮响，玄德自引军冲将过来，接应交战。夏侯惇笑谓韩浩曰：“此即埋伏之兵也！吾今晚不到新野，誓不罢兵！”乃催军前进。玄德、赵云退后便走，时天色已晚，浓云密布，又无月色；昼风既起，夜风愈大。夏侯惇只顾催军赶杀。于禁、李典赶到窄狭处，两边都是芦苇。典谓禁曰：“欺敌者必败。南道路狭，山川相逼。树木丛杂，倘彼用火攻，奈何？”禁曰：“君言是也。吾当往前为都督言之；君可止住后军。”李典便勒回马，大叫：“后军慢行！”人马走发，那里拦当得住？于禁骤马大叫：“前军都督且住！”夏侯惇正走之间，见于禁从后军奔来，便问何故。禁曰：“南道路狭，山川相逼，树木丛杂，可防火攻。”夏侯惇猛省，即回马令军马勿进。言未已，只听背后喊声震起，早望见一派火光烧着，随后两边芦苇亦着。一霎时，四面八方，尽皆是火；又值风大，火势愈猛。曹家人马，自相践踏，死者不计其数。赵云回军赶杀，夏侯惇冒烟突火而走。且说李典见势头不好，急奔回博望城时，火光中一军拦住。当先大将，乃关云长也。李典纵马混战，夺路而走。于禁见粮草车辆，都被火烧，便投小路奔逃去了。夏侯兰、韩浩来救粮草，正遇张飞。战不数合，张飞一枪刺夏侯兰于马下。韩浩夺路走脱。直杀到天明，却才收军。杀得尸横遍野，血流成河。后人有诗曰：“博望相持用火攻，指挥如意笑谈中。直须惊破曹公胆，初出茅庐第一功！”夏侯惇收拾残军，自回许昌。却说孔明收军。关、张二人相谓曰：“孔明真英杰也！”行不数里，见糜竺、糜芳引军簇拥着一辆小车。车中端坐一人，乃孔明也。关、张下马拜伏于车前。须臾，玄德、赵云、刘封、关平等皆至，收聚众军，把所获粮草辎重，分赏将士，班师回新野，新野百姓望尘遮道而拜，曰：“吾属生全，皆使君得贤人之力也！”孔明回至县中，谓玄德曰：“夏侯惇虽败去，曹操必自引大军来。”玄德曰：“似此如之奈何？”孔明曰：“亮有一计，可敌曹军。”正是：破敌未堪息战马，避兵又必赖良谋。未知其计若何，且看下回分解。

第四十回 蔡夫人议献荆州 诸葛亮火烧新野

却说玄德问孔明求拒曹兵之计。孔明曰：“新野小县，不可久居，近闻刘景升病在危笃，可乘此机会，取彼荆州为安身之地，庶可拒曹操也。”玄德曰：“公言甚善；但备受景升之恩，安忍图之！”孔明曰：“今若不取，后悔何及！”玄德曰：“吾宁死，不忍作负义之事。”孔明曰：“且再作商议。”

却说夏侯惇败回许昌，自缚见曹操，伏地请死。操释之。惇曰：“惇遭诸葛亮诡计，用火攻破我军。”操曰：“汝自幼用兵，岂不知狭处须防火攻？”惇曰：“李典、于禁曾言及此，悔之不及！”操乃赏二人。惇曰：“刘备如此猖狂，真腹心之患也，不可不急除。”操曰：“吾所虑者，刘备、孙权耳；余皆不足介意，今当乘此时扫平江南。”便传令起大兵五十万，令曹仁、曹洪为第一队，张辽、张郃为第二队。夏侯渊、夏侯惇为第三队，于禁、李典为第四队，操自领诸将为第五队：每队各引兵十万。又令许褚为折冲将军，引兵三千为先锋。选定建安十三年秋七月丙午日出师。

太中大夫孔融谏曰：“刘备，刘表皆汉室宗亲，不可轻伐；孙权虎踞六郡，且有大江之险，亦不易取，今丞相兴此无义之师，恐失天下之望。”操怒曰：“刘备、刘表、孙权皆逆命之臣，岂容不讨！”遂叱退孔融，下令：“如有再谏者，必斩。”孔融出府，仰天叹曰：“以至不仁伐至仁，安得不败乎！”时御史大夫郗虑家客闻此言，报知郗虑，虑常被孔融侮慢，心正恨之，乃以此言入告曹操，且曰："融平日每每狎侮丞相，又与祢衡相善，衡赞融曰仲尼不死，融赞衡曰颜回复生。向者祢衡之辱丞相，乃融使之也。"操大怒，遂命廷尉捕捉孔融。融有二子，年尚少，时方在家，对坐弈棋。左右急报曰："尊君被廷尉执去，将斩矣！二公子何不急避？"二子曰："破巢之下，安有完卵乎？"言未已，廷尉又至，尽收融家小并二子，皆斩之，号令融尸于市。京兆脂习伏尸而哭。操闻之，大怒，欲杀之。荀彧曰："彧闻脂习常谏融曰：公刚直太过，乃取祸之道，今融死而来哭，乃义人也，不可杀。"操乃止，习收融父子尸首，皆葬之。后人有诗赞孔融曰："孔融居北海，豪气贯长虹：坐上客长满，樽中酒不空；文章惊世俗，谈笑侮王公。史笔褒忠直，存官纪太中。"曹操既杀孔融，传令五队军马次第起行，只留荀彧等守许昌。

却说荆州刘表病重，使人请玄德来托孤。玄德引关、张至荆州见刘表。表曰："我病已入膏肓，不久便死矣，特托孤于贤弟。我子无才，恐不能承父业，我死之后，贤弟可自领荆州。"玄德泣拜曰："备当竭力以辅贤侄，安敢有他意乎！"正说间，人报曹操自统大兵至。玄德急辞刘表，星夜回新野。刘表病中闻此信，吃惊不小，商议写遗嘱，令玄德辅佐长子刘琦为荆州之主。蔡夫人闻之大怒，关上内门；使蔡瑁、张允二人把住外门。时刘琦在江夏，知父病危，来至荆州探病，方到外门，蔡瑁当住曰："公子奉父命镇守江夏，其任至重；今擅离职守，倘东吴兵至，如之奈何？若入见主公，主公必生嗔怒，病将转增，非孝也。宜速回。"刘琦立于门外，大哭一场，上马仍回江夏。刘表病势危笃，望刘琦不来；至八月戊申日，大叫数声而死。后人有诗叹刘表曰："昔闻袁氏居河朔，又见刘君霸汉阳。总为牝晨致家累，可怜不久尽销亡！"

刘表既死，蔡夫人与蔡瑁、张允商议，假写遗嘱，令次子刘琮为荆州之主，然后举哀报丧。时刘琮年方十四岁，颇聪明，乃聚众言曰："吾父弃世，吾兄现在江夏，更有叔父玄德在新野。汝等立我为主。倘兄与叔兴兵问罪，如何解释？"众官未及对，幕官李珪答曰："公子之言甚善。今可急发哀书至江夏，请大公子为荆州之主，就命玄德一同理事：北可以敌曹操，南可以拒孙权。此万全之策也。"蔡瑁叱曰："汝何人，敢乱言以逆主公遗命！"李珪大骂曰："汝内外朋谋，假称遗命，废长立幼，眼见荆襄九郡，送于蔡氏之手！故主有灵，必当殛汝！"蔡瑁大怒，喝令左右推出斩之。李珪至死大骂不绝。于是蔡瑁遂立刘琮为主。蔡氏宗族，分领荆州之兵；命治中邓义、别驾刘先守荆州；蔡夫人自与刘琮前赴襄阳驻扎，以防刘琦、刘备。就葬刘表之柩于襄阳城东汉阳之原，竟不讣告刘琦与玄德。

刘琮至襄阳，方才歇马，忽报曹操引大军径望襄阳而来。琮大惊，遂请蒯越、蔡瑁等商议。东曹掾傅巽进言曰："不特曹操兵来为可忧；今大公子在江夏，玄德在新野，我皆未往报丧，若彼兴兵问罪，荆襄危矣。巽有一计，可使荆襄之民，安如泰山，又可保全主公名爵。"琮曰："计将安出？"巽曰："不如将荆襄九郡，献与曹操，操必重待主公也。"琮叱曰："是何言也！孤受先君之基业，坐尚未稳，岂可便弃之他人？"蒯越曰："傅公悌之言是也。夫逆顺有大体，强弱有定势。今曹操南征北讨，以朝廷为名，主公拒之，其名不顺。且主公新立，外患未宁，内忧将作。荆襄之民，闻曹兵至，未战而胆先寒，安能与之敌哉？"琮曰："诸公善言，非我不从；但以先君之业，一旦弃与他人，恐贻笑于天下耳。"

言未已，一人昂然而进曰："傅公悌、蒯异度之言甚善，何不从之？"众视之，乃山阳高平人，姓王，名粲，字仲宣。粲容貌瘦弱，身材短小；幼时往见中郎蔡邕，时邕高朋满座，闻粲至，倒履迎之。宾客皆惊曰："蔡中郎何独敬此小子耶？"邕曰："此子有异才，吾不如也。"粲博闻强记，人皆不及：尝观道旁碑文一过，便能记诵；观人弈棋，棋局乱，粲复为摆出，不差一子。又善算术。其文词妙绝一时。年十七，辟为黄门侍郎，不就。后因避乱至荆襄，刘表以为上宾。当日谓刘琮曰："将军自料比曹公何如？"琮曰："不如也。"粲曰："曹公兵强将勇，足智多谋；擒吕布于下邳，摧袁绍于官渡，逐刘备于陇右，破乌桓于白狼：枭除荡定者，不可胜计。今以大军南下荆襄，势难抵敌。傅、蒯二君之谋，乃长策也。将军不可迟疑，致生后悔。"琮曰："先生见教极是。但须禀告母亲知道。"只见蔡夫人从屏后转出，谓琮曰："既是仲宣、公悌、异度三人所见相同，何必告我。"于是刘琮意决，便写降书，令宋忠潜地往曹操军前投献。宋忠领命，直至宛城，接着曹操，献上降书。操大喜，重赏宋忠，分付教刘琮出城迎接，便着他永为荆州之主。

宋忠拜辞曹操，取路回荆襄。将欲渡江，忽见一枝人马到来，视之，乃关云长也。宋忠回避不迭，被云长唤住，细问荆州之事。忠初时隐讳；后被云长盘问不过，只得将前后事情，一一实告。云长大惊，随捉宋忠至新野见玄德，备言其事。玄德闻之大哭。张飞曰："事已如此，可先斩宋忠，随起兵渡江，夺了襄阳，杀了蔡氏、刘琮，然后与曹操交战。"玄德曰："你且缄口。我自有斟酌。"乃叱宋忠曰："你知众人作事，何不早来报我？今虽斩汝无益于事。可速去。"忠拜谢，抱头鼠窜而去。玄德正忧闷间，忽报公子刘琦差伊籍到来。玄德感伊籍昔日相救之恩，降阶迎之，再三称谢。籍曰："大公子在江夏，闻荆州已故，蔡夫人与蔡瑁等商议，不来报丧，竟立刘琮为主。公子差人往襄阳探听，回说是实；恐使君不知，特差某赍哀书呈报，并求使君尽起麾下精兵，同往襄阳问罪。"玄德看书毕，谓伊籍曰："机伯只知刘琮僭立，更不知刘琮已将荆襄九郡献与曹操矣！"籍大惊曰："使君从何知之？"玄德具言拿获宋忠之事。籍曰："若如此，使君不如以吊丧为名，前赴襄阳，诱刘琮出迎，就便擒下，诛其党类，则荆州属使君矣。"孔明曰："机伯之言是也。主公可从之。"玄德垂泪曰："吾兄临危托孤于我，今若执其子而夺其地，异日死于九泉之下，何面目复见吾兄乎？"孔明曰："如不行此事，今曹兵已至宛城，何以拒敌？"玄德曰："不如走樊城以避之。"

正商议间，探马飞报曹兵已到博望了。玄德慌忙发付伊籍回江夏整顿军马，一面与孔明商议拒敌之计。孔明曰："主公且宽心。前番一把火，烧了夏侯惇大半人马；今番曹军又来，必教他中这条计。我等在新野住不得了，不如早到樊城去。"便差人四门张榜，晓谕居民："无问老幼男女，愿从者，即于今日皆跟我往樊城暂避，不可自误。"差孙乾往河边调拨船只，救济百姓；差糜竺护送各官家眷到樊城。一面聚诸将听令，先教云长引一千军去白河上流头埋伏。各带布袋，多装沙土，遏住白河之水，至来日三更后，只听下流头人喊马嘶，急取起布袋，放水淹之，却顺水杀将下来接应。又唤张飞引一千军去博陵渡口埋伏。此处水势最慢，曹军被淹，必从此逃难，可便乘势杀来接应。又唤赵云引军三千，分为四队，自领一队伏于东门外，其三队分伏西、南、北三门，却先于城内人家屋上，多藏硫黄焰硝引火之物。曹军入城，必安歇民房。来日黄昏后，必有大风；但看风起，便令西、南、北三门伏军尽将火箭射入城去；待城中火势大作，却于城外呐喊助威，只留东门放他出走。汝却于东门外从后击之。天明会合关、张二将，收军回樊城。再令糜芳、刘封二人带二千军。一半红旗，一半青旗，去新野城外三十里鹊尾坡前屯住。一见曹军到，红旗军走在左，青旗军走在右。他心疑必不敢追。汝二人却去分头埋伏。只望城中火起，便可追杀败兵，然后却来白河上流头接应。孔明分拨已定，乃与玄德登高了望，只候捷音。却说曹仁、曹洪引军十万为前队，前面已有许褚引三千铁甲军开路，浩浩荡荡，杀奔新野来。是日午牌时分，来到鹊尾坡，望见坡前一簇人马，尽打青、红旗号，许褚催军向前。刘封、糜芳分为四队，青、红旗各归左右。许褚勒马，教且休进："前面必有伏兵。我兵只在此处住下。"许褚一骑马飞报前队曹仁。曹仁曰："此是疑兵，必无埋伏。可速进兵。我当催军继至。"许褚复回坡前，提兵杀入。至林下追寻时，不见一人。时日已坠西。许褚方欲前进，只听得山上大吹大擂。抬头看时，只见山顶上一簇旗，旗丛中两把伞盖：左玄德，右孔明，二人对坐饮酒。许褚大怒，引军寻路上山。山上擂木炮石打将下来，不能前进。又闻山后喊声大震。欲寻路厮杀，天色已晚。曹仁领兵到，教且夺新野城歇马。军士至城下时，只见四门大开。曹兵突入，并无阻当，城中亦不见一人，竟是一座空城了。曹洪曰："此是势孤计穷，故尽带百姓逃窜去了。我军权且在城安歇，来日平明进兵。"此时各军走乏，都已饥饿，皆去夺房造饭。曹仁、曹洪就在衙内安歇。初更已后，狂风大作。守门军士飞报火起。曹仁曰："此必军士造饭不小心，遗漏之火，不可自惊。"说犹未了，接连几次飞报，西、南、北三门皆火起。曹仁急令众将上马时，满县火起，上下通红。是夜之火，更胜前日博望烧屯之火。后人有诗叹曰："奸雄曹操守中原，九月南征到汉川。风伯怒临新野县，祝融飞下焰摩天。"曹仁引众将突烟冒火，寻路奔走，闻说东门无火，急急奔出东门。军士自相践踏，死者无数。曹仁等方才脱得火厄，背后一声喊起，赵云引军赶来混战，败军各逃性命，谁肯回身厮杀。正奔走间，糜芳引一军至，又冲杀一阵。曹仁大败，夺路而走，刘封又引一军截杀一阵。到四更时分，人困马乏，军士大半焦头烂额；奔至白河边，喜得河水不甚深，人马都下河吃水：人相喧嚷，马尽嘶鸣。

却说云长在上流用布袋遏住河水，黄昏时分，望见新野火起；至四更，忽听得下流头人喊马嘶，急令军士一齐掣起布袋，水势滔天，望下流冲去，曹军人马俱溺于水中，死者极多。曹仁引众将望水势慢处夺路而走。行到博陵渡口，只听喊声大起，一军拦路，当先大将，乃张飞也，大叫："曹贼快来纳命！"曹军大惊。正是：城内才看红焰吐，水边又遇黑风来。未知曹仁性命如何，且看下文分解。

第四十一回 刘玄德携民渡江 赵子龙单骑救主

却说张飞因关公放了上流水，遂引军从下流杀将来，截住曹仁混杀。忽遇许褚，便与交锋；许褚不敢恋战，夺路走脱。张飞赶来，接着玄德、孔明，一同沿河到上流。刘封、糜芳已安排船只等候，遂一齐渡河，尽望樊城而去，孔明教将船筏放火烧毁。却说曹仁收拾残军，就新野屯住，使曹洪去见曹操，具言失利之事。操大怒曰："诸葛村夫，安敢如此；"催动三军，漫山塞野，尽至新野下寨。传令军士一面搜山，一面填塞白河。令大军分作八路，一齐去取樊城。刘晔曰："丞相初至襄阳，必须先买民心，今刘备尽迁新野百姓入樊城，若我兵径进，二县为齑粉矣；不如先使人招降刘备。备即不降，亦可见我爱民之心；若其来降，则荆州之地，可不战而定也。"操从其言，便问："谁可为使？"刘晔曰："徐庶与刘备至厚，今现在军中，何不命他一往？"操曰："他去恐不复来。"晔曰："他若不来，贻笑于人矣。丞相勿疑。"操乃召徐庶至，谓曰："我本欲踏平樊城，奈怜众百姓之命。公可往说刘备：如肯来降，免罪赐爵；若更执迷，军民共戮，玉石俱焚。吾知公忠义，故特使公往。愿勿相负。"

徐庶受命而行。至樊城，玄德、孔明接见，共诉旧日之情。庶曰："曹操使庶来招降使君，乃假买民心也，今彼分兵八路，填白河而进。樊城恐不可守，宜速作行计。"玄德欲留徐庶。庶谢曰："某若不还，恐惹人笑。今老母已丧，抱恨终天。身虽在彼，誓不为设一谋，公有卧龙辅佐，何愁大业不成。庶请辞。"玄德不敢强留。

徐庶辞回，见了曹操，言玄德并无降意。操大怒，即日进兵。玄德问计于孔明。孔明曰："可速弃樊城，取襄阳暂歇。"玄德曰："奈百姓相随许久，安忍弃之？"孔明曰："可令人遍告百姓：有愿随者同去，不愿者留下。"先使云长往江岸整顿船只，令孙乾、简雍在城中声扬曰："今曹兵将至，孤城不可久守，百姓愿随者，便同过江。"两县之民，齐声大呼曰："我等虽死，亦愿随使君！"即日号泣而行。扶老携幼，将男带女，滚滚渡河，两岸哭声不绝。玄德于船上望见，大恸曰："为吾一人而使百姓遭此大难，吾何生哉！"欲投江而死，左右急救止。闻者莫不痛哭。船到南岸，回顾百姓，有未渡者，望南而哭。玄德急令云长催船渡之，方才上马。

行至襄阳东门，只见城上遍插旌旗，壕边密布鹿角，玄德勒马大叫曰："刘琮贤侄，吾但欲救百姓，并无他念。可快开门。"刘琮闻玄德至，惧而不出。蔡瑁、张允径来敌楼上，叱军士乱箭射下。城外百姓，皆望敌楼而哭。城中忽有一将，引数百人径上城楼，大喝："蔡瑁、张允卖国之贼！刘使君乃仁德之人，今为救民而来投，何得相拒！"众视其人，身长八尺，面如重枣；乃义阳人也，姓魏，名延，字文长。当下魏延轮刀砍死守门将士，开了城门，放下吊桥，大叫："刘皇叔快领兵入城，共杀卖国之贼！"张飞便跃马欲入，玄德急止之曰："休惊百姓！"魏延只管招呼玄德军马入城。只见城内一将飞马引军而出，大喝："魏延无名小卒，安敢造乱！认得我大将文聘么！"魏延大怒，挺枪跃马，便来交战。两下军兵在城边混杀，喊声大震。玄德曰："本欲保民，反害民也！吾不愿入襄阳！"孔明曰："江陵乃荆州要地，不如先取江陵为家。"玄德曰："正合吾心。"于是引着百姓，尽离襄阳大路，望江陵而走。襄阳城中百姓，多有乘乱逃出城来，跟玄德而去。魏延与文聘交战，从已至未，手下兵卒皆已折尽。延乃拨马而逃，却寻不见玄德，自投长沙太守韩玄去了。

却说玄德同行军民十余万，大小车数千辆，挑担背包者不计其数，路过刘表之墓，玄德率众将拜于墓前，哭告曰："辱弟备无德无才，负兄寄托之重，罪在备一身，与百姓无干。望兄英灵，垂救荆襄之民！"言甚悲切，军民无不下泪。忽哨马报曰："曹操大军已屯樊城，使人收拾船筏，即日渡江赶来也。"众将皆曰："江陵要地，足可拒守。今拥民众数万，日行十余里，似此几时得至江陵？倘曹兵到，如何迎敌？不如暂弃百姓，先行为上。"玄德泣曰："举大事者必以人为本。今人归我，奈何弃之？"百姓闻玄德此言，莫不伤感。后人有诗赞之曰："临难仁心存百姓，登舟挥泪动三军。至今凭吊襄江口，父老犹然忆使君。"却说玄德拥着百姓，缓缓而行。孔明曰："追兵不久即至。可遣云长往江夏求救于公子刘琦。教他速起兵乘船会于江陵。"玄德从之，即修书令云长同孙乾领五百军往江夏求救；令张飞断后；赵云保护老小；其余俱管顾百姓而行。每日只走十余里便歇。却说曹操在樊城，使人渡江至襄阳，召刘琮相见。琮惧怕不敢往见。蔡瑁、张允请行。王威密告琮曰："将军既降，玄德又走，曹操必懈弛无备。愿将军奋整奇兵，设于险处击之，操可获矣。获操则威震天下，中原虽广，可传檄而定。此难遇之机，不可失也。"琮以其言告蔡瑁。瑁叱王威曰："汝不知天命，安敢妄言！"威怒骂曰："卖国之徒，吾恨不生啖汝肉！"瑁欲杀之，蒯越劝止。

瑁遂与张允同至樊城，拜见曹操。瑁等辞色甚是谄佞。操问："荆州军马钱粮，今有多少？"瑁曰："马军五万，步军十五万，水军八万：共二十八万。钱粮大半在江陵；其余各处，亦足供给一载。"操曰："战船多少？原是何人管领？"瑁曰："大小战船，共七千余只，原是瑁等二人掌管。"操遂加瑁为镇南侯、水军大都督，张允为助顺侯、水军副都督。二人大喜拜谢。操又曰："刘景升既死，其子降顺，吾当表奏天子，使永为荆州之主。"二人大喜而退。荀攸曰："蔡瑁，张允乃谄佞之徒，主公何遂加以如此显爵，更教都督水军乎？"操笑曰："吾岂不识人！止因吾所领北地之众，不习水战，故且权用此二人；待成事之后，别有理会。"

却说蔡瑁、张允归见刘琮，具言："曹操许保奏将军永镇荆襄。"琮大喜！次日，与母蔡夫人赍捧印绶兵符，亲自渡江拜迎曹操。操抚慰毕，即引随征军将，进屯襄阳城外。蔡瑁、张允令襄阳百姓焚香拜接。曹操俱用好言抚谕。入城至府中坐定，即召蒯越近前，抚慰曰："吾不喜得荆州，喜得异度也。"遂封蒯越为江陵太守樊城侯；傅巽、王粲等皆为关内侯；而以刘琮为青州刺史，便教起程。琮闻命大惊，辞曰："琮不愿为官，愿守父母乡土。"操曰："青州近帝都，教你随朝为官，免在荆襄被人图害。"琮再三推辞，曹操不准。琮只得与母蔡夫人同赴青州。只有故将王威相随，其余官员俱送至江口而回。操唤于禁嘱咐曰："你可引轻骑追刘琮母子杀子，以绝后患。"于禁得令，领众赶上，大喝曰："我奉丞相令，教来杀汝母子！可早纳下首级！"蔡夫人抱刘琮而大哭。于禁喝令军士下手。王威忿怒，奋力相斗，竟被众军所杀。军士杀死刘琮及蔡夫人，于禁回报曹操，操重赏于禁。便使人往隆中搜寻孔明妻小，却不知去向。原来孔明先已令人搬送至三江内隐避矣。操深恨之。襄阳既定，荀攸进言曰："江陵乃荆襄重地，钱粮极广。刘备若据此地，急难动摇。"操曰："孤岂忘之！"随命于襄阳诸将中，选一员引军开道。诸将中却独不见文聘。操使人寻问，方才来见。操曰："汝来何迟？"对曰："为人臣而不能使其主保全境土，心实悲惭，无颜早见耳。"言讫，欷歔流涕。操曰："真忠臣也！"除江夏太守，赐爵关内侯，便教引军开道。探马报说："刘备带领百姓，日行止十数里，计程只有三百余里。"操教各部下精选五千铁骑，星夜前进，限一日一夜，赶上刘备。大军陆续随后而进。

却说玄德引十数万百姓、三千余军马，一程程挨着往江陵进发。赵云保护老小，张飞断后。孔明曰："云长往江夏去了，绝无回音，不知若何。"玄德曰："敢烦军师亲自走一遭。刘琦感公昔日之教，今若见公亲至，事必谐矣。"孔明允诺，便同刘封引五百军先往江夏求救去了。

当日玄德自与简雍、糜竺、糜芳同行。正行间，忽然一阵狂风就马前刮起，尘土冲天，平遮红日。玄德惊曰："此何兆也？"简雍颇明阴阳，袖占一课，失惊曰："此大凶之兆也。应在今夜。主公可速弃百姓而走。"玄德曰："百姓从新野相随至此，吾安忍弃之？"雍曰："主公若恋而不弃，祸不远矣。"玄德问："前面是何处？"左右答曰："前面是当阳县。有座山名为景山。"玄德便教就此山扎住。

时秋末冬初，凉风透骨；黄昏将近，哭声遍野。至四更时分，只听得西北喊声震地而来。玄德大惊，急上马引本部精兵二千余人迎敌。曹兵掩至，势不可当。玄德死战。正在危迫之际，幸得张飞引军至，杀开一条血路，救玄德望东而走。文聘当先拦住，玄德骂曰："背主之贼，尚有何面目见人！"文聘羞惭满面，引兵自投东北去了。张飞保着玄德，且战且走。奔至天明，闻喊声渐渐远去，玄德方才歇马。看手下随行人，止有百余骑；百姓、老小并糜竺、糜芳、简雍、赵云等一干人，皆不知下落。玄德大哭曰："十数万生灵，皆因恋我，遭此大难；诸将及老小，皆不知存亡：虽土木之人，宁不悲乎！"正凄惶时，忽见糜芳面带数箭，踉跄而来，口言："赵子龙反投曹操去了也！"玄德叱曰："子龙是我故交，安肯反乎？"张飞曰："他今见我等势穷力尽，或者反投曹操，以图富贵耳！"玄德曰："子龙从我于患难，心如铁石，非富贵所能动摇也。"糜芳曰："我亲见他投西北去了。"张飞曰："待我亲自寻他去。若撞见时，一枪刺死！"玄德曰："休错疑了。岂不见你二兄诛颜良、文丑之事乎？子龙此去，必有事故。吾料子龙必不弃我也。"张飞那里肯听，引二十余骑，至长坂桥。见桥东有一带树木，飞生一计：教所从二十余骑，都砍下树枝，拴在马尾上，在树林内往来驰骋，冲起尘土，以为疑兵。飞却亲自横矛立马于桥上，向西而望。

却说赵云自四更时分，与曹军厮杀，往来冲突，杀至天明，寻不见玄德，又失了玄德老小，云自思曰："主公将甘、糜二夫人与小主人阿斗，托付在我身上；今日军中失散，有何面目去见主人？不如去决一死战，好歹要寻主母与小主人下落！"回顾左右，只有三四十骑相随。云拍马在乱军中寻觅，二县百姓号哭之声震天动地；中箭着枪抛男弃女而走者不计其数。赵云正走之间，见一人卧在草中，视之，乃简雍也。云急问曰："曾见两位主母否？"雍曰："二主母弃了车仗，抱阿斗而走。我飞马赶去，转过山坡，被一将刺了一枪，跌下马来，马被夺了去。我争斗不得，故卧在此。"云乃将从骑所骑之马，借一匹与简雍骑坐；又着二卒扶护简雍先去报与主人："我上天入地，好歹寻主母与小主人来。如寻不见，死在沙场上也！"

说罢，拍马望长坂坡而去。忽一人大叫："赵将军那里去？"云勒马问曰："你是何人？"答曰："我乃刘使君帐下护送车仗的军士，被箭射倒在此。"赵云便问二夫人消息。军士曰："恰才见甘夫人披头跣足，相随一伙百姓妇女，投南而走。"云见说，也不顾军士，急纵马望南赶去。只见一伙百姓，男女数百人，相携而走。云大叫曰："内中有甘夫人否？"夫人在后面望见赵云，放声大哭。云下马插枪而泣曰："使主母失散，云之罪也！糜夫人与小主人安在？"甘夫人曰："我与糜夫人被逐，弃了车仗，杂于百姓内步行，又撞见一枝军马冲散。糜夫人与阿斗不知何往。我独自逃生至此。"

正言间，百姓发喊，又撞出一枝军来。赵云拔枪上马看时，面前马上绑着一人，乃糜竺也。背后一将，手提大刀，引着千余军。乃曹仁部将淳于导，拿住糜竺，正要解去献功。赵云大喝一声，挺枪纵马，直取淳于导。导抵敌不住，被云一枪刺落马下，向前救了糜竺，夺得马二匹。云请甘夫人上马，杀开条大路，直送至长坂城。只见张飞横矛立马于桥上，大叫："子龙！你如何反我哥哥？"云曰："我寻不见主母与小主人，因此落后，何言反耶？"飞曰："若非简雍先来报信，我今见你，怎肯干休也！"云曰："主公在何处？"飞曰："只在前面不远。"云谓糜竺曰："糜子仲保甘夫人先行，待我仍往寻糜夫人与小主人去。"言罢，引数骑再回旧路。

正走之间，见一将手提铁枪，背着一口剑，引十数骑跃马而来。赵云更不打话，直取那将。交马只一合，把那将一枪刺倒，从骑皆走。原来那将乃曹操随身背剑之将夏侯恩也。曹操有宝剑二口：一名"倚天"，一名"青釭"；倚天剑自佩之，青釭剑令夏侯恩佩之。那青釭剑砍铁如泥，锋利无比。当时夏侯恩自恃勇力，背着曹操，只顾引人抢夺掳掠。不想撞着赵云，被他一枪刺死，夺了那口剑，看靶上有金嵌"青釭"二字，方知是宝剑也。云插剑提枪，复杀入重围，回顾手下从骑，已没一人，只剩得孤身。云并无半点退心，只顾往来寻觅；但逢百姓，便问糜夫人消息。忽一人指曰："夫人抱着孩儿，左腿上着了枪，行走不得，只在前面墙缺内坐地。"

赵云听了，连忙追寻。只见一个人家，被火烧坏土墙，糜夫人抱着阿斗，坐于墙下枯井之傍啼哭。云急下马伏地而拜。夫人曰："妾得见将军，阿斗有命矣。望将军可怜他父亲飘荡半世，只有这点骨血。将军可护持此子，教他得见父面，妾死无恨！"云曰："夫人受难，云之罪也。不必多言，请夫人上马。云自步行死战，保夫人透出重围。"糜夫人曰："不可！将军岂可无马！此子全赖将军保护。妾已重伤，死何足惜！望将军速抱此子前去，勿以妾为累也。"云曰："喊声将近，追兵已至，请夫人速速上马。"糜夫人曰："妾身委实难去。休得两误。"乃将阿斗递与赵云曰："此子性命全在将军身上！"赵云三回五次请夫人上马，夫人只不肯上马。四边喊声又起。云厉声曰："夫人不听吾言，追军若至，为之奈何？"糜夫人乃弃阿斗于地，翻身投入枯井中而死。后人有诗赞之曰："战将全凭马力多，步行怎把幼君扶？拚将一死存刘嗣，勇决还亏女丈夫。"赵云见夫人已死，恐曹军盗尸，便将土墙推倒，掩盖枯井。掩讫，解开勒甲绦，放下掩心镜，将阿斗抱护在怀，绰枪上马。早有一将，引一队步军至，乃曹洪部将晏明也，持三尖两刃刀来战赵云。不三合，被赵云一枪刺倒，杀散众军，冲开一条路。正走间，前面又一枝军马拦路。当先一员大将，旗号分明，大书河间张郃。云更不答话，挺枪便战。约十余合，云不敢恋战，夺路而走。背后张郃赶来，云加鞭而行，不想趷跶一声，连马和人，颠入土坑之内。张郃挺枪来刺，忽然一道红光，从土坑中滚起，那匹马平空一跃，跳出坑外。后人有诗曰：“红光罩体困龙飞，征马冲开长坂围。四十二年真命主，将军因得显神威。”张郃见了，大惊而退。赵云纵马正走，背后忽有二将大叫：“赵云休走！”前面又有二将，使两般军器，截住去路：后面赶的是马延、张顗，前面阻的是焦触、张南，都是袁绍手下降将。赵云力战四将，曹军一齐拥至。云乃拔青釭剑乱砍，手起处，衣甲平过，血如涌泉。杀退众军将，直透重围。却说曹操在景山顶上，望见一将，所到之处，威不可当，急问左右是谁。曹洪飞马下山大叫曰：“军中战将可留姓名！”云应声曰：“吾乃常山赵子龙也！”曹洪回报曹操。操曰：“真虎将也！吾当生致之。”遂令飞马传报各处：“如赵云到，不许放冷箭，只要捉活的。”因此赵云得脱此难；此亦阿斗之福所致也。这一场杀：赵云怀抱后主，直透重围，砍倒大旗两面，夺槊三条；前后枪刺剑砍，杀死曹营名将五十余员。后人有诗曰：“血染征袍透甲红，当阳谁敢与争锋！古来冲阵扶危主，只有常山赵子龙。”

赵云当下杀透重围，已离大阵，血满征袍。正行间，山坡下又撞出两枝军，乃夏侯惇部将钟缙、钟绅兄弟二人，一个使大斧，一个使画戟，大喝：“赵云快下马受缚！”正是：“才离虎窟愈生去，又遇龙潭鼓浪来。”毕竟子龙怎地脱身，且听下回分解。

第四十一回　刘玄德携民渡江　赵子龙单骑救主

却说张飞因关公放了上流水，遂引军从下流杀将来，截住曹仁混杀。忽遇许褚，便与交锋；许褚不敢恋战，夺路走脱。张飞赶来，接着玄德、孔明，一同沿河到上流。刘封、糜芳已安排船只等候，遂一齐渡河，尽望樊城而去，孔明教将船筏放火烧毁。却说曹仁收拾残军，就新野屯住，使曹洪去见曹操，具言失利之事。操大怒曰：“诸葛村夫，安敢如此；”催动三军，漫山塞野，尽至新野下寨。传令军士一面搜山，一面填塞白河。令大军分作八路，一齐去取樊城。刘晔曰：“丞相初至襄阳，必须先买民心，今刘备尽迁新野百姓入樊城，若我兵径进，二县为齑粉矣；不如先使人招降刘备。备即不降，亦可见我爱民之心；若其来降，则荆州之地，可不战而定也。”操从其言，便问：“谁可为使？”刘晔曰：“徐庶与刘备至厚，今现在军中，何不命他一往？”操曰：“他去恐不复来。”晔曰：“他若不来，贻笑于人矣。丞相勿疑。”操乃召徐庶至，谓曰：“我本欲踏平樊城，奈怜众百姓之命。公可往说刘备：如肯来降，免罪赐爵；若更执迷，军民共戮，玉石俱焚。吾知公忠义，故特使公往。愿勿相负。”

徐庶受命而行。至樊城，玄德、孔明接见，共诉旧日之情。庶曰：“曹操使庶来招降使君，乃假买民心也，今彼分兵八路，填白河而进。樊城恐不可守，宜速作行计。”玄德欲留徐庶。庶谢曰：“某若不还，恐惹人笑。今老母已丧，抱恨终天。身虽在彼，誓不为设一谋，公有卧龙辅佐，何愁大业不成。庶请辞。”玄德不敢强留。

徐庶辞回，见了曹操，言玄德并无降意。操大怒，即日进兵。玄德问计于孔明。孔明曰：“可速弃樊城，取襄阳暂歇。”玄德曰：“奈百姓相随许久，安忍弃之？”孔明曰：“可令人遍告百姓：有愿随者同去，不愿者留下。”先使云长往江岸整顿船只，令孙乾、简雍在城中声扬曰：“今曹兵将至，孤城不可久守，百姓愿随者，便同过江。”两县之民，齐声大呼曰：“我等虽死，亦愿随使君！”即日号泣而行。扶老携幼，将男带女，滚滚渡河，两岸哭声不绝。玄德于船上望见，大恸曰：“为吾一人而使百姓遭此大难，吾何生哉！”欲投江而死，左右急救止。闻者莫不痛哭。船到南岸，回顾百姓，有未渡者，望南而哭。玄德急令云长催船渡之，方才上马。

行至襄阳东门，只见城上遍插旌旗，壕边密布鹿角，玄德勒马大叫曰：“刘琮贤侄，吾但欲救百姓，并无他念。可快开门。”刘琮闻玄德至，惧而不出。蔡瑁、张允径来敌楼上，叱军士乱箭射下。城外百姓，皆望敌楼而哭。城中忽有一将，引数百人径上城楼，大喝：“蔡瑁、张允卖国之贼！刘使君乃仁德之人，今为救民而来投，何得相拒！”众视其人，身长八尺，面如重枣；乃义阳人也，姓魏，名延，字文长。当下魏延轮刀砍死守门将士，开了城门，放下吊桥，大叫：“刘皇叔快领兵入城，共杀卖国之贼！”张飞便跃马欲入，玄德急止之曰：“休惊百姓！”魏延只管招呼玄德军马入城。只见城内一将飞马引军而出，大喝：“魏延无名小卒，安敢造乱！认得我大将文聘么！”魏延大怒，挺枪跃马，便来交战。两下军兵在城边混杀，喊声大震。玄德曰：“本欲保民，反害民也！吾不愿入襄阳！”孔明曰：“江陵乃荆州要地，不如先取江陵为家。”玄德曰：“正合吾心。”于是引着百姓，尽离襄阳大路，望江陵而走。襄阳城中百姓，多有乘乱逃出城来，跟玄德而去。魏延与文聘交战，从已至未，手下兵卒皆已折尽。延乃拨马而逃，却寻不见玄德，自投长沙太守韩玄去了。

却说玄德同行军民十余万，大小车数千辆，挑担背包者不计其数，路过刘表之墓，玄德率众将拜于墓前，哭告曰：“辱弟备无德无才，负兄寄托之重，罪在备一身，与百姓无干。望兄英灵，垂救荆襄之民！”言甚悲切，军民无不下泪。忽哨马报曰：“曹操大军已屯樊城，使人收拾船筏，即日渡江赶来也。”众将皆曰：“江陵要地，足可拒守。今拥民众数万，日行十余里，似此几时得至江陵？倘曹兵到，如何迎敌？不如暂弃百姓，先行为上。”玄德泣曰：“举大事者必以人为本。今人归我，奈何弃之？”百姓闻玄德此言，莫不伤感。后人有诗赞之曰：“临难仁心存百姓，登舟挥泪动三军。至今凭吊襄江口，父老犹然忆使君。”却说玄德拥着百姓，缓缓而行。孔明曰：“追兵不久即至。可遣云长往江夏求救于公子刘琦。教他速起兵乘船会于江陵。”玄德从之，即修书令云长同孙乾领五百军往江夏求救；令张飞断后；赵云保护老小；其余俱管顾百姓而行。每日只走十余里便歇。却说曹操在樊城，使人渡江至襄阳，召刘琮相见。琮惧怕不敢往见。蔡瑁、张允请行。王威密告琮曰：“将军既降，玄德又走，曹操必懈弛无备。愿将军奋整奇兵，设于险处击之，操可获矣。获操则威震天下，中原虽广，可传檄而定。此难遇之机，不可失也。”琮以其言告蔡瑁。瑁叱王威曰：“汝不知天命，安敢妄言！”威怒骂曰：“卖国之徒，吾恨不生啖汝肉！”瑁欲杀之，蒯越劝止。

瑁遂与张允同至樊城，拜见曹操。瑁等辞色甚是谄佞。操问：“荆州军马钱粮，今有多少？”瑁曰：“马军五万，步军十五万，水军八万：共二十八万。钱粮大半在江陵；其余各处，亦足供给一载。”操曰：“战船多少？原是何人管领？”瑁曰：“大小战船，共七千余只，原是瑁等二人掌管。”操遂加瑁为镇南侯、水军大都督，张允为助顺侯、水军副都督。二人大喜拜谢。操又曰：“刘景升既死，其子降顺，吾当表奏天子，使永为荆州之主。”二人大喜而退。荀攸曰：“蔡瑁，张允乃谄佞之徒，主公何遂加以如此显爵，更教都督水军乎？”操笑曰：“吾岂不识人！止因吾所领北地之众，不习水战，故且权用此二人；待成事之后，别有理会。”

却说蔡瑁、张允归见刘琮，具言：“曹操许保奏将军永镇荆襄。”琮大喜！次日，与母蔡夫人赍捧印绶兵符，亲自渡江拜迎曹操。操抚慰毕，即引随征军将，进屯襄阳城外。蔡瑁、张允令襄阳百姓焚香拜接。曹操俱用好言抚谕。入城至府中坐定，即召蒯越近前，抚慰曰：“吾不喜得荆州，喜得异度也。”遂封蒯越为江陵太守樊城侯；傅巽、王粲等皆为关内侯；而以刘琮为青州刺史，便教起程。琮闻命大惊，辞曰：“琮不愿为官，愿守父母乡土。”操曰：“青州近帝都，教你随朝为官，免在荆襄被人图害。”琮再三推辞，曹操不准。琮只得与母蔡夫人同赴青州。只有故将王威相随，其余官员俱送至江口而回。操唤于禁嘱咐曰：“你可引轻骑追刘琮母子杀子，以绝后患。”于禁得令，领众赶上，大喝曰：“我奉丞相令，教来杀汝母子！可早纳下首级！”蔡夫人抱刘琮而大哭。于禁喝令军士下手。王威忿怒，奋力相斗，竟被众军所杀。军士杀死刘琮及蔡夫人，于禁回报曹操，操重赏于禁。便使人往隆中搜寻孔明妻小，却不知去向。原来孔明先已令人搬送至三江内隐避矣。操深恨之。襄阳既定，荀攸进言曰：“江陵乃荆襄重地，钱粮极广。刘备若据此地，急难动摇。”操曰：“孤岂忘之！”随命于襄阳诸将中，选一员引军开道。诸将中却独不见文聘。操使人寻问，方才来见。操曰：“汝来何迟？”对曰：“为人臣而不能使其主保全境土，心实悲惭，无颜早见耳。”言讫，欷歔流涕。操曰：“真忠臣也！”除江夏太守，赐爵关内侯，便教引军开道。探马报说：“刘备带领百姓，日行止十数里，计程只有三百余里。”操教各部下精选五千铁骑，星夜前进，限一日一夜，赶上刘备。大军陆续随后而进。

却说玄德引十数万百姓、三千余军马，一程程挨着往江陵进发。赵云保护老小，张飞断后。孔明曰：“云长往江夏去了，绝无回音，不知若何。”玄德曰：“敢烦军师亲自走一遭。刘琦感公昔日之教，今若见公亲至，事必谐矣。”孔明允诺，便同刘封引五百军先往江夏求救去了。

当日玄德自与简雍、糜竺、糜芳同行。正行间，忽然一阵狂风就马前刮起，尘土冲天，平遮红日。玄德惊曰：“此何兆也？”简雍颇明阴阳，袖占一课，失惊曰：“此大凶之兆也。应在今夜。主公可速弃百姓而走。”玄德曰：“百姓从新野相随至此，吾安忍弃之？”雍曰：“主公若恋而不弃，祸不远矣。”玄德问：“前面是何处？”左右答曰：“前面是当阳县。有座山名为景山。”玄德便教就此山扎住。

时秋末冬初，凉风透骨；黄昏将近，哭声遍野。至四更时分，只听得西北喊声震地而来。玄德大惊，急上马引本部精兵二千余人迎敌。曹兵掩至，势不可当。玄德死战。正在危迫之际，幸得张飞引军至，杀开一条血路，救玄德望东而走。文聘当先拦住，玄德骂曰：“背主之贼，尚有何面目见人！”文聘羞惭满面，引兵自投东北去了。张飞保着玄德，且战且走。奔至天明，闻喊声渐渐远去，玄德方才歇马。看手下随行人，止有百余骑；百姓、老小并糜竺、糜芳、简雍、赵云等一干人，皆不知下落。玄德大哭曰：“十数万生灵，皆因恋我，遭此大难；诸将及老小，皆不知存亡：虽土木之人，宁不悲乎！”正凄惶时，忽见糜芳面带数箭，踉跄而来，口言：“赵子龙反投曹操去了也！”玄德叱曰：“子龙是我故交，安肯反乎？”张飞曰：“他今见我等势穷力尽，或者反投曹操，以图富贵耳！”玄德曰：“子龙从我于患难，心如铁石，非富贵所能动摇也。”糜芳曰：“我亲见他投西北去了。”张飞曰：“待我亲自寻他去。若撞见时，一枪刺死！”玄德曰：“休错疑了。岂不见你二兄诛颜良、文丑之事乎？子龙此去，必有事故。吾料子龙必不弃我也。”张飞那里肯听，引二十余骑，至长坂桥。见桥东有一带树木，飞生一计：教所从二十余骑，都砍下树枝，拴在马尾上，在树林内往来驰骋，冲起尘土，以为疑兵。飞却亲自横矛立马于桥上，向西而望。

却说赵云自四更时分，与曹军厮杀，往来冲突，杀至天明，寻不见玄德，又失了玄德老小，云自思曰：“主公将甘、糜二夫人与小主人阿斗，托付在我身上；今日军中失散，有何面目去见主人？不如去决一死战，好歹要寻主母与小主人下落！”回顾左右，只有三四十骑相随。云拍马在乱军中寻觅，二县百姓号哭之声震天动地；中箭着枪抛男弃女而走者不计其数。赵云正走之间，见一人卧在草中，视之，乃简雍也。云急问曰：“曾见两位主母否？”雍曰：“二主母弃了车仗，抱阿斗而走。我飞马赶去，转过山坡，被一将刺了一枪，跌下马来，马被夺了去。我争斗不得，故卧在此。”云乃将从骑所骑之马，借一匹与简雍骑坐；又着二卒扶护简雍先去报与主人：“我上天入地，好歹寻主母与小主人来。如寻不见，死在沙场上也！”

说罢，拍马望长坂坡而去。忽一人大叫：“赵将军那里去？”云勒马问曰：“你是何人？”答曰：“我乃刘使君帐下护送车仗的军士，被箭射倒在此。”赵云便问二夫人消息。军士曰：“恰才见甘夫人披头跣足，相随一伙百姓妇女，投南而走。”云见说，也不顾军士，急纵马望南赶去。只见一伙百姓，男女数百人，相携而走。云大叫曰：“内中有甘夫人否？”夫人在后面望见赵云，放声大哭。云下马插枪而泣曰：“使主母失散，云之罪也！糜夫人与小主人安在？”甘夫人曰：“我与糜夫人被逐，弃了车仗，杂于百姓内步行，又撞见一枝军马冲散。糜夫人与阿斗不知何往。我独自逃生至此。”

正言间，百姓发喊，又撞出一枝军来。赵云拔枪上马看时，面前马上绑着一人，乃糜竺也。背后一将，手提大刀，引着千余军。乃曹仁部将淳于导，拿住糜竺，正要解去献功。赵云大喝一声，挺枪纵马，直取淳于导。导抵敌不住，被云一枪刺落马下，向前救了糜竺，夺得马二匹。云请甘夫人上马，杀开条大路，直送至长坂城。只见张飞横矛立马于桥上，大叫：“子龙！你如何反我哥哥？”云曰：“我寻不见主母与小主人，因此落后，何言反耶？”飞曰：“若非简雍先来报信，我今见你，怎肯干休也！”云曰：“主公在何处？”飞曰：“只在前面不远。”云谓糜竺曰：“糜子仲保甘夫人先行，待我仍往寻糜夫人与小主人去。”言罢，引数骑再回旧路。

正走之间，见一将手提铁枪，背着一口剑，引十数骑跃马而来。赵云更不打话，直取那将。交马只一合，把那将一枪刺倒，从骑皆走。原来那将乃曹操随身背剑之将夏侯恩也。曹操有宝剑二口：一名“倚天”，一名“青釭”；倚天剑自佩之，青釭剑令夏侯恩佩之。那青釭剑砍铁如泥，锋利无比。当时夏侯恩自恃勇力，背着曹操，只顾引人抢夺掳掠。不想撞着赵云，被他一枪刺死，夺了那口剑，看靶上有金嵌“青釭”二字，方知是宝剑也。云插剑提枪，复杀入重围，回顾手下从骑，已没一人，只剩得孤身。云并无半点退心，只顾往来寻觅；但逢百姓，便问糜夫人消息。忽一人指曰：“夫人抱着孩儿，左腿上着了枪，行走不得，只在前面墙缺内坐地。”

赵云听了，连忙追寻。只见一个人家，被火烧坏土墙，糜夫人抱着阿斗，坐于墙下枯井之傍啼哭。云急下马伏地而拜。夫人曰：“妾得见将军，阿斗有命矣。望将军可怜他父亲飘荡半世，只有这点骨血。将军可护持此子，教他得见父面，妾死无恨！”云曰：“夫人受难，云之罪也。不必多言，请夫人上马。云自步行死战，保夫人透出重围。”糜夫人曰：“不可！将军岂可无马！此子全赖将军保护。妾已重伤，死何足惜！望将军速抱此子前去，勿以妾为累也。”云曰：“喊声将近，追兵已至，请夫人速速上马。”糜夫人曰：“妾身委实难去。休得两误。”乃将阿斗递与赵云曰：“此子性命全在将军身上！”赵云三回五次请夫人上马，夫人只不肯上马。四边喊声又起。云厉声曰：“夫人不听吾言，追军若至，为之奈何？”糜夫人乃弃阿斗于地，翻身投入枯井中而死。后人有诗赞之曰：“战将全凭马力多，步行怎把幼君扶？拚将一死存刘嗣，勇决还亏女丈夫。”赵云见夫人已死，恐曹军盗尸，便将土墙推倒，掩盖枯井。掩讫，解开勒甲绦，放下掩心镜，将阿斗抱护在怀，绰枪上马。早有一将，引一队步军至，乃曹洪部将晏明也，持三尖两刃刀来战赵云。不三合，被赵云一枪刺倒，杀散众军，冲开一条路。正走间，前面又一枝军马拦路。当先一员大将，旗号分明，大书河间张郃。云更不答话，挺枪便战。约十余合，云不敢恋战，夺路而走。背后张郃赶来，云加鞭而行，不想趷跶一声，连马和人，颠入土坑之内。张郃挺枪来刺，忽然一道红光，从土坑中滚起，那匹马平空一跃，跳出坑外。后人有诗曰：“红光罩体困龙飞，征马冲开长坂围。四十二年真命主，将军因得显神威。”张郃见了，大惊而退。赵云纵马正走，背后忽有二将大叫：“赵云休走！”前面又有二将，使两般军器，截住去路：后面赶的是马延、张顗，前面阻的是焦触、张南，都是袁绍手下降将。赵云力战四将，曹军一齐拥至。云乃拔青釭剑乱砍，手起处，衣甲平过，血如涌泉。杀退众军将，直透重围。却说曹操在景山顶上，望见一将，所到之处，威不可当，急问左右是谁。曹洪飞马下山大叫曰：“军中战将可留姓名！”云应声曰：“吾乃常山赵子龙也！”曹洪回报曹操。操曰：“真虎将也！吾当生致之。”遂令飞马传报各处：“如赵云到，不许放冷箭，只要捉活的。”因此赵云得脱此难；此亦阿斗之福所致也。这一场杀：赵云怀抱后主，直透重围，砍倒大旗两面，夺槊三条；前后枪刺剑砍，杀死曹营名将五十余员。后人有诗曰：“血染征袍透甲红，当阳谁敢与争锋！古来冲阵扶危主，只有常山赵子龙。”

赵云当下杀透重围，已离大阵，血满征袍。正行间，山坡下又撞出两枝军，乃夏侯惇部将钟缙、钟绅兄弟二人，一个使大斧，一个使画戟，大喝：“赵云快下马受缚！”正是：“才离虎窟愈生去，又遇龙潭鼓浪来。毕竟子龙怎地脱身，且听下回分解。

第四十二回 张翼德大闹长坂桥 刘豫州败走汉津口

却说钟缙、钟绅二人拦住赵云厮杀。赵云挺枪便刺，钟缙当先挥大斧来迎。两马相交，战不三合。被云一枪刺落马下，夺路便走。背后钟绅持戟赶来，马尾相衔，那枝戟只在赵云后心内弄影。云急拨转马头，恰好两胸相拍。云左手持枪隔过画戟，右手拔出青釭宝剑砍去，带盔连脑，砍去一半，绅落马而死，余众奔散。赵云得脱，望长坂桥而走，只闻后面喊声大震，原来文聘引军赶来。赵云到得桥边，人困马乏。见张飞挺矛立马于桥上，云大呼曰：“翼德援我！”飞曰：“子龙速行，追兵我自当之。”

云纵马过桥，行二十余里，见玄德与众人憩于树下。云下马伏地而泣。玄德亦泣。云喘息而言曰：“赵云之罪，万死犹轻！糜夫人身带重伤，不肯上马，投井而死，云只得推土墙掩之。怀抱公子，身突重围；赖主公洪福，幸而得脱。适来公子尚在怀中啼哭，此一会不见动静，多是不能保也。”遂解视之，原来阿斗正睡着未醒。云喜曰：“幸得公子无恙！”双手递与玄德。玄德接过，掷之于地曰：“为汝这孺子，几损我一员大将！”赵云忙向地下抱起阿斗，泣拜曰：“云虽肝脑涂地，不能报也！”后人有诗曰：“曹操军中飞虎出，赵云怀内小龙眠。无由抚慰忠臣意，故把亲儿掷马前。”

却说文聘引军追赵云至长坂桥，只见张飞倒竖虎须，圆睁环眼，手绰蛇矛，立马桥上，又见桥东树林之后，尘头大起，疑有伏后，便勒住马，不敢近前。俄而曹仁、李典、夏侯惇、夏侯渊、乐进、张辽、张郃、许褚等都至。见飞怒目横矛，立马于桥上，又恐是诸葛孔明之计，都不敢近前。扎住阵脚，一字儿摆在桥西，使人飞报曹操。操闻知，急上马，从阵后来。张飞睁圆环眼，隐隐见后军青罗伞盖、旄钺旌旗来到，料得是曹操心疑，亲自来看。飞乃厉声大喝曰：“我乃燕人张翼德也！谁敢与我决一死战？”声如巨雷。曹军闻之，尽皆股栗。曹操急令去其伞盖，回顾左右曰：“我向曾闻云长言：翼德于百万军中，取上将之首，如探囊取物。今日相逢，不可轻敌。”言未已，张飞睁目又喝曰：“燕人张翼德在此！谁敢来决死战？”曹操见张飞如此气概，颇有退心。飞望见曹操后军阵脚移动，乃挺矛又喝曰：“战又不战，退又不退，却是何故！”喊声未绝，曹操身边夏侯杰惊得肝胆碎裂，倒撞于马下。操便回马而走。于是诸军众将一齐望西奔走。正是：黄口孺子，怎闻霹雳之声；病体樵夫，难听虎豹之吼。一时弃枪落盔者，不计其数，人如潮涌，马似山崩，自相践踏。后人有诗赞曰：“长坂桥头杀气生，横枪立马眼圆睁。一声好似轰雷震，独退曹家百万兵。”

却说曹操惧张飞之威，骤马望西而走，冠簪尽落，披发奔逃。张辽、许褚赶上，扯住辔环。曹操仓皇失措。张辽曰：“丞相休惊。料张飞一人，何足深惧！今急回军杀去，刘备可擒也。”曹操神色方才稍定，乃令张辽、许褚再至长坂桥探听消息。且说张飞见曹军一拥而退，不敢追赶；速唤回原随二十余骑，解去马尾树枝，令将桥梁拆断，然后回马来见玄德，具言断桥一事。玄德曰：“吾弟勇则勇矣，惜失于计较。”飞问其故。玄德曰：“曹操多谋。汝不合拆断桥梁，彼必追至矣。”飞曰：“他被我一喝，倒退数里，何敢再追？”玄德曰：“若不断桥，彼恐有埋伏，不敢进兵，今拆断了桥，彼料我无军而怯，必来追赶。彼有百万之众，虽涉江汉，可填而过，岂惧一桥之断耶？”于是即刻起身，从小路斜投汉津，望沔阳路而走。却说曹操使张辽、许褚探长坂桥消息，回报曰：“张飞已拆断桥梁而去矣。”操曰：“彼断桥而去，乃心怯也。”遂传令差一万军，速搭三座浮桥，只今夜就要过。李典曰：“此恐是诸葛亮之诈谋，不可轻进。”操曰：“张飞一勇之夫，岂有诈谋！”遂传下号令，火速进兵。

却说玄德行近汉津，忽见后面尘头大起，鼓声连天，喊声震地。玄德曰：“前有大江，后有追兵，如之奈何？”急命赵云准备抵敌。曹操下令军中曰：“今刘备釜中之鱼，阱中之虎；若不就此时擒捉，如放鱼入海，纵虎归山矣。众将可努力向前。”众将领命，一个个奋威追赶。忽山坡后鼓声响处，一队军马飞出，大叫曰：“我在此等候多时了！”当头那员大将，手执青龙刀，坐下赤兔马，原来是关云长，去江夏借得军马一万，探知当阳长坂大战，特地从此路截出。曹操一见云长，即勒住马回顾众将曰：“又中诸葛亮之计也！”传令大军速退。

云长追赶十数里，即回军保护玄德等到汉津，已有船只伺候，云长请玄德并甘夫人、阿斗至船中坐定。云长问曰：“二嫂嫂如何不见？”玄德诉说当阳之事。云长叹曰：“曩日猎于许田时，若从吾意，可无今日之患。”玄德曰：“我于此时亦投鼠忌器耳。”正说之间，忽见江南岸战鼓大鸣，舟船如蚁，顺风扬帆而来。玄德大惊。船来至近，只见一人白袍银铠，立于船头上大呼曰：“叔父别来无恙！小侄得罪。”玄德视之，乃刘琦也。琦过船哭拜曰：“闻叔父困于曹操，小侄特来接应。”玄德大喜，遂合兵一处，放舟而行。在船中正诉情由，江西南上战船一字儿摆开，乘风唿哨而至，刘琦惊曰：“江夏之兵，小侄已尽起至此矣。今有战船拦路，非曹操之军，即江东之军也，如之奈何？”玄德出船头视之，见一人纶巾道服，坐在船头上，乃孔明也，背后立着孙乾。玄德慌请过船，问其何故却在此。孔明曰：“亮自至江夏，先令云长于汉津登陆地而接。我料曹操必来追赶，主公必不从江陵来，必斜取汉津矣；故特请公子先来接应，我竟往夏口，尽起军前来相助。”玄德大悦，合为一处，商议破曹之策。孔明曰：“夏口城险，颇有钱粮，可以久守。请主公且到夏口屯住。公子自回江夏，整顿战船，收拾军器，为掎角之势，可以抵当曹操。若共归江夏，则势反孤矣。”刘琦曰：“军师之言甚善。但愚意欲请叔父暂至江夏；整顿军马停当，再回夏口不迟。”玄德曰：“贤侄之言亦是。”遂留下云长，引五千军守夏口。玄德、孔明、刘琦共投江夏。

却说曹操见云长在旱路引军截出，疑有伏兵，不敢来追；又恐水路先被玄德夺了江陵，便星夜提兵赴江陵来。荆州治中邓义、别驾刘先，已备知襄阳之事，料不能抵敌曹操，遂引荆州军民出郭投降。曹操入城、安民已定，释韩嵩之囚，加为大鸿胪。其余众官，各有封赏。曹操与众将议曰：“今刘备已投江夏，恐结连东吴，是滋蔓也，当用何计破之？”荀攸曰：“我今大振兵威，遣使驰檄江东，请孙权会猎于江夏，共擒刘备，分荆州之地，永结盟好。孙权必惊疑而来降，则吾事济矣。”操从其计，一面发檄遣使赴东吴；一面计点马步水军共八十三万，诈称一百万，水陆并进，船骑双行，沿江而来，西连荆、峡、东接蕲、黄、赛栅联络三百余里。

话分两头。却说江东孙权，屯兵柴桑郡，闻曹操大军至襄阳，刘琮已降，今又星夜兼道取江陵，乃集众谋士商议御守之策。鲁肃曰："荆州与国邻接，江山险固，士民殷富。吾若据而有之，此帝王之资也。今刘表新亡，刘备新败，肃请奉命往江夏吊丧，因说刘备使抚刘表众将，同心一意，共破曹操；备若喜而从命，则大事可定矣。"权喜从其言，即遣鲁肃赍礼往江夏吊丧。却说玄德至江夏，与孔明、刘琦共议良策。孔明曰："曹操势大，急难抵敌，不如往投东吴孙权，以为应援。使南北相持，吾等于中取利，有何不可？"玄德曰："江东人物极多，必有远谋，安肯相容耶？"孔明笑曰："今操引百万之众，虎踞江汉，江东安得不使人来探听虚实？若有人到此，亮借一帆风，直至江东，凭三寸不烂之舌，说南北两军互相吞并。若南军胜，共诛曹操以取荆州之地；若北军胜，则我乘势以取江南可也。"玄德曰："此论甚高。但如何得江东人到？"

正说间，人报江东孙权差鲁肃来吊丧，船已傍岸。孔明笑曰：：大事济矣！"遂问刘琦曰："往日孙策亡时，襄阳曾遣人去吊丧否？"琦曰："江东与我家有杀父之仇，安得通庆吊之礼！"孔明曰："然则鲁肃之来，非为吊丧，乃来探听军情也。"遂谓玄德曰："鲁肃至，若问曹操动静，主公只推不知，再三问时，主公只说可问诸葛亮。"计会已定，使人迎接鲁肃。肃入城吊丧；收过礼物，刘琦请肃与玄德相见。礼毕，邀入后堂饮酒，肃曰："久闻皇叔大名，无缘拜会；今幸得见。实为欣慰。近闻皇叔与曹操会战，必知彼虚实：敢问操军约有几何？"玄德曰："备兵微将寡，一闻操至即走，竟不知彼虚实。"鲁肃曰："闻皇叔用诸葛孔明之谋，两场火烧得曹操魂亡胆落，何言不知耶？"玄德曰："徐非问孔明，便知其详。"肃曰："孔明安在？愿求一见。"玄德教请孔明出来相见。

肃见孔明礼毕，问曰："向慕先生才德，未得拜晤；今幸相遇，愿闻目今安危之事。"孔明曰："曹操奸计，亮已尽知；但恨力未及，故且避之。"肃曰："皇叔今将止于此乎？"孔明曰："使君与苍梧太守吴臣有旧，将往投之。"肃曰："吴臣粮少兵微，自不能保，焉能容人？"孔明曰："吴臣处虽不足久居，今且暂依之，别有良图。"肃曰："孙将军虎踞六郡，兵精粮足，又极敬贤礼士，江表英雄，多归附之。今为君计。莫若遣心腹往结东吴，以共图大事。"孔明曰："刘使君与孙将军自来无旧，恐虚费词说。且别无心腹之人可使。"肃曰："先生之兄，现为江东参谋，日望与先生相见。肃不才，愿与公同见孙将军，共议大事。"玄德曰："孔明是吾之师，顷刻不可相离，安可去也？"肃坚请孔明同去。玄德佯不许。孔明曰："事急矣，请奉命一行。玄德方才许诺。鲁肃遂别了玄德、刘琦，与孔明登舟，望柴桑郡来。正是：只因诸葛扁舟去，致使曹兵一旦休。不知孔明此去毕竟如何，且看下文分解。

第四十三回 诸葛亮舌战群儒 鲁子敬力排众议

却说鲁肃、孔明辞了玄德、刘琦，登舟望柴桑郡来。二人在舟中共议、鲁肃谓孔明曰："先生见孙将军，切不可实言曹操兵多将广。"孔明曰："不须子敬叮咛，亮自有对答之语。"及船到岸，肃请孔明于馆驿中暂歇，先自往见孙权。权正聚文武于堂上议事，闻鲁肃回，急召入问曰："子敬往江夏，体探虚实若何？"肃曰："已知其略，尚容徐禀。"权将曹操檄文示肃曰："操昨遣使赍文至此，孤先发遣来使，现今会众商议未定。"肃接檄文观看。其略曰："孤近承帝命，奉词伐罪。旄麾南指，刘琮束手；荆襄之民，望风归顺。今统雄兵百万，上将千员，欲与将军会猎于江夏，共伐刘备，同分土地，永结盟好。幸勿观望，速赐回音。"鲁肃看毕曰："主公尊意若何？"权曰："未有定论。"张昭曰："曹操拥百万之众，借天子之名，以征四方，拒之不顺。且主公大势可以拒操者，长江也。今操既得荆州，长江之险，已与我共之矣，势不可敌。以愚之计，不如纳降，为万安之策。众谋士皆曰："子布之言，正合天意。"孙权沉吟不语。张昭又曰："主公不必多疑。如降操，则东吴民安，江南六郡可保矣。"孙权低头不语。

须臾，权起更衣，鲁肃随于权后。权知肃意，乃执肃手而言曰："卿欲如何？"肃曰："恰才众人所言，深误将军。众人皆可降曹操，惟将军不可降曹操。"权曰："何以言之？"肃曰："如肃等降操，当以肃还乡党，累官故不失州郡也；将军降操，欲安所归乎？位不过封侯，车不过一乘，骑不过一匹，从不过数人，岂得南面称孤哉！众人之意，各自为己，不可听也。将军宜早定大计。"权叹曰："诸人议论，大失孤望。子敬开说大计，正与吾见相同。此天以子敬赐我也！但操新得袁绍之众，近又得荆州之兵，恐势大难以抵敌。"肃曰："肃至江夏，引诸葛瑾之弟诸葛亮在此，主公可问之，便知虚实。"权曰："卧龙先生在此乎？"肃曰："现在馆驿中安歇。"权曰："今日天晚，且未相见。来日聚文武于帐下，先教见我江东英俊，然后升堂议事。"肃领命而去。次日至馆驿中见孔明，又嘱曰："今见我主，切不可言曹操兵多。"孔明笑曰："亮自见机而变，决不有误。"肃乃引孔明至幕下。早见张昭、顾雍等一班文武二十余人，峨冠博带，整衣端坐。孔明逐一相见，各问姓名。施礼已毕，坐于客位。张昭等见孔明丰神飘洒，器宇轩昂，料道此人必来游说。张昭先以言挑之曰："昭乃江东微末之士，久闻先生高卧隆中，自比管；乐。此语果有之乎？"孔明曰："此亮平生小可之比也。"昭曰："近闻刘豫州三顾先生于草庐之中，幸得先生，以为如鱼得水，思欲席卷荆襄。今一旦以属曹操，未审是何主见？"孔明自思张昭乃孙权手下第一个谋士，若不先难倒他，如何说得孙权，遂答曰："吾观取汉上之地，易如反掌。我主刘豫州躬行仁义，不忍夺同宗之基业，故力辞之。刘琮孺子，听信佞言，暗自投降，致使曹操得以猖獗。今我主屯兵江夏，别有良图，非等闲可知也。"昭曰："若此，是先生言行相违也。先生自比管、乐，管仲相桓公，霸诸侯，一国天下；乐毅扶持微弱之燕，下齐七十余城：此二人者，真济世之才也。先生在草庐之中，但笑傲风月，抱膝危坐。今既从事刘豫州，当为生灵兴利除害，剿灭乱贼。且刘豫州未得先生之前，尚且纵横寰宇，割据城池；今得先生，人皆仰望。虽三尺童蒙，亦谓彪虎生翼，将见汉室复兴，曹氏即灭矣。朝廷旧臣，山林隐士，无不拭目而待：以为拂高天之云翳，仰日月之光辉，拯民于水火之中，措天下于衽席之上，在此时也。何先生自归豫州，曹兵一出，弃甲抛戈，望风而窜；上不能报刘表以安庶民，下不能辅孤子而据疆土；乃弃新野，走樊城，败当阳，奔夏口，无容身之地：是豫州既得先生之后，反不如其初也。管仲、乐毅，果如是乎？愚直之言，幸勿见怪！"孔明听罢，哑然而笑曰："鹏飞万里，其志岂群鸟能识哉？譬如人染沉疴，当先用糜粥以饮之，和药以服之；待其腑脏调和，形体渐安，然后用肉食以补之，猛药以治之：则病根尽去，人得全生也。若不待气脉和缓，便投以猛药厚味，欲求安保，诚为难矣。吾主刘豫州，向日军败于汝南，寄迹刘表，兵不满千，将止关、张、赵云而已：此正如病势尪羸已极之时也，新野山僻小县，人民稀少，粮食鲜薄，豫州不过暂借以容身，岂真将坐守于此耶？夫以甲兵不完，城郭不固，军不经练，粮不继日，然而博望烧屯，白河用水，使夏侯惇，曹仁辈心惊胆裂：窃谓管仲、乐毅之用兵，未必过此。至于刘琮降操，豫州实出不知；且又不忍乘乱夺同宗之基业，此真大仁大义也。当阳之败，豫州见有数十万赴义之民，扶老携幼相随，不忍弃之，日行十里，不思进取江陵，甘与同败，此亦大仁大义也。寡不敌众，胜负乃其常事。昔高皇数败于项羽，而垓下一战成功，此非韩信之良谋乎？夫信久事高皇，未尝累胜。盖国家大计，社稷安危，是有主谋。非比夸辩之徒，虚誉欺人：坐议立谈，无人可及；临机应变，百无一能。诚为天下笑耳！”这一篇言语，说得张昭并无一言回答。

座上忽一人抗声问曰：“今曹公兵屯百万，将列千员，龙骧虎视，平吞江夏，公以为何如？”孔明视之，乃虞翻也。孔明曰：“曹操收袁绍蚁聚之穷于夏口，区区求教于人，而犹言不惧，此真大言欺人也！”孔明曰：“刘豫州以数千仁义之师，安能敌百万残暴之众？退守夏口，所以待时也。今江东兵精粮足，且有长江之险，犹欲使其主屈膝降贼，不顾天下耻笑。由此论之，刘豫州真不惧操贼者矣！”虞翻不能对。

座间又一人问曰：“孔明欲效仪、秦之舌，游说东吴耶？”孔明视之，乃步骘也。孔明曰：“步子山以苏秦张仪为辩士，不知苏秦、张仪亦豪杰也。苏秦佩六国相印，张仪两次相秦，皆有匡扶人国之谋，非比畏强凌弱，惧刀避剑之人也。君等闻曹操虚发诈伪之词，便畏惧请降，敢笑苏秦、张仪乎？”步骘默然无语。忽一人问曰：“孔明以曹操何如人也？”孔明视其人，乃薛综也。孔明答曰：“曹操乃汉贼也，又何必问？”综曰：“公言差矣。汉传世至今，天数将终。今曹公已有天下三分之二，人皆归心。刘豫州不识天时，强欲与争，正如以卵击石，安得不败乎？”孔明厉声曰：“薛敬文安得出此无父无君之言乎！夫人生天地间，以忠孝为立身之本。公既为汉臣，则见有不臣之人，当誓共戮之：臣之道也。今曹操祖宗叨食汉禄，不思报效，反怀篡逆之心，天下之所共愤；公乃以天数归之，真无父无君之人也！不足与语！请勿复言！”薛综满面羞惭，不能对答。座上又一人应声问曰：“曹操虽挟天子以令诸侯，犹是相国曹参之后。刘豫州虽云中山靖王苗裔，却无可稽考，眼见只是织席贩屦之夫耳，何足与曹操抗衡哉！”孔明视之，乃陆绩也。孔明笑曰：“公非袁术座间怀桔之陆郎乎？请安坐，听吾一言：曹操既为曹相国之后，则世为汉臣矣；今乃专权肆横，欺凌君父，是不惟无君，亦且蔑祖，不惟汉室之乱臣，亦曹氏之贼子也。刘豫州堂堂帝胄，当今皇帝，按谱赐爵，何云无可稽考？且高祖起身亭长，而终有天下；织席贩屦，又何足为辱乎？公小儿之见，不足与高士共语！”陆绩语塞。

座上一人忽曰：“孔明所言，皆强词夺理，均非正论，不必再言。且请问孔明治何经典？”孔明视之，乃严畯也。孔明曰：“寻章摘句，世之腐儒也，何能兴邦立事？且古耕莘伊尹，钓渭子牙，张良、陈平之流。邓禹、耿弇之辈，皆有匡扶宇宙之才，未审其生平治何经典。岂亦效书生，区区于笔砚之间，数黑论黄，舞文弄墨而已乎？”严峻低头丧气而不能对。

忽又一人大声曰：“公好为大言，未必真有实学，恐适为儒者所笑耳。”孔明视其人，乃汝南程德枢也。孔明答曰：“儒有君子小人之别。君子之儒，忠君爱国，守正恶邪，务使泽及当时，名留后世。若夫小人之儒，惟务雕虫，专工翰墨，青春作赋，皓首穷经；笔下虽有千言，胸中实无一策。且如杨雄以文章名世，而屈身事莽，不免投阁而死，此所谓小人之儒也；虽日赋万言，亦何取哉！”程德枢不能对。众人见孔明对答如流，尽皆失色。时座上张温、骆统二人，又欲问难。忽一人自外而入，厉声言曰：“孔明乃当世奇才，君等以唇舌相难，非敬客之礼也。曹操大军临境，不思退敌之策，乃徒斗口耶！”众视其人，乃零陵人，姓黄，名盖，字公覆，现为东吴粮官。当时黄盖谓孔明曰：“愚闻多言获利，不如默而无言。何不将金石之论为我主言之，乃与众人辩论也？”孔明曰：“诸君不知世务，互相问难，不容不答耳。”于是黄盖与鲁肃引孔明入。至中门，正遇诸葛瑾，孔明施礼。瑾曰：“贤弟既到江东，如何不来见我？”孔明曰：“弟既事刘豫州，理宜先公后私。公事未毕，不敢及私。望兄见谅。”瑾曰：“贤弟见过吴侯，却来叙话。”说罢自去。鲁肃曰：“适间所嘱，不可有误。”孔明点头应诺。引至堂上，孙权降阶而迎，优礼相待。施礼毕，赐孔明坐。众文武分两行而立。鲁肃立于孔明之侧，只看他讲话。孔明致玄德之意毕，偷眼看孙权：碧眼紫髯，堂堂一表。孔明暗思：“此人相貌非常，只可激，不可说。等他问时，用言激之便了。”献茶已毕，孙权曰：“多闻鲁子敬谈足下之才，今幸得相见，敢求教益。”孔明曰：“不才无学，有辱明问。”权曰：“足下近在新野，佐刘豫州与曹操决战，必深知彼军虚实。”孔明曰：“刘豫州兵微将寡，更兼新野城小无粮，安能与曹操相持。”权曰：“曹兵共有多少？”孔明曰：“马步水军，约有一百余万。”权曰：“莫非诈乎？”孔明曰：“非诈也。曹操就兖州已有青州军二十万；平了袁绍，又得五六十万；中原新招之兵三四十万；今又得荆州之军二三十万：以此计之，不下一百五十万。亮以百万言之，恐惊江东之士也。”鲁肃在旁，闻言失色，以目视孔明；孔明只做不见。权曰：“曹操部下战将，还有多少？”孔明曰：“足智多谋之士，能征惯战之将，何止一二千人。”权曰：“今曹操平了荆、楚，复有远图乎？”孔明曰：“即今沿江下寨，准备战船，不欲图江东，待取何地？”权曰：“若彼有吞并之意，战与不战，请足下为我一决。”孔明曰：“亮有一言，但恐将军不肯听从。”权曰：“愿闻高论。”孔明曰：“向者宇内大乱，故将军起江东，刘豫州收众汉南，与曹操并争天下。今操芟除大难，略已平矣；近又新破荆州，威震海内；纵有英雄，无用武之地：故豫州遁逃至此。愿将军量力而处之：若能以吴、越之众，与中国抗衡，不如早与之绝；若其不能，何不从众谋士之论，按兵束甲，北面而事之？”权未及答。孔明又曰：“将军外托服从之名，内怀疑贰之见，事急而不断，祸至无日矣！”权曰：“诚如君言，刘豫州何不降操？”孔明曰：“昔田横，齐之壮士耳，犹守义不辱。况刘豫州王室之胄，英才盖世，众士仰慕。事之不济，此乃天也。又安能屈处人下乎！”孙权听了孔明此言，不觉勃然变色，拂衣而起，退入后堂。众皆哂笑而散，鲁肃责孔明曰：“先生何故出此言？幸是吾主宽洪大度，不即面责。先生之言，藐视吾主甚矣。”孔明仰面笑曰：“何如此不能容物耶！我自有破曹之计，彼不问我，我故不言。”肃曰：“果有良策，肃当请主公求教。”孔明曰：“吾视曹操百万之众，如群蚁耳！但我一举手，则皆为齑粉矣！”肃闻言，便入后堂见孙权。权怒气未息，顾谓肃曰：“孔明欺吾太甚！”肃曰：“臣亦以此责孔明，孔明反笑主公不能容物。破曹之策，孔明不肯轻言，主公何不求之？”权回嗔作喜曰：“原来孔明有良谋，故以言词激我。我一时浅见，几误大事。”便同鲁肃重复出堂，再请孔明叙话。权见孔明，谢曰：“适来冒渎威严，幸勿见罪。”孔明亦谢曰：“亮言语冒犯，望乞恕罪。”权邀孔明入后堂，置酒相待。

数巡之后，权曰：“曹操平生所恶者：吕布、刘表、袁绍、袁术、豫州与孤耳。今数雄已灭，独豫州与孤尚存。孤不能以全吴之地，受制于人。吾计决矣。非刘豫州莫与当曹操者；然豫州新败之后，安能抗此难乎？”孔明曰：“豫州虽新败，然关云长犹率精兵万人；刘琦领江夏战士，亦不下万人。曹操之众，远来疲惫；近追豫州，轻骑一日夜行三百里，此所谓强弩之末，势不能穿鲁缟者也。且北方之人，不习水战。荆州士民附操者，迫于势耳，非本心也。今将军诚能与豫州协力同心，破曹军必矣。操军破，必北还，则荆、吴之势强，而鼎足之形成矣。成败之机，在于今日。惟将军裁之。”权大悦曰：“先生之言，顿开茅塞。吾意已决，更无他疑。即日商议起兵，共灭曹操！”遂令鲁肃将此意传谕文武官员，就送孔明于馆驿安歇。张昭知孙权欲兴兵，遂与众议曰：“中了孔明之计也！”急入见权曰：“昭等闻主公将兴兵与曹操争锋。主公自思比袁绍若何？曹操向日兵微将寡，尚能一鼓克袁绍；何况今日拥百万之众南征，岂可轻敌？若听诸葛亮之言，妄动甲兵，此所谓负薪救火也。”孙权只低头不语。顾雍曰：“刘备因为曹操所败，故欲借我江东之兵以拒之，主公奈何为其所用乎；愿听子布之言。”孙权沉吟未决。张昭等出，鲁肃入见曰：“适张子布等，又劝主公休动兵，力主降议，此皆全躯保妻子之臣，为自谋之计耳。原主公勿听也。”孙权尚在沉吟。肃曰：“主公若迟疑，必为众人误矣。”权曰：“卿且暂退，容我三思。”肃乃退出。时武将或有要战的，文官都是要降的，议论纷纷不一。且说孙权退入内宅，寝食不安，犹豫不决。吴国太见权如此，问曰：“何事在心，寝食俱废？”权曰：“今曹操屯兵于江汉，有下江南之意。问诸文武，或欲降者，或欲战者。欲待战来，恐寡不敌众；欲待降来，又恐曹操不容：因此犹豫不决。”吴国太曰：“汝何不记吾姐临终之语乎？”孙权如醉方醒，似梦初觉，想出这句话来。正是：追思国母临终语，引得周郎立战功。毕竟说着甚的，且看下文分解。

第四十四回 孔明用智激周瑜 孙权决计破曹操

却说吴国太见孙权疑惑不决，乃谓之曰：“先姊遗言云：‘伯符临终有言：内事不决问张昭，外事不决问周瑜。’今何不请公瑾问之？”权大喜，即遣使往鄱阳请周瑜议事。原来周瑜在鄱阳湖训练水师，闻曹操大军至汉上，便星夜回柴桑郡议军机事。使者未发，周瑜已先到。鲁肃与瑜最厚，先来接着，将前项事细述一番。周瑜曰：“子敬休忧，瑜自有主张。今可速请孔明来相见。”鲁肃上马去了。

周瑜方才歇息，忽报张昭、顾雍、张纮、步骘四人来相探。瑜接入堂中坐定，叙寒温毕。张昭曰：“都督知江东之利害否？”瑜曰：“未知也。”昭曰：“曹操拥众百万，屯于汉上，昨传檄文至此，欲请主公会猎于江夏。虽有相吞之意，尚未露其形。昭等劝主公且降之，庶免江东之祸。不想鲁子敬从江夏带刘备军师诸葛亮至此，彼因自欲雪愤，特下说词以激主公。子敬却执迷不悟。正欲待都督一决。”瑜曰：“公等之见皆同否？”顾雍等曰：“所议皆同。”瑜曰：“吾亦欲降久矣。公等请回，明早见主公，自有定议。”昭等辞去。

少顷，又报程普、黄盖、韩当等一班战将来见。瑜迎入，各问慰讫。程普曰：“都督知江东早晚属他人否？”瑜曰：“未知也。”普曰：“吾等自随孙将军开基创业，大小数百战，方才战得六郡城池。今主公听谋士之言，欲降曹操，此真可耻可惜之事！吾等宁死不辱。望都督劝主公决计兴兵，吾等愿效死战。”瑜曰：“将军等所见皆同否？”黄盖忿然而起，以手拍额曰：“吾头可断，誓不降曹！”众人皆曰：“吾等都不愿降！”瑜曰：“吾正欲与曹操决战，安肯投降！将军等请回。瑜见主公，自有定议。”程普等别去。

又未几，诸葛瑾、吕范等一班儿文官相候。瑜迎入，讲礼方毕，诸葛瑾曰：“舍弟诸葛亮自汉上来，言刘豫州欲结东吴，共伐曹操，文武商议未定。因舍弟为使，瑾不敢多言，专候都督来决此事。”瑜曰：“以公论之若何？”瑾曰：“降者易安，战者难保。”周瑜笑曰：“瑜自有主张。来日同至府下定议。”瑾等辞退。忽又报吕蒙、甘宁等一班儿来见。瑜请入，亦叙谈此事。有要战者，有要降者，互相争论。瑜曰：“不必多言，来日都到府下公议。”众乃辞去。周瑜冷笑不止。

至晚，人报鲁子敬引孔明来拜。瑜出中门迎入。叙礼毕，分宾主而坐。肃先问瑜曰：“今曹操驱众南侵，和与战二策，主公不能决，一听于将军。将军之意若何？”瑜曰：“曹操以天子为名，其师不可拒。且其势大，未可轻敌。战则必败，降则易安。吾意已决。来日见主公，便当遣使纳降。”鲁肃愕然曰：“君言差矣！江东基业，已历三世，岂可一旦弃于他人？伯符遗言，外事付托将军。今正欲仗将军保全国家，为泰山之靠，奈何从懦夫之议耶？”瑜曰：“江东六郡，主灵无限；若罹兵革之祸，必有归怨于我，故决计请降耳。”肃曰：“不然。以将军之英雄，东吴之险固，操未必便能得志也。”

二人互相争辩，孔明只袖手冷笑。瑜曰：“先生何故哂笑？”孔明曰：“亮不笑别人，笑子敬不识时务耳。”肃曰：“先生如何反笑我不识时务？”孔明曰：“公瑾主意欲降操，甚为合理。”瑜曰：“孔明乃识时务之士，必与吾有同心。”肃曰：“孔明，你也如何说此？”孔明曰：“操极善用兵，天下莫敢当。向只有吕布、袁绍、袁术、刘表敢与对敌。今数人皆被操灭，天下无人矣。独有刘豫州不识时务，强与争衡；今孤身江夏，存亡未保。将军决计降曹，可以保妻子，可以全富贵。国祚迁移，付之天命，何足惜哉！”鲁肃大怒曰：“汝教吾主屈膝受辱于国贼乎！”孔明曰：“愚有一计：并不劳牵羊担酒，纳土献印；亦不须亲自渡江；只须遣一介之使，扁舟送两个人到江上。操一得此两人，百万之众，皆卸甲卷旗而退矣。”瑜曰：“用何二人，可退操兵？”孔明曰：“江东去此两人，如大木飘一叶，太仓减一粟耳；而操得之，必大喜而去。”瑜又问：“果用何二人？”孔明曰：“亮居隆中时，即闻操于漳河新造一台，名曰铜雀，极其壮丽；广选天下美女以实其中。操本好色之徒，久闻江东乔公有二女，长曰大乔，次曰小乔，有沉鱼落雁之容，闭月羞花之貌。操曾发誓曰：吾一愿扫平四海，以成帝业；一愿得江东二乔，置之铜雀台，以乐晚年，虽死无恨矣。今虽引百万之众，虎视江南，其实为此二女也。将军何不去寻乔公，以千金买此二女，差人送与曹操，操得二女，称心满意，必班师矣。此范蠡献西施之计，何不速为之？”瑜曰：“操欲得二乔，有何证验？”孔明曰：“曹操幼子曹植，字子建，下笔成文。操尝命作一赋，名曰《铜雀台赋》。赋中之意，单道他家合为天子，誓取二乔。”瑜曰：“此赋公能记否？”孔明曰：“吾爱其文华美，尝窃记之。”瑜曰：“试请一诵。”孔明即时诵《铜雀台赋》云：“从明后以嬉游兮，登层台以娱情。见太府之广开兮，观圣德之所营。建高门之嵯峨兮，浮双阙乎太清。立中天之华观兮，连飞阁乎西城。临漳水之长流兮，望园果之滋荣。立双台于左右兮，有玉龙与金凤。揽二乔于东南兮，乐朝夕之与共。俯皇都之宏丽兮，瞰云霞之浮动。欣群才之来萃兮，协飞熊之吉梦。仰春风之和穆兮，听百鸟之悲鸣。天云垣其既立兮，家愿得乎双逞，扬仁化于宇宙兮，尽肃恭于上京。惟桓文之为盛兮，岂足方乎圣明？休矣！美矣！惠泽远扬。翼佐我皇家兮，宁彼四方。同天地之规量兮，齐日月之辉光。永贵尊而无极兮，等君寿于东皇。御龙旂以遨游兮，回鸾驾而周章。恩化及乎四海兮，嘉物阜而民康。愿斯台之永固兮，乐终古而未央！”

周瑜听罢，勃然大怒，离座指北而骂曰：“老贼欺吾太甚！”孔明急起止之曰：“昔单于屡侵疆界，汉天子许以公主和亲，今何惜民间二女乎？”瑜曰：“公有所不知：大乔是孙伯符将军主妇，小乔乃瑜之妻也。”孔明佯作惶恐之状，曰：“亮实不知。失口乱言，死罪！死罪！”瑜曰：“吾与老贼誓不两立！”孔明曰：“事须三思免致后悔。”瑜曰：“吾承伯符寄托，安有屈身降操之理？适来所言，故相试耳。吾自离鄱阳湖，便有北伐之心，虽刀斧加头，不易其志也！望孔明助一臂之力，同破曹贼。”孔明曰：“若蒙不弃，愿效犬马之劳，早晚拱听驱策。”瑜曰：“来日入见主公，便议起兵。”孔明与鲁肃辞出，相别而去。次日清晨，孙权升堂。左边文官张昭、顾雍等三十余人；右边武官程普、黄盖等三十余人：衣冠济济，剑佩锵锵，分班侍立。少顷，周瑜入见。礼毕，孙权问慰罢，瑜曰：“近闻曹操引兵屯汉上，驰书至此，主公尊意若何？”权即取檄文与周瑜看。瑜看毕，笑曰：“老贼以我江东无人，敢如此相侮耶！”权曰：“君之意若何？”瑜曰：“主公曾与众文武商议否？”权曰：“连日议此事：有劝我降者，有劝我战者。吾意未定，故请公瑾一决。”瑜曰：“谁劝主公降？”权曰：“张子布等皆主其意。”瑜即问张昭曰：“愿闻先生所以主降之意。”昭曰：“曹操挟天子而征四方，动以朝廷为名；近又得荆州，威势越大。吾江东可以拒操者，长江耳。今操艨艟战舰，何止千百？水陆并进，何可当之？不如且降，更图后计。”瑜曰：“此迂儒之论也！江东自开国以来，今历三世，安忍一旦废弃？”权曰：“若此，计将安出？”瑜曰：“操虽托名汉相，实为汉贼。将军以神武雄才，仗父兄余业，据有江东，兵精粮足，正当横行天下，为国家除残去暴，奈何降贼耶？且操今此来，多犯兵家之忌：北土未平，马腾、韩遂为其后患，而操久于南征，一忌也；北军不熟水战，操舍鞍马，仗舟楫，与东吴争衡，二忌也；又时值隆冬盛寒，马无藁草，三忌也；驱中国士卒，远涉江湖，不服水土，多生疾病，四忌也。操兵犯此数忌，虽多必败。将军擒操，正在今日。瑜请得精兵数万人，进屯夏口，为将军破之！”权矍然起曰：“老贼欲废汉自立久矣，所惧二袁、吕布、刘表与孤耳。今数雄已灭，惟孤尚存。孤与老贼，誓不两立！卿言当伐，甚合孤意。此天以卿授我也。”瑜曰：“臣为将军决一血战，万死不辞。只恐将军狐疑不定。”权拔佩剑砍面前奏案一角曰：“诸官将有再言降操者，与此案同！”言罢，便将此剑赐周瑜，即封瑜为大都督，程普为副都督，鲁肃为赞军校尉。如文武官将有不听号令者，即以此剑诛之。瑜受了剑，对众言曰：“吾奉主公之命，率众破曹。诸将官吏来日俱于江畔行营听令。如迟误者，依七禁令五十四斩施行。”言罢，辞了孙权，起身出府。众文武各无言而散。周瑜回到下处，便请孔明议事。孔明至。瑜曰：“今日府下公议已定，愿求破曹良策。”孔明曰：“孙将军心尚未稳，不可以决策也。”瑜曰：“何谓心不稳？”孔明曰：“心怯曹兵之多，怀寡不敌众之意。将军能以军数开解，使其了然无疑，然后大事可成。”瑜曰：“先生之论甚善。”乃复入见孙权。权曰：“公瑾夜至，必有事故。”瑜曰：“来日调拨军马，主公心有疑否？”权曰“但忧曹操兵多，寡不敌众耳。他无所疑。”瑜笑曰：“瑜特为此来开解主公。主公因见操檄文，言水陆大军百万，故怀疑惧，不复料其虚实。今以实较之：彼将中国之兵，不过十五六万，且已久疲；所得袁氏之众，亦止七八万耳，尚多怀疑未服。夫以久疲之卒，御狐疑之众，其数虽多，不足畏也。瑜得五万兵，自足破之。愿主公勿以为虑。”权抚瑜背曰：“公瑾此言，足释吾疑。子布无谋，深失孤望；独卿及子敬，与孤同心耳。卿可与子敬、程普即日选军前进。孤当续发人马，多载资粮，为卿后应。卿前军倘不如意，便还就孤。孤当亲与操贼决战，更无他疑。”周瑜谢出，暗忖曰：“孔明早已料着吴侯之心。其计画又高我一头。久必为江东之患，不如杀之。乃令人连夜请鲁肃入帐，言欲杀孔明之事。肃曰：“不可。今操贼未破，先杀贤士，是自去其助也。”瑜曰：“此人助刘备，必为江东之患。”肃曰：“诸葛瑾乃其亲兄，可令招此人同事东吴，岂不妙哉？”瑜善其言。

次日平明，瑜赴行营，升中军帐高坐。左右立刀斧手，聚集文官武将听令。原来程普年长于瑜，今瑜爵居其上，心中不乐：是日乃托病不出，令长子程咨自代。瑜令众将曰：“王法无亲，诸君各守乃职。方今曹操弄权，甚于董卓：囚天子于许昌。屯暴兵于境上。吾今奉命讨之，诸君幸皆努力向前。大军到处，不得扰民。赏劳罚罪，并不徇纵。”令毕，即差韩当、黄盖为前部先锋，领本部战船，即日起行，前至三江口下寨，别听将令；蒋钦、周泰为第二队；凌统、潘璋为第三队；太史慈、吕蒙为第四队；陆逊、董袭为第五队；吕范、朱治为四方巡警使，催督六郡官军，水陆并进，克期取齐。调拨已毕，诸将各自收拾船只军器起行。程咨回见父程普，说周瑜调兵，动止有法。普大惊曰：“吾素欺周郎懦弱，不足为将；今能如此，真将才也！我如何不服！”遂亲诣行营谢罪。瑜亦逊谢。次日，瑜请诸葛瑾，谓曰：“令弟孔明有王佐之才，如何屈身事刘备？今幸至江东，欲烦先生不惜齿牙余论，使令弟弃刘备而事东吴，则主公既得良辅，而先生兄弟又得相见，岂不美哉？先生幸即一行。”瑾曰：“瑾自至江东，愧无寸功。今都督有命，敢不效力。”即时上马，径投驿亭来见孔明。孔明接入，哭拜，各诉阔情。瑾泣曰：“弟知伯夷、叔齐乎？”孔明暗思：“此必周郎教来说我也。”遂答曰：“夷、齐古之圣贤也。”瑾曰：“夷、齐虽至饿死首阳山下，兄弟二人亦在一处。我今与你同胞共乳，乃各事其主，不能旦暮相聚。视夷、齐之为人，能无愧乎？”孔明曰：“兄所言者，情也；弟所守者，义也。弟与兄皆汉人。今刘皇叔乃汉室之胄，兄若能去东吴，而与弟同事刘皇叔，则上不愧为汉臣，而骨肉又得相聚，此情义两全之策也。不识兄意以为何如？”瑾思曰：“我来说他，反被他说了我也。”遂无言回答，起身辞去。回见周瑜，细述孔明之言。瑜曰：“公意若何？”瑾曰：“吾受孙将军厚恩，安肯相背！”瑜曰：“公既忠心事主，不必多言。吾自有伏孔明之计。”正是：智与智逢宜必合，才和才角又难容。毕竟周瑜定何计伏孔明，且看下回分解。

第四十五回 三江口曹操折兵 群英会蒋干中计

却说周瑜闻诸葛瑾之言，转恨孔明，存心欲谋杀之。次日，点齐军将，入辞孙权。权曰：“卿先行，孤即起兵继后。”瑜辞出，与程普、鲁肃领兵起行，便邀孔明同住。孔明欣然从之。一同登舟，驾起帆樯，迤逦望夏口而进。离三江口五六十里，船依次第歇定。周瑜在中央下寨，岸上依西山结营，周围屯住。孔明只在一叶小舟内安身。

周瑜分拨已定，使人请孔明议事。孔明至中军帐，叙礼毕，瑜曰：“昔曹操兵少，袁绍兵多，而操反胜绍者，因用许攸之谋，先断乌巢之粮也。今操兵八十三万，我兵只五六万，安能拒之？亦必须先断操之粮，然后可破。我已探知操军粮草，俱屯于聚铁山。先生久居汉上，熟知地理。敢烦先生与关、张、子龙辈——吾亦助兵千人——星夜往聚铁山断操粮道。彼此各为主人之事，幸勿推调。”孔明暗思：“此因说我不动，设计害我。我若推调，必为所笑。不如应之，别有计议。”乃欣然领诺。瑜大喜。孔明辞出。鲁肃密谓瑜曰：“公使孔明劫粮，是何意见？”瑜曰：“吾欲杀孔明，恐惹人笑，故借曹操之手杀之，以绝后患耳。”肃闻言，乃往见孔明，看他知也不知。只见孔明略无难色，整点军马要行。肃不忍，以言挑之曰：“先生此去可成功否？”孔明笑曰：“吾水战、步战、马战、车战，各尽其妙，何愁功绩不成，非比江东公与周郎辈止一能也。”肃曰：“吾与公瑾何谓一能？”孔明曰：“吾闻江南小儿谣言云：‘伏路把关饶子敬，临江水战有周郎。’公等于陆地但能伏路把关；周公瑾但堪水战，不能陆战耳。”

肃乃以此言告知周瑜。瑜怒曰：“何欺我不能陆战耶！不用他去！我自引一万马军，往聚铁山断操粮道：”肃又将此言告孔明。孔明笑曰：“公瑾令吾断粮者，实欲使曹操杀吾耳。吾故以片言戏之，公瑾便容纳不下。目今用人之际，只愿吴侯与刘使君同心，则功可成；如各相谋害，大事休矣。操贼多谋，他平生惯断人粮道，今如何不以重兵提备？公瑾若去，必为所擒。今只当先决水战，挫动北军锐气，别寻妙计破之。望子敬善言以告公瑾为幸。”鲁肃遂连夜回见周瑜，备述孔明之言。瑜摇首顿足曰：“此人见识胜吾十倍，今不除之，后必为我国之祸！”肃曰：“今用人之际，望以国家为重。且待破曹之后，图之未晚。”瑜然其说。

却说玄德分付刘琦守江夏，自领众将引兵往夏口。遥望江南岸旗幡隐隐，戈戟重重，料是东吴已动兵矣，乃尽移江夏之兵，至樊口屯扎。玄德聚众曰：“孔明一去东吴，杳无音信，不知事体如何。谁人可去探听虚实回报？”糜竺曰：“竺愿往。”玄德乃备羊酒礼物，令糜竺至东吴，以犒军为名，探听虚实。竺领命，驾小舟顺流而下，径至周瑜大寨前。军士入报周瑜，瑜召入。竺再拜，致玄德相敬之意，献上酒礼。瑜受讫，设宴款待糜竺。竺曰：“孔明在此已久，今愿与同回。”瑜曰：“孔明方与我同谋破曹，岂可便去？吾亦欲见刘豫州，共议良策；奈身统大军，不可暂离。若豫州肯枉驾来临，深慰所望。”竺应诺，拜辞而回。肃问瑜曰：“公欲见玄德，有何计议？”瑜曰：“玄德世之枭雄，不可不除。吾今乘机诱至杀之，实为国家除一后患。”鲁肃再三劝谏，瑜只不听，遂传密令：“如玄德至，先埋伏刀斧手五十人于壁衣中，看吾掷杯为号，便出下手。”却说糜竺回见玄德，具言周瑜欲请主公到彼面会，别有商议。玄德便教收拾快船一只，只今便行。云长谏曰：“周瑜多谋之士，又无孔明书信，恐其中有诈，不可轻去。”玄德曰：“我今结东吴以共破曹操，周郎欲见我，我若不往，非同盟之意。两相猜忌，事不谐矣。”云长曰：“兄长若坚意要去，弟愿同往。”张飞曰：“我也跟去。”玄德曰：“只云长随我去。翼德与子龙守寨。简雍固守鄂县。我去便回。”分付毕，即与云长乘小舟，并从者二十余人，飞棹赴江东。玄德观看江东艨艟战舰、旌旗甲兵，左右分布整齐，心中甚喜。军士飞报周瑜：“刘豫州来了。”瑜问：“带多少船只来？”军士答曰：“只有一只船，二十余从人。”瑜笑曰：“此人命合休矣！”乃命刀斧手先埋伏定，然后出寨迎接。玄德引云长等二十余人，直到中军帐，叙礼毕，瑜请玄德上坐。玄德曰：“将军名传天下，备不才，何烦将军重礼？”乃分宾主而坐。周瑜设宴相待。

且说孔明偶来江边，闻说玄德来此与都督相会，吃了一惊，急入中军帐窃看动静。只见周瑜面有杀气，两边壁衣中密排刀斧手。孔明大惊曰：“似此如之奈何？”回视玄德，谈笑自若；却见玄德背后一人，按剑而立，乃云长也。孔明喜曰：“吾主无危矣。”遂不复入，仍回身至江边等候。

周瑜与玄德饮宴，酒行数巡，瑜起身把盏，猛见云长按剑立于玄德背后，忙问何人。玄德曰：“吾弟关云长也。”瑜惊曰：“非向日斩颜良、文丑者乎？”玄德曰：“然也。”瑜大惊，汗流满背，便斟酒与云长把盏。少顷，鲁肃入。玄德曰：“孔明何在？烦子敬请来一会。”瑜曰：“且待破了曹操，与孔明相会未迟。”玄德不敢再言。云长以目视玄德。玄德会意，即起身辞瑜曰：“备暂告别。即日破敌收功之后，专当叩贺。”瑜亦不留，送出辕门。玄德别了周瑜，与云长等来至江边，只见孔明已在舟中。玄德大喜。孔明曰：“主公知今日之危乎？”玄德愕然曰：“不知也。”孔明曰：“若无云长，主公几为周郎所害矣。”玄德方才省悟，便请孔明同回樊口。孔明曰：“亮虽居虎口，安如泰山。今主公但收拾船只军马候用。以十一月二十甲子日后为期，可令子龙驾小舟来南岸边等候。切勿有误。”玄德问其意。孔明曰：“但看东南风起，亮必还矣。”玄德再欲问时，孔明催促玄德作速开船。言讫自回。玄德与云长及从人开船，行不数里，忽见上流头放下五六十只船来。船头上一员大将，横矛而立，乃张飞也。因恐玄德有失，云长独力难支，特来接应。于是三人一同回寨，不在话下。

却说周瑜送了玄德，回至寨中，鲁肃入问曰：“公既诱玄德至此，为何又不下手？”瑜曰：“关云长，世之虎将也，与玄德行坐相随，吾若下手，他必来害我。”肃愕然。忽报曹操遣使送书至。瑜唤入。使者呈上书看时，封面上判云：“汉大丞相付周都督开拆。”瑜大怒，更不开看，将书扯碎，掷于地下，喝斩来使。肃曰：“两国相争，不斩来使。瑜曰：“斩使以示威！”遂斩使者，将首级付从人持回。随令甘宁为先锋，韩当为左翼，蒋钦为右翼。瑜自部领诸将接应。来日四更造饭，五更开船，鸣鼓呐喊而进。

却说曹操知周瑜毁书斩使，大怒，便唤蔡瑁、张允等一班荆州降将为前部，操自为后军，催督战船，到三江口。早见东吴船只，蔽江而来。为首一员大将，坐在船头上大呼曰：“吾乃甘宁也！谁敢来与我决战？”蔡瑁令弟蔡壎前进。两船将近，甘宁拈弓搭箭，望蔡壎射来，应弦而倒。宁驱船大进，万弩齐发。曹军不能抵当。右边蒋钦，左边韩当，直冲入曹军队中。曹军大半是青、徐之兵，素不习水战，大江面上，战船一摆，早立脚不住。甘宁等三路战船，纵横水面。周瑜又催船助战。曹军中箭着炮者，不计其数，从巳时直杀到未时。周瑜虽得利，只恐寡不敌众，遂下令鸣金，收住船只。

曹军败回。操登旱寨，再整军士，唤蔡瑁、张允责之曰：“东吴兵少，反为所败，是汝等不用心耳！”蔡瑁曰：“荆州水军，久不操练；青、徐之军，又素不习水战。故尔致败。今当先立水寨，令青、徐军在中，荆州军在外，每日教习精熟，方可用之。”操曰：“汝既为水军都督，可以便宜从事，何必禀我！”于是张、蔡二人，自去训练水军。沿江一带分二十四座水门，以大船居于外为城郭，小船居于内，可通往来，至晚点上灯火，照得天心水面通红。旱寨三百余里，烟火不绝。

却说周瑜得胜回寨，犒赏三军，一面差人到吴侯处报捷。当夜瑜登高观望，只见西边火光接天。左右告曰：“此皆北军灯火之光也。”瑜亦心惊。次日，瑜欲亲往探看曹军水寨，乃命收拾楼船一只，带着鼓乐，随行健将数员，各带强弓硬弩，一齐上船迤逦前进。至操寨边，瑜命下了矴石，楼船上鼓乐齐奏。瑜暗窥他水寨，大惊曰：“此深得水军之妙也！”问：“水军都督是谁？”左右曰：“蔡瑁、张允。”瑜思曰：“二人久居江东，谙习水战，吾必设计先除此二人，然后可以破曹。”正窥看间，早有曹军飞报曹操，说：“周瑜偷看吾寨。”操命纵船擒捉。瑜见水寨中旗号动，急教收起矴石，两边四下一齐轮转橹棹，望江面上如飞而去。比及曹寨中船出时，周瑜的楼船已离了十数里远，追之不及，回报曹操。

操问众将曰：“昨日输了一阵，挫动锐气；今又被他深窥吾寨。吾当作何计破之？”言未毕，忽帐下一人出曰：“某自幼与周郎同窗交契，愿凭三寸不烂之舌，往江东说此人来降。”曹操大喜，视之，乃九江人，姓蒋，名干，字子翼，现为帐下幕宾。操问曰：“子翼与周公瑾相厚乎？”干曰：“丞相放心。干到江左，必要成功。”操问：“要将何物去？”干曰：“只消一童随往，二仆驾舟，其余不用。”操甚喜，置酒与蒋干送行。

干葛巾布袍，驾一只小舟，径到周瑜寨中，命传报：“故人蒋干相访。”周瑜正在帐中议事，闻干至，笑谓诸将曰：“说客至矣！”遂与众将附耳低言，如此如此。众皆应命而去。瑜整衣冠，引从者数百，皆锦衣花帽，前后簇拥而出。蒋干引一青衣小童，昂然而来。瑜拜迎之。干曰：“公瑾别来无恙！”瑜曰：“子翼良苦：远涉江湖，为曹氏作说客耶？”干愕然曰：“吾久别足下，特来叙旧，奈何疑我作说客也？”瑜笑曰：“吾虽不及师旷之聪，闻弦歌而知雅意。”干曰：“足下待故人如此，便请告退。”瑜笑而挽其臂曰：“吾但恐兄为曹氏作说客耳。既无此心，何速去也？”遂同入帐。

叙礼毕，坐定，即传令悉召江左英杰与子翼相见。须臾，文官武将，各穿锦衣；帐下偏裨将校，都披银铠：分两行而入。瑜都教相见毕，就列于两傍而坐。大张筵席，奏军中得胜之乐，轮换行酒。瑜告众官曰：“此吾同窗契友也。虽从江北到此，却不是曹家说客。公等勿疑。”遂解佩剑付太史慈曰：“公可佩我剑作监酒：今日宴饮，但叙朋友交情；如有提起曹操与东吴军旅之事者，即斩之！”太史慈应诺，按剑坐于席上。蒋干惊愕，不敢多言。周瑜曰：“吾自领军以来，滴酒不饮；今日见了故人，又无疑忌，当饮一醉。”说罢，大笑畅饮。座上觥筹交错。饮至半酣，瑜携干手，同步出帐外。左右军士，皆全装惯带，持戈执戟而立。瑜曰：“吾之军士，颇雄壮否？”干曰：“真熊虎之士也，”瑜又引干到帐后一望，粮草堆如山积。瑜曰：“吾之粮草，颇足备否？”干曰：“兵精粮足，名不虚传。”瑜佯醉大笑曰：“想周瑜与子翼同学业时，不曾望有今日。”干曰：“以吾兄高才，实不为过。”瑜执干手曰：“大丈夫处世，遇知己之主，外托君臣之义，内结骨肉之恩，言必行，计必从，祸福共之。假使苏秦、张仪、陆贾、郦生复出，口似悬河，舌如利刃，安能动我心哉！”言罢大笑。蒋干面如土色。

瑜复携干入帐，会诸将再饮；因指诸将曰：“此皆江东之英杰。今日此会，可名群英会。”饮至天晚，点上灯烛，瑜自起舞剑作歌。歌曰：“丈夫处世兮立功名；立功名兮慰平生。慰平生兮吾将醉；吾将醉兮发狂吟！”歌罢，满座欢笑。

至夜深，干辞曰：“不胜酒力矣。”瑜命撤席，诸将辞出。瑜曰：“久不与子翼同榻，今宵抵足而眠。”于是佯作大醉之状，携干入帐共寝。瑜和衣卧倒，呕吐狼藉。蒋干如何睡得着？伏枕听时，军中鼓打二更，起视残灯尚明。看周瑜时，鼻息如雷。干见帐内桌上，堆着一卷文书，乃起床偷视之，却都是往来书信。内有一封，上写“蔡瑁张允谨封。”干大惊，暗读之。书略曰：“某等降曹，非图仕禄，迫于势耳。今已赚北军困于寨中，但得其便，即将操贼之首，献于麾下。早晚人到，便有关报。幸勿见疑。先此敬覆。”干思曰：“原来蔡瑁、张允结连东吴！”遂将书暗藏于衣内。再欲检看他书时，床上周瑜翻身，干急灭灯就寝。瑜口内含糊曰：“子翼，我数日之内，教你看操贼之首！”干勉强应之。瑜又曰：“子翼，且住！……教你看操贼之首！……”及干问之，瑜又睡着。干伏于床上，将近四更，只听得有人入帐唤曰：“都督醒否？”周瑜梦中做忽觉之状，故问那人曰：“床上睡着何人？”答曰：“都督请子翼同寝，何故忘却？”瑜懊悔曰：“吾平日未尝饮醉；昨日醉后失事，不知可曾说甚言语？”那人曰：“江北有人到此。”瑜喝：“低声！”便唤：“子翼。”蒋干只妆睡着。瑜潜出帐。干窃听之，只闻有人在外曰：“张、蔡二都督道：急切不得下手，……”后面言语颇低，听不真实。少顷，瑜入帐，又唤：“子翼。”蒋干只是不应，蒙头假睡。瑜亦解衣就寝。

干寻思：“周瑜是个精细人，天明寻书不见，必然害我。”睡至五更，干起唤周瑜；瑜却睡着。干戴上巾帻，潜步出帐，唤了小童，径出辕门。军士问：“先生那里去？”干曰：“吾在此恐误都督事，权且告别。”军士亦不阻当。干下船，飞棹回见曹操。操问：“子翼干事若何？”干曰：“周瑜雅量高致，非言词所能动也。”操怒曰：“事又不济，反为所笑！”干曰：“虽不能说周瑜，却与丞相打听得一件事。乞退左右。”

干取出书信，将上项事逐一说与曹操。操大怒曰：“二贼如此无礼耶！”即便唤蔡瑁、张允到帐下。操曰：“我欲使汝二人进兵。”瑁曰：“军尚未曾练熟，不可轻进。”操怒曰：“军若练熟，吾首级献于周郎矣！”蔡、张二人不知其意，惊慌不能回答。操喝武士推出斩之。须臾，献头帐下，操方省悟曰：“吾中计矣！”后人有诗叹曰：“曹操奸雄不可当，一时诡计中周郎。蔡张卖主求生计，谁料今朝剑下亡！”众将见杀了张、蔡二人，入问其故。操虽心知中计，却不肯认错，乃谓众将曰：“二人怠慢军法，吾故斩之。”众皆嗟呀不已。

操于众将内选毛玠、于禁为水军都督，以代蔡、张二人之职。细作探知，报过江东。周瑜大喜曰：“吾所患者，此二人耳。今既剿除，吾无忧矣。”肃曰：“都督用兵如此，何愁曹贼不破乎！”瑜曰：“吾料诸将不知此计，独有诸葛亮识见胜我，想此谋亦不能瞒也。子敬试以言挑之，看他知也不知，便当回报。”正是：还将反间成功事，去试从旁冷眼人。未知肃去问孔明还是如何，且看下文分解。

第四十六回 用奇谋孔明借箭 献密计黄盖受刑

却说鲁肃领了周瑜言语，径来舟中相探孔明。孔明接入小舟对坐。肃曰：“连日措办军务，有失听教。”孔明曰：“便是亮亦未与都督贺喜。”肃曰：“何喜？”孔明曰：“公瑾使先生来探亮知也不知，便是这件事可贺喜耳。”谈得鲁肃失色问曰：“先生何由知之？”孔明曰：“这条计只好弄蒋干。曹操、虽被一时瞒过，必然便省悟，只是不肯认错耳。今蔡、张两人既死，江东无患矣，如何不贺喜！吾闻曹操换毛玠、于禁为水军都督，则这两个手里，好歹送了水军性命。”鲁肃听了，开口不得，把些言语支吾了半晌，别孔明而回。孔明嘱曰：“望子敬在公瑾面前勿言亮先知此事。恐公瑾心怀妒忌，又要寻事害亮。”鲁肃应诺而去，回见周瑜，把上项事只得实说了。瑜大惊曰：“此人决不可留！吾决意斩之！”肃劝曰：“若杀孔明，却被曹操笑也。”瑜曰：“吾自有公道斩之，教他死而无怨。”肃曰：“何以公道斩之？”瑜曰：“子敬休问，来日便见。”次日，聚众将于帐下，教请孔明议事。孔明欣然而至。坐定，瑜问孔明曰：“即日将与曹军交战，水路交兵，当以何兵器为先？”孔明曰：“大江之上，以弓箭为先。”瑜曰：“先生之言，甚合愚意。但今军中正缺箭用，敢烦先生监造十万枝箭，以为应敌之具。此系公事，先生幸勿推却。”孔明曰：“都督见委，自当效劳。敢问十万枝箭，何时要用？”瑜曰：“十日之内，可完办否？”孔明曰：“操军即日将至，若候十日，必误大事。”瑜曰：“先生料几日可完办？”孔明曰：“只消三日，便可拜纳十万枝箭。”瑜曰：“军中无戏言。”孔明曰：“怎敢戏都督！愿纳军令状：三日不办，甘当重罚。”瑜大喜，唤军政司当面取了文书，置酒相待曰：“待军事毕后，自有酬劳。”孔明曰：“今日已不及，来日造起。至第三日，可差五百小军到江边搬箭。”饮了数杯，辞去。鲁肃曰：“此人莫非诈乎？”瑜曰：“他自送死，非我逼他。今明白对众要了文书，他便两胁生翅，也飞不去。我只分付军匠人等，教他故意迟延，凡应用物件，都不与齐备。如此，必然误了日期。那时定罪，有何理说？公今可去探他虚实，却来回报。”

肃领命来见孔明。孔明曰：“吾曾告子敬，休对公瑾说，他必要害我。不想子敬不肯为我隐讳，今日果然又弄出事来。三日内如何造得十万箭？子敬只得救我！”肃曰：“公自取其祸，我如何救得你？”孔明曰：“望子敬借我二十只船，每船要军士三十人，船上皆用青布为幔，各束草千余个，分布两边。吾别有妙用。第三日包管有十万枝箭。只不可又教公瑾得知，若彼知之，吾计败矣。”肃允诺，却不解其意，回报周瑜，果然不提起借船之事，只言：“孔明并不用箭竹、翎毛、胶漆等物，自有道理。”瑜大疑曰：“且看他三日后如何回覆我！”却说鲁肃私自拨轻快船二十只，各船三十余人，并布幔束草等物，尽皆齐备，候孔明调用。第一日却不见孔明动静；第二日亦只不动。至第三日四更时分，孔明密请鲁肃到船中。肃问曰：“公召我来何意？”孔明曰：“特请子敬同往取箭。”肃曰：“何处去取？”孔明曰：“子敬休问，前去便见。”遂命将二十只船，用长索相连，径望北岸进发。是夜大雾漫天，长江之中，雾气更甚，对面不相见。孔明促舟前进，果然是好大雾！前人有篇《大雾垂江赋》曰：“大哉长江！西接岷、峨，南控三吴，北带九河。汇百川而入海，历万古以扬波。至若龙伯、海若，江妃、水母，长鲸千丈，天蜈九首，鬼怪异类，咸集而有。盖夫鬼神之所凭依，英雄之所战守也。时也阴阳既乱，昧爽不分。讶长空之一色，忽大雾之四屯。虽舆薪而莫睹，惟金鼓之可闻。初若溟濛，才隐南山之豹；渐而充塞，欲迷北海之鲲。然后上接高天，下垂厚地；渺乎苍茫，浩乎无际。鲸鲵出水而腾波，蛟龙潜渊而吐气。又如梅霖收溽，春阴酿寒；溟溟漠漠，浩浩漫漫。东失柴桑之岸，南无夏口之山。战船千艘，俱沉沦于岩壑；渔舟一叶，惊出没于波澜。甚则穹昊无光，朝阳失色；返白昼为昏黄，变丹山为水碧。虽大禹之智，不能测其浅深；离娄之明，焉能辨乎咫尺？于是冯夷息浪，屏翳收功；鱼鳖遁迹，鸟兽潜踪。隔断蓬莱之岛，暗围阊阖之宫。恍惚奔腾，如骤雨之将至；纷纭杂沓，若寒云之欲同。乃能中隐毒蛇，因之而为瘴疠；内藏妖魅，凭之而为祸害。降疾厄于人间，起风尘于塞外。小民遇之夭伤，大人观之感慨。盖将返元气于洪荒，混天地为大块。”

当夜五更时候，船已近曹操水寨。孔明教把船只头西尾东，一带摆开，就船上擂鼓呐喊。鲁肃惊曰：“倘曹兵齐出，如之奈何？”孔明笑曰：“吾料曹操于重雾中必不敢出。吾等只顾酌酒取乐，待雾散便回。”

却说曹寨中，听得擂鼓呐喊，毛玠、于禁二人慌忙飞报曹操。操传令曰：“重雾迷江，彼军忽至，必有埋伏，切不可轻动。可拨水军弓弩手乱箭射之。”又差人往旱寨内唤张辽、徐晃各带弓弩军三千，火速到江边助射。比及号令到来，毛玠、于禁怕南军抢入水寨，已差弓弩手在寨前放箭；少顷，旱寨内弓弩手亦到，约一万余人，尽皆向江中放箭：箭如雨发。孔明教把船吊回，头东尾西，逼近水寨受箭，一面擂鼓呐喊。待至日高雾散，孔明令收船急回。二十只船两边束草上，排满箭枝。孔明令各船上军士齐声叫曰："谢丞相箭！"比及曹军寨内报知曹操时，这里船轻水急，已放回二十余里，追之不及。曹操懊悔不已。却说孔明回船谓鲁肃曰："每船上箭约五六千矣。不费江东半分之力，已得十万余箭。明日即将来射曹军，却不甚便！"肃曰："先生真神人也！何以知今日如此大雾？"孔明曰："为将而不通天文，不识地利，不知奇门，不晓阴阳，不看阵图，不明兵势，是庸才也。亮于三日前已算定今日有大雾，因此敢任三日之限。公瑾教我十日完办，工匠料物，都不应手，将这一件风流罪过，明白要杀我。我命系于天，公瑾焉能害我哉！"鲁肃拜服。船到岸时，周瑜已差五百军在江边等候搬箭。孔明教于船上取之，可得十余万枝，都搬入中军帐交纳。鲁肃入见周瑜，备说孔明取箭之事。瑜大惊，慨然叹曰："孔明神机妙算，吾不如也！"后人有诗赞曰："一天浓雾满长江，远近难分水渺茫。骤雨飞蝗来战舰，孔明今日伏周郎。"少顷，孔明入寨见周瑜。瑜下帐迎之，称羡曰："先生神算，使人敬服。"孔明曰："诡谲小计，何足为奇。"

瑜邀孔明入帐共饮。瑜曰："昨吾主遣使来催督进军，瑜未有奇计，愿先生教我。"孔明曰："亮乃碌碌庸才，安有妙计？"瑜曰："某昨观曹操水寨，极是严整有法，非等闲可攻。思得一计，不知可否。先生幸为我一决之。"孔明曰："都督且休言。各自写于手内，看同也不同。"瑜大喜，教取笔砚来，先自暗写了，却送与孔明；孔明亦暗写了。两个移近坐榻，各出掌中之字，互相观看，皆大笑。原来周瑜掌中字，乃一"火"字；孔明掌中，亦一"火"字。瑜曰："既我两人所见相同，更无疑矣。幸勿漏泄。"孔明曰："两家公事，岂有漏泄之理。吾料曹操虽两番经我这条计，然必不为备。今都督尽行之可也。"饮罢分散，诸将皆不知其事。

却说曹操平白折了十五六万箭，心中气闷。荀攸进计曰："江东有周瑜、诸葛亮二人用计，急切难破。可差人去东吴诈降，为奸细内应，以通消息，方可图也。"操曰："此言正合吾意。汝料军中谁可行此计？"攸曰："蔡瑁被诛，蔡氏宗族，皆在军中。瑁之族弟蔡中、蔡和现为副将。丞相可以恩结之，差往诈降东吴，必不见疑。"操从之，当夜密唤二人入帐嘱付曰："汝二人可引些少军士，去东吴诈降。但有动静，使人密报，事成之后，重加封赏。休怀二心！"二人曰："吾等妻子俱在荆州，安敢怀二心，丞相勿疑。某二人必取周瑜、诸葛亮之首，献于麾下。"操厚赏之。次日，二人带五百军士，驾船数只，顺风望着南岸来。

且说周瑜正理会进兵之事，忽报江北有船来到江口，称是蔡瑁之弟蔡和、蔡中，特来投降。瑜唤入。二人哭拜曰："吾兄无罪，被操贼所杀。吾二人欲报兄仇，特来投降。望赐收录，愿为前部。"瑜大喜，重赏二人，即命与甘宁引军为前部。二人拜谢，以为中计。瑜密唤甘宁分付曰："此二人不带家小，非真投降，乃曹操使来为奸细者。吾今欲将计就计，教他通报消息。汝可殷勤相待，就里提防。至出兵之日，先要杀他两个祭旗。汝切须小心，不可有误。"甘宁领命而去。

鲁肃入见周瑜曰："蔡中、蔡和之降，多应是诈，不可收用。"瑜叱曰："彼因曹操杀其兄，欲报仇而来降，何诈之有！你若如此多疑，安能容天下之士乎！"肃默然而退，乃往告孔明。孔明笑而不言。肃曰："孔明何故哂笑？"孔明曰："吾笑子敬不识公瑾用计耳。大江隔远，细作极难往来。操使蔡中、蔡和诈降，刺探我军中事，公瑾将计就计，正要他通报消息。兵不厌诈，公瑾之谋是也。"肃方才省悟。

却说周瑜夜坐帐中，忽见黄盖潜入中军来见周瑜。瑜问曰："公覆夜至，必有良谋见教？"盖曰："彼众我寡，不宜久持，何不用火攻之？"瑜曰："谁教公献此计？"盖曰："某出自己意，非他人之所教也。"瑜曰："吾正欲如此，故留蔡中、蔡和诈降之人，以通消息；但恨无一人为我行诈降计耳。"盖曰："某愿行此计。"瑜曰："不受些苦，彼如何肯信？"盖曰："某受孙氏厚恩，虽肝脑涂地，亦无怨悔。"瑜拜而谢之曰："君若肯行此苦肉计，则江东之万幸也。"盖曰："某死亦无怨。"遂谢而出。次日，周瑜鸣鼓大会诸将于帐下。孔明亦在座。周瑜曰："操引百万之众，连络三百余里，非一日可破。今令诸将各领三个月粮草，准备御敌。"言未讫，黄盖进曰："莫说三个月，便支三十个月粮草，也不济事！若是这个月破的，便破；若是这个月破不的，只可依张子布之言，弃甲倒戈，北面而降之耳！"周瑜勃然变色，大怒曰："吾奉主公之命，督兵破曹，敢有再言降者必斩。今两军相敌之际，汝敢出此言，慢我军心，不斩汝首，难以服众！"喝左右将黄盖斩讫报来。黄盖亦怒曰："吾自随破虏将军，纵横东南，已历三世，那有你来？"瑜大怒，喝令速斩。甘宁进前告曰："公覆乃东吴旧臣，望宽恕之。"瑜喝曰："汝何敢多言，乱吾法度！"先叱左右将甘宁乱棒打出。众官皆跪告曰："黄盖罪固当诛，但于军不利。望都督宽恕，权且记罪。破曹之后，斩亦未迟。"瑜怒未息。众官苦苦告求。瑜曰："若不看众官面皮，决须斩首！今且免死！"命左右："拖翻打一百脊杖，以正其罪！"众官又告免。瑜推翻案桌，叱退众官，喝教行杖。将黄盖剥了衣服，拖翻在地，打了五十脊杖。众官又复苦苦求免。瑜跃起指盖曰："汝敢小觑我耶！且寄下五十棍！再有怠慢，二罪俱罚！"恨声不绝而入帐中。众官扶起黄盖，打得皮开肉绽，鲜血迸流，扶归本寨，昏绝几次。动问之人，无不下泪。鲁肃也往看问了，来至孔明船中，谓孔明曰："今日公瑾怒责公覆，我等皆是他部下，不敢犯颜苦谏；先生是客，何故袖手旁观，不发一语？"孔明笑曰："子敬欺我。"肃曰："肃与先生渡江以来，未尝一事相欺。今何出此言？"孔明曰："子敬岂不知公瑾今日毒打黄公覆，乃其计耶？如何要我劝他？"肃方悟。孔明曰："不用苦肉计，何能瞒过曹操？今必令黄公覆去诈降，却教蔡中、蔡和报知其事矣。子敬见公瑾时，切勿言亮先知其事，只说亮也埋怨都督便了。"肃辞去，入帐见周瑜。瑜邀入帐后。肃曰："今日何故痛责黄公覆？"瑜曰："诸将怨否？"肃曰："多有心中不安者。"瑜曰："孔明之意若何？"肃曰："他也埋怨都督忒情薄。"瑜笑曰："今番须瞒过他也。"肃曰："何谓也？"瑜曰："今日痛打黄盖，乃计也。吾欲令他诈降，先须用苦肉计瞒过曹操，就中用火攻之，可以取胜。"肃乃暗思孔明之高见，却不敢明言。

且说黄盖卧于帐中，诸将皆来动问。盖不言语，但长吁而已。忽报参谋阚泽来问。盖令请入卧内，叱退左右。阚泽曰："将军莫非与都督有仇？"盖曰："非也。"泽曰："然则公之受责，莫非苦肉计乎？"盖曰："何以知之？"泽曰："某观公瑾举动，已料着八九分。"盖曰："某受吴侯三世厚恩，无以为报，故献此计，以破曹操。吾虽受苦，亦无所恨。吾遍观军中，无一人可为心腹者。惟公素有忠义之心，敢以心腹相告。"泽曰："公之告我，无非要我献诈降书耳。"盖曰："实有此意。未知肯否？"阚泽欣然领诺。正是：勇将轻身思报主，谋臣为国有同心。未知阚泽所言若何，且看下文分解。

第四十七回 阚泽密献诈降书 庞统巧授连环计

却说阚泽字德润，会稽山阴人也；家贫好学，与人佣工，尝借人书来看，看过一遍，更不遗忘；口才辨给，少有胆气。孙权召为参谋，与黄盖最相善。盖知其能言有胆，故欲使献诈降书。泽欣然应诺曰："大丈夫处世，不能立功建业，不几与草木同腐乎！公既捐躯报主，泽又何惜微生！"黄盖滚下床来，拜而谢之。泽曰："事不可缓，即今便行。"盖曰："书已修下了。"泽领了书，只就当夜扮作渔翁，驾小舟，望北岸而行。

是夜寒星满天。三更时候，早到曹军水寨。巡江军士拿住，连夜报知曹操。操曰："莫非是奸细么？"军士曰："只一渔翁，自称是东吴参谋阚泽，有机密事来见。"操便教引将入来。军士引阚泽至，只见帐上灯烛辉煌，曹操凭几危坐，问曰："汝既是东吴参谋，来此何干？"泽曰："人言曹丞相求贤若渴，今观此问，甚不相合。黄公覆，汝又错寻思了也！"操曰："吾与东吴旦夕交兵，汝私行到此，如何不问？"泽曰："黄公覆乃东吴三世旧臣，今被周瑜于众将之前，无端毒打，不胜忿恨。因欲投降丞相，为报仇之计，特谋之于我。我与公覆，情同骨肉，径来为献密书。未知丞相肯容纳否？"操曰："书在何处？"阚泽取书呈上。

操拆书，就灯下观看。书略曰："盖受孙氏厚恩，本不当怀二心。然以今日事势论之：用江东六郡之卒，当中国百万之师，众寡不敌，海内所共见也。东吴将吏，无有智愚，皆知其不可。周瑜小子，偏怀浅戆，自负其能，辄欲以卵敌石；兼之擅作威福，无罪受刑，有功不赏。盖系旧臣，无端为所摧辱，心实恨之！伏闻丞相诚心待物，虚怀纳士，盖愿率众归降，以图建功雪耻。粮草军仗，随船献纳。泣血拜白，万勿见疑。"曹操于几案上翻覆将书看了十余次，忽然拍案张目大怒曰："黄盖用苦肉计，令汝下诈降书，就中取事，却敢来戏侮我耶！"便教左右推出斩之。左右将阚泽簇下。泽面不改容，仰天大笑。操教牵回，叱曰："吾已识破奸计，汝何故哂笑？"泽曰："吾不笑你。吾笑黄公覆不识人耳。"操曰："何不识人？"泽曰："杀便杀，何必多问！"操曰："吾自幼熟读兵书，深知奸伪之道。汝这条计，只好瞒别人，如何瞒得我！"泽曰："你且说书中那件事是奸计？"操曰："我说出你那破绽，教你死而无怨：你既是真心献书投降，如何不明约几时？你今有何理说？"阚泽听罢，大笑曰："亏汝不惶恐，敢自夸熟读兵书！还不及早收兵回去！倘若交战，必被周瑜擒矣！无学之辈！可惜吾屈死汝手！"操曰："何谓我无学？"泽曰："汝不识机谋，不明道理，岂非无学？"操曰："你且说我那几般不是处？"泽曰："汝无待贤之礼，吾何必言！但有死而已。"操曰："汝若说得有理，我自然敬服。"泽曰："岂不闻背主作窃，不可定期？倘今约定日期，急切下不得手，这里反来接应，事必泄漏。但可觑便而行，岂可预期相订乎？汝不明此理，欲屈杀好人，真无学之辈也！"操闻言，改容下席而谢曰："某见事不明，误犯尊威，幸勿挂怀。"泽曰："吾与黄公覆，倾心投降，如婴儿之望父母，岂有诈乎！"操大喜曰："若二人能建大功，他日受爵，必在诸人之上。"泽曰："某等非为爵禄而来，实应天顺人耳。"操取酒待之。

少顷，有人入帐，于操耳边私语。操曰："将书来看。"其人以密书呈上。操观之，颜色颇喜。阚泽暗思："此必蔡中、蔡和来报黄盖受刑消息，操故喜我投降之事为真实也。"操曰："烦先生再回江东，与黄公覆约定，先通消息过江，吾以兵接应。"泽曰："某已离江东，不可复还。望丞相别遣机密人去。"操曰："若他人去，事恐泄漏。"泽再三推辞；良久，乃曰："若去则不敢久停，便当行矣。"操赐以金帛，泽不受。辞别出营，再驾扁舟，重回江东，来见黄盖，细说前事。盖曰："非公能辩，则盖徒受苦矣。"泽曰；"吾今去甘宁寨中，探蔡中、蔡和消息。"盖曰："甚善。"泽至宁寨，宁接入，泽曰："将军昨为救黄公覆，被周公瑾所辱，吾甚不平。"宁笑而不答。正话间，蔡和、蔡中至。泽以目送甘宁，宁会意，乃曰："周公瑾只自恃其能，全不以我等为念。我今被辱，羞见江左诸人！"说罢，咬牙切齿，拍案大叫。泽乃虚与宁耳边低语。宁低头不言，长叹数声。蔡和、蔡中见宁、泽皆有反意，以言挑之曰："将军何故烦恼？先生有何不平？"泽曰："吾等腹中之苦，汝岂知耶！"蔡和曰："莫非欲背吴投曹耶？"阚泽失色，甘宁拔剑而起曰："吾事已为窥破，不可不杀之以灭口！"蔡和、蔡中慌曰："二公勿忧。吾亦当以心腹之事相告。"宁曰："可速言之！"蔡和曰："吾二人乃曹公使来诈降者。二公若有归顺之心，吾当引进。"宁曰："汝言果真？"二人齐声曰；"安敢相欺！"宁佯喜曰；"若如此，是天赐其便也！"二蔡曰："黄公覆与将军被辱之事，吾已报知丞相矣。"泽曰："吾已为黄公覆献书丞相，今特来见兴霸，相约同降耳。"宁曰："大丈夫既遇明主，自当倾心相投。"于是四人共饮，同论心事。二蔡即时写书，密报曹操，说"甘宁与某同为内应。"阚泽另自修书，遣人密报曹操，书中具言：黄盖欲来，未得其便；但看船头插青牙旗而来者，即是也。

却说曹操连得二书，心中疑惑不定，聚众谋士商议曰："江左甘宁，被周瑜所辱，愿为内应；黄盖受责，令阚泽来纳降：俱未可深信。谁敢直入周瑜寨中，探听实信？"蒋干进曰："某前日空往东吴，未得成功，深怀惭愧。今愿舍身再往，务得实信，回报丞相。"操大喜，即时令蒋干上船。干驾小舟，径到江南水寨边，便使人传报。周瑜听得干又到，大喜曰："吾之成功，只在此人身上！"遂嘱付鲁肃："请庞士元来，为我如此如此。"原来襄阳庞统，字士元，因避乱寓居江东，鲁肃曾荐之于周瑜。统未及往见，瑜先使肃问计于统曰："破曹当用何策？"统密谓肃曰："欲破曹兵，须用火攻；但大江面上，一船着火，余船四散；除非献连环计，教他钉作一处，然后功可成也。"肃以告瑜，瑜深服其论，因谓肃曰："为我行此计者，非庞士元不可。"肃曰："只怕曹操奸猾，如何去得？"周瑜沉吟未决。正寻思没个机会，忽报蒋干又来。瑜大喜，一面分付庞统用计；一面坐于帐上，使人请干。

干见不来接，心中疑虑，教把船于僻静岸口缆系，乃入寨见周瑜。瑜作色曰："子翼何故欺吾太甚？"蒋干笑曰："吾想与你乃旧日弟兄，特来吐心腹事，何言相欺也？"瑜曰："汝要说我降，除非海枯石烂！前番吾念旧日交情，请你痛饮一醉，留你共榻；你却盗吾私书，不辞而去，归报曹操，杀了蔡瑁、张允，致使吾事不成。今日无故又来，必不怀好意！吾不看旧日之情，一刀两段！本待送你过去，争奈吾一二日间，便要破曹贼；待留你在军中，又必有泄漏。"便教左右："送子翼往西山庵中歇息。待吾破了曹操，那时渡你过江未迟。"蒋干再欲开言，周瑜已入帐后去了。

左右取马与蒋干乘坐，送到西山背后小庵歇息，拨两个军人伏侍。干在庵内，心中忧闷，寝食不安。是夜星露满天，独步出庵后，只听得读书之声。信步寻去，见山岩畔有草屋数椽，内射灯光。干往窥之，只见一人挂剑灯前，诵孙、吴兵书。干思："此必异人也。"叩户请见。其人开门出迎，仪表非俗。干问姓名，答曰："姓庞，名统，字士元。"干曰："莫非凤雏先生否？"统曰："然也。"干喜曰："久闻大名，今何僻居此地？"答曰："周瑜自恃才高，不能容物，吾故隐居于此。公乃何人？"干曰："吾蒋干也。"统乃邀入草庵，共坐谈心。干曰："以公之才，何往不利？如肯归曹，干当引进。"统曰："吾亦欲离江东久矣。公既有引进之心，即今便当一行。如迟则周瑜闻之，必将见害。"于是与干连夜下山，至江边寻着原来船只，飞棹投江北。

既至操寨，干先入见，备述前事。操闻凤雏先生来，亲自出帐迎入，分宾主坐定，问曰："周瑜年幼，恃才欺众，不用良谋。操久闻先生大名，今得惠顾，乞不吝教诲。"统曰："某素闻丞相用兵有法，今愿一睹军容。"操教备马，先邀统同观旱寨。统与操并马登高而望。统曰："傍山依林，前后顾盼，出入有门，进退曲折，虽孙、吴再生，穰苴复出，亦不过此矣。"操曰："先生勿得过誉，尚望指教。"于是又与同观水寨。见向南分二十四座门，皆有艨艟战舰，列为城郭，中藏小船，往来有巷，起伏有序，统笑曰："丞相用兵如此，名不虚传！"因指江南而言曰："周郎，周郎！克期必亡！"操大喜。回寨，请入帐中，置酒共饮，同说兵机。统高谈雄辩，应答如流。操深敬服，殷勤相待。统佯醉曰："敢问军中有良医否？"操问何用。统曰："水军多疾，须用良医治之。"时操军因不服水土，俱生呕吐之疾，多有死者，操正虑此事；忽闻统言，如何不问？统曰："丞相教练水军之法甚妙，但可惜不全。"操再三请问。统曰："某有一策，使大小水军，并无疾病，安稳成功。"操大喜，请问妙策。统曰："大江之中，潮生潮落，风浪不息；北兵不惯乘舟，受此颠播，便生疾病。若以大船小船各皆配搭，或三十为一排，或五十为一排，首尾用铁环连锁，上铺阔板，休言人可渡，马亦可走矣，乘此而行，任他风浪潮水上下，复何惧哉？"曹操下席而谢曰："非先生良谋，安能破东吴耶！"统曰："愚浅之见，丞相自裁之。"操即时传令，唤军中铁匠，连夜打造连环大钉，锁住船只。诸军闻之，俱各喜悦。后人有诗曰："赤壁鏖兵用火攻，运筹决策尽皆同。若非庞统连环计，公瑾安能立大功？"

庞统又谓操曰："某观江左豪杰，多有怨周瑜者；某凭三寸舌，为丞相说之，使皆来降。周瑜孤立无援，必为丞相所擒。瑜既破，则刘备无所用矣。"操曰："先生果能成大功，操请奏闻天子，封为三公之列。"统曰："某非为富贵，但欲救万民耳。丞相渡江，慎勿杀害。"操曰："吾替天行道，安忍杀戮人民！"统拜求榜文，以安宗族。操曰："先生家属，现居何处？"统曰："只在江边。若得此榜，可保全矣。"操命写榜佥押付统。统拜谢曰："别后可速进兵，休待周郎知觉。"操然之。统拜别，至江边，正欲下船，忽见岸上一人，道袍竹冠，一把扯住统曰："你好大胆！黄盖用苦肉计，阚泽下诈降书，你又来献连环计：只恐烧不尽绝！你们把出这等毒手来，只好瞒曹操，也须瞒我不得！"吓得庞统魂飞魄散。正是：莫道东南能制胜，谁云西北独无人？毕竟此人是谁，且看下文分解。

第四十八回 宴长江曹操赋诗 锁战船北军用武

却说庞统闻言，吃了一惊，急回视其人，原来却是徐庶。统见是故人，心下方定。回顾左右无人，乃曰："你若说破我计，可惜江南八十一州百姓，皆是你送了也！"庶笑曰："此间八十三万人马，性命如何？"统曰："元直真欲破我计耶？"庶曰："吾感刘皇叔厚恩，未尝忘报。曹操送死吾母，吾已说过终身不设一谋，今安肯破兄良策？只是我亦随军在此，兵败之后，玉石不分，岂能免难？君当教我脱身之术，我即缄口远避矣。"统笑曰："元直如此高见远识，谅此有何难哉！"庶曰："愿先生赐教。"统去徐庶耳边略说数句。庶大喜，拜谢。庞统别却徐庶，下船自回江东。

且说徐庶当晚密使近人去各寨中暗布谣言。次日，寨中三三五五，交头接耳而说。早有探事人报知曹操，说："军中传言西凉州韩遂、马腾谋反，杀奔许都来。"操大惊，急聚众谋士商议曰："吾引兵南征，心中所忧者，韩遂、马腾耳。军中谣言，虽未辨虚实，然不可不防。"言未毕，徐庶进曰："庶蒙丞相收录，恨无寸功报效。请得三千人马，星夜往散关把住隘口；如有紧急，再行告报。"操喜曰："若得元直去，吾无忧矣！散关之上，亦有军兵，公统领之。目下拨三千马步军，命臧霸为先锋，星夜前去，不可稽迟。"徐庶辞了曹操，与臧霸便行。此便是庞统救徐庶之计。后人有诗曰："曹操征南日日忧，马腾韩遂起戈矛。凤雏一语教徐庶，正似游鱼脱钓钩。"曹操自遣徐庶去后，心中稍安，遂上马先看沿江旱寨，次看水寨。乘大船一只于中央，上建帅字旗号，两傍皆列水寨，船上埋伏弓弩千张。操居于上。时建安十三年冬十一月十五日，天气晴明，平风静浪。操令："置酒设乐于大船之上，吾今夕欲会诸将。"天色向晚，东山月上，皎皎如同白日。长江一带，如横素练。操坐大船之上，左右侍御者数百人，皆锦衣绣袄，荷戈执戟。文武众官，各依次而坐。操见南屏山色如画，东视柴桑之境，西观夏口之江，南望樊山，北觑乌林，四顾空阔，心中欢喜，谓众官曰："吾自起义兵以来，与国家除凶去害，誓愿扫清四海，削平天下；所未得者江南也。今吾有百万雄师，更赖诸公用命，何患不成功耶！收服江南之后，天下无事，与诸公共享富贵，以乐太平。"文武皆起谢曰："愿得早奏凯歌！我等终身皆赖丞相福荫。"操大喜，命左右行酒。饮至半夜，操酒酣，遥指南岸曰："周瑜、鲁肃，不识天时！今幸有投降之人，为彼心腹之患，此天助吾也。"荀攸曰："丞相勿言，恐有泄漏。"操大笑曰："座上诸公，与近侍左右，皆吾心腹之人也，言之何碍！"又指夏口曰："刘备、诸葛亮，汝不料蝼蚁之力，欲撼泰山，何其愚耶！"顾谓诸将曰："吾今年五十四岁矣，如得江南，窃有所喜。昔日乔公与吾至契，吾知其二女皆有国色。后不料为孙策、周瑜所娶。吾今新构铜雀台于漳水之上，如得江南，当娶二乔，置之台上，以娱暮年，吾愿足矣！"言罢大笑。唐人杜牧之有诗曰："折戟沉沙铁未消，自将磨洗认前朝。东风不与周郎便，铜雀春深锁二乔。"曹操正笑谈间，忽闻鸦声望南飞鸣而去。操问曰；"此鸦缘何夜鸣？"左右答曰："鸦见月明，疑是天晓，故离树而鸣也。"操又大笑。时操已醉，乃取槊立于船头上，以酒奠于江中，满饮三爵，横槊谓诸将曰："我持此槊，破黄巾、擒吕布、灭袁术、收袁绍，深入塞北，直抵辽东，纵横天下：颇不负大丈夫之志也。今对此景，甚有慷慨。吾当作歌，汝等和之。"歌曰："对酒当歌，人生几何：譬如朝露，去日苦多。慨当以慷，忧思难忘；何以解忧，惟有杜康。青青子衿，悠悠我心；但为君故，沉吟至今。呦呦鹿鸣，食野之苹；我有嘉宾，鼓瑟吹笙。皎皎如月，何时可辍？忧从中来，不可断绝！越陌度阡，枉用相存；契阔谈宴，心念旧恩。月明星稀，乌鹊南飞；绕树三匝，无枝可依。山不厌高，水不厌深：周公吐哺，天下归心。"歌罢，众和之，共皆欢笑。忽座间一人进曰："大军相当之际，将士用命之时，丞相何故出此不吉之言？"操视之，乃扬州刺史，沛国相人，姓刘，名馥，字元颖。馥起自合淝，创立州治，聚逃散之民，立学校，广屯田，兴治教，久事曹操，多立功绩。当下操横槊问曰："吾言有何不吉？"馥曰："月明星稀，乌鹊南飞；绕树三匝，无枝可依。此不吉之言也。"操大怒曰："汝安敢败吾兴！"手起一槊，刺死刘馥。众皆惊骇。遂罢宴。次日，操酒醒，懊恨不已。馥子刘熙，告请父尸归葬。操泣曰："吾昨因醉误伤汝父，悔之无及。可以三公厚礼葬之。"又拨军士护送灵柩，即日回葬。

次日，水军都督毛玠、于禁诣帐下，请曰："大小船只，俱已配搭连锁停当。旌旗战具，一一齐备。请丞相调遣，克日进兵。"操至水军中央大战船上坐定，唤集诸将，各各听令。水旱二军，俱分五色旗号：水军中央黄旗毛玠、于禁，前军红旗张郃，后军皂旗吕虔，左军青旗文聘，右军白旗吕通；马步前军红旗徐晃，后军皂旗李典，左军青旗乐进，右军白旗夏侯渊。水陆路都接应使：夏侯惇、曹洪；护卫往来监战使：许褚、张辽。其余骁将，各依队伍。令毕，水军寨中发擂三通，各队伍战船，分门而出。是日西北风骤起，各船拽起风帆，冲波激浪，稳如平地。北军在船上，踊跃施勇，刺枪使刀。前后左右各军，旗幡不杂。又有小船五十余只，往来巡警催督。操立于将台之上，观看调练，心中大喜，以为必胜之法；教且收住帆幔，各依次序回寨。

操升帐谓众谋士曰："若非天命助吾，安得凤雏妙计？铁索连舟，果然渡江如履平地。"程昱曰："船皆连锁，固是平稳；但彼若用火攻，难以回避。不可不防。"操大笑曰："程仲德虽有远虑，却还有见不到处。"荀攸曰："仲德之言甚是。丞相何故笑之？"操曰："凡用火攻，必藉风力。方今隆冬之际，但有西风北风，安有东风南风耶？吾居于西北之上，彼兵皆在南岸，彼若用火，是烧自己之兵也，吾何惧哉？若是十月小春之时，吾早已提备矣。"诸将皆拜伏曰："丞相高见，众人不及。"操顾诸将曰："青、徐、燕、代之众，不惯乘舟。今非此计，安能涉大江之险！"只见班部中二将挺身出曰："小将虽幽、燕之人，也能乘舟。今愿借巡船二十只，直至江口，夺旗鼓而还，以显北军亦能乘舟也。"操视之，乃袁绍手下旧将焦触、张南也。操曰："汝等皆生长北方，恐乘舟不便。江南之兵，往来水上，习练精熟，汝勿轻以性命为儿戏也。"焦触、张南大叫曰："如其不胜，甘受军法！"操曰："战船尽已连锁，惟有小舟。每舟可容二十人，只恐未便接战。"触曰："若用大船，何足为奇？乞付小舟二十余只，某与张南各引一半，只今日直抵江南水寨，须要夺旗斩将而还。"操曰："吾与汝二十只船，差拨精锐军五百人，皆长枪硬弩。到来日天明，将大寨船出到江面上，远为之势。更差文聘亦领三十只巡船接应汝回。"焦触、张南欣喜而退。

次日，四更造饭，五更结束已定，早听得水寨中擂鼓鸣金。船皆出寨，分布水面，长江一带，青红旗号交杂。焦触、张南领哨船二十只，穿寨而出，望江南进发。却说南岸隔夜听得鼓声喧震，遥望曹操调练水军，探事人报知周瑜。瑜往山顶观之，操军已收回。次日，忽又闻鼓声震天，军士急登高观望，见有小船冲波而来，飞报中军。周瑜问帐下："谁敢先出？"韩当、周泰二人齐出曰："某当权为先锋破敌。"瑜喜，传令各寨严加守御，不可轻动。韩当、周泰各引哨船五只，分左右而出。却说焦触、张南凭一勇之气，飞棹小船而来。韩当独披掩心，手执长枪，立于船头。焦触船先到，便命军士乱箭望韩当船上射来。当用牌遮隔。焦触捻长枪与韩当交锋。当手起一枪，刺死焦触。张南随后大叫赶来。隔斜里周泰船出。张南挺枪立于船头，两边弓矢乱射。周泰一臂挽牌，一手提刀，两船相离七八尺，泰即飞身一跃，直跃过张南船上，手起刀落，砍张南于水中，乱杀驾舟军士。众船飞棹急回。韩当、周泰催船追赶，到半江中，恰与文聘船相迎。两边便摆定船厮杀。却说周瑜引众将立于山顶，遥望江北水面艨艟战船，排合江上，旗帜号带，皆有次序。回看文聘与韩当、周泰相持，韩当、周泰奋力攻击，文聘抵敌不住，回船而走，韩、周二人，急催船追赶。周瑜恐二人深入重地，便将白旗招飐，令众鸣金。二人乃挥棹而回。周瑜于山顶看隔江战船，尽入水寨。瑜顾谓众将曰："江北战船如芦苇之密，操又多谋，当用何计以破之？"众未及对，忽见曹军寨中，被风吹折中央黄旗，飘入江中。瑜大笑曰："此不祥之兆也！"正观之际，忽狂风大作，江中波涛拍岸。一阵风过，刮起旗角于周瑜脸上拂过。瑜猛然想起一事在心，大叫一声，往后便倒，口吐鲜血。诸将急救起时，却早不省人事。正是：一时忽笑又忽叫，难使南军破北军。毕竟周瑜性命如何，且看下文分解。

第四十九回 七星坛诸葛祭风 三江口周瑜纵火

却说周瑜立于山顶，观望良久，忽然望后而倒，口吐鲜血，不省人事。左右救回帐中。诸将皆来动问，尽皆愕然相顾曰："江北百万之众，虎踞鲸吞。不争都督如此，倘曹兵一至，如之奈何？"慌忙差人申报吴侯，一面求医调治。

却说鲁肃见周瑜卧病，心中忧闷，来见孔明，言周瑜卒病之事。孔明曰："公以为何如？"肃曰："此乃曹操之福，江东之祸也。"孔明笑曰："公瑾之病，亮亦能医。"肃曰："诚如此，则国家万幸！"即请孔明同去看病。肃先入见周瑜。瑜以被蒙头而卧。肃曰："都督病势若何？"周瑜曰："心腹搅痛，时复昏迷。"肃曰："曾服何药饵？"瑜曰："心中呕逆，药不能下。"肃曰："适来去望孔明，言能医都督之病。现在帐外，烦来医治，何如？"瑜命请入，教左右扶起，坐于床上。孔明曰："连日不晤君颜，何期贵体不安！"瑜曰："人有旦夕祸福，岂能自保？"孔明笑曰："天有不测风云，人又岂能料乎？"瑜闻失色，乃作呻吟之声。孔明曰："都督心中似觉烦积否？"瑜曰："然，"孔明曰："必须用凉药以解之。"瑜曰："已服凉药，全然无效。"孔明曰："须先理其气；气若顺，则呼吸之间，自然痊可。"瑜料孔明必知其意，乃以言挑之曰："欲得顺气，当服何药？"孔明笑曰："亮有一方，便教都督气顺。"瑜曰："愿先生赐教。"孔明索纸笔，屏退左右，密书十六字曰："欲破曹公，宜用火攻；万事俱备，只欠东风。"写毕，递与周瑜曰："此都督病源也。"瑜见了大惊，暗思："孔明真神人也！早已知我心事！只索以实情告之。"乃笑曰："先生已知我病源，将用何药治之？事在危急，望即赐教。"孔明曰："亮虽不才，曾遇异人，传授奇门遁甲天书，可以呼风唤雨。都督若要东南风时，可于南屏山建一台，名曰七星坛：高九尺，作三层，用一百二十人，手执旗幡围绕。亮于台上作法，借三日三夜东南大风，助都督用兵，何如？"瑜曰："休道三日三夜，只一夜大风，大事可成矣。只是事在目前，不可迟缓。"孔明曰："十一月二十日甲子祭风，至二十二日丙寅风息，如何？"瑜闻言大喜，矍然而起。便传令差五百精壮军士，往南屏山筑坛；拨一百二十人，执旗守坛，听候使令。

孔明辞别出帐，与鲁肃上马，来南屏山相度地势，令军士取东南方赤土筑坛。方圆二十四丈，每一层高三尺，共是九尺。下一层插二十八宿旗：东方七面青旗，按角、亢、氐、房、心、尾、箕，布苍龙之形；北方七面皂旗，按斗、牛、女、虚、危、室、壁，作玄武之势；西方七面白旗，按奎、娄、胃、昴、毕、觜、参，踞白虎之威；南方七面红旗，按井、鬼、柳、星、张、翼、轸，成朱雀之状。第二层周围黄旗六十四面，按六十四卦，分八位而立。上一层用四人，各人戴束发冠，穿皂罗袍，凤衣博带，朱履方裾。前左立一人，手执长竿，竿尖上用鸡羽为葆。以招风信；前右立一人，手执长竿，竿上系七星号带，以表风色；后左立一人，捧宝剑；后右立一人，捧香炉。坛下二十四人，各持旌旗、宝盖、大戟、长戈、黄钺、白旄、朱幡、皂纛，环绕四面。

孔明于十一月二十日甲子吉辰，沐浴斋戒，身披道衣，跣足散发，来到坛前。分付鲁肃曰："子敬自往军中相助公瑾调兵。倘亮所祈无应，不可有怪。"鲁肃别去。孔明嘱付守坛将士："不许擅离方位。不许交头接耳。不许失口乱言。不许失惊打怪。如违令者斩！"众皆领命。孔明缓步登坛，观瞻方位已定，焚香于炉，注水于盂，仰天暗祝。下坛入帐中少歇，令军士更替吃饭。孔明一日上坛三次，下坛三次。却并不见有东南风。且说周瑜请程普、鲁肃一班军官，在帐中伺候，只等东南风起，便调兵出；一面关报孙权接应。黄盖已自准备火船二十只，船头密布大钉；船内装载芦苇干柴，灌以鱼油，上铺硫黄、焰硝引火之物，各用青布油单遮盖；船头上插青龙牙旗，船尾各系走舸：在帐下听候，只等周瑜号令。甘宁、阚泽窝盘蔡和、蔡中在水寨中，每日饮酒，不放一卒登岸；周围尽是东吴军马，把得水泄不通：只等帐上号令下来。周瑜正在帐中坐议，探子来报："吴侯船只离寨八十五里停泊，只等都督好音。"瑜即差鲁肃遍告各部下官兵将士："俱各收拾船只、军器、帆橹等物。号令一出，时刻休违。倘有违误，即按军法。"众兵将得令，一个个磨拳擦掌，准备厮杀。

是日，看看近夜，天色清明，微风不动。瑜谓鲁肃曰："孔明之言谬矣。隆冬之时，怎得东南风乎？"肃曰："吾料孔明必不谬谈。"将近三更时分，忽听风声响，旗幡转动。瑜出帐看时，旗脚竟飘西北。霎时间东南风大起，瑜骇然曰："此人有夺天地造化之法、鬼神不测之术！若留此人，乃东吴祸根也。及早杀却，免生他日之忧。"急唤帐前护军校尉丁奉、徐盛二将："各带一百人。徐盛从江内去，丁奉从旱路去，都到南屏山七星坛前，休问长短，拿住诸葛亮便行斩首，将首级来请功。"二将领命。徐盛下船，一百刀斧手荡开棹桨；丁奉上马，一百弓弩手各跨征驹：往南屏山来。于路正迎着东南风起。后人有诗曰："七星坛上卧龙登，一夜东风江水腾。不是孔明施妙计，周郎安得逞才能？"

丁奉马军先到，见坛上执旗将士，当风而立。丁奉下马提剑上坛，不见孔明，慌问守坛将士。答曰："恰才下坛去了。"丁奉忙下坛寻时，徐盛船已到。二人聚于江边。小卒报曰："昨晚一只快船停在前面滩口。适间却见孔明披发下船，那船望上水去了。”丁奉、徐盛便分水陆两路追袭。徐盛教拽起满帆，抢风而使。遥望前船不远，徐盛在船头上高声大叫：“军师休去！都督有请！”只见孔明立于船尾大笑曰：“上覆都督：好好用兵；诸葛亮暂回夏口，异日再容相见。”徐盛曰：“请暂少住，有紧话说。”孔明曰：“吾已料定都督不能容我，必来加害，预先教赵子龙来相接。将军不必追赶。”徐盛见前船无篷，只顾赶来。看看至近，赵云拈弓搭箭，立于船尾大叫曰：“吾乃常山赵子龙也！奉令特来接军师。你如何来追赶？本待一箭射死你来，显得两家失了和气。--教你知我手段！”言讫，箭到处，射断徐盛船上篷索。那篷堕落下水，其船便横。赵云却教自己船上拽起满帆，乘顺风而去。其船如飞，追之不及。岸上丁奉唤徐盛船近岸，言曰：“诸葛亮神机妙算，人不可及。更兼赵云有万夫不当之勇，汝知他当阳长坂时否？吾等只索回报便了。”于是二人回见周瑜，言孔明预先约赵云迎接去了。周瑜大惊曰：“此人如此多谋，使我晓夜不安矣！”鲁肃曰：“且待破曹之后，却再图之。”

瑜从其言，唤集诸将听令。先教甘宁：“带了蔡中并降卒沿南岸而走，只打北军旗号，直取乌林地面，正当曹操屯粮之所，深入军中，举火为号。只留下蔡和一人在帐下，我有用处。”第二唤太史慈分付：“你可领三千兵，直奔黄州地界，断曹操合淝接应之兵，就逼曹兵，放火为号；只看红旗，便是吴侯接应兵到。”这两队兵最远，先发。第三唤吕蒙领三千兵去乌林接应甘宁，焚烧曹操寨栅，第四唤凌统领三千兵，直截彝陵界首，只看乌林火起，以兵应之。第五唤董袭领三千兵，直取汉阳，从汉川杀奔曹操案中。看白旗接应。第六唤潘璋领三千兵，尽打白旗，往汉阳接应董袭。六队船只各自分路去了。却令黄盖安排火船，使小卒驰书约曹操，今夜来降。一面拨战船四只，随于黄盖船后接应。第一队领兵军官韩当，第二队领兵军官周泰，第三队领兵军官蒋钦，第四队领兵军官陈武：四队各引战船三百只，前面各摆列火船二十只。周瑜自与程普在大艨艟上督战，徐盛、丁奉为左右护卫，只留鲁肃共阚泽及众谋士守寨。程普见周瑜调军有法，甚相敬服。却说孙权差使命持兵符至，说已差陆逊为先锋，直抵蕲、黄地面进兵，吴侯自为后应。瑜又差人西山放火炮，南屏山举号旗。各各准备停当，只等黄昏举动。

话分两头。且说刘玄德在夏口专候孔明回来，忽见一队船到，乃是公子刘琦自来探听消息。玄德请上敌楼坐定，说：“东南风起多时，子龙去接孔明，至今不见到，吾心甚忧。”小校遥指樊口港上：“一帆风送扁舟来到，必军师也。”玄德与刘琦下楼迎接。须臾船到，孔明、子龙登岸。玄德大喜。问候毕，孔明曰：“且无暇告诉别事。前者所约军马战船，皆已办否？”玄德曰：“收拾久矣，只候军师调用。”

孔明便与玄德、刘琦升帐坐定，谓赵云曰：“子龙可带三千军马，渡江径取乌林小路，拣树木芦苇密处埋伏。今夜四更已后，曹操必然从那条路奔走。等他军马过，就半中间放起火来。虽然不杀他尽绝，也杀一半。”云曰：“乌林有两条路：一条通南郡，一条取荆州。不知向那条路来？”孔明曰：“南郡势迫，曹操不敢往；必来荆州，然后大军投许昌而去。”云领计去了。又唤张飞曰：“翼德可领三千兵渡江，截断彝陵这条路，去葫芦谷口埋伏。曹操不敢走南彝陵，必望北彝陵去。来日雨过，必然来埋锅造饭。只看烟起，便就山边放起火来。虽然不捉得曹操，翼德这场功料也不小。”飞领计去了。又唤糜竺、糜芳、刘封三人各驾船只，绕江剿擒败军，夺取器械。三人领计去了。孔明起身，谓公子刘琦曰：“武昌一望之地。最为紧要。公子便请回，率领所部之兵，陈于岸口。操一败必有逃来者，就而擒之，却不可轻离城郭。”刘琦便辞玄德、孔明去了。孔明谓玄德曰：“主公可于樊口屯兵，凭高而望，坐看今夜周郎成大功也。”

时云长在侧，孔明全然不睬。云长忍耐不住，乃高声曰：“关某自随兄长征战，许多年来，未尝落后。今日逢大敌，军师却不委用，此是何意？”孔明笑曰：“云长勿怪！某本欲烦足下把一个最紧要的隘口，怎奈有些违碍，不敢教去。”云长曰：“有何违碍？愿即见谕。”孔明曰：“昔日曹操待足下甚厚，足下当有以报之。今日操兵败，必走华容道；若令足下去时，必然放他过去。因此不敢教去。”云长曰：“军师好心多！当日曹操果是重待某，某已斩颜良，诛文丑，解白马之围，报过他了。今日撞见，岂肯放过！”孔明曰：“倘若放了时，却如何？”云长曰：“愿依军法！”孔明曰：“如此，立下文书。”云长便与了军令状。“云长曰：”若曹操不从那条路上来，如何？“孔明曰：”我亦与你军令状。云长大喜。孔明曰：“云长可于华容小路高山之处，堆积柴草，放起一把火烟，引曹操来。”云长曰：“曹操望见烟，知有埋伏，如何肯来？”孔明笑曰：“岂不闻兵法虚虚实实之论？操虽能用兵，只此可以瞒过他也。他见烟起，将谓虚张声势，必然投这条路来。将军休得容情。”云长领了将令，引关平、周仓并五百校刀手，投华容道埋伏去了。玄德曰：“吾弟义气深重，若曹操果然投华容道去时，只恐端的放了。”孔明曰：“亮夜观乾象，操贼未合身亡。留这人情，教云长做了，亦是美事。”玄德曰：“先生神算，世所罕及！”孔明遂与玄德往樊口，看周瑜用兵，留孙乾、简雍守城。却说曹操在大寨中，与众将商议，只等黄盖消息。当日东南风起甚紧。程昱入告曹操曰：“今日东南风起，宜预提防。”操笑曰：“冬至一阳生，来复之时，安得无东南风？何足为怪！”军士忽报江东一只小船来到，说有黄盖密书。操急唤入。其人呈上书。书中诉说：“周瑜关防得紧，因此无计脱身。今有鄱阳湖新运到粮，周瑜差盖巡哨，已有方便。好歹杀江东名将，献首来降。只在今晚二更，船上插青龙牙旗者，即粮船也。”操大喜，遂与众将来水寨中大船上，观望黄盖船到。

且说江东，天色向晚，周瑜唤出蔡和，令军士缚倒。和叫：“无罪！”瑜曰：“汝是何等人，敢来诈降！吾今缺少福物祭旗，愿借你首级。”和抵赖不过，大叫曰：“汝家阚泽、甘宁亦曾与谋！”瑜曰：“此乃吾之所使也。”蔡和悔之无及。瑜令捉至江边皂纛旗下，奠酒烧纸，一刀斩了蔡和，用血祭旗毕，便令开船。黄盖在第三只火船上，独披掩心，手提利刃，旗上大书“先锋黄盖”。盖乘一天顺风，望赤壁进发。是时东风大作，波浪汹涌。操在中军遥望隔江，看看月上，照耀江水，如万道金蛇，翻波戏浪。操迎风大笑，自以为得志。忽一军指说：“江南隐隐一簇帆幔，使风而来。”操凭高望之。报称：“皆插青龙牙旗。内中有大旗，上书先锋黄盖名字。”操笑曰：“公覆来降，此天助我也！”来船渐近。程昱观望良久，谓操曰：“来船必诈。且休教近寨。”操曰：“何以知之！”程昱曰：“粮在船中，船必稳重；今观来船，轻而且浮。更兼今夜东南风甚紧，倘有诈谋，何以当之？”操省悟，便问：“谁去止之？”文聘曰：“某在水上颇熟，愿请一往。”言毕，跳下小船，用手一指，十数只巡船，随文聘船出。聘立于船头，大叫：“丞相钧旨：南船且休近寨，就江心抛住。”众军齐喝：“快下了篷！”言未绝，弓弦响处，文聘被箭射中左臂，倒在船中。船上大乱，各自奔回。南船距操寨止隔二里水面。黄盖用刀一招，前船一齐发火。火趁风威，风助火势，船如箭发，烟焰涨天。二十只火船，撞入水寨，曹寨中船只一时尽着；又被铁环锁住，无处逃避。隔江炮响，四下火船齐到，但见三江面上，火逐风飞，一派通红，漫天彻地。

曹操回观岸上营寨，几处烟火。黄盖跳在小船上，背后数人驾舟，冒烟突火，来寻曹操。操见势急，方欲跳上岸，忽张辽驾一小脚船，扶操下得船时，那只大船，已自着了。张辽与十数人保护曹操，飞奔岸口。黄盖望见穿绛红袍者下船，料是曹操，乃催船速进，手提利刃，高声大叫：“曹贼休走！黄盖在此！”操叫苦连声。张辽拈弓搭箭，觑着黄盖较近，一箭射去。此时风声正大，黄盖在火光中，那里听得弓弦响？“正中肩窝，翻身落水。正是：火厄盛时遭水厄，棒疮愈后患金疮。未知黄盖性命如何，且看下文分解。

第五十回 诸葛亮智算华容 关云长义释曹操

却说当夜张辽一箭射黄盖下水，救得曹操登岸，寻着马匹走时，军已大乱。韩当冒烟突火来攻水寨，忽听得士卒报道："后梢舵上一人，高叫将军表字。"韩当细听，但闻高叫"义公救我？"当曰："此黄公覆也！"急教救起。见黄盖负箭着伤，咬出箭杆，箭头陷在肉内。韩当急为脱去湿衣，用刀剜出箭头，扯旗束之，脱自己战袍与黄盖穿了，先令别船送回大寨医治。原来黄盖深知水性，故大寒之时，和甲堕江，也逃得性命。却说当日满江火滚，喊声震地。左边是韩当、蒋钦两军从赤壁西边杀来；右边是周泰、陈武两军从赤壁东边杀来；正中是周瑜、程普、徐盛、丁奉大队船只都到。火须兵应，兵仗火威。此正是：三江水战，赤壁鏖兵。曹军着枪中箭、火焚水溺者，不计其数。后人有诗曰："魏吴争斗决雌雄，赤壁楼船一扫空。烈火初张照云海，周郎曾此破曹公。"又有一绝云："山高月小水茫茫，追叹前朝割据忙。南士无心迎魏武，东风有意便周郎。"不说江中鏖兵。且说甘宁令蔡中引入曹寨深处，宁将蔡中一刀砍于马下，就草上放起火来。吕蒙遥望中军火起，也放十数处火，接应甘宁。潘璋、董袭分头放火呐喊，四下里鼓声大震。曹操与张辽引百余骑，在火林内走，看前面无一处不着。正走之间，毛玠救得文聘，引十数骑到。操令军寻路。张辽指道："只有乌林地面，空阔可走。"操径奔乌林。正走间，背后一军赶到，大叫："曹贼休走！"火光中现出吕蒙旗号。操催军马向前，留张辽断后，抵敌吕蒙。却见前面火把又起，从山谷中拥出一军，大叫："凌统在此！"曹操肝胆皆裂。忽刺斜里一彪军到，大叫："丞相休慌！徐晃在此！"彼此混战一场，夺路望北而走。忽见一队军马，屯在山坡前。徐晃出问，乃是袁绍手下降将马延、张顗，有三千北地军马，列寨在彼；当夜见满天火起，未敢转动，恰好接着曹操。操教二将引一千军马开路，其余留着护身。操得这枝生力军马，心中稍安。马延、张顗二将飞骑前行。不到十里，喊声起处，一彪军出。为首一将，大呼曰："吾乃东吴甘兴霸也！"马延正欲交锋，早被甘宁一刀斩于马下；张顗挺枪来迎，宁大喝一声，顗措手不及，被宁手起一刀，翻身落马。后军飞报曹操。操此时指望合淝有兵救应；不想孙权在合淝路口，望见江中火光，知是我军得胜，便教陆逊举火为号，太史慈见了，与陆逊合兵一处，冲杀将来。操只得望彝陵而走。路上撞见张郃，操令断后。纵马加鞭，走至五更，回望火光渐远，操心方定，问曰："此是何处？"左右曰："此是乌林之西，宜都之北。"操见树木丛杂，山川险峻，乃于马上仰面大笑不止。诸将问曰："丞相何故大笑？"操曰："吾不笑别人，单笑周瑜无谋，诸葛亮少智。若是吾用兵之时，预先在这里伏下一军，如之奈何？"说犹未了，两边鼓声震响，火光竟天而起，惊得曹操几乎坠马。刺斜里一彪军杀出，大叫："我赵子龙奉军师将令，在此等候多时了！"操教徐晃、张郃双敌赵云，自己冒烟突火而去。子龙不来追赶，只顾抢夺旗帜。曹操得脱。

天色微明，黑云罩地，东南风尚不息。忽然大雨倾盆，湿透衣甲。操与军士冒雨而行，诸军皆有饥色。操令军士往村落中劫掠粮食，寻觅火种。方欲造饭，后面一军赶到。操心甚慌。原来却是李典、许褚保护着众谋士来到，操大喜，令军马且行，问："前面是那里地面？"人报："一边是南彝陵大路，一边是北彝陵山路。"操问："那里投南郡江陵去近？"军士禀曰："取南彝陵过葫芦口去最便。"操教走南彝陵。行至葫芦口，军皆饥馁，行走不上，马亦困乏，多有倒于路者。操教前面暂歇。马上有带得锣锅的，也有村中掠得粮米的，便就山边拣干处埋锅造饭，割马肉烧吃。尽皆脱去湿衣，于风头吹晒；马皆摘鞍野放，咽咬草根。操坐于疏林之下，仰面大笑。众官问曰："适来丞相笑周瑜、诸葛亮，引惹出赵子龙来，又折了许多人马。如今为何又笑？"操曰："吾笑诸葛亮、周瑜毕竟智谋不足。若是我用兵时，就这个去处，也埋伏一彪军马，以逸待劳；我等纵然脱得性命，也不免重伤矣。彼见不到此，我是以笑之。"正说间，前军后军一齐发喊、操大惊，弃甲上马。众军多有不及收马者。早见四下火烟布合，山口一军摆开，为首乃燕人张翼德，横矛立马，大叫："操贼走那里去！"诸军众将见了张飞，尽皆胆寒。许褚骑无鞍马来战张飞。张辽、徐晃二将，纵马也来夹攻。两边军马混战做一团。操先拨马走脱，诸将各自脱身。张飞从后赶来。操迤逦奔逃，追兵渐远，回顾众将多已带伤。

正行时，军士禀曰："前面有两条路，请问丞相从那条路去？"操问："那条路近？"军士曰："大路稍平，却远五十余里。小路投华容道，却近五十余里；只是地窄路险，坑坎难行。"操令人上山观望，回报："小路山边有数处烟起；大路并无动静。"操教前军便走华容道小路。诸将曰："烽烟起处，必有军马，何故反走这条路？"操曰："岂不闻兵书有云：虚则实之，实则虚之。诸葛亮多谋，故使人于山僻烧烟，使我军不敢从这条山路走，他却伏兵于大路等着。吾料已定，偏不教中他计！"诸将皆曰："丞相妙算，人不可及。"遂勒兵走华容道。此时人皆饥倒，马尽困乏。焦头烂额者扶策而行，中箭着枪者勉强而走。衣甲湿透，个个不全；军器旗幡，纷纷不整：大半皆是彝陵道上被赶得慌，只骑得秃马，鞍辔衣服，尽皆抛弃。正值隆冬严寒之时，其苦何可胜言。

操见前军停马不进，问是何故。回报曰："前面山僻路小，因早晨下雨，坑堑内积水不流，泥陷马蹄，不能前进。"操大怒，叱曰："军旅逢山开路，遇水叠桥，岂有泥泞不堪行之理！"传下号令，教老弱中伤军士在后慢行，强壮者担土束柴，搬草运芦，填塞道路。务要即时行动，如违令者斩。众军只得都下马，就路旁砍伐竹木，填塞山路。操恐后军来赶，令张辽、许褚、徐晃引百骑执刀在手，但迟慢者便斩之。此时军已饿乏，众皆倒地，操喝令人马践踏而行，死者不可胜数。号哭之声，于路不绝。操怒曰："生死有命，何哭之有！如再哭者立斩！"三停人马：一停落后，一停填了沟壑，一停跟随曹操。过了险峻，路稍平坦。操回顾止有三百余骑随后，并无衣甲袍铠整齐者。操催速行。众将曰："马尽乏矣，只好少歇。"操曰："赶到荆州将息未迟。"又行不到数里，操在马上扬鞭大笑。众将问："丞相何又大笑？"操曰："人皆言周瑜、诸葛亮足智多谋，以吾观之，到底是无能之辈。若使此处伏一旅之师，吾等皆束手受缚矣。"

言未毕，一声炮响，两边五百校刀手摆开，为首大将关云长，提青龙刀，跨赤兔马，截住去路。操军见了，亡魂丧胆，面面相觑。操曰："既到此处，只得决一死战！"众将曰："人纵然不怯，马力已乏，安能复战？"程昱曰："某素知云长傲上而不忍下，欺强而不凌弱；恩怨分明，信义素著。丞相旧日有恩于彼，今只亲自告之，可脱此难。"操从其说，即纵马向前，欠身谓云长曰："将军别来无恙！"云长亦欠身答曰："关某奉军师将令，等候丞相多时。"操曰："曹操兵败势危，到此无路，望将军以昔日之情为重。"云长曰："昔日关某虽蒙丞相厚恩，然已斩颜良，诛文丑，解白马之围，以奉报矣。今日之事，岂敢以私废公？"操曰："五关斩将之时，还能记否？大丈夫以信义为重。将军深明《春秋》，岂不知庾公之斯追子濯孺子之事乎？"云长是个义重如山之人，想起当日曹操许多恩义，与后来五关斩将之事，如何不动心？又见曹军惶惶，皆欲垂泪，一发心中不忍。于是把马头勒回，谓众军曰："四散摆开。"这个分明是放曹操的意思。操见云长回马，便和众将一齐冲将过去。云长回身时，曹操已与众将过去了。云长大喝一声，众军皆下马，哭拜于地。云长愈加不忍。正犹豫间，张辽纵马而至。云长见了，又动故旧之情，长叹一声，并皆放去。后人有诗曰："曹瞒兵败走华容，正与关公狭路逢。只为当初恩义重，放开金锁走蛟龙。"

曹操既脱华容之难。行至谷口，回顾所随军兵，止有二十七骑。比及天晚，已近南郡，火把齐明，一簇人马拦路。操大惊曰："吾命休矣！"只见一群哨马冲到，方认得是曹仁军马。操才心安。曹仁接着，言："虽知兵败，不敢远离，只得在附近迎接。"操曰："几与汝不相见也！"于是引众入南郡安歇。随后张辽也到，说云长之德。操点将校，中伤者极多，操皆令将息。曹仁置酒与操解闷。众谋士俱在座。操忽仰天大恸。众谋士曰："丞相于虎窟中逃难之时，全无惧怯；今到城中，人已得食，马已得料，正须整顿军马复仇，何反痛哭？"操曰："吾哭郭奉孝耳！若奉孝在，决不使吾有此大失也！"遂捶胸大哭曰："哀哉，奉孝！痛哉，奉孝！惜哉！奉孝！"众谋士皆默然自惭。次日，操唤曹仁曰："吾今暂回许都，收拾军马，必来报仇。汝可保全南郡。吾有一计，密留在此，非急休开，急则开之。依计而行，使东吴不敢正视南郡。"仁曰："合淝、襄阳，谁可保守？"操曰："荆州托汝管领；襄阳吾已拨夏侯惇守把；合淝最为紧要之地，吾令张辽为主将，乐进、李典为副将，保守此地。但有缓急，飞报将来。"操分拨已定，遂上马引众奔回许昌。荆州原降文武各官，依旧带回许昌调用。曹仁自遣曹洪据守彝陵、南郡，以防周瑜。

却说关云长放了曹操，引军自回。此时诸路军马，皆得马匹、器械、钱粮，已回夏口；独云长不获一人一骑，空身回见玄德。孔明正与玄德作贺，忽报云长至。孔明忙离坐席，执杯相迎曰："且喜将军立此盖世之功，与普天下除大害。合宜远接庆贺！"云长默然。孔明曰："将军莫非因吾等不曾远接，故尔不乐？"回顾左右曰："汝等缘何不先报？"云长曰："关某特来请死。"孔明曰："莫非曹操不曾投华容道上来？"云长曰："是从那里来。关某无能，因此被他走脱。"孔明曰："拿得甚将士来？"云长曰："皆不曾拿。"孔明曰："此是云长想曹操昔日之恩，故意放了。但既有军令状在此，不得不按军法。"遂叱武士推出斩之。正是：拚将一死酬知己，致令千秋仰义名。未知云长性命如何，且看下文分解。

第五十一回 曹仁大战东吴兵 孔明一气周公瑾

却说孔明欲斩云长，玄德曰："昔吾三人结义时，誓同生死。今云长虽犯法，不忍违却前盟。望权记过，容将功赎罪。"孔明方才饶了。且说周瑜收军点将，各各叙功，申报吴侯。所得降卒，尽行发付渡江，大犒三军，遂进兵攻取南郡。前队临江下寨，前后分五营。周瑜居中。瑜正与众商议征进之策，忽报："刘玄德使孙乾来与都督作贺。"瑜命请入。乾施礼毕，言："主公特命乾拜谢都督大德，有薄礼上献。"瑜问曰："玄德在何处？"乾答曰："现移兵屯油江口。"瑜惊曰："孔明亦在油江否？"乾曰；"孔明与主公同在油江。"瑜曰："足下先回，某亲来相谢也。"瑜收了礼物，发付孙乾先回。肃曰："却才都督为何失惊？"瑜曰："刘备屯兵油江，必有取南郡之意。我等费了许多军马，用了许多钱粮，目下南郡反手可得；彼等心怀不仁，要就现成，须放着周瑜不死！"肃曰："当用何策退之？"瑜曰："吾自去和他说话。好便好；不好时，不等他取南郡，先结果了刘备！"肃曰："某愿同往。"于是瑜与鲁肃引三千轻骑，径投油江口来。先说孙乾回见玄德，言周瑜将亲来相谢。玄德乃问孔明曰："来意若何？"孔明笑曰："那里为这些薄礼肯来相谢。止为南郡而来。"玄德曰："他若提兵来，何以待之？"孔明曰："他来便可如此如此应答。"遂于油江口摆开战船，岸上列着军马。人报："周瑜、鲁肃引兵到来。"孔明使赵云领数骑来接。瑜见军势雄壮，心甚不安。行至营门外，玄德、孔明迎入帐中。各叙礼毕，设宴相待。玄德举酒致谢鏖兵之事。酒至数巡，瑜曰："豫州移兵在此，莫非有取南郡之意否？"玄德曰："闻都督欲取南郡，故来相助。若都督不取，备必取之"。瑜笑曰："吾东吴久欲吞并汉江，今南郡已在掌中，如何不取？"玄德曰："胜负不可预定。曹操临归，令曹仁守南郡等处，必有奇计；更兼曹仁勇不可当：但恐都督不能取耳。"瑜曰："吾若取不得，那时任从公取。"玄德曰："子敬、孔明在此为证，都督休悔。"鲁肃踌躇未对。瑜曰："大丈夫一言既出，何悔之有！"孔明曰："都督此言，甚是公论。先让东吴去取；若不下，主公取之，有何不可！"瑜与肃辞别玄德、孔明，上马而去。玄德问孔明曰："却才先生教备如此回答，虽一时说了，展转寻思，于理未然。我今孤穷一身，无置足之地，欲得南郡，权且容身；若先教周瑜取了，城池已属东吴矣，却如何得住？"孔明大笑曰："当初亮劝主公取荆州，主公不听，今日却想耶？"玄德曰："前为景升之地，故不忍取；今为曹操之地，理合取之。"孔明曰："不须主公忧虑。尽着周瑜去厮杀，早晚教主公在南郡城中高坐。"玄德曰："计将安出？"孔明曰："只须如此如此。"玄德大喜，只在江口屯扎，按兵不动。却说周瑜、鲁肃回寨。肃曰："都督如何亦许玄德取南郡？"瑜曰："吾弹指可得南郡，落得虚做人情。"随问帐下将士："谁敢先取南郡？"一人应声而出，乃蒋钦也。瑜曰："汝为先锋，徐盛、丁奉为副将，拨五千精锐军马，先渡江。吾随后引兵接应。"且说曹仁在南郡，分付曹洪守彝陵，以为掎角之势。人报："吴兵已渡汉江。"仁曰："坚守勿战为上。"骁将牛金奋然进曰："兵临城下而不出战，是怯也。况吾兵新败，正当重振锐气。某愿借精兵五百，决一死战。"仁从之，令牛金引五百军出战。丁奉纵马来迎。约战四五合，奉诈败，牛金引军追赶入阵。奉指挥众军一裹围牛金于阵中。金左右冲突，不能得出。曹仁在城上望见牛金困在垓心，遂披甲上马，引麾下壮士数百骑出城，奋力挥刀，杀入吴阵。徐盛迎战，不能抵挡。曹仁杀到垓心，救出牛金。回顾尚有数十骑在阵，不能得出，遂复翻身杀入，救出重围。正遇蒋钦拦路，曹仁与牛金奋力冲散。仁弟曹纯，亦引兵接应，混杀一阵。吴军败走，曹仁得胜而回。蒋钦兵败，回见周瑜，瑜怒欲斩之，众将告免。瑜即点兵，要亲与曹仁决战。甘宁曰："都督未可造次。今曹仁令曹洪据守彝陵，为掎角之势；某愿以精兵三千，径取彝陵，都督然后可取南郡。"瑜服其论，先教甘宁领三千兵攻打彝陵，早有细作报知曹仁，仁与陈矫商议。矫曰："彝陵有失，南郡亦不可守矣。宜速救之。"仁遂令曹纯与牛金暗地引兵救曹洪。曹纯先使人报知曹洪，令洪出城诱敌。甘宁引兵至彝陵，洪出与甘宁交锋。战有二十余合，洪败走。宁夺了彝陵。至黄昏时，曹纯、牛金兵到，两下相合，围了彝陵。探马飞报周瑜，说甘宁困于彝陵城中，瑜大惊。程普曰："可急分兵救之。"瑜曰："此地正当冲要之处，若分兵去救，倘曹仁引兵来袭，奈何？"吕蒙曰："甘兴霸乃江东大将，岂可不救？"瑜曰："吾欲自往救之；但留何人在此，代当吾任？"蒙曰："留凌公绩当之。蒙为前驱，都督断后；不须十日，必奏凯歌。"瑜曰："未知凌公绩肯暂代吾任否？"凌统曰："若十日为期，可当之；十日之外，不胜其任矣。"瑜大喜，遂留兵万余，付与凌统；即日起大兵投彝陵来。蒙谓瑜曰："彝陵南僻小路，取南郡极便。可差五百军去砍倒树木，以断其路。彼军若败，必走此路；马不能行，必弃马而走，吾可得其马也。"瑜从之，差军去讫。

大兵将至彝陵，瑜问："谁可突围而入，以救甘宁？"周泰愿往，即时绰刀纵马，直杀入曹军之中，径到城下。甘宁望见周泰至，自出城迎之。泰言："都督自提兵至。"宁传令教军士严装饱食，准备内应。却说曹洪、曹纯、牛金闻周瑜兵将至，先使人往南郡报知曹仁，一面分兵拒敌。及吴兵至，曹兵迎之。比及交锋，甘宁、周泰分两路杀出，曹兵大乱，吴兵四下掩杀。曹洪、曹纯、牛金果然投小路而走；却被乱柴塞道，马不能行，尽皆弃马而走。吴兵得马五百余匹。周瑜驱兵星夜赶到南郡，正遇曹仁军来救彝陵。两军接着，混战一场。天色已晚，各自收兵。

曹仁回城中，与众商议。曹洪曰："目今失了彝陵，势已危急，何不拆丞相遗计观之，以解此危？"曹仁曰："汝言正合吾意。”遂拆书观之，大喜，便传令教五更造饭；平明，大小军马，尽皆弃城；城上遍插旌旗，虚张声势。军分三门而出。却说周瑜救出甘宁，陈兵于南郡城处。见曹兵分三门而出，瑜上将台观看。只见女墙边虚搠旌旗，无人守护；又见军士腰下各束缚包裹。瑜暗忖曹仁必先准备走路，遂下将台号令，分布两军为左右翼；如前军得胜，只顾向前追赶，直待鸣金，方许退步。命程普督后军，瑜亲自引军取城。对阵鼓声响处，曹洪出马搦战，瑜自至门旗下，使韩当出马，与曹洪交锋；战到三十余合，洪败走。曹仁自出接战，周泰纵马相迎；斗十余合，仁败走。阵势错乱。周瑜麾两翼军杀出，曹军大败。瑜自引军马追至南郡城下，曹军皆不入城，望西北面走。韩当、周泰引前部尽力追赶。瑜见城门大开，城上又无人，遂令众军抢城。数十骑当先而入。瑜在背后纵马加鞭，直入瓮城。陈矫在敌楼上，望见周瑜亲自入城来，暗暗喝采道：“丞相妙策如神！”一声梆子响，两边弓弩齐发，势如骤雨。争先入城的，都颠入陷坑内。周瑜急勒马回时，被一弩箭，正射中左肋，翻身落马。牛金从城中杀出，来捉周瑜；徐盛、丁奉二人舍命救去。城中曹兵突出，吴兵自相践踏，落堑坑者无数。程普急收军时，曹仁、曹洪分兵两路杀回。吴兵大败。幸得凌统引一军从刺斜里杀来，敌住曹兵。曹仁引得胜兵进城，程普收败军回寨。丁、徐二将救得周瑜到帐中，唤行军医者用铁钳子拔出箭头，将金疮药敷掩疮口，疼不可当，饮食俱废。医者曰：“此箭头上有毒，急切不能痊可。若怒气冲激，其疮复发。”程普令三军紧守各寨，不许轻出，三日后，牛金引军来搦战，程普按兵不动。牛金骂至日暮方回，次日又来骂战。程普恐瑜生气，不敢报知。第三日，牛金直至寨门外叫骂，声声只道要捉周瑜。程普与众商议，欲暂且退兵，回见吴侯，却再理会。却说周瑜虽患疮痛，心中自有主张；已知曹兵常来寨前叫骂，却不见众将来禀。一日，曹仁自引大军，擂鼓呐喊，前来搦战。程普拒住不出。周瑜唤众将入帐问曰：“何处鼓噪呐喊？”众将曰：“军中教演士卒。”瑜怒曰：“何欺我也！吾已知曹兵常来寨前辱骂。程德谋既同掌兵权，何故坐视？”遂命人请程普入帐问之。普曰：“吾见公瑾病疮，医者言勿触怒，故曹兵搦战，不敢报知。”瑜曰：“公等不战，主意若何？”普曰：“众将皆欲收兵暂回江东。待公箭疮平复，再作区处。”瑜听罢，于床上奋然跃起曰：“大丈夫既食君禄，当死于战场，以马革裹尸还，幸也！岂可为我一人，而废国家大事乎？”言讫，即披甲上马。诸军众将，无不骇然。遂引数百骑出营前。望见曹兵已布成阵势，曹仁自立马于门旗下，扬鞭大骂曰：“周瑜孺子，料必横夭，再不敢正觑我兵！”骂犹未绝，瑜从群骑内突然出曰：“曹仁匹夫！见周郎否！”曹军看见，尽皆惊骇。曹仁回顾众将曰：“可大骂之！”众军厉声大骂。周瑜大怒，使潘璋出战。未及交锋，周瑜忽大叫一声，口中喷血。坠于马下。曹兵冲来，众将向前抵住，混战一场，救起周瑜，回到帐中。程普问曰：“都督贵体若何？”瑜密谓普曰：“此吾之计也。”普曰：“计将安出？”瑜曰：“吾身本无甚痛楚；吾所以为此者，欲令曹兵知我病危，必然欺敌。可使心腹军士去城中诈降，说吾已死。今夜曹仁必来劫寨。吾却于四下埋伏以应之，则曹仁可一鼓而擒也。”程普曰：“此计大妙！”随就帐下举起哀声。众军大惊，尽传言都督箭疮大发而死，各寨尽皆挂孝。却说曹仁在城中与众商议，言周瑜怒气冲发，金疮崩裂，以致口中喷血，坠于马下，不久必亡。正论间，忽报：“吴寨内有十数个军士来降。中间亦有二人，原是曹兵被掳过去的。”曹仁忙唤入问之。军士曰：“今日周瑜阵前金疮碎裂，归寨即死。今众将皆已挂孝举哀。我等皆受程普之辱，故特归降，便报此事。”曹仁大喜，随即商议今晚便去劫寨，夺周瑜之尸，斩其首级，送赴许都。陈矫曰：“此计速行，不可迟误。”

曹仁遂令牛金为先锋，自为中军，曹洪、曹纯为合后，只留陈矫领些少军士守城，其余军兵尽起。初更后出城，径投周瑜大寨。来到寨门，不见一人，但见虚插旗枪而已。情知中计，急忙退军。四下炮声齐发：东边韩当、蒋钦杀来，西边周泰、潘璋杀来，南边徐盛、丁奉杀来，北边陈武、吕蒙杀来。曹兵大败，三路军皆被冲散，首尾不能相救。曹仁引十数骑杀出重围，正遇曹洪，遂引败残军马一同奔走。杀到五更，离南郡不远，一声鼓响，凌统又引一军拦住去路，截杀一阵。曹仁引军刺斜而走，又遇甘宁大杀一阵。曹仁不敢回南郡，径投襄阳大路而行，吴军赶了一程，自回。

周瑜、程普收住众军，径到南郡城下，见旌旗布满，敌楼上一将叫曰：“都督少罪！吾奉军师将令，已取城了。吾乃常山赵子龙也。”周瑜大怒，便命攻城。城上乱箭射下。瑜命且回军商议，使甘宁引数千军马，径取荆州；凌统引数千军马，径取襄阳；然后却再取南郡未迟。正分拨间，忽然探马急来报说：“诸葛亮自得了南郡，遂用兵符，星夜诈调荆州守城军马来救，却教张飞袭了荆州。”又一探马飞来报说：“夏侯惇在襄阳，被诸葛亮差人赍兵符，诈称曹仁求救，诱惇引兵出，却教云长袭取了襄阳。二处城池，全不费力，皆属刘玄德矣。”周瑜曰：“诸葛亮怎得兵符？”程普曰：“他拿住陈矫，兵符自然尽属之矣。”周瑜大叫一声，金疮迸裂。正是：几郡城池无我分，一场辛苦为谁忙！未知性命如何，且看下文分解。

第五十二回 诸葛亮智辞鲁肃 赵子龙计取桂阳

却说周瑜见孔明袭了南郡，又闻他袭了荆襄，如何不气？气伤箭疮，半晌方苏，众将再三劝解。瑜曰：“若不杀诸葛村夫，怎息我心中怨气！程德谋可助我攻打南郡，定要夺还东吴。”正议间，鲁肃至。瑜谓之曰：“吾欲起兵与刘备、诸葛亮共决雌雄，复夺城池。子敬幸助我。”鲁肃曰：“不可。方今与曹操相持，尚未分成败；主公现攻合淝不下。不争自家互相吞并，倘曹兵乘虚而来，其势危矣。况刘玄德旧曾与曹操相厚，若逼得紧急，献了城池，一同攻打东吴，如之奈何？”瑜曰：“吾等用计策，损兵马，费钱粮，他去图现成，岂不可恨！”肃曰：“公瑾且耐。容某亲见玄德，将理来说他。若说不通，那时动兵未迟。”诸将曰：“子敬之言甚善。”

于是鲁肃引从者径投南郡来，到城下叫门。赵云出问，肃曰：“我要见刘玄德有话说。”云答曰：“吾主与军师在荆州城中。”肃遂不入南郡，径奔荆州。见旌旗整列，军容甚盛，肃暗羡曰：“孔明真非常人也！”军士报入城中，说鲁子敬要见。孔明令大开城门，接肃入衙。讲礼毕，分宾主而坐。茶罢，肃曰：“吾主吴侯，与都督公瑾，教某再三申意皇叔，前者，操引百万之众，名下江南，实欲来图皇叔；幸得东吴杀退曹兵，救了皇叔。所有荆州九郡，合当归于东吴。今皇叔用诡计，夺占荆襄，使江东空费钱粮军马，而皇叔安受其利，恐于理未顺。”孔明曰：“子敬乃高明之士，何故亦出此言？常言道：物必归主。荆襄九郡，非东吴之地，乃刘景升之基业。吾主固景升之弟也。景升虽亡，其子尚在；以叔辅侄，而取荆州，有何不可？”肃曰：“若果系公子刘琦占据，尚有可解；今公子在江夏，须不在这里！”孔明曰：“子敬欲见公子乎？”便命左右：“请公子出来。”只见两从者从屏风后扶出刘琦。琦谓肃曰：“病躯不能施礼，子敬勿罪。”鲁肃吃了一惊，默然无语，良久，言曰：“公子若不在，便如何？”孔明曰：“公子在一日，守一日；若不在，别有商议。”肃曰：“若公子不在，须将城池还我东吴。”孔明曰：“子敬之言是也。”遂设宴相待。

宴罢，肃辞出城，连夜归寨，具言前事。瑜曰：“刘琦正青春年少，如何便得他死？这荆州何日得还？”肃曰：“都督放心。只在鲁肃身上，务要讨荆襄还东吴。”瑜曰：“子敬有何高见？”肃曰：“吾观刘琦过于酒色，病入膏肓，现今面色羸瘦，气喘呕血，不过半年，其人必死。那时往取荆州，刘备须无得推故。”周瑜犹自忿气未消，忽孙权遣使至。瑜令请入。使曰："主公围合淝，累战不捷。特令都督收回大军，且拨兵赴合淝相助。"周瑜只得班师回柴桑养病，令程普部领战船士卒，来合淝听孙权调用。

却说刘玄德自得荆州、南郡、襄阳，心中大喜，商议久远之计。忽见一人上厅献策，视之，乃伊籍也。玄德感其旧日之恩，十分相敬，坐而问之。籍曰："要知荆州久远之计，何不求贤士以问之？"玄德曰："贤士安在？"籍曰："荆襄马氏，兄弟五人并有才名：幼者名谡，字幼常；其最贤者，眉间有白毛，名良，字季常。乡里为之谚曰：'马氏五常，白眉最良。'公何不求此人而与之谋？"玄德遂命请之。马良至，玄德优礼相待，请问保守荆襄之策。良曰："荆襄四面受敌之地，恐不可久守；可令公子刘琦于此养病，招谕旧人以守之，就表奏公子为荆州刺史，以安民心。然后南征武陵、长沙、桂阳、零陵四郡，积收钱粮，以为根本。此久远之计也。"玄德大喜，遂问："四郡当先取何郡？"良曰："湘江之西，零陵最近，可先取之；次取武陵。然后湘江之东取桂阳；长沙为后。"玄德遂用马良为从事，伊籍副之。请孔明商议送刘琦回襄阳，替云长回荆州。便调兵取零陵，差张飞为先锋，赵云合后，孔明；玄德为中军，人马一万五千；留云长守荆州、糜竺、刘封守江陵。却说零陵太守刘度，闻玄德军马到来，乃与其子刘贤商议。贤曰："父亲放心。他虽有张飞、赵云之勇，我本州上将邢道荣，力敌万人，可以抵对。"刘度遂命刘贤与邢道荣引兵万余，离城三十里，依山靠水下寨。探马报说："孔明自引一军到来。"道荣便引军出战。两阵对圆，道荣出马，手使开山大斧，厉声高叫："反贼安敢侵我境界！"只见对阵中，一簇黄旗出。旗开处，推出一辆四轮车，车中端坐一人，头戴纶巾，身披鹤氅，手执羽扇，用扇招邢道荣曰："吾乃南阳诸葛孔明也。曹操引百万之众，被吾聊施小计，杀得片甲不回。汝等岂堪与我对敌？我今来招安汝等，何不早降？"道荣大笑曰："赤壁鏖兵，乃周郎之谋也，干汝何事，敢来诳语！"轮大斧竟奔孔明。孔明便回车，望阵中走，阵门复闭。道荣直冲杀过来，阵势急分两下而走。道荣遥望中央一簇黄旗，料是孔明，乃只望黄旗而赶。抹过山脚，黄旗扎住，忽地中央分开，不见四轮车，只见一将挺矛跃马，大喝一声，直取道荣，乃张翼德也。道荣轮大斧来迎，战不数合，气力不加，拨马便走。翼德随后赶来，喊声大震，两下伏兵齐出。道荣舍死冲过，前面一员大将，拦住去路，大叫："认得常山赵子龙否！"道荣料敌不过，又无处奔走，只得下马请降。子龙缚来寨中见玄德、孔明。玄德喝教斩首。孔明急止之，问道荣曰："汝若与我捉了刘贤，便准你投降。"道荣连声愿往。孔明曰："你用何法捉他？"道荣曰："军师若肯放某回去，某自有巧说。今晚军师调兵劫寨，某为内应，活捉刘贤，献与军师。刘贤既擒，刘度自降矣。"玄德不信其言。孔明曰："邢将军非谬言也。"遂放道荣归。道荣得放回寨，将前事实诉刘贤。贤曰："如之奈何？"道荣曰："可将计就计。今夜将兵伏于寨外，寨中虚立旗幡，待孔明来劫寨，就而擒之。"刘贤依计。

当夜二更，果然有一彪军到寨口，每人各带草把，一齐放火。刘贤、道荣两下杀来，放火军便退。刘贤、道荣两军乘势追赶，赶了十余里，军皆不见。刘贤、道荣大惊，急回本寨，只见火光未灭，寨中突出一将，乃张翼德也。刘贤叫道荣："不可入寨，却去劫孔明寨便了。"于是复回军。走不十里，赵云引一军刺斜里杀出，一枪刺道荣于马下。刘贤急拨马奔走，背后张飞赶来，活捉过马，绑缚见孔明。贤告曰："邢道荣教某如此，实非本心也。"孔明令释其缚，与衣穿了，赐酒压惊，教人送入城说父投降；如其不降，打破城池，满门尽诛。刘贤回零陵见父刘度，备述孔明之德，劝父投降。度从之，遂于城上竖起降旗，大开城门，赍捧印绶出城，竟投玄德大寨纳降。孔明教刘度仍为郡守，其子刘贤赴荆州随军办事。零陵一郡居民，尽皆喜悦。

玄德入城安抚已毕，赏劳三军。乃问众将曰："零陵已取了，桂阳郡何人敢取？"赵云应曰："某愿往。"张飞奋然出曰："飞亦愿往！"二人相争。孔明曰："终是子龙先应，只教子龙去。"张飞不服，定要去取。孔明教拈阄，拈着的便去。又是子龙拈着。张飞怒曰："我并不要人相帮，只独领三千军去，稳取城池。"赵云曰："某也只领三千军去。如不得城，愿受军令。"孔明大喜，责了军令状，选三千精兵付赵云去。张飞不服，玄德喝退。赵云领了三千人马，径往桂阳进发。早有探马报知桂阳太守赵范。范急聚众商议。管军校尉陈应、鲍隆愿领兵出战。原来二人都是桂阳岭山乡猎户出身，陈应会使飞叉，鲍隆曾射杀双虎。二人自恃勇力，乃对赵范曰："刘备若来，某二人愿为前部。"赵范曰："我闻刘玄德乃大汉皇叔；更兼孔明多谋，关、张极勇；今领兵来的赵子龙，在当阳长坂百万军中，如入无人之境。我桂阳能有多少人马？不可迎敌，只可投降。"应曰："某请出战。若擒不得赵云，那时任太守投降不迟。"赵范拗不过，只得应允。陈应领三千人马出城迎敌，早望见赵云领军来到。陈应列成阵势，飞马绰叉而出。赵云挺枪出马，责骂陈应曰："吾主刘玄德，乃刘景升之弟，今辅公子刘琦同领荆州，特来抚民。汝何敢迎敌！"陈应骂曰："我等只服曹丞相，岂顺刘备！"赵云大怒，挺枪骤马，直取陈应。应捻叉来迎，两马相交，战到四五合，陈应料敌不过，拨马便走。赵云追赶。陈应回顾赵云马来相近，用飞叉掷去，被赵云接住。回掷陈应。应急躲过，云马早到，将陈应活捉过马，掷于地下，喝军士绑缚回寨。败军四散奔走。云入寨叱陈应曰："量汝安敢敌我！我今不杀汝，放汝回去；说与赵范，早来投降。"陈应谢罪，抱头鼠窜，回到城中，对赵范尽言其事。范曰："我本欲降，汝强要战，以致如此。"遂叱退陈应，赍捧印绶，引十数骑出城投大寨纳降。云出寨迎接，待以宾礼，置酒共饮，纳了印绶，酒至数巡，范曰："将军姓赵，某亦姓赵，五百年前，合是一家。将军乃真定人，某亦真定人，又是同乡。倘得不弃，结为兄弟，实为万幸。"云大喜，各叙年庚。云与范同年。云长范四个月，范遂拜云为兄。二人同乡，同年，又同姓，十分相得。至晚席散，范辞回城。次日，范请云入城安民。云教军士休动，只带五十骑随入城中。居民执香伏道而接。云安民已毕，赵范邀请入衙饮宴。酒至半酣，范复邀云入后堂深处，洗盏更酌。云饮微醉。范忽请出一妇人，与云把酒。子龙见妇人身穿缟素，有倾国倾城之色，乃问范曰："此何人也？"范曰："家嫂樊氏也。"子龙改容敬之。樊氏把盏毕，范令就坐。云辞谢。樊氏辞归后堂。云曰："贤弟何必烦令嫂举杯耶？"范笑曰："中间有个缘故，乞兄勿阻：先兄弃世已三载，家嫂寡居，终非了局，弟常劝其改嫁。嫂曰：'若得三件事兼全之人，我方嫁之：第一要文武双全，名闻天下；第二要相貌堂堂，威仪出众；第三要与家兄同姓。'你道天下那得有这般凑巧的？今尊兄堂堂仪表，名震四海，又与家兄同姓，正合家嫂所言。若不嫌家嫂貌陋，愿陪嫁资，与将军为妻，结累世之亲，如何？"云闻言大怒而起，厉声曰："吾既与汝结为兄弟，汝嫂即吾嫂也，岂可作此乱人伦之事乎！"赵范羞惭满面，答曰："我好意相待，如何这般无礼！"遂目视左右，有相害之意。云已觉，一拳打倒赵范，径出府门，上马出城去了。

范急唤陈应、鲍隆商议。应曰："这人发怒去了，只索与他厮杀。"范曰："但恐赢他不得。"鲍隆曰："我两个诈降在他军中，太守却引兵来搦战，我二人就阵上擒之。"陈应曰："必须带些人马。"隆曰："五百骑足矣。"当夜二人引五百军径奔赵云寨来投降。云已心知其诈，遂教唤入。二将到帐下，说："赵范欲用美人计赚将军，只等将军醉了，扶入后堂谋杀，将头去曹丞相处献功：如此不仁。某二人见将军怒出，必连累于某，因此投降。"赵云佯喜，置酒与二人痛饮。二人大醉，云乃缚于帐中，擒其手下人问之，果是诈降。云唤五百军入，各赐酒食，传令曰："要害我者，陈应、鲍隆也；不干众人之事。汝等听吾行计，皆有重赏。"众军拜谢。将降将陈、鲍二人当时斩了；却教五百军引路，云引一千军在后，连夜到桂阳城下叫门。城上听时，说陈、鲍二将军杀了赵云回军，请太守商议事务。城上将火照看，果是自家军马。赵范急忙出城。云喝左右捉下，遂入城，安抚百姓已定，飞报玄德。

玄德与孔明亲赴桂阳。云迎接入城，推赵范于阶下。孔明问之，范备言以嫂许嫁之事。孔明谓云曰："此亦美事，公何如此？"云曰："赵范既与某结为兄弟，今若娶其嫂，惹人唾骂，一也；其妇再嫁，使失大节，二也；赵范初降，其心难测，三也。主公新定江汉，枕席未安，云安敢以一妇人而废主公之大事？"玄德曰："今日大事已定，与汝娶之，若何？"云吾："天下女子不少，但恐名誉不立，何患无妻子乎？"玄德曰："子龙真丈夫也！"遂释赵范，仍令为桂阳太守，重赏赵云。张飞大叫曰："偏子龙干得功！偏我是无用之人！只拨三千军与我去取武陵郡，活捉太守金旋来献！"孔明大喜曰："翼德要去不妨，但要依一件事。"正是：军师决胜多奇策，将士争先立战功。未知孔明说出那一件事来，且看下文分解。

第五十三回 关云长义释黄汉升 孙仲谋大战张文远

却说孔明谓张飞曰："前者子龙取桂阳郡时，责下军令状而去。今日翼德要取武陵，必须也责下军令状，方可领兵去。"张飞遂立军令状，欣然领三千军，星夜投武陵界上来。金旋听得张飞引兵到，乃集将校，整点精兵器械，出城迎敌。从事巩志谏曰："刘玄德乃大汉皇叔，仁义布于天下；加之张翼德骁勇非常。不可迎敌，不如纳降为上。"金旋大怒曰："汝欲与贼通连为内变耶？"喝令武士推出斩之。众官皆告曰："先斩家人，于军不利。"金旋乃喝退巩志，自率兵出。离城二十里，正迎张飞。飞挺矛立马，大喝金旋。旋问部将："谁敢出战？"众皆畏惧，莫敢向前。旋自骤马舞刀迎之。张飞大喝一声，浑如巨雷，金旋失色，不敢交锋，拨马便走。飞引众军随后掩杀。金旋走至城边，城上乱箭射下。旋惊视之，见巩志立于城上曰："汝不顺天时，自取败亡，吾与百姓自降刘矣。"言未毕，一箭射中金旋面门，坠于马下，军士割头献张飞。巩志出城纳降，飞就令巩志赍印绶，往桂阳见玄德。玄德大喜，遂令巩志代金旋之职。

玄德亲至武陵安民毕，驰书报云长，言翼德、子龙各得一郡。云长乃回书上请曰："闻长沙尚未取，如兄长不以弟为不才，教关某干这件功劳甚好。"玄德大喜，遂教张飞星夜去替云长守荆州，令云长来取长沙。

云长既至，入见玄德、孔明。孔明曰："子龙取桂阳，翼德取武陵，都是三千军去。今长沙太守韩玄，固不足道。只是他有一员大将，乃南阳人，姓黄，名忠，字汉升；是刘表帐下中郎将，与刘表之侄刘磐共守长沙，后事韩玄；虽今年近六旬却有万夫不当之勇，不可轻敌。云长去，必须多带军马。"云长曰："军师何故长别人锐气，灭自己威风？量一老卒，何足道哉！关某不须用三千军，只消本部下五百名校刀手，决定斩黄忠、韩玄之首，献来麾下。"玄德苦挡。云长不依，只领五百校刀手而去。孔明谓玄德曰："云长轻敌黄忠，只恐有失。主公当往接应。"玄德从之，随后引兵望长沙进发。

却说长沙太守韩玄，平生性急，轻于杀戮，众皆恶之。是时听知云长军到，便唤老将黄忠商议。忠曰："不须主公忧虑。凭某这口刀，这张弓，一千个来，一千个死！"原来黄忠能开二石力之弓，百发百中。言未毕，阶下一人应声而出曰："不须老将军出战，只就某手中定活捉关某。"韩玄视之，乃管军校尉杨龄。韩玄大喜，遂令杨龄引军一千，飞奔出城。约行五十里，望见尘头起处，云长军马早到。杨龄挺枪出马，立于阵前骂战。云长大怒，更不打话，飞马舞刀，直取杨龄。龄挺枪来迎。不三合，云长手起刀落，砍杨龄于马下。追杀败兵，直至城下。韩玄闻之大惊，便教黄忠出马。玄自来城上观看。忠提刀纵马，引五百骑兵飞过吊桥。云长见一老将出马，知是黄忠，把五百校刀手一字摆开，横刀立马而问曰："来将莫非黄忠否？"忠曰："既知我名，焉敢犯我境！"云长曰："特来取汝首级！"言罢，两马交锋。斗一百余合，不分胜负。韩玄恐黄忠有失，鸣金收军。黄忠收军入城。云长也退军，离城十里下寨，心中暗忖："老将黄忠，名不虚传：斗一百合，全无破绽。来日必用拖刀计，背砍赢之。"

次日早饭毕，又来城下搦战。韩玄坐在城上，教黄忠出马。忠引数百骑杀过吊桥，再与云长交马。又斗五六十合，胜负不分，两军齐声喝采。鼓声正急时，云长拨马便走。黄忠赶来。云长方欲用刀砍去，忽听得脑后一声响；急回头看时，见黄忠被战马前失，掀在地下。云长急回马，双手举刀猛喝曰："我且饶你性命！快换马来厮杀！"黄忠急提起马蹄，飞身上马，弃入城中。玄惊问之。忠曰："此马久不上阵，故有此失。"玄曰："汝箭百发百中，何不射之？"忠曰："来日再战，必然诈败，诱到吊桥边射之。"玄以自己所乘一匹青马与黄忠。忠拜谢而退，寻思："难得云长如此义气！他不忍杀害我，我又安忍射他？若不射，又恐违了将令。"是夜踌躇未定。

次日天晓，人报云长搦战。忠领兵出城。云长两日战黄忠不下，十分焦躁，抖擞威风，与忠交马。战不到三十余合，忠诈败，云长赶来。忠想昨日不杀之恩，不忍便射，带住刀，把弓虚拽弦响，云长急闪，却不见箭；云长又赶，忠又虚拽，云长急闪，又无箭；只道黄忠不会射，放心赶来。将近吊桥，黄忠在桥上搭箭开弓，弦响箭到，正射在云长盔缨根上。前面军齐声喊起。云长吃了一惊，带箭回寨，方知黄忠有百步穿杨之能，今日只射盔缨，正是报昨日不杀之恩也。云长领兵而退。黄忠回到城上来见韩玄，玄便喝左右捉下黄忠。忠叫曰："无罪！"玄大怒曰："我看了三日，汝敢欺我！汝前日不力战，必有私心；昨日马失，他不杀汝，必有关通；今日两番虚拽弓弦，第三箭却止射他盔缨，如何不是外通内连？若不斩汝，必为后患！"喝令刀斧手推下城门外斩之。众将欲告，玄曰："但告免黄忠者，便是同情！"刚推到门外，恰欲举刀，忽然一将挥刀杀入，砍死刀手，救起黄忠，大叫曰："黄汉升乃长沙之保障，今杀汉升，是杀长沙百姓也！韩玄残暴不仁，轻贤慢士，当众共殛之，愿随我者便来！"众视其人，面如重枣，目若朗星，乃义阳人魏延也。自襄阳赶刘玄德不着，来投韩玄；玄怪其傲慢少礼，不肯重用，故屈沉于此。当日救下黄忠，教百姓同杀韩玄，袒臂一呼，相从者数百余人。黄忠拦当不住。魏延直杀上城头，一刀砍韩玄为两段，提头上马，引百姓出城，投拜云长。云长大喜，遂入城。安抚已毕，请黄忠相见；忠托病不出。云长即使人去请玄德、孔明。

却说玄德自云长来取长沙，与孔明随后催促人马接应。正行间，青旗倒卷，一鸦自北南飞，连叫三声而去。玄德曰："此应何祸福？"孔明就马上袖占一课，曰："长沙郡已得，又主得大将。午时后定见分晓。"少顷。见一小校飞报前来，说："关将军已得长沙郡，降将黄忠、魏延。耑等主公到彼。"玄德大喜，遂入长沙。云长接入厅上，具言黄忠之事。玄德乃亲往黄忠家相请，忠方出降，求葬韩玄尸首于长沙之东。后人有诗赞黄忠曰："将军气概与天参，白发犹然困汉南。至死甘心无怨望，临降低首尚怀惭。宝刀灿雪彰神勇，铁骑临风忆战酣。千古高名应不泯，长随孤月照湘潭。"

玄德待黄忠甚厚。云长引魏延来见，孔明喝令刀斧手推下斩之。玄德惊问孔明曰："魏延乃有功无罪之人，军师何故欲杀之？"孔明曰："食其禄而杀其主，是不忠也；居其土而献其地，是不义也。吾观魏延脑后有反骨，久后必反，故先斩之，以绝祸根。"玄德曰："若斩此人，恐降者人人自危。望军师恕之。"孔明指魏延曰："吾今饶汝性命。汝可尽忠报主，勿生异心，若生异心，我好歹取汝首级。"魏延喏喏连声而退。黄忠荐刘表侄刘磐--现在攸县闲居，玄德取回，教掌长沙郡。四郡已平，玄德班师回荆州，改油江口为公安。自此钱粮广盛，贤士归之；将军马四散屯于隘口。

却说周瑜自回柴桑养病，令甘宁守巴陵郡，令凌统守汉阳郡，二处分布战船，听候调遣。程普引其余将士投合淝县来。原来孙权自从赤壁鏖兵之后，久在合淝，与曹兵交锋，大小十余战，未决胜负，不敢逼城下寨，离城五十里屯兵。闻程普兵到，孙权大喜，亲自出营劳军。人报鲁子敬先至，权乃下马立待之。肃慌忙滚鞍下马施礼。众将见权如此待肃，皆大惊异。权请肃上马，并辔而行，密谓曰："孤下马相迎，足显公否？"肃曰："未也。"权曰："然则何如而后为显耶？"肃曰："愿明公威德加于四海，总括九州，克成帝业，使肃名书竹帛，始为显矣。"权抚掌大笑。同至帐中，大设饮宴，犒劳鏖兵将士，商议破合淝之策。

忽报张辽差人来下战书。权拆书观毕，大怒曰："张辽欺吾太甚！汝闻程普军来，故意使人搦战！来日吾不用新军赴敌，看我大战一场！"传令当夜五更，三军出寨，望合淝进发。辰时左右，军马行至半途，曹兵已到。两边布成阵势。孙权金盔金甲，披挂出马；左宋谦，右贾华，二将使方天画戟，两边护卫。三通鼓罢，曹军阵中，门旗两开，三员将全装惯带，立于阵前：中央张辽，左边李典，右边乐进。张辽纵马当先，专搦孙权决战。权绰枪欲自战，阵门中一将挺枪骤马早出，乃太史慈也。张辽挥刀来迎。两将战有七八十合，不分胜负。曹阵上李典谓乐进曰："对面金盔者，孙权也。若捉得孙权，足可与八十三万大军报仇。"说犹未了，乐进一骑马，一口刀，从刺斜里径取孙权，如一道电光，飞至面前，手起刀落。宋谦、贾华急将画戟遮架。刀到处，两枝戟齐断，只将戟杆望马头上打。乐进回马，宋谦绰军士手中枪赶来。李典搭上箭，望宋谦心窝里便射，应弦落马。太史慈见背后有人堕马，弃却张辽，望本阵便回。张辽乘势掩杀过来，吴兵大乱，四散奔走。张辽望见孙权，骤马赶来。看看赶上，刺斜里撞出一军，为首大将，乃程普也；截杀一阵，救了孙权。张辽收军自回合淝。程普保孙权归大寨，败军陆续回营。孙权因见折了宋谦，放声大哭。长史张纮曰："主公恃盛壮之气，轻视大敌，三军之众，莫不寒心。即使斩将搴旗，威振疆场，亦偏将之任，非主公所宜也。愿抑贲、育之勇，怀王霸之计。且今日宋谦死于锋镝之下，皆主公轻敌之故。今后切宜保重。"权曰："是孤之过也。从今当改之。"少顷，太史慈入帐，言："某手下有一人，姓戈，名定，与张辽手下养马后槽是弟兄，后槽被责怀怨，今晚使人报来，举火为号，刺杀张辽，以报宋谦之仇。某请引兵为外应。"权曰："戈定何在？"太史慈曰："已混入合淝城中去了。某愿乞五千兵去。"诸葛瑾曰："张辽多谋，恐有准备，不可造次。"太史慈坚执要行。权因伤感宋谦之死，急要报仇，遂令太史慈引兵五千，去为外应。

却说戈定乃太史慈乡人；当日杂在军中，随入合淝城，寻见养马后槽，两个商议。戈定曰："我已使人报太史慈将军去了，今夜必来接应。你如何用事？"后槽曰："此间离中军较远，夜间急不能进，只就草堆上放起一把火，你去前面叫反，城中兵乱，就里刺杀张辽，余军自走也。"戈定曰："此计大妙！"是夜张辽得胜回城，赏劳三军，传令不许解甲宿睡。左右曰："今日全胜，吴兵远遁，将军何不卸甲安息？"辽曰："非也。为将之道：勿以胜为喜，勿以败为忧。倘吴兵度我无备，乘虚攻击，何以应之？今夜防备，当比每夜更加谨慎。"说犹未了，后寨火起，一片声叫反，报者如麻。张辽出帐上马，唤亲从将校十数人，当道而立。左右曰："喊声甚急，可往观之。"辽曰："岂有一城皆反者？此是造反之人，故惊军士耳。如乱者先斩！"无移时，李典擒戈定并后槽至。辽询得其情，立斩于马前。只听得城门外鸣锣击鼓，喊声大震。辽曰："此是吴兵外应，可就计破之。"便令人于城门内放起一把火，众皆叫反，大开城门，放下吊桥。太史慈见城门大开，只道内变，挺枪纵马先入。城上一声炮响，乱箭射下，太史慈急退，身中数箭。背后李典、乐进杀出，吴兵折其大半，乘势直赶到寨前。陆逊，董袭杀出，救了太史慈。曹兵自回。孙权见太史慈身带重伤，愈加伤感。张昭请权罢兵。权从之，遂收兵下船，回南徐润州。比及屯住军马，太史慈病重；权使张昭等问安，太史慈大叫曰："大丈夫生于乱世，当带三尺剑立不世之功；今所志未遂，奈何死乎！"言讫而亡，年四十一岁。后人有诗赞曰："矢志全忠孝，东莱太史慈：姓名昭远塞，弓马震雄师；北海酬恩日，神亭酣战时。临终言壮志，千古共嗟咨！"孙权闻慈死，伤悼不已，命厚葬于南徐北固山下，养其子太史亨于府中。却说玄德在荆州整顿军马，闻孙权合淝兵败，已回南徐，与孔明商议。孔明曰："亮夜观星象，见西北有星坠地，必应折一皇族。"正言间，忽报公子刘琦病亡。玄德闻之，痛哭不已。孔明劝曰："生死分定，主公勿忧，恐伤贵体。且理大事：可急差人到彼守御城池，并料理葬事。"玄德曰："谁可去？"孔明曰："非云长不可。"即时便教云长前去襄阳保守。玄德曰："今日刘琦已死，东吴必来讨荆州，如何对答？"孔明曰："若有人来，亮自有言对答。"过了半月，人报东吴鲁肃特来吊丧。正是：先将计策安排定，只等东吴使命来。未知孔明如何对答，且看下文分解。

第五十四回 吴国太佛寺看新郎 刘皇叔洞房续佳偶

却说孔明闻鲁肃到，与玄德出城迎接，接到公廨，相见毕。肃曰："主公闻令侄弃世，特具薄礼，遣某前来致祭。周都督再三致意刘皇叔、诸葛先生。"玄德、孔明起身称谢，收了礼物，置酒相待。肃曰："前者皇叔有言：公子不在，即还荆州。今公子已去世，必然见还。不识几时可以交割？"玄德曰："公且饮酒，有一个商议。"肃强饮数杯，又开言相问。玄德未及回答，孔明变色曰："子敬好不通理，直须待人开口！自我高皇帝斩蛇起义，开基立业，传至于今；不幸奸雄并起，各据一方；少不得天道好还，复归正统。我主人乃中山靖王之后，孝景皇帝玄孙，今皇上之叔，岂不可分茅裂土？况刘景升乃我主之兄也，弟承兄业，有何不顺？汝主乃钱塘小吏之子，素无功德于朝廷；今倚势力，占据六郡八十一州，尚自贪心不足，而欲并吞汉土。刘氏天下，我主姓刘倒无分，汝主姓孙反要强争？且赤壁之战，我主多负勤劳，众将并皆用命，岂独是汝东吴之为？若非我借东南风，周郎安能展半筹之功？江南一破，休说二乔置于铜雀宫，虽公等家小，亦不能保。适来我主人不即答应者，以子敬乃高明之士，不待细说。何公不察之甚也！"一席话，说得鲁子敬缄口无言；半晌乃曰："孔明之言，怕不有理；争奈鲁肃身上甚是不便。"孔明曰："有何不便处？"肃曰："昔日皇叔当阳受难时，是肃引孔明渡江，见我主公；后来周公瑾要兴兵取荆州，又是肃挡住；至说待公子去世还荆州，又是肃担承：今却不应前言，教鲁肃如何回覆？我主与周公瑾必然见罪。肃死不恨，只恐惹恼东吴，兴动干戈，皇叔亦不能安坐荆州，空为天下耻笑耳。"孔明曰："曹操统百万之众，动以天子为名，吾亦不以为意，岂惧周郎一小儿乎！若恐先生面上不好看，我劝主人立纸文书，暂借荆州为本；待我主别图得城池之时，便交付还东吴。此论如何？"肃曰："孔明待夺得何处，还我荆州？"孔明曰："中原急未可图；西川刘璋闇弱，我主将图之。若图得西川，那时便还。"肃无奈，只得听从。玄德亲笔写成文书一纸，押了字。保人诸葛孔明也押了字。孔明曰："亮是皇叔这里人，难道自家作保？烦子敬先生也押个字，回见吴侯也好看。"肃曰："某知皇叔乃仁义之人，必不相负。"遂押了字，收了文书。宴罢辞回。玄德与孔明，送到船边。孔明嘱曰："子敬回见吴侯，善言伸意，休生妄想。若不准我文书，我翻了面皮，连八十一州都夺了。今只要两家和气，休教曹贼笑话。"

肃作别下船而回，先到柴桑郡见周瑜。瑜问曰："子敬讨荆州如何？"肃曰："有文书在此。"呈与周瑜，瑜顿足曰：

“子敬中诸葛之谋也！名为借地，实是混赖。他说取了西川便还，知他几时取西川？假如十年不得西川，十年不还？这等文书，如何中用，你却与他做保！他若不还时，必须连累足下，主公见罪奈何？”肃闻言，呆了半晌，曰：“恐玄德不负我。”瑜曰：“子敬乃诚实人也。刘备枭雄之辈，诸葛亮奸猾之徒，恐不似先生心地。”肃曰：“若此，如之奈何？”瑜曰：“子敬是我恩人，想昔日指囷相赠之情，如何不救你？你且宽心住数日，待江北探细的回，别有区处。”鲁肃踢蹐不安。

过了数日，细作回报：“荆州城中扬起布幡做好事，城外别建新坟，军士各挂孝。”瑜惊问曰：“没了甚人？”细作曰：“刘玄德没了甘夫人，即日安排殡葬。”瑜谓鲁肃曰：“吾计成矣：使刘备束手就缚，荆州反掌可得！”肃曰：“计将安出？”瑜曰：“刘备丧妻，必将续娶。主公有一妹，极其刚勇，侍婢数百，居常带刀，房中军器摆列遍满，虽男子不及。我今上书主公，教人去荆州为媒，说刘备来入赘。赚到南徐，妻子不能勾得，幽囚在狱中，却使人去讨荆州换刘备。等他交割了荆州城池，我别有主意。于子敬身上，须无事也。”鲁肃拜谢。

周瑜写了书呈，选快船送鲁肃投南徐见孙权，先说借荆州一事，呈上文书。权曰：“你却如此糊涂！这样文书，要他何用！”肃曰：“周都督有书呈在此，说用此计，可得荆州。”权看毕，点头暗喜，寻思谁人可去。猛然省曰：“非吕范不可。”遂召吕范至，谓曰：“近闻刘玄德丧妇。吾有一妹，欲招赘玄德为婿，永结姻亲，同心破曹，以扶汉室。非子衡不可为媒，望即往荆州一言。”范领命，即日收拾船只，带数个从人，望荆州来。却说玄德自没了甘夫人，昼夜烦恼。一日，正与孔明闲叙，人报东吴差吕范到来。孔明笑曰：“此乃周瑜之计，必为荆州之故。亮只在屏风后潜听。但有甚说话，主公都应承了。留来人在馆驿中歇，别作商议。”

玄德教请吕范入。礼毕坐定，茶罢，玄德问曰：“子衡来，必有所谕？”范曰：“范近闻皇叔失偶，有一门好亲，故不避嫌，特来作媒。未知尊意若何？”玄德曰：“中年丧妻，大不幸也。骨肉未寒，安忍便议亲？”范曰：“人若无妻，如屋无梁，岂可中道而废人伦？吾主吴侯有一妹，美而贤，堪奉箕帚。若两家共结秦、晋之好，则曹贼不敢正视东南也。此事家国两便，请皇叔勿疑。但我国太吴夫人甚爱幼女，不肯远嫁，必求皇叔到东吴就婚。”玄德曰：“此事吴侯知否？”范曰：“不先禀吴侯，如何敢造次来说！”玄德曰：“吾年已半百，鬓发斑白；吴侯之妹，正当妙龄：恐非配偶。”范曰：“吴侯之妹，身虽女子，志胜男儿。常言：若非天下英雄，吾不事之。今皇叔名闻四海，正所谓淑女配君子，岂以年齿上下相嫌乎！”玄德曰：“公且少留，来日回报。”是日设宴相待，留于馆舍。

至晚，与孔明商议。孔明曰：“来意亮已知道了。适间卜易，得一大吉大利之兆。主公便可应允。先教孙乾和吕范回见吴侯，面许已定，择日便去就亲。”玄德曰：“周瑜定计欲害刘备，岂可以身轻入危险之地？”孔明大笑曰：“周瑜虽能用计，岂能出诸葛亮之料乎！略用小谋，使周瑜半筹不展；吴侯之妹，又属主公；荆州万无一失。”玄德怀疑未决。

孔明竟教孙乾往江南说合亲事。孙乾领了言语，与吕范同到江南，来见孙权。权曰：“吾愿将小妹招赘玄德，并无异心。”孙乾拜谢，回荆州见玄德，言：“吴侯专候主公去结亲。”玄德怀疑不敢往。孔明曰：“吾已定下三条计策，非子龙不可行也。”遂唤赵云近前，附耳言曰：“汝保主公入吴，当领此三个锦囊。囊中有三条妙计，依次而行。”即将三个锦囊，与云贴肉收藏，孔明先使人往东吴纳了聘，一切完备。

时建安十四年冬十月。玄德与赵长、孙乾取快船十只，随行五百余人，离了荆州，前往南徐进发。荆州之事，皆听孔明裁处。玄德心中怏怏不安。到南徐州，船已傍岸，云曰：“军师分付三条妙计，依次而行。今已到此，当先开第一个锦囊来看。”于是开囊看了计策。便唤五百随行军士，一一分付如此如此，众军领命而去，又教玄德先往见乔国老，那乔国老乃二乔之父，居于南徐。玄德牵羊担酒，先往拜见，说吕范为媒、娶夫人之事。随行五百军士，俱披红挂彩，入南徐买办物件，传说玄德入赘东吴，城中人尽知其事。孙权知玄德已到，教吕范相待，且就馆舍安歇。

却说乔国老既见玄德，便入见吴国太贺喜。国太曰：“有何喜事？”乔国老曰：“令爱已许刘玄德为夫人，今玄德已到，何故相瞒？”国太惊曰：“老身不知此事！”便使人请吴侯问虚实，一面先使人于城中探听。人皆回报：“果有此事。女婿已在馆驿安歇，五百随行军士都在城中买猪羊果品，准备成亲。做媒的女家是吕范，男家是孙乾，俱在馆驿中相待。”国太吃了一惊。少顷，孙权入后堂见母亲。国太捶胸大哭。权曰：“母亲何故烦恼？”国太曰：“你直如此将我看承得如无物！我姐姐临危之时，分付你甚么话来！”孙权失惊曰：“母亲有话明说，何苦如此？”国太曰：“男大须婚，女大须嫁，古今常理。我为你母亲，事当禀命于我。你招刘玄德为婿，如何瞒我？女儿须是我的！”权吃了一惊，问曰：“那里得这话来？”国太曰：“若要不知，除非莫为。满城百姓，那一个不知？你倒瞒我！”乔国老曰：“老夫已知多日了，今特来贺喜。”权曰：“非也。此是周瑜之计，因要取荆州，故将此为名，赚刘备来拘囚在此，要他把荆州来换；若其不从，先斩刘备。此是计策，非实意也。”国太大怒，骂周瑜曰：“汝做六郡八十一州大都督，直恁无条计策去取荆州，却将我女儿为名，使美人计！杀了刘备，我女便是望门寡，明日再怎的说亲？须误了我女儿一世！你们好做作！”乔国老曰：“若用此计，便得荆州，也被天下人耻笑。此事如何行得！”说得孙权默然无语。

国太不住口的骂周瑜。乔国老劝曰：“事已如此，刘皇叔乃汉室宗亲，不如真个招他为婿，免得出丑。”权曰：“年纪恐不相当。”国老曰：“刘皇叔乃当世豪杰，若招得这个女婿，也不辱了令妹。”国太曰：“我不曾认得刘皇叔。明日约在甘露寺相见：如不中我意，任从你们行事；若中我的意，我自把女儿嫁他！”孙权乃大孝之人，见母亲如此言语，随即应承，出外唤吕范，分付来日甘露寺方丈设宴，国太要见刘备。吕范曰：“何不令贾华部领三百刀斧手，伏于两廊；若国太不喜时，一声号举，两边齐出，将他拿下。”权遂唤贾华，分付预先准备，只看国太举动。却说乔国老辞吴国太归，使人去报玄德，言：“来日吴侯、国太亲自要见，好生在意！”玄德与孙乾、赵云商议。云曰：“来日此会，多凶少吉，云自引五百军保护。”次日，吴国太、乔国老先在甘露寺方丈里坐定。孙权引一班谋士，随后都到，却教吕范来馆驿中请玄德。玄德内披细铠，外穿棉袍，从人背剑紧随，上马投甘露寺来。赵云全装惯带，引五百军随行。来到寺前下马，先见孙权。权观玄德仪表非凡，心中有畏惧之意。二人叙礼毕，遂入方丈见国太。国太见了玄德，大喜，谓乔国老曰：“真吾婿也！”国老曰：“玄德有龙凤之姿，天日之表；更兼仁德布于天下：国太得此佳婿，真可庆也！”玄德拜谢，共宴于方丈之中。少刻，子龙带剑而入，立于玄德之侧。国太问曰：“此是何人？”玄德答曰：“常山赵子龙也。”国太曰：“莫非当阳长坂抱阿斗者乎？”玄德曰：“然。”国太曰：“真将军也！”遂赐以酒。赵云谓玄德曰：“却才某于廊下巡视，见房内有刀斧手埋伏，必无好意。可告知国太。”玄德乃跪于国太席前，泣而告曰：“若杀刘备，就此请诛。”国太曰：“何出此言？”玄德曰：“廊下暗伏刀斧手，非杀备而何？”国太大怒，责骂孙权：“今日玄德既为我婿，即我之儿女也。何故伏刀斧手于廊下！”权推不知，唤吕范问之；范推贾华；国太唤贾华责骂，华默然无言。国太喝令斩之。玄德告曰：“若斩大将，于亲不利，备难久居膝下矣。”乔国老也相劝。国太方叱退贾华。刀斧手皆抱头鼠窜而去。

玄德更衣出殿前，见庭下有一石块。玄德拔从者所佩之剑，仰天祝曰：“若刘备能勾回荆州，成王霸之业，一剑挥石为两段。如死于此地，剑剁石不开。”言讫，手起剑落，火光迸溅，砍石为两段。孙权在后面看见，问曰：“玄德公如何恨此石？”玄德曰：“备年近五旬，不能为国家剿除贼党，心常自恨。今蒙国太招为女婿，此平生之际遇也。恰才问天买卦，如破曹兴汉，砍断此石。今果然如此。”权暗思：“刘备莫非用此言瞒我？”亦掣剑谓玄德曰：“吾亦问天买卦。若破得曹贼，亦断此石。”却暗暗祝告曰：“若再取得荆州，兴旺东吴，砍石为两半！”手起剑落，巨石亦开。至今有十字纹“恨石”尚存。后人观此胜迹，作诗赞曰：“宝剑落时山石断，金环响处火光生，两朝旺气皆天数。从此乾坤鼎足成。”

二人弃剑，相携入席。又饮数巡，孙乾目视玄德，玄德辞曰：“备不胜酒力，告退。”孙权送出寺前，二人并立，观江山之景。玄德曰：“此乃天下第一江山也！”至今甘露寺牌上云：“天下第一江山”。后人有诗赞曰：“江山雨霁拥青螺，境界无忧乐最多。昔日英雄凝目处，岩崖依旧抵风波。”

二人共览之次，江风浩荡，洪波滚雪，白浪掀天。忽见波上一叶小舟，行于江面上，如行平地。玄德叹曰：“南人驾船，北人乘马，信有之也。”孙权闻言自思曰：“刘备此言，戏我不惯乘马耳。”乃令左右牵过马来，飞身上马，驰骤下山，复加鞭上岭，笑谓玄德曰：“南人不能乘马乎？”玄德闻言，撩衣一跃，跃上马背，飞走下山，复驰骋而上。二人立马于山坡之上，扬鞭大笑。至今此处名为“驻马坡”。后人有诗曰：“驰骤龙驹气概多，二人并辔望山河。东吴西蜀成王霸，千古犹存驻马坡。”当日二人并辔而回。南徐之民，无不称贺。

玄德自回馆驿，与孙乾商议。乾曰：“主公只是哀求乔国老，早早毕姻，免生别事。”次日，玄德复至乔国老宅前下马。国老接入，礼毕，茶罢，玄德告曰：“江左之人，多有要害刘备者，恐不能久居。”国老曰：“玄德宽心。吾为公告国太，令作护持。”玄德拜谢自回。乔国老入见国太，言玄德恐人谋害，急急要回。国太大怒曰：“我的女婿，谁敢害他！”即时便教搬入书院暂住，择日毕姻。玄德自入告国太曰：“只恐赵云在外不便，军士无人约束。”国太教尽搬入府中安歇，休留在馆驿中，免得生事。玄德暗喜。

数日之内，大排筵会，孙夫人与玄德结亲。至晚客散，两行红炬，接引玄德入房。灯光之下，但见枪刀簇满；侍婢皆佩剑悬刀，立于两傍。吓得玄德魂不附体。正是：惊看侍女横刀立，疑是东吴设伏兵。毕竟是何缘故，且看下文分解。

第五十五回 玄德智激孙夫人 孔明二气周公瑾

却说玄德见孙夫人房中两边枪刀森列，侍婢皆佩剑，不觉失色。管家婆进曰：“贵人休得惊惧：夫人自幼好观武事，居常令侍婢击剑为乐，故尔如此。”玄德曰：“非夫人所观之事，吾甚心寒，可命暂去。”管家婆禀覆孙夫人曰：“房中摆列兵器，娇客不安，今且去之。”孙夫人笑曰：“厮杀半生，尚惧兵器乎！”命尽撤去，令侍婢解剑伏侍。当夜玄德与孙夫人成亲，两情欢洽。玄德又将金帛散给侍婢，以买其心，先教孙乾回荆州报喜。自此连日饮酒。国太十分爱敬。

却说孙权差人来柴桑郡报周瑜，说：“我母亲力主，已将吾妹嫁刘备。不想弄假成真。此事还复如何？”瑜闻大惊，行坐不安，乃思一计，修密书付来人持回见孙权。权拆书视之。书略曰：“瑜所谋之事，不想反覆如此。既已弄假成真，又当就此用计。刘备以枭雄之姿，有关、张、赵云之将，更兼诸葛用谋，必非久屈人下者。愚意莫如软困之于吴中：盛为筑宫室，以丧其心志；多送美色玩好，以娱其耳目；使分开关、张之情，隔远诸葛之契，各置一方，然后以兵击之，大事可定矣。今若纵之，恐蛟龙得云雨，终非池中物也。愿明公熟思之。”孙权看毕，以书示张昭。昭曰：“公瑾之谋，正合愚意。刘备起身微末，奔走天下，未尝受享富贵。今若以华堂大厦，子女金帛，令彼享用，自然疏远孔明、关、张等，使彼各生怨望，然后荆州可图也。主公可依公瑾之计而速行之。”权大喜，即日修整东府，广栽花木，盛设器用，请玄德与妹居住；又增女乐数十余人，并金玉锦绮玩好之物。国太只道孙权好意，喜不自胜。玄德果然被声色所迷，全不想回荆州。

却说赵云与五百军在东府前住，终日无事，只去城外射箭走马。看看年终。云猛省：“孔明分付三个锦囊与我，教我一到南徐，开第一个；住到年终，开第二个；临到危急无路之时，开第三个：于内有神出鬼没之计，可保主公回家。此时岁已将终，主公贪恋女色，并不见面，何不拆开第二个锦囊，看计而行？”遂拆开视之。原来如此神策。即日径到府堂，要见玄德。侍婢报曰：“赵子龙有紧急事来报贵人。”玄德唤入问之。云佯作失惊之状曰：“主公深居画堂，不想荆州耶？”玄德曰：“有甚事如此惊怪？”云曰：“今早孔明使人来报，说曹操要报赤壁鏖兵之恨，起精兵五十万，杀奔荆州，甚是危急，请主公便回。”玄德曰：“必须与夫人商议。”云曰：“若和夫人商议，必不肯教主公回。不如休说，今晚便好起程。迟则误事！”玄德曰：“你且暂退，我自有道理。”云故意催逼数番而出。玄德入见孙夫人，暗暗垂泪。孙夫人曰：“丈夫何故烦恼？”玄德曰：“念备一身飘荡异乡，生不能侍奉二亲，又不能祭祀宗祖，乃大逆不孝也。今岁旦在迩，使备悒怏不已。”孙夫人曰：“你休瞒我，我已听知了也！方才赵子龙报说荆州危急，你欲还乡，故推此意。”玄德跪而告曰：“夫人既知，备安敢相瞒。备欲不去，使荆州有失，被天下人耻笑；欲去，又舍不得夫人：因此烦恼。”夫人曰：“妾已事君，任君所之，妾当相随。”玄德曰：“夫人之心，虽则如此，争奈国太与吴侯安肯容夫人去？夫人若可怜刘备，暂时辞别。”言毕，泪如雨下。孙夫人劝曰：“丈夫休得烦恼。妾当苦告母亲，必放妾与君同去。”玄德曰：“纵然国太肯时，吴侯必然阻挡。”孙夫人沉吟良久，乃曰：“妾与君正旦拜贺时，推称江边祭祖，不告而去，若何？”玄德又跪而谢曰：“若如此，生死难忘！切勿漏泄。”两个商议已定。玄德密唤赵云分付：“正旦日，你先引军士出城，于官道等候。吾推祭祖，与夫人同走。”云领诺。

建安十五年春正月元旦，吴侯大会文武于堂上。玄德与孙夫人入拜国太。孙夫人曰：“夫主想父母宗祖坟墓，俱在涿郡，昼夜伤感不已。今日欲往江边，望北遥祭，须告母亲得知。”国太曰：“此孝道也，岂有不从？汝虽不识舅姑，可同汝夫前去祭拜，亦见为妇之礼。”孙夫人同玄德拜谢而出。

此时只瞒着孙权。夫人乘车，止带随身一应细软。玄德上马，引数骑跟随出城，与赵云相会。五百军士前遮后拥，离了南徐，趱程而行。当日，孙权大醉，左右近侍扶入后堂，文武皆散。比及众官探得玄德、夫人逃遁之时，天色已晚。要报孙权，权醉不醒。及至睡觉，已是五更。次日，孙权闻知走了玄德，急唤文武商议。张昭曰：“今日走了此人，早晚必生祸乱。可急追之。”孙权令陈武、潘璋选五百精兵，无分昼夜，务要赶上拿回。二将领命去了。

孙权深恨玄德，将案上玉砚摔为粉碎。程普曰：“主公空有冲天之怒，某料陈武、潘璋必擒此人不得。”权曰：“焉敢违我令！”普曰：“郡主自幼好观武事，严毅刚正，诸将皆惧。既然肯顺刘备，必同心而去。所追之将，若见郡主，岂肯下手？”权大怒，掣所佩之剑，唤蒋钦、周泰听令，曰：“汝二人将这口剑去取吾妹并刘备头来！违令者立斩！”蒋钦、周泰领命，随后引一千军赶来。

却说玄德加鞭纵辔，趱程而行；当夜于路暂歇两个更次，慌忙起行。看看来到柴桑界首，望见后面尘头大起，人报：“追兵至矣！”玄德慌问赵云曰：“追兵既至，如之奈何？”赵云曰：“主公先行，某愿当后。”转过前面山脚，一彪军马拦住去路。当先两员大将，厉声高叫曰："刘备早早下马受缚！吾奉周都督将令，守候多时！"原来周瑜恐玄德走脱，先使徐盛、丁奉引三千军马于冲要之处扎营等候，时常令人登高遥望，料得玄德若投旱路，必经此道而过。当日徐盛、丁奉了望得玄德一行人到，各绰兵器截住去路。玄德惊慌勒回马问赵云曰："前有拦截之兵，后有追赶之兵：前后无路，如之奈何？"云曰："主公休慌。军师有三条妙计，多在锦囊之中。已拆了两个，并皆应验。今尚有第三个在此，分付遇危难之时，方可拆看。今日危急，当拆观之。"便将锦囊拆开，献与玄德。玄德看了，急来车前泣告孙夫人曰："备有心腹之言，至此尽当实诉。"夫人曰："丈夫有何言语，实对我说。"玄德曰："昔日吴侯与周瑜同谋，将夫人招嫁刘备，实非为夫人计，乃欲幽困刘备而夺荆州耳。夺了荆州，必将杀备。是以夫人为香饵而钓备也。备不惧万死而来，盖知夫人有男子之胸襟，必能怜备。昨闻吴侯将欲加害，故托荆州有难，以图归计。幸得夫人不弃，同至于此。今吴侯又令人在后追赶，周瑜又使人于前截住，非夫人莫解此祸。如夫人不允，备请死于车前，以报夫人之德。"夫人怒曰："吾兄既不以我为亲骨肉，我有何面目重相见乎！今日之危，我当自解。"于是叱从人推车直出，卷起车帘，亲喝徐盛、丁奉曰："你二人欲造反耶？"徐、丁二将慌忙下马，弃了兵器，声喏于车前曰："安敢造反。为奉周都督将令，屯兵在此专候刘备。"孙夫人大怒曰："周瑜逆贼！我东吴不曾亏负你！玄德乃大汉皇叔，是我丈夫。我已对母亲、哥哥说知回荆州去。今你两个于山脚去处，引着军马拦截道路，意欲劫掠我夫妻财物耶？"徐盛、丁奉喏喏连声，口称："不敢。请夫人息怒。这不干我等之事，乃是周都督的将令。"孙夫人叱曰："你只怕周瑜，独不怕我？周瑜杀得你，我岂杀不得周瑜？"把周瑜大骂一场，喝令推车前进。徐盛、丁奉自思："我等是下人。安敢与夫人违拗？"又见赵云十分怒气，只得把军喝住，放条大路教过去。

恰才行不得五六里，背后陈武、潘璋赶到。徐盛、丁奉备言其事。陈、潘二将曰："你放他过去差了也。我二人奉吴侯旨意，特来追捉他回去。"于是四将合兵一处，趱程赶来。玄德正行间，忽听得背后喊声大起。玄德又告孙夫人曰："后面追兵又到，如之奈何？"夫人曰："丈夫先行，我与子龙当后。"玄德先引三百军，望江岸去了。子龙勒马于车傍，将士卒摆开，专候来将。四员将见了孙夫人，只得下马，叉手而立。夫人曰："陈武、潘璋，来此何干？"二将答曰："奉主公之命，请夫人、玄德回。"夫人正色叱曰："都是你这伙匹夫，离间我兄妹不睦！我已嫁他人，今日归去，须不是与人私奔。我奉母亲慈旨，令我夫妇回荆州。便是我哥哥来，也须依礼而行。你二人倚仗兵威，欲待杀害我耶？"骂得四人面面相觑，各自寻思："他一万年也只是兄妹。更兼国太作主；吴侯乃大孝之人，怎敢违逆母言？明日翻过脸来，只是我等不是。不如做个人情。"军中又不见玄德；但见赵云怒目睁眉，只待厮杀。因此四将喏喏连声而退。孙夫人令推车便行。徐盛曰："我四人同去见周都督，告禀此事。"

四人犹豫未定。忽见一军如旋风而来，视之，乃蒋钦、周泰。二将问曰："你等曾见刘备否？"四人曰："早晨过去，已半日矣。"蒋钦曰："何不拿下？"四人各言孙夫人发话之事。蒋钦曰："便是吴侯怕道如此，封一口剑在此，教先杀他妹，后斩刘备。违者立斩！"四将曰："去之已远，怎生奈何？"蒋钦曰："他终是些步军，急行不上。徐、丁二将军可飞报都督，教水路棹快船追赶；我四人在岸上追赶：无问水旱之路，赶上杀了，休听他言语。"于是徐盛、丁奉飞报周瑜；蒋钦、周泰、陈武、潘璋四个领兵沿江赶来。

却说玄德一行人马，离柴桑较远，来到刘郎浦，心才稍宽。沿着江岸寻渡，一望江水弥漫，并无船只。玄德俯首沉吟。赵云曰："主公在虎口中逃出，今已近本界，吾料军师必有调度，何用犹疑？"玄德听罢，蓦然想起在吴繁华之事，不觉凄然泪下。后人有诗叹曰："吴蜀成婚此水浔，明珠步障屋黄金。谁知一女轻天下，欲易刘郎鼎峙心。"

玄德令赵云望前哨探船只，忽报后面尘土冲天而起。玄德登高望之，但见军马盖地而来，叹曰："连日奔走，人困马乏，追兵又到，死无地矣！"看看喊声渐近。正慌急间，忽见江岸边一字儿抛着拖篷船二十余只。赵云曰："天幸有船在此！何不速下，棹过对岸，再作区处！"玄德与孙夫人便奔上船。子龙引五百军亦都上船。只见船舱中一人纶巾道服，大笑而出，曰："主公且喜！诸葛亮在此等候多时。"船中扮作客人的，皆是荆州水军。玄德大喜。不移时，四将赶到。孔明笑指岸上人言曰："吾已算定多时矣。汝等回去传示周郎，教休再使美人局手段。"岸上乱箭射来，船已开的远了。蒋钦等四将，只好呆看。玄德与孔明正行间，忽然江声大震。回头视之，只见战船无数。帅字旗下，周瑜自领惯战水军，左有黄盖，右有韩当，势如飞马，疾似流星。看看赶上。孔明教棹船投北岸，弃了船，尽皆上岸而走，车马登程。周瑜赶到江边，亦皆上岸追袭。大小水军，尽是步行；止有为首官军骑马。周瑜当先，黄盖、韩当、徐盛、丁奉紧随。周瑜曰："此处是那里？"军士答曰："前面是黄州界首。"望见玄德车马不远，瑜令并力追袭。正赶之间，一声鼓响，山崦内一彪刀手拥出，为首一员大将，乃关云长也。周瑜举止失措，急拨马便走；云长赶来，周瑜纵马逃命。正奔走间，左边黄忠，右边魏延，两军杀出。吴兵大败。周瑜急急下得船时，岸上军士齐声大叫曰："周郎妙计安天下，陪了夫人又折兵！"瑜怒曰："可再登岸决一死战！"黄盖、韩当力阻。瑜自思曰："吾计不成，有何面目去见吴侯！"大叫一声，金疮迸裂，倒于船上。众将急救，却早不省人事。正是：两番弄巧翻成拙，此日含嗔却带羞。未知周郎性命如何，且看下文分解。

第五十六回 曹操大宴铜雀台 孔明三气周公瑾

却说周瑜被诸葛亮预先埋伏关公、黄忠、魏延三枝军马，一击大败。黄盖、韩当急救下船，折却水军无数。遥观玄德、孙夫人车马仆从，都停住于山顶之上，瑜如何不气？箭疮未愈，因怒气冲激，疮口迸裂，昏绝于地。众将救醒，开船逃去。孔明教休追赶，自和玄德归荆州庆喜，赏赐众将。

周瑜自回柴桑。蒋钦等一行人马自归南徐报孙权。权不胜忿怒，欲拜程普为都督，起兵取荆州。周瑜又上书，请兴兵雪恨。张昭谏曰："不可。曹操日夜思报赤壁之恨，因恐孙、刘同心，故未敢兴兵。今主公若以一时之忿，自相吞并，操必乘虚来攻，国势危矣。"顾雍曰："许都岂无细作在此？若知孙、刘不睦，操必使人勾结刘备。备惧东吴，必投曹操。若是，则江南何日得安？为今之计，莫若使人赴许都，表刘备为荆州牧。曹操知之，则惧而不敢加兵于东南。且使刘备不恨于主公。然后使心腹用反间之计，令曹、刘相攻，吾乘隙而图之，斯为得耳。"权曰："元叹之言甚善。但谁可为使？"雍曰："此间有一人，乃曹操敬慕者，可以为使。"权问何人。雍曰："华歆在此，何不遣之？"权大喜。即遣歆赍表赴许都。歆领命起程，径到许都来见曹操。闻操会群臣于邺郡，庆赏铜雀台，歆乃赴邺郡候见。

操自赤壁败后，常思报仇；只疑孙、刘并力，因此不敢轻进，时建安十五年春，造铜雀台成，操乃大会文武于邺郡，设宴庆贺。其台正临漳河，中央乃铜雀台，左边一座名玉龙台，右边一座名金凤台，各高十丈，上横二桥相通，千门万户，金碧交辉。是日，曹操头戴嵌宝金冠，身穿绿锦罗袍，玉带珠履，凭高而坐。文武侍立台下。

操欲观武官比试弓箭，乃使近侍将西川红锦战袍一领，挂于垂杨枝上，下设一箭垛，以百步为界。分武官为两队：曹氏宗族俱穿红，其余将士俱穿绿：各带雕弓长箭，跨鞍勒马，听候指挥。操传令曰："有能射中箭垛红心者，即以锦袍赐之；如射不中，罚水一杯。"号令方下，红袍队中，一个少年将军骤马而出，众视之，乃曹休也。休飞马往来，奔驰三次，扣上箭，拽满弓，一箭射去，正中红心。金鼓齐鸣，众皆喝采。曹操于台上望见大喜，曰："此吾家千里驹也！"方欲使人取锦袍与曹休，只见绿袍队中，一骑飞出，叫曰："丞相锦袍，合让俺外姓先取，宗族中不宜搀越。"操视其人，乃文聘也。众官曰："且看文仲业射法。"文聘拈弓纵马一箭，亦中红心。众皆喝采，金鼓乱鸣。聘大呼曰："快取袍来！"只见红袍队中，又一将飞马而出，厉声曰："文烈先射，汝何得争夺？看我与你两个解箭！"拽满弓，一箭射去，也中红心。众人齐声喝采。视其人，乃曹洪也。洪方欲取袍，只见绿袍队里又一将出，扬弓叫曰："你三人射法，何足为奇！看我射来！"众视之，乃张郃也。郃飞马翻身，背射一箭，也中红心。四枝箭齐齐的攒在红心里。众人都道："好射法！"郃曰："锦袍须该是我的！"言未毕，红袍队中一将飞马而出，大叫曰："汝翻身背射，何足称异！看我夺射红心！"众视之，乃夏侯渊也，渊骤马至界口，纽回身一箭射去，正在四箭当中，金鼓齐鸣。渊勒马按弓大叫曰："此箭可夺得锦袍么？"只见绿袍队里，一将应声而出，大叫："且留下锦袍与我徐晃！"渊曰："汝更有何射法，可夺我袍？"晃曰："汝夺射红心，不足为异。看我单取锦袍！"拈弓搭箭，遥望柳条射去，恰好射断柳条，锦袍坠地。徐晃飞取锦袍，披于身上，骤马至台前声喏曰："谢丞相袍！"曹操与众官无不称羡。晃才勒马要回，猛然台边跃出一个绿袍将军，大呼曰："你将锦袍那里去？早早留下与我！"众视之，乃许褚也。晃曰："袍已在此，汝何敢强夺！"褚更不回答，竟飞马来夺袍。两马相近，徐晃便把弓打许褚。褚一手按住弓，把徐晃拖离鞍鞒。晃急弃了弓，翻身下马，褚亦下马，两个揪住厮打。操急使人解开。那领锦袍已是扯得粉碎。操令二人都上台。徐晃睁眉怒目，许褚切齿咬牙，各有相斗之意。操笑曰："孤特视公等之勇耳。岂惜一锦袍哉？"便教诸将尽都上台，各赐蜀锦一匹，诸将各各称谢。操命各依位次而坐。乐声竞奏，水陆并陈。文官武将轮次把盏，献酬交错。操顾谓众文官曰："武将既以骑射为乐，足显威勇矣。公等皆饱学之士，登此高台，可不进佳章以纪一时之胜事乎？"众官皆躬身而言曰："愿从钧命。"时有王朗、钟繇、王粲、陈琳一班文官，进献诗章。诗中多有称颂曹操功德巍巍、合当受命之意。曹操逐一览毕，笑曰："诸公佳作，过誉甚矣。孤本愚陋，始举孝廉。后值天下大乱，筑精舍于谯东五十里，欲春夏读书，秋冬射猎，以待天下清平，方出仕耳。不意朝廷徵孤为典军校尉，遂更其意，专欲为国家讨贼立功，图死后得题墓道曰：'汉故征西将军曹侯之墓'，平生愿足矣。念自讨董卓，剿黄巾以来，除袁术、破吕布、灭袁绍、定刘表，遂平天下。身为宰相，人臣之贵已极，又复何望哉？如国家无孤一人，正不知几人称帝，几人称王。或见孤权重，妄相忖度，疑孤有异心，此大谬也。孤常念孔子称文王之至德，此言耿耿在心。但欲孤委捐兵众，归就所封武平侯之国，实不可耳：诚恐一解兵柄，为人所害；孤败则国家倾危；是以不得慕虚名而处实祸也。诸公必无知孤意者。"众皆起拜曰："虽伊尹、周公，不及丞相矣。"后人有诗曰："周公恐惧流言日，王莽谦恭下士时：假使当年身便死，一生真伪有谁知！"

曹操连饮数杯，不觉沉醉，唤左右捧过笔砚，亦欲作《铜雀台诗》。刚才下笔，忽报："东吴使华歆表奏刘备为荆州牧，孙权以妹嫁刘备，汉上九郡大半已属备矣。"操闻之，手脚慌乱，投笔于地。程昱曰："丞相在万军之中，矢石交攻之际，未尝动心；今闻刘备得了荆州，何故如此失惊？"操曰："刘备，人中之龙也，生平未尝得水。今得荆州，是困龙入大海矣。孤安得不动心哉！"程昱曰："丞相知华歆来意否？"操曰："未知。"昱曰："孙权本忌刘备，欲以兵攻之；但恐丞相乘虚而击，故令华歆为使，表荐刘备，乃安备之心，以塞丞相之望耳。"操点头曰："是也。"昱曰："某有一计，使孙、刘自相吞并，丞相乘间图之，一鼓而二敌俱破。"操大喜，遂问其计。程昱曰："东吴所倚者，周瑜也。丞相今表奏周瑜为南郡太守，程普为江夏太守，留华歆在朝重用之；瑜必自与刘备为仇敌矣。我乘其相并而图之，不亦善乎？"操曰："仲德之言，正合孤意。"遂召华歆上台，重加赏赐。当日筵散，操即引文武回许昌，表奏周瑜为总领南郡太守、程普为江夏太守。封华歆为大理少卿，留在许都。

使命至东吴，周瑜、程普各受职讫。周瑜既领南郡，愈思报仇，遂上书吴侯，乞令鲁肃去讨还荆州。孙权乃命肃曰："汝昔保借荆州与刘备，今备迁延不还，等待何时？"肃曰："文书上明白写着，得了西川便还。"权叱曰："只说取西川，到今又不动兵，不等老了人！"肃曰："某愿往言之。"遂乘船投荆州而来。却说玄德与孔明在荆州广聚粮草，调练军马，远近之士多归之。忽报鲁肃到。玄德问孔明曰："子敬此来何意？"孔明曰："昨者孙权表主公为荆州牧，此是惧曹操之计。操封周瑜为南郡太守，此欲令我两家自相吞并，他好于中取事也。今鲁肃此来，又是周瑜既受太守之职，要来索荆州之意。"玄德曰："何以答之？"孔明曰："若肃提起荆州之事，主公便放声大哭。哭到悲切之处，亮自出来解劝。"

计会已定，接鲁肃入府，礼毕，叙坐。肃曰："今日皇叔做了东吴女婿，便是鲁肃主人，如何敢坐？"玄德笑曰："子敬与我旧交，何必太谦？"肃乃就坐。茶罢，肃曰："今奉吴侯钧命，专为荆州一事而来。皇叔已借住多时，未蒙见还。今既两家结亲，当看亲情面上，早早交付。"玄德闻言，掩面大哭。肃惊曰："皇叔何故如此？"玄德哭声不绝。

孔明从屏后出曰："亮听之久矣。子敬知吾主人哭的缘故么？"肃曰："某实不知。"孔明曰："有何难见？当初我主人借荆州时，许下取得西川便还。仔细想来，益州刘璋是我主人之弟，一般都是汉朝骨肉，若要兴兵去取他城池时，恐被外人唾骂；若要不取，还了荆州，何处安身？若不还时，于尊舅面上又不好看。事实两难，因此泪出痛肠。"孔明说罢，触动玄德衷肠，真个捶胸顿足，放声大哭。鲁肃劝曰："皇叔且休烦恼，与孔明从长计议。"孔明曰："有烦子敬，回见吴侯，勿惜一言之劳，将此烦恼情节，恳告吴侯，再容几时。"肃曰："倘吴侯不从，如之奈何？"孔明曰："吴侯既以亲妹聘嫁皇叔，安得不从乎？望子敬善言回覆。"

鲁肃是个宽仁长者，见玄德如此哀痛，只得应允。玄德、孔明拜谢。宴毕，送鲁肃下船。径到柴桑，见了周瑜，具言其事。周瑜顿足曰："子敬又中诸葛亮之计也！当初刘备依刘表时，常有吞并之意，何况西川刘璋乎？似此推调，未免累及老兄矣。吾有一计，使诸葛亮不能出吾算中。子敬便当一行。"肃曰："愿闻妙策。"瑜曰："子敬不必去见吴侯，再去荆州对刘备说：孙、刘两家，既结为亲，便是一家；若刘氏不忍去取西川，我东吴起兵去取，取得西川时，以作嫁资，却把荆州交还东吴。"肃曰："西川迢递，取之非易。都督此计，莫非不可？"瑜笑曰："子敬真长者也。你道我真个去取西川与他？我只以此为名，实欲去取荆州，且教他不做准备。东吴军马收川，路过荆州，就问他索要钱粮，刘备必然出城劳军。那时乘势杀之，夺取荆州，雪吾之恨，解足下之祸。"

鲁肃大喜，便再往荆州来。玄德与孔明商议。孔明曰："鲁肃必不曾见吴侯，只到柴桑和周瑜商量了甚计策，来诱我耳。但说的话，主公只看我点头，便满口应承。"计会已定。鲁肃入见。礼毕，曰："吴侯甚是称赞皇叔盛德，遂与诸将商议，起兵替皇叔收川。取了西川，却换荆州，以西川权当嫁资。但军马经过，却望应些钱粮。"孔明听了，忙点头曰："难得吴侯好心！"玄德拱手称谢曰："此皆子敬善言之力。"孔明曰："如雄师到日，即当远接犒劳。"鲁肃暗喜，宴罢辞回。

玄德问孔明曰："此是何意？"孔明大笑曰："周瑜死日近矣！这等计策，小儿也瞒不过！"玄德又问如何，孔明曰：

“此乃假途灭虢之计也。虚名牧川，实取荆州。等主公出城劳军，乘势拿下，杀入城来，攻其不备，出其不意也。”玄德曰：“如之奈何？”孔明曰：“主公宽心，只顾准备窝弓以擒猛虎，安排香饵以钓鳌鱼。等周瑜到来，他便不死，也九分无气。”便唤赵云听计：“如此如此，其余我自有摆布。”玄德大喜。后人有诗云：“周瑜决策取荆州，诸葛先知第一筹。指望长江香饵稳，不知暗里钓鱼钩。”

却说鲁肃回见周瑜，说玄德、孔明欢喜一节，准备出城劳军。周瑜大笑曰：“原来今番也中了吾计！”便教鲁肃禀报吴侯，并遣程普引军接应。周瑜此时箭疮已渐平愈，身躯无事，使甘宁为先锋，自与徐盛、丁奉为第二，凌统、吕蒙为后队，水陆大兵五万，望荆州而来。周瑜在船中，时复欢笑，以为孔明中计。前军至夏口，周瑜问：“荆州有人在前面接否！”人报：“刘皇叔使糜竺来见都督。”瑜唤至，问劳军如何。糜竺曰：“主公皆准备安排下了。”瑜曰：“皇叔何在？”竺曰：“在荆州城门外相等，与都督把盏。”瑜曰：“今为汝家之事，出兵远征；劳军之礼，休得轻易。”糜竺领了言语先回。

战船密密排在江上，依次而进，看看至公安，并无一只军船，又无一人远接。周瑜催船速行。离荆州十余里，只见江面上静荡荡的。哨探的回报：“荆州城上，插两面白旗，并不见一人之影。”瑜心疑，教把船傍岸，亲自上岸乘马，带了甘宁、徐盛、丁奉一班军官，引亲随精军三千人，径望荆州来。既至城下，并不见动静。瑜勒住马，令军士叫门。城上问是谁人。吴军答曰：“是东吴周都督亲自在此。”言未毕，忽一声梆子响，城上军一齐都竖起枪刀。敌楼上赵云出曰：“都督此行，端的为何？”瑜曰：“吾替汝主取西川，汝岂犹未知耶？”云曰：“孔明军师已知都督假途灭虢之计，故留赵云在此。吾主公有言：孤与刘璋，皆汉室宗亲，安忍背义而取西川？若汝东吴端的取蜀，吾当披发入山，不失信于天下也。”周瑜闻之，勒马便回。只见一人打着令字旗，于马前报说：“探得四路军马，一齐杀到：关某从江陵杀来，张飞从姊归杀来，黄忠从公安杀来，魏延从孱陵小路杀来，四路正不知多少军马。喊声远近震动百余里，皆言要捉周瑜。”瑜马上大叫一声，箭疮复裂，坠于马下。正是：一着棋高难对敌，几番算定总成空。未知性命如何，且看下文分解。

第五十七回 柴桑口卧龙吊丧 耒阳县凤雏理事

却说周瑜怒气填胸，坠于马下，左右急救归船。军士传说：“玄德、孔明在前山顶上饮酒取乐。”瑜大怒，咬牙切齿曰：“你道我取不得西川，吾誓取之！”正恨间，人报吴侯遣弟孙瑜到。周瑜接入。具言其事。孙瑜曰：“吾奉兄命来助都督。”遂令催军前行。行至巴丘，人报上流有刘封、关平二人领军截住水路。周瑜愈怒。忽又报孔明遣人送书至。周瑜拆封视之。书曰：“汉军师中郎将诸葛亮，致书于东吴大都督公瑾先生麾下：亮自柴桑一别，至今恋恋不忘。闻足下欲取西川，亮窃以为不可。益州民强地险，刘璋虽暗弱，足以自守。今劳师远征，转运万里，欲收全功，虽吴起不能定其规，孙武不能善其后也。曹操失利于赤壁，志岂须臾忘报仇哉？今足下兴兵远征，倘操乘虚而至，江南齑粉矣！亮不忍坐视，特此告知。幸垂照鉴。”周瑜览毕，长叹一声，唤左右取纸笔作书上吴侯。乃聚众将曰：“吾非不欲尽忠报国，奈天命已绝矣。汝等善事吴侯，共成大业。”言讫，昏绝。徐徐又醒，仰天长叹曰：“既生瑜，何生亮！”连叫数声而亡。寿三十六岁。后人有诗叹曰：“赤壁遗雄烈，青年有俊声。弦歌知雅意，杯酒谢良朋，曾谒三千斛，常驱十万兵。巴丘终命处，凭吊欲伤情。”周瑜停丧于巴丘。众将将所遗书缄，遣人飞报孙权。权闻瑜死，放声大哭。拆视其书，乃荐鲁肃以自代也。书略曰：“瑜以凡才，荷蒙殊遇，委任腹心，统御兵马，敢不竭股肱之力，以图报效。奈死生不测，修短有命；愚志未展，微躯已殒，遗恨何极！方今曹操在北，疆场未静；刘备寄寓，有似养虎；天下之事，尚未可知。此正朝士旰食之秋，至尊垂虑之日也。鲁肃忠烈，临事不苟，可以代瑜之任。人之将死，其言也善。倘蒙垂鉴，瑜死不朽矣。”孙权览毕，哭曰：“公瑾有王佐之才，今忽短命而死，孤何赖哉？既遗书特荐子敬，孤敢不从之。”即日便命鲁肃为都督，总统兵马；一面教发周瑜灵柩回葬。却说孔明在荆州，夜观天文，见将星坠地，乃笑曰：“周瑜死矣。”至晓，告于玄德。玄德使人探之，果然死了。玄德问孔明曰：“周瑜既死，还当如何？”孔明曰：“代瑜领兵者，必鲁肃也。亮观天象，将星聚于东方。亮当以吊丧为由。往江东走一遭，就寻贤士佐助主公。”玄德曰：“只恐吴中将士加害于先生。”孔明曰：“瑜在之日，亮犹不惧；今瑜已死，又何患乎？”乃与赵云引五百军，具祭礼，下船赴巴丘吊丧。于路探听得孙权已令鲁肃为都督，周瑜灵柩已回柴桑。

孔明径至柴桑，鲁肃以礼迎接。周瑜部将皆欲杀孔明，因见赵云带剑相随，不敢下手。孔明教设祭物于灵前，亲自奠酒，跪于地下，读祭文曰：“呜呼公瑾，不幸夭亡！修短故天，人岂不伤？我心实痛，酹酒一觞；君其有灵，享我烝尝！吊君幼学，以交伯符；仗义疏财，让舍以民。吊君弱冠，万里鹏抟；定建霸业，割据江南。吊君壮力，远镇巴丘；景升怀虑，讨逆无忧。吊君丰度，佳配小乔；汉臣之婿，不愧当朝，吊君气概，谏阻纳质；始不垂翅，终能奋翼。吊君鄱阳，蒋干来说；挥洒自如，雅量高志。吊君弘才，文武筹略；火攻破敌，挽强为弱。想君当年，雄姿英发；哭君早逝，俯地流血。忠义之心，英灵之气；命终三纪，名垂百世，哀君情切，愁肠千结；惟我肝胆，悲无断绝。昊天昏暗，三军怆然；主为哀泣；友为泪涟。亮也不才，丐计求谋；助吴拒曹，辅汉安刘；掎角之援，首尾相俦，若存若亡，何虑何忧？呜呼公瑾！生死永别！朴守其贞，冥冥灭灭，魂如有灵，以鉴我心：从此天下，更无知音！呜呼痛哉！伏惟尚飨。”孔明祭毕，伏地大哭，泪如涌泉，哀恸不已。众将相谓曰：“人尽道公瑾与孔明不睦，今观其祭奠之情，人皆虚言也。”鲁肃见孔明如此悲切，亦为感伤，自思曰：“孔明自是多情，乃公瑾量窄，自取死耳。”后人有诗叹曰：“卧龙南阳睡未醒，又添列曜下舒城。苍天既已生公瑾，尘世何须出孔明！”

鲁肃设宴款待孔明。宴罢，孔明辞回。方欲下船，只见江边一人道袍竹冠，皂绦素履，一手揪住孔明大笑曰：“汝气死周郎，却又来吊孝，明欺东吴无人耶！”孔明急视其人，乃凤雏先生庞统也。孔明亦大笑。两人携手登舟，各诉心事。孔明乃留书一封与统，嘱曰：“吾料孙仲谋必不能重用足下。稍有不如意，可来荆州共扶玄德。此人宽仁厚德，必不负公平生之所学。”统允诺而别，孔明自回荆州。

却说鲁肃送周瑜灵柩至芜湖，孙权接着，哭祭于前，命厚葬于本乡。瑜有两男一女，长男循，次男胤，权皆厚恤之。鲁肃曰：“肃碌碌庸才，误蒙公瑾重荐，其实不称所职，愿举一人以助主公。此人上通天文，下晓地理；谋略不减于管、乐，枢机可并于孙、吴。往日周公瑾多用其言，孔明亦深服其智，现在江南，何不重用！”权闻言大喜，便问此人姓名。肃曰：“此人乃襄阳人，姓庞，名统，字士元：道号凤雏先生。”权曰：“孤亦闻其名久矣。今既在此，可即请来相见。”

于是鲁肃邀请庞统入见孙权。施礼毕。权见其人浓眉掀鼻，黑面短髯，形容古怪，心中不喜。乃问曰：“公平生所学，以何为主？”统曰：“不必拘执，随机应变。”权曰：“公之才学，比公瑾如何？”统笑曰：“某之所学，与公瑾大不相同。”权平生最喜周瑜，见统轻之，心中愈不乐，乃谓统曰：“公且退。待有用公之时，却来相请。”统长叹一声而出。鲁肃曰：“主公何不用庞士元？”权曰：“狂士也，用之何益！”肃曰：“赤壁鏖兵之时，此人曾献连环策，成第一功。主公想必知之。”权曰：“此时乃曹操自欲钉船，未必此从之功也，吾誓不用之。”

鲁肃出谓庞统曰：“非肃不荐足下，奈吴侯不肯用公。公且耐心。”统低头长叹不语。肃曰：“公莫非无意于吴中乎？”统不答。肃曰：“公抱匡济之才，何往不利？可实对肃言，将欲何往？”统曰：“吾欲投曹操去也。”肃曰：“此明珠暗投矣，可往荆州投刘皇叔，必然重用。”统曰：“统意实欲如此，前言戏耳。”肃曰：“某当作书奉荐，公辅玄德，必令孙、刘两家，无相攻击，同力破曹。”统曰：“此某平生之素志也。”乃求肃书。径往荆州来见玄德。

此时孔明按察四郡未回，门吏传报：“江南名士庞统，特来相投。”玄德久闻统名，便教请入相见。统见玄德，长揖不拜。玄德见统貌陋，心中亦不悦，乃问统曰：“足下远来不易？”统不拿出鲁肃、孔明书投呈，但答曰：“闻皇叔招贤纳士，特来相投。”玄德曰：“荆楚稍定，苦无闲职。此去东北一百三十里，有一县名耒阳县，缺一县宰，屈公任之，如后有缺，却当重用。”统思：“玄德待我何薄！”欲以才学动之，见孔明不在，只得勉强相辞而去。统到耒阳县，不理政事，终日饮酒为乐；一应钱粮词讼，并不理会。有人报知玄德，言庞统将耒阳县事尽废。玄德怒曰：“竖儒焉敢乱吾法度！”遂唤张飞分付，引从人去荆南诸县巡视：“如有不公不法者，就便究问。恐于事有不明处，可与孙乾同去。”张飞领了言语，与孙乾前至耒阳县。军民官吏，皆出郭迎接，独不见县令。飞问曰：“县令何在？”同僚覆曰：“庞县令自到任及今，将百余日，县中之事，并不理问，每日饮酒，自旦及夜，只在醉乡。今日宿酒未醒，犹卧不起。”张飞大怒，欲擒之。孙乾曰：“庞士元乃高明之人，未可轻忽。且到县问之。如果于理不当，治罪未晚。”飞乃入县，正厅上坐定，教县令来见。统衣冠不整，扶醉而出。飞怒曰：“吾兄以汝为人，令作县宰，汝焉敢尽废县事！”统笑曰：“将军以吾废了县中何事？”飞曰：“汝到任百余日，终日在醉乡，安得不废政事？”统曰：“量百里小县，些小公事，何难决断！将军少坐，待我发落。”随即唤公吏，将百余日所积公务，都取来剖断。吏皆纷然赍抱案卷上厅，诉词被告人等，环跪阶下。统手中批判，口中发落，耳内听词，曲直分明，并无分毫差错。民皆叩首拜伏。

不到半日，将百余日之事，尽断毕了，投笔于地而对张飞曰：“所废之事何在！曹操、孙权，吾视之若掌上观文，量此小县，何足介意！”飞大惊，下席谢曰：“先生大才，小子失敬。吾当于兄长处极力举荐。”统乃将出鲁肃荐书。飞曰：“先生初见吾兄，何不将出？”统曰：“若便将出，似乎专藉荐书来干谒矣。”飞顾谓孙乾曰：“非公则失一大贤也。”遂辞统回荆州见玄德，具说庞统之才。玄德大惊曰：“屈待大贤，吾之过也！”飞将鲁肃荐书呈上。玄德拆视之。书略曰：“庞士元非百里之才，使处治中、别驾之任，始当展其骥足。如以貌取之，恐负所学，终为他人所用，实可惜也！”玄德看毕，正在嗟叹，忽报孔明回。玄德接入，礼毕，孔明先明曰：“庞军师近日无恙否？”玄德曰：“近治耒阳县，好酒废事。”孔明笑曰：“士元非百里之才，胸中之学，胜亮十倍。亮曾有荐书在士元处，曾达主公否？”玄德曰：“今日方得子敬书，却未见先生之书。”孔明曰：“大贤若处小任，往往以酒糊涂，倦于视事。”玄德曰：“若非吾弟所言，险失大贤。”随即令张飞往耒阳县敬请庞统到荆州。玄德下阶请罪。统方将出孔明所荐之书。玄德看书中之意，言凤雏到日，宜即重用。玄德喜曰：“昔司马德操言：‘伏龙、凤雏，两人得一，可安天下。’今吾二人皆得，汉室可兴矣。”遂拜庞统为副军师中郎将，与孔明共赞方略，教练军士，听候征伐。

早有人报到许昌，言刘备有诸葛亮、庞统为谋士，招军买马，积草屯粮，连结东吴，早晚必兴兵北伐。曹操闻之，遂聚众谋士商议南征。荀攸进曰：“周瑜新死，可先取孙权，次攻刘备。”操曰：“我若远征，恐马腾来袭许都。前在赤壁之时，军中有讹言，亦传西凉入寇之事，今不可不防也。”荀攸曰：“以愚所见，不若降诏加马腾为征南将军，使讨孙权，诱入京师，先除此人，则南征无患矣。”操大喜，即日遣人赍诏至西凉召马腾。却说腾字寿成，汉伏波将军马援之后，父名肃，字子硕，桓帝时为天水兰干县尉；后失官流落陇西，与羌人杂处，遂娶羌女生腾。腾身长八尺。体貌雄异，禀性温良，人多敬之。灵帝末年，羌人多叛，腾招募民兵破之。初平中年，因讨贼有功，拜征西将军，与镇西将军韩遂为弟兄。当日奉诏，乃与长子马超商议曰：“吾自与董承受衣带诏以来，与刘玄德约共讨贼，不幸董承已死，玄德屡败。我又僻处西凉，未能协助玄德。今闻玄德已得荆州，我正欲展昔日之志，而曹操反来召我，当是如何？”马超曰：“操奉天子之命以召父亲。今若不往，彼必以逆命责我矣。当乘其来召，竟往京师，于中取事，则昔日之志可展也。”马腾兄子马岱谏曰：“曹操心怀叵测，叔父若往，恐遭其害。”超曰：“儿愿尽起西凉之兵，随父亲杀入许昌，为天下除害，有何不可？”腾曰：“汝自统羌兵保守西凉，只教次子马休、马铁并侄马岱随我同往。曹操见有汝在西凉，又有韩遂相助，谅不敢加害于我也。”超曰：“父亲欲往，切不可轻入京师。当随机应变，观其动静。”腾曰：“吾自有处，不必多虑。”

于是马腾乃引西凉兵五千，先教马休、马铁为前部，留马岱在后接应，迤逦望许昌而来。离许昌二十里屯住军马。曹操听知马腾已到，唤门下侍郎黄奎分付曰：“目今马腾南征，吾命汝为行军参谋，先至马腾寨中劳军，可对马腾说：西凉路远，运粮甚难，不能多带人马。我当更遣大兵，协同前进。来日教他入城面君，吾就应付粮草与之。”奎领命，来见马腾。腾置酒相待。奎酒半酣而言曰：“吾父黄琬死于李傕、郭汜之难，尝怀痛恨。不想今日又遇欺君之贼！”腾曰：“谁为欺君之贼？”奎曰：“欺君者操贼也。公岂不知之，而问我耶？”腾恐是操使来相探，急止之曰：“耳目较近，休得乱言。”奎叱曰：“公竟忘却衣带诏乎！”腾见他说出心事，乃密以实情告之。奎曰：“操欲公入城面君，必非好意。公不可轻入。来日当勒兵城下。待曹操出城点军，就点军处杀之，大事济矣。”二人商议已定。黄奎回家，恨气未息。其妻再三问之，奎不肯言。不料其妾李春香、与奎妻弟苗泽私通。泽欲得春香，正无计可施。妾见黄奎愤恨，遂对泽曰：“黄侍郎今日商议军情回，意甚愤恨，不知为谁？”泽曰：“汝可以言挑之曰：‘人皆说刘皇叔仁德，曹操奸雄，何也？’看他说甚言语。”是夜黄奎果到春香房中。妾以言挑之。奎乘醉言曰：“汝乃妇人，尚知邪正，何况我乎？吾所恨者，欲杀曹操也！”妾曰：“若欲杀之，如何下手？”奎曰：“吾已约定马将军，明日在城外点兵时杀之。”妾告于苗泽，泽报知曹操。操便密唤曹洪、许褚分付如此如此；又唤夏侯渊、徐晃分付如此如此。各人领命去了，一面先将黄奎一家老小拿下。次日，马腾领着西凉兵马，将次近城，只见前面一簇红旗，打着丞相旗号。马腾只道曹操自来点军，拍马向前。忽听得一声炮响，红旗开处，弓弩齐发。一将当先，乃曹洪也。马腾急拨马回时，两下喊声又起：左边许褚杀来，右边夏侯渊杀来，后面又是徐晃领兵杀至，截断西凉军马，将马腾父子三人困在垓心。马腾见不是头，奋力冲杀。马铁早被乱箭射死。马休随着马腾，左冲右突，不能得出。二人身带重伤，坐下马又被箭射倒。父子二人俱被执。曹操教将黄奎与马腾父子，一齐绑至。黄奎大叫：“无罪！”操教苗泽对证。马腾大骂曰：“竖儒误我大事！我不能为国杀贼，是乃天也！”操命牵出。马腾骂不绝口，与其子马休及黄奎，一同遇害。后人有诗叹马腾曰：“父子齐芳烈，忠贞著一门，捐生图国难，誓死答君恩。嚼血盟言在，诛奸义状存。西凉推世胄，不愧伏波孙！”苗泽告操曰：“不愿加赏，只求李春香为妻。”操笑曰：“你为了一妇人，害了你姐夫一家，留此不义之人何用！”便教将苗泽、李春香与黄奎一家老小并斩于市。观者无不叹息。后人有诗叹曰：“苗泽因私害荩臣，春香未得反伤身。奸雄亦不相容恕，枉自图谋作小人。”

曹操教招安西凉兵马，谕之曰："马腾父子谋反，不干众人之事。"一面使人分付把住关隘，休教走了马岱。且说马岱自引一千兵在后。早有许昌城外逃回军士，报知马岱。岱大惊，只得弃了兵马，扮作客商，连夜逃遁去了。曹操杀了马腾等，便决意南征。忽人报曰："刘备调练军马，收拾器械，将欲取川。"操惊曰："若刘备收川，则羽翼成矣。将何以图之？"言未毕，阶下一人进言曰："某有一计，使刘备、孙权不能相顾，江南、西川皆归丞相。"正是：西州豪杰方遭戮，南国英雄又受殃。未知献计者是谁，且看下文分解。

第五十八回 马孟起兴兵雪恨 曹阿瞒割须弃袍

却说献策之人，乃治书侍御史陈群，字长文。操问曰："陈长文有何良策？"群曰："今刘备、孙权结为唇齿，若刘备欲取西川，丞相可命上将提兵，会合淝之众，径取江南，则孙权必求救于刘备；备意在西川，必无心救权；权无救则力乏兵衰，江东之地，必为丞相所得。若得江东，则荆州一鼓可平也；荆州既平，然后徐图西川：天下定矣。"操曰："长文之言，正合吾意。"即时起大兵三十万，径下江南；令合淝张辽，准备粮草，以为供给。

早有细作报知孙权。权聚众将商议。张昭曰："可差人往鲁子敬处，教急发书到荆州，使玄德同力拒曹。子敬有恩于玄德，其言必从；且玄德既为东吴之婿，亦义不容辞。若玄德来相助。江南可无患矣。"权从其言，即遣人谕鲁肃，使求救于玄德。肃领命，随即修书使人送玄德，玄德看了书中之意，留使者于馆舍，差人往南郡请孔明。孔明到荆州，玄德将鲁肃书与孔明看毕，孔明曰："也不消动江南之兵，也不必动荆州之兵，自使曹操不敢正觑东南。"便回书与鲁肃，教高枕无忧，若但有北兵侵犯，皇叔自有退兵之策。使者去了。玄德问曰："今操起三十万大军，会合淝之众，一拥而来，先生有何妙计，可以退之？"孔明曰："操平生所虑者，乃西凉之兵也。今操杀马腾，其子马超现统西凉之众，必切齿操贼。主公可作一书，往结马超，使超兴兵入关，则操又何暇下江南乎？"玄德大喜，即时作书，遣一心腹人，径往西凉州投下。

却说马超在西凉州，夜感一梦：梦见身卧雪地，群虎来咬。惊惧而觉，心中疑惑，聚帐下将佐，告说梦中之事。帐下一人应声曰："此梦乃不祥之兆也。"众视其人，乃帐前心腹校尉，姓庞，名德，字令明。超问："令明所见若何？"德曰："雪地遇虎，梦兆殊恶。莫非老将军在许昌有事否？"言未毕，一人踉跄而入，哭拜于地曰："叔父与弟皆死矣！"超视之，乃马岱也。超惊问何为。岱曰："叔父与侍郎黄奎同谋杀操，不幸事泄，皆被斩于市，二弟亦遇害。惟岱扮作客商，星夜走脱。"超闻言，哭倒于地。众将救起。超咬牙切齿，痛恨操贼。忽报荆州刘皇叔遣人赍书至。超拆视之。书略曰："伏念汉室不幸，操贼专权，欺君罔上，黎民凋残。备昔与令先君同受密诏，誓诛此贼。今令先君被操所害，此将军不共天地、不同日月之仇也。若能率西凉之兵，以攻操之右，备当举荆襄之众，以遏操之前：则逆操可擒，奸党可灭，仇辱可报，汉室可兴矣。书不尽言，立待回音。"

马超看毕，即时挥涕回书，发使者先回，随后便起西凉军马，正欲进发，忽西凉太守韩遂使人请马超往见。超至遂府，遂将出曹操书示之。内云："若将马超擒赴许都，即封汝为西凉侯。"超拜伏于地曰："请叔父就缚俺兄弟二人，解赴许昌，免叔父戈戟之劳。"韩遂扶起曰："吾与汝父结为兄弟，安忍害汝？汝若兴兵，吾当相助。"马超拜谢。

韩遂便将操使者推出斩之，乃点手下八部军马，一同进发。那八部？乃侯选、程银、李堪、张横、梁兴、成宜、马玩、杨秋也。八将随着韩遂，合马超手下庞德、马岱，共起二十万大兵，杀奔长安来。

长安郡守钟繇，飞报曹操；一面引军拒敌，布阵于野。西凉州前部先锋马岱，引军一万五千，浩浩荡荡，漫山遍野而来。钟繇出马答话。岱使宝刀一口，与繇交战。不一合，繇大败奔走。岱提刀赶来。马超、韩遂引大军都到，围住长安。钟繇上城守护。长安乃西汉建都之处，城郭坚固。壕堑险深，急切攻打不下。一连围了十日，不能攻破。庞德进计曰："长安城中土硬水碱，甚不堪食，更兼无柴。今围十日，军民饥荒。不如暂且收军，只须如此如此，长安唾手可得。"马超曰："此计大妙！"即时差"令"字旗传与各部，尽教退军，马超亲自断后。各部军马渐渐退去。钟繇次日登城看时，军皆退了，只恐有计；令人哨探，果然远去，方才放心。纵令军民出城打柴取水，大开城门，放人出入。至第五日，人报马超兵又到，军民竞奔入城，钟繇仍复闭城坚守。

却说钟繇弟钟进，守把西门，约近三更，城门里一把火起。钟进急来救时，城边转过一人，举刀纵马大喝曰："庞德在此！"钟进措手不及，被庞德一刀斩于马下，杀散军校，斩关断锁，放马超、韩遂军马入城。钟繇从东门弃城而走。马超、韩遂得了城池，赏劳三军。

钟繇退守潼关，飞报曹操。操知失了长安，不敢复议南征，遂唤曹洪、徐晃分付："先带一万人马，替钟繇紧守潼关。如十日内失了关隘，皆斩；十日外，不干汝二人之事。我统大军随后便至。"二人领了将令，星夜便行。曹仁谏曰："洪性躁，诚恐误事。"操曰："你与我押送粮草，便随后接应。"

却说曹洪、徐晃到潼关，替钟繇坚守关隘，并不出战。马超领军来关下，把曹操三代毁骂。曹洪大怒，要提兵下关厮杀。徐晃谏曰："此是马超要激将军厮杀，切不可与战。待丞相大军来，必有主画。"马超军日夜轮流来骂。曹洪只要厮杀，徐晃苦苦挡住。至第九日，在关上看时，西凉军都弃马在于关前草地上坐；多半困乏，就于地上睡卧。曹洪便教备马，点起三千兵杀下关来。西凉兵弃马抛戈而走。洪迤逦追赶。时徐晃正在关上点视粮车，闻曹洪下关厮杀，大惊，急引兵随后赶来，大叫曹洪回马。忽然背后喊声大震，马岱引军杀至。曹洪、徐晃急回走时，一棒鼓响，山背后两军截出：左是马超、右是庞德，混杀一阵。曹洪抵挡不住，折军大半，撞出重围，奔到关上。西凉兵随后赶来，洪等弃关而走。庞德直追过潼关，撞见曹仁军马，救了曹洪等一军。马超接应庞德上关。

曹洪失了潼关。奔见曹操。操曰："与你十日限，如何九日失了潼关？"洪曰："西凉军兵，百般辱骂，因见彼军懈怠，乘势赶去，不想中贼奸计。"操曰："洪年幼躁暴，徐晃你须晓事！"晃曰："累谏不从。当日晃在关上点粮车，比及知道，小将军已下关了。晃恐有失，连忙赶去，已中贼奸计矣。"操大怒，喝斩曹洪。众官告免。曹洪服罪而退。

操进兵直叩潼关。曹仁曰："可先下定寨栅，然后打关未迟。"操令砍伐树木，起立排栅，分作三寨：左寨曹仁，右寨夏侯渊，操自居中寨。次日，操引三寨大小将校，杀奔关隘前去，正遇西凉军马。两边各布阵势。操出马于门旗下，看西凉之兵，人人勇健，个个英雄。又见马超生得面如傅粉，唇若抹朱，腰细膀宽，声雄力猛，白袍银铠，手执长枪，立马阵前；上首庞德，下首马岱。操暗暗称奇，自纵马谓超曰："汝乃汉朝名将子孙，何故背反耶？"超咬牙切齿，大骂："操贼！欺君罔上，罪不容诛！害我父弟，不共戴天之仇！吾当活捉生啖汝肉！"说罢，挺枪直杀过来。曹操背后于禁出迎。两马交战，斗得八九合，于禁败走。张郃出迎，战二十合亦败走。李通出迎，超奋威交战，数合之中，一枪刺李通于马下。超把枪望后一招，西凉兵一齐冲杀过来。操兵大败。西凉兵来得势猛，左右将佐，皆抵当不住。马超、庞德、马岱引百余骑，直入中军来捉曹操。操在乱军中，只听得西凉军大叫："穿红袍的是曹操！"操就马上急脱下红袍。又听得大叫："长髯者是曹操！"操惊慌，掣所佩刀断其髯。军中有人将曹操割髯之事，告知马超，超遂令人叫拿："短髯者是曹操！"操闻知，即扯旗角包颈而逃。后人有诗曰："潼关战败望风逃，孟德怆惶脱锦袍。剑割髭髯应丧胆，马超声价盖天高。"

曹操正走之间，背后一骑赶来，回头视之，正是马超。操大惊。左右将校见超赶来，各自逃命，只撇下曹操。超厉声大叫曰："曹操休走！"操惊得马鞭坠地。看看赶上，马超从后使枪搠来。操绕树而走，超一枪搠在树上；急拔下时，操已走远。超纵马赶来，山坡边转过一将，大叫："勿伤吾主！曹洪在此！"轮刀纵马，拦住马超。操得命走脱。洪与马超战到四五十合，渐渐刀法散乱，气力不加。夏侯渊引数十骑随到。马超独自一人，恐被所算，乃拨马而回，夏侯渊也不来赶。

曹操回寨，却得曹仁死据定了寨栅，因此不曾多折军马。操入帐叹曰："吾若杀了曹洪，今日必死于马超之手也！"遂唤曹洪，重加赏赐。收拾败军，坚守寨栅，深沟高垒，不许出战。超每日引兵来寨前辱骂搦战。操传令教军士坚守，如乱动者斩。诸将曰："西凉之兵，尽使长枪，当选弓弩迎之。"操曰："战与不战，皆在于我，非在贼也。贼虽有长枪，安能便刺？诸公但坚壁观之，贼自退矣。"诸将皆私相议曰："丞相自来征战，一身当先；今败于马超，何如此之弱也？"

过了几日，细作报来："马超又添二万生力兵来助战，乃是羌人部落。"操闻知大喜。诸将曰："马超添兵，丞相反喜。何也？"操曰："待吾胜了，却对汝等说。"三日后又报关上又添军马。操又大喜，就于帐中设宴作贺。诸将皆暗笑。操曰："诸公笑我无破马超之谋，公等有何良策？"徐晃进曰："今丞相盛兵在此，贼亦全部现屯关上，此去河西，必无准备；若得一军暗渡蒲阪津，先截贼归路，丞相径发河北击之，贼两不相应，势必危矣。"操曰："公明之言，正合吾意。"便教徐晃引精兵四千，和朱灵同去径袭河西，伏于山谷之中，"待我渡河北同时击之。"、徐晃、朱灵领命、先引四千军暗暗去了。操下令，先教曹洪于蒲阪津，安排船筏。留曹仁守寨，操自领兵渡渭河。早有细作报知马超。超曰："今操不攻潼关，而使人准备船筏，欲渡河北，必将遏吾之后也。吾当引一军循河拒住岸北。操兵不得渡，不消二十日，河东粮尽，操兵必乱，却循河南而击之，操可擒矣。"韩遂曰："不必如此。岂不闻兵法有云：'兵半渡可击'，待操兵渡至一半，汝却于南岸击之，操兵皆死于河内矣。"超曰："叔父之言甚善。"即使人探听曹操几时渡河。却说曹操整兵已毕，分三停军，前渡渭河，比及人马到河口时，日光初起。操先发精兵渡过北岸，开创营寨。操自引亲随护卫军将百人，按剑坐于南岸，看军渡河。忽然人报："后边白袍将军到了！"众皆认得是马超。一拥下船。河边军争上船者，声喧不止。操犹坐而不动，按剑指约休闹。只听得人喊马嘶，蜂拥而来，船上一将跃身上岸，呼曰："贼至矣！请丞相下船！"操视之，乃许褚也。操口内犹言："贼至何妨？"回头视之，马超已离不得百余步，许褚拖操下船时，船已离岸一丈有余，褚负操一跃上船。随行将士尽皆下水，扳住船边，争欲上船逃命。船小将翻，褚掣刀乱砍，傍船手尽折，倒于水中。急将船望下水棹去。许褚立于梢上。忙用木篙撑之。操伏在许褚脚边。马超赶到河岸，见船已流在半河，遂拈弓搭箭，喝令骁将绕河射之。矢如雨急。褚恐伤曹操，以左手举马鞍遮之。马超箭不虚发，船上驾舟之人，应弦落水；船中数十人皆被射倒。其船反撑不定，于急水中旋转。许褚独奋神威，将两腿夹舵摇撼，一手使篙撑船，一手举鞍遮护曹操。时有渭南县令丁斐，在南山之上，见马超追操甚急，恐伤操命，遂将寨内牛只马匹，尽驱于外，漫山遍野，皆是牛马。西凉兵见之。都回身争取牛马，无心追赶，曹操因此得脱。方到北岸，便把船筏凿沉。诸将听得曹操在河中逃难，急来救时，操已登岸。许褚身被重铠，箭皆嵌在甲上。众将保操至野寨中，皆拜于地而问安。操大笑曰："我今日几为小贼所困！"褚曰："若非有人纵马放牛以诱贼，贼必努力渡河矣。"操问曰："诱贼者谁也？"有知者答曰："渭南县令丁斐也。"少顷，斐入见。操谢曰："若非公之良谋，则吾被贼所擒矣。"遂命为典军校尉，斐曰："贼虽暂去，明日必复来。须以良策拒之。"操曰："吾已准备了也。"遂唤诸将各分头循河筑起甬道，暂为寨脚，贼若来时，陈兵于甬道外。内虚立旌旗，以为疑兵；更沿河掘下壕堑，虚土棚盖，河内以兵诱之："贼急来必陷，贼陷便可击矣。"却说马超回见韩遂，说："几乎捉住曹操！有一将奋勇负操下船去了，不知何人。"遂曰："吾闻曹操选极精壮之人，为帐前侍卫，名曰虎卫军，以骁将典韦、许褚领之。典韦已死，今救曹操者，必许褚也。此人勇力过人，人皆称为虎痴；如遇之。不可轻敌。"超曰："吾亦闻其名久矣。"遂曰："今操渡河，将袭我后。可速攻之。不可令他创立营寨。若立营寨，急难剿除。"超曰："以侄愚意。还只拒住北岸。使彼不得渡河，乃为上策。"遂曰："贤侄守寨，吾引军循河战操，若何？"超曰："令庞德为先锋，跟叔父前去。"

于是韩遂与庞德将兵五万，直抵渭南。操令众将于甬道两旁诱之。庞德先引铁骑千余，冲突而来。喊声起处，人马俱落于陷马坑内。庞德踊身一跳。跃出土坑，立于平地，立杀数人，步行砍出重围。韩遂已被困在垓心，庞德步行救之。正遇着曹仁部将曹永，被庞德一刀砍于马下，夺其马，杀开一条血路，救出韩遂，投东南而走。背后曹兵赶来，马超引军接应，杀败曹兵，复救出大半军马。战至日暮方回。计点人马，折了将佐程银、张横，陷坑中死者二百余人。超与韩遂商议："若迁延日久，操于河北立了营寨，难以退敌；不若乘今夜引轻骑去劫野营。"遂曰："须分兵前后相救。"于是超自为前部，令庞德、马岱为后应，当夜便行。

却说曹操收兵屯渭北，唤诸将曰："贼欺我未立寨栅，必来劫野营。可四散伏兵，虚其中军。号炮响时，伏兵尽起，一鼓可擒也。"众将依令，伏兵已毕。当夜，马超却先使成宜引三十骑往前哨探，成宜见无人马，径入中军。操军见西凉兵到，遂放号炮。四面伏兵皆出，只围得三十骑。成宜被夏侯渊所杀。马超却自从背后与庞德、马岱兵分三路蜂拥杀来。正是：纵有伏兵能候敌，怎当键将共争先？未知胜负若何，且看下文分解。

第五十九回 许诸裸衣斗马超 曹操抹书问韩遂

却说当夜两兵混战，直到天明，各自收兵。马超屯兵渭口，日夜分兵，前后攻击。曹操在渭河内将船筏锁链作浮桥三条，接连南岸。曹仁引军夹河立寨，将粮草车辆穿连，以为屏障。马超闻之，教军士各挟草一束，带着火种，与韩遂引军并力杀到寨前，堆积草把，放起烈火。操兵抵敌不住，弃寨而走。车乘、浮桥，尽被烧毁。西凉兵大胜，截住渭河。曹操立不起营寨，心中忧惧。荀攸曰："可取渭河沙土筑起土城，可以坚守。"操拨三万军担土筑城。马超又差庞德、马岱各引五百马军，往来冲突；更兼沙土不实，筑起便倒，操无计可施。时当九月尽，天气暴冷，彤云密布，连日不开。曹操在寨中纳闷。忽人报曰："有一老人来见丞相，欲陈说方略。"操请入。见其人鹤骨松姿，形貌苍古。问之，乃京兆人也，隐居终南山，姓娄，名子伯，道号梦梅居士。操以客礼待之。子伯曰："丞相欲跨渭安营久矣，今何不乘时筑之？"操曰："沙土之地，筑垒不成。隐士有何良策赐教？"子伯曰："丞相用兵如神，岂不知天时乎？连日阴云布合，朔风一起，必大冻矣。风起之后，驱兵士运土泼水，比及天明，土城已就。"操大悟，厚赏子伯。子伯不受而去。

是夜北风大作。操尽驱兵士担土泼水；为无盛水之具，作缣囊盛水浇之，随筑随冻。比及天明，沙水冻紧，土城已筑完。

细作报知马超。超领兵观之，大惊，疑有神助。次日，集大军鸣鼓而进。操自乘马出营，止有许褚一人随后。操扬鞭大呼曰："孟德单骑至此，请马超出来答话。"超乘马挺枪而出。操曰："汝欺我营寨不成，今一夜天已筑就，汝何不早降！"马超大怒，意欲突前擒之，见操背后一人，睁圆怪眼，手提钢刀，勒马而立。超疑是许褚，乃扬鞭问曰："闻汝军中有虎侯，安在哉？"许褚提刀大叫曰："吾即谯郡许褚也！"目射神光，威风抖擞。超不敢动，乃勒马回。操亦引许褚回寨。两军观之，无不骇然。操谓诸将曰："贼亦知仲康乃虎侯也！"自此军中皆称褚为虎侯，许褚曰："某来日必擒马超。"操曰："马超英勇，不可轻敌。"褚曰："某誓与死战！"即使人下战书，说虎侯单搦马超来日决战。超接书大怒曰："何敢如此相欺耶！"即批次日誓杀虎痴。

次日，两军出营布成阵势。超分庞德为左翼，马岱为右翼，韩遂押中军。超挺枪纵马，立于阵前，高叫："虎痴快出！"曹操在门旗下回顾众将曰："马超不减吕布之勇！"言未绝，许褚拍马舞刀而出。马超挺枪接战。斗了一百余合，胜负不分。马匹困乏，各回军中，换了马匹，又出阵前。又斗一百余合，不分胜负。许褚性起，飞回阵中，卸了盔甲，浑身筋突，赤体提刀，翻身上马，来与马超决战。两军大骇。两个又斗到三十余合，褚奋威举刀便砍马超。超闪过，一枪望褚心窝刺来。褚弃刀将枪挟住。两个在马上夺枪。许诸力大，一声响，拗断枪杆，各拿半节在马上乱打。操恐褚有失，遂令夏侯渊、曹洪两将齐出夹攻。庞德、马岱见操将齐出，麾两翼铁骑，横冲直撞，混杀将来。操兵大乱。许褚臂中两箭。诸将慌退入寨。马超直杀到壕边，操兵折伤大半。操令坚闭休出。马超回至渭口，谓韩遂曰："吾见恶战者莫如许褚，真虎痴也！"

却说曹操料马超可以计破，乃密令徐晃、朱灵尽渡河西结营，前后夹攻。一日，操于城上见马超引数百骑，直临寨前，往来如飞。操观良久，掷兜鍪于地曰："马儿不死，吾无葬地矣！"夏侯渊听了，心中气忿，厉声曰："吾宁死于此地，誓灭马贼！"遂引本部千余人，大开寨门，直赶去。操急止不住，恐其有失，慌自上马前来接应。马超见曹兵至，乃将前军作后队，后队作先锋，一字儿摆开。夏侯渊到，马超接往厮杀。超于乱军中遥见曹操，就撇了夏侯渊，直取曹操。操大惊，拨马而走。曹兵大乱。

正追之际，忽报操有一军，已在河西下了营寨，超大惊，无心追赶，急收军回寨，与韩遂商议，言："操兵乘虚已渡河西，吾军前后受敌，如之奈何？"部将李堪曰："不如割地请和，两家且各罢兵，捱过冬天，到春暖别作计议。"韩遂曰："李堪之言最善，可从之。"

超犹豫未决。杨秋、侯选皆劝求和，于是韩遂遣杨秋为使，直往操寨下书，言割地请和之事。操曰："汝且回寨，吾来日使人回报。"杨秋辞去。贾诩入见操曰："丞相主意若何？"操曰："公所见若何？"诩曰："兵不厌诈，可伪许之；然后用反间计，令韩、马相疑，则一鼓可破也。"操抚掌大喜曰："天下高见，多有相合。文和之谋，正吾心中之事也。"于是遣人回书，言："待我徐徐退兵，还汝河西之地。"一面教搭起浮桥，作退军之意。马超得书，谓韩遂曰："曹操虽然许和，奸雄难测。倘不准备，反受其制。超与叔父轮流调兵，今日叔向操，超向徐晃；明日超向操，叔向徐晃：分头提备，以防其诈。"韩遂依计而行。

早有人报知曹操。操顾贾诩曰："吾事济矣！"问："来日是谁合向我这边？"人报曰："韩遂。"次日，操引众将出营，左右围绕，操独显一骑于中央。韩遂部卒多有不识操者，出阵观看。操高叫曰："汝诸军欲观曹公耶？吾亦犹人也，非有四目两口，但多智谋耳。"诸军皆有惧色。操使人过阵谓韩遂曰："丞相谨请韩将军会话。"韩遂即出阵；见操并无甲仗，亦弃衣甲，轻服匹马而出。二人马头相交，各按辔对语。操曰："吾与将军之父，同举孝廉，吾尝以叔事之。吾亦与公同登仕路，不觉有年矣。将军今年妙龄几何？"韩遂答曰："四十岁矣。"操曰："往日在京师，皆青春年少，何期又中旬矣！安得天下清平共乐耶！"只把旧事细说，并不提起军情。说罢大笑，相谈有一个时辰，方回马而别，各自归寨。早有人将此事报知马超。超忙来问韩遂曰："今日曹操阵前所言何事？"遂曰："只诉京师旧事耳。"超曰："安得不言军务乎？"遂曰："曹操不言，吾何独言之？"超心甚疑，不言而退。

却说曹操回寨，谓贾诩曰："公知吾阵前对语之意否？"诩曰："此意虽妙，尚未足间二人。某有一策，令韩、马自相仇杀。"操问其计。贾诩曰："马超乃一勇之夫，不识机密。丞相亲笔作一书，单与韩遂，中间朦胧字样，于要害处，自行涂抹改易，然后封送与韩遂，故意使马超知之。超必索书来看。若看见上面要紧去处，尽皆改抹，只猜是韩遂恐超知甚机密事，自行改抹，正合着单骑会语之疑；疑则必生乱。我更暗结韩遂部下诸将，使互相离间，超可图矣。"操曰："此计甚妙。"随写书一封，将紧要处尽皆改抹，然后实封，故意多遣从人送过寨去，下了书自回。果然有人报知马超。超心愈疑，径来韩遂处索书看。韩遂将书与超。超见上面有改抹字样，问遂曰："书上如何都改抹糊涂？"遂曰："原书如此，不知何故。"超曰："岂有以草稿送与人耶？必是叔父怕我知了详细，先改抹了。"遂曰："莫非曹操错将草稿误封来了。"超曰："吾又不信。曹操是精细之人，岂有差错？吾与叔父并力杀贼，奈何忽生异心？"遂曰："汝若不信吾心，来日吾在阵前赚操说话，汝从阵内突出，一枪刺杀便了。"超曰："若如此，方见叔父真心。"两人约定。次日，韩遂引侯选、李堪、梁兴、马玩、杨秋五将出阵。马超藏在门影里。韩遂使人到操寨前，高叫："韩将军请丞相攀话。"操乃令曹洪引数十骑径出阵前与韩遂相见。马离数步，洪马上欠身言曰："夜来丞相拜意将军之言，切莫有误。"言讫便回马。超听得大怒，挺枪骤马，便刺韩遂。五将拦住，劝解回寨。遂曰："贤侄休疑，我无歹心。"马超那里肯信，恨怨而去。韩遂与五将商议曰："这事如何解释？"杨秋曰："马超倚仗武勇，常有欺凌主公之心，便胜得曹操，怎肯相让？以某愚见，不如暗投曹公，他日不失封侯之位。"遂曰："吾与马腾结为兄弟，安忍背之？"杨秋曰："事已至此，不得不然。"遂曰："谁可以通消息？"杨秋曰："某愿往。"遂乃写密书，遣杨秋径来操寨，说投降之事。操大喜，许封韩遂为西凉侯、杨秋为西凉太守。其余皆有官爵。约定放火为号，共谋马超。杨秋拜辞，回见韩遂，备言其事："约定今夜放火，里应外合。"遂大喜，就令军士于中军帐后堆积干柴，五将各悬刀剑听候，韩遂商议，欲设宴赚请马超，就席图之，犹豫未去。不想马超早已探知备细，便带亲随数人，仗剑先行，令庞德、马岱为后应。超潜步入韩遂帐中，只见五将与韩遂密语，只听得杨秋口中说道："事不宜迟，可速行之！"超大怒，挥剑直入，大喝曰："群贼焉敢谋害我！"众皆大惊。超一剑望韩遂面门剁去，遂慌以手迎之，左手早被砍落。五将挥刀齐出。超纵步出帐外，五将围绕混杀。超独挥宝剑，力敌五将。剑光明处，鲜血溅飞：砍翻马玩，剁倒梁兴，三将各自逃生。超复入帐中来杀韩遂时，已被左右救去。帐后一把火起，各寨兵皆动。超连忙上马，庞德、马岱亦至，互相混战。超领军杀出时，操兵四至：前有许褚，后有徐晃，左有夏侯渊，右有曹洪。西凉之兵，自相并杀。超不见了庞德、马岱，乃引百余骑，截于渭桥之上。天色微明，只见李堪领一军从桥下过，超挺枪纵马逐之。李堪拖枪而走。恰好于禁从马超背后赶来。禁开弓射马超。超听得背后弦响，急闪过，却射中前面李堪，落马而死。超回马来杀于禁，禁拍马走了。超回桥上住扎。操兵前后大至，虎卫军当先，乱箭夹射马超。超以枪拨之，矢皆纷纷落地。超令从骑往来突杀。争奈曹兵围裹坚厚，不能冲出。超于桥上大喝一声，杀入河北，从骑皆被截断。超独在阵中冲突，却被暗弩射倒坐下马，马超堕于地上，操军逼合。正在危急，忽西北角上一彪军杀来，乃庞德、马岱也。二人救了马超，将军中战马与马超骑了，翻身杀条血路，望西北而走。曹操闻马超走脱，传令诸将："无分晓夜，务要赶到马儿。如得首级者，千金赏，万户侯；生获者封大将军。"众将得令，各要争功，迤逦追袭。马超顾不得人马困乏，只顾奔走。从骑渐渐皆散。步兵走不上者，多被擒去。止剩得三十余骑，与庞德、马岱望陇西临洮而去。

曹操亲自追至安定，知马超去远，方收兵回长安。众将毕集。韩遂已无左手，做了残疾之人，操教就于长安歇马，授西凉侯之职。杨秋、侯选皆封列侯，令守渭口。下令班师回许都。凉州参军杨阜，字义山，径来长安见操。操问之，杨阜曰："马超有吕布之勇，深得羌人之心。今丞相若不乘势剿绝，他日养成气力，陇上诸郡，非复国家之有也。望丞相且休回兵。"操曰："吾本欲留兵征之，奈中原多事，南方未定，不可久留。君当为孤保之。"阜领诺，又保荐韦康为凉州刺史，同领兵屯冀城，以防马超。阜临行，请于操曰："长安必留重兵以为后援。"操曰："吾已定下，汝但放心。"阜辞而去。

众将皆问曰："初贼据潼关，渭北道缺，丞相不从河东击冯翊，而反守潼关，迁延日久，而后北渡，立营固守，何也？"操曰："初贼守潼关，若吾初到，便取河东，贼必以各寨分守诸渡口，则河西不可渡矣。吾故盛兵皆聚于潼关前，使贼尽南守，而河西不准备，故徐晃、朱灵得渡也。吾然后引兵北渡，连车树栅为甬道，筑冰城，欲贼知吾弱，以骄其心，使不准备。吾乃巧用反间，畜士卒之力，一旦击破之。正所谓疾雷不及掩耳。兵之变化，固非一道也。"众将又请问曰："丞相每闻贼加兵添众，则有喜色，何也？"操曰："关中边远，若群贼各依险阻，征之非一二年不可平复；今皆来聚一处，其众虽多，人心不一，易于离间，一举可灭：吾故喜也。"众将拜曰："丞相神谋，众不及也；"操曰："亦赖汝众文武之力。"遂重赏诸军。留夏侯渊屯兵长安，所得降兵，分拨各部。夏侯渊保举冯翊高陵人，姓张，名既，字德容，为京兆尹，与渊同守长安。操班师回都。献帝排銮驾出郭迎接。诏操"赞拜不名，入朝不趋，剑履上殿"：如汉相萧何故事。自此威震中外。这消息播入汉中，早惊动了汉宁太守张鲁。原来张鲁乃沛国丰人。其祖张陵在西川鹄鸣山中造作道书以惑人，人皆敬之。陵死之后，其子张衡行之。百姓但有学道者，助米五斗。世号"米贼"。张衡死，张鲁行之。鲁在汉中自号为"师君"；其来学道者皆号为"鬼卒"；为首者号为"祭酒"；领众多者号为"治头大祭酒"。务以诚信为主，不许欺诈。如有病者，即设坛使病人居于静室之中，自思己过，当面陈首，然后为之祈祷；主祈祷之事者，号为"奸令祭洒"。祈祷之法，书病人姓名，说服罪之意，作文三通，名为"三官手书"：一通放于山顶以奏天，一通埋于地以奏地，一通沉于水以申水官。如此之后，但病痊可，将米五斗为谢。又盖义舍：舍内饭米、柴火、肉食齐备，许过往人量食多少，自取而食；多取者受天诛。境内有犯法者，必恕三次；不改者，然后施刑。所在并无官长，尽属祭酒所管。如此雄据汉中之地已三十年。国家以为地远不能征伐，就命鲁为镇南中郎将，领汉宁太守，通进贡而已。当年闻操破西凉之众，威震天下，乃聚众商议曰："西凉马腾遭戮，马超新败，曹操必将侵我汉中。我欲自称汉宁王，督兵拒曹操，诸君以为何如？"阎圃曰："汉川之民户出十万余众，财富粮足，四面险固；今马超新败，西凉之民，从子午谷奔入汉中者，不下数万。愚意益州刘璋昏弱，不如先取西川四十一州为本，然后称王未迟。"张鲁大喜，遂与弟张卫商议起兵。早有细作报入川中。

却说益州刘璋，字季玉，即刘焉之子，汉鲁恭王之后。章帝元和中，徙封竟陵，支庶因居于此。后焉官至益州牧，兴平元年患病疽而死，州大吏赵韪等，共保璋为益州牧。璋曾杀张鲁母及弟，因此有仇。璋使庞羲为巴西太守，以拒张鲁。时笼羲探知张鲁欲兴兵取川，急报知刘璋。璋平生懦弱，闻得此信，心中大忧，急聚众官商议。忽一人昂然而出曰："主公放心。某虽不才，凭三寸不烂之舌，使张鲁不敢正眼来觑西川。"正是：只因蜀地谋臣进，致引荆州豪杰来。未知此人是谁，且看下文分解。

第六十回 张永年反难杨修 庞士元议取西蜀

却说那进计于刘璋者，乃益州别驾，姓张，名松，字永年。其人生得额钁头尖，鼻偃齿露，身短不满五尺，言语有若铜钟。刘璋问曰："别驾有何高见，可解张鲁之危？"松曰："某闻许都曹操，扫荡中原，吕布、二袁皆为所灭，近又破马超，天下无敌矣。主公可备进献之物，松亲往许都，说曹操兴兵取汉中，以图张鲁。则鲁拒敌不暇，何敢复窥蜀中耶？"刘璋大喜，收拾金珠锦绮，为进献之物，遣张松为使。松乃暗画西川地理图本藏之，带从人数骑，取路赴许都。早有人报入荆州。孔明便使人入许都打探消息。

却说张松到了许都馆驿中住定，每日去相府伺候，求见曹操。原来曹操自破马超回，傲睨得志，每日饮宴，无事少出，国政皆在相府商议。张松候了三日，方得通姓名。左右近侍先要贿赂，却才引入。操坐于堂上，松拜毕，操问曰："汝主刘璋连年不进贡，何也？"松曰："为路途艰难，贼寇窃发，不能通进。"操叱曰："吾扫清中原，有何盗贼？"松曰："南有孙权，北有张鲁，西有刘备，至少者亦带甲十余万，岂得为太平耶？"操先见张松人物猥琐，五分不喜；又闻语言冲撞，遂拂袖而起，转入后堂。左右责松曰："汝为使命，何不知礼，一味冲撞？幸得丞相看汝远来之面，不见罪责。汝可急急回去！"松笑曰："吾川中无谄佞之人也。"忽然阶下一人大喝曰："汝川中不会谄佞，吾中原岂有谄佞者乎？"

松观其人，单眉细眼，貌白神清。问其姓名，乃太尉杨彪之子杨修，字德祖，现为丞相门下掌库主簿。此人博学能言，智识过人。松知修是个舌辩之士，有心难之。修亦自恃其才，小觑天下之士。当时见张松言语讥讽，遂邀出外面书院中，分宾主而坐，谓松曰："蜀道崎岖，远来劳苦。"松曰："奉主之命，虽赴汤蹈火，弗敢辞也。"修问："蜀中风土何如？"松曰："蜀为西郡，古号益州。路有锦江之险，地连剑阁之雄。回还二百八程，纵横三万余里。鸡鸣犬吠相闻，市井闾阎不断。田肥地茂，岁无水旱之忧；国富民丰，时有管弦之乐。所产之物，阜如山积。天下莫可及也！"修又问曰："蜀中人物如何？"松曰："文有相如之赋，武有伏波之才；医有仲景之能，卜有君平之隐。九流三教，出乎其类，拔乎其萃者，不可胜记，岂能尽数！"修又问曰："方今刘季玉手下，如公者还有几人？"松曰："文武全才，智勇足备，忠义慷慨之士，动以百数。如松不才之辈，车载斗量，不可胜记。"修曰："公近居何职？"松曰："滥充别驾之任，甚不称职。敢问公为朝廷何官？"修曰："现为丞相府主簿。"松曰："久闻公世代簪缨，何不立于庙堂，辅佐天子，乃区区作相府门下一吏乎？"杨修闻言，满面羞惭，强颜而答曰："某虽居下寮，丞相委以军政钱粮之重，早晚多蒙丞相教诲，极有开发，故就此职耳。"松笑曰："松闻曹丞相文不明孔、孟之道，武不达孙、吴之机，专务强霸而居大位，安能有所教诲，以开发明公耶？"修曰："公居边隅，安知丞相大才乎？吾试令公观之。"呼左右于箧中取书一卷，以示张松。松观其题曰《孟德新书》。从头至尾，看了一遍，共一十三篇，皆用兵之要法。松看毕，问曰："公以此为何书耶？"修曰："此是丞相酌古准今，仿《孙子》十三篇而作。公欺丞相无才，此堪以传后世否？"松大笑曰："此书吾蜀中三尺小童，亦能暗诵，何为'新书'？此是战国时无名氏所作，曹丞相盗窃以为己能，止好瞒足下耳！"修曰："丞相秘藏之书，虽已成帙，未传于世。公言蜀中小儿暗诵如流，何相欺乎？"松曰："公如不信，吾试诵之。"遂将《孟德新书》，从头至尾，朗诵一遍，并无一字差错。修大惊曰："公过目不忘，真天下奇才也！”后人有诗赞曰：“古怪形容异，清高体貌疏。语倾三峡水，目视十行书。胆量魁西蜀，文章贯太虚。百家并诸子，一览更无余。”

当下张松欲辞回。修曰：“公且暂居馆舍，容某再禀丞相，令公面君。”松谢而退。修入见操曰：“适来丞相何慢张松乎？”操曰：“言语不逊，吾故慢之。”修曰：“丞相尚容一祢衡，何不纳张松？”操曰：“祢衡文章，播于当今，吾故不忍杀之。松有何能？”修曰：“且无论其口似悬河，辩才无碍。适修以丞相所撰《孟德新书》示之，彼观一遍，即能暗诵，如此博闻强记，世所罕有。松言此书乃战国时无名氏所作，蜀中小儿，皆能熟记。”操曰：“莫非古人与我暗合否？”令扯碎其书烧之。修曰：“此人可使面君，教见天朝气象。”操曰：“来日我于西教场点军，汝可先引他来，使见我军容之盛，教他回去传说：吾即日下了江南，便来收川。”修领命。

至次日，与张松同至西教场。操点虎卫雄兵五万，布于教场中。果然盔甲鲜明，衣袍灿烂；金鼓震天，戈矛耀日；四方八面，各分队伍；旌旗扬彩，人马腾空。松斜目视之。良久，操唤松指而示曰：“汝川中曾见此英雄人物否？”松曰：“吾蜀中不曾见此兵革，但以仁义治人。”操变色视之。松全无惧意。杨修频以目视松。操谓松曰：“吾视天下鼠辈犹草芥耳。大军到处，战无不胜，攻无不取，顺吾者生，逆吾者死。汝知之乎？”松曰：“丞相驱兵到处，战必胜，攻必取，松亦素知。昔日濮阳攻吕布之时，宛城战张绣之日；赤壁遇周郎，华容逢关羽；割须弃袍于潼关，夺船避箭于渭水：此皆无敌于天下也！”操大怒曰：“竖儒怎敢揭吾短处！”喝令左右推出斩之。杨修谏曰：“松虽可斩，奈从蜀道而来入贡，若斩之，恐失远人之意。”操怒气未息。荀彧亦谏。操方免其死，令乱棒打出。松归馆舍，连夜出城，收拾回川。松自思曰：“吾本欲献西川州郡与曹操，谁想如此慢人！我来时于刘璋之前，开了大口；今日怏怏空回。须被蜀中人所笑。吾闻荆州刘玄德仁义远播久矣，不如径由那条路回。试看此人如何，我自有主见。”于是乘马引仆从望荆州界上而来，前至郢州界口，忽见一队军马，约有五百余骑，为首一员大将，轻妆软扮，勒马前问曰：“来者莫非张别驾乎？”松曰：“然也。”那将慌忙下马，声喏曰：“赵云等候多时。”松下马答礼曰：“莫非常山赵子龙乎？”云曰：“然也，某奉主公刘玄德之命，为大夫远涉路途，鞍马驱驰，特命赵云聊奉酒食。”言罢，军士跪奉酒食，云敬进之。松自思曰：“人言刘玄德宽仁爱客，今果如此。”遂与赵云饮了数杯，上马同行。来到荆州界首，是日天晚，前到馆驿，见驿门外百余人侍立，击鼓相接。一将于马前施礼曰：“奉兄长将令，为大夫远涉风尘，令关某洒扫驿庭，以待歇宿。”松下马，与云长、赵云同入馆舍。讲礼叙坐。须臾，排上酒筵，二人殷勤相劝。饮至更阑，方始罢席，宿了一宵。

次日早膳毕，上马行不到三五里，只见一簇人马到。乃是玄德引着伏龙、凤雏，亲自来接。遥见张松，早先下马等候。松亦慌忙下马相见。玄德曰：“久闻大夫高名，如雷灌耳。恨云山遥远，不得听教。今闻回都，专此相接。倘蒙不弃，到荒州暂歇片时，以叙渴仰之思，实为万幸！”松大喜，遂上马并辔入城。至府堂上各各叙礼，分宾主依次而坐，设宴款待。饮酒间，玄德只说闲话，并不提起西川之事。松以言挑之曰：“今皇叔守荆州，还有几郡？”孔明答曰：“荆州乃暂借东吴的，每每使人取讨。今我主因是东吴女婿，故权且在此安身。”松曰：“东吴据六郡八十一州，民强国富，犹且不知足耶？”庞统曰：“吾主汉朝皇叔，反不能占据州郡；其他皆汉之蟊贼，却都恃强侵占地土；惟智者不平焉。”玄德曰：“二公休言。吾有何德，敢多望乎？”松曰：“不然。明公乃汉室宗亲，仁义充塞乎四海。休道占据州郡，便代正统而居帝位，亦非分外。”玄德拱手谢曰：“公言太过，备何敢当！”

自此一连留张松饮宴三日，并不提起川中之事。松辞去，玄德于十里长亭设宴送行。玄德举酒酌松曰：“甚荷大夫不外，留叙三日；今日相别，不知何时再得听教。”言罢，潸然泪下。张松自思：“玄德如此宽仁爱士，安可舍之？不如说之，令取西川。”乃言曰：“松亦思朝暮趋侍，恨未有便耳。松观荆州：东有孙权，常怀虎踞；北有曹操，每欲鲸吞。亦非可久恋之地也。”玄德曰：“故知如此，但未有安迹之所。”松曰：“益州险塞，沃野千里，民殷国富；智能之士，久慕皇叔之德。若起荆襄之众，长驱西指，霸业可成，汉室可兴矣。”玄德曰：“备安敢当此？刘益州亦帝室宗亲，恩泽布蜀中久矣。他人岂可得而动摇乎？”松曰：“某非卖主求荣；今遇明公，不敢不披沥肝胆：刘季玉虽有益州之地，禀性暗弱，不能任贤用能；加之张鲁在北，时思侵犯；人心离散，思得明主。松此一行，专欲纳款于操；何期逆贼恣逞奸雄，傲贤慢士，故特来见明公。明公先取西川为基，然后北图汉中，收取中原，匡正天朝，名垂青史，功莫大焉。明公果有取西川之意，松愿施犬马之劳，以为内应。未知钧意若何？”玄德曰：“深感君之厚意。奈刘季玉与备同宗，若攻之，恐天下人唾骂。”松曰：“大丈夫处世，当努力建功立业，著鞭在先。今若不取，为他人所取，悔之晚矣。”玄德曰：“备闻蜀道崎岖，千山万水，车不能方轨，马不能联辔；虽欲取之，用何良策？”松于袖中取出一图，递与玄德曰：“深感明公盛德，敢献此图。但看此图，便知蜀中道路矣。”玄德略展视之，上面尽写着地理行程，远近阔狭，山川险要，府库钱粮，一一俱载明白。松曰：“明公可速图之。松有心腹契友二人：法正、孟达。此二人必能相助。如二人到荆州时，可以心事共议。”玄德拱手谢曰：“青山不老，绿水长存。他日事成，必当厚报。”松曰：“松遇明主，不得不尽情相告，岂敢望报乎？”说罢作别。孔明命云长等护送数十里方回。张松回益州，先见友人法正。正字孝直，右扶风郿人也，贤士法真之子。松见正，备说曹操轻贤傲士，只可同忧，不可同乐。吾已将益州许刘皇叔矣。专欲与兄共议。法正曰：“吾料刘璋无能，已有心见刘皇叔久矣。此心相同，又何疑焉？”少顷，孟达至。达字子庆，与法正同乡。达入，见正与松密语。达曰：“吾已知二公之意。将欲献益州耶？”松曰：“是欲如此。兄试猜之，合献与谁？”达曰：“非刘玄德不可。”三人抚掌大笑。法正谓松曰：“兄明日见刘璋，当若何？”松曰：“吾荐二公为使，可往荆州。”二人应允。

次日，张松见刘璋。璋问：“干事若何？”松曰：“操乃汉贼，欲篡天下，不可为言。彼已有取川之心。”璋曰：“似此如之奈何？”松曰：“松有一谋，使张鲁、曹操必不敢轻犯西川。”璋曰：“何计？”松曰：“荆州刘皇叔，与主公同宗，仁慈宽厚，有长者风。赤壁鏖兵之后，操闻之而胆裂，何况张鲁乎？主公何不遣使结好，使为外援，可以拒曹操、张鲁矣。”璋曰：“吾亦有此心久矣。谁可为使？”松曰：“非法正、孟达，不可往也。”璋即召二人入，修书一封，令法正为使，先通情好；次遣孟达领精兵五千，迎玄德入川为援。正商议间，一人自外突入，汗流满面，大叫曰：“主公若听张松之言，则四十一州郡，已属他人矣！”松大惊；视其人，乃西阆中巴人，姓黄，名权，字公衡，现为刘璋府下主簿。璋问曰：“玄德与我同宗，吾故结之为援；汝何出此言？”权曰：“某素知刘备宽以待人，柔能克刚，英雄莫敌；远得人心，近得民望；兼有诸葛亮、庞统之智谋，关、张、赵云、黄忠、魏延为羽翼。若召到蜀中，以部曲待之，刘备安肯伏低做小？若以客礼待之，又一国不容二主。今听臣言，则西蜀有泰山之安；不听臣言，主公有累卵之危矣。张松昨从荆州过，必与刘备同谋。可先斩张松，后绝刘备，则西川万幸也。”璋曰：“曹操、张鲁到来，何以拒之？”权曰：“不如闭境绝塞，深沟高垒，以待时清。”璋曰：“贼兵犯界，有烧眉之急；若待时清，则是慢计也。”遂不从其言，遣法正行。又一人阻曰：“不可！不可！”璋视之，乃帐前从事官王累也。累顿首言曰：“主公今听张松之说，自取其祸。”璋曰：“不然。吾结好刘玄德，实欲拒张鲁也。”累曰：

“张鲁犯界，乃癣疥之疾；刘备入川，乃心腹之大患。况刘备世之枭雄，先事曹操，便思谋害；后从孙权，便夺荆州。心术如此，安可同处乎？今若召来，西川休矣！”璋叱曰：“再休乱道！玄德是我同宗，他安肯夺我基业？”便教扶二人出。遂命法正便行。

法正离益州，径取荆州，来见玄德。参拜已毕，呈上书信。玄德拆封视之。书曰：“族弟刘璋，再拜致书于玄德宗兄将军麾下：久伏电天，蜀道崎岖，未及赍贡，甚切惶愧。璋闻吉凶相救，患难相扶，朋友尚然，况宗族乎？今张鲁在北，旦夕兴兵，侵犯璋界，甚不自安。专人谨奉尺书，上乞钧听。倘念同宗之情，全手足之义，即日兴师剿灭狂寇，永为唇齿，自有重酬。书不尽言，耑候车骑。”玄德看毕大喜，设宴相待法正。酒过数巡，玄德屏退左右，密谓正曰：“久仰孝直英名，张别驾多谈盛德。今获听教，甚慰平生。”法正谢曰：“蜀中小吏，何足道哉！盖闻马逢伯乐而嘶，人遇知己而死。张别驾昔日之言，将军复有意乎？”玄德曰：“备一身寄客，未尝不伤感而叹息。尝思鹪鹩尚存一枝，狡兔犹藏三窟，何况人乎？蜀中丰余之地，非不欲取；奈刘季玉系备同宗，不忍相图。”法正曰：“益州天府之国，非治乱之主，不可居也，今刘季玉不能用贤，此业不久必属他人。今日自付与将军，不可错失。岂不闻逐兔先得之语乎？将军欲取，某当效死。”玄德拱手谢曰：“尚容商议。”

当日席散，孔明亲送法正归馆舍。玄德独坐沉吟。庞统进曰：“事当决而不决者，愚人也。主公高明，何多疑耶？”玄德问曰：“以公之意，当复何如？”统曰：“荆州东有孙权，北有曹操，难以得志。益州户口百万，土广财富，可资大业。今幸张松、法正为内助，此天赐也。何必疑哉？”玄德曰：“今与吾水火相敌者，曹操也。操以急，吾以宽；操以暴，吾以仁；操以谲，吾以忠：每与操相反，事乃可成。若以小利而失信义于天下，吾不忍也。”庞统笑曰：“主公之言，虽合天理，奈离乱之时，用兵争强，固非一道；若拘执常理，寸步不可行矣，宜从权变。且兼弱攻昧、逆取顺守，汤、武之道也。若事定之后，报之以义，封为大国，何负于信？今日不取，终被他人取耳。主公幸熟思焉。”玄德乃恍然曰：“金石之言，当铭肺腑。”于是遂请孔明，同议起兵西行。孔明曰：“荆州重地，必须分兵守之。”玄德曰：“吾与庞士元、黄忠、魏延前往西川；军师可与关云长、张翼德、赵子龙守荆州。”孔明应允。于是孔明总守荆州；关公拒襄阳要路，当青泥隘口；张飞领四郡巡江，赵云屯江陵，镇公安。玄德令黄忠为前部，魏延为后军，玄德自与刘封、关平在中军。庞统为军师，马步兵五万，起程西行。临行时，忽廖化引一军来降。玄德便教廖化辅佐云长以拒曹操。

是年冬月，引兵望西川进发。行不数程，孟达接着，拜见玄德，说刘益州令某领兵五千远来迎接。玄德使人入益州，先报刘璋。璋便发书告报沿途州郡，供给钱粮。璋欲自出涪城亲接玄德，即下令准备车乘帐幔，旌旗铠甲，务要鲜明。主簿黄权入谏曰：“主公此去，必被刘备之害，某食禄多年，不忍主公中他人奸计。望三思之！”张松曰：“黄权此言，疏间宗族之义，滋长寇盗之威，实无益于主公。”璋乃叱权曰：“吾意已决，汝何逆吾！”权叩首流血，近前口衔璋衣而谏。璋大怒，扯衣而起。权不放，顿落门牙两个。璋喝左右，推出黄权。权大哭而归。璋欲行，一人叫曰：“主公不纳黄公衡忠言，乃欲自就死地耶！”伏于阶前而谏。璋视之，乃建宁俞元人也，姓李，名恢。叩首谏曰：“窃闻君有诤臣，父有诤子。黄公衡忠义之言，必当听从。若容刘备入川，是犹迎虎于门也。”璋曰：“玄德是吾宗兄，安肯害吾？再言者必斩！”叱左右推出李恢。张松曰：“今蜀中文官各顾妻子，不复为主公效力；诸将恃功骄傲，各有外意。不得刘皇叔，则敌攻于外，民攻于内，必败之道也。”璋曰：“公所谋，深于吾有益。”次日，上马出榆桥门。人报从事王累，自用绳索倒吊于城门之上，一手执谏章，一手仗剑，口称如谏不从，自割断其绳索，撞死于此地。刘璋教取所执谏章观之。其略曰：“益州从事臣王累，泣血恳告：窃闻良药苦口利于病，忠言逆耳利于行。昔楚怀王不听屈原之言，会盟于武关，为秦所困。今主公轻离大郡，欲迎刘备于涪城，恐有去路而无回路矣。倘能斩张松于市，绝刘备之约，则蜀中老幼幸甚，主公之基业亦幸甚！”刘璋观毕，大怒曰：“吾与仁人相会，如亲芝兰，汝何数侮于吾耶！”王累大叫一声，自割断其索，撞死于地，后人有诗叹曰：“倒挂城门捧谏章，拚将一死报刘璋。黄权折齿终降备，矢节何如王累刚！”刘璋将三万人马往涪城来。后军装载资粮饯帛一千余辆，来接玄德。却说玄德前军已到垫江。所到之处，一者是西川供给；二者是玄德号令严明，如有妄取百姓一物者斩：于是所到之处，秋毫无犯。百姓扶老携幼，满路瞻观，焚香礼拜。玄德皆用好言抚慰。却说法正密谓庞统曰：“近张松有密书到此，言于涪城相会刘璋，便可图之。机会切不可失。”统曰：“此意且勿言。待二刘相见，乘便图之。若预走泄，于中有变。”法正乃秘而不言。涪城离成都三百六十里。璋已到，使人迎接玄德。两军皆屯于涪江之上。玄德入城，与刘璋相见，各叙兄弟之情。礼毕，挥泪诉告衷情。饮宴毕，各回寨中安歇。

璋谓众官曰：“可笑黄权、王累等辈，不知宗兄之心，妄相猜疑。吾今日见之，真仁义之人也。吾得他为外援，又何虑曹操、张鲁耶？非张松则失之矣。”乃脱所穿绿袍，并黄金五百两，令人往成都赐与张松。时部下将佐刘璝、泠苞、张任、邓贤等一班文武官曰：“主公且休欢喜。刘备柔中有刚，其心未可测，还宜防之。”璋笑曰：“汝等皆多虑。吾兄岂有二心哉！”众皆嗟叹而退。

却说玄德归到寨中。庞统入见曰：“主公今日席上见刘季玉动静乎？”玄德吾：“季玉真诚实人也。”统曰：“季玉虽善，其臣刘璝、张任等皆有不平之色，其间吉凶未可保也。以统之计，莫若来日设宴，请季玉赴席；于壁衣中埋伏刀斧手一百人，主公掷杯为号，就筵上杀之；一拥入成都，刀不出鞘，弓不上弦，可坐而定也。”玄德曰：“季玉是吾同宗，诚心待吾；更兼吾初到蜀中，恩信未立；若行此事，上天不容，下民亦怨。公此谋，虽霸者亦不为也。”统曰：“此非统之谋，是法孝直得张松密书，言事不宜迟，只在早晚当图之。”言未已，法正入见，曰：“某等非为自己，乃顺天命也。”玄德曰：“刘季玉与吾同宗，不忍取之。”正曰：“明公差矣。若不如此，张鲁与蜀有杀母之仇，必来攻取。明公远涉山川，驱驰士马，既到此地，进则有功，退则无益。若执狐疑之心，迁延日久，大为失计。且恐机谋一泄，反为他人所算。不若乘此天与人归之时，出其不意，早立基业，实为上策。”庞统亦再三相劝。正是：人主几番存厚道，才臣一意进权谋。未知玄德心下如何，且看下文分解。

第六十一回 赵云截江夺阿斗 孙权遗书退老瞒

却说庞统、法正二人，劝玄德就席间杀刘璋，西川唾手可得。玄德曰：“吾初入蜀中，恩信未立，此事决不可行。”二人再三说之，玄德只是不从。次日，复与刘璋宴于城中，彼此细叙衷曲，情好甚密。酒至半酣，庞统与法正商议曰：“事已至此，由不得主公了。”便教魏延登堂舞剑，乘势杀刘璋。延遂拔剑进曰：“筵间无以为乐，愿舞剑为戏。”庞统便唤众武士入，列于堂下，只待魏延下手。刘璋手下诸将，见魏延舞剑筵前，又见阶下武士手按刀靶，直视堂上，从事张任亦掣剑舞曰：“舞剑必须有对，某愿与魏将军同舞。”二人对舞于筵前。魏延目视刘封，封亦拔剑助舞。于是刘璝、泠苞、邓贤各掣剑出曰："我等当群舞，以助一笑。"玄德大惊，急掣左右所佩之剑，立于席上曰："吾兄弟相逢痛饮，并无疑忌。又非鸿门会上，何用舞剑？不弃剑者立斩！"刘璋亦叱曰："兄弟相聚，何必带刀？"命侍卫者尽去佩剑。众皆纷然下堂。玄德唤诸将士上堂，以酒赐之，曰："吾弟兄同宗骨血，共议大事，并无二心。汝等勿疑。"诸将皆拜谢。刘璋执玄德之手而泣曰："吾兄之恩，誓不敢忘！"二人欢饮至晚而散。玄德归寨，责庞统曰："公等奈何欲陷备于不义耶？今后断勿为此。"统嗟叹而退。却说刘璋归寨，刘璝等曰："主公见今日席上光景乎？不如早回，免生后患。"刘璋曰："吾兄刘玄德，非比他人。"众将曰："虽玄德无此心，他手下人皆欲吞并西川，以图富贵。"璋曰："汝等无间吾兄弟之情。"遂不听，日与玄德欢叙。忽报张鲁整顿兵马，将犯葭萌关。刘璋便请玄德往拒之。玄德慨然领诺，即日引本部兵望葭萌关去了。众将劝刘璋令大将紧守各处关隘，以防玄德兵变。璋初时不从，后因众人苦劝，乃令白水都督杨怀、高沛二人，守把涪水关。刘璋自回成都。玄德到葭萌关，严禁军士，广施恩惠，以收民心。

早有细作报入东吴。吴侯孙权会文武商议。顾雍进曰："刘备分兵远涉山险而去，未易往还。何不差一军先截川口，断其归路，后尽起东吴之兵，一鼓而下荆襄？此不可失之机会也。"权曰："此计大妙！"正商议间，忽屏风后一人大喝而出曰："进此计者可斩之！欲害吾女之命耶！"众惊视之，乃吴国太也。国太怒曰："吾一生惟有一女，嫁与刘备。今若动兵，吾女性命如何！"因叱孙权曰："汝掌父兄之业，坐领八十一州，尚自不足，乃顾小利而不念骨肉！"孙权喏喏连声，答曰："老母之训，岂敢有违！"遂叱退众官。国太恨恨而入。孙权立于轩下，自思："此机会一失，荆襄何日可得？"正沉吟间，只见张昭入问曰："主公有何忧疑？"孙权曰："正思适间之事。"张昭曰："此极易也：今差心腹将一人，只带五百军。潜入荆州，下一封密书与郡主，只说国太病危，欲见亲女，取郡主星夜回东吴。玄德平生只有一子，就教带来。那时玄德定把荆州来换阿斗。如其不然，一任动兵，更有何碍？"权曰："此计大妙！吾有一人，姓周，名善，最有胆量。自幼穿房入户，多随吾兄。今可差他去。"昭曰："切勿漏泄。只此便令起行。"于是密遣周善将五百人，扮为商人，分作五船；更诈修国书，以备盘诘；船内暗藏兵器。周善领命，取荆州水路而来。船泊江边，善自入荆州，令门吏报孙夫人。夫人命周善入。善呈上密书。夫人见说国太病危，洒泪动问。周善拜诉曰："国太好生病重，旦夕只是思念夫人。倘去得迟，恐不能相见。就教夫人带阿斗去见一面。"夫人曰："皇叔引兵远出，我今欲回，须使人知会军师，方可以行。"周善曰："若军师回言道：须报知皇叔，候了回命，方可下船，如之奈何？"夫人曰："若不辞而去，恐有阻当。"周善曰："大江之中，已准备下船只。只今便请夫人上车出城。"孙夫人听知母病危急，如何不慌？便将七岁孩子阿斗，载在车中；随行带三十余人，各跨刀剑，上马离荆州城，便来江边上船。府中人欲报时，孙夫人已到沙头镇，下在船中了。

周善方欲开船，只听得岸上有人大叫："且休开船，容与夫人饯行！"视之，乃赵云也。原来赵云巡哨方回，听得这个消息，吃了一惊，只带四五骑，旋风般沿江赶来。周善手执长戈，大喝曰："汝何人，敢当主母！"叱令军士一齐开船，各将军器出来，摆列在船上。风顺水急，船皆随流而去。赵云沿江赶叫："任从夫人去。只有一句话拜禀。"周善不睬，只催船速进。赵云沿江赶到十余里，忽见江滩斜缆一只渔船在那里。赵云弃马执枪，跳上渔船。只两人驾船前来，望着夫人所坐大船追赶。周善教军士放箭。赵云以枪拨之，箭皆纷纷落水。离大船悬隔丈余，吴兵用枪乱刺。赵云弃枪在小船上，掣所佩青釭剑在手，分开枪搠，望吴船涌身一跳，早登大船。吴兵尽皆惊倒。赵云入舱中，见夫人抱阿斗于怀中，喝赵云曰："何故无礼！"云插剑声喏曰："主母欲何往？何故不令军师知会？"夫人曰："我母亲病在危笃，无暇报知。"云曰："主母探病，何故带小主人去？"夫人曰："阿斗是吾子，留在荆州，无人看觑。"云曰："主母差矣。主人一生，只有这点骨血，小将在当阳长坂坡百万军中救出，今日夫人却欲抱将去，是何道理？"夫人怒曰："量汝只是帐下一武夫，安敢管我家事！"云曰："夫人要去便去，只留下小主人。"夫人喝曰："汝半路辄入船中，必有反意！"云曰："若不留下小主人，纵然万死，亦不敢放夫人去。"夫人喝侍婢向前揪捽，被赵云推倒，就怀中夺了阿斗，抱出船头上。欲要傍岸，又无帮手；欲要行凶，又恐碍于道理：进退不得。夫人喝侍婢夺阿斗，赵云一手抱定阿斗，一手仗剑，人不敢近。周善在后梢挟住舵，只顾放船下水。风顺水急，望中流而去。赵云孤掌难鸣，只护得阿斗，安能移舟傍岸。

正在危急，忽见下流头港内一字儿使出十余只船来，船上磨旗擂鼓。赵云自思："今番中了东吴之计！"只见当头船上一员大将，手执长矛，高声大叫："嫂嫂留下侄儿去！"原来张飞巡哨，听得这个消息，急来油江夹口，正撞着吴船，急忙截住。当下张飞提剑跳上吴船。周善见张飞上船，提刀来迎，被张飞手起一剑砍倒，提头掷于孙夫人前。夫人大惊曰："叔叔何故无礼？"张飞曰："嫂嫂不以俺哥哥为重，私自归家，这便无礼！"夫人曰："吾母病重，甚是危急，若等你哥哥回报，须误了我事。若你不放我回去，我情愿投江而死！"

张飞与赵云商议："若逼死夫人，非为臣下之道。只护着阿斗过船去罢。"乃谓夫人曰："俺哥哥大汉皇叔，也不辱没嫂嫂。今日相别，若思哥哥恩义，早早回来。"说罢，抱了阿斗，自与赵云回船，放孙夫人五只船去了。后人有诗赞子龙曰："昔年救主在当阳，今日飞身向大江。船上吴兵皆胆裂，子龙英勇世无双！"又有诗赞翼德曰："长坂桥边怒气腾，一声虎啸退曹兵。今朝江上扶危主，青史应传万载名。"

二人欢喜回船。行不数里，孔明引大队船只接来，见阿斗已夺回，大喜。三人并马而归。孔明自申文书往葭萌关，报知玄德。却说孙夫人回吴，具说张飞、赵云杀了周善，截江夺了阿斗。孙权大怒曰："今吾妹已归，与彼不亲，杀周善之仇，如何不报！"唤集文武，商议起军攻取荆州。正商议调兵，忽报曹操起军四十万来报赤壁之仇。孙权大惊，且按下荆州，商议拒敌曹操。人报长史张纮辞疾回家，今已病故，有哀书上呈。权拆视之，书中劝孙权迁居秣陵，言秣陵山川有帝王之气，可速迁于此，以为万世之业。孙权览书大哭，谓众官曰："张子纲劝吾迁居秣陵，吾如何不从！"即命迁治建业，筑石头城。吕蒙进曰："曹操兵来，可于濡须水口筑坞以拒之。"诸将皆曰："上岸击贼，跣足入船，何用筑城？"蒙曰："兵有利钝，战无必胜。如猝然遇敌，步骑相促，人尚不暇及水，何能入船乎？"权曰："人无远虑，必有近忧。子明之见甚远。"便差军数万筑濡须坞。晓夜并工，刻期告竣。

却说曹操在许都，威福日甚。长史董昭进曰："自古以来，人臣未有如丞相之功者，虽周公、吕望，莫可及也。栉风沐雨，三十余年，扫荡群凶，与百姓除害，使汉室复存。岂可与诸臣宰同列乎？合受魏公之位，加九锡以彰功德。"你道那九锡？一，车马（大辂、戎辂各一。大辂，金车也。戎辂，兵车也。玄牡二驷，黄马八匹。）二，衣服（衮冕之服，赤舄副焉。衮冕，王者之服。赤舄，朱履也。）三，乐悬（乐悬，王者之乐也。）四，朱户（居以朱户，红门也。）五，纳陛（纳陛以登。陛，阶也。）六，虎贲（虎贲三百人，守门之军也。）七，鈇钺（鈇钺各一。鈇，即斧也。钺，斧属。）八，弓矢（彤弓一，彤矢百。彤，赤色也。玈弓十，玈矢千。玈，黑色也。）九，秬鬯圭瓒（秬鬯一卣，圭瓒副焉。秬，黑黍也。鬯，香酒，灌地以求神于阴。卣，中樽也。圭瓒，宗庙祭器，以祀先王也。）侍中荀彧曰："不可。丞相本兴义兵，匡扶汉室，当秉忠贞之志，守谦退之节。君子爱人以德，不宜如此。"曹操闻言，勃然变色。董昭曰："岂可以一人而阻众望？"遂上表请尊操为魏公，加九锡。荀彧叹曰："吾不想今日见此事！"操闻，深恨之，以为不助己也。建安十七年冬十月，曹操兴兵下江南，就命荀彧同行。彧已知操有杀己之心，托病止于寿春。忽曹操使人送饮食一盒至。盒上有操亲笔封记。开盒视之，并无一物。彧会其意，遂服毒而亡。年五十岁。后人有诗叹曰："文若才华天下闻，可怜失足在权门。后人休把留侯比，临没无颜见汉君。"其子荀恽，发哀书报曹操。操甚懊悔，命厚葬之，谥曰敬侯。

且说曹操大军至濡须，先差曹洪领三万铁甲马军，哨至江边。回报云："遥望沿江一带，旗幡无数，不知兵聚何处。"操放心不下，自领兵前进，就濡须口排开军阵。操领百余人上山坡，遥望战船，各分队伍，依次摆列。旗分五色，兵器鲜明。当中大船上青罗伞下，坐着孙权。左右文武，侍立两边。操以鞭指曰："生子当如孙仲谋！若刘景升儿子，豚犬耳！"忽一声响动，南船一齐飞奔过来。濡须坞内又一军出，冲动曹兵。曹操军马退后便走，止喝不住。忽有千百骑赶到山边，为首马上一人碧眼紫髯，众人认得正是孙权。权自引一队马军来击曹操。操大惊，急回马时，东吴大将韩当、周泰，两骑马直冲将上来。操背后许褚纵马舞刀，敌住二将，曹操得脱归寨。许褚与二将战三十合方回。操回寨，重赏许褚，责骂众将："临敌先退，挫吾锐气！后若如此，尽皆斩首。"是夜二更时分，忽寨外喊声大震。操急上马，见四下里火起，却被吴兵劫入大寨。杀至天明，曹兵退五十余里下寨。操心中郁闷，闲看兵书。程昱曰："丞相既知兵法，岂不知兵贵神速乎？丞相起兵，迁延日久，故孙权得以准备，夹濡须水口为坞，难于攻击。不若且退兵还许都，别作良图。"操不应。

程昱出。操伏几而卧，忽闻潮声汹涌，如万马争奔之状。操急视之，见大江中推出一轮红日，光华射目；仰望天上，又有两轮太阳对照。忽见江心那轮红日，直飞起来，坠于寨前山中，其声如雷。猛然惊觉，原来在帐中做了一梦。帐前军报道午时。曹操教备马，引五十余骑，径奔出寨，至梦中所见落日山边。正看之间，忽见一簇人马，当先一人，金盔金甲。操视之，乃孙权也。权见操至，也不慌忙，在山上勒住马，以鞭指操曰："丞相坐镇中原，富贵已极，何故贪心不足，又来侵我江南？"操答曰："汝为臣下，不尊王室。吾奉天子诏，特来讨汝！"孙权笑曰："此言岂不羞乎？天下岂不知你挟天子令诸侯？吾非不尊汉朝，正欲讨汝以正国家耳。"操大怒，叱诸将上山捉孙权。忽一声鼓响，山背后两彪军出，右边韩当、周泰，左边陈武、潘璋。四员将带三千弓弩手乱射，矢如雨发。操急引众将回走。背后四将赶来甚急。赶到半路，许褚引众虎卫军敌住，救回曹操。吴兵齐奏凯歌，回濡须去了。操还营自思："孙权非等闲人物。红日之应，久后必为帝王。"于是心中有退兵之意，又恐东吴耻笑，进退未决。两边又相拒了月余，战了数场，互相胜负。直至来年正月，春雨连绵，水港皆满，军士多在泥水之中，困苦异常。操心甚忧。当日正在寨中，与众谋士商议。或劝操收兵，或云目今春暖，正好相持，不可退归。操犹豫未定。

忽报东吴有使赍书到。操启视之。书略曰："孤与丞相，彼此皆汉朝臣宰。丞相不思报国安民，乃妄动干戈，残虐生灵，岂仁人之所为哉？即日春水方生，公当速去。如其不然，复有赤壁之祸矣。公宜自思焉。"书背后又批两行云："足下不死，孤不得安。"曹操看毕，大笑曰："孙仲谋不欺我也。"重赏来使，遂下令班师，命庐江太守朱光镇守皖城，自引大军回许昌。孙权亦收军回秣陵。权与众将商议："曹操虽然北去，刘备尚在葭萌关未还。何不引拒曹操之兵，以取荆州？"张昭献计曰："且未可动兵。某有一计，使刘备不能再还荆州。"正是：孟德雄兵方退北，仲谋壮志又图南。不知张昭说出甚计来，且看下文分解。

第六十二回 取涪关杨高授首 攻雒城黄魏争功

却说张昭献计曰："且休要动兵。若一兴师，曹操必复至。不如修书二封：一封与刘璋，言刘备结连东吴，共取西川，使刘璋心疑而攻刘备；一封与张鲁，教进兵向荆州来。着刘备首尾不能救应。我然后起兵取之，事可谐矣。"权从之，即发使二处去讫。且说玄德在葭萌关日久，甚得民心。忽接得孔明文书。知孙夫人已回东吴。又闻曹操兴兵犯濡须，乃与庞统议曰："曹操击孙权，操胜必将取荆州，权胜亦必取荆州矣。为之奈何？"庞统曰："主公勿忧。有孔明在彼，料想东吴不敢犯荆州。主公可驰书去刘璋处，只推曹操攻击孙权，权求救于荆州。吾与孙权唇齿之邦，不容不相援。张鲁自守之贼，决不敢来犯界。吾今欲勒兵回荆州，与孙权会同破曹操，奈兵少粮缺。望推同宗之谊，速发精兵三、四万，行粮十万斛相助。请勿有误。若得军马钱粮，却另作商议。"

玄德从之，遣人往成都。来到关前，杨怀、高沛闻知此事，遂教高沛守关，杨怀同使者入成都，见刘璋呈上书信。刘璋看毕，问杨怀为何亦同来。杨怀曰："专为此书而来。刘备自从入川，广布恩德，以收民心，其意甚是不善。今求军马钱粮，切不可与。如若相助，是把薪助火也。"刘璋曰："吾与玄德有兄弟之情，岂可不助？"一人出曰："刘备枭雄，久留于蜀而不遣，是纵虎入室矣。今更助之以军马钱粮，何异与虎添翼乎？"众视其人，乃零陵烝阳人，姓刘名巴，字子初。刘璋闻刘巴之言，犹豫未决。黄权又复苦谏。璋乃量拨老弱军四千，米一万斛，发书遣使报玄德。仍令杨怀、高沛紧守关隘。刘璋使者到葭萌关见玄德，呈上回书。玄德大怒曰："吾为汝御敌，费力劳心。汝今积财吝赏，何以使士卒效命乎？"遂扯毁回书，大骂而起。使者逃回成都。庞统曰："主公只以仁义为重，今日毁书发怒，前情尽弃矣。"玄德曰："如此，当若何？"庞统曰："某有三条计策，请主公自择而行。"

玄德问："那三条计？"统曰："只今便选精兵，昼夜兼道径袭成都：此为上计。杨怀、高沛乃蜀中名将，各仗强兵拒守关隘；今主公佯以回荆州为名，二将闻知，必来相送；就送行处，擒而杀之，夺了关隘，先取涪城，然后却向成都：此中计也。退还白帝，连夜回荆州，徐图进取：此为下计。若沉吟不去，将至大困，不可救矣。"玄德曰："军师上计太促，下计太缓；中计不迟不疾，可以行之。"

于是发书致刘璋，只说曹操令部将乐进引兵至青泥镇，众将抵敌不住，吾当亲往拒之，不及面会，特书相辞。书至成都，张松听得说刘玄德欲回荆州，只道是真心，乃修书一封，欲令人送与玄德，却值亲兄广汉太守张肃到，松急藏书于袖中，与肃相陪说话。肃见松神情恍惚，心中疑惑。松取酒与肃共饮。献酬之间，忽落此书于地，被肃从人拾得。席散后，从人以书呈肃。肃开视之。书略曰："松昨进言于皇叔，并无虚谬，何乃迟迟不发？逆取顺守，古人所贵。今大事已在掌握之中，何故欲弃此而回荆州乎？使松闻之，如有所失。书呈到日，疾速进兵。松当为内应，万勿自误！"张肃见了，大惊曰："吾弟作灭门之事，不可不首。"连夜将书见刘璋，具言弟张松与刘备同谋，欲献西川。刘璋大怒曰："吾平日未尝薄待他，何故欲谋反！"遂下令捉张松全家，尽斩于市。后人有诗叹曰："一览无遗世所稀，谁知书信泄天机。未观玄德兴王业，先向成都血染衣。"

刘璋既斩张松，聚集文武商议曰："刘备欲夺吾基业，当如之何？"黄权曰："事不宜迟。即便差人告报各处关隘，添兵把守，不许放荆州一人一骑入关。"璋从其言，星夜驰檄各关去讫。却说玄德提兵回涪城，先令人报上涪水关，请杨怀，高沛出关相别。杨、高二将闻报，商议曰："玄德此回若何？"高沛曰："玄德合死。我等各藏利刃在身，就送行处刺之，以绝吾主之患。"杨怀曰："此计大妙。"二人只带随行二百人，出关送行，其余并留在关上。

玄德大军尽发。前至涪水之上，庞统在马上谓玄德曰："杨怀、高沛若欣然而来，可提防之；若彼不来，便起兵径取其关，不可迟缓。"正说间，忽起一阵旋风，把马前"帅"字旗吹倒。玄德问庞统曰："此何兆也？"统曰："此警报也，杨怀、高沛二人必有行刺之意，宜善防之。"玄德乃身披重铠，自佩宝剑防备。人报杨、高二将前来送行。玄德令军马歇定。庞统分付魏延、黄忠："但关上来的军士，不问多少，马步军兵，一个也休放回。"二将得令而去。

却说杨怀、高沛二人身边各藏利刃，带二百军兵，牵羊送酒，直至军前。见并无准备，心中暗喜，以为中计。入至帐下、见玄德正与庞统坐于帐中。二将声喏曰："闻皇叔远回，特具薄礼相送。"遂进酒劝玄德。玄德曰："二将军守关不易，当先饮此杯。"二将饮酒毕，玄德曰："吾有密事与二将军商议，闲人退避。"遂将带来二百人尽赶出中军。玄德叱曰："左右与吾捉下二贼！"帐后刘封、关平应声而出。杨、高二人急待争斗，刘封、关平各捉住一人。玄德喝曰："吾与汝主是同宗兄弟，汝二人何故同谋，离间亲情？"庞统叱左右搜其身畔，果然各搜出利刃一口。统便喝斩二人；玄德还犹未决，统曰："二人本意欲杀吾主，罪不容诛。"遂叱刀斧手斩杨怀、高沛于帐前。黄忠、魏延早将二百从人，先自捉下，不曾走了一个。玄德唤入，各赐酒压惊。玄德曰："杨怀、高沛离间吾兄弟，又藏利刃行刺，故行诛戮。尔等无罪，不必惊疑。"众各拜谢。庞统曰："吾今即用汝等引路，带吾军取关。各有重赏。"众皆应允。是夜二百人先行，大军随后。前军至关下叫曰："二将军有急事回，可速开关。"城上听得是自家军，即时开关。大军一拥而入，兵不血刃，得了涪关。蜀兵皆降。玄德各加重赏，遂即分兵前后守把。次日劳军，设宴于公厅。玄德酒酣，顾庞统曰："今日之会，可为乐乎？"庞统曰："伐人之国而以为乐，非仁者之兵也。"玄德曰："吾闻昔日武王伐纣，作乐象功，此亦非仁者之兵欤？汝言何不合道理？可速退！"庞统大笑而起。左右亦扶玄德入后堂。睡至半夜，酒醒。左右以逐庞统之言告知玄德。玄德大悔；次早穿衣升堂，请庞统谢罪曰："昨日酒醉，言语触犯，幸勿挂怀。"庞统谈笑自若。玄德曰："昨日之言，惟吾有失。"庞统曰："君臣俱失，何独主公？"玄德亦大笑，其乐如初。

却说刘璋闻玄德杀了杨、高二将，袭了涪水关，大惊曰："不料今日果有此事！"遂聚文武，问退兵之策。黄权曰："可连夜遣兵屯雒县，塞住咽喉之路。刘备虽有精兵猛将，不能过也。"璋遂令刘璝、泠苞、张任、邓贤点五万大军，星夜往守雒县，以拒刘备。四将行兵之次，刘璝曰："吾闻锦屏山中有一异人，道号紫虚上人，知人生死贵贱。吾辈今日行军，正从锦屏山过。何不试往问之？"张任曰："大丈夫行兵拒敌，岂可问于山野之人乎？"璝曰："不然。圣人云：至诚之道，可以前知。吾等问于高明之人，当趋吉避凶。"于是四人引五六十骑至山下，问径樵夫。樵夫指高山绝顶上，便是上人所居。四人上山至庵前，见一道童出迎。问了姓名，引入庵中。只见紫虚上人坐于蒲墩之上。四人下拜，求问前程之事。紫虚上人曰："贫道乃山野废人，岂知休咎？"刘璝再三拜问，紫虚遂命道童取纸笔，写下八句言语，付与刘璝。其文曰："左龙右凤，飞入西川。雏凤坠地，卧龙升天。一得一失，天数当然。见机而作，勿丧九泉。"刘璝又问曰："我四人气数如何？"紫虚上人曰："定数难逃，何必再问！"璝又请问时，上人眉垂目合，恰似睡着的一般，并不答应。四人下山。刘璝曰："仙人之言，不可不信。"张任曰："此狂叟也，听之何益。"遂上马前行。

既至雒县，分调人马，守把各处关隘口。刘璝曰："雒城乃成都之保障，失此则成都难保。吾四人公议，着二人守城，二人去雒县前面，依山傍险，扎下两个寨子，勿使敌兵临城。"泠苞、邓贤曰："某愿往结寨。"刘璝大喜，分兵二万，与泠、邓二人，离城六十里下寨。刘璝、张任守护雒城。

却说玄德既得涪水关，与庞统商议进取雒城。人报刘璋拨四将前来，即日泠苞、邓贤领二万军离城六十里，扎下两个大寨。玄德聚众将问曰："谁敢建头功，去取二将寨栅？"老将黄忠应声出曰："老夫愿往。"玄德曰："老将军率本部人马，前至雒城，如取得泠苞、邓贤营寨，必当重赏。"

黄忠大喜，即领本部兵马，谢了要行。忽帐下一人出曰："老将军年纪高大，如何去得？小将不才愿往。"玄德视之，乃是魏延。黄忠曰："我已领下将令，你如何敢搀越？"魏延曰："老者不以筋骨为能。吾闻泠苞、邓贤乃蜀中名将，血气方刚。恐老将军近他不得，岂不误了主公大事？因此愿相替，本是好意。"黄忠大怒曰："汝说吾老，敢与我比试武艺么？"魏延曰："就主公之前，当面比试。赢得的便去，何如？"黄忠遂趋步下阶，便叫小校将刀来！玄德急止之曰："不可！吾今提兵取川，全仗汝二人之力。今两虎相斗，必有一伤。须误了我大事。吾与你二人劝解，休得争论。"庞统曰："汝二人不必相争。即今泠苞、邓贤下了两个营寨。今汝二人自领本部军马，各打一寨。如先夺得者，便为头功。"于是分定黄忠打泠苞寨，魏延打邓贤寨。二人各领命去了。庞统曰："此二人去，恐于路上相争，主公可自引军为后应。"玄德留庞统守城，自与刘封、关平引五千军随后进发。

却说黄忠归寨，传令来日四更造饭，五更结束，平明进兵，取左边山谷而进。魏延却暗使人探听黄忠甚时起兵。探事人回报："来日四更造饭，五更起兵。"魏延暗喜，分付众军士二更造饭，三更起兵，平明要到邓贤寨边。军士得令，都饱餐一顿，马摘铃，人衔枚，卷旗束甲，暗地去劫寨。三更前后，离寨前进。到半路，魏延马上寻思："只去打邓贤寨，不显能处，不如先去打泠苞寨，却将得胜兵打邓贤寨。两处功劳，都是我的。"就马上传令，教军士都投左边山路里去。天色微明，离泠苞寨不远，教军士少歇，排搠金鼓旗幡、枪刀器械。早有伏路小军飞报入寨，泠苞已有准备了。一声炮响，三军上马，杀将出来。魏延纵马提刀，与泠苞接战。二将交马，战到三十合，川兵分两路来袭汉军。汉军走了半夜，人马力乏，抵当不住，退后便走。魏延听得背后阵脚乱，撇了泠苞，拨马回走。川兵随后赶来，汉军大败。走不到五里，山背后鼓声震地，邓贤引一彪军从山谷里截出来，大叫："魏延快下马受降！"魏延策马飞奔，那马忽失前蹄，引足跪地，将魏延掀将下来。邓贤马奔到，挺枪来刺魏延。枪未到处，弓弦响，邓贤倒撞下马。后面泠苞方欲来救，一员大将，从山坡上跃马而来，厉声大叫："老将黄忠在此！"舞刀直取泠苞。泠苞抵敌不住，望后便走。黄忠乘势追赶，川兵大乱。

黄忠一枝军救了魏延，杀了邓贤，直赶到寨前。泠苞回马与黄忠再战。不到十余合，后面军马拥将上来，泠苞只得弃了左寨，引败军来投右寨。只见寨中旗帜全别，泠苞大惊。兜住马看时，当头一员大将，金甲锦袍，乃是刘玄德，左边刘封，右边关平，大喝道："寨子吾已夺下，汝欲何往？"原来玄德引兵从后接应，便乘势夺了邓贤寨子。泠苞两头无路，取山僻小径，要回雒城。行不到十里，狭路伏兵忽起，搭钩齐举，把泠苞活捉了。原来却是魏延自知犯罪，无可解释，收拾后军，令蜀兵引路，伏在这里，等个正着。用索缚了泠苞，解投玄德寨来。却说玄德立起免死旗，但川兵倒戈卸甲者，并不许杀害，如伤者偿命；又谕众降兵曰："汝川人皆有父母妻子，愿降者充军，不愿降者放回。"于是欢声动地。黄忠安下寨脚，径来见玄德，说魏延违了军令，可斩之。玄德急召魏延，魏延解泠苞至。玄德曰："延虽有罪，此功可赎。"令魏延谢黄忠救命之恩，今后毋得相争。魏延顿首伏罪。玄德重赏黄忠，使人押泠苞到帐下，玄德去其缚，赐酒压惊，问曰："汝肯降否？"泠苞曰："既蒙免死，如何不降？刘瓒、张任与某为生死之交；若肯放某回去，当即招二人来降，就献雒城。”玄德大喜，便赐衣服鞍马，令回雒城。魏延曰：“此人不可放回。若脱身一去，不复来矣。”玄德曰：“吾以仁义待人，人不负我。”

却说泠苞得回雒城，见刘瓒、张任，不说捉去放回，只说：“被我杀了十余人，夺得马匹逃回。”刘瓒忙遣人往成都求救。刘璋听知折了邓贤，大惊，慌忙聚众商议。长子刘循进曰：“儿愿领兵前去守雒城。”璋曰：“既吾儿肯去，当遣谁人为辅？”一人出曰：“某愿往”璋视之，乃舅氏吴懿也。璋曰：“得尊舅去最好。谁可为副将？”吴懿保吴兰、雷铜二人为副将，点二万军马来到雒城。刘瓒、张任接着，具言前事。吴懿曰：“兵临城下，难以拒敌，汝等有何高见？”泠苞曰：“此间一带，正靠涪江，江水大急；前面寨占山脚，其形最低。某乞五千军，各带锹锄前去，决涪江之水，可尽淹死刘备之兵也。”吴懿从其计，即令泠苞前往决水，吴兰、雷铜引兵接应。泠苞领命，自去准备决水器械。

却说玄德令黄忠、魏延各守一寨，自回涪城，与军师庞统商议。细作报说：“东吴孙权遣人结好东川张鲁，将欲来攻葭萌关。”玄德惊曰：“若葭萌关有失，截断后路，吾进退不得，当如之何？”庞统谓孟达曰：“公乃蜀中人，多知地理，去守葭萌关如何？”达曰：“某保一人与某同去守关，万无一失。”玄德问何人。达曰：“此人曾在荆州刘表部下为中郎将，乃南郡枝江人，姓霍，名峻，字仲邈。”玄德大喜，即时遣孟达、霍峻守葭萌关去了。庞统退归馆舍，门吏忽报：“有客特来相访。”统出迎接，见其人身长八尺，形貌甚伟；头发截短，披于颈上；衣服不甚齐整。统问曰：“先生何人也？”其人不答，径登堂仰卧床上。统甚疑之。再三请问。其人曰：“且消停，吾当与汝说知天下大事。”统闻之愈疑，命左右进酒食。其人起而便食，并无谦逊；饮食甚多，食罢又睡。统疑惑不定，使人请法正视之，恐是细作。法正慌忙到来。统出迎接，谓正曰：“有一人如此如此。”法正曰：“莫非彭永言乎？”升阶视之。其人跃起曰：“孝直别来无恙！”正是：只为川人逢旧识，遂令涪水息洪流。毕竟此人是谁，且看下文分解。

第六十三回 诸葛亮痛哭庞统 张翼德义释严颜

却说法正与那人相见，各抚掌而笑。庞统问之。正曰：“此公乃广汉人，姓彭，名羕，字永言，蜀中豪杰也。因直言触忤刘璋，被璋髡钳为徒隶，因此短发。”统乃以宾礼待之，问羕从何而来。羕曰：“吾特来救汝数万人性命，见刘将军方可说。”法正忙报玄德。玄德亲自谒见，请问其故。羕曰：“将军有多少军马在前寨？”玄德实告：“有魏延、黄忠在彼。”羕曰：“为将之道，岂可不知地理乎？前寨紧靠涪江，若决动江水，前后以兵塞之，一人无可逃也。”玄德大悟。彭羕曰：“罡星在西方，太白临于此地，当有不吉之事，切宜慎之。”玄德即拜彭羕为幕宾，使人密报魏延、黄忠，教朝暮用心巡警，以防决水。黄忠、魏延商议：二人各轮一日，如遇敌军到来，互相通报。却说泠苞见当夜风雨大作，引了五千军，径循江边而进，安排决江。只听得后面喊声乱起，泠苞知有准备，急急回军。前面魏延引军赶来，川兵自相践踏。泠苞正奔走间，撞着魏延。交马不数合，被魏延活捉去了。比及吴兰、雷铜来接应时，又被黄忠一军杀退。魏延解泠苞到涪关。玄德责之曰：“吾以仁义相待，放汝回去，何敢背我！今次难饶！”将泠苞推出斩之，重赏魏延。玄德设宴管待彭羕，忽报荆州诸葛亮军师特遣马良奉书至此。玄德召入问之。马良礼毕曰：“荆州平安，不劳主公忧念。”遂呈上军师书信。玄德拆书观之，略曰：“亮夜算太乙数，今年岁次癸巳，罡星在西方；又观乾象，太白临于雒城之分：主将帅身上多凶少吉。切宜谨慎。”玄德看了书，便教马良先回。玄德曰：“吾将回荆州，去论此事。”庞统暗思：“孔明怕我取了西川，成了功，故意将此书相阻耳。”乃对玄德曰：“统亦算太乙数，已知罡星在西，应主公合得西川，别不主凶事。统亦占天文，见太白临于雒城，先斩蜀将泠苞，已应凶兆矣。主公不可疑心，可急进兵。”

玄德见庞统再三催促，乃引军前进。黄忠同魏延接入寨去。庞统问法正曰：“前至雒城，有多少路？”法正画地作图。玄德取张松所遗图本对之，并无差错。法正言：“山北有条大路，正取雒城东门；山南有条小路，却取雒城西门：两条路皆可进兵。”庞统谓玄德曰：“统令魏延为先锋，取南小路而进；主公令黄忠作先锋，从山北大路而进：并到雒城取齐。”玄德曰：“吾自幼熟于弓马，多行小路。军师可从大路去取东门，吾取西门。”庞统曰：“大路必有军邀拦，主公引兵当之。统取小路。”玄德曰：“军师不可。吾夜梦一神人，手执铁棒击吾右臂，觉来犹自臂疼。此行莫非不佳。”庞统曰：“壮士临阵，不死带伤，理之自然也。何故以梦寐之事疑心乎？”玄德曰：“吾所疑者，孔明之书也。军师还守涪关，如何？”庞统大笑曰：“主公被孔明所惑矣：彼不欲令统独成大功，故作此言以疑主公之心。心疑则致梦，何凶之有？统肝脑涂地，方称本心。主公再勿多言，来早准行。”

当日传下号令，军士五更造饭，平明上马。黄忠、魏延领军先行。玄德再与庞统约会，忽坐下马眼生前失，把庞统掀将下来。玄德跳下马，自来笼住那马。玄德曰：“军师何故乘此劣马？”庞统曰：“此马乘久，不曾如此。”玄德曰：“临阵眼生，误人性命。吾所骑白马，性极驯熟，军师可骑，万无一失。劣马吾自乘之。”遂与庞统更换所骑之马。庞统谢曰：“深感主公厚恩，虽万死亦不能报也。”遂各上马取路而进。玄德见庞统去了，心中甚觉不快，怏怏而行。

却说雒城中吴懿、刘瓒听知折了泠苞，遂与众商议。张任曰：“城东南山僻有一条小路，最为要紧，某自引一军守之。诸公紧守雒城，勿得有失。”忽报汉兵分两路前来攻城。张任急引三千军，先来抄小路埋伏。见魏延兵过，张任教尽放过去，休得惊动。后见庞统军来，张任军士遥指军中大将：“骑白马者必是刘备。”张任大喜，传令教如此如此。

却说庞统迤逦前进，抬头见两山逼窄，树木丛杂；又值夏末秋初，枝叶茂盛。庞统心下甚疑，勒住马问：“此处是何地？”数内有新降军士，指道：“此处地名落凤坡。”庞统惊曰：“吾道号凤雏，此处名落凤坡，不利于吾。”令后军疾退。只听山坡前一声炮响，箭如飞蝗，只望骑白马者射来。可怜庞统竟死于乱箭之下。时年止三十六岁。后人有诗叹曰：“古岘相连紫翠堆，士元有宅傍山隈。儿童惯识呼鸠曲，闾巷曾闻展骥才。预计三分平刻削，长驱万里独徘徊。谁知天狗流星坠，不使将军衣锦回。”先是东南有童谣云：“一凤并一龙，相将到蜀中。才到半路里，凤死落坡东。风送雨，雨随风，隆汉兴时蜀道通，蜀道通时只有龙。”

当日张任射死庞统，汉军拥塞，进退不得，死者大半。前军飞报魏延。魏延忙勒兵欲回，奈山路逼窄，厮杀不得。又被张任截断归路，在高阜处用强弓硬弩射来。魏延心慌。有新降蜀兵曰：“不如杀奔雒城下，取大路而进。”延从其言，当先开路，杀奔雒城来。尘埃起处，前面一军杀至，乃雒城守将吴兰、雷铜也；后面张任引兵追来：前后夹攻，把魏延围在垓心。魏延死战不能得脱。但见吴兰、雷铜后军自乱，二将急回马去救。魏延乘势赶去，当先一将，舞刀拍马，大叫：“文长，吾特来救汝！”视之，乃老将黄忠也。两下夹攻，杀败吴、雷二将，直冲至雒城之下。刘璝引兵杀出，却得玄德在后当住接应。黄忠、魏延翻身便回。玄德军马比及奔到寨中，张任军马又从小路里截出。刘瓒、吴兰、雷铜当先赶来。玄德守不住二寨，且战且走，奔回涪关。蜀兵得胜，迤逦追赶。玄德人困马乏，那里有心厮杀，且只顾奔走。将近涪关，张任一军追赶至紧。幸得左边刘封，右边关平，二将领三万生力军截出，杀退张任；还赶二十里，夺回战马极多。

玄德一行军马，再入涪关，问庞统消息。有落凤坡逃得性命的军士，报说军师连人带马，被乱箭射死于坡前。玄德闻言，望西痛哭不已，遥为招魂设祭。诸将皆哭。黄忠曰："今番折了庞统军师，张任必然来攻打涪关，如之奈何？不若差人往荆州，请诸葛军师来商议收川之计。"正说之间，人报张任引军直临城下搦战。黄忠、魏延皆要出战。玄德曰："锐气新挫，宜坚守以待军师来到。"黄忠、魏延领命，只谨守城池。玄德写一封书，教关平分付："你与我往荆州请军师去。"关平领了书，星夜往荆州来。玄德自守涪关，并不出战。

却说孔明在荆州，时当七夕佳节，大会众官夜宴，共说收川之事。只见正西上一星，其大如斗，从天坠下，流光四散。孔明失惊，掷杯于地，掩面哭曰："哀哉！痛哉"众官慌问其故。孔明曰："吾前者算今年罡星在西方，不利于军师；天狗犯于吾军，太白临于雒城，已拜书主公，教谨防之。谁想今夕西方星坠，庞士元命必休矣！"言罢，大哭曰："今吾主丧一臂矣！"众官皆惊，未信其言。孔明曰："数日之内，必有消息。"是夕酒不尽欢而散。

数日之后，孔明与云长等正坐间，人报关平到，众官皆惊。关平入，呈上玄德书信。孔明视之，内言本年七月初七日，庞军师被张任在落凤坡前箭射身故。孔明大哭，众官无不垂泪。孔明曰："既主公在涪关进退两难之际，亮不得不去。"云长曰："军师去，谁人保守荆州？荆州乃重地，干系非轻。"孔明曰："主公书中虽不明言其人，吾已知其意了。"乃将玄德书与众官看曰："主公书中，把荆州托在吾身上，教我自量才委用。虽然如此，今教关平赍书前来，其意欲云长公当此重任。云长想桃园结义之情，可竭力保守此地，责任非轻，公宜勉之。"云长更不推辞，慨然领诺。孔明设宴，交割印绶。云长双手来接。孔明擎着印曰："这干系都在将军身上。"云长曰："大丈夫既领重任，除死方休。"孔明见云长说个"死"字，心中不悦；欲待不与，其言已出。孔明曰："倘曹操引兵来到，当如之何？"云长曰："以力拒之。"孔明又曰："倘曹操、孙权，齐起兵来，如之奈何？"云长曰："分兵拒之。"孔明曰："若如此，荆州危矣。吾有八个字，将军牢记，可保守荆州。"云长问："那八个字？"孔明曰："北拒曹操，东和孙权。"云长曰："军师之言，当铭肺腑。"

孔明遂与了印绶，令文官马良、伊籍、向朗、糜竺，武将糜芳、廖化、关平、周仓，一班儿辅佐云长，同守荆州。一面亲自统兵入川。先拨精兵一万，教张飞部领，取大路杀奔巴州、雒城之西，先到者为头功。又拨一枝兵，教赵云为先锋，溯江而上，会于雒城。孔明随后引简雍、蒋琬等起行。那蒋琬字公琰，零陵湘乡人也，乃荆襄名士，现为书记。

当日孔明引兵一万五千，与张飞同日起行。张飞临行时，孔明嘱付曰："西川豪杰甚多，不可轻敌。于路戒约三军，勿得掳掠百姓，以失民心。所到之处，并宜存恤，勿得恣逞鞭挞士卒。望将军早会雒城，不可有误。"

张飞欣然领诺，上马而去。迤逦前行，所到之处，但降者秋毫无犯。径取汉川路，前至巴郡。细作回报："巴郡太守严颜，乃蜀中名将，年纪虽高，精力未衰，善开硬弓，使大刀，有万夫不当之勇：据住城郭，不竖降旗。"张飞教离城十里下寨，差人入城去："说与老匹夫，早早来降，饶你满城百姓性命；若不归顺，即踏平城郭，老幼不留！"

却说严颜在巴郡，闻刘璋差法正请玄德入川，拊心而叹曰："此所谓独坐穷山，引虎自卫者也！"后闻玄德据住涪关，大怒，屡欲提兵往战，又恐这条路上有兵来。当日闻知张飞兵到，便点起本部五六千人马，准备迎敌。或献计曰："张飞在当阳长坂，一声喝退曹兵百万之众。曹操亦闻风而避之，不可轻敌。今只宜深沟高垒，坚守不出。彼军无粮，不过一月，自然退去。更兼张飞性如烈火，专要鞭挞士卒；如不与战，必怒；怒则必以暴厉之气待其军士：军心一变，乘势击之，张飞可擒也。"严颜从其言，教军士尽数上城守护。忽见一个军士，大叫："开门！"严颜教放入问之。那军士告说是张将军差来的，把张飞言语依直便说。严颜大怒，骂："匹夫怎敢无礼！吾严将军岂降贼者乎！借你口说与张飞！"唤武士把军人割下耳鼻，却放回寨。军人回见张飞，哭告严颜如此毁骂。张飞大怒，咬牙睁目，披挂上马，引数百骑来巴郡城下搦战。城上众军百般痛骂。张飞性急，几番杀到吊桥，要过护城河，又被乱箭射回。到晚全无一个人出，张飞忍一肚气还寨。次日早晨，又引军去搦战。那严颜在城敌楼上，一箭射中张飞头盔。飞指而恨曰："若拿住你这老匹夫，我亲自食你肉！"到晚又空回。第三日，张飞引了军，沿城去骂。原来那座城子是个山城，周围都是乱山，张飞自乘马登出，下视城中。见军士尽皆披挂，分列队伍，伏在城中，只是不出；又见民夫来来往往，搬砖运石，相助守城。张飞教马军下马，步军皆坐，引他出敌，并无动静。又骂了一日，依旧空回。张飞在寨中自思："终日叫骂，彼只不出，如之奈何？"猛然思得一计，教众军不要前去搦战，都结束了在寨中等候；却只教三五十个军士，直去城下叫骂。引严颜军出来，便与厮杀。张飞磨拳擦掌，只等敌军来。小军连骂了三日，全然不出。张飞眉头一纵，又生一计，传令教军士四散砍打柴草，寻觅路径，不来搦战。严颜在城中，连日不见张飞动静，心中疑惑，着十数个小军，扮作张飞砍柴的军，潜地出城，杂在军内，入山中探听。

当日诸军回寨。张飞坐在寨中，顿足大骂："严颜老匹夫！枉气杀我！"只见帐前三四个人说道："将军不须心焦：这几日打探得一条小路，可以偷过巴郡。"张飞故意大叫曰："既有这个去处，何不早来说？"众应曰："这几日却才哨探得出。"张飞曰："事不宜迟，只今二更造饭，趁三更明月，拔寨都起，人衔枚，马去铃，悄悄而行。我自前面开路，汝等依次而行。"传了令便满寨告报。探细的军听得这个消息，尽回城中来，报与严颜。颜大喜曰："我算定这匹夫忍耐不得。你偷小路过去，须是粮草辎重在后；我截住后路，你如何得过？好无谋匹夫，中我之计！"即时传令：教军士准备赴敌，今夜二更也造饭，三更出城，伏于树木丛杂去处。只等张飞过咽喉小路去了，车仗来时，只听鼓响，一齐杀出。传了号令，看看近夜，严颜全军尽皆饱食，披挂停当，悄悄出城，四散伏住，只听鼓响：严颜自引十数裨将，下马伏于林中。约三更后，遥望见张飞亲自在前，横矛纵马，悄悄引军前进。去不得三四里，背后车仗人马、陆续进发。严颜看得分晓，一齐擂鼓，四下伏兵尽起。正来抢夺车仗、背后一声锣响，一彪军掩到，大喝："老贼休走！我等的你恰好！"严颜猛回头看时，为首一员大将，豹头环眼，燕颔虎须，使丈八矛，骑深乌马：乃是张飞。四下里锣声大震，众军杀来。严颜见了张飞，举手无措，交马战不十合，张飞卖个破绽，严颜一刀砍来，张飞闪过，撞将入去，扯住严颜勒甲绦，生擒过来，掷于地下；众军向前，用索绑缚住了。原来先过去的是假张飞。料道严颜击鼓为号，张飞却教鸣金为号：金响诸军齐到。川兵大半弃甲倒戈而降。

张飞杀到巴郡城下，后军已自入城。张飞叫休杀百姓，出榜安民。群刀手把严颜推至。飞坐于厅上，严颜不肯下跪。飞怒目咬牙大叱曰："大将到此，何为不降，而敢拒敌？"严颜全无惧色，回叱飞曰："汝等无义，侵我州郡！但有断头将军，无降将军！"飞大怒，喝左右斩来。严颜喝曰："贼匹夫！砍头便砍，何怒也？"张飞见严颜声音雄壮，面不改色，乃回嗔作喜，下阶喝退左右，亲解其缚，取衣衣之，扶在正中高坐，低头便拜曰："适来言语冒渎，幸勿见责。吾素知老将军乃豪杰之士也。"严颜感其恩义，乃降。后人有诗赞严颜曰："白发居西蜀，清名震大邦。忠心如皎月，浩气卷长江。宁可断头死，安能屈膝降？巴州年老将，天下更无双。"又有赞张飞诗曰："生获严颜勇绝伦，惟凭义气服军民。至今庙貌留巴蜀，社酒鸡豚日日春。"张飞请问入川之计。严颜曰："败军之将，荷蒙厚恩，无可以报，愿施犬马之劳，不须张弓只箭，径取成都。"正是：只因一将倾心后，致使连城唾手降。未知其计如何，且看下文分解。

第六十四回 孔明定计捉张任 杨阜借兵破马超

却说张飞问计于严颜，颜曰："从此取雒城，凡守御关隘，都是老夫所管，官军皆出于掌握之中。今感将军之恩，无可以报，老夫当为前部，所到之处，尽皆唤出拜降。"张飞称谢不已。于是严颜为前部，张飞领军随后。凡到之处，尽是严颜所管，都唤出投降。有迟疑未决者，颜曰："我尚且投降，何况汝乎？"自是望风归顺，并不曾厮杀一场。

却说孔明已将起程日期申报玄德，教都会聚雒城。玄德与众官商议："今孔明、翼德分两路取川，会于雒城，同入成都。水陆舟车，已于七月二十日起程，此时将及待到。今我等便可进兵。"黄忠曰："张任每日来搦战，见城中不出，彼军懈怠，不做准备，今日夜间分兵劫寨，胜如白昼厮杀。"玄德从之，教黄忠引兵取左，魏延引兵取右，玄德取中路。当夜二更，三路军马齐发。张任果然不做准备。汉军拥入大寨，放起火来，烈焰腾空。蜀兵奔走，连夜直赶到雒城，城中兵接应入去。玄德还中路下寨；次日，引兵直到雒城，围住攻打。张任按兵不出。攻到第四日，玄德自提一军攻打西门，令黄忠、魏延在东门攻打，留南门北门放军行走。原来南门一带都是山路，北门有涪水：因此不围。张任望见玄德在西门，骑马往来，指挥打城，从辰至未，人马渐渐力乏。张任教吴兰、雷铜二将引兵出北门，转东门，敌黄忠、魏延；自己却引军出南门，转西门，单迎玄德。城内尽拨民兵上城，擂鼓助喊。却说玄德见红日平西，教后军先退。军士方回身，城上一片声喊起，南门内军马突出。张任径来军中捉玄德，玄德军中大乱。黄忠、魏延又被吴兰、雷铜敌住。两下不能相顾。玄德敌不住张任，拨马往山僻小路而走。张任从背后追来，看看赶上。玄德独自一人一马。张任引数骑赶来。玄德正望前尽力加鞭而行，忽山路一军冲来。玄德马上叫苦曰："前有伏兵，后有追兵，天亡我也！"只见来军当头一员大将，乃是张飞。原来张飞与严颜正从那条路上来，望见尘埃起，知与川兵交战。张飞当先而来，正撞着张任，便就交马。战到十余合，背后严颜引兵大进。张任火速回身。张飞直赶到城下。张任退入城，拽起吊桥。张飞回见玄德曰："军师溯江而来，尚且未到，反被我夺了头功。"玄德曰："山路险阻，如何无军阻当，长驱大进，先到于此？"张飞曰："于路关隘四十五处，皆出老将严颜之功，因此于路并不曾费分毫之力。"遂把义释严颜之事，从头说了一遍，引严颜见玄德。玄德谢曰："若非老将军，吾弟安能到此？"即脱身上黄金锁子甲以赐之。严颜拜谢。正待安排宴饮，忽闻哨马回报："黄忠、魏延和川将吴兰、雷铜交锋，城中吴懿、刘璝又引兵助战，两下夹攻，我军抵敌不住，魏、黄二将败阵投东去了。"张飞听得，便请玄德分兵两路，杀去救援。于是张飞在左，玄德在右，杀奔前来。吴懿、刘璝见后面喊声起，慌退入城中。吴兰、雷铜只顾引兵追赶黄忠、魏延，却被玄德、张飞截住归路。黄忠、魏延又回马转攻。吴兰、雷铜料敌不住，只得将本部军马前来投降。玄德准其降，收兵近城下寨。却设张任失了二将，心中忧虑。吴懿、刘璝曰："兵势甚危，不决一死战，如何得兵退？一面差人去成都见主公告急，一面用计敌之。"张任曰："吾来日领一军搦战，诈败，引转城北；城内再以一军冲出，截断其中：可获胜也。"吴懿曰："刘将军相辅公子守城，我引兵冲出助战。"约会已定。次日，张任引数千人马，摇旗呐喊，出城搦战。张飞上马出迎，更不打话，与张任交锋。战不十余合，张任诈败，绕城而走。张飞尽力追之。吴懿一军截住，张任引军复回，把张飞围在垓心，进退不得。正没奈何，只见一队军从江边杀出。当先一员大将，挺枪跃马，与吴懿交锋；只一合，生擒吴懿，战退敌军，救出张飞。视之，乃赵云也。飞问："军师何在？"云曰："军师已至，想此时已与主公相见了也。"二人擒吴懿回寨。张任自退入东门去了。

张飞、赵云回寨中，见孔明、简雍、蒋琬已在帐中。飞下马来参军师。孔明惊问曰："如何得先到？"玄德具述义释严颜之事。孔明贺曰："张将军能用谋，皆主公之洪福也。"赵云解吴懿见玄德。玄德曰："汝降否？"吴懿曰："我既被捉，如何不降？"玄德大喜，亲解其缚。孔明问："城中有几人守城？"吴懿曰："有刘季玉之子刘循，辅将刘璝、张任。刘璝不打紧；张任乃蜀郡人，极有胆略，不可轻敌。"孔明曰："先捉张任，然后取雒城。"问："城东这座桥名为何桥？"吴懿曰："金雁桥。"孔明遂乘马至桥边，绕河看了一遍，回到寨中，唤黄忠、魏延听令曰："离金雁桥南五六里，两岸都是芦苇蒹葭，可以埋伏。魏延引一千枪手伏于左，单戳马上将；黄忠引一千刀手伏于右，单砍坐下马。杀散彼军，张任必投山东小路而来。张翼德引一千军伏在那里，就彼处擒之。"又唤赵云伏于金雁桥北："待我引张任过桥，你便将桥拆断，却勒兵于桥北，遥为之势，使张任不敢望北走，退投南去，却好中计。"调遣已定，军师自去诱敌。

却说刘璋差卓鹰、张翼二将，前至雒城助战。张任教张翼与刘璝守城，自与卓膺为前后二队，任为前队，膺为后队，出城退敌。孔明引一队不整不齐军，过金雁桥来，与张任对阵。孔明乘四轮车，纶巾羽扇而出，两边百余骑簇捧，遥指张任曰："曹操以百万之众，闻吾之名，望风而走；今汝何人，敢不投降？"张任看见孔明军伍不齐，在马上冷笑曰："人说诸葛亮用兵如神，原来有名无实！"把枪一招，大小军校齐杀过来。孔明弃了四轮车，上马退走过桥。张任从背后赶来。过了金雁桥，见玄德军在左，严颜军在右，冲杀将来。张任知是计，急回军时，桥已拆断了；欲投北去，只见赵云一军隔岸摆开，遂不敢投北，径往南绕河而走。走不到五七里，早到芦苇丛杂处。魏延一军从芦中忽起，都用长枪乱戳。黄忠一军伏在芦苇里，用长刀只剁马蹄。马军尽倒，皆被执缚，步军那里敢来？张任引数十骑望山路而走，正撞着张飞。张任方欲退走，张飞大喝一声，众军齐上，将张任活捉了。原来卓膺见张任中计，已投赵云军前降了，一发都到大寨。玄德赏了卓膺。张飞解张任至。孔明亦坐于帐中。玄德谓张任曰："蜀中诸将，望风而降，汝何不早投降？"张任睁目怒叫曰："忠臣岂肯事二主乎？"玄德曰："汝不识天时耳。降即免死。"任曰："今日便降，久后也不降！可速杀我！"玄德不忍杀之。张任厉声高骂。孔明命斩之以全其名。后人有诗赞曰："烈士岂甘从二主，张君忠勇死犹生。高明正似天边月，夜夜流光照雒城。"玄德感叹不已，令收其尸首，葬于金雁桥侧，以表其忠。次日，令严颜、吴懿等一班蜀中降将为前部。直至雒城，大叫："早开门受降，免一城生灵受苦！"刘璝在城上大骂。严颜方待取箭射之，忽见城上一将，拔剑砍翻刘璝，开门投降。玄德军马入雒城，刘循开西门走脱，投成都去了。玄德出榜安民。杀刘璝者，乃武阳人张翼也。

玄德得了雒城，重赏诸将。孔明曰："雒城已破，成都只在目前；惟恐外州郡不宁，可令张翼、吴懿引赵云抚外水江阳、犍为等处所属州郡，令严颜、卓膺引张飞抚巴西德阳所属州郡，就委官按治平靖，即勒兵回成都取齐。"张飞、赵云领命，各自引兵去了。孔明问："前去有何处关隘？"蜀中降将曰："止绵竹有重兵守御；若得绵竹，成都唾手可得。"孔明便商议进兵。法正曰："雒城既破，蜀中危矣。主公欲以仁义服众，且勿进兵。某作一书上刘璋，陈说利害，璋自然降矣。"孔明曰："孝直之言最善。"便令写书遣人径往成都。

却说刘循逃回见父，说雒城已陷，刘璋慌聚众官商议。从事郑度献策曰："今刘备虽攻城夺地，然兵不甚多，士众未附，野谷是资，军无辎重。不如尽驱巴西梓潼民，过涪水以西。其仓廪野谷，尽皆烧除，深沟高垒，静以待之。彼至请战，勿许。久无所资，不过百日，彼兵自走。我乘虚击之，备可擒也。"刘璋曰："不然。吾闻拒敌以安民，未闻动民以备敌也。此言非保全之计。"正议间，人报法正有书至。刘璋唤入。呈上书。璋拆开视之。其略曰："昨蒙遣差结好荆州，不意主公左右不得其人，以致如此。今荆州眷念旧情，不忘族谊。主公若得幡然归顺，量不薄待。望三思裁示。”刘璋大怒，扯毁其书，大骂：“法正卖主求荣，忘恩背义之贼！”逐其使者出城。即时遣妻弟费观，提兵前去守把绵竹。费观举保南阳人姓李，名严，字正方，一同领兵。

当下费观、李严点三万军来守绵竹。益州太守董和，字幼宰，南郡枝江人也，上书与刘璋，请往汉中借兵。璋曰：“张鲁与吾世仇，安肯相救？”和曰：“虽然与我有仇，刘备军在雒城，势在危急，唇亡则齿寒，若以利害说之，必然肯从。”璋乃修书遣使前赴汉中。却说马超自兵败入羌，二载有余，结好羌兵，攻拔陇西州郡。所到之处，尽皆归降；惟冀城攻打不下。刺史韦康，累遣人求救于夏侯渊。渊不得曹操言语，未敢动兵。韦康见救兵不来，与众商议：“不如投降马超。”参军杨阜哭谏曰：“超等叛君之徒，岂可降之？”康曰：“事势至此，不降何待？”阜苦谏不从。韦康大开城门，投拜马超。超大怒曰：“汝今事急请降，非真心也！”将韦康四十余口尽斩之，不留一人。有人言杨阜劝韦康休降，可斩之，超曰：“此人守义，不可斩也。”复用杨阜为参军。阜荐梁宽、赵衢二人，超尽用为军官。

杨阜告马超曰：阜妻死于临洮，乞告两个月假，归葬其妻便回。马超从之。杨阜过历城，来见抚彝将军姜叙。叙与阜是姑表兄弟：叙之母是阜之姑，时年已八十二。当日，杨阜入姜叙内宅，拜见其姑，哭告曰：“阜守城不能保，主亡不能死，愧无面目见姑。马超叛君，妄杀郡守，一州士民，无不恨之。今吾兄坐据历城，竟无讨贼之心，此岂人臣之理乎？”言罢，泪流出血。叙母闻言，唤姜叙入，责之曰：“韦使君遇害，亦尔之罪也。”又谓阜曰：“汝既降人，且食其禄，何故又兴心讨之？”阜曰：“吾从贼者，欲留残生，与主报冤也。”叙曰：“马超英勇，急难图之。”阜曰：“有勇无谋，易图也。吾已暗约下梁宽、赵衢。兄若肯兴兵，二人必为内应。”叙母曰：“汝不早图，更待何时，谁不有死，死于忠义，死得其所也。勿以我为念。汝若不听义山之言，吾当先死，以绝汝念。”

叙乃与统兵校尉尹奉、赵昂商议。原来赵昂之子赵月，现随马超为裨将。赵昂当日应允，归见其妻王氏曰：“吾今日与姜叙、杨阜、尹奉一处商议，欲报韦康之仇。吾想子赵月现随马超，今若兴兵，超必先杀吾子，奈何？”其妻厉声曰：“雪君父之大耻，虽丧身亦不惜，何况一子乎！君若顾子而不行，吾当先死矣！”赵昂乃决。次日一同起兵。姜叙、杨阜屯历城，尹奉、赵昂屯祁山。王氏乃尽将首饰资帛，亲自往祁山军中，赏劳军士，以励其众。

马超闻姜叙、杨阜会合尹奉、赵昂举事，大怒，即将赵月斩之；令庞德、马岱尽起军马，杀奔历城来。姜叙、杨阜引兵出。两阵圆处，杨阜、姜叙衣白袍而出，大骂曰：“叛君无义之贼！”马超大怒，冲将过来，两军混战。姜叙、杨卓如何抵得马超，大败而走。马超驱兵赶来。背后喊声起处，尹奉、赵昂杀来。超急回时，两下夹攻，首尾不能相顾。正斗间，刺斜里大队军马杀来。原来是夏侯渊得了曹操军令，正领军来破马超。超如何当得三路军马，大败奔回。

走了一夜，比及平明，到得冀城叫门时，城上乱箭射下。梁宽、赵衢立在城上，大骂马超；将马超妻杨氏从城上一刀砍了，撇下尸首来；又将马超幼子三人，并至亲十余口，都从城上一刀一个，剁将下来。超气噎塞胸，几乎坠下马来。背后夏侯渊引兵追赶。超见势大，不取恋战，与庞德、马岱杀开一条路走。前面又撞见姜叙、杨阜，杀了一阵；冲得过去，又撞着尹奉、赵昂，杀了一阵；零零落落，剩得五六十骑，连夜奔走，四更前后，走到历城下，守门者只道姜叙兵回，大开门接入。超从城南门边杀起，尽洗城中百姓。至姜叙宅，拿出老母。母全无惧色，指马超而大骂。超大怒，自取剑杀之。尹奉、赵昂全家老幼，亦尽被马超所杀。昂妻王氏因在军中，得免于难。次日，夏侯渊大军至，马超弃城杀出，望西而逃。行不得二十里，前面一军摆开，为首的是杨阜。超切齿而恨，拍马挺枪刺之。阜宗弟七人，一齐来助战。马岱、庞德敌住后军。宗弟七人，皆被马超杀死。阜身中五枪，犹然死战。后面夏侯渊大军赶来，马超遂走。只有庞德、马岱五七骑后随而去。夏侯渊自行安抚陇西诸州人民，令姜叙等各各分守，用车载杨阜赴许都，见曹操。操封阜为关内侯。阜辞曰：“阜无捍难之功，又无死难之节，于法当诛，何颜受职？”操嘉之，卒与之爵。却说马超与庞德、马岱商议，径往汉中投张鲁。张鲁大喜，以为得马超，则西可以吞益州，东可以拒曹操，乃商议欲以女招超为婿。大将杨柏谏曰：“马超妻子遭惨祸，皆超之贻害也。主公岂可以女与之？”鲁从其言，遂罢招婿之议。或以杨柏之言，告知马超。超大怒，有杀杨柏之意。杨柏知之，与兄杨松商议，亦有图马超之心。正值刘璋遣使求救于张鲁，鲁不从。忽报刘璋又遣黄权到。权先来见杨松，说：“东西两川，实为唇齿；西川若破，东川亦难保矣。今若肯相救，当以二十州相酬。”松大喜，即引黄权来见张鲁，说唇齿利害，更以二十州相谢。鲁喜其利，从之。巴西阎圃谏曰：“刘璋与主公世仇，今事急求救，诈许割地，不可从也。”忽阶下一人进曰：“某虽不才，愿乞一旅之师，生擒刘备。务要割地以还。”正是：方看真主来西蜀，又见精兵出汉中。未知其人是谁，且看下文分解。

第六十五回 马超大战葭萌关 刘备自领益州牧

却说阎圃正劝张鲁勿助刘璋，只见马超挺身出曰：“超感主公之恩，无可上报，愿领一军攻取葭萌关，生擒刘备，务要刘璋割二十州奉还主公。”张鲁大喜，先遣黄权从小路而回，随即点兵二万与马超。此时庞德卧病不能行，留于汉中。张鲁令杨柏监军，超与弟马岱选日起程。

却说玄德军马在雒城，法正所差下书人回报说：“郑度劝刘璋尽烧野谷并各处仓廪，率巴西之民，避于涪水西，深沟高垒而不战。”玄德、孔明闻之，皆大惊曰：“若用此言，吾势危矣！”法正笑曰：“主公勿忧。此计虽毒，刘璋必不能用也。”不一日，人传刘璋不肯迁动百姓，不从郑度之言。玄德闻之，方始宽心。孔明曰：“可速进兵取绵竹。如得此处，成都易取矣。”遂遣黄忠、魏延领兵前进。费观听知玄德兵来，差李严出迎。严领三千兵也，各布阵完。黄忠出马，与李严战四五十合，不分胜败。孔明在阵中教鸣金收军。黄忠回阵，问曰：“正待要擒李严，军师何故收兵？”孔明曰：“吾已见李严武艺，不可力取。来日再战，汝可诈败，引入山峪，出奇兵以胜之。”黄忠领计。次日，李严再引兵来，黄忠又出战，不十合诈败，引兵便走。李严赶来，迤逦赶入出峪，猛然省悟。急待回来，前面魏延引兵摆开。孔明自在山头，唤曰：“公如不降，两下已伏强弩，欲与吾庞士元报仇矣。”李严慌下马卸甲投降。军士不曾伤害一人。孔明引李严见玄德。玄德待之甚厚。严曰：“费观虽是刘盖州亲戚，与某甚密，当往说之。”玄德即命李严回城招降费观。严入绵竹城，对费观赞玄德如此仁德；今若不降，必有大祸。观从其言，开门投降。玄德遂入绵竹，商议分兵取成都。

忽流星马急报，言孟达、霍峻守葭萌关，今被东川张鲁遣马超与杨柏、马岱领兵攻打甚急，救迟则关隘休矣。玄德大惊。孔明曰：“须是张、赵二将，方可与敌。”玄德曰：“子龙引兵在外未回。翼德已在此，可急遣之。”孔明曰：“主公且勿言，容亮激之。”却说张飞闻马超攻关，大叫而入曰：“辞了哥哥，便去战马超也！”孔明佯作不闻，对玄德曰：“今马超侵犯关隘，无人可敌；除非往荆州取关云长来，方可与敌。”张飞曰：“军师何故小觑吾！吾曾独拒曹操百万之兵，岂愁马超一匹夫乎！”孔明曰：“翼德拒水断桥，此因曹操不知虚实耳；若知虚实，将军岂得无事？今马超之勇，天下皆知，渭桥六战，杀得曹操割须弃袍，几乎丧命，非等闲之比。云长且未必可胜。”飞曰：“我只今便去；如胜不得马超，甘当军令！”孔明曰：“既尔肯写文书，便为先锋。请主公亲自去一遭，留亮守绵竹。待子龙来，却作商议。”魏延曰：“某亦愿往。”

孔明令魏延带五百哨马先行，张飞第二，玄德后队，望葭萌关进发。魏延哨马先到关下，正遇杨柏。魏延与杨柏交战，不十合，杨柏败走。魏延要夺张飞头功，乘势赶去。前面一军摆开，为首乃是马岱。魏延只道是马超，舞刀跃马迎之。与岱战不十合，岱败走。延赶去，被岱回身一箭，中了魏延左臂。延急回马走。马岱赶到关前，只见一将喊声如雷，从关上飞奔至面前。原来是张飞初到关上，听得关前厮杀，便来看时，正见魏延中箭，因骤马下关，救了魏延。飞喝马岱曰：“汝是何人？先通姓名，然后厮杀？”马岱曰：“吾乃西凉马岱是也。”张飞曰：“你原来不是马超，快回去！非吾对手！只令马超那厮自来，说道燕人张飞在此！”马岱大怒曰：“汝焉敢小觑我！”挺枪跃马，直取张飞。战不十合，马岱败走。张飞欲待追赶，关上一骑马到来，叫：“兄弟且休去！”飞回视之，原来是玄德到来。飞遂不赶，一同上关。玄德曰：“恐怕你性躁，故我随后赶来到此。既然胜了马岱，且歇一宵，来日战马超。”次日天明，关下鼓声大震，马超兵到。玄德在关上看时，门旗影里，马超纵骑持枪而出；狮盔兽带，银甲白袍：一来结束非凡，二者人才出众。玄德叹曰：“人言锦马超，名不虚传！”张飞便要下关。玄德急止之曰：“且休出战。先当避其锐气。”关下马超单搦张飞出马，关上张飞恨不得平吞马超，三五番皆被玄德当住。看看午后，玄德望见马超阵上人马皆倦，遂选五百骑，跟着张飞，冲下关来。马超见张飞军到，把枪望后一招，约退军有一箭之地。张飞军马一齐扎住；关上军马，陆续下来。张飞挺枪出马，大呼：“认得燕人张翼德么！”马超曰：“吾家屡世公侯，岂识村野匹夫！”张飞大怒。两马齐出，二枪并举。约战百余合，不分胜负。玄德观之，叹曰：“真虎将也！”恐张飞有失，急鸣金收军。两将各回。张飞回到阵中，略歇马片时，不用头盔，只裹包巾上马，又出阵前搦马超厮杀。超又出，两个再战。玄德恐张飞有失，自披挂下关，直至阵前；看张飞与马超又斗百余合，两个精神倍加。玄德教鸣金收军。二将分开，各回本阵。

是日天色已晚，玄德谓张飞曰：“马超英勇，不可轻敌，且退上关。来日再战。”张飞杀得性起，那里肯休？大叫曰：“誓死不回！”玄德曰：“今日天晚，不可战矣。”飞曰：“多点火把，安排夜战！”马超亦换了马，再出阵前，大叫曰：“张飞！敢夜战么？”张飞性起，问玄德换了坐下马，抢出阵来，叫曰：“我捉你不得，誓不上关！”超曰：“我胜你不得，誓不回寨！”两军呐喊，点起千百火把，照耀如同白日。两将又向阵前鏖战。到二十余合，马超拨回马便走。张飞大叫曰：“走那里去！”原来马超见赢不得张飞，心生一计：诈败佯输，赚张飞赶来，暗掣铜锤在手，扭回身觑着张飞便打将来。张飞见马超走，心中也提防；比及铜锤打来时，张飞一闪，从耳朵边过去。张飞便勒回马走时，马超却又赶来。张飞带住马，拈弓搭箭，回射马超；超却闪过。二将各自回阵。玄德自于阵前叫曰：“吾以仁义待人。不施谲诈。马孟起，你收兵歇息，我不乘势赶你。”马超闻言，亲自断后，诸军渐退。玄德亦收军上关。次日，张飞又欲下关战马超。人报军师来到。玄德接着孔明。孔明曰：“亮闻孟起世之虎将，若与翼德死战，必有一伤；故令子龙、汉升守住绵竹，我星夜来此。可用条小计，令马超归降主公。”玄德曰：“吾见马超英勇，甚爱之。如何可得？”孔明曰：“亮闻东川张鲁，欲自立为汉宁王。手下谋士杨松，极贪贿赂。主公可差人从小路径投汉中，先用金银结好杨松，后进书与张鲁，云吾与刘璋争西川，是与汝报仇。不可听信离间之语。事定之后，保汝为汉宁王。令其撤回马超兵。待其来撤时，便可用计招降马超矣。”玄德大喜，即时修书，差孙乾赍金珠从小路径至汉中，先来见杨松，说知此事，送了金珠。松大喜，先引孙乾见张鲁，陈言方便。鲁曰：“玄德只是左将军，如何保得我为汉宁王？”杨松曰：“他是大汉皇叔，正合保奏。”张鲁大喜，便差人教马超罢兵。孙乾只在杨松家听回信。不一日，使者回报：“马超言：未成功，不可退兵。”张鲁又遣人去唤，又不肯回。一连三次不至。杨松曰：“此人素无信行，不肯罢兵，其意必反。”遂使人流言云：“马超意欲夺西川，自为蜀主，与父报仇，不肯臣于汉中。”张鲁闻之，问计于杨松。松曰：“一面差人去说与马超：汝既欲成功，与汝一月限，要依我三件事。若依得，便有赏；否则必诛：一要取西川，二要刘璋首级，三要退荆州兵。三件事不成，可献头来。一面教张卫点军守把关隘，防马超兵变。”鲁从之，差人到马超寨中，说这三件事。超大惊曰：“如何变得恁的！”乃与马岱商议：“不如罢兵。”杨松又流言曰：“马超回兵，必怀异心。”于是张卫分七路军，坚守隘口，不放马超兵入。超进退不得，无计可施。孔明谓玄德曰：“今马超正在进退两难之际，亮凭三寸不烂之舌，亲往超寨，说马超来降。”玄德曰：“先生乃吾之股肱心腹，倘有疏虞，如之奈何？”孔明坚意要去，玄德再三不肯放去。正踌躇间，忽报赵云有书荐西川一人来降。玄德召入问之。其人乃建宁俞元人也，姓李名恢，字德昂。玄德曰：“向日闻公苦谏刘璋，今何故归我？”恢曰：“吾闻良禽相木而栖，贤臣择主而事，前谏刘益州者，以尽人臣之心；既不能用，知必败矣。今将军仁德布于蜀中，知事必成，故来归耳。”玄德曰：“先生此来，必有益于刘备。”恢曰：“今闻马超在进退两难之际。恢昔在陇西，与彼有一面之交，愿往说马超归降，若何？”孔明曰：“正欲得一人替吾一往。愿闻公之说词。”李恢于孔明耳畔陈说如此如此。孔明大喜，即时遣行。

恢行至超寨，先使人通姓后。马超曰：“吾知李恢乃辩士，今必来说我。”先唤二十刀斧手伏于帐下，嘱曰：“令汝砍，即砍为肉酱！”须臾，李恢昂然而入。马超端坐帐中不动，叱李恢曰：“汝来为何？”恢曰：“特来作说客。”超曰：“吾匣中宝剑新磨。汝试言之，其言不通，便请试剑！”恢笑曰：“将军之祸不远矣！但恐新磨之剑，不能试吾之头，将欲自试也！”超曰：“吾有何祸？”恢曰：“吾闻越之西子，善毁者不能闭其美；齐之无盐，善美者不能掩其丑；日中则昃，月满则亏：此天下之常理也。今将军与曹操有杀父之仇，而陇西又有切齿之恨；前不能救刘璋而退荆州之兵，后不能制杨松而见张鲁之面；目下四海难容，一身无主；若复有渭桥之败，冀城之失，何面目见天下之人乎？”超顿首谢曰：“公言极善，但超无路可行。”恢曰：“公既听吾言，帐下何故伏刀斧手？”超大惭，尽叱退。恢曰：“刘皇叔礼贤下士，吾知其必成，故舍刘璋而归之。公之尊人，昔年曾与皇叔约共讨贼，公何不背暗投明，以图上报父仇，下立功名乎？”马超大喜，即唤杨柏入，一剑斩之，将首极共恢一同上关来降玄德。

玄德亲自接入，待以上宾之礼。超顿首谢曰：“今遇明主，如拨云雾而见青天！”时孙乾已回。玄德复命霍峻、孟达守关，便撤兵来取成都。赵云、黄忠接入绵竹。人报蜀将刘晙、马汉引军到。赵云曰：“某愿往擒此二人！”言讫，上马引军出。玄德在城上管待马超吃酒。未曾安席，子龙已斩二人之头，献于筵前。马超亦惊，倍加敬重。超曰：“不须主公军马厮杀，超自唤出刘璋来降。如不肯降，超自与弟马岱取成都，双手奉献。”玄德大喜。是日尽欢。

却说败兵回到益州，报刘璋。璋大惊，闭门不出。人报城北马超救兵到，刘璋方敢登城望之。见马超、马岱立于城下，大叫：“请刘季玉答话。”刘璋在城上问之。超在马上以鞭指曰：“吾本领张鲁兵来救益州，谁想张鲁听信杨松谗言，反欲害我。今已归降刘皇叔。公可纳士拜降，免致生灵受苦。如或执迷，吾先攻城矣！”刘璋惊得面如土色，气倒于城上。众官救醒。璋曰：“吾之不明，悔之何及！不若开门投降，以救满城百姓。”董和曰：“城中尚有兵三万余人；钱帛粮草，可支一年：奈何便降？”刘璋曰：“吾父子在蜀二十余年，无恩德以加百姓；攻战三年，血肉捐于草野，皆我罪也。我心何安？不如投降以安百姓。”众人闻之，皆堕泪。忽一人进曰：“主公之言，正合天意。”视之，乃巴西西充国人也，姓谯名周，字允南。此人素晓天文。璋问之，周曰：“某夜观乾象，见群星聚于蜀郡；其大星光如皓月，乃帝王之象也。况一载之前，小儿谣云：若要吃新饭，须待先主来。此乃预兆。不可逆天道。”黄权、刘巴闻言皆大怒，欲斩之。刘璋挡住。忽报：“蜀郡太守许靖，逾城出降矣。”刘璋大哭归府。

次日，人报刘皇叔遣幕宾简雍在城下唤门。璋令开门接入。雍坐车中，傲睨自若。忽一人掣剑大喝曰：“小辈得志，傍若无人！汝敢藐视吾蜀中人物耶！”雍慌下车迎之。此人乃广汉绵竹人也，姓秦名宓，字子敕。雍笑曰：“不识贤兄，幸勿见责。”遂同入见刘璋，具说玄德宽洪大度，并无相害之意。于是刘璋决计投降，厚待简雍。次日，亲赍印绶文籍，与简雍同车出城投降。玄德出寨迎接，握手流涕曰：“非吾不行仁义，奈势不得已也！”共入寨，交割印绶文籍，并马入城。

宏德入成都，百姓香花灯烛，迎门而接。玄德到公厅，升堂坐定。郡内诸官，皆拜于堂下！惟黄权、刘巴，闭门不出。众将忿怒，欲往杀之。玄德慌忙传令曰：“如有害此二人者，灭其三族！”玄德亲自登门，请二人出仕。二人感玄德恩礼，乃出。孔明请曰：“今西川平定，难容二主，可将刘璋送去荆州。”玄德曰：“吾方得蜀郡，未可令季玉远去。”孔明曰：“刘璋失基业者，皆因太弱耳。主公若以妇人之仁，临事不决，恐此土难以长久。”玄德从之，设一大宴，请刘璋收拾财物，佩领振威将军印绶，令将妻子良贱，尽赴南郡公安住歇，即日起行。玄德自领益州牧。其所降文武，尽皆重赏，定拟名爵：严颜为前将军，法正为蜀郡太守，董和为掌军中郎将，许靖为左将军长史，庞义为营中司马，刘巴为左将军，黄权为右将军。其余吴懿、费观、彭羕、卓膺、李严、吴兰、雷铜、李恢、张翼、秦宓、谯周、吕义，霍峻、邓芝、杨洪、周群、费祎、费诗、孟达，文武投降官员，共六十余人，并皆擢用。诸葛亮为军师，关云长为荡寇将军、汉寿亭侯，张飞为征虏将军、新亭侯，赵云为镇远将军，黄忠为征西将军，魏延为扬武将军，马超为平西将军。孙乾、简雍、糜竺、糜芳、刘封、吴班、关平、周仓、廖化、马良、马谡、蒋琬、伊籍，及旧日荆襄一班文武官员，尽皆升赏。遣使赍黄金五百斤、白银一千斤、钱五千万、蜀锦一千匹，赐与云长。其余官将，给赏有差。杀牛宰马，大饷士卒。开仓赈济百姓，军民大悦。

益州既定，玄德欲将成都有名田宅，分赐诸官。赵云谏曰：“益州人民，屡遭兵火，田宅皆空；今当归还百姓，令安居复业，民心方服；不宜夺之为私赏也。”玄德大喜，从其言。使诸葛军师定拟治国条例，刑法颇重。法正曰：“昔高祖约法三章，黎民皆感其德。愿军师宽刑省法。以慰民望。”孔明曰：“君知其一、未知其二：秦用法暴虐，万民皆怨，故高祖以宽仁得之。今刘璋暗弱，德政不举，威刑不肃；君臣之道，渐以陵替。宠之以位，位极则残；顺之以恩，恩竭则慢。所以致弊，实由于此。吾今威之以法，法行则知恩；限之以爵，爵加则知荣。恩荣并济，上下有节。为治之道，于斯著矣。”法正拜服。自此军民安堵。四十一州地面，分兵镇抚，并皆平定。法正为蜀郡太守，凡平日一餐之德，睚眦之怨，无不报复。或告孔明曰：“孝直太横，宜稍斥之。”孔明曰：“昔主公困守荆州，北畏曹操，东惮孙权，赖孝直为之辅翼，遂翻然翱翔，不可复制。今奈何禁止孝直，使不得少行其意耶？”因竟不问。法正闻之，亦自敛戢。

一日，玄德正与孔明闲叙，忽报云长遣关平来谢所赐金帛。玄德召入。平拜罢，呈上书信曰：“父亲知马超武艺过人，要入川来与之比试高低。教就禀伯父此事。”玄德大惊曰：“若云长入蜀，与孟起比试，势不两立。”孔明曰：“无妨。亮自作书回之。”玄德只恐云长性急，便教孔明写了书，发付关平星夜回荆州。平回至荆州，云长问曰：“我欲与马孟起比试，汝曾说否？”平答曰：“军师有书在此。”云长拆开视之。其书曰：“亮闻将军欲与孟起分别高下。以亮度之：孟起虽雄烈过人，亦乃黥布、彭越之徒耳；当与翼德并驱争先，犹未及美髯公之绝伦超群也。今公受任守荆州，不为不重；倘一入川，若荆州有失。罪莫大焉。惟冀明照。”云长看毕，自绰其髯笑曰：“孔明知我心也。”将书遍示宾客，遂无入川之意。

却说东吴孙权，知玄德并吞西川，将刘璋逐于公安，遂召张昭、顾雍商议曰：“当初刘备借我荆州时，说取了西川，便还荆州。今已得巴蜀四十一州，须用取索汉上诸郡。如其不还，即动干戈。”张昭曰：“吴中方宁，不可动兵。昭有一计，使刘备将荆州双手奉还主公。”正是：西蜀方开新日月，东吴又索旧山川。未知其计如何，且看下文分解。

第六十六回 关云长单刀赴会 伏皇后为国捐生

却说孙权要索荆州。张昭献计曰：“刘备所倚仗者，诸葛亮耳。其兄诸葛瑾今仕于吴，何不将瑾老小执下，使瑾入川告其弟，令劝刘备交割荆州：‘如其不还，必累及我老小。’亮念同胞之情，必然应允。”权曰：“诸葛瑾乃诚实君子，安忍拘其老小？”昭曰：“明教知是计策，自然放心。”权从之，召诸葛瑾老小，虚监在府；一面修书，打发诸葛瑾往西川去。

不致日，早到成都，先使人报知玄德。玄德问孔明曰：“令兄此来为何？”孔明曰：“来索荆州耳。”玄德曰：“何以答之？”孔明曰：“只须如此如此。”计会已定，孔明出郭接瑾。不到私宅，径入宾馆。参拜毕，瑾放声大哭。亮曰：“兄长有事但说。何故发哀？”瑾曰：“吾一家老小休矣！”亮曰：“莫非为不还荆州乎？因弟之故，执下兄长老小，弟心何安？兄休忧虑，弟自有计还荆州便了。”

瑾大喜，即同孔明入见玄德，呈上孙权书。玄德看了，怒曰：“孙权既以妹嫁我，却乘我不在荆州，竟将妹子潜地取去，情理难容！我正要大起川兵，杀下江南，报我之恨，却还想来索荆州乎！”孔明哭拜于地，曰：“吴侯执下亮兄长老小，倘若不还，吾兄将全家被戮。兄死，亮岂能独生？望主公看亮之面，将荆州还了东吴，全亮兄弟之情！”玄德再三不肯，孔明只是哭求。玄德徐徐曰：“既如此，看军师面，分荆州一半还之：将长沙、零陵、桂阳三郡与他。”亮曰：“既蒙见允，便可写书与云长令交割三郡。”玄德曰：“子瑜到彼，须用善言求吾弟。吾弟性如烈火，吾尚惧之。切宜仔细。”

瑾求了书，辞了玄德，别了孔明，登途径到荆州。云长请入中堂，宾主相叙。瑾出玄德书曰：“皇叔许先以三郡还东吴，望将军即日交割，令瑾好回见吾主。”云长变色曰：“吾与吾兄桃园结义，誓共匡扶汉室。荆州本大汉疆土，岂得妄以尺寸与人？将在外，君命有所不受。虽吾兄有书来，我却只不还。”瑾曰：“今吴侯执下瑾老小，若不得荆州，必将被诛。望将军怜之！”云长曰：“此是吴侯谲计，如何瞒得我过！”瑾曰：“将军何太无面目？”云长执剑在手曰：“休再言！此剑上并无面目！”关平告曰：“军师面上不好看，望父亲息怒。”云长曰：“不看军师面上，教你回不得东吴！”

瑾满面羞惭，急辞下船，再往西川见孔明。孔明已自出巡去了。瑾只得再见玄德，哭告云长欲杀之事。玄德曰：“吾弟性急，极难与言。子瑜可暂回，容吾取了东川、汉中诸郡，调云长往守之，那时方得交付荆州。”

瑾不得已，只得回东吴见孙权，具言前事。孙权大怒曰：“子瑜此去，反覆奔走，莫非皆是诸葛亮之计？”瑾曰：“非也。吾弟亦哭告玄德，方许将三郡先还，又无奈云长恃顽不肯，”孙权曰：“既刘备有先还三郡之言，便可差官前去长沙、零陵、桂阳三郡赴任，且看如何。”瑾曰：“主公所言极善。”权乃令瑾取回老小，一面差官往三郡赴任。不一日，三郡差去官吏，尽被逐回，告孙权曰：“关云长不肯相容，连夜赶逐回吴。迟后者便要杀。”

孙权大怒，差人召鲁肃责之曰："子敬昔为刘备作保，借吾荆州；今刘备已得西川，不肯归还，子敬岂得坐视？"肃曰："肃已思得一计，正欲告主公。"权问："何计？"肃曰："今屯兵于陆口，使人请关云长赴会。若云长肯来，以善言说之；如其不从，伏下刀斧手杀之。如彼不肯来，随即进兵，与决胜负，夺取荆州便了。"孙权曰："正合吾意。可即行之。"阚泽进曰："不可，关云长乃世之虎将，非等闲可及。恐事不谐，反遭其害。"孙权怒曰："若如此，荆州何日可得！"便命鲁肃速行此计。肃乃辞孙权，至陆口，召吕蒙、甘宁商议，设宴于陆口寨外临江亭上，修下请书，选帐下能言快语一人为使，登舟渡江。江口关平问了，遂引使者入荆州，叩见云长，具道鲁肃相邀赴会之意，呈上请书。云长看书毕，谓来人曰："既子敬相请，我明日便来赴宴。汝可先回。"

使者辞去。关平曰："鲁肃相邀，必无好意；父亲何故许之？"云长笑曰："吾岂不知耶？此是诸葛瑾回报孙权，说吾不肯还三郡，故令鲁肃屯兵陆口，邀我赴会，便索荆州。吾若不往，道吾怯矣。吾来日独驾小舟，只用亲随十余人，单刀赴会，看鲁肃如何近我！"平谏曰："父亲奈何以万金之躯，亲蹈虎狼之穴？恐非所以重伯父之寄托也。"云长曰："吾于千枪万刃之中，矢石交攻之际，匹马纵横，如入无人之境；岂忧江东群鼠乎！"马良亦谏曰："鲁肃虽有长者之风，但今事急，不容不生异心。将军不可轻往。"云长曰："昔战国时赵人蔺相如，无缚鸡之力，于渑池会上，觑秦国君臣如无物；况吾曾学万人敌者乎！既已许诺，不可失信。"良曰："纵将军去，亦当有准备。"云长曰："只教吾儿选快船十只，藏善水军五百，于江上等候。看吾认旗起处，便过江来。"平领命自去准备。却说使者回报鲁肃，说云长慨然应允，来日准到。肃与吕蒙商议："此来若何？"蒙曰："彼带军马来，某与甘宁各人领一军伏于岸侧，放炮为号，准备厮杀；如无军来，只于庭后伏刀斧手五十人，就筵间杀之。"计会已定。次日，肃令人于岸口遥望。辰时后，见江面上一只船来，梢公水手只数人，一面红旗，风中招飐，显出一个大"关"字来。船渐近岸，见云长青巾绿袍，坐于船上；傍边周仓捧着大刀；八九个关西大汉，各跨腰刀一口。鲁肃惊疑，接入庭内。叙礼毕，入席饮酒，举杯相劝，不敢仰视。云长谈笑自若。

酒至半酣，肃曰："有一言诉与君侯，幸垂听焉：昔日令兄皇叔，使肃于吾主之前，保借荆州暂住，约于取川之后归还。今西川已得，而荆州未还，得毋失信乎？"云长曰："此国家之事，筵间不必论之。"肃曰："吾主只区区江东之地，而肯以荆州相借者，为念君侯等兵败远来，无以为资故也。今已得益州，则荆州自应见还；乃皇叔但肯先割三郡，而君侯又不从，恐于理上说不去。"云长曰："乌林之役，左将军亲冒矢石，戮力破敌，岂得徒劳而无尺土相资？今足下复来索地耶？"肃曰："不然。君侯始与皇叔同败于长坂，计穷力竭，将欲远窜，吾主矜念皇叔身无处所，不爱土地，使有所托足，以图后功；而皇叔愆德隳好，已得西川，又占荆州，贪而背义，恐为天下所耻笑。惟君侯察之。"云长曰："此皆吾兄之事，非某所宜与也。"肃曰："某闻君侯与皇叔桃园结义，誓同生死。皇叔即君侯也，何得推托乎？"云长未及回答，周仓在阶下厉声言曰："天下土地，惟有德者居之。岂独是汝东吴当有耶！"云长变色而起，夺周仓所捧大刀，立于庭中，目视周仓而叱曰："此国家之事，汝何敢多言！可速去！"仓会意，先到岸口，把红旗一招。关平船如箭发，奔过江东来。云长右手提刀，左手挽住鲁肃手，佯推醉曰："公今请吾赴宴，莫提起荆州之事。吾今已醉，恐伤故旧之情。他日令人请公到荆州赴会，另作商议。"鲁肃魂不附体，被云长扯至江边。吕蒙、甘宁各引本部军欲出，见云长手提大刀，亲握鲁肃，恐肃被伤，遂不敢动。云长到船边，却才放手，早立于船首，与鲁肃作别。肃如痴似呆，看关公船已乘风而去。后人有诗赞关公曰："藐视吴臣若小儿，单刀赴会敢平欺。当年一段英雄气，尤胜相如在渑池。"云长自回荆州。鲁肃与吕蒙共议："此计又不成，如之奈何？"蒙曰："可即申报主公，起兵与云长决战。"肃即时使人申报孙权。权闻之大怒，商议起倾国之兵，来取荆州。忽报："曹操又起三十万大军来也！"权大惊，且教鲁肃休惹荆州之兵，移兵向合淝、濡须，以拒曹操。

却说操将欲起程南征，参军傅干，字彦材，上书谏操。书略曰："干闻用武则先威，用文则先德；威德相济，而后王业成。往者天下大乱，明公用武攘之，十平其九；今未承王命者，吴与蜀耳。吴有长江之险，蜀有崇山之阻，难以威胜。愚以为且宜增修文德，按甲寝兵，息军养士，待时而动。今若举数十万之众，顿长江之滨，倘贼凭险深藏，使我士马不得逞其能，奇变无所用其权，则天威屈矣。惟明公详察焉。"曹操览之，遂罢南征，兴设学校，延礼文士。于是侍中王粲、杜袭、卫凯、和洽四人，议欲尊曹操为魏王。中书令荀攸曰："不可。丞相官至魏公，荣加九锡，位已极矣。今又进升王位，于理不可。"曹操闻之，怒曰："此人欲效荀彧耶！"荀攸知之，忧愤成疾，卧病十数日而卒，亡年五十八岁。操厚葬之，遂罢魏王事。一日，曹操带剑入宫，献帝正与伏后共坐。伏后见操来，慌忙起身。帝见曹操，战栗不已。操曰："孙权、刘备各霸一方，不尊朝廷，当如之何？"帝曰："尽在魏公裁处，"操怒曰："陛下出此言，外人闻之，只道吾欺君也。"帝曰："君若肯相辅则幸甚；不尔，愿垂恩相舍。"操闻言，怒目视帝，恨恨而出。左右或奏帝曰："近闻魏公欲自立为王，不久必将篡位。"帝与伏后大哭。后曰："妾父伏完常有杀操之心，妾今当修书一封，密与父图之"。帝曰："昔董承为事不密，反遭大祸；今恐又泄漏，朕与汝皆休矣！"后曰："旦夕如坐针毡，似此为人，不如早亡！妾看宦官中之忠义可托者，莫如穆顺，当令寄此书。"乃即召穆顺入屏后，退去左右近侍。帝后大哭告顺曰："操贼欲为魏王，早晚必行篡夺之事。朕欲令后父伏完密图此贼，而左右之人，俱贼心腹，无可托者。欲汝将皇后密书，寄与伏完。量汝忠义，必不负朕。"顺泣曰："臣感陛下大恩，敢不以死报！臣即请行。"后乃修书付顺。顺藏书于发中，潜出禁宫，径至伏完宅，将书呈上。完见是伏后亲笔，乃谓穆顺曰："操贼心腹甚众，不可遽图。除非江东孙权、西川刘备，二处起兵于外，操必自往。此时却求在朝忠义之臣，一同谋之。内外夹攻，庶可有济。"顺曰："皇丈可作书覆帝后，求密诏，暗遣人往吴、蜀二处，令约会起兵，讨贼救主。"伏完即取纸写书付顺。顺乃藏于头髻内，辞完回宫。

原来早有人报知曹操。操先于宫门等候。穆顺回遇曹操，操问："那里去来？"顺答曰："皇后有病，命求医去。"操曰："召得医人何在？"顺曰："还未召至。"操喝左右，遍搜身上，并无夹带，放行。忽然风吹落其帽。操又唤回，取帽视之，遍观无物，还帽令戴。穆顺双手倒戴其帽。操心疑，令左右搜其头发中，搜出伏完书来。操看时，书中言欲结连孙、刘为外应。操大怒，执下穆顺于密室问之，顺不肯招。操连夜点起甲兵三千，围住伏完私宅，老幼并皆拿下；搜出伏后亲笔之书，随将伏氏三族尽皆下狱。平明，使御林将军郗虑持节入宫，先收皇后玺绶。是日，帝在外殿，见郗虑引三百甲兵直入。帝问曰："有何事？"虑曰："奉魏公命收皇后玺。"帝知事泄，心胆皆碎。虑至后宫，伏后方起。虑便唤管玺绶人索取玉玺而出。伏后情知事发，便于殿后椒房内夹壁中藏躲。少顷，尚书令华歆引五百甲兵入到后殿，问宫人："伏后何在？"宫人皆推不知。歆教甲兵打开朱户，寻觅不见；料在壁中，便喝甲士破壁搜寻。歆亲自动手揪后头髻拖出。后曰："望免我一命！"歆叱曰："汝自见魏公诉去！"后披发跣足，二甲士推拥而出。原来华歆素有才名，向与邴原、管宁相友善。时人称三人为一龙：华歆为龙头，邴原为龙腹，管宁为龙尾。一日，宁与歆共种园蔬，锄地见金。宁挥锄不顾；歆拾而视之，然后掷下。又一日，宁与歆同坐观书，闻户外传呼之声，有贵人乘轩而过。宁端坐不动，歆弃书往观。宁自此鄙歆之为人，遂割席分坐，不复与之为友。后来管宁避居辽东，常戴白帽，坐卧一楼，足不履地，终身不肯仕魏；而歆乃先事孙权，后归曹操，至此乃有收捕伏皇后一事。后人有诗叹华歆曰："华歆当日逞凶谋，破壁生将母后收。助虐一朝添虎翼，骂名千载笑龙头！"又有诗赞管宁曰："辽东传有管宁楼，人去楼空名独留。笑杀子鱼贪富贵，岂如白帽自风流。"

且说华歆将伏后拥至外殿。帝望见后，乃下殿抱后而哭。歆曰："魏公有命，可速行！"后哭谓帝曰："不能复相活耶？"帝曰："我命亦不知在何时也！"甲士拥后而去，帝捶胸大恸。见郗虑在侧，帝曰："郗公！天下宁有是事乎！"哭倒在地。郗虑令左右扶帝入宫。华歆拿伏后见操。操骂曰："吾以诚心待汝等，汝等反欲害我耶！吾不杀汝，汝必杀我！"喝左右乱棒打死。随即入宫，将伏后所生二子，皆鸩杀之。当晚将伏完、穆顺等宗族二百余口，皆斩于市。朝野之人，无不惊骇。时建安十九年十一月也。后人有诗叹曰："曹瞒凶残世所无，伏完忠义欲何如。可怜帝后分离处，不及民间妇与夫！"

献帝自从坏了伏后，连日不食。操入曰："陛下无忧，臣无异心。臣女已与陛下为贵人，大贤大孝，宜居正宫。"献帝安敢不从。于建安二十年正月朔，就庆贺正旦之节，册立曹操女曹贵人为正宫皇后。群下莫敢有言。

此时曹操威势日甚。会大臣商议收吴灭蜀之事。贾诩曰："须召夏侯惇、曹仁二人回，商议此事。"操即时发使，星夜唤回。夏侯惇未至，曹仁先到，连夜便入府中见操。操方被酒而卧，许褚仗剑立于堂门之内，曹仁欲入，被许褚当住。曹仁大怒曰："吾乃曹氏宗族，汝何敢阻当耶？"许褚曰："将军虽亲，乃外藩镇守之官；许褚虽疏，现充内侍。主公醉卧堂上，不敢放入。"仁乃不敢入。曹操闻之，叹曰："许褚真忠臣也！"不数日，夏侯惇亦至，共议征伐。惇曰："吴、蜀急未可攻，宜先取汉中张鲁，以得胜之兵取蜀，可一鼓而下也。"曹操曰："正合吾意。"遂起兵西征。正是：方逞凶谋欺弱主，又驱劲卒扫偏邦。未知后事如何，且看下文分解。

第六十七回 曹操平定汉中地 张辽威震逍遥津

却说曹操兴师西征，分兵三队：前部先锋夏侯渊；张郃；操自领诸将居中；后部曹仁、夏侯惇，押运粮草。早有细作报入汉中来。张鲁与弟张卫，商议退敌之策。卫曰："汉中最险无如阳平关；可于关之左右，依山傍林，下十余个寨栅，迎敌曹兵。兄在汉宁，多拨粮草应付。"张鲁依言，遣大将杨昂、杨任，与其弟即日起程。军马到阳平关，下寨已定。夏侯渊、张郃前军随到，闻阳平关已有准备，离关一十五里下寨。是夜，军士疲困，各自歇息。忽寨后一把火起，杨昂、杨任两路兵杀来劫寨。夏侯渊、张郃急上得马，四下里大兵拥入，曹兵大败，退见曹操。操怒曰："汝二人行军许多年，岂不知兵若远行疲困，可防劫寨？如何不作准备？"欲斩二人，以明军法。众官告免。操次日自引兵为前队，见山势险恶，林木丛杂，不知路径，恐有伏兵，即引军回寨，谓许褚、徐晃二将曰："吾若知此处如此险恶，必不起兵来。"许褚曰："兵已至此，主公不可惮劳。"次日，操上马，只带许褚、徐晃二人，来看张卫寨栅。三匹马转过山坡，早望见张卫寨栅。操扬鞭遥指，谓二将曰："如此坚固，急切难下！"言未已，背后一声喊起，箭如雨发。杨昂、杨任分两路杀来。操大惊。许褚大呼曰："吾当敌贼！徐公明善保主公。"说罢，提刀纵马向前，力敌二将。杨昂、杨任不能当许褚之勇，回马退去，其余不敢向前。徐晃保着曹操奔过山坡，前面又一军到；看时，却是夏侯渊；张郃二将，听得喊声，故引军杀来接应。于是杀退杨昂、杨任，救得曹操回寨。操重赏四将。

自此两边相拒五十余日，只不交战。曹操传令退军。贾诩曰："贼势未见强弱，主公何故自退耶？"操曰："吾料贼兵每日提备，急难取胜。吾以退军为名，使贼懈而无备，然后分轻骑抄袭其后，必胜贼矣。"贾诩曰："丞相神机，不可测也。"于是令夏侯渊；张郃分兵两路，各引轻骑三千，取小路抄阳平关后。曹操一面引大军拔寨尽起。杨昂听得曹兵退，请杨任商议，欲乘势击之。杨任曰："操诡计极多，未知真实，不可追赶。"杨昂曰："公不往，吾当自去。"杨任苦谏不从。杨昂尽提五寨军马前进，只留些少军士守寨。

是日，大雾迷漫，对面不相见。杨昂军至半路，不能行，权且扎住。却说夏侯渊一军抄过山后，见重雾垂空，又闻人语马嘶，恐有伏兵，急催人马行动，大雾中误走到杨昂寨前。守寨军士，听得马蹄响，只道是杨昂兵回，开门纳之。曹军一拥而入，见是空寨，便就寨中放起火来。五寨军士，尽皆弃寨而走。比及雾散，杨任领兵来救，与夏侯渊战不数合，背后张郃兵到。杨任杀条大路，奔回南郑。杨昂待要回时，已被夏侯渊、张郃两个占了寨栅。背后曹操大队军马赶来。两下夹攻，四边无路。杨昂欲突阵而出，正撞着张郃。两个交手，被张郃杀死。败兵回投阳平关，来见张卫。原来卫知二将败走，诸营已失，半夜弃关，奔回去了。曹操遂得阳平关并诸寨。张卫、杨任回见张鲁。卫言二将失了隘口，因此守关不住。张鲁大怒，欲斩杨任。任曰："某曾谏杨昂，休追操兵。他不肯听信，故有此败。任再乞一军前去挑战，必斩曹操。如不胜，甘当军令。"张鲁取了军令状。杨任上马，引二万军离南郑下寨。却说曹操提军将进，先令夏侯渊领五千军，往南郑路上哨探，正迎着杨任军马，两军摆开。任遣部将昌奇出马，与渊交锋；战不三合，被渊一刀斩于马下。杨任自挺枪出马，与渊战三十余合，不分胜负。渊佯败而走，任从后追来；被渊用拖刀计，斩于马下。军士大败而回。曹操知夏侯渊斩了杨任，即时进兵，直抵南郑下寨。张鲁慌聚文武商议。阎圃曰："某保一人，可敌曹操手下诸将。"鲁问是谁。圃曰："南安庞德，前随马超投主公；后马超往西川，庞德卧病不曾行。现今蒙主公恩养，何不令此人去？"

张鲁大喜，即召庞德至，厚加赏劳；点一万军马，令庞德出。离城十余里，与曹兵相对，庞德出马搦战。曹操在渭桥时，深知庞德之勇，乃嘱诸将曰："庞德乃西凉勇将，原属马超；今虽依张鲁，未称其心。吾欲得此人。汝等须皆与缓斗，使其力乏，然后擒之。"张郃先出，战了数合便退。夏侯渊也战数合退了。徐晃又战三五合也退了。临后许褚战五十余合亦退。庞德力战四将，并无惧怯。各将皆于操前夸庞德好武艺。曹操心中大喜，与众将商议："如何得此人投降？"贾诩曰："某知张鲁手下，有一谋士杨松。其人极贪贿赂。今可暗以金帛送之，使谮庞德于张鲁，便可图矣。"操曰："何由得人入南郑？"诩曰："来日交锋，诈败佯输，弃寨而走，使庞德据我寨。我却于夤夜引兵劫寨，庞德必退入城。却选一能言军士，扮作彼军，杂在阵中，便得入城。"操听其计，选一精细军校，重加赏赐，付与金掩心甲一副，令披在贴肉，外穿汉中军士号衣，先于半路上等候。

次日，先拨夏侯渊；张郃两枝军，远去埋伏；却教徐晃挑战，不数合败走。庞德招军掩杀，曹兵尽退。庞德却夺了曹操寨栅。见寨中粮草极多，大喜，即时申报张鲁；一面在寨中设宴庆贺。当夜二更之后，忽然三路火起：正中是徐晃、许褚，左张郃，右夏侯渊。三路军马，齐来劫寨。庞德不及提备，只得上马冲杀出来，望城而走。背后三路兵追来。庞德急唤开城门，领兵一拥而入。

此时细作已杂到城中，径投杨松府下谒见，具说："魏公曹丞相久闻盛德，特使某送金甲为信。更有密书呈上。"松大喜，看了密书中言语，谓细作曰："上覆魏公，但请放心。某自有良策奉报。"打发来人先回，便连夜入见张鲁，说庞德受了曹操贿赂，卖此一阵。张鲁大怒，唤庞德责骂，欲斩之。阎圃苦谏。张鲁曰："你来日出战，不胜必斩！"庞德抱恨而退。次日，曹兵攻城，庞德引兵冲出。操令许褚交战。褚诈败，庞德赶来。操自乘马于山坡上唤曰："庞令明何不早降？"庞德寻思："拿住曹操，抵一千员上将！"遂飞马上坡。一声喊起，天崩地塌，连人和马，跌入陷坑内去；四壁钩索一齐上前，活捉了庞德，押上坡来。曹操下马，叱退军士，亲释其缚，问庞德肯降否。庞德寻思张鲁不仁，情愿拜降。曹操亲扶上马，共回大寨，故意教城上望见。人报张鲁，德与操并马而行。鲁益信杨松之言为实。次日，曹操三面竖立云梯，飞炮攻打。张鲁见其势已极，与弟张卫商议。卫曰："放火尽烧仓廪府库，出奔南山，去守巴中可也。"杨松曰："不如开门投降。"张鲁犹豫不定。卫曰："只是烧了便行。"张鲁曰："我向本欲归命国家，而意未得达；今不得已而出奔，仓廪府库，国家之有，不可废也。"遂尽封锁。是夜二更，张鲁引全家老小，开南门杀出。曹操教休追赶；提兵入南郑，见鲁封闭库藏，心甚怜之。遂差人往巴中，劝使投降。张鲁欲降，张卫不肯。杨松以密书报操，便教进兵，松为内应。操得书，亲自引兵往巴中。张鲁使弟卫领兵出敌，与许褚交锋；被褚斩于马下。败军回报张鲁，鲁欲坚守。杨松曰："今若不出，坐而待毙矣。某守城，主公当亲与决一死战。"鲁从之。阎圃谏鲁休出。鲁不听，遂引军出迎。未及交锋，后军已走。张鲁急退，背后曹兵赶来。鲁到城下，杨松闭门不开。张鲁无路可走，操从后追至，大叫："何不早降！"鲁乃下马投拜。操大喜；念其封仓库之心，优礼相待，封鲁为镇南将军。阎圃等皆封列侯。于是汉中皆平。曹操传令各郡分设太守，置都尉，大赏士卒。惟有杨松卖主求荣，即命斩之于市曹示众。后人有诗叹曰："妨贤卖主逞奇功，积得金银总是空。家未荣华身受戮，令人千载笑杨松！"

曹操已得东川，主簿司马懿进曰："刘备以诈力取刘璋，蜀人尚未归心。今主公已得汉中，益州震动。可速进兵攻之，势必瓦解。智者贵于乘时，时不可失也。"曹操叹曰："人苦不知足，既得陇，复望蜀耶？"刘晔曰："司马仲达之言是也。若少迟缓，诸葛亮明于治国而为相，关、张等勇冠三军而为将，蜀民既定，据守关隘，不可犯矣。"操曰："士卒远涉劳苦，且宜存恤。"遂按兵不动。却说西川百姓，听知曹操已取东川，料必来取西川，一日之间，数遍惊恐。玄德请军师商议。孔明曰："亮有一计。曹操自退。"玄德问何计。孔明曰："曹操分军屯合淝，惧孙权也。今我若分江夏、长沙、桂阳三郡还吴，遣舌辩之士，陈说利害，令吴起兵袭合淝，牵动其势，操必勒兵南向矣。"玄德问："谁可为使？"伊籍曰："某愿往。"玄德大喜，遂作书具礼，令伊籍先到荆州，知会云长，然后入吴。

到秣陵，来见孙权，先通了姓名。权召籍入。籍见权礼毕，权问曰："汝到此何为？"籍曰："昨承诸葛子瑜取长沙等三郡，为军师不在，有失交割，今传书送还。所有荆州南郡、零陵，本欲送还；被曹操袭取东川，使关将军无容身之地。今合淝空虚，望君侯起兵攻之，使曹操撤兵回南。吾主若取了东川，即还荆州全土。"权曰："汝且归馆舍，容吾商议。"伊籍退出，权问计于众谋士。张昭曰："此是刘备恐曹操取西川，故为此谋。虽然如此，可因操在汉中。乘势取合淝，亦是上计。"权从之，发付伊籍回蜀去讫，便议起兵攻操：令鲁肃收取长沙、江夏、桂阳三郡，屯兵于陆口，取吕蒙、甘宁回；又去余杭取凌统回。不一日，吕蒙、甘宁先到。蒙献策曰："现今曹操令庐江太守朱光，屯兵于皖城，大开稻田，纳谷于合淝，以充军实。今可先取皖城，然后攻合淝。"权曰："此计甚合吾意。"遂教吕蒙、甘宁为先锋，蒋钦、潘璋为合后，权自引周泰、陈武、董袭、徐盛为中军。时程普、黄盖、韩当在各处镇守，都未随征。却说军马渡江，取和州，径到皖城。皖城太守朱光，使人往合淝求救；一面固守城池，坚壁不出。权自到城下看时，城上箭如雨发，射中孙权麾盖。权回寨，问众将曰："如何取得皖城？"董袭曰："可差军士筑起土山攻之。"徐盛曰："可竖云梯，造虹桥，下观城中而攻之。"吕蒙曰："此法皆费日月而成，合淝救军一至，不可图矣。今我军初到，士气方锐，正可乘此锐气，奋力攻击。来日平明进兵，午未时便当破城。"权从之。次日五更饭毕，三军大进。城上矢石齐下。甘宁手执铁链，冒矢石而上。朱光令弓弩手齐射，甘宁拨开箭林，一链打倒朱光。吕蒙亲自擂鼓。士卒皆一拥而上，乱刀砍死朱光。余众多降，得了皖城，方才辰时。张辽引军至半路，哨马回报皖城已失。辽即回兵归合淝。

孙权入皖城，凌统亦引军到。权慰劳毕，大犒三军，重赏吕蒙，甘宁诸将，设宴庆功。吕蒙逊甘宁上坐，盛称其功劳。酒至半酣，凌统想起甘宁杀父之仇，又见吕蒙夸美之，心中大怒，瞪目直视良久，忽拔左右所佩之剑，立于筵上曰："筵前无乐，看吾舞剑。"甘宁知其意，推开果桌起身，两手取两枝戟挟定，纵步出曰："看我筵前使戟。"吕蒙见二人各无好意，便一手挽牌，一手提刀，立于其中曰："二公虽能，皆不如我巧也。"说罢，舞起刀牌，将二人分于两下。早有人报知孙权。权慌跨马，直至筵前。众见权至，方各放下军器。权曰："吾常言二人休念旧仇，今日又何如此？"凌统哭拜于地。孙权再三劝止。至次日，起兵进取合淝，三军尽发。

张辽为失了皖城，回到合淝，心中愁闷。忽曹操差薛悌送木匣一个，上有操封，傍书云："贼来乃发。"是日报说孙权自引十万大军，来攻合淝。张辽便开匣观之。内书云："若孙权至，张、李二将军出战，乐将军守城。"张辽将教帖与李典、乐进观之。乐进曰："将军之意若何？"张辽曰："主公远征在外，吴兵以为破我必矣。今可发兵出迎，奋力与战，折其锋锐，以安众心，然后可守也。"李典素与张辽不睦，闻辽此言，默然不答。乐进见李典不语，便道："贼众我寡，难以迎敌，不如坚守。"张辽曰："公等皆是私意，不顾公事。吾今自出迎敌，决一死战。"便教左右备马。李典慨然而起曰："将军如此，典岂敢以私憾而忘公事乎？愿听指挥。"张辽大喜曰："既曼成肯相助，来日引一军于逍遥津北埋伏：待吴兵杀过来，可先断小师桥，吾与乐文谦击之。"李典领命，自去点军埋伏。却说孙权令吕蒙、甘宁为前队，自与凌统居中，其余诸将陆续进发，望合淝杀来。吕蒙、甘宁前队兵进，正与乐进相迎。甘宁出马与乐进交锋，战不数合，乐进诈败而走。甘宁招呼吕蒙一齐引军赶去。孙权在第二队，听得前军得胜，催兵行至逍遥津北，忽闻连珠炮响，左边张辽一军杀来，右边李典一军杀来。孙权大惊，急令人唤吕蒙、甘宁回救时，张辽兵已到。凌统手下，止有三百余骑，当不得曹军势如山倒。凌统大呼曰："主公何不速渡小师桥！"言未毕，张辽引二千余骑，当先杀至。凌统翻身死战。孙权纵马上桥，桥南已折丈余，并无一片板。孙权惊得手足无措。牙将谷利大呼曰："主公可约马退后，再放马向前，跳过桥去。"孙权收回马来有三丈余远，然后纵辔加鞭，那马一跳飞过桥南。后人有诗曰："的卢当日跳檀溪，又见吴侯败合淝。退后着鞭驰骏骑，逍遥津上玉龙飞。"孙权跳过桥南，徐盛、董袭驾舟相迎。凌统、谷利抵住张辽。甘宁、吕蒙引军回救，却被乐进从后追来，李典又截住厮杀，吴兵折了大半。凌统所领三百余人，尽被杀死。统身中数枪，杀到桥边，桥已折断，绕河而逃。孙权在舟中望见，急令董袭棹舟接之，乃得渡回。吕蒙、甘宁皆死命逃过河南。这一阵杀得江南人人害怕；闻张辽大名，小儿也不敢夜啼。众将保护孙权回营。权乃重赏凌统、谷利，收军回濡须，整顿船只，商议水陆并进；一面差人回江南，再起人马来助战。却说张辽闻孙权在濡须将欲兴兵进取，恐合淝兵少难以抵敌，急令薛悌星夜往汉中，报知曹操，求请救兵。操同众官议曰："此时可收西川否？"刘晔曰："今蜀中稍定，已有提备，不可击也。不如撤兵去救合淝之急，就下江南。"操乃留夏侯渊守汉中定军山隘口，留张郃守蒙头岩等隘口。其余军兵拔寨都起，杀奔濡须坞来。正是：铁骑甫能平陇右，旌旄又复指江南。未知胜负如何，且看下文分解。

第六十八回 甘宁百骑劫魏营 左慈掷杯戏曹操

却说孙权在濡须口收拾军马，忽报曹操自汉中领兵四十万前来救合淝。孙权与谋士计议，先拨董袭、徐盛二人领五十只大船，在濡须口埋伏；令陈武带领人马，往来江岸巡哨。张昭曰："今曹操远来，必须先挫其锐气。"权乃问帐下曰："曹操远来，谁敢当先破敌，以挫其锐气？"凌统出曰："某愿往。"权曰："带多少军去？"统曰："三千人足矣。"甘宁曰："只须百骑，便可破敌，何必三千！"凌统大怒。两个就在孙权面前争竞起来。权曰："曹军势大，不可轻敌。"乃命凌统带三千军出濡须口去哨探，遇曹兵，便与交战。凌统领命，引着三千人马，离濡须坞。尘头起处，曹兵早到。先锋张辽与凌统交锋，斗五十合，不分胜败。孙权恐凌统有失，令吕蒙接应回营。甘宁见凌统回，即告权曰："宁今夜只带一百人马去劫曹营；若折了一人一骑，也不算功。"孙权壮之，乃调拨帐下一百精锐马兵付宁；又以酒五十瓶，羊肉五十斤，赏赐军士。甘宁回到营中，教一百人皆列坐，先将银碗斟酒，自吃两碗，乃语百人曰："今夜奉命劫寨，请诸公各满饮一觞，努力向前。"众人闻言，面面相觑。甘宁见众人有难色，乃拔剑在手，怒叱曰："我为上将，且不惜命；汝等何得迟疑！"众人见甘宁作色，皆起拜曰："愿效死力。"甘宁将酒肉与百人共饮食尽，约至二更时候取白鹅翎一百根，插于盔上为号；都披甲上马，飞奔曹操寨边，拔开鹿角，大喊一声，杀入寨中，径奔中军来杀曹操。原来中军人马，以车仗伏路穿连，围得铁桶相似，不能得进。甘宁只将百骑，左冲右突。曹兵惊慌，正不知敌兵多少，自相扰乱。那甘宁百骑，在营内纵横驰骤，逢着便杀。各营鼓噪，举火如星，喊声大震。甘宁从寨之南门杀出，无人敢当。孙权令周泰引一枝兵来接应。甘宁将百骑回到濡须。操兵恐有埋伏，不敢追袭。后人有诗赞曰："鼙鼓声喧震地来，吴师到处鬼神哀！百翎直贯曹家寨，尽说甘宁虎将才。"甘宁引百骑到寨，不折一人一骑；至营门，令百人皆击鼓吹笛，口称"万岁"，欢声大震。孙权自来迎接。甘宁下马拜伏。权扶起，携宁手曰："将军此去，足使老贼惊骇。非孤相舍，正欲观卿胆耳！"即赐绢千匹，利刀百口。宁拜受讫，遂分赏百人。权语诸将曰："孟德有张辽，孤有甘兴霸，足以相敌也。"

次日，张辽引兵搦战。凌统见甘宁有功，奋然曰："统愿敌张辽。"权许之。统遂领兵五千，离濡须。权自引甘宁临阵观战。对阵圆处，张辽出马，左有李典，右有乐进。凌统纵马提刀，出至阵前。张辽使乐进出迎。两个斗到五十合，未分胜败。曹操闻知，亲自策马到门旗下来看，见二将酣斗，乃令曹休暗放冷箭。曹休便闪在张辽背后，开弓一箭，正中凌统坐下马，那马直立起来，把凌统掀翻在地。乐进连忙持枪来刺。枪还未到，只听得弓弦响处，一箭射中乐进面门，翻身落马。两军齐出，各救一将回营，鸣金罢战。凌统回寨中拜谢孙权。权曰："放箭救你者，甘宁也。"凌统乃顿首拜宁曰："不想公能如此垂恩！"自此与甘宁结为生死之交，再不为恶。且说曹操见乐进中箭，令自到帐中调治。次日，分兵五路来袭濡须：操自领中路；左一路张辽，二路李典；右一路徐晃，二路庞德。每路各带一万人马，杀奔江边来。时董袭、徐盛二将，在楼船上见五路军马来到，诸军各有惧色。徐盛曰："食君之禄，忠君之事，何惧哉！"遂引猛士数百人，用小船渡过江边，杀入李典军中去了。董袭在船上，令众军擂鼓呐喊助威。忽然江上猛风大作，白浪掀天，波涛汹涌。军士见大船将覆，争下脚舰逃命。董袭仗剑大喝曰："将受君命，在此防贼，怎敢弃船而去！"立斩下船军士十余人。须臾，风急船覆，董袭竟死于江口水中。徐盛在李典军中，往来冲突。

却说陈武听得江边厮杀，引一军来，正与庞德相遇，两军混战。孙权在濡须坞中，听得曹兵杀到江边，亲自与周泰引军前来助战。正见徐盛在李典军中搅做一团厮杀，便麾军杀入接应。却被张辽、徐晃两枝军，把孙权困在垓心。曹操上高阜处看见孙权被围，急令许诸纵马持刀杀入军中，把孙权军冲作两段，彼此不能相救。

却说周泰从军中杀出，到江边，不见了孙权，勒回马，从外又杀入阵中，问本部军："主公何在？"军人以手指兵马厚处，曰："主公被围甚急！"周泰挺身杀入，寻见孙权。泰曰："主公可随泰杀出。"于是泰在前，权在后，奋力冲突。泰到江边，回头又不见孙权，乃复翻身杀入围中，又寻见孙权。权曰："弓弩齐发，不能得出，如何？"泰曰："主公在前，某在后，可以出围。"孙权乃纵马前行。周泰左右遮护，身被数枪，箭透重铠，救得孙权。到江边，吕蒙引一枝水军前来接应下船。权曰："吾亏周泰三番冲杀，得脱重围。但徐盛在垓心，如何得脱？"周泰曰："吾再救去。"遂轮枪复翻身杀入重围之中，救出徐盛。二将各带重伤。吕蒙教军士乱箭射住岸上兵，救二将下船。却说陈武与庞德大战，后面又无应兵，被庞德赶到峪口，树林丛密；陈武再欲回身交战，被树株抓往袍袖，不能迎敌，为庞德所杀。曹操见孙权走脱了，自策马驱兵，赶到江边对射。吕蒙箭尽，正慌间，忽对江一宗船到，为首一员大将，乃是孙策女婿陆逊，自引十万兵到；一阵射退曹兵，乘势登岸追杀曹兵，复夺战马数千匹，曹兵伤者，不计其数，大败而回。于乱军中寻见陈武尸首，孙权知陈武已亡，董袭又沉江而死，哀痛至切，令人入水中寻见董袭尸首，与陈武尸一齐厚葬之。又感周泰救护之功，设宴款之。权亲自把盏，抚其背，泪流满面，曰："卿两番相救，不惜性命，被枪数十，肤如刻画，孤亦何心不待卿以骨肉之恩、委卿以兵马之重乎！卿乃孤之功臣，孤当与卿共荣辱、同休戚也。"言罢，令周泰解衣与众将观之：皮肉肌肤，如同刀剜，盘根遍体。孙权手指其痕，一一问之。周泰具言战斗被伤之状。一处伤令吃一觥酒。是日，周泰大醉。权以青罗伞赐之，令出入张盖，以为显耀。权在濡须，与操相拒月余，不能取胜。张昭，顾雍上言："曹操势大，不可力取；若与久战，大损士卒：不若求和安民为上。"孙权从其言，令步骘往曹营求和，许年纳岁贡。操见江南急未可下，乃从之，令："孙权先撤人马，吾然后班师。"步骘回覆，权只留蒋钦、周泰守濡须口，尽发大兵上船回秣陵。操留曹仁、张辽屯合淝，班师回许昌。文武众官皆议立曹操为魏王。尚书崔琰力言不可。众官曰："汝独不见荀文若乎？"琰大怒曰："时乎，时乎！会当有变，任自为之！"有与琰不和者，告知操。操大怒，收琰下狱问之。琰虎目虬髯，只是大骂曹操欺君奸贼。廷尉白操，操令杖杀崔琰在狱中。后人有赞曰："清河崔琰，天性坚刚；虬髯虎目，铁石心肠；奸邪辟易，声节显昂；忠于汉主，千古名扬！"

建安二十一年夏五月，群臣表奏献帝，颂魏公曹操功德，极天际地，伊、周莫及，宜进爵为王。献帝即令钟繇草诏，册立曹操为魏王。曹操假意上书三辞。诏三报不许，操乃拜命受魏王之爵，冕十二旒，乘金根车，驾六马，用天子车服銮仪，出警入跸，于邺郡盖魏王宫，议立世子。操大妻丁夫人无出。妾刘氏生子曹昂，因征张绣时死于宛城。卞氏所生四子：长曰丕，次曰彰，三曰植，四曰熊。于是黜丁夫人，而立卞氏为魏王后。第三子曹植，字子建，极聪明，举笔成章，操欲立之为后嗣。长子曹丕，恐不得立，乃问计于中大夫贾诩。诩教如此如此。自是但凡操出征，诸子送行，曹植乃称述功德，发言成章；惟曹丕辞父，只是流涕而拜，左右皆感伤。于是操疑植乖巧，诚心不及丕也。丕又使人买嘱近侍，皆言丕之德。操欲立后嗣，踌躇不定，乃问贾诩曰："孤欲立后嗣，当立谁？"贾诩不答，操问其故，诩曰："正有所思，故不能即答耳。"操曰："何所思？"诩对曰："思袁本初、刘景升父子也。"操大笑，遂立长子曹丕为王世子。

冬十月，魏王宫成，差人往各处收取奇花异果，栽植后苑。有使者到吴地，见了孙权，传魏王令旨，再往温州取柑子。时孙权正尊让魏王，便令人于本城选了大柑子四十余担，星夜送往邺郡。至中途，挑担役夫疲困，歇于山脚下，见一先生，眇一目，跛一足，头戴白藤冠，身穿青懒衣，来与脚夫作礼，言曰："你等挑担劳苦，贫道都替你挑一肩何如？"众人大喜。于是先生每担各挑五里。但是先生挑过的担儿都轻了。众皆惊疑。先生临去，与领柑子官说："贫道乃魏王乡中故人，姓左，名慈，字元放，道号乌角先生。如你到邺郡，可说左慈申意。"遂拂袖而去。

取柑人至邺郡见操，呈上柑子。操亲剖之，但只空壳，内并无肉。操大惊，问取柑人。取柑人以左慈之事对。操未肯信，门吏忽报："有一先生，自称左慈，求见大王。"操召入。取柑人曰："此正途中所见之人。"操叱之曰："汝以何妖术，摄吾佳果？"慈笑曰："岂有此事！"取柑剖之，内皆有肉，其味甚甜。但操自剖者，皆空壳。操愈惊，乃赐左慈坐而问之。慈索酒肉，操令与之，饮酒五斗不醉，肉食全羊不饱。操问曰："汝有何术，以至于此？"慈曰："贫道于西川嘉陵峨嵋山中，学道三十年，忽闻石壁中有声呼我之名；及视，不见。如此者数日。忽有天雷震碎石壁，得天书三卷，名曰《遁甲天书》。上卷名'天遁'，中卷名'地遁'，下卷名'人遁'。天遁能腾云跨风，飞升太虚；地遁能穿山透石；人遁能云游四海，藏形变身，飞剑掷刀，取人首级。大王位极人臣，何不退步，跟贫道往峨嵋山中修行？当以三卷天书相授。"操曰："我亦久思急流勇退，奈朝廷未得其人耳。"慈笑曰："益州刘玄德乃帝室之胄，何不让此位与之？不然，贫道当飞剑取汝之头也。"操大怒曰："此正是刘备细作！"喝左右拿下。慈大笑不止。操令十数狱卒，捉下拷之。狱卒着力痛打，看左慈时，却齁齁熟睡，全无痛楚。操怒，命取大枷，铁钉钉了，铁锁锁了，送入牢中监收，令人看守。只见枷锁尽落，左慈卧于地上，并无伤损。连监禁七日，不与饮食。及看时，慈端坐于地上，面皮转红。狱卒报知曹操，操取出问之。慈曰："我数十年不食，亦不妨；日食千羊，亦能尽。"操无可奈何。

是日，诸官皆至王宫大宴。正行酒间，左慈足穿木履，立于筵前。众官惊怪。左慈曰："大王今日水陆俱备，大宴群臣，四方异物极多，内中欠少何物，贫道愿取之。"操曰："我要龙肝作羹，汝能取否？"慈曰："有何难哉！"取墨笔于粉墙上画一条龙，以袍袖一拂，龙腹自开。左慈于龙腹中提出龙肝一副，鲜血尚流。操不信，叱之曰："汝先藏于袖中耳！"慈曰："即今天寒，草木枯死；大王要甚好花，随意所欲。"操曰："吾只要牡丹花。"慈曰："易耳。"令取大花盆放筵前。以水噀之。顷刻发出牡丹一株，开放双花。众官大惊，邀慈同坐而食。少刻，庖人进鱼脍。慈曰："脍必松江鲈鱼者方美，"操曰："千里之隔，安能取之？"慈曰："此亦何难取！"教把钓竿来，于堂下鱼池中钓之。顷刻钓出数十尾大鲈鱼，放在殿上。操曰："吾池中原有此鱼。"慈曰："大王何相欺耶？天下鲈鱼只两腮，惟松江鲈鱼有四腮：此可辨也。"众官视之，果是四腮。慈曰："烹松江鲈鱼，须紫芽姜方可。"操曰："汝亦能取之否？"慈曰："易耳。"令取金盆一个，慈以衣覆之。须臾，得紫芽姜满盆，进上操前。操以手取之，忽盆内有书一本，题曰《孟德新书》。操取视之，一字不差。操大疑，慈取桌上玉杯，满斟佳酿进操曰："大王可饮此酒，寿有千年。"操曰："汝可先饮。"慈遂拔冠上玉簪，于杯中一画，将酒分为两半；自饮一半，将一半奉操。操叱之。慈掷杯于空中，化成一白鸠，绕殿而飞。众官仰面视之，左慈不知所往。左右忽报："左慈出宫门去了。"操曰："如此妖人，必当除之！否则必将为害。"遂命许褚引三百铁甲军追擒之。

褚上马引军赶至城门，望见左慈穿木履在前，慢步而行。褚飞马追之，却只追不上。直赶到一山中，有牧羊小童，赶着一群羊而来，慈走入羊群内。褚取箭射之，慈即不见。褚尽杀群羊而回。牧羊小童守羊而哭，忽见羊头在地上作人言，唤小童曰："汝可将羊头都凑在死羊腔子上。"小童大惊，掩面而走。忽闻有人在后呼曰："不须惊走，还汝活羊。"小童回顾，见左慈已将地上死羊凑活，赶将来了。小童急欲问时，左慈已拂袖而去。其行如飞，倏忽不见。

小童归告主人，主人不敢隐讳，报知曹操。操画影图形，各处捉拿左慈。三日之内，城里城外，所捉眇一目、跛一足、白藤冠、青懒衣、穿木履先生，都一般模样者，有三四百个。哄动街市。操令众将，将猪羊血泼之，押送城南教场。曹操亲自引甲兵五百人围住，尽皆斩之。人人颈腔内各起一道青气，到上天聚成一处，化成一个左慈，向空招白鹤一只骑坐，拍手大笑曰："土鼠随金虎，奸雄一旦休！"操令众将以弓箭射之。忽然狂风大作，走石扬沙；所斩之尸，皆跳起来，手提其头，奔上演武厅来打曹操。文官武将，掩面惊倒，各不相顾。正是：奸雄权势能倾国，道士仙机更异人。未知曹操性命如何，且看下文分解。

第六十九回 卜周易管辂知机 讨汉贼五臣死节

却说当日曹操见黑风中群尸皆起，惊倒于地。须臾风定，群尸皆不见。左右扶操回宫，惊而成疾。后人有诗赞左慈曰："飞步凌云遍九州，独凭遁甲自遨游。等闲施设神仙术，点悟曹瞒不转头。"曹操染病，服药无愈。适太史丞许芝，自许昌来见操。操令芝卜易。芝曰："大王曾闻神卜管辂否？"操曰："颇闻其名，未知其术。汝可详言之。"芝曰："管辂字公明，平原人也。容貌粗丑，好酒疏狂。其父曾为琅琊即丘长。辂自幼便喜仰视星辰，夜不肯寐，父母不能禁止。常云家鸡野鹄，尚自知时，何况为人在世乎？与邻儿共戏，辄画地为天文，分布日月星辰。及稍长，即深明《周易》，仰观风角，数学通神，兼善相术。琅琊太守单子春闻其名，召辂相见。时有坐客百余人，皆能言之士。辂谓子春曰：辂年少胆气未坚，先请美酒三升，饮而后言。子春奇之，遂与酒三升。饮毕，辂问子春：今欲与辂为对者，若府君四座之士耶？子春曰：吾自与卿旗鼓相当。于是与辂讲论易理。辂亹亹而谈，言言精奥。子春反覆辩难，辂对答如流。从晓至暮，酒食不行。子春及众宾客，无不叹服。于是天下号为神童。后有居民郭恩者，兄弟三人，皆得躄疾，请辂卜之。辂曰：卦中有君家本墓中女鬼，非君伯母即叔母也。昔饥荒之年，谋数升米之利，推之落井，以大石压破其头，孤魂痛苦，自诉于天，故君兄弟有此报。不可禳也。郭恩等涕泣伏罪。安平太守王基，知辂神卜，延辂至家。适信都令妻常患头风，其子又患心痛，因请辂卜之。辂曰：此堂之西角有二死尸：一男持矛，一男持弓箭。头在壁内，脚在壁外。持矛者主刺头，故头痛；持弓箭者主刺胸腹，故心痛。乃掘之。入地八尺，果有二棺。一棺中有矛，一棺中有角弓及箭，木俱已朽烂。辂令徙骸骨去城外十里埋之，妻与子遂无恙。馆陶令诸葛原，迁新兴太守，辂往送行。客言辂能覆射。诸葛原不信，暗取燕卵、蜂窠、蜘蛛三物，分置三盒之中，令辂卜之。卦成，各写四句于盒上。其一曰：含气须变，依乎宇堂；雌雄以形，羽翼舒张：此燕卵也。其二曰：家室倒悬，门户众多；藏精育毒，得秋乃化：此蜂窠也。其三曰：觳觫长足，吐丝成罗；寻网求食，利在昏夜：此蜘蛛也。满座惊骇。乡中有老妇失牛，求卜之。辂判曰：北溪之滨，七人宰烹；急往追寻，皮肉尚存。老妇果往寻之：七人于茅舍后煮食，皮肉犹存。妇告本郡太守刘?，捕七人罪之。因问老妇曰：汝何以知之？妇告以管辂之神卜。刘?不信，请辂至府，取印囊及山鸡毛藏于盒中，令卜之。辂卜其一曰：内方外圆，五色成文；含宝守信，出则有章：此印囊也。其二曰：岩岩有鸟，锦体朱衣；羽翼玄黄，鸣不失晨：此山鸡毛也。刘?大惊，遂待为上宾。一日，出郊闲行，见一少年耕于田中，辂立道傍，观之良久，问曰："少年高姓、贵庚？答曰：姓赵，名颜，年十九岁矣。敢问先生为谁？辂曰：吾管辂也。吾见汝眉间有死气，三日内必死。汝貌美，可惜无寿。赵颜回家，急告其父。父闻之，赶上管辂，哭拜于地曰：请归救吾子！辂曰："此乃天命也，安可禳乎？父告曰：老夫止有此子，望乞垂救！赵颜亦哭求。辂见其父子情切，乃谓赵颜曰：汝可备净酒一瓶，鹿脯一块，来日赍往南山之中，大树之下，看盘石上有二人弈棋：一人向南坐，穿白袍，其貌甚恶；一人向北坐，穿红袍，其貌甚美。汝可乘其弈兴浓时，将酒及鹿脯跑进之。待其饮食毕，汝乃哭拜求寿，必得益算矣。但切勿言是吾所教。老人留辂在家。次日，赵颜携酒脯杯盘入南山之中。约行五六里，果有二人于大松树下盘石上着棋，全然不顾。赵颜跪进酒脯。二人贪着棋，不觉饮酒已尽。赵颜哭拜于地而求寿，二人大惊。穿红袍者曰：此必管子之言也。吾二人既受其私，必须怜之。穿白袍者，乃于身边取出簿籍检看，谓赵颜曰：汝今年十九岁，当死。吾今于十字上添一九字，汝寿可至九十九。回见管辂，教再休泄漏天机；不然，必致天谴。穿红者出笔添讫，一阵香风过处，二人化作二白鹤，冲天而去。赵颜归问管辂。辂曰：穿红者，南斗也；穿白者，北斗也。颜曰：吾闻北斗九星，何止一人？辂曰：散而为九，合而为一也。北斗注死，南斗注生。今已添注寿算，子复何忧？父子拜谢。自此管辂恐泄天机，更不轻为人卜。此人现在平原，大王欲知休咎，何不召之？”

操大喜，即差人往平原召辂。辂至，参拜讫，操令卜之。辂答曰：“此幻术耳，何必为忧？”操心安，病乃渐可。操令卜天下之事。辂卜曰：“三八纵横，黄猪遇虎；定军之南，伤折一股。”又令卜传祚修短之数。辂卜曰：“狮子宫中，以安神位；王道鼎新，子孙极贵。”操问其详。辂曰：“茫茫天数，不可预知。待后自验。”操欲封辂为太史。辂曰：“命薄相穷，不称此职，不敢受也。”操问其故，答曰：“辂额无主骨，眼无守睛；鼻无梁柱，脚无天根；背无三甲，腹无三壬：只可泰山治鬼，不能治生人也。”操曰：“汝相吾若何？”辂曰：“位极人臣，又何必相？”再三问之，辂但笑而不答。操令辂遍相文武官僚。辂曰：“皆治世之臣也。”操问休咎，皆不肯尽言。后人有诗赞曰：“平原神卜管公明，能算南辰北斗星。八封幽微通鬼窍，六爻玄奥究天庭。预知相法应无寿，自觉心源极有灵。可惜当年奇异术，后人无复授遗经。”

操令卜东吴、西蜀二处。辂设卦云：“东吴主亡一大将，西蜀有兵犯界。”操不信。忽合淝报来：“东吴陆口守将鲁肃身故。”操大惊，便差人往汉中探听消息。不数日，飞报刘玄德遣张飞、马超兵屯下辨取关。操大怒，便欲自领大兵再入汉中，令管辂卜之。辂曰：“大王未可妄动，来春许都必有火灾。”操见辂言累验，故不敢轻动，留居邺郡。使曹洪领兵五万，往助夏侯渊、张郃同守东川；又差夏侯惇领兵三万，于许都来往巡警，以备不虞；又教长史王必总督御林军马。主簿司马懿曰：“王必嗜酒性宽，恐不堪任此职。”操曰：“王必是孤披荆棘历艰难时相随之人，忠而且勤，心如铁石，最足相当。”遂委王必领御林军马屯于许都东华门外。

时有一人，姓耿，名纪，字季行，洛阳人也；旧为丞相府掾，后迁侍中少府，与司直韦晃甚厚；见曹操进封王爵，出入用天子车服，心甚不平。时建安二十三年春正月。耿纪与韦晃密议曰：“操贼奸恶日甚，将来必为篡逆之事。吾等为汉臣，岂可同恶相济？”韦晃曰：“吾有心腹人，姓金，名祎，乃汉相金日磾之后，素有讨操之心；更兼与王必甚厚。若得同谋，大事济矣。”耿纪曰：“他既与王必交厚，岂肯与我等同谋乎？”韦晃曰：“且往说之，看是如何。”于是二人同至金祎宅中。祎接入后堂，坐定。晃曰：“德伟与王长史甚厚，吾二人特来告求。”祎曰：“所求何事？”晃曰：“吾闻魏王早晚受禅，将登大宝，公与王长史必高迁。望不相弃，曲赐提携，感德非浅！”祎拂袖而起。适从者奉茶至，便将茶泼于地上。晃佯惊曰：“德伟故人，何薄情也？”祎曰：“吾与汝交厚，为汝等是汉朝臣宰之后；今不思报本，欲辅造反之人，吾有何面目与汝为友！”耿纪曰：“奈天数如此，不得不为耳！”祎大怒。

耿纪、韦晃见祎果有忠义之心，乃以实情相告曰：“吾等本欲讨贼，来求足下。前言特相试耳。”祎曰：“吾累世汉臣，安能从贼！公等欲扶汉室，有何高见？”晃曰：“虽有报国之心，未有讨贼之计。”祎曰：“吾欲里应外合，杀了王必，夺其兵权，扶助銮舆。更结刘皇叔为外援，操贼可灭矣。”二人闻之，抚掌称善。祎曰：“我有心腹二人，与操贼有杀父之仇，现居城外，可用为羽翼。”耿纪问是何人。祎曰：“太医吉平之子：长名吉邈，字文然；次名吉穆，字思然。操昔日为董承衣带诏事，曾杀其父；二子逃窜远乡，得免于难。今已潜归许都，若使相助讨贼，无有不从。”耿纪、韦晃大喜。金祎即使人密唤二吉。须臾，二人至。祎具言其事。二人感愤流泪，怨气冲天，誓杀国贼。金祎曰：“正月十五日夜间，城中大张灯火，庆赏元宵。耿少府、韦司直，你二人各领家僮，杀到王必营前；只看营中火起，分两路杀入；杀了王必，径跟我入内，请天子登五凤楼，召百官面谕讨贼。吉文然兄弟于城外杀入，放火为号，各要扬声，叫百姓诛杀国贼，截住城内救军；待天子降诏，招安已定，便进兵杀投邺郡擒曹操，即发使赍诏召刘皇叔。今日约定，至期二更举事。勿似董承自取其祸。”五人对天说誓，歃血为盟，各自归家，整顿军马器械，临期而行。且说耿纪、韦晃二人，各有家僮三四百，预备器械。吉邈兄弟，亦聚三百人口，只推围猎，安排已定。金祎先期来见王必，言：“方今海宇稍安，魏王威震天下；今值元宵令节，不可不放灯火以示太平气象。”王必然其言，告谕城内居民，尽张灯结彩，庆赏佳节。至正月十五夜，天色晴霁，星月交辉，六街三市，竞放花灯。真个金吾不禁，玉漏无催！王必与御林诸将在营中饮宴。二更以后，忽闻营中呐喊，人报营后火起。王必慌忙出帐看时，只见火光乱滚；又闻喊杀连天，知是营中有变，急上马出南门，正遇耿纪，一箭射中肩膊，几乎坠马，遂望西门而走。背后有军赶来。王必着忙，弃马步行。至金祎门首，慌叩其门。原来金祎一面使人于营中放火，一面亲领家僮随后助战，只留妇女在家。时家中闻王必叩门之声，只道金祎归来。祎妻从隔门便问曰：“王必那厮杀了么？”王必大惊，方悟金祎同谋，径投曹休家，报知金祎、耿纪等同谋反。休急披挂上马，引千余人在城中拒敌。城内四下火起，烧着五凤楼，帝避于深宫。曹氏心腹爪牙，死据宫门。城中但闻人叫：“杀尽曹贼，以扶汉室！”

原来夏侯惇奉曹操命，巡警许昌，领三万军，离城五里屯扎；是夜，遥望见城中火起，便领大军前来，围住许都，使一枝军入城接应曹休。直混杀至天明。耿纪、韦晃等无人相助。人报金祎、二吉皆被杀死。耿纪、韦晃夺路杀出城门，正遇夏侯惇大军围住，活捉去了。手下百余人皆被杀。夏侯惇入城，救灭遗火，尽收五人老小宗族，使人飞报曹操。操传令教将耿、韦二人，及五家宗族老小，皆斩于市，并将在朝大小百官，尽行拿解邺郡，听候发落。夏侯惇押耿、韦二人至市曹。耿纪厉声大叫曰：“曹阿瞒！吾生不能杀汝，死当作厉鬼以击贼！”刽子以刀搠其口，流血满地，大骂不绝而死。韦晃以面颊顿地曰：“可恨！可恨！”咬牙皆碎而死。后人有诗赞曰：“耿纪精忠韦晃贤，各持空手欲扶天。谁知汉祚相将尽，恨满心胸丧九泉。”夏侯惇尽杀五家老小宗族，将百官解赴邺郡。曹操于教场立红旗于左、白旗于右，下令曰：“耿纪、韦晃等造反，放火焚许都，汝等亦有出救火者，亦有闭门不出者。如曾救火者，可立于红旗下；如不曾救火者，可立于白旗下。”众官自思救火者必无罪，于是多奔红旗之下。三停内只有一停立于白旗下。操教尽拿立于红旗下者。众官各言无罪。操曰：“汝当时之心，非是救火，实欲助贼耳。”尽命牵出漳河边斩之，死者三百余员。其立于白旗下者，尽皆赏赐，仍令还许都。时王必已被箭疮发而死，操命厚葬之。令曹休总督御林军马，钟繇为相国，华歆为御史大夫。遂定侯爵六等十八级，关中侯爵十七级，皆金印紫绶；又置关内外侯十六级，银印龟纽墨绶；五大夫十五级，铜印环纽墨绶。定爵封官，朝廷又换一班人物。曹操方悟管辂火灾之说，遂重赏辂。辂不受。

却说曹洪领兵到汉中，令张郃、夏侯渊各据险要。曹洪亲自进兵拒敌。时张飞自与雷铜守把巴西。马超兵至下辨，令吴兰为先锋，领军哨出，正与曹洪军相遇。吴兰欲退，牙将任夔曰："贼兵初至，若不先挫其锐气，何颜见孟起乎？"于是骤马挺枪搦曹洪战。洪自提刀跃马而出。交锋三合，斩夔于马下，乘势掩杀。吴兰大败，回见马超。超责之曰："汝不得吾令，何故轻敌致败？"吴兰曰："任夔不听吾言，故有此败？"马超曰："可紧守隘口，勿与交锋。"一面申报成都，听候行止。曹洪见马超连日不出，恐有诈谋，引军退回南郑。张郃来见曹洪，问曰："将军既已斩将，如何退兵？"洪曰："吾见马超不出，恐有别谋。且我在邺都，闻神卜管辂有言：当于此地折一员大将。吾疑此言，故不敢轻进。"张郃大笑曰："将军行兵半生，今奈何信卜者之言而惑其心哉！郃虽不才，愿以本部兵取巴西。若得巴西，蜀郡易耳。"洪曰："巴西守将张飞，非比等闲，不可轻敌。"张郃曰："人皆怕张飞，吾视之如小儿耳！此去必擒之！"洪曰："倘有疏失，若何？"郃曰："甘当军令。"洪勒了文状，张郃进兵。正是：自古骄兵多致败，从来轻敌少成功。未知胜负如何，且看下文分解。

第七十回 猛张飞智取瓦口隘 老黄忠计夺天荡山

却说张郃部兵三万，分为三寨，各傍山险：一名宕渠寨，一名蒙头寨。一名荡石寨。当日张郃于三寨中，各分军一半去取巴西，留一半守寨。早有探马报到巴西，说张郃引兵来了。张飞急唤雷铜商议。铜曰："阆中地恶山险，可以埋伏。将军引兵出战，我出奇兵相助，郃可擒矣。"张飞拨精兵五千与雷铜去讫。飞自引兵一万，离阆中三十里，与张郃兵相遇。两军摆开，张飞出马，单搦张郃。郃挺枪纵马而出。战到二十余合，郃后军忽然喊起：原来望见山背后有蜀兵旗幡，故此扰乱。张郃不敢恋战，拨马回走。张飞从后掩杀。前面雷铜又引兵杀出。两下夹攻，郃兵大败。张飞、雷铜连夜追袭，直赶到宕渠山。张郃仍旧分兵守住三寨，多置擂木炮石，坚守不战。张飞离宕渠十里下寨，次日引兵搦战。郃在山上大吹大擂饮酒，并不下山。张飞令军士大骂，郃只不出。飞只得还营。次日，雷铜又去山下搦战，郃又不出。雷铜驱军士上山，山上擂木炮石打将下来。雷铜急退。荡石、蒙头两寨兵出，杀败雷铜。次日，张飞又去搦战，张郃又不出。飞使军人百般秽骂，郃在山上亦骂。张飞寻思，无计可施。相拒五十余日，飞就在山前扎住大寨，每日饮酒；饮至大醉，坐于山前辱骂。

玄德差人犒军，见张飞终日饮酒，使者回报玄德。玄德大惊，忙来问孔明。孔明笑曰："原来如此！军前恐无好酒；成都佳酿极多，可将五十瓮作三车装，送到军前与张将军饮。"玄德曰："吾弟自来饮酒失事，军师何故反送酒与他？"孔明笑曰："主公与翼德做了许多年兄弟，还不知其为人耶？翼德自来刚强，然前于收川之时，义释严颜，此非勇夫所为也。今与张郃相拒五十余日，酒醉之后，便坐山前辱骂，傍若无人：此非贪杯，乃败张郃之计耳。"玄德曰："虽然如此，未可托大。可使魏延助之。"孔明令魏延解酒赴军前，车上各插黄旗，大书"军前公用美酒"。魏延领命，解酒到寨中，见张飞，传说主公赐酒。飞拜受讫，分付魏延、雷铜各引一枝人马，为左右翼；只看军中红旗起，便各进兵；教将酒摆列帐下，令军士大开旗鼓而饮。有细作报上山来，张郃自来山顶观望，见张飞坐于帐下饮酒，令二小卒于面前相扑为戏。郃曰："张飞欺我太甚！"传令今夜下山劫飞寨，令蒙头、荡石二寨，皆出为左右援。当夜张郃乘着月色微明，引军从山侧而下，径到寨前。遥望张飞大明灯烛，正在帐中饮酒。张郃当先大喊一声，山头擂鼓为助，直杀入中军。但见张飞端坐不动。张郃骤马到面前，一枪刺倒，却是一个草人。急勒马回时，帐后连珠炮起。一将当先，拦住去路，睁圆环眼，声如巨雷：乃张飞也。挺矛跃马，直取张郃。两将在火光中，战到三五十合。张郃只盼两寨来救，谁知两寨救兵，已被魏延，雷铜两将杀退，就势夺了二寨。张郃不见救兵至，正没奈何，又见山上火起，已被张飞后军夺了寨栅。张郃三寨俱失，只得奔瓦口关去了。张飞大获胜捷，报入成都。玄德大喜，方知翼德饮酒是计，只要诱张郃下山。却说张郃退守瓦口关，三万军已折了二万，遣人问曹洪求救。洪大怒曰："汝不听吾言，强要进兵，失了紧要隘口，却又来求救！"遂不肯发兵，使人催督张郃出战。郃心慌，只得定计，分两军去关口前山僻埋伏，分付曰："我诈败，张飞必然赶来，汝等就截其归路。"当日张郃引军前进，正遇雷铜。战不数合，张郃败走，雷铜赶来。西军齐出，截断回路。张郃复回，刺雷铜于马下。败军回报张飞，飞自来与张郃挑战。郃又诈败，张飞不赶。郃又回战，不数合，又败走。张飞知是计，收军回寨，与魏延商议曰："张郃用埋伏计，杀了雷铜，又要赚吾，何不将计就计？"延问曰："如何？"飞曰："我明日先引一军前往，汝却引精兵于后，待伏兵出，汝可分兵击之。用车十余乘，各藏柴草，塞住小路，放火烧之。吾乘势擒张郃，与雷铜报仇。"魏延领计。次日，张飞引兵前进。张郃兵又至，与张飞交锋。战到十合，郃又诈败。张飞引马步军赶来，郃且战且走。引张飞过山峪口，郃将后军为前，复扎住营，与飞又战，指望两彪伏兵出，要围困张飞。不想伏兵却被魏延精兵到，赶入峪口，将车辆截住山路，放火烧车，山谷草木皆着，烟迷其径，兵不得出。张飞只顾引军冲突，张郃大败，死命杀开条路，走上瓦口关，收聚败兵，坚守不出。

张飞和魏延连日攻打关隘不下。飞见不济事，把军退二十里，却和魏延引数十骑，自来两边哨探小路。忽见男女数人，各背小包，于山僻路攀藤附葛而走。飞于马上用鞭指与魏延曰："夺瓦口关，只在这几个百姓身上。"便唤军士分付："休要惊恐他，好生唤那几个百姓来。"军士连忙唤到马前。飞用好言以安其心，问其何来。百姓告曰："某等皆汉中居民，今欲还乡。听知大军厮杀，塞闭阆中官道；今过苍溪，从梓潼山桧釿川入汉中，还家去。"飞曰："这条路取瓦口关远近若何？"百姓曰："从梓潼山小路，却是瓦口关背后。"飞大喜，带百姓入寨中，与了酒食；分付魏延："引兵扣关攻打，我亲自引轻骑出梓潼山攻关后。"便令百姓引路，选轻骑五百，从小路而进。却说张郃为救军不到，心中正闷。人报魏延在关下攻打。张郃披挂上马，却待下山，忽报："关后四五路火起，不知何处兵来。"郃自领兵来迎。旗开处，早张飞。郃大惊，急往小路而走。马不堪行。后面张飞追赶甚急，郃弃马上山，寻径而逃，方得走脱，随行只有十余人。

步行入南郑见曹洪。洪见张郃只剩下十余人，大怒曰："吾教汝休去，汝取下文状要去；今日折尽大兵，尚不自死，还来做甚！"喝令左右推出斩之。行军司马郭淮谏曰："三军易得，一将难求。张郃虽然有罪，乃魏王所深爱者也，不可便诛。可再与五千兵径取葭萌关，牵动其各处之兵，汉中自安矣。如不成功，二罪俱罚。"曹洪从之，又与兵五千，教张郃取葭萌关。郃领命而去。

却说葭萌关守将孟达、霍峻，知张郃兵来。霍峻只要坚守；孟达定要迎敌，引军下关与张郃交锋，大败而回。霍峻急申文书到成都。玄德闻知，请军师商议。孔明聚众将于堂上，问曰："今葭萌关紧急，必须阆中取翼德，方可退张郃也。"法正曰："今翼德兵屯瓦口，镇守阆中，亦是紧要之地，不可取回。帐中诸将内选一人去破张郃。"孔明笑曰："张郃乃魏之名将，非等闲可及。除非翼德，无人可当。"忽一人厉声而出曰："军师何轻视众人耶！吾虽不才，愿斩张郃首级，献于麾下。"众视之，乃老将黄忠也。孔明曰："汉升虽勇，争奈年老，恐非张郃对手。"忠听了，白发倒竖而言曰："某虽老，两臂尚开三石之弓，浑身还有千斤之力：岂不足敌张郃匹夫耶！"孔明曰："将军年近七十，如何不老？"忠趋步下堂，取架上大刀，轮动如飞；壁上硬弓，连拽折两张。孔明曰："将军要去，谁为副将："忠曰："老将严颜，可同我去。但有疏虞，先纳下这白头。"玄德大喜，即时令严颜、黄忠去与张郃交战。赵云谏曰："今张郃亲犯葭萌关，军师休为儿戏。若葭萌一失，益州危矣。何故以二老将当此大敌乎？”孔明曰：“汝以二人老迈，不能成事，吾料汉中必于此二人手内可得。”赵云等各各哂笑而退。却说黄忠、严颜到关上，孟达、霍峻见了，心中亦笑孔明欠调度：“是这般紧要去处，如何只教两个老的来！”黄忠谓严颜曰：“你可见诸人动静么？他笑我二人年老，今可建奇功，以服众心。”严颜曰：“愿听将军之令。”两个商议定了。黄忠引军下关，与张郃对阵。张郃出马，见了黄忠，笑曰：“你许大年纪，犹不识羞，尚欲出战耶！”忠怒曰：“竖子欺吾年老！吾手中宝刀却不老！”遂拍马向前与郃决战。二马相交，约战二十余合，忽然背后喊声起：原来是严颜从小路抄在张郃军后。两军夹攻，张郃大败。连夜赶去，张郃兵退八九十里。黄忠、严颜收兵入寨，俱各按兵不动。

曹洪听知张郃输了一阵，又欲见罪。郭淮曰：“张郃被迫，必投西蜀；今可遣将助之，就如监临，使不生外心。”曹洪从之，即遣夏侯惇之侄夏侯尚并降将韩玄之弟韩浩，二人引五千兵，前来助战。二将即时起行。到张郃寨中，问及军情，郃言：“老将黄忠，甚是英雄，更有严颜相助，不可轻敌。”韩浩曰：“我在长沙知此老贼利害。他和魏延献了城池，害吾亲兄，今既相遇，必当报仇！”遂与夏侯尚引新军离寨前进。原来黄忠连日哨探，已知路径。严颜曰：“此去有山，名天荡山，山中乃是曹操屯粮积草之地。若取得那个去处，断其粮草，汉中可得也。”忠曰：“将军之言，正合吾意。可与吾如此如此。”严颜依计，自领一枝军去了。

却说黄忠听知夏侯尚、韩浩来，遂引军马出营。韩浩在阵前，大骂黄忠：“无义老贼！”拍马挺枪，来取黄忠。夏侯尚便出夹攻。黄忠力战二将，各斗十余合，黄忠败走。二将赶二十余里，夺了黄忠寨。忠又草创一营。次日，夏侯尚、韩浩赶来，忠又出阵，战数合，又败走。二将又赶二十余里，夺了黄忠营寨，唤张郃守后寨。郃来前寨谏曰：“黄忠连退二日，于中必有诡计。”夏侯尚叱张郃曰：“你如此胆怯，可知屡次战败！今再休多言，看吾二人建功！”张郃羞赧而退。次日，二将又战，黄忠又败退二十里；二将迤逦赶上。次日，二将兵出，黄忠望风而走，连败数阵，直退在关上。二将扣关下寨，黄忠坚守不出。孟达暗暗发书，申报玄德，说：“黄忠连输数阵，现今退在关上。”玄德慌问孔明。孔明曰：“此乃老将骄兵之计也。”赵云等不信。

玄德差刘封来关上接应黄忠。忠与封相见，问刘封曰：“小将军来助战何意？”封曰：“父亲得知将军数败，故差某来。”忠笑曰：“此老夫骄兵之计也。看今夜一阵，可尽复诸营，夺其粮食马匹。此是借寨与彼屯辎重耳。今夜留霍峻守关，孟将军可与我搬粮草夺马匹，小将军看我破敌！”

是夜二更，忠引五千军开关直下。原来夏侯尚、韩浩二将连日见关上不出，尽皆懈怠；被黄忠破寨直入，人不及甲，马不及鞍，二将各自逃命而走，军马自相践踏，死者无数。比及天明，连夺三寨。寨中丢下军器鞍马无数，尽教孟达搬运入关。黄忠催军马随后而进，刘封曰：“军士力困，可以暂歇。”忠曰：“不入虎穴，焉得虎子？”策马先进。士卒皆努力向前。张郃军兵，反被自家败兵冲动，都屯扎不住，望后而走；尽弃了许多寨栅，直奔至汉水傍。

张郃寻见夏侯尚、韩浩议曰：“此天荡山，乃粮草之所；更接米仓山，亦屯粮之地：是汉中军士养命之源。倘若疏失，是无汉中也。当思所以保之。”夏侯尚曰：“米仓山有吾叔夏侯渊分兵守护，那里正接定军山，不必忧虑。天荡山有吾兄夏侯德镇守，我等宜往投之，就保此山。”

于是张郃与二将连夜投天荡山来，见夏侯德，具言前事。夏侯德曰：“吾此处屯十万兵，你可引去，复取原寨。”郃曰：“只宜坚守、不可妄动。”忽听山前金鼓大震，人报黄忠兵到。夏侯德大笑曰：“老贼不谙兵法，只恃勇耳！”郃曰：“黄忠有谋，非止勇也。”德曰：“川兵远涉而来，连日疲困，更兼深入战境，此无谋也！”郃曰：“亦不可轻敌，且宜坚守。”韩浩曰：“愿借精兵三千击之，当无不克。”德遂分兵与浩下山。

黄忠整兵来迎。刘封谏曰：“日已西沉矣，军皆远来劳困，且宜暂息。”忠笑曰：“不然。此天赐奇功，不取是逆天也。”言毕，鼓噪大进。韩浩引兵来战。黄忠挥刀直取浩，只一合，斩浩于马下。蜀兵大喊，杀上山来。张郃、夏侯尚急引军来迎。忽听山后大喊，火光冲天而起，上下通红。夏侯德提兵来救火时，正遇老将严颜，手起刀落，斩夏侯德于马下。原来黄忠预先使严颜引军埋伏于山僻去处，只等黄忠军到，却来放火，柴草堆上，一齐点着，烈焰飞腾，照耀山峪。严颜既斩夏侯德，从山后杀来。张郃、夏侯尚前后不能相顾，只得弃天荡山，望定军山投奔夏侯渊去了。

黄忠、严颜守住天荡山，捷音飞报成都。玄德闻之，聚众将庆喜。法正曰：“昔曹操降张鲁，定汉中，不因此势以图巴、蜀，乃留夏侯渊、张郃二将屯守，而自引大军北还：此失计也。今张郃新败，天荡失守，主公若乘此时，举大兵亲往征之，汉中可定也。既定汉中，然后练兵积粟，观衅伺隙，进可讨贼，退可自守。此天与之时，不可失也。”玄德、孔明皆深然之。遂传令赵云、张飞为先锋，玄德与孔明亲自引兵十万，择日图汉中；传檄各处，严加提备。时建安二十三年秋七月吉日。玄德大军出葭萌关下营，召黄忠、严颜到寨，厚赏之。玄德曰：“人皆言将军老矣，惟军师独知将军之能。今果立奇功。但今汉中定军山，乃南郑保障，粮草积聚之所；若得定军山，阳平一路，无足忧矣。将军还敢取定军山否？”黄忠慨然应诺，便要领兵前去。孔明急止之曰：“老将军虽然英勇，然夏侯渊非张郃之比也。渊深通韬略，善晓兵机，曹操倚之为西凉藩蔽：先曾屯兵长安，拒马孟起；今又屯兵汉中。操不托他人，而独托渊者，以渊有将才也。今将军虽胜张郃，未卜能胜夏侯渊。吾欲酌量着一人去荆州，替回关将军来，方可敌之。”忠奋然答曰：“昔廉颇年八十，尚食斗米、肉十斤，诸侯畏其勇，不敢侵犯赵界，何况黄忠未及七十乎？军师言吾老，吾今并不用副将，只将本部兵三千人去，立斩夏侯渊首级，纳于麾下。”孔明再三不容。黄忠只是要去。孔明曰：“既将军要去，吾使一人为监军同去，若何？”正是：请将须行激将法，少年不若老年人。未知其人是谁，且看下文分解。

第七十一回 占对山黄忠逸待劳 据汉水赵云寡胜众

却说孔明分付黄忠：“你既要去，吾教法正助你。凡事计议而行。吾随后拨人马来接应。”黄忠应允，和法正领本部兵去了。孔明告玄德曰：“此老将不着言语激他，虽去不能成功。他今既去，须拨人马前去接应。”乃唤赵云：“将一枝人马，从小路出奇兵接应黄忠：若忠胜，不必出战；倘忠有失，即去救应。”又遣刘封、孟达：“领三千兵于山中险要去处，多立旌旗，以壮我兵之声势，令敌人惊疑。”三人各自领兵去了。又差人往下辨，授计与马超，令他如此而行。又差严颜往巴西阆中守隘，替张飞、魏延来同取汉中。

却说张郃与夏侯尚来见夏侯渊，说：“天荡山已失，折了夏侯德、韩浩。今闻刘备亲自领兵来取汉中，可速奏魏王，早发精兵猛将，前来策应。”夏侯渊便差人报知曹洪。洪星夜前到许昌，禀知曹操。操大惊，急聚文武，商议发兵救汉中。长史刘晔进曰：“汉中若失，中原震动。大王休辞劳苦，必须亲自征讨。”操自悔曰：“恨当时不用卿言，以致如此！”忙传令旨，起兵四十万亲征。时建安二十三年秋七月也。

曹操兵分三路而进：前部先锋夏侯惇，操自领中军，使曹休押后，三军陆续起行。操骑白马金鞍，玉带锦衣；武士手执大红罗销金伞盖，左右金瓜银钺，镫棒戈矛，打日月龙凤旌旗；护驾龙虎官军二万五千，分为五队，每队五千，按青、黄、赤、白、黑五色，旗幡甲马，并依本色：光辉灿烂，极其雄壮。兵出潼关，操在马上望见一簇林木，极其茂盛，问近侍曰："此何处也？"答曰："此名蓝田。林木之间，乃蔡邕庄也。今邕女蔡琰，与其夫董祀居此。"原来操素与蔡邕相善。先时其女蔡琰，乃卫仲道之妻；后被北方掳去，于北地生二子，作《胡笳十八拍》，流入中原。操深怜之，使人持千金入北方赎之。左贤王惧操之势，送蔡琰还汉。操乃以琰配与董祀为妻。当日到庄前，因想起蔡邕之事，令军马先行，操引近侍百余骑，到庄门下马。时董祀出仕于外，止有蔡琰在家，琰闻操至，忙出迎接。操至堂，琰起居毕，侍立于侧。操偶见壁间悬一碑文图轴，起身观之。问于蔡琰，琰答曰："此乃曹娥之碑也。昔和帝时，上虞有一巫者，名曹旴，能婆娑乐神；五月五日，醉舞舟中，堕江而死。其女年十四岁，绕江啼哭七昼夜，跳入波中；后五日，负父之尸浮于江面；里人葬之江边。上虞令度尚奏闻朝廷，表为孝女。度尚令邯郸淳作文镌碑以记其事。时邯郸淳年方十三岁，文不加点，一挥而就，立石墓侧，时人奇之。妾父蔡邕闻而往观，时日已暮，乃于暗中以手摸碑文而读之，索笔大书八字于其背。后人镌石，并镌此八字。"操读八字云："黄绢幼妇，外孙齑臼。"操问琰曰："汝解此意否？"琰曰："虽先人遗笔，妾实不解其意。"操回顾众谋士曰："汝等解否？"众皆不能答。于内一人出曰："某已解其意。"操视之，乃主簿杨修也。操曰："卿且勿言，容吾思之。"遂辞了蔡琰，引众出庄。上马行三里，忽省悟，笑谓修曰："卿试言之。"修曰："此隐语耳。黄绢乃颜色之丝也：色傍加丝，是绝字。幼妇者，少女也：女傍少字，是妙字。外孙乃女之子也：女傍子字，是好字。齑臼乃受五辛之器也：受傍辛字，是辞字。总而言之，是绝妙好辞四字。"操大惊曰："正合孤意！"众皆叹羡杨修才识之敏。不一日，军至南郑。曹洪接着，备言张郃之事。操曰："非郃之罪，胜负乃兵家常事耳。"洪曰："目今刘备使黄忠攻打定军山，夏侯渊知大王兵至，固守未曾出战。"操曰："若不出战，是示懦也。"便差人持节到定军山，教夏侯渊进兵。刘晔谏曰："渊性太刚，恐中奸计。"操乃作手书与之。使命持节到渊营，渊接入。使者出书，渊拆视之。略曰："凡为将者，当以刚柔相济，不可徒恃其勇。若但任勇，则是一夫之敌耳。吾今屯大军于南郑，欲观卿之妙才，勿辱二字可也。"夏侯渊览毕大喜。打发使命回讫，乃与张郃商议曰："今魏王率大兵屯于南郑，以讨刘备。吾与汝久守此地，岂能建立功业？来日吾出战，务要生擒黄忠。"张郃曰："黄忠谋勇兼备，况有法正相助，不可轻敌。此间山路险峻，只宜坚守。"渊曰："若他人建了功劳，吾与汝有何面目见魏王耶？汝只守山，吾去出战。"遂下令曰："谁敢出哨诱敌？"夏侯尚曰："吾愿往。"渊曰："汝去出哨，与黄忠交战，只宜输，不宜赢。吾有妙计，如此如此。"尚受令，引三千军离定军山大寨前行。

却说黄忠与法正引兵屯于定军山口，累次挑战，夏侯渊坚守不出；欲要进攻，又恐山路危险，难以料敌，只得据守。是日，忽报山上曹兵下来搦战。黄忠恰待引军出迎，牙将陈式曰："将军休动，某愿当之。"忠大喜，遂令陈式引军一千，出山口列阵。夏侯尚兵至，遂与交锋。不数合，尚诈败而走。式赶去，行到半路，被两山上擂木炮石，打将下来，不能前进。正欲回时，背后夏侯渊引兵突出，陈式不能抵当，被夏侯渊生擒回寨。部卒多降。有败军逃得性命，回报黄忠，说陈式被擒。忠慌与法正商议，正曰："渊为人轻躁，恃勇少谋。可激劝士卒，拔寨前进，步步为营，诱渊来战而擒之：此乃反客为主之法。"忠用其谋，将应有之物，尽赏三军，欢声满谷，愿效死战。黄忠即日拔寨而进，步步为营；每营住数日，又进。渊闻之，欲出战。张郃曰："此乃反客为主之计，不可出战，战则有失。"渊不从，令夏侯尚引数千兵出战，直到黄忠寨前。忠上马提刀出迎，与夏侯尚交马，只一合，生擒夏侯尚归寨。余皆败走，回报夏侯渊。

渊急使人到黄忠寨，言愿将陈式来换夏侯尚。忠约定来日阵前相换。次日，两军皆到山谷阔处，布成阵势。黄忠、夏侯渊各立马于本阵门旗之下。黄忠带着夏侯尚，夏侯渊带着陈式，各不与袍铠，只穿蔽体薄衣。一声鼓响，陈式、侯夏尚各望本阵奔回。夏侯尚比及到阵门时，被黄忠一箭，射中后心。尚带箭而回。渊大怒，骤马径取黄忠。忠正要激渊厮杀。两将交马，战到二十余合，曹营内忽然鸣金收兵。渊慌拨马而回，被忠乘势杀了一阵。渊回阵问押阵官："为何鸣金？"答曰："某见山凹中有蜀兵旗幡数处，恐是伏兵，故急招将军回。"渊信其说，遂坚守不出。

黄忠逼到定军山下，与法正商议。正以手指曰："定军山西，巍然有一座高山，四下皆是险道。此山上足可下视定军山之虚实。将军若取得此山，定军山只在掌中也。"忠仰见山头稍平，山上有些少人马。是夜二更，忠引军士鸣金击鼓，直杀上山顶。此山有夏侯渊部将杜袭守把，止有数百余人。当时见黄忠大队拥上，只得弃山而走。忠得了山顶，正与定军山相对。法正曰："将军可守在半山，某居山顶。待夏侯渊兵至，吾举白旗为号，将军却按兵勿动；待他倦怠无备，吾却举起红旗，将军便下山击之：以逸待劳，必当取胜。"忠大喜，从其计。却说杜袭引军逃回，见夏侯渊，说黄忠夺了对山。渊大怒曰："黄忠占了对山，不容我不出战。"张郃谏曰："此乃法正之谋也。将军不可出战，只宜坚守。"渊曰："占了吾对山，观吾虚实，如何不出战？"郃苦谏不听。渊分军围住对山，大骂挑战。法正在山上举起白旗；任从夏侯渊百般辱骂，黄忠只不出战。午时以后，法正见曹兵倦怠，锐气已堕，多下马坐息，乃将红旗招展，鼓角齐鸣，喊声大震，黄忠一马当先，驰下山来，犹如天崩地塌之势。夏侯渊措手不及，被黄忠赶到麾盖之下，大喝一声，犹如雷吼。渊未及相迎，黄忠宝刀已落，连头带肩，砍为两段。后人有诗赞黄忠曰："苍头临大敌，皓首逞神威。力趁雕弓发，风迎雪刃挥。雄声如虎吼，骏马似龙飞。献馘功勋重，开疆展帝畿。"黄忠斩了夏侯渊，曹兵大溃，各自逃生。黄忠乘势去夺定军山，张郃领兵来迎。忠与陈式两下夹攻，混杀一阵，张郃败走。忽然山傍闪出一彪人马，当住去路；为首一员大将，大叫："常山赵子龙在此！"张郃大惊，引败军夺路望定军山而走。只见前面一枝兵来迎，乃杜袭也。袭曰："今定军山已被刘封、孟达夺了。"郃大惊，遂与杜袭引败兵到汉水扎营；一面令人飞报曹操。

操闻渊死，放声大哭，方悟管辂所言："三八纵横"，乃建安二十四年也，"黄猪遇虎"，乃岁在己亥正月也；"定军之南"，乃定军山之南也；"伤折一股"，乃渊与操有兄弟之亲情也。操令人寻管辂时，不知何处去了。操深恨黄忠，遂亲统大军，来定军山与夏侯渊报仇，令徐晃作先锋。行到汉水，张郃、杜袭接着曹操。二将曰："今定军山已失，可将米仓山粮草移于北山寨中屯积，然后进兵。"曹操依允。

却说黄忠斩了夏侯渊首级，来葭萌关上见玄德献功。玄德大喜，加忠为征西大将军，设宴庆贺。忽牙将张著来报说："曹操自领大军二十万，来与夏侯渊报仇。目今郃在米仓山搬运粮草，移于汉水北山脚下。"孔明曰："今操引大兵至此，恐粮草不敷，故勒兵不进；若得一人深入其境，烧其粮草，夺其辎重，则操之锐气挫矣。"黄忠曰："老夫愿当此任。"孔明曰："操非夏侯渊之比，不可轻敌。"玄德曰："夏侯渊虽是总帅，乃一勇夫耳，安及张郃？若斩得张郃，胜斩夏侯渊十倍也。"忠奋然曰："吾愿往斩之。"孔明曰："你可与赵子龙同领一枝兵去；凡事计议而行，看谁立功。"忠应允便行。孔明就令张著为副将同去。云谓忠曰："今操引二十万众，分屯十营，将军在主公前要去夺粮，非小可之事。将军当用何策？"忠曰："看我先去，如何？"云曰："等我先去。"忠曰："我是主将，你是副将，如何先争？"云曰："我与你都一般为主公出力，何必计较？我二人拈阄，拈着的先去。”忠依允。当时黄忠拈着先去。云曰：“既将军先去，某当相助。可约定时刻。如将军依时而还，某按兵不动；若将军过时而不还，某即引军来接应。”忠曰：“公言是也。”于是二人约定午时为期。云回本寨，谓部将张翼曰：“黄汉升约定明日去夺粮草，若午时不回，我当往助。吾营前临汉水，地势危险；我若去时，汝可谨守寨栅，不可轻动。”张翼应诺。

却说黄忠回到寨中，谓副将张著曰：“我斩了夏侯渊，张郃丧胆；吾明日领命去劫粮草，只留五百军守营。你可助吾。今夜三更，尽皆饱食；四更离营，杀到北山脚下，先捉张郃，后劫粮草。”张著依令。当夜黄忠领人马在前，张著在后，偷过汉水，直到北山之下。东方日出，见粮积如山。有些少军士看守，见蜀兵到，尽弃而走。黄忠教马军一齐下马，取柴堆于米粮之上。正欲放火，张郃兵到，与忠混战一处。曹操闻知，急令徐晃接应。晃领兵前进，将黄忠困于垓心。张著引三百军走脱，正要回寨，忽一枝兵撞出，拦住去路；为首大将，乃是文聘；后面曹兵又至，把张著围住。

却说赵云在营中，看看等到午时，不见忠回，急忙披挂上马，引三千军向前接应；临行，谓张翼曰：“汝可坚守营寨。两壁厢多设弓弩，以为准备。”翼连声应诺。云挺枪骤马直杀往前去。迎头一将拦路，乃文聘部将慕容烈也，拍马舞刀来迎赵云；被云手起一枪刺死。曹兵败走。云直杀入重围，又一枝兵截住；为首乃魏将焦炳。云喝问曰：“蜀兵何在？”炳曰：“已杀尽矣！”云大怒，骤马一枪，又刺死焦炳。杀散余兵，直至北山之下，见张郃、徐晃两人围住黄忠，军士被困多时。云大喝一声，挺枪骤马，杀入重围，左冲右突，如入无人之境。那枪浑身上下，若舞梨花；遍体纷纷，如飘瑞雪。张郃、徐晃心惊胆战，不敢迎敌。云救出黄忠，且战且走；所到之处，无人敢阻。操于高处望见，惊问众将曰：“此将何人也？”有识者告曰：“此乃常山赵子龙也。”操曰：“昔日当阳长坂英雄尚在！”急传令曰：“所到之处，不许轻敌。”赵云救了黄忠，杀透重围，有军士指曰：“东南上围的，必是副将张著。”云不回本寨，遂望东南杀来。所到之处，但见“常山赵云”四字旗号，曾在当阳长坂知其勇者，互相传说，尽皆逃窜。云又救了张著。曹操见云东冲西突，所向无前，莫敢迎敌，救了黄忠，又救了张著，奋然大怒，自领左右将士来赶赵云。云已杀回本寨。部将张翼接着，望见后面尘起，知是曹兵追来，即谓云曰：“追兵渐近，可令军士闭上寨门，上敌楼防护。”云喝曰：“休闭寨门！汝岂不知吾昔在当阳长坂时，单枪匹马，觑曹兵八十三万如草芥！今有军有将，又何惧哉！”遂拨弓弩手于寨外壕中埋伏；将营内旗枪，尽皆倒偃，金鼓不鸣。云匹马单枪，立于营门之外。却说张郃、徐晃领兵追至蜀寨，天色已暮；见寨中偃旗息鼓，又见赵云匹马单枪，立于营外，寨门大开，二将不敢前进。正疑之间，曹操亲到，急催督众军向前。众军听令，大喊一声，杀奔营前；见赵云全然不动，曹兵翻身就回。赵云把枪一招，壕中弓弩齐发。时天色昏黑，正不知蜀兵多少。操先拨回马走。只听得后面喊声大震，鼓角齐鸣，蜀兵赶来。曹兵自相践踏，拥到汉水河边，落水死者，不知其数。赵云、黄忠、张著各引兵一枝，追杀甚急。操正奔走间，忽刘封、孟达率二枝兵，从米仓山路杀来，放火烧粮草。操弃了北山粮草，忙回南郑。徐晃、张郃扎脚不住，亦弃本寨而走。赵云占了曹寨，黄忠夺了粮草，汉水所得军器无数，大获胜捷，差人去报玄德。玄德遂同孔明前至汉水，问赵云的部卒曰：“子龙如何厮杀？”军士将子龙救黄忠、拒汉水之事，细述一遍。玄德大喜，看了山前山后险峻之路，欣然谓孔明曰：“子龙一身都是胆也！”后人有诗赞曰：“昔日战长坂，威风犹未减。突阵显英雄，被围施勇敢。鬼哭与神号，天惊并地惨。常山赵子龙，一身都是胆！”于是玄德号子龙为虎威将军，大劳将士，欢宴至晚。忽报曹操复遣大军从斜谷小路而进，来取汉水。玄德笑曰：“操此来无能为也。我料必得汉水矣。”乃率兵于汉水之西以迎之。曹操命徐晃为先锋，前来决战。帐前一人出曰：“某深知地理，愿助徐将军同去破蜀。”操视之，乃巴西宕渠人也，姓王，名平，字子均；现充牙门将军。操大喜，遂命王平为副先锋，相助徐晃。操屯兵于定军山北。徐晃、王平引军至汉水，晃令前军渡水列阵。平曰：“军若渡水，倘要急退，如之奈何？”晃曰：“昔韩信背水为阵，所谓致之死地而后生也。”平曰：“不然。昔者韩信料敌人无谋而用此计；今将军能料赵云、黄忠之意否？”晃曰：“汝可引步军拒敌，看我引马军破之。”遂令搭起浮桥，随即过河来战蜀兵。正是：魏人妄意宗韩信，蜀相那知是子房。未知胜负如何，且看下文分解。

第七十二回 诸葛亮智取汉中 曹阿瞒兵退斜谷

却说徐晃引军渡汉水，王平苦谏不听，渡过汉水扎营。黄忠、赵云告玄德曰：“某等各引本部兵去迎曹兵。”玄德应允。二人引兵而行。忠谓云曰：“今徐晃恃勇而来，且休与敌；待日暮兵疲，你我分兵两路击之可也。”云然之，各引一军据住寨栅。徐晃引兵从辰时搦战，直至申时，蜀兵不动。晃尽教弓弩手向前，望蜀营射去。黄忠谓赵云曰：“徐晃令弓弩射者，其军必将退也：可乘时击之。”言未已，忽报曹兵后队果然退动。于是蜀营鼓声大震：黄忠领兵左出，赵云领兵右出。两下夹攻，徐晃大败，军士逼入汉水，死者无数。晃死战得脱，回营责王平曰：“汝见吾军势将危，如何不救？”平曰：“我若来救，此寨亦不能保。我曾谏公休去，公不肯听，以致此败。”晃大怒，欲杀王平。平当夜引本部军就营中放起火来，曹兵大乱，徐晃弃营而走。王平渡汉水来投赵云，云引见玄德。王平尽言汉水地理。玄德大喜曰：“孤得王子均，取汉中无疑矣。”遂命王平为偏将军，领向导使。却说徐晃逃回见操，说：“王平反去降刘备矣！”操大怒，亲统大军来夺汉水寨栅。赵云恐孤军难立，遂退于汉水之西。两军隔水相拒，玄德与孔明来观形势。孔明见汉水上流头，有一带土山，可伏千余人；乃回到营中，唤赵云分付：“汝可引五百人，皆带鼓角，伏于土山之下；或半夜，或黄昏，只听我营中炮响：炮响一番，擂鼓一番。只不要出战。”子龙受计去了。孔明却在高山上暗窥。次日，曹兵到来搦战，蜀营中一人不出，弓弩亦都不发。曹兵自回。当夜更深，孔明见曹营灯火方息，军士歇定，遂放号炮。子龙听得，令鼓角齐鸣。曹兵惊慌，只疑劫寨。及至出营，不见一军。方才回营欲歇，号炮又响，鼓角又鸣，呐喊震地，山谷应声。曹兵彻夜不安。一连三夜，如此惊疑，操心怯，拔寨退三十里，就空阔处扎营。孔明笑曰：“曹操虽知兵法，不知诡计。”遂请玄德亲渡汉水，背水结营。玄德问计，孔明曰：“可如此如此。”

曹操见玄德背水下寨，心中疑惑，使人来下战书。孔明批来日决战。次日，两军会于中路五界山前，列成阵势。操出马立于门旗下，两行布列龙凤旌旗，擂鼓三通，唤玄德答话。玄德引刘封、孟达并川中诸将而出。操扬鞭大骂曰：“刘备忘恩失义，反叛朝廷之贼！”玄德曰：“吾乃大汉宗亲，奉诏讨贼。汝上弑母后，自立为王，僭用天子銮舆，非反而何？”操怒，命徐晃出马来战，刘封出迎。交战之时，玄德先走入阵。封敌晃不住，拨马便走。操下令：“捉得刘备，便为西川之主。”大军齐呐喊杀过阵来。蜀兵望汉水而逃，尽弃营寨；马匹军器，丢满道上。曹军皆争取。操急鸣金收军。众将曰：“某等正待捉刘备，大王何故收军？”操曰：“吾见蜀兵背汉水安营，其可疑一也；多弃马匹军器，其可疑二也。可急退军，休取衣物。”遂下令曰：“妄取一物者立斩。火速退兵。”曹兵方回头时，孔明号旗举起：玄德中军领兵便出，黄忠左边杀来，赵云右边杀来。曹兵大溃而逃，孔明连夜追赶。

操传令军回南郑，只见五路火起，原来魏延、张飞得严颜代守阆中，分兵杀来，先得了南郑。操心惊，望阳平关而走。玄德大兵追至南郑褒州。安民已毕，玄德问孔明曰："曹操此来，何败之速也？"孔明曰："操平生为人多疑，虽能用兵，疑则多败。吾以疑兵胜之。"玄德曰："今操退守阳平关，其势已孤，先生将何策以退之？"孔明曰？"亮已算定了。"便差张飞、魏延分兵两路去截曹操粮道，令黄忠、赵云分兵两路去放火烧山。四路军将，各引向导官军去了。

却说曹操退守阳平关，令军哨探。回报曰："今蜀兵将远近小路，尽皆塞断；砍柴去处，尽放火烧绝。不知兵在何处。"操正疑惑间，又报张飞、魏延分兵劫粮。操问曰："谁敢敌张飞？"许褚曰："某愿往！"操令许褚引一千精兵，去阳平关路上护接粮草。解粮官接着，喜曰："若非将军到此，粮不得到阳平矣。"遂将车上的酒肉，献与许褚。褚痛饮，不觉大醉，便乘酒兴，催粮车行。解粮官曰："日已暮矣，前褒州之地，山势险恶，未可过去。"褚曰："吾有万夫之勇，岂惧他人哉！今夜乘着月色，正好使粮车行走。"许褚当先，横刀纵马，引军前进。二更已后，往褒州路上而来。行至半路，忽山凹里鼓角震天，一枝军当住。为首大将，乃张飞也，挺矛纵马，直取许褚。褚舞刀来迎，却因酒醉，敌不住张飞；战不数合，被飞一矛刺中肩膀，翻身落马；军士急忙救起，退后便走。张飞尽夺粮草车辆而回。却说众将保着许褚，回见曹操。操令医士疗治金疮，一面亲自提兵来与蜀兵决战。玄德引军出迎。两阵对圆，玄德令刘封出马。操骂曰："卖履小儿，常使假子拒敌！吾若唤黄须儿来，汝假子为肉泥矣！"刘封大怒，挺枪骤马，径取曹操。操令徐晃来迎，封诈败而走。操引兵追赶。蜀兵营中，四下炮响，鼓角齐鸣。操恐有伏兵，急教退军。曹兵自相践踏，死者极多，奔回阳平关，方才歇定。蜀兵赶到城下：东门放火，西门呐喊；南门放火，北门擂鼓。操大惧，弃关而走。蜀兵从后追袭。操正走之间，前面张飞引一枝兵截住，赵云引一枝兵从背后杀来，黄忠又引兵从褒州杀来。操大败。诸将保护曹操，夺路而走。方逃至斜谷界口，前面尘头忽起，一枝兵到。操曰："此军若是伏兵，吾休矣！"及兵将近，乃操次子曹彰也。彰字子文，少善骑射；膂力过人，能手格猛兽。操尝戒之曰："汝不读书而好弓马，此匹夫之勇，何足贵乎？"彰曰："大丈夫当学卫青、霍去病，立功沙漠，长驱数十万众，纵横天下；何能作博士耶？"操尝问诸子之志。彰曰："好为将。"操问："为将何如？"彰曰："披坚执锐，临难不顾，身先士卒；赏必行，罚必信。"操大笑。建安二十三年，代郡乌桓反，操令彰引兵五万讨之；临行戒之曰："居家为父子，受事为君臣。法不徇情，尔宜深戒。"彰到代北，身先战阵，直杀至桑干，北方皆平；因闻操在阳平败阵，故来助战。操见彰至，大喜曰："我黄须儿来，破刘备必矣！"遂勒兵复回，于斜谷界口安营。有人报玄德，言曹彰到。玄德问曰："谁敢去战曹彰？"刘封曰："某愿往。"孟达又说要去。玄德曰："汝二人同去，看谁成功。"各引兵五千来迎："刘封在先，孟达在后，曹彰出马与封交战，只三合，封大败而回。孟达引兵前进，方欲交锋，只见曹兵大乱。原来马超、吴兰两军杀来，曹兵惊动。孟达引兵夹攻。马超士卒，蓄锐日久，到此耀武扬威，势不可当。曹兵败走。曹彰正遇吴兰，两个交锋，不数合，曹彰一戟刺吴兰于马下。三军混战。操收兵于斜谷界口扎住。操屯兵日久，欲要进兵，又被马超拒守；欲收兵回，又恐被蜀兵耻笑，心中犹豫不决。适庖官进鸡汤。操见碗中有鸡肋，因而有感于怀。正沉吟间，夏侯惇入帐，禀请夜间口号。操随口曰："鸡肋！鸡肋！"惇传令众官，都称"鸡肋"。行军主簿杨修，见传"鸡肋"二字，便教随行军士，各收拾行装，准备归程。有人报知夏侯惇。惇大惊，遂请杨修至帐中问曰："公何收拾行装？"修曰："以今夜号令，便知魏王不日将退兵归也：鸡肋者，食之无肉，弃之有味。今进不能胜，退恐人笑，在此无益，不如早归：来日魏王必班师矣。故先收拾行装，免得临行慌乱。"夏侯惇曰："公真知魏王肺腑也！"遂亦收拾行装。于是寨中诸将，无不准备归计。当夜曹操心乱，不能稳睡，遂手提钢斧，绕寨私行。只见夏侯惇寨内军士，各准备行装。操大惊，急回帐召惇问其故。惇曰："主簿杨德祖先知大王欲归之意。"操唤杨修问之，修以鸡肋之意对。操大怒曰："汝怎敢造言乱我军心！"喝刀斧手推出斩之，将首级号令于辕门外。原来杨修为人恃才放旷，数犯曹操之忌：操尝造花园一所；造成，操往观之，不置褒贬，只取笔于门上书一"活"字而去。人皆不晓其意。修曰："门内添活字，乃阔字也。丞相嫌园门阔耳。"于是再筑墙围，改造停当，又请操观之。操大喜，问曰："谁知吾意？"左右曰："杨修也。"操虽称美，心甚忌之。又一日，塞北送酥一盒至。操自写"一合酥"三字于盒上，置之案头。修入见之，竟取匙与众分食讫。操问其故，修答曰："盒上明书一人一口酥，岂敢违丞相之命乎？"操虽喜笑，而心恶之。操恐人暗中谋害己身，常分付左右："吾梦中好杀人；凡吾睡着，汝等切勿近前。"一日，昼寝帐中，落被于地，一近侍慌取覆盖。操跃起拔剑斩之，复上床睡；半晌而起，佯惊问："何人杀吾近侍？"众以实对。操痛哭，命厚葬之。人皆以为操果梦中杀人；惟修知其意，临葬时指而叹曰："丞相非在梦中，君乃在梦中耳！"操闻而愈恶之。操第三子曹植，爱修之才，常邀修谈论，终夜不息。操与众商议，欲立植为世子，曹丕知之，密请朝歌长吴质入内府商议；因恐有人知觉，乃用大簏藏吴质于中，只说是绢匹在内，载入府中。修知其事，径来告操。操令人于丕府门伺察之。丕慌告吴质，质曰："无忧也：明日用大簏装绢再入以惑之。"丕如其言，以大簏载绢入。使者搜看簏中，果绢也，回报曹操。操因疑修谮害曹丕，愈恶之。操欲试曹丕、曹植之才干。一日，令各出邺城门；却密使人分付门吏，令勿放出。曹丕先至，门吏阻之，丕只得退回。植闻之，问于修。修曰："君奉王命而出，如有阻当者，竟斩之可也。"植然其言。及至门，门吏阻住。植叱曰："吾奉王命，谁敢阻当！"立斩之。于是曹操以植为能。后有人告操曰："此乃杨修之所教也。"操大怒，因此亦不喜植。修又尝为曹植作答教十余条，但操有问，植即依条答之。操每以军国之事问植，植对答如流。操心中甚疑。后曹丕暗买植左右，偷答教来告操。操见了大怒曰："匹夫安敢欺我耶！"此时已有杀修之心；今乃借惑乱军心之罪杀之。修死年三十四岁。后人有诗曰："聪明杨德祖，世代继簪缨。笔下龙蛇走，胸中锦绣成。开谈惊四座，捷对冠群英。身死因才误，非关欲退兵。"

曹操既杀杨修，佯怒夏侯惇，亦欲斩之。众官告免。操乃叱退夏侯惇，下令来日进兵。次日，兵出斜谷界口，前面一军相迎，为首大将乃魏延也。操招魏延归降，延大骂。操令庞德出战。二将正斗间，曹寨内火起。人报马超劫了中后二寨。操拔剑在手曰："诸将退后者斩！"众将努力向前，魏延诈败而走。操方麾军回战马超，自立马于高阜处，看两军争战。忽一彪军撞至面前，大叫："魏延在此！"拈弓搭箭，射中曹操。操翻身落马。延弃弓绰刀，骤马上山坡来杀曹操。刺斜里闪出一将，大叫："休伤吾主！"视之，乃庞德也。德奋力向前，战退魏延，保操前行。马超已退。操带伤归寨：原来被魏延射中人中，折却门牙两个，急令医士调治。方忆杨修之言，随将修尸收回厚葬，就令班师；却教庞德断后。操卧于毡车之中，左右虎贲军护卫而行。忽报斜谷山上两边火起，伏兵赶来。曹兵人人惊恐。正是：依稀昔日潼关厄，仿佛当年赤壁危。未知曹操性命如何，且看下文分解。

第七十三回 玄德进位汉中王 云长攻拔襄阳郡

却说曹操退兵至斜谷，孔明料他必弃汉中而走，故差马超等诸将，分兵十数路，不时攻劫。因此操不能久住；又被魏延射了一箭，急急班师。三军锐气堕尽。前队才行，两下火起，乃是马超伏兵追赶。曹兵人人丧胆。操令军士急行，晓夜奔走无停；直至京兆，方始安心。

且说玄德命刘封、孟达、王平等，攻取上庸诸郡，申耽等闻操已弃汉中而走，遂皆投降，玄德安民已定，大赏三军，人心大悦。于是众将皆有推尊玄德为帝之心；未敢径启，却来禀告诸葛军师，孔明曰："吾意已有定夺了。"随引法正等入见玄德，曰："今曹操专权，百姓无主；主公仁义著于天下，今已抚有两川之地，可以应天顺人，即皇帝位，名正言顺，以讨国贼。事不宜迟，便请择吉。"玄德大惊曰："军师之言差矣。刘备虽然汉之宗室，乃臣子也；若为此事，是反汉矣。"孔明曰："非也。方今天下分崩，英雄并起，各霸一方，四海才德之士，舍死亡生而事其上者，皆欲攀龙附凤，建立功名也。今主公避嫌守义，恐失众人之望。愿主公熟思之。"玄德曰："要吾僭居尊位，吾必不敢。可再商议长策。"诸将齐言曰："主公若只推却，众心解矣。"孔明曰："主公平生以义为本，未肯便称尊号。今有荆襄、两川之地，可暂为汉中王。"玄德曰："汝等虽欲尊吾为王，不得天子明诏，是僭也。"孔明曰："今宜从权，不可拘执常理。"张飞大叫曰："异姓之人，皆欲为君何况哥哥乃汉朝宗派！莫说汉中王，就称皇帝，有何不可！"玄德叱曰："汝勿多言！"孔明曰："主公宜从权变，先进位汉中王，然后表奏天子，未为迟也。"

玄德再三推辞不过，只得依允。建安二十四年秋七月，筑坛于沔阳，方圆九里，分布五方，各设旌旗仪仗。群臣皆依次序排列。许靖、法正请玄德登坛，进冠冕玺绶讫，面南而坐，受文武官员拜贺为汉中王。子刘禅，立为王世子。封许靖为太傅，法正为尚书令；诸葛亮为军师，总理军国重事。封关羽、张飞、赵云、马超、黄忠为五虎大将，魏延为汉中太守。其余各拟功勋定爵。玄德既为汉中王，遂修表一道，差人赍赴许都。表曰："备以具臣之才，荷上将之任，总督三军，奉辞于外；不能扫除寇难，靖匡王室，久使陛下圣教陵迟，六合之内，否而未泰：惟忧反侧，疢如疾首。曩者董卓，伪为乱阶。自是之后，群凶纵横，残剥海内。赖陛下圣德威临，人臣同应，或忠义奋讨，或上天降罚，暴逆并殪，以渐冰消。惟独曹操，久未枭除，侵擅国权，恣心极乱。臣昔与车骑将军董承，图谋讨操，机事不密，承见陷害。臣播越失据，忠义不果，遂得使操穷凶极逆：主后戮杀，皇子鸩害。虽纠合同盟，念在奋力；懦弱不武，历年未效。常恐殒没，辜负国恩；寤寐永叹，夕惕若厉。今臣群僚以为：在昔虞书敦叙九族，庶明励翼；帝王相传，此道不废；周监二代，并建诸姬，实赖晋、郑夹辅之力；高祖龙兴，尊王子弟，大启九国，卒斩诸吕，以安大宗。今操恶直丑正，实繁有徒，包藏祸心，篡盗已显；既宗室微弱，帝族无位，斟酌古式，依假权宜：上臣为大司马、汉中王。臣伏自三省：受国厚恩，荷任一方，陈力未效，所获已过，不宜复忝高位，以重罪谤。群僚见逼，迫臣以义。臣退惟寇贼不枭，国难未已；宗庙倾危，社稷将坠：诚臣忧心碎首之日。若应权通变，以宁静圣朝，虽赴水火，所不得辞。辄顺众议，拜受印玺，以崇国威。仰惟爵号，位高宠厚；俯思报效，忧深责重。惊怖惕息，如临于谷。敢不尽力输诚，奖励六师，率齐群义，应天顺时，以宁社稷。谨拜表以闻。"

表到许都，曹操在邺郡闻知玄德自立汉中王，大怒曰："织席小儿，安敢如此！吾誓灭之！"即时传令，尽起倾国之兵，赴两川与汉中王决雌雄。一人出班谏曰："大王不可因一时之怒，亲劳车驾远征。臣有一计，不须张弓只箭，令刘备在蜀自受其祸；待其兵衰力尽，只须一将往征之，便可成功。"操视其人，乃司马懿也。操喜问曰："仲达有何高见？"懿曰："江东孙权，以妹嫁刘备，而又乘间窃取回去；刘备又据占荆州不还：彼此俱有切齿之恨。今可差一舌辩之士，赍书往说孙权，使兴兵取荆州；刘备必发两川之兵以救荆州。那时大王兴兵去取汉川，令刘备首尾不能相救，势必危矣。"操大喜，即修书令满宠为使，星夜投江东来见孙权。

权知满宠到，遂与谋士商议。张昭进曰："魏与吴本无仇；前因听诸葛之说词，致两家连年征战不息，生灵遭其涂炭。今满伯宁来，必有讲和之意，可以礼接之。"权依其言，令众谋士接满宠入城相见。礼毕，权以宾礼待宠。宠呈上操书，曰："吴、魏自来无仇，皆因刘备之故，致生衅隙。魏王差某到此，约将军攻取荆州，魏王以兵临汉川，首尾夹击。破刘之后，共分疆土，誓不相侵。"孙权览书毕，设筵相待满宠，送归馆舍安歇。权与众谋士商议。顾雍曰："虽是说词，其中有理。今可一面送满宠回，约会曹操，首尾相击；一面使人过江探云长动静，方可行事。"诸葛瑾曰："某闻云长自到荆州，刘备娶与妻室，先生一子，次生一女。其女尚幼，未许字人。某愿往与主公世子求婚。若云长肯许，即与云长计议共破曹操；若云长不肯，然后助曹取荆州。"孙权用其谋，先送满宠回许都；却遣诸葛瑾为使，投荆州来。入城见云长，礼毕。云长曰："子瑜此来何意？"瑾曰："特来求结两家之好：吾主吴侯有一子，甚聪明；闻将军有一女，特来求亲。两家结好，并力破曹。此诚美事，请君侯思之。"云长勃然大怒曰："吾虎女安肯嫁犬子乎！不看汝弟之面，立斩汝首！再休多言！"遂唤左右逐出。瑾抱头鼠窜，回见吴侯；不敢隐匿，遂以实告。权大怒曰："何太无礼耶！"便唤张昭等文武官员，商议取荆州之策。步骘曰："曹操久欲篡汉，所惧者刘备也；今遣使来令吴兴兵吞蜀，此嫁祸于吴也。"权曰："孤亦欲取荆州久矣。"骘曰："今曹仁现屯兵于襄阳、樊城，又无长江之险，旱路可取荆州；如何不取，却令主公动兵？只此便见其心。主公可遣使去许都见操，令曹仁旱路先起兵取荆州，云长必掣荆州之兵而取樊城。若云长一动，主公可遣一将，暗取荆州，一举可得矣。"权从其议，即时遣使过江，上书曹操，陈说此事。操大喜，发付使者先回，随遣满宠往樊城助曹仁，为参谋官，商议动兵；一面驰檄东吴，令领兵水路接应，以取荆州。

却说汉中王令魏延总督军马，守御东川。遂引百官回成都。差官起造宫庭，又置馆舍，自成都至白水，共建四百余处馆舍亭邮。广积粮草。多造军器，以图进取中原。细作人探听得曹操结连东吴，欲取荆州，即飞报入蜀。汉中王忙请孔明商议。孔明曰："某已料曹操必有此谋；然吴中谋士极多，必教操令曹仁先兴兵矣。"汉中王曰："依此如之奈何？"孔明曰："可差使命就送官诰与云长，令先起兵取樊城，使敌军胆寒，自然瓦解矣。"汉中王大喜，即差前部司马费诗为使，赍捧诰命投荆州来。云长出郭，迎接入城。至公廨礼毕，云长问曰："汉中王封我何爵？"诗曰："五虎大将之首。"云长问："那五虎将？"诗曰："关、张、赵、马、黄是也。"云长怒曰："翼德吾弟也；孟起世代名家；子龙久随吾兄，即吾弟也：位与吾相并，可也。黄忠何等人，敢与吾同列？大丈夫终不与老卒为伍？"遂不肯受印。诗笑曰："将军差矣。昔萧何、曹参与高祖同举大事，最为亲近，而韩信乃楚之亡将也；然信位为王，居萧、曹之上，未闻萧、曹以此为怨。今汉中王虽有五虎将之封，而与将军有兄弟之义，视同一体。将军即汉中王，汉中王即将军也。岂与诸人等哉？将军受汉中王厚恩，当与同休戚、共祸福，不宜计较官号之高下。愿将军熟思之。"云长大悟，乃再拜曰："某之不明，非足下见教，几误大事。"即拜受印绶。

费诗方出王旨，令云长领兵取樊城。云长领命，即时便差傅士仁、糜芳二人为先锋，先引一军于荆州城外屯扎；一面设宴城中，款待费诗。饮至二更，忽报城外寨中火起。云长急披挂上马，出城看时，乃是傅士仁、糜芳饮酒，帐后遗火，烧着火炮，满营撼动，把军器粮草，尽皆烧毁。云长引兵救扑，至四更方才火灭。云长入城，召傅士仁、糜芳责之曰："吾令汝二人作先锋，不曾出师，先将许多军器粮草烧毁，火炮打死本部军人。如此误事，要你二人何用？"叱令斩之。费诗告曰："未曾出师，先斩大将，于军不利。可暂免其罪。"云长怒气不息，叱二人曰："吾不看费司马之面，必斩汝二人之首！"乃唤武士各杖四十，摘去先锋印绶，罚糜芳守南郡，傅士仁守公安；且曰："若吾得胜回来之日，稍有差池，二罪俱罚！"二人满面羞惭，喏喏而去。

云长便令廖化为先锋，关平为副将，自总中军，马良、伊籍为参谋，一同征进。先是，有胡华之子胡班，到荆州来投降关公；公念其旧日相救之情，甚爱之；令随费诗入川，见汉中王受爵。费诗辞别关公，带了胡班，自回蜀中去了。

且说关公是日祭了“帅”字大旗，假寐于帐中。忽见一猪，其大如牛，浑身黑色，奔入帐中，径咬云长之足。云长大怒，急拔剑斩之，声如裂帛。霎然惊觉，乃是一梦。便觉左足阴阴疼痛，心中大疑。唤关平至，以梦告之。平对曰：“猪亦有龙象。龙附足，乃升腾之意，不必疑忌。”云长聚多官于帐下，告以梦兆。或言吉祥者，或言不祥者，众论不一。云长曰：“吾大丈夫，年近六旬，即死何憾！”正言间，蜀使至，传汉中王旨，拜云长为前将军，假节钺，都督荆襄九郡事。云长受命讫，众官拜贺曰：“此足见猪龙之瑞也。”于是云长坦然不疑，遂起兵奔襄阳大路而来。

曹仁正在城中，忽报云长自领兵来。仁大惊，欲坚守不出，副将翟元曰：“今魏王令将军约会东吴取荆州；今彼自来，是送死也，何故避之！”参谋满宠谏曰：“吾素知云长勇而有谋，未可轻敌。不如坚守，乃为上策。”骁将夏侯存曰：“此书生之言耳。岂不闻水来土掩，将至兵迎？我军以逸待劳，自可取胜。”曹仁从其言，令满宠守樊城，自领兵来迎云长。

云长知曹兵来，唤关平、廖化二将，受计而往。与曹兵两阵对圆，廖化出马搦战。翟元出迎。二将战不多时，化诈败，拨马便走，翟元从后追杀，荆州兵退二十里。次日，又来搦战。夏侯存、翟元一齐出迎，荆州兵又败，又追杀二十余里。忽听得背后喊声大震，鼓角齐鸣。曹仁急命前军速回，背后关平、廖化杀来，曹兵大乱。曹仁知是中计，先掣一军飞奔襄阳；离城数里，前面绣旗招飐，云长勒马横刀，拦住去路。曹仁胆战心惊，不敢交锋，望襄阳斜路而走。云长不赶。须臾，夏侯存军至，见了云长，大怒，便与云长交锋，只一合，被云长砍死。翟元便走，被关平赶上，一刀斩之。乘势追杀，曹兵大半死于襄江之中。曹仁退守樊城。

云长得了襄阳，赏军抚民。随军司马王甫曰：“将军一鼓而下襄阳，曹兵虽然丧胆，然以愚意论之：今东吴吕蒙屯兵陆口，常有吞并荆州之意；倘率兵径取荆州，如之奈何？”云长曰：“吾亦念及此。汝便可提调此事：去沿江上下，或二十里，或三十里，选高阜处置一烽火台，每台用五十军守之；倘吴兵渡江，夜则明火，昼则举烟为号。吾当亲往击之。”王甫曰：“糜芳、傅士仁守二隘口，恐不竭力；必须再得一人以总督荆州。”云长曰：“吾已差治中潘濬守之，有何虑焉？”甫曰：“潘濬平生多忌而好利，不可任用。可差军前都督粮料官赵累代之。赵累为人忠诚廉直。若用此人，万无一失。”云长曰：“吾素知潘濬为人。今既差定，不必更改。赵累现掌粮料，亦是重事。汝勿多疑，只与我筑烽火台去。”王甫怏怏拜辞而行。云长令关平准备船只渡襄江，攻打樊城。

却说曹仁折了二将，退守樊城，谓满宠曰：“不听公言，兵败将亡，失却襄阳，如之奈何？”宠曰：“云长虎将，足智多谋，不可轻敌，只宜坚守。”正言间，人报云长渡江而来，攻打樊城。仁大惊，宠曰：“只宜坚守。”部将吕常奋然曰：“某乞兵数千，愿当来军于襄江之内。”宠谏曰：“不可。”吕常怒曰：“据汝等文官之言，只宜坚守，何能退敌？岂不闻兵法云：军半渡可击。今云长军半渡襄江，何不击之？若兵临城下，将至壕边，急难抵当矣。”仁即与兵二千，令吕常出樊城迎战。吕常来至江口，只见前面绣旗开处，云长横刀出马。吕常却欲来迎，后面众军见云长神威凛凛，不战先走，吕常喝止不住。云长混杀过来，曹兵大败，马步军折其大半，残败军奔入樊城。曹仁急差人求救，使命星夜至长安，将书呈上曹操，言：“云长破了襄阳，现围樊城甚急。望拨大将前来救援。”曹操指班部内一人而言曰：“汝可去解樊城之围。”其人应声而出。众视之，乃于禁也。禁曰：“某求一将作先锋，领兵同去。”操又问众人曰：“谁敢作先锋？”一人奋然出曰：“某愿施犬马之劳，生擒关某，献于麾下。”操观之大喜。正是：未见东吴来伺隙，先看北魏又添兵。未知此人是谁，且看下文分解。

第七十四回 庞令明抬榇决死战 关云长放水淹七军

却说曹操欲使于禁赴樊城救援，问众将谁敢作先锋。一人应声愿往。操视之，乃庞德也。操大喜曰：“关某威震华夏，未逢对手；今遇令明，真劲敌也。”遂加于禁为征南将军，加宠德为征西都先锋，大起七军，前往樊城。这七军，皆北方强壮之士。两员领军将校：一名董衡，一名董超；当日引各头目参拜于禁。董衡曰：“今将军提七枝重兵，去解樊城之厄，期在必胜，乃用庞德为先锋，岂不误事？”禁惊问其故。衡曰：“庞德原系马超手下副将，不得已而降魏；今其故主在蜀，职居五虎上将；况其亲兄庞柔亦在西川为官，今使他为先锋，是泼油救火也。将军何不启知魏王，别换一人去？”

禁闻此语，遂连夜入府启知曹操。操省悟，即唤庞德至阶下，令纳下先锋印。德大惊曰：“某正欲与大王出力，何故不肯见用？”操曰：“孤本无猜疑；但今马超现在西川，汝兄庞柔亦在西川，俱佐刘备。孤纵不疑，奈众口何？”庞德闻之，免冠顿首，流血满面而告曰：“某自汉中投降大王，每感厚恩，虽肝脑涂地，不能补报；大王何疑于德也？德昔在故乡时，与兄同居，嫂甚不贤，德乘醉杀之；兄恨德入骨髓，誓不相见，恩已断矣。故主马超，有勇无谋，兵败地亡，孤身入川，今与德各事其主，旧义已绝。德感大王恩遇，安敢萌异志？惟大王察之。”操乃扶起庞德，抚慰曰：“孤素知卿忠义，前言特以安众人之心耳。卿可努力建功。卿不负孤，孤亦必不负卿也。”德拜谢回家，令匠人造一木榇。次日，请诸友赴席，列榇于堂。众亲友见之，皆惊问曰：“将军出师，何用此不祥之物？”德举杯谓亲友曰：“吾受魏王厚恩，誓以死报。今去樊城与关某决战，我若不能杀彼，必为彼所杀；即不为彼所杀，我亦当自杀。故先备此榇，以示无空回之理。”众皆嗟叹。德唤其妻李氏与其子庞会出，谓其妻曰：“吾今为先锋，义当效死疆场。我若死，汝好生看养吾儿；吾儿有异相，长大必当与吾报仇也。”妻子痛哭送别，德令扶榇而行。临行，谓部将曰：“吾今去与关某死战，我若被关某所杀，汝等即取吾尸置此榇中；我若杀了关某，吾亦即取其首，置此榇内，回献魏王。”部将五百人皆曰：“将军如此忠勇，某等敢不竭力相助！”于是引军前进。有人将此言报知曹操。操喜曰：“庞德忠勇如此，孤何忧焉！”贾诩曰：“庞德恃血气之勇，欲与关某决死战，臣窃虑之。”操然其言，急令人传旨戒庞德曰：“关某智勇双全，切不可轻敌。可取则取，不可取则宜谨守。”庞德闻命，谓众将曰：“大王何重视关某也？吾料此去，当挫关某三十年之声价。”禁曰：“魏王之言，不可不从。”德奋然趱军前至樊城，耀武扬威，鸣锣击鼓。

却说关公正坐帐中，忽探马飞报：“曹操差于禁为将，领七枝精壮兵到来。前部先锋庞德，军前抬一木榇，口出不逊之言，誓欲与将军决一死战。兵离城止三十里矣。”关公闻言，勃然变色，美髯飘动，大怒曰：“天下英雄，闻吾之名，无不畏服；庞德竖子，何敢藐视吾耶！关平一面攻打樊城，吾自去斩此匹夫，以雪吾恨！”平曰：“父亲不可以泰山之重，与顽石争高下。辱子愿代父去战庞德。”关公曰：“汝试一往，吾随后便来接应。”关平出帐，提刀上马，领兵来迎庞德。两阵对圆，魏营一面皂旗上大书“南安庞德”四个白字。庞德青袍银铠，钢刀白马，立于阵前；背后五百军兵紧随，步卒数人肩抬木榇而出。关平大骂庞德：“背主之贼！”庞德问部卒曰：“此何人也？”或答曰：“此关公义子关平也。”德叫曰：“吾奉魏王旨，来取汝父之首！汝乃疥癞小儿，吾不杀汝！快唤汝父来！”平大怒，纵马舞刀，来取庞德。德横刀来迎。战三十合，不分胜负，两家各歇。早有人报知关公。公大怒，令廖化去攻樊城，自己亲来迎敌庞德。关平接着，言与庞德交战，不分胜负。关公随即横刀出马，大叫曰："关云长在此，庞德何不早来受死！"鼓声响处，庞德出马曰："吾奉魏王旨，特来取汝首！恐汝不信，备榇在此。汝若怕死，早下马受降！"关公大骂曰："量汝一匹夫，亦何能为！可惜我青龙刀斩汝鼠贼！"纵马舞刀，来取庞德。德轮刀来迎。二将战有百余合，精神倍长。两军各看得痴呆了。魏军恐庞德有失，急令鸣金收军。关平恐父年老，亦急鸣金。二将各退。庞德归寨，对众曰："人言关公英雄，今日方信也。"正言间，于禁至。相见毕，禁曰："闻将军战关公，百合之上，未得便宜，何不且退军避之？"德奋然曰："魏王命将军为大将，何太弱也？吾来日与关某共决一死，誓不退避！"禁不敢阻而回。

却说关公回寨，谓关平曰："庞德刀法惯熟，真吾敌手。"平曰："俗云初生之犊不惧虎，父亲纵然斩了此人，只是西羌一小卒耳；倘有疏虞，非所以重伯父之托也。"关公曰："吾不杀此人，何以雪恨？吾意已决，再勿多言！"次日，上马引兵前进。庞德亦引兵来迎。两阵对圆，二将齐出，更不打话，出马交锋。斗至五十余合，庞德拨回马，拖刀而走。关公随后追赶。关平恐有疏失，亦随后赶去。关公口中大骂："庞贼！欲使拖刀计，吾岂惧汝？"原来庞德虚作拖刀势，却把刀就鞍鞒挂住，偷拽雕弓，搭上箭，射将来。关平眼快，见庞德拽弓，大叫："贼将休放冷箭！"关公急睁眼看时，弓弦响处，箭早到来；躲闪不及，正中左臂。关平马到，救父回营。庞德勒回马轮刀赶来，忽听得本营锣声大震。德恐后军有失，急勒马回。原来于禁见庞德射中关公，恐他成了大功，灭己威风，故鸣金收军。庞德回马，问："何故鸣金？"于禁曰："魏王有戒：关公智勇双全。他虽中箭，只恐有诈，故鸣金收军。"德曰："若不收军，吾已斩了此人也。"禁曰："紧行无好步，当缓图之。"庞德不知于禁之意，只懊悔不已。

却说关公回营，拔了箭头。幸得箭射不深，用金疮药敷之。关公痛恨庞德，谓众将曰："吾誓报此一箭之仇！"众将对曰："将军且暂安息几日，然后与战未迟。"次日，人报庞德引军搦战。关公就要出战。众将劝住。庞德令小军毁骂。关平把住隘口，分付众将休报知关公。庞德搦战十余日，无人出迎，乃与于禁商议曰："眼见关公箭疮举发，不能动止；不若乘此机会，统七军一拥杀入寨中，可救樊城之围。"于禁恐庞德成功，只把魏王戒旨相推，不肯动兵。庞德累欲动兵，于禁只不允，乃移七军转过山口，离樊城北十里，依山下寨，禁自领兵截断大路，令庞德屯兵于谷后，使德不能进兵成功。

却说关平见关公箭疮已合，甚是喜悦。忽听得于禁移七军于樊城之北下寨，未知其谋，即报知关公。公遂上马，引数骑上高阜处望之，见樊城城上旗号不整，军士慌乱；城北十里山谷之内，屯着军马；又见襄江水势甚急，看了半晌，唤向导官问曰："樊城北十里山谷，是何地名？"对曰："罾口川也。"关公喜曰："于禁必为我擒矣。"将士问曰："将军何以知之？"关公曰："鱼入罾口，岂能久乎？"诸将未信。公回本寨。时值八月秋天，骤雨数日。公令人预备船筏，收拾水具。关平问曰："陆地相持，何用水具？"公曰："非汝所知也。于禁七军不屯于广易之地，而聚于罾口川险隘之处；方今秋雨连绵，襄江之水必然泛涨；吾已差人堰住各处水口，待水发时，乘高就船，放水一淹，樊城罾口川之兵皆为鱼鳖矣。"关平拜服。却说魏军屯于罾口川，连日大雨不止，督将成何来见于禁曰："大军屯于川口，地势甚低；虽有土山，离营稍远。即今秋雨连绵，军士艰辛。近有人报说荆州兵移于高阜处，又于汉水口预备战筏；倘江水泛涨，我军危矣，宜早为计。"于禁叱曰："匹夫惑吾军心耶！再有多言者斩之！"成何羞惭而退，却来见庞德，说此事。德曰："汝所见甚当。于将军不肯移兵，吾明日自移军屯于他处。"

计议方定，是夜风雨大作。庞德坐于帐中，只听得万马争奔，征鼙震地。德大惊，急出帐上马看时，四面八方，大水骤至；七军乱窜，随波逐浪者，不计其数。平地水深丈余，于禁、庞德与诸将各登小山避水。比及平明，关公及众将皆摇旗鼓噪，乘大船而来。于禁见四下无路，左右止有五六十人，料不能逃，口称愿降。关公令尽去衣甲，拘收入船，然后来擒庞德。时庞德并二董及成何，与步卒五百人，皆无衣甲，立在堤上。见关公来，庞德全无惧怯，奋然前来接战。关公将船四面围定，军士一齐放箭，射死魏兵大半。董衡、董超见势已危，乃告庞德曰："军士折伤大半，四下无路，不如投降。"庞德大怒曰："吾受魏王厚恩，岂肯屈节于人！"遂亲斩董衡、董超于前，厉声曰："再说降者，以此二人为例！"于是众皆奋力御敌。自平明战至日中，勇力倍增。关公催四面急攻，矢石如雨。德令军士用短兵接战。德回顾成何曰："吾闻勇将不怯死以苟免，壮士不毁节而求生。今日乃我死日也。汝可努力死战。"成何依令向前，被关公一箭射落水中。众军皆降，止有庞德一人力战。正遇荆州数十人，驾小船近堤来，德提刀飞身一跃，早上小船，立杀十余人，余皆弃船赴水逃命。庞德一手提刀，一手使短棹，欲向樊城而走。只见上流头，一将撑大筏而至，将小船撞翻，庞德落于水中。船上那将跳下水去，生擒庞德上船。众视之，擒庞德者，乃周仓也。仓素知水性，又在荆州住了数年，愈加惯熟；更兼力大，因此擒了庞德。于禁所领七军，皆死于水中。其会水者料无去路，亦皆投降。后人有诗曰："夜半征鼙响震天，襄樊平地作深渊。关公神算谁能及，华夏威名万古传。"

关公回到高阜去处，升帐而坐。群刀手押过于禁来。禁拜伏于地，乞哀请命。关公曰："汝怎敢抗吾？"禁曰："上命差遣，身不由己。望君侯怜悯，誓以死报。"公绰髯笑曰："吾杀汝，犹杀狗彘耳，空污刀斧！"令人缚送荆州大牢内监候："待吾回，别作区处。"发落去讫。关公又令押过庞德。德睁眉怒目，立而不跪，关公曰："汝兄现在汉中；汝故主马超，亦在蜀中为大将。汝如何不早降？"德大怒曰："吾宁死于刀下，岂降汝耶！"骂不绝口。公大怒，喝令刀斧手推出斩之。德引颈受刑。关公怜而葬之。于是乘水势未退，复上战船，引大小将校来攻樊城。却说樊城周围，白浪滔天，水势益甚，城垣渐渐浸塌，男女担土搬砖，填塞不住。曹军众将，无不丧胆，慌忙来告曹仁曰："今日之危，非力可救；可趁敌军未至，乘舟夜走，虽然失城，尚可全身。"仁从其言。方欲备船出走，满宠谏曰："不可。山水骤至，岂能长存？不旬日即当自退。关公虽未攻城，已遣别将在郏下。其所以不敢轻进者，虑吾军袭其后也。今若弃城而去，黄河以南，非国家之有矣。愿将军固守此城，以为保障。"仁拱手称谢曰："非伯宁之教，几误大事。"乃骑白马上城，聚众将发誓曰："吾受魏王命，保守此城；但有言弃城而去者斩！"诸将皆曰："某等愿以死据守！"仁大喜，就城上设弓弩数百，军士昼夜防护，不敢懈怠。老幼居民，担土石填塞城垣。旬日之内，水势渐退。

关公自擒魏将于禁等，威震天下，无不惊骇。忽次子关兴来寨内省亲。公就令兴赍诸官立功文书去成都见汉中王，各求升迁。兴拜辞父亲，径投成都去讫。

却说关公分兵一半，直抵郏下。公自领兵四面攻打樊城。当日关公自到北门，立马扬鞭，指而问曰："汝等鼠辈，不早来降，更待何时？"正言间，曹仁在敌楼上，见关公身上止披掩心甲，斜袒着绿袍，乃急招五百弓弩手，一齐放箭。公急勒马回时，右臂上中一弩箭，翻身落马。正是：水里七军方丧胆，城中一箭忽伤身。未知关公性命如何，且看下文分解。

第七十五回 关云长刮骨疗毒 吕子明白衣渡江

却说曹仁见关公落马，即引兵冲出城来；被关平一阵杀回，救关公归寨，拔出臂箭。原来箭头有药，毒已入骨，右臂青肿，不能运动。关平慌与众将商议曰："父亲若损此臂，安能出敌？不如暂回荆州调理。"于是与众将入帐见关公。公问曰："汝等来有何事？"众对曰："某等因见君侯右臂损伤，恐临敌致怒，冲突不便。众议可暂班师回荆州调理。"公怒曰："吾取樊城，只在目前；取了樊城，即当长驱大进，径到许都，剿灭操贼，以安汉室。岂可因小疮而误大事？汝等敢慢吾军心耶！"平等默然而退。众将见公不肯退兵，疮又不痊，只得四方访问名医。忽一日，有人从江东驾小舟而来，直至寨前。小校引见关平。平视其人：方巾阔服，臂挽青囊；自言姓名，乃沛国谯郡人，姓华，名佗，字元化。因闻关将军乃天下英雄，今中毒箭，特来医治。平曰："莫非昔日医东吴周泰者乎？"佗曰："然。"平大喜，即与众将同引华佗入帐见关公。时关公本是臂疼，恐慢军心，无可消遣，正与马良弈棋；闻有医者至，即召入。礼毕，赐坐。茶罢，佗请臂视之。公袒下衣袍，伸臂令佗看视。佗曰："此乃弩箭所伤，其中有乌头之药，直透入骨；若不早治，此臂无用矣。"公曰："用何物治之？"佗曰："某自有治法，但恐君侯惧耳。"公笑曰："吾视死如归，有何惧哉？"佗曰："当于静处立一标柱，上钉大环，请君侯将臂穿于环中，以绳系之，然后以被蒙其首。吾用尖刀割开皮肉，直至于骨，刮去骨上箭毒，用药敷之，以线缝其口，方可无事。但恐君侯惧耳。"公笑曰："如此，容易！何用柱环？"令设酒席相待。

公饮数杯酒毕，一面仍与马良弈棋，伸臂令佗割之。佗取尖刀在手，令一小校捧一大盆于臂下接血。佗曰："某便下手，君侯勿惊。"公曰："任汝医治，吾岂比世间俗子惧痛者耶！"佗乃下刀，割开皮肉，直至于骨，骨上已青；佗用刀刮骨，悉悉有声。帐上帐下见者，皆掩面失色。公饮酒食肉，谈笑弈棋，全无痛苦之色。须臾，血流盈盆。佗刮尽其毒，敷上药，以线缝之。公大笑而起，谓众将曰："此臂伸舒如故，并无痛矣。先生真神医也！"佗曰："某为医一生，未尝见此。君侯真天神也！"后人有诗曰："治病须分内外科，世间妙艺苦无多。神威罕及惟关将，圣手能医说华佗。"

关公箭疮既愈，设席款谢华佗。佗曰："君侯箭疮虽治，然须爱护。切勿怒气伤触。过百日后，平复如旧矣。"关公以金百两酬之。佗曰："某闻君侯高义，特来医治，岂望报乎！"坚辞不受，留药一帖，以敷疮口，辞别而去。

却说关公擒了于禁，斩了庞德，威名大震，华夏皆惊。探马报到许都，曹操大惊，聚文武商议曰："某素知云长智勇盖世，今据荆襄，如虎生翼。于禁被擒，庞德被斩，魏兵挫锐；倘彼率兵直至许都，如之奈何？孤欲迁都以避之。"司马懿谏曰："不可。于禁等被水所淹，非战之故；于国家大计，本无所损。今孙、刘失好，云长得志，孙权必不喜；大王可遣使去东吴陈说利害，令孙权暗暗起兵蹑云长之后，许事平之日，割江南之地以封孙权，则樊城之危自解矣。"主簿蒋济曰："仲达之言是也。今可即发使往东吴，不必迁都动众。"操依允，遂不迁都；因叹谓诸将曰："于禁从孤三十年，何期临危反不如庞德也！今一面遣使致书东吴，一面必得一大将以当云长之锐。"言未毕，阶下一将应声而出曰："某愿往。"操视之，乃徐晃也。操大喜，遂拨精兵五万，令徐晃为将，吕建副之，克日起兵，前到阳陵坡驻扎；看东南有应，然后征进。

却说孙权接得曹操书信，览毕，欣然应允，即修书发付使者先回，乃聚文武商议。张昭曰："近闻云长擒于禁，斩庞德，威震华夏，操欲迁都以避其锋。今樊城危急，遣使求救，事定之后，恐有反覆。"权未及发言，忽报吕蒙乘小舟自陆口来，有事面禀。权召入问之，蒙曰："今云长提兵围樊城，可乘其远出，袭取荆州。"权曰："孤欲北取徐州，如何？"蒙曰："今操远在河北，未暇东顾，徐州守兵无多，往自可克；然其地势利于陆战，不利水战，纵然得之，亦难保守。不如先取荆州，全据长江，别作良图。"权曰："孤本欲取荆州，前言特以试卿耳。卿可速为孤图之。孤当随后便起兵也。"

吕蒙辞了孙权，回至陆口，早有哨马报说："沿江上下，或二十里，或三十里，高阜处各有烽火台。"又闻荆州军马整肃，预有准备，蒙大惊曰："若如此，急难图也。我一时在吴侯面前劝取荆州，今却如何处置？"寻思无计，乃托病不出，使人回报孙权。权闻吕蒙患病，心甚怏怏。陆逊进言曰："吕子明之病，乃诈耳，非真病也。"权曰："伯言既知其诈，可往视之。"陆逊领命，星夜至陆口寨中，来见吕蒙，果然面无病色。逊曰："某奉吴侯命，敬探子明贵恙。"蒙曰："贱躯偶病，何劳探问。"逊曰："吴侯以重任付公，公不乘时而动，空怀郁结，何也？"蒙目视陆逊，良久不语。逊又曰："愚有小方，能治将军之疾，未审可用否？"蒙乃屏退左右而问曰："伯言良方，乞早赐教。"逊笑曰："子明之疾，不过因荆州兵马整肃，沿江有烽火台之备耳。予有一计，令沿江守吏，不能举火；荆州之兵，束手归降，可乎？"蒙惊谢曰："伯言之语，如见我肺腑。愿闻良策。"陆逊曰："云长倚恃英雄，自料无敌，所虑者惟将军耳。将军乘此机会，托疾辞职，以陆口之任让之他人，使他人卑辞赞美关公，以骄其心，彼必尽撤荆州之兵，以向樊城。若荆州无备，用一旅之师，别出奇计以袭之，则荆州在掌握之中矣。"蒙大喜曰："真良策也！"

由是吕蒙托病不起，上书辞职。陆逊回见孙权，具言前计。孙权乃召吕蒙还建业养病。蒙至，入见权，权问曰："陆口之任，昔周公谨荐鲁子敬以自代，后子敬又荐卿自代，今卿亦须荐一才望兼隆者，代卿为妙。"蒙曰："若用望重之人，云长必然提备。陆逊意思深长，而未有远名，非云长所忌；若即用以代臣之任，必有所济。"权大喜，即日拜陆逊为偏将军、右都督，代蒙守陆口。逊谢曰："某年幼无学，恐不堪重任。"权曰："子明保卿，必不差错。卿毋得推辞。"逊乃拜受印绶，连夜往陆口；交割马步水三军已毕，即修书一封，具名马、异锦、酒礼等物，遣使赍赴樊城见关公。

时公正将息箭疮，按兵不动。忽报："江东陆口守将吕蒙病危，孙权取回调理，近拜陆逊为将，代吕蒙守陆口。今逊差人赍书具礼，特来拜见。"关公召入，指来使而言曰："仲谋见识短浅，用此孺子为将！"来使伏地告曰："陆将军呈书备礼：一来与君侯作贺，二来求两家和好。幸乞笑留。"公拆书视之，书词极其卑谨。关公览毕，仰面大笑，令左右收了礼物，发付使者回去。使者回见陆逊曰："关公欣喜，无复有忧江东之意。"

逊大喜，密遣人探得关公果然撤荆州大半兵赴樊城听调，只待箭疮痊可，便欲进兵。逊察知备细，即差人星夜报知孙权，孙权召吕蒙商议曰："今云长果撤荆州之兵，攻取樊城，便可设计袭取荆州。卿与吾弟孙皎同引大军前去，何如？"孙皎字叔明，乃孙权叔父孙静之次子也。蒙曰："主公若以蒙可用则独用蒙；若以叔明可用则独用叔明。岂不闻昔日周瑜、程普为左右都督，事虽决于瑜，然普自以旧臣而居瑜下，颇不相睦；后因见瑜之才，方始敬服？今蒙之才不及瑜，而叔明之亲胜于普，恐未必能相济也。"

权大悟，遂拜吕蒙为大都督，总制江东诸路军马；令孙皎在后接应粮草。蒙拜谢，点兵三万，快船八十余只，选会水者扮作商人，皆穿白衣，在船上摇橹，却将精兵伏于【舟冓】【舟鹿】船中。次调韩当、蒋钦、朱然、潘璋、周泰、徐盛、丁奉等七员大将，相继而进。其余皆随吴侯为合后救应。一面遣使致书曹操，令进兵以袭云长之后；一面先传报陆逊，然后发白衣人，驾快船往浔阳江去。昼夜趱行，直抵北岸。江边烽火台上守台军盘问时，吴人答曰："我等皆是客商，因江中阻风，到此一避。"随将财物送与守台军士。军士信之，遂任其停泊江边。约至二更，【舟冓】【舟鹿】中精兵齐出，将烽火台上官军缚倒，暗号一声，八十余船精兵俱起，将紧要去处墩台之军，尽行捉入船中，不曾走了一个。于是长驱大进，径取荆州，无人知觉。将至荆州，吕蒙将沿江墩台所获官军，用好言抚慰，各各重赏，令赚开城门，纵火为号。众军领命，吕蒙便教前导。比及半夜，到城下叫门。门吏认得是荆州之兵，开了城门。众军一声喊起，就城门里放起号火。吴兵齐入，袭了荆州。吕蒙便传令军中："如有妄杀一人，妄取民间一物者，定按军法。"原任官吏，并依旧职。将关公家属另养别宅，不许闲人搅扰。一面遣人申报孙权。

一日大雨，蒙上马引数骑点看四门。忽见一人取民间箬笠以盖铠甲，蒙喝左右执下问之，乃蒙之乡人也。蒙曰："汝虽系我同乡，但吾号令已出，汝故犯之，当按军法。"其人泣告曰："其恐雨湿官铠，故取遮盖，非为私用。乞将军念同乡之情！"蒙曰："吾固知汝为覆官铠，然终是不应取民间之物。"叱左右推下斩之。枭首传示毕，然后收其尸首，泣而葬之。自是三军震肃。不一日，孙权领众至。吕蒙出郭迎接入衙。权慰劳毕，仍命潘浚为治中，掌荆州事；监内放出于禁，遣归曹操；安民赏军，设宴庆贺。权谓吕蒙曰："今荆州已得，但公安傅士仁、南郡糜芳，此二处如何收复？"言未毕，忽一人出曰："不须张弓只箭，某凭三寸不烂之舌，说公安傅士仁来降，可乎？"众视之，乃虞翻也。权曰："仲翔有何良策，可使傅士仁归降？"翻曰："某自幼与士仁交厚；今若以利害说之，彼必归矣。"权大喜，遂令虞翻领五百军，径奔公安来。

却说傅士仁听知荆州有失，急令闭城坚守。虞翻至，见城门紧闭，遂写书拴于箭上，射入城中。军士拾得，献与傅士仁。士仁拆书视之，乃招降之意。览毕，想起"关公去日恨吾之意，不如早降。"即令大开城门，请虞翻入城。二人礼毕，各诉旧情。翻说吴侯宽洪大度，礼贤下士；士仁大喜，即同虞翻赍印绶来荆州投降。孙权大悦，仍令去守公安。吕蒙密谓权曰："今云长未获，留士仁于公安，久必有变；不若使往南郡招糜芳归降。"权乃召傅士仁谓曰："糜芳与卿交厚，卿可招来归降，孤自当有重赏。"傅士仁慨然领诺，遂引十余骑，径投南郡招安糜芳。正是：今日公安无守志，从前王甫是良言。未知此去如何，且看下文分解。

第七十六回 徐公明大战沔水 关云长败走麦城

却说糜芳闻荆州有失，正无计可施。忽报公安守将傅士仁至，芳忙接入城，问其事故。士仁曰："吾非不忠。势危力困，不能支持，我今已降东吴。将军亦不如早降。"芳曰："吾等受汉中王厚恩，安忍背之？"士仁曰："关公去日，痛恨吾二人；倘一日得胜而回，必无轻恕。公细察之。"芳曰："吾兄弟久事汉中王，岂可一朝相背？"正犹豫间，忽报关公遣使至，接入厅上。使者曰："关公军中缺粮，特来南郡、公安二处取白米十万石，令二将军星夜解去军前交割。如迟立斩。"芳大惊，顾谓傅士仁曰："今荆州已被东吴所取，此粮怎得过去？"士仁厉声曰："不必多疑！"遂拔剑斩来使于堂上。芳惊曰："公如何斩之？"士仁曰："关公此意，正要斩我二人。我等安可束手受死？公今不早降东吴，必被关公所杀。"正说间，忽报吕蒙引兵杀至城下。芳大惊，乃同傅士仁出城投降。蒙大喜，引见孙权。权重赏二人。安民已毕，大犒三军。

时曹操在许都，正与众谋士议荆州之事，忽报东吴遣使奉书至。操召人，使者呈上书信。操拆视之，书中具言吴兵将袭荆州，求操夹攻云长；且嘱勿泄漏，使云长有备也。操与众谋士商议，主簿董昭曰："今樊城被困，引颈望救，不如令人将书射入樊城，以宽军心；且使关公知东吴将袭荆州。彼恐荆州有失，必速退兵，却令徐晃乘势掩杀，可获全功。"操从其谋，一面差人催徐晃急战；一面亲统大兵，径往洛阳之南阳陵坡驻扎，以救曹仁。

却说徐晃正坐帐中，忽报魏王使至。晃接入问之，使曰："今魏王引兵，已过洛阳；令将军急战关公，以解樊城之困。"正说间，探马报说："关平屯兵在偃城，廖化屯兵在四冢：前后一十二个寨栅，连络不绝。"晃即差副将徐商、吕建假着徐晃旗号，前赴偃城与关平交战。晃却自引精兵五百，循沔水去袭偃城之后。且说关平闻徐晃自引兵至，遂提本部兵迎敌。两阵对圆，关平出马，与徐商交锋，只三合，商大败而走；吕建出战，五六合亦败走。平乘胜追杀二十余里，忽报城中火起。平知中计，急勒兵回救偃城。正遇一彪军摆开，徐晃立马在门旗下，高叫曰："关平贤侄，好不知死！汝荆州已被东吴夺了，犹然在此狂为！"平大怒，纵马轮刀，直取徐晃；不三四合，三军喊叫，偃城中火光大起。平不敢恋战，杀条大路，径奔四冢寨来。廖化接着。化曰："人言荆州已被吕蒙袭了，军心惊慌，如之奈何？"平曰："此必讹言也。军士再言者斩之。"

忽流星马到，报说正北第一屯被徐晃领兵攻打。平曰："若第一屯有失，诸营岂得安宁？此间皆靠沔水，贼兵不敢到此。吾与汝同去救第一屯。"廖化唤部将分付曰："汝等坚守营寨，如有贼到，即便举火。"部将曰："四冢寨鹿角十重，虽飞鸟亦不能入，何虑贼兵！"于是关平、廖化尽起四冢寨精兵，奔至第一屯住扎。关平看见魏兵屯于浅山之上，谓廖化曰："徐晃屯兵，不得地利，今夜可引兵劫寨。"化曰："将军可分兵一半前去，某当谨守本寨。"

是夜，关平引一枝兵杀入魏寨，不见一人。平知是计，火速退时，左边徐商，右边吕建，两下夹攻。平大败回营，魏兵乘势追杀前来，四面围住。关平、廖化支持不住，弃了第一屯，径投四冢寨来。早望见寨中火起。急到寨前，只见皆是魏兵旗号。关平等退兵，忙奔樊城大路而走。前面一军拦住，为首大将，乃是徐晃也。平、化二人奋力死战，夺路而走，回到大寨，来见关公曰："今徐晃夺了偃城等处；又兼曹操自引大军，分三路来救樊城；多有人言荆州已被吕蒙袭了。"关公喝曰："此敌人讹言，以乱我军心耳！东吴吕蒙病危，孺子陆逊代之，不足为虑！"

言未毕，忽报徐晃兵至。公令备马。平谏曰："父体未痊，不可与敌。"公曰："徐晃与吾有旧，深知其能；若彼不退，吾先斩之，以警魏将。"遂披挂提刀上马，奋然而出。魏军见之，无不惊惧。公勒马问曰："徐公明安在？"魏营门旗开处，徐晃出马，欠身而言曰："自别君侯，倏忽数载，不想君侯须发已苍白矣！忆昔壮年相从，多蒙教诲，感谢不忘。今君侯英风震于华夏，使故人闻之，不胜叹羡！兹幸得一见，深慰渴怀。"公曰："吾与公明交契深厚，非比他人；今何故数穷吾儿耶？"晃回顾众将，厉声大叫曰："若取得云长首级者，重赏千金！"公惊曰："公明何出此言？"晃曰："今日乃国家之事，某不敢以私废公。"言讫，挥大斧直取关公。公大怒，亦挥刀迎之。战八十余合，公虽武艺绝伦，终是右臂少力。关平恐公有失，火急鸣金，公拨马回寨。忽闻四下里喊声大震。原来是樊城曹仁闻曹操救兵至，引军杀出城来，与徐晃会合，两下夹攻，荆州兵大乱。关公上马，引众将急奔襄江上流头。背后魏兵追至。关公急渡过襄江，望襄阳而奔。忽流星马到，报说："荆州已被吕蒙所夺，家眷被陷。"关公大惊。不敢奔襄阳，提兵投公安来。探马又报："公安傅士仁已降东吴了。"关公大怒。忽催粮人到，报说："公安傅士仁往南郡，杀了使命，招糜芳都降东吴去了。"

关公闻言，怒气冲塞，疮口迸裂，昏绝于地。众将救醒，公顾谓司马王甫曰："悔不听足下之言，今日果有此事！"因问："沿江上下，何不举火？"探马答曰："吕蒙使水手尽穿白衣，扮作客商渡江，将精兵伏于【舟冓】【舟鹿】之中，先擒了守台士卒，因此不得举火。"公跌足叹曰："吾中奸贼之谋矣！有何面目见兄长耶！"管粮都督赵累曰："今事急矣，可一面差人往成都求救，一面从旱路去取荆州。"关公依言，差马良、伊籍赍文三道，星夜赴成都求救；一面引兵来取荆州，自领前队先行，留廖化、关平断后。却说樊城围解，曹仁引众将来见曹操，泣拜请罪。操曰：“此乃天数，非汝等之罪也。”操重赏三军，亲至四冢寨周围阅视，顾谓众将曰：“荆州兵围堑鹿角数重，徐公明深入其中，竟获全功。孤用兵三十余年，未敢长驱径入敌围。公明真胆识兼优者也！”众皆叹服。操班师还于摩陂驻扎。徐晃兵至，操亲出寨迎之，见晃军皆按队伍而行，并无差乱。操大喜曰：“徐将军真有周亚夫之风矣！”遂封徐晃为平南将军，同夏侯尚守襄阳，以遏关公之师。操因荆州未定，就屯兵于摩陂，以候消息。却说关公在荆州路上，进退无路，谓赵累曰：“目今前有吴兵，后有魏兵，吾在其中，救兵不至，如之奈何？”累曰：“昔吕蒙在陆口时，尝致书君侯，两家约好，共诛操贼，今却助操而袭我，是背盟也。君侯暂驻军于此，可差人遗书吕蒙责之，看彼如何对答。”关公从其言，遂修书遣使赴荆州来。

却说吕蒙在荆州，传下号令：凡荆州诸郡，有随关公出征将士之家，不许吴兵搅扰，按月给与粮米；有患病者，遣医治疗。将士之家，感其恩惠，安堵不动。忽报关公使至，吕蒙出郭迎接入城，以宾礼相待。使者呈书与蒙。蒙看毕，谓来使曰：“蒙昔日与关将军结好，乃一己之私见；今日之事，乃上命差遣，不得自主。烦使者回报将军，善言致意。”遂设宴款待，送归馆驿安歇。于是随征将士之家，皆来问信；有附家书者，有口传音信者，皆言家门无恙，衣食不缺。

使者辞别吕蒙，蒙亲送出城。使者回见关公，具道吕蒙之语，并说：“荆州城中，君侯宝眷并诸将家属，俱各无恙，供给不缺。”公大怒曰：“此奸贼之计也！我生不能杀此贼，死必杀之，以雪吾恨！”喝退使者。使者出寨，众将皆来探问家中之事；使者具言各家安好，吕蒙极其恩恤，并将书信传送各将。各将欣喜，皆无战心。

关公率兵取荆州，军行之次，将士多有逃回荆州者。关公愈加恨怒，遂催军前进。忽然喊声大震，一彪军拦住，为首大将，乃蒋钦也，勒马挺枪大叫曰：“云长何不早降！”关公骂曰：“吾乃汉将，岂降贼乎！”拍马舞刀，直取蒋钦。不三合，钦败走。关公提刀追杀二十余里，喊声忽起，左边山谷中韩当领军冲出，右边山谷中周泰引军冲出，蒋钦回马复战，三路夹攻。关公急撤军回走。行无数里，只见南山冈上人烟聚集，一面白旗招飐，上写“荆州土人”四字，众人都叫本处人速速投降。关公大怒，欲上冈杀之。山崦内又有两军撞出：左边丁奉，右边徐盛；并合蒋钦等三路军马，喊声震地，鼓角喧天，将关公困在核心。手下将士，渐渐消疏。比及杀到黄昏，关公遥望四山之上，皆是荆州土兵，呼兄唤弟，觅子寻爷，喊声不住。军心尽变，皆应声而去。关公止喝不住，部从止有三百余人。杀至三更，正东上喊声连天，乃是关平、廖化分两路兵杀入重围，救出关公。关平告曰：“军心乱矣，必得城池暂屯，以待援兵。麦城虽小，足可屯扎。”关公从之，催促残军前至麦城，分兵紧守四门，聚将士商议。赵累曰：“此处相近上庸，现有刘封、孟达在彼把守，可速差人往求救兵。若得这枝军马接济，以待川兵大至，军心自安矣。”

正议间，忽报吴兵已至，将城四面围定。公问曰：“谁敢突围而出，往上庸求救？”廖化曰：“某愿往。”关平曰：“我护送汝出重围。”关公即修书付廖化藏于身畔。饱食上马，开门出城。正遇吴将丁奉截往。被关平奋力冲杀，奉败走，廖化乘势杀出重围。投上庸去了。关平入城，坚守不出。

且说刘封、孟达自取上庸，太守申耽率众归降，因此汉中王加刘封为副将军，与孟达同守上庸。当日探知关公兵败，二人正议间，忽报廖化至。

封令请人问之。化曰：“关公兵败，现困于麦城，被围至急。蜀中援兵，不能旦夕即至。特命某突围而出，来此求救。望二将军速起上庸之兵，以救此危。倘稍迟延，公必陷矣。”封曰：“将军且歇，容某计议。”

化乃至馆驿安歇，专候发兵。刘封谓孟达曰：“叔父被困，如之奈何？”达曰：“东吴兵精将勇；且荆州九郡，俱已属彼，止有麦城，乃弹丸之地；又闻曹操亲督大军四五十万，屯于摩陂：量我等山城之众，安能敌得两家之强兵？不可轻敌。”封曰：“吾亦知之。奈关公是吾叔父，安忍坐视而不救乎？”达笑曰：“将军以关公为叔，恐关公未必以将军为侄也。某闻汉中王初嗣将军之时，关公即不悦。后汉中王登位之后，欲立后嗣，问于孔明，孔明曰：‘此家事也，问关、张可矣，’汉中王遂遣人至荆州问关公，关公以将军乃螟蛉之子，不可僭立，劝汉中王远置将军于上庸山城之地，以杜后患。此事人人知之，将军岂反不知耶？何今日犹沾沾以叔侄之义，而欲冒险轻动乎？”封曰：“君言虽是，但以何词却之？”达曰：“但言山城初附，民心未定，不敢造次兴兵，恐失所守。”封从其言。次日，请廖化至，言此山城初附之所，未能分兵相救。化大惊，以头叩地曰：“若如此，则关公休矣！”达曰：“我今即往，一杯之水，安能救一车薪之火乎？将军速回，静候蜀兵至可也。”化大恸告求，刘封、孟达皆拂袖而入。廖化知事不谐，寻思须告汉中王求救，遂上马大骂出城，望成都而去。

却说关公在麦城盼望上庸兵到，却不见动静；手下止有五六百人，多半带伤；城中无粮，甚是苦楚。忽报城下一人教休放箭，有话来见君侯。公令放入，问之，乃诸葛瑾也。礼毕茶罢，瑾曰：“今奉吴侯命，特来劝谕将军。自古道识时务者为俊杰，今将军所统汉上九郡，皆已属他人类；止有孤城一区，内无粮草，外无救兵，危在旦夕。将军何不从瑾之言，归顺吴侯，复镇荆襄，可以保全家眷。幸君侯熟思之。”关公正色而言曰：“吾乃解良一武夫，蒙吾主以手足相待，安肯背义投敌国乎？城若破，有死而已。玉可碎而不可改其白，竹可焚而不可毁其节，身虽殒，名可垂于竹帛也。汝勿多言，速请出城，吾欲与孙权决一死战！”瑾曰：“吴侯欲与君侯结秦晋之好，同力破曹，共扶汉室，别无他意。君侯何执迷如是？”言未毕，关平拔剑而前，欲斩诸葛瑾。公止之曰：“彼弟孔明在蜀，佐汝伯父，今若杀彼，伤其兄弟之情也。”遂令左右逐出诸葛瑾。瑾满面羞惭，上马出城，回见吴侯曰：“关公心如铁石，不可说也。”孙权曰：“真忠臣也！似此如之奈何？”吕范曰：“某请卜其休咎。”权即令卜之。范揲蓍成象，乃“地水师卦”，更有玄武临应，主敌人远奔。权问吕蒙曰：“卦主敌人远奔，卿以何策擒之？”蒙笑曰：“卦象正合某之机也。关公虽有冲天之翼，飞不出吾罗网矣！”正是：龙游沟壑遭虾戏，凤入牢笼被鸟欺。毕竟吕蒙之计若何，且看下文分解。

第七十七回 玉泉山关公显圣 洛阳城曹操感神

却说孙权求计于吕蒙。蒙曰：“吾料关某兵少，必不从大路而逃，麦成正北有险峻小路，必从此路而去。可令朱然引精兵五千，伏于麦城之北二十里；彼军至，不可与敌，只可随后掩杀。彼军定无战心，必奔临沮。却令潘璋引精兵五百，伏于临沮山僻小路，关某可擒矣。今遣将士各门攻打，只空北门，待其出走。”权闻计，令吕范再卜之。卦成，范告曰：“此卦主敌人投西北而走，今夜亥时必然就擒。”权大喜，遂令朱然、潘璋领两枝精兵，各依军令埋伏去讫。

且说关公在麦城，计点马步军兵，止剩三百余人；粮草又尽。是夜，城外吴兵招唤各军姓名，越城而去者甚多。救兵又不见到。心中无计，谓王甫曰：“吾悔昔日不用公言！今日危急，将复何如？”甫哭告曰：“今日之事，虽子牙复生，亦无计可施也。”赵累曰：“上庸救兵不至，乃刘封、孟达按兵不动之故。何不弃此孤城，奔入西川，再整兵来，以图恢复？”公曰：“吾亦欲如此。”遂上城观之。见北门外敌军不多，因问本城居民：“此去往北，地势若何？”答曰：“此去皆是山僻小路，可通西川。”公曰：“今夜可走此路。”王甫谏曰：“小路有埋伏，可走大路。”公曰：“虽有埋伏，吾何惧哉！”即下令马步官军：严整装束，准备出城。甫哭曰：“君侯于路，小心保重！某与部卒百余人，死据此城；城虽破，身不降也！专望君侯速来救援！”公亦与泣别。遂留周仓与王甫同守麦城，关公自与关平、赵累引残卒二百余人，突出北门。关公横刀前进，行至初更以后，约走二十余里，只见山凹处，金鼓齐鸣，喊声大震，一彪军到，为首大将朱然，骤马挺枪叫曰：“云长休走！趁早投降，免得一死！”公大怒，拍马轮刀来战。朱然便走，公乘势追杀。一棒鼓响，四下伏兵皆起。公不敢战，望临沮小路而走，朱然率兵掩杀。关公所随之兵，渐渐稀少。走不得四五里，前面喊声又震，火光大起，潘璋骤马舞刀杀来。公大怒，轮刀相迎，只三合，潘璋败走。公不敢恋战，急望山路而走。背后关平赶来，报说赵累已死于乱军中。关公不胜悲惶，遂令关平断后，公自在前开路，随行止剩得十余人。行至决石，两下是山，山边皆芦苇败草，树木丛杂。时已五更将尽。正走之间，一声喊起，两下伏兵尽出，长钩套索，一齐并举，先把关公坐下马绊倒。关公翻身落马，被潘璋部将马忠所获。关平知父被擒，火速来救；背后潘璋、朱然率兵齐至，把关平四下围住。平孤身独战，力尽亦被执。至天明，孙权闻关公父子已被擒获，大喜，聚众将于帐中。

少时，马忠簇拥关公至前。权曰：“孤久慕将军盛德，欲结秦晋之好，何相弃耶？公平昔自以为天下无敌，今日何由被吾所擒？将军今日还服孙权否？”关公厉声骂曰：“碧眼小儿，紫髯鼠辈！吾与刘皇叔桃园结义，誓扶汉室，岂与汝叛汉之贼为伍耶！我今误中奸计，有死而已，何必多言！”权回顾众官曰：“云长世之豪杰，孤深爱之。今欲以礼相待，劝使归降，何如？”主簿左咸曰：“不可。昔曹操得此人时，封侯赐爵，三日一小宴，五日一大宴，上马一提金，下马一提银：如此恩礼，毕竟留之不住，听其斩关杀将而去，致使今日反为所逼，几欲迁都以避其锋。今主公既已擒之，若不即除，恐贻后患。”孙权沉吟半晌，曰：“斯言是也。”遂命推出。于是关公父子皆遇害。时建安二十四年冬十二月也。关公亡年五十八岁。后人有诗叹曰：“汉末才无敌，云长独出群：神威能奋武，儒雅更知文。天日心如镜，《春秋》义薄云。昭然垂万古，不止冠三分。”又有诗曰：“人杰惟追古解良，士民争拜汉云长。桃园一日兄和弟，俎豆千秋帝与王。气挟风雷无匹敌，志垂日月有光芒。至今庙貌盈天下，古木寒鸦几夕阳。”

关公既殁，坐下赤兔马被马忠所获，献与孙权。权即赐马忠骑坐。其马数日不食草料而死。

却说王甫在麦城中，骨颤肉惊，乃问周仓曰：“昨夜梦见主公浑身血污，立于前；急问之，忽然惊觉。不知主何吉凶？”正说间，忽报吴兵在城下，将关公父子首级招安。王甫、周仓大惊，急登城视之，果关公父子首级也。王甫大叫一声，堕城而死。周仓自刎而亡。于是麦城亦属东吴。

却说关公一魂不散，荡荡悠悠，直至一处，乃荆门州当阳县一座山，名为玉泉山。山上有一老僧，法名普净，原是汜水关镇国寺中长老；后因云游天下，来到此处，见山明水秀，就此结草为庵，每日坐禅参道，身边只有一小行者，化饭度日。是夜月白风清，三更已后，普净正在庵中默坐，忽闻空中有人大呼曰：“还我头来！”普净仰面谛视，只见空中一人，骑赤兔马，提青龙刀，左有一白面将军、右有一黑脸虬髯之人相随，一齐按落云头，至玉泉山顶。普净认得是关公，遂以手中麈尾击其户曰：“云长安在？”关公英魂顿悟，即下马乘风落于庵前，叉手问曰：“吾师何人？愿求法号。”普净曰：“老僧普净，昔日汜水关前镇国寺中，曾与君侯相会，今日岂遂忘之耶？”公曰：“向蒙相救，铭感不忘。今某已遇祸而死，愿求清诲，指点迷途。”普净曰：“昔非今是，一切休论；后果前因，彼此不爽。今将军为吕蒙所害，大呼还我头来，然则颜良、文丑，五关六将等众人之头，又将向谁索耶？”于是关公恍然大悟，稽首皈依而去。后往往于玉泉山显圣护民，乡人感其德，就于山顶上建庙，四时致祭。后人题一联于其庙云：“赤面秉赤心、骑赤兔追风，驰驱时无忘赤帝，青灯观青史、仗青龙偃月，隐微处不愧青天。”

却说孙权既害了关公，遂尽收荆襄之地，赏犒三军，设宴大会诸将庆功；置吕蒙于上位，顾谓众将曰：“孤久不得荆州，今唾手而得，皆子明之功也。”蒙再三逊谢。权曰：“昔周郎雄略过人，破曹操于赤壁，不幸早夭，鲁子敬代之。子敬初见孤时，便及帝王大略，此一快也；曹操东下，诸人皆劝孤降，子敬独劝孤召公瑾逆而击之，此二快也；惟劝吾借荆州与刘备，是其一短。今子明设计定谋，立取荆州，胜子敬、周郎多矣！”于是亲酌酒赐吕蒙。吕蒙接酒欲饮，忽然掷杯于地，一手揪住孙权，厉声大骂曰：“碧眼小儿！紫髯鼠辈！还识我否？”众将大惊，急救时，蒙推倒孙权，大步前进，坐于孙权位上，两眉倒竖，双眼圆睁，大喝曰：“我自破黄巾以来，纵横天下三十余年，今被汝一旦以奸计图我，我生不能啖汝之肉，死当追吕贼之魂！我乃汉寿亭侯关云长也。”权大惊，慌忙率大小将士，皆下拜。只见吕蒙倒于地上，七窍流血而死。众将见之，无不恐惧。权将吕蒙尸首，具棺安葬，赠南郡太守、孱陵侯；命其子吕霸袭爵。孙权自此感关公之事，惊讶不已。

忽报张昭自建业而来。权召入问之。昭曰：“今主公损了关公父子，江东祸不远矣！此人与刘备桃园结义之时，誓同生死。今刘备已有两川之兵；更兼诸葛亮之谋，张、黄、马、赵之勇。备若知云长父子遇害，必起倾国之兵，奋力报仇，恐东吴难与敌也。”权闻之大惊，跌足曰：“孤失计较也！似此如之奈何？”昭曰：“主公勿忧。某有一计，令西蜀之兵不犯东吴，荆州如磐石之安。”权问何计。昭曰：“今曹操拥百万之众，虎视华夏，刘备急欲报仇，必与操约和。若二处连兵而来，东吴危矣。不如先遣人将关公首级，转送与曹操，明教刘备知是操之所使，必痛恨于操，西蜀之兵，不向吴而向魏矣。吾乃观其胜负，于中取事。此为上策。”

权从其言，随遣使者以木匣盛关公首级，星夜送与曹操。时操从摩陂班师回洛阳，闻东吴送关公首级至，喜曰：“云长已死，吾夜眠贴席矣。”阶下一人出曰：“此乃东吴移祸之计也。”操视之，乃主簿司马懿也。操问其故，懿曰：“昔刘、关、张三人桃园结义之时，誓同生死。今东吴害了关公，惧其复仇，故将首级献与大王，使刘备迁怒大王，不攻吴而攻魏，他却于中乘便而图事耳。”操曰：“仲达之言是也。孤以何策解之？”懿曰：“此事极易。大王可将关公首级，刻一香木之躯以配之，葬以大臣之礼；刘备知之，必深恨孙权，尽力南征。我却观其胜负！蜀胜则击吴，吴胜则击蜀。二处若得一处，那一处亦不久也。”操大喜，从其计，遂召吴使入。呈上木匣，操开匣视之，见关公面如平日。操笑曰：“云长公别来无恙！”言未讫，只见关公口开目动，须发皆张，操惊倒。众官急救，良久方醒，顾谓众官曰：“关将军真天神也！”吴使又将关公显圣附体、骂孙权追吕蒙之事告操。操愈加恐惧，遂设牲醴祭祀，刻沉香木为躯，以王侯之礼，葬于洛阳南门外，令大小官员送殡，操自拜祭，赠为荆王，差官守墓；即遣吴使回江东去讫。却说汉中王自东川回成都，法正奏曰：“王上先夫人去世；孙夫人又南归。未必再来。人伦之道，不可废也，必纳王妃，以襄内政。”汉中王从之，法正复奏曰：“吴懿有一妹，美而且贤。尝闻有相者，相此女后必大贵。先曾许刘焉之子刘瑁，瑁早夭。其女至今寡居，大王可纳之为妃。”汉中王曰：“刘瑁与我同宗，于理不可。”法正曰：“论其亲疏，何异晋文之与怀嬴乎？”汉中王乃依允，遂纳吴氏为王妃。后生二子：长刘永，字公寿；次刘理，字奉孝。

且说东西两川，民安国富，田禾大成。忽有人自荆州来，言东吴求婚于关公，关公力拒之。孔明曰：“荆州危矣！可使人替关公回。”正商议间，荆州捷报使命，络绎而至。不一日，关兴到，具言水淹七军之事。忽又报马到来，报说关公于江边多设墩台，提防甚密，万无一失。因此玄德放心。

忽一日，玄德自觉浑身肉颤，行坐不安；至夜，不能宁睡，起坐内室，秉烛看书，觉神思昏迷，伏几而卧；就室中起一阵冷风，灯灭复明，抬头见一人立于灯下。玄德问曰：“汝何人，夤夜至吾内室？”其人不答。玄德疑怪，自起视之，乃是关公，于灯影下往来躲避。玄德曰：“贤弟别来无恙！夜深至此，必有大故。吾与汝情同骨肉，因何回避？”关公泣告曰：“愿兄起兵，以雪弟恨！”言讫，冷风骤起，关公不见。玄德忽然惊觉，乃是一梦。时正三鼓。玄德大疑，急出前殿，使人请孔明来。孔明入见，玄德细言梦警。孔明曰：“此乃王上心思关公，故有此梦。何必多疑？”玄德再三疑虑，孔明以善言解之。孔明辞出，至中门外，迎见许靖。靖曰：“某才赴军师府下报一机密，听知军师入宫，特来至此。”孔明曰：“有何机密？”靖曰：“某适闻外人传说，东吴吕蒙已袭荆州，关公已遇害！故特来密报军师。”孔明曰：“吾夜观天象，见将星落于荆楚之地，已知云长必然被祸，但恐王上忧虑，故未敢言。”

二人正说之间，忽然殿内转出一人，扯住孔明衣袖而言曰：“如此凶信，公何瞒我！”孔明视之，乃玄德也。孔明、许靖奏曰：“适来所言，皆传闻之事，未足深信。愿王上宽怀，勿生忧虑。”玄德曰：“孤与云长，誓同生死；彼若有失，孤岂能独生耶！”孔明、许靖正劝解之间，忽近侍奏曰：“马良、伊籍至。”玄德急召入问之。二人具说荆州已失，关公兵败求救，呈上表章。未及拆观，侍臣又奏荆州廖化至。玄德急召入。化哭拜于地，细奏刘封、孟达不发救兵之事。玄德大惊曰：“若如此，吾弟休矣！”孔明曰：“刘封、孟达如此无礼，罪不容诛！王上宽心，亮亲提一旅之师，去救荆襄之急。”玄德泣曰：“云长有失，孤断不独生！孤来日自提一军去救云长！”遂一面差人赴阆中报知翼德，一面差人会集人马。

未及天明，一连数次，报说关公夜走临沮，为吴将所获，义不屈节，父子归神。玄德听罢，大叫一声，昏绝于地。正是：为念当年同誓死，忍教今日独捐生！未知玄德性命如何，且看下文分解。

第七十八回 治风疾神医身死 传遗命奸雄数终

却说汉中王闻关公父子遇害，哭倒于地；众文武急救，半晌方醒，扶入内殿。孔明劝曰：“王上少忧。自古道死生有命；关公平日刚而自矜，故今日有此祸。王上且宜保养尊体，徐图报仇。”玄德曰：“孤与关、张二弟桃园结义时，誓同生死。今云长已亡，孤岂能独享富贵乎！”言未已，只见关兴号恸而来。玄德见了，大叫一声，又哭绝于地。众官救醒。一日哭绝三五次，三日水浆不进，只是痛哭；泪湿衣襟，斑斑成血。孔明与众官再三劝解。玄德曰：“孤与东吴，誓不同日月也！”孔明曰：“闻东吴将关公首级献与曹操，操以王侯礼祭葬之。”玄德曰：“此何意也？”孔明曰：“此是东吴欲移祸于曹操，操知其谋，故以厚礼葬关公，令王上归怨于吴也。”玄德曰：“吾今即提兵问罪于吴，以雪吾恨！”孔明谏曰：“不可。方今吴欲令我伐魏，魏亦欲令我伐吴，各怀谲计，伺隙而乘。王上只宜按兵不动，且与关公发丧。待吴、魏不和，乘时而伐之，可也。”众官又再三劝谏，玄德方才进膳，传旨川中大小将士，尽皆挂孝。汉中王亲出南门招魂祭奠，号哭终日。

却说曹操在洛阳，自葬关公后，每夜合眼便见关公。操甚惊惧，问于众官。众官曰：“洛阳行宫旧殿多妖，可造新殿居之。”操曰：“吾欲起一殿，名建始殿。恨无良工。”贾诩曰：“洛阳良工有苏越者，最有巧思。”操召入，令画图像。苏越画成九间大殿，前后廊庑楼阁，呈与操。操视之曰：“汝画甚合孤意，但恐无栋梁之材。”苏越曰：“此去离城三十里，有一潭，名跃龙潭；前有一祠，名跃龙祠。祠傍有一株大梨树，高十余丈，堪作建始殿之梁。”

操大喜，即令人工到彼砍伐。次日，回报此树锯解不开，斧砍不入，不能斩伐。操不信，自领数百骑，直至跃龙祠前下马，仰观那树，亭亭如华盖，直侵云汉，并无曲节。操命砍之，乡老数人前来谏曰：“此树已数百年矣，常有神人居其上，恐未可伐。”操大怒曰：“吾平生游历，普天之下，四十余年，上至天子，下及庶人，无不惧孤；是何妖神，敢违孤意！”言讫，拔所佩剑亲自砍之，铮然有声，血溅满身。操愕然大惊，掷剑上马，回至宫内。是夜二更，操睡卧不安，坐于殿中，隐几而寐。忽见一人披发仗剑，身穿皂衣，直至面前，指操喝曰：“吾乃梨树之神也。汝盖建始殿，意欲篡逆，却来伐吾神木！吾知汝数尽，特来杀汝！”操大惊，急呼：“武士安在？”皂衣人仗剑砍操。操大叫一声，忽然惊觉，头脑疼痛不可忍。急传旨遍求良医治疗，不能痊可。众官皆忧。

华歆入奏曰：“大王知有神医华伦否？”操曰：“即江东医周泰者乎？”歆曰：“是也。”操曰：“虽闻其名，未知其术。”歆曰：“华佗字元化，沛国谯郡人也。其医术之妙，世所罕有。但有患者，或用药，或用针，或用灸，随手而愈。若患五脏六腑之疾，药不能效者，以麻肺汤饮之，令病者如醉死，却用尖刀剖开其腹，以药汤洗其脏腑，病人略无疼痛。洗毕，然后以药线缝口，用药敷之；或一月，或二十日，即平复矣：其神妙如此！一日，佗行于道上，闻一人呻吟之声。佗曰：此饮食不下之病。问之果然。佗令取蒜齑汁三升饮之，吐蛇一条，长二三尺，饮食即下。广陵太守陈登，心中烦懑，面赤，不能饮食，求佗医治。佗以药饮之，吐虫三升，皆赤头，首尾动摇。登问其故，佗曰：此因多食鱼腥，故有此毒。今日虽可，三年之后，必将复发，不可救也。后陈登果三年而死。又有一人眉间生一瘤，痒不可当，令佗视之。佗曰：内有飞物。人皆笑之。佗以刀割开，一黄雀飞去，病者即愈。有一人被犬咬足指，随长肉二块，一痛一痒，俱不可忍。佗曰：痛者内有针十个，痒者内有黑白棋子二枚。人皆不信。佗以刀割开，果应其言。此人真扁鹊，仓公之流也！现居金城，离此不远，大王何不召之？”

操即差人星夜请华佗入内，令诊脉视疾。佗曰：“大王头脑疼痛，因患风而起。病根在脑袋中，风涎不能出，枉服汤药，不可治疗。某有一法：先饮麻肺汤，然后用利斧砍开脑袋，取出风涎，方可除根。”操大怒曰：“汝要杀孤耶！”佗曰：“大王曾闻关公中毒箭，伤其右臂，某刮骨疗毒，关公略无惧色；今大王小可之疾，何多疑焉？”操曰：“臂痛可刮，脑袋安可砍开？汝必与关公情熟，乘此机会，欲报仇耳！”呼左右拿下狱中，拷问其情。贾诩谏曰：“似此良医，世罕其匹，未可废也。”操叱曰：“此人欲乘机害我，正与吉平无异！”急令追拷。华佗在狱，有一狱卒，姓吴，人皆称为“吴押狱”。此人每日以酒食供奉华佗。佗感其恩，乃告曰：“我今将死，恨有《青囊书》未传于世。感公厚意，无可为报；我修一书，公可遣人送与我家，取《青囊书》来赠公，以继吾术。”吴押狱大喜曰：“我若得此书，弃了此役，医治天下病人，以传先生之德。”佗即修书付吴押狱。吴押狱直至金城，问佗之妻取了《青囊书》；回至狱中，付与华佗检看毕，佗即将书赠与吴押狱。吴押狱持回家中藏之。旬日之后，华佗竟死于狱中。吴押狱买棺殡殓讫，脱了差役回家，欲取《青囊书》看习，只见其妻正将书在那里焚烧。吴押狱大惊，连忙抢夺，全卷已被烧毁，只剩得一两叶。吴押狱怒骂其妻。妻曰：“纵然学得与华佗一般神妙，只落得死于牢中，要他何用！”吴押狱嗟叹而止。因此《青囊书》不曾传于世，所传者止阉鸡猪等小法，乃烧剩一两叶中所载也。后人有诗叹曰：“华佗仙术比长桑，神识如窥垣一方。惆怅人亡书亦绝，后人无复见青囊！”

却说曹操自杀华佗之后，病势愈重，又忧吴、蜀之事。正虑间，近臣忽奏东吴遣使上书。操取书拆视之，略曰：“臣孙权久知天命已归王上，伏望早正大位，遣将剿灭刘备，扫平两川，臣即率群下纳土归降矣。”操观毕大笑，出示群臣曰：“是儿欲使吾居炉火上耶！”侍中陈群等奏曰：“汉室久已衰微，殿下功德巍巍，生灵仰望。今孙权称臣归命，此天人之应，异气齐声。殿下宜应天顺人，早正大位。”操笑曰：“吾事汉多年，虽有功德及民，然位至于王，名爵已极，何敢更有他望？苟天命在孤，孤为周文王矣。”司马懿曰：“今孙权既称臣归附，王上可封官赐爵，令拒刘备。”操从之，表封孙权为骠骑将军、南昌侯，领荆州牧。即日遣使赍诰敕赴东吴去讫。

操病势转加。忽一夜梦三马同槽而食，及晓，问贾诩曰：“孤向日曾梦三马同槽，疑是马腾父子为祸；今腾已死，昨宵复梦三马同槽。主何吉凶？”诩曰：“禄马，吉兆也。禄马归于曹，王上何必疑乎？”操因此不疑。后人有诗曰：“三马同槽事可疑，不知已植晋根基。曹瞒空有奸雄略，岂识朝中司马师？”是夜，操卧寝室，至三更，觉头目昏眩，乃起，伏几而卧。忽闻殿中声如裂帛，操惊视之，忽见伏皇后、董贵人、二皇子，并伏完、董承等二十余人，浑身血污，立于愁云之内，隐隐闻索命之声。操急拔剑望空砍去，忽然一声响亮，震塌殿宇西南一角。操惊倒于地，近侍救出，迁于别宫养病。次夜，又闻殿外男女哭声不绝。至晓，操召群臣入曰：“孤在戎马之中，三十余年，未尝信怪异之事。今日为何如此？”群臣奏曰：“大王当命道士设醮修禳。”操叹曰：“圣人云：获罪于天，无所祷也。孤天命已尽，安可救乎？”遂不允设醮。

次日，觉气冲上焦，目不见物，急召夏侯惇商议。惇至殿门前，忽见伏皇后、董贵人、二皇子、伏完、董承等，立在阴云之中。惇大惊昏倒，左右扶出，自此得病。操召曹洪、陈群、贾诩、司马懿等，同至卧榻前，嘱以后事。曹洪等顿首曰：“大王善保玉体，不日定当霍然。”操曰：“孤纵横天下三十余年，群雄皆灭，止有江东孙权，西蜀刘备，未曾剿除。孤今病危，不能再与卿等相叙，特以家事相托。孤长子曹昂，刘氏所生，不幸早年殁于宛城；今卞氏生四子：丕、彰、植、熊。孤平生所爱第三子植，为人虚华少诚实，嗜酒放纵，因此不立。次子曹彰，勇而无谋；四子曹熊，多病难保。惟长子曹丕，笃厚恭谨，可继我业。卿等宜辅佐之。”曹洪等涕泣领命而出。操令近侍取平日所藏名香，分赐诸侍妾，且嘱曰：“吾死之后，汝等须勤习女工，多造丝履，卖之可以得钱自给。”又命诸妾多居于铜雀台中，每日设祭，必令女伎奏乐上食。又遗命于彰德府讲武城外，设立疑冢七十二：“勿令后人知吾葬处，恐为人所发掘故也。”嘱毕，长叹一声，泪如雨下。须臾，气绝而死。寿六十六岁。时建安二十五年春正月也。后人有《邺中歌》一篇叹曹操云：“邺则邺城水漳水，定有异人从此起：雄谋韵事与文心，君臣兄弟而父子；英雄未有俗胸中，出没岂随人眼底？功首罪魁非两人，遗臭流芳本一身；文章有神霸有气，岂能苟尔化为群？横流筑台距太行，气与理势相低昂；安有斯人不作逆，小不为霸大不王？霸王降作儿女鸣，无可奈何中不平；向帐明知非有益，分香未可谓无情。呜呼！古人作事无巨细，寂寞豪华皆有意；书生轻议冢中人，冢中笑尔书生气！”却说曹操身亡，文武百官尽皆举哀；一面遣人赴世子曹丕、鄢陵侯曹彰、临淄侯曹植、萧怀侯曹熊处报丧。众官用金棺银椁将操入殓，星夜举灵榇赴邺郡来。曹丕闻知父丧，放声痛哭，率大小官员出城十里，伏道迎榇入城，停于偏殿。官僚挂孝，聚哭于殿上。忽一人挺身而出曰：“请世子息哀，且议大事。”众视之，乃中庶子司马孚也。孚曰：“魏王既薨，天下震动；当早立嗣王，以安众心。何但哭泣耶？”群臣曰：“世子宜嗣位，但未得天子诏命，岂可造次而行？”兵部尚书陈矫曰：“王薨于外，爱子私立，彼此生变，则社稷危矣。”遂拔剑割下袍袖，厉声曰：“即今日便请世子嗣位。众官有异议者，以此袍为例！”百官悚惧。

忽报华歆自许昌飞马而至，众皆大惊。须臾华歆入，众问其来意，歆曰：“今魏王薨逝，天下震动，何不早请世子嗣位？”众官曰：“正因不及候诏命，方议欲以王后卞氏慈旨立世子为王。”歆曰：“吾已于汉帝处索得诏命在此。”众皆踊跃称贺。歆于怀中取出诏命开读。原来华歆谄事魏，故草此诏，威逼献帝降之；帝只得听从，故下诏即封曹丕为魏王、丞相、冀州牧。丕即日登位，受大小官僚拜舞起居。

正宴会庆贺间，忽报鄢陵侯曹彰，自长安领十万大军来到。丕大惊，遂问群臣曰：“黄须小弟；平日性刚，深通武艺。今提兵远来，必与孤争王位也。如之奈何？”忽阶下一人应声出曰：“臣请往见鄢陵侯，以片言折之。”众皆曰：“非大夫莫能解此祸也。”正是：试看曹氏丕彰事，几作袁家谭尚争。未知此人是谁，且看下文分解。

第七十九回 兄逼弟曹植赋诗 侄陷叔刘封伏法

却说曹丕闻曹彰提兵而来，惊问众官；一人挺身而出，愿往折服之。众视其人，乃谏议大夫贾逵也。曹丕大喜，即命贾逵前往。逵领命出城，迎见曹彰。彰问曰：“先王玺绶安在？”逵正色而言曰：“家有长子，国有储君。先王玺绶，非君侯之所宜问也。”彰默然无语，乃与贾逵同入城。至宫门前，逵问曰：“君侯此来，欲奔丧耶？欲争位耶？”彰曰：“吾来奔丧，别无异心。”逵曰：“既无异心，何故带兵入城？”彰即时叱退左右将士，只身入内，拜见曹丕。兄弟二人，相抱大哭。曹彰将本部军马尽交与曹丕。丕令彰回鄢陵自守，彰拜辞而去。

于是曹丕安居王位，改建安二十五年为延康元年；封贾诩为太尉，华歆为相国，王朗为御史大夫；大小官僚，尽皆升赏。谥曹操曰武王，葬于邺郡高陵，令于禁董治陵事。禁奉命到彼，只见陵屋中白粉壁上，图画关云长水淹七军擒获于禁之事：画云长俨然上坐，庞德愤怒不屈，于禁拜伏于地，哀求乞命之状。原来曹丕以于禁兵败被擒，不能死节，既降敌而复归，心鄙其为人，故先令人图画陵屋粉壁，故意使之往见以愧之。当下于禁见此画像，又羞又恼，气愤成病，不久而死。后人有诗叹曰：“三十年来说旧交，可怜临难不忠曹。知人未向心中识，画虎今从骨里描。”

却说华歆奏曹丕曰：“鄢陵侯已交割军马，赴本国去了；临淄侯植、萧怀侯熊，二人竟不来奔丧，理当问罪，丕从之，即分遣二使往二处问罪。”不一日，萧怀使者回报：“萧怀侯曹熊惧罪，自缢身死。”丕令厚葬之，追赠萧怀王。又过了一日，临淄使者回报，说：“临淄侯日与丁仪、丁廙兄弟二人酣饮，悖慢无礼，闻使命至，临淄侯端坐不动；丁仪骂曰：昔者先王本欲立吾主为世子，被谗臣所阻；今王丧未远，便问罪于骨肉，何也？丁廙又曰：据吾主聪明冠世，自当承嗣大位，今反不得立。汝那庙堂之臣，何不识人才若此！临淄侯因怒，叱武士将臣乱棒打出。”

丕闻之，大怒，即令许褚领虎卫军三千，火速至临淄擒曹植等一千人来。褚奉命，引军至临淄城。守将拦阻，褚立斩之，直入城中，无一人敢当锋锐，径到府堂。只见曹植与丁仪、丁廙等尽皆醉倒。褚皆缚之，载于车上，并将府下大小属官，尽行拿解邺郡，听候曹丕发落。丕下令，先将丁仪、丁廙等尽行诛戮。丁仪字正礼，丁廙字敬礼，沛郡人，乃一时文士；及其被杀，人多惜之。

却说曹丕之母卞氏，听得曹熊缢死，心甚悲伤；忽又闻曹植被擒，其党丁仪等已杀，大惊。急出殿，召曹丕相见。丕见母出殿，慌来拜谒。卞氏哭谓丕曰：“汝弟植平生嗜酒疏狂，盖因自恃胸中之才，故尔放纵。汝可念同胞之情，存其性命。吾至九泉亦瞑目也。”丕曰：“儿亦深爱其才，安肯害他？今正欲戒其性耳。母亲勿忧。”

卞氏洒泪而入，丕出偏殿，召曹植入见。华歆问曰：“适来莫非太后劝殿下勿杀子建乎？”丕曰：“然。”歆曰：“子建怀才抱智，终非池中物；若不早除，必为后患。”丕曰：“母命不可违。”歆曰：“人皆言子建出口成章，臣未深信。主上可召入，以才试之。若不能，即杀之；若果能，则贬之，以绝天下文人之口。”丕从之。须臾，曹植入见，惶恐伏拜请罪。丕曰：“吾与汝情虽兄弟，义属君臣，汝安敢恃才蔑礼？昔先君在日，汝常以文章夸示于人，吾深疑汝必用他人代笔。吾今限汝行七步吟诗一首。若果能，则免一死；若不能，则从重治罪，决不姑恕！”植曰：“愿乞题目。”时殿上悬一水墨画，画着两只牛，斗于土墙之下，一牛坠井而亡。丕指画曰：“即以此画为题。诗中不许犯着二牛斗墙下，一牛坠井死字样。”植行七步，其诗已成。诗曰：“两肉齐道行，头上带凹骨。相遇块山下，欻起相搪突。二敌不俱刚，一肉卧土窟。非是力不如，盛气不泄毕。”曹丕及群臣皆惊。丕又曰：“七步成章，吾犹以为迟。汝能应声而作诗一首否？”植曰：“愿即命题。”丕曰：“吾与汝乃兄弟也。以此为题。亦不许犯着‘兄弟’字样。”植略不思索，即口占一首曰：“煮豆燃豆萁，豆在釜中泣，本是同根生，相煎何太急！”曹丕闻之，潸然泪下。其母卞氏，从殿后出曰：“兄何逼弟之甚耶？”丕慌忙离坐告曰：“国法不可废耳。”于是贬曹植为安乡侯。植拜辞上马而去。

曹丕自继位之后，法令一新，威逼汉帝，甚于其父。早有细作报入成都。汉中王闻之，大惊，即与文武商议曰：“曹操已死，曹丕继位，威逼天子，更甚于操。东吴孙权，拱手称臣。孤欲先伐东吴，以报云长之仇；次讨中原，以除乱贼。”言未毕，廖化出班，哭拜于地曰：“关公父子遇害，实刘封、孟达之罪。乞诛此二贼。”玄德便欲遣人擒之。孔明谏曰：“不可。且宜缓图之，急则生变矣。可升此二人为郡守，分调开去，然后可擒。”玄德从之，遂遣使升刘封去守绵竹。

原来彭羕与孟达甚厚，听知此事，急回家作书，遣心腹人驰报孟达。使者方出南门外，被马超巡视军捉获，解见马超。超审知此事，即往见彭羕。羕接入，置酒相待。酒至数巡，超以言挑之曰：“昔汉中王待公甚厚，今何渐薄也？”羕因酒醉，恨骂曰：“老革荒悖，吾必有以报之！”超又探曰：“某亦怀怨心久矣。”羕曰：“公起本部军，结连孟达为外合，某领川兵为内应，大事可图也。”超曰：“先生之言甚当。来日再议。”

超辞了彭羕，即将人与书解见汉中王，细言其事。玄德大怒，即令擒彭羕下狱，拷问其情。羕在狱中，悔之无及。玄德问孔明曰：“彭羕有谋反之意，当何以治之？”孔明曰：“羕虽狂士，然留之久必生祸。”于是玄德赐彭羕死于狱。

羕既死，有人报知孟达。达大惊，举止失措。忽使命至，调刘封回守绵竹去讫。孟达慌请上庸、房陵都尉申耽、申仪弟兄二人商议曰：“我与法孝直同有功于汉中王；今孝直已死，而汉中王忘我前功，乃欲见害，为之奈何？”耽曰：“某有一计，使汉中王不能加害于公。”达大喜，急问何计。耽曰：“吾弟兄欲投魏久矣，公可作一表，辞了汉中王，投魏王曹丕，丕必重用。吾二人亦随后来降也。”达猛然省悟，即写表一通，付与来使；当晚引五十余骑投魏去了。使命持表回成都，奏汉中王，言孟达投魏之事。先主大怒。览其表曰：

“臣达伏惟殿下将建伊、吕之业，追桓、文之功，大事草创，假势吴、楚，是以有为之士，望风归顺。臣委质以来，愆戾山积；臣犹自知，况于君乎？今王朝英俊鳞集，臣内无辅佐之器，外无将领之才，列次功臣，诚足自愧！臣闻范蠡识微，浮于五湖；舅犯谢罪，逡巡河上。夫际会之间，请命乞身，何哉？欲洁去就之分也。况臣卑鄙，无元功巨勋，自系于时，窃慕前贤，早思远耻。昔申生至孝，见疑于亲；子胥至忠，见诛于君；蒙恬拓境而被大刑，乐毅破齐而遭谗佞。臣每读其书，未尝不感慨流涕；而亲当其事，益用伤悼！迩者，荆州覆败，大臣失节，百无一还；惟臣寻事，自致房陵、上庸，而复乞身，自放于外。伏想殿下圣恩感悟，愍臣之心，悼臣之举。臣诚小人，不能始终。知而为之，敢谓非罪？臣每闻交绝无恶声，去臣无怨辞，臣过奉教于君子，愿君王勉之，臣不胜惶恐之至！”

玄德看毕，大怒曰：“匹夫叛吾，安敢以文辞相戏耶！”即欲起兵擒之。孔明曰：“可就遣刘封进兵，令二虎相并；刘封或有功，或败绩，必归成都，就而除之，可绝两害。”玄德从之，遂遣使到绵竹，传谕刘封。封受命，率兵来擒孟达。却说曹丕正聚文武议事，忽近臣奏曰：“蜀将孟达来降。”丕召入问曰：“汝此来，莫非诈降乎？”达曰：“臣为不救关公之危，汉中王欲杀臣，因此惧罪来降，别无他意。”！曹丕尚未准信，忽报刘封引五万兵来取襄阳，单搦孟达厮杀。丕曰：“汝既是真心，便可去襄阳取刘封首级来，孤方准信。”达曰：“臣以利害说之，不必动兵，令刘封亦来降也。”丕大喜，遂加孟达为散骑常侍、建武将军、平阳亭侯，领新城太守，去守襄阳、樊城。原来夏侯尚、徐晃已先在襄阳，正将收取上庸诸部。孟达到了襄阳，与二将礼毕，探得刘封离城五十里下寨。达即修书一封，使人赍赴蜀寨招降刘封。刘封览书大怒曰：“此贼误吾叔侄之义，又间吾父子之亲，使吾为不忠不孝之人也！”遂扯碎来书，斩其使，次日，引军前来搦战。

孟达知刘封扯书斩使，勃然大怒，亦领兵出迎。两阵对圆，封立马于门旗下。以刀指骂曰：“背国反贼，安敢乱言！”孟达曰：“汝死已临头上，还自执迷不省！”封大怒，拍马轮刀，直奔孟达。战不三合，达败走，封乘虚追杀二十余里，一声喊起，伏兵尽出，左边夏侯尚杀来，右边徐晃杀来，孟达回身复战。三军夹攻，刘封大败而走，连夜奔回上庸，背后魏兵赶来。刘封到城下叫门，城上乱箭射下。申耽在敌楼上叫曰：“吾已降了魏也！”封大怒，欲要攻城，背后追军将至，封立脚不住，只得望房陵而奔，见城上已尽插魏旗。申仪在敌楼上将旗一飐，城后一彪军出，旗上大书“右将军徐晃”。封抵敌不住，急望西川而走。晃乘势追杀。

刘封部下只剩得百余骑。到了成都，入见汉中王，哭拜于地，细奏前事。玄德怒曰：“辱子有何面目复来见吾！”封曰：“叔父之难，非儿不救，因孟达谏阻故耳。”玄德转怒曰：“汝须食人食、穿人衣，非土木偶人！安可听谗贼所阻！”命左右推出斩之。汉中王既斩刘封，后闻孟达招之，毁书斩使之事，心中颇悔；又哀痛关公，以致染病。因此按兵不动。

且说魏王曹丕，自即王位，将文武官僚，尽皆升赏；遂统甲兵三十万，南巡沛国谯县，大飨先茔。乡中父老，扬尘遮道，奉觞进酒，效汉高祖还沛之事。人报大将军夏侯惇病危，丕即还邺郡。时惇已卒，丕为挂孝，以厚礼殡葬。

是岁八月间，报称石邑县凤凰来仪，临淄城麒麟出现，黄龙现于邺郡。于是中郎将李伏、太史丞许芝商议：种种瑞徵，乃魏当代汉之兆，可安排受禅之礼，令汉帝将天下让于魏王。遂同华歆、王朗、辛毗、贾诩、刘廙、刘晔、陈矫、陈群、桓阶等一班文武官僚，四十余人，直入内殿，来奏汉献帝，请禅位于魏王曹丕。正是：魏家社稷今将建，汉代江山忽已移。未知献帝如何回答，且看下文分解。

第八十回 曹丕废帝篡炎刘 汉王正位续大统

却说华歆等一班文武，入见献帝。歆奏曰：“伏睹魏王，自登位以来，德布四方，仁及万物，越古超今，虽唐、虞无以过此。群臣会议，言汉祚已终，望陛下效尧、舜之道，以山川社稷，禅与魏王，上合天心，下合民意，则陛下安享清闲之福，祖宗幸甚！生灵幸甚！臣等议定，特来奏请。”帝闻奏大惊，半晌无言，觑百官而哭曰：“朕想高祖提三尺剑，斩蛇起义，平秦灭楚，创造基业，世统相传，四百年矣。朕虽不才，初无过恶，安忍将祖宗大业，等闲弃了？汝百官再从公计议。”华歆引李伏、许芝近前奏曰："陛下若不信，可问此二人。"李伏奏曰："自魏王即位以来，麒麟降生，凤凰来仪，黄龙出现，嘉禾蔚生，甘露下降。此是上天示瑞，魏当代汉之象也。"许芝又奏曰："臣等职掌司天，夜观乾象，见炎汉气数已终，陛下帝星隐匿不明；魏国乾象，极天际地，言之难尽。更兼上应图谶，其谶曰：鬼在边，委相连；当代汉，无可言。言在东，午在西；两日并光上下移。以此论之，陛下可早禅位。鬼在边，委相连，是魏字也；言在东，午在西，乃许字也；两日并光上下移，乃昌字也：此是魏在许昌应受汉禅也。愿陛下察之。"帝曰："祥瑞图谶，皆虚妄之事；奈何以虚妄之事，而遽欲朕舍祖宗之基业乎？"王朗奏曰："自古以来，有兴必有废，有盛必有衰，岂有不亡之国、不败之家乎？汉室相传四百余年，延至陛下，气数已尽，宜早退避，不可迟疑；迟则生变矣。"帝大哭，入后殿去了。百官哂笑而退。

次日，官僚又集于大殿，令宦官入请献帝。帝忧惧不敢出。曹后曰："百官请陛下设朝，陛下何故推阻？"帝泣曰："汝兄欲篡位，令百官相逼，朕故不出。"曹后大怒曰："吾兄奈何为此乱逆之事耶！"言未已，只见曹洪、曹休带剑而入，请帝出殿。曹后大骂曰："俱是汝等乱贼，希图富贵，共造逆谋！吾父功盖寰区，威震天下，然且不敢篡窃神器。今吾兄嗣位未几，辄思篡汉，皇天必不祚尔！"言罢，痛哭入宫。左右侍者皆歔欷流涕。曹洪、曹休力请献帝出殿。帝被逼不过，只得更衣出前殿。华歆奏曰："陛下可依臣等昨日之议，免遭大祸。"帝痛哭曰："卿等皆食汉禄久矣；中间多有汉朝功臣子孙，何忍作此不臣之事？"歆曰："陛下若不从众议，恐旦夕萧墙祸起。非臣等不忠于陛下也。"帝曰："谁敢弑朕耶？"歆厉声曰："天下之人，皆知陛下无人君之福，以致四方大乱！若非魏王在朝，弑陛下者，何止一人？陛下尚不知恩报德，直欲令天下人共伐陛下耶？"帝大惊，拂袖而起，王朗以目视华歆。歆纵步向前，扯住龙袍，变色而言曰："许与不许，早发一言！"帝战栗不能答，曹洪、曹休拔剑大呼曰："符宝郎何在？"祖弼应声出曰："符宝郎在此！"曹洪索要玉玺。祖弼叱曰："玉玺乃天子之宝，安得擅索！"洪喝令武士推出斩之。祖弼大骂不绝口而死。后人有诗赞曰："奸宄专权汉室亡，诈称禅位效虞唐。满朝百辟皆尊魏，仅见忠臣符宝郎。"

帝颤栗不已。只见阶下披甲持戈数百余人，皆是魏兵。帝泣谓群臣曰："朕愿将天下禅于魏王，幸留残喘，以终天年。"贾诩曰："魏王必不负陛下。陛下可急降诏，以安众心。"帝只得令陈群草禅国之诏，令华歆赍捧诏玺，引百官直至魏王宫献纳。曹丕大喜。开读诏曰："朕在位三十二年，遭天下荡覆，幸赖祖宗之灵，危而复存。然今仰瞻天象，俯察民心，炎精之数既终，行运在乎曹氏。是以前王既树神武之迹，今王又光耀明德，以应其期。历数昭明，信可知矣。夫大道之行，天下为公；唐尧不私于厥子，而名播于无穷，朕窃慕焉，今其追踵尧典，禅位于丞相魏王。王其毋辞！"

曹丕听毕，便欲受诏。司马懿谏曰："不可。虽然诏玺已至，殿下宜且上表谦辞，以绝天下之谤。"丕从之，令王朗作表，自称德薄，请别求大贤以嗣天位。帝览表，心甚惊疑，谓群臣曰："魏王谦逊，如之奈何？"华歆曰："昔魏武王受王爵之时，三辞而诏不许，然后受之，今陛下可再降诏，魏王自当允从。"帝不得已，又令桓阶草诏，遣高庙使张音，持节奉玺至魏王宫。曹丕开读诏曰："咨尔魏王，上书谦让。朕窃为汉道陵迟，为日已久；幸赖武王操，德膺符运，奋扬神武，芟除凶暴，清定区夏。今王丕缵承前绪，至德光昭，声教被四海，仁风扇八区；天之历数，实在尔躬。昔虞舜有大功二十，而放勋禅以天下；大禹有疏导之绩，而重华禅以帝位。汉承尧运，有传圣之义，加顺灵祇，绍天明命，使行御史大夫张音，持节奉皇帝玺绶。王其受之！"

曹丕接诏欣喜，谓贾诩曰："虽二次有诏，然终恐天下后世，不免篡窃之名也。"诩曰："此事极易，可再命张音赍回玺绶，却教华歆令汉帝筑一坛，名受禅坛；择吉日良辰，集大小公卿，尽到坛下，令天子亲奉玺绶，禅天下与王，便可以释群疑而绝众议矣。"丕大喜，即令张音赍回玺绶，仍作表谦辞。音回奏献帝。帝问群臣曰："魏王又让，其意若何？"华歆奏曰："陛下可筑一坛，名曰受禅坛，集公卿庶民，明白禅位；则陛下子子孙孙，必蒙魏恩矣。"帝从之，乃遣太常院官，卜地于繁阳，筑起三层高坛，择于十月庚午日寅时禅让。

至期，献帝请魏王曹丕登坛受禅，坛下集大小官僚四百余员，御林虎贲禁军三十余万，帝亲捧玉玺奉曹丕。丕受之。坛下群臣跪听册曰："咨尔魏王！昔者唐尧禅位于虞舜，舜亦以命禹：天命不于常，惟归有德。汉道陵迟，世失其序；降及朕躬，大乱滋昏，群凶恣逆，宇内颠覆。赖武王神武，拯兹难于四方，惟清区夏，以保绥我宗庙；岂予一人获乂，俾九服实受其赐。今王钦承前绪，光于乃德；恢文武之大业，昭尔考之弘烈。皇灵降瑞，人神告徵；诞惟亮采，师锡朕命。全曰尔度克协于虞舜，用率我唐典，敬逊尔位。於戏！天之历数在尔躬，君其祗顺大礼，飨万国以肃承天命！"

读册已毕，魏王曹丕即受八般大礼，登了帝位。贾诩引大小官僚朝于坛下。改延康元年为黄初元年。国号大魏。丕即传旨，大赦天下。谥父曹操为太祖武皇帝，华歆奏曰："'天无二日，民无二主'。汉帝既禅天下，理宜退就藩服。乞降明旨，安置刘氏于何地？"言讫，扶献帝跪于坛下听旨。丕降旨封帝为山阳公，即日便行。华歆按剑指帝，厉声而言曰："立一帝，废一帝，古之常道！今上仁慈，不忍加害，封汝为山阳公。今日便行，非宣召不许入朝！"献帝含泪拜谢，上马而去。坛下军民人等见之，伤感不已。丕谓群臣曰："舜、禹之事，朕知之矣！"群臣皆呼万岁。后人观此受禅坛，有诗叹曰："两汉经营事颇难，一朝失却旧江山。黄初欲学唐虞事，司马将来作样看。"百官请曹丕答谢天地。丕方下拜，忽然坛前卷起一阵怪风，飞砂走石，急如骤雨，对面不见；坛上火烛，尽皆吹灭。丕惊倒于坛上，百官急救下坛，半晌方醒。侍臣扶入宫中，数日不能设朝。后病稍可，方出殿受群臣朝贺。封华歆为司徒，王朗为司空；大小官僚，一一升赏。不疾未痊，疑许昌宫室多妖，乃自许昌幸洛阳，大建宫室。

早有人到成都，报说曹丕自立为大魏皇帝，于洛阳盖造宫殿；且传言汉帝已遇害。汉中王闻知，痛哭终日，下令百官挂孝，遥望设祭，上尊谥曰"孝愍皇帝"。玄德因此忧虑，致染成疾，不能理事，政务皆托与孔明。

孔明与太傅许靖、光禄大夫谯周商议，言天下不可一日无君，欲尊汉中王为帝。谯周曰："近有祥风庆云之瑞；成都西北角有黄气数十丈，冲霄而起；帝星见于毕、胃、昴之分，煌煌如月。此正应汉中王当即帝位，以继汉统，更复何疑？"于是孔明与许靖，引大小官僚上表，请汉中王即皇帝位。汉中王览表，大惊曰："卿等欲陷孤为不忠不义之人耶？"孔明奏曰："非也。曹丕篡汉自立，王上乃汉室苗裔，理合继统以延汉祀。"汉中王勃然变色曰："孤岂效逆贼所为！"拂袖而起，入于后宫。众官皆散。

三日后，孔明又引众官入朝，请汉中王出。众皆拜伏于前。许靖奏曰："今汉天子已被曹丕所弑，王上不即帝位，兴师讨逆，不得为忠义也。今天下无不欲王上为君，为孝愍皇帝雪恨。若不从臣等所议，是失民望矣。"汉中王曰："孤虽是景帝之孙，并未有德泽以布于民；今一旦自立为帝，与篡窃何异！"孔明苦劝数次，汉中王坚执不从。

孔明乃设一计，谓众官曰：如此如此。于是孔明托病不出。汉中王闻孔明病笃，亲到府中，直入卧榻边，问曰："军师所感何疾？"孔明答曰："忧心如焚，命不久矣！"汉中王曰："军师所忧何事？"连问数次，孔明只推病重，瞑目不答。汉中王再三请问。孔明喟然叹曰："臣自出茅庐，得遇大王，相随至今，言听计从；今幸大王有两川之地，不负臣夙昔之言。目今曹丕篡位，汉祀将斩，文武官僚，咸欲奉大王为帝，灭魏兴刘，共图功名；不想大王坚执不肯，众官皆有怨心，不久必尽散矣。若文武皆散，吴、魏来攻，两川难保。臣安得不忧乎？”汉中王曰：“吾非推阻，恐天下人议论耳。”孔明曰：“圣人云：名不正则言不顺，今大王名正言顺，有何可议？岂不闻天与弗取，反受其咎？”汉中王曰：“待军师病可，行之未迟。”孔明听罢，从榻上跃然而起，将屏风一击，外面文武众官皆入，拜伏于地曰：“王上既允，便请择日以行大礼。”汉中王视之，乃是太傅许靖、安汉将军糜竺、青衣侯向举、阳泉侯刘豹、别驾赵祚、治中杨洪、议曹杜琼、从事张爽、太常卿赖恭、光禄卿黄权、祭酒何宗、学士尹默、司业谯周、大司马殷纯、偏将军张裔、少府王谋、昭文博士伊籍、从事郎秦宓等众也。

汉中王惊曰：“陷孤于不义，皆卿等也！”孔明曰：“王上既允所请，便可筑坛择吉，恭行大礼。”即时送汉中王还宫，一面令博士许慈、谏议郎孟光掌礼，筑坛于成都武担之南。诸事齐备，多官整设銮驾，迎请汉中王登坛致祭。谯周在坛上，高声朗读祭文曰：“惟建安二十六年四月丙午朔，越十二日丁巳，皇帝备，敢昭告于皇天后土：汉有天下，历数无疆。曩者王莽篡盗，光武皇帝震怒致诛，社稷复存。今曹操阻兵残忍，戮杀主后，罪恶滔天；操子丕，载肆凶逆，窃据神器。群下将士，以为汉祀堕废，备宜延之，嗣武二祖，躬行天罚。备惧无德忝帝位，询于庶民，外及遐荒君长，佥曰：天命不可以不答，祖业不可以久替，四海不可以无主。率土式望，在备一人。备畏天明命，又惧高、光之业，将坠于地，谨择吉日，登坛告祭，受皇帝玺绶，抚临四方。惟神飨祚汉家，永绥历服！”读罢祭文，孔明率众官恭上玉玺。汉中王受了，捧于坛上，再三推辞曰：“备无才德，请择有才德者受之。”孔明奏曰：“王上平定四海，功德昭于天下，况是大汉宗派，宜即正位。已祭告天神，复何让焉！”文武各官，皆呼万岁。拜舞礼毕，改元章武元年。立妃吴氏为皇后，长子刘禅为太子；封次子刘永为鲁王，三子刘理为梁王；封诸葛亮为丞相，许靖为司徒；大小官僚，一一升赏。大赦天下。两川军民，无不欣跃。次日设朝，文武官僚拜毕，列为两班。先主降诏曰：“朕自桃园与关、张结义，誓同生死。不幸二弟云长，被东吴孙权所害；若不报仇，是负盟也。朕欲起倾国之兵，剪伐东吴，生擒逆贼，以雪此恨！”言未毕，班内一人拜伏于阶下，谏曰：“不可。”先主视之，乃虎威将军赵云也。正是：君王未及行天讨，臣下曾闻进直言。未知子龙所谏若何，且看下文分解。

第八十一回 急兄仇张飞遇害 雪弟恨先主兴兵

却说先主欲起兵东征，赵云谏曰：“国贼乃曹操，非孙权也。今曹丕篡汉，神人共怒。陛下可早图关中，屯兵渭河上流，以讨凶逆，则关东义士，必裹粮策马以迎王师；若舍魏以伐吴，兵势一交，岂能骤解。愿陛下察之。”先主曰：“孙权害了朕弟；又兼傅士仁、糜芳、潘璋、马忠皆有切齿之仇：啖其肉而灭其族，方雪朕恨！卿何阻耶？”云曰：“汉贼之仇，公也；兄弟之仇，私也。愿以天下为重。”先主答曰：“朕不为弟报仇，虽有万里江山，何足为贵？”遂不听赵云之谏，下令起兵伐吴；且发使往五溪，借番兵五万，共相策应；一面差使往阆中，迁张飞为车骑将军，领司隶校尉，封西乡侯，兼阆中牧。使命赍诏而去。却说张飞在阆中，闻知关公被东吴所害，旦夕号泣，血湿衣襟。诸将以酒解劝，酒醉，怒气愈加。帐上帐下，但有犯者即鞭挞之；多有鞭死者。每日望南切齿睁目怒恨，放声痛哭不已。忽报使至，慌忙接入，开读诏旨。飞受爵望北拜毕，设酒款待来使。飞曰：“吾兄被害，仇深似海；庙堂之臣，何不早奏兴兵？”使者曰：“多有劝先灭魏而后伐吴者。”飞怒曰：“是何言也！昔我三人桃园结义，誓同生死；今不幸二兄半途而逝，吾安得独享富贵耶！吾当面见天子，愿为前部先锋，挂孝伐吴，生擒逆贼，祭告二兄，以践前盟！”言讫，就同使命望成都而来。却说先主每日自下教场操演军马，克日兴师，御驾亲征。于是公卿都至丞相府中见孔明，曰：“今天子初临大位，亲统军伍，非所以重社稷也。丞相秉钧衡之职，何不规谏？”孔明曰：“吾苦谏数次，只是不听。今日公等随我入教场谏去。”当下孔明引百官来奏先主曰：“陛下初登宝位，若欲北讨汉贼，以伸大义于天下，方可亲统六师；若只欲伐吴，命一上将统军伐之可也，何必亲劳圣驾？”先主见孔明苦谏，心中稍回。忽报张飞到来，先主急召入。飞至演武厅拜伏于地，抱先主足而哭。先主亦哭。飞曰：“陛下今日为君，早忘了桃园之誓！二兄之仇，如何不报？”先主曰：“多官谏阻，未敢轻举。”飞曰：“他人岂知昔日之盟？若陛下不去，臣舍此躯与二兄报仇！若不能报时，臣宁死不见陛下也！”先主曰：“朕与卿同往：卿提本部兵自阆州而出，朕统精兵会于江州，共伐东吴，以雪此恨！”飞临行，先主嘱曰：“朕素知卿酒后暴怒，鞭挞健儿，而复令在左右：此取祸之道也。今后务宜宽容，不可如前。”飞拜辞而去。次日，先主整兵要行。学士秦宓奏曰：“陛下舍万乘之躯，而徇小义，古人所不取也。愿陛下思之。”先主曰：“云长与朕，犹一体也。大义尚在，岂可忘耶？”宓伏地不起曰：“陛下不从臣言，诚恐有失。”先主大怒曰：“朕欲兴兵，尔何出此不利之言！”叱武士推出斩之，宓面不改色，回顾先主而笑曰：“臣死无恨，但可惜新创之业，又将颠覆耳！”众官皆为秦宓告免。先主曰：“暂且囚下，待朕报仇回时发落。”孔明闻知，即上表救秦宓。其略曰：“臣亮等窃以吴贼逞奸诡之计，致荆州有覆亡之祸；陨将星于斗牛，折天柱于楚地：此情哀痛，诚不可忘。但念迁汉鼎者，罪由曹操；移刘祚者，过非孙权。窃谓魏贼若除，则吴自宾服。愿陛下纳秦宓金石之言，以养士卒之力，别作良图，则社稷幸甚！天下幸甚！”先主看毕，掷表于地曰：“朕意已决，无得再谏！”遂命丞相诸葛亮保太子守两川；骠骑将军马超并弟马岱，助镇北将军魏延守汉中，以当魏兵；虎威将军赵云为后应，兼督粮草；黄权、程畿为参谋；马良、陈震掌理文书；黄忠为前部先锋；冯习、张南为副将；傅彤、张翼为中军护尉；赵融、廖淳为合后。川将数百员，并五溪番将等，共兵七十五万，择定章武元年七月丙寅日出师。却说张飞回到阆中，下令军中；限三日内制办白旗白甲，三军挂孝伐吴。次日，帐下两员末将范疆、张达，入帐告曰：“白旗白甲，一时无措，须宽限方可。”飞大怒曰：“吾急欲报仇，恨不明日便到逆贼之境，汝安敢违我将令！”叱武士缚于树上，各鞭背五十。鞭毕，以手指之曰：“来日俱要完备！若违了限，即杀汝二人示众！”打得二人满口出血。回到营中商议，范疆曰：“今日受了刑责，着我等如何办得？其人性暴如火，倘来日不完，你我皆被杀矣！”张达曰：“比如他杀我，不如我杀他。”疆曰：“怎奈不得近前。”达曰：“我两个若不当死，则他醉于床上；若是当死，则他不醉。”二人商议停当。

却说张飞在帐中，神思昏乱，动止恍惚，乃问部将曰：“吾今心惊肉颤，坐卧不安，此何意也？”部将答曰：“此是君侯思念关公，以致如此。”飞令人将酒来，与部将同饮，不觉大醉，卧于帐中。范、张二贼，探知消息，初更时分，各藏短刀，密入帐中，诈言欲禀机密重事，直至床前。原来张飞每睡不合眼；当夜寝于帐中，二贼见他须竖目张，本不敢动手。因闻鼻息如雷，方敢近前，以短刀刺入飞腹。飞大叫一声而亡。时年五十五岁。后人有诗叹曰：“安喜曾闻鞭督邮，黄巾扫尽佐炎刘。虎牢关上声先震，长坂桥边水逆流。义释严颜安蜀境，智欺张郃定中州。伐吴未克身先死，秋草长遗阆地愁。”却说二贼当夜割了张飞首级，便引数十人连夜投东吴去了。次日，军中闻知，起兵追之不及。时有张飞部将吴班，向自荆州来见先主，先主用为牙门将，使佐张飞守阆中。当下吴班先发表章，奏知天子；然后令长子张苞具棺椁盛贮，令弟张绍守阆中，苞自来报先主。时先主已择期出师。大小官僚，皆随孔明送十里方回。孔明回至成都，怏怏不乐，顾谓众官曰：“法孝直若在，必能制主上东行也。”

却说先主是夜心惊肉颤，寝卧不安。出帐仰观天文，见西北一星，其大如斗，忽然坠地。先主大疑，连夜令人求问孔明。孔明回奏曰："合损一上将。三日之内，必有惊报。"先主因此按兵不动。忽侍臣奏曰："阆中张车骑部将吴班，差人赍表至。"先主顿足曰："噫！三弟休矣！"及至览表，果报张飞凶信。先主放声大哭，昏绝于地。众官救醒。

次日，人报一队军马骤风而至。先主出营观之。良久，见一员小将，白袍银铠，滚鞍下马，伏地而哭，乃张苞也。苞曰："范疆、张达杀了臣父，将首级投吴去了！"先主哀痛至甚，饮食不进。群臣苦谏曰："陛下方欲为二弟报仇，何可先自摧残龙体？"先主方才进膳，遂谓张苞曰："卿与吴班，敢引本部军作先锋，为卿父报仇否？"苞曰："为国为父，万死不辞！"先主正欲遣苞起兵，又报一彪军风拥而至。先主令侍臣探之。须臾，侍臣引一小将军，白袍银铠，入营伏地而哭。先主视之，乃关兴也。先主见了关兴，想起关公，又放声大哭。众官苦劝。先主曰："朕想布衣时，与关、张结义，誓同生死；今朕为天子，正欲与两弟同享富贵，不幸俱死于非命！见此二侄，能不断肠！"言讫又哭。众官曰："二小将军且退。容圣上将息龙体。"侍臣奏曰："陛下年过六旬，不宜过于哀痛。"先主曰："二弟俱亡，朕安忍独生！"言讫，以头顿地而哭。

多官商议曰："今天子如此烦恼，将何解劝？"马良曰："主上亲统大兵伐吴，终日号泣，于军不利。"陈震曰："吾闻成都青城山之西，有一隐者，姓李，名意。世人传说此老已三百余岁，能知人之生死吉凶，乃当世之神仙也。何不奏知天子，召此老来，问他吉凶，胜如吾等之言。"遂入奏先主。先主从之，即遣陈震赍诏，往青城山宣召。震星夜到了青城，令乡人引入出谷深处，遥望仙庄，清云隐隐，瑞气非凡。忽见一小童来迎曰："来者莫非陈孝起乎？"震大惊曰："仙童如何知我姓字！"童子曰："吾师昨者有言：今日必有皇帝诏命至；使者必是陈孝起。"震曰："真神仙也！人言信不诬矣！"遂与小童同入仙庄，拜见李意，宣天子诏命。李意推老不行。震曰："天子急欲见仙翁一面，幸勿吝鹤驾。"再三敦请，李意方行。即至御营，入见先主。先主见李意鹤发童颜，碧眼方瞳，灼灼有光，身如古柏之状，知是异人，优礼相待。李意曰："老夫乃荒山村叟，无学无识。辱陛下宣召，不知有何见谕？"先主曰："朕与关、张二弟生死之交，三十余年矣。今二弟被害，亲统大军报仇，未知休咎如何。久闻仙翁通晓玄机，望乞赐教。"李意曰："此乃天数，非老夫所知也。"先主再三求问，意乃索纸笔画兵马器械四十余张，画毕便一一扯碎。又画一大人仰卧于地上，傍边一人掘土埋之，上写一大"白"字，遂稽首而去。先主不悦，谓群臣曰："此狂叟也！不足为信。"即以火焚之，便催军前进。

张苞入奏曰："吴班军马已至。小臣乞为先锋。"先主壮其志，即取先锋印赐张苞。苞方欲挂印，又一少年将奋然出曰："留下印与我！"视之，乃关兴也。苞曰："我已奉诏矣。"兴曰："汝有何能，敢当此任？"苞曰："我自幼习学武艺，箭无虚发。"先主曰："朕正要观贤侄武艺，以定优劣。"苞令军士于百步之外，立一面旗，旗上画一红心。苞拈弓取箭，连射三箭，皆中红心。众皆称善。关兴挽弓在手曰："射中红心何足为奇？"正言间，忽值头上一行雁过。兴指曰："吾射这飞雁第三只。"一箭射去，那只雁应弦而落。文武官僚，齐声喝采。苞大怒，飞身上马，手挺父所使丈八点钢矛，大叫曰："你敢与我比试武艺否？"兴亦上马，绰家传大砍刀纵马而出曰："偏你能使矛！吾岂不能使刀！"

二将方欲交锋，先主喝曰："二子休得无礼！"兴、苞二人慌忙下马，各弃兵器，拜伏请罪。先主曰："朕自涿郡与卿等之父结异姓之交，亲如骨肉；今汝二人亦是昆仲之分，正当同心协力，共报父仇；奈何自相争竞，失其大义！父丧未远而犹如此，况日后乎？"二人再拜伏罪。先主问曰："卿二人谁年长？"苞曰："臣长关兴一岁。"先主即命兴拜苞为兄。二人就帐前折箭为誓，永相救护。先主下诏使吴班为先锋，令张苞、关兴护驾。水陆并进，船骑双行，浩浩荡荡，杀奔吴国来。却说范疆、张达将张飞首级，投献吴侯，细告前事。孙权听罢，收了二人，乃谓百官曰："今刘玄德即了帝位，统精兵七十余万，御驾亲征，其势甚大，如之奈何？"百官尽皆失色，面面相觑。诸葛瑾出曰："某食君侯之禄久矣，无可报效，愿舍残生，去见蜀主，以利害说之，使两国相和，共讨曹丕之罪。"权大喜，即遣诸葛瑾为使，来说先主罢兵。正是：两国相争通使命，一言解难赖行人。未知诸葛瑾此去如何，且看下文分解。

第八十二回 孙权降魏受九锡 先主征吴赏六军

却说章武元年秋八月，先主起大军至夔关，驾屯白帝城。前队军马已出川口。近臣奏曰："吴使诸葛瑾至。"先主传旨教休放入。黄权奏曰："瑾弟在蜀为相，必有事而来。陛下何故绝之？当召入，看他言语。可从则从；如不可，则就借彼口说与孙权，令知问罪有名也。"先主从之，召瑾入城。瑾拜伏于地。先主问曰："子瑜远来，有何事故？"瑾曰："臣弟久事陛下，臣故不避斧钺，特来奏荆州之事。前者，关公在荆州时，吴侯数次求亲，关公不允。后关公取襄阳，曹操屡次致书吴侯，使袭荆州；吴侯本不肯许，因吕蒙与关公不睦，故擅自兴兵，误成大事，今吴侯悔之不及。此乃吕蒙之罪，非吴侯之过也。今吕蒙已死，冤仇已息。孙夫人一向思归。今吴侯令臣为使，愿送归夫人，缚还降将，并将荆州仍旧交还，永结盟好，共灭曹丕，以正篡逆之罪。"先主怒曰："汝东吴害了朕弟，今日敢以巧言来说乎！"瑾曰："臣请以轻重大小之事，与陛下论之：陛下乃汉朝皇叔，今汉帝已被曹丕篡夺，不思剿除；却为异姓之亲，而屈万乘之尊：是舍大义而就小义也。中原乃海内之地，两都皆大汉创业之方，陛下不取，而但争荆州：是弃重而取轻也。天下皆知陛下即位，必兴汉室，恢复山河；今陛下置魏不问，反欲伐吴：窃为陛下不取。"先主大怒曰："杀吾弟之仇，不共戴天！欲朕罢兵，除死方休！不看丞相之面，先斩汝首！今且放汝回去，说与孙权：洗颈就戮！"诸葛瑾见先主不听，只得自回江南。

却说张昭见孙权曰："诸葛子瑜知蜀兵势大，故假以请和为辞，欲背吴入蜀。此去必不回矣。"权曰："孤与子瑜，有生死不易之盟；孤不负子瑜，子瑜亦不负孤。昔子瑜在柴桑时，孔明来吴，孤欲使子瑜留之。子瑜曰：弟已事玄德，义无二心；弟之不留，犹瑾之不往。其言足贯神明。今日岂肯降蜀乎？孤与子瑜可谓神交，非外言所得间也。"正言间，忽报诸葛瑾回。权曰："孤言若何？"张昭满面羞惭而退。瑾见孙权，言先主不肯通和之意。权大惊曰："若如此，则江南危矣！"阶下一人进曰："某有一计，可解此危。"视之，乃中大夫赵咨也。权曰："德度有何良策？"咨曰："主公可作一表，某愿为使，往见魏帝曹丕，陈说利害，使袭汉中，则蜀兵自危矣。"权曰："此计最善。但卿此去，休失了东吴气象。"咨曰："若有些小差失，即投江而死，安有面目见江南人物乎！"

权大喜，即写表称臣，令赵咨为使。星夜到了许都，先见太尉贾诩等并大小官僚。次日早朝，贾诩出班奏曰："东吴遣中大夫赵咨上表。"曹丕笑曰："此欲退蜀兵故也。"即令召入。咨拜伏于丹墀。丕览表毕，遂问咨曰："吴侯乃何如主也："咨曰："聪明、仁智、雄略之主也。"丕笑曰："卿褒奖毋乃太甚？"咨曰："臣非过誉也。吴侯纳鲁肃于凡品，是其聪也；拔吕蒙于行阵，是其明也；获于禁而不害，是其仁也；取荆州兵不血刃，是其智也；据三江虎视天下，是其雄也；屈身于陛下，是其略也：以此论之，岂不为聪明、仁智、雄略之主乎？"丕又问曰："吴主颇知学乎？"咨曰："吴主浮江万艘，带甲百万，任贤使能，志存经略；少有余闲，博览书传，历观史籍，采其大旨，不效书生寻章摘句而已。"丕曰："朕欲伐吴，可乎？”咨曰：“大国有征伐之兵，小国有御备之策。”丕曰：“吴畏魏乎？”咨曰：“带甲百万，江汉为池，何畏之有？”丕曰：“东吴如大夫者几人？”咨曰：“聪明特达者八九十人；如臣之辈，车载斗量，不可胜数。”丕叹曰：“使于四方，不辱君命，卿可以当之矣。”于是即降诏，命太常卿邢贞赍册封孙权为吴王，加九锡。赵咨谢恩出城。

大夫刘晔谏曰：“今孙权惧蜀兵之势，故来请降。以臣愚见：蜀、吴交兵，乃天亡之也；今若遣上将提数万之兵，渡江袭之，蜀攻其外，魏攻其内，吴国之亡，不出旬日。吴亡则蜀孤矣。陛下何不早图之？”丕曰：“孙权既以礼服朕，朕若攻之，是沮天下欲降者之心；不若纳之为是。”刘晔又曰：“孙权虽有雄才，乃残汉骠骑将军、南昌侯之职。官轻则势微，尚有畏中原之心；若加以王位，则去陛下一阶耳。今陛下信其诈降，崇其位号以封殖之，是与虎添翼也。”丕曰：“不然。朕不助吴，亦不助蜀。待看吴、蜀交兵，若灭一国，止存一国，那时除之，有何难哉？朕意已决，卿勿复言。”遂命太常卿邢贞同赵咨捧执册锡，径至东吴。

却说孙权聚集百官，商议御蜀兵之策。忽报魏帝封主公为王，礼当远接，顾雍谏曰：“主公宜自称上将军、九州伯之位，不当受魏帝封爵。”权曰：“当日沛公受项羽之封，盖因时也；何故却之？”遂率百官出城迎接。邢贞自恃上国天使，入门不下车。张昭大怒，厉声曰：“礼无不敬，法无不肃，而君敢自尊大，岂以江南无方寸之刃耶？”邢贞慌忙下车，与孙权相见，并车入城。忽车后一人放声哭曰：“吾等不能奋身舍命，为主并魏吞蜀，乃令主公受人封爵，不亦辱乎！”众视之，乃徐盛也。邢贞闻之，叹曰：“江东将相如此，终非久在人下者也！”却说孙权受了封爵，众文武官僚拜贺已毕，命收拾美玉明珠等物，遣人赍进谢恩。早有细作报说蜀主引本国大兵，及蛮王沙摩柯番兵数万，又有洞溪汉将杜路、刘宁二枝兵，水陆并进，声势震天。水路军已出巫口，旱路军已到秭归。时孙权虽登王位，奈魏主不肯接应，乃问文武曰：“蜀兵势大，当复如何？”众皆默然。权叹曰：“周郎之后有鲁肃，鲁肃之后有吕蒙，今吕蒙已亡，无人与孤分忧也！”言未毕，忽班部中一少年将，奋然而出，伏地奏曰：“臣虽年幼，颇习兵书。愿乞数万之兵，以破蜀兵。”权视之，乃孙桓也。桓字叔武，其父名河，本姓俞氏，孙策爱之，赐姓孙，因此亦系吴王宗族。河生四子，桓居其长，弓马熟娴，常从吴王征讨，累立奇功，官授武卫都尉；时年二十五岁。权曰：“汝有何策胜之？”桓曰：“臣有大将二员：一名李异，一名谢旌，俱有万夫不当之勇。乞数万之众，往擒刘备。”权曰：“侄虽英勇，争奈年幼；必得一人相助，方可。”虎威将军朱然出曰：“臣愿与小将军同擒刘备。”权许之，遂点水陆军五万，封孙桓为左都督，朱然为右都督，即日起兵。哨马探得蜀兵已至宜都下寨，孙桓引二万五千军马，屯于宜都界口，前后分作三营，以拒蜀兵。却说蜀将吴班领先锋之印，自出川以来，所到之处，望风而降，兵不血刃，直到宜都；探知孙桓在彼下寨，飞奏先主。时先主已到秭归，闻奏怒曰：“量此小儿，安敢与朕抗耶！”关兴奏曰：“既孙权令此子为将，不劳陛下遣大将，臣愿往擒之。”先主曰：“朕正欲观汝壮气。”即命关兴前往。兴拜辞欲行，张苞出曰：“既关兴前去讨贼，臣愿同行。”先主曰：“二侄同行甚妙，但须谨慎，不可造次。”

二人拜辞先主，会合先锋，一同进兵，列成阵势。孙桓听知蜀兵大至，合寨多起。两阵对圆，桓领李异、谢旌立马于门旗之下，见蜀营中，拥出二员大将，皆银盔银铠，白马白旗：上首张苞挺丈八点钢矛，下首关兴横着大砍刀。苞大骂曰：“孙桓竖子！死在临时，尚敢抗拒天兵乎！”桓亦骂曰：“汝父已作无头之鬼；今汝又来讨死，好生不智！”张苞大怒，挺枪直取孙桓。桓背后谢旌，骤马来迎。两将战有三十余合，旌败走，苞乘胜赶来。李异见谢旌败了，慌忙拍马轮蘸金斧接战。张苞与战二十余合，不分胜负。吴军中裨将谭雄，见张苞英勇，李异不能胜，却放一冷箭，正射中张苞所骑之马。那马负痛奔回本阵，未到门旗边，扑地便倒，将张苞掀在地上。李异急向前轮起大斧，望张苞脑袋便砍。忽一道红光闪处，李异头早落地，原来关兴见张苞马回，正待接应，忽见张苞马倒，李异赶来，兴大喝一声，劈李异于马下，救了张苞。乘势掩杀，孙桓大败。各自鸣金收军。

次日，孙桓又引军来。张苞、关兴齐出。关兴立马于阵前，单搦孙桓交锋。桓大怒，拍马轮刀，与关兴战三十余合，气力不加，大败回阵。二小将追杀入营，吴班引着张南、冯习驱兵掩杀。张苞奋勇当先，杀入吴军，正遇谢旌，被苞一矛刺死。吴军四散奔走。蜀将得胜收兵，只不见了关兴。张苞大惊曰：“安国有失，吾不独生！”言讫，绰枪上马。寻不数里，只见关兴左手提刀，右手活挟一将。苞问曰：“此是何人？”兴笑答曰：“吾在乱军中，正遇仇人，故生擒来。”苞视之，乃昨日放冷箭的谭雄也。苞大喜，同回本营，斩首沥血，祭了死马。遂写表差人赴先主处报捷。

孙桓折了李异、谢旌、谭雄等许多将士，力穷势孤，不能抵敌，即差人回吴求救。蜀将张南、冯习谓吴班曰：“目今吴兵势败，正好乘虚劫寨。”班曰：“孙桓虽然折了许多将士，朱然水军现今结营江上，未曾损折。今日若去劫寨，倘水军上岸，断我归路，如之奈何？”南曰：“此事至易：可教关、张二将军，各引五千军伏于山谷中；如朱然来救，左右两军齐出夹攻，必然取胜。”班曰：“不如先使小卒诈作降兵，却将劫寨事告与朱然；然见火起，必来救应，却令伏兵击之，则大事济矣。”冯习等大喜，遂依计而行。

却说朱然听知孙桓损兵折将，正欲来救，忽伏路军引几个小卒上船投降。然问之，小卒曰：“我等是冯习帐下士卒，因赏罚不明，待来投降，就报机密。”然曰：“所报何事？”小卒曰：“今晚冯习乘虚要劫孙将军营寨，约定举火为号。”朱然听毕，即使人报知孙桓。报事人行至半途，被关兴杀了。朱然一面商议，欲引兵去救应孙桓。部将崔禹曰：“小卒之言，未可深信。倘有疏虞，水陆二军尽皆休矣。将军只宜稳守水寨，某愿替将军一行。”然从之，遂令崔禹引一万军前去。是夜，冯习、张南、吴班分兵三路，直杀入孙桓寨中，四面火起，吴兵大乱，寻路奔走。

且说崔禹正行之间，忽见火起，急催兵前进。刚才转过山来，忽山谷中鼓声大震：左边关兴，右边张苞，两路夹攻。崔禹大惊，方欲奔走，正遇张苞；交马只一合，被苞生擒而回。朱然听知危急，将船往下水退五六十里去了。孙桓引败军逃走，问部将曰：“前去何处城坚粮广？”部将曰：“此去正北彝陵城，可以屯兵。”桓引败军急望彝陵而走。方进得城，吴班等追至，将城四面围定。关兴、张苞等解崔禹到秭归来。先主大喜，传旨将崔禹斩却，大赏三军。自此威风震动，江南诸将无不胆寒。

却说孙桓令人求救于吴王，吴王大惊，即召文武商议曰：“今孙桓受困于彝陵，朱然大败于江中，蜀兵势大，如之奈何？”张昭奏曰：“今诸将虽多物故，然尚有十余人，何虑于刘备？可命韩当为正将，周泰为副将，潘璋为先锋，凌统为合后，甘宁为救应，起兵十万拒之。”权依所奏，即命诸将速行。此时甘宁已患痢疾，带病从征。

却说先主从巫峡建平起，直接彝陵界分，七十余里，连结四十余寨；见关兴、张苞屡立大功，叹曰：“昔日从朕诸将，皆老迈无用矣；复有二侄如此英雄，朕何虑孙权乎！”正言间，忽报韩当、周泰领兵来到。先主方欲遣将迎敌，近臣奏曰：“老将黄忠，引五六人投东吴去了。”先主笑曰：“黄汉升非反叛之人也；因朕失口误言老者无用，彼必不服老，故奋力去相持矣。”即召关兴、张苞曰：“黄汉升此去必然有失。贤侄休辞劳苦，可去相助。略有微功，便可令回，勿使有失。”二小将拜辞先主，引本部军来助黄忠。正是：老臣素矢忠君志，年少能成报国功。未知黄忠此去如何，且看下文分解。

第八十三回 战猇亭先主得仇人 守江口书生拜大将

却说章武二年春正月，武威后将军黄忠随先主伐吴；忽闻先主言老将无用，即提刀上马，引亲随五六人，径到彝陵营中。吴班与张南、冯习接入，问曰："老将军此来，有何事故？"忠曰："吾自长沙跟天子到今，多负勤劳。今虽七旬有余，尚食肉十斤，臂开二石之弓，能乘千里之马，未足为老。昨日主上言吾等老迈无用，故来此与东吴交锋，看吾斩将，老也不老！"正言间，忽报吴兵前部已到，哨马临营。忠奋然而起，出帐上马。冯习等劝曰："老将军且休轻进。"忠不听，纵马而去。吴班令冯习引兵助战。忠在吴军阵前，勒马横刀，单搦先锋潘璋交战。璋引部将史迹出马。迹欺忠年老，挺枪出战；斗不三合，被忠一刀斩于马下。潘璋大怒，挥关公使的青龙刀，来战黄忠。交马数合，不分胜负。忠奋力恶战，璋料敌不过，拨马便走。忠乘势追杀，全胜而回。路逢关兴、张苞。兴曰："我等奉圣旨来助老将军；既已立了功，速请回营。"忠不听。次日，潘璋又来搦战。黄忠奋然上马。兴、苞二人要助战，忠不从；吴班要助战，忠亦不从；只自引五千军出迎。战不数合，璋拖刀便走。忠纵马追之，厉声大叫曰："贼将休走！吾今为关公报仇！"追至三十余里，四面喊声大震，伏兵齐出：右边周泰，左边韩当，前有潘璋，后有凌统，把黄忠困在垓心。忽然狂风大起，忠急退时，山坡上马忠引一军出，一箭射中黄忠肩窝，险些儿落马。吴兵见忠中箭，一齐来攻，忽后面喊声大起，两路军杀来，吴兵溃散，救出黄忠，乃关兴、张苞也。二小将保送黄忠径到御前营中。忠年老血衰，箭疮痛裂，病甚沉重。先主御驾自来看视，抚其背曰："令老将军中伤，朕之过也！"忠曰："臣乃一武夫耳，幸遇陛下。臣今年七十有五，寿亦足矣。望陛下善保龙体，以图中原！"言讫，不省人事。是夜殒于御营。后人有诗叹曰："老将说黄忠，收川立大功。重披金锁甲，双挽铁胎弓。胆气惊河北，威名镇蜀中。临亡头似雪，犹自显英雄。"

先主见黄忠气绝，哀伤不已，敕具棺椁，葬于成都。先主叹曰："五虎大将，已亡三人。朕尚不能复仇，深可痛哉！"乃引御林军直至猇亭，大会诸将，分军八路，水陆俱进。水路令黄权领兵，先主自率大军于旱路进发。时章武二年二月中旬也。韩当、周泰听知先主御驾来征，引兵出迎。两阵对圆，韩当、周泰出马，只见蜀营门旗开处，先主自出，黄罗销金伞盖，左右白旄黄钺，金银旌节，前后围绕。当大叫曰："陛下今为蜀主，何自轻出？倘有疏虞，悔之何及！"先主遥指骂曰："汝等吴狗，伤朕手足，誓不与立于天地之间！"当回顾众将曰："谁敢冲突蜀兵？"部将夏恂，挺枪出马。先主背后张苞挺丈八矛，纵马而出，大喝一声，直取夏恂。恂见苞声若巨雷，心中惊惧；恰待要走，周泰弟周平见恂抵敌不住，挥刀纵马而来。关兴见了，跃马提刀来迎。张苞大喝一声，一矛刺中夏恂，倒撞下马。周平大惊，措手不及，被关兴一刀斩了。二小将便取韩当、周泰。韩、周二人，慌退入阵。先主视之，叹曰："虎父无犬子也！"用御鞭一指，蜀兵一齐掩杀过去，吴兵大败。那八路兵，势如泉涌，杀的那吴军尸横遍野，血流成河。却说甘宁正在船中养病，听知蜀兵大至，火急上马，正遇一彪蛮兵，人皆被发跣足，皆使弓弩长枪，搪牌刀斧；为首乃是番王沙摩柯，生得面如噀血，碧眼突出，使一个铁蒺藜骨朵，腰带两张弓，威风抖擞。甘宁见其势大，不敢交锋，拨马而走；被沙摩柯一箭射中头颅。宁带箭而走，到于富池口，坐于大树之下而死。树上群鸦数百，围绕其尸。吴王闻之，哀痛不已，具礼厚葬，立庙祭祀。后人有诗叹曰："吴郡甘兴霸，长江锦幔舟。酬君重知己，报友化仇雠。劫寨将轻骑，驱兵饮巨瓯。神鸦能显圣，香火永千秋。"

却说先主乘势追杀，遂得猇亭。吴兵四散逃走。先主收兵，只不见关兴。先主慌令张苞等四面跟寻。原来关兴杀入吴阵，正遇仇人潘璋，骤马追之。璋大惊，奔入山谷内，不知所往。兴寻思只在山里，往来寻觅不见。看看天晚，迷踪失路。幸得星月有光，追至山僻之间，时已二更，到一庄上，下马叩门。一老者出问何人。兴曰："吾是战将，迷路到此，求一饭充饥。"老人引入，兴见堂内点着明烛，中堂绘画关公神像。兴大哭而拜。老人问曰："将军何故哭拜？"兴曰："此吾父也。"老人闻言，即便下拜。兴曰："何故供养吾父？"老人答曰："此间皆是尊神地方。在生之日，家家侍奉，何况今日为神乎？老夫只望蜀兵早早报仇。今将军到此，百姓有福矣。"遂置酒食待之，卸鞍喂马。

三更已后，忽门外又一人击户。老人出而问之，乃吴将潘璋亦来投宿。恰入草堂，关兴见了，按剑大喝曰："歹贼休走！"璋回身便出。忽门外一人，面如重枣，丹凤眼，卧蚕眉，飘三缕美髯，绿袍金铠，按剑而入。璋见是关公显圣，大叫一声，神魂惊散；欲待转身，早被关兴手起剑落，斩于地上，取心沥血，就关公神像前祭祀。兴得了父亲的青龙偃月刀，却将潘璋首级，擐于马项之下，辞了老人，就骑了潘璋的马，望本营而来。老人自将潘璋之尸拖出烧化。

且说关兴行无数里，忽听得人言马嘶，一彪军来到；为首一将，乃潘璋部将马忠也。忠见兴杀了主将潘璋，将首级擐于马项之下，青龙刀又被兴得了，勃然大怒，纵马来取关兴。兴见马忠是害父仇人，气冲牛斗，举青龙刀望忠便砍。忠部下三百军并力上前，一声喊起，将关兴围在垓心。兴力孤势危。忽见西北上一彪军杀来，乃是张苞。马忠见救兵到来，慌忙引军自退。关兴、张苞一处赶来。赶不数里，前面糜芳、傅士仁引兵来寻马忠。两军相合，混战一处。苞、兴二人兵少，慌忙撤退，回至猇亭，来见先主，献上首级，具言此事。先主惊异，赏犒三军。却说马忠回见韩当、周泰，收聚败军，各分头守把。军士中伤者不计其数。马忠引傅士仁、糜芳于江渚屯扎。当夜三更，军士皆哭声不止。糜芳暗听之，有一夥军言曰："我等皆是荆州之兵，被吕蒙诡计送了主公性命，今刘皇叔御驾亲征，东吴早晚休矣。所恨者，糜芳、傅士仁也。我等何不杀此二贼，去蜀营投降？功劳不小。"又一夥军言曰："不要性急，等个空儿，便就下手。"

糜芳听毕，大惊，遂与傅士仁商议曰："军心变动，我二人性命难保。今蜀主所恨者马忠耳；何不杀了他，将首级去献蜀主，告称：我等不得已而降吴，今知御驾前来，特地诣营请罪。"仁曰："不可。去必有祸。"芳曰："蜀主宽仁厚德：目今阿斗太子是我外甥，彼但念我国戚之情，必不肯加害。"二人计较已定，先备了马。三更时分，入帐刺杀马忠，将首级割了，二人带数十骑，径投猇亭而来。伏路军人先引见张南、冯习，具说其事。次日，到御营中来见先主，献上马忠首级，哭告于前曰："臣等实无反心；被吕蒙诡计，称言关公已亡，赚开城门，臣等不得已而降。今闻圣驾前来，特杀此贼。以雪陛下之恨。伏乞陛下恕臣等之罪。"先主大怒曰："朕自离成都许多时，你两个如何不来请罪？今日势危，故来巧言，欲全性命！朕若饶你，至九泉之下，有何面目见关公乎！"言讫，令关兴在御营中，设关公灵位。先主亲捧马忠首级，诣前祭祀。又令关兴将糜芳、傅士仁剥去衣服，跪于灵前，亲自用刀剐之，以祭关公。忽张苞上帐哭拜于前曰："二伯父仇人皆已诛戮；臣父冤仇，何日可报？"先主曰："贤侄勿忧。朕当削平江南，杀尽吴狗，务擒二贼，与汝亲自醢之，以祭汝父。"苞泣谢而退。

此时先主威声大震，江南之人尽皆胆裂，日夜号哭。韩当、周泰大惊，急奏吴王，具言糜芳、傅士仁杀了马忠，去归蜀帝，亦被蜀帝杀了。孙权心怯，遂聚文武商议。步骘奏曰："蜀主所恨者，乃吕蒙、潘璋、马忠、糜芳、傅士仁也。今此数人皆亡，独有范疆、张达二人，现在东吴。何不擒此二人，并张飞首级，遣使送还，交与荆州，送归夫人，上表求和，再会前情，共图灭魏，则蜀兵自退矣。"权从其言，遂具沉香木匣，盛贮飞首，绑缚范疆、张达，囚于槛车之内，令程秉为使，赍国书，望猇亭而来。

却说先主欲发兵前进。忽近臣奏曰："东吴遣使送张车骑之首，并囚范疆、张达二贼至。"先主两手加额曰："此天之所赐，亦由三弟之灵也！"即令张苞设飞灵位。先主见张飞首级在匣中面不改色，放声大哭。张苞自仗利刀，将范疆、张达万剐凌迟，祭父之灵。祭毕，先主怒气不息，定要灭吴。马良奏曰："仇人尽戳，其恨可雪矣。吴大夫程秉到此，欲还荆州，送回夫人，永结盟好，共图灭魏，伏候圣旨。"先主怒曰："朕切齿仇人，乃孙权也。今若与之连和，是负二弟当日之盟矣。今先灭吴，次灭魏。"便欲斩来使，以绝吴情。多官苦告方免。程秉抱头鼠窜，回奏吴主曰："蜀不从讲和，誓欲先灭东吴，然后伐魏。众臣苦谏不听，如之奈何？"

权大惊，举止失措。阚泽出班奏曰："现有擎天之柱，如何不用耶？"权急问何人。泽曰："昔日东吴大事，全任周郎；后鲁子敬代之；子敬亡后，决于吕子明；今子明虽丧，现有陆伯言在荆州。此人名虽儒生，实有雄才，大略，以臣论之，不在周郎之下；前破关公，其谋皆出于伯言。主上若能用之，破蜀必矣。如或有失，臣愿与同罪。"权曰："非德润之言，孤几误大事。"张昭曰："陆逊乃一书生耳，非刘备敌手；恐不可用。"顾雍亦曰："陆逊年幼望轻，恐诸公不服；若不服则生祸乱，必误大事。"来鹭亦曰："逊才堪治郡耳；若托以大事，非其宜也。"阚泽大呼曰："若不用陆伯言，则东吴休矣！臣愿以全家保之！"权曰："孤亦素知陆伯言乃奇才也！孤意已决，卿等勿言。"于是命召陆逊。逊本名陆议，后改名逊，字伯言，乃吴郡吴人也；汉城门校尉陆纡之孙，九江都尉陆骏之子；身长八尺，面如美玉；官领镇西将军。当下奉召而至，参拜毕，权曰："今蜀兵临境，孤特命卿总督军马，以破刘备。"逊曰："江东文武，皆大王故旧之臣；臣年幼无才，安能制之？"权曰："阚德润以全家保卿，孤亦素知卿才。今拜卿为大都督，卿勿推辞。"逊曰："倘文武不服，何如？"权取所佩剑与之曰："如有不听号令者，先斩后奏。"逊曰："荷蒙重托，敢不拜命；但乞大王于来日会聚众官，然后赐臣。"阚泽曰："古之命将，必筑坛会众，赐白旄黄钺、印绶兵符，然后威行令肃。今大王宜遵此礼，择日筑坛，拜伯言为大都督，假节钺，则众人自无不服矣。"权从之，命人连夜筑坛完备，大会百官，请陆逊登坛，拜为大都督、右护军镇西将军，进封娄候，赐以宝剑印绶，令掌六郡八十一州兼荆楚诸路军马。吴王嘱之曰："阃以内，孤主之；阃以外，将军制之。"

逊领命下坛，令徐盛、丁奉为护卫，即日出师；一面调诸路军马，水陆并进。文书到猇亭，韩当、周泰大惊曰："主上如何以一书生总兵耶？"比及逊至，众皆不服。逊升帐议事，众人勉强参贺。逊曰："主上命吾为大将，督军破蜀。军有常法，公等各宜遵守。违者王法无亲，勿致后悔。"众皆默然。周泰曰："目今安东将军孙桓，乃主上之侄，现困于彝陵城中，内无粮草，外无救兵；请都督早施良策，救出孙桓，以安主上之心。"逊曰："吾素知孙安东深得军心，必能坚守，不必救之。待吾破蜀后，彼自出矣。"众皆暗笑而退。韩当谓周泰曰："命此孺子为将，东吴休矣！公见彼所行乎？"泰曰："吾聊以言试之，早无一计，安能破蜀也！"

次日，陆逊传下号令，教诸将各处关防，牢守隘口，不许轻敌。众皆笑其懦，不肯坚守。次日，陆逊升帐唤诸将曰："吾钦承王命，总督诸军，昨已三令五申，令汝等各处坚守；俱不遵吾令，何也？"韩当曰："吾自从孙将军平定江南，经数百战；其余诸将，或从讨逆将军，或从当今大王，皆披坚执锐，出生入死之士。今主上命公为大都督，令退蜀兵，宜早定计，调拨军马，分头征进，以图大事；乃只令坚守勿战，岂欲待天自杀贼耶？吾非贪生怕死之人，奈何使吾等堕其锐气？"于是帐下诸将，皆应声而言曰："韩将军之言是也。吾等情愿决一死战！"陆逊听毕，掣剑在手，厉声曰："仆虽一介书生，今蒙主上托以重任者，以吾有尺寸可取，能忍辱负重故也。汝等只各守隘口，牢把险要，不许妄动，如违令者皆斩！"众皆愤愤而退。却说先主自猇亭布列军马，直至川口，接连七百里，前后四十营寨，昼则旌旗蔽日，夜则火光耀天。忽细作报说："东吴用陆逊为大都督，总制军马。逊令诸将各守险要不出。"先主问曰："陆逊何如人也？"马良奏曰："逊虽东吴一书生，然年幼多才，深有谋略；前袭荆州，皆系此人之诡计。"先主大怒曰："竖子诡计，损朕二弟，今当擒之！"便传令进兵。马良谏曰："陆逊之才，不亚周郎，未可轻敌。"先主曰："朕用兵老矣，岂反不如一黄口孺子耶！"遂亲领前军，攻打诸处关津隘口。韩当见先主兵来，差人投知陆逊。逊恐韩当妄动，急飞马自来观看，正见韩当立马于山上；远望蜀兵漫山遍野而来，军中隐隐有黄罗盖伞。韩当接着陆逊，并马而观。当指曰："军中必有刘备，吾欲击之。"逊曰："刘备举兵东下，连胜十余阵，锐气正盛；今只乘高守险，不可轻出，出则不利。但宜奖励将士，广布守御之策，以观其变。今彼驰骋于平原广野之间，正自得志；我坚守不出，彼求战不得，必移屯于山林树木间。吾当以奇计胜之。"

韩当口虽应诺，心中只是不服，先主使前队搦战，辱骂百端。逊令塞耳休听，不许出迎，亲自遍历诸关隘口，抚慰将士，皆令坚守。先主见吴军不出，心中焦躁。马良曰："陆逊深有谋略。今陛下远来攻战，自春历夏；彼之不出，欲待我军之变也。愿陛下察之。"先主曰："彼有何谋？但怯敌耳。向者数败，今安敢再出！"先锋冯习奏曰："即今天气炎热，军屯于赤火之中，取水深为不便。"先主遂命各营，皆移于山林茂盛之地，近溪傍涧；待过夏到秋，并力进兵。冯习遂奉旨，将诸寨皆移于林木阴密之处。马良奏曰："我军若动，倘吴兵骤至，如之奈何？"先主曰："朕令吴班引万余弱兵，近吴寨平地屯住；朕亲选八千精兵，伏于山谷之中。若陆逊知朕移营，必乘势来击，却令吴班诈败；逊若追来，朕引兵突出，断其归路，小子可擒矣。"文武皆贺曰："陛下神机妙算，诸臣不及也！"马良曰："近闻诸葛丞相在东川点看各处隘口，恐魏兵入寇。陛下何不将各营移居之地，画成图本，问于丞相？"先主曰："朕亦颇知兵法，何必又问丞相？"良曰："古云兼听则明，偏听则蔽。望陛下察之。"先主曰："卿可自去各营，画成四至八道图本，亲到东川去向丞相。如有不便，可急来报知。"马良领命而去。于是先主移兵于林木阴密处避暑。早有细作报知韩当、周泰。二人听得此事，大喜，来见陆逊曰："目今蜀兵四十余营，皆移于山林密处，依溪傍涧，就水歇凉。都督可乘虚击之。"正是：蜀主有谋能设伏，吴兵好勇定遭擒。未知陆逊可听其言否，且看下文分解。

第八十四回 陆逊营烧七百里 孔明巧布八阵图

却说韩当、周泰探知先主移营就凉，急来报知陆逊。逊大喜，遂引兵自来观看动静；只见平地一屯，不满万余人，大半皆是老弱之众，大书"先锋吴班"旗号。周泰曰："吾视此等兵如儿戏耳。愿同韩将军分两路击之。如其不胜，甘当军令。"陆逊看了良久，以鞭指曰："前面山谷中。隐隐有杀气起；其下必有伏兵，故于平地设此弱兵，以诱我耳。诸公切不可出。"众将听了，皆以为懦。

次日，吴班引兵到关前搦战，耀武扬威，辱骂不绝；多有解衣卸甲，赤身裸体，或睡或坐。徐盛、丁奉入帐禀陆逊曰："蜀兵欺我太甚！某等愿出击之！"逊笑曰："公等但恃血气之勇，未知孙、吴妙法，此彼诱敌之计也：三日后必见其诈矣。"徐盛曰："三日后，彼移营已定，安能击之乎？"逊曰："吾正欲令彼移营也。"诸将哂笑而退。过三日后，会诸将于关上观望，见吴班兵已退去。逊指曰："杀气起矣。刘备必从山谷中出也。"言未毕，只见蜀兵皆全装惯束，拥先主而过。吴兵见了，尽皆胆裂。逊曰："吾之不听诸公击班者，正为此也。今伏兵已出，旬日之内，必破蜀矣。"诸将皆曰："破蜀当在初时，今连营五六百里，相守经七八月，其诸要害，皆已固守，安能破乎？"逊曰："诸公不知兵法。备乃世之枭雄，更多智谋，其兵始集，法度精专；今守之久矣，不得我便，兵疲意阻，取之正在今日。"诸将方才叹服。后人有诗赞曰："虎帐谈兵按六韬，安排香饵钓鲸鳌。三分自是多英俊，又显江南陆逊高。"却说陆逊已定了破蜀之策，遂修笺遣使奏闻孙权，言指日可以破蜀之意。权览毕，大喜曰："江东复有此异人，孤何忧哉！诸将皆上书言其懦，孤独不信，今观其言，果非懦也。"于是大起吴兵来接应。却说先主于猇亭尽驱水军，顺流而下，沿江屯扎水寨，深入吴境。黄权谏曰："水军沿江而下，进则易，退则难。臣愿为前驱。陛下宜在后阵，庶万无一失。"先主曰："吴贼胆落，朕长驱大进，有何碍乎？"众官苦谏，先主不从。遂分兵两路：命黄权督江北之兵，以防魏寇；先主自督江南诸军，夹江分立营寨，以图进取。细作探知，连夜报知魏主，言蜀兵伐吴，树栅连营，纵横七百余里，分四十余屯，皆傍山林下寨；今黄权督兵在江北岸，每日出哨百余里，不知何意。魏主闻之，仰面笑曰："刘备将败矣！"群臣请问其故。魏主曰："刘玄德不晓兵法；岂有连营七百里，而可以拒敌者乎？包原隰险阻屯兵者，此兵法之大忌也。玄德必败于东吴陆逊之手，旬日之内，消息必至矣。"群臣犹未信，皆请拨兵备之。魏主曰："陆逊若胜，必尽举吴兵去取西川；吴兵远去，国中空虚，朕虚托以兵助战，令三路一齐进兵，东吴唾手可取也。"众皆拜服。魏主下令，使曹仁督一军出濡须，曹休督一军出洞口，曹真督一军出南郡："三路军马会合日期，暗袭东吴。朕随后自来接应。"调遣已定。不说魏兵袭吴。且说马良至川，入见孔明，呈上图本而言曰："今移营夹江，横占七百里，下四十余屯，皆依溪傍涧，林木茂盛之处。皇上令良将图本来与丞相观之。"孔明看讫，拍案叫苦曰："是何人教主上如此下寨？可斩此人！"马良曰："皆主上自为，非他人之谋。"孔明叹曰："汉朝气数休矣！"良问其故。孔明曰："包原隰险阻而结营，此兵家之大忌。倘彼用火攻，何以解救？又，岂有连营七百里而可拒敌乎？祸不远矣！陆逊拒守不出，正为此也。汝当速去见天子，改屯诸营，不可如此。"良曰："倘今吴兵已胜，如之奈何？"孔明曰："陆逊不敢来追，成都可保无虞。"良曰："逊何故不追？"孔明曰："恐魏兵袭其后也。主上若有失，当投白帝城避之。吾入川时，已伏下十万兵在鱼腹浦矣。"良大惊曰："某于鱼腹浦往来数次，未尝见一卒，丞相何作此诈语？"孔明曰："后来必见，不劳多问。"马良求了表章，火速投御营来。孔明自回成都，调拨军马救应。却说陆逊见蜀兵懈怠，不复提防，升帐聚大小将士听令曰："吾自受命以来，未尝出战。今观蜀兵，足知动静，故欲先取江南岸一营。谁敢去取？"言未毕，韩当、周泰、凌统等应声而出曰："某等愿往。"逊教皆退不用，独唤阶下末将淳于丹曰："吾与汝五千军，去取江南第四营：蜀将傅彤所守。今晚就要成功。吾自提兵接应。"淳于丹引兵去了，又唤徐盛、丁奉曰："汝等各领兵三千，屯于寨外五里，如淳于丹败回，有兵赶来，当出救之，却不可追去。"二将自引军去了。

却说淳于丹于黄昏时分，领兵前进，到蜀寨时，已三更之后。丹令众军鼓噪而入。蜀营内傅彤引军杀出，挺枪直取淳于丹；丹敌不住，拨马便回。忽然喊声大震，一彪军拦住去路：为首大将赵融。丹夺路而走，折兵大半，正走之间，山后一彪蛮兵拦住：为首番将沙摩柯。丹死战得脱，背后三路军赶来。比及离营五里，吴军徐盛、丁奉二人两下杀来，蜀兵退去，救了淳于丹回营。丹带箭入见陆逊请罪。逊曰："非汝之过也。吾欲试敌人之虚实耳。破蜀之计，吾已定矣。"徐盛、丁奉曰："蜀兵势大，难以破之，空自损兵折将耳。"逊笑曰："吾这条计，但瞒不过诸葛亮耳。天幸此人不在，使我成大功也。"遂集大小将士听令：使朱然于水路进兵，来日午后东南风大作，用船装载茅草，依计而行；韩当引一军攻江北岸，周泰引一军攻江南岸，每人手执茅草一把，内藏硫黄焰硝，各带火种，各执枪刀，一齐而上，但到蜀营，顺风举火；蜀兵四十屯，只烧二十屯，每间一屯烧一屯。各军预带干粮，不许暂退，昼夜追袭，只擒了刘备方止。众将听了军令，各受计而去。却说先主正在御营寻思破吴之计，忽见帐前中军旗幡，无风自倒。乃问程畿曰："此为何兆？"畿曰："夜今莫非吴兵来劫营？"先主曰："昨夜杀尽，安敢再来？"畿曰："倘是陆逊试敌，奈何？"正言间，人报山上远远望见吴兵尽沿山望东去了。先主曰："此是疑兵。"令众休动，命关兴、张苞各引五百骑出巡。黄昏时分，关兴回奏曰："江北营中火起。"先主急令关兴往江北，张苞往江南，探看虚实："倘吴兵到时，可急回报。"二将领命去了。

初更时分，东南风骤起。只见御营左屯火发。方欲救时，御营右屯又火起。风紧火急，树木皆着，喊声大震。两屯军马齐出，奔离御营中，御营军自相践踏，死者不知其数。后面吴兵杀到，又不知多少军马。先主急上马，奔冯习营时，习营中火光连天而起。江南、江北，照耀如同白日。冯习慌上马引数十骑而走，正逢吴将徐盛军到，敌住厮杀。先主见了，拨马投西便走。徐盛舍了冯习，引兵追来。先主正慌，前面又一军拦住，乃是吴将丁奉，两下夹攻。先主大惊，四面无路。忽然喊声大震，一彪军杀入重围，乃是张苞，救了先主，引御林军奔走。正行之间，前面一军又到，乃蜀将傅彤也，合兵一处而行。背后吴兵追至。先主前到一山，名马鞍山。张苞、傅彤请先主上的山时，山下喊声又起：陆逊大队人马，将马鞍山围住。张苞、傅彤死据山口。先主遥望遍野火光不绝，死尸重叠，塞江而下。次日，吴兵又四下放火烧山，军士乱窜，先主惊慌。忽然火光中一将引数骑杀上山来，视之，乃关兴也。兴伏地请曰："四下火光逼近，不可久停。陛下速奔白帝城，再收军马可也。"先主曰："谁敢断后？"傅彤奏曰："臣愿以死当之！"当日黄昏，关兴在前，张苞在中，留傅彤断后，保着先主，杀下山来。吴兵见先主奔走，皆要争功，各引大军，遮天盖地，往西追赶，先主令军士尽脱袍铠，塞道而焚，以断后军。正奔走间，喊声大震，吴将朱然引一军从江岸边杀来，截住去路。先主叫曰："朕死于此矣！"关兴、张苞纵马冲突，被乱箭射回，各带重伤，不能杀出。背后喊声又起，陆逊引大军从山谷中杀来。

先主正慌急之间，此时天色已微明，只见前面喊声震天，朱然军纷纷落涧，滚滚投岩：一彪军杀人，前来救驾。先主大喜，视之，乃常山赵子龙也。时赵云在川中江州，闻吴、蜀交兵，遂引军出；忽见东南一带火光冲天，云心惊，远远探视，不想先主被困，云奋勇冲杀而来。陆逊闻是赵云，急令军退。云正杀之间，忽遇朱然，便与交锋；不一合，一枪刺朱然于马下，杀散吴兵，救出先主，望白帝城而走。先主曰："朕虽得脱，诸将士将奈何？"云曰："敌军在后，不可久迟。陛下且入白帝城歇息，臣再引兵去救应诸将。"此时先主仅存百余人入白帝城。后人有诗赞陆逊曰："持矛举火破连营，玄德穷奔白帝城。一旦威名惊蜀魏，吴王宁不敬书生。"

却说傅彤断后，被吴军八面围住。丁奉大叫曰："川兵死者无数，降者极多，汝主刘备已被擒获，今汝力穷势孤，何不早降！"傅彤叱曰："吾乃汉将，安肯降吴狗乎！"挺枪纵马，率蜀军奋力死战，不下百余合，往来冲突，不能得脱。彤长叹曰："吾今休矣！"言讫，口中吐血，死于吴军之中。后人赞傅彤诗曰："彝陵吴蜀大交兵，陆逊施谋用火焚。至死犹然骂吴狗，傅彤不愧汉将军。"

蜀祭酒程畿，匹马奔至江边，招呼水军赴敌，吴兵随后追来，水军四散奔逃。畿部将叫曰："吴兵至矣！程祭酒快走罢！"畿怒曰："吾自从主上出军，未尝赴敌而逃！"言未毕，吴兵骤至，四下无路，畿拔剑自刎。后人有诗赞曰："慷慨蜀中程祭酒，身留一剑答君王。临危不改平生志，博得声名万古香。"时吴班、张南久围彝陵城，忽冯习到，言蜀兵败，遂引军来救先主，孙桓方才得脱。张、冯二将正行之间，前面吴兵杀来，背后孙桓从彝陵城杀出，两下夹攻。张南、冯习奋力冲突，不能得脱，死于乱军之中。后人有诗赞曰："冯习忠无二，张南义少双。沙场甘战死，史册共流芳。"

吴班杀出重围，又遇吴兵追赶；幸得赵云接着，救回白帝城去了。时有蛮王沙摩柯，匹马奔走，正逢周泰，战二十余合，被泰所杀。蜀将杜路，刘宁尽皆降吴。蜀营一应粮草器仗，尺寸不存。蜀将川兵，降者无数。时孙夫人在吴，闻猇亭兵败，讹传先主死于军中，遂驱车至江边，望西遥哭，投江而死。后人立庙江滨，号曰枭姬祠。尚论者作诗叹之曰："先主兵归白帝城，夫人闻难独捐生。至今江畔遗碑在，犹著千秋烈女名。"却说陆逊大获全功，引得胜之兵，往西追袭。前离夔关不远，逊在马上看见前面临山傍江，一阵杀气，冲天而起；遂勒马回顾众将曰："前面必有埋伏，三军不可轻进。"即倒退十余里，于地势空阔处，排成阵势，以御敌军；即差哨马前去探视。回报并无军屯在此，逊不信，下马登高望之，杀气复起。逊再令人仔细探视，哨马回报，前面并无一人一骑。逊见日将西沉，杀气越加，心中犹豫，令心腹人再往探看。回报江边止有乱石八九十堆，并无人马。逊大疑，令寻土人问之。须臾，有数人到。逊问曰："何人将乱石作堆？如何乱石堆中有杀气冲起？"土人曰："此处地名鱼腹浦。诸葛亮入川之时，驱兵到此，取石排成阵势于沙滩之上。自此常常有气如云，从内而起。"陆逊听罢，上马引数十骑来看石阵，立马于山坡之上，但见四面八方，皆有门有户。逊笑曰："此乃惑人之术耳，有何益焉！"遂引数骑下山坡来，直入石阵观看。部将曰："日暮矣，请都督早回。"逊方欲出阵，忽然狂风大作，一霎时，飞沙走石，遮天盖地。但见怪石嵯峨，槎枒似剑；横沙立土，重叠如山；江声浪涌，有如剑鼓之声。逊大惊曰："吾中诸葛之计也！"急欲回时，无路可出。正惊疑间，忽见一老人立于马前，笑曰："将军欲出此阵乎？"逊曰："愿长者引出。"老人策杖徐徐而行，径出石阵，并无所碍，送至山坡之上。逊问曰："长者何人？"老人答曰："老夫乃诸葛孔明之岳父黄承彦也。昔小婿入川之时，于此布下石阵，名八阵图。反复八门，按遁甲休、生、伤、杜、景、死、惊、开。每日每时，变化无端，可比十万精兵。临去之时，曾分付老夫道：后有东吴大将迷于阵中，莫要引他出来。老夫适于山岩之上，见将军从死门而入，料想不识此阵，必为所迷。老夫平生好善，不忍将军陷没于此，故特自生门引出也。"逊曰："公曾学此阵法否？"黄承彦曰："变化无穷，不能学也。"逊慌忙下马拜谢而回。后杜工部有诗曰："功盖三分国，名成八阵图。江流石不转，遗恨失吞吴。"陆逊回寨，叹曰："孔明真卧龙也！吾不能及！"于是下令班师。左右曰："刘备兵败势穷，困守一城，正好乘势击之；今见石阵而退，何也？"逊曰："吾非惧石阵而退；吾料魏主曹丕，其奸诈与父无异，今知吾追赶蜀兵，必乘虚来袭。吾若深入西川，急难退矣。"遂令一将断后，逊率大军而回。退兵未及二日，三处人来飞报："魏兵曹仁出濡须，曹休出洞口，曹真出南郡：三路兵马数十万，星夜至境，未知何意。"逊笑曰："不出吾之所料。吾已令兵拒之矣。"正是：雄心方欲吞西蜀，胜算还须御北朝。未知如何退兵，且看下文分解。

第八十五回 刘先主遗诏托孤儿 诸葛亮安居平五路

却说章武二年夏六月，东吴陆逊大破蜀兵于猇亭彝陵之地；先主奔回白帝城，赵云引兵据守。忽马良至，见大军已败，懊悔不及，将孔明之言，奏知先主。先主叹曰："朕早听丞相之言，不致今日之败！今有何面目复回成都见群臣乎！"遂传旨就白帝城住扎，将馆驿改为永安宫。人报冯习、张南、傅彤，程畿、沙摩柯等皆殁于王事，先主伤感不已。又近臣奏称："黄权引江北之兵，降魏去了。陛下可将彼家属送有司问罪。"先主曰："黄权被吴兵隔断在江北岸，欲归无路，不得已而降魏：是朕负权，非权负朕也，何必罪其家属？"仍给禄米以养之。却说黄权降魏，诸将引见曹丕，丕曰："卿今降朕，欲追慕于陈、韩耶？"权泣而奏曰："臣受蜀帝之恩，殊遇甚厚，令臣督诸军于江北，被陆逊绝断。臣归蜀无路，降吴不可，故来投陛下。败军之将，免死为幸，安敢追慕于古人耶！"丕大喜，遂拜黄权为镇南将军。权坚辞不受。忽近臣奏曰："有细作人自蜀中来，说蜀主将黄权家属尽皆诛戮。"权曰："臣与蜀主，推诚相信，知臣本心，必不肯杀臣之家小也。"丕然之。后人有诗责黄权曰："降吴不可却降曹，忠义安能事两朝？堪叹黄权惜一死，紫阳书法不轻饶。"

曹丕问贾诩曰："朕欲一统天下，先取蜀乎？先取吴乎？"诩曰："刘备雄才，更兼诸葛亮善能治国；东吴孙权，能识虚实，陆逊现屯兵于险要，隔江泛湖，皆难卒谋。以臣观之，诸将之中，皆无孙权、刘备敌手。虽以陛下天威临之，亦未见万全之势也。只可持守，以待二国之变。"丕曰："朕已遣三路大兵伐吴，安有不胜之理？"尚书刘晔曰："近东吴陆逊，新破蜀兵七十万，上下齐心，更有江湖之阻，不可卒制，陆逊多谋，必有准备。"丕曰："卿前劝朕伐吴，今又谏阻，何也？"晔曰："时有不同也。昔东吴累败于蜀，其势顿挫，故可击耳；今既获全胜，锐气百倍，未可攻也。"丕曰："朕意已决，卿勿复言。"遂引御林军亲往接应三路兵马。早有哨马报说东吴已有准备：令吕范引兵拒住曹休，诸葛瑾引兵在南郡拒住曹真，朱桓引兵当住濡须以拒曹仁。刘晔曰："既有准备，去恐无益。"丕不从，引兵而去。

却说吴将朱桓，年方二十七岁，极有胆略，孙权甚爱之；时督军于濡须，闻曹仁引大军去取羡溪，桓遂尽拨军守把羡溪去了，止留五千骑守城。忽报曹仁令大将常雕同诸葛虔、王双、引五万精兵飞奔濡须城来。众军皆有惧色。桓按剑而言曰："胜负在将，不在兵之多寡。兵法云：客兵倍而主兵半者，主兵尚能胜于客兵。今曹仁千里跋涉，人马疲困。吾与汝等共据高城，南临大江，北背山险，以逸待劳，以主制客：此乃百战百胜之势。虽曹丕自来，尚不足忧，况仁等耶！"于是传令，教众军偃旗息鼓，只作无人守把之状。

且说魏将先锋常雕，领精兵来取濡须城，遥望城上并无军马。雕催军急进，离城不远，一声炮响，旌旗齐竖。朱桓横刀飞马而出，直取常雕。战不三合，被桓一刀斩常雕于马下。吴兵乘势冲杀一阵，魏兵大败，死者无数。朱桓大胜，得了无数旌旗军器战马。曹仁领兵随后到来，却被吴兵从羡溪杀出。曹仁大败而退，回见魏主，细奏大败之事。丕大惊。正议之间，忽探马报："曹真、夏侯尚围了南郡，被陆逊伏兵于内，诸葛瑾伏兵于外，内外夹攻，因此大败。"言未毕，忽探马又报："曹休亦被吕范杀败。"丕听知三路兵败，乃喟然叹曰："朕不听贾诩、刘晔之言，果有此败！"时值夏天，大疫流行，马步军十死六七，遂引军回洛阳。吴、魏自此不和。

却说先主在永安宫，染病不起，渐渐沉重，至章武三年夏四日，先主自知病入四肢，又哭关、张二弟，其病愈深：两目昏花。厌见侍从之人，乃叱退左右，独卧于龙榻之上。忽然阴风骤起，将灯吹摇，灭而复明，只见灯影之下，二人侍立。先主怒曰："朕心绪不宁，教汝等且退，何故又来！"叱之不退。先主起而视之，上首乃云长，下首乃翼德也。先主大惊曰："二弟原来尚在？"云长曰："臣等非人，乃鬼也。上帝以臣二人平生不失信义，皆敕命为神。哥哥与兄弟聚会不远矣。"先主扯定大哭。忽然惊觉，二弟不见。即唤从人问之，时正三更。先主叹曰："朕不久于人世矣！"遂遣使往成都，请丞相诸葛亮，尚书令李严等，星夜来永安宫，听受遗命。孔明等与先主次子鲁王刘永、梁王刘理，来永安宫见帝，留太子刘禅守成都。且说孔明到永安宫，见先主病危，慌忙拜伏于龙榻之下。先主传旨，请孔明坐于龙榻之侧。抚其背曰："朕自得丞相，幸成帝业；何期智识浅陋，不纳丞相之言，自取其败。悔恨成疾，死在旦夕。嗣子孱弱，不得不以大事相托。”言讫，泪流满面。孔明亦涕泣曰：“愿陛下善保龙体，以副下天之望！”先主以目遍视，只见马良之弟马谡在傍，先主令且退。谡退出，先主谓孔明曰：“丞相观马谡之才何如？”孔明曰：“此人亦当世之英才也。”先主曰：“不然。朕观此人，言过其实，不可大用。丞相宜深察之。”分付毕，传旨召诸臣入殿，取纸笔写了遗诏，递与孔明而叹曰：“朕不读书，粗知大略。圣人云：鸟之将死，其鸣也哀；人之将死，其言也善。朕本待与卿等同灭曹贼，共扶汉室；不幸中道而别。烦丞相将诏付与太子禅，令勿以为常言。凡事更望丞相教之！”孔明等泣拜于地曰：“愿陛下将息龙体！臣等尽施犬马之劳，以报陛下知遇之恩也。”先主命内侍扶起孔明，一手掩泪，一手执其手，曰：“朕今死矣，有心腹之言相告！”孔明曰：“有何圣谕！”先主泣曰：“君才十倍曹丕，必能安邦定国，终定大事。若嗣子可辅，则辅之；如其不才，君可自为成都之主。”孔明听毕，汗流遍体，手足失措，泣拜于地曰：“臣安敢不竭股肱之力，尽忠贞之节，继之以死乎！”言讫，叩头流血。先主又请孔明坐于榻上，唤鲁王刘永、梁王刘理近前，分付曰：“尔等皆记朕言：朕亡之后，尔兄弟三人，皆以父事丞相，不可怠慢。”言罢，遂命二王同拜孔明。二王拜毕，孔明曰：“臣虽肝脑涂地，安能报知遇之恩也！”先主谓众官曰：“朕已托孤于丞相，令嗣子以父事之。卿等俱不可怠慢，以负朕望。”又嘱赵云曰：“朕与卿于患难之中，相从到今，不想于此地分别。卿可想朕故交，早晚看觑吾子，勿负朕言。”云泣拜曰：“臣敢不效犬马之劳！”先主又谓众官曰：“卿等众官，朕不能一一分嘱，愿皆自爱。”言毕，驾崩，寿六十三岁。时章武三年夏四月二十四日也。后杜工部有诗叹曰：“蜀主窥吴向三峡，崩年亦在永安宫。翠华想像空山外，玉殿虚无野寺中。古庙杉松巢水鹤，岁时伏腊走村翁。武侯祠屋长邻近，一体君臣祭祀同。”

先主驾崩，文武官僚，无不哀痛。孔明率众官奉梓宫还成都。太子刘禅出城迎接灵柩，安于正殿之内。举哀行礼毕，开读遗诏。诏曰：“朕初得疾，但下痢耳；后转生杂病，殆不自济。朕闻人年五十，不称夭寿。今朕年六十有余，死复何恨？但以卿兄弟为念耳。勉之！勉之！勿以恶小而为之，勿以善小而不为。惟贤惟德，可以服人；卿父德薄，不足效也。卿与丞相从事，事之如父，勿怠！勿忘！卿兄弟更求闻达。至嘱！至嘱！”群臣读诏已毕。孔明曰：“国不可一日无君，请立嗣君，以承汉统。”乃立太子禅即皇帝位，改元建兴。加诸葛亮为武乡侯，领益州牧。葬先主于惠陵，谥曰昭烈皇帝。尊皇后吴氏为皇太后；谥甘夫人为昭烈皇后，糜夫人亦追谥为皇后。升赏群臣，大赦天下。早有魏军探知此事，报入中原。近臣奏知魏主。曹丕大喜曰：“刘备已亡，朕无忧矣。何不乘其国中无主，起兵伐之？”贾诩谏曰：“刘备虽亡，必托孤于诸葛亮。亮感备知遇之恩，必倾心竭力，扶持嗣主。陛下不可仓卒伐之。”正言间，忽一人从班部中奋然而出曰：“不乘此时进兵，更待何时？”众视之，乃司马懿也。丕大喜，遂问计于懿。懿曰：“若只起中国之兵，急难取胜。须用五路大兵，四面夹攻，令诸葛亮首尾不能救应，然后可图。”丕问何五路，懿曰：“可修书一封，差使往辽东鲜卑国，见国王轲比能，赂以金帛，令起辽西羌兵十万，先从旱路取西平关：此一路也。再修书遣使赍官诰赏赐，直入南蛮，见蛮王孟获，令起兵十万，攻打益州、永昌、牂牁、越嶲四郡，以击西川之南：此二路也。再遣使入吴修好，许以割地，令孙权起兵十万，攻两川峡口，径取涪城：此三路也。又可差使至降将孟达处，起上庸兵十万，西攻汉中：此四路也。然后命大将军曹真为大都督，提兵十万，由京兆径出阳平关取西川；此五路也。共大兵五十万，五路并进，诸葛亮便有吕望之才，安能当此乎？”丕大喜，随即密遣能言官四员为使前去；又命曹真为大都督，领兵十万，径取阳平关。此时张辽等一班旧将，皆封列侯、俱在冀、徐、青及合淝等处，据守关津隘口，故不复调用。却说蜀汉后主刘禅，自即位以来，旧臣多有病亡者，不能细说。凡一应朝廷选法，钱粮、词讼等事，皆听诸葛丞相裁处。时后主未立皇后，孔明与群臣上言曰：“故车骑将军张飞之女甚贤，年十七岁，可纳为正宫皇后。”后主即纳之。

建兴元年秋八月，忽有边报说：“魏调五路大兵，来取西川；第一路，曹真为大都督，起兵十万，取阳平关；第二路，乃反将孟达，起上庸兵十万，犯汉中；第三路，乃东吴孙权，起精兵十万，取峡口入川；第四路，乃蛮王孟获，起蛮兵十万，犯益州四郡；第五路，乃番王轲比能，起羌兵十万，犯西平关。此五路军马，甚是利害。”已先报知丞相，丞相不知为何，数日不出视事。后主听罢大惊，即差近侍赍旨，宣召孔明入朝。使命去了半日，回报：“丞相府下人言，丞相染病不出。”后主转慌；次日，又命黄门侍郎董允、谏议大夫杜琼，去丞相卧榻前，告此大事。董、杜二人到丞相府前，皆不得入。杜琼曰：“先帝托孤于丞相，今主上初登宝位，被曹丕五路兵犯境，军情至急，丞相何故推病不出？”良久，门吏传丞相令，言：“病体稍可，明早出都堂议事。”董、杜二人叹息而回。次日，多官又来丞相府前伺候。从早至晚，又不见出。多官惶惶，只得散去。杜琼入奏后主曰：“请陛下圣驾，亲往丞相府问计。”后主即引多官入宫，启奏皇太后。太后大惊，曰：“丞相何故如此？有负先帝委托之意也！我当自往。”董允奏曰：“娘娘未可轻往。臣料丞相必有高明之见。且待主上先往。如果怠慢，请娘娘于太庙中，召丞相问之未迟。”太后依奏。

次日，后主车驾亲至相府。门吏见驾到，慌忙拜伏于地而迎。后主问曰：“丞相在何处？”门吏曰：“不知在何处。只有丞相钧旨，教挡住百官，勿得辄入。”后主乃下车步行，独进第三重门，见孔明独倚竹杖，在小池边观鱼。后主在后立久，乃徐徐而言曰：“丞相安乐否？”孔明回顾，见是后主，慌忙弃杖，拜伏于地曰：“臣该万死！”后主扶起，问曰：“今曹丕分兵五路，犯境甚急，相父缘何不肯出府视事？”孔明大笑，扶后主入内室坐定，奏曰：“五路兵至，臣安得不知，臣非观鱼，有所思也。”后主曰：“如之奈何？”孔明曰：“羌王轲比能，蛮王孟获，反将孟达，魏将曹真；此四路兵，臣已皆退去了也。止有孙权这一路兵，臣已有退之之计，但须一能言之人为使。因未得其人，故熟思之。陛下何必忧乎？”

后主听罢，又惊又喜，曰：“相父果有鬼神不测之机也！愿闻退兵之策。”孔明曰：“先帝以陛下付托与臣，臣安敢旦夕怠慢。成都众官，皆不晓兵法之妙，贵在使人不测，岂可泄漏于人？老臣先知西番国王轲比能，引兵犯西平关；臣料马超积祖西川人氏，素得羌人之心，羌人以超为神威天将军，臣已先遣一人，星夜驰檄，令马超紧守西平关，伏四路奇兵，每日交换，以兵拒之：此一路不必忧矣。又南蛮孟获，兵犯四郡，臣亦飞檄遣魏延领一军左出右入，右出左入，为疑兵之计：蛮兵惟凭勇力，其心多疑，若见疑兵，必不敢进：此一路又不足忧矣。又知孟达引兵出汉中；达与李严曾结生死之交；臣回成都时，留李严守永安宫；臣已作一书、只做李严亲笔，令人送与孟达；达必然推病不出，以慢军心：此一路又不足忧矣。又知曹真引兵犯阳平关；此地险峻，可以保守，臣已调赵云引一军守把关隘，并不出战；曹真若见我军不出，不久自退矣。此四路兵俱不足忧。臣尚恐不能全保，又密调关兴、张苞二将，各引兵三万，屯于紧要之处，为各路救应。此数处调遣之事，皆不曾经由成都，故无人知觉。只有东吴这一路兵，未必便动：如见四路兵胜，川中危急，必来相攻；若四路不济，安肯动乎？臣料孙权想曹丕三路侵吴之怨，必不肯从其言。虽然如此，须用一舌辩之士，径往东吴，以利害说之，则先退东吴；其四路之兵，何足忧乎？但未得说吴之人，臣故踌躇。何劳陛下圣驾来临？”后主曰：“太后亦欲来见相父。今朕闻相父之言，如梦初觉。复何忧哉！”

孔明与后主共饮数杯，送后主出府。众官皆环立于门外，见后主面有喜色。后主别了孔明，上御车回朝。众皆疑惑不定。

孔明见众官中，一人仰天而笑，面亦有喜色。孔明视之，乃义阳新野人，姓邓，名芝，字伯苗，现为户部尚书；汉司马邓禹之后。孔明暗令人留住邓芝。多官皆散，孔明请芝到书院中，问芝曰："今蜀、魏、吴鼎分三国，欲讨二国，一统中兴，当先伐何国？"芝曰："以愚意论之：魏虽汉贼，其势甚大，急难摇动，当徐徐缓图；今主上初登宝位，民心未安，当与东吴连合，结为唇齿，一洗先帝旧怨，此乃长久之计也。未审丞相钧意若何？"孔明大笑曰："吾思之久矣，奈未得其人。今日方得也！"芝曰："丞相欲其人何为？"孔明曰："吾欲使人往结东吴。公既能明此意，必能不辱君命。使吴之任，非公不可。"芝曰："愚才疏智浅，恐不堪当此任。"孔明曰："吾来日奏知天子，便请伯苗一行，切勿推辞。"芝应允而退。至次日，孔明奏准后主，差邓芝往说东吴。芝拜辞，望东吴而来。正是：吴人方见干戈息，蜀使还将玉帛通。未知邓芝此去若何，且看下文分解。

第八十六回 难张温秦宓逞天辩 破曹丕徐盛用火攻

却说东吴陆逊，自退魏兵之后，吴王拜逊为辅国将军，江陵侯，领荆州牧，自此军权皆归于逊。张昭、顾雍启奏吴王，请自改元。权从之，遂改为黄武元年。忽报魏主遣使至，权召入。使命陈说："蜀前使人求救于魏，魏一时不明，故发兵应之；今已大悔，欲起四路兵取川，东吴可来接应。若得蜀土，各分一半。"权闻言，不能决，乃问于张昭、顾雍等。昭曰："陆伯言极有高见，可问之。"权即召陆逊至。逊奏曰："曹丕坐镇中原，急不可图；今若不从，必为仇矣。臣料魏与吴皆无诸葛亮之敌手。今且勉强应允，整军预备，只探听四路如何。若四路兵胜，川中危急，诸葛亮首尾不能救，主上则发兵以应之，先取成都，深为上策；如四路兵败，别作商议。"权从之，乃谓魏使曰："军需未办，择日便当起程。"使者拜辞而去。

权令人探得西番兵出西平关，见了马超，不战自退；南蛮孟获起兵攻四郡，皆被魏延用疑兵计杀退回洞去了；上庸孟达兵至半路，忽然染病不能行；曹真兵出阳平关，赵子龙拒住各处险道，果然"一将守关，万夫莫开"。曹真屯兵于斜谷道，不能取胜而回。孙权知了此信，乃谓文武曰："陆伯言真神算也。孤苦妄动，又结怨于西蜀矣。"忽报西蜀遣邓芝到。张昭曰："此又是诸葛亮退兵之计，遣邓芝为说客也。"权曰："当何以答之？"昭曰："先于殿前立一大鼎，贮油数百斤，下用炭烧。待其油沸，可选身长面大武士一千人，各执刀在手，从宫门前直摆至殿上，却唤芝入见。休等此人开言下说词，责以郦食其说齐故事，效此例烹之，看其人如何对答。"

权从其言，遂立油鼎，命武士立于左右，各执军器，召邓芝入。芝整衣冠而入。行至宫门前，只见两行武士，威风凛凛，各持钢刀、大斧、长戟、短剑，直列至殿上。芝晓其意，并无惧色，昂然而行。至殿前，又见鼎镬内热油正沸。左右武士以目视之，芝但微微而笑。近臣引至帘前，邓芝长揖不拜。权令卷起珠帘，大喝曰："何不拜！"芝昂然而答曰："上国天使，不拜小邦之主。"权大怒曰："汝不自料，欲掉三寸之舌，效郦生说齐乎！可速入油鼎。"芝大笑曰："人皆言东吴多贤，谁想惧一儒生！"权转怒曰："孤何惧尔一匹夫耶？"芝曰："既不惧邓伯苗，何愁来说汝等也？"权曰："尔欲为诸葛亮作说客，来说孤绝魏向蜀，是否？"芝曰："吾乃蜀中一儒生，特为吴国利害而来。乃设兵陈鼎，以拒一使，何其局量之不能容物耶！"权闻言惶愧，即叱退武士，命芝上殿，赐坐而问曰："吴、魏之利害若何？愿先生教我。"芝曰："大王欲与蜀和，还是欲与魏和？"权曰："孤正欲与蜀主讲和；但恐蜀主年轻识浅，不能全始全终耳。"芝曰："大王乃命世之英豪，诸葛亮亦一时之俊杰；蜀有山川之险，吴有三江之固：若二国连和，共为唇齿，进则可以兼吞天下，退则可以鼎足而立。今大王若委贽称臣于魏，魏必望大王朝觐，求太子以为内侍；如其不从，则兴兵来攻，蜀亦顺流而进取：如此则江南之地，不复为大王有矣。若大王以愚言为不然，愚将就死于大王之前，以绝说客之名也。"言讫，撩衣下殿，望油鼎中便跳。权急命止之，请入后殿，以上宾之礼相待。权曰："先生之言，正合孤意。孤今欲与蜀主连和，先生肯为我介绍乎！"芝曰："适欲烹小臣者，乃大王也；今欲使小臣者，亦大王也。大王犹自狐疑未定，安能取信于人？"权曰："孤意已决，先生勿疑。"

于是吴王留住邓芝，集多官问曰："孤掌江南八十一州，更有荆楚之地，反不如西蜀偏僻之处也。蜀有邓芝，不辱其主；吴并无一人入蜀，以达孤意。"忽一人出班奏曰："臣愿为使。"众视之，乃吴郡吴人，姓张，名温，字惠恕，现为中郎将。权曰："恐卿到蜀见诸葛亮，不能达孤之情。"温曰："孔明亦人耳，臣何畏彼哉？"权大喜，重赏张温，使同邓芝入川通好。却说孔明自邓芝去后，奏后主曰："邓芝此去，其事必成。吴地多贤，定有人来答礼。陛下当礼貌之，令彼回吴，以通盟好。吴若通和，魏必不敢加兵于蜀矣。吴、魏宁靖，臣当征南，平定蛮方，然后图魏。魏削则东吴亦不能久存，可以复一统之基业也。"后主然之。

忽报东吴遣张温与邓芝入川答礼。后主聚文武于丹墀，令邓芝、张温入。温自以为得志，昂然上殿，见后主施礼。后主赐锦墩，坐于殿左，设御宴待之。后主但敬礼而已。宴罢，百官送张温到馆舍。次日，孔明设宴相待。孔明谓张温曰："先帝在日，与吴不睦，今已晏驾。当今主上，深慕吴王，欲捐旧忿，永结盟好，并力破魏。望大夫善言回奏。"张温领诺。酒至半酣，张温喜笑自若，颇有傲慢之意。

次日，后主将金帛赐与张温，设宴于城南邮亭之上，命众官相送。孔明殷勤劝酒。正饮酒间，忽一人乘醉而入，昂然长揖，入席就坐。温怪之，乃问孔明曰："此何人也？"孔明答曰："姓秦，名宓，字子勑，现为益州学士。"温笑曰："名称学士，未知胸中曾学事否？"宓正色而言曰："蜀中三尺小童，尚皆就学，何况于我？"温曰："且说公何所学？"宓对曰："上至天文，下至地理，三教九流，诸子百家，无所不通；古今兴废，圣贤经传，无所不览。"温笑曰："公既出大言，请即以天为问：天有头乎？"宓曰："有头。"温曰："头在何方？"宓曰："在西方。《诗》云：'乃眷西顾。'以此推之，头在西方也。"温又问："天有耳乎？"宓答曰："天处高而听卑。《诗》云：'鹤鸣九皋，声闻于天。'无耳何能听？"温又问："天有足乎？"宓曰："有足。《诗》云：'天步艰难。'无足何能步？"温又问："天有姓乎？"宓曰："岂得无姓！"温曰："何姓？"宓答曰："姓刘。"温曰："何以知之？"宓曰："天子姓刘，以故知之。"温又问曰："日生于东乎？"宓对曰："虽生于东，而没于西。"此时秦宓语言清朗，答问如流，满座皆惊。张温无语，宓乃问曰："先生东吴名士，既以天事下问，必能深明天之理。昔混沌既分，阴阳剖判；轻清者上浮而为天，重浊者下凝而为地；至共工氏战败，头触不周山，天柱折，地维缺：天倾西北，地陷东南。天既轻清而上浮，何以倾其西北乎？又未知轻清之外，还是何物？愿先生教我。"张温无言可对，乃避席而谢曰："不意蜀中多出俊杰！恰闻讲论，使仆顿开茅塞。"孔明恐温羞愧，故以善言解之曰："席间问难，皆戏谈耳。足下深知安邦定国之道，何在唇齿之戏哉！"温拜谢。孔明又令邓芝入吴答礼，就与张温同行。张、邓二人拜辞孔明，望东吴而来。却说吴王见张温入蜀未还，乃聚文武商议。忽近臣奏曰："蜀遣邓芝同张温入国答礼。"权召入。张温拜于殿前，备称后主、孔明之德，愿求永结盟好，特遣邓尚书又来答礼。权大喜，乃设宴待之。权问邓芝曰："若吴、蜀二国同心灭魏，得天下太平，二主分治，岂不乐乎？"芝答曰："天无二日，民无二王。如灭魏之后，未识天命所归何人。但为君者，各修其德；为臣者，各尽其忠：则战争方息耳。”权大笑曰：“君之诚款，乃如是耶！”遂厚赠邓芝还蜀。自此吴、蜀通好。

却说魏国细作人探知此事，火速报入中原。魏主曹丕听知，大怒曰：“吴、蜀连和，必有图中原之意也。不若朕先伐之。”于是大集文武，商议起兵伐吴。此时大司马曹仁、太尉贾诩已亡。侍中辛毗出班奏曰：“中原之地，土阔民稀，而欲用兵，未见其利。今日之计，莫若养兵屯田十年，足食足兵，然后用之，则吴、蜀方可破也。”丕怒曰：“此迂儒之论也！今吴、蜀连和，早晚必来侵境，何暇等待十年！”即传旨起兵伐吴。司马懿奏曰：“吴有长江之险，非船莫渡。陛下必御驾亲征，可选大小战船，从蔡、颍而入淮，取寿春，至广陵，渡江口，径取南徐：此为上策。”丕从之。于是日夜并工，造龙舟十只，长二十余丈，可容二千余人，收拾战船三千余只。魏黄初五年秋八月，会聚大小将士，令曹真为前部，张辽、张郃、文聘、徐晃等为大将先行，许褚、吕虔为中军护卫，曹休为合后，刘晔、蒋济为参谋官。前后水陆军马三十余万，克日起兵。封司马懿为尚书仆射，留在许昌，凡国政大事，并皆听懿决断。不说魏兵起程。却说东吴细作探知此事，报入吴国。近臣慌奏吴王曰：“今魏王曹丕，亲自乘驾龙舟，提水陆大军三十余万，从蔡、颍出淮，必取广陵渡江，来下江南。甚为利害。”孙权大惊，即聚文武商议。顾雍曰：“今主上既与西蜀连和，可修书与诸葛孔明，令起兵出汉中，以分其势；一面遣一大将，屯兵南徐以拒之。”权曰：“非陆伯言不可当此大任。”雍曰：“陆伯言镇守荆州，不可轻动。”权曰：“孤非不知，奈眼前无替力之人。”言未尽，一人从班部内应声而出曰：“臣虽不才，愿统一军以当魏兵。若曹丕亲渡大江，臣必主擒以献殿下；若不渡江，亦杀魏兵大半，今魏兵不敢正视东吴。”权视之，乃徐盛也。权大喜曰：“如得卿守江南一带，孤何忧哉！”遂封徐盛为安东将军，总镇都督建业、南徐军马。盛谢恩，领命而退；即传令教众官军多置器械，多设旌旗，以为守护江岸之计。忽一人挺身出曰：“今日大王以重任委托将军，欲破魏兵以擒曹丕，将军何不早发军马渡江，于淮南之地迎敌？直待曹丕兵至，恐无及矣。”盛视之，乃吴王侄孙韶也。韶字公礼，官授扬威将军，曾在广陵守御；年幼负气，极有胆勇。盛曰：“曹丕势大；更有名将为先锋，不可渡江迎敌。待彼船皆集于北岸，吾自有计破之。”韶曰：“吾手下自有三千军马，更兼深知广陵路势，吾愿自去江北，与曹丕决一死战。如不胜，甘当军令。”盛不从。韶坚执要去，盛只是不肯，韶再三要行。盛怒曰：“汝如此不听号令，吾安能制诸将乎？”叱武士推出斩之。刀斧手拥孙韶出辕门之外，立起皂旗。韶部将飞报孙权。权听知，急上马来救。武士恰待行刑，孙权早到，喝散刀斧手，救了孙韶。韶哭奏曰：“臣往年在广陵，深知地利；不就那里与曹丕厮杀，直待他下了长江，东吴指日休矣！”权径入营来。徐盛迎接入帐，奏曰：“大王命臣为都督，提兵拒魏；今扬威将军孙韶，不遵军法，违令当斩，大王何故赦之？”权曰：“韶倚血气之壮，误犯军法，万希宽恕。”盛曰：“法非臣所立，亦非大王所立，乃国家之典刑也。若以亲而免之，何以令众乎？”权曰：“韶犯法，本应任将军处治；奈此子虽本姓俞氏，然孤兄甚爱之，赐姓孙；于孤颇有劳绩。今若杀之，负兄义矣。”盛曰：“且看大王之面，寄下死罪。”权令孙韶拜谢。韶不肯拜，厉声而言曰：“据吾之见，只是引军去破曹丕！便死也不服你的见识！”徐盛变色。权叱退孙韶，谓徐盛曰：“便无此子，何损于兵？今后勿再用之。”言讫自回。是夜，人报徐盛说：“孙韶引本部三千精兵，潜地过江去了。”盛恐有失，于吴王面上不好看，乃唤丁奉授以密计，引三千兵渡江接应。却说魏主驾龙舟至广陵，前部曹真已领兵列于大江之岸。曹丕问曰：“江岸有多少兵？”真曰：“隔岸远望，并不见一人，亦无旌旗营寨。”丕曰：“此必诡计也。朕自往观其虚实。”于是大开江道，放龙舟直至大江，泊于江岸。船上建龙凤日月五色旌旗，仪銮簇拥，光耀射目。曹丕端坐舟中，遥望江南，不见一人，回顾刘晔、蒋济曰：“可渡江否？”晔曰：“兵法实实虚虚。彼见大军至，如何不作整备？陛下未可造次。且待三五日，看其动静，然后发先锋渡江以探之。”丕曰：“卿言正合朕意。”是日天晚，宿于江中。当夜月黑，军士皆执灯火，明耀天地，恰如白昼。遥望江南，并不见半点儿火光。丕问左右曰：“此何故也？”近臣奏曰：“想闻陛下天兵来到，故望风逃窜耳。”丕暗笑。及至天晓，大雾迷漫，对面不见。须臾风起，雾散云收，望见江南一带皆是连城：城楼上枪刀耀日，遍城尽插旌旗号带。顷刻数次人来报：“南徐沿江一带，直至石头城，一连数百里，城郭舟车，连绵不绝，一夜成就。”曹丕大惊。原来徐盛束缚芦苇为人，尽穿青衣，执旌旗，立于假城疑楼之上。魏兵见城上许多人马，如何不胆寒？丕叹曰：“魏虽有武士千群，无所用之。江南人物如此，未可图也！”

正惊讶间，忽然狂风大作，白浪滔天，江水溅湿龙袍，大船将覆。曹真慌令文聘撑小舟急来救驾。龙舟上人立站不住。文聘跳上龙舟，负丕下得小舟，奔入河港。忽流星马报道：“赵云引兵出阳平关，径取长安。”丕听得，大惊失色，便教回军。众军各自奔走。背后吴兵追至。丕传旨教尽弃御用之物而走。龙舟将次入淮，忽然鼓角齐鸣，喊声大震，刺斜里一彪军杀到：为首大将，乃孙韶也。魏兵不能抵当，折其大半，淹死者无数。诸将奋力救出魏主。魏主渡淮河，行不三十里，淮河中一带芦苇，预灌鱼油，尽皆火着；顺风而下，风势甚急，火焰漫空，绝住龙舟。丕大惊，急下小船傍岸时，龙舟上早已火着。丕慌忙上马。岸上一彪军杀来；为首一将，乃丁奉也。张辽急拍马来迎，被奉一箭射中其腰，却得徐晃救了，同保魏主而走，折军无数。背后孙韶、丁奉夺得马匹、车仗、船只、器械不计其数。魏兵大败而回。吴将徐盛全获大功，吴王重加赏赐。张辽回到许昌，箭疮迸裂而亡，曹丕厚葬之，不在话下。却说赵云引兵杀出阳平关之次，忽报丞相有文书到，说益州耆帅雍闿结连蛮王孟获，起十万蛮兵，侵掠四郡；因此宣云回军，令马超坚守阳平关，丞相欲自南征。赵云乃急收兵而回。此时孔明在成都整饬军马，亲自南征。正是：方见东吴敌北魏，又看西蜀战南蛮。未知胜负如何，且看下文分解。

第八十七回 征南寇丞相大兴师 抗天兵蛮王初受执

却说诸葛丞相在于成都，事无大小，皆亲自从公决断。两川之民，忻乐太平，夜不闭户，路不拾遗。又幸连年大熟，老幼鼓腹讴歌，凡遇差徭，争先早办。因此军需器械应用之物，无不完备；米满仓廒，财盈府库。

建兴三年，益州飞报：蛮王孟获，大起蛮兵十万，犯境侵掠。建宁太守雍闿，乃汉朝什方侯雍齿之后，今结连孟获造反。牂牁郡太守朱褒、越嶲郡太守高定，二人献了城。止有永昌太守王伉不肯反。现今雍闿、朱褒、高定三人部下人马，皆与孟获为向导官，攻打永昌郡。今王伉与功曹吕凯，会集百姓，死守此城，其势甚急。孔明乃入朝奏后主曰：“臣观南蛮不服，实国家之大患也。臣当自领大军，前去征讨。”后主曰“东有孙权，北有曹丕，今相父弃朕而去，倘吴、魏来攻，如之奈何？”孔明曰：“东吴方与我国讲和，料无异心；若有异心，李严在白帝城，此人可当陆逊也。曹丕新败，锐气已丧，未能远图；且有马超守把汉中诸处关口，不必忧也。臣又留关兴、张苞等分两军为救应，保陛下万无一失。今臣先去扫荡蛮方，然后北伐，以图中原，报先帝三顾之恩，托孤之重。”后主曰：“朕年幼无知，惟相父斟酌行之。”言未毕，班部内一人出曰：“不可！不可！”众视之，乃南阳人也，姓王，名连，字文仪，现为谏议大夫。连谏曰：“南方不毛之地，瘴疫之乡；丞相秉钧衡之重任，而自远征，非所宜也。且雍闿等乃疥癣之疾，丞相只须遣一大将讨之，必然成功。”孔明曰：“南蛮之地，离国甚远，人多不习王化，收伏甚难，吾当亲去征之。可刚可柔，别有斟酌，非可容易托人。”

王连再三苦劝，孔明不从。是日，孔明辞了后主，令蒋琬为参军，费祎为长史，董厥、樊建二人为掾史；赵云、魏延为大将，总督军马；王平、张翼为副将；并川将数十员：共起川兵五十万，前望益州进发。忽有关公第三子关索，入军来见孔明曰：“自荆州失陷，逃难在鲍家庄养病。每要赴川见先帝报仇，疮痕未合，不能起行。近已安痊，打探得系吴仇人已皆诛戮，径来西川见帝，恰在途中遇见征南之兵，特来投见。”孔明闻之，嗟讶不已；一面遣人申报朝廷，就令关索为前部先锋，一同征南。大队人马，各依队伍而行。饥餐渴饮，夜住晓行；所经之处，秋毫无犯。

却说雍闿听知孔明自统大军而来，即与高定、朱褒商议，分兵三路：高定取中路，雍闿在左，朱褒在右；三路各引兵五六万迎敌。于是高定令鄂焕为前部先锋。焕身长九尺，面貌丑恶，使一枝方天戟，有万夫不当之勇：领本部兵，离了大寨，来迎蜀兵。却说孔明统大军已到益州界分。前部先锋魏延，副将张翼、王平，才入界口，正遇鄂焕军马。两阵对圆，魏延出马大骂曰：“反贼早早受降！”鄂焕拍马与魏延交锋。战不数合，延诈败走，焕随后赶来。走不数里，喊声大震。张翼、王平两路军杀来，绝其后路。延复回，三员将并力拒战，生擒鄂焕。解到大寨，入见孔明。孔明令去其缚，以酒食待之。问曰：“汝是何人部将？”焕曰：“某是高定部将。”孔明曰：“吾知高定乃忠义之士，今为雍闿所惑，以致如此。吾今放汝回去，令高太守早早归降，免遭大祸。”鄂焕拜谢而去，回见高定，说孔明之德。定亦感激不已。次日，雍闿至寨。礼毕，闿曰：“如何得鄂焕回也？”定曰：“诸葛亮以义放之。”闿曰：“此乃诸葛亮反间之计：欲令我两人不和，故施此谋也。”定半信不信，心中犹豫。忽报蜀将搦战，闿自引三万兵出迎。战不数合，闿拨马便走。延率兵大进，追杀二十余里。次日，雍闿又起兵来迎。孔明一连三日不出。至第四日，雍闿、高定分兵两路，来取蜀寨。却说孔明令魏延两路伺候；果然雍闿、高定两路兵来，被伏兵杀伤大半，生擒者无数，都解到大寨来。雍闿的人，囚在一边；高定的人，囚在一边。却令军士谣说：“但是高定的人免死，雍闿的人尽杀。”众军皆闻此言。少时，孔明令取雍闿的人到帐前，问曰：“汝等皆是何人部从？”众伪曰：“高定部下人也。”孔明教皆免其死，与酒食赏劳，令人送出界首，纵放回寨。孔明又唤高定的人问之。众皆告曰：“吾等实是高定部下军士。”孔明亦皆免其死，赐以酒食；却扬言曰：“雍闿今日使人投降，要献汝主并朱褒首级以为功劳，吾甚不忍。汝等既是高定部下军，吾放汝等回去，再不可背反。若再擒来，决不轻恕。”

众皆拜谢而去；回到本寨，入见高定，说知此事。定乃密遣人去雍闿寨中探听，却有一般放回的人，言说孔明之德；因此雍闿部军，多有归顺高定之心。虽然如此，高定心中不稳，又令一人来孔明寨中探听虚实。被伏路军捉来见孔明。孔明故意认做雍闿的人，唤入帐中问曰：“汝元帅既约下献高定、朱褒二人首级，因何误了日期？汝这厮不精细，如何做得细作！”军士含糊答应。孔明以酒食赐之，修密书一封，付军士曰：“汝持此书付雍闿，教他早早下手，休得误事。”细作拜谢而去，回见高定，呈上孔明之书，说雍闿如此如此。定看书毕，大怒曰：“吾以真心待之，彼反欲害吾，情理难容！”使唤鄂焕商议。焕曰：“孔明乃仁人，背之不祥。我等谋反作恶，皆雍闿之故；不如杀闿以投孔明。”定曰：“如何下手？”焕曰：“可设一席，令人去请雍闿。彼若无异心，必坦然而来；若其不来，必有异心。我主可攻其前，某伏于寨后小路候之；闿可擒矣。”高定从其言，设席请雍闿。闿果疑前日放回军士之言，惧而不来。是夜高定引兵杀投雍闿寨中。原来有孔明放回免死的人，皆想高定之德，乘时助战。雍闿军不战自乱。闿上马望山路而走。行不二里，鼓声响处，一彪军出，乃鄂焕也：挺方天戟，骤马当先。雍闿措手不及，被焕一戟刺于马下，就枭其首级。闿部下军士皆降高定。定引两部军来降孔明，献雍闿首级于帐下。孔明高坐于帐上，喝令左右推转高定，斩首报来。定曰：“某感丞相大恩，今将雍闿首级来降，何故斩也？”孔明大笑曰：“汝来诈降。敢瞒吾耶！”定曰：“丞相何以知吾诈降？”孔明于匣中取出一缄，与高定曰：“朱褒已使人密献降书，说你与雍闿结生死之交，岂肯一旦便杀此人？吾故知汝诈也。”定叫屈曰：“朱褒乃反间之计也。丞相切不可信！”孔明曰：“吾亦难凭一面之词。汝若捉得朱褒，方表真心。”定曰：“丞相休疑。某去擒朱褒来见丞相，若何？”孔明曰：“若如此，吾疑心方息也。”

高定即引部将鄂焕并本部兵，杀奔朱褒营来。比及离寨约有十里，山后一彪军到，乃朱褒也。褒见高定军来，慌忙与高定答话。定大骂曰：“汝如何写书与诸葛丞相处，使反间之计害吾耶？”褒目瞪口呆，不能回答。忽然鄂焕于马后转过，一戟刺朱褒于马下。定厉声而言曰：“如不顺者皆戮之！”于是众军一齐拜降。定引两部军来见孔明，献朱褒首级于帐下。孔明大笑曰：“吾故使汝杀此二贼，以表忠心。”遂命高定为益州太守，总摄三郡；令鄂焕为牙将。三路军马已平。

于是永昌太守王伉出城迎接孔明。孔明入城已毕，问曰：“谁与公守此城，以保无虞？”伉曰：“某今日得此郡无危者，皆赖永昌不韦人，姓吕，名凯，字季平。皆此人之力。”孔明遂请吕凯至。凯入见，礼毕。孔明曰：“久闻公乃永昌高士，多亏公保守此城。今欲平蛮方，公有何高见？”吕凯遂取一图，呈与孔明曰：“某自历仕以来，知南人欲反久矣，故密遣人入其境，察看可屯兵交战之处，画成一图，名曰《平蛮指掌图》。今敢献与明公。明公试观之，可为征蛮之一助也。”孔明大喜，就用吕凯为行军教授，兼向导官。于是孔明提兵大进，深入南蛮之境。正行军之次，忽报天子差使命至。孔明请入中军，但见一人素袍白衣而进，乃马谡也--为兄马良新亡，因此挂孝。--谡曰：“奉主上敕命，赐众军酒帛。”孔明接诏已毕，依命一一给散，遂留马谡在帐叙话。孔明问曰：“吾奉天子诏，削平蛮方；久闻幼常高见，望乞赐教。”谡曰：“愚有片言，望丞相察之；南蛮恃其地远山险，不服久矣；虽今日破之，明日复叛。丞相大军到彼，必然平服；但班师之日，必用北伐曹丕；蛮兵若知内虚，其反必速。夫用兵之道：攻心为上，攻城为下；心战为上，兵战为下。愿丞相但服其心足矣。”孔明叹曰：“幼常足知吾肺腑也！”于是孔明遂令马谡为参军，即统大兵前进。却说蛮王孟获，听知孔明智破雍闿等，遂聚三洞元帅商议。第一洞乃金环三结元帅，第二洞乃董荼那元帅，第三洞乃阿会喃元帅。三洞元帅入见孟获。获曰：“今诸葛丞相领大军来侵我境界，不得不并力敌之。汝三人可分兵三路而进。如得胜者，便为洞主。”于是分金环三结取中路，董荼那取左路，阿会喃取右路：各引五万蛮兵，依令而行。

却说孔明正在寨中议事，忽哨马飞报，说三洞元帅分兵三路到来。孔明听毕，即唤赵云、魏延至，却都不分付；更唤王平、马忠至，嘱之曰：“今蛮兵三路而来，吾欲令子龙、文长去；此二人不识地理，未敢用之。王平可往左路迎敌，马忠可往右路迎敌。吾却使子龙、文长随后接应。今日整顿军马，来日平明进发。”二人听令而去。又唤张嶷、张翼分付曰：“汝二人同领一军，往中路迎敌。今日整点军马，来日与王平、马忠约会而进。吾欲令子龙、文长去取，奈二人不识地理，故未敢用之。”张嶷、张翼听令去了。

赵云、魏延见孔明不用，各有愠色。孔明曰：“吾非不用汝二人，但恐以中年涉险，为蛮人所算，失其锐气耳。”赵云曰：“倘我等识地理，若何？”孔明曰：“汝二人只宜小心，休得妄动。”二人怏怏而退。赵云请魏延到自己寨内商议曰：“吾二人为先锋，却说不识地理而不肯用。今用此后辈，吾等岂不羞乎？”延曰：“吾二人只今就上马，亲去探之；捉住土人，便教引进，以敌蛮兵，大事可成。”云从之，遂上马径取中路而来。方行不数里，远远望见尘头大起。二人上山坡看时，果见数十骑蛮兵，纵马而来。二人两路冲出。蛮兵见了，大惊而走。赵云、魏延各生擒几人，回到本寨，以酒食待之，却细问其故。蛮兵告曰：“前面是金环三结元帅大寨，正在山口。寨边东西两路，却通五溪洞并董荼那、阿会喃各寨之后。”

赵云、魏延听知此话，遂点精兵五千，教擒来蛮兵引路。比及起军时，已是二更天气；月明星朗，趁着月色而行。刚到金环三结大寨之时，约有四更，蛮兵方起造饭，准备天明厮杀。忽然赵云、魏延两路杀入，蛮兵大乱。赵云直杀入中军，正逢金环三结元帅；交马只一合，被云一枪刺落马下，就枭其首级。余军溃散。魏延便分兵一半，望东路抄董荼那寨来。赵云分兵一半，望西路抄阿会喃寨来。比及杀到蛮兵大寨之时，天已平明。先说魏延杀奔董荼那寨来。董荼那听知寨后有军杀至，便引兵出寨拒敌。忽然寨前门一声喊起，蛮兵大乱。原来王平军马早已到了。两下夹攻，蛮兵大败。董荼那夺路走脱，魏延追赶不上。却说赵云引兵杀到阿会喃寨后之时，马忠已杀至寨前。两下夹攻，蛮兵大败，阿会喃乘乱走脱。各自收军，回见孔明。孔明问曰：“三洞蛮兵，走了两洞之主；金环三结元帅首级安在？”赵云将首级献功。众皆言曰：“董荼那、阿会喃皆弃马越岭而去，因此赶他不上。”孔明大笑曰：“二人吾已擒下了。”赵、魏二人并诸将皆不信。少顷，张嶷解董荼那到，张翼解阿会喃到。众皆惊讶。孔明曰：“吾观吕凯图本，已知他各人下的寨子，故以言激子龙、文长之锐气，故教深入重地，先破金环三结，随即分兵左右寨后抄出，以王平、马忠应之。非子龙、文长不可当此任也。吾料董荼那、阿会喃必从便径往山路而走，故遣张嶷、张翼以伏兵待之，令关索以兵接应，擒此二人。”诸将皆拜伏曰：“丞相机算，神鬼莫测！”

孔明令押过董荼那、阿会喃至帐下，尽去其缚，以酒食衣服赐之，令各自归洞，勿得助恶。二人泣拜，各投小路而去。孔明谓诸将曰：“来日孟获必然亲自引兵厮杀，便可就此擒之。”乃唤赵云、魏延至，付与计策，各引五千兵去了。又唤王平、关索同引一军，授计而去。孔明分拨已毕，坐于帐上待之。却说蛮王孟获在帐中正坐，忽哨马报来，说三洞元帅，俱被孔明捉将去了；部下之兵，各自溃散。获大怒，遂起蛮兵迤逦进发，正遇王平军马。两阵对圆，王平出马横刀望之：只见门旗开处，数百南蛮骑将两势摆开。中间孟获出马：头顶嵌宝紫金冠，身披缨络红锦袍，腰系碾玉狮子带，脚穿鹰嘴抹绿靴，骑一匹卷毛赤兔马，悬两口松纹镶宝剑，昂然观望，回顾左右蛮将曰：“人每说诸葛亮善能用兵；今观此阵，旌旗杂乱，队伍交错；刀枪器械，无一可能胜吾者：始知前日之言谬也。早知如此，吾反多时矣。谁敢去擒蜀将：以振军威？”言未尽，一将应声而出，名唤忙牙长；使一口截头大刀，骑一匹黄骠马，来取王平。二将交锋，战不数合，王平便走。孟获驱兵大进，迤逦追赶。关索略战又走，约退二十余里。孟获正追杀之间，忽然喊声大起，左有张嶷，右有张翼，两路兵杀出，截断归路。王平、关索复兵杀回。前后夹攻，蛮兵大败。孟获引部将死战得脱，望锦带山而逃。背后三路兵追杀将来。获正奔走之间，前面喊声大起，一彪军拦住：为首大将乃常山赵子龙也。获见了大惊，慌忙奔锦带山小路而走。子龙冲杀一阵，蛮兵大败，生擒者无数。孟获止与数十骑奔入山谷之中，背后追兵至近，前面路狭，马不能行，乃弃了马匹，爬山越岭而逃。忽然山谷中一声鼓响，乃是魏延受了孔明计策，引五百步军，伏于此处，孟获抵敌不住，被魏延生擒活捉了。从骑皆降。魏延解孟获到大寨来见孔明。孔明早已杀牛宰羊，设宴在寨；却教帐中排开七重围子手，刀枪剑戟，灿若霜雪；又执御赐黄金钺斧，曲柄伞盖，前后羽葆鼓吹，左右排开御林军，布列得十分严整。孔明端坐于帐上，只见蛮兵纷纷穰穰，解到无数。孔明唤到帐中，尽去其缚，抚谕曰：“汝等皆是好百姓，不幸被孟获所拘，今受惊?。吾想汝等父母、兄弟、妻子必倚门而望；若听知阵败，定然割肚牵肠，眼中流血。吾今尽放汝等回去，以安各人父母、兄弟、妻子之心。”言讫，各赐酒食米粮而遣之。蛮兵深感其恩，泣拜而去。孔明教唤武士押过孟获来。不移时，前推后拥，缚至帐前。获跪与帐下。孔明曰：“先帝待汝不薄，汝何敢背反？”获曰：“两川之地，皆是他人所占土地，汝主倚强夺之，自称为帝。吾世居此处，汝等无礼，侵我土地：何为反耶？”孔明曰：“吾今擒汝，汝心服否？”获曰：“山僻路狭，误遭汝手，如何肯服！”孔明曰：“汝既不服，吾放汝去，若何？”获曰：“汝放我回去，再整军马，共决雌雄；若能再擒吾，吾方服也。”孔明即令去其缚。与衣服穿了，赐以酒食，给与鞍马，差人送出路，径望本寨而去。正是：寇入掌中还放去，人居化外未能降。未知再来交战若何，且看下文分解。

第八十八回 渡泸水再缚番王 识诈降三擒孟获

却说孔明放了孟获，众将上帐问曰：“孟获乃南蛮渠魁，今幸被擒，南方便定；丞相何故放之？”孔明笑曰：“吾擒此人，如囊中取物耳。直须降伏其心，自然平矣。”诸将闻言，皆未肯信。当日孟获行至泸水，正遇手下败残的蛮兵，皆来寻探。众兵见了孟获，且惊且喜，拜问曰：“大王如何能勾回来？”获曰：“蜀人监我在帐中，被我杀死十余人，乘夜黑而走；正行间，逢着一哨马军，亦被我杀之，夺了此马：因此得脱。”众皆大喜，拥孟获渡了泸水，下住寨栅，会集各洞酋长，陆续招聚原放回的蛮兵，约有十余万骑。此时董荼那、阿会喃已在洞中。孟获使人去请，二人惧怕，只得也引洞兵来。获传令曰：“吾已知诸葛亮之计矣，不可与战，战则中他诡计。彼川兵远来劳苦，况即日天炎，彼兵岂能久住？吾等有此泸水之险，将船筏尽拘在南岸，一带皆筑土城，深沟高垒，看诸葛亮如何施谋！”众酋长从其计，尽拘船筏于南岸，一带筑起土城：有依山傍崖之地，高竖敌楼；楼上多设弓弩炮石，准备久处之计。粮草皆是各洞供运。孟获以为万全之策，坦然不忧。却说孔明提兵大进，前军已至泸水，哨马飞报说：“泸水之内，并无船筏；又兼水势甚急，隔岸一带筑起土城，皆有蛮兵守把。”时值五月，天气炎热，南方之地，分外炎酷，军马衣甲，皆穿不得。孔明自至泸水边观毕，回到本寨，聚诸将至帐中，传令曰：“今孟获兵屯泸水之南，深沟高垒，以拒我兵；吾既提兵至此，如何空回？汝等各各引兵，依山傍树，拣林木茂盛之处，与我将息人马。”乃遣吕凯离泸水百里，拣阴凉之地，分作四个寨子；使王平、张嶷、张翼、关索各守一寨，内外皆搭草棚，遮盖马匹，将士乘凉，以避暑气。参军蒋琬看了，入问孔明曰：“某看吕凯所造之寨甚不好，正犯昔日先帝败于东吴时之地势矣，倘蛮兵偷渡泸水，前来劫寨，若用火攻，如何解救？”孔明笑曰：“公勿多疑，吾自有妙算。”蒋琬等皆不晓其意。忽报蜀中差马岱解暑药并粮米到。孔明令入。岱参拜毕，一面将米药分派四寨。孔明问曰：“汝将带多少军来？”马岱曰：“有三千军。”孔明曰：“吾军累战疲困，欲用汝军，未知肯向前否？”岱曰：“皆是朝廷军马，何分彼我？丞相要用，虽死不辞。”孔明曰：“今孟获拒住泸水，无路可渡。吾欲先断其粮道，令彼军自乱。”岱曰：“如何断得？”孔明曰：“离此一百五十里，泸水下流沙口，此处水慢，可以扎筏而渡。汝提本部三千军渡水，直入蛮洞，先断其粮，然后会合董荼那、阿会喃两个洞主，便为内应。不可有误。”

马岱欣然去了，领兵前到沙口，驱兵渡水；因见水浅，大半不下筏，只裸衣而过，半渡皆倒；急救傍岸，口鼻出血而死。马岱大惊，连夜回告孔明。孔明随唤向导土人问之。土人曰：“目今炎天，毒聚泸水，日间甚热，毒气正发，有人渡水，必中其毒；或饮此水，其人必死。若要渡时。须待夜静水冷，毒气不起，饱食渡之，方可无事。”孔明遂令土人引路，又选精壮军五六百，随着马岱，来到泸水沙口，扎起木筏，半夜渡水，果然无事，岱领着二千壮军，令土人引路，径取蛮洞运粮总路口夹山峪而来。那夹山峪，两下是山，中间一条路，止容一人一马而过。马岱占了夹山峪，分拨军士，立起寨栅。洞蛮不知，正解粮到，被岱前后截住，夺粮百余车，蛮人报入孟获大寨中。此时孟获在寨中，终日饮酒取乐，不理军务，谓众酋长曰："吾若与诸葛亮对敌，必中奸计。今靠此泸水之险，深沟高垒以待之；蜀人受不过酷热，必然退走。那时吾与汝等随后击之，便可擒诸葛亮也。"言讫，呵呵大笑。忽然班内一酋长曰："沙口水浅，倘蜀兵透漏过来，深为利害；当分军守把。"获笑曰："汝是本处土人，如何不知？吾正要蜀兵来渡此水，渡则必死于水中矣。"酋长又曰："倘有土人说与夜渡之法，当复何如？"获曰："不必多疑。吾境内之人，安肯助敌人耶？"正言之间，忽报蜀兵不知多少，暗渡泸水，绝断了夹山粮道，打着"平北将军马岱"旗号。获笑曰："量此小辈，何足道哉！"即遣副将忙牙长，引三千兵投夹山峪来。

却说马岱望见蛮兵已到，遂将二千军摆在山前。两阵对圆，忙牙长出马，与马岱交锋，只一合，被岱一刀，斩于马下。蛮兵大败走回，来见孟获，细言其事。获唤诸将问曰："谁敢去敌马岱？"言未毕，董荼那出曰："某愿往。"孟获大喜，遂与三千兵而去。获又恐有人再渡泸水，即遣阿会喃引三千兵，去守把沙口。却说董荼那引蛮兵到了夹山峪下寨，马岱引兵来迎。部内军有认得是董荼那，说与马岱如此如此。岱纵马向前大骂曰："无义背恩之徒！吾丞相饶汝性命，今又背反，岂不自羞！"董荼那满面惭愧，无言可答，不战而退。马岱掩杀一阵而回。董荼那回见孟获曰："马岱英雄，抵敌不住。"获大怒曰："吾知汝原受诸葛亮之恩，今故不战而退，正是卖阵之计！"喝教推出斩了。众酋长再三哀告，方才免死，叱武士将董荼那打了一百大棍，放归本寨。诸多酋长皆来告董荼那曰："我等虽居蛮方，未尝敢犯中国；中国亦不曾侵我。今因孟获势力相逼，不得已而造反。想孔明神机莫测，曹操、孙权尚自惧之，何况我等蛮方乎？况我等皆受其活命之恩，无可为报。今欲舍一死命，杀孟获去投孔明，以免洞中百姓涂炭之苦。"董荼那曰："未知汝等心下若何？"内有原蒙孔明放回的人，一齐同声应曰："愿往！"于是董荼那手执钢刀，引百余人，直奔大寨而来，时孟获大醉于帐中。董荼那引众人持刀而入，帐下有两将侍立。董荼那以刀指曰："汝等亦受诸葛丞相活命之恩，宜当报效。"二将曰："不须将军下手，某当生擒孟获，去献丞相。"于是一齐入帐，将孟获执缚已定，押到泸水边，驾船直过北岸，先使人报知孔明。

却说孔明已有细作探知此事，于是密传号令，教各寨将士，整顿军器，方教为首酋长解孟获入来，其余皆回本寨听候。董荼那先入中军见孔明，细说其事。孔明重加赏劳，用好言抚慰，遣董荼那引众酋长去了，然后令刀斧手推孟获入。孔明笑曰："汝前者有言：但再擒得，便肯降服。今日如何？"获曰："此非汝之能也；乃吾手下之人自相残害，以致如此。如何肯服！"孔明曰："吾今再放汝去，若何？"孟获曰："吾虽蛮人，颇知兵法；若丞相端的肯放吾回洞中，吾当率兵再决胜负。若丞相这番再擒得我，那时倾心吐胆归降，并不敢改移也。"孔明曰："这番生擒，如又不服，必无轻恕。"令左右去其绳索，仍前赐以酒食，列坐于帐上。孔明曰："吾自出茅庐，战无不胜，攻无不取。汝蛮邦之人，何为不服？"获默然不答。孔明酒后，唤孟获同上马出寨，观看诸营寨栅所屯粮草，所积军器。孔明指谓孟获曰："汝不降吾，真愚人也。吾有如此之精兵猛将，粮草兵器，汝安能胜吾哉？汝若早降，吾当奏闻天子，令汝不失王位，子子孙孙，永镇蛮邦。意下若何？"获曰："某虽肯降，怎奈洞中之人未肯心服。若丞相肯放回去，就当招安本部人马，同心合胆，方可归顺。"孔明忻然，又与孟获回到大寨。饮酒至晚，获辞去；孔明亲自送至泸水边，以船送获归寨。孟获来到本寨，先伏刀斧手于帐下，差心腹人到董荼那、阿会喃寨中，只推孔明有使命至，将二人赚到大寨帐下，尽皆杀之，弃尸于涧。孟获随即遣亲信之人，守把隘口，自引军出了夹山峪，要与马岱交战，却并不见一人；及问土人，皆言昨夜尽搬粮草，复渡泸水，归大寨去了。获再回洞中，与亲弟孟优商议曰："如今诸葛亮之虚实，吾已尽知，汝可去如此如此。"孟优领了兄计，引百余蛮兵，搬载金珠、宝贝、象牙、犀角之类，渡了泸水，径投孔明大寨而来；方才过了河时，前面鼓角齐鸣，一彪军摆开：为首大将乃马岱也。孟优大惊。岱问了来情，令在外厢，差人来报孔明。孔明正在帐中与马谡、吕凯、蒋琬、费祎等共议平蛮之事，忽帐下一人，报称孟获差弟孟优来进宝贝。孔明回顾马谡曰："汝知其来意否？"谡曰："不敢明言。容某暗写于纸上，呈与丞相，看合钧意否？"孔明从之。马谡写讫，呈与孔明。孔明看毕，抚掌大笑曰："擒孟获之计，吾已差派下也。汝之所见，正与吾同。"遂唤赵云入，向耳畔分付如此如此；又唤魏延入，亦低言分付；又唤王平、马忠、关索入，亦密密地分付。

各人受了计策，皆依令而去，方召孟优入帐，优再拜于帐下曰："家兄孟获，感丞相活命之恩，无可奉献，辄具金珠宝贝若干，权为赏军之资。续后别有进贡天子礼物。"孔明曰："汝兄今在何处？"优曰："为感丞相天恩，径往银坑山中收拾宝物去了，少时便回来也。"孔明曰："汝带多少人来？"优曰："不敢多带。只是随行百余人，皆运货物者。"孔明尽教入帐看时，皆是青眼黑面，黄发紫须，耳带金环，鬅头跣足，身长力大之士。孔明就令随席而坐，教诸将劝酒，殷勤相待。

却说孟获在帐中专望回音，忽报有二人回了；唤入问之，具说："诸葛亮受了礼物大喜，将随行之人，皆唤入帐中，杀牛宰羊，设宴相待。二大王令某密报大王：今夜二更，里应外合，以成大事。"孟获听知甚喜，即点起三万蛮兵，分为三队。获唤各洞酋长分付曰："各军尽带火具。今晚到了蜀寨时，放火为号。吾当自取中军，以擒诸葛亮。"诸多蛮将，受了计策，黄昏左侧，各渡泸水而来。孟获带领心腹蛮将百余人，径投孔明大寨，于路并无一军阻当。前至寨门，获率众将骤马而入，乃是空寨，并不见一人。获撞入中军，只见帐中灯烛荧煌，孟优并番兵尽皆醉倒。原来孟优被孔明教马谡、吕凯二人管待，令乐人搬做杂剧，殷勤劝酒，酒内下药，尽皆昏倒，浑如醉死之人。孟获入帐问之，内有醒者，但指口而已。获知中计，急救了孟优等一干人；却待奔回中队，前面喊声大震，火光骤起，蛮兵各自逃窜。一彪军杀到，乃是蜀将王平。获大惊，急奔左队时，火光冲天，一彪军杀到，为首蜀将乃是魏延。获慌忙望右队而来，只见火光又起，又一彪军杀到，为首蜀将乃是赵云。三路军夹攻将来，四下无路。孟获弃了军士，匹马望泸水面逃。正见泸水上数十个蛮兵，驾一小舟，获慌令近岸。人马方才下船，一声号起，将孟获缚住。原来马岱受了计策，引本部兵扮作蛮兵，撑船在此，诱擒孟获。

于是孔明招安蛮兵，降者无数。孔明一一抚慰，并不加害。就教救灭了余火。须臾，马岱擒孟获至；赵云擒孟优至；魏延、马忠、王平、关索擒诸洞酋长至。孔明指孟获而笑曰："汝先令汝弟以礼诈降，如何瞒得过吾！今番又被我擒，汝可服否？"获曰："此乃吾弟贪口腹之故，误中汝毒，因此失了大事。吾若自来，弟以兵应之，必然成功。此乃天败，非吾之不能也，如何肯服！"孔明曰："今已三次，如何不服？"孟获低头无语。孔明笑曰："吾再放汝回去。"孟获曰："丞相若肯放吾兄弟回去，收拾家下亲丁，和丞相大战一场。那时擒得，方才死心塌地而降。"孔明曰："再若擒住，必不轻恕。汝可小心在意，勤攻韬略之书，再整亲信之士，早用良策，勿生后悔。"遂令武士去其绳索，放起孟获，并孟优及各洞酋长，一齐都放。孟获等拜谢去了。此时蜀兵已渡泸水。孟获等过了泸水，只见岸口陈兵列将，旗帜纷纷。获到营前，马岱高坐，以剑指之曰："这番拿住，必无轻放！"孟获到了自己寨时，赵云早已袭了此寨，布列兵马。云坐于大旗下，按剑而言曰："丞相如此相待，休忘大恩！"获喏喏连声而去。将出界口山坡，魏延引一千精兵，摆在坡上，勒马厉声而言曰："吾今已深入巢穴，夺汝险要；汝尚自愚迷，抗拒大军！这回拿住，碎尸万段，决不轻饶！"孟获等抱头鼠窜，望本洞而去。后人有诗赞曰："五月驱兵入不毛，月明泸水瘴烟高。誓将雄略酬三顾，岂惮征蛮七纵劳。"

却说孔明渡了泸水，下寨已毕，大赏三军，聚众将于帐下曰："孟获第二番擒来，吾令遍观各营虚实，正欲令其来劫营也。吾知孟获颇晓兵法，吾以兵马粮草炫耀，实令孟获看吾破绽，必用火攻。彼令其弟诈降，欲为内应耳。吾三番擒之而不杀，诚欲服其心，不欲灭其类也。吾今明告汝等，勿得辞劳，可用心报国。”众将拜伏曰：“丞相智、仁、勇三者足备，虽子牙、张良不能及也。”孔明曰：“吾今安敢望古人耶？皆赖汝等之力，共成功业耳。”帐下诸将听得孔明之言，尽皆喜悦。却说孟获受了三擒之气，忿忿归到银坑洞中，即差心腹人赍金珠宝贝，往八番九十三甸等处，并蛮方部落，借使牌刀獠丁军健数十万，克日齐备，各队人马，云推雾拥，俱听孟获调用。伏路军探知其事，来报孔明，孔明笑曰：“吾正欲令蛮兵皆至，见吾之能也。”遂上小车而行。正是：若非洞主威风猛，怎显军师手段高！未知胜负如何，且看下文分解。

第八十九回 武乡侯四番用计 南蛮王五次遭擒

却说孔明自驾小车，引数百骑前来探路。前有一河，名曰西洱河，水势虽慢，并无一只船筏。孔明令伐木为筏而渡，其木到水皆沉。孔明遂问吕凯，凯曰：“闻西洱河上流有一山，其山多竹，大者数围。可令人伐之，于河上搭起竹桥，以渡军马。”孔明即调三万人入山，伐竹数十万根，顺水放下，于河面狭处，搭起竹桥，阔十余丈。乃调大军于河北岸一字儿下寨，便以河为壕堑，以浮桥为门，垒土为城；过桥南岸，一字下三个大营，以待蛮兵。

却说孟获引数十万蛮兵，恨怒而来。将近西洱河，孟获引前部一万刀牌獠丁，直扣前寨搦战。孔明头戴纶巾，身披鹤氅，手执羽扇，乘驷马车，左右众将簇拥而出。孔明见孟获身穿犀皮甲，头顶朱红盔，左手挽牌，右手执刀，骑赤毛牛，口中辱骂；手下万余洞丁，各舞刀牌，往来冲突。孔明急令退回本寨，四面紧闭，不许出战。蛮兵皆裸衣赤身，直到寨门前叫骂。诸将大怒，皆来禀孔明曰：“某等情愿出寨决一死战！”孔明不许。诸将再三欲战，孔明止曰：“蛮方之人，不遵王化，今此一来，狂恶正盛，不可迎也；且宜坚守数日，待其猖獗少懈，吾自有妙计破之。”

于是蜀兵坚守数日。孔明在高阜处探之，窥见蛮兵已多懈怠，乃聚诸将曰：“汝等敢出战否？”众将欣然要出。孔明先唤赵云、魏延入帐，向耳畔低言，分付如此如此。二人受了计策先进。却唤王平、马忠入帐，受计去了。又唤马岱分付曰：“吾今弃此三寨，退过河北；吾军一退，汝可便拆浮桥，移于下流，却渡赵云、魏延军马过河来接应。”岱受计而去。又唤张翼曰：“吾军退去，寨中多设灯火。孟获知之，必来追赶，汝却断其后。”张翼受计而退。孔明只教关索护车。众军退去，寨中多设灯火。蛮兵望见，不敢冲突。

次日平明，孟获引大队蛮兵径到蜀寨之时，只见三个大寨，皆无人马，于内弃下粮草车仗数百余辆。孟优曰：“诸葛弃寨而走，莫非有计否？”孟获曰：“吾料诸葛亮弃辎重而去，必因国中有紧急之事：若非吴侵，定是魏伐。故虚张灯火以为疑兵，弃车仗而去也。可速追之，不可错过。”于是孟获自驱前部，直到西洱河边。望见河北岸上，寨中旗帜整齐如故，灿若云锦；沿河一带，又设锦城。蛮兵哨见，皆不敢进。获谓优曰：“此是诸葛亮惧吾追赶，故就河北岸少住，不二日必走矣。”遂将蛮兵屯于河岸；又使人去山上砍竹为筏，以备渡河；却将敢战之兵，皆移于寨前面。却不知蜀兵早已入自己之境。是日，狂风大起。四壁厢火明鼓响，蜀兵杀到。蛮兵獠丁，自相冲突，孟获大惊，急引宗族洞丁杀开条路，径奔旧寨。忽一彪军从寨中杀出，乃是赵云。获慌忙回西洱河，望山僻处而走。又一彪军杀出，乃是马岱。孟获只剩得数十个败残兵，望山谷中而逃。见南、北、西三处尘头火光，因此不敢前进，只得望东奔走，方才转过山口，见一大林之前，数十从人，引一辆小车；车上端坐孔明，呵呵大笑曰：“蛮王孟获！天败至此，吾已等候多时也！”获大怒，回顾左右曰：“吾遭此人诡计！受辱三次；今幸得这里相遇。汝等奋力前去，连人带车砍为粉碎！”数骑蛮兵，猛力向前。孟获当先呐喊，抢到大林之前，跎踏一声，踏了陷坑，一齐塌倒。大林之内，转出魏延，引数百军来，一个个拖出，用索缚定。孔明先到寨中，招安蛮兵，并诸甸酋长洞丁--此时大半皆归本乡去了--除死伤外，其余尽皆归降。孔明以酒肉相待，以好言抚慰，尽令放回。蛮兵皆感叹而去。少顷，张翼解孟优至。孔明诲之曰：“汝兄愚迷，汝当谏之。今被吾擒了四番，有何面目再见人耶！”孟优羞惭满面。伏地告求免死。孔明曰：“吾杀汝不在今日。吾且饶汝性命，劝谕汝兄。”令武士解其绳索，放起孟优。优泣拜而去。不一时，魏延解孟获至。孔明大怒曰：“你今番又被吾擒了，有何理说！”获曰：“吾今误中诡计，死不瞑目！”孔明叱武士推出斩之。获全无惧色，回顾孔明曰：“若敢再放吾回去，必然报四番之恨！”孔明大笑，令左右去其缚，赐酒压惊，就坐于帐中。孔明问曰：“吾今四次以礼相待，汝尚然不服，何也？”获曰：“吾虽是化外之人，不似丞相专施诡计，吾如何肯服？”孔明曰：“吾再放汝回去，复能战乎？”获曰：“丞相若再拿住吾，吾那时倾心降服，尽献本洞之物犒军，誓不反乱。”孔明即笑而遣之。获忻然拜谢而去。于是聚得诸洞壮丁数千人，望南迤逦而行。早望见尘头起处，一队兵到；乃是兄弟孟优，重整残兵，来与兄报仇。兄弟二人，抱头相哭，诉说前事。优曰：“我兵屡败，蜀兵屡胜，难以抵当。只可就山阴洞中，退避不出。蜀兵受不过暑气，自然退矣。”获问曰：“何处可避？”优曰：“此去西南有一洞，名曰秃龙洞。洞主朵思大王，与弟甚厚，可投之。”于是孟获先教孟优到秃龙洞，见了朵思大王。朵思慌引洞兵出迎，孟获入洞，礼毕，诉说前事。朵思曰：“大王宽心。若蜀兵到来，令他一人一骑不得还乡，与诸葛亮皆死于此处！”获大喜，问计于朵思。朵思曰：“此洞中止有两条路：东北上一路，就是大王所来之路，地势平坦，土厚水甜，人马可行；若以木石垒断洞口，虽有百万之众，不能进也。西北上有一条路，山险岭恶，道路窄狭；其中虽有小路，多藏毒蛇恶蝎；黄昏时分，烟瘴大起，直至已，午时方收，惟未、申、酉三时，可以往来；水不可饮，人马难行。此处更有四个毒泉：一名哑泉，其水颇甜，人若饮之，则不能言，不过旬日必死；二曰灭泉，此水与汤无异，人若沐浴，则皮肉皆烂，见骨必死；三曰黑泉，其水微清，人若溅之在身，则手足皆黑而死；四曰柔泉，其水如冰，人若饮之，咽喉无暖气，身躯软弱如绵而死。此处虫鸟皆无，惟有汉伏波将军曾到；自此以后，更无一人到此。今垒断东北大路，令大王稳居敝洞，若蜀兵见东路截断，必从西路而入；于路无水，若见此四泉，定然饮水，虽百万之众，皆无归矣。何用刀兵耶！”孟获大喜，以手加额曰：“今日方有容身之地！”又望北指曰：“任诸葛神机妙算，难以施设！四泉之水，足以报败兵之恨也！”自此，孟获、孟优终日与朵思大王筵宴。

却说孔明连日不见孟获兵出，遂传号令教大军离西洱河，望南进发。此时正当六月炎天，其热如火。有后人咏南方苦热诗曰：“山泽欲焦枯，火光覆太虚。不知天地外，暑气更何如！”又有诗曰：“赤帝施权柄，阴云不敢生。云蒸孤鹤喘，海热巨鳌惊。忍舍溪边坐？慵抛竹里行。如何沙塞客，擐甲复长征！”孔明统领大军，正行之际，忽哨马飞报：“孟获退往秃龙洞中不出，将洞口要路垒断，内有兵把守；山恶岭峻，不能前进。”孔明请吕凯问之，凯曰：“某曾闻此洞有条路，实不知详细。”蒋琬曰：“孟获四次遭擒，既已丧胆，安敢再出？况今天气炎热，军马疲乏，征之无益；不如班师回国。”孔明曰：“若如此，正中孟获之计也。吾军一退，彼必乘势追之。今已到此，安有复回之理！”遂令王平领数百军为前部；却教新降蛮兵引路，寻西北小径而入。前到一泉，人马皆渴，争饮此水。王平探有此路，回报孔明。比及到大寨之时，皆不能言，但指口而已。孔明大惊，知是中毒，遂自驾小车，引数十人前来看时，见一潭清水，深不见底，水气凛凛，军不敢试。孔明下车，登高望之，四壁峰岭，鸟雀不闻，心中大疑。忽望见远远山冈之上，有一古庙。孔明攀藤附葛而到，见一石屋之中，塑一将军端坐，旁有石碑，乃汉伏波将军马援之庙：因平蛮到此，土人立庙祀之。孔明再拜曰："亮受先帝托孤之重，今承圣旨，到此平蛮；欲待蛮方既平，然后伐魏吞吴，重安汉室。今军士不识地理，误饮毒水，不能出声。万望尊神，念本朝恩义，通灵显圣，护佑三军！"祈祷已毕，出庙寻土人问之。隐隐望见对山一老叟扶杖而来，形容甚异。孔明请老叟入庙，礼毕，对坐于石上。孔明问曰："丈者高姓？"老叟曰："老夫久闻大国丞相隆名，幸得拜见。蛮方之人，多蒙丞相活命，皆感恩不浅。"孔明问泉水之故，老叟答曰："军所饮水，乃哑泉之水也，饮之难言，数日而死。此泉之外，又有三泉：东南有一泉，其水至冷，人若饮水，咽喉无暖气，身躯软弱而死，名曰柔泉；正南有一泉，人若溅之在身，手足皆黑而死，名曰黑泉；西南有一泉，沸如热汤，人若浴之，皮肉尽脱而死，名曰灭泉。敝处有此四泉，毒气所聚，无药可治，又烟瘴甚起，惟未、申、酉三个时辰可往来；余者时辰，皆瘴气密布，触之即死。"

孔明曰："如此则蛮方不可平矣。蛮方不平，安能并吞吴、魏，再兴汉室？有负先帝托孤之重，生不如死也！"老叟曰："丞相勿忧。老夫指引一处，可以解之。"孔明曰："老丈有何高见，望乞指教。"老叟曰："此去正西数里，有一山谷，入内行二十里，有一溪名曰万安溪。上有一高士，号为万安隐者；此人不出溪有数十余年矣。其草庵后有一泉，名安乐泉。人若中毒，汲其水饮之即愈。有人或生疥癞，或感瘴气，于万安溪内浴之，自然无事，更兼庵前有一等草，名曰薤叶芸香。人若口含一叶，则瘴气不染。丞相可速往求之。"孔明拜谢，问曰："承丈者如此活命之德，感刻不胜。愿闻高姓。"老叟入庙曰："吾乃本处山神，奉伏波将军之命，特来指引。"言讫、喝开庙后石壁而入。孔明惊讶不已，再拜庙神，寻旧路上车，回到大寨。次日，孔明备信香、礼物，引王平及众哑军，连夜望山神所言去处，迤逦而进。入山谷小径，约行二十余里，但见长松大柏，茂竹奇花，环绕一庄；篱落之中，有数间茅屋，闻得馨香喷鼻。孔明大喜，到庄前扣户，有一小童出。孔明方欲通姓名，早有一人，竹冠草履，白袍皂绦，碧眼黄发，忻然出曰："来者莫非汉丞相否？"孔明笑曰："高士何以知之？"隐者曰："久闻丞相大纛南征，安得不知！"遂邀孔明入草堂。礼毕，分宾主坐定。孔明告曰："亮受昭烈皇帝托孤之重，今承嗣君圣旨，领大军至此，欲服蛮邦，使归王化。不期孟获潜入洞中，军士误饮哑泉之水。夜来蒙伏波将军显圣，言高士有药泉，可以治之。望乞矜念，赐神水以救众兵残生。"隐者曰："量老夫山野废人，何劳丞相枉驾。此泉就在庵后。"教取来饮。于是童子引王平等一起哑军，来到溪边，汲水饮之；随即吐出恶涎，便能言语。童子又引众军到万安溪中沐浴。

隐者于庵中进柏子茶、松花菜，以待孔明。隐者告曰："此间蛮洞多毒蛇恶蝎，柳花飘入溪泉之间，水不可饮；但掘地为泉，汲水饮之方可。"孔明求薤叶芸香，隐者令众军尽意采取："各人口含一叶，自然瘴气不侵。"孔明拜求隐者姓名，隐者笑曰："某乃孟获之兄孟节是也。"孔明愕然。隐者又曰："丞相休疑，容伸片言：某一父母所生三人：长即老夫孟节，次孟获，又次孟优。父母皆亡。二弟强恶，不归王化。某屡谏不从，故更名改姓，隐居于此。今辱弟造反，又劳丞相深入不毛之地，如此生受，孟节合该万死，故先于丞相之前请罪。"孔明叹曰："方信盗跖、下惠之事，今亦有之。"遂与孟节曰："吾申奏天子，立公为王，可乎？"节曰："为嫌功名而逃于此，岂复有贪富贵之意！"孔明乃具金帛赠之。孟节坚辞不受。孔明嗟叹不已，拜别而回。后人有诗曰："高士幽栖独闭关，武侯曾此破诸蛮。至今古木无人境，犹有寒烟锁旧山。"

孔明回到大寨之中，令军士掘地取水。掘下二十余丈，并无滴水；凡掘十余处，皆是如此。军心惊慌。孔明夜半焚香告天曰："臣亮不才，仰承大汉之福，受命平蛮。今途中乏水，军马枯渴。倘上天不绝大汉，即赐甘泉！若气运已终，臣亮等愿死于此处！"是夜祝罢，平明视之，皆得满井甘泉。后人有诗曰："为国平蛮统大兵，心存正道合神明。耿恭拜井甘泉出，诸葛虔诚水夜生。"孔明军马既得甘泉，遂安然由小径直入秃龙洞前下寨。蛮兵探知，来报孟获曰："蜀兵不染瘴疫之气，又无枯渴之患，诸泉皆不应。"朵思大王闻知不信，自与孟获来高山望之。只见蜀兵安然无事，大桶小担，搬运水浆，饮马造饭。朵思见之，毛发耸然，回顾孟获曰："此乃神兵也！"获曰："吾兄弟二人与蜀兵决一死战，就殒于军前，安肯束手受缚！"朵思曰："若大王兵败，吾妻子亦休矣。当杀牛宰马，大赏洞丁，不避水火，直冲蜀寨，方可得胜。"于是大赏蛮兵。

正欲起程，忽报洞后迤西银冶洞二十一洞主杨锋引三万兵来助战。孟获大喜曰："邻兵助我，我必胜矣！"即与朵思大王出洞迎接。杨锋引兵入曰："吾有精兵三万，皆披铁甲，能飞山越岭，足以敌蜀兵百万；我有五子，皆武艺足备。愿助大王。"锋令五子入拜，皆彪躯虎体，威风抖擞。孟获大喜，遂设席相待杨锋父子。酒至半酣，锋曰："军中少乐，吾随军有蛮姑，善舞刀牌，以助一笑。"获忻然从之。须臾，数十蛮姑，皆披发跣足，从帐外舞跳而入，群蛮拍手以歌和之。杨锋令二子把盏。二子举杯诣孟获、孟优前。二人接杯，方欲饮酒，锋大喝一声，二子早将孟获、孟优执下座来。朵思大王却待要走，已被杨锋擒了。蛮姑横截于帐上，谁敢近前。获曰："兔死狐悲，物伤其类。吾与汝皆是各洞之主，往日无冤，何故害我？"锋曰："吾兄弟子侄皆感诸葛丞相活命之恩，无可以报。今汝反叛，何不擒献！"

于是各洞蛮兵，皆走回本乡。杨锋将孟获、孟优、朵思等解赴孔明寨来。孔明令入，杨锋等拜于帐下曰："某等子侄皆感丞相恩德，故擒孟获、孟优等呈献。"孔明重赏之，令驱孟获入。孔明笑曰："汝今番心服乎？"获曰："非汝之能，乃吾洞中之人，自相残害，以致如此。要杀便杀，只是不服！"孔明曰："汝赚吾入无水之地，更以哑泉、灭泉、黑泉、柔泉如此之毒，吾军无恙，岂非天意乎？汝何如此执迷？"获又曰："吾祖居银坑山中，有三江之险，重关之固。汝若就彼擒之，吾当子子孙孙，倾心服事。"孔明曰："吾再放汝回去，重整兵马，与吾共决胜负；如那时擒住，汝再不服，当灭九族。"叱左右去其缚，放起孟获。获再拜而去。孔明又将孟优并朵思大王皆释其缚，赐酒食压惊。二人悚惧，不敢正视。孔明令鞍马送回。正是：深临险地非容易，更展奇谋岂偶然！未知孟获整兵再来，胜负如何，且看下文分解。

第九十回 驱巨兽六破蛮兵 烧藤甲七擒孟获

却说孔明放了孟获等一干人，杨锋父子皆封官爵，重赏洞兵。杨锋等拜谢而去。孟获等连夜奔回银坑洞。那洞外有三江：乃是泸水、甘南水、西城水。三路水会合，故为三江。其洞北近平坦三百余里，多产万物。洞西二百里，有盐井。西南二百里，直抵泸、甘。正南三百里，乃是梁都洞，洞中有山，环抱其洞；山上出银矿，故名为银坑山。山中置宫殿楼台，以为蛮王巢穴。其中建一祖庙，名曰"家鬼"。四时杀牛宰马享祭，名为"卜鬼"。每年常以蜀人并外乡之人祭之。若人患病，不肯服药，只祷师巫，名为"药鬼"。其处无刑法，但犯罪即斩。有女长成，却于溪中沐浴，男女自相混淆，任其自配，父母不禁，名为"学艺"。年岁雨水均调，则种稻谷；倘若不熟，杀蛇为羹，煮象为饭。每方隅之中，上户号曰"洞主"，次曰"酋长"。每月初一、十五两日，皆在三江城中买卖，转易货物。其风俗如此。

却说孟获在洞中，聚集宗党千余人，谓之曰："吾屡受辱于蜀兵，立誓欲报之。汝等有何高见？"言未毕，一人应曰："吾举一人，可破诸葛亮。"众视之，乃孟获妻弟，现为八番部长，名曰带来洞主。获大喜，急问何人。带来洞主曰："此去西南八纳洞，洞主木鹿大王，深通法术：出则骑象，能呼风唤雨，常有虎豹豺狼、毒蛇恶蝎跟随。手下更有三万神兵，甚是英勇。大王可修书具礼，某亲往求之。此人若允，何惧蜀兵哉！”获忻然，令国舅赍书而去。却令朵思大王守把三江城，以为前面屏障。却说孔明提兵直至三江城，遥望见此城三面傍江，一面通旱；即遣魏延、赵云同领一军，于旱路打城。军到城下时，城上弓弩齐发：原来洞中之人，多习弓弩，一弩齐发十矢，箭头上皆用毒药；但有中箭者，皮肉皆烂，见五脏而死。赵云、魏延不能取胜，回见孔明，言药箭之事。孔明自乘小车，到军前看了虚实，回到寨中，令军退数里下寨。蛮兵望见蜀兵远退，皆大笑作贺，只疑蜀兵惧怯而退，因此夜间安心稳睡，不去哨探。却说孔明约军退后，即闭寨不出。一连五日，并无号令。黄昏左侧，忽起微风。孔明传令曰："每军要衣襟一幅，限一更时分应点。无者立斩。"诸将皆不知其意，众军依令预备。初更时分，又传令曰："每军衣襟一幅，包土一包。无者立斩。"众军亦不知其意，只得依令预备。孔明又传令曰："诸军包土，俱在三江城下交割。先到者有赏。"众军闻令，皆包净土，飞奔城下。孔明令积土为蹬道，先上城者为头功。于是蜀兵十余万，并降兵万余，将所包之土，一齐弃于城下。一霎时，积土成山，接连城上。一声暗号，蜀兵皆上城。蛮兵急放弩时，大半早被执下，余者弃城而走。朵思大王死于乱军之中。蜀将督军分路剿杀。孔明取了三江城，所得珍宝，皆赏三军。败残蛮兵逃回见孟获说："朵思大王身死。失了三江城。"获大惊。正虑之间，人报蜀兵已渡江，现在本洞前下寨。孟获甚是慌张。忽然屏风后一人大笑而出曰："既为男子，何无智也？我虽是一妇人，愿与你出战。"获视之，乃妻祝融夫人也。夫人世居南蛮，乃祝融氏之后；善使飞刀，百发百中。孟获起身称谢。夫人忻然上马，引宗党猛将数百员、生力洞兵五万，出银坑宫阙，来与蜀兵对敌。方才转过洞口，一彪军拦住：为首蜀将，乃是张嶷。蛮兵见之，却早两路摆开。祝融夫人背插五口飞刀，手挺丈八长标，坐下卷毛赤兔马。张嶷见之，暗暗称奇。二人骤马交锋。战不数合，夫人拨马便走。张嶷赶去，空中一把飞刀落下。嶷急用手隔，正中左臂，翻身落马。蛮兵发一声喊，将张嶷执缚去了。马忠听得张嶷被执，急出救时，早被蛮兵捆住。望见祝融夫人挺标勒马而立，忠忿怒向前去战，坐下马绊倒，亦被擒了。都解入洞中来见孟获。获设席庆贺。夫人叱刀斧手推出张嶷、马忠要斩。获止曰："诸葛亮放吾五次，今番若杀彼将，是不义也。且囚在洞中，待擒住诸葛亮，杀之未迟。"夫人从其言，笑饮作乐。

却说败残兵来见孔明，告知其事。孔明即唤马岱、赵云、魏延三人受计，各自领军前去。次日，蛮兵报入洞中，说赵云搦战。祝融夫人即上马出迎。二人战不数合，云拨马便走。夫人恐有埋伏，勒兵而回。魏延又引军来搦战，夫人纵马相迎。正交锋紧急，延诈败而逃，夫人只不赶。次日，赵云又引军来搦战，夫人领洞兵出迎。二人战不数合，云诈败而走，夫人按标不赶。欲收兵回洞时，魏延引军齐声辱骂，夫人急挺标来取魏延。延拨马便走。夫人忿怒赶来，延骤马奔入山僻小路。忽然背后一声响亮，延回头视之，夫人仰鞍落马：原来马岱埋伏在此，用绊马索绊倒。就里擒缚，解投大寨而来。蛮将洞兵皆来救时，赵云一阵杀散。孔明端坐于帐上，马岱解祝融夫人到，孔明急令武士去其缚，请在别帐赐酒压惊，遣使往告孟获，欲送夫人换张嶷、马忠二将。

孟获允诺，即放出张嶷、马忠，还了孔明。孔明遂送夫人入洞。孟获接入，又喜又恼。忽报八纳洞主到。孟获出洞迎接，见其人骑着白象，身穿金珠缨络，腰悬两口大刀，领着一班喂养虎豹豺狼之士，簇拥而入。获再拜哀告，诉说前事。木鹿大王许以报仇。获大喜，设宴相待。次日，木鹿大王引本洞兵带猛兽而出。赵云、魏延听知蛮兵出，遂将军马布成阵势。二将并辔立于阵前视之，只见蛮兵旗帜器械皆别：人多不穿衣甲，尽裸身赤体，面目丑陋；身带四把尖刀；军中不鸣鼓角，但筛金为号；木鹿大王腰挂两把宝刀，手执蒂钟，身骑白象，从大旗中而出。赵云见了，谓魏延曰："我等上阵一生，未尝见如此人物。"二人正沉吟之际，只见木鹿大王口中不知念甚咒语，手摇蒂钟。忽然狂风大作，飞砂走石，如同骤雨；一声画角响，虎豹豺狼，毒蛇猛兽，乘风而出，张牙舞爪，冲将过来。蜀兵如何抵当，往后便退。蛮兵随后追杀，直赶到三江界路方回。赵云、魏延收聚败兵，来孔明帐前请罪，细说此事。孔明笑曰："非汝二人之罪。吾未出茅庐之时，先知南蛮有驱虎豹之法。吾在蜀中已办下破此阵之物也：随军有二十辆车，俱封记在此。今日且用一半；留下一半，后有别用。"遂令左右取了十辆红油柜车到帐下，留十辆黑油柜车在后。众皆不知其意。孔明将柜打开，皆是木刻彩画巨兽，俱用五色绒线为毛衣，钢铁为牙爪，一个可骑坐十人。孔明选了精壮军士一千余人，领了一百，口内装烟火之物，藏在军中。次日，孔明驱兵大进，布于洞口。蛮兵探知，入洞报与蛮王。木鹿大王自谓无敌，即与孟获引洞兵而出。孔明纶巾羽扇，身衣道袍，端坐于车上。孟获指曰："车上坐的便是诸葛亮！若擒住此人，大事定矣！"木鹿大王口中念咒，手摇蒂钟。顷刻之间，狂风大作，猛兽突出。孔明将羽扇一摇，其风便回吹彼阵中去了，蜀阵中假兽拥出。蛮洞真兽见蜀阵巨兽口吐火焰，鼻出黑烟，身摇铜铃，张牙舞爪而来，诸恶兽不敢前进，皆奔回蛮洞，反将蛮兵冲倒无数。孔明驱兵大进，鼓角齐鸣，望前追杀。木鹿大王死于乱军之中。洞内孟获宗党，皆弃宫阙，扒山越岭而走。孔明大军占了银坑洞。

次日，孔明正要分兵缉擒孟获，忽报："蛮王孟获妻弟带来洞主，因劝孟获归降，获不从，今将孟获并祝融夫人及宗党数百余人尽皆擒来，献与丞相。"孔明听知，即唤张嶷、马忠，分付如此如此。二将受了计，引二千精壮兵，伏于两廊。孔明即令守门将，俱放进来。带来洞主引刀斧手解孟获等数百人，拜于殿下。孔明大喝曰："与吾擒下！"两廊壮兵齐出，二人捉一人，尽被执缚。孔明大笑曰："量汝些小诡计，如何瞒得过我！汝见二次俱是本洞人擒汝来降，吾不加害；汝只道吾深信，故来诈降，欲就洞中杀吾！"喝令武士搜其身畔，果然各带利刀。孔明问孟获曰："汝原说在汝家擒住，方始心服；今日如何？"获曰："此是我等自来送死，非汝之能也。吾心未服。"孔明曰："吾擒住六番，尚然不服，欲待何时耶？"获曰："汝第七次擒住，吾方倾心归服，誓不反矣。"孔明曰："巢穴已破，吾何虑哉！"令武士尽去其缚，叱之曰："这番擒住，再若支吾，必不轻恕！"孟获等抱头鼠窜而去。

却说败残蛮兵有千余人，大半中伤而逃，正遇蛮王孟获。获收了败兵，心中稍喜，却与带来洞主商议曰："吾今洞府已被蜀兵所占，今投何地安身？"带来洞主曰："止有一国可以破蜀。"获喜曰："何处可去？"带来洞主曰："此去东南七百里，有一国，名乌戈国。国主兀突骨，身长丈二，不食五谷，以生蛇恶兽为饭；身有鳞甲，刀箭不能侵。其手下军士，俱穿藤甲；其藤生于山涧之中，盘于石壁之上；国人采取，浸于油中，半年方取出晒之；晒干复浸，凡十余遍，却才造成铠甲；穿在身上，渡江不沉，经水不湿，刀箭皆不能入：因此号为藤甲军。今大王可往求之。若得彼相助，擒诸葛亮如利刀破竹也。"孟获大喜，遂投乌戈国，来见兀突骨。其洞无宇舍，皆居土穴之内。孟获入洞，再拜哀告前事。兀突骨曰："吾起本洞之兵，与汝报仇。"获欣然拜谢。于是兀突骨唤两个领兵俘长：一名土安，一名奚泥，起三万兵，皆穿藤甲，离乌戈国望东北而来。行至一江，名桃花水，两岸有桃树，历年落叶于水中，若别国人饮之尽死，惟乌戈国人饮之，倍添精神。兀突骨兵至桃花渡口下寨，以待蜀兵。

却说孔明令蛮人哨探孟获消息，回报曰："孟获请乌戈国主，引三万藤甲军，现屯于桃花渡口。孟获又在各番聚集蛮兵，并力拒战。"孔明听说，提兵大进，直至桃花渡口。隔岸望见蛮兵，不类人形，甚是丑恶；又问土人，言说即日桃叶正落，水不可饮。孔明退五里下寨，留魏延守寨。

次日，乌戈国主引一彪藤甲军过河来，金鼓大震。魏延引兵出迎。蛮兵卷地而至。蜀兵以弩箭射到藤甲之上，皆不能透，俱落于地；刀砍枪刺，亦不能入。蛮兵皆使利刀钢叉，蜀兵如何抵当，尽皆败走。蛮兵不赶而回。魏延复回，赶到桃花渡口，只见蛮兵带甲渡水而去；内有困乏者，将甲脱下，放在水面，以身坐其上而渡。魏延急回大寨，来禀孔明，细言其事。孔明请吕凯并土人问之。凯曰："某素闻南蛮中有一乌戈国，无人伦者也。更有藤甲护身，急切难伤。又有桃叶恶水，本国人饮之，反添精神；别国人饮之即死：如此蛮方，纵使全胜，有何益焉？不如班师早回。"孔明笑曰："吾非容易到此，岂可便去！吾明日自有平蛮之策。"于是令赵云助魏延守寨，且休轻出。次日，孔明令土人引路，自乘小车到桃花渡口北岸山僻去处，遍观地理。山险岭峻之处，车不能行，孔明弃车步行。忽到一山，望见一谷，形如长蛇，皆光峭石壁，并无树木，中间一条大路。孔明问土人曰："此谷何名？"土人答曰："此处名为盘蛇谷。出谷则三江城大路，谷前名塔郎甸。"孔明大喜曰："此乃天赐吾成功于此也！"遂回旧路，上车归寨，唤马岱分付曰："与汝黑油柜车十辆，须用竹竿千条，柜内之物，如此如此。可将本部兵去把住盘蛇谷两头，依法而行。与汝半月限，一切完备。至期如此施设。倘有走漏，定按军法。"马岱受计而去。又唤赵云分付曰："汝去盘蛇谷后，三江大路口如此守把。所用之物，克日完备。"赵云受计而去。又唤魏延分付曰："汝可引本部兵去桃花渡口下寨。如蛮兵渡水来敌，汝便弃了寨，望白旗处而走。限半个月内，须要连输十五阵，弃七个寨栅。若输十四阵，也休来见我。"魏延领命，心中不乐，怏怏而去。孔明又唤张翼另引一军，依所指之处，筑立寨栅去了；却令张嶷、马忠引本洞所降千人，如此行之。各人都依计而行。却说孟获与乌戈国主兀突骨曰："诸葛亮多有巧计，只是埋伏。今后交战，分付三军：但见山谷之中，林木多处，不可轻进。"兀突骨曰："大王说的有理。吾已知道中国人多行诡计。今后依此言行之。吾在前面厮杀；汝在背后教道。"两人商议已定。忽报蜀兵在桃花渡口北岸立起营寨。兀突骨即差二俘长引藤甲军渡了河，来与蜀兵交战。不数合，魏延败走。蛮兵恐有埋伏，不赶自回。次日，魏延又去立了营寨。蛮兵哨得，又引众军渡过河来战。延出迎之。不数合，延败走。蛮兵追杀十余里，见四下并无动静，便在蜀寨中屯住。次日，二俘长请兀突骨到寨，说知此事。兀突骨即引兵大进，将魏延追一阵。蜀兵皆弃甲抛戈而走，只见前有白旗。延引败兵，急奔到白旗处，早有一寨，就寨中屯住。兀突骨驱兵追至，魏延引兵弃寨而走。蛮兵得了蜀寨。次日，又望前追杀。魏延回兵交战，不三合又败，只看白旗处而走，又有一寨，延就寨屯住。次日，蛮兵又至。延略战又走。蛮兵占了蜀寨。

话休絮烦，魏延且战且走，已败十五阵，连弃七个营寨。蛮兵大进追杀。兀突骨自在军前破敌，于路但见林木茂盛之处，便不敢进；却使人远望，果见树阴之中，旌旗招飐。兀突骨谓孟获曰："果不出大王所料。"孟获大笑曰："诸葛亮今番被吾识破！大王连日胜了他十五阵，夺了七个营寨，蜀兵望风而走。诸葛亮已是计穷；只此一进，大事定矣！"兀突骨大喜，遂不以蜀兵为念。至第十六日，魏延引败残兵，来与藤甲军对敌，兀突骨骑象当先，头戴日月狼须帽，身披金珠缨络，两肋下露出生鳞甲，眼目中微有光芒，手指魏延大骂。延拨马便走。后面蛮兵大进。魏延引兵转过了盘蛇谷，望白旗而走。兀突骨统引兵众，随后追杀。兀突骨望见山上并无草木，料无埋伏，放心追杀。赶到谷中，见数十辆黑油柜车在当路。蛮兵报曰："此是蜀兵运粮道路，因大王兵至，撇下粮车而走。"兀突骨大喜，催兵追赶。将出谷口，不见蜀兵，只见横木乱石滚下，垒断谷口。兀突骨令兵开路而进，忽见前面大小车辆，装载干柴，尽皆火起。兀突骨忙教退兵，只闻后军发喊，报说谷口已被干柴垒断，车中原来皆是火药，一齐烧着。兀突骨见无草木，心尚不慌，令寻路而走。只见山上两边乱丢火把，火把到处，地中药线皆着，就地飞起铁炮。满谷中火光乱舞，但逢藤甲，无有不着。将兀突骨并三万藤甲军，烧得互相拥抱，死于盘蛇谷中。孔明在山上往下看时，只见蛮兵被火烧的伸拳舒腿，大半被铁炮打的头脸粉碎，皆死于谷中，臭不可闻。孔明垂泪而叹曰："吾虽有功于社稷，必损寿矣！"左右将士，无不感叹。

却说孟获在寨中，正望蛮兵回报。忽然千余人笑拜于寨前，言说："乌戈国兵与蜀兵大战，将诸葛亮围在盘蛇谷中了。特请大王前去接应。我等皆是本洞之人，不得已而降蜀；今知大王前到，特来助战。"孟获大喜，即引宗党并所聚番人，连夜上马；就令蛮兵引路。方到盘蛇谷时，只见火光甚起，臭气难闻。获知中计，急退兵时，左边张嶷，右边马忠，两路军杀出。获方欲抵敌，一声喊起，蛮兵中大半皆是蜀兵，将蛮王宗党并聚集的番人，尽皆擒了。孟获匹马杀出重围，望山径而走。

正走之间，见山凹里一簇人马，拥出一辆小车；车中端坐一人，纶巾羽扇，身衣道袍，乃孔明也。孔明大喝曰："反贼孟获！今番如何？"获急回马走。旁边闪过一将，拦住去路，乃是马岱。孟获措手不及，被马岱生擒活捉了。此时王平、张翼已引一军赶到蛮寨中，将祝融夫人并一应老小皆活捉而来。

孔明归到寨中，升帐而坐，谓众将曰："吾今此计，不得已而用之，大损阴德。我料敌人必算吾于林木多处埋伏，吾却空设旌旗，实无兵马，疑其心也。吾令魏文长连输十五阵者，坚其心也。吾见盘蛇谷止一条路，两壁厢皆是光石，并无树木，下面都是沙土，因令马岱将黑油柜安排于谷中，车中油柜内，皆是预先造下的火炮，名曰'地雷'，一炮中藏九炮，三十步埋之，中用竹竿通节，以引药线；才一发动，山损石裂。吾又令赵子龙预备草车，安排于谷中。又于山上准备大木乱石。却令魏延赚兀突骨并藤甲军入谷，放出魏延，即断其路，随后焚之。吾闻：'利于水者必不利于火。'藤甲虽刀箭不能入，乃油浸之物，见火必着。蛮兵如此顽皮，非火攻安能取胜？使乌戈国之人不留种类者，是吾之大罪也！"众将拜伏曰："丞相天机，鬼神莫测也！"孔明令押过孟获来。孟获跪于帐下。孔明令去其缚，教且在别帐与酒食压惊。孔明唤管酒食官至坐榻前，如此如此，分付而去。却说孟获与祝融夫人并孟优、带来洞主、一切宗党在别帐饮酒。忽一人入帐谓孟获曰："丞相面羞，不欲与公相见。特令我来放公回去，再招人马来决胜负。公今可速去。"孟获垂泪言曰："七擒七纵，自古未尝有也。吾虽化外之人，颇知礼义，直如此无羞耻乎？"遂同兄弟妻子宗党人等，皆匍匐跪于帐下，肉袒谢罪曰："丞相天威，南人不复反矣！"孔明曰："公今服乎？"获泣谢曰："某子子孙孙皆感覆载生成之恩，安得不服！"孔明乃请孟获上帐，设宴庆贺，就令永为洞主。所夺之地，尽皆退还。孟获宗党及诸蛮兵，无不感戴，皆欣然跳跃而去。后人有诗赞孔明曰："羽扇纶巾拥碧幢，七擒妙策制蛮王。至今溪洞传威德，为选高原立庙堂。"

长史费祎入谏曰："今丞相亲提士卒，深入不毛，收服蛮方；目今蛮王既已归服，何不置官吏，与孟获一同守之？"孔明曰："如此有三不易：留外人则当留兵，兵无所食，一不易也；蛮人伤破，父兄死亡，留外人而不留兵，必成祸患，二不易也；蛮人累有废杀之罪，自有嫌疑，留外人终不相信，三不易也。今吾不留人，不运粮，与相安于无事而已。"众人尽服。于是蛮方皆感孔明恩德，乃为孔明立生祠，四时享祭，皆呼之为慈父；各送珍珠金宝、丹漆药材、耕牛战马，以资军用，誓不再反。南方已定。

却说孔明犒军已毕，班师回蜀，令魏延引本部兵为前锋。延引兵方至泸水，忽然阴云四合，水面上一阵狂风骤起，飞沙走石，军不能进。延退兵回报孔明。孔明遂请孟获问之。正是：塞外蛮人方帖服，水边鬼卒又猖狂。未知孟获所言若何，且看下文分解。

第九十一回 祭泸水汉相班师 伐中原武侯上表

却说孔明班师回国，孟获率引大小洞主酋长及诸部落，罗拜相送。前军至泸水，时值九月秋天，忽然阴云布合，狂风骤起；兵不能渡，回报孔明。孔明遂问孟获，获曰："此水原有猖神作祸，往来者必须祭之。"孔明曰："用何物祭享？"获曰："旧时国中因猖神作祸，用七七四十九颗人头并黑牛白羊祭之，自然风恬浪静，更兼连年丰稔。"孔明曰："吾今事已平定，安可妄杀一人？"遂自到泸水岸边观看。果见阴风大起，波涛汹涌，人马皆惊。孔明甚疑，即寻土人问之。土人告说："自丞相经过之后，夜夜只闻得水边鬼哭神号。自黄昏直至天晓，哭声不绝。瘴烟之内，阴鬼无数。因此作祸，无人敢渡。"孔明曰："此乃我之罪愆也。前者马岱引蜀兵千余，皆死于水中；更兼杀死南人，尽弃此处。狂魂怨鬼，不能解释，以致如此。吾今晚当亲自往祭。"土人曰："须依旧例，杀四十九颗人头为祭，则怨鬼自散也。"孔明曰："本为人死而成怨鬼，岂可又杀生人耶？吾自有主意。"唤行厨宰杀牛马；和面为剂，塑成人头，内以牛羊等肉代之，名曰馒头。当夜于泸水岸上，设香案，铺祭物，列灯四十九盏，扬幡招魂；将馒头等物，陈设于地。三更时分，孔明金冠鹤氅，亲自临祭，令董厥读祭文。其文曰："维大汉建兴三年秋九月一日，武乡侯、领益州牧、丞相诸葛亮，谨陈祭仪，享于故殁王事蜀中将校及南人亡者阴魂曰：我大汉皇帝，威胜五霸，明继三王。昨自远方侵境，异俗起兵；纵虿尾以兴妖，盗狼心而逞乱。我奉王命，问罪遐荒；大举貔貅，悉除蝼蚁；雄军云集，狂寇冰消；才闻破竹之声，便是失猿之势。但士卒儿郎，尽是九州豪杰；官僚将校，皆为四海英雄：习武从戎，投明事主，莫不同申三令，共展七擒；齐坚奉国之诚，并效忠君之志。何期汝等偶失兵机，缘落奸计：或为流矢所中，魂掩泉台；或为刀剑所伤，魄归长夜：生则有勇，死则成名，今凯歌欲还，献俘将及。汝等英灵尚在，祈祷必闻：随我旌旗，逐我部曲，同回上国，各认本乡，受骨肉之蒸尝，领家人之祭祀；莫作他乡之鬼，徒为异域之魂。我当奏之天子，使汝等各家尽沾恩露，年给衣粮，月赐廪禄。用兹酬答，以慰汝心。至于本境土神，南方亡鬼，血食有常，凭依不远；生者既凛天威，死者亦归王化，想宜宁帖，毋致号啕。聊表丹诚，敬陈祭祀。呜呼，哀哉！伏惟尚飨！"读毕祭文，孔明放声大哭，极其痛切，情动三军，无不下泪。孟获等众，尽皆哭泣。只见愁云怨雾之中，隐隐有数千鬼魂，皆随风而散。于是孔明令左右将祭物尽弃于泸水之中。次日，孔明引大军俱到泸水南岸，但见云收雾散，风静浪平。蜀兵安然尽渡泸水，果然鞭敲金镫响，人唱凯歌还。行到永昌，孔明留王伉、吕凯守四郡；发付孟获领众自回，嘱其勤政驭下，善抚居民，勿失农务。孟获涕泣拜别而去。

孔明自引大军回成都。后主排銮驾出郭三十里迎接，下辇立于道傍，以侯孔明。孔明慌下车伏道而言曰："臣不能速平南方，使主上怀忧，臣之罪也。"后主扶起孔明，并车而回，设太平筵会，重赏三军。自此远邦进贡来朝者二百余处。孔明奏准后主，将殁于王事者之家，一一优恤。人心欢悦，朝野清平。却说魏主曹丕，在位七年，即蜀汉建兴四年也。丕先纳夫人甄氏，即袁绍次子袁熙之妇，前破邺城时所得。后生一子，名睿，字元仲，自幼聪明，不甚爱之。后丕又纳安平广宗人郭永之女为贵妃，甚有颜色；其父尝曰："吾女乃女中之王也。"故号为女王。自丕纳为贵妃，因甄夫人失宠，郭贵妃欲谋为后，却与幸臣张韬商议。时丕有疾，韬乃诈称于甄夫人宫中掘得桐木偶人，上书天子年月日时，为魇镇之事。丕大怒，遂将甄夫人赐死，立郭贵妃为后。因无出，养曹睿为己子。虽甚爱之，不立为嗣。

睿年至十五岁，弓马熟娴。当年春二月，丕带睿出猎。行于山坞之间，赶出子母二鹿，丕一箭射倒母鹿，回观小鹿驰于曹睿马前。丕大呼曰："吾儿何不射之？"睿在马上泣告曰："陛下已杀其母，臣安忍复杀其子也。"丕闻之，掷弓于地曰："吾儿真仁德之主也！"于是遂封睿为平原王。

夏五月，丕感寒疾，医治不痊，乃召中军大将军曹真、镇军大将军陈群、抚军大将军司马懿三人入寝宫。丕唤曹睿至，指谓曹真等曰："今朕病已沉重，不能复生。此子年幼，卿等三人可善辅之，勿负朕心。"三人皆告曰："陛下何出此言？臣等愿竭力以事陛下，至千秋万岁。"丕曰："今年许昌城门无故自崩，乃不祥之兆，朕故自知必死也。"正言间，内侍奏征东大将军曹休入宫问安。丕召入谓曰："卿等皆国家柱石之臣也，若能同心辅朕之子，朕死亦瞑目矣！"言讫，堕泪而薨。时年四十岁，在位七年。于是曹真、陈群、司马懿、曹休等，一面举哀，一面拥立曹睿为大魏皇帝。谥父丕为文皇帝，谥母甄氏为文昭皇后。封钟繇为太傅，曹真为大将军，曹休为大司马，华歆为太尉，王朗为司徒，陈群为司空，司马懿为骠骑大将军。其余文武官僚，各各封赠。大赦天下。时雍、凉二州缺人守把，司马懿上表乞守西凉等处。曹睿从之，遂封懿提督雍、凉等处兵马。领诏去讫。

早有细作飞报入川。孔明大惊曰："曹丕已死，孺子曹睿即位，余皆不足虑：司马懿深有谋略，今督雍、凉兵马，倘训练成时，必为蜀中之大患。不如先起兵伐之。"参军马谡曰："今丞相平南方回，军马疲敝，只宜存恤，岂可复远征？某有一计，使司马懿自死于曹睿之手，未知丞相钧意允否？"孔明问是何计，马谡曰："司马懿虽是魏国大臣，曹睿素怀疑忌。何不密遣人往洛阳、邺郡等处，布散流言，道此人欲反；更作司马懿告示天下榜文，遍贴诸处。使曹睿心疑，必然杀此人也。"孔明从之，即遣人密行此计去了。

却说邺城门上。忽一日见贴下告示一道。守门者揭了，来奏曹睿。睿观之，其文曰："骠骑大将军总领雍、凉等处兵马事司马懿，谨以信义布告天下：昔太祖武皇帝，创立基业，本欲立陈思王子建为社稷主；不幸奸谗交集，岁久潜龙。皇孙曹睿，素无德行，妄自居尊，有负太祖之遗意。今吾应天顺人，克日兴师，以慰万民之望。告示到日，各宜归命新君。如不顺者，当灭九族！先此告闻，想宜知悉。"

曹睿览毕，大惊失色，急问群臣。太尉华歆奏曰："司马懿上表乞守雍、凉，正为此也。先时太祖武皇帝尝谓臣曰：司马懿鹰视狼顾，不可付以兵权；久必为国家大祸。今日反情已萌，可速诛之。"王朗奏曰："司马懿深明韬略，善晓兵机，素有大志；若不早除，久必为祸。"睿乃降旨，欲兴兵御驾亲征。忽班部中闪出大将军曹真奏曰："不可。文皇帝托孤于臣等数人，是知司马仲达无异志也。今事未知真假，遽尔加兵，乃逼之反耳。或者蜀、吴奸细行反间之计，使我君臣自乱，彼却乘虚而击，未可知也。陛下幸察之。"睿曰："司马懿若果谋反，将奈何？"真曰："如陛下心疑，可仿汉高伪游云梦之计。御驾幸安邑，司马懿必然来迎；观其动静，就车前擒之，可也。"睿从之，遂命曹真监国，亲自领御林军十万，径到安邑。司马懿不知其故，欲令天子知其威严，乃整兵马，率甲士数万来迎。近臣奏曰："司马懿果率兵十余万，前来抗拒，实有反心矣。"睿慌命曹休先领兵迎之。司马懿见兵马前来，只疑车驾亲至，伏道而迎。曹休出曰："仲达受先帝托孤之重，何故反耶？"懿大惊失色，汗流遍体，乃问其故。休备言前事。懿曰："此吴、蜀奸细反间之计，欲使我君臣自相残害，彼却乘虚而袭。某当自见天子辨之。"遂急退了军马，至睿车前俯伏泣奏曰："臣受先帝托孤之重，安敢有异心？必是吴、蜀之奸计。臣请提一旅之师，先破蜀，后伐吴，报先帝与陛下，以明臣心。"睿疑虑未决。华歆奏曰："不可付之兵权。可即罢归田里。"睿依言，将司马懿削职回乡，命曹休总督雍；凉军马。曹睿驾回洛阳。却说细作探知此事，报入川中。孔明闻之大喜曰："吾欲伐魏久矣，奈有司马懿总雍、凉之兵。今既中计遭贬，吾有何忧！"次日，后主早朝，大会官僚，孔明出班，上《出师表》一道。表曰："臣亮言：先帝创业未半，而中道崩殂；今天下三分，益州罢敝，此诚危急存亡之秋也。然侍卫之臣，不懈于内；忠志之士，忘身于外者：盖追先帝之殊遇，欲报之于陛下也。诚宜开张圣听，以光先帝遗德，恢弘志士之气；不宜妄自菲薄，引喻失义，以塞忠谏之路也。宫中府中，俱为一体；陟罚臧否，不宜异同。若有作奸犯科，及为忠善者，宜付有司，论其刑赏，以昭陛下平明之治；不宜偏私，使内外异法也。侍中、侍郎郭攸之、费祎、董允等，此皆良实，志虑忠纯，是以先帝简拔以遗陛下。愚以为宫中之事，事无大小，悉以咨之，然后施行，必得裨补阙漏，有所广益。将军向宠，性行淑均，晓畅军事，试用之于昔日，先帝称之曰能，是以众议举宠以为督。愚以为营中之事，事无大小，悉以咨之，必能使行阵和穆，优劣得所也。亲贤臣，远小人，此先汉所以兴隆也；亲小人，远贤臣，此后汉所以倾颓也。先帝在时，每与臣论此事，未尝不叹息痛恨于桓、灵也！侍中、尚书、长史、参军，此悉贞亮死节之臣也，愿陛下亲之、信之，则汉室之隆，可计日而待也。臣本布衣，躬耕南阳，苟全性命于乱世，不求闻达于诸侯。先帝不以臣卑鄙，猥自枉屈，三顾臣于草庐之中，谘臣以当世之事，由是感激，遂许先帝以驱驰。后值倾覆，受任于败军之际，奉命于危难之间：尔来二十有一年矣。先帝知臣谨慎，故临崩寄臣以大事也。受命以来，夙夜忧虑，恐付托不效，以伤先帝之明；故五月渡泸，深入不毛。今南方已定，甲兵已足，当奖帅三军，北定中原，庶竭驽钝，攘除奸凶，兴复汉室，还于旧都：此臣所以报先帝而忠陛下之职分也。至于斟酌损益，进尽忠言，则攸之、祎、允之任也。愿陛下托臣以讨贼兴复之效，不效则治臣之罪，以告先帝之灵；若无兴复之言，则责攸之、祎、允等之咎，以彰其慢。陛下亦宜自谋，以谘诹善道，察纳雅言，深追先帝遗诏。臣不胜受恩感激！今当远离，临表涕泣，不知所云。"

后主览表曰："相父南征，远涉艰难；方始回都，坐未安席；今又欲北征，恐劳神思。"孔明曰："臣受先帝托孤之重，夙夜未尝有怠。今南方已平，可无内顾之忧；不就此时讨贼，恢复中原，更待何日？"忽班部中太史谯周出奏曰："臣夜观天象，北方旺气正盛，星曜倍明，未可图也。"乃顾孔明曰："丞相深明天文，何故强为？"孔明曰："天道变易不常，岂可拘执？吾今且驻军马于汉中，观其动静而后行。"谯周苦谏不从。于是孔明乃留郭攸之、董允、费祎等为侍中，总摄宫中之事。又留向宠为大将，总督御林军马；蒋琬为参军；张裔为长史，掌丞相府事；杜琼为谏议大夫；杜微、杨洪为尚书；孟光、来敏为祭酒；尹默、李譔为博士；郤正、费诗为秘书；谯周为太史。内外文武官僚一百余员，同理蜀中之事。

孔明受诏归府，唤诸将听令：前督部--镇北将军、领丞相司马、凉州刺史、都亭侯魏延；前军都督--领扶风太守张翼；牙门将--裨将军王平；后军领兵使--安汉将军、领建宁太守李恢，副将--定远将军、领汉中太守吕义；兼管运粮左军领兵使--平北将军、陈仓侯马岱，副将--飞卫将军廖化；右军领兵使--奋威将军、博阳亭侯马忠，抚戎将军、关内侯张嶷；行中军师--车骑大将军、都乡侯刘琰；中监军--扬武将军邓芝；中参军--安远将军马谡；前将军--都亭侯袁綝；左将军--高阳侯吴懿；右将军--玄都侯高翔；后将军--安乐侯吴班；领长史--绥军将军杨仪；前将军--征南将军刘巴；前护军--偏将军、汉城亭侯许允；左护军--笃信中郎将丁咸；右护军--偏将军刘敏；后护军--典军中郎将官雝；行参军--昭武中郎将胡济；行参军--谏议将军阎晏；行参军--偏将军爨习；行参军--裨将军杜义，武略中郎将杜祺，绥戎都尉盛勃；从事--武略中郎将樊岐；典军书记--樊建；丞相令史--董厥；帐前左护卫使--龙骧将军关兴；右护卫使--虎翼将军张苞。--以上一应官员，都随着平北大都督、丞相、武乡侯、领益州牧、知内外事诸葛亮。分拨已定，又檄李严等守川口以拒东吴。选定建兴五年春三月丙寅日，出师伐魏。

忽帐下一老将，厉声而进曰："我虽年迈，尚有廉颇之勇，马援之雄。此二古人皆不服老，何故不用我耶？"众视之，乃赵云也。孔明曰："吾自平南回都，马孟起病故，吾甚惜之，以为折一臂也。今将军年纪已高，倘稍有参差，动摇一世英名，减却蜀中锐气。"云厉声曰："吾自随先帝以来，临阵不退，遇敌则先。大丈夫得死于疆场者，幸也，吾何恨焉？愿为前部先锋！"孔明再三苦劝不住。云曰："如不教我为先锋，就撞死于阶下！"孔明曰："将军既要为先锋，须得一人同去。"言未尽，一人应曰："某虽不才，愿助老将军先引一军前去破敌。"孔明视之，乃邓芝也。孔明大喜，即拨精兵五千。副将十员，随赵云、邓芝去讫。

孔明出师，后主引百官送于北门外十里。孔明辞了后主，旌旗蔽野，戈戟如林，率军望汉中迤逦进发。却说边庭探知此事，报入洛阳。是日曹睿设朝，近臣奏曰："边官报称：诸葛亮率领大兵三十余万，出屯汉中，令赵云、邓芝为前部先锋，引兵入境。"睿大惊，问群臣曰："谁可为将，以退蜀兵？"忽一人应声而出曰："臣父死于汉中，切齿之恨，未尝得报。今蜀兵犯境，臣愿引本部猛将，更乞陛下赐关西之兵，前往破蜀，上为国家效力，下报父仇，臣万死不恨！"众视之，乃夏侯渊之子夏侯楙也。楙字子休，其性最急，又最吝，自幼嗣与夏侯惇为子。后夏侯渊为黄忠所斩，曹操怜之，以女清河公主招楙为驸马，因此朝中钦敬。虽掌兵权，未尝临阵。当时自请出征，曹睿即命为大都督，调关西诸路军马前去迎敌。司徒王朗谏曰："不可。夏侯驸马素不曾经战，今付以大任，非其所宜。更兼诸葛亮足智多谋，深通韬略，不可轻敌。"夏侯楙叱曰："司徒莫非结连诸葛亮，欲为内应耶？吾自幼从父学习韬略，深通兵法。汝何欺我年幼？吾若不生擒诸葛亮，誓不回见天子！"王朗等皆不敢言。夏侯楙辞了魏主，星夜到长安，调关西诸路军马二十余万，来敌孔明。正是：欲秉白旄摩将士，却教黄吻掌兵权。未知胜负如何，且看下文分解。

第九十二回 赵子龙力斩五将 诸葛亮智取三城

却说孔明率兵前至沔阳，经过马超坟墓，乃令其弟马岱挂孝，孔明亲自祭之。祭毕，回到寨中，商议进兵。忽哨马报道："魏主曹睿遣驸马夏侯楙，调关中诸路军马，前来拒敌。"魏延上帐献策曰："夏侯楙乃膏粱子弟，懦弱无谋。延愿得精兵五千，取路出褒中，循秦岭以东，当子午谷而投北，不过十日，可到安长。夏侯楙若闻某骤至，必然弃城望横门邸阁而走。某却从东方而来，丞相可大驱士马，自斜谷而进。如此行之，则咸阳以西，一举可定也。"孔明笑曰："此非万全之计也。汝欺中原无好人物，倘有人进言，于山僻中以兵截杀，非惟五千人受害，亦大伤锐气。决不可用。"魏延又曰："丞相兵从大路进发，彼必尽起关中之兵，于路迎敌，则旷日持久，何时而得中原？"孔明曰："吾从陇右取平坦大路，依法进兵，何忧不胜！"遂不用魏延之计。魏延怏怏不悦。孔明差人令赵云进兵。却说夏侯楙在长安聚集诸路军马。时有西凉大将韩德，善使开山大斧，有万夫不当之勇，引西羌诸路兵八万到来；见了夏侯楙，楙重赏之，就遣为先锋。德有四子，皆精通武艺，弓马过人：长子韩瑛，次子韩瑶，三子韩琼，四子韩班。韩德带四子并西羌兵八万，取路至凤鸣山，正遇蜀兵。两阵对圆。韩德出马，四子列于两边。德厉声大骂曰："反国之贼，安敢犯吾境界！"赵云大怒，挺枪纵马，单搦韩德交战。长子韩瑛，跃马来迎；战不三合，被赵云一枪刺死于马下。次子韩瑶见之，纵马挥刀来战。赵云施逞旧日虎威，抖擞精神迎战。瑶抵敌不住。三子韩琼，急挺方天戟骤马前来夹攻。云全然不惧，枪法不乱。四子韩琪，见二兄战云不下，也纵马抡两口日月刀而来，围住赵云。云在中央独战三将。少时，韩琪中枪落马，韩阵中偏将急出救去。云拖枪便走。韩琼按戟，急取弓箭射之，连放三箭，皆被云用枪拨落。琼大怒，仍绰方天戟纵马赶来；却被云一箭射中面门，落马而死，韩瑶纵马举宝刀便砍赵云。云弃枪于地，闪过宝刀，生擒韩瑶归阵，复纵马取枪杀过阵来。韩德见四子皆丧于赵云之手，肝胆皆裂，先走入阵去。西凉兵素知赵云之名，今见其英勇如昔，谁敢交锋？赵云马到处，阵阵倒退。赵云匹马单枪，往来冲突，如入无人之境。后人有诗赞曰："忆昔常山赵子龙，年登七十建奇功。独诛四将来冲阵，犹似当阳救主雄。"

邓芝见赵云大胜，率蜀兵掩杀，西凉兵大败而走。韩德险被赵云擒住，弃甲步行而逃。云与邓芝收军回寨。芝贺曰："将军寿已七旬，英勇如昨。今日阵前力斩四将，世所罕有！"云曰："丞相以吾年迈，不肯见用，吾故聊以自表耳。"遂差人解韩瑶，申报捷书，以达孔明。

却说韩德引败军回见夏侯楙，哭告其事。楙自统兵来迎赵云。探马报入蜀寨，说夏侯楙引兵到。云上马绰枪，引千余军，就凤鸣山前摆成阵势。当日，夏侯楙戴金盔，坐白马，手提大砍刀，立在门旗之下。见赵云跃马挺枪，往来驰骋，楙欲自战。韩德曰："杀吾四子之仇，如何不报！"纵马轮开山大斧，直取赵云。云奋怒挺枪来迎；战不三合，枪起处，刺死韩德于马下，急拨马直取夏侯楙。楙慌忙闪入本阵。邓芝驱兵掩杀，魏兵又折一阵，退十余里下寨。楙连夜与众将商议曰："吾久闻赵云之名，未尝见面；今日年老，英雄尚在，方信当阳长坂之事。似此无人可敌，如之奈何？"参军程武，乃程昱之子也，进言曰："某料赵云有勇无谋，不足为虑。来日都督再引兵出，先伏两军于左右；都督临阵先退，诱赵云到伏兵处；都督却登山指挥四面军马，重叠围住，云可擒矣。"楙从其言，遂遣董禧引三万军伏于左，薛则引三万军伏于右。二人埋伏已定。次日，夏侯楙复整金鼓旗幡，率兵而进。赵云、邓芝出迎。芝在马上谓赵云曰："昨夜魏兵大败而走，今日复来，必有诈也。老将军防之。"子龙曰："量此乳臭小儿，何足道哉！吾今日必当擒之！"便跃马而出。魏将潘遂出迎，战不三合，拨马便走。赵云赶去，魏阵中八员将一齐来迎。放过夏侯楙先走，八将陆续奔走。赵云乘势追杀，邓芝引兵继进。赵云深入重地，只听得四面喊声大震。邓芝急收军退回，左有董禧，右有薛则，两路兵杀到。邓芝兵少，不能解救。赵云被困在垓心，东冲西突，魏兵越厚。时云手下止有千余人，杀到山坡之下，只见夏侯楙在山上指挥三军。赵云投东则望东指，投西则望西指，因此赵云不能突围，乃引兵杀上山来。半山中擂木炮石打将下来，不能上山。赵云从辰时杀至酉时，不得脱走，只得下马少歇，且待月明再战。却才卸甲而坐，月光方出，忽四下火光冲天，鼓声大震，矢石如雨，魏兵杀到，皆叫曰："赵云早降！"云急上马迎敌。四面军马渐渐逼近，八方弩箭交射甚急，人马皆不能向前。云仰天叹曰："吾不服老，死于此地矣！"忽东北角上喊声大起，魏兵纷纷乱窜，一彪军杀到，为首大将持丈八点钢矛，马项下挂一颗人头。云视之，乃张苞也。苞见了赵云，言曰："丞相恐老将军有失，特遣某引五千兵接应。闻老将军被困，故杀透重围。正遇魏将薛则拦路，被某杀之。"云大喜，即与张苞杀出西北角来。只见魏兵弃戈奔走：一彪军从外呐喊杀人，为首大将提偃月青龙刀，手挽人头。云视之，乃关兴也。兴曰："奉丞相之命，恐老将军有失，特引五千兵前来接应。却才阵上逢着魏将董禧，被吾一刀斩之，枭首在此。丞相随后便到也。"云曰："二将军已建奇功，何不趁今日擒住夏侯楙，以定大事？"张苞闻言，遂引兵去了。兴曰："我也干功去。"遂亦引兵去了。云回顾左右曰："他两个是吾子侄辈，尚且争先干功；吾乃国家上将，朝廷旧臣，反不如此小儿耶？吾当舍老命以报先帝之恩！"于是引兵来捉夏侯楙。当夜三路兵夹攻，大破魏军一阵。邓芝引兵接应，杀得尸横遍野，血流成河。夏侯楙乃无谋之人，更兼年幼，不曾经战，见军大乱，遂引帐下骁将百余人，望南安郡而走。众军因见无主，尽皆逃窜。兴、苞二将闻夏侯楙望南安郡去了，连夜赶来。楙走入城中，令紧闭城门，驱兵守御。兴、苞二人赶到，将城围住；赵云随后也到：三面攻打。少时，邓芝亦引兵到。一连围了十日，攻打不下。

忽报丞相留后军住沔阳，左军屯阳平，右军屯石城，自引中军来到。赵云、邓芝、关兴、张苞皆来拜问孔明，说连日攻城不下。孔明遂乘小车亲到城边周围看了一遍，回寨升帐而坐。众将环立听令。孔明曰："此郡壕深城峻，不易攻也。吾正事不在此城，汝等如只久攻，倘魏兵分道而出，以取汉中，吾军危矣。"邓芝曰："夏侯楙乃魏之驸马，若擒此人，胜斩百将。今困于此，岂可弃之而去？"孔明曰："吾自有计。此处西连天水郡，北抵安定郡，二处太守，不知何人？"探卒答曰："天水太守马遵，安定太守崔谅。"孔明大喜，乃唤魏延受计，如此如此；又唤关兴、张苞受计，如此如此；又唤心腹军士二人受计，如此行之。各将领命，引兵而去。孔明却在南安城外，令军运柴草堆于城下，口称烧城。魏兵闻知，皆大笑不惧。却说安定太守崔谅，在城中闻蜀兵围了南安，困住夏侯楙，十分慌惧，即点军马约共四千，守住城池。忽见一人自正南而来，口称有机密事。崔谅唤入问之，答曰："某是夏侯都督帐下心腹将裴绪。今奉都督将令，特来求救于天水、安定二郡。南安甚急，每日城上纵火为号，专望二郡救兵，并不见到；因复差某杀出重围，来此告急。可星夜起兵为外应。都督若见二郡兵到，却开城门接应也。"谅曰："有都督文书否？"绪贴肉取出，汗已湿透；略教一视，急令手下换了乏马，便出城望天水而去。不二日，又有报马到，告天水太守已起兵救援南安去了，教安定早早接应。崔谅与府官商议。多官曰："若不去救，失了南安，送了夏侯驸马，皆我两郡之罪也：只得救之。"谅即点起人马，离城而去，只留文官守城。

崔谅提兵向南安大路进发，遥望见火光冲天，催兵星夜前进，离南安尚有五十余里，忽闻前后喊声大震，哨马报道："前面关兴截住去路，背后张苞杀来！"安定之兵，四下逃窜。谅大惊，乃领手下百余人，往小路死战得脱，奔回安定。方到城壕边，城上乱箭射下来。蜀将魏延在城上叫曰："吾已取了城也！何不早降？"原来魏延扮作安定军，夤夜赚开城门，蜀兵尽入，因此得了安定。

崔谅慌投天水郡来。行不到一程，前面一彪军摆开。大旗之下，一人纶巾羽扇，道袍鹤氅，端坐于车上。谅视之，乃孔明也，急拨回马走。关兴、张苞两路兵追到，只叫："早降！"崔谅见四面皆是蜀兵，不得已遂降，同归大寨。孔明以上宾相待。孔明曰："南安太守与足下交厚否？"谅曰："此人乃杨阜之族弟杨陵也；与某邻郡，交契甚厚。"孔明曰："今欲烦足下入城，说杨陵擒夏侯楙，可乎？"谅曰："丞相若令某去，可暂退军马，容某入城说之。"孔明从其言，即时传令，教四面军马各退二十里下寨。崔谅匹马到城边叫开城门，入到府中，与杨陵礼毕，细言其事。陵曰："我等受魏主大恩，安忍背之？可将计就计而行。"遂引崔谅到夏侯楙处，备细说知。楙曰："当用何计？"杨陵曰："只推某献城门，赚蜀兵入，却就城中杀之。"崔谅依计而行，出城见孔明，说："杨陵献城门，放大军入城，以擒夏侯楙。杨陵本欲自捉，因手下勇士不多，未敢轻动。"孔明曰："此事至易：今有足下原降兵百余人，于内暗藏蜀将扮作安定军马，带入城去、先伏于夏侯楙府下；却暗约杨陵，待半夜之时，献开城门，里应外合。"崔谅暗思："若不带蜀将去，恐孔明生疑。且带入去，就内先斩之，举火为号，赚孔明入来，杀之可也。"因此应允。孔明嘱曰："吾遣亲信将关兴、张苞随足下先去，只推救军杀入城中，以安夏侯楙之心；但举火，吾当亲入城去擒之。"时值黄昏，关兴、张苞受了孔明密计，披挂上马，各执兵器，杂在安定军中，随崔谅来到南安城下。杨陵在城上撑起悬空板，倚定护心栏，问曰："何处军马？"崔谅曰："安定救军来到。"谅先射一号箭上城，箭上带着密书曰："今诸葛亮先遣二将，伏于城中，要里应外合；且不可惊动，恐泄漏计策。待入府中图之。"杨陵将书见了夏侯楙，细言其事。楙曰："既然诸葛亮中计，可教刀斧手百余人，伏于府中。如二将随崔太守到府下马，闭门斩之；却于城上举火，赚诸葛亮入城。伏兵齐出，亮可擒矣。"

安排已毕，杨陵回到城上言曰："既是安定军马，可放入城。"关兴跟崔谅先行，张苞在后。杨陵下城，在门边迎接。兴手起刀落，斩杨陵于马下。崔谅大惊，急拨马奔到吊桥边，张苞大喝曰："贼子休走！汝等诡计，如何瞒得丞相耶！"手起一枪，刺崔谅于马下。关兴早到城上，放起火来。四面蜀兵齐入。夏侯楙措手不及，开南门并力杀出。一彪军拦住，为首大将，乃是王平；交马只一合，生擒夏侯楙于马上，余皆杀死。孔明入南安，招谕军民，秋毫无犯。众将各各献功。孔明将夏侯楙囚于车中。邓芝问曰："丞相何故知崔谅诈也？"孔明曰："吾已知此人无降心，故意使入城。彼必尽情告与夏侯楙，欲将计就计而行。吾见来情，足知其诈，复使二将同去，以稳其心。此人若有真心，必然阻当；彼忻然同去者，恐吾疑也。他意中度二将同去，赚入城内杀之未迟；又令吾军有托，放心而进。吾已暗嘱二将，就城门下图之。城内必无准备，吾军随后便到。此出其不意也。"众将拜服。孔明曰："赚崔谅者，吾使心腹人诈作魏将裴绪也。吾又去赚天水郡，至今未到，不知何故。今可乘势取之。"乃留吴懿守南安，刘琰守安定，替出魏延军马去取天水郡。

却说天水郡太守马遵，听知夏侯楙困在南安城中，乃聚文武官商议。功曹梁绪、主簿尹赏、主记梁虔等曰："夏侯驸马乃金枝玉叶，倘有疏虞，难逃坐视之罪。太守何不尽起本部兵以救之？"马遵正疑虑间，忽报夏侯驸马差心腹将裴绪到。绪入府，取公文付马遵，说："都督求安定、天水两郡之兵，星夜救应。"言讫，匆匆而去。次日又有报马到，称说："安定兵已先去了，教太守火急前来会合。"

马遵正欲起兵，忽一人自外而入曰："太守中诸葛亮之计矣！"众视之，乃天水冀人也，姓姜名维，字伯约。父名冏，昔日曾为天水郡功曹，因羌人乱，没于王事。维自幼博览群书，兵法武艺，无所不通；奉母至孝，郡人敬之；后为中郎将，就参本郡军事。当日姜维谓马遵曰："近闻诸葛亮杀败夏侯楙，困于南安，水泄不通，安得有人自重围之中而出？又且裴绪乃无名下将，从不曾见；况安定报马，又无公文，以此察之，此人乃蜀将诈称魏将。赚得太守出城，料城中无备，必然暗伏一军于左近，乘虚而取天水也，"马遵大悟曰："非伯约之言，则误中奸计矣！"维笑曰："太守放心。某有一计，可擒诸葛亮，解南安之危。"正是：运筹又遇强中手，斗智还逢意外人。未知其计如何，且看下文分解。

第九十三回 姜伯约归降孔明 武乡侯骂死王朝

却说姜维献计于马遵曰："诸葛亮必伏兵于郡后，赚我兵出城，乘虚袭我。某愿请精兵三千，伏于要路。太守随后发兵出城，不可远去，止行三十里便回；但看火起为号，前后来攻，可获大胜。如诸葛亮自来，必为某所擒矣。"遵用其计，付精兵与姜维去讫，然后自与梁虔引兵出城等候；只留梁绪、尹赏守城。原来孔明果遣赵云引一军埋伏于山僻之中，只待天水人马离城，便乘虚袭之。当日细作回报赵云，说天水太守马遵，起兵出城，只留文官守城。赵云大喜，又令人报与张翼、高翔，教于要路截杀马遵。此二处兵亦是孔明预先埋伏。却说赵云引五千兵，径投天水郡城下，高叫曰："吾乃常山赵子龙也！汝知中计，早献城池，免遭诛戮！"城上梁绪大笑曰："汝中吾姜伯约之计，尚然不知耶？"云恰待攻城，忽然喊声大震，四面火光冲天。当先一员少年将军，挺枪跃马而言曰："汝见天水姜伯约乎！"云挺枪直取姜维。战不数合，维精神倍长。云大惊，暗忖曰："谁想此处有这般人物！"正战时，两路军夹攻来，乃是马遵、梁虔引军杀回。赵云首尾不能相顾，冲开条路，引败兵奔走，姜维赶来。亏得张翼、高翔两路军杀出，接应回去。

赵云归见孔明，说中了敌人之计。孔明惊问曰："此是何人，识吾玄机？"有南安人告曰："此人姓姜名维，字伯约，天水冀人也；事母至孝，文武双全，智勇足备，真当世之英杰也。"赵云又夸奖姜维枪法，与他人大不同。孔明曰："吾今欲取天水，不想有此人。"遂起大军前来。

却说姜维回见马遵曰："赵云败去，孔明必然自来。彼料我军必在城中。今可将本部军马，分为四枝：某引一军伏于城东，如彼兵到则截之。太守与梁虔、尹赏各引一军城外埋伏。梁绪率百姓在城上守御。"分拨已定。

却说孔明因虑姜维，自为前部，望天水郡进发。将到城边，孔明传令曰："凡攻城池，以初到之日，激励三军，鼓噪直上。若迟延日久，锐气尽隳，急难破矣。"于是大军径到城下。因见城上旗帜整齐，未敢轻攻。候至半夜，忽然四下火光冲天，喊声震地，正不知何处兵来。只见城上亦鼓噪呐喊相应，蜀兵乱窜。孔明急上马，有关兴；张苞二将保护，杀出重围。回头看时，正东上军马，一带火光，势若长蛇。孔明令关兴探视，回报曰："此姜维兵也。"孔明叹曰："兵不在多，在人之调遣耳。此人真将才也！"收兵归寨，思之良久，乃唤安定人问曰："姜维之母，现在何处？"答曰："维母今居冀县。"孔明唤魏延分付曰："汝可引一军，虚张声势，诈取冀县。若姜维到，可放入城。"又问："此地何处紧要？"安定人曰："天水钱粮，皆在上邽；若打破上邽，则粮道自绝矣。"孔明大喜，教赵云引一军去攻上邽。孔明离城三十里下寨。早有人报入天水郡，说蜀兵分为三路：一军守此郡，一军取上邽，一军取冀城。姜维闻之，哀告马遵曰："维母现在冀城，恐母有失。维乞一军往救此城，兼保老母。"马遵从之，遂令姜维引三千军去保冀城；梁虔引三千军去保上邽。

却说姜维引兵至冀城，前面一彪军摆开，为首蜀将，乃是魏延。二将交锋数合，延诈败奔走。维入城闭门，率兵守护，拜见老母，并不出战。赵云亦放过梁虎入上邽城去了。孔明乃令人去南安郡，取夏侯楙至帐下。孔明曰："汝惧死乎？"楙慌拜伏乞命。孔明曰："目今天水姜维现守冀城，使人持书来说：但得驸马在，我愿归降。吾今饶汝性命，汝肯招安姜维否？"楙曰："情愿招安。"孔明乃与衣服鞍马，不令人跟随，放之自去。楙得脱出寨，欲寻路而走，奈不知路径。正行之间，逢数人奔走。楙问之，答曰："我等是冀县百姓；今被姜维献了城池，归降诸葛亮，蜀将魏延纵火劫财，我等因此弃家奔走，投上邽去也。"楙又问曰："今守天水城是谁？"土人曰："天水城中乃马太守也。"楙闻之，纵马望天水而行。又见百姓携男抱女远来，所说皆同。

楙至天水城下叫门，城上人认得是夏侯楙，慌忙开门迎接。马遵惊拜问之。楙细言姜维之事；又将百姓所言说了。遵叹曰："不想姜维反投蜀矣！"梁绪曰："彼意欲救都督，故以此言虚降。"楙曰："今维已降，何为虚也？"正踌躇间，时已初更，蜀兵又来攻城。火光中见姜维在城下挺枪勒马，大叫曰："请夏侯都督答话！"夏侯楙与马遵等皆到城上，见姜维耀武扬威大叫曰："我为都督而降，都督何背前言？"楙曰："汝受魏恩，何故降蜀？有何前言耶？"维应曰："汝写书教我降蜀，何出此言？汝要脱身，却将我陷了？我今降蜀，加为上将，安有还魏之理？"言讫，驱兵打城，至晓方退。原来夜间妆姜维者，乃孔明之计，令部卒形貌相似者，假扮姜维攻城，因火光之中，不辨真伪。

孔明却引兵来攻冀城。城中粮少，军食不敷。姜维在城上，见蜀军大车小辆，搬运粮草，入魏延寨中去了。维引三千兵出城，径来劫粮。蜀兵尽弃了粮车，寻路而走。姜维夺得粮车，欲要入城，忽然一彪军拦住，为首蜀将张翼也。二将交锋，战不数合，王平引一军又到，两下夹攻。维力穷抵敌不住，夺路归城；城上早插蜀兵旗号：原来已被魏延袭了。维杀条路奔天水城，手下尚有十余骑；又遇张苞杀了一阵，维止剩得匹马单枪，来到天水城下叫门。城上军见是姜维，慌报马遵。遵曰："此是姜维来赚我城门也。"令城上乱箭射下。姜维回顾蜀兵至近，遂飞奔上邽城来。城上梁虔见了姜维，大骂曰："反国之贼，安敢来赚我城池！吾已知汝降蜀矣！"遂乱箭射下。姜维不能分说，仰天长叹，两眼泪流，拨马望长安而走。行不数里，前至一派大树茂林之处，一声喊起，数千兵拥出：为首蜀将关兴，截住去路。

维人困马乏，不能抵当，勒回马便走。忽然一辆小车从山坡中转出。其人头戴纶巾，身披鹤氅，手摇羽扇，乃孔明也。孔明唤姜维曰："伯约此时何尚不降？"维寻思良久，前有孔明，后有关兴，又无去路，只得下马投降。孔明慌忙下车而迎，执维手曰："吾自出茅庐以来，遍求贤者，欲传授平生之学，恨未得其人。今遇伯约，吾愿足矣。"维大喜拜谢。

孔明遂同姜维回寨，升帐商议取天水、上邽之计。维曰："天水城中尹赏、梁绪，与某至厚；当写密书二封，射入城中，使其内乱，城可得矣。"孔明从之。姜维写了二封密书，拴在箭上，纵马直至城下，射入城中。小校拾得，呈与马遵。遵大疑，与夏侯楙商议曰："梁绪、尹赏与姜维结连，欲为内应，都督宜早决之。"楙曰："可杀二人。"尹赏知此消息，乃谓梁绪曰："不如纳城降蜀，以图进用。"是夜，夏侯楙数次使人请梁、尹二人说话。二人料知事急，遂披挂上马，各执兵器，引本部军大开城门，放蜀兵入。夏侯楙、马遵惊慌，引数百人出西门，弃城投羌胡城而去。梁绪、尹赏迎接孔明入城。安民已毕，孔明问取上邽之计。梁绪曰："此城乃某亲弟梁虔守之，愿招来降。"孔明大喜。绪当日到上都唤梁虔出城来降孔明。孔明重加赏劳，就令梁绪为天水太守，尹赏为冀城令，梁虔为上邽令。孔明分拨已毕，整兵进发。诸将问曰："丞相何不去擒夏侯楙？"孔明曰："吾放夏侯楙，如放一鸭耳。今得伯约，得一凤也！"孔明自得三城之后，威声大震，远近州郡，望风归降。孔明整顿军马，尽提汉中之兵，前出祁山，兵临渭水之西。细作报入洛阳。时魏主曹睿太和元年，升殿设朝。近臣奏曰："夏侯驸马已失三郡，逃窜羌中去了。今蜀兵已到祁山，前军临渭水之西，乞早发兵破敌。"睿大惊，乃问群臣曰："谁可为朕退蜀兵耶？"司徒王朗出班奏曰："臣观先帝每用大将军曹真，所到必克；今陛下何不拜为大都督，以退蜀兵？"睿准奏，乃宣曹真曰："先帝托孤与卿，今蜀兵入寇中原，卿安忍坐视乎？"真奏曰："臣才疏智浅，不称其职。"王朗曰："将军乃社稷之臣，不可固辞。老臣虽驽钝，愿随将军一往。"真又奏曰："臣受大恩，安敢推辞？但乞一人为副将。"睿曰："卿自举之。"真乃保太原阳曲人，姓郭，名淮，字伯济，官封射亭侯，领雍州刺史。睿从之，遂拜曹真为大都督，赐节钺；命郭淮为副都督，王朗为军师。朗时年已七十六岁矣。选拨东西二京军马二十万与曹真。真命宗弟曹遵为先锋，又命荡寇将军朱赞为副先锋。当年十一月出师，魏主曹睿亲自送出西门之外方回。曹真领大军来到长安，过渭河之西下寨。真与王朗、郭淮共议退兵之策。朗曰："来日可严整队伍，大展旌旗。老夫自出，只用一席话，管教诸葛亮拱手而降，蜀兵不战自退。"真大喜，是夜传令：来日四更造饭，平明务要队伍整齐，人马威仪，旌旗鼓角，各按次序。当时使人先下战书。次日，两军相迎，列成阵势于祁山之前。蜀军见魏兵甚是雄壮，与夏侯楙大不相同。三军鼓角已罢，司徒王朗乘马而出。上首乃都督曹真，下首乃副都督郭淮；两个先锋压住阵角。探子马出军前，大叫曰："请对阵主将答话！"只见蜀兵门旗开处，关兴、张苞分左右而出，立马于两边；次后一队队骁将分列；门旗影下，中央一辆四轮车，孔明端坐车中，纶巾羽扇，素衣皂绦，飘然而出。孔明举目见魏阵前三个麾盖，旗上大书姓名：中央白髯老者，乃军师、司徒王朗。孔明暗忖曰："王朗必下说词，吾当随机应之。"遂教推车出阵外，令护军小校传曰："汉丞相与司徒会话。"王朗纵马而出。孔明于车上拱手，朗在马上欠身答礼。朗曰："久闻公之大名，今幸一会。公既知天命、识时务，何故兴无名之兵？"孔明曰："吾奉诏讨贼，何谓无名？"朗曰："天数有变，神器更易，而归有德之人，此自然之理也。曩自桓、灵以来，黄巾倡乱，天下争横。降至初平、建安之岁，董卓造逆，傕、汜继虐；袁术僭号于寿春，袁绍称雄于邺土；刘表占据荆州，吕布虎吞徐郡：盗贼蜂起，奸雄鹰扬，社稷有累卵之危，生灵有倒悬之急。我太祖武皇帝，扫清六合席卷八荒；万姓倾心，四方仰德。非以权势取之，实天命所归也。世祖文帝，神文圣武，以膺大统，应天合人，法尧禅舜，处中国以临万邦，岂非天心人意乎？今公蕴大才、抱大器，自欲比于管、乐，何乃强欲逆天理、背人情而行事耶？岂不闻古人曰：'顺天者昌，逆天者亡。'今我大魏带甲百万，良将千员。谅腐草之萤光，怎及天心之皓月？公可倒戈卸甲，以礼来降，不失封侯之位。国安民乐，岂不美哉！"

孔明在车上大笑曰："吾以为汉朝大老元臣，必有高论，岂期出此鄙言！吾有一言，诸军静听：昔日桓、灵之世，汉统陵替，宦官酿祸；国乱岁凶，四方扰攘。黄巾之后，董卓、傕、汜等接踵而起，迁劫汉帝，残暴生灵。因庙堂之上，朽木为官，殿陛之间，禽兽食禄；狼心狗行之辈，滚滚当道，奴颜婢膝之徒，纷纷秉政。以致社稷丘墟，苍生涂炭。吾素知汝所行：世居东海之滨，初举孝廉入仕；理合匡君辅国，安汉兴刘；何期反助逆贼，同谋篡位！罪恶深重，天地不容！天下之人，愿食汝肉！今幸天意不绝炎汉，昭烈皇帝继统西川。吾今奉嗣君之旨，兴师讨贼。汝既为谄谀之臣，只可潜身缩首，苟图衣食；安敢在行伍之前，妄称天数耶！皓首匹夫！苍髯老贼！汝即日将归于九泉之下，何面目见二十四帝乎！老贼速退！可教反臣与吾共决胜负！"

王朗听罢，气满胸膛，大叫一声，撞死于马下。后人有诗赞孔明曰："兵马出西秦，雄才敌万人。轻摇三寸舌，骂死老奸臣。"孔明以扇指曹真曰："吾不逼汝。汝可整顿军马，来日决战。"言讫回车。于是两军皆退。曹真将王朗尸首，用棺木盛贮，送回长安去了。副都督郭淮曰："诸葛亮料吾军中治丧，今夜必来劫寨。可分兵四路：两路兵从山僻小路，乘虚去劫蜀寨；两路兵伏于本寨外，左右击之。"曹真大喜曰："此计与吾相合。"遂传令唤曹遵、朱赞两个先锋分付曰："汝二人各引一万军，抄出祁山之后。但见蜀兵望吾寨而来，汝可进兵去劫蜀寨。如蜀兵不动，便撤兵回，不可轻进。"二人受计，引兵而去。真谓淮曰："我两个各引一枝军，伏于寨外，寨中虚堆柴草，只留数人。如蜀兵到，放火为号。"诸将皆分左右，各自准备去了。却说孔明归帐，先唤赵云、魏延听令。孔明曰："汝二人各引本部军去劫魏寨。"魏延进曰："曹真深明兵法，必料我乘丧劫寨。他岂不提防？"孔明笑曰："吾正欲曹真知吾去劫寨也。彼必伏兵在祁山之后，待我兵过去，却来袭我寨；吾故令汝二人，引兵前去，过山脚后路，远下营寨，任魏兵来劫吾寨。汝看火起为号，分兵两路：文长拒住山口；子龙引兵杀回，必遇魏兵，却放彼走回，汝乘势攻之，彼必自相掩杀。可获全胜。"二将引兵受计而去。又唤关兴、张苞分付曰："汝二人各引一军，伏于祁山要路；放过魏兵，却从魏兵来路，杀奔魏寨而去。"二人引兵受计去了。又令马岱、王平、张翼、张嶷四将，伏于寨外，四面迎击魏兵。孔明乃虚立寨栅，居中堆起柴草，以备火号；自引诸将退于寨后，以观动静。

却说魏先锋曹遵、朱赞黄昏离寨，迤逦前进。二更左侧，遥望山前隐隐有军行动。曹遵自思曰："郭都督真神机妙算！"遂催兵急进。到蜀寨时，将及三更。曹遵先杀入寨，却是空寨，并无一人。料知中计，急撤军回。寨中火起。朱赞兵到，自相掩杀，人马大乱。曹遵与朱赞交马，方知自相践踏。急合兵时，忽四面喊声大震，王平、马岱、张嶷、张翼杀到。曹、朱二人引心腹军百余骑，望大路奔走。忽然鼓角齐鸣，一彪军截住去路，为首大将乃常山赵子龙也，大叫曰："贼将那里去？早早受死！"曹、朱二人夺路而走。忽喊声又起，魏延又引一彪军杀到。曹、朱二人大败，夺路奔回本寨。守寨军士，只道蜀兵来劫寨，慌忙放起号火。左边曹真杀至，右边郭淮杀至，自相掩杀。背后三路蜀兵杀到：中央魏延，左边关兴，右边张苞，大杀一阵。魏兵败走十余里，魏将死者极多。孔明全获大胜，方始收兵。曹真、郭淮收拾败军回寨，商议曰："今魏兵势孤，蜀兵势大，将何策以退之？"淮曰："胜负乃兵家常事，不足为忧。某有一计，使蜀兵首尾不能相顾，定然自走矣。"正是：可怜魏将难成事，欲向西方索救兵。未知其计如何，且看下文分解。

第九十四回 诸葛亮乘雪破羌兵 司马懿克日擒孟达

却说郭淮谓曹真曰："西羌之人，自太祖时连年入贡，文皇帝亦有恩惠加之；我等今可据住险阻，遣人从小路直入羌中求救，许以和亲，羌人必起兵袭蜀兵之后。吾却以大兵击之，首尾夹攻，岂不大胜？"真从之，即遣人星夜驰书赴羌。

却说西羌国王彻里吉，自曹操时年年入贡；手下有一文一武：文乃雅丹丞相，武乃越吉元帅。时魏使赍金珠并书到国，先来见雅丹丞相，送了礼物，具言求救之意。雅丹引见国王，呈上书礼。彻里吉览了书，与众商议。雅丹曰："我与魏国素相往来，今曹都督求救，且许和亲，理合依允。"彻里吉从其言，即命雅丹与越吉元帅起羌兵一十五万，皆惯使弓弩、枪刀、蒺藜、飞锤等器；又有战车，用铁叶裹钉，装载粮食军器什物：或用骆驼驾车，或用骡马驾车，号为铁车兵。二人辞了国王，领兵直扣西平关。守关蜀将韩祯，急差人赍文报知孔明。孔明闻报，问众将曰："谁敢去退羌兵？"张苞、关兴应曰："某等愿往。"孔明曰："汝二人要去，奈路途不熟。"遂唤马岱曰："汝素知羌人之性，久居彼处，可作向导。"便起精兵五万，与兴、苞二人同往。兴、苞等引兵而去。行有数日，早遇羌兵。关兴先引百余骑登山坡看时，只见羌兵把铁车首尾相连，随处结寨；车上遍排兵器，就似城池一般。兴睹之良久，无破敌之策，回寨与张苞、马岱商议。岱曰："且待来日见阵，观看虚实，另作计议。"次早，分兵三路：关兴在中，张苞在左，马岱在右，三路兵齐进。羌兵阵里，越吉元帅手挽铁锤，腰悬宝雕弓，跃马奋勇而出。关兴招三路兵径进。忽见羌兵分在两边，中央放出铁车，如潮涌一般，弓弩一齐骤发。蜀兵大败，马岱、张苞两军先退；关兴一军，被羌兵一裹，直围入西北角上去了。

兴在垓心，左冲右突，不能得脱；铁车密围，就如城池。蜀兵你我不能相顾。兴望山谷中寻路而走。看看天晚，但见一簇皂旗，蜂拥而来，一员羌将，手提铁锤大叫曰："小将休走！吾乃越吉元帅也！"关兴急走到前面，尽力纵马加鞭，正遇断涧，只得回马来战越吉。兴终是胆寒，抵敌不住，望涧中而逃；被越吉赶到，一铁锤打来，兴急闪过，正中马胯。那马望涧中便倒，兴落于水中。忽听得一声响处，背后越吉连人带马，平白地倒下水来。兴就水中挣起看时，只见岸上一员大将，杀退羌兵。兴提刀待砍越吉，吉跃水而走。关兴得了越吉马，牵到岸上，整顿鞍辔，绰刀上马。只见那员将，尚在前面追杀羌兵。兴自思此人救我性命，当与相见，遂拍马赶来。看看至近，只见云雾之中，隐隐有一大将，面如重枣，眉若卧蚕，绿袍金铠，提青龙刀，骑赤兔马，手绰美髯，分明认得是父亲关公。兴大惊。忽见关公以手望东南指曰："吾儿可速望此路去。吾当护汝归寨。"言讫不见。关兴望东南急走。至半夜，忽一彪军到，乃张苞也，问兴曰："你曾见二伯父否？"兴曰："你何由知之？"苞曰："我被铁车军追急，忽见伯父自空而下，惊退羌兵，指曰：'汝从这条路去救吾儿。'因此引军径来寻你。"关兴亦说前事，共相嗟异。二人同归寨内。马岱接着，对二人说："此军无计可退。我守住寨栅，你二人去禀丞相，用计破之。"于是兴、苞二人，星夜来见孔明，备说此事。孔明随命赵云、魏延各引一军埋伏去讫；然后点三万军，带了姜维、张冀、关兴、张苞，亲自来到马岱寨中歇定。次日上高阜处观看，见铁车连络不绝，人马纵横，往来驰骤。孔明曰："此不难破也。"唤马岱、张冀分付如此如此。二人去了，乃唤姜维曰："伯约知破车之法否？"维曰："羌人惟恃一勇力，岂知妙计乎？"孔明笑曰："汝知吾心也。今彤云密布，朔风紧急，天将降雪，吾计可施矣。"便令关兴、张苞二人引兵埋伏去讫；令姜维领兵出战：但有铁车兵来，退后便走；寨口虚立旌旗，不设军马。准备已定。

是时十二月终，果然天降大雪。姜维引军出，越吉引铁车兵来。姜维即退走。羌兵赶到寨前，姜维从寨后而去。羌兵直到寨外观看，听得寨内鼓琴之声，四壁皆空竖旌旗，急回报越吉。越吉心疑，未敢轻进。雅丹丞相曰："此诸葛亮诡计，虚设疑兵耳。可以攻之。"越吉引兵至寨前，但见孔明携琴上车，引数骑入寨，望后而走。羌兵抢入寨栅，直赶过山口，见小车隐隐转入林中去了。雅丹谓越吉曰："这等兵虽有埋伏，不足为惧。"遂引大兵追赶。又见姜维兵俱在雪地之中奔走。越吉大怒，催兵急追。山路被雪漫盖，一望平坦。正赶之间，忽报蜀兵自山后而出。雅丹曰："纵有些小伏兵，何足惧哉！"只顾催趱兵马，往前进发。忽然一声响，如山崩地陷，羌兵俱落于坑堑之中；背后铁车正行得紧溜，急难收止，并拥而来，自相践踏。后兵急要回时，左边关兴、右边张苞，两军冲出，万弩齐发；背后姜维、马岱、张冀三路兵又杀到。铁车兵大乱。越吉元帅望后面山谷中而逃，正逢关兴；交马只一合，被兴举刀大喝一声，砍死于马下。雅丹丞相早被马岱活捉，解投大寨来。羌兵四散逃窜。孔明升帐，马岱押过雅丹来。孔明叱武士去其缚，赐酒压惊，用好言抚慰。雅丹深感其德。孔明曰："吾主乃大汉皇帝，今命吾讨贼，尔如何反助逆？吾今放汝回去，说与汝主：吾国与尔乃邻邦，永结盟好，勿听反贼之言。"遂将所获羌兵及车马器械，尽给还雅丹，俱放回国。众皆拜谢而去。孔明引三军连夜投祁山大寨而来，命关兴、张苞引军先行；一面差人赍表奏报捷音。

却说曹真连日望羌人消息，忽有伏路军来报说："蜀兵拔寨收拾起程。"郭淮大喜曰："此因羌兵攻击，故尔退去。"遂分两路追赶。前面蜀兵乱走，魏兵随后追袭。先锋曹遵正赶之间，忽然鼓声大震，一彪军闪出，为首大将乃魏延也，大叫曰："反贼休走！"曹遵大惊，拍马交锋；不三合，被魏延一刀斩于马下。副先锋朱赞引兵追赶，忽然一彪军闪出，为首大将乃赵云也。朱赞措手不及，被云一枪刺死。曹真、郭淮见西路先锋有失，欲收兵回；背后喊声大震，鼓角齐鸣：关兴、张苞两路兵杀出，围了曹真、郭淮，痛杀一阵。曹、郭二人，引败兵冲路走脱。蜀兵全胜，直追到渭水，夺了魏寨。曹真折了两个先锋，哀伤不已；只得写本申朝，乞拨援兵。

却说魏主曹睿设朝，近臣奏曰："大都督曹真，数败于蜀，折了两个先锋，羌兵又折了无数，其势甚急，今上表求救，请陛下裁处。"睿大惊，急问退军之策。华歆奏曰："须是陛下御驾亲征，大会诸侯，人皆用命，方可退也。不然，长安有失，关中危矣！"太傅钟繇奏曰："凡为将者，智过于人，则能制人。孙子云：知彼知己，百战百胜。臣量曹真虽久用兵，非诸葛亮对手。臣以全家良贱，保举一人，可退蜀兵。未知圣意准否？"睿曰："卿乃大老元臣，有何贤士，可退蜀兵，早召来与朕分忧。"钟繇奏曰："向者，诸葛亮欲兴师犯境，但惧此人，故散流言，使陛下疑而去之，方敢长驱大进。今若复用之，则亮自退矣。"睿问何人。繇曰："骠骑大将军司马懿也。"睿叹曰："此事朕亦悔之。今仲达现在何地？"繇曰："近闻仲达在宛城闲住。"睿即降诏，遣使持节，复司马懿官职，加为平西都督，就起南阳诸路军马，前赴长安。睿御驾亲征，令司马懿克日到彼聚会。使命星夜望宛城去了。

却说孔明自出师以来，累获全胜，心中甚喜；正在祁山寨中，会聚议事，忽报镇守永安宫李严令子李丰来见。孔明只道东吴犯境，心甚惊疑，唤入帐中问之。丰曰："特来报喜。"孔明曰："有何喜？"丰曰："昔日孟达降魏，乃不得已也。彼时曹丕爱其才，时以骏马金珠赐之，曾同辇出入，封为散骑常侍，领新城太守，镇守上庸、金城等处，委以西南之任。自丕死后，曹睿即位，朝中多人嫉妒，孟达日夜不安，常谓诸将曰：'我本蜀将，势逼于此。'今累差心腹人，持书来见家父，教早晚代禀丞相：前者五路下川之时，曾有此意；今在新城，听知丞相伐魏，欲起金城、新城、上庸三处军马，就彼举事，径取洛阳：丞相取长安，两京大定矣。今某引来人并累次书信呈上。"孔明大喜，厚赏李丰等。

忽细作人报说："魏主曹睿，一面驾幸长安；一面诏司马懿复职，加为平西都督，起本处之兵，于长安聚会。"孔明大惊。参军马谡曰："量曹睿何足道！若来长安，可就而擒之。丞相何故惊讶？"孔明曰："吾岂惧曹睿耶？所患者惟司马懿一人而已。今孟达欲举大事，若遇司马懿，事必败矣。达非司马懿对手，必被所擒。孟达若死，中原不易得也。"马谡曰："何不急修书，令孟达提防？"孔明从之，即修书令来人星夜回报孟达。却说孟达在新城，专望心腹人回报。一日，心腹人到来，将孔明回书呈上。孟达拆封视之。书略曰："近得书，足知公忠义之心，不忘故旧，吾甚喜慰。若成大事，则公汉朝中兴第一功臣也。然极宜谨密，不可轻易托人。慎之！戒之！近闻曹睿复诏司马懿起宛、洛之兵，若闻公举事，必先至矣。须万全提备，勿视为等闲也。"孟达览毕，笑曰："人言孔明心多，今观此事可知矣。"乃具回书，令心腹人来答孔明。孔明唤入帐中。其人呈上回书。孔明拆封视之。书曰："适承钧教，安敢少怠。窃谓司马懿之事，不必惧也：宛城离洛阳约八百里，至新城一千二百里。若司马懿闻达举事，须表奏魏主。往复一月间事，达城池已固，诸将与三军皆在深险之地。司马懿即来，达何惧哉？丞相宽怀，惟听捷报！"

孔明看毕，掷书于地而顿足曰："孟达必死于司马懿之手矣！"马谡问曰："丞相何谓也？"孔明曰："兵法云，攻其不备，出其不意。岂容料在一月之期？曹睿既委任司马懿，逢寇即除，何待奏闻？若知孟达反，不须十日，兵必到矣，安能措手耶？"众将皆服。孔明急令来人回报曰："若未举事，切莫教同事者知之；知则必败。"其人拜辞，归新城去了。

却说司马懿在宛城闲住，闻知魏兵累败于蜀，乃仰天长叹。懿长子司马师，字子元；次子司马昭，字子尚：二人素有大志，通晓兵书。当日侍立于侧，见懿长叹，乃问曰："父亲何为长叹？"懿曰："汝辈岂知大事耶？"司马师曰："莫非叹魏主不用乎？"司马昭笑曰："早晚必来宣召父亲也。"言未已，忽报天使持节至。懿听诏毕，遂调宛城诸路军马。忽又报金城太守申仪家人，有机密事求见。懿唤入密室问之，其人细说孟达欲反之事。更有孟达心腹人李辅并达外甥邓贤，随状出首。司马懿听毕，以手加额曰："此乃皇上齐天之洪福也！诸葛亮兵在祁山，杀得内外人皆胆落；今天子不得已而幸长安，若旦夕不用吾时，孟达一举，两京休矣！此贼必通谋诸葛亮。吾先擒之，诸葛亮定然心寒，自退兵也。"长子司马师曰："父亲可急写表申奏天子。"懿曰："若等圣旨，往复一月之间，事无及矣。"即传令教人马起程，一日要行二日之路，如迟立斩；一面令参军梁畿赍檄星夜去新城，教孟达等准备征进，使其不疑。梁畿先行，懿随后发兵。行了二日，山坡下转出一军，乃是右将军徐晃。晃下马见懿，说："天子驾到长安，亲拒蜀兵，今都督何往？"懿低言曰："今孟达造反，吾去擒之耳。"晃曰："某愿为先锋。"懿大喜，合兵一处。徐晃为前部，懿在中军，二子押后。又行了二日，前军哨马捉住孟达心腹人，搜出孔明回书，来见司马懿。懿曰："吾不杀汝，汝从头细说。"其人只得将孔明、孟达往复之事，一一告说。懿看了孔明回书，大惊曰："世间能者所见皆同。吾机先被孔明识破。幸得天子有福，获此消息：孟达今无能为矣。"遂星夜催军前行。

却说孟达在新城，约下金城太守申仪、上庸太守申耽，克日举事。耽仪二人佯许之，每日调练军马，只待魏兵到，便为内应；却报孟达言：军器粮草，俱未完备，不敢约期起事。达信之不疑。忽报参军梁畿来到，孟达迎入城中。畿传司马懿将令曰："司马都督今奉天子诏，起诸路军以退蜀兵。太守可集本部军马听候调遣。"达问曰："都督何日起程？"畿曰："此时约离宛城，望长安去了。"达暗喜曰："吾大事成矣！"遂设宴待了梁畿，送出城外，即报申耽、申仪知道，明日举事，换上大汉旗号，发诸路军马，径取洛阳。忽报："城外尘土冲天，不知何处兵来。"孟达登城视之，只见一彪军，打着"右将军徐晃"旗号，飞奔城下。达大惊，急扯起吊桥。徐晃坐下马收拾不住，直来到壕边，高叫曰："反贼孟达，早早受降！"达大怒，急开弓射之，正中徐晃头额，魏将救去。城上乱箭射下，魏兵方退。孟达恰待开门追赶，四面旌旗蔽日，司马懿兵到。达仰天长叹曰："果不出孔明所料也！"于是闭门坚守。却说徐晃被孟达射中头额，众军救到寨中，取了箭头，令医调治；当晚身死，时年五十九岁。司马懿令人扶柩还洛阳安葬。次日，孟达登城遍视，只见魏兵四面围得铁桶相似。达行坐不安，惊疑未定，忽见两路兵自外杀来，旗上大书"申耽"、"申仪"。孟达只道是救军到，忙引本部兵大开城门杀出。耽、仪大叫曰："反贼休走！早早受死！"达见事变，拨马望城中便走，城上乱箭射下。李辅、邓贤二人在城上大骂曰："吾等已献了城也！"达夺路而走，申耽赶来。达人困马乏，措手不及，被申耽一枪刺于马下，枭其首级。余军皆降。李辅、邓贤大开城门，迎接司马懿入城。抚民劳军已毕，遂遣人奏知魏主曹睿。睿大喜，教将孟达首级去洛阳城市示众；加申耽、申仪官职，就随司马懿征进；命李辅、邓贤守新城、上庸。却说司马懿引兵到长安城外下寨。懿入城来见魏主。睿大喜曰："朕一时不明，误中反间之计，悔之无及。今达造反，非卿等制之，两京休矣！"懿奏曰："臣闻申仪密告反情，意欲表奏陛下，恐往复迟滞，故不待圣旨，星夜而去。若待奏闻，则中诸葛亮之计也。"言罢，将孔明回孟达密书奉上。睿看毕，大喜曰："卿之学识，过于孙、吴矣！"赐金钺斧一对，后遇机密重事，不必奏闻，便宜行事。就令司马懿出关破蜀。懿奏曰："臣举一大将，可为先锋。"睿曰："卿举何人？"懿曰："右将军张郃，可当此任。"睿笑曰："朕正欲用之。"遂命张郃为前部先锋，随司马懿离长安来破蜀兵。正是：既有谋臣能用智，又求猛将助施威。未知胜负如何，且看下文分解。

第九十五回 马谡拒谏失街亭 武侯弹琴退仲达

却说魏主曹睿令张郃为先锋，与司马懿一同征进；一面令辛毗、孙礼二人领兵五万，往助曹真。二人奉诏而去。且说司马懿引二十万军，出关下寨，请先锋张郃至帐下曰："诸葛亮平生谨慎，未敢造次行事。若是吾用兵，先从子午谷径取长安，早得多时矣。他非无谋，但怕有失，不肯弄险。今必出军斜谷，来取郿城。若取郿城，必分兵两路，一军取箕谷矣。吾已发檄文，令子丹拒守郿城，若兵来不可出战；令孙礼、辛毗截住箕谷道口，若兵来则出奇兵击之。"郃曰："今将军当于何处进兵？"懿曰："吾素知秦岭之西，有一条路，地名街亭；傍有一城，名列柳城：此二处皆是汉中咽喉。诸葛亮欺子丹无备，定从此进。吾与汝径取街亭，望阳平关不远矣。亮若知吾断其街亭要路，绝其粮道，则陇西一境，不能安守，必然连夜奔回汉中去也。彼若回动，吾提兵于小路击之，可得全胜；若不归时，吾却将诸处小路，尽皆垒断，俱以兵守之。一月无粮，蜀兵皆饿死，亮必被吾擒矣。"张郃大悟，拜伏于地曰："都督神算也！"懿曰："虽然如此，诸葛亮不比孟达。将军为先锋，不可轻进。当传与诸将：循山西路，远远哨探。如无伏兵，方可前进。若是怠忽，必中诸葛亮之计。"张郃受计引军而行。

却说孔明在祁山寨中，忽报新城探细人来到。孔明急唤入问之，细作告曰："司马懿倍道而行，八日已到新城，孟达措手不及；又被申耽、申仪、李辅、邓贤为内应：孟达被乱军所杀。今司马懿撤兵到长安，见了魏主，同张郃引兵出关，来拒我师也。”孔明大惊曰：“孟达做事不密，死固当然。今司马懿出关，必取街亭，断吾咽喉之路。”便问：“谁敢引兵去守街亭？”言未毕，参军马谡曰：“某愿往。”孔明曰：“街亭虽小，干系甚重：倘街亭有失，吾大军皆休矣。汝虽深通谋略，此地奈无城郭，又无险阻，守之极难。”谡曰：“某自幼熟读兵书，颇知兵法。岂一街亭不能守耶？”孔明曰：“司马懿非等闲之辈；更有先锋张郃，乃魏之名将：恐汝不能敌之。”谡曰：“休道司马懿、张郃，便是曹睿亲来，有何惧哉！若有差失，乞斩全家。”孔明曰：“军中无戏言。”谡曰：“愿立军令状。”孔明从之，谡遂写了军令状呈上。孔明曰：“吾与汝二万五千精兵，再拨一员上将，相助你去。”即唤王平分付曰：“吾素知汝平生谨慎，故特以此重任相托。汝可小心谨守此地：下寨必当要道之处，使贼兵急切不能偷过。安营既毕，便画四至八道地理形状图本来我看。凡事商议停当而行，不可轻易。如所守无危，则是取长安第一功也。戒之！戒之！”二人拜辞引兵而去。孔明寻思，恐二人有失，又唤高翔曰：“街亭东北上有一城，名列柳城，乃山僻小路，此可以屯兵扎寨。与汝一万兵，去此城屯扎。但街亭危，可引兵救之。”高翔引兵而去。孔明又思：高翔非张郃对手，必得一员大将，屯兵于街亭之右，方可防之，遂唤魏延引本部兵去街亭之后屯扎。延曰：“某为前部，理合当先破敌，何故置某于安闲之地？”孔明曰：“前锋破敌，乃偏裨之事耳。今令汝接应街亭，当阳平关冲要道路，总守汉中咽喉：此乃大任也，何为安闲乎？汝勿以等闲视之，失吾大事。切宜小心在意！”魏延大喜，引兵而去。孔明恰才心安，乃唤赵云、邓芝分付曰：“今司马懿出兵，与旧日不同。汝二人各引一军出箕谷，以为疑兵。如逢魏兵，或战、或不战，以惊其心。吾自统大军，由斜谷径取郿城；若得郿城，长安可破矣。”二人受命而去。孔明令姜维作先锋，兵出斜谷。

却说马谡、王平二人兵到街亭，看了地势。马谡笑曰：“丞相何故多心也？量此山僻之处，魏兵如何敢来！”王平曰：“虽然魏兵不敢来，可就此五路总口下寨；却令军士伐木为栅，以图久计。”谡曰：“当道岂是下寨之地？此处侧边一山，四面皆不相连，且树木极广，此乃天赐之险也：可就山上屯军。”平曰：“参军差矣。若屯兵当道，筑起城垣，贼兵总有十万，不能偷过；今若弃此要路，屯兵于山上，倘魏兵骤至，四面围定，将何策保之？”谡大笑曰：“汝真女子之见！兵法云：凭高视下，势如劈竹。若魏兵到来，吾教他片甲不回！”平曰：“吾累随丞相经阵，每到之处，丞相尽意指教。今观此山，乃绝地也：若魏兵断我汲水之道，军士不战自乱矣。”谡曰：“汝莫乱道！孙子云：置之死地而后生。若魏兵绝我汲水之道，蜀兵岂不死战？以一可当百也。吾素读兵书，丞相诸事尚问于我，汝奈何相阻耶！”平曰：“若参军欲在山上下寨，可分兵与我，自于山西下一小寨，为掎角之势。倘魏兵至，可以相应。”马谡不从。忽然山中居民，成群结队，飞奔而来，报说魏兵已到。王平欲辞去。马谡曰：“汝既不听吾令，与汝五千兵自去下寨。待吾破了魏兵，到丞相面前须分不得功！”王平引兵离山十里下寨，画成图本，星夜差人去禀孔明，具说马谡自于山上下寨。却说司马懿在城中，令次子司马昭去探前路：若街亭有兵守御，即当按兵不行。司马昭奉令探了一遍，回见父曰：“街亭有兵守把。”懿叹曰：“诸葛亮真乃神人，吾不如也！”昭笑曰：“父亲何故自堕志气耶？男料街亭易取。”懿问曰：“汝安敢出此大言？”昭曰：“男亲自哨见，当道并无寨栅，军皆屯于山上，故知可破也。”懿大喜曰：“若兵果在山上，乃天使吾成功矣！”遂更换衣服，引百余骑亲自来看。是夜天晴月朗，直至山下，周围巡哨了一遍，方回。马谡在山上见之，大笑曰：“彼若有命，不来围山！”传令与诸将：“倘兵来，只见山顶上红旗招动，即四面皆下。”

却说司马懿回到寨中，使人打听是何将引兵守街亭。回报曰：“乃马良之弟马谡也。”懿笑曰：“徒有虚名，乃庸才耳！孔明用如此人物，如何不误事！”又问：“街亭左右别有军否？”探马报曰：“离山十里有王平安营。”懿乃命张郃引一军，当住王平来路。又令申耽、申仪引两路兵围山，先断了汲水道路；待蜀兵自乱，然后乘势击之。当夜调度已定。次日天明，张郃引兵先往背后去了。司马懿大驱军马，一拥而进，把山四面围定。马谡在山上看时，只见魏兵漫山遍野，旌旗队伍，甚是严整。蜀兵见之，尽皆丧胆，不敢下山。马谡将红旗招动，军将你我相推，无一人敢动。谡大怒，自杀二将。众军惊惧，只得努力下山来冲魏兵。魏兵端然不动。蜀兵又退上山去。马谡见事不谐，教军紧守寨门，只等外应。

却说王平见魏兵到，引军杀来，正遇张郃；战有数十余合，平力穷势孤，只得退去。魏兵自辰时困至戌时，山上无水，军不得食，寨中大乱。嚷到半夜时分，山南蜀兵大开寨门，下山降魏。马谡禁止不住。司马懿又令人于沿山放火，山上蜀兵愈乱。马谡料守不住，只得驱残兵杀下山西逃奔。司马懿放条大路，让过马谡。背后张郃引兵追来。赶到三十余里，前面鼓角齐鸣，一彪军出，放过马谡，拦住张郃；视之，乃魏延也。延挥刀纵马，直取张郃。郃回军便走。延驱兵赶来，复夺街亭。赶到五十余里，一声喊起，两边伏兵齐出：左边司马懿，右边司马昭，却抄在魏延背后，把延困在垓心。张郃复来，三路兵合在一处。魏延左冲右突，不得脱身，折兵大半。正危急间，忽一彪军杀入，乃王平也。延大喜曰：“吾得生矣！”二将合兵一处，大杀一阵，魏兵方退。二将慌忙奔回寨时，营中皆是魏兵旌旗。申耽、申仪从营中杀出。王平、魏延径奔列柳城，来投高翔。此时高翔闻知街亭有失，尽起列柳城之兵，前来救应，正遇延、平二人，诉说前事。高翔曰：“不如今晚去劫魏寨，再复街亭。”当时三人在山坡下商议已定。待天色将晚，兵分三路。魏延引兵先进，径到街亭，不见一人，心中大疑，未敢轻进，且伏在路口等候，忽见高翔兵到，二人共说魏兵不知在何处。正没理会，又不见王平兵到。忽然一声炮响，火光冲天，鼓起震地：魏兵齐出，把魏延、高翔围在垓心。二人往来冲突，不得脱身。忽听得山坡后喊声若雷，一彪军杀入，乃是王平，救了高、魏二人，径奔列柳城来。比及奔到城下时，城边早有一军杀到，旗上大书“魏都督郭淮”字样。原来郭淮与曹真商议，恐司马懿得了全功，乃分淮来取街亭；闻知司马懿、张郃成了此功，遂引兵径袭列柳城。正遇三将，大杀一阵。蜀兵伤者极多。魏延恐阳平关有失，慌与王平、高翔望阳平关来。

却说郭淮收了军马，乃谓左右曰：“吾虽不得街亭，却取了列柳城，亦是大功。”引兵径到城下叫门，只见城上一声炮响，旗帜皆竖，当头一面大旗，上书“平西都督司马懿”。懿撑起悬空板，倚定护心木栏干，大笑曰：“郭伯济来何迟也？”淮大惊曰：“仲达神机，吾不及也！”遂入城。相见已毕，懿曰：“今街亭已失，诸葛亮必走。公可速与子丹星夜追之。”郭淮从其言，出城而去。懿唤张郃曰：“子丹、伯济，恐吾全获大功，故来取此城池。吾非独欲成功，乃侥幸而已。吾料魏延、王平、马谡、高翔等辈，必先去据阳平关。吾若去取此关，诸葛亮必随后掩杀，中其计矣。兵法云：归师勿掩，穷寇莫追。汝可从小路抄箕谷退兵。吾自引兵当斜谷之兵。若彼败走，不可相拒，只宜中途截住：蜀兵辎重，可尽得也。”张郃受计，引兵一半去了。懿下令：“竟取斜谷，由西城而进。西城虽山僻小县，乃蜀兵屯粮之所，又南安、天水、安定三郡总路。若得此城，三郡可复矣。”于是司马懿留申耽、申仪守列柳城，自领大军望斜谷进发。

却说孔明自令马谡等守街亭去后，犹豫不定。忽报王平使人送图本至。孔明唤入，左右呈上图本。孔明就文几上拆开视之，拍案大惊曰：“马谡无知，坑陷吾军矣！”左右问曰：“丞相何故失惊？”孔明曰：“吾观此图本，失却要路，占山为寨。倘魏兵大至，四面围合，断汲水道路，不须二日，军自乱矣。若街亭有失，吾等安归？”长史杨仪进曰：“某虽不才，愿替马幼常回。”孔明将安营之法，一一分付与杨仪。正待要行，忽报马到来，说：“街亭、列柳城，尽皆失了！”孔明跌足长叹曰："大事去矣！此吾之过也！"急唤关兴、张苞分付曰："汝二人各引三千精兵，投武功山小路而行。如遇魏兵，不可大击，只鼓噪呐喊，为疑兵惊之。彼当自走，亦不可追。待军退尽，便投阳平关去。"又令张翼先引军去修理剑阁，以备归路。又密传号令，教大军暗暗收拾行装，以备起程。又令马岱、姜维断后，先伏于山谷中，待诸军退尽，方始收兵。又差心腹人，分路报与天水、南安、安定三郡官吏军民，皆入汉中。又遣心腹人到冀县搬取姜维老母，送入汉中。

孔明分拨已定，先引五千兵退去西城县搬运粮草。忽然十余次飞马报到，说："司马懿引大军十五万，望西城蜂拥而来！"时孔明身边别无大将，只有一班文官，所引五千兵，已分一半先运粮草去了，只剩二千五百军在城中。众官听得这个消息，尽皆失色。孔明登城望之，果然尘土冲天，魏兵分两路望西城县杀来。孔明传令，教"将旌旗尽皆隐匿；诸军各守城铺，如有妄行出入，及高言大语者，斩之！大开四门，每一门用二十军士，扮作百姓，洒扫街道。如魏兵到时，不可擅动，吾自有计。"孔明乃披鹤氅，戴纶巾，引二小童携琴一张，于城上敌楼前，凭栏而坐，焚香操琴。

却说司马懿前军哨到城下，见了如此模样，皆不敢进，急报与司马懿。懿笑而不信，遂止住三军，自飞马远远望之。果见孔明坐于城楼之上，笑容可掬，焚香操琴。左有一童子，手捧宝剑；右有一童子，手执麈尾。城门内外，有二十余百姓，低头洒扫，傍若无人，懿看毕大疑，便到中军，教后军作前军，前军作后军，望北山路而退。次子司马昭曰："莫非诸葛亮无军，故作此态？父亲何故便退兵？"懿曰："亮平生谨慎，不曾弄险。今大开城门，必有埋伏。我兵若进，中其计也。汝辈岂知？宜速退。"于是两路兵尽皆退去。孔明见魏军远去，抚掌而笑。众官无不骇然，乃问孔明曰："司马懿乃魏之名将，今统十五万精兵到此，见了丞相，便速退去，何也？"孔明曰："此人料吾生平谨慎，必不弄险；见如此模样，疑有伏兵，所以退去。吾非行险，盖因不得已而用之。此人必引军投山北小路去也。吾已令兴、苞二人在彼等候。"众皆惊服曰："丞相之机，神鬼莫测。若某等之见，必弃城而走矣。"孔明曰："吾兵止有二千五百，若弃城而走，必不能远遁。得不为司马懿所擒乎？"后人有诗赞曰："瑶琴三尺胜雄师，诸葛西城退敌时。十五万人回马处，土人指点到今疑。"言讫，拍手大笑，曰："吾若为司马懿，必不便退也。"遂下令，教西城百姓，随军入汉中；司马懿必将复来。于是孔明离西城望汉中而走。天水、安定、南安三郡官吏军民，陆续而来。

却说司马懿望武功山小路而走。忽然山坡后喊杀连天，鼓声震地。懿回顾二子曰："吾若不走，必中诸葛亮之计矣。"只见大路上一军杀来，旗上大书"右护卫使虎翼将军张苞"。魏兵皆弃甲抛戈而走。行不到一程，山谷中喊声震地，鼓角喧天，前面一杆大旗，上书"左护卫使龙骧将军关兴"。山谷应声，不知蜀兵多少；更兼魏军心疑，不敢久停，只得尽弃辎重而去。兴、苞二人皆遵将令，不敢追袭，多得军器粮草而归。司马懿见山谷中皆有蜀兵，不敢出大路，遂回街亭。

此时曹真听知孔明退兵，急引兵追赶。山背后一声炮响，蜀兵漫山遍野而来：为首大将，乃是姜维、马岱。真大惊，急退军时，先锋陈造已被马岱所斩。真引兵鼠窜而还。蜀兵连夜皆奔回汉中。却说赵云、邓芝伏兵于箕谷道中。闻孔明传令回军，云谓芝曰："魏军知吾兵退，必然来追。吾先引一军伏于其后，公却引兵打吾旗号，徐徐而退。吾一步步自有护送也。"

却说郭淮提兵再回箕谷道中，唤先锋苏颙分付曰："蜀将赵云，英勇无敌。汝可小心提防，彼军若退，必有计也。"苏颙欣然曰："都督若肯接应，某当生擒赵云。"遂引前部三千兵，奔入箕谷。看看赶上蜀兵，只见山坡后闪出红旗白字，上书"赵云"。苏颙急收兵退走。行不到数里，喊声大震，一彪军撞出：为首大将，挺枪跃马，大喝曰："汝识赵子龙否！"苏颙大惊曰："如何这里又有赵云？"措手不及，被云一枪刺死于马下。余军溃散。云迤逦前进，背后又一军到，乃郭淮部将万政也。云见魏兵追急，乃勒马挺枪，立于路口，待来将交锋。蜀兵已去三十余里。万政认得是赵云，不敢前进，云等得天色黄昏，方才拨回马缓缓而进。郭淮兵到，万政言赵云英勇如旧，因此不敢近前。淮传令教军急赶，政令数百骑壮士赶来。行至一大林，忽听得背后大喝一声曰："赵子龙在此！"惊得魏兵落马者百余人，余者皆越岭而去。万政勉强来敌，被云一箭射中盔缨，惊跌于涧中。云以枪指之曰："吾饶汝性命回去！快教郭淮赶来！"万政脱命而回。云护送车仗人马，望汉中而去，沿途并无遗失。曹真、郭淮复夺三郡，以为己功。却说司马懿分兵而进。此时蜀兵尽回汉中去了，懿引一军复到西城，因问遗下居民及山僻隐者，皆言孔明止有二千五百军在城中，又无武将，只有几个文官，别无埋伏。武功山小民告曰："关兴、张苞，只各有三千军，转山呐喊，鼓噪惊追，又无别军，并不敢厮杀。"懿悔之不及，仰天叹曰："吾不如孔明也！"遂安抚了诸处官民，引兵径还长安，朝见魏主。睿曰："今日复得陇西诸郡，皆卿之功也。"懿奏曰："今蜀兵皆在汉中，未尽剿灭。臣乞大兵并力收川，以报陛下。"睿大喜，令懿即便兴兵。忽班内一人出奏曰："臣有一计，足可定蜀降吴。"正是：蜀中将相方归国，魏地君臣又逞谋。未知献计者是谁，且看下文分解。

第九十六回 孔明挥泪斩马谡 周鲂断发赚曹休

却说献计者，乃尚书孙资也。曹睿问曰："卿有何妙计？"资奏曰："昔太祖武皇帝收张鲁时，危而后济；常对群臣曰：南郑之地，真为天狱。中斜谷道为五百里石穴，非用武之地。今若尽起天下之兵伐蜀，则东吴又将入寇。不如以现在之兵，分命大将据守险要，养精蓄锐。不过数年，中国日盛，吴、蜀二国必自相残害：那时图之，岂非胜算？乞陛下裁之。"睿乃问司马懿曰："此论若何？"懿奏曰："孙尚书所言极当。"睿从之，命懿分拨诸将守把险要，留郭淮、张郃守长安。大赏三军，驾回洛阳。却说孔明回到汉中，计点军士，只少赵云、邓芝，心中甚忧；乃令关兴、张苞，各引一军接应。二人正欲起身，忽报赵云、邓芝到来，并不曾折一人一骑；辎重等器，亦无遗失。孔明大喜，亲引诸将出迎。赵云慌忙下马伏地曰："败军之将，何劳丞相远接？"孔明急扶起，执手而言曰："是吾不识贤愚，以致如此！各处兵将败损，惟子龙不折一人一骑，何也？"邓芝告曰："某引兵先行，子龙独自断后，斩将立功，敌人惊怕，因此军资什物，不曾遗弃。"孔明曰："真将军也！"遂取金五十斤以赠赵云，又取绢一万匹赏云部卒。云辞曰："三军无尺寸之功，某等俱各有罪；若反受赏，乃丞相赏罚不明也。且请寄库，候今冬赐与诸军未迟。"孔明叹曰："先帝在日，常称子龙之德，今果如此！"乃倍加钦敬。

忽报马谡、王平、魏延、高翔至。孔明先唤王平入帐，责之曰："吾令汝同马谡守街亭，汝何不谏之，致使失事？"平曰："某再三相劝，要在当道筑土城，安营守把。参军大怒不从，某因此自引五千军离山十里下寨。魏兵骤至，把山四面围合，某引兵冲杀十余次，皆不能入。次日土崩瓦解，降者无数。某孤军难立，故投魏文长求救。半途又被魏兵困在山谷之中，某奋死杀出。比及归寨，早被魏兵占了。及投列柳城时，路逢高翔，遂分兵三路去劫魏寨，指望克复街亭。因见街亭并无伏路军，以此心疑。登高望之，只见魏延、高翔被魏兵围住，某即杀入重围，救出二将，就同参军并在一处。某恐失却阳平关，因此急来回守。非某之不谏也。丞相不信，可问各部将校。"孔明喝退，又唤马谡入帐。

谡自缚跪于帐前。孔明变色曰："汝自幼饱读兵书，熟谙战法。吾累次丁宁告戒：街亭是吾根本。汝以全家之命，领此重任。汝若早听王平之言，岂有此祸？今败军折将，失地陷城，皆汝之过也！若不明正军律，何以服众？汝今犯法，休得怨吾。

汝死之后，汝之家小，吾按月给与禄粮，汝不必挂心。”叱左右推出斩之。谡泣曰：“丞相视某如子，某以丞相为父。某之死罪，实已难逃；愿丞相思舜帝殛鲧用禹之义，某虽死亦无恨于九泉！”言讫大哭。孔明挥泪曰：“吾与汝义同兄弟，汝之子即吾之子也，不必多嘱。”左右推出马谡于辕门之外，将斩。参军蒋琬自成都至，见武士欲斩马谡，大惊，高叫：“留人！”入见孔明曰：“昔楚杀得臣而文公喜。今天下未定，而戮智谋之臣，岂不可惜乎？”孔明流涕而答曰：“昔孙武所以能制胜于天下者，用法明也。今四方分争，兵戈方始，若复废法，何以讨贼耶？合当斩之。”须臾，武士献马谡首级于阶下。孔明大哭不已。蒋琬问曰：“今幼常得罪，既正军法，丞相何故哭耶？”孔明曰：“吾非为马谡而哭。吾想先帝在白帝城临危之时，曾嘱吾曰：‘马谡言过其实，不可大用。’今果应此言。乃深恨己之不明，追思先帝之言，因此痛哭耳！”大小将士，无不流涕。马谡亡年三十九岁，时建兴六年夏五月也。后人有诗曰：“失守街亭罪不轻，堪嗟马谡枉谈兵。辕门斩首严军法，拭泪犹思先帝明。”

却说孔明斩了马谡，将首级遍示各营已毕，用线缝在尸上，具棺葬之，自修祭文享祀；将谡家小加意抚恤，按月给与禄米。于是孔明自作表文，令蒋琬申奏后主，请自贬丞相之职。琬回成都，入见后主，进上孔明表章。后主拆视之。表曰：“臣本庸才，叨窃非据，亲秉旄钺，以励三军。不能训章明法，临事而惧，至有街亭违命之阙，箕谷不戒之失。咎皆在臣，授任无方。臣明不知人，恤事多暗。《春秋》责帅，臣职是当。请自贬三等，以督厥咎。臣不胜惭愧，俯伏待命！”后主览毕曰：“胜负兵家常事，丞相何出此言？”侍中费祎奏曰：“臣闻治国者，必以奉法为重。法若不行，何以服人？丞相败绩，自行贬降，正其宜也。”后主从之，乃诏贬孔明为右将军，行丞相事，照旧总督军马，就命费祎赍诏到汉中。

孔明受诏贬降讫，祎恐孔明羞赧，乃贺曰：“蜀中之民，知丞相初拔四县，深以为喜。”孔明变色曰：“是何言也！得而复失，与不得同。公以此贺我，实足使我愧赧耳。”祎又曰：“近闻丞相得姜维，天子甚喜。”孔明怒曰：“兵败师还，不曾夺得寸土，此吾之大罪也。量得一姜维，于魏何损？”祎又曰：“丞相现统雄师数十万，可再伐魏乎？”孔明曰：“昔大军屯于祁山、箕谷之时，我兵多于贼兵，而不能破贼，反为贼所破：此病不在兵之多寡，在主将耳。今欲减兵省将，明罚思过，较变通之道于将来；如其不然，虽兵多何用？自今以后，诸人有远虑于国者，但勤攻吾之阙，责吾之短，则事可定，贼可灭，功可翘足而待矣。”费祎诸将皆服其论。费祎自回成都。

孔明在汉中，惜军爱民，励兵讲武，置造攻城渡水之器，聚积粮草，预备战筏，以为后图。细作探知，报入洛阳，魏主曹睿闻知，即召司马懿商议收川之策。懿曰：“蜀未可攻也。方今天道亢炎，蜀兵必不出；若我军深入其地，彼守其险要，急切难下。”睿曰：“倘蜀兵再来入寇，如之奈何？”懿曰：“臣已算定今番诸葛亮必效韩信暗度陈仓之计。臣举一人往陈仓道口，筑城守御，万无一失：此人身长九尺，猿臂善射，深有谋略。若诸葛亮入寇，此人足可当之。”睿大喜，问曰：“此何人也？”懿奏曰：“乃太原人，姓郝，名昭，字伯道，现为杂号将军，镇守河西。”睿从之，加郝昭为镇西将军，命守把陈仓道口，遣使持诏去讫。

忽报扬州司马大都督曹休上表，说东吴鄱阳太守周鲂，愿以郡来降，密遣人陈言七事，说东吴可破，乞早发兵取之。睿就御床上展开，与司马懿同观。懿奏曰：“此言极有理，吴当灭矣！臣愿引一军往助曹休。”忽班中一人进曰：“吴人之言，反覆不一，未可深信。周鲂智谋之士，必不肯降，此特诱兵之诡计也。”众视之，乃建威将军贾逵也。懿曰：“此言亦不可不听，机会亦不可错失。”魏主曰：“仲达可与贾逵同助曹休。”二人领命去讫。于是曹休引大军径取皖城；贾逵引前将军满宠、东莞太守胡质，径取阳城，直向东关；司马懿引本部军径取江陵。却说吴主孙权，在武昌东关，会多官商议曰：“今有鄱阳太守周鲂密表，奏称魏扬州都督曹休，有人寇之意。今鲂诈施诡计，暗陈七事，引诱魏兵深入重地，可设伏兵擒之。今魏兵分三路而来，诸卿有何高见？”顾雍进曰：“此大任非陆伯言不敢当也。”权大喜，乃召陆逊，封为辅国大将军、平北都元帅，统御林大兵，摄行王事：授以白旄黄钺，文武百官，皆听约束。权亲自与逊执鞭。逊领命谢恩毕，乃保二人为左右都督，分兵以迎三道。权问何人。逊曰：“奋威将军朱桓，绥南将军全琮，二人可为辅佐。”权从之，即命朱桓为左都督，全琮为右都督，于是陆逊总率江南八十一州并荆湖之众七十余万，令朱桓在左，全琮在右。逊自居中，三路进兵。朱桓献策曰：“曹休以亲见任，非智勇之将也。今听周鲂诱言，深入重地，元帅以兵击之，曹休必败。败后必走两条路：左乃夹石，右乃挂车。此二条路，皆山僻小径，最为险峻。某愿与全子璜各引一军，伏于山险，先以柴木大石塞断其路，曹休可擒矣。若擒了曹休，便长驱直进，唾手而得寿春，以窥许、洛，此万世一时也。”逊曰：“此非善策，吾自有妙用。”于是朱桓怀不平而退。逊令诸葛瑾等拒守江陵，以敌司马懿。诸路俱各调拨停当。却说曹休兵临皖城，周鲂来迎，径到曹休帐下。休问曰：“近得足下之书，所陈七事，深为有理，奏闻天子，故起大军三路进发。若得江东之地，足下之功不小。有人言足下多谋，诚恐所言不实。吾料足下必不欺我。”周鲂大哭，急掣从人所佩剑欲自刎。休急止之。鲂仗剑而言曰：“吾所陈七事，恨不能吐出心肝。今反生疑，必有吴人使反间之计也。若听其言，吾必死矣。吾之忠心，惟天可表！”言讫，又欲自刎。曹休大惊，慌忙抱住曰：“吾戏言耳，足下何故如此！”鲂乃用剑割发掷于地曰：“吾以忠心待公，公以吾为戏，吾割父母所遗之发，以表此心！”曹休乃深信之，设宴相待。席罢，周鲂辞去。忽报建威将军贾逵来见，休令入，问曰：“汝此来何为？”逵曰：“某料东吴之兵，必尽屯于皖城。都督不可轻进，待某两下夹攻，贼兵可破矣。”休怒曰：“汝欲夺吾功耶？”逵曰：“又闻周鲂截发为誓，此乃诈也，昔要离断臂，刺杀庆忌。未可深信。”休大怒曰：“吾正欲进兵，汝何出此言以慢军心！”叱左右推出斩之。众将告曰：“未及进兵，先斩大将，于军不利。且乞暂免。”休从之，将贾逵兵留在寨中调用，自引一军来取东关。时周鲂听知贾逵削去兵权，暗喜曰：“曹休若用贾逵之言，则东吴败矣！今天使我成功也！”即遣人密到皖城，报知陆逊。逊唤诸将听令曰：“前面石亭，虽是山路，足可埋伏。早先去占石亭阔处，布成阵势，以待魏军。”遂令徐盛为先锋，引兵前进。却说曹休命周鲂引兵而进，正行间，休问曰：“前至何处？”鲂曰：“前面石亭也，堪以屯兵。”休从之，遂率大军并车仗等器，尽赴石亭驻扎。次日，哨马报道：“前面吴兵不知多少，据住山口。”休大惊曰：“周鲂言无兵，为何有准备？”急寻鲂问之。人报周鲂引数十人，不知何处去了。休大悔曰：“吾中贼之计矣！虽然如此，亦不足惧！”遂令大将张普为先锋，引数千兵来与吴兵交战。两阵对圆，张普出马骂曰：“贼将早降！”徐盛出马相迎。战无数合，普抵敌不住，勒马收兵，回见曹休，言徐盛勇不可当。休曰：“吾当以奇兵胜之。”就令张普引二万军伏于石亭之南，又令薛乔引二万军伏于石亭之北。“明日吾自引一千兵搦战，却佯输诈败，诱到北山之前，放炮为号，三面夹攻，必获大胜。”二将受计，各引二万军到晚埋伏去了。却说陆逊唤朱桓、全琮分付曰：“汝二人各引三万军，从石亭山路抄到曹休寨后，放火为号；吾亲率大军从中路而进：可擒曹休也。”当日黄昏，二将受计引兵而进。二更时分，朱桓引一军正抄到魏寨后，迎着张普伏兵。普不知是吴兵，径来问时，被朱桓一刀斩于马下。魏兵便走。桓令后军放火。全琮引一军抄到魏寨后，正撞在薛乔阵里，就那里大杀一阵。薛乔败走，魏兵大损，奔回本寨。后面朱桓、全琮两路杀来。曹休寨中大乱，自相冲击。休慌上马，望夹石道奔走。徐盛引大队军马，从正路杀来。魏兵死者不可胜数，逃命者尽弃衣甲。曹休大惊，在夹石道中奋力奔走。忽见一彪军从小路冲出，为首大将，乃贾逵也。

休惊慌少息，自愧曰："吾不用公言，果遭此败！"逵曰："都督可速出此道：若被吴兵以木石塞断，吾等皆危矣！"于是曹休骤马而行，贾逵断后。逵于林木盛茂处，及险峻小径，多设旌旗以为疑兵。及至徐盛赶到，见山坡下闪出旗角，疑有埋伏，不敢追赶，收兵而回。因此救了曹休。司马懿听知休败，亦引兵退去。

却说陆逊正望捷音，须臾，徐盛、朱桓、全琮皆到。所得车仗、牛马、驴骡、军资、器械，不计其数，降兵数万余人。逊大喜，即同太守周鲂并诸将班师还吴。吴主孙权，领文武官僚出武昌城迎接，以御盖覆逊而入。诸将尽皆升赏。权见周鲂无发，慰劳曰："卿断发成此大事，功名当书于竹帛也。"即封周鲂为关内侯；大设筵会，劳军庆贺。陆逊奏曰："今曹休大败，魏已丧胆；可修国书，遣使入川，教诸葛亮进兵攻之。"权从其言，遂遣使赍书入川去。正是：只因东国能施计，致令西川又动兵。未知孔明再来伐魏，胜负如何，且看下文分解。

第九十七回 讨魏国武侯再上表 破曹兵姜维诈献书

却说蜀汉建兴六年秋九月，魏都督曹休被东吴陆逊大破于石亭，车仗马匹，军资器械，并皆罄尽，休惶恐之甚，气忧成病，到洛阳，疽发背而死。魏主曹睿敕令厚葬。司马懿引兵还、众将接入问曰："曹都督兵败，即元帅之干系，何故急回耶？"懿曰："吾料诸葛亮知吾兵败，必乘虚来取长安。倘陇西紧急，何人救之？吾故回耳。"众皆以为惧怯，哂笑而退。

却说东吴遣使致书蜀中，请兵伐魏，并言大破曹休之事：一者显自己威风，二者通和会之好。后主大喜，令人持书至汉中，报知孔明。时孔明兵强马壮，粮草丰足，所用之物，一切完备，正要出师。听知此信，即设宴大会诸将，计议出师。忽一阵大风，自东北角上而起，把庭前松树吹折。众皆大惊。孔明就占一课，曰："此风主损一大将！"诸将未信。正饮酒间，忽报镇南将军赵云长子赵统、次子赵广，来见丞相。孔明大惊，掷杯于地曰："子龙休矣！"二子入见，拜哭曰："某父昨夜三更病重而死。"孔明跌足而哭曰："子龙身故，国家损一栋梁，吾去一臂也！"众将无不挥涕。孔明令二子入成都面君报丧。后主闻云死，放声大哭曰"朕昔年幼，非子龙则死于乱军之中矣！"即下诏追赠大将军，谥封顺平侯，敕葬于成都锦屏山之东；建立庙堂，四时享祭。后人有诗曰："常山有虎将，智勇匹关张。汉水功勋在，当阳姓字彰。两番扶幼主，一念答先皇。青史书忠烈，应流百世芳。"

却说后主思念赵云昔日之功，祭葬甚厚；封赵统为虎贲中郎，赵广为牙门将，就令守坟。二人辞谢而去。忽近臣奏曰："诸葛丞相将军马分拨已定，即日将出师伐魏。"后主问在朝诸臣，诸臣多言未可轻动。后主疑虑未决。忽奏丞相令杨仪赍出师表至。后主宣入，仪呈上表章。后主就御案上拆视，其表曰："先帝虑汉贼不两立，王业不偏安，故托臣以讨贼也。以先帝之明，量臣之才，故知臣伐贼，才弱敌强也。然不伐贼，王业亦亡。惟坐而待亡，孰与伐之？是故托臣而弗疑也。臣受命之日，寝不安席，食不甘味；思惟北征，宜先入南：故五月渡泸，深入不毛，并日而食。--臣非不自惜也，顾王业不可偏安于蜀都，故冒危难以奉先帝之遗意。而议者谓为非计。今贼适疲于西，又务于东，兵法"乘劳"：此进趋之时也。谨陈其事如左：高帝明并日月，谋臣渊深，然涉险被创，危然后安；今陛下未及高帝，谋臣不如良、平，而欲以长策取胜，坐定天下，此臣之未解一也。刘繇、王朗，各据州郡，论安言计，动引圣人，群疑满腹，众难塞胸；今岁不战，明年不征，使孙权坐大，遂并江东，此臣之未解二也。曹操智计，殊绝于人，其用兵也，仿佛孙、吴，然困于南阳，险于乌巢，危于祁连，逼于黎阳，几败北山，殆死潼关，然后伪定一时耳；况臣才弱，而欲以不危而定之，此臣之未解三也。曹操五攻昌霸不下，四越巢湖不成，任用李服而李服图之，委任夏侯而夏侯败亡，先帝每称操为能，犹有此失；况臣驽下，何能必胜，此臣之未解四也。自臣到汉中，中间期年耳，然丧赵云、阳群、马玉、阎芝、丁立、白寿、刘郃、邓铜等，及曲长屯将七十余人，突将无前，賨、叟、青羌，散骑武骑一千余人，此皆数十年之内，所纠合四方之精锐，非一州之所有；若复数年，则损三分之二也。--当何以图敌，此臣之未解五也。今民穷兵疲，而事不可息；事不可息，则住与行，劳费正等；而不及今图之，欲以一州之地，与贼持久，此臣之未解六也。夫难平者，事也。昔先帝败军于楚，当此之时，曹操拊手，谓天下已定。--然后先帝东连吴、越，西取巴、蜀，举兵北征，夏侯授首，此操之失计，而汉事将成也。--然后吴更违盟，关羽毁败，秭归蹉跌，曹丕称帝，凡事如是，难可逆见。臣鞠躬尽瘁，死而后已；至于成败利钝，非臣之明所能逆睹也。"后主览表甚喜，即敕令孔明出师。孔明受命，起三十万精兵，令魏延总督前部先锋，径奔陈仓道口而来。早有细作报入洛阳。司马懿奏知魏主，大会文武商议。大将军曹真出班奏曰："臣昨守陇西，功微罪大，不胜惶恐。今乞引大军往擒诸葛亮。臣近得一员大将，使六十斤大刀，骑千里征马宛马，开两石铁胎弓，暗藏三个流星锤，百发百中，有万夫不当之勇，乃陇西狄道人，姓王，名双，字子全。臣保此人为先锋。"睿大喜，便召王双上殿。视之，身长九尺，面黑睛黄，熊腰虎背。睿笑曰："朕得此大将，有何虑哉！"遂赐锦袍金甲，封为虎威将军、前部大先锋。曹真为大都督。真谢恩出朝，遂引十五万精兵，会合郭淮、张郃，分道守把隘口。却说蜀兵前队哨至陈仓，回报孔明，说："陈仓口已筑起一城，内有大将郝昭守把，深沟高垒，遍排鹿角，十分谨严；不如弃了此城，从太白岭鸟道出祁山甚便。"孔明曰："陈仓正北是街亭；必得此城，方可进兵。"命魏延引兵到城下，四面攻之。连日不能破。魏延复来告孔明，说城难打。孔明大怒，欲斩魏延。忽帐下一人告曰："某虽无才，随丞相多年，未尝报效。愿去陈仓城中，说郝昭来降，不用张弓只箭。"众视之，乃部曲靳祥也。孔明曰："汝用何言以说之？"祥曰："郝昭与某，同是陇西人氏，自幼交契。某今到彼，以利害说之，必来降矣。"孔明即令前去。

靳祥骤马径到城下，叫曰："郝伯道故人靳祥来见。"城上人报知郝昭。昭令开门放入，登城相见。昭问曰："故人因何到此？"祥曰："吾在西蜀孔明帐下，参赞军机，待以上宾之礼。特令某来见公，有言相告。"昭勃然变色曰："诸葛亮乃我国仇敌也！吾事魏，汝事蜀，各事其主，昔时为昆仲，今时为仇敌！汝再不必多言，便请出城！"靳祥又欲开言，郝昭已出敌楼上了。魏军急催上马，赶出城外。祥回头视之，见昭倚定护心木栏杆。祥勒马以鞭指之曰："伯道贤弟，何太情薄耶？"昭曰："魏国法度，兄所知也。吾受国恩，但有死而已，兄不必下说词。早回见诸葛亮，教快来攻城，吾不惧也！"

祥回告孔明曰："郝昭未等某开言，便先阻却。"孔明曰："汝可再去见他，以利害说之。"祥又到城下，请郝昭相见。昭出到敌楼上。祥勒马高叫曰："伯道贤弟，听吾忠言：汝据守一孤城，怎拒数十万之众？今不早降，后悔无及！且不顺大汉而事奸魏，抑何不知天命、不辨清浊乎？愿伯道思之。"郝昭大怒，拈弓搭箭，指靳祥而喝曰："吾前言已定，汝不必再言！可速退！吾不射汝！"

靳祥回见孔明，具言郝昭如此光景。孔明大怒曰："匹夫无礼太甚！岂欺吾无攻城之具耶？"随叫土人问曰："陈仓城中，有多少人马？"土人告曰："虽不知的数，约有三千人。"孔明笑曰："量此小城，安能御我！休等他救兵到，火速攻之！"于是军中起百乘云梯，一乘上可立十数人，周围用木板遮护。军士各把短梯软索，听军中擂鼓，一齐上城。郝昭在敌楼上，望见蜀兵装起云梯，四面而来，即令三千军各执火箭，分布四面；待云梯近城，一齐射之。孔明只道城中无备，故大造云梯，令三军鼓噪呐喊而进；不期城上火箭齐发，云梯尽着，梯上军士多被烧死，城上矢石如雨，蜀兵皆退。孔明大怒曰："汝烧吾云梯，吾却用冲车之法！"于是连夜安排下冲车。次日，又四面鼓噪呐喊而进。郝昭急命运石凿眼，用葛绳穿定飞打，冲车皆被打折。孔明又令人运土填城壕，教廖化引三千锹钁军，从夜间掘地道，暗入城去。郝昭又于城中掘重壕横截之。如此昼夜相攻，二十余日，无计可破。

孔明正在营中忧闷，忽报："东边救兵到了，旗上书：'魏先锋大将王双'。"孔明问曰："谁可迎之？"魏延出曰："某愿往。"孔明曰："汝乃先锋大将，未可轻出。"又问："谁敢迎之？"裨将谢雄应声而出。孔明与三千军去了。孔明又问曰："谁敢再去？"裨将龚起应声要去。孔明亦与三千兵去了。孔明恐城内郝昭引兵冲出，乃把人马退二十里下寨。

却说谢雄引军前行，正遇王双；战不三合，被双一刀劈死。蜀兵败走，双随后赶来。龚起接着，交马只三合，办被双所斩。败兵回报孔明。孔明大惊，忙令廖化、王平、张嶷三人出迎。两阵对圆，张嶷出马，王平、廖化压住阵角。王双纵马来与张嶷交马，数合不分胜负。双诈败便走，嶷随后赶去。王平见张嶷中计，忙叫曰："休赶！"嶷急回马时，王双流星锤早到，正中其背。嶷伏鞍而走，双回马赶来。王平、廖化截住，救得张嶷回阵。王双驱兵大杀一阵，蜀兵折伤甚多。嶷吐血数口，回见孔明，说："王双英雄无敌；如今将二万兵就陈仓城外下寨，四围立起排栅，筑起重城，深挖壕堑，守御甚严。"孔明见折二将，张嶷又被打伤，即唤姜维曰："陈仓道口这条路不可行。别求何策？"维曰："陈仓城池坚固，郝昭守御甚密，又得王双相助，实不可取。不若令一大将，依山傍水，下寨固守；再令良将守把要道，以防街亭之攻；却统大军去袭祁山，某却如此如此用计，可捉曹真也。"孔明从其言，即令王平，李恢，引二枝兵守街亭小路；魏延引一军守陈仓口。马岱为先锋，关兴、张苞为前后救应使，从小径出斜谷望祁山进发。却说曹真因思前番被司马懿夺了功劳，因此到洛阳分调郭淮、孙礼东西守把；又听的陈仓告急，已令王双去救。闻知王双斩将立功，大喜，乃令中护军大将费耀，权摄前部总督，诸将各自守把隘口。忽报山谷中捉得细作来见。曹真令押入，跪于帐前。其人告曰："小人不是奸细，有机密来见都督，误被伏路军捉来，乞退左右。"真乃教去其缚，左右暂退。其人曰："小人乃姜伯约心腹人也。蒙本官遣送密书。"真曰："书安在？"其人于贴肉衣内取出呈上。真拆视曰："罪将姜维百拜，书呈大都督曹麾下：维念世食魏禄，忝守边城；叨窃厚恩，无门补报。昨日误遭诸葛亮之计，陷身于巅崖之中。思念旧国，何日忘之！今幸蜀兵西出，诸葛亮甚不相疑。赖都督亲提大兵而来：如遇敌人，可以诈败；维当在后，以举火为号，先烧蜀人粮草，却以大兵翻身掩之，则诸葛亮可擒也。非敢立功报国，实欲自赎前罪。倘蒙照察，速赐来命。"曹真看毕，大喜曰："天使吾成功也！"遂重赏来人，便令回报，依期会合。真唤费耀商议曰："今姜维暗献密书，令吾如此如此。"耀曰："诸葛亮多谋，姜维智广，或者是诸葛亮所使，恐其中有诈。"真曰："他原是魏人，不得已而降蜀，又何疑乎？"耀曰："都督不可轻去，只守定本寨。某愿引一军接应姜维。如成，功尽归都督；倘有奸计，某自支当。"真大喜，遂令费耀引五万兵，望斜谷而进。行了两三程，屯下军马，令人哨探。当日申时分，回报："斜谷道中，有蜀兵来也。"耀忙催兵进。蜀兵未及交战先退。耀引兵追之，蜀兵又来。方欲对阵，蜀兵又退：如此者三次，俄延至次日申时分。魏军一日一夜，不曾敢歇，只恐蜀兵攻击。方欲屯军造饭，忽然四面喊声大震，鼓角齐鸣，蜀兵漫山遍野而来。门旗开处，闪出一辆四轮车，孔明端坐其中，令人请魏军主将答话。耀纵马而出，遥见孔明，心中暗喜，回顾左右曰："如蜀兵掩至，便退后走。若见山后火起，却回身杀去，自有兵来相应。"分付毕，跃马出呼曰："前者败将，今何敢又来！"孔明曰："唤汝曹真来答话！"耀骂曰："曹都督乃金枝玉叶，安肯与反贼相见耶！"孔明大怒，把羽扇一招，左有马岱，右有张嶷，两路兵冲出。魏兵便退。行不到三十里，望见蜀兵背后火起，喊声不绝。费耀只道号火，便回身杀来。蜀兵齐退。耀提刀在前，只望喊处追赶。将次近火，山路中鼓角喧天、喊声震地，两军杀出：左有关兴，右有张苞。山上矢石如雨，往下射来。魏兵大败。费耀知是中计，急退军望山谷中而走，人马困乏。背后关兴引生力军赶来，魏兵自相践踏及落涧身死者，不知其数。

耀逃命而走，正遇山坡口一彪军，乃是姜维。耀大骂曰："反贼无信！吾不幸误中汝奸计也！"维笑曰："吾欲擒曹真，误赚汝矣！速下马受降！"耀骤马夺路，望山谷中而走。忽见谷口火光冲天，背后追兵又至。耀自刎身死，余众尽降。孔明连夜驱兵，直出祁山前下寨，收住军马，重赏姜维。维曰："某恨不得杀曹真也！"孔明亦曰："可惜大计小用矣。"

却说曹真听知折了费耀，悔之不及，遂与郭淮商议退兵之策。于是孙礼、辛毗星夜具表申奏魏主，言蜀兵又出祁山，曹真损兵折将，势甚危急。睿大惊，即召司马懿入内曰："曹真损兵折将，蜀兵又出祁山。卿有何策，可以退之？"懿曰："臣已有退诸葛亮之计。不用魏军扬武耀威，蜀兵自然走矣。"正是：已见子丹无胜术，全凭仲达有良谋。未知其计如何，且看下文分解。

第九十八回 追汉军王双受诛 袭陈仓武侯取胜

却说司马懿奏曰："臣尝奏陛下，言孔明必出陈仓，故以郝昭守之，今果然矣。彼若从陈仓入寇，运粮甚便。今幸有郝昭、王双守把，不敢从此路运粮。其余小道，搬运艰难。臣算蜀兵行粮止有一月，利在急战。我军只宜久守。陛下可降诏，令曹真坚守诸路关隘，不要出战。不须一月，蜀兵自走。那时乘虚而击之，诸葛亮可擒也。"睿欣然曰："卿既有先见之明，何不自引一军以袭之？"懿曰："臣非惜身重命，实欲存下此兵，以防东吴陆逊耳。孙权不久必将僭号称尊；如称尊号，恐陛下伐之，定先入寇也：臣故欲以兵待之。"正言间，忽近臣奏曰："曹都督奏报军情。"懿曰："陛下可即令人告戒曹真：凡追赶蜀兵，必须观其虚实，不可深入重地，以中诸葛亮之计。"睿即时下诏，遣太常卿韩暨持节告戒曹真："切不可战，务在谨守；只待蜀兵退去，方才击之。"司马懿送韩暨于城外，嘱之曰："吾以此功让与子丹；公见子丹，休言是吾所陈之意，只道天子降诏，教保守为上。追赶之人，大要仔细，勿遣性急气躁者追之。"暨辞去。

却说曹真正升帐议事，忽报天子遣太常卿韩暨持节至。真出寨接入，受诏已毕，退与郭淮、孙礼计议。淮笑曰："此乃司马仲达之见也。"真曰："此见若何？"淮曰："此言深识诸葛亮用兵之法。久后能御蜀兵者，必仲达也。"真曰："倘蜀兵不退，又将如何？"淮曰："可密令人去教王双，引兵于小路巡哨，彼自不敢运粮。待其粮尽兵退，乘势追击，可获全胜。"孙礼曰："某去祁山虚妆做运粮兵，车上尽装干柴茅草，以硫黄焰硝灌之，却教人虚报陇西运粮到。若蜀人无粮，必然来抢。待入其中，放火烧车，外以伏兵应之，可胜矣。"真喜曰："此计大妙！"即令孙礼引兵依计而行。又遣人教王双引兵于小路上巡哨，郭淮引兵提调箕谷、街亭，令诸路军马守把险要。真又令张辽子张虎为先锋，乐进子乐綝为副先锋，同守头营，不许出战。却说孔明在祁山寨中，每日令人挑战，魏兵坚守不出。孔明唤姜维等商议曰："魏兵坚守不出，是料吾军中无粮也。今陈仓转运不通，其余小路盘涉艰难，吾算随军粮草，不敷一月用度，如之奈何？"正踌躇间，忽报："陇西魏军运粮数千车于祁山之西，运粮官乃孙礼也。"孔明曰："其人如何？"有魏人告曰："此人曾随魏主出猎于大石山，忽惊起一猛虎，直奔御前，孙礼下马拔剑斩之。从此封为上将军。乃曹真心腹人也。"孔明笑曰："此是魏将料吾乏粮，故用此计：车上装载者，必是茅草引火之物。吾平生专用火攻，彼乃欲以此计诱我耶？彼若知吾军去劫粮车，必来劫吾寨矣。可将计就计而行。”遂唤马岱分付曰：“汝引三千军径到魏兵屯粮之所，不可入营，但于上风头放火。若烧着车仗，魏兵必来围吾寨。”又差马忠、张嶷各引五千兵在外围住，内外夹攻。三人受计去了。又唤关兴、张苞分付曰：“魏兵头营接连四通之路。今晚若西山火起，魏兵必来劫吾营。汝二人却伏于魏寨左右，只等他兵出寨，汝二人便可劫之。”又唤吴班、吴懿分付曰：“汝二人各引一军伏于营外。如魏兵到，可截其归路。”孔明分拨已毕，自在祁山上凭高而坐。

魏兵探知蜀兵要来劫粮，慌忙报与孙礼。礼令人飞报曹真。真遣人去头营分付张虎、乐綝：“看今夜山西火起，蜀兵必来救应。可以出军，如此如此。”二将受计，令人登楼专看号火。却说孙礼把军伏于山西，只待蜀兵到。是夜二更，马岱引三千兵来，人皆衔枚，马尽勒口，径到山西。见许多车仗，重重叠叠，攒绕成营，车仗虚插旌旗。正值西南风起，岱令军士径去营南放火，车仗尽着，火光冲天。孙礼只道蜀兵到魏寨内放号火，急引兵一齐掩至。背后鼓角喧天，两路兵杀来：乃是马忠、张嶷，把魏军围在垓心。孙礼大惊。又听的魏军中喊声起，一彪军从火光边杀来，乃是马岱。内外夹攻，魏兵大败。火紧风急，人马乱窜，死者无数。孙礼引中伤军，突烟冒火而走。却说张虎在营中，望见火光，大开寨门，与乐綝尽引人马，杀奔蜀寨来，寨中却不见一人。急收军回时，吴班、吴懿两路兵杀出，断其归路。张、乐二将急冲出重围，奔回本寨，只见土城之上，箭如飞蝗，原来却被关兴、张苞袭了营寨。魏兵大败，皆投曹真寨来。方欲入寨，只见一彪败军飞奔而来，乃是孙礼；遂同入寨见真，各言中计之事。真听知，谨守大寨，更不出战。蜀兵得胜，回见孔明。孔明令人密授计与魏延，一面教拔寨齐起。杨仪曰：“今已大胜，挫尽魏兵锐气，何故反欲收军？”孔明曰：“吾兵无粮，利在急战。今彼坚守不出，吾受其病矣。彼今虽暂时兵败，中原必有添益；若以轻骑袭吾粮道，那时要归不能。今乘魏兵新败，不敢正视蜀兵，便可出其不意，乘机退去。所忧者但魏延一军，在陈仓道口拒住王双，急不能脱身；吾已令人授以密计，教斩王双，使魏人不敢来追。只今后队先行。”当夜，孔明只留金鼓守在寨中打更。一夜兵已尽退，只落空营。却说曹真正在寨中忧闷，忽报左将军张郃领军到。郃下马入帐，谓真曰：“某奉圣旨，特来听调。”真曰：“曾别仲达否？”郃曰：“仲达分付云：吾军胜，蜀兵必不便去；若吾军败，蜀兵必即去矣。今吾军失利之后，都督曾往哨探蜀兵消息否？”真曰：“未也。”于是即令人往探之，果是虚营，只插着数十面旌旗，兵已去了二日也。曹真懊悔无及。

且说魏延受了密计，当夜二更拔寨，急回汉中。早有细作报知王双。双大驱军马，并力追赶。追到二十余里，看看赶上，见魏延旗号在前，双大叫曰：“魏延休走！”蜀兵更不回头。双拍马赶来。背后魏兵叫曰：“城外寨中火起，恐中敌人奸计。”双急勒马回时，只见一片火光冲天，慌令退军。行到山坡左侧，忽一骑马从林中骤出，大喝曰：“魏延在此！”王双大惊，措手不及，被延一刀砍于马下。魏兵疑有埋伏，四散逃走。延手下止有三十骑人马，望汉中缓缓而行。后人有诗赞曰：“孔明妙算胜孙庞，耿若长星照一方。进退行兵神莫测，陈仓道口斩王双。”原来魏延受了孔明密计：先教存下三十骑，伏于王双营边；只待王双起兵赶时，却去他营中放火；待他回寨，出其不意，突出斩之。魏延斩了王双，引兵回到汉中见孔明，交割了人马。孔明设宴大会，不在话下。

且说张郃追蜀兵不上，回到寨中。忽有陈仓城郝昭差人申报，言王双被斩，曹真闻知，伤感不已，因此忧成疾病，遂回洛阳；命郭淮、孙礼、张郃守长安诸道。

却说吴王孙权设朝，有细作人报说：“蜀诸葛丞相出兵两次，魏都督曹真兵损将亡。”于是群臣皆劝吴王兴师伐魏，以图中原。权犹疑未决。张昭奏曰：“近闻武昌东山，凤凰来仪；大江之中，黄龙屡现。主公德配唐、虞，明并文、武，可即皇帝位，然后兴兵。”多官皆应曰：“子布之言是也。”遂选定夏四月丙寅日，筑坛于武昌南郊。是日，群臣请权登坛即皇帝位，改黄武八年为黄龙元年。谥父孙坚为武烈皇帝，母吴氏为武烈皇后，兄孙策为长沙桓王。立子孙登为皇太子。命诸葛瑾长子诸葛恪为太子左辅，张昭次子张休为太子右弼。

恪字元逊，身长七尺，极聪明，善应对。权甚爱之。年六岁时，值东吴筵会，恪随父在座。权见诸葛瑾面长，乃令人牵一驴来，用粉笔书其面曰：“诸葛子瑜”。众皆大笑。恪趋至前，取粉笔添二字于其下曰：“诸葛子瑜之驴”。满座之人，无不惊讶。权大喜，遂将驴赐之。又一日，大宴官僚，权命恪把盏。巡至张昭面前，昭不饮，曰：“此非养老之礼也。”权谓恪曰：“汝能强子布饮乎？”恪领命，乃谓昭曰：“昔姜尚父年九十，秉旄仗钺，未尝言老。今临阵之日，先生在后；饮酒之日，先生在前：何谓不养老也？”昭无言可答，只得强饮。权因此爱之，故命辅太子。张昭佐吴王，位列三公之上，故以其子张休为太子右弼。又以顾雍为丞相，陆逊为上将军，辅太子守武昌。权复还建业。群臣共议伐魏之策。张昭奏曰：“陛下初登宝位，未可动兵。只宜修文偃武，增设学校，以安民心；遣使入川，与蜀同盟，共分天下，缓缓图之。”权从其言，即令使命星夜入川，来见后主。礼毕，细奏其事。后主闻知，遂与群臣商议。众议皆谓孙权僭逆，宜绝其盟好。蒋琬曰：“可令人问于丞相。”后主即遣使到汉中问孔明。孔明曰：“可令人赍礼物入吴作贺，乞遣陆逊兴师伐魏。魏必命司马懿拒之。懿若南拒东吴，我再出祁山，长安可图也。”后主依言，遂令太尉陈震，将名马、玉带、金珠、宝贝，入吴作贺。

震至东吴，见了孙权，呈上国书。权大喜，设宴相待，打发回蜀。权召陆逊入，告以西蜀约会兴兵伐魏之事。逊曰：“此乃孔明惧司马懿之谋也。既与同盟，不得不从。今却虚作起兵之势，遥与西蜀为应。待孔明攻魏急，吾可乘虚取中原也。”即时下令，教荆襄各处都要训练人马，择日兴师。

却说陈震回到汉中，报知孔明。孔明尚忧陈仓不可轻进，先令人去哨探。回报说：“陈仓城中郝昭病重。”孔明曰：“大事成矣。”遂唤魏延、姜维分付曰：“汝二人领五千兵，星夜直奔陈仓城下；如见火起，并力攻城。”二人俱未深信，又来告曰：“何日可行？”孔明曰：“三日都要完备；不须辞我，即便起行。”二人受计去了。又唤关兴、张苞至，附耳低言，如此如此。二人各受密计而去。且说郭淮闻郝昭病重，乃与张郃商议曰：“郝昭病重，你可速去替他。我自写表申奏朝廷，别行定夺。”张郃引着三千兵，急来替郝昭。时郝昭病危，当夜正呻吟之间，忽报蜀军到城下了。昭急令人上城守把。时各门上火起，城中大乱。昭听知惊死。蜀兵一拥入城。

却说魏延、姜维领兵到陈仓城下看时，并不见一面旗号，又无打更之人。二人惊疑，不敢攻城。忽听得城上一声炮响，四面旗帜齐竖。只见一人纶巾羽扇，鹤氅道袍，大叫曰：“汝二人来的迟了！”二人视之，乃孔明也。二人慌忙下马，拜伏于地曰：“丞相真神计也！”孔明令放入城，谓二人曰：“吾打探得郝昭病重，吾令汝三日内领兵取城，此乃稳众人之心也。吾却令关兴、张苞，只推点军，暗出汉中。吾即藏于军中，星夜倍道径到城下，使彼不能调兵。吾早有细作在城内放火、发喊相助，令魏兵惊疑不定。兵无主将，必自乱矣。吾因而取之，易如反掌。兵法云：出其不意，攻其无备。正谓此也。”魏延、姜维拜伏。孔明怜郝昭之死，令彼妻小扶灵柩回魏，以表其忠。孔明谓魏延、姜维曰：“汝二人且莫卸甲，可引兵去袭散关。把关之人，若知兵到，必然惊走。若稍迟便有魏兵至关，即难攻矣。”魏延、姜维受命，引兵径到散关。把关之人，果然尽走。二人上关才要卸甲，遥见关外尘头大起，魏兵到来。二人相谓曰：“丞相神算，不可测度！”急登楼视之，乃魏将张郃也。二人乃分兵守住险道。张郃见蜀兵把住要路，遂令退军。魏延随后追杀一阵，魏兵死者无数，张郃大败而去。延回到关上，令人报知孔明。

孔明先自领兵，出陈仓斜谷，取了建威。后面蜀兵陆续进发。后主又命大将陈式来助。孔明驱大兵复出祁出。安下营寨，孔明聚众言曰："吾二次出祁山，不得其利，今又到此，吾料魏人必依旧战之地，与吾相敌。彼意疑我取雍、郿二处，必以兵拒守；吾观阴平、武都二郡，与汉连接，若得此城，亦可分魏兵之势。何人敢取之？"姜维曰："某愿往。"王平应曰："某亦愿往。"孔明大喜，遂令姜维引兵一万取武都，王平引兵一万取阴平。二人领兵去了。

再说张郃回到长安，见郭淮、孙礼，说："陈仓已失，郝昭已亡，散关亦被蜀兵夺了。今孔明复出祁山，分道进兵。"淮大惊曰："若如此，必取雍、郿矣！"乃留张郃守长安，令孙礼保雍城。淮自引兵星夜来郿城守御，一面上表入洛阳告急。

却说魏主曹睿设朝，近臣奏曰："陈仓城已失，郝昭已亡，诸葛亮又出祁山，散关亦被蜀兵夺了。"睿大惊。忽又奏满宠等有表，说："东吴孙权僭称帝号，与蜀同盟。今遣陆逊在武昌训练人马，听候调用。只在旦夕，必入寇矣。"睿闻知两处危急，举止失措，甚是惊慌。此时曹真病未痊，即召司马懿商议。懿奏曰："以臣愚意所料，东吴必不举兵。"睿曰："卿何以知之？"懿曰："孔明尝思报猇亭之仇，非不欲吞吴也，只恐中原乘虚击彼，故暂与东吴结盟。陆逊亦知其意，故假作兴兵之势以应之，实是坐观成败耳。陛下不必防吴，只须防蜀。"睿曰："卿真高见！"遂封懿为大都督，总摄陇西诸路军马，令近臣取曹真总兵将印来。懿曰："臣自去取之。"

遂辞帝出朝，径到曹真府下，先令人入府报知，懿方进见。问病毕，懿曰："东吴、西蜀会合，兴兵入寇，今孔明又出祁山下寨，明公知之乎？"真惊讶曰："吾家人知我病重，不令我知。似此国家危急，何不拜仲达为都督，以退蜀兵耶？"懿曰："某才薄智浅，不称其职。"真曰："取印与仲达。"懿曰："都督少虑。某愿助一臂之力，只不敢受此印也。"真跃起曰："如仲达不领此任，中国必危矣！吾当抱病见帝以保之！"懿曰："天子已有恩命，但懿不敢受耳。"真大喜曰："仲达今领此任，可退蜀兵。"懿见真再三让印，遂受之，入内辞了魏主，引兵往长安来与孔明决战。正是：旧帅印为新帅取，两路兵惟一路来。未知胜负如何，且看下文分解。

第九十九回 诸葛亮大破魏兵 司马懿入寇西蜀

蜀汉建兴七年夏四月，孔明兵在祁山，分作三寨，专候魏兵。却说司马懿引兵到长安，张郃接见，备言前事。懿令郃为先锋，戴陵为副将，引十万兵到祁山，于渭水之南下寨。郭淮、孙礼入寨参见。懿问曰："汝等曾与蜀兵对阵否？"二人答曰："未也。"懿曰："蜀兵千里而来，利在速战；今来此不战，必有谋也。陇西诸路，曾有信息否？"淮曰："已有细作探得各郡十分用心，日夜提防，并无他事。只有武都、阴平二处，未曾回报。"懿曰："吾自差人与孔明交战。汝二人急从小路去救二郡，却掩在蜀兵之后，彼必自乱矣。"

二人受计，引兵五千，从陇西小路来救武都、阴平，就袭蜀兵之后。郭淮于路谓孙礼曰："仲达比孔明如何？"礼曰："孔明胜仲达多矣。"淮曰："孔明虽胜，此一计足显仲达有过人之智。蜀兵如正攻两郡，我等从后抄到，彼岂不自乱乎？"正言间，忽哨马来报："阴平已被王平打破了，武都已被姜维打破了。前离蜀兵不远。"礼曰："蜀兵既已打破了城池，如何陈兵于外？必有诈也。不如速退。"郭淮从之。方传令教军退时，忽然一声炮响，山背后闪出一枝军马来，旗上大书："汉丞相诸葛亮"，中央一辆四轮车，孔明端坐于上；左有关兴，右有张苞。孙、郭二人见之，大惊。孔明大笑曰："郭淮、孙礼休走！司马懿之计，安能瞒得过吾？他每日令人在前交战，却教汝等袭吾军后。武都、阴平吾已取了。汝二人不早来降，欲驱兵与吾决战耶？"郭淮、孙礼听毕，大慌。忽然背后喊杀连天，王平、姜维引兵从后杀来。兴、苞二将又引军从前面杀来。两下夹攻，魏兵大败。郭、孙二人弃马爬山而走。张苞望见，骤马赶来；不期连人带马，跌入涧内，后军急忙救起，头已跌破。孔明令人送回成都养病。

却说郭、孙二人走脱，回见司马懿曰："武都、阴平二郡已失。孔明伏于要路，前后攻杀，因此大败，弃马步行，方得逃回。"懿曰："非汝等之罪，孔明智在吾先。可再引兵守把雍、郿二城，切勿出战。吾自有破敌之策。"二人拜辞而去。懿又唤张郃、戴陵分付曰："今孔明得了武都、阴平，必然抚百姓以安民心，不在营中矣。汝二人各引一万精兵，今夜起身，抄在蜀兵营后，一齐奋勇杀将过来；吾却引军在前布阵，只待蜀兵势乱，吾大驱士马，攻杀进去：两军并力，可夺蜀寨也。若得此地山势，破敌何难？"二人受计引兵而去。

戴陵在左，张郃在右，各取小路进发，深入蜀兵之后。三更时分，来到大路，两军相遇，合兵一处，却从蜀兵背后杀来。行不到三十里，前军不行。张、戴二人自纵马视之，只见数百辆草车横截去路。郃曰："此必有准备。可急取路而回。"才传令退军，只见满山火光齐明，鼓角大震，伏兵四下皆出，把二人围住。孔明在祁山上大叫曰："戴陵、张郃可听吾言：司马懿料吾往武都、阴平抚民，不在营中，故令汝二人来劫吾寨，却中吾之计也。汝二人乃无名下将，吾不杀害，下马早降！"郃大怒，指孔明而骂曰："汝乃山野村夫，侵吾大国境界，如何敢发此言！吾若捉住汝时，碎尸万段！"言讫，纵马挺枪，杀上山来。山上矢石如雨，郃不能上山，乃拍马舞枪，冲出重围，无人敢当。蜀兵困戴陵在垓心。郃杀出旧路，不见戴陵，即奋勇翻身又杀入重围，救出戴陵而回。孔明在山上，见郃在万军之中，往来冲突，英勇倍加，乃谓左右曰："尝闻张翼德大战张郃，人皆惊惧。吾今日见之，方知其勇也。若留下此人，必为蜀中之害。吾当除之。"遂收军还营。

却说司马懿引兵布成阵势，只待蜀兵乱动，一齐攻之。忽见张郃、戴陵狼狈而来，告曰："孔明先如此提防，因此大败而归。"懿大惊曰："孔明真神人也！不如且退。"即传令教大军尽回本寨，坚守不出。且说孔明大胜，所得器械、马匹，不计其数，乃引大军回寨。每日令魏延挑战，魏兵不出。一连半月，不曾交兵。孔明正在帐中思虑，忽报天子遣侍中费祎赍诏至。孔明接入营中，焚香礼毕，开诏读曰："街亭之役，咎由马谡；而君引愆，深自贬抑。重违君意，听顺所守。前年耀师，馘斩王双；今岁爰征，郭淮遁走；降集氐、羌，复兴二郡：威震凶暴，功勋显然。方今天下骚扰，元恶未枭，君受大任，干国之重，而久自抑损，非所以光扬洪烈矣。今复君丞相，君其勿辞！"孔明听诏毕，谓费祎曰："吾国事未成，安可复丞相之职？"坚辞不受。祎曰："丞相若不受职，拂了天子之意，又冷淡了将士之心。宜且权受。"孔明方才拜受。祎辞去。

孔明见司马懿不出，思得一计，传令教各处皆拔寨而起。当有细作报知司马懿，说孔明退兵了。懿曰："孔明必有大谋，不可轻动。"张郃曰："此必因粮尽而回，如何不追？"懿曰："吾料孔明上年大收，今又麦熟，粮草丰足；虽然转运艰难，亦可支吾半载，安肯便走？彼见吾连日不战，故作此计引诱。可令人远远哨之。"军士探知，回报说："孔明离此三十里下寨。"懿曰："吾料孔明果不走。且坚守寨栅，不可轻进。"住了旬日，绝无音信，并不见蜀将来战。懿再令人哨探，回报说："蜀兵已起营去了。"懿未信，乃更换衣服，杂在军中，亲自来看，果见蜀兵又退三十里下寨。懿回营谓张郃曰："此乃孔明之计也，不可追赶。”又住了旬日，再令人哨探。回报说：“蜀兵又退三十里下寨。”郃曰：“孔明用缓兵之计，渐退汉中，都督何故怀疑，不早追之？郃愿往决一战！”懿曰：“孔明诡计极多，倘有差失，丧我军之锐气。不可轻进。”郃曰：“某去若败，甘当军令。”懿曰：“既汝要去，可分兵两枝：汝引一枝先行，须要奋力死战；吾随后接应，以防伏兵。汝次日先进，到半途驻扎，后日交战，使兵力不乏。”遂分兵已毕。

次日，张郃、戴陵引副将数十员、精兵三万，奋勇先进，到半路下寨。司马懿留下许多军马守寨，只引五千精兵，随后进发。原来孔明密令人哨探，见魏兵半路而歇。是夜，孔明唤众将商议曰：“今魏兵来追，必然死战，汝等须以一当十，吾以伏兵截其后：非智勇之将，不可当此任。”言毕，以目视魏延。延低头不语。王平出曰：“某愿当之。”孔明曰：“若有失，如何？”平曰：“愿当军令。”孔明叹曰：“王平肯舍身亲冒矢石，真忠臣也！虽然如此，奈魏兵分两枝前后而来，断吾伏兵在中；平纵然智勇，只可当一头，岂可分身两处？须再得一将同去为妙。怎奈军中再无舍死当先之人！”言未毕，一将出曰：“某愿往！”孔明视之，乃张翼也。孔明曰：“张郃乃魏之名将，有万夫不当之勇，汝非敌手。”翼曰：“若有失事，愿献首于帐下。”孔明曰：“汝既敢去，可与王平各引一万精兵伏于山谷中；只待魏兵赶上，任他过尽，汝等却引伏兵从后掩杀。若司马懿随后赶来，却分兵两头：张翼引一军当住后队，王平引一军截其前队。两军须要死战。吾自有别计相助。”二人受计引兵而去。

孔明又唤姜维、廖化分付曰：“与汝二人一个锦囊，引三千精兵，偃旗息鼓，伏于前山之上。如见魏兵围住王平、张翼，十分危急，不必去救，只开锦囊看视，自有解危之策。”二人受计引兵而去。又令吴班、吴懿、马忠、张嶷四将，附耳分付曰：“如来日魏兵到，锐气正盛，不可便迎，且战且走。只看关兴引兵来掠阵之时，汝等便回军赶杀，吾自有兵接应。”四将受计引兵而去。又唤关兴分付曰：“汝引五千精兵，伏于山谷；只看山上红旗飐动，却引兵杀出。”兴受计引兵而去。

却说张郃、戴陵领兵前来，骤如风雨。马忠、张嶷、吴懿、吴班四将接着，出马交锋。张郃大怒，驱兵追杀。蜀兵且战且走，魏兵追赶约有二十余里，时值六月天气，十分炎热，人马汗如泼水。走到五十里外，魏兵尽皆气喘。孔明在山上把红旗一招，关兴引兵杀出。马忠等四将，一齐引兵掩杀回来。张郃、戴陵死战不退。忽然喊声大震，两路军杀出，乃王平、张翼也。各奋勇追杀，截其后路。郃大叫众将曰：“汝等到此，不决一死战，更待何时！”魏兵奋力冲突，不得脱身。忽然背后鼓角喧天，司马懿自领精兵杀到。懿指挥众将，把王平、张翼围在垓心。翼大呼曰：“丞相真神人也！计已算定，必有良谋。吾等当决一死战！”即分兵两路：平引一军截住张郃、戴陵，翼引一军力当司马懿。两头死战，叫杀连天。姜维、廖化在山上探望，见魏兵势大，蜀兵力危，渐渐抵当不住。维谓化曰：“如此危急，可开锦囊看计。”二人拆开视之，内书云：“若司马懿兵来围王平、张翼至急，汝二人可分兵两枝，竟袭司马懿之营；懿必急退，汝可乘乱攻之。营虽不得，可获全胜。”二人大喜，即分兵两路，径袭司马懿营中而去。原来司马懿亦恐中孔明之计，沿途不住的令人传报。懿正催战间，忽流星马飞报，言蜀兵两路竟取大寨去了，懿大惊失色，乃谓众将曰：“吾料孔明有计，汝等不信，勉强追来，却误了大事！”即提兵急回。军心惶惶乱走。张翼随后掩杀，魏兵大败。张郃、戴陵见势孤，亦望山僻小路而走，蜀兵大胜。背后关兴引兵接应诸路。司马懿大败一阵，奔入寨时，蜀兵已自回去。懿收聚败军，责骂诸将曰：“汝等不知兵法，只凭血气之勇，强欲出战，致有此败。今后切不许妄动，再有不遵，决正军法！”众皆羞惭而退。这一阵，魏军死者极多，遗弃马匹器械无数。却说孔明收得胜军马入寨，又欲起兵进取。忽报有人自成都来，说张苞身死。孔明闻知，放声大哭，口中吐血，昏绝于地。众人救醒。孔明自此得病卧床不起。诸将无不感激。后人有诗叹曰：“悍勇张苞欲建功，可怜天不助英雄！武侯泪向西风洒，为念无人佐鞠躬。”

旬日之后，孔明唤董厥、樊建等入帐分付曰：“吾自觉昏沉，不能理事；不如且回汉中养病，再作良图。汝等切勿走泄：司马懿若知，必来攻击。”遂传号令，教当夜暗暗拔寨，皆回汉中。孔明去了五日，懿方得知，乃长叹曰：“孔明真有神出鬼没之计，吾不能及也！”于是司马懿留诸将在寨中，分兵守把各处隘口；懿自班师回。

却说孔明将大军屯于汉中，自回成都养病；文武官僚出城迎接，送入丞相府中，后主御驾自来问病，命御医调治，日渐痊可。建兴八年秋七月，魏都督曹真病可，乃上表说：“蜀兵数次侵界，屡犯中原，若不剿除，必为后患。今时值秋凉，人马安闲，正当征伐。臣愿与司马懿同领大军，径入汉中，殄灭奸党，以清边境。”魏主大喜，问侍中刘晔曰：“子丹劝朕伐蜀，若何？”晔奏曰：“大将军之言是也。今若不剿除，后必为大患。陛下便可行之。”睿点头。晔出内回家，有众大臣相探，问曰：“闻天子与公计议兴兵伐蜀，此事如何？”晔应曰：“无此事也。蜀有山川之险，非可易图；空费军马之劳，于国无益。”众官皆默然而出。杨暨入内奏曰：“昨闻刘晔劝陛下伐蜀；今日与众臣议，又言不可伐：是欺陛下也。陛下何不召而问之？”睿即召刘晔入内问曰：“卿劝朕伐蜀；今又言不可，何也？”晔曰：“臣细详之，蜀不可伐。”睿大笑。少时，杨暨出内。晔奏曰：“臣昨日劝陛下伐蜀，乃国之大事，岂可妄泄于人？夫兵者，诡道也：事未发，切宜秘之。”睿大悟曰：“卿言是也。”自此愈加敬重。

旬日内，司马懿入朝，魏主将曹真表奏之事，逐一言之。懿奏曰：“臣料东吴未敢动兵，今日正可乘此去伐蜀。”睿即拜曹真为大司马、征西大都督，司马懿为大将军、征西副都督，刘晔为军师。三人拜辞魏主，引四十万大兵，前行至长安，径奔剑阁，来取汉中。其余郭淮、孙礼等，各取路而行。汉中人报入成都。此时孔明病好多时，每日操练人马，习学八阵之法，尽皆精熟，欲取中原；听得这个消息，遂唤张嶷、王平分付曰：“汝二人先引一千兵去守陈仓古道，以当魏兵；吾却提大兵便来接应。”二人告曰：“人报魏军四十万，诈称八十万，声势甚大，如何只与一千兵去守隘口？倘魏兵大至，何以拒之？”孔明曰：“吾欲多与，恐士卒辛苦耳。”嶷与平面面相觑，皆不敢去。孔明曰：“若有疏失，非汝等之罪。不必多言，可疾去。”二人又哀告曰：“丞相欲杀某二人，就此清杀，只不敢去。”孔明笑曰：“何其愚也！吾令汝等去，自有主见：吾昨夜仰观天文，见毕星躔于太阴之分，此月内必有大雨淋漓；魏兵虽有四十万，安敢深入山险之地？因此不用多军，决不受害。吾将大军皆在汉中安居一月，待魏兵退，那时以大兵掩之：以逸待劳，吾十万之众可胜魏兵四十万也。”二人听毕，方大喜，拜辞而去。孔明随统大军出汉中，传令教各处隘口，预备干柴草料细粮，俱够一月人马支用，以防秋雨；将大军宽限一月，先给衣食，伺候出征。却说曹真、司马懿同领大军，径到陈仓城内，不见一间房屋；寻土人问之，皆言孔明回时放火烧毁。曹真便要从陈仓道进发。懿曰：“不可轻进。我夜观天文，见毕星躔于太阴之分，此月内必有大雨；若深入重地，常胜则可。倘有疏虞，人马受苦，要退则难。且宜在城中搭起窝铺住扎，以防阴雨。”真从其言。未及半月，天雨大降，淋漓不止。陈仓城外，平地水深三尺，军器尽湿，人不得睡，昼夜不安。大雨连降三十日，马无草料，死者无数，军士怨声不绝。传入洛阳，魏主设坛，求晴不得。黄门侍郎王肃上疏曰：“前志有之：千里馈粮，士有饥色；樵苏后爨，师不宿饱。此谓平途之行军者也。又况于深入险阻，凿路而前，则其为劳，必相百也。今又加之以霖雨，山坂峻滑，众逼而不展，粮远而难继：实行军之大忌也。闻曹真发已逾月，而行方半谷，治道功大，战士悉作：是彼偏得以逸待劳，乃兵家之所惮也。言之前代，则武王伐纣，出关而复还；论之近事，则武、文征权，临江而不济：岂非顺天知时，通于权变者哉？愿陛下念水雨艰剧之故，休息士卒；后日有衅，乘时用之。所谓悦以犯难，民忘其死者也。”魏主览表，正在犹豫，杨阜、华歆亦上疏谏。魏主即下诏，遣使诏曹真、司马懿还朝。

却说曹真与司马懿商议曰：“今连阴三十日，军无战心，各有思归之意，如何禁止？”懿曰：“不如且回。”真曰：“倘孔明追来，怎生退之？”懿曰：“先伏两军断后，方可回兵。”正议间，忽使命来召。二人遂将大军前队作后队，后队作前队，徐徐而退。却说孔明计算一月秋雨将尽，天尚未晴，自提一军屯于城固，又传令教大军会于赤坡驻扎。孔明升帐唤众将言曰：“吾料魏兵必走，魏主必下诏来取曹真、司马懿兵回。吾若追之，必有准备；不如任他且去，再作良图。”忽王平令人报来，说魏兵已回。孔明分付来人，传与王平：“不可追袭。吾自有破魏兵之策。”正是：魏兵纵使能埋伏，汉相原来不肯追。未知孔明怎生破魏，且看下文分解。

第一百回 汉兵劫寨破曹真 武侯斗阵辱仲达

却说众将闻孔明不追魏兵，俱入帐告曰：“魏兵苦雨，不能屯扎，因此回去，正好乘势追之。丞相如何不追？”孔明曰：“司马懿善能用兵，今军退必有埋伏。吾若追之，正中其计。不如纵他远去，吾却分兵径出斜谷而取祁山，使魏人不提防也。”众将曰：“取长安之地，别有路途；丞相只取祁山，何也？”孔明曰：“祁山乃长安之首也：陇西诸郡，倘有兵来，必经由此地；更兼前临渭滨，后靠斜谷，左出右入。可以伏兵，乃用武之地。吾故欲先取此，得地利也。”众将皆拜服。孔明令魏延、张嶷、杜琼、陈式出箕谷；马岱、王平、张翼、马忠出斜谷：俱会于祁山。调拨已定，孔明自提大军，令关兴、廖化为先锋，随后进发。却说曹真、司马懿二人，在后监督人马，令一军入陈仓古道探视，回报说蜀兵不来。又行旬日，后面埋伏众将皆回，说蜀兵全无音耗。真曰：“连绵秋雨，栈道断绝，蜀人岂知吾等退军耶？”懿曰：“蜀兵随后出矣。”真曰：“何以知之？”懿曰：“连日晴明，蜀兵不赶，料吾有伏兵也，故纵我兵远去；待我兵过尽，他却夺祁山矣。”曹真不信。懿曰：“子丹如何不信？吾料孔明必从两谷而来。吾与子丹各守一谷口，十日为期。若无蜀兵来，我面涂红粉，身穿女衣，来营中伏罪。”真曰：“若有蜀兵来，我愿将天子所赐玉带一条、御马一匹与你。”即分兵两路：真引兵屯于祁山之西斜谷口；懿引军屯于祁山之东箕谷口。各下寨已毕。懿先引一枝兵伏于山谷中；其余军马，各于要路安营。懿更换衣装，杂在全军之内，遍观各营。忽到一营，有一偏将仰天而怨曰：“大雨淋了许多时，不肯回去；今又在这里顿住，强要赌赛，却不苦了官军！”懿闻言，归寨升帐，聚众将皆到帐下，挨出那将来。懿叱之曰：“朝廷养军千日，用在一时。汝安敢出怨言，以慢军心！”其人不招。懿叫出同伴之人对证，那将不能抵赖。懿曰：“吾非赌赛；欲胜蜀兵，令汝各人有功回朝，汝乃妄出怨言，自取罪戾！”喝令武士推出斩之。须臾，献首帐下。众将悚然。懿曰：“汝等诸将皆要尽心以防蜀兵。听吾中军炮响，四面皆进。”众将受令而退。

却说魏延、张嶷、陈式、杜琼四将，引二万兵，取箕谷而进。正行之间，忽报参谋邓芝到来。四将问其故，芝曰：“丞相有令：如出箕谷，提防魏兵埋伏，不可轻进。”陈式曰：“丞相用兵何多疑耶？吾料魏兵连遭大雨，衣甲皆毁，必然急归；安得又有埋伏？今吾兵倍道而进，可获大胜，如何又教休进？”芝曰：“丞相计无不中，谋无不成，汝安敢违令？”式笑曰：“丞相若果多谋，不致街亭之失！”魏延想起孔明向日不听其计，亦笑曰：“丞相若听吾言，径出子午谷，此时休说长安，连洛阳皆得矣！今执定要出祁山。有何益耶？既令进兵，今又教休进。何其号令不明！”式曰：“吾自有五千兵，径出箕谷，先到祁山下寨，看丞相羞也不羞！”芝再三阻当，式只不听，径自引五千兵出箕谷去了。邓芝只得飞报孔明。

却说陈式引兵行不数里，忽听的一声炮响，四面伏兵皆出。式急退时，魏兵塞满谷口，围得铁桶相似。式左冲右突，不能得脱。忽闻喊声大震，一彪军杀入，乃是魏延。救了陈式，回到谷中，五千兵只剩得四五百带伤人马。背后魏兵赶来，却得杜琼、张嶷引兵接应，魏兵方退。陈、魏二人方信孔明先见如神，懊悔不及。

且说邓芝回见孔明，言魏延、陈式如此无礼。孔明笑曰：“魏延素有反相，吾知彼常有不平之意；因怜其勇而用之。久后必生患害。”正言间，忽流星马报到，说陈式折了四千余人，止有四五百带伤人马，屯在谷中。孔明令邓芝再来箕谷抚慰陈式，防其生变；一面唤马岱、王平分付曰：“斜谷若有魏兵守把，汝二人引本部军越山岭，夜行昼伏，速出祁山之左，举火为号。”又唤马忠、张翼分付曰：“汝等亦从山僻小路，昼伏夜行，径出祁山之右，举火为号，与马岱、王平会合，共劫曹真营寨。吾自从谷中三面攻之，魏兵可破也。”四人领命分头引兵去了。孔明又唤关兴、廖化分付曰：如此如此。二人受了密计，引兵而去。孔明自领精兵倍道而行。正行间，又唤吴班、吴懿授与密计，亦引兵先行。

却说曹真心中不信蜀兵来，以此怠慢，纵令军士歇息；只等十日无事，要羞司马懿，不觉守了七日，忽有人报谷中有些小蜀兵出来。真令副将秦良引五千兵哨探，不许纵令蜀兵近界。秦良领命，引兵刚到谷口，哨见蜀兵退去。良急引兵赶来，行到五六十里，不见蜀兵，心下疑惑，教军士下马歇息。忽哨马报说：“前面有蜀兵埋伏。”良上马看时，只见山中尘土大起，急令军士提防。不一时，四壁厢喊声大震：前面吴班、吴懿引兵杀出，背后关兴、廖化引兵杀来。左右是山，皆无走路。山上蜀兵大叫：“下马投降者免死！”魏兵大半多降。秦良死战，被廖化一刀斩于马下。

孔明把降兵拘于后军，却将魏兵衣甲与蜀兵五千人穿了，扮作魏兵，令关兴、廖化、吴班、吴懿四将引着，径奔曹真寨来；先令报马入寨说：“只有些小蜀兵，尽赶去了。”真大喜。忽报司马都督差心腹人至。真唤入问之。其人告曰：“今都督用埋伏计，杀蜀兵四千余人。司马都督致意将军，教休将赌赛为念，务要用心提备。”真曰：“吾这里并无一个蜀兵。”遂打发来人回去。忽又报秦良引兵回来了。真自出帐迎之。比及到寨，人报前后两把火起。真急回寨后看时，关兴、廖化、吴班、吴懿四将，指麾蜀军，就营前杀将进来；马岱、王平从后面杀来；马忠、张翼亦引兵杀到。魏军措手不及，各自逃生。众将保曹真望东而走，背后蜀兵赶来。

曹真正奔走，忽然喊声大震，一彪军杀到。真胆战心惊，视之，乃司马懿也。懿大战一场，蜀兵方退。真得脱，羞惭无地。懿曰：“诸葛亮夺了祁山地势，吾等不可久居此处；宜去渭滨安营，再作良图。”真曰：“仲达何以知吾遭此大败也？”懿曰：“见来人报称子丹说并无一个蜀兵，吾料孔明暗来劫寨，因此知之，故相接应。今果中计。切莫言赌赛之事，只同心报国。”曹真甚是惶恐，气成疾病，卧床不起。兵屯渭滨，懿恐军心有乱，不敢教真引兵。

却说孔明大驱士马，复出祁山。劳军已毕，魏延、陈式、杜琼、张嶷入帐拜伏请罪。孔明曰：“是谁失陷了军来？”延曰：“陈式不听号令，潜入谷口，以此大败。”式曰：“此事魏延教我行来。”孔明曰：“他倒救你，你反攀他！将令已违，不必巧说！”即叱武士推出陈式斩之。须臾，悬首于帐前，以示诸将。此时孔明不杀魏延，欲留之以为后用也。

孔明既斩了陈式，正议进兵，忽有细作报说曹真卧病不起，现在营中治疗。孔明大喜，谓诸将曰：“若曹真病轻，必便回长安。今魏兵不退，必为病重，故留于军中，以安众人之心。吾写下一书，教秦良的降兵持与曹真，真若见之，必然死矣！”

遂唤降兵至帐下，问曰："汝等皆是魏军，父母妻子多在中原，不宜久居蜀中。今放汝等回家，若何？"众军泣泪拜谢。孔明曰："曹子丹与吾有约；吾有一书，汝等带回，送与子丹，必有重赏。"魏军领了书，奔回本寨，将孔明书呈与曹真。真扶病而起，拆封视之。其书曰："汉丞相、武乡侯诸葛亮，致书于大司马曹子丹之前：窃谓夫为将者，能去能就，能柔能刚；能进能退，能弱能强。不动如山岳，难测如阴阳；无穷如天地，充实如太仓；浩渺如四海，眩曜如三光。预知天文之旱涝，先识地理之平康；察阵势之期会，揣敌人之短长。嗟尔无学后辈，上逆穹苍；助篡国之反贼，称帝号于洛阳；走残兵于斜谷，遭霖雨于陈仓；水陆困乏，人马猖狂；抛盈郊之戈甲，弃满地之刀枪；都督心崩而胆裂，将军鼠窜而狼忙！无面见关中之父老，何颜入相府之厅堂！史官秉笔而记录，百姓众口而传扬：仲达闻阵而惕惕，子丹望风而遑遑！吾军兵强而马壮，大将虎奋以龙骧；扫秦川为平壤，荡魏国作丘荒！"曹真看毕，恨气填胸；至夜，死于军中。司马懿用兵车装载，差人送赴洛阳安葬。

魏主闻知曹真已死，即下诏催司马懿出战。懿提大军来与孔明交锋，隔日先下战书。孔明谓诸将曰："曹真必死矣。"遂批回"来日交锋"，使者去了。孔明当夜教姜维受了密计：如此而行；又唤关兴分付：如此如此。

次日，孔明尽起祁山之兵前到渭滨：一边是河，一边是山，中央平川旷野，好片战场！两军相迎，以弓箭射住阵角。三通鼓罢，魏阵中门旗开处，司马懿出马，众将随后而出。只见孔明端坐于四轮车上，手摇羽扇。懿曰："吾主上法尧禅舜，相传二帝，坐镇中原，容汝蜀、吴二国者，乃吾主宽慈仁厚，恐伤百姓也。汝乃南阳一耕夫，不识天数，强要相侵，理宜殄灭！如省心改过，宜即早回，各守疆界，以成鼎足之势，免致生灵涂炭，汝等皆得全生！"孔明笑曰："吾受先帝托孤之重，安肯不倾心竭力以讨贼乎！汝曹氏不久为汉所灭。汝祖父皆为汉臣，世食汉禄，不思报效，反助篡逆，岂不自耻？"懿羞惭满面曰："吾与汝决一雌雄！汝若能胜，吾誓不为大将！汝若败时，早归故里，吾并不加害。"

孔明曰："汝欲斗将？斗兵？斗阵法？"懿曰："先斗阵法？"孔明曰："先布阵我看。"懿入中军帐下，手执黄旗招飐，左右军动，排成一阵。复上马出阵，问曰："汝识吾阵否？"孔明笑曰："吾军中末将，亦能布之。此乃混元一气阵也。"懿曰："汝布阵我看。"孔明入阵，把羽扇一摇，复出阵前，问曰："汝识我阵否？"懿曰："量此八卦阵，如何不识！"孔明曰："识便识了，敢打我阵否？"懿曰："既识之，如何不敢打！"孔明曰："汝只管打来。"司马懿回到本阵中，唤戴陵、张虎、乐綝三将，分付曰："今孔明所布之阵，按休、生、伤、杜、景、死、惊、开八门。汝三人可从正东生门打入，往西南休门杀出，复从正北开门杀入：此阵可破。汝等小心在意！"

于是戴陵在中，张虎在前，乐綝在后，各引三十骑，从生门打入。两军呐喊相助。三人杀入蜀阵，只见阵如连城，冲突不出。三人慌引骑转过阵脚，往西南冲去，却被蜀兵射住，冲突不出。阵中重重叠叠，都有门户，那里分东西南北？三将不能相顾，只管乱撞，但见愁云漠漠，惨雾蒙蒙。喊声起处，魏军一个个皆被缚了，送到中军。

孔明坐于帐中，左右将张虎、戴陵、乐綝并九十个军，皆缚在帐下。孔明笑曰："吾纵然捉得汝等，何足为奇！吾放汝等回见司马懿，教他再读兵书，重观战策，那时来决雌雄，未为迟也。汝等性命既饶，当留下军器战马。"遂将众人衣服脱了，以墨涂面，步行出阵。司马懿见之大怒，回顾诸将曰："如此挫败锐气，有何面目回见中原大臣耶！"即指挥三军，奋死掠阵，懿自拔剑在手，引百余骁将，催督冲杀。

两军恰才相会，忽然阵后鼓角齐鸣，喊声大震，一彪军从西南上杀来，乃关兴也。懿分后军当之，复催军向前厮杀。忽然魏兵大乱：原来姜维引一彪军悄地杀来，蜀兵三路夹攻。懿大惊，急忙退军。蜀兵周围杀到，懿引三军望南死命冲击。魏兵十伤六七。司马懿退在渭滨南岸下寨，坚守不出。

孔明收得胜之兵，回到祁山时，永安城李严遣都尉苟安解送粮米，至军中交割。苟安好酒，于路怠慢，违限十日。孔明大怒曰："吾军中专以粮为大事，误了三日，便该处斩！汝今误了十日，有何理说？"喝令推出斩之。长史杨仪曰："苟安乃李严用人，又兼钱粮多出于西川，若杀此人，后无人敢送粮也。"孔明乃叱武士去其缚，杖八十放之。苟安被责，心中怀恨，连夜引亲随五六骑，径奔魏寨投降。懿唤入，苟安拜告前事。懿曰："虽然如此，孔明多谋，汝言难信。汝能为我干一件大功，吾那时奏准天子，保汝为上将。"安曰："但有甚事，即当效力。"懿曰："汝可回成都布散流言，说孔明有怨上之意，早晚欲称为帝，使汝主召回孔明：即是汝之功矣。"苟安允诺，径回成都，见了宦官，布散流言，说孔明自倚大功，早晚必将篡国。宦官闻知大惊，即入内奏帝，细言前事。后主惊讶曰："似此如之奈何？"宦官曰："可诏还成都，削其兵权，免生叛逆。"后主下诏，宣孔明班师回朝。蒋琬出班奏曰："丞相自出师以来，累建大功，何故宣回？"后主曰："朕有机密事，必须与丞相面议。"即遣使赍诏星夜宣孔明回。

使命径到祁山大寨，孔明接入，受诏已毕，仰天叹曰："主上年幼，必有佞臣在侧！吾正欲建功，何故取回？我如不回，是欺主矣。若奉命而退，日后再难得此机会也。"姜维问曰："若大军退，司马懿乘势掩杀，当复如何？"孔明曰："吾今退军，可分五路而退。今日先退此营，假如营内一千兵，却掘二千灶，明日掘三千灶，后日掘四千灶：每日退军，添灶而行。"杨仪曰："昔孙膑擒庞涓，用添兵减灶之法而取胜；今丞相退兵，何故增灶？"孔明曰："司马懿善能用兵，知吾兵退，必然追赶；心中疑吾有伏兵，定于旧营内数灶；见每日增灶，兵又不知退与不退，则疑而不敢追。吾徐徐而退，自无损兵之患。"遂传令退军。

却说司马懿料苟安行计停当，只待蜀兵退时，一齐掩杀。正踌躇间，忽报蜀寨空虚，人马皆去。懿因孔明多谋，不敢轻追，自引百余骑前来蜀营内踏看，教军士数灶，仍回本寨；次日，又教军士赶到那个营内，查点灶数。回报说："这营内之灶，比前又增一分。"司马懿谓诸将曰："吾料孔明多谋，今果添兵增灶，吾若追之，必中其计；不如且退，再作良图。"于是回军不追。孔明不折一人，望成都而去。次后，川口土人来报司马懿，说孔明退兵之时，未见添兵，只见增灶。懿仰天长叹曰："孔明效虞诩之法，瞒过吾也！其谋略吾不如之！"遂引大军还洛阳。正是：棋逢敌手难相胜，将遇良才不敢骄。未知孔明退回成都，竟是如何，且看下文分解。

第一百一回 出陇上诸葛妆神 奔剑阁张郃中计

却说孔明用减兵添灶之法，退兵到汉中；司马懿恐有埋伏，不敢追赶，亦收兵回长安去了，因此蜀兵不曾折了一人。孔明大赏三军已毕，回到成都，入见后主，奏曰："老臣出了祁山，欲取长安，忽承陛下降诏召回，不知有何大事？"后主无言可对；良久，乃曰："朕久不见丞相之面，心甚思慕，故特诏回，一无他事。"孔明曰："此非陛下本心，必有奸臣谗谮，言臣有异志也。"后主闻言，默然无语。孔明曰："老臣受先帝厚恩，誓以死报。今若内有奸邪，臣安能讨贼乎？"后主曰："朕因过听宦官之言，一时召回丞相。今日茅塞方开，悔之不及矣！"孔明遂唤众宦官究问，方知是苟安流言；急令人捕之，已投魏国去了。孔明将妄奏的宦官诛戮，余皆废出宫外；又深责蒋琬、费祎等不能觉察奸邪，规谏天子。二人唯唯服罪。孔明拜辞后主，复到汉中，一面发檄令李严应付粮草，仍运赴军前；一面再议出师。杨仪曰："前数兴兵，军力罢敝，粮又不继；今不如分兵两班，以三个月为期：且如二十万之兵，只领十万出祁山，住了三个月，却教这十万替回，循环相转。若此则兵力不乏，然后徐徐而进，中原可图矣。"孔明曰："此言正合我意。吾伐中原，非一朝一夕之事，正当为此长久之计。"遂下令，分兵两班，限一百日为期，循环相转，违限者按军法处治。建兴九年春二月，孔明复出师伐魏。时魏太和五年也。魏主曹睿知孔明又伐中原，急召司马懿商议。懿曰："今子丹已亡，臣愿竭一人之力，剿除寇贼，以报陛下。"睿大喜，设宴待之。次日，人报蜀兵寇急。睿即命司马懿出师御敌，亲排銮驾送出城外。懿辞了魏主，径到长安，大会诸路人马，计议破蜀兵之策。张郃曰："吾愿引一军去守雍、郿，以拒蜀兵。"懿曰："吾前军不能独当孔明之众，而又分兵为前后，非胜算也。不如留兵守上邽，余众悉往祁山。公肯为先锋否？"郃大喜曰："吾素怀忠义，欲尽心报国，惜未遇知己；今都督肯委重任，虽万死不辞！"于是司马懿令张郃为先锋，总督大军。又令郭淮守陇西诸郡，其余众将各分道而进。

前军哨马报说：孔明率大军望祁山进发，前部先锋王平、张嶷，径出陈仓，过剑阁，由散关望斜谷而来。司马懿谓张郃曰："今孔明长驱大进，必将割陇西小麦，以资军粮。汝可结营守祁山，吾与郭淮巡略天水诸郡，以防蜀兵割麦。"郃领诺，遂引四万兵守祁山。懿引大军望陇西而去。

却说孔明兵至祁山，安营已毕，见渭滨有魏军提备，乃谓诸将曰："此必是司马懿也。即今营中乏粮，屡遣人催并李严运米应付，却只是不到。吾料陇上麦熟，可密引兵割之。"于是留王平、张嶷、吴班、吴懿四将守祁山营，孔明自引姜维、魏延等诸将，前到卤城。卤城太守素知孔明，慌忙开城出降。孔明抚慰毕，问曰："此时何处麦熟？"太守告曰："陇上麦已熟。"孔明乃留张翼、马忠守卤城，自引诸将并三军望陇上而来。前军回报说："司马懿引兵在此。"孔明惊曰："此人预知吾来割麦也！"即沐浴更衣，推过一般三辆四轮车来，车上皆要一样妆饰。此车乃孔明在蜀中预先造下的。

当下令姜维引一千军护车，五百军擂鼓，伏在上邽之后；马岱在左，魏延在右，亦各引一千军护车，五百军擂鼓。每一辆车，用二十四人，皂衣跣足，披发仗剑，手执七星皂旛，在左右推车。三人各受计，引兵推车而去。孔明又令三万军皆执镰刀、驮绳，伺候割麦。却选二十四个精壮之士，各穿皂衣，披发跣足，仗剑簇拥四轮车，为推车使者。令关兴结束做天蓬模样，手执七星皂幡，步行于车前。孔明端坐于上，望魏营而来。哨探军见之大惊，不知是人是鬼，火速报知司马懿。懿自出营视之，只见孔明簪冠鹤氅，手摇羽扇，端坐于四轮车上；左右二十四人，披发仗剑；前面一人，手执皂幡，隐隐似天神一般。懿曰："这个又是孔明作怪也！"遂拨二千人马分付曰："汝等疾去，连车带人，尽情都捉来！"魏兵领命，一齐追赶。孔明见魏兵赶来，便教回车，遥望蜀营缓缓而行。魏兵皆骤马追赶，但见阴风习习，冷雾漫漫。尽力赶了一程，追之不上。各人大惊，都勒住马言曰："奇怪！我等急急赶了三十里，只见在前，追之不上，如之奈何？"孔明见兵不来，又令推车过来，朝着魏兵歇下。魏兵犹豫良久，又放马赶来。孔明复回车慢慢而行。魏兵又赶了二十里，只见在前，不曾赶上，尽皆痴呆。孔明教回过车，朝着魏军，推车倒行。魏兵又欲追赶。后面司马懿自引一军到，传令曰："孔明善会八门遁甲，能驱六丁六甲之神。此乃六甲天书内缩地之法也。众军不可追之。"众军方勒马回时，左势下战鼓大震，一彪军杀来。懿急令兵拒之，只见蜀兵队里二十四人，披发仗剑，皂衣跣足，拥出一辆四轮车；车上端坐孔明，簪冠鹤氅，手摇羽扇。懿大惊曰："方才那个车上坐着孔明，赶了五十里，追之不上；如何这里又有孔明？怪哉！怪哉！"言未毕，右势下战鼓又鸣，一彪军杀来，四轮车上亦坐着一个孔明，左右亦有二十四人，皂衣跣足，披发仗剑，拥车而来。懿心中大疑，回顾诸将曰："此必神兵也！"众军心下大乱，不敢交战，各自奔走。正行之际，忽然鼓声大震，又一彪军杀来：当先一辆四轮车，孔明端坐于上，左右前后推车使者，同前一般。魏兵无不骇然。

司马懿不知是人是鬼，又不知多少蜀兵，十分惊惧，急急引兵奔入上邽，闭门不出。此时孔明早令三万精兵将陇上小麦割尽，运赴卤城打晒去了。司马懿在上邽城中，三日不敢出城。后见蜀兵退去，方敢令军出哨；于路捉得一蜀兵，来见司马懿。懿问之，其人告曰："某乃割麦之人，因走失马匹，被捉前来。"懿曰："前者是何神兵？"答曰："三路伏兵，皆不是孔明，乃姜维、马岱、魏延也。每一路只有一千军护车，五百军擂鼓。只是先来诱阵的车上乃孔明也。"懿仰天长叹曰："孔明有神出鬼没之机！"忽报副都督郭淮入见。懿接入，礼毕，淮曰："吾闻蜀兵不多，现在卤城打麦，可以击之。"懿细言前事。淮笑曰："只瞒过一时，今已识破，何足道哉！吾引一军攻其后，公引一军攻其前，卤城可破，孔明可擒类。"懿从之，遂分兵两路而来。

却说孔明引军在卤城打晒小麦，忽唤诸将听今曰："今夜敌人必来攻城。吾料卤城东西麦田之内，足可伏兵；谁敢为我一往？"姜维、魏延、马忠、马岱四将出曰："某等愿往。"孔明大喜，乃命姜维、魏延各引二千兵，伏在东南、西北两处；马岱、马忠各引二千兵，伏在西南、东北两处："只听炮响，四角一齐杀来。"四将受计，引兵去了。孔明自引百余人，各带火炮出城，伏在麦田之内等候。

却说司马懿引兵径到卤城下，日已昏黑，乃谓诸将曰："若白日进兵，城中必有准备；今可乘夜晚攻之。此处城低壕浅，可便打破。"遂屯兵城外。一更时分，郭淮亦引兵到。两下合兵，一声鼓响，把卤城围得铁桶相似。城上万弩齐发，矢石如雨，魏兵不敢前进。忽然魏军中信炮连声，三军大惊，又不知何处兵来。淮令人去麦田搜时，四角上火光冲天，喊声大震，四路蜀兵，一齐杀至；卤城四门大开，城内兵杀出：里应外合，大杀了一阵，魏兵死者无数。司马懿引败兵奋死突出重围，占住了山头；郭淮亦引败兵奔到山后扎住。孔明入城，令四将于四角下安营。

郭淮告司马懿曰："今与蜀兵相持许久，无策可退；目下又被杀了一阵，折伤三千余人；若不早图，日后难退矣。"懿曰："当复如何？"淮曰："可发檄文调雍、凉人马并力剿杀。吾愿引军袭剑阁，截其归路，使彼粮草不通，三军慌乱：那时乘势击之，敌可灭矣。"懿从之，即发檄文星夜往雍、凉调拨人马，不一日，大将孙礼引雍、凉诸郡人马到。懿即令孙礼约会郭淮去袭剑阁。却说孔明在卤城相拒日久，不见魏兵出战，乃唤姜维、马岱入城听令曰："今魏兵守住山险，不与我战：一者料吾麦尽无粮；二者令兵去袭剑阁，断吾粮道也。汝二人各引一万军先去守住险要，魏兵见有准备，自然退去。"二人引兵去了。

长史杨仪入帐告曰："向者丞相令大兵一百日一换，今已限足，汉中兵已出川口，前路公文已到，只待会兵交换：现存八万军，内四万该与换班。"孔明曰："既有令，便教速行。"众军闻知，各各收拾起程。忽报孙礼引雍、凉人马二十万来助战，去袭剑阁，司马懿自引兵来攻卤城了。蜀兵无不惊骇。

杨仪入告孔明曰："魏兵来得甚急，丞相可将换班军且留下退敌，待新来兵到，然后换之。"孔明曰："不可。吾用兵命将，以信为本；既有令在先，岂可失信？且蜀兵应去者，皆准备归计，其父母妻子倚扉而望；吾今便有大难，决不留他。"即传令教应去之兵，当日便行。众军闻之，皆大呼曰："丞相如此施恩于众，我等愿且不回，各舍一命，大杀魏兵，以报丞相！"孔明曰："尔等该还家，岂可复留于此？"众军皆要出战，不愿回家。孔明曰："汝等既要与我出战，可出城安营，待魏兵到，莫待他息喘，便急攻之：此以逸待劳之法也。”众兵领命，各执兵器，欢喜出城，列阵而待。却说西凉人马倍道而来，走的人马困乏；方欲下营歇息，被蜀兵一拥而进，人人奋勇，将锐兵骁，雍、凉兵抵敌不住，望后便退。蜀兵奋力追杀，杀得那雍、凉兵尸横遍野，血流成渠。孔明出城，收聚得胜之兵，入城赏劳。忽报永安李严有书告急。孔明大惊，拆封视之。书云：“近闻东吴令人入洛阳，与魏连和；魏令吴取蜀，幸吴尚未起兵。今严探知消息，伏望丞相，早作良图。”孔明览毕，甚是惊疑，乃聚诸将曰：“若东吴兴兵寇蜀，吾须索速回也。”即传令，教祁山大寨人马，且退回西川：“司马懿知吾屯军在此，必不敢追赶。”于是王平、张嶷、吴班、吴懿，分兵两路，徐徐退入西川去了。张郃见蜀兵退去，恐有计策，不敢来追，乃引兵往见司马懿曰：“今蜀兵退去，不知何意？”懿曰：“孔明诡计极多，不可轻动。不如坚守，待他粮尽，自然退去。”大将魏平出曰：“蜀兵拔祁山之营而退，正可乘势追之，都督按兵不动，畏蜀如虎，奈天下笑何？”懿坚执不从。

却说孔明知祁山兵已回，遂令杨仪、马忠入帐，授以密计，令先引一万弓弩手，去剑阁木门道，两下埋伏；若魏兵追到，听吾炮响，急滚下木石，先截其去路，两头一齐射之。二人引兵去了。又唤魏延、关兴引兵断后，城上四面遍插旌旗，城内乱堆柴草，虚放烟火。大兵尽望木门道而去。

魏营巡哨军来报司马懿曰：“蜀兵大队已退，但不知城中还有多少兵。”懿自往视之，见城上插旗，城中烟起，笑曰：“此乃空城也。”令人探之，果是空城，懿大喜曰：“孔明已退，谁敢追之？”先锋张郃曰：“吾愿往。”懿阻曰：“公性急躁，不可去。”郃曰：“都督出关之时，命吾为先锋；今日正是立功之际，却不用吾，何也？”懿曰：“蜀兵退去，险阻处必有埋伏，须十分仔细，方可追之。”郃曰：“吾已知得，不必挂虑。”懿曰：“公自欲去，莫要追悔。”郃曰：“大丈夫舍身报国，虽万死无恨。”懿曰：“公既坚执要去，可引五千兵先行；却教魏平引二万马步兵后行，以防埋伏。吾却引三千兵随后策应。”

张郃领命，引兵火速望前追赶。行到三十余里，忽然背后一声喊起，树林内闪出一彪军，为首大将，横刀勒马大叫曰：“贼将引兵那里去！”郃回头视之，乃魏延也。郃大怒，回马交锋。不十合，延诈败而走。郃又追赶三十余里，勒马回顾，全无伏兵，又策马前追。方转过山坡，忽喊声大起，一彪军闪出，为首大将，乃关兴也，横刀勒马大叫曰：“张郃休赶！有吾在此！”郃就拍马交锋。不十合，兴拨马便走。郃随后追之。赶到一密林内，郃心疑，令人四下哨探，并无伏兵；于是放心又赶。不想魏延却抄在前面；郃又与战十余合，延又败走。郃奋怒追来，又被关兴抄在前面，截住去路。郃大怒，拍马交锋，战有十合，蜀兵尽弃衣甲什物等件，塞满道路，魏军皆下马争取。延、兴二将，轮流交战，张郃奋勇追赶。看看天晚，赶到木门道口，魏延拨回马，高声大骂曰：“张郃逆贼！吾不与汝相拒，汝只顾赶来，吾今与汝决一死战！”郃十分忿怒，挺枪骤马，直取魏延。延挥刀来迎。战不十合，延大败，尽弃衣甲、头盔，匹马引败兵望木门道中而走。张郃杀得性起，又见魏延大败而逃，乃骤马赶来。此时天色昏黑，一声炮响，山上火光冲天，大石乱柴滚将下来，阻截去路。郃大惊曰：“我中计矣！”急回马时，背后已被木石塞满了归路，中间只有一段空地，两边皆是峭壁，郃进退无路。忽一声梆子响，两下万弩齐发，将张郃并百余个部将，皆射死于木门道中。后人有诗曰：“伏弩齐飞万点星，木门道上射雄兵。至今剑阁行人过，犹说军师旧日名。”

却说张郃已死，随后魏兵追到，见塞了道路，已知张郃中计。众军勒回马急退。忽听得山头上大叫曰：“诸葛丞相在此！”众军仰视，只见孔明立于火光之中，指众军而言曰：“吾今日围猎，欲射一马，误中一獐。汝各人安心而去；上覆仲达：早晚必为吾所擒矣。”魏兵回见司马懿，细告前事。懿悲伤不已，仰天叹曰：“张儁乂身死，吾之过也！”乃收兵回洛阳。魏主闻张郃死，挥泪叹息，令人收其尸，厚葬之。

却说孔明入汉中，欲归成都见后主。都护李严妄奏后主曰：“臣已办备军粮，行将运赴丞相军前，不知丞相何故忽然班师。”后主闻奏，即命尚书费祎入汉中见孔明，问班师之故。祎至汉中，宣后主之意。孔明大惊曰：“李严发书告急，说东吴将兴兵寇川，因此回师。”费祎曰：“李严奏称军粮已办，丞相无故回师，天子因此命某来问耳。”孔明大怒，令人访察：乃是李严因军粮不济，怕丞相见罪，故发书取回，却又妄奏天子，遮饰己过。孔明大怒曰：“匹夫为一己之故，废国家大事！”令人召至，欲斩之。费祎劝曰：“丞相念先帝托孤之意，姑且宽恕。”孔明从之。费祎即具表启奏后主。后主览表，勃然大怒，叱武士推李严出斩之。参军蒋琬出班奏曰：“李严乃先帝托孤之臣，乞望恩宽恕。”后主从之，即谪为庶人，徙于梓潼郡闲住。孔明回到成都，用李严子李丰为长史；积草屯粮，讲阵论武，整治军器，存恤将士：三年然后出征。两川人民军士，皆仰其恩德。光阴荏苒，不觉三年：时建兴十二年春二月。孔明入朝奏曰：“臣今存恤军士，已经三年。粮草丰足，军器完备，人马雄壮，可以伐魏。今番若不扫清奸党，恢复中原，誓不见陛下也！”后主曰：“方今已成鼎足之势，吴、魏不曾入寇，相父何不安享太平？”孔明曰：“臣受先帝知遇之恩，梦寐之间，未尝不设伐魏之策。竭力尽忠，为陛下克复中原，重兴汉室：臣之愿也。”言未毕，班部中一人出曰：“丞相不可兴兵。”众视之，乃谯周也。正是：武侯尽瘁惟忧国，太史知机又论天。未知谯周有何议论，且看下文分解。

第一百二回 司马懿占北原渭桥 诸葛亮造木牛流马

却说谯周官居太史，颇明天文；见孔明又欲出师，乃奏后主曰：“臣今职掌司天台，但有祸福，不可不奏：近有群鸟数万，自南飞来，投于汉水而死，此不祥之兆；臣又观天象，见奎星躔于太白之分，盛气在北，不利伐魏；又成都人民，皆闻柏树夜哭：有此数般灾异，丞相只宜谨守，不可妄动。”孔明曰：“吾受先帝托孤之重，当竭力讨贼，岂可以虚妄之灾氛，而废国家大事耶！”遂命有司设太牢祭于昭烈之庙，涕泣拜告曰：“臣亮五出祁山，未得寸土，负罪非轻！今臣复统全师，再出祁山，誓竭力尽心，剿灭汉贼，恢复中原，鞠躬尽瘁，死而后已！”祭毕，拜辞后主，星夜至汉中，聚集诸将，商议出师。忽报关兴病亡。孔明放声大哭，昏倒于地，半晌方苏。众将再三劝解，孔明叹曰：“可怜忠义之人，天不与以寿。我今番出师，又少一员大将也！”后人有诗叹曰：“生死人常理，蜉蝣一样空。但存忠孝节，何必寿乔松。”

孔明引蜀兵三十四万，分五路而进，令姜维、魏延为先锋，皆出祁山取齐；令李恢先运粮草于斜谷道口伺候。

却说魏国因旧岁有青龙自摩坡井内而出，改为青龙元年；此时乃青龙二年春二月也。近臣奏曰：“边官飞报蜀兵三十余万，分五路复出祁山。”魏主曹睿大惊，急召司马懿至，谓曰：“蜀人三年不曾入寇；今诸葛亮又出祁山，如之奈何？”懿奏曰：“臣夜观天象，见中原旺气正盛，奎星犯太白，不利于西川。今孔明自负才智，逆天而行，乃自取败亡也。臣托陛下洪福，当往破之。但愿保四人同去。”睿曰：“卿保何人？”懿曰：“夏侯渊有四子：长名霸，字仲权；次名威，字季权；三名惠，字稚权；四名和，字义权。霸、威二人，弓马熟娴；惠、和二人，谙知韬略：此四人常欲为父报仇。臣今保夏侯霸、夏侯威为左右先锋，夏侯惠；夏侯和为行军司马，共赞军机，以退蜀兵。”睿曰：“向者夏侯楙驸马违误军机，失陷了许多人马，至今羞惭不回。今此四人，亦与楙同否？”懿曰：“此四人非夏侯楙所可比也。”睿乃从其请，即命司马懿为大都督，凡将士悉听量才委用，各处兵马皆听调遣。

懿受命，辞朝出城。睿又以手诏赐懿曰："卿到渭滨，宜坚壁固守，勿与交锋。蜀兵不得志，必诈退诱敌，卿慎勿追。待彼粮尽，必将自走，然后乘虚攻之，则取胜不难，亦免军马疲劳之苦：计莫善于此也。"司马懿顿首受诏，即日到长安，聚集各处军马共四十万，皆来渭滨下寨；又拨五万军，于渭水上搭起九座浮桥，令先锋夏侯霸、夏侯威过渭水安营；又于大营之后东原，筑起一城，以防不虞。

懿正与众将商议间，忽报郭淮、孙礼来见。懿迎入，礼毕，淮曰："今蜀兵现在祁山，倘跨渭登原，接连北山，阻绝陇道，大可虞也。"懿曰："所言甚善。公可就总督陇西军马，据北原下寨，深沟高垒，按兵休动；只待彼兵粮尽，方可攻之。"郭淮、孙礼领命，引兵下寨去了。

却说孔明复出祁山，下五个大寨，按左、右、中、前、后；自斜谷直至剑阁，一连又下十四个大寨，分屯军马，以为久计。每日令人巡哨。忽报郭淮、孙礼领陇西之兵，于北原下寨。孔明谓诸将曰："魏兵于北原安营者，惧吾取此路，阻绝陇道也。吾今虚攻北原，却暗取渭滨。令人扎木筏百余只，上载草把，选惯熟水手五千人驾之。我夤夜只攻北原，司马懿必引兵来救。彼若少败，我把后军先渡过岸去，然后把前军下于筏中。休要上岸，顺水取浮桥放火烧断，以攻其后。吾自引一军去取前营之门。若得渭水之南，则进兵不难矣。"诸将遵令而行。早有巡哨军飞报司马懿。懿唤诸将议曰："孔明如此设施，其中有计：彼以取北原为名，顺水来烧浮桥，乱吾后，却攻吾前也。"即传令与夏侯霸、夏侯威曰："若听得北原发喊，便提兵于渭水南山之中，待蜀兵至击之。"又令张虎、乐綝，引二千弓弩手伏于渭水浮桥北岸："若蜀兵乘木筏顺水而来，可一齐射之，休令近桥。"又传令郭淮、孙礼曰："孔明来北原暗渡渭水，汝新立之营，人马不多，可尽伏于半路。若蜀兵于午后渡水，黄昏时分，必来攻汝。汝诈败而走，蜀兵必追。汝等皆以弓弩射之。吾水陆并进。若蜀兵大至，只看吾指挥而击之。"各处下令已毕，又令二子司马师、司马昭，引兵救应前营。懿自引一军救北原。

却说孔明令魏延、马岱引兵渡渭水攻北原；令吴班、吴懿引木筏兵去烧浮桥；令王平、张嶷为前队，姜维、马忠为中队，廖化、张翼为后队：兵分三路，去攻渭水旱营。是日午时，人马离大寨，尽渡渭水，列成阵势，缓缓而行。却说魏延、马岱将近北原，天色已昏。孙礼哨见，便弃营而走。魏延知有准备，急退军时，四下喊声大震：左有司马懿，右有郭淮，两路兵杀来。魏延、马岱奋力杀出，蜀兵多半落于水中，余众奔逃无路。幸得吴懿兵杀来，救了败兵过岸拒住。吴班分一半兵撑筏顺水来烧浮桥，却被张虎、乐綝在岸上乱箭射住。吴班中箭，落水而死。余军跳水逃命，木筏尽被魏兵夺去。此时王平、张嶷，不知北原兵败，直奔到魏营，已有二更天气，只听得喊声四起。王平谓张嶷曰："军马攻打北原，未知胜负。渭南之寨，现在面前，如何不见一个魏兵？莫非司马懿知道了，先作准备也？我等且看浮桥火起，方可进兵。"二人勒住军马，忽背后一骑马来报，说："丞相教军马急回。北原兵、浮桥兵，俱失了。"王平、张嶷大惊，急退军时，却被魏兵抄在背后，一声炮响，一齐杀来，火光冲天。王平、张嶷引兵相迎，两军混战一场。平、嶷二人奋力杀出，蜀兵折伤大半。孔明回到祁山大寨，收聚败兵，约折了万余人，心中忧闷。忽报费祎自成都来见丞相。孔明请入。费祎礼毕，孔明曰："吾有一书，正欲烦公去东吴投递，不知肯去否？"祎曰："丞相之命，岂敢推辞？"孔明即修书付费祎去了。祎持书径到建业，入见吴主孙权，呈上孔明之书。权拆视之，书略曰："汉室不幸，王纲失纪，曹贼篡逆，蔓延及今。亮受昭烈皇帝寄托之重，敢不竭力尽忠：今大兵已会于祁山，狂寇将亡于渭水。伏望陛下念同盟之义，命将北征，共取中原，同分天下。书不尽言，万希圣听！"权览毕，大喜，乃谓费祎曰："朕久欲兴兵，未得会合孔明。今既有书到，即日朕自亲征，入居巢门，取魏新城；再令陆逊、诸葛瑾等屯兵于江夏、沔口取襄阳；孙韶、张承等出兵广陵取淮阳等处：三处一齐进军，共三十万，克日兴师。"费祎拜谢曰："诚如此，则中原不日自破矣！"权设宴款待费祎。饮宴间，权问曰："丞相军前，用谁当先破敌？"祎曰："魏延为首。"权笑曰："此人勇有余。而心不正。若一朝无孔明，彼必为祸。孔明岂未知耶？"祎曰："陛下之言极当！臣今归去，即当以此言告孔明。"遂拜辞孙权，回到祁山，见了孔明，具言吴主起大兵三十万，御驾亲征，兵分三路而进。孔明又问曰："吴主别有所言否？"费祎将论魏延之语告之。孔明叹曰："真聪明之主也！吾非不知此人。为惜其勇，故用之耳。"祎曰："丞相早宜区处。"孔明曰："吾自有法。"祎辞别孔明，自回成都。

孔明正与诸将商议征进，忽报有魏将来投降。孔明唤入问之，答曰："某乃魏国偏将军郑文也。近与秦朗同领人马，听司马懿调用，不料懿徇私偏向，加秦朗为前将军，而视文如草芥，因此不平，特来投降丞相。愿赐收录。"言未已，人报秦朗引兵在寨外，单搦郑文交战。孔明曰："此人武艺比汝若何？"郑文曰："某当立斩之。"孔明曰："汝若先杀秦朗，吾方不疑。"郑文欣然上马出营，与秦朗交锋。孔明亲自出营视之。只见秦朗挺枪大骂曰："反贼盗我战马来此，可早早还我！"言讫，直取郑文。文拍马舞刀相迎，只一合，斩秦朗于马下。魏军各自逃走。郑文提首级入营。孔明回到帐中坐定，唤郑文至，勃然大怒，叱左右："推出斩之！"郑文曰："小将无罪！"孔明曰："吾向识秦朗；汝今斩者，并非秦朗。安敢欺我！"文拜告曰："此实秦朗之弟秦明也。"孔明笑曰："司马懿令汝来诈降，于中取事，却如何瞒得我过！若不实说，必然斩汝！"郑文只得诉告其实是诈降，泣求免死。孔明曰："汝既求生，可修书一封，教司马懿自来劫营，吾便饶汝性命。若捉住司马懿，便是汝之功，还当重用。"郑文只得写了一书，呈与孔明。孔明令将郑文监下。樊建问曰："丞相何以知此人诈降？"孔明曰："司马懿不轻用人。若加秦朗为前将军，必武艺高强；今与郑文交马只一合，便为文所杀，必不是秦朗也。以故知其诈。"众皆拜服。孔明选一舌辩军士，附耳分付如此如此。军士领命，持书径来魏寨，求见司马懿。懿唤入，拆书看毕，问曰："汝何人也？"答曰："某乃中原人，流落蜀中：郑文与某同乡。今孔明因郑文有功，用为先锋。郑文特托某来献书，约于明日晚间，举火为号，望乞都督尽提大军前来劫寨，郑文在内为应。"司马懿反覆诘问，又将来书仔细检看，果然是实；即赐军士酒食，分付曰："本日二更为期，我自来劫寨。大事若成，必重用汝。"军士拜别，回到本寨告知孔明。孔明仗剑步罡，祷祝已毕，唤王平、张嶷分付如此如此；又唤马忠、马岱分付如此如此；又唤魏延分付如此如此。孔明自引数十人，坐于高山之上，指挥众军。却说司马懿见了郑文之书，便欲引二子提大兵来劫蜀寨。长子司马师谏曰："父亲何故据片纸而亲入重地？倘有疏虞，如之奈何？不如令别将先去，父亲为后应可也。"懿从之，遂令秦朗引一万兵，去劫蜀寨，懿自引兵接应。是夜初更，风清月朗；将及二更时分，忽然阴云四合，黑气漫空，对面不见。懿大喜曰："天使我成功也！"于是人尽衔枚，马皆勒口，长驱大进。秦朗当先，引万兵直杀入蜀寨中，并不见一人。朗知中计，忙叫退兵。四下火把齐明，喊声震地：左有王平、张嶷，右有马岱、马忠，两路兵杀来。秦朗死战，不能得出。背后司马懿见蜀寨火光冲天，喊声不绝，又不知魏兵胜负，只顾催兵接应，望火光中杀来。忽然一声喊起，鼓角喧天，火炮震地：左有魏延，右有姜维，两路杀出。魏兵大败，十伤八九，四散逃奔。此时秦朗所引一万兵，都被蜀兵围住，箭如飞蝗。秦朗死于乱军之中。司马懿引败兵奔入本寨。

三更以后，天复清朗。孔明在山头上鸣金收军。原来二更时阴云暗黑，乃孔明用遁甲之法；后收兵已了，天复清朗，乃孔明驱六丁六甲扫荡浮云也。

当下孔明得胜回寨，命将郑文斩了，再议取渭南之策。每日令兵搦战，魏军只不出迎。孔明自乘小车，来祁山前、渭水东西，踏看地理。忽到一谷口，见其形如葫芦之状，内中可容千余人；两山又合一谷，可容四五百人；背后两山环抱，只可通一人一骑。孔明看了，心中大喜，问向导官曰："此处是何地名？"答曰："此名上方谷，又号葫芦谷。"孔明回到帐中，唤裨将杜睿、胡忠二人，附耳授以密计。令唤集随军匠作一千余人，入葫芦谷中，制造木牛流马应用；又令马岱领五百兵守住谷口。孔明嘱马岱曰："匠作人等，不许放出；外人不许放入。吾还不时自来点视。捉司马懿之计，只在此举。切不可走漏消息。"马岱受命而去。杜睿等二人在谷中监督匠作，依法制造。孔明每日往来指示。

忽一日，长史杨仪入告曰："即今粮米皆在剑阁，人夫牛马，搬运不便，如之奈何？"孔明笑曰："吾已运谋多时也。前者所积木料，并西川收买下的大木，教人制造木牛流马，搬运粮米，甚是便利。牛马皆不水食，可以昼夜转运不绝也。"众皆惊曰："自古及今，未闻有木牛流马之事。不知丞相有何妙法，造此奇物？"孔明曰："吾已令人依法制造，尚未完备。吾今先将造木牛流马之法，尺寸方圆，长短阔狭，开写明白，汝等视之。"众大喜。孔明即手书一纸，付众观看。众将环绕而视。造木牛之法云："方腹曲头，一脚四足；头入领中，舌着于腹。载多而行少：独行者数十里，群行者二十里。曲者为牛头，双者为牛脚，横者为牛领，转者为牛足，覆者为牛背，方者为牛腹，垂者为牛舌，曲者为牛肋，刻者为牛齿，立者为牛角，细者为牛鞅，摄者为牛鞦轴。牛仰双辕，人行六尺，牛行四步。每牛载十人所食一月之粮，人不大劳，牛不饮食。"造流马之法云："肋长三尺五寸，广三寸，厚二寸二分：左右同。前轴孔分墨去头四寸，径中二寸。前脚孔分墨二寸，去前轴孔四寸五分，广一寸。前杠孔去前脚孔分墨二寸七分，孔长二寸，广一寸。后轴孔去前杠分墨一尺五分，大小与前同。后脚孔分墨去后轴孔三寸五分，大小与前同。后杠孔去后脚孔分墨二寸七分，后载克去后杠孔分墨四寸五分。前杠长一尺八寸，广二寸，厚一寸五分。后杠与等。板方囊二枚，厚八分，长二尺七寸，高一尺六寸五分，广一尺六寸：每枚受米二斛三斗。从上杠孔去肋下七寸：前后同。上杠孔去下杠孔分墨一尺三寸，孔长一寸五分，广七分：八孔同。前后四脚广二寸，厚一寸五分。形制如象，靬长四寸，径面四寸三分。孔径中三脚杠，长二尺一寸，广一寸五分，厚一寸四分，同杠耳。"众将看了一遍，皆拜伏曰："丞相真神人也！"

过了数日，木牛流马皆造完备，宛然如活者一般；上山下岭，各尽其便。众军见之，无不欣喜。孔明令右将军高翔，引一千兵驾着木牛流马，自剑阁直抵祁山大寨，往来搬运粮草，供给蜀兵之用。后人有诗赞曰："剑关险峻驱流马，斜谷崎岖驾木牛。后世若能行此法，输将安得使人愁？"

却说司马懿正忧闷间，忽哨马报说："蜀兵用木牛流马转运粮草。人不大劳，牛马不食。"懿大惊曰："吾所以坚守不出者，为彼粮草不能接济，欲待其自毙耳。今用此法，必为久远之计，不思退矣。如之奈何？"急唤张虎、乐綝二人分付曰："汝二人各引五百军，从斜谷小路抄出；待蜀兵驱过木牛流马，任他过尽，一齐杀出；不可多抢，只抢三五匹便回。"

二人依令，各引五百军，扮作蜀兵，夜间偷过小路，伏在谷中，果见高翔引兵驱木牛流马而来。将次过尽，两边一齐鼓噪杀出。蜀兵措手不及，弃下数匹，张虎、乐綝欢喜，驱回本寨。司马懿看了，果然进退如活的一般，乃大喜曰："汝会用此法，难道我不会用！"便令巧匠百余人，当面拆开，分付依其尺寸长短厚薄之法，一样制造木牛流马。不消半月，造成二千余只，与孔明所造者一般法则，亦能奔走。遂令镇远将军岑威，引一千军驱驾木牛流马，去陇西搬运粮草，往来不绝。魏营军将，无不欢喜。

却说高翔回见孔明，说魏兵抢夺木牛流马各五六匹去了。孔明笑曰："吾正要他抢去。我只费了几匹木牛流马，却不久便得军中许多资助也。"诸将问曰："丞相何以知之？"孔明曰："司马懿见了木牛流马，必然仿我法度，一样制造。那时我又有计策。"数日后，人报魏兵也会造木牛流马，往陇西搬运粮草。孔明大喜曰："不出吾之算也。"便唤王平分付曰："汝引一千兵，扮作魏人，星夜偷过北原，只说是巡粮军，径到运粮之所，将护粮之人尽皆杀散；却驱木牛流马而回，径奔过北原来：此处必有魏兵追赶，汝便将木牛流马口内舌头扭转，牛马就不能行动，汝等竟弃之而走，背后魏兵赶到，牵拽不动，打抬不去。吾再有兵到，汝却回身再将牛马舌扭过来，长驱大行。魏兵必疑为怪也！"王平受计引兵而去。

孔明又唤张嶷分付曰："汝引五百军，都扮作六丁六甲神兵，鬼头兽身，用五彩涂面，妆作种种怪异之状；一手执绣旗，一手仗宝剑；身挂葫芦，内藏烟火之物，伏于山傍。待木牛流马到时，放起烟火，一齐拥出，驱牛马而行。魏人见之，必疑是神鬼，不敢来追赶。"张嶷受计引兵而去。孔明又唤魏延、姜维分付曰："汝二人同引一万兵，去北原寨口接应木牛流马，以防交战。"又唤廖化、张翼分付曰："汝二人引五千兵，去断司马懿来路。"又唤马忠、马岱分付曰："汝二人引二千兵去渭南搦战。"六人各各遵令而去。

且说魏将岑威引军驱木牛流马，装载粮米，正行之间，忽报前面有兵巡粮。岑威令人哨探，果是魏兵，遂放心前进。两军合在一处。忽然喊声大震，蜀兵就本队里杀起，大呼："蜀中大将王平在此！"魏兵措手不及，被蜀兵杀死大半。岑威引败兵抵敌，被王平一刀斩了，余皆溃散。王平引兵尽驱木牛流马而回。败兵飞奔报入北原寨内。郭淮闻军粮被劫，疾忙引军来救。王平令兵扭转木牛流马舌头，皆弃于道上，且战且走。郭淮教且莫追，只驱回木牛流马。众军一齐驱赶，却那里驱得动？郭淮心中疑惑，正无奈何，忽鼓角喧天，喊声四起，两路兵杀来，乃魏延、姜维也。王平复引兵杀回。三路夹攻，郭淮大败而走。王平令军士将牛马舌头，重复扭转，驱赶而行。郭淮望见，方欲回兵再追，只见山后烟云突起，一队神兵拥出，一个个手执旗剑，怪异之状，驱驾木牛流马如风拥而去。郭淮大惊曰："此必神助也！"众军见了，无不惊畏，不敢追赶。却说司马懿闻北原兵败，急自引军来救。方到半路，忽一声炮响，两路兵自险峻处杀出，喊声震地。旗上大书汉将张翼、廖化。司马懿见了大惊。魏军着慌，各自逃窜。正是：路逢神将粮遭劫，身遇奇兵命又危。未知司马懿怎地抵敌，且看下文分解。

第一百三回 上方谷司马受困 五丈原诸葛禳星

却说司马懿被张翼、廖化一阵杀败，匹马单枪，望密林间而走。张翼收住后军，廖化当先追赶。看看赶上，懿着慌，绕树而转。化一刀砍去，正砍在树上；及拔出刀时，懿已走出林外。廖化随后赶出，却不知去向，但见树林之东，落下金盔一个。廖化取盔捎在马上，一直望东追赶。原来司马懿把金盔弃于林东，却反向西走去了。廖化追了一程，不见踪迹，奔出谷口，遇见姜维，同回寨见孔明。张嶷早驱木牛流马到寨，交割已毕，获粮万余石。廖化献上金盔，录为头功。魏延心中不悦，口出怨言。孔明只做不知。

且说司马懿逃回寨中，心甚恼闷。忽使命赍诏至，言东吴三路入寇，朝廷正议命将抵敌，令懿等坚守勿战。懿受命已毕，深沟高垒，坚守不出。

却说曹睿闻孙权分兵三路而来，亦起兵三路迎之：令刘劭引兵救江夏，田豫引兵救襄阳，睿自与满宠率大军救合淝。满宠先引一军至巢湖口，望见东岸战船无数，旌旗整肃。宠入军中奏魏主曰："吴人必轻我远来，未曾提备；今夜可乘虚劫其水寨，必得全胜。"魏主曰："汝言正合朕意。"即令骁将张球领五千兵，各带火具，从湖口攻之；满宠引兵五千，从东岸攻之。是夜二更时分，张球、满宠各引军悄悄望湖口进发；将近水寨，一齐呐喊杀入。吴兵慌乱，不战而走；被魏军四下举火，烧毁战船、粮草、器具不计其数。诸葛瑾率败兵逃走沔口。魏兵大胜而回。

次日，哨军报知陆逊。逊集诸将议曰："吾当作表申奏主上，请撤新城之围，以兵断魏军归路，吾率众攻其前：彼首尾不敌，一鼓可破也。"众服其言。陆逊即具表，遣一小校密地赍往新城。小校领命，赍着表文，行至渡口，不期被魏军伏路的捉住，解赴军中见魏主曹睿。睿搜出陆逊表文，览毕，叹曰："东吴陆逊真妙算也！"遂命将吴卒监下，令刘劭谨防孙权后兵。却说诸葛瑾大败一阵，又值暑天，人马多生疾病；乃修书一封，令人转达陆逊，议欲撤兵还国。逊看书毕，谓来人曰："拜上将军：吾自有主意。"使者回报诸葛瑾。瑾问："陆将军作何举动？"使者曰："但见陆将军催督众人于营外种豆菽，自与诸将在辕门射戏。"瑾大惊，亲自往陆逊营中，与逊相见，问曰："今曹睿亲来，兵势甚盛，都督何以御之？"逊曰："吾前遣人奉表于主上，不料为敌人所获。机谋既泄，彼必知备；与战无益，不如且退。已差人奉表约主上缓缓退兵矣。"瑾曰："都督既有此意，即宜速退，何又迟延？"逊曰："吾军欲退，当徐徐而动。今若便退，魏人必乘势追赶：此取败之道也。足下宜先督船只诈为拒敌之意，吾悉以人马向襄阳而进，为疑敌之计，然后徐徐退归江东，魏兵自不敢近耳。"瑾依其计，辞逊归本营，整顿船只，预备起行。陆逊整肃部伍，张扬声势，望襄阳进发。

早有细作报知魏主，说吴兵已动，须用提防。魏将闻之，皆要出战。魏主素知陆逊之才，谕众将曰："陆逊有谋，莫非用诱敌之计？不可轻进。"众将乃止。数日后，哨卒报来："东吴三路兵马皆退矣。"魏主未信，再令人探之，回报果然尽退。魏主曰："陆逊用兵，不亚孙、吴。东南未可平也。"因敕诸将，各守险要，自引大军屯合淝，以伺其变。

却说孔明在祁山，欲为久驻之计，乃令蜀兵与魏民相杂种田：军一分，民二分，并不侵犯，魏民皆安心乐业。司马师入告其父曰："蜀兵劫去我许多粮米，今又令蜀兵与我民相杂屯田于渭滨，以为久计：似此真为国家大患。父亲何不与孔明约期大战一场，以决雌雄？"懿曰："吾奉旨坚守，不可轻动。"正议间，忽报魏延将着元帅前日所失金盔，前来骂战。众将忿怒，俱欲出战。懿笑曰："圣人云：小不忍则乱大谋。但坚守为上。"诸将依令不出。魏延辱骂良久方回。孔明见司马懿不肯出战，乃密令马岱造成木栅，营中掘下深堑，多积干柴引火之物；周围山上，多用柴草虚搭窝铺，内外皆伏地雷。置备停当，孔明附耳嘱之曰："可将葫芦谷后路塞断，暗伏兵于谷中。若司马懿追到，任他入谷，便将地雷干柴一齐放起火来。"又令军士昼举七星号带于谷口，夜设七盏明灯于山上，以为暗号。马岱受计引兵而去。孔明又唤魏延分付曰："汝可引五百兵去魏寨讨战，务要诱司马懿出战。不可取胜，只可诈败。懿必追赶，汝却望七星旗处而入；若是夜间，则望七盏灯处而走。只要引得司马懿入葫芦谷内，吾自有擒之之计。"魏延受计，引兵而去。孔明又唤高翔分付曰："汝将木牛流马或二三十为一群，或四五十为一群，各装米粮，于山路往来行走。如魏兵抢去，便是汝之功。"高翔领计，驱驾木牛流马去了。孔明将祁山兵一一调去，只推屯田；分付："如别兵来战，只许诈败；若司马懿自来，方并力只攻渭南，断其归路。"孔明分拨已毕，自引一军近上方谷下营。

且说夏侯惠、夏侯和二人入寨告司马懿曰："今蜀兵四散结营，各处屯田，以为久计；若不趁此时除之，纵令安居日久，深根固蒂，难以摇动。"懿曰："此必又是孔明之计。"二人曰："都督若如此疑虑，寇敌何时得灭？我兄弟二人，当奋力决一死战，以报国恩。"懿曰："既如此，汝二人可分头出战。"遂令夏侯惠、夏侯和各引五千兵去讫。懿坐待回音。

却说夏侯惠、夏侯和二人分兵两路，正行之间，忽见蜀兵驱木牛流马而来。二人一齐杀将过去，蜀兵大败奔走，木牛流马尽被魏兵抢获，解送司马懿营中。次日又劫掳得人马百余。亦解赴大寨。懿将解到蜀兵，诘审虚实。蜀兵告曰："孔明只料都督坚守不出，尽命我等四散屯田，以为久计。不想却被擒获。"懿即将蜀兵尽皆放回。夏侯和曰："何不杀之？"懿曰："量此小卒，杀之无益。放归本寨，令说魏将宽厚仁慈，释彼战心：此吕蒙取荆州之计也。"遂传令今后凡有擒到蜀兵，俱当善遣之。仍重赏有功将吏。诸将皆听令而去。

却说孔明令高翔佯作运粮，驱驾木牛流马，往来于上方谷内；夏侯惠等，不时截杀，半月之间，连胜数阵。司马懿见蜀兵屡败，心中欢喜。一日，又擒到蜀兵数十人。懿唤至帐下问曰："孔明今在何处？"众告曰："诸葛丞相不在祁山，在上方谷西十里下营安住。今每日运粮屯于上方谷。"懿备细问了，即将众人放去；乃唤诸将分付曰："孔明今不在祁山，在上方谷安营。汝等于明日，可一齐并力攻取祁山大寨。吾自引兵来接应。"众将领命，各各准备出战。司马师曰："父亲何故反欲攻其后？"懿曰："祁山乃蜀人之根本，若见我兵攻之，各营必尽来救；我却取上方谷烧其粮草，使彼首尾不接：必大败也。"司马师拜服。懿即发兵起行，令张虎、乐綝各引五千兵，在后救应。且说孔明正在山上，望见魏兵或三五千一行，或一二千一行，队伍纷纷，前后顾盼，料必来取祁山大寨，乃密传令众将："若司马懿自来，汝等便往劫魏寨，夺了渭南。"众将各各听令。却说魏兵皆奔祁山寨来，蜀兵四下一齐呐喊奔走，虚作救应之势。司马懿见蜀兵都去救祁山寨，便引二子并中军护卫人马，杀奔上方谷来。魏延在谷口，只盼司马懿到来；忽见一枝魏兵杀到，延纵马向前视之，正是司马懿。延大喝曰："司马懿休走！"舞刀相迎。懿挺枪接战。不上三合，延拨回马便走，懿随后赶来。延只望七星旗处而走。懿见魏延只一人，军马又少，放心追之；令司马师在左，司马昭在右，懿自居中，一齐攻杀将来。魏延引五百兵皆退入谷中去。懿追到谷口，先令人入谷中哨探。回报谷内并无伏兵，山上皆是草房。懿曰："此必是积粮之所也。"遂大驱士马，尽入谷中。懿忽见草房上尽是干柴，前面魏延已不见了。懿心疑，谓二子曰："倘有兵截断谷口，如之奈何？"言未已，只听得喊声大震，山上一齐丢下火把来，烧断谷口。魏兵奔逃无路。山上火箭射下，地雷一齐突出，草房内干柴都着，刮刮杂杂，火势冲天。司马懿惊得手足无措，乃下马抱二子大哭曰："我父子三人皆死于此处矣！"正哭之间，忽然狂风大作，黑气漫空，一声霹雳响处，骤雨倾盆。满谷之火，尽皆浇灭：地雷不震，火器无功。司马懿大喜曰："不就此时杀出，更待何时！"即引兵奋力冲杀。张虎、乐綝亦各引兵杀来接应。马岱军少，不敢追赶。司马懿父子与张虎、乐綝合兵一处，同归渭南大寨，不想寨栅已被蜀兵夺了。郭淮、孙礼正在浮桥上与蜀兵接战。司马懿等引兵杀到，蜀兵退去。懿烧断浮桥，据住北岸。

且说魏兵在祁山攻打蜀寨，听知司马懿大败，失了渭南营寨，军心慌乱；急退时，四面蜀兵冲杀将来，魏兵大败，十伤八九，死者无数，余众奔过渭北逃生。孔明在山上见魏延诱司马懿入谷，一霎时火光大起，心中甚喜，以为司马懿此番必死。不期天降大雨，火不能着，哨马报说司马懿父子俱逃去了。孔明叹曰："谋事在人，成事在天。不可强也！"后人有诗叹曰："谷口风狂烈焰飘，何期骤雨降青霄。武侯妙计如能就，安得山河属晋朝！"

却说司马懿在渭北寨内传令曰："渭南寨栅，今已失了。诸将如再言出战者斩。"众将听令，据守不出。郭淮入告曰："近日孔明引兵巡哨，必将择地安营。"懿曰："孔明若出武功，依山而东，我等皆危矣；若出渭南，西止五丈原，方无事也。"令人探之，回报果屯五丈原。司马懿以手加额曰："大魏皇帝之洪福也！"遂令诸将："坚守勿出，彼久必自变。"

且说孔明自引一军屯于五丈原，累令人搦战，魏兵只不出。孔明乃取巾帼并妇人缟素之服，盛于大盒之内，修书一封，遣人送至魏寨。诸将不敢隐蔽，引来使入见司马懿。懿对众启盒视之，内有巾帼妇人之衣，并书一封。懿拆视其书，略曰：“仲达既为大将，统领中原之众，不思披坚执锐，以决雌雄，乃甘窟守土巢，谨避刀箭，与妇人又何异哉！今遣人送巾帼素衣至，如不出战，可再拜而受之。倘耻心未泯，犹有男子胸襟，早与批回，依期赴敌。”司马懿看毕，心中大怒，乃佯笑曰：“孔明视我为妇人耶！”即受之，令重待来使。懿问曰：“孔明寝食及事之烦简若何？”使者曰：“丞相夙兴夜寐，罚二十以上皆亲览焉。所啖之食，日不过数升。”懿顾谓诸将曰：“孔明食少事烦，其能久乎？”

使者辞去，回到五丈原，见了孔明，具说：“司马懿受了巾帼女衣，看了书札，并不嗔怒，只问丞相寝食及事之烦简，绝不提起军旅之事。某如此应对，彼言：食少事烦，岂能长久？”孔明叹曰：“彼深知我也！”主簿杨颙谏曰：“某见丞相常自校簿书，窃以为不必。夫为治有体，上下不可相侵。譬之治家之道，必使仆执耕，婢典爨，私业无旷，所求皆足，其家主从容自在，高枕饮食而已。若皆身亲其事，将形疲神困，终无一成。岂其智之不如婢仆哉？失为家主之道也。是故古人称：坐而论道，谓之三公；作而行之，谓之士大夫。昔丙吉忧牛喘，而不问横道死人；陈平不知钱谷之数，曰：自有主者。今丞相亲理细事，汗流终日岂不劳乎？司马懿之言，真至言也。”孔明泣曰：“吾非不知。但受先帝托孤之重，惟恐他人不似我尽心也！”众皆垂泪。自此孔明自觉神思不宁。诸将因此未敢进兵。却说魏将皆知孔明以巾帼女衣辱司马懿，懿受之不战。众将不忿，入帐告曰：“我等皆大国名将，安忍受蜀人如此之辱！即请出战，以决雌雄。”懿曰：“吾非不敢出战而甘心受辱也。奈天子明诏，令坚守勿动。今若轻出，有违君命矣。”众将俱忿怒不平。懿曰：“汝等既要出战，待我奏准天子，同力赴敌，何如？”众皆允诺。懿乃写表遣使，直至合淝军前，奏闻魏主曹睿。睿拆表览之。表略曰：“臣才薄任重，伏蒙明旨，令臣坚守不战，以待蜀人之自敝；奈今诸葛亮遗臣以巾帼，待臣如妇人，耻辱至甚！臣谨先达圣聪：旦夕将效死一战，以报朝廷之恩，以雪三军之耻。臣不胜激切之至！”睿览讫，乃谓多官曰：“司马懿坚守不出，今何故又上表求战？”卫尉辛毗曰：“司马懿本无战心，必因诸葛亮耻辱，众将忿怒之故，特上此表，欲更乞明旨，以遏诸将之心耳。”睿然其言，即令辛毗持节至渭北寨传谕，令勿出战。司马懿接诏入帐，辛毗宣谕曰：“如再有敢言出战者，即以违旨论。”众将只得奉诏。懿暗谓辛毗曰：“公真知我心也！”于是令军中传说：魏主命辛毗持节，传谕司马懿勿得出战。蜀将闻知此事，报与孔明。孔明笑曰：“此乃司马懿安三军之法也。”姜维曰：“丞相何以知之？”孔明曰：“彼本无战心；所以请战者，以示武于众耳。岂不闻：将在外，君命有所不受。安有千里而请战者乎？此乃司马懿因将士忿怒，故借曹睿之意，以制众人。今又播传此言，欲懈我军心也。”

正论间，忽报费祎到。孔明请入问之，祎曰：“魏主曹睿闻东吴三路进兵，乃自引大军至合淝，令满宠、田豫、刘劭分兵三路迎敌。满宠设计尽烧东吴粮草战具，吴兵多病。陆逊上表于吴王，约会前后夹攻，不意赍表人中途被魏兵所获，因此机关泄漏，吴兵无功而退。”孔明听知此信，长叹一声，不觉昏倒于地；众将急救，半晌方苏。孔明叹曰：“吾心昏乱，旧病复发，恐不能生矣！”

是夜，孔明扶病出帐，仰观天文，十分惊慌；入帐谓姜维曰：“吾命在旦夕矣！”维曰：“丞相何出此言？”孔明曰：“吾见三台星中，客星倍明，主星幽隐，相辅列曜，其光昏暗：天象如此，吾命可知！”维曰：“天象虽则如此，丞相何不用祈禳之法挽回之？”孔明曰：“吾素谙祈禳之法，但未知天意若何。汝可引甲士四十九人，各执皂旗，穿皂衣，环绕帐外；我自于帐中祈禳北斗。若七日内主灯不灭，吾寿可增一纪；如灯灭，吾必死矣。闲杂人等，休教放入。凡一应需用之物，只令二小童搬运。”姜维领命，自去准备。

时值八月中秋，是夜银河耿耿，玉露零零，旌旗不动，刁斗无声。姜维在帐外引四十九人守护。孔明自于帐中设香花祭物，地上分布七盏大灯，外布四十九盏小灯，内安本命灯一盏。孔明拜祝曰：“亮生于乱世，甘老林泉；承昭烈皇帝三顾之恩，托孤之重，不敢不竭犬马之劳，誓讨国贼。不意将星欲坠，阳寿将终。谨书尺素，上告穹苍：伏望天慈，俯垂鉴听，曲延臣算，使得上报君恩，下救民命，克复旧物，永延汉祀。非敢妄祈，实由情切。”拜祝毕，就帐中俯伏待旦。次日，扶病理事，吐血不止。日则计议军机，夜则步罡踏斗。

却说司马懿在营中坚守，忽一夜仰观天文，大喜，谓夏侯霸曰：“吾见将星失位，孔明必然有病，不久便死。你可引一千军去五丈原哨探。若蜀人攘乱，不出接战，孔明必然患病矣。吾当乘势击之。”霸引兵而去。孔明在帐中祈禳已及六夜，见主灯明亮，心中甚喜。姜维入帐，正见孔明披发仗剑，踏罡步斗，压镇将星。忽听得寨外呐喊，方欲令人出问，魏延飞步入告曰：“魏兵至矣！”延脚步急，竟将主灯扑灭。孔明弃剑而叹曰！“死生有命，不可得而禳也！”魏延惶恐，伏地请罪；姜维忿怒，拔剑欲杀魏延。正是：万事不由人做主，一心难与命争衡。未知魏延性命如何，且看下文分解。

第一百四回 陨大星汉丞相归天 见木像魏都督丧胆

却说姜维见魏延踏灭了灯，心中忿怒，拔剑欲杀之。孔明止之曰：“此吾命当绝，非文长之过也。”维乃收剑。孔明吐血数口，卧倒床上，谓魏延曰：“此是司马懿料吾有病，故令人来探视虚实。汝可急出迎敌。”魏延领命，出帐上马，引兵杀出寨来。夏侯霸见了魏延，慌忙引军退走。延追赶二十余里方回。孔明令魏延自回本寨把守。

姜维入帐，直至孔明榻前问安。孔明曰：“吾本欲竭忠尽力，恢复中原，重兴汉室；奈天意如此，吾旦夕将死。吾平生所学，已著书二十四篇，计十万四千一百一十二字，内有八务、七戒、六恐、五惧之法。吾遍观诸将，无人可授，独汝可传我书。切勿轻忽！”维哭拜而受。孔明又曰：“吾有‘连弩’之法，不曾用得。其法矢长八寸，一弩可发十矢，皆画成图本。汝可依法造用。”维亦拜受。孔明又曰：“蜀中诸道，皆不必多忧；惟阴平之地，切须仔细。此地虽险峻，久必有失。”又唤马岱入帐，附耳低言，授以密计；嘱曰：“我死之后，汝可依计行之。”岱领计而出。少顷，杨仪入。孔明唤至榻前，授与一锦囊，密嘱曰：“我死，魏延必反；待其反时，汝与临阵，方开此囊。那时自有斩魏延之人也。”孔明一一调度已毕，便昏然而倒，至晚方苏，便连夜表奏后主。后主闻奏大惊，急命尚书李福，星夜至军中问安，兼询后事。李福领命，趱程赴五丈原，入见孔明，传后主之命，问安毕。孔明流涕曰：“吾不幸中道丧亡，虚废国家大事，得罪于天下。我死后，公等宜竭忠辅主。国家旧制，不可改易；吾所用之人，亦不可轻废。吾兵法皆授与姜维，他自能继吾之志，为国家出力。吾命已在旦夕，当即有遗表上奏天子也。”李福领了言语，匆匆辞去。孔明强支病体，令左右扶上小车，出寨遍观各营；自觉秋风吹面，彻骨生寒，乃长叹曰：“再不能临阵讨贼矣！悠悠苍天，曷此其极！”叹息良久。回到帐中，病转沉重，乃唤杨仪分付曰：“王平、廖化、张嶷、张翼、吴懿等，皆忠义之士，久经战阵，多负勤劳，堪可委用。我死之后，凡事俱依旧法而行。缓缓退兵，不可急骤。汝深通谋略，不必多嘱。姜伯约智勇足备，可以断后。”杨仪泣拜受命。孔明令取文房四宝，于卧榻上手书遗表，以达后主。表略曰：“伏闻生死有常，难逃定数；死之将至，愿尽愚忠：臣亮赋性愚拙，遭时艰难，分符拥节，专掌钧衡，兴师北伐，未获成功；何期病入膏肓，命垂旦夕，不及终事陛下，饮恨无穷！伏愿陛下：清心寡欲，约己爱民；达孝道于先皇，布仁恩于宇下；提拔幽隐，以进贤良；屏斥奸邪，以厚风俗。臣家成都有桑八百株，薄田十五顷，子弟衣食，自有余饶。至于臣在外任，别无调度，随身衣食，悉仰于官，不别治生，以长尺寸。臣死之日，不使内有余帛，外有赢财，以负陛下也。”孔明写毕，又嘱杨仪曰：“吾死之后，不可发丧。可作一大龛，将吾尸坐于龛中；以米七粒，放吾口内；脚下用明灯一盏；军中安静如常，切勿举哀：则将星不坠。吾阴魂更自起镇之。司马懿见将星不坠，必然惊疑。吾军可令后寨先行，然后一营一营缓缓而退。若司马懿来追，汝可布成阵势，回旗返鼓。等他来到，却将我先时所雕木像，安于车上，推出军前，令大小将士，分列左右。懿见之必惊走矣。”杨仪一一领诺。

是夜，孔明令人扶出，仰观北斗，遥指一星曰：“此吾之将星也。”众视之，见其色昏暗，摇摇欲坠。孔明以剑指之，口中念咒。咒毕急回帐时，不省人事。众将正慌乱间，忽尚书李福又至；见孔明昏绝，口不能言，乃大哭曰：“我误国家之大事也！”须臾，孔明复醒，开目遍视，见李福立于榻前。孔明曰：“吾已知公复来之意。”福谢曰：“福奉天子命，问丞相百年后，谁可任大事者。适因匆遽，失于谘请，故复来耳。”孔明曰：“吾死之后，可任大事者：蒋公琰其宜也。”福曰：“公琰之后，谁可继之？”孔明曰：“费文伟可继之。”福又问：“文伟之后，谁当继者？”孔明不答。众将近前视之，已薨矣。时建兴十二年秋八月二十三日也，寿五十四岁。后杜工部有诗叹曰：“长星昨夜坠前营，讣报先生此日倾。虎帐不闻施号令，麟台惟显著勋名。空余门下三千客，辜负胸中十万兵。好看绿阴清昼里，于今无复雅歌声！”白乐天亦有诗曰：“先生晦迹卧山林，三顾那逢圣主寻。鱼到南阳方得水，龙飞天汉便为霖。托孤既尽殷勤礼，报国还倾忠义心。前后出师遗表在，令人一览泪沾襟。”初，蜀长水校尉廖立，自谓才名宜为孔明之副，尝以职位闲散，怏怏不平，怨谤无已。于是孔明废之为庶人，徙之汶山。及闻孔明亡，乃垂泣曰：“吾终为左衽矣！”李严闻之，亦大哭病死，盖严尝望孔明复收己，得自补前过；度孔明死后，人不能用之故也。后元微之有赞孔明诗曰：“拨乱扶危主，殷勤受托孤。英才过管乐，妙策胜孙吴。凛凛《出师表》，堂堂八阵图。如公全盛德，应叹古今无！”

是夜，天愁地惨，月色无光，孔明奄然归天。姜维、杨仪遵孔明遗命，不敢举哀，依法成殓，安置龛中，令心腹将卒三百人守护；随传密令，使魏延断后，各处营寨一一退去。

却说司马懿夜观天文，见一大星，赤色，光芒有角，自东北方流于西南方，坠于蜀营内，三投再起，隐隐有声。懿惊喜曰：“孔明死矣！”即传令起大兵追之。方出寨门，忽又疑虑曰：“孔明善会六丁六甲之法，今见我久不出战，故以此术诈死，诱我出耳。今若追之，必中其计。”遂复勒马回寨不出，只令夏侯霸暗引数十骑，往五丈原山僻哨探消息。

却说魏延在本寨中，夜作一梦，梦见头上忽生二角，醒来甚是疑异。次日，行军司马赵直至，延请入问曰：“久知足下深明《易》理，吾夜梦头生二角，不知主何吉凶？烦足下为我决之。”赵直想了半晌，答曰：“此大吉之兆：麒麟头上有角，苍龙头上有角，乃变化飞腾之象也。”延大喜曰：“如应公言，当有重谢！”直辞去，行不数里，正遇尚书费祎。祎问何来。直曰：“适至魏文长营中，文长梦头生角，令我决其吉凶。此本非吉兆，但恐直言见怪，因以麒麟苍龙解之。”祎曰：“足下何以知非吉兆？”直曰：“角之字形，乃刀下用也。今头上用刀，其凶甚矣！”祎曰：“君且勿泄漏。”直别去。费祎至魏延寨中，屏退左右，告曰：“昨夜三更，丞相已辞世矣。临终再三嘱付，令将军断后以当司马懿，缓缓而退，不可发丧。今兵符在此，便可起兵。”延曰：“何人代理丞相之大事？”祎曰：“丞相一应大事，尽托与杨仪；用兵密法，皆授与姜伯约。此兵符乃杨仪之令也。”延曰：“丞相虽亡，吾今现在。杨仪不过一长史，安能当此大任？他只宜扶柩入川安葬。我自率大兵攻司马懿，务要成功。岂可因丞相一人而废国家大事耶？”祎曰：“丞相遗令，教且暂退，不可有违。”延怒曰：“丞相当时若依我计，取长安久矣！吾今官任前将军、征西大将军、南郑侯，安肯与长史断后！”祎曰：“将军之言虽是，然不可轻动，令敌人耻笑。待吾往见杨仪，以利害说之，令彼将兵权让与将军，何如？”延依其言。

祎辞延出营，急到大寨见杨仪，具述魏延之语。仪曰：“丞相临终，曾密嘱我曰：魏延必有异志。今我以兵符往，实欲探其心耳。今果应丞相之言。吾自令伯约断后可也。”于是杨仪领兵扶柩先行，令姜维断后；依孔明遗令，徐徐而退。魏延在寨中，不见费祎来回覆，心中疑惑，乃令马岱引十数骑往探消息。回报曰：“后军乃姜维总督，前军大半退入谷中去了。”延大怒曰：“竖儒安敢欺我！我必杀之！”因顾谓岱曰：“公肯相助否？”岱曰：“某亦素恨杨仪，今愿助将军攻之。”延大喜，即拔寨引本部兵望南而行。

却说夏侯霸引军至五丈原看时，不见一人，急回报司马懿曰：“蜀兵已尽退矣。”懿跌足曰：“孔明真死矣！可速追之！”夏侯霸曰：“都督不可轻追。当令偏将先往。”懿曰：“此番须吾自行。”遂引兵同二子一齐杀奔五丈原来；呐喊摇旗，杀入蜀寨时，果无一人。懿顾二子曰：“汝急催兵赶来，吾先引军前进。”于是司马师、司马昭在后催军；懿自引军当先，追到山脚下，望见蜀兵不远，乃奋力追赶。忽然山后一声炮响，喊声大震，只见蜀兵俱回旗返鼓，树影中飘出中军大旗，上书一行大字曰：“汉丞相武乡侯诸葛亮”。懿大惊失色。定睛看时，只见中军数十员上将，拥出一辆四轮车来；车上端坐孔明：纶巾羽扇，鹤氅皂绦。懿大惊曰：“孔明尚在！吾轻入重地，堕其计矣！”急勒回马便走。背后姜维大叫：“贼将休走！你中了我丞相之计也！”魏兵魂飞魄散，弃甲丢盔，抛戈撇戟，各逃性命，自相践踏，死者无数。司马懿奔走了五十余里，背后两员魏将赶上，扯住马嚼环叫曰：“都督勿惊。”懿用手摸头曰：“我有头否？”二将曰：“都督休怕，蜀兵去远了。”懿喘息半晌，神色方定；睁目视之，乃夏侯霸、夏侯惠也；乃徐徐按辔，与二将寻小路奔归本寨，使众将引兵四散哨探。

过了两日，乡民奔告曰：“蜀兵退入谷中之时，哀声震地，军中扬起白旗：孔明果然死了，止留姜维引一千兵断后。前日车上之孔明，乃木人也。”懿叹曰：“吾能料其生，不能料其死也！”因此蜀中人谚曰：“死诸葛能走生仲达。”后人有诗叹曰：“长星半夜落天枢，奔走还疑亮未殂。关外至今人冷笑，头颅犹问有和无！”司马懿知孔明死信已确，乃复引兵追赶。行到赤岸坡，见蜀兵已去远，乃引还，顾谓众将曰：“孔明已死，我等皆高枕无忧矣！”遂班师回。一路上见孔明安营下寨之处，前后左右，整整有法，懿叹曰：“此天下奇才也！”于是引兵回长安，分调众将，各守隘口，懿自回洛阳面君去了。

却说杨仪、姜维排成阵势，缓缓退入栈阁道口，然后更衣发丧，扬幡举哀。蜀军皆撞跌而哭，至有哭死者。蜀兵前队正回到栈阁道口，忽见前面火光冲天，喊声震地，一彪军拦路。众将大惊，急报杨仪。正是：已见魏营诸将去，不知蜀地甚兵来。未知来者是何处军马，且看下文分解。

第一百五回 武侯预伏锦囊计 魏主拆取承露盘

却说杨仪闻报前路有兵拦截，忙令人哨探。回报说魏延烧绝栈道，引兵拦路。仪大惊曰：“丞相在日，料此人久后必反，谁想今日果然如此！今断吾归路，当复如何？”费祎曰：“此人必先捏奏天子，诬吾等造反，故烧绝栈道，阻遏归路。吾等亦当表奏天子，陈魏延反情，然后图之。”姜维曰：“此间有一小径，名槎山，虽崎岖险峻，可以抄出栈道之后。”一面写表奏闻天子，一面将人马望槎山小道进发。

且说后主在成都，寝食不安，动止不宁；夜作一梦，梦见成都锦屏山崩倒；遂惊觉，坐而待旦，聚集文武，入朝圆梦。谯周曰：“臣昨夜仰观天文，见一星，赤色，光芒有角，自东北落于西南，主丞相有大凶之事。今陛下梦山崩，正应此兆。”后主愈加惊怖。忽报李福到，后主急召入问之。福顿首泣奏丞相已亡；将丞相临终言语，细述一遍。后主闻言大哭曰：“天丧我也！”哭倒于龙床之上。侍臣扶入后宫。吴太后闻之，亦放声大哭不已。多官无不哀恸，百姓人人涕泣。后主连日伤感，不能设朝。忽报魏延表奏杨仪造反，群臣大骇，入宫启奏后主，时吴太后亦在宫中。后主闻奏大惊，命近臣读魏延表。其略曰：“征西大将军、南郑侯臣魏延，诚惶诚恐，顿首上言：杨仪自总兵权，率众造反，劫丞相灵柩，欲引敌人入境。臣先烧绝栈道，以兵守御。谨此奏闻。”读毕，后主曰：“魏延乃勇将，足可拒杨仪等众，何故烧绝栈道？”吴太后曰：“尝闻先帝有言：孔明识魏延脑后有反骨，每欲斩之；因怜其勇，故姑留用。今彼奏杨仪等造反，未可轻信。杨仪乃文人，丞相委以长史之任，必其人可用。今日若听此一面之词，杨仪等必投魏矣。此事当深虑远议，不可造次。”众官正商议间，忽报：长史杨仪有紧急表到。近臣拆表读曰：“长史、绥军将军臣杨仪，诚惶诚恐，顿首谨表：丞相临终，将大事委于臣，照依旧制，不敢变更，使魏延断后，姜维次之。今魏延不遵丞相遗语，自提本部人马，先入汉中，放火烧断栈道，劫丞相灵车，谋为不轨。变起仓卒，谨飞章奏闻。”太后听毕，问：“卿等所见若何？”蒋琬奏曰：“以臣愚见：杨仪为人虽禀性过急，不能容物，至于筹度粮草，参赞军机，与丞相办事多时，今丞相临终，委以大事，决非背反之人。魏延平日恃功务高，人皆下之；仪独不假借，延心怀恨；今见仪总兵，心中不服，故烧栈道，断其归路，又诬奏而图陷害。臣愿将全家良贱，保杨仪不反。实不敢保魏延。”董允亦奏曰：“魏延自恃功高，常有不平之心，口出怨言。向所以不即反者，惧丞相耳。今丞相新亡，乘机为乱，势所必然。若杨仪，才干敏达，为丞相所任用，必不背反。”后主曰：“若魏延果反，当用何策御之？”蒋琬曰：“丞相素疑此人，必有遗计授与杨仪。若仪无恃，安能退入谷口乎？延必中计矣。陛下宽心。”不多时，魏延又表至，告称杨仪背反。正览表之间，杨仪又表到，奏称魏延背反。二人接连具表，各陈是非。忽报费祎到。后主召入，祎细奏魏延反情。后主曰：“若如此，且令董允假节释劝，用好言抚慰。”允奉诏而去。

却说魏延烧断栈道，屯兵南谷，把住隘口，自以为得计；不想杨仪、姜维星夜引兵抄到南谷之后。仪恐汉中有失，令先锋何平引三千兵先行。仪同姜维等引兵扶柩望汉中而来。

且说何平引兵径到南谷之后，擂鼓呐喊。哨马飞报魏延，说杨仪令先锋何平引兵自槎山小路抄来搦战。延大怒，急披挂上马，提刀引兵来迎。两阵对圆，何平出马大骂曰：“反贼魏延安在？”延亦骂曰：“汝助杨仪造反，何敢骂我！”平叱曰：“丞相新亡，骨肉未寒，汝焉敢造反！”乃扬鞭指川兵曰：“汝等军士，皆是西川之人，川中多有父母妻子，兄弟亲朋；丞相在日，不曾薄待汝等，今不可助反贼，宜各回家乡，听候赏赐。”众军闻言，大喊一声，散去大半。延大怒，挥刀纵马，直取何平。平挺枪来迎。战不数合，平诈败而走，延随后赶来。众军弓弩齐发，延拨马而回。见众军纷纷溃散，延转怒，拍马赶上，杀了数人，却只止遏不住；只有马岱所领三百人不动，延谓岱曰：“公真心助我，事成之后，决不相负。”遂与马岱追杀何平。平引兵飞奔而去。魏延收聚残军，与马岱商议曰：“我等投魏，若何？”岱曰：“将军之言，不智甚也。大丈夫何不自图霸业，乃轻屈膝于人耶？吾观将军智勇足备，两川之士，谁敢抵敌？吾誓同将军先取汉中，随后进攻西川。”

延大喜，遂同马岱引兵直取南郑。姜维在南郑城上，见魏延、马岱耀武扬威，风拥而来。维急令拽起吊桥。延、岱二人大叫：“早降！”姜维令人请杨仪商议曰：“魏延勇猛，更兼马岱相助，虽然军少，何计退之？”仪曰：“丞相临终，遗一锦囊，嘱曰：若魏延造反，临阵对敌之时，方可开拆，便有斩魏延之计。今当取出一看。”遂出锦囊拆封看时，题曰：“待与魏延对敌，马上方许拆开。”维大喜曰：“既丞相有戒约，长史可收执。吾先引兵出城，列为阵势，公可便来。”姜维披挂上马，绰枪在手，引三千军，开了城门，一齐冲出，鼓声大震，排成阵势。维挺枪立马于门旗之下，高声大骂曰：“反贼魏延！丞相不曾亏你，今日如何背反？”延横刀勒马而言曰：“伯约，不干你事。只教杨仪来！”仪在门旗影里，拆开锦囊视之，如此如此。仪大喜，轻骑而出，立马阵前，手指魏延而笑曰：“丞相在日，知汝久后必反，教我提备，今果应其言。汝敢在马上连叫三声谁敢杀我，便是真大丈夫，吾就献汉中城池与汝。”延大笑曰：“杨仪匹夫听着！若孔明在日，吾尚惧他三分；他今已亡，天下谁敢敌我？休道连叫三声，便叫三万声，亦有何难！”遂提刀按辔，于马上大叫曰：“谁敢杀我？”一声未毕，脑后一人厉声而应曰：“吾敢杀汝！”手起刀落，斩魏延于马下。众皆骇然。斩魏延者，乃马岱也。原来孔明临终之时，授马岱以密计，只待魏延喊叫时，便出其不意斩之；当日，杨仪读罢锦囊计策，已知伏下马岱在彼，故依计而行，果然杀了魏延。后人有诗曰：“诸葛先机识魏延，已知日后反西川。锦囊遗计人难料，却见成功在马前。”

却说董允未及到南郑，马岱已斩了魏延，与姜维合兵一处。杨仪具表星夜奏闻后主。后主降旨曰：“既已名正其罪，仍念前功，赐棺椁葬之。”杨仪等扶孔明灵柩到成都，后主引文武官僚，尽皆挂孝，出城二十里迎接。后主放声大哭。上至公卿大夫，下及山林百姓，男女老幼，无不痛哭，哀声震地。后主命扶柩入城，停于丞相府中。其子诸葛瞻守孝居丧。

后主还朝，杨仪自缚请罪。后主令近臣去其缚曰：“若非卿能依丞相遗教，灵柩何日得归，魏延如何得灭。大事保全，皆卿之力也。”遂加杨仪为中军师。马岱有讨逆之功，即以魏延之爵爵之。仪呈上孔明遗表。后主览毕，大哭，降旨卜地安葬。费祎奏曰：“丞相临终，命葬于定军山，不用墙垣砖石，亦不用一切祭物。”后主从之。择本年十月吉日，后主自送灵柩至定军山安葬。后主降诏致祭，谥号忠武侯；令建庙于沔阳，四时享祭。后杜工部有诗曰：“丞相祠堂何处寻，锦官城外柏森森。映阶碧草自春色，隔叶黄鹂空好音。三顾频烦天下计，两朝开济老臣心。出师未捷身先死，长使英雄泪满襟！”又杜工部诗曰：“诸葛大名垂宇宙，宗臣遗像肃清高。三分割据纡筹策，万古云霄一羽毛。伯仲之间见伊吕，指挥若定失萧曹。运移汉祚终难复，志决身歼军务劳。”

却说后主回到成都，忽近臣奏曰：“边庭报来，东吴令全琮引兵数万，屯于巴丘界口，未知何意。”后主惊曰：“丞相新亡，东吴负盟侵界，如之奈何？”蒋琬奏曰：“臣敢保王平、张嶷引兵数万屯于永安，以防不测。陛下再命一人去东吴报丧，以探其动静。”后主曰：“须得一舌辩之士为使。”一人应声而出曰：“微臣愿往。”众视之，乃南阳安众人，姓宗，名预，字德艳，官任参军、右中郎将。后主大喜，即命宗预往东吴报丧，兼探虚实。宗预领命，径到金陵，入见吴主孙权。礼毕，只见左右人皆着素衣。权作色而言曰：“吴、蜀已为一家，卿主何故而增白帝之守也？”预曰：“臣以为东益巴丘之戍，西增白帝之守，皆事势宜然，俱不足以相问也。”权笑曰：“卿不亚于邓芝。”乃谓宗预曰：“朕闻诸葛丞相归天，每日流涕，令官僚尽皆挂孝。朕恐魏人乘丧取蜀，故增巴丘守兵万人，以为救援，别无他意也。”预顿首拜谢。权曰：“朕既许以同盟，安有背义之理？”预曰：“天子因丞相新亡，特命臣来报丧。”权遂取金鈚箭一枝折之，设誓曰：“朕若负前盟，子孙绝灭！”又命使赍香帛奠仪，入川致祭。

宗预拜辞吴主，同吴使还成都，入见后主，奏曰：“吴主因丞相新亡，亦自流涕，令群臣皆挂孝。其益兵巴丘者，恐魏人乘虚而入，别无异心。今折箭为誓，并不背盟。”后主大喜，重赏宗预，厚待吴使去讫。遂依孔明遗言，加蒋琬为丞相、大将军，录尚书事；加费祎为尚书令，同理丞相事；加吴懿为车骑将军，假节督汉中；姜维为辅汉将军、平襄侯，总督诸处人马，同吴懿出屯汉中，以防魏兵。其余将校，各依旧职。杨仪自以为年宦先于蒋琬，而位出琬下；且自恃功高，未有重赏，口出怨言，谓费祎曰：“昔日丞相初亡，吾若将全师投魏，宁当寂寞如此耶！”费祎乃将此言具表密奏后主。后主大怒，命将杨仪下狱勘问，欲斩之。蒋琬奏曰：“仪虽有罪，但日前随丞相多立功劳，未可斩也，当废为庶人。”后主从之，遂贬杨仪赴汉嘉郡为民。仪羞惭自刎而死。

蜀汉建兴十三年，魏主曹睿青龙三年，吴主孙权嘉禾四年，三国各不兴兵，单说魏主封司马懿为太尉，总督军马，安镇诸边。懿拜谢回洛阳去讫。魏主在许昌大兴土木，建盖宫殿；又于洛阳造朝阳殿、太极殿，筑总章观，俱高十丈；又立崇华殿、青霄阁、凤凰楼、九龙池，命博士马钧监造，极其华丽：雕梁画栋，碧瓦金砖，光辉耀日。选天下巧匠三万余人，民夫三十余万，不分昼夜而造。民力疲困，怨声不绝。

睿又降旨起土木于芳林园，使公卿皆负土树木于其中。司徒董寻上表切谏曰。“伏自建安以来，野战死亡，或门殚户尽；虽有存者，遗孤老弱。若今宫室狭小，欲广大之，犹宜随时，不妨农务。况作无益之物乎？陛下既尊群臣，显以冠冕，被以文绣，载以华舆，所以异于小人也。今又使负木担土，沾体涂足，毁国之光，以崇无益：甚无谓也。孔子云：君使臣以礼，臣事君以忠。无忠无礼，国何以立？臣知言出必死；而自比于牛之一毛，生既无益，死亦何损。秉笔流涕，心与世辞。臣有八子，臣死之后，累陛下矣。不胜战忄栗待命之至！”睿览表怒曰：“董寻不怕死耶！”左右奏请斩之。睿曰：“此人素有忠义，今且废为庶人。再有妄言者必斩！”时有太子舍人张茂，字彦材，亦上表切谏，睿命斩之。即日召马钧问曰：“朕建高台峻阁，欲与神仙往来，以求长生不老之方。”钧奏曰：“汉朝二十四帝，惟武帝享国最久，寿算极高，盖因服天上日精月华之气也：尝于长安宫中，建柏梁台；台上立一铜人，手捧一盘，名曰承露盘，接三更北斗所降沆瀣之水，其名曰天浆，又曰甘露。取此水用美玉为屑，调和服之，可以反老还童。”睿大喜曰：“汝今可引人夫星夜至长安，拆取铜人，移置芳林园中”钧领命，引一万人至长安，令周围搭起木架，上柏梁台去。不移时间，五千人连绳引索，旋环而上。那柏梁台高二十丈，铜柱圆十围。马钧教先拆铜人。多人并力拆下铜人来，只见铜人眼中潸然泪下。众皆大惊。忽然台边一阵狂风起处，飞砂走石，急若骤雨；一声响亮，就如天崩地裂：台倾柱倒，压死千余人。钧取铜人及金盘回洛阳，入见魏主，献上铜人、承露盘。魏主问曰：“铜柱安在？”钧奏曰：“柱重百万斤，不能运至。”睿令将铜柱打碎，运来洛阳，铸成两个铜人，号为翁仲，列于司马门外；又铸铜龙凤两个：龙高四丈，凤高三丈余，立在殿前。又于上林苑中，种奇花异木，蓄养珍禽怪兽。少傅杨阜上表谏曰：“臣闻尧尚茅茨，而万国安居；禹卑宫室，而天下乐业；及至殷、周，或堂崇三尺，度以九筵耳。古之圣帝明王，未有极宫室之高丽，以凋敝百姓之财力者也。桀作璇室、象廊，纣为倾宫、鹿台，以丧其社稷；楚灵以筑章华而身受其祸；秦始皇作阿房而殃及其子，天下叛之，二世而灭。夫不度万民之力，以从耳目之欲，未有不亡者也。陛下当以尧、舜、禹、汤、文、武为法则，以桀、纣、楚、秦为深诫。而乃自暇自逸，惟宫台是饰，必有危亡之祸矣。君作元首，臣为股肱，存亡一体，得失同之。臣虽驽怯，敢忘诤臣之义？言不切至，不足以感寤陛下。谨叩棺沐浴，伏俟重诛。”表上，睿不省，只催督马钧建造高台，安置铜人、承露盘。又降旨广选天下美女，入芳林园中。众官纷纷上表谏诤，睿俱不听。

却说曹睿之后毛氏，乃河内人也；先年睿为平原王时，最相恩爱；及即帝位，立为后；后睿因宠郭夫人，毛后失宠。郭夫人美而慧，睿甚嬖之，每日取乐，月余不出宫闼。是岁春三月，芳林园中百花争放，睿同郭夫人到园中赏玩饮酒。郭夫人曰：“何不请皇后同乐？”壑曰；“若彼在，腾涓滴不能下咽也。”遂传谕宫娥，不许令毛后知道。毛后见睿月余不入正宫，是日引十余宫人，来翠花楼上消遣，只听的乐声嘹亮，乃问曰：“何处奏乐？”一宫官启曰：“乃圣上与郭夫人于御花园中赏花饮酒。”毛后闻之，心中烦恼，回宫安歇。次日，毛皇后乘小车出宫游玩，正迎见睿于曲廊之间，乃笑曰：“陛下昨游北园，其乐不浅也！”睿大怒，即命擒昨日侍奉诸人到，叱曰：“昨游北园，朕禁左右不许使毛后知道，何得又宣露！”喝令宫官将诸侍奉人尽斩之。毛后大惊，回车至宫，睿即降诏赐毛皇后死，立郭夫人为皇后。朝臣莫敢谏者。

忽一日，幽州刺史毋丘俭上表，报称辽东公孙渊造反，自号为燕王，改元绍汉元年，建宫殿，立官职，兴兵入寇，摇动北方。睿大惊，即聚文武官僚，商议起兵退渊之策。正是：才将土木劳中国，又见干戈起外方。未知何以御之，且看下文分解。

第一百六回 公孙渊兵败死襄平 司马懿诈病赚曹爽

却说公孙渊乃辽东公孙度之孙，公孙康之子也。建安十二年，曹操追袁尚，未到辽东，康斩尚首级献操，操封康为襄平侯；后康死，有二子：长曰晃，次曰渊，皆幼；康弟公孙恭继职。曹丕时封恭为车骑将军、襄平侯。太和二年，渊长大，文武兼备，性刚好斗，夺其叔公孙恭之位，曹睿封渊为扬烈将军、辽东太守。后孙权遣张弥、许晏赍金珠珍玉赴辽东，封渊为燕王。渊惧中原，乃斩张、许二人，送首与曹睿。睿封渊为大司马、乐浪公。渊心不足，与众商议，自号为燕王，改元绍汉元年。副将贾范谏曰：“中原待主公以上公之爵，不为卑贱；今若背反，实为不顺。更兼司马懿善能用兵，西蜀诸葛武侯且不能取胜，何况主公乎？”渊大怒，叱左右缚贾范，将斩之。参军伦直谏曰：“贾范之言是也。圣人云：国家将亡，必有妖孽。今国中屡见怪异之事：近有犬戴巾帻，身披红衣，上屋作人行；又城南乡民造饭，饭甑之中，忽有一小儿蒸死于内；襄平北市中，地忽陷一穴，涌出一块肉，周围数尺，头面眼耳口鼻都具，独无手足，刀箭不能伤，不知何物。卜者占之曰：有形不成，有口无声；国家亡灭，故现其形。有此三者，皆不祥之兆也。主公宜避凶就吉，不可轻举妄动。”渊勃然大怒，叱武士绑伦直并贾范同斩于市。令大将军卑衍为元帅，杨祚为先锋，起辽兵十五万，杀奔中原来。

边官报知魏主曹睿。睿大惊，乃召司马懿入朝计议。懿奏曰：“臣部下马步官军四万，足可破贼。”睿曰：“卿兵少路远，恐难收复。”懿曰：“兵不在多，在能设奇用智耳。臣托陛下洪福，必擒公孙渊以献陛下。”睿曰：“卿料公孙渊作何举动？”懿曰：“渊若弃城预走，是上计也；守辽东拒大军，是中计也；坐守襄平，是为下计，必被臣所擒矣。”睿曰：“此去往复几时？”懿曰：“四千里之地，往百日，攻百日，还百日，休息六十日，大约一年足矣。”睿曰：“倘吴、蜀入寇，如之奈何？”懿曰：“臣已定下守御之策，陛下勿忧。”睿大喜，即命司马懿兴师征讨公孙渊。

懿辞朝出城，令胡遵为先锋，引前部兵先到辽东下寨。哨马飞报公孙渊。渊令卑衍，杨祚分八万兵屯于辽隧，围堑二十余里，环绕鹿角，甚是严密。胡遵令人报知司马懿。懿笑曰：“贼不与我战，欲老我兵耳。我料贼众大半在此，其巢穴空虚，不若弃却此处，径奔襄平；贼必往救，却于中途击之，必获全功。”于是勒兵从小路向襄平进发。

却说卑衍与杨祚商议曰：“若魏兵来攻，休与交战。彼千里而来，粮草不继，难以持久，粮尽必退；待他退时，然后出奇兵击之，司马懿可擒也。昔司马懿与蜀兵相拒，坚守渭南，孔明竟卒于军中：今日正与此理相同。”二人正商议间，忽报：“魏兵往南去了。”卑衍大惊曰：“彼知吾襄平军少，去袭老营也。若襄平有失，我等守此处无益矣。”遂拔寨随后而起。早有探马飞报司马懿。懿笑曰：“中吾计矣！”乃令夏侯霸、夏侯威，各引一军伏于辽水之滨：“如辽兵到，两下齐出。”二人受计而往。早望见卑衍、杨祚引兵前来。一声炮响，两边鼓噪摇旗：左有夏侯霸、右有夏侯威，一齐杀出。卑、杨二人，无心恋战，夺路而走；奔至首山，正逢公孙渊兵到，合兵一处，回马再与魏兵交战。卑衍出马骂曰：“贼将休使诡计！汝敢出战否？”夏侯霸纵马挥刀来迎。战不数合，被夏侯霸一刀斩卑衍于马下，辽兵大乱。霸驱兵掩杀，公孙渊引败兵奔入襄平城去，闭门坚守不出。魏兵四面围合。

时值秋雨连绵，一月不止，平地水深三尺，运粮船自辽河口直至襄平城下。魏兵皆在水中，行坐不安。左都督裴景入帐告曰：“雨水不住，营中泥泞，军不可停，请移于前面山上。”懿怒曰：“捉公孙渊只在旦夕，安可移营？如有再言移营者斩！”裴景喏喏而退。少顷，右都督仇连又来告曰：“军士苦水，乞太尉移营高处。”懿大怒曰：“吾军令已发，汝何敢故违！”即命推出斩之，悬首于辕门外。于是军心震慑。

懿令南寨人马暂退二十里，纵城内军民出城樵采柴薪，牧放牛马。司马陈群问曰：“前太尉攻上庸之时，兵分八路，八日赶至城下，遂生擒孟达而成大功；今带甲四万，数千里而来，不令攻打城池，却使久居泥泞之中，又纵贼众樵牧。某实不知太尉是何主意？”懿笑曰：“公不知兵法耶？昔孟达粮多兵少，我粮少兵多，故不可不速战；出其不意，突然攻之，方可取胜。今辽兵多，我兵少，贼饥我饱，何必力攻？正当任彼自走，然后乘机击之。我今放开一条路，不绝彼之樵牧，是容彼自走也。”陈群拜服。

于是司马懿遣人赴洛阳催粮。魏主曹睿设朝，群臣皆奏曰：“近日秋雨连绵，一月不止，人马疲劳，可召回司马懿，权且罢兵。”睿曰：“司马太尉善能用兵，临危制变，多有良谋，捉公孙渊计日而待。卿等何必忧也？”遂不听群臣之谏，使人运粮解至司马懿军前。

懿在寨中，又过数日，雨止天晴。是夜，懿出帐外，仰观天文，忽见一星，其大如斗，流光数丈，自首山东北，坠于襄平东南。各营将士，无不惊骇。懿见之大喜，乃谓众将曰：“五日之后，星落处必斩公孙渊矣。来日可并力攻城。”众将得令，次日侵晨，引兵四面围合，筑土山，掘地道，立炮架，装云梯，日夜攻打不息，箭如急雨，射入城去。

公孙渊在城中粮尽，皆宰牛马为食。人人怨恨，各无守心，欲斩渊首，献城归降。渊闻之，甚是惊忧，慌令相国王建、御史大夫柳甫，往魏寨请降。二人自城上系下，来告司马懿曰：“请太尉退二十里，我君臣自来投降。”懿大怒曰：“公孙渊何不自来？殊为无理！”叱武士推出斩之，将首级付与从人。从人回报，公孙渊大惊，又遣侍中卫演来到魏营。司马懿升帐，聚众将立于两边。演膝行而进，跪于帐下，告曰：“愿太尉息雷霆之怒。克日先送世子公孙修为质当，然后君臣自缚来降。”懿曰：“军事大要有五：能战当战，不能战当守，不能守当走，不能走当降，不能降当死耳！何必送子为质当？”叱卫演回报公孙渊，演抱头鼠窜而去。

归告公孙渊，渊大惊，乃与子公孙修密议停当，选下一千人马，当夜二更时分，开了南门，往东南而走。渊见无人，心中暗喜。行不到十里，忽听得山上一声炮响，鼓角齐鸣：一枝兵拦住，中央乃司马懿也；左有司马师，右有司马昭，二人大叫曰：“反贼休走！”渊大惊，急拨马寻路欲走。早有胡遵兵到；左有夏侯霸、夏侯威，右有张虎、乐綝：四面围得铁桶相似。公孙渊父子，只得下马纳降。懿在马上顾诸将曰：“吾前夜丙寅日，见大星落于此处，今夜壬申日应矣。”众将称贺曰：“太尉真神机也！”懿传令斩之。公孙渊父子对面受戮。司马懿遂勒兵来取襄平。未及到城下时，胡遵早引兵入城。城中人民焚香拜迎，魏兵尽皆入城。懿坐于衙上，将公孙渊宗族，并同谋官僚人等，俱杀之，计首级七十余颗。出榜安民。人告懿曰：贾范、伦直苦谏渊不可反叛，俱被渊所杀。懿遂封其墓面荣其子孙。就将库内财物，赏劳三军，班师回洛阳。却说魏主在宫中，夜至三更，忽然一阵阴风，吹灭灯光，只见毛皇后引数十个宫人哭至座前索命。睿因此得病。病渐沉重，命侍中光禄大夫刘放、孙资，掌枢密院一切事务；又召文帝子燕王曹宇为大将军，佐太子曹芳摄政。宇为人恭俭温和，未肯当此大任，坚辞不受。睿召刘放、孙资问曰：“宗族之内，何人可任？”二人久得曹真之惠，乃保奏曰：“惟曹子丹之子曹爽可也。”睿从之。二人又奏曰：“欲用曹爽，当遣燕王归国。”睿然其言。二人遂请睿降诏，赍出谕燕王曰：“有天子手诏，命燕王归国，限即日就行；若无诏不许入朝。”燕王涕泣而去。遂封曹爽为大将军，总摄朝政。

睿病渐危，急令使持节诏司马懿还朝。懿受命，径到许昌，入见魏主。睿曰：“朕惟恐不得见卿；今日得见，死无恨矣。”懿顿首奏曰：“臣在途中，闻陛下圣体不安，恨不肋生两翼，飞至阙下。今日得睹龙颜，臣之幸也。”睿宣太子曹芳，大将军曹爽，侍中刘放、孙资等，皆至御榻之前。睿执司马懿之手曰：“昔刘玄德在白帝城病危，以幼子刘禅托孤于诸葛孔明，孔明因此竭尽忠诚，至死方休：偏邦尚然如此，何况大国乎？朕幼子曹芳，年才八岁，不堪掌理社稷。幸太尉及宗兄元勋旧臣，竭力相辅，无负朕心！”又唤芳曰：“仲达与朕一体，尔宜敬礼之。”遂命懿携芳近前。芳抱懿颈不放。睿曰：“太尉勿忘幼子今日相恋之情！”言讫，潸然泪下。懿顿首流涕。魏主昏沉，口不能言，只以手指太子，须臾而卒；在位十三年，寿三十六岁，时魏景初三年春正月下旬也。

当下司马懿、曹爽，扶太子曹芳即皇帝位。芳字兰卿，乃睿乞养之子，秘在宫中，人莫知其所由来。于是曹芳谥睿为明帝，葬于高平陵；尊郭皇后为皇太后；改元正始元年。司马懿与曹爽辅政。爽事懿甚谨，一应大事，必先启知。爽字昭伯，自幼出入宫中，明帝见爽谨慎，甚是爱敬。爽门下有客五百人，内有五人以浮华相尚：一是何晏，字平叔；一是邓飏，字玄茂，乃邓禹之后；一是李胜，字公昭；一是丁谧，字彦靖；一是毕轨，字昭先。又有大司农桓范字元则，颇有智谋，人多称为智囊。此数人皆爽所信任。

何晏告爽曰：“主公大权，不可委托他人，恐生后患。”爽曰：“司马公与我同受先帝托孤之命，安忍背之？”晏曰：“昔日先公与仲达破蜀兵之时，累受此人之气，因而致死。主公如何不察也？”爽猛然省悟，遂与多官计议停当，入奏魏主曹芳曰：“司马懿功高德重，可加为太傅。”芳从之，自是兵权皆归于爽。爽命弟曹羲为中领军，曹训为武卫将军，曹彦为散骑常侍，各引三千御林军，任其出入禁宫。又用何晏、邓飏、丁谧为尚书，毕轨为司隶校尉，李胜为河南尹：此五人日夜与爽议事。于是曹爽门下宾客日盛。司马懿推病不出，二子亦皆退职闲居。爽每日与何晏等饮酒作乐：凡用衣服器皿，与朝廷无异；各处进贡玩好珍奇之物，先取上等者入己，然后进宫，佳人美女，充满府院。黄门张当，谄事曹爽，私选先帝侍妾七八人，送入府中；爽又选善歌舞良家子女三四十人，为家乐。又建重楼画阁，造金银器皿，用巧匠数百人，昼夜工作。却说何晏闻平原管辂明数术，请与论《易》。时邓飏在座，问辂曰：“君自谓善《易》而语不及《易》中词义，何也？”辂曰：“夫善《易》者，不言《易》也。”晏笑而赞之曰：“可谓要言不烦。”因谓辂曰：“试为我卜一卦：可至三公否？”又问：“连梦青蝇数十，来集鼻上，此是何兆？”辂曰：“元、恺辅舜，周公佐周，皆以和惠谦恭，享有多福。今君侯位尊势重，而怀德者鲜，畏威者众，殆非小心求福之道。且鼻者，山也；山高而不危，所以长守贵也。今青蝇臭恶而集焉。位峻者颠，可不惧乎？愿君侯裒多益寡，非礼勿履：然后三公可至，青蝇可驱也。”邓飏怒曰：“此老生之常谈耳！”辂曰：“老生者见不生，常谈者见不谈。”遂拂袖而去。二人大笑曰：“真狂士也！”辂到家，与舅言之。舅大惊曰：“何、邓二人，威权甚重，汝奈何犯之？”辂曰：“吾与死人语，何所畏耶！”舅问其故。辂曰：“邓飏行步，筋不束骨，脉不制肉，起立倾倚，若无手足：此为鬼躁之相。何晏视候，魂不守宅，血不华色，精爽烟浮，容若槁木：此为鬼幽之相。二人早晚必有杀身之祸，何足畏也！”其舅大骂辂为狂子而去。

却说曹爽尝与何晏、邓飏等畋猎。其弟曹羲谏曰：“兄威权太甚，而好出外游猎，倘为人所算，悔之无及。”爽叱曰：“兵权在吾手中，何惧之有！”司农桓范亦谏，不听。时魏主曹芳，改正始十年为嘉平元年。曹爽一向专权，不知仲达虚实，适魏主除李胜为荆州刺史，即令李胜往辞仲达，就探消息。胜径到太傅府中，早有门吏报入。司马懿谓二子曰：“此乃曹爽使来探吾病之虚实也。”乃去冠散发，上床拥被而坐，又令二婢扶策，方请李胜入府。胜至床前拜曰：“一向不见太傅，谁想如此病重。今天子命某为荆州刺史，特来拜辞。”懿佯答曰：“并州近朔方，好为之备。”胜曰：“除荆州刺史，非并州也。”懿笑曰：“你方从并州来？”胜曰：“汉上荆州耳。”懿大笑曰：“你从荆州来也！”胜曰：“太傅如何病得这等了？”左右曰：“太傅耳聋。”胜曰：“乞纸笔一用。”左右取纸笔与胜。胜写毕，呈上，懿看之，笑曰：“吾病的耳聋了。此去保重。”言讫，以手指口。侍婢进汤，懿将口就之，汤流满襟，乃作哽噎之声曰：“吾今衰老病笃，死在旦夕矣。二子不肖，望君教之。君若见大将军，千万看觑二子！”言讫，倒在床上，声嘶气喘。李胜拜辞仲达，回见曹爽，细言其事。爽大喜曰：“此老若死，吾无忧矣！”司马懿见李胜去了，遂起身谓二子曰：“李胜此去，回报消息，曹爽必不忌我矣。只待他出城畋猎之时，方可图之。”不一日，曹爽请魏主曹芳去谒高平陵，祭祀先帝。大小官僚，皆随驾出城。爽引三弟，并心腹人何晏等，及御林军护驾正行，司农桓范叩马谏曰：“主公总典禁兵，不宜兄弟皆出。倘城中有变，如之奈何？”爽以鞭指而叱之曰：“谁敢为变！再勿乱言！”当日，司马懿见爽出城，心中大喜，即起旧日手下破敌之人，并家将数十，引二子上马，径来谋杀曹爽。正是：闭户忽然有起色，驱兵自此逞雄风。未知曹爽性命如何，且看下文分解。

第一百七回 魏主政归司马氏 姜维兵败牛头山

却说司马懿闻曹爽同弟曹羲、曹训、曹彦并心腹何晏，邓飏、丁谧、毕轨、李胜等及御林军，随魏主曹芳，出城谒明帝墓，就去畋猎。懿大喜，即到省中，令司徒高柔，假以节钺行大将军事，先据曹爽营；又令太仆王观行中领军事，据曹羲营。懿引旧官入后宫奏郭太后，言爽背先帝托孤之恩，奸邪乱国，其罪当废。郭太后大惊曰：“天子在外，如之奈何？”懿曰：“臣有奏天子之表，诛奸臣之计。太后勿忧。”太后惧怕，只得从之。懿急令太尉蒋济、尚书令司马孚，一同写表，遣黄门赍出城外，径至帝前申奏。懿自引大军据武库。早有人报知曹爽家。其妻刘氏急出厅前，唤守府官问曰：“今主公在外，仲达起兵何意？”守门将潘举曰：“夫人勿惊，我去问来。”乃引弓弩手数十人，登门楼望之。正见司马懿引兵过府前，举令人乱箭射下，懿不得过。偏将孙谦在后止之曰：“太傅为国家大事，休得放箭。”连止三次，举方不射。司马昭护父司马懿而过，引兵出城屯于洛河，守住浮桥。

且说曹爽手下司马鲁芝，见城中事变，来与参军辛敞商议曰：“今仲达如此变乱，将如之何？”敞曰：“可引本部兵出城去见天子。”芝然其言。敞急入后堂。其姊辛宪英见之，问曰：“汝有何事，慌速如此？”敞告曰：“天子在外，太傅闭了城门，必将谋逆。”宪英曰：“司马公未必谋逆，特欲杀曹将军耳。”敞惊曰：“此事未知如何？”宪英曰：“曹将军非司马公之对手，必然败矣。”敞曰：“今鲁司马教我同去，未知可去否？”宪英曰：“职守，人之大义也。凡人在难，犹或恤之；执鞭而弃其事，不祥莫大焉。”敞从其言，乃与鲁芝引数十骑，斩关夺门而出。人报知司马懿。懿恐桓范亦走，急令人召之。范与其子商议。其子曰：“车驾在外，不如南出。”范从其言，乃上马至平昌门，城门已闭，把门将乃桓范旧吏司蕃也。范袖中取出一竹版曰：“太后有诏，可即开门。”司蕃曰：“请诏验之。”范叱曰：“汝是吾故吏，何敢如此！”蕃只得开门放出。范出的城外，唤司蕃曰：“太傅造反，汝可速随我去。”蕃大惊，追之不及。人报知司马懿。懿大惊曰：“智囊泄矣！如之奈何？”蒋济曰：“驽马恋栈豆，必不能用也。”懿乃召许允、陈泰曰：“汝去见曹爽，说太傅别无他事，只是削汝兄弟兵权而已。”许、陈二人去了。又召殿中校尉尹大目至；令蒋济作书，与目持去见爽。懿分付曰：“汝与爽厚，可领此任。汝见爽，说吾与蒋济指洛水为誓，只因兵权之事，别无他意。”尹大目依令而去。却说曹爽正飞鹰走犬之际，忽报城内有变，太傅有表。爽大惊，几乎落马。黄门官捧表跪于天子之前。爽接表拆封，令近臣读之。表略曰：“征西大都督、太傅臣司马懿，诚惶诚恐，顿首谨表：臣昔从辽东还，先帝诏陛下与秦王及臣等，升御床，把臣臂，深以后事为念。今大将军曹爽，背弃顾命，败乱国典；内则僭拟，外专威权；以黄门张当为都监，专共交关；看察至尊，候伺神器；离间二宫，伤害骨肉；天下汹汹，人怀危惧：此非先帝诏陛下及嘱臣之本意也。臣虽朽迈，敢忘往言？太尉臣济、尚书令臣孚等，皆以爽为有无君之心，兄弟不宜典兵宿卫。奏永宁宫，皇太后令敕臣如奏施行。臣辄敕主者及黄门令，罢爽、羲、训吏兵，以侯就第，不得逗留，以稽车驾；敢有稽留，便以军法从事。臣辄力疾将兵，屯于洛水浮桥，伺察非常。谨此上闻，伏于圣听。”魏主曹芳听毕，乃唤曹爽曰：“太傅之言若此，卿如何裁处？”爽手足失措，回顾二弟曰：“为之奈何？”羲曰：“劣弟亦曾谏兄，兄执迷不听，致有今日。司马懿谲诈无比，孔明尚不能胜，况我兄弟乎？不如自缚见之，以免一死。”言未毕，参军辛敞、司马鲁芝到。爽问之。二人告曰：“城中把得铁桶相似，太傅引兵屯于洛水浮桥，势将不可复归。宜早定大计。”正言间，司农桓范骤马而至，谓爽曰：“太傅已变，将军何不请天子幸许都，调外兵以讨司马懿耶？”爽曰：“吾等全家皆在城中，岂可投他处求援？”范曰：“匹夫临难，尚欲望活！今主公身随天子，号令天下，谁敢不应？岂可自投死地乎？”爽闻言不决，惟流涕而已。范又曰：“此去许都，不过中宿。城中粮草，足支数载。今主公别营兵马，近在阙南，呼之即至。大司马之印，某将在此。主公可急行，迟则休矣！”爽曰：“多官勿太催逼，待吾细细思之。”少顷，侍中许允、尚书陈泰至。二人告曰：“太傅只为将军权重，不过要削去兵权，别无他意。将军可早归城中。”爽默然不语。又只见殿中校尉尹大目到。目曰：“太傅指洛水为誓，并无他意。有蒋太尉书在此。将军可削去兵权，早归相府。”爽信为良言。桓范又告曰：“事急矣，休听外言而就死地！”是夜，曹爽意不能决，乃拔剑在手，嗟叹寻思；自黄昏直流泪到晓，终是狐疑不定。桓范入帐催之曰：“主公思虑一昼夜，何尚不能决？”爽掷剑而叹曰：“我不起兵，情愿弃官，但为富家翁足矣！”范大哭，出帐曰：“曹子丹以智谋自矜！今兄弟三人，真豚犊耳！”痛哭不已。

许允、陈泰令爽先纳印绶与司马懿。爽令将印送去，主簿杨综扯住印绶而哭曰：“主公今日舍兵权自缚去降，不免东市受戮也！”爽曰：“太傅必不失信于我。”于是曹爽将印绶与许、陈二人，先赍与司马懿。众军见无将印，尽皆四散。爽手下只有数骑官僚。到浮桥时，懿传令，教曹爽兄弟三人，且回私宅；余皆发监，听候敕旨。爽等入城时，并无一人侍从。桓范至浮桥边，懿在马上以鞭指之曰："桓大夫何故如此？"范低头不语，入城而去。于是司马懿请驾拔营入洛阳。曹爽兄弟三人回家之后，懿用大锁锁门，令居民八百人围守其宅。曹爽心中忧闷。羲谓爽曰："今家中乏粮，兄可作书与太傅借粮。如肯以粮借我，必无相害之心。"爽乃作书令人持去。司马懿览毕，遂遣人送粮一百斛，运至曹爽府内。爽大喜曰："司马公本无害我之心也！"遂不以为忧。原来司马懿先将黄门张当捉下狱中问罪。当曰："非我一人，更有何晏、邓飏、李胜、毕轨，丁谧等五人，同谋篡逆。"懿取了张当供词，却捉何晏等勘问明白：皆称三月间欲反。懿用长枷钉了。城门守将司蕃告称："桓范矫诏出城，口称太傅谋反。"懿曰："诬人反情，抵罪反坐。"亦将桓范等皆下狱，然后押曹爽兄弟三人并一干人犯，皆斩于市曹，灭其三族；其家产财物，尽抄入库。

时有曹爽从弟文叔之妻，乃夏侯令女也：早寡而无子，其父欲改嫁之，女截耳自誓。及爽被诛，其父复将嫁之，女又断去其鼻。其家惊惶，谓之曰："人生世间，如轻尘栖弱草，何至自苦如此？且夫家又被司马氏诛戮已尽，守此欲谁为哉？"女泣曰："吾闻仁者不以盛衰改节，义者不以存亡易心。曹氏盛时，尚欲保终；况今灭亡，何忍弃之？此禽兽之行，吾岂为乎！"懿闻而贤之，听使乞子以养，为曹氏后。后人有诗曰："弱草微尘尽达观，夏侯有女义如山。丈夫不及裙钗节，自顾须眉亦汗颜。"却说司马懿斩了曹爽，太尉蒋济曰："尚有鲁芝、辛敞斩关夺门而出，杨综夺印不与，皆不可纵。"懿曰："彼各为其主，乃义人也。"遂复各人旧职。辛敞叹曰："吾若不问于姊，失大义矣！"后人有诗赞辛宪英曰："为臣食禄当思报，事主临危合尽忠。辛氏宪英曾劝弟，故令千载颂高风。"

司马懿饶了辛敞等，仍出榜晓谕：但有曹爽门下一应人等，尽皆免死；有官者照旧复职。军民各守家业，内外安堵。何、邓二人死于非命，果应管辂之言。后人有诗赞管辂曰："传得圣贤真妙诀，平原管辂相通神。鬼幽鬼躁分何邓，未丧先知是死人。"却说魏主曹芳封司马懿为丞相，加九锡。懿固辞不肯受。芳不准，令父子三人同领国事。懿忽然想起："曹爽全家虽诛，尚有夏侯玄守备雍州等处，系爽亲族，倘骤然作乱，如何提备？必当处置。"即下诏遣使往雍州，取征西将军夏侯玄赴洛阳议事。玄叔夏侯霸听知大惊，便引本部三千兵造反。有镇守雍州刺史郭淮，听知夏侯霸反，即率本部兵来，与夏侯霸交战。淮出马大骂曰："汝既是大魏皇族，天子又不曾亏汝，何故背反？"霸亦骂曰："吾祖父于国家多建勤劳，今司马懿何等匹夫，灭吾兄曹爽宗族，又来取我，早晚必思篡位。吾仗义讨贼，何反之有？"淮大怒，挺枪骤马，直取夏侯霸。霸挥刀纵马来迎。战不十合，淮败走，霸随后赶来。忽听的后军呐喊，霸急回马时，陈泰引兵杀来。郭淮复回，两路夹攻。霸大败而走，折兵大半；寻思无计，遂投汉中来降后主。

有人报与姜维，维心不信，令人体访得实，方教入城。霸拜见毕，哭告前事。维曰："昔微子去周，成万古之名：公能匡扶汉室，无愧古人也。"遂设宴相待。维就席问曰："今司马懿父子掌握重权，有窥我国之志否？"霸曰："老贼方图谋逆，未暇及外。但魏国新有二人，正在妙龄之际，若使领兵马，实吴、蜀之大患也。"维问："二人是谁？"霸告曰："一人现为秘书郎，乃颍川长社人，姓钟，名会，字士季，太傅钟繇之子，幼有胆智。繇尝率二子见文帝，会时年七岁，其兄毓年八岁。毓见帝惶惧，汗流满面。帝问毓曰：卿何以汗？毓对曰：战战惶惶，汗出如浆。帝问会曰：卿何以不汗？会对曰：战战栗栗，汗不敢出。帝独奇之。及稍长，喜读兵书，深明韬略；司马懿与蒋济皆奇其才。一人现为掾吏，乃义阳人也，姓邓，名艾，字士载，幼年失父，素有大志，但见高山大泽，辄窥度指画，何处可以屯兵，何处可以积粮，何处可以埋伏。人皆笑之，独司马懿奇其才，遂令参赞军机。艾为人口吃，每奏事必称艾艾。懿戏谓曰：卿称艾艾，当有几艾？艾应声曰：凤兮凤兮，故是一凤。其资性敏捷，大抵如此。此二人深可畏也。"维笑曰："量此孺子，何足道哉！"

于是姜维引夏侯霸至成都，入见后主。维奏曰："司马懿谋杀曹爽，又来赚夏侯霸，霸因此投降。目今司马懿父子专权，曹芳懦弱，魏国将危。臣在汉中有年，兵精粮足；臣愿领王师，即以霸为向导官，克服中原，重兴汉室：以报陛下之恩，以终丞相之志。"尚书令费祎谏曰："近者，蒋琬、董允皆相继而亡，内治无人。伯约只宜待时，不宜轻动。"维曰："不然。人生如白驹过隙，似此迁延岁月，何日恢复中原乎？"祎又曰："孙子云：知彼知己，百战百胜。我等皆不如丞相远甚，丞相尚不能恢复中原，何况我等？"维曰："吾久居陇上，深知羌人之心；今若结羌人为援，虽未能克复中原，自陇而西，可断而有也。"后主曰："卿既欲伐魏，可尽忠竭力，勿堕锐气，以负朕命。"于是姜维领敕辞朝，同夏侯霸径到汉中，计议起兵。维曰："可先遣使去羌人处通盟，然后出西平，近雍州。先筑二城于麴山之下，令兵守之，以为掎角之势。我等尽发粮草于川口，依丞相旧制，次第进兵。"

是年秋八月，先差蜀将句安、李歆同引一万五千兵，往麴山前连筑二城：句安守东城，李歆守西城。早有细作报与雍州刺史郭淮。淮一面申报洛阳，一面遣副将陈泰引兵五万，来与蜀兵交战。句安、李歆各引一军出迎；因兵少不能抵敌，退入城中。泰令兵四面围住攻打，又以兵断其汉中粮道。句安、李歆城中粮缺。郭淮自引兵亦到，看了地势，忻然而喜；回到寨中，乃与陈泰计议曰："此城山势高阜，必然水少，须出城取水；若断其上流，蜀兵皆渴死矣。"遂令军士掘土堰断上流。城中果然无水。李歆引兵出城取水，雍州兵围困甚急。歆死战不能出，只得退入城去。句安城中亦无水，乃会了李歆，引兵出城，并在一处；大战良久，又败入城去。军士枯渴。安与歆曰："姜都督之兵，至今未到，不知何故。"歆曰："我当舍命杀出求救。"遂引数十骑，开了城门，杀将出来。雍州兵四面围合，歆奋死冲突，方才得脱；只落得独自一人，身带重伤，余皆没于乱军之中。是夜北风大起，阴云布合，天降大雪，因此城内蜀兵分粮化雪而食。

却说李歆撞出重围，从西山小路行了两日，正迎着姜维人马。歆下马伏地告曰："麴山二城，皆被魏兵围困，绝了水道。幸得天降大雪，因此化雪度日。甚是危急。"维曰："吾非来迟；为聚羌兵未到，因此误了。"遂令人送李歆入川养病。维问夏侯霸曰："羌兵未到，魏兵围困麴山甚急，将军有何高见？"霸曰："若等羌兵到，麴山二城皆陷矣。吾料雍州兵，必尽来麴山攻打，雍州城定然空虚。将军可引兵径往牛头山，抄在雍州之后：郭淮、陈泰必回救雍州，则麴山之围自解矣。"维大喜曰："此计最善！"于是姜维引兵望牛头山而去。

却说陈泰见李歆杀出城去了，乃谓郭淮曰："李歆若告急于姜维，姜维料吾大兵皆在麴山，必抄牛头山袭吾之后。将军可引一军去取洮水，断绝蜀兵粮道；吾分兵一半，径往牛头山击之。彼若知粮道已绝，必然自走矣。"郭淮从之，遂引一军暗取洮水。陈泰引一军径往牛头山来。

却说姜维兵至牛头山，忽听的前军发喊，报说魏兵截住去路。维慌忙自到军前视之。陈泰大喝曰："汝欲袭吾雍州！吾已等候多时了！"维大怒，挺枪纵马，直取陈泰。泰挥刀而迎。战不三合，泰败走，维挥兵掩杀。雍州兵退回，占住山头。维收兵就牛头山下寨。维每日令兵搦战，不分胜负。夏侯霸谓姜维曰："此处不是久停之所。连日交战，不分胜负，乃诱兵之计耳，必有异谋。不如暂退，再作良图。"正言间，忽报郭淮引一军取洮水，断了粮道。维大惊，急令夏侯霸先退，维自断后。陈泰分兵五路赶来。维独拒五路总口，战住魏兵。泰勒兵上山，矢石如雨。维急退到洮水之时，郭淮引兵杀来。维引兵往来冲突。魏兵阻其去路，密如铁桶。维奋死杀出，折兵大半，飞奔上阳平关来。前面又一军杀到；为首一员大将，纵马横刀而出。那人生得圆面大耳，方口厚唇，左目下生个黑瘤，瘤上生数十根黑毛，乃司马懿长子骠骑将军司马师也。维大怒曰："孺子焉敢阻吾归路！"拍马挺枪，直来刺师。师挥刀相迎。只三合，杀败了司马师，维脱身径奔阳平关来。城上人开门放入姜维。司马师也来抢关，两边伏弩齐发，一弩发十矢，乃武侯临终时所遗连弩之法也。正是：难支此日三军败，独赖当年十矢传。未知司马师性命如何，且看下文分解。

第一百八回 丁奉雪中奋短兵 孙峻席间施密计

却说姜维正走，遇着司马师引兵拦截。原来姜维取雍州之时，郭淮飞报入朝，魏主与司马懿商议停当，懿遣长子司马师引兵五万，前来雍州助战；师听知郭淮敌退蜀兵，师料蜀兵势弱，就来半路击之。直赶到阳平关，却被姜维用武侯所传连弩法，于两边暗伏连弩百余张，一弩发十矢，皆是药箭，两边弩箭齐发，前军连人带马射死不知其数。司马师于乱军之中，逃命而回。却说麴山城中蜀将句安，见援兵不至，乃开门降魏。姜维折兵数万，领败兵回汉中屯扎。司马师自还洛阳。至嘉平三年秋八月，司马懿染病，渐渐沉重，乃唤二子至榻前嘱曰："吾事魏历年，官授太傅，人臣之位极矣；人皆疑吾有异志，吾尝怀恐惧。吾死之后，汝二人善理国政。慎之！慎之！"言讫而亡。长子司马师，次子司马昭，二人申奏魏主曹芳。芳厚加祭葬，优锡赠谥；封师为大将军，总领尚书机密大事，昭为骠骑上将军。却说吴主孙权，先有太子孙登，乃徐夫人所生，于吴赤乌四年身亡，遂立次子孙和为太子，乃琅琊王夫人所生。和因与全公主不睦，被公主所谮，权废之，和忧恨而死，又立三子孙亮为太子，乃潘夫人所生。此时陆逊、诸葛瑾皆亡，一应大小事务，皆归于诸葛恪。太元元年秋八月初一日，忽起大风，江海涌涛，平地水深八尺。吴主先陵所种松柏，尽皆拔起，直飞到建业城南门外，倒卓于道上。权因此受惊成病。至次年四月内，病势沉重，乃召太傅诸葛恪、大司马吕岱至榻前，嘱以后事。嘱讫而薨。在位二十四年，寿七十一岁，乃蜀汉延熙十五年也。后人有诗曰："紫髯碧眼号英雄，能使臣僚肯尽忠。二十四年兴大业，龙盘虎踞在江东。"

孙权既亡，诸葛恪立孙亮为帝，大赦天下，改元建兴元年；谥权曰大皇帝，葬于蒋陵。早有细作探知其事，报入洛阳。司马师闻孙权已死，遂议起兵伐吴。尚书傅嘏曰："吴有长江之险，先帝屡次征伐，皆不遂意；不如各守边疆，乃为上策。"师曰："天道三十年一变，岂得常为鼎峙乎？吾欲伐吴。"昭曰："今孙权新亡，孙亮幼懦，其隙正可乘也。"遂令征南大将军王昶引兵十万攻南郡，征东将军胡遵引兵十万攻东兴，镇南都督毌丘俭引兵十万攻武昌：三路进发。又遣弟司马昭为大都督，总领三路军马。

是年冬十二月，司马昭兵至东吴边界，屯住人马，唤王昶、胡遵、毌丘俭到帐中计议曰："东吴最紧要处，惟东兴郡也。今他筑起大堤，左右又筑两城，以防巢湖后面攻击，诸公须要仔细。"遂令王昶、毌丘俭各引一万兵，列在左右："且勿进发；待取了东兴郡，那时一齐进兵。"昶、俭二人受令而去。昭又令胡遵为先锋，总领三路兵前去："先搭浮桥，取东兴大堤；若夺得左右二城，便是大功。"遵领兵来搭浮桥。

却说吴太傅诸葛恪，听知魏兵三路而来，聚众商议。平北将军丁奉曰："东兴乃东吴紧要处所，若有失，则南郡、武昌危矣。"恪曰："此论正合吾意。公可就引三千水兵从江中去，吾随后令吕据、唐咨、留赞各引一万马步兵，分三路来接应。但听连珠炮响，一齐进兵。吾自引大兵后至。"丁奉得令，即引三千水兵，分作三十只船，望东兴而来。

却说胡遵渡过浮桥，屯军于堤上，差桓嘉、韩综攻打二城。左城中乃吴将全端守把，右城中乃吴将留略守把。此二城高峻坚固，急切攻打不下。全、留二人见魏兵势大，不敢出战，死守城池。胡遵在徐塘下寨。时值严寒，天降大雪，胡遵与众将设席高会。忽报水上有三十只战船来到。遵出寨视之，见船将次傍岸，每船上约有百人。遂还帐中，谓诸将曰："不过三千人耳，何足惧哉！"只令部将哨探，仍前饮酒。

丁奉将船一字儿抛在水上，乃谓部将曰："大丈夫立功名，取富贵，正在今日！"遂令众军脱去衣甲，卸了头盔，不用长枪大戟，止带短刀。魏兵见之大笑，更不准备。忽然连珠炮响了三声，丁奉扯刀当先，一跃上岸。众军皆拔短刀，随奉上岸，砍入魏寨，魏兵措手不及。韩综急拔帐前大戟迎之，早被丁奉抢入怀内，手起刀落，砍翻在地。桓嘉从左边转出，忙绰枪刺丁奉，被奉挟住枪杆。嘉弃枪而走，奉一刀飞去，正中左肩，嘉望后便倒。奉赶上，就以枪刺之。三千吴兵，在魏寨中左冲右突。胡遵急上马夺路而走。魏兵齐奔上浮桥，浮桥已断，大半落水而死；杀倒在雪地者，不知其数。车仗马匹军器，皆被吴兵所获。司马昭、王昶、毌丘俭听知东兴兵败，亦勒兵而退。却说诸葛恪引兵至东兴，收兵赏劳了毕，乃聚诸将曰："司马昭兵败北归，正好乘势进取中原。"遂一面遣人赍书入蜀，求姜维进兵攻其北，许以平分天下；一面起大兵二十万，来伐中原。临行时，忽见一道白气，从地而起，遮断三军，对面不见。蒋延曰："此气乃白虹也，主丧兵之兆。太傅只可回朝，不可伐魏。"恪大怒曰："汝安敢出不利之言，以慢吾军心！"叱武士斩之。众皆告免，恪乃贬蒋延为庶人，仍催兵前进。丁奉曰："魏以新城为总隘口，若先取得此城，司马师破胆矣。"恪大喜，即趱兵直至新城。守城牙门将军张特，见吴兵大至，闭门坚守。恪令兵四面围定。早有流星马报入洛阳。主簿虞松告司马师曰："今诸葛恪困新城，且未可与战。吴兵远来，人多粮少，粮尽自走矣。待其将走，然后击之，必得全胜。但恐蜀兵犯境，不可不防。"师然其言，遂令司马昭引一军助郭淮防姜维；毌丘俭、胡遵拒住吴兵。

却说诸葛恪连月攻打新城不下，下令众将："并力攻城，怠慢者立斩。"于是诸将奋力攻打。城东北角将陷。张特在城中定下一计：乃令一舌辩之士，赍捧册籍，赴吴寨见诸葛恪，告曰："魏国之法：若敌人困城，守城将坚守一百日，而无救兵至，然后出城降敌者，家族不坐罪。今将军围城已九十余日；望乞再容数日，某主将尽率军民出城投降。今先具册籍呈上。"恪深信之，收了军马，遂不攻城。原来张特用缓兵之计，哄退吴兵，遂拆城中房屋，于破城处修补完备，乃登城大骂曰："吾城中尚有半年之粮，岂肯降吴狗耶！尽战无妨！"恪大怒，催兵打城。城上乱箭射下。恪额上正中一箭，翻身落马。诸将救起还寨，金疮举发。众军皆无战心；又因天气亢炎，军士多病。恪金疮稍可，欲催兵攻城。营吏告曰："人人皆病，安能战乎？"恪大怒曰："再说病者斩之！"众军闻知，逃者无数。忽报都督蔡林引本部军投魏去了。恪大惊，自乘马遍视各营，果见军士面色黄肿，各带病容。遂勒兵还吴。早有细作报知毌丘俭。俭尽起大兵，随后掩杀。

吴兵大败而归，恪甚羞惭，托病不朝。吴主孙亮自幸其宅问安，文武官僚皆来拜见。恪恐人议论，先搜求众官将过失，轻则发遣边方，重则斩首示众。于是内外官僚，无不悚惧。又令心腹将张约、朱恩管御林军。以为牙爪。却说孙峻字子远，乃孙坚弟孙静曾孙，孙恭之子也；孙权存日，甚爱之，命掌御林军马。今闻诸葛恪令张约、朱恩二人掌御林军，夺其权，心中大怒。太常卿滕胤，素与诸葛恪有隙，乃乘间说峻曰："诸葛恪专权恣虐，杀害公卿，将有不臣之心。公系宗室，何不早图之？"峻曰："我有是心久矣；今当即奏天子，请旨诛之。"于是孙峻、滕胤入见吴主孙亮，密奏其事。亮曰："朕见此人，亦甚恐怖；常欲除之，未得其便。今卿等果有忠义，可密图之。”胤曰：“陛下可设席召恪，暗伏武士于壁衣中，掷杯为号，就席间杀之，以绝后患。”亮从之。

却说诸葛恪自兵败回朝，托病居家，心神恍惚。一日，偶出中堂，忽见一人穿麻挂孝而入。恪叱问之，其人大惊无措。恪令拿下拷问，其人告曰：“某因新丧父亲，入城请僧追荐；初见是寺院而入，却不想是太傅之府。却怎生来到此处也？”恪大怒，召守门军士问之。军士告曰：“某等数十人，皆荷戈把门，未尝暂离，并不见一人入来。”恪大怒，尽数斩之。是夜，恪睡卧不安，忽听得正堂中声响如霹雳。恪自出视之，见中梁折为两段。恪惊归寝室，忽然一阵阴风起处，见所杀披麻人与守门军士数十人，各提头索命。恪惊倒在地，良久方苏。次早洗面，闻水甚血臭。恪叱侍婢，连换数十盆，皆臭无异。恪正惊疑间，忽报天子有使至，宣太傅赴宴。

恪令安排车仗。方欲出府，有黄犬衔住衣服，嘤嘤作声，如哭之状。恪怒曰：“犬戏我也！”叱左右逐去之，遂乘车出府。行不数步，见车前一道白虹，自地而起，如白练冲天而去。恪甚惊怪，心腹将张约进车前密告曰：“今日宫中设宴，未知好歹，主公不可轻入。”恪听罢，便令回车。行不到十余步，孙峻、滕胤乘马至车前曰：“太傅何故便回？”恪曰：“吾忽然腹痛，不可见天子。”胤曰：“朝廷为太傅军回，不曾面叙，故特设宴相召，兼议大事。太傅虽感贵恙，还当勉强一行。”恪从其言，遂同孙峻、滕胤入宫，张约亦随入。

恪见吴主孙亮，施礼毕，就席而坐。亮命进酒，恪心疑，辞曰：“病躯不胜杯酌。”孙峻曰：“太傅府中常服药酒，可取饮乎？”恪曰：“可也。”遂令从人回府取自制药酒到，恪方才放心饮之。酒至数巡，吴主孙亮托事先起。孙峻下殿，脱了长服，着短衣，内披环甲，手提利刃，上殿大呼曰：“天子有诏诛逆贼！”诸葛恪大惊，掷杯于地，欲拔剑迎之，头已落地。张约见峻斩恪，挥刀来迎。峻急闪过，刀尖伤其左指。峻转身一刀，砍中张约右臂。武士一齐拥出，砍倒张约，剁为肉泥。孙峻一面令武士收恪家眷，一面令人将张约并诸葛恪尸首，用芦席包裹，以小车载出，弃于城南门外石子岗乱冢坑内。却说诸葛恪之妻正在房中心神恍惚，动止不宁，忽一婢女入房。恪妻问曰：“汝遍身如何血臭？”其婢忽然反目切齿，飞身跳跃，头撞屋梁，口中大叫：“吾乃诸葛恪也！被奸贼孙峻谋杀！”恪合家老幼，惊惶号哭。不一时，军马至，围住府第，将恪全家老幼，俱缚至市曹斩首。时吴建兴二年冬十月也。昔诸葛瑾存日，见恪聪明尽显于外，叹曰：“此子非保家之主也！”又魏光禄大夫张缉，曾对司马师曰：“诸葛恪不久死矣。”师问其故，缉曰：“威震其主，何能久乎？”至此果中其言。却说孙峻杀了诸葛恪，吴主孙亮封峻为丞相、大将军、富春侯，总督中外诸军事。自此权柄尽归孙峻矣。

且说姜维在成都，接得诸葛恪书，欲求相助伐魏，遂入朝，奏准后主，复起大兵，北伐中原。正是：一度兴师未奏绩，两番讨贼欲成功。未知胜负如何，且看下文分解。

第一百九回 困司马汉将奇谋 废曹芳魏家果报

蜀汉延熙十六年秋，将军姜维起兵二十万，令廖化、张翼为左右先锋，夏侯霸为参谋，张嶷为运粮使，大兵出阳平关伐魏。维与夏侯霸商议曰：“向取雍州，不克而还；今若再出，必又有准备。公有何高见？”霸曰：“陇上诸郡，只有南安钱粮最广；若先取之，足可为本。向者不克而还，盖因羌兵不至。今可先遣人会羌人于陇右，然后进兵出石营，从董亭直取南安。”维大喜曰：“公言甚妙！”遂遣郤正为使，赍金珠蜀锦入羌，结好羌王。羌王迷当，得了礼物，便起兵五万，令羌将俄何烧戈为大先锋，引兵南安来。

魏左将军郭淮闻报，飞奏洛阳。司马师问诸将曰：“谁敢去敌蜀兵？”辅国将军徐质曰：“某愿往。”师素知徐质英勇过人，心中大喜，即令徐质为先锋，令司马昭为大都督，领兵望陇西进发。军至董亭，正遇姜维，两军列成阵势。徐质使开山大斧，出马挑战。蜀阵中廖化出迎。战不数合，化拖刀败回。张翼纵马挺枪而迎，战不数合，又败入阵。徐质驱兵掩杀，蜀兵大败，退三十余里。司马昭亦收兵回，各自下寨。

姜维与夏侯霸商议曰：“徐质勇甚，当以何策擒之？”霸曰：“来日诈败，以埋伏之计胜之。”维曰：“司马昭乃仲达之子，岂不知兵法？若见地势掩映，必不肯追。吾见魏兵累次断吾粮道，今却用此计诱之，可斩徐质矣。”遂唤廖化分付如此如此，又唤张翼分付如此如此：二人领兵去了。一面令军士于路撒下铁蒺藜，寨外多排鹿角，示以久计。

徐质连日引兵搦战，蜀兵不出。哨马报司马昭说：“蜀兵在铁笼山后，用木牛流马搬运粮草，以为久计，只待羌兵策应。”昭唤徐质曰：“昔日所以胜蜀者，因断彼粮道也。今蜀兵在铁笼山后运粮，汝今夜引兵五千，断其粮道，蜀兵自退矣。”徐质领令，初更时分，引兵望铁笼山来，果见蜀兵二百余人，驱百余头木牛流马，装载粮草而行。魏兵一声喊起，徐质当先拦住。蜀兵尽弃粮草而走。质分兵一半，押送粮草回寨；自引兵一半追来。追不到十里，前面车仗横截去路。质令军士下马拆开车仗，只见两边忽然火起。质急勒马回走，后面山僻窄狭处，亦有车仗截路，火光迸起。质等冒烟突火，纵马而出。一声炮响，两路军杀来：左有廖化，右有张翼，大杀一阵，魏兵大败。

徐质奋死只身而走，人困马乏，正奔走间，前面一枝兵杀到，乃姜维也。质大惊无措，被维一枪刺倒座下马，徐质跌下马来，被众军乱刀砍死。质所分一半押粮兵，亦被夏侯霸所擒，尽降其众。霸将魏兵衣甲马匹，令蜀兵穿了，就令骑坐，打着魏军旗号，从小路径奔回魏寨来。魏军见本部兵回，开门放入，蜀兵就寨中杀起。司马昭大惊，慌忙上马走时，前面廖化杀来。昭不能前进，急退时，姜维引兵从小路杀到。昭四下无路，只得勒兵上铁笼山据守。原来此山只有一条路，四下皆险峻难上；其上惟有一泉，止够百人之饮，--此时昭手下有六千人，被姜维绝其路口，山上泉水不敷，人马枯渴。昭仰天长叹曰：“吾死于此地矣！”后人有诗曰：“妙算姜维不等闲，魏师受困铁笼间：庞涓始入马陵道，项羽初围九里山。”

主簿王韬曰：“昔日耿恭受困，拜井而得甘泉。将军何不效之？”昭从其言，遂上山顶泉边，再拜而祝曰：“昭奉诏来退蜀兵，若昭合死，令甘泉枯竭，昭自当刎颈，教部军尽降；如寿禄未终，愿苍天早赐甘泉，以活众命！”祝毕，泉水涌出，取之不竭，因此人马不死。

却说姜维在山下困住魏兵，谓众将曰：“昔日丞相在上方谷，不曾捉住司马懿，吾深为恨；今司马昭必被吾擒矣。”

却说郭淮听知司马昭困于铁笼山上，欲提兵来。陈泰曰：“姜维会合羌兵，欲先取南安。今羌兵已到，将军若撤兵去救，羌兵必乘虚袭我后也。可先令人诈降羌人，于中取事；若退了此兵，方可救铁笼之围。”郭淮从之，遂令陈泰引五千兵，径到羌王寨内，解甲而入，泣拜曰：“郭淮妄自尊大，常有杀泰之心，故来投降。郭淮军中虚实，某俱知之。只今夜愿引一军前去劫寨，便可成功。如兵到魏寨，自有内应。”迷当大喜，遂令俄何烧戈同陈泰来劫魏寨。俄何烧戈教泰降兵在后，令泰引羌兵为前部。是夜二更，竟到魏寨，寨门大开。陈泰一骑马先入。俄何烧戈骤马挺枪入寨之时，只叫得一声苦，连人带马，跌在陷坑里。陈泰兵从后面杀来，郭淮从左边杀来，羌兵大乱，自相践踏，死者无数，生者尽降。俄何烧戈自刎而死。郭淮、陈泰引兵直杀到羌人寨中，迷当大王急出帐上马时，被魏兵生擒活捉，来见郭淮。淮慌下马，亲去其缚，用好言抚慰曰："朝廷素以公为忠义，今何故助蜀人也？"迷当惭愧伏罪。淮乃说迷当曰："公今为前部，去解铁笼山之围，退了蜀兵，吾奏准天子，自有厚赐。"

迷当从之，遂引羌兵在前，魏兵在后，径奔铁笼山。时值三更，先令人报知姜维。维大喜，教请入相见。魏兵多半杂在羌人部内；行到蜀寨前，维令大兵皆在寨外屯扎，迷当引百余人到中军帐前。姜维、夏侯霸二人出迎。魏将不等迷当开言，就从背后杀将起来。维大惊，急上马而走。羌、魏之兵，一齐杀入。蜀兵四分五落，各自逃生。维手无器械，腰间止有一副弓箭，走得慌忙，箭皆落了，只有空壶。维望山中而走，背后郭淮引兵赶来；见维手无寸铁，乃骤马挺枪追之。看看至近，维虚拽弓弦，连响十余次。淮连躲数番，不见箭到，知维无箭，乃挂住钢枪，拈弓搭箭射之。维急闪过，顺手接了，就扣在弓弦上；待淮追近，望面门上尽力射去，淮应弦落马。维勒回马来杀郭淮，魏军骤至。维下手不及，只掣得淮枪而去。魏兵不敢追赶，急救淮归寨，拔出箭头，血流不止而死。司马昭下山引兵追赶，半途而回。夏侯霸随后逃至，与姜维一齐奔走。维折了许多人马，一路收扎不住，自回汉中。虽然兵败，却射死郭淮，杀死徐质，挫动魏国之威，将功补罪。却说司马昭犒劳羌兵，发遣回国去讫，班师还洛阳，与兄司马师专制朝权，群臣莫敢不服。魏主曹芳每见师入朝，战栗不已，如针刺背。一日，芳设朝，见师带剑上殿，慌忙下榻迎之。师笑曰："岂有君迎臣之礼也，请陛下稳便。"须臾，群臣奏事，司马师俱自剖断，并不启奏魏主。少时朝退，师昂然下殿，乘车出内，前遮后拥，不下数千人马。

芳退入后殿，顾左右止有三人：乃太常夏侯玄，中书令李丰，光禄大夫张缉，缉乃张皇后之父，曹芳之皇丈也。芳叱退近侍，同三人至密室商议。芳执张缉之手而哭曰："司马师视朕如小儿，觑百官如草芥，社稷早晚必归此人矣！"言讫大哭。李丰奏曰："陛下勿忧。臣虽不才，愿以陛下之明诏，聚四方之英杰，以剿此贼。"夏侯玄奏曰："臣叔夏侯霸降蜀，因惧司马兄弟谋害故耳；今若剿除此贼，臣叔必回也。臣乃国家旧戚，安敢坐视奸贼乱国，愿同奉诏讨之。"芳曰："但恐不能耳。"三人哭奏曰："臣等誓当同心灭贼，以报陛下！"芳脱下龙凤汗衫，咬破指尖，写了血诏，授与张缉，乃嘱曰："朕祖武皇帝诛董承，盖为机事不密也。卿等须谨细，勿泄于外。"丰曰："陛下何出此不利之言？臣等非董承之辈，司马师安比武祖也？陛下勿疑。"

三人辞出，至东华门左侧，正见司马师带剑而来，从者数百人，皆持兵器。三人立于道傍。师问曰："汝三人退朝何迟？"李丰曰："圣上在内廷观书，我三人侍读故耳。"师曰："所看何书？"丰曰："乃夏、商、周三代之书也。"师曰："上见此书，问何故事？"丰曰："天子所问伊尹扶商、周公摄政之事，我等皆奏曰：今司马大将军，即伊尹、周公也。"师冷笑曰："汝等岂将吾比伊尹、周公！其心实指吾为王莽、董卓！"三人皆曰："我等皆将军门下之人，安敢如此？"师大怒曰："汝等乃口谀之人！适间与天子在密室中所哭何事？"三人曰："实无此状。"师叱曰："汝三人泪眼尚红，如何抵赖！"夏侯玄知事已泄，乃厉声大骂曰："吾等所哭者，为汝威震其主，将谋篡逆耳！"师大怒，叱武士捉夏侯玄。玄揎拳裸袖，径击司马师，却被武士擒住。师令将各人搜检，于张缉身畔搜出一龙凤汗衫，上有血字。左右呈与司马师。师视之，乃密诏也。诏曰："司马师弟兄，共持大权，将图篡逆。所行诏制，皆非朕意。各部官兵将士，可同仗忠义，讨灭贼臣，匡扶社稷。功成之日，重加爵赏。"司马师看毕，勃然大怒曰："原来汝等正欲谋害吾兄弟！情理难容！"遂令将三人腰斩于市，灭其三族。三人骂不绝口。比临东市中，牙齿尽被打落，各人含糊数骂而死。

师直入后宫。魏主曹芳正与张皇后商议此事。皇后曰："内廷耳目甚多，倘事泄露，必累妾矣！"正言间，忽见师入，皇后大惊。师按剑谓芳曰："臣父立陛下为君，功德不在周公之下；臣事陛下，亦与伊尹何别乎？今反以恩为仇，以功为过，欲与二三小臣，谋害臣兄弟，何也？"芳曰："朕无此心。"师袖中取出汗衫，掷之于地曰："此谁人所作耶！"芳魂飞天外，魄散九霄，战栗而答曰："此皆为他人所逼故也。朕岂敢兴此心？"师曰："妄诬大臣造反，当加何罪？"芳跪告曰："朕合有罪，望大将军恕之！"师曰："陛下请起。国法未可废也。"乃指张皇后曰："此是张缉之女，理当除之！"芳大哭求免，师不从，叱左右将张后捉出，至东华门内，用白练绞死。后人有诗曰："当年伏后出宫门，跣足哀号别至尊。司马今朝依此例，天教还报在儿孙。"

次日，司马师大会群臣曰："今主上荒淫无道，亵近娼优，听信谗言，闭塞贤路：其罪甚于汉之昌邑，不能主天下。吾谨按伊尹、霍光之法，别立新君，以保社稷，以安天下，如何？"众皆应曰："大将军行伊、霍之事，所谓应天顺人，谁敢违命？"师遂同多官入永宁宫，奏闻太后。太后曰："大将军欲立何人为君？"师曰："臣观彭城王曹据，聪明仁孝，可以为天下之主。"太后曰："彭城王乃老身之叔，今立为君，我何以当之？今有高贵乡公曹髦，乃文皇帝之孙；此人温恭克让，可以立之。卿等大臣，从长计议。"一人奏曰："太后之言是也。便可立之。"众视之，乃司马师宗叔司马孚也。师遂遣使往元城召高贵乡公；请太后升太极殿，召芳责之曰："汝荒淫无度，亵近娼优，不可承天下；当纳下玺绶，复齐王之爵，目下起程，非宣召不许入朝。"芳泣拜太后，纳了国宝，乘王车大哭而去。只有数员忠义之臣，含泪而送。后人有诗曰："昔日曹瞒相汉时，欺他寡妇与孤儿。谁知四十余年后，寡妇孤儿亦被欺。"却说高贵乡公曹髦，字彦士，乃文帝之孙，东海定王霖之子也。当日，司马师以太后命宣至，文武官僚备銮驾于西掖门外拜迎。髦慌忙答礼。太尉王肃曰："主上不当答礼。"髦曰："吾亦人臣也，安得不答礼乎？"文武扶髦上辇入宫，髦辞曰："太后诏命，不知为何，吾安敢乘辇而入？"遂步行至太极东堂。司马师迎着，髦先下拜，师急扶起。问候已毕，引见太后。后曰："吾见汝年幼时，有帝王之相；汝今可为天下之主：务须恭俭节用，布德施仁，勿辱先帝也。"髦再三谦辞。师令文武请髦出太极殿，是日立为新君，改嘉平六年为正元元年，大赦天下，假大将军司马师黄钺，入朝不趋，奏事不名，带剑上殿。文武百官，各有封赐。

正元二年春正月，有细作飞报，说镇东将军毋丘俭、扬州刺史文钦，以废主为名，起兵前来。司马师大惊。正是：汉臣曾有勤王志，魏将还兴讨贼师。未知如何迎敌，且看下文分解。

第一百十回 文鸯单骑退雄兵 姜维背水破大敌

却说魏正元二年正月，扬州都督、镇东将军、领淮南军马毋丘俭，字仲恭，河东闻喜人也。闻司马师擅行废立之事，心中大怒。长子毋丘甸曰："父亲官居方面，司马师专权废主，国家有累卵之危，安可宴然自守？"俭曰："吾儿之言是也。"遂请刺史文钦商议。钦乃曹爽门下客，当日闻俭相请，即来参谒。俭邀入后堂，礼毕，说话间，俭流泪不止。钦问其故，俭曰："司马师专权废主，天地反覆，安得不伤心乎！"钦曰："都督镇守方面，若肯仗义讨贼，钦愿舍死相助。钦中子文淑，小字阿鸯，有万夫不当之勇，常欲杀司马师兄弟，与曹爽报仇，今可令为先锋。"俭大喜，即时酹酒为誓。二人诈称太后有密诏，令淮南大小官兵将士，皆入寿春城，立一坛于西，宰白马歃血为盟，宣言司马师大逆不道，今奉太后密诏，令尽起淮南军马，仗义讨贼。众皆悦服。俭提六万兵，屯于项城。文钦领兵二万在外为游兵，往来接应。俭移檄诸郡，令各起兵相助。却说司马师左眼肉瘤，不时痛痒，乃命医官割之，以药封闭，连日在府养病；忽闻淮南告急，乃请太尉王肃商议。肃曰："昔关云长威震华夏，孙权令吕蒙袭取荆州，抚恤将士家属，因此关公军势瓦解，今淮南将士家属，皆在中原，可急抚恤，更以兵断其归路：必有土崩之势矣。"师曰："公言极善。但吾新割目瘤，不能自往。若使他人，心又不稳。"时中书侍郎钟会在侧，进言曰："淮楚兵强，其锋甚锐；若遣人领兵去退，多是不利。倘有疏虞，则大事废矣。"师蹶然起曰："非吾自在，不可破贼！"遂留弟司马昭守洛阳，总摄朝政。师乘软舆，带病东行。令镇东将军诸葛诞，总督豫州诸军，从安风津取寿春；又令征东将军胡遵，领青州诸军，出谯、宋之地，绝其归路；又遣荆州刺史、监军王基，领前部兵，先取镇南之地。师领大军屯于襄阳，聚文武于帐下商议。光禄勋郑袤曰："毋丘俭好谋而无断，文钦有勇而无智。今大军出其不意，江、淮之卒锐气正盛，不可轻敌；只宜深沟高垒，以挫其锐。此亚夫之长策也。"监军王基曰："不可。淮南之反，非军民思乱也；皆因毋丘俭势力所逼，不得已而从之。若大军一临，必然瓦解。"师曰："此言甚妙。"遂进兵于濦水之上，中军屯于濦桥。基曰："南顿极好屯兵，可提兵星夜取之。若迟则毋丘俭必先至矣。"师遂令王基领前部兵来南顿城下寨。

却说毋丘俭在项城，闻知司马师自来，乃聚众商议。先锋葛雍曰："南顿之地，依山傍水，极好屯兵；若魏兵先占，难以驱遣，可速取之。"俭然其言，起兵投南顿来。正行之间，前面流星马报说，南顿已有人马下寨。俭不信，自到军前视之，果然旌旗遍野，营寨齐整。俭回到军中，无计可施。忽哨马飞报："东吴孙峻提兵渡江袭寿春来了。"俭大惊曰："寿春若失，吾归何处！"是夜退兵于项城。

司马师见毋丘俭军退，聚多官商议。尚书傅嘏曰："今俭兵退者，忧吴人袭寿春也。必回项城分兵拒守。将军可令一军取乐嘉城，一军取项城，一军取寿春，则淮南之卒必退矣。兖州刺史邓艾，足智多谋；若领兵径取乐嘉，更以重兵应之，破贼不难也。"师从之，急遣使持檄文，教邓艾起兖州之兵破乐嘉城。师随后引兵到彼会合。

却说毋丘俭在项城，不时差人去乐嘉城哨探，只恐有兵来。请文钦到营共议，钦曰："都督勿忧。我与拙子文鸯，只消五千兵，取保乐嘉城。"俭大喜。钦父子引五千兵投乐嘉来。前军报说："乐嘉城西，皆是魏兵，约有万余。遥望中军，白旄黄钺，皂盖朱幡，簇拥虎帐，内竖一面锦绣帅字旗，必是司马师也，安立营寨，尚未完备。"时文鸯悬鞭立于父侧，闻知此语，乃告父曰："趁彼营寨未成，可分兵两路，左右击之，可全胜也。"钦曰："何时可去？"鸯曰："今夜黄昏，父引二千五百兵，从城南杀来；儿引二千五百兵，从城北杀来：三更时分，要在魏寨会合。"钦从之，当晚分兵两路。且说文鸯年方十八岁，身长八尺，全装惯甲，腰悬钢鞭，绰枪上马，遥望魏寨而进。是夜，司马师兵到乐嘉，立下营寨，等邓艾未至。师为眼下新割肉瘤，疮口疼痛，卧于帐中，令数百甲士环立护卫。三更时分，忽然寨内喊声大震，人马大乱。师急问之，人报曰："一军从寨北斩围直入，为首一将，勇不可当！"师大惊，心如火烈，眼珠从肉瘤疮口内迸出，血流遍地，疼痛难当；又恐有乱军心，只咬被头而忍，被皆咬烂。原来文鸯军马先到，一拥而进，在寨中左冲右突；所到之处，人不敢当，有相拒者，枪搠鞭打，无不被杀。鸯只望父到，以为外应，并不见来。数番杀到中军，皆被弓弩射回。鸯直杀到天明，只听得北边鼓角喧天。鸯回顾从者曰："父亲不在南面为应，却从北至，何也？"鸯纵马看时，只见一军行如猛风，为首一将，乃邓艾也，跃马横刀，大呼曰："反贼休走！"鸯大怒，挺枪迎之。战有五十合，不分胜败。正斗间，魏兵大进，前后夹攻，鸯部下兵乃各自逃散，只文鸯单人独马，冲开魏兵，望南而走。背后数百员魏将，抖擞精神，骤马追来；将至乐嘉桥边，看看赶上。鸯忽然勒回马大喝一声，直冲入魏将阵中来；钢鞭起处，纷纷落马，各各倒退。鸯复缓缓而行。魏将聚在一处，惊讶曰："此人尚敢退我等之众耶！可并力追之！"于是魏将百员，复来追赶。鸯勃然大怒曰："鼠辈何不惜命也！"提鞭拨马，杀入魏将丛中，用鞭打死数人，复回马缓辔而行。魏将连追四五番，皆被文鸯一人杀退。后人有诗曰："长坂当年独拒曹，子龙从此显英豪。乐嘉城内争锋处，又见文鸯胆气高。"原来文钦被山路崎岖，迷入谷中，行了半夜，比及寻路而出，天色已晓，文鸯人马不知所向，只见魏兵大胜。钦不战而退。魏兵乘势追杀，钦引兵望寿春而走。

却说魏殿中校尉尹大目，乃曹爽心腹之人，因爽被司马懿谋杀，故事司马师，常有杀师报爽之心；又素与文钦交厚。今见师眼瘤突出，不能动止，乃入帐告曰："文钦本无反心，今被毋丘俭逼迫，以致如此。某去说之，必然来降。"师从之。大目顶盔惯甲，乘马来赶文钦；看看赶上，乃高声大叫曰："文刺史见尹大目么？"钦回头视之，大目除盔放于鞍鞒之前，以鞭指曰："文刺史何不忍耐数日也？"此是大目知师将亡，故来留钦。钦不解其意，厉声大骂，便欲开弓射之。大目大哭而回。钦收聚人马奔寿春时，已被诸葛诞引兵取了；欲复回项城时，胡遵、王基、邓艾三路兵皆到。钦见势危，遂投东吴孙峻去了。却说毋丘俭在项城内，听知寿春已失，文钦势败，城外三路兵到，俭遂尽撤城中之兵出战。正与邓艾相遇，俭令葛雍出马，与艾交锋，不一合，被艾一刀斩之，引兵杀过阵来。毋丘俭死战相拒。江淮兵大乱。胡遵、王基引兵四面夹攻。毋丘俭敌不住，引十余骑夺路而走。前至慎县城下，县令宋白开门接入，设席待之。俭大醉，被宋白令人杀了，将头献与魏兵。于是淮南平定。司马师卧病不起，唤诸葛诞入帐，赐以印绶，加为镇东大将军，都督扬州诸路军马；一面班师回许昌。师目痛不止，每夜只见李丰、张缉、夏侯玄三人立于榻前。师心神恍惚，自料难保，遂令人往洛阳取司马昭到。昭哭拜于床下。师遗言曰："吾今权重，虽欲卸肩，不可得也。汝继我为之，大事切不可轻托他人，自取灭族之祸。"言讫，以印绶付之，泪流满面。昭急欲问时，师大叫一声，眼睛迸出而死。时正元二年二月也。于是司马昭发丧，申奏魏主曹髦。

髦遣使持诏到许昌，即命暂留司马昭屯军许昌，以防东吴。昭心中犹豫未决。钟会曰："大将军新亡，人心未定，将军若留守于此。万一朝廷有变，悔之何及？"昭从之，即起兵还屯洛水之南。髦闻之大惊。太尉王肃奏曰："昭既继其兄掌大权，陛下可封爵以安之。"髦遂命王肃持诏，封司马昭为大将军、录尚书事。昭入朝谢恩毕。自此，中外大小事情，皆归于昭。却说西蜀细作哨知此事，报入成都。姜维奏后主曰："司马师新亡，司马昭初握重权，必不敢擅离洛阳。臣请乘间伐魏，以复中原。"后主从之，遂命姜维兴师伐魏。维到汉中，整顿人马。征西大将军张翼曰："蜀地浅狭，钱粮鲜薄，不宜远征；不如据险守分，恤军爱民：此乃保国之计也。"维曰："不然。昔丞相未出茅庐，已定三分天下，然且六出祁山以图中原；不幸半途而丧，以致功业未成。今吾既受丞相遗命，当尽忠报国以继其志，虽死而无恨也。今魏有隙可乘，不就此时伐之，更待何时？"夏侯霸曰："将军之言是也。可将轻骑先出枹罕。若得洮西南安，则诸郡可定。"张翼曰："向者不克而还，皆因军出甚迟也。兵法云：攻其无备，出其不意。今若火速进兵，使魏人不能提防，必然全胜矣。"

于是姜维引兵五万，望枹罕进发。兵至洮水，守边军士报知雍州刺史王经、征西将军陈泰。王经先起马步兵七万来迎。姜维分付张翼如此如此，又分付夏侯霸如此如此：二人领计去了；维乃自引大军背洮水列阵。王经引数员牙将出而问曰："魏与吴、蜀，已成鼎足之势；汝累次入寇，何也？"维曰："司马师无故废主，邻邦理宜问罪，何况仇敌之国乎？"经回顾张明、花永、刘达、朱芳四将曰："蜀兵背水为阵。败则皆没于水矣。姜维骁勇，汝四将可战之。彼若退动，便可追击。"四将分左右而出，来战姜维。维略战数合，拨回马望本阵中便走。王经大驱士马，一齐赶来。维引兵望着洮水而走；将次近水，大呼将士曰："事急矣！诸将何不努力！"众将一齐奋力杀回，魏兵大败。张翼、夏侯霸抄在魏兵之后，分两路杀来，把魏兵困在垓心。维奋武扬威，杀入魏军之中，左冲右突，魏兵大乱，自相践踏，死者大半，逼入洮水者无数，斩首万余，垒尸数里。王经引败兵百骑，奋力杀出，径往狄道城而走；奔入城中，闭门保守。

姜维大获全功，犒军已毕，便欲进兵攻打狄道城。张翼谏曰："将军功绩已成，威声大震，可以止矣。今若前进，倘不如意，正如画蛇添足也。"维曰："不然。向者兵败，尚欲进取，纵横中原；今日洮水一战，魏人胆裂，吾料狄道唾手可得。汝勿自堕其志也。"张翼再三劝谏，维不从，遂勒兵来取狄道城。却说雍州征西将军陈泰，正欲起兵与王经报兵败之仇，忽兖州刺史邓艾引兵到。泰接着，礼毕，艾曰："今奉大将军之命，特来助将军破敌。"泰问计于邓艾，艾曰："洮水得胜，若招羌人之众，东争关陇，传檄四郡：此吾兵之大患也。今彼不思如此，却图狄道城；其城垣坚固，急切难攻，空劳兵费力耳。吾今陈兵于项岭，然后进兵击之，蜀兵必败矣。"陈泰曰："真妙论也！"遂先拨二十队兵，每队五十人，尽带旌旗、鼓角、烽火之类，日伏夜行，去狄道城东南高山深谷之中埋伏；只待兵来，一齐鸣鼓吹角为应，夜则举火放炮以惊之。调度已毕，专候蜀兵到来。于是陈泰、邓艾，各引二万兵相继而进。却说姜维围住狄道城，令兵八面攻之，连攻数日不下，心中郁闷，无计可施。是日黄昏时分，忽三五次流星马报说："有两路兵来，旗上明书大字：一路是征西将军陈泰，一路是兖州刺史邓艾。"维大惊，遂请夏侯霸商议。霸曰："吾向尝为将军言：邓艾自幼深明兵法，善晓地理。今领兵到，颇为劲敌。"维曰："彼军远来，我休容他住脚，便可击之。"乃留张翼攻城，命夏侯霸引兵迎陈泰。维自引兵来迎邓艾。行不到五里，忽然东南一声炮响，鼓角震地，火光冲天。维纵马看时，只见周围皆是魏兵旗号。维大惊曰："中邓艾之计矣！"遂传令教夏侯霸、张翼各弃狄道而退。于是蜀兵皆退于汉中。维自断后，只听得背后鼓声不绝，维退入剑阁之时，方知火鼓二十余处，皆虚设也。维收兵退屯于钟提。

且说后主因姜维有洮西之功，降诏封维为大将军。维受了职，上表谢恩毕，再议出师伐魏之策。正是：成功不必添蛇足，讨贼犹思奋虎威。不知此番北伐如何，且看下文分解。

第一百十一回 邓士载智败姜伯约 诸葛诞义讨司马昭

却说姜维退兵屯于钟提，魏兵屯于狄道城外。王经迎接陈泰、邓艾入城，拜谢解围之事，设宴相待，大赏三军。泰将邓艾之功，申奏魏主曹髦，髦封艾为安西将军，假节，领护东羌校尉，同陈泰屯兵于雍、凉等处。邓艾上表谢恩毕，陈泰设席与邓艾作贺曰："姜维夜遁，其力已竭，不敢再出矣。"艾笑曰："吾料蜀兵必出有五。"泰问其故，艾曰："蜀兵虽退，终有乘胜之势；吾兵终有弱败之实：其必出一也。蜀兵皆是孔明教演，精锐之兵，容易调遣；吾将不时更换，军又训练不熟：其必出二也。蜀人多以船行，吾军皆在旱地，劳逸不同；其必出三也。狄道、陇西、南安、祁山四处皆是守战之地；蜀人或声东击西，指南攻北，吾兵必须分头守把；蜀兵合为一处而来，以一分当我四分：其必出四也。若蜀兵自南安、陇西，则可取羌人之谷为食；若出祁山，则有麦可就食：其必出五也。"陈泰叹服曰；"公料敌如神，蜀兵何足虑哉！"于是陈泰与邓艾结为忘年之交。艾遂将雍、凉等处之兵，每日操练；各处隘口，皆立营寨，以防不测。

却说姜维在钟提大设筵宴，会集诸将，商议伐魏之事。令史樊建谏曰："将军屡出，未获全功；今日洮西之捷，魏人已服威名，何故又欲出也？万一不利，前功尽弃。"维曰："汝等只知魏国地宽人广，急不可得；却不知攻魏者有五可胜。"众问之，维答曰："彼洮西一败，挫尽锐气，吾兵虽退，不曾损折：今若进兵，一可胜也。吾兵船载而进，不致劳困，彼兵皆从旱地来迎：二可胜也。吾兵久经训练之众，彼皆乌合之徒，不曾有法度：三可胜也。吾兵自出祁山，掠抄秋谷为食：四可胜也。彼兵须各守备，军力分开，吾兵一处而去，彼安能救：五可胜也。不在此时伐魏，更待何日耶？"夏侯霸曰："艾年虽幼，而机谋深远；近封为安西将军之职，必于各处准备，非同往日矣。"维厉声曰："吾何畏彼哉！公等休长他人锐气，灭自己威风！吾意已决，必先取陇西。"众不敢谏。维自领前部，令众将随后而进，于是蜀兵尽离钟提，杀奔祁山来。哨马报说魏兵已先在祁山立下九个寨栅。维不信，引数骑凭高望之，果见祁山九寨势如长蛇，首尾相顾。维回顾左右曰："夏侯霸之言，信不诬矣。此寨形势绝妙。止吾师诸葛丞相能之；今观邓艾所为，不在吾师之下。"遂回本寨。唤诸将曰："魏人既有准备，必知吾来矣。吾料邓艾必在此间。汝等可虚张吾旗号，据此谷口下寨；每日令百余骑出哨，每出哨一回，换一番衣甲、旗号、按青、黄、赤、白、黑五方旗帜相换。吾却提大兵偷出董亭，径袭南安去也。"遂令鲍素屯兵于祁山谷口。维尽率大兵，望南安进发。

却说邓艾知蜀兵出祁山，早与陈泰下寨准备；见蜀兵连日不来搦战，一日五番哨马出寨，或十里或十五里而回。艾凭高望毕。慌入帐与陈泰曰："姜维不在此间，必取董亭袭南安去了。出寨哨马只是这几匹。更换衣甲，往来哨探，其马皆困乏，主将必无能者。陈将军可引一军攻之，其寨可破也。破了寨栅，便引兵袭董亭之路，先断姜维之后。吾当先引一军救南安，径取武城山。若先占此山头，姜维必取上邽。上邽有一谷，名曰段谷，地狭山险，正好埋伏。彼来争武城山时，吾先伏两军于段谷，破维必矣。"泰曰："吾守陇西二三十年，未尝如此明察地理。公之所言，真神算也！公可速去，吾自攻此处寨栅。"于是邓艾引军星夜倍道而行，径到武城山；下寨已毕，蜀兵未到。即令子邓忠，与帐前校尉师纂，各引五千兵，先去段谷埋伏，如此如此而行。二人受计而去。艾令偃旗息鼓，以待蜀兵。却说姜维从董亭望南安而来，至武城山前，谓夏侯霸曰："近南安有一山，名武城山；若先得了，可夺南安之势。只恐邓艾多谋，必先提防。"正疑虑间，忽然山上一声炮响，喊声大震，鼓角齐鸣，旌旗遍竖，皆是魏兵；中央风飘起一黄旗，大书邓艾字样。蜀兵大惊。山上数处精兵杀下，势不可当，前军大败。维急率中军人马去救时，魏兵已退。维直来武城山下搦邓艾战，山上魏兵并不下来。维令军士辱骂。至晚，方欲退军，山上鼓角齐鸣，却又不见魏兵下来。维欲上山冲杀，山上炮石甚严，不能得进。守至三更，欲回，山上鼓角又鸣，维移兵下山屯扎。比及令军搬运木石，方欲竖立为寨，山上鼓角又鸣，魏兵骤至。蜀兵大乱，自相践踏，退回旧寨。次日，姜维令军士运粮草车仗，至武城山，穿连排定，欲立起寨栅，以为屯兵之计。是夜二更，邓艾令五百人，各执火把，分两路下山，放火烧车仗。两兵混杀了一夜，营寨又立不成。

维复引兵退，再与夏侯霸商议曰："南安未得，不如先取上邽。上邽乃南安屯粮之所；若得上邽，南安自危矣。"遂留霸屯于武城山，维尽引精兵猛将，径取上邽。行了一宿，将及天明，见山势狭峻，道路崎岖，乃问向导官曰："此处何名？"答曰："段谷。"维大惊曰："其名不美：段谷者，断谷也。倘有人断其谷口，如之奈何？"正踌躇未决，忽前军来报："山后尘头大起，必有伏兵。"维急令退兵。师纂、邓忠两军杀出，维且战且走，前面喊声大震，邓艾引兵杀到：三路夹攻，蜀兵大败。幸得夏侯霸引兵杀到，魏兵方退，救了姜维，欲再往祁山。霸曰："祁山寨已被陈泰打破，鲍素阵亡，全寨人马皆退回汉中去了。"维不敢取董亭，急投山僻小路而回。后面邓艾急追，维令诸军前进，自为断后。正行之际，忽然山中一军突出，乃魏将陈泰也。魏兵一声喊起，将姜维困在垓心。维人马困乏，左冲右突，不能得出。荡寇将军张嶷，闻姜维受困，引数百骑杀入重围。维因乘势杀出。嶷被魏兵乱箭射死。维得脱重围，复回汉中，因感张嶷忠勇，殁于王事，乃表赠其子孙。于是，蜀中将士多有阵亡者，皆归罪于姜维。维照武侯街亭旧例，乃上表自贬为后将军，行大将军事。

却说邓艾见蜀兵退尽，乃与陈泰设宴相贺，大赏三军。泰表邓艾之功，司马昭遣使持节，加艾官爵，赐印绶；并封其子邓忠为亭侯。时魏主曹髦，改正元三年为甘露元年。司马昭自为天下兵马大都督，出入常令三千铁甲骁将前后簇拥，以为护卫；一应事务，不奏朝廷，就于相府裁处：自此常怀篡逆之心。有一心腹人，姓贾，名充，字公闾，乃故建威将军贾逵之子，为昭府下长史。充语昭曰："今主公掌握大柄，四方人心必然未安；且当暗访，然后徐图大事。"昭曰："吾正欲如此。汝可为我东行。只推慰劳出征军士为名，以探消息。"贾充领命，径到淮南，入见镇东大将军诸葛诞。诞字公休，乃琅琊南阳人，即武侯之族弟也；向事于魏，因武侯在蜀为相，因此不得重用；后武侯身亡，诞在魏历任重职，封高平侯。总摄两淮军马。当日，贾充托名劳军，至淮南见诸葛诞。诞设宴待之。酒至半酣，充以言挑诞曰："近来洛阳诸贤，皆以主上懦弱，不堪为君。司马大将军三辈辅国，功德弥天，可以禅代魏统。未审钧意若何？"诞大怒曰："汝乃贾豫州之子，世食魏禄，安敢出此乱言！"充谢曰："某以他人之言告公耳。"诞曰："朝廷有难，吾当以死报之。"充默然，次日辞归，见司马昭细言其事。昭大怒曰："鼠辈安敢如此！"充曰："诞在淮南，深得人心，久必为患，可速除之。"

昭遂暗发密书与扬州刺史乐綝。一面遣使赍诏征诞为司空。诞得了诏书，已知是贾充告变，遂捉来使拷问。使者曰："此事乐綝知之。"诞曰："他如何得知？"使者曰："司马将军已令人到扬州送密书与乐綝矣。"诞大怒，叱左右斩了来使，遂起部下兵千人，杀奔扬州来。将至南门，城门已闭，吊桥拽起。诞在城下叫门，城上并无一人回答。诞大怒曰："乐綝匹夫，安敢如此！"遂令将士打城。手下十余骁骑，下马渡壕，飞身上城，杀散军士，大开城门，于是诸葛诞引兵入城，乘风放火，杀至綝家。綝慌上楼避之。诞提剑上楼，大喝曰："汝父乐进，昔日受魏国大恩！不思报本，反欲顺司马昭耶！"綝未及回言，为诞所杀。一面具表数司马昭之罪，使人申奏洛阳；一面大聚两淮屯田户口十余万，并扬州新降兵四万余人，积草屯粮，准备进兵；又令长史吴纲，送子诸葛靓入吴为质求援，务要合兵诛讨司马昭。

此时东吴丞相孙峻病亡，从弟孙綝辅政。綝字子通，为人强暴，杀大司马滕胤、将军吕据、王惇等，因此权柄皆归于綝。吴主孙亮，虽然聪明，无可奈何。于是吴纲将诸葛靓至石头城，入拜孙綝。綝问其故，纲曰："诸葛诞乃蜀汉诸葛武侯之族弟也，向事魏国；今见司马昭欺君罔上，废主弄权，欲兴师讨之，而力不及，故特来归降。诚恐无凭，专送亲子诸葛靓为质。伏望发兵相助。"綝从其请，便遣大将全怿、全端为主将，于诠为合后，朱异、唐咨为先锋，文钦为向导，起兵七万，分三队而进。吴纲回寿春报知诸葛诞。诞大喜，遂陈兵准备。却说诸葛诞表文到洛阳，司马昭见了大怒，欲自往讨之。贾充谏曰："主公乘父兄之基业，恩德未及四海，今弃天子而去，若一朝有变，悔之何及？不如奏请太后及天子一同出征，可保无虞。"昭喜曰："此言正合吾意。"遂入奏太后曰："诸葛诞谋反，臣与文武官僚，计议停当：请太后同天子御驾亲征，以继先帝之遗意。"太后畏惧，只得从之。次日，昭请魏主曹髦起程。髦曰："大将军都督天下军马，任从调遣，何必朕自行也？"昭曰："不然。昔日武祖纵横四海，文帝、明帝有包括宇宙之志，并吞八荒之心，凡遇大敌，必须自行。陛下正宜追配先君，扫清故孽。何自畏也？"髦畏威权，只得从之。昭遂下诏，尽起两都之兵二十六万，命镇南将军王基为正先锋，安东将军陈骞为副先锋，监军石苞为左军，兖州刺史州泰为右军，保护车驾，浩浩荡荡，杀奔淮南而来。

东吴先锋朱异，引兵迎敌。两军对圆，魏军中王基出马，朱异来迎。战不三合，朱异败走；唐咨出马，战不三合，亦大败而走。王基驱兵掩杀，吴兵大败，退五十里下寨，报入寿春城中。诸葛诞自引本部锐兵，会合文钦并二子文鸯、文虎，雄兵数万，来敌司马昭。正是：方见吴兵锐气堕。又看魏将劲兵来。未知胜负如何，且看下文分解。

第一百十二回 救寿春于诠死节 取长城伯约鏖兵

却说司马昭闻诸葛诞会合吴兵前来决战，乃召散骑长史裴秀、黄门侍郎钟会，商议破敌之策。钟会曰："吴兵之助诸葛诞，实为利也；以利诱之，则必胜矣。"昭从其言，遂令石苞、州泰先引两军于石头城埋伏，王基、陈骞领精兵在后，却令偏将成倅引兵数万先去诱敌；又令陈俊引车仗牛马驴骡，装载赏军之物，四面聚集于阵中，如敌来则弃之。

是日，诸葛诞令吴将朱异在左，文钦在右，见魏阵中人马不整，诞乃大驱士马径进。成倅退走，诞驱兴掩杀，见牛马驴骡，遍满郊野；南兵争取，无心恋战。忽然一声炮响，两路兵杀来：左有石苞，右有州泰，诞大惊，急欲退时，王基、陈骞精兵杀到。诞兵大败。司马昭又引兵接应。诞引败兵奔入寿春，闭门坚守。昭令兵四面围困，并力攻城。

时吴兵退屯安丰，魏主车驾驻于项城。钟会曰："今诸葛诞虽败，寿春城中粮草尚多，更有吴兵屯安丰以为掎角之势；今吾兵四面攻围，彼缓则坚守，急则死战；吴兵或乘势夹攻：吾军无益。不如三面攻之，留南门大路，容贼自走；走而击之，可全胜也。吴兵远来，粮必不继；我引轻骑抄在其后，可不战而自破矣。"昭抚会背曰："君真吾之子房也！"遂令王基撤退南门之兵。却说吴兵屯于安丰，孙綝唤朱异责之曰："量一寿春城不能救，安可并吞中原？如再不胜必斩！"朱异乃回本寨商议。于诠曰："今寿春南门不围，某愿领一军从南门入去，助诸葛诞守城。将军与魏兵挑战，我却从城中杀出：两路夹攻，魏兵可破矣。"异然其言。于是全怿、全端、文钦等，皆愿入城。遂同于诠引兵一万，从南门而入城。魏兵不得将令，未敢轻敌，任吴兵入城，乃报知司马昭。昭曰："此欲与朱异内外夹攻，以破我军也。"乃召王基、陈骞分付曰："汝可引五千兵截断朱异来路，从背后击之。"二人领命而去。朱异正引兵来，忽背后喊声大震：左有王基，右有陈骞，两路军杀来。吴兵大败。朱异回见孙綝，綝大怒曰："累败之将，要汝何用！"叱武士推出斩之。又责全端子全祎曰："若退不得魏兵，汝父子休来见我！"于是孙綝自回建业去了。

钟会与昭曰："今孙綝退去，外无救兵，城可围矣。"昭从之，遂催军攻围。全祎引兵欲入寿春，见魏兵势大，寻思进退无路，遂降司马昭。昭加祎为偏将军。祎感昭恩德，乃修家书与父全端，叔全怿，言孙綝不仁，不若降魏，将书射入城中。怿得祎书，遂与端引数千人开门出降。诸葛诞在城中忧闷，谋士蒋班、焦彝进言曰："城中粮少兵多，不能久守，可率吴、楚之众，与魏兵决一死战。"诞大怒曰："吾欲守，汝欲战，莫非有异心乎！再言必斩！"二人仰天长叹曰："诞将亡矣！我等不如早降，免至一死！"是夜二更时分，蒋、焦二人逾城降魏，司马昭重用之。因此城中虽有敢战之士，不敢言战。诞在城中，见魏兵四下筑起土城以防淮水，只望水泛，冲倒土城，驱兵击之。不想自秋至冬，并无霖雨，淮水不泛。城中看看粮尽，文钦在小城内与二子坚守，见军士渐渐饿倒，只得来告诞曰："粮皆尽绝，军士饿损，不如将北方之兵尽放出城，以省其食。"诞大怒曰："汝教我尽去北军，欲谋我耶？"叱左右推出斩之。文鸯、文虎见父被杀，各拔短刀，立杀数十人，飞身上城，一跃而下，越壕赴魏寨投降。司马昭恨文鸯昔日单骑退兵之仇，欲斩之。钟会谏曰："罪在文钦，今文钦已亡，二子势穷来归，若杀降将，是坚城内人之心也。”昭从之，遂召文鸯、文虎入帐，用好言抚慰，赐骏马锦衣，加为偏将军，封关内侯。二子拜谢，上马绕城大叫曰：“我二人蒙大将军赦罪赐爵，汝等何不早降！”城内人闻言，皆计议曰：“文鸯乃司马氏仇人，尚且重用，何况我等乎？”于是皆欲投降。诸葛诞闻之大怒，日夜自来巡城。以杀为威。

钟会知城中人心已变，乃入帐告昭曰：“可乘此时攻城矣。”昭大喜，遂激三军，四面云集，一齐攻打。守将曾宣献了北门，放魏兵入城。诞知魏兵已入；慌引麾下数百人，自城中小路突出；至吊桥边，正撞着胡奋，手起刀落，斩诞于马下，数百人皆被缚。王基引兵杀到西门，正遇吴将于诠。基大喝曰：“何不早降！”诠大怒曰：“受命而出，为人救难，既不能救，又降他人，义所不为也！”乃掷盔于地，大呼曰：“人生在世，得死于战场者，幸耳！”急挥刀死战三十余合，人困马乏，为乱军所杀。后人有诗赞曰：“司马当年围寿春，降兵无数拜车尘。东吴虽有英雄士，谁及于诠肯杀身！”

司马昭入寿春，将诸葛诞老小尽皆枭首，灭其三族。武士将所擒诸葛诞部卒数百人缚至。昭曰：“汝等降否？”众皆大叫曰：“愿与诸葛公同死，决不降汝！”昭大怒，叱武士尽缚于城外，逐一问曰：“降者免死。”并无一人言降。直杀至尽，终无一人降者。昭深加叹息不已，令皆埋之。后人有诗赞曰：“忠臣矢志不偷生，诸葛公休帐下兵，《薤露》歌声应未断，遗踪直欲继田横！”

却说吴兵大半降魏，裴秀告司马昭曰：“吴兵老小，尽在东南江、淮之地，今若留之，久必为变；不如坑之。”钟会曰：“不然。古之用兵者，全国为上，戮其元恶而已。若尽坑之，是不仁也。不如放归江南，以显中国之宽大。”昭曰：“此妙论也。”遂将吴兵尽皆放归本国。唐咨因惧孙綝，不敢回国，亦来降魏。昭皆重用，令分布三河之地。淮南已平。正欲退兵，忽报西蜀姜维引兵来取长城，邀截粮草。昭大惊，慌与多官计议退兵之策。时蜀汉延熙二十年，改为景耀元年。姜维在汉中，选川将两员，每日操练人马：一是蒋舒，一是傅佥。二人颇有胆勇，维甚爱之。忽报淮南诸葛诞起兵讨司马昭，东吴孙綝助之，昭大起两都之兵，将魏太后并魏主一同出征去了。维大喜曰：“吾今番大事济矣！”遂表奏后主，愿兴兵伐魏。中散大夫谯周听知，叹曰：“近来朝廷溺于酒色，信任中贵黄皓，不理国事，只图欢乐；伯约累欲征伐，不恤军士：国将危矣！”乃作《仇国论》一篇，寄与姜维。维拆封视之。论曰：“或问：古往能以弱胜强者，其术何如？曰：处大国无患者，恒多慢；处小国有忧者，恒思善。多慢则生乱；思善则生治，理之常也，故周文养民，以少取多；句践恤众，以弱毙强。此其术也。或曰：曩者楚强汉弱，约分鸿沟，张良以为民志既定则难动也，率兵追羽，终毙项氏；岂必由文王、句践之事乎？曰：商、周之际，王侯世尊，君臣久固。当此之时，虽有汉祖，安能仗剑取天下乎？及秦罢侯置守之后，民疲秦役，天下土崩，于是豪杰并争。今我与彼，皆传国易世矣，既非秦末鼎沸之时，实有六国并据之势，故可为文王，难为汉祖。时可而后动，数合而后举，故汤、武之师，不再战而克，诚重民劳而度时审也。如遂极武黩征，不幸遇难，虽有智者，不能谋之矣。”姜维看毕，大怒曰：“此腐儒之论也！”掷之于地，遂提川兵来取中原。乃问傅佥曰：“以公度之，可出何地？”佥曰：“魏屯粮草，皆在长城；今可径取骆谷，度沈岭，直到长城，先烧粮草，然后直取秦川，则中原指日可得矣。”维曰：“公之见与吾计暗合也。”即提兵径取骆谷，度沈岭，望长城而来。

却说长城镇守将军司马望，乃司马昭之族兄也。城内粮草甚多，人马却少。望听知蜀兵到，急与王真、李鹏二将，引兵离城二十里下寨。次日，蜀兵来到，望引二将出阵。姜维出马，指望而言曰：“今司马昭迁主于军中，必有李傕、郭汜之意也，吾今奉朝廷明命，前来问罪，汝当早降。若还愚迷，全家诛戮！”望大声而答曰：“汝等无礼，数犯上国，如不早退，令汝片甲不归！”言未毕，望背后王真挺枪出马，蜀阵中傅佥出迎。战不十合，佥卖个破绽，王真便挺枪来刺；傅佥闪过，活捉真于马上，便回本阵。李鹏大怒，纵马轮刀来救。佥故意放慢，等李鹏将近，努力掷真于地，暗掣四楞铁简在手；鹏赶上举刀待砍，傅佥偷身回顾，向李鹏面门只一简，打得眼珠迸出，死于马下。王真被蜀军乱枪刺死。姜维驱兵大进。司马望弃寨入城，闭门不出。维下令曰：“军士今夜且歇一宿，以养锐气。来日须要入城。”次日平明，蜀兵争先大进，一拥至城下，用火箭火炮打入城中。城上草屋一派烧着，魏兵自乱。维又令人取干柴堆满城下，一齐放火，烈焰冲天。城已将陷，魏兵在城内嚎啕痛哭，声闻四野。

正攻打之间，忽然背后喊声大震。维勒马回看，只见魏兵鼓噪摇旗，浩浩而来。维遂令后队为前队，自立于门旗下候之。只见魏阵中一小将，全装惯带，挺枪纵马而出，约年二十余岁，面如傅粉，唇似抹朱，厉声大叫曰：“认得邓将军否！”维自思曰：“此必是邓艾矣。”挺枪纵马来迎。二人抖擞精神，战到三四十合，不分胜负。那小将军枪法无半点放闲。维心中自思：“不用此计，安得胜乎？”便拨马望左边山路中而走。那小将骤马追来，维挂住了钢枪，暗取雕弓羽箭射之。那小将眼乖，早已见了，弓弦响处，把身望前一倒，放过羽箭。维回头看时，小将已到，挺枪来刺；维一闪，那枪从肋傍边过，被维挟住。那小将弃枪，望本阵而走。维嗟叹曰：“可惜！可惜！”再拨马赶来。追至阵门前，一将提刀而出曰：“姜维匹夫，勿赶吾儿！邓艾在此！”维大惊。原来小将乃艾之子邓忠也。维暗暗称奇；欲战邓艾，又恐马乏，乃虚指艾曰：“吾今日识汝父子也。各且收兵，来日决战。”艾见战场不利，亦勒马应曰：“既如此，各自收兵，暗算者非丈夫也。”于是两军皆退。邓艾据渭水下寨，姜维跨两山安营。艾见了蜀兵地理，乃作书与司马望曰：“我等切不可战，只宜固守。待关中兵至时，蜀兵粮草皆尽，三面攻之，无不胜也。今遣长子邓忠相助守城。”一面差人于司马昭处求救。

却说姜维令人于艾寨中下战书，约来日大战，艾佯应之。次日五更，维令三军造饭，平明布阵等候。艾营中偃旗息鼓，却如无人之状。维至晚方回。次日又令人下战书，责以失期之罪。艾以酒食待使，答曰：“微躯小疾，有误相持，明日会战。”次日，维又引兵来，艾仍前不出。如此五六番。傅佥谓维曰：“此必有谋也，宜防之。”维曰：“此必捱关中兵到，三面击我耳。吾今令人持书与东吴孙綝，使并力攻之。”忽探马报说：“司马昭攻打寿春，杀了诸葛诞，吴兵皆降。昭班师回洛阳。便欲引兵来救长城。”维大惊曰：“今番伐魏，又成画饼矣，不如且回。”正是：已叹四番难奏绩，又嗟五度未成功。未知如何退兵，且看下文分解。

第一百十三回 丁奉定计斩孙綝 姜维斗阵破邓艾

却说姜维恐救兵到，先将军器车仗，一应军需，步兵先退，然后将马军断后。细作报知邓艾。艾笑曰：“姜维知大将军兵到，故先退去。不必追之，追则中彼之计也。”乃令人哨探，回报果然骆谷道狭之处，堆积柴草，准备要烧追兵。众皆称艾曰：“将军真神算也！”遂遣使赍表奏闻。于是司马昭大喜，又加赏邓艾。却说东吴大将军孙綝，听知全端、唐咨等降魏，勃然大怒，将各人家眷，尽皆斩之。吴主孙亮，时年方十六，见綝杀戮太过，心甚不然。一日出西苑，因食生梅，令黄门取蜜。须臾取至，见蜜内有鼠粪数块，召藏吏责之。藏吏叩首曰：“臣封闭甚严，安有鼠粪？”亮曰：“黄门曾向尔求蜜食否？”藏吏曰：“黄门于数日前曾求蜜食，臣实不敢与。”亮指黄门曰：“此必汝怒藏吏不与尔蜜，故置粪于蜜中，以陷之也。”黄门不服。亮曰："此事易知耳。若粪久在蜜中，则内外皆湿，若新在蜜中，则外湿内燥。"命剖视之，果然内燥，黄门服罪。亮之聪明，大抵如此。虽然聪明，却被孙綝把持，不能主张，綝令弟威远将军孙据入苍龙宿卫，武卫将军孙恩、偏将军孙干、长水校尉孙闿分屯诸营。

一日，吴主孙亮闷坐，黄门侍郎全纪在侧，纪乃国舅也。亮因泣告曰："孙綝专权妄杀，欺朕太甚；今不图之，必为后患。"纪曰："陛下但有用臣处，臣万死不辞。"亮曰："卿可只今点起禁兵，与将军刘丞各把城门，朕自出杀孙綝。但此事切不可令卿母知之，卿母乃綝之姊也。倘若泄漏，误朕匪轻。"纪曰："乞陛下草诏与臣。临行事之时，臣将诏示众，使綝手下人皆不敢妄动。"亮从之，即写密诏付纪。纪受诏归家，密告其父全尚。尚知此事，乃告妻曰："三日内杀孙綝矣。"妻曰："杀之是也。"口虽应之，却私令人持书报知孙綝。綝大怒，当夜便唤弟兄四人，点起精兵，先围大内；一面将全尚、刘丞并其家小俱拿下。比及平明，吴主孙亮听得宫门外金鼓大震，内侍慌入奏曰："孙綝引兵围了内苑。"亮大怒，指全后骂曰："汝父兄误我大事矣！"乃拔剑欲出。全后与侍中近臣，皆牵其衣而哭，不放亮出。孙綝先将全尚、刘丞等杀讫，然后召文武于朝内，下令曰："主上荒淫久病，昏乱无道，不可以奉宗庙，今当废之。汝诸文武，敢有不从者，以谋叛论！"众皆畏惧，应曰："愿从将军之令。"尚书桓彝大怒，从班部中挺然而出，指孙綝大骂曰："今上乃聪明之主，汝何敢出此乱言！吾宁死不从贼臣之命！"綝大怒，自拔剑斩之，即入内指吴主孙亮骂曰："无道昏君！本当诛戮以谢天下！看先帝之面，废汝为会稽王，吾自选有德者立之！"叱中书郎李崇夺其玺绶，令邓程收之。亮大哭而去。后人有诗叹曰："乱贼诬伊尹，奸臣冒霍光。可怜聪明主，不得莅朝堂。"

孙綝遣宗正孙楷、中书郎董朝，往虎林迎请琅琊王孙休为君。休字子烈，乃孙权第六子也，在虎林夜梦乘龙上天，回顾不见龙尾，失惊而觉。次日，孙楷、董朝至，拜请回都。行至曲阿，有一老人，自称姓干，名休，叩头言曰："事久必变，愿殿下速行。"休谢之。行至布塞亭，孙恩将车驾来迎。休不敢乘辇，乃坐小车而入。百官拜迎道傍，休慌忙下车答礼。孙綝出令扶起，请入大殿，升御座即天子位。休再三谦让，方受玉玺。文官武将朝贺已毕，大赦天下，改元永安元年；封孙綝为丞相、荆州牧；多官各有封赏；又封兄之子孙皓为乌程侯。孙綝一门五侯，皆典禁兵，权倾人主。吴主孙休，恐其内变，阳示恩宠，内实防之。綝骄横愈甚。

冬十二月，奉牛酒入宫上寿，吴主孙休不受，綝怒，乃以牛酒诣左将军张布府中共饮。酒酣，乃谓布曰："吾初废会稽王时，人皆劝吾为君。吾为今上贤，故立之。今我上寿而见拒，是将我等闲相待。吾早晚教你看！"布闻言，唯唯而已。次日，布入宫密奏孙休。休大惧，日夜不安。数日后，孙綝遣中书郎孟宗，拨与中营所管精兵一万五千，出屯武昌；又尽将武库内军器与之。于是，将军魏邈、武卫士施朔二人密奏孙休曰："綝调兵在外，又搬尽武库内军器，早晚必为变矣。"休大惊，急召张布计议。布奏曰："老将丁奉，计略过人，能断大事，可与议之。"休乃召奉入内，密告其事。奉奏曰："陛下无忧。臣有一计，为国除害。"休问何计，奉曰："来朝腊日，只推大会群臣，召綝赴席，臣自有调遣。"休大喜。奉同魏邈、施朔掌外事，张布为内应。

是夜，狂风大作，飞沙走石，将老树连根拔起。天明风定，使者奉旨来请孙綝入宫赴会。孙綝方起床，平地如人推倒，心中不悦。使者十余人，簇拥入内。家人止之曰："一夜狂风不息，今早又无故惊倒，恐非吉兆，不可赴会。"綝曰："吾弟兄共典禁兵，谁敢近身！倘有变动，于府中放火为号。"嘱讫，升车出内。吴主孙休忙下御座迎之，请綝高坐。酒行数巡，众惊曰："宫外望有火起！"綝便欲起身。休止之曰："丞相稳便。外兵自多，何足惧哉？"言未毕，左将军张布拔剑在手，引武士三十余人，抢上殿来，口中厉声而言曰："有诏擒反贼孙綝！"綝急欲走时，早被武士擒下。綝叩头奏曰："愿徙交州归田里。"休叱曰："尔何不徙滕胤、吕据、王惇耶？"命推下斩之。于是张布牵孙綝下殿东斩讫。从者皆不敢动。布宣诏曰："罪在孙綝一人，余皆不问。"众心乃安。布请孙休升五凤楼。丁奉、魏邈、施朔等，擒孙綝兄弟至，休命尽斩于市。宗党死者数百人，灭其三族，命军士掘开孙峻坟墓，戮其尸首。将被害诸葛恪、滕胤、吕据、王惇等家，重建坟墓，以表其忠。其牵累流远者，皆赦还乡里。丁奉等重加封赏。

驰书报入成都。后主刘禅遣使回贺，吴使薛珝答礼。珝自蜀中归，吴主孙休问蜀中近日作何举动。珝奏曰："近日中常侍黄皓用事，公卿多阿附之。入其朝，不闻直言；经其野，民有菜色。所谓燕雀处堂，不知大厦之将焚者也。"休叹曰："若诸葛武侯在时，何至如此乎！"于是又写国书，教人赍入成都，说司马昭不日篡魏，必将侵吴、蜀以示威，彼此各宜准备。姜维听得此信，忻然上表，再议出师伐魏。时蜀汉景耀元年冬，大将军姜维以廖化、张翼为先锋，王含、蒋斌为左军，蒋舒，傅佥为右军，胡济为合后，维与夏侯霸总中军，共起蜀兵二十万，拜辞后主，径到汉中。与夏侯霸商议，当先攻取何地。霸曰："祁山乃用武之地，可以进兵，故丞相昔日六出祁山，因他处不可出也。"维从其言，遂令三军并望祁山进发，至谷口下寨。时邓艾正在祁山寨中，整点陇右之兵。忽流星马报到，说蜀兵现下三寨于谷口。艾听知，遂登高看了，回寨升帐，大喜曰："不出吾之所料也！"原来邓艾先度了地脉，故留蜀兵下寨之地；地中自祁山寨直至蜀寨，早挖了地道，待蜀兵至时，于中取事。此时姜维至谷口分作三寨，地道正在左寨之中，乃王含、蒋斌下寨之处。邓艾唤子邓忠，与师纂各引一万兵，为左右冲击；却唤副将郑伦，引五百掘子军，于当夜二更，径从地道直至左营，于帐后地下拥出。

却说王含、蒋斌因立寨未定，恐魏兵来劫寨，不敢解甲而寝。忽闻中军大乱，急绰兵器上的马时，寨外邓忠引兵杀到。内外夹攻，王、蒋二将奋死抵敌不住，弃寨而走。姜维在帐中听得左寨中大喊，料道有内应外合之兵，遂急上马，立于中军帐前，传令曰："如有妄动者斩！便有敌兵到营边，休要问他，只管以弓弩射之！"一面传示右营，亦不许妄动。果然魏兵十余次冲击，皆被射回。只冲杀到天明，魏兵不敢杀入。邓艾收兵回寨，乃叹曰："姜维深得孔明之法！兵在夜而不惊，将闻变而不乱：真将才也！"次日，王含、蒋斌收聚败兵，伏于大寨前请罪。维曰："非汝等之罪，乃吾不明地脉之故也，"又拨军马，令二将安营讫。却将伤死身尸，填于地道之中，以土掩之。令人下战书单搦邓艾来日交锋。艾忻然应之。次日，两军列于祁山之前。维按武侯八阵之法，依天、地、风、云、鸟、蛇、龙、虎之形，分布已定。邓艾出马，见维布成八卦，乃亦布之，左右前后，门户一般。维持枪纵马大叫曰："汝效吾排八阵，亦能变阵否？"艾笑曰："汝道此阵只汝能布耶？吾既会布阵，岂不知变阵！"艾便勒马入阵，令执法官把旗左右招飐，变成八八六十四个门户；复出阵前曰："吾变法若何？"维曰："虽然不差，汝敢与吾八阵相围么？"艾曰："有何不敢！"两军各依队伍而进。艾在中军调遣。两军冲突，阵法不曾错动。姜维到中间，把旗一招，忽然变成长蛇卷地阵，将邓艾困在垓心，四面喊声大震。艾不知其阵，心中大惊。蜀兵渐渐逼近，艾引众将冲突不出。只听得蜀兵齐叫曰："邓艾早降！"艾仰天长叹曰："我一时自逞其能，中姜维之计矣！"忽然西北角上一彪军杀入，艾见是魏兵，遂乘势杀出。救邓艾者，乃司马望也。比及救出邓艾时，祁山九寨，皆被蜀兵所夺。艾引败兵，退于渭水南下寨。艾谓望曰："公何以知此阵法而救出我也？"望曰："吾幼年游学于荆南，曾与崔州平、石广元为友，讲论此阵。今日姜维所变者，乃长蛇卷地阵也。若他处击之，必不可破。吾见其头在西北，故从西北击之，自破矣。"艾谢曰："我虽学得阵法，实不知变法。公既知此法，来日以此法复夺祁山寨栅，如何？”望曰：“我之所学，恐瞒不过姜维。”艾曰：“来日公在阵上与他斗阵法，我却引一军暗袭祁山之后。两下混战。可夺旧寨也。”于是令郑伦为先锋，艾自引军袭山后；一面令人下战书，搦姜维来日斗阵法。维批回去讫，乃谓众将曰：“吾受武侯所传密书，此阵变法共三百六十五样，按周天之数。今搦吾斗阵法，乃班门弄斧耳！但中间必有诈谋，公等知之乎？”廖化曰：“此必赚我斗阵法，却引一军袭我后也。”维笑曰：“正合我意。”即令张翼、廖化，引一万兵去山后埋伏。

次日，姜维尽拔九寨之兵，分布于祁山之前。司马望引兵离了渭南，径到祁山之前，出马与姜维答话。维曰：“汝请吾斗阵法，汝先布与吾看。”望布成了八卦。维笑曰：“此即吾所布八阵之法也，汝今盗袭，何足为奇！”望曰：“汝亦窃他人之法耳！”维曰：“此阵凡有几变？”望笑曰：“吾既能布，岂不会变？此阵有九九八十一变。”维笑曰：“汝试变来。”望入阵变了数番，复出阵曰：“汝识吾变否？”维笑曰：“吾阵法按周天三百六十五变。汝乃井底之蛙，安知玄奥乎！”望自知有此变法，实不曾学全，乃勉强折辩曰：“吾不信，汝试变来。”维曰：“汝教邓艾出来，吾当布与他看。”望曰：“邓将军自有良谋，不好阵法。”维大笑曰：“有何良谋！不过教汝赚吾在此布阵，他却引兵袭吾山后耳！”望大惊，恰欲进兵混战，被维以鞭梢一指，两翼兵先出，杀的那魏兵弃甲抛戈，各逃性命。却说邓艾催督先锋郑伦来袭山后。伦刚转过山角，忽然一声炮响，鼓角喧天，伏兵杀出：为首大将。乃廖化也。二人未及答话，两马交处，被廖化一刀，斩郑伦于马下。邓艾大惊，急勒兵退时，张翼引一军杀到。两下夹攻，魏兵大败。艾舍命突出，身被四箭。奔到谓南寨时，司马望亦到。二人商议退兵之策。望曰：“近日蜀主刘禅，宠幸中贵黄皓，日夜以酒色为乐。可用反间计召回姜维，此危可解。”艾问众谋士曰：“谁可入蜀交通黄皓？”言未毕，一人应声曰：“某愿往。”艾视之，乃襄阳党均也。艾大喜，即令党均赍金珠宝物，径到成都结连黄皓，布散流言，说姜维怨望天子，不久投魏。于是成都人人所说皆同。黄皓奏知后主，即遣人星夜宣姜维入朝。却说姜维连日搦战，邓艾坚守不出。维心中甚疑。忽使命至。诏维入朝。维不知何事，只得班师回朝。邓艾、司马望知姜维中计，遂拔渭南之兵，随后掩杀。正是：乐毅伐齐遭间阻，岳飞破敌被谗回。未知胜负如何，且看下文分解。

第一百十四回 曹髦驱车死南阙 姜维弃粮胜魏兵

却说姜维传令退兵，廖化曰：“将在外，君命有所不受。今虽有诏，未可动也。”张翼曰：“蜀人为大将军连年动兵，皆有怨望；不如乘此得胜之时，收回人马，以安民心，再作良图。”维曰：“善。”遂令各军依法而退。命廖化、张翼断后，以防魏兵追袭。却说邓艾引兵追赶，只见前面蜀兵旗帜整齐，人马徐徐而退。艾叹曰：“姜维深得武侯之法也！”因此不敢追赶，勒军回祁山寨去了。且说姜维至成都，入见后主，问召回之故。后主曰：“朕为卿在边庭，久不还师，恐劳军士，故诏卿回朝，别无他意。”维曰：“臣已得祁山之寨，正欲收功，不期半途而废。此必中邓艾反间之计矣。”后主默然不语。姜维又奏曰：“臣誓讨贼，以报国恩。陛下休听小人之言，致生疑虑。”后主良久乃曰：“朕不疑卿；卿且回汉中，俟魏国有变，再伐之可也。”姜维叹息出朝，自投汉中去讫。

却说党均回到祁山寨中，报知此事。邓艾与司马望曰：“君臣不和，必有内变。”就令党均入洛阳，报知司马昭。昭大喜，便有图蜀之心，乃问中护军贾充曰：“吾今伐蜀，如何？”充曰：“未可伐也。天子方疑主公，若一旦轻出，内难必作矣。旧年黄龙两见于宁陵井中，群臣表贺，以为祥瑞；天子曰：‘非祥瑞也。龙者君象，乃上不在天，下不在田，屈于井中，是幽困之兆也。’遂作《潜龙诗》一首。诗中之意，明明道着主公。其诗曰：‘伤哉龙受困，不能跃深渊。上不飞天汉，下不见于田。蟠居于井底，鳅鳝舞其前。藏牙伏爪甲，嗟我亦同然！’”司马昭闻之大怒，谓贾充曰：“此人欲效曹芳也！若不早图，彼必害我。”充曰：“某愿为主公早晚图之。”时魏甘露五年夏四月，司马昭带剑上殿，髦起迎之。群臣皆奏曰：“大将军功德巍巍，合为晋公，加九锡。”髦低头不答。昭厉声曰：“吾父子兄弟三人有大功于魏，今为晋公，得毋不宜耶？”髦乃应曰：“敢不如命？”昭曰：“《潜龙》之诗，视吾等如鳅鳝，是何礼也？”髦不能答。昭冷笑下殿，众官凛然。髦归后宫，召侍中王沈、尚书王经、散骑常侍王业三人，入内计议。髦泣曰：“司马昭将怀篡逆，人所共知！朕不能坐受废辱，卿等可助朕讨之！”王经奏曰：“不可。昔鲁昭公不忍季氏，败走失国；今重权已归司马氏久矣，内外公卿，不顾顺逆之理，阿附奸贼，非一人也。且陛下宿卫寡弱，无用命之人。陛下若不隐忍，祸莫大焉。且宜缓图，不可造次。”髦曰：“是可忍也，孰不可忍也！朕意已决，便死何惧！”言讫，即入告太后。王沈、王业谓王经曰：“事已急矣。我等不可自取灭族之祸，当往司马公府下出首，以免一死。”经大怒曰：“主忧臣辱，主辱臣死，敢怀二心乎？”王沈、王业见经不从，径自往报司马昭去了。少顷，魏主曹髦出内，令护卫焦伯，聚集殿中宿卫苍头官僮三百余人，鼓噪而出。髦仗剑升辇，叱左右径出南阙。王经伏于辇前，大哭而谏曰：“今陛下领数百人伐昭，是驱羊而入虎口耳，空死无益。臣非惜命，实见事不可行也！”髦曰：“吾军已行，卿无阻当。”遂望云龙门而来。

只见贾充戎服乘马，左有成倅，右有成济，引数千铁甲禁兵，呐喊杀来。髦仗剑大喝曰：“吾乃天子也！汝等突入宫庭，欲弑君耶？”禁兵见了曹髦，皆不敢动。贾充呼成济曰：“司马公养你何用？正为今日之事也！”济乃绰戟在手，回顾充曰：“当杀耶？当缚耶？”充曰：“司马公有令；只要死的。”成济撚戟直奔辇前。髦大喝曰：“匹夫敢无礼乎！”言未讫，被成济一戟刺中前胸，撞出辇来；再一戟，刃从背上透出，死于辇傍。焦伯挺枪来迎，被成济一戟刺死。众皆逃走。王经随后赶来，大骂贾充曰：“逆贼安敢弑君耶！”充大怒，叱左右缚定，报知司马昭。昭入内，见髦已死，乃佯作大惊之状，以头撞辇而哭，令人报知各大臣。

时太傅司马孚入内，见髦尸，首枕其股而哭曰：“弑陛下者，臣之罪也！”遂将髦尸用棺椁盛贮，停于偏殿之西。昭入殿中，召群臣会议。群臣皆至，独有尚书仆射陈泰不至。昭令泰之舅尚书荀顗召之。泰大哭曰：“论者以泰比舅，今舅实不如泰也。”乃披麻带孝而入，哭拜于灵前。昭亦佯哭而问曰：“今日之事，何法处之？”泰曰：“独斩贾充，少可以谢天下耳。”昭沉吟良久，又问曰：“再思其次？”泰曰：“惟有进于此者，不知其次。”昭曰：“成济大逆不道，可剐之，灭其三族。”济大骂昭曰：“非我之罪，是贾充传汝之命！”昭令先割其舌。济至死叫屈不绝。弟成倅亦斩于市，尽灭三族。后人有诗叹曰：“司马当年命贾充，弑君南阙赭袍红。却将成济诛三族，只道军民尽耳聋。”

昭又使人收王经全家下狱。王经正在廷尉厅下，忽见缚其母至。经叩头大哭曰：“不孝子累及慈母矣！”母大笑曰：“人谁不死？正恐不得死所耳！以此弃命，何恨之有！”次日，王经全家皆押赴东市。王经母子含笑受刑。满城士庶，无不垂泪。后人有诗曰：“汉初夸伏剑，汉末见王经：真烈心无异，坚刚志更清。节如泰华重，命似鸿毛轻。母子声名在，应同天地倾。”太傅司马孚请以王礼葬曹髦，昭许之。贾充等劝司马昭受魏禅，即天子位。昭曰：“昔文王三分天下有其二，以服事殷，故圣人称为至德。魏武帝不肯受禅于汉，犹吾之不肯受禅于魏也。”贾充等闻言，已知司马昭留意于子司马炎矣，遂不复劝进。是年六月，司马昭立常道乡公曹璜为帝，改元景元元年。璜改名曹奂，字景明。乃武帝曹操之孙，燕王曹宇之子也。奂封昭为相国、晋公，赐钱十万、绢万匹。其文武多官，各有封赏。早有细作报入蜀中。姜维闻司马昭弑了曹髦，立了曹奂，喜曰："吾今日伐魏，又有名矣。"遂发书入吴，令起兵问司马昭弑君之罪；一面奏准后主，起兵十五万，车乘数千辆，皆置板箱于上；令廖化、张翼为先锋：化取子午谷，翼取骆谷；维自取斜谷，皆要出祁山之前取齐。三路兵并起，杀奔祁山而来。时邓艾在祁山寨中，训练人马，闻报蜀兵三路杀到，乃聚诸将计议。参军王瓘曰："吾有一计，不可明言，现写在此，谨呈将军台览。"艾接来展看毕，笑曰："此计虽妙，只怕瞒不过姜维。"瓘曰："某愿舍命前去。"艾曰："公志若坚，必能成功。"遂拨五千兵与瓘。瓘连夜从斜谷迎来，正撞蜀兵前队哨马。瓘叫曰："我是魏国降兵，可报与主帅。"

哨军报知姜维，维令拦住余兵，只教为首的将来见。瓘拜伏于地曰："某乃王经之侄王瓘也。近见司马昭弑君，将叔父一门皆戮，某痛恨入骨。今幸将军兴师问罪，故特引本部兵五千来降。愿从调遣，剿除奸党，以报叔父之恨。"维大喜，谓瓘曰："汝既诚心来降，吾岂不诚心相待？吾军中所患者，不过粮耳。今有粮车数千，现在川口，汝可运赴祁山。吾只今去取祁山寨也。"瓘心中大喜，以为中计，忻然领诺。姜维曰："汝去运粮，不必用五千人，但引三千人去，留下二千人引路，以打祁山。"瓘恐维疑惑，乃引三千兵去了。维令傅佥引二千魏兵随征听用。忽报夏侯霸到。霸曰："都督何故准信王瓘之言也？吾在魏，虽不知备细，未闻王瓘是王经之侄。其中多诈，请将军察之。"维大笑曰："我已知王瓘之诈，故分其兵势，将计就计而行。"霸曰："公试言之。"维曰："司马昭奸雄比于曹操，既杀王经，灭其三族，安肯存亲侄于关外领兵？故知其诈也。仲权之见，与我暗合。"于是姜维不出斜谷，却令人于路暗伏，以防王瓘奸细。不旬日，果然伏兵捉得王瓘回报邓艾下书人来见。维问了情节，搜出私书，书中约于八月二十日，从小路运粮送归大寨，却教邓艾遣兵于墰山谷中接应。维将下书人杀了，却将书中之意，改作八月十五日，约邓艾自率大兵，于墰山谷中接应。一面令人扮作魏军往魏营下书；一面令人将现有粮车数百辆卸了粮米，装载干柴茅草引火之物，用青布罩之，令傅佥引二千原降魏兵，执打运粮旗号。维却与夏侯霸各引一军，去山谷中埋伏。令蒋舒出斜谷，廖化、张翼俱各进兵，来取祁山。却说邓艾得了王瓘书信，大喜，急写回书，令来人回报。至八月十五日，邓艾引五万精兵径往墰山谷中来，远远使人凭高眺探，只见无数粮车，接连不断，从山凹中而行。艾勒马望之，果然皆是魏兵。左右曰："天已昏暮，可速接应王瓘出谷口。"艾曰："前面山势掩映，倘有伏兵，急难退步；只可在此等候。"正言间，忽两骑马骤至，报曰："王将军因将粮草过界，背后人马赶来，望早救应。"艾大惊，急催兵前进。

时值初更，月明如昼，只听得山后呐喊，艾只道王瓘在山后厮杀。径奔过山后时，忽树林后一彪军撞出，为首蜀将傅佥，纵马大叫曰："邓艾匹夫！已中吾主将之计，何不早早下马受死！"艾大惊，勒回马便走。车上火尽着，那火便是号火。两势下蜀兵尽出，杀得魏兵七断八续，但闻四下山上只叫："拿住邓艾的，赏千金，封万户侯！"吓得邓艾弃甲丢盔，撇了坐下马，杂在步军之中，爬山越岭而逃。姜维、夏侯霸只望马上为首的径来擒捉，不想邓艾步行走脱。维领得胜兵去接王瓘粮车。却说王瓘密约邓艾，先期将粮草车仗，整备停当，专候举事。忽有心腹人报："事已泄漏，邓将军大败，不知性命如何。"瓘大惊，令人哨探，回报三路兵围杀将来，背后又见尘头大起，四下无路。瓘叱左右令放火，尽烧粮草车辆。一霎时，火光突起，烈火烧空。灌大叫曰："事已急矣！汝等宜死战！"乃提兵望西杀出。背后姜维三路追赶。维只道王瓘舍命撞回魏国，不想反杀入汉中而去。瓘因兵少，只恐追兵赶上，遂将栈道并各关隘尽皆烧毁。姜维恐汉中有失，遂不追邓艾，提兵连夜抄小路来追杀王瓘。瓘被四面蜀兵攻击，投黑龙江而死。余兵尽被姜维坑之。维虽然胜了邓艾，却折了许多粮车，又毁了栈道，乃引兵还汉中。邓艾双眼皮部下败兵，逃回祁山寨内，上表请罪，自贬其职。司马昭见艾数有大功，不忍贬之，复加厚赐。艾将原赐财物，尽分给被害将士之家。昭恐蜀兵又出，遂添兵五万，与艾守御。姜维连夜修了栈道，又议出师。正是：连修栈道兵连出，不伐中原死不休。未知胜负如何，且看下文分解。

第一百十五回 诏班师后主信谗 托屯田姜维避祸

却说蜀汉景耀五年，冬十月，大将军姜维，差人连夜修了栈道，整顿军粮兵器，又于汉中水路调拨船只。俱已完备，上表奏后主曰："臣累出战，虽未成大功，已挫动魏人心胆。今养兵日久，不战则懒，懒则致病。况今军思效死，将思用命。臣如不胜，当受死罪。"后主览表，犹豫未决。谯周出班奏曰："臣夜观天文，见西蜀分野，将星暗而不明。今大将军又欲出师，此行甚是不利。陛下可降诏止之。"后主曰："且看此行若何。果然有失，却当阻之。"谯周再三苦谏不从，乃归家叹息不已，遂推病不出。

却说姜维临兴兵，乃问廖化曰："吾今出师，誓欲恢复中原，当先取何处？"化曰："连年征伐，军民不宁；兼魏有邓艾，足智多谋，非等闲之辈：将军强欲行难为之事，此化所以未敢专也。"维勃然大怒曰："昔丞相六出祁山，亦为国也。吾今八次伐魏，岂为一己之私哉？今当先取洮阳。如有逆吾者必斩！"遂留廖化守汉中，自同诸将提兵三十万，径取洮阳而来。早有川口人报入祁山寨中。时邓艾正与司马望谈兵，闻知此信，遂令人哨探。回报蜀兵尽从洮阳而出。司马望曰："姜维多计，莫非虚取洮阳而实来取祁山乎？"邓艾曰："今姜维实出洮阳也。"望曰："公何以知之？"艾曰："向者姜维累出吾有粮之地，今洮阳无粮，维必料吾只守祁山，不守洮阳，故径取洮阳；如得此城，屯粮积草，结连羌人，以图久计耳。"望曰："若此，如之奈何？"艾曰："可尽撤此处之兵，分为两路去救洮阳。离洮阳二十五里，有侯河小城，乃洮阳咽喉之地。公引一军伏于洮阳，偃旗息鼓，大开四门，如此如此而行；我却引一军伏侯河，必获大胜也。"筹画已定，各各依计而行。只留偏将师纂守祁山寨。

却说姜维令夏侯霸为前部，先引一军径取洮阳。霸提兵前进，将近洮阳，望见城上并无一杆旌旗，四门大开。霸心下疑惑，未敢入城，回顾诸将曰："莫非诈乎？"诸将曰："眼见得是空城，只有些小百姓，听知大将军兵到，尽弃城而走了。"霸未信，自纵马于城南视之，只见城后老小无数，皆望西北而逃。霸大喜曰："果空城也。"遂当先杀入，余众随后而进。方到瓮城边，忽然一声炮响，城上鼓角齐鸣，旌旗遍竖，拽起吊桥。霸大惊曰："误中计矣！"慌欲退时，城上矢石如雨。可怜夏侯霸同五百军，皆死于城下。后人有诗叹曰："大胆姜维妙算长，谁知邓艾暗提防。可怜投汉夏侯霸，顷刻城边箭下亡。"司马望从城内杀出，蜀兵大败而逃。随后姜维引接应兵到，杀退司马望，就傍城下寨。维闻夏侯霸射死，嗟伤不已。是夜二更，邓艾自侯河城内，暗引一军潜地杀入蜀寨。蜀兵大乱，姜维禁止不住。城上鼓角喧天，司马望引兵杀出。两下夹攻，蜀兵大败。维左冲右突，死战得脱，退二十余里下寨。蜀兵两番败走之后，心中摇动。维与众将曰："胜败乃兵家之常，今虽损兵折将，不足为忧。成败之事，在此一举，汝等始终勿改。如有言退者立斩。"张翼进言曰："魏兵皆在此处，祁山必然空虚。将军整兵与邓艾交锋，攻打洮阳、侯河；某引一军取祁山。取了祁山九寨，便驱兵向长安。此为上计。"维从之，即令张翼引后军径取祁山。

维自引兵到侯河搦邓艾交战。艾引军出迎。两军对圆，二人交锋数十余合，不分胜负，各收兵回寨。次日，姜维又引兵挑战，邓艾按兵不出。姜维令军辱骂。邓艾寻思曰："蜀人被吾大杀一阵，全然不退，连日反来搦战：必分兵去袭祁山寨也。守寨将师纂，兵少智寡，必然败矣。吾当亲往救之。"乃唤子邓忠分付曰："汝用心守把此处，任他搦战，却勿轻出。吾今夜引兵去祁山救应。"

是夜二更，姜维正在寨中设计，忽听得寨外喊声震地，鼓角喧天，人报邓艾引三千精兵夜战。诸将欲出，维止之曰："勿得妄动。"原来邓艾引兵至蜀寨前哨探了一遍，乘势去救祁山，邓忠自入城去了。姜维唤诸将曰："邓艾虚作夜战之势，必然去救祁山寨矣。"乃唤傅佥分付曰："汝守此寨，勿轻与敌。"嘱毕，维自引三千兵来助张翼。

却说张翼正到祁山攻打，守寨将师纂兵少，支持不住。看看待破，忽然邓艾兵至，冲杀了一阵，蜀兵大败，把张翼隔在山后，绝了归路。正慌急之间，忽听的喊声大震，鼓角喧天，只见魏兵纷纷倒退。左右报曰："大将军姜伯约杀到！"翼乘势驱兵相应。两下夹攻，邓艾折了一阵，急退上祁山寨不出。姜维令兵四面攻围。话分两头。却说后主在成都，听信宦官黄皓之言，又溺于酒色，不理朝政。时有大臣刘琰妻胡氏，极有颜色；因入宫朝见皇后，后留在宫中，一月方出。琰疑其妻与后主私通，乃唤帐下军士五百人，列于前，将妻绑缚，令军以履挞其面数十，几死复苏。后主闻之大怒，令有司议刘琰罪。有司议得："卒非挞妻之人，面非受刑之地：合当弃市。"遂斩刘琰。自此命妇不许入朝。然一时官僚以后主荒淫，多有疑怨者。于是贤人渐退，小人日进。时右将军阎宇，身无寸功，只因阿附黄皓，遂得重爵；闻姜维统兵在祁山，乃说皓奏后主曰："姜维屡战无功，可命阎宇代之。"后主从其言，遣使赍诏，召回姜维。维正在祁山攻打寨栅，忽一日三道诏至，宣维班师。维只得遵命，先令洮阳兵退，次后与张翼徐徐而退。邓艾在寨中，只听得一夜鼓角喧天，不知何意。至平明，人报蜀兵尽退，止留空寨。艾疑有计，不敢追袭。姜维径到汉中，歇住人马，自与使命入成都见后主。后主一连十日不朝。维心中疑惑。是日至东华门，遇见秘书郎郤正。维问曰："天子召维班师，公知其故否？"正笑曰："大将军何尚不知？黄皓欲使阎宇立功，奏闻朝廷，发诏取回将军。今闻邓艾善能用兵，因此寝其事矣。"维大怒曰："我必杀此宦竖！"郤正止之曰："大将军继武侯之事，任大职重，岂可造次？倘若天子不容，反为不美矣。"维谢曰："先生之言是也。"次日，后主与黄皓在后园宴饮，维引数人径入。早有人报知黄皓，皓急避于湖山之侧。维至亭下，拜了后主，泣奏曰："臣困邓艾于祁山，陛下连降三诏，召臣回朝，未审圣意为何？"后主默然不语。维又奏曰："黄皓奸巧专权，乃灵帝时十常侍也。陛下近则鉴于张让，远则鉴于赵高。早杀此人，朝廷自然清平，中原方可恢复。"后主笑曰："黄皓乃趋走小臣，纵使专权，亦无能为。昔者董允每切齿恨皓，朕甚怪之。卿何必介意？"维叩头奏曰："陛下今日不杀黄皓，祸不远也。"后主曰："爱之欲其生，恶之欲其死。卿何不容一宦官耶？"令近侍于湖山之侧，唤出黄皓至亭下，命拜姜维伏罪。皓哭拜维曰："某早晚趋侍圣上而已，并不干与国政。将军休听外人之言，欲杀某也。某命系于将军，惟将军怜之！"言罢，叩头流涕。维忿忿而出，即往见郤正，备将此事告之。正曰："将军祸不远矣。将军若危，国家随灭！"维曰："先生幸教我以保国安身之策。"正曰："陇西有一去处，名曰沓中，此地极其肥壮。将军何不效武侯屯田之事，奏知天子，前去沓中屯田？一者，得麦熟以助军实；二者，可以尽图陇右诸郡；三者，魏人不敢正视汉中；四者，将军在外掌握兵权，人不能图，可以避祸：此乃保国安身之策也，宜早行之。"维大喜，谢曰："先生金玉之言也。"次日，姜维表奏后主，求沓中屯田，效武侯之事。后主从之。维遂还汉中，聚诸将曰："某累出师，因粮不足，未能成功。今吾提兵八万，往沓中种麦屯田，徐图进取。汝等久战劳苦，今且敛兵聚谷，退守汉中；魏兵千里运粮，经涉山岭，自然疲乏；疲乏必退：那时乘虚追袭。无不胜矣。"遂令胡济守汉寿城，王含守乐城，蒋斌守汉城，蒋舒、傅佥同守关隘。分拨已毕，维自引兵八万，来沓中种麦，以为久计。

却说邓艾闻姜维在沓中屯田，于路下四十余营，连络不绝，如长蛇之势。艾遂令细作相了地形，画成图本，具表申奏。晋公司马昭见之，大怒曰："姜维屡犯中原，不能剿除，是吾心腹之患也。"贾充曰："姜维深得孔明传授，急难退之。须得一智勇之将，往刺杀之，可免动兵之劳。"从事中郎荀顗曰："不然。今蜀主刘禅溺于酒色，信用黄皓，大臣皆有避祸之心。姜维在沓中屯田，正避祸之计也。若令大将伐之，无有不胜，何必用刺客乎？"昭大笑曰："此言最善。吾欲伐蜀，谁可为将？"荀顗曰："邓艾乃世之良材，更得钟会为副将，大事成矣。"昭大喜曰："此言正合吾意。"乃召钟会入而问曰："吾欲令汝为大将，去伐东吴，可乎？"会曰："主公之意，本不欲伐吴，实欲伐蜀也。"昭大笑曰："子诚识吾心也。--

但卿往伐蜀，当用何策？"会曰："某料主公欲伐蜀，已画图本在此。"昭展开视之，图中细载一路安营下寨屯粮积草之处，从何而进，从何而退，--皆有法度。昭看了大喜曰："真良将也！卿与邓艾合兵取蜀，何如？"会曰："蜀川道广，非一路可进；当使邓艾分兵各进，可也。"

昭遂拜钟会为镇西将军，假节钺，都督关中人马，调遣青、徐、兖、豫、荆、扬等处；一面差人持节令邓艾为征西将军，都督关外陇上，使约期伐蜀。次日，司马昭于朝中计议此事，前将军邓敦曰："姜维屡犯中原，我兵折伤甚多，只今守御，尚自未保；奈何深入山川危险之地，自取祸乱耶？"昭怒曰："吾欲兴仁义之师，伐无道之主，汝安敢逆吾意！"叱武士推出斩之。须臾，呈邓敦首级于阶下。众皆失色。昭曰："吾自征东以来，息歇六年，治兵缮甲，皆已完备，欲伐吴、蜀久矣。今先定西蜀，乘顺流之势，水陆并进，并吞东吴；此灭虢取虞之道也。吾料西蜀将士，守成都者八九万，守边境者不过四五万，姜维屯田者不过六七万。今吾已令邓艾引关外陇右之兵十余万，绊住姜维于沓中，使不得东顾；遣钟会引关中精兵二三十万，直抵骆谷，三路以袭汉中。蜀主刘禅昏暗，边城外破，士女内震。其亡可必矣。"众皆拜服。

却说钟会受了镇西将军之印，起兵伐蜀。会恐机谋或泄，却以伐吴为名，令青、兖、豫、荆、扬等五处各造大船；又遣唐咨于登、莱等州傍海之处，拘集海船。司马昭不知其意，遂召钟会问之曰："子从旱路收川，何用造船耶？"会曰："蜀若闻我兵大进，必求救于东吴也。故先布声势，作伐吴之状，吴必不敢妄动。一年之内，蜀已破，船已成，而伐吴，岂不顺乎？"昭大喜，选日出师。时魏景元四年秋七月初三日，钟会出师。司马昭送之于城外十里方回。西曹掾邵悌密谓司马昭曰："今主公遣钟会领十万兵伐蜀，愚料会志大心高，不可使独掌大权。"昭笑曰："吾岂不知之？"悌曰："主公既知，何不使人同领其职？"昭言无数语，使邵悌疑心顿释。正是：方当士马驱驰日，早识将军跋扈心。未知其言若何，且看下文分解。

第一百十六回 钟会分兵汉中道 武侯显圣定军山

却说司马昭谓西曹掾邵悌曰："朝臣皆言蜀未可伐，是其心怯；若使强战，必败之道也。今钟会独建伐蜀之策，是其心不怯；心不怯，则破蜀必矣。蜀既破，则蜀人心胆已裂；败军之将，不可以言勇；亡国之大夫，不可以图存。会即有异志，蜀人安能助之乎？至若魏人得胜思归，必不从会而反，更不足虑耳。此言乃吾与汝知之，切不可泄漏。"邵悌拜服。

却说钟会下寨已毕，升帐大集诸将听令。时有监军卫瓘，护军胡烈，大将田续、庞会、田章、爰青、丘建、夏侯咸、王买、皇甫闿、句安等八十余员。会曰："必须一大将为先锋，逢山开路，遇水叠桥。谁敢当之？"一人应声曰："某愿往。"会视之，乃虎将许褚之子许仪也。众皆曰："非此人不可为先锋。"会唤许仪曰："汝乃虎体猿班之将。父子有名；今众将亦皆保汝。汝可挂先锋印，领五千马军、一千步军，径取汉中。兵分三路：汝领中路，出斜谷；左军出骆谷；右军出子午谷。此皆崎岖山险之地，当令军填平道路，修理桥梁，凿山破石，勿使阻碍。如违必按军法。"许仪受命，领兵而进。钟会随后提十万余众，星夜起程。

却说邓艾在陇西，既受伐蜀之诏，一面令司马望往遏羌人，又遣雍州刺史诸葛绪，天水太守王颀，陇西太守牵弘，金城太守杨欣，各调本部兵前来听令。比及军马云集，邓艾夜作一梦：梦见登高山，望汉中，忽于脚下迸出一泉，水势上涌。须臾惊觉，浑身汗流；遂坐而待旦，乃召护卫爰邵问之。邵素明《周易》，艾备言其梦，邵答曰："《易》云：山上有水曰蹇。蹇卦者：'利西南，不利东北。'孔子云：'蹇利西南，往有功也；不利东北，其道穷也。'将军此行，必然克蜀；但可惜蹇滞不能还。"艾闻言，愀然不乐。忽钟会檄文至，约艾起兵，于汉中取齐。艾遂遣雍州刺史诸葛绪，引兵一万五千，先断姜维归路；次遣天水太守王颀，引兵一万五千，从左攻沓中；陇西太守牵弘，引一万五千人，从右攻沓中；又遣金城太守杨欣，引一万五千人，于甘松邀姜维之后。艾自引兵三万，往来接应。却说钟会出师之时，有百官送出城外，旌旗蔽日，铠甲凝霜，人强马壮，威风凛然。人皆称羡，惟有相国参军刘寔，微笑不语。太尉王祥见寔冷笑，就马上握其手而问曰："钟、邓二人，此去可平蜀乎？"寔曰："破蜀必矣。但恐皆不得还都耳。"王祥问其故，刘寔但笑而不答。祥遂不复问。

却说魏兵既发，早有细作入沓中报知姜维。维即具表申奏后主："请降诏遣左车骑将军张翼领兵守护阳安关，右车骑将军廖化领兵守阴平桥：这二处最为要紧，若失二处，汉中不保矣。一面当遣使入吴求救。臣一面自起沓中之兵拒敌。"时后主改景耀六年为炎兴元年，日与宦官黄皓在宫中游乐。忽接姜维之表，即召黄皓问曰："今魏国遣钟会、邓艾大起人马，分道而来，如之奈何？"皓奏曰："此乃姜维欲立功名，故上此表。陛下宽心，勿生疑虑。臣闻城中有一师婆，供奉一神，能知吉凶，可召来问之。"后主从其言，于后殿陈设香花纸烛、享祭礼物，令黄皓用小车请入宫中，坐于龙床之上。后主焚香祝毕，师婆忽然披发跣足，就殿上跳跃数十遍，盘旋于案上。皓曰："此神人降矣。陛下可退左右，亲祷之。"后主尽退侍臣，再拜祝之。师婆大叫曰："吾乃西川土神也。陛下欣乐太平，何为求问他事？数年之后，魏国疆土亦归陛下矣。陛下切勿忧虑。"言讫，昏倒于地，半晌方苏。后主大喜，重加赏赐。自此深信师婆之说，遂不听姜维之言，每日只在宫中饮宴欢乐。姜维累申告急表文，皆被黄皓隐匿，因此误了大事。却说钟会大军，迤逦望汉中进发。前军先锋许仪，要立头功，先领兵至南郑关。仪谓部将曰："过此关即汉中矣。关上不多人马，我等便可奋力抢关。"众将领命，一齐并力向前。原来守关蜀将卢逊，早知魏兵将到，先于关前木桥左右，伏下军士，装起武侯所遗十矢连弩；比及许仪兵来抢关时，一声梆子响处，矢石如雨。仪急退时，早射倒数十骑。魏兵大败。仪回报钟会。会自提帐下甲士百余骑来看，果然箭弩一齐射下。会拨马便回，关上卢逊引五百军杀下来。会拍马过桥，桥上土塌，陷住马蹄，争些儿掀下马来。马挣不起，会弃马步行；跑下桥时，卢逊赶上，一枪刺来，却被魏兵中荀恺回身一箭，射卢逊落马。钟会麾众乘势抢关，关上军士因有蜀兵在关前，不敢放箭，被钟会杀散，夺了山关。即以荀恺为护军，以全副鞍马铠甲赐之。

会唤许仪至帐下，责之曰："汝为先锋，理合逢山开路，遇水叠桥，专一修理桥梁道路，以便行军。吾方才到桥上，陷住马蹄，几乎堕桥；若非荀恺，吾已被杀矣！汝既违军令，当按军法！"叱左右推出斩之。诸将告曰："其父许褚有功于朝廷，望都督恕之。"会怒曰："军法不明，何以令众？"遂令斩首示众。诸将无不骇然。时蜀将王含守乐城，蒋斌守汉城，见魏兵势大，不敢出战，只闭门自守。钟会下令曰："兵贵神速，不可少停。"乃令前军李辅围乐城，护军荀恺围汉城，自引大军取阳安关。守关蜀将傅佥与副将蒋舒商议战守之策，舒曰："魏兵甚众，势不可当，不如坚守为上。"佥曰："不然。魏兵远来，必然疲困，虽多不足惧。我等若不下关战时，汉、乐二城休矣。"蒋舒默然不答。忽报魏兵大队已至关前，蒋、傅二人至关上视之。钟会扬鞭大叫曰："吾今统十万之众到此，如早早出降，各依品级升用；如执迷不降，打破关隘，玉石俱焚！"傅佥大怒，令蒋舒把关，自引三千兵杀下关来。钟会便走，魏兵尽退。佥乘势追之，魏兵复合。佥欲退入关时，关上已竖起魏家旗号，只见蒋舒叫曰："吾已降了魏也！"佥大怒，厉声骂曰："忘恩背义之贼，有何面目见天下人乎！"拨回马复与魏兵接战。魏兵四面合来，将傅佥围在垓心。佥左冲右突，往来死战，不能得脱；所领蜀兵，十伤八九。佥乃仰天叹曰："吾生为蜀臣，死亦当为蜀鬼！"乃复拍马冲杀，身被数枪，血盈袍铠；坐下马倒，佥自刎而死。后人有诗叹曰："一日抒忠愤，千秋仰义名。宁为傅佥死，不作蒋舒生。"

钟会得了阳安关，关内所积粮草、军器极多，大喜，遂犒三军。是夜，魏兵宿于阳安城中，忽闻西南上喊声大震。钟会慌忙出帐视之，绝无动静。魏军一夜不敢睡。次夜三更，西南上喊声又起。钟会惊疑，向晓，使人探之。回报曰："远哨十余里，并无一人。"会惊疑不定，乃自引数百骑，俱全装惯带，望西南巡哨。前至一山，只见杀气四面突起，愁云布合，雾锁山头。会勒住马，问向导官曰："此何山也？"答曰："此乃定军山，昔日夏侯渊殁于此处。"会闻之，怅然不乐，遂勒马而回。转过山坡，忽然狂风大作，背后数千骑突出，随风杀来。会大惊，引众纵马而走。诸将坠马者，不计其数。及奔到阳安关时，不曾折一人一骑，只跌损面目，失了头盔。皆言曰："但见阴云中人马杀来，比及近身，却不伤人，只是一阵旋风而已。"会问降将蒋舒曰："定军山有神庙乎？"舒曰："并无神庙，惟有诸葛武侯之墓。"会惊曰："此必武侯显圣也。吾当亲往祭之。"次日，钟会备祭礼，宰太牢，自到武侯墓前再拜致祭。祭毕，狂风顿息，愁云四散。忽然清风习习，细雨纷纷。一阵过后，天色晴朗。魏兵大喜，皆拜谢回营。是夜，钟会在帐中伏几而寝，忽然一阵清风过处，只见一人，纶巾羽扇，身衣鹤氅，素履皂绦，面如冠玉，唇若抹朱，眉清目朗，身长八尺，飘飘然有神仙之概。其人步入帐中，会起身迎之曰："公何人也？"其人曰："今早重承见顾。吾有片言相告：虽汉祚已衰，天命难违，然两川生灵，横罹兵革，诚可怜悯。汝入境之后，万勿妄杀生灵。"言讫，拂袖而去。会欲挽留之，忽然惊醒，乃是一梦。会知是武侯之灵，不胜惊异。于是传令前军，立一白旗，上书"保国安民"四字；所到之处，如妄杀一人者偿命。于是汉中人民，尽皆出城拜迎。会一一抚慰，秋毫无犯。后人有诗赞曰："数万阴兵绕定军，致令钟会拜灵神。生能决策扶刘氏，死尚遗言保蜀民。"

却说姜维在沓中，听知魏兵大至，传檄廖化、张翼、董厥提兵接应；一面自分兵列将以待之。忽报魏兵至，维引兵迎之。魏阵中为首大将乃天水太守王颀也。颀出马大呼曰："吾今大兵百万，上将千员，分二十路而进，已到成都。汝不思早降，犹欲抗拒，何不知天命耶！"维大怒，挺枪纵马，直取王颀。战不三合，颀大败而走。姜维驱兵追杀至二十里，只听得金鼓齐鸣，一枝兵摆开，旗上大书"陇西太守牵弘"字样。维笑曰："此等鼠辈，非吾敌手！"遂催兵追之。又赶到十里，却遇邓艾倾兵杀到。两军混战。维抖擞精神，与艾战有十余合，不分胜负，后面锣鼓又鸣。维急退时，后军报说："甘松诸寨，尽被金城太守杨欣烧毁了。"维大惊，急令副将虚立旗号，与邓艾相拒。维自撤后军，星夜来救甘松，正遇杨欣。欣不敢交战，望山路而走。维随后赶来。将至山岩下，岩上木石如雨，维不能前进。比及回到半路，蜀兵已被邓艾杀败。魏兵大队而来，将姜维围住。

维引众骑杀出重围，奔入大寨坚守，以待救兵。忽然流星马到，报说："钟会打破阳安关，守将蒋舒归降，傅佥战死，汉中已属魏矣。乐城守将王含，汉城守将蒋斌，知汉中已失，亦开门而降。胡济抵敌不住，逃回成都求援去了。"维大惊，即传令拔寨。

是夜兵至疆川口，前面一军摆开，为首魏将，乃是金城太守杨欣。维大怒，纵马交锋，只一合，杨欣败走，维拈弓射之，连射三箭皆不中。维转怒，自折其弓，挺枪赶来。战马前失，将维跌在地上。杨欣拨回马来杀姜维。维跃起身，一枪刺去，正中杨欣马脑。背后魏兵骤至，救欣去了。维骑上从马，欲待追时，忽报后面邓艾兵到。维首尾不能相顾，遂收兵要夺汉中。哨马报说："雍州刺史诸葛绪已断了归路。"维乃据山险下寨。魏兵屯于阴平桥头。维进退无路，长叹曰："天丧我也！"副将宁随曰："魏兵虽断阴平桥头，雍州必然兵少，将军若从孔函谷，径取雍州，诸葛绪必撤阴平之兵救雍州，将军却引兵奔剑阁守之，则汉中可复矣。"维从之，即发兵入孔函谷，诈取雍州。细作报知诸葛绪。绪大惊曰："雍州是吾合守之地，倘有疏失，朝廷必然问罪。"急撤大兵从南路去救雍州，只留一枝兵守桥头。姜维入北道，约行三十里，料知魏兵起行，乃勒回兵，后队作前队，径到桥头，果然魏兵大队已去，只有些小兵把桥，被维一阵杀散，尽烧其寨栅。诸葛绪听知桥头火起，复引兵回，姜维兵已过半日了，因此不敢追赶。却说姜维引兵过了桥头，正行之间，前面一军来到，乃左将军张翼、右将军廖化也。维问之，翼曰："黄皓听信师巫之言，不肯发兵。翼闻汉中已危，自起兵来，时阳安关已被钟会所取。今闻将军受困，特来接应。"遂合兵一处，前赴白水关。化曰："今四面受敌，粮道不通，不如退守剑阁，再作良图。"维疑虑未决。忽报钟会、邓艾分兵十余路杀来。维欲与翼、化分兵迎之。化曰："白水地狭路多，非争战之所，不如且退去救剑阁可也；若剑阁一失，是绝路矣。"维从之，遂引兵来投剑阁。将近关前，忽然鼓角齐鸣，喊声大起，旌旗遍竖，一枝军把住关口。正是：汉中险峻已无有，剑阁风波又忽生。未知何处之兵，且看下文分解。

第一百十七回 邓士载偷度阴平 诸葛瞻战死绵竹

却说辅国大将军董厥，闻魏兵十余路入境，乃引二万兵守住剑阁；当日望尘头大起，疑是魏兵，急引军把住关口。董厥自临军前视之，乃姜维、廖化、张翼也。厥大喜，接入关上，礼毕，哭诉后主黄皓之事。维曰："公勿忧虑。若有维在，必不容魏来吞蜀也。且守剑阁，徐图退敌之计。"厥曰："此关虽然可守，争奈成都无人；倘为敌人所袭，大势瓦解矣。"维曰："成都山险地峻，非可易取，不必忧也。"正言间，忽报诸葛绪领兵杀至关下，维大怒，急引五千兵杀下关来，直撞入魏阵中，左冲右突，杀得诸葛绪大败而走，退数十里下寨，魏军死者无数。蜀兵抢了许多马匹器械，维收兵回关。

却说钟会离剑阁二十里下寨，诸葛绪自来伏罪。会怒曰："吾令汝守把阴平桥头，以断姜维归路，如何失了！今又不得吾令，擅自进兵，以致此败！"绪曰："维诡计多端，诈取雍州；绪恐雍州有失，引兵去救，维乘机走脱；绪因赶至关下，不想又为所败。"会大怒，叱令斩之。监军卫瓘曰："绪虽有罪，乃邓征西所督之人；不争将军杀之，恐伤和气。"会曰："吾奉天子明诏、晋公钧命，特来伐蜀。便是邓艾有罪，亦当斩之！"众皆力劝。会乃将诸葛绪用槛车载赴洛阳，任晋公发落；随将绪所领之兵，收在部下调遣。

有人报与邓艾。艾大怒曰："吾与汝官品一般，吾久镇边疆，于国多劳，汝安敢妄自尊大耶！"子邓忠劝曰："小不忍则乱大谋，父亲若与他不睦，必误国家大事。望且容忍之。"艾从其言。然毕竟心中怀怒，乃引十数骑来见钟会。会闻艾至，便问左右："艾引多少军来？"左右答曰："只有十数骑。"会乃令帐上帐下列武士数百人。

艾下马入见。会接入帐礼毕。艾见军容甚肃，心中不安，乃以言挑之曰："将军得了汉中，乃朝廷之大幸也，可定策早取剑阁。"会曰："将军明见若何？"艾再三推称无能。会固问之。艾答曰："以愚意度之，可引一军从阴平小路出汉中德阳亭，用奇兵径取成都，姜维必撤兵来救，将军乘虚就取剑阁，可获全功。"会大喜曰："将军此计甚妙！可即引兵去。吾在此专候捷音！"二人饮酒相别。会回本帐与诸将曰："人皆谓邓艾有能。今日观之，乃庸才耳！"众问其故。会曰："阴平小路，皆高山峻岭，若蜀以百余人守其险要，断其归路，则邓艾之兵皆饿死矣。吾只以正道而行，何愁蜀地不破乎！"遂置云梯炮架，只打剑阁关。

却说邓艾出辕门上马，回顾从者曰："钟会待吾若何？"从者曰："观其辞色，甚不以将军之言为然，但以口强应而已。"艾笑曰："彼料我不能取成都，我偏欲取之！"回到本寨，师纂、邓忠一班将士接问曰："今日与钟镇西有何高论？"艾曰："吾以实心告彼，彼以庸才视我。彼今得汉中，以为莫大之功；若非吾屯沓中绊住姜维，彼安能成功耶！吾今若取了成都，胜取汉中矣！"当夜下令，尽拔寨望阴平小路进兵，离剑阁七百里下寨，有人报钟会说："邓艾要去取成都了。"会笑艾不智。

却说邓艾一面修密书遣使驰报司马昭，一面聚诸将于帐下问曰："吾今乘虚去取成都，与汝等立功名于不朽，汝等肯从乎？"诸将应曰："愿遵军令，万死不辞！"艾乃先令子邓忠引五千精兵，不穿衣甲，各执斧凿器具，凡遇峻危之处，凿山开路，搭造桥阁，以便军行。艾选兵三万，各带干粮绳索进发。约行百余里，选下三千兵，就彼扎寨；又行百余里，又选三千兵下寨。是年十月自阴平进兵，至于巅崖峡谷之中，凡二十余日，行七百余里，皆是无人之地。魏兵沿途下了数寨，只剩下二千人马。前至一岭，名摩天岭，马不堪行，艾步行上岭，正见邓忠与开路壮士尽皆哭泣。艾问其故。忠告曰："此岭西皆是峻壁巅崖，不能开凿，虚废前劳，因此哭泣。"艾曰："吾军到此，已行了七百余里，过此便是江油，岂可复退？"乃唤诸军曰："不入虎穴，焉得虎子？吾与汝等来到此地，若得成功，富贵共之。"众皆应曰："愿从将军之命。"艾令先将军器撺将下去。艾取毡自裹其身，先滚下去。副将有毡衫者裹身滚下，无毡衫者各用绳索束腰，攀木挂树，鱼贯而进。邓艾、邓忠，并二千军，及开山壮士，皆度了摩天岭。方才整顿衣甲器械而行，忽见道傍有一石碣，上刻："丞相诸葛武侯题"。其文云："二火初兴，有人越此。二士争衡，不久自死。"艾观讫大惊，慌忙对碣再拜曰："武侯真神人也！艾不能以师事之，惜哉！"后人有诗曰："阴平峻岭与天齐，玄鹤徘徊尚怯飞。邓艾裹毡从此下，谁知诸葛有先机。"

却说邓艾暗度阴平，引兵行时，又见一个大空寨。左右告曰："闻武侯在日，曾拨一千兵守此险隘。今蜀主刘禅废之。"艾嗟呀不已，乃谓众人曰："吾等有来路而无归路矣！前江油城中，粮食足备：汝等前进可活，后退即死，须并力攻之。"众皆应曰："愿死战！"于是邓艾步行，引二千余人，星夜倍道来抢江油城。却说江油城守将马邈，闻东川已失，虽为准备，只是提防大路；又仗着姜维全师守住剑阁关，遂将军情不以为重。当日操练人马回家，与妻李氏拥炉饮酒。其妻问曰："屡闻边情甚急，将军全无忧色，何也？"邈曰："大事自有姜伯约掌握，干我甚事？"其妻曰："虽然如此，将军所守城池，不为不重。"邈曰："天子听信黄皓，溺于酒色，吾料祸不远矣。魏兵若到，降之为上，何必虑哉？"其妻大怒，唾邈面曰："汝为男子，先怀不忠不义之心，枉受国家爵禄，吾有何面目与汝相见耶！”马邈羞惭无语。忽家人慌入报曰：“魏将邓艾不知从何而来，引二千余人，一拥而入城矣！”邈大惊，慌出纳降，拜伏于公堂之下，泣告曰：“某有心归降久矣。今愿招城中居民，及本部人马，尽降将军。”艾准其降。遂收江油军马于部下调遣，即用马邈为向导官。忽报马邈夫人自缢身死。艾问其故，邈以实告。艾感其贤，令厚礼葬之，亲往致祭。魏人闻者，无不嗟叹。后人有诗赞曰：“后主昏迷汉祚颠，天差邓艾取西川。可怜巴蜀多名将，不及江油李氏贤。”

邓艾取了江油，遂接阴平小路诸军，皆到江油取齐，径来攻涪城。部将田续曰：“我军涉险而来，甚是劳顿，且当休养数日，然后进兵。”艾大怒曰：“兵贵神速，汝敢乱我军心耶！”喝令左右推出斩之。众将苦告方免。艾自驱兵至涪城。城内官吏军民疑从天降，尽皆投降。

蜀人飞报入成都。后主闻知，慌召黄皓问之。皓奏曰：“此诈传耳。神人必不肯误陛下也。”后主又宣师婆问时，却不知何处去了。此时远近告急表文，一似雪片，往来使者，联络不绝。后主设朝计议，多官面面相觑，并无一言。郤正出班奏曰：“事已急矣！陛下可宣武侯之子商议退兵之策。”原来武侯之子诸葛瞻，字思远。其母黄氏，即黄承彦之女也。母貌甚陋，而有奇才：上通天文，下察地理；凡韬略遁甲诸书，无所不晓。武侯在南阳时，闻其贤，求以为室。武侯之学，夫人多所赞助焉。及武侯死后，夫人寻逝，临终遗教，惟以忠孝勉其子瞻。瞻自幼聪敏，尚后主女，为驸马都尉。后袭父武乡侯之爵。景耀四年，迁行军护卫将军。时为黄皓用事，故托病不出。当下后主从郤正之言，即时连发三诏，召瞻至殿下。后主泣诉曰：“邓艾兵已屯涪城，成都危矣。卿看先君之面，救朕之命！”瞻亦泣奏曰：“臣父子蒙先帝厚恩、陛下殊遇，虽肝脑涂地，不能补报。愿陛下尽发成都之兵，与臣领去决一死战。”后主即拨成都兵将七万与瞻。瞻辞了后主，整顿军马，聚集诸将问曰：“谁敢为先锋？”言未讫，一少年将出曰：“父亲既掌大权，儿愿为先锋。”众视之，乃瞻长子诸葛尚也。尚时年一十九岁。博览兵书。多习武艺。瞻大喜，遂命尚为先锋。是日，大军离了成都，来迎魏兵。

却说邓艾得马邈献地理图一本，备写涪城至成都三百六十里山川道路，阔狭险峻，一一分明。艾看毕，大惊曰：“若只守涪城，倘被蜀人据住前山，何能成功耶？如迁延日久，姜维兵到，我军危矣。”速唤师纂并子邓忠，分付曰：“汝等可引一军，星夜径去绵竹，以拒蜀兵。吾随后便至。切不可怠缓。若纵他先据了险要，决斩汝首！”

师、邓二人引兵将至锦竹，早遇蜀兵。两军各布成阵。师、邓二人勒马于门旗下，只见蜀兵列成八阵。三鼙鼓罢，门旗两分，数十员将簇拥一辆四轮车，车上端坐一人：纶巾羽扇，鹤氅方裾。车傍展开一面黄旗，上书：“汉丞相诸葛武侯”。吓得师、邓二人汗流遍身，回顾军士曰：“原来孔明尚在，我等休矣！”急勒兵回时，蜀兵掩杀将来，魏兵大败而走。蜀兵掩杀二十余里，遇见邓艾援兵接应。两家各自收兵。艾升帐而坐，唤师纂、邓忠责之曰：“汝二人不战而退，何也？”忠曰：“但见蜀阵中诸葛孔明领兵，因此奔还。”艾怒曰：“纵使孔明更生，我何惧哉！汝等轻退，以致于败，宜速斩以正军法！”众皆苦劝，艾方息怒。令人哨探，回说孔明之子诸葛瞻为大将，瞻之子诸葛尚为先锋。--车上坐者乃木刻孔明遗像也。

艾闻之，谓师纂、邓忠曰：“成败之机，在此一举。汝二人再不取胜，必当斩首！”师、邓二人又引一万兵来战。诸葛尚匹马单枪，抖擞精神，战退二人。诸葛瞻指挥两掖兵冲出，直撞入魏阵中，左冲右突，往来杀有数十番，魏兵大败，死者不计其数。师纂、邓忠中伤而逃。瞻驱士马随后掩杀二十余里，扎营相拒。师纂、邓忠回见邓艾，艾见二人俱伤，未便加责，乃与众将商议曰：“蜀有诸葛瞻善继父志，两番杀吾万余人马，今若不速破，后必为祸。”监军丘本曰：“何不作一书以诱之？”艾从其言，遂作书一封，遣使送人蜀寨。守门将引至帐下，呈上其书。瞻拆封视之。书曰：“征西将军邓艾，致书于行军护卫将军诸葛思远麾下：切观近代贤才，未有如公之尊父也。昔自出茅庐，一言已分三国，扫平荆、益，遂成霸业，古今鲜有及者；后六出祁山，非其智力不足，乃天数耳。今后主昏弱，王气已终，艾奉天子之命，以重兵伐蜀，已皆得其地矣。成都危在旦夕，公何不应天顺人，仗义来归？艾当表公为琅琊王，以光耀祖宗，决不虚言。幸存照鉴。”瞻看毕，勃然大怒，扯碎其书，叱武士立斩来使，令从者持首级回魏营见邓艾。艾大怒，即欲出战。丘本谏曰：“将军不可轻出，当用奇兵胜之。”艾从其言，遂令天水太守王颀、陇西太守牵弘，伏两军于后，艾自引兵而来。此时诸葛瞻正欲搦战，忽报邓艾自引兵到。瞻大怒，即引兵出，径杀入魏阵中。邓艾败走，瞻随后掩杀将来。忽然两下伏兵杀出。蜀兵大败，退入绵竹。艾令围之。于是魏兵一齐呐喊，将绵竹围的铁桶相似。诸葛瞻在城中，见事势已迫，乃令彭和赍书杀出，往东吴求救。和至东吴，见了吴主孙休，呈上告急之书。吴主看罢，与群臣计议曰：“既蜀中危急，孤岂可坐视不救。”即令考将丁奉为主帅，丁封、孙异为副将，率兵五万，前往救蜀。丁奉领旨出师，分拨丁封、孙异引兵二万向沔中而进，自率兵三万向寿春而进：分兵三路来援。

却说诸葛瞻见救兵不至，谓众将曰：“久守非良图。”遂留子尚与尚书张遵守城，瞻自披挂上马，引三军大开三门杀出。邓艾见兵出，便撤兵退。瞻奋力追杀，忽然一声炮响，四面兵合，把瞻困在垓心。瞻引兵左冲右突，杀死数百人。艾令众军放箭射之，蜀兵四散。瞻中箭落马，乃大呼曰：“吾力竭矣，当以一死报国！”遂拔剑自刎而死。其子诸葛尚在城上，见父死于军中，勃然大怒，遂披挂上马。张遵谏曰：“小将军勿得轻出。”尚叹曰：“吾父子祖孙，荷国厚恩，今父既死于敌，我何用生为！”遂策马杀出，死于阵中。后人有诗赞瞻、尚父子曰：“不是忠臣独少谋，苍天有意绝炎刘。当年诸葛留嘉胤，节义真堪继武侯。”邓艾怜其忠，将父子合葬。乘虚攻打绵竹。张遵、黄崇、李球三人，各引一军杀出。蜀兵寡，魏兵众，三人亦皆战死。艾因此得了绵竹。劳军已毕，遂来取成都。正是：试观后主临危日，无异刘璋受逼时。未知成都如何守御，且看下文分解。

第一百十八回 哭祖庙一王死孝 入西川二士争功

却说后主在成都，闻邓艾取了绵竹，诸葛瞻父子已亡，大惊，急召文武商议。近臣奏曰：“城外百姓，扶老携幼，哭声大震，各逃生命。”后主惊惶无措。忽哨马报到，说魏兵将近城下。多官议曰：“兵微将寡，难以迎敌；不如早弃成都，奔南中七郡。其地险峻，可以自守，就借蛮兵，再来克复未迟。”光禄大夫谯周曰：“不可。南蛮久反之人，平昔无惠；今若投之，必遭大祸。”多官又奏曰：“蜀、吴既同盟，今事急矣，可以投之。”周又谏曰：“自古以来，无寄他国为天子者。臣料魏能吞吴，吴不能吞魏。若称臣于吴，是一辱也；若吴被魏所吞，陛下再称臣于魏，是两番之辱矣。不如不投吴而降魏。魏必裂土以封陛下，则上能自守宗庙，下可以保安黎民。愿陛下思之。”后主未决，退入宫中。次日，众议纷然。谯周见事急，复上疏诤之。后主从谯周之言，正欲出降；忽屏风后转出一人，厉声而骂周曰：“偷生腐儒，岂可妄议社稷大事！自古安有降天子哉！”后主视之，乃第五子北地王刘谌也。后主生七子：长子刘璿，次子刘瑶，三子刘琮，四子刘瓒，五子即北地王刘谌，六子刘恂，七子刘璩。七子中惟谌自幼聪明，英敏过人，余皆儒善。后主谓谌曰：“今大臣皆议当降，汝独仗血气之勇，欲令满城流血耶？”谌曰：“昔先帝在日，谯周未尝于预国政；今妄议大事，辄起乱言，甚非理也。臣切料成都之兵，尚有数万；姜维全师，皆在剑阁，若知魏兵犯阙，必来救应：内外攻击，可获大功。岂可听腐儒之言，轻废先帝之基业乎？”后主叱之曰：“汝小儿岂识天时！”谌叩头哭曰：“若势穷力极，祸败将及，便当父子君臣背城一战，同死社稷，以见先帝可也。奈何降乎！”后主不听。谌放声大哭曰：“先帝非容易创立基业，今一旦弃之，吾宁死不辱也！”后主令近臣推出宫门，遂令谯周作降书，遣私署侍中张绍、驸马都尉邓良同谯周赍玉玺来雒城请降。时邓艾每日令数百铁骑来成都哨探。当日见立了降旗，艾大喜。不一时，张绍等至，艾令人迎入。三人拜伏于阶下，呈上降款玉玺。艾拆降书视之，大喜，受下玉玺，重待张绍、谯周、邓良等。艾作回书，付三人赍回成都，以安人心。三人拜辞邓艾，径还成都，入见后主，呈上回书，细言邓艾相待之善。后主拆封视之，大喜，即遣太仆蒋显赍敕令姜维早降；遣尚书郎李虎，送文簿与艾：共户二十八万，男女九十四万，带甲将士十万二千，官吏四万，仓粮四十余万，金银各二千斤，锦绮彩绢各二十万匹。余物在库，不及具数。择十二月初一日，君臣出降。北地王刘谌闻知，怒气冲天，乃带剑入宫。其妻崔夫人问曰：“大王今日颜色异常，何也？”谌曰：“魏兵将近，父皇已纳降款，明日君臣出降，社稷从此殄灭。吾欲先死以见先帝于地下，不屈膝于他人也！”崔夫人曰：“贤哉！贤哉！得其死矣！妾请先死，王死未迟。”谌曰：“汝何死耶？”崔夫人曰：“王死父，妾死夫：其义同也。夫亡妻死，何必问焉！”言讫，触柱而死。谌乃自杀其三子，并割妻头，提至昭烈庙中，伏地哭曰：“臣羞见基业弃于他人，故先杀妻子，以绝挂念，后将一命报祖！祖如有灵，知孙之心！”大哭一场，眼中流血，自刎而死。蜀人闻知，无不哀痛。后人有诗赞曰：“君臣甘屈膝，一子独悲伤。去矣西川事，雄哉北地王！捐身酬烈祖，搔首泣穹苍。凛凛人如在，谁云汉已亡？”后主听知北地王自刎，乃令人葬之。次日，魏兵大至。后主率太子诸王，及群臣六十余人，面缚舆榇，出北门十里而降。邓艾扶起后主，亲解其缚，焚其舆榇，并车入城。后人有诗叹曰：“魏兵数万入川来，后主偷生失自裁。黄皓终存欺国意，姜维空负济时才。全忠义士心何烈，守节王孙志可哀。昭烈经营良不易，一朝功业顿成灰。”

于是成都之人，皆具香花迎接。艾拜后主为骠骑将军，其余文武，各随高下拜官；请后主还宫，出榜安民，交割仓库。又令太常张峻、益州别驾张绍，招安各郡军民。又令人说姜维归降。一面遣人赴洛阳报捷。艾闻黄皓奸险，欲斩之。皓用金宝赂其左右，因此得免。自是汉亡。后人因汉之亡，有追思武侯诗曰：“鱼鸟犹疑畏简书，风云长为护储胥。徒令上将挥神笔，终见降王走传车。管乐有才真不忝，关张无命欲何如！他年锦里经祠庙，梁父吟成恨有余！”

且说太仆蒋显到剑阁，入见姜维，传后主敕命，言归降之事。维大惊失语。帐下众将听知，一齐怨恨，咬牙怒目，须发倒竖，拔刀砍石大呼曰：“吾等死战，何故先降耶！”号哭之声，闻数十里。维见人心思汉，乃以善言抚之曰：“众将勿忧。吾有一计，可复汉室。”众皆求问。姜维与诸将附耳低言，说了计策。即于剑阁关遍竖降旗，先令人报入钟会寨中，说姜维引张翼、廖化、董厥等来降。会大喜，令人迎接维入帐。会曰：“伯约来何迟也？”维正色流涕曰：“国家全军在吾，今日至此，犹为速也。”会甚奇之，下座相拜。待为上宾。维说会曰：“闻将军自淮南以来。算无遗策；司马氏之盛，皆将军之力，维故甘心俯首。如邓士载，当与决一死战，安肯降之乎？”会遂折箭为誓，与维结为兄弟，情爱甚密，仍令照旧领兵。维暗喜，遂令蒋显回成都去了。

却说邓艾封师纂为益州刺史，牵弘、王颀等各领州郡；又于绵竹筑台以彰战功，大会蜀中诸官饮宴。艾酒至半酣，乃指众官曰：“汝等幸遇我，故有今日耳。若遇他将，必皆殄灭矣。”多官起身拜谢。忽蒋显至，说姜维自降钟镇西了。艾因此痛恨钟会。遂修书令人赍赴洛阳，致晋公司马昭。昭得书视之。书曰：“臣艾切谓兵有先声而后实者，今因平蜀之势以乘吴，此席卷之时也。然大举之后，将士疲劳，不可便用；宜留陇右兵二万、蜀兵二万，煮盐兴冶，并造舟船，预备顺流之计；然后发使，告以利害，吴可不征而定也。今宜厚待刘禅，以致孙休；若便送禅来京，吴人必疑，则于向化之心不劝。且权留之于蜀，须来年冬月抵京。今即可封禅为扶风王，锡以资财，供其左右，爵其子为公侯，以显归命之宠：则吴人畏威怀德，望风而从矣。”司马昭览毕，深疑邓艾有自专之心，乃先发手书与卫瓘，随后降封艾诏曰：“征西将军邓艾耀威奋武，深入敌境，使僭号之主，系颈归降；兵不逾时，战不终日，云彻席卷，荡定巴、蜀；虽白起破强楚，韩信克劲赵，不足比勋也。其以艾为太尉，增邑二万户，封二子为亭侯，各食邑千户。”邓艾受诏毕，监军卫瓘取出司马昭手书与艾。书中说邓艾所言之事，须候奏报，不可辄行。艾曰：“将在外，君命有所不受。吾既奉诏专征，如何阻当？”遂又作书，令来使赍赴洛阳。时朝中皆言邓艾必有反意，司马昭愈加疑忌。忽使命回，呈上邓艾之书。昭拆封视之。书曰：“艾衔命西征，元恶既服，当权宜行事，以安初附。若待国命，则往复道途，延引日月。《春秋》之义：大夫出疆，有可以安社稷、利国家，专之可也。今吴未宾，势与蜀连，不可拘常以失事机。兵法：进不求名，退不避罪。艾虽无古人之节，终不自嫌以损于国也。先此申状，见可施行。”

司马昭看毕大惊，忙与贾充计议曰：“邓艾恃功而骄，任意行事，反形露矣。如之奈何？”贾充曰：“主公何不封钟会以制之？”昭从其议，遣使赍诏封会为司徒，就令卫瓘监督两路军马，以手书付瓘，使与会伺察邓艾，以防其变。会接读诏书。诏曰：“镇西将军钟会所向无敌，前无强梁，节制众城，网罗进逸；蜀之豪帅，面缚归命；谋无遗策，举无废功。其以会为司徒，进封县侯，增邑万户，封子二人亭侯，邑各千户。”钟会既受封，即请姜维计议曰：“邓艾功在吾之上，又封太尉之职；今司马公疑艾有反志，故令卫瓘为监军，诏吾制之。伯约有何高见？”维曰：“愚闻邓艾出身微贱，幼为农家养犊，今侥幸自阴平斜径，攀木悬崖，成此大功；非出良谋，实赖国家洪福耳。若非将军与维相拒于剑阁，艾安能成此功耶？今欲封蜀主为扶风王，乃大结蜀人之心，其反情不言可见矣。晋公疑之是也。”会深喜其言。维又曰：“请退左右，维有一事密告。”会令左右尽退。维袖中取一图与会，曰：“昔日武侯出草庐时，以此图献先帝，且曰：益州之地，沃野千里，民殷国富，可为霸业。先帝因此遂创成都。今邓艾至此，安得不狂？”会大喜，指问山川形势。维一一言之。会又问曰：“当以何策除艾？”维曰：“乘晋公疑忌之际，当急上表，言艾反状；晋公必令将军讨之。一举而可擒矣。”会依言，即遣人赍表进赴洛阳，言邓艾专权恣肆，结好蜀人，早晚必反矣。于是朝中文武皆惊。会又令人于中途截了邓艾表文，按艾笔法，改写傲慢之辞，以实己之语。

司马昭见了邓艾表章，大怒，即遣人到钟会军前，令会收艾；又遣贾充引三万兵入斜谷，昭乃同魏主曹奂御驾亲征。西曹掾邵悌谏曰：“钟会之兵，多艾六倍，当今会收艾足矣，何必明公自行耶？”昭笑曰：“汝忘了旧日之言耶？汝曾道会后必反。吾今此行，非为艾，实为会耳。”悌笑曰“某恐明公忘之，故以相问。今既有此意，切宜秘之，不可泄漏。”昭然其言，遂提大兵起程。时贾充亦疑钟会有变，密告司马昭。昭曰：“如遣汝，亦疑汝耶？吾到长安，自有明白。”早有细作报知钟会，说昭已至长安。会慌请姜维商议收艾之策。正是：才看西蜀收降将，又见长安动大兵。不知姜维以何策破艾，且看下文分解。

第一百十九回 假投降巧计成虚话 再受禅依样画葫芦

却说钟会请姜维计议收邓艾之策。维曰：“可先令监军卫瓘收艾。艾若杀瓘，反情实矣。将军却起兵讨之，可也。”会大喜，遂令卫瓘引数十人入成都，收邓艾父子。瓘手下人止之曰："此是钟司徒令邓征西杀将军，以正反情也。切不可行。"瓘曰："吾自有计。"遂先发檄文二三十道。其檄曰："奉诏收艾，其余各无所问。若早来归，爵赏如先，敢有不出者，灭三族。"随备槛车两乘，星夜望成都而来。

比及鸡鸣，艾部将见檄文者，皆来投拜于卫瓘马前。时邓艾在府中未起。瓘引数十人突入大呼曰："奉诏收邓艾父子！"艾大惊，滚下床来。瓘叱武士缚于车上。其子邓忠出问，亦被捉下，缚于车上。府中将吏大惊，欲待动手抢夺，早望见尘头大起，哨马报说钟司徒大兵到了。众各四散奔走。钟会与姜维下马入府，见邓艾父子已被缚，会以鞭挞邓艾之首而骂曰："养犊小儿，何敢如此！"姜维亦骂曰："匹夫行险徼幸，亦有今日耶！"艾亦大骂。会将艾父子送赴洛阳。会入成都，尽得邓艾军马，威声大震。乃谓姜维曰："吾今日方趁平生之愿矣！"维曰："昔韩信不听蒯通之说，而有未央宫之祸；大夫种不从范蠡于五湖，卒伏剑而死：斯二子者，其功名岂不赫然哉，徒以利害未明，而见机之不早也。今公大勋已就，威震其主，何不泛舟绝迹，登峨嵋之岭，而从赤松子游乎？"会笑曰："君言差矣。吾年未四旬，方思进取，岂能便效此退闲之事？"维曰："若不退闲，当早图良策。此则明公智力所能，无烦老夫之言矣。"会抚掌大笑曰："伯约知吾心也。"二人自此每日商议大事。维密与后主书曰："望陛下忍数日之辱，维将使社稷危而复安，日月幽而复明。必不使汉室终灭也。"

却说钟会正与姜维谋反，忽报司马昭有书到。会接书。书中言："吾恐司徒收艾不下，自屯兵于长安；相见在近，以此先报。"会大惊曰："吾兵多艾数倍，若但要我擒艾，晋公知吾独能办之。今日自引兵来，是疑我也！"遂与姜维计议。维曰："君疑臣则臣必死，岂不见邓艾乎？"会曰："吾意决矣！事成则得天下，不成则退西蜀，亦不失作刘备也。"维曰："近闻郭太后新亡，可诈称太后有遗诏，教讨司马昭，以正弑君之罪。据明公之才，中原可席卷而定。"会曰："伯约当作先锋。成事之后，同享富贵。"维曰："愿效犬马微劳，但恐诸将不服耳。"会曰："来日元宵佳节，于故宫大张灯火，请诸将饮宴。如不从者尽杀之。"维暗喜。次日，会、维二人请诸将饮宴。数巡后，会执杯大哭。诸将惊问其故，会曰："郭太后临崩有遗诏在此，为司马昭南阙弑君，大逆无道，早晚将篡魏，命吾讨之。汝等各自佥名，共成此事。"众皆大惊，面面相觑。会拔剑出鞘曰："违令者斩！"众皆恐惧，只得相从。画字已毕，会乃困诸将于宫中，严兵禁守。维曰："我见诸将不服，请坑之。"会曰："吾已令宫中掘一坑，置大棒数千；如不从者，打死坑之。"

时有心腹将丘建在侧。建乃护军胡烈部下旧人也，时胡烈亦被监在宫。建乃密将钟会所言，报知胡烈。烈大惊，泣告曰："吾儿胡渊领兵在外，安知会怀此心耶？汝可念何日之情，透一消息，虽死无恨。"建曰："恩主勿忧，容某图之。"遂出告会曰："主公软监诸将在内，水食不便，可令一人往来传递。"会素听丘建之言，遂令丘建监临。会分付曰："吾以重事托汝，休得泄漏。"建曰："主公放心，某自有紧严之法。"建暗令胡烈亲信人入内，烈以密书付其人。其人持书火速至胡渊营内，细言其事，呈上密书。渊大惊，遂遍示诸营知之。众将大怒，急来渊营商议曰："我等虽死，岂肯从反臣耶？"渊曰："正月十八日中，可骤入内，如此行之。"监军卫瓘深喜胡渊之谋，即整顿了人马，令丘建传与胡烈。烈报知诸将。

却说钟会请姜维问曰："吾夜梦大蛇数千条咬吾，主何吉凶？"维曰："梦龙蛇者，皆吉庆之兆也。"会喜，信其言，乃谓维曰："器伏已备，放诸将出问之，若何？"维曰："此辈皆有不服之心，久必为害，不如乘早戮之。"会从之，即命姜维领武士往杀众魏将。维领命，方欲行动，忽然一阵心疼，昏倒在地；左右扶起，半晌方苏。忽报宫外人声沸腾。会方令人探时，喊声大震，四面八方，无限兵到。维曰："此必是诸将作恶，可先斩之。"忽报兵已入内。会令闭上殿门，使军士上殿屋以瓦击之，互相杀死数十人。宫外四面火起，外兵砍开殿门杀入。会自掣剑立杀数人，却被乱箭射倒。众将枭其首。维拔剑上殿，往来冲突，不幸心疼转加。维仰天大叫曰："吾计不成，乃天命也！"遂自刎而死。时年五十九岁。宫中死者数百人。卫瓘曰："众军各归营所，以待王命。"魏兵争欲报仇，共剖维腹，其胆大如鸡卵。众将又尽取姜维家属杀之。邓艾部下之人，见钟会、姜维已死，遂连夜去追劫邓艾。早有人报知卫瓘。瓘曰："是我捉艾；今若留他，我无葬身之地矣。"护军田续曰："昔邓艾取江油之时，欲杀续，得众官告免。今日当报此恨！"瓘大喜，遂遣田续引五百兵赶至绵竹，正遇邓艾父子放出槛车，欲还成都。艾只道是本部兵到，不作准备；欲待问时，被田续一刀斩之。邓忠亦死于乱军之中。后人有诗叹邓艾曰："自幼能筹画，多谋善用兵。凝眸知地理，仰面识天文。马到山根断，兵来石径分。功成身被害，魂绕汉江云。"又有诗叹钟会曰："髫年称早慧，曾作秘书郎。妙计倾司马，当时号子房。寿春多赞画，剑阁显鹰扬。不学陶朱隐，游魂悲故乡。"又有诗叹姜维曰："天水夸英俊，凉州产异才。系从尚父出，术奉武侯来。大胆应无惧，雄心誓不回。成都身死日，汉将有余哀。"

却说姜维、钟会、邓艾已死，张翼等亦死于乱军之中。太子刘璇、汉寿亭侯关彝，皆被魏兵所杀。军民大乱，互相践踏，死者不计其数。旬日后，贾充先至，出榜安民。方始宁靖。留卫瓘守成都，乃迁后主赴洛阳。止有尚书令樊建、侍中张绍、光禄大夫谯周、秘书郎郤正等数人跟随。廖化、董厥皆托病不起，后皆忧死。

时魏景元五年改为咸熙元年，春三月，吴将丁奉见蜀已亡，遂收兵还吴。中书丞华覈奏吴主孙休曰："吴、蜀乃唇齿也，唇亡则齿寒；臣料司马昭伐吴在即，乞陛下深加防御。"休从其言，遂命陆逊子陆抗为镇东大将军，领荆州牧，守江口；左将军孙异守南徐诸处隘口；又沿江一带，屯兵数百营，老将丁奉总督之，以防魏兵。

建宁太守霍戈闻成都不守，素服望西大哭三日。诸将皆曰："既汉主失位，何不速降？"戈泣谓曰："道路隔绝，未知吾主安危若何。若魏主以礼待之，则举城而降，未为晚也；万一危辱吾主，则主辱臣死，何可降乎？"众然其言，乃使人到洛阳，探听后主消息去了。

且说后主至洛阳时，司马昭已自回朝。昭责后主曰："公荒淫无道，废贤失政，理宜诛戮。"后主面如土色，不知所为。文武皆奏曰："蜀主既失国纪，幸早归降，宜赦之。"昭乃封禅为安乐公，赐住宅，月给用度，赐绢万匹，僮婢百人。子刘瑶及群臣樊建、谯周、郤正等，皆封侯爵。后主谢恩出内。昭因黄皓蠹国害民，令武士押出市曹，凌迟处死。时霍戈探听得后主受封，遂率部下军士来降。次日，后主亲诣司马昭府下拜谢。昭设宴款待，先以魏乐舞戏于前，蜀官感伤，独后主有喜色。昭令蜀人扮蜀乐于前，蜀官尽皆堕泪，后主嬉笑自若。酒至半酣，昭谓贾充曰："人之无情，乃至于此！虽使诸葛孔明在，亦不能辅之久全，何况姜维乎？"乃问后主曰："颇思蜀否？"后主曰："此间乐，不思蜀也。"须臾，后主起身更衣，郤正跟至厢下曰："陛下如何答应不思蜀也？倘彼再问，可泣而答曰：先人坟墓，远在蜀地，乃心西悲，无日不思。晋公必放陛下归蜀矣。"后主牢记入席。酒将微醉，昭又问曰："颇思蜀否？"后主如郤正之言以对，欲哭无泪，遂闭其目。昭曰："何乃似郤正语耶？"后主开目惊视曰："诚如尊命。"昭及左右皆笑之。昭因此深喜后主诚实，并不疑虑。后人有诗叹曰："追欢作乐笑颜开，不念危亡半点哀。快乐异乡忘故国，方知后主是庸才。"

却说朝中大臣因昭收川有功，遂尊之为王，表奏魏主曹奂。时奂名为天子，实不能主张，政皆由司马氏，不敢不从，遂封晋公司马昭为晋王，谥父司马懿为宣王，兄司马师为景王。昭妻乃王肃之女，生二子：长曰司马炎，人物魁伟，立发垂地，两手过膝，聪明英武，胆量过人；次曰司马攸，情性温和，恭俭孝悌，昭甚爱之，因司马师无子，嗣攸以继其后。昭常曰："天下者，乃吾兄之天下也。”于是司马昭受封晋王，欲立攸为世子。山涛谏曰：“废长立幼，违礼不祥。”贾充、何曾、裴秀亦谏曰：“长子聪明神武，有超世之才；人望既茂，天表如此：非人臣之相也。”昭犹豫未决。太尉王祥、司空荀顗谏曰：“前代立少，多致乱国。愿殿下思之。”昭遂立长子司马炎为世子。大臣奏称：“当年襄武县，天降一人，身长二丈余，脚迹长三尺二寸，白发苍髯，着黄单衣；裹黄巾，挂藜头杖，自称曰：吾乃民王也。今来报汝：天下换主，立见太平。如此在市游行三日，忽然不见。此乃殿下之瑞也。殿下可戴十二旒冠冕，建天子旌旗，出警入跸，乘金根车，备六马，进王妃为王后，立世子为太子。”昭心中暗喜；回到宫中，正欲饮食，忽中风不语。次日，病危，太尉王祥、司徒何曾、司马荀顗及诸大臣入宫问安，昭不能言，以手指太子司马炎而死。时八月辛卯日也。何曾曰：“天下大事，皆在晋王；可立太子为晋王，然后祭葬。”是日，司马炎即晋王位，封何曾为晋丞相，司马望为司徒，石苞为骠骑将军，陈骞为车骑将军，谥父为文安葬已毕，炎召贾充、裴秀入宫问曰：“曹操曾云：若天命在吾，吾其为周文王乎！果有此事否？”充曰：“操世受汉禄，恐人议论篡逆之名，故出此言。乃明教曹丕为天子也。”炎曰：“孤父王比曹操何如？”充曰：“操虽功盖华夏，下民畏其威而不怀其德。子丕继业，差役甚重，东西驱驰，未有宁岁。后我宣王、景王，累建大功，布恩施德，天下归心久矣。文王并吞西蜀，功盖寰宇。又岂操之可比乎？”炎曰：“曹丕尚绍汉统，孤岂不可绍魏统耶？”贾充、裴秀二人再拜而奏曰：“殿下正当法曹丕绍汉故事，复筑受禅坛，布告天下，以即大位。”炎大喜，次日带剑入内。此时，魏主曹奂连日不曾设朝，心神恍惚，举止失措。炎直入后宫，奂慌下御榻而迎。炎坐毕，问曰：“魏之天下，谁之力也？”奂曰：“皆晋王父祖之赐耳。”炎笑曰：“吾观陛下，文不能论道，武不能经邦。何不让有才德者主之？”奂大惊，口噤不能言。傍有黄门侍郎张节大喝曰：“晋王之言差矣！昔日魏武祖皇帝，东荡西除，南征北讨，非容易得此天下；今天子有德无罪，何故让与人耶？”炎大怒曰：“此社稷乃大汉之社稷也。曹操挟天子以令诸侯，自立魏王，篡夺汉室。吾祖父三世辅魏，得天下者，非曹氏之能，实司马氏之力也：四海咸知。吾今日岂不堪绍魏之天下乎？”节又曰：“欲行此事，是篡国之贼也！”炎大怒曰：“吾与汉家报仇，有何不可！”叱武士将张节乱瓜打死于殿下。奂泣泪跪告。炎起身下殿而去。奂谓贾充、裴秀曰：“事已急矣，如之奈何？”充曰：“天数尽矣，陛下不可逆天，当照汉献帝故事，重修受禅坛，具大礼，禅位与晋王：上合天心，下顺民情，陛下可保无虞矣。”

奂从之，遂令贾充筑受禅坛。以十二月甲子日，奂亲捧传国玺，立于坛上，大会文武。后人有诗叹曰：“魏吞汉室晋吞曹，天运循环不可逃。张节可怜忠国死，一拳怎障泰山高。”请晋王司马炎登坛，授与大礼。奂下坛，具公服立于班首。炎端坐于坛上。贾充、裴秀列于左右，执剑，令曹奂再拜伏地听命。充曰：“自汉建安二十五年，魏受汉禅，已经四十五年矣；今天禄永终，天命在晋。司马氏功德弥隆，极天际地，可即皇帝正位，以绍魏统。封汝为陈留王，出就金墉城居止；当时起程，非宣诏不许入京。”奂泣谢而去。太傅司马孚哭拜于奂前曰：“臣身为魏臣，终不背魏也。”炎见孚如此，封孚为安平王。孚不受而退。是日，文武百官，再拜于坛下，山呼万岁。炎绍魏统，国号大晋，改元为泰始元年，大赦天下。魏遂亡。后人有诗叹曰：晋国规模如魏王，陈留踪迹似山阳。重行受禅台前事，回首当年止自伤。

晋帝司马炎，追谥司马懿为宣帝，伯父司马师为景帝，父司马昭为文帝，立七庙以光祖宗。那七庙？汉征西将军司马钧，钧生豫章太守司马量，量生颍川太守司马隽，隽生京兆尹司马防，防生宣帝司马懿，懿生景帝司马师、文帝司马昭：是为七庙也。大事已定，每日设朝计议伐吴之策。正是：汉家城郭已非旧，吴国江山将复更。未知怎生伐吴，且看下文分解。

第一百二十回 荐杜预老将献新谋 降孙皓三分归一统

却说吴主孙休，闻司马炎已篡魏，知其必将伐吴，忧虑成疾，卧床不起，乃召丞相濮阳兴入宫中，令太子孙 出拜。吴主把兴臂、手指 而卒。兴出，与群臣商议，欲立太子孙 为君。左典军万彧曰：“ （上雨、下单）幼不能专政，不若取乌程侯孙皓立之。”左将军张布亦曰：“皓才识明断，堪为帝王。”丞相濮阳兴不能决，入奏朱太后。太后曰：“吾寡妇人耳，安知社稷之事？卿等斟酌立之可也。”兴遂迎皓为君。

皓字元宗，大帝孙权太子孙和之子也。当年七月，即皇帝位，改元为元兴元年，封太子孙 为豫章王，追谥父和为文皇帝，尊母何氏为太后，加丁奉为右大司马。次年改为甘露元年。皓凶暴日甚，酷溺酒色，宠幸中常侍岑昏。濮阳兴、张布谏之，皓怒，斩二人，灭其三族。由是廷臣缄口，不敢再谏。又改宝鼎元年，以陆凯、万彧为左右丞相。时皓居武昌，扬州百姓溯流供给，甚苦之；又奢侈无度，公私匮乏。陆凯上疏谏曰：“今无灾而民命尽，无为而国财空，臣窃痛之。昔汉室既衰，三家鼎立；今曹、刘失道，皆为晋有：此目前之明验也。臣愚但为陛下惜国家耳。武昌土地险瘠，非王者之都。且童谣云：宁饮建业水，不食武昌鱼；宁还建业死，不止武昌居！此足明民心与天意也。今国无一年之蓄，有露根之渐；官吏为苛扰，莫之或恤。大帝时，后宫女不满百；景帝以来，乃有千数：此耗财之甚者也。又左右皆非其人，群党相挟，害忠隐贤，此皆蠹政病民者也。愿陛下省百役，罢苛扰，简出宫女，清选百官，则天悦民附而国安矣。”

疏奏，皓不悦。又大兴土木，作昭明宫，令文武各官入山采木；又召术士尚广，令筮蓍问取天下之事。尚对曰：“陛下筮得吉兆：庚子岁，青盖当入洛阳。”皓大喜，谓中书丞华覈曰：“先帝纳卿之言，分头命将，沿江一带，屯数百营，命老将丁奉总之。朕欲兼并汉土，以为蜀主复仇，当取何地为先？”覈谏曰：“今成都不守，社稷倾崩，司马炎必有吞吴之心。陛下宜修德以安吴民，乃为上计。若强动兵甲，正犹披麻救火，必致自焚也。愿陛下察之。”皓大怒曰：“朕欲乘时恢复旧业，汝出此不利之言！若不看汝旧臣之面，斩首号令！”叱武士推出殿门。华覈出朝叹曰：“可惜锦绣江山，不久属于他人矣！”遂隐居不出。于是皓令镇东将军陆抗部兵屯江口，以图襄阳。早有消息报入洛阳，近臣奏知晋主司马炎。晋主闻陆抗寇襄阳，与众官商议。贾充出班奏曰：“臣闻吴国孙皓，不修德政，专行无道。陛下可诏都督羊祜率兵拒之，俟其国中有变，乘势攻取，东吴反掌可得也。”炎大喜，即降诏遣使到襄阳，宣谕羊祜。祜奉诏，整点军马，预备迎敌。自是羊祜镇守襄阳，甚得军民之心。吴人有降而欲去者，皆听之。减戍逻之卒，用以垦田八百余顷。其初到时，军无百日之粮；及至末年，军中有十年之积。祜在军，尝着轻裘，系宽带，不披铠甲，帐前侍卫者不过十余人。一日，部将入帐禀祜曰：“哨马来报：吴兵皆懈怠。可乘其无备而袭之，必获大胜。”祜笑曰：“汝众人小觑陆抗耶？此人足智多谋，日前吴主命之攻拔西陵，斩了步阐及其将士数十人，吾救之无及。此人为将，我等只可自守；候其内有变，方可图取。若不审时势而轻进，此取败之道也。”众将服其论，只自守疆界而已。

一日，羊祜引诸将打猎，正值陆抗亦出猎。羊祜下令：“我军不许过界。”众将得令，止于晋地打围，不犯吴境。陆抗望见，叹曰：“羊将军有纪律，不可犯也。”日晚各退。祜归至军中，察问所得禽兽，被吴人先射伤者皆送还。吴人皆悦，来报陆抗。抗召来人入，问曰：“汝主帅能饮酒否？”来人答曰：“必得佳酿，则饮之。”抗笑曰：“吾有斗酒，藏之久矣。今付与汝持去，拜上都督：此酒陆某亲酿自饮者，特奉一勺，以表昨日出猎之情。”来人领诺，携酒而去。左右问抗曰：“将军以酒与彼，有何主意？”抗曰：“彼既施德于我，我岂得无以酬之？”众皆愕然。

却说来人回见羊祜，以抗所问并奉酒事，一一陈告。祜笑曰：“彼亦知吾能饮乎！”遂命开壶取饮。部将陈元曰：“其中恐有奸诈，都督且宜慢饮。”祜笑曰：“抗非毒人者也，不必疑虑。”竟倾壶饮之。自是使人通问，常相往来。一日，抗遣人候祜。祜问曰：“陆将军安否？”来人曰：“主帅卧病数日未出。”祜曰：“料彼之病，与我相同。吾已合成熟药在此，可送与服之。”来人持药回见抗。众将曰：“羊祜乃是吾敌也，此药必非良药。”抗曰：“岂有鸩人羊叔子哉！汝众人勿疑。”遂服之。次日病愈，众将皆拜贺。抗曰：“彼专以德，我专以暴，是彼将不战而服我也。今宜各保疆界而已，无求细利。”众将领命。忽报吴主遣使来到，抗接入问之。使曰：“天子传谕将军：作急进兵，勿使晋人先入。”抗曰：“汝先回，吾随有疏章上奏。”使人辞去，抗即草疏遣人赍到建业。近臣呈上，皓拆观其疏，疏中备言晋未可伐之状，且劝吴主修德慎罚，以安内为念，不当以黩武为事。吴主览毕，大怒曰：“朕闻抗在边境与敌人相通，今果然矣！”遂遣使罢其兵权，降为司马，却令左将军孙冀代领其军。群臣皆不敢谏。吴主皓自改元建衡，至凤凰元年，恣意妄为，穷兵屯戍，上下无不嗟怨。丞相万彧、将军留平、大司农楼玄三人见皓无道，直言苦谏，皆被所杀。前后十余年，杀忠臣四十余人。皓出入常带铁骑五万。群臣恐怖，莫敢奈何。却说羊祜闻陆抗罢兵，孙皓失德，见吴有可乘之机，乃作表遣人往洛阳请伐吴。其略曰：“夫期运虽天所授，而功业必因人而成。今江淮之险，不如剑阁；孙皓之暴，过于刘禅；吴人之困，甚于巴蜀，而大晋兵力，盛于往时：不于此际平一四海，而更阻兵相守，使天下困于征戍，经历盛衰，不可长久也。”司马炎观表，大喜，便令兴师。贾充、荀勖、冯紞三人，力言不可，炎因此不行。祜闻上不允其请，叹曰：“天下不如意事，十常八九。今天与不取，岂不大可惜哉！”至咸宁四年，羊祜入朝，奏辞归乡养病。炎问曰：“卿有何安邦之策，以教寡人？”祜曰：“孙皓暴虐已甚，于今可不战而克。若皓不幸而殁，更立贤君，则吴非陛下所能得也。”炎大悟曰：“卿今便提兵往伐，若何？”祜曰：“臣年老多病，不堪当此任。陛下另选智勇之士可也。”遂辞炎而归。

是年十一月，羊祜病危，司马炎车驾亲临其家问安。炎至卧榻前，祜下泪曰：“臣万死不能报陛下也！”炎亦泣曰：“朕深恨不能用卿伐吴之策。今日谁可继卿之志？”祜含泪而言曰：“臣死矣，不敢不尽愚诚：右将军杜预可任；劳伐吴，须当用之。”炎曰：“举善荐贤，乃美事也；卿何荐人于朝，即自焚奏稿，不令人知耶？”祜曰：“拜官公朝，谢恩私门，臣所不取也。”言讫而亡。炎大哭回宫，敕赠太傅、巨平侯。南州百姓闻羊祜死，罢市而哭。江南守边将士，亦皆哭泣。襄阳人思祜存日，常游于岘山，遂建庙立碑，四时祭之。往来人见其碑文者，无不流涕，故名为堕泪碑。后人有诗叹曰：“晓日登临感晋臣，古碑零落岘山春。松间残露频频滴，疑是当年堕泪人。”晋主以羊祜之言，拜杜预为镇南大将军都督荆州事。杜预为人，老成练达，好学不倦，最喜读左丘明《春秋传》，坐卧常自携，每出入必使人持《左传》于马前，时人谓之“《左传》癖”。及奉晋主之命，在襄阳抚民养兵，准备伐吴。

此时吴国丁奉、陆抗皆死，吴主皓每宴群臣，皆令沉醉；又置黄门郎十人为纠弹官。宴罢之后，各奏过失，有犯者或剥其面，或凿其眼。由是国人大惧。晋益州刺史王濬上疏请伐吴。其疏曰：“孙皓荒淫凶逆，宜速征伐。若一旦皓死，更立贤主，则强敌也；臣造船七年，日有朽败；臣年七十，死亡无日：三者一乖，则难图矣。愿陛下无失事机。”晋主览疏，遂与群臣议曰：“王公之论，与羊都督暗合。朕意决矣。”侍中王浑奏曰：“臣闻孙皓欲北上，军伍已皆整备，声势正盛，难与争锋。更迟一年以待其疲，方可成功。”晋主依其奏，乃降诏止兵莫动，退入后宫，与秘书丞张华围棋消遣。近臣奏边庭有表到。晋主开视之，乃杜预表也。表略云：“往者，羊祜不博谋于朝臣，而密与陛下计，故令朝臣多异同之议。凡事当以利害相校，度此举之利，十有八九，而其害止于无功耳。自秋以来，讨贼之形颇露；今若中止，孙皓恐怖，徙都武昌，完修江南诸城，迁其居民，城不可攻，野无所掠，则明年之计亦无及矣。”晋主览表才罢，张华突然而起，推却棋枰，敛手奏曰：“陛下圣武，国富民强；吴主淫虐，民忧国敝。今若讨之，可不劳而定。愿勿以为疑。”晋主曰：“卿言洞见利害，朕复何疑。”即出升殿，命镇南大将军杜预为大都督，引兵十万出江陵；镇东大将军琅琊王司马伷出涂中；安东大将军王浑出横江；建威将军王戎出武昌；平南将军胡奋出夏口：各引兵五万，皆听预调用。又遣龙骧将军王濬、广武将军唐彬，浮江东下：水陆兵二十余万，战船数万艘。又令冠军将军杨济出屯襄阳，节制诸路人马。

早有消息报入东吴。吴主皓大慌，急召丞相张悌、司徒何植、司空滕循，计议退兵之策。悌奏曰：“可令车骑将军伍延为都督，进兵江陵，迎敌杜预；骠骑将军孙歆进兵拒夏口等处军马。臣敢为军师，领左将军沈莹、右将军诸葛靓，引兵十万，出兵牛渚，接应诸路军马。”皓从之，遂令张悌引兵去了。皓退入后宫，不安忧色。幸臣中常侍岑昏问其故。皓曰：“晋兵大至，诸路已有兵迎之；争奈王濬率兵数万，战船齐备，顺流而下，其锋甚锐：朕因此忧也。”昏曰：“臣有一计，令王濬之舟，皆为齑粉矣。”皓大喜，遂问其计。岑昏奏曰：“江南多铁，可打连环索百余条，长数百丈，每环重二三十斤，于沿江紧要去处横截之。再造铁锥数万，长丈余，置于水中。若晋船乘风而来，逢锥则破，岂能渡江也？”皓大喜，传令拨匠工于江边连夜造成铁索、铁锥，设立停当。

却说晋都督杜预，兵出江陵，令牙将周旨：引水手八百人，乘小舟暗渡长江，夜袭乐乡，多立旌旗于山林之处，日则放炮擂鼓，夜则各处举火。旨领命，引众渡江，伏于巴山。次日，杜预领大军水陆并进。前哨报道：吴主遣伍延出陆路，陆景出水路，孙歆为先锋：三路来迎。杜预引兵前进，孙歆船早到。两兵初交，杜预便退。歆引兵上岸，迤逦追时，不到二十里，一声炮响，四面晋兵大至。吴兵急回，杜预乘势掩杀，吴兵死者不计其数。孙歆奔到城边，周旨八百军混杂于中，就城上举火。歆大惊曰：“北来诸军乃飞渡江也？”急欲退时，被周旨大喝一声，斩于马下。陆景在船上，望见江南岸上一片火起，巴山上风飘出一面大旗，上书：“晋镇南大将军杜预”。陆景大惊，欲上岸逃命，被晋将张尚马到斩之。伍延见各军皆败，乃弃城走，被伏兵捉住，缚见杜预。预曰：“留之无用！”叱令武士斩之。遂得江陵。

于是沅、湘一带，直抵广州诸郡，守令皆望风赍印而降。预令人持节安抚，秋毫无犯。遂进兵攻武昌，武昌亦降，杜预军威大振，遂大会诸将，共议取建业之策。胡奋曰：“百年之寇，未可尽服。方今春水泛涨，难以久住。可俟来春，更为大举。”预曰：“昔乐毅济西一战而并强齐；今兵威大振，如破竹之势，数节之后，皆迎刃而解，无复有着手处也。”遂驰檄约会诸将，一齐进兵，攻取建业。

时龙骧将军王濬率水兵顺流而下。前哨报说：“吴人造铁索，沿江横截；又以铁锥置于水中为准备。”濬大笑，遂造大筏数十方，上缚草为人，披甲执杖，立于周围，顺水放下。吴兵见之，以为活人，望风先走。暗锥着筏，尽提而去。又于筏上作大炬，长十余丈，大十余围，以麻油灌之，但遇铁索，燃炬烧之，须臾皆断。两路从大江而来。所到之处，无不克胜。却说东吴丞相张悌，令左将军沈莹、右将军诸葛靓，来迎晋兵。莹谓靓曰：“上流诸军不作提防，吾料晋军必至此，宜尽力以敌之。若幸得胜，江南自安。今渡江与战，不幸而败，则大事去矣。”靓曰：“公言是也。”言未毕，人报晋兵顺流而下，势不可当。二人大惊，慌来见张悌商议。靓谓悌曰：“东吴危矣，何不遁去？”悌垂泣曰：“吴之将亡，贤愚共知；今若君臣皆降，无一人死于国难，不亦辱乎！”诸葛靓亦垂泣而去。张悌与沈莹挥兵抵敌，晋兵一齐围之。周旨首先杀入吴营。张悌独奋力搏战，死于乱军之中。沈莹被周旨所杀。吴兵四散败走。后人有诗赞张悌曰：“杜预巴山见大旗，江东张悌死忠时。已拚王气南中尽，不忍偷生负所知。”

却说晋兵克了牛渚，深入吴境。王濬遣人驰报捷音，晋主炎闻知大喜。贾充奏曰：“吾兵久劳于外，不服水土，必生疾病。宜召军还，再作后图。”张华曰：“今大兵已入其巢，吴人胆落，不出一月，孙皓必擒矣。若轻召还，前攻尽废，诚可惜也。”晋主未及应，贾充叱华曰：“汝不省天时地利，欲妄邀功绩，困弊士卒，虽斩汝不足以谢天下！”炎曰：“此是朕意，华但与朕同耳，何必争辩！”忽报杜预驰表到。晋主视表，亦言宜急进兵之意。晋主遂不复疑，竟下征进之命。

王濬等奉了晋主之命，水陆并进，风雷鼓动，吴人望旗而降。吴主皓闻之，大惊失色。诸臣告曰：“北兵日近，江南军民不战而降，将如之何？”皓曰：“何故不战？”众对曰：“今日之祸，皆岑昏之罪，请陛下诛之。臣等出城决一死战。”皓曰：“量一中贵，何能误国？”众大叫曰：“陛下岂不见蜀之黄皓乎！”遂不待吴主之命，一齐拥入宫中，碎割岑昏，生啖其肉。陶濬奏曰：“臣领战船皆小，愿得二万兵乘大船以战，自足破之。”皓从其言，遂拨御林诸军与陶濬上流迎敌。前将军张象，率水兵下江迎敌。二人部兵正行，不想西北风大起，吴兵旗帜，皆不能立，尽倒竖于舟中；兵卒不肯下船，四散奔走，只有张象数十军待敌。

却说晋将王濬，扬帆而行，过三山，舟师曰：“风波甚急，船不能行；且待风势少息行之。”濬大怒，拔剑叱之曰：“吾目下欲取石头城，何言住耶！”遂擂鼓大进。吴将张象引从军请降。濬曰：“若是真降，便为前部立功。”象回本船，直至石头城下，叫开城门，接入晋兵。孙皓闻晋兵已入城，欲自刎。中书令胡冲、光禄勋薛莹奏曰：“陛下何不效安乐公刘禅乎？”皓从之，亦舆榇自缚，率诸文武，诣王濬军前归降。濬释其缚，焚其榇，以王礼待之。唐人有诗叹曰：“西晋楼船下益州，金陵王气黯然收。千寻铁锁沉江底，一片降旗出石头。人世几回伤往事，山形依旧枕寒流。今逢四海为家日，故垒萧萧芦荻秋。”于是东吴四州，四十三郡，三百一十三县，户口五十二万三千，官吏三万二千，兵二十三万，男女老幼二百三十万，米谷二百八十万斛，舟船五千余艘，后宫五千余人，皆归大晋。大事已定，出榜安民，尽封府库仓禀。

次日，陶濬兵不战自溃。琅琊王司马伷并王戎大兵皆至，见王濬成了大功，心中忻喜。次日，杜预亦至，大犒三军，开仓赈济吴民。于是吴民安堵。惟有建平太守吾彦，拒城不下；闻吴亡，乃降。王濬上表报捷。朝廷闻吴已平，君臣皆贺，上寿。晋主执杯流涕曰：“此羊太傅之功也，惜其不亲见之耳！”骠骑将军孙秀退朝，向南而哭曰：“昔讨逆壮年，以一校尉创立基业；今孙皓举江南而弃之！悠悠苍天，此何人哉！”

却说王濬班师，迁吴主皓赴洛阳面君。皓登殿稽首以见晋帝。帝赐坐曰：“朕设此座以待卿久矣。”皓对曰：“臣于南方，亦设此座以待陛下。”帝大笑。贾充问皓曰：“闻君在南方，每凿人眼目，剥人面皮，此何等刑耶？”皓曰：“人臣弑君及奸回不忠者，则加此刑耳。”充默然甚愧。帝封皓为归命侯，子孙封中郎，随降宰辅皆封列侯。丞相张悌阵亡，封其子孙。封王濬为辅国大将军。其余各加封赏。

自此三国归于晋帝司马炎，为一统之基矣。此所谓”天下大势，合久必分，分久必合"者也。后来后汉皇帝刘禅亡于晋泰始七年，魏主曹奂亡于太安元年，吴主孙皓亡于太康四年，皆善终。后人有古风一篇，以叙其事曰：

高祖提剑入咸阳，炎炎红日升扶桑；
光武龙兴成大统，金乌飞上天中央；
哀哉献帝绍海宇，红轮西坠咸池傍！
何进无谋中贵乱，凉州董卓居朝堂；
王允定计诛逆党，李傕郭汜兴刀枪；
四方盗贼如蚁聚，六合奸雄皆鹰扬；
孙坚孙策起江左，袁绍袁术兴河梁；
刘焉父子据巴蜀，刘表军旅屯荆襄；
张燕张鲁霸南郑，马腾韩遂守西凉；
陶谦张绣公孙瓒，各逞雄才占一方。
曹操专权居相府，牢笼英俊用文武；
威挟天子令诸侯，总领貌貅镇中土。
楼桑玄德本皇孙，义结关张愿扶主；
东西奔走恨无家，将寡兵微作羁旅；
南阳三顾情何深，卧龙一见分寰宇；
先取荆州后取川，霸业图王在天府；
呜呼三载逝升遐，白帝托孤堪痛楚！
孔明六出祁山前，愿以只手将天补；
何期历数到此终，长星半夜落山坞！
姜维独凭气力高，九伐中原空劬劳；
钟会邓艾分兵进，汉室江山尽属曹。
丕睿芳髦才及奂，司马又将天下交；
受禅台前云雾起，石头城下无波涛；
陈留归命与安乐，王侯公爵从根苗。
纷纷世事无穷尽，天数茫茫不可逃。
鼎足三分已成梦，后人凭吊空牢骚。

水浒传

施耐庵

第一回 张天师祈禳瘟疫　洪太尉误走妖魔

话说大宋仁宗天子在位，嘉祐三年三月三日五更三点，天子驾坐紫宸殿，受百官朝贺。但见：

祥云迷凤阁，瑞气罩龙楼。含烟御柳拂旌旗，带露宫花迎剑戟。天香影里，玉簪朱履聚丹墀；仙乐声中，绣袄锦衣扶御驾。珍珠帘卷，黄金殿上现金轝，凤羽扇开，白玉阶前停宝辇。隐隐净鞭三下响，层层文武两班齐。

当有殿头官喝道："有事出班早奏，无事卷帘退朝。"只见班部丛中，宰相赵哲、参政文彦博出班奏曰："目今京师瘟疫盛行，伤损军民甚多。伏望陛下释罪宽恩，省刑薄税，祈禳天灾，救济万民。"天子听奏，急敕翰林院随即草诏，一面降赦天下罪囚，应有民间税赋，悉皆赦免；一面命在京宫观寺院，修设好事禳灾。不料其年瘟疫转盛，仁宗天子闻知，龙体不安，复会百官计议。向那班部中，有一大臣，越班启奏。天子看时，乃是参知政事范仲淹，拜罢起居，奏曰："目今天灾盛行，军民涂炭，日夕不能聊生。以臣愚意，要禳此灾，可宣嗣汉天师星夜临朝，就京师禁院，修设三千六百分罗天大醮，奏闻上帝，可以禳保民间瘟疫。"仁宗天子准奏，急令翰林学士草诏一道，天子御笔亲书，并降御香一炷，钦差内外提点殿前太尉洪信为天使，前往江西信州龙虎山，宣请嗣汉天师张真人星夜来朝，祈禳瘟疫。就金殿上焚起御香，亲将丹诏付与洪太尉，即便登程前去。

洪信领了圣敕，辞别天子，背了诏书，盛了御香，带了数十人，上了铺马，一行部队，离了东京，取路径投信州贵溪县来。但见：

遥山叠翠，远水澄清。奇花绽锦绣铺林，嫩柳舞金丝拂地。风和日暖，时过野店山村；路直沙平，夜宿邮亭驿馆。罗衣荡漾红尘内，骏马驰驱紫陌中。

且说太尉洪信赍擎御诏，一行人从，上了路途，不止一日，来到江西信州。大小官员，出郭迎接。随即差人报知龙虎山上清宫住持道众，准备接诏。次日，众位官同送太尉到于龙虎山下，只见上清宫许多道众，鸣钟击鼓，香花灯烛，幢幡宝盖，一派仙乐，都下山来迎接丹诏，直至上清宫前下马。太尉看那宫殿时，端的是好座上清宫!但见：

青松屈曲，翠柏阴森。门悬敕额金书，户列灵符玉篆。虚皇坛畔，依稀垂柳名花；炼药炉边，掩映苍松老桧。左壁厢天丁力士，参随着太乙真君；右势下玉女金童，簇捧定紫微大帝。披发仗剑，北方真武踏龟蛇；趿履顶冠，南极老人伏龙虎。前排二十八宿星君，后列三十二帝天子。阶砌下流水潺潺。墙院后好山环绕。鹤生丹顶，龟长绿毛。树梢头献果苍猿，莎草内衔芝白鹿。三清殿上，击金钟道士步虚；四圣堂前，敲玉磬真人礼斗。献香台砌，彩霞光射碧琉璃；召将瑶坛，赤日影摇红玛瑙。早来门外祥云现，疑是天师送老君。

当下上自住持真人，下及道童侍从，前迎后引，接至三清殿上，请将诏书居中供养着。洪太尉便问监宫真人道："天师今在何处？"住持真人向前禀道："好教太尉得知：这代祖师，号曰虚靖天师，性好清高，倦于迎送，自向龙虎山顶，结一茅庵，修真养性。因此不住本宫。"太尉道："目今天子宣诏，如何得见？"真人答道："容禀：诏敕权供在殿上，贫道等亦不敢开读。且请太尉到方丈献茶，再烦计议。"当时将丹诏供养在三清殿上，与众官都到方丈。太尉居中坐下，执事人等献茶，就进斋供，水陆俱备。斋罢，太尉再问真人道："既然天师在山顶庵中，何不着人请将下来相见，开宣丹诏。"真人禀道："这代祖师，虽在山顶，其实道行非常，能驾雾兴云，踪迹不定。贫道等如常亦难得见，怎生教人请得下来？"太尉道："似此如何得见?目今京师瘟疫盛行，今上天子特遣下官赍捧御书丹诏，亲奉龙香，来请天师，要做三千六百分罗天大醮，以禳天灾，救济万民。似此怎生奈何？"真人禀道："天子要救万民，只除是太尉办一点志诚心，斋戒沐浴，更换布衣，休带从人，自背诏书，焚烧御香，步行上山礼拜，叩请天师，方许得见。如若心不志诚，空走一遭，亦难得见。"太尉听说，便道："俺从京师食素到此，如何心不志诚。既然恁地，依着你说，明日绝早上山。"

当晚各自权歇。次日五更时分，众道士起来，备下香汤，请太尉起来沐浴，换了一身新鲜布衣，脚下穿上麻鞋草履，吃了素斋，取过丹诏，用黄罗包袱背在脊梁上，手里提着银手炉，降降地烧着御香，许多道众人等，送到后山，指与路径。真人又禀道："太尉要救万民，休生退悔之心，只顾志诚上去。"

太尉别了众人，口诵天尊宝号，纵步上山来。将至半山，望见大顶直侵霄汉，果然好座大山!正是：

根盘地角，顶接天心。远观磨断乱云痕，近看平吞明月魄。高低不等谓之山，侧石通道谓之岫，孤岭崎岖谓之路，上面平极谓之顶。头圆下壮谓之峦，藏虎藏豹谓之穴，隐风隐云谓之岩，高人隐居谓之洞。有境有界谓之府，樵人出没谓之径，能通车马谓之道，流水有声谓之涧，古渡源头谓之溪，岩崖滴水谓之泉。左壁为掩，右壁为映。出的是云，纳的是雾。锥尖像小，崎峻似峭，悬空似险，削　如平。千峰竞秀，万壑争流，瀑布斜飞，藤萝倒挂。虎啸时风生谷口，猿啼时月坠山腰。恰似青黛染成千块玉，碧纱笼罩万堆烟。

这洪太尉独自一个行了一回，盘坡转径，揽葛攀藤。约莫走过了数个山头，三二里多路，看看脚酸腿软，正走不动，口里不说，肚里踌躇，心中想道："我是朝廷贵官，在京师时，重裀而卧，列鼎而食，尚兀自倦怠，何曾穿草鞋，走这般山路!知他天师在那里，却教下官受这般苦！"又行不到三五十步，掇着肩气喘，只见山凹里起一阵风。风过处，向那松树背后，奔雷也似吼了一声，扑地跳出一个吊睛白额锦毛大虫来，洪太尉吃了一惊，叫声："阿呀！"扑地望后便倒。偷眼看那大虫时，但见：

毛披一带黄金色，爪露银钩十八只。
睛如闪电尾如鞭，口似血盆牙似戟。
伸腰展臂势狰狞，摆尾摇头声霹雳。
山中狐兔尽潜藏，涧下獐　皆敛迹。

那大虫望着洪太尉，左盘右旋，咆哮了一回，托地望后山坡下跳了去。洪太尉倒在树根底下，唬的三十六个牙齿捉对儿厮打，那心头一似十五个吊桶，七上八落的响，浑身却如重风麻木，两腿一似斗败公鸡，口里连声叫苦。

大虫去了一盏茶时，方才爬将起来，再收拾地上香炉，还把龙香烧着，再上山来，务要寻见天师。又行过三五十步，口里叹了数口气，怨道："皇帝御限差俺来这里，教我受这场惊恐。"说犹未了，只觉得那里又一阵风，吹得毒气直冲将来，太尉定睛看时，山边竹藤里簌簌地响，抢出一条吊桶大小雪花也似蛇来。太尉见了，又吃一惊，撇了手炉，叫一声："我今番死也！"往后便倒在盘陀石边。微闪开眼来看那蛇时，但见：

昂首惊飙起，掣目电光生。动荡则折峡倒冈，呼吸则吹云吐雾。鳞甲乱分千片玉，尾梢斜卷一堆银。

那条大蛇，径抢到盘陀石边，朝着洪太尉盘做一堆，两只眼迸出金光，张开巨口，吐出舌头，喷那毒气在洪太尉脸上，惊得太尉三魂荡荡，七魄悠悠。那蛇看了洪太尉一回，望山下一溜，却早不见了。太尉方才爬得起来，说道："惭愧!惊杀下官！"看身上时，寒栗子比餶飿儿大小，口里骂那道士："叵耐无礼，戏弄下官，教俺受这般惊恐!若山上寻不见天师，下去和他别有话说。"再拿了银提炉，整顿身上诏敕，并衣服巾帻，却待再要上山去。正欲移步，只听得松树背后隐隐地笛声吹响，渐渐近来。太尉定睛看时，只见那一个道童，倒骑着一头黄牛，横吹着一管铁笛，转出山凹来。太尉看那道童时：

头绾两枚丫髻，身穿一领青衣，腰间绦结草来编，脚下芒鞋麻间隔。明眸皓齿，飘飘并不染尘埃；绿鬓朱颜，耿耿全然无俗态。

昔日吕洞宾有首牧童诗道得好：

草铺横野六七里，笛弄晚风三四声。

归来饱饭黄昏后，不脱蓑衣卧月明。

但见那个道童笑吟吟地骑着黄牛，横吹着那管铁笛，正过山来。洪太尉见了，便唤那个道童："你从那里来?认得我么？"道童不睬，只顾吹笛。太尉连问数声，道童呵呵大笑，拿着铁笛，指着洪太尉说道："你来此间，莫非要见天师么？"太尉大惊，便道："你是牧童，如何得知？"道童笑道："我早间在草庵中伏侍天师，听得天师说道：'今上皇帝差个洪太尉赍擎丹诏御香，到来山中，宣我往东京做三千六百分罗天大醮，祈禳天下瘟疫，我如今乘鹤驾云去也。'这早晚想是去了，不在庵中。你休上去，山内毒虫猛兽极多，恐伤害了你性命。"太尉再问道："你不要说谎。"道童笑了一声，也不回应，又吹着铁笛，转过山坡去了。太尉寻思道："这小的如何尽知此事?想是天师分付他，已定是了。"欲待再上山去；方才惊　的苦，争些儿送了性命，不如下山去罢。

太尉拿着提炉，再寻旧路，奔下山来。众道士接着，请至方丈坐下。真人便问太尉道："曾见天师么？"太尉说道："我是朝中贵官，如何教俺走得山路，吃了这般辛苦，争些儿送了性命。为头上至半山里，跳出一只吊睛白额大虫，惊得下官魂魄都没了；又行不过一个山嘴，竹藤里抢出一条雪花大蛇来，盘做一堆，拦住去路。若不是俺福分大，如何得性命回京?尽是你这道众戏弄下官。"真人复道："贫道等怎敢轻慢大臣?这是祖师试探太尉之心。本山虽有蛇虎，并不伤人。"太尉又道："我正走不动，方欲再上山坡，只见松树旁边转出一个道童，骑着一头黄牛，吹着管铁笛，正过山来，我便问他：'那里来?识得俺么？'他道：'已都知了。'说天师分付，早晨乘鹤驾云，往东京去了，下官因此回来。"真人道："太尉可惜错过，这个牧童，正是天师。"太尉道："他既是天师，如何这等猥獕？"真人答道："这代天师，非同小可。虽然年幼，其实道行非常。他是额外之人，四方显化，极是灵验，世人皆称为道通祖师。"洪太尉道："我直如此有眼不识真师，当面错过！"真人道："太尉且请放心。既然祖师法旨道是去了，比及太尉回京之日，这场醮事，祖师已都完了。"太尉见说，方才放心。真人一面教安排筵宴，管待太尉，请将丹诏收藏于御书匣内，留在上清宫中，龙香就三清殿上烧了。当日方丈内大排斋供，设宴饮酌，至晚席罢，止宿到晓。

次日早膳以后，真人、道众并提点、执事人等，请太尉游山。太尉大喜。许多人从跟随着，步行出方丈，前面两个道童引路。行至宫前宫后，看玩许多景致。三清殿上，富贵不可尽言。左廊下九天殿、紫微殿、北极殿；右廊下太乙殿、三官殿、驱邪殿。诸宫看遍，行到右廊后一所去处。洪太尉看时，另外一所殿宇：一遭都是捣椒红泥墙；正面两扇朱红格子，门上使着膊大锁锁着，交叉上面贴着十数道封皮，封皮上又是重重叠叠使着朱印；檐前一面朱红漆金字牌额，左书四个金字，写道："伏魔之殿"。太尉指着门道："此殿是甚么去处？"真人答道："此乃是前代老祖天师锁镇魔王之殿。"太尉又问道："如何上面重重叠叠贴着许多封皮？"真人答道："此是老祖大唐洞玄国师封锁魔王在此。但是经传一代天师，亲手便添一道封皮，使其子子孙孙，不得妄开。走了魔君，非常利害。今经八九代祖师，誓不敢开。锁用铜汁灌铸，谁知里面的事?小道自来住持本宫三十余年，也只听闻。"

洪太尉听了，心中惊怪，想道："我且试看魔王一看。"便对真人说道："你且开门来，我看魔王甚么模样。"真人告道："太尉，此殿决不敢开!先祖天师叮咛告戒：今后诸人不许擅开。"太尉笑道："胡说!你等要妄生怪事，煽惑良民，故意安排这等去处，假称锁镇魔王，显耀你们道术。我读一鉴之书，何曾见锁魔之法!神鬼之道，处隔幽冥，我不信有魔王在内。快与我打开，我看魔王如何！"真人三回五次禀说："此殿开不得，恐惹利害，有伤于人。"太尉大怒，指着道众说道："你等不开与我看，回到朝廷，先奏你们众道士阻当宣诏，违别圣旨，不令我见天师的罪犯；后奏你等私设此殿，假称锁镇魔王，煽惑军民百姓。把你都追了度牒，刺配远恶军州受苦。"

真人等惧怕太尉权势，只得唤几个火工道人来，先把封皮揭了，将铁锤打开大锁，众人把门推开，看里面时，黑洞洞地，但见：

昏昏默默，杳杳冥冥，数百年不见太阳光，亿万载难瞻明月影。不分南北，怎辨东西。黑烟霭霭扑人寒，冷气阴阴侵体颤。人迹不到之处，妖精往来之乡，闪开双目有如盲，伸出两手不见掌。常如三十夜，却似五更时。

众人一齐都到殿内，黑暗暗不见一物。太尉教从人取十数个火把点着，将来打一照时，四边并无一物，只中央一个石碑，约高五六尺，下面石龟趺坐，大半陷在泥里。照那碑碣上时，前面都是龙章凤篆，天书符籙，人皆不识。照那碑后时，却有四个真字大书，凿着"遇洪而开"。却不是一来天罡星合当出世，二来宋朝必显忠良，三来凑巧遇着洪信，岂不是天数?洪太尉看了这四个字，大喜，便对真人说道："你等阻当我，却怎地数百年前已注定我姓字在此?遇洪而开，分明是教我开看，却何妨。我想这个魔王，都只在石碑底下。汝等从人，与我多唤几个火工人等，将锄头铁锹来掘开。"

真人慌忙谏道："太尉不可掘动，恐有利害，伤犯于人，不当稳便。"太尉大怒，喝道："你等道众，省得甚么?碑上分明凿着遇我教开，你如何阻当?快与我唤人来开。"真人又三回五次禀道："恐有不好。"太尉那里肯听，只得聚集众人，先把石碑放倒，一齐并力掘那石龟，半日方才掘得起。又掘下去，约有三四尺深，见一片大青石板，可方丈围。洪太尉叫再掘起来，真人又苦禀道："不可掘动。"太尉那里肯听，众人只得把石板一齐扛起，看时，石板底下，却是一个万丈深浅地穴。只见穴内刮喇喇一声响亮。那响非同小可，恰似：

天摧地塌，岳撼山崩。钱塘江上，潮头浪拥出海门来；泰华山头，巨灵神一劈山峰碎。共工奋怒，去盔撞倒了不周山；力士施威，飞锤击碎了始皇辇。一风撼折千竿竹，十万军中半夜雷。

那一声响亮过处，只见一道黑气，从穴里滚将起来，掀塌了半个殿角。那道黑气，直冲到半天里空中，散作百十道金光，望四面八方去了。众人吃了一惊，发声喊，都走了，撇下锄头铁锹，尽从殿内奔将出来，推倒　翻无数。惊得洪太尉目睁口呆，罔知所措，面色如土，奔到廊下，只见真人向前叫苦不迭。

太尉问道："走了的却是甚么妖魔？"那真人言不过数句，话不过一席，说出这个缘由。有分教：一朝皇帝，夜眠不稳，昼食忘餐。直使：宛子城中藏虎豹，蓼儿洼内聚神蛟。

毕竟龙虎山真人说出甚么言语来，且听下回分解。

第二回 王教头私走延安府　九纹龙大闹史家村

话说当时住持真人对洪太尉说道："太尉不知，此殿中当初是祖老天师洞玄真人传下法符，嘱付道：'此殿内镇锁着三十六员天罡星，七十二座地煞星，共是一百单八个魔君在里面。上立石碑，凿着龙章凤篆天符，镇住在此。若还放他出世，必恼下方生灵。'如今太尉放他走了，怎生是好？"有诗为证：

千古幽扃一旦开，天罡地煞出泉台。

自来无事多生事，本为禳灾却惹灾。

社稷从今云扰扰，兵戈到处闹垓垓。

高俅奸佞虽堪恨，洪信从今酿祸胎。

当时洪太尉听罢，浑身冷汗，捉颤不住。急急收拾行李，引了从人，下山回京，真人并道众送官已罢，自回宫内，修整殿宇，起竖石碑，不在话下。

再说洪太尉在途中分付从人，教把走妖魔一节，休说与外人知道，恐天子知而见责。于路无话，星夜回至京师，进得汴梁城，闻人所说："天师在东京禁院做了七昼夜好事，普施符籙，禳救灾病，瘟疫尽消，军民安泰。天师辞朝，乘鹤驾云，且回龙虎山去了。"洪太尉次日早朝，见了天子，奏说"天师乘鹤驾云，先到京师，臣等驿站而来，才得到此。"仁宗准奏，赏赐洪信，复还旧职，亦不在话下。

后来仁宗天子在位共四十二年，晏驾，无有太子，传位濮安懿王允让之子，太宗皇帝的孙，立帝号曰英宗。在位四年，传位与太子神宗。神宗在位一十八年，传位与太子哲宗。那时天下尽皆太平，四方无事。

且说东京开封府汴梁宣武军，一个浮浪破落户子弟，姓高，排行第二，自小不成家业，只好刺枪使棒，最是踢得好脚气毬，京师人口顺，不叫高二，却都叫他做高毬。后来发迹，便将气毬那字去了毛傍，添作立人，便改作姓高，名俅。这人吹弹歌舞，刺枪使棒，相扑顽耍，亦胡乱学诗、书、词、赋。若论仁、义、礼、智、信、行、忠、良，却是不会，只在东京城里城外帮闲。因帮了一个生铁王员外儿子使钱，每日三瓦两舍，风花雪月，被他父亲开封府里告了一纸文状，府尹把高俅断了二十脊杖，迭配出界发放，东京城里人民不许容他在家宿食。高俅无计奈何，只得来淮西临淮州，投奔一个开赌坊的闲汉柳大郎，名唤柳世权。他平生专好惜客养闲人，招纳四方干隔涝汉子。高俅投托得柳大郎家，一住三年。

后来哲宗天子因拜南郊，感得风调雨顺，放宽恩大赦天下。那高俅在临淮州，因得了赦宥罪犯，思量要回东京。这柳世权却和东京城里金梁桥下开生药铺的董将士是亲戚，写了一封书札，收拾些人事盘缠，赍发高俅回东京，投奔董将士家过活。

当时高俅辞了柳大郎，背上包裹，离了临淮州，迤逦回到东京，径来金梁桥下董生药家，下了这封信。董将士一见高俅，看了柳世权来书，自肚里寻思道："这高俅我家如何安着得他?若是个志诚老实的人，可以容他在家出入，也教孩儿们学些好。他却是个帮闲的破落户，没信行的人。亦且当初有过犯来，被断配的人，旧性必不肯改。若留住在家中，倒惹得孩儿们不学好了，待不收留他，又撇不过柳大郎面皮。"当时只得权且欢天喜地，相留在家宿歇，每日酒食管待。住了十数日，董将士思量出一个路数，将出一套衣服，写了一封书简，对高俅说道："小人家下萤火之光，照人不亮，恐后误了足下。我转荐足下与小苏学士处，久后也得个出身，

足下意内如何？"高俅大喜，谢了董将士。董将士使个人将着书简，引领高俅，径到学士府内，门吏转报小苏学士，出来见了高俅，看了来书，知道高俅原是帮闲浮浪的人，心下想道："我这里如何安着得他?不如做个人情，荐他去驸马王晋卿府里，做个亲随。人都唤他做小王都太尉，他便喜欢这样的人。"当时回了董将士书札，留高俅在府里住了一夜。次日，写了一封书呈，使个干人，送高俅去那小王都太尉处。

这太尉乃是哲宗皇帝妹夫，神宗皇帝的驸马。他喜爱风流人物，正用这样的人。一见小苏学士差人持书送这高俅来，拜见了，便喜。随即写回书，收留高俅在府内做个亲随。自此高俅遭际在王都尉府中出入，如同家人一般。自古道："日远日疏，日亲日近。"忽一日，小王都太尉庆诞生辰，分付府中安排筵宴，专请小舅端王。这端王乃是神宗天子第十一子，哲宗皇帝御弟，现掌东驾，排号九大王，是个聪明俊俏人物。这浮浪子弟门风帮闲之事，无一般不晓，无一般不会，更无一般不爱。即如琴、棋、书、画，无所不通，踢毬打弹，品竹调丝，吹弹歌舞，自不必说。当日王都尉府中，准备筵宴，水陆俱备。但见：

香焚宝鼎，花插金瓶。仙音院竞奏新声，教坊司频逞妙艺。水晶壶内，尽都是紫府琼浆；琥珀杯中，满泛着瑶池玉液。玳瑁盘堆仙桃异果，玻璃碗供熊掌驼蹄。鳞鳞脍切银丝，细细茶烹玉蕊。红裙舞女，尽随着象板鸾箫；翠袖歌姬，簇捧定龙笙凤管。两行珠翠立阶前，一派笙歌临座上。

且说这端王来王都尉府中赴宴，都尉设席，请端王居中坐定，都尉对席相陪。酒进数杯，食供两套，那端王起身净手，偶来书院里少歇，猛见书案上一对儿羊脂玉碾成的镇纸狮子，极是做得好，细巧玲珑。端王拿起狮子，不落手看了一回道："好！"王都尉见端王心爱，便说道："再有一个玉龙笔架，也是这个匠人一手做的，却不在手头，明日取来，一并相送。"端王大喜道："深谢厚意，想那笔架，必是更妙。"王都尉道："明日取出来，送至宫中便见。"端王又谢了。两个依旧入席，饮宴至暮，尽醉方散。端王相别回宫去了。

次日，小王都太尉取出玉龙笔架，和两个镇纸玉狮子，着一个小金盒子盛了，用黄罗包袱包了，写了一封书呈，却使高俅送去。高俅领了王都尉钧旨，将着两般玉玩器，怀中揣着书呈，径投端王宫中来。把门官吏转报与院公。没多时，院公出来问："你是那个府里来的人？"高俅施礼罢，答道："小人是王驸马府中，特送玉玩器来进大王。"院公道："殿下在庭心里和小黄门踢气毬，你自过去。"高俅道："相烦引进。"院公引到庭前，高俅看时，见端王头戴软纱唐巾，身穿紫绣龙袍，腰系文武双穗绦。把绣龙袍前襟拽扎起，揣在绦儿边。足穿一双嵌金线飞凤靴，三五个小黄门相伴着蹴气毬。高俅不敢过去冲撞，立在从人背后伺候。也是高俅合当发迹，时运到来，那个气毬腾地起来，端王接个不着，向人丛里直滚到高俅身边。那高俅见气毬来，也是一时的胆量，使个鸳鸯拐，踢还端王。端王见了大喜，便问道："你是甚人？"高俅向前跪下道："小的是

王都尉亲随，受东人使令，赍送两般玉玩器来，进献大王，有书呈在此拜上。”端王听罢，笑道：“姐夫直如此挂心。”高俅取出书呈进上。端王开盒子看了玩器，都递与堂候官收了去。

那端王且不理玉玩器下落，却先问高俅道：“你原来会踢气毬!你唤做甚么？”高俅叉手跪覆道：“小的叫做高俅，胡乱踢得几脚。”端王道：“好!你便下场来踢一回耍。”高俅拜道：“小的是何等样人，敢与恩王下脚！”端王道：“这是‘齐云社’名为‘天下圆’，但踢何伤。”高俅再拜道：“怎敢！”三回五次告辞，端王定要他踢，高俅只得叩头谢罪，解膝下场。才踢几脚，端王喝采。高俅只得把平生本事都使出来，奉承端王。那身分模样，这气毬一似鳔胶粘在身上的。端王大喜，那里肯放高俅回府去，就留在宫中过了一夜。次日，排个筵会，专请王都尉宫中赴宴。

却说王都尉当日晚不见高俅回来，正疑思间，只见次日门子报道：“九大王差人来传令旨，请太尉到宫中赴宴。”王都尉出来，见了那干人，看了令旨，随即上马，来到九大王府前，下马入宫，来见了端王。端王大喜，称谢两般玉玩器。入席饮宴间，端王说道：“这高俅踢得两脚好气毬，孤欲索此人做亲随如何？”王都尉答道：“殿下既用此人，就留在宫中伏侍殿下。”端王欢喜，执杯相谢。二人又闲话一回，至晚席散，王都尉自回驸马府去，不在话下。

且说端王自从索得高俅做伴之后，就留在宫中宿食。高俅自此遭际端王，每日跟随，寸步不离。未及两个月，哲宗皇帝晏驾，无有太子，文武百官商议，册立端王为天子，立帝号曰徽宗，便是玉清教主微妙道君皇帝。登基之后，一向无事，忽一日，与高俅道：“朕欲要抬举你，但有边功，方可升迁，先教枢密院与你入名，只是做随驾迁转的人。”后来没半年之间，直抬举高俅做到殿帅府太尉职事。正是：不拘贵贱齐云社，一味模棱天下圆。抬举高俅毬气力，全凭手脚会当权。

且说高俅得做了殿帅府太尉，选拣吉日良辰，去殿帅府里到任，所有一应合属公吏衙将，都军监军，马步人等，尽来参拜，各呈手本，开报花名。高殿帅一一点过，于内只欠一名八十万禁军教头王进，半月之前，已有病状在官，患病未痊，不曾入衙门管事。高殿帅大怒，喝道：“胡说!既有手本呈来，却不是那厮抗拒官府，搪塞下官!此人即系推病在家，快与我拿来。”随即差人到王进家来，捉拿王进。

且说这王进却无妻子，只有一个老母，年已六旬之上。牌头与教头王进说道：“如今高殿帅新来上任，点你不着，军正司禀说染患在家，现有病患状在官。高殿帅焦躁，那里肯信?定要拿你，只道是教头诈病在家，教头只得去走一遭。若还不去，定连累小人了。”

王进听罢，只得捱着病来。进得殿帅府前，参见太尉，拜了四拜，躬身唱个喏，起来立在一边。高俅道：“你那厮便是都军教头王升的儿子？”王进禀道：“小人便是。”高俅喝道：“这厮，你爷是街市上使花棒卖药的，你省的甚么武艺?前官没眼，参你做个教头，如何敢小觑我，不伏俺点视!你托谁的势，要推病在家，安闲快乐！”王进告道：“小人怎敢，其实患病未痊。”高太尉骂道：“贼配军，你既害病，如何来得？”王进又告道：“太尉呼唤，安敢不来！”高殿帅大怒，喝令左右：“拿下!加力与我打这厮！”众多牙将都是和王进好的，只得与军正司同告道：“今日太尉上任，好日头，权免此人这一次。”高太尉喝道：“你这贼配军，且看众将之面，饶恕你今日，明日却和你理会。”王进谢罪罢，起来抬头看了，认得是高俅。出得衙门，叹口气道：“俺的性命，今番难保了。俺道是甚么高殿帅，却原来正是东京帮闲的‘圆社’高二。比先时曾学使棒，被我父亲一棒打翻，三四个月将息不起，有此之仇。他今日发迹，得做殿帅府太尉，正待要报仇，我不想正属他管。自古道：‘不怕官，只怕管。’俺如何与他争得?怎生奈何是好？”回到家中，闷闷不已。对娘说知此事，母子二人，抱头而哭。娘道：“我儿，‘三十六着，走为上着’。只恐没处走。”王进道：“母亲说得是，儿子寻思，也是这般计较。只有延安府老种经略相公镇守边庭，他手下军官，多有曾到京师的，爱儿子使枪棒，何不逃去投奔他们?那里是用人去处，足可安身立命。”正是：用人之人，人始为用。恃己自用，人为人送。彼处得贤，此间失重。若驱若引，可惜可痛。　当下娘儿两个商议定了。其母又道：“我儿，和你要私走，只恐门前两个牌军是殿帅府拨来伏侍你的，他若得知，须走不脱。”王进道：“不妨，母亲放心。儿子自有道理措置他。”

当下日晚未昏，王进先叫张牌入来，分付道：“你先吃了些晚饭，我使你一处去干事。”张牌道：“教头使小人那里去？”王进道：“我因前日病患，许下酸枣门外岳庙里香愿，明日早要去烧炷头香。你可今晚先去分付庙祝，教他来日早些开庙门，等我来烧炷头香，就要三牲，献刘李王。你就庙里歇了等我。”张牌答应，先吃了晚饭，叫了安置，望庙中去了。

当夜子母二人，收拾了行李、衣服、细软、银两，做一担儿打挟了。又装两个料袋袱驼，拴在马上的。等到五更，天色未明，王进教起李牌，分付道：“你与我将这些银两，去岳庙里，和张牌买个三牲煮熟，在那里等候。我买些纸烛，随后便来。”李牌将银子望庙中去了。王进自去备了马，牵出后槽，将料袋袱驼搭上，把索子拴缚牢了，牵在后门外，扶娘上了马。家中粗重都弃了，锁上前后门，挑了担儿，跟在马后。趁五更天色未明，乘势出了西华门，取路望延安府来。

且说两个牌军，买了福物煮熟，在庙等到巳牌，也不见来。李牌心焦，走回到家中寻时，见锁了门，两头无路。寻了半日，并无有人。看看待晚，岳庙里张牌疑忌，一直奔回家来。又和李牌寻了一黄昏，看看黑了。两个见他当夜不归，又不见他老娘。次日，两个牌军又去他亲戚之家访问，亦无寻处。两个恐怕连累，只得去殿帅府首告：“王教头弃家在逃，子母不知去向。”高太尉见告，大怒道：“贼配军在逃，看那厮待走那里去！”随即押下文书，行开诸州各府，捉拿逃军王进。二人首告，免其罪责，不在话下。

且说王教头母子二人，自离了东京，在路免不得饥餐渴饮，夜住晓行，在路上一月有余。忽一日，天色将晚，王进挑着担儿，跟在娘的马后，口里与母亲说道：“天可怜见，惭愧了!我子母两个，脱了这天罗地网之厄，此去延安府不远了。高太尉便要差人拿我，也拿不着了。”子母两个欢喜，在路上不觉错过了宿头。走了这一晚，不遇着一处村坊，那里去投宿是好。正没理会处，只见远远地林子里闪出一道灯光来。王进看了道：“好了，遮莫去那里陪个小心，借宿一宵，明日早行。”当时转入林子里来看时，却是一所大庄院，一周遭都是土墙，墙外却有二三百株大柳树。看那庄院，但见：

前通官道，后靠溪冈。一周遭青缕如烟，四下里绿阴似染。转屋角牛羊满地，打麦场鹅鸭成群。田园广野，负佣庄客有千人；家眷轩昂，女使儿童难计数。正是：家有余粮鸡犬饱，户多书籍子孙贤。

当时王教头来到庄前，敲门多时，只见一个庄客出来。王进放下担儿，与他施礼。庄客道：“来俺庄上有甚事？”王进答道：“实不相瞒，小人母子二人，贪行了些路程，错过了宿店，来到这里，前不巴村，后不巴店，欲投贵庄，借宿一宵，明日早行。依例拜纳房金，万望周全方便。”庄客道：“既是如此，且等一等，待我去问庄主太公，肯时，但歇不妨。”王进又道：“大哥方便。”庄客入去多时，出来说道：“庄主太公教你两个入来。”王进请娘下了马。王进挑着担儿，就牵了马，随庄客到里面打麦场上，歇下担儿，把马拴在柳树上。母子二人，直到草堂上来见太公。

那太公年近六旬之上，须发皆白，头戴遮尘暖帽，身穿直缝宽衫，腰系皂丝绦，足穿熟皮靴。王进见了便拜，太公连忙道：“客人休拜，你们是行路的人，辛苦风霜，且坐一坐。”王进母子两个叙礼罢，都坐定。太公问道：“你们是那里来的?

如何昏晚到此？”王进答道：“小人姓张，原是京师人。今来消折了本钱，无可营用，要去延安府投奔亲眷。不想今日路上贪行了些程途，错过了宿店，欲投贵庄，假宿一宵，来日早行。房金依例拜纳。”太公道：“不妨，如今世上人那个顶着房屋走哩!你母子二位，敢未打火？”叫庄客安排饭来。没多时，就厅上放开条桌子，庄客托出一桶盘，四样菜蔬，一盘牛肉，铺放桌上，先烫酒来筛下。太公道：“村落中无甚相待，休得见怪。”王进起身谢道：“小人母子无故相扰，此恩难报。”太公道：“休这般说，且请吃酒。”一面劝了五七杯酒，搬出饭来。二人吃了，收拾碗碟。太公起身，引王进子母到客房里安歇。王进告道：“小人母亲骑的头口，相烦寄养，草料望乞应付，一并拜酬。”太公道：“这个不妨。我家也有头口骡马，教庄客牵出后槽，一发喂养。”王进谢了，挑那担儿，到客房里来。庄客点上灯火，一面提汤来洗了脚。太公自回里面去了。王进子母二人谢了庄客，掩上房门，收拾歇息。

次日，睡到天晓，不见起来。庄主太公来到客房前过，听得王进子母在房里声唤。太公问道：“客官，天晓，好起了。”王进听得，慌忙出房来，见太公施礼，说道：“小人起多时了。夜来多多搅扰，甚是不当。”太公问道：“谁人如此声唤？”王进道：“实不相瞒太公说：老母鞍马劳倦，昨夜心痛病发。”太公道：“既然如此，客人休要烦恼，教你老母且在老夫庄上住几日。我有个医心疼的方，叫庄客去县里撮药来，与你老母亲吃。教他放心，慢慢地将息。”王进谢了。

话休絮繁，自此王进子母二人在太公庄上服药。住了五七日，觉得母亲病患痊了，王进收拾要行。当日因来后槽看马，只见空地上一个后生脱膊着，刺着一身青龙，银盘也似一个面皮，约有十八九岁，拿条棒在那里使。王进看了半晌，不觉失口道：“这棒也使得好了。只是有破绽，赢不得真好汉。”那后生听得大怒，喝道：“你是甚么人?敢来笑话我的本事?俺经了七八个有名的师父，我不信倒不如你?你敢和我　一　么？”

说犹未了，太公到来，喝那后生：“不得无礼！”那后生道：“叵耐这厮笑话我的棒法。”太公道：“客人莫不会使枪棒？”王进道：“颇晓得些。敢问长上，这后生是宅上何人？”太公道：“是老汉的儿子。”王进道：“既然是宅内小官人，若爱学时，小人点拨他端正如何？”太公道：“恁地时，十分好。”便教那后生来拜师父。那后生那里肯拜，心中越怒道：“阿爹，休听这厮胡说。若吃他赢得我这条棒时，我便拜他为师。”王进道：“小官人若是不当村时，较量一棒耍子。”那后生就空地当中，把一条棒使得风车儿似转，向王进道：“你来，你来!怕的不算好汉！”王进只是笑，不肯动手。太公道：“客官既是肯教小顽时，使一棒何妨。”王进笑道：“恐冲撞了令郎时，须不好看。”太公道：“这个不妨，若是打折了手脚，也是他自作自受。”

王进道：“恕无礼。”去枪架上拿了一条棒在手里，来到空地，使个旗鼓。那后生看了一看，拿条棒滚将入来，径奔王进。王进托地拖了棒便走，那后生抡着棒又赶入来。王进回身，把棒望空地里劈将下来。那后生见棒劈来，用棒来隔。王进却不打下来，将棒一掣，却望后生怀里直搠将来，只一缴，那后生的棒丢在一边，扑地望后倒了。王进连忙撇了棒，向前扶住道：“休怪，休怪。”

那后生爬将起来，便去旁边掇条凳子，纳王进坐，便拜道：“我枉自经了许多师家，原来不值半分。师父，没奈何，只得请教。”王进道：“我母子二人，连日在此搅扰宅上，无恩可报，当以效力。”太公大喜，教那后生穿了衣裳，一同来后堂坐下。叫庄客杀一个羊，安排了酒食果品之类，就请王进的母亲一同赴席。四个人坐定，一面把盏，太公起身劝了一杯酒，说道：“师父如此高强，必是个教头，小儿有眼不识泰山。”王进笑道：“奸不厮欺，俏不厮瞒，小人不姓张。俺是东京八十万禁军教头王进的便是，这枪棒终日搏弄。为因新任一个高太尉，原被先父打翻，今做殿帅府太尉，怀挟旧仇，要奈何王进。小人不合属他所管，和他争不得，只得子母二人逃上延安府，去投托老种经略相公处勾当。不想来到这里，得遇长上父子二位如此看待；又蒙救了老母病患，连日管顾，甚是不当。既然令郎肯学时，小人一力奉教。只是令郎学的，都是花棒，只好看，上阵无用，小人从新点拨他。”太公见说了，便道：“我儿，可知输了?快来再拜师父。”那后生又拜了王进。正是：

好为师患负虚名，心服应难以力争。

只有胸中真本事，能令顽劣拜先生。

太公道：“教头在上，老汉祖居在这华阴县界，前面便是少华山。这村便唤做史家村，村中总有三四百家，都姓史。老汉的儿子从小不务农业，只爱刺枪使棒，母亲说他不得，怄气死了，老汉只得随他性子。不知使了多少钱财，投师父教他。又请高手匠人与他刺了这身花绣，肩臂胸膛总有九条龙，满县人口顺，都叫他做九纹龙史进。教头今日既到这里，一发成全了他亦好。老汉自当重重酬谢。”王进大喜道：“太公放心，既然如此说时，小人一发教了令郎方去。”自当日为始，吃了酒食，留住王教头母子二人在庄上。史进每日求王教头点拨十八般武艺，一一从头指教。那十八般武艺?

矛锤弓弩铳，鞭锏剑链挝。

斧钺并戈戟，牌棒与枪杈。

话说这史进每日在庄上管待王教头母子二人，指教武艺。史太公自去华阴县中承当里正，不在话下。不觉荏苒光阴，早过半年之上，正是：

窗外日光弹指过，席间花影坐前移。

一杯未进笙歌送，阶下辰牌又报时。

前后得半年之上，史进打这十八般武艺，从新学得十分精熟。多得王进尽心指教，点拨得件件都有奥妙。王进见他学得精熟了，自思：“在此虽好，只是不了。”一日想起来，相辞要上延安府去。史进那里肯放，说道：“师父只在此间过了，小弟奉养你母子二人，以终天年，多少是好！”王进道：“贤弟，多蒙你好心，在此十分之好；只恐高太尉追捕到来，负累了你，不当稳便，以此两难。我一心要去延安府，投着在老种经略处勾当，那里是镇守边庭，用人之际，足可安身立命。”

史进并太公苦留不住，只得安排一个筵席送行。托出一盘两个缎子、一百两花银谢师。次日，王进收拾了担儿，备了马，子母二人，相辞史太公。王进请娘乘了马，望延安府路途进发。史进叫庄客挑了担儿，亲送十里之程，心中难舍。史进当时拜别了师父，洒泪分手，和庄客自回。王教头依旧自挑了担儿，跟着马，和娘两个，自取关西路里去了。

话中不说王进去投军役，只说史进回到庄上，每日只是打熬气力，亦且壮年，又没老小，半夜三更起来演习武艺，白日里只在庄后射弓走马。不到半载之间，史进父亲太公，染病患症，数日不起。史进使人远近请医士看治，不能痊可，呜呼哀哉，太公殁了。史进一面备棺椁盛殓，请僧修设好事，追斋理七，荐拔太公。又请道士建立斋醮，超度生天，整做了十数坛好事功果道场，选了吉日良时，出丧安葬。满村中三四百史家庄户，都来送丧挂孝，埋殡在村西山上祖坟内了。史进家自此无人管业。史进又不肯务农，只要寻人使家生，较量枪棒。

自史太公死后，又早过了三四个月日。时当六月中旬，炎天正热。那一日，史进无可消遣，捉个交床，坐在打麦场边柳阴树下乘凉。对面松林透过风来，史进喝采道：“好凉风！”正乘凉哩，只见一个人探头探脑，在那里张望。史进喝道：“作怪!

谁在那里张俺庄上？”史进跳起身来，转过树背后，打一看时，认得是猎户　兔李吉。史进喝道：“李吉，张我庄内做甚么？莫不来相脚头？”李吉向前声喏道：“大郎，小人要寻庄上矮丘乙郎吃碗酒，因见大郎在此乘凉，不敢过来冲撞。”

史进道：“我且问你：往常时，你只是担些野味，来我庄上卖，我又不曾亏了你，如何一向不将来卖与我?敢是欺负我没钱？”李吉答道：“小人怎敢。一向没有野味，以此不敢来。”史进说：“胡说!偌大一个少华山，恁地广阔，不信没有个獐儿兔儿！”李吉道：“大郎原来不知：如今近日上面添了一伙强人，扎下一个山寨，在上面聚集着五七百个小喽罗，有百十匹好马。为头那个大王，唤作神机军师朱武，第二个唤做跳涧虎陈达，第三个唤做白花蛇杨春。这三个为头，打家劫舍，华阴县里禁他不得，出三千贯赏钱召人拿他，谁敢上去惹他?因此上小人们不敢上山打捕野味，那讨来卖？”史进道：“我也听得说有强人，不想那厮们如此大弄，必然要恼人。李吉，你今后有野味时，寻些来。”李吉唱个喏，自去了。

史进归到厅前，寻思：“这厮们大弄，必要来薅恼村坊。既然如此，……”便叫庄客拣两头肥水牛来杀了，庄内自有造下的好酒，先烧了一陌顺溜纸，便叫庄客去请这当村里三四百史家庄户，都到家中草堂上序齿坐下，教庄客一面把盏劝酒。史进对众人说道：“我听得少华山上有三个强人，聚集着五七百小喽罗，打家劫舍，这厮们既然大弄，必然早晚要来俺村中罗唣。我今特请你众人来商议，倘若那厮们来时，各家准备。我庄上打起梆子，你众人可各执枪棒，前来救应。你各家有事，亦是如此。递相救护，共保村坊。如若强人自来，都是我来理会。”众人道：“我等村农，只靠大郎做主，梆子响时，谁敢不来？”当晚众人谢酒，各自分散，回家准备器械。自此史进修整门户墙垣，安排庄院，设立几处梆子，拴束衣甲，整顿刀马，提防贼寇，不在话下。

且说少华山寨中三个头领，坐定商议，为头的神机军师朱武，那人原是定远人氏，能使两口双刀，虽无十分本事，却精通阵法，广有谋略，有八句诗单道朱武好处：

道服裁棕叶，云冠剪鹿皮。

脸红双眼俊，面白细髯垂。

阵法方诸葛，阴谋胜范蠡。

华山谁第一，朱武号神机。

第二个好汉姓陈，名达，原是邺城人氏，使一条出白点钢枪，亦有诗赞道：力健声雄性粗卤，丈二长枪撒如雨。邺中豪杰霸华阴，陈达人称跳涧虎。

第三个好汉姓杨，名春，蒲州解良县人氏，使一口大杆刀。亦有诗赞道：腰长臂瘦力堪夸，到处刀锋乱撒花。鼎立华山真好汉，江湖名播白花蛇。

朱武当与陈达、杨春说道：“如今我听知华阴县里出三千贯赏钱，召人捉我们。诚恐来时，要与他厮杀。只是山寨钱粮欠少，如何不去劫掳些来，以供山寨之用，聚积些粮食在寨里，防备官军来时，好和他打熬。”跳涧虎陈达道：“说得是。如今便去华阴县里，先问他借粮，看他如何。”白花蛇杨春道：“不要华阴县去，只去蒲城县，万无一失。”陈达道：“蒲城县人户稀少，钱粮不多，不如只打华阴县，那里人民丰富，钱粮广有。”杨春道：“哥哥不知，若去打华阴县时，须从史家村过。那个九纹龙史进是个大虫，不可去撩拨他。他如何肯放我们过去？”陈达道：“兄弟好懦弱!一个村坊过去不得，怎地敢抵敌官军？”杨春道：“哥哥不可小觑了他，那人端的了得。”朱武道：“我也曾闻他十分英雄，说这人真有本事，兄弟休去罢。”陈达叫将起来，说道：“你两个闭了鸟嘴!长别人志气，灭自己威风。他只是一个人，须不三头六臂，我不信。”喝叫小喽罗：“快备我的马来。如今便去先打史家庄，后取华阴县。”朱武、杨春再三谏劝，陈达那里肯听，随即披挂上马，点了一百四五十小喽罗，鸣锣擂鼓下山，望史家村去了。

且说史进正在庄前整制刀马，只见庄客报知此事。史进听得，就庄上敲起梆子来。那庄前庄后，庄东庄西，三四百史家庄户，听得梆子响，都拖枪拽棒，聚起三四百人，一齐都到史家庄上。看了史进头戴一字巾，身披朱红甲，上穿青锦袄，下著抹绿靴，腰系皮　膊，前后铁掩心，一张弓，一壶箭，手里拿一把三尖两刃四窍八环刀。庄客牵过那匹火炭赤马，史进上了马，绰了刀，前面摆着三四十壮健的庄客，后面列着八九十村蠢的乡夫，各史家庄户，都跟在后头，一齐呐喊，直到村北路口。

那少华山陈达引了人马，飞奔到山坡下，便将小喽罗摆开。史进看时，见陈达头戴干红凹面巾，身披裹金生铁甲，上穿一领红衲袄，脚穿一对吊墩靴，腰系七尺攒线　膊，坐骑一匹高头白马，手中横着丈八点钢矛。小喽罗两势下呐喊，二员将就马上相见。陈达在马上看着史进，欠身施礼。史进喝道：“汝等杀人放火，打家劫舍，犯着迷天大罪，都是该死的人。你也须有耳朵，好大胆，直来太岁头上动土！”陈达在马上答道：“俺山寨里欠少些粮食，欲往华阴县借粮，经由贵庄，假一条路，并不敢动一根草，可放我们过去，回来自当拜谢。”史进道：“胡说!俺家现当里正，正要来拿你这伙贼，今日倒来经由我村中过，却不拿你，倒放你过去!本县知道，须连累于我。”陈达道：“‘四海之内，皆兄弟也’，相烦借一条路。”史进道：“甚么闲话!我便肯时，有一个不肯，你问得他肯便去。”陈达道：“好汉，教我问谁？”史进道：“你问得我手里这口刀肯，便放你去。”陈达大怒道：“赶人不要赶上，休得要逞精神！”

史进也怒，抡手中刀，骤坐下马，来战陈达。陈达也拍马挺枪，来迎史进。两个交马，但见：

一来一往，一上一下。一来一往，有如深水戏珠龙；一上一下，却似半岩争食虎。九纹龙忿怒，三尖刀只望顶门飞；跳涧虎生嗔，丈八矛不离心坎刺。好手中间逞好手，红心里面夺红心。

史进、陈达两个斗了多时，史进卖个破绽，让陈达把枪望心窝里搠来，史进却把腰一闪，陈达和枪　入怀里来，史进轻舒猿臂，款扭狼腰，只一挟，把陈达轻轻摘离了嵌花鞍，款款揪住了线　膊，只一丢，丢落地，那匹战马拨风也似去了。史进叫庄客将陈达绑缚了，众人把小喽罗一赶都走了。史进回到庄上，将陈达绑在庭心内柱上，等待一发拿了那两个贼首，一并解官请赏。且把酒来赏了众人，教且权散。众人喝采：“不枉了史大郎如此豪杰！”

休说众人欢喜饮酒，却说朱武、杨春两个，正在寨里猜疑，捉摸不定，且教小喽罗再去打听消息，只见同去的人牵着空马，奔到山前，只叫道：“苦也!陈家哥哥不听二位哥哥所说，送了性命。”朱武问其缘故，小喽罗备说交锋一节，怎当史进英雄。朱武道：“我的言语不听，果有此祸。”杨春道：“我们尽数都去，与他死拚如何？”朱武道：“亦是不可。他尚自输了，你如何拚得他过?我有一条苦计，若救他不得，我和你都休。”杨春问道：“如何苦计？”朱武附耳低言说道：“只除恁地。”杨春道：“好计!我和你便去，事不宜迟。”

再说史进正在庄上忿怒未消，只见庄客飞报道：“山寨里朱武、杨春自来了。”史进道：“这厮合休，我教他两个一发解官。快牵马过来。”一面打起梆子，众人早都到来。史进上了马，正待出庄门，只见朱武、杨春步行，已到庄前，两个双双跪下，噙着两眼泪。史进下马来喝道：“你两个跪下如何说？”朱武哭道：“小人等三个，累被官司逼迫，不得已上山落草，当初发愿道：‘不求同日生，只愿同日死。’虽不及关、张、刘备的义气，其心则同。今日小弟陈达不听好言，误犯虎威，已被英雄擒捉在贵庄，无计恳求，今来一径就死，望英雄将我三人，一发解官请赏，誓不皱眉。我等就英雄手内请死，并无怨心。”史进听了，寻思道：“他们直恁义气!我若拿他去解官请赏时，反教天下好汉们耻笑我不英雄。自古道：‘大虫不吃伏肉。’”史进便道：“你两个且跟我进来。”朱武、杨春并无惧怯，随了史进，直到后厅前跪下，又教史进绑缚。史进三回五次叫起来，他两个那里肯起来，惺惺惜惺惺，好汉识好汉。史进道：“你们既然如此义气深重，我若送了你们，不是好汉，我放陈达还你如何？”朱武道：“休得连累了英雄，不当稳便，宁可把我们去解官请赏。”史进道：“如何使得?——你肯吃我酒食么？”朱武道：“一死尚然不惧，何况酒肉乎？”有诗为证：

姓名各异死生同，慷慨偏多计较空。

只为衣冠无义侠，遂令草泽见奇雄。

当时史进大喜，解放陈达，就后厅上座，置酒设席，管待三人。朱武、杨春、陈达拜谢大恩。酒至数杯，少添春色。酒罢，三人谢了史进，回山去了。史进送出庄门，自回庄上。

却说朱武等三人归到寨中坐下，朱武道：“我们不是这条苦计，怎得性命在此?虽然救了一人，却也难得史进为义气上放了我们。过几日备些礼物送去，谢他救命之恩。”话休絮繁。过了十数日，朱武等三人收拾得三十两蒜条金，使两个小喽罗，乘月黑夜送去史家庄上。当夜初更时分，小喽罗敲门，庄客报知史进，史进火急披衣，来到庄前，问小喽罗：“有甚话说？”小喽罗道：“三个头领再三拜复：特地使小校进些薄礼，酬谢大郎不杀之恩，不要推却，望乞笑留。”取出金子，递与史进。初时推却，次后寻思道：“既然好意送来，受之为当。”叫庄客置酒，管待小校吃了半夜酒，把些零碎银两，赏了小校，回山去了。又过半月有余，朱武等三人在寨中商议掳掠得一串好大珠子，又使小喽罗连夜送来史家庄上，史进受了，不在话下。

又过了半月，史进寻思道：“也难得这三个敬重我，我也备些礼物回奉他。”次日，叫庄客寻个裁缝，自去县里买了三匹红锦，裁成三领锦袄子；又拣肥羊，煮了三个，将大盒子盛了，委两个庄客去送。史进庄上，有个为头的庄客王四，此人颇能答应官府，口舌利便，满庄人都叫他做赛伯当。史进教他同一个得力庄客，挑了盒担，直送到山下。小喽罗问了备细，引到山寨里，见了朱武等三个头领，大喜，受了锦袄子，并肥羊酒礼，把十两银子，赏了庄客。每人吃了十数碗酒，下山回归庄内，见了史进，说道：“山上头领，多多上覆。”史进自此常常与朱武等三人往来，不时间，只是王四去山寨里送物事，不则一日。寨里头领也频频地使人送金银来与史进。

荏苒光阴，时遇八月中秋到来。史进要和三人说话，约至十五夜，来庄上赏月饮酒。先使庄客王四，赍一封请书，直去少华山上，请朱武、陈达、杨春来庄上赴席。王四驰书径到山寨里，见了三位头领，下了来书。朱武看了大喜，三个应允，随即写封回书，赏了王四五两银子，吃了十来碗酒。王四下得山来，正撞着时常送物事来的小喽罗，一把抱住，那里肯放。又拖去山路边村酒店里，吃了十数碗酒。王四相别了回庄，一面走着，被山风一吹，酒却涌上来，踉踉跄跄，一步一攧。走不到十里之路，见座林子，奔到里面，望着那绿茸茸莎草地上扑地倒了。原来摽兔李吉正在那山坡下张兔儿，认得是史家庄上王四，赶入林子里来扶他，那里扶得动。只见王四搭膊里突出银子来，李吉寻思道：“这厮醉了，那里讨得许多!何不拿他些？”也是天罡星合当聚会，自然生出机会来。李吉解那搭膊，望地下只一抖，那封回书和银子都抖出来。李吉拿起，颇识几字，将书拆开看时，见上面写着少华山朱武、陈达、杨春，中间多有兼文带武的言语，却不识得，只认得三个名字。李吉道：“我做猎户，几时能够发迹，算命道我今年有大财，却在这里。华阴县里现出三千贯赏钱，捕捉他三个贼人。叵耐史进那厮，前日我去他庄上寻矮丘乙郎，他道我来相脚头踩盘，你原来倒和贼人来往！”银子并书都拿去了，望华阴县里来出首。

却说庄客王四，一觉直睡到二更，方醒觉来，看见月光微微照在身上，吃了一惊，跳将起来，却见四边都是松树。便去腰里摸时，搭膊和书都不见了。四下里寻时，只见空 膊在莎草地上，王四只管叫苦，寻思道：“银子不打紧，这封回书，却怎生好?正不知被甚人拿去了？”眉头一纵，计上心来，自道：“若回去庄上说脱了回书，大郎必然焦躁，定是赶我出去，不如只说不曾有回书，那里查照。”计较定了，飞也似取路归来庄上，却好五更天气。史进见王四回来，问道：“你缘何方才归来？”王四道：“托主人福荫，寨中三个头领，都不肯放，留住王四吃了半夜酒，因此回来迟了。”史进又问：“曾有回书否？”王四道：“三个头领要写回书，却是小人道：‘三位头领既然准来赴席，何必回书?小人又有杯酒，路上恐有些失支脱节，不是耍处。’”史进听了大喜，说道：“不枉了诸人叫做赛伯当，真个了得。”王四应道：“小人怎敢差迟，路上不曾住脚，一直奔回庄上。”史进道：“既然如此，教人去县里买些果品、案酒伺候。”

不觉中秋节至，是日晴明得好。史进当日分付家中庄客，宰了一腔大羊，杀了百十个鸡鹅，准备下酒食筵宴。看看天色晚来，怎见得好个中秋，但见：

午夜初长，黄昏已半，一轮月挂如银。冰盘如昼，赏玩正宜人。清影十分圆满，桂花玉兔交馨。帘栊高卷，金杯频劝酒，欢笑贺升平。年年当此节，酩酊醉醺醺。莫辞终夕饮，银汉露华新。

且说少华山上朱武、陈达、杨春三个头领，分付小喽罗看守寨栅，只带三五个做伴，将了朴刀，各跨口腰刀，不骑鞍马，步行下山，径来到史家庄上。史进接着，各叙礼罢，请入后园，庄内已安排下筵宴。史进请三位头领上坐，史进对席相陪，便叫庄客把前后庄门拴了。一面饮酒，庄内庄客，轮流把盏，一边割羊劝酒。酒至数杯，却早东边推起那轮明月，但见：

桂花离海峤，云叶散天衢。彩霞照万里如银，素魄映千山似水。影横旷野，惊独宿之乌鸦；光射平湖，照双栖之鸿雁。冰轮展出三千里，玉兔平吞四百州。史进正和三个头领在后园饮酒，赏玩中秋，叙说旧话新言，只听得墙外一声喊起，火把乱明，史进大惊，跳起身来分付：“三位贤友且坐，待我去看。”喝叫庄客：“不要开门！”掇条梯子，上墙打一看时，只见是华阴县县尉在马上，引着两个都头，带着三四百土兵，围住庄院。史进和三个头领只管叫苦，外面火把光中，照见钢叉、朴刀、五股叉、留客住，摆得似麻林一般。两个都头口里叫道：“不要走了强贼。”不是这伙人来捉史进并三个头领，有分教：史进先杀了一两个人，结识了十数个好汉，直使天罡地煞一齐相会。直教：芦花深处屯兵士，荷叶阴中治战船。

毕竟史进与三个头领怎地脱身，且听下回分解。

第三回 史大郎夜走华阴县　鲁提辖拳打镇关西

话说当时史进道：“却怎生是好？”朱武等三个头领跪下答道：“哥哥，你是干净的人，休为我等连累了。大郎可把索来绑缚我三个，出去请赏，免得负累了你不好看。”史进道：“如何使得!恁地时，是我赚你们来，捉你请赏，枉惹天下人笑。

我若是死时，与你们同死，活时同活。你等起来，放心，别作圆便。且等我问个来历缘故情由。”

史进上梯子问道：“你两个都头，何故半夜三更来劫我庄上？”那两个都头答道：“大郎，你兀自赖哩!现有原告人李吉在这里。”史进喝道：“李吉，你如何诬告平人？”李吉应道：“我本不知，林子里拾得王四的回书，一时间把在县前看，因此事发。”史进叫王四问道：“你说无回书，如何却又有书？”王四道：“便是小人一时醉了，忘记了回书。”史进大喝道：“畜生，却怎生好？”外面都头人等，惧怕史进了得，不敢奔入庄里来捉人。三个头领把手指道：“且答应外面。”史进会意，在梯子上叫道：“你两个都头都不要闹动，权退一步，我自绑缚出来，解官请赏。”那两个都头却怕史进，只得应道：“我们都是没事的，等你绑出来，同去请赏。”史进下梯子，来到厅前，先叫王四，带进后园，把来一刀杀了。喝教许多庄客，把庄里有的没的细软等物，即便收拾，尽教打迭起了，一壁点起三四十个火把。庄里史进和三个头领，全身披挂，枪架上各人跨了腰刀，拿了朴刀，拽扎起，把庄后草屋点着。庄客各自打拴了包裹。外面见里面火起，都奔来后面看。且说史进就中堂又放起火来，大开了庄门，呐声喊，杀将出来。

史进当头，朱武、杨春在中，陈达在后，和小喽罗并庄客，一冲一撞，指东杀西。史进却是个大虫，那里拦当得住!后面火光乱起，杀开条路，冲将出来，正迎着两个都头并李吉。史进见了大怒，“仇人相见，分外眼明”，两个都头见头势不好，转身便走。李吉也却待回身，史进早到，手起一朴刀，把李吉斩做两段。两个都头正待走时，陈达、杨春赶上，一家一朴刀，结果了两个性命。县尉惊得跑马走回去了，众土兵那里敢向前，各自逃命散了，不知去向。史进引着一行人，且杀且走，众官兵不敢赶来，各自散了。史进和朱武、陈达、杨春，并庄客人等，都到少华山上寨内坐下，喘息方定。朱武等到寨中，忙叫小喽罗，一面杀牛宰马，贺喜饮宴，不在话下。

一连过了几日，史进寻思：“一时间要救三人，放火烧了庄院，虽是有些细软家财，粗重什物，尽皆没了。”心内踌躇，在此不了，开言对朱武等说道：“我的师父王教头，在关西经略府勾当。我先要去寻他，只因父亲死了，不曾去得。今来家私庄院废尽，我如今要去寻他。”朱武三人道：“哥哥休去，只在我寨中且过几时，又作商议。若哥哥不愿落草时，待平静了，小弟们与哥哥重整庄院，再作良民。”史进道：“虽是你们的好情分，只是我心去意难留。我若寻得师父，也要那里讨个出身，求半世快乐。”朱武道：“哥哥便在此间做个寨主，却不快活?只恐寨小，不堪歇马。”史进道：“我是个清白好汉，如何肯把父母遗体来点污了?你劝我落草，再也休题。”史进住了几日，定要去，朱武等苦留不住。史进带去的庄客，都留在山寨；只自收拾了些少碎银两，打拴一个包裹，余者多的尽数寄留在山寨。史进头戴白范阳毡大帽，上撒一撮红缨，帽儿下裹一顶浑青抓角软头巾，项上明黄缕带，身穿一领白 丝两上领战袍，腰系一条揸五指梅红攒线 膊，青白间道行缠绞脚，衬着踏山透土多耳麻鞋，跨一口铜钹磬口雁翎刀，背上包裹，提了朴刀，辞别朱武等三人。众多小喽罗都送下山来，朱武等洒泪而别，自回山寨去了。

只说史进提了朴刀，离了少华山，取路投关西五路，望延安府路上来。但见：

崎岖山岭，寂寞孤村。披云雾夜宿荒林，带晓月朝登险道。落日趱行闻犬吠，严霜早促听鸡鸣。

史进在路，免不得饥食渴饮，夜住晓行，独自一个行了半月之上，来到渭州。这里也有一个经略府。“莫非师父王教头在这里？”史进便入城来看时，依然有六街三市。只见一个小茶坊，正在路口。史进便入茶坊里来，拣一副座位坐了。茶博士问道：“客官，吃甚茶？”史进道：“吃个泡茶。”茶博士点个泡茶，放在史进面前。史进问道：“这里经略府在何处？”茶博士道：“只在前面便是。”史进道：“借问经略府内有个东京来的教头王进么？”茶博士道：“这府里教头极多，有三四个姓王的，不知那个是王进？”道犹未了，只见一个大汉，大踏步竟入走进茶坊里来。史进看他时，是个军官模样，怎生结束，但见：

头裹芝麻罗万字顶头巾，脑后两个太原府纽丝金环，上穿一领鹦哥绿纻丝战袍，腰系一条文武双股鸦青绦，足穿一双鹰爪皮四缝干黄靴。生得面圆耳大，鼻直口方，腮边一部貉【（豸）加（操）去提手旁】胡须。身长八尺。腰阔十围。

那人入到茶坊里面坐下。茶博士便道：“客官要寻王教头，只问这个提辖，便都认得。”史进忙起身施礼道：“官人，请坐拜茶。”那人见了史进长大魁伟，像条好汉，便来与他施礼。两个坐下。史进道：“小人大胆，敢问官人高姓大名？”那人道：“洒家是经略府提辖，姓鲁，讳个达字。敢问阿哥，你姓甚么？”史进道：“小人是华州华阴县人氏，姓史，名进。请问官人，小人有个师父，是东京八十万禁军教头，姓王名进，不知在此经略府中有也无？”鲁提辖道：“阿哥，你莫不是史家村甚么九纹龙史大郎？”史进拜道：“小人便是。”鲁提辖连忙还礼，说道：“闻名不如见面，见面胜似闻名。你要寻王教头，莫不是在东京恶了高太尉的王进？”史进道：“正是那人。”鲁达道：“俺也闻他名字，那个阿哥不在这里。洒家听得说，他在延安府老种经略相公处勾当。俺这渭州，却是小种经略相公镇守，那人不在这里。你既是史大郎时，多闻你的好名字，你且和我上街去吃杯酒。”鲁提辖挽了史进的手，便出茶坊来。鲁达回头道：“茶钱洒家自还你。”茶博士应道：“提辖但吃不妨，只顾去。”

两个挽了胳膊，出得茶坊来，上街行得三五十步，只见一簇众人围住白地上。史进道：“兄长，我们看一看。”分开人众看时，中间裹一个人，仗着十来条棍棒，地上摊着十数个膏药，一盘子盛着，插把纸标儿在上面，却原来是江湖上使枪棒卖药的。史进看了，却认的他，原来是教史进开手的师父，叫做打虎将李忠。史进就人丛中叫道：“师父，多时不见。”李忠道：“贤弟，如何到这里？”鲁提辖道：“既是史大郎的师父，同和俺去吃三杯。”李忠道：“待小子卖了膏药，讨了回钱，一同和提辖去。”鲁达道：“谁耐烦等你?去便同去。”李忠道：“小人的衣饭，无计奈何。提辖先行，小人便寻将来。贤弟，你和提辖先行一步。”鲁达焦躁，把那看的人，一推一交，便骂道：“这厮们夹着屁眼撒开，不去的，洒家便打。”众人见是鲁提辖，一哄都走了。李忠见鲁达凶猛，敢怒而不敢言，只得陪笑道：“好急性的人。”当下收拾了行头药囊，寄顿了枪棒，三个人转弯抹角，来到州桥之下一个潘家有名的酒店。门前挑出望竿，挂着酒旆，漾在空中飘荡。怎见得好座酒肆，有诗为证：

风拂烟笼锦旆扬，太平时节日初长。能添壮士英雄胆，善解佳人愁闷肠。三尺晓垂杨柳外，一竿斜插杏花旁。男儿未遂平生志，且乐高歌入醉乡。

三人上到潘家酒楼上，拣个济楚阁儿里坐下。鲁提辖坐了主位，李忠对席，史进下首坐了。酒保唱了喏，认得是鲁提辖，便道：“提辖官人，打多少酒？”鲁达道：“先打四角酒来。”一面铺下菜蔬、果品按酒，又问道：“官人，吃甚下饭？”鲁达道：“问甚么?但有，只顾卖来，一发算钱还你。这厮只顾来聒噪。”酒保下去，随即烫酒上来，但是下口肉食，只顾将来，摆一桌子。三个酒至数杯，正说些闲话，较量些枪法，说得入港，只听得隔壁阁子里有人哽哽咽咽啼哭。鲁达焦躁，便把碟儿、盏儿，都丢在楼板上。酒保听得，慌忙上来看时，见鲁提辖气愤愤地。酒保抄手道：“官人要甚东西，分付买来。”鲁达道：“洒家要甚么?你也须认的洒家，却恁地教甚么人在间壁吱吱的哭，搅俺弟兄们吃酒。洒家须不曾少了你酒钱！”酒保道：“官人息怒，小人怎敢教人啼哭，打搅官人吃酒。这个哭的，是绰酒座儿唱的父子两人。不知官人们在此吃酒，一时间自苦了啼哭。”鲁提辖道：“可是作怪!你与我唤的他来。”

酒保去叫，不多时，只见两个到来：前面一个十八九岁的妇人，背后一个五六十岁的老儿，手里拿串拍板，都来到面前。看那妇人，虽无十分的容貌，也有些动人的颜色。但见：

鬅松云髻，插一枝青玉簪儿；袅娜纤腰，系六幅红罗裙子。素白旧衫笼雪体，淡黄软袜衬弓鞋。蛾眉紧蹙，汪汪泪眼落珍珠；粉面低垂，细细香肌消玉雪。若非雨病云愁，定是怀忧积恨。

那妇人拭着眼泪，向前来深深的道了三个万福。那老儿也都相见了。鲁达问道：“你两个是那里人家?为甚啼哭？”那妇人便道：“官人不知，容奴告禀：奴家是东京人氏。因同父母来这渭州，投奔亲眷，不想搬移南京去了。母亲在客店里染病身故，子父二人，流落在此生受。此间有个财主，叫做镇关西郑大官人，因见奴家，便使强媒硬保，要奴作妾。谁想写了三千贯文书，虚钱实契，要了奴家身体。未及三个月，他家大娘子好生利害，将奴赶打出来，不容完聚。着落店主人家追要原典身钱三千贯。父亲懦弱，和他争执不得，他又有钱有势。当初不曾得他一文，如今那讨钱来还他?没计奈何，父亲自小教得奴家些小曲儿，来这里酒楼上赶座子。每日但得些钱来，将大半还他；留些少子父们盘缠。这两日酒客稀少，违了他钱限，怕他来讨时，受他羞耻。子父们想起这苦楚来，无处告诉，因此啼哭。不想误触犯了官人，望乞恕罪，高抬贵手。”

鲁提辖又问道：“你姓甚么?在那个客店里歇?那个镇关西郑大官人在那里住？”老儿答道：“老汉姓金，排行第二；孩儿小字翠莲；郑大官人便是此间状元桥下卖肉的郑屠，绰号镇关西。老汉父子两个，只在前面东门里鲁家客店安下。”鲁达听了道：“呸!俺只道哪个郑大官人，却原来是杀猪的郑屠。这个腌 泼才，投托着俺小种经略相公门下做个肉铺户，却原来这等欺负人！”回头看着李忠、史进道：“你两个且在这里，等洒家去打死了那厮便来。”史进、李忠抱住劝道：“哥哥息怒，明日却理会。”两个三回五次劝得他住。

鲁达又道：“老儿，你来，洒家与你些盘缠，明日便回东京去如何？”父子两个告道：“若是能够回乡去时，便是重生父母，再长爷娘。只是店主人家如何肯放?郑大官人须着落他要钱。”鲁提辖道：“这个不妨事，俺自有道理。”便去身边摸出五两来银子，放在桌上，看着史进道：“洒家今日不曾多带得些出来，你有银子，借些与俺，洒家明日便送还你。”史进道：“直甚么，要哥哥还。”去包裹里取出一锭十两银子，放在桌上。鲁达看着李忠道：“你也借些出来与洒家。”李忠去身边摸出二两来银子。鲁提辖看了见少，便道：“也是个不爽利的人。”鲁达只把十五两银子与了金老，分付道：“你父子两个将去做盘缠，一面收拾行李，俺明日清早来，发付你两个起身，看那个店主人敢留你！”金老并女儿拜谢去了。

鲁达把这二两银子丢还了李忠。三人再吃了两角酒，下楼来叫道：“主人家，酒钱洒家明日送来还你。”主人家连声应道：“提辖只顾自去，但吃不妨，只怕提辖不来赊。”三个人出了潘家酒肆，到街上分手，史进、李忠各自投客店去了。只说鲁提辖回到经略府前下处，到房里，晚饭也不吃，气愤愤的睡了。主人家又不敢问他。

再说金老得了这一十五两银子，回到店中，安顿了女儿。先去城外远处觅下一辆车儿，回来收拾了行李，还了房宿钱，算清了柴米钱，只等来日天明。当夜无事。次早五更起来，子父两个先打火做饭，吃罢，收拾了，天色微明，只见鲁提辖大踏步走入店里来，高声叫道：“店小二，那里是金老歇处？”小二哥道：“金公，提辖在此寻你。”金老开了房门，便道：“提辖官人，里面请坐。”鲁达道：“坐甚么?你去便去，等甚么？”金老引了女儿，挑了担儿，作谢提辖，便待出门，店小二拦住道：“金公，那里去？”鲁达问道：“他少你房钱？”小二道：“小人房钱，昨夜都算还了。须欠郑大官人典身钱，着落在小人身上看管他哩！”鲁提辖道：“郑屠的钱，洒家自还他。你放这老儿还乡去。”那店小二那里肯放。鲁达大怒，揸开五指，去那小二脸上只一掌，打的那店小二口中吐血；再复一拳，打下当门两个牙齿。小二扒将起来，一道烟走向店里去躲了。店主人那里敢出来拦他?金老父子两个，忙忙离了店中，出城自去寻昨日觅下的车儿去了。且说鲁达寻思：恐怕店小二赶去拦截他，且向店里掇条凳子，坐了两个时辰。约莫金公去的远了，方才起身，径到状元桥来。

且说郑屠开着两间门面，两副肉案，悬挂着三五片猪肉。郑屠正在门前柜身内坐定，看那十来个刀手卖肉。鲁达走到面前，叫声：“郑屠！”郑屠看时，见是鲁提辖，慌忙出柜身来唱喏道：“提辖恕罪。”便叫副手掇条凳子来，“提辖请坐”。鲁达坐下道：“奉着经略相公钧旨，要十斤精肉，切做臊子，不要见半点肥的在上头。”郑屠道：“使得，你们快选好的，切十斤去。”鲁提辖道：“不要那等腌臜 厮们动手，你自与我切。”郑屠道：“说得是。小人自切便了。”自去肉案上，拣下十斤精肉，细细切做臊子。那店小二把手帕包了头，正来郑屠家报说金老之事，却见鲁提辖坐在肉案门边，不敢拢来，只得远远的立住，在房檐下望。这郑屠整整的自切了半个时辰，用荷叶包了道：“提辖，教人送去。”鲁达道：“送甚么?且住!再要十斤，都是肥的，不要见些精的在上面，也要切做臊子。”郑屠道：“却才精的，怕府里要裹馄饨，肥的臊子何用？”鲁达睁着眼道：“相公钧旨，分付洒家，谁敢问他？”郑屠道：“是合用的东西，小人切便了。”又选了十斤实膘的肥肉，也细细的切做臊子，把荷叶来包了。整弄了一早晨，却得饭罢时候。那店小二那里敢过来，连那正要买肉的主顾，也不敢拢来。郑屠道：“着人与提辖拿了，送将府里去。”鲁达道：“再要十斤寸金软骨，也要细细地剁做臊子，不要见些肉在上面。”郑屠笑道：“却不是特地来消遣我！”鲁达听罢，跳起身来，拿着那两包臊子在手里，睁眼看着郑屠道：“洒家特地要消遣你！”把两包臊子，劈面打将去，却似下了一阵的肉雨。郑屠大怒，两条忿气从脚底下直冲到顶门心头。那一把无明业火焰腾腾的按纳不住，从肉案上抢了一把剔骨尖刀，托地跳将下来。鲁提辖早拔步在当街上。众邻舍并十来个火家，那个敢向前来劝?两边过路的人都立住了脚，和那店小二也惊的呆了。

郑屠右手拿刀，左手便来要揪鲁达，被这鲁提辖就势按住左手，赶将入去，望小腹上只一脚，腾地踢倒在当街上，鲁达再入一步，踏住胸脯，提着那醋钵儿大小拳头，看着这郑屠道：“洒家始投老种经略相公，做到关西五路廉访使，也不枉了叫做镇关西。你是个卖肉的操刀屠户，狗一般的人，也叫做镇关西!你如何强骗了金翠莲？”扑的只一拳，正打在鼻子上，打得鲜血迸流，鼻子歪在半边，却便似开了个油酱铺，咸的、酸的、辣的，一发都滚出来。郑屠挣不起来，那把尖刀，也丢在一边，口里只叫：“打得好！”鲁达骂道：“直娘贼，还敢应口！”提起拳头来，就眼眶际眉梢只一拳，打得眼棱缝裂，乌珠迸出，也似开了个彩帛铺的，红的、黑的、绛的，都绽将出来。两边看的人，惧怕鲁提辖，谁敢向前来劝。郑屠当不过，讨饶。鲁达喝道：“咄!你是个破落户，若是和俺硬到底，洒家倒饶了你；你如何对俺讨饶，洒家偏不饶你。”又只一拳，太阳上正着，却似做了一个全堂水陆的道场，磬儿、钹儿、铙儿一齐响。鲁达看时，只见郑屠挺在地下，口里只有出的气，没了入的气，动弹不得。鲁提辖假意道：“你这厮诈死，洒家再打。”只见面皮渐渐的变了。鲁达寻思道：“俺只指望痛打这厮一顿，不想三拳真个打死了他。洒家须吃官司，又没人送饭，不如及早撒开。”拔步便走，回头指着郑屠尸道：“你诈死，洒家和你慢慢理会。”一头骂，一头大踏步去了。街坊邻舍，并郑屠的火家，谁敢向前来拦他?鲁提辖回到下处，急急卷了些衣服、盘缠、细软、银两，但是旧衣粗重，都弃了。提了一条齐眉短棒，奔出南门，一道烟走了。

且说郑屠家中众人，救了半日不活，呜呼死了。老小邻人径来州衙告状，正直府尹升厅，接了状子，看罢道：“鲁达系是经略府提辖，不敢擅自径来捕捉凶身。”府尹随即上轿，来到经略府前，下了轿子，把门军士，入去报知，经略听得，教请到厅上，与府尹施礼罢，经略问道：“何来？”府尹禀道：“好教相公得知，府中提辖鲁达，无故用拳打死市上郑屠。不曾禀过相公，不敢擅自捉拿凶身。”经略听说，吃了一惊，寻思道：“这鲁达虽好武艺，只是性格粗卤，今番做出人命事，俺如何护得短?须教他推问使得。”经略回府尹道：“鲁达这人，原是我父亲老经略处军官，为因俺这里无人帮护，拨他来做个提辖。既然犯了人命罪过，你可拿他依法度取问。如若供招明白，拟罪已定，也须教我父亲知道，方可断决，怕日后父亲处边上要这个人时，却不好看。”府尹禀道：“下官问了情由，合行申禀老经略相公知道，方敢断遣。”

府尹辞了经略相公，出到府前，上了轿，回到州衙里，升厅坐下，便唤当日缉捕使臣押下文书，捉拿犯人鲁达。当时王观察领了公文，将带二十来个做公的人，径到鲁提辖下处。只见房主人道：“却才拕了些包裹，提了短棒出去了。小人只道奉着差使，又不敢问他。”王观察听了，教打开他房门看时，只有些旧衣旧裳，和些被卧在里面。王观察就带了房主人，东西四下里去跟寻，州南走到州北，捉拿不见。王观察又捉了两家邻舍，并房主人，同到州衙厅上回话道：“鲁提辖惧罪在逃，不知去向，只拿得房主人并邻舍在此。”府尹见说，且教监下；一面教拘集郑屠家邻佑人等，点了仵作行人，着仰本地坊官人并坊厢里正，再三检验已了。郑屠家自备棺木盛殓，寄在寺院。一面迭成文案，一壁差人杖限缉捕凶身；原告人保领回家；邻佑杖断，有失救应；房主人并下处邻舍，止得个不应。鲁达在逃，行开个海捕急递的文书，各路追捉；出赏钱一千贯，写了鲁达的年甲、贯址、形貌，到处张缉；一干人等疏放听候。郑屠家亲人，自去做孝，不在话下。

且说鲁达自离了渭州，东逃西奔，急急忙忙，却似：

失群的孤雁，趁月明独自贴天飞；漏网的活鱼，乘水势翻身冲浪跃。不分远近，岂顾高低。心忙撞倒路行人，脚快有如临阵马。

这鲁提辖急急忙忙行过了几处州府，正是“逃生不避路，到处便为家”。自古有几般：“饥不择食，寒不择衣，慌不择路，贫不择妻。”鲁达心慌抢路，正不知投那里去的是，一迷地行了半月之上，在路却走到代州雁门县。入得城来，见这市井闹热，人烟辏集，车马軿驰，一百二十行经商买卖，诸物行货都有，端的整齐，虽然是个县治，胜如州府。鲁提辖正行之间，不觉见一簇人众围住了十字街口看榜。但见：

扶肩搭背，交颈并头。纷纷不辨贤愚，扰扰难分贵贱。张三蠢胖，不识字只把头摇；李四矮矬，看别人也将脚踏。白头老叟，尽将拐棒拄髭须；绿鬓书生，却把文房抄款目。行行总是萧何法，句句俱依律令行。

鲁达看见众人看榜，挨满在十字路口，也钻在人丛里听时，鲁达却不识字，只听得众人读道：“代州雁门县依奉太原府指挥使司，该准渭州文字，捕捉打死郑屠犯人鲁达，即系经略府提辖。如有人停藏在家宿食，与犯人同罪；若有人捕获前来，或首告到官，支给赏钱一千贯文。”鲁提辖正听到那里，只听得背后一个人大叫道：“张大哥，你如何在这里？”拦腰抱住，扯离了十字路口。不是这个人看见了，横拖倒拽将去，有分教：鲁提辖剃除头发，削去髭须，倒换过杀人姓名，薅恼杀诸佛罗汉。直教：禅杖打开危险路，戒刀杀尽不平人。

毕竟扯住鲁提辖的是甚人，且听下回分解。

第四回 赵员外重修文殊院　鲁智深大闹五台山

话说当下鲁提辖扭过身来看时，拖扯的不是别人，却是渭州酒楼上救了的金老。那老儿直拖鲁达到僻静处，说道：“恩人，你好大胆!现今明明地张挂榜文，出一千贯赏钱捉你，你缘何却去看榜?若不是老汉遇见时，却不被做公的拿了。榜上现写着你年甲、貌相、贯址。”鲁达道：“洒家不瞒你说，因为你上，就那日回到状元桥下，正迎着郑屠那厮，被洒家三拳打死了，因此上在逃。一到处撞了四五十日，不想来到这里。你缘何不回东京去，也来到这里？”金老道：“恩人在上：自从得恩人救了，老汉寻得一辆车子，本欲要回东京去，又怕这厮赶来，亦无恩人在彼搭救，因此不上东京去。随路望北来，撞见一个京师古邻，来这里做买卖，就带老汉父子两口儿到这里。亏杀了他，就与老汉女儿做媒，结交此间一个大财主赵员外，养做外宅，衣食丰足，皆出于恩人。我女儿常常对他孤老说提辖大恩。那个员外也爱刺枪使棒，常说道：‘怎地得恩人相会一面也好。’想念如何能够得见。且请恩人到家过几日，却再商议。”

鲁提辖便和金老行不得半里，到门首，只见老儿揭起帘子，叫道：“我儿，大恩人在此。”那女孩儿浓妆艳饰，从里面出来，请鲁达居中坐了，插烛也似拜了六拜，说道：“若非恩人垂救，怎能够有今日。”鲁达看那女子时，另是一般丰韵，比前不同。但见：

金钗斜插，掩映乌云；翠袖巧裁，轻笼瑞雪。樱桃口浅晕微红，春笋手半舒嫩　玉。纤腰袅娜，绿罗裙微露金莲；素体轻盈，红绣袄偏宜玉体。脸堆三月娇花，眉扫初春嫩柳。香肌扑簌瑶台月，翠鬓笼松楚岫云。

那女子拜罢，便请鲁提辖道：“恩人上楼去请坐。”鲁达道：“不须生受，洒家便要去。”金老便道：“恩人既到这里，如何肯放教你便去？”老儿接了杆棒包裹，请到楼上坐定。老儿分付道：“我儿陪侍恩人坐坐，我去安排饭来。”鲁达道：“不消多事，随分便好。”老儿道：“提辖恩念，杀身难报，量些粗食薄味，何足挂齿。”女子留住鲁达在楼上坐地，金老下来，叫了家中新讨的小厮，分付那个丫嬛一面烧着火。老儿和这小厮上街来，买了些鲜鱼、嫩鸡、酿鹅、肥鲊、时新果子之类归来。一面开酒，收拾菜蔬，都早摆了，搬上楼来。春台上放下三个盏子，三双箸，铺下菜蔬、果子、嗄饭等物，丫嬛将银酒壶烫上酒来。女父二人，轮番把盏。金老倒地便拜。鲁提辖道：“老人家如何恁地下礼，折杀俺也。”金老说道：“恩人听禀：前日老汉初到这里，写个红纸牌儿，旦夕一炷香，父女两个兀自拜哩。今日恩人亲身到此，如何不拜？”鲁达道：“却也难得你这片心。”

三人慢慢地饮酒。将及天晚，只听得楼下打将起来。鲁提辖开窗看时，只见楼下三二十人，各执白木棍棒，口里都叫拿将下来。人丛里一个人，骑在马上，口里大喝道：“休教走了这贼！”鲁达见不是头，拿起凳子，从楼上打将下来。金老连忙摇手叫道：“都不要动手。”那老儿抢下楼去，直至那骑马的官人身边，说了几句言语，那官人笑将起来，便喝散了那二三十人，各自去了。那官人下马，入到里面，老儿请下鲁提辖来，那官人扑翻身便拜道：“闻名不如见面，见面胜似闻名，义士提辖受礼。”鲁达便问那金老道：“这官人是谁?素不相识，缘何便拜洒家？”老儿道：“这个便是我儿的官人赵员外。却才只道老汉引甚么郎君子弟在楼上吃酒，因此引庄客来厮打。老汉说知，方才喝散了。”鲁达道：“原来如此。怪员外不得。”赵员外再请鲁提辖上楼坐定。金老重整杯盘，再备酒食相待。赵员外让鲁达上首坐地，鲁达道：“洒家怎敢！”员外道：“聊表相敬之礼，小子多闻提辖如此豪杰，今日天赐相见，实为万幸。”鲁达道：“洒家是个粗卤汉子，又犯了该死的罪过。若蒙员外不弃贫贱，结为相识，但有用洒家处，便与你去。”赵员外大喜，动问打死郑屠一事，说些闲话，较量些枪法。吃了半夜酒，各自歇了。

次日天明，赵员外道：“此处恐不稳便，可请提辖到敝庄住几时。”鲁达问道：“贵庄在何处？”员外道：“离此间十里多路，地名七宝村便是。”鲁达道：“最好。”员外先使人去庄上叫牵两匹马来。未及晌午，马已到来，员外便请鲁提辖上马，叫庄客担了行李，鲁达相辞了金老父女二人，和赵员外上了马。两个并马行程，于路说些闲话，投七宝村来。不多时，早到庄前下马，赵员外携住鲁达的手，直至草堂上，分宾而坐；一面叫杀羊置酒相待。晚间收拾客房安歇，次日又备酒食管待。鲁达道：“员外错爱，洒家如何报答。”赵员外便道：“‘四海之内，皆兄弟也。’如何言报答之事。”

话休絮烦。鲁达自此之后，在这赵员外庄上住了五七日。忽一日，两个正在书院里闲坐说话，只见金老急急奔来庄上，径到书院里，见了赵员外并鲁提辖。见没人，便对鲁达道：“恩人，不是老汉心多，为是恩人前日老汉请在楼上吃酒，员外误听人报，引领庄客来闹了街坊，后却散了，人都有些疑心，说开去。昨日有三四个做公的来，邻舍街坊打听得紧，只怕要来村里缉捕恩人。倘或有些疏失，如之奈何？”鲁达道：“恁地时，洒家自去便了。”赵员外道：“若是留提辖在此，诚恐有些山高水低，教提辖怨怅；若不留提辖来，许多面皮都不好看。赵某却有个道理，教提辖万无一失，足可安身避难，只怕提辖不肯。”鲁达道：“洒家是个该死的人，但得一处安身便了，做甚么不肯？”赵员外道：“若如此，最好。离此间三十余里有座山，唤做五台山，山上有一个文殊院，原是文殊菩萨道场。寺里有五七百僧人，为头智真长老，是我弟兄。我祖上曾舍钱在寺里，是本寺的施主檀越。我曾许下剃度一僧在寺里，已买下一道五花度牒在此，只不曾有个心腹之人，了这条愿心。如是提辖肯时，一应费用，都是赵某备办，委实肯落发做和尚么？”鲁达寻思：“如今便要去时，那里投奔人，不如就了这条路罢。”便道：“既蒙员外做主，洒家情愿做了和尚，专靠员外照管。”当时说定了，连夜收拾衣服盘缠，缎匹礼物，排担了。

次日早起来，叫庄客挑了，两个取路望五台山来。辰牌已后，早到那山下。鲁提辖看那五台山时，果然好座大山!但见：

云遮峰顶，日转山腰。嵯峨仿佛接天关，崒嵂参差侵汉表。岩前花木舞春风，暗吐清香；洞口藤萝披宿雨，倒悬嫩线。飞云瀑布，银河影浸月光寒；峭壁苍松，铁角铃摇龙尾动。山根雄峙三千界，峦势高擎几万年。

赵员外与鲁提辖两乘轿子，抬上山来，一面使庄客前去通报。到得寺前，早有寺中都寺、监寺，出来迎接。两个下了轿子，去山门外亭子上坐定。寺内智真长老得知，引着首座、侍者，出山门外来迎接。赵员外和鲁达向前施礼，真长老打了问讯，说道：“施主远出不易。”赵员外答道：“有些小事，特来上刹相浼。”真长老便道：“且请员外方丈吃茶。”赵员外前行，鲁达跟在背后，看那文殊寺，果然是好座大刹!但见：

山门侵翠岭，佛殿接青云。钟楼与月窟相连，经阁共峰峦对立。香积厨通一泓泉水，众僧寮纳四面烟霞。老僧方丈斗牛边，禅客经堂云雾里。白面猿时时献果，将怪石敲响木鱼；黄斑鹿日日衔花，向宝殿供养金佛。七层宝塔接丹霄，千古圣僧来大刹。

当时真长老请赵员外并鲁达到方丈。长老邀员外向客席而坐，鲁达便去下首，坐在禅椅上。员外叫鲁达附耳低言：“你来这里出家，如何便对长老坐地？”鲁达道：“洒家不省得。”起身立在员外肩下。面前首座、维那、侍者、监寺、都寺、知客、书记，依次排立东西两班。庄客把轿子安顿了，一齐搬将盒子入方丈来，摆在面前。长老道：“何故又将礼物来?寺中多有相渎檀越处。”赵员外道：“些小薄礼，何足称谢！”道人、行童收拾去了。赵员外起身道：“一事启堂头大和尚：赵某旧有一条愿心，许剃一僧在上刹，度牒词簿都已有了，到今不曾剃得。今有这个表弟姓鲁，是关西军汉出身，因见尘世艰辛，情愿弃俗出家。万望长老收录，慈悲慈悲，看赵某薄面，披剃为僧。一应所用，弟子自当准备，烦望长老玉成，幸甚！”长老见说，答道：“这个事缘是光辉老僧山门，容易容易，且请拜茶。”只见行童托出茶来。

玉蕊金芽真绝品，僧家制造甚工夫。
兔毫盏内香云白，蟹眼汤中细浪铺。
战退睡魔离枕席，增添清气入肌肤。
仙茶自合桃源种，不许移根傍帝都。

真长老与赵员外众人茶罢，收了盏托。真长老便唤首座、维那，商议剃度这人；分付监寺、都寺，安排斋食。只见首座与众僧自去商议道：“这个人不似出家的模样，一双眼却恁凶险。”众僧道：“知客，你去邀请客人坐地，我们与长老计较。”知客出来，请赵员外、鲁达到客馆里坐地。首座众僧禀长老说道：“却才这个要出家的人，形容丑恶，貌相凶顽，不可剃度他，恐久后累及山门。”长老道：“他是赵员外檀越的兄弟，如何撇得他的面皮?你等众人且休疑心，待我看一看。”焚起一炷信香，长老上禅椅，盘膝而坐，口诵咒语，入定去了。一炷香过，却好回来，对众僧说道：“只顾剃度他。此人上应天星，心地刚直。虽然时下凶顽，命中驳杂，久后却得清净，正果非凡，汝等皆不及他。可记吾言，勿得推阻。”首座道：“长老只是护短，我等只得从他。不谏不是，谏他不从，便了。”

长老叫备斋食，请赵员外等方丈会斋。斋罢，监寺打了单帐。赵员外取出银两，教人买办物料；一面在寺里做僧鞋、僧衣、僧帽、袈裟、拜具。一两日都已完备。长老选了吉日良时，教鸣钟击鼓，就法堂内会集大众，整整齐齐，五六百僧人，尽披袈裟，都到法座下合掌作礼，分作两班。赵员外取出银锭、表礼、信香，向法座前礼拜了。表白宣疏已罢，行童引鲁达到法座下。维那教鲁达除了巾帻，把头发分做九路绾了，揲揲起来。净发人先把一周遭都剃了，却待剃髭须，鲁达道：“留了这些儿还洒家也好。”众僧忍笑不住。真长老在法座上道：“大众听偈。”念道：“寸草不留，六根清净，与汝剃除，免得争竞。”长老念罢偈言，喝一声：“咄!尽皆剃去！”净发人只一刀，尽皆剃了。首座呈将度牒上法座前，请长老赐法名。长老拿着空头度牒，而说偈曰：“灵光一点，价值千金，佛法广大，赐名智深。”

长老赐名已罢，把度牒转将下来，书记僧填写了度牒，付与鲁智深收受。长老又赐法衣袈裟，教智深穿了。监寺引上法座前，长老用手与他摩顶受记道：“一要皈依佛性，二要归奉正法，三要归敬师友，此是三归。五戒者：一不要杀生，二不要偷盗，三不要邪淫，四不要贪酒，五不要妄语。”智深不晓得禅宗答应能否两字，却便道：“洒家记得。”众僧都笑。受记已罢，赵员外请众僧到云堂里坐下，焚香设斋供献。大小职事僧人，各有上贺礼物。都寺引鲁智深参拜了众师兄师弟，又引去僧堂背后丛林里选佛场坐地。当夜无事。

次日赵员外要回，告辞长老，留连不住，早斋已罢，并众僧都送出山门。赵员外合掌道：“长老在上，众师父在此，凡事慈悲。小弟智深，乃是愚卤直人，早晚礼数不到，言语冒渎，误犯清规，万望觑赵某薄面，恕免恕免。”长老道：“员外放心，老僧自慢慢地教他念经诵咒，办道参禅。”员外道：“日后自得报答。”人丛里唤智深到松树下，低低分付道：“贤弟，你从今日难比往常，凡事自宜省戒，切不可托大。倘有不然，难以相见，保重保重。早晚衣服，我自使人送来。”智深道：“不索哥哥说，洒家都依了。”当时赵员外相辞长老，再别了众人上轿；引了庄客，拕了一乘空轿，取了盒子，下山回家去了。当下长老自引了众僧回寺。

话说鲁智深回到丛林选佛场中禅床上，扑倒头便睡，上下肩两个禅和子推他起来，说道："使不得。既要出家，如何不学坐禅？"智深道："洒家自睡，干你甚事？"禅和子道："善哉！"智深裸袖道："团鱼洒家也吃，甚么'鳝哉'？"禅和子道："却是苦也！"智深便道："团鱼大腹，又肥甜了，好吃，那得'苦也'。"上下肩禅和子都不睬他，由他自睡了。次日要去对长老说知智深如此无礼，首座劝道："长老说道他后来正果非凡，我等皆不及他，只是护短，你们且没奈何，休与他一般见识。"禅和子自去了。智深见没人说他，每到晚便放翻身体，横罗十字，倒在禅床上睡，夜间鼻如雷响；要起来净手，大惊小怪，只在佛殿后撒尿撒屎，遍地都是。侍者禀长老说："智深好生无礼，全没些个出家人体面，丛林中如何安着得此等之人？"长老喝道："胡说!且看檀越之面，后来必改。"自此无人敢说。

鲁智深在五台山寺中，不觉搅了四五个月。时遇初冬天气，智深久静思动。当日晴明得好，智深穿了皂布直裰，系了鸦青绦，换了僧鞋，大踏步走出山门来。信步行到半山亭子上，坐在鹅项懒凳上，寻思道："干鸟么!俺往常好酒好肉，每日不离口，如今教洒家做了和尚，饿得干瘪了。赵员外这几日又不使人送些东西来与洒家吃，口中淡出鸟来。这早晚怎地得些酒来吃也好。"正想酒哩，只见远远地一个汉子，挑着一付担桶，唱上山来，上面盖着桶盖。那汉子手里拿着一个旋子，唱着上来，唱道："九里山前作战场，牧童拾得旧刀枪。顺风吹动乌江水，好似虞姬别霸王。"

鲁智深观见那汉子挑担桶上来，坐在亭子上，看这汉子，也来亭子上，歇下担桶。智深道："兀那汉子，你那桶里，甚么东西？"那汉子道："好酒！"智深道："多少钱一桶？"那汉子道："和尚，你真个也是作耍？"智深道："洒家和你耍甚么？"那汉子道："我这酒挑上去，只卖与寺内火工道人、直厅、轿夫、老郎们做生活的吃。本寺长老已有法旨：但卖与和尚们吃了，我们都被长老责罚，追了本钱，赶出屋去。我们现关着本寺的本钱，现住着本寺的屋宇，如何敢卖与你吃？"智深道："真个不卖？"那汉子道："杀了我也不卖！"智深道："洒家也不杀你，只要问你买酒吃。"那汉子见不是头，挑了担桶便走。智深赶下亭子来，双手拿住匾担，只一脚，交裆踢着，那汉子双手掩着，做一堆蹲在地下，半日起不得。智深把那两桶酒都提在亭子上，地下拾起旋子，开了桶盖，只顾舀冷酒吃。无移时，两大桶酒吃了一桶。智深道："汉子，明日来寺里讨钱。"那汉子方才疼止，又怕寺里长老得知，坏了衣饭，忍气吞声，那里敢讨钱?把酒分做两半桶挑了，拿了旋子，飞也似下山去了。

只说鲁智深在亭子上坐了半日，酒却上来。下得亭子，松树根边又坐了半歇，酒越涌上来。智深把皂直裰褪膊下来，把两只袖子缠在腰里，露出脊背上花绣来，扇着两个膀子上山来。但见：

头重脚轻，眼红面赤；前合后仰，东倒西歪。踉踉跄跄上山来，似当风之鹤；摆摆摇摇回寺去，如出水之蛇。指定天宫，叫骂天蓬元帅；踏开地府，要拿催命判官。裸形赤体醉魔君，放火杀人花和尚。

鲁达看看来到山门下，两个门子远远地望见，拿着竹篦来到山门下，拦住鲁智深便喝道："你是佛家弟子，如何噇得烂醉了上山来?你须不瞎，也见库局里贴的晓示：但凡和尚破戒吃酒，决打四十竹篦，赶出寺去，如门子纵容醉的僧人入寺，也吃十下。你快下山去，饶你几下竹篦。"鲁智深一者初做和尚，二来旧性未改，睁起双眼骂道："直娘贼!你两个要打洒家，俺便和你厮打。"门子见势头不好，一个飞也似入来报监寺，一个虚拖竹篦拦他。智深用手隔过，揸开五指，去那门子脸上只一掌，打得踉踉跄跄；却待挣扎，智深再复一拳，打倒在山门下，只是叫苦。智深道："洒家饶你这厮。"踉踉跄跄攧入寺里来。

监寺听得门子报说，叫起老郎、火工、直厅、轿夫，三二十人，各执白木棍棒，从西廊下抢出来，却好迎着智深。智深望见，大吼了一声，却似嘴边起个霹雳，大踏步抢入来。众人初时不知他是军官出身，次后见他行得凶了，慌忙都退入藏殿里去，便把亮槅关上。智深抢入阶来，一拳一脚，打开亮槅，三二十人都赶得没路，夺条棒，从藏殿里打将出来。

监寺慌忙报知长老，长老听得，急引了三五个侍者直来廊下，喝道："智深不得无礼！"智深虽然酒醉，却认得是长老，撇了棒，向前来打个问讯，指着廊下对长老道："智深吃了两碗酒，又不曾撩拨他们，他众人又引人来打洒家。"长老道："你看我面，快去睡了，明日却说。"鲁智深道："俺不看长老面，洒家直打死你那几个秃驴！"长老叫侍者扶智深到禅床上，扑地便倒了，齁齁地睡了。众多职事僧人围定长老告诉道："向日徒弟们曾谏长老来，今日如何?本寺那里容得这个野猫，乱了清规！"长老道："虽是如今眼下有些罗唣，后来却成得正果，无奈何，且看赵员外檀越之面，容恕他这一番。我自明日叫去埋怨他便了。"众僧冷笑道："好个没分晓的长老！"各自散去歇息。

次日，早斋罢，长老使侍者到僧堂里坐禅处唤智深时，尚兀自未起。待他起来，穿了直裰，赤着脚，一道烟走出僧堂来。侍者吃了一惊，赶出外来寻时，却走在佛殿后撒屎。侍者忍笑不住，等他净了手，说道："长老请你说话。"智深跟着侍者到方丈，长老道："智深虽是个武夫出身，今来赵员外檀越剃度了你，我与你摩顶受记，教你'一不可杀生，二不可偷盗，三不可邪淫，四不可贪酒，五不可妄语。'此五戒乃僧家常理。出家人第一不可贪酒，你如何夜来吃得大醉?打了门子，伤坏了藏殿上朱红槅子，又把火工道人都打走了，口出喊声，如何这般所为？"智深跪下道："今番不敢了。"长老道："既然出家，如何先破了酒戒，又乱了清规?我不看你施主赵员外面，定赶你出寺!再后休犯！"智深起来合掌道："不敢，不敢。"长老留在方丈里，安排早饭与他吃，又用好言语劝他，取一领细布直裰，一双僧鞋，与了智深，教回僧堂去了。昔有一名贤，走笔作一篇口号，单说那酒。端的做得好!道是：

从来过恶皆归酒，我有一言为世剖。
地水火风合成人，面曲米水和醇酎。
酒在瓶中寂不波，人未酣时若无口。
谁说孩提即醉翁，未闻食糯颠如狗。
如何三杯放手倾，遂令四大不自有!
几人涓滴不能尝，几人一饮三百斗。
亦有醒眼是狂徒，亦有酕醄神不谬。
酒中贤圣得人传，人负邦家因酒覆。
解嘲破惑有常言，"酒不醉人人醉酒。"

【又有版本：

昔大唐有一名贤，姓张名旭，作一篇《醉歌行》，单说那酒。端的做得好!道是：

金瓯潋滟倾欢伯，双手擎来两眸白。延颈长舒似玉虹，咽吞犹恨江湖窄。

昔年侍宴玉皇前，敌饮都无两三客。蟠桃烂熟堆珊瑚，琼液浓斟浮虎珀。

流霞畅饮数百杯，肌肤润泽腮微赤。天地闻知酒量洪，劝令受赐三千石。
飞仙劝我不记数，酩酊神清爽筋骨。东君命我赋新诗，笑指三山咏标格。
信笔挥成五百言，不觉尊前堕巾帻。宴罢昏迷不记归，乘惊误入云光宅。
仙童扶下紫云来，不辨东西与南北。一饮千锺百首诗，草书乱散纵横划。

】

但凡饮酒，不可尽欢，常言：“酒能成事，酒能败事。”便是小胆的吃了，也胡乱做了大胆，何况性高的人？

再说这鲁智深自从吃酒醉闹了这一场，一连三四个月，不敢出寺门去。忽一日，天气暴暖，是二月间天气，离了僧房，信步踱出山门外立地，看着五台山，喝采一回。猛听得山下叮叮当当的响声，顺风吹上山来。智深再回僧堂里取了些银两，揣在怀里，一步步走下山去。出得那“五台福地”的牌楼来，看时，原来却是一个市井，约有五七百人家。智深看那市镇上时，也有卖肉的，也有卖菜的，也有酒店面店。智深寻思道：“干呆么!俺早知有这个去处，不夺他那桶酒吃，也自下来买些吃。这几日熬得清水流，且过去看，有甚东西买些吃？”听得那响处，却是打铁的在那里打铁，间壁一家门上，写着“父子客店”。智深走到铁匠铺门前看时，见三个人打铁。智深便道：“兀那待诏，有好钢铁么？”那打铁的看见鲁智深腮边新剃，暴长短须，戗戗地好渗濑人，先有五分怕他。那待诏住了手道：“师父请坐，要打甚么生活？”智深道：“洒家要打条禅杖，一口戒刀，不知有上等好铁么？”待诏道：“小人这里正有些好铁，不知师父要打多少重的禅杖、戒刀，但凭分付。”智深道：“洒家只要打一条一百斤重的。”待诏笑道：“重了。师父，小人打怕不打了，只恐师父如何使得动?便是关王刀，也只有八十一斤。”智深焦躁道：“俺便不及关王，他也只是个人。”那待诏道：“小人据常说，只可打条四五十斤的，也十分重了。”智深道：“便依你说，比关王刀，也打八十一斤的。”待诏道：“师父，肥了不好看，又不中使。依着小人，好生打一条六十二斤的水磨禅杖与师父，使不动时，休怪小人。戒刀已说了，不用分付，小人自用十分好铁打造在此。”智深道：“两件家生，要几两银子？”待诏道：“不讨价，实要五两银子。”智深道：“俺便依你五两银子；你若打得好时，再有赏你。”那待诏接了银两道：“小人便打在此。”智深道：“俺有些碎银子在这里，和你买碗酒吃。”待诏道：“师父稳便，小人赶趁些生活，不及相陪。”

智深离了铁匠人家，行不到三二十步，见一个酒望子，挑出在房檐上。智深掀起帘子，入到里面坐下，敲着桌子叫道：“将酒来！”卖酒的主人家说道：“师父少罪，小人住的房屋，也是寺里的，本钱也是寺里的。长老已有法旨：但是小人们卖酒与寺里僧人吃了，便要追了小人们本钱，又赶出屋，因此，只得休怪。”智深道：“胡乱卖些与洒家吃，俺须不说是你家便了。”店主人道：“胡乱不得，师父别处去吃，休怪，休怪。”智深只得起身，便道：“洒家别处吃得，却来和你说话。”出得店门，行了几步，又望见一家酒旗儿，直挑出在门前。智深一直走进去，坐下叫道：“主人家，快把酒来卖与俺吃。”店主人道：“师父，你好不晓事，长老已有法旨，你须也知，却来坏我们衣饭。”智深不肯动身，三回五次，那里肯卖。智深情知不肯，起身又走。连走了三五家，都不肯卖。智深寻思一计，若不生个道理，如何能够酒吃?远远地杏花深处，市梢尽头，一家挑出个草帚儿来。智深走到那里看时，却是个傍村小酒店。但见：

傍村酒肆已多年，斜插桑麻古道边。
白板凳铺宾客坐，须篱笆用棘荆编。
破瓮榨成黄米酒，柴门挑出布青帘。
更有一般堪笑处，牛屎泥墙尽酒仙。

智深走入店里来，靠窗坐下，便叫道：“主人家，过往僧人买碗酒吃。”庄家看了一看道：“和尚，你那里来？”智深道：“俺是行脚僧人，游方到此经过，要买碗酒吃。”庄家道：“和尚，若是五台山寺里的师父，我却不敢卖与你吃。”智深道：“洒家不是，你快将酒卖来。”庄家看见鲁智深这般模样，声音各别，便道：“你要打多少酒？”智深道：“休问多少，大碗只顾筛来。”约莫也吃了十来碗，智深问道：“有甚肉，把一盘来吃。”庄家道：“早来有些牛肉，都卖没了。”智深猛闻得一阵肉香，走出空地上看时，只见墙边沙锅里煮着一只狗在那里。智深道：“你家现有狗肉，如何不卖与俺吃？”庄家道：“我怕你是出家人，不吃狗肉，因此不来问你。”智深道：“洒家的银子有在这里。”便将银子递与庄家道：“你且卖半只与俺。”那庄家连忙取半只熟狗肉，捣些蒜泥，将来放在智深面前。智深大喜，用手扯那狗肉，蘸着蒜泥吃，一连又吃了十来碗酒。吃得口滑，只顾要吃，那里肯住。庄家倒都呆了，叫道：“和尚，只恁地罢！”智深睁起眼道：“洒家又不白吃你的，管俺怎地？”庄家道：“再要多少？”智深道：“再打一桶来。”庄家只得又舀一桶来。智深无移时，又吃了这桶酒，剩下一脚狗腿，把来揣在怀里，临出门又道：“多的银子，明日又来吃。”吓得庄家目瞪口呆，罔知所措。看见他早望五台山上去了。

智深走到半山亭子上，坐了一回，酒却涌上来，跳起身，口里道：“俺好些时不曾拽拳使脚，觉道身体都困倦了，洒家且使几路看。”下得亭子，把两只袖子　在手里，上下左右，使了一回。使得力发，只一膀子，扇在亭子柱上，只听得刮剌剌一声响亮，把亭子柱打折了，坍了亭子半边。门子听得半山里响，高处看时，只见鲁智深一步一攧，抢上山来。两个门子叫道：“苦也!这畜生今番又醉得不小，可便把山门关上，把拴拴了。”只在门缝里张时，见智深抢到山门下，见关了门，把拳头擂鼓也似敲门，两个门子那里敢开。智深敲了一回，扭过身来，看了左边的金刚，喝一声道：“你这个鸟大汉，不替俺敲门，却拿着拳头吓洒家，俺须不怕你。”跳上台基，把栅剌子只一拔，却似　葱般拔开了；拿起一根折木头，去那金刚腿上便打，簌簌地泥和颜色都脱下来。门子张见道：“苦也！”只得报知长老。智深等了一会，调转身来，看着右边金刚，喝一声道：“你这厮张开大口，也来笑洒家。”便跳过右边台基上，把那金刚脚上打了两下，只听得一声震天价响，那尊金刚从台基上倒撞下来，智深提着折木头大笑。

两个门子去报长老，长老道：“休要惹他，你们自去。”只见这首座、监寺、都寺并一应职事僧人，都到方丈禀说：“这野猫今日醉得不好，把半山亭子，山门下金刚，都打坏了，如何是好？”长老道：“自古天子尚且避醉汉，何况老僧乎?若是打坏了金刚，请他的施主赵员外自来塑新的；倒了亭子，也要他修盖。这个且由他。”众僧道：“金刚乃是山门之主，如何把来换过？”长老道：“休说坏了金刚，便是打坏了殿上三世佛，也没奈何，只可回避他。你们见前日的行凶么？”众僧出得方丈，都道：“好个囫囵竹的长老!门子，你且休开，只在里面听。”智深在外面大叫道：“直娘的秃驴们，不放洒家入寺时，山门外讨把火来，烧了这个鸟寺！”众僧听得叫，只得叫门子拽了大拴，由那畜生入来；若不开时，真个做出来。门子只得捻脚捻手，把拴拽了，飞也似闪入房里躲了，众僧也各自回避。

只说那鲁智深双手把山门尽力一推，扑地　将入来，吃了一交。扒将起来，把头摸一摸，直奔僧堂来。到得选佛场中，禅和子正打坐间，看见智深揭起帘子，钻将入来，都吃一惊，尽低了头。智深到得禅床边，喉咙里咯咯地响，看着地下便吐。众僧都闻不得那臭，个个道："善哉！"齐掩了口鼻。智深吐了一回，扒上禅床，解下绦，把直裰带子都必必剥剥扯断了，脱下那脚狗腿来。智深道："好好，正肚饥哩！"扯来便吃。众僧看见，便把袖子遮了脸，上下肩两个禅和子远远地躲开。智深见他躲开，便扯一块狗肉，看着上首的道："你也到口。"上首的那和尚，把两只袖子死掩了脸。智深道："你不吃。"把肉望下首的禅和子嘴边塞将去，那和尚躲不迭，却待下禅床，智深把他劈耳朵揪住，将肉便塞。对床四五个禅和子跳过来劝时，智深撇了狗肉，提起拳头，去那光脑袋上必必剥剥只顾凿。满堂僧众大喊起来，都去柜中取了衣钵要走。此乱唤做卷堂大散。首座那里禁约得住?

智深一味地打将出来，大半禅客都躲出廊下来。监寺、都寺不与长老说知，叫起一班职事僧人，点起老郎、火工道人、直厅、轿夫，约有一二百人，都执杖叉棍棒，尽使手巾盘头，一齐打入僧堂来。智深见了，大吼一声，别无器械，抢入僧堂里，佛面前推翻供桌， 两条桌脚，从堂里打将出来。但见：

心头火起，口角雷鸣。奋八九尺猛兽身躯，吐三千丈凌云志气。按不住杀人怪胆，圆睁起卷海双睛。直截横冲，似中箭投崖虎豹；前奔后涌，如着枪跳涧豺狼。直饶揭帝也难当，便是金刚须拱手。

当时鲁智深抡两条桌脚，打将出来，众多僧行见他来得凶了，都拖了棒，退到廊下。智深两条桌脚，着地卷将来，众僧早两下合拢来。智深大怒，指东打西，指南打北，只饶了两头的。当时智深直打到法堂下，只见长老喝道："智深不得无礼，众僧也休动手。"两边众人，被打伤了数十个，见长老来，各自退去。智深见众人退散，撇了桌脚，叫道："长老，与洒家做主。"此时酒已七八分醒了。长老道："智深，你连累杀老僧。前番醉了一次，搅扰了一场，我教你兄赵员外得知，他写书来，与众僧陪话。今番你又如此大醉无礼，乱了清规，打坍了亭子，又打坏了金刚。这个且由他。你搅得众僧卷堂而走，这个罪业非小，我这里五台山文殊菩萨道场，千百年清净香火去处，如何容得你这个秽污?你且随我来方丈里过几日，我安排你一个去处。"智深随长老到方丈去。长老一面叫职事僧人留住众禅客，再回僧堂，自去坐禅；打伤了的和尚，自去将息。长老领智深到方丈，歇了一夜。

次日，真长老与首座商议："收拾了些银两赍发他，教他别处去，可先说与赵员外知道。"长老随即修书一封，使两个直厅道人，径到赵员外庄上，说知就里，立等回报。赵员外看了来书，好生不然。回书来拜复长老说道："坏了的金刚、亭子，赵某随即备价来修。智深任从长老发遣。"长老得了回书，便叫侍者取领皂布直裰，一双僧鞋，十两白银，房中唤过智深。长老道："智深，你前番一次大醉，闹了僧堂，便是误犯。今次又大醉，打坏了金刚，坍了亭子，卷堂闹了选佛场，你这罪业非轻；又把众禅客打伤了。我这里出家，是个清净去处，你这等做，甚是不好。看你赵檀越面皮，与你这封书，投一个去处安身。我这里决然安你不得了。我夜来看了，赠汝四句偈言，终身受用。"智深道："师父教弟子那里去安身立命?愿听俺师四句偈言。"真长老指着鲁智深，说出这几句言语，去这个去处。有分教：这人笑挥禅杖，战天下英雄好汉；怒掣戒刀，砍世上逆子谗臣。直教：名驰塞北三千里，果证江南第一州。

毕竟真长老与智深说出甚言语来，且听下回分解。

第五回 小霸王醉入销金帐　花和尚大闹桃花村

话说当日智真长老道："智深，你此间决不可住了。我有一个师弟，现在东京大相国寺住持，唤做智清禅师。我与你这封书，去投他那里，讨个职事僧做。我夜来看了，赠汝四句偈言，你可终身受用，记取今日之言。"智深跪下道："洒家愿听偈言。"长老道："遇林而起，遇山而富，遇水而兴，遇江而止。"鲁智深听了四句偈言，拜了长老九拜。背了包裹、腰包、肚包，藏了书信，辞了长老并众僧人，离了五台山，径到铁匠间壁客店里歇了，等候打了禅杖、戒刀完备就行。寺内众僧得鲁智深去了，无一个不欢喜。长老教火工道人自来收拾打坏了的金刚、亭子。过不得数日，赵员外自将若干钱物来五台山，再塑起金刚，重修起半山亭子，不在话下。有诗为证：

禅林辞去入禅林，知己相逢义断金。
且把威风惊贼胆，漫将妙理悦禅心。
绰名久唤花和尚，道号亲名鲁智深。
俗愿了时终证果，眼前争奈没知音。

再说这鲁智深就客店里住了几日，等得两件家生都已完备，做了刀鞘，把戒刀插放鞘内，禅杖却把漆来裹了。将些碎银子赏了铁匠，背了包裹，跨了戒刀，提了禅杖，作别了客店主人并铁匠，行程上路。过往人看了，果然是个莽和尚。但见：

皂直裰背穿双袖，青圆绦斜绾双头。鞘内戒刀，藏春冰三尺；肩头禅杖，横铁蟒一条。鹭鹚腿紧系脚絣，蜘蛛肚牢拴衣钵。 嘴缝边攒千条断头铁线，胸脯上露一带盖胆寒毛。生成食肉餐鱼脸，不是看经念佛人。

且说鲁智深自离了五台山文殊院，取路投东京来。行了半月之上，于路不投寺院去歇，只是客店内打火安身，白日间酒肆里买吃。

一日正行之间，贪看山明水秀，不觉天色已晚。但见：

山影深沉，槐阴渐没。绿杨郊外，时闻鸟雀归林；红杏村中，每见牛羊入圈。落日带烟生碧雾，断霞映水散红光。溪边钓叟移舟去，野外村童跨犊归。

鲁智深因见山水秀丽，贪行了半日，赶不上宿头，路中又没人作伴，那里投宿是好?又赶了三二十里田地，过了一条板桥，远远地望见一簇红霞，树木丛中，闪着一所庄院，庄后重重叠叠，都是乱山。鲁智深道："只得投庄上去借宿。"径奔到庄前看时，见数十个庄家，忙忙急急，搬东搬西。鲁智深到庄前，倚了禅杖，与庄客打个问讯。庄客道："和尚，日晚来我庄上做甚的？"智深道："洒家赶不上宿头，欲借贵庄投宿一宵，明早便行。"庄客道："我庄上今夜有事，歇不得。"智深道："胡乱借洒家歇一夜，明日便行。"庄客道："和尚快走，休在这里讨死！"智深道："也是怪哉!歇一夜，打甚么不紧?怎地便是讨死？"庄家道："去便去，不去时，便捉来缚在这里。"鲁智深大怒道："你这厮村人，好没道理!俺又不曾说甚的，便要绑缚洒家。"庄家们也有骂的，也有劝的。

鲁智深提起禅杖，却待要发作，只见庄里走出一个老人来。鲁智深看那老人时，似年近六旬之上。拄一条过头拄杖，走将出来，喝问庄客："你们闹甚么？"庄客道："可奈这个和尚要打我们。"智深便道："小僧是五台山来的和尚，要上东京去干事，今晚赶不上宿头，借贵庄投宿一宵，庄家那厮无礼，要绑缚洒家。”那老人道：“既是五台山来的僧人，随我进来。”智深跟那老人直到正堂上，分宾主坐下。那老人道：“师父，休要怪。庄家们不省得师父是活佛去处来的，他作寻常一例相看。老汉从来敬信佛天三宝，虽是我庄上今夜有事，权且留师父歇一宵了去。”智深将禅杖倚了，起身打个问讯，谢道：“感承施主，小僧不敢动问贵庄高姓？”老人道：“老汉姓刘，此间唤做桃花村，乡人都叫老汉做桃花庄刘太公。敢问师父俗姓，唤做甚么讳字？”智深道：“俺的师父是智真长老，与俺取了个讳字。因洒家姓鲁，唤做鲁智深。”太公道：“师父请吃些晚饭，不知肯吃荤腥也不？”鲁智深道：“洒家不忌荤酒，遮莫甚么浑清白酒，都不拣选；牛肉狗肉，但有便吃。”太公道：“既然师父不忌荤酒，先叫庄客取酒肉来。”没多时，庄客掇张桌子，放下一盘牛肉，三四样菜蔬，一双箸，放在鲁智深面前。智深解下腰包、肚包，坐定。那庄客旋了一壶酒，拿一只盏子，筛下酒与智深吃。这鲁智深也不谦让，也不推辞，无一时，一壶酒，一盘肉，都吃了。太公对席看见，呆了半晌。庄客搬饭来，又吃了，抬过桌子。

太公分付道：“胡乱教师父在外面耳房中歇一宵，夜间如若外面热闹，不可出来窥望。”智深道：“敢问贵庄今夜有甚事？”太公道：“非是你出家人闲管的事。”智深道：“太公缘何模样不甚喜欢?莫不怪小僧来搅扰你么?明日洒家算还你房钱便了。”太公道：“师父听说，我家时常斋僧布施，那争师父一个?只是我家今夜小女招夫，以此烦恼。”鲁智深呵呵大笑道：“‘男大须婚，女大必嫁’。这是人伦大事，五常之礼，何故烦恼？”太公道：“师父不知，这头亲事，不是情愿与的。”智深大笑道：“太公，你也是个痴汉，既然不两相情愿，如何招赘做个女婿？”太公道：“老汉止有这个小女，如今方得一十九岁，被此间有座山，唤做桃花山，近来山上有两个大王，扎了寨栅，聚集着五七百人，打家劫舍。此间青州官军捕盗，禁他不得，因来老汉庄上讨进奉，见了老汉女儿，撇下二十两金子、一匹红锦为定礼，选着今夜好日，晚间来入赘老汉庄上。又和他争执不得，只得与他，因此烦恼，非是争师父一个人。”智深听了道：“原来如此。小僧有个道理，教他回心转意，不要娶你女儿如何？”太公道：“他是个杀人不眨眼魔君，你如何能够得他回心转意？”智深道：“洒家在五台山智真长老处，学得说因缘，便是铁石人，也劝得他转。今晚可教你女儿别处藏了，俺就你女儿房内说因缘，劝他便回心转意。”太公道：“好却甚好，只是不要捋虎须。”智深道：“洒家的不是性命!你只依着俺行。”太公道：“却是好也!我家有福，得遇这个活佛下降。”庄客听得，都吃一惊。

太公问智深：“再要饭吃么？”智深道：“饭便不要吃，有酒再将些来吃。”太公道：“有，有！”随即叫庄客取一只熟鹅，大碗斟将酒来，叫智深尽意吃了三二十碗，那只熟鹅也吃了。叫庄客将了包裹，先安放房里，提了禅杖，带了戒刀，问道：“太公，你的女儿躲过了不曾？”太公道：“老汉已把女儿寄送在邻舍庄里去了。”智深道：“引洒家新妇房内去。”太公引至房边，指道：“这里面便是。”智深道：“你们自去躲了。”太公与众庄客自出外面安排筵席。智深把房中桌椅等物，都掇过了；将戒刀放在床头，禅杖把来倚在床边，把销金帐子下了，脱得赤条条地，跳上床去坐了。

太公见天色看看黑了，叫庄客前后点起灯烛荧煌，就打麦场上放下一条桌子，上面摆着香花灯烛。一面叫庄客大盘盛着肉，大壶温着酒。约莫初更时分，只听得山边锣鸣鼓响。这刘太公怀着鬼胎，庄家们都捏着两把汗，尽出庄门外看时，只见远远地四五十火把，照曜如同白日，一簇人马，飞奔庄上来。但见：

雾锁青山影里，滚出一伙没头神；烟迷绿树林边，摆着几行争食鬼。人人凶恶，个个狰狞。头巾都戴茜根红，衲袄尽披枫叶赤。缨枪对对，围遮定吃人心肝的小魔王；梢棒双双，簇捧着不养爹娘的真太岁。夜间罗刹去迎亲，山上大虫来下马。

刘太公看见，便叫庄客大开庄门，前来迎接。只见前遮后拥，明晃晃的都是器械旗枪，尽把红绿绢帛缚着。小喽罗头巾边乱插着野花。前面摆着四五对红纱灯笼，照着马上那个大王。怎生打扮，但见：

头戴撮尖干红凹面巾，鬓傍边插一枝罗帛象生花，上穿一领围虎体挽绒金绣绿罗袍，腰系一条称狼身销金包肚红搭膊，着一双对掩云跟牛皮靴，骑一匹高头卷毛大白马。

那大王来到庄前下了马，只见众小喽罗齐声贺道：“帽儿光光，今夜做个新郎；衣衫窄窄，今夜做个娇客。”刘太公慌忙亲捧台盏，斟下一杯好酒，跪在地下，众庄客都跪着。那大王把手来扶道：“你是我的丈人，如何倒跪我？”太公道：“休说这话，老汉只是大王治下管的人户。”那大王已有七八分醉了，呵呵大笑道：“我与你家做个女婿，也不亏负了你。你的女儿匹配我也好。”刘太公把了下马杯，来到打麦场上，见了香花灯烛，便道：“泰山，何须如此迎接？”那里又饮了三杯，来到厅上，唤小喽罗教把马去系在绿杨树上。小喽罗把鼓乐就厅前擂将起来，大王上厅坐下，叫道：“丈人，我的夫人在那里？”太公道：“便是怕羞，不敢出来。”大王笑道：“且将酒来，我与丈人回敬。”那大王把了一杯，便道：“我且和夫人厮见了，却来吃酒未迟。”那刘太公一心只要那和尚劝他，便道：“老汉自引大王去。”拿了烛台，引着大王，转入屏风背后，直到新人房前。太公指与道：“此间便是，请大王自入去。”太公拿了烛台，一直去了。未知凶吉如何，先办一条走路。

那大王推开房门，见里面黑洞洞地。大王道：“你看我那丈人，是个做家的人，房里也不点碗灯，由我那夫人黑地里坐地。明日叫小喽罗山寨里扛一桶好油来与他点。”鲁智深坐在帐子里都听得，忍住笑，不做一声。那大王摸进房中，叫道：“娘子，你如何不出来接我?你休要怕羞，我明日要你做压寨夫人。”一头叫娘子，一头摸来摸去。一摸摸着销金帐子，便揭起来，探一只手入去摸时，摸着鲁智深的肚皮，被鲁智深就势劈头巾带角儿揪住，一按按将下床来。那大王却待挣扎，鲁智深把右手捏起拳头，骂一声：“直娘贼！”连耳根带脖子只一拳，那大王叫一声：“做甚么便打老公？”鲁智深喝道：“教你认的老婆！”拖倒在床边，拳头脚尖一齐上，打得大王叫救人。刘太公惊得呆了，只道这早晚正说因缘劝那大王，却听的里面叫救人。太公慌忙把着灯烛，引了小喽罗，一齐抢将入来。众人灯下打一看时，只见一个胖大和尚，赤条条不着一丝，骑翻大王在床面前打。为头的小喽罗叫道：“你众人都来救大王。”众小喽罗一齐拖枪拽棒，打将入来救时，鲁智深见了，撇下大王，床边绰了禅杖，着地打将出来。小喽罗见来得凶猛，发声喊都走了。刘太公只管叫苦。打闹里，那大王爬出房门，奔到门前，摸着空马，树上折枝柳条，托地跳在马背上，把柳条便打那马，却跑不去。大王道：“苦也!这马也来欺负我。”再看时，原来心慌，不曾解得缰绳，连忙扯断了，骑着【刬产】马飞走。出得庄门，大骂：“刘太公老驴休慌，不怕你飞了。”把马打上两柳条，拨喇喇地驮了大王上山去。

刘太公扯住鲁智深道：“和尚，你苦了老汉一家儿了！”鲁智深说道：“休怪无礼。且取衣服和直裰来，洒家穿了说话。”庄家去房里取来，智深穿了。太公道：“我当初只指望你说因缘，劝他回心转意，谁想你便下拳打他这一顿，定是去报山寨里大队强人来杀我家。”智深道：“太公休慌。俺说与你：洒家不是别人，俺是延安府老种经略相公帐前提辖官，为因打死了人，出家做和尚，休道这两个鸟人，便是一二千军马来，洒家也不怕他。你们众人不信时，提俺禅杖看。”庄客们那里提得动。智深接过来手里，一似拈灯草一般使起来。太公道：“师父休要走了去，却要救护我们一家儿使得。”智深道：“甚么闲话!俺死也不走。”太公道：“且将些酒来师父吃，休得要抵死醉了。”鲁智深道：“洒家一分酒，只有一分本事，十分酒，便有十分的气力。”太公道：“恁地时最好。我这里有的是酒肉，只顾教师父吃。”

且说这桃花山大头领坐在寨里，正欲差人下山来探听做女婿的二头领如何，只见数个小喽罗气急败坏，走到山寨里叫道："苦也!苦也！"大头领连忙问道："有甚么事，慌做一团？"小喽罗道："二哥哥吃打坏了。"大头领大惊，正问备细，只见报道："二哥哥来了。"大头领看时，只见二头领红巾也没了，身上绿袍扯得粉碎，下得马倒在厅前，口里说道："哥哥救我一救。"大头领问道："怎么来？"二头领道："兄弟下得山，到他庄上，入进房里去。叵耐那老驴把女儿藏过了，却教一个胖和尚躲在女儿床上。我却不提防，揭起帐子摸一摸，吃那厮揪住，一顿拳头脚尖，打得一身伤损。那厮见众人入来救应，放了手，提起禅杖打将出去。因此我得脱了身，拾得性命。哥哥与我做主报仇。"大头领道："原来恁地。你去房中将息，我与你去拿那贼秃来。"喝叫左右："快备我的马来！"众小喽罗都去。大头领上了马，绰枪在手，尽数引了小喽罗，一齐呐喊下山去了。

再说鲁智深正吃酒哩，庄客报道："山上大头领尽数都来了。"智深道："你等休慌。洒家但打翻的，你们只顾缚了，解去官司请赏。取俺的戒刀来。"鲁智深把直裰脱了，拽扎起下面衣服，跨了戒刀，大踏步提了禅杖，出到打麦场上。只见大头领在火把丛中，一骑马抢到庄前，马上挺着长枪，高声喝道："那秃驴在那里?早早出来决个胜负。"智深大怒，骂道："腌打脊泼才，叫你认得洒家！"抡起禅杖，着地卷将来。那大头领逼住枪，大叫道："和尚且休要动手，你的声音好厮熟，你且通个姓名。"鲁智深道："洒家不是别人，老种经略相公帐前提辖鲁达的便是，如今出了家，做和尚，唤做鲁智深。"那大头领呵呵大笑，滚鞍下马，撇了枪，扑翻身便拜道："哥哥别来无恙，可知二哥着了你手。"鲁智深只道赚他，托地跳退数步，把禅杖收住，定睛看时，火把下认得，不是别人，却是江湖上使枪棒卖药的教头打虎将李忠。原来强人下拜，不说此二字，为军中不利，只唤做剪拂，此乃吉利的字样。李忠当下剪拂了起来，扶住鲁智深道："哥哥缘何做了和尚？"智深道："且和你到里面说话。"刘太公见了，又只叫苦："这和尚原来也是一路！"

鲁智深到里面，再把直裰穿了，和李忠都到厅上叙旧。鲁智深坐在正面，唤刘太公出来，那老儿不敢向前。智深道："太公休怕，他也是俺的兄弟。"那老儿见说是兄弟，心里越慌，又不敢不出来。李忠坐了第二位，太公坐了第三位。鲁智深道："你二位在此，俺自从渭州三拳打死了镇关西，逃走到代州雁门县，因见了洒家赍发他的金老。那老儿不曾回东京去，却随个相识，也在雁门县住。他那个女儿，就与了本处一个财主赵员外。和俺厮见了，好生相敬。不想官司追捉得洒家要紧，那员外陪钱去送俺五台山智真长老处落发为僧。洒家因两番酒后闹了僧堂，本师长老与俺一封书，教洒家去东京大相国寺，投了智清禅师，讨个职事僧做。因为天晚，到这庄上投宿，不想与兄弟相见。却才俺打的那汉是谁?你如何又在这里？"李忠道："小弟自从那日与哥哥在渭州酒楼上同史进三人分散，次日听得说哥哥打死了郑屠。我去寻史进商议，他又不知投那里去了。小弟听得差人缉捕，慌忙也走了，却从这山下经过。却才被哥哥打的那汉，先在这里桃花山扎寨，唤做小霸王周通。那时引人下山来和小弟厮杀，被我赢了，他留小弟在山上为寨主，让第一把交椅，教小弟坐了，以此在这里落草。"

智深道："既然兄弟在此，刘太公这头亲事，再也休题。他止有这个女儿，要养终身；不争被你把了去，教他老人家失所。"太公见说了，大喜，安排酒食出来，管待二位。小喽罗们每人两个馒头，两块肉，一大碗酒，都教吃饱了。太公将出原定的金子缎匹。鲁智深道："李家兄弟，你与他收了去，这件事都在你身上。"李忠道："这个不妨事。且请哥哥去小寨住几时，刘太公也走一遭。"太公叫庄客安排轿子，抬了鲁智深，带了禅杖、戒刀、行李。李忠也上了马，太公也乘了一乘小轿，却早天色大明。众人上山来，智深、太公到得寨前，下了轿子，李忠也下了马，邀请智深入到寨中，向这聚义厅上，三人坐定，李忠叫请周通出来。周通见了和尚，心中怒道："哥哥却不与我报仇，倒请他来寨里，让他上面坐！"李忠道："兄弟，你认得这和尚么？"周通道："我若认得他时，须不吃他打了。"李忠笑道："这和尚便是我日常和你说的三拳打死镇关西的，便是他。"周通把头摸一摸，叫声："阿呀！"扑翻身便剪拂。鲁智深答礼道："休怪冲撞。"

三个坐定，刘太公立在面前，鲁智深便道："周家兄弟，你来听俺说，刘太公这头亲事，你却不知他只有这个女儿，养老送终，承祀香火，都在他身上。你若娶了，教他老人家失所，他心里怕不情愿。你依着洒家，把来弃了，别选一个好的。原定的金子缎匹，将在这里。你心下如何？"周通道："并听大哥言语，兄弟再不敢登门。"智深道："大丈夫作事，却休要翻悔！"周通折箭为誓。刘太公拜谢了，纳还金子缎匹，自下山回庄去了。

李忠、周通椎牛宰马，安排筵席，管待了数日。引鲁智深山前山后观看景致，果是好座桃花山，生得凶怪，四围险峻，单单只一条路上去，四下里漫漫都是乱草。智深看了道："果然好险隘去处。"住了几日，鲁智深见李忠、周通不是个慷慨之人，作事悭吝，只要下山。两个苦留，那里肯住，只推道："俺如今既出了家，如何肯落草？"李忠、周通道："哥哥既然不肯落草，要去时，我等明日下山，但得多少，尽送与哥哥作路费。"次日，山寨里一面杀羊宰猪，且做送路筵席，安排整顿，却将金银酒器，设放在桌上。正待入席饮酒，只见小喽罗报来说："山下有两辆车，十数个人来也。"李忠、周通见报了，点起众多小喽罗，只留一两个伏侍鲁智深饮酒。两个好汉道："哥哥只顾请自在吃几杯，我两个下山去取得财来，就与哥哥送行。"分付已罢，引领众人下山去了。

且说这鲁智深寻思道："这两个人好生悭吝，现放着有许多金银，却不送与俺，直等要去打劫得别人的，送与洒家。这个不是把官路当人情，只苦别人!洒家且教这厮吃俺一惊。"便唤这几个小喽罗近前来筛酒吃。方才吃得两盏，跳起身来，两拳打翻两个小喽罗，便解搭膊做一块儿捆了，口里都塞了些麻核桃。便取出包裹打开，没要紧的都撇了，只拿了桌上金银酒器，都踏匾了，拴在包裹；胸前度牒袋内藏了真长老的书信；跨了戒刀，提了禅杖，顶了衣包，便出寨来。到山后打一望时，都是险峻之处，却寻思："洒家从前山去时，以定吃那厮们撞见，不如就此间乱草处滚将下去。"先把戒刀和包裹拴了，望下丢落去，又把禅杖也撺落去。却把身望下只一滚，骨碌碌直滚到山脚边，并无伤损。诗曰：

绝险曾无鸟道开，欲行且止自疑猜。

光头包裹从高下，瓜熟纷纷落蒂来。

当时鲁智深从险峻处滚下，跳将起来，寻了包裹，跨了戒刀，拿了禅杖，拽开脚手，取路便走。

再说李忠、周通下到山边，正迎着那数十个人，各有器械。李忠、周通挺着枪，小喽罗呐着喊，抢向前来喝道："兀那客人，会事的留下买路钱！"那客人内有一个便拈着朴刀来斗李忠，一来一往，一去一回，斗了十余合，不分胜负。周通大怒，赶向前来喝一声，众小喽罗一齐都上，那伙客人抵当不住，转身便走。有那走得迟的，尽被搠死七八个。劫了车子财物，和着凯歌，慢慢地上山来。到得寨里，打一看时，只见两个小喽罗捆做一块在亭柱边，桌子上金银酒器，都不见了。周通解了小喽罗，问其备细，鲁智深那里去了。小喽罗说道："把我两个打翻捆缚了，卷了若干器皿，都拿了去。"周通道："这贼秃不是好人，倒着了那厮手脚，却从那里去了？"团团寻踪迹，到后山，见一带荒草平平地都滚倒了。周通看了道："这秃驴倒是个老贼!这般险峻山冈，从这里滚了下去。"李忠道："我们赶上去问他讨，也羞那厮一场。"周通道："罢，罢!贼去了关门，那里去赶?便赶得着时，也问他取不成。倘有些不然起来，我和你又敌他不过，后来倒难厮见了；不如罢手，后来倒好相见。

我们且自把车子上包裹打开，将金银缎匹分作三分，我和你各捉一分，一分赏了众小喽罗。”李忠道：“是我不合引他上山，折了你许多东西，我的这一分都与了你。”周通道：“哥哥，我同你同死同生，休恁地计较。”看官牢记话头，这李忠、周通自在桃花山打劫。

再说鲁智深离了桃花山，放开脚步，从早晨直走到午后，约莫走下五六十里多路，肚里又饥，路上又没个打火处，寻思：“早起只顾贪走，不曾吃得些东西，却投那里去好？”东观西望，猛然听得远远地铃铎之声，鲁智深听得道：“好了!不是寺院，便是宫观，风吹得檐前铃铎之声，洒家且寻去那里投奔。”不是鲁智深投那个去处，有分教：到那里断送了十余条性命生灵，一把火烧了有名的灵山古迹。直教：黄金殿上生红焰，碧玉堂前起黑烟。

毕竟鲁智深投甚么寺观来，且听下回分解。

第六回 九纹龙剪径赤松林　鲁智深火烧瓦罐寺

话说鲁智深走过数个山坡，见一座大松林，一条山路。随着那山路行去，走不得半里，抬头看时，却见一所败落寺院，被风吹得铃铎响。看那山门时，上有一面旧朱红牌额，内有四个金字，都昏了，写着“瓦罐之寺”。又行不得四五十步，过座石桥，再看时，一座古寺，已有年代。入得山门里，仔细看来，虽是大刹，好生崩损。但见：

钟楼倒塌，殿宇崩摧。山门尽长苍苔，经阁都生碧藓。释迦佛芦芽穿膝，浑如在雪岭之时；观世音荆棘缠身，却似守香山之日。诸天坏损，怀中鸟雀营巢；帝释欹斜，口内蜘蛛结网。没头罗汉，这法身也受灾殃；折臂金刚，有神通如何施展。香积厨中藏兔穴，龙华台上印狐踪。

鲁智深入得寺来，便投知客寮去。只见知客寮门前大门也没了，四围壁落全无。智深寻思道：“这个大寺，如何败落的恁地？”直入方丈前看时，只见满地都是燕子粪，门上一把锁锁着，锁上尽是蜘蛛网。智深把禅杖就地下搠着，叫道：“过往僧人来投斋。”叫了半日，没一个答应。回到香积厨下看时，锅也没了，灶头都塌损。智深把包裹解下，放在监斋使者面前，提了禅杖，到处寻去。寻到厨房后面一间小屋，见几个老和尚坐地，一个个面黄肌瘦。智深喝一声道：“你们这和尚，好没道理!由洒家叫唤，没一个应。”那和尚摇手道：“不要高声。”智深道：“俺是过往僧人，讨顿饭吃，有甚利害。”老和尚道：“我们三日不曾有饭落肚，那里讨饭与你吃？”智深道：“俺是五台山来的僧人，粥也胡乱请洒家吃半碗。”老和尚道：“你是活佛去处来的僧，我们合当斋你，争奈我寺中僧众走散，并无一粒斋粮。老僧等端的饿了三日。”智深道：“胡说，这等一个大去处，不信没斋粮。”

老和尚道：“我这里是个非细去处。只因是十方常住，被一个云游和尚，引着一个道人，来此住持，把常住有的没的都毁坏了。他两个无所不为，把众僧赶出去了。我几个老的走不动，只得在这里过，因此没饭吃。”智深道：“胡说!量他一个和尚，一个道人，做得甚事，却不去官府告他？”老和尚道：“师父，你不知这里衙门又远，便是官军，也禁不的他。这和尚、道人好生了得，都是杀人放火的人，如今向方丈后面一个去处安身。”智深道：“这两个唤做甚么？”老和尚道：“那和尚姓崔，法号道成，绰号生铁佛；道人姓丘，排行小乙，绰号飞天夜叉。这两个那里似个出家人，只是绿林中强贼一般，把这出家影占身体。”智深正问间，猛闻得一阵香来。智深提了禅杖，踅过后面打一看时，见一个土灶，盖着一个草盖，气腾腾透将起来。智深揭起看时，煮着一锅粟米粥。智深骂道：“你这几个老和尚没道理!只说三日没吃饭，如今现煮一锅粥，出家人何故说谎？”那几个老和尚被智深寻出粥来，只叫得苦，把碗碟、钵头、杓子、水桶，都抢过了。智深肚饥，没奈何，见了粥要吃，没做道理处，只见灶边破漆春台，只有些灰尘在上面。智深见了，人急智生，便把禅杖倚了，就灶边拾把草，把春台揩抹了灰尘；双手把锅掇起来，把粥望春台只一倾。那几个老和尚都来抢粥吃，被智深一推一交，倒的倒了，走的走了。智深却把手来捧那粥吃。才吃几口，那老和尚道：“我等端的三日没饭吃，却才去那里抄化得这些粟米，胡乱熬些粥吃，你又吃我们的。”智深吃五七口，听得了这话，便撇了不吃。

只听的外面有人嘲歌。智深洗了手，提了禅杖，出来看时，破壁子里望见一个道人，头带皂巾，身穿布衫，腰系杂色绦，脚穿麻鞋，挑着一担儿，一头是个竹篮儿，里面露些鱼尾，并荷叶托着些肉；一头担着一瓶酒，也是荷叶盖着。口里嘲歌着唱道：“你在东时我在西，你无男子我无妻。我无妻时犹闲可，你无夫时好孤　。”那几个老和尚赶出来，摇着手，悄悄地指与智深道：“这个道人便是飞天夜叉丘小乙。”智深见指说了，便提着禅杖，随后跟去。那道人不知智深在后面跟来，只顾走入方丈后墙里去。智深随即跟到里面，看时，见绿槐树下放着一条桌子，铺着些盘馔，三个盏子，三双箸子，当中坐着一个胖和尚，生的眉如漆刷，脸似墨装，褡的一身横肉，胸脯下露出黑肚皮来。边厢坐着一个年幼妇人。那道人把竹篮放下，也来坐地。智深走到面前，那和尚吃了一惊，跳起身来，便道：“请师兄坐，同吃一盏。”智深提着禅杖道：“你这两个如何把寺来废了？”那和尚便道：“师兄请坐，听小僧说。”智深睁着眼道：“你说!你说!”那和尚道：“在先敝寺十分好个去处，田庄又广，僧众极多，只被廊下那几个老和尚吃酒撒泼，将钱养女，长老禁约他们不得，又把长老排告了出去。因此把寺来都废了，僧众尽皆走散，田土已都卖了。小僧却和这个道人，新来住持此间，正欲要整理山门，修盖殿宇。”智深道：“这妇人是谁，却在这里吃酒？”那和尚道：“师兄容禀：这个娘子，他是前村王有金的女儿。在先他的父亲是本寺檀越，如今消乏了家私，近日好生狼狈，家间人口都没了，丈夫又患病，因来敝寺借米。小僧看施主檀越面，取酒相待，别无他意，师兄休听那几个老畜生说。”智深听了他这篇话，又见他如此小心，便道：“叵耐几个老僧戏弄洒家。”提了禅杖，再回香积厨来。这几个老僧方才吃些粥，正在那里。看见智深嗔忿的出来，指着老和尚道：“原来是你这几个坏了常住，犹自在俺面前说谎。”老和尚们一齐都道：“师兄休听他说，现今养着一个妇女在那里。他恰才见你有戒刀、禅杖，他无器械，不敢与你相争。你若不信时，再去走遭，看他和你怎地。师兄，你自寻思：他们吃酒吃肉，我们粥也没的吃，恰才还只怕师兄吃了。”智深道：“也说得是。”倒提了禅杖，再往方丈后来，见那角门却早关了。

智深大怒，只一脚踢开了，抢入里面，看时，只见那生铁佛崔道成仗着一条朴刀，从里面赶到槐树下来抢智深。智深见了，大吼一声，轮起手中禅杖，来斗崔道成。两个斗了十四五合，那崔道成斗智深不过，只有架隔遮拦，掣仗躲闪，抵当不住，却待要走。这丘道人见他当不住，却从背后拿了条朴刀，大踏步搠将来，智深正斗间，忽听的背后脚步响，却又不敢回头看他。不时见一个人影来，知道有暗算的人，叫一声：“着!”那崔道成心慌，只道着他禅杖，托地跳出圈子外去。智深恰才回身，正好三个摘脚儿厮见。崔道成和丘道人两个又并了十合之上。智深一来肚里无食，二来走了许多路途，三者当不的他两个生力，只得卖个破绽，拖了禅杖便走。两个拈着朴刀，直杀出山门外来。智深又斗了十合，掣了禅杖便走。两个赶到石桥下，坐在栏杆上，再不来赶。

智深走得远了，喘息方定，寻思道："洒家的包裹放在监斋使者面前，只顾走来，不曾拿得，路上又没一分盘缠，又是饥饿，如何是好?待要回去，又敌他不过。他两个并我一个，枉送了性命。"信步望前面去，行一步，懒一步。走了几里，见前面一个大林，都是赤松树。但见：

虬枝错落，盘数千条赤脚老龙；怪影参差，立几万道红鳞巨蟒。远观却似判官须，近看宛如魔鬼发。谁将鲜血洒林梢，疑是朱砂铺树顶。

鲁智深看了道："好座猛恶林子。"观看之间，只见树影里一个人探头探脑，望了一望，吐了一口唾，闪入去了。智深道："俺猜这个撮鸟是个剪径的强人，正在此间等买卖。见洒家是个和尚，他道不利市，吐一口唾，走入去了。那厮却不是鸟晦气，撞了洒家!洒家又一肚皮鸟气，正没处发落，且剥小厮衣裳当酒吃。"提了禅杖，径抢到松林边，喝一声："兀那林子里的撮鸟快出来！"那汉子在林子听的，大笑道："我晦气，他倒来惹我！"就从林子里拿着朴刀，背翻身跳出来，喝一声："秃驴，你是当死，不是我来寻你。"智深道："教你认的洒家。"抡起禅杖抢那汉。那汉拈着朴刀来斗和尚，恰待向前，肚里寻思道："这和尚声音好熟。"便道："兀那和尚，你的声音好熟，你姓甚？"智深道："俺且和你斗三百合，却说姓名。"那汉大怒，仗手中朴刀来迎禅杖。两个斗到十数合，那汉暗暗的喝采道："好个莽和尚。"又斗了四五合，那汉叫道："少歇，我有话说。"

两个都跳出圈子外来，那汉便问道："你端的姓甚名谁?声音好熟。"智深说姓名毕，那汉撇了朴刀，翻身便剪拂，说道："认得史进么？"智深笑道："原来是史大郎。"两个再剪拂了，同到林子里坐定。智深问道："史大郎，自渭州别后，你一向在何处？"史进答道："自那日酒楼前与哥哥分手，次日听得哥哥打死了郑屠，逃走去了。有缉捕的访知史进和哥哥赍发那唱的金老，因此小弟亦便离了渭州，寻师父王进，直到延州，又寻不着。回到北京，住了几时，盘缠使尽，以此来在这里寻些盘缠，不想得遇哥哥。缘何做了和尚?"智深把前面过的话，从头说了一遍。史进道："哥哥既是肚饥，小弟有干肉烧饼在此。"便取出来教智深吃。史进又道："哥哥既有包裹在寺内，我和你讨去。若还不肯时，一发结果了那厮。"智深道："是。"当下和史进吃得饱了，各拿了器械，再回瓦罐寺来。

到寺前，看见那崔道成、丘小乙两个兀自在桥上坐地。智深大喝一声道："你这厮们，来，来!今番和你斗个你死我活！"那和尚笑道："你是我手里败将，如何再来敢厮并？"智深大怒，抡起铁禅杖，奔过桥来。那生铁佛生嗔，仗着朴刀，杀下桥去。智深一者得了史进，肚里胆壮；二乃吃得饱了，那精神气力，越使得出来。两个斗到八九合，崔道成渐渐力怯，只办得走路；那飞天夜叉丘道人见和尚输了，便仗着朴刀来协助。这边史进见了，便从树林子里跳将出来，大喝一声："都不要走！"掀起笠儿，挺着朴刀，来战丘小乙。四个人两对厮杀。智深与崔道成正斗到间深里，智深得便处喝一声："着！"只一禅杖，把生铁佛打下桥去。那道人见倒了和尚，无心恋战，卖个破绽便走。史进喝道："那里去？"赶上望后心一朴刀，扑地一声响，道人倒在一边。史进踏入去，掉转朴刀，望下面只顾肐肢肐察的搠。智深赶下桥去，把崔道成背后一禅杖。可怜两个强徒，化作南柯一梦。正是：从前作过事，无幸一齐来。

智深、史进把这丘小乙、崔道成两个尸首都缚了，撺在涧里。两个再打入寺里来，香积厨下那几个老和尚，因见智深输了去，怕崔道成、丘小乙来杀他，已自都吊死了。智深、史进直走入方丈后角门内看时，那个掳来的妇人投井而死。直寻到里面八九间小屋，打将入去，并无一人。只见包裹已拿在彼，未曾打开。鲁智深见有了包裹，依原背了。再寻到里面，只见床上三四包衣服，史进打开，都是衣裳，包了些金银，拣好的包了一包袱，背在身上。寻到厨房，见有酒有肉，两个都吃饱了。灶前缚了两个火把，拨开火炉，火上点着，焰腾腾的先烧着后面小屋，烧到门前；再缚几个火把，直来佛殿下后檐，点着烧起来。凑巧风紧，刮刮杂杂地火起，竟天价烧起来。智深与史进看着，等了一回，四下火都着了。二人道："梁园虽好，不是久恋之家，俺二人只好撒开。"

二人厮赶着，行了一夜。天色微明，两个远远地望见一簇人家，看来是个村镇。两个投那村镇上来，独木桥边，一个小小酒店。但见：

柴门半掩，布幕低垂。酸醨酒瓮土床边，墨画神仙尘壁上，村童量酒，想非涤器之相如；丑妇当垆，不是当时之卓氏。墙间大字，村中学究醉时题；架上蓑衣，野外渔郎乘兴当。

智深、史进来到村中酒店内，一面吃酒，一面叫酒保买些肉来，借些米来，打火做饭。两个吃酒，诉说路上许多事务。吃了酒饭，智深便问史进道："你今投那里去？"史进道："我如今只得再回少华山去，投奔朱武等三人，入了伙，且过几时，却再理会。"智深见说了道："兄弟也是。"便打开包裹，取些金银，与了史进。二人拴了包裹，拿了器械，还了酒钱。二人出得店门，离了村镇，又行不过五七里，到一个三岔路口。智深道："兄弟须要分手，洒家投东京去，你休相送。你打华州，须从这条路去，他日却得相会。若有个便人，可通个信息来往。"史进拜辞了智深，各自分了路，史进去了。

只说智深自往东京，在路又行了八九日，早望见东京。入得城来，但见：

千门万户，纷纷朱翠交辉；三市六街，济济衣冠聚集。凤阁列九重金玉，龙楼显一派玻璃。花街柳陌，众多娇艳名姬；楚馆秦楼，无限风流歌妓。豪门富户呼卢会，公子王孙买笑来。

智深看见东京热闹，市井喧哗，来到城中，陪个小心问人道："大相国寺在何处？"街坊人答道："前面州桥便是。"智深提了禅杖便走，早来到寺前。入得山门看时，端的好一座大刹!但见：

山门高耸，梵宇清幽。当头敕额字分明，两下金刚形猛烈。五间大殿，龙鳞瓦砌碧成行；四壁僧房，龟背磨砖花嵌缝。钟楼森立，经阁巍峨。幡竿高峻接青云，宝塔依稀侵碧汉。木鱼横挂，云板高悬。佛前灯烛荧煌，炉内香烟缭绕。幢幡不断，观音殿接祖师堂；宝盖相连，水陆会通罗汉院。时时护法诸天降，岁岁降魔尊者来。智深进得寺来，东西廊下看时，径投知客寮内去，道人撞见，报与知客。无移时，知客僧出来，见了智深生得凶猛，提着铁禅杖，跨着戒刀，背着个大包裹，先有五分惧他。知客问道："师兄何方来？"智深放下包裹禅杖，打个问讯，知客回了问讯。智深说道："小徒五台山来，本师真长老有书在此，着小僧来投上刹清大师长老处，讨个职事僧做。"知客道："既是真大师长老有书札，合当同到方丈里去。"知客引了智深直到方丈，解开包裹，取出书来，拿在手里。知客道："师兄，你如何不知体面，即目长老出来，你可解了戒刀，取出那七条坐具信香来礼拜长老使得。"智深道："你却何不早说！"随即解了戒刀，包裹内取出片香一炷，坐具七条，半晌没做道理处。知客又与他披了袈裟，教他先铺坐具。少刻，只见智清禅师出来，知客向前禀道："这僧人从五台山来，有真禅师书在此。"清长老道："师兄多时不曾有法帖来。"知客叫智深道："师兄，快来礼拜长老。"只见智深先把那炷香插在炉内，拜了三拜，将书呈上。清长老接书拆开看时，中间备细说着鲁智深出家缘由，并今下山投托上刹之故，"万望慈悲收录，做个职事人员，切不可推故。此僧久后必当证果。”清长老读罢来书，便道：“远来僧人且去僧堂中暂歇，吃些斋饭。”智深谢了，收拾起坐具七条，提了包裹，拿了禅杖、戒刀，跟着行童去了。

清长老唤集两班许多职事僧人，尽到方丈，乃言：“汝等众僧在此，你看我师兄智真禅师好没分晓。这个来的僧人，原来是经略府军官，为因打死了人，落发为僧。二次在彼闹了僧堂，因此难着他。你那里安他不的，却推来与我。待要不收留他，师兄如此千万嘱付，不可推故；待要着他在这里，倘或乱了清规，如何使得？”知客道：“便是弟子们看那僧人，全不似出家人模样，本寺如何安着得他？”都寺便道：“弟子寻思起来，只有酸枣门外退居廨宇后那片菜园，时常被营内军健们并门外那二十来个破落户侵害，纵放羊马，好生罗唣。一个老和尚在那里住持，那里敢管他?何不教智深去那里住持，倒敢管的下。”清长老道：“都寺说的是。”教侍者去僧堂内客房里等他吃罢饭，便唤将他来。

侍者去不多时，引着智深到方丈里。清长老道：“你既是我师兄真大师荐将来我这寺中挂搭，做个职事人员，我这敝寺有个大菜园，在酸枣门外岳庙间壁，你可去那里住持管领。每日教种地人纳十担菜蔬，余者都属你用度。”智深便道：“本师真长老着小僧投大刹，讨个职事僧做，却不教俺做个都寺、监寺，如何教洒家去管菜园？”首座便道：“师兄，你不省得，你新来挂搭，又不曾有功劳，如何便做得都寺?这管菜园也是个大职事人员了。”智深道：“洒家不管菜园，俺只要做都寺、监寺。”知客又道：“你听我说与你：僧门中职事人员，各有头项。且如小僧做个知客，只理会管待往来客官僧众。至如维那、侍者、书记、首座，这都是清职，不容易得做。都寺、监寺、提点、院主，这个都是掌管常住财物。你才到的方丈，怎便得上等职事?还有那管藏的，唤做藏主；管殿的，唤做殿主；管阁的，唤做阁主；管化缘的，唤做化主；管浴堂的，唤做浴主。这个都是主事人员，中等职事。还有那管塔的塔头，管饭的饭头，管茶的茶头，管东厕的净头，与这管菜园的菜头。这个都是头事人员，末等职事。假如师兄你管了一年菜园好，便升你做个塔头；又管了一年好，升你做个浴主；又一年好，才做监寺。”智深道：“既然如此，也有出身时，洒家明日便去。”清长老见智深肯去，就留在方丈里歇了。当日议定了职事，随即写了榜文，先使人去菜园里退居廨宇内，挂起库司榜文，明日交割。当夜各自散了。次早，清长老升法座，押了法帖，委智深管菜园。智深到座前，领了法帖，辞了长老，背上包裹，跨了戒刀，提了禅杖，和两个送入院的和尚，直来酸枣门外廨宇里来住持。诗曰：

萍踪浪迹入东京，行尽山林数十程。
古刹今番经劫火，中原从此动刀兵。
相国寺中重挂搭，种蔬园内且经营。
自古白云无去住，几多变化任纵横。

且说菜园左近有二三十个赌博不成才破落户泼皮，泛常在园内偷盗菜蔬，靠着养身，因来偷菜，看见廨宇门上新挂一道库司榜文，上说：“大相国寺仰委管菜园僧人鲁智深前来住持，自明日为始掌管，并不许闲杂人等入园搅扰。”那几个泼皮看了，便去与众破落户商议道：“大相国寺里差一个和尚，甚么鲁智深，来管菜园。我们趁他新来，寻一场闹，一顿打下头来，教那厮伏我们。”数中一个道：“我有一个道理。他又不曾认的我，我们如何便去寻的闹?等他来时，诱他去粪窖边，只做恭贺他，双手抢住脚，翻筋斗，攧那厮下粪窖去，只是小耍他。”众泼皮道：“好，好！”商量已定，且看他来。

却说鲁智深来到廨宇退居内房中，安顿了包裹行李，倚了禅杖，挂了戒刀。那数个种地道人，都来参拜了，但有一应锁钥，尽行交割。那两个和尚，同旧住持老和尚相别了，尽回寺去。且说智深出到菜园地上，东观西望，看那园圃。只见这二三十个泼皮，拿着些果盒、酒礼，都嘻嘻的笑道：“闻知和尚新来住持，我们邻居街坊都来作庆。”智深不知是计，直走到粪窖边来。那伙泼皮一齐向前，一个来抢左脚，一个便抢右脚，指望来攧智深。只教：智深脚尖起处，山前猛虎心惊；拳头落时，海内蛟龙丧胆。正是：方圆一片闲园圃，目下排成小战场。

那伙泼皮怎的来攧智深，且听下回分解。

第七回 花和尚倒拔垂杨柳　豹子头误入白虎堂

话说那酸枣门外三二十个泼皮破落户中间，有两个为头的，一个叫做过街老鼠张三，一个叫做青草蛇李四。这两个为头接将来，智深也却好去粪窖边，看见这伙人都不走动，只立在窖边，齐道：“俺特来与和尚作庆。”智深道：“你们既是邻舍街坊，都来廨宇里坐地。”张三、李四便拜在地上，不肯起来，只指望和尚来扶他，便要动手。智深见了，心里早疑忌道：“这伙人不三不四，又不肯近前来，莫不要攧洒家?那厮却是倒来捋虎须!俺且走向前去，教那厮看洒家手脚。”智深大踏步近众人面前来，那张三、李四便道：“小人兄弟们特来参拜师父。”口里说，便向前去，一个来抢左脚，一个来抢右脚。智深不等他占身，右脚早起，腾的把李四先踢下粪窖里去；张三恰待走，智深左脚早起，两个泼皮都踢在粪窖里挣扎。后头那二三十个破落户惊的目瞪口呆，都待要走。智深喝道：“一个走的，一个下去；两个走的，两个下去。”众泼皮都不敢动弹。只见那张三、李四在粪窖里探起头来，原来那座粪窖没底似深，两个一身臭屎，头发上蛆虫盘满，立在粪窖里叫道：“师父饶恕我们。”智深喝道：“你那众泼皮，快扶那鸟上来，我便饶你众人。”众人打一救，搀到葫芦架边，臭秽不可近前。智深呵呵大笑道：“兀那蠢物，你且去菜园池子里洗了来，和你众人说话。”

两个泼皮洗了一回，众人脱件衣服，与他两个穿了。智深叫道：“都来廨宇里坐地说话。”智深先居中坐了，指着众人道：“你那伙鸟人，休要瞒洒家：你等都是甚么鸟人?来这里戏弄洒家！”那张三、李四并众火伴一齐跪下，说道：“小人祖居在这里，都只靠赌博讨钱为生。这片菜园是俺们衣饭碗，大相国寺里几番使钱，要奈何我们不得。师父却是那里来的长老，恁的了得!相国寺里不曾见有师父，今日我等情愿伏侍。”智深道：“洒家是关西延安府老种经略相公帐前提辖官，只为杀的人多，因此情愿出家，五台山来到这里。洒家俗姓鲁，法名智深。休说你这三二十个人直甚么，便是千军万马队中，俺敢直杀的入去出来。”众泼皮喏喏连声，拜谢了去。智深自来廨宇里房内，收拾整顿歇卧。

次日，众泼皮商量凑些钱物，买了十瓶酒，牵了一个猪来请智深，都在廨宇安排了，请鲁智深居中坐了，两边一带，坐定那二三十泼皮饮酒。智深道：“甚么道理叫你众人们坏钞？”众人道：“我们有福，今日得师父在这里与我等众人做主。”智深大喜，吃到半酣里，也有唱的，也有说的，也有拍手的，也有笑的。正在那里喧哄，只听得门外老鸦哇哇的叫。众人有叩齿的，齐道：“赤口上天，白舌入地。”智深道：“你们做甚么鸟乱？”众人道：“老鸦叫，怕有口舌。”智深道：“那里取这话？”那种地道人笑道：“墙角边绿杨树上新添了一个老鸦巢，每日只聒到晚。”众人道：“把梯子去上面拆了那巢便了。”有几个道：“我们便去。”智深也乘着酒兴，都到外面看时，果然绿杨树上一个老鸦巢。众人道：“把梯子上去拆了，也得耳根清净。”李四便道：“我与你盘上去，不要梯子。”智深相了一相，走到树前，把直裰脱了，用右手向下，把身倒缴着，却把左手拔住上截，把腰只一趁，将那株绿杨树带根拔起。众泼皮见了，一齐拜倒在地，只叫：“师父非是凡人，正是真罗汉身体，无千万斤气力，如何拔得起？”智深道：“打甚鸟紧?明日都看洒家演武，使器械。”众泼皮当晚各自散了。

从明日为始，这二三十个破落户见智深匾匾的伏，每日将酒肉来请智深，看他演武使拳。过了数日，智深寻思道：“每日吃他们酒食多矣，洒家今日也安排些还席。”叫道人去城中买了几般果子，沽了两三担酒，杀翻一口猪，一腔羊。那时正是三月尽，天气正热。智深道：“天色热。”叫道人绿槐树下铺了芦席，请那许多泼皮团团坐定。大碗斟酒，大块切肉，叫众人吃得饱了，再取果子吃，酒又吃得正浓。众泼皮道：“这几日见师父演力，不曾见师父使器械，怎得师父教我们看一看也好。”智深道：“说的是。”便去房内取出浑铁禅杖，头尾长五尺，重六十二斤。众人看了，尽皆吃惊，都道：“两臂膊没水牛大小气力，怎使得动？”智深接过来，飕飕的使动，浑身上下没半点儿参差。众人看了，一齐喝采。

智深正使得活泛，只见墙外一个官人看见，喝采道：“端的使得好！”智深听得，收住了手，看时，只见墙缺边立着一个官人，怎生打扮，但见：

头戴一顶青纱抓角儿头巾，脑后两个白玉圈连珠鬓环。身穿一领单绿罗团花战袍，腰系一条双搭尾龟背银带。穿一对磕瓜头朝样皂靴，手中执一把折迭纸西川扇子。

那官人生的豹头环眼，燕颔虎须，八尺长短身材，三十四五年纪，口里道：“这个师父，端的非凡，使的好器械！”众泼皮道：“这位教师喝采，必然是好。”智深问道：“那军官是谁？”众人道：“这官人是八十万禁军枪棒教头林武师，名唤林冲。”智深道：“何不就请来厮教。”那林教头便跳入墙来，两个就槐树下相见了，一同坐地。林教头便问道：“师兄何处人氏?法讳唤做甚么？”智深道：“洒家是关西鲁达的便是。只为杀的人多，情愿为僧，年幼时也曾到东京，认得令尊林提辖。”林冲大喜，就当结义智深为兄。智深道：“教头今日缘何到此？”林冲答道：“恰才与拙荆一同来间壁岳庙里还香愿。林冲听得使棒，看得入眼，着女使锦儿自和荆妇去庙里烧香，林冲就只此间相等，不想得遇师兄。”智深道：“洒家初到这里，正没相识，得这几个大哥每日相伴；如今又得教头不弃，结为弟兄，十分好了。”便叫道人再添酒来相待。恰才饮得三杯，只见女使锦儿慌慌急急，红了脸，在墙缺边叫道：“官人休要坐地!娘子在庙中和人合口。”林冲连忙问道：“在那里？”锦儿道：“正在五岳楼下来，撞见个奸诈不及的，把娘子拦住了不肯放。”林冲慌忙道：“却再来望师兄，休怪，休怪。”

林冲别了智深，急跳过墙缺，和锦儿径奔岳庙里来，抢到五岳楼看时，见了数个人，拿着弹弓、吹筒、粘竿，都立在栏干边；胡梯上一个年小的后生，独自背立着，把林冲的娘子拦着道：“你且上楼去，和你说话。”林冲娘子红了脸道：“清平世界，是何道理把良人调戏？”林冲赶到跟前，把那后生肩胛只一扳过来，喝道：“调戏良人妻子，当得何罪？”恰待下拳打时，认的是本管高太尉螟蛉之子高衙内。原来高俅新发迹，不曾有亲儿，无人帮助，因此过房这阿叔高三郎儿子在房内为子。本是叔伯弟兄，却与他做干儿子。因此，高太尉爱惜他。那厮在东京倚势豪强，专一爱淫垢人家妻女。京师人惧怕他权势，谁敢与他争口，叫他做花花太岁。有诗为证：

脸前花现丑难亲，心里花开爱妇人。
撞着年庚不顺利，方知太岁是凶神。

当时林冲扳将过来，却认得是本管高衙内，先自手软了。高衙内说道：“林冲，干你甚事!你来多管！”原来高衙内不晓得他是林冲的娘子；若还晓的时，也没这场事。见林冲不动手，他发这话。众多闲汉见闹，一齐拢来劝道：“教头休怪，衙内不认得，多有冲撞。”林冲怒气未消，一双眼睁着瞅那高衙内。众闲汉劝了林冲，和哄高衙内出庙上马去了。　　林冲将引妻小并使女锦儿，也转出廊下来，只见智深提着铁禅杖，引着那二三十个破落户，大踏步抢入庙来。林冲见了，叫道：“师兄那里去？”智深道：“我来帮你厮打。”林冲道：“原来是本官高太尉的衙内，不认得荆妇，时间无礼。林冲本待要痛打那厮一顿，太尉面上须不好看。自古道：‘不怕官，只怕管。’林冲不合吃着他的请受，权且让他这一次。”智深道：“你却怕他本官太尉，洒家怕他甚鸟?俺若撞见那撮鸟时，且教他吃洒家三百禅杖了去。”林冲见智深醉了，便道：“师兄说得是。林冲一时被众人劝了，权且饶他。”智深道：“但有事时，便来唤洒家与你去。”众泼皮见智深醉了，扶着道：“师父，俺们且去，明日再得相会。”智深提着禅杖道：“阿嫂休怪，莫要笑话。阿哥，明日再会。”智深相别，自和泼皮去了。林冲领了娘子并锦儿，取路回家，心中只是郁郁不乐。

且说这高衙内引了一班儿闲汉，自见了林冲娘子，又被他冲散了，心中好生着迷，怏怏不乐，回到府中纳闷。过了三两日，众多闲汉都来伺候，见衙内心焦，没撩没乱，众人散了。数内有一个帮闲的，唤作乾鸟头富安，理会得高衙内意思，独自一个到府中伺候。见衙内在书房中闲坐，那富安走近前去道：“衙内近日面色清减，心中少乐，必然有件不悦之事。”高衙内道：“你如何省得？”富安道：“小子一猜便着。”衙内道：“你猜我心中甚事不乐。”富安道：“衙内是思想那双木的，这猜如何？”衙内笑道：“你猜得是，只没个道理得他。”富安道：“有何难哉!衙内怕林冲是个好汉，不敢欺他，这个无伤。他现在帐下听使唤，大请大受，怎敢恶了太尉?轻则便刺配了他，重则害了他性命。小闲寻思有一计，使衙内能够得他。”高衙内听得，便道：“自见了许多好女娘，不知怎的只爱他，心中着迷，郁郁不乐。你有甚见识能够他时，我自重重的赏你。”富安道：“门下知心腹的陆虞候陆谦，他和林冲最好，明日衙内躲在陆虞候楼上深阁，摆下些酒食，却叫陆谦去请林冲出来吃酒，教他直去樊楼上深阁里吃酒。小闲便去他家，对林冲娘子说道：‘你丈夫教头和陆谦吃酒，一时重气，闷倒在楼上，叫娘子快去看哩！’赚得他来到楼上，妇人家水性，见了衙内这般风流人物，再着些甜话儿调和他，不由他不肯。小闲这一计如何？”高衙内喝采道：“好计!就今晚着人去唤陆虞候来分付了。”原来陆虞候家只在高太尉家隔壁巷内。次日，商量了计策，陆虞候一时听允，也没奈何；只要小衙内欢喜，却顾不得朋友交情。

且说林冲连日闷闷不已，懒上街去。巳牌时，听得门首有人叫道：“教头在家么？”林冲出来看时，却是陆虞候，慌忙道：“陆兄何来？”陆谦道：“特来探望兄，何故连日街前不见？”林冲道：“心里闷，不曾出去。”陆谦道：“我同兄长去吃三杯解闷。”林冲道：“少坐拜茶。”两个吃了茶起身，陆虞候道：“阿嫂，我同兄长到家去吃三杯。”林冲娘子赶到布帘下叫道：“大哥，少饮早归。”林冲与陆谦出得门来，街上闲走了一回。陆虞候道：“兄长，我们休家去，只就樊楼内吃两杯。”当时两个上到樊楼内，占个阁儿，唤酒保分付，叫取两瓶上色好酒，希奇果子按酒。两个叙说闲话，林冲叹了一口气，陆虞候道：“兄长何故叹气？”林冲道：“贤弟不知，男子汉空有一身本事，不遇明主，屈沉在小人之下，受这般腌　的气！”陆虞候道：“如今禁军中虽有几个教头，谁人及得兄长的本事?太尉又看承得好，却受谁的气？”林冲把前日高衙内的事告诉陆虞候一遍。陆虞候道："衙内必不认得嫂子，兄长休气，只顾饮酒。"林冲吃了八九杯酒，因要小遗，起身道："我去净手了来。"

林冲下得楼来，出酒店门，投东小巷内去净了手，回身转出巷口，只见女使锦儿叫道："官人寻得我苦，却在这里！"林冲慌忙问道："做甚么？"锦儿道："官人和陆虞候出来，没半个时辰，只见一个汉子慌慌急急奔来家里，对娘子说道：'我是陆虞候家邻舍。你家教头和陆谦吃酒，只见教头一口气不来，便 倒了，叫娘子且快来看视。'娘子听得，连忙央间壁王婆看了家，和我跟那汉子去，直到太尉府前小巷内一家人家。上至楼上，只见桌子上摆着些酒食，不见官人。恰待下楼，只见前日在岳庙里罗唣娘子的那后生出来道：'娘子少坐，你丈夫来也。'锦儿慌慌下得楼时，只听得娘子在楼上叫'杀人'。因此我一地里寻官人不见，正撞着卖药的张先生道：'我在樊楼前过，见教头和一个人入去吃酒。'因此特奔到这里。官人快去。"

林冲见说，吃了一惊，也不顾女使锦儿，三步做一步跑到陆虞候家，抢到胡梯上，却关着楼门，只听得娘子叫道："清平世界，如何把我良人妻子关在这里？"又听得高衙内道："娘子，可怜见救俺。便是铁石人，也告的回转。"林冲立在胡梯上叫道："大嫂开门。"那妇人听的是丈夫声音，只顾来开门，高衙内吃了一惊，斡开了楼窗，跳墙走了。林冲上的楼上，寻不见高衙内，问娘子道："不曾被这厮点污了？"娘子道："不曾。"林冲把陆虞候家打得粉碎。将娘子下楼，出得门外看时，邻舍两边都闭了门。女使锦儿接着，三个人一处归家去了。

林冲拿了一把解腕尖刀，径奔到樊楼前，去寻陆虞候，也不见了。却回来他门前等了一晚，不见回家，林冲自归。娘子劝道："我又不曾被他骗了，你休得胡做。"林冲道："叵耐这陆谦畜生！我和你如兄若弟，你也来骗我！只怕不撞见高衙内，也照管着他头面。"娘子苦劝，那里肯放他出门。陆虞候只躲在太尉府内，亦不敢回家。林冲一连等了三日，并不见面。府前人见林冲面色不好，谁敢问他。

第四日饭时候，鲁智深径寻到林冲家相探，问道："教头如何连日不见面？"林冲答道："小弟少冗，不曾探得师兄。既蒙到我寒家，本当草酌三杯，争奈一时不能周备。且和师兄一同上街间玩一遭，市沽两盏如何？"智深道："最好。"两个同上街来，吃了一日酒，又约明日相会。自此每日与智深上街吃酒，把这件事都放慢了。正是：

丈夫心事有亲朋，谈笑酣歌散郁蒸。
只有女人愁闷处，深闺无语病难兴。

且说高衙内自从那日在陆虞候家楼上吃了那惊，跳墙脱走，不敢对太尉说知，因此在府中卧病。陆虞候和富安两个来府里望衙内，见他容颜不好，精神憔悴，陆谦道："衙内何故如此精神少乐？"衙内道："实不瞒你们说：我为林冲老婆，两次不能够得他，又吃他那一惊，这病越添得重了。眼见的半年三个月性命难保。"二人道："衙内且宽心，只在小人两个身上，好歹要共那妇人完聚，只除他自缢死了便罢。"正说间，府里老都管也来看衙内病证。只见：

不痒不痛，浑身上或寒或热；没撩没乱，满腹中又饱又饥。白昼忘餐，黄昏废寝。对爷娘怎诉心中恨，见相识难遮脸上羞。

那陆虞候和富安见老都管来问病，两个商量道："只除恁的……"等候老都管看病已了出来，两个邀老都管僻净处说道："若要衙内病好，只除教太尉得知，害了林冲性命，方能够得他老婆和衙内在一处，这病便得好。若不如此，已定送了衙内性命。"老都管道："这个容易。老汉今晚便禀太尉得知。"两个道："我们已有了计，只等你回话。"老都管至晚来见太尉说道："衙内不害别的证，却害林冲的老婆。"高俅道："几时见了他的浑家？"都管禀道："便是前月二十八日在岳庙里见来，今经一月有余。"又把陆虞候设的计，备细说了。高俅道："如此因为他浑家，怎地害他?——我寻思起来，若为惜林冲一个人时，须送了我孩儿性命，却怎生是好？"都管道："陆虞候和富安有计较。"高俅道："既是如此，教唤二人来商议。"老都管随即唤陆谦、富安入到堂里，唱了喏。高俅问道："我这小衙内的事，你两个有甚计较?救得我孩儿好了时，我自抬举你二人。"陆虞候向前禀道："恩相在上，只除如此如此使得。"高俅见说了，喝采道："好计！你两个明日便与我行。"不在话下。

再说林冲每日和智深吃酒，把这件事不记心了。那一日，两个同行到阅武坊巷口，见一条大汉，头戴一顶抓角儿头巾，穿一领旧战袍，手里拿着一口宝刀，插着个草标儿，立在街上，口里自言自语说道："不遇识者，屈沉了我这口宝刀。"林冲也不理会，只顾和智深说着话走。那汉又跟在背后道："好口宝刀，可惜不遇识者！"林冲只顾和智深走着，说得入港，那汉又在背后说道："偌大一个东京，没一个识得军器的。"林冲听的说，回过头来，那汉飕的把那口刀掣将出来，明晃晃的夺人眼目。林冲合当有事，猛可地道："将来看。"那汉递将过来，林冲接在手内，同智深看了。但见：

清光夺目，冷气侵人。远看如玉沼春冰，近看似琼台瑞雪。花纹密布，如丰城狱内飞来；紫气横空，似楚昭梦中收得。太阿巨阙应难比，莫邪干将亦等闲。

当时林冲看了，吃了一惊，失口道："好刀！你要卖几钱？"那汉道："索价三千贯，实价二千贯。"林冲道："值是值二千贯，只没个识主。你若一千贯肯时，我买你的。"那汉道："我急要些钱使，你若端的要时，饶你五百贯，实要一千五百贯。"林冲道："只是一千贯，我便买了。"那汉叹口气道："金子做生铁卖了！罢，罢！一文也不要少了我的。"林冲道："跟我来家中取钱还你。"回身却与智深道："师兄，且在茶房里少待，小弟便来。"智深道："洒家且回去，明日再相见。"

林冲别了智深，自引了卖刀的那汉，到家去取钱与他，就问那汉道："你这口刀那里得来？"那汉道："小人祖上留下。因为家道消乏，没奈何，将出来卖了。"林冲道："你祖上是谁？"那汉道："若说时，辱没杀人！"林冲再也不问。那汉得了银两，自去了。林冲把这口刀翻来覆去看了一回，喝采道："端的好把刀！高太尉府中有一口宝刀，胡乱不肯教人看。我几番借看，也不肯将出来。今日我也买了这口好刀，慢慢和他比试。"林冲当晚不落手看了一晚，夜间挂在壁上。未等天明，又去看那刀。

次日，巳牌时分，只听得门首有两个承局叫道："林教头，太尉钧旨，道你买一口好刀，就叫你将去比看，太尉在府里专等。"林冲听得说道："又是甚么多口的报知了。"两个承局催得林冲穿了衣服，拿了那口刀，随这两个承局来。林冲道："我在府中不认的你。"两个人说道："小人新近参随。"却早来到府前，进得到厅前。林冲立住了脚，两个又道："太尉在里面后堂内坐地。"转入屏风至后堂，又不见太尉。林冲又住了脚，两个又道："太尉直在里面等你，叫引教头进来。"又过了两三重门，到一个去处，一周遭都是绿栏杆。两个又引林冲到堂前，说道："教头，你只在此少待，等我入去禀太尉。"林冲拿着刀，立在檐前，两个人自入去了，一盏茶时，不见出来。林冲心疑，探头入帘看时，只见檐前额上有四个青字，写道："白虎节堂"。林冲猛省道："这节堂是商议军机大事处，如何敢无故辄入？"急待回身，只听的靴履响、脚步鸣，一个人从外面入来。林冲看时，不是别人，却是本管高太尉。

林冲见了，执刀向前声喏。太尉喝道："林冲，你又无呼唤，安敢辄入白虎节堂?你知法度否?你手里拿着刀，莫非来刺杀下官?有人对我说，你两三日前，拿刀在府前伺候，必有歹心。"林冲躬身禀道："恩相，恰才蒙两个承局呼唤林冲，将刀来比看。"太尉喝道："承局在那里？"林冲道："他两个已投堂里去了。"太尉道："胡说!甚么承局，敢进我府堂里去!左右与我拿下这厮！"说犹未了，傍边耳房里走出二十余人，把林冲横推倒拽，恰似皂雕追紫燕，浑如猛虎啖羊羔。高太尉大怒道："你既是禁军教头，法度也还不知道。因何手执利刃，故入节堂，欲杀本官？"叫左右把林冲推下，不知性命如何。不因此等，有分教：大闹中原，纵横海内。直教：农夫背上添心号，渔父舟中插认旗。

毕竟看林冲性命如何，且听下回分解。

第八回 林教头刺配沧州道　鲁智深大闹野猪林

话说当时太尉喝叫左右排列军校，拿下林冲要斩，林冲大叫冤屈。太尉道："你来节堂有何事务?现今手里拿着利刃，如何不是来杀下官？"

林冲告道："太尉不唤，如何敢?现有两个承局望堂里去了，故赚林冲到此。"太尉喝道："胡说!我府中那有承局?这厮不服断遣。"喝叫左右解去开封府，分付滕府尹好生推问勘理，明白处决，就把宝刀封了去。左右领了钧旨，监押林冲投开封府来，恰好府尹坐衙未退。但见：

绯罗缴壁，紫绶卓围。当头额挂朱红，四下帘垂斑竹。官僚守正，戒石上刻御制四行；令史谨严，漆牌中书低声二字。提辖官能掌机密，客帐司专管牌单。吏兵沉重，节级严威。执藤条祗候立阶前，持大杖离班分左右。户婚词讼，断时有似玉衡明；斗殴是非，判处恰如金镜照。虽然一郡宰臣官，果是四方民父母。直使囚从冰上立，尽教人向镜中行。说不尽许多威仪，似塑就一堂神道。

高太尉干人把林冲押到府前，跪在阶下，将太尉言语对滕府尹说了，将上太尉封的那把刀，放在林冲面前。府尹道："林冲，你是个禁军教头，如何不知法度，手执利刃，故入节堂?这是该死的罪犯。"林冲告道："恩相明镜，念林冲负屈衔冤。小人虽是粗卤的军汉，颇识些法度，如何敢擅入节堂?为是前月二十八日，林冲与妻子到岳庙还香愿，正迎见高太尉的小衙内，把妻子调戏，被小人喝散了。次后又使陆虞候赚小人吃酒，却使富安来骗林冲妻子到陆虞候家楼上调戏，亦被小人赶去，是把陆虞候家打了一场。两次虽不成奸，皆有人证。次日，林冲自买这口刀，今日太尉差两个承局来家呼唤林冲，叫将刀来府里比看。因此，林冲同二人到节堂下。两个承局进堂里去了，不想太尉从外面进来，设计陷害林冲。望恩相做主。"

府尹听了林冲口词，且叫与了回文，一面取刑具枷杻来枷了，推入牢里监下，林冲家里自来送饭，一面使钱。林冲的丈人张教头亦来买上告下，使用财帛。正值有个当案孔目，姓孙，名定，为人最鲠直，十分好善，只要周全人，因此人都唤做孙佛儿。他明知道这件事，转转宛宛在府上说知就里，禀道："此事果是屈了林冲，只可周全他。"府尹道："他做下这般罪!高太尉批'仰定罪'，定要问他手执利刃，故入节堂，杀害本官，怎周全得他？"孙定道："这南衙开封府，不是朝廷的，是高太尉家的。"府尹道："胡说！"孙定道："谁不知高太尉当权，倚势豪强，更兼他府里无般不做。但有人小小触犯，便发来开封府，要杀便杀，要剐便剐，却不是他家官府。"府尹道："据你说时，林冲事怎的方便他，施行断遣？"孙定道："看林冲口词是个无罪的人，只是没拿那两个承局处。如今着他招认做不合腰悬利刃，误入节堂；脊杖二十，刺配远恶军州。"

滕府尹也知这件事了，自去高太尉面前再三禀说林冲口词。高俅情知理短，又碍府尹，只得准了。就此日府尹回来升厅，叫林冲除了长枷，断了二十脊杖，唤个文笔匠刺了面颊，量地方远近，该配沧州牢城。当厅打一面七斤半团头铁叶护身枷钉了，贴上封皮，押了一道牒文，差两个防送公人监押前去。

两个人是董超、薛霸。二人领了公文，押送林冲出开封府来，只见众邻舍并林冲的丈人张教头都在府前接着，同林冲两个公人到州桥下酒店里坐定。林冲道："多得孙孔目维持，这棒不毒，因此走动得。"张教头叫酒保安排案酒果子，管待两个公人。酒至数杯，只见张教头将出银两，赍发他两个防送公人已了。林冲执手对丈人说道："泰山在上，年灾月厄，撞了高衙内，吃了一场屈官司。今日有句话说，上禀泰山：自蒙泰山错爱，将令爱嫁事小人，已至三载，不曾有半些儿差池。虽不曾生半个儿女，未曾面红面赤，半点相争。今小人遭这场横事，配去沧州，生死存亡未保。娘子在家，小人心去不稳，诚恐高衙内威逼这头亲事；况兼青春年少，休为林冲误了前程。却是林冲自行主张，非他人逼迫。小人今日就高邻在此，明白立纸休书，任从改嫁，并无争执。如此林冲去的心稳，免得高衙内陷害。"

张教头道："贤婿，甚么言语!你是天年不齐，遭了横事，又不是你作将出来的。今日权且去沧州躲灾避难，早晚天可怜见，放你回来时，依旧夫妻完聚。老汉家中也颇有些过活，便取了我女家去，并锦儿，不拣怎的，三年五载，养赡得他。又不叫他出入，高衙内便要见，也不能够。休要忧心，都在老汉身上。你在沧州牢城，我自频频寄书并衣服与你。休得要胡思乱想，只顾放心去。"林冲道："感谢泰山厚意。只是林冲放心不下，枉自两相耽误。泰山可怜见林冲，依允小人，便死也瞑目。"张教头那里肯应承，众邻舍亦说行不得。林冲道："若不依允小人之时，林冲便挣扎得回来，誓不与娘子相聚。"张教头道："既然恁地时，权且由你写下，我只不把女儿嫁人便了。"当时叫酒保寻个写文书的人来，买了一张纸来。那人写，林冲说，道是：

东京八十万禁军教头林冲，为因身犯重罪，断配沧州，去后存亡不保。有妻张氏年少，情愿立此休书，任从改嫁，永无争执。委是自行情愿，即非相逼。恐后无凭，立此文约为照。年月日。

林冲当下看人写了，借过笔来，去年月下押个花字，打个手模。

正在阁里写了，欲付与泰山收时，只见林冲的娘子，号天哭地叫将来，女使锦儿抱着一包衣服，一路寻到酒店里。林冲见了，起身接着道："娘子，小人有句话说，已禀过泰山了。为是林冲年灾月厄，遭这场屈事，今去沧州，生死不保，诚恐误了娘子青春。今已写下几字在此，万望娘子休等小人，有好头脑，自行招嫁，莫为林冲误了贤妻。"那娘子听罢，哭将起来，说道："丈夫，我不曾有半些儿点污，如何把我休了！"林冲道："娘子，我是好意，恐怕日后两个相误，赚了你。"张教头便道："我儿放心，虽是女婿恁的主张，我终不成下得将你来再嫁人!这事且由他放心去。他便不来时，我也安排你一世的终身盘费，只教你守志便了。"那妇人听得说，心中哽咽，又见了这封书，一时哭倒声绝在地。未知五脏如何，先见四肢不动。但见：

荆山玉损，可惜数十年结发成亲；宝鉴花残，枉费九十日东君匹配。花容倒卧，有如西苑芍药倚朱栏；檀口无言，一似南海观音来入定。小园昨夜东风恶，吹折江梅就地横。

林冲与泰山张教头救得起来，半晌方才苏醒，兀自哭不住。林冲把休书与教头收了。众邻舍亦有妇人来劝林冲娘子，搀扶回去。张教头嘱付林冲道："你顾前程去挣扎，回来厮见。你的老小，我明日便取回去，养在家里，待你回来完聚。你但放心去，不要挂念。如有便人，千万频频寄些书信来。"林冲起身谢了，拜辞泰山并众邻舍，背了包裹，随着公人去了。张教头同邻舍取路回家，不在话下。

且说两个防送公人把林冲带来使臣房里，寄了监，董超、薛霸各自回家收拾行李。只说董超正在家里拴束包裹，只见巷口酒店里酒保来说道："董端公，一位官人在小人店中请说话。"董超道："是谁？"酒保道："小人不认的，只叫请端公便来。"原来宋时的公人，都称呼端公。当时董超便和酒保径到店中阁儿内看时，见坐着一个人，头戴顶万字头巾，身穿领皂纱背子，下面皂靴净袜。见了董超，慌忙作揖道："端公请坐。"董超道："小人自来不曾拜识尊颜，不知呼唤有何使令？"那人道："请坐，少间便知。"董超坐在对席，酒保一面铺下酒盏，菜蔬、果品、按酒都搬来摆了一桌。那人问道："薛端公在何处住？"董超道："只在前边巷内。"那人唤酒保问了底脚，"与我去请将来。"酒保去了一盏茶时，只见请得薛霸到阁儿里。董超道："这位官人请俺说话。"薛霸道："不敢动问大人高姓？"那人又道："少刻便知，且请饮酒。"

三人坐定，一面酒保筛酒。酒至数杯，那人去袖子里取出十两金子，放在桌上，说道："二位端公各收五两，有些小事烦及。"二人道："小人素不认得尊官，何故与我金子？"那人道："二位莫不投沧州去？"董超道："小人两个奉本府差遣，监押林冲直到那里。"那人道："既是如此，相烦二位，我是高太尉府心腹人陆虞候便是。"董超、薛霸喏喏连声，说道："小人何等样人，敢共对席？"陆谦道："你二位也知林冲和太尉是对头。今奉着太尉钧旨，教将这十两金子送与二位，望你两个领诺，不必远去，只就前面僻静去处，把林冲结果了，就彼处讨纸回状，回来便了。若开封府但有话说，太尉自行分付，并不妨事。"董超道："却怕使不得，开封府公文，只叫解活的去，却不曾教结果了他。亦且本人年纪又不高大，如何作的这缘故，倘有些兜搭，恐不方便。"薛霸道："老董，你听我说：高太尉便叫你我死，也只得依他，莫说使这官人又送金子与俺。你不要多说，和你分了罢，落得做人情，日后也有照顾俺处。前头有的是大松林猛恶去处，不拣怎的，与他结果了罢。"当下薛霸收了金子，说道："官人放心，多是五站路，少便两程，便有分晓。"陆谦大喜道："还是薛端公真是爽利!明日到地了时，是必揭取林冲脸上金印回来做表证，陆谦再包办二位十两金子相谢。专等好音，切不可相误。"原来宋时但是犯人徒流迁徙的，都脸上刺字，怕人恨怪，只唤做打金印。三个人又吃了一会酒，陆虞候算了酒钱，三人出酒肆来，各自分手。

只说董超、薛霸将金子分受入己，送回家中，取了行李包裹，拿了水火棍，便来使臣房里取了林冲，监押上路。当日出得城来，离城三十里多路歇了。宋时途路上客店人家，但是公人监押囚人来歇，不要房钱。当下董、薛二人带林冲到客店里，歇了一夜。第二日天明，起来打火，吃了饮食，投沧州路上来。时遇六月天气，炎暑正热，林冲初吃棒时，倒也无事。次后三两日间，天道盛热，棒疮却发，又是个新吃棒的人，路上一步挨一步走不动。薛霸道："好不晓事!此去沧州二千里有余的路，你这般样走，几时得到？"林冲道："小人在太尉府里折了些便宜，前日方才吃棒，棒疮举发，这般炎热，上下只得担待一步。"董超道："你自慢慢的走，休听咭　。"薛霸一路上喃喃呐呐的口里埋冤叫苦，说道："却是老爷们晦气，撞着你这个魔头。"看看天色又晚，但见：

火轮低坠，玉镜将悬。遥观野炊俱生，近睹柴门半掩。僧投古寺，云林时见鸦归；渔傍阴涯，风树犹闻蝉噪。急急牛羊来热坂，劳劳驴马息蒸途。

当晚三个人投村中客店里来，到得房内，两个公人放了棍棒，解下包裹。林冲也把包来解了，不等公人开口，去包里取些碎银两，央店小二买些酒肉，籴些米来，安排盘馔，请两个防送公人坐了吃。董超、薛霸又添酒来，把林冲灌的醉了，和枷倒在一边。薛霸去烧一锅百沸滚汤，提将来，倾在脚盆内，叫道："林教头，你也洗了脚好睡。"林冲挣的起来，被枷碍了，曲身不得。薛霸便道："我替你洗。"林冲忙道："使不得。"薛霸道："出路人那里计较的许多。"林冲不知是计，只顾伸下脚来，被薛霸只一按，按在滚汤里。林冲叫一声："哎也！"急缩得起时，泡得脚面红肿了。林冲道："不消生受。"薛霸道："只见罪人伏侍公人，那曾有公人伏侍罪人。好意叫他洗脚，颠倒嫌冷嫌热，却不是好心不得好报！"口里喃喃的骂了半夜，林冲那里敢回话，自去倒在一边。他两个泼了这水，自换些水，去外边洗了脚收拾。

睡到四更，同店人都未起，薛霸起来烧了面汤，安排打火做饭吃。林冲起来晕了，吃不得，又走不动。薛霸拿了水火棍，催促动身。董超去腰里解下一双新草鞋，耳朵并索儿却是麻编的，叫林冲穿。林冲看时，脚上满面都是燎浆泡，只得寻觅旧草鞋穿，那里去讨?没奈何，只得把新草鞋穿上。叫店小二算过酒钱，两个公人带了林冲出店，却是五更天气。林冲走不到三二里，脚上泡被新草鞋打破了，鲜血淋漓，正走不动，声唤不止。薛霸骂道："走便快走，不走便大棍搠将起来。"林冲道："上下方便，小人岂敢怠慢，俄延程途?其实是脚疼走不动。"董超道："我扶着你走便了。"搀着林冲，只得又挨了四五里路。看看正走不动了，早望见前面烟笼雾锁，一座猛恶林子但见：

枯蔓层层如雨脚，乔枝郁郁似云头。
不知天日何年照，惟有冤魂不断愁。

这座林子有名唤做野猪林，此是东京去沧州路上第一个险峻去处。宋时这座林子内，但有些冤仇的，使用些钱与公人，带到这里，不知结果了多少好汉。今日这两个公人带林冲奔入这林子里来。董超道："走了一五更，走不得十里路程，似此，沧州怎的得到？"薛霸道："我也走不得了，且就林子里歇一歇。"

三个人奔到里面，解下行李包裹，都搬在树根头。林冲叫声："阿也！"靠着一株大树便倒了。只见董超、薛霸道："行一步，等一步，倒走得我困倦起来，且睡一睡却行。"放下水火棍，便倒在树边，略略闭得眼，从地下叫将起来。林冲道："上下做甚么？"董超、薛霸道："俺两个正要睡一睡，这里又无关锁，只怕你走了，我们放心不下，以此睡不稳。"林冲答道："小人是个好汉，官司既已吃了，一世也不走。"薛霸道："那里信得你说?要我们心稳，须得缚一缚。"林冲道："上下要缚便缚，小人敢道怎的？"薛霸腰里解下索子来，把林冲连手带脚和枷紧紧的绑在树上。同董超两个跳将起来，转过身来，拿起水火棍，看着林冲说道："不是俺要结果你，自是前日来时，有那陆虞候传着高太尉钧旨，教我两个到这里结果你，立等金印回去回话。便多走的几日，也是死数，只今日就这里，倒作成我两个回去快些。休得要怨我弟兄两个，只是上司差遣，不由自己。你须精细着：明年今日是你周年。我等已限定日期，亦要早回话。"林冲见说，泪如雨下，便道："上下，我与你二位往日无仇，近日无冤，你二位如何救得小人，生死不忘。"董超道："说甚么闲话?救你不得。"薛霸便提起水火棍来，望着林冲脑袋上劈将来，可怜豪杰束手就死。正是：万里黄泉无旅店，三魂今夜落谁家。

毕竟林冲性命如何，且听下回分解。

第九回 柴进门招天下客　林冲棒打洪教头

话说当时薛霸双手举起棍来，望林冲脑袋上便劈下来。说时迟，那时快，薛霸的棍恰举起来，只见松树背后雷鸣也似一声，那条铁禅杖飞将来，把这水火棍一隔，丢去九霄云外，跳出一个胖大和尚来，喝道："洒家在林子里听你多时！"

两个公人看那和尚时，穿一领皂布直裰，跨一口戒刀，提起禅杖，抡起来打两个公人。林冲方才闪开眼看时，认得是鲁智深。林冲连忙叫道："师兄不可下手，我有话说。"智深听得，收住禅杖。两个公人呆了半晌，动弹不得。林冲道："非干他两个事，尽是高太尉使陆虞候分付他两个公人，要害我性命，他两个怎不依他?你若打杀他两个，也是冤屈。"

鲁智深扯出戒刀，把索子都割断了，便扶起林冲，叫："兄弟，俺自从和你买刀那日相别之后，洒家忧得你苦。自从你受官司，俺又无处去救你。打听的你断配沧州，洒家在开封府前又寻不见。却听得人说，监在使臣房内，又见酒保来请两个公人说道：'店里一位官人寻说话。'以此洒家疑心，放你不下。恐这厮们路上害你，俺特地跟将来。见这两个撮鸟带你入店里去，洒家也在那里歇。夜间听得那厮两个做神做鬼，把滚汤赚了你脚。那时俺便要杀这两个撮鸟，却被客店里人多，恐防救了。洒家见这厮们不怀好心，越放你不下。你五更里出门时，洒家先投奔这林子里来，等杀这厮两个撮鸟，他到来这里害你，正好杀这厮两个。"林冲劝道："既然师兄救了我，你休害他两个性命。"鲁智深喝道："你这两个撮鸟!洒家不看兄弟面时，把你这两个都剁做肉酱；且看兄弟面皮，饶你两个性命。"就那里插了戒刀，喝道："你这两个撮鸟!快搀兄弟，都跟洒家来。"提了禅杖先走。两个公人那里敢回话，只叫："林教头救俺两个。"依前背上包裹，提了水火棍，扶着林冲。又替他包裹，一同跟出林子来。行得三四里路程，见一座小小酒店在村口，四个人入来坐下。看那店时，但见：

前临驿路，后接溪村。数株桃柳绿阴浓，几处葵榴红影乱。门外森森麻麦，窗前猗猗荷花。轻轻酒旆舞薰风，短短芦帘遮酷日。壁边瓦瓮，白泠泠满贮村醪；架上磁瓶，香喷喷新开社酝。白发田翁亲涤器，红颜村女笑当垆。

当下深、冲、超、霸四人在村酒店中坐下，唤酒保买五七斤肉，打两角酒来吃，回些面来打饼。酒保一面整治，把酒来筛。两个公人道："不敢拜问师父在那个寺里住持？"智深笑道："你两个撮鸟问俺住处做甚么?莫不去教高俅做甚么奈何洒家?别人怕他，俺不怕他。洒家若撞着那厮，教他吃三百禅杖。"两个公人那里敢再开口。吃了些酒肉，收拾了行李，还了酒钱，出离了村店。林冲问道："师兄，今投那里去？"鲁智深道："'杀人须见血，救人须救彻'。洒家放你不下，直送兄弟到沧州。"两个公人听了，暗暗地道："苦也!却是坏了我们的勾当，转去时怎回话?且只得随顺他，一处行路。"有诗为证：

最恨奸谋欺白日，独持义气薄黄金。

迢遥不畏千程路，辛苦惟存一片心。

自此途中被鲁智深要行便行，要歇便歇，那里敢扭他?好便骂，不好便打。两个公人不敢高声，只怕和尚发作。行了两程，讨了一辆车子，林冲上车将息，三个跟着车子行着。两个公人怀着鬼胎，各自要保性命，只得小心随顺着行。鲁智深一路买酒买肉，将息林冲，那两个公人也吃。遇着客店，早歇晚行，都是那两个公人打火做饭，谁敢不依他?二人暗商量："我们被这和尚监押定了，明日回去，高太尉必然奈何俺。"薛霸道："我听得大相国寺菜园廨宇里新来了个僧人，唤做鲁智深，想来必是他。回去实说：俺要在野猪林结果他，被这和尚救了，一路护送到沧州，因此下手不得。舍着还了他十两金子，着陆谦自去寻这和尚便了。我和你只要躲得身上干净。"董超道："也说的是。"两个暗商量了不题。

话休絮繁。被智深监押不离，行了十七八日，近沧州只有七十来里路程。一路去都有人家，再无僻净处了。鲁智深打听得实了，就松林里少歇。智深对林冲道："兄弟，此去沧州不远了。前路都有人家，别无僻净去处，洒家已打听实了。俺如今和你分手，异日再得相见。"林冲道："师兄回去，泰山处可说知，防护之恩，不死当以厚报。"鲁智深又取出一二十两银子与林冲，把三二两与两个公人道："你两个撮鸟!本是路上砍了你两个头，兄弟面上，饶你两个鸟命。如今没多路了，休生歹心。"两个道："再怎敢?皆是太尉差遣。"接了银子，却待分手，鲁智深看着两个公人道："你两个撮鸟的头，硬似这松树么？"二人答道："小人头是父母皮肉，包着些骨头。"智深抡起禅杖，把松树只一下，打的树有二寸深痕，齐齐折了，喝一声道："你两个撮鸟!但有歹心，教你头也与这树一般。"摆着手，拖了禅杖，叫声："兄弟保重。"自回去了。董超、薛霸都吐出舌头来，半晌缩不入去。林冲道："上下，俺们自去罢。"两个公人道："好个莽和尚，一下打折了一株树。"林冲道："这个直得甚么?相国寺一株柳树，连根也拔将出来。"二人只把头来摇，方才得知是实。

三人当下离了松林，行到晌午，早望见官道上一座酒店。但见：

古道孤村，路傍酒店。杨柳岸，晓垂锦旆；莲花荡，风拂青帘。

刘伶仰卧画床前，李白醉眠描壁上。

社酝壮农夫之胆，村醪助野叟之容。

神仙玉佩曾留下，卿相金貂也当来。

三个人入酒店里来，林冲让两个公人上首坐了。董、薛二人，半日方才得自在。只见那店里有几处座头，三五个筛酒的酒保，都手忙脚乱，搬东搬西。林冲与两个公人坐了半个时辰，酒保并不来问。林冲等得不耐烦，把桌子敲着说道："你这店主人好欺客，见我是个犯人，便不来睬着，我须不白吃你的，是甚道理？"主人说道："你这是原来不知我的好意。"林冲道："不卖酒肉与我，有甚好意？"店主人道："你不知俺这村中有个大财主，姓柴名进，此间称为柴大官人，江湖上都唤做小旋风，他是大周柴世宗子孙。自陈桥让位，太祖武德皇帝敕赐与他誓书铁券在家中，谁敢欺负他?专一招接天下往来的好汉，三五十个养在家中，常常嘱付我们酒店里：'如有流配来的犯人，可叫他投我庄上来，我自资助他。'我如今卖酒肉与你，吃得面皮红了，他道你自有盘缠，便不助你。我是好意。"林冲听了，对两个公人道："我在东京教军时，常常听得军中人传说柴大官人名字，却原来在这里。我们何不同去投奔他。"董超、薛霸寻思道："既然如此，有甚亏了我们处？"就便收拾包裹，和林冲问道："酒店主人，柴大官人庄在何处，我等正要寻他。"店主人道："只在前面，约过三二里路，大石桥边转弯抹角，那个大庄院便是。"

林冲等谢了店主人，三个出门，果然三二里，见座大石桥。过得桥来，一条平坦大路，早望见绿柳阴中显出那座庄院。四下一周遭一条涧河，两岸边都是垂杨大树，树阴中一遭粉墙。转弯来到庄前，看时，好个大庄院!但见：

门迎黄道，山接青龙。万枝桃绽武陵溪，千树花开金谷苑。聚贤堂上，四时有不谢奇花；百卉厅前，八节赛长春佳景。堂悬敕额金牌，家有誓书铁券。朱甍碧瓦，掩映着九级高堂；画栋雕梁，真乃是三微精舍。不是当朝勋戚第，也应前代帝王家。

三个人来到庄上，见那条阔板桥上，坐着四五个庄客，都在那里乘凉。三个人来到桥边，与庄客施礼罢，林冲说道："相烦大哥报与大官人知道：京师有个犯人，送配牢城，姓林的求见。"庄客齐道："你没福，若是大官人在家时，有酒食钱财与你，今早出猎去了。"林冲道："不知几时回来？"庄客道："说不定，敢怕投东庄去歇，也不见得。许你不得。"林冲道："如此是我没福，不得相遇，我们去罢。"别了众庄客，和两个公人再回旧路，肚里好生愁闷。行了半里多路，只见远远的从林子深处，一簇人马飞奔庄上来，但见：

人人俊丽，个个英雄。数十匹骏马嘶风，两三面绣旗弄日。粉青毡笠，似倒翻荷叶高擎；绛色红缨，如烂熳莲花乱插。飞鱼袋内，高插着装金雀画细轻弓；狮子壶中，整攒着点翠雕翎端正箭。牵几只赶獐细犬，擎数对拿兔苍鹰。穿云俊鹘顿绒绦，脱帽锦雕寻护指。摽枪风利，就鞍边微露寒光；画鼓团圞，马上时闻响震。鞍边拴系，无非天外飞禽；马上擎抬，尽是山中走兽。好似晋王临紫塞，浑如汉武到长杨。

那簇人马飞奔庄上来，中间捧着一位官人，骑一匹雪白卷毛马。马上那人，生得龙眉凤目，皓齿朱唇，三牙掩口髭须，三十四五年纪。头戴一顶皂纱转角簇花巾，身穿一领紫绣团胸绣花袍，腰系一条玲珑嵌宝玉环绦，足穿一双金线抹绿皂朝靴。带一张弓，插一壶箭，引领从人，都到庄上来。林冲看了，寻思道："敢是柴大官人么？"又不敢问他，只自肚里踌躇。只见那马上年少的官人纵马前来问道："这位带枷的是甚人？"林冲慌忙躬身答道："小人是东京禁军教头，姓林，名冲，为因恶了高太尉，寻事发下开封府，问罪断遣，刺配此沧州。闻得前面酒店里说，这里有个招贤纳士好汉柴大官人，因此特来相投。不期缘浅，不得相遇。"那官人滚鞍下马，飞近前来，说道："柴进有失迎迓。"就草地上便拜。林冲连忙答礼。那官人携住林冲的手，同行到庄上来。那庄客们看见，大开了庄门，柴进直请到厅前。两个叙礼罢，柴进说道："小可久闻教头大名，不期今日来踏贱地，足称平生渴仰之愿。"林冲答道："微贱林冲，闻大人贵名，传播海宇，谁人不敬?不想今日因得罪犯，流配来此，得识尊颜，宿生万幸。"柴进再三谦让，林冲坐了客席；董超、薛霸也一带坐了。跟柴进的伴当，各自牵了马，去院后歇息，不在话下。

柴进便唤庄客，叫将酒来。不移时，只见数个庄客托出一盘肉，一盘饼，温一壶酒；又一个盘子，托出一斗白米，米上放着十贯钱，都一发将出来。柴进见了道："村夫不知高下，教头到此，如何恁地轻意?快将进去。先把果盒酒来，随即杀羊相待，快去整治。"林冲起身谢道："大官人，不必多赐，只此十分够了。"柴进道："休如此说。难得教头到此，岂可轻慢。"庄客不敢违命，先捧出果盒酒来。柴进起身，一面手执三杯。林冲谢了柴进，饮酒罢，两个公人一同饮了。柴进说："教头请里面少坐。"柴进随即解了弓袋箭壶，就请两个公人一同饮酒。

柴进当下坐了主席，林冲坐了客席，两个公人在林冲肩下。叙说些闲话，江湖上的勾当，不觉红日西沉。安排得酒食果品海味，摆在桌上，抬在各人面前。柴进亲自举杯，把了三巡，坐下叫道："且将汤来吃。"吃得一道汤，五七杯酒，只见庄客来报道："教师来也。"柴进道："就请来一处坐地相会亦好，快抬一张桌来。"林冲起身看时，只见那个教师入来，歪戴着一顶头巾，挺着脯子，来到后堂。林冲寻思道："庄客称他做教师，必是大官人的师父。"急急躬身唱喏道："林冲谨参。"那人全不睬着，也不还礼。林冲不敢抬头。柴进指着林冲对洪教头道："这位便是东京八十万禁军枪棒教头林武师林冲的便是，就请相见。"林冲听了，看着洪教头便拜。那洪教头说道："休拜，起来。"却不躬身答礼。柴进看了，心中好不快意!林冲拜了两拜，起身让洪教头坐。洪教头亦不相让，便去上首便坐。柴进看了，又不喜欢。林冲只得肩下坐了，两个公人亦就坐了。

洪教头便问道："大官人今日何故厚礼管待配军？"柴进道："这位非比其他的，乃是八十万禁军教头，师父如何轻慢？"洪教头道："大官人只因好习枪棒，往往流配军人都来倚草附木，皆道我是枪棒教师，来投庄上，诱些酒食钱米。大官人如何忒认真？"林冲听了，并不做声。柴进说道："凡人不可易相，休小觑他。"洪教头怪这柴进说"休小觑他"，便跳起身来道："我不信他，他敢和我使一棒看，我便道他是真教头。"柴进大笑道："也好!也好!林武师，你心下如何？"林冲道："小人却是不敢。"洪教头心中忖量道："那人必是不会，心中先怯了。"因此越来惹林冲使棒。柴进一来要看林冲本事；二者要林冲赢他，灭那厮嘴，柴进道："且把酒来吃着，待月上来也罢。"

当下又吃过了五七杯酒，却早月上来了，照见厅堂里面，如同白日。柴进起身道："二位教头较量一棒。"林冲自肚里寻思道："这洪教头必是柴大官人师父，不争我一棒打翻了他，须不好看。"柴进见林冲踌躇，便道："此位洪教头也到此不多时，此间又无对手。林武师休得要推辞，小可也正要看二位教头的本事。"柴进说这话，原来只怕林冲碍柴进的面皮，不肯使出本事来。林冲见柴进说开就里，方才放心。只见洪教头先起身道："来，来，来!和你使一棒看。"一齐都哄出堂后空地上。庄客拿一束棍棒来，放在地下。洪教头先脱了衣裳，拽扎起裙子，掣条棒，使个旗鼓，喝道："来，来，来！"柴进道："林武师，请较量一棒。"林冲道："大官人，休要笑话。"就地也拿了一条棒起来道："师父请教。"洪教头看了，恨不得一口水吞了他。林冲拿着棒，使出山东大擂，打将入来。洪教头把棒就地下鞭了一棒，来抢林冲。两个教头就明月地下交手，真个好看。怎见是山东大擂，但见：

山东大擂，河北夹枪。大擂棒是鳅鱼穴内喷来，夹枪棒是巨蟒窠中窜出。大擂棒似连根拔怪树，夹枪棒如遍地卷枯藤。两条海内抢珠龙，一对岩前争食虎。

两个教头在明月地上交手，使了四五合棒，只见林冲托地跳出圈子外来，叫一声："少歇。"柴进道："教头如何不使本事？"林冲道："小人输了。"柴进道："未见二位较量，怎便是输了？"林冲道："小人只多这具枷，因此，权当输了。"柴进道："是小可一时失了计较。"大笑着道："这个容易。"便叫庄客取十两银子，当时将至。柴进对押解两个公人道："小可大胆，相烦二位下顾，权把林教头枷开了，明日牢城营内但有事务，都在小可身上，白银十两相送。"董超、薛霸见了柴进人物轩昂，不敢违他，落得做人情，又得了十两银子，亦不怕他走了。薛霸随即把林冲护身枷开了。柴进大喜道："今番两位教师再试一棒。"

洪教头见他却才棒法怯了，肚里平欺他做，提起棒却待要使。柴进叫道："且住！"叫庄客取出一锭银来，重二十五两。无一时，至面前。柴进乃言："二位教头比试，非比其他，这锭银子，权为利物；若是赢的，便将此银子去。"柴进心中只要林冲把出本事来，故意将银子丢在地下。洪教头深怪林冲来，又要争这个大银子，又怕输了锐气，把棒来尽心使个旗鼓，吐个门户，唤做把火烧天势。林冲想道："柴大官人心里只要我赢他。"也横着棒，使个门户，吐个势，唤做拨草寻蛇势。洪教头喝一声："来，来，来！"便使棒盖将入来。林冲望后一退，洪教头赶入一步，提起棒，又复一棒下来。林冲看他脚步已乱了，便把棒从地下一跳，洪教头措手不及，就那一跳里，和身一转，那棒直扫着洪教头臁儿骨上，撇了棒，扑地倒了。柴进大喜，叫快将酒来把盏。众人一齐大笑。洪教头那里挣扎起来。众庄客一头笑着，扶了洪教头，羞颜满面，自投庄外去了。

柴进携住林冲的手，再入后堂饮酒，叫将利物来，送还教师。林冲那里肯受，推托不过，只得收了。正是：

欺人意气总难堪，冷眼旁观也不甘。

请看受伤并折利，方知骄傲是羞惭。

柴进留林冲在庄上，一连住了几日，每日好酒好食相待。又住了五七日，两个公人催促要行。柴进又置席面相待送行，又写两封书，分付林冲道："沧州大尹也与柴进好，牢城管营、差拨，亦与柴进交厚。可将这两封书去下，必然看觑教头。"即捧出二十五两一锭大银，送与林冲；又将银五两赍发两个公人，吃了一夜酒。次日天明，吃了早饭，叫庄客挑了三个的行李，林冲依旧带上枷，辞了柴进便行。柴进送出庄门作别，分付道："待几日小可自使人送冬衣来与教头。"林冲谢道："如何报谢大官人！"两个公人相谢了。

三人取路投沧州来，将及午牌时候，已到沧州城里，虽是个小去处，亦有六街三市。径到州衙里下了公文，当厅引林冲参见了州官大尹，当下收了林冲，押了回文，一面帖下，判送牢城营内来。两个公人自领了回文，相辞了，回东京去，不在话下。

只说林冲送到牢城营内来，看那牢城营时，但见：

门高墙壮，地阔池深。天王堂畔，两行细柳绿垂烟；点视厅前，一簇乔松青泼黛。来往的，尽是咬钉嚼铁汉；出入的，无非沥血剖肝人。

沧州牢城营内收管林冲，发在单身房里，听候点视。却有那一般的罪人，都来看觑他，对林冲说道："此间管营、差拨，十分害人，只是要诈人钱物。若有人情钱物送与他时，便觑的你好；若是无钱，将你撇在土牢里，求生不生，求死不死。若得了人情，入门便不打你一百杀威棒，只说有病，把来寄下；若不得人情时，这一百棒打得七死八活。"林冲道："众兄长如此指教，且如要使钱，把多少与他？"众人道："若要使得好时，管营把五两银子与他，差拨也得五两银子送他，十分好了。"

正说之间，只见差拨过来问道："那个是新来配军？"林冲见问，向前答应道："小人便是。"那差拨不见他把钱出来，变了面皮，指着林冲骂道："你这个贼配军，见我如何不下拜?却来唱喏!你这厮可知在东京做出事来，见我还是大剌剌的。我看这贼配军，满脸都是饿文，一世也不发迹!打不死，拷不杀的顽囚!你这把贼骨头，好歹落在我手里，教你粉骨碎身。少间叫你便见功效。"把林冲骂得一佛出世，那里敢抬头应答。众人见骂，各自散了。

林冲等他发作过了，去取五两银子，陪着笑脸告道："差拨哥哥，些小薄礼，休言轻微。"差拨看了道："你教我送与管营和俺的，都在里面？"林冲道："只是送与差拨哥哥的；另有十两银子，就烦差拨哥哥送与管营。"差拨见了，看着林冲笑道："林教头，我也闻你的好名字，端的是个好男子!想是高太尉陷害你了。虽然目下暂时受苦，久后必然发迹。据你的大名，这表人物，必不是等闲之人，久后必做大官。"林冲笑道："皆赖差拨照顾。"差拨道："你只管放心。"又取出柴大官人的书礼，说道："相烦老哥将这两封书下一下。"差拨道："既有柴大官人的书，烦恼做甚?这一封书直一锭金子。我一面与你下书，少间管营来点你，要打一百杀威棒时，你便只说你'一路患病，未曾痊可。'我自来与你支吾，要瞒生人的眼目。"林冲道："多谢指教。"差拨拿了银子并书，离了单身房，自去了。林冲叹口气道："'有钱可以通神'，此语不差。端的有这般的苦处。"

原来差拨落了五两银子，只将五两银子并书来见管营，备说林冲是个好汉，柴大官人有书相荐，在此呈上。已是高太尉陷害，配他到此，又无十分大事。管营道："况是柴大官人有书，必须要看顾他。"便教唤林冲来见。

且说林冲正在单身房里闷坐，只见牌头叫道："管营在厅上叫唤新到罪人林冲来点名。"林冲听得叫唤，来到厅前。管营道："你是新到犯人，太祖武德皇帝留下旧制：新入配军，须吃一百杀威棒。左右与我驮起来。"林冲告道："小人于路感冒风寒，未曾痊可，告寄打。"牌头道："这人现今有病，乞赐怜恕。"管营道："果是这人症候在身，权且寄下，待病痊可却打。"差拨道："现今天王堂看守的，多时满了，可教林冲去替换他。"就厅上押了帖文，差拨领了林冲，单身房里取了行李，来天王堂交替。差拨道："林教头，我十分周全你。教看天王堂时，这是营中第一样省气力的勾当，早晚只烧香扫地便了。你看别的囚徒，从早起直做到晚，尚不饶他；还有一等无人情的，拨他在土牢里，求生不生，求死不死。"林冲道："谢得照顾。"又取三二两银子与差拨道："烦望哥哥一发周全，开了项上枷更好。"差拨接了银子，便道："都在我身上。"连忙去禀了管营，就将枷也开了。林冲自此在天王堂内，安排宿食处，每日只是烧香扫地，不觉光阴早过了四五十日。那管营、差拨得了贿赂，日久情熟，由他自在，亦不来拘管他。柴大官人又使人来送冬衣并人事与他。那满营内囚徒，亦得林冲救济。

话不絮烦。时遇冬深将近，忽一日，林冲巳牌时分，偶出营前闲走。正行之间，只听得背后有人叫道："林教头，如何却在这里？"林冲回头过来看时，见了那人。有分教：林冲火烟堆里，争些断送余生，风雪途中，几被伤残性命。

毕竟林冲见了的是甚人，且听下回分解。

第十回 林教头风雪山神庙　陆虞候火烧草料场

话说当日林冲正闲走间，忽然背后人叫，回头看时，却认得是酒生儿李小二。当初在东京时，多得林冲看顾。这李小二先前在东京时，不合偷了店主人家财，被捉住了，要送官司问罪，却得林冲主张陪话，救了他，免送官司；又与他陪了些钱财，方得脱免。京中安不得身，又亏林冲赍发他盘缠，于路投奔人，不意今日却在这里撞见。林冲道："小二哥，你如何地在这里？"李小二便拜道："自从得恩人救济，赍发小人，一地里投奔人不着，迤　不想来到沧州，投托一个酒店里姓王，留小人在店中做过卖。因见小人勤谨，安排的好菜蔬，调和的好汁水，来吃的人都喝采，以此买卖顺当。主人家有个女儿，就招了小人做女婿。如今丈人、丈母都死了，只剩得小人夫妻两个，权在营前开了个茶酒店。因讨钱过来，遇见恩人。恩人不知为何事在这里？"林冲指着脸上道："我因恶了高太尉，生事陷害，受了一场官司，刺配到这里。如今叫我管天王堂，未知久后如何。不想今日到此遇见。"

李小二就请林冲到家里面坐定，叫妻子出来拜了恩人。两口儿欢喜道："我夫妻二人正没个亲眷，今日得恩人到来，便是从天降下。"林冲道："我是罪囚，恐怕玷辱你夫妻两口。"李小二道："谁不知恩人大名?休恁地说。但有衣服，便拿来家里浆洗缝补。"当时管待林冲酒食，至夜送回天王堂。次日又来相请，因此林冲得店小二家来往，不时间送汤送水来营里，与林冲吃。林冲因见他两口儿恭敬孝顺，常把些银两与他做本银。

且把闲话休题，只说正话。迅速光阴，却早冬来。林冲的绵衣裙袄，都是李小二浑家整治缝补。忽一日，李小二正在门前安排菜蔬下饭，只见一个人闪将进来，酒店里坐下，随后又一人闪入来。看时，前面那个人是军官打扮，后面这个走卒模样，跟着也来坐下。李小二入来问道："可要吃酒？"只见那个人将出一两银子与小二道："且收放柜上，取三四瓶好酒来；客到时，果品酒馔只顾将来，不必要问。"李小二道："官人请甚客？"那人道："烦你与我去营里请管营、差拨两个来说话；问时，你只说有个官人请说话，商议些事务，专等专等。"

李小二应承了，来到牢城里，先请了差拨；同到管营家中请了管营，都到酒店里。只见那个官人和管营、差拨两个讲了礼。管营道："素不相识，动问官人高姓大名？"那人道："有书在此，少刻便知。且取酒来。"李小二连忙开了酒，一面铺下菜蔬果品酒馔，那人叫讨副劝盘来，把了盏，相让坐了。小二独自一个穿梭也似伏侍不暇。那跟来的人讨了汤桶，自行烫酒，约计吃过十数杯，再讨了按酒，铺放桌上。只见那人说道："我自有伴当烫酒，不叫你休来。我等自要说话。"

李小二应了，自来门首叫老婆道："大姐，这两个人来得不尴尬。"老婆道："怎么的不尴尬？"小二道："这两个人语言声音是东京人。初时又不认得管营，向后我将按酒入去，只听得差拨口里讷出一句高太尉三个字来，这人莫不与林教头身上有些干碍?我自在门前理会。你且去阁子背后听说甚么。"老婆道："你去营中寻林教头来认他一认。"李小二道："你不省得。林教头是个性急的人，摸不着便要杀人放火。倘或叫的他来看了，正是前日说的甚么陆虞候，他肯便罢?做出事来，须连累了我和你。你只去听一听再理会。"老婆道："说得是。"便入去听了一个时辰，出来说道："他那三四个交头接耳说话，正不听得说甚么。只见那一个军官模样的人，去伴当怀里取出一帕子物事，递与管营和差拨，帕子里面的，莫不是金银。只见差拨口里说道：'都在我身上，好歹要结果他性命。'"正说之时，阁子里叫将汤来。李小二急去里面换汤时，看见管营手里拿着一封书。小二换了汤，添些下饭，又吃了半个时辰，算还了酒钱，管营、差拨先去了。次后那两个低着头也去了。

转背不多时，只见林冲走将入店里来，说道："小二哥，连日好买卖。"李小二慌忙道："恩人请坐，小二却待正要寻恩人，有些要紧话说。"有诗为证：

谋人动念震天门，悄语低言号六军。

岂独隔墙原有耳，满前神鬼尽知闻。

当下林冲问道："甚么要紧的事？"李小二请林冲到里面坐下，说道："却才有个东京来的尴尬人，在我这里请管营、差拨吃了半日酒。差拨口里讷出高太尉三个字来，小人心下疑惑。又着浑家听了一个时辰，他却交头接耳，说话都不听得，临了只见差拨口里应道：'都在我两个身上，好歹要结果了他。'那两个把一包金银递与管营、差拨；又吃一回酒，各自散了。不知甚么样人，小人心下疑，只怕恩人身上有些妨碍。"林冲道："那人生得什么模样？"李小二道："五短身材，白净面皮，没甚髭须，约有三十余岁。那跟的也不长大，紫棠色面皮。"林冲听了大惊道："这三十岁的正是陆虞候。那泼贱贼，敢来这里害我!休要撞着我，只教骨肉为泥！"李小二道："只要提防他便了。岂不闻古人言：'吃饭防噎，走路防跌？'"

林冲大怒，离了李小二家。先去街上买把解腕尖刀，带在身上。前街后巷，一地里去寻。李小二夫妻两个捏着两把汗。当晚无事。次日天明起来，洗漱罢，带了刀，又去沧州城里城外，小街夹巷，团团寻了一日。牢城营里，都没动静。林冲又来对李小二道："今日又无事。"小二道："恩人，只愿如此。只是自放仔细便了。"林冲自回天王堂，过了一夜，街上寻了三五日，不见消耗，林冲也自心下慢了。

到第六日，只见管营叫唤林冲到点视厅上，说道："你来这里许多时，柴大官人面皮，不曾抬举的你。此间东门外十五里有座大军草场，每月但是纳草纳料的，有些常例钱取觅。原寻一个老军看管，如今我抬举你去替那老军来守天王堂，你在那里寻几贯盘缠。你可和差拨便去那里交割。"林冲应道："小人便去。"当时离了营中，径到李小二家，对他夫妻两个说道："今日管营拨我去大军草料场管事，却如何？"李小二道："这个差使，又好似天王堂。那里收草料时，有些常例钱钞。往常不使钱时，不能够这差使。"林冲道："却不害我，倒与我好差使，正不知何意？"李小二道："恩人休要疑心，只要没事便好了。只是小人家离得远了，过几时挪工夫来望恩人。"就在家里安排几杯酒，请林冲吃了。

话不絮烦，两个相别了。林冲自到天王堂取了包裹，带了尖刀，拿了条花枪，与差拨一同辞管营，两个取路投草料场来。正是严冬天气，彤云密布，朔风渐起，却早纷纷扬扬卷下一天大雪来。那雪早下得密了，但见：

凛凛严凝雾气昏，空中祥瑞降纷纷。须臾四野难分路，顷刻千山不见痕。银世界，玉乾坤，望中隐隐接昆仑。若还下到三更后，仿佛填平玉帝门。

林冲和差拨两个在路上，又没买酒吃处，早来到草料场外。看时，一周遭有些黄土墙，两扇大门。推开看里面时，七八间草屋做着仓廒，四下里都是马草堆，中间两座草厅。到那厅里，只见那老军在里面向火。差拨说道："管营差这个林冲来替你回天王堂看守，你可即便交割。"老军拿了钥匙，引着林冲分付道："仓廒内自有官司封记，这几堆草，一堆堆都有数目。"老军都点见了堆数，又引林冲到草厅上，老军收拾行李，临了说道："火盆、锅子、碗碟都借与你。"林冲道："天王堂内，我也有在那里。你要，便拿了去。"老军指壁上挂一个大葫芦，说道："你若买酒吃时，只出草场，投东大路去三二里，便有市井。"老军自和差拨回营里来。

只说林冲就床上放了包裹被卧，就坐上生些焰火起来。屋边有一堆柴炭，拿几块来生在地炉里。仰面看那草屋时，四下里崩坏了，又被朔风吹撼，摇振得动。林冲道："这屋如何过得一冬?待雪晴了，去城中唤个泥水匠来修理。"向了一回火，觉得身上寒冷，寻思："却才老军所说二里路外有那市井，何不去沽些酒来吃？"便去包裹里取些碎银子，把花枪挑了酒葫芦，将火炭盖了，取毡笠子戴上，拿了钥匙出来，把草厅门拽上。出到大门首，把两扇草场门反拽上锁了，带了钥匙，信步投东。雪地里踏着碎琼乱玉，迤　背着北风而行。

那雪正下得紧，行不上半里多路，看见一所古庙，林冲顶礼道："神明庇　，改日来烧纸钱。"又行了一回，望见一簇人家，林冲住脚看时，见篱笆中挑着一个草帚儿在露天里。林冲径到店里，主人问道："客人那里来？"林冲道："你认得这个葫芦么？"主人看了道："这葫芦是草料场老军的。"林冲道："原来如此。"店主道："既是草料场看守大哥，且请少坐。天气寒冷，且酌三杯，权当接风。"店家切一盘熟牛肉，烫一壶热酒，请林冲吃。又自买了些牛肉，又吃了数杯。就又买了一葫芦酒，包了那两块牛肉，留下些碎银子。把花枪挑着酒葫芦，怀内揣了牛肉，叫声相扰，便出篱笆门，仍旧迎着朔风回来。看那雪，到晚越下得紧了。古时有个书生，做了一个词，单题那贫苦的恨雪：

广莫严风刮地，这雪儿下的正好。拈絮　绵，裁几片大如拷　。见林间竹屋茅茨，争些儿被他压倒。富室豪家，却言道压瘴犹嫌少。向的是兽炭红炉，穿的是绵衣絮袄。手拈梅花，唱道国家祥瑞，不念贫民些小。高卧有幽人，吟咏多诗草。

再说林冲踏着那瑞雪，迎着北风，飞也似奔到草场门口开了锁，入内看时，只叫得苦。原来天理昭然，佑护善人义士。因这场大雪，救了林冲的性命。那两间草厅，已被雪压倒了。林冲寻思：“怎地好？”放下花枪、葫芦在雪里。恐怕火盆内有火炭延烧起来，搬开破壁子，探半身入去摸时，火盆内火种都被雪水浸灭了。林冲把手床上摸时，只拽得一条絮被。林冲钻将出来，见天色黑了，寻思：“又没把火处，怎生安排？”想起：“离了这半里路上，有一古庙，可以安身。我且去那里宿一夜，等到天明，却作理会。”把被卷了，花枪挑着酒葫芦，依旧把门拽上，锁了，望那庙里来。

入得庙门，再把门掩上，傍边止有一块大石头，掇将过来，靠了门。入得里面看时，殿上塑着一尊金甲山神，两边一个判官，一个小鬼，侧边堆着一堆纸。团团看来，又没邻舍，又无庙主。林冲把枪和酒葫芦放在纸堆上，将那条絮被放开。先取下毡笠子，把身上雪都抖了，把上盖白布衫脱将下来，早有五分湿了，和毡笠放在供桌上。把被扯来，盖了半截下身。却把葫芦冷酒提来慢慢地吃，就将怀中牛肉下酒。正吃时，只听得外面必必剥剥地爆响，林冲跳起身来，就壁缝里看时，只见草料场里火起，刮刮杂杂的烧着。但见：

雪欺火势，草助火威。偏愁草上有风，更讶雪中送炭。赤龙斗跃，如何玉甲纷纷；粉蝶争飞，遮莫火莲焰焰。初疑炎帝纵神驹，此方刍牧；又猜南方逐朱雀，遍处营巢。谁知是白地里起灾殃，也须信暗室中开电目。看这火，能教烈士无明发；对这雪，应使奸邪心胆寒。

当时林冲便拿了花枪，却待开门来救火，只听得外面有人说将话来。林冲就伏门边听时，是三个人脚步响，直奔庙里来，用手推门，却被石头靠住了，推也推不开。三人在庙檐下立地看火，数内一个道：“这条计好么？”一个应道：“端的亏管营、差拨两位用心!回到京师，禀过太尉，都保你二位做大官。这番张教头没的推故。”那人道：“林冲今番直吃我们对付了，高衙内这病必然好了。”又一个道：“张教头那厮，三回五次托人情去说：‘你的女婿没了。’张教头越不肯应承，因此衙内病患看看重了。太尉特使俺两个央浼二位干这件事，不想而今完备了。”又一个道：“小人直爬入墙里去，四下草堆上，点了十来个火把，待走那里去？”那一个道：“这早晚烧个八分过了。”又听得一个道：“便逃得性命时，烧了大军草料场，也得个死罪。”又一个道：“我们回城里去罢。”一个道：“再看一看，拾得他一两块骨头回京，府里见太尉和衙内时，也道我们也能会干事。”

林冲听得三个人时，一个是差拨，一个是陆虞候，一个是富安。自思道：“天可怜见林冲!若不是倒了草厅，我准定被这厮们烧死了。”轻轻把石头掇开，挺着花枪，左手拽开庙门，大喝一声：“泼贼那里去？”三个人都急要走时，惊得呆了，正走不动。林冲举手，　察的一枪，先拨倒差拨。陆虞候叫声：“饶命！”吓的慌了手脚，走不动。那富安走不到十来步，被林冲赶上，后心只一枪，又搠倒了。翻身回来，陆虞候却才行得三四步，林冲喝声道：“好贼，你待那里去！”批胸只一提，丢翻在雪地上，把枪搠在地里，用脚踏住胸脯，身边取出那口刀来，便去陆谦脸上搁着，喝道：“泼贼，我自来又和你无甚么冤仇，你如何这等害我?正是杀人可恕，情理难容。”陆虞候告道：“不干小人事，太尉差遣，不敢不来。”林冲骂道：“奸贼，我与你自幼相交，今日倒来害我，怎不干你事?且吃我一刀！”把陆谦上身衣服扯开，把尖刀向心窝里只一剜，七窍迸出血来，将心肝提在手里。回头看时，差拨正爬将起来要走。林冲按住喝道：“你这厮原来也恁的歹!且吃我一刀。”又早把头割下来，挑在枪上。回来，把富安、陆谦头都割下来。把尖刀插了，将三个人头发结做一处，提入庙里来，都摆在山神面前供桌上，再穿了白布衫，系了　膊，把毡笠子带上，将葫芦里冷酒都吃尽了。被与葫芦都丢了不要，提了枪，便出庙门投东去。走不到三五里，早见近村人家都拿着水桶钩子来救火。林冲道：“你们快去救应，我去报官了来。”提着枪只顾走，有诗为证：

天理昭昭不可诬，莫将奸恶作良图。
若非风雪沽村酒，定被焚烧化朽枯。
自谓冥中施计毒，谁知暗里有神扶。
最怜万死逃生地，真是魁奇伟丈夫。

那雪越下的猛，林冲投东走了两个更次，身上单寒，当不过那冷，在雪地里看时，离得草料场远了。只见前面疏林深处，树木交杂，远远地数间草屋，被雪压着，破壁缝里透出火光来。林冲径投那草屋来，推开门，只见那中间坐着一个老庄客，周围坐着四五个小庄家向火，地炉里面焰焰地烧着柴火。林冲走到面前叫道：“众位拜揖，小人是牢城营差使人，被雪打湿了衣裳，借此火烘一烘，望乞方便。”庄客道：“你自烘便了，何妨得！”

林冲烘着身上湿衣服，略有些干，只见火炭边煨着一个瓮儿，里面透出酒香。林冲便道：“小人身边有些碎银子，望烦回些酒吃。”老庄客道：“我们每夜轮流看米囤，如今四更天气正冷，我们这几个吃，尚且不够，那得回与你!休要指望！”林冲又道：“胡乱只回三两碗与小人挡寒。”老庄客道：“你那人休缠休缠。”林冲闻得酒香，越要吃，说道：“没奈何，回些罢！”众庄客道：“好意着你烘衣裳向火，便来要酒吃!去便去，不去时，将来吊在这里。”林冲怒道：“这厮们好无道理！”把手中枪看着块焰焰着的火柴头，望老庄家脸上只一挑将起来，又把枪去火炉里只一搅，那老庄家的髭须焰焰的烧着，众庄客都跳将起来。林冲把枪杆乱打，老庄家先走了。庄家们都动弹不得，被林冲赶打一顿，都走了。林冲道：“都去了，老爷快活吃酒。”土坑上却有两个椰瓢，取一个下来，倾那瓮酒来，吃了一会，剩了一半。提了枪，出门便走。一步高，一步低，踉踉跄跄，捉脚不住。走不过一里路，被朔风一掉，随着那山涧边倒了，那里挣得起来。大凡醉人一倒，便起不得。当时林冲醉倒在雪地上。

却说众庄客引了二十余人，拖枪拽棒，都奔草屋下看时，不见了林冲。却寻着踪迹赶将来，只见倒在雪地里，花枪丢在一边。庄客一齐上，就地拿起林冲来，将一条索缚了。趁五更时分，把林冲解投一个去处来。不是别处，有分教：蓼儿洼内，前后摆数千只战舰艨艟；水浒寨中，左右列百十个英雄好汉。正是：说时杀气侵人冷，讲处悲风透骨寒。

毕竟看林冲被庄客解投甚处来，且听下回分解。

第十一回 朱贵水亭施号箭　林冲雪夜上梁山

话说豹子头林冲当夜醉倒在雪里地上，挣扎不起，被众庄客向前绑缚了，解送来一个庄院。只见一个庄客从院里出来，说道：“大官人未起，众人且把这厮高吊起在门楼底下。”看天色晓来，林冲酒醒，打一看时，果然好个大庄院。林冲大叫道：“甚么人敢吊我在这里？”那庄客听得叫，手拿着白木棍，从门里走出来，喝道：“你这厮还自好口！”那个被烧了髭须的老庄客道：“休要问他，只顾打!等大官人起来，问明送官。”庄客一齐上，林冲被打，挣扎不得，只叫道：“不要打我，我自有说处。”只见一个庄客来叫道：“大官人来了。”林冲看时，只见个官人，背叉着手，行将出来，至廊下问道：“你们在此打甚么人？”众庄客答道：“昨夜捉得个偷米贼人。”那官人向前来看时，认得是林冲，慌忙喝退庄客，亲自解下，问道：“教头缘何被吊在这里？”众庄客看见，一齐走了。

林冲看时，不是别人，却是小旋风柴进，连忙叫道：“大官人救我！”柴进道：“教头为何到此，被村夫耻辱？”林冲道：“一言难尽！”两个且到里面坐下，把这火烧草料场一事，备细告诉。柴进听罢道：“兄长如此命蹇!今日天假其便，但请放心，这里是小弟的东庄，且住几时，却再商量。”叫庄客取一笼衣裳出来，叫林冲彻里至外都换了，请去暖阁里坐地，安排酒食杯盘管待。自此林冲只在柴进东庄上住了五七日，不在话下。

却说沧州牢城营里管营首告：林冲杀死差拨、陆虞候、富安等三人，放火沿烧大军草料场。州尹大惊，随即押了公文帖，仰缉捕人员将带做公的，沿乡，历邑，道店，村坊，四处张挂，出三千贯信赏钱，捉拿正犯林冲。看看挨捕甚紧，各处村坊讲动了。

且说林冲在柴大官人东庄上，听得个信息紧急，俟候柴进回庄，林冲便说道：“非是大官人不留小人，只因官司追捕甚紧，排家搜捉；倘或寻到大官人庄上，犹恐负累大官人不好。既蒙大官人仗义疏财，求借林冲些小盘缠，投奔他处栖身，异日不死，当效犬马之报。”柴进道：“既是兄长要行，小人有个去处，作书一封与兄长前去。”正是：

豪杰蹉跎运未通，行藏随处被牢笼。

不因柴进修书荐，焉得驰名水浒中。

林冲道：“若得大官人如此周济，教小人安身立命。只不知投何处去？”柴进道：“是山东济州管下一个水乡，地名梁山泊，方圆八百余里，中间是宛子城、蓼儿洼。如今有三个好汉，在那里扎寨。为头的唤做白衣秀士王伦，第二个唤做摸着天杜迁，第三个唤做云里金刚宋万。那三个好汉，聚集着七八百小喽罗，打家劫舍；多有做下迷天大罪的人，都投奔那里躲灾避难，他都收留在彼。三位好汉，亦与我交厚，尝寄书缄来。我今修一封书与兄长，去投那里入伙如何？”林冲道：“若得如此顾盼最好！”柴进道：“只是沧州道口现今官司张挂榜文，又差两个军官在那里搜检，把住道口。兄长必用从那里经过。”柴进低头一想道：“再有个计策，送兄长过去。”林冲道：“若蒙周全，死而不忘！”

柴进当日先叫庄客背了包裹出关去等。柴进却备了三二十匹马，带了弓箭旗枪，驾了鹰雕，牵着猎狗，一行人马都打扮了，却把林冲杂在里面，一齐上马，都投关外。却说把关军官坐在关上，看见柴大官人，却都认得。原来这军官未袭职时，曾到柴进庄上，因此识熟。军官起身道：“大官人又去快活！”柴进下马问道：“二位官人缘何在此？”军官道：“沧州太尹行移文书，画影图形，捉拿犯人林冲，特差某等在此守把。但有过往客商，一一盘问，才放出关。”柴进笑道：“我这一伙人内中间夹带着林冲，你缘何不认得？”军官也笑道：“大官人是识法度的，不到得肯夹带了出去?请尊便上马。”柴进又笑道：“只恁地相托得过，拿得野味回来相送。”作别了，一齐上马出关去了。行得十四五里，却见先去的庄客在那里等候。柴进叫林冲下了马，脱去打猎的衣服，却穿上庄客带来的自己衣裳，系了腰刀，戴上红缨毡笠，背上包裹，提了衮刀，相辞柴进，拜别了便行。只说那柴进一行人上马，自去打猎，到晚方回，依旧过关送些野味与军官，回庄上去了，不在话下。

且说林冲与柴大官人别后，上路行了十数日，时遇暮冬天气，彤云密布，朔风紧起，又见纷纷扬扬，下着满天大雪。行不到二十余里，只见满地如银。昔金完颜亮有篇词，名《百字令》，单题着大雪，壮那胸中杀气：

天丁震怒，掀翻银海，散乱珠箔。六出奇花飞滚滚，平填了山中丘壑。皓虎颠狂，素麟猖獗，掣断珍珠索。玉龙酣战，鳞甲满天飘落。谁念万里关山，征夫僵立，缟带　旗脚。色映戈矛，光摇剑戟，杀气横戎幕。貔虎豪雄，偏裨英勇，共与谈兵略。须拚一醉，看取碧空寥廓。

话说林冲踏着雪只顾走，看看天色冷得紧切，渐渐晚了。远远望见枕溪靠湖一个酒店，被雪漫漫地压着。但见：

银迷草舍，玉映茅檐。数十株老树杈　，三五处小窗关闭。疏荆篱落，浑如腻粉轻铺；黄土绕墙，却似铅华布就。千团柳絮飘帘幕，万片鹅毛舞酒旗。

林冲看见，奔入那酒店里来，揭开芦帘，拂身入去，倒侧身看时，都是座头。拣一处坐下，倚了衮刀，解放包裹，抬了毡笠，把腰刀也挂了。只见一个酒保来问道：“客官打多少酒？”林冲道：“先取两角酒来。”酒保将个桶儿打两角酒，将来放在桌上。林冲又问道：“有甚么下酒？”酒保道：“有生熟牛肉、肥鹅、嫩鸡。”林冲道：“先切二斤熟牛肉来。”酒保去不多时，将来铺下一大盘牛肉，数盘菜蔬，放个大碗，一面筛酒。林冲吃了三四碗酒，只见店里一个人背叉着手，走出来门前看雪。那人问酒保道：“甚么人吃酒？”林冲看那人时，头戴深檐暖帽，身穿貂鼠皮袄，脚着一双獐皮窄　靴；身材长大，貌相魁宏；双拳骨脸，三叉黄须，只把头来摸着看雪。

林冲叫酒保只顾筛酒。林冲说道：“酒保，你也来吃碗酒。”酒保吃了一碗。林冲问道：“此间去梁山泊还有多少路？”酒保答道：“此间要去梁山泊，虽只数里，却是水路，全无旱路。若要去时，须用船去，方才渡得到那里。”林冲道：“你可与我觅只船儿。”酒保道：“这般大雪，天色又晚了，那里去寻船只？”林冲道：“我多与你些钱，央你觅只船来，渡我过去。”酒保道：“却是没讨处。”林冲寻思道：“这般却怎的好？”又吃了几碗酒，闷上心来，蓦然想起：“我先在京师做教头，每日六街三市游玩吃酒，谁想今日被高俅这贼坑陷了我这一场，文了面，直断送到这里，闪得我有家难奔，有国难投，受此寂寞！”因感伤怀抱，问酒保借笔砚来，乘着一时酒兴，向那白粉壁上写下八句道：“仗义是林冲，为人最朴忠。江湖驰誉望，京国显英雄。身世悲浮梗，功名类转蓬。他年若得志，威镇泰山东。”撇下笔，再取酒来。

正饮之间，只见那个穿皮袄的汉子走向前来，把林冲劈腰揪住，说道：“你好大胆!你在沧州做下迷天大罪，却在这里!现今官司出三千贯信赏钱捉你，却是要怎地？”林冲道：“你道我是谁？”那汉道：“你不是豹子头林冲？”林冲道：“我自姓张。”那汉笑道：“你莫胡说，现今壁上写下名字，你脸上文着金印，如何要赖得过？”林冲道：“你真个要拿我！”那汉笑道：“我却拿你做甚么?你跟我进来，到里面和你说话。”那汉放了手，林冲跟着，到后面一个水亭上，叫酒保点起灯来，和林冲施礼，对面坐下。那汉问道：“却才见兄长只顾问梁山泊路头，要寻船去，那里是强人山寨，你待要去做甚么？”林冲道：“实不相瞒：如今官司追捕小人紧急，无安身处，特投这山寨里好汉入伙，因此要去。”那汉道：“虽然如此，必有个人荐兄长来入伙。”林冲道：“沧州横海郡故友举荐将来。”那汉道：“莫非小旋风柴进么？”林冲道：“足下何以知之？”那汉道：“柴大官人与山寨中大王头领交厚，常有书信往来。”原来王伦当初不得第之时，与杜迁投奔柴进，多得柴进留在庄子上，住了几时。临起身，又赍发盘缠银两，因此有恩。

林冲听了，便拜道：“有眼不识泰山，愿求大名。”那汉慌忙答礼，说道：“小人是王头领手下耳目，姓朱，名贵，原是沂州沂水县人氏，江湖上但叫小弟做旱地忽律。山寨里教小弟在此间开酒店为名，专一探听往来客商经过。但有财帛者，便去山寨里报知。但是孤单客人到此，无财帛的，放他过去；有财帛的，来到这里，轻则蒙汗药麻翻，重则登时结果，将精肉片为子，肥肉煎油点灯。却才见兄长只顾问梁山泊路头，因此不敢下手。次后见写出大名来，曾有东京来的人，传说兄长的豪杰，不期今日得会。既有柴大官人书缄相荐，亦是兄长名震寰海，王头领必当重用。"随即安排鱼肉、盘馔、酒肴，到来相待。两个在水亭上，吃了半夜酒。林冲道："如何能够船来渡过去？"朱贵道："这里自有船只，兄长放心。且暂宿一宵，五更却请起来同往。"当时两个各自去歇息。

睡到五更时分，朱贵自来叫林冲起来，洗漱罢，再取三五杯酒相待，吃了些肉食之类。此时天尚未明，朱贵把水亭上窗子开了，取出一张鹊画弓，搭上那一枝响箭，觑着对港败芦折苇里面射将去。林冲道："此是何意？"朱贵道："此是山寨里的号箭，少顷便有船来。"没多时，只见对过芦苇泊里三五个小喽罗，摇着一只快船过来，径到水亭下。朱贵当时引了林冲，取了刀仗行李下船。小喽罗把船摇开，望泊子里去奔金沙滩来。林冲看时，见那八百里梁山水泊，果然是个陷人去处!但见：

山排巨浪，水接遥天。乱芦攒万队刀枪，怪树列千层剑戟。濠边鹿角，俱将骸骨攒成；寨内碗瓢，尽使骷髅做就。剥下人皮蒙战鼓，截来头发做缰绳。阻当官军，有无限断头港陌；遮拦盗贼，是许多绝径林峦。鹅卵石迭迭如山，苦竹枪森森似雨。断金亭上愁云起，聚义厅前杀气生。

当时小喽罗把船摇到金沙滩岸边，朱贵同林冲上了岸，小喽罗背了包裹，拿了刀杖，两个好汉上山寨来。那几个小喽罗，自把船摇到小港里去了。林冲看岸上时，两边都是合抱的大树，半山里一座断金亭子。再转将过来，见座大关，关前摆着枪、刀、剑、戟、弓、弩、戈、矛，四边都是擂木炮石。小喽罗先去报知。二人进得关来，两边夹道遍摆着队伍旗号。又过了两座关隘，方才到寨门口。林冲看见四面高山，三关雄壮，团团围定。中间里镜面也似一片平地，可方三五百丈。靠着山口，才是正门，两边都是耳房。

朱贵引着林冲来到聚义厅上，中间交椅上坐着一个好汉，正是白衣秀士王伦。左边交椅上坐着摸着天杜迁，右边交椅坐着云里金刚宋万。朱贵、林冲向前声喏了。林冲立在朱贵侧边，朱贵便道："这位是东京八十万禁军教头，姓林，名冲，绰号豹子头。因被高太尉陷害，刺配沧州，那里又被火烧了大军草料场，争奈杀死三人，逃走在柴大官人家，好生相敬。因此，特写书来举荐入伙。"

林冲怀中取书递上，王伦接来拆开看了，便请林冲来坐第四位交椅，朱贵坐了第五位。一面叫小喽罗取酒来，把了三巡，动问柴大官人近日无恙。林冲答道："每日只在郊外猎较乐情。"王伦动问了一回，蓦然寻思道："我却是个不及第的秀才。因鸟气，合着杜迁来这里落草；续后宋万来，聚集这许多人马伴当。我又没十分本事，杜迁、宋万武艺也只平常。如今不争添了这个人，他是京师禁军教头，必然好武艺。倘若被他识破我们手段，他须占强，我们如何迎敌?不若只是一怪，推却事故，发付他下山去便了，免致后患。只是柴进面上却不好看，忘了日前之恩，如今也顾他不得。"正是：

未同豪气岂相求，纵遇英雄不肯留。

秀士自来多嫉妒，豹头空叹觅封侯。

当下王伦叫小喽罗一面安排酒食，整理筵宴，请林冲赴席，众好汉一同吃酒。将次席终，王伦叫小喽罗把一个盘子，托出五十两白银，两匹　丝来。王伦起身说道："柴大官人举荐将教头来敝寨入伙，争奈小寨粮食缺少，屋宇不整，人力寡薄，恐日后误了足下，亦不好看。略有些薄礼，望乞笑留。寻个大寨安身歇马，切勿见怪。"林冲道："三位头领容复：小人'千里投名，万里投主'，凭托柴大官人面皮，径投大寨入伙。林冲虽然不才，望赐收录。当以一死向前，并无谄佞，实为平生之幸。不为银两赍发而来，乞头领照察。"王伦道："我这里是个小去处，如何安着得你?休怪，休怪。"朱贵见了，便谏道："哥哥在上，莫怪小弟多言。山寨中粮食虽少，近村远镇，可以去借。山场水泊木植广有，便要盖千间房屋，却也无妨。这位是柴大官人力举荐来的人，如何教他别处去?抑且柴大官人自来与山上有恩，日后得知不纳此人，须不好看。这位又是有本事的人，他必然来出气力。"杜迁道："山寨中那争他一个!哥哥若不收留，柴大官人知道时见怪，显的我们忘恩背义。日前多曾亏了他，今日荐个人来，便恁推却，发付他去！"宋万也劝道："柴大官人面上，可容他在这里做个头领也好；不然，见得我们无义气，使江湖上好汉见笑。"

王伦道："兄弟们不知，他在沧州虽是犯了迷天大罪，今日上山，却不知心腹。倘或来看虚实，如之奈何？"林冲道："小人一身犯了死罪，因此来投入伙，何故相疑？"王伦道："既然如此，你若真心入伙，把一个'投名状'来。"林冲便道："小人颇识几字，乞纸笔来便写。"朱贵笑道："教头你错了。但凡好汉们入伙，须要纳投名状，是教你下山去杀得一个人，将头献纳，他便无疑心，这个便谓之投名状。"林冲道："这事也不难，林冲便下山去等，只怕没人过。"王伦道："与你三日限。若三日内有投名状来，便容你入伙；若三日内没时，只得休怪。"林冲应承了，自回房中宿歇，闷闷不已。正是：

愁怀郁郁若难开，可恨王伦忒弄乖。

明日早寻山路去，不知那个送头来。

当夜席散，朱贵相别下山，自去守店。

林冲到晚，取了刀仗行李，小喽罗引去客房内歇了一夜。次日早起来，吃些茶饭，带了腰刀，提了朴刀，叫一个小喽罗领路下山，把船渡过去，僻静小路上等候客人过往。从朝至暮，等了一日，并无一个孤单客人经过。林冲闷闷不已，和小喽罗再过渡来，回到山寨中。王伦问道："投名状何在？"林冲答道："今日并无一个过往，以此不曾取得。"王伦道："你明日若无投名状时，也难在这里了。"林冲再不敢答应，心内自己不乐，来到房中，讨些饭吃了，又歇了一夜。

次日清早起来，和小喽罗吃了早饭，拿了朴刀，又下山来。小喽罗道："俺们今日投南山路去等。"两个来到林子里潜伏等候，并不见一个客人过往。伏到午牌时候，一伙客人约有三百余人，结踪而过，林冲又不敢动手，看他过去。又等了一歇，看看天色晚来，又不见一个客人过。林冲对小喽罗道："我恁地晦气!等了两日，不见一个孤单客人过往，如何是好？"小喽罗道："哥哥且宽心，明日还有一日限，我和哥哥去东山路上等候。"当晚依旧上山。王伦说道："今日投名状如何？"林冲不敢答应，只叹了一口气。王伦笑道："想是今日又没了。我说与你三日限，今已两日了。若明日再无，不必相见了，便请挪步下山，投别处去。"

林冲回到房中，端的是心内好闷，有《临江仙》词一篇云：

闷似蛟龙离海岛，愁如虎困荒田，悲秋宋玉泪涟涟。江淹初去笔，项羽恨无船。

高祖荥阳遭困厄，昭关伍相忧煎，曹公赤壁火连天。李陵台上望，苏武陷居延。

当晚林冲仰天长叹道："不想我今日被高俅那贼陷害，流落到此，天地也不容我，直如此命蹇时乖！"过了一夜，次日天明起来，讨些饭食吃了，打拴那包裹，撇在房中，跨了腰刀，提了朴刀，又和小喽罗下山过渡，投东山路上来。林冲道："我今日若还取不得投名状时，只得去别处安身立命。"两个来到山下东路林子里潜伏等候，看看日头中了，又没一个人来。

时遇残雪初晴，日色明朗，林冲提着朴刀对小喽罗道：“眼见得又不济事了。不如趁早，天色未晚，取了行李，只得往别处去寻个所在。”小校用手指道：“好了!兀的不是一个人来？”林冲看时，叫声：“惭愧！”只见那个人远远在山坡下望见行来。待他来得较近，林冲把朴刀捍剪了一下，蓦地跳将出来。那汉子见了林冲，叫声：“阿也！”撇了担子，转身便走。林冲赶将去，那里赶得上，那汉子闪过山坡去了。林冲道：“你看，我命苦么!来了三日，甫能等得一个人来，又吃他走了。”小校道：“虽然不杀得人，这一担财帛，可以抵当。”林冲道：“你先挑了上山去，我再等一等。”小喽罗先把担儿挑出林去。只见山坡下转出一个大汉来，林冲见了，说道：“天赐其便。”只见那人挺着朴刀，大叫如雷，喝道：“泼贼，杀不尽的强徒，将俺行李那里去!洒家正要捉你这厮们，倒来拔虎须。”飞也似踊跃而来。林冲见他来得势猛，也使步迎他。不是这个人来斗林冲，有分教：梁山泊内，添几个弄风白额大虫；水浒寨中，辏几只跳涧金睛猛兽。

毕竟来与林冲斗的，正是甚人，且听下回分解。

第十二回 梁山泊林冲落草　汴京城杨志卖刀

话说林冲打一看时，只见那汉子头戴一顶范阳毡笠，上撒着一托红缨；穿一领白缎子征衫，系一条纵线绦；下面青白间道行缠，抓着裤子口，獐皮袜，带毛牛膀靴；跨口腰刀，提条朴刀；生得七尺五六身材；面皮上老大一搭青记，腮边微露些少赤须；把毡笠子掀在脊梁上，坦开胸脯，带着抓角儿软头巾，挺手中朴刀，高声喝道：“你那泼贼，将俺行李财帛那里去了？”林冲正没好气，那里答应，睁圆怪眼，倒竖虎须，挺著朴刀，抢将来斗那个大汉。此时残雪初晴，薄云方散，溪边踏一片寒冰，岸畔涌两条杀气，一往一来，斗到三十来合，不分胜败。

两个又斗了十数合，正斗到分际，只见山高处叫道：“两位好汉不要斗了！”林冲听得，蓦地跳出圈子外来。两个收住手中朴刀，看那山顶上时，却是白衣秀士王伦和杜迁、宋万，并许多小喽罗，走下山来，将船渡过了河，说道：“两位好汉，端的好两口朴刀，神出鬼没!这个是俺的兄弟豹子头林冲。青面汉，你却是谁?愿通姓名。”那汉道：“洒家是三代将门之后，五侯杨令公之孙，姓杨，名志，流落在此关西。年纪小时，曾应过武举，做到殿司制使官，道君因盖万岁山，差一般十个制使去太湖边搬运花石纲，赴京交纳。不想洒家时乖运蹇，押着那花石纲，来到黄河里，遭风打翻了船，失陷了花石纲，不能回京赴任，逃去他处避难。如今赦了俺们罪犯，洒家今来收的一担儿钱物，待回东京去枢密院使用，再理会本身的勾当，打从这里经过，顾倩庄家挑那担儿，不想被你们夺了。可把来还洒家如何？”王伦道：“你莫是绰号唤做青面兽的？”杨志道：“洒家便是。”王伦道：“既然是杨制使，就请到山寨吃三杯水酒，纳还行李如何？”杨志道：“好汉既然认得洒家，便还了俺行李，更强似请吃酒。”王伦道：“制使，小可数年前到东京应举时，便闻制使大名。今日幸得相见，如何教你空去!且请到山寨少叙片时，并无他意。”

杨志听说了，只得跟了王伦一行人等过了河，上山寨来。就叫朱贵同上山寨相会，都来到寨中聚义厅上。左边一带四把交椅，却是王伦、杜迁、宋万、朱贵；右边一带两把交椅，上首杨志，下首林冲，都坐定了。王伦叫杀羊置酒，安排筵宴，管待杨志，不在话下。

话休絮烦，酒至数杯，王伦心里想道：“若留林冲，实形容得我们不济，不如我做个人情，并留了杨志，与他作敌。”因指着林冲对杨志道：“这个兄弟，他是东京八十万禁军教头，唤做豹子头林冲，因这高太尉那厮安不得好人，把他寻事刺配沧州，那里又犯了事，如今也新到这里。却才制使要上东京勾当，不是王伦纠合制使，小可兀自弃文就武，来此落草，制使又是有罪的人，虽经赦宥，难复前职。亦且高俅那厮现掌军权，他如何肯容你?不如只就小寨歇马，大秤分金银，大碗吃酒肉，同做好汉，不知制使心下主意若何？”杨志答道：“重蒙众头领如此带携，只是洒家有个亲眷，现在东京居住。前者官事连累了他，不曾酬谢得。今日欲要投那里走一遭，望众头领还了洒家行李；如不肯还，杨志空手也去了。”王伦笑道：“既是制使不肯在此，如何敢勒逼入伙?且请宽心住一宵，明日早行。”杨志大喜，当日饮酒到一更方歇，各自去歇息了。

次日早起来，又置酒与杨志送行。吃了早饭，众头领叫一个小喽罗，把昨夜担儿挑了，一齐都送下山来，到路口与杨志作别。叫小喽罗渡河，送出大路。众人相别了，自回山寨。王伦自此方才肯教林冲坐第四位，朱贵坐第五位。从此五个好汉在梁山泊打家劫舍，不在话下。

只说杨志出了大路，寻个庄家挑了担子，发付小喽罗自回山寨。杨志取路，不数日，来到东京。入得城来，寻个客店安歇下；庄客交还担儿，与了些银两，自回去了。杨志到店中放下行李，解了腰刀、朴刀，叫店小二将些碎银子买些酒肉吃了。过数日，央人来枢密院打点，理会本等的勾当，将出那担儿内金银财物，买上告下，再要补殿司府制使职役。把许多东西都使尽了，方才得申文书，引去见殿帅高太尉。来到厅前，那高俅把从前历事文书都看了，大怒道：“既是你等十个制使去运花石纲，九个回到京师交纳了，偏你这厮把花石纲失陷了；又不来首告，倒又在逃，许多时捉拿不着。今日再要勾当，虽经赦宥所犯罪名，难以委用。”把文书一笔都批倒了，将杨志赶出殿帅府来。

杨志闷闷不已，回到客店中，思量：“王伦劝俺，也见得是。只为洒家清白姓字，不肯将父母遗体来玷污了。指望把一身本事，边庭上一枪一刀，博个封妻荫子，也与祖宗争口气；不想又吃这一闪。高太尉，你忒毒害，恁地刻薄！”心中烦恼了一回。在客店里又住几日，盘缠都使尽了。正是：

花石纲原没纪纲，奸邪到底困忠良。

早知廊庙当权重，不若山林聚义长。

杨志寻思道：“却是恁地好?只有祖上留下这口宝刀，从来跟着洒家，如今事急无措，只得拿去街上货卖得千百贯钱钞，好做盘缠，投往他处安身。”当日将了宝刀，插了草标儿，上市去卖，走到马行街内，立了两个时辰，并无一个人问。将立到晌午时分，转来到天汉州桥热闹处去卖。杨志立未久，只见两边的人都跑入河下巷内去躲。杨志看时，只见都乱撺，口里说道：“快躲了!大虫来也！”杨志道：“好作怪!这等一片锦城池，却那得大虫来！”当下立住脚看时，只见远远地黑凛凛一大汉，吃得半醉，一步一　撞将来。杨志看那人时，形貌生得粗陋。但见：

面目依稀似鬼，身持仿佛如人。　权怪树，变为　形骸；臭秽枯桩，化作腌臜魑魅。浑身遍体，都生渗渗濑濑沙鱼皮；夹脑连头，尽长拳拳弯弯卷螺发。胸前一片紧顽皮，额上三条强拗皱。

原来这人是京师有名的破落户泼皮，叫做没毛大虫牛二，专在街上撒泼、行凶、撞闹，连为几头官司，开封府也治他不下，以此满城人见那厮来都躲了。

却说牛二抢到杨志面前，就手里把那口宝刀扯将出来，问道："汉子，你这刀要卖几钱？"杨志道："祖上留下宝刀，要卖三千贯。"牛二喝道："甚么鸟刀，要卖许多钱!我三十文买一把，也切得肉，切得豆腐。你的鸟刀有甚好处，叫做宝刀！"杨志道："洒家的须不是店上卖的白铁刀，这是宝刀。"牛二道："怎的唤做宝刀？"杨志道："第一件，砍铜剁铁，刀口不卷；第二件，吹毛得过；第三件，杀人刀上没血。"牛二道："你敢剁铜钱么？"杨志道："你便将来剁与你看。"

牛二便去州桥下香椒铺里讨了二十文当三钱，一垛儿将来放在州桥栏干上，叫杨志道："汉子，你若剁得开时，我还你三千贯。"那时看的人，虽然不敢近前，向远远地围住了望。杨志道："这个直得甚么？"把衣袖卷起，拿刀在手，看的较准，只一刀，把铜钱剁做两半，众人都喝采。牛二道："喝甚么鸟采!你且说第二件是甚么？"杨志道："吹毛得过：若把几根头发，望刀口上只一吹，齐齐都断。"牛二道："我不信。"自把头上拔下一把头发，递与杨志，"你且吹我看。"杨志左手接过头发，照着刀口上尽气力一吹，那头发都做两段，纷纷飘下地来，众人喝采，看的人越多了。牛二又问："第三件是甚么？"杨志道："杀人刀上没血。"牛二道："怎么杀人刀上没血？"杨志道："把人一刀砍了，并无血痕，只是个快。"牛二道："我不信，你把刀来剁一个人我看。"杨志道："禁城之中，如何敢杀人?你不信时，取一只狗来杀与你看。"牛二道："你说杀人，不曾说杀狗！"杨志道："你不买便罢，只管缠人做甚么？"牛二道："你将来我看。"杨志道："你只顾没了当，洒家又不是你撩拨的！"牛二道："你敢杀我？"杨志道："和你往日无冤，昔日无仇，一物不成两物，现在没来由杀你做甚么？"

牛二紧揪住杨志说道："我偏要买你这口刀。"杨志道："你要买，将钱来。"牛二道："我没钱。"杨志道："你没钱，揪住洒家怎地？"牛二道："我要你这口刀。"杨志道："我不与你。"牛二道："你好男子，剁我一刀。"杨志大怒，把牛二推了一交。牛二爬将起来，钻入杨志怀里。杨志叫道："街坊邻舍，都是证见：杨志无盘缠，自卖这口刀，这个泼皮强夺洒家的刀，又把俺打。"街坊人都怕这牛二，谁敢向前来劝。牛二喝道："你说我打你，便打杀直甚么？"口里说，一面挥起右手一拳打来，杨志霍地躲过，拿着刀抢入来，一时性起，望牛二嗓根上搠个着，扑地倒了。杨志赶入去，把牛二胸脯上又连搠了两刀，血流满地，死在地上。 杨志叫道："洒家杀死这个泼皮，怎肯连累你们!泼皮既已死了，你们都来同洒家去官府里出首。"坊隅众人慌忙拢来，随同杨志径投开封府出首，正值府尹坐衙，杨志拿着刀和地方邻舍众人都上厅来，一齐跪下，把刀放在面前。杨志告道："小人原是殿司制使，为因失陷花石纲，削去本身职役，无有盘缠，将这口刀在街货卖。不期被个泼皮破落户牛二强夺小人的刀，又用拳打小人；因此一时性起，将那人杀死，众邻舍都是证见。"众人亦替杨志告说，分诉了一回。府尹道："既是自行前来出首，免了这厮入门的款打。"且叫取一面长枷枷了。差两员相官带了仵作行人，监押杨志并众邻舍一干人犯，都来天汉州桥边登场检验了，迭成文案，众邻舍都出了供状，保放，随衙听候，当厅发落，将杨志于死囚牢里监守。但见：

推临狱内，拥入牢门。黄须节级，麻绳准备吊绷揪；黑面押牢，木匣安排牢锁镣。杀威棒，狱卒断时腰痛；撒子角，囚人见了心惊。休言死去见阎王，只此便如真地狱。

且说杨志押到死囚牢里，众多押牢禁子、节级，见说杨志杀死没毛大虫牛二，都可怜他是个好男子，不来问他取钱，又好生看觑他。天汉州桥下众人，为是杨志除了街上害人之物，都敛些盘缠，凑些银两，来与他送饭，上下又替他使用。推司也觑他是个身首的好汉，又与东京街上除了一害，牛二家又没苦主，把款状都改得轻了。三推六问，却招做一时斗殴杀伤，误伤人命。待了六十日限满，当厅推司禀过府尹，将杨志带出厅前，除了长枷，断了二十脊杖，唤个文墨匠人刺了两行金印，迭配北京大名府留守司充军。那口宝刀没官入库。

当厅押了文牒，差两个防送公人，免不得是张龙、赵虎，把七斤半铁叶子盘头护身枷钉了。分付两个公人，便教监押上路。天汉州桥那几个大户科敛些银两钱物，等候杨志到来，请他两个公人一同到酒店里吃了些酒食，把出银两，赍发两位防送公人，说道："念杨志是个好汉，与民除害，今去北京，路途中望乞二位上下照觑，好生看他一看。"张龙、赵虎道："我两个也知他是好汉，亦不必你众位分付，但请放心。"杨志谢了众人，其余多的银两，尽送与杨志做盘缠，众人各自散了。

话里只说杨志同两个公人来到原下的客店里，算还了房钱，取了原寄的衣服行李。安排些酒食，请了两位公人。寻医士赎了几个棒疮的膏药，贴了棒疮，便同两个公人上路。三个望北京进发，五里单牌，十里双牌，逢州过县，买些酒肉，不时间请张龙、赵虎同吃。三个在路，夜宿旅馆，晓行驿道，不数日来到北京，入得城中，寻个客店安下。

原来北京大名府留守司，上马管军，下马管民，最有权势。那留守唤作梁中书，讳世杰，他是东京当朝太师蔡京的女婿。当日是二月初九日，留守升厅，两个公人解杨志到留守司厅前，呈上开封府公文，梁中书看了。原在东京时，也曾认得杨志，当下一见了，备问情由。杨志便把高太尉不容复职，使尽钱财，将宝刀货卖，因而杀死牛二的实情通前一一告禀了。梁中书听得大喜，当厅就开了枷，留在厅前听用。押了批回与两个公人，自回东京了，不在话下。

只说杨志自在梁中书府中早晚殷勤听候使唤，梁中书见他勤谨，有心要抬举他，欲要迁他做个军中副牌，月支一分请受，只恐众人不伏；因此传下号令，教军政司告示大小诸将人员，来日都要出东郭门教场中去演武试艺。当晚梁中书唤杨志到厅前，梁中书道："我有心要抬举你做个军中副牌，月支一分请受，只不知你武艺如何？"杨志禀道："小人应过武举出身，曾做殿司府制使职役。这十八般武艺，自小习学。今日蒙恩相抬举，如拨云见日一般，杨志若得寸进，当效衔环背鞍之报。"梁中书大喜，赐与一副衣甲。

当夜无事。次日天晓，时当二月中旬，正值风和日暖。梁中书早饭已罢，带领杨志上马，前遮后拥，往东郭门来，上得教场中，大小军卒，并许多官员接见。就演武厅前下马，到厅上，正面撒着一把浑银交椅，坐下。左右两边，齐臻臻地排着两行官员，指挥使、团练使、正制使、统领使、牙将、校尉、正牌军、副牌军，前后周围，恶狠狠地列着百员将校。正将台上立着两个都监：一个唤做李天王李成，一个唤做闻大刀闻达，二人皆有万夫不当之勇，统领着许多军马，一齐都来朝着梁中书呼三声喏。却早将台上竖起一面黄旗来，将台两边左右列着三五十对金鼓手，一齐发起擂来，品了三通画角，发了三通擂鼓，教场里面谁敢高声。又见将台上竖起一面净平旗来，前后五军，一齐整肃；将台上把一面引军红旗麾动，只见鼓声响处，五百军列成两阵，军士各执器械在手；将台上又把白旗招动，两阵马军齐齐地都立在面前，各把马勒住。

梁中书传下令来，叫唤副牌军周谨向前听令。右阵里周谨听得呼唤，跃马到厅前，跳下马，插了枪，暴雷也似声个大喏。梁中书道："着副牌军施逞本身武艺。"周谨得了将令，绰枪上马，在演武厅前，左盘右旋，右盘左旋，将手中枪使了几路，众人喝采。梁中书道："叫东京对拨来的军健杨志。"杨志转过厅前，唱个大喏。梁中书道："杨志，我知你原是东京殿司府制使军官，犯罪配来此间，即目盗贼猖狂，国家用人之际，你敢与周谨比试武艺高低?如若赢得，便迁你充其职役。"杨志道："若蒙恩相差遣，安敢有违钧旨。"梁中书叫取一匹战马来，教甲仗库随行官吏应付军器，教杨志披挂上马，与周谨比试。杨志去厅后把取来衣甲穿了，拴束罢，带了头盔、弓、箭、腰刀，手拿长枪上马，从厅后跑将出来。梁中书看了道："着杨志与周谨先比枪。"周谨怒道："这个贼配军敢来与我交枪！"谁知恼犯了这个好汉，来与周谨斗武。不因这番比试，有分教：杨志在万马丛中闻姓字，千军队里夺头功。

毕竟杨志与周谨比试，引出甚么人来，且听下回分解。

第十三回 急先锋东郭争功　青面兽北京斗武

话说当时周谨、杨志两个勒马，在于旗下，正欲出战交锋，只见兵马都监闻达喝道："且住！"自上厅来禀复梁中书道："复恩相：论这两个比试武艺，虽然未见本事高低，枪刀本是无情之物，只宜杀贼剿寇，今日军中自家比试，恐有伤损，轻则残疾，重则致命，此乃于军不利。可将两根枪去了枪头，各用毡片包裹，地下蘸了石灰，再各上马，都与皂衫穿着。但是枪杆厮搠，如白点多者，当输。"梁中书道："言之极当。"随即传令下去。

两个领了言语，向这演武厅后去了枪尖，都用毡片包了，缚成骨朵，身上各换了皂衫，各用枪去石灰桶里蘸了石灰，再各上马，出到阵前。那周谨跃马挺枪，直取杨志；这杨志也拍战马，拈手中枪，来战周谨。两个在阵前，来来往往，番番覆覆，搅做一团，扭做一块，鞍上人斗人，坐下马斗马，两个斗了四五十合。看周谨时，恰似打翻了豆腐的，斑斑点点，约有三五十处；看杨志时，只有左肩牌下一点白。梁中书大喜，叫唤周谨上厅，看了迹道："前官参你做个军中副牌，量你这般武艺，如何南征北讨?怎生做得正请受的副牌？"教杨志替此人职役。管军兵马都监李成上厅禀复梁中书道："周谨枪法生疏，弓马熟闲，不争把他来逐了职事，恐怕慢了军心。再教周谨与杨志比箭如何？"梁中书道："言之极当。"再传下将令来，叫杨志与周谨比箭。

两个得了将令，都扎了枪，各关了弓箭。杨志就弓袋内取出那张弓来，扣得端正；擎了弓，跳上马，跑到厅前，立在马上，欠身禀复道："恩相，弓箭发处，事不容情，恐有伤损，乞请钧旨。"梁中书道："武夫比试，何虑伤残?但有本事，射死勿论。"杨志得令，回到阵前。李成传下言语，叫两个比箭好汉，各关与一面遮箭牌，防护身体。两个各领遮箭防牌，绾在臂上。杨志说道："你先射我三箭，后却还你三箭。"周谨听了，恨不得把杨志一箭射个透明。杨志终是个军官出身，识破了他手段，全不把他为事。怎见得两个比箭：

这个曾向山中射虎，那个惯从风里穿杨。彀满处，兔狐丧命；箭发时，雕鹗魂伤。较艺术，当场比并；施手段，对众揄扬。一个磨秋解，实难抵当；一个闪身解，不可提防。顷刻内要观胜负，霎时间便见存亡。

当时将台上早把青旗麾动，杨志拍马望南边去，周谨纵马赶来，将缰绳搭在马鞍鞒上，左手拿着弓，右手搭上箭，拽得满满地望杨志后心飕地一箭。杨志听得背后弓弦响，霍地一闪，去镫里藏身，那枝箭早射个空。周谨见一箭射不着，却早慌了，再去壶中急取第二枝箭来，搭上弓弦，觑的杨志较亲，望后心再射一箭。杨志听得第二枝箭来，却不去镫里藏身，那枝箭风也似来，杨志那时也取弓在手，用弓梢只一拨，那枝箭滴溜溜拨下草地里去了。周谨见第二枝箭又射不着，心里越慌。杨志的马早跑到教场尽头，霍地把马一兜，那马便转身望正厅上走回来；周谨也把马只一勒，那马也跑回，就势里赶将来去。那绿茸茸芳草地上，八个马蹄翻盏撒钹相似，勃喇喇地风团儿也似般走。周谨再取第三枝箭，搭在弓弦上，扣得满满地，尽平生气力，眼睁睁地看着杨志后心窝上只一箭射将来。杨志听得弓弦响，扭回身，就鞍上把那枝箭只一绰，绰在手里，便纵马入演武厅前，撇下周谨的箭。

梁中书见了大喜，传下号令，却叫杨志也射周谨三箭。将台上又把青旗麾动，周谨撇了弓箭，拿了防牌在手，拍马望南而走。杨志在马上把腰只一纵，略将脚一拍，那马泼喇喇的便赶。杨志先把弓虚扯一扯，周谨在马上听得脑后弓弦响，扭转身来，便把防牌来迎，却早接个空。周谨寻思道："那厮只会使枪，不会射箭。等他第二枝箭再虚诈时，我便喝住了他，便算我赢了。"周谨的马早到教场南尽头，那马便转望演武厅来。杨志的马见周谨马跑转来，那马也便回身。杨志早去壶中掣出一枝箭来，搭弓在弦上，心里想道："射中他后心窝，必至伤了他性命。他和我又没冤仇，洒家只射他不致命处便了。"左手如托太山，右手如抱婴孩，弓开如满月，箭去似流星，说时迟，那时快，一箭正中周谨左肩。周谨措手不及，翻身落马。那匹空马直跑过演武厅背后去了。众军卒自去救那周谨去了。梁中书见了大喜，叫军政司便呈文案来，教杨志截替了周谨职役。

杨志喜气洋洋，下了马，便向厅前来拜谢恩相，充其职役。正是：

得罪幽燕作配兵，当场比试死相争。

能将一箭穿杨手，夺得牌军半职荣。

不想阶下左边转上一个人来叫道："休要谢职，我和你两个比试！"杨志看那人时，身材七尺以上长短，面圆耳大，唇阔口方，腮边一部落腮胡须，威风凛凛，相貌堂堂，直到梁中书面前声了喏，禀道："周谨患病未痊，精神不在，因此误输与杨志。小将不才，愿与杨志比试武艺，如若小将折半点便宜与杨志，休教截替周谨，便教杨志替了小将职役，虽死而不怨。"梁中书看时，不是别人，却是大名府留守司正牌军索超。为是他性急，撮盐入火，为国家面上，只要争气，当先厮杀，以此人都叫他做急先锋。李成听得，便下将台来，直到厅前禀复道："相公，这杨志既是殿司制使，必然好武艺，须知周谨不是对手；正好与索正牌比试武艺，便见优劣。"梁中书听了，心中想道："我指望一力要抬举杨志，众将不伏；一发等他赢了索超，他们也死而无怨，却无话说。"

梁中书随即唤杨志上厅问道："你与索超比试武艺如何？"杨志禀道："恩相将令，安敢有违。"梁中书道："既然如此，你去厅后换了装束，好生披挂，教甲仗库随行官吏取应用军器给与，就叫牵我的战马借与杨志骑，小心在意，休觑得等闲。"杨志谢了，自去结束。

却说李成分付索超道："你却难比别人，周谨是你徒弟，先自输了。你若有些疏失，吃他把大名府军官都看得轻了。我有一匹惯曾上阵的战马，并一副披挂，都借与你，小心在意，休教折了锐气。"索超谢了，也自去结束。

梁中书起身，走出阶前来，从人移转银交椅，直到月台栏干边放下，梁中书坐定，左右祗候两行，唤打伞的撑开那把银葫芦顶茶褐罗三檐凉伞来，盖定在梁中书背后。将台上传下将令，早把红旗招动。两边金鼓齐鸣，发一通擂，去那教场中两阵内，各放了个炮。炮响处，索超跑马入阵内，藏在门旗下；杨志也从阵里跑马入军中，直到门旗背后。将台上又把黄旗招动，又发了一通擂，两军齐呐一声喊；教场中谁敢做声，静荡荡的；再一声锣响，扯起净平白旗，两下众官没一个敢走动胡言说话，静静地立着。

将台上又把青旗招动，只见第三通战鼓响处，去那左边阵内门旗下看看分开，鸾铃响处，正牌军索超出马直到阵前，兜住马，拿军器在手，果是英雄豪杰。但见：头带一顶熟钢狮子盔，脑后斗大来一颗红缨；身披一副铁叶攒成铠甲，腰系一条镀金兽面束带，前后两面青铜护心镜；上笼着一领绯红团花袍，上面垂两条绿绒缕颔带；下穿一双斜皮气跨靴；左带一张弓，右悬一壶箭；手里横着一柄金蘸斧；坐下李都监那匹惯战能征雪白马。看那马时，又是一匹好马。但见：

色按庚辛，仿佛南山白额虎；毛堆腻粉，如同北海玉麒麟。冲得阵，跳得溪，喜战鼓，性如君子；负得重，走得远，惯嘶风，必是龙媒。胜如伍相梨花马，赛过秦王白玉驹。左阵上急先锋索超兜住马，　着金蘸斧，立马在阵前。

右边阵内门旗下看看分开，鸾铃响处，杨志提手中枪出马，直至阵前，勒住马，横着枪在手，果是勇猛。但见头戴一顶铺霜耀日镔铁盔，上撒着一把青缨；身穿一副钩嵌梅花榆叶甲，系一条红绒打就勒甲绦，前后兽面掩心；上笼着一领白罗生色花袍，垂着条紫绒飞带；脚登一双黄皮衬底靴；一张皮靶弓，数根凿子箭；手中挺着浑铁点钢枪；骑的是梁中书那匹火块赤千里嘶风马。看那马时，又是匹无敌的好马。但见：

分火焰，尾摆朝霞。浑身乱扫胭脂，两耳对攒红叶。侵晨临紫塞，马蹄进四点寒星；日暮转沙堤，就地滚一团火块。休言南极神驹，真乃寿亭赤兔。右阵上青面兽杨志拈手中枪，勒坐下马，立于阵前，两边军将暗暗地喝采，虽不知武艺如何，先见威风出众。

正南上旗牌官拿着销金令字旗，骤马而来，喝道："奉相公钧旨，教你两个俱各用心，如有亏误处，定行责罚；若是赢时，多有重赏。"二人得令，纵马出阵，都到教场中心，两马相交，二般兵器并举。索超忿怒，抡手中大斧，拍马来战杨志；杨志逞威，拈手中神枪，来迎索超。两个在教场中间，将台前面，二将相交，各赌平生本事。一来一往，一去一回，四条臂膊纵横，八只马蹄撩乱。但见：

征旗蔽日，杀气遮天。一个金蘸斧直奔顶门，一个浑铁枪不离心坎。这个是扶持社稷　沙门，托塔李天王；那个是整顿江山掌金阙，天蓬大元帅。一个枪尖上吐一条火焰，一个斧刃中迸几道寒光。那个是七国中袁达重生，这个是三分内张飞出世。一个是巨灵神忿怒，挥大斧劈碎山根；一个如华光藏生嗔，仗金枪搠开地府。这个圆彪彪睁开双眼，　查查斜砍斧头来；那个必剥剥咬碎牙关，火焰焰摇得枪杆断。各人窥破绽，那放半些闲。

两个斗到五十余合，不分胜败。月台上梁中书看得呆了，两边众军官看了，喝采不迭，阵面上军士们递相厮觑道："我们做了许多年军，也曾出了几遭征，何曾见这等一对好汉厮杀！"李成、闻达在将台上，不住声叫道："好斗！"闻达心上只恐两个内伤了一个，慌忙招呼旗牌官，拿着令字旗，与他分了。将台上忽的一声锣响，杨志和索超斗到是处，各自要争功，那里肯回马。旗牌官飞来叫道："两个好汉歇了，相公有令。"杨志、索超方才收了手中军器，勒坐下马，各跑回本阵来，立马在旗下，看那梁中书，只等将令。

李成、闻达下将台来，直到月台下，禀复梁中书道："相公，据这两个武艺，一般皆可重用。"梁中书大喜，传下将令，唤杨志、索超。牌旗中传令，唤两个到厅前，都下了马，小校接了二人的军器，两个都上厅来，躬身听令。梁中书叫取两锭白银，两副表里，来赏赐二人，就叫军政司将两个都升做管军提辖使，便叫贴了文案，从今日便参了他两个。索超、杨志都拜谢了梁中书，将着赏赐下厅来，解了枪刀弓箭，卸了头盔衣甲，换了衣裳。索超也自去了披挂，换了锦袄，都上厅来，再拜谢了众军官。梁中书叫索超、杨志两个也见了礼，入班做了提辖。众军卒便打着得胜鼓，把着那金鼓旗先散。

梁中书和大小军官，都在演武厅上筵宴。看看红日沉西，筵席已罢，梁中书上了马，众官员都送归府。马头前摆着这两个新参的提辖，上下肩都骑着马，头上亦都带着红花，迎入东郭门来。两边街道扶老携幼，都看了欢喜。梁中书在马上问道："你那百姓，欢喜为何？"众老人都跪了禀道："老汉等生在北京，长在大名府，不曾见今日这等两个好汉将军比试。今日教场中看了这般敌手，如何不欢喜？"梁中书在马上听了大喜，回到府中，众官各自散了。索超自有一班弟兄请去作庆饮酒；杨志新来，未有相识，自去梁府宿歇，早晚殷勤听候使唤，都不在话下。

且把这闲话丢过，只说正话。自东郭演武之后，梁中书十分爱惜杨志，早晚与他并不相离，月中又有一分请受，自渐渐地有人来结识他。那索超见了杨志手段高强，心中也自钦伏。不觉光阴迅速，又早春尽夏来，时逢端午，蕤宾节至，梁中书与蔡夫人在后堂家宴，庆贺端阳。但见：

盆栽绿艾，瓶插红榴。水晶帘卷虾须，锦绣屏开孔雀。菖蒲切玉，佳人笑捧紫霞杯；角黍堆银，美女高擎青玉案。食烹异品，果献时新。葵扇风中，奏一派声清韵美；荷衣香里，出百般舞态娇姿。

当日梁中书正在后堂与蔡夫人家宴，庆赏端阳，酒至数杯，食供两套，只见蔡夫人道："相公自从出身，今日为一统帅，掌握国家重任，这功名富贵从何而来？"梁中书道："世杰自幼读书，颇知经史，人非草木，岂不知泰山之恩，提携之力，感激不尽！"蔡夫人道："丈夫既知我父亲恩德，如何忘了他生辰？"梁中书道："下官如何不记得，泰山是六月十五日生辰，已使人将十万贯收买金珠宝贝，送上京师庆寿。一月之前，干人都关领去了。现今九分齐备，数日之间，也待打点停当，差人起程。只是一件，在此踌躇。上年收买了许多玩器并金珠宝贝，使人送去，不到半路，尽被贼人劫了，枉费了这一遭财物，至今严捕贼人不获。今年叫谁人去好？"蔡夫人道："帐前现有许多军校，你选择知心腹的人去便了。"梁中书道："尚有四五十日，早晚催并礼物完足，那时选择去人未迟。夫人不必挂心，世杰自有理会。"当日家宴，午牌至二更方散，自此不在话下。

不说梁中书收买礼物玩器，选人上京去庆贺蔡太师生辰，且说山东济州郓城县新到任一个知县，姓时，名文彬，此人为官清正，作事廉明，每怀恻隐之心，常有仁慈之念。争田夺地，辨曲直而后施行；闲殴相争，分轻重方才决断。闲暇时抚琴会客，忙迫里飞笔判词。名为县之宰官，实乃民之父母。

当日知县时文彬升厅公座，左右两边排着公吏人等。知县随即叫唤尉司捕盗官员并两个巡捕都头。本县尉司管下有两个都头：一个唤做步兵都头，一个唤做马兵都头。这马兵都头，管着二十四坐马弓手，二十个土兵；那步兵都头管着二十个使枪的头目，二十个土兵。这马兵都头姓朱名仝，身长八尺四五，有一部虎须髯，长一尺五寸，面如重枣，目若朗星，似关云长模样，满县人都称他做美髯公。原是本处富户，只因他仗义疏财，结识江湖上好汉，学得一身好武艺。怎见的朱仝气象，但见：

义胆忠肝豪杰，胸中武艺精通，超群出众果英雄。弯弓能射虎，提剑可诛龙。一表堂堂神鬼怕，形容凛凛威风。面如重枣色通红，云长重出世，人号美髯公。　　那步兵都头姓雷名横，身长七尺五寸，紫棠色面皮，有一部扇圈胡须，为他膂力过人，跳二三丈阔涧，满县人都称他做插翅虎。原是本县打铁匠人出身，后来开张碓房，杀牛放赌，虽然仗义，只有些心地匾窄，也学得一身好武艺。怎见得雷横的气象，但见：

天上罡星临世上，就中一个偏能，都头好汉是雷横。拽拳神臂健，飞脚电光生。江海英雄推武勇，跳墙过涧身轻，豪雄谁敢与相争!山东插翅虎，寰海尽闻名。

那朱仝、雷横两个，专管擒拿贼盗。当日知县呼唤两个上厅来，声了喏，取台旨。知县道：“我自到任以来，闻知本府济州管下所属水乡梁山泊贼盗聚众打劫，拒敌官军。亦恐各处乡村盗贼猖狂，小人甚多，今唤你等两个，休辞辛苦，与我将带本管土兵人等，一个出西门，一个出东门，分投巡捕。若有贼人，随即剿获申解，不可扰动乡民。体知东溪村山上有株大红叶树，别处皆无，你们众人采几片来县里呈纳，方表你们曾巡到那里。若无红叶，便是汝等虚妄，定行责罚不恕。”两个都头领了台旨，各自回归，点了本管土兵，分投自去巡察。

不说朱仝引人出西门自去巡捕，只说雷横当晚引了二十个土兵出东门，绕村巡察，遍地里走了一遭，回来到东溪村山上，众人采了那红叶，就下村来。行不到三二里，早到灵官庙前，见殿门不关，雷横道：“这殿里又没有庙祝，殿门不关，莫不有歹人在里面么?我们直入去看一看。”众人拿着火，一齐照将入来，只见供桌上赤条条地睡着一个大汉。天道又热，那汉子把些破衣裳团做一块作枕头，枕在项下，　　的沉睡着了在供桌上。雷横看了道：“好怪，好怪!知县相公忒神明，原来这东溪村真个有贼！”大喝一声，那汉却待要挣扎，被二十个土兵一齐向前，把那汉子一条索绑了，押出庙门，投一个保正庄上来。不是投那个去处，有分教：东溪村里，聚三四筹好汉英雄；郓城县中，寻十万贯金珠宝贝。正是：天上罡星来聚会，人间地煞得相逢。

毕竟雷横拿住那汉，投解甚处来，且听下回分解。

第十四回 赤发鬼醉卧灵官殿晁天王认义东溪村

话说当时雷横来到灵官殿上，见了这条大汉，睡在供桌上，众土兵向前，把条索子绑了，捉离灵官殿来，天色却早，是五更时分。雷横道：“我们且押这厮去晁保正庄上讨些点心吃了，却解去县里取问。”一行众人却都奔这保正庄上来。

原来那东溪村保正姓晁，名盖，祖是本县本乡富户，平生仗义疏财，专爱结识天下好汉，但有人来投奔他的，不论好歹，便留在庄上住；若要去时，又将银两赍助他起身。最爱刺枪使棒，亦自身强力壮，不娶妻室，终日只是打熬筋骨。郓城县管下东门外有两个村坊，一个东溪村，一个西溪村，只隔着一条大溪。当初这西溪村常常有鬼，白日迷人下水，在溪里，无可奈何。忽一日，有个僧人经过，村中人备细说知此事，僧人指个去处，教用青石凿个宝塔，放于所在，镇住溪边。其时西溪村的鬼，都赶过东溪村来。那时晁盖得知了，大怒，从这里走将过去，把青石宝塔独自夺了过来东溪村放下，因此人皆称他做托塔天王。晁盖独霸在那村坊，江湖都闻他名字。

却早雷横并土兵押着那汉来到庄前敲门，庄里庄客闻知，报与保正。此时晁盖未起，听得报是雷都头到来，慌忙叫开门。庄客开得庄门，众土兵先把那汉子吊在门房里。雷横自引了十数个为头的人到草堂上坐下。晁盖起来接待，动问道：“都头有甚公干到这里？”雷横答道：“奉知县相公钧旨：着我与朱仝两个引了部下土兵，分投下乡村各处巡捕贼盗。因走得力乏，欲得少歇，径投贵庄暂息，有惊保正安寝。”晁盖道：“这个何妨！”一面叫庄客安排酒食管待，先把汤来吃。晁盖动问道：“敝村曾拿得个把小贼么？”雷横道：“却才前面灵官殿上有个大汉睡着在那里，我看那厮不是良善君子，以定是醉了，就便睡着。我们把索子缚绑了，本待便解去县里见官，一者忒早些，二者也要教保正知道，恐日后父母官问时，保正也好答应。现今吊在贵庄门房里。”晁盖听了，记在心，称谢道：“多亏都头见报。”少刻庄客捧出盘馔酒食，晁盖喝道：“此间不好说话，不如去后厅轩下少坐。”便叫庄客里面点起灯烛，请都头到里面酌杯。晁盖坐了主位，雷横坐了客席。两个坐定，庄客铺下果品、按酒、菜蔬、盘馔。庄客一面筛酒，晁盖又叫买酒与土兵众人吃，庄客请众人都引去廊下客位里管待，大盘酒肉只管叫众人吃。晁盖一头相待雷横吃酒，一面自肚里寻思：“村中有甚小贼吃他拿了?我且自去看是谁。”相陪吃了五七杯酒，便叫家里一个主管出来：“陪奉都头坐一坐，我去净了手便来。”

那主管陪侍着雷横吃酒，晁盖却去里面拿了个灯笼，径来门楼下看时，土兵都去吃酒，没一个在外面。晁盖便问看门的庄客：“都头拿的贼吊在那里？”庄客道：“在门房里关着。”晁盖去推开门，打一看时，只见高高吊起那汉子在里面，露出一身黑肉，下面抓扎起两条黑　毛腿，赤着一双脚。晁盖把灯照那人脸时，紫黑阔脸，鬓边一搭朱砂记，上面生一片黑黄毛。晁盖便问道：“汉子，你是那里人?我村中不曾见有你。”那汉道：“小人是远乡客人，来这里投奔一个人，却把我来拿做贼，我须有分辨处。”晁盖道：“你来我这村中投奔谁？”那汉道：“我来这村中投奔一个好汉。”晁盖道：“这好汉叫做甚么？”那汉道：“他唤做晁保正。”晁盖道：“你却寻他有甚勾当？”那汉道：“他是天下闻名的义士好汉。如今我有一套富贵要与他说知，因此而来。”晁盖道：“你且住，只我便是晁保正，却要我救你，你只认我做娘舅之亲。少刻，我送雷都头那人出来时，你便叫我做阿舅，我便认你做外甥，只说四五岁离了这里，今番来寻阿舅，因此不认得。”那汉道：“若得如此救护，深感厚恩，义士提携则个！”正是：

黑甜一枕古祠中，被获高悬草舍东。

百万赃私天不佑，解围晁盖有奇功。

当时晁盖提了灯笼，自出房来，仍旧把门拽上，急入后厅来见雷横，说道：“甚是慢客。”雷横道：“多多相扰，理甚不当。”两个又吃了数杯酒，只见窗子外射入天光来，雷横道：“东方动了，小人告退，好去县中画卯。”晁盖道：“都头官身，不敢久留。若再到敝村公干，千万来走一遭。”雷横道：“却得再来拜望，不须保正分付。请保正免送。”晁盖道：“却罢，也送到庄门口。”

两个同走出来，那伙土兵众人都得了酒食，吃得饱了，各自拿了枪棒，便去门房里解了那汉，背剪缚着带出门外。晁盖见了，说道：“好条大汉！”雷横道：“这厮便是灵官庙里捉的贼，……”说犹未了，只见那汉叫一声：“阿舅，救我则个！”晁盖假意看他一看，喝问道：“兀的这厮不是王小三么？”那汉道：“我便是，阿舅救我。”众人吃了一惊。雷横便问晁盖道：“这人是谁?如何却认得保正？”晁盖道：“原来是我外甥王小三。这厮如何在庙里歇?乃是家姐的孩儿，从小在这里过活，四五岁时随家姐夫和家姐上南京去住，一去了十数年。这厮十四五岁又来走了一遭，跟个本京客人来这里贩卖，向后再不曾见面。多听得人说这厮不成器，如何却在这里?小可本也认他不得，为他鬓边有这一搭朱砂记，因此影影认得。”晁盖喝道：“小三，你如何不径来见我?却去村中做贼！”那汉叫道：“阿舅，我不曾做贼。”晁盖喝道：“你既不做贼，如何拿你在这里？”夺过土兵手里棍棒，劈头劈脸便打。雷横并众人劝道：“且不要打，听他说。”那汉道：“阿舅息怒，且听我说：

自从十四五岁时来走了这遭，如今不是十年了?昨夜路上多吃了一杯酒，不敢来见阿舅，权去庙里睡得醒了，却来寻阿舅；不想被他们不问事由，将我拿了，却不曾做贼。”晁盖拿起棍来又要打，口里骂道：“畜生!你却不径来见我，且在路上贪　这口黄汤，我家中没有与你吃，辱没杀人！”雷横劝道：“保正息怒，你令甥本不曾做贼。我们见他偌大一条大汉在庙里睡得跷蹊，亦且面生，又不认得，因此设疑，捉了他来这里。若早知是保正的令甥，定不拿他。”唤土兵快解了绑缚的索子，放还保正，众土兵登时放了那汉。雷横道：“保正休怪，早知是令甥，不致如此，甚是得罪，小人们回去。”晁盖道：“都头且住，请入小庄，再有话说。”

雷横放了那汉，一齐再入草堂里来。晁盖取出十两花银送与雷横，说道：“都头休嫌轻微，望赐笑留。”雷横道：“不当如此。”晁盖道：“若是不肯收受时，便是怪小人。”雷横道：“既是保正厚意，权且收受，改日却得报答。”晁盖叫那汉拜谢了雷横，晁盖又取些银两赏了众土兵，再送出庄门外。雷横相别了，引着土兵自去。

晁盖却同那汉到后轩下，取几件衣裳与他换了，取顶头巾与他戴了，便问那汉姓甚名谁，何处人氏。那汉道：“小人姓刘，名唐，祖贯东潞州人氏，因这鬓边有这搭朱砂记，人都唤小人做赤发鬼，特地送一套富贵来与保正哥哥。昨夜晚了，因醉倒庙里，不想被这厮们捉住，绑缚了来，正是‘有缘千里来相会，无缘对面不相逢’。今日幸得在此，哥哥坐定，受刘唐四拜。”拜罢，晁盖道：“你且说送一套富贵与我，现在何处？”

刘唐道：“小人自幼飘荡江湖，多走途路，专好结识好汉，往往多闻哥哥大名，不期有缘得遇。曾见山东、河北做私商的，多曾来投奔哥哥，因此刘唐敢说这话。这里别无外人，方可倾心吐胆对哥哥说。”晁盖道：“这里都是我心腹人，但说不妨。”刘唐道：“小弟打听得北京大名府梁中书收买十万贯金珠、宝贝、玩器等物，送上东京，与他丈人蔡太师庆生辰。去年也曾送十万贯金珠宝贝，来到半路里，不知被谁人打劫了，至今也无捉处；今年又收买十万贯金珠宝贝，早晚安排起程，要赶这六月十五日生辰。小弟想此一套是不义之财，取之何碍!便可商议个道理去半路上取了，天理知之，也不为罪。闻知哥哥大名，是个真男子，武艺过人。小弟不才，颇也学得本事，休道三五个汉子，便是一二千军马队中，拿条枪，也不惧他。倘蒙哥哥不弃时，献此一套富贵，不知哥哥心内如何？”晁盖道：“壮哉!且再计较。你既来这里，想你吃了些艰辛，且去客房里将息少歇，待我从长商议，来日说话。”晁盖叫庄客引刘唐廊下客房里歇息，庄客引到房中，也自去干事了。

且说刘唐在房里寻思道：“我着甚来由，苦恼这遭!多亏晁盖完成，解脱了这件事。只叵耐雷横那厮平白骗了晁保正十两银子，又吊我一夜。想那厮去未远，我不如拿了条棒赶上去，齐打翻了那厮们，却夺回那银子，送还晁盖，也出一口恶气。此计大妙。”刘唐便出房门，去枪架上拿了一条朴刀，便出庄门，大踏步投南赶来。此时天色已明，但见：

北斗初横，东方欲白。天涯曙色才分，海角残星渐落。金鸡三唱，唤佳人傅粉施朱；宝马频嘶，催行客争名竞利。几缕丹霞横碧汉，一轮红日上扶桑。

这赤发鬼刘唐挺着朴刀，赶了五六里路，却早望见雷横引着土兵，慢慢地行将去。刘唐赶上来，大喝一声：“兀那都头不要走！”

雷横吃了一惊，回过头来，见是刘唐拈着朴刀赶来。雷横慌忙去土兵手里夺条朴刀拿着，喝道：“你那厮赶将来做甚么？”刘唐道：“你晓事的，留下那十两银子还了我，我便饶了你！”雷横道：“是你阿舅送我的，干你甚事?我若不看你阿舅面上，直结果了你这厮性命，　地问我取银子？”刘唐道：“我须不是贼，你却把我吊了一夜，又骗我阿舅十两银子。是会的将来还我，佛眼相看；你若不还我，叫你目前流血！”雷横大怒，指着刘唐大骂道：“辱门败户的谎贼，怎敢无礼！”刘唐道：“你那作害百姓的腌　泼才，怎敢骂我！”雷横又骂道：“贼头贼脸贼骨头，必然要连累晁盖!你这等贼心贼肝，我行须使不得！”刘唐大怒道：“我来和你见个输赢。”拈着朴刀，直奔雷横。雷横见刘唐赶上来，呵呵大笑，挺手中朴刀来迎。两个就大路上厮并，但见：

一来一往，似凤翻身；一撞一冲，如鹰展翅。一个照搠，尽依良法；一个遮拦，自有悟头。这个丁字脚，抢将入来；那个四换头，奔将进去。两句道：虽然不上凌烟阁，只此堪描入画图。

当时雷横和刘唐就路上斗了五十余合，不分胜败。众土兵见雷横赢刘唐不得，却待都要一齐上并他。只见侧首篱门开处，一个人掣两条铜链，叫道：“你们两个好汉且不要斗，我看了多时，权且歇一歇，我有话说。”便把铜链就中一隔，两个都收住了朴刀，跳出圈子外来，立住了脚。看那人时，似秀才打扮，戴一顶桶子样抹眉梁头巾，穿一领皂沿边麻布宽衫，腰系一条茶褐銮带，下面丝鞋净袜，生得眉清目秀，面白须长。这人乃是智多星吴用，表字学究，道号加亮先生，祖贯本乡人氏。曾有一首《临江仙》赞吴用的好处：

万卷经书曾读过，平生机巧心灵，六韬三略究来精。胸中藏战将，腹内隐雄兵。

谋略敢欺诸葛亮，陈平岂敌才能。略施小计鬼神惊。字称吴学究，人号智多星。

当时吴用手提铜链，指着刘唐叫道：“那汉且住，你因甚和都头争执？”刘唐光着眼看吴用道：“不干你秀才事！”雷横便道：“教授不知，这厮夜来赤条条地睡在灵官庙里，被我们拿了这厮，带到晁保正庄上，原来却是保正的外甥，看他母舅面上放了他。晁天王请我们吃了酒，送些礼物与我，这厮瞒了他阿舅，直赶到这里问我取，你道这厮大胆么？”吴用寻思道：“晁盖我都是自幼结交，但有些事，便和我相议计较。他的亲眷相识，我都知道，不曾见有这个外甥。亦且年甲也不相登，必有些跷蹊。我且劝开了这场闹，却再问他。”吴用便道：“大汉休执迷，你的母舅与我至交，又和这都头亦过得好，他便送些人情与这都头，你却来讨了，也须坏了你母舅面皮。且看小生面，我自与你母舅说。”刘唐道：“秀才，你不省得。这个不是我阿舅甘心与他，他诈取了我阿舅的银两；若是不还我，誓不回去。”雷横道：“只除是保正自来取，便还他，却不还你。”刘唐道：“你屈冤人做贼，诈了银子，怎地不还？”雷横道：“不是你的银子，不还，不还！”刘唐道：“你不还，只除问得我手里朴刀肯便罢。”吴用又劝：“你两个斗了半日，又没输赢，只管斗到几时是了？”刘唐道：“他不还我银子，直和他拚个你死我活便罢。”雷横大怒道：“我若怕你，添个土兵来并你，也不算好汉，我自好歹搠翻你便罢！”刘唐大怒，拍着胸前叫道：“不怕!不怕！”便赶上来。这边雷横便指手划脚也赶拢来。两个又要厮并，这吴用横身在里面劝，那里劝得住。刘唐拈着朴刀，只待钻将过来。雷横口里千贼万贼骂，挺起朴刀，正待要斗，只见众土兵指道：“保正来了。”　　刘唐回身看时，只见晁盖披着衣裳，前襟摊开，从大路上赶来，大喝道：“畜生不得无礼！”那吴用大笑道：“须是保正自来，方才劝得这场闹。”晁盖赶得气喘，问道：“你怎的赶来这里斗朴刀？”雷横道：“你的令甥拿着朴刀赶来问我取银子，小人道：‘不还你，我自送还保正，非干你事。’他和小人斗了五十合，教授解劝在此。”晁盖道：“这畜生，小人并不知道，都头看小人之面请回，自当改日登门陪话。”雷横道：“小人也知那厮胡为，不与他一般见识，又劳保正远出。”作别自去，不在话下。

且说吴用对晁盖说道：“不是保正自来，几乎做出一场大事。这个令甥端的非凡，是好武艺。小生在篱笆里看了。这个有名惯使朴刀的雷都头，也敌不过，只办得架隔遮拦。若再斗几合，雷横必然有失性命，因此小人慌忙出来间隔了。这个令甥从何而来?往常时庄上不曾见有。”晁盖道：“却待正要求请先生到敝庄商议句话，正欲使人来，只是不见了他，枪架上朴刀又没寻处，只见牧童报说，一个大汉拿条朴刀望南一直赶去，我慌忙随后追得来，早是得教授谏劝住了。请尊步同到敝庄，有句话计较计较。”那吴用还至书斋，挂了铜链在书房里，分付主人家道：“学生来时，说道先生今日有干，权放一日假。”有诗为证：

文才不下武才高，铜链犹能劝朴刀。

只爱雄谈偕义士，岂甘枯坐伴儿曹。

放他众鸟笼中出，许尔群蛙野外跳。

自是先生多好动，学生欢喜主人焦。

吴用拽上书斋门，将锁锁了，同晁盖、刘唐到晁家庄上，晁盖径邀入后堂深处，分宾而坐。

吴用问道：“保正，此人是谁？”晁盖道：“江湖上好汉，此人姓刘，名唐，是东潞州人氏。因此有一套富贵，特来投奔我。夜来他醉卧在灵官庙里，却被雷横捉了，拿到我庄上，我因认他做外甥，方得脱身。他说：‘有北京大名府梁中书收买十万贯金珠宝贝，送上东京，与他丈人蔡太师庆生辰，早晚从这里经过，此等不义之财，取之何碍！’他来的意，正应我一梦。我昨夜梦见北斗七星，直坠在我屋脊上，斗柄上另有一颗小星，化道白光去了。我想星照本家，安得不利?今早正要求请教授商议，此一件事若何？”吴用笑道：“小生见刘兄赶得来跷蹊，也猜个七八分了。此一事却好，只是一件，人多做不得，人少又做不得。宅上空有许多庄客，一个也用不得。如今只有保正、刘兄、小生三人，这件事如何团弄?便是保正与刘兄十分了得，也担负不下。这段事须得七八个好汉方可，多也无用。”晁盖道：“莫非要应梦之星数？”吴用便道：“兄长这一梦也非同小可，莫非北地上再有扶助的人来？”吴用寻思了半晌，眉头一纵，计上心来，说道：“有了!有了！”晁盖道：“先生既有心腹好汉，可以便去请来，成就这件事。”吴用不慌不忙，叠两个指头，说出这句话来，有分教：东溪庄上，聚义汉翻作强人；石碣村中，打鱼船权为战舰。正是：指挥说地谈天口，来诱翻江搅海人。

毕竟智多星吴用说出甚么人来，且听下回分解。

第十五回 吴学究说三阮撞筹　公孙胜应七星聚义

话说当时吴学究道：“我寻思起来，有三个人，义胆包身，武艺出众，敢赴汤蹈火，同死同生。只除非得这三个人，方才完得这件事。”晁盖道：“这三个却是甚么样人?姓甚名谁?何处居住？”吴用道：“这三个人是弟兄三个，在济州梁山泊边石碣村住，日常只打鱼为生，亦曾在泊子里做私商勾当。本身姓阮，弟兄三人，一个唤做立地太岁阮小二，一个唤做短命二郎阮小五，一个唤做活阎罗阮小七。这三个是亲弟兄。小生旧日在那里住了数年，与他相交时，他虽是个不通文墨的人，为见他与人结交真有义气，是个好男子，因此和他来往，今已好两年不曾相见。若得此三人，大事必成。”晁盖道：“我也曾闻这阮家三弟兄的名字，只不曾相会。石碣村离这里只有百十里以下路程，何不使人请他们来商议？”吴用道：“着人去请，他们如何肯来?小生必须自去那里，凭三寸不烂之舌，说他们入伙。”晁盖大喜道：“先生高见，几时可行？”吴用答道：“事不宜迟，只今夜三更便去，明日晌午可到那里。”晁盖道：“最好。”

当时叫庄客且安排酒食来吃。吴用道：“北京到东京也曾行到，只不知生辰纲从那条路来，再烦刘兄休辞生受，连夜去北京路上探听起程的日期，端的从那条路上来。”刘唐道：“小弟只今夜也便去。”吴用道：“且住，他生辰是六月十五日，如今却是五月初头，尚有四五十日，等小生先去说了三阮弟兄回来，那时却教刘兄去。”晁盖道：“也是，刘兄弟只在我庄上等候。”

话休絮烦，当日吃了半晌酒食，至三更时分，吴用起来洗漱罢，吃了些早饭，讨了些银两，藏在身边，穿上草鞋，晁盖、刘唐送出庄门，吴用连夜投石碣村来。行到晌午时分，早来到那村中。但见：

青郁郁山峰叠翠，绿依依桑柘堆云。四边流水绕孤村，几处疏篁沿小径。茅檐傍涧，古木成林。篱外高悬沽酒旆，柳阴闲缆钓鱼船。

吴学究自来认得，不用问人，来到石碣村中，径投阮小二家来。到得门前看时，只见枯桩上缆着数只小渔船，疏篱外晒着一张破鱼网，倚山傍水，约有十数间草房。吴用叫一声道：“二哥在家么？”只见一个人从里面走出来，生得如何，但见：

眍兜脸两眉竖起，略绰口四面连拳。胸前一带盖胆黄毛，背上两枝横生板肋。臂膊有千百斤气力，眼睛射几万道寒光。休言村里一渔人，便是人间真太岁。

那阮小二走将出来，头戴一顶破头巾，身穿一领旧衣服，赤着双脚，出来见了是吴用，慌忙声喏道：“教授何来?甚风吹得到此？”吴用答道：“有些小事，特来相浼二郎。”阮小二道：“有何事，但说不妨。”吴用道：“小生自离了此间，又早二年。如今在一个大财主家做门馆，他要办筵席，用着十数尾重十四五斤的金色鲤鱼，因此特地来相投足下。”阮小二笑了一声，说道：“小人且和教授吃三杯，却说。”吴用道：“小生的来意，也欲正要和二哥吃三杯。”阮小二道：“隔湖有几处酒店，我们就在船里荡将过去。”吴用道：“最好。也要就与五郎说句话，不知在家也不在？”阮小二道：“我们去寻他便了。”两个来到泊岸边，枯桩上缆的小船解了一只，便扶着吴用下船去了。树根头拿了一把桦锹，只顾荡。早荡将开去，望湖泊里来。正荡之间，只见阮小二把手一招，叫道：“七哥，曾见五郎么？”吴用看时，只见芦苇丛中摇出一只船来。那汉生的如何，但见：

疙疸脸横生怪肉，玲珑眼突出双睛。腮边长短淡黄须，身上交加乌黑点。浑如生铁打成，疑是顽铜铸就。世上降生真五道，村中唤作活阎罗。

那阮小七头戴一顶遮日黑箬笠，身上穿个棋子布背心，腰系着一条生布裙，把那只船荡着，问道：“二哥，你寻五哥做甚么？”吴用叫一声：“七郎，小生特来相央你们说话。”阮小七道：“教授恕罪，好几时不曾相见。”吴用道：“一同和二哥去吃杯酒。”阮小七道：“小人也欲和教授吃杯酒，只是一向不曾见面。”两只船厮跟着在湖泊里，不多时，划到个去处，团团都是水，高埠上有七八间草房，阮小二叫道：“老娘，五哥在么？”那婆婆道：“说不得，鱼又不得打，连日去赌钱，输得没了分文，却才讨了我头上钗儿，出镇上赌去了。”阮小二笑了一声，便把船划开。阮小七便在背后船上说道：“哥哥，正不知怎地，赌钱只是输，却不晦气!莫说哥哥不赢，我也输得赤条条地。”吴用暗想道：“中了我的计了。”两只船厮并着，投石碣村镇上来。划了半个时辰，只见独木桥边一个汉子，把着两串铜钱，下来解船。阮小二道："五郎来了。"吴用看时，但见：

一双手浑如铁棒，两只眼有似铜铃。面上虽有些笑容，眉间却带着杀气。能生横祸，善降非灾。拳打来，狮子心寒；脚踢处，　蛇丧胆。何处觅行瘟使者，只此是短命二郎。

那阮小五斜戴着一顶破头巾，鬓边插朵石榴花，披着一领旧布衫，露出胸前刺着的青郁郁一个豹子来，里面匾扎起裤子，上面围着一条间道棋子布手巾。吴用叫一声道："五郎得采么？"阮小五道："原来却是教授，好两年不曾见面，我在桥上望你们半日了。"阮小二道："我和教授直到你家寻你，老娘说道出镇上赌钱去了，因此同来这里寻你。且来和教授去水阁上吃三杯。"阮小五慌忙去桥边解了小船，跳在舱里，捉了桦楫，只一划，三只船厮并着划了一歇，早到那个水阁酒店前。看时，但见：

前临湖泊，后映波心。数十株槐柳绿如烟，一两荡荷花红照水。凉亭上窗开碧槛，水阁中风动朱帘。休言三醉岳阳楼，只此便是蓬岛客。

当下三只船撑到水亭下荷花荡中，三只船都缆了。扶吴学究上了岸，入酒店里来，都到水阁内拣一副红油桌凳。阮小二便道："先生休怪我三个弟兄粗俗，请教授上坐。"吴用道："却使不得。"阮小七道："哥哥只顾坐主位，请教授坐客席，我兄弟两个便先坐了。"吴用道："七郎只是性快。"四个人坐定了，叫酒保打一桶酒来。店小二把四只大盏子摆开，铺下四双箸，放了四盘菜蔬，打一桶酒，放在桌子上。阮小二道："有甚么下口？"小二哥道："新宰得一头黄牛，花糕也似好肥肉。"阮小二道："大块切十斤来。"阮小五道："教授休笑话，没甚孝顺。"吴用道："倒来相扰，多激恼你们。"阮小二道："休恁地说！"催促小二哥只顾筛酒，早把牛肉切做两盘，将来放在桌上。阮家三兄弟让吴用吃了几块，便吃不得了，那三个狼　虎食，吃了一回。

阮小五动问道："教授到此贵干？"阮小二道："教授如今在一个大财主家做门馆教学，今来要对付十数尾金色鲤鱼，要重十四五斤的，特来寻我们。"阮小七道："若是每常要三五十尾也有，莫说十数个，再要多些，我弟兄们也包办得。如今便要重十斤的也难得。"阮小五道："教授远来，我们也对付十来个重五六斤的相送。"吴用道："小生多有银两在此，随算价钱，只是不用小的，须得十四五斤重的便好。"阮小七道："教授，却没讨处，便是五哥许五六斤的，也不能够，须是等得几日才得。我的船里有一桶小活鱼，就把来吃酒。"阮小七便去船内取将一桶小鱼上来，约有五七斤，自去灶上安排，盛做三盘，把来放在桌上。阮小七道："教授胡乱吃些个。"四个又吃了一回，看看天色渐晚，吴用寻思道："这酒店里须难说话，今夜必是他家权宿，到那里却又理会。"阮小二道："今夜天色晚了，请教授权在我家宿一宵，明日却再计较。"吴用道："小生来这里走一遭，千难万难，幸得你们弟兄今日做一处，眼见得这席酒不肯要小生还钱，今晚借二郎家歇一夜，小生有些须银子在此，相烦就此店中沽一瓮酒，买些肉，村中寻一对鸡，夜间同一醉如何？"阮小二道："那里要教授坏钱，我们弟兄自去整理，不烦恼没对付处。"吴用道："径来要请你们三位。若还不依小生时，只此告退。"阮小七道："既是教授这般说时，且顺情吃了，却再理会。"吴用道："还是七郎性直爽快！"吴用取出一两银子，付与阮小七，就问主人家沽了一瓮酒，借个大瓮盛了，买了二十斤生熟牛肉，一对大鸡。阮小二道："我的酒钱，一发还你。"店主人道："最好，最好！"

四人离了酒店，再下了船，把酒肉都放在船舱里，解了缆索，径划将开去，一直投阮小二家来。到得门前，上了岸，把船仍旧缆在桩上，取了酒肉，四人一齐都到后面坐地，便叫点起灯来。原来阮家弟兄三个，只有阮小二有老小，阮小五、阮小七都不曾婚娶，四个人都在阮小二家后面水亭上坐定。阮小七宰了鸡，叫阿嫂同讨的小猴子在厨下安排。约有一更相次，酒肉都搬来摆在桌上。

吴用劝他弟兄们吃了几杯，又提起买鱼事来，说道："你这里偌大一个去处，却怎地没了这等大鱼？"阮小二道："实不瞒教授说，这般大鱼，只除梁山泊里便有，我这石碣湖中狭小，存不得这等大鱼。"吴用道："这里和梁山泊一望不远，相通一派之水，如何不去打些？"阮小二叹了一口气道："休说！"吴用又问道："二哥如何叹气？"阮小五接了说道："教授不知，在先这梁山泊是我弟兄们的衣饭碗，如今绝不敢去。"吴用道："偌大去处，终不成官司禁打鱼鲜。"阮小五道："甚么官司，敢来禁打鱼鲜!便是活阎王，也禁治不得！"吴用道："既没官司禁治，如何绝不敢去？"阮小五道："原来教授不知来历，且和教授说知。"吴用道："小生却不理会得。"阮小七接着便道："这个梁山泊去处，难说难言。如今泊子里新有一伙强人占了，不容打鱼。"吴用道："小生却不知，原来如今有强人，我这里并不曾闻得说。"

阮小二道："那伙强人，为头的是个落第举子，唤做白衣秀士王伦，第二个叫做摸着天杜迁，第三个叫做云里金刚宋万。以下有个旱地忽律朱贵，现在李家道口开酒店，专一探听事情，也不打紧。如今新来一个好汉，是东京禁军教头，甚么豹子头林冲，十分好武艺。这几个贼男女聚集了五七百人，打家劫舍，抢掳来往客人。我们有一年多不去那里打鱼，如今泊子里把住了，绝了我们的衣饭，因此一言难尽。"吴用道："小生实是不知有这段事，如何官司不来捉他们？"阮小五道："如今那官司一处处动弹，便害百姓；但一声下乡村来，倒先把好百姓家养的猪、羊、鸡、鹅，尽都吃了，又要盘缠打发他。如今也好教这伙人奈何!那捕盗官司的人，那里敢下乡村来!若是那上司官员差他们缉捕人来，都吓得尿屎齐流，怎敢正眼儿看他！"阮小二道："我虽然不打得大鱼，也省了若干科差。"吴用道："恁地时，那厮们倒快活！"阮小五道："他们不怕天，不怕地，不怕官司，论秤分金银，异样穿绸锦，成瓮吃酒，大块吃肉，如何不快活?我们弟兄三个空有一身本事，怎地学得他们！"吴用听了，暗暗地欢喜道："正好用计了。"阮小七说道："人生一世，草生一秋，我们只管打鱼营生，学得他们过一日也好！"

吴用道："这等人学他做甚么?他做的勾当，不是笞杖五七十的罪犯，空自把一身虎威都撇下。倘或被官司拿住了，也是自做的罪。"阮小二道："如今该管官司没甚分晓，一片糊涂，千万犯了迷天大罪的，倒都没事!我弟兄们不能快活，若是但有肯带挈我们的，也去了罢。"阮小五道："我也常常这般思量，我弟兄三个的本事，又不是不如别人!谁是识我们的？"吴用道："假如便有识你们的，你们便如何肯去！"阮小七道："若是有识我们的，水里水里去，火里火里去。若能够受用得一日，便死了开眉展眼。"吴用暗暗喜道："这三个都有意了，我且慢慢地诱他。"吴用又劝他三个吃了两巡酒，正是：

只为奸邪屈有才，天教恶曜下凡来。

试看阮氏三兄弟，劫取生辰不义财。

吴用又说道："你们三个敢上梁山泊捉这伙贼么？"阮小七道："便捉的他们，那里去请赏?也吃江湖上好汉们笑话！"吴用道："小生短见：假如你们怨恨打鱼不得，也去那里撞筹却不是好？"阮小二道："先生，你不知，我弟兄们几遍商量要去入伙，听得那白衣秀士王伦的手下人都说道他心地窄狭，安不得人。前番那个东京林冲上山，怄尽他的气。王伦那厮，不肯胡乱着人，因此我弟兄们看了这般样，一齐都心懒了。"阮小七道："他们若似老兄这等慷慨，爱我弟兄们便好！"阮小五道："那王伦若得似教授这般情分时，我们也去了多时，不到今日!我弟兄三个，便替他死也甘心！"吴用道："量小生何足道哉!如今山东、河北多少英雄豪杰的好汉！"阮小二道："好汉们尽有，我弟兄自不曾遇着。"

吴用道："只此间郓城县东溪村晁保正，你们曾认得他么？"阮小五道："莫不是叫做托塔天王的晁盖么？"吴用道："正是此人。"阮小七道："虽然与我们只隔得百十里路程，缘分浅薄，闻名不曾相会。"吴用道："这等一个仗义疏财的好男子，如何不与他相见！"阮小二道："我弟兄们无事也不曾到那里，因此不能够与他相见。"吴用道："小生这几年也只在晁保正庄上左近教些村学，如今打听得他有一套富贵待取，特地来和你们商议，我等就那半路里拦住取了，如何？"阮小五道："这个却使不得。他既是仗义疏财的好男子，我们却去坏他的道路，须吃江湖上好汉们知时笑话。"吴用道："我只道你们弟兄心志不坚，原来真个惜客好义。我对你们实说，果有协助之心，我教你们知此一事。我如今现在晁保正庄上住，保正闻知你三个大名，特地教我来请你们说话。"阮小二道："我弟兄三个，真真实实地并没半点儿假!晁保正敢有件奢遮的私商买卖，有心要带挈我们，一定是烦老兄来。若还端的有这事，我三个若舍不得性命相帮他时，残酒为誓：教我们都遭横事，恶病临身，死于非命！"阮小五和阮小七把手拍着脖项道："这腔热血，只要卖与识货的！"

吴用道："你们三位弟兄在这里，不是我坏心术来诱你们，这件事非同小可的勾当!目今朝内蔡太师是六月十五日生辰，他的女婿是北京大名府梁中书，即目起解十万贯金珠宝贝与他丈人庆生辰。今有一个好汉姓刘，名唐，特来报知。如今欲要请你们去商议，聚几个好汉，向山凹僻静去处，取此一套富贵不义之财，大家图个一世快活。因此特教小生只做买鱼来请你们三个计较，成此一事，不知你们心意如何？"阮小五听了道："罢!罢！"叫道："七哥，我和你说甚么来！"阮小七跳起来道："一世的指望，今日还了愿心!正是搔着我痒处!我们几时去？"吴用道："请三位即便去来，明日起个五更，一齐都到晁天王庄上去。"阮家三弟兄大喜。有诗为证：

学究知书岂爱财，阮郎渔乐亦悠哉!

只因不义金珠去，致使群雄聚义来。

当夜过了一宿，次早起来，吃了早饭，阮家三弟兄分付了家中，跟着吴学究，四个人离了石碣村，拽开脚步，取路投东溪村来。行了一日，早望见晁家庄，只见远远地绿槐树下晁盖和刘唐在那里等，望见吴用引着阮家三兄弟直到槐树前，两下都厮见了。晁盖大喜道："阮氏三雄名不虚传，且请到庄里说话。"六人俱从庄外入来，到得后堂，分宾主坐定。吴用把前话说了，晁盖大喜，便叫庄客宰杀猪羊，安排烧纸。阮家三弟兄见晁盖人物轩昂，语言洒落，三个说道："我们最爱结识好汉，原来只在此间。今日不得吴教授相引，如何得会？"三个弟兄好生欢喜。当晚且吃了些饭，说了半夜话。

次日天晓，去后堂前面列了金钱、纸马、香花、灯烛，摆了夜来煮的猪羊、烧纸。众人见晁盖如此志诚，尽皆欢喜，个个说誓道："梁中书在北京害民，诈得钱物，却把去东京与蔡太师庆生辰，此一等正是不义之财。我等六人中但有私意者，天地诛灭，神明鉴察。"六人都说誓了，烧化纸钱。

六筹好汉，正在后堂散福饮酒，只见一个庄客报说："门前有个先生要见保正化斋粮。"晁盖道："你好不晓事!见我管待客人在此吃酒，你便与他三五升米便了，何须直来问我！"庄客道："小人化米与他，他又不要，只要面见保正。"晁盖道："一定是嫌少!你便再与他三二斗米去。你说与他，保正今日在庄上请人吃酒，没工夫相见。"庄客去了多时，只见又来说道："那先生，与了他三斗米，又不肯去。自称是一清道人，不为钱米而来，只要求见保正一面。"晁盖道："你这厮不会答应，便说今日委实没工夫，教他改日却来相见拜茶。"庄客道："小人也是这般说，那个先生说道：'我不为钱米斋粮，闻知保正是个义士，特求一见。'"晁盖道："你也这般缠，全不替我分忧!他若再嫌少时，可与他三四斗去，何必又来说!我若不和客人们饮时，便去厮见一面，打甚么紧!你去发付他罢，再休要来说！"

庄客去了没半个时，只听得庄门外热闹，又见一个庄客飞也似来报道："那先生发怒，把十来个庄客都打倒了。"晁盖听得，吃了一惊，慌忙起身道："众位弟兄少坐，晁盖自去看一看。"便从后堂出来，到庄门前看时，只见那个先生身长八尺，道貌堂堂，生得古怪，正在庄门外绿槐树下打那众庄客。晁盖看那先生，但见：　　头绾两枚　松双丫髻，身穿一领巴山短褐袍，腰系杂色彩丝绦，背上松纹古铜剑。白肉脚衬着多耳麻鞋，绵囊手拿着鳖壳扇子。八字眉，一双杏子眼；四方口，一部落腮胡。

那先生一头打，一头口里说道："不识好人。"晁盖见了，叫道："先生息怒，你来寻晁保正，无非是投斋化缘，他已与了你米，何故嗔怪如此？"那先生哈哈大笑道："贫道不为酒食钱米而来。我觑得十万贯如同等闲，特地来寻保正，有句话说。叵耐村夫无理，毁骂贫道，因此性发。"晁盖道："你可曾认得晁保正么？"那先生道："只闻其名，不曾会面。"晁盖道："小子便是，先生有甚话说？"那先生看了道："保正休怪，贫道稽首。"晁盖道："先生少请，到庄里拜茶如何？"那先生道："多感。"

两人入庄里来，吴用见那先生入来，自和刘唐、三阮一处躲过。且说晁盖请那先生到后堂吃茶已罢，那先生道："这里不是说话处。别有甚么去处可坐？"晁盖见说，便邀那先生又到一处小小阁儿内，分宾坐定。晁盖道："不敢拜问先生高姓?贵乡何处？"那先生答道："贫道复姓公孙，单讳一个胜字，道号一清先生。小道是蓟州人氏，自幼乡中好习枪棒，学成武艺多般，人但呼为公孙胜大郎。为因学得一家道术，亦能呼风唤雨，驾雾腾云，江湖上都称贫道做入云龙。贫道久闻郓城县东溪村晁保正大名，无缘不曾拜识，今有十万贯金珠宝贝，专送与保正，作进见之礼，未知义士肯纳受否？"晁盖大笑道："先生所言，莫非北地生辰纲么？"那先生大惊道："保正何以知之？"晁盖道："小子胡猜，未知合先生意否？"公孙胜道："此一套富贵，不可错过。古人有云：'当取不取，过后莫悔。'晁保正心下如何？"

正说之间，只见一个人从阁子外抢将入来，劈胸揪住公孙胜说道："好呀!明有王法，暗有神灵，你如何商量这等的勾当!我听得多时也！"吓得这公孙胜面如土色。正是：机谋未就，争奈窗外人听；计策才施，又早萧墙祸起。

毕竟抢来揪住公孙胜的，却是何人，且听下回分解。

第十六回 杨志押送金银担　吴用智取生辰纲

话说当时公孙胜正在阁儿里对晁盖说这北京生辰纲是不义之财，取之何碍。只见一个人从外面抢将入来，揪住公孙胜道："你好大胆!却才商议的事，我都知了也。"那人却是智多星吴学究。晁盖笑道："教授休慌，且请相见。"两个叙礼罢，吴用道："江湖上久闻人说入云龙公孙胜一清大名，不期今日此处得会！"晁盖道："这位秀才先生，便是智多星吴学究。"公孙胜道："吾闻江湖上多人曾说加亮先生大名，岂知缘法却在保正庄上得会。只是保正疏财仗义，以此天下豪杰，都投门下。"晁盖道："再有几个相识在里面，一发请进后堂深处相见。"

三个人入到里面，就与刘唐、三阮都相见了。正是：

金帛多藏祸有基，英雄聚会本无期。

一时豪侠欺黄屋，七宿光芒动紫薇。

众人道："今日此一会，应非偶然，须请保正哥哥正面而坐。"晁盖道："量小子是个穷主人，怎敢占上！"吴用道："保正哥哥年长，依着小生，且请坐了。"晁盖只得坐了第一位，吴用坐了第二位，公孙胜坐了第三位，刘唐坐了第四位，阮小二坐了第五位，阮小五坐第六位，阮小七坐第七位。却才聚义饮酒，重整杯盘，再备酒肴，众人饮酌。吴用道："保正梦见北斗七星坠在屋脊上，今日我等七人聚义举事，岂不应天垂象!此一套富贵，唾手而取。前日所说央刘兄去探听路程从那里来，今日天晚，来早便请登程。"公孙胜道："这一事不须去了。贫道已打听，知他来的路数了，只是黄泥冈大路上来。"晁盖道："黄泥冈东十里路，地名安乐村，有一个闲汉，叫做白日鼠白胜，也曾来投奔我，我曾赍助他盘缠。"吴用道："北斗上白光，莫不是应在这人?自有用他处。"刘唐道："此处黄泥冈较远，何处可以容身？"吴用道："只这个白胜家便是我们安身处，亦还要用了白胜。"晁盖道："吴先生，我等还是软取，却是硬取？"吴用笑道："我已安排定了圈套，只看他来的光景，力则力取，智则智取。我有一条计策，不知中你们意否?如此，如此……"晁盖听了大喜，着脚道："好妙计!不枉了称你做智多星!果然赛过诸葛亮!好计策！"吴用道："休得再提，常言道：'隔墙须有耳，窗外岂无人。'只可你知我知。"晁盖便道："阮家三兄且请回归，至期来小庄聚会；吴先生依旧自去教学；公孙先生并刘唐，只在敝庄权住。"当日饮酒至晚，各自去客房里歇息。

次日五更起来，安排早饭吃了，晁盖取出三十两花银，送与阮家三兄弟道："权表薄意，切勿推却。"三阮那里肯受。吴用道："朋友之意，不可相阻。"三阮方才受了银两。一齐送出庄外来，吴用附耳低言道："这般这般，至期不可有误。"三阮相别了，自回石碣村去。晁盖留住公孙胜、刘唐在庄上，吴学究常来议事。正是：

取非其有官皆盗，损彼盈余盗是公。

计就只须安稳待，笑他宝担去匆匆。

话休絮繁，却说北京大名府梁中书收买了十万贯庆贺生辰礼物完备，选日差人起程，当下一日在后堂坐下，只见蔡夫人问道："相公，生辰纲几时起程？"梁中书道："礼物都已完备，明后日便用起身。只是一件事，在此踌躇未决。"蔡夫人道："有甚事踌躇未决？"梁中书道："上年费了十万贯收买金珠宝贝，送上东京去，只因用人不着，半路被贼人劫将去了，至今无获。今年帐前眼见得又没个了事的人送去，在此踌躇未决。"蔡夫人指着阶下道："你常说这个人十分了得，何不着他，委纸领状，送去走一遭，不致失误。"

梁中书看阶下那人时，却是青面兽杨志。梁中书大喜，随即唤杨志上厅说道："我正忘了你，你若与我送得生辰纲去，我自有抬举你处。"杨志叉手向前禀道："恩相差遣，不敢不依!只不知怎地打点?几时起身？"梁中书道："着落大名府差十辆太平车子，帐前拨十个厢禁军监押着车，每辆上各插一把黄旗，上写着：'献贺太师生辰纲'。每辆车子再使个军健跟着，三日内便要起身去。"杨志道："非是小人推托，其实去不得，乞钧旨别差英雄精细的人去。"梁中书道："我有心要抬举你，这献生辰纲的札子内，另修一封书在中间，太师跟前重重保你受道敕命回来，如何倒生支调，推辞不去？"杨志道："恩相在上，小人也曾听得上年已被贼人劫去了，至今未获。今岁途中盗贼又多，此去东京，又无水路，都是旱路。经过的是紫金山、二龙山、桃花山、伞盖山、黄泥冈、白沙坞、野云渡、赤松林，这几处都是强人出没的去处。更兼单身客人亦不敢独自经过，他知道是金银宝物，如何不来抢劫?枉结果了性命，以此去不得。"梁中书道："恁地时，多着军校防护送去便了。"杨志道："恩相便差五百人去，也不济事。这厮们一声听得强人来时，都是先走了的。"梁中书道："你这般地说时，生辰纲不要送去了？"杨志又禀道："若依小人一件事，便敢送去。"梁中书道："我既委在你身上，如何不依你说？"杨志道："若依小人说时，并不要车子，把礼物都装做十余条担子，只做客人的打扮行货。也点十个壮健的厢禁军，却装做脚夫挑着。只消一个人和小人去，却打扮做客人，悄悄连夜上东京交付，恁地时方好。"梁中书道："你甚说的是。我写书呈重重保你受道诰命回来。"杨志道："深谢恩相抬举。"当日便叫杨志一面打拴担脚，一面选拣军人。

次日，叫杨志来厅前伺候，梁中书出厅来问道："杨志，你几时起身？"杨志禀道："告复恩相，只在明早准行，就委领状。"梁中书道："夫人也有一担礼物，另送与府中宝眷，也要你领。怕你不知头路，特地再教奶公谢都管，并两个虞候，和你一同去。"杨志告道："恩相，杨志去不得了。"梁中书说道："礼物都已拴缚完备，如何又去不得？"杨志禀道："此十担礼物都在小人身上，和他众人，都由杨志，要早行，便早行，要晚行，便晚行，要住，便住，要歇，便歇，亦依杨志提调。如今又叫老都管并虞候和小人去，他是夫人行的人，又是太师府门下奶公，倘或路上与小人别拗起来，杨志如何敢和他争执得?若误了大事时，杨志那其间如何分说？"梁中书道："这个也容易，我叫他三个都听你提调便了。"杨志答道："若是如此禀过，小人情愿便委领状。倘有疏失，甘当重罪。"梁中书大喜道："我也不枉了抬举你，真个有见识！"随即唤老谢都管并两个虞候出来，当厅分付道："杨志提辖情愿委了一纸领状，监押生辰纲，十一担金珠宝贝，赴京太师府交割，这干系都在他身上。你三人和他做伴去，一路上早起，晚行，住歇，都要听他言语，不可和他别拗。夫人处分付的勾当，你三人自理会，小心在意，早去早回，休教有失。"老都管一一都应了。

当日杨志领了，次日早起五更，在府里把担仗都摆在厅前，老都管和两个虞候又将一小担财帛，共十一担，拣了十一个壮健的厢禁军，都做脚夫打扮。杨志戴上凉笠儿，穿着青纱衫子，系了缠带行履麻鞋，跨口腰刀，提条朴刀；老都管也打扮做个客人模样；两个虞候假装做跟的伴当。各人都拿了条朴刀，又带几根藤条。梁中书付与了札付书呈，一行人都吃得饱了，在厅上拜辞了梁中书。看那军人担仗起程。杨志和谢都管、两个虞候监押着，一行共是十五人，离了梁府，出得北京城门，取大路投东京进发。

此时正是五月半天气，虽是晴明得好，只是酷热难行。昔日吴七郡王有八句诗道：

玉屏四下朱阑绕，簇簇游鱼戏萍藻。

簟铺八尺白虾须，头枕一枚红玛瑙。

六龙惧热不敢行，海水煎沸蓬莱岛。

公子犹嫌扇力微，行人正在红尘道。

这八句诗单题着炎天暑月，那公子王孙在凉亭上水阁中浸着浮瓜沉李，调冰雪藕避暑，尚兀自嫌热；怎知客人为些微名薄利，又无枷锁拘缚，三伏内，只得在那途路中行。今日杨志这一行人要取六月十五日生辰，只得在路途上行。自离了这北京五七日，端的只是起五更，趁早凉便行，日中热时便歇。

五七日后，人家渐少，行路又稀，一站站都是山路。杨志却要辰牌起身，申时便歇。那十一个厢禁军，担子又重，无有一个稍轻，天气热了行不得，见着林子，便要去歇息，杨志赶着催促要行。如若停住，轻则痛骂，重则藤条便打，逼赶要行。两个虞候虽只背些包裹行李，也气喘了行不上。杨志也嗔道："你两个好不晓事!这干系须是俺的，你们不替洒家打这夫子，却在背后也慢慢地挨，这路上不是耍处！"那虞候道："不是我两个要慢走，其实热了行不动，因此落后。前日只是趁早凉走，如今怎地正热里要行，正是好歹不均匀。"杨志道："你这般说话，却似放屁!前日行的须是好地面，如今正是尴尬去处，若不日里赶过去，谁敢五更半夜走？"两个虞候口里不道，肚中寻思："这厮不直得便骂人。"杨志提了朴刀，拿着藤条，自去赶那担子。

两个虞候坐在柳阴树下，等得老都管来，两个虞候告诉道："杨家那厮，强杀只是我相公门下一个提辖，直这般会做大老！"都管道："须是相公当面分付道休要和他别拗，因此我不做声，这两日也看他不得，权且耐他。"两个虞候道："相公也只是人情话儿，都管自做个主便了。"老都管又道："且耐他一耐。"

当日行到申牌时分，寻得一个客店里歇了。那十个厢禁军雨汗通流，都叹气吹嘘，对老都管说道："我们不幸，做了军健，情知道被差出来，这般火似热的天气，又挑着重担，这两日又不拣早凉行，动不动老大藤条打来，都是一般父母皮肉，我们直恁地苦！"老都管道："你们不要怨怅，巴到东京时，我自赏你。"众军汉道："若是似都管看待我们时，并不敢怨怅。"

又过了一夜，次日天色未明，众人起来，都要趁凉起身去。杨志跳起来喝道："那里去!且睡了，却理会。"众军汉道："趁早不走，日里热时走不得，却打我们。"杨志大骂道："你们省得甚么？"拿了藤条要打，众军忍气吞声，只得睡了。当日直到辰牌时分，慢慢地打火，吃了饭走，一路上赶打着，不许投凉处歇。那十一个厢禁军口里喃喃讷讷地怨怅，两个虞候在老都管面前絮絮聒聒地搬口，老都管听了，也不着意，心内自恼他。

话休絮繁，似此行了十四五日，那十四个人没一个不怨怅杨志。当日客店里辰牌时分慢慢地打火，吃了早饭行，正是六月初四日时节，天气未及晌午，一轮红日当天，没半点云彩，其日十分大热。古人有八句诗道：

祝融南来鞭火龙，火旗焰焰烧天红。

日轮当午凝不去，万国如在红炉中。

五岳翠干云彩灭，阳侯海底愁波竭。

何当一夕金风起，为我扫除天下热。

当日行的路，都是山僻崎岖小径，南山北岭，却监着那十一个军汉，约行了二十余里路程。那军人们思量要去柳阴树下歇凉，被杨志拿着藤条打将来，喝道："快走!教你早歇！"众军人看那天时，四下里无半点云彩，其时那热不可当。但见：

热气蒸人，嚣尘扑面。万里乾坤如甑，一轮火伞当天。四野无云，风寂寂树焚溪坼；千山灼焰， 剥剥石裂灰飞。空中鸟雀命将休，倒 入树林深处；水底鱼龙鳞角脱，直钻入泥土窖中。直教石虎喘无休，便是铁人须汗落。

当时杨志催促一行人在山中僻路里行，看看日色当午，那石头上热了，脚疼走不得。众军汉道："这般天气热，兀的不晒杀人！"杨志喝着军汉道："快走，赶过前面冈子去，却再理会。"正行之间，前面迎着那土冈子。众人看这冈子时，但见：

顶上万株绿树，根头一派黄沙。嵯峨浑似老龙形，险峻但闻风雨响。山边茅草，乱丝丝攒遍地刀枪；满地石头，碜可可睡两行虎豹。休道西川蜀道险，须知此是太行山。

当时一行十五人奔上冈子来，歇下担仗，那十四人都去松阴树下睡倒了。杨志说道："苦也!这里是甚么去处，你们却在这里歇凉?起来快走！"众军汉道："你便剁做我七八段，其实去不得了！"杨志拿起藤条，劈头劈脑打去，打得这个起来，那个睡倒，杨志无可奈何。

只见两个虞候和老都管气喘急急，也巴到冈子上松树下坐了喘气。看这杨志打那军健，老都管见了说道："提辖，端的热了走不得，休见他罪过。"杨志道："都管，你不知这里正是强人出没的去处，地名叫做黄泥冈。闲常太平时节，白日里兀自出来劫人，休道是这般光景，谁敢在这里停脚！"两个虞候听杨志说了，便道："我见你说好几遍了，只管把这话来惊吓人！"老都管道："权且教他们众人歇一歇，略过日中行如何？"杨志道："你也没分晓了!如何使得?这里下冈子去，兀自有七八里没人家，甚么去处，敢在此歇凉！"老都管道："我自坐一坐了走，你自去赶他众人先走。"

杨志拿着藤条喝道："一个不走的，吃俺二十棍。"众军汉一齐叫将起来，数内一个分说道："提辖，我们挑着百十斤担子，须不比你空手走的，你端的不把人当人!便是留守相公自来监押时，也容我们说一句，你好不知疼痒，只顾逞辩！"杨志骂道："这畜生不怄死俺!只是打便了。"拿起藤条，劈脸便打去。老都管喝道："杨提辖，且住!你听我说：我在东京太师府里做奶公时，门下官军，见了无千无万，都向着我喏喏连声。不是我口栈，量你是个遭死的军人，相公可怜抬举你做个提辖，比得芥菜子大小的官职，直得恁地逞能!休说我是相公家都管，便是村庄一个老的，也合依我劝一劝；只顾把他们打，是何看待？"杨志道："都管，你须是城市里人，生长在相府里，那里知道途路上千难万难。"老都管道："四川、两广也曾去来，不曾见你这般卖弄。"杨志道："如今须不比太平时节。"都管道："你说这话，该剜口割舌，今日天下恁地不太平？"

杨志却待再要回言，只见对面松林里影着一个人，在那里舒头探脑价望，杨志道："俺说甚么?兀的不是歹人来了！"撇下藤条，拿了朴刀，赶入松林里来喝一声道："你这厮好大胆，怎敢看俺的行货！"正是：

说鬼便招鬼，说贼便招贼。

却是一家人，对面不能识。

杨志赶来看时，只见松林里一字儿摆着七辆江州车儿，七个人脱得赤条条的在那里乘凉，一个鬓边老大一搭朱砂记，拿着一条朴刀，望杨志跟前来，七个人齐叫一声："呵也！"都跳起来。杨志喝道："你等是甚么人？"那七人道："你是甚么人？"杨志又问道："你等莫不是歹人？"那七人道："你颠倒问，我等是小本经纪，那里有钱与你？"杨志道："你等小本经纪人，偏俺有大本钱！"那七人问道："你端的是甚么人？"杨志道："你等且说那里来的人？"那七人道："我等弟兄七人是濠州人，贩枣子上东京去，路途打从这里经过，听得多人说这里黄泥冈上时常有贼打劫客商。我等一面走，一头自说道：'我七个只有些枣子，别无甚财赋。'只顾过冈子来。上得冈子，当不过这热，权且在这林子里歇一歇，待晚凉了行。只听得有人上冈子来，我们只怕是歹人，因此使这个兄弟出来看一看。"杨志道："原来如此，也是一般的客人。却才见你们窥望，惟恐是歹人，因此赶来看一看。"那七个人道："客官请几个枣子了去。"杨志道："不必。"提了朴刀，再回担边来。老都管道："既是有贼，我们去休。"杨志说道："俺只道是歹人，原来是几个贩枣子的客人。"老都管道："似你方才说时，他们都是没命的！”杨志道：“不必相闹，只要没事便好。你们且歇了，等凉些走。”众军汉都笑了。杨志也把朴刀插在地上，自去一边树下坐了歇凉。

没半碗饭时，只见远远地一个汉子挑着一副担桶，唱上冈子来，唱道：“赤日炎炎似火烧，野田禾稻半枯焦。农夫心内如汤煮，公子王孙把扇摇。”那汉子口里唱着，走上冈子来，松林里头歇下担桶，坐地乘凉。众军看见了，便问那汉子道：“你桶里是甚么东西？”那汉子应道：“是白酒。”众军道：“挑往那里去？”那汉子道：“挑出村里卖。”众军道：“多少钱一桶？”那汉子道：“五贯足钱。”众军商量道：“我们又热又渴，何不买些吃，也解暑气。”正在那里凑钱，杨志见了，喝道：“你们又做甚么？”众军道：“买碗酒吃。”杨志调过朴刀杆便打，骂道：“你们不得洒家言语，胡乱便要买酒吃，好大胆！”众军道：“没事又来鸟乱!我们自凑钱买酒吃，干你甚事?也来打人！”杨志道：“你这村鸟，理会的甚么!到来只顾吃嘴!全不晓得路途上的勾当艰难，多少好汉，被蒙汗药麻翻了！”那挑酒的汉子看着杨志冷笑道：“你这客官好不晓事!早是我不卖与你吃，却说出这般没气力的话来！”

正在松树边闹动争说，只见对面松林里那伙贩枣子的客人都提着朴刀，走出来问道：“你们做甚么闹？”那挑酒的汉子道：“我自挑这酒过冈子村里卖，热了，在此歇凉，他众人要问我买些吃，我又不曾卖与他。这个客官道我酒里有甚么蒙汗药，你道好笑么?说出这般话来！”那七个客人说道：“我只道有歹人出来，原来是如此，说一声也不打紧。我们正想酒来解渴，既是他们疑心，且卖一桶与我们吃。”那挑酒的道：“不卖!不卖！”这七个客人道：“你这鸟汉子也不晓事，我们须不曾说你。你左右将到村里去卖，一般还你钱，便卖些与我们，打甚么不紧?看你不道得舍施了茶汤，便又救了我们热渴。”那挑酒的汉子便道：“卖一桶与你，不争，只是被他们说的不好，又没碗瓢舀吃。”那七人道：“你这汉子忒认真!便说了一声，打甚么不紧?我们自有椰瓢在这里。”只见两个客人去车子前取出两个椰瓢来，一个捧出一大捧枣子来，七个人立在桶边，开了桶盖，轮替换着舀那酒吃，把枣子过口。无一时，一桶酒都吃尽了。七个客人道：“正不曾问得你多少价钱？”那汉道：“我一了不说价，五贯足钱一桶，十贯一担。”七个客人道：“五贯便依你五贯，只饶我们一瓢吃。”那汉道：“饶不的，做定的价钱。”一个客人把钱还他，一个客人便去揭开桶盖，兜了一瓢，拿上便吃，那汉去夺时，这客人手拿半瓢酒，望松林里便走，那汉赶将去。只见这边一个客人从松林里走将出来，手里拿一个瓢，便来桶里舀了一瓢酒，那汉看见，抢来劈手夺住，望桶里一倾，便盖了桶盖，将瓢望地下一丢，口里说道：“你这客人好不君子相!戴头识脸的，也这般罗唣！”

那对过众军汉见了，心内痒起来，都待要吃，数中一个看着老都管道：“老爷爷与我们说一声，那卖枣子的客人买他一桶吃了，我们胡乱也买他这桶吃，润一润喉也好。其实热渴了，没奈何。这里冈子上又没讨水吃处，老爷方便。”老都管见众军所说，自心里也要吃得些，竟来对杨志说：“那贩枣子客人已买了他一桶酒吃，只有这一桶，胡乱教他们买吃些避暑气，冈子上端的没处讨水吃。”杨志寻思道：“俺在远远处望这厮们都买他的酒吃了，那桶里当面也见吃了半瓢，想是好的。打了他们半日，胡乱容他买碗吃罢。”杨志道：“既然老都管说了，教这厮们买吃了，便起身。”

众军健听了这话，凑了五贯足钱，来买酒吃。那卖酒的汉子道：“不卖了!不卖了!这酒里有蒙汗药在里头！”众军陪着笑说道：“大哥直得便还言语！”那汉道：“不卖了!休缠！”这贩枣子的客人劝道：“你这个鸟汉子，他也说得差了，你也忒认真!连累我们也吃你说了几声。须不关他众人之事，胡乱卖与他众人吃些。”那汉道：“没事讨别人疑心做甚么？”这贩枣子客人把那卖酒的汉子推开一边，只顾将这桶酒提与众军去吃。那军汉开了桶盖，无甚舀吃，陪个小心，问客人借这椰瓢用一用。众客人道：“就送这几个枣子与你们过酒。”众军谢道：“甚么道理。”客人道：“休要相谢，都是一般客人，何争在这百十个枣子上。”众军谢了，先兜两瓢，叫老都管吃一瓢，杨提辖吃一瓢，杨志那里肯吃。老都管自先吃了一瓢，两个虞候各吃一瓢。众军汉一发上，那桶酒登时吃尽了。杨志见众人吃了无事，自本不吃，一者天气甚热，二乃口渴难熬，拿起来只吃了一半，枣子分几个吃了。那卖酒的汉子说道：“这桶酒被那客人饶一瓢吃了，少了你些酒，我今饶了你众人半贯钱罢。”众军汉凑出钱来还他。那汉子收了钱，挑了空桶，依然唱着山歌，自下冈子去了。

那七个贩枣子的客人，立在松树傍边，指着这一十五人说道：“倒也!倒也！”只见这十五个人头重脚轻，一个个面面厮觑，都软倒了。那七个客人从松树林里推出这七辆江州车儿，把车子上枣子丢在地上，将这十一担金珠宝贝都装在车子内，遮盖好了，叫声：“聒噪！”一直望黄泥冈下推了去。正是：

诛求膏血庆生辰，不顾民生与死邻。

始信从来招劫盗，亏心必定有缘因。

杨志口里只是叫苦，软了身体，挣扎不起；十五人眼睁睁地看着那七个人都把这金宝装了去，只是起不来、挣不动、说不的。我且问你，这七人端的是谁?不是别人，原来正是晁盖、吴用、公孙胜、刘唐、三阮这七个。却才那个挑酒的汉子，便是白日鼠白胜。却怎地用药?原来挑上冈子时，两桶都是好酒。七个人先吃了一桶，刘唐揭起桶盖，又兜了半瓢吃，故意要他们看着，只是叫人死心搭地。次后吴用去松林里取出药来，抖在瓢里，只做走来饶他酒吃，把瓢去兜时，药已搅在酒里，假意兜半瓢吃，那白胜劈手夺来，倾在桶里，这个便是计策。那计较都是吴用主张，这个唤做智取生辰纲。

原来杨志吃的酒少，便醒得快，爬将起来，兀自捉脚不住。看那十四个人时，口角流涎，都动不得，正应俗语道：“饶你奸似鬼，吃了洗脚水。”杨志愤闷道：“不争你把了生辰纲去，教俺如何回去见得梁中书?这纸领状须缴不得，就扯破了。如今闪得俺有家难奔，有国难投，待走那里去?不如就这冈子上寻个死处。”撩衣破步，望着黄泥冈下便跳。正是：断送落花三月雨，摧残杨柳九秋霜。

毕竟杨志在黄泥冈上寻死，性命如何，且听下回分解。

第十七回 花和尚单打二龙山　青面兽双夺宝珠寺

话说杨志当时在黄泥冈上，被取了生辰纲去，如何回转去见得梁中书，欲要就冈子上自寻死路。却待望黄泥冈下跃身一跳，猛可醒悟，曳住了脚，寻思道：“爹娘生下洒家，堂堂一表，凛凛一躯，自小学成十八般武艺在身，终不成只这般休了!比及今日寻个死处，不如日后等他拿得着时，却再理会。”回身再看那十四个人时，只是眼睁睁地看着杨志，没个挣扎得起。杨志指着骂道：“都是你这厮们不听我言语，因此做将出来，连累了洒家。”树根头拿了朴刀，挂了腰刀，周围看时，别无物件，杨志叹了口气，一直下冈子去了。

那十四个人，直到二更，方才得醒，一个个爬将起来，口里只叫得连珠箭的苦。老都管道：“你们众人不听杨提辖的好言语，今日送了我也！”众人道：“老爷，今日事已做出来了，且通个商量。”老都管道：“你们有甚见识？”众人道：“是我们不是了。古人有言：‘火烧到身，各自去扫；蜂 入怀，随即解衣。’若还杨提辖在这里，我们都说不过；如今他自去的不知方向，我们回去见梁中书相公，何不都推在他身上?只说道：‘他一路上，凌辱打骂众人，逼迫得我们都动不得。他和强人做一路，把蒙汗药将俺们麻翻了，缚了手脚，将金宝都掳去了。’”老都管道：“这话也说的是。我们等天明，先去本处官司首告。留下两个虞候，随衙听候，捉拿贼人。我等众人，连夜赶回北京，报与本官知道，教动文书，申复太师得知，着落济州府，追获这伙强人便了。”次日天晓，老都管自和一行人来济州府该管官吏首告，不在话下。

且说杨志提着朴刀，闷闷不已，离黄泥冈，望南行了半日，看看又走了半夜，去林子里歇了，寻思道：“盘缠又没了，举眼无个相识，却是怎地好？”渐渐天色明亮，只得趁早凉了行。又走了二十余里，正是：

面皮青毒逞雄豪，白送金珠十一挑。

今日为何行急急，不知若个打藤条。

当时杨志走得辛苦，到一酒店门前。杨志道：“若不得些酒吃，怎地打熬得过？”便入那酒店去，向这桑木桌凳座头上坐了，身边倚了朴刀。只见灶边一个妇人问道：“客官莫不要打火？”杨志道：“先取两角酒来吃，借些米来做饭，有肉安排些个，少停一发算钱还你。”只见那妇人先叫一个后生来面前筛酒，一面做饭，一边炒肉，都把来杨志吃了。杨志起身，绰了朴刀，便出店门。那妇人道：“你的酒肉饭钱都不曾有！”杨志道：“待俺回来还你，权赊咱一赊。”说了便走。

那筛酒的后生赶将出来，揪住杨志，被杨志一拳打翻了。那妇人叫起屈来。杨志只顾走，只听得背后一个人赶来，叫道：“你那厮走那里去！”杨志回头看时，那人大脱着膊，拖着杆棒，抢奔将来。杨志道：“这厮却不是晦气，倒来寻洒家！”立脚住了不走。看后面时，那筛酒后生也拿条 叉，随后赶来，又引着三两个庄客，各拿杆棒，飞也似都奔将来。杨志道：“结果了这厮一个，那厮们都不敢追来。”便挺了手中朴刀来斗这汉。这汉也抡转手中杆棒，抢来相迎。两个斗了三二十合，这汉怎地敌的杨志，只办得架隔遮拦，上下躲闪。那后来的后生并庄客，却待一发上，只见这汉托地跳出圈子外来叫道：“且都不要动手!兀那使朴刀的大汉，你可通个姓名。”那杨志拍着胸道：“洒家行不更名，坐不改姓，青面兽杨志的便是！”这汉道：“莫不是东京殿司杨制使么？”杨志道：“你怎地知道洒家是杨制使？”这汉撇了枪棒，便拜道：“小人有眼不识泰山。”杨志便扶这人起来，问道：“足下是谁？”这汉道：“小人原是开封府人氏，乃是八十万禁军都教头林冲的徒弟，姓曹，名正，祖代屠户出身。小人杀的好牲口，挑 剐骨，开剥推 只此被人唤做操刀鬼。为因本处一个财主，将五千贯钱，教小人来此山东做客，不想折了本，回乡不得，在此入赘在这个庄农人家。却才灶边妇人，便是小人的浑家。这个拿 叉的，便是小人的妻舅。却才小人和制使交手，见制使手段和小人师父林教师一般，因此抵敌不住。”杨志道：“原来你却是林教师的徒弟。你的师父，被高太尉陷害，落草去了，如今现在梁山泊。”曹正道：“小人也听得人这般说将来，未知真实。且请制使到家少歇。”

杨志便同曹正再回到酒店里来。曹正请杨志里面坐下，叫老婆和妻舅都来拜了杨志，一面再置酒食相待。饮酒中间，曹正动问道：“制使缘何到此？”杨志把做制使失陷花石纲，并如今又失陷了梁中书的生辰纲一事，从头备细告诉了。曹正道：“既然如此，制使且在小人家里住几时，再有商议。”杨志道：“如此却是深感你的厚意。只恐官司追捕将来，不敢久住。”曹正道：“制使这般说时，要投那里去？”杨志道：“洒家欲投梁山泊，去寻你师父林教头。俺先前在那里经过时，正撞着他下山来，与洒家交手。王伦见了俺两个本事一般，因此都留在山寨里相会，以此认得你师父林冲。王伦当初苦苦相留，俺却不曾落草，如今脸上又添了金印，却去投奔他时，好没志气。因此踌躇未决，进退两难。”曹正道：“制使见的是。小人也听的人传说，王伦那厮，心地偏窄，安不得人，说我师父林教头上山时，受尽他的气。不若小人此间离不远，却是青州地面，有座山，唤做二龙山，山上有座寺，唤做宝珠寺。那座山生来却好，裹着这座寺，只有一条路上的去。如今寺里住持还了俗，养了头发，余者和尚都随顺了。说道他聚集的四五百人，打家劫舍。为头那人，唤做金眼虎邓龙。制使若有心落草时，到去那里入伙，足可安身。”杨志道：“既有这个去处，何不去夺来安身立命？”

当下就曹正家里住了一宿，借了些盘缠，拿了朴刀，相别曹正，曳开脚步，投二龙山来。行了一日，看看渐晚，却早望见一座高山。杨志道：“俺去林子里且歇一夜，明日却上山去。”转入林子里来，吃了一惊。只见一个胖大和尚，脱的赤条条的，背上刺着花绣，坐在松树根头乘凉。那和尚见了杨志，就树根头绰了禅杖，跳将起来，大喝道：“兀那撮鸟，你是那里来的？”正是：

平将珠宝担落空，却问宝珠寺讨帐。

要投入寺里强人，先引出寺外和尚。

杨志听了道：“原来也是关西和尚。俺和他是乡中，问他一声。”杨志叫道：“你是那里来的僧人？”那和尚也不回说，抡起手中禅杖，只顾打来。杨志道：“怎奈这秃厮无礼，且把他来出口气！”挺起手中朴刀，来奔那和尚。两个就林子里，一来一往，一上一下，两个放对。但见：

两条龙竞宝，一对虎争 。禅杖起如虎尾龙筋，朴刀飞似龙 虎爪。 ，忽喇喇，天崩地塌，阵云中黑气盘旋；恶狠狠，雄赳赳，雷吼风呼，杀气内金光闪烁。两条龙竞宝，吓得那身长力壮仗霜锋周处眼无光；一对虎争 ，惊的这胆大心粗施雪刃卞庄魂魄丧。两条龙竞宝，眼珠放彩，尾摆得水母殿台摇；一对虎争 ，野兽奔驰，声震的山神毛发竖。

当时杨志和那和尚斗到四五十合，不分胜败。那和尚卖个破绽，托地跳出圈子外来，喝一声：“且歇！”两个都住了手。杨志暗暗地喝采道：“那里来的这个和尚，真个好本事，手段高!俺却刚刚地只敌的他住！”那僧人叫道：“兀那青面汉子，你是甚么人？”杨志道：“洒家是东京制使杨志的便是。”那和尚道：“你不是在东京卖刀杀了破落户牛二的？”杨志道：“你不见俺脸上金印？”那和尚笑道：“却原来在这里相见。”杨志道：“不敢问师兄却是谁?缘何知道洒家卖刀？”那和尚道：“洒家不是别人，俺是延安府老种经略相公帐前军官鲁提辖的便是。为因三拳打死了镇关西，却去五台山净发为僧。人见洒家背上有花绣，都叫俺做花和尚鲁智深。”杨志笑道：“原来是自家乡里，俺在江湖上多闻师兄大名。听得说道，师兄在大相国寺里挂搭，如今何故来在这里？”

鲁智深道：“一言难尽。洒家在大相国寺管菜园，遇着那豹子头林冲，被高太尉要陷害他性命。俺却路见不平，直送他到沧州，救了他一命。不想那两个防送公人回来，对高俅那厮说道：‘正要在野猪林里结果林冲，却被大相国寺鲁智深救了。那和尚直送到沧州，因此害他不得。’这直娘贼恨杀洒家，分付寺里长老不许俺挂搭；又差人来捉洒家，却得一伙泼皮通报，不是着了那厮的手。吃俺一把火烧了那菜园里廨宇，逃走在江湖上，东又不着，西又不着。来到孟州十字坡过，险些儿被个酒店妇人害了性命，把洒家着蒙汗药麻翻了。得他的丈夫归来得早，见了洒家这般模样，又看了俺的禅杖、戒刀吃惊，连忙把解药救俺醒来。因问起洒家名字，留住俺过了几日，结义洒家做了弟兄。那人夫妻两个，亦是江湖上好汉有名的，都叫他做菜园子张青，其妻母夜叉孙二娘，甚是好义气。住了四五日，打听的这里二龙山宝珠寺可以安身，洒家特地来奔那邓龙入伙，叵耐那厮不肯安着洒家在这山上。和俺厮并，又敌洒家不过，只把这山下三座关，牢牢地拴住。又没别路上去，那撮鸟由你叫骂，只是不下来厮杀，气得洒家正苦在这里没个委结，不想却是大哥来。”

杨志大喜。两个就林子里剪拂了，就地坐了一夜。杨志诉说了卖刀杀死牛二的事，并解生辰纲失陷一节，都备细说了。又说曹正指点来此一事，便道：“既是闭了关隘，俺们休在这里，如何得他下来?不若且去曹正家商议。”

两个厮赶着行离了那林子，来到曹正酒店里。杨志引鲁智深与他相见了，曹正慌忙置酒相待，商量要打二龙山一事。曹正道：“若是端的闭了关时，休说道你二位，便有一万军马，也上去不得。似此只可智取，不可力求。”鲁智深道：“叵耐那撮鸟，初投他时，只在关外相见。因不留俺，厮并起来，那厮小肚上，被俺一脚点翻了。却待要结果了他性命，被他那里人多，救了上山去，闭了这鸟关，由你自在下面骂，只是不肯下来厮杀。”杨志道：“既然好去处，俺和你如何不用心去打！”鲁智深道：“便是没做个道理上去，奈何不得他！”

曹正道：“小人有条计策，不知中二位意也不中？”杨志道：“愿闻良策则个。”曹正道：“制使也休这般打扮，只照依小人这里近村庄家穿着。小人把这位师父禅杖、戒刀都拿了，却叫小人的妻弟，带六个火家，直送到那山下，把一条索子，绑了师父，小人自会做活结头。却去山下叫道：‘我们近村开酒店庄家，这和尚来我店中吃酒，吃得大醉了，不肯还钱，口里说道，去报人来打你山寨，因此我们听的；乘他醉了，把他绑缚在这里，献与大王。’那厮必然放我们上山去。到得他山寨里面，见邓龙时，把索子曳脱了活结头，小人便递过禅杖与师父。你两个好汉一发上，那厮走往那里去!若结果了他时，以下的人，不敢不伏。此计若何？”鲁智深、杨志齐道：“妙哉!妙哉！”有诗为证：

乳虎称龙亦枉然，二龙山许二龙蟠。

人逢忠义情偏洽，事到颠危策愈全。

当晚众人吃了酒食，又安排了些路上干粮。次日五更起来，众人都吃得饱了。鲁智深的行李包裹，都寄放在曹正家。当日杨志、鲁智深、曹正，带了小舅并五七个庄家，取路投二龙山来。晌午后，直到林子里，脱了衣裳，把鲁智深用活结头使索子绑了，教两个庄家，牢牢地牵着索头。杨志戴了遮日头凉笠儿，身穿破布衫，手里倒提着朴刀。曹正拿着他的禅杖，众人都提着棍棒，在前后簇拥着。到得山下，看那关时，都摆着强弩硬弓，灰瓶炮石。小喽罗在关上，看见绑得这个和尚来，飞也似报上山去。多样时，只见两个小头目上关来问道：“你等何处人?来我这里做甚么?那里捉得这个和尚来？”曹正答道：“小人等是这山下近村庄家，开着一个小酒店。这个胖和尚，不时来我店中吃酒。吃得大醉，不肯还钱，口里说道：‘要去梁山泊叫千百个人来，打此二龙山，和你这近村坊，都洗荡了！’因此小人只得又将好酒请他，灌得醉了，一条索子绑缚这厮，来献与大王，表我等村邻孝顺之心，免的村中后患。”

两个小头目听了这话，欢天喜地，说道：“好了!众人在此少待一时。”两个小头目就上山来报知邓龙，说拿得那胖和尚来。邓龙听了大喜，叫：“解上山来，且取这厮的心肝，来做下酒，消我这点冤仇之恨！”小喽罗得令，来把关隘门开了，便叫送上来。

杨志、曹正，紧押鲁智深解上山来，看那三座关时，端的险峻：两下里山环绕将来，包住这座寺；山峰生得雄壮，中间只一条路上关来；三重关上，摆着擂木炮石，硬弩强弓，苦竹枪密密地攒着。过得三处关闸，来到宝珠寺前看时，三座殿门，一段镜面也似平地，周遭都是木栅为城。寺前山门下立着七八个小喽罗，看见缚的鲁智深来，都指手骂道：“你这秃驴，伤了大王，今日也吃拿了!慢慢的碎割了这厮！”鲁智深只不做声。押到佛殿看时，殿上都把佛来抬去了；中间放着一把虎皮交椅；众多小喽罗，拿着枪棒，立在两边。

少刻，只见两个小喽罗扶出邓龙来，坐在交椅上。曹正、杨志紧紧地帮着鲁智深到阶下。邓龙道：“你那厮秃驴!前日点翻了我，伤了小腹，至今青肿未消，今日也有见我的时节。”鲁智深睁圆怪眼，大喝一声：“撮鸟休走！”两个庄家把索头只一曳，曳脱了活结头，散开索子，鲁智深就曹正手里接过禅杖，云飞抡动，杨志撇了凉笠儿，提起手中朴刀，曹正又抡起杆棒，众庄家一齐发作，并力向前。邓龙急待挣扎时，早被鲁智深一禅杖，当头打着，把脑盖劈作两半个，和交椅都打碎了。手下的小喽罗，早被杨志搠翻了四五个。曹正叫道：“都来投降!若不从者，便行扫除处死！”寺前寺后，五六百小喽罗并几个小头目，惊吓的呆了，只得都来归降投伏。随即叫把邓龙等尸首，扛抬去后山烧化了。一面去点仓廒，整顿房舍，再去看那寺后有多少物件，且把酒肉安排些来吃。鲁智深并杨志做了山寨之主，置酒设宴庆贺。小喽罗们尽皆投伏了，仍设小头目管领。曹正别了二位好汉，领了庄家，自回家去了，不在话下。正是：

古刹雄奇隐翠微，翻为贼寨假慈悲。

天生神力花和尚，弄棒磨刀作住持。

又有诗一首并及杨志：

有智能深助智深，绿林豪客主丛林。

降龙伏虎真同志，兽面谁知有佛心。

不说鲁智深、杨志自在二龙山落草，却说那押生辰纲老都管并这几个厢禁军，晓行夜住，赶回北京，到的梁中书府，直至厅前，齐齐都拜翻在地下告罪。梁中书道：“你们路上辛苦，多亏了你众人。”又问：“杨提辖何在？”众人告道：“不可说!这人是个大胆忘恩的贼!自离了此间五七日后，行到黄泥冈时，天气大热，都在林子里歇凉。不想杨志和七个贼人通同，假装做贩枣子客商。杨志约会与他做一路，先推七辆江州车儿，在这黄泥冈上松林里等候，却叫一个汉子，挑一担酒来冈子上歇下。小的众人不合买他酒吃，被那厮把蒙汗药都麻翻了，又将索子捆缚众人。杨志和那七个贼人，却把生辰纲财宝并行李，尽装载车上将了去。现今去本管济州府呈告了，留两个虞候在那里随衙听候，捉拿贼人。小人等众人，星夜赶回来告知恩相。”

梁中书听了大惊，骂道：“这贼配军!你是犯罪的囚徒，我一力抬举你成人，怎敢做这等不仁忘恩的事!我若拿住他时，碎尸万段！”随即便唤书吏，写了文书，当时差人星夜来济州投下；又写一封家书，着人也连夜上东京，报与太师知道。

且不说差人去济州下公文，只说着人上东京来到太师府报知。见了太师，呈上书札。蔡太师看了，大惊道：“这班贼人，甚是胆大!去年将我女婿送来的礼物，打劫了去，至今未获；今年又来无礼，如何干罢！”随即押了一纸公文，着一个府干，亲自赍了，星夜望济州来，着落府尹，立等捉拿这伙贼人，便要回报。

且说济州府尹自从受了北京大名府留守司梁中书札付，每日理论不下。正忧闷间，只见门吏报道：“东京太师府里，差府干现到厅前，有紧急公文，要见相公。”府尹听得，大惊道：“多管是生辰纲的事！”慌忙升厅，来与府干相见了，说道：“这件事，下官已受了梁府虞候的状子，已经差缉捕的人，跟捉贼人，未见踪迹。前日留守司又差人行札付到来，又经着仰尉司并缉捕观察，杖限跟捉，未曾得获。若有些动静消息，下官亲到相府回话。”府干道：“小人是太师府里心腹人。今奉太师钧旨，特差来这里要这一干人。临行时，太师亲自分付，教小人到本府，只就州衙里宿歇，立等相公，要拿这七个贩枣子的，并卖酒一人，在逃军官杨志，各贼正身。限在十日捉拿完备，差人解赴东京。若十日不获得这件公事时，怕不先来请相公去沙门岛走一遭。小人也难回太师府里去，性命亦不知如何。相公不信，请看太师府里行来的钧帖。”

府尹看罢大惊，随即便唤缉捕人等。只见阶下一人声喏，立在帘前，太守道：“你是甚人？”那人禀道：“小人是三都缉捕使臣何涛。”太守道：“前日黄泥冈上打劫了去的生辰纲，是你该管么？”何涛答道：“禀复相公：何涛自从领了这件公事，昼夜无眠，差下本管眼明手快的公人，去黄泥冈上往来缉捕；虽是累经杖责，到今未见踪迹。非是何涛怠慢官府，实出于无奈。”府尹喝道：“胡说!‘上不紧则下慢’。我自进士出身，历任到这一郡诸侯，非同容易!今日东京太师府，差一干办，来到这里，领太师台旨：限十日内，须要捕获各贼正身，完备解京。若还违了限次，我非止罢官，必陷我投沙门岛走一遭。你是个缉捕使臣，倒不用心，以致祸及于我。先把你这厮迭配远恶军州，雁飞不到去处！”便唤过文笔匠来，去何涛脸上刺下“迭配……州”字样，空着甚处州名，发落道：“何涛，你若获不得贼人，重罪决不饶恕！”正是：

脸皮打稿太乖张，自要平安人受殃。

贱面可无烦作计，本心也合细商量。

却说何涛领了台旨，下厅前来到使臣房里，会集许多做公的，都到机密房中，商议公事。众做公的都面面相觑，如箭穿雁嘴，钩搭鱼腮，尽无言语。何涛道：“你们闲常时，都在这房里赚钱使用；如今有此一事难捉，都不做声。你众人也可怜我脸上刺的字样。”众人道：“上复观察：小人们人非草木，岂不省的?只是这一伙做客商的，必是他州外府深山旷野强人遇着，一时劫了他的财宝，自去山寨里快活，如何拿的着?便是知道，也只看得他一看。”何涛听了，当初只有五分烦恼，见说了这话，又添了五分烦恼，自离了使臣房里，上马回到家中，把马牵去后槽上拴了，独自一个，闷闷不已。正是：

双眉重上三　锁，满腹填平万斛愁。

网里漏鱼何处觅？瓮中捉鳖向谁求?

只见老婆问道：“丈夫，你如何今日这般嘴脸？”何涛道：“你不知，前日太守委我一纸批文，为因黄泥冈上一伙贼人，打劫了梁中书与丈人蔡太师庆生辰的金珠宝贝，计十一担，正不知是甚么样人打劫了去。我自从领了这道钧批，到今未曾得获。今日正去转限，不想太师府又差干办来，立等要拿这一伙贼人解京。太守问我贼人消息，我回复道：‘未见次第，不曾获得。’府尹将我脸上刺下‘迭配……州’字样，只不曾填甚去处，在后知我性命如何！”老婆道：“似此怎地好?却是如何得了！”

正说之间，只见兄弟何清来望哥哥，何涛道：“你来做甚么?不去赌钱，却来怎地？”何涛的妻子乖觉，连忙招手说道：“阿叔，你且来厨下，和你说话。”何清当时跟了嫂嫂进到厨下坐了。嫂嫂安排些酒肉菜蔬，烫几杯酒，请何清吃。何清问嫂嫂道：“哥哥忒杀欺负人!我不中，也是你一个亲兄弟!你便奢遮杀，只做得个缉捕观察，便叫我一处吃盏酒，有甚么辱没了你！”阿嫂道：“阿叔，你不知道，你哥哥心里自过活不得哩！”何清道：“他每日起了大钱大物，那里去了?有的是钱和米，有甚么过活不得处？”阿嫂道：“你不知，为这黄泥冈上，前日一伙贩枣子的客人，打劫了北京梁中书庆贺蔡太师的生辰纲去。如今济州府尹奉着太师钧旨：限十日内，定要捉拿各贼解京；若还捉不着正身时，便要刺配远恶军州去。你不见你哥哥先吃府尹刺了脸上‘迭配……州’字样，只不曾填甚么去处，早晚捉不着时，实是受苦!他如何有心和你吃酒?我却才安排些酒食与你吃。他闷了几时了，你却怪他不得。”何清道：“我也诽诽地听得人说道：‘有贼打劫了生辰纲去。’正在那里地面上？”阿嫂道：“只听的说道黄泥冈上。”何清道：“却是甚么样人劫了？”阿嫂道：“叔叔，你又不醉，我方才说了，是七个贩枣子的客人打劫了去。”何清呵呵的大笑道：“原来恁地。知道是贩枣子的客人了，却闷怎地?何不差精细的人去捉。”阿嫂道：“你倒说得好，便是没捉处。”何清笑道：“嫂嫂，倒要你忧。哥哥放着常来的一班儿好酒肉弟兄，闲常不睬的是亲兄弟，今日才有事，便叫没捉处。若是教兄弟得知，赚得几贯钱使，量这伙小贼，有甚难处！”阿嫂道：“阿叔，你倒敢知得些风路？”何清笑道：“直等哥哥临危之际，兄弟却来有个道理救他。”说了，便起身要去。阿嫂留住再吃两杯。

那妇人听了这话说得跷蹊，慌忙来对丈夫备细说了。何涛连忙叫请兄弟到面前。何涛陪着笑脸说道：“兄弟，你既知此贼去向，如何不救我？”何清道：“我不知甚么来历，我自和嫂子说耍。兄弟如何救的哥哥？”何涛道：“好兄弟，休得要看冷暖。只想我日常的好处，休记我闲时的歹处，救我这条性命！”何清道：“哥哥，你管下许多眼明手快的公人，也有三二百个，何不与哥哥出些大气?量兄弟一个，怎救的哥哥！”何涛道：“兄弟休说他们，你的话眼里有些门路，休要把与别人做好汉。你且说与我些去向，我自有补报你处。正教我怎地心宽！”何清道：“有甚么去向，兄弟不省的！”何涛道：“你不要怄我，只看同胞共母之面。”何清道：“不要慌。且待到至急处，兄弟自来出些气力，拿这伙小贼。”

阿嫂便道：“阿叔，胡乱救你哥哥，也是弟兄情分。如今被太师府钧帖，立等要这一干人，天来大事，你却说小贼！”何清道：“嫂嫂，你须知我只为赌钱上，吃哥哥多少言语。但是打骂，不曾和他争涉。闲常有酒有食，只和别人快活，今日兄弟也有用处。”何涛见他话眼有些来历，慌忙取一个十两银子，放在桌上，说道：“兄弟，权将这锭银收了。日后捕得贼人时，金银缎匹赏赐，我一力包办。”何清笑道：“哥哥正是‘急来抱佛脚，闲时不烧香’。我若要你银子时，便是兄弟勒　你。你且把去收了，不要将来赚我。你若如此，我便不说。既是你两口儿我行陪话，我说与你，不要把银子出来惊我。”何涛道：“银两都是官司信赏出的，如何没三五百贯钱?兄弟，你休推却。我且问你：这伙贼却在那里有些来历？”何清拍着大腿道：“这伙贼，我都捉在便袋里了。”何涛大惊道：“兄弟，你如何说这伙贼在你便袋里？”何清道：“哥哥，你莫管我，自都有在这里便了。你只把银子收了去，不要将来赚我，只要常情便了。我却说与你知道。”何清不慌不忙，叠着两个指头说出来。有分教：郓城县里，引出个仗义英雄；梁山泊中，聚一伙擎天好汉。

毕竟何清对何涛说出甚人来，且听下回分解。

第十八回 美髯公智稳插翅虎　宋公明私放晁天王

当时何观察与兄弟何清道：“这锭银子，是官司信赏的，非是我把来赚你，后头再有重赏。兄弟，你且说这伙人如何在你便袋里？”只见何清去身边招文袋内摸出一个经折儿来，指道：“这伙贼人都在上面。”何涛道：“你且说怎地写在上面？”

何清道："不瞒哥哥说，兄弟前日为赌博输了，没一文盘缠，有个一般赌博的，引兄弟去北门外十五里，地名安乐村，有个王家客店内，凑些碎赌。为是官司行下文书来，着落本村，但凡开客店的，须要置立文簿，一面上用勘合印信；每夜有客商来歇宿，须要问他：'那里来?何处去?姓甚名谁?做甚买卖?'都要抄写在簿子上。官司查照时，每月一次，去里正处报名。为是小二哥不识字，央我替他抄了半个月。当日是六月初三日，有七个贩枣子的客人，推着七辆江州车儿来歇。我却认得一个为头的客人，是郓城县东溪村晁保正。因何认得他?我比先曾跟一个赌汉去投奔他，因此我认得。我写着文簿，问他道：'客人高姓？'只见一个三髭须白净面皮的抢将过来，答应道：'我等姓李，从濠州来贩枣子，去东京卖。'我虽写了，有些疑心。第二日，他自去了，店主带我去村里相赌，来到一处三叉路口，只见一个汉子挑两个桶来。我不认得他。店主人自与他厮叫道：'白大郎，那里去？'那人应道：'有担醋，将去村里财主家卖。'店主人和我说道：'这人叫做白日鼠白胜，他是个赌客。'我也只安在心里。后来听得沸沸扬扬地说道：'黄泥冈上一伙贩枣子的客人，把蒙汗药麻翻了人，劫了生辰纲去。'我猜不是晁保正，却是兀谁!如今只捕了白胜，一问便知端的。这个经折儿，是我抄的副本。"

何涛听了大喜，随即引了兄弟何清，径到州衙里见了太守。府尹问道："那公事有些下落么？"何涛禀道："略有些消息了。"府尹叫进后堂来说，仔细问了来历。何清一一禀说了。当下便差八个做公的，一同何涛、何清，连夜来到安乐村，叫了店主人做眼，径奔到白胜家里，却是三更时分。叫店主人赚开门来打火，只听得白胜在床上做声。问他老婆时，却说道害热病，不曾得汗。从床上拖将起来，见白胜面色红白，就把索子绑了，喝道："黄泥冈上做得好事！"白胜那里肯认。把那妇人捆了，也不肯招。众做公的绕屋寻赃，寻到床底下，见地面不平；众人掘开，不到三尺深，众多公人发声喊，白胜面如土色，就地下取出一包金银，随即把白胜头脸包了，带他老婆，扛抬赃物，都连夜赶回济州城里来。却好五更天明时分，把白胜押到厅前，便将索子捆了。问他主情造意，白胜抵赖，死不肯招晁保正等七人。连打三四顿，打的皮开肉绽，鲜血迸流。府尹喝道："告的正主招了赃物，捕人已知是郓城县东溪村晁保正了，你这厮如何赖得过!你快说那六人是谁，便不打你了。"白胜又捱了一歇，打熬不过，只得招道："为首的是晁保正。他自同六人来纠合白胜，与他挑酒，其实不认得那六人。"知府道："这个不难。只拿住晁保正，那六人便有下落。"先取一面二十斤死枷，枷了白胜，他的老婆也锁了，押去女牢里监收。

随即押一纸公文，就差何涛亲自带领二十个眼明手快的公人，径去郓城县投下，着落本县，立等要捉晁保正，并不知姓名六个正贼。就带原解生辰纲的两个虞候，作眼拿人。一同何观察领了一行人，去时不要大惊小怪，只恐怕走透了消息。星夜来到郓城县，先把一行公人并两个虞候，都藏在客店里，只带一两个跟着，来下公文，径奔郓城县衙门前来。当下巳牌时分，却值知县退了早衙，县前静悄悄地，何涛走去县对门一个茶坊里坐下，吃茶相等。吃了一个泡茶，问茶博士道："今日如何县前恁地静？"茶博士说道："知县相公早衙方散，一应公人和告状的，都去吃饭了未来。"何涛又问道："今日县里不知是那个押司直日？"茶博士指着道："今日直日的押司来也。"何涛看时，只见县里走出一个吏员来。看那人时，怎生模样，但见：

眼如丹凤，眉似卧蚕。滴溜溜两耳悬珠，明皎皎双睛点漆。唇方口正，髭须地阁轻盈；额阔顶平，皮肉天仓饱满。坐定时浑如虎相，走动时有若狼形。年及三旬，有养济万人之度量；身躯六尺，怀扫除四海之心机。志气轩昂，胸襟秀丽。刀笔敢欺萧相国，声名不让孟尝君。

那押司姓宋，名江，表字公明，排行第三，祖居郓城县宋家村人氏。为他面黑身矮，人都唤他做黑宋江；又且于家大孝，为人仗义疏财，人皆称他做孝义黑三郎。上有父亲在堂，母亲早丧，下有一个兄弟，唤做铁扇子宋清，自和他父亲宋太公在村中务农，守些田园过活。这宋江自在郓城县做押司。他刀笔精通，吏道纯熟，更兼爱习枪棒，学得武艺多般。平生只好结识江湖上好汉，但有人来投奔他的，若高若低，无有不纳，便留在庄上馆谷，终日追陪，并无厌倦；若要起身，尽力资助，端的是挥霍，视金似土。人问他求钱物，亦不推托，且好做方便，每每排难解纷，只是周全人性命。如常散施棺材药饵，济人贫苦，人之急，扶人之困，以此山东、河北闻名，都称他做及时雨；却把他比做天上下的及时雨一般，能救万物。曾有一首《临江仙》赞宋江好处：

起自花村刀笔吏，英灵上应天星，疏财仗义更多能。事亲行孝敬，待士有声名。

济弱扶倾心慷慨，高名水月双清。及时甘雨四方称，山东呼保义，豪杰宋公明。

当时宋江带着一个伴当，走将出县前来。只见这何观察当街迎住，叫道："押司，此间请坐拜茶。"宋江见他似个公人打扮，慌忙答礼道："尊兄何处？"何涛道："且请押司到茶坊里面吃茶说话。"宋公明道："谨领。"两个入到茶坊里坐定，伴当都叫去门前等候。宋江道："不敢拜问尊兄高姓？"何涛答道："小人是济州府缉捕使臣何观察的便是。不敢动问押司高姓大名？"宋江道："贱眼不识观察，少罪。小吏姓宋名江的便是。"何涛倒地便拜，说道："久闻大名，无缘不曾拜识。"宋江道："惶恐。观察请上坐。"何涛道："小人安敢占上？"宋江道："观察是上司衙门的人，又是远来之客。"两个谦让了一回，宋江坐了主位，何涛坐了客席。宋江便叫茶博士将两杯茶来。没多时，茶到。两个吃了茶。宋江道："观察到敝县，不知上司有何公务？"何涛道："实不相瞒，来贵县有几个要紧的人。"宋江道："莫非贼情公事否？"何涛道："有实封公文在此，敢烦押司作成。"宋江道："观察是上司差来捕盗的人，小吏怎敢怠慢?不知为甚么贼情紧事？"何涛道："押司是当案的人，便说也不妨：敝府管下黄泥冈上一伙贼人，共是八个，把蒙汗药麻翻了北京大名府梁中书差遣送蔡太师的生辰纲军健一十五人，劫去了十一担珍珠宝贝，计该十万贯正赃。今捕得从贼一名白胜，指说七个正贼，都在贵县。这是太师府特差一个干办，在本府立等要这件公事，望押司早早维持。"宋江道："休说太师处着落，便是观察自赍公文来要，敢不捕送?只不知道白胜供指那七人名字？"何涛道："不瞒押司说：是贵县东溪村晁保正为首。更有六名从贼，不识姓名，烦乞用心。"

宋江听罢，吃了一惊，肚里寻思道："晁盖是我心腹弟兄。他如今犯了迷天大罪，我不救他时，捕获将去，性命便休了！"心内自慌，却答应道："晁盖这厮，奸顽役户，本县内上下人，没一个不怪他。今番做出来了，好教他受！"何涛道："相烦押司便行此事。"宋江道："不妨，这事容易，'瓮中捉鳖，手到拿来。'只是一件，这实封公文，须是观察自己当厅投下，本官看了，便好施行发落，差人去捉，小吏如何敢私下擅开?这件公事，非是小可，不当轻泄于人。"何涛道："押司高见极明，相烦引进。"宋江道："本官发放一早晨事务，倦怠了少歇。观察略待一时，少刻坐厅时，小吏来请。"何涛道："望押司千万作成。"宋江道："理之当然，休这等说话。小吏略到寒舍，分拨了些家务便到，观察少坐一坐。"何涛道："押司尊便，小弟只在此专等。"

宋江起身，出得阁儿，分付茶博士道："那官人要再用茶，一发我还茶钱。"离了茶坊，飞也似跑到下处。先分付伴当去叫直司在茶坊门前伺候："若知县坐衙时，便可去茶坊里安抚那公人道：'押司稳便'，叫他略待一待。"却自槽上　了马，牵出后门外去，拿了鞭子，慌忙的跳上马，慢慢地离了县治。出得东门，打上两鞭，那马拨喇喇的望东溪村撺将去，没半个时辰，早到晁盖庄上。庄客见了，入去庄里报知。正是：

义重轻他不义财，奉天法网有时开。

剥民官府过于贼，应为知交放贼来。

且说晁盖正和吴用、公孙胜、刘唐在后园葡萄树下吃酒。此时三阮已得了钱财，自回石碣村去了。晁盖见庄客报说宋押司在门前。晁盖问道："有多少人随从着？"庄客道："只独自一个飞马而来，说快要见保正。"晁盖道："必然有事。"慌忙出来迎接。宋江道了一个喏，携了晁盖手，便投侧边小房里来。晁盖问道："押司如何来的慌速？"宋江道："哥哥不知，兄弟是心腹弟兄，我舍着条性命来救你。如今黄泥冈事发了!白胜已自拿在济州大牢里了，供出你等七人。济州府差一个何缉捕，带着若干人，奉着太师府钧帖，并本州文书，来捉你等七人，道你为首。天幸撞在我手里，我只推说知县睡着，且教何观察在县对门茶坊里等我。以此飞马而来，报道哥哥。'三十六计，走为上计'。若不快走时，更待甚么?我回去引他当厅下了公文，知县不移时，便差人连夜下来，你们不可耽搁，倘有些疏失，如之奈何!休怨小弟不来救你。"

晁盖听罢，吃了一惊道："贤弟大恩难报！"宋江道："哥哥，你休要多说，只顾安排走路，不要缠障，我便回去也。"晁盖道："七个人，三个是阮小二、阮小五、阮小七，已得了财，自回石碣村去了；后面有三个在这里，贤弟且见他一面。"宋江来到后园，晁盖指着道："这三位，一个吴学究；一个公孙胜，蓟州来的；一个刘唐，东潞州人。"宋江略讲一礼，回身便走，嘱付道："哥哥保重，作急快走，兄弟去也。"宋江出到庄前，上了马，打上两鞭，飞也似望县里来了。当时有个学究，为此事作诗一首，也说得是。诗曰：

保正缘何养贼曹，押司纵贼罪难逃。

须知守法清名重，莫谓通情义气高。

爵固畏　能害爵，猫如伴鼠岂成猫。

空持刀笔称文吏，羞说当年汉相萧。

且说晁盖与吴用、公孙胜、刘唐三人道："你们认得那来相见的这个人么？"吴用道："却怎地慌慌忙忙便去了?正是谁人？"晁盖道："你三位还不知哩!我们不是他来时，性命只在咫尺休了！"三人大惊道："莫不走了消息，这件事发了？"晁盖道："亏杀这个兄弟，担着血海也似干系，来报与我们。原来白胜已自捉在济州大牢里了，供出我等七人。本州差个缉捕何观察，将带若干人，奉着太师钧帖来，着落郓城县，立等要拿我们七个。亏了他稳住那公人在茶坊里俟候，他飞马先来报知我们，如今回去下了公文，少刻便差人连夜到来，捕获我们，却是怎地好！"吴用道："若非此人来报，都打在网里。这大恩人姓甚名谁？"晁盖道："他便是本县押司呼保义宋江的便是。"吴用道："只闻宋押司大名，小生却不曾得会。虽是住居咫尺，无缘难得见面。"公孙胜、刘唐都道："莫不是江湖上传说的及时雨宋公明？"晁盖点头道："正是此人。他和我心腹相交，结义弟兄，吴先生不曾得会，四海之内，名不虚传，结义得这个兄弟，也不枉了。"

晁盖问吴用道："我们事在危急，却是怎地解救？"吴学究道："兄长不须商议，'三十六计，走为上计'。"晁盖道："却才宋押司也教我们走为上计，却是走那里去好？"吴用道："我已寻思在肚里了。如今我们收拾五七担挑了，一径都走奔石碣村三阮家里去。今急遣一人，先与他弟兄说知。"晁盖道："三阮是个打鱼人家，如何安得我等许多人？"吴用道："兄长，你好不精细!石碣村那里一步步近去，便是梁山泊。如今山寨里好生兴旺，官军捕盗，不敢正眼儿看他。若是赶得紧，我们一发入了伙。"晁盖道："这一论极是上策，只恐怕他们不肯收留我们。"吴用道："我等有的是金银，送献些与他，便入伙了。"正是：

无道之时多有盗，英雄进退两俱难。

只因秀士居山寨，买盗犹然似买官。

当时晁盖道："既然恁地商量定了，事不宜迟。吴先生，你便和刘唐带了几个庄客，挑担先去阮家安顿了，却来旱路上接我们。我和公孙先生两个打并了便来。"吴用、刘唐把这生辰纲打劫得金珠宝贝，做五六担装了，叫五六个庄客，一发吃了酒食。吴用袖了铜链，刘唐提了朴刀，监押着五七担，一行十数人，投石碣村来。晁盖和公孙胜在庄上收拾。有些不肯去的庄客，赍发他些钱物，从他去投别主。有愿去的，都在庄上并叠财物，打拴行李。正是：

须信钱财是毒蛇，钱财聚处即亡家。

人称义士犹难保，天鉴贪官漫自夸。

再说宋江飞马去到下处，连忙到茶坊里来，只见何观察正在门前望。宋江道："观察久等。却被村里有个亲戚，在下处说些家务，因此耽搁了些。"何涛道："有烦押司引进。"宋江道："请观察到县里。"两个入得衙门来，正值知县时文彬在厅上发落事务。宋江将着实封公文，引着何观察直至书案边，叫左右挂上回避牌，宋江向前禀道："奉济州府公文，为贼情紧急公务，特差缉捕使臣何观察到此下文书。"知县接来拆开，就当厅看了，大惊，对宋江道："这是太师府差干办来立等要回话的勾当。这一干贼，便可差人去捉。"宋江道："日间去，只怕走了消息，只可差人就夜去捉。拿得晁保正来，那六人便有下落。"时知县道："这东溪村晁保正，闻名是个好汉，他如何肯做这等勾当？"随即叫唤尉司并两个都头，一个姓朱，名仝，一个姓雷，名横。他两个，非是等闲人也。

当下朱仝、雷横，两个来到后堂，领了知县言语，和县尉上了马，径到尉司，点起马步弓手并土兵一百余人，就同何观察并两个虞候，作眼拿人。当晚都带了绳索军器，县尉骑着马，两个都头亦各乘马，各带了腰刀弓箭，手拿朴刀，前后马步弓手簇拥着，出得东门，飞奔东溪村晁家来。

到得东溪村里，已是一更天气，都到一个观音庵取齐。朱仝道："前面便是晁家庄。晁盖家有前后两条路。若是一齐去打他前门，他望后门走了；一齐哄去打他后门，他奔前门走了。我须知晁盖好生了得，又不知那六个是甚么人，必须也不是善良君子。那厮们都是死命，倘或一齐杀出来，又有庄客协助，却如何抵敌他?只好声东击西，等那厮们乱窜，便好下手。不若我和雷都头分做两路：我与你分一半人，都是步行去，先望他后门埋伏了；等候唿哨响为号，你等向前门只顾打入来，见一个捉一个，见两个捉一双。"雷横道："也说的是。朱都头，你和县尉相公，从前门打入来，我去截住后路。"朱仝道："贤弟，你不省得。晁盖庄上有三条活路，我闲常时都看在眼里了。我去那里，须认得他的路数，不用火把便见。你还不知他出没的去处，倘若走漏了事情，不是耍处。"县尉道："朱都头说得是，你带一半人去。"朱仝道："只消得三十来个够了。"朱仝领了十个弓手，二十个土兵，先去了。县尉再上了马，雷横把马步弓手，都摆在前后，帮护着县尉。土兵等都在马前，明晃晃照着三二十个火把，拿着　叉、朴刀、留客住、钩镰刀，一齐都奔晁家庄来。

到得庄前，兀自有半里多路，只见晁盖庄里一缕火起，从中堂烧将起来，涌得黑烟遍地，红焰飞空。又走不到十数步，只见前后门四面八方，约有三四十把火发，焰腾腾地一齐都着。前面雷横挺着朴刀，背后众土兵发着喊，一齐把庄门打开，都扑入里面。看时，火光照得如同白日一般明亮，并不曾见有一个人，只听得后面发着喊，叫将起来，叫前面捉人。原来朱仝有心要放晁盖，故意赚雷横去打前门。这雷横亦有心要救晁盖，以此争先要来打后门；却被朱仝说开了，只得去打他前门。故意这等大惊小怪，声东击西，要催逼晁盖走了。

朱仝那时到庄后时，兀自晁盖收拾未了。庄客看见，来报与晁盖说道："官军到了!事不宜迟！"晁盖叫庄客四下里只顾放火，他和公胜孙引了十数个去的庄客，呐着喊，挺起朴刀，从后门杀将出来，大喝道："当吾者死!避吾者生！"朱仝在黑影里叫道："保正休走!朱仝在这里等你多时。"晁盖那里顾他说，与同公孙胜，舍命只顾杀出来。朱仝虚闪一闪，放开条路，让晁盖走了。晁盖却叫公孙胜引了庄客先走，他独自押着后。朱仝使步弓手从后门扑入去，叫道："前面赶捉贼人！"雷横听的，转身便出庄门外，叫马步弓手分头去赶。雷横自在火光之下，东观西望做寻人。朱仝撇了土兵，挺着刀，去赶晁盖。晁盖一面走，口里说道："朱都头，你只管追我做甚么?我须没歹处！"朱仝见后面没人，方才敢说道："保正，你兀自不见我好处：我怕雷横执迷，不会做人情，被我赚他打你前门，我在后面等你出来放你。你见我闪开条路，让你过去。你不可投别处去，只除梁山泊可以安身。"晁盖道："深感救命之恩，异日必报！"有诗为证：

捕盗如何与盗通，官赃应与盗赃同。

莫疑官府能为盗，自有皇天不肯容。

朱仝正赶间，只听得背后雷横大叫道："休教走了人！"朱仝分付晁盖道："保正，你休慌，只顾一面走，我自使转他去。"朱仝回头叫道："有三个贼望东小路去了，雷都头，你可急赶。"雷横领了人，便投东小路上，并土兵众人赶去。朱仝一面和晁盖说着话，一面赶他，却如防送的相似。渐渐黑影里不见了晁盖。朱仝只做失脚扑地，倒在地下。众土兵随后赶来，向前扶起，急救得。朱仝答道："黑影里不见路径，失脚走下野田里，滑倒了，闪挫了左腿。"县尉道："走了正贼，怎生奈何！"朱仝道："非是小人不赶，其实月黑了，没做道理处。这些土兵，全无几个有用的人，不敢向前。"县尉再叫土兵去赶，众土兵心里道："两个都头，尚兀自不济事，近他不得，我们有何用？"都去虚赶了一回，转来道："黑地里正不知那条路去了。"雷横也赶了一直回来，心内寻思道："朱仝和晁盖最好，多敢是放了他去，我没来由做甚么恶人。我也有心亦要放他，今已去了，只是不见了人情。晁盖那人，也不是好惹的。"回来说道："那里赶得上?这伙贼端的了得！"县尉和两个都头回到庄前时，已是四更时分。何观察见众人四分五落，赶了一夜，不曾拿得一个贼人，只叫苦道："如何回得济州去见府尹！"县尉只得捉了几家邻舍去，解将郓城县里来。

这时知县一夜不曾得睡，立等回报，听得道："贼都走了，只拿得几个邻舍。"知县把一干拿到的邻舍，当厅勘问。众邻舍告道："小人等虽在晁保正邻近住居，远者三二里田地，近者也隔着些村坊。他庄上如常有搠枪使棒的人来，如何知他做这般的事？"知县逐一问了时，务要问他们一个下落。数内一个贴邻告道："若要知他端的，除非问他庄客。"知县道："说他家庄客，也都跟着走了。"邻舍告道："也有不愿去的，还在这里。"知县听了，火速差人，就带了这个贴邻做眼，来东溪村捉人。无两个时辰，早拿到两个庄客。当厅勘问时，那庄客初时抵赖，吃打不过，只得招道："先是六个人商议，小人只认得一个，是本乡中教学的先生，叫做吴学究；一个叫做公孙胜，是全真先生；又有一个黑大汉，姓刘。更有那三个，小人不认得，却是吴学究合将来的。听的说道：'他姓阮，在石碣村住。他是打鱼的，弟兄三个。'只此是实。"知县取了一纸招状，把两个庄客交割与何观察，回了一道备细公文，申呈本府。宋江自周全那一干邻舍，保放回家听候。

且说这众人与何涛押解了两个庄客，连夜回到济州，正值府尹升厅。何涛引了众人到厅前，禀说晁盖烧庄在逃一事，再把庄客口词说一遍。府尹道："既是恁地说时，再拿出白胜来！"问道："那三个姓阮的，端的住在那里？"白胜抵赖不过，只得供说："三个姓阮的，一个叫做立地太岁阮小二，一个叫做短命二郎阮小五，一个是活阎罗阮小七。都在石碣湖村里住。"知府道："还有那三个姓甚么？"白胜告道："一个是智多星吴用，一个是入云龙公孙胜，一个叫做赤发鬼刘唐。"知府听了，便道："既有下落，且把白胜依原监了，收在牢里。"随即又唤何观察，差去石碣村，缉捕这几个贼人。不是何涛去石碣村去，有分教：天罡地煞，来寻际会风云；水浒山城，去聚纵横人马。

毕竟何观察怎生差去石碣村缉捕，且听下回分解。

第十九回 林冲水寨大并火　晁盖梁山小夺泊

话说当下何观察领了知府台旨下厅来，随即到机密房里，与众人商议。众多做公的道："若说这个石碣村湖荡，紧靠着梁山泊，都是茫茫荡荡，芦苇水港。若不得大队官军，舟船人马，谁敢去那里捕捉贼人？"何涛听罢，说道："这一论也是。"再到厅上禀复府尹道："原来这石碣村湖泊，正傍着梁山水泊，周围尽是深港水汊，芦苇草荡。闲常时也兀自劫了人，莫说如今又添了那一伙强人在里面。若不起得大队人马，如何敢去那里捕获得人？"府尹道："既是如此说时，再差一员了得事的捕盗巡检，点与五百官兵人马，和你一处去缉捕。"何观察领了台旨，再回机密房来，唤集这众多做公的，整选了五百余人，各各自去准备什物器械。次日，那捕盗巡检领了济州府帖文，与同何观察两个，点起五百军兵，同众多做公的，一齐奔石碣村来。

且说晁盖、公孙胜，自从把火烧了庄院，带同十数个庄客，来到石碣村，半路上撞见三阮弟兄，各执器械，却来接应到家，七个人都在阮小五庄上。那时阮小二已把老小搬入湖泊里，七人商议要去投梁山泊一事。吴用道："现今李家道口有那旱地忽律朱贵在那里开酒店，招接四方好汉。但要入伙的，须是先投奔他。我们如今安排了船只，把一应的物件装在船里，将些人情送与他引进。"

大家正在那里商议投奔梁山泊，只见几个打鱼的来报道："官军人马，飞奔村里来也！"晁盖便起身叫道："这厮们赶来，我等休走！"阮小二道："不妨!我自对付他。叫那厮大半下水里去死，小半都搠杀他。"公孙胜道："休慌!且看贫道的本事！"晁盖道："刘唐兄弟，你和学究先生，且把财赋老小，装载船里，径撑去李家道口左侧相等；我们看些头势，随后便到。"阮小二选两只棹船，把娘和老小，家中财赋，都装下船里。吴用、刘唐各押着一只，叫七八个伴当摇了船，先到李家道口去等；又分付阮小五、阮小七撑驾小船，如此迎敌。两个各掉船去了。　　且说何涛并捕盗巡检，带领官兵，渐近石碣村，但见河埠有船，尽数夺了；便使会水的官兵，且下船里进发；岸上人马，船骑相迎，水陆并进。到阮小二家，一齐呐喊，人兵并起，扑将入去，早是一所空房，里面只有些粗重家火。何涛道："且去拿几家附近渔户。"问时，说道："他的两个兄弟阮小五、阮小七，都在湖泊里住，非船不能去。"何涛与巡检商议道："这湖泊里港汊又多，路径甚杂，抑且水荡坡塘，不知深浅。若是四分五落去捉时，又怕中了这贼人奸计。我们把马匹都教人看守在这村里，一发都下船里去。"当时捕盗巡检并何观察，一同做公的人等，都下了船。那时捉的船，非止百十只，也有撑的，亦有摇的，一齐都望阮小五打鱼庄上来。

行不到五六里水面，只听得芦苇中间，有人嘲歌。众人且住了船听时，那歌道：

打鱼一世蓼儿洼，不种青苗不种麻。

酷吏赃官都杀尽，忠心报答赵官家。

何观察并众人听了，尽吃一惊。只见远远地一个人，独棹一只小船儿唱将来。有认得的指道：“这个便是阮小五。”何涛把手一招，众人并力向前，各执器械，挺着迎将去。只见阮小五大笑骂道：“你这等虐害百姓的贼官，直如此大胆!敢来引老爷做甚么!却不是来捋虎须！”何涛背后有会射弓箭的，搭上箭，曳满弓，一齐放箭。阮小五见放箭来，拿着桦楸，翻筋斗钻下水里去。众人赶到跟前，拿个空。

又行不到两条港汊，只听得芦花荡里打唿哨，众人把船摆开，见前面两个人棹着一只船来。船头上立着一个人，头戴青箬笠，身披绿蓑衣，手里拈着条笔管枪，口里也唱着道：

老爷生长石碣村，禀性生来要杀人。

先斩何涛巡检首，京师献与赵王君。

何观察并众人听了，又吃一惊。一齐看时，前面那个人拈着枪，唱着歌，背后这个摇着橹。有认得的说道：“这个正是阮小七。”何涛喝道：“众人并力向前，先拿住这个贼!休教走了！”阮小七听得笑道：“泼贼！”便把枪只一点，那船便使转来，望小港里串着走。众人发着喊，赶将去。这阮小七和那摇船的，飞也似摇着橹，口里打着唿哨，串着小港汊中只顾走。

众官兵赶来赶去，看见那水港窄狭了，何涛道：“且住!把船且泊了，都傍岸边。”上岸看时，只见茫茫荡荡，都是芦苇，正不见一些旱路。何涛心内疑惑，却商议不定，便问那当村住的人，说道：“小人们虽是在此居住，也不知道这里有许多去处。”何涛便教划着两只小船，船上各带三两个做公的，去前面探路。去了两个时辰有余，不见回报。何涛道：“这厮们好不了事！”再差五个做公的，又划两只船去探路。这几个做公的，划了两只船，又去了一个多时辰，并不见些回报。何涛道：“这几个都是久惯做公的，四清六活的人，却怎地也不晓事，如何不着一只船转来回报?不想这些带来的官兵，人人亦不知颠倒！”天色又看看晚了，何涛思想：“在此不着边际，怎生奈何?我须用自去走一遭。”拣一只疾快小船，选了几个老郎做公的，各拿了器械，桨起五六把桦楫，何涛坐在船头上，望这个芦苇港里荡将去。

那时已是日没沉西，划得船开，约行了五六里水面，看见侧边岸上一个人，提着把锄头走将来，何涛问道：“兀那汉子，你是甚人?这里是甚么去处？”那人应道：“我是这村里庄家。这里唤做断头沟，没路了。”何涛道：“你曾见两只船过来么？”那人道：“不是来捉阮小五的？”何涛道：“你怎地知得是来捉阮小五的？”那人道：“他们只在前面乌林里厮打。”何涛道：“离这里还有多少路？”那人道：“只在前面望得见便是。”何涛听得，便叫拢船，前去接应，便差两个做公的，拿了 叉上岸来。只见那汉提起锄头来，手到，把这两个做公的，一锄头一个，翻筋斗都打下水里去。何涛见了吃一惊，急跳起身来时，却待奔上岸，只见那只船忽地搪将开去，水底下钻起一个人来，把何涛两腿只一扯，扑通地倒撞下水里去。那几个船里的却待要走，被这提锄头的赶将上船来，一锄头一个，排头打下去，脑浆也打出来。这何涛被水底下这人倒拖上岸来，就解下他的 膊来捆了。看水底下这人，却是阮小七；岸上提锄头的那汉，便是阮小二。

弟兄两个，看着何涛骂道：“老爷弟兄三个，从来只爱杀人放火。量你这厮，直得甚么!你如何大胆，特地引着官兵来捉我们！”何涛道：“好汉!小人奉上命差遣，盖不由己。小人怎敢大胆，要来捉好汉?望好汉可怜见家中有个八十岁的老娘，无人养赡，望乞饶恕性命则个！”阮家弟兄道：“且把他来捆做个粽子，撇在船舱里。”把那几个尸首，都撺去水里去了。个个胡哨一声，芦苇丛中钻出四五个打鱼的人来，都上了船。阮小二、阮小七各驾了一只船出来。

且说这捕盗巡检，领着官兵，都在那船里说道：“何观察他道做公的不了事，自去探路，也去了许多时，不见回来。”那时正是初更左右，星光满天。众人都在船上歇凉。忽然只见起一阵怪风，但见：

飞沙走石，卷水摇天。黑漫漫堆起乌云，昏邓邓催来急雨。倾翻荷叶，满波心翠盖交加；摆动芦花，绕湖面白旗缭乱。吹折昆仑山顶树，唤醒东海老龙君。

那一阵怪风从背后吹将来，吹得众人掩面大惊，只叫得苦，把那缆船索都刮断了。正没摆布处，只听得后面胡哨响；迎着风看时，只见芦花侧畔，射出一派火光来。众人道：“今番却休了！”那大船小船，约有四五十只，正被这大风刮得你撞我磕，捉摸不住，那火光却早来到面前。原来都是一丛小船，两只价帮住，上面满满堆着芦苇柴草，刮刮杂杂烧着，乘着顺风直冲将来。那四五十只官船，屯塞做一块，港汊又狭，又没回避处。那头等大船也有十数只，却被他火船推来，钻在大船队里一烧。水底下原来又有人扶助着船烧将来，烧得大船上官兵都跳上岸来逃命奔走，不想四边尽是芦苇野港，又没旱路；只见岸上芦苇又刮刮杂杂，也烧将起来。那捕盗官兵，两头没处走。风又紧，火又猛，众官兵只得钻去，都奔烂泥里立地。　　火光丛中，只见一只小快船，船尾上一个摇着船，船头上坐着一个先生，手里明晃晃地拿着一口宝剑，口里喝道：“休教走了一个！”众兵都在烂泥里慌做一堆。说犹未了，只见芦苇东岸，两个人引着四五个打鱼的，都手里明晃晃拿着刀枪走来。这边芦苇西岸，又是两个人，也引着四五个打鱼的，手里也明晃晃拿着飞鱼钩走来。东西两岸，四个好汉并这伙人，一齐动手，排头儿搠将来。无移时，把许多官兵都搠死在烂泥里。

东岸两个，是晁盖、阮小五；西岸两个，是阮小二、阮小七；船上那个先生，便是祭风的公孙胜。五位好汉，引着十数个打鱼的庄家，把这伙官兵，都搠死在芦苇荡里。单单只剩得一个何观察，捆做粽子也似，丢在船舱里。阮小二提将上岸来，指着骂道：“你这厮，是济州一个诈害百姓的蠢虫!我本待把你碎尸万段，却要你回去对那济州府管事的贼驴说：俺这石碣村阮氏三雄，东溪村天王晁盖，都不是好撩拨的!我也不来你城里借粮，他也休要来我这村中讨死!倘或正眼儿觑着，休道你是一个小小州尹，也莫说蔡太师差干人来要拿我们，便是蔡京亲自来时，我也搠他三二十个透明的窟窿。俺们放你回去，休得再来!传与你的那个鸟官人，教他休要讨死!这里没大路，我着兄弟送你出路口去。”当时阮小七把一只小快船载了何涛，直送他到大路口，喝道：“这里一直去，便有寻路处。别的众人都杀了，难道只恁地好好放了你去，也吃你那州尹贼驴笑!且请下你两个耳朵来做表证！”阮小七身边拔起尖刀，把何观察两个耳朵割下来，鲜血淋漓，插了刀，解了 膊，放上岸去。诗曰：

官兵尽付断头沟，要放何涛不便休。

留着耳朵听说话，旋将驴耳代驴头。

何涛得了性命，自寻路回济州去了。

且说晁盖、公孙胜和阮家三弟兄，并十数个打鱼的，一发都驾了五七只小船，离了石碣村湖泊，径投李家道口来。到得那里，相寻着吴用、刘唐船只，合做一处。吴用问起拒敌官兵一事，晁盖备细说了。吴用众人大喜。整顿船只齐了，一同来到旱地忽律朱贵酒店里来相投。朱贵见了许多人来说投托入伙，慌忙迎接。吴用将来历实说与朱贵听了，大喜，逐一都相见了，请入厅上坐定，忙叫酒保安排分例酒来，管待众人。随即取出一张皮靶弓来，搭上一枝响箭，望着那对港芦苇中射去。响箭到处，早见有小喽罗摇出一只船来。朱贵急写了一封书呈，备细写众豪杰入伙姓名人数，先付与小喽罗赍了，教去寨里报知；一面又杀羊管待众好汉。

过了一夜，次日早起，朱贵唤一只大船，请众多好汉下船，就同带了晁盖等来的船只，一齐望山寨里来。行了多时，早来到一处水口，只听的岸上鼓响锣鸣。晁盖看时，只见七八个小喽罗，划出四只哨船来，见了朱贵，都声了喏，自依旧先去了。

再说一行人来到金沙滩上岸，便留老小船只并打鱼的人在此等候。又见数十个小喽罗，下山来接引到关上。王伦领着一班头领，出关迎接。晁盖等慌忙施礼，王伦答礼道："小可王伦，久闻晁天王大名，如雷灌耳。今日且喜光临草寨。"晁盖道："晁某是个不读书史的人，甚是粗卤，今日事在藏拙，甘心与头领帐下做一小卒，不弃幸甚。"王伦道："休如此说，且请到小寨，再有计议。"一行从人，都跟着两个头领上山来。到得大寨聚义厅上，王伦再三谦让晁盖一行人上阶。晁盖等七人，在右边一字儿立下；王伦与众头领，在左边一字儿立下。一个个都讲礼罢，分宾主对席坐下。王伦唤阶下众小头目声喏已毕，一壁厢动起山寨中鼓乐。先叫小头目去山下管待来的从人，关下另有客馆安歇。诗曰：

入伙分明是一群，相留意气便须亲。

如何待彼为宾客，只恐身难作主人。

且说山寨里宰了两头黄牛，十个羊，五个猪，大吹大擂筵席。众头领饮酒中间，晁盖把胸中之事，从头至尾，都告诉王伦等众位。王伦听罢，骇然了半晌，心内踌躇，做声不得，自己沉吟，虚应答筵宴。至晚席散，众头领送晁盖等众人关下客馆内安歇，自有来的人伏侍。

晁盖心中欢喜，对吴用等六人说道："我们造下这等迷天大罪，那里去安身?不是这王头领如此错爱，我等皆已失所，此恩不可忘报！"吴用只是冷笑。晁盖道："先生何故只是冷笑?有事可以通知。"吴用道："兄长性直，你道王伦肯收留我们?兄长不看他的心，只观他的颜色动静规模。"晁盖道："观他颜色怎地？"吴用道："兄长不见他早间席上与兄长说话，倒有交情；次后因兄长说出杀了许多官兵捕盗巡检，放了何涛，阮氏三雄如此豪杰，他便有些颜色变了。虽是口中应答，动静规模，心里好生不然。若是他有心收留我们，只就早上便议定了座位。杜迁、宋万，这两个自是粗卤的人，待客之事，如何省得?只有林冲那人，原是京师禁军教头，大郡的人，诸事晓得，今不得已，坐了第四位。早间见林冲看王伦答应兄长模样，他自便有些不平之气，频频把眼瞅这王伦，心内自己踌躇。我看这人，倒有顾盼之心，只是不得已。小生略放片言，教他本寨自相火并。"晁盖道："全仗先生妙策良谋，可以容身。"

当夜七人安歇了。次早天明，只见人报道："林教头相访。"吴用便对晁盖道："这人来相探，中俺计了。"七个人慌忙起来迎接，邀请林冲入到客馆里面。吴用向前称谢道："夜来重蒙恩赐，拜扰不当。"林冲道："小可有失恭敬。虽有奉承之心，奈缘不在其位，望乞恕罪。"吴学究道："我等虽是不才，非为草木，岂不见头领错爱之心，顾盼之意，感恩不浅。"晁盖再三谦让林冲上坐，林冲那里肯，推晁盖上首坐了，林冲便在下首坐定。吴用等六人一带坐下。晁盖道："久闻教头大名，不想今日得会。"林冲道："小人旧在东京时，与朋友有礼节，不曾有误。虽然今日能够得见尊颜，不得遂平生之愿，特地径来陪话。"晁盖称谢道："深感厚意。"

吴用便动问道："小生旧日久闻头领在东京时，十分豪杰，不知缘何与高俅不睦，致被陷害。后闻在沧州，亦被火烧了大军草料场，又是他的计策。向后不知谁荐头领上山？"林冲道："若说高俅这贼陷害一节，但提起，毛发植立!又不能报得此仇!来此容身，皆是柴大官人举荐到此。"吴用道："柴大官人，莫非是江湖上人称为小旋风柴进的么？"林冲道："正是此人。"晁盖道："小可多闻人说柴大官人仗义疏财，接纳四方豪杰，说是大周皇帝嫡派子孙，如何能够会他一面也好。"

吴用又对林冲道："据这柴大官人，名闻寰海，声播天下的人，教头若非武艺超群，他如何肯荐上山?非是吴用过称，理合王伦让这第一位头领坐。此天下之公论，也不负了柴大官人之书信。"林冲道："承先生高谈，只因小可犯下大罪，投奔柴大官人，非他不留林冲，诚恐负累他不便，自愿上山。不想今日去住无门!非在位次低微，且王伦只心术不定，语言不准，难以相聚。"吴用道："王头领待人接物，一团和气，如何心地倒恁窄狭？"林冲道："今日山寨，天幸得众多豪杰到此，相扶相助，似锦上添花，如旱苗得雨。此人只怀妒贤嫉能之心，但恐众豪杰势力相压。夜来因见兄长所说众位杀死官兵一节，他便有些不然，就怀不肯相留的模样，以此请众豪杰来关下安歇。"吴用便道："既然王头领有这般之心，我等休要待他发付，自投别处去便了。"林冲道："众豪杰休生见外之心，林冲自有分晓。小可只恐众豪杰生退去之意，特来早早说知。今日看他如何相待。若这厮语言有理，不似昨日，万事罢论；倘若这厮今朝有半句话参差时，尽在林冲身上。"晁盖道："头领如此错爱，俺兄弟皆感厚恩。"吴用便道："头领为我弟兄面上，倒教头领与旧弟兄分颜。若是可容即容，不可容时，小生等登时告退。"林冲道："先生差矣!古人有言：'惺惺惜惺惺，好汉惜好汉。'量这一个泼男女，腌　畜生，终作何用!众豪杰且请宽心。"林冲起身别了众人，说道："少间相会。"众人相送出来，林冲自上山去了。正是：

如何此处不留人，休言自有留人处。

应留人者怕人留，身苦难留留客住。

当日没多时，只见小喽罗到来相请，说道："今日山寨里头领，相请众好汉，去山南水寨亭上筵会。"晁盖道："上复头领，少间便到。"小喽罗去了，晁盖问吴用道："先生，此一会如何？"吴学究笑道："兄长放心，此一会倒有分做山寨之主。今日林教头必然有火并王伦之意。他若有些心懒，小生凭着三寸不烂之舌，不由他不火并。兄长身边各藏了暗器，只看小生把手来拈须为号，兄长便可协力。"晁盖等众人暗喜。

辰牌已后，三四次人来催请。晁盖和众头领身边各各带了器械，暗藏在身上，结束得端正，却来赴席。只见宋万亲自骑马，又来相请，小喽罗抬过七乘山轿，七个人都上轿子，一径投南山水寨里来。到得山南看时，端的景物非常，直到寨后水亭子前下了轿，王伦、杜迁、林冲、朱贵，都出来相接，邀请到那水亭子上，分宾主坐定。看那水亭一遭景致时，但见：

四面水帘高卷，周回花压朱阑。满目香风，万朵芙蓉铺绿水；迎眸翠色，千枝荷叶绕芳塘。华檐外阴阴柳影，锁窗前细细松声。江山秀气满亭台，豪杰一群来聚会。

当下王伦与四个头领——杜迁、宋万、林冲、朱贵——坐在左边主位上；晁盖与六个好汉——吴用、公孙胜、刘唐、三阮——坐在右边客席。阶下小喽罗轮番把盏。酒至数巡，食供两次，晁盖和王伦盘话。但提起聚义一事，王伦便把闲话支吾开去。吴用把眼来看林冲时，只见林冲侧坐交椅上，把眼瞅王伦身上。

看看饮酒至午后，王伦回头叫小喽罗取来。三四个人去不多时，只见一人捧个大盘子，里放着五锭大银。王伦便起身把盏，对晁盖说道："感蒙众豪杰到此聚义，只恨敝山小寨，是一洼之水，如何安得许多真龙?聊备些小薄礼，万望笑留，烦投大寨歇马，小可使人亲到麾下纳降。"晁盖道："小子久闻大山招贤纳士，一径地特来投托入伙，若是不能相容，我等众人自行告退。重蒙所赐白金，决不敢领。非敢自夸丰富，小可聊有些盘缠使用。速请纳回厚礼，只此告别。”王伦道：“何故推却?非是敝山不纳众位豪杰，奈缘只为粮少房稀，恐日后误了足下，众位面皮不好，因此不敢相留。”说言未了，只见林冲双眉剔起，两眼圆睁，坐在交椅上大喝道：“你前番我上山来时，也推道粮少房稀。今日晁兄与众豪杰到此山寨，你又发出这等言语来，是何道理？”吴用便说道：“头领息怒。自是我等来的不是，倒坏了你山寨情分。今日王头领以礼发付我们下山，送与盘缠，又不曾热赶将去，请头领息怒，我等自去罢休。”林冲道：“这是笑里藏刀言清行浊的人!我其实今日放他不过！”王伦喝道：“你看这畜生!又不醉了，倒把言语来伤触我，却不是反失上下！”林冲大怒道：“量你是个落第穷儒，胸中又没文学，怎做得山寨之主！”吴用便道：“晁兄，只因我等上山相投，反坏了头领面皮。只今办了船只，便当告退。”

晁盖等七人便起身，要下亭子。王伦留道：“且请席终了去。”林冲把桌子只一脚，踢在一边；抢起身来，衣襟底下掣出一把明晃晃刀来， 的火杂杂。吴用便把手将髭须一摸，晁盖、刘唐便上亭子来，虚拦住王伦叫道：“不要火并！”吴用一手扯住林冲，便道：“头领不可造次！”公孙胜假意劝道：“休为我等坏了大义。”阮小二便去帮住杜迁，阮小五便帮住宋万，阮小七帮住朱贵，吓得小喽罗们目瞪口呆。

林冲拿住王伦骂道：“你是一个村野穷儒，亏了杜迁得到这里。柴大官人这等资助你， 给盘缠，与你相交，举荐我来，尚且许多推却。今日众豪杰特来相聚，又要发付他下山去。这梁山泊便是你的!你这嫉贤妒能的贼，不杀了，要你何用!你也无大量大才，也做不得山寨之主！”杜迁、宋万、朱贵本待要向前来劝，被这几个紧紧帮着，那里敢动。王伦那时也要寻路走，却被晁盖、刘唐两个拦住。王伦见头势不好，口里叫道：“我的心腹都在那里？”虽有几个身边知心腹的人，本待要来救，见了林冲这般凶猛头势，谁敢向前?林冲即时拿住王伦，又骂了一顿，去心窝里只一刀， 察地搠倒在亭上。可怜王伦做了多年寨主，今日死在林冲之手，正应古人言：“量大福也大，机深祸亦深。”有诗为证：

独据梁山志可羞，嫉贤傲士少宽柔。
只将寨主为身有，却把群英作寇仇。
酒席欢时生杀气，杯盘响处落人头。
胸怀褊狭真堪恨，不肯留贤命不留。

晁盖见杀了王伦，各掣刀在手。林冲早把王伦首级割下来，提在手里，吓得那杜迁、宋万、朱贵都跪下说道：“愿随哥哥执鞭坠 ！”晁盖等慌忙扶起三人来。吴用就血泊里曳过头把交椅来，便纳林冲坐地，叫道：“如有不伏者，将王伦为例!今日扶林教头为山寨之主。”林冲大叫道：“先生差矣!我今日只为众豪杰义气为重上头，火并了这不仁之贼，实无心要谋此位。今日吴兄却让此第一位与林冲坐，岂不惹天下英雄耻笑?若欲相逼，宁死而已!弟有片言，不知众位肯依我么？”众人道：“头领所言，谁敢不依?愿闻其言。”林冲言无数句，话不一席，有分教：断金亭上，招多少断金之人；聚义厅前，开几番聚义之会。正是：替天行道人将至，仗义疏财汉便来。

毕竟林冲对吴用说出甚言语来，且听下回分解。

第二十回 梁山泊义士尊晁盖　郓城县月夜走刘唐

话说林冲杀了王伦，手拿尖刀，指着众人说道：“据林冲虽系禁军遭配到此，今日为众豪杰至此相聚，争奈王伦心胸狭隘，嫉贤妒能，推故不纳，因此火并了这厮，非林冲要图此位。据着我胸襟胆气，焉敢拒敌官军，剪除君侧元凶首恶?今有晁兄，仗义疏财，智勇足备，方今天下人闻其名，无有不伏。我今日以义气为重，立他为山寨之主，好么？”众人道：“头领言之极当。”晁盖道：“不可。自古‘强兵不压主’。晁盖强杀，只是个远来新到的人，安敢便来占上？”林冲把手向前，将晁盖推在交椅上，叫道：“今日事已到头，请勿推却。若有不从者，将王伦为例。”再三再四，扶晁盖坐了。林冲喝叫众人就于亭前参拜了。一面使小喽罗去大寨里摆下筵席，一面叫人抬过了王伦尸首，一面又着人去山前山后唤众多小头目，都来大寨里聚义。

林冲等一行人，请晁盖上了轿马，都投大寨里来。到得聚义厅前，下了马，都上厅来。众人扶晁天王去正中第一位交椅上坐定，中间焚起一炉香来。林冲向前道：“小可林冲，只是个粗卤匹夫，不过只会些枪棒而已，无学无才，无智无术。今日山寨，天幸得众豪杰相聚，大义既明，非比往日苟且。学究先生在此，便请做军师，执掌兵权，调用将校，须坐第二位。”吴用答道：“吴某村中学究，胸次又无经纶济世之才，虽只读些孙吴兵法，未曾有半粒微功，怎敢占上？”林冲道：“事已到头，不必谦让。”吴用只得坐了第二位。林冲道：“公孙先生请坐第三位。”晁盖道：“却使不得。若是这等推让之时，晁盖必须退位。”林冲道：“晁兄差矣!公孙先生，名闻江湖，善能用兵，有鬼神不测之机，呼风唤雨之法，谁能及得？”公孙胜道：“虽有些小之法，亦无济世之才，如何便敢占上?还是头领请坐。”林冲道：“只今番克敌制胜，便见得先生妙法。正是鼎分三足，缺一不可，先生不必推却。”公孙胜只得坐了第三位。

林冲再要让时，晁盖、吴用、公孙胜都不肯。三人俱道：“适蒙头领所说，鼎分三足，以此不敢违命。我三人占上，头领再要让人时，晁盖等只得告退。”三人扶住林冲，只得坐了第四位。晁盖道：“今番须请宋、杜二头领来坐。”那杜迁、宋万见杀了王伦，寻思道：“自身本事低微，如何近的他们?不若做个人情。”苦苦地请刘唐坐了第五位，阮小二坐了第六位，阮小五坐了第七位，阮小七坐了第八位，杜迁坐了第九位，宋万坐了第十位，朱贵坐了第十一位。

梁山泊自此是十一位好汉坐定。山前山后，共有七八百人，都来厅前参拜了，分立在两下。晁盖道：“你等众人在此，今日林教头扶我做山寨之主，吴学究做军师，公孙先生同掌兵权，林教头等共管山寨。汝等众人，各依旧职，管领山前山后事务，守备寨栅滩头，休教有失。各人务要竭力同心，共聚大义。”再教收拾两边房屋，安顿了阮家老小，便教取出打劫得的生辰纲——金珠宝贝，——并自家庄上过活的金银财帛，就当厅赏赐众小头目并众多小喽罗。当下椎牛宰马，祭祀天地神明，庆贺重新聚义。众头领饮酒至半夜方散。次日，又办筵宴庆会，一连吃了数日筵席。晁盖与吴用等众头领计议，整点仓廒，修理寨栅，打造军器——枪、刀、弓、箭、衣甲、头盔——准备迎敌官军；安排大小船只，教演人兵水手上船厮杀，好做提备，不在话下。自此梁山泊十一位头领聚义，真乃是交情浑似股肱，义气如同骨肉。有诗为证：

古人交谊断黄金，心若同时谊亦深。
水浒请看忠义士，死生能守岁寒心。

因此林冲见晁盖作事宽洪，疏财仗义，安顿各家老小在山，蓦然思念妻子在京师，存亡未保，遂将心腹备细诉与晁盖道：“小人自从上山之后，欲要搬取妻子上山来，因见王伦心术不定，难以过活，一向蹉跎过了。流落东京，不知死活。”晁盖道：“贤弟既有宝眷在京，如何不去取来完聚?你快写书，便教人下山去，星夜取上山来，多少是好。”林冲当下写了一封书，叫两个自身边心腹小喽罗下山去了。

不过两个月，小喽罗还寨说道：“直至东京城内殿帅府前，寻到张教头家，闻说娘子被高太尉威逼亲事，自缢身死，已故半载。张教头亦为忧疑，半月之前，染患身故。止剩得女使锦儿，已招赘丈夫在家过活。访问邻里，亦是如此说。打听得真实，回来报与头领。”林冲见说，潸然泪下，自此杜绝了心中挂念。晁盖等见说了，怅然嗟叹。山寨中自此无话，每日只是操练人兵，准备抵敌官军。

忽一日，众头领正在聚义厅上商议事务，只见小喽罗报上山来说道：“济州府差拨军官，带领约有一千人马，乘驾大小船四五百只，现在石碣村湖荡里屯住，特来报知。”晁盖大惊，便请军师吴用商议道：“官军将至，如何迎敌？”吴用笑道：“不须兄长挂心，吴某自有措置。自古道：‘水来土掩，兵到将迎。’”随即唤阮氏三雄，附耳低言道：“如此如此……”又唤林冲、刘唐受计道：“你两个便这般这般……。”再叫杜迁、宋万，也分付了。正是：

西迎项羽三千阵，今日先施第一功。

且说济州府尹点差团练使黄安并本府捕盗官一员，带领一千余人，拘集本处船只，就石碣村湖荡调拨，分开船只作两路来取泊子。

且说团练使黄安，带领人马上船，摇旗呐喊，杀奔金沙滩来。看看渐近滩头，只听得水面上呜呜咽咽吹将起来。黄安道：“这不是画角之声?且把船来分作两路，去那芦花荡中湾住。”看时，只见水面上远远地三只船来。看那船时，每只船上只有五个人：四个人摇着双橹，船头上立着一个人，头带绛红巾，都一样身穿红罗绣袄，手里各拿着留客住，三只船上人，都一般打扮。于内有人认得的，便对黄安说道：“这三只船上三个人，一个是阮小二，一个是阮小五，一个是阮小七。”黄安道：“你众人与我一齐并力向前，拿这三个人！”两边有四五十只船，一齐发着喊，杀奔前去。那三只船嗯哨了一声，一齐便回。黄团练把手内枪拈搭动，向前来叫道：“只顾杀这贼，我自有重赏。”那三只船前面走，背后官军船上，把箭射将去。那三阮去船舱里，各拿起一片青狐皮来遮那箭矢。后面船只只顾赶。

赶不过二三里水港，黄安背后一只小船，飞也似划来报道：“且不要赶!我们那一条杀入去的船只，都被他杀下水里去，把船都夺去了。”黄安问道：“怎的着了那厮的手！”小船上人答道：“我们正行船时，只见远远地两只船来，每船上各有五个人。我们并力杀去赶他，赶不过三四里水面，四下里小港钻出七八只小船来。船上弩箭似飞蝗一般射将来，我们急把船回时，来到窄狭港口，只见岸上约有二三十人，两头牵一条大篾索，横截在水面上。却待向前看索时，又被他岸上灰瓶、石子，如雨点一般打将来。众官军只得弃了船只，下水逃命。我众人逃得出来，到旱路边看时，那岸上人马皆不见了，马也被他牵去了；看马的军人，都杀死在水里。我们芦花荡边，寻得这只小船儿，径来报与团练。”

黄安听得说了，叫苦不迭，便把白旗招动，教众船不要去赶，且一发回来。那众船才拨得转头，未曾行动，只见背后那三只船，又引着十数只船，都只是这三五个人，把红旗摇着，口里吹着胡哨，飞也似赶来。黄安却待把船摆开迎敌时，只听得芦苇丛中炮响。黄安看时，四下里都是红旗摆满，慌了手脚。后面赶来的船上叫道：“黄安留下了首级回去！”黄安把船尽力摇过芦苇岸边，却被两边小港里钻出四五十只小船来，船上弩箭如雨点射将来。黄安就箭林里夺路时，只剩得三四只小船了。黄安便跳过快船内，回头看时，只见后面的人，一个个都扑通的跳下水里去了。有和船被拖去的，大半都被杀死。黄安驾着小快船，正走之间，只见芦花荡边一只船上，立着刘唐，一挠钩搭住黄安的船，托地跳将过来，只一把拦腰提住，喝道：“不要挣扎！”别的军人能识水者，水里被箭射死；不敢下水的，就船里都活捉了。

黄安被刘唐扯到岸边，上了岸，远远地晁盖、公孙胜山边骑着马，挺着刀，引五六十人，三二十匹马，齐来接应。一行人生擒活捉得一二百人，夺的船只，尽数都收在山南水寨里安顿了。大小头领，一齐都到山寨。晁盖下了马，来到聚义厅上坐定。众头领各去了戎装军器，团团坐下，捉那黄安绑在将军柱上；取过金银缎匹，赏了小喽罗。点检共夺得六百余匹好马，这是林冲的功劳；东港是杜迁、宋万的功劳；西港是阮氏三雄的功劳；捉得黄安，是刘唐的功劳。

众头领大喜，杀牛宰马，山寨里筵会。自酝的好酒，水泊里出的新鲜莲藕并鲜鱼；山南树上，自有时新的桃、杏、梅、李、枇杷、山枣、柿、栗之类；自养的鸡、猪、鹅、鸭等品物，不必细说。众头领只顾庆赏。新到山寨，得获全胜，非同小可。有诗为证：

堪笑王伦妄自矜，庸才大任岂能胜!

一从火并归新主，会见梁山事业新。

正饮酒间，只见小喽罗报道：“山下朱头领使人到寨。”晁盖唤来问有甚事?小喽罗道：“朱头领探听得一起客商，有数十人结联一处，今晚必从旱路经过，特来报知。”晁盖道：“正没金帛使用，谁领人去走一遭？”三阮道：“我弟兄们去。”晁盖道：“好兄弟，小心在意，速去早来。”三阮便下厅去，换了衣裳，跨了腰刀，拿了朴刀、　叉、留客住，点起一百余人上厅来，别了头领，便下山，就金沙滩把船载过朱贵酒店里去了。晁盖恐三阮担负不下，又使刘唐点起一百余人，教领了下山去接应，又分付道：“只可善取金帛财物，切不可伤害客商性命。”刘唐去了。晁盖到三更，不见回报，又使杜迁、宋万引五十余人下山接应。

晁盖与吴用、公孙胜、林冲饮酒至天明，只见小喽罗报喜道：“亏得朱头领，得了二十余辆车子金银财物，并四五十匹驴骡头口。”晁盖又问道：“不曾杀人么？”小喽罗答道：“那许多客人，见我们来得头势猛了，都撇下车子、头口、行李，逃命去了，并不曾伤害他一个。”晁盖见说大喜：“我等初到山寨，不可伤害于人。”取一锭白银，赏了小喽罗，便叫将了酒果下山来，直接到金沙滩上。见众头领尽把车辆扛上岸来，再叫撑船去载头口马匹，众头领大喜。把盏已毕，教人去请朱贵上山来筵宴。

晁盖等众头领，都上到山寨聚义厅上，簸箕掌栲栳圈坐定。叫小喽罗扛抬过许多财物在厅上，一包包打开，将彩帛衣服堆在一边，行货等物堆在一边，金银宝贝堆在正面。众头领看了打劫得许多财物，心中欢喜，便叫掌库的小头目，每样取一半，收贮在库，听候支用。这一半分做两分：厅上十一位头领，均分一分；山上山下众人，均分一分。把这新拿到的军健，脸上刺了字号，选壮浪的分拨去各寨喂马砍柴；软弱的，各处看车切草。黄安锁在后寨监房内。晁盖道：“我等今日初到山寨，当初只指望逃灾避难，投托王伦帐下，为一小头目，多感林教头贤弟推让我为尊，不想连得了两场喜事：第一赢得官军，收得许多人马船只，捉了黄安；二乃又得了若干财物金银。此不是皆托众弟兄的才能？”众头领道：“皆托得大哥哥的福荫，以此得采。”

晁盖再与吴用道：“俺们弟兄七人的性命，皆出于宋押司、朱都头两个。古人道：‘知恩不报，非为人也！’今日富贵安乐，从何而来?早晚将些金银，可使人亲到郓城县走一遭，此是第一件要紧的事务。再有白胜陷在济州大牢里，我们必须要去救他出来。”吴用道：“兄长不必忧心，小生自有　划。宋押司是个仁义之人，紧地不望我们酬谢。然虽如此，礼不可缺，早晚待山寨粗安，必用一个兄弟自去。白胜的事，可教蓦生人去那里使钱，买上嘱下，松宽他，便好脱身。我等且商量屯粮，造船，制办军器，安排寨栅、城垣，添造房屋，整顿衣袍、铠甲，打造枪、刀、弓、箭，防备迎敌官军。”晁盖道：“既然如此，全仗军师妙策指教。”吴用当下调拨众头领，分派去办，不在话下。

且不说梁山泊自从晁盖上山，好生兴旺。却说济州府太守见黄安手下逃回的军人，备说梁山泊杀死官军，生擒黄安一事；又说梁山泊好汉，十分英雄了得，无人近傍得他，难以收捕；抑且水路难认，港汊多杂，以此不能取胜。府尹听了，只叫得苦，向太师府干办说道：“何涛先折了许多人马，独自一个逃得性命回来，已被割了两个耳朵，自回家将息，至今不能痊；去的五百人，无一个回来；因此又差团练使黄安并本府捕盗官，带领军兵前去追捉，亦皆失陷。黄安已被活捉上山，杀死官军，不知其数，又不能取胜，怎生是好！”太守肚里正怀着鬼胎，没个道理处，只见承局来报说：“东门接官亭上，有新官到来，飞报到此。”

太守慌忙上马，来到东门外接官亭上，望见尘土起处，新官已到亭子前下马。府尹接上亭子，相见已了，那新官取出中书省更替文书来，度与府尹。太守看罢，随即和新官到州衙里，交割牌印，一应府库钱粮等项。当下安排筵席，管待新官。旧太守备说梁山泊贼盗浩大，杀死官军一节。说罢，新官面如土色，心中思忖道：“蔡太师将这件勾当抬举我，却是此等地面，这般府分!又没强兵猛将，如何收捕得这伙强人?倘或这厮们来城里借粮时，却怎生奈何？”旧官太守次日收拾了衣装行李，自回东京听罪，不在话下。

且说新官宗府尹到任之后，请将一员新调来镇守济州的军官来，当下商议招军买马，集草屯粮，招募悍勇民夫，智谋贤士，准备收捕梁山泊好汉；一面申呈中书省，转行牌仰附近州郡，并力剿捕；一面自行下文书所属州县，知会收剿，及仰属县，着令守御本境。这个都不在话下。

且说本州孔目，差人赍一纸公文，行下所属郓城县，教守御本境，防备梁山泊贼人。郓城县知县看了公文，教宋江迭成文案，行下各乡村，一体守备。宋江见了公文，心内寻思道：“晁盖等众人，不想做下这般大事，犯了大罪，劫了生辰纲，杀了做公的，伤了何观察，又损害了许多官军人马，又把黄安活捉上山。如此之罪，是灭九族的勾当。虽是被人逼迫，事非得已，于法度上却饶不得。倘有疏失，如之奈何？”自家一个心中纳闷。分付贴书后司张文远将此文书立成文案，行下各乡各保。张文远自理会文卷，宋江却信步走出县来。

走不过三二十步，只听得背后有人叫声：“押司！”宋江转回头来看时，却是做媒的王婆，引着一个婆子，却与他说道：“你有缘，做好事的押司来也！”宋江转身来问道：“有甚么话说？”王婆拦住，指着阎婆对宋江说道：“押司不知，这一家儿，从东京来，不是这里人家，嫡亲三口儿。夫主阎公，有个女儿婆惜。他那阎公，平昔是个好唱的人，自小教得他那女儿婆惜，也会唱诸般耍令；年方一十八岁，颇有些颜色。三口儿因来山东投奔一个官人不着，流落在此郓城县。不想这里的人，不喜风流宴乐，因此不能过活，在这县后一个僻净巷内权住。昨日他的家公因害时疫死了，这阎婆无钱津送，没做道理处，央及老身做媒。我道：‘这般时节，那里有这等恰好？’又没借换处，正在这里走头没路的，只见押司打从这里过，以此老身与这阎婆赶来，望押司可怜见他则个，作成一具棺材。”宋江道：“原来恁地。你两个跟我来，去巷口酒店里，借笔砚写个帖子，与你去县东陈三郎家，取具棺材。”宋江又问道：“你有结果使用么？”阎婆答道：“实不瞒押司说，棺材尚无，那讨使用？”宋江道：“我再与你银子十两，做使用钱。”阎婆道：“便是重生的父母，再长的爷娘，做驴做马，报答押司。”宋江道：“休要如此说。”随即取出一锭银子，递与阎婆，自回下处去了。且说这婆子将了帖子，径来县东街陈三郎家，取了一具棺材，回家发送了当，兀自余剩下五六两银子，娘儿两个，把来盘缠，不在话下。

忽一朝，那阎婆因来谢宋江，见他下处，没有一个妇人家面，回来问间壁王婆道：“宋押司下处，不见一个妇人面，他曾有娘子也无？”王婆道：“只闻宋押司家里在宋家村住，却不曾见说他有娘子。在这县里做押司，只是客居。常常见他散施棺材药饵，极肯济人贫苦，敢怕是未有娘子。”阎婆道：“我这女儿长得好模样，又会唱曲儿，省得诸般耍笑，从小儿在东京时，只去行院人家串，那一个行院不爱他!有几个上行首，要问我过房几次，我不肯。只因我两口儿，无人养老，因此不过房与他。不想今来倒苦了他。我前日去谢宋押司，见他下处没娘子，因此央你与我对宋押司说，他若要讨人时，我情愿把婆惜与他。我前日得你作成，亏了宋押司救济，无可报答他，与他做个亲眷来往。”

王婆听了这话，次日来见宋江，备细说了这件事。宋江初时不肯，怎当这婆子撮合山的嘴撺掇，宋江依允了，就在县西巷内，讨了一所楼房，置办些家火什物，安顿了阎婆惜娘儿两个，在那里居住。没半月之间，打扮得阎婆惜满头珠翠，遍体绫罗。正是：

花容袅娜，玉质娉婷。髻横一片乌云，眉扫半弯新月。金莲窄窄，湘裙微露不胜情；玉笋纤纤，翠袖半笼无限意。星眼浑如点漆，酥胸真似截肪。金屋美人离御苑，蕊珠仙子下尘寰。

宋江又过几日，连那婆子，也有若干头面衣服，端的养的婆惜丰衣足食。

初时宋江夜夜与婆惜一处歇卧，向后渐渐来得慢了。却是为何?原来宋江是个好汉，只爱学使枪棒，于女色上不十分要紧。这阎婆惜水也似后生，况兼十八九岁，正在妙龄之际，因此宋江不中那婆娘意。一日，宋江不合带后司贴书张文远来阎婆惜家吃酒。这张文远，却是宋江的同房押司，那厮唤做小张三，生得眉清目秀，齿白唇红；平昔只爱去三瓦两舍，飘蓬浮荡，学得一身风流俊俏；更兼品竹调丝，无有不会。这婆惜是个酒色娼妓，一见张三，心里便喜，倒有意看上他。那张三见这婆惜有意以目送情，等宋江起身净手，倒把言语来嘲惹张三。常言道：“风不来，树不动；船不摇，水不浑。”那张三亦是个酒色之徒，这事如何不晓得?因见这婆娘眉来眼去，十分有情，便记在心里。向后宋江不在时，这张三便去那里，假意儿只做来寻宋江。那婆娘留住吃茶，言来语去，成了此事。谁想那婆娘自从和那张三两个搭识上了，打得火块一般热。亦且这张三又是个惯弄此事的，岂不闻古人有言：“一不将，二不带。”只因宋江千不合，万不合，带这张三来他家里吃酒，以此看上了他。自古道：“风流茶说合，酒是色媒人。”正犯着这条款。阎婆惜自从和那小张三两个搭上，并无半点儿情分在这宋江身上。宋江但若来时，只把言语伤他，全不兜揽他些个。这宋江是个好汉，不以这女色为念，因此半月十日，去走得一遭。那张三和这婆惜，如胶似漆，夜去明来，街坊上人也都知了。却有些风声吹在宋江耳朵里。宋江半信不信，自肚里寻思道：“又不是我父母匹配的妻室，他若无心恋我，我没来由惹气做甚么?我只不上门便了。”自此有几个月不去。阎婆累使人来请，宋江只推事故不上门去。正是：

花娘有意随流水，义士无心恋落花。

婆爱钱财娘爱俏，一般行货两家茶。

话分两头。忽一日将晚，宋江从县里出来，去对过茶房里坐定吃茶，只见一个大汉，头带白范阳毡笠儿，身穿一领黑绿罗袄，下面腿　护膝，八搭麻鞋，腰里跨着一口腰刀，背着一个大包，走得汗雨通流，气急喘促，把脸别转着看那县里。宋江见了这个大汉走得跷蹊，慌忙起身赶出茶房来，跟着那汉走。约走了三二十步，那汉回过头来，看了宋江，却不认得。宋江见了这人，略有些面熟，“莫不是那里曾厮会来？”心中一时思量不起。那汉见宋江看了一回，也有些认得，立住了脚，定睛看那宋江，又不敢问。宋江寻思道：“这个人好作怪!却怎地只顾看我？”宋江亦不敢问他。只见那汉去路边一个篦头铺里问道：“大哥，前面那个押司是谁？”篦头待诏应道：“这位是宋押司。”那汉提着朴刀，走到面前，唱个大喏，说道：“押司认得小弟么？”宋江道：“足下有些面善。”那汉道：“可借一步说话。”宋江便和那汉入一条僻净小巷。那汉道：“这个酒店里好说话。”

两个上到酒楼，拣个僻净阁儿里坐下。那汉倚了朴刀，解下包裹，撇在桌子底下，那汉扑翻身便拜。宋江慌忙答礼道：“不敢拜问足下高姓？”那人道：“大恩人，如何忘了小弟？”宋江道：“兄长是谁?真个有些面熟，小人失忘了。”那汉道：“小弟便是晁保正庄上曾拜识尊颜蒙恩救了性命的赤发鬼刘唐便是。”宋江听了大惊，说道：“贤弟，你好大胆!早是没做公的看见，险些儿惹出事来！”刘唐道：“感承大恩，不惧一死，特地来酬谢。”宋江道：“晁保正弟兄们，近日如何?兄弟，谁教你来？”刘唐道：“晁头领哥哥，再三拜上大恩人。得蒙救了性命，现今做了梁山泊主都头领。吴学究做了军师，公孙胜同掌兵权。林冲一力维持，火并了王伦。山寨里原有杜迁、宋万、朱贵，和俺弟兄七个，共是十一个头领。现今山寨里聚集得七八百人，粮食不计其数。只想兄长大恩，无可报答，特使刘唐赍一封书，并黄金一百两，相谢押司并朱、雷二都头。”刘唐打开包裹，取出书来，便递与宋江。宋江看罢，便拽起褶子前襟，摸出招文袋，打开包儿时，刘唐取出金子放在桌上。宋江把那封书——就取了一条金子和这书包了，——插在招文袋内，放下衣襟，便道：“贤弟，将此金子依旧包了。”随即便唤量酒的打酒来，叫大块切一盘肉来，铺下些菜蔬果子之类，叫量酒人筛酒与刘唐吃。

看看天色晚了，刘唐吃了酒，把桌上金子包打开，要取出来。宋江慌忙拦住道：“贤弟，你听我说：你们七个弟兄初到山寨，正要金银使用，宋江家中颇有些过活，且放在你山寨里，等宋江缺少盘缠时，却教兄弟宋清来取。今日非是宋江见外，于内已受了一条。朱仝那人，也有些家私，不用与他，我自与他说知人情便了。雷横这人，又不知我报与保正，况兼这人贪赌，倘或将些出去赌时，便惹出事来，不当稳便，金子切不可与他。贤弟：我不敢留你相请去家中住，倘或有人认得时，不是耍处!今夜月色必然明朗，你便可回山寨去，莫在此停搁。宋江再三申意众头领，不能前来庆贺，切乞恕罪。”刘唐道：“哥哥大恩，无可报答，特令小弟送些人情来与押司，微表孝顺之心。保正哥哥今做头领，学究军师号令非比旧日，小弟怎敢将回去?到山寨中必然受责。”宋江道：“既是号令严明，我便写一封回书，与你将去便了。”刘唐苦苦相央宋江收受，宋江那里肯接，随即取一幅纸来，借酒家笔砚，备细写了一封回书，与刘唐收在包内。刘唐是个直性的人，见宋江如此推却，想是不肯受了，便将金子依前包了。看看天色晚来，刘唐道：“既然兄长有了回书，小弟连夜便去。”宋江道：“贤弟，不及相留，以心相照。”刘唐又下了四拜。宋江教量酒人来道：“有此位官人留下白银一两在此，我明日却自来算。”刘唐背上包裹，拿了朴刀，跟着宋江下楼来。离了酒楼，出到巷口，天色昏黄，是八月半天气，月轮上来，宋江携住刘唐的手，分付道：“贤弟保重，再不可来!此间做公的多，不是耍处。我更不远送，只此相别。”刘唐见月色明朗，拽开脚步，望西路便走，连夜回梁山泊来。

再说宋江与刘唐别了，自慢慢行回下处来，一头走，一面肚里寻思道：“早是没做公的看见，争些儿惹出一场大事来！”一头想：“那晁盖倒去落了草，直如此大弄。”转不过两个弯，只听得背后有人叫一声：“押司，那里去来，好两日不见面。”宋江回头看时，正是阎婆。不因这番，有分教：宋江小胆翻为大胆，善心变做恶心。

毕竟宋江怎地发付阎婆，且听下回分解。

第二十一回 虔婆醉打唐牛儿　宋江怒杀阎婆惜

话说宋江别了刘唐，乘着月色满街，信步自回下处来。却好的遇着阎婆，赶上前来叫道：“押司，多日使人相请，好贵人，难见面!便是小贱人有些言语高低，伤触了押司，也看得老身薄面，自教训他与押司陪话。今晚老身有缘，得见押司，同走一遭去。”宋江道：“我今日县里事务忙，摆拨不开，改日却来。”阎婆道：“这个使不得。我女儿在家里专望，押司胡乱温顾他便了。直恁地下得！”宋江道：“端的忙些个，明日准来。”阎婆道：“我今晚要和你去。”便把宋江衣袖扯住了，发话道：“是谁挑拨你?我娘儿两个，下半世过活，都靠着押司。外人说的闲是闲非，都不要听他，押司自做个主张。我女儿但有差错，都在老身身上。押司胡乱去走一遭。”宋江道：“你不要缠，我的事务分拨不开在这里。”阎婆道：“押司便误了些公事，知县相公不到得便责罚你。这回错过，后次难逢。押司只得和老身去走一遭，到家里自有告诉。”宋江是个快性的人，吃那婆子缠不过，便道：“你放了手，我去便了。”阎婆道：“押司不要跑了去，老人家赶不上。”宋江道：“直恁地这等？”两个厮跟着来到门前，正是：

酒不醉人人自醉，花不迷人人自迷。

直饶今日能知悔，何不当初莫去为?

宋江立住了脚，阎婆把手一拦，说道：“押司来到这里，终不成不入去了。”宋江进到里面凳子上坐了，那婆子是乖的，自古道：“老虔婆如何出得他手？”只怕宋江走去，便帮在身边坐了，叫道：“我儿，你心爱的三郎在这里。”那阎婆惜倒在床上，对着盏孤灯，正在没可寻思处，只等这小张三来。听得娘叫道：“你的心爱的三郎在这里。”那婆娘只道是张三郎，慌忙起来，把手掠一掠云髻，口里喃喃的骂道：“这短命，等得我苦也!老娘先打两个耳刮子着！”飞也似跑下楼来，就　子眼里张时，堂前琉璃灯却明亮，照见是宋江，那婆娘复翻身转又上楼去，依前倒在床上。

阎婆听得女儿脚步下楼来了，又听得再上楼去了，婆子又叫道：“我儿，你的三郎在这里，怎地倒走了去？”那婆惜在床上应道：“这屋里多远，他不会来。他又不瞎，如何自不上来?直等我来迎接他，没了当絮絮聒聒地！”阎婆道：“这贱人真个望不见押司来，气苦了。恁地说，也好教押司受他两句儿。”婆子笑道：“押司，我同你上楼去。”宋江听了那婆娘说这几句，心里自有五分不自在，被这婆子来扯，勉强只得上楼去。

原来是一间六椽楼屋。前半间安一副春台，桌凳；后半间铺着卧房，贴里安一张三面棱花的床，两边都是栏干，上挂着一顶红罗幔帐；侧首放个衣架，搭着手巾；这边放着个洗手盆；一张金漆桌子上，放一个锡灯台；边厢两个杌子；正面壁上挂一幅仕女；对床排着四把一字交椅。

宋江来到楼上，阎婆便拖入房里去。宋江便向杌子上朝着床边坐了。阎婆就床上拖起女儿来，说道："押司在这里。我儿，你只是性气不好，把言语来伤触他，恼得押司不上门，闲时却在家里思量。我如今不容易请得他来，你却不起来陪句话儿，颠倒使性！"婆惜把手拓开，说那婆子："你做甚么这般鸟乱!我又不曾做了歹事!他自不上门，教我怎地陪话！"

宋江听了，也不做声。婆子便推过一把交椅，在宋江肩下，便推他女儿过来，说道："你且和三郎坐一坐。不陪话便罢，不要焦躁。你两个多时不见，也说一句有情的话儿。"那婆娘那里肯过来，便去宋江对面坐了。宋江低了头不做声。婆子看女儿时，也别转了脸。阎婆道："没酒没浆，做甚么道场?老身有一瓶儿好酒在这里，买些果品来，与押司陪话。我儿，你相陪押司坐地，不要怕羞，我便来也。"宋江自寻思道："我吃这婆子钉住了，脱身不得。等他下楼去，我随后也走了。"那婆子瞧见宋江要走的意思，出得房门去，门上却有屈戌，便把房门拽上，将屈戌搭了。宋江暗忖道："那虔婆倒先算了我。"

且说阎婆下楼来，先去灶前点起个灯，灶里现成烧着一锅脚汤，再凑上些柴头，拿了些碎银子，出巷口去买得些时新果品、鲜鱼、嫩鸡、肥 之类。归到家中，都把盘子盛了；取酒倾在盆里，舀半旋子，在锅里烫热了，倾在酒壶里。收拾了数盆菜蔬，三只酒盏，三双箸，一桶盘托上楼来，放在春台上。开了房门，搬将入来，摆在桌子上。看宋江时，只低着头；看女儿时，也朝着别处。

阎婆道："我儿起来把盏酒。"婆惜道："你们自吃，我不耐烦！"婆子道："我儿，爷娘手里从小儿惯了你性儿，别人面上须使不得。"婆惜道："不把盏便怎地?终不成飞剑来取了我头！"那婆子倒笑起来，说道："又是我的不是了。押司是个风流人物，不和你一般见识。你不把酒便罢，且回过脸来吃盏酒儿。"婆惜只不回过头来。那婆子自把酒来劝宋江，宋江勉意吃了一盏。婆子笑道："押司莫要见责。闲话都打迭起，明日慢慢告诉。外人见押司在这里，多少干热的不怯气，胡言乱语，放屁辣臊，押司都不要听，且只顾吃酒。"筛了三盏在桌子上，说道："我儿不要使小孩儿的性，胡乱吃一盏酒。"婆惜道："没得只顾缠我!我饱了，吃不得。"阎婆道："我儿，你也陪侍你的三郎吃盏酒使得。"

婆惜一头听了，一面肚里寻思："我只心在张三身上，兀谁耐烦相伴这厮!若不把他灌得醉了，他必来缠我。"婆惜只得勉意拿起酒来，吃了半盏。婆子笑道："我儿只是焦躁，且开怀吃两盏儿睡。押司也满饮几杯。"宋江被他劝不过，连饮了三五杯。婆子也连连吃了几杯，再下楼去烫酒。

那婆子见女儿不吃酒，心中不悦，才见女儿回心吃酒，欢喜道："若是今夜兜得他住，那人恼恨都忘了。且又和他缠几时，却再商量。"婆子一头寻思，一面自在灶前吃了三大钟酒，觉得有些痒麻上来，却又筛了一碗吃，旋了大半旋，倾在注子里，爬上楼来，见那宋江低着头不做声，女儿也别转着脸弄裙子。这婆子哈哈地笑道："你两个又不是泥塑的，做甚么都不做声?押司，你不合是个男子汉，只得装些温柔，说些风话儿耍。"宋江正没做道理处，口里只不做声，肚里好生进退不得。阎婆惜自想道："你不来睬我，指望老娘一似闲常时，来陪你话，相伴你耍笑?我如今却不耍！"那婆子吃了许多酒，口里只管夹七带八嘈，正在那里张家长，李家短，说白道绿。有诗为证：

只要孤老不出门，花言巧语弄精魂。

几多聪慧遭他陷，死后应须拔舌根。

却有郓城县一个卖糟 的唐二哥，叫做唐牛儿，如常在街上只是帮闲，常常得宋江赍助他。但有些公事去告宋江，也落得几贯钱使。宋江要用他时，死命向前。这一日晚，正赌钱输了，没做道理处，却去县前寻宋江，奔到下处寻不见。街坊都道："唐二哥，你寻谁?这般忙？"唐牛儿道："我喉急了，要寻孤老，一地里不见他。"众人道："你的孤老是谁？"唐牛儿道："便是县里宋押司。"众人道："我方才见他和阎婆两个过去，一路走着。"唐牛儿道："是了。这阎婆惜贼贱虫，他自和张三两个打得火块也似热，只瞒着宋押司一个，他敢也知些风声，好几时不去了。今晚必然吃那老咬虫假意儿缠了去。我正没钱使，喉急了，胡乱去那里寻几贯钱使，就帮两碗酒吃。"一径奔到阎婆门前，见里面灯明，门却不关。入到胡梯边，听得阎婆在楼上呵呵地笑。唐牛儿捏脚捏手，上到楼上，板壁缝里张时，见宋江和婆惜两个都低着头；那婆子坐在横头桌子边，口里七十三八十四只顾嘈。

唐牛儿闪将入来，看着阎婆和宋江、婆惜，唱了三个喏，立在边头。宋江寻思道："这厮来的最好。"把嘴望下一努。唐牛儿是个乖的人，便瞧科，看着宋江便说道："小人何处不寻过，原来却在这里吃酒耍，好吃得安稳！"宋江道："莫不是县里有甚么要紧事？"唐牛儿道："押司，你怎地忘了?便是早间那件公事，知县相公在厅上发作，着四五替公人来下处寻押司，一地里又没寻处，相公焦躁做一片。押司便可动身。"宋江道："恁地要紧，只得去。"便起身要下楼，吃那婆子拦住道："押司不要使这科分。这唐牛儿捻泛过来，你这精贼也瞒老娘!正是'鲁班手里调大斧'!这早晚知县自回衙去，和夫人吃酒取乐，有甚么事务得发作?你这般道儿，只好瞒魍魉，老娘手里说不过去。"

唐牛儿便道："真个是知县相公紧等的勾当，我却不会说谎。"阎婆道："放你娘狗屁!老娘一双眼，却是琉璃葫芦儿一般，却才见押司努嘴过来，叫你发科，你倒不撺掇押司来我屋里，颠倒打抹他去，常言道：'杀人可恕，情理难容。'"这婆子跳起身来，便把那唐牛儿劈脖子只一叉，踉踉跄跄，直从房里叉下楼来。唐牛儿道："你做甚么便叉我？"婆子喝道："你不晓得破人买卖衣饭，如杀父母妻子，你高做声，便打你这贼乞丐！"唐牛儿钻将过来道："你打！"这婆子乘着酒兴，叉开五指，去那唐牛儿脸上连打两掌，直 出帘子外去，婆子便扯帘子，撇放门背后，却把两扇门关上，拿栓拴了，口里只顾骂。

那唐牛儿吃了这两掌，立在门前大叫道："贼老咬虫，不要慌!我不看宋押司面皮，教你这屋里粉碎!教你双日不着单日着!我不结果了你，不姓唐！"拍着胸大骂了去。

婆子再到楼上，看着宋江道："押司没事睬那乞丐做甚么?那厮一地里去搪酒吃，只是搬是搬非。这等倒街卧巷的横死贼，也来上门上户欺负人！"宋江是个真实的人，吃这婆子一篇道着了真病，倒抽身不得。婆子道："押司不要心里见责，老身只恁地知重得了。我儿和押司只吃这杯。我猜着你两个多时不见，以定要早睡，收拾了罢休。"婆子又劝宋江吃两杯，收拾杯盘下楼来，自去灶下去。

宋江在楼上，自肚里寻思说："这婆子女儿，和张三两个有事，我心里半信不信，眼里不曾见真实。待要去来，只道我村。况且夜深了，我只得权睡一睡，且看这婆娘怎地，今夜与我情分如何。"只见那婆子又上楼来说道："夜深了，我叫押司两口儿早睡。"那婆娘应道："不干你事，你自去睡。"婆子笑下楼来，口里道："押司安置。今夜多欢，明日慢慢地起。"婆子下楼来，收拾了灶上，洗了脚手，吹灭灯，自去睡了。

却说宋江坐在杌子上，只指望那婆娘似比先时，先来偎倚陪话，胡乱又将就几时。谁想婆惜心里寻思道："我只思量张三，吃他搅了，却似眼中钉一般，那厮倒直指望我一似先前时来下气，老娘如今却不要耍。只见说撑船就岸，几曾有撑岸就船？你不来睬我，老娘倒落得！”

看官听说，原来这色最是怕人。若是他有心恋你时，身上便有刀剑水火，也拦他不住，他也不怕；若是他无心恋你时，你便身坐在金银堆里，他也不睬你。常言道：“佳人有意村夫俏，红粉无心浪子村。”宋公明是个勇烈大丈夫，为女色的手段却不会。这阎婆惜被那张三小意儿百依百随，轻怜重惜，卖俏迎奸，引乱这婆娘的心，如何肯恋宋江？

当夜两个在灯下，坐着对面，都不做声，各自肚里踌躇，却似等泥干掇入庙。看看天色夜深，窗间月上，但见：

银河耿耿，玉漏迢迢。穿窗斜月映寒光，透户凉风吹夜气。谯楼禁鼓，一更未尽一更催；别院寒砧，千捣将残千捣起。画檐间叮当铁马，敲碎旅客孤怀；银台上闪烁清灯，偏照闺人长叹。贪淫妓女心如火，仗义英雄气似虹。

当下宋江坐在杌子上睃那婆娘时，复地叹口气。约莫也是二更天气，那婆娘不脱衣裳，便上床去，自倚了绣枕，扭过身，朝里壁自睡了。宋江看了，寻思道：“可奈这贱人全不睬我些个，他自睡了。我今日吃这婆子言来语去，央了几杯酒，打熬不得，夜深只得睡了罢。”把头上巾帻除下，放在桌子上，脱下上盖衣裳，搭在衣架上，腰里解下鸾带，上有一把解衣刀和招文袋，却挂在床边栏干子上，脱去了丝鞋净 ，便上床去那婆娘脚后睡了。

半个更次，听得婆惜在脚后冷笑。宋江心里气闷，如何睡得着！自古道：“欢娱嫌夜短，寂寞恨更长。”看看三更交半夜，酒却醒了。捱到五更，宋江起来，面桶里冷水洗了脸，便穿了上盖衣裳，带了巾帻，口里骂道：“你这贼贱人好生无礼！”婆惜也不曾睡着，听得宋江骂时，扭过身来回道：“你不羞这脸。”宋江忍那口气，便下楼来。阎婆听得脚步响，便在床上说道：“押司且睡歇，等天明去。没来由起五更做甚么？”宋江也不应，只顾来开门。婆子又道：“押司出去时，与我拽上门。”宋江出得门来，就拽上了。忍那口气没出处，一直要奔回下处来。却从县前过，见一碗灯明，看时，却是卖汤药的王公来到县前赶早市。

那老儿见是宋江来，慌忙道：“押司如何今日出来得早？”宋江道：“便是夜来酒醉，错听更鼓。”王公道：“押司必然伤酒，且请一盏醒酒二陈汤。”宋江道：“最好。”就凳上坐了。那老子浓浓的奉一盏二陈汤，递与宋江吃。宋江吃了，蓦然想起道：“时常吃他的汤药，不曾要我还钱。我旧时曾许他一具棺材，不曾与得他。想起昨日有那晁盖送来的金子，受了他一条，在招文袋里，何不就与那老儿做棺材钱，教他欢喜？”宋江便道：“王公，我日前曾许你一具棺木钱，一向不曾把得与你。今日我有些金子在这里，把与你，你便可将去陈三郎家，买了一具棺材，放在家里。你百年归寿时，我却再与你些送终之资。”王公道：“恩主时常觑老汉，又蒙与终身寿具，老子今世不能报答，后世做驴做马，报答押司。”宋江道：“休如此说。”便揭起背子前襟去取那招文袋时，吃了一惊道：“苦也！昨夜正忘在那贱人的床头栏干子上，我一时气起来，只顾走了，不曾系得在腰里。这几两金子值得甚么？须有晁盖寄来的那一封书，包着这金。我本欲在酒楼上刘唐前烧毁了，他回去说时，只道我不把他来为念。正要将到下处来烧，却被这阎婆缠将我去。昨晚要就灯下烧时，恐怕露在贱人眼里，因此不曾烧得。今早走得慌，不期忘了。我常时见这婆娘看些曲本，颇识几字，若是被他拿了，倒是利害！”便起身道：“阿公休怪。不是我说谎，只道金子在招文袋里，不想出来得忙，忘了在家。我去取来与你。”王公道：“休要去取。明日慢慢的与老汉不迟。”宋江道：“阿公，你不知道，我还有一件物事，做一处放着，以此要去取。”宋江慌慌急急，奔回阎婆家里来，正是：

合是英雄有事来，天教遗失箧中财。

已知着爱皆冤对，岂料酬恩是祸胎！

且说这阎婆惜听得宋江出门去了，爬将起来，口里自言自语道：“那厮搅了老娘一夜睡不着。那厮含脸，只指望老娘陪气下情。我不信你，老娘自和张三过得好，谁耐烦睬你！你不上门来倒好！”口里说着，一头铺被，脱下上截袄儿，解了下面裙子，袒开胸前，脱下截衬衣。床面前灯却明亮，照见床头栏干子上拖下条紫罗鸾带。婆惜见了，笑道：“黑三那厮乞嚯不尽，忘了鸾带在这里。老娘且捉了，把来与张三系。”便用手去一提，提起招文袋和刀子来，只觉袋里有些重，便把手抽开，望桌子上只一抖，正抖出那包金子和书来。这婆娘拿起来看时，灯下照见是黄黄的一条金子。婆惜笑道：“天教我和张三买物事吃。这几日我见张三瘦了，我也正要买些东西和他将息。”将金子放下，却把那纸书展开来灯下看时，上面写着晁盖并许多事务。婆惜道：“好呀！我只道：‘吊桶落在井里’，原来也有‘井落在吊桶里’。我正要和张三两个做夫妻。单单只多你这厮，今日也撞在我手里！原来你和梁山泊强贼通同往来，送一百两金子与你。且不要慌，老娘慢慢地消遣你。”就把这封书依原包了金子，还插在招文袋里，“不怕你教五圣来摄了去”。正在楼上自言自语，只听得楼下呀地门响。婆子问道：“是谁？”宋江道：“是我。”婆子道：“我说早哩，押司却不信要去，原来早了又回来。且再和姐姐睡一睡，到天明去。”宋江也不回话，一径奔上楼来。

那婆娘听得是宋江回来，慌忙把鸾带、刀子、招文袋，一发卷做一块，藏在被里，紧紧地靠了床里壁，只做 假睡着。宋江撞到房里，径去床头栏干上取时，却不见了。宋江心内自慌，只得忍了昨夜的气，把手去摇那妇人道：“你看我日前的面，还我招文袋。”那婆惜假睡着，只不应。宋江又摇道：“你不要急燥，我自明日与你陪话。”婆惜道：“老娘正睡哩，是谁搅我？”宋江道：“你情知是我，假做甚么？”婆惜扭转身道：“黑三，你说甚么？”宋江道：“你还了我招文袋。”婆惜道：“你在那里交付与我手里，却来问我讨？”宋江道：“忘了在你脚后小栏干上。这里又没人来，只是你收得。”婆惜道：“呸！你不见鬼来！”宋江道：“夜来是我不是了，明日与你陪话。你只还了我罢，休要作耍。”婆惜道：“谁和你作耍?我不曾收得！”宋江道：“你先时不曾脱衣裳睡，如今盖着被子睡，以定是起来铺被时拿了。”

只见那婆惜柳眉踢竖，星眼圆睁，说道：“老娘拿是拿了，只是不还你！你使官府的人，便拿我去做贼断。”宋江道：“我须不曾冤你做贼。”婆惜道：“可知老娘不是贼哩！”宋江见这话，心里越慌，便说道：“我须不曾歹看承你娘儿两个，还了我罢！我要去干事。”婆惜道：“闲常也只嗔老娘和张三有事。他有些不如你处，也不该一刀的罪犯，不强似你和打劫贼通同。”宋江道：“好姐姐，不要叫，邻舍听得，不是耍处。”婆惜道：“你怕外人听得，你莫做不得！这封书，老娘牢牢地收着。若要饶你时，只依我三件事便罢！”宋江道：“休说三件事，便是三十件事也依你。”婆惜道：“只怕依不得。”宋江道：“当行即行。敢问那三件事？” 阎婆惜道：“第一件，你可从今日便将原典我的文书来还我；再写一纸，任从我改嫁张三，并不敢再来争执的文书。”宋江道：“这个依得。”婆惜道：“第二件，我头上带的，我身上穿的，家里使用的，虽都是你办的，也委一纸文书，不许你日后来讨。”宋江道：“这个也依得。”阎婆惜又道：“只怕你第三件依不得。”宋江道：“我已两件都依你，缘何这件依不得？”婆惜道：“有那梁山泊晁盖送与你的一百两金子，快把来与我，我便饶你这一场天字第一号官司，还你这招文袋里的款状。”宋江道：“那两件倒都依得。这一百两金子，果然送来与我，我不肯受他的，依前教他把了回去。若端的有时，双手便送与你。”婆惜道：“可知哩！常言道：‘公人见钱，如蝇子见血。’他使人送金子与你，你岂有推了转去的?这话却似放屁！做公人的，‘那个猫儿不吃腥’？‘阎罗王面前，须没放回的鬼’！你待瞒谁！便把这一百两金子与我，值得甚么!你怕是贼赃时，快熔过了与我。”宋江道：“你也须知我是老实的人，不会说谎。你若不信，限我三日，我将家私变卖一百两金子与你。你还了我招文袋。”婆惜冷笑道：“你这黑三倒乖，把我一似小孩儿般捉弄。我便先还了你招文袋，这封书，歇三日却问你讨金子，正是‘棺材出了，讨挽歌郎钱。’我这里一手交钱，一手交货。你快把来两相交割。”宋江道：“果然不曾有这金子。”婆惜道：“明朝到公厅上，你也说不曾有这金子？”

宋江听了公厅两字，怒气直起，那里按纳得住，睁着眼道：“你还也不还！”那妇人道：“你恁地狠，我便还你不迭！”宋江道：“你真个不还！”婆惜道：“不还!再饶你一百个不还!若要还时，在郓城县还你！”

宋江便来扯那婆惜盖的被。妇人身边却有这件物，倒不顾被，两手只紧紧地抱住胸前。宋江扯开被来，却见这鸾带头正在那妇人胸前拖下来。宋江道：“原来却在这里！”一不做，二不休，两手便来夺。那婆娘那里肯放，宋江在床边舍命的夺，婆惜死也不放。宋江恨命只一拽，倒拽出那把压衣刀子在席上，宋江便抢在手里。那婆娘见宋江抢刀在手，叫：“黑三郎杀人也！”只这一声，提起宋江这个念头来。那一肚皮气，正没出处。婆惜却叫第二声时，宋江左手早按住那婆娘，右手却早刀落，去那婆惜颡子上只一勒，鲜血飞出，那妇人兀自吼哩。宋江怕他不死。再复一刀，那颗头，伶伶仃仃，落在枕头上。但见：

手到处青春丧命，刀落时红粉亡身。七魄悠悠，已赴森罗殿上；三魂渺渺，应归枉死城中。紧闭星眸，直挺挺尸横席上；半开檀口，湿津津头落枕边。从来美兴一时休，此日娇容堪恋否。

宋江一时怒起，杀了阎婆惜，取过招文袋，抽出那封书来，便就残灯下烧了，系上鸾带，走下楼来。那婆子在下面睡，听他两口儿论口，倒也不着在意里。只听得女儿叫一声“黑三郎杀人也！”正不知怎地，慌忙跳起来，穿了衣裳，奔上楼来，却好和宋江打个胸厮撞。阎婆问道：“你两口儿做甚么闹？”宋江道：“你女儿忒无礼，被我杀了！”婆子笑道：“却是甚话?便是押司生的眼凶，又酒性不好，专要杀人，押司休取笑老身。”宋江道：“你不信时，去房里看，我真个杀了。”婆子道：“我不信。”推开房门看时，只见血泊里挺着尸首。婆子道：“苦也!却是怎地好？”宋江道：“我是烈汉!一世也不走，随你要怎地。”婆子道：“这贱人果是不好，押司不错杀了，只是老身无人养赡。”宋江道：“这个不妨，既是你如此说时，你却不用忧心。我颇有家计，只教你丰衣足食便了，快活过半世。”阎婆道：“恁地时却是好也，深谢押司。我女儿死在床上，怎地断送？”宋江道：“这个容易。我去陈三郎家，买一具棺材与你。仵作行人入殓时，我自分付他来。我再取十两银子与你结果。”婆子谢道：“押司只好趁天未明时讨具棺材盛了，邻舍街坊都不要见影。”宋江道：“也好。你取纸笔来，我写个票子与你去取。”阎婆道：“票子也不济事，须是押司自去取，便肯早早发来。”宋江道：“也说得是。”

两个下楼来，婆子去房里拿了锁钥，出到门前，把门锁了，带了钥匙。宋江与阎婆两个投县前来。此时天色尚早，未明，县门却才开。那婆子约莫到县前左侧，把宋江一把结住，发喊叫道：“有杀人贼在这里！”吓得宋江慌做一团，连忙掩住口道：“不要叫。”那里掩得住。县前有几个做公的走将拢来，看时，认得是宋江，便劝道：“婆子闭嘴!押司不是这般的人，有事只消得好说。”阎婆道：“他正是凶首，与我捉住，同到县里。”原来宋江为人最好，上下爱敬，满县人没一个不让他。因为做公的都不肯下手拿他，又不信这婆子说。有诗为证：

好人有难皆怜惜，奸恶无灾尽诧憎。

可见生平须自检，临时情义始堪凭。

正在那里没个解救，恰好唐牛儿托一盘子洗净的糟姜来县前赶趁，正见这婆子结扭住宋江在那里叫冤屈。唐牛儿见是阎婆一把扭结住宋江，想起昨夜的一肚子鸟气来，便把盘子放在卖药的老王凳子上，钻将过来，喝道：“老贼虫，你做甚么结扭住押司？”婆子道：“唐二，你不要来打夺人去，要你偿命也！”唐牛儿大怒，那里听他说，把婆子手一拆，拆开了，不问事由，叉开五指，去阎婆脸上只一掌，打个满天星。那婆子昏撒了，只得放手。宋江得脱，往闹里一直走了。

婆子便一把去结扭住唐牛儿叫道：“宋押司杀了我的女儿，你却打夺去了。”唐牛儿慌道：“我那里得知！”阎婆叫道：“上下替我捉一捉杀人贼则个!不时，须要带累你们。”众做公的，只碍宋江面皮，不肯动手，拿唐牛儿时，须不耽搁。众人向前，一个带住婆子，三四个拿住唐牛儿，把他横拖倒拽，直推进郓城县里来。正是：祸福无门，惟人自召；披麻救火，惹焰烧身。

毕竟唐牛儿被阎婆结住，怎地脱身，且听下回分解。

第二十二回 阎婆大闹郓城县　朱仝义释宋公明

话说当时众做公的拿住唐牛儿，解进县里来。知县听得有杀人的事，慌忙出来升厅。众做公的把这唐牛儿簇拥在厅前。知县看时，只见一个婆子跪在左边，一个汉子跪在右边。知县问道：“甚么杀人公事？”婆子告道：“老身姓阎。有个女儿唤做婆惜，典与宋押司做外宅。昨夜晚间，我女儿和宋江一处吃酒，这个唐牛儿一径来寻闹，叫骂出门，邻里尽知。今早宋江出去走了一遭，回来把我女儿杀了。老身结扭到县前，这唐二又把宋江打夺了去，告相公做主。”知县道：“你这厮怎敢打夺了凶身？”唐牛儿告道：“小人不知前后因依。只因昨夜去寻宋江搪碗酒吃，被这阎婆叉小人出来。今早小人自出来卖糟姜，遇见阎婆结扭宋押司在县前。小人见了，不合去劝他，他便走了。却不知他杀死他女儿的缘由。”知县喝道：“胡说!宋江是个君子诚实的人，如何肯造次杀人?这人命之事，必然在你身上!左右在那里？”便唤当厅公吏。

当下转上押司张文远来，见说阎婆告宋江杀了他女儿，“正是我的表子”。随即取了各人口词，就替阎婆写了状子，叠了一宗案。便唤当地方仵作、行人，并地厢、里正、邻佑一干人等，来到阎婆家，开了门，取尸首登场检验了。身边放着行凶刀子一把。当日再三看验得，系是生前项上被刀勒死。众人登场了当，尸首把棺木盛了，寄放寺院里，将一干人带到县里。

知县却和宋江最好，有心要出脱他，只把唐牛儿来再三推问。唐牛儿供道：“小人并不知前后。”知县道：“你这厮如何隔夜去他家寻闹?一定你有干涉！”唐牛儿告道：“小人一时撞去搪碗酒吃。”知县道：“胡说!打这厮！”左右两边狼虎一般公人，把这唐牛儿一索捆翻了，打到三五十，前后语言一般。知县明知他不知情，一心要救宋江，只把他来勘问。且叫取一面枷来钉了，禁在牢里。

那张文远上厅来禀道：“虽然如此，现有刀子是宋江的压衣刀，必须去拿宋江来对问，便有下落。”知县吃他三回五次来禀，遮掩不住，只得差人去宋江下处捉拿。宋江已自在逃去了，只拿得几家邻人来回话：“凶身宋江在逃，不知去向。”张文远又禀道："犯人宋江逃去，他父亲宋太公并兄弟宋清，现在宋家村居住，可以勾追到官，责限比捕，跟寻宋江到官理问。"知县本不肯行移，只要朦胧做在唐牛儿身上，日后自慢慢地出他。怎当这张文远立主文案，唆使阎婆上厅，只管来告。知县情知阻当不住，只得押纸公文，差三两个做公的，去宋家庄勾追宋太公并兄弟宋清。

公人领了公文，来到宋家村宋太公庄上。太公出来迎接，至草厅上坐定。公人将出文书，递与太公看了。宋太公道："上下请坐，容老汉告禀：老汉祖代务农，守此田园过活。不孝之子宋江，自小忤逆，不肯本分生理，要去做吏，百般说他不从。因此，老汉数年前，本县官长处告了他忤逆，出了他籍，不在老汉户内人数。他自在县里住居，老汉自和孩儿宋清，在此荒村，守些田亩过活。他与老汉水米无交，并无干涉。老汉也怕他做出事来，连累不便，因此在前官手里告了，执凭文帖，在此存照。老汉取来，教上下看。"众公人都是和宋江好的，明知道这个是预先开的门路，苦死不肯做冤家。众人回说道："太公既有执凭，把将来我们看，抄去县里回话。"太公随即宰杀些鸡鹅，置酒管待了众人，赍发了十数两银子，取出执凭公文，教他众人抄了。众公人相辞了宋太公，自回县去回知县的话，说道："宋太公三年前出了宋江的籍，告了执凭文帖，见有抄白在此，难以勾捉。"知县又是要出脱宋江的，便道："既有执凭公文，他又别无亲族，只可出一千贯赏钱，行移诸处，海捕捉拿便了。"

那张三又挑唆阎婆去厅上披头散发来告道："宋江实是宋清隐藏在家，不令出官。相公如何不与老身做主去拿宋江？"知县喝道："他父亲已自三年前告了他忤逆在官，出了他籍，现有执凭公文存照，如何拿得他父亲兄弟来比捕？"阎婆告道："相公，谁不知道他叫做孝义黑三郎?这执凭是个假的，只是相公做主则个！"知县道："胡说!前官手里押的印信公文，如何是假的？"阎婆在厅下叫屈叫苦，哽哽咽咽地价哭告相公道："人命大如天，若不肯与老身做主时，只得去州里告状。只是我女儿死得甚苦！"那张三又上厅来替他禀道："相公不与他行移拿人时，这阎婆上司去告状，倒是利害。倘或来提问时，小吏难去回话。"知县情知有理，只得押了一纸公文，便差朱仝、雷横二都头，当厅发落："你等可带多人，去宋家村宋大户庄上，搜捉犯人宋江来。"有诗为证：

不关心事总由他，路上何人怨折花?

为惜如花婆惜死，俏冤家做恶冤家。

朱、雷二都头领了公文，便来点起土兵四十余人，径奔宋家庄上来。宋太公得知，慌忙出来迎接。朱仝、雷横二人说道："太公休怪我们。上司差遣，盖不由己。你的儿子押司现在何处？"宋太公道："两位都头在上：我这逆子宋江，他和老汉并无干涉。前官手里，已告开了他，现告的执凭在此。已与宋江三年多各户另籍，不同老汉一家过活，亦不曾回庄上来。"朱仝道："然虽如此，我们凭书请客，奉帖勾人，难凭你说不在庄上。你等我们搜一搜看，好去回话。"便叫土兵三四十人，围了庄院。"我自把定前门，雷都头，你先入去搜。"雷横便入进里面，庄前庄后搜了一遍，出来对朱仝说道："端的不在庄里。"朱仝道："我只是放心不下，雷都头，你和众弟兄把了门，我亲自细细地搜一遍。"宋太公道："老汉是识法度的人，如何敢藏在庄里？"朱仝道："这个是人命的公事，你却嗔怪我们不得。"太公道："都头尊便，自细细地去搜。"朱仝道："雷都头，你监着太公在这里，休教他走动。"

朱仝自进庄里，把朴刀倚在壁边，把门来拴了，走入佛堂内去，把供床拖在一边，揭起那片地板来。板底下有条索头，将索子头只一拽，铜铃一声响，宋江从地窨子里钻将出来，见了朱仝，吃那一惊。朱仝道："公明哥哥，休怪小弟今来捉你。闲常时和你最好，有的事都不相瞒。一日酒中，兄长曾说道：'我家佛座底下有个地窨子，上面放着三世佛，佛堂内有片地板盖着，上面设着供床。你有些紧急之事，可来这里躲避。'小弟那时听说，记在心里。今日本县知县，差我和雷横两个来时，没奈何，要瞒生人眼目。相公也有觑兄长之心，只是被张三和这婆子在厅上发言发语，道本县不做主时，定要在州里告状，因此上又差我两个来搜你庄上。我只怕雷横执着，不会周全人，倘或见了兄长，没个做圆活处，因此小弟赚他在庄前，一径自来和兄长说话。此地虽好，也不是安身之处，倘或有人知得，来这里搜着，如之奈何？"宋江道："我也自这般寻思。若不是贤兄如此周全，宋江定遭缧绁之厄。"朱仝道："休如此说。兄长却投何处去好？"宋江道："小可寻思有三个安身之处：一是沧州横海郡小旋风柴进庄上，二乃是青州清风寨小李广花荣处，三者是白虎山孔太公庄上。他有两个孩儿：长男叫做毛头星孔明，次子叫做独火星孔亮，多曾来县里相会。那三处在这里踌躇未定，不知投何处去好。"朱仝道："兄长可以作急寻思，当行即行。今晚便可动身，切勿迟延自误。"宋江道："上下官司之事，全望兄长维持，金帛使用，只顾来取。"朱仝道："这事放心，都在我身上。兄长只顾安排去路。"宋江谢了朱仝，再入地窨子去。

朱仝依旧把地板盖上，还将供床压了，开门拿朴刀，出来说道："真个没在庄里。"叫道："雷都头，我们只拿了宋太公去如何？"雷横见说要拿宋太公去，寻思："朱仝那人，和宋江最好。他怎地颠倒要拿宋太公?这话以定是反说。他若再提起，我落得做人情。"朱仝、雷横叫拢土兵，都入草堂上来。宋太公慌忙置酒管待众人。朱仝道："休要安排酒食。且请太公和四郎同到本县里走一遭。"雷横道："四郎如何不见？"宋太公道："老汉使他去近村打些农器，不在庄里。宋江那厮，自三年已前，把这逆子告出了户，现有一纸执凭公文在此存照。"朱仝道："如何说得过!我两个奉着知县台旨，叫拿你父子二人，自去县里回话。"雷横道："朱都头，你听我说：宋押司他犯罪过，其中必有缘故，也未便该死罪。既然太公已有执凭公文，系是印信官文书，又不是假的，我们看宋押司日前交往之面，权且担负他些个，只抄了执凭去回话便了。"朱仝寻思道："我自反说，要他不疑。"朱仝道："既然兄弟这般说了，我没来由做甚么恶人？"宋太公谢了道："深感二位都头相觑。"随即排下酒食，犒赏众人。将出二十两银子，送与两位都头。朱仝、雷横坚执不受，把来散与众人——四十个土兵——分了。抄了一张执凭公文，相别了宋太公，离了宋家村。朱、雷二位都头，自引了一行人回县去了。

县里知县正值升厅，见朱仝、雷横回来了，便问缘由。两个禀道："庄前庄后，四围村坊，搜遍了二次，其实没这个人。宋太公卧病在床，不能动止，早晚临危；宋清已自前月出外未回。因此只把执凭抄白在此。"知县道："既然如此……"，一面申呈本府，一面动了一纸海捕文书，不在话下。县里有那一等和宋江好的相交之人，都替宋江去张三处说开。那张三也耐不过众人面皮，况且婆娘已死了，张三又平常亦受宋江好处，因此也只得罢了。朱仝自凑些钱物，把与阎婆，教不要去州里告状。这婆子也得了些钱物，没奈何，只得依允了。朱仝又将若干银两，教人上州里去使用，文书不要驳将下来。又得知县一力主张，出一千贯赏钱，行移开了一个海捕文书，只把唐牛儿问做成个"故纵凶身在逃"，脊杖二十，刺配五百里外。干连的人，尽数保放宁家。这是后话。有诗为证：

一身狼狈为烟花，地窨藏身亦可拿。

临别叮咛好趋避，髯公端不愧朱家。

且说宋江，他是个庄农之家，如何有这地窨子?原来故宋时，为官容易，做吏最难。为甚的为官容易?皆因那时朝廷奸臣当道，谗佞专权，非亲不用，非财不取。为甚做吏最难?那时做押司的，但犯罪责，轻则刺配远恶军州，重则抄扎家产，结果了残生性命，以此预先安排下这般去处躲身。又恐连累父母，教爹娘告了忤逆，出了籍册，各户另居，官给执凭公文存照，不相来往，却做家私在屋里。宋时多有这般算的。

且说宋江从地窨子出来，和父亲、兄弟商议："今番不是朱仝相觑，须吃官司，此恩不可忘报。如今我和兄弟两个，且去逃难。天可怜见，若遇宽恩大赦，那时回来，父子相见。父亲可使人暗暗地送些金银去与朱仝，央他上下使用，及资助阎婆些少，免得他上司去告扰。"太公道："这事不用你忧心。你自和兄弟宋清，在路小心。若到了彼处，那里使个得托的人寄封信来。"

当晚弟兄两个，拴束包裹。到四更时分起来，洗漱罢，吃了早饭，两个打扮动身。宋江戴着白范阳毡笠儿，上穿白缎子衫，系一条梅红纵线绦，下面缠脚　衬着多耳麻鞋。宋清做伴当打扮，背了包裹，都出草厅前，拜辞了父亲宋太公。三人洒泪不住，太公分付道："你两个前程万里，休得烦恼。"宋江、宋清却分付大小庄客，小心看家，早晚殷勤伏侍太公，休教饮食有缺。兄弟两个，各跨了一口腰刀，都拿了一条朴刀，径出离了宋家村。

两个取路登程，正遇着秋末冬初天气。但见：

柄柄芰荷枯，叶叶梧桐坠。

蛩吟腐草中，雁落平沙地。

细雨湿枫林，霜重寒天气。

不是路行人，怎谙秋滋味。

话说宋江弟兄两个行了数程，在路上思量道："我们却投奔兀谁的是？"宋清答道："我只闻江湖上人传说沧州横海郡柴大官人名字，说他是大周皇帝嫡派子孙，只不曾拜识，何不只去投奔他?人都说仗义疏财，专一结识天下好汉，救助遭配的人，是个现世的孟尝君。我两个只投奔他去。"宋江道："我也心里是这般思想。他虽和我常常书信来往，无缘分上不曾得会。"两个商量了，径望沧州路上来。途中免不得登山涉水，过府冲州。但凡客商在路，早晚安歇，有两件事免不得：吃癞碗，睡死人床。

且把闲话提过，只说正话。宋江弟兄两个，不则一日，来到沧州界分，问人道："柴大官人庄在何处？"问了地名，一径投庄前来，便问庄客："柴大官人在庄上也不？"庄客答道："大官人在东庄上收租米，不在庄上。"宋江便问："此间到东庄有多少路？"庄客道："有四十余里。"宋江道："从何处落路去？"庄客道："不敢动问二位官人高姓？"宋江道："我是郓城县宋江的便是。"庄客道："莫不是及时雨宋押司么？"宋江道："便是。"庄客道："大官人时常说大名，只怨怅不能相会。既是宋押司时，小人引去。"庄客慌忙便领了宋江、宋清，径投东庄来。没三个时辰，早来到东庄。宋江看时，端的好一所庄院，十分齐整。但见：

前迎阔港，后靠高峰。数千株槐柳成林，三五处厅堂待客。转屋角牛羊满地，打麦场鹅鸭成群。饮馔豪华，赛过那孟尝食客；田园主管，不数他程郑家僮。正是家有余粮鸡犬饱，户无差役子孙闲。

当下庄客便道："二位官人且在此亭上坐一坐，待小人去通报大官人出来相接。"宋江道："好。"自和宋清在山亭上倚了朴刀，解下腰刀，歇了包裹，坐在亭子上。那庄客入去不多时，只见那座中间庄门大开，柴大官人引着三五个伴当，慌忙跑将出来，亭子上与宋江相见。

柴大官人见了宋江，拜在地下，口称道："端的想杀柴进，天幸今日甚风吹得到此，大慰平生渴仰之念，多幸!多幸！"宋江也拜在地下答道："宋江疏顽小吏，今日特来相投。"柴进扶起宋江来，口里说道："昨夜灯花报，今早喜鹊噪，不想却是贵兄来。"满脸堆下笑来。宋江见柴进接得意重，心里甚喜，便唤兄弟宋清，也来相见了。柴进喝叫伴当收拾了宋押司行李，在后堂西轩下歇处。柴进携住宋江的手，入到里面正厅上，分宾主坐定。柴进道："不敢动问，闻知兄长在郓城县勾当，如何得暇来到荒村敝处？"宋江答道："久闻大官人大名，如雷灌耳。虽然节次收得华翰，只恨贱役无闲，不能够相会。今日宋江不才，做出一件没出豁的事来，弟兄二人寻思，无处安身，想起大官人仗义疏财，特来投奔。"柴进听罢，笑道："兄长放心!遮莫做下十恶大罪，既到敝庄，但不用忧心。不是柴进夸口，任他捕盗官军，不敢正眼儿觑着小庄。"

宋江便把杀了阎婆惜的事，一一告诉了一遍。柴进笑将起来，说道："兄长放心。便杀了朝廷的命官，劫了府库的财物，柴进也敢藏在庄里。"说罢，便请宋江弟兄两个洗浴。随即将出两套衣服、巾帻、丝鞋、净袜，教宋江弟兄两个换了出浴的旧衣裳。两个洗了浴，都穿了新衣服。庄客自把宋江弟兄的旧衣裳送在歇宿处。柴进邀宋江去后堂深处，已安排下酒食了，便请宋江正面坐地，柴进对席。宋清有宋江在上，侧首坐了。

三人坐定，有十数个近上的庄客并几个主管，轮替着把盏，伏侍劝饮。柴进再三劝宋江弟兄宽怀饮几杯，宋江称谢不已。酒至半酣，三人各诉胸中朝夕相爱之念。看看天色晚了，点起灯烛。宋江辞道："酒止。"柴进那里肯放，直吃到初更左侧。宋江起身去净手。柴进唤一个庄客，提碗灯笼，引领宋江东廊尽头处去净手，便道："我且躲杯酒。"大宽转穿出前面廊下来，俄延走着，却转到东廊前面。宋江已有八分酒，脚步趄了，只顾踏去。那廊下有一个大汉，因害疟疾，当不住那寒冷，把一锨火在那里向。宋江仰着脸，只顾踏将去，正　在火锨柄上，把那火锨里炭火，都掀在那汉脸上。那汉吃了一惊，惊出一身汗来。

那汉气将起来，把宋江劈胸揪住，大喝道："你是甚么鸟人?敢来消遣我！"宋江也吃一惊。正分说不得，那个提灯笼的庄客，慌忙叫道："不得无礼!这位是大官人最相待的客官。"那汉道："'客官'，'客官'!我初来时，也是'客官'，也曾相待的厚。如今却听庄客搬口，便疏慢了我，正是'人无千日好，花无百日红'。"却待要打宋江，那庄客撇了灯笼，便向前来劝。正劝不开，只见两三碗灯笼飞也似来。柴大官人亲赶到说："我接不着押司，如何却在这里闹？"

那庄客便把　了火锨的事说一遍。柴进笑道："大汉，你不认的这位奢遮的押司？"那汉道："奢遮，奢遮!他敢比不得郓城宋押司少些儿！"柴进大笑道："大汉，你认得宋押司不？"那汉道："我虽不曾认的，江湖上久闻他是个及时雨宋公明；且又仗义疏财，扶危济困，是个天下闻名的好汉。"柴进问道："如何见的他是天下闻名的好汉？"那汉道："却才说不了，他便是真大丈夫，有头有尾，有始有终，我如今只等病好时，便去投奔他。"柴进道："你要见他么？"那汉道："我可知要见他哩！"柴进道："大汉，远便十万八千里，近便只在面前。"柴进指着宋江，便道："此位便是及时雨宋公明。"那汉道："真个也不是？"宋江道："小可便是宋江。"那汉定睛看了看，纳头便拜，说道："我不是梦里么?与兄长相见！"宋江道："何故如此错爱？"那汉道："却才甚是无礼，万望恕罪。有眼不识泰山！"跪在地下，那里肯起来。宋江慌忙扶住道："足下高姓大名？"柴进指着那汉，说出他姓名，叫甚讳字。有分教：山中猛虎，见时魄散魂离；林下强人，撞着心惊胆裂。正是：说开星月无光彩，道破江山水倒流。

毕竟柴大官人说出那汉还是何人，且听下回分解。

第二十三回 横海郡柴进留宾　景阳冈武松打虎

话说宋江因躲一杯酒，去净手了，转出廊下来，　了火锨柄，引得那汉焦燥，跳将起来，就欲要打宋江。柴进赶将出来，偶叫起宋押司，因此露出姓名来。那大汉听得是宋江，跪在地下，那里肯起，说道："小人'有眼不识泰山'!一时冒渎兄长，望乞恕罪。"宋江扶起那汉，问道："足下是谁?高姓大名？"柴进指着道："这人是清河县人氏，姓武，名松，排行第二，今在此间一年矣。"宋江道："江湖上多闻说武二郎名字，不期今日却在这里相会，多幸，多幸！"柴进道："偶然豪杰相聚，实是难得。就请同做一席说话。"

宋江大喜，携住武松的手，一同到后堂席上，便唤宋清与武松相见。柴进便邀武松坐地。宋江连忙让他一同在上面坐。武松那里肯坐，谦了半晌，武松坐了第三位。柴进教再整杯盘来，劝三人痛饮。宋江在灯下看那武松时，果然是一条好汉。但见：

身躯凛凛，相貌堂堂。一双眼光射寒星，两弯眉浑如刷漆。胸脯横阔，有万夫难敌之威风；语话轩昂，吐千丈凌云之志气。心雄胆大，似撼天狮子下云端；骨健筋强，如摇地貔貅临座上。如同天上降魔主，真是人间太岁神。

当下宋江在灯下看了武松这表人物，心中甚喜，便问武松道："二郎因何在此？"武松答道："小弟在清河县，因酒后醉了，与本处机密相争，一时间怒起，只一拳，打得那厮昏沉。小弟只道他死了，因此一径地逃来，投奔大官人处，躲灾避难，今已一年有余。后来打听得那厮却不曾死，救得活了。今欲正要回乡去寻哥哥，不想染患疟疾，不能够动身回去。却才正发寒冷，在那廊下向火，被兄长　了锨柄，吃了那一惊，惊出一身冷汗，觉得这病好了。"宋江听了大喜。当夜饮至三更。酒罢，宋江就留武松在西轩下做一处安歇。次日起来，柴进安排席面，杀羊宰猪，管待宋江，不在话下。过了数日，宋江将出些银两来与武松做衣裳。柴进知道，那里肯要他坏钱?自取出一箱缎匹绸绢，门下自有针工，便教做三人的称体衣裳。

说话的，柴进因何不喜武松?原来武松初来投奔柴进时，也一般接纳管待；次后在庄上，但吃醉了酒，性气刚，庄客有些顾管不到处，他便要下拳打他们，因此满庄里庄客，没一个道他好。众人只是嫌他，都去柴进面前，告诉他许多不是处。柴进虽然不赶他，只是相待得他慢了。却得宋江每日带挈他一处，饮酒相陪，武松的前病都不发了。

相伴宋江住了十数日，武松思乡，要回清河县看望哥哥。柴进、宋江两个都留他再住几时，武松道："小弟的哥哥多时不通信息，因此要去望他。"宋江道："实是二郎要去，不敢苦留。如若得闲时，再来相会几时。"武松相谢了宋江。柴进取出些金银，送与武松，武松谢道："实是多多相扰了大官人。"武松缚了包裹，拴了哨棒，要行。柴进又治酒食送路。武松穿了一领新纳红绸袄，戴着个白范阳毡笠儿，背上包裹，提了杆棒，相辞了便行。宋江道："贤弟少等一等。"回到自己房内，取了些银两，赶出到庄门前来，说道："我送兄弟一程。"宋江和兄弟宋清两个送武松，待他辞了柴大官人，宋江也道："大官人，暂别了便来。"

三个离了柴进东庄，行了五七里路，武松作别道："尊兄远了，请回。柴大官人必然专望。"宋江道："何妨再送几步。"路上说些闲话，不觉又过了三二里。武松挽住宋江说道："尊兄不必远送。常言道：'送君千里，终须一别。'"宋江指着道："容我再行几步。兀那官道上有个小酒店，我们吃三钟了作别。"

三个来到酒店里，宋江上首坐了，武松倚了哨棒，下席坐了，宋清横头坐定。便叫酒保打酒来，且买些盘馔、果品、菜蔬之类，都搬来摆在桌子上。三人饮了几杯，看看红日平西，武松便道："天色将晚，哥哥不弃武二时，就此受武二四拜，拜为义兄。"宋江大喜。武松纳头拜了四拜，宋江叫宋清身边取出一锭十两银子，送与武松。武松那里肯受，说道："哥哥，客中自用盘费。"宋江道："贤弟不必多虑。你若推却，我便不认你做兄弟。"武松只得拜受了，收放缠袋里。宋江取些碎银子，还了酒钱。武松拿了哨棒，三个出酒店前来作别。武松堕泪，拜辞了自去。宋江和宋清立在酒店门前，望武松不见了，方才转身回来。行不到五里路头，只见柴大官人骑着马，背后牵着两匹空马来接。宋江望见了大喜，一同上马回庄上来。下了马，请入后堂饮酒。宋江弟兄两个，自此只在柴大官人庄上。

话分两头。只说武松自与宋江分别之后，当晚投客店歇了。次日早，起来打火，吃了饭，还了房钱，拴束包裹，提了哨棒，便走上路，寻思道："江湖上只闻说及时雨宋公明，果然不虚。结识得这般弟兄，也不枉了！"

武松在路上行了几日，来到阳谷县地面。此去离县治还远。当日晌午时分，走得肚中饥渴，望见前面有一个酒店，挑着一面招旗在门前，上头写着五个字道："三碗不过冈"。

武松入到里面坐下，把哨棒倚了，叫道："主人家，快把酒来吃。"只见店主人把三只碗，一双箸，一碟热菜，放在武松面前，满满筛一碗酒来。武松拿起碗，一饮而尽，叫道："这酒好生有气力!主人家，有饱肚的买些吃酒。"酒家道："只有熟牛肉。"武松道："好的，切二三斤来吃酒。"店家去里面切出二斤熟牛肉，做一大盘子，将来放在武松面前，随即再筛一碗酒。武松吃了道："好酒！"又筛下一碗。恰好吃了三碗酒，再也不来筛。武松敲着桌子叫道："主人家，怎的不来筛酒？"酒家道："客官要肉便添来。"武松道："我也要酒，也再切些肉来。"酒家道："肉便切来添与客官吃，酒却不添了。"武松道："却又作怪！"便问主人家道："你如何不肯卖酒与我吃？"酒家道："客官，你须见我门前招旗上面明明写道：'三碗不过冈'。"武松道："怎地唤做'三碗不过冈'？"

酒家道："俺家的酒，虽是村酒，却比老酒的滋味。但凡客人来我店中，吃了三碗的，便醉了，过不得前面的山冈去，因此唤做'三碗不过冈'。若是过往客人到此，只吃三碗，更不再问。"武松笑道："原来恁地。我却吃了三碗，如何不醉？"酒家道："我这酒叫做透瓶香，又唤做出门倒。初入口时，醇　好吃，少刻时便倒。"武松道："休要胡说!没地不还你钱，再筛三碗来我吃！"酒家见武松全然不动，又筛三碗。武松吃道："端的好酒!主人家，我吃一碗，还你一碗钱，只顾筛来。"酒家道："客官休只管要饮，这酒端的要醉倒人，没药医。"武松道："休得胡鸟说!便是你使蒙汗药在里面，我也有鼻子。"店家被他发话不过，一连又筛了三碗。武松道："肉便再把二斤来吃。"酒家又切了二斤熟牛肉，再筛了三碗酒。武松吃得口滑，只顾要吃，去身边取出些碎银子，叫道："主人家，你且来看我银子，还你酒肉钱够么？"酒家看了道："有余。还有些贴钱与你。"武松道："不要你贴钱。只将酒来筛。"酒家道："客官，你要吃酒时，还有五六碗酒哩!只怕你吃不的了。"武松道："就有五六碗多时，你尽数筛将来。"酒家道："你这条长汉，倘或醉倒了时，怎扶的你住？"武松答道："要你扶的，不算好汉。"酒家那里肯将酒来筛。武松焦燥道："我又不白吃你的!休要引老爷性发，通教你屋里粉碎!把你这鸟店子倒翻转来！”酒家道：“这厮醉了，休惹他。”再筛了六碗酒，与武松吃了。前后共吃了十五碗，绰了哨棒，立起身来道：“我却又不曾醉！”走出门前来笑道：“却不说‘三碗不过冈’！”手提哨棒便走。

酒家赶出来叫道：“客官那里去！”武松立住了，问道：“叫我做甚么?我又不少你酒钱，唤我怎地？”酒家叫道：“我是好意。你且回来我家，看抄白官司榜文。”武松道：“甚么榜文？”酒家道：“如今前面景阳冈上有只吊睛白额大虫，晚了出来伤人，坏了三二十条大汉性命。官司如今杖限猎户擒捉发落。冈子路口，多有榜文：可教往来客人，结伙成队，于巳、午、未三个时辰过冈，其余寅、卯、申、酉、戌、亥六个时辰，不许过冈。更兼单身客人，务要等伴结伙而过。这早晚正是未末申初时分，我见你走都不问人，枉送了自家性命。不如就我此间歇了，等明日慢慢凑的三二十人，一齐好过冈子。”武松听了，笑道：“我是清河县人氏，这条景阳冈上，少也走过了一二十遭，几时见说有大虫?你休说这般鸟话来吓我。便有大虫，我也不怕！”酒家道：“我是好意救你，你不信时，进来看官司榜文。”武松道：“你鸟子声!便真个有虎，老爷也不怕!你留我在家里歇，莫不半夜三更，要谋我财，害我性命，却把鸟大虫唬吓我。”酒家道：“你看么!我是一片好心，反做恶意，倒落得你恁地!你不信我时，请尊便自行！”正是：

前车倒了千千辆，后车过了亦如然。

分明指与平川路，却把忠言当恶言。

那酒店里主人摇着头，自进店里去了。这武松提了哨棒，大着步，自过景阳冈来。约行了四五里路，来到冈子下，见一大树，刮去了皮，一片白，上写两行字。武松也颇识几字，抬头看时，上面写道：

近因景阳冈大虫伤人，但有过往客商，可于巳、午、未三个时辰，结伙成队过冈，勿请自误。

武松看了，笑道：“这是酒家诡诈，惊吓那等客人，便去那厮家里宿歇。我却怕甚么鸟！”横拖着哨棒，便上冈子来。

那时已有申牌时分，这轮红日，厌厌地相傍下山。武松乘着酒兴，只管走上冈子来。走不到半里多路，见一个败落的山神庙。行到庙前，见这庙门上贴着一张印信榜文。武松住了脚读时，上面写道：

阳谷县示：为景阳冈上，新有一只大虫，伤害人命。现今杖限各乡里正并猎户人等行捕，未获。如有过往客商人等，可于巳、午、未三个时辰，结伴过冈；其余时分及单身客人，不许过冈，恐被伤害性命。各宜知悉。

武松读了印信榜文，方知端的有虎。欲待转身再回酒店里来，寻思道：“我回去时，须吃他耻笑，不是好汉，难以转去。”存想了一回，说道：“怕甚么鸟!且只顾上去看怎地！”

武松正走，看看酒涌上来，便把毡笠儿背在脊梁上，将哨棒绾在肋下，一步步上那冈子来。回头看这日色时，渐渐地坠下去了。此时正是十月间天气，日短夜长，容易得晚。武松自言自说道：“那得甚么大虫?人自怕了，不敢上山。”武松走了一直，酒力发作，焦热起来。一只手提着哨棒，一只手把胸膛前袒开，踉踉跄跄，直奔过乱树林来。见一块光挞挞大青石，把那哨棒倚在一边，放翻身体，却待要睡，只见发起一阵狂风来。古人有四句诗单道那风：

无形无影透人怀，四季能吹万物开。

就树撮将黄叶去，入山推出白云来。

原来但凡世上云生从龙，风生从虎。那一阵风过处，只听得乱树背后扑地一声响，跳出一只吊睛白额大虫来。武松见了，叫声：“阿呀！”从青石上翻将下来，便拿那条哨棒在手里，闪在青石边。

那个大虫又饥又渴，把两只爪在地下略按一按，和身望上一扑，从半空里撺将下来。武松被那一惊，酒都做冷汗出了。说时迟，那时快，武松见大虫扑来，只一闪，闪在大虫背后。那大虫背后看人最难，便把前爪搭在地下，把腰胯一掀，掀将起来。武松只一躲，躲在一边。大虫见掀他不着，吼一声，却似半天里起个霹雳，振得那山冈也动，把这铁棒也似虎尾，倒竖起来只一剪。武松却又闪在一边。原来那大虫拿人，只是一扑，一掀，一剪；三般提不着时，气性先自没了一半。那大虫又剪不着，再吼了一声，一兜兜将回来。武松见那大虫复翻身回来，双手抡起哨棒，尽平生气力只一棒，从半空劈将下来。只听得一声响，簌簌地将那树连枝带叶劈脸打将下来。定睛看时，一棒劈不着大虫。原来打急了，正打在枯树上，把那条哨棒折做两截，只拿得一半在手里。

那大虫咆哮，性发起来，翻身又只一扑，扑将来。武松又只一跳，却退了十步远。那大虫恰好把两只前爪搭在武松面前。武松将半截棒丢在一边，两只手就势把大虫顶花皮　　地揪住，一按按将下来。那只大虫急要挣扎，被武松尽气力纳定，那里肯放半点儿松宽?武松把只脚望大虫面门上、眼睛里，只顾乱踢。那大虫咆哮起来，把身底下爬起两堆黄泥，做了一个土坑。武松把那大虫嘴直按下黄泥坑里去，那大虫吃武松奈何得没了些气力。武松把左手紧紧地揪住顶花皮，偷出右手来，提起铁锤般大小拳头，尽平生之力，只顾打。打到五七十拳，那大虫眼里、口里、鼻子里、耳朵里，都迸出鲜血来。那武松尽平昔神威，仗胸中武艺，半歇儿把大虫打做一堆，却似挡着一个锦皮袋。有一篇古风单道景阳冈武松打虎：

景阳冈头风正狂，万里阴云霾日光。
触目晚霞挂林薮，侵人冷雾弥穹苍。
忽闻一声霹雳响，山腰飞出兽中王。
昂头踊跃逞牙爪，麋鹿之属皆奔忙。
清河壮士酒未醒，冈头独坐忙相迎。
上下寻人虎饥渴，一掀一扑何狰狞!
虎来扑人似山倒，人往迎虎如岩倾。
臂腕落时坠飞炮，爪牙爬处成泥坑。
拳头脚尖如雨点，淋漓两手猩红染。
腥风血雨满松林，散乱毛须坠山奄。
近看千钧势有余，远观八面威风敛。
身横野草锦斑销，紧闭双睛光不闪。

当下景阳冈上那只猛虎，被武松没顿饭之间，一顿拳脚，打得那大虫动弹不得，使得口里兀自气喘。武松放了手，来松树边寻那打折的棒橛，拿在手里；只怕大虫不死，把棒橛又打了一回。那大虫气都没了，武松再寻思道：“我就地拖得这死大虫下冈子去。”就血泊里双手来提时，那里提得动，原来使尽了气力，手脚都苏软了。武松再来青石坐了半歇，寻思道：“天色看看黑了，倘或又跳出一只大虫来时，却怎地斗得他过?且挣扎下冈子去，明早却来理会。”就石头边寻了毡笠儿，转过乱树林边，一步步捱下冈子来。

走不到半里多路，只见枯草丛中，钻出两只大虫来。武松道：“阿呀!我今番罢了！”只见那两个大虫，于黑影里直立起来。武松定睛看时，却是两个人，把虎皮缝做衣裳，紧紧拼在身上。那两个人手里各拿着一条五股叉，见了武松，吃一惊道："你那人吃了　律心、豹子肝、狮子腿，胆倒包着身躯，如何敢独自一个，昏黑将夜，又没器械，走过冈子来!不知你是人是鬼？"武松道："你两个是甚么人？"那个人道："我们是本处猎户。"武松道："你们上岭来做甚么？"两个猎户失惊道："你兀自不知哩!如今景阳冈上，有一只极大的大虫，夜夜出来伤人。只我们猎户，也折了七八个；过往客人，不记其数，都被这畜生吃了。本县知县着落当乡里正和我们猎户人等捕捉。那业畜势大难近，谁敢向前!我们为他，正不知吃了多少限棒，只捉他不得!今夜又该我们两个捕猎，和十数个乡夫在此，上上下下，放了窝弓药箭等他。正在这里埋伏，却见你大剌剌地从冈子上走将下来，我两个吃了一惊。你却正是甚人?曾见大虫么？"武松道："我是清河县人氏，姓武，排行第二。却才冈子上乱树林边，正撞见那大虫，被我一顿拳脚打死了。"两个猎户听得痴呆了，说道："怕没这话？"武松道："你不信时，只看我身上兀自有血迹。"两个道："怎地打来？"武松把那打大虫的本事，再说了一遍。两个猎户听了，又惊又喜，叫拢那十个乡夫来。

只见这十个乡夫，都拿着钢叉、踏弩、刀、枪，随即拢来。武松问道："他们众人，如何不随着你两个上山？"猎户道："便是那畜生利害，他们如何敢上来？"一伙十数个人，都在面前。两个猎户把武松打杀大虫的事，说向众人，众人都不肯信。武松道："你众人不信时，我和你去看便了。"众人身边都有火刀、火石、随即发出火来，点起五七个火把。众人都跟着武松，一同再上冈子来，看见那大虫做一堆儿死在那里。众人见了大喜，先叫一个去报知本县里正并该管上户。这里五七个乡夫，自把大虫缚了，抬下冈子来。

到得岭下，早有七八十人，都哄将来，先把死大虫抬在前面，将一乘兜轿，抬了武松，径投本处一个上户家来。那户里正，都在庄前迎接，把这大虫扛到草厅上。却有本乡上户，本乡猎户，三二十人，都来相探武松。众人问道："壮士高姓大名?贵乡何处？"武松道："小人是此间邻郡清河县人氏，姓武，名松，排行第二。因从沧州回乡来，昨晚在冈子那边酒店吃得大醉了，上冈子来，正撞见这畜生。"把那打虎的身分、拳脚，细说了一遍。众上户道："真乃英雄好汉！"众猎户先把野味将来与武松把杯。武松因打大虫困乏了，要睡，大户便叫庄客打并客房，且教武松歇息。

到天明，上户先使人去县里报知，一面合具虎床，安排端正，迎送县里去。天明，武松起来洗漱罢，众多上户牵一腔羊，挑一担酒，都在厅前伺候。武松穿了衣裳，整顿巾帻，出到前面，与众人相见。众上户把盏说道："被这个畜生，正不知害了多少人性命，连累猎户，吃了几顿限棒。今日幸得壮士来到，除了这个大害。第一，乡中人民有福；第二，客侣通行：实出壮士之赐！"武松谢道："非小子之能，托赖众长上福荫。"众人都来作贺。吃了一早晨酒食，抬出大虫，放在虎床上。众乡村上户，都把缎匹花红，来挂与武松。武松有些行李包裹，寄在庄上。一齐都出庄门前来。早有阳谷县知县相公，使人来接武松。都相见了，叫四个庄客，将乘凉轿，来抬了武松。把那大虫扛在前面，挂着花红缎匹，迎到阳谷县里来。

那阳谷县人民，听得说一个壮士打死了景阳冈上大虫，迎喝将来，尽皆出来看，哄动了那个县治。武松在轿上看时，只见亚肩迭背，闹闹穰穰，屯街塞巷，都来看迎大虫。到县前衙门口，知县已在厅上专等。武松下了轿，扛着大虫，都到厅前，放在甬道上。知县看了武松这般模样，又见了这个老大锦毛大虫，心中自忖道："不是这个汉，怎地打的这个猛虎！"便唤武松上厅来。武松去厅前声了喏，知县问道："你那打虎的壮士，你却说怎生打了这个大虫？"武松就厅前，将打虎的本事，说了一遍。厅上厅下众多人等都惊的呆了，知县就厅上赐了几杯酒，将出上户凑的赏赐钱一千贯，给与武松。武松禀道："小人托赖相公的福荫，偶然侥幸，打死了这个大虫，非小人之能，如何敢受赏赐?小人闻知这众猎户，因这个大虫，受了相公责罚，何不就把这一千贯给散与众人去用？"知县道："既是如此，任从壮士。"武松就把这赏钱，在厅上散与众人猎户。知县见他忠厚仁德，有心要抬举他，便道："虽你原是清河县人氏，与我这阳谷县只在咫尺。我今日就参你在本县做个都头如何？"武松跪谢道："若蒙恩相抬举，小人终身受赐。"知县随即唤押司立了文案，当日便参武松做了步兵都头。众上户都来与武松作贺庆喜，连连吃了三五日酒。武松自心中想道："我本要回清河县去看望哥哥，谁想倒来做了阳谷县都头。"自此上官见爱，乡里闻名。

又过了三二日，那一日，武松走出县前来闲玩，只听得背后一个人叫声："武都头，你今日发迹了，如何不看觑我则个？"武松回过头来看了，叫声："阿呀!你如何却在这里？"不是武松见了这个人，有分教：阳谷县里，尸横血染。直教：钢刀响处人头滚，宝剑挥时热血流。

毕竟叫唤武都头的正是甚人，且听下回分解。

第二十四回 王婆贪贿说风情 郓哥不忿闹茶肆

话说当日武都头回转身来，看见那人，扑翻身便拜。那人原来不是别人，正是武松的嫡亲哥哥武大郎。武松拜罢，说道："一年有余不见哥哥，如何却在这里？"武大道："二哥，你去了许多时，如何不寄封书来与我?我又怨你，又想你。"武松道："哥哥如何是怨我，想我？"武大道："我怨你时，当初你在清河县里，要便吃酒醉了，和人相打，时常吃官司，教我要便随衙听候，不曾有一个月净办，常教我受苦：这个便是怨你处。想你时，我近来取得一个老小，清河县人，不怯气都来相欺负，没人做主；你在家时，谁敢来放个屁?我如今在那里安不得身，只得搬来这里赁房居住：因此便是想你处。"

看官听说：原来武大与武松，是一母所生两个。武松身长八尺，一貌堂堂，浑身上下，有千百斤气力，不恁地，如何打得那个猛虎?这武大郎，身不满五尺，面目丑陋，头脑可笑。清河县人见他生得短矮，起他一个诨名，叫做三寸丁谷树皮。

那清河县里有一个大户人家，有个使女，小名唤做潘金莲，年方二十余岁，颇有些颜色，因为那个大户要缠他，这女使只是去告主人婆，意下不肯依从。那个大户以此记恨于心，却倒赔些房奁，不要武大一文钱，白白地嫁与他。自从武大娶得那妇人之后，清河县里有几个奸诈的浮浪子弟们，却来他家里　恼。原来这妇人，见武大身材短矮，人物猥　，不会风流。这婆娘倒诸般好，为头的爱偷汉子。有诗为证：

金莲容貌更堪题，笑蹙春山八字眉。

若遇风流清子弟，等闲云雨便偷期。

却说那潘金莲过门之后，武大是个懦弱依本分的人，被这一班人不时间在门前叫道："好一块羊肉，倒落在狗口里！"因此武大在清河县住不牢，搬来这阳谷县紫石街赁房居住，每日仍旧挑卖炊饼。

此日正在县前做买卖，当下见了武松，武大道："兄弟，我前日在街上听得人沸沸地说道：'景阳冈上一个打虎的壮士，姓武，县里知县参他做个都头。'我也八分猜道是你，原来今日才得撞见。我且不做买卖，一同和你家去。"武松道："哥哥家在那里？"武大用手指道："只在前面紫石街便是。"武松替武大挑了担儿，武大引着武松，转弯抹角，一径望紫石街来。

转过两个弯，来到一个茶坊间壁，武大叫一声："大嫂开门。"只见芦帘起处，一个妇人出到帘子下应道："大哥，怎地半早便归？"武大道："你的叔叔在这里，且来厮见。"武大郎接了担儿入去，便出来道："二哥，入屋里来，和你嫂嫂相见。"武松揭起帘子，入进里面，与那妇人相见。武大说道："大嫂，原来景阳冈上打死大虫新充做都头的，正是我这兄弟。"那妇人叉手向前道："叔叔万福。"武松道："嫂嫂请坐。"武松当下推金山，倒玉柱，纳头便拜。那妇人向前扶住武松道："叔叔，折杀奴家。"武松道："嫂嫂受礼。"那妇人道："奴家也听得说道：'有个打虎的好汉，迎到县前来。'奴家也正待要去看一看。不想去得迟了，赶不上，不曾看见，原来却是叔叔。且请叔叔到楼上去坐。"武松看那妇人时，但见：

眉似初春柳叶，常含着雨恨云愁；脸如三月桃花，暗藏着风情月意。纤腰袅娜，拘束的燕懒莺慵；檀口轻盈，勾引得蜂狂蝶乱。玉貌妖娆花解语，芳容窈窕玉生香。

当下那妇人叫武大请武松上楼，主客席里坐地。三个人同到楼上坐了，那妇人看着武大道："我陪侍着叔叔坐地，你去安排些酒食来，管待叔叔。"武大应道："最好。二哥，你且坐一坐，我便来也。"武大下楼去了。那妇人在楼上，看了武松这表人物，自心里寻思道："武松与他是嫡亲一母兄弟，他又生的这般长大。我嫁得这等一个，也不枉了为人一世!你看我那三寸丁谷树皮，三分像人，七分似鬼，我直恁地晦气!据着武松，大虫也吃他打倒了，他必然好气力。说他又未曾婚娶，何不叫他搬来我家里住?不想这段因缘，却在这里！"

那妇人脸上堆下笑来问武松道："叔叔，来这里几日了？"武松答道："到此间十数日了。"妇人道："叔叔在那里安歇？"武松道："胡乱权在县衙里安歇。"那妇人道："叔叔，恁地时，却不便当。"武松道："独自一身，容易料理，早晚自有土兵伏侍。"妇人道："那等人伏侍叔叔，怎地顾管得到，何不搬来一家里住?早晚要些汤水吃时，奴家亲自安排与叔叔吃，不强似这伙腌　人。叔叔便吃口清汤，也放心得下。"武松道："深谢嫂嫂。"那妇人道："莫不别处有婶婶，可取来厮会也好。"武松道："武二并不曾婚娶。"妇人又问道："叔叔青春多少？"武松道："虚度二十五岁。"那妇人道："长奴三岁。叔叔今番从那里来？"武松道："在沧州住了一年有余，只想哥哥在清河县住，不想却搬在这里。"那妇人道："一言难尽!自从嫁得你哥哥，吃他忒善了，被人欺负，清河县里住不得，搬来这里。若得叔叔这般雄壮，谁敢道个不字！"武松道："家兄从来本分，不似武二撒泼。"那妇人笑道："怎地这般颠倒说?常言道：'人无刚骨，安身不牢。'奴家平生快性，看不得这般三答不回头，四答和身转的人。"武松道："家兄却不到得惹事，要嫂嫂忧心。"

正在楼上说话未了，武大买了些酒肉果品归来，放在厨下，走上楼来叫道："大嫂，你下来安排。"那妇人应道："你看那不晓事的，叔叔在这里坐地，却教我撇了下来。"武松道："嫂嫂请自便。"那妇人道："何不去叫间壁王干娘安排便了?只是这般不见便！"

武大自去央了间壁王婆，安排端正了，都搬上楼来，摆在桌子上，无非是些鱼肉果菜之类，随即烫酒上来。武大叫妇人坐了主位，武松对席，武大打横。三个人坐下，武大筛酒在各人面前。那妇人拿起酒来道："叔叔休怪，没甚管待，请酒一杯。"武松道："感谢嫂嫂，休这般说。"武大只顾上下筛酒烫酒，那里来管别事。那妇人笑容可掬，满口儿叫："叔叔，怎地鱼和肉也不吃一块儿？"拣好的递将过来。武松是个直性的汉子，只把做亲嫂嫂相待。谁知那妇人是个使女出身，惯会小意儿。武大又是个善弱的人，那里会管待人。

那妇人吃了几杯酒，一双眼只看着武松的身上，武松吃他看不过，只低了头，不恁么理会。当日吃了十数杯酒，武松便起身。武大道："二哥，再吃几杯了去。"武松道："只好恁地，却又来望哥哥。"都送下楼来。那妇人道："叔叔是必搬来家里住。若是叔叔不搬来时，教我两口儿也吃别人笑话，亲兄弟难比别人。大哥，你便打点一间房，请叔叔来家里过活，休教邻舍街坊道个不是。"武大道："大嫂说的是。二哥，你便搬来，也教我争口气。"武松道："既是哥哥、嫂嫂恁地说时，今晚有些行李，便取了来。"那妇人道："叔叔是必记心，奴这里专望。"那妇人情意十分殷勤，正是：

叔嫂通言礼禁严，手援须识是从权。

英雄只念连枝树，淫妇偏思并蒂莲。

武松别了哥嫂，离了紫石街，径投县里来，正值知县在厅上坐衙。武松上厅来禀道："武松有个亲兄，搬在紫石街居住。武松欲就家里宿歇，早晚衙门中听候使唤。不敢擅去，请恩相钧旨。"知县道："这是孝悌的勾当，我如何阻你?你可每日来县里伺候。"武松谢了，收拾行李铺盖。有那新制的衣服，并前者赏赐的物件，叫个土兵挑了，武松引到哥哥家里。那妇人见了，却比半夜里拾金宝的一般欢喜，堆下笑来。武大叫个木匠，就楼上整了一间房，铺下一张床，里面放一条桌子，安两个杌子，一个火炉。武松先把行李安顿了，分付土兵自回去，当晚就哥嫂家里歇卧。

次日早起，那妇人慌忙起来，烧洗面汤，舀漱口水。叫武松洗漱了口面，裹了巾帻，出门去县里画卯。那妇人道："叔叔画了卯，早些个归来吃饭，休去别处吃。"武松道："便来也。"径去县里画了卯，伺候了一早晨，回到家里。那妇人洗手剔甲，齐齐整整，安排下饭食，三口儿共桌儿吃。武松吃了饭，那妇人双手捧一盏茶，递与武松吃。武松道："教嫂嫂生受，武松寝食不安。县里拨一个土兵来使唤。"那妇人连声叫道："叔叔却怎地这般见外?自家的骨肉，又不伏侍了别人。便拨一个土兵来使用，这厮上锅上灶地不干净，奴眼里也看不得这等人。"武松道："恁地时，却生受嫂嫂。"话休絮烦。自从武松搬将家里来，取些银子与武大，教买饼馓茶果，请邻舍吃茶。众邻舍斗分子来与武松人情，武大又安排了回席，都不在话下。

过了数日，武松取出一匹彩色缎子与嫂嫂做衣裳。那妇人笑嘻嘻道："叔叔，如何使得!既然叔叔把与奴家，不敢推辞，只得接了。"武松自此只在哥哥家里宿歇。武大依前上街挑卖炊饼。武松每日自去县里画卯，承应差使。不论归迟归早，那妇人顿羹顿饭，欢天喜地伏侍武松，武松倒过意不去。那妇人常把些言语来撩拨他，武松是个硬心直汉，却不见怪。

有话即长，无话即短。不觉过了一月有余，看看是十一月天气。连日朔风紧起，四下里彤云密布，又早纷纷扬扬，飞下一天大雪来。怎见得好雪，正是：

眼波飘瞥任风吹，柳絮沾泥若有私。

粉态轻狂迷世界，巫山云雨未为奇。

当日那雪，直下到一更天气，却似银铺世界，玉碾乾坤。次日，武松清早出去县里画卯，直到日中未归。武大被这妇人赶出去做买卖，央及间壁王婆，买下些酒肉之类，去武松房里簇了一盆炭火，心里自想道："我今日着实撩斗他一撩斗，不信他不动情。"那妇人独自一个，冷冷清清立在帘儿下等着，只见武松踏着那乱琼碎玉归来。那妇人揭起帘子，陪着笑脸迎接道："叔叔寒冷。"武松道："感谢嫂嫂忧念。"入得门来，便把毡笠儿除将下来。那妇人双手去接，武松道："不劳嫂嫂生受。”自把雪来拂了，挂在壁上；解了腰里缠袋，脱了身上鹦哥绿　丝衲袄，入房里搭了。那妇人便道：“奴等一早起，叔叔怎地不归来吃早饭？”武松道：“便是县里一个相识，请吃早饭。却才又有一个作杯，我不奈烦，一直走到家来。”那妇人道：“恁地，叔叔向火。”武松道：“好。”便脱了油靴，换了一双袜子，穿了暖鞋，掇个杌子，自近火边坐地。

那妇人把前门上了拴，后门也关了，却搬些按酒、果品、菜蔬，入武松房里来，摆在桌子上。武松问道：“哥哥那里去未归？”妇人道：“你哥哥每日自出去做买卖，我和叔叔自饮三杯。”武松道：“一发等哥哥家来吃。”妇人道：“那里等的他来?等他不得。”说犹未了，早暖了一注子酒来。武松道：“嫂嫂坐地，等武二去烫酒正当。”妇人道：“叔叔，你自便。”那妇人也掇个杌子，近火边坐了。火头边桌儿上，摆着杯盘。那妇人拿盏酒，擎在手里，看着武松道：“叔叔满饮此杯。”武松接过手来，一饮而尽。那妇人又筛一杯酒来说道：“天色寒冷，叔叔饮个成双杯儿。”武松道：“嫂嫂自便。”接来又一饮而尽。武松却筛一杯酒，递与那妇人吃。妇人接过酒来吃了，却拿注子再斟酒来，放在武松面前。

那妇人脸上堆着笑容说道：“我听得一个闲人说道：叔叔在县前东街上，养着一个唱的，敢端的有这话么？”武松道：“嫂嫂休听外人胡说，武二从来不是这等人。”妇人道：“我不信，只怕叔叔口头不似心头。”武松道：“嫂嫂不信时，只问哥哥。”那妇人道：“他晓的甚么!晓的这等事时，不卖炊饼了。叔叔且请一杯。”连筛了三四杯酒饮了。那妇人也有三杯酒落肚，只管把闲话来说。武松也知了八九分，自家只把头来低了。

那妇人起身去烫酒，武松自在房里拿起火箸簇火。那妇人暖了一注子酒来到房里，一只手拿着注子，一只手便去武松肩胛上只一捏，说道：“叔叔，只穿这些衣裳不冷？”武松已自有五分不快意，也不应他。那妇人见他不应，劈手便来夺火箸，口里道：“叔叔，你不会簇火，我与你拨火，只要一似火盆常热便好。”武松有八分焦燥，只不做声。那妇人不看武松焦燥，便放了火箸，却筛一盏酒来，自呷了一口，剩了大半盏，看着武松道：“你若有心，吃我这半盏儿残酒。”

武松劈手夺来，泼在地下，说道：“嫂嫂休要恁地不识羞耻！”把手只一推，争些儿把那妇人推一交。武松睁起眼来道：“武二是个顶天立地、噙齿戴发男子汉，不是那等败坏风俗、没人伦的猪狗，嫂嫂休要这般不识廉耻，为此等的勾当。倘有些风吹草动，武二眼里认的是嫂嫂，拳头却不认的是嫂嫂!再来休要恁地！”那妇人通红了脸，便收拾了杯盘盏碟，口里说道：“我自作乐耍子，不值得便当真起来，好不识人敬重！”搬了家火，自向厨下去了。有诗为证：

酒作媒人色胆张，贪淫不顾坏纲常。

席间便欲求云雨，激得雷霆怒一场。

却说潘金莲勾搭武松不动，反被抢白一场。武松自在房里气忿忿地。天色却早，未牌时分，武大挑了担儿，归来推门，那妇人慌忙开门。武大进来，歇了担儿，随到厨下，见老婆双眼哭的红红的。武大道：“你和谁闹来？”那妇人道：“都是你不争气，教外人来欺负我。”武大道：“谁人敢来欺负你？”妇人道：“情知是有谁!争奈武二那厮，我见他大雪里归来，连忙安排酒请他吃，他见前后没人，便把言语来调戏我。”武大道：“我的兄弟不是这等人，从来老实，休要高做声，吃邻舍家笑话！”

武大撇了老婆，来到武松房里叫道：“二哥，你不曾吃点心，我和你吃些个。”武松只不则声。寻思了半晌，再脱了丝鞋，依旧穿上油膀靴，着了上盖，带上毡笠儿，一头系缠袋，一面出门。武大叫道：“二哥那里去？”也不应，一直地只顾去了。

武大回到厨下来问老婆道：“我叫他又不应，只顾望县前这条路走了去，正是不知怎地了？”那妇人骂道：“糊突桶，有甚么难见处!那厮羞了，没脸儿见你，走了出去。我猜他已定叫个人来搬行李，不要在这里宿歇。”武大道：“他搬了去，须吃别人笑话。”那妇人道：“混沌魍魉，他来调戏我，倒不吃别人笑。你要便自和他道话，我却做不的这样的人。你还了我一纸休书来，你自留他便了。”武大那里敢再开口。

正在家中两口儿絮聒，只见武松引了一个土兵，拿着条匾担，径来房里，收拾了行李，便出门去。武大赶出来叫道：“二哥，做甚么便搬了去？”武松道：“哥哥不要问，说起来，装你的幌子。你只由我自去便了。”武大那里敢再问备细，由武松搬了去。那妇人在里面喃喃呐呐的骂道：“却也好!人只道一个亲兄弟做都头，怎地养活了哥嫂，却不知反来嚼咬人!正是‘花木瓜，空好看’。你搬了去，倒谢天地，且得冤家离眼前。”武大见老婆这等骂，正不知怎地，心中只是咄咄不乐，放他不下。

自从武松搬了去县衙里宿歇，武大自依然每日上街挑卖炊饼。本待要去县里寻兄弟说话，却被这婆娘千叮万嘱分付，教不要去兜揽他，因此武大不敢去寻武松。

拈指间，岁月如流，不觉雪晴，过了十数日。却说本县知县自到任已来，却得二年半多了，赚得好些金银，欲待要使人送上东京去，与亲眷处收贮使用，谋个升转，却怕路上被人劫了去，须得一个有本事的心腹人去便好。猛可想起武松来：“须是此人可去，有这等英雄了得！”当日便唤武松到衙内商议道：“我有一个亲戚，在东京城里住，欲要送一担礼物去，就捎封书问安则个。只恐途中不好行，须是得你这等英雄好汉，方去得。你可休辞辛苦，与我去走一遭，回来我自重重赏你。”武松应道：“小人得蒙恩相抬举，安敢推故?既蒙差遣，只得便去。小人也自来不曾到东京，就那里观看光景一遭。相公明日打点端正了便行。”知县大喜，赏了三杯，不在话下。

且说武松领下知县言语，出县门来，到得下处，取了些银两，叫了个土兵，却上街来买了一瓶酒并鱼肉果品之类，一径投紫石街来，直到武大家里。武大恰好卖炊饼了回来，见武松在门前坐地，叫土兵去厨下安排。那妇人余情不断，见武松把将酒食来，心中自想道：“莫不这厮思量我了，却又回来?那厮以定强不过我，且慢慢地相问他。”

那妇人便上楼去，重匀粉面，再整云鬓，换些艳色衣服穿了，来到门前迎接武松。那妇人拜道：“叔叔，不知怎地错见了?好几日并不上门，教奴心里没理会处。每日叫你哥哥来县里寻叔叔陪话，归来只说道：‘没寻处。’今日且喜得叔叔家来，没事坏钱做甚么？”武松答道：“武二有句话，特来要和哥哥、嫂嫂说知则个。”那妇人道：“既是如此，楼上去坐地。”

三个人来到楼上客位里，武松让哥嫂上首坐了，武松掇个杌子，横头坐了。土兵搬将酒肉上楼来，摆在桌子上。武松劝哥哥、嫂嫂吃酒。那妇人只顾把眼来睃武松，武松只顾吃酒。酒至五巡，武松讨付劝杯，叫土兵筛了一杯酒，拿在手里，看着武大道：“大哥在上，今日武二蒙知县相公差往东京干事，明日便要起程，多是两个月，少是四五十日便回。有句话，特来和你说知：你从来为人懦弱，我不在家，恐怕被外人来欺负。假如你每日卖十扇笼炊饼，你从明日为始，只做五扇笼出去卖；每日迟出早归，不要和人吃酒。归到家里，便下了帘子，早闭上门，省了多少是非口舌。如若有人欺负你，不要和他争执，待我回来，自和他理论。大哥依我时，满饮此杯。”武大接了酒道：“我兄弟见得是，我都依你说。”吃过了一杯酒。

武松再筛第二杯酒，对那妇人说道：“嫂嫂是个精细的人，不必用武松多说。我哥哥为人质朴，全靠嫂嫂做主看觑他。常言道：‘表壮不如里壮。’嫂嫂把得家定，我哥哥烦恼做甚么?岂不闻古人言：‘篱牢犬不入。’”那妇人听了这话，被武松说了这一篇，一点红从耳朵边起，紫　了面皮，指着武大便骂道：“你这个腌　混沌!有甚么言语，在外人处说来，欺负老娘!我是一个不戴头巾男子汉，叮叮当当响的婆娘!拳头上立得人，　膊上走得马，人面上行的人，不是那等搠不出的鳖老婆!自从嫁了武大，真个蝼蚁也不敢入屋里来，有甚么篱笆不牢，犬儿钻得入来!你胡言乱语，一句句都要下落；丢下砖头瓦儿，一个个也要着地。”武松笑道：“若得嫂嫂这般做主最好!只要心口相应，却不要心头不似口头。既然如此，武二都记得嫂嫂说的话了，请饮过此杯。”那妇人推开酒盏，一直跑下楼来，走到半胡梯上发话道：“你既是聪明伶俐，却不道‘长嫂为母’！我当初嫁武大时，曾不听得说有甚么阿叔，那里走得来！‘是亲不是亲，便要做乔家公’。自是老娘晦气了，鸟撞着许多事！”哭下楼去了。有诗为证：

良言逆听即为仇，笑眼登时有泪流。

只是两行淫祸水，不因悲苦不因羞。

且说那妇人做出许多奸伪张致，那武大、武松弟兄两个吃了几杯。武松拜辞哥哥，武大道：“兄弟去了，早早回来，和你相见。”口里说，不觉眼中堕泪。武松见武大眼中垂泪，便说道：“哥哥便不做得买卖也罢，只在家里坐地。盘缠兄弟自送将来。”武大送武松下楼来，临出门，武松又道：“大哥，我的言语，休要忘了。”

武松带了土兵，自回县前来收拾。次日早起来，拴束了包裹，来见知县。那知县已自先差下一辆车儿，把箱笼都装载车子上。点两个精壮土兵，县衙里拨两个心腹伴当，都分付了。那四个跟了武松，就厅前拜辞了知县，曳扎起，提了朴刀，监押车子，一行五人，离了阳谷县，取路望东京去了。

话分两头。只说武大郎自从武松说了去，整整的吃那婆娘骂了三四日。武大忍气吞声，由他自骂，心里只依着兄弟的言语，真个每日只做一半炊饼出去卖，未晚便归。一脚歇了担儿，便去除了帘子，关上大门，却来家里坐地。那妇人看了这般，心内焦躁，指着武大脸上骂道：“混沌浊物，我倒不曾见日头在半天里，便把着丧门关了，也须吃别人道我家怎地禁鬼!听你那兄弟鸟嘴，也不怕别人笑耻。”武大道：“由他们笑道说我家禁鬼。我的兄弟说的是好话，省了多少是非。”那妇人道：“呸!浊物!你是个男子汉，自不做主，却听别人调遣。”武大摇手道：“由他。他说的话，是金子言语。”自武松去了十数日，武大每日只是晏出早归；归到家里，便关了门。那妇人也和他闹了几场。向后闹惯了，不以为事。自此这妇人约莫到武大归时，先自去收了帘子，关上大门。武大见了，自心里也喜，寻思道：“恁地时却好！”

又过了三二日，冬已将残，天色回阳微暖。当日武大将次归来，那妇人惯了，自先向门前来叉那帘子。也是合当有事，却好一个人从帘子边走过。自古道：“没巧不成话。”这妇人正手里拿叉竿不牢，失手滑将倒去，不端不正，却好打在那人头巾上。那人立住了脚，正待要发作；回过脸来看时，是个生的妖娆的妇人，先自酥了半边，那怒气直钻过爪洼国去了，变作笑吟吟的脸儿。这妇人情知不是，叉手深深地道个万福，说道：“奴家一时失手，官人休怪。”那人一头把手整头巾，一面把腰曲着地还礼道：“不妨事。娘子请尊便。”却被这间壁的王婆见了。那婆子正在茶局子里水帘底下看见了，笑道：“兀谁教大官人打这屋檐边过?打得正好！”那人笑道：“倒是小人不是。冲撞娘子，休怪。”那妇人答道：“官人不要见责。”那人又笑着，大大地唱个肥喏道：“小人不敢。”那一双眼，却只在这妇人身上，临动身，也回了七八遍头，自摇摇摆摆，踏着八字脚去了。这妇人自收了帘子叉竿归去，掩上大门，等武大归来。诗曰：

篱不牢时犬会钻，收帘对面好相看。

王婆莫负能勾引，须信叉竿是钓竿。

再说来人姓甚名谁?那里居住?原来只是阳谷县一个破落户财主，就县前开着个生药铺。从小也是一个奸诈的人，使得些好拳棒。近来暴发迹，专在县里管些公事，与人放刁把滥，说事过钱，排陷官吏。因此，满县人都饶让他些个。那人复姓西门，单讳一个庆字，排行第一，人都唤他做西门大郎。近来发迹有钱，人都称他做西门大官人。

不多时，只见那西门庆一转踅入王婆茶坊里来，便去里边水帘下坐了。王婆笑道：“大官人却才唱得好个大肥喏！”西门庆也笑道：“干娘，你且来，我问你：间壁这个雌儿，是谁的老小？”王婆道：“他是阎罗大王的妹子，五道将军的女儿，问他怎地？”西门庆道：“我和你说正话，休要取笑。”王婆道：“大官人怎么不认得?他老公便是每日在县前卖熟食的。”西门庆道：“莫非是卖枣糕徐三的老婆？”王婆摇手道：“不是。若是他的，正是一对儿。大官人再猜。”西门庆道：“可是银担子李二的老婆？”王婆摇头道：“不是。若是他的时，也倒是一双。”西门庆道：“倒敢是花　膊陆小乙的妻子？”王婆大笑道：“不是。若他的时，也又是好一对儿。大官人再猜一猜。”西门庆道：“干娘，我其实猜不着。”王婆哈哈笑道：“好教大官人得知了笑一声。他的盖老，便是街上卖炊饼的武大郎。”西门庆跌脚笑道：“莫不是人叫他三寸丁谷树皮的武大郎？”王婆道：“正是他。”西门庆听了，叫起苦来说道：“好块羊肉，怎地落在狗口里！”王婆道：“便是这般苦事。自古道：‘骏马却驮痴汉走，美妻常伴拙夫眠。’月下老偏生要是这般配合！”西门庆道：“王干娘，我少你多少茶钱？”王婆道：“不多，由他歇些时却算。”西门庆又道：“你儿子跟谁出去？”王婆道：“说不得。跟一个客人淮上去，至今不归，又不知死活。”西门庆道：“却不叫他跟我？”王婆笑道：“若得大官人抬举他，十分之好。”西门庆道：“等他归来，却再计较。”再说了几句闲话，相谢起身去了。

约莫未及两个时辰，又踅将来王婆店门口帘边坐地，朝着武大门前。半歇，王婆出来道：“大官人，吃个梅汤？”西门庆道：“最好多加些酸。”王婆做了一个梅汤，双手递与西门庆。西门庆慢慢地吃了，盏托放在桌子上。西门庆道：“王干娘，你这梅汤做得好，有多少在屋里？”王婆笑道：“老身做了一世媒，那讨一个在屋里？”西门庆道：“我问你梅汤，你却说做媒，差了多少。”王婆道：“老身只听的大官人问这媒做得好，老身只道说做媒。”西门庆道：“干娘，你既是撮合山，也与我做头媒，说头好亲事，我自重重谢你。”王婆道：“大官人，你宅上大娘子得知时，婆子这脸，怎吃得耳刮子？”西门庆道：“我家大娘子最好，极是容得人。现今也讨几个身边人在家里，只是没一个中得我意的。你有这般好的，与我主张一个，便来说不妨。就是回头人也好，只要中得我意。”王婆道：“前日有一个倒好，只怕大官人不要。”西门庆道：“若好时，你与我说成了，我自谢你。”王婆道：“生得十二分人物，只是年纪大些。”西门庆道：“便差一两岁，也不打紧。真个几岁？”王婆道：“那娘子戊寅生，属虎的，新年恰好九十三岁。”西门庆笑道：“你看这风婆子，只要扯着风脸取笑。”西门庆笑了起身去。

看看天色晚了，王婆却才点上灯来，正要关门，只见西门庆又踅将来，径去帘底下那座头上坐了，朝着武大门前只顾望。王婆道：“大官人，吃个和合汤如何？”西门庆道：“最好。干娘放甜些。”王婆点一盏和合汤，递与西门庆吃。坐个一晚，起身道：“干娘记了帐目，明日一发还钱。”王婆道：“不妨，伏惟安置，来日早请过访。”西门庆又笑了去。

当晚无事。次日清早，王婆却才开门，把眼看门外时，只见这西门庆又在门前两头来往踅。王婆见了道：“这个刷子踅得紧!你看我着些甜糖抹在这厮鼻子上，只叫他　不着。那厮会讨县里人便宜，且教他来老娘手里纳些败缺。”原来这个开茶坊的王婆，也是不依本分的。端的这婆子：

开言欺陆贾，出口胜隋何。只鸾孤凤，霎时间交仗成双；寡妇鳏男，一席话搬唆捉对。略施妙计，使阿罗汉抱住比丘尼；稍用机关，教李天王搂定鬼子母。甜言说诱，男如封涉也生心；软语调和，女似麻姑能动念。教唆得织女害相思，调弄得嫦娥寻配偶。

且说王婆却才开得门，正在茶局子里生炭，整理茶锅。张见西门庆从早晨在门前踅了几遭，一径奔入茶房里来，水帘底下，望着武大门前帘子里坐了看。王婆只做不看见，只顾在茶局里煽风炉子，不出来问茶。西门庆叫道："干娘，点两盏茶来。"王婆应道："大官人来了。连日少见，且请坐。"便浓浓的点两盏姜茶，将来放在桌子上。西门庆道："干娘相陪我吃个茶。"王婆哈哈笑道："我又不是影射的。"西门庆也笑了一回，问道："干娘，间壁卖甚么？"王婆道："他家卖拖蒸河漏子热烫温和大辣酥。"西门庆笑道："你看这婆子只是风。"王婆笑道："我不风，他家自有亲老公。"西门庆道："干娘，和你说正经话：说他家如法做得好炊饼，我要问他做三五十个，不知出去在家？"王婆道："若要买炊饼，少间等他街上回了买，何消得上门上户？"西门庆道："干娘说的是。"吃了茶，坐了一回，起身道："干娘记了帐目。"王婆道："不妨事。老娘牢牢写在帐上。"西门庆笑了去。

王婆只在茶局子里张时，冷眼睃见西门庆又在门前踅过东去，又看一看；走过西来，又睃一睃；走了七八遍，径踅入茶坊里来。王婆道："大官人稀行，好几时不见面。"西门庆笑将起来，去身边摸出一两来银子，递与王婆，说道："干娘权收了做茶钱。"婆子笑道："何消得许多？"西门庆道："只顾放着。"婆子暗暗地喜欢道："来了，这刷子当败。"且把银子来藏了，便道："老身看大官人有些渴，吃个宽煎叶儿茶如何？"西门庆道："干娘如何便猜得着？"婆子道："有甚么难猜。自古道：'入门休问荣枯事，观着容颜便得知。'老身异样跷蹊作怪的事，都猜得着。"西门庆道："我有一件心上的事，干娘若猜的着时，输与你五两银子。"王婆笑道："老娘也不消三智五猜，只一智便猜个十分。大官人，你把耳朵来。你这两日脚步紧，赶趁得频，以定是记挂着隔壁那个人。我这猜如何？"西门庆笑起来道："干娘，你端的智赛隋何，机强陆贾!不瞒干娘说：我不知怎地吃他那日叉帘子时，见了这一面，却似收了我三魂七魄的一般，只是没做个道理入脚处。不知你会弄手段么？"王婆哈哈的笑起来道："老身不瞒大官人说：我家卖茶，叫做鬼打更。三年前六月初三下雪的那一日，卖了一个泡茶，直到如今不发市，专一靠些杂趁养口。"

西门庆问道："怎地叫做杂趁？"王婆笑道："老身为头是做媒，又会做牙婆，也会抱腰，也会收小的，也会说风情，也会做马泊六。"西门庆道："干娘端的与我说得这件事成，便送十两银子与你做棺材本。"王婆道："大官人，我知道还有一件事打搅，也多是 地不得。"西门庆说："你且道甚么一件事打搅？"王婆道："大官人，休怪老身直言：但凡捱光最难，十分光时，使钱到九分九厘，也有难成就处。我知你从来悭吝，不肯胡乱便使钱。只这一件打搅。"西门庆道："这个极容易医治，我只听你的言语便了。"

王婆道："若是大官人肯使钱时，老身有一条计，便教大官人和这雌儿会一面。只不知官人肯依我么？"西门庆道："不拣怎地，我都依你。干娘有甚妙计？"王婆笑道："今日晚了，且回去。过半年三个月，却来商量。"西门庆便跪下道："干娘休要撒科，你作成我则个！"

王婆笑道："大官人却又慌了。老身那条计，是个上着。虽然入不得武成王庙。端的强似孙武子教女兵，十捉九着。大官人，我今日对你说：这个人原是清河县大户人家讨来的养女，却做得一手好针线。大官人，你便买一匹白绫，一匹蓝绸，一匹白绢，再用十两好绵，都把来与老身。我却走将过去，问他讨茶吃，却与这雌儿说道：'有个施主官人，与我一套送终衣料，特来借历头，央及娘子与老身拣个好日，去请个裁缝来做。'他若见我这般说，不睬我时，此事便休了。他若说：'我替你做。'不要我叫裁缝时，这便有一分光了。我便请他家来做。他若说：'将来我家里做。'不肯过来，此事便休了。他若欢天喜地说：'我来做，就替你裁。'这光便有二分了。若是肯来我这里做时，却要安排些酒食点心请他。第一日，你也不要来。第二日，他若说不便，当时定要将家去做，此事便休了。他若依前肯过我家做时，这光便有三分了。这一日，你也不要来。到第三日晌午前后，你整整齐齐打扮了来，咳嗽为号。你便在门前说道：'怎地连日不见王干娘？'我便出来，请你入房里来。若是他见你入来，便起身跑了归去，难道我拖住他?此事便休了。他若见你入来，不动身时，这光便有四分了。坐下时，便对雌儿说道：'这个便是与我衣料的施主官人。亏煞他！'我夸大官人许多好处，你便卖弄他的针线。若是他不来兜揽应答，此事便休了。他若口里应答说话时，这光便有五分了。我却说道：'难得这个娘子与我作成出手做。亏煞你两个施主：一个出钱的，一个出力的。不是老身路歧相央，难得这个娘子在这里，官人好做个主人，替老身与娘子浇手。'你便取出银子来央我买。若是他抽身便走时，不成扯住他?此事便休了。他若是不动身时，事务易成，这光便有六分了。我却拿了银子，临出门对他道：'有劳娘子相待大官人坐一坐。'他若也起身走了家去时，我也难道阻当他?此事便休了。若是他不起身走动时，此事又好了，这光便有七分了。等我买得东西来，摆在桌子上，我便道：'娘子且收拾生活，吃一杯儿酒，难得这位官人坏钞。'他若不肯和你同桌吃时，走了回去，此事便休了。若是他只口里说要去，却不动身时，此事又好了，这光便有八分了。待他吃的酒浓时，正说得入港，我便推道没了酒，再叫你买，你便又央我去买。我只做去买酒，把门曳上，关你和他两个在里面。他若焦躁，跑了归去，此事便休了。他若由我曳上门，不焦躁时，这光便有九分了。只欠一分光了便完就。这一分倒难。大官人，你在房里，着几句甜净的话儿，说将入去。你却不可躁暴，便去动手动脚，打搅了事，那时我不管你。先假做把袖子在桌上拂落一双箸去，你只做去地下拾箸，将手去他脚上捏一捏，他若闹将起来，我自来搭救，此事也便休了，再也难得成。若是他不做声时，此是十分光了。他必然有意，这十分事做得成。这条计策如何？"

西门庆听罢，大喜道："虽然上不得凌烟阁，端的好计！"王婆道："不要忘了许我的十两银子！"西门庆道："'但得一片橘皮吃，莫便忘了洞庭湖！'这条计几时可行？"王婆道："只在今晚，便有回报。我如今趁武大未归，走过去细细地说诱他。你却便使人将绫绸绢匹并绵子来。"西门庆道："得干娘完成得这件事，如何敢失信？"作别了王婆，便去市上绸绢铺里买了绫绸绢缎，并十两清水好绵。家里叫个伴当，取包袱包了，带了五两碎银，径送入茶坊里。王婆接了这物，分付伴当回去。诗曰：

岂是风流胜可争？迷魂阵里出奇兵。

安排十面捱光计，只取亡身入陷坑。

这王婆开了后门，走过武大家里来。那妇人接着请去楼上坐地。那王婆道："娘子怎地不过贫家吃茶？"那妇人道："便是这几日身体不快，懒走去的。"王婆道："娘子家里有历日么?借与老身看一看，要选个裁衣日。"那妇人道："干娘裁甚么衣裳？"王婆道："便是老身十病九痛，怕有些山高水低，头先要制办些送终衣服。难得近处一个财主，见老身这般说，布施与我一套衣料，绫绸绢缎，又与若干好绵，放在家里一年有余，不能够做。今年觉道身体好生不济，又撞着如今闰月，趁这两日要做；又被那裁缝勒 ，只推生活忙，不肯来做。老身说不得这等苦！”那妇人听了笑道：“只怕奴家做得不中干娘意；若不嫌时，奴出手与干娘做如何？”那婆子听了这话，堆下笑来说道：“若得娘子贵手做时，老身便死来也得好处去。久闻娘子好手针线，只是不敢来相央。”那妇人道：“这个何妨。既是许了干娘，务要与干娘做了。将历头去叫人拣个黄道好日，奴便与你动手。”王婆道：“若得娘子肯与老身做时，娘子是一点福星，何用选日?老身也前日央人看来，说道明日是个黄道好日。老身只道裁衣不用黄道日了，不记他。”那妇人道：“归寿衣正要黄道日好，何用别选日？”王婆道：“既是娘子肯作成老身时，大胆只是明日起动娘子到寒家则个。”那妇人道：“干娘，不必。将过来做不得？”王婆道：“便是老身也要看娘子做生活则个；又怕家里没人看门前。”那妇人道：“既是干娘恁地说时，我明日饭后便来。”那婆子千恩万谢下楼去了。当晚回复了西门庆的话，约定后日准来。当夜无语。次日清早，王婆收拾房里干净了，买了些线索，安排了些茶水，在家里等候。

且说武大吃了早饭，打当了担儿，自出去做道路。那妇人把帘儿挂了，从后门走过王婆家里来。那婆子欢喜无限，接入房里坐下，便浓浓地点道茶，撒上些出白松子、胡桃肉，递与这妇人吃了。抹得桌子干净，便将出那绫绸绢缎来。妇人将尺量了长短，裁得完备，便缝起来。婆子看了，口里不住声价喝采道：“好手段!老身也活了六七十岁，眼里真个不曾见这般好针线。”那妇人缝到日中，王婆便安排些酒食请他，下了一斤面，与那妇人吃了。再缝了一歇，将次晚来，便收拾起生活，自归去。

恰好武大归来，挑着空担儿进门，那妇人曳开门，下了帘子，武大入屋里来，看见老婆面色微红，便问道：“你那里吃酒来？”那妇人应道：“便是间壁王干娘，央我做送终的衣裳，日中安排些点心请我。”武大道：“阿呀!不要吃他的，我们也有央及他处。他便央你做得件把衣裳，你便自归来吃些点心，不值得搅恼他。你明日倘或再去做时，带了些钱在身边，也买些酒食与他回礼。常言道：‘远亲不如近邻。’休要失了人情。他若是不肯要你还礼时，你便只是拿了家来，做去还他。”那妇人听了，当晚无话。有诗为证：

可奈虔婆设计深，大郎混沌不知因。

带钱买酒酬奸诈，却把婆娘白送人。

且说王婆子设计已定，赚潘金莲来家。次日饭后，武大自出去了，王婆便踅过来相请。去到他房里，取出生活，一面缝将起来。王婆自一边点茶来吃了。不在话下。看看日中，那妇人取出一贯钱付与王婆说道：“干娘，奴和你买杯酒吃。”王婆道：“阿呀!那里有这个道理?老身央及娘子在这里做生活，如何颠倒教娘子坏钱？”那妇人道：“却是拙夫分付奴来。若还干娘见外时，只是将了家去做还干娘。”那婆子听了，连声道：“大郎直恁地晓事。既然娘子这般说时，老身权且收下。”这婆子生怕打脱了这事，自又添钱去买些好酒好食、希奇果子来，殷勤相待。看官听说：但凡世上妇人，由你十八分精细，被人小意儿过纵，十个九个着了道儿。再说王婆安排了点心，请那妇人吃了酒食，再缝了一歇，看看晚来，千恩万谢归去了。

话休絮繁。第三日早饭后，王婆只张武大出去了，便走过后头来叫道：“娘子，老身大胆……”那妇人从楼上下来道：“奴却待来也。”两个厮见了，来到王婆房里坐下，取过生活来缝。那婆子随即点盏茶来，两个吃了。那妇人看看缝到晌午前后。却说西门庆巴不到这一日，裹了顶新头巾，穿了一套整整齐齐衣服，带了三五两碎银子，径投这紫石街来。到得茶坊门首，便咳嗽道：“王干娘，连日如何不见？”那婆子瞧科，便应道：“兀谁叫老娘？”西门庆道：“是我。”那婆子赶出来，看了笑道：“我只道是谁，却原来是施主大官人。你来得正好，且请你入去看一看。”把西门庆袖子一拖，拖进房里，看着那妇人道：“这个便是那施主，与老身这衣料的官人。”西门庆见了那妇人，便唱个喏。那妇人慌忙放下生活，还了万福。

王婆却指着这妇人对西门庆道：“难得官人与老身缎匹，放了一年，不曾做得。如今又亏杀这位娘子出手与老身做成全了。真个是布机也似好针线，又密又好，其实难得!大官人，你且看一看。”西门庆把起来看了喝采，口里说道：“这位娘子怎地传得这手好生活，神仙一般的手段！”那妇人笑道：“官人休笑话！”西门庆问王婆道：“干娘，不敢问，这位是谁家宅上娘子？”王婆道：“大官人，你猜。”西门庆道：“小人如何猜得着？”王婆吟吟的笑道：“便是间壁的武大郎的娘子。前日叉竿打得不疼，大官人便忘了？”那妇人赤着脸便道：“那日奴家偶然失手，官人休要记怀。”西门庆道：“说那里话。”王婆便接口道：“这位大官人，一生和气，从来不会记恨，极是好人。”西门庆道：“前日小人不认得，原来却是武大郎的娘子。小人只认的大郎一个养家经纪人，且是在街上做些买卖，大大小小，不曾恶了一个人；又会赚钱，又且好性格，真个难得这等人。”王婆道：“可知哩!娘子自从嫁得这个大郎，但是有事，百依百随。”那妇人应道：“拙夫是无用之人，官人休要笑话。”西门庆道：“娘子差矣!古人道：‘柔软是立身之本，刚强是惹祸之胎。’似娘子的大郎所为良善时，‘万丈水无涓滴漏’。”王婆打着擂鼓儿道：“说的是。”

西门庆奖了一回，便坐在妇人对面。王婆又道：“娘子，你认的这个官人么？”那妇人道：“奴不认的。”婆子道：“这个大官人，是这本县一个财主，知县相公也和他来往，叫做西门大官人。万万贯钱财，开着个生药铺在县前。家里钱过北斗，米烂陈仓；赤的是金，白的是银，圆的是珠，光的是宝。也有犀牛头上角，亦有大象口中牙。”那婆子只顾夸奖西门庆，口里假嘈。那妇人就低了头缝针线。西门庆得见潘金莲十分情思，恨不就做一处。王婆便去点两盏茶来，递一盏与西门庆，一盏递与这妇人，说道：“娘子相待大官人则个。”吃罢茶，便觉有些眉目送情。王婆看着西门庆，把一只手在脸上摸，西门庆心里瞧科，已知有五分了。

王婆便道：“大官人不来时，老身也不敢来宅上相请。一者缘法，二乃来得恰好。常言道：‘一客不烦二主。’大官人便是出钱的，这位娘子便是出力的。不是老身路歧相烦，难得这位娘子在这里，官人好做个主人，替老身与娘子浇手。”西门庆道：“小人也见不到，这里有银子在此。”便取出来，和帕子递与王婆，备办些酒食。那妇人便道：“不消生受得。”口里说，却不动身。王婆将了银子便去，那妇人又不起身。婆子便出门，又道：“有劳娘子相陪大官人坐一坐。”那妇人道：“干娘，免了。”却亦是不动身。也是因缘，却都有意了。西门庆这厮一双眼只看着那妇人；这婆娘一双眼也把来偷睃西门庆，见了这表人物，心中倒有五七分意了，又低着头自做生活。

不多时，王婆买了些现成的肥鹅、熟肉、细巧果子归来，尽把盘子盛了；果子菜蔬，尽都装了，搬来房里桌子上，看着那妇人道：“娘子且收拾过生活，吃一杯儿酒。”那妇人道：“干娘自便，相待大官人，奴却不当。”依旧原不动身。那婆子道：“正是专与娘子浇手，如何却说这话？”王婆将盘馔都摆在桌子上，三人坐定，把酒来斟。这西门庆拿起酒盏来说道：“娘子，满饮此杯。”那妇人谢道：“多感官人厚意。”王婆道：“老身知得娘子洪饮，且请开怀吃两盏儿。”有诗为证：

从来男女不同筵，卖俏迎奸最可怜。

不记都头昔日语，犬儿今已到篱边。

又诗曰：

须知酒色本相连，饮食能成男女缘。

不必都头多嘱付，开篱日待犬来眠。

却说那妇人接酒在手，那西门庆拿起箸来道："干娘，替我劝娘子请些个。"那婆子拣好的递将过来，与那妇人吃。一连斟了三巡酒，那婆子便去烫酒来。

西门庆道："不敢动问娘子青春多少？"那妇人应道："奴家虚度二十三岁。"西门庆道："小人痴长五岁。"那妇人道："官人将天比地。"王婆便插口道："好个精细的娘子，不惟做得好针线，诸子百家皆通。"西门庆道："却是那里去讨?武大郎好生有福！"王婆便道："不是老身说是非，大官人宅里枉有许多，那里讨一个赶得上这娘子的！"西门庆道："便是这等一言难尽!只是小人命薄，不曾招得一个好的。"王婆道："大官人先头娘子须好。"西门庆道："休说!若是我先妻在时，却不怎地家无主，屋倒竖。如今枉自有三五七口人吃饭，都不管事。"那妇人问道："官人恁地时，殁了大娘子得几年了？"西门庆道："说不得。小人先妻，是微末出身，却倒百伶百俐，是件件都替的小人。如今不幸他殁了，已得三年，家里的事，都七颠八倒。为何小人只是走了出来?在家里时，便要怄气！"那婆子道："大官人，休怪老身直言：你先头娘子，也没有武大娘子这手针线。"西门庆道："便是小人先妻，也没此娘子这表人物。"那婆子笑道："官人，你养的外宅在东街上，如何不请老身去吃茶？"西门庆道："便是唱慢曲儿的张惜惜。我见他是路歧人，不喜欢。"婆子又道："官人，你和李娇娇却长久。"西门庆道："这个人，现今取在家里。若得他会当家时，自册正了他多时。"王婆道："若有这般中的官人意的来宅上说，没妨事么？"西门庆道："我的爹娘俱已没了，我自主张，谁敢道个'不'字！"王婆道："我自说要，急切那里有中得官人意的？"西门庆道："做甚么了便没!只恨我夫妻缘分上薄，自不撞着。"

西门庆和这婆子，一递一句，说了一回。王婆便道："正好吃酒，却又没了。官人休怪老身差拨，再买一瓶儿酒来吃如何？"西门庆道："我手帕里有五两来碎银子，一发撒在你处，要吃时只顾取来，多的干娘便就收了。"那婆子谢了官人，起身睃这粉头时，一钟酒落肚，哄动春心；又自两个言来语去，都有意了，只低了头，却不起身。那婆子满脸堆下笑来说道："老身去取瓶儿酒来，与娘子再吃一杯儿。有劳娘子相待大官人坐一坐。注子里有酒没?便再筛两盏儿，和大官人吃。老身直去县前那家，有好酒买一瓶来，有好歇儿耽搁。"那妇人口里说道："不用了。"坐着却不动身。婆子出到房门前，便把索儿缚了房门，却来当路坐了。

且说西门庆自在房里，便斟酒来劝那妇人，却把袖子在桌上一拂，把那双箸拂落地下。也是缘法凑巧，那双箸正落在妇人脚边。西门庆连忙蹲身下去拾，只见那妇人尖尖的一双小脚儿，正 在箸边。西门庆且不拾箸，便去那妇人绣花鞋儿上捏一把。那妇人便笑将起来，说道："官人休要罗唣!你真个要勾搭我？"西门庆便跪下道："只是娘子作成小生。"那妇人便把西门庆搂将起来。

当下只见王婆推开房门入来，怒道："你两个做得好事！"西门庆和那妇人都吃了一惊。那婆子便道："好呀，好呀!我请你来做衣裳，不曾叫你来偷汉子!武大得知，须连累我，不若我先去出首。"回身便走。那妇人扯住裙儿道："干娘饶恕则个！"西门庆道："干娘低声！"王婆笑道："若要我饶恕你们，都要依我一件事。"那妇人便道："休说一件，便是十件，奴也依干娘。"王婆道："你从今日为始，瞒着武大，每日不要失约负了大官人，我便罢休；若是一日不来，我便对你武大说。"那妇人道："只依着干娘便了。"王婆又道："西门大官人，你自不用老身说得。这十分好事，已都完了。所许之物，不可失信。你若负心，我也要对武大说。"西门庆道："干娘放心，并不失信。"三人又吃几杯酒，已是下午的时分，那妇人便起身道："武大那厮将归来，奴自回去。"便踅过后门归家，先去下了帘子，武大恰好进门。

且说王婆看着西门庆道："好手段么？"西门庆道："端的亏了干娘!我到家里，便取一锭银送来与你，所许之物，岂敢昧心！"王婆道："'眼望旌节至，专等好消息。'不要叫老身'棺材出了讨挽歌郎钱'。"西门庆笑了去，不在话下。

那妇人自当日为始，每日踅过王婆家里来，和西门庆做一处，恩情似漆，心意如胶。自古道："好事不出门，恶事传千里。"不到半月之间，街坊邻舍，都知得了，只瞒着武大一个不知。有诗为证：

半晌风流有何益，一般滋味不须夸。

他时祸起萧墙内，悔杀今朝恋野花。

断章句，话分两头。且说本县有个小的，年方十五六岁，本身姓乔。因为做军在郓州生养的，就取名叫做郓哥。家中止有一个老爹。那小厮生得乖觉，自来只靠县前这许多酒店里卖些时新果品，时常得西门庆赍发他些盘缠。其日，正寻得一篮儿雪梨，提着来绕街寻问西门庆。又有一等的多口人说道："郓哥，你若要寻他，我教你一处去寻。"郓哥道："聒噪阿叔，叫我去寻得他见，赚得三五十钱养活老爹也好。"那多口的道："西门庆他如今刮上了卖炊饼的武大老婆，每日只在紫石街上王婆茶房里坐地，这早晚多定正在那里。你小孩子家，只顾撞入去不妨。"

那郓哥得了这话，谢了阿叔指教。这小猴子提了篮儿，一直望紫石街走来，径奔入茶坊里去，却好正见王婆坐在小凳儿上绩绪。郓哥把篮儿放下，看着王婆道："干娘拜揖。"那婆子问道："郓哥，你来这里做甚么？"郓哥道："要寻大官人，赚三五十钱，养活老爹。"婆子道："甚么大官人？"郓哥道："干娘情知是那个，便只是他那个。"婆子道："便是大官人，也有个姓名。"郓哥道："便是两个字的。"婆子道："甚么两个字的？"郓哥道："干娘只是要作耍。我要和西门大官人说句话。"望里面便走。那婆子一把揪住道："小猴子，那里去?人家屋里，各有内外。"郓哥道："我去房里便寻出来。"王婆道："含鸟猢狲，我屋里那得甚么西门大官人！"郓哥道："干娘，不要独吃自呵!也把些汁水与我呷一呷!我有甚么不理会得！"婆子便骂道："你那小猢狲，理会得甚么！"郓哥道："你正是'马蹄刀木杓里切菜'，水泄不漏，半点儿也没得落地。直要我说出来，只怕卖炊饼的哥哥发作！"

那婆子吃他这两句道着他真病，心中大怒，喝道："含鸟猢狲，也来老娘屋里放屁辣臊！"郓哥道："我是小猢狲，你是马泊六！"那婆子揪住郓哥，凿上两个栗暴。郓哥叫道："做甚么便打我！"婆子骂道："贼猢狲，高则声，大耳刮子打出你去！"郓哥道："老咬虫，没事得便打我！"这婆子一头叉，一头大栗暴凿，直打出街上去，雪梨篮儿也丢出去。那篮雪梨四分五落，滚了开去。这小猴子打那虔婆不过，一头骂，一头哭，一头走，一头街上拾梨儿，指着那王婆茶坊里骂道："老咬虫，我教你不要慌！我不去说与他！不做出来不信！"提了篮儿，径奔去寻这个人。正是从前作过事，没兴一齐来。直教：掀翻狐兔窝中草，惊起鸳鸯沙上眠。

毕竟这郓哥寻甚么人，且听下回分解。

第二十五回 王婆计啜西门庆　淫妇药鸩武大郎

话说当下郓哥被王婆打了这几下，心中没出气处，提了雪梨篮儿，一径奔来街上，直来寻武大郎。转了两条街，只见武大挑着炊饼担儿，正从那条街上来。郓哥见了，立住了脚，看着武大道：“这几时不见你，怎么吃得肥了？”武大歇下担儿道：“我只是这般模样，有甚么吃得肥处？”郓哥道：“我前日要籴些麦稃，一地里没籴处，人都道你屋里有。”武大道：“我屋里又不养鹅鸭，那里有这麦稃？”郓哥道：“你说没麦稃，怎地栈得肥耷耷地，便颠倒提起你来，也不妨，煮你在锅里也没气。”武大道：“含鸟猢狲，倒骂得我好!我的老婆又不偷汉子，我如何是鸭？”郓哥道：“你老婆不偷汉子，只偷子汉！”武大扯住郓哥道：“还我主来！”郓哥道：“我笑你只会扯我，却不咬下他左边的来。”武大道：“好兄弟，你对我说是兀谁?我把十个炊饼送你。”郓哥道：“炊饼不济事。你只做个小主人，请我吃三杯，我便说与你。”武大道：“你会吃酒?跟我来。”

武大挑了担儿，引着郓哥，到一个小酒店里，歇了担儿，拿了几个炊饼，买了些肉，讨了一旋酒，请郓哥吃。那小厮又道：“酒便不要添了，肉再切几块来。”武大道：“好兄弟，你且说与我则个。”郓哥道：“且不要慌，等我一发吃了，却说与你。你却不要气苦，我自帮你打捉。”武大看那猴子吃了酒肉，道：“你如今却说与我。”郓哥道：“你要得知，把手来摸我头上疙瘩。”武大道：“却怎地来有这疙瘩？”郓哥道：“我对你说：我今日将这一篮雪梨，去寻西门大郎挂一小勾子，一地里没寻处。街上有人说道：‘他在王婆茶房里，和武大娘子勾搭上了，每日只在那里行走。’我指望去赚三五十钱使，叵耐那王婆老猪狗，不放我去房里寻他，大栗暴打我出来。我特地来寻你。我方才把两句话来激你，我不激你时，你须不来问我。”武大道：“真个有这等事？”郓哥道：“又来了!我道你是这般的鸟人，那厮两个落得快活，只等你出来，便在王婆房里做一处，你兀自问道真个也是假。”

武大听罢道：“兄弟，我实不瞒你说：那婆娘每日去王婆家里做衣裳，归来时便脸红，我自也有些疑忌。这话正是了!我如今寄了担儿，便去捉奸，如何？”郓哥道：“你老大一个人，原来没些见识。那王婆老狗，恁么利害怕人，你如何出得他手?他须三人也有个暗号，见你入来拿他，把你老婆藏过了。那西门庆须了得，打你这般二十来个。若捉他不着，干吃他一顿拳头。他又有钱有势，反告了一纸状子，你便用吃他一场官司，又没人做主，干结果了你。”武大道：“兄弟，你都说得是。却怎地出得这口气？”郓哥道：“我吃那老猪狗打了，也没出气处。我教你一着：你今日晚些归去，都不要发作，也不可露一些嘴脸，只做每日一般。明朝便少做些炊饼出来卖，我自在巷口等你。若是见西门庆入去时，我便来叫你。你便挑着担儿，只在左近等我，我便先去惹那老狗。必然来打我，我先将篮儿丢出街来，你却抢来。我便一头顶住那婆子，你便只顾奔入房里去，叫起屈来。此计如何？”武大道：“既是如此，却是亏了兄弟。我有数贯钱，与你把去籴米，明日早早来紫石街巷口等我。”郓哥得了数贯钱，几个炊饼，自去了。武大还了酒钱，挑了担儿，去卖了一遭归去。

原来这妇人往常时只是骂武大，百般的欺负他，近日来也自知无礼，只得窝伴他些个。诗曰：

泼性淫心讵肯回，聊将假意强相陪。

只因隔壁偷好汉，遂使身中怀鬼胎。

当晚武大挑了担儿归家，也只和每日一般，并不说起。那妇人道：“大哥，买盏酒吃？”武大道：“却才和一般经纪人买三碗吃了。”那妇人安排晚饭与武大吃了，当夜无话。

次日饭后，武大只做三两扇炊饼，安在担儿上。这妇人一心只想着西门庆，那里来理会武大做多做少?当日武大挑了担儿，自出去做买卖。这妇人巴不能够他出去了，便踅过王婆房里来等西门庆。

且说武大挑着担儿，出到紫石街巷口，迎见郓哥提着篮儿在那里张望。武大道：“如何？”郓哥道：“早些个。你且去卖一遭了来。他七八分来了，你只在左近处伺候。”武大飞云也似去卖了一遭回来，郓哥道：“你只看我篮儿撇出来，你便奔入去。”武大自把担儿寄下，不在话下。

却说郓哥提着篮儿，走入茶坊里来，骂道：“老猪狗，你昨日做甚么便打我！”那婆子旧性不改，便跳起身来喝道：“你这小猢狲，老娘与你无干，你做甚么又来骂我！”郓哥道：“便骂你这马泊六，做牵头的老狗，直甚么屁！”那婆子大怒，揪住郓哥便打。郓哥叫一声：“你打我！”把篮儿丢出当街上来。那婆子却待揪他，被这小猴子叫声“你打”时，就把王婆腰里带个住，看着婆子小肚上，只一头撞将去，争些儿跌倒，却得壁子碍住不倒。那猴子死顶住在壁上，只见武大裸起衣裳，大踏步直抢入茶坊里来。

那婆子见了是武大来，急待要拦，当时却被这小猴子死命顶住，那里肯放?婆子只叫得：“武大来也！”那婆娘正在房里做手脚不迭，先奔来顶住了门，这西门庆便钻入床底下躲去。武大抢到房门边，用手推那房门时，那里推得开，口里只叫得：“做得好事！”那妇人顶住着门，慌做一团，口里便说道：“闲常时，只如鸟嘴卖弄杀好拳棒。急上场时，便没些用，见个纸虎，也吓一交。”那妇人这几句话，分明教西门庆来打武大，夺路了走。西门庆在床底下听了妇人这几句言语，提醒他这个念头，便钻出来说道：“娘子，不是我没本事，一时间没这智量。”便来拔开门，叫声：“不要打！”武大却待要揪他，被西门庆早飞起右脚。武大矮短，正踢中心窝里，扑地望后便倒了。西门庆见踢倒了武大，打闹里一直走了。郓哥见不是话头，撇了王婆撒开，街坊邻舍，都知道西门庆了得，谁敢来多管?

王婆当时就地下扶起武大来，见他口里吐血，面皮蜡查也似黄了，便叫那妇人出来，舀碗水来，救得苏醒，两个上下肩搀着，便从后门扶归楼上去，安排他床上睡了。正是：

三寸丁儿没干才，西门驴货甚雄哉!

亲夫却教奸夫害，淫毒皆成一套来。

当夜无话。次日西门庆打听得没事，依前自来和这妇人做一处，只指望武大自死。

武大一病五日，不能够起。更兼要汤不见，要水不见，每日叫那妇人不应，又见他浓妆艳抹了出去，归来时便面颜红色。武大几遍气得发昏，又没人来睬着。武大叫老婆来分付道：“你做的勾当，我亲手来捉着你奸，你倒挑拨奸夫，踢了我心，至今求生不生，求死不死，你们却自去快活!我死自不妨，和你们争不得了!我的兄弟武二，你须得知他性格。倘或早晚归来，他肯干休?你若肯可怜我，早早伏侍我好了，他归来时，我都不提。你若不看觑我时，待他归来，却和你们说话！”

这妇人听了这话，也不回言，却踅过来，一五一十，都对王婆和西门庆说了。那西门庆听了这话，却似提在冰窖子里，说道：“苦也!我须知景阳冈上打虎的武都头，他是清河县第一个好汉!我如今却和你眷恋日久，情孚意合，却不恁地理会。如今这等说时，正是怎地好?却是苦也！”王婆冷笑道：“我倒不曾见你是个把舵的，我是趁船的，我倒不慌，你倒慌了手脚。”西门庆道：“我枉自做了男子汉，到这般去处，却摆布不开。你有甚么主见?遮藏我们则个。”

王婆道：“你们却要长做夫妻，短做夫妻？”西门庆道：“干娘，你且说如何是长做夫妻，短做夫妻？”王婆道：“若是短做夫妻，你们只就今日便分散。等武大将息好了起来，与他陪了话，武二归来，都没言语。待他再差使出去，却再来相约。这是短做夫妻。你们若要长做夫妻，每日同一处，不担惊受怕，我却有一条妙计，只是难教你。”西门庆道：“干娘周全了我们则个，只要长做夫妻。”王婆道：“这条计，用着件东西，别人家里都没，天生天化，大官人家里却有。”西门庆道：“便是要我的眼睛，也剜来与你。却是甚么东西？”

王婆道：“如今这捣子病得重，趁他狼狈里，便好下手。大官人家里取些砒霜来，却教大娘子自去赎一帖心疼的药来，把这砒霜下在里面，把这矮子结果了。一把火烧得干干净净的，没了踪迹，便是武二回来，待敢怎地?自古道：‘嫂叔不通问。’‘初嫁从亲，再嫁由身。’阿叔如何管得?暗地里来往半年一载，等待夫孝满日，大官人娶了家去，这个不是长远夫妻，谐老同欢?此计如何？”西门庆道：“干娘此计甚妙。自古道：‘欲求生快活，须下死工夫。’罢，罢，罢!一不做，二不休！”王婆道：“可知好哩!这是斩草除根，萌芽不发；若是斩草不除根，春来萌芽再发。官人便去取些砒霜来，我自教娘子下手。事了时，却要重重谢我。”西门庆道：“这个自然，不消你说。”有诗为证：

恋色迷花不肯休，机谋只望永绸缪。

谁知武二刀头毒，更比砒霜狠一筹。

且说西门庆去不多时，包了一包砒霜来，把与王婆收了。这婆子却看着那妇人道：“大娘子，我教你下药的法度：如今武大不对你说道教你看活他?你便把些小意儿贴恋他。他若问你讨药吃时，便把这砒霜调在心疼药里。待他一觉身动，你便把药灌将下去，却便走了起身。他若毒药转时，必然肠胃迸裂，大叫一声，你却把被只一盖，都不要人听得。预先烧下一锅汤，煮着一条抹布。他若毒药发时，必然七窍内流血，口唇上有牙齿咬的痕迹。他若放了命，便揭起被来，却将煮的抹布一揩，都没了血迹；便入在棺材里，扛出去烧了，有甚么鸟事？”那妇人道：“好却是好，只是奴手软了，临时安排不得尸首。”王婆道：“这个容易。你只敲壁子，我自过来相帮你。”西门庆道：“你们用心整理，明日五更来讨回报。”西门庆说罢，自去了。王婆把这砒霜用手捻为细末，把与那妇人将去藏了。

那妇人却踅将归来，到楼上看武大时，一丝没两气，看看待死，那妇人坐在床边假哭。武大道：“你做甚么来哭？”那妇人拭着眼泪说道：“我的一时间不是了，吃那厮局骗了。谁想却踢了你这脚!我问得一处好药，我要去赎来医你，又怕你疑忌了，不敢去取。”武大道：“你救得我活，无事了，一笔都勾，并不记怀，武二家来，亦不提起。快去赎药来救我则个！”

那妇人拿了些铜钱，径来王婆家里坐地，却叫王婆去赎了药来。把到楼上，教武大看了，说道：“这帖心疼药，太医叫你半夜里吃。吃了倒头把一两床被发些汗，明日便起得来。”武大道：“却是好也。生受大嫂，今夜醒睡些个，半夜里调来我吃。”那妇人道：“你自放心睡，我自伏侍你。”

看看天色黑了，那妇人在房里点上碗灯，下面先烧了一大锅汤，拿了一片抹布，煮在汤里。听那更鼓时，却好正打三更。那妇人先把毒药倾在盏子里，却舀一碗白汤，把到楼上，叫声：“大哥，药在那里？”武大道：“在我席子底下枕头边，你快调来与我吃。”那妇人揭起席子，将那药抖在盏子里；把那药贴安了，将白汤冲在盏内；把头上银牌儿只一搅，调得匀了，左手扶起武大，右手把药便灌。武大呷了一口，说道：“大嫂，这药好难吃！”那妇人道：“只要他医治得病，管甚么难吃！”武大再呷第二口时，被这婆娘就势只一灌，一盏药都灌下喉咙去了。那妇人便放倒武大，慌忙跳下床来。武大“哎”了一声，说道：“大嫂，吃下这药去，肚里倒疼起来。苦呀!苦呀!倒当不得了！”这妇人便去脚后扯过两床被来，没头没脸只顾盖。武大叫道：“我也气闷。”那妇人道：“太医分付，教我与你发些汗，便好得快。”武大再要说时，这妇人怕他挣扎，便跳上床来，骑在武大身上，把手紧紧地按住被角，那里肯放些松宽。正似：

油煎肺腑，火燎肝肠。心窝里如雪刃相侵，满腹中似钢刀乱搅。浑身冰冷，七窍血流。牙关紧咬，三魂赴枉死城中；喉管枯干，七魄投望乡台上。地狱新添食毒鬼，阳间没了捉奸人。

那武大哎了两声，喘息了一回，肠胃迸断，呜呼哀哉!身体动不得了。那妇人揭起被来，见了武大咬牙切齿，七窍流血，怕将起来，只得跳下床来，敲那壁子。王婆听得，走过后门头咳嗽。那妇人便下楼来，开了后门，王婆问道：“了也未？”那妇人道：“了便了了，只是我手脚软了，安排不得。”王婆道：“有甚么难处!我帮你便了。”

那婆子便把衣袖卷起，舀了一桶汤，把抹布撇在里面，掇上楼来。卷过了被，先把武大嘴边唇上都抹了，却把七窍淤血痕迹拭净，便把衣裳盖在户上。两个从楼上一步一掇，扛将下来，就楼下将扇旧门停了。与他梳了头，戴上巾帻，穿了衣裳，取双鞋袜与他穿了。将片白绢盖了脸，拣床干净被盖在死尸身上；却上楼来，收拾得干净了。王婆自转将归去了。

那婆娘却号号地假哭起养家人来。看官听说：原来但凡世上妇人，哭有三样：有泪有声谓之哭，有泪无声谓之泣，无泪有声谓之号。当下那妇人干号了半夜，却早五更，天色未晓，西门庆奔来讨信，王婆说了备细。西门庆取银子把与王婆，教买棺材津送，就叫那妇人商议。这婆娘过来和西门庆说道：“我的武大今日已死，我只靠着你做主。”西门庆道：“这个何须得你说。”王婆道：“只有一件事最要紧：地坊上团头何九叔，他是个精细的人，只怕他看出破绽，不肯殓。”西门庆道：“这个不妨。我自分付他便了，他不肯违我的言语。”王婆道：“大官人便用去分付他，不可迟误。”西门庆去了。

到天大明，王婆买了棺材，又买些香烛纸钱之类，归来与那妇人做羹饭，点起一盏随身灯。邻舍坊厢，都来吊问。那妇人虚掩着粉脸假哭。众街坊问道：“大郎因甚病患便死了？”那婆娘答道：“因害心疼病症，一日日越重了，看看不能够好，不幸昨夜三更死了。”又哽哽咽咽假哭起来。众邻舍明知道此人死得不明，不敢死问他，只自人情劝道：“死自死了，活的自要过，娘子省烦恼。”那妇人只得假意儿谢了，众人各自散了。王婆取了棺材，去请团头何九叔。但是入殓用的，都买了，并家里一应物件，也都买了。就叫了两个和尚，晚些伴灵。多样时，何九叔先拨几个火家来整顿。

且说何九叔到巳牌时分，慢慢地走出来，到紫石街巷口，迎见西门庆叫道：“九叔何往？”何九叔答道：“小人只去前面殓这卖炊饼的武大郎尸首。”西门庆道：“借一步说话则个。”何九叔跟着西门庆来到转角头一个小酒店里，坐下在阁儿内。西门庆道：“何九叔，请上坐。”何九叔道：“小人是何等之人，对官人一处坐地？”西门庆道：“九叔何故见外，且请坐。”二人坐定，叫取瓶好酒来。小二一面铺下菜蔬果品按酒之类，即便筛酒。

何九叔心中疑忌，想道：“这人从来不曾和我吃酒，今日这杯酒必有跷蹊。”两个吃了半个时辰，只见西门庆去袖子里摸出一锭十两银子，放在桌上，说道：“九叔休嫌轻微，明日别有酬谢。”何九叔叉手道：“小人无半点效力之处，如何敢受大官人见赐银两?若是大官人便有使令小人处，也不敢受。”西门庆道：“九叔休要见外，请收过了却说。”何九叔道：“大官人但说不妨，小人依听。”西门庆道：“别无甚事，少刻他家也有些辛苦钱。只是如今殓武大的尸首，凡百事周全，一床锦被遮盖则个，别无多言。”何九叔道：“是这些小事，有甚利害，如何敢受银两？”西门庆道：“九叔不收时，便是推却。”那何九叔自来惧怕西门庆是个刁徒，把持官府的人，只得受了。两个又吃了几杯，西门庆叫酒保来记了帐，明日来铺里支钱。两个下楼，一同出了店门。西门庆道：“九叔记心，不可泄漏，改日别有报效。”分付罢，一直去了。

何九叔心中疑忌，肚里寻思道：“这件事却又作怪!我自去殓武大郎尸首，他却怎地与我许多银子?这件事必定有跷蹊。”来到武大门前，只见那几个火家在门首伺候，何九叔问道：“这武大是甚病死了？”火家答道：“他家说害心疼病死了。”何九叔揭起帘子入来，王婆接着道："久等阿叔多时了。"何九叔应道："便是有些小事绊住了脚，来迟了一步。"只见武大老婆，穿着些素淡衣裳，从里面假哭出来。何九叔道："娘子省烦恼。可伤大郎归天去了！"那妇人虚掩着泪眼道："说不可尽!不想拙夫心疼症候，几日儿便休了，撇得奴好苦！"何九叔上上下下看得那婆娘的模样，口里自暗暗地道："我从来只听的说武大娘子，不曾认得他，原来武大却讨着这个老婆!西门庆这十两银子，有些来历。"何九叔看着武大尸首，揭起千秋　，扯开白绢，用五轮八宝犯着两点神水眼，定睛看时，何九叔大叫一声，望后便倒，口里喷出血来。但见指甲青，唇口紫，面皮黄，眼无光，正是：身如五鼓衔山月，命似三更油尽灯。

毕竟何九叔性命如何，且听下回分解。

第二十六回 偷骨殖何九叔送丧　供人头武二郎设祭

话说当时何九叔跌倒在地下，众火家扶住，王婆便道："这是中了恶，快将水来！"喷了两口，何九叔渐渐地动转，有些苏醒。王婆道："且扶九叔回家去，却理会。"两个火家，使扇板门，一径抬何九叔到家里，大小接着，就在床上睡了。老婆哭道："笑欣欣出去，却怎地这般归来!闲时曾不知中恶。"坐在床边啼哭。何九叔觑得火家都不在面前，踢那老婆道："你不要烦恼，我自没事。却才去武大家入殓，到得他巷口，迎见县前开药铺的西门庆，请我去吃了一席酒，把十两银子与我，说道：'所殓的尸首，凡事遮盖则个。'我到武大家，见他的老婆是个不良的人，我心里有八九分疑忌。到那里揭起千秋　看时，见武大面皮紫黑，七窍内津津出血，唇口上微露齿痕，定是中毒身死。我本待声张起来，却怕他没人做主，恶了西门庆，却不是去撩蜂剔蝎?待要胡卢提入了棺殓了，武大有个兄弟，便是前日景阳冈上打虎的武都头。他是个杀人不眨眼的男子，倘或早晚归来，此事必然要发。"

老婆便道："我也听得前日有人说道：'后巷住的乔老儿子郓哥，去紫石街帮武大捉奸，闹了茶坊。'正是这件事了。你却慢慢的访问他。如今这事有甚难处，只使火家自去殓了，就问他几时出丧。若是停丧在家，待武松归来出殡，这个便没甚么皂丝麻线。若他便出去埋葬了，也不妨。若是他便要出去烧他时，必有跷蹊。你到临时，只做去送丧，张人眼错，拿了两块骨头，和这十两银子收着，便是个老大证见。若他回来，不问时便罢，却不留了西门庆面皮，做一碗饭却不好。"

何九叔道："家有贤妻，见得极明！"随即叫火家分付："我中了恶，去不得，你们便自去殓了。就问他几时出丧，快来回报。得的钱帛，你们分了，都要停当。若与我钱帛，不可要。"火家听了，自来武大家入殓，停丧安灵已罢，回报何九叔道："他家大娘子说道：'只三日便出殡，去城外烧化。'"火家各自分钱散了。何九叔对老婆道："你说的话正是了。我至期，只去偷骨殖便了。"

且说王婆一力撺掇，那婆娘当夜伴灵。第二日请四僧念些经文。第三日早，众火家自来扛抬棺材，也有几家邻舍街坊相送。那妇人带上孝，一路上假哭养家人。来到城外化人场上，便叫举火烧化。只见何九叔手里提着一陌纸钱，来到场里，王婆和那妇人接见道："九叔，且喜得贵体没事了。"何九叔道："小人前日买了大郎一扇笼子母炊饼，不曾还得钱，特地把这陌纸来烧与大郎。"王婆道："九叔如此志诚！"何九叔把纸钱烧了，就撺掇烧化棺材。王婆和那妇人谢道："难得何九叔撺掇，回家一发相谢。"何九叔道："小人到处只是出热。娘子和干娘自稳便，斋堂里去相待众邻舍街坊。小人自替你照顾。"使转了这妇人和那婆子，把火挟去，拣两块骨头，拿去　骨池内只一浸，看那骨头酥黑。何九叔收藏了，也来斋堂里和哄了一回。棺木过了，杀火，收拾骨殖，　在池子里，众邻舍各自分散。那何九叔将骨头归到家中，把幅纸都写了年月日期，送丧的人名字，和这银子一处包了，做一个布袋儿盛着，放在房里。

再说那妇人归到家中，去　子前面设个灵牌，上写"亡夫武大郎之位"。灵床子前，点一盏琉璃灯，里面贴些经　、钱垛、金银锭、采缯之属。每日却自和西门庆在楼上任意取乐，却不比先前在王婆房里，只是偷鸡盗狗之欢，如今家中又没人碍眼，任意停眠整宿。自此西门庆整三五夜不归去，家中大小亦各不喜欢。原来这女色坑陷得人，有成时必须有败，有诗为证：

参透风流二字禅，好姻缘是恶姻缘。

山妻小妾家常饭，不害相思不损钱。

且说西门庆和那婆娘终朝取乐，任意歌饮，交得熟了，却不顾外人知道，这条街上远近人家，无有　人不知此事。却都惧怕西门庆那厮是个刁徒泼皮，谁肯来多管?

常言道："乐极生悲，否极泰来。"光阴迅速，前后又早四十余日。却说武松自从领了知县言语，监送车仗到东京亲戚处，投下了来书，交割了箱笼，街上闲行了几日，讨了回书，领一行人取路回阳谷县来。前后往回，恰好将及两个月。去时新春天气，回来三月初头。于路上只觉得神思不安，身心恍惚，赶回要见哥哥，且先去县里交纳了回书。知县见了大喜。看罢回书，已知金银宝物交得明白，赏了武松一锭大银，酒食管待，不必用说。

武松回到下处房里，换了衣服鞋袜，戴上个新头巾，锁上了房门，一径投紫石街来。两边众邻舍看见武松回了，都吃一惊，大家捏两把汗，暗暗地说道："这番萧　祸起了!这个太岁归来，怎肯干休?必然弄出事来！"

且说武松到门前，揭起帘子，探身入来，见了灵床子，写着"亡夫武大郎之位"七个字，呆了，睁开双眼道："莫不是我眼花了？"叫声："嫂嫂，武二归来！"

那西门庆正和这婆娘在楼上取乐，听得武松叫一声，惊得屁滚尿流，一直奔后门，从王婆家走了。那妇人应道："叔叔少坐，奴便来也。"原来这婆娘自从药死了武大，那里肯带孝，每日只是浓妆艳抹，和西门庆做一处取乐。听得武松叫声"武二归来了"，慌忙去面盆里洗落了脂粉，拔去了首饰钗环，蓬松挽了个　儿，脱去了红裙绣袄，旋穿上孝裙孝衫，便从楼上哽哽咽咽假哭下来。

武松道："嫂嫂且住，休哭!我哥哥几时死了?得甚么症候?吃谁的药？"那妇人一头哭，一面说道："你哥哥自从你转背一二十日，猛可的害急心疼起来。病了八九日，求神问卜，甚么药不吃过，医治不得，死了，撇得我好苦！"隔壁王婆听得，生怕决撒，即便走过来帮他支吾。武松又道："我的哥哥，从来不曾有这般病，如何心疼便死了？"王婆道："都头却怎地这般说?'天有不测风云，人有暂时祸福'。谁保得长没事？"那妇人道："亏杀了这个干娘。我又是个没脚蟹，不是这个干娘，邻舍家谁肯来帮我！"武松道："如今埋在那里？"妇人道："我又独自一个，那里去寻坟地?没奈何，留了三日，把出去烧化了。"武松道："哥哥死得几日了？"妇人道："再两日，便是断七。"

武松沉吟了半晌，便出门去，径投县里来，开了锁，去房里换了一身素净衣服，便叫土兵打了一条麻绦，系在腰里；身边藏了一把尖长柄短背厚刃薄的解腕刀，取了些银两带在身边；叫一个士兵锁上了房门，去县前买了些米、面、椒料等物，香、烛、冥纸，就晚到家敲门。

那妇人开了门，武松叫土兵去安排羹饭。武松就灵床子前，点起灯烛，铺设酒肴。到两个更次，安排得端正，武松扑翻身便拜道："哥哥阴魂不远!你在世时软弱，今日死后，不见分明。你若是负屈衔冤，被人害了，托梦与我，兄弟替你做主报仇。"把酒浇奠了，烧化冥用纸钱，便放声大哭，哭得那两边邻舍，无不 惶。那妇人也在里面假哭。武松哭罢，将羹饭酒肴和土兵吃了，讨两条席子，叫土兵中门傍边睡。武松把条席子，就灵床子前睡。那妇人自上楼去，下了楼门自睡。

约莫将近三更时候，武松翻来复去睡不着。看那土兵时，【两字重叠；音"侯（阴平）"，字形左"鼻"右"句"，鼻息声】的却似死人一般挺着。武松爬将起来，看了那灵床子前琉璃灯，半明半灭。侧耳听那更鼓时，正打三更三点。武松叹了一口气，坐在席子上，自言自语，口里说道："我哥哥生时懦弱，死了却有甚分明。"说犹未了，只见灵床子下卷起一阵冷气来，真个是盘旋侵骨冷，凛烈透肌寒。昏昏暗暗，灵前灯火失光明；惨惨幽幽，壁上纸钱飞散乱。那阵冷气逼得武松毛发皆竖，定睛看时，只见个人从灵床底下钻将出来，叫声："兄弟，我死得好苦！"武松看不仔细，却待向前来再问时，只见冷气散了，不见了人。武松一交颠翻在席子上坐地，寻思是梦非梦。回头看那土兵时，正睡着。武松想道："哥哥这一死，必然不明。却才正要报我知道，又被我的神气冲散了他的魂魄。"放在心里不题，等天明却又理会。诗曰：

可怪人称三寸丁，生前混沌死精灵。

不因同气能相感，冤鬼何从夜现形?

天色渐明了，土兵起来烧汤。武松洗漱了，那妇人也下楼来，看着武松道："叔叔夜来烦恼？"武松道："嫂嫂，我哥哥端的甚么病死了？"那妇人道："叔叔却怎地忘了?夜来已对叔叔说了，害心疼病死了。"武松道："却赎谁的药吃？"那妇人道："现有药贴在这里。"武松道："却是谁买棺材？"那妇人道："央及隔壁王干娘去买。"武松道："谁来扛抬出去？"那妇人道："是本处团头何九叔。尽是他维持出去。"武松道："原来恁地。且去县里画卯，却来。"便起身带了土兵，走到紫石街巷口，问土兵道："你认得团头何九叔么？"土兵道："都头恁地忘了?前项他也曾来与都头作庆，他家只在狮子街巷内住。"武松道："你引我去。"土兵引武松到何九叔门前，武松道："你自先去。"土兵去了。武松却揭起帘子，叫声："何九叔在家么？"这何九叔却才起来，听得是武松来寻，吓得手忙脚乱，头巾也戴不迭，急急取了银子和骨殖藏在身边，便出来迎接道："都头几时回来？"武松道："昨日方回到这里，有句话闲说则个，请挪尊步同往。"何九叔道："小人便去，都头且请拜茶。"武松道："不必，免赐。"

两个一同出到巷口酒店里坐下，叫量酒人打两角酒来。何九叔起身道："小人不曾与都头接风，何故反扰？"武松道："且坐。"何九叔心里已猜八九分，量酒人一面筛酒，武松更不开口，且只顾吃酒。何九叔见他不做声，倒捏两把汗，却把些话来撩他。武松也不开言，并不把话来提起。酒已数杯，只见武松揭起衣裳，飕地掣出把尖刀来，插在桌子上。量酒的都惊得呆了，那里肯近前。看何九叔面色青黄，不敢吐气。武松捋起双袖，握着尖刀，指何九叔道："小子粗疏，还晓得'冤各有头，债各有主'。你休惊怕，只要实说，对我一一说知武大死的缘故，便不干涉你!我若伤了你，不是好汉!倘若有半句儿差，我这口刀立定教你身上添三四百个透明的窟窿!闲言不道，你只直说我哥哥死的尸首，是怎地模样？"武松道罢，一双手按住膝，两只眼睁得圆彪彪地，看着何九叔。

何九叔便去袖子里取出一个袋儿，放在桌子上道："都头息怒。这个袋儿，便是一个大证见。"武松用手打开，看那袋儿里时，两块酥黑骨头，一锭十两银子，便问道："怎地见得是老大证见？"何九叔道："小人并然不知前后因地，忽于正月二十二日在家，只见开茶坊的王婆来呼唤小人殓武大郎尸首。至日，行到紫石街巷口，迎见县前开生药铺的西门庆大郎，拦住，邀小人同去酒店里吃了一瓶酒。西门庆取出这十两银子，付与小人，分付道：'所殓的尸首，凡百事遮盖。'小人从来得知道那人是个刁徒，不容小人不接。吃了酒食，收了这银子，小人去到大郎家里，揭起千秋 ，只见七窍内有瘀血，唇口上有齿痕，系是生前中毒的尸首。小人本待声张起来，只是又没苦主，他的娘子，已自道是害心疼病死了。因此小人不敢声言，自咬破舌尖，只做中了恶，扶归家来了。只是火家自去殓了尸首，不曾接受一文。第三日，听得扛出去烧化，小人买了一陌纸，去山头假做人情。使转了王婆并令嫂，暗拾了这两块骨头，包在家里。这骨殖酥黑，系是毒药身死的证见。这张纸上写着年月日时，并送丧人的姓名，便是小人口词了。都头详察。"

武松道："奸夫还是何人？"何九叔道："却不知是谁。小人闲听得说来，有个卖梨儿的郓哥，那小厮曾和大郎去茶坊里捉奸。这条街上，谁人不知。都头要知备细，可问郓哥。"武松道："是。既然有这个人时，一同去走一遭。"武松收了刀，藏了骨头、银子，算还酒钱，便同何九叔望郓哥家里来。

却好走到他门前，只见那小猴子挽着个柳笼栲栳在手里，籴米归来。何九叔叫道："郓哥，你认得这位都头么？"郓哥道："解大虫来时，我便认得了。你两个寻我做甚么？"郓哥那小厮，也瞧了八分，便说道："只是一件：我的老爹六十岁，没人养赡，我却难相伴你们吃官司耍。"武松道："好兄弟，"便去身边取五两来银子道："郓哥，你把去与老爹做盘缠，跟我来说话。"郓哥自心里想道："这五两银子，如何不盘缠得三五个月?便陪他吃官司也不妨。"将银子和米把与老儿，便跟了二人出巷口一个饭店楼上来。武松叫过卖造三分饭来，对郓哥道："兄弟，你虽年纪幼小，倒有养家孝顺之心，却才与你这些银子，且做盘缠。我有用着你处。事务了毕时，我再与你十四五两银子做本钱。你可备细说与我，你怎地和我哥哥去茶坊里捉奸？"

郓哥道："我说与你，你却不要气苦!我从今年正月十三日，提得一篮儿雪梨，我去寻西门庆大郎挂一勾子，一地里没寻他处。问人时，说道：'他在紫石街王婆茶坊里，和卖炊饼的武大老婆做一处。如今刮上了他，每日只在那里。'我听得了这话，一径奔去寻他，叵耐王婆老猪狗，拦住不放我入房里去。吃我把话来侵他底子，那猪狗便打我一顿栗暴，直叉我出来，将我梨儿都倾在街上。我气苦了，去寻你大郎，说与他备细，他便要去捉奸。我道：'你不济事。西门庆那厮，手脚了得，你若捉他不着，反吃他告了，倒不好。我明日和你约在巷口取齐，你便少做些炊饼出来。我若张见西门庆入茶坊里去时，我先入去，你便寄了担儿等着。只看我丢出篮儿来，你便抢入来捉奸。'我这日又提了一篮梨儿，径去茶坊里。被我骂那老猪狗，那婆子便来打我，吃我先把篮儿撇出街上，一头顶住那老狗在壁上。武大郎却抢入去时，婆子要去拦截，却被我顶住了，只叫得：'武大来也！'原来倒吃他两个顶住了门。大郎只在房门外声张，却不提防西门庆那厮开了房门，奔出来，把大郎一脚踢倒了。我见那妇人随后便出来，扶大郎不动，我慌忙也自走了。过得五七日，说大郎死了。我却不知怎地死了。"武松问道："你这话是实了?你却不要说谎。"郓哥道："便到官府，我也只是这般说。"武松道："说得是，兄弟。"便讨饭来吃了，还了饭钱，三个人下楼来。何九叔道："小人告退。"武松道："且随我来，正要你们与我证一证。"把两个一直带到县厅上。

知县见了问道：“都头告甚么？”武松告说：“小人亲兄武大，被西门庆与嫂通奸，下毒药谋杀性命。这两个便是证见，要相公做主则个。”知县先问了何九叔并郓哥口词，当日与县吏商议。原来县吏都是与西门庆有首尾的，官人自不必说，因此官吏通同计较道：“这件事难以理问。”知县道：“武松，你也是个本县都头，不省得法度。自古道：‘捉奸见双，捉贼见赃，杀人见伤。’你那哥哥的尸首又没了，你又不曾捉得他奸；如今只凭这两个言语，便问他杀人公事，莫非忒偏向么?你不可造次，须要自己寻思，当行即行。”武松怀里去取出两块酥黑骨头、十两银子、一张纸，告道：“复告相公：这个须不是小人捏合出来的。”知县看了道：“你且起来，待我从长商议。可行时，便与你拿问。”何九叔、郓哥，都被武松留在房里。当日西门庆得知，却使心腹人来县里许官吏银两。

次日早晨，武松在厅上告禀，催逼知县拿人。谁想这官人贪图贿赂，回出骨殖并银子来，说道：“武松，你休听外人挑拨你和西门庆做对头。这件事不明白，难以对理。圣人云：‘经目之事，犹恐未真；背后之言，岂能全信？’不可一时造次。”狱吏便道：“都头，但凡人命之事，须要尸、伤、病、物、踪五件事全，方可推问得。”武松道：“既然相公不准所告，且却又理会。”收了银子和骨殖，再付与何九叔收了，下厅来到自己房内，叫土兵安排饭食与何九叔同郓哥吃，“留在房里相等一等，我去便来也。”

又自带了三两个土兵，离了县衙，将了砚瓦、笔、墨，就买了三五张纸，藏在身边。就叫两个土兵，买了个猪首，一只鹅，一只鸡，一担酒，和些果品之类，安排在家里。约莫也是巳牌时候，带了土兵，来到家中。那妇人已知告状不准，放下心，不怕他，大着胆看他怎的?武松叫道：“嫂嫂下来，有句话说。”那婆娘慢慢地行下楼来，问道：“有甚么话说？”武松道：“明日是亡兄断七，你前日恼了众邻舍街坊，我今日特地来把杯酒，替嫂嫂相谢众邻。”那妇人大剌剌地说道：“谢他们怎地？”武松道：“礼不可缺。”唤土兵先去灵床子前，明晃晃地点起两枝蜡烛，焚起一炉香，列下一陌纸钱；把祭物去灵前摆了，堆盘满宴，铺下酒食果品之类。叫一个土兵，后面烫酒；两个土兵，门前安排桌凳；又有两个，前后把门。武松自分付定了，便叫：“嫂嫂，来待客，我去请来。”

先请隔壁王婆。那婆子道：“不消生受，教都头作谢。”武松道：“多多相扰了干娘，自有个道理。先备一杯菜酒，休得推故。”那婆子取了招儿，收拾了门户，从后门走过来。武松道：“嫂嫂坐主位，干娘对席。”婆子已知道西门庆回话了，放着心吃酒。两个都心里道：“看他怎地！”武松又请这边下邻开银铺的姚二郎姚文卿。二郎道：“小人忙些，不劳都头生受。”武松拖住便道：“一杯淡酒，又不长久，便请到家。”那姚二郎只得随顺到来，便教去王婆肩下坐了。又去对门请两家，一家是开纸马铺的赵四郎赵仲铭。四郎道：“小人买卖撇不得，不及陪奉。”武松道：“如何使得!众高邻都在那里了。”不由他不来，被武松扯到家里道：“老人家爷父一般，便请在嫂嫂肩下坐了。”又请对门那卖冷酒店的胡正卿。那人原是吏员出身，便瞧道有些尴尬，那里肯来?被武松不管他，拖了过来，却请去赵四郎肩下坐了。武松道：“王婆，你隔壁是谁？”王婆道：“他家是卖【音“古踩”，字形为“骨出”二字加“食”旁，一种面食】儿的张公。”却好正在屋里，见武松入来，吃了一惊道：“都头，没甚话说？”武松道：“家间多扰了街坊，相请吃杯淡酒。”那老儿道：“哎呀!老子不曾有些礼数到都头家，却如何请老子吃酒？”武松道：“不成微敬，便请到家。”老儿吃武松拖了过来，请去姚二郎肩下坐地。

说话的，为何先坐的不走了?原来都有土兵前后把着门，都似监禁的一般。

且说武松请到四家邻舍，并王婆和嫂嫂，共是六人。武松掇条凳子，却坐在横头，便叫土兵把前后门关了。那后面土兵，自来筛酒。武松唱个大喏，说道：“众高邻：休怪小人粗卤，胡乱请些个。”众邻舍道：“小人们都不曾与都头洗泥接风，如今倒来反扰。”武松笑道：“不成意思，众高邻休得笑话则个。”土兵只顾筛酒。众人怀着鬼胎，正不知怎地。看看酒至三杯，那胡正卿便要起身，说道：“小人忙些个。”武松叫道：“去不得!既来到此，便忙也坐一坐。”那胡正卿心头十五个吊桶打水，七上八下，暗暗地寻思道：“既是好意请我们吃酒，如何却这般相待，不许人动身？”只得坐下。武松道：“再把酒来筛。”土兵斟到第四杯酒，前后共吃了七杯酒过，众人却似吃了吕太后一千个筵宴。

只见武松喝叫土兵，且收拾过了杯盘，少间再吃。武松抹了桌子。众邻舍却待起身，武松把两只手只一拦道：“正要说话。一干高邻在这里，中间高邻那位会写字？”姚二郎便道：“此位胡正卿极写得好。”武松便唱个喏道：“相烦则个。”便卷起双袖，去衣裳底下，飕地只一掣，掣出那口尖刀来。右手四指笼着刀靶，大母指按住掩心，两只圆彪彪怪眼睁起道：“诸位高邻在此，小人冤各有头，债各有主，只要众位做个证见。”

只见武松左手拿住嫂嫂，右手指定王婆，四家邻舍惊得目睁口呆，罔知所措，都面面厮觑，不敢做声。武松道：“高邻休怪，不必吃惊。武松虽是粗卤汉子，便死也不怕，还省得有冤报冤，有仇报仇，并不伤犯众位，只烦高邻做个证见。若有一位先走的，武松翻过脸来休怪。教他先吃我五七刀了去，武二便偿他命也不妨。”众邻舍俱目瞪口呆，再不敢动。

武松看着王婆喝道：“兀那老猪狗听着!我的哥哥这个性命，都在你的身上，慢慢地却问你！”回过脸来，看着妇人骂道：“你那淫妇听着!你把我的哥哥性命，怎地谋害了，从实招了，我便饶你。”那妇人道：“叔叔，你好没道理!你哥哥自害心疼病死了，干我甚事！”说犹未了，武松把刀　查子插在桌子上，用左手揪住那妇人头髻，右手劈胸提住；把桌子一脚踢倒了，隔桌子把这妇人轻轻地提将过来，一交放翻在灵床面前，两脚踏住。右手拔起刀来，指定王婆道：“老猪狗，你从实说！”那婆子要脱身，脱不得，只得道：“不消都头发怒，老身自说便了。”武松叫土兵取过纸、墨、笔、砚，排好在桌子上，把刀指着胡正卿道：“相烦你与我听一句，写一句。”胡正卿　　抖着道：“小人便写。”讨了些砚水，磨起墨来，胡正卿拿起笔，拂开纸道：“王婆，你实说！”那婆子道：“又不干我事，教说甚么？”武松道：“老猪狗，我都知了，你赖那个去!你不说时，我先剐了这个淫妇，后杀你这老狗！”提起刀来，望那妇人脸上便　两　。那妇人慌忙叫道：“叔叔，且饶我!你放我起来，我说便了。”武松一提，提起那婆娘，跪在灵床子前。武松喝一声：“淫妇快说！”

那妇人惊得魂魄都没了，只得从实招说：将那时放帘子，因打着西门庆起，并做衣裳，入马通奸，一一地说。次后来怎生踢了武大，因何设计下药，王婆怎地教唆拨置，从头至尾，说了一遍。武松叫他说一句，却叫胡正卿写一句。王婆道：“咬虫，你先招了，我如何赖得过，只苦了老身！”王婆也只得招认了。把这婆子口词，也叫胡正卿写了。从头至尾，都说在上面。叫他两个都点指画了字，就叫四家邻舍书了名，也画了字。叫土兵解搭膊来，背剪绑了这老狗，卷了口词，藏在怀里。叫土兵取碗酒来，供养在灵床子前，拖过这妇人来，跪在灵前，喝那婆子也跪在灵前。武松道：“哥哥灵魂不远，兄弟武二与你报仇雪恨！”叫土兵把纸钱点着。那妇人见头势不好，却待要叫，被武松脑揪倒来，两只脚踏住他两只　膊，扯开胸脯衣裳。说时迟，那时快，把尖刀去胸前只一剜，口里衔着刀，双手去挖开胸脯，抠出心肝五脏，供养在灵前；“　查”一刀，便割下那妇人头来，血流满地。四家邻舍，吃了一惊，都掩了脸，见他凶了，又不敢动，只得随顺他。武松叫土兵去楼上取下一床被来，把妇人头包了，揩了刀，插在鞘里，洗了手，唱个喏说道：“有劳高邻，甚是休怪。且请众位楼上少坐，待武二便来。”

四家邻舍，都面面相看，不敢不依他，只得都上楼去坐了。武松分付土兵，也教押那婆子上楼去。关了楼门，着两个土兵在楼下看守。

武松包了妇人那颗头，一直奔西门庆生药铺前来，看着主管，唱个喏，问道：“大官人在么？”主管道：“却才出去。”武松道：“借一步闲说一句话。”那主管也有些认得武松，不敢不出来。武松一引引到侧首僻净巷内，武松翻过脸来道：“你要死，却是要活？”主管慌道：“都头在上：小人又不曾伤犯了都头。”武松道：“你要死，休说西门庆去向；你若要活，实对我说西门庆在那里。”主管道：“却才和……一个相识，去……狮子桥下大酒楼上吃酒。”武松听了，转身便走。那主管惊得半晌，移脚不动，自去了。

且说武松径奔到狮子桥下酒楼前，便问酒保道：“西门庆大郎和甚人吃酒？”酒保道：“和一个一般的财主，在楼上边街阁儿里吃酒。”武松一直撞到楼上，去阁子前张时，窗眼里见西门庆坐着主位，对面一个坐着客席，两个唱的粉头坐在两边。武松把那被包打开一抖，那颗人头，血渌渌的滚出来。武松左手提了人头，右手拔出尖刀，挑开帘子，钻将入来，把那妇人头望西门庆脸上掼将来。西门庆认得是武松，吃了一惊，叫声：“哎呀！”便跳起在凳子上去，一只脚跨上窗槛，要寻走路，见下面是街，跳不下去，心里正慌。说时迟，那时快，武松却用手略按一按，托地已跳在桌子上，把些盏儿、碟儿，都踢下来。两个唱的行院，惊得走不动。那个财主官人，慌了脚手，也惊倒了。西门庆见来得凶，便把手虚指一指，早飞起右脚来。武松只顾奔入去，见他脚起，略闪一闪，恰好那一脚正踢中武松右手，那口刀踢将起来，直落下街心里去了。西门庆见踢去了刀，心里便不怕他，右手虚照一照，左手一拳，照着武松心窝里打来。却被武松略躲个过，就势里从胁下钻入来，左手带住头，连肩胛只一提，右手早　住西门庆左脚，叫声：“下去！”那西门庆一者冤魂缠定，二乃天理难容，三来怎当武松勇力?只见头在下，脚在上，倒撞落在当街心里去了，跌得个发昏章第十一。街上两边人，都吃了一惊。

武松伸手去凳子边提了淫妇的头，也钻出窗子外，涌身望下只一跳，跳在当街上；先抢了那口刀在手里，看这西门庆已自跌得半死，直挺挺在地下，只把眼来动。武松按住，只一刀，割下西门庆的头来。把两颗头相结做一处，提在手里。把着那口刀，一直奔回紫石街来。叫土兵开了门，将两颗人头供养在灵前，把那碗冷酒浇奠了，说道：“哥哥灵魂不远，早生天界!兄弟与你报仇：杀了奸夫和淫妇，今日就行烧化。”便叫土兵楼上请高邻下来，把那婆子押在前面。武松拿着刀，提了两颗人头，再对四家邻舍道：“我还有一句话，对你们四位高邻说则个。”那四家邻舍叉手拱立，尽道：“都头但说，我众人一听尊命。”武松说出这几句话来，有分教：景阳冈好汉，屈做囚徒；阳谷县都头，变作行者。直教：名标千古，声播万年。

毕竟武松说出甚话来，且听下回分解。

第二十七回 母夜叉孟州道卖人肉 武都头十字坡遇张青

话说当下武松对四家邻舍道：“小人因与哥哥报仇雪恨，犯罪正当其理，虽死而不怨，却才甚是惊吓了高邻。小人此一去，存亡未保，死活不知，我哥哥灵床子，就今烧化了。家中但有些一应物件，望烦四位高邻与小人变卖些钱来，作随衙用度之资，听候使用。今去县里首告，休要管小人罪犯轻重，只替小人从实证一证。”随即取灵牌和纸钱烧化了。楼上有两个箱笼，取下来，打开看了，付与四邻收贮变卖；却押那婆子，提了两颗人头，径投县里来。

此时哄动了一个阳谷县，街上看的人，不计其数。知县听得人来报了，先自骇然，随即升厅。武松押那王婆在厅前跪下，行凶刀子和两颗人头，放在阶下。武松跪在左边，婆子跪在中间，四家邻舍跪在右边。武松怀中取出胡正卿写的口词，从头至尾，告诉一遍。知县叫那令史，先问了王婆口词，一般供说。四家邻舍，指证明白，又唤过何九叔、郓哥，都取了明白供状。唤当该仵作行人，委吏一员，把这一干人押到紫石街，检验了妇人身尸，狮子桥下酒楼前，检验了西门庆身尸。明白填写尸单格目，回到县里，呈堂立案。知县叫取长枷，且把武松同这婆子枷了，收在监内，一干平人，寄监在门房里。

且说县官念武松是个义气烈汉，又想他上京去了这一遭，一心要周全他，又寻思他的好处，便唤该吏商议道：“念武松那厮是个有义的汉子，把这人们招状从新做过，改作：‘武松因祭献亡兄武大，有嫂不容祭祀，因而相争，妇人将灵床推倒，救护亡兄神主，与嫂斗殴，一时杀死。次后西门庆因与本妇通奸，前来强护，因而斗殴，互相不伏，扭打至狮子桥边，以致斗杀身死。’”读款状与武松听了，写一道申解公文，将这一干人犯，解本管东平府申请发落。这阳谷县虽是个小县分，倒有仗义的人：有那上户之家，都资助武松银两，也有送酒食钱米与武松的。武松到下处，将行李寄顿土兵收了，将了十二三两银子，与了郓哥的老爹。武松管下的土兵，大半相送酒肉不迭。当下县吏领了公文，抱着文卷，并何九叔的银子、骨殖、招词、刀杖，带了一干人犯，上路望东平府来。

众人到得府前，看的人哄动了衙门口。且说府尹陈文昭听得报来，随即升厅。那官人：

平生正直，禀性贤明。幼曾雪案攻书，长向金銮对策。户口增，钱粮办，黎民称德满街衢；词讼减，盗贼休，父老赞歌喧市井。慷慨文章欺李杜，贤良德政胜龚黄。

那陈府尹是个聪察的官，已知这件事了，便叫押过这一干人犯，就当厅先把阳谷县申文看了。又把各人供状、招款看过，将这一干人，一一审录一遍。把赃物并行凶刀杖封了，发与库子收领上库。将武松的长枷，换了一面轻罪枷枷了，下在牢里。把这婆子换一面重囚枷钉了，禁在提事司监死囚牢里收了。唤过县吏，领了回文，发落何九叔、郓哥、四家邻舍：“这六人且带回县去，宁家听候。本主西门庆妻子，留在本府羁管听候，等朝廷明降，方始结断。”那何九叔、郓哥、四家邻舍，县吏领了自回本县去了。武松下在牢里，自有几个土兵送饭。

且说陈府尹哀怜武松是个仗义的烈汉，时常差人看觑他，因此节级、牢子都不要他一文钱，倒把酒食与他吃。陈府尹把这招稿卷宗都改得轻了，申去省院，详审议罪。却使个心腹人，赍了一封紧要密书，星夜投京师来替他干办。那刑部官有和陈文昭好的，把这件事直禀过了省院官，议下罪犯：“据王婆生情造意，哄诱通奸，唆使本妇下药毒死亲夫。又令本妇赶逐武松，不容祭祀亲兄，以致杀伤人命，唆令男女故失人伦。拟合凌迟处死。据武松虽系报兄之仇，斗杀西门庆奸夫人命，亦则自首，难以释免。脊杖四十，刺配二千里外。奸夫淫妇，虽该重罪，已死勿论。其余一干人犯，释放宁家。文书到日，即便施行。”

东平府尹陈文昭看了来文，随即行移，拘到何九叔、郓哥，并四家邻舍，和西门庆妻小，一干人等，都到厅前听断。牢中取出武松，读了朝廷明降，开了长枷，脊杖四十。上下公人都看觑他，止有五七下着肉。取一面七斤半铁叶团头护身枷钉了，脸上免不得刺了两行金印，迭配孟州牢城。其余一干众人，省谕发落，各放宁家。大牢里取出王婆，当厅听命。读了朝廷明降，写了犯由牌，画了伏状，便把这婆子推上木驴，四道长钉，三条绑索，东平府尹判了一个“剐”字，拥出长街。两声破鼓响，一棒碎锣鸣，犯由前引，混棍后催，两把尖刀举，一朵纸花摇，带去东平府市心里，吃了一剐。

话里只说武松带上行枷，看剐了王婆，有那原旧的上邻姚二郎，将变卖家私什物的银两，交付与武松收受，作别自回去了。当厅押了文帖，着两个防送公人领了，解赴孟州交割。府尹发落已了。只说武松与两个防送公人上路，有那原跟的土兵付与了行李，亦回本县去了。武松自和两个公人离了东平府，迤 取路投孟州来。那两个公人，知道武松是个好汉，一路只是小心去伏侍他，不敢轻慢他些个。武松见他两个小心，也不和他计较；包裹内有的是金银，但过村坊铺店，便买酒肉，和他两个公人吃。

话休絮繁。武松自从三月初头杀了人，坐了两个月监房，如今来到孟州路上，正是六月前后，炎炎火日当天，烁石流金之际，只得赶早凉而行。约莫也行了二十余日，来到一条大路，三个人已到岭上，却是巳牌时分。武松道：“你们且休坐了，赶下岭去，寻买些酒肉吃。”两个公人道：“也说得是。”三个人奔过岭来，只一望时，见远远地土坡下约有十数间草屋，傍着溪边柳树上挑出个酒帘儿。武松见了，把手指道：“兀那里不有个酒店！”三个人奔下岭来，山冈边见个樵夫，挑一担柴过来。武松叫道：“汉子，借问这里地名叫做甚么去处？”樵夫道：“这岭是孟州道。岭前面大树林边，便是有名的十字坡。”

武松问了，自和两个公人一直奔到十字坡边看时，为头一株大树，四五个人抱不交，上面都是枯藤缠着。看看抹过大树边，早望见一个酒店，门前窗槛边坐着一个妇人，露出绿纱衫儿来，头上黄烘烘的插着一头钗 ，鬓边插着些野花。见武松同两个公人来到门前，那妇人便走起身来迎接。下面系一条鲜红生绢裙，搽一脸胭脂铅粉，敞开胸脯，露出桃红纱主腰，上面一色金钮。见那妇人如何?

眉横杀气，眼露凶光。辘轴般蠢坌腰肢，棒锤似粗莽手脚。厚铺着一层腻粉，遮掩顽皮；浓搽就两晕胭脂，直侵乱发。金钏牢笼魔女臂，红衫照映夜叉精。当时那妇人倚门迎接，说道：“客官，歇脚了去。本家有好酒、好肉，要点心时，好大馒头！”两个公人和武松入到里面，一副柏木桌凳座头上，两个公人倚了棍棒，解下那缠袋，上下肩坐了。武松先把脊背上包裹解下来，放在桌子上，解了腰间搭膊，脱下布衫。两个公人道：“这里又没人看见，我们担些利害，且与你除了这枷，快活吃两碗酒。”便与武松揭开了封皮，除了枷来，放在桌子底下，都脱了上半截衣裳，搭在一边窗槛上。只见那妇人笑容可掬道：“客官要打多少酒？”武松道：“不要问多少，只顾烫来。肉便切三五斤来，一发算钱还你。”那妇人道：“也有好大馒头。”武松道：“也把三二十个来做点心。”

那妇人嘻嘻地笑着入里面，托出一大桶酒来。放下三只大碗，三双箸，切出两盘肉来。一连筛了四五巡酒，去灶上取一笼馒头来，放在桌子上。两个公人拿起来便吃。武松取一个拍开看了，叫道：“酒家，这馒头是人肉的?是狗肉的？”那妇人嘻嘻笑道：“客官休要取笑。清平世界，荡荡乾坤，那里有人肉的馒头，狗肉的滋味?我家馒头，积祖是黄牛的。”武松道：“我从来走江湖上，多听得人说道：‘大树十字坡，客人谁敢那里过?肥的切做馒头馅，瘦的却把去填河。’”那妇人道：“客官，那得这话?这是你自捏出来的。”武松道：“我见这馒头馅肉有几根毛，一象人小便处的毛一般，以此疑忌。”武松又问道：“娘子，你家丈夫却怎地不见？”那妇人道：“我的丈夫出外做客未回。”武松道：“恁地时，你独自一个须冷落。”那妇人笑着寻思道：“这贼配军却不是作死，倒来戏弄老娘!正是‘灯蛾扑火，惹焰烧身’。不是我来寻你，我且先对付那厮。”这妇人便道：“客官，休要取笑。再吃几碗了，去后面树下乘凉。要歇，便在我家安歇不妨。”

武松听了这话，自家肚里寻思道：“这妇人不怀好意了。你看我且先耍他。”武松又道：“大娘子，你家这酒，好生淡薄。别有甚好的，请我们吃几碗。”那妇人道：“有些十分香美的好酒，只是浑些。”武松道：“最好，越浑越好吃。”那妇人心里暗喜，便去里面托出一旋浑色酒来。武松看了道：“这个正是好生酒，只宜热吃最好。”那妇人道：“还是这位客官省得，我烫来你尝看。”妇人自忖道：“这个贼配军正是该死，倒要热吃。这药却是发作得快，那厮当是我手里行货。”烫得热了，把将过来筛做三碗，便道：“客官，试尝这酒。”两个公人那里忍得饥渴，只顾拿起来吃了。武松便道：“大娘子，我从来吃不得寡酒。你再切些肉来，与我过口。”张得那妇人转身入去，却把这酒泼在僻暗处，口中虚把舌头来咂道：“好酒，还是这酒冲得人动！”

那妇人那曾去切肉，只虚转一遭，便出来拍手叫道：“倒也!倒也！”那两个公人，只见天旋地转，禁了口，望后扑地便倒。武松也把眼来虚闭紧了，扑地仰倒在凳边。那妇人笑道：“着了!由你奸似鬼，吃了老娘的洗脚水！”便叫：“小二、小三，快出来！”只见里面跳出两个蠢汉来，先把两个公人扛了进去，这妇人后来桌上，提了武松的包裹，并公人的缠袋，捏一捏看，约莫里面是些金银。那妇人欢喜道：“今日得这三头行货，倒有好两日馒头卖，又得这若干东西。”把包裹缠袋提了入去，却出来，看这两个汉子扛抬武松。那里扛得动，直挺挺在地下，却似有千百斤重的。那妇人看了，见这两个蠢汉，拖扯不动，喝在一边说道：“你这鸟男女，只会吃饭吃酒，全没些用!直要老娘亲自动手。这个鸟大汉，却也会戏弄老娘。这等肥胖，好做黄牛肉卖。那两个瘦蛮子，只好做水牛肉卖。扛进去，先开剥这厮。”那妇人一头说，一面先脱去了绿纱衫儿，解下了红绢裙子，赤膊着，便来把武松轻轻提将起来。武松就势抱住那妇人，把两只手一拘拘将拢来，当胸前搂住，却把两只腿望那妇人下半截只一挟，压在妇人身上，那妇人杀猪也似叫将起来。那两个汉子急待向前，被武松大喝一声，惊的呆了。那妇人被按压在地上，只叫道：“好汉饶我！”那里敢挣扎，正是：

麻翻打虎人，馒头要发酵。

谁知真英雄，却会恶取笑。

牛肉卖不成，反做杀猪叫!

只见门前一人挑一担柴，歇在门首，望见武松按倒那妇人在地上，那人大踏步跑将进来叫道：“好汉息怒!且饶恕了，小人自有话说。”武松跳将起来，把左脚踏住妇人，提着双拳，看那人时，头带青纱凹面巾，身穿白布衫，下面腿 护膝，八搭麻鞋，腰系着缠袋。生得三拳骨叉脸儿，微有几根髭髯，年近三十五六。看着武松，叉手不离方寸，说道：“愿闻好汉大名。”武松道：“我行不更名，坐不改姓，都头武松的便是！”那人道：“莫不是景阳冈打虎的武都头？”武松回道：“然也。”那人纳头便拜道：“闻名久矣，今日幸得拜识。”武松道：“你莫非是这妇人的丈夫？”那人道：“是小人的浑家，‘有眼不识泰山’，不知怎地触犯了都头。可看小人薄面，望乞恕罪。”正是：

自古嗔拳输笑面，从来礼数服奸邪。

只因义勇真男子，降伏凶顽母夜叉。

武松见他如此小心，慌忙放起妇人来，便问：“我看你夫妻两个，也不是等闲的人，愿求姓名。”那人便叫妇人穿了衣裳，快近前来，拜了都头。武松道：“却才冲撞，阿嫂休怪。”那妇人便道：“有眼不识好人。一时不是，望伯伯恕罪。且请去里面坐地。”武松又问道：“你夫妻二位，高姓大名，如何知我姓名？”那人道：“小人姓张，名青，原是此间光明寺种菜园子。为因一时间争些小事，性起，把这光明寺僧行杀了，放把火烧做白地，后来也没对头，官司也不来问，小人只在此大树坡下剪径。忽一日，有个老儿挑担子过来，小人欺负他老，抢出来和他厮并，斗了二十余合，被那老儿一匾担打翻。原来那老儿年纪小时，专一剪径。因见小人手脚活，便带小人归去到城里，教了许多本事，又把这个女儿招赘小人做个女婿。城里怎地住得?只得依旧来此间盖些草屋，卖酒为生。实是只等客商过往，有那入眼的，便把些蒙汗药与他吃了便死。将大块好肉，切做黄牛肉卖；零碎小肉，做馅子包馒头。小人每日也挑些去村里卖，如此度日。小人因好结识江湖上好汉，人都叫小人做菜园子张青。俺这浑家姓孙，全学得他父亲本事，人都唤他做母夜叉孙二娘。小人却才回来，听得浑家叫唤，谁想得遇都头。小人多曾分付浑家道：'三等人不可坏他。第一，是云游僧道，他又不曾受用过分了，又是出家的人。'则恁地也争些儿坏了一个惊天动地的人：原是延安府老种经略相公帐前提辖，姓鲁，名达，为因三拳打死了一个镇关西，逃走上五台山，落发为僧，因他脊梁上有花绣，江湖上都呼他做花和尚鲁智深，使一条浑铁禅杖，重六十来斤，也从这里经过。浑家见他生得肥胖，酒里下了些蒙汗药，扛入在作坊里。正要动手开剥，小人恰好归来，见他那条禅杖非俗，却慌忙把解药救起来，结拜为兄。打听得他近日占了二龙山宝珠寺，和一个甚么青面兽杨志，霸在那方落草。小人几番收得他相招的书信，只是不能够去。"

武松道："这两个，我也在江湖上多闻他名。"张青道："只可惜了一个头陀，长七八尺一条大汉，也把来麻坏了。小人归得迟了些个，已把他卸下四足。如今只留得一个箍头的铁界尺，一领皂直裰，一张度牒在此。别的都不打紧，有两件物最难得：一件是一百单八颗人顶骨做成的数珠；一件是两把雪花镔铁打成的戒刀。想这个头陀也自杀人不少。直到如今，那刀要便半夜里啸响。小人只恨道不曾救得这个人，心里常常忆念他。又分付浑家道：'第二等是江湖上行院妓女之人，他们是冲州撞府，逢场作戏，陪了多少小心得来的钱物，若还结果了他，那厮们你我相传，去戏台上说得我等江湖上好汉不英雄。'又分付浑家道：'第三等是各处犯罪流配的人，中间多有好汉在里头，切不可坏他。'不想浑家不依小人的言语，今日又冲撞了都头，幸喜小人归得早些。却是如何了起这片心？"母夜叉孙二娘道："本是不肯下手。一者见伯伯包裹沉重，二乃怪伯伯说起风话，因此一时起意。"武松道："我是斩头沥血的人，何肯戏弄良人!我见阿嫂瞧得我包裹紧，先疑忌了，因此特地说些风话，漏你下手。那碗酒我已泼了，假做中毒，你果然来提我。一时拿住，甚是冲撞了嫂子，休怪！"

张青大笑起来，便请武松直到后面客席里坐定。武松道："兄长，你且放出那两个公人则个。"张青便引武松到人肉作坊里，看时，见壁上绷着几张人皮，梁上吊着五七条人腿。见那两个公人，一颠一倒，挺着在剥人凳上。武松道："大哥，你且救起他两个来。"张青道："请问都头：今得何罪?配到何处去？"武松把杀西门庆并嫂的缘由，一一说了一遍。张青夫妻两个，称赞不已，便对武松说道："小人有句话说，未知都头如何？"武松道："大哥但说不妨。"张青不慌不忙，对武松说出那几句话来，有分教：武松大闹了孟州城，哄动了安平寨。直教：打翻拽象拖牛汉，　倒擒龙捉虎人。

毕竟张青对武松说出甚言语来，且听下回分解。

第二十八回 武松威镇安平寨　施恩义夺快活林

话说当下张青对武松说道："不是小人心歹，比及都头去牢城营里受苦，不若就这里把两个公人做翻，且只在小人家里过几时。若是都头肯去落草时，小人亲自送至二龙山宝珠寺，与鲁智深相聚入伙如何？"武松道："最是兄长好心，顾盼小弟。只是一件：武松平生只要打天下硬汉，这两个公人，于我分上，只是小心，一路上服侍我来。我若害了他，天理也不容我。你若敬爱我时，便与我救起他两个来，不可害他。"张青道："都头既然如此仗义，小人便救醒了。"

当下张青叫火家便从剥人凳上搀起两个公人来。孙二娘便调一碗解药来，张青扯住耳朵，灌将下去。没半个时辰，两个公人，如梦中睡觉的一般爬将起来，看了武松说道："我们却如何醉在这里?这家恁么好酒!我们又吃不多，便恁地醉了!记着他家，回来再问他买吃。"武松笑将起来，张青、孙二娘也笑，两个公人正不知怎地。那两个火家，自去宰杀鸡鹅，煮得熟了，整顿杯盘端正。张青教摆在后面葡萄架下，放了桌凳坐头。张青便邀武松并两个公人到后园内。

武松便让两个公人上面坐了，张青、武松在下面朝上坐了，孙二娘坐在横头。两个汉子轮番斟酒，来往搬摆盘馔。张青劝武松饮酒。至晚，取出那两口戒刀来，叫武松看了。果是镔铁打的，非一日之功。两个又说些江湖上好汉的勾当，却是杀人放火的事。武松又说："山东及时雨宋公明仗义疏财，如此豪杰，如今也为事逃在柴大官人庄上。"两个公人听得，惊得呆了，只是下拜。武松道："难得你两个送我到这里了，终不成有害你之心?我等江湖上好汉们说话，你休要吃惊，我们并不肯害为善的人。你只顾吃酒，明日到孟州时，自有相谢。"当晚就张青家里歇了。

次日，武松要行，张青那里肯放?一连留住，管待了三日。武松因此感激张青夫妻两个厚意。论年齿张青却长武松五年，因此武松结拜张青为兄。武松再辞了要行，张青又置酒送路。取出行李、包裹、缠袋，交还了，又送十来两银子与武松，把二三两零碎银子，赍发两个公人。武松就把这十两银子一发与了两个公人。再带上行枷，依旧贴了封皮。张青和孙二娘送出门前，武松作别了，自和公人投孟州来。诗曰：

结义情如兄弟亲，劝言落草尚逡巡。

须知愤杀奸淫者，不作违条犯法人。

未及晌午，早来到城里。直至州衙，当厅投下了东平府文牒。州尹看了，收了武松，自押了回文，与两个公人回去，不在话下。随即却把武松帖发本处牢城营来。当日武松来到牢城营前，看见一座牌额，上书三个大字，写着道："安平寨"。公人带武松到单身房里，公人自去下文书，讨了收管，不必得说。

武松自到单身房里，早有十数个一般的囚徒来看武松，说道："好汉，你新到这里，包裹里若有人情的书信，并使用的银两，取在手头，少刻差拨到来，便可送与他。若吃杀威棒时，也打得轻。若没人情送与他时，端的狼狈!我和你是一般犯罪的人，特地报你知道。岂不闻'兔死狐悲，物伤其类'?我们只怕你初来不省得，通你得知。"武松道："感谢你们众位指教我。小人身边略有些东西。若是他好问我讨时，便送些与他；若是硬问我要时，一文也没。"众囚徒道："好汉，休说这话，古人道：'不怕官，只怕管。''在人矮檐下，怎敢不低头！'只是小心便好。"说犹未了，只见一个道："差拨官人来了。"众人都自散了。

武松解了包裹，坐在单身房里，只见那个人走将入来，问道："那个是新到囚徒？"武松道："小人便是。"差拨道："你也是安眉带眼的人，直须要我开口说。你是景阳冈打虎的好汉，阳谷县做都头，只道你晓事，如何这等不达时务!你敢来我这里，猫儿也不吃你打了！”武松道：“你倒来发话，指望老爷送人情与你，半文也没。我精拳头有一双相送!金银有些，留了自买酒吃，看你怎地奈何我?没地里倒把我发回阳谷县去不成！”那差拨大怒去了。又有众囚徒走拢来说道：“好汉，你和他强了，少间苦也!他如今去和管营相公说了，必然害你性命！”武松道：“不怕!随他怎么奈何我，文来文对，武来武对！”

正在那里说言未了，只见三四个人来单身房里，叫唤新到囚人武松。武松应道：“老爷在这里，又不走了，大呼小喝做甚么！”那来的人把武松一带，带到点视厅前，那管营相公正在厅上坐。五六个军汉，押武松在当面，管营喝叫除了行枷，说道：“你那囚徒，省得太祖武德皇帝旧制：但凡初到配军，须打一百杀威棒。那兜　的，背将起来。”武松道：“都不要你众人闹动，要打便打，也不要兜　。我若是躲闪一棒的，不是好汉，从先打过的都不算，从新再打起。我若叫一声，也不是好男子！”两边看的人都笑道：“这痴汉弄死，且看他如何熬！”武松又道：“要打便打毒些，不要人情棒儿，打我不快活。”两下众人都笑起来。

那军汉拿起棍来，却待下手，只见管营相公身边立着一个人：六尺以上身材，二十四五年纪；白净面皮，三柳髭须；额头上缚着白手帕，身上穿着一领青纱上盖，把一条白绢搭膊络着手。那人便去管营相公耳朵边，略说了几句话。只见管营道：“新到囚徒武松，你路上途中曾害甚病来？”武松道：“我于路不曾害，酒也吃得，肉也吃得，饭也吃得，路也走得。”管营道：“这厮是途中得病到这里，我看他面皮才好，且寄下他这顿杀威棒。”两边行杖的军汉低低对武松道：“你快说病，这是相公将就你，你快只推曾害便了。”武松道：“不曾害，不曾害，打了倒干净!我不要留这一顿寄库棒，寄下倒是钩肠债，几时得了！”两边看的人都笑。管营也笑道：“想是这汉子多管害热病了，不曾得汗，故出狂言。不要听他，且把去禁在单身房里。”

三四个军人引武松依前送在单身房里。众囚徒都来问道：“你莫不有甚好相识书信与管营么？”武松道：“并不曾有。”众囚徒道：“若没时，寄下这顿棒，不是好意，晚间必然来结果你！”武松道：“他还是怎地来结果我？”众囚徒道：“他到晚把两碗干黄仓米饭，和些臭鲞鱼来，与你吃了，趁饱带你去土牢里去，把索子捆翻着，一床干稿荐把你卷了，塞住了你七窍，颠倒竖在壁边；不消半个更次，便结果了你性命。这个唤做盆吊。”武松道：“再有怎地安排我？”众人道：“再有一样，也是把你来捆了，却把一个布袋，盛一袋黄沙，将来压在你身上；也不消一个更次，便是死的。这个唤土布袋。”武松又问道：“还有甚么法度害我？”众人道：“只是这两件怕人些，其余的也不打紧。”

众人说犹未了，只见一个军人托着一个盒子入来，问道：“那个是新配来的武都头？”武松答道：“我便是。甚么话说？”那人答道：“管营叫送点心在这里。”武松来看时，一大旋酒，一盘肉，一盘子面，又是一大碗汁。武松寻思道：“敢是把这些点心与我吃了，却来对付我?我且落得吃了，却又理会。”武松把那旋酒来一饮而尽，把肉和面都吃尽了。那人收拾家火回去了。

武松坐在房里寻思，自己冷笑道：“看他怎地来对付我！”看看天色晚来，只见头先那个人，又顶一个盒子入来，武松问道：“你又来怎地？”那人道：“叫送晚饭在这里。”摆下几盘菜蔬，又是一大旋酒，一大盘煎肉，一碗鱼羹，一大碗饭。武松见了，暗暗自忖道：“吃了这顿饭食，必然来结果我。且由他，便死也做个饱鬼。落得吃了，却再计较。”那人等武松吃了，收拾碗碟回去了。

不多时，那个人又和一个汉子两个来，一个提着浴桶，一个提一个大桶汤来，看着武松道：“请都头洗浴。”武松想道：“不要等我洗浴了来下手?我也不怕他，且落得洗一洗。”那两个汉子安排倾下汤，武松跳在浴桶里面，洗了一回，随即送过浴裙手巾，教武松拭了，穿了衣裳。一个自把残汤倾了，提了浴桶去。一个便把藤簟、纱帐，将来挂起；铺了藤簟，放个凉枕，叫了安置，也回去了。武松把门关上，拴了，自在里面思想道：“这个是甚么意思?随他便了，且看如何。”放倒头，便自睡了，一夜无事。

天明起来，才开得房门，只见夜来那个人，提着桶洗面汤进来，教武松洗了面。又取漱口水漱了口，又带个篦头待诏来，替武松篦了头，绾个髻子，裹了巾帻。又是一个人，将个盒子入来，取出菜蔬下饭，一大碗肉汤，一大碗饭。武松想道：“由你走道儿，我且落得吃了。”武松吃罢饭，便是一盏茶。却才茶罢，只见送饭的那个人来请道：“这里不好安歇，请都头去那壁房里安歇，搬茶搬饭却便当。”武松道：“这番来了!我且跟他去，看如何！”一个便来收拾行李被卧，一个引着武松，离了单身房里，来到前面一个去处。推开房门来，里面干干净净的床帐，两边都是新安排的桌凳什物。武松来到房里看了，存想道：“我只道送我入土牢里去，却如何来到这般去处?比单身房好生齐整！”

鸡鸣狗盗君休笑，曾向函关出孟尝。

今日配军为上客，孟州赢得姓名扬。

武松坐到日中，那个人又将一个提盒子入来，手里提着一注子酒。将到房中，打开看时，摆下四般果子，一只熟鸡，又有许多蒸卷儿。那人便把熟鸡来撕了，将注子里好酒筛下，请都头吃。武松心里忖道：“毕竟是何如？”到晚又是许多下饭，又请武松洗浴了，乘凉歇息。武松自思道：“众囚徒也是这般说，我也这般想，却是怎地这般请我？”

到第三日，依前又是如此送饭送酒。武松那日早饭罢，行出寨里来闲走，只见一般的囚徒，都在那里担水的，劈柴的，做杂工的，却在晴日头里晒着。正是五六月炎天，那里去躲这热。武松却背叉着手，问道：“你们却如何在这日头里做工？”众囚徒都笑起来，回说道：“好汉，你自不知，我们拨在这里做生活时，便是人间天上了!如何敢指望嫌热坐地?还别有那没人情的，将去锁在大牢里，求生不得生，求死不得死，大铁链锁着，也要过哩！”武松听罢，去天王堂前后转了一遭，见纸炉边一个青石墩，有个关眼，是缚竿脚的，好块大石。武松就石上坐了一会，便回房里来，坐地了自存想，只见那个人又搬酒和肉来。

话休絮烦。武松自到那房里，住了数日，每日好酒好食，搬来请武松吃，并不见害他的意，武松心里正委决不下。当日晌午，那人又搬将酒食来，武松忍耐不住，按定盒子问那人道：“你是谁家伴当?怎地只顾将酒食来请我？”那人答道：“小人前日已禀都头说了，小人是管营相公家里体己人。”武松道：“我且问你：每日送的酒食，正是谁教你将来请我?吃了怎地？”那人道：“是管营相公家里的小管营教送与都头吃。”武松道：“我是个囚徒犯罪的人，又不曾有半点好处到管营相公处，他如何送东西与我吃？”那人道：“小人如何省得?小管营吩咐道，教小人且送半年三个月却说话。”武松道：“却又作怪!终不成将息得我肥胖了，却来结果我。这个鸟闷葫芦，教我如何猜得破?这酒食不明，我如何吃得安稳?你只说与我：你那小管营是甚么样人?在那里曾和我相会?我便吃他的酒食。”那个人道：“便是前日都头初来时，厅上立的那个白手帕包头络着右手，那人便是小管营。”武松道：“莫不是穿青纱上盖立在管营相公身边的那个人？”那人道：“正是老管营相公儿子。”武松道：“我待吃杀威棒时，敢是他说，救了我，是么？”那人道：“正是。小管营对他父亲说了，因此不打都头。”武松道："却又跷蹊！我自是清河县人氏，他自是孟州人，自来素不相识，如何这般看觑我，必有个缘故。我且问你：那小管营姓甚名谁？"那人道："姓施，名恩，使得好拳棒，人都叫他做金眼彪施恩。"武松听了，道："想他必是个好男子，你且去请他出来，和我相见了，这酒食便可吃你的；你若不请他出来和我厮见时，我半点儿也不吃。"那人道："小管营吩咐小人道：休要说知备细，教小人待半年三个月方才说知相见。"武松道："休要胡说！你只去请小管营出来，和我相会了便罢。"那人害怕，那里肯去。武松焦躁起来，那人只得去里面说知。

多时，只见施恩从里面跑将出来，看着武松便拜。武松慌忙答礼，说道："小人是个治下的囚徒，自来未曾拜识尊颜；前日又蒙救了一顿大棒，今又蒙每日好酒好食相待，甚是不当。又没半点儿差遣，正是无功受禄，寝食不安。"施恩答道："小人久闻兄长大名，如雷灌耳，只恨云程阻隔，不能够相见。今日幸得兄长到此，正要拜识威颜，只恨无物款待，因此怀羞，不敢相见。"武松问道："却才听得伴当所说，且教武松过半年三个月，却有话说。正是小管营要与小人说甚么？"施恩道："村仆不省得事，脱口便对兄长说知道，却如何造次说得？"武松道："管营恁地时，却是秀才耍！倒教武松憋破肚皮，闷了，怎地过得？你且说正是要我怎地？"施恩道："既是村仆说出了，小弟只得告诉：因为兄长是个大丈夫，真男子，有件事欲要相央，除是兄长便行得。只是兄长远路到此，气力有亏，未经完足。且请将息半年三五个月，待兄长气力完足，那时却对兄长说知备细。"武松听了，呵呵大笑道："管营听禀：我去年害了三个月疟疾，景阳冈上，酒醉里打翻了一只大虫，也只三拳两脚，便自打死了，何况今日！"施恩道："而今且未可说。且等兄长再将养几时，待贵体完完备备，那时方敢告诉。"武松道："只是道我没气力了。既是如此说时，我昨日看见天王堂前那个石墩，约有多少斤重？"施恩道："敢怕有四五百斤重。"武松道："我且和你去看一看，武松不知拔得动也不。"施恩道："请吃罢酒了同去。"武松道："且去了回来吃未迟。"

两个来到天王堂前，众囚徒见武松和小管营同来，都躬身唱喏。武松把石墩略摇一摇，大笑道："小人真个娇惰了，那里拔得动？"施恩道："三五百斤石头，如何轻视得他！"武松笑道："小管营，也信真个拿不起？你众人且躲开，看武松拿一拿。"武松便把上半截衣裳脱下来，拴在腰里，把那个石墩只一抱，轻轻地抱将起来。双手把石墩只一撇，扑地打下地里一尺来深。众囚徒见了，尽皆骇然。武松再把右手去地里一提，提将起来，望空只一掷，掷起去离地一丈来高。武松双手只一接，接来轻轻地放在原旧安处，回过身来，看着施恩并众囚徒，武松面上不红，心头不跳，口里不喘。施恩近前抱住武松便拜道："兄长非凡人也！真天神！"众囚徒一齐都拜道："真神人也！"诗曰：

神力惊人心胆寒，皆因义勇气弥漫。

掀天揭地英雄手，拔石应宜似弄丸。

施恩便请武松到私宅堂上请坐了。武松道："小管营今番须用说知，有甚事使令我去？"施恩道："且请少坐，待家尊出来相见了时，却得相烦告诉。"武松道："你要教人干事，不要这等儿女象，颠倒恁地，不是干事的人了。便是一刀一割的勾当，武松也替你去干！若是有些谄佞的，非为人也！"那施恩叉手不离方寸，才说出这件事来。有分教：武松显出那杀人的手段，重施这打虎的威风。正是：双拳起处云雷吼，飞脚来时风雨惊。

毕竟施恩对武松说出甚事来，且听下回分解。

第二十九回 施恩重霸孟州道　武松醉打蒋门神

话说当时施恩向前说道："兄长请坐，待小弟备细告诉衷曲之事。"武松道："小管营，不要文文诌诌，只拣紧要的话直说来。"施恩道："小弟自幼从江湖上师父学得些小枪棒在身，孟州一境，起小弟一个诨名，叫做金眼彪。小弟此间东门外，有一座市井，地名唤做快活林。但是山东、河北客商们，都来那里做买卖。有百十处大客店，三二十处赌坊兑坊。往常时，小弟一者倚仗随身本事，二者捉着营里有八九十个拚命囚徒，去那里开着一个酒肉店，都分与众店家和赌钱兑坊里。但有过路妓女之人，到那里来时，先要来参见小弟，然后许他去趁食。那许多去处，每朝每日，都有闲钱，月终也有三二百两银子寻觅，如此赚钱。近来被这本营内张团练新从东路州来，带一个人到此。那厮姓蒋名忠，有九尺来长身材，因此江湖上起他一个诨名，叫做蒋门神。那厮不特长大，原来有一身好本事，使得好枪棒，拽拳飞脚，相扑为最。自夸大言道：'三年上泰岳争交，不曾有对。普天之下，没我一般的了！'因此来夺小弟的道路。小弟不肯让他，吃那厮一顿拳脚打了，两个月起不得床。前日兄长来时，兀自包着头，兜着手，直到如今，疮痕未消。本待要起人去和他厮打，他却有张团练那一班儿正军，若是闹将起来，和营中先自折理，有这一点无穷之恨，不能报得。久闻兄长是个大丈夫，怎地得兄长与小弟出得这口无穷之怨气，死而瞑目！只恐兄长远路辛苦，气未完，力未足。因此且教将息半年三月，等贵体气完力足，方请商议。不期村仆脱口，失言说了，小弟当以实告。"

武松听罢，呵呵大笑，便问道："那蒋门神还是几颗头，几条臂膊？"施恩道："也只是一颗头，两条臂膊，如何有多？"武松笑道："我只道他三头六臂，有那吒的本事，我便怕他。原来只是一颗头，两条臂膊！既然没那吒的模样，却如何怕他？"施恩道："只是小弟力薄艺疏，便敌他不过。"武松道："我却不是说嘴，凭着我胸中本事，平生只是打天下硬汉，不明道德的人。既是恁地说了，如今却在这里做甚么？有酒时，拿了去路上吃。我如今便和你去，看我把这厮和大虫一般结果他，拳头重时打死了，我自偿命。"施恩道："兄长少坐。待家尊出来相见了，当行即行，未敢造次。等明日先使人去那里探听一遭，若是本人在家时，后日便去。若是那厮不在家时，却再理会。空自去打草惊蛇，倒吃他做了手脚，却是不好。"武松焦躁道："小管营，你可知着他打了！原来不是男子汉做事！去便去，等甚么今日明日！要去便走，怕他准备！"

正在那里劝不住，只见屏风背后转出老管营来，叫道："义士，老汉听你多时也。今日幸得相见义士一面，愚男如拨云见日一般。且请到后堂少叙片时。"武松跟了到里面，老管营道："义士且请坐。"武松道："小人是个囚徒，如何敢对相公坐地？"老管营道："义士休如此说。愚男万幸，得遇足下，何故谦让？"武松听罢，唱个无礼喏，相对便坐了。施恩却立在面前。武松道："小管营如何却立地？"施恩道："家尊在上相陪，兄长请自尊便。"武松道："恁地时，小人却不自在。"老管营道："既是义士如此，这里又无外人。"便叫施恩也坐了。仆从搬出酒肴、果品、盘馔之类，老管营亲自与武松把盏，说道："义士如此英雄，谁不钦敬。愚男原在快活林中做些买卖，非为贪财好利，实是壮观孟州，增添豪侠气象。不期今被蒋门神倚势豪强，公然夺了这个去处。非义士英雄，不能报仇雪恨。义士不弃愚男，满饮此杯，受愚男四拜，拜为长兄，以表恭敬之心。”武松答道：“小人有何才学，如何敢受小管营之礼?枉自折了武松的草料！”当下饮过酒，施恩纳头便拜了四拜。武松连忙答礼，结为兄弟。当日武松欢喜饮酒，吃得大醉了，便叫人扶去房中安歇，不在话下。

次日，施恩父子商议道：“武松昨夜痛醉，必然中酒，今日如何敢叫他去?且推道使人探听来，其人不在家里，延挨一日，却再理会。”当日施恩来见武松，说道：“今日且未可去，小弟已使人探知这厮不在家里。明日饭后，却请兄长去。”武松道：“明日去时不打紧，今日又气我一日。”早饭罢，吃了茶，施恩与武松来营前闲走了一遭。回来到客房里，说些枪法，较量些拳棒。看看晌午，邀武松到家里，只具数杯酒相待，下饭按酒，不记其数。武松正要吃酒，见他只把按酒添来相劝，心中不快意。吃了晌午饭，起身别了，回到客房里坐地。只见那两个仆人，又来伏侍武松洗浴。武松问道：“你家小管营，今日如何只将肉食出来请我，却不多将些酒出来与我吃，是甚意故？”仆人答道：“不敢瞒都头说：今早老管营和小管营议论，今日本是要央都头去，怕都头夜来酒多，恐今日中酒，怕误了正事，因此不敢将酒出来。明日正要央都头去干正事。”武松道：“恁地时，道我醉了，误了你大事？”仆人道：“正是这般计较。”

当夜武松巴不得天明，早起来洗漱罢，头上裹了一顶万字头巾，身上穿了一领土色布衫，腰里系条红绢搭膊，下面腿　护膝，八搭麻鞋。讨了一个小膏药，贴了脸上金印。施恩早来请去家里吃早饭。武松吃了茶饭罢，施恩便道：“后槽有马，备来骑去。”武松道：“我又不脚小，骑那马怎地?只要依我一件事。”施恩道：“哥哥但说不妨，小弟如何敢道不依？”武松道：“我和你出得城去，只要还我无三不过望。”施恩道：“兄长，如何是无三不过望?小弟不省其意。”武松笑道：“我说与你：你要打蒋门神时，出得城去，但遇着一个酒店，便请我吃三碗酒，若无三碗时，便不过望子去。这个唤做无三不过望。”施恩听了，想道：“这快活林离东门去，有十四五里田地，算来卖酒的人家，也有十二三家。若要每户吃三碗时，恰好有三十五六碗酒，才到得那里。恐哥哥醉了，如何使得？”武松大笑道：“你怕我醉了没本事，我却是没酒没本事。带一分酒，便有一分本事；五分酒，五分本事。我若吃了十分酒，这气力不知从何而来。若不是酒醉后了胆大，景阳冈上如何打得这只大虫?那时节我须烂醉了，好下手，又有力，又有势。”施恩道：“却不知哥哥是恁地!家下有的是好酒，只恐哥哥醉了失事，因此夜来不敢将酒出来，请哥哥深饮。既是哥哥酒后愈有本事时，恁地先教两个仆人，自将了家里的好酒、果品、肴馔，去前路等候，却和哥哥慢慢地饮将去。”武松道：“恁么却才中我意!去打蒋门神，教我也有些胆量。没酒时，如何使得手段出来?还你今朝打倒那厮，教众人大笑一场！”施恩当时打点了，叫两个仆人，先挑食箩酒担，拿了些铜钱去了。老管营又暗暗地选拣了一二十条壮健大汉，慢慢的随后来接应，都分付下了。

且说施恩和武松两个，离了安平寨，出得孟州东门外来。行过得三五百步，只见官道旁边，早望见一座酒肆，望子挑出在檐前。那两个挑食担的仆人，已先在那里等候。施恩邀武松到里面坐下，仆人已先安下肴馔，将酒来筛。武松道：“不要小盏儿吃。大碗筛来，只斟三碗。”仆人排下大碗，将酒便斟。武松也不谦让，连吃了三碗便起身。仆人慌忙收拾了器皿，奔前去了。武松笑道：“却才去肚里发一发，我们去休。”两个便离了这坐酒肆，出得店来。此时正是七月间天气，炎暑未消，金风乍起。两个解开衣襟，又行不得一里多路，来到一处，不村不郭，却早又望见一个酒旗儿，高挑出在树林里。来到林木丛中看时，却是一座卖村醪小酒店。但见：

古道村坊，傍溪酒店。杨柳阴森门外，荷华旖旎池中。飘飘酒旆舞金风，短短芦帘遮酷日。磁盆架上，白泠泠满贮村醪；瓦瓮灶前，香喷喷初蒸社酝。未必开樽香十里，也应隔壁醉三家。

当时施恩、武松来到村坊酒肆门前，施恩立住了脚问道：“此间是个村醪酒店，哥哥饮么？”武松道：“遮莫酸咸苦涩，是酒还须饮三碗。若是无三，不过帘便了。”两个入来坐下，仆人排了果品按酒。武松连吃了三碗，便起身走。仆人急急收了家火什物，赶前去了。两个出得店门来，又行不到一二里，路上又见个酒店。武松入来，又吃了三碗便走。

话休絮繁。武松、施恩，两个一处走着，但遇酒店，便入去吃三碗。约莫也吃过十来处好酒肆，施恩看武松时，不十分醉。武松问施恩道：“此去快活林，还有多少路？”施恩道：“没多了。你在前面远远地望见那个林子便是。”武松道：“既是到了，你且在别处等我，我自去寻他。”施恩道：“这话最好。小弟自有安身去处。望兄长在意，切不可轻敌。”武松道：“这个却不妨，你只要叫仆人送我。前面再有酒店时，我还要吃。”施恩叫仆人仍旧送武松。施恩自去了。

武松又行不到三四里路，再吃过十来碗酒。此时已有午牌时分，天色正热，却有些微风。武松酒却涌上来，把布衫摊开。虽然带着五七分酒，却装做十分醉的，前颠后偃，东倒西歪。来到林子前，那仆人用手指道：“只前头丁字路口，便是蒋门神酒店。”武松道：“既是到了，你自去躲得远着。等我打倒了，你们却来。”

武松抢过林子背后，见一个金刚来大汉，披着一领白布衫，撒开一把交椅，拿着蝇拂子，坐在绿槐树下乘凉。武松看那人时，生得如何，但见：

形容丑恶，相貌粗疏。一身紫肉横铺，几道青筋暴起。黄髯斜卷，唇边几阵风生；怪眼圆睁，眉下一双星闪。真是神荼郁垒象，却非立地顶天人。

这武松假醉佯颠，斜着眼看了一看，心中自忖道：“这个大汉，以定是蒋门神了。”直抢过去。

又行不到三五十步，早见丁字路口一个大酒店，檐前立着望竿，上面挂着一个酒望子，写着四个大字道：“河阳风月”。转过来看时，门前一带绿油栏杆，插着两把销金旗，每把上五个金字，写道：“醉里乾坤大，壶中日月长。”一壁厢肉案、砧头、操刀的家生，一壁厢蒸作馒头烧柴的厨灶。去里面一字儿摆着三只大酒缸，半截埋在地里，缸里面各有大半缸酒。正中间装列着柜身子，里面坐着一个年纪小的妇人，正是蒋门神初来孟州新娶的妾，原是西瓦子里唱说诸般宫调的顶老。那妇人生得如何?

眉横翠岫，眼露秋波。樱桃口浅晕微红，春笋手轻舒嫩玉。冠儿小明铺鱼　，掩映乌云；衫袖窄巧染榴花，薄笼瑞雪。金钗插凤，宝钏围龙。尽教崔护去寻浆，疑是文君重卖酒。

武松看了，瞅着醉眼，径奔入酒店里来，便去柜身相对一付座头上坐了。把双手按着桌子上，不转眼看那妇人。那妇人瞧见，回转头看了别处。

武松看那店里时，也有五七个当撑的酒保。武松却敲着桌子叫道：“卖酒的主人家在那里？”一个当头的酒保过来，看着武松道：“客人要打多少酒？”武松道：“打两角酒。先把些来尝看。”那酒保去柜上叫那妇人舀两角酒下来，倾放桶里，烫一碗过来道：“客人尝酒。”武松拿起来闻一闻，摇着头道：“不好，不好，换将来！”酒保见他醉了，将来柜上道：“娘子，胡乱换些与他。”那妇人接来，倾了那酒，又舀些上等酒下来。酒保将去，又烫一碗过来。武松提起来呷了一口，叫道：“这酒也不好，快换来，便饶你！”

酒保忍气吞声，拿了酒去柜边道：“娘子，胡乱再换些好的与他，休和他一般见识。这客人醉了，只要寻闹相似，便换些上好的与他罢。”那妇人又舀了一等上色的好酒来与酒保，酒保把桶儿放在面前，又烫一碗过来。武松吃了道：“这酒略有些意思。”问道：“过卖，你那主人家姓甚么？”酒保答道：“姓蒋。”武松道：“却如何不姓李？”那妇人听了道：“这厮那里吃醉了，来这里讨野火么！”酒保道：“眼见得是个外乡蛮子，不省得了，休听他放屁！”武松问道：“你说甚么？”酒保道：“我们自说话，客人，你休管，自吃酒。”

武松道：“过卖，叫你柜上那妇人下来，相伴我吃酒。”酒保喝道：“休胡说!这是主人家娘子。”武松道：“便是主人家娘子，待怎地?相伴我吃酒也不打紧！”那妇人大怒，便骂道：“杀才!该死的贼！”推开柜身子，却待奔出来。

武松早把土色布衫脱下，上半截揣在怀里，便把那桶酒只一泼，泼在地上，抢入柜身子里，却好接着那妇人。武松手硬，那里挣扎得?被武松一手接住腰胯，一手把冠儿捏做粉碎，揪住云髻，隔柜身子提将出来，望浑酒缸里只一丢。听得“扑通”的一声响，可怜这妇人，正被直丢在大酒缸里。武松托地从柜身前踏将出来。有几个当撑的酒保，手脚活些个的，都抢来奔武松。武松手到，轻轻地只一提，提一个过来，两手揪住，也望大酒缸里只一丢，桩在里面；又一个酒保奔来，提着头只一掠，也丢在酒缸里；再有两个来的酒保，一拳一脚，却被武松打倒了。先头三个人，在三只酒缸里，那里挣扎得起?后面两个人，在地下爬不动。这几个火家捣子，打得屁滚尿流，乖的走了一个。武松道：“那厮必然去报蒋门神来，我就接将去，大路上打倒他好看，教众人笑一笑。”武松大踏步赶将出来。

那个捣子径奔去报了蒋门神。蒋门神见说，吃了一惊，踢翻了交椅，丢去蝇拂子，便钻将来。武松却好迎着，正在大阔路上撞见。蒋门神虽然长大，近因酒色所迷，淘虚了身子，先自吃了那一惊。奔将来，那步不曾停住，怎地及得武松虎一般似健的人，又有心来算他?蒋门神见了武松，心里先欺他醉，只顾赶将入来。说时迟，那时快，武松先把两个拳头去蒋门神脸上虚影一影，忽地转身便走。蒋门神大怒，抢将来，被武松一飞脚踢起，踢中蒋门神小腹上，双手按了，便蹲下去。武松一踅，踅将过来，那只右脚早踢起，直飞在蒋门神额角上，踢着正中，望后便倒。武松追入一步，踏住胸脯，提起这醋钵儿大小拳头，望蒋门神脸上便打。原来说过的打蒋门神扑手，先把拳头虚影一影，便转身，却先飞起左脚，踢中了，便转过身来，再飞起右脚。这一扑，有名唤做玉环步，鸳鸯脚。这是武松平生的真才实学，非同小可。打的蒋门神在地下叫饶。武松喝道：“若要我饶你性命，只要依我三件事。”蒋门神在地下叫道：“好汉饶我!休说三件，便是三百件，我也依得！”武松指定蒋门神，说出那三件事来。有分教：改头换面来寻主，剪发齐眉去杀人。

毕竟武松说出那三件事来，且听下回分解。

第三十回 施恩三入死囚牢　武松大闹飞云浦

话说当时武松踏住蒋门神在地下道：“若要我饶你性命，只依我三件事便罢！”蒋门神便道：“好汉但说，蒋忠都依。”武松道：“第一件，要你便离了快活林，将一应家火什物，随即交还原主金眼彪施恩。谁教你强夺他的？”蒋门神慌忙应道：“依得，依得。”武松道：“第二件，我如今饶了你起来，你便去央请快活林为头为脑的英雄豪杰，都来与施恩陪话。”蒋门神道：“小人也依得。”武松道：“第三件，你从今日交割还了，便要你离了这快活林，连夜回乡去，不许你在孟州住!在这里不回去时，我见一遍，打你一遍，我见十遍，打十遍；轻则打你半死，重则结果了你命。你依得么？”蒋门神听了，要挣扎性命，连声应道：“依得，依得，蒋忠都依。”武松就地下提起蒋门神来，看时，打得脸青嘴肿，脖子歪在半边，额角头流出鲜血来。武松指着蒋门神说道：“休言你这厮鸟蠢汉，景阳冈上那只大虫，也只三拳两脚，我兀自打死了!量你这个，值得甚的!快交割还他。但迟了些个，再是一顿，便一发结果了你这厮！”蒋门神此时方才知是武松，只得喏喏连声告饶。正说之间，只见施恩早到，带领着三二十个悍勇军健，都来相帮；却见武松赢了蒋门神，不胜之喜，团团拥定武松。武松指着蒋门神道：“本主已自在这里了。你一面便搬，一面快去请人来陪话。”蒋门神答道：“好汉，且请去店里坐地。”

武松带一行人都到店里看时，满地都是酒浆，这两个鸟男女，正在缸里扶墙摸壁挣扎。那妇人方才从缸里爬得出来，头脸都吃磕破了，下半截淋淋漓漓都拖着酒浆，那几个火家酒保，走得不见影了。

武松与众人入到店里坐下，喝道：“你等快收拾起身！”一面安排车子，收拾行李，先送那妇人去了。一面叫不着伤的酒保，去镇上请十数个为头的豪杰，都来店里，替蒋门神与施恩陪话。尽把好酒开了，有的是按酒，都摆列了桌面，请众人坐地。武松叫施恩在蒋门神上首坐定。各人面前放只大碗，叫把酒只顾筛来。

酒至数碗，武松开话道：“众位高邻都在这里，小人武松自从阳谷县杀了人，配在这里，便听得人说道：‘快活林这座酒店，原是小施管营造的屋宇等项买卖，被这蒋门神倚势豪强，公然夺了，白白地占了他的衣饭。’你众人休猜道是我的主人，他和我并无干涉。我从来只要打天下这等不明道德的人。我若路见不平，真乃拔刀相助，我便死也不怕。今日我本待把蒋家这厮，一顿拳脚打死，就除了一害；我看你众高邻面上，权寄下这厮一条性命。只今晚便叫他投外府去。若不离了此间，再撞见我时，景阳冈上大虫，便是模样。”众人才知道他是景阳冈上打虎的武都头，都起身替蒋门神陪话道：“好汉息怒。教他便搬了去，奉还本主。”那蒋门神吃他一吓，那里敢再做声。施恩便点了家火什物，交割了店肆。蒋门神羞惭满面，相谢了众人，自唤了一辆车儿，就装了行李，起身去了，不在话下。

且说武松邀众高邻，直吃得尽醉方休。至晚，众人散了，武松一觉，直睡到次日辰牌方醒。却说施老管营听得儿子施恩重霸得快活林酒店，自骑了马，直来店里，相谢武松，连日在店内饮酒作贺。快活林一境之人，都知武松了得，那一个不来拜见武松?自此重整店面，开张酒肆，老管营自回安平寨理事。施恩使人打听蒋门神带了老小，不知去向。这里只顾自做买卖，且不去理他，就留武松在店里居住。自此施恩的买卖，比往常加增三五分利息，各店里并各赌坊兑坊，加利倍送闲钱来与施恩。施恩得武松争了这口气，把武松似爷娘一般敬重。施恩似此重霸得孟州道快活林，不在话下。正是：

夺人道路人还夺，义气多时利亦多。

快活林中重快活，恶人自有恶人磨。

荏苒光阴，早过了一月之上。炎威渐退，玉露生凉，金风去暑，已及深秋。有话即长，无话即短。当日施恩正和武松在店里闲坐说话，论些拳棒枪法，只见店门前两三个军汉，牵着一匹马，来店里寻问主人道：“那个是打虎的武都头？”施恩却认得是孟州守御兵马都监张蒙方衙内亲随人。施恩便向前问道：“你等寻武都头则甚？”那军汉说道：“奉都监相公钧旨：闻知武都头是个好男子，特地差我们将马来取他，相公有钧帖在此。”施恩看了，寻思道：“这张都监是我父亲的上司官，属他调遣。今者武松又是配来的囚徒，亦属他管下，只得教他去。”施恩便对武松道：“兄长，这几位郎中，是张都监相公处差来取你。他既着人牵马来，哥哥心下如何？”武松是个刚直的人，不知委曲，便道：“他既是取我，只得走一遭，看他有甚话说。”随即换了衣裳巾帻，带了个小伴当，上了马，一同众人，投孟州城里来。

到得张都监宅前，下了马，跟着那军汉，直到厅前参见那张都监。那张蒙方在厅上，见了武松来，大喜道：“教进前来相见。”武松到厅下，拜了张都监，叉手立在侧边。张都监便对武松道：“我闻知你是个大丈夫，男子汉，英雄无敌，敢与人同死同生。我帐前现缺恁地一个人，不知你肯与我做亲随体己人么？”武松跪下称谢道：“小人是个牢城营内囚徒。若蒙恩相抬举，小人当以执鞭随镫，伏侍恩相。”张都监大喜，便叫取果盒酒出来。张都监亲自赐了酒，叫武松吃的大醉。就前厅廊下，收拾一间耳房，与武松安歇。次日，又差人去施恩处，取了行李来，只在张都监家宿歇。早晚都监相公，不住地唤武松进后堂与酒与食，放他穿房入户，把做亲人一般看待。又叫裁缝与武松彻里彻外做秋衣。武松见了，也自欢喜，心内寻思道：“难得这个都监相公，一力要抬举我。自从到这里住了，寸步不离，又没工夫去快活林与施恩说话。虽是他频频使人来相看我，多管是不能够入宅里来。”

武松自从在张都监宅里，相公见爱；但是人有些公事来央浼他的，武松对都监相公说了，无有不依。外人俱送些金银、财帛、缎匹等件。武松买个柳藤箱子，把这送的东西，都锁在里面，不在话下。

时光迅速，却早又是八月中秋。怎见得中秋好景，但见：

玉露泠泠，金风淅淅。井畔梧桐落叶，池中菡萏成房。新雁声悲，寒蛩韵急。舞风杨柳半摧残，带雨芙蓉逞娇艳。秋色平分催节序，月轮端正照山河。

当时张都监向后堂深处鸳鸯楼下，安排筵宴，庆赏中秋，叫唤武松到里面饮酒。武松见夫人宅眷，都在席上，吃了一杯，便待转身出来。张都监唤住武松问道：“你那里去？”武松答道：“恩相在上：夫人宅眷在此饮宴，小人理合回避。”张都监大笑道：“差了，我敬你是个义士，特地请将你来一处饮酒，如自家一般，何故却要回避？”便教坐了。武松道：“小人是个囚徒，如何敢与恩相坐地？”张都监道：“义士，你如何见外?此间又无外人，便坐不妨。”武松三回五次，谦让告辞，张都监那里肯放，定要武松一处坐地。武松只得唱个无礼喏，远远地斜着身坐下。张都监着丫　、养娘相劝，一杯两盏。看看饮过五七杯酒，张都监叫抬上果桌饮酒，又进了一两套食，次说些闲话，问了些枪法。张都监道：“大丈夫饮酒，何用小杯！”叫取大银赏钟斟酒与义士吃。连珠箭劝了武松几锺。看看月明光彩，照入东窗。武松吃的半醉，却都忘了礼数，只顾痛饮。张都监叫唤一个心爱的养娘，叫做玉兰，出来唱曲。那玉兰生得如何，但见：

脸如莲萼，唇似樱桃。两弯眉画远山青，一对眼明秋水润。纤腰袅娜，绿罗裙掩映金莲；素体馨香，绛纱袖轻笼玉笋。凤钗斜插笼云髻，象板高擎立玳筵。

那张都监指着玉兰道：“这里别无外人，只有我心腹之人武都头在此。你可唱个中秋对月时景的曲儿，教我们听则个。”玉兰执着象板，向前各道个万福，顿开喉咙，唱一只东坡学士中秋《水调歌》，唱道是：

明月几时有?把酒问青天：不知天上宫阙，今夕是何年?我欲乘风归去，只恐琼楼玉宇，高处不胜寒。起舞弄清影，何似在人间。

高卷珠帘，低绮户，照无眠。不应有恨，何事常向别时圆?人有悲欢离合，月有阴晴圆缺，此事古难全。但愿人长久，万里共婵娟。

这玉兰唱罢，放下象板，又各道了一个万福，立在一边。张都监又道：“玉兰，你可把一巡酒。”这玉兰应了，便拿了一副劝盘，丫　斟酒，先递了相公，次劝了夫人，第三便劝武松饮酒。张都监叫斟满着。武松那里敢抬头?起身远远地接过酒来，唱了相公、夫人两个大喏，拿起酒来，一饮而尽，便还了盏子。张都监指着玉兰对武松道：“此女颇有些聪明伶俐，善知音律，极能针指。如你不嫌低微，数日之间，择了良时，将来与你做个妻室。”武松起身再拜道：“量小人何者之人，怎敢望恩相宅眷为妻?枉自折武松的草料。”张都监笑道：“我既出了此言，必要与你。你休推故阻，我必不负约。”

当时一连又饮了十数杯酒。约莫酒涌上来，恐怕失了礼节，便起身拜谢了相公、夫人，出到前厅廊下房门前。开了门，觉道酒食在腹，未能便睡，去房里脱了衣裳，除了巾帻，拿条哨棒来厅心里，月明下，使几回棒，打了几个轮头。仰面看天时，约莫三更时分。武松进到房里，却待脱衣去睡，只听得后堂里一片声叫起“有贼”来。武松听得道：“都监相公如此爱我，他后堂内里有贼，我如何不去救护？”武松献勤，提了一条哨棒，径抢入后堂里来。只见那个唱的玉兰，慌慌张张走出来指道：“一个贼奔入后花园里去了！”武松听得这话，提着哨棒，大踏步直赶入花园里去寻时，一周遭不见。复翻身却奔出来，不提防黑影里撇出一条板凳，把武松一交绊翻，走出七八个军汉，叫一声：“捉贼！”就地下把武松一条麻索绑了。武松急叫道：“是我！”那众军汉那里容他分说?只见堂里灯烛荧煌，张都监坐在厅上，一片声叫道：“拿将来！”众军汉把武松一步一棍，打到厅前。

武松叫道：“我不是贼，是武松。”张都监看了大怒，变了面皮，喝骂道：“你这个贼配军!本是个强盗，贼心贼肝的人，我倒要抬举你一力成人，不曾亏负了你半点儿，却才教你一处吃酒，同席坐地，我指望要抬举，与你个官，你如何却做这等的勾当？”武松大叫道：“相公，非干我事!我来捉贼，如何倒把我捉了做贼?武松是个顶天立地的好汉，不做这般的事。”张都监喝道：“你这厮休赖!且把他押去他房里，搜看有无赃物。”众军汉把武松押着，径到他房里，打开他那柳藤箱子看时，上面都是些衣服，下面却是些银酒器皿，约有一二百两赃物。武松见了，也自目睁口呆，只叫得屈。众军汉把箱子抬出厅前，张都监看了大骂道：“贼配军，如此无礼，赃物正在你箱子里搜出来，如何赖得过!常言道：‘众生好度人难度！’原来你这厮外貌像人，倒有这等贼心贼肝!既然赃证明白，没话说了。”连夜便把赃物封了，且叫送去机密房里监收，天明却和这厮说话。武松大叫冤屈，那里肯容他分说?众军汉扛了赃物，将武松送到机密房里收管了。张都监连夜使人去对知府说了，押司孔目上下都使用了钱。

次日天明，知府方才坐厅，左右缉捕观察，把武松押至当厅，赃物都扛在厅上。张都监家心腹人，赍着张都监被盗的文书，呈上知府看了。那知府喝令左右把武松一索捆翻。牢子节级将一束问事狱具放在面前。武松却待开口分说，知府喝道：“这厮原是远流配军，如何不做贼，以定是一时见财起意。既是赃证明白，休听这厮胡说，只顾与我加力打！”那牢子狱卒，拿起批头竹片，雨点地打下来。武松情知不是话头，只得屈招做：“本月十五日，一时见本官衙内许多银酒器皿，因而起意，至夜乘势窃取入己。”与了招状。知府道：“这厮正是见财起意，不必说了，且取枷来钉了监下。”牢子将过长枷，把武松枷了，押下死囚牢里监禁了。诗曰：

都监贪污实可嗟，出妻献婢售奸邪。

如何太守心堪买，也把平人当贼拿。

且说武松下到大牢里，寻思道：“叵耐张都监那厮，安排这般圈套坑陷我。我若能够挣得性命出去时，却又理会。”牢子狱卒，把武松押在大牢里，将他一双脚昼夜匣着；又把木钮钉住双手，那里容他些松宽。

话里却说施恩，已有人报知此事，慌忙入城来和父亲商议。老管营道："眼见得是张团练替蒋门神报仇，买嘱张都监，却设出这条计策陷害武松。必然是他着人去上下都使了钱，受了人情贿赂，众人以此不由他分说，必然要害他性命。我如今寻思起来，他须不该死罪。只是买求两院押牢节级，便好可以存他性命。在外却又别作商议。"施恩道："现今当牢节级姓康的，和孩儿最过得好。只得去求浼他如何？"老管营道："他是为你吃官司，你不去救他，更待何时？"

施恩将了一二百两银子，径投康节级，却在牢未回。施恩教他家着人去牢里说知。不多时，康节级归来与施恩相见。施恩把上件事一一告诉了一遍。康节级答道："不瞒兄长说：此一件事，皆是张都监和张团练两个，同姓结义做兄弟。现今蒋门神躲在张团练家里，却央张团练买嘱这张都监，商量设出这条计来，一应上下之人，都是蒋门神用贿赂，我们都接了他钱。厅上知府，一力与他作主，定要结果武松性命，只有当案一个叶孔目不肯，因此不敢害他。这人忠直仗义，不肯要害平人，以此武松还不吃亏。今听施兄所说了，牢中之事，尽是我自维持，如今便去宽他，今后不教他吃半点儿苦。你却快央人去，只嘱叶孔目，要求他早断出去，便可救得他性命。"施恩取一百两银子与康节级。康节级那里肯受，再三推辞，方才收了。

施恩相别出门来，径回营里，又寻一个和叶孔目知契的人，送一百两银子与他，只求早早紧急决断。那叶孔目已知武松是个好汉，亦自有心周全他，已把那文案做得活着，只被这知府受了张都监贿赂嘱托，不肯从轻。勘来武松窃取人财，又不得死罪，因此互相延挨，只要牢里谋他性命。今来又得了这一百两银子，亦知是屈陷武松，却把这文案都改得轻了，尽出豁了武松，只待限满决断。有诗为证：

赃吏纷纷据要津，公然白日受黄金。

西厅孔目心如水，不把真心作贼心。

且说施恩于次日安排了许多酒馔，甚是齐备，来央康节级引领，直进大牢里看视武松，见面送饭。此时武松已自得康节级看觑，将这刑禁都放宽了。施恩又取三二十两银子，分 与众小牢子。取酒食叫武松吃了，施恩附耳低言道："这场官司，明明是都监替蒋门神报仇，陷害哥哥。你且宽心，不要忧念。我已央人和叶孔目说通了，甚有周全你的好意。且待限满断决你出去，却再理会。"此时武松得松宽了，已有越狱之心；听得施恩说罢，却放了那片心。施恩在牢里安慰了武松，归到营中。

过了两日，施恩再备些酒食钱财，又央康节级引领入牢里，与武松说话。相见了，将酒食管待，又分 了些零碎银子与众人做酒钱。回归家来，又央浼人上下去使用，催趱打点文书。过得数日，施恩再备了酒肉，做了几件衣裳，再央康节级维持，相引将来牢里，请众人吃酒，买求看觑武松，叫他更换了些衣服，吃了酒食。出入情熟，一连数日，施恩来了大牢里三次。却不提防被张团练家心腹人见了，回去报知。那张团练便去对张都监说了其事。张都监却再使人送金帛来与知府，就说与此事。那知府是个赃官，接受了贿赂，便差人常常下牢里来闸看，但见闲人，便要拿问。施恩得知了，那里敢再去看觑?武松却自得康节级和众牢子自照管他。施恩自此早晚只去得康节级家里讨信，得知长短，都不在话下。

看看前后将及两月。有这当案叶孔目一力主张，知府处早晚说开就里。那知府方才知道张都监接受了蒋门神若干银子，通同张团练，设计排陷武松，自心里想道："你倒赚了银两，教我与你害人！"因此心都懒了，不来管看。

捱到六十日限满，牢中取出武松，当厅开了枷。当案叶孔目读了招状，就拟下罪名，脊杖二十，刺配恩州牢城，原盗赃物，给还本主。张都监只得着家人当官领了赃物。当厅把武松断了二十脊杖，刺了金印，取一面七斤半铁叶盘头枷钉了，押一纸公文，差两个壮健公人，防送武松，限了时日要起身。那两个公人，领了牒文，押解了武松出孟州衙门便行。原来武松吃断棒之时，却得老管营使钱通了，叶孔目又看觑他，知府亦知他被陷害，不十分来打重，因此断得棒轻。

武松忍着那口气，带上行枷，出得城来，两个公人监在后面。约行得一里多路，只见官道旁边酒店里钻出施恩来，看着武松道："小弟在此专等。"武松看施恩时，又包着头，络着手臂。武松问道："我好几时不见你，如何又做恁地模样？"施恩答道："实不相瞒哥哥说：小弟自从牢里三番相见之后，知府得知了，不时差人下来牢里点闸，那张都监又差人在牢门口左右两边巡看着，因此小弟不能够再进大牢里看望兄长，只到得康节级家里讨信。半月之前，小弟正在快活林中店里，只见蒋门神那厮，又领着一伙军汉到来厮打。小弟被他又痛打一顿，也要小弟央浼人陪话，却被他仍复夺了店面，依旧交还了许多家火什物。小弟在家将息未起，今日听得哥哥断配恩州，特有两件绵衣，送与哥哥路上穿着。煮得两只熟鹅在此，请哥哥吃了两块去。"

施恩便邀两个公人，请他入酒肆，那两个公人那里肯进酒店里去?便发言发语道："武松这厮，他是个贼汉，不争我们吃你的酒食，明日官府上须惹口舌。你若怕打，快走开去！"施恩见不是话头，便取十来两银子，送与他两个公人。那厮两个，那里肯接?恼忿忿地，只要催促武松上路。施恩讨两碗酒，叫武松吃了，把一个包裹拴在武松腰里，把这两只熟鹅挂在武松行枷上。施恩附耳低言道："包裹里有两件绵衣，一帕子散碎银子，路上好做盘缠。也有两只八搭麻鞋在里面。只是要路上仔细提防，这两个贼男女，不怀好意。"武松点头道："不须分付，我已省得了。再着两个来，也不惧他。你自回去将息。且请放心，我自有措置。"施恩拜辞了武松，哭着去了，不在话下。

武松和两个公人上路，行不到数里之上，两个公人悄悄地商议道："不见那两个来。"武松听了，自暗暗地寻思，冷笑道："没你娘鸟兴，那厮倒来扑复老爷！"武松右手却吃钉住在行枷上，左手却散着。武松就枷上取下那熟鹅来，只顾自吃，也不睬那两个公人。又行了四五里路，再把这只熟鹅除来，右手扯着，把左手撕来，只顾自吃。行不过五里路，把这两只熟鹅都吃尽了。约莫离城也有八九里多路，只见前面路边，先有两个人，提着朴刀，各跨口腰刀，先在那里等候。见了公人监押武松到来，便帮着一路走。武松又见这两个公人，与那两个提朴刀的挤眉弄眼，打些暗号。武松早睃见，自瞧了八分尴尬，只安在肚里，却且只做不见。

又走不数里多路，只见前面来到一处济济荡荡鱼浦，四面都是野港阔河。五个人行至浦边一条阔板桥，一座牌楼上有牌额写着道"飞云浦"三字。武松见了，假意问道："这里地名，唤做甚么去处？"两个公人应道："你又不眼瞎，须见桥边牌额上写道'飞云浦'。"武松站住道："我要净手则个。"那两个提朴刀的走近一步，却被武松叫声："下去！"一飞脚早踢中，翻筋斗踢下水去了。这一个急待转身，武松右脚早起，扑通地也踢下水里去。那两个公人慌了，望桥下便走。武松喝一声："那里去！"把枷只一扭，折做两半个，赶将下桥来。那两个先自惊倒了一个。武松奔上前去，望那一个走的后心上，只一拳打翻，就水边拿起朴刀来，赶上去，搠上几朴刀，死在地下，却转身回来，把那个惊倒的，也搠几刀。

这两个踢下水去的，才挣得起，正待要走，武松追着，又砍倒一个，赶入一步，劈头揪住一个喝道："你这厮实说，我便饶你性命！"那人道："小人两个是蒋门神徒弟。今被师父和张团练定计，使小人两个来相帮防送公人，一处来害好汉。"武松道："你师父蒋门神今在何处？"那人道："小人临来时，和张团练都在张都监家里后堂鸳鸯楼上吃酒，专等小人回报。"武松道："原来恁地，却饶你不得。"手起刀落，也把这人杀了。解下他腰刀来，拣好的带了一把，将两个尸首，都撺在浦里。又怕那两个不死，提起朴刀，每人身上又搠了几刀。立在桥上看了一会，思量道：“虽然杀了四个贼男女，不杀得张都监、张团练、蒋门神，如何出得这口恨气！”提着朴刀，踌躇了半晌，一个念头，竟奔回孟州城里来。

不因这番，有分教：武松杀几个贪夫，出一口怨气。定教：画堂深处尸横地，红烛光中血满楼。

毕竟武松再回孟州城来，怎地结果，且听下回分解。

第三十一回 张都监血溅鸳鸯楼　武行者夜走蜈蚣岭

话说张都监听信这张团练说诱嘱托，替蒋门神报仇，要害武松性命，谁想四个人，倒都被武松搠杀在飞云浦了。当时武松立于桥上，寻思了半晌，踌躇起来，怨恨冲天：“不杀得张都监，如何出得这口恨气！”便去死尸身边，解下腰刀，选好的取把，将来跨了，拣条好朴刀提着，再径回孟州城里来。进得城中，早是黄昏时候，只见家家闭户，处处关门。但见：

十字街荧煌灯火，九曜寺香霭钟声。一轮明月挂青天，几点疏星明碧汉。六军营内，呜呜画角频吹；五鼓楼头，点点铜壶正滴。两两佳人归绣 ，双双士子掩书帏。

当下武松入得城来，径踅去张都监后花园墙外，却是一个马院。武松就在马院边伏着，听得那后槽却在衙里，未曾出来。正看之间，只见“呀”地角门开，后槽提着个灯笼出来，里面便关了角门。武松却躲在黑影里，听那更鼓时，早打一更四点。那后槽上了草料，挂起灯笼，铺开被卧，脱了衣裳，上床便睡。武松却来门边挨那门响，后槽喝道：“老爷方才睡，你要偷我衣裳，也早些哩！”武松把朴刀倚在门边，却掣出腰刀在手里，又“呀呀”地推门。那后槽那里忍得住，便从床上赤条条地跳将起来，拿了搅草棍，拔了 。却待开门，被武松就势推开去，抢入来，把这后槽擗头揪住。却待要叫，灯影下见明晃晃地一把刀在手里，先自惊得八分软了，口里只叫得一声：“饶命！”武松道：“你认得我么？”后槽听得声音，方才知是武松，便叫道：“哥哥，不干我事，你饶了我罢！”武松道：“你只实说，张都监如今在那里？”后槽道：“今日和张团练、蒋门神，他三个吃了一日酒，如今兀自在鸳鸯楼上吃哩。”武松道：“这话是实么？”后槽道：“小人说谎，就害疔疮。”武松道：“恁地却饶你不得！”手起一刀，把这后槽杀了。一脚踢过尸首，把刀插入鞘里，就烛影下，去腰里解下施恩送来的绵衣，将出来，脱了身上旧衣裳，把那两件新衣穿了。拴缚得紧凑，把腰刀和鞘跨在腰里，却把后槽一床单被，包了散碎银两，入在缠袋里，却把来挂在门边。又将两扇门立在墙边，先去吹灭了灯火，却闪将出来，拿了朴刀，从门上一步步爬上墙来。

此时却有些月光明亮。武松从墙头上一跳，却跳在墙里，便先来开了角门。掇过了门扇，复翻身入来，虚掩上角门。 都提过了，武松却望灯明处来，看时，正是厨房里。只见两个丫鬟，正在那汤罐边埋冤说道：“伏侍了一日，兀自不肯去睡，只是要茶吃!那两个客人也不识羞耻， 得这等醉了，也兀自不肯下楼去歇息，只说个不了。”那两个女使，正口里喃喃讷讷地怨怅，武松却倚了朴刀，掣出腰里那口带血刀来。把门一推，“呀”地推开门，抢入来，先把一个女使 角儿揪住，一刀杀了。那一个却待要走，两只脚一似钉住了的，再要叫时，口里又似哑了的，端的是惊得呆了。休道是两个丫 ，便是说话的见了，也惊得口里半舌不展。武松手起一刀，也杀了。却把这两个尸首，拖放灶前，去了厨下灯火，趁着那窗外月光，一步步挨入堂里来。

武松原在衙里出入的人，已都认得路数。径踅到鸳鸯楼胡梯边来，捏脚捏手，摸上楼来。此时亲随的人，都伏事得厌烦，远远地躲去了。只听得那张都监、张团练、蒋门神三个说话。武松在胡梯口听，只听得蒋门神口里称赞不了，只说：“亏了相公与小人报了冤仇，再当重重的报答恩相。”这张都监道：“不是看我兄弟张团练面上，谁肯干这等的事!你虽费用了些钱财，却也安排得那厮好。这早晚多是在那里下手，那厮敢是死了，只教在飞云浦结果他。待那四人明早回来，便见分晓。”张团练道：“这四个对付他一个，有甚么不了?再有几个性命，也没了。”蒋门神道：“小人也分付徒弟来，只教就那里下手，结果了，快来回报。”正是：

暗室从来不可欺，古今奸恶尽诛夷。

金风未动蝉先噪，暗送无常死不知。

武松听了，心头那把无明业火，高三千丈，冲破了青天。右手持刀，左手叉开五指，抢入楼中，只见三五枝画烛荧煌，一两处月光射入，楼上甚是明朗，面前酒器，皆不曾收。蒋门神坐在交椅上，见是武松，吃了一惊，把这心肝五脏，都提在九霄云外。说时迟，那时快，蒋门神急要挣扎时，武松早落一刀，劈脸剁着，和那交椅都砍翻了。武松便转身回过刀来，那张都监方才伸得脚动，被武松当时一刀，齐耳根连脖子砍着，扑地倒在楼板上。两个都在挣命。这张团练终是个武官出身，虽然酒醉，还有些气力。见剁翻了两个，料道走不迭，便提起一把交椅抡将来。武松早接个住，就势只一推，休说张团练酒后，便清醒白醒时，也近不得武松神力，扑地望后便倒了。武松赶入去，一刀先剁下头来。蒋门神有力，挣得起来。武松左脚早起，翻筋斗踢一脚，按住也割了头。转身来，把张都监也割了头。见桌子上有酒有肉，武松拿起酒钟子，一饮而尽。连吃了三四钟，便去死尸身上割下一片衣襟来，蘸着血，去白粉壁上，大写下八字道：“杀人者，打虎武松也。”把桌子上器皿踏匾了，揣几件在怀里。却待下楼，只听得楼下夫人声音叫道：“楼上官人们都醉了，快着两个上去搀扶!……”说犹未了，早有两个人上楼来。

武松却闪在胡梯边，看时，却是两个自家亲随人，便是前日拿捉武松的。武松在黑处让他过去，却拦住去路。两个入进楼中，见三个尸首，横在血泊里，惊得面面厮觑，做声不得，正如“分开八片顶阳骨，倾下半桶冰雪水”。急待回身，武松随在背后，手起刀落，早剁翻了一个。那一个便跪下讨饶，武松道：“却饶你不得！”揪住也砍了头。杀得血溅画楼，尸横灯影。武松道：“一不做，二不休，杀了一百个，也只是这一死。”提了刀，下楼来。

夫人问道：“楼上怎地大惊小怪？”武松抢到房前，夫人见条大汉入来，兀自问道：“是谁？”武松的刀早飞起，劈面门剁着，倒在房前声唤。武松按住，将去割时，刀切头不入。武松心疑，就月光下看那刀时，已自都砍缺了。武松道：“可知割不下头来！”便抽身去后门外去拿取朴刀，丢了缺刀，复翻身再入楼下来。只见灯明，前番那个唱曲儿的养娘玉兰，引着两个小的，把灯照见夫人被杀死在地下，方才叫得一声：“苦也！”武松握着朴刀，向玉兰心窝里搠着。两个小的，亦被武松搠死，一朴刀一个结果了。走出中堂，把 拴了前门，又入来，寻着两三个妇女，也都搠死了在房里。

武松道：“我方才心满意足，走了罢休！”撇了刀鞘，提了朴刀，出到角门外来，马院里除下缠袋来，把怀里踏匾的银酒器，都装在里面，拴在腰里。拽开脚步，倒提朴刀便走。到城边，寻思道：“若等开门，须吃拿了，不如连夜越城走。”便从城边踏上城来。这孟州城是个小去处，那土城苦不甚高，就女墙边望下，先把朴刀虚按一按，刀尖在上，棒梢向下，托地只一跳，把棒一拄，立在濠堑边。月明之下，看水时，只有一二尺深。此时正是十月半天气，各处水泉皆涸。武松就濠堑边脱了鞋袜，解下腿　护膝，抓扎起衣服，从这城濠里走过对岸。却想起施恩送来的包裹里有双八搭麻鞋，取出来穿在脚上。听城里更点时，已打四更三点。武松道：“这口鸟气，今日方才出得松　。‘梁园虽好，不是久恋之家’，只可撒开。”提了朴刀，投东小路便走。诗曰：

只图路上开刀，还喜楼中饮酒。

一人害却多人，杀心惨于杀手。

不然冤鬼相缠，安得抽身便走。

走了一五更，天色朦朦胧胧，尚未明亮。武松一夜辛苦，身体困倦，棒疮发了又疼，那里熬得过。望见一座树林里，一个小小古庙，武松奔入里面，把朴刀倚了，解下包裹来做了枕头，扑翻身便睡。却待合眼，只见庙外边探入两把挠钩，把武松搭住。两个人便抢入来，将武松按定，一条绳索绑了，那四个男女道：“这鸟汉子却肥，好送与大哥去。”武松那里挣扎得脱，被这四个人夺了包裹朴刀，却似牵羊的一般，脚不点地，拖到村里来。这四个男女，于路上自言自说道：“看这汉子一身血迹，却是那里来?莫不做贼着了手来？”武松只不做声，由他们自说。行不到三五里路，早到一所草屋内，把武松推将进去。侧首一个小门里面，尚点着碗灯，四个男女，将武松剥了衣裳，绑在亭柱上。武松看时，见灶边梁上，挂着两条人腿。武松自肚里寻思道：“却撞在横死神手里，死得没了分晓。早知如此时，不若去孟州府里首告了，便吃一刀一剐，却也留得一个清名于世。”正是：

杀尽奸邪恨始平，英雄逃难不逃名。

千秋意气生无愧，七尺身躯死不轻。

那四个男女，提着那包裹，口里叫道：“大哥，大嫂，快起来!我们张得一头好行货在这里了。”只听得前面应道：“我来也!你们不要动手，我自来开剥。”没一盏茶时，只见两个人入屋后来。武松看时，前面一个妇人，背后一个大汉。两个定睛看了武松，那妇人便道：“这个不是叔叔武都头！”那大汉道：“快解了我兄弟！”武松看时，那大汉不是别人，却正是菜园子张青，这妇人便是母夜叉孙二娘。这四个男女吃了一惊，便把索子解了，将衣服与武松穿了。头巾已自扯碎，且拿个毡笠子与他戴上。原来这张青十字坡店面作坊，却有几处，所以武松不认得。张青即便请出前面客席里，叙礼罢，张青大惊，连忙问道：“贤弟如何恁地模样？”

武松答道：“一言难尽!自从与你相别之后，到得牢城营里，得蒙施管营儿子，唤做金眼彪施恩，一见如故，每日好酒好肉管顾我。为是他有一座酒肉店，在城东快活林内，甚是趁钱。却被一个张团练带来的蒋门神那厮，倚势豪强，公然白白地夺了。施恩如此告诉，我却路见不平，醉打了蒋门神，复夺了快活林，施恩以此敬重我。后被张团练买嘱张都监，定了计谋，取我做亲随，设智陷害，替蒋门神报仇。八月十五日夜，只推有贼，赚我到里面，却把银酒器皿，预先放在我箱笼内，拿我解送孟州府里，强扭做贼，打招了，监在牢里，却得施恩上下使钱透了，不曾受害。又得当案叶孔目仗义疏财，不肯陷害平人。又得当牢一个康节级，与施恩最好。两个一力维持，待限满脊杖，转配恩州。昨夜出得城来，叵耐张都监设计，教蒋门神使两个徒弟和防送公人相帮，就路上要结果我。到得飞云浦僻静去处，正欲要动手，先被我两脚，把两个徒弟踢下水里去。赶上这两个鸟公人，也是一朴刀一个搠死了，都撇在水里。思量这口气怎地出得，因此再回孟州城里去。一更四点，进去马院里，先杀了一个养马的后槽。爬入墙内，去就厨房里杀了两个丫　，直上鸳鸯楼上，把张都监、张团练、蒋门神三个都杀了，又砍了两个亲随。下楼来，又把他老婆、儿女、养娘，都戳死了。连夜逃走，跳城出来。走了一五更路，一时困倦，棒疮发了又疼，因行不得，投一小庙里权歇一歇，却被这四个绑缚将来。”

那四个捣子，便拜在地下道：“我们四个，都是张大哥的火家。因为连日赌钱输了，去林子里寻些买卖。却见哥哥从小路来，身上淋淋漓漓，都是血迹，却在土地庙里歇，我四个不知是甚人。早是张大哥这几时分付道：‘只要捉活的。’因此我们只拿挠钩套索出去，不分付时，也坏了大哥性命。正是‘有眼不识泰山’，一时误犯着哥哥，恕罪则个！”张青夫妻两个笑道：“我们因有挂心，这几时只要他们拿活的行货。他这四个，如何省的我心里事。若是我这兄弟不困乏时，不说你这四个男女，更有四十个，也近他不得。”那四个捣子只顾磕头。武松唤起他来道：“既然他们没钱去赌，我赏你些。”便把包裹打开，取十两银子，把与四人将去分。那四个捣子拜谢武松。张青看了，也取三二两银子，赏与他们四个，自去分了。

张青道：“贤弟不知我心!从你去后，我只怕你有些失支脱节，或早或晚回来，因此上分付这几个男女：但凡拿得行货，只要活的。那厮们慢仗些的趁活捉了，敌他不过的，必致杀害；以此不教他们将刀仗出去，只与他挠钩套索。方才听得说，我便心疑，连忙分付，等我自来看，谁想果是贤弟！”孙二娘道：“只听得叔叔打了蒋门神，又是醉了赢他，那一个来往人不吃惊!有在快活林做买卖的客商，常说到这里，却不知向后的事。叔叔困倦，且请去客房里将息，却再理会。”张青引武松去客房里睡了。两口儿自去厨下安排些佳肴美馔酒食，管待武松。不移时，整治齐备，专等武松起来相叙。有诗为证：

金宝昏迷刀剑醒，天高帝远总无灵。

如何廊庙多凶曜，偏是江湖有救星。

却说孟州城里张都监衙内，也有躲得过的，直到五更才敢出来。众人叫起里面亲随，外面当直的军牢，都来看视，声张起来，街坊邻舍，谁敢出来?捱到天明时分，却来孟州府里告状。知府听说罢，大惊，火速差人下来，检点了杀死人数，行凶人出没去处，填画了图样格目，回府里禀复知府道：“先从马院里入来，就杀了养马的后槽一人，有脱下旧衣二件。次到厨房里灶下，杀死两个丫　，后门边遗下行凶缺刀一把。楼上杀死张都监一员并亲随二人。外有请到客官张团练与蒋门神二人。白粉壁上，衣襟蘸血，大写八字道：‘杀人者，打虎武松也’。楼下搠死夫人一口，在外搠死玉兰并奶娘二口，儿女三口。共计杀死男女一十五名，掳掠去金银酒器六件。”知府看罢，便差人把住孟州四门，点起军兵并缉捕人员，城中坊厢里正，逐一排门搜捉凶人武松。

次日，飞云浦地里保正人等告称：“杀死四人在浦内，见有杀人血痕在飞云浦桥下，尸首俱在水中。”知府接了状子，当差本县县尉下来；一面着人打捞起四个尸首，都检验了。两个是本府公人，两个自有苦主，各备棺木盛殓了尸首，尽来告状，催促捉拿凶首偿命。城里闭门三日，家至户到，逐一挨查，五家一连，十家一保，那里不去搜寻。知府押了文书，委官下该管地面，各乡，各保，各都，各村，尽要排家搜捉，缉捕凶首。写了武松乡贯、年甲、貌相、模样，画影图形，出三千贯信赏钱。如有人知得武松下落，赴州告报，随文给赏；如有人藏匿犯人在家宿食者，事发到官，与犯人同罪。遍行邻近州府，一同缉捕。

且说武松在张青家里，将息了三五日，打听得事务篾刺一般紧急，纷纷攘攘有做公人出城来各乡村缉捕。张青知得，只得对武松说道："二哥，不是我怕事，不留你久住，如今官司搜捕得紧急，排门挨户，只恐明日有些疏失，必须怨恨我夫妻两个。我却寻个好安身去处与你，在先也曾对你说来，只不知你终心肯去也不？"武松道："我这几日也曾寻思：想这事必然要发，如何在此安得身牢?止有一个哥哥，又被嫂嫂不仁害了；甫能来到这里，又被人如此陷害；祖家亲戚都没了。今日若得哥哥有这好去处，叫武松去，我如何不肯去?只不知是那里地面？"张青道："是青州管下一座二龙山宝珠寺。花和尚鲁智深和一个青面兽好汉杨志，在那里打家劫舍，霸着一方落草。青州官军捕盗，不敢正眼觑他。贤弟只除那里去安身，方才免得；若投别处去，终久要吃拿了。他那里常常有书来取我入伙，我只为恋土难移，不曾去的。我写一封书，备细说二哥的本事，于我面上，如何不着你入伙。"武松道："大哥也说的是。我也有心，恨时辰未到，缘法不能凑巧。今日既是杀了人，事发了没潜身处，此为最妙。大哥，你便写书与我去，只今日便行。"

张青随即取幅纸来，备细写了一封书，把与武松，安排酒食送路。只见母夜叉孙二娘指着张青说道："你如何便只这等叫叔叔去?前面定吃人捉了。"武松道："阿嫂，你且说我怎地去不得?如何便吃人捉了？"孙二娘道："阿叔，如今官司遍处都有了文书，出三千贯信赏钱，画影图形，明写乡贯年甲，到处张挂。阿叔脸上，现今明明地两行金印，走到前路，须赖不过。"张青道："脸上贴了两个膏药便了。"孙二娘笑道："天下只有你乖，你说这痴话，这个如何瞒得过做公的?我却有个道理，只怕叔叔依不得。"武松道："我既要逃灾避难，如何依不得？"孙二娘大笑道："我说出来，阿叔却不要嗔怪。"武松道："阿嫂但说的便依。"孙二娘道："二年前，有个头陀打从这里过，吃我放翻了，把来做了几日馒头馅。却留得他一个铁界箍，一身衣服，一领皂布直裰，一条杂色短　绦，一本度牒，一串一百单八颗人顶骨数珠，一个沙鱼皮鞘子，插着两把雪花镔铁打成的戒刀。这刀如常半夜里鸣啸的响，叔叔前番也曾看见。今既要逃难，只除非把头发剪了，做个行者，须遮得额上金印。又且得这本度牒做护身符，年甲貌相，又和叔叔相等，却不是前缘前世?阿叔便应了他的名字，前路去，谁敢来盘问?这件事好么？"张青拍手道："二娘说得是，我倒忘了这一着。"正是：

缉捕急如星火，颠危好似风波。

若要免除灾祸，且须做个头陀。

张青道："二哥，你心里如何？"武松道："这个也使得，只恐我不像出家人模样。"张青道："我且与你扮一扮看。"孙二娘去房中取出包裹来，打开，将出许多衣裳，教武松里外穿了。武松自看道："却一似与我身上做的。"着了皂直裰，系了绦，把毡笠儿除下来，解开头发，折迭起来，将界箍儿箍起，挂着数珠。张青、孙二娘看了，两个喝采道："却不是前生注定！"武松讨面镜子照了，也自哈哈大笑起来。张青道："二哥为何大笑？"武松道："我照了自也好笑，我也做得个行者。大哥，便与我剪了头发。"张青拿起剪刀，替武松把前后头发都剪了。诗曰：

打虎从来有李忠，武松绰号尚悬空。

幸有夜叉能说法，顿教行者显神通。

武松见事务看看紧急，便收拾包裹要行。张青又道："二哥，你听我说，不是我要便宜，你把那张都监家里的酒器，留下在这里，我换些零碎银两，与你路上去做盘缠，万无一失。"武松道："大哥见的分明。"尽把出来与了张青，换了一包散碎金银，都拴在缠袋内，系在腰里。武松饱吃了一顿酒饭，拜辞了张青夫妻二人，腰里跨了这两口戒刀，当晚都收拾了。孙二娘取出这本度牒，就与他缝个锦袋盛了，教武松挂在贴肉胸前。武松拜谢了他夫妻两个。临行，张青又分付道："二哥于路小心在意，凡事不可托大。酒要少吃，休要与人争闹，也做些出家人行径。诸事不可躁性，省得被人看破了。如到了二龙山，便可写封回信寄来。我夫妻两个在这里，也不是长久之计；敢怕随后收拾家私，也来山上入伙。二哥保重保重，千万拜上鲁、杨二头领。"

武松辞了出门，插起双袖，摇摆着便行。张青夫妻看了，喝采道："果然好个行者！"但见：

前面发掩映齐眉，后面发参差际颈。皂直裰好似乌云遮体，杂色绦如同花蟒缠身。额上界箍儿灿烂，依稀火眼金睛；身间布衲袄斑斓，仿佛铜筋铁骨。戒刀两口，擎来杀气横秋；顶骨百颗，念处悲风满路。啖人罗刹须拱手，护法金刚也皱眉。当晚武行者辞了张青夫妻二人，离了大树十字坡，便落路走。此时是十月间天气，日正短，转眼便晚了。约行不到五十里，早望见一座高岭。武行者趁着月明，一步步上岭来，料道只是初更天色。武行者立在岭头上看时，见月从东边上来，照得岭上草木光辉。正看之间，只听得前面林子里，有人笑声，武行者道："又来作怪!这般一条净荡荡高岭，有甚么人笑语？"走过林子那边去打一看，只见松树林中，傍山一座坟庵，约有十数间草屋，推开着两扇小窗，一个先生，搂着一个妇人，在那窗前看月戏笑。武行者看了，怒从心上起，恶向胆边生，便想道："这是山间林下出家人，却做这等勾当！"便去腰里掣出那两口烂银也似戒刀来，在月光下看了道："刀却是好，到我手里，不曾发市，且把这个鸟先生试刀。"手腕上悬了一把，再将这把插放鞘内，把两只直裰袖，结起在背上，竟来到庵前敲门。那先生听得，便把后窗关上。

武行者拿起块石头，便去打门。只见"呀"地侧首门开，走出一个道童来，喝道："你是甚人，如何敢半夜三更，大惊小怪，敲门打户做甚么？"武行者睁圆怪眼，大喝一声："先把这鸟童祭刀！"说犹未了，手起处，铮地一声响，道童的头落在一边，倒在地下。只见庵里那个先生大叫道："谁敢杀我道童！"托地跳将出来。那先生手抡着两口宝剑，竟奔武行者。武松大笑道："我的本事，不要箱儿里去取，正是挠着我的痒处。"便去鞘里，再拔了那口戒刀，抡起双戒刀来，迎那先生。两个就月明之下，一来一往，一去一回，两口剑寒光闪闪，双戒刀冷气森森。斗了良久，浑如飞凤迎鸾；战不多时，好似角鹰拿兔。两个斗了十数合，只听得山岭旁边一声响亮，两个里倒了一个。但见：寒光影里人头落，杀气丛中血雨喷。

毕竟两个里厮杀，倒了一个的是谁，且听下回分解。

第三十二回 武行者醉打孔亮　锦毛虎义释宋江

当时两个斗了十数合，那先生被武行者卖个破绽，让那先生两口剑斫将入来，被武行者转过身来，看得亲切，只一戒刀，那先生的头，滚落在一边，尸首倒在石上。武行者大叫："庵里婆娘出来，我不杀你，只问你个缘故。"只见庵里走出那个妇人来，倒地便拜。武行者道："你休拜我。你且说，这里是甚么去处?那先生却是你的甚么人？"那妇人哭着道："奴是这岭下张太公家女儿。这庵是奴家祖上坟庵。这先生不知是那里人，来我家里投宿，言说善习阴阳，能识风水。我家爹娘，不合留他在庄上，因请他来这里坟上观看地理，被他说诱，又留他住了几日。那厮一日见了奴家，便不肯去了。住了三两个月，把奴家爹娘哥嫂都害了性命，却把奴家强骗在此坟庵里住。这个道童，也是别处掳掠来的。这岭唤做蜈蚣岭。这先生见这条岭好风水，以此他便自号飞天蜈蚣王道人。”武行者道：“你还有亲眷么？”那妇人道：“亲戚自有几家，都是庄农之人，谁敢和他争论？”武行者道：“这厮有些财帛么？”妇人道：“他也积蓄得一二百两金银。”武行者道：“有时，你快去收拾。我便要放火烧庵也。”那妇人问道：“师父，你要酒肉吃么？”武行者道：“有时，将来请我。”那妇人道：“请师父进庵里去吃。”武行者道：“怕别有人暗算我么？”那妇人道：“奴有几颗头，敢赚得师父？”武行者随那妇人入到庵里，见小窗边桌子上，摆着酒肉。武行者讨大碗，吃了一回。那妇人收拾得金银财帛已了，武行者便就里面放起火来。那妇人捧着一包金银，献与武行者，乞性命。武行者道：“我不要你的，你自将去养身。快走!快走！”那妇人拜谢了，自下岭去。武行者把那两个尸首，都撺在火里烧了，插了戒刀，连夜自过岭来，迤　取路，望着青州地面来。

又行了十数日，但遇村坊道店，市镇乡城，果然都有榜文张挂在彼处，捕获武松。到处虽有榜文，武松已自做了行者，于路却没人盘诘他。时遇十一月间，天色好生严寒。当日武行者一路上买酒买肉吃，只是敌不过寒威。上得一条土冈，早望见前面有一座高山，生得十分险峻。武行者下土冈子来，走得三五里路，早见一个酒店。门前一道清溪，屋后都是颠石乱山。看那酒店时，却是个村落小酒肆。但见：

门迎溪涧，山映茅茨。疏篱畔梅开玉蕊，小窗前松偃苍龙。乌皮桌椅，尽列着瓦钵磁瓯；黄土墙垣，都画着酒仙诗客。一条青旆舞寒风，两句诗词招过客。端的是走骠骑闻香须住马，使风帆知味也停舟。

武行者过得那土冈子来，径奔入那村酒店里坐下，便叫道：“店主人家，先打两角酒来。肉便买些来吃。”店主人应道：“实不瞒师父说：酒却有些茅柴白酒，肉却都卖没了。”武行者道：“且把酒来挡寒。”店主人便去打两角酒，大碗价筛来，教武行者吃，将一碟熟菜，与他过口。片时间，吃尽了两角酒，又叫再打两角酒来，店主人又打了两角酒，大碗筛来。武行者只顾吃。比及过冈子时，先有三五分酒了；一发吃过这四角酒，又被朔风一吹，酒却涌上。武松却大呼小叫道：“主人家，你真个没东西卖?你便自家吃的肉食，也回些与我吃了，一发还你银子。”店主人笑道：“也不曾见这个出家人，酒和肉只顾要吃，却那里去取?师父，你也只好罢休。”武行者道：“我又不白吃你的，如何不卖与我？”店主人道：“我和你说过，只有这些白酒，那得别的东西卖？”正在店里论口，只见外面走入一条大汉，引着三四个人入店里来。武行者看那大汉时，但见：

顶上头巾鱼尾赤，身上战袍鸭头绿。脚穿一对踢土靴，腰系数尺红　膊。面圆耳大，唇阔口方。长七尺以上身材，有二十四五年纪。相貌堂堂强壮士，未侵女色少年郎。

那条大汉引着众人入进店里，主人笑容可掬迎接道：“大郎请坐。”那汉道：“我分付你的，安排也未？”店主人答道：“鸡与肉，都已煮熟了，只等大郎来。”那汉道：“我那青花瓮酒在那里？”店主人道：“有在这里。”那汉引了众人，便向武行者对席上头坐了；那同来的三四人，却坐在肩下。店主人却捧出一樽青花瓮酒来，开了泥头，倾在一个大白盆里。武行者偷眼看时，却是一瓮窖下的好酒，被风吹过酒的香味来。武行者闻了那酒香味，喉咙痒将起来，恨不得钻过来抢吃。只见店主人又去厨下，把盘子托出一对熟鸡、一大盘精肉来，放在那汉面前，便摆了菜蔬，用杓子舀酒去烫。武行者看了自己面前，只是一碟儿熟菜，不由的不气。正是眼饱肚中饥，武行者酒又发作，恨不得一拳打碎了那桌子，大叫道：“主人家，你来!你这厮好欺负客人！”店主人连忙来问道：“师父，休要焦躁。要酒便好说。”武行者睁着双眼喝道：“你这厮好不晓道理!这青花瓮酒和鸡肉之类，如何不卖与我?我也一般还你银子。”店主人道：“青花瓮酒和鸡肉，都是那大郎家里自将来的，只借我店里坐地吃酒。”武行者心中要吃，那里听他分说，一片声喝道：“放屁!放屁！”店主人道：“也不曾见你这个出家人，恁地蛮法！”武行者喝道：“怎地是老爷蛮法?我白吃你的！”那店主人道：“我倒不曾见出家人自称老爷。”武行者听了，跳起身来，叉开五指望店主人脸上只一掌，把那店主人打个踉跄，直撞过那边去。

那对席的大汉，见了大怒。看那店主人时，打得半边脸都肿了，半日挣扎不起。那大汉跳起身来，指定武松道：“你这个鸟头陀，好不依本分!却怎地便动手动脚!却不道是：‘出家人勿起嗔心’！”武行者道：“我自打他，干你甚事！”那大汉怒道：“我好意劝你，你这鸟头陀，敢把言语伤我！”武行者听得大怒，便把桌子推开，走出来喝道：“你那厮说谁！”那大汉笑道：“你这鸟头陀，要和我厮打，正是来太岁头上动土！”那大汉便点手叫道：“你这贼行者，出来和你说话！”武行者喝道：“你道我怕你，不敢打你！”一抢抢到门边，那大汉便闪出门外去。武行者赶到门外，那大汉见武松长壮，那里敢轻敌，便做个门户等着他。武行者抢入去，接住那汉手。那大汉却待用力跌武松，怎禁得他千百斤神力，就手一扯，扯入怀来，只一拨，拨将去，恰似放翻小孩子的一般，那里做得半分手脚。那三四个村汉看了，手颤脚麻，那里敢上前来。武行者踏住那大汉，提起拳头来，只打实落处。打了二三十拳，就地下提起来，望门外溪里只一丢。那三四个村汉叫声苦，不知高低，都下溪里来救起那大汉，自搀扶着投南去了。这店主人吃了这一掌，打得麻了，动弹不得，自入屋后去躲避了。

武行者道：“好呀!你们都去了，老爷却吃酒肉！”把个碗去白盆内舀那酒来，只顾吃。桌子上那对鸡，一盘子肉，都未曾吃动。武行者且不用箸，双手扯来任意吃。没半个时辰，把这酒肉和鸡都吃个八分。武行者醉饱了，把直裰袖结在背上，便出店门，沿溪而走。却被那北风卷将起来，武行者捉脚不住，一路上抢将来。离那酒店，走不得四五里路，旁边土墙里，走出一只黄狗，看着武松叫。武行者看时，一只大黄狗赶着吠。武行者大醉，正要寻事，恨那只狗赶着他只管吠，便将左手鞘里掣出一口戒刀来，大踏步赶。那只黄狗绕着溪岸叫。武行者一刀斫将去，却斫个空，使得力猛，头重脚轻，翻筋斗倒撞下溪里去，却起不来。冬月天道，溪水正涸，虽是只有一二尺深浅的水，却寒冷的当不得。爬起来，淋淋的一身水，却见那口戒刀，浸在溪里。武行者便低头去捞那刀时，扑地又落下去了，只在那溪水里滚。

岸上侧首墙边，转出一伙人来，当先一个大汉，头戴毡笠子，身穿鹅黄　丝衲袄，手里拿着一条哨棒，背后十数个人跟着，都拿木杷白棍。数内一个指道：“这溪里的贼行者，便是打了小哥哥的。如今小哥哥寻不见大哥哥，自引了二三十个庄客，径奔酒店里捉他去了。他却来到这里。”说犹未了，只见远远地那个吃打的汉子，换了一身衣服，手里提着一条朴刀，背后引着三二十个庄客，都是有名的汉子。怎见的，正是叫做：

长王三，矮李四。急三千，慢八百。笆上粪，屎里蛆。米中虫，饭内屁。鸟上刺，沙小生。木伴哥，牛筋等。

这一二十个尽是为头的庄客，余者皆是村中挡子，都拖枪拽棒，跟着那个大汉，吹风胡哨来寻武松。赶到墙边，见了，指着武松，对那穿鹅黄袄子的大汉道：“这个贼头陀，正是打兄弟的。”那个大汉道：“且捉这厮，去庄里细细拷打。”那汉喝声：“下手！”三四十人一发上。可怜武松醉了，挣扎不得，急要爬起来，被众人一齐下手，横拖倒拽，捉上溪来。转过侧首墙边一所大庄院，两下都是高墙粉壁，垂柳乔松，围绕着墙院。众人把武松推抢入去，剥了衣裳，夺了戒刀、包裹，揪过来绑在大柳树上，教取一束藤条来，细细的打那厮。

却才打得三五下，只见庄里走出一个人来问道：“你兄弟两个，又打甚么人？”只见这两个大汉叉手道：“师父听禀：兄弟今日和邻庄三四个相识，去前面小路店里吃三杯酒，叵耐这个贼行者倒来寻闹，把兄弟痛打了一顿，又将来撺在水里，头脸都磕破了，险些冻死，却得相识救了回来。归家换了衣服，带了人，再去寻他。那厮把我酒肉都吃了，却大醉倒在门前溪里；因此捉拿在这里，细细的拷打。看起这贼头陀来，也不是出家人，脸上现刺着两个金印，这贼却把头发披下来遮了，必是个避罪在逃的囚徒。问出那厮根原，解送官司理论。”这个吃打伤的大汉道：“问他做甚么!这秃贼打得我一身伤损，不着一两个月，将息不起。不如把这秃贼一顿打死了，一把火烧了罢，才与我消得这口恨气。”说罢，拿起藤条，恰待又打，只见出来的那人说道：“贤弟，且休打，待我看他一看，这人也像是一个好汉。”

此时武行者心中已自酒醒了，理会得，只把眼来闭了，由他打，只不做声。那个人先去背上看了杖疮，便道：“作怪，这模样想是决断不多时的疤痕。”转过面前看了，便将手把武松头发揪起来，定睛看了，叫道：“这个不是我兄弟武二郎！”武行者方才闪开双眼，看了那人道：“你不是我哥哥！”那人喝叫：“快与我解下来，这是我的兄弟。”那穿鹅黄袄子的并吃打的尽皆吃惊，连忙问道：“这个行者，如何却是师父的兄弟？”那人便道：“他便是我时常和你们说的那景阳冈上打虎的武松。我也不知他如今怎地做了行者。”那弟兄两个听了，慌忙解下武松来，便讨几件干衣服，与他穿了，便扶入草堂里来。武松便要下拜，那个人惊喜相半，扶住武松道：“兄弟酒还未醒，且坐一坐说话。”武松见了那人，欢喜上来，酒早醒了五分。讨些汤水洗漱了，吃些醒酒之物，便来拜了那人，相叙旧话。

那人不是别人，正是郓城县人氏，姓宋，名江，表字公明。武行者道：“只想哥哥在柴大官人庄上，却如何来在这里?兄弟莫不是和哥哥梦中相会么？”宋江道：“我自从和你在柴大官人庄上分别之后，我却在那里住得半年。不知家中如何，恐父亲烦恼，先发付兄弟宋清归去。后却收拾得家中书信说道：‘官司一事，全得朱、雷二都头气力，已自家中无事，只要缉捕正身。因此已动了个海捕文书，各处追获。’这事已自慢了。却有这里孔太公，屡次使人去庄上问信。后见宋清回家，说道宋江在柴大官人庄上。因此，特地使人直来柴大官人庄上，取我在这里。此间便是白虎山。这庄便是孔太公庄上。恰才和兄弟相打的，便是孔太公小儿子，因他性急，好与人厮闹，到处叫他做独火星孔亮。这个穿鹅黄袄子的，便是孔太公大儿子，人都叫他做毛头星孔明。因他两个好习枪棒，却是我点拨他些个，以此叫我做师父。我在此间住半年了。我如今正欲要上清风寨走一遭，这两日方欲起身。我在柴大官人庄上时，只听得人传说道兄弟在景阳冈上打了大虫，又听知你在阳谷县做了都头，又闻斗杀了西门庆。向后不知你配到何处去。兄弟如何做了行者？”

武松答道：“小弟自从柴大官人庄上别了哥哥，去到得景阳冈上打了大虫，送去阳谷县，知县就抬举我做了都头。后因嫂嫂不仁，与西门庆通奸，药死了我先兄武大。被武松把两个都杀了，自首告到本县，转发东平府。后得陈府尹一力救济，断配孟州。”至十字坡，怎生遇见张青、孙二娘；到孟州，怎地会施恩，怎地打了蒋门神，如何杀了张都监一十五口，又逃在张青家；“母夜叉孙二娘教我做了头陀行者的缘故；过蜈蚣岭试刀，杀了王道人；至村店吃酒，醉打了孔兄。”把自家的事，从头备细告诉了宋江一遍。孔明、孔亮两个听了大惊，扑翻身便拜。武松慌忙答礼道：“却才甚是冲撞，休怪，休怪！”孔明、孔亮道：“我弟兄两个‘有眼不识泰山’，万望恕罪！”武行者道：“既然二位相觑武松时，却是与我烘焙度牒、书信，并行李衣服，不可失落了那两口戒刀，这串数珠。”孔明道：“这个不须足下挂心，小弟已自着人收拾去了，整顿端正拜还。”武行者拜谢了。宋江请出孔太公，都相见了。孔太公置酒设席管待，不在话下。

当晚宋江邀武松同榻，叙说一年有余的事，宋江心内喜悦。武松次日天明起来，都洗漱罢，出到中堂相会，吃早饭。孔明自在那里相陪。孔亮捱着痛疼，也来管待。孔太公便叫杀羊宰猪，安排筵宴。是日，村中有几家街坊亲戚，都来相探。又有几个门下人，亦来谒见。宋江心中大喜。当日筵宴散了，宋江问武松道：“二哥，今欲往何处安身？”武松道：“昨夜已对哥哥说了：菜园子张青写书与我，着兄弟投二龙山宝珠寺花和尚鲁智深那里入伙。他也随后便上山来。”宋江道：“也好。我不瞒你说：我家近日有书来，说道清风寨知寨小李广花荣，他知道我杀了阎婆惜，每每寄书来与我，千万教我去寨里住几时。此间又离清风寨不远，我这两日正待要起身去；因见天气阴晴不定，未曾起程。早晚要去那里走一遭，不若和你同往如何？”武松道：“哥哥，怕不是好情分，带携兄弟投那里去住几时!只是武松做下的罪犯至重，遇赦不宥，因此发心，只是投二龙山落草避难。亦且我又做了头陀，难以和哥哥同往。路上被人设疑，倘或有些决撒了，须连累了哥哥。便是哥哥与兄弟同死同生，也须累及了花荣山寨不好。只是由兄弟投二龙山去了罢。天可怜见，异日不死，受了招安，那时却来寻访哥哥未迟。”宋江道：“兄弟既有此心归顺朝廷，皇天必 。若如此行，不敢苦劝，你只相陪我住几日了去。”

自此，两个在孔太公庄上，一住过了十日之上，宋江与武松要行，孔太公父子那里肯放?又留住了三五日，宋江坚执要行，孔太公只得安排筵席送行。管待一日了，次日，将出新做的一套行者衣服，皂布直裰，并带来的度牒、书信、界箍、数珠、戒刀、金银之类，交还武松；又各送银五十两，权为路费。宋江推却不受，孔太公父子那里肯，只顾将来拴缚在包裹里。宋江整顿了衣服器械，武松依前穿了行者的衣裳，带上铁界箍，挂了人顶骨数珠，跨了两口戒刀，收拾了包裹，拴在腰里。宋江提了朴刀，悬口腰刀，带上毡笠子，辞别了孔太公。孔明、孔亮叫庄客背了行李，弟兄二人直送了二十余里路，拜辞了宋江、武行者两个。宋江自把包裹背了，说道：“不须庄客远送，我自和武兄弟去。”孔明、孔亮相别，自和庄客归家，不在话下。

只说宋江和武松两个，在路上行着，于路说些闲话，走到晚，歇了一宵。次日早起，打伙又行。两个吃罢饭，又走了四五十里，却来到一市镇上，地名唤做瑞龙镇，却是个三岔路口。宋江借问那里人道：“小人们欲投二龙山、清风镇上，不知从那条路去？”那镇上人答道：“这两处不是一条路去了：这里要投二龙山去，只是投西落路；若要投清风镇去，须用投东落路，过了清风山便是。”宋江听了备细，便道：“兄弟，我和你今日分手，就这里吃三杯相别。”词寄《浣溪沙》，单题别意：

握手临期话别难，山林景物正阑珊，壮怀寂寞客囊殚。

旅次愁来魂欲断，邮亭宿处铗空弹，独怜长夜苦漫漫。

武行者道：“我送哥哥一程，方却回来。”宋江道：“不须如此。自古道：‘送君千里，终有一别。’兄弟，你只顾自己前程万里，早早的到了彼处。入伙之后，少戒酒性。如得朝廷招安，你便可撺掇鲁智深、杨志投降了。日后但是去边上，一刀一枪，博得个封妻荫子，久后青史上留一个好名，也不枉了为人一世。我自百无一能，虽有忠心，不能得进步。兄弟，你如此英雄，决定做得大事业，可以记心。听愚兄之言，图个日后相见。”武行者听了，酒店上饮了数杯，还了酒钱。二人出得店来，行到市镇梢头，三岔路口，武行者下了四拜。宋江洒泪，不忍分别，又分付武松道：“兄弟，休忘了我的言语，少戒酒性。保重，保重！”武行者自投西去了。看官牢记话头，武行者自来二龙山投鲁智深、杨志入伙了，不在话下。

且说宋江自别了武松，转身望东，投清风山路上来，于路只忆武行者。又自行了几日，却早远远的望见清风山。看那山时，但见：

八面嵯峨，四围险峻。古怪乔松盘鹤盖，杈 老树挂藤萝。瀑布飞流，寒气逼人毛发冷；绿阴散下，清光射目梦魂惊。涧水时听，樵人斧响；峰峦特起，山鸟声哀。麋鹿成群，穿荆棘往来跳跃；狐狸结队，寻野食前后呼号。若非佛祖修行处，定是强人打劫场。

宋江看见前面那座高山，生得古怪，树木稠密，心中欢喜，观之不足，贪走了几程，不曾问的宿头。看看天色晚了，宋江心内惊慌，肚里寻思道：“若是夏月天道，胡乱在林子里歇一夜；却恨又是仲冬天气，风霜正冽，夜间寒冷，难以打熬。倘或走出一个毒虫虎豹来时，如何抵当?却不害了性命！”只顾望东小路里撞将去。约莫走了也是一更时分，心里越慌，看不见地下， 了一条绊脚索。树林里铜铃响，走出十四五个伏路小喽罗来，发声喊，把宋江捉翻，一条麻索缚了，夺了朴刀、包裹，吹起火把，将宋江解上山来。宋江只得叫苦。却早押到山寨里。

宋江在火光下看时，四下里都是木栅，当中一座草厅，厅上放着三把虎皮交椅，后面有百十间草房。小喽罗把宋江捆做粽子相似，将来绑在将军柱上，有几个在厅上的小喽罗说道：“大王方才睡，且不要去报。等大王酒醒时，却请起来，剖这牛子心肝，做醒酒汤，我们大家吃块新鲜肉。”宋江被绑在将军柱上，心里寻思道：“我的造物只如此偃蹇!只为杀了一个烟花妇人，变出得如此之苦。谁想这把骨头，却断送在这里！”只见小喽罗点起灯烛荧煌。宋江已自冻得身体麻木了，动弹不得，只把眼来四下里张望，低了头叹气。

约有二三更天气，只见厅背后走出三五个小喽罗来叫道：“大王起来了。”便去把厅上灯烛剔得明亮。宋江偷眼看时，只见那个出来的大王，头上绾着鹅梨角儿，一条红绢帕裹着，身上披着一领枣红 丝衲袄，便来坐在当中虎皮交椅上。看那大王时，生得如何，但见：

赤发黄须双眼圆，臂长腰阔气冲天。

江湖称作锦毛虎，好汉原来却姓燕。

那个好汉，祖贯山东莱州人氏，姓燕，名顺，绰号锦毛虎。原是贩羊马客人出身，因为消折了本钱，流落在绿林丛内打劫。那燕顺酒醒起来，坐在中间交椅上，问道：“孩儿们那里拿得这个牛子？”小喽罗答道：“孩儿们正在后山伏路，只听得树林里铜铃响。原来这个牛子，独自个背些包裹，撞了绳索，一交绊翻，因此拿得来，献与大王做醒酒汤。”燕顺道：“正好!快去与我请得二位大王来同吃。”小喽罗去不多时，只见厅侧两边走上两个好汉来：左边一个，五短身材，一双光眼。怎生打扮，但见：

天青衲袄锦绣补，形貌峥嵘性粗卤。

贪财好色最强梁，放火杀人王矮虎。

这个好汉，祖贯两淮人氏，姓王，名英，为他五短身材，江湖上叫他做矮脚虎。原是车家出身，为因半路里见财起意，就势劫了客人，事发到官，越狱走了，上清风山，和燕顺占住此山，打家劫舍。右边这个，生的白净面皮，三牙掩口髭须，瘦长膀阔，清秀模样，也裹着顶绛红头巾。怎地结束，但见：

衲袄销金油绿，狼腰紧系征裙。

山寨红巾好汉，江湖白面郎君。

这个好汉，祖贯浙西苏州人氏，姓郑，双名天寿，为他生得白净俊俏，人都号他做白面郎君。原是打银为生，因他自小好习枪棒，流落在江湖上，因来清风山过，撞着王矮虎，和他斗了五六十合，不分胜败。因此燕顺见他好手段，留在山上，坐了第三把交椅。

当下三个头领坐下，王矮虎便道：“孩儿们，正好做醒酒汤。快动手，取下这牛子心肝来，造三分醒酒酸辣汤来。”只见一个小喽罗掇一大铜盆水来，放在宋江面前；又一个小喽罗卷起袖子，手中明晃晃拿着一把剜心尖刀。那个掇水的小喽罗，便把双手泼起水来，浇那宋江心窝里。原来但凡人心，都是热血裹着，把这冷水泼散了热血，取出心肝来时，便脆了好吃。那小喽罗把水直泼到宋江脸上，宋江叹口气道：“可惜宋江死在这里！”

燕顺亲耳听得“宋江”两字，便喝住小喽罗道：“且不要泼水。”燕顺问道：“他那厮说甚么‘宋江’？”小喽罗答道：“这厮口里说道：‘可惜宋江死在这里。’”燕顺便起身来问道：“兀那汉子，你认得宋江？”宋江道：“只我便是宋江。”燕顺走近跟前，又问道：“你是那里的宋江？”宋江答道：“我是济州郓城县做押司的宋江。”燕顺道：“你莫不是山东及时雨宋公明，杀了阎婆惜，逃出在江湖上的宋江么？”宋江道：“你怎得知?我正是宋三郎。”

燕顺听罢，吃了一惊，便夺过小喽罗手内尖刀，把麻索都割断了，便把自身上披的枣红 丝衲袄脱下来，裹在宋江身上，抱在中间虎皮交椅上，唤起王矮虎、郑天寿，快下来。三人纳头便拜。宋江滚下来答礼，问道：“三位壮士，何故不杀小人，反行重礼?此意如何？”亦拜在地。那三个好汉一齐跪下。燕顺道：“小弟只要把尖刀剜了自己的眼睛，原来不识好人。一时间见不到处，少问个缘由，争些儿坏了义士。若非天幸，使令仁兄自说出大名来，我等如何得知仔细!小弟在江湖上绿林丛中，走了十数年，闻得贤兄仗义疏财，济困扶危的大名，只恨缘分浅薄，不能拜识尊颜。今日天使相会，真乃称心满意。”宋江答道：“量宋江有何德能，教足下如此挂心错爱。”燕顺道：“仁兄礼贤下士，结纳豪杰，名闻寰海，谁不钦敬!梁山泊近来如此兴旺，四海皆闻。曾有人说道，尽出仁兄之赐。不知仁兄独自何来?今却到此？”宋江把救晁盖一节，杀阎婆惜一节，却投柴进同孔太公许多时，并今次要往清风寨寻小李广花荣，这几件事，一一备细说了。三个头领大喜，随即取套衣服，与宋江穿了。一面叫杀羊宰马，连夜筵席，当夜直吃到五更，叫小喽罗伏侍宋江歇了。次日辰牌起来，诉说路上许多事务，又说武松如此英雄了得。三个头领跌脚懊恨道：“我们无缘，若得他来这里，十分是好，却恨他投那里去了。”

话休絮繁。宋江自到清风山，住了五七日，每日好酒好食管待，不在话下。

时当腊月初旬，山东人年例，腊日上坟。只见小喽罗山下报上来说道：“大路上有一乘轿子，七八个人跟着，挑着两个盒子，去坟头化纸。”王矮虎是个好色之徒，见报了，想此轿子，必是个妇人，点起三五十小喽罗，便要下山。宋江、燕顺那里拦当得住。绰了枪刀，敲一棒铜锣，下山去了。宋江、燕顺、郑天寿三人，自在寨中饮酒。

那王矮虎去了约有三两个时辰，远探小喽罗报将来，说道：“王头领直赶到半路里，七八个军汉都走了，拿得轿子里抬着的一个妇人。只有一个银香盒，别无物件财物。”燕顺问道：“那妇人如今抬到那里？”小喽罗道：“王头领已自抬在山后房中去了。”燕顺大笑。宋江道：“原来王英兄弟，要贪女色，不是好汉的勾当。”燕顺道：“这个兄弟，诸般都肯向前，只是有这些毛病。”宋江道：“二位和我同去劝他。”

燕顺、郑天寿便引了宋江，直来到后山王矮虎房中，推开房门，只见王矮虎正搂住那妇人求欢。见了三位入来，慌忙推开那妇人，请三位坐。宋江看那妇人时，但见：

身穿缟素，腰系孝裙。不施脂粉，自然体态妖娆；懒染铅华，生定天姿秀丽。云含春黛，恰如西子颦眉；雨滴秋波，浑似骊姬垂涕。

宋江看见那妇人，便问道：“娘子，你是谁家宅眷?这般时节，出来闲走，有甚么要紧？”那妇人含羞向前，深深地道了三个万福，便答道："侍儿是清风寨知寨的浑家。为因母亲弃世，今得小祥，特来坟前化纸。那里敢无事出来闲走?告大王垂救性命！"宋江听罢，吃了一惊，肚里寻思道："我正来投奔花知寨，莫不是花荣之妻?我如何不救？"宋江问道："你丈夫花知寨，如何不同你出来上坟？"那妇人道："告大王：侍儿不是花知寨的浑家。"宋江道："你恰才说是清风寨知寨的恭人。"那妇人道："大王不知：这清风寨如今有两个知寨，一文一武。武官便是知寨花荣；文官便是侍儿的丈夫，知寨刘高。"

宋江寻思道："他丈夫既是和花荣同僚，我不救时，明日到那里，须不好看。"宋江便对王矮虎说道："小人有句话说，不知你肯依么？"王英道："哥哥有话，但说不妨。"宋江道："但凡好汉犯了'溜骨髓'三个字的，好生惹人耻笑，我看这娘子说来，是个朝廷命官的恭人。怎生看在下薄面，并江湖上'大义'两字，放他下山回去，教他夫妻完聚如何？"王英道："哥哥听禀：王英自来没个押寨夫人做伴；况兼如今世上，都是那大头巾弄得歹了，哥哥管他则甚?胡乱容小弟这些个。"宋江便跪一跪道："贤弟若要押寨夫人时，日后宋江拣一个停当好的，在下纳财进礼，娶一个伏侍贤弟。只是这个娘子，是小人友人同僚正官之妻，怎地做个人情，放了他则个。"燕顺、郑天寿一齐扶住宋江道："哥哥且请起来，这个容易。"宋江又谢道："恁的时，重承不阻。"

燕顺见宋江坚意要救这妇人，因此不顾王矮虎肯与不肯，喝令轿夫抬了去。那妇人听了这话，插烛也似拜谢宋江，一口一声叫道："谢大王！"宋江道："恭人你休谢我：我不是山寨里大王，我自是郓城县客人。"那妇人拜谢了下山，两个轿夫也得了性命，抬着那妇人下山来，飞也似走，只恨爷娘少生了两只脚。这王矮虎又羞又闷，只不做声，被宋江拖出前厅劝道："兄弟，你不要焦躁。宋江日后好歹要与兄弟完娶一个，教你欢喜便了。小人并不失信。"燕顺、郑天寿都笑起来。王矮虎一时被宋江以礼义缚了，虽不满意，敢怒而不敢言，只得陪笑。自同宋江在山寨中吃筵席，不在话下。

且说清风寨军人，一时间被掳了恭人去，只得回来，到寨里报与刘知寨，说道："恭人被清风山强人掳去了。"刘高听了大怒，喝骂去的军人不了事，如何撇了恭人，大棍打那去的军汉。众人分说道："我们只有五七个，他那里三四十人，如何与他敌得！"刘高喝道："胡说!你们若不去夺得恭人回来时，我都把你们下在牢里问罪。"那几个军人吃逼不过，没奈何，只得央浼本寨内军健七八十人，各执枪棒，用意来夺。不想来到半路，正撞见两个轿夫，抬得恭人飞也似来了。

众军汉接见恭人问道："怎地能够下山？"那妇人道："那厮捉我到山寨里，见我说道是刘知寨的夫人，唬得那厮慌忙拜我，便叫轿夫送我下山来。"众军汉道："恭人可怜见我们，只对相公说：我们打夺得恭人回来，权救我众人这顿打。"那妇人道："我自有道理说便了。"众军汉拜谢了，簇拥着轿子便行。众人见轿夫走得快，便说道："你两个闲常在镇上抬轿时，只是鹅行鸭步，如今却怎地这等走的快？"那两个轿夫应道："本是走不动，却被背后老大栗暴打将来。"众人笑道："你莫不见鬼，背后那得人？"轿夫方才敢回头，看了道："哎也!是我走的慌了，脚后跟直打着脑杓子。"众人都笑。簇着轿子，回到寨中。刘知寨见了大喜，便问恭人道："你得谁人救了你回来？"那妇人道："便是那厮们掳我去，不从奸骗，正要杀我；见我说是知寨的恭人，不敢下手，慌忙拜我，却得这许多人来抢夺得我回来。"刘高听了这话，便叫取十瓶酒，一口猪，赏了众人，不在话下。

且说宋江自救了那妇人下山，又在山寨中住了五七日，思量要来投奔花知寨，当时作别要下山。三个头领，苦留不住，做了送路筵席饯行，各送些金宝与宋江，打缚在包裹里。当日宋江早起来，洗漱罢，吃了早饭，拴束了行李，作别了三位头领下山。那三个好汉，将了酒果肴馔，直送到山下二十余里官道旁边，把酒分别。三人不舍，叮嘱道："哥哥去清风寨回来，是必再到山寨相会几时。"宋江背上包裹，提了朴刀，说道："再得相见。"唱个大喏，分手去了。若是说话的同时生，并肩长，拦腰抱住，把臂拖回。宋公明只因要来投奔花知寨，险些儿死无葬身之地。正是：遭逢坎坷皆天数，际会风云岂偶然。

毕竟宋江来寻花知寨，撞着甚人，且听下回分解。

第三十三回 宋江夜看小鳌山　花荣大闹清风寨

话说这清风山离青州不远，只隔得百里来路。这清风寨却在青州三岔路口，地名清风镇。因为这三岔路上，通三处恶山，因此特设这清风寨在这清风镇上。那里也有三五千人家，却离这清风山只有一站多路，当日三位头领自上山去了。

只说宋公明独自一个，背着些包裹，迤　来到清风镇上，便借问花知寨住处。那镇上人答道："这清风寨衙门，在镇市中间。南边有个小寨，是文官刘知寨住宅；北边那个小寨，正是武官花知寨住宅。"宋江听罢，谢了那人，便投北寨来。到得门首，见有几个把门军汉，问了姓名，入去通报。只见寨里走出那个少年的军官来，拖住宋江便拜。那人生得如何，但见：

齿白唇红双眼俊，两眉入鬓常清，细腰宽膀似猿形。能骑乖劣马，爱放海东青。百步穿杨神臂健，弓开秋月分明，雕翎箭发迸寒星。人称小李广，将种是花荣。出来的年少将军不是别人，正是清风寨武知寨小李广花荣。那花荣怎生打扮，但见：

身上战袍金翠绣，腰间玉带嵌山犀。

渗青巾帻双环小，文武花靴抹绿低。

花荣见宋江拜罢，喝叫军汉接了包裹、朴刀、腰刀，扶住宋江，直到正厅上，便请宋江当中凉床上坐了。花荣又纳头拜了四拜，起身道："自从别了兄长之后，屈指又早五六年矣，常常念想。听得兄长杀了一个泼烟花，官司行文书各处追捕。小弟闻得，如坐针毡，连连写了十数封书，去贵庄问信，不知曾到也不?今日天赐，幸得哥哥到此，相见一面，大慰平生。"说罢又拜。宋江扶住道："贤弟休只顾讲礼，请坐了，听在下告诉。"花荣斜坐着。宋江把杀阎婆惜一事，和投奔柴大官人，并孔太公庄上遇见武松，清风山上被捉，遇燕顺……等事，细细地都说了一遍。花荣听罢，答道："兄长如此多磨难，今日幸得仁兄到此，且住数年，却又理会。"宋江道："若非兄弟宋清寄书来孔太公庄上时，在下也特地要来贤弟这里走一遭。"花荣便请宋江去后堂里坐，唤出浑家崔氏，来拜伯伯。拜罢，花荣又叫妹子出来拜了哥哥。便请宋江更换衣裳鞋袜，香汤沐浴，在后堂安排筵席洗尘。

当日筵宴上，宋江把救了刘知寨恭人的事，备细对花荣说了一遍。花荣听罢，皱了双眉说道："兄长没来由，救那妇人做甚么?正好教灭这厮的口！"宋江道："却又作怪!我听得说是清风寨知寨的恭人，因此把做贤弟同僚面上，特地不顾王矮虎相怪，一力要救他下山。你却如何恁的说？"花荣道："兄长不知：不是小弟说口，这清风寨是青州紧要去处，若还是小弟独自在这里守把时，远近强人，怎敢把青州搅得粉碎!近日除将这个穷酸饿醋来做个正知寨，这厮又是文官，又没本事，自从到任，把此乡间些少上户诈骗，乱行法度，无所不为。小弟是个武官副知寨，每每被这厮怄气，恨不得杀了这滥污贼禽兽。兄长却如何救了这厮的妇人?打紧这婆娘极不贤，只是调拨他丈夫行不仁的事，残害良民，贪图贿赂，正好叫那贱人受些玷辱。兄长错救了这等不才的人。”宋江听了，便劝道：“贤弟差矣!自古道：‘冤仇可解不可结。’他和你是同僚官，虽有些过失，你可隐恶而扬善。贤弟休如此浅见。”花荣道：“兄长见得极明。来日公廨内见刘知寨时，与他说过救了他老小之事。”宋江道：“贤弟若如此，也显你的好处。”花荣夫妻几口儿，朝暮臻臻至至，献酒供食，伏侍宋江。当晚安排床帐，在后堂轩下请宋江安歇。次日，又备酒食筵宴管待。

话休絮烦。宋江自到花荣寨里，吃了四五日酒。花荣手下有几个体己人，一日换一个，拨些碎银子在他身边，每日教相陪宋江去清风镇街上，观看市井喧哗，村落宫观寺院，闲走乐情。自那日为始，这体己人相陪着闲走，邀宋江去市井上闲玩。那清风镇上也有几座小勾栏，并茶坊酒肆，自不必说得。当日宋江与这体己人，在小勾栏里闲看了一回，又去近村寺院道家宫观游赏一回，请去市镇上酒肆中饮酒。临起身时，那体己人取银两还酒钱。宋江那里肯要他还钱?却自取碎银还了。宋江归来，又不对花荣说。那个同饮的人欢喜，又落得银子，又得身闲，自此每日拨一个相陪，和宋江去闲走。每日又只是宋江使钱。自从到寨里，无一个不敬爱他的。宋江在花荣寨里，住了将及一月有余，看看腊尽春回，又早元宵节近。

且说这清风寨镇上居民，商量放灯一事，准备庆赏元宵。科敛钱物，去土地大王庙前扎缚起一座小鳌山，上面结彩悬花，张挂五六百碗花灯，土地大王庙内，逞赛诸般社火。家家门前，扎起灯棚，赛悬灯火。市镇上，诸行百艺都有。虽然比不得京师，只此也是人间天上。当下宋江在寨里和花荣饮酒，正值元宵。是日晴明得好，花荣到巳牌前后，上马去公廨内点起数百个军士，教晚间去市镇上弹压；又点差许多军汉，分头去四下里守把栅门。未牌时分回寨来，邀宋江吃点心。宋江对花荣说道：“听闻此间市镇上今晚点放花灯，我欲去看看。”花荣答道：“小弟本欲陪侍兄长，奈缘我职役在身，不能够闲步同往。今夜兄长自与家间二三人去看灯，早早的便回。小弟在家专待家宴三杯，以庆佳节。”宋江道：“最好。”却早天色向夜，东边推出那轮明月上来。正是：

玉漏铜壶且莫催，星桥火树彻明开。

鳌山高耸青云上，何处游人不看来!

当晚宋江和花荣家亲随体己人两三个，跟随着缓步徐行。到这清风镇上看灯时，只见家家门前，搭起灯棚，悬挂花灯，灯上画着许多故事，也有剪彩飞白牡丹花灯，并芙蓉荷花异样灯火。四五个人，手厮挽着，来到大王庙前，看那小鳌山时，但见：

山石穿双龙戏水，云霞映独鹤朝天。金莲灯，玉梅灯，晃一片琉璃；荷花灯，芙蓉灯，散千团锦绣。银蛾斗彩，双双随绣带香球；雪柳争辉，缕缕拂华幡翠　。村歌社鼓，花灯影里竞喧阗；织妇蚕奴，画烛光中同赏玩。虽无佳丽风流曲，尽贺丰登大有年。

当下宋江等四人在鳌山前看了一回，迤　投南走。不过五七百步，只见前面灯烛荧煌，一伙人围住在一个大墙院门首热闹。锣声响处，众人喝采。宋江看时，却是一伙舞鲍老的。宋江矮矬，人背后看不见。那相陪的体己人，却认的社火队里，便教分开众人，让宋江看。那跳鲍老的身躯扭得村村势势的，宋江看了，呵呵大笑。

只见这墙院里面，却是刘知寨夫妻两口儿，和几个婆娘在里面看。听得宋江笑声，那刘知寨的老婆，于灯下却认的宋江，便指与丈夫道：“兀那个黑矮汉子，便是前日清风山抢掳下我的贼头。”刘知寨听了，吃一惊，便唤亲随六七人，叫捉那个笑的黑汉子。宋江听得，回身便走。走不过十余家，众军汉赶上，把宋江捉住，拿了来，恰似皂雕追紫燕，正如猛虎啖羊羔。拿到寨里，用四条麻索绑了，押至厅前。那三个体己人，见捉了宋江去，自跑回来报与花荣知道。

且说刘知寨坐在厅上，叫解过那厮来，众人把宋江簇拥在厅前跪下。刘知寨喝道：“你这厮是清风山打劫强贼，如何敢擅自来看灯!今被擒获，有何理说？”宋江告道：“小人自是郓城县客人张三，与花知寨是故友。来此间多日了，从不曾在清风山打劫。”刘知寨老婆，却从屏风背后转将出来，喝道：“你这厮兀自赖哩!你记得教我叫你做大王时？”宋江告道：“恭人差矣。那时小人不对恭人说来：‘小人自是郓城县客人，亦被掳掠在此间，不能够下山去。’”刘知寨道：“你既是客人，被掳劫在那里，今日如何能够下山来，却到我这里看灯？”那妇人便说道：“你这厮在山上时，大剌剌的坐在中间交椅上，由我叫大王，那里睬人！”宋江道：“恭人，全不记我一力救你下山，如何今日倒把我强扭做贼！”那妇人听了大怒，指着宋江骂道：“这等赖皮赖骨，不打如何肯招！”刘知寨道：“说得是。”喝叫取过批头来打那厮。一连打了两料，打得宋江皮开肉绽，鲜血迸流。便叫把铁锁锁了，明日合个囚车，把郓城虎张三解上州里去。

却说相陪宋江的体己人，慌忙奔回来报知花荣。花荣听罢大惊，连忙写一封书，差两个能干亲随人，去刘知寨处取。亲随人赍了书，急忙到刘知寨门前。把门军士入去报复道：“花知寨差人在门前下书。”刘高叫唤至当厅。那亲随人将书呈上，刘高拆开封皮读道：

花荣拜上僚兄相公座前：所有薄亲刘丈，近日从济州来，因看灯火，误犯尊威，万乞情恕放免，自当造谢。草字不恭，烦乞照察不宣。

刘高看了大怒，把书扯的粉碎，大骂道：“花荣这厮无礼!你是朝廷命官，如何却与强贼通同，也来瞒我。这贼已招是郓城县张三，你却如何写道是刘丈?俺须不是你侮弄的。你写他姓刘，是和我同姓，恁的我便放了他！”喝令左右把下书人推将出去。那亲随人被赶出寨门，急急归来，禀复花荣知道。花荣听了，只叫得：“苦了哥哥!快备我的马来！”

花荣披挂，拴束了弓箭，绰枪上马，带了三五十名军汉，都拖枪拽棒，直奔到刘高寨里来。把门军人见了，那里敢拦当；见花荣头势不好，尽皆吃惊，都四散走了。花荣抢到厅前，下了马，手中拿着枪，那三五十人，都摆在厅前。花荣口里叫道：“请刘知寨说话。”刘高听得，惊的魂飞魄散，惧怕花荣是个武官，那里敢出来相见?花荣见刘高不出来，立了一回，喝叫左右去两边耳房里搜人。那三五十军汉一齐去搜时，早从廊下耳房里寻见宋江，被麻索高吊起在梁上，又使铁索锁着，两腿打得肉绽。几个军汉便把绳索割断，铁锁打开，救出宋江。花荣便叫军士先送回家里去。花荣上了马，绰枪在手，口里发话道：“刘知寨，你便是个正知寨，待怎的奈何了花荣!谁家没个亲眷!你却甚么意思?我的一个表兄，直拿在家里，强扭做贼。好欺负人，明日和你说话。”花荣带了众人，自回到寨里来看视宋江。

却说刘知寨见花荣救了人去，急忙点起一二百人，也叫来花荣寨夺人。那二百人内，新有两个教头。为首的教头，虽然了得些枪刀，终不及花荣武艺，不敢不从刘高，只得引了众人，奔花荣寨里来。把门军士入去报知花荣。此时天色未甚明亮，那二百来人拥在门首，谁敢先入去，都惧怕花荣了得。看看天大明了，却见两扇大门不关，只见花知寨在正厅上坐着，左手拿着弓，右手挽着箭。众人都拥在门前，花荣竖起弓，大喝道：“你这军士们，不知冤各有头，债各有主。刘高差你来，休要替他出色。你那两个新参教头，还未见花知寨的武艺，今日先教你众人看花知寨弓箭，然后你那厮们要替刘高出色，不怕的入来。

看我先射大门上左边门神的骨朵头！”搭上箭，拽满弓，只一箭，喝声：“着！”正射中门神骨朵头。众人看了，都吃一惊。花荣又取第二枝箭，大叫道：“你们众人，再看我这第二枝箭，要射右边门神的头盔上朱缨。”飕的又一箭，不偏不斜，正中缨头上。那两枝箭却射定在两扇门上。花荣再取第三枝箭，喝道：“你众人看我第三枝箭，要射你那队里穿白的教头心窝。”那人叫声：“哎呀！”便转身先走。众人发声喊，一齐都走了。　　花荣且叫闭上寨门，却来后堂看觑宋江。花荣说道：“小弟误了哥哥，受此之苦。”宋江答道：“我却不妨，只恐刘高那厮，不肯和你干休。我们也要计较个长便。”花荣道：“小弟舍着弃了这道官诰，和那厮理会。”宋江道：“不想那妇人将恩作怨，教丈夫打我这一顿。我本待自说出真名姓来，却又怕阎婆惜事发，因此只说郓城客人张三。叵耐刘高无礼，要把我做郓城虎张三，解上州去，合个囚车盛我。要做清风山贼首时，顷刻便是一刀一剐。不得贤弟自来力救，便有铜唇铁舌，也和他分辩不得。”花荣道：“小弟寻思，只想他是读书人，须念同姓之亲，因此写了‘刘丈’，不想他直恁没些人情。如今既已救了来家，且却又理会。”宋江道：“贤弟差矣!既然仗你豪势，救了人来，凡事要三思。自古道：‘吃饭防噎，行路防跌。’他被你公然夺了人来，急使人来抢，又被你一吓，尽都散了，我想他如何肯干罢，必然要和你动文书。今晚我先走上清风山去躲避，你明日却好和他白赖，终久只是文武不和相殴的官司。我若再被他拿出去时，你便和他分说不过。”花荣道：“小弟只是一勇之夫，却无兄长的高明远见。只恐兄长伤重了，走不动。”宋江道：“不妨。事急难以　搁，我自挺到山下便了。”当日敷贴了膏药，吃了些酒肉，把包裹都寄在花荣处。黄昏时分，便使两个军汉，送出栅外去了。宋江自连夜捱去，不在话下。

再说刘知寨见军士一个个都散回寨里来，说道：“花知寨十分英勇了得，谁敢去近前当他弓箭！”两个教头道：“着他一箭时，射个透明窟窿，却是都去不得。”刘高那厮，终是个文官，意思深狠，有些算计，当下刘高寻思起来：“想他这一夺去，必然连夜放他上清风山去了，明日却来和我白赖。便争竞到上司，也只是文武不和斗殴之事，我却如何奈何的他?我今夜差二三十军汉，去五里路头等候。倘若天幸捉着时，将来悄悄的关在家里，却暗地使人连夜去州里，报知军官下来取，就和花荣一发拿了，都害了他性命。那时我独自霸着这清风寨，省得受那厮们的气。”当晚点了二十余人，各执枪棒，连夜去了。约莫有二更时候，去的军汉，背剪绑得宋江到来。刘知寨见了，大喜道：“不出吾之所料。且与我囚在后院里，休教一个人得知。”连夜便写了实封申状，差两个心腹之人，星夜来青州府飞报。次日，花荣只道宋江上清风山去了，坐视在家，心里自道：“我且看他怎的！”竟不来睬着。刘高也只做不知，两下都不说着。

且说这青州府知府，正值升厅公座。那知府复姓慕容，双名彦达，是今上徽宗天子慕容贵妃之兄。倚托妹子的势，要在青州横行，残害良民，欺罔僚友，无所不为。正欲回衙早饭，只见左右公人，接上刘知寨申状，飞报贼情公事。知府接来，看了刘高的文书，吃了一惊，便道：“花荣是个功臣之子，如何结连清风山强贼?这罪犯非小，未委虚的。”便教唤那本州兵马都监，来到厅上，分付他去。

原来那个都监姓黄，名信。为他本身武艺高强，威镇青州，因此称他为镇三山。那青州地面，所管下有三座恶山：第一便是清风山，第二便是二龙山，第三便是桃花山。这三处都是强人草寇出没的去处。黄信却自夸要捉尽三山人马，因此唤做镇三山。这兵马都监黄信上厅来，领了知府的言语，出来点起五十个壮健军汉，披挂了衣甲，马上擎着那口丧门剑，连夜便下清风寨来，径到刘高寨前下马。刘知寨出来接着，请到后堂，叙礼罢，一面安排酒食管待，一面犒赏军士。后面取出宋江来，教黄信看了。黄信道：“这个不必问了。连夜合个囚车，把这厮盛在里面。”头上抹了红绢，插一个纸旗，上写着“清风山贼首郓城虎张三”。宋江那里敢分辩，只得由他们安排。黄信再问刘高道：“你拿得张三时，花荣知也不知？”刘高道：“小官夜来二更拿了他，悄悄的藏在家里，花荣只道去了，安坐在家。”黄信道：“既是恁的，却容易。明早安排一副羊酒，去大寨里公厅上摆着；却教四下里埋伏下三五十人，预备着。我却自去花荣家请得他来，只推道：‘慕容知府听得你文武不和，因此特差我来置酒劝谕。’赚到公厅，只看我掷盏为号，就下手拿住了，一同解上州里去。此计如何？”刘高喝采道：“还是相公高见，此计大妙。却似‘瓮中捉鳖，手到拿来’。”

当夜定了计策，次日天晓，先去大寨左右两边帐幕里，预先埋伏了军士，厅上虚设着酒食筵宴。早饭前后，黄信上了马，只带三两个从人，来到花荣寨前。军人入去传报，花荣问道：“来做甚么？”军汉答道：“只听得教报道黄都监特来相探。”花荣听罢，便出来迎接。黄信下马，花荣请至厅上，叙礼罢，便问道：“都监相公，有何公干到此？”黄信道：“下官蒙知府呼唤，发落道：为是你清风寨内，文武官僚不和，未知为甚缘由，知府诚恐二位因私仇而误公事，特差黄某赍到羊酒前来，与你二位讲和。已安排在大寨公厅上，便请足下上马同往。”花荣笑道：“花荣如何敢欺罔刘高?他又是个正知寨。只是本人累累要寻花荣的过失，不想惊动知府，有劳都监下临草寨，花荣将何以报？”黄信附耳低言道：“知府只为足下一人。倘有些刀兵动时，他是文官，做得何用?你只依着我行。”花荣道：“深谢都监过爱。”黄信便邀花荣同出门首上马。花荣道：“且请都监少叙三杯了去。”黄信道：“待说开了，畅饮何妨。”花荣只得叫备马。

当时两个并马而行，直来到大寨，下了马，黄信携着花荣的手，同上公厅来，只见刘高已自先在公厅上。三个人都相见了。黄信叫取酒来，从人已自先把花荣的马牵将出去，闭了寨门。花荣不知是计，只想黄信是一般武官，必无歹意。黄信擎一盏酒来，先劝刘高道：“知府为因听得你文武二官，同僚不和，好生忧心。今日特委黄信到来，与你二公陪话。烦望只以报答朝廷为重，再后有事，和同商议。”刘高答道：“量刘高不才，颇识些理法，直教知府恩相，如此挂心。我二人也无甚言语争执，此是外人妄传。”黄信大笑道：“妙哉！”刘高饮过酒，黄信又斟第二杯酒，来劝花荣道：“虽然是刘知寨如此说了，想必是闲人妄传，故是如此，且请饮一杯。”花荣接过酒吃了，刘高拿副台盏，斟一盏酒，回劝黄信道：“动劳都监相公降临敝地，满饮此杯。”黄信接过酒来，拿在手里，把眼四下一看，有十数个军汉，簇上厅来。黄信把酒盏望地下一掷，只听得后堂一声喊起，两边帐幕里，走出三五十个壮健军汉，一发上，把花荣拿倒在厅前。黄信喝道：“绑了！”

花荣一片声叫道：“我得何罪？”黄信大笑，喝道：“你兀自敢叫哩!你结连清风山强贼，一同背反朝廷，当得何罪!我念你往日面皮，不去惊动拿你家老小。”花荣叫道：“也须有个证见。”黄信道：“还你一个证见，教你看真赃真贼，我不屈你。左右，与我推将来。”无移时，一辆囚车，一个纸旗儿，一条红抹额，从外面推将入来。花荣看时，却是宋江。目睁口呆，面面厮觑，做声不得。黄信喝道：“这须不干我事，现有告人刘高在此。”花荣道：“不妨，不妨，这是我的亲眷。他自是郓城县人，你要强扭他做贼，到上司自有分辩处。”黄信道：“你既然如此说时，我只解你上州里，你自去分辩。”便叫刘知寨点起一百寨兵防送。花荣便对黄信说道：“都监赚我来，虽然捉了我，便到朝廷，和他还有分辩。可看我和都监一般武职官面，休去我衣服，容我坐在囚车里。”黄信道：“这一件容易，便依着你。就叫刘知寨一同去州里折辩明白，休要枉害人性命。”

当时黄信与刘高都上了马，监押着两辆囚车，并带三五十军士，一百寨兵，簇拥着车子，取路奔青州府来。有分教：火焰堆里，送数百间屋宇人家；刀斧丛中，杀一二千残生性命。正是：生事事生君莫怨，害人人害汝休嗔。

毕竟解宋江投青州来，怎地脱身，且听下回分解。

第三十四回 镇三山大闹青州道　霹雳火夜走瓦砾场

话说那黄信上马，手中横着这口丧门剑；刘知寨也骑着马，身上披挂些戎衣，手中拿一把叉。那一百四五十军汉寨兵，各执着缨枪棍棒，腰下都带短刀利剑，两下鼓，一声锣，解宋江和花荣望青州来。

众人都离了清风寨，行不过三四十里路头，前面见一座大林子。正来到那山嘴边，前头寨兵指道："林子里有人窥望。"都立住了脚。黄信在马上问道："为甚不行？"军汉答道："前面林子里有人窥看。"黄信喝道："休睬他，只顾走！"

看看渐近林子前，只听得当当的二三十面大锣，一齐响起来。那寨兵人等，都慌了手脚，只待要走。黄信喝道："且住，都与我摆开。"叫道："刘知寨，你压着囚车。"刘高在马上，死应不得，只口里念道："救苦救难天尊。"便许下十万卷经，三百座寺，救一救。惊的脸如成精的东瓜，青一回，黄一回。这黄信是个武官，终有些胆量，便拍马向前看时，只见林子四边齐齐的分过三五百个小喽罗来，一个个身长力壮，都是面恶眼凶，头裹红巾，身穿衲袄，腰悬利剑，手执长枪，早把一行人围住。

林子中跳出三个好汉来：一个穿青，一个穿绿，一个穿红。都戴着一顶销金万字头巾，各跨一口腰刀，又使一把朴刀，当住去路。中间是锦毛虎燕顺，上首是矮脚虎王英，下首是白面郎君郑天寿。三个好汉大喝道："来往的到此当住脚，留下三千两买路黄金，任从过去。"黄信在马上大喝道："你那厮们，不得无礼，镇三山在此！"三个好汉睁着眼，大喝道："你便是镇万山，也要三千两买路黄金；没时，不放你过去。"黄信说道："我是上司取公事的都监，有甚么买路钱与你？"那三个好汉笑道："莫说你是上司一个都监，便是赵官家驾过，也要三千贯买路钱；若是没有，且把公事人当在这里，待你取钱来赎。"黄信大怒，骂道："强贼，怎敢如此无礼！"喝叫左右擂鼓鸣锣。黄信拍马舞剑，直奔燕顺。三个好汉一齐挺起朴刀，来战黄信。

黄信见三个好汉都来并他，奋力在马上斗了十合，怎地当得他三个住?亦且刘高是个文官，又向前不得，见了这般势头，只待要走。黄信怕吃他三个拿了，坏了名声，只得一骑马，扑喇喇跑回旧路，三个头领，挺着朴刀赶将来。黄信那里顾得众人，独自飞马奔回清风镇去了。众军见黄信回马时，已自发声喊，撇了囚车，都四散走了。只剩得刘高，见势头不好，慌忙勒转马头，连打三鞭。那马正待跑时，被那小喽罗拽起绊马索，早把刘高的马掀翻，倒撞下来。众小喽罗一发向前，拿了刘高，抢了囚车，打开车辆，花荣已把自己的囚车掀开了，便跳出来，将这缚索都挣断了，却打碎那个囚车，救出宋江来。自有那几个小喽罗，已自反剪了刘高，又向前去抢得他骑的马，亦有三匹驾车的马，却剥了刘高的衣服，与宋江穿了，把马先送上山去。这三个好汉，一同花荣并小喽罗，把刘高赤条条的绑了押回山寨来。

原来这三位好汉，为因不知宋江消息，差几个能干的小喽罗下山，直来清风镇上探听，闻人说道："都监黄信掷盏为号，拿了花知寨并宋江，陷车囚了，解投青州来。"因此报与三个好汉得知，带了人马，大宽转兜出大路来，预先截住去路，小路里亦差人伺候。因此救了两个，拿得刘高，都回山寨里来。

当晚上的山时，已是二更时分，都到聚义厅上相会，请宋江、花荣当中坐定，三个好汉对席相陪，一面且备酒食管待。燕顺分付，叫孩儿们各自都去吃酒。花荣在厅上称谢三个好汉，说道："花荣与哥哥皆得三位壮士救了性命，报了冤仇，此恩难报。只是花荣还有妻小妹子在清风寨中，必然被黄信擒捉，却是怎生救得？"燕顺道："知寨放心：料应黄信不敢便拿恭人，若拿时，也须从这条路里经过。我明日弟兄三个下山，去取恭人和令妹还知寨。"便差小喽罗下山，先去探听。花荣谢道："深感壮士大恩。"宋江便道："且与我拿过刘高那厮来。"燕顺便道："把他绑在将军柱上，割腹取心，与哥哥庆喜。"花荣道："我亲自下手割这厮。"

宋江骂道："你这厮，我与你往日无冤，近日无仇，你如何听信那不贤的妇人害我!今日擒来，有何理说？"花荣道："哥哥问他则甚？"把刀去刘高心窝里只一剜，那颗心献在宋江面前，小喽罗自把尸首拖在一边。宋江道："今日虽杀了这厮滥污匹夫，只有那个淫妇，不曾杀得，出那口大气。"王矮虎便道："哥哥放心，我明日自下山去，拿那妇人，今番还我受用。"众皆大笑。当夜饮酒罢，各自歇息。次日起来，商议打清风寨一事。燕顺道："昨日孩儿们走得辛苦了，今日歇他一日，明日早下山去也未迟。"宋江道："也见得是，正要将息人强马壮，不在促忙。"

不说山寨整点军马起程，且说都监黄信一骑马奔回清风镇上大寨内，便点寨兵人马，紧守四边栅门。黄信写了申状，叫两个教军头目，飞马报与慕容知府。知府听得飞报军情紧急公务，连夜升厅，看了黄信申状：反了花荣，结连清风山强盗，时刻清风寨不保，事在告急，早遣良将保守地方。知府看了大惊，便差人去请青州指挥司总管本州兵马秦统制，急来商议军情重事。那人原是山后开州人氏，姓秦，讳个明字，因他性格急躁，声若雷霆，以此人都呼他做霹雳火秦明。祖是军官出身，使一条狼牙棒，有万夫不当之勇。

那人听得知府请唤，径到府里来见知府，各施礼罢。那慕容知府将出那黄信的飞报申状来，教秦统制看了，秦明大怒道："红头子敢如此无礼!不须公祖忧心，不才便起军马，不拿了这贼，誓不再见公祖！"慕容知府道："将军若是迟慢，恐这厮们去打清风寨。"秦明答道："此事如何敢迟误?只今连夜便去点起人马，来日早行。"知府大喜，忙叫安排酒肉干粮，先去城外等候赏军。秦明见说反了花荣，怒忿忿地上马，奔到指挥司里，便点起一百马军、四百步军，先叫出城去取齐，摆布了起身。

却说慕容知府先在城外寺院里蒸下馒头，摆了大碗，烫下酒，每一个人三碗酒，两个馒头，一斤熟肉。方才备办得了，却望见军马出城，看那军马时，摆得整齐。但见：

烈烈旌旗似火，森森戈戟如麻。阵分八卦摆长蛇，委实神惊鬼怕。枪见绿沉紫焰，旗飘绣带红霞，马蹄来往乱交加。乾坤生杀气，成败属谁家。

当日清早，秦明摆布军马，出城取齐，引军红旗上大书"兵马总管秦统制"，领兵起行。慕容知府看见秦明全副披挂了出城来，果是英雄无比。但见：

盔上红缨飘烈焰，锦袍血染猩猩，连环锁甲砌金星。云根靴抹绿，龟背铠堆银。坐下马如同獬豸，狼牙棒密嵌铜钉，怒时两目便圆睁。性如霹雳火，虎将是秦明。

当下霹雳火秦明在马上出城来，见慕容知府在城外赏军，慌忙叫军汉接了军器，下马来和知府相见，施礼罢，知府把了盏，将些言语嘱付总管道："善觑方便，早奏凯歌。"赏军已罢，放起信炮，秦明辞了知府，飞身上马，摆开队伍，催趱军兵，大刀阔斧，径奔清风寨来。原来这清风镇却在青州东南上，从正南取清风山较近，可早到山北小路。

却说清风山寨里这小喽罗们探知备细，报上山来。山寨里众好汉正待要打清风寨去，只听的报道："秦明引兵马到来。"都面面厮觑，俱各骇然。花荣便道："你众位俱不要慌。自古兵临告急，必须死敌，教小喽罗饱吃了酒饭，只依着我行。先须力敌，后用智取，如此如此，好么？"宋江道："好计！正是如此行。"当日宋江、花荣先定了计策，便叫小喽罗各自去准备。花荣自选了一骑好马，一副衣甲，弓箭铁枪，都收拾了等候。

再说秦明领兵来到清风山下，离山十里，下了寨栅。次日五更造饭，军士吃罢，放起一个信炮，直奔清风山来，拣空阔去处，摆开人马，发起擂鼓，只听见山上锣声震天响，飞下一彪人马出来。秦明勒住马，横着狼牙棒，睁着眼看时，却见众小喽罗簇拥着小李广花荣下山来。到得山坡前，一声锣响，列成阵势，花荣在马上擎着铁枪，朝秦明声个喏。秦明大喝道："花荣，你祖代是将门之子，朝廷命官，教你做个知寨，掌握一境地方，食禄于国，有何亏你处?却去结连贼寇，反背朝廷。我今特来捉你，会事的下马受缚，免得腥手污脚。"花荣陪着笑道："总管容复听禀：量花荣如何肯反背朝廷?实被刘高这厮，无中生有，官报私仇，逼迫得花荣有家难奔，有国难投，权且躲避在此，望总管详察救解。"秦明道："你兀自不下马受缚，更待何时？ 地花言巧语，煽惑军心。"喝叫左右两边擂鼓。秦明抡动狼牙棒，直奔花荣。花荣大笑道："秦明，你这厮原来不识好人饶让。我念你是个上司官，你道俺真个怕你！"便纵马挺枪，来战秦明。两个就清风山下厮杀，真乃是棋逢敌手难藏幸，将遇良材好用功。这两个将军比试，但见：

一对南山猛虎，两条北海苍龙。龙怒时头角峥嵘，虎斗处爪牙狞恶。爪牙狞恶，似银钩不离锦毛团；头角峥嵘，如铜叶振摇金色树。翻翻复复，点钢枪没半米放闲；往往来来，狼牙棒有千般解数。狼牙棒当头劈下，离顶门只隔分毫；点钢枪用力刺来，望心坎微争半指。使点钢枪的壮士，威风上逼斗牛寒；舞狼牙棒的将军，怒气起如云电发。一个是扶持社稷天蓬将，一个是整顿江山黑煞神。

当下秦明和花荣两个交手，斗到四五十合，不分胜败。花荣连斗了许多合，卖个破绽，拨回马望山下小路便走。秦明大怒，赶将来。花荣把枪去了事环上带住，把马勒个定，左手拈起弓，右手拔箭，拽满弓，扭过身躯，望秦明盔顶上只一箭，正中盔上，射落斗来大那颗红缨，却似报个信与他。秦明吃了一惊，不敢向前追赶，霍地拨回马，恰待赶杀，众小喽罗一哄地都上山去了。花荣自从别路，也转上山寨去了。

秦明见他都走散了，心中越怒道："叵耐这草寇无礼！"喝叫鸣锣擂鼓，取路上山。众军齐声呐喊，步军先上山来。转过三两个山头，只见上面擂木、炮石、灰瓶、金汁，从 峻处打将下来。向前的退步不迭，早打倒三五十个，只得再退下山来。

秦明是个性急的人，心头火起，那里按纳得住?带领军马，绕山下来，寻路上山。寻到午牌时分，只见西山边锣响，树林丛中闪出一对红旗军来。秦明引了人马，赶将去时，锣也不响，红旗都不见了。秦明看那路时，又没正路，都只是几条砍柴的小路，却把乱树折木，交叉当了路口，又不能上去得。

正待差军汉开路，只见军汉来报道："东山边锣响，一阵红旗军出来。"秦明引了人马，飞也似奔过东山边来，看时，锣也不鸣，红旗也不见了。秦明纵马去四下里寻路时，都是乱树折木，断塞了砍柴的路径。

只见探事的又来报道："西边山上锣又响，红旗军又出来了。"秦明拍马再奔来西山边，看时，又不见一个人，红旗也没了。秦明是个急性的人，恨不得把牙齿都咬碎了。

正在西山边气忿忿的，又听得东山边锣声震地价响，急带了人马，又赶过来东山边，看时，又不见有一个贼汉，红旗都不见了。

秦明气满胸脯，又要赶军汉上山寻路，只听得西山边又发起喊来。秦明怒气冲天，大驱兵马，投西山边来，山上山下看时，并不见一个人。秦明喝叫军汉，两边寻路上山，数内有一个军人禀说道："这里都不是正路，只除非东南上有一条大路，可以上去。若是只在这里寻路上去时，惟恐有失。"秦明听了，便道："既有那条大路时，连夜赶将去。"便驱一行军马奔东南角上来。

看看天色晚了，又走得人困马乏；巴得到那山下时，正欲下寨造饭，只见山上火把乱起，锣鼓乱鸣。秦明转怒，引领四五十马军跑上山来。只见山上树林内乱箭射将下来，又射伤了些军士，秦明只得回马下山，且教军士只顾造饭。恰才举得火着，只见山上有八九十把火光，呼风唿哨下来。秦明急待引军赶时，火把一齐都灭了。当夜虽有月光，亦被阴云笼罩，不甚明朗。秦明怒不可当，便叫军士点起火把，烧那树木，只听得山嘴上鼓笛之声。秦明纵马上来看时，见山顶上点着十余个火把，照见花荣陪侍着宋江在上面饮酒。秦明看了，心中没出气处，勒着马，在山下大骂。花荣回言道："秦统制，你不必焦躁，且回去将息着，我明日和你并个你死我活的输赢便罢。"秦明大叫道："反贼!你便下来，我如今和你并个三百合，却再做理会。"花荣笑道："秦总管，你今日劳困了，我便赢得你，也不为强。你且回去，明日却来。"秦明越怒，只管在山下骂，本待寻路上山，却又怕花荣的弓箭，因此只在山坡下骂。

正叫骂之间，只听得本部下军马发起喊来。秦明急回到山下看时，只见这边山上，火炮火箭，一齐烧将下来；背后二三十个小喽罗做一群，把弓弩在黑影里射人。众军马发喊，一齐都拥过那边山侧深坑里去躲。此时已有三更时分，众军马正躲得弩箭时，只叫得苦，上溜头滚下水来，一行人马却都在溪里，各自挣扎性命。爬得上岸的，尽被小喽罗挠钩搭住，活捉上山去了；爬不上岸的，尽淹死在溪里。

且说秦明此时怒气冲天，脑门粉碎，却见一条小路在侧边，秦明把马一拨，抢上山来。走不到三五十步，和人连马 下陷坑里去。两边埋伏下五十个挠钩手，把秦明搭将起来，剥了浑身战袄、衣甲、头盔、军器，拿条绳索绑了，把马也救起来，都解上清风山来。

原来这般圈套，都是花荣和宋江的计策。先使小喽罗或在东，或在西，引诱的秦明人困马乏，策立不定。预先又把这土布袋填住两溪的水，等候夜深，却把人马逼赶溪里去，上面却放下水来。那急流的水都结果了军马。你道秦明带出的五百人马，一大半淹死在水中，都送了性命；生擒活捉得一百五七十人，夺了七八十匹好马，不曾逃得一个回去。次后陷马坑里活捉了秦明。

当下一行小喽罗捉秦明到山寨里，早是天明时候。五位好汉坐在聚义厅上，小喽罗缚绑秦明解在厅前。花荣见了，连忙跳离交椅，接下厅来，亲自解了绳索，扶上厅来，纳头拜在地下。秦明慌忙答礼，便道："我是被擒之人，由你们碎尸而死，何故却来拜我？"花荣跪下道："小喽罗不识尊卑，误有冒渎，切乞恕罪。"随即便取衣服与秦明穿了。秦明问花荣道："这位为头的好汉，却是甚人？"花荣道："这位是花荣的哥哥，郓城县宋押司宋江的便是。这三位是山寨之主：燕顺、王英、郑天寿。”秦明道：“这三位我自晓得，这宋押司莫不是唤做山东及时雨宋公明么？”宋江答道：“小人便是。”秦明连忙下拜道：“闻名久矣，不想今日得会义士！”宋江慌忙答礼不迭。秦明见宋江腿脚不便，问道：“兄长如何贵足不便？”宋江却把自离郓城县起头，直至刘知寨拷打的事故，从头对秦明说了一遍。秦明只把头来摇道：“若听一面之词，误了多少缘故。容秦明回州去对慕容知府说知此事。”燕顺相留且住数日，随即便叫杀牛宰马，安排筵席饮宴。拿上山的军汉，都藏在山后房里，也与他酒食管待。

秦明吃了数杯，起身道：“众位壮士，既是你们的好情分，不杀秦明，还了我盔甲、马匹、军器，回州去。”燕顺道：“总管差矣。你既是引了青州五百兵马，都没了，如何回得州去?慕容知府如何不见你罪责?不如权在荒山草寨住几时。本不堪歇马，权就此间落草，论秤分金银，整套穿衣服，不强似受那大头巾的气？”秦明听罢，便下厅道：“秦明生是大宋人，死是大宋鬼。朝廷教我做到兵马总管，兼受统制使官职，又不曾亏了秦明，我如何肯做强人，背反朝廷?你们众位要杀时，便杀了我，休想我随顺你们！”花荣赶下厅来拖住道：“秦兄长息怒，听小弟一言：我也是朝廷命官之子，无可奈何，被逼迫的如此。总管既是不肯落草，如何相逼得你随顺?只且请少坐，席终了时，小弟讨衣甲、头盔、鞍马、军器还兄长去。”秦明那里肯坐?花荣又劝道：“总管夜来劳神费力了一日一夜，人也尚自当不得，那匹马如何不喂得他饱了去？”秦明听了，肚内寻思，也说得是。再上厅来，坐了饮酒。那五位好汉轮番把盏，陪话劝酒。秦明一则软困，二乃吃众好汉劝不过，开怀吃得醉了，扶入帐房睡了。这里众人自去行事，不在话下。

且说秦明一觉直睡到次日辰牌方醒，跳将起来，洗漱罢，便要下山。众好汉都来相留道：“总管，且吃早饭动身，送下山去。”秦明性急的人，便要下山。众人慌忙安排些酒食管待了，取出头盔、衣甲，与秦明披挂了，牵过那匹马来，并狼牙棒，先叫人在山下伺候，五位好汉都送秦明下山来，相别了，交还马匹军器。　　秦明上了马，拿着狼牙棒，趁天色大明，离了清风山，取路飞奔青州来。到得十里路头，恰好巳牌前后，远远地望见烟尘乱起，并无一个人来往。秦明见了，心中自有八分疑忌，到得城外看时，原来旧有数百人家，却都被火烧做白地，一片瓦砾场上，横七竖八，杀死的男子妇人，不计其数。秦明看了大惊，打那匹马在瓦砾场上，跑到城边，大叫开门时，只见门边吊桥高拽起了，都摆列着军士旌旗，擂木炮石。秦明勒着马大叫：“城上放下吊桥，度我入城。”城上早有人看见是秦明，便擂起鼓来，呐着喊。秦明叫道：“我是秦总管，如何不放我入城？”只见慕容知府立在城上女墙边大喝道：“反贼，你如何不识羞耻!昨夜引人马来打城子，把许多好百姓杀了，又把许多房屋烧了，今日兀自又来赚哄城门。朝廷须不曾亏负了你，你这厮倒如何行此不仁!已自差人奏闻朝廷去了，早晚拿住你时，把你这厮碎尸万段！”秦明大叫道：“公祖差矣!秦明因折了人马，又被这厮们捉了上山去，方才得脱，昨夜何曾来打城子？”知府喝道：“我如何不认的你这厮的马匹、衣甲、军器、头盔?城上众人明明地见你指拨红头子杀人放火，你如何赖得过?便做你输了被擒，如何五百军人没一个逃得回来报信?你如今指望赚开城门取老小，你的妻子，今早已都杀了。你若不信，与你头看。”军士把枪将秦明妻子首级挑起在枪上，教秦明看。秦明是个性急的人，看了浑家首级，气破胸脯，分说不得，只叫得苦屈。城上弩箭如雨点般射将下来，秦明只得回避，看见遍野处火焰，尚兀自未灭。

秦明回马在瓦砾场上，恨不得寻个死处，肚里寻思了半晌，纵马再回旧路。行不得十来里，只见林子里转出一伙人马来，当先五匹马上五个好汉，不是别人，宋江、花荣、燕顺、王英、郑天寿，随从一二百小喽罗。宋江在马上欠身道：“总管何不回青州?独自一骑投何处去？”秦明见问，怒气道：“不知是那个天不盖、地不载、该剐的贼，装做我去打了城子，坏了百姓人家房屋，杀害良民，倒结果了我一家老小，闪得我如今上天无路，入地无门!我若寻见那人时，直打碎这条狼牙棒便罢！”宋江便道：“总管息怒，既然没了夫人，不妨，小人自当与总管做媒。我有个好见识，请总管回去，这里难说。且请到山寨里告禀，一同便往。”秦明只得随顺，再回清风山来。于路无话，早到山亭前下马，众人一齐都进山寨内，小喽罗已安排酒果肴馔在聚义厅上，五个好汉，邀请秦明上厅，都让他中间坐定。五个好汉齐齐跪下，秦明连忙答礼，也跪在地。

宋江开话道：“总管休怪，昨日因留总管在山，坚意不肯，却是宋江定出这条计来，叫小卒似总管模样的，却穿了足下的衣甲、头盔，骑着那马，横着狼牙棒，直奔青州城下，点拨红头子杀人。燕顺、王矮虎带领五十余人助战，只做总管去家中取老小。因此杀人放火，先绝了总管归路的念头。今日众人特地请罪。”秦明见说了，怒气于心，欲待要和宋江等厮并，却又自肚里寻思：一则是上界星辰契合，二乃被他们软困，以礼待之，三则又怕斗他们不过。因此只得纳了这口气，便说道：“你们弟兄虽是好意，要留秦明，只是害得我忒毒些个，断送了我妻小一家人口。”宋江答道：“不恁地时，兄长如何肯死心塌地?若是没了嫂嫂夫人，宋江恰知得花知寨有一妹，甚是贤慧，宋江情愿主婚，陪备财礼，与总管为室如何？”秦明见众人如此相敬相爱，方才放心归顺。

众人都让宋江在居中坐了，秦明上首，花荣肩下，三位好汉依次而坐，大吹大擂饮酒，商议打清风寨一事。秦明道：“这事容易，不须众弟兄费心。黄信那人，亦是治下；二者是秦明教他的武艺；三乃和我过的最好。明日我便先去叫开栅门，一席话，说他入伙投降，就取了花知寨宝眷，拿了刘高的泼妇，与仁兄报仇雪恨，作进见之礼如何？”宋江大喜道：“若得总管如此慨然相许，却是多幸多幸！”当日筵席散了，各自歇息。次日早起来，吃了早饭，都各各披挂了。秦明上马，先下山来，拿了狼牙棒，飞奔清风镇来。

却说黄信自到清风镇上，发放镇上军民，点起寨兵，晓夜提防，牢守栅门，又不敢出战，累累使人探听，不见青州调兵策应。当日只听得报道：“栅外有秦统制独自一骑马到来，叫开栅门。”黄信听了，便上马飞奔门边看时，果是一人一骑，又无伴当。黄信便叫开栅门，放下吊桥，迎接秦总管入来，直到大寨公厅前下马，请上厅来，叙礼罢，黄信便问道：“总管缘何单骑到此？”秦明当下先说了损折军马等情，后说：“山东及时雨宋公明疏财仗义，结识天下好汉，谁不钦敬他?如今现在清风山上，我今次也在山寨入了伙。你又无老小，何不听我言语，也去山寨入伙，免受那文官的气。”黄信答道：“既然恩官在彼，黄信安敢不从?只是不曾听得说有宋公明在山上，今次却说及时雨宋公明，自何而来？”秦明笑道：“便是你前日解去的郓城虎张三便是，他怕说出真名姓，惹起自己的官司，以此只认说是张三。”黄信听了，跌脚道：“若是小弟得知是宋公明时，路上也自放了他。一时见不到处，只听了刘高一面之词，险不坏了他性命。”秦明、黄信两个正在公廨内商量起身，只见寨兵报道：“有两路军马，鸣锣擂鼓，杀奔镇上来。”秦明、黄信听得，都上了马，前来迎敌。军马到得栅门边望时，只见：尘土蔽日，杀气遮天，两路军兵投镇上，四条好汉下山来。

毕竟秦明、黄信怎地迎敌，且听下回分解。

第三十五回 石将军村店寄书　小李广梁山射雁

当下秦明和黄信两个到栅门外看时，望见两路来的军马，却好都到。一路是宋江、花荣，一路是燕顺、王矮虎，各带一百五十余人。黄信便叫寨兵放下吊桥，大开寨门，迎接两路人马都到镇上。宋江早传下号令：休要害一个百姓，休伤一个寨兵；叫先打入南寨，把刘高一家老小尽都杀了。王矮虎自先夺了那个妇人。小喽罗尽把应有家私、金银、财物、宝货之资，都装上车子；再有马匹牛羊，尽数牵了。花荣自到家中，将应有的财物等项，装载上车，搬取妻小、妹子；内有清风镇上人数，都发还了。众多好汉收拾已了，一行人马离了清风镇，都回到山寨里来。

车辆人马，都到山寨，郑天寿迎接向聚义厅上相会。黄信与众好汉讲礼罢，坐于花荣肩下。宋江叫把花荣老小安顿一所歇处；将刘高财物分赏与众小喽罗。王矮虎拿得那妇人，将去藏在自己房内。燕顺便问道："刘高的妻，今在何处？"王矮虎答道："今番须与小弟做个押寨夫人。"燕顺道："与却与你，且唤他出来，我有一句话说。"宋江便道："我正要问他。"王矮虎便唤到厅前，那婆娘哭着告饶。宋江喝道："你这泼妇!我好意救你下山，念你是个命官的恭人，你如何反将冤报?今日擒来，有何理说？"燕顺跳起身来便道："这等淫妇，问他则甚？"拔出腰刀，一刀挥为两段。王矮虎见砍了这妇人，心中大怒，夺过一把朴刀，便要和燕顺交并，宋江等起身来劝住。宋江便道："燕顺杀了这妇人也是。兄弟，你看我这等一力救了他下山，教他夫妻团圆完聚，尚兀自转过脸来，叫丈夫害我。贤弟，你留在身边，久后有损无益。宋江日后别娶一个好的，教贤弟满意。"燕顺道："兄弟便是这等寻思，不杀了，要他无用，久后必被他害了。"王矮虎被众人劝了，默默无言。燕顺喝叫小喽罗打扫过尸首血迹，且排筵席庆贺。

次日，宋江和黄信主婚，燕顺、王矮虎、郑天寿做媒说合，要花荣把妹子嫁与秦明，一应礼物，都是宋江和燕顺出备。吃了三五日筵席。自成亲之后，又过了五七日，小喽罗探得事情，上山来报道："打听得青州慕容知府申将文书，去中书省奏说，反了花荣、秦明、黄信，要起大军来征剿，扫荡清风山。"众好汉听罢，商量道："此间小寨，不是久恋之地。倘或大军到来，四面围住，如何迎敌？"宋江道："小可有一计，不知中得诸位心否？"当下众好汉都道："愿闻良策。"宋江道："自这南方有个去处，地名唤做梁山泊，方圆八百余里，中间宛子城、蓼儿洼，晁天王聚集着三五千军马，把住着水泊，官兵捕盗，不敢正眼觑他。我等何不收拾起人马，去那里入伙？"秦明道："既然有这个去处，却是十分好。只是没人引进，他如何肯便纳我们？"宋江大笑，却把这打劫生辰纲金银一事，直说到："刘唐寄书，将金子谢我，因此上杀了阎婆惜，逃去在江湖上。"秦明听了大喜道："恁地，兄长正是他那里大恩人。事不宜迟，可以收拾起快去。"

只就当日商量定了，便打并起十数辆车子，把老小并金银财物、衣服、行李等件，都装载车子上，共有三二百匹好马。小喽罗们有不愿去的，赍发他些银两，任从他下山去投别主；有愿去的，编入队里，就和秦明带来的军汉，通有三五百人。宋江教分作三起下山，只做去收捕梁山泊的官军。山上都收拾的停当，装上车子，放起火来，把山寨烧作光地，分为三队下山。宋江便与花荣引着四五十人，三五十骑马，簇拥着五七辆车子，老小队仗先行；秦明、黄信引领八九十匹马，和这应用车子，作第二起；后面便是燕顺、王矮虎、郑天寿三个，引着四五十匹马。一二百人离了清风山，取路投梁山泊来。于路中见了这许多军马，旗号上又明明写着收捕草寇官军，因此无人敢来阻当。在路行五七日，离得青州远了。

且说宋江、花荣两个骑马在前头，背后车辆载着老小，与后面人马只隔着二十来里远近。前面到一个去处，地名唤对影山，两边两座高山，一般形势，中间却是一条大阔驿路。两个在马上正行之间，只听得前山里锣鸣鼓响。花荣便道："前面必有强人。"把枪带住，取弓箭来整顿得端正，再插放飞鱼袋内，一面叫骑马的军士，催趱后面两起军马上来，且把车辆人马扎住了。宋江和花荣两个引了二十余骑军马，向前探路。

至前面半里多路，早见一簇人马，约有一百余人，前面簇拥着一个年少的壮士。怎生打扮，但见：

头上三叉冠，金圈玉钿；身上百花袍，织锦团花。甲披千道火龙鳞，带束一条红玛瑙。骑一匹胭脂抹就如龙马，使一条朱红画杆方天戟。背后小校，尽是红衣红甲。

那个壮士，横戟立马，在山坡前大叫道："今日我和你比试，分个胜败，见个输赢。"只见对过山冈子背后早拥出一队人马来，也有百十余人，前面也拥着一个穿白年少的壮士。怎生模样，但见：

头上三叉冠，顶一团瑞雪；身上镔铁甲，披千点寒霜。素罗袍光射太阳，银花带色欺明月。坐下骑一匹征宛玉兽，手中抡一枝寒戟银绞。背后小校，都是白衣白甲。

这个壮士，手中也使一枝方天画戟。这边都是素白旗号，那壁都是绛红旗号。只见两边红白旗摇，震地花腔鼓擂。那两个壮士更不打话，各挺手中画戟，纵坐下马，两个就中间大阔路上交锋，比试胜败。花荣和宋江见了，勒住马看时，果然是一对好厮杀。但见：

旗仗盘旋，战衣飘　。绛霞影里，卷几片拂地飞云；白雪光中，滚数团燎原烈火。故园冬暮，山茶和梅蕊争辉；上苑春浓，李粉共桃脂斗彩。这个按南方丙丁火，似焰摩天上走丹炉；那个按西方庚辛金，如泰华峰头翻玉井。宋无忌忿怒，骑火骡子奔走霜林；冯夷神生嗔，跨玉狻猊纵横花界。

两个壮士各使方天画戟，斗到三十余合，不分胜败。花荣和宋江两个在马上看了喝采。花荣一步步趱马向前看时，只见那两个壮士斗到深涧里。这两枝戟上，一枝是金钱豹子尾，一枝是金钱五色　，却搅做一团，上面绒绦结住了，那里分拆得开。花荣在马上看见了，便把马带住，左手去飞鱼袋内取弓，右手向走兽壶中拔箭，搭上箭，曳满弓，觑着豹尾绒绦较亲处，"飕"的一箭，恰好正把绒绦射断。只见两枝画戟分开做两下，那二百余人一齐喝声采。

那两个壮士便不斗，都纵马跑来，直到宋江、花荣马前，就马上欠身声喏，都道："愿求神箭将军大名。"花荣在马上答道："我这个义兄，乃是郓城县押司、山东及时雨宋公明，我便是清风镇知寨小李广花荣。"那两个壮士听罢，扎住了戟，便下马推金山，倒玉柱，都拜道："闻名久矣。"宋江、花荣慌忙下马，扶起那两位壮士道："且请问二位壮士高姓大名？"那个穿红的说道："小人姓吕，名方，祖贯潭州人氏，平昔爱学吕布为人，因此习学这枝方天画戟，人都唤小人做小温侯吕方。因贩生药到山东，消折了本钱，不能够还乡，权且占住这对影山打家劫舍。近日走这个壮士来，要夺吕方的山寨，和他各分一山，他又不肯，因此每日下山厮杀。不想原来缘法注定，今日得遇尊颜。"宋江又问这穿白的壮士高姓，那人答道："小人姓郭，名盛，祖贯西川嘉陵人氏，因贩水银货卖，黄河里遭风翻了船，回乡不得。原在嘉陵学得本处兵马张提辖的方天戟，向后使得精熟，人都称小人做赛仁贵郭盛。江湖上听得说对影山有个使戟的占住了山头，打家劫舍，因此一径来比并戟法。连连战了十数日，不分胜败。不期今日得遇二公，天与之幸。"

宋江把上件事都告诉了，便道："既幸相遇，就与二位劝和如何？"两个壮士大喜，都依允了。诗曰：

铜链劝刀犹易事，箭锋劝戟更希奇。

须知豪杰同心处，利断坚金不用疑。

后队人马已都到了，一个个都引着相见了。吕方先请上山，杀牛宰马筵会。次日，却是郭盛置酒设席筵宴。宋江就说他两个撞筹入伙，辏队上梁山泊去，投奔晁盖聚义。那两个欢天喜地，都依允了。便将两山人马点起，收拾了财物，待要起身，宋江便道："且住!非是如此去。假如我这里有三五百人马投梁山泊去，他那里亦有探细的人，在四下里探听，倘或只道我们真是来收捕他，不是要处!等我和燕顺先去报知了，你们随后却来，还作三起而行。"花荣、秦明道："兄长高见，正是如此计较，陆续进程。兄长先行半日，我等催督人马，随后起身来。"

且不说对影山人马陆续登程，只说宋江和燕顺各骑了马，带领随行十数人，先投梁山泊来。在路上行了两日，当日行到晌午时分，正走之间，只见官道旁边一个大酒店。宋江看了道："孩儿们走得困乏，都叫买些酒吃了过去。"当时宋江和燕顺下了马，入酒店里来；叫孩儿们松了马肚带，都入酒店里坐。

宋江和燕顺先入店里来看时，只有三副大座头，小座头不多几副。只见一副大座头上，先有一个在那里占了。宋江看那人时，怎生打扮，但见：

裹一顶猪嘴头巾，脑后两个太原府金不换纽丝铜　上穿一领皂袖衫，腰系一条白　膊。下面腿　护膝，八答麻鞋。桌子边倚着短棒，横头上放着个衣包。

那人生得八尺来长，淡黄骨查脸，一双鲜眼，没根髭髯。宋江便叫酒保过来说道："我的伴当人多，我两个借你里面坐一坐，你叫那个客人移换那副大座头与我伴当们坐地吃些酒。"酒保应道："小人理会得。"宋江与燕顺里面坐了，先叫酒保："打酒来，大碗先与伴当一人三碗，有肉便买些来与他众人吃，却来我这里斟酒。"酒保又见伴当们都立满在垆边，酒保却去看着那个公人模样的客人道："有劳上下，挪借这副大座头与里面两个官人的伴当坐一坐。"那汉嗔怪呼他做上下，便焦躁道："也有个先来后到。甚么官人的伴当，要换座头!老爷不换！"燕顺听了，对宋江道："你看他无礼么！"宋江道："由他便了，你也和他一般见识！"却把燕顺按住了。

只见那汉转头看了宋江、燕顺冷笑。酒保又陪小心道："上下，周全小人的买卖，换一换有何妨。"那汉大怒，拍着桌子道："你这鸟男女，好不识人，欺负老爷独自一个，要换座头。便是赵官家，老爷也　鸟不换。高则声，大脖子拳不认得你。"酒保道："小人又不曾说甚么！"那汉喝道："量你这厮敢说甚么！"燕顺听了，那里忍耐得住，便说道："兀那汉子!你也鸟强，不换便罢，没可得鸟吓他。"那汉便跳起来，绰了短棒在手里，便应道："我自骂他，要你多管!老爷天下只让得两个人，其余的都把来做脚底下的泥。"燕顺焦躁，便提起板凳，却待要打将去。

宋江因见那人出语不俗，横身在里面劝解："且都不要闹。我且请问你：你天下只让的那两个人？"那汉道："我说与你，惊得你呆了。"宋江道："愿闻那两个好汉大名。"那汉道："一个是沧州横海郡柴世宗的孙子，唤做小旋风柴进柴大官人。"宋江暗暗地点头，又问道："那一个是谁？"那汉道："这一个又奢遮，是郓城县押司山东及时雨呼保义宋公明。"宋江看了燕顺暗笑，燕顺早把板凳放下了。那汉又道："老爷只除了这两个，便是大宋皇帝，也不怕他。"宋江道："你且住，我问你：你既说起这两个人，我却都认得。你在那里与他两个厮会？"那汉道："你既认得，我不说谎，三年前在柴大官人庄上住了四个月有余，只不曾见得宋公明。"宋江道："你便要认黑三郎么？"那汉道："我如今正要去寻他。"宋江问道："谁教你寻他？"那汉道："他的亲兄弟铁扇子宋清教我寄家书去寻他。"

宋江听了大喜，向前拖住道："'有缘千里来相会，无缘对面不相逢'，只我便是黑三郎宋江。"那汉相了一面，便拜道："天幸使令小弟得遇哥哥，争些儿错过，空去孔太公那里走一遭。"宋江便把那汉拖入里面问道："家中近日没甚事？"那汉道："哥哥听禀：小人姓石，名勇，原是大名府人氏，日常只靠放赌为生。本乡起小人一个异名，唤做石将军。为因赌博上一拳打死了个人，逃走在柴大官人庄上。多听得往来江湖上人说哥哥大名，因此特去郓城县投奔哥哥，却又听得说道为事出外，因见四郎，听得小人说起柴大官人来，却说哥哥在白虎山孔太公庄上。因小弟要拜识哥哥，四郎特写这封家书，与小人寄来孔太公庄上。如寻见哥哥时，可叫兄长作急回来。"宋江见说，心中疑惑，便问道："你到我庄上住了几日?曾见我父亲么？"石勇道："小人在彼只住的一夜，便来了，不曾得见太公。"宋江把上梁山泊一节都对石勇说了。石勇道："小人自离了柴大官人庄上，江湖中只闻得哥哥大名，疏财仗义，济困扶危。如今哥哥既去那里入伙，是必携带。"宋江道："这不必你说，何争你一个人!且来和燕顺厮见。"叫酒保且来这里斟酒三杯。酒罢，石勇便去包裹内取出家书，慌忙递与宋江。

宋江接来看时，封皮逆封着，又没"平安"二字。宋江心内越是疑惑，连忙扯开封皮，从头读至一半，后面写道：

父亲于今年正月初头因病身故，现今停丧在家，专等哥哥来家迁葬。千万，千万，切不可误!宋清泣血奉书。

宋江读罢，叫声苦，不知高低，自把胸脯捶将起来，自骂道："不孝逆子!做下非为，老父身亡，不能尽人子之道，畜生何异！"自把头去壁上磕撞，大哭起来。燕顺、石勇拘住。宋江哭得昏迷，半晌方才苏醒。燕顺、石勇两个劝道："哥哥且省烦恼。"宋江便分付燕顺道："不是我寡情薄意，其实只有这个老父记挂，今已没了，只得星夜赶归去，教兄弟们自上山则个。"燕顺劝道："哥哥，太公既已没了，便到家时，也不得见了。世上人无有不死的父母，且请宽心，引我们弟兄去了。那时小弟却陪侍哥哥归去奔丧，未为晚矣。自古道：'蛇无头而不行。'若无仁兄去时，他那里如何肯收留我们？"宋江道："若等我送你们上山去时，误了我多少日期，却是使不得。我只写一封备细书札，都说在内，就带了石勇一发入伙，等他们一处上山。我如今不知便罢；既是天教我知了，正是度日如年，烧眉之急。我马也不要，从人也不带一个，连夜自赶回家。"燕顺、石勇那里留得住。

宋江问酒保借笔砚，讨了一幅纸，一头哭着，一面写书，再三叮咛在上面。写了，封皮不粘，交与燕顺收了。讨石勇的八答麻鞋穿上，取了些银两，藏放在身边，跨了一口腰刀，就拿了石勇的短棒，酒食都不肯　唇，便出门要走。燕顺道："哥哥也等秦总管、花知寨都来，相见一面了，去也未迟。"宋江道："我不等了，我的书去，并无阻滞。石家贤弟，自说备细。可为我上复众兄弟们，可怜见宋江奔丧之急，休怪则个。"宋江恨不得一步跨到家中，飞也似独自一个去了。

且说燕顺同石勇只就那店里吃了些酒食、点心，还了酒钱，却教石勇骑了宋江的马，带了从人，只离酒店三五里路，寻个大客店歇了等候。次日辰牌时分，全伙都到。燕顺、石勇接着，备细说宋江哥哥奔丧去了。众人都埋怨燕顺道："你如何不留他一留？"石勇分说道："他闻得父亲没了，恨不得自也寻死，如何肯停脚，巴不得飞到家里。写了一封备细书札在此，教我们只顾去，他那里看了书，并无阻滞。"花荣与秦明看了书，与众人商议道："事在途中，进退两难：回又不得，散了又不成。只顾且去，还把书来封了，都到山上看，那里不容，却别作道理。"

九个好汉并作一伙，带了三五百人马，渐近梁山泊，来寻大路上山。一行人马正在芦苇中过，只见水面上锣鼓振响。众人看时，漫山遍野，都是杂彩旗　，水泊中棹出两只快船来。当先一只船上，摆着三五十个小喽罗，船头上中间坐着一个头领，乃是豹子头林冲。背后那只哨船上，也是三五十个小喽罗，船头上也坐着一个头领，乃是赤发鬼刘唐。前面林冲在船上喝问道："汝等是甚么人?那里的官军?敢来收捕我们?教你人人皆死，个个不留，你也须知俺梁山泊的大名！"花荣、秦明等都下马，立在岸边答应道："我等众人非是官军，有山东及时雨宋公明哥哥书札在此，特来相投大寨入伙。"林冲听了道："既有宋公明兄长的书札，且请过前面，到朱贵酒店里，先请书来看了，却来相请厮会。"船上把青旗只一招，芦苇里棹出一只小船，内有三个渔人，一个看船，两个上岸来说道："你们众位将军都跟我来。"水面上见两只哨船，一只船上把白旗招动，铜锣响处，两只哨船，一齐去了。

一行众人看了，都惊呆了，说道："端的此处，官军谁敢侵傍?我等山寨如何及得？"众人跟着两个渔人，从大宽转直到旱地忽律朱贵酒店里。朱贵见说了，迎接众人，都相见了。便叫放翻两头黄牛，散了分例酒食，讨书札看了。先向水亭上放一枝响箭，射过对岸芦苇中，早摇过一只快船来。朱贵便唤小喽罗分付罢，叫把书先赍上山去报知，一面店里杀宰猪羊，管待九个好汉，把军马屯住在四散歇了。

第二日辰牌时分，只见军师吴学究自来朱贵酒店里迎接众人，一个个都相见了。叙礼罢，动问备细，早有二三十只大白棹船来接。吴用、朱贵邀请九位好汉下船，老小车辆，人马行李，亦各自都搬在各船上，前望金沙滩来。上得岸，松树径里，众多好汉随着晁头领，全副鼓乐来接。晁盖为头，与九个好汉相见了，迎上关来。各自乘马坐轿，直到聚义厅上，一对对讲礼罢。左边一带交椅上，却是晁盖、吴用、公孙胜、林冲、刘唐、阮小二、阮小五、阮小七、杜迁、宋万、朱贵、白胜；那时白日鼠白胜，数月之前，已从济州大牢里越狱逃走，到梁山上入伙，皆是吴学究使人去用度，救得白胜脱身。右边一带交椅上，却是花荣、秦明、黄信、燕顺、王英、郑天寿、吕方、郭盛、石勇。列两行坐下，中间焚起一炉香来，各设了誓。当日大吹大擂，杀牛宰马筵宴。一面叫新到火伴厅下参拜了，自和小头目管待筵席。收拾了后山房舍，教搬老小家眷都安顿了。秦明、花荣在席上称赞宋公明许多好处，清风山报冤相杀一事，众头领听了大喜。后说吕方、郭盛两个比试戟法，花荣一箭射断绒绦，分开画戟。晁盖听罢，意思不信，口里含糊应道："直如此射得亲切，改日却看比箭。"

当日酒至半酣，食供数品，众头领都道："且去山前闲玩一回，再来赴席。"当下众头领相谦相让，下阶闲步乐情，观看山景。行至寨前第三关上，只听得空中数行宾鸿嘹亮。花荣寻思道："晁盖却才意思不信我射断绒绦，何不今日就此施逞些手段，教他们众人看，日后敬伏我。"把眼一观，随行人伴数内却有带弓箭的，花荣便问他讨过一张弓来，在手看时，却是一张泥金鹊画细弓，正中花荣意，急取过一枝好箭，便对晁盖道："恰才兄长见说花荣射断绒绦，众头领似有不信之意，远远的有一行雁来，花荣未敢夸口，这枝箭要射雁行内第三只雁的头上。射不中时，众头领休笑。"花荣搭上箭，曳满弓，觑得亲切，望空中只一箭射去。但见：

鹊画弓弯满月，雕翎箭迸飞星。挽手既强，离弦甚疾。雁排空如张皮鹄，人发矢似展胶竿。影落云中，声在草内。天汉雁行惊折断，英雄雁序喜相联。

当下花荣一箭，果然正中雁行内第三只，直坠落山坡下。急叫军士取来看时，那枝箭正穿在雁头上。晁盖和众头领看了，尽皆骇然，都称花荣做神臂将军。吴学究称赞道："休言将军比小李广，便是养由基也不及神手，真乃是山寨有幸！"自此梁山泊无一个不钦敬花荣。

众头领再回厅上筵会，到晚各自歇息。次日，山寨中再备筵席，议定坐次。本是秦明才及花荣，因为花荣是秦明大舅，众人推让花荣在林冲肩下，坐了第五位，秦明坐第六位，刘唐坐第七位，黄信坐第八位，三阮之下，便是燕顺、王矮虎、吕方、郭盛、郑天寿、石勇、杜迁、宋万、朱贵、白胜，一行共是二十一个头领。坐定，庆贺筵宴已毕，山寨中添造大船、屋宇、车辆、什物，打造枪刀、军器、铠甲、头盔，整顿旌旗、袍袄、弓弩、箭矢，准备抵敌官军，不在话下。

却说宋江自离了村店，连夜赶归。当日申牌时候，奔到本乡村口张社长酒店里暂歇一歇。那张社长却和宋江家来往得好。张社长见了宋江容颜不乐，眼泪暗流，张社长动问道："押司有年半来不到家中，今日且喜归来，如何尊颜有些烦恼，心中为甚不乐?且喜官事已遇赦了，必是减罪了。"宋江答道："老叔自说得是。家中官事且靠后，只有一个生身老父殁了，如何不烦恼？"张社长大笑道："押司真个，也是作耍?令尊太公却才在我这里吃酒了回去，只有半个时辰来去，如何却说这话？"宋江道："老叔休要取笑小侄。"便取出家书，教张社长看了。"兄弟宋清明明写道父亲于今年正月初头殁了，专等我归来奔丧。"张社长看罢，说道："呸，那里这般事!只午时前后和东村王太公在我这里吃酒了去，我如何肯说谎？"宋江听了，心中疑影，没做道理处。寻思了半晌，只等天晚，别了社长，便奔归家。

入得庄门看时，没些动静。庄客见了宋江，都来参拜，宋江便问道："我父亲和四郎有么？"庄客道："太公每日望得押司眼穿，今得归来，却是欢喜。方才和东村里王社长在村口张社长店里吃酒了回来，睡在里面房内。"宋江听了大惊，撇了短棒，径入草堂上来，只见宋清迎着哥哥便拜。宋江见了兄弟不戴孝，心中十分大怒，便指着宋清骂道："你这忤逆畜生，是何道理!父亲见今在堂，如何却写书来戏弄我?教我两三遍自寻死处，一哭一个昏迷。你做这等不孝之子！"

宋清却待分说，只见屏风背后转出宋太公来叫道："我儿不要焦躁，这个不干你兄弟之事。是我每日思量，要见你一面，因此教四郎只写道我殁了，你便归得快。我又听得人说，白虎山地面多有强人，又怕你一时被人撺掇，落草去了，做个不忠不孝的人，为此急急寄书去，唤你归家；又得柴大官人那里来的石勇，寄书去与你。这件事尽都是我主意，不干四郎之事，你休埋怨他。我恰才在张社长店里回来，听得是你归来了。"

宋江听罢，纳头便拜太公，忧喜相伴。宋江又问父亲道："不知近日官司如何?已经赦宥，必然减罪。适间张社长也这般说了。"宋太公道："你兄弟宋清未回之先，多有朱仝、雷横的气力，向后只动了一个海捕文书，再也不曾来勾扰。我如今为何唤你归来，近闻朝廷册立皇太子，已降下一道赦书，应有民间犯了大罪，尽减一等科断，俱已行开各处施行。便是发露到官，也只该个徒流之罪，不到得害了性命。且由他，却又别作道理。"宋江又问道："朱、雷二都头曾来庄上么？"宋清说道："我前日听得说来，这两个都差出去了。朱仝差往东京去，雷横不知差到那里去了。如今县里却是新添两个姓赵的勾摄公事。"宋太公道："我儿远路风尘，且去房里将息几时。"合家欢喜，不在话下。

天色看看将晚，玉兔东生，约有一更时分，庄上人都睡了，只听得前后门发喊起来，看时，四下里都是火把，团团围住宋家庄，一片声叫道："不要走了宋江！"太公听了，连声叫苦。不因此起，有分教：大江岸上，聚集好汉英雄；闹市丛中，来显忠肝义胆。

毕竟宋公明在庄上怎地脱身，且听下回分解。

第三十六回 梁山泊吴用举戴宗　揭阳岭宋江逢李俊

话说当时宋太公掇个梯子上墙来看时，只见火把丛中约有一百余人，当头两个，便是郓城县新参的都头，却是弟兄两个：

一个叫做赵能，一个叫做赵得。

两个便叫道："宋太公，你若是晓事的，便把儿子宋江献将出来，我们自将就他；若是不教他出官时，和你这老子一发捉了去。"宋太公道："宋江几时回来？"赵能道："你便休胡说!有人在村口见他从张社长家店里吃了酒归来，亦有人跟到这里。你如何赖得过？"宋江在梯子边说道："父亲，你和他论甚口!孩儿便挺身出官也不妨。县里府上都有相识，况已经赦宥的事了，必当减罪。求告这厮们做甚么?赵家那厮是个刁徒，如今暴得做个都头，知道甚么义理!他又和孩儿没人情，空自求他。"宋太公哭道："是我苦了孩儿。"宋江道："父亲休烦恼，官司见了，倒是有幸。明日孩儿躲在江湖上，撞了一班儿杀人放火的弟兄们，打在网里，如何能够见父亲面?便断配在他州外府，也须有程限，日后归来，也得早晚伏侍父亲终身。"宋太公道："既是孩儿恁的说时，我自来上下使用，买个好去处。"

宋江便上梯来叫道："你们且不要闹。我的罪犯，今已赦宥，定是不死。且请二位都头进敝庄少叙三杯，明日一同见官。"赵能道："你休使见识，赚我入来。"宋江道："我如何连累父亲、兄弟?你们只顾进家里来。"

宋江便下梯子来，开了庄门，请两个都头到庄里堂上坐下，连夜杀鸡宰鹅，置酒相待。那一百土兵人等，都与酒食管待，送些钱物之类；取二十两花银，把来送与两位都头做好看钱。正是：

都头见钱便好，无钱恶眼相看。

因此钱名好看，只钱无法无官。

当夜两个都头在宋江庄上歇了。次早五更，同到县前等待。天明解到县里来时，知县才出升堂。见都头赵能、赵得押解宋江出官，知县时文彬见了大喜，责令宋江供状。当下宋江一笔供招：

不合于前年秋间典赡到阎婆惜为妾，为因不良，一时恃酒争论斗殴，致被误杀身死，一向避罪在逃。今蒙缉捕到官，取勘前情，所供甘服罪无词。

知县看罢，且叫收禁牢里监候。满县人见说拿得宋江，谁不爱惜他，都替他去知县处告说讨饶，备说宋江平日的好处。知县自心里也有八分开豁他，当时依准了供状，免上长枷手　，只散禁在牢里。宋太公自来买上告下，使用钱帛。那时阎婆已自身故了半年，没了苦主；这张三又没了粉头，不来做甚冤家。县里迭成文案，待六十日限满，结解上济州听断。本州府尹看了申解情由，赦前恩宥之事，已成减罪，把宋江脊杖二十，刺配江州牢城。本州官吏亦有认得宋江的，更兼他又有钱帛使用，名唤做断杖刺配，又无苦主执证，众人维持下来，都不甚深重。当厅带上行枷，押了一道牒文，差两个防送公人，无非是张千、李万。

当下两个公人领了公文，监押宋江到州衙前，宋江的父亲宋太公同兄弟宋清，都在那里等候，置酒管待两个公人，赍发了些银两。教宋江换了衣服，打拴了包裹，穿上麻鞋。宋太公唤宋江到僻静处叮嘱道："我知江州是个好地面，鱼米之乡，特地使钱买将那里去。你可宽心守耐，我自使四郎来望你，盘缠有便人常常寄来。你如今此去，正从梁山泊过，倘或他们下山来劫夺你入伙，切不可依随他，教人骂做不忠不孝。此一节，牢记于心。孩儿路上慢慢地去，天可怜见，早得回来，父子团圆，兄弟完聚。"宋江洒泪拜辞了父亲，兄弟宋清送一程路。宋江临别时嘱付兄弟道："我此去不要你们忧心。只有父亲年纪高大，我又累被官司缠扰，背井离乡而去。兄弟，你早晚只在家侍奉，休要为我到江州来，弃撇父亲，无人看顾。我自江湖上相识多，见的那一个不相助，盘缠自有对付处。天若见怜，有一日归来也！"宋清洒泪拜辞了，自回家中去侍奉父亲宋太公，不在话下。

只说宋江和两个公人上路，那张千、李万已得了宋江银两，又因他是个好汉，因此于路上只是伏侍宋江。三个人上路行了一日，到晚投客店安歇了，打火做些饭吃，又买些酒肉请两个公人。宋江对他说道："实不瞒你两个说，我们今日此去，正从梁山泊边过。山寨上有几个好汉，闻我的名字，怕他下山来夺我，枉惊了你们。我和你两个明日早起些，只拣小路里过去，宁可多走几里不妨。"两个公人道："押司，你不说，俺们如何得知?我们自认得小路过去，定不得撞着他们。"

当夜计议定了，次日起个五更来打火。两个公人和宋江离了客店，只从小路里走。约莫也走了三十里路，只见前面山坡背后转出一伙人来。宋江看了，只叫得苦。来的不是别人，为头的好汉，正是赤发鬼刘唐，将领着三五十人，便来杀那两个公人。这张千、李万唬做一堆儿，跪在地下。宋江叫道："兄弟，你要杀谁？"刘唐道："哥哥，不杀了这两个男女，等甚么？"宋江道："不要你污了手，把刀来我杀便了。"两个人只叫得苦："今番倒不好了。"刘唐把刀递与宋江，诗曰：

有罪当官不肯逃，逢人救解愈坚牢。

存心厚处生机巧，不杀公人却借刀。

宋江接过，问刘唐道："你杀公人何意？"刘唐说道："奉山上哥哥将令，特使人打听得哥哥吃官司，直要来郓城县劫牢，却知道哥哥不曾在牢里，不曾受苦。今番打听得断配江州，只怕路上错了路道，教大小头领分付去四路等候，迎接哥哥，便请上山。这两个公人不杀了如何？"宋江道："这个不是你们弟兄抬举宋江，倒要陷我于不忠不孝之地。若是如此来挟我，只是逼宋江性命，我自不如死了。"把刀望喉下自刎。刘唐慌忙攀住　膊道："哥哥，且慢慢地商量。"就手里夺了刀。宋江道："你弟兄们若是可怜见宋江时，容我去江州牢城听候限满回来，那时却待与你们相会。"刘唐道："哥哥这话，小弟不敢主张。前面大路上有军师吴学究同花知寨在那里专等，迎讶哥哥。容小弟着小校请来商议。"宋江道："我只是这句话，由你们怎地商量。"

小喽罗去报不多时，只见吴用、花荣两骑马在前，后面数十骑马跟着，飞到面前。下马叙礼罢，花荣便道："如何不与兄长开了枷？"宋江道："贤弟，是甚么话!此是国家法度，如何敢擅动！"吴学究笑道："我知兄长的意了。这个容易，只不留兄长在山寨便了。晁头领多时不曾得与仁兄相会，今次也正要和兄长说几句心腹的话，略请到山寨少叙片时，便送登程。"宋江听了道："只有先生便知道宋江的意。"扶起两个公人来，宋江道："要他两个放心，宁可我死，不可害他。"两个公人道："全靠押司救命。"

一行人都离了大路，来到芦苇岸边，已有船只在彼。当时载过山前大路，却把山轿教人抬了，直到断金亭上歇了。叫小喽罗四下里去请众头领，都来聚会，迎接上山，到聚义厅上相见。晁盖说道："自从郓城救了性命，兄弟们到此，无日不想大恩。前者又蒙引荐诸位豪杰上山，光辉草寨，恩报无门。"宋江答道："小可自从别后，杀死淫妇，逃在江湖上，去了年半。本欲上山相探兄长一面，偶然村店里遇得石勇，捎寄家书，只说父亲弃世。不想却是父亲恐怕宋江随众好汉入伙去了，因此诈写书来唤我回家。虽然明吃官司，多得上下之人看觑，不曾重伤。今配江州，亦是好处。适蒙呼唤，不敢不至。今来既见了尊颜，奈我限期相逼，不敢久住，只此告辞。"晁盖道："直如此忙!且请少坐。"两个中间坐了，宋江便叫两个公人只在交椅后坐，与他寸步不离。

晁盖叫许多头领都来参拜了宋江，分两行坐下，小头目一面斟酒。先是晁盖把盏了，向后军师吴学究、公孙胜起，至白胜，把盏下来。酒至数巡，宋江起身相谢道："足见弟兄们相爱之情。宋江是个得罪囚人，不敢久停，只此告辞。"晁盖道："仁兄直如此见怪!虽然贤兄不肯要坏两个公人，多与他些金银，发付他回去，只说我梁山泊抢掳了去，不道得治罪于他。"宋江道："兄这话休题。这等不是抬举宋江，明明的是苦我。家中上有老父在堂，宋江不曾孝敬得一日，如何敢违了他的教训，负累了他?前者一时乘兴，与众位来相投，天幸使令石勇在村店里撞见在下，指引回家。父亲说出这个缘故，情愿教小可明吃了官司，急断配出来，又频频嘱付。临行之时，又千叮万嘱，教我休为快乐，苦害家中，免累老父怆惶惊恐。因此父亲明明训教宋江，小可不争随顺了，便是上逆天理，下违父教，做了不忠不孝的人，在世虽生何益?如不肯放宋江下山，情愿只就众位手里乞死。"说罢，泪如雨下，便拜倒在地。晁盖、吴用、公孙胜一齐扶起。众人道："既是哥哥坚意欲往江州，今日且请宽心住一日，明日早送下山。"三回五次留得宋江就山寨里吃了一日酒。教去了枷，也不肯除，只和两个公人同起同坐。

当晚住了一夜，次日早起来，坚心要行。吴学究道："兄长听禀：吴用有个至爱相识，现在江州充做两院押牢节级，姓戴，名宗，本处人称为戴院长。为他有道术，一日能行八百里，人都唤他做神行太保。此人十分仗义疏财。夜来小生修下一封书在此，与兄长去，到彼时可和本人做个相识。但有甚事，可教众兄弟知道。"众头领挽留不住，安排筵宴送行，取出一盘金银，送与宋江；又将二十两银子送与两个公人。就与宋江挑了包裹，都送下山来，一个个都作别了。吴学究和花荣直送过渡，到大路二十里外。众头领回上山去。

只说宋江自和两个防送公人取路投江州来，那个公人见了山寨里许多人马，众头领一个个都拜宋江，又得他那里若干银两，一路上只是小心伏侍宋江。三个人在路约行了半月之上，早来到一个去处，望见前面一座高岭。两个公人说道："好了!过得这条揭阳岭，便是浔阳江，到江州却是水路，相去不远。"宋江道："天色暄暖，趁早走过岭去，寻个宿头。"公人道："押司说得是。"三个人厮赶着奔过岭来。

行了半日，巴过岭头，早看见岭脚边一个酒店，背靠颠崖，门临怪树，前后都是草房。去那树荫之下，挑出一个酒旆儿来。宋江见了，心中欢喜，便与公人道："我们肚里正饥渴哩!原来这岭上有个酒店，我们且买碗酒吃再走。"三个人入酒店来，两个公人把行李歇了，将水火棍靠在壁上。宋江让他两个公人上首坐定，宋江下首坐了。半个时辰，不见一个人出来，宋江叫道："怎地不见有主人家？"只听得里面应道："来也!来也！"侧首屋下，走出一个大汉来，怎生模样：

赤色虬须乱撒，红丝虎眼睁圆。

揭岭杀人魔祟，酆都催命判官。

那人出来，头上一顶破头巾，身穿一领布背心，露着两臂，下面围一条布手巾，看着宋江三个人唱个喏道："客人，打多少酒？"宋江道："我们走得肚饥，你这里有甚么肉卖？"那人道："只有熟牛肉和浑白酒。"宋江道："最好。你先切二斤熟牛肉来，打一角酒来。"那人道："客人休怪说，我这里岭上卖酒，只是先交了钱，方才吃酒。"宋江道："倒是先还了钱吃酒，我也喜欢。等我先取银子与你。"宋江便去打开包裹，取出些碎银子。那人立在侧边偷眼睃着，见他包裹沉重，有些油水，心内自有八分欢喜。接了宋江的银子，便去里面舀一桶酒，切一盘牛肉出来，放下三只大碗，三双箸，一面筛酒。

三个人一头吃，一面口里说道："如今江湖上歹人，多有万千好汉着了道儿的。酒肉里下了蒙汗药，麻翻了，劫了财物，人肉把来做馒头馅子。我只是不信，那里有这话！"那卖酒的人笑道："你三个说了，不要吃，我这酒和肉里面都有了麻药。"宋江笑道："这个大哥瞧见我们说着麻药，便来取笑。"两个公人道："大哥，热吃一碗也好。"那人道："你们要热吃，我便将去烫来。"那人烫热了，将来筛做三碗。正是饥渴之中，酒肉到口，如何不吃?三人各吃了一碗下去，只见两个公人瞪了双眼，口角边流下涎水来，你揪我扯，望后便倒。宋江跳起来道："你两个怎地吃的一碗，便恁醉了？"向前来扶他，不觉自家也头晕眼花，扑地倒了，光着眼，都面面厮觑，麻木了，动弹不得。酒店里那人道："惭愧!好几日没买卖，今日天送这三头行货来与我。"先把宋江倒拖了，入去山岩边人肉作房里，放在剥人凳上；又来把这两个公人也拖了入去。那人再来，却把包裹行李都提在后屋内。解开看时，都是金银，那人自道："我开了许多年酒店，不曾遇着这等一个囚徒。量这等一个罪人，怎地有许多财物?却不是从天降下，赐与我的！"那人看罢包裹，却再包了，且去门前，望几个火家归来开剥。

立在门前看了一回，不见一个男女归来，只见岭下这边三个人奔上岭来。那人却认得，慌忙迎接道："大哥，那里去来？"那三个内一个大汉应道："我们特地上岭来接一个人，料道是来的程途日期了。我每日出来，只在岭下等候，不见到，正不知在那里　搁了。"那人道："大哥却是等谁？"那大汉道："等个奢遮的好男子。"那人问道："甚么奢遮的好男子？"那大汉答道："你敢也闻他的大名，便是济州郓城县宋押司宋江。"那人道："莫不是江湖上说的山东及时雨宋公明？"那大汉道："正是此人。"那人又问道："他却因甚打这里过？"那大汉道："我本不知。近日有个相识从济州来，说道：'郓城县宋押司宋江，不知为甚么事发在济州府，断配江州牢城。'我料想他必从这里过来，别处又无路。他在郓城县时，我尚且要去和他厮会，今次正从这里经过，如何不结识他?因此在岭下连日等候，接了他四五日，并不见有一个囚徒过来。我今日同这两个兄弟信步踱上山岭，来你这里买碗酒吃，就望你一望。近日你店里买卖如何？"那人道："不瞒大哥说，这几个月里好生没买卖，今日谢天地，捉得三个行货，又有些东西。"那大汉慌忙问道："三个甚样人？"那人道："两个公人，和一个罪人。"那汉失惊道："这囚徒莫不是黑矮肥胖的人？"那人应道："真个不十分长大，面貌紫棠色。"那大汉连忙问道："不曾动手么？"那人答道："方才拖进作房去，等火家未回，不曾开剥。"那大汉道："等我认他一认。"

当下四个人进山岩边人肉作房里，只见剥人凳上挺着宋江和两个公人，颠倒头放在地下。那大汉看见宋江，却又不认得；相他脸上金印，又不分晓。没可寻思处，猛想起道："且取公人的包裹来，我看他公文便知。"那人道："说得是。"便去房里取过公人的包裹打开，见了一锭大银，上有若干散碎银两，解开文书袋来，看了差批，众人只叫得："惭愧！"那大汉便道："天使令我今日上岭来，早是不曾动手，争些儿误了我哥哥性命。"正是：

冤仇还报难回避，机会遭逢莫远图。

踏破铁鞋无觅处，得来全不费工夫。

那大汉便叫那人："快讨解药来，先救起我哥哥。"那人也慌了，连忙调了解药，便和那大汉去作房里，先开了枷，扶将起来，把这解药灌将下去。四个人将宋江扛出前面客位里，那大汉扶住着，渐渐醒来，光着眼，看了众人立在面前，又不认得，只见那大汉教两个兄弟扶住了宋江，纳头便拜。宋江问道："是谁?我不是梦中么？"只见卖酒的那人也拜。宋江答礼道："两位大哥请起。这里正是那里?不敢动问二位高姓？"那大汉道："小弟姓李，名俊，祖贯庐州人氏，专在扬子江中撑船艄公为生，能识水性，人都呼小弟做混江龙李俊便是。这个卖酒的，是此间揭阳岭人，只靠做私商道路，人尽呼他做催命判官李立。这两个兄弟，是此间浔阳江边人，专贩私盐来这里货卖，却是投奔李俊家安身。大江中伏得水，驾得船。是弟兄两个，一个唤做出洞蛟童威，一个叫做翻江蜃童猛。"两个也拜了宋江四拜。宋江问道："却才麻翻了宋江，如何却知我姓名？"李俊道："小弟有个相识，近日做买卖从济州回来，说起哥哥大名，为事发在江州牢城。李俊往常思念，只要去贵县拜识哥哥，只为缘分浅薄，不能够去。今闻仁兄来江州，必从这里经过，小弟连连在岭下等接仁兄五七日了，不见来。今日无心，天幸使令李俊同两个弟兄上岭来，就买杯酒吃，遇见李立，说将起来。因此小弟大惊，慌忙去作房里看了，却又不认得哥哥。猛可思量起来，取讨公文看了，才知道是哥哥。不敢拜问仁兄，闻知在郓城县做押司，不知为何事配来江州？”宋江把这杀了阎婆惜，直至石勇村店寄书，回家事发，今次配来江州，备细说了一遍，四人称叹不已。

李立道：“哥哥何不只在此间住了，休上江州牢城去受苦。”宋江答道：“梁山泊苦死相留，我尚兀自不肯住，恐怕连累家中老父。此间如何住得？”李俊道：“哥哥义士，必不肯胡行，你快救起那两个公人来。”李立连忙叫了火家，已都归来了，便把公人扛出前面客位里来，把解药灌将下去，救得两个公人起来，面面厮觑道：“我们想是行路辛苦，恁地容易得醉！”众人听了都笑。

当晚李立置酒管待众人，在家里过了一夜。次日，又安排酒食管待，送出包裹，还了宋江并两个公人。当时相别了，宋江自和李俊、童威、童猛、两个公人下岭来，径到李俊家歇下。置备酒食，殷勤相待，结拜宋江为兄，留住家里过了数日。宋江要行，李俊留不住，取些银两赍发两个公人。宋江再带上行枷，收拾了包裹行李，辞别李俊、童猛、童威，离了揭阳岭下，取路望江州来。

三个人行了半日，早是未牌时分，行到一个去处，只见人烟辏集，井市喧哗。正来到市镇上，只见那里一伙人围住着看。宋江分开人丛，挨入去看时，却原来是一个使枪棒卖膏药的。宋江和两个公人立住了脚，看他使了一回枪棒。那教头放下了手中枪棒，又使了一回拳，宋江喝采道：“好枪棒拳脚！”那人却拿起一个盘子来，口里开呵道：“小人远方来的人，投贵地特来就事，虽无惊人的本事，全靠恩官作成，远处夸称，近方卖弄，如要筋重膏药，当下取赎；如不用膏药，可烦赐些银两铜钱赍发，休教空过了。”那教头把盘子掠了一遭，没一个出钱与他。那汉又道：“看官高抬贵手。”又掠了一遭，众人都白着眼看，又没一个出钱赏他。宋江见他惶恐，掠了两遭，没人出钱，便叫公人取出五两银子来。宋江叫道：“教头，我是个犯罪的人，没甚与你。这五两白银，权表薄意，休嫌轻微！”那汉子得了这五两白银，托在手里，便收呵道：“恁地一个有名的揭阳镇上，没一个晓事的好汉，抬举咱家!难得这位恩官，本身现自为事在官，又是过往此间，颠倒赍发五两白银。正是：

当年却笑郑元和，只向青楼买笑歌。

惯使不论家豪富，风流不在着衣多。

这五两银子强似别的五十两。自家拜揖，愿求恩官高姓大名，使小人天下传扬。”宋江答道：“教师，量这些东西，值得几多，不须致谢。”正说之间，只见人丛里一条大汉，分开人众，抢近前来，大喝道：“兀那厮是甚么鸟汉?那里来的囚徒?敢来灭俺揭阳镇上威风！” 着双拳来打宋江。不因此起相争，有分教：浔阳江上，聚数筹搅海苍龙的好汉；梁山泊中，添一伙爬山猛虎的英雄。

毕竟那汉为甚么要打宋江，且听下回分解。

第三十七回 没遮拦追赶及时雨　船火儿大闹浔阳江

话说当下宋江不合将五两银子赍发了那个教师，只见这揭阳镇上众人丛中钻过这条大汉，睁着眼喝道：“这厮那里学得这些鸟枪棒，来俺这揭阳镇上逞强，我已分付了众人休睬他，你这厮如何卖弄有钱，把银子赏他，灭俺揭阳镇上的威风！”宋江应道：“我自赏他银两，却干你甚事？”那大汉揪住宋江喝道：“你这贼配军敢回我话？”宋江道：“做甚么不敢回你话？”那大汉提起双拳，劈脸打来，宋江躲个过。那大汉又赶入一步来，宋江却待要和他放对，只见那个使枪棒的教头从人背后赶将来，一只手揪住那大汉头巾，一只手提住腰胯，望那大汉肋骨上只一兜，踉跄一交，颠翻在地。那大汉却待挣扎起来，又被这教头只一脚踢翻了。两个公人劝住教头，那大汉从地下爬将起来，看了宋江和教头说道：“使得使不得，叫你两个不要慌。”一直望南去了。

宋江且请问：“教头高姓?何处人氏？”教头答道：“小人祖贯河南洛阳人氏，姓薛，名永，祖父是老种经略相公帐前军官，为因恶了同僚，不得升用，子孙靠使枪棒卖药度日，江湖上但呼小人病大虫薛永。不敢拜问恩官高姓大名？”宋江道：“小可姓宋，名江，祖贯郓城县人氏。”薛永道：“莫非山东及时雨宋公明么？”宋江道：“小可便是。”薛永听罢便拜，宋江连忙扶住道：“少叙三杯如何？”薛永道：“好!正要拜识尊颜，小人无门得遇兄长。”慌忙收拾起枪棒和药囊，同宋江便往邻近酒肆内去吃酒。只见酒家说道：“酒肉自有，只是不敢卖与你们吃。”宋江问道：“缘何不卖与我们吃？”酒家道：“却才和你们厮打的大汉，已使人分付了：若是卖与你们吃时，把我这店子都打得粉碎。我这里却是不敢恶他。这人是此间揭阳镇上一霸，谁敢不听他说？”宋江道：“既然恁地，我们去休，那厮必然要来寻闹。”薛永道：“小人也去店里算了房钱还他，一两日间，也来江州相会。兄长先行。”宋江又取一二十两银子与了薛永，辞别了自去。

宋江只得自和两个公人也离了酒店，又自去一处吃酒，那店家说道：“小郎已自都分付了，我们如何敢卖与你们吃?你枉走，甘自费力，不济事。”宋江和两个公人都则声不得。连连走了几家，都是一般话说。三个来到市梢尽头，见了几家打火小客店，正待要去投宿，却被他那里不肯相容。宋江问时，都道：“他已着小郎连连分付去了，不许安着你们三个。”当下宋江见不是话头，三个便拽开脚步，望大路上走着，看见一轮红日低坠，天色昏暗。但见：

暮烟迷远岫，寒雾锁长空。群星拱皓月争辉，绿水共青山斗碧。疏林古寺，数声钟韵悠扬；小浦渔舟，几点残灯明灭。枝上子规啼夜月，园中粉蝶宿花丛。

宋江和两个公人见天色晚了，心里越慌。三个商量道：“没来由看使枪棒，恶了这厮!如今闪得前不巴村，后不着店，却是投那里去宿是好？”只见远远地小路上望见隔林深处射出灯光来。宋江见了道：“兀那里灯光明处，必有人家，遮莫怎地陪个小心，借宿一夜，明日早行。”公人看了道：“这灯光处又不在正路上。”宋江道：“没奈何。虽然不在正路上，明日多行三二里，却打甚么不紧！”三个人当时落路来，行不到二里多路，林子背后闪出一座大庄院来。

宋江和两个公人来到庄院前敲门，庄客听得，出来开门道：“你是甚人?黄昏半夜来敲门打户！”宋江陪着小心答道：“小人是个犯罪配送江州的人，今日错过了宿头，无处安歇，欲求贵庄借宿一宵，来早依例拜纳房金。”庄客道：“既是恁地，你且在这里少待，等我入去报知庄主太公，可容即歇。”庄客入去通报了，复翻身出来说道：“太公相请。”宋江和两个公人到里面草堂上参见了庄主太公，太公分付，教庄客领去门房里安歇，就与他们些晚饭吃。庄客听了，引去门首草房下，点起一碗灯，教三个歇定了，取三分饭食、羹汤、菜蔬，教他三个吃了。庄客收了碗碟，自入里面去。两个公人道："押司，这里又无外人，一发除了行枷，快活睡一夜，明日早行。"宋江道："说得是。"当时去了行枷，和两个公人去房外净手，看见星光满天，又见打麦场边屋后，是一条村僻小路，宋江看在眼里。三个净了手，入进房里，关上门去睡。宋江和两个公人说道："也难得这个庄主太公留俺们歇这一夜。"正说间，听得庄里有人点火把来打麦场上，一到处照看。宋江在门缝里张时，见是太公引着三个庄客，把火一到处照看。宋江对公人道："这太公和我父亲一般，件件都要自来照管。这早晚也未曾去睡，一地里亲自点看。"

正说之间，只听得外面有人叫开庄门，庄客连忙来开了门，放入五七个人来，为头的手里拿着朴刀，背后的都拿着稻叉棍棒。火把光下，宋江张看时，"那个提朴刀的，正是在揭阳镇上要打我们的那汉"。宋江又听得那太公问道："小郎，你那里去来?和甚人厮打?日晚了，拖枪拽棒？"那大汉道："阿爹不知，哥哥在家里么？"太公道："你哥哥吃得醉了，去睡在后面亭子上。"那汉道："我自去叫他起来，我和他赶人。"太公道："你又和谁合口，叫起哥哥来时，他却不肯干休。你且对我说这缘故。"那汉道："阿爹，你不知，今日镇上一个使枪棒卖药的汉子，叵耐那厮不先来见我弟兄两个，便去镇上撇科卖药，教使枪棒，被我都分付了镇上的人，分文不要与他赏钱，不知那里走一个囚徒来，那厮做好汉出尖，把五两银子赏他，灭俺揭阳镇上威风。我正要打那厮，堪恨那卖药的脑揪翻我，打了一顿，又踢了我一脚，至今腰里还疼。我已教人四下里分付了酒店客店，不许着这厮们吃酒安歇，先教那厮三个今夜没存身处。随后吃我叫了赌房里一伙人，赶将去客店里，拿得那卖药的来，尽气力打了一顿，如今把来吊在都头家里。明日送去江边，捆做一块，抛在江里，出那口鸟气。却只赶这两个公人押的囚徒不着，前面又没客店，竟不知投那里去宿了。我如今叫起哥哥来，分投赶去，捉拿这厮。"太公道："我儿休恁地短命相。他自有银子赏那卖药的，却干你甚事!你去打他做甚么?可知道着他打了，也不曾伤重。快依我口便罢，休教哥哥得知。你吃人打了，他肯干罢?又是去害人性命!你依我说，且去房里睡了。半夜三更，莫去敲门打户，激恼村坊。你也积些阴德。"那汉不顾太公说，拿着朴刀，径入庄内去了。太公随后也赶入去。

宋江听罢，对公人说道："这般不巧的事，怎生是好?却又撞在他家投宿，我们只宜走了好。倘或这厮得知，必然吃他害了性命。便是太公不说，庄客如何敢瞒？"两个公人都道："说的是，事不宜迟，及早快走。"宋江道："我们休从大路出去，掇开屋后一堵壁子出去罢。"两个公人挑了包裹，宋江自提了行枷，便从房里挖开屋后一堵壁子，三个人便趁星月之下，望林木深处小路上只顾走。正是慌不择路，走了一个更次，望见前面满目芦花，一派大江，滔滔浪滚，正来到浔阳江边。有诗为证：

撞入天罗地网来，宋江时蹇实堪哀。

才离黑煞凶神难，又遇丧门白虎灾。

只听得背后喊叫，火把乱明，吹风胡哨赶将来，宋江只叫得苦道："上苍救一救则个！"三人躲在芦苇丛中，望后面时，那火把渐近，三人心里越慌，脚高步低，在芦苇里撞。前面一看，不到天尽头，早到地尽处。定目一观，看见大江拦截，侧边又是一条阔港。宋江仰天叹道："早知如此的苦，权且在梁山泊也罢。谁想直断送在这里！"

宋江正在危急之际，只见芦苇丛中悄悄地忽然摇出一只船来。宋江见了，便叫："梢公，且把船来救我们三个，俺与你几两银子。"那梢公在船上问道："你三个是甚么人?却走在这里来？"宋江道："背后有强人打劫我们，一昧地撞在这里。你快把船来渡我们，我多与你些银两。"那梢公听得多与银两，把船便放拢来，三个连忙跳上船去，一个公人便把包裹丢下舱里，一个公人便将水火棍　开了船。那梢公一头搭上橹，一面听着包裹落舱，有些好响声，心里暗喜欢。把橹一摇，那只小船早荡在江心里去。

岸上那伙赶来的人，早赶到滩头，有十数个火把，为头两个大汉，各挺着一条朴刀，随后有二十余人，各执枪棒，口里叫道："你那梢公，快摇船拢来！"宋江和两个公人做一块儿伏在船舱里，说道："梢公，却是不要拢船，我们自多与你些银子相谢。"那梢公点头，只不应岸上的人，把船望上水咿咿哑哑的摇将去。那岸上这伙人大喝道："你那梢公，不摇拢船来，教你都死！"那梢公冷笑几声，也不应。岸上那伙人又叫道："你是那个梢公?直恁大胆!不摇拢来！"那梢公冷笑应道："老爷叫做张梢公，你不要咬我鸟。"岸上火把丛中那个长汉说道："原来是张大哥，你见我弟兄两个么？"那梢公应道："我又不瞎，做甚么不见你？"那长汉道："你既见我时，且摇拢来和你说话。"那梢公道："有话明朝来说，趁船的要去得紧。"那长汉道："我弟兄两个正要捉这趁船的三个人。"那梢公道："趁船的三个都是我家亲眷，衣食父母，请他归去吃碗板刀面子来。"那长汉道："你且摇拢来和你商量。"那梢公又道："我的衣饭，倒摇拢来把与你，倒乐意！"那长汉道："张大哥，不是这般说，我弟兄只要捉这囚徒，你且拢来。"那梢公一头摇橹，一面说道："我自好几日接得这个主顾，却是不摇拢来，倒吃你接了去!你两个只得休怪，改日相见。"宋江不晓得梢公话里藏阄，在船舱里悄悄的和两个公人说："也难得这个梢公救了我们三个性命。又与他分说，不要忘了他恩德。却不是幸得这只船来渡了我们。"

却说那梢公摇开船去，离得江岸远了，三个人在舱里望岸上时，火把也自去芦苇中明亮。宋江道："惭愧!正是'好人相逢，恶人远离'。且得脱了这场灾难。"只见那梢公摇着橹，口里唱起湖州歌来。唱道：

老爷生长在江边，不怕官司不怕天。

昨夜华光来趁我，临行夺下一金砖。

宋江和两个公人听了这首歌，都酥软了。宋江又想道："他是唱耍。"三个正在那里议论未了，只见那梢公放下橹，说道："你这个撮鸟，两个公人，平日最会诈害做私商的人，今日却撞在老爷手里!你三个却是要吃板刀面?却是要吃馄饨？"宋江道："家长休要取笑!怎地唤做板刀面?怎地是馄饨？"那梢公睁着眼道："老爷和你耍甚鸟!若还要吃板刀面时，俺有一把泼风也似快刀在这　板底下，我不消三刀五刀，我只一刀一个，都剁你三个人下水去；你若要吃馄饨时，你三个快脱了衣裳，都赤条条地跳下江里自死。"宋江听罢，扯定两个公人说道："却是苦也!正是'福无双至，祸不单行'。"那梢公喝道："你三个好好商量，快回我话。"宋江答道："梢公不知，我们也是没奈何，犯下了罪，迭配江州的人，你如何可怜见饶了我三个！"那梢公喝道："你说甚么闲话!饶你三个!我半个也不饶你。老爷唤做有名的狗脸张爷爷，来也不认得爹，去也不认得娘。你便都闭了鸟嘴，快下水里去！"宋江又求告道："我们都把包裹内金银、财帛、衣服等项，尽数与你，只饶了我三人性命。"那梢公便去　板底下摸出那把明晃晃板刀来，大喝道："你三个要怎地？"宋江仰天叹道："为因我不敬天地，不孝父母，犯下罪责，连累了你两个。"那两个公人也扯着宋江道："押司，罢，罢!我们三个一处死休。"那梢公又喝道："你三个好好快脱了衣裳，跳下江去。跳便跳，不跳时，老爷便剁下水里去。"

宋江和那两个公人抱做一块，恰待要跳水，只见江面上咿咿哑哑橹声响，宋江探头看时，一只快船飞也似从上水头摇将下来。船上有三个人，一条大汉手里横着托叉，立在船头上；梢头两个后生，摇着两把快橹，星光之下，早到面前。那船头上横叉的大汉便喝道："前面是甚么梢公，敢在当港行事?船里货物，见者有分。"这船梢公回头看了，慌忙应道："原来却是李大哥，我只道是谁来。大哥又去做买卖，只是不曾带挈兄弟。"大汉道："张家兄弟，你在这里又弄这一手!船里甚么行货?有些油水么？"梢公答道："教你得知好笑。我这几日没道路，又赌输了，没一文，正在沙滩上闷坐，岸上一伙人赶着三头行货来我船里。却是鸟两个公人，解一个黑矮囚徒，正不知是那里人。他说道，迭配江州来的，却又项上不带行枷。赶来的岸上一伙人，却是镇上穆家哥儿两个，定要讨他，我见有些油水吃，我不还他。"船上那大汉道："咄!莫不是我哥哥宋公明？"宋江听得声音厮熟，便舱里叫道："船上好汉是谁?救宋江则个！"那大汉失惊道："真个是我哥哥，早不做出来。"宋江钻出船上来看时，星光明亮，那立在船头上的大汉，不是别人，正是：

家住浔阳江浦上，最称豪杰英雄。眉浓眼大面皮红，髭须垂铁线，语话若铜钟。凛凛身躯长八尺，能挥利剑霜锋，冲波跃浪立奇功。庐州生李俊，绰号混江龙。

那船头上立的大汉，正是混江龙李俊。背后船梢上两个摇橹的，一个是出洞蛟童威，一个是翻江蜃童猛。

这李俊听得是宋公明，便跳过船来，口里叫苦道："哥哥惊恐。若是小弟来得迟了些个，误了仁兄性命。今日天使李俊在家坐立不安，棹船出来江里，赶些私盐，不想又遇着哥哥在此受难！"那梢公呆了半晌，做声不得，方才问道："李大哥，这黑汉便是山东及时雨宋公明么？"李俊道："可知是哩！"那梢公便拜道："我那爷，你何不早通个大名!省得着我做出歹事来，争些儿伤了仁兄。"宋江问李俊道："这个好汉是谁?高姓何名？"李俊道："哥哥不知，这个好汉却是小弟结义的兄弟，原是小孤山下人氏，姓张，名横，绰号船火儿，专在此浔阳江做这件稳善的道路。"宋江和两个公人都笑起来。

当时两只船并着摇奔滩边来，缆了船，舱里扶宋江并两个公人上岸。李俊又与张横说道："兄弟，我常和你说，天下义士，只除非山东及时雨郓城宋押司，今日你可仔细认看。"张横敲开火石，点起灯来，照着宋江，扑翻身，又在沙滩上拜道："望哥哥恕兄弟罪过！"宋江看那张横时，但见：

七尺身躯三角眼，黄髯赤发红睛，浔阳江上有声名。冲波如水怪，跃浪似飞鲸，恶水狂风都不惧，蛟龙见处魂惊。天差列宿害生灵。小孤山下住，船火号张横。

张横拜罢问道："义士哥哥为何事配来此间？"李俊便把宋江犯罪的事说了，今来迭配江州。张横听了说道："好教哥哥得知，小弟一母所生的亲弟兄两个，长的便是小弟，我有个兄弟，却又了得。浑身雪练也似一身白肉，没得四五十里水面，水底下伏得七日七夜，水里行一似一根白条，更兼一身好武艺。因此人起他一个异名，唤做浪里白跳张顺。当初我弟兄两个，只在扬子江边做一件依本分的道路。"宋江道："愿闻则个。"张横道："我弟兄两个，但赌输了时，我便先驾一只船渡在江边净处做私渡。有那一等客人贪省贯百钱的，又要快，便来下我船。等船里都坐满了，却教兄弟张顺也扮做单身客人，背着一个大包，也来趁船。我把船摇到半江里，歇了橹，抛了钉，插一把板刀，却讨船钱，本合五百足钱一个人，我便定要他三贯。却先问兄弟讨起，教他假意不肯还我，我便把他来起手，一手揪住他头，一手提定腰胯，扑通地撺下江里，排头儿定要三贯，一个个都惊得呆了，把出来不迭。都敛得足了，却送他到僻净处上岸。我那兄弟自从水底下走过对岸，等没了人，却与兄弟分钱去赌。那时我两个只靠这件道路过日。"宋江道："可知江边多有主顾来寻你私渡！"李俊等都笑起来。张横又道："如今我弟兄两个都改了业，我便只在这浔阳江里做些私商。兄弟张顺，他却如今自在江州做卖鱼牙子。如今哥哥去时，小弟寄一封书去；只是不识字，写不得。"李俊道："我们去村里央个门馆先生来写。"留下童威、童猛看船。三个人跟了李俊，张横提了灯，投村里来。

走不过半里路，看见火把还在岸上明亮。张横说道："他弟兄两个还未归去。"李俊道："你说兀谁弟兄两个？"张横道："便是镇上那穆家哥儿两个。"李俊道："一发叫他两个来拜见哥哥。"宋江连忙说道："使不得，他两个赶着要捉我。"李俊道："仁兄放心，他弟兄不知是哥哥。他亦是我们一路人。"李俊用手一招，胡哨了一声，只见火把人伴都飞奔将来。看见李俊、张横都恭奉着宋江做一处说话，那弟兄二人大惊道："二位大哥如何与这三人厮熟？"李俊大笑道："你道他是兀谁？"那二人道："便是不认得。只见他在镇上出银两赏那使枪棒的，灭俺镇上威风，正待要捉他。"李俊道："他便是我日常和你们说的山东及时雨郓城宋押司公明哥哥，你两个还不快拜。"那弟兄两个撇了朴刀，扑翻身便拜道："闻名久矣，不期今日方得相会。却才甚是冒渎，犯伤了哥哥，望乞怜悯恕罪。"宋江扶起二位道："壮士，愿求大名。"李俊便道："这弟兄两个富户，是此间人：姓穆，名弘，绰号没遮拦；兄弟穆春，唤做小遮拦。是揭阳镇上一霸。我这里有三霸，哥哥不知，一发说与哥哥知道。揭阳岭上岭下，便是小弟和李立一霸；揭阳镇上，是他弟兄两个一霸；浔阳江边做私商的，却是张横、张顺两个一霸。以此谓之三霸。"宋江答道："我们如何省得?既然都是自家弟兄情分，望乞放还了薛永。"穆弘笑道："便是使枪棒的那厮?哥哥放心，随即便教兄弟穆春去取来还哥哥。我们且请仁兄到敝庄伏礼请罪。"李俊说道："最好，最好!便到你庄上去。"穆弘叫庄客着两个去看了船只，就请童威、童猛一同都到庄上去相会。一面又着人去庄上报知，置办酒食，杀羊宰猪，整理筵宴。

一行众人等了童威、童猛，一同取路投庄上来，却好五更天气。都到庄里，请出穆太公来相见了，就草堂上分宾主坐下。宋江看那穆弘时，端的好表人物。但见：

面似银盆身似玉，头圆眼细眉单，威风凛凛逼人寒。灵官离斗府，佑圣下天关。武艺高强心胆大，阵前不肯空还，攻城野战夺旗　。穆弘真壮士，人号没遮拦。

宋江与穆太公对坐。说话未久，天色明朗，穆春已取到病大虫薛永进来，一处相会了。穆弘安排筵席，管待宋江等众位饮宴，至晚都留在庄上歇宿。次日，宋江要行，穆弘那里肯放，把众人都留庄上，陪侍宋江去镇上闲玩，观看揭阳市村景致。又住了三日，宋江怕违了限次，坚意要行，穆弘并众人苦留不住，当日做个送路筵席。次日早起来，宋江作别穆太公并众位好汉，临行分付薛永，且在穆弘处住几时，却来江州，再得相会。穆弘道："哥哥但请放心，我这里自看顾他。"取出一盘金银，送与宋江，又赍发两个公人些银两。临动身，张横在穆弘庄上央人修了一封家书，央宋江付与张顺，当时宋江收放包裹内了。一行人都送到浔阳江边。穆弘叫只船来，取过先头行李下船。众人都在江边，安排行枷，取酒食上船饯行，当下众人洒泪而别。李俊、张横、穆弘、穆春、薛永、童威、童猛一行人，各自回家，不在话下。

只说宋江自和两个公人下船投江州来。这梢公非比前番，拽起一帆风篷，早送到江州上岸。宋江依前带上行枷，两个公人取出文书，挑了行李，直至江州府前来，正值府尹升厅。原来那江州知府，姓蔡，双名得章，是当朝蔡太师蔡京的第九个儿子，因此江州人叫他做蔡九知府。那人为官贪滥，作事骄奢。为这江州是个钱粮浩大的去处，抑且人广物盈，因此太师特地教他来做个知府。

当时两个公人当厅下了公文，押宋江投厅下。蔡九知府看见宋江一表非俗，便问道："你为何枷上没了本州的封皮？"两个公人告道："于路上春雨淋漓，却被水湿坏了。"知府道："快写个帖来，便送下城外牢城营里去，本府自差公人押解下去。”这两个公人就送宋江到牢城营内交割。当时江州府公人赍了文帖，监押宋江并同公人，出州衙，前来酒店里买酒吃。宋江取三两来银子，与了江州府公人，当讨了收管，将宋江押送单身房里听候。那公人先去对管营差拨处替宋江说了方便，交割，讨了收管，自回江州府去了。这两个公人也交还了宋江包裹行李，千酬万谢，相辞了入城来。两个自说道：“我们虽是吃了惊恐，却赚得许多银两。”自到州衙府里伺候，讨了回文，两个取路往济州去了。

话里只说宋江又自央浼人情，差拨到单身房里，送了十两银子与他，管营处又自加倍送十两并人事，营里管事的人，并使唤的军健人等，都送些银两与他们买茶吃，因此无一个不欢喜宋江。少刻引到点视厅前，除了行枷，参见管营，为得了贿赂，在厅上说道：“这个新配到犯人宋江听着：先朝太祖武德皇帝圣旨事例，但凡新入流配的人，须先吃一百杀威棒，左右与我捉去背起来。”宋江告道：“小人于路感冒风寒时症，至今未曾痊可。”管营道：“这汉端的似有病的，不见他面黄肌瘦，有些病症。且与他权寄下这顿棒。此人既是县吏出身，着他本营抄事房做个抄事。”就时立了文案，便教发去抄事。宋江谢了，去单身房取了行李，到抄事房安顿了。众囚徒见宋江有面目，都买酒来与他庆贺。次日，宋江置备酒食，与众人回礼。不时间，又请差拨牌头递杯，管营处常常送礼物与他。宋江身边有的是金银财帛，自落的结识他们。住了半月之间，满营里没一个不欢喜他。自古道：“世情看冷暖，人面逐高低。”

宋江一日与差拨在抄事房吃酒，那差拨说与宋江道：“贤兄，我前日和你说的那个节级常例人情，如何多日不使人送去与他?今已一旬之上了。他明日下来时，须不好看。”宋江道：“这个不妨。那人要钱，不与他。若是差拨哥哥但要时，只顾问宋江取不妨。那节级要时，一文也没。等他下来，宋江自有话说。”差拨道：“押司，那人好生利害，更兼手脚了得。倘或有些言语高低，吃了他些羞辱，却道我不与你通知。”宋江道：“兄长由他，但请放心，小可自有措置。敢是送些与他，也不见得。他有个不敢要我的，也不见得。”正恁的说未了，只见牌头来报道：“节级下在这里了，正在厅上大发作，骂道：‘新到配军，如何不送常例钱来与我！’”差拨道：“我说是么，那人自来，连我们都怪。”宋江笑道：“差拨哥哥休罪，不及陪侍，改日再得作杯。小可且去和他说话。”差拨也起身道：“我们不要见他。”宋江别了差拨，离了抄事房，自来点视厅上，见这节级。

不是宋江来和这人厮见，有分教：江州城里，翻为虎窟狼窝；十字街头，变作尸山血海。直教：撞破天罗归水浒，掀开地网上梁山。

毕竟宋江来与这个节级怎么相见，且听下回分解。

第三十八回 及时雨会神行太保　黑旋风斗浪里白跳

话说当时宋江别了差拨，出抄事房来，到点视厅上看时，见那节级掇条凳子坐在厅前，高声喝道：“那个是新配到囚徒？”牌头指着宋江道：“这个便是。”那节级便骂道：“你这黑矮杀才，倚仗谁的势要，不送常例钱来与我？”宋江道：“‘人情人情，在人情愿。’你如何逼取人财?好小哉相！”两边看的人听了，倒捏两把汗。那人大怒，喝骂：“贼配军，安敢如此无礼!颠倒说我小哉!那兜驮的，与我背起来，且打这厮一百讯棍！”两边营里众人都是和宋江好的，见说要打他，一哄都走了，只剩得那节级和宋江。那人见众人都散了，肚里越怒，拿起讯棍，便奔来打宋江。宋江说道：“节级，你要打我，我得何罪？”那人大喝道：“你这贼配军，是我手里行货，轻咳嗽便是罪过。”宋江道：“你便寻我过失，也不到得该死。”那人怒道：“你说不该死，我要结果你也不难，只似打杀一个苍蝇。”宋江冷笑道：“我因不送得常例钱便该死时，结识梁山泊吴学究的，却该怎地？”那人听了这话，慌忙丢了手中讯棍，便问道：“你说甚么？”宋江又答道：“自说那结识军师吴学究的，你问我怎的？”那人慌了手脚，拖住宋江问道：“你正是谁?那里得这话来？”宋江笑道：“小可便是山东郓城县宋江。”那人听了大惊，连忙作揖说道：“原来兄长正是及时雨宋公明。”宋江道：“何足挂齿！”那人便道：“兄长，此间不是说话处，未敢下拜。同往城里叙怀，请兄长便行。”宋江道：“好，节级少待，容宋江锁了房门便来。”

宋江慌忙到房里取了吴用的书，自带了银两，出来锁上房门，分付牌头看管，便和那人离了牢城营内，奔入江州城里来，去一个临街酒肆中楼上坐下。那人问道：“兄长何处见吴学究来？”宋江怀中取出书来，递与那人。那人拆开封皮，从头读了，藏在袖内，起身望着宋江便拜。宋江慌忙答礼道：“适间言语冲撞，休怪，休怪！”那人道：“小弟只听得说有个姓宋的发下牢城营里来。往常时，但是发来的配军，常例送银五两，今番已经十数日，不见送来，今日是个闲暇日头，因此下来取讨，不想却是仁兄。恰才在营内甚是言语冒渎了哥哥，万望恕罪！”宋江道：“差拨亦曾常对小可说起大名。宋江有心要拜识尊颜，又不知足下住处，亦无因入城，特地只等尊兄下来，要与足下相会一面，以此耽误日久。不是为这五两银子不舍得送来，只想尊兄必是自来，故意延挨。今日幸得相见，以慰平生之愿。”

说话的，那人是谁?便是吴学究所荐的江州两院押牢节级戴院长戴宗。那时故宋时金陵一路节级，都称呼“家长”，湖南一路节级，都称呼做“院长”。原来这戴院长有一等惊人的道术，但出路时，赍书飞报紧急军情事，把两个甲马拴在两只腿上，作起神行法来，一日能行五百里；把四个甲马拴在腿上，便一日能行八百里。因此人都称做神行太保戴宗。有《临江仙》为证：

面阔唇方神眼突，瘦长清秀人材，皂纱巾畔翠花开。黄旗书令字，红串映宣牌。　　健足欲追千里马，罗衫常惹尘埃，神行太保术奇哉!程途八百里，朝去暮还来。

当下戴院长与宋公明说罢了来情去意，戴宗、宋江俱各大喜。两个坐在阁子里，叫那卖酒的过来，安排酒果、肴馔、菜蔬来，就酒楼上两个饮酒。宋江诉说一路上遇见许多好汉，众人相会的事务，戴宗也倾心吐胆，把和这吴学究相交来往的事，告诉了一遍。

两个正说到心腹相爱之处，才饮得两三杯酒，只听楼下喧闹起来，过卖连忙走入阁子来，对戴宗说道：“这个人只除非是院长说得他下，没奈何，烦院长去解拆则个。”戴宗问道：“在楼下作闹的是谁？”过卖道：“便是时常同院长走的那个唤做铁牛李大哥，在底下寻主人家借钱。”戴宗笑道：“又是这厮在下面无礼，我只道是甚么人。兄长少坐，我去叫了这厮上来。”

戴宗便起身下去，不多时，引着一个黑凛凛大汉上楼来。宋江看见，吃了一惊，便问道：“院长，这大哥是谁？”戴宗道：“这个是小弟身边牢里一个小牢子，姓李，名逵，祖贯是沂州沂水县百丈村人氏。本身一个异名，唤做黑旋风李逵。他乡中都叫他做李铁牛。因为打死了人，逃走出来，虽遇赦宥，流落在此江州，不曾还乡。为他酒性不好，多人惧他。能使两把板斧，及会拳棍，现今在此牢里勾当。”有诗为证：

家住沂州翠岭东，杀人放火恣行凶。

不搽煤墨浑身黑，似着朱砂两眼红。

闲向溪边磨巨斧，闷来岩畔斫乔松。

力如牛猛坚如铁，撼地摇天黑旋风。

李逵看着宋江问戴宗道：“哥哥，这黑汉子是谁？”戴宗对宋江笑道：“押司，你看这厮恁么粗卤，全不识些体面。”李逵便道：“我问大哥：怎地是粗卤？”戴宗道：“兄弟，你便请问这位官人是谁便好，你倒却说‘这黑汉子是谁’，这不是粗卤，却是甚么?我且与你说知：这位仁兄，便是闲常你要去投奔他的义士哥哥。”李逵道：“莫不是山东及时雨黑宋江？”戴宗喝道：“咄!你这厮敢如此犯上，直言叫唤，全不识些高低，兀自不快下拜等几时？”李逵道：“若真个是宋公明，我便下拜；若是闲人，我却拜甚鸟!节级哥哥，不要瞒我拜了，你却笑我。”宋江便道：“我正是山东黑宋江。”李逵拍手叫道：“我那爷!你何不早说些个，也教铁牛欢喜。”扑翻身躯便拜。宋江连忙答礼，说道：“壮士大哥请坐。”戴宗道：“兄弟，你便来我身边坐了吃酒。”李逵道：“不耐烦小盏吃，换个大碗来筛。”宋江便问道：“却才大哥为何在楼下发怒？”李逵道：“我有一锭大银，解了十两小银使用了，却问这主人家挪借十两银子，去赎那大银出来，便还他，自要些使用。叵耐这鸟主人不肯借与我，却待要和那厮放对，打得他家粉碎，却被大哥叫了我上来。”宋江道：“只用十两银子去取，再要利钱么？”李逵道：“利钱已有在这里了，只要十两本钱去讨。”宋江听罢，便去身边取出一个十两银子，把与李逵，说道：“大哥，你将去赎来用度。”戴宗要阻当时，宋江已把出来了。李逵接得银子，便道：“却是好也!两位哥哥只在这里等我一等，赎了银子便来送还，就和宋哥哥去城外吃碗酒。”宋江道：“且坐一坐，吃几碗了去。”李逵道：“我去了便来。”推开帘子，下楼去了。

戴宗道：“兄长休借这银与他便好，却才小弟正欲要阻，兄长已把在他手里了。”宋江道：“却是为何？”戴宗道：“这厮虽是耿直，只是贪酒好赌。他却几时有一锭大银解了，兄长吃他赚漏了这个银去。他慌忙出门，必是去赌。若还赢得时，便有的送来还哥哥；若是输了时，那里讨这十两银来还兄长?戴宗面上须不好看。”宋江笑道：“院长尊兄何必见外，量这些银两，何足挂齿，由他去赌输了罢。我看这人倒是个忠直汉子。”戴宗道：“这厮本事自有，只是心粗胆大不好。在江州牢里，但吃醉了时，却不奈何罪人，只要打一般强的牢子。我也被他连累得苦。专一路见不平，好打强汉，以此江州满城人都怕他。”诗曰：

贿赂公行法枉施，罪人多受不平亏。

以强凌弱真堪恨，天使拳头付李逵。

宋江道：“俺们再饮两杯，却去城外闲玩一遭。”戴宗道：“小弟也正忘了和兄长去看江景则个。”宋江道：“小可也要看江州的景致，如此最好。”

且不说两个再饮酒，只说李逵得了这个银子，寻思道：“难得宋江哥哥，又不曾和我深交，便借我十两银子，果然仗义疏财，名不虚传。如今来到这里，却恨我这几日赌输了，没一文做好汉请他。如今得他这十两银子，且将去赌一赌，倘或赢得几贯钱来，请他一请也好看。”当时李逵慌忙跑出城外小张乙赌房里来，便去场上将这十两银子撇在地下，叫道：“把头钱过来我博。”那小张乙得知李逵从来赌直，便道：“大哥且歇这一博，下来便是你博。”李逵道：“我要先赌这一博。”小张乙道：“你便傍猜也好。”李逵道：“我不傍猜，只要博这一博，五两银子做一注。”有那一般赌的，却待要博，被李逵劈手夺过头钱来，便叫道：“我博兀谁？”小张乙道：“便博我五两银子。”李逵叫一声，“快！”地博一个叉。小张乙便拿了银子过来，李逵叫道：“我的银子是十两。”小张乙道：“你再博我五两，快，便还了你这锭银子。”李逵又拿起头钱，叫声：“快！”的又博个叉。小张乙笑道：“我叫你休抢头钱，且歇一博，不听我口，如今一连博上两个叉。”李逵道：“我这银子是别人的。”小张乙道：“遮莫是谁的，也不济事了。你既输了，却说甚么？”李逵道：“没奈何，且借我一借，明日便送来还你。”小张乙道：“说甚么闲话?自古赌钱场上无父子，你明明地输了，如何倒来革争？”李逵把布衫拽起在前面，口里喝道：“你们还我也不还？”小张乙道：“李大哥，你闲常最赌的直，今日如何恁么没出豁？”李逵也不答应他，便就地下掳了银子，又抢了别人赌的十来两银子，都搂在布衫兜里，睁起双眼，就道：“老爷闲常赌直，今日权且不直一遍。”小张乙急待向前夺时，被李逵一指一交。十二三个赌博的一齐上，要夺那银子，被李逵指东打西，指南打北。李逵把这伙人打得没地躲处，便出到门前，把门的问道：“大郎那里去？”被李逵提在一边，一脚踢开了门，便走。那伙人随后赶将出来，都只在门前叫道：“李大哥，你恁地没道理，都抢了我们众人的银子去！”只在门前叫喊，没一个敢近前来讨。诗曰：

世人无事不嬲帐，直道只用在赌上。

李逵不直亦不妨，又为赌贼作榜样。

李逵正走之时，听得背后一人赶上来，扳住肩臂喝道：“你这厮如何却抢掳别人财物？”李逵口里应道：“干你鸟事！”回过脸来看时，却是戴宗，背后立着宋江。李逵见了，惶恐满面，便道：“哥哥休怪，铁牛闲常只是赌直，今日不想输了哥哥的银子，又没得些钱来相请哥哥，喉急了，时下做出这些不直来。”宋江听了，大笑道：“贤弟但要银子使用，只顾来问我讨。今日既是明明地输与他了，快把来还他。”李逵只得从布衫兜里取出来，都递在宋江手里。宋江便叫过小张乙前来，都付与他。小张乙接过来说道：“二位官人在上，小人只拿了自己的，这十两原银，虽是李大哥两博输与小人，如今小人情愿不要他的，省的记了冤仇。”宋江道：“你只顾将去，不要记怀。”小张乙那里肯。宋江便道：“他不曾打伤了你们么？”小张乙道：“讨头的，拾钱的，和那把门的，都被他打倒在里面。”宋江道：“既是恁的，就与他众人做将息钱，兄弟自不敢来了，我自着他去。”小张乙收了银子，拜谢了回去。

宋江道：“我们和李大哥吃三杯去。”戴宗道：“前面靠江有那琵琶亭酒馆，是唐朝白乐天古迹。我们去亭上酌三杯，就观江景则个。”宋江道：“可于城中买些肴馔之物将去。”戴宗道：“不用，如今那亭上有人在里面卖酒。”宋江道：“恁地时却好。”当时三人便望琵琶亭上来。到得亭子上看时，一边靠着浔阳江，一边是店主人家房屋。琵琶亭上有十数付座头，戴宗便拣一付干净座头，让宋江坐了头位，戴宗坐在对席，肩下便是李逵。三个坐定，便叫酒保铺下菜蔬、果品、海鲜、按酒之类，酒保取过两樽玉壶春酒，此是江州有名的上色好酒，开了泥头。宋江纵目观看那江时，端的是景致非常。但见：

云外遥山耸翠，江边远水翻银。隐隐沙汀，飞起几行鸥鹭；悠悠小浦，撑回数只渔舟。翻翻雪浪拍长空，拂拂凉风吹水面。紫霄峰上接穹苍，琵琶亭半临江岸。四围空阔，八面玲珑。栏干影浸玻璃，窗外光浮玉璧。昔日乐天声价重，当年司马泪痕多。

当时三人坐下，李逵便道：“酒把大碗来筛，不耐烦小盏价吃。”戴宗喝道：“兄弟好村，你不要做声，只顾吃酒便了。”宋江分付酒保道：“我两个面前放两只盏子，这位大哥面前放个大碗。”酒保应了，下去取只碗来，放在李逵面前，一面筛酒，一面铺下肴馔。李逵笑道：“真个好个宋哥哥，人说不差了，便知做兄弟的性格。结拜得这位哥哥，也不枉了。”酒保斟酒，连筛了五七遍。宋江因见了这两人，心中欢喜，吃了几杯，忽然心里想要鱼辣汤吃，便问戴宗道：“这里有好鲜鱼么？”戴宗笑道：“兄长，你不见满江都是渔船，此间正是鱼米之乡，如何没有鲜鱼？”宋江道：“得些辣鱼汤醒酒最好。”戴宗便唤酒保，教造三分加辣点红白鱼汤来。顷刻造了汤来，宋江看见道：“美食不如美器，虽是个酒肆之中，端的好整齐器皿。”拿起箸来，相劝戴宗、李逵吃，自也吃了些鱼，呷了几口汤汁。李逵也不使箸，便把手去碗里捞起鱼来，和骨头都嚼吃了。宋江看见，忍笑不住，呷了两口汁，便放下箸不吃了。戴宗道：“兄长，已定这鱼腌了，不中仁兄吃。”宋江道：“便是不才酒后，只爱口鲜鱼汤吃，这个鱼真是不甚好。”戴宗应道：“便是小弟也吃不得，是腌的，不中吃。”李逵嚼了自碗里鱼，便道：“两位哥哥都不吃，我替你们吃了。”便伸手去宋江碗里捞将过来吃了，又去戴宗碗里也捞过来吃了，滴滴点点淋一桌子汁水。

宋江见李逵把三碗鱼汤和骨头都嚼吃了，便叫酒保来分付道：“我这大哥想是肚饥，你可去大块肉切二斤来与他吃，少刻一发算钱还你。”酒保道：“小人这里只卖羊肉，却没牛肉，要肥羊尽有。”李逵听了，便把鱼汁劈脸泼将去，淋那酒保一身。戴宗喝道：“你又做甚么！”李逵应道：“叵耐这厮无礼，欺负我只吃牛肉，不卖羊肉与我吃。”酒保道：“小人问一声，也不多话。”宋江道：“你去只顾切来，我自还钱。”酒保忍气吞声去切了二斤羊肉，做一盘，将来放在桌子上。李逵见了，也不谦让，大把价揸来只顾吃，拈指间把这二斤羊肉都吃了。宋江看了道：“壮哉，真好汉也！”李逵道：“这宋大哥便知我的鸟意，吃肉不强似吃鱼。”戴宗叫酒保来问道：“却才鱼汤，家生甚是整齐，鱼却腌了，不中吃。别有甚好鲜鱼时，另造些辣汤来，与我这位官人醒酒。”酒保答道：“不敢瞒院长说，这鱼端的是昨夜的。今日的活鱼还在船内，等鱼牙主人不来，未曾敢卖动，因此未有好鲜鱼。”李逵跳起来道：“我自去讨两尾活鱼来与哥哥吃。”戴宗道：“你休去，只央酒保去回几尾来便了。”李逵道：“船上打鱼的，不敢不与我，值得甚么！”戴宗拦当不住，李逵一直去了。戴宗对宋江说道：“兄长休怪小弟引这等人来相会，全没些个体面，羞辱杀人！”宋江道：“他生性是恁的，如何教他改得?我倒敬他真实不假。”两个自在琵琶亭上笑语说话取乐。诗曰：

湓江烟景出尘寰，江上峰峦拥髻鬟。

明月琵琶人不见，黄芦苦竹暮潮还。

却说李逵走到江边看时，见那渔船一字排着，约有八九十只，都缆系在绿杨树下。船上渔人，有斜枕着船梢睡的，有在船头上结网的，也有在水里洗浴的。此时正是五月半天气，一轮红日，将及沉西，不见主人来开舱卖鱼。李逵走到船边，喝一声道：“你们船上活鱼把两尾来与我。”那渔人应道：“我们等不见渔牙主人来，不敢开舱。你看，那行贩都在岸上坐地。”李逵道：“等甚么鸟主人!先把两尾鱼来与我。”那渔人又答道：“纸也未曾烧，如何敢开舱?那里先拿鱼与你？”李逵见他众人不肯拿鱼，便跳上一只船去，渔人那里拦当得住。李逵不省得船上的事，只顾便把竹笆篾一拔，渔人在岸上只叫得：“罢了！”李逵伸手去 板底下一绞摸时，那里有一个鱼在里面。原来那大江里渔船，船尾开半截大孔，放江水出入，养着活鱼，却把竹笆篾拦住，以此船舱里活水往来，养放活鱼，因此江州有好鲜鱼。这李逵不省得，倒先把竹笆篾提起了，将那一舱活鱼都走了。李逵又跳过那边船上去拔那竹篾，那七八十渔人都奔上船，把竹篙来打李逵。李逵大怒，焦躁起来，便脱下布衫，里面单系着一条棋子布手巾儿，见那乱竹篙打来，两只手一驾，早抢了五六条在手里，一似扭葱般都扭断了。渔人看见，尽吃一惊，却都去解了缆，把船撑开去了。李逵忿怒，赤条条地拿两截折竹篙，上岸来赶打行贩，都乱纷纷地挑了担走。

正热闹里，只见一个人从小路里走出来，众人看见叫道：“主人来了，这黑大汉在此抢鱼，都赶散了渔船。”那人道：“甚么黑大汉，敢如此无礼！”众人把手指道：“那厮兀自在岸边寻人厮打。”那人抢将过去，喝道：“你这厮吃了豹子心大虫胆，也不敢来搅乱老爷的道路！”李逵看那人时，六尺五六身材，三十二三年纪，三柳掩口黑髯，头上裹顶青纱万字巾，掩映着穿心红一点 儿，上穿一领白布衫，腰系一条绢搭膊，下面青白袅脚，多耳麻鞋，手里提条行秤。那人正来卖鱼，见了李逵在那里横七竖八打人，便把秤递与行贩接了，赶上前来大喝道：“你这厮要打谁？”李逵也不回话，抡过竹篙，却望那人便打。那人抢入去，早夺了竹篙，李逵便一把揪住那人头发，那人便奔他下三面，要跌李逵。怎敌得李逵水牛般气力?直推将开去，不能够拢身，那人便望肋下擢得几拳，李逵那里着在意里?那人又飞起脚来踢，被李逵直把头按将下去，提起铁锤般大小拳头，去那人脊梁上擂鼓也似打。那人怎生挣扎?李逵正打哩，一个人在背后劈腰抱住，一个人便来帮住手，喝道：“使不得，使不得！”李逵回头看时，却是宋江、戴宗。李逵便放了手，那人略得脱身，一道烟走了。

戴宗埋冤李逵道：“我教你休来讨鱼，又在这里和人厮打。倘或一拳打死了人，你不去偿命坐牢？”李逵应道：“你怕我连累你，我自打死了一个，我自去承当。”宋江便道：“兄弟休要论口，拿了布衫，且去吃酒。”李逵向那柳树根头拾起布衫，搭在 膊上，跟了宋江、戴宗便走。行不得十数步，只听的背后有人叫骂道：“黑杀才今番来和你见个输赢。”李逵回转头来看时，便是那人，脱得赤条条地，匾扎起一条水 儿，露出一身雪练也似白肉，头上除了巾帻，显出那个穿心一点红俏儿来，在江边独自一个把竹篙撑着一只渔船赶将来，口里大骂道：“千刀万剐的黑杀才，老爷怕你的，不算好汉!走的，不是好男子！”李逵听了大怒，吼了一声，撇了布衫，抢转身来，那人便把船略拢来，凑在岸边，一手把竹篙点定了船，口里大骂着。李逵也骂道：“好汉便上岸来。”那人把竹篙去李逵腿上便搠，撩拨得李逵火起，托地跳在船上。说时迟，那时快，那人只要诱得李逵上船，便把竹篙望岸边一点，双脚一蹬，那只渔船，一似狂风飘败叶，箭也似投江心里去了。

李逵虽然也识得水，却不甚高，当时慌了手脚。那个人也不叫骂，撇了竹篙，叫声：“你来，今番和你定要见个输赢。”便把李逵 膊拿住，口里说道：“且不和你厮打，先教你吃些水！”两只脚把船只一晃，船底朝天，英雄落水，两个好汉“扑通”地都翻筋斗撞下江里去。宋江、戴宗急赶至岸边，那只船已翻在江里，两个只在岸上叫苦。江岸边早拥上三五百人，在柳阴树下看，都道：“这黑大汉今番却着道儿，便挣扎得性命，也吃了一肚皮水。”宋江、戴宗在岸边看时，只见江面开处，那人把李逵提将起来，又淹将下去，两个正在江心里面清波碧浪中间，一个显浑身黑肉，一个露遍体霜肤。两个打做一团，绞做一块，江岸上那三五百人没一个不喝采。但见：

一个是沂水县成精异物，一个是小孤山作怪妖魔。这个是酥团结就肌肤，那个如炭屑凑成皮肉。一个是马灵官白蛇托化，一个是赵元帅黑虎投胎。这个似万万锤打就银人，那个如千千火炼成铁汉。一个是五台山银牙白象，一个是九曲河铁甲老龙。这个如布漆罗汉显神通，那个似玉碾金刚施勇猛。一个盘旋良久，汗流遍体迸真珠；一个揪扯多时，水浸浑身倾墨汁。那个学华光教主，向碧波深处显形骸；这个像黑煞天神，在雪浪堆中呈面目。正是玉龙搅暗天边日，黑鬼掀开水底天。当时宋江、戴宗看见李逵被那人在水里揪住，浸得眼白，又提起来，又纳下去，何止淹了数十遭，正是：

舟行陆地力能为，拳到江心无可施。

真是黑风吹白浪，铁牛儿作水牛儿。

宋江见李逵吃亏，便叫戴宗央人去救。戴宗问众人道：“这白大汉是谁？”有认得的说道：“这个好汉便是本处卖鱼主人，唤做张顺。”宋江听得，猛省道：“莫不是绰号浪里白跳的张顺？”众人道：“正是，正是！”宋江对戴宗说道：“我有他哥哥张横的家书在营里。”戴宗听了，便向岸边高声叫道：“张二哥不要动手，有你令兄张横家书在此。这黑大汉是俺们兄弟，你且饶了他，上岸来说话。”张顺在江心里见是戴宗叫他，却也时常认得，便放了李逵，赴到岸边，爬上岸来，看着戴宗唱个喏道：“院长休怪小人无礼。”戴宗道：“足下可看我面，且去救了我这兄弟上来，却教你相会一个人。”张顺再跳下水里，赴将开去，李逵正在江里探头探脑，假挣扎 水。张顺早 到分际，带住了李逵一只手，自把两条腿踏着水浪，如行平地，那水浸不过他肚皮，淹着脐下，摆了一只手，直托李逵上岸来，江边看的人个个喝采。宋江看得呆了。半晌，张顺、李逵都到岸上，李逵喘做一团，口里只吐白水。戴宗道：“且都请你们到琵琶亭上说话。”张顺讨了布衫穿着，李逵也穿了布衫，四个人再到琵琶亭上来。

戴宗便对张顺道：“二哥，你认得我么？”张顺道：“小人自识得院长，只是无缘，不曾拜会。”戴宗指着李逵问张顺道：“足下日常曾认得他么?今日倒冲撞了你。”张顺道：“小人如何不认的李大哥?只是不曾交手。”李逵道：“你也淹得我勾了。”张顺道：“你也打得我好了。”戴宗道：“你两个今番却做个至交的弟兄。常言道：‘不打不成相识。’”李逵道：“你路上休撞着我。”张顺道：“我只在水里等你便了。”四人都笑起来，大家唱个无礼喏。

戴宗指着宋江对张顺道：“二哥，你曾认得这位兄长么？”张顺看了道：“小人却不认得，这里亦不曾见。”李逵跳起身来道：“这哥哥便是黑宋江。”张顺道：“莫非是山东及时雨郓城宋押司？”戴宗道：“正是公明哥哥。”张顺纳头便拜道：“久闻大名，不想今日得会，多听的江湖上来往的人说兄长清德，扶危济困，仗义疏财。”宋江答道：“量小可何足道哉!前日来时，揭阳岭下混江龙李俊家里住了几日，后在浔阳江上，因穆弘相会，得遇令兄张横，修了一封家书，寄来与足下，放在营内，不曾带得来。今日便和戴院长并李大哥来这里琵琶亭吃三杯，就观江景。宋江偶然酒后思量些鲜鱼汤醒酒，怎当的他定要来讨鱼，我两个阻他不住。只听得江岸上发喊热闹，叫酒保看时，说道是黑大汉和人厮打，我两个急急走来劝解，不想却与壮士相会。今日宋江一朝得遇三位豪杰，岂非天幸!且请同坐，菜酌三杯。”再唤酒保重整杯盘，再备肴馔。张顺道：“既然哥哥要好鲜鱼吃，兄弟去取几尾来。”宋江道：“最好。”李逵道：“我和你去讨。”戴宗喝道：“又来了，你还吃的水不快活。”张顺笑将起来，绾了李逵手说道：“我今番和你去讨鱼，看别人怎地！”正是：

上殿相争似虎，落水斗亦如龙。

果然不失和气，斯为草泽英雄。

两个下琵琶亭来，到得江边，张顺略哨一声，只见江上渔船都撑拢来到岸边，张顺问道：“那个船里有金色鲤鱼？”只见这个应道：“我船上来。”那个应道：“我船里有。”一霎时却凑拢十数尾金色鲤鱼来。张顺选了四尾大的，把柳条穿了，先教李逵将来亭上整理。张顺自点了行贩，分付小牙子去把秤卖鱼，张顺却自来琵琶亭上陪侍宋江。宋江谢道：“何须许多，但赐一尾，也十分够了。”张顺答道：“些小微物，何足挂齿!兄长食不了时，将回行馆做下饭。”两个序齿，李逵年长，坐了第三位，张顺坐第四位。再叫酒保讨两樽玉壶春上色酒来，并些海鲜、按酒、果品之类。张顺分付酒保，把一尾鱼做辣汤，用酒蒸，一尾叫酒保切 。

四人饮酒中间，各叙胸中之事，正说得入耳，只见一个女娘，年方二八，穿一身纱衣，来到跟前，深深的道了四个万福，顿开喉音便唱。李逵正待要卖弄胸中许多豪杰的事务，却被他唱起来一搅，三个且都听唱，打断了他的话头。李逵怒从心起，跳起身来，把两个指头去那女娘子额上一点，那女子大叫一声，蓦然倒地。众人近前看时，只见那女娘桃腮似土，檀口无言。那酒店主人一发向前拦住四人，要去经官告理。正是：怜香惜玉无情绪，煮鹤焚琴惹是非。

毕竟宋江等四人在酒店里怎地脱身，且听下回分解。

第三十九回 浔阳楼宋江吟反诗　梁山泊戴宗传假信

话说当下李逵把指头捺倒了那女娘，酒店主人拦住说道：“四位官人如何是好？”主人心慌，便叫酒保过卖都向前来救他，就地下把水喷 ，看看苏醒，扶将起来。看时，额角上抹脱了一片油皮，因此那女子晕昏倒了，救得醒来，千好万好。他的爹娘听得说是黑旋风，先是惊得呆了半晌，那里敢说一言?看那女子，已自说得话了，娘母取个手帕，自与他包了头，收拾了钗 。宋江问道：“你姓甚么?那里人家？”那老妇人道：“不瞒官人说，老身夫妻两口儿，姓宋，原是京师人。只有这个女儿，小字玉莲，他爹自教得他几个曲儿，胡乱叫他来这琵琶亭上卖唱养口。为他性急，不看头势，不管官人说话，只顾便唱，今日这哥哥失手，伤了女儿些个，终不成经官动词，连累官人。”宋江见他说得本分，便道：“你着甚人跟我到营里，我与你二十两银子，将息女儿，日后嫁个良人，免在这里卖唱。”那夫妻两口儿便拜谢道：“怎敢指望许多！”宋江道：“我说一句是一句，并不会说慌。你便叫你老儿自跟我去讨与他。”那夫妻二人拜谢道：“深感官人救济。”

戴宗埋怨李逵道：“你这厮要便与人合口，又教哥哥坏了许多银子。”李逵道：“只指头略擦得一擦，他自倒了，不曾见这般鸟女子恁地娇嫩。你便在我脸上打一百拳，也不妨。”宋江等众人都笑起来。张顺便叫酒保去说，这席酒钱我自还他。酒保听得道：“不妨，不妨!只顾去。”宋江那里肯，便道：“兄弟，我劝二位来吃酒，倒要你还钱！”张顺苦死要还，说道：“难得哥哥会面，仁兄在山东时，小弟哥儿两个也兀自要来投奔哥哥，今日天幸得识尊颜，权表薄意，非足为礼。”戴宗道：“公明兄长，既然是张二哥相敬之心，只得曲允。”宋江道：“既然兄弟还了，改日却另置杯复礼。”张顺大喜，就将了两尾鲤鱼，和戴宗、李逵带了这个宋老儿，都送宋江离了琵琶亭，来到营里，五个人都进抄事房里坐下。宋江先取两锭小银二十两，与了宋老儿，那老儿拜谢了去，不在话下。天色已晚，张顺送了鱼，宋江取出张横书，付与张顺，相别去了。宋江又取出五十两一锭大银对李逵道：“兄弟，你将去使用。”戴宗、李逵也自作别，赶入城去了。

只说宋江把一尾鱼送与管营，留一尾自吃。宋江因见鱼鲜，贪爱爽口，多吃了些，至夜四更，肚里绞肠刮肚价疼；天明时，一连泻了二十来遭，昏晕倒了，睡在房中。宋江为人最好，营里众人都来煮粥烧汤，看觑伏侍他。次日，张顺因见宋江爱鱼吃，又将得好金色大鲤鱼两尾送来，就谢宋江寄书之义，却见宋江破腹，泻倒在床，众囚徒都在房里看视。张顺见了，要请医人调治。宋江道：“自贪口腹，吃了些鲜鱼，坏了肚腹，你只与我赎一贴止泻六和汤来吃便好了。”叫张顺把这两尾鱼，一尾送与王管营，一尾送与赵差拨。张顺送了鱼，就赎了一贴六和汤药来与宋江了自回去，不在话下。营内自有众人煎药伏侍。次日，戴宗、李逵备了酒肉，径来抄事房看望宋江。只见宋江暴病才可，吃不得酒肉，两个自在房面前吃了，直至日晚，相别去了，亦不在话下。

只说宋江自在营中将息了五七日，觉得身体没事，病症已痊，思量要入城中去寻戴宗。又过了一日，不见他一个来。次日早膳罢，辰牌前后，揣了些银子，锁上房门，离了营里。信步出街来，径走入城，去州衙前左边寻问戴院长家。有人说道：“他又无老小，只在城隍庙间壁观音庵里歇。”宋江听了，寻访直到那里，已自锁了门出去了。却又来寻问黑旋风李逵时，多人说道：“他是个没头神，又无家室，只在牢里安身。没地里的巡检，东边歇两日，西边歪几时，正不知他那里是住处。”宋江又寻问卖鱼牙子张顺时，亦有人说道：“他自在城外村里住，便自卖鱼时，也只在城外江边，只除非讨赊钱入城来。”

宋江听罢，又寻出城来，直要问到那里，独自一个闷闷不已，信步再出城外来，看见那一派江景非常，观之不足。正行到一座酒楼前过，仰面看时，旁边竖着一根望竿，悬挂着一个青布酒旆子，上写道：“浔阳江正库。”雕檐外一面牌额，上有苏东坡大书“浔阳楼”三字。宋江看了，便道：“我在郓城县时，只听得说江州好座浔阳楼，原来却在这里！我虽独自一个在此，不可错过，何不且上楼去自己看玩一遭？”宋江来到楼前看时，只见门边朱红华表，柱上两面白粉牌，各有五个大字，写道：“世间无比酒，天下有名楼。”宋江便上楼来，去靠江占一座阁子里坐了。凭阑举目看时，端的好座酒楼。但见：

雕檐映日，画栋飞云。碧阑干低接轩窗，翠帘幕高悬户牖。消磨醉眼，倚青天万迭云山；勾惹吟魂，翻瑞雪一江烟水。白苹渡口，时闻渔父鸣榔；红蓼滩头，每见钓翁击楫。楼畔绿槐啼野鸟，门前翠柳系花骢。

宋江看罢，喝采不已。酒保上楼来问道：“官人还是要待客，只是自消遣？”宋江道：“要待两位客人，未见来，你且先取一樽好酒，果品、肉食只顾卖来，鱼便不要。”酒保听了，便下楼去。少时，一托盘把上楼来，一樽蓝桥风月美酒，摆下菜蔬，时新果品、按酒，列几般肥羊、嫩鸡、酿鹅、精肉，尽使朱红盘碟。宋江看了，心中暗喜，自夸道：“这般整齐肴馔，济楚器皿，端的是好个江州！我虽是犯罪远流到此，却也看了些真山真水。我那里虽有几座名山古迹，却无此等景致。”独自一个，一杯两盏，倚阑畅饮，不觉沉醉，猛然蓦上心来，思想道：“我生在山东，长在郓城，学吏出身，结识了多少江湖好汉，虽留得一个虚名，目今三旬之上，名又不成，功又不就，倒被文了双颊，配来在这里。我家乡中老父和兄弟，如何得相见？”不觉酒涌上来，潸然泪下，临风触目，感恨伤怀。忽然做了一首《西江月》词，便唤酒保索借笔砚来。起身观玩，见白粉壁上多有先人题咏，宋江寻思道：“何不就书于此?倘若他日身荣，再来经过，重睹一番，以记岁月，想今日之苦。”乘着酒兴，磨得墨浓，蘸得笔饱，去那白粉壁上挥毫便写道：

自幼曾攻经史，长成亦有权谋。恰如猛虎卧荒丘，潜伏爪牙忍受。　　不幸刺文双颊，那堪配在江州。他年若得报冤仇，血染浔阳江口！

宋江写罢，自看了大喜大笑，一面又饮了数杯酒，不觉欢喜，自狂荡起来，手舞足蹈，又拿起笔来，去那《西江月》后再写下四句诗，道是：

心在山东身在吴，飘蓬江海谩嗟吁。

他时若遂凌云志，敢笑黄巢不丈夫！

宋江写罢诗，又去后面大书五字道：“郓城宋江作。”写罢，掷笔在桌上，又自歌了一回。再饮过数杯酒，不觉沉醉，力不胜酒，便唤酒保计算了，取些银子算还，多的都赏了酒保，拂袖下楼来。踉踉跄跄，取路回营里来。开了房门，便倒在床上，一觉直睡到五更。酒醒时，全然不记得昨日在浔阳江楼上题诗一节。当时害酒，自在房里睡卧，不在话下。

且说这江州对岸，另有个城子，唤做无为军，却是个野去处。城中有个在闲通判，姓黄，双名文炳。这人虽读经书，却是阿谀谄佞之徒，心地匾窄，只要嫉贤妒能，胜如己者害之，不如己者弄之，专在乡里害人。闻知这蔡九知府是当朝蔡太师儿子，每每来浸润他，时常过江来谒访知府，指望他引荐出职，再欲做官。也是宋江命运合当受苦，撞了这个对头。

当日这黄文炳在私家闲坐，无可消遣，带了两个仆人，买了些时新礼物，自家一只快船渡过江来，径去府里探望蔡九知府。恰恨撞着府里公宴，不敢进去。却再回船，正好那只船仆人已缆在浔阳楼下。黄文炳因见天气暄热，且去楼上闲玩一回。信步入酒库里来，看了一遭，转到酒楼上，凭栏消遣，观见壁上题咏甚多，也有做得好的，亦有歪谈乱道的。黄文炳看了冷笑。正看到宋江题《西江月》词，并所吟四句诗，大惊道：“这个不是反诗?谁写在此？”后面却书道“郓城宋江作”五个大字。黄文炳再读道：“自幼曾攻经史，长成亦有权谋。”冷笑道：“这人自负不浅。”又读道：“恰如猛虎卧荒丘，潜伏爪牙忍受。”黄文炳道：“那厮也是个不依本分的人。”又读：“不幸刺文双颊，那堪配在江州。”黄文炳道：“也不是个高尚其志的人，看来只是个配军。”又读道：“他年若得报冤仇，血染浔阳江口。”黄文炳道：“这厮报仇兀谁?却要在此生事!量你是个配军，做得甚用！”又读诗道：“心在山东身在吴，飘蓬江海谩嗟吁。”黄文炳道：“这两句兀自可恕。”又读道：“他时若遂凌云志，敢笑黄巢不丈夫！”黄文炳摇着头道：“这厮无礼，他却要赛过黄巢，不谋反待怎地？”再看了“郓城宋江作”。黄文炳道：“我也多曾闻这个名字，那人多管是个小吏。”便唤酒保来问道：“作这两篇诗词，端的是何人题下在此？”酒保道：“夜来一个人独自吃了一瓶酒，醉后疏狂，写在这里。”黄文炳道：“约莫甚么样人？”酒保道：“面颊上有两行金印，多管是牢城营内人。生得黑矮肥胖。”黄文炳道：“是了。”就借笔砚取幅纸来抄了，藏在身边，分付酒保休要刮去了。

黄文炳下楼，自去船中歇了一夜。次日饭后，仆人挑了盒仗，一径又到府前，正值知府退堂在衙内，使人入去报复。多样时，蔡九知府遣人出来，邀请在后堂。蔡九知府却出来与黄文炳叙罢寒温已毕，送了礼物，分宾坐下。黄文炳禀说道：“文炳夜来渡江到府拜望，闻知公宴，不敢擅入，今日重复拜见恩相。”蔡九知府道：“通判乃是心腹之交，径入来同坐何妨!下官有失迎迓。”左右执事人献茶。茶罢，黄文炳道：“相公在上，不敢拜问，不知近日尊府太师恩相曾使人来否？”知府道：“前日才有书来。”黄文炳道：“不敢动问，京师近日有何新闻？”知府道：“家尊写来书上分付道：近日太史院司天监奏道，夜观天象，罡星照临吴、楚，敢有作耗之人，随即体察剿除。更兼街市小儿谣言四句道：‘耗国因家木，刀兵点水工。纵横三十六，播乱在山东。’因此嘱付下官，紧守地方。”黄文炳寻思了半晌，笑道：“恩相，事非偶然也！”黄文炳袖中取出所抄之诗，呈与知府道：“不想却在此处。”蔡九知府看了道：“这是个反诗，通判那里得来？”黄文炳道：“小生夜来不敢进府，回至江边，无可消遣，却去浔阳楼上避热闲玩，观看前人吟咏，只见白粉壁上，新题下这篇。”知府道：“却是何等样人写下？”

黄文炳回道：“相公，上面明题着姓名，道是‘郓城宋江作’。”知府道：“这宋江却是甚么人？”黄文炳道：“他分明写着‘不幸刺文双颊，那堪配在江州’。眼见得只是个配军，牢城营犯罪的囚徒。”知府道：“量这个配军，做得甚么！”黄文炳道："相公不可小觑了他。恰才相公所言尊府恩相家书说小儿谣言，正应在本人身上。"知府道："何以见得？"黄文炳道："'耗国因家木'，耗散国家钱粮的人，必是'家'头着个'木'字，明明是个'宋'字；第二句'刀兵点水工'，兴起刀兵之人，水边着个'工'字，明是个'江'字。这个人姓宋，名江，又作下反诗，明是天数，万民有福。"知府又问道："何谓'纵横三十六，播乱在山东'？"黄文炳答道："或是六六之年，或是六六之数；'播乱在山东'，今郓城县正是山东地方。这四句谣言，已都应了。"知府又道："不知此间有这个人么？"黄文炳回道："小生夜来问那酒保时，说道这人只是前日写下了去。这个不难，只取牢城营文册一查，便见有无。"知府道："通判高见极明。"便唤从人叫库子取过牢城营里文册簿来看。当时从人于库内取至文册，蔡九知府亲自检看，见后面果有五月间新配到囚徒一名"郓城县宋江"。黄文炳看了道："正是应谣言的人，非同小可。如是迟缓，诚恐走透了消息，可急差人捕获，下在牢里，却再商议。"知府道："言之极当。"随即升厅，叫唤两院押牢节级过来。厅下戴宗声喏。知府道："你与我带了做公的人，快下牢城营里，捉拿浔阳楼吟反诗的犯人郓城县宋江来，不可时刻违误。"

戴宗听罢，吃了一惊，心里只叫得苦。随即出府来，点了众节级牢子，都叫各去家里取了各人器械："来我下处间壁城隍庙里取齐。"戴宗分付了众人，各自归家去，戴宗却自作起神行法，先来到牢城营里，径入抄事房，推开门看时，宋江正在房里，见是戴宗入来，慌忙迎接，便道："我前日入城来，那里不寻遍。因贤弟不在，独自无聊，自去浔阳楼上饮了一瓶酒。这两日迷迷不好，正在这里害酒。"戴宗道："哥哥，你前日却写下甚言语在楼上？"宋江道："醉后狂言，谁个记得。"戴宗道："却才知府唤我当厅发落，叫多带从人，'拿捉浔阳楼上题反诗的犯人郓城县宋江正身赴官'。兄弟吃了一惊，先去稳住众做公的在城隍庙等候。如今我特来先报知哥哥，却是怎地好?如何解救？"宋江听罢，搔头不知痒处，只叫得苦："我今番必是死也！"戴宗道："我教仁兄一着解手，未知如何?如今小弟不敢耽搁，回去便和人来捉你，你可披乱了头发，把尿屎泼在地上，就倒在里面，诈作风魔。我和众人来时，你便口里胡言乱语，只做失心风便好，我自去替你回复知府。"宋江道："感谢贤弟指教，万望维持则个。"

戴宗慌忙别了宋江，回到城里，径来城隍庙，唤了众做公的，一直奔入牢城营里来，假意喝问："那个是新配来的宋江？"牌头引众人到抄事房里，只见宋江披散头发，倒在尿屎坑里滚，见了戴宗和做公的人来，便说道："你们是甚么鸟人？"戴宗假意大喝一声："捉拿这厮！"宋江白着眼，却乱打将来，口里乱道："我是玉皇大帝的女婿。丈人教我领十万天兵来杀你江州人，阎罗大王做先锋，五道将军做合后，与我一颗金印，重八百余斤，杀你这般鸟人！"众做公的道："原来是个失心风的汉子，我们拿他去何用？"戴宗道："说得是。我们且去回话，要拿时再来。"众人跟了戴宗回到州衙里，蔡九知府在厅上专等回报。戴宗和众做公的在厅下回复知府道："原来这宋江是个失心风的人。尿屎秽污全不顾，口里胡言乱语，浑身臭粪不可当，因此不敢拿来。"

蔡九知府正待要问缘故时，黄文炳早在屏风背后转将出来，对知府道："休信这话。本人作的诗词，写的笔迹，不是有风症的人，其中有诈。好歹只顾拿来。便走不动，扛也扛将来。"蔡九知府道："通判说得是。"便发落戴宗："你们不拣怎地，只与我拿得来。"

戴宗领了钧旨，只叫得苦!再将带了众人下牢城营里来，对宋江道："仁兄，事不谐矣。兄长只得去走一遭。"便把一个大竹箩，扛了宋江，直抬到江州府里，当厅歇下。知府道："拿过这厮来。"众做公的把宋江押于阶下。宋江那里肯跪，睁着眼，见了蔡九知府道："你是甚么鸟人，敢来问我!我是玉皇大帝的女婿。丈人教我引十万天兵，杀你江州人，阎罗大王做先锋，五道将军做合后，有一颗金印，重八百余斤。你也快躲了我，不时，教你们都死！"

蔡九知府看了，没做理会处。黄文炳又对知府道："且唤本营差拨并牌头来问，这人来时有风，近日却才风?若是来时风，便是真症候；若是近日才风，必是诈风。"知府道："言之极当。"便差人唤到管营、差拨，问他两个时，那里敢隐瞒，只得直说道："这人来时不见有风病，敢只是近日举发此症。"知府听了，大怒。唤过牢子狱卒，把宋江捆翻，一连打上五十下，打得宋江一佛出世，二佛涅　，皮开肉绽，鲜血淋漓。戴宗看了，只叫得苦，又没做道理救他处。宋江初时也胡言乱语，次后吃拷打不过，只得招道："自不合一时酒后，误写反诗，别无主意。"蔡九知府即取了招状，将一面二十五斤死囚枷枷了，推放大牢里收禁。宋江吃打得两腿走不动，当厅钉了，直押赴死囚牢里来。却得戴宗一力维持，分付了众小牢子，都教好觑此人。戴宗自安排饭食，供给宋江，不在话下。

再说蔡九知府退厅，邀请黄文炳到后堂称谢道："若非通判高明远见，下官险些儿被这厮瞒过了。"黄文炳又道："相公在上，此事也不宜迟。只好急急修一封书，便差人星夜上京师，报与尊府恩相知道，显得相公干了这件国家大事。就一发禀道：'若要活的，便着一辆陷车解上京；如不要活的，恐防路途走失，就于本处斩首号令，以除大害。'便是今上得知必喜。"蔡九知府道："通判所言有理，下官即日也要使人回家，书上就荐通判之功，使家尊面奏天子，早早升授富贵城池，去享荣华。"黄文炳拜谢道："小生终身皆依托门下，自当衔环背鞍之报。"黄文炳就撺掇蔡九知府写了家书，印上图书。黄文炳问道："相公差那个心腹人去？"知府道："本州自有个两院节级，唤做戴宗，会使神行法，一日能行八百里路程，只来早便差此人径往京师，只消旬日，可以往回。"黄文炳道："若得如此之快，最好，最好！"蔡九知府就后堂置酒，管待了黄文炳，次日相辞知府，自回无为军去了。

且说蔡九知府安排两个信笼，打点了金珠宝贝玩好之物，上面都贴了封皮。次日早晨，唤过戴宗到后堂嘱付道："我有这般礼物，一封家书，要送上东京太师府里去，庆贺我父亲六月十五日生辰。日期将近，只有你能干去得。你休辞辛苦，可与我星夜去走一遭，讨了回书便转来，我自重重的赏你。你的程途，都在我心上。我已料着你神行的日期，专等你回报。切不可沿途耽搁，有误事情。"

戴宗听了，不敢不依。只得领了家书、信笼，便拜辞了知府，挑回下处安顿了，却来牢里对宋江说道："哥哥放心，知府差我上京师去，只旬日之间便回。就太师府里使些见识，解救哥哥的事。每日饭食，我自分付在李逵身上，委着他安排送来，不教有缺。仁兄且宽心守耐几日。"宋江道："望烦贤弟救宋江一命则个。"戴宗叫过李逵，当面分付道："你哥哥误题了反诗，在这里吃官司，未知如何。我如今又吃差往东京去，早晚便回。哥哥饭食，朝暮全靠着你看觑他则个。"李逵应道："吟了反诗，打甚么鸟紧!万千谋反的，倒做了大官。你自放心东京去，牢里谁敢奈何他!好便好，不好，我使老大斧头砍他娘！"戴宗临行又嘱付道："兄弟小心，不要贪酒，失误了哥哥饭食。休得出去　醉了，饿着哥哥。"李逵道："哥哥，你自放心去。若是这等疑忌时，兄弟从今日就断了酒，待你回来却开。早晚只在牢里伏侍宋江哥哥，有何不可？"戴宗听了，大喜道："兄弟若得如此发心，坚意守看哥哥更好。"当日作别自去了。李逵真个不吃酒，早晚只在牢里伏侍宋江，寸步不离。

不说李逵自看觑宋江，且说戴宗回到下处，换了腿　、护膝、八答麻鞋，穿上杏黄衫，整了　膊，腰里插了宣牌，换了巾帻，便袋里藏了书信盘缠，挑上两个信笼，出到城外，身边取出四个甲马，去两只腿上，每只各拴两个，口里念起神行法咒语来。怎见得神行法效验?

仿佛浑如驾雾，依稀好似腾云。如飞两脚荡红尘，越岭登山去紧。顷刻才离乡镇，片时又过州城。金钱甲马果通神，千里如同眼近。

当日戴宗离了江州，一日行到晚，投客店安歇，解下甲马，取数陌金纸烧送了。过了一宿，次日早起来，吃了酒食，离了客店，又拴上四个甲马，挑起信笼，放开脚步便行。端的是耳边风雨之声，脚不点地。路上略吃些素饭、素酒、点心又走。看看日暮，戴宗早歇了，又投客店宿歇一夜。次日起个五更，赶早凉行，拴上甲马，挑上信笼，又走。约行过了三二百里，已是巳牌时分，不见一个干净酒店。

此时正是六月初旬天气，蒸得汗雨淋漓，满身蒸湿，又怕中了暑气。正饥渴之际，早望见前面树林侧首一座傍水临湖酒肆，戴宗拈指间走到跟前，看时，干干净净有二十付座头，尽是红油桌凳，一带都是槛窗。戴宗挑着信笼入到里面，拣一付稳便座头，歇下信笼，解下腰里　膊，脱下杏黄衫，喷口水晾在窗栏上。戴宗坐下，只见个酒保来问道："上下，打几角酒?要甚么肉食下酒，或猪、羊、牛肉？"戴宗道："酒便不要多，与我做口饭来吃。"酒保又道："我这里卖酒卖饭，又有馒头粉汤。"戴宗道："我却不吃荤腥，有甚么素汤下饭？"酒保道："加料麻辣　豆腐如何？"戴宗道："最好，最好！"酒保去不多时，　一碗豆腐，放两碟菜蔬，连筛三大碗酒来。戴宗正饥又渴，一上把酒和豆腐都吃了，却待讨饭吃，只见天旋地转，头晕眼花，就凳边便倒。酒保叫道："倒了！"只见店里走出一个人来，怎生模样。但见：

臂阔腿长腰细，待客一团和气。

梁山作眼英雄，旱地忽律朱贵。

当下朱贵从里面出来，说道："且把信笼将入去，先搜那厮身边，有甚东西。"便有两个火家去他身上搜看，只见便袋里搜出一个纸包，包着一封书，取过来，递与朱头领。朱贵扯开，却是一封家书，见封皮上面写道："平安家信，百拜奉上父亲大人膝下，男蔡德章谨封。"朱贵便拆开，从头看去，见上面写道："现今拿得应谣言题反诗山东宋江监收在牢一节，听候施行。"

朱贵看罢，惊得呆了，半晌则声不得。火家正把戴宗扛起来，背入杀人作房里去开剥，只见凳头边溜下　膊，上挂着朱红绿漆宣牌。朱贵拿起来看时，上面雕着银字道是："江州两院押牢节级戴宗"。朱贵看了道："且不要动手，我常听的军师说这江州有个神行太保戴宗，是他至爱相识。莫非正是此人?如何倒送书去害宋江?这一段事，却又天幸撞在我手里。"叫火家："且与我把解药救醒他来，问个虚实缘由。"

当时火家把水调了解药，扶起来，灌将下去。须臾之间，只见戴宗舒眉展眼，便爬起来。却见朱贵拆开家书在手里看，戴宗便喝道："你是甚人?好大胆，却把蒙汗药麻翻了我!如今又把太师府书信擅开拆，毁了封皮，却该甚罪？"朱贵笑道："这封鸟书，打甚么不紧!休说拆开了太师府书札，俺这里兀自要和大宋皇帝做个对头的。"戴宗听了大惊，便问道："好汉，你却是谁?愿求大名。"朱贵答道："俺这里行不更名，坐不改姓，梁山泊好汉旱地忽律朱贵的便是。"戴宗道："既然是梁山泊头领时，定然认得吴学究先生。"朱贵道："吴学究是俺大寨里军师，执掌兵权。足下如何认得他？"戴宗道："他和小可至爱相识。"朱贵道："兄长莫非是军师常说的江州神行太保戴院长么？"戴宗道："小可便是。"朱贵又问道："前者宋公明断配江州，经过山寨，吴军师曾寄一封书与足下，如今却缘何倒去害宋三郎性命？"戴宗道："宋公明和我又是至爱兄弟，他如今为吟了反诗，救他不得。我如今正要往京师寻门路救他，如何肯害他性命？"朱贵道："你不信，请看蔡九知府的来书。"戴宗看了，自吃一惊，却把吴学究初寄的书，与宋公明相会的话，并宋江在浔阳楼醉后误题反诗一事，备细说了一遍。朱贵道："既然如此，请院长亲到山寨里，与众头领商议良策，可救宋公明性命。"

朱贵慌忙叫备分例酒食，管待了戴宗，便向水亭上，觑着对港，放了一枝号箭。响箭到处，早有小喽罗摇过船来。朱贵便同戴宗带了信笼下船，到金沙滩上岸，引至大寨。吴用见报，连忙下关迎接。见了戴宗，叙礼道："间别久矣!今日甚风吹得到此?且请到大寨里来，与众头领相见了。"朱贵说起戴宗来的缘故，如今宋公明现监在彼。晁盖听得，慌忙请戴院长坐地，备问宋三郎吃官司为甚么事起。戴宗却把宋江吟反诗的事，一一说了。晁盖听罢大惊，便要起请众头领点了人马，下山去打江州，救取宋三郎上山。吴用谏道："哥哥不可造次!江州离此间路远，军马去时，诚恐因而惹祸，打草惊蛇，倒送宋公明性命。此一件事，不可力敌，只可智取。吴用不才，略施小计，只在戴院长身上，定要救宋三郎性命。"晁盖道："愿闻军师妙计。"吴学究道："如今蔡九知府却差院长送书上东京，去讨太师回报，只这封书上，将计就计，写一封假回书，教院长回去。书上只说，'教把犯人宋江切不可施行，便须密切差的当人员解赴东京，问了详细，定行处决示众，断绝童谣'。等他解来此间经过，我这里自差人下山夺了。此计如何？"晁盖道："倘若不从这里过时，却不误了大事！"公孙胜便道："这个何难。我们自着人去远近探听，遮莫从那里过，务要等着，好歹夺了。只怕不能够他解来。"

晁盖道："好却是好，只是没人会写蔡京笔迹。"吴学究道："吴用已思量心里了。如今天下盛行四家字体，是苏东坡、黄鲁直、米元章、蔡京四家字体。——苏、黄、米、蔡，宋朝'四绝'。小生曾和济州城里一个秀才做相识。那人姓萧，名让。因他会写诸家字体，人都唤他做圣手书生；又会使枪弄棒，舞剑抡刀。吴用知他写得蔡京笔迹，不若央及戴院长就到他家赚道：'泰安州岳庙里要写道碑文，先送五十两银子在此，作安家之资。'便要他来。随后却使人赚了他老小上山，就教本人入伙，如何？"晁盖道："书有他写，便好了，也须要使个图书印记。"吴学究又道："小生再有个相识，亦思量在肚里了。这人也是中原一绝，现在济州城里居住。本身姓金，双名大坚，开得好石碑文，剔得好图书、玉石、印记；亦会枪棒厮打。因为他雕得好玉石，人都称他做玉臂匠。也把五十两银去，就赚他来镌碑文；到半路上，却也如此行便了。这两个人，山寨里亦有用他处。"晁盖道："妙哉！"当日且安排筵席，管待戴宗，就晚歇了。

次日早饭罢，烦请戴院长打扮做太保模样，将了一二百两银子，拴上甲马便下山，把船渡过金沙滩上岸，拽开脚步，奔到济州来。没两个时辰，早到城里，寻问圣手书生萧让住处，有人指道："只在州衙东首文庙前居住。"戴宗径到门首，咳嗽一声，问道："萧先生有么？"只见一个秀才从里面出来。见了戴宗，却不认得，便问道："太保何处?有甚见教？"戴宗施礼罢，说道："小可是泰安州岳庙里打供太保，今为本庙重修五岳楼，本州上户要刻道碑文，特地教小可赍白银五十两，作安家之资，请秀才便挪尊步，同到庙里作文则个。选定了日期，不可迟滞。"萧让道："小生只会作文及书丹，别无甚用。如要立碑，还用刊字匠作。"戴宗道："小可再有五十两白银，就要请玉臂匠金大坚刻石。拣定了好日，万望指引，寻了同行。"

萧让得了五十两银子，便和戴宗同来寻请金大坚。正行过文庙，只见萧让把手指道："前面那个来的，便是玉臂匠金大坚。"当下萧让唤住金大坚，教与戴宗相见，具说泰安州岳庙里重修五岳楼，众上户要立道碑文碣石之事，这太保特地各赍五十两银子，来请我和你两个去。金大坚见了银子，心中欢喜。两个邀请戴宗就酒肆中市沽三杯，置些蔬食，管待了。戴宗就付与金大坚五十两银子，作安家之资，又说道："阴阳人已拣定了日期，请二位今日便烦动身。"萧让道："天气暄热，今日便动身，也行不多路，前面赶不上宿头。只是来日起个五更，挨门出去。”金大坚道：“正是如此说。”两个都约定了来早起身，各自归家收拾动用。萧让留戴宗在家宿歇。

次日五更，金大坚持了包裹行头，来和萧让、戴宗三人同行。离了济州城里，行不过十里多路，戴宗道：“二位先生慢来，不敢催逼，小可先去报知众上户来接二位。”拽开步数，争先去了。这两个背着些包裹，自慢慢而行。看看走到未牌时候，约莫也走过了七八十里路，只见前面一声胡哨响，山城坡下跳出一伙好汉，约有四五十人，当头一个好汉，正是那清风山王矮虎，大喝一声道：“你两个是甚么人?那里去?孩儿们拿这厮取心来吃酒。”萧让告道：“小人两个是上泰安州刻石镌文的，又没一分财赋，止有几件衣服。”王矮虎喝道：“俺不要你财赋衣服，只要你两个聪明人的心肝做下酒。”萧让和金大坚焦躁，倚仗各人胸中本事，便挺着杆棒，径奔王矮虎。王矮虎也挺朴刀来斗两个。三人各使手中器械，约战了五七合，王矮虎转身便走。两个却待去赶，听得山上锣声又响，左边走出云里金刚宋万，右边走出摸着天杜迁，背后却是白面郎君郑天寿。各带三十余人，一发上，把萧让、金大坚横拖倒拽，捉投林子里来。

四筹好汉道：“你两个放心，我们奉着晁天王的将令，特来请你二位上山入伙。”萧让道：“山寨里要我们何用?我两个手无缚鸡之力，只好吃饭。”杜迁道：“吴军师一来与你相识，二乃知你两个武艺本事，特使戴宗来宅上相请。”萧让、金大坚都面面厮觑，做声不得。当时都到旱地忽律朱贵酒店里，相待了分例酒食，连夜唤船，便送上山来。到得大寨，晁盖、吴用并头领众人都相见了，一面安排筵席相待，且说修蔡京回书一事，“因请二位上山入伙，共聚大义”。两个听了，都扯住吴学究道：“我们在此趋侍不妨，只恨各家都有老小在彼，明日官司知道，必然坏了。”吴用道：“二位贤弟不必忧心，天明时便有分晓。”当夜只顾吃酒歇了。

次日天明，只见小喽罗报道：“都到了。”吴学究道：“请二位贤弟亲自去接宝眷。”萧让、金大坚听得，半信半不信。两个下至半山，只见数乘轿子抬着两家老小上山来。两个惊得呆了，问其备细。老小说道：“你昨日出门之后，只见这一行人将着轿子来，说家长只在城外客店里中了暑风，快叫取老小来看救。出得城时，不容我们下轿，直抬到这里。”两家都一般说。萧让听了，与金大坚两个闭口无言，只得死心塌地，再回山寨入伙，安顿了两家老小。

吴学究却请出来，与萧让商议写蔡京字体回书，去救宋公明。金大坚便道：“从来雕得蔡京的诸样图书名讳字号。”当时两个动手完成，安排了回书，备个筵席，便送戴宗起程，分付了备细书意。戴宗辞了众头领，相别下山，小喽罗已把船只渡过金沙滩，送至朱贵酒店里。戴宗取四个甲马，拴在腿上，作别朱贵，拽开脚步，登程去了。

且说吴用送了戴宗过渡，自同众头领再回大寨筵席。正饮酒间，只见吴学究叫声苦，不知高低。众头领问道：“军师何故叫苦？”吴用便道：“你众人不知：是我这封书，倒送了戴宗和宋公明性命也。”众头领大惊，连忙问道：“军师书上却是怎地差错？”吴学究道：“是我一时只顾其前，不顾其后，书中有个老大脱卯。”萧让便道：“小生写的字体和蔡太师字体一般，语句又不曾差了。请问军师，不知那一处脱卯？”金大坚又道：“小生雕的图书，亦无纤毫差错，怎地见得有脱卯处？”吴学究迭两个指头，说出这个差错脱卯处。有分教：众好汉大闹江州城，鼎沸白龙庙。直教：弓弩丛中逃性命，刀枪林里救英雄。

毕竟军师吴学究说出怎生脱卯来，且听下回分解。

第四十回 梁山泊好汉劫法场　白龙庙英雄小聚义

话说当时晁盖并众人听了，请问军师道：“这封书如何有脱卯处？”吴用说道：“早间戴院长将去的回书，是我一时不仔细，见不到处，才使的那个图书，不是玉箸篆文‘翰林蔡京’四字?只是这个图书，便是教戴宗吃官司。”金大坚便道：“小弟每每见蔡太师书缄，并他的文章，都是这样图书。今次雕得无纤毫差错，如何有破绽？”吴学究道：“你众位不知，如今江州蔡九知府是蔡太师儿子，如何父写书与儿子，却使个讳字图书，因此差了。是我见不到处。此人到江州，必被盘诘，问出实情，却是利害。”晁盖道：“快使人去赶唤他回来，别写如何？”吴学究道：“如何赶得上?他作起神行法来，这早晚已走过五百里了。只是事不宜迟，我们只得恁地，可救他两个。”晁盖道：“怎生去救?用何良策？”吴学究便向前与晁盖耳边说道：“这般这般，如此如此。主将便可暗传下号令，与众人知道，只是如此动身，休要误了日期。”众多好汉得了将令，各各拴束行头，连夜下山，望江州来，不在话下。说话的如何不说计策出，管教下面便见。

且说戴宗扣着日期，回到江州，当厅下了回书。蔡九知府见了戴宗如期回来，好生欢喜，先取酒来赏了三钟，亲自接了回书，便道：“你曾见我太师么？”戴宗禀道：“小人只住得一夜便回了，不曾得见恩相。”知府拆开封皮，看见前面说信笼内许多物件都收了。背后说妖人宋江，今上自要他看，可令牢固陷车，盛载密切，差的当人员，连夜解上京师，沿途休教走失。书尾说黄文炳早晚奏过天子，必然自有除授。蔡九知府看了，喜不自胜，叫取一锭二十五两花银赏了戴宗；一面分付教合陷车，商量差人解发起身。戴宗谢了，自回下处，买了些酒肉，来牢里看觑宋江，不在话下。

且说蔡九知府催并合成陷车，过得一二日，正要起程，只见门子来报道：“无为军黄通判特来相探。”蔡九知府叫请至后堂相见，又送些礼物、时新酒果。知府谢道：“累承厚意，何以克当。”黄文炳道：“村野微物，何足挂齿。”知府道：“恭喜早晚必有荣除之庆。”黄文炳道：“公相何以知之？”知府道：“昨日下书人已回，妖人宋江，教解京师。通判只在早晚奏过今上，升擢高任。家尊回书，备说此事。”黄文炳道：“既是恁地，深感恩相主荐。那个人下书，真乃神行人也。”知府道：“通判如不信时，就教观看家书，显得下官不谬。”黄文炳道：“小生只恐家书不敢擅看。如若相托，求借一观。”知府便道：“通判乃心腹之交，看有何妨。”便令从人取过家书，递与黄文炳看。

黄文炳接书在手，从头至尾读了一遍。卷过来，看了封皮，又见图书新鲜，黄文炳摇着头道：“这封书不是真的。”知府道：“通判错矣。此是家尊亲手笔迹，真正字体，如何不是真的？”黄文炳道：“公相容复：往常家书来时，曾有这个图书么？”知府道：“往常来的家书，却不曾有这个图书，只是随手写的。今番以定是图书匣在手边，就便印了这个图书在封皮上。”黄文炳道：“相公休怪小生多言，这封书被人瞒过了相公。方今天下盛行苏、黄、米、蔡四家字体，谁不习学得?况兼这个图书，是令尊恩相做翰林学士时使出来，法帖文字上，多有人曾见。如今升转太师丞相，如何肯把翰林图书使出来?更兼亦是父寄书与子，须不当用讳字图书。令尊太师恩相，是个识穷天下、高明远见的人，安肯造次错用?相公不信小生之言，可细细盘问下书人，曾见府里谁来。若说不对，便是假书。休怪小生多说，因蒙错爱至厚，方敢僭言。”蔡九知府听了，说道：

“这事不难，此人自来不曾到东京，一盘问便显虚实。”

知府留住黄文炳在屏风背后坐地，随即升厅，叫唤戴宗有委用的事。当下做公的领了钧旨，四散去寻。有诗为证：

反诗假信事相牵，为与梁山盗结连。

不是黄蜂针痛处，蔡龟虽大总徒然。

且说戴宗自回到江州，先去牢里见了宋江，附耳低言，将前事说了，宋江心中暗喜。次日，又有人请去酌杯，戴宗正在酒肆中吃酒，只见做公的四下来寻。当时把戴宗唤到厅上，蔡九知府问道：“前日有劳你走了一遭，真个办事，不曾重重赏你。”戴宗答道：“小人是承奉恩相差使的人，如何敢怠慢？”知府道：“我正连日事忙，未曾问得你个仔细。你前日与我去京师，那座门入去？”戴宗道：“小人到东京时，那日天色晚了，不知唤做甚么门。”知府又道：“我家府里门前，谁接着你?留你在那里歇？”戴宗道：“小人到府前寻见一个门子，接了书入去。少刻，门子出来，交收了信笼，着小人自去寻客店里歇了。次日早五更去府门前伺候时，只见那门子回书出来。小人怕误了日期，那里敢再问备细，慌忙一径来了。”知府再问道：“你见我府里那个门子，却是多少年纪?或是黑瘦，也白净肥胖?长大，也是矮小?有须的，也是无须的？”戴宗道：“小人到府里时，天色黑了。次早回时，又是五更时候，天色昏暗。不十分看得仔细。只觉不恁么长，中等身材，敢是有些髭须。”

知府大怒，喝一声：“拿下厅去！”旁边走过十数个狱卒牢子，将戴宗驱翻在当面。戴宗告道：“小人无罪。”知府喝道：“你这厮该死!我府里老门子王公已死了数年，如今只是个小王看门，如何却道他年纪大，有髭髯?况兼门子小王不能够入府堂里去，但有各处来的书信缄帖，必须经由府堂里张干办，方才去见李都管，然后达知里面，才收礼物。便要回书，也须得伺候三日。我这两笼东西，如何没个心腹的人出来，问你个常便备细，就胡乱收了。我昨日一时间仓卒，被你这厮瞒过了。你如今只好好招说这封书那里得来！”戴宗道：“小人一时心慌，要赶程途，因此不曾看得分晓。”蔡九知府喝道：“胡说!这贼骨头，不打如何肯招?左右与我加力打这厮！”狱卒牢子情知不好，觑不得面皮，把戴宗捆翻，打得皮开肉绽，鲜血迸流。戴宗捱不过拷打，只得招道：“端的这封书是假的。”知府道：“你这厮怎地得这封假书来？”

戴宗告道：“小人路经梁山泊过，走出那一伙强人来，把小人劫了，绑缚上山，要割腹剖心。去小人身上搜出书信看了，把信笼都夺了，却饶了小人。情知回乡不得，只要山中乞死，他那里却写这封书与小人，回来脱身。一时怕见罪责，小人瞒了恩相。”知府道：“是便是了，中间还有些胡说，眼见得你和梁山泊贼人通同造意，谋了我信笼物件，却如何说这话?再打那厮！”戴宗由他拷讯，只不肯招和梁山泊通情。蔡九知府再把戴宗拷讯了一回，语言前后相同，说道：“不必问了。取具大枷枷了，下在牢里。”却退厅来称谢黄文炳道：“若非通判高见，下官险些儿误了大事。”黄文炳又道：“眼见得这人也结连梁山泊，通同造意，谋叛为党，若不祛除，必为后患。”知府道：“便把这两个问成了招状，立了文案，押去市曹斩首，然后写表申朝。”黄文炳道：“相公高见极明。似此，一者朝廷见喜，知道相公干这件大功；二者免得梁山泊草寇来劫牢。”知府道：“通判高见甚远，下官自当动文书，亲自保举通判。”当日管待了黄文炳，送出府门，自回无为军去了。

次日，蔡九知府升厅，便叫当案孔目来分付道：“快教迭了文案，把这宋江、戴宗的供状招款粘连了。一面写下犯由牌，教来日押赴市曹，斩首施行。自古谋逆之人，决不待时，斩了宋江、戴宗，免致后患。”当案却是黄孔目，本人与戴宗颇好，却无缘便救他，只替他叫得苦。当日禀道：“明日是个国家忌日，后日又是七月十五日中元之节，皆不可行刑。大后日亦是国家景命。直至五日后，方可施行。”一者天幸救济宋江，二乃梁山泊好汉未至。

蔡九知府听罢，依准黄孔目之言，直待第六日早晨，先差人去十字路口，打扫了法场，饭后点起土兵和刀仗刽子，约有五百余人，都在大牢门前伺候。巳牌时候，狱官禀了知府，亲自来做监斩官。黄孔目只得把犯由牌呈堂，当厅判了两个斩字，便将片芦席贴起来。江州府众多节级牢子虽然和戴宗、宋江过得好，却没做道理救得他，众人只替他两个叫苦。当时打扮已了，就大牢里把宋江、戴宗两个　扎起，又将胶水刷了头发，绾个鹅梨角儿，各插上一朵红绫子纸花。驱至青面圣者神案前，各与了一碗长休饭、永别酒。吃罢，辞了神案，漏转身来，搭上利子。六七十个狱卒早把宋江在前，戴宗在后，推拥出牢门前来。宋江和戴宗两个面面厮觑，各做声不得。宋江只把脚来跌，戴宗低了头只叹气。江州府看的人，真乃压肩迭背，何止一二千人。但见：

愁云荏苒，怨气氛氲。头上日色无光，四下悲风乱吼。缨枪对对，数声鼓响丧三魂；棍棒森森，几下锣鸣催七魄。犯由牌高贴，人言此去几时回；白纸花双摇，都道这番难再活。长休饭，嗓内难吞；永别酒，口中怎咽!狰狞刽子仗钢刀，丑恶押牢持法器。皂纛旗下，几多魍魉跟随；十字街头，无限强魂等候。监斩官忙施号令，仵作子准备扛尸。

刽子叫起恶杀，都来将宋江和戴宗前推后拥，押到市曹十字路口，团团枪棒围住，把宋江面南背北，将戴宗面北背南，两个纳坐下，只等午时三刻，监斩官到来开刀。那众人仰面看那犯由牌上写道：“江州府犯人一名宋江，故吟反诗，妄造妖言，结连梁山泊强寇，通同造反，律斩。犯人一名戴宗，与宋江暗递私书，勾结梁山泊强寇，通同谋叛，律斩。监斩官江州府知府蔡某。”那知府勒住马，只等报来。

只见法场东边一伙弄蛇的丐者，强要挨入法场里看，众土兵赶打不退。正相闹间，只见法场西边一伙使枪棒卖药的，也强挨将入来。土兵喝道：“你那伙人好不晓事，这是那里?强挨入来要看！”那伙使枪棒的说道：“你倒鸟村，我们冲州撞府，那里不曾去，到处看出人。便是京师天子杀人，也放人看。你这小去处，砍得两个人，闹动了世界，我们便挨入来看一看，打甚么鸟紧！”正和土兵闹将起来，监斩官喝道：“且赶退去，休放过来！”闹犹未了，只见法场南边一伙挑担的脚夫，又要挨将入来，土兵喝道：“这里出人，你挑那里去？”那伙人说道：“我们挑东西送与知府相公去的，你们如何敢阻当我？”土兵道：“便是相公衙里人，也只得去别处过一过。”那伙人就歇了担子，都掣了匾担，立在人丛里看。只见法场北边一伙客商，推两辆车子过来，定要挨入法场上来。土兵喝道：“你那伙人那里去？”客人应道：“我们要赶路程，可放我等过去。”土兵道：“这里出人，如何肯放你?你要赶路程，从别路过去。”那伙客人笑道：“你倒说得好!俺们便是京师来的人，不认得你这里鸟路，只是从这大路走。”土兵那里肯放?那伙客人齐齐地挨定了不动，四下里吵闹不住。这蔡九知府见禁治不得，又见这伙客人都盘在车子上立定了看。

没多时，法场中间人分开处，一个报，报道一声：“午时三刻！”监斩官便道：“斩讫报来。”两势下刀棒刽子，便去开枷，行刑之人，执定法刀在手。说时迟，一个个要见分明；那时快，闹攘攘一齐发作。只见那伙客人在车子上听得“斩”字，数内一个客人便向怀中取出一面小锣儿，立在车子上当当地敲得两三声。四下里一齐动手。有诗为证：

闲来乘兴入江楼，渺渺烟波接素秋。

呼酒谩浇千古恨，吟诗欲泻百重愁。

雁书不遂英雄志，失脚翻成狴犴囚。

搔动梁山诸义士，一齐云拥闹江州。

又见十字路口茶坊楼上一个虎形黑大汉，脱得赤条条的，两只手握两把板斧，大吼一声，却似半天起个霹雳，从半空中跳将下来。手起斧落，早砍翻了两个行刑的刽子，便望监斩官马前砍将来。众土兵急待把枪去搠时，那里拦当得住?众人且簇拥蔡九知府逃命去了。

只见东边那伙弄蛇的丐者，身边都掣出尖刀，看着土兵便杀；西边那伙使枪棒的，大发喊声，只顾乱杀将来，一派杀倒土兵狱卒；南边那伙挑担的脚夫，抡起匾担，横七竖八，都打翻了土兵和那看的人；北边那伙客人，都跳下车来，推过车子，拦住了人。两个客商钻将入来，一个背了宋江，一个背了戴宗。其余的人，也有取出弓箭来射的，也有取出石子来打的，也有取出标枪来标的。原来扮客商的这伙，便是晁盖、花荣、黄信、吕方、郭盛；那伙扮使枪棒的，便是燕顺、刘唐、杜迁、宋万；扮挑担的，便是朱贵、王矮虎、郑天寿、石勇；那伙扮丐者的，便是阮小二、阮小五、阮小七、白胜——这一行梁山泊共是十七个头领到来，带领小喽罗一百余人，四下里杀将起来。

只见那人丛里那个黑大汉，抡两把板斧，一味地砍将来，晁盖等却不认得，只见他第一个出力，杀人最多。晁盖猛省起来：戴宗曾说一个黑旋风李逵，和宋三郎最好，是个莽撞之人。晁盖便叫道："前面那好汉，莫不是黑旋风？"那汉那里肯应，火杂杂地抡着大斧，只顾砍人。晁盖便叫背宋江、戴宗的两个小喽罗，只顾跟着那黑大汉走。当下去十字街口，不问军官百姓，杀得尸横遍野，血流成渠，推倒倾翻的，不计其数。众头领撇了车轮担仗，一行人尽跟了黑大汉，直杀出城来。背后花荣、黄信、吕方、郭盛，四张弓箭，飞蝗般望后射来。那江州军民百姓，谁敢近前。这黑大汉直杀到江边来，身上血溅满身，兀自在江边杀人。晁盖便挺朴刀叫道："不干百姓事，休只管伤人！"那汉那里来听叫唤，一斧一个，排头儿砍将去。约莫离城沿江上也走了五七里路，前面望见尽是淘淘一派大江，却无了旱路。晁盖看见，只叫得苦，那黑大汉方才叫道："不要慌，且把哥哥背来庙里。"

众人都来看时，靠江边一所大庙，两扇门紧紧闭着。黑大汉两斧砍开，便抢入来。晁盖众人看时，两边都是老桧苍松，林木遮映，前面牌额上四个金书大字，写道："白龙神庙。"小喽罗把宋江、戴宗背到庙里歇下，宋江方才敢开眼，见了晁盖等众人，哭道："哥哥，莫不是梦中相会？"晁盖便劝道："恩兄不肯在山，致有今日之苦。这个出力杀人的黑大汉是谁？"宋江道："这个便是叫做黑旋风李逵。他几番就要大牢里放了我，却是我怕走不脱，不肯依他。"晁盖道："却是难得这个人出力最多，又不怕刀斧箭矢。"花荣便叫："且将衣服与俺二位兄长穿了。"

正相聚间，只见李逵提着双斧，从廊下走出来。宋江便叫住道："兄弟那里去？"李逵应道："寻那庙祝，一发杀了，叵耐那厮不来接我们，倒把鸟庙门闭上了。我指望拿他来祭门，却寻那厮不见。"宋江道："你且来，先和我哥哥头领相见。"李逵听了，丢了双斧，望着晁盖跪了一跪，说道："大哥休怪铁牛粗卤。"与众人都相见了，却认得朱贵是同乡人，两个大家欢喜。花荣便道："哥哥，你教众人只顾跟着李大哥走，如今来到这里，前面又是大江拦截住，断头路了，却又没一只船接应，倘或城中官军赶杀出来，却怎生迎敌?将何接济？"李逵便道："不要慌，我与你们再杀入城去，和那个鸟蔡九知府一发都砍了便走。"戴宗此时方才苏醒，便叫道："兄弟，使不得莽性，城里有五七千军马，若杀入去，必然有失。"阮小七便道："远望隔江，那里有数只船在岸边，我兄弟三个赴水过去，夺那几只船过来载众人如何？"晁盖道："此计是最上着。"

当时阮家三弟兄都脱剥了衣服，各人插把尖刀，便钻入水里去。约莫赴开得半里之际，只见江面上溜头流下三只棹船，吹风胡哨，飞也似摇将来。众人看时，见那船上各有十数个人，都手里拿着军器，众人却慌将起来。宋江听得说了，便道："我命里这般合苦也！"奔出庙前看时，只见当头那只船上坐着一条大汉，倒提一把明晃晃五股叉，头上挽个空心红，一点　儿，下面拽起条白绢水　，口里吹着胡哨。宋江看时，不是别人，正是：

东去长江万里，内中一个雄夫。面如傅粉体如酥，履水如同平土。胆大能探禹穴，心雄欲摘骊珠。翻波跳浪性如鱼，张顺名传千古。

当时张顺在船头上看见喝道："你那伙是甚么人?敢在白龙庙里聚众？"宋江挺身出庙前说道："兄弟救我。"张顺等见是宋江，大叫道："好了！"那三只棹船飞也似摇到岸边，三阮看见，也赴过来。一行众人都上岸来到庙前。宋江看见张顺自引十数个壮汉在那只船头上。张横引着穆弘、穆春、薛永，带十数个庄客在一只船上。第三只船上，李俊引着李立、童威、童猛，也带十数个卖盐火家，都各执枪棒上岸来。张顺见了宋江，喜从天降，便拜道："自从哥哥吃官司，兄弟坐立不安，又无路可救。近日又听得拿了戴院长。李大哥又不见面。我只得去寻了我哥哥，引到穆太公庄上，叫了许多相识。今日我们正要杀入江州，要劫牢救哥哥，不想仁兄已有好汉们救出，来到这里。不敢拜问，这伙豪杰，莫非是梁山泊义士晁天王么？"宋江指着上首立的道："这个便是晁盖哥哥，你等众位都来庙里叙礼则个。"张顺等九人，晁盖等十七人，宋江、戴宗、李逵，共是二十九人，都入白龙庙聚会。这个唤做白龙庙小聚会。

当下二十九筹好汉，各各讲礼已罢，只见小喽罗慌慌忙忙入庙来报道："江州城里鸣锣擂鼓，整顿军马，出城来追赶。远远望见旗　蔽日，刀剑如麻，前面都是带甲马军，后面尽是擎枪兵将，大刀阔斧，杀奔白龙庙路上来。"

李逵听了，大叫一声："杀将去！"提了双斧，便出庙门，晁盖叫道："一不做，二不休，众好汉相助着晁某，直杀尽江州军马，方才回梁山泊去。"众英雄齐声应道："愿依尊命。"一百四五十人一齐呐喊，杀奔江州岸上来。有分教：血染波红，尸如山积。直教：跳浪苍龙喷毒火，爬山猛虎吼天风。

毕竟晁盖等众好汉怎地脱身，且听下回分解。

第四十一回 宋江智取无为军　张顺活捉黄文炳

话说江州城外白龙庙中，梁山泊好汉劫了法场，救得宋江、戴宗。正是晁盖、花荣、黄信、吕方、郭盛、刘唐、燕顺、杜迁、宋万、朱贵、王矮虎、郑天寿、石勇、阮小二、阮小五、阮小七、白胜，共是一十七人，领带着八九十个悍勇壮健小喽罗。浔阳江上来接应的好汉张顺、张横、李俊、李立、穆弘、穆春、童威、童猛、薛永九筹好汉，也带四十余人，都是江面上做私商的火家，撑驾三只大船，前来接应。城里黑旋风李逵引众人杀至浔阳江边。两路救应，通共有一百四五十人，都在白龙庙里聚义。只听得小喽罗报道："江州城里军兵擂鼓，摇旗鸣锣，发喊追赶到来。"

那黑旋风李逵听得，大吼了一声，提两把板斧，先出庙门，众好汉呐声喊，都挺手中军器，齐出庙来迎敌。刘唐、朱贵先把宋江、戴宗护送上船，李俊同张顺、三阮整顿船只。就江边看时，见城里出来的官军，约有五七千马军，当先都是顶盔衣甲，全副弓箭，手里都使长枪，背后步军簇拥，摇旗呐喊，杀奔前来。这里李逵当先，抡着板斧，赤条条地飞奔砍将入去，背后便是花荣、黄信、吕方、郭盛四将拥护。花荣见前面的军马都扎住了枪，只怕李逵着伤，偷手取弓箭出来，搭上箭，拽满弓，望着为头领的一个马军，飕地一箭，只见翻筋斗射下马去。那一伙马军，吃了一惊，各自奔命，拨转马头便走，倒把步军先冲倒了一半。这里众多好汉们一齐冲突将去，杀得那官军尸横野烂，血染江红，直杀到江州城下，城上策应官军早把擂木炮石打将下来。官军慌忙入城，关上城门，好几日不敢出来。众多好汉拖转黑旋风，回到白龙庙前下船。晁盖整点众人完备，都叫分头下船，开江便走。

却值顺风，拽起风帆，三只大船载了许多人马头领，却投穆太公庄上来。一帆顺风，早到岸边埠头，一行众人，都上岸来。穆弘邀请众好汉到庄内堂上，穆太公出来迎接，宋江等众人都相见了。太公道："众头领连夜劳神，具请客房中安歇，将息贵体。"各人且去房里暂歇将养，整理衣服器械。当日穆弘叫庄客宰了一头黄牛，杀了十数个猪、羊、鸡、鹅、鱼、鸭，珍肴异馔，排下筵席，管待众头领。饮酒中间，说起许多情节。晁盖道："若非是二哥众位把船相救，我等皆被陷于缧绁。"穆太公道："你等如何却打从那条路上来？"李逵道："我自只拣人多处杀将去，他们自要跟我来，我又不曾叫他！"众人听了，都大笑。

宋江起身与众人道："小人宋江，若无众好汉相救时，和戴院长皆死于非命。今日之恩，深于沧海，如何报答得众位?只恨黄文炳那厮搜根剔齿，几番唆毒，要害我们。这冤仇如何不报?怎地启请众位好汉，再做个天大人情，去打了无为军，杀得黄文炳那厮，也与宋江消了这口无穷之恨。那时回去如何？"晁盖道："我们众人偷营劫寨，只可使一遍，如何再行得？似此奸贼已有提备，不若且回山寨去，聚起大队人马，一发和学究、公孙二先生，并林冲、秦明，都来报仇，也未为晚。"宋江道："若是回山去了，再不能够得来。一者山遥路远，二乃江州必然申开明文，各处谨守。不要痴想，只是趁这个机会，便好下手，不要等他做了准备。"花荣道："哥哥见得是。虽然如此，只是无人识得路境，不知他地理如何。先得个人去那里城中探听虚实，也要看无为军出没的路径去处，就要认黄文炳那贼的住处了，然后方好下手。"薛永便起身说道："小弟多在江湖上行，此处无为军最熟，我去探听一遭如何？"宋江道："若得贤弟去走一遭最好。"薛永当日别了众人自去了。

只说宋江自和众头领在穆弘庄上商议要打无为军一事，整顿军器枪刀，安排弓弩箭矢，打点大小船只等项。提备已了，只见薛永去了两日，带将一个人回到庄上来，拜见宋江。宋江便问道："兄弟，这位壮士是谁？"薛永答道："这人姓侯，名健，祖居洪都人氏。做得第一手裁缝，端的是飞针走线。更兼惯习枪棒，曾拜薛永为师。人见他黑瘦轻捷，因此唤他做通臂猿。现在这无为军城里黄文炳家做生活。小弟因见了，就请在此。"宋江大喜，便教同坐商议，那人也是一座地煞星之数，自然义气相投。宋江便问江州消息，无为军路径如何，薛永说道："如今蔡九知府计点官军、百姓被杀死有五百余人，带伤中箭者，不计其数。现今差人星夜申奏朝廷去了。城门日中后便关，出入的好生盘问得紧。原来哥哥被害一事，倒不干蔡九知府事，都是黄文炳那厮三回五次，点拨知府，教害二位。如今见劫了法场，城中甚慌，晓夜提备。小弟又去无为军打听，正撞见侯健这个兄弟出来吃饭，因是得知备细。"

宋江道："侯兄何以知之？"侯健道："小人自幼只爱习学枪棒，多得薛师父指教，因此不敢忘恩。近日黄通判特取小人来他家做衣服，因出来遇见师父，提起仁兄大名，说起此一节事来。小人要结识仁兄，特来报知备细。这黄文炳有个嫡亲哥哥，唤做黄文烨，与这文炳是一母所生二子。这黄文烨平生只是行善事，修桥补路，塑佛斋僧，扶危济困，救拔贫苦，那无为军城中，都叫他黄佛子。这黄文炳虽是罢闲通判，心里只要害人，惯行歹事，无为军都叫他做黄蜂刺。他弟兄两个分开做两处住，只在一条巷内出入，靠北门里便是他家。黄文炳贴着城住，黄文烨近着大街。小人在他那里做生活，却听得黄通判回家来说这件事：'蔡九知府已被瞒过了，却是我点拨他，教知府先斩了，然后奏去。'黄文烨听得说时，只在背后骂说道：'又做这等短命促掐的事。于你无干，何故定要害他?倘或有天理之时，报应只在目前，却不是反招其祸。'这两日听得劫了法场，好生吃惊，昨夜去江州探望蔡九知府，与他计较，尚兀自未回来。"宋江道："黄文炳隔着他哥哥家多少路？"侯健道："原是一家分开的，如今只隔着中间一个菜园。"宋江道："黄文炳家多少人口?有几房头？"侯健道："男子妇人通有四五十口。"宋江道："天教我报仇，特地送这个人来。虽是如此，全靠众弟兄维持。"众人齐声应道："当以死向前，正要驱除这等赃滥奸恶之人，与哥哥报仇雪恨。"宋江又道："只恨黄文炳那贼一个，却与无为军百姓无干。他兄既然仁德，亦不可害他，休教天下人骂我等不仁。众弟兄去时，不可分毫侵害百姓。今去那里，我有一计，只望众人扶助扶助。"众头领齐声道："专听哥哥指教。"

宋江道："有烦穆太公对付八九十个叉袋，又要百十束芦柴，用着五只大船，两只小船。央及张顺、李俊驾两只小船，在江面上与他如此行；五只大船上，用着张横、三阮、童威和识水的人护船，此计方可。"穆弘道："此间芦苇、油柴、布袋都有，我庄上的人都会使水驾船，便请哥哥行事。"宋江道："却用侯家兄弟引着薛永并白胜，先去无为军城中藏了，来日三更二点为期，且听门外放起带铃鹁鸽，便教白胜上城策应，先插一条白绢号带，近黄文炳家，便是上城去处。再又教石勇、杜迁扮做丐者，去城门边左近埋伏，只看火为号，便要下手杀把门军士。李俊、张顺只在江面上往来巡绰，等候策应。"

宋江分拨已定。薛永、白胜、侯健先自走了。随后再是石勇、杜迁扮做丐者，身边各藏了短刀暗器，也去了。这里自一面扛抬沙土布袋和芦苇、油柴，上船装载。众好汉至期各各拴束了，身上都准备了器械，船仓里埋伏军汉，众头领分拨下船。晁盖、宋江、花荣在童威船上，燕顺、王矮虎、郑天寿在张横船上，戴宗、刘唐、黄信在阮小二船上，吕方、郭盛、李立在阮小五船上，穆弘、穆春、李逵在阮小七船上。只留下朱贵、宋万在穆太公庄，看理江州城里消息。先使童猛棹一只打渔快船，前去探路。小喽罗并军健都伏在仓里，大家庄客、水手，撑驾船只，当夜密地望无为军来。此时正是七月尽天气，夜凉风静，月白江清，水影山光，上下一碧。昔日参寥子有首诗，题这江景，道是：

洪涛滚滚烟波杳，月淡风清九江晓。

欲从舟子问如何，但觉庐山眼中小。

是夜初更前后，大小船只都到无为江岸边，拣那有芦苇深处，一字儿缆定了船只，只见童猛回船来报道："城里并无些动静。"宋江便叫手下众人，把这沙土布袋和芦苇干柴都搬上岸，望城边来。听那更鼓时，正打二更。宋江叫小喽罗各各 了沙土布袋并芦柴，就城边堆垛了。众好汉各挺手中军器，只留张横、三阮、两童守船接应，其余头领都奔城边来。望城上时，约离北门有半里之路，宋江便叫放起带铃鹁鸽。只见城上一条竹竿，缚着白号带，风飘起来。宋江见了，便叫军士就这城边堆起沙土布袋，分付军汉，一面挑担芦苇、油柴上城。只见白胜已在那里接应等候，把手指与众军汉道："只那条巷便是黄文炳住处。"宋江问白胜道："薛永、侯健在那里？"白胜道："他两个潜入黄文炳家里去了，只等哥哥到来。"宋江又问道："你曾见石勇、杜迁么？"白胜道："他两个在城门边左近伺候。"宋江听罢，引了众好汉下城来，径到黄文炳门前。只见侯健闪在房檐下，宋江唤来，附耳低言道："你去将菜园门开了，放他军士把芦苇、油柴堆放里面，可教薛永寻把火来点着，却去敲黄文炳门道：‘间壁大官人家失火，有箱笼什物搬来寄顿。’敲得门开，我自有摆布。”

宋江教众好汉分几个把住两头。侯健先去开了菜园门，军汉把芦柴搬来，堆在里面。侯健就讨了火种，递与薛永，将来点着。侯健便闪出来，却去敲门叫道：“间壁大官人家失火，有箱笼搬来寄顿，快开门则个。”里面听得，便起来看时，望见隔壁火起，连忙开门出来。晁盖、宋江等呐声喊，杀将入去。众好汉亦各动手，见一个，杀一个，见两人，杀一双，把黄文炳一门内外大小四五十口，尽皆杀了，不留一人，只不见了文炳一个。众好汉把他从前酷害良民积攒下许多家私金银，收拾俱尽。大哨一声，众多好汉都扛了箱笼家财，却奔城上来。

且说石勇、杜迁见火起，各掣出尖刀，便杀把门军人，又见前街邻舍拿了水桶梯子，都来救火。石勇、杜迁大喝道：“你那百姓，休得向前!我们是梁山泊好汉数千在此，来杀黄文炳一门良贱，与宋江、戴宗报仇，不干你百姓事。你们快回家躲避了，休得出来闲管事。”众邻舍还有不信的，立住了脚看，只见黑旋风李逵抡起两把板斧，着地卷将来，众邻舍方才呐声喊，抬了梯子水桶，一哄都走了。这边后巷也有几个守门军汉，带了些人，　了麻搭火钩，都奔来救火。早被花荣张起弓，当头一箭，射翻了一个，大喝道：“要死的，便来救火。”那伙军汉一齐都退去了。只见薛永拿着火把，便就黄文炳家里前后点着，乱乱杂杂火起。看那火时，但见：

黑云匝地，红焰飞天。　律律走万道金蛇，焰腾腾散千团火块。狂风相助，雕梁画栋片时休。炎焰涨空，大厦高堂弹指没。这不是火，却是：文炳心头恶，触恼丙丁神。害人施毒焰，惹火自烧身。

当时石勇、杜迁已杀倒把门军士，李逵砍断铁锁，大开了城门，一半人从城上出去，一半人从城门下出去。张横、三阮、两童都来接应，合做一处，扛抬财物上船。无为军已知江州被梁山泊好汉劫了法场，杀死无数的人，如何敢出来追赶，只得回避了。这宋江一行众好汉只恨拿不着黄文炳，都上了船去，摇开了，自投穆弘庄上来，不在话下。

却说江州城里望见无为军火起，蒸天价红，满城中讲动，只得报知本府。这黄文炳正在府里议事，听得报说了，慌忙来禀知府道：“敝乡失火，急欲回家看觑。”蔡九知府听得，忙叫开城门，差一只官船相送。黄文炳谢了知府，随即出来，带了从人，慌速下船，摇开江面，望无为军来。看见火势猛烈，映得江面上都红，艄公说道：“这火只是北门里火。”黄文炳见说了，心里越慌。看看摇到江心里，只见一只小船从江面上摇过去了，不多时，又是一只小船摇将过来，却不径过，望着官船直撞将来。从人喝道：“甚么船，敢如此直撞来！”只见那小船上一个大汉跳起来，手里拿着挠钩，口里应道：“去江州报失火的船。”黄文炳便钻出来问道：“那里失火？”那大汉道：“北门里黄通判家，被梁山泊好汉杀了一家人口，劫了家私，如今正烧着哩！”黄文炳失口叫声苦，不知高低。那汉听了，一挠钩搭住了船，便跳过来。黄文炳是个乖觉的人，早瞧了八分，便奔船梢后走，望江里踊身便跳。忽见江面上一只船，水底下早钻过一个人，把黄文炳劈腰抱住，拦头揪起，扯上船来。船上那个大汉早来接应，便把麻索绑了。水底下活捉了黄文炳的，便是浪里白跳张顺，船上把挠钩的，便是混江龙李俊，两个好汉立在船上。那摇官船的艄公只顾下拜。李俊说道：“我不杀你们，只要捉黄文炳这厮，你们自回去说与蔡九知府那贼驴知道，俺梁山泊好汉们权寄下他那颗驴头，早晚便要来取。”艄公战抖抖的道：“小人去说。”李俊、张顺拿了黄文炳过自己的小船上，放那官船去了。

两个好汉棹了两只快船，径奔穆弘庄上，早摇到岸边，望见一行头领，都在岸上等候，搬运箱笼上岸。见说拿得黄文炳，宋江不胜之喜，众好汉一齐心中大喜，说：“正要此人见面。”李俊、张顺早把黄文炳带上岸来，众人看了，监押着，离了江岸，到穆太公庄上来。朱贵、宋万接着众人，入到庄里草厅上坐下。宋江把黄文炳剥了湿衣服，绑在柳树上，请众头领团团坐定。宋江叫取一壶酒来，与众人把盏。上自晁盖，下至白胜，共是三十位好汉，都把遍了。宋江大骂黄文炳：“你这厮!我与你往日无冤，近日无仇，你如何只要害我，三回五次，教唆蔡九知府杀我两个?你既读圣贤之书，如何要做这等毒害的事?我又不与你有杀父之仇，你如何定要谋我?你哥哥黄文烨，与你这厮一母所生，他怎恁般修善，久闻你那城中都称他做黄佛子，我昨夜分毫不曾侵犯他。你这厮在乡中只是害人，交结权势，浸润官长，欺压良善，我知道无为军人民都叫你做黄蜂刺，我今日且替你拔了这个刺。”黄文炳告道：“小人已知过失，只求早死。”晁盖喝道：“你那贼驴，怕你不死!你这厮早知今日，悔不当初。”宋江便问道：“那个兄弟替我下手？”只见黑旋风李逵跳起身来说道：“我与哥哥动手割这厮。我看他肥胖了，倒好烧吃。”晁盖道：“说得是，教取把尖刀来，就讨盆炭火来，细细地割这厮烧来下酒，与我贤弟消这怨气。”

李逵拿起尖刀，看着黄文炳笑道：“你这厮在蔡九知府后堂且会说黄道黑，拨置害人，无中生有撺掇他。今日你要快死，老爷却要你慢死。”便把尖刀先从腿上割起，拣好的，就当面炭火上炙来下酒。割一块，炙一块，无片时，割了黄文炳，李逵方才把刀割开胸膛，取出心肝，把来与众头领做醒酒汤。众多好汉看割了黄文炳，都来草堂上与宋江贺喜。有诗为证：

文炳趋炎巧计乖，却将忠义苦挤排。

奸谋未遂身先死，难免剜心炙肉灾。

只见宋江先跪在地下，众头领慌忙都跪下，齐道：“哥哥有甚事，但说不妨，兄弟们敢不听。”宋江便道：“小可不才，自小学吏。初世为人，便要结识天下好汉。奈缘力薄才疏，不能接待，以遂平生之愿。自从刺配江州，多感晁头领并众豪杰苦苦相留，宋江因见父亲严训，不曾肯住。正是天赐机会，于路直至浔阳江上，又遭际许多豪杰。不想小可不才，一时间酒后狂言，险累了戴院长性命。感谢众位豪杰不避凶险，来虎穴龙潭，力救残生，又蒙协助，报了冤仇。如此犯下大罪，闹了两座州城，必然申奏去了。今日不由宋江不上梁山泊投托哥哥去，未知众位意下若何?如是相从者，只今收拾便行；如不愿去的，一听尊命。只恐事发，反遭负累，烦可寻思。”说言未绝，李逵跳将起来，便叫道：“都去，都去!但有不去的，吃我一鸟斧，砍做两截便罢！”宋江道：“你这般粗卤说话，全在各人弟兄们心肯意肯，方可同去。”众人议论道：“如今杀死了许多官军人马，闹了两处州郡，他如何不申奏朝廷，必然起军马来擒获。今若不随哥哥去，同死同生，却投那里去？”

宋江大喜，谢了众人。当日先叫朱贵和宋万前回山寨里去报知，次后分作五起进程：头一起，便是晁盖、宋江、花荣、戴宗、李逵；第二起，便是刘唐、杜迁、石勇、薛永、侯健；第三起，便是李俊、李立、吕方、郭盛、童威、童猛；第四起，便是黄信、张顺、张横、阮家三弟兄；第五起，便是燕顺、王矮虎、穆弘、穆春、郑天寿、白胜。五起二十八个头领，带了一干人等，将这所得黄文炳家财各各分开，装载上车子。穆弘带了太公并家小人等，将应有家财金宝装载车上。庄客数内有不愿去的，都赍发他些银两，自投别主去；佣工有愿去的，一同便往。前四起陆续去了，已自行动。穆弘收拾庄内已了，放起十数个火把，烧了庄院，撇下了田地，自投梁山泊来。

且不说五起人马登程，节次进发，只隔二十里而行。先说第一起晁盖、宋江、花荣、戴宗、李逵五骑马，带着车仗人伴，在路行了三日，前面来到一个去处，地名唤做黄门山。宋江在马上与晁盖说道：“这座山生得形势怪恶，莫不有大伙在内?可着人催　后面人马上来，一同过去。”说犹未了，只见前面山嘴上锣鸣鼓响。宋江道：“我说么!且不要走动，等后面人马到来，好和他厮杀。”花荣便拈弓搭箭在手，晁盖、戴宗各执朴刀，李逵拿着双斧，拥护着宋江，一齐趱马向前。只见山坡边闪出三五百个小喽罗，当先簇拥出四筹好汉，各挺军器在手，高声喝道："你等大闹了江州，劫掠了无为军，杀害了许多官军百姓，待回梁山泊去?我四个等你多时。会事的只留下宋江，都饶了你们性命。"宋江听得，便挺身出去，跪在地下，说道："小可宋江被人陷害，冤屈无伸，今得四方豪杰救了性命，小可不知在何处触犯了四位英雄，万望高抬贵手，饶恕残生。"

那四筹好汉见了宋江跪在前面，都慌忙滚鞍下马，撇了军器，飞奔前来，拜倒在地下，说道："俺弟兄四个只闻山东及时雨宋公明大名，想杀也不能够见面。俺听知哥哥在江州为事吃官司，我弟兄商议定了，正要来劫牢，只是不得个实信。前日使小喽罗直到江州来打听，回来说道：'已有多少好汉闹了江州，劫了法场，救出往揭阳镇去了；后又烧了无为军，劫掠黄通判家。'料想哥哥必从这里来。节次使人路中来探望，犹恐未真，故反作此一番诘问。冲撞哥哥，万勿见罪。今日幸见仁兄，小寨里略备薄酒粗食，权当接风。请众好汉同到敝寨盘桓片时。"

宋江大喜，扶起四位好汉，逐一请问大名。为头的那人姓欧，名鹏，祖贯是黄州人氏，守把大江军户，因恶了本官，逃走在江湖上绿林中，熬出这个名字，唤做摩云金翅。第二个好汉姓蒋，名敬，祖贯是湖南潭州人氏，原是落科举子出身，科举不第，弃文就武，颇有谋略，精通书算，积万累千，纤毫不差，亦能刺枪使棒，布阵排兵，因此人都唤他做神算子。第三个好汉姓马，名麟，祖贯是南京建康人氏，原是小番子闲汉出身，吹得双铁笛，使得好大滚刀，百十人近他不得，因此人都唤他做铁笛仙。第四个好汉姓陶，名宗旺，祖贯是光州人氏，庄家田户出身，惯使一把铁锹，有的是气力，亦能使枪抡刀，因此人都唤做九尾龟。怎见得四个好汉英雄，有《西江月》为证：

力壮身强无赛，行时捷似飞腾，摩云金翅是欧鹏，首位黄山排定。

幼恨毛锥失利，长从韬略搜精，如神算法善行兵，文武全才蒋敬。

铁笛一声山裂，铜刀两口神惊，马麟形貌更狰狞，厮杀场中超乘。

宗旺力如猛虎，铁锹到处无情，神龟九尾喻多能，都是英雄头领。

这四筹好汉接住宋江，小喽罗早捧过果盒，一大壶酒，两大盘肉，托过来把盏。先递晁盖、宋江，次递花荣、戴宗、李逵，与众人都相见了。一面递酒。没两个时辰，第二起头领又到了，一个个尽都相见。把盏已遍，邀请众位上山。两起十位头领先来到黄门山寨内，那四筹好汉便叫椎牛宰马管待。却教小喽罗陆续下山，接请后面那三起十八位头领上山来筵宴。未及半日，三起好汉已都来到了，尽在聚义厅上筵席相会。宋江饮酒中间，在席上开话道："今次宋江投奔了哥哥晁天王，上梁山泊去，一同聚义，未知四位好汉肯弃了此处，同往梁山泊大寨相聚否？"四个好汉齐答道："若蒙二位义士不弃贫贱，情愿执鞭坠镫。"宋江、晁盖大喜，便说道："既是四位肯从大义，便请收拾起程。"众多头领俱各欢喜。在山寨住了一日，过了一夜。次日，宋江、晁盖仍旧做头一起，下山进发先去；次后依例而行，只隔着二十里远近。四筹好汉收拾起财帛金银等项，带领了小喽罗三五百人，便烧毁了寨栅，随作第六起登程。宋江又合得这四个好汉，心中甚喜，于路在马上对晁盖说道："小弟来江湖上走了这几遭，虽是受了些惊恐，却也结识得这许多好汉。今日同哥哥上山去，这回只得死心塌地，与哥哥同死同生。"一路上说着闲话，不觉早来到朱贵酒店里了。

且说四个守山寨的头领吴用、公孙胜、林冲、秦明和两个新来的萧让、金大坚，已得朱贵、宋万先回报知，每日差小头目棹船出来酒店里迎接，一起起都到金沙滩上岸，擂鼓吹笛，众好汉们都乘马轿，迎上寨来。到得关下，军师吴学究等六人，把了接风酒，都到聚义厅上，焚起一炉好香。晁盖便请宋江为山寨之主，坐第一把交椅。宋江那里肯，便道："哥哥差矣!感蒙众位不避刀斧，救拔宋江性命，哥哥原是山寨之主，如何却让不才?若要坚执如此相让，宋江情愿就死。"晁盖道："贤弟如何这般说!当初若不是贤弟担那血海般干系，救得我等七人性命上山，如何有今日之众?你正是山寨之恩主。你不坐，谁坐？"宋江道："仁兄，论年齿，兄长也大十岁，宋江若坐了，岂不自羞。"再三推晁盖坐了第一位，宋江坐了第二位，吴学究坐了第三位，公孙胜坐了第四位。宋江道："休分功劳高下，梁山泊一行旧头领去左边主位上坐，新到头领去右边客位上坐，待日后出力多寡，那时另行定夺。"众人齐道："哥哥言之极当。"左边一带，是林冲、刘唐、阮小二、阮小五、阮小七、杜迁、宋万、朱贵、白胜；右边一带，论年甲次序，互相推让，花荣、秦明、黄信、戴宗、李逵、李俊、穆弘、张横、张顺、燕顺、吕方、郭盛、萧让、王矮虎、薛永、金大坚、穆春、李立、欧鹏、蒋敬、童威、童猛、马麟、石勇、侯健、郑天寿、陶宗旺。共是四十位头领坐下。大吹大擂，且吃庆喜筵席。

宋江说起江州蔡九知府捏造谣言一事，说与众人："叵耐黄文炳那厮，事又不干他己，却在知府面前胡言乱道，解说道：'耗国因家木'，耗散国家钱粮的人，必是家头着个'木'字，不是个'宋'字?'刀兵点水工'，兴动刀兵之人，必是三点水着个'工'字，不是个'江'字?这个正应宋江身上。那后两句道：'纵横三十六，播乱在山东。'合主宋江造反在山东。以此拿了小可。不期戴院长又传了假书，以此黄文炳那厮撺掇知府，只要先斩后奏。若非众好汉救了，焉得到此！"李逵跳将起来道："好哥哥，正应着天上的言语，虽然吃了他些苦，黄文炳那贼也吃我割得快活。放着我们有许多军马，便造反，怕怎地?晁盖哥哥便做了大皇帝，宋江哥哥便做了小皇帝，吴先生做个丞相，公孙道士便做个国师，我们都做个将军，杀去东京，夺了鸟位，在那里快活，却不好?不强似这个鸟水泊里？"戴宗连忙喝道："铁牛，你这厮胡说!你今日既到这里，不可使你那在江州性儿，须要听两位头领哥哥的言语号令，亦不许你胡言乱语，多嘴多舌。再如此多言插口，先割了你这颗头来为令，以警后人。"李逵道："阿哎!若割了我这颗头，几时再长的一个出来?我只吃酒便了。"众多好汉都笑。

宋江又题起拒敌官军一事，说道："那时小可初闻这个消息，好不惊恐，不期今日轮到宋江身上。"吴用道："兄长当初若依了弟兄之言，只住山上快活，不到江州，不省了多少事?这都是天数注定如此。"宋江道："黄安那厮，如今在那里？"晁盖道："那厮住不够两三个月，便病死了。"宋江嗟叹不已。当日饮酒，各各尽欢。晁盖先叫安顿穆太公一家老小。叫取过黄文炳的家财，赏劳了众多出力的小喽罗。取出原将来的信笼，交还戴院长收用。戴宗那里肯要，定教收放库内，公支使用。晁盖叫众多小喽罗参拜了新头领李俊等，都参见了。连日山寨里杀牛宰马，作庆贺筵席，不在话下。

再说晁盖教向山前山后各拨定房屋居住，山寨里再起造房舍，修理城垣。至第三日，酒席上宋江起身对众头领说道："宋江还有一件大事，正要禀众弟兄：小可今欲下山走一遭，乞假数日，未知众位肯否？"晁盖便问道："贤弟今欲要往何处，干甚么大事？"宋江不慌不忙，说出这个去处。有分教：枪刀林里，再逃一遍残生；山岭边旁，传授千年勋业。正是：只因玄女书三卷，留得清风史数篇。

毕竟宋公明要往何处去走一遭，且听下回分解。

第四十二回 还道村受三卷天书　宋公明遇九天玄女

话说当下宋江在筵上对众好汉道："小可宋江自蒙救护上山，到此连日饮宴，甚是快乐，不知老父在家，正是何如。即目江州申奏京师，必然行移济州，着落郓城县追捉家属，比捕正犯，恐老父存亡不保。宋江想念，欲往家中搬取老父上山，以绝挂念，不知众弟兄还肯容否？”晁盖道：“贤弟，这件是人伦中大事，不成我和你受用快乐，倒教家中老父吃苦，如何不依贤弟?只是众兄弟们连日辛苦，寨中人马未定，再停两日，点起山寨人马，一径去取了来。”宋江道：“仁兄，再过几日不妨，只恐江州行文到济州追捉家属，以此事不宜迟。今也不须点多人去，只宋江潜地自去，和兄弟宋清搬取老父连夜上山来，那时乡中神不知，鬼不觉。若还多带了人伴去，必然惊吓乡里，反招不便。”晁盖道：“贤弟路中倘有疏失，无人可救。”宋江道：“若为父亲，死而无怨。”当日苦留不住，宋江坚执要行，便取个毡笠带了，提条短棒，腰带利刃，便下山去。众头领送过金沙滩自回。

且说宋江过了渡，到朱贵酒店里上岸，出大路投郓城县来。路上少不得饥餐渴饮，夜住晓行。一日奔宋家村，晚了，到不得，且投客店歇了。次日趱行到宋家村时，却早，且在林子里伏了，等待到晚，却投庄上来敲后门。庄里听得，只见宋清出来开门，见了哥哥，吃那一惊，慌忙道：“哥哥，你回家来怎地？”宋江道：“我特来家取父亲和你。”宋清道：“哥哥，你在江州做了的事，如今这里都知道了。本县差下这两个赵都头，每日来勾取，管定了我们，不得转动，只等江州文书到来，便要捉我们父子二人，下在牢里监禁，听候拿你。日里夜间，一二百土兵巡绰。你不宜迟，快去梁山泊请下众头领来，救父亲并兄弟。”

宋江听了，惊得一身冷汗，不敢进门，转身便走，奔梁山泊路上来。是夜月色朦胧，路不分明，宋江只顾拣僻静小路去处走。约莫也走了一个更次，只听得背后有人发喊起来。宋江回头听时，只隔一二里路，看见一簇火把照亮，只听得叫道：“宋江休走！”宋江一头走，一面肚里寻思：“不听晁盖之言，果有今日之祸，皇天可怜，垂救宋江则个。”远远望见一个去处，只顾走。少间风扫薄云，现出那轮明月，宋江方才认得仔细，叫声苦，不知高低。看了那个去处，有名唤做还道村。原来团团都是高山峻岭，山下一遭涧水，中间单单只一条路。入来这村，左来右去走，只是这条路，更没第二条路。宋江认的这个村口，欲待回身，却被背后赶来的人，已把住了路口，火把照耀如同白日。宋江只得奔入村里来，寻路躲避。抹过一座林子，早看见一所古庙。但见：

墙垣颓损，殿宇倾斜。两廊画壁长苍苔，满地花砖生碧草。门前小鬼，折臂膊不显狰狞；殿上判官，无幞头不成礼数。供床上蜘蛛结网，香炉内蝼蚁营窠。狐狸常睡纸炉中，蝙蝠不离神帐里。

宋江只得推开庙门，乘着月光，入进庙里来，寻个躲避处。前殿后殿，相了一回，安不得身，心里越慌。只听得外面有人道：“都管只走在这庙里！”宋江听得时，是赵能声音，急没躲处，见这殿上一所神厨，宋江揭起帐幔，望里面探身便钻入神厨里，安了短棒，做一堆儿伏在厨内，气也不敢喘。只听的外面拿着火把，照将入来。

宋江在神厨里偷眼看时，赵能、赵得引着四五十人，拿着火把，各到处照，看看照上殿来。宋江道：“我今番走了死路，望阴灵庇护则个，神明庇佑。”一个个都走过了，没人看着神厨里。宋江道：“却不是天幸！”只见赵得将火把来神厨内照一照，宋江道：“我这番端的受缚。”赵得一只手将朴刀杆挑起神帐，上下把火只一照，火烟冲将起来，冲下一片黑尘来，正落在赵得眼里，眯了眼，便将火把丢在地下，一脚踏灭了，走出殿门外来，对土兵们道：“这厮不在庙里，别又无路，却走向那里去了？”众土兵道：“多应这厮走入村中树林里去了，这里不怕他走脱。这个村唤做还道村，只有这条路出入，里面虽有高山林木，却无路上的去。都头只把住村口，他便会插翅飞上天去，也走不脱了。待天明，村里去细细搜捉。”赵得道：“也是。”引了土兵下殿去了。

宋江道：“却不是神明护佑!若还得了性命，必当重修庙宇，再建祠堂，阴灵保佑则个。”说犹未了，只听的有几个土兵在于庙门前叫道：“都头，在这里了。”赵能、赵得和众人一伙抢入来。宋江道：“却不又是晦气，这遭必被擒捉。”赵能到庙前问道：“在那里？”土兵道：“都头，你来看庙门上两个尘手迹，以定是却才推开庙门，闪在里面去了。”赵能道：“说的是，再仔细搜一搜看。”

这伙人再入庙里来搜看，宋江道：“我命运这般蹇拙，今番必是休了！”那伙人去殿前殿后搜遍，只不曾翻过砖来。众人又搜了一回，火把看看照上殿来。赵能道：“多是只在神厨里。却才兄弟看不仔细，我自照一照看。”一个土兵拿着火把，赵能一手揭起帐幔，五七个人伸头来看。不看万事俱休，才看一看，只见神厨里卷起一阵恶风，将那火把都吹灭了，黑腾腾罩了庙宇，对面不见。赵能道：“却又作怪!平地里卷起这阵恶风来，想是神明在里面，定嗔怪我们只管来照，因此起这阵恶风显应。我们且去罢，只守住村口，待天明再来寻。”赵得道：“只是神厨里不曾看得仔细，再把枪去搠一搠。”赵能道：“也是。”

两个却待向前，只听的殿后又卷起一阵怪风，吹的飞沙走石，滚将下来，摇的那殿宇吸吸地动，罩下一阵黑云，布合了上下，冷气侵人，毛发竖起。赵能情知不好，叫了赵得道：“兄弟快走，神明不乐。”众人一哄都奔下殿来，望庙门外跑走，有几个　翻了的，也有闪　腿的，爬得起来，奔命走出庙门。只听得庙里有人叫：“饶恕我们！”赵能再入来看时，两三个土兵跌倒在龙墀里，被树根钩住了衣服，死也挣不脱，手里丢了朴刀，扯着衣裳叫饶。宋江在神厨里听了，忍不住笑。

赵能把土兵衣服解脱了，领出庙门去。有几个在前面的土兵说道：“我说这神道最灵，你们只管在里面缠障，引的小鬼发作起来。我们只去守住了村口等他，须不吃他飞了去。”赵能、赵得道：“说得是。只消村口四下里守定。”众人都望村口去了。

只说宋江在神厨里口称惭愧道：“虽不被这厮们拿了，却怎能够出村口去？”正在厨内寻思，百般无计，只听的后面廊下有人出来。宋江道：“却又是苦也!早是不钻出去。”只见两个青衣童子，径到厨边举口道：“小童奉娘娘法旨，请星主说话。”宋江那里敢做声答应。外面童子又道：“娘娘有请，星主可行。”宋江也不敢答应。外面童子又道：“宋星主休得迟疑，娘娘久等。”宋江听的莺声燕语，不是男子之音，便从神柜底下钻将出来，看时，却是两个青衣女童侍立在床边。宋江吃了一惊，却是两个泥神。只听的外面又说道：“宋星主，娘娘有请。”宋江分开帐幔，钻将出来，只见是两个青衣螺髻女童，齐齐躬身，各打个稽首。宋江看那女童时，但见：

朱颜绿发，皓齿明眸。飘飘不染尘埃，耿耿天仙风韵。螺蛳髻山峰堆拥，凤头鞋莲瓣轻盈。领抹深青，一色织成银缕；带飞真紫，双环结就金霞。依稀阆苑董双成，仿佛蓬莱花鸟使。

当下宋江问道：“二位仙童自何而来？”青衣道：“奉娘娘法旨，有请星主赴宫。”宋江道：“仙童差矣!我自姓宋，名江，不是甚么星主。”青衣道：“如何差了?请星主便行，娘娘久等。”宋江道：“甚么娘娘?亦不曾拜识，如何敢去？”青衣道：“星主到彼便知，不必询问。”宋江道：“娘娘在何处？”青衣道：“只在后面宫中。”青衣前引便行，宋江随后跟下殿来，转过后殿侧首一座子墙角门，青衣道：“宋星主从此间进来。”宋江跟入角门来看时，星月满天，香风拂拂，四下里都是茂林修竹。宋江寻思道：“原来这庙后又有这个去处。早知如此，却不来这里躲避，不受那许多惊恐。”

宋江行时，觉道香坞两行夹种着大松树，都是合抱不交的，中间平坦一条龟背大街。宋江看了，暗暗寻思道：“我倒不想古庙后有这般好路径。”跟着青衣，行不过一里来路，听得潺潺的涧水响。看前面时，一座青石桥，两边都是朱栏杆，岸上栽种奇花、异草、苍松、茂竹、翠柳、夭桃，桥下翻银滚雪般的水，流从石洞里去。过的桥基看时，两行奇树，中间一座大朱红 星门。宋江入的 星门看时，抬头见一所宫殿。但见：

金钉朱户，碧瓦雕檐。飞龙盘柱戏明珠，双凤帏屏明晓日。红泥墙壁，纷纷御柳间宫花；翠霭楼台，淡淡祥光笼瑞影。窗横龟背，香风冉冉透黄纱；帘卷虾须，皓月团团悬紫绮。若非天上神仙府，定是人间帝主家。

宋江见了，寻思道：“我生居郓城县，不曾听的说有这个去处。”心中惊恐，不敢动脚。青衣催促请星主行。一引，引入门内，有个龙墀，两廊下尽是朱红亭柱，都挂着绣帘，正中一所大殿，殿上灯烛荧煌。青衣从龙墀内一步步引到月台上，听得殿上阶前又有几个青衣道：“娘娘有请星主进来。”宋江到大殿上，不觉肌肤战栗，毛发倒竖，下面都是龙凤砖阶。青衣入帘内奏道：“请至宋星主在阶前。”宋江到帘前御阶之下，躬身再拜，俯伏在地，口称：“臣乃下浊庶民，不识圣上，伏望天慈，俯赐怜悯。”御帘内传旨，教请星主坐。宋江那里敢抬头。教四个青衣扶上锦墩坐，宋江只得勉强坐下。殿上喝声卷帘，数个青衣早把珠帘卷起，搭在金钩上。娘娘问道：“星主别来无恙？”宋江起身再拜道：“臣乃庶民，不敢面觑圣容。”娘娘道：“星主既然至此，不必多礼。”宋江恰才敢抬头舒眼，看见殿上金碧交辉，点着龙灯凤烛；两边都是青衣女童，持笏捧圭，执旌擎扇侍从；正中七宝九龙床上，坐着那个娘娘。宋江看时，但见：

头绾九龙飞凤髻，身穿金缕绛绡衣。蓝田玉带曳长裙，白玉圭璋擎彩袖。脸如莲萼，天然眉目映云环；唇似樱桃，自在规模端雪体。正大仙容描不就，威严形象画难成。

那娘娘口中说道：“请星主到此。”命童子献酒。两下青衣女童，执着奇花宝瓶，捧酒过来，斟在玉杯内。一个为首的女童，执玉杯递酒，来劝宋江。宋江起身，不敢推辞，接过玉杯，朝娘娘跪饮了一杯。宋江觉道这酒馨香馥郁，如醍醐灌顶，甘露洒心。又是一个青衣，捧过一盘仙枣，上劝宋江。宋江战战兢兢，怕失了体面，尖着指头，拿了一枚，就而食之，怀核在手。青衣又斟过一杯酒来劝宋江，宋江又一饮而尽。娘娘法旨，教再劝一杯，青衣再斟一杯酒过来劝宋江，宋江又饮了。仙女托过仙枣，又食了两枚。共饮过三杯仙酒，三枚仙枣。宋江便觉道春色微醺，又怕酒后醉失体面，再拜道：“臣不胜酒量，望乞娘娘免赐。”殿上法旨道：“既是星主不能饮酒，可止。教取那三卷天书赐与星主。”青衣去屏风背后，玉盘中托出黄罗袱子，包着三卷天书，度与宋江。宋江看时，可长五寸，阔三寸，厚三寸，不敢开看，再拜祗受，藏于袖中。娘娘法旨道：“宋星主，传汝三卷天书，汝可替天行道为主，全忠仗义为臣，辅国安民，去邪归正。吾有四句天言，汝当记取，终身佩受，勿忘勿泄。”宋江再拜，愿受天言。娘娘法旨道：

遇宿重重喜，逢高不是凶。

外夷及内寇，几处见奇功。

宋江听毕，再拜谨受。娘娘法旨道：“玉帝因为星主魔心未断，道行未完，暂罚下方，不久重登紫府，切不可分毫懈怠！若是他日罪下酆都，吾亦不能救汝。此三卷之书，可以善观熟视，只可与天机星同观，其他皆不可见。功成之后，便可焚之，勿留在世。所嘱之言，汝当记取。目今天凡相隔，难以久留，汝当速回。”便令童子急送星主回去，“他日琼楼金阙，再当重会”。

宋江便谢了娘娘，跟随青衣女童下得殿庭来，出得 星门，送至石桥边，青衣道：“恰才星主受惊，不是娘娘护 ，已被擒拿。天明时，自然脱离了此难。星主看石桥下水里二龙相戏。”宋江凭栏看时，果见二龙戏水。二青衣望下一推，宋江大叫一声，却撞在神厨内，觉来乃是南柯一梦。

宋江爬将起来看时，月影正午，料是三更时分。宋江把袖子里摸时，手内枣核三个，袖里帕子包着天书。摸将出来看时，果是三卷天书，又只觉口里酒香。宋江想道：“这一梦真乃奇异，似梦非梦。若把做梦来，如何有这天书在袖子里，口中又酒香，枣核在手里，说与我的言语，都记得，不曾忘了一句?不把做梦来，我自分明在神厨里，一交 将入来。有甚难见处?想是此间神圣最灵，显化如此。只是不知是何神明？”揭起帐幔看时，九龙椅上坐着一个妙面娘娘，正和梦中一般。宋江寻思道：“这娘娘呼我做星主，想我前生非等闲人也。这三卷天书，必然有用。分付我的四句天言，不曾忘了。青衣女童道：‘天明时自然脱离此村之厄。’如今天色渐明，我却出去。”

便探手去厨里摸了短棒，把衣服拂拭了，一步步走下殿来，便从左廊下转出庙前，仰面看时，旧牌额上刻着四个金字道：“玄女之庙。”宋江以手加额称谢道：“惭愧!原来是九天玄女娘娘传受与我三卷天书，又救了我的性命。如若能够再见天日之面，必当来此重修庙宇，再建殿庭。伏望圣慈俯垂护 。”称谢已毕，只得望着村口悄悄出来。

离庙未远，只听得前面远远地喊声连天。宋江寻思道：“又不济了。立住了脚，且未可出去。我若到他面前，定吃他拿了。不如且在这里路旁树背后躲一躲。”却才闪得入树背后去，只见数个土兵急急走得喘做一堆，把刀枪拄着，一步步 将入来，口里声声都只叫道：“神圣救命则个。”宋江在树背后看了，寻思道：“却又作怪。他们把着村口，等我出来拿我，却又怎地抢入来？”再看时，赵能也抢入来，口里叫道：“我们都是死也！”宋江道：“那厮如何恁地慌？”却见背后一条大汉追将入来。那大汉上半截不着一丝，露出鬼怪般肉，手里拿着两把夹钢板斧，口里喝道：“含鸟休走！”远观不睹，近看分明，正是黑旋风李逵。宋江想道：“莫非是梦里么？”不敢走出去。

那赵能正走到庙前，被松树根只一绊，一交 在地下。李逵赶上，就势一脚踏住脊背，手起大斧，却待要砍，背后又是两筹好汉赶上来，把毡笠儿掀在脊梁上，各挺一条朴刀，上首的是欧鹏，下首的是陶宗旺。李逵见他两个赶来，恐怕争功，坏了义气，就手把赵能一斧，砍做两半，连胸脯都砍开了，跳将起来，把土兵赶杀，四散走了。宋江兀自不敢便走出来。

背后只见又赶上三筹好汉，也杀将来。前面赤发鬼刘唐，第二石将军石勇，第三催命判官李立。这六筹好汉说道：“这厮们都杀散了，只寻不见哥哥，却怎生是好？”石勇叫道：“兀那松树背后一个人立在那里！”宋江方才敢挺身出来，说道：“感谢众兄弟们又来救我性命，将何以报大恩？”六筹好汉见了宋江，大喜道：“哥哥有了!快去报与晁头领得知。”石勇、李立分头去了。

宋江问刘唐道：“你们如何得知，来这里救我？”刘唐答道：“哥哥前脚下得山来，晁头领与吴军师放心不下，便叫戴院长随即下来，探听哥哥下落。晁头领又自己放心不下，再着我等众人前来接应，只恐哥哥有些疏失，半路里撞见戴宗道：‘两个贼驴追赶捕捉哥哥。’晁头领大怒，分付戴宗去山寨，只教留下吴军师、公孙胜、阮家三兄弟、吕方、郭盛、朱贵、白胜看守寨栅，其余兄弟，都叫来此间寻觅哥哥，听得人说道：‘赶宋江入还道村去了。’村口守把的这厮们，尽数杀了，不留一个，只有这几个奔进村里来。随即李大哥追来，我等都赶入来，不想哥哥在这里。”说犹未了，石勇引将晁盖、花荣、秦明、黄信、薛永、蒋敬、马麟到来，李立引将李俊、穆弘、张横、张顺、穆春、侯健、萧让、金大坚，一行众多好汉都相见了。

宋江作谢众位头领。晁盖道："我叫贤弟不须亲自下山，不听愚兄之言，险些儿又做出来。"宋江道："小可兄弟，只为父亲这一事，悬肠挂肚，坐卧不安，不由宋江不来取。"晁盖道："好教贤弟欢喜，令尊并令弟家眷，我先叫戴宗引杜迁、宋万、王矮虎、郑天寿、童威、童猛送去，已到山寨中了。"宋江听得，大喜，拜谢晁盖道："得仁兄如此施恩，宋江死亦无怨！"

晁盖、宋江俱各欢喜，与众头领各各上马，离了还道村口，宋江在马上以手加额，望空顶礼，称谢神明庇　之力，容日专当拜还心愿。有古风一篇，单道宋江忠义得天之助：

昏朝气运将颠覆，四海英雄起微族。
流光垂象在山东，天罡上应三十六。
瑞气盘旋绕郓城，此乡生降宋公明。
幼年涉猎诸经史，长来为吏惜人情。
仁义礼智信皆备，兼受九天玄女经。
豪杰交游满天下，逢凶化吉天生成。
他年直上梁山泊，替天行道动天兵。

且说一行人马离了还道村，径回梁山泊来。吴学究领了守山头领，直到金沙滩，都来迎接，前到得大寨聚义厅上，众好汉都相见了。宋江急问道："老父何在？"晁盖便叫请宋太公出来，不多时，铁扇子宋清策着一乘山轿，抬着宋太公到来，众人扶策下轿上厅来。宋江见了，喜从天降，笑逐颜开。宋江再拜道："老父惊恐，宋江做了不孝之子，负累了父亲吃惊受怕。"宋太公道："叵耐赵能那厮弟兄两个，每日拨人来守定了我们，只待江州公文到来，便要捉取我父子二人，解送官司。听得你在庄后敲门，此时已有八九个土兵在前面草厅上，续后不见了，不知怎地赶出去了。到三更时候，又有二百余人把庄门开了，将我搭扶上轿，抬了，教你兄弟四郎收拾了箱笼，放火烧了庄院。那时不由我问个缘由，径来到这里。"宋江道："今日父子团圆相见，皆赖众兄弟之力也。"叫兄弟宋清拜谢了众头领，晁盖众人都来参拜宋太公已毕，一面杀牛宰马，且做庆喜筵席，作贺宋公明父子团圆。当日尽醉方散，次日又排筵席贺喜，大小头领尽皆欢喜。

第三日，晁盖又体己备个筵席，庆贺宋江父子完聚，忽然感动公孙胜一个念头：思忆老母在蓟州，离家日久，未知如何。众人饮酒之时，只见公孙胜起身对众头领说道："感蒙众位豪杰相带贫道许多时，恩同骨肉。只是小道自从跟着晁头领到山，逐日宴乐，一向不曾还乡看视老母。亦恐我真人本师悬望，欲待回乡省视一遭，暂别众头领三五个月，再回来相见，以满小道之愿，免致老母挂念悬望。"晁盖道："向日已闻先生所言，令堂在北方无人侍奉，今既如此说时，难以阻当，只是不忍分别。虽然要行，再待来日相送。"公孙胜谢了。当日尽醉方散，各自归房安歇。次日早，就关下排了筵席，与公孙胜饯行。

且说公孙胜依旧做云游道士打扮了，腰裹腰包、肚包，背上雌雄宝剑，肩胛上挂着棕笠，手中拿把鳖壳扇，便下山来。众头领接住，就关下筵席，各各把盏送别。饯行已遍，晁盖道："一清先生，此去难留，却不可失信。本是不容先生去，只是老尊堂在上，不敢阻当。百日之外，专望鹤驾降临，切不可爽约。"公孙胜道："重蒙列位头领看待许久，小道岂敢失信!回家参过本师真人，安顿了老母，便回山寨。"宋江道："先生何不将带几个人去，一发就搬取老尊堂上山，早晚也得侍奉。"公孙胜道："老母平生只爱清幽，吃不得惊　，因此不敢取来。家中自有田产山庄，老母自能料理。小道只去省视一遭，便来再得聚义。"宋江道："既然如此，专听尊命。只望早早降临为幸！"晁盖取出一盘黄白之资相送，公孙胜道："不消许多，但只够盘缠足矣。"晁盖定教收了一半，打拴在腰包里，打个稽首，别了众人，过金沙滩便行，望蓟州去了。

众头领席散，却待上山，只见黑旋风李逵就关下放声大哭起来。宋江连忙问道："兄弟，你如何烦恼？"李逵哭道："干鸟气么!这个也去取爷，那个也去望娘，偏铁牛是土掘坑里钻出来的！"晁盖便问道："你如今待要怎地？"李逵道："我只有一个老娘在家里。我的哥哥，又在别人家做长工，如何养得我娘快乐?我要去取他来这里快乐几时也好。"晁盖道："兄弟说的是。我差几个人同你去，取了上山来，也是十分好事。"宋江便道："使不得。李家兄弟生性不好，回乡去必然有失。若是教人和他去，亦是不好。况且他性如烈火，到路上必有冲撞。他又在江州杀了许多人，那个不认得他是黑旋风?这几时，官司如何不行移文书到那里了，必然原籍追捕。你又形貌凶恶，倘有疏失，路程遥远，如何得知?你且过几时，打听得平静了去取未迟。"李逵焦躁，叫道："哥哥，你也是个不平心的人。你的爷，便要取上山来快活，我的娘，由他在村里受苦。兀的不是气破了铁牛的肚子！"宋江道："兄弟，你不要焦躁。既是要去取娘，只依我三件事，便放你去。"李逵道："你且说那三件事？"宋江点两个指头，说出这三件事来。有分教：李逵施为撼地摇天手，来斗巴山跳涧虫。

毕竟宋江对李逵说出那三件事来，且听下回分解。

第四十三回 假李逵剪径劫单人　黑旋风沂岭杀四虎

话说李逵道："哥哥，你且说那三件事？"宋江道："你要去沂州沂水县搬取母亲，第一件，径回，不可吃酒；第二件，因你性急，谁肯和你同去，你只自悄悄地取了娘便来；第三件，你使的那两把板斧，休要带去，路上小心在意，早去早回。"李逵道："这三件事，有甚么依不得!哥哥放心，我只今日便行，我也不住了。"当下李逵拽扎得爽利，只跨一口腰刀，提条朴刀，带了一锭大银，三五个小银子，吃了几杯酒，唱个大喏，别了众人，便下山来，过金沙滩去了。

晁盖、宋江与众头领送行已罢，回到大寨里聚义厅上坐定。宋江放心不下，对众人说道："李逵这个兄弟，此去必然有失。不知众兄弟们，谁是他乡中人?可与他那里探听个消息。"杜迁便道："只有朱贵原是沂州沂水县人，与他是乡里。"宋江听罢，说道："我却忘了。前日在白龙庙聚会时，李逵已自认得朱贵是同乡人。"宋江便着人去请朱贵，小喽罗飞报下山来，直至店里，请的朱贵到来。宋江道："今有李逵兄弟前往家乡搬取老母。因他酒性不好，为此不肯差人与他同去，诚恐路上有失。今知贤弟是他乡中人，你可去他那里探听，走一遭。"朱贵答道："小弟是沂州沂水县人，现在一个兄弟唤做朱富，在本县西门外开着个酒店。这李逵他是本县百丈村董店东住。有个哥哥，唤做李达，专与人家做长工。这李逵自小凶顽，因打死了人，逃走在江湖上，一向不曾回归。如今着小弟去那里探听也不妨，只怕店里无人看管。小弟也多时不曾还乡，亦就要回家探望兄弟一遭。"宋江道："这个看店，不必你忧心，我自教侯健、石勇替你暂管几时。"朱贵领了这言语，相辞了众头领下山来，便走到店里，收拾包裹，交割铺面与石勇、侯健，自奔沂州去了。

这里宋江与晁盖在寨中，每日筵席，饮酒快乐，与吴学究看习天书，不在话下。　　且说李逵独自一个离了梁山泊，取路来到沂水县界。于路，李逵端的不吃酒，因此不惹事，无有话说。行至沂水县西门外，见一簇人围着榜看，李逵也立在人丛中，听得读道：“榜上第一名正贼宋江，系郓城县人；第二名从贼戴宗，系江州两院押狱；第三名从贼李逵，系沂州沂水县人。”李逵在背后听了，正待指手画脚，没做奈何处，只见一个人抢向前来，拦腰抱住，叫道：“张大哥，你在这里做甚么？”李逵扭过身看时，认得是旱地忽律朱贵。李逵问道：“你如何也来这里？”朱贵道：“你且跟我来说话。”

两个一同来西门外近村一个酒店内，直入到后面一间静房中坐了。朱贵指着李逵道：“你好大胆!那榜上明明写着赏一万贯钱捉宋江，五千钱捉戴宗，三千钱捉李逵，你却如何立在那里看榜?倘或被眼疾手快的拿了送官，如之奈何?宋公明哥哥只怕你惹事，不肯教人和你同来，又怕你到这里做出怪来，续后特使我赶来探听你的消息。我迟下山来一日，又先到你一日，你如何今日才到这里？”李逵道：“便是哥哥分付，教我不要吃酒，以此路上走得慢了。你如何认得这个酒店里?你是这里人，家在那里住？”朱贵道：“这个酒店，便是我兄弟朱富家里。我原是此间人，因在江湖上做客，消折了本钱，就于梁山泊落草，今次方回。”又叫兄弟朱富来与李逵相见了。朱富置酒管待李逵。李逵道：“哥哥分付，教我不要吃酒，今日我已到乡里了，便吃两碗儿，打甚么鸟紧！”朱贵不敢阻当他，由他吃。

当夜直吃到四更时分，安排些饭食，李逵吃了，趁五更晓星残月，霞光明朗，便投村里去。朱贵分付道：“休从小路去，只从大朴树转弯，投东大路，一直往百丈村去，便是董店东。快取了母亲来，和你早回山寨去。”李逵道：“我自从小路去，却不近?大路走，谁耐烦！”朱贵道：“小路走，多大虫，又有乘势夺包裹的剪径贼人。”李逵应道：“我却怕甚鸟！”戴上毡笠儿，提了朴刀，跨了腰刀，别了朱贵、朱富，便出门投百丈村来。

约行了数十里，天色渐渐微明，去那露草之中，赶出一只白兔儿来，望前路去了。李逵赶了一直，笑道：“那畜生倒引了我一程路。”有诗为证：

山径崎岖静复深，西风黄叶满疏林。

偶因逐兔过前界，不记仓忙行路心。

正走之间，只见前面有五十来株大树丛杂，时值新秋，叶儿正红。李逵来到树林边厢，只见转过一条大汉，喝道：“是会的留下买路钱，免得夺了包裹。”李逵看那人时，戴一顶红绢抓　儿头巾，穿一领粗布衲袄，手里拿着两把板斧，把黑墨搽在脸上。李逵见了，大喝一声：“你这厮是甚么鸟人?敢在这里剪径！”那汉道：“若问我名字，吓碎你心胆，老爷叫做黑旋风。你留下买路钱并包裹，便饶了你性命，容你过去。”李逵大笑道：“没你娘鸟兴!你这厮是甚么人?那里来的?也学老爷名目，在这里胡行。”李逵挺起手中朴刀，来奔那汉，那汉那里抵当得住，却待要走，早被李逵腿股上一朴刀，搠翻在地，一脚踏住胸脯，喝道：“认得老爷么？”那汉在地下叫道：“爷爷，饶恁孩儿性命！”李逵道：“我正是江湖上的好汉黑旋风李逵，便是你这厮辱莫老爷名字。”那汉道：“小人虽然姓李，不是真的黑旋风。为是爷爷江湖上有名目，提起好汉大名，神鬼也怕，因此小人盗学爷爷名目，胡乱在此剪径。但有孤单客人经过，听得说了黑旋风三个字，便撇了行李，逃奔了去，以此得这些利息，实不敢害人。小人自己的贱名叫做李鬼，只在这前村住。”李逵道：“叵耐这厮无礼，却在这里夺人的包裹行李，坏我的名目，学我使两把板斧，且教他先吃我一斧。”劈手夺过一把斧来便砍，李鬼慌忙叫道：“爷爷杀我一个，便是杀我两个。”李逵听得，住了手问道：“怎的杀你一个，便是杀你两个？”李鬼道：“小人本不敢剪径，家中因有个九十岁的老母，无人养赡，因此小人单题爷爷大名唬吓人，夺些单身的包裹，养赡老母。其实并不曾敢害了一个人。如今爷爷杀了小人，家中老母，必是饿杀。”

李逵虽是个杀人不眨眼的魔君，听的说了这话，自肚里寻思道：“我特地归家来取娘，却倒杀了一个养娘的人，天地也不　我。罢，罢!我饶了你这厮性命。”放将起来，李鬼手提着斧，纳头便拜。李逵道：“只我便是真黑旋风，你从今已后，休要坏了俺的名目。”李鬼道：“小人今番得了性命，自回家改业，再不敢倚着爷爷名目，在这里剪径。”李逵道：“你有孝顺之心，我与你十两银子做本钱，便去改业。”李逵便取出一锭银子，把与李鬼，拜谢去了。

李逵自笑道：“这厮却撞在我手里。既然他是个孝顺的人，必去改业，我若杀了他，也不合天理。我也自去休。”拿了朴刀，一步步投山僻小路而来。诗曰：

李逵迎母却逢伤，李鬼何曾为养娘。

可见世间忠孝处，事情言语贵参详。

走到巳牌时分，看看肚里又饥又渴，四下里都是山径小路，不见有一个酒店饭店。正走之间，只见远远在山凹里露出两间草屋。李逵见了，奔到那人家里来，只见后面走出一个妇人来，　髻鬓边插一簇野花，搽一脸胭脂铅粉。李逵放下朴刀道：“嫂子，我是过路客人，肚中饥饿，寻不着酒食店，我与你一贯足钱，央你回些酒饭吃。”那妇人见了李逵这般模样，不敢说没，只得答道：“酒便没买处，饭便做些与客人吃了去。”李逵道：“也罢。只多做些个，正肚中饥出鸟来。”那妇人道：“做一升米不少么？”李逵道：“做三升米饭来吃。”那妇人向厨中烧起火来，便去溪边淘了米，将来做饭。

李逵却转过屋后山边来净手，只见一个汉子　手　脚从山后归来。李逵转过屋后听时，那妇人正要上山讨菜，开后门，见了，便问道：“大哥，那里闪　了腿？”那汉子应道：“大嫂，我险些儿和你不厮见了，你道我晦鸟气么?指望出去等个单身的过，整整等了半个月，不曾发市，甫能今日抹着一个，你道是谁?原来正是那真黑旋风。却恨撞着那驴鸟，我如何敌得他过?倒吃他一朴刀，搠翻在地，定要杀我，吃我假意叫道：‘你杀我一个，却害了我两个。’他便问我缘故，我便告道：‘家中有个九十岁的老娘，无人养赡，定是饿死。’那驴鸟真个信我，饶了我性命，又与我一个银子做本钱，教我改了业养娘。我恐怕他省悟了，赶将来，且离了那林子里僻静处睡了一回，从后山走回家来。”那妇人道：“休要高声。却才一个黑大汉来家中，教我做饭，莫不正是他。如今在门前坐地，你去张一张看。若是他时，你去寻些麻药来，放在菜内，教那厮吃了，麻翻在地，我和你却对付了他，谋得他些金银，搬往县里住，去做些买卖，却不强似在这里剪径！”

李逵已听得了，便道：“叵耐这厮，我倒与了他一个银子，又饶了性命，他倒又要害我。这个正是情理难容！”一转踅到后门边。这李鬼恰待出门，被李逵劈　揪住，那妇人慌忙自望前门走了。李逵捉住李鬼，按翻在地，身边掣出腰刀，早割下头来。拿着刀，却奔前门寻那妇人时，正不知走那里去了。再入屋内来，去房中搜看，只见有两个竹笼，盛些旧衣裳，底下搜得些碎银两并几件钗环，李逵都拿了。又去李鬼身边搜了那锭小银子，都打缚在包裹里。却去锅里看时，三升米饭早熟了，只没菜蔬下饭。李逵盛饭来吃了一回，看看自笑道：“好痴汉，放着好肉在面前，却不会吃。”拔出腰刀，便去李鬼腿上割下两块肉来，把些水洗净了，灶里抓些炭火来便烧。一面烧，一面吃。吃得饱了，把李鬼的尸首拖放屋下，放了把火，提了朴刀，自投山路里去了。

比及赶到董店东时，日已平西。径奔到家中，推开门，入进里面，只听得娘在床上问道：“是谁人来？”李逵看时，见娘双眼都盲了，坐在床上念佛。李逵道：“娘，铁牛来家了。”娘道：“我儿，你去了许多时，这几年正在那里安身?你的大哥，只是在人家做长工，止博得些饭食吃，养娘全不济事。我时常思量你，眼泪流干，因此瞎了双目。你一向正是如何？”李逵寻思道：“我若说在梁山泊落草，娘定不肯去，我只假说便了。”李逵应道：“铁牛如今做了官，上路特来取娘。”娘道：“恁地却好也!只是你怎生和我去得？”李逵道：“铁牛背娘到前路，却觅一辆车儿载去。”娘道：“你等大哥来，却商议。”李逵道：“等做甚么?我自和你去便了。”恰待要行，只见李达提了一罐子饭来。

入得门，李逵见了，便拜道：“哥哥，多年不见。”李达骂道：“你这厮归来则甚?又来负累人。”娘便道：“铁牛如今做了官，特地家来取我。”李达道：“娘呀!休信他放屁。当初他打杀了人，教我披枷带锁，受了万千的苦。如今又听得他和梁山泊贼人通同，劫了法场，闹了江州，现在梁山泊做了强盗。前日江州行移公文到来，着落原籍追捕正身，却要捉我到官比捕，又得财主替我官司分理，说他兄弟已自十来年不知去向，亦不曾回家，莫不是同名同姓的人冒供乡贯?又替我上下使钱，因此不吃官司杖限追要。现今出榜赏三千钱捉他。你这厮不死，却走家来胡说乱道！”李逵道：“哥哥不要焦躁，一发和你同上山去快活，多少是好。”李达大怒，本待要打李逵，却又敌他不过，把饭罐撇在地下，一直去了。

李逵道：“他这一去，必然报人来捉我，却是脱不得身，不如及早走罢。我大哥从来不曾见这大银，我且留下一锭五十两的大银子，放在床上。大哥归来见了，必然不赶来。”李逵便解下腰包，取一锭大银，放在床上，叫道：“娘，我自背你去休。”娘道：“你背我那里去？”李逵道：“你休问我，只顾去快活便了。我自背你去不妨。”李逵当下背了娘，提了朴刀，出门望小路里便走。

却说李达奔来财主家报了，领着十来个庄客，飞也似赶到家里看时，不见了老娘，只见床上留下一锭大银子。李达见了这锭大银，心中忖道：“铁牛留下银子，背娘去那里藏了。必是梁山泊有人和他来，我若赶去，倒吃他坏了性命。想他背娘，必去山寨里快活。”众人不见了李逵，都没做理会处。李达却对众庄客说道：“这铁牛背娘去，不知往那条路去了，这里小路甚杂，怎地去赶他？”众庄客见李达没理会处，俄延了半晌，也各自回去了，不在话下。

这里只说李逵怕李达领人赶来，背着娘只望乱山深处僻静小路而走。看看天色晚了，但见：

暮烟横远岫，宿雾锁奇峰。慈鸦撩乱投林，百鸟喧呼傍树。行行雁阵，坠长空飞入芦花；点点萤光，明野径偏依腐草。卷起金风飘败叶，吹来霜气布深山。

当下李逵背娘到岭下，天色已晚了。娘双眼不明，不知早晚。李逵却自认得这条岭，唤做沂岭。过那边去，方才有人家。娘儿两个，趁着星明月朗，一步步捱上岭来。娘在背上说道：“我儿，那里讨口水来我吃也好。”李逵道：“老娘，且待过岭去，借了人家安歇了，做些饭吃。”娘道：“我日中吃了些干饭，口渴的当不得。”李逵道：“我喉咙里也烟发火出。你且等我背你到岭上，寻水与你吃。”娘道：“我儿，端的渴杀我也!救我一救！”李逵道：“我也困倦的要不得。”李逵看看捱得到岭上，松树边一块大青石上，把娘放下，插了朴刀在侧边，分付娘道：“耐心坐一坐，我去寻水来你吃。”李逵听得溪涧里水响，闻声寻将去，盘过了两三处山脚，到得那涧边看时，一溪好水。怎见得，有诗为证:

穿崖透壑不辞劳，远望方知出处高。

溪涧岂能留得住，终归大海作波涛。

李逵来到溪边，捧起水来，自吃了几口，寻思道：“怎生能够得这水去，把与娘吃？”立起身来，东观西望，远远地山顶上见个庵儿，李逵道：“好了。”攀藤揽葛，上到庵前，推开门看时，却是个泗州大圣祠堂。面前有个石香炉。李逵用手去掇，原来却是和座子凿成的。李逵拔了一回，那里拔得动，一时性起来，连那座子掇出，前面石阶上一磕，把那香炉磕将下来，拿了再到溪边，将这香炉水里浸了，拔起乱草，洗得干净，挽了半香炉水，双手擎来，再寻旧路，夹七夹八走上岭来。

到得松树里边，石头上不见了娘，只见朴刀插在那里。李逵叫娘吃水，杳无踪迹，叫了几声不应。李逵心慌，丢了香炉，定住眼四下里看时，并不见娘。走不到三十余步，只见草地上一团血迹。李逵见了，心里越疑惑，趁着那血迹寻将去。寻到一处大洞口，只见两个小虎儿在那里舐一条人腿。正是：

假黑旋风真捣鬼，生时欺心死烧腿。

谁知娘腿亦遭伤，饿虎饿人皆为嘴。

李逵心里忖道：“我从梁山泊归来，特为老娘来取他，千辛万苦，背到这里，却把来与你吃了。那鸟大虫拖着这条人腿，不是我娘的是谁的？”心头火起，赤黄须竖立起来，将手中朴刀挺起来，搠那两个小虎。这小大虫被搠得慌，也张牙舞爪钻向前来，被李逵手起，先搠死了一个，那一个望洞里便钻了入去。李逵赶到洞里，也搠死了。李逵却钻入那大虫洞内，伏在里面张外面时，只见那母大虫张牙舞爪望窝里来。李逵道：“正是你这业畜吃了我娘。”放下朴刀，胯边掣出腰刀。那母大虫到洞口，先把尾去窝里一剪，便把后半截身躯坐将入去。李逵在窝内看得仔细，把刀朝母大虫尾底下尽平生气力舍命一戳，正中那母大虫粪门。李逵使得力重，和那刀靶，也直送入肚里去了。那母大虫吼了一声，就洞口带着刀，跳过涧边去了。李逵却拿了朴刀，就洞里赶将出来，那老虎负疼，直抢下山石岩下去了。李逵恰待要赶，只见就树边卷起一阵狂风，吹得败叶树木如雨一般打将下来。自古道：“云生从龙，风生从虎。”那一阵风起处，星月光辉之下，大吼了一声，忽地跳出一只吊睛白额虎来。那大虫望李逵势猛一扑，那李逵不慌不忙，趁着那大虫的势力，手起一刀，正中那大虫颔下。那大虫不曾再展再扑：一者护那疼痛，二者伤着他那气管。那大虫退不够五七步，只听得响一声，如倒半壁山，登时间死在岩下。

那李逵一时间杀了子母四虎，还又到虎窝边，将着刀复看了一遍，只恐还有大虫，已无有踪迹。李逵也困乏了，走向泗州大圣庙里，睡到天明。次日早晨，李逵却来收拾亲娘的两腿及剩的骨殖，把布衫包裹了，直到泗州大圣庵后掘土坑葬了。李逵大哭了一场，有诗为证:

沂岭西风九月秋，雌雄虎子聚林丘。

因将老母残躯啖，致使英雄血泪流。

猛拚一身探虎穴，立诛四虎报冤仇。

泗州庙后亲埋葬，千古传名李铁牛。

这李逵肚里又饥又渴，不免收拾包裹，拿了朴刀，寻路慢慢的走过岭来。只见五七个猎户都在那里收窝弓弩箭，见了李逵一身血污，行将下岭来，众猎户吃了一惊，问道：“你这客人莫非是山神土地，如何敢独自过岭来？”李逵见问，自肚里寻思道：“如今沂水县出榜，赏三千贯钱捉我，我如何敢说实话?只谎说罢。”答道：“我是客人。昨夜和娘过岭来，因我娘要水吃，我去岭下取水，被那大虫把我娘拖去吃了。我直寻到虎窝里，先杀了两个小虎，后杀了两个大虎，泗州大圣庙里睡到天明，方才下来。”众猎户齐叫道：“不信你一个人如何杀得四个虎?便是李存孝和子路也只打得一个。这两个小虎且不打紧，那两个大虎非同小可。我们为这两个畜生，不知都吃了几顿棍棒。这条沂岭自从有了这窝虎在上面，整三五个月，没人敢行。

我们不信，敢是你哄我？”李逵道：“我又不是此间人，没来由哄你做甚么?你们不信，我和你上岭去，寻讨与你。就带些人去扛了下来。”众猎户道：“若端的有时，我们自重重的谢你。却是好也！”

众猎户打起胡哨来，一霎时聚起三五十人，都拿了挠钩枪棒，跟着李逵，再上岭来。此时天大明朗，都到那山顶上。远远望见窝边果然杀死两个小虎，一个在窝内，一个在外面；一只母大虫死在山岩边，一只雄虎死在泗州大圣庙前。众猎户见了杀死四个大虫，尽皆欢喜，便把索子抓缚起来，众人扛抬下岭，就邀李逵同去请赏，一面先使人报知里正上户，都来迎接着，抬到一个大户人家，唤做曹太公庄上。那人原是闲吏，专一在乡放刁把滥。近来暴有几贯浮财，只是为人行短。当时曹太公亲自接来相见了，邀请李逵到草堂上坐定，动问那杀虎的缘由。李逵却把夜来同娘到岭上要水吃，因此杀死大虫的话，说了一遍。众人都呆了。曹太公动问壮士高姓名讳，李逵答道：“我姓张，无名，只唤做张大胆。”诗曰：

人言只有假李逵，从来再无李逵假。

如何李四冒张三，谁假谁真皆作耍。

曹太公道：“真乃是大胆壮士，不恁地胆大，如何杀的四个大虫！”一壁厢叫安排酒食管待，不在话下。

且说当村里得知沂岭上杀了四个大虫，抬在曹太公家，讲动了村坊道店，哄的前村后村，山僻人家，大男幼女，成群拽队，都来看虎，入见曹太公，相待着打虎的壮士，在厅上吃酒。数中却有李鬼的老婆，逃在前村爹娘家里，随着众人也来看虎，却认得李逵的模样，慌忙来家对爹娘说道：“这个杀虎的黑大汉，便是杀我老公，烧了我屋的。他正是梁山泊黑旋风李逵。”爹娘听得，连忙来报知里正。里正听了道：“他既是黑旋风时，正是岭后百丈村打死了人的李逵，逃走在江州，又做出事来，行移到本县原籍追捉，如今官司出三千贯赏钱拿他，他却走在这里！”暗地使人去请得曹太公到来商议。曹太公推道更衣，急急的到里正家里。正说这个杀虎的壮士，便是岭后百丈村里的黑旋风李逵，现今官司着落拿他。曹太公道：“你们要打听得仔细。倘不是时，倒惹得不好；若真个是时，却不妨。要拿他时也容易，只怕不是他时却难。”里正道：“现有李鬼的老婆认得他。曾来李鬼家做饭吃，杀了李鬼。”曹太公道：“既是如此，我们且只顾置酒请他，却问他：‘今番杀了大虫，还是要去县请功，只是要村里讨赏？’若还他不肯去县里请功时，便是黑旋风了，着人轮换把盏，灌得醉了，缚在这里，却去报知本县，差都头来取去，万无一失。”有诗为证：

常言芥投针孔，窄路每遇冤家。

李鬼鬼魂不散，旋风风色非佳。

打虎功思县赏，杀人身被官拿。

试看螳螂黄雀，劝君得意休夸。

众人道：“说得是。”里正与众人商量定了。曹太公回家来款住李逵，一面且置酒来相待，便道：“适间抛撇，请勿见怪。且请壮士解下腰间包裹，放下朴刀，宽松坐一坐。”李逵道：“好，好!我的腰刀已搠在雌虎肚里了，只有刀鞘在这里。若是开剥时，可讨来还我。”曹太公道：“壮士放心，我这里有的是好刀，相送一把与壮士悬带。”李逵解了腰刀、尖刀，并缠袋、包裹，都递与庄客收贮，便把朴刀倚在壁边。曹太公叫取大盘肉、大壶酒来。众多大户并里正、猎户人等，轮番把盏，大碗大钟，只顾劝李逵。曹太公又请问道：“不知壮士要将这虎解官请功，只是在这里讨些赍发！”李逵道：“我是过往客人，忙些个，偶然杀了这窝猛虎，不须去县里请功。只此有些赍发，便罢；若无，我也去了。”曹太公道：“如何敢轻慢了壮士?少刻村中敛取盘缠相送。我这里自解虎到县里去。”李逵道：“布衫先借一领与我换了上盖。”曹太公道：“有，有。”当时便取一领细青布袖袄，就与李逵换了身上的血污衣裳。只见门前鼓响笛鸣，都将酒来，与李逵把盏作庆，一杯冷，一杯热。李逵不知是计，只顾开怀畅饮，全不记宋江分付的言语。不两个时辰，把李逵灌得酩酊大醉，立脚不住。众人扶到后堂空屋下，放翻在一条板凳上，就取两条绳子，连板凳绑住了。便叫里正带人，飞也似去县里报知。就引李鬼老婆去做原告，补了一纸状子。

此时哄动了沂水县里，知县听得大惊，连忙升厅问道：“黑旋风拿住在那里?这是谋叛的人，不可走了。”原告人并猎户答应道：“现缚在本乡曹大户家，为是无人禁得他，诚恐有失，路上走了，不敢解来。”知县随即叫唤本县都头去取来。就厅前转过一个都头来声喏，那人是谁，有诗为证：

面阔眉浓须鬓赤，双睛碧绿似番人。

沂水县中青眼虎，豪杰都头是李云。

当下知县唤李云上厅来，分付道：“沂岭下曹大户庄上拿住黑旋风李逵，你可多带人去，密地解来，休要哄动村坊，被他走了。”李都头领了台旨，下厅来，点起三十个老郎士兵，各带了器械，便奔沂岭村中来。

这沂水县是个小去处，如何掩饰得过?此时街市上讲动了，说道：“拿着了闹江州的黑旋风。如今差李都头去拿来。”朱贵在东庄门外朱富家听了这个消息，慌忙来后面对兄弟朱富说道：“这黑厮又做出来了，如何解救?宋公明特为他，诚恐有失，差我来打听消息。如今他吃拿了，我若不救得他时，怎的回寨去见哥哥，似此怎生是好？”朱富道：“大哥且不要慌。这李都头一身好本事，有三五十人近他不得，我和你只两个同心合意，如何敢近傍他?只可智取，不可力敌。李云日常时最是爱我，常常教我使些器械，我却有个道理对他，只是在这里安不得身了。今晚煮了三二十斤肉，将十数瓶酒，把肉大块切了，却将些蒙汗药拌在里面，我两个五更带数个火家挑着，去半路里僻静处等候他解来时，只做与他把酒贺喜，将众人都麻翻了，却放李逵，如何？”朱贵道：“此计大妙。事不宜迟，可以整顿，及早便去。”朱富道：“只是李云不会吃酒，便麻翻了，终久醒得快。还有件事：倘或日后得知，须在此安身不得。”朱贵道：“兄弟，你在这里卖酒，也不济事。不如带领老小，跟我上山，一发入了伙，论秤分金银，换套穿衣服，却不快活?今夜便叫两个火家觅了一辆车儿，先送妻子和细软行李起身，约在十里牌等候，都去上山。我如今包裹内带得一包蒙汗药在这里，李云不会吃酒时，肉里多糁些，逼着他多吃些，也麻倒了，救得李逵同上山去，有何不可。”朱富道：“哥哥说得是。”便叫人去觅下了一辆车儿，打拴了三五个包箱，捎在车儿上，家中粗物都弃了，叫浑家和儿女上了车子，分付两个火家，跟着车子，只顾先去。

且说朱贵、朱富当夜煮熟了肉，切做大块，将药来拌了，连酒装做两担，带了二三十个空碗。又有若干菜蔬，也把药来拌了。恐有不吃肉的，也教他着手。两担酒肉，两个火家各挑一担。弟兄两个，自提了些果盒之类，四更前后，直接将来僻静山路口坐。等到天明，远远地只听得敲着锣响，朱贵接到路口。

且说那三十来个土兵自村里吃了半夜酒，四更前后，把李逵背剪绑了，解将来。后面李都头坐在马上，看看来到面前。朱富便向前拦住，叫道：“师父且喜，小弟将来接力。”桶内舀一壶酒来，斟一大钟，上劝李云。朱贵托着肉来，火家捧过果盒。李云见了，慌忙下马，跳向前来，说道：“贤弟，何劳如此远接。”朱富道：“聊表徒弟孝顺之心。”李云接过酒来，到口不吃，朱富跪下道：“小弟已知师父不饮酒。今日这个喜酒，也饮半盏儿。”李云推却不过，略呷了两口。朱富便道：“师父不饮酒，须请些肉。”李云道：“夜间已饱，吃不得了。”朱富道：“师父行了许多路，肚里也饥了。虽不中吃，胡乱请些，也免小弟之羞。”拣两块好的，递将过来。李云见他如此殷勤，只得勉意吃了两块。朱富把酒来劝上户、里正，并猎户人等，都劝了三钟，朱贵便叫土兵、庄客众人都来吃酒。这伙男女那里顾个冷热、好吃不好吃，酒肉到口，只顾吃，正如这风卷残云，落花流水，一齐上来，抢着吃了。

李逵光着眼，看了朱贵兄弟两个，已知用计，故意道：“你们也请我吃些。”朱贵喝道：“你是歹人，有何酒肉与你吃?这般杀才，快闭了口！”李云看着土兵，喝道叫走，只见一个个都面面厮觑，走动不得，口颤脚麻，都跌倒了。李云急叫：“中了计了。”恰待向前，不觉自家也头重脚轻，晕倒了，软做一堆，睡在地下。当时朱贵、朱富各夺了一条朴刀，喝声：“孩儿们休走！”两个挺起朴刀，来赶这伙不曾吃酒肉的庄客，并那看的人。走得快的，走了；走得迟的，就搠死在地。李逵大叫一声，把那绑缚的麻绳都挣断了，便夺过一条朴刀来杀李云。朱富慌忙拦住叫道：“不要害他。他是我的师父，为人最好，你只顾先走。”李逵应道：“不杀得曹太公老驴，如何出得这口气！”李逵赶上，手起一朴刀，先搠死曹太公，并李鬼的老婆，续后里正也杀了。性起来，把猎户排头儿一味价搠将去，那三十来个土兵都被搠死了。这看的人和众庄客只恨爹娘少生两只脚，都望深村野路逃命去了。

李逵还只顾寻人要杀，朱贵喝道：“不干看的人事，休只管伤人。”慌忙拦住，李逵方才住了手，就土兵身上剥了两件衣服穿上。三个人提着朴刀，便要从小路里走。朱富道：“不好，却是我送了师父性命。他醒时，如何见的知县，必然赶来。你两个先行，我等他一等。我想他日前教我的恩义，且是为人忠直，等他赶来，就请他一发上山入伙，也是我的恩义，免得教回县去吃苦。”朱贵道：“兄弟，你也见的是，我便先去跟了车子行，留李逵在路旁帮你等他。只有李云那厮吃的药少，没一个时辰便醒。若是他不赶来时，你们两个休执迷等他。”朱富道：“这是自然了。”

当下朱贵前行去了。只说朱富和李逵坐在路旁边等候，果然不到一个时辰，只见李云挺着一条朴刀，飞也似赶来，大叫道：“强贼休走！”李逵见他来的凶，跳起身，挺着朴刀，来斗李云，恐伤朱富。正是有分教：梁山泊内添双虎，聚义厅前庆四人。

毕竟黑旋风斗青眼虎，二人胜败如何，且听下回分解。

第四十四回 锦豹子小径逢戴宗　病关索长街遇石秀

话说当时李逵挺着朴刀来斗李云，两个就官路旁边斗了五七合，不分胜败。朱富便把朴刀去中间隔开，叫道：“且不要斗，都听我说。”二人都住了手。朱富道：“师父听说，小弟多蒙错爱，指教枪棒，非不感恩。只是我哥哥朱贵现在梁山泊做了头领，今奉及时雨宋公明将令，着他来照管李大哥。不争被你拿了解官，教我哥哥如何回去见得宋公明?因此做下这场手段。却才李大哥乘势要坏师父，却是小弟不肯容他下手，只杀了这些土兵。我们本待去得远了，猜道师父回去不得，必来赶我。小弟又想师父日常恩念，特地在此相等。师父，你是个精细的人，有甚不省得?如今杀害了许多人性命，又走了黑旋风，你怎生回去见得知县?你若回去时，定吃官司，又无人来相救，不如今日和我们一同上山，投奔宋公明，入了伙。未知尊意若何？”李云寻思了半晌，便道：“贤弟，只怕他那里不肯收留我。”朱富笑道：“师父，你如何不知山东及时雨大名，专一招贤纳士，结识天下好汉？”李云听了，叹口气道：“闪得我有家难奔，有国难投，只喜得我又无妻小，不怕吃官司拿了，只得随你们去休。”李逵便笑道：“我哥哥，你何不早说？”便和李云剪拂了。这李云不曾娶老小，亦无家当，当下三人合作一处，来赶车子，半路上朱贵接见了大喜。

四筹好汉跟了车仗便行，于路无话。看看相近梁山泊路上，又迎着马麟、郑天寿，都相见了，说道：“晁、宋二头领又差我两个下山来探听你消息。今既见了，我两个先去回报。”当下二人先上山来报知。次日，四筹好汉带了朱富家眷，都至梁山泊大寨聚义厅来。朱贵向前，先引李云拜见晁、宋二头领，相见众好汉，说道：“此人是沂水县都头，姓李，名云，绰号青眼虎。”次后朱贵引朱富参拜众位说道：“这是舍弟朱富，绰号笑面虎。”都相见了。李逵拜了宋江，给还了两把板斧，诉说取娘至沂岭，被虎吃了，因此杀了四虎。又说假李逵剪径被杀一事，众人大笑。晁、宋二人笑道：“被你杀了四个猛虎，今日山寨里又添得两个活虎，正宜作庆。”众多好汉大喜，便教杀羊宰马，做筵席庆贺两个新到头领。晁盖便叫去左边白胜上首坐定。

吴用道：“近来山寨十分兴旺，感得四方豪杰望风而来，皆是晁、宋二兄之德，亦众弟兄之福也。然是如此，还请朱贵仍复掌管山东酒店，替回石勇、侯健。朱富老小，另拨一所房舍住居。目今山寨事业大了，非同旧日，可再设三处酒馆，专一探听吉凶事情，往来义士上山。如若朝廷调遣官兵捕盗，可以报知如何进兵，好做准备。西山地面广阔，可令童威、童猛弟兄带领十数个火伴那里开店，令李立带十数个火家去山南边那里开店，令石勇也带十来个伴当去北山那里开店。仍复都要设立水亭号箭，接应船只，但有缓急军情，飞捷报来。山前设置三座大关，专令杜迁总行守把，但有一应委差，不许调遣，早晚不得擅离。又令陶宗旺把总监工，掘港汊，修水路，开河道，整理宛子城垣，修筑山前大路。他原是庄户出身，修理久惯。令蒋敬掌管库藏仓廒，支出纳入，积万累千，书算帐目。令萧让设置寨中寨外，山上山下，三关把隘，许多行移关防文约，大小头领号数。烦令金大坚刊造雕刻，一应兵符、印信、牌面等项。令侯健管造衣袍铠甲五方旗号等件。令李云监造梁山泊一应房舍、厅堂。令马麟监管修造大小战船。令宋万、白胜去金沙滩下寨。令王矮虎、郑天寿去鸭嘴滩下寨。令穆春、朱富管收山寨钱粮。吕方、郭盛于聚义厅两边耳房安歇。令宋清专管筵宴。”都分拨已定，筵席了三日，不在话下。梁山泊自此无事，每日只是操练人马，教演武艺。水寨里头领都教习驾船，赴水，船上厮杀，亦不在话下。

忽一日，宋江与晁盖、吴学究并众人闲话道：“我等弟兄众位今日都共聚大义，只有公孙一清不见回还。我想他回蓟州探母参师，期约百日便回，今经日久，不知信息，莫非昧信不来。可烦戴宗兄弟与我去走一遭，探听他虚实下落，如何不来。”戴宗愿往。宋江大喜，说道：“只有贤弟去得快，旬日便知信息。”当日戴宗别了众人，次早打扮做承局，下山去了。正是：

虽为走卒，不占军班。一生常作异乡人，两腿欠他行路债。监司出入，皂花藤杖挂宣牌；帅府行军，黄色绢旗书令字。家居千里，日不移时；紧急军情，时不过刻。早向山东餐黍米，晚来魏府吃鹅梨。

且说戴宗自离了梁山泊，取路望蓟州来。把四个甲马拴在腿上，作起神行法来，于路只吃些素茶素食。在路行了三日，来到沂水县界，只闻人说道：“前日走了黑旋风，伤了好多人，连累了都头李云不知去向，至今无获处。”戴宗听了冷笑。当日正行之次，只见远远地转过一个人来，手里提着一根浑铁笔管枪。那人看见戴宗走得快，便立住了脚，叫一声：“神行太保！”戴宗听得，回过脸来，定睛看时，见山坡下小径边，立着一个大汉，生得头圆耳大，鼻直口方，眉秀目疏，腰细膀阔。戴宗连忙回转身来问道：“壮士素不曾拜识，如何呼唤贱名？”那汉慌忙答道：“足下果是神行太保！”撇了枪，便拜倒在地。戴宗连忙扶住答礼，问道：“足下高姓大名？”那汉道：“小弟姓杨，名林，祖贯彰德府人氏，多在绿林丛中安身，江湖上都叫小弟做锦豹子杨林。数月之前，路上酒肆里遇见公孙胜先生，同在店中吃酒相会，备说梁山泊晁、宋二公招贤纳士，如此义气，写下一封书，教小弟自来投大寨入伙，只是不敢轻易擅进。公孙先生又说：‘李家道口旧有朱贵开酒店在彼，招引上山入伙的人。山寨中亦有一个招贤飞报头领，唤做神行太保戴院长，日行八百里路。’今见兄长行步非常，因此唤一声看，不想果是仁兄，正是天幸，无心得遇。”戴宗道：“小可特为公孙胜先生回蓟州去，杳无音信，今奉晁、宋二公将令，差遣来蓟州探听消息，寻取公孙胜还寨，不期却遇足下。”杨林道：“小弟虽是彰德府人，这蓟州管下地方州郡都走遍了。倘若不弃，就随侍兄长同去走一遭。”戴宗道：“若得足下作伴，实是万幸。寻得公孙先生见了，一同回梁山泊去未迟。”

杨林见说了，大喜，就邀住戴宗，结拜为兄。戴宗收了甲马，两个缓缓而行，到晚就投村店歇了。杨林置酒请戴宗，戴宗道：“我使神行法，不敢食荤。”两个只买些素馔相待。过了一夜，次日早起，打火吃了早饭，收拾动身。杨林便问道：“兄长使神行法走路，小弟如何走得上?只怕同行不得！”戴宗笑道：“我的神行法也带得人同走。我把两个甲马拴在你腿上，作起法来，也和我一般走得快，要行便行，要住便住。不然，你如何赶得我走？”杨林道：“只恐小弟是凡胎浊骨，比不得兄长神体。”戴宗道：“不妨，我这法，诸人都带得。作用了时，和我一般行；只是我自吃素，并无妨碍。”当时取两个甲马，替杨林缚在腿上，戴宗也只缚了两个，作用了神行法，吹口气在上面，两个轻轻地走了去，要紧要慢，都随着戴宗行。两个于路闲说些江湖上的事，虽只见缓缓而行，正不知走了多少路。

两个行到巳牌时分，前面来到一个去处，四围都是高山，中间一条驿路。杨林却自认得，便对戴宗说道：“哥哥，此间地名，唤做饮马川，前面兀那高山里常常有大伙在内，近日不知如何。因为山势秀丽，水绕峰环，以此唤做饮马川。”两个正来到山边过，只听得忽地一声锣响，战鼓乱鸣，走出一二百小喽罗，拦住去路，当先拥着两筹好汉，各挺一条朴刀，大喝道：“行人须住脚。你两个是甚么鸟人?那里去的?会事的快把买路钱来，饶你两个性命！”杨林笑道：“哥哥，你看我结果那呆鸟！”拈着笔管枪抢将入去。那两个好汉见他来得凶，走近前来看了，上首的那个便叫道：“且不要动手，兀的不是杨林哥哥么！”杨林见了，却才认得。上首那个大汉提着军器向前剪拂了，便唤下首这个长汉都来施礼罢。杨林请过戴宗说道：“兄长且来和这两个弟兄相见。”戴宗问道：“这两个壮士是谁?如何认得贤弟？”杨林便道：“这个认得小弟的好汉，他原是盖天军襄阳府人氏，姓邓，名飞。为他双睛红赤，江湖上人都唤他做火眼狻猊。能使一条铁链，人皆近他不得。多曾合伙，一别五年，不曾见面，谁想今日却在这里相遇着！”邓飞便问道：“杨林哥哥，这位兄长是谁，必不是等闲人也。”杨林道：“我这仁兄，是梁山泊好汉中神行太保戴宗的便是。”邓飞听了道：“莫不是江州的戴院长，能行八百里路程的？”戴宗答道：“小可便是。”那两个头领慌忙剪拂道：“平日只听得说大名，不想今日在此拜识尊颜！”戴宗看那邓飞时，生得如何，有诗为证：

原是襄阳闲扑汉，江湖飘荡不思归。

多　人肉双睛赤，火眼狻猊是邓飞。

当下二位壮士施礼罢，戴宗又问道：“这位好汉高姓大名？”邓飞道：“我这兄弟，姓孟，名康，祖贯是真定州人氏，善造大小船只。原因押送花石纲，要造大船，嗔怪这提调官催并责罚他，把本官一时杀了，弃家逃走在江湖上绿林中安身，已得年久。因他长大白净，人都见他一身好肉体，起他一个绰号，叫他做玉幡竿孟康。”戴宗见说，大喜。看那孟康怎生模样，有诗为证：

能攀强弩冲头阵，善造艨艟越大江。

真州妙手楼船匠，白玉幡竿是孟康。

当时戴宗见了二人，心中甚喜，四筹好汉说话间，杨林问道：“二位兄弟在此聚义几时了？”邓飞道：“不瞒兄长说，也有一年多了。只半载前在这直西地面上遇着一个哥哥，姓裴，名宣，祖贯是京兆府人氏，原是本府六案孔目出身，极好刀笔；为人忠直聪明，分毫不肯苟且，本处人都称他铁面孔目。亦会拈枪使棒，舞剑抡刀，智勇足备。为因朝廷除将一员贪滥知府到来，把他寻事刺配沙门岛，从我这里经过，被我们杀了防送公人，救了他在此安身，聚集得三二百人。这裴宣极使得好双剑，让他年长，现在山寨中为主。烦请二位义士同往小寨，相会片时。”便叫小喽罗牵过马来，请戴宗、杨林都上了马，四骑马望山寨来。行不多时，早到寨前，下了马，裴宣已有人报知，连忙出寨，降阶而接。戴宗、杨林看裴宣时，果然好表人物，生得面白肥胖，四平八稳，心中暗喜。有诗为证：

问事时巧智心灵，落笔处神号鬼哭。

心平恕毫发无私，称裴宣铁面孔目。

当下裴宣邀请二位义士到聚义厅上，俱各讲礼罢，谦让戴宗正面坐了，次是裴宣、杨林、邓飞、孟康，五筹好汉，宾主相待，坐定筵宴，当日大吹大擂饮酒。看官听说，这也都是地煞星之数，时节到来，天幸自然义聚相逢，有诗为证：

豪杰遭逢信有因，连环钩锁共相寻。

汉廷将相由屠钓，莫怪梁山错用心。

当下众人饮酒中间，戴宗在筵上说起晁、宋二头领招贤纳士，结识天下四方豪杰，待人接物，一团和气，仗义疏财，许多好处。众头领同心协力，八百里梁山泊如此雄壮，中间宛子城、蓼儿洼，四下里都是茫茫烟水，更有许多兵马，何愁官兵来到。只管把言语说他三个。裴宣回道：“小弟寨中也有三百来人马，财赋亦有十余辆车子，粮食草料不算，倘若仁兄不弃微贱时，引荐于大寨入伙，愿听号令效力。未知尊意若何？”戴宗大喜道：“晁、宋二公待人接物，并无异心；更得诸公相助，如锦上添花。若果有此心，可便收拾下行李，待小可和杨林去蓟州见了公孙胜先生回来，那时一同扮做官军，星夜前往。”众人大喜。酒至半酣，移去后山断金亭上，看那饮马川景致吃酒，端的好个饮马川。但见：

一望茫茫野水，周回隐隐青山。几多老树映残霞，数片彩云飘远岫。荒田寂寞，应无稚子看牛；古渡凄凉，那得奚人饮马。只好强人安寨栅，偏宜好汉展旌旗。

戴宗看了这饮马川一派山景，喝采道：“好山好水，真乃秀丽，你等二位如何来得到此？”邓飞道：“原是几个不成材小厮们在这里屯扎，后被我两个来夺了这个去处。”众皆大笑。五筹好汉吃得大醉。裴宣起身舞剑助酒，戴宗称赞不已。至晚，各自回寨内安歇。次日，戴宗定要和杨林下山，三位好汉苦留不住，相送到山下作别，自回寨里收拾行装，整理动身，不在话下。

且说戴宗和杨林离了饮马川山寨，在路晓行夜住，早来到蓟州城外，投个客店安歇了。杨林便道："哥哥，我想公孙胜先生是个出家人，必是山间林下村落中住，不在城里。"戴宗道："说得是。"当时二人先去城外，到处询问公孙胜先生下落消息，并无一个人晓得他。住了一日，次早起来，又去远远村坊街市访问人时，亦无一个认得。两个又回店中歇了。第三日，戴宗道："敢怕城中有人认得他。"当日和杨林却入蓟州城里来寻他。两个寻问老成人时，都道："不认得，敢不是城中人。只怕是外县名山大刹居住。"

杨林正行到一个大街，只见远远地一派鼓乐，迎将一个人来。戴宗、杨林立在街上看时，前面两个小牢子，一个驮着许多礼物花红，一个捧着若干缎子彩缯之物；后面青罗伞下，罩着一个押狱刽子。那人生得好表人物，露出蓝靛般一身花绣，两眉入鬓，凤眼朝天，淡黄面皮，细细有几根髭髯。那人祖贯是河南人氏，姓杨，名雄，因跟一个叔伯哥哥来蓟州做知府，一向流落在此。续后一个新任知府，却认得他，因此就参他做两院押狱，兼充市曹行刑刽子。因为他一身好武艺，面貌微黄，以此人都称他做病关索杨雄。有一首《临江仙》词，单道着杨雄好处：

两臂雕青镌嫩玉，头巾环眼嵌玲珑。鬓边爱插翠芙蓉。背心书刽字，衫串染猩红。　　问事厅前逞手段，行刑刀利如风。微黄面色细眉浓。人称病关索，好汉是杨雄。

当时杨雄在中间走着，背后一个小牢子擎着鬼头靶法刀。原来才去市心里决刑了回来，众相识与他挂红贺喜，送回家去，正从戴宗、杨林面前迎将过来。一簇人在路口拦住了把盏，只见侧首小路里又撞出七八个军汉来，为头的一个，叫做踢杀羊张保。这汉是蓟州守御城池的军，带着这几个，都是城里城外时常讨闲钱使的破落户汉子，官司累次奈何他不改，为见杨雄原是外乡人来蓟州，却有人惧怕他，因此不怯气。当日正见他赏赐得许多缎匹，带了这几个没头神，吃得半醉，却好赶来要惹他。又见众人拦住他在路口把盏，那张保拨开众人，钻过面前叫道："节级拜揖。"杨雄道："大哥来吃酒。"张保道："我不要吃酒，我特来问你借百十贯钱使用。"杨雄道："虽是我认得大哥，不曾钱财相交，如何问我借钱？"张保道："你今日诈得百姓许多财物，如何不借我些？"杨雄应道："这都是别人与我做好看的，怎么是诈得百姓的?你来放刁，我与你军卫有司，各无统属。"张保不应，便叫众人向前一哄，先把花红缎子都抢了去。杨雄叫道："这厮们无礼。"却待向前打那抢物事的人，被张保劈胸带住，背后又是两个来拖住了手，那几个都动起手来，小牢子们各自回避了。

杨雄被张保并两个军汉逼住了，施展不得，只得忍气，解拆不开。正闹中间，只见一条大汉挑着一担柴来，看见众人逼住杨雄，动弹不得。那大汉看了，路见不平，便放下柴担，分开众人，前来劝道："你们因甚打这节级？"那张保睁起眼来喝道："你这打脊饿不死冻不杀的乞丐，敢来多管！"那大汉大怒，焦躁起来，将张保劈头只一提，一交颠翻在地。那几个帮闲的见了，却待要来动手，早被那大汉一拳一个，都打的东倒西歪。杨雄方才脱得身，把出本事来施展动，一对拳头穿梭相似，那几个破落户都打翻在地。张保见不是头，爬将起来，一直走了。杨雄忿怒，大踏步赶将去。张保跟着抢包袱的走，杨雄在后面追着，赶转小巷去了。那大汉兀自不歇手，在路口寻人厮打。戴宗、杨林看了，暗暗地喝采道："端的是好汉，此乃'路见不平，拔刀相助'，真壮士也！"正是：

匣里龙泉争欲出，只因世有不平人。

旁观能辨非和是，相助安知疏与亲。

当时戴宗、杨林便向前邀住劝道："好汉看我二人薄面，且罢休了。"两个把他扶劝到一个巷内。杨林替他挑了柴担，戴宗挽住那汉手，邀入酒店里来。杨林放下柴担，同到阁儿里面。那大汉叉手道："感蒙二位大哥解救了小人之祸。"戴宗道："我弟兄两个也是外乡人，因见壮士仗义之事，只恐一时拳手太重，误伤人命，特地做这个出场，请壮士酌三杯，到此相会结义则个。"那大汉道："多得二位仁兄解拆小人这场，却又蒙赐酒相待，实是不当。"杨林便道："'四海之内，皆兄弟也'，有何伤乎?且请坐。"戴宗相让，那汉那里肯僭上?戴宗、杨林一带坐了，那汉坐于对席。叫过酒保，杨林身边取出一两银子来，把与酒保道："不必来问，但有下饭，只顾买来与我们吃了，一发总算。"酒保接了银子去，一面铺下菜蔬、果品、按酒之类。

三人饮过数杯，戴宗问道："壮士高姓大名?贵乡何处？"那汉答道："小人姓石，名秀，祖贯是金陵建康府人氏。自小学得些枪棒在身，一生执意，路见不平，但要去相助，人都呼小弟作'拚命三郎'。因随叔父来外乡贩羊马卖，不想叔父半途亡故，消折了本钱，还乡不得，流落在此蓟州卖柴度日。既蒙拜识，当以实告。"戴宗道："小可两个因来此间干事，得遇壮士。如此豪杰流落在此卖柴，怎能够发迹?不若挺身江湖上去，做个下半世快乐也好。"石秀道："小人只会使些枪棒，别无甚本事，如何能够发达快乐？"戴宗道："这般时节认不得真，一者朝廷不明，二乃奸臣闭塞。小可一个薄识，因一口气去投奔了梁山泊宋公明入伙，如今论秤分金银，换套穿衣服，只等朝廷招安了，早晚都做个官人。"石秀叹口气道："小人便要去，也无门路可进。"戴宗道："壮士若肯去时，小可当以相荐。"石秀道："小人不敢拜问二位官人贵姓？"戴宗道："小可姓戴名宗，兄弟姓杨名林。"石秀道："江湖上听的说个江州神行太保，莫非正是足下？"戴宗道："小可便是。"叫杨林身边包袱内取一锭十两银子，送与石秀做本钱。石秀不敢受，再三谦让，方才收了，才知道他是梁山泊神行太保。正欲诉说些心腹之话，投托入伙，只听得外面有人寻问入来。三个看时，却是杨雄带领着二十余人，都是做公的，赶入酒店里来。戴宗、杨林见人多，吃了一惊，乘闹哄里，两个慌忙走了。

石秀起身迎住道："节级那里去来？"杨雄便道："大哥，何处不寻你，却在这里饮酒?我一时被那厮封住了手，施展不得，多蒙足下气力，救了我这场便宜。一时间只顾赶了那厮去，夺他包袱，却撇了足下。这伙兄弟听得我厮打，都来相助，依还夺得抢去的花红缎匹回来，只寻足下不见。却才有人说道：'两个客人，劝他去酒店里吃酒。'因此才知得，特地寻将来。"石秀道："却才是两个外乡客人，邀在这里酌三杯，说些闲话，不知节级呼唤。"杨雄大喜，便问道："足下高姓大名？贵乡何处?因何在此？"石秀答道："小人姓石，名秀，祖贯是金陵建康府人氏。平生性直，路见不平，便要去舍命相护，以此都唤小人做'拚命三郎'。因随叔父来此地贩卖羊马，不期叔父半途亡故，消折了本钱，流落在此蓟州卖柴度日。"杨雄看石秀时，好个壮士，生得上下相等。有首《西江月》词，单道着石秀好处。但见：

身似山中猛虎，性如火上浇油。心雄胆大有机谋，到处逢人搭救。　　全仗一条杆棒，只凭两个拳头。掀天声价满皇州，拚命三郎石秀。

当下杨雄又问石秀道："却才和足下一处饮酒的客人何处去了？"石秀道："他两个见节级带人进来，只道相闹，以此去了。"杨雄道："恁地时，先唤酒保取两瓮酒来，大碗叫众人一家三碗，吃了去，明日却得来相会。"众人都吃了酒，自去散了。杨雄便道："石秀三郎，你休见外。想你此间必无亲眷，我今日就结义你做个弟兄如何？"石秀见说大喜，便说道："不敢动问节级贵庚？"杨雄道："我今年二十九岁。"石秀道："小弟今年二十八岁，就请节级坐，受小弟拜为哥哥。"石秀拜了四拜。杨雄大喜，便叫酒保安排饮馔酒果来，"我和兄弟今日吃个尽醉方休。"

正饮酒之间，只见杨雄的丈人潘公，带领了五七个人，直寻到酒店里来。杨雄见了，起身道："泰山来做甚么？"潘公道："我听得你和人厮打，特地寻将来。"杨雄道："多谢这个兄弟救护了我，打得张保那厮见影也害怕。我如今就认义了石家兄弟做我兄弟。"潘公叫："好，好，且叫这几个弟兄吃碗酒了去。"杨雄便叫酒保讨酒来，每人三碗吃了去，便叫潘公中间坐了，杨雄对席上首，石秀下首。三人坐下，酒保自来斟酒。潘公见了石秀这等英雄长大，心中甚喜，便说道："我女婿得你做个兄弟相帮，也不枉了公门中出入，谁敢欺负他！"又问道："叔叔原曾做甚买卖道路？"石秀道："先父原是操刀屠户。"潘公道："叔叔曾省得杀牲口的勾当么？"石秀笑道："自小吃屠家饭，如何不省得宰杀牲口？"潘公道："老汉原是屠户出身，只因年老做不得了，止有这个女婿，他又自一身入官府差遣，因此撇下这行衣饭。"三人酒至半酣，计算酒钱，石秀将这担柴也都准折了。三人取路回来，杨雄入得门，便叫："大嫂，快来与这叔叔相见。"只见布帘里面应道："大哥，你有甚叔叔？"杨雄道："你且休问，先出来相见。"布帘起处，走出那个妇人来。原来那妇人是七月七日生的，因此小字唤做巧云，先嫁了一个吏员，是蓟州人，唤做王押司，两年前身故了，方才晚嫁得杨雄，未及一年夫妻。石秀见那妇人出来，慌忙向前施礼道："嫂嫂请坐。"石秀便拜，那妇人道："奴家年轻，如何敢受礼？"杨雄道："这个是我今日新认义的兄弟，你是嫂嫂，可受半礼。"当下石秀推金山，倒玉柱，拜了四拜。那妇人还了两礼，请入来里面坐地，收拾一间空房，教叔叔安歇。话休絮烦。次日，杨雄自出去应当官府，分付家中道："安排石秀衣服巾帻。"客店内有些行李包裹，都教去取来杨雄家里安放了。

却说戴宗、杨林自酒店里看见那伙做公的入来寻访石秀，闹哄里两个自走了，回到城外客店中歇了。次日，又去寻问公孙胜两日，绝无人认得，又不知他下落住处，两个商量了且回去。当日收拾了行李，便起身离了蓟州，自投饮马川来，和裴宣、邓飞、孟康一行人马，扮作官军，星夜望梁山泊来。戴宗要见他功劳，又纠合得许多人马上山，山上自做庆贺筵席，不在话下。

再说有杨雄的丈人潘公，自和石秀商量，要开屠宰作坊。潘公道："我家后门头是一条断路小巷，又有一间空房在后面，那里井水又便，可做作坊，就教叔叔做房在里面，又好照管。"石秀见了也喜，"端的便益。"潘公再寻了个旧时识熟副手，"只央叔叔掌管帐目。"石秀应承了，叫了副手，便把大青大绿妆点起肉案子、水盆、砧头，打磨了许多刀杖，整顿了肉案，打并了作坊、猪圈，起上十数个肥猪，选个吉日，开张肉铺。众邻舍亲戚都来挂红贺喜，吃了一两日酒，杨雄一家，得石秀开了店，都欢喜。自此无话。一向潘公、石秀，自做买卖。

不觉光阴迅速，又早过了两个月有余。时值秋残冬到，石秀里里外外，身上都换了新衣穿着。石秀一日早起五更，出外县买猪，三日了方回家来，只见铺店不开。却到家里看时，肉店砧头也都收过了，刀杖家火亦藏过了。石秀是个精细的人，看在肚里便省得了，自心中忖道："常言：'人无千日好，花无百日红。'哥哥自出外去当官，不管家事，必然嫂嫂见我做了这些衣裳，一定背后有说话。又见我两日不回，必有人搬口弄舌，想是疑心，不做买卖。我休等他言语出来，我自先辞了回乡去休。自古道：'那得长远心的人？'"石秀已把猪赶在圈里，却去房中换了脚手，收拾了包裹行李，细细写了一本清帐，从后面入来。潘公已安排下些素酒食，请石秀坐定吃酒。潘公道："叔叔远出劳心，自赶猪来辛苦。"石秀道："丈丈，礼当。且收过了这本明白帐目。若上面有半点私心，天地诛灭。"潘公道："叔叔何故出此言?并不曾有个甚事。"石秀道："小人离乡五七年了，今欲要回家去走一遭，特地交还帐目。今晚辞了哥哥，明早便行。"潘公听了，大笑起来道："叔叔差矣。你且住，听老汉说。"那老子言无数句，话不一席。有分教：报恩壮士提三尺，破戒沙门丧九泉。

毕竟潘公说出甚言语来，且听下回分解。

第四十五回 杨雄醉骂潘巧云　石秀智杀裴如海

话说石秀回来，见收过店面，便要辞别出门，潘公说道："叔叔且住，老汉已知叔叔的意了。叔叔两夜不曾回家，今日回来，见收拾过了家火什物，叔叔已定心里只道是不开店了，因此要去。休说恁地好买卖，便不开店时，也养叔叔在家。不瞒叔叔说，我这小女先嫁得本府一个王押司，不幸没了，今得二周年，做些功果与他，因此歇了这两日买卖。明日请下报恩寺僧人来做功德，就要央叔叔管待则个。老汉年纪高人，熬不得夜，因此一发和叔叔说知。"石秀道："既然丈丈恁地说时，小人再纳定性过几时。"潘公道："叔叔今后并不要疑心，只顾随分且过。"当时吃了几杯酒，并些素食，收过了杯盘。

只见道人挑将经担到来，铺设坛场，摆放佛像、供器、鼓、钹、钟、磬、香花、灯烛，厨下一面安排斋食。杨雄到申牌时分，回家走一遭，分付石秀道："贤弟，我今夜却限当牢，不得前来，凡事央你支持则个。"石秀道："哥哥放心自去，晚间兄弟替你料理。"杨雄去了，石秀自在门前照管。没多时，只见一个年纪小的和尚，揭起帘子入来。石秀看那和尚时，端的整齐。但见：

一个青旋旋光头新剃，把麝香松子匀搽；一领黄烘烘直裰初缝，使沉速　檀香染。山根鞋履，是福州染到深青；九缕丝绦，系西地买来真紫。光溜溜一双贼眼，只睃趁施主娇娘；美甘甘满口甜言，专说诱丧家少妇。

那和尚入到里面，深深地与石秀打个问讯。石秀答礼道："师父少坐。"随背后一个道人，挑两个盒子入来，石秀便叫："丈丈，有个师父在这里。"潘公听得，从里面出来，那和尚便道："干爷如何一向不到敝寺？"老子道："便是开了这些店面，却没工夫出来。"那和尚便道："押司周年，无甚罕物相送，些少挂面，几包京枣。"老子道："阿也!甚么道理，教师父坏钞！"教叔叔收过了。石秀自搬入去，叫点茶出来，门前请和尚吃。

只见那妇人从楼上下来，不敢十分穿重孝，只是淡妆轻抹，便问："叔叔，谁送物事来？"石秀道："一个和尚，叫丈丈做干爷的送来。"那妇人便笑道："是师兄海　黎裴如海，一个老实的和尚。他便是裴家绒线铺里小官人，出家在报恩寺中。因他师父是家里门徒，结拜我父做干爷，长奴两岁，因此上叫他做师兄。他法名叫做海公。叔叔，晚间你只听他请佛念经，有这般好声音。"石秀道："原来恁地。"自肚里已有些瞧科。

那妇人便下楼来见和尚，石秀却背叉着手，随后跟出来，布帘里张看。只见那妇人出到外面，那和尚便起身向前来，合掌深深的打个问讯。那妇人便道："甚么道理，教师兄坏钞！"和尚道："贤妹，些少薄礼微物，不足挂齿。"那妇人道："师兄何故这般说?出家人的物事，怎的消受得？"和尚道："敝寺新造水陆堂，也要来请贤妹随喜，只恐节级见怪。"那妇人道："家下拙夫却不恁地计较，老母死时，也曾许下血盆愿心，早晚也要到上刹相烦还了。"和尚道："这是自家的事，如何恁地说?但是分付如海的事，小僧便去办来。”那妇人道：“师兄，多与我娘念几卷经便好。”只见里面丫鬟捧茶出来，那妇人拿起一盏茶来，把帕子去茶钟口边抹一抹，双手递与和尚。那和尚一头接茶，两只眼涎瞪瞪的只顾看那妇人身上，这妇人也嘻嘻的笑着看这和尚。人道色胆如天，却不防石秀在布帘里张见。石秀自肚里暗忖道：“‘莫信直中直，须防仁不仁。’我几番见那婆娘常常的只顾对我说些风话，我只以亲嫂嫂一般相待，原来这婆娘倒不是个良人。莫教撞在石秀手里，敢替杨雄做个出场，也不见的。”

石秀此时已有三分在意了，便揭起布帘，走将出来。那贼秃放下茶盏，便道：“大郎请坐。”这妇人便插口道：“这个叔叔，便是拙夫新认义的兄弟。”那和尚虚心冷气，动问道：“大郎贵乡何处?高姓大名？”石秀道：“我姓石，名秀，金陵人氏。因为只好闲管，替人出力，以此叫做‘拚命三郎’。我是个粗卤汉子，礼数不到，和尚休怪！”裴如海道：“不敢，不敢。小僧去接众僧来赴道场。”相别出门去了。那妇人道：“师兄早来些个。”那和尚应道：“便来了。”妇人送了和尚出门，自入里面来了。石秀却在门前低了头，只顾寻思。

看官听说，原来但凡世上的人，惟有和尚色情最紧，为何说这句话?且如俗人出家人，都是一般父精母血所生，缘何见得和尚家色情最紧?惟有和尚家第一闲。一日三餐，吃了檀越施主的好斋好供，住了那高堂大殿僧房，又无俗事所烦，房里好床好铺睡着，没得寻思，只是想着此一件事。假如譬喻说一个财主家，虽然十相俱足，一日有多少闲事恼心，夜间又被钱物挂念，到三更二更才睡，总有娇妻美妾，同床共枕，那得情趣?又有那一等小百姓们，一日价辛辛苦苦挣扎，早晨巴不到晚，起的是五更，睡的是半夜。到晚来，未上床，先去摸一摸米瓮看，到底没颗米，明日又无钱，总然妻子有些颜色，也无些甚么意兴。因此上输与这和尚们一心闲静，专一理会这等勾当。那时古人评论到此去处，说这和尚们真个利害，因此苏东坡学士道：“不秃不毒，不毒不秃，转秃转毒，转毒转秃。”和尚们还有四句言语，道是：

一个字便是僧，两个字是和尚，三个字鬼乐官，四字色中饿鬼。

且说这石秀自在门前寻思了半晌，又且去支持管待。不多时，只见行者先来点烛烧香。少刻，海　黎引领众僧却来赴道场，潘公、石秀接着，相待茶汤已罢，打动鼓钹，歌咏赞扬。只见海　黎同一个一般年纪小的和尚做　黎，播动铃杵，发牒请佛，献斋赞供，诸大护法监坛主盟，“追荐亡夫王押司早生天界”。只见那妇人乔素梳妆，来到法坛上，执着手炉，拈香礼佛。那海　黎越逞精神，摇着铃杵，念动真言。这一堂和尚见了杨雄老婆这等模样，都七颠八倒起来。

那众僧都在法坛上看见了这妇人，自不觉都手之舞之，足之蹈之，一时间愚迷了佛性禅心，拴不定心猿意马，以此上德行高僧世间难得。石秀却在侧边看了，也自冷笑道：“似此有甚功德，正谓之作福不如避罪。”少间，证盟已了，请众和尚就里面吃斋，海　黎却在众僧背后，转过头来，看着那妇人嘻嘻的笑，那婆娘也掩着口笑。两个都眉来眼去，以目送情。石秀都看在眼里，自有五分来不快意。众僧都坐了吃斋，先饮了几杯素酒，搬出斋来，都下了衬钱。潘公道：“众师父饱斋则个。”少刻，众僧斋罢，都起身行食去了。转过一遭，再入道场。石秀心中好生不快意，只推肚疼，自去睡在板壁后了。

那妇人一点情动，那里顾的防备人看见，便自去支持众僧，又打了一回鼓钹动事，把些茶食果品煎点。海　黎着众僧用心看经，请天王拜忏，设浴召亡，参礼三宝。追荐到三更时分，众僧困倦，这海　黎越逞精神，高声看诵。那妇人在布帘下看了，便教丫鬟请海和尚说话。那贼秃慌忙来到妇人面前。这婆娘扯住和尚袖子说道：“师兄明日来取功德钱时，就对爹爹说血盆愿心一事，不要忘了。”和尚道：“小僧记得。只说要还愿，也还了好。”和尚又道：“你家这个叔叔好生利害。”妇人应道：“这个睬他则甚!又不是亲骨肉。”海　黎道：“恁地小僧却才放心。我只道是节级的至亲兄弟。”两个又戏笑了一回，那和尚自出去判斛送亡。不想石秀却在板壁后假睡，正张得着，都看在肚里了。当夜五更道场满散，送佛化纸已了，众僧作谢回去，那妇人自上楼去睡了。石秀却自寻思了，气道：“哥哥恁的豪杰，却恨撞了这个淫妇。”忍了一肚皮鸟气，自去作坊里睡了。

次日，杨雄回家，俱各不提。饭后杨雄又出去了。只见海　黎又换了一套整整齐齐的僧衣，径到潘公家来。那妇人听得是和尚来了，慌忙下楼，出来接着，邀入里面坐地，便叫点茶来。那妇人谢道：“夜来多教师兄劳神，功德钱未曾拜纳。”海　黎道：“不足挂齿。小僧夜来所说血盆忏愿心这一事，特禀知贤妹。要还时，小僧寺里现在念经，只要都疏一道就是。”那妇人道：“好，好。”便叫丫鬟请父亲出来商量。潘公便出来谢道：“老汉打熬不得，夜来甚是有失陪侍。不想石叔叔又肚疼倒了，无人管待，却是休怪，休怪。”那和尚道：“干爷正当自在。”那妇人便道：“我要替娘还了血盆忏旧愿，师兄说道，明日寺中做好事，就附答还了。先教师兄去寺里念经，我和你明日饭罢去寺里，只要证明忏疏，也是了当一头事。”潘公道：“也好，明日只怕买卖紧，柜上无人。”那妇人道：“放着石叔叔在家照管，却怕怎的？”潘公道：“我儿出口为愿，明日只得要去。”那妇人就取些银子做功果钱，与和尚去，“有劳师兄，莫责轻微，明日准来上刹讨素面吃。”海　黎道：“谨候拈香。”收了银子，便起身谢道：“多承布施，小僧将去分　众僧，来日专等贤妹来证盟。”那妇人直送和尚到门外去了。石秀自在作坊里安歇，起来宰猪赶趁。诗曰：

古来佛殿有奇逢，偷约欢期情倍浓。

也学裴航勤玉杵，巧云移处鹊桥通。

却说杨雄当晚回来安歇，妇人待他吃了晚饭，洗了脚手，却教潘公对杨雄说道：“我的阿婆临死时，孩儿许下血盆经忏愿心在这报恩寺中，我明日和孩儿去那里证盟酬了便回，说与你知道。”杨雄道：“大嫂，你便自说与我，何妨。”那妇人道：“我对你说，又怕你嗔怪，因此不敢与你说。”当晚无话，各自歇了。

次日五更，杨雄起来，自去画卯，承应官府。石秀起来，自理会做买卖。只见那妇人起来，浓妆艳饰，打扮得十分济楚，包了香盒，买了纸烛，讨了一乘轿子。石秀自一早晨顾买卖，也不来管他。饭罢，把丫鬟迎儿也打扮了。巳牌时候，潘公换了一身衣裳，来对石秀道：“小弟相烦叔叔照管门前，老汉和拙女同去还些愿心便回。”石秀笑道：“小人自当照管；丈丈但照管嫂嫂，多烧些好香早早来。”石秀自肚里已知了。

且说潘公和迎儿跟着轿子，一径望报恩寺里来。古人有篇偈子说得好，道是：朝看释伽经，暮念华严咒。

种瓜还得瓜，种豆还得豆。

经咒本慈悲，冤结如何救？

照见本来心，方便多竟究。

心地若无私，何用求天　？

地狱与天堂，作者还自受。

这篇言语，古人留下，单说善恶报应，如影随形，既修六度万缘，当守三归五戒。叵耐缁流之辈，专为狗彘之行，辱莫前修，遗谤后世。却说海　黎这贼秃，单为这妇人结拜潘公做干爷，只吃杨雄阻滞碍眼，因此不能够上手。自从和这妇人结识起，只是眉来眼去送情，未见真实的事。因这一夜道场里，才见他十分有意。期日约定了。那贼秃磨枪备剑，整顿精神，先在山门下伺候，看见轿子到来，喜不自胜，向前迎接。潘公道："甚是有劳和尚。"那妇人下轿来谢道："多多有劳师兄。"海　黎道："不敢，不敢！小僧已和众僧都在水陆堂上，从五更起来诵经，到如今未曾住歇，只等贤妹来证盟，却是多有功德。"把这妇人和老子引到水陆堂上，已自先安排下花果香烛之类，有十数个僧人在彼看经，那妇人都道了万福，参礼了三宝，海　黎引到地藏菩萨面前证盟忏悔。通罢疏头，便化了纸，请众僧自去吃斋，着徒弟陪侍。

海和尚却请："干爷和贤妹去小僧房里拜茶。"一邀把这妇人引到僧房里深处，预先都准备下了，叫声："师哥拿茶来。"只见两个侍者捧出茶来，白雪锭器盏内，朱红托子，绝细好茶。吃罢，放下盏子，"请贤妹里面坐一坐。"又引到一个小小阁儿里，琴光黑漆春台，排几幅名人书画，小桌儿上焚一炉妙香。潘公和女儿一台坐了，和尚对席，迎儿立在侧边。那妇人道："师兄端的是好个出家人去处，清幽静乐。"海　黎道："妹子休笑话，怎生比得贵宅上。"潘公道："生受了师兄一日，我们回去。"那和尚那里肯，便道："难得干爷在此，又不是外人，今日斋食已是贤妹做施主，如何不吃箸面了去?师哥快搬来！"说言未了，却早托两盘进来，都是日常里藏下的希奇果子，异样菜蔬，并诸般素馔之物，摆满春台。那妇人便道："师兄何必治酒，反来打搅？"和尚笑道："不成礼数，微表薄情而已。"师哥将酒来斟在杯中。和尚道："干爷多时不来，试尝这酒。"老儿饮罢道："好酒，端的味重。"和尚道："前日一个施主家传得此法，做了三五石米，明日送几瓶来与令婿吃。"老儿道："甚么道理？"和尚又劝道："无物相酬贤妹娘子，胡乱告饮一杯。"两个小师哥儿轮番筛酒，迎儿也吃劝了几杯。那妇人道："酒住，吃不去了。"和尚道："难得贤妹到此，再告饮几杯。"潘公叫轿夫入来，各人与他一杯酒吃。和尚道："干爷不必记挂，小僧都分付了。已着道人邀在外面，自有坐处吃酒。干爷放心，且请开怀自饮几杯。"原来这贼秃为这个妇人，特地对付下这等有力气的好酒，潘公吃央不过，多吃了两杯，当不住醉了。和尚道："且扶干爷去床上睡一睡。"和尚叫两个师哥只一扶，把这老儿搀在一个冷净房里去睡了。

这里和尚自劝道："娘子开怀再饮几杯。"那妇人一者有心，二乃酒入情怀，自古道："酒乱性，色迷人。"那妇人三杯酒落肚，便觉有些朦朦胧胧上来，口里嘈道："师兄，你只顾央我吃酒做甚么？"和尚扯着口嘻嘻的笑道："只是敬重娘子。"那妇人道："我吃不得了。"和尚道："请娘子去小僧房里看佛牙。"那妇人便道："我正要看佛牙则个。"这和尚把那妇人一引，引到一处楼上，却是海　黎的卧房，铺设得十分整齐。那妇人看了，先自五分欢喜，便道："你端的好个卧房，干干净净。"和尚笑道："只是少一个娘子。"那妇人也笑道："你便讨一个不得？"和尚道："那里得这般施主？"妇人道："你且教我看佛牙则个。"和尚道："你叫迎儿下去了，我便取出来。"那妇人道："迎儿，你且下去看老爷醒也未？"迎儿自下的楼来去看潘公，和尚把楼门关上。

从古及今，先人留下两句言语，单道这和尚家是铁里蛀虫。铁最实没缝的，也要钻进去，凡俗人家，岂可惹他。自古说这秃子道：

色中饿鬼兽中狨，弄假成真说祖风。

此物只可林下看，岂堪引入画堂中。

当时那贼秃说道："你既有心于我，我身死而无怨。只是今日虽然亏你作成了我，只得一霎时的恩爱快活，久后必然害杀小僧。"那妇人便道："你且不要慌，我已寻思一条计较。我的老公，一个月倒有二十来日当牢上宿，我自买了迎儿，教他每日在后门里伺候。若是夜晚，老公不在家时，便掇一个香桌儿出来，烧夜香为号，你便放心入来。若怕五更睡着了，不知省觉，却那里寻得一个报晓的头陀，买他来后门头，大敲木鱼，高声叫佛，便好出去。若买得这等一个时，一者得他外面策望，二乃不叫你失了晓。"和尚听了这话，大喜道："妙哉！你只顾如此行，我这里自有个头陀胡道人，我自分付他来策望便了。"那妇人道："我不敢留恋长久，恐这厮们疑忌，我快回去是得，你只不要误约。"那妇人连忙再整云鬟，重匀粉面，开了楼门，便下楼来，教迎儿叫起潘公，慌忙便出僧房来。轿夫吃了酒面，已在寺门前伺候。海　黎直送那妇人出山门外，那妇人作别了上轿，自和潘公、迎儿归家，不在话下。

却说这海　黎自来寻报晓头陀。本房原有个胡道人，在寺后退居里小庵中过活，诸人都叫他做胡头陀，每日只是起五更，来敲木鱼报晓，劝人念佛；天明时，收掠斋饭。海和尚唤他来房中，安排三杯好酒相待了他，又取些银子送与胡道。胡道起身说道："弟子无功，怎敢受禄?屡承师父的恩惠。"海　黎道："我自看你是个志诚的人。我早晚出些钱，贴买道度牒，剃你为僧。这些银子，权且将去，买些衣服穿着。"原来这海　黎日常时只是教师哥不时送些午斋与胡道吃，已下又带挈他去念经，得些斋衬钱。胡道感恩不浅，尚未报他，"今日又与我银两，必有用我处，何必等他开口？"胡道便道："师父有事，若用小道处，即当向前。"海　黎道："胡道，你既如此好心，有件事不瞒你，所有潘公的女儿，要和我来往，约定后门口摆设香桌儿在外时，便是教我来。我也难去那里踅，若得你先去看探有无，我才好去；又要烦你五更起来叫人念佛时，可就来那里后门头，看没人，便把木鱼大敲报晓，高声叫佛，我便好出来。"胡道便道："这个有何难哉！"当时应允了。

其日先来潘公后门首讨斋饭，只见迎儿出来说道："你这道人，如何不来前门讨斋饭，却在后门里来？"那胡道便念起佛来，里面这妇人听得了，已自瞧科，便出来后门问道："你这道人，莫不是五更报晓的头陀？"胡道应道："小道便是五更报晓的头陀，教人省睡，晚间宜烧些香，教人积福。"那妇人听了大喜，便叫迎儿去楼上取一串铜钱来布施他。这头陀张得迎儿转身，便对那妇人说道："小道便是海　黎心腹之人，特地使我前来探路。"那妇人道："我已知道了。今夜晚间，你可来看，如有香桌儿在外，你可便报与他则个。"胡道把头来点着。迎儿就将铜钱来，与胡道去了。那妇人来到楼上，却把心腹之事对迎儿说了。自古道："人家女使，谓之奴才。"但得须些小便宜，如何不随顺了?天大之事，也都做了。因此人家妇人女使，可用而不可信，却又少他不得。有诗为证：

送暖偷寒起祸胎，坏家端的是奴才。

请看当日红娘事，却把莺莺哄出来。

却说杨雄此日正该当牢，未到晚，先来取了铺盖去，自监里上宿。这迎儿得了些小意儿，巴不到晚，自去安排了香桌儿，黄昏时掇在后门外，那妇人却闪在傍边伺候。初更左侧，一个人戴顶头巾，闪将入来，迎儿问道："是谁？"那人也不答应，便除下头巾，露出光顶来。这妇人在侧边见是海和尚，轻轻地骂一声："贼秃，倒好见识。"两个上楼去了。迎儿自来掇过了香桌儿，关上了后门，也自去睡了。自古道："莫说欢娱嫌夜短，只要金鸡报晓迟。"两个正好睡哩，只听得咯咯地木鱼响，高声念佛，和尚和妇人梦中惊觉。海　黎披衣起来道："我去也，今晚再相会。"那妇人道："今后但有香桌儿在后门外，你便不可负约；如无香桌儿在后门，你便切不可来。"和尚下床，依前戴上头巾，迎儿开了后门，放他去了。自此为始，但是杨雄出去当牢上宿，那和尚便来家中。只有这个老儿，未晚先自要睡，迎儿这个丫头，已自做一路了，只要瞒着石秀一个。两个一似被摄了魂魄的一般。这和尚只待头陀报了，便离寺来。那妇人专得迎儿做脚，放他出入，因此快活偷养和尚戏耍。自此往来，将近一月有余。这和尚也来了十数遍。

且说这石秀每日收拾了店时，自在坊里歇宿，常有这件事挂心，每日委决不下，却又不曾见这和尚往来。每日五更睡觉，不时跳将起来，料度这件事。只听得报晓头陀直来巷里敲木鱼，高声叫佛。石秀是个乖觉的人，早瞧了八分，冷地里思量道："这条巷是条死巷，如何有这头陀连日来这里敲木鱼叫佛?事有可疑。"

当是十一月中旬之日，五更时分，石秀正睡不着，只听得木鱼敲响，头陀直敲入巷里来，到后门口高声叫道："普度众生，救苦救难，诸佛菩萨！"石秀听得叫的跷蹊，便跳将起来，去门缝里张时，只见一个人戴顶头巾从黑影里闪将出来，和头陀去了，随后便是迎儿来关门。石秀见了，自说道："哥哥如此豪杰，却恨讨了这个淫妇，倒被这婆娘瞒过了，做成这等勾当！"巴得天明，把猪出去门前挑了，卖个早市。饭罢，讨了一遭赊钱，日中前后，径到州衙前来寻杨雄。

却好行至州桥边，正迎见杨雄。杨雄便问道："兄弟，那里去来？"石秀道："因讨赊钱，就来寻哥哥。"杨雄道："我常为官事忙，并不曾和兄弟快活吃三杯，且来这里坐一坐。"杨雄把这石秀引到州桥下一个酒楼上，拣一处僻净阁儿里，两个坐下，叫酒保取瓶好酒来，安排盘馔、海鲜、案酒。二人饮过三杯，杨雄见石秀只低了头寻思，杨雄是个性急的人，便问道："兄弟心中有些不乐，莫不家里有甚言语伤触你处？"石秀道："家中也无有甚话。兄弟感承哥哥把做亲骨肉一般看待，有句话敢说么？"杨雄道："兄弟何故今日见外?有的话，但说不妨。"石秀道："哥哥每日出来，只顾承当官府，却不知背后之事。这个嫂嫂不是良人，兄弟已看在眼里多遍了，且未敢说。今日见得仔细，忍不住来寻哥哥，直言休怪。"杨雄道："我自无背后眼，你且说是谁？"石秀道："前者家里做道场，请那个贼秃海　黎来，嫂嫂便和他眉来眼去，兄弟都看见。第三日又去寺里还血盆忏愿心，两个都带酒归来。我近日只听得一个头陀直来巷内敲木鱼叫佛，那厮敲得作怪。今日五更被我起来张时，看见果然是这贼秃，戴顶头巾，从家里出去。似这等淫妇，要他何用。"杨雄听了大怒道："这贱人怎敢如此！"石秀道："哥哥且息怒。今晚都不要提，只和每日一般；明日只推做上宿，三更后却再来敲门，那厮必然从后门先走，兄弟一把拿来，从哥哥发落。"杨雄道："兄弟见得是。"石秀又分付道："哥哥今晚且不可胡发说话。"杨雄道："我明日约你便是。"两个再饮了几杯，算还了酒钱，一同下楼来，出得酒肆，各散了。只见四五个虞候叫杨雄道："那里不寻节级?知府相公在花园里坐地，教寻节级来和我们使棒，快走，快走。"杨雄便分付石秀道："本官唤我，只得去应答，兄弟，你先回家去。"石秀当下自归家里来，收拾了店面，自去作坊里歇息。

且说杨雄被知府唤去到后花园中，使了几回棒，知府看了大喜，叫取酒来，一连赏了十大赏钟。杨雄吃了，都各散了，众人又请杨雄去吃酒。至晚，吃得大醉，扶将归来。诗曰：

曾闻酒色气相连，浪子酣寻花柳眠。

只有英雄心里事，醉中触愤不能蠲。

那妇人见丈夫醉了，谢了众人，却自和迎儿搀上楼梯去，明晃晃地点着灯烛。杨雄坐在床上，迎儿去脱　鞋，妇人与他除头巾，解巾帻。杨雄看了那妇人，一时蓦上心来，自古道："醉是醒时言。"指着那妇人骂道："你这贱人，贼妮子!好歹是我结果了你！"那妇人吃了一惊，不敢回话，且伏侍杨雄睡了。杨雄一头上床睡，一头口里恨恨的骂道："你这贱人，腌　泼妇!那厮敢大虫口里倒涎。我手里不到得轻轻地放了你！"那妇人那里敢喘气，直待杨雄睡着。

看看到五更。杨雄酒醒了，讨水吃，那妇人便起舀碗水，递与杨雄吃了，桌上残灯尚明。杨雄吃了水，便问道："大嫂，你夜来不曾脱衣裳睡？"那妇人道："你吃得烂醉了，只怕你要吐，那里敢脱衣裳，只在脚后倒了一夜。"杨雄道："我不曾说甚言语？"那妇人道："你往常酒性好，但吃醉了便睡，我夜来只有些儿放不下。"杨雄又问道："石秀兄弟这几日不曾和他快活吃得三杯，你家里也自安排些请他。"那妇人也不应，自坐在踏床上，眼泪汪汪，口里叹气。杨雄又说道："大嫂，我夜来醉了，又不曾恼你，做甚么了烦恼？"那妇人掩着泪眼只不应。杨雄连问了几声，那妇人掩着脸假哭。杨雄就踏床上扯起那妇人在床上，务要问他为何烦恼。那妇人一头哭，一面口里说道："我爹娘当初把我嫁王押司，只指望一竹竿打到底，谁想半路相抛!今日嫁得你十分豪杰，却又是好汉，谁想你不与我做主！"杨雄道："又作怪，谁敢欺负你，我不做主？"那妇人道："我本待不说，却又怕你着他道儿；欲待说来，又怕你忍气。"杨雄听了，便道："你且说怎么地来。"那妇人道："我说与你，你不要气苦。自从你认义了这个石秀家来，初时也好，向后看看放出刺来。见你不归时，时常看了我说道：'哥哥今日又不来，嫂嫂自睡也好冷落。'我只不睬他，不是一日了。这个且休说。昨日早晨，我在厨房洗脖项，这厮从后走出来，看见没人，从背后伸只手来摸我胸前道：'嫂嫂，你有孕也无？'被我打脱了手。本待要声张起来，又怕邻舍得知笑话，装你的望子；巴得你归来，却又滥泥也似醉了，又不敢说。我恨不得吃了他，你兀自来问石秀兄弟怎的！"正是：

淫妇从来多巧言，丈夫耳软易为昏。

自今石秀前门出，好放　黎进后门。

杨雄听了，心中火起，便骂道："'画龙画虎难画骨，知人知面不知心。'这厮倒来我面前又说海　黎许多事，说得个没巴鼻。眼见得那厮慌了，便先来说破，使个见识。"口里恨恨地道："他又不是我亲兄弟，赶了出去便罢。"

杨雄到天明，下楼来对潘公说道："宰了的牲口，腌了罢，从今日便休要做买卖。"一霎时，把柜子和肉案都拆了。石秀天明正将了肉出来门前开店，只见肉案并柜子都拆翻了。石秀是个乖觉的人，如何不省得，笑道："是了。因杨雄醉后出言，走透了消息，倒吃这婆娘使个见识，撺定是反说我无礼。他教丈夫收了肉店，我若便和他分辩，教杨雄出丑。我且退一步了，却别作计较。"石秀便去作坊里收拾了包裹。杨雄怕他羞耻，也自去了。石秀提了包裹，跨了解腕尖刀，来辞潘公道："小人在宅上打搅了许多时，今日哥哥既是收了铺面，小人告回，账目已自明明白白，并无分文来去。如有毫厘昧心，天诛地灭。"潘公被女婿分付了，也不敢留他。有诗为证：

枕边言易听，背后眼难开。

直道驱将去，奸邪漏进来。

石秀相辞了，却只在近巷内寻个客店安歇，赁了一间房住下。石秀却自寻思道："杨雄与我结义，我若不明白得此事，枉送了他的性命。他虽一时听信了这妇人说，心中怪我，我也分别不得，务要与他明白了此一事。我如今且去探听他几时当牢上宿，起个四更，便见分晓。"在店里住了两日，却去杨雄门前探听。当晚只见小牢子取了铺盖出去，石秀道："今晚必然当牢，我且做些工夫看便了。"

当晚回店里，睡到四更起来，跨了这口防身解腕尖刀，悄悄地开了店门，径踅到杨雄后门头巷内，伏在黑影里张时，却好交五更时候，只见那个头陀挟着木鱼，来巷口探头探脑。石秀一闪，闪在头陀背后，一只手扯住头陀，一只手把刀去脖子上搁着，低声喝道："你不要挣扎。若高则声，便杀了你。你只好好实说，海和尚叫你来怎地？"那头陀道："好汉，你饶我便说。"石秀道："你快说!我不杀你。"头陀道："海　黎和潘公女儿有染，每夜来往，教我只看后门头有香桌儿为号，唤他入钹。五更里却教我来敲木鱼叫佛，唤他出钹。”石秀道：“他如今在那里？”头陀道：“他还在他家里睡着。我如今敲得木鱼响，他便出来。”石秀道：“你且借你衣服木鱼与我。”头陀身上剥了衣服，夺了木鱼。头陀把衣服正脱下来，被石秀将刀就颈上一勒，杀倒在地。头陀已死了，石秀却穿上直裰、护膝，一边插了尖刀，把木鱼直敲入巷里来。海 黎在床上，却好听得木鱼咯咯地响，连忙起来，披衣下楼。迎儿先来开门，和尚随后从后门里闪将出来。石秀兀自把木鱼敲响，那和尚悄悄喝道：“只顾敲甚么！”石秀也不应他，让他走到巷口，一交放翻，按住喝道：“不要高则声!高声，便杀了你。只等我剥了衣服便罢。”海 黎知道是石秀，那里敢挣扎则声。被石秀都剥了衣裳，赤条条不著一丝，悄悄去屈膝边拔出刀来，三四刀搠死了。却把刀来放在头陀身边，将了两个衣服，卷做一捆包了，再回客店里，轻轻地开了门进去，悄悄地关上了自去睡，不在话下。

却说本处城中一个卖糕粥的王公，其日早挑着担糕粥，点着个灯笼，一个小猴子跟着出来赶早市。正来到死尸边过，却被绊一交，把那老子一担糕粥倾泼在地下，只见小猴子叫道：“苦也!一个和尚醉倒在这里。”老子摸得起来，摸了两手血迹，叫声苦，不知高低。几家邻舍听得，都开了门出来，把火照时，只见遍地都是血粥，两个尸首躺在地上。众邻舍一把拖住老子，要去官司陈告。正是：祸从天降，灾向地生。

毕竟王公怎地脱身，且听下回分解。

第四十六回 病关索大闹翠屏山　拚命三火烧祝家店

话说当下众邻舍结住王公，直到蓟州府里首告。知府却才升厅，一行人跪下告道：“这老子挑着一担糕粥，泼翻在地下，看时，却有两个死尸在地下：一个是和尚，一个是头陀，俱各身上无一丝，头陀身边有刀一把。”老子告道：“老汉每日常卖糕糜营生，只是五更出来赶趁。今朝起得早了些个，和这铁头猴子只顾走，不看下面，一交绊翻，碗碟都打碎了，只见两个死尸血渌渌的在地上，一时失惊，叫起来，倒被邻舍扯住到官。望相公明镜，可怜见辩察。”知府随即取了供词，行下公文，委当方里甲，带了仵作公人，押了邻舍、王公一干人等，下来检验尸首，明白回报。众人登场看检已了，回州禀复知府：“被杀死僧人系是报恩寺 黎裴如海，旁边头陀，系是寺后胡道。和尚不穿一丝，身上三四道搠伤致命方死；胡道身边见有凶刀一把，只见项上有勒死痕伤一道，想是胡道掣刀搠死和尚，惧罪自行勒死。”知府叫拘本寺僧鞫问缘故，俱各不知情由，知府也没个决断，当案孔目禀道：“眼见得这和尚裸形赤体，必是和那头陀干甚不公不法的事，互相杀死，不干王公之事。邻舍都教召保听候，尸首着仰本寺住持即备棺木盛殓，放在别处，立个互相杀死的文书便了。”知府道：“也说得是。”随即发落了一干人等，不在话下。

蓟州城里有些好事的子弟，做成一调儿，道是：

叵耐秃囚无状，做事直恁狂荡。暗约娇娥，要为夫妇，永同鸳帐。怎禁贯恶满盈，玷辱诸多和尚，血泊内横尸里巷。今日赤条条甚么模样，立雪齐腰，投岩喂虎，全不想祖师经上。目莲救母生天，这贼秃为婆娘身丧。

后来书会们备知了这件事，拿起笔来，又做了这只《临江仙》词，教唱道：

淫行沙门招杀报，暗中不爽分毫。头陀尸首亦蹊 ，一丝真不挂，立地吃屠刀。

大和尚此时精血丧，小和尚昨夜风骚。空门里刎颈见相交，拚死争同穴，残生送两条。

这件事，满城都讲动了。那妇人也惊得呆了，自不敢说，只是肚里暗暗地叫苦。

杨雄在蓟州府里，有人告道杀死和尚、头陀，心里早瞧了七八分，寻思：“此一事，准是石秀做出来的。我前日一时间错怪了他，我今日闲些，且去寻他，问他个真实。”正走过州桥前来，只听得背后有人叫道：“哥哥，那里去？”杨雄回过头来，见是石秀，便道：“兄弟，我正没寻你处。”石秀道：“哥哥且来我下处，和你说话。”把杨雄引到客店里小房内，说道：“哥哥，兄弟不说谎么？”杨雄道：“兄弟，你休怪我。是我一时愚蠢，不是了，酒后失言，反被那婆娘瞒过了，怪兄弟相闹不得。我今特来寻贤弟，负荆请罪。”石秀道：“哥哥，兄弟虽是个不才小人，却是顶天立地的好汉，如何肯做这等之事?怕哥哥日后中了奸计，因此来寻哥哥，有表记教哥哥看。”将过和尚、头陀的衣裳，“尽剥在此。”杨雄看了，心头火起，便道：“兄弟休怪。我今夜碎割了这贱人，出这口恶气。”石秀笑道：“你又来了。你既是公门中勾当的人，如何不知法度?你又不曾拿得他真奸，如何杀得人?倘或是小弟胡说时，却不错杀了人。”杨雄道：“似此怎生罢休得？”石秀道：“哥哥只依着兄弟的言语，教你做个好男子。”杨雄道：“贤弟，你怎地教我做个好男子？”石秀道：“此间东门外有一座翠屏山，好生僻静。哥哥到明日，只说道，我多时不曾烧香，我今来和大嫂同去，把那妇人赚将出来，就带了迎儿同到山上。小弟先在那里等候着，当头对面，把这是非都对得明白了，哥哥那时写与一纸休书，弃了这妇人，却不是上着？”杨雄道：“兄弟，何必说得，你身上清洁，我已知了，都是那妇人谎说。”石秀道：“不然，我也要哥哥知道他往来真实的事。”杨雄道：“既然兄弟如此高见，必然不差，我明日准定和那贱人来，你却休要误了。”石秀道：“小弟不来时，所言俱是虚谬。”

杨雄当下别了石秀，离了客店，且去府里办事，至晚回来，并不提起，亦不说甚，只和每日一般。次日天明起来，对那妇人说道：“我昨夜梦见神人叫我，说有旧愿不曾还得。向日许下东门外岳庙里那炷香愿，未曾还得，今日我闲些，要去还了，须和你同去。”那妇人道：“你便自去还了罢，要我去何用？”杨雄道：“这愿心却是当初说亲时许下的，必须要和你同去。”那妇人道：“既是恁地，我们早吃些素饭，烧汤沐浴了去。”杨雄道：“我去买香纸，顾轿子，你便洗浴了，梳头插带了等我，就叫迎儿也去走一遭。”

杨雄又来客店里，相约石秀：“饭罢便来，兄弟休误。”石秀道：“哥哥，你若抬得来时，只教在半山里下了轿，你三个步行上来，我自在上面一个僻处等你，不要带闲人上来。”杨雄约了石秀，买了纸烛，归来吃了早饭。那妇人不知此事，只顾打扮的齐齐整整，迎儿也插带了，轿夫扛轿子，早在门前伺候。杨雄道：“泰山看家，我和大嫂烧香了便回。”潘公道：“多烧香，早去早回。”

那妇人上了轿子，迎儿跟着，杨雄也随在后面。出得东门来，杨雄低低分付轿夫道：“与我抬上翠屏山去，我自多还你些轿钱。”不到两个时辰，早来到翠屏山上。原来这座翠屏山，却在蓟州东门外二十里，都是人家的乱坟，上面一望，尽是青草白杨，并无庵舍寺院。当下杨雄把那妇人抬到半山，叫轿夫歇下轿子，拔去葱管，搭起轿帘，叫那妇人出轿来。妇人问道：“却怎地来这山里？”杨雄道：“你只顾且上去。轿夫只在这里等候，不要来，少刻一发打发你酒钱。”轿夫道：“这个不妨，小人自只在此间伺候便了。”杨雄引着那妇人并迎儿，三个人上了四五层山坡，只见石秀坐在上面。那妇人道：“香纸如何不将来？”杨雄道：“我自先使人将上去了。”把妇人一引，引到一处古墓里，石秀便把包裹、腰刀、杆棒，都放在树根前，来道：“嫂嫂拜揖。”那妇人连忙应道：“叔叔怎地也在这里？”一头说，一面肚里吃了一惊。石秀道：“在此专等多时。”杨雄道：“你前日对我说道：叔叔多遍把言语调戏你，又将手摸着你胸前，问你有孕也无。今日这里无人，你两个对的明白。”那妇人道：“哎呀!过了的事，只顾说甚么？”石秀睁着眼来道：“嫂嫂，你怎么说?这须不是闲话，正要哥哥面前对个明白。”那妇人道：“叔叔，你没事自把　儿提做甚么？”石秀道：“嫂嫂，你休要硬诤，教你看个证见。”便去包裹里，取出海　黎并头陀的衣服来，撒放地下道：“你认得么？”那妇人看了，飞红了脸，无言可对。石秀“飕”地掣出腰刀，便与杨雄说道：“此事只问迎儿，便知端的。”

杨雄便揪过那丫头跪在面前，喝道：“你这小贱人!快好好实说：怎地在和尚房里入奸，怎生约会把香桌儿为号，如何教头陀来敲木鱼。实对我说，饶你这条性命；但瞒了一句，先把你剁做肉泥！”迎儿叫道：“官人，不干我事，不要杀我，我说与你。”却把僧房中吃酒，上楼看佛牙，赶他下楼来看潘公酒醒说起，“两个背地里约下，第三日教头陀来化斋饭，叫我取铜钱布施与他，娘子和他约定：但是官人当牢上宿，要我掇香桌儿放在后门外，便是暗号。头陀来看了，却去报知和尚。当晚海　黎扮做俗人，带顶头巾入来，五更里只听那头陀来敲木鱼响，高声念佛为号，叫我开后门放他出去。但是和尚来时，瞒我不得，只得对我说了。娘子许我一副钏镯，一套衣裳，我只得随顺了。似此往来，通有数十遭，后来便吃杀了。又与我几件首饰，教我对官人说石叔叔把言语调戏一节。这个我眼里不曾见，因此不敢说。只此是实，并无虚谬。”

迎儿说罢，石秀便道：“哥哥得知么?这般言语，须不是兄弟教他如此说。请哥哥却问嫂嫂备细缘由。”杨雄揪过那妇人来，喝道：“贼贱人!丫头已都招了，便你一些儿休赖，再把实情对我说了，饶了这贱人一条性命。”那妇人说道：“我的不是了。你看我旧日夫妻之面，饶恕了我这一遍。”石秀道：“哥哥含糊不得，须要问嫂嫂一个明白备细缘由。”杨雄喝道：“贱人，你快说！”那妇人只得把偷和尚的事，从做道场夜里说起，直至往来，一一都说了。石秀道：“你却怎地对哥哥倒说我来调戏你？”那妇人道：“前日他醉了骂我，我见他骂得跷蹊，我只猜是叔叔看见破绽，说与他。到五更里，又提起来问叔叔如何，我却把这段话来支吾，实是叔叔并不曾恁地。”石秀道：“今日三面说得明白了，任从哥哥心下如何措置。”杨雄道：“兄弟，你与我拔了这贱人的头面，剥了衣裳，我亲自伏侍他。”石秀便把那妇人头面首饰衣服都剥了，杨雄割两条裙带来，亲自用手把妇人绑在树上。石秀也把迎儿的首饰都去了，递过刀来说道：“哥哥，这个小贱人，留他做甚么?一发斩草除根。”杨雄应道：“果然，兄弟把刀来，我自动手。”迎儿见头势不好，却待要叫，杨雄手起一刀，挥作两段。那妇人在树上叫道：“叔叔劝一劝。”石秀道：“嫂嫂，哥哥自来伏侍你。”杨雄向前，把刀先挖出舌头，一刀便割了，且教那妇人叫不的。杨雄却指着骂道：“你这贼贱人!我一时间误听不明，险些被你瞒过了。一者坏了我兄弟情分，二乃久后必然被你害了性命。不如我今日先下手为强。我想你这婆娘心肝五脏怎地生着，我且看一看。”一刀从心窝里直割到小肚子下，取出心肝五脏，挂在松树上。杨雄又将这妇人七事件分开了，却将头面衣服都拴在包裹里了。

杨雄道：“兄弟，你且来，和你商量一个长便。如今一个奸夫，一个淫妇，都已杀了，只是我和你投那里去安身？”石秀道：“兄弟已寻思下了，自有个所在，请哥哥便行，不可耽迟。”杨雄道：“却是那里去？”石秀道：“哥哥杀了人，兄弟又杀人，不去投梁山泊入伙，却投那里去？”杨雄道：“且住!我和你又不曾认得他那里一个人，如何便肯收录我们？”石秀道：“哥哥差矣!如今天下江湖上皆闻山东及时雨宋公明招贤纳士，结识天下好汉，谁不知道?放着我和你一身好武艺，愁甚不收留！”杨雄道：“凡事先难后易，免得后患，我却不合是公人，只恐他疑心，不肯安着我们。”石秀笑道：“他不是押司出身?我教哥哥一发放心。前者哥哥认义兄弟那一日，先在酒店里和我吃酒的那两个人，一个是梁山泊神行太保戴宗，一个是锦豹子杨林。他与兄弟十两一锭银子，尚兀自在包里，因此可去投托他。”杨雄道：“既有这条门路，我去收拾了些盘缠便走。”石秀道：“哥哥，你也这般搭缠。倘或入城事发拿住，如何脱身?放着包裹里现有若干钗钏首饰，兄弟又有些银两，再有三五个人，也够用了，何须又去取讨。惹起是非来，如何解救?这事少时便发，不可迟滞，我们只好望山后走。”

石秀便背上包裹，拿了杆棒，杨雄插了腰刀在身边，提了朴刀，却待要离古墓，只见松树后走出一个人来叫道：“清平世界，荡荡乾坤，把人割了，却去投奔梁山泊入伙，我听得多时了。”杨雄、石秀看时，那人纳头便拜。杨雄却认得这人，姓时，名迁，祖贯是高唐州人氏，流落在此，只一地里做些飞檐走壁，跳篱骗马的勾当。曾在蓟州府里吃官司，却是杨雄救了他。人都叫作鼓上蚤。有诗为证：

骨软身躯健，眉浓眼目鲜。
形容如怪族，行走似飞仙。
夜静穿墙过，更深绕屋悬。
偷营高手客，鼓上蚤时迁。

当时杨雄便问时迁：“你如何在这里？”时迁道：“节级哥哥听禀：小人近日没甚道路，在这山里掘些古坟，觅两分东西。因见哥哥在此行事，不敢出来冲撞，却听说去投梁山泊入伙。小人如今在此，只做得些偷鸡盗狗的勾当，几时是了。跟随的二位哥哥上山去，却不好?未知尊意肯带挈小人么？”石秀道：“既是好汉中人物，他那里如今招纳壮士，那争你一个?若如此说时，我们一同去。”时迁道：“小人却认得小路去。”当下引了杨雄、石秀，三个人自取小路下后山，投梁山泊去了。

却说这两个轿夫在半山里等到红日平西，不见三个下来，分付了，又不敢上去。挨不过了，不免信步寻上山来，只见一群老鸦成团打块在古墓上。两个轿夫上去看时，原来却是老鸦夺那肚肠吃，以此聒噪。轿夫看了，吃那一惊，慌忙回家报与潘公，一同去蓟州府里首告。知府随即差委一员县尉，带了仵作行人，来翠屏山检验尸首已了，回复知府，禀道：“检得一口妇人潘巧云，割在松树边；使女迎儿，杀死在古墓下。坟边遗下一堆妇人与和尚、头陀衣服。”知府听了，想起前日海和尚、头陀的事，备细询问潘公。那老子把这僧房酒醉一节，和这石秀出去的缘由，细说了一遍。知府道：“眼见得这妇人与和尚通奸，那女使、头陀做脚。想石秀那厮，路见不平，杀死头陀、和尚；杨雄这厮，今日杀了妇人、女使无疑，定是如此。只拿得杨雄、石秀，便知端的。”当即行移文书，出给赏钱，捕获杨雄、石秀，其余轿夫人等，各放回听候。潘公自去买棺木，将尸首殡葬，不在话下。

再说杨雄、石秀、时迁离了蓟州地面，在路夜宿晓行，不则一日。行到郓州地面，过得香林洼，早望见一座高山，不觉天色渐渐晚了，看见前面一所靠溪客店，三个人行到门首看时，但见：

前临官道，后傍大溪。数百株垂柳当门，一两树梅花傍屋。荆榛篱落，周回绕定茅茨；芦苇帘栊，前后遮藏土炕。右壁厢一行，书写“庭幽暮接五湖宾”；左势下七字，题道“户敞朝迎三岛客”。虽居野店荒村外，亦有高车驷马来。

当日黄昏时候，店小二却待关门，只见这三个人撞将入来，小二问道：“客人来路远，以此晚了。”时迁道：“我们今日走了一百里以上路程，因此到得晚了。”小二哥放他三个入来安歇，问道：“客人不曾打火么？”时迁道：“我们自理会。”小二道：“今日没客歇，灶上有两只锅干净，客人自用不妨。”时迁问道：“店里有酒肉卖么？”小二道：“今日早起有些肉，都被近村人家买了去，只剩得一瓮酒在这里，并无下饭。”时迁道：“也罢，先借五升米来做饭，却理会。”小二哥取出米来与时迁，就淘了，做起一锅饭来，石秀自在房中安顿行李，杨雄取出一只钗儿，把与店小二，先回他这瓮酒来吃，明日一发算帐。小二哥收了钗儿，便去里面掇出那瓮酒来开了，将一碟儿熟菜放在桌子上。时迁先提一桶汤来，叫杨雄、石秀洗了脚手，一面筛酒来，就来请小二哥一处坐地吃酒，放下四只大碗，斟下酒来吃。

石秀看见店中檐下，插着十数把好朴刀，问小二哥道：“你家店里怎的有这军器？”小二哥应道：“都是主人家留在这里。”石秀道：“你家主人是甚么样人？”小二道：“客人，你是江湖上走的人，如何不知我这里的名字?前面那座高山，便唤做独龙山。山前有一座另巍巍冈子，便唤做独龙冈，上面便是主人家住宅。这里方圆三十里，却唤做祝家庄。庄主太公祝朝奉有三个儿子，称为祝氏三杰。庄前庄后，有五七百人家，都是佃户，各家分下两把朴刀与他。这里唤作祝家店。常有数十个家人来店里上宿，以此分下朴刀在这里。”石秀道：“他分军器在店里何用？”小二道：“此间离梁山泊不远，只恐他那里贼人来借粮，因此准备下。”石秀道：“与你些银两，回与我一把朴刀用如何？”小二哥道：“这个却使不得，器械上都编着字号。我小人吃不得主人家的棍棒，我这主人法度不轻。”石秀笑道：“我自取笑你，你却便慌。且只顾吃酒。”小二道：“小人吃不得了，先去歇了，客人自便宽饮几杯。”小二哥去了。

杨雄、石秀又自吃了一回酒，只见时迁道：“哥哥要肉吃么？”杨雄道：“店小二说没了肉卖，你又那里得来？”时迁嘻嘻的笑着，去灶上提出一只老大公鸡来。杨雄问道：“那里得这鸡来？”时迁道：“兄弟却才去后面净手，见这只鸡在笼里，寻思没甚与哥哥吃酒，被我悄悄把去溪边杀了，提桶汤去后面，就那里　得干净，煮得熟了，把来与二位哥哥吃。”杨雄道：“你这厮还是这等贼手贼脚。”石秀笑道：“还不改本行。”三个笑了一回，把这鸡来手撕开吃了，一面盛饭来吃。

只见那店小二略睡一睡，放心不下，爬将起来，前后去照管，只见厨桌上有些鸡毛和鸡骨头，却去灶上看时，半锅肥汁，小二慌忙去后面笼里看时，不见了鸡，连忙出来问道：“客人，你们好不达道理，如何偷了我店里报晓的鸡吃！”时迁道：“见鬼了。耶耶，我自路上买得这只鸡来吃，何曾见你的鸡！”小二道：“我店里的鸡，却那里去了？”时迁道：“敢被野猫拖了，黄猩子吃了，鹞鹰扑了去，我却怎地得知！”小二道：“我的鸡才在笼里，不是你偷了是谁？”石秀道：“不要争，直几钱，赔了你便罢。”店小二道：“我的是报晓鸡，店内少他不得，你便赔我十两银子也不济，只要还我鸡。”石秀大怒道：“你诈哄谁?老爷不赔你，便怎地？”店小二笑道：“客人，你们休要在这里讨野火吃!只我店里不比别处客店，拿你到庄上，便做梁山泊贼寇解了去。”石秀听了，大骂道：“便是梁山泊好汉，你怎么拿了我去请赏！”杨雄也怒道：“好意还你些钱，不赔你，怎地拿我去！”小二叫一声：“有贼！”只见店里赤条条地走出三五个大汉来，径奔杨雄、石秀来，被石秀手起，一拳一个，都打翻了。小二哥正待要叫，被时迁一掌，打肿了脸，作声不得。这几个大汉都从后门走了。杨雄道：“兄弟，这厮们以定去报人来，我们快吃了饭走了罢。”三个当下吃饱了，把包裹分开腰了，穿上麻鞋，跨了腰刀，各人去枪架上拣了一条好朴刀。石秀道：“左右只是左右，不可放过了他。”便去灶前寻了把草，灶里点个火，望里面四下　着。看那草房被风一煽，刮刮杂杂火起来。那火顷刻间天也似般大。三个拽开脚步，望大路便走。正是：

只为偷儿攘一鸡，从教杰士竞追　。

梁山水泊兴波浪，祝氏山庄化作泥。

三个人行了两个更次，只见前面后面火把不计其数，约有一二百人，发着喊，赶将来。石秀道：“且不要慌，我们且拣小路走。”杨雄道：“且住!一个来，杀一个；两个来，杀一双。待天色明朗却走。”说犹未了，四下里合拢来。杨雄当先，石秀在后，时迁在中，三个挺着朴刀，来战庄客。那伙人初时不知，抡着枪棒赶来。杨雄手起朴刀，早戳翻了五七个。前面的便走，后面的急待要退，石秀赶入去，又戳翻了六七人。四下里庄客见说杀伤了十数人，都是要性命的，思量不是头，都退了去。三个得一步，赶一步。正走之间，喊声又起，枯草里舒出两把挠钩，正把时迁一挠钩搭住，拖入草窝去了。石秀急转身来救时迁，背后又舒出两把挠钩来，却得杨雄眼快，便把朴刀一拨，两把挠钩拨开去了，将朴刀望草里便戳，发声喊，都走了。两个见捉了时迁，怕深入重地，亦无心恋战，顾不得时迁了，只四下里寻路走罢。见远远的火把乱明，小路上又无丛林树木，照得有路便走，一直望东边去了。众庄客四下里赶不着，自救了带伤的人去，将时迁背剪绑了，押送祝家庄来。

且说杨雄、石秀走到天明，望见一座村落酒店，石秀道：“哥哥，前头酒肆里买碗酒饭吃了去，就问路程。”两个便入村店里来，倚了朴刀，对面坐下，叫酒保取些酒来，就做些饭吃。酒保一面铺下菜蔬、案酒，烫将酒来。方欲待吃，只见外面一个大汉奔走入来，生得阔脸方腮，眼鲜耳大，貌丑形粗，穿一领茶褐绸衫，戴一顶万字头巾，系一条白绢搭膊，下面穿一双油膀靴，叫道：“大官人教你们挑担来庄上纳。”店主人连忙应道：“装了担，少刻便送到庄上。”那人分付了，便转身，又说道：“快挑来。”却待出门，正从杨雄、石秀面前过，杨雄却认得他，便叫一声：“小郎，你如何却在这里?不看我一看？”那人回转头来，看了一看，却也认得，便叫道：“恩人如何来到这里？”望着杨雄便拜。不是杨雄撞见了这个人，有分教：三庄盟誓成虚谬，众虎咆哮起祸殃。

毕竟杨雄、石秀遇见的那人是谁，且听下回分解。

第四十七回 扑天雕双修生死书　宋公明一打祝家庄

话说当时杨雄扶起那人来，叫与石秀相见。石秀便问道：“这位兄长是谁？”杨雄道：“这个兄弟，姓杜，名兴，祖贯是中山府人氏，因为他面颜生得粗莽，以此人都叫他做鬼脸儿。上年间做买卖，来到蓟州，因一口气上，打死了同伙的客人，吃官司，监在蓟州府里。杨雄见他说起拳棒都省得，一力维持救了他。不想今日在此相会。”杜兴便问道：“恩人，为何公事来到这里？”杨雄附耳低言道：“我在蓟州杀了人命，欲要投梁山泊去入伙。昨晚在祝家店投宿，因同一个来的火伴时迁，偷了他店里报晓鸡吃，一时与店小二闹将起来，性起，把他店屋放火都烧了。我三个连夜逃走，不提防背后赶来。我弟兄两个搠翻了他几个，不想乱草中间，舒出两把挠钩，把时迁搭了去。我两个乱撞到此，正要问路，不想遇见贤弟。”杜兴道：“恩人不要慌，我叫放时迁还你。”杨雄道：“贤弟少坐，同饮一杯。”

三人坐下，当下饮酒，杜兴便道：“小弟自从离了蓟州，多得恩人的恩惠，来到这里，感承此间一个大官人见爱，收录小弟在家中，做个主管，每日拨万论千，尽托付与杜兴身上，甚是信任，以此不想回乡去。”杨雄道：“此间大官人是谁？”杜兴道：“此间独龙冈前面，有三座山冈，列着三个村坊。中间是祝家庄，西边是扈家庄，东边是李家庄。这三处庄上，三村里算来，总有一二万军马人家。惟有祝家庄最豪杰，为头家长，唤做祝朝奉，有三个儿子，名为祝氏三杰。长子祝龙，次子祝虎，三子祝彪。又有一个教师，唤做铁棒栾廷玉，此人有万夫不当之勇。庄上自有一二千了得的庄客。西边那个扈家庄，庄主扈太公，有个儿子，唤做飞天虎扈成，也十分了得。惟有一个女儿最英雄，名唤一丈青扈三娘，使两口日月双刀，马上如法了得。这里东村庄上，却是杜兴的主人，姓李，名应，能使一条浑铁点钢枪，背藏飞刀五口，百步取人，神出鬼没。这三村结下生死誓愿，同心共意，但有吉凶，递相救应。惟恐梁山泊好汉过来借粮，因此三村准备下抵敌他。如今小弟引二位到庄上，见了李大官人，求书去搭救时迁。”杨雄又问道：“你那李大官人，莫不是江湖上唤扑天雕的李应？”杜兴道：“正是他。”石秀道：“江湖上只听得说独龙冈有个扑天雕李应是好汉，却原来在这里。多闻他真个了得，是好男子，我们去走一遭。”杨雄便唤酒保，计算酒钱。杜兴那里肯要他还，便自招了酒钱。

三个离了村店，便引杨雄、石秀来到李家庄上。杨雄看时，真个好大庄院，外面周回一遭阔港，粉墙傍岸，有数百株合抱不交的大柳树，门外一座吊桥，接着庄门。入得门来，到厅前，两边有二十余座枪架，明晃晃的都插满军器。杜兴道：“两位哥哥在此少等，待小弟入去报知，请大官人出来相见。”杜兴入去，不多时，只见李应从里面出来。杨雄、石秀看时，果然好表人物，有《临江仙》词为证：

鹘眼鹰睛头似虎，燕颔猿臂狼腰，疏财仗义结英豪。爱骑雪白马，喜著绛红袍。

背上飞刀藏五把，点钢枪斜嵌银条，性刚谁敢犯分毫。李应真壮士，名号扑天雕。

当时李应出到厅前，杜兴引杨雄、石秀上厅拜见。李应连忙答礼，便教上厅请坐，杨雄、石秀再三谦让，方才坐了。李应便教取酒来且相待。杨雄、石秀两个再拜道：“望乞大官人致书与祝家庄，来救时迁性命，生死不敢有忘。”李应教请门馆先生来商议，修了一封书缄，填写名讳，使个图书印记，便差一个副主管赍了，备一匹快马，星火去祝家庄取这个人来。

那副主管领了东人书札，上马去了，杨雄、石秀拜谢罢。李应道：“二位壮士放心，小人书去，便当放来。”杨雄、石秀又谢了。李应道：“且请去后堂，少叙三杯等待。”两个随进里面，就具早膳相待。饭罢，吃了茶，李应问些枪法，见杨雄、石秀说的有理，心中甚喜。

巳牌时分，那个副主管回来，李应唤到后堂问道：“去取的这人在那里？”主管答道：“小人亲见朝奉，下了书，倒有放还之心，后来走出祝氏三杰，反焦躁起来，书也不回，人也不放，定要解上州去。”李应失惊道：“他和我三家村里结生死之交，书到便当依允，如何恁地起来?必是你说得不好，以致如此。杜主管，你须自去走一遭，亲见祝朝奉，说个仔细缘由。”杜兴道：“小人愿去，只求东人亲笔书缄，到那里方才肯放。”李应道：“说得是。”急取一幅花笺纸来，李应亲自写了书札，封皮面上，使一个讳字图书，把与杜兴接了。后槽牵过一匹快马，备上鞍辔，拿了鞭子，便出庄门，上马加鞭，奔祝家庄去了。李应道：“二位放心，我这封亲笔书去，少刻定当放还。”杨雄、石秀深谢了，留在后堂饮酒等待。

看看天色待晚，不见杜兴回来，李应心中疑惑，再教人去接，只见庄客报道：“杜主管回来了。”李应问道：“几个人回来？”庄客道：“只是主管独自一个跑马回来。”李应摇着头道：“却又作怪!往常这厮，不是这等兜搭，今日缘何恁地？”杨雄、石秀都跟出前厅来看时，只见杜兴下了马，入得庄门，见他模样，气得紫涨了面皮，龇牙露嘴，半晌说不的话。有诗为证：

面貌天生本异常，怒时古怪更难当。

三分不像人模样，一似酆都焦面王。

李应出到厅前，连忙问道：“你且言备细缘故，怎么地来。”杜兴气定了，方才道：“小人赍了东人书札，到他那里第三重门下，却好遇见祝龙、祝虎、祝彪弟兄三个坐在那里，小人声了三个喏，祝彪喝道：‘你又来做甚么？’小人躬身禀道：‘东人有书在此拜上。’祝彪那厮变了脸，骂道：‘你那主人恁地不晓人事!早晌使个泼男女，来这里下书，要讨那个梁山泊贼人时迁。如今我正要解上州里去，又来怎地？’小人说道：‘这个时迁不是梁山泊伙内人数，他自是蓟州来的客人。今投见敝庄东人，不想误烧了官人店屋，明日东人自当依旧盖还，万望俯看薄面，高抬贵手，宽恕宽恕。’祝家三个都叫道：‘不还，不还！’小人又道：‘官人请看东人亲笔书札在此。’祝彪那厮接过书去，也不拆开来看，就手扯的粉碎，喝叫把小人直叉出庄门。祝彪、祝虎发话道：‘休要惹老爷性发，把你那李应捉来，也做梁山泊强寇解了去。’小人本不敢尽言，实被那三个畜生无礼，把东人百般秽骂，便喝叫庄客来拿小人，被小人飞马走了。于路上气死小人，叵耐那厮枉与他许多年结生死之交，今日全无些仁义。”诗曰：

徒闻似漆与如胶，利害场中忍便抛。

平日若无真义气，临时休说死生交。

李应听罢，心头那把无明业火，高举三千丈，按纳不下，大呼：“庄客，快备我那马来！”杨雄、石秀谏道：“大官人息怒，休为小人们坏了贵处义气。”李应那里肯听?便去房中披上一副黄金锁子甲，前后兽面掩心，穿一领大红袍，背胯边插着飞刀五把，拿了点钢枪，戴上凤翅盔，出到庄前，点起三百悍勇庄客。杜兴也披一副甲，持把枪上马，带领二十余骑马军。杨雄、石秀也抓扎起，挺着朴刀，跟着李应的马，径奔祝家庄来。

日渐衔山时分，早到独龙冈前，便将人马排开。原来祝家庄又盖得好，占着这座独龙山冈，四下一遭阔港。那庄正造在冈上，有三层城墙，都是顽石垒砌的，约高二丈。前后两座庄门，两条吊桥。墙里四边，都盖窝铺，四下里遍插着枪刀军器，门楼上排着战鼓铜锣。李应勒马，在庄前大叫：“祝家三子，怎敢毁谤老爷！”只见庄门开处，拥出五六十骑马来，当先一骑似火炭赤的马上，坐着祝朝奉第三子祝彪。怎生装束：

头戴缕金荷叶盔，身穿锁子梅花甲，腰悬锦袋弓和箭，手执纯钢刀与枪。马额下垂照地红缨，人面上生撞天杀气。

李应见了祝彪，指着大骂道：“你这厮口边奶腥未退，头上胎发犹存，你爷与我结生死之交，誓愿同心共意，保护村坊。你家但有事情，要取人时，早来早放；要取物件，无有不奉。我今一个平人，二次修书来讨，你如何扯了我的书札，耻辱我名，是何道理？”祝彪道：“俺家虽和你结生死之交，誓愿同心协意，共捉梁山泊反贼，扫清山寨，你如何却结连反贼，意在谋叛？”李应喝道：“你说他是梁山泊甚人?你这厮却冤平人做贼，当得何罪？”祝彪道：“贼人时迁已自招了，你休要在这里胡说乱道，遮掩不过。你去便去，不去时，连你捉了，也做贼人解送。”

李应大怒，拍坐下马，挺手中枪，便奔祝彪。祝彪纵马去战李应。两个就独龙冈前，一来一往，一上一下，斗了十七八合，祝彪战李应不过，拨回马便走。李应纵马赶将去，祝彪把枪横担在马上，左手拈弓，右手取箭，搭上箭，拽满弓，觑得较亲，背翻身一箭。李应急躲时，臂上早着。李应翻筋斗，坠下马来，祝彪便勒转马来抢人。杨雄、石秀见了，大喝一声，拈两条朴刀，直奔祝彪马前杀将来。祝彪抵当不住，急勒回马便走，早被杨雄一朴刀，戳在马后股上。那马负疼，壁直立起来，险些儿把祝彪掀在马下，却得随从马上的人，都搭上箭射将来。杨雄、石秀见了，自思又无衣甲遮身，只得退回不赶。杜兴也自把李应救起上马，先去了。杨雄、石秀跟了众庄客也走了。祝家庄人马赶了二三里路，见天色晚来，也自回去了。

杜兴扶着李应，回到庄前，下了马，同入后堂坐。众宅眷都出来看视，拔了箭矢，伏侍卸了衣甲，便把金疮药敷了疮口，连夜在后堂商议。杨雄、石秀与杜兴说道："既是大官人被那厮无礼，又中了箭，时迁亦不能够出来，都是我等连累大官人了。我弟兄两个，只得上梁山泊去，恳告晁、宋二公并众头领，来与大官人报仇，就救时迁。"因辞谢了李应。李应道："非是我不用心，实出无奈。两位壮士，只得休怪。"叫杜兴取些金银相赠，杨雄、石秀那里肯受。李应道："江湖之上，二位不必推却。"两个方才收受，拜辞了李应，杜兴送出村口，指与大路。杜兴作别了，自回李家庄，不在话下。

且说杨雄、石秀取路投梁山泊来，早望见远远一处新造的酒店，那酒旗儿直挑出来。两个入到店里，买些酒吃，就问路程。这酒店却是梁山泊新添设做眼的酒店，正是石勇掌管。两个一面吃酒，一头动问酒保上梁山泊路程。石勇见他两个非常，便来答应道："你两位客人从那里来?要问上山去怎地？"杨雄道："我们从蓟州来。"石勇猛可想起道："莫非足下是石秀么？"杨雄道："我乃是杨雄，这个兄弟是石秀。大哥如何得知石秀名？"石勇慌忙道："小子不认得。前者戴宗哥哥到蓟州回来，多曾称说兄长。闻名久矣，今得上山，且喜，且喜。"三个叙礼罢，杨雄、石秀把上件事都对石勇说了。石勇随即叫酒保置办分例酒来相待。推开后面水亭上窗子，拽起弓，放了一枝响箭。只见对港芦苇丛中，早有小喽罗摇过船来。石勇便邀二位上船，直送到鸭嘴滩上岸。石勇已自先使人上山去报知。早见戴宗、杨林下山来迎接。俱各叙礼罢，一同上至大寨里。

众头领知道有好汉上山，都来聚会，大寨坐下。戴宗、杨林引杨雄、石秀、上厅参见晁盖、宋江，并众头领。相见已罢，晁盖细问两个踪迹，杨雄、石秀把本身武艺，投托入伙先说了，众人大喜，让位而坐。杨雄渐渐说到有个来投托大寨同入伙的时迁，不合偷了祝家店里报晓鸡，一时争闹起来，石秀放火烧了他店屋，时迁被捉，李应二次修书去讨，怎当祝家三子坚执不放，誓愿要捉山寨里好汉，且又千般辱骂，叵耐那厮十分无礼。不说万事皆休，才然说罢，晁盖大怒，喝叫："孩儿们将这两个与我斩讫报来！"正是：

杨雄石秀少商量，引带时迁行不臧。

豪杰心肠虽似火，绿林法度却如霜。

宋江慌忙劝道："哥哥息怒，两个壮士，不远千里而来，同心协助，如何却要斩他？"晁盖道："俺梁山泊好汉，自从火并王伦之后，便以忠义为主，全施仁德于民。一个个兄弟下山去，不曾折了锐气。新旧上山的兄弟们，各各都有豪杰的光彩。这厮两个，把梁山泊好汉的名目去偷鸡吃，因此连累我等受辱。今日先斩了这两个，将这厮首级去那里号令，便起军马去，就洗荡了那个村坊，不要输了锐气。孩儿们快斩了报来。"宋江劝住道："不然。哥哥不听这两位贤弟却才所说，那个鼓上蚤时迁，他原是此等人，以致惹起祝家那厮来，岂是这二位贤弟要玷辱山寨?我也每每听得有人说，祝家庄那厮，要和俺山寨敌对。即目山寨人马数多，钱粮缺少，非是我等要去寻他，那厮倒来吹毛求疵，因而正好乘势去拿那厮。若打得此庄，倒有三五年粮食。非是我们生事害他，其实那厮无礼。哥哥权且息怒，小可不才，亲领一支军马，启请几位贤弟们下山，去打祝家庄。若不洗荡得那个村坊，誓不还山。一是与山寨报仇，不折了锐气；二乃免此小辈被他耻辱；三则得许多粮食，以供山寨之用；四者就请李应上山入伙。"吴学究道："公明哥哥之言最好，岂可山寨自斩手足之人？"戴宗便道："宁乃斩了小弟，不可绝了贤路。"众头领力劝，晁盖方才免了二人。杨雄、石秀也自谢罪。宋江抚谕道："贤弟休生异心，此是山寨号令，不得不如此。便是宋江，倘有过失，也须斩首，不敢容情。如今新近又立了铁面孔目裴宣做军政司，赏功罚罪，已有定例。贤弟只得恕罪恕罪。"杨雄、石秀拜罢，谢罪已了，晁盖叫去坐在杨林之下。山寨里都唤小喽罗来参贺新头领已毕，一面杀牛宰马，且做庆喜筵席，拨定两所房屋，教杨雄、石秀安歇，每人拨十个小喽罗伏侍。当晚席散，次日再备筵席，会众商量议事。

宋江教唤铁面孔目裴宣，计较下山人数，启请诸位头领，同宋江去打祝家庄，定要洗荡了那个村坊。商量已定，除晁盖头领镇守山寨不动外，留下吴学究、刘唐，并阮家三弟兄、吕方、郭盛，护持大寨。原拨定守滩、守关、守店有职事人员，俱各不动。又拨新到头领孟康管造船只，顶替马麟监督战船。写下告示，将下山打祝家庄头领分作两起：头一拨，宋江、花荣、李俊、穆弘、李逵、杨雄、石秀、黄信、欧鹏、杨林，带领三千小喽罗，三百马军，披挂已了，下山前进；第二拨便是林冲、秦明、戴宗、张横、张顺、马麟、邓飞、王矮虎、白胜，也带三千小喽罗，三百马军，随后接应；再着金沙滩、鸭嘴滩二处小寨，只教宋万、郑天寿守把，就行接应粮草。晁盖送路已了，自回山寨。

且说宋江并众头领径奔祝家庄来，于路无话。早来到独龙山前，尚有一里多路，前军下了寨栅。宋江在中军帐里坐下，便和花荣商议道："我听得说祝家庄里路径甚杂，未可进兵，且先使两个入去探听路途曲折，知得顺逆路程，却才进去，与他敌对。"李逵便道："哥哥，兄弟闲了多时，不曾杀得一人，我便先去走一遭。"宋江道："兄弟，你去不得。若是破阵冲敌，用着你先去。这是做细作的勾当，用你不着。"李逵笑道："量这个鸟庄，何须哥哥费力，只兄弟自带三二百个孩儿杀将去，把这个鸟庄上人都砍了，何须要人先去打听。"宋江喝道："你这厮休胡说!且一壁厢去，叫你便来。"李逵走开去了，自说道："打死几个苍蝇，也何须大惊小怪。"宋江便唤石秀来说道："兄弟曾到彼处，可和杨林走一遭。"石秀便道："如今哥哥许多人马到这里，他庄上如何不提备，我们扮作甚么人入去好？"杨林便道："我自打扮了解魇的法师去，身边藏了短刀，手里擎着法环，于路摇将入去。你只听我法环响，不要离了我前后。"石秀道："我在蓟州原曾卖柴，我只是挑一担柴进去卖便了。身边藏了暗器，有些缓急，匾担也用得着。"杨林道："好，好。我和你计较了，今夜打点，五更起来便行。"正是只为一鸡小忿，致令众虎相争，所以古人有篇《西江月》道得好：

软弱安身之本，刚强惹祸之胎。无争无竞是贤才，亏我些儿何碍！　钝斧锤砖易碎，快刀劈水难开。但看发白齿牙衰，惟有舌根不坏。

且说石秀挑着柴担先入去，行不到二十来里，只见路径曲折多杂，四下里弯环相似，树木丛密，难认路头，石秀便歇下柴担不走。听得背后法环响得渐近，石秀看时，却见杨林头带一个破笠子，身穿一领旧法衣，手里擎着法环，于路摇将进来。石秀见没人，叫住杨林说道："看见路径弯杂难认，不知那里是我前日跟随李应来时的路。天色已晚，他们众人都是熟路，正看不仔细。"杨林道："不要管他路径曲直，只顾拣大路走便了。"石秀又挑了柴，只顾望大路先走，见前面一村人家，数处酒店肉店。石秀挑着柴，便望酒店门前歇了，只见各店内都把刀枪插在门前，每人身上穿一领黄背心，写个大"祝"字，往来的人，亦各如此。石秀见了，便看着一个年老的人，唱个喏，拜揖道："丈人，请问此间是何风俗?为甚都把刀枪插在当门？"那老人道："你是那里来的客人?原来不知，只可快走。"石秀道："小人是山东贩枣子的客人，消折了本钱，回乡不得，因此担柴来这里卖，不知此间乡俗地理。"老人道："只可快走别处躲避，这里早晚要大厮杀也。"石秀道："此间这等好村坊去处，怎地了大厮杀？"老人道："客人，你敢真个不知，我说与你。俺这里唤做祝家村，冈上便是祝朝奉衙里。如今恶了梁山泊好汉，现今引领军马在村口，要来厮杀。却怕我这村里路杂，未敢入来，现今驻扎在外面。如今祝家庄上行号令下来，每户人家，要我们精壮后生准备着，但有令传来，便去策应。”石秀道：“丈人村中，总有多少人家？”老人道：“只我这祝家村，也有一二万人家，东西还有两村人接应。东村唤做扑天雕李应李大官人，西村唤扈太公庄，有个女儿，唤做扈三娘，绰号一丈青，十分了得。”石秀道：“似此，如何却怕梁山泊做甚么？”那老人道：“若是我们初来时，不知路的，也要吃捉了。”石秀道：“丈人，怎地初来时要吃捉了？”老人道：“我这村里的路，有首诗说道：‘好个祝家庄，尽是盘陀路。容易入得来，只是出不去。’”石秀听罢，便哭起来，扑翻身便拜，向那老人道：“小人是个江湖上折了本钱，归乡不得的人，倘或卖了柴出去，撞见厮杀，走不脱，却不是苦?爷爷，怎地可怜见小人，情愿把这担柴相送爷爷，只指小人出去的路罢。”那老人道：“我如何白要你的柴?我就买你的。你且入来，请你吃些酒饭。”

石秀便谢了，挑着柴，跟那老人入到屋里。那老人筛下两碗白酒，盛一碗糕糜，叫石秀吃了。石秀再拜谢道：“爷爷指教出去的路径。”那老人道：“你便从村里走去，只看有白杨树，便可转弯，不问路道阔狭，但有白杨树的转弯，便是活路，没那树时，都是死路，如有别的树木转弯，也不是活路。若还走差了，左来右去，只走不出去。更兼死路里地下埋藏着竹签铁蒺藜，若是走差了，踏着飞签，准定吃捉了，待走那里去！”石秀拜谢了，便问：“爷爷高姓？”那老人道：“这村里姓祝的最多，惟有我复姓钟离，土居在此。”石秀道：“酒饭小人都吃够了，改日当厚报。”

正说之间，只听得外面闹吵。石秀听得道拿了一个细作。石秀吃了一惊，跟那老人出来看时，只见七八十个军人背绑着一个人过来。石秀看时，却是杨林，剥得赤条条的，索子绑着。石秀看了，只暗暗地叫苦，悄悄假问老人道：“这个拿了的是甚么人?为甚事绑了他？”那老人道：“你不见说他是宋江那里来的细作？”石秀又问道：“怎地吃他拿了？”那老人道：“说这厮也好大胆，独自一个来做细作，打扮做个解魇法师，闪入村里来。却又不认这路，只拣大路走了，左来右去，只走了死路，又不晓的白杨树转弯抹角的消息。人见他走得差了，来路跷蹊，报与庄上官人们来捉他，这厮方才又掣出刀来，手起伤了四五个人。当不住这里人多，一发上，因此吃拿了，有人认得他从来是贼，叫做锦豹子杨林。”

说言未了，只听得前面喝道，说是庄上三官人巡绰过来。石秀在壁缝里张时，看见前面摆着二十对缨枪，后面四五个人骑战马，都弯弓插箭，又有三五对青白哨马，中间拥着一个年少的壮士，坐在一匹雪白马上，全副披挂了弓箭，手执一条银枪。石秀自认得他，特地问老人道：“过去相公是谁？”那老人道：“这个正是祝朝奉第三子，唤做祝彪，定着西村扈家庄一丈青为妻。弟兄三个，只有他第一了得。”石秀拜谢道：“老爷爷指点寻路出去。”那老人道：“今日晚了，前面倘或厮杀，枉送了你性命。”石秀道：“爷爷，可救一命则个。”那老人道：“你且在我家歇一夜，明日打听得没事，便可出去。”石秀拜谢了，坐在他家，只听得门前四五替报马报将来，排门分付道：“你那百姓，今夜只看红灯为号，齐心并力，捉拿梁山泊贼人，解官请赏。”叫过去了。石秀问道：“这个人是谁？”那老人道：“这个官人是本处捕盗巡检，今夜约会要捉宋江。”石秀见说，心中自忖了一回，讨个火把，叫了安置，自去屋后草窝里睡了。

却说宋江军马在村口屯驻，不见杨林、石秀出来回报，随后又使欧鹏去到村口，出来回报道：“听得那里讲动，说道捉了一个细作，小弟见路径又杂难认，不敢深入重地。”宋江听罢，忿怒道：“如何等得回报了进兵?又吃拿了一个细作，必然陷了两个兄弟，我们今夜只顾进兵，杀将入去，也要救他两个兄弟。未知你众头领意下如何？”只见李逵便道：“我先杀入去，看是如何？”宋江听得，随即便传将令，教军士都披挂了。李逵、杨雄前一队做先锋，使李俊等引军做合后，穆弘居左，黄信在右，宋江、花荣、欧鹏等中军头领，摇旗呐喊，擂鼓鸣锣，大刀阔斧，杀奔祝家庄来。比及杀到独龙冈上，是黄昏时分，宋江催趱前军打庄。先锋李逵脱得赤条条的，挥两把夹钢板斧，火剌剌地杀向前来。到得庄前看时，已把吊桥高高地拽起了，庄门里不见一点火。李逵便要下水过去，杨雄扯住道：“使不得。关闭庄门，必有计策。待哥哥来，别有商议。”李逵那里忍得住，拍着双斧，隔岸大骂道：“那鸟祝太公老贼!你出来，黑旋风爷爷在这里！”庄上只是不应。宋江中军人马到来，杨雄接着，报说庄上并不见人马，亦无动静。宋江勒马看时，庄上不见刀枪人马，心中疑惑，猛省道：“我的不是了。天书上明明戒说，临敌休急暴。是我一时见不到，只要救两个兄弟，以此连夜进兵，不期深入重地。直到了他庄前，不见敌军，他必有计策，快教三军且退。”李逵叫道：“哥哥，军马到这里了，休要退兵，我与你先杀过去，你们都跟我来。”

说犹未了，庄上早知，只听得祝家庄里一个号炮，直飞起半天里去，那独龙冈上千百把火把，一齐点着，那门楼上弩箭如雨点般射将来。宋江急取旧路回军，只见后军头领李俊人马先发起喊来，说道：“来的旧路都阻塞了，必有埋伏。”宋江教军马四下里寻路走。李逵挥起双斧，往来寻人厮杀，不见一个敌军。只见独龙冈上山顶又放一个炮来，响声未绝，四下里喊声震地，惊的宋公明目睁口呆，罔知所措。你便有文韬武略，怎逃出地网天罗?正是：安排缚虎擒龙计，要捉惊天动地人。

毕竟宋公明并众头领怎地脱身，且听下回分解。

第四十八回 一丈青单捉王矮虎　宋公明两打祝家庄

话说当下宋江在马上看时，四下里都有埋伏军马，且教小喽罗只往大路杀将去，只听得五军屯塞住了，众人都叫起苦来。宋江问道：“怎么叫苦？”众军都道：“前面都是盘陀路，走了一遭，又转到这里。”宋江道：“教军马望火把亮处，有房屋人家，取路出去。”又走不多时，只见前军又发起喊来，叫道：“甫能望火把亮处取路，又有苦竹签、铁蒺藜，遍地撒满鹿角，都塞了路口。”宋江道：“莫非天丧我也！”正在慌急之际，只听得左军中间穆弘队里闹动，报来说道：“石秀来了。”宋江看时，见石秀拈着口刀，奔到马前道：“哥哥休慌，兄弟已知路了。暗传下将令，教五军只看有白杨树，便转弯走去，不要管他路阔路狭。”宋江催趱人马，只看有白杨树便转。宋江去约走过五六里路，只见前面人马越添得多了。宋江疑忌，便唤石秀问道：“兄弟，怎么前面贼兵众广？”石秀道：“他有烛灯为号。”花荣在马上看见，把手指与宋江道：“哥哥，你看见那树影里这碗烛灯么?只看我等投东，他便把那烛灯望东扯；若是我们投西，他便把那烛灯望西扯。只那些儿，想来便是号令。”宋江道：“怎地奈何的他那碗灯？”花荣道：“有何难哉！”便拈弓搭箭，纵马向前，望着影中只一箭，不端不正，恰好把那碗红灯射将下来。四下里埋伏军兵不见了那碗红灯，便都自乱撺起来。宋江叫石秀引路，且杀出村口去，只听得前山喊声连起，一带火把纵横撩乱，宋江教前军扎住，且使石秀领路去探。不多时，回来报道：“是山寨中第二拨军马到了接应，杀散伏兵。”

宋江听罢，进兵夹攻，夺路奔出村口，祝家庄人马四散去了。会合着林冲、秦明等众人军马，同在村口驻扎。却好天明，去高阜处下了寨栅，整点人马，数内不见了镇三山黄信。宋江大惊，询问缘故，有昨夜跟去的军人见的来说道：“黄头领听着哥哥将令，前去探路，不提防芦苇丛中，舒出两把挠钩，拖翻马脚，被五七个人活捉去了，救护不得。”宋江听罢大怒，要杀随行军汉，如何不早报来，林冲、花荣劝住宋江。众人纳闷道：“庄又不曾打得，倒折了两个兄弟，似此怎生奈何？”杨雄道：“此间有三个村坊结并，所有东村李大官人，前日已被祝彪那厮射了一箭，现今在庄上养病，哥哥何不去与他计议？”宋江道：“我正忘了他。他便知本处地理虚实。”分付教取一对缎匹羊酒，选一骑好马并鞍辔，亲自上门去求见，林冲、秦明权守栅寨。宋江带同花荣、杨雄、石秀上了马，随行三百马军，取路投李家庄来。

到得庄前，早见门楼紧闭，吊桥高拽起了，墙里摆着许多庄兵人马。门楼上早擂起鼓来。宋江在马上叫道：“俺是梁山泊义士宋江，特来谒见大官人，别无他意，休要提备。”庄门上杜兴看见有杨雄、石秀在彼，慌忙开了庄门，放只小船过来，与宋江声喏。宋江慌忙下马来答礼。杨雄、石秀近前禀道：“这位兄弟，便是引小弟两个投李大官人的，唤做鬼脸儿杜兴。”宋江道：“原来是杜主管。相烦足下对李大官人说，俺梁山泊宋江久闻大官人大名，无缘不曾拜会。今因祝家庄要和俺们做对头，经过此间，特献彩缎名马、羊酒薄礼，只求一见，别无他意。”杜兴领了言语，再渡过庄来，直到厅前，李应带伤披被坐在床上，杜兴把宋江要求见的言语说了。李应道：“他是梁山泊造反的人，我如何与他厮见?无私有意。你可回他话道，只说我卧病在床，动止不得，难以相见，改日却得拜会。所赐礼物，不敢祗受。”

杜兴再渡过来见宋江，禀道：“俺东人再三拜上头领，本欲亲身迎迓，奈缘中伤，患躯在床，不能相见，容日专当拜会。适蒙所赐厚礼，并不敢受。”宋江道：“我知你东人的意了。我因打祝家庄失利，欲求相见则个，他恐祝家庄见怪，不肯出来相见。”杜兴道：“非是如此，委实患病。小人虽是中山人氏，到此多年了，颇知此间虚实事情。中间是祝家庄，东是俺李家庄，西是扈家庄。这三村庄上，誓愿结生死之交，有事互相救应，今番恶了俺东人，自不去救应，只恐西村扈家庄上要来相助。他庄上别的不打紧，只有一个女将，唤做一丈青扈三娘，使两口日月刀，好生了得。却是祝家庄第三子祝彪定为妻室，早晚要娶。若是将军要打祝家庄时，不须提备东边，只要紧防西路。祝家庄上前后有两座庄门：一座在独龙冈前，一座在独龙冈后。若打前门，却不济事，须是两面夹攻，方可得破。前门打紧，路杂难认，一遭都是盘陀路径，阔狭不等。但有白杨树，便可转弯，方是活路，如无此树，便是死路。”石秀道：“他如今都把白杨树木斫伐去了，将何为记？”杜兴道：“虽然斫伐了树，如何起得根尽，也须有树根在彼。只宜白日进兵攻打，黑夜不可进兵。”

宋江听罢，谢了杜兴，一行人马却回寨里来。林冲等接着，都到大寨里坐下。宋江把李应不肯相见并杜兴说的话对众头领说了。李逵便插口道：“好意送礼与他，那厮不肯出来迎接哥哥，我自引三百人去打开鸟庄，脑揪这厮出来拜见哥哥。”宋江道：“兄弟，你不省的，他是富贵良民，惧怕官府，如何造次肯与我们相见？”李逵笑道：“那厮想是个小孩子，怕见。”众人一齐都笑起来。宋江道：“虽然如此说了，两个兄弟陷了，不知性命存亡，你众兄弟可竭力向前，跟我再去攻打祝家庄。”众人都起身说道：“哥哥将令，谁敢不听！不知教谁前去？”黑旋风李逵说道：“你们怕小孩子，我便前去。”宋江道：“你做先锋不利，今番用你不着。”李逵低了头忍气。宋江便点马麟、邓飞、欧鹏、王矮虎四个，“跟我亲自做先锋去。”第二点戴宗、秦明、杨雄、石秀、李俊、张横、张顺、白胜，准备下水路用人；第三点林冲、花荣、穆弘、李逵，分作两路策应。众军标拨已定，都饱食了，披挂上马。

且说宋江亲自要去做先锋，攻打头阵，前面打着一面大红帅字旗，引着四个头领，一百五十骑马军，一千步军，直杀奔祝家庄来。于路着人探路，直到独龙冈前。宋江勒马看那祝家庄时，果然雄壮，有篇诗赞，便见祝家庄气象：

独龙山前独龙冈，独龙冈上祝家庄。
绕冈一带长流水，周遭环匝皆垂杨。
墙内森森罗剑戟，门前密密排刀枪。
对敌尽皆雄壮士，当锋都是少年郎。
祝龙出阵真难敌，祝虎交锋莫可当。
更有祝彪多武艺，咤叱喑呜比霸王。
朝奉祝公谋略广，金银罗绮有千箱。
白旗一对门前立，上面明书字两行：
“填平水泊擒晁盖，踏破梁山捉宋江。”

当下宋江在马上，看了祝家庄那两面旗，心中大怒，设誓道：“我若打不得祝家庄，永不回梁山泊！”众头领看了，一齐都怒起来。宋江听得后面人马都到了，留下第二拨头领攻打前门，宋江自引了前部人马，转过独龙冈后面来看祝家庄时，后面都是铜墙铁壁，把得严整。正看之时，只见直西一彪军马，呐着喊，从后杀来。宋江留下马麟、邓飞，把住祝家庄后门，自带了鸥鹏、王矮虎，分一半人马前来迎接。山坡下来军约有二三十骑马军，当中簇拥着一员女将。怎生结束，但见：

蝉鬓金钗双压，凤鞋宝镫斜踏。连环铠甲衬红纱，绣带柳腰端跨。霜刀把雄兵乱砍，玉纤将猛将生拿。天然美貌海棠花，一丈青当先出马。

那来军正是扈家庄女将一丈青扈三娘，一骑青鬃马上，抡两口日月双刀，引着三五百庄客，前来祝家庄策应。宋江道：“刚说扈家庄有这个女将，好生了得，想来正是此人，谁敢与他迎敌？”说犹未了，只见这王矮虎是个好色之徒，听得说是个女将，指望一合便捉得过来。当时喊了一声，骤马向前，挺手中枪，便出迎敌。两军呐喊，那扈三娘拍马舞刀，来战王矮虎，一个双刀的熟闲，一个单枪的出众。两个斗敌十数合之上，宋江在马上看时，见王矮虎枪法架隔不住。原来王矮虎初见一丈青，恨不得便捉过来，谁想斗过十合之上，看看的手颤脚麻，枪法便都乱了。不是两个性命相扑时，王矮虎却要做光起来。那一丈青是个乖觉的人，心中道：“这厮无理。”便将两把双刀，直上直下砍将入来，这王矮虎如何敌得过，拨回马，却待要走，被一丈青纵马赶上，把右手刀挂了，轻舒猿臂，将王矮虎提离雕鞍，活捉去了。众庄客齐上，把王矮虎横拖倒拽捉去了。有诗为证：

色胆能拚不顾身，肯将性命值微尘。
销金帐里无强将，丧魄亡精与妇人。

欧鹏见捉了王英，便挺枪来救。一丈青纵马跨刀，接着欧鹏，两个便斗。原来欧鹏祖是军班子弟出身，使得好一条铁枪，宋江看了，暗暗的喝采。怎的欧鹏枪法精熟，也敌不得那女将半点便宜。邓飞在远远处看见捉了王矮虎，欧鹏又战那女将不下，跑着马，舞起一条铁链，大发喊赶将来。祝家庄上已看多时，诚恐一丈青有失，慌忙放下吊桥，开了庄门，祝龙亲自引了三百余人，骤马提枪，来捉宋江。马麟看见，一骑马使起双刀，来迎住祝龙厮杀。邓飞恐宋江有失，不离左右，看他两边厮杀，喊声迭起。宋江见马麟斗祝龙不过，欧鹏斗一丈青不下，正慌哩，只见一彪军马从刺斜里杀将来。宋江看时，大喜，却是霹雳火秦明，听得庄后厮杀，前来救应。宋江大叫：“秦统制，你可替马麟。”

秦明是个急性的人，更兼祝家庄捉了他徒弟黄信，正没好气，拍马飞起狼牙棍，便来直取祝龙。祝龙也挺枪来敌秦明。马麟引了人，却夺王矮虎。那一丈青看见了马麟来夺人，便撇了欧鹏，却来接住马麟厮杀。两个都会使双刀，马上相迎着，正如这风飘玉屑，雪撒琼花，宋江看得眼也花了。这边秦明和祝龙斗到十合之上，祝龙如何敌得秦明过，庄门里面那教师栾廷玉带了铁锤，上马挺枪，杀将出来。欧鹏便来迎住栾廷玉厮杀。栾廷玉也不来交马，带住枪时，刺斜里便走。欧鹏赶将去，被栾廷玉一飞锤，正打着，翻筋斗　下马去。邓飞大叫：“孩儿们救人！”舞着铁链，径奔栾廷玉。宋江急唤小喽罗，救得欧鹏上马。那祝龙当敌秦明不住，拍马便走。栾廷玉也撇了邓飞，却来战秦明，两个斗了一二十合，不分胜败。栾廷玉卖个破绽，落荒即走，秦明舞棍，径赶将来。栾廷玉便望荒草之中，跑马入去，秦明不知是计，也追入去。原来祝家庄那等去处，都有人埋伏，见秦明马到，拽起绊马索来，连人和马都绊翻了，发声喊，捉住了秦明。邓飞见秦明坠马，慌忙来救，急见绊马索拽，却待回身，两下里叫声着，挠钩似乱麻一般搭来，就马上活捉了去。

宋江看见，只叫得苦，止救得欧鹏上马。马麟撇了一丈青，急奔来保护宋江，望南而走，背后栾廷玉、祝龙、一丈青，分投赶将来。看看没路，正待受缚，只见正南上一个好汉飞马而来，背后随从约有五百人马。宋江看时，乃是没遮拦穆弘。东南上也有三百余人，两个好汉飞奔前来：一个是病关索杨雄，一个是拚命三郎石秀。东北上又一个好汉，高声大叫：“留下人着！”宋江看时，乃是小李广花荣。三路人马一齐都到，宋江心下大喜，一发并力来战栾廷玉、祝龙。庄上望见，恐怕两个吃亏，且教祝虎守把住庄门，小郎君祝彪骑一匹劣马，使一条长枪，自引五百余人马，从庄后杀将出来，一齐混战。庄前李俊、张横、张顺，下水过来，被庄上乱箭射来，不能下手；戴宗、白胜，只在对岸呐喊。宋江见天色晚了，急叫马麟先保护欧鹏出村口去。宋江又叫小喽罗筛锣，聚拢众好汉，且战且走。

宋江自拍马到处寻了看，只恐弟兄们迷了路。正行之间，只见一丈青飞马赶来，宋江措手不及，便拍马望东而走，背后一丈青紧追着，八个马蹄翻盏撒钹相似，赶投深村处来。一丈青正赶上宋江，待要下手，只听得山坡上有人大叫道：“那鸟婆娘赶我哥哥那里去？”宋江看时，却是黑旋风李逵，抡两把板斧，引着七八十个小喽罗，大踏步赶将来。一丈青便勒转马，望这树林边去。宋江也勒住马看时，只见树林边转出十数骑马军来，当先簇拥着一个壮士。怎生结束，但见：

嵌宝头盔稳戴，磨银铠甲重披。素罗袍上绣花枝，狮蛮带琼瑶密砌。丈八蛇矛紧挺，霜花骏马频嘶。满山都唤小张飞，豹子头林冲便是。

那来军正是豹子头林冲，在马上大喝道：“兀那婆娘走那里去？”一丈青飞刀纵马，直奔林冲，林冲挺丈八蛇矛迎敌。两个斗不到十合，林冲卖个破绽，放一丈青两口刀砍入来，林冲把蛇矛逼个住，两口刀逼斜了，赶拢去，轻舒猿臂，款扭狼腰，把一丈青只一拽，活挟过马来。宋江看见，喝声采，不知高低。林冲叫军士绑了，骤马向前道：“不曾伤犯哥哥么？”宋江道：“不曾伤着。”便叫李逵快走村中接应众好汉，且教来村口商议，天色已晚，不可恋战。黑旋风领本部人马去了。林冲保护宋江，押着一丈青在马上，取路出村口来。当晚众头领不得便宜，急急都赶出村口来。祝家庄人马也收回庄上去了，满村中杀死的人，不计其数。祝龙教把捉到的人都将来陷车囚了，一发拿住宋江，却解上东京去请功，扈家庄已把王矮虎解送到祝家庄去了。

且说宋江收回大队人马，到村口下了寨栅，先教将一丈青过来，唤二十个老成的小喽罗，着四个头目，骑四匹快马，把一丈青拴了双手，也骑一匹马，“连夜与我送上梁山泊去，交与我父亲宋太公收管，便来回话。待我回山寨，自有发落。”众头领都只道宋江自要这个女子，尽皆小心送去。先把一辆车儿教欧鹏上山去将息。一行人都领了将令，连夜去了。宋江其夜在帐中纳闷，一夜不睡，坐而待旦。

次日，只见探事人报来，说军师吴学究引将三阮头领，并吕方、郭盛，带五百人马到来。宋江听了，出寨迎接了军师吴用，到中军帐里坐下。吴学究带将酒食来，与宋江把盏贺喜，一面犒赏三军众将。吴用道：“山寨里晁头领多听得哥哥先次进兵不利，特地使将吴用并五个头领来助战。不知近日胜败如何？”宋江道：“一言难尽。叵耐祝家那厮，他庄门上立两面白旗，写道：‘填平水泊擒晁盖，踏破梁山捉宋江。’这厮无礼。先一遭进兵攻打，因为失其地利，折了杨林、黄信，夜来进兵，又被一丈青捉了王矮虎，栾廷玉锤打伤了欧鹏，绊马索拖翻捉了秦明、邓飞。如此失利，若不得林教头恰活捉得一丈青时，折尽锐气。今来似此，如之奈何?若是宋江打不得祝家庄破，救不出这几个兄弟来，情愿自死于此地，也无面目回去见得晁盖哥哥。”吴学究笑道：“这个祝家庄也是合当天败，却限有这个机会。吴用想来，事在旦夕可破。”宋江听罢，十分惊喜，连忙问道：“这祝家庄如何旦夕可破?机会自何而来？”吴学究笑着，不慌不忙，迭两个指头，说出这个机会来。正是：空中伸出拿云手，救出天罗地网人。

毕竟军师吴用说出甚么机会来，且听下回分解。

第四十九回 解珍解宝双越狱　孙立孙新大劫牢

话说当时吴学究对宋公明说道：“今日有个机会，却是石勇面上来投入伙的人，又与栾廷玉那厮最好，亦是杨林、邓飞的至爱相识。他知道哥哥打祝家庄不利，特献这条计策来入伙，以为进身之报，随后便至。五日之内，可行此计，却是好么？”宋江听了，大喜道：“妙哉！”方才笑逐颜开。说话的，却是甚么计策?下来便见。看官牢记这段话头。原来和宋公明初打祝家庄时，一同事发。却难这边说一句，那边说一回，因此权记下这两打祝家庄的话头，却先说那一回来投入伙的人乘机会的话，下来接着关目。

原来山东海边有个州郡，唤做登州。登州城外有一座山，山上多有豺狼虎豹，出来伤人，因此登州知府拘集猎户，当厅委了杖限文书，捉捕登州山上大虫。又仰山前山后里正之家，也要捕虎文状，限外不行解官，痛责枷号不恕。且说登州山下有一家猎户，兄弟两个，哥哥唤做解珍，兄弟唤做解宝。弟兄两个，都使浑铁点钢叉，有一身惊人的武艺。当州里的猎户们，都让他第一。那解珍一个绰号唤做两头蛇，这解宝绰号叫做双尾蝎。二人父母俱亡，不曾婚娶。那哥哥七尺以上身材，紫棠色面皮，腰细膀阔；这个兄弟解宝，更是利害，也有七尺以上身材，面圆身黑，两只腿上刺着两个飞天夜叉，有时性起，恨不得腾天倒地，拔树摇山。有一篇《西江月》，单道他弟兄的好处：

世本登州猎户，生来骁勇英豪。穿山越岭健如猱，麋鹿见时惊倒。

手执莲花铁　，腰悬蒲叶尖刀。豹皮裙子虎筋绦，解氏二难年少。

那弟兄两个当官受了甘限文书，回到家中，整顿窝弓药箭，弩子　叉，穿了豹皮裤，虎皮套体，拿了铁叉，两个径奔登州山上，下了窝弓，去树上等了一日，不济事了，收拾窝弓下去。次日，又带了干粮，再上山伺候，看看天晚，弟兄两个再把窝弓下了，爬上树去，直等到五更，又没动静。两个移了窝弓，却来西山边下了，坐到天明，又等不着。两个心焦，说道："限三日内要纳大虫，迟时须用受责，却是怎地好！"

两个到第三日夜，伏至四更时分，不觉身体困倦。两个背厮靠着且睡，未曾合眼，忽听得窝弓发响。两个跳将起来，拿了钢叉，四下里看时，只见一个大虫中了药箭，在那地上滚。两个拈着钢叉向前来，那大虫见了人来，带着箭便走。两个追将向前去，不到半山里时，药力透来，那大虫当不住，吼了一声，骨　　滚将下山去了。解宝道："好了!我认得这山，是毛太公庄后园里，我和你下去他家取讨大虫。"

当时弟兄两个提了钢叉，径下山来，投毛太公庄上敲门。此时方才天明，两个敲开庄门入去，庄客报与太公知道。多时，毛太公出来，解珍、解宝放下钢叉，声了喏，说道："伯伯，多时不见，今日特来拜扰。"毛太公道："贤侄如何来得这等早?有甚话说？"解珍道："无事不敢惊动伯伯睡寝。如今小侄因为官司委了甘限文书，要捕获大虫，一连等了三日，今早五更，射得一个，不想从后山滚下，在伯伯园里，望烦借一路，取大虫则个。"毛太公道："不妨，既是落在我园里，二位且少坐，敢是肚饥了，吃些早饭去取。"叫庄客且去安排早膳来相待。当时劝二位吃了酒饭，解珍、解宝起身谢道："感承伯伯厚意，望烦引去，取大虫还小侄。"毛太公道："既是在我庄后，却怕怎地?且坐吃茶，却去取未迟。"解珍、解宝不敢相违，只得又坐下，庄客拿茶来，叫二位吃了。毛太公道："如今我和贤侄去取大虫。"解珍、解宝道："深谢伯伯。"

毛太公引了二人，入到庄后，叫庄客把钥匙来开门，百般开不开。毛太公道："这园多时不曾有人来开，敢是锁　锈了，因此开不得，去取铁锤来打开了罢。"庄客便将铁锤来，敲开了锁，众人都入园里去看时，遍山边去看，寻不见。毛太公道："贤侄，你两个莫不错看了，认不仔细?敢不曾落在我园里？"解珍道："怎地得我两个错看了?是这里生长的人，如何不认得？"毛太公道："你自寻便了，有时自抬去。"解宝道："哥哥，你且来看，这里一带草，滚得平平地都倒了；又有血路在上头，如何说不在这里?必是伯伯家庄客抬过了。"毛太公道："你休这等说，我家庄上的人，如何得知有大虫在园里?便又抬得过?你也须看见方才当面敲开锁来，和你两个一同入园里来寻。你如何这般说话！"解珍道："伯伯，你须还我这个大虫去解官。"毛太公道："你这两个好无道理!我好意请你吃酒饭，你颠倒赖我大虫。"解宝道："有甚么赖处!你家也现当里正，官府中也委了甘限文书，却没本事去捉，倒来就我现成，你倒将去请功，教我兄弟两个吃限棒。"毛太公道："你吃限棒，干我甚事！"解珍、解宝睁起眼来，便道："你敢教我搜一搜么？"毛太公道："我家比你家，各有内外。你看这两个教化头倒来无礼。"解宝抢近厅前寻不见，心中火起，便在厅前打将起来；解珍也就厅前攀折栏杆，打将入去。毛太公叫道："解珍、解宝白昼抢劫！"那两个打碎了厅前椅桌，见庄上都有准备，两个便拔步出门，指着庄上骂道："你赖我大虫，和你官司里去理会。"

解氏深机捕获，毛家巧计牢笼。

当日因争一虎，后来引起双龙。

那两个正骂之间，只见两三匹马投庄上来，引着一伙伴当。解珍认得是毛太公儿子毛仲义，接着说道："你家庄上庄客捉过了我大虫，你爹不讨还我，颠倒要打我弟兄两个。"毛仲义道："这厮村人不省事，我父亲必是被他们瞒过了。你两个不要发怒，随我到家里，讨还你便了。"解珍、解宝谢了毛仲义，叫开庄门，教他两个进去。待得解珍、解宝入得门来，便叫关上庄门，喝一声："下手！"两廊下走出二三十个庄客，并恰才马后带来的，都是做公的。那兄弟两个措手不及，众人一发上，把解珍、解宝绑了。毛仲义道："我家昨夜自射得一个大虫，如何来白赖我的?乘势抢掳我家财，打碎家中什物，当得何罪?解上本州，也与本州除了一害。"原来毛仲义五更时，先把大虫解上州里去了，却带了若干做公的来捉解珍、解宝。不想他这两个不识局面，正中了他的计策，分说不得。毛太公教把他两个使的钢叉并一包赃物，扛抬了许多打碎的家伙什物，将解珍、解宝剥得赤条条地，背剪绑了，解上州里来。本州有个六案孔目，姓王，名正，却是毛太公的女婿，已自先去知府面前禀说了。才把解珍、解宝押到厅前，不由分说，捆翻便打，定要他两个招做混赖大虫，各执钢叉，因而抢掳财物。解珍、解宝吃拷不过，只得依他招了。知府教取两面二十五斤的重枷来枷了，钉下大牢里去。毛太公、毛仲义自回庄上商议道："这两个男女，却放他不得，不如一发结果了他，免致后患。"当时子父二人自来州里，分付孔目王正："与我一发斩草除根，萌芽不发，我这里自行与知府的打关节。"

却说解珍、解宝押到死囚牢里，引至亭心上来，见这个节级。为头的那人，姓包，名吉，已自得了毛太公银两，并听信王孔目之言，教对付他两个性命，便来亭心里坐下。小牢子对他两个说道："快过来，跪在亭子前。"包节级喝道："你两个便是甚么两头蛇、双尾蝎，是你么？"解珍道："虽然别人叫小人们这等混名，实不曾陷害良善。"包节级喝道："你这两个畜生，今番我手里教你两头蛇做一头蛇，双尾蝎做单尾蝎，且与我押入大牢里去。"

那一个小牢子把他两个带在牢里来，见没人，那小节级便道："你两个认得我么?我是你哥哥的妻舅。"解珍道："我只亲弟兄两个，别无那个哥哥。"那小牢子道："你两个须是孙提辖的兄弟。"解珍道："孙提辖是我姑舅哥哥，我却不曾与你相会。足下莫非是乐和舅？"那小节级道："正是，我姓乐，名和，祖贯茅州人氏。先祖挈家到此，将姐姐嫁与孙提辖为妻。我自在此州里勾当，做小牢子。人见我唱得好，都叫我做铁叫子乐和。姐夫见我好武艺，教我学了几路枪法在身。"怎见得，有诗为证:

玲珑心地衣冠整，俊俏肝肠语话清。

能唱人称铁叫子，乐和聪慧自天生。

原来这乐和是一个聪明伶俐的人，诸般乐品，尽皆晓得，学着便会。作事见头知尾。说起枪棒武艺，如糖似蜜价爱。为见解珍、解宝是个好汉，有心要救他，只是单丝不成线，孤掌岂能鸣，只报得他一个信。乐和说道："好教你两个得知：如今包节级得受了毛太公钱财，必然要害你两个性命，你两个却是怎生好？"解珍道："你不说起孙提辖则休，你既说起他来，只央你寄一个信。"乐和道："你却教我寄信与谁？"解珍道："我有个姐姐，是我爷面上的，却与孙提辖兄弟为妻，现在东门外十里牌住。他是我姑娘的女儿，叫做母大虫顾大嫂，开张酒店，家里又杀牛开赌。我那姐姐有三二十人近他不得，姐夫孙新这等本事，也输与他。只有那个姐姐，和我弟兄两个最好。孙新、孙立的姑娘，却是我母亲，以此他两个又是我姑舅哥哥。央烦的你暗暗地寄个信与他，把我的事说知，姐姐必然自来救我。"

乐和听罢，分付说："贤亲，你两个且宽心着。"先去藏些烧饼肉食，来牢里开了门，把与解珍、解宝吃了。推了事故，锁了牢门，教别个小节级看守了门，一径奔到东门外，望十里牌来。早望见一个酒店，门前悬挂着牛羊等肉，后面屋下一簇人在那里赌博。乐和见酒店里一个妇人坐在柜上，但见：

眉粗眼大，胖面肥腰。插一头异样钗　露两个时兴钏镯。有时怒起，提井栏便打老公头；忽地心焦，拿石锥敲翻庄客腿。生来不会拈针线，弄棒持枪当女工。乐和入进店内，看着顾大嫂，唱个喏道："此间姓孙么？"顾大嫂慌忙答道："便是。足下却要沽酒，却要买肉?如要赌钱，后面请坐。"乐和道："小人便是孙提辖妻弟乐和的便是。"顾大嫂笑道："原来却是乐和舅，可知尊颜和姆姆一般模样。且请里面拜茶。"乐和跟进里面客位里坐下，顾大嫂便动问道："闻知得舅舅在州里勾当，家下穷忙少闲，不曾相会。今日甚风吹得到此？"乐和答道："小人无事，也不敢来相恼。今日厅上偶然发下两个罪人进来，虽不曾相会，多闻他的大名。一个是两头蛇解珍，一个是双尾蝎解宝。"顾大嫂道："这两个是我的兄弟，不知因甚罪犯下在牢里？"乐和道："他两个因射得一个大虫，被本乡一个财主毛太公赖了，又把他两个强扭做贼，抢掳家财，解入州里来。他又上上下下都使了钱物，早晚间要教包节级牢里做翻他两个，结果了性命。小人路见不平，独力难救。只想一者沾亲，二乃义气为重，特地与他通个消息。他说道：'只除是姐姐便救得他。'若不早早用心着力，难以救拔。"

顾大嫂听罢，一片声叫起苦来，便叫火家快去寻得二哥家来说话。有几个火家去不多时，寻得孙新归来，与乐和相见。怎见得孙新的好处，有诗为证：

军班才俊子，眉目有神威。

身在蓬莱寓，家从琼海移。

自藏鸿鹄志，恰配虎狼妻。

鞭举龙双见，枪来蟒独飞。

年似孙郎少，人称小尉迟。

原来这孙新祖是琼州人氏，军官子孙，因调来登州驻扎，弟兄就此为家。孙新生得身长力壮，全学得他哥哥的本事，使得几路好鞭枪，因此多人把他弟兄两个比尉迟恭，叫他做小尉迟。顾大嫂把上件事对孙新说了，孙新道："既然如此，叫舅舅先回去。他两个已下在牢里，全望舅舅看觑则个。我夫妻商量个长便道理，却径来相投。"乐和道："但有用着小人处，尽可出力向前。"顾大嫂置酒相待已了，将出一包碎银，付与乐和："望烦舅舅将去牢里，散与众人并小牢子们，好生周全他两个弟兄。"乐和谢了，收了银两，自回牢里来替他使用，不在话下。

且说顾大嫂和孙新商议道："你有甚么道理，救我两个兄弟？"孙新道："毛太公那厮，有钱有势，他防你两个兄弟出来，须不肯干休，定要做翻了他两个，似此必然死在他手。若不去劫牢，别样也救他不得。"顾大嫂道："我和你今夜便去。"孙新笑道："你好粗卤。我和你也要算个长便，劫了牢，也要个去向。若不得我那哥哥，和这两个人时，行不得这件事。"顾大嫂道："这两个是谁？"孙新道："便是那叔侄两个最好赌的邹渊、邹润，如今现在登云山台峪里，聚众打劫。他和我最好，若得他两个相帮助，此事便成。"顾大嫂道："登云山离这里不远，你可连夜去请他叔侄两个来商议。"孙新道："我如今便去。你可收拾了酒食肴馔，我去定请得来。"顾大嫂分付火家，宰了一口猪，铺下数盘果品按酒，排下桌子。

天色黄昏时候，只见孙新引了两筹好汉归来。那个为头的姓邹，名渊，原是莱州人氏，自小最好赌钱，闲汉出身，为人忠良慷慨，更兼一身好武艺，性气高强，不肯容人，江湖上唤他绰号出林龙。第二个好汉，名唤邹润，是他侄儿，年纪与叔叔仿佛，二人争差不多，身材长大，天生一等异相，脑后一个肉瘤，以此人都唤他做独角龙。那邹润往常但和人争闹，性起来，一头撞去，忽然一日，一头撞折了涧边一株松树，看的人都惊呆了。有《西江月》一首，单道他叔侄的好处：

厮打场中为首，呼卢队里称雄。天生忠直气如虹，武艺惊人出众。

结寨登云台上，英名播满山东。翻江搅海似双龙，岂作池中玩弄？

当时顾大嫂见了，请入后面屋下坐地，却把上件事告诉与他，次后商量劫牢一节。邹渊道："我那里虽有八九十人，只有二十来个心腹的。明日干了这件事，便是这里安身不得了。我却有个去处，我也有心要去多时，只不知你夫妇二人肯去么？"顾大嫂道："遮莫甚么去处，都随你去，只要救了我两个兄弟。"邹渊道："如今梁山泊十分兴旺，宋公明大肯招贤纳士。他手下现有我的三个相识在彼：一个是锦豹子杨林，一个是火眼狻猊邓飞，一个是石将军石勇，都在那里入伙了多时。我们救了你两个兄弟，都一发上梁山泊投奔入伙去如何？"顾大嫂道："最好，有一个不去的，我便乱枪戳死他。"邹润道："还有一件，我们倘或得了人，诚恐登州有些军马追来，如之奈何？"孙新道："我的亲哥哥现做本州军马提辖，如今登州只有他一个了得。几番草寇临城，都是他杀散了，到处闻名。我明日自去请他来，要他依允便了。"邹渊道："只怕他不肯落草。"孙新说道："我自有良法。"

当夜吃了半夜酒，歇到天明，留下两个好汉在家里，却使一个火家带领了一两个人，推一辆车子，"快走城中营里，请我哥哥孙提辖并嫂嫂乐大娘子，说道：'家中大嫂害病沉重，便烦来家看觑。'"顾大嫂分付火家道："只说我病重临危，有几句紧要的话，须是便来，只有几番相见嘱付。"火家推车儿去了。孙新专在门前伺候，等接哥哥。饭罢时分，远远望见车儿来了，载着乐大娘子，背后孙提辖骑着马，十数个军汉跟着，望十里牌来。孙新入去报与顾大嫂得知，说："哥嫂来了。"顾大嫂分付道："只依我如此行。"孙新出来，接见哥嫂，且请嫂嫂下了车儿，同到房里，看视弟媳妇病症。

孙提辖下了马，入门来，端的好条大汉，淡黄面皮，落腮胡须，八尺以上身材，姓孙，名立，绰号病尉迟，射得硬弓，骑得劣马，使一管长枪，腕上悬一条虎眼竹节钢鞭，海边人见了，望风而降。有诗为证：

胡须黑雾飘，性格流星急。

鞭枪最熟惯，弓箭常温习。

阔脸似妆金，双睛如点漆。

军中显姓名，病尉迟孙立。

当下病尉迟孙立下马来，进得门便问道："兄弟，婶子害甚么病？"孙新答道："他害得症候病得跷蹊，请哥哥到里面说话。"孙立便入来。孙新分付火家，着这伙跟马的军士去对门店里吃酒，便教火家牵过马，请孙立入到里面来坐下。良久，孙新道："请哥哥、嫂嫂去房里看病。"孙立同乐大娘子入进房里，见没有病人，孙立问道："婶子病在那里房内？"只见外面走入顾大嫂来，邹渊、邹润跟在背后。孙立道："婶子，你正是害甚么病？"顾大嫂道："伯伯拜了。我害些救兄弟的病。"孙立道："却又作怪，救甚么兄弟？"顾大嫂道："伯伯，你不要推聋妆哑。你在城中，岂不知道他两个是我兄弟，偏不是你的兄弟？"孙立道："我并不知因由。是那两个兄弟？"

顾大嫂道："伯伯在上，今日事急，只得直言拜禀：这解珍、解宝被登云山下毛太公与同王孔目设计陷害，早晚要谋他两个性命。我如今和这两个好汉商量已定，要去城中劫牢，救出他两个兄弟，都投梁山泊入伙去，恐怕明日事发，先负累伯伯，因此我只推患病，请伯伯、姆姆到此说个长便。若是伯伯不肯去时，我们自去上梁山泊去了。如今朝廷有甚分晓，走了的倒没事，见在的便吃官司。常言道：‘近火先焦。’伯伯便替我们吃官司坐牢，那时又没人送饭来救你。伯伯尊意如何？”孙立道：“我却是登州的军官，怎地敢做这等事！”顾大嫂道：“既是伯伯不肯，我们今日先和伯伯并个你死我活。”顾大嫂身边便掣出两把刀来，邹渊、邹润各拔出短刀在手。孙立叫道：“婶子且住!休要急速行，我从长计较，慢慢地商量。”乐大娘子惊得半晌做声不得。顾大嫂又道：“既是伯伯不肯去时，即便先送姆姆前行，我们自去下手。”孙立道：“虽要如此行时，也待我归家去收拾包裹行李，看个虚实，方可行事。”顾大嫂道：“伯伯，你的乐阿舅透风与我们了。一就去劫牢，一就去取行李不迟。”孙立叹了一口气，说道：“你众人既是如此行了，我怎地推却得开?不成日后倒要替你们吃官司?罢，罢，罢!都做一处商议了行。”先叫邹渊去登云山寨里收拾起财物人马，带了那二十个心腹的人，来店里取齐，邹渊去了。又使孙新入城里来，问乐和讨信，就约会了，暗通消息解珍、解宝得知。

次日，登云山寨里邹渊收拾金银已了，自和那起人到来相助。孙新家里也有七八个知心腹的火家，并孙立带来的十数个军汉，共有四十余人。孙新宰了两口猪，一腔羊，众人尽吃了一饱。顾大嫂贴肉藏了尖刀，扮做个送饭的妇人先去。孙新跟着孙立，邹渊领了邹润，各带了火家，分作两路入去。正是：

捉虎翻成纵虎灾，虎官虎吏枉安排。

全凭铁叫通关节，始得牢城铁瓮开。

且说登州府牢里包节级得了毛太公钱物，只要陷害解珍、解宝的性命。当日乐和拿着水火棍，正立在牢门里狮子口边，只听得拽铃子响，乐和道：“甚么人？”顾大嫂应道：“送饭的妇人。”乐和已自瞧科了，便来开门，放顾大嫂入来，再关了门。将过廊下去，包节级正在亭心里，看见便喝道：“这妇人是甚么人?敢进牢里来送饭?自古狱不通风。”乐和道：“这是解珍、解宝的姐姐，自来送饭。”包节级喝道：“休要教他入去，你们自与他送进去便了。”乐和讨了饭，却来开了牢门，把与他两个。解珍、解宝问道：“舅舅夜来所言的事如何？”乐和道：“你姐姐入来了，只等前后相应。”乐和便把匣床与他两个开了。只听的小牢子入来报道：“孙提辖敲门，要走入来。”包节级道：“他自是营官，来我牢里有何事干?休要开门！”顾大嫂一踅，踅下亭心边去。外面又叫道：“孙提辖焦躁了打门。”包节级忿怒，便下亭心来，顾大嫂大叫一声：“我的兄弟在那里？”身边便掣出两把明晃晃尖刀来。包节级见不是头，望亭心外便走。解珍、解宝提起枷，从牢眼里钻将出来，正迎着包节级。包节级措手不及，被解宝一枷梢打重，把脑盖擗得粉碎。当时顾大嫂手起，早戳翻了三五个小牢子，一齐发喊，从牢里打将出来。孙立、孙新把两个当住了，见四个从牢里出来，一发望州衙前便走。邹渊、邹润早从州衙里提出王孔目头来。街市上人大喊起，先奔出城去。孙提辖骑着马，弯着弓，搭着箭，压在后面。街上人家都关上门，不敢出来，州里做公的人，认得是孙提辖，谁敢向前拦当。众人簇拥着孙立，奔出城门去，一直望十里牌来，扶搀乐大娘子上了车儿。顾大嫂上了马，帮着便行。解珍、解宝对众人道：“叵耐毛太公老贼冤家，如何不报了去？”孙立道：“说得是。”便令兄弟孙新与舅舅乐和先护持车儿前行着，“我们随后赶来。”孙新、乐和簇拥着车儿先行去了。

孙立引着解珍、解宝、邹渊、邹润，并火家伴当，一径奔毛太公庄上来，正值毛仲义与太公在庄上庆寿饮酒，却不提备。一伙好汉呐声喊，杀将入去，就把毛太公、毛仲义，并一门老小，尽皆杀了，不留一个。去卧房里搜检得十数包金银财宝，后院里牵得七八匹好马，把四匹捎带驮载，解珍、解宝拣几件好的衣服穿了，将庄院一把火，齐放起烧了。各人上马，带了一行人，赶不到三十里路，早赶上车仗人马，一处上路行程。于路庄户人家，又夺得三五匹好马，一行星夜奔上梁山泊去。有《西江月》为证：

忠义立身之本，奸邪坏国之端。狼心狗幸滥居官，致使英雄扼腕。

夺虎机谋可恶，劫牢计策堪观。登州城廓痛悲酸，顷刻横尸遍满。

不一二日，来到石勇酒店里，那邹渊与他相见了，问起杨林、邓飞二人。石勇答言，说起宋公明去打祝家庄，二人都跟去，两次失利，听得报来说，杨林、邓飞俱被陷在那里，不知如何。备闻祝家庄三子豪杰，又有教师铁棒栾廷玉相助，因此二次打不破那庄。孙立听罢，大笑道：“我等众人来投大寨入伙，正没半分功劳，献此一条计策打破祝家庄，为进身之报如何？”石勇大喜道：“愿闻良策。”孙立道：“栾廷玉那厮，和我是一个师父教的武艺。我学的枪刀，他也知道；他学的武艺，我也尽知。我们今日只做登州对调来郓州守把，经过来此相望，他必然出来迎接。我们进身入去，里应外合，必成大事。此计如何？”正与石勇说计未了，只见小校报道：“吴学究下山来，前往祝家庄救应去。”石勇听得，便叫小校快去报知军师，请来这里相见。说犹未了，已有军马来到店前，乃是吕方、郭盛，并阮氏三雄，随后军师吴用带领五百人马到来。石勇接入店内，引着这一行人都相见了，备说投托入伙，献计一节。吴用听了大喜，说道：“既然众位好汉肯作成山寨，且休上山，便烦请往祝家庄行此一事，成全这段功劳如何？”孙立等众人皆喜，一齐都依允了。吴用道：“小生今去，也如此见阵，我人马前行，众位好汉随后一发便来。”

吴学究商议已了，先来宋江寨中，见宋公明眉头不展，面带忧容，吴用置酒与宋江解闷，备说起石勇、杨林、邓飞三个的一起相识，是登州兵马提辖病尉迟孙立，和这祝家庄教师栾廷玉是一个师父教的。今来共有八人，投托大寨入伙，特献这条计策，以为进身之报。今已计较定了，里应外合，如此行事，随后便来参见兄长。宋江听说罢，大喜，把愁闷都撇在九霄云外，忙叫寨内置酒，安排筵席等来相待。

却说孙立教自己的伴当人等，跟着车仗人马，投一处歇下，只带了解珍、解宝、邹渊、邹润、孙新、顾大嫂、乐和，共是八人，来参宋江，都讲礼已毕，宋江置酒设席管待，不在话下。吴学究暗传号令与众人，教第三日如此行，第五日如此行。分付已了，孙立等众人领了计策，一行人自来和车仗人马投祝家庄进身行事。

再说吴学究道：“启动戴院长到山寨里走一遭，快与我取将这四个头领来，我自有用他处。”不是教戴宗连夜来取这四个人来，有分教：水泊重添新羽翼，山庄无复旧衣冠。

毕竟吴学究取那四个人来，且听下回分解。

第五十回 吴学究双掌连环计　宋公明三打祝家庄

话说当时军师吴用启烦戴宗道：“贤弟可与我回山寨去取铁面孔目裴宣、圣手书生萧让、通臂猿侯健、玉臂匠金大坚。可教此四人带了如此行头，连夜下山来，我自有用他处。”戴宗去了。

只见寨外军士来报，西村扈家庄上扈成牵牛担酒，特来求见。宋江叫请入来。扈成来到中军帐前，再拜恳告道：“小妹一时粗卤，年幼不省人事，误犯威颜，今者被擒，望乞将军宽恕。奈缘小妹原许祝家庄上，前者不合奋一时之勇，陷于缧绁。如蒙将军饶放，但用之物，当依命拜奉。”宋江道：“且请坐说话。祝家庄那厮，好生无礼，平白欺负俺山寨，因此行兵报仇，须与你扈家无冤。只是令妹引人捉了我王矮虎，因此还礼，拿了令妹。你把王矮虎放回还我，我便把令妹还你。”扈成答道：“不期已被祝家庄拿了这个好汉去。”吴学究便道：“我这王矮虎，今在何处？”扈成道：“如今拘锁在祝家庄上，小人怎敢去取？”宋江道：“你不去取得王矮虎来还我，如何能够得你令妹回去？”吴学究道：“兄长休如此说，只依小生一言：今后早晚祝家庄上，但有些响亮，你的庄上，切不可令人来救护。倘或祝家庄上有人投奔你处，你可就缚在彼。若是捉下得人时，那时送还令妹到贵庄。只是如今不在本寨，前日已使人送在山寨，奉养在宋太公处。你且放心回去，我这里自有个道理。”扈成道：“今番断然不敢去救应他，若是他庄上果有人来投我时，定缚来奉献将军麾下。”宋江道：“你若是如此，便强似送我金帛。”扈成拜谢了去。

且说孙立却把旗号上改唤作“登州兵马提辖孙立”，领了一行人马，都来到祝家庄后门前。庄上墙里望见是登州旗号，报入庄里去。栾廷玉听得是登州孙提辖到来相望，说与祝氏三杰道：“这孙提辖是我弟兄，自幼与他同师学艺，今日不知如何到此？”带了二十余人马，开了庄门，放下吊桥，出来迎接。孙立一行人都下了马，众人讲礼已罢，栾廷玉问道：“贤弟在登州守把，如何到此？”孙立答道：“总兵府行下文书，对调我来此间郓州守把城池，提防梁山泊强寇，便道经过，闻知仁兄在此祝家庄，特来相探。本待从前门来，因见村口庄前俱屯下许多军马，不好冲突，特地寻觅村里，从小路问到庄后，入来拜望仁兄。”栾廷玉道：“便是这几时连日与梁山泊强寇厮杀，已拿得他几个头领在庄里了，只要捉了宋江贼首，一并解官。天幸今得贤弟来此间镇守，正如锦上添花，旱苗得雨。”孙立笑道：“小弟不才，且看相助捉拿这厮们，成全兄长之功。”栾廷玉大喜，当下都引一行人进庄里来，再拽起了吊桥，关上了庄门。孙立一行人安顿车仗人马，更换衣裳，都在前厅来相见。祝朝奉与祝龙、祝虎、祝彪三杰，都相见了，一家儿都在厅前相接。

栾廷玉引孙立等上到厅上相见，讲礼已罢，便对祝朝奉说道：“我这个贤弟孙立，绰号病尉迟，任登州兵马提辖。今奉总兵府对调他来，镇守此间郓州。”祝朝奉道：“老夫亦是治下。”孙立道：“卑小之职，何足道哉!早晚也要望朝奉提携指教。”祝氏三杰相请众位尊坐。孙立动问道：“连日相杀，征阵劳神。”祝龙答道：“也未见胜败。众位尊兄，鞍马劳神不易。”孙立便叫顾大嫂引了乐大娘子叔伯姆两个去后堂见拜宅眷，唤过孙新、解珍、解宝参见了，说道：这三个是我兄弟。”指着乐和便道：“这位是此间郓州差来取的公吏。”指着邹渊、邹润道：“这两个是登州送来的军官。”祝朝奉并三子虽是聪明，却见他又有老小，并许多行李车仗人马，又是栾廷玉教师的兄弟，那里有疑心，只顾杀牛宰马，做筵席管待众人，且饮酒食。

过了一两日，到第三日，庄兵报道：“宋江又调军马杀奔庄上来了。”祝彪道：“我自去上马拿此贼。”便出庄门，放下吊桥，引一百余骑马军杀将出来。早迎见一彪军马，约有五百来人，当先拥出那个头领，弯弓插箭，拍马抡枪，乃是小李广花荣。祝彪见了，跃马挺枪，向前来斗，花荣也纵马来战祝彪。两个在独龙冈前，约斗了十数合，不分胜败。花荣卖个破绽，拨回马便走，引他赶来。祝彪正待要纵马追去，背后有认得的说道：“将军休要去赶。恐防暗器，此人深好弓箭。”祝彪听罢，便勒转马来不赶，领回人马投庄上来，拽起吊桥，看花荣时，也引军马回去了。祝彪直到厅前下马，进后堂来饮酒。孙立动问道：“小将军今日拿得甚贼？”祝彪道：“这厮们伙里有个甚么小李广花荣，枪法好生了得。斗了五十余合，那厮走了，我却待要赶去追他，军人们道，那厮好弓箭，因此各自收兵回来。”孙立道：“来日看小弟不才，拿他几个。”当日筵席上叫乐和唱曲，众人皆喜。

至晚席散，又歇了一夜，到第四日午牌，忽有庄兵报道：“宋江军马又来在庄前了。”堂下祝龙、祝虎、祝彪三子都披挂了，出到庄前门外，远远地望见，早听得鸣锣擂鼓，呐喊摇旗，对面早摆下阵势。这里祝朝奉坐在庄门上，左边栾廷玉，右边孙提辖，祝家三杰，并孙立带来的许多人伴，都摆在两边。早见宋江阵上豹子头林冲高声叫骂，祝龙焦躁，喝叫放下吊桥，绰枪上马，引一二百人马，大喊一声，直奔林冲阵上。庄门下擂起鼓来，两边各把弓弩射住阵脚。林冲挺起丈八蛇矛，和祝龙交战，连斗到三十余合，不分胜败。两边鸣锣，各回了马。祝虎大怒，提刀上马，跑到阵前，高声大叫宋江决战。说言未了，宋江阵上早有一将出马，乃是没遮拦穆弘来战祝虎。两个斗了三十余合，又没胜败。祝彪见了大怒，便绰枪飞身上马，引二百余骑，奔到阵前。宋江队里病关索杨雄，一骑马，一条枪，飞抢出来战祝彪。

孙立看见两队儿在阵前厮杀，心中忍耐不住，便唤孙新：“取我的鞭枪来，就将我的衣甲、头盔、袍袄把来披挂了。”牵过自己马来，——这骑马号乌骓马，鞴上鞍子，扣了三条肚带，腕上悬了虎眼钢鞭，绰枪上马。祝家庄上，一声锣响，孙立出马在阵前。宋江阵上林冲、穆弘、杨雄都勒住马，立于阵前。孙立早跑马出来，说道：“看小可捉这厮们！”孙立把马兜住，喝问道：“你那贼兵阵上有好厮杀的，出来与我决战。”宋江阵内鸾铃响处，一骑马跑将出来，众人看时，乃是拚命三郎石秀来战孙立。两马相交，双枪并举。两个斗到五十合，孙立卖个破绽，让石秀枪搠入来，虚闪一个过，把石秀轻轻的从马上捉过来，直挟到庄前撇下，喝道：“把来缚了。”祝家三子把宋江军马一搅，都赶散了。三子收军回到门楼下，见了孙立，众皆拱手钦伏。孙立便问道：“共是捉得几个贼人？”祝朝奉道：“起初先捉得一个时迁，次后拿得一个细作杨林，又捉得一个黄信；扈家庄一丈青捉得一个王矮虎；阵上拿得两个：秦明、邓飞；今番将军又捉得这个石秀，这厮正是烧了我店屋的。共是七个了。”孙立道：“一个也不要坏他，快做七辆囚车装了，与些酒饭，将养身体，休教饿损了他，不好看。他日拿了宋江，一并解上东京去，教天下传名，说这个祝家庄三杰。”祝朝奉谢道：“多幸得提辖相助，想是这梁山泊当灭也。”邀请孙立到后堂筵宴，石秀自把囚车装了。看官听说，石秀的武艺不低似孙立，要赚祝家庄人，故意教孙立捉了，使他庄上人一发信他。孙立又暗暗地使邹渊、邹润、乐和去后房里把门户都看了出入的路数。杨林、邓飞见了邹渊、邹润，心中暗喜。乐和张看得没人，便透个消息与众人知了。顾大嫂与乐大娘子在里面已看了房户出入的门径。

至第五日，孙立等众人都在庄上闲行，当日辰牌时候，早饭已后，只见庄兵报道：“今日宋江分兵做四路，来打本庄。”孙立道：“分十路待怎地?你手下人且不要慌，早作准备便了。先安排些挠钩套索，须要活捉，拿死的也不算。”庄上人都披挂了，祝朝奉亲自率引着一班儿上门楼来看时，见正东上一彪人马，当先一个头领，乃是豹子头林冲，背后便是李俊、阮小二，约有五百以上人马在此。正西上又有五百来人马，当先一个头领，乃是小李广花荣，随背后是张横、张顺。正南门楼上望时，也有五百来人马，当先三个头领，乃是没遮拦穆弘、病关索杨雄、黑旋风李逵。四面都是兵马，战鼓齐鸣，喊声大举。栾廷玉听了道：“今日这厮们厮杀，不可轻敌。我引了一队人马出后门，杀这正西北上的人马。”祝龙道：“我出前门，杀这正东上的人马。”祝虎道：“我也出后门，杀那西南上的人马。”祝彪道：“我自出前门，捉宋江，是要紧的贼首。”祝朝奉大喜，都赏了酒。各人上马，尽带了三百余骑奔出庄门，其余的都守庄院门楼前呐喊。此时邹渊、邹润已藏了大斧，只守在监门左侧。解珍、解宝藏了暗器，不离后门。孙新、乐和已守定前门左右。顾大嫂先拨军兵保护乐大娘子，却自拿了两把双刀在堂前踅，只听风声，便乃下手。

且说祝家庄上擂了三通战鼓，放了一个炮，把前后门都开，放下吊桥，一齐杀将出来。四路军兵出了门，四下里分投去厮杀。临后孙立带了十数个军兵，立在吊桥上。门里孙新便把原带来的旗号插起在门楼上，乐和便提着枪，直唱将出来。邹渊、邹润听得乐和唱，便唿哨了几声，抡动大斧，早把守监门的庄兵砍翻了数十个，便开了陷车，放出七只大虫来，各各寻了器械，一声喊起。顾大嫂掣出两把刀，直奔入房里，把应有妇人，一刀一个，尽都杀了。祝朝奉见头势不好了，却待要投井时，早被石秀一刀剁翻，割了首级。那十数个好汉，分投来杀庄兵。后门头解珍、解宝便去马草堆里放起把火，黑焰冲天而起。

四路人马见庄上火起，并力向前。祝虎见庄里火起，先奔回来。孙立守在吊桥上，大喝一声："你那厮那里去？"拦住吊桥。祝虎省口，便拨转马头，再奔宋江阵上来。这里吕方、郭盛两戟齐举，早把祝虎和人连马搠翻在地，众军乱上，剁做肉泥。前军四散奔走。孙立、孙新迎接宋公明入庄。

且说东路祝龙斗林冲不住，飞马望庄后而来。到得吊桥边，见后门头解珍、解宝把庄客的尸首一个个撺将下来火焰里，祝龙急回马，望北而走。猛然撞着黑旋风，踊身便到，抡动双斧，早砍翻马脚。祝龙措手不及，倒撞下来，被李逵只一斧，把头劈翻在地。祝彪见庄兵走来报知，不敢回，直望扈家庄投奔，被扈成叫庄客捉了，绑缚下，正解将来见宋江。恰好遇着李逵，只一斧，砍翻祝彪头来，庄客都四散走了。李逵再抡起双斧，便看着扈成砍来。扈成见局面不好，投马落荒而走，弃家逃命，投延安府去了。后来中兴内也做了个军官武将。

且说李逵正杀得手顺，直抢入扈家庄里，把扈太公一门老幼，尽数杀了，不留一个。叫小喽罗牵了有的马匹，把庄里一应有的财赋，捎搭有四五十驮，将庄院门一把火烧了，却回来献纳。

再说宋江已在祝家庄上正厅坐下，众头领都来献功，生擒得四五百人，夺得好马五百余匹，活捉牛羊不计其数。宋江见了，大喜道："只可惜杀了栾廷玉那个好汉。"正嗟叹间，闻人报道："黑旋风烧了扈家庄，砍得头来献纳。"宋江便道："前日扈成已来投降，谁教他杀了此人?如何烧了他庄院？"只见黑旋风一身血污，腰里插着两把板斧，直到宋江面前，唱个大喏，说道："祝龙是兄弟杀了，祝彪也是兄弟砍了，扈成那厮走了，扈太公一家，都杀得干干净净，兄弟特来请功。"宋江喝道："祝龙曾有人见你杀了，别的怎地是你杀了？"黑旋风道："我砍得手顺，望扈家庄赶去，正撞见一丈青的哥哥，解那祝彪出来，被我一斧砍了，只可惜走了扈成那厮。他家庄上，被我杀得一个也没了。"宋江喝道："你这厮，谁叫你去来?你也须知扈成前日牵牛担酒，前来投降了，如何不听得我的言语，擅自去杀他一家，故违了我的将令？"李逵道："你便忘记了，我须不忘记。那厮前日教那个鸟婆娘赶着哥哥要杀，你今却又做人情。你又不曾和他妹子成亲，便又思量阿舅、丈人。"宋江喝道："你这铁牛，休得胡说!我如何肯要这妇人?我自有个处置。你这黑厮，拿得活的有几个？"李逵答道："谁鸟耐烦，见着活的便砍了。"宋江道："你这厮违了我的军令，本合斩首，且把杀祝龙、祝彪的功劳折过了，下次违令，定行不饶。"黑旋风笑道："虽然没了功劳，也吃我杀得快活。"

只见军师吴学究引着一行人马，都到庄上来与宋江把盏贺喜。宋江与吴用商议道，要把这祝家庄村坊洗荡了。石秀禀说起："这钟离老人仁德之人，指路之力，救济大忠，也有此等善心良民在内，亦不可屈坏了这等好人。"宋江听罢，叫石秀去寻那老人来。石秀去不多时，引着那个钟离老人来到庄上，拜见宋江、吴学究。宋江取一包金帛赏与老人，永为乡民："不是你这个老人面上有恩，把你这个村坊，尽数洗荡了，不留一家。因为你一家为善，以此饶了你这一境村坊人民。"那钟离老人只是下拜。宋江又道："我连日在此搅扰你们百姓，今日打破祝家庄，与你村中除害，所有各家赐粮米一石，以表人心。"就着钟离老人为头给散，一面把祝家庄多余粮米，尽数装载上车；金银财赋，犒赏三军众将；其余牛羊骡马等物，将去山中支用。打破祝家庄，得粮五十万石。宋江大喜。大小头领，将军马收拾起身，又得若干新到头领，孙立、孙新、解珍、解宝、邹渊、邹润、乐和、顾大嫂，并救出七个好汉。孙立等将自己马也捎带了自己的财赋，同老小乐大娘子，跟随了大队军马上山。当有村坊乡民，扶老挈幼，香花灯烛，于路拜谢。宋江等众将一齐上马，将军兵分作三队摆开，前队鞭敲金镫，后军齐唱凯歌，正是：

盗可盗，非常盗；强可强，真能强。只因灭恶除凶，聊作打家劫舍。地方恨土豪欺压，乡村喜义士济施。众虎有情，为救偷鸡钓狗；独龙无助，难留飞虎扑雕。谨具上万资粮，填平水泊；更赔许多人畜，踏破梁山。

话分两头，且说扑天雕李应恰才将息得箭疮平复，闭门在庄上不出，暗地使人常常去探听祝家庄消息，已知被宋江打破了，惊喜相半。只见庄客入来报说，有本州知府带领三五十部汉到庄，便问祝家庄事情。李应慌忙叫杜兴开了庄门，放下吊桥，迎接入庄。李应把条白绢搭膊络着手，出来迎迓，邀请进庄里前厅。知府下了马，来到厅上，居中坐了，侧首坐着孔目，下面一个押番，几个虞候，阶下尽是许多节级、牢子。李应拜罢，立在厅前，知府问道："祝家庄被杀一事如何？"李应答道："小人因被祝彪射了一箭，有伤左臂，一向闭门，不敢出去，不知其实。"知府道："胡说!祝家庄现有状子，告你结连梁山泊强寇，引诱他军马，打破了庄，前日又受他鞍马、羊酒、彩缎、金银，你如何赖得过？"李应告道："小人是知法度的人，如何敢受他的东西？"知府道："难信你说，且提去府里，你自与他对理明白。"喝教狱卒牢子捉了，带他州里去，与祝家分辩。两下押番虞候，把李应缚了，众人簇拥知府上了马。知府又问道："那个是杜主管杜兴？"杜兴道："小人便是。"知府道："状上也有你名，一同带去，也与他锁了。"一行人都出庄门。当时拿了李应、杜兴，离了李家庄，脚不停地解来。行不过三十余里，只见林子边撞出宋江、林冲、花荣、杨雄、石秀一班人马，拦住去路。林冲大喝道："梁山泊好汉，合伙在此！"那知府人等不敢抵敌，撇了李应、杜兴，逃命去了。宋江喝叫赶上，众人赶了一程，回来说道："我们若赶上时，也把这个鸟知府杀了，但自不知去向。"便与李应、杜兴解了缚索，开了锁，便牵两匹马过来，与他两个骑了。宋江便道："且请大官人上梁山泊躲几时，如何？"李应道："却是使不得。知府是你们杀了，不干我事。"宋江笑道："官司里怎肯与你如此分辩?我们去了，必然要负累了你。既然大官人不肯落草，且在山寨消停几日，打听得没事了时，再下山来不迟。"

当下不由李应、杜兴不行，大队军马中间，如何回得来?一行三军人马，迤　回到梁山泊了。寨里头领晁盖等众人擂鼓吹笛，下山来迎接，把了接风酒，都上到大寨里聚义厅上，扇圈也似坐下，请上李应与众头领都相见了。两个讲礼已罢，李应禀宋江道："小可两个已送将军到大寨了，既与众头领亦都相见了，在此趋侍不妨，只不知家中老小如何?可教小人下山则个。"吴学究笑道："大官人差矣!宝眷已都取到山寨了。贵庄一把火已都烧做白地，大官人却回到那里去？"李应不信，早见车仗人马，队队上山来。李应看时，却见是自家的庄客，并老小人等。李应连忙来问时，妻子说道："你被知府捉了来，随后又有两个巡检，引着四个都头，带领三百来土兵，到来抄扎家私，把我们好好地教上车子，将家里一应箱笼、牛羊、马匹、驴骡等项，都拿了去，又把庄院放起火来都烧了。"李应听罢，只叫得苦。晁盖、宋江都下厅伏罪道："我等兄弟们端的久闻大官人好处，因此行出这条计来，万望大官人情恕。"李应见了如此言语，只得随顺了。宋江道："且请宅眷后厅耳房中安歇。”李应又见厅前厅后这许多头领亦有家眷老小在彼，便与妻子道：“只得依允他过。”宋江等当时请至厅前叙说闲话，众皆大喜。宋江便取笑道：“大官人，你看我叫过两个巡检并那知府过来相见。”那扮知府的是萧让，扮巡检的两个是戴宗、杨林，扮孔目的是裴宣，扮虞候的是金大坚、侯健。又叫唤那四个都头，却是李俊、张顺、马麟、白胜。李应都看了，目睁口呆，言语不得。宋江喝叫小头目快杀牛宰马，与大官人陪话，庆贺新上山的十二位头领，乃是李应、孙立、孙新、解珍、解宝、邹渊、邹润、杜兴、乐和、时迁，女头领扈三娘、顾大嫂，同乐大娘子、李应宅眷另做一席，在后堂饮酒。大小三军，自有犒赏。正厅上大吹大擂，众多好汉，饮酒至晚方散。新到头领，俱各拨房安顿。

次日，又作席面会请众头领作主张。宋江唤王矮虎来说道：“我当初在清风山时，许下你一头亲事，悬悬挂在心中，不曾完得此愿。今日我父亲有个女儿，招你为婿。”宋江自去请出宋太公来，引着一丈青扈三娘到筵前。宋江亲自与他陪话，说道：“我这兄弟王英虽有武艺，不及贤妹，是我当初曾许下他一头亲事，一向未曾成得，今日贤妹你认义我父亲了，众头领都是媒人，今朝是个良辰吉日，贤妹与王英结为夫妇。”一丈青见宋江义气深重，推却不得，两口儿只得拜谢了。晁盖等众人皆喜，都称颂宋公明真乃有德有义之士。当日尽皆筵宴饮酒庆贺。正饮宴间，只见山下有人来报道：“朱贵头领酒店里，有个郓城县人在那里，要来见头领。”晁盖、宋江听得报了，大喜道：“既是这恩人上山来入伙，足遂平生之愿。”正是：恩仇不辨非豪杰，黑白分明是丈夫。

毕竟来的是郓城县甚么人，且听下回分解。

第五十一回 插翅虎枷打白秀英　美髯公误失小衙内

话说宋江主张一丈青与王英配为夫妇，众人都称赞宋公明仁德，当日又设席庆贺。正饮宴间，只见朱贵酒店里使人上山来报道：“林子前大路上一伙客人经过，小喽罗出去拦截，数内一个称是郓城县都头雷横，朱头领邀请住了。现在店里饮分例酒食，先使小校报知。”晁盖、宋江听了大喜，随即同军师吴用三个下山迎接。朱贵早把船送至金沙滩上岸。宋江见了，慌忙下拜道：“久别尊颜，常切思想，今日缘何经过贱处？”雷横连忙答礼道：“小弟蒙本县差遣，往东昌府公干回来，经过路口，小喽罗拦讨买路钱，小弟提起贱名，因此朱兄坚意留住。”宋江道：“天与之幸！”请到大寨，教众头领都相见了，置酒管待。一连住了五日，每日与宋江闲话。晁盖动问朱仝消息，雷横答道：“朱仝现今参做本县当牢节级，新任知县好生欢喜。”宋江宛曲把话来说雷横上山入伙，雷横推辞老母年高，不能相从，“待小弟送母终年之后，却来相投。”雷横当下拜辞了下山，宋江等再三苦留不住。众头领各以金帛相赠，宋江、晁盖自不必说。雷横得了一大包金银下山，众头领都送至路口作别，把船渡过大路，自回郓城县去了，不在话下。

且说晁盖、宋江回至大寨聚义厅上，起请军师吴学究定议山寨职事。吴用已与宋公明商议已定，次日会合众头领听号令。先拨外面守店头领。宋江道：“孙新、顾大嫂原是开酒店之家，着令夫妇二人替回童威、童猛别用。”再令时迁去帮助石勇，乐和去帮助朱贵，郑天寿去帮助李立，东南西北四座店内卖酒卖肉，招接四方入伙好汉。每店内设两个头领。一丈青、王矮虎后山下寨，监督马匹。金沙滩小寨，童威、童猛弟兄两个守把。鸭嘴滩小寨，邹渊、邹润叔侄两个守把。山前大路，黄信、燕顺部领马军下寨守护。解珍、解宝守把山前第一关。杜迁、宋万守把宛子城第二关。刘唐、穆弘守把大寨口第三关。阮家三雄守把山南水寨。孟康仍前监造战船。李应、杜兴、蒋敬总管山寨钱粮金帛。陶宗旺、薛永监筑梁山泊内城垣雁台。侯健专管监造衣袍、铠甲、旌旗、战袄。朱富、宋清提调筵宴。穆春、李云监造屋宇寨栅。萧让、金大坚掌管一应宾客书信公文。裴宣专管军政司赏功罚罪。其余吕方、郭盛、孙立、欧鹏、马麟、邓飞、杨林、白胜分调大寨八面安歇。晁盖、宋江、吴用居于山顶寨内。花荣、秦明居于山左寨内。林冲、戴宗居于山右寨内。李俊、李逵居于山前。张横、张顺居于山后。杨雄、石秀守护聚义厅两侧。一班头领，分拨已定，每日轮流一位头领做筵席庆贺，山寨体统，甚是齐整。有诗为证：

巍巍高寨水中央，列职分头任所长。

只为朝廷无驾驭，遂令草泽有鹰扬。

再说雷横离了梁山泊，背了包裹，提了朴刀，取路回到郓城县，到家参见老母，更换些衣服，赍了回文，径投县里来拜见了知县，回了话，销缴公文批帖，且自归家暂歇。依旧每日县中书画卯酉，听候差使。因一日行到县衙东首，只听得背后有人叫道：“都头，几时回来？”雷横回过脸来看时，却是本县一个帮闲的李小二。雷横答道：“我却才前日来家。”李小二道：“都头出去了许多时，不知此处近日有个东京新来打踅的行院，色艺双绝，叫做白秀英。那妮子来参都头，却值公差出外不在，如今现在勾栏里说唱诸般品调，每日有那一般打散，或是戏舞，或是吹弹，或是歌唱，赚得那人山人海价看。都头如何不去睃一睃?端的是好个粉头！”雷横听了，又遇心闲，便和那李小二径到勾栏里来看，只见门首挂着许多金字帐额，旗杆吊着等身靠背。入到里面，便去青龙头上第一位坐了。看戏台上，却做笑乐院本。那李小二人丛里撇了雷横，自出外面赶碗头脑去了。院本下来，只见一个老儿，裹着磕脑儿头巾，穿着一领茶褐罗衫，系一条皂绦，拿把扇子，上来开呵道：“老汉是东京人氏，白玉乔的便是。如今年迈，只凭女儿秀英歌舞吹弹，普天下伏侍看官。”锣声响处，那白秀英早上戏台，参拜四方，拈起锣棒，如撒豆般点动，拍下一声界方，念了四句七言诗，便说道：“今日秀英招牌上明写着这场话本，是一段风流蕴藉的格范，唤做豫章城双渐赶苏卿。”说了，开话又唱，唱了又说，合棚价众人喝采不绝。雷横坐在上面看那妇人时，果然是色艺双绝。但见：

罗衣叠雪，宝髻堆云。樱桃口，杏脸桃腮；杨柳腰，兰心蕙性。歌喉宛转，声如枝上莺啼；舞态蹁跹，影似花间凤转。腔依古调，音出天然，高低紧慢按宫商，轻重疾徐依格范。笛吹紫竹篇篇锦，板拍红牙字字新。

那白秀英唱到务头，这白玉乔按喝道：“虽无买马博金艺，要动聪明鉴事人。看官喝采道是去过了，我儿且回一回，下来便是衬交鼓儿的院本。”白秀英拿起盘子，指着道：“财门上起，利地上住，吉地上过，旺地上行，手到面前，休教空过。”白玉乔道：“我儿且走一遭，看官都待赏你。”白秀英托着盘子，先到雷横面前，雷横便去身边袋里摸时，不想并无一文。雷横道：“今日忘了，不曾带得些出来，明日一发赏你。”白秀英笑道：“‘头醋不酽彻底薄’，官人坐当其位，可出个标首。”雷横通红了面皮道：“我一时不曾带得出来，非是我舍不得。”白秀英道：“官人既是来听唱，如何不记得带钱出来？”雷横道：“我赏你三五两银子，也不打紧，却恨今日忘记带来。”白秀英道：“官人今日见一文也无，提甚三五两银子，正是教俺‘望梅止渴，画饼充饥’。”白玉乔叫道：“我儿，你自没眼，不看城里人，村里人，只顾问他讨甚么?且过去自问晓事的恩官，告个标首。”雷横道：“我怎地不是晓事的？”白玉乔道：“你若省得这子弟门庭时，狗头上生角。”众人齐和起来。雷横大怒，便骂道：“这忤奴，怎敢辱我？”白玉乔道：“便骂你这三家村使牛的，打甚么紧？”有认得的喝道：“使不得，这个是本县雷都头。”白玉乔道：“只怕是驴筋头。”雷横那里忍耐得住，从坐椅上直跳下戏台来，揪住白玉乔，一拳一脚，便打得唇绽齿落。众人见打得凶，都来解拆开了，又劝雷横自回去了。勾栏里人，一哄尽散了。

原来这白秀英却和那新任知县旧在东京两个来往，今日特地在郓城县开勾栏。那娼妓见父亲被雷横打了，又带重伤，叫一乘轿子，径到知县衙内，诉告雷横殴打父亲，搅散勾栏，意在欺骗奴家。知县听了，大怒道：“快写状来。”这个唤做“枕边灵”。便教白玉乔写了状子，验了伤痕，指定证见。本处县里有人都和雷横好的，替他去知县处打关节，怎当那婆娘守定在衙内，撒娇撒痴，不由知县不行。立等知县差人把雷横捉拿到官，当厅责打，取了招状，将具枷来枷了，押出去号令示众。那婆娘要逞好手，又去知县行说了，定要把雷横号令在勾栏门首。第二日，那婆娘再去做场，知县却教把雷横号令在勾栏门首。这一班禁子人等，都是和雷横一般的公人，如何肯 扒他?这婆娘寻思一会，既是出名奈何了他，只是一怪，走出勾栏门，去茶坊里坐下，叫禁子过去发话道：“你们都和他有首尾，却放他自在，知县相公教你们 扒他，你倒做人情。少刻我对知县说了，看道奈何得你们也不？”禁子道：“娘子不必发怒，我们自去 扒他便了。”白秀英道：“恁地时，我自将钱赏你。”禁子们只得来对雷横说道：“兄长，没奈何，且胡乱 一 。”把雷横 扒在街上。

人闹里，却好雷横的母亲正来送饭，看见儿子吃他 扒在那里，便哭起来，骂那禁子们道：“你众人也和我儿一般在衙门里出入的人，钱财直这般好使!谁保的常没事？”禁子答道：“我那老娘听我说，我们却也要容情，怎禁被原告人监定在这里要 ，我们也没做道理处。不时，便要去和知县说，苦害我们，因此上做不的面皮。”那婆婆道：“几曾见原告人自监着被告号令的道理。”禁子们又低低道：“老娘，他和知县来往得好，一句话便送了我们，因此两难。”那婆婆一面自去解索，一头口里骂道：“这个贼贱人直恁的倚势!我且解了这索子，看他如今怎的！”白秀英却在茶坊里听得，走将过来，便道：“你那老婢子，却才道甚么？”那婆婆那里有好气，便指着骂道：“你这贱母狗，做甚么倒骂我！”白秀英听得，柳眉倒竖，星眼圆睁，大骂道：“老咬虫，吃贫婆，贱人，怎敢骂我？”婆婆道：“我骂你待怎的?你须不是郓城县知县！”白秀英大怒，抢向前只一掌，把那婆婆打个踉跄。那婆婆却待挣扎，白秀英再赶入去，老大耳光子，只顾打。这雷横是个大孝的人，见了母亲吃打，一时怒从心发，扯起枷来，望着白秀英脑盖上打将下来。那一枷梢打个正着，劈开了脑盖，扑地倒了。众人看时，那白秀英打得脑浆迸流，眼珠突出，动弹不得，情知死了。

众人见打死了白秀英，就押带了雷横，一发来县里首告，见知县备诉前事。知县随即差人押雷横下来，会集相官，拘唤里正、邻佑人等，对尸检验已了，都押回县来。雷横一面都招承了，并无难意。他娘自保领回家听候。把雷横枷了，下在牢里。当牢节级却是美髯公朱仝，见发下雷横来，也没做奈何处，只得安排些酒食管待，教小牢子打扫一间净房，安顿了雷横。少间，他娘来牢里送饭，哭着哀告朱仝道：“老身年纪六旬之上，眼睁睁地只看着这个孩儿，望烦节级哥哥看日常间弟兄面上，可怜见我这个孩儿，看觑看觑。”朱仝道：“老娘自请放心归去，今后饭食不必来送，小人自管待他。倘有方便处，可以救之。”雷横娘道：“哥哥救得孩儿，却是重生父母。若孩儿有些好歹，老身性命也便休了。”朱仝道：“小人专记在心，老娘不必挂念。”那婆婆拜谢去了。朱仝寻思了一日，没做道理救他处。朱仝自央人去知县处打关节，上下替他使用人情。那知县虽然爱朱仝，只是恨这雷横打死了他表子白秀英，也容不得他说了。又怎奈白玉乔那厮催并，叠成文案，要知县断教雷横偿命。因在牢里六十日，限满断结，解上济州，主案押司抱了文卷先行，却教朱仝解送雷横。

朱仝引了十数个小牢子，监押雷横，离了郓城县，约行了十数里地，见个酒店，朱仝道：“我等众人就此吃两碗酒去。”众人都到店里吃酒，朱仝独自带过雷横，只做水火，来后面僻净处开了枷，放了雷横，分付道：“贤弟自回，快去家里取了老母，星夜去别处逃难，这里我自替你吃官司。”雷横道：“小弟走了自不妨，必须要连累了哥哥。”朱仝道：“兄弟，你不知，知县怪你打死了他表子，把这文案却做死了，解到州里，必是要你偿命。我放了你，我须不该死罪。况兼我又无父母挂念，家私尽可赔偿。你顾前程万里自去。”雷横拜谢了，便从后门小路奔回家里，收拾了细软包裹，引了老母，星夜自投梁山泊入伙去了，不在话下。

却说朱仝拿着空枷撺在草里，却出来对众小牢子说道：“吃雷横走了，却是怎地好？”众人道：“我们快赶去他家里捉。”朱仝故意延迟了半晌，料着雷横去得远了，却引众人来县里出首。朱仝告道：“小人自不小心，路上被雷横走了，在逃无获，情愿甘罪无辞。”知县本爱朱仝，有心将就出脱他，被白玉乔要赴上司陈告朱仝故意脱放雷横，知县只得把朱仝所犯情由申将济州去。朱仝家中，自着人去上州里使钱透了，却解朱仝到济州来，当厅审录明白，断了二十脊杖，刺配沧州牢城。朱仝只得带上行枷，两个防送公人领了文案，押送朱仝上路。家间自有人送衣服盘缠，先赍发了两个公人。当下离了郓城县，迤 望沧州横海郡来，于路无话。到得沧州，入进城中，投州衙里来，正值知府升厅，两个公人押朱仝在厅阶下，呈上公文。知府看了，见朱仝一表非俗，貌如重枣，美髯过腹，知府先有八分欢喜，便教这个犯人休发下牢城营里，只留在本府听候使唤。当下除了行枷，便与了回文，两个公人相辞了自回。

只说朱仝自在府中，每日只在厅前伺候呼唤。那沧州府里押番、虞候、门子、承局、节级、牢子，都送了些人情；又见朱仝和气，因此上都欢喜他。忽一日，本官知府正在厅上坐堂，朱仝在阶侍立，知府唤朱仝上厅，问道：“你缘何放了雷横，自遭配在这里？”朱仝禀道：“小人怎敢故放了雷横，只是一时间不小心，被他走了。”知府道：“你如何得此重罪？”朱仝道：“被原告人执定，要小人如此招做故放，以此问得重了。”知府道：“雷横如何打死了那娼妓？”朱仝却把雷横上项的事，备细说了一遍。知府道：“你敢见他孝道，为义气上放了他？”朱仝道：“小人怎敢欺公罔上？”

正问之间，只见屏风背后转出一个小衙内来，方年四岁，生得端严美貌，乃是知府亲子，知府爱惜如金似玉。那小衙内见了朱仝，径走过来，便要他抱，朱仝只得抱起小衙内在怀里。那小衙内双手扯住朱仝长髯，说道：“我只要这胡子抱。”知府道：“孩儿快放了手，休要罗唣。”小衙内又道：“我只要这胡子抱，和我去耍。”朱仝禀道：“小人抱衙内去府前闲走，耍一回了来。”知府道：“孩儿既是要你抱，你和他去耍一回了来。”朱仝抱了小衙内，出府衙前来，买些细糖果子与他吃，转了一遭，再抱入府里来。知府看见，问衙内道：“孩儿那里去来？”小衙内道：“这胡子和我街上看耍，又买糖和果子请我吃。”知府说道：“你那里得钱买物事与孩儿吃？”朱仝禀道：“微表小人孝顺之心，何足挂齿！”知府教取酒来与朱仝吃。府里侍婢捧着银瓶果合筛酒，连与朱仝吃了三大赏钟。知府道：“早晚孩儿要你耍时，你可自行去抱他耍去。”朱仝道：“恩相台旨，怎敢有违？”自此为始，每日来和小衙内上街闲耍。朱仝囊箧又有，只要本官见喜，小衙内面上尽自倍费。

时过半月之后，便是七月十五日盂兰盆大斋之日，年例各处点放河灯，修设好事。当日天晚，堂里侍婢奶子叫道：“朱都头，小衙内今夜要去看河灯，夫人分付，你可抱他去看一看。”朱仝道：“小人抱去。”那小衙内穿一领绿纱衫儿，头上角儿拴两条珠子头须，从里面走出来。朱仝 在肩头上，转出府衙内前来，望地藏寺里去看点放河灯。那时恰才是初更时分，但见：

钟声杳霭，幡影招摇。炉中焚百和名香，盘内贮诸般素食。僧持金杵，诵真言荐拔幽魂；人列银钱，挂孝服超升滞魄。合堂功德，画阴司八难三涂；绕寺庄严，列地狱四生六道。杨柳枝头分净水，莲花池内放明灯。

当时朱仝肩背着小衙内，绕寺看了一遭，却来水陆堂放生池边看放河灯，那小衙内爬在栏杆上，看了笑耍。只见背后有人拽朱仝袖子道："哥哥借一步说话。"朱仝回头看时，却是雷横，吃了一惊，便道："小衙内且下来，坐在这里。我去买糖来与你吃，切不要走动。"小衙内道："你快来，我要去桥上看河灯。"朱仝道："我便来也。"转身却与雷横说话。

朱仝道："贤弟因何到此？"雷横扯朱仝到净处拜道："自从哥哥救了性命，和老母无处归着，只得上梁山泊，投奔了宋公明入伙。小弟说哥哥恩德，宋公明亦然思想哥哥旧日放他的恩念，晁天王和众头领，皆感激不浅，因此特地教吴军师同兄弟前来相探。"朱仝道："吴先生现在何处？"背后转过吴学究道："吴用在此。"言罢便拜。朱仝慌忙答礼道："多时不见，先生一向安乐。"吴学究道："山寨里头领多多致意，今番教吴用和雷都头特来相请足下上山，同聚大义。到此多日了，不敢相见，今夜伺候得着，请仁兄便挪尊步，同赴山寨，以满晁、宋二公之意。"朱仝听罢，半晌答应不得，便道："先生差矣!这话休题，恐被外人听了不好。雷横兄弟，他自犯了该死的罪，我因义气放了他，出头不得，上山入伙，我亦为他配在这里。天可怜见，一年半载，挣扎还乡，复为良民。我却如何肯做这等的事?你二位便可请回，休在此间惹口面不好。"雷横道："哥哥在此，无非只是在人之下，伏侍他人，非大丈夫男子汉的勾当。不是小弟裹合上山，端的晁、宋二公仰望哥哥久矣，休得迟延自误。"朱仝道："兄弟，你是甚么言语?你不想我为你母老家寒上放了你去，今日你倒来陷我为不义！"吴学究道："既然都头不肯去时，我们自告退，相辞了去休。"朱仝道："说我贱名，上复众位头领。"一同到桥边。

朱仝回来，不见了小衙内，叫起苦来，两头没路去寻。雷横扯住朱仝道："哥哥休寻，多管是我带来的两个伴当，听得哥哥不肯去，因此倒抱了小衙内去了，我们一同去寻。"朱仝道："兄弟，不是耍处。这个小衙内，是知府相公的性命，分付在我身上。"雷横道："哥哥且跟我来。"朱仝帮住雷横、吴用三个离了地藏寺，径出城外。朱仝心慌，便问道："你的伴当，抱小衙内在那里？"雷横道："哥哥且走，到我下处，包还你小衙内。"朱仝道："迟了时，恐知府相公见怪。"吴用道："我那带来的两个伴当，是个没分晓的，以定直抱到我们的下处去了。"朱仝道："你那伴当姓甚名谁？"雷横答道："我也不认得，只听闻叫做黑旋风李逵。"朱仝失惊道："莫不是江州杀人的李逵么？"吴用道："便是此人。"朱仝跌脚叫苦，慌忙便赶。离城约走到二十里，只见李逵在前面叫道："我在这里。"朱仝抢近前来问道："小衙内放在那里？"李逵唱个喏道："拜揖节级哥哥，小衙内有在这里。"朱仝道："你好好的抱出小衙内还我。"李逵指着头上道："小衙内头须儿却在我头上。"朱仝看了，又问小衙内正在何处。李逵道："被我拿些麻药，抹在口里，直　出城来，如今睡在林子里，你自请去看。"朱仝乘着月色明朗，径抢入林子里寻时，只见小衙内倒在地上。朱仝便把手去扶时，只见头劈做两半个，已死在那里。

当时朱仝心下大怒，奔出林子来，早不见了三个人。四下里望时，只见黑旋风远远地拍着双斧叫道："来，来，来!和你斗二三十合。"朱仝性起，奋不顾身，拽扎起布衫，大踏步赶将来。李逵回身便走，背后朱仝赶来。这李逵却是穿山度岭惯走的人，朱仝如何赶得上，先自喘做一块。李逵却在前面，又叫："来，来，来，和你并个你死我活。"朱仝恨不得一口气吞了他，只是赶他不上。赶来赶去，天色渐明。李逵在前面急赶急走，慢赶慢行，不赶不走。看看赶入一个大庄院里去了。朱仝看了道："那厮既有下落，我和他干休不得。"

朱仝直赶入庄院内厅前去，见里面两边都插着许多军器，朱仝道："想必也是个官宦之家。"立住了脚，高声叫道："庄里有人么？"只见屏风背后转出一个人来。那人是谁?正是：

累代金枝玉叶，先朝凤子龙孙。丹书铁券护家门，万里招贤名振。

待客一团和气，挥金满面阳春。能文会武孟尝君，小旋风聪明柴进。

出来的正是小旋风柴进，问道："兀的是谁？"朱仝见那人人物轩昂，资质秀丽，慌忙施礼，答道："小人是郓城县当牢节级朱仝，犯罪刺配到此。昨晚因和知府的小衙内出来看放河灯，被黑旋风杀了小衙内，现今走在贵庄，望烦添力捉拿送官。"柴进道："既是美髯公，且请坐。"朱仝道："小人不敢拜问官人高姓？"柴进答道："小可姓柴名进，小旋风便是。"朱仝道："久闻大名。"连忙下拜，又道："不期今日得识尊颜！"柴进说道："美髯公，亦久闻名，且请后堂说话。"朱仝随着柴进直到里面。朱仝道："黑旋风那厮，如何却敢径入贵庄躲避？"柴进道："容复：小可平生专爱结识江湖上好汉。为是家间祖上有陈桥让位之功，先朝曾敕赐丹书铁券，但有做下不是的人，停藏在家，无人敢搜。近间有个爱友，和足下亦是旧交，目今在那梁山泊内做头领，名唤及时雨宋公明，写一封密书，令吴学究、雷横、黑旋风俱在敝庄安歇，礼请足下上山，同聚大义。因见足下推阻不从，故意教李逵杀害了小衙内，先绝了足下归路，只得上山坐把交椅。吴先生、雷兄，如何不出来陪话？"

只见吴用、雷横从侧首阁子里出来，望着朱仝便拜，说道："兄长，望乞恕罪，皆是宋公明哥哥将令，分付如此。若到山寨，自有分晓。"朱仝道："是则是你们弟兄好情意，只是忒毒些个！"柴进一力相劝，朱仝道："我去则去，只教我见黑旋风面罢！"柴进道："李大哥，你快出来陪话。"李逵也从侧首出来，唱个大喏。朱仝见了，心头一把无明业火，高三千丈，按纳不下，起身抢近前来，要和李逵性命相搏。柴进、雷横、吴用三个苦死劝住。朱仝道："若要我上山时，依得我一件事，我便去。"吴用道："休说一件事，遮莫几十件，也都依你。愿闻那一件事。"不争朱仝说出这件事来，有分教：大闹高唐州，惹动梁山泊。直教：昭贤国戚遭刑法，好客皇亲丧土坑。

毕竟朱仝说出甚么事来，且听下回分解。

第五十二回 李逵打死殷天锡　柴进失陷高唐州

话说当下朱仝对众人说道："若要我上山时，你只杀了黑旋风，与我出了这口气，我便罢。"李逵听了大怒道："教你咬我鸟!晁、宋二位哥哥将令，干我屁事！"朱仝怒发，又要和李逵厮并，三个又劝住了。朱仝道："若有黑旋风时，我死也不上山去！"柴进道："恁地也却容易，我自有个道理，只留下李大哥在我这里便了。你们三个自上山去，以满晁、宋二公之意。"朱仝道："如今做下这件事了，知府必然行移文书，去郓城县追捉，拿我家小，如之奈何？"吴学究道："足下放心，此时多敢宋公明已都取宝眷在山上了。"朱仝方才有些放心。柴进置酒相待，就当日送行。三个临晚辞了柴大官人便行。柴进叫庄客备三骑马送出关外，临别时，吴用又分付李逵道："你且小心，只在大官人庄上住几时，切不可胡乱惹事累人。待半年三个月，等他性定，却来取你还山，多管也来请柴大官人入伙。"三个自上马去了。

不说柴进和李逵回庄，且只说朱仝随吴用、雷横来梁山泊入伙，行了一程，出离沧州地界，庄客自骑了马回去。三个取路投梁山泊来，于路无话，早到朱贵酒店里，先使人上山寨报知。晁盖、宋江引了大小头目，打鼓吹笛，直到金沙滩迎接，一行人都相见了。各人乘马回到山上大寨前下了马，都到聚义厅上，叙说旧话。朱仝道："小弟今蒙呼唤到山，沧州知府必然行移文书去郓城县捉我老小，如之奈何？"宋江大笑道："我教长兄放心，尊嫂并令郎已取到这里多日了。"朱仝又问道："现在何处？"宋江道："奉养在家父太公歇处，兄长请自己去问慰便了。"朱仝大喜。宋江着人引朱仝直到宋太公歇所，见了一家老小，并一应细软行李，妻子说道："近日有人赍书来，说你已在山寨入伙了，因此收拾星夜到此。"朱仝出来拜谢了众人。宋江便请朱仝、雷横山顶下寨，一面且做筵席，连日庆贺新头领，不在话下。

却说沧州知府至晚不见朱仝抱小衙内回来，差人四散去寻了半夜，次日有人见杀死在林子里，报与知府知道。府尹听了大怒，亲自到林子里看了，痛哭不已，备办棺木烧化。次日升厅，便行移公文，诸处缉捕捉拿朱仝正身。郓城县已自申报朱仝妻子挈家在逃，不知去向，行开各州县出给赏钱捕获，不在话下。

只说李逵在柴进庄上住了一个来月，忽一日，见一个人赍一封书火急奔庄上来，柴大官人却好迎着，接书看了，大惊道："既是如此，我只得去走一遭。"李逵便问道："大官人有甚紧事？"柴进道："我有个叔叔柴皇城，现在高唐州居住，今被本州知府高廉的老婆兄弟殷天锡那厮，来要占花园，怄了一口气，卧病在床，早晚性命不保，必有遗嘱的言语分付，特来唤我。想叔叔无儿无女，必须亲身去走一遭。"李逵道："既是大官人去时，我也跟大官人去走一遭如何？"柴进道："大哥肯去时，就同走一遭。"柴进即便收拾行李，选了十数匹好马，带了几个庄客。次日五更起来，柴进、李逵并从人，都上了马，离了庄院，望高唐州来。

不一日，来到高唐州，入城直至柴皇城宅前下马，留李逵和从人在外面厅房内。柴进自径入卧房里来看视那叔叔柴皇城时，但见：

面如金纸，体似枯柴。悠悠无七魄三魂，细细只一丝两气。牙关紧急，连朝水米不沾唇；心膈膨胀，尽日药丸难下肚。丧门吊客已随身，扁鹊卢医难下手。柴进看了柴皇城，自坐在叔叔榻前，放声恸哭。皇城的继室出来劝柴进道："大官人鞍马风尘不易，初到此间，且休烦恼。"柴进施礼罢，便问事情。继室答道："此间新任知府高廉，兼管本州兵马，是东京高太尉的叔伯兄弟，倚仗他哥哥势，要在这里无所不为。带将一个妻舅殷天锡来，人尽称他做殷直阁。那厮年纪却小，又倚仗他姐夫高廉的权势，在此间横行害人。有那等献勤的卖科，对他说我家宅后有个花园水亭，盖造得好。那厮带将许多奸诈不及的三二十人，径入家里来宅子后看了，便要发遣我们出去，他要来住。皇城对他说道：'我家是金枝玉叶，有先朝丹书铁券在门，诸人不许欺侮。你如何敢夺占我的住宅，赶我老小那里去？'那厮不容所言，定要我们出屋。皇城去扯他，反被这厮推抢殴打，因此受这口气，一卧不起，饮食不吃，服药无效，眼见得上天远，入地近。今日得大官人来家做个主张，便有些山高水低，也更不忧。"柴进答道："尊婶放心，只顾请好医士调治叔叔，但有门户，小侄自使人回沧州家里，去取丹书铁券来，和他理会。便告到官府今上御前，也不怕他！"继室道："皇城干事，全不济事，还是大官人理论是得。"

柴进看视了叔叔一回，却出来和李逵并带来人从说知备细。李逵听了，跳将起来说道："这厮好无道理!我有大斧在这里，教他吃我几斧，却再商量。"柴进道："李大哥，你且息怒，没来由，和他粗卤做甚么?他虽是倚势欺人，我家放着有护持圣旨，这里和他理论不得，须是京师也有大似他的，放着明明的条例，和他打官司。"李逵道："条例，条例，若还依得，天下不乱了!我只是前打后商量。那厮若还去告，和那鸟官一发都砍了！"柴进笑道："可知朱仝要和你厮并，见面不得。这里是禁城之内，如何比得你小寨里横行？"李逵道："禁城便怎地?江州无为军偏我不曾杀人？"柴进道："等我看了头势，用着大哥时，那时相央，无事只在房里请坐。"正说之间，里面侍妾慌忙来请大官人看视皇城。

柴进入到里面卧榻前，只见皇城阁着两眼泪，对柴进说道："贤侄志气轩昂，不辱祖宗。我今日被殷天锡怄死，你可看骨肉之面，亲赍书往京师拦驾告状，与我报仇，九泉之下，也感贤侄亲意。保重!保重!再不多嘱！"言罢，便放了命。柴进痛哭了一场。继室恐怕昏晕，劝住柴进道："大官人烦恼有日，且请商量后事。"柴进道："誓书在我家里，不曾带得来，星夜教人去取，须用将往东京告状。叔叔尊灵，且安排棺椁盛殓，成了孝服，却再商量。"柴进教依官制，备办内棺外椁，依礼铺设灵位，一门穿了重孝，大小举哀。李逵在外面听得堂里哭泣，自己磨拳擦掌价气，问从人都不肯说。宅里请僧修设好事功果。

至第三日，只见这殷天锡骑着一匹撺行的马，将引闲汉三二十人，手执弹弓、川弩、吹筒、气球、拈竿、乐器，城外游玩了一遭，带五七分酒，佯醉假颠，径来到柴皇城宅前，勒住马，叫里面管家的人出来说话。柴进听得说，挂着一身孝服，慌忙出来答应。那殷天锡在马上问道："你是他家甚么人？"柴进答道："小可是柴皇城亲侄柴进。"殷天锡道："前日我分付道，教他家搬出屋去，如何不依我言语？"柴进道："便是叔叔卧病，不敢移动，夜来已自身故，待断七了搬出去。"殷天锡道："放屁!我只限你三日便要出屋，三日外不搬，先把你这厮枷号起，先吃我一百讯棍！"柴进道："直阁休恁相欺!我家也是龙子龙孙，放着先朝丹书铁券，谁敢不敬？"殷天锡喝道："你将出来我看！"柴进道："现在沧州家里，已使人去取来。"殷天锡大怒道："这厮正是胡说!便有誓书铁券，我也不怕，左右与我打这厮！"

众人却待动手，原来黑旋风李逵在门缝里都看见，听得喝打柴进，便拽开房门，大吼一声，直抢到马边，早把殷天锡揪下马来，一拳打翻。那二三十人却待抢他，被李逵手起，早打倒五六个，一哄都走了。李逵拿殷天锡提起来，拳头脚尖一发上，柴进那里劝得住。看那殷天锡时，呜呼哀哉，伏惟尚飨。有诗为证：

惨刻侵谋倚横豪，岂知天理竟难逃。

李逵猛恶无人敌，不见阎罗不肯饶。

李逵将殷天锡打死在地，柴进只叫得苦，便教李逵且去后堂商议。柴进道："眼见得便有人到这里，你安身不得了。官司我自支吾，你快走回梁山泊去。"李逵道："我便走了，须连累你。"柴进道："我自有誓书铁券护身，你便去是，事不宜迟。"李逵取了双斧，带了盘缠，出后门，自投梁山泊去了。

不多时，只见二百余人各执刀杖枪棒，围住柴皇城家。柴进见来捉人，便出来说道："我同你们府里分诉去。"众人先缚了柴进，便入家里搜捉行凶黑大汉不见，只把柴进绑到州衙内，当厅跪下。知府高廉听得打死了他的舅子殷天锡，正在厅上咬牙切齿忿恨，只待拿人来。早把柴进驱翻在厅前阶下，高廉喝道："你怎敢打死了我殷天锡？"柴进告道："小人是柴世宗嫡派子孙，家门有先朝太祖誓书铁券，现在沧州居住。为是叔叔柴皇城病重，特来看视，不幸身故，现今停丧在家。殷直阁将带三二十人到家，定要赶逐出屋，不容柴进分说，喝令众人殴打，被庄客李大救护，一时行凶打死。"高廉喝道："李大现在那里？"柴进道："心慌逃走了。"高廉道："他是个庄客，不得你的言语，如何敢打死人!你又故纵他逃走了，却来瞒昧官府。你这厮，不打如何肯招?牢子下手，加力与我打这厮！”柴进叫道：“庄客李大救主，误打死人，非干我事!放着先朝太祖誓书，如何便下刑法打我？”高廉道：“誓书有在那里？”柴进道：“已使人回沧州去取来也。”高廉大怒，喝道：“这厮正是抗拒官府，左右腕头加力，好生痛打！”众人下手，把柴进打得皮开肉绽，鲜血迸流，只得招做使令庄客李大打死殷天锡，取面二十五斤死囚枷钉了，发下牢里监收。殷天锡尸首检验了，自把棺木殡葬，不在话下。这殷夫人要与兄弟报仇，教丈夫高廉抄扎了柴皇城家私，监禁下人口，占住了房屋围院，柴进自在牢中受苦。有诗为证：

脂唇粉面毒如蛇，铁券金书空里花。

可怪祖宗能让位，子孙犹不保身家。

却说李逵连夜回梁山泊，到得寨里，来见众头领。朱仝一见李逵，怒从心起，掣条朴刀，径奔李逵。黑旋风拔出双斧，便斗朱仝。晁盖、宋江，并众头领，一齐向前劝住。宋江与朱仝陪话道：“前者杀了小衙内，不干李逵之事。却是军师吴学究因请兄长不肯上山，一时定的计策。今日既到山寨，便休记心，只顾同心协助，共兴大义，休教外人耻笑。”便叫李逵兄弟与朱仝陪话。李逵睁着怪眼，叫将起来，说道：“他直恁般做得起!我也多曾在山寨出气力，他又不曾有半点之功，却怎地倒教我陪话！”宋江道：“兄弟，却是你杀了小衙内，虽是军师严令，论齿序他也是你哥哥，且看我面，与他伏个礼，我却自拜你便了。”李逵吃宋江央及不过，便道：“我不是怕你，为是哥哥逼我，没奈何了，与你陪话。”李逵吃宋江逼住了，只得撇了双斧，拜了朱仝两拜，朱仝方才消了这口气。山寨里晁头领且教安排筵席，与他两个和解。

李逵说起：“柴大官人因去高唐州看亲叔叔柴皇城病症，却被本州高知府妻舅殷天锡，要夺屋宇花园，殴骂柴进，吃我打死了殷天锡那厮。”宋江听罢，失惊道：“你自走了，须连累柴大官人吃官司。”吴学究道：“兄长休惊，等戴宗回山，便有分晓。”李逵问道：“戴宗哥哥那里去了？”吴用道：“我怕你在柴大官人庄上惹事不好，特地教他来唤你回山。他到那里，不见你时，必去高唐州寻你。”说言未绝，只见小校来报戴院长回来了。宋江便去迎接，到了堂上坐下，便问柴大官人一事。戴宗答道：“去到柴大官人庄上，已知同李逵投高唐州去了。径奔那里去打听，只见满城人传道殷天锡因争柴皇城庄屋，被一个黑大汉打死了，现今负累了柴大官人陷于缧绁，下在牢里。柴皇城一家人口家私，尽都抄扎了。柴大官人性命，早晚不保。”晁盖道：“这个黑厮又做出来了，但到处便惹口面。”李逵道：“柴皇城被他打伤，怄气死了，又来占他房屋，又喝教打柴大官人，便是活佛，也忍不得！”晁盖道：“柴大官人自来与山寨有恩，今日他有危难，如何不下山去救他?我亲自去走一遭。”宋江道：“哥哥是山寨之主，如何可便轻动?小可和柴大官人旧来有恩，情愿替哥哥下山。”吴学究道：“高唐州城池虽小，人物稠穰，军广粮多，不可轻敌。烦请林冲、花荣、秦明、李俊、吕方、郭盛、孙立、欧鹏、杨林、邓飞、马麟、白胜，十二个头领，部引马步军兵五千，作前队先锋；军中主帅宋公明、吴用，并朱仝、雷横、戴宗、李逵、张顺、杨雄、石秀，十个头领，部引马步军兵三千策应。”共该二十二位头领，辞了晁盖等众人，离了山寨，望高唐州进发。端的好整齐，但见：

绣旗飘号带，画角间铜锣。三股叉，五股叉，灿灿秋霜；点钢枪，芦叶枪，纷纷瑞雪。蛮牌遮路，强弓硬弩当先；火炮随车，大戟长戈拥后。鞍上将似南山猛虎，人人好斗能争；坐下马如北海苍龙，骑骑能冲敢战。端的枪刀流水急，果然人马撮风行。

梁山泊前军已到高唐州地界，早有军卒报知高廉。高廉听了，冷笑道：“你这伙草贼，在梁山泊窝藏，我兀自要来剿捕你，今日你倒来就缚，此是天教我成功。左右，快传下号令，整点军马出城迎敌，着那众百姓上城守护。”这高知府上马管军，下马管民，一声号令下去，那帐前都统、监军、统领、统制、提辖军职一应官员，各各部领军马，就教场里点视已罢，诸将便摆布出城迎敌。高廉手下有三百体己军士，号为飞天神兵，一个个都是山东、河北、江西、湖南、两淮、两浙选来的精壮好汉。那三百飞天神兵怎生结束，但见：

头披乱发，脑后撒一把烟云；身挂葫芦，背上藏千条火焰。黄抹额齐分八卦，豹皮甲尽按四方。熟铜面具似金装，镔铁滚刀如扫帚。掩心铠甲，前后竖两面青铜；照眼旌旗，左右列千层黑雾。疑是天蓬离斗府，正如月孛下云衢。

那知府高廉亲自引了三百神兵，披甲背剑，上马出到城外，把部下军官周回排成阵势，却将三百神兵列在中军，摇旗呐喊，擂鼓鸣金，只等敌军到来。却说林冲、花荣、秦明引领五千人马到来。两军相迎，旗鼓相望，各把强弓硬弩射住阵脚。两军中吹动画角，发起擂鼓。花荣、秦明，带同十个头领，都到阵前，把马勒住。头领林冲横丈八蛇矛，跃马出阵，厉声高叫：“高唐州纳命的出来！”高廉把马一纵，引着三十余个军官，都出到门旗下，勒住马，指着林冲骂道：“你这伙不知死的叛贼，怎敢直犯俺的城池？”林冲喝道：“你这个害民强盗，我早晚杀到京师，把你那厮欺君贼臣高俅，碎尸万段，方是愿足。”高廉大怒，回头问道：“谁人出马先捉此贼去？”军官队里转出一个统制官，姓于，名直，拍马抡刀，竟出阵前。林冲见了，径奔于直，两个战不到五合，于直被林冲心窝里一蛇矛刺着，翻筋斗颠下马去。高廉见了大惊，“再有谁人出马报仇？”军官队里又转出一个统制官，姓温，双名文宝，使一条长枪，骑一匹黄骠马，銮铃响，珂　鸣，早出到阵前，四只马蹄荡起征尘，直奔林冲。秦明见了，大叫：“哥哥稍歇，看我立斩此贼。”林冲勒住马，收了点钢矛，让秦明战温文宝。两个约斗十合之上，秦明放个门户，让他枪搠入来，手起棍落，把温文宝削去半个天灵盖，死于马上，那马跑回本阵去了。两阵军相对，齐呐声喊。

高廉见连折二将，便去背上掣出那口太阿宝剑来，口中念念有词，喝声道：“疾！”只见高廉队中卷起一道黑气。那道气散至半空里，飞沙走石，撼地摇天，刮起怪风，径扫过对阵来。林冲、秦明、花荣等众将，对面不能相顾，惊得那坐下马乱窜咆哮，众人回身便走。高廉把剑一挥，指点那三百神兵，从阵里杀将出来，背后官军协助，一掩过来，赶得林冲等军马星落云散，七断八续，呼兄唤弟，觅子寻爷，五千军兵折了一千余人，直退回五十里下寨。高廉见人马退去，也收了本部军兵，入高唐州城里安下。

却说宋江中军人马到来，林冲等接着，且说前事。宋江、吴用听了大惊，与军师道：“是何神术，如此利害？”吴学究道：“想是妖法，若能回风返火，便可破敌。”宋江听罢，打开天书看时，第三卷上有回风返火破阵之法。宋江大喜，用心记了咒语并秘诀，整点人马，五更造饭吃了，摇旗擂鼓，杀进城下来。

有人报入城中，高廉再点了得胜人马，并三百神兵，开放城门，布下吊桥，出来摆成阵势。宋江带剑纵马出阵前，望见高廉军中一簇皂旗，吴学究道：“那阵内皂旗，便是使神师计的军兵。但恐又使此法，如何迎敌？”宋江道：“军师放心，我自有破阵之法。诸军众将勿得惊疑，只顾向前杀去。”高廉分付大小将校：“不要与他强敌挑斗，但见牌响，一齐并力擒获宋江，我自有重赏。”两军喊声起处，高廉马鞍鞒上挂着那面聚兽铜牌，上有龙章凤篆，手里拿着宝剑，出阵前。宋江指着高廉骂道：“昨夜我不曾到，兄弟们误折一阵，今日我必要把你诛尽杀绝。”高廉喝道：“你这伙反贼，快早早下马受缚，省得我腥手污脚！”言罢，把剑一挥，口中念念有词，喝声道：“疾！”黑气起处，早卷起怪风来。宋江不等那风到，口中也念念有词，左手捏诀，右手提剑一指，说声道：“疾！”那阵风不望宋江阵里来，倒望高廉神兵队里去了。宋江却待招呼人马杀将过去，高廉见回了风，急取铜牌，把剑敲动，向那神兵队里卷一阵黄沙，就中军走出一群猛兽。但见：

狻猊舞爪，狮子摇头。闪金獬豸逞威雄，奋锦貔貅施勇猛。豺狼作对吐獠牙，直奔雄兵；虎豹成群张巨口，来喷劣马。带刺野猪冲阵入，卷毛恶犬撞人来。如龙大蟒扑天飞，吞象顽蛇钻地落。

高廉铜牌响处，一群怪兽毒虫直冲过来，宋江阵里众多人马惊呆了。宋江撇了剑，拨回马先走，众头领簇捧着，尽都逃命，大小军校，你我不能相顾，夺路而走。高廉在后面把剑一挥，神兵在前，官军在后，一齐掩杀将来。宋江人马，大败亏输。高廉赶杀二十余里，鸣金收军，城中去了。宋江来到土坡下，收住人马，扎下寨栅，虽是损折了些军卒，却喜众头领都有。屯住军马，便与军师吴用商议道：“今番打高唐州，连折了两阵，无计可破神兵，如之奈何？”吴学究道：“若是这厮会使神师计，他必然今夜要来劫寨，可先用计提备，此处只可屯扎些少军马，我等去旧寨内驻扎。”宋江传令，只留下杨林、白胜看寨，其余人马，退去旧寨内将息。

且说杨林、白胜引人离寨半里草坡内埋伏，等到一更时分。但见：

云生四野，雾涨八方。摇天撼地起狂风，倒海翻江飞急雨。雷公忿怒，倒骑火兽逞神威；电母生嗔，乱掣金蛇施圣力。大树和根拔去，深波彻底卷干。若非灌口斩蛟龙，疑是泗州降水母。

当夜风雷大作，杨林、白胜引着三百余人伏在草里看时，只见高廉步走，引领三百神兵，吹风唿哨，杀入寨里来，见是空寨，回身便走。杨林、白胜呐声喊，高廉只怕中了计，四散便走，三百神兵各自奔逃。杨林、白胜乱放弩箭，只顾射去，一箭正中高廉左肩，众军四散，冒雨赶杀。高廉引领了神兵去得远了，杨林、白胜人少，不敢深入。少刻，雨过云收，复见一天星斗，月光之下，草坡前搠翻射死拿得神兵二十余人，解赴宋公明寨内。具说雷雨风云之事。宋江、吴用见说，大惊道：“此间只隔得五里远近，却又无雨无风！”众人议道：“正是妖法只在本处，离地只有三四十丈，云雨气味，是左近水泊中摄将来的。”杨林说：“高廉也自披发仗剑，杀入寨中，身上中了我一弩箭，回城中去了。为是人少，不敢去追。”宋江分赏杨林、白胜，把拿来的中伤神兵斩了，分拨众头领下了七八个小寨，围绕大寨，提备再来劫寨，一面使人回山寨，取军马协助。

且说高廉自中了箭，回到城中养病，令军士守护城池，晓夜提备，“且休与他厮杀，待我箭疮平复起来，捉宋江未迟。”

却说宋江见折了人马，心中忧闷，和军师吴用商量道：“只这回高廉尚且破不得，倘或别添他处军马，并力来劫，如之奈何？”吴学究道：“我想要破高廉妖法，只除非依我如此如此。若不去请这个人来，柴大官人性命，也是难救。高唐州城子，永不能得。”正是：要除起雾兴云法，须请通天彻地人。

毕竟吴学究说这个人是谁，且听下回分解。

第五十三回 戴宗智取公孙胜　李逵斧劈罗真人

话说当下吴学究对宋公明说道：“要破此法，只除非快教人去蓟州寻取公孙胜来，便可破得。”宋江道：“前番戴宗去了几时，全然打听不着，却那里去寻？”吴用道：“只说蓟州，有管下多少县治、镇市、乡村，他须不曾寻得到。我想公孙胜，他是个清高的人，必然在个名山洞府、大川真境居住。今番教戴宗可去绕蓟州管下县道名山仙境去处，寻觅一遭，不愁不见他。”宋江听罢，随即叫请戴院长商议：可往蓟州寻取公孙胜。戴宗道：“小可愿往，只是得一个做伴的去方好。”吴用道：“你作起神行法来，谁人赶得你上？”戴宗道：“若是同伴的人，我也把甲马拴在他腿上，教他也走得许多路程。”李逵便道：“我与戴院长做伴走一遭。”戴宗道：“你若要跟我去，须要一路上吃素，都听我的言语。”李逵道：“这个有甚难处?我都依你便了。”宋江、吴用分付道：“路上小心在意，休要惹事。若得见了，早早回来。”李逵道：“我打死了殷天锡，却教柴大官人吃官司。我如何不要救他?今番并不敢惹事了。”二人各藏了暗器，拴缚了包裹，拜辞宋江并众人，离了高唐州，取路投蓟州来。

走了二十余里，李逵立住脚道：“大哥，买碗酒吃了走也好。”戴宗道：“你要跟我作神行法，须要只吃素酒。且向前面去。”李逵答道：“便吃些肉，也打甚么紧。”戴宗道：“你又来了。今日已晚，且寻客店宿了，明日早行。”两个又走了三十余里，天色昏黑，寻着一个客店歇了，烧起火来做饭，沽 角酒来吃。李逵搬一碗素饭，并一碗菜汤，来房里与戴宗吃。戴宗道：“你如何不吃饭？”李逵应道：“我且未要吃饭哩。”戴宗寻思道：“这厮必然瞒着我背地里吃荤。”戴宗自把素饭吃了，却悄悄地来后面张时，见李逵讨两角酒，一盘牛肉，在那里自吃。戴宗道：“我说甚么?且不要道破他，明日小小地耍他耍便了。”戴宗自去房里睡了。李逵吃了一回酒肉，恐怕戴宗说他，自暗暗的来房里睡了。

到五更时分，戴宗起来叫李逵打火，做些素饭吃了，各分行李在背上，算还了房客钱，离了客店。行不到二里多路，戴宗说道：“我们昨日不曾使神行法，今日须要赶程途，你先把包裹拴得牢了，我与你作法，行八百里便住。”戴宗取四个甲马，去李逵两只腿上也缚了，分付道：“你前面酒食店里等我。”戴宗念念有词，吹口气在李逵腿上，李逵拽开脚步，浑如驾云的一般，飞也似去了。戴宗笑道：“且着他忍一日饿。”戴宗也自拴上甲马，随后赶来。李逵不省得这法，只道和他走路一般。只听耳朵边风雨之声，两边房屋树木，一似连排价倒了的，脚底下如云催雾趱。李逵怕将起来，几遍待要住脚，两条腿那里收拾得住，却似有人在下面推的相似，脚不点地，只管的走去了。看见酒肉饭店，又不能够入去买吃，李逵只得叫：“爷爷，且住一住！”看看走到红日平西，肚里又饥又渴，越不能够住脚，惊得一身臭汗，气喘做一团。戴宗从背后赶来，叫道：“李大哥，怎的不买些点心吃了去？”李逵应道：“哥哥，救我一救，饿杀铁牛也！”戴宗怀里摸出几个炊饼来自吃。李逵叫道：“我不能够住脚买吃，你与我两个充饥。”戴宗道：“兄弟，你走上来与你吃。”李逵伸着手，只隔一丈来远近，只接不着。李逵叫道：“好哥哥，等我一等。”戴宗道：“便是今日有些跷蹊，我的两条腿也不能够住。”李逵道：“阿也!我的这鸟脚不由我半分，自这般走了去，只好把大斧砍了那下半截下来。”戴宗道：“只除是恁的般方好。不然，直走到明年正月初一日，也不能住。”李逵道：“好哥哥，休使道儿耍我，砍了腿下来，你却笑我。”戴宗道：“你敢是昨夜不依我?今日连我也走不得住，你自走去。”李逵叫道：“好爷爷，你饶我住一住！”戴宗道：“我的这法，不许吃荤，第一戒的是牛肉。若还吃了一块牛肉，直要走十万里，方才得住。”李逵道：“却是苦也!我昨夜不合瞒着哥哥，真个偷买几斤牛肉吃了，正是怎么好！”戴宗道：“怪得今日连我的这腿也收不住，只用去天尽头走一遭了，慢慢地却得三五年，方才回得来。”李逵听罢，叫起撞天屈来。

戴宗笑道："你从今已后，只依得我一件事，我便罢得这法。"李逵道："老爹，我今都依你便了。"戴宗道："你如今敢再瞒着我吃荤么？"李逵道："今后但吃荤，舌头上生碗来大疔疮!我见哥哥要吃素，铁牛却吃不得，因此上瞒着哥哥，今后并不敢了。"戴宗道："既是恁地，饶你这一遍！"退后一步，把衣袖去李逵腿上只一拂，喝声："住！"李逵却似钉住了的一般，两只脚立定地下，挪移不动。戴宗道："我先去，你且慢慢的来。"李逵正待抬脚，那里移得动，拽也拽不起，一似生铁铸就了的。李逵大叫道："又是苦也!晚夕怎地得去？"便叫道："哥哥救我一救。"戴宗转回头来笑道："你今番依我说么？"李逵道："你是我亲爷，却是不敢违了你的言语。"戴宗道："你今番却要依我。"便把手绾了李逵，喝声："起！"两个轻轻地走了去。李逵道："哥哥，可怜见铁牛，早歇了罢！"前面到一个客店，两个且来投宿。戴宗、李逵入到房里去，腿上都卸下甲马来，取出几陌纸钱烧送了，问李逵道："今番却如何？"李逵道："这两条腿，方才是我的了。"戴宗道："谁着你夜来私买酒肉吃？"李逵道："为是你不许我吃荤，偷了些吃，也吃你耍得我好了。"

戴宗叫李逵安排些素酒素饭吃了，烧汤洗了脚，上床歇了。睡到五更起来，洗漱罢，吃了饭，还了房钱，两个又上路。行不到三里多路，戴宗取出甲马道："兄弟，今日与你只缚两个，教你慢行些。"李逵道："亲爷，我不要缚了。"戴宗道："你既依我言语，我和你干大事，如何肯弄你?你若不依我，教你一似夜来只钉住在这里。只等我去蓟州寻见了公孙胜，回来放你。"李逵慌忙叫道："我依，我依！"戴宗与李逵当日各缚两个甲马，作起神行法，扶着李逵两个一同走。原来戴宗的法，要行便行，要住便住。李逵从此那里敢违他言语，于路上只是买些素酒素饭，吃了便行。话休絮繁。两个用神行法，不旬日，迤　来蓟州城外客店里歇了。

次日，两个入城来，戴宗扮做主人，李逵扮做仆者。绕城中寻了一日，并无一个认得公孙胜的，两个自回店里歇了。次日，又去城中小街狭巷，寻了一日，绝无消耗。李逵心焦，骂道："这个乞丐道人，却鸟躲在那里!我若见时，脑揪将去见哥哥。"戴宗说道："你又来了，若不听我言语，我又教你吃苦。"李逵笑道："我自这般说耍。"戴宗又埋怨了一回，李逵不敢回话。两个又来店里歇了。

次日早起，却去城外近村镇市寻觅。戴宗但见老人，便施礼拜问公孙胜先生家在那里居住，并无一人认得。戴宗也问过数十处。当日晌午时分，两个走得肚饥，路旁边见一个素面店，两个直入来，买些点心吃。只见里面都坐满，没一个空处，戴宗、李逵立在当路。过卖问道："客官要吃面时，和这老人合坐一坐。"戴宗见个老丈，独自一个占着一付大座头，便与他施礼，唱个喏，两个对面坐了。李逵坐在戴宗肩下，分付过卖造四个壮面来。戴宗道："我吃一个，你吃三个不少么？"李逵道："不济事。一发做六个来，我都包办。"过卖见了也笑。等了半日，不见把面来。李逵却见都搬入里面去了，心中已有五分焦躁。只见过卖却搬一个热面，放在合坐老人面前。那老人也不谦让，拿起面来便吃。那分面却热，老儿低着头，伏桌儿吃。李逵性急，见不搬面来，叫一声："过卖！"骂道："却教老爷等了这半日。"把那桌子只一拍，溅那老人一脸热汁，那分面都泼翻了。老儿焦躁，便来揪住李逵，喝道："你是何道理，打翻我面？"李逵捻起拳头，要打老儿。　　戴宗慌忙喝住，与他陪话道："丈丈休和他一般见识，小可赔丈丈一分面。"那老人道："客官不知：老汉路远，早要吃了面回去听讲，迟时误了程途。"戴宗问道："丈丈何处人氏?却听谁人讲甚么？"老儿答道："老汉是本处蓟州管下九宫县二仙山下人氏。因来这城中买些好香回去，听山上罗真人讲说长生不老之法。"戴宗寻思道："莫不公孙胜也在那里？"便问老人道："丈丈贵庄，曾有个公孙胜么？"老人道："客官问别人定不知，多有人不认的他。老汉和他是邻舍。他只有个老母在堂。这个先生，一向云游在外，此时唤做公孙一清。如今出姓，都只叫他清道人，不叫做公孙胜。此是俗名，无人认得。"戴宗道："正是'踏破铁鞋无觅处，得来全不费工夫'。"戴宗又拜问丈丈道："九宫县二仙山离此间多少路?清道人在家么？"老人道："二仙山只离本县四十五里便是。清道人，他是罗真人上首徒弟。他本师不放离左右。"戴宗听了大喜，连忙催趱面来吃，和那老儿一同吃了，算还面钱，同出店肆，问了路途。戴宗道："丈丈先行。小可买些香纸，也便来也。"老人作别去了。

戴宗、李逵回到客店里，取了行李包裹，再拴上甲马，离了客店，两个取路投九宫县二仙山来。戴宗使起神行法，四十五里，片时到了。二人来到县前，问二仙山时，有人指道："离县投东，只有五里便是。"两个又离了县治，投东而行。果然行不到五里，早望见那座仙山，委实秀丽。但见：

青山削翠，碧岫堆云。两崖分虎踞龙盘，四面有猿啼鹤唳。朝看云封山顶，暮观日挂林梢。流水潺漫，涧内声声鸣玉　；飞泉瀑布，洞中隐隐奏瑶琴。若非道侣修行，定有仙翁炼药。

当下戴宗、李逵来到二仙山下，见个樵夫，戴宗与他施礼，说道："借问此间清道人家在何处居住？"樵夫指道："只过这东山嘴，门外有条小石桥的便是。"两个抹过山嘴来，见有十数间草房，一周围矮墙，墙外一座小小石桥。两个来到桥边，见一个村姑提一篮新果子出来。戴宗施礼问道："娘子从清道人家出来，清道人在家么？"村姑答道："在屋后炼丹。"戴宗心中暗喜，分付李逵道："你且去树背后躲一躲，待我自入去，见了他，却来叫你。"戴宗自入到里面看时，一带三间草房，门上悬挂一个芦帘。戴宗咳嗽了一声，只见一个白发婆婆从里面出来。戴宗看那婆婆，但见：

苍然古貌，鹤发酡颜。眼昏似秋月笼烟，眉白如晓霜映日。青裙素服，依稀紫府元君；布袄荆钗，仿佛骊山老姥。形如天上翔云鹤，貌似山中傲雪松。

戴宗当下施礼道："告禀老娘：小可欲求清道人相见一面。"婆婆问道："官人高姓？"戴宗道："小可姓戴，名宗，从山东到此。"婆婆道："孩儿出外云游，不曾还家。"戴宗道："小可是旧时相识，要说一句紧要的话，求见一面。"婆婆道："不在家里，有甚话说，留下在此不妨。待回家，自来相见。"戴宗道："小可再来。"就辞了婆婆，却来门外对李逵道："今番须用着你。方才他娘说道，不在家里，如今你可去请他。他若说不在时，你便打将起来，却不得伤犯他老母。我来喝住，你便罢。"

李逵先去包裹里取出双斧，插在两胯下，入的门里，叫一声："着个出来！"婆婆慌忙迎着问道："是谁？"见了李逵睁着双眼，先有八分怕他，问道："哥哥有甚话说？"李逵道："我是梁山泊黑旋风。奉着哥哥将令，教我来请公孙胜。你叫他出来，佛眼相看；若还不肯出来，放一把鸟火，把你家当都烧做白地。莫言不是。早早出来！"婆婆道："好汉莫要恁地。我这里不是公孙胜家，自唤做清道人。"李逵道："你只叫他出来，我自认得他鸟脸。"婆婆道："出外云游未归。"李逵拔出大斧，先砍翻一堵壁。婆婆向前拦住，李逵道："你不叫你儿子出来，我只杀了你。"拿起斧来便砍，把那婆婆惊倒在地。只见公孙胜从里面走将出来，叫道："不得无礼！"有诗为证：

药炉丹灶学神仙，遁迹深山了万缘。

不是凶神来屋里，公孙安肯出堂前。

戴宗便来喝道："铁牛，如何吓倒老母！"戴宗连忙扶起。李逵撇了大斧，便唱个喏道："阿哥休怪。不恁地，你不肯出来。"公孙胜先扶娘入去了，却出来拜请戴宗、李逵，邀进一间净室坐下，问道："亏二位寻得到此。"戴宗道："自从师父下山之后，小可先来蓟州寻了一遍，并无打听处，只纠合得一伙弟兄上山。今次宋公明哥哥，因去高唐州救柴大官人，致被知府高廉两三阵用妖法赢了，无计奈何，只得教小可和李逵来寻请足下。绕遍蓟州，并无寻处。偶因素面店中，得个此间老丈指引到此。却见村姑说足下在家烧炼丹药，老母只是推却，因此使李逵激出师父来。这个太莽了些，望乞恕罪。哥哥在高唐州界上，度日如年。请师父便可行程，以见始终成全大义之美。”公孙胜道：“贫道幼年飘荡江湖，多与好汉们相聚。自从梁山泊分别回乡，非是昧心：一者母亲年老，无人奉侍；二乃本师罗真人留在屋前，恐怕有人寻来，故改名清道人，隐藏在此。”戴宗道：“今者宋公明正在危急之际，师父慈悲，只得去走一遭。”公孙胜道：“干碍老母无人养赡，本师罗真人如何肯放。其实去不得了。”戴宗再拜恳告，公孙胜扶起戴宗，说道：“再容商议。”公孙胜留戴宗、李逵在净室里坐定，安排些素酒素食相待。

三个吃了一回，戴宗又苦苦哀告道：“若是师父不肯去时，宋公明必被高廉捉了，山寨大义，从此休矣！”公孙胜道：“且容我去禀问本师真人。若肯容许，便一同去。”戴宗道：“只今便去启问本师。”公孙胜道：“且宽心住一宵，明日早去。”戴宗道：“哥哥在彼一日，如度一年，烦请师父同往一遭。”公孙胜便起身，引了戴宗、李逵，离了家里，取路上二仙山来。此时已是秋残冬初时分，日短夜长，容易得晚，来到半山腰，却早红轮西坠。松阴里面一条小路，直到罗真人观前，见有朱红牌额，上写三个金字，书着“紫虚观”。三人来到观前，看那二仙山时，果然是好座仙境。但见：

青松郁郁，翠柏森森。一群白鹤听经，数个青衣碾药。青梧翠竹，洞门深锁碧窗寒；白雪黄芽，石室云封丹灶暖。野鹿衔花穿径去，山猿擎果度岩来。时闻道士谈经，每见仙翁论法。虚皇坛畔，天风吹下步虚声；礼斗殿中，鸾背忽来环　韵。只此便为真紫府，更于何处觅蓬莱？

三人就着衣亭上，整顿衣服，从廊下入来，径投殿后松鹤轩里去。两个童子，看见公孙胜领人入来，报知罗真人，传法旨，教请三人入来。当下公孙胜引着戴宗、李逵，到松鹤轩内，正值真人朝真才罢，坐在云床上。公孙胜向前行礼起居，躬身侍立。戴宗、李逵看那罗真人时，端的有神游八极之表。但见：

星冠攒玉叶，鹤氅缕金霞。长髯广颊，修行到无漏之天；碧眼方瞳，服食造长生之境。每啖安期之枣，曾尝方朔之桃。气满丹田，端的绿筋紫脑；名登玄　，定知苍肾青肝。正是三更步月鸾声远，万里乘云鹤背高。

戴宗当下见了，慌忙下拜。李逵只管着眼看。罗真人问公孙胜道：“此二位何来？”公孙胜道：“便是昔日弟子曾告我师，山东义友是也。今为高唐州知府高廉显逞异术，有兄宋江特令二弟来此，呼唤弟子。未敢擅便，故来禀问我师。”罗真人道：“吾弟子既脱火坑，学炼长生，何得再慕此境？”戴宗再拜道：“容乞暂请公孙先生下山，破了高廉，便送还山。”罗真人道：“二位不知：此非出家人闲管之事。汝等自下山去商议。”

公孙胜只得引了二人，离了松鹤轩，连晚下山来。李逵问道：“那老仙先生说甚么？”戴宗道：“你偏不听得？”李逵道：“便是不省得这般鸟则声。”戴宗道：“便是他的师父说道教他休去。”李逵听了，叫起来道：“教我两个走了许多路程，千难万难寻见了，却放出这个屁来!莫要引老爷性发，一只手捻碎你这道冠儿，一只手提住腰胯，把那老贼道倒直撞下山去！”戴宗瞅着道：“你又要钉住了脚！”李逵道：“不敢，不敢!我自这般说一声儿耍。”

三个再到公孙胜家里，当夜安排些晚饭吃了。公孙胜道：“且权宿一宵，明日再去恳告本师。若肯时，便去。”戴宗至夜叫了安置，两个收拾行李，都来净室里睡了。两个睡到五更左侧，李逵悄悄地爬将起来。听得戴宗　　的睡着，自己寻思道：“却不是干鸟气么?你原是山寨里人，却来问甚么鸟师父!明朝那厮又不肯，却不误了哥哥的大事?我忍不得了，只是杀了那个老贼道，教他没问处，只得和我去。”

李逵当时摸了两把板斧，悄悄地开了房门，乘着星月明朗，一步步摸上山来。到得紫虚观前，却见两扇大门关了。旁边篱墙苦不甚高，李逵腾地跳将过去，开了大门，一步步摸入里面来。直至松鹤轩前，只听隔窗有人看诵玉枢宝经之声。李逵爬上来，舐破窗纸张时，见罗真人独自一个坐在云床上。面前桌儿上烧着一炉好香，点着两枝画烛，朗朗诵经。李逵道：“这贼道却不是当死！”一踅踅过门边来，把手只一推，呀的两扇亮　齐开。李逵抢将入去，提起斧头，便望罗真人脑门上劈将下来，砍倒在云床上，流出白血来。李逵看了，笑道：“眼见的这贼道是童男子身，颐养得元阳真气，不曾走泄，正没半点的红。”李逵再仔细看时，连那道冠儿劈做两半，一颗头直砍到项下。李逵道：“今番且除了一害，不烦恼公孙胜不去。”便转身出了松鹤轩，从侧首廊下奔将出来，只见一个青衣童子拦住李逵，喝道：“你杀了我本师，待走那里去！”李逵道：“你这个小贼道，也吃我一斧！”手起斧落，把头早砍下台基边去。二人都被李逵砍了，李逵笑道：“只好撒开。”径取路出了观门，飞也似奔下山来。到得公孙胜家里，闪入来，闭上了门，净室里听戴宗时，兀自未觉，李逵依然原又去睡了。直到天明，公孙胜起来安排早饭，相待两个吃了。戴宗道：“再请先生同引我二人上山，恳告真人。”李逵听了，暗暗地冷笑。

三个依原旧路，再上山来。入到紫虚观里松鹤轩中，见两个童子。公孙胜问道：“真人何在？”童子答道：“真人坐在云床上养性。”李逵听说，吃了一惊，把舌头伸将出来，半日缩不入去。三个揭起帘子，入来看时，见罗真人坐在云床上中间。李逵暗暗想道：“昨夜莫非是错杀了？”罗真人便道：“汝等三人又来何干？”戴宗道：“特来哀告我师慈悲，救取众人免难。”罗真人道：“这黑大汉是谁？”戴宗答道：“是小可义弟，姓李，名逵。”真人笑道：“本待不教公孙胜去，看他的面上，教他去走一遭。”戴宗拜谢，李逵自暗暗寻思道：“那厮知道我要杀他，却又鸟说！”

只见罗真人道：“我教你三人片时便到高唐州如何？”三个谢了，戴宗寻思：“这罗真人又强似我的神行法。”真人唤道童取三个手帕来。戴宗道：“上告我师：却是怎生教我们便能够到高唐州？”罗真人便起身道：“都跟我来。”三个人随出观门外石岩上来。先取一个红手帕，铺在石上道：“吾弟子可登。”公孙胜双脚在上面，罗真人把袖一拂，喝声道：“起！”那手帕化做一片红云，载了公孙胜，冉冉腾空便起，离山约有二十余丈。罗真人喝声：“住！”那片红云不动。却铺下一个青手帕，教戴宗踏上。喝声：“起！”那手帕却化作一片青云，载了戴宗，起在半空里去了。那两片青红二云，如芦席大，起在天上转，李逵看得呆了。罗真人却把一个白手帕铺在石上，唤李逵踏上。李逵笑道：“你不是耍，若跌下来，好个大疙瘩。”罗真人道：“你见二人么？”李逵立在手帕上，罗真人说一声“起！”那手帕化做一片白云，飞将起去。李逵叫道：“阿呀!我的不稳，放我下来。”罗真人把右手一招，那青红二云平平坠将下来。戴宗拜谢，侍立在面前，公孙胜侍立在左手。李逵在上面叫道：“我也要撒尿撒屎，你不着我下来，我劈头便撒下来也！”罗真人问道：“我等自是出家人，不曾恼犯了你，你因何夜来越墙而过，入来把斧劈我?若是我无道德，已被杀了，又杀了我一个道童。”李逵道：“不是我，你敢错认了？”罗真人笑道：“虽然只是砍了我两个葫芦，其心不善，且教你吃些磨难。”把手一招喝声：“去！”一阵恶风，把李逵吹入云端里。只见两个黄巾力士，押着李逵，耳边只听得风雨之声，不觉径到蓟州地界，　　得魂不着体，手脚摇战。忽听得刮剌剌地响一声，却从蓟州府厅屋上骨碌碌滚将下来。

当日正值府尹马士弘坐衙，厅前立着许多公吏人等，看见半天里落下一个黑大汉来，众皆吃惊。马知府见了，叫道：“且拿这厮过来！”当下十数个牢子狱卒，把李逵驱至当面。马府尹喝道：“你这厮是那里妖人?如何从半天里吊将下来？”李逵吃跌得头破额裂，半晌说不出话来。马知府道：“必然是个妖人，教去取些法物来。”牢子节级将李逵捆翻，驱下厅前草地里，一个虞候，掇一盆狗血，没头一淋；又一个提一桶尿粪来，望李逵头上直浇到脚底下。李逵口里、耳朵里，都是尿屎。李逵叫道：“我不是妖人，我是跟罗真人的伴当。”原来蓟州人都知道罗真人是个现世的活神仙，因此不肯下手伤他，再驱李逵到厅前，早有吏人禀道：“这蓟州罗真人，是天下有名的得道活神仙。若是他的从者，不可加刑。”马府尹笑道：“我读千卷之书，每闻今古之事，未见神仙有如此徒弟，即系妖人。牢子，与我加力打那厮！”众人只得拿翻李逵，打得一佛出世，二佛涅 。马知府喝道：“你那厮快招了妖人，便不打你。”李逵只得招做“妖人李二。”取一面大枷钉了，押下大牢里去。李逵来到死囚狱里，说道：“我是直日神将，如何枷了我?好歹教你这蓟州一城人都死。”那押牢节级、禁子，都知罗真人道德清高，谁不钦服，都来问李逵：“你端的是甚么人？”李逵道：“我是罗真人亲随直日神将，因一时有失，恶了真人，把我撇在此间，教我受此苦难，三两日必来取我。你们若不把些酒食来将息我时，我教你们众人全家都死。”那节级、牢子见了他说，倒都怕他，只得买酒买肉请他吃。李逵见他们害怕，越说起风话来。牢里众人越怕了，又将热水来与他洗浴了，换些干净衣裳。李逵道：“若还缺了我酒食，我便飞了去，教你们受苦。”牢里禁子只得倒陪告他。李逵陷在蓟州牢里不提。

且说罗真人把上项的事，一一说与戴宗。戴宗只是苦苦哀告，求救李逵。罗真人留住戴宗在观里宿歇，动问山寨里事务。戴宗诉说晁天王、宋公明仗义疏财，专只替天行道，誓不损害忠臣烈士，孝子贤孙，义夫节妇，许多好处。罗真人听罢甚喜。一住五日，戴宗每日磕头礼拜，求告真人，乞救李逵。罗真人道：“这等人只可驱除了，休带回去。”戴宗告道：“真人不知：李逵虽是愚蠢，不省理法，也有些小好处：第一，鲠直，分毫不肯苟取于人；第二，不会阿谄于人，虽死，其忠不改；第三，并无淫欲邪心，贪财背义，敢勇当先。因此宋公明甚是爱他。不争没了这个人回去，教小可难见兄长宋公明之面。”罗真人笑道：“贫道已知这人是上界天杀星之数。为是下土众生作业太重，故罚他下来杀戮。吾亦安肯逆天，坏了此人?只是磨他一会，我叫取来还你。”戴宗拜谢。

罗真人叫一声：“力士安在？”就鹤轩前起一阵风。风过处，一尊黄巾力士出现。但见：

面如红玉，须似皂绒。仿佛有一丈身材，纵横有千斤气力。黄巾侧畔，金环日耀喷霞光；绣袄中间，铁甲霜铺吞月影。常在坛前护法，每来世上降魔。

那个黄巾力士上告：“我师有何法旨？”罗真人道：“先差你押去蓟州的那人，罪业已满。你还去蓟州牢里取他回来，速去速回。”力士声喏去了。约有半个时辰，从虚空里把李逵撇将下来。

戴宗连忙扶住李逵，问道：“兄弟这两日在那里？”李逵看了罗真人，只管磕头拜说道：“铁牛不敢了也！”罗真人道：“你从今已后，可以戒性，竭力扶持宋公明，休生歹心。”李逵再拜道：“敢不遵依真人言语？”戴宗道：“你正去那里走了这几日？”李逵道：“自那日一阵风，直刮我去蓟州府里，从厅屋脊上直滚下来，被他府里众人拿住。那个马知府，道我是妖人，捉翻我捆了，却教牢子狱卒，把狗血和尿屎，淋我一头一身；打得我两腿肉烂，把我枷了，下在大牢里去。众人问我，是何神从天上落下来?我因说是罗真人的亲随直日神将，因有些过失，罚受此苦。过二三日，必来取我。虽是吃了一顿棍棒，却也诈得些酒食 ，那厮们惧怕真人，却与我洗浴，换了一身衣裳。方才正在亭心里诈酒肉吃，只见半空里跳下这个黄巾力士，把枷锁开了，喝我闭眼，一似睡梦中，直扶到这里。”公孙胜道：“师父似这般的黄巾力士，有一千余员，都是本师真人的伴当。”李逵听了叫道：“活佛，你何不早说，免教我做了这般不是！”只顾下拜。戴宗也再拜恳告道：“小可端的来的多日了，高唐州军马甚急，望乞师父慈悲，放公孙先生同弟子去救哥哥宋公明，破了高廉，便送还山。”罗真人道：“我本不教他去，今为汝大义为重，权教他去走一遭。我有片言，汝当记取。”公孙胜向前跪听真人指教。正是：满还济世安邦愿，来作乘鸾跨凤人。

毕竟罗真人对公孙胜说出甚话来，且听下回分解。

第五十四回 入云龙斗法破高廉　黑旋风探穴救柴进

话说当下罗真人道：“弟子，你往日学的法术，却与高廉的一般。吾今传授与汝五雷天罡正法，依此而行，可救宋江，保国安民，替天行道。休被人欲所缚，误了大事，专精从前学道之心。你的老母，我自使人早晚看视，勿得忧念。汝应上界天闲星，以此容汝去助宋公明。吾有八个字，汝当记取，休得临期有误。”罗真人说那八个字，道是：“逢幽而止，遇汴而还。”公孙胜拜授了诀法，便和戴宗、李逵三个，拜辞了罗真人，别了众道伴下山。归到家中，收拾了道衣，宝剑二口，并铁冠如意等物了当，拜辞了老母，离山上路。行过了三四十里路程，戴宗道：“小可先去报知哥哥，先生和李逵大路上来，却得再来相接。”公孙胜道：“正好。贤弟先往报知，吾亦趱行来也。”戴宗分付李逵道：“于路小心伏侍先生。但有些差池，教你受苦。”李逵道：“他和罗真人一般的法术，我如何敢轻慢了他？”戴宗拴上甲马，作起神行法来，预先去了。

却说公孙胜和李逵两个，离了二仙山九宫县，取大路而行，到晚寻店安歇。李逵惧怕罗真人法术，十分小心伏侍公孙胜，那里敢使性。两个行了三日，来到一个去处，地名唤做武冈镇。只见街市人烟辏集，公孙胜道：“这两日于路走的困倦，买碗素酒素面吃了行。”李逵道：“也好。”却见驿道旁边一个小酒店，两个人来店里坐下。公孙胜坐了上首，李逵解了腰包，下首坐了。叫过卖一面打酒，就安排些素馔来，与二人吃。公孙胜道：“你这里有甚素点心卖？”过卖道：“我店里只卖酒肉，没有素点心，市口人家有枣糕卖。”李逵道：“我去买些来。”便去包内取了铜钱，径投市镇上来，买了一包枣糕。欲待回来，只听得路旁侧首有人喝采道：“好气力！”李逵看时，一伙人围定一个大汉，把铁瓜锤在那里使，众人看了喝采他。

李逵看那大汉时，七尺以上身材，面皮有麻，鼻子上一条大路。李逵看那铁锤时，约有三十来斤。那汉使的发了，一瓜锤正打在压街石上，把那石头打做粉碎，众人喝采。李逵忍不住，便把枣糕揣在怀中，便来拿那铁锤。那汉喝道：“你是甚么鸟人?敢来拿我的锤！”李逵道：“你使的甚么鸟好，教众人喝采!看了倒污眼!你看老爷使一回，教众人看。”那汉道：“我借与你，你若使不动时，且吃我一顿脖子拳了去。”李逵接过瓜锤，如弄弹丸一般。使了一回，轻轻放下，面又不红，心头不跳，口内不喘。那汉看了，倒身下拜，说道：“愿求哥哥大名。”李逵道：“你家在那里住？”那汉道：“只在前面便是。”引了李逵到一个所在，见一把锁锁着门。那汉把钥匙开了门，请李逵到里面坐地。李逵看他屋里都是铁砧、铁锤、火炉、钳、凿家火，寻思道：“这人必是个打铁匠人，山寨里正用得着，何不叫他也去入伙？”

李逵又道："汉子，你通个姓名，教我知道。"那汉道："小人姓汤，名隆。父亲原是延安府知寨官，因为打铁上，遭际老种经略相公帐前叙用。近年父亲在任亡故，小人贪赌，流落在江湖上，因此权在此间打铁度日。入骨好使枪棒。为是自家浑身有麻点，人都叫小人做'金钱豹子'。敢问哥哥高姓大名？"李逵道："我便是梁山泊好汉黑旋风李逵。"汤隆听了，再拜道："多闻哥哥威名，谁想今日偶然得遇。"李逵道："你在这里，几时得发迹?不如跟我上梁山泊入伙，叫你也做个头领。"汤隆道："若得哥哥不弃，肯带携兄弟时，愿随鞭镫。"就拜李逵为兄。李逵认汤隆为弟。汤隆道："我又无家人伴当，同哥哥去市镇上吃三杯淡酒，表结拜之意。今晚歇一夜，明日早行。"李逵道："我有个师父在前面酒店里，等我买枣糕去吃了便行， 挧不得，只可如今便行。"汤隆道："如何这般要紧？"李逵道："你不知宋公明哥哥，现今在高唐州界首厮杀，只等我这师父到来救应。"汤隆道："这个师父是谁？"李逵道："你且休问，快收拾了去。"汤隆急急拴了包裹、盘缠、银两，戴上毡笠儿，跨了口腰刀，提条朴刀，弃了家中破房旧屋，粗重家火，跟了李逵，直到酒店里来见公孙胜。

公孙胜埋怨道："你如何去了许多时?再来迟些，我依前回去了。"李逵不敢做声回话。引过汤隆拜了公孙胜，备说结义一事。公孙胜见说他是打铁出身，心中也喜。李逵取出枣糕，叫过卖将去整理。三个一同饮了几杯酒，吃了枣糕，算还了酒钱。李逵、汤隆各背上包裹，与公孙胜离了武冈镇，迤 望高唐州来。三个于路，三停中走了两停多路，那日早，却好迎着戴宗来接。公孙胜见了大喜，连忙问道："近日相战如何？"戴宗道："高廉那厮，近日箭疮平复，每日领兵来搦战。哥哥坚守，不敢出敌，只等先生到来。"公孙胜道："这个容易。"李逵引着汤隆拜见戴宗，说了备细，四人一处奔高唐州来。离寨五里远，早有吕方、郭盛，引一百余骑军马迎接着。四人都上了马，一同到寨，宋江、吴用等出寨迎接。各施礼罢，摆了接风酒，叙问间阔之情，请入中军帐内，众头领亦来作庆。李逵引过汤隆来参见宋江、吴用，并众头领等。讲礼已罢，寨中且做庆贺筵席。

次日中军帐上，宋江、吴用、公孙胜商议破高廉一事，公孙胜道："主将传令，且着拔寨都起，看敌军如何，贫道自有区处。"当日宋江传令各寨，一齐引军起身，直抵高唐州城壕，下寨已定。次早五更造饭，军人都披挂衣甲。宋公明、吴学究、公孙胜，三骑马直到军前，摇旗擂鼓，呐喊筛锣，杀到城下来。

再说知府高廉在城中箭疮已痊，隔夜小军来报知宋江军马又到，早晨都披挂了衣甲，便开了城门，放下吊桥，将引三百神兵并大小将校，出城迎敌。两军渐近，旗鼓相望，各摆开阵势。两阵里花腔鼍鼓擂，杂彩绣旗摇。宋江阵门开处，分十骑马来，雁翅般摆开在两边。左手下五将：花荣、秦明、朱仝、欧鹏、吕方；右手下五将：是林冲、孙立、邓飞、马麟、郭盛；中间三骑马上，为头是主将宋公明，怎生打扮：

头顶茜红巾，腰系狮蛮带。锦征袍大鹏贴背，水银盔彩凤飞檐。抹绿靴斜踏宝镫，黄金甲光动龙鳞。描金 随定紫丝鞭，锦鞍 稳称桃花马。

左边那骑马上，坐着的便是梁山泊掌握兵权军师吴学究，怎生打扮：

五明扇齐攒白羽，九纶巾巧簇乌纱。素罗袍香皂沿边，碧玉环丝绦束定。凫舄稳踏葵花镫，银鞍不离紫丝缰。两条铜链腰间挂，一骑青骢出战场。

右边那骑马上，坐着的便是梁山泊掌握行兵布阵副军师公孙胜，怎生打扮：

星冠耀日，神剑飞霜。九霞衣服绣春云，六甲风雷藏宝诀。腰间系杂色短须绦，背上悬松文古定剑。穿一双云头点翠早朝靴，骑一匹分鬃昂首黄花马。名标蕊笈玄功著，身列仙班道行高。

三个总军主将，三骑马出到阵前。看对阵金鼓齐鸣，门旗开处，也有二三十个军官，簇拥着高唐州知府高廉出在阵前，立马于门旗下。怎生结束，但见：

束发冠珍珠嵌就，绛红袍锦绣攒成。连环铠甲耀黄金，双翅银盔飞彩凤。足穿云缝吊墩靴，腰系狮蛮金 带。手内剑横三尺水，阵前马跨一条龙。

那知府高廉出到阵前，厉声高叫，喝骂道："你那水洼草贼，既有心要来厮杀，定要分个胜败，见个输赢，走的不是好汉！"宋江听罢，问一声："谁人出马立斩此贼？"小李广花荣挺枪跃马，直至垓心。高廉见了，喝问道："谁与我直取此贼去？"那统制官队里转出一员上将，唤做薛元辉，使两口双刀，骑一匹劣马，飞出垓心，来战花荣。两个在阵前斗了数合，花荣拨回马，望本阵便走。薛元辉不知是计，纵马舞刀，尽力来赶。花荣略带住了马，拈弓取箭，扭转身躯，只一箭，把薛元辉头重脚轻，射下马去。两军齐呐声喊。高廉在马上见了大怒，急去马鞍鞒前，取下那面聚兽铜牌，把剑去击。那里敲得三下，只见神兵队里卷起一阵黄砂来，罩的天昏地暗，日色无光。喊声起处，豺狼虎豹，怪兽毒虫，就这黄砂内卷将出来。众军恰待都走，公孙胜在马上，早掣出那一把松文古定剑来，指着敌军，口中念念有词，喝声道："疾！"只见一道金光射去，那伙怪兽毒虫，都就黄砂中乱纷纷坠于阵前。众军人看时，却都是白纸剪的虎豹走兽，黄砂尽皆荡散不起。宋江看了，鞭梢一指，大小三军，一齐掩杀过去。但见人亡马倒，旗鼓交横。高廉急把神兵退走入城。宋江军马赶到城下，城上急拽起吊桥，闭上城门，擂木炮石，如雨般打将下来。宋江叫且鸣金，收聚军马下寨，整点人数，各获大胜。回帐称谢公孙先生神功道德，随即赏劳三军。

次日，分兵四面围城，尽力攻打，公孙胜对宋江、吴用道："昨夜虽是杀败敌军大半，眼见得那三百神兵退入城中去了。今日攻击得紧，那厮夜间必来偷营劫寨。今晚可收军一处，至夜深，分去四面埋伏。这里虚扎寨栅，教众将只听霹雳响，看寨中火起，一齐进兵。"传令已了。当日攻城至未牌时分，都收四面军兵还寨，却在营中大吹大擂饮酒。看看天色渐晚，众头领暗暗分拨开去，四面埋伏已定。

却说宋江、吴用、公孙胜、花荣、秦明、吕方、郭盛上土坡等候。是夜，高廉果然点起三百神兵，背上各带铁葫芦，于内藏着硫黄焰硝，烟火药料；各人俱执钩刀、铁扫帚，口内都衔芦哨。二更前后，大开城门，放下吊桥，高廉当先，驱领神兵前进，背后却带三十余骑，奔杀前来。离寨渐近，高廉在马上作起妖法，却早黑气冲天，狂风大作，飞砂走石，播土扬尘。三百神兵各取火种，去那葫芦口上点着，一声芦哨齐响，黑气中间，火光罩身，大刀阔斧，滚入寨里来。高埠处，公孙胜仗剑作法，就空寨中平地上刮剌剌起个霹雳。三百神兵急待退步，只见那空寨中火起，光焰乱飞，上下通红，无路可出。四面伏兵齐赶，围定寨栅，黑处遍见。三百神兵，不曾走得一个，都被杀在寨里。高廉急引了三十余骑，奔走回城。背后一枝军马追赶将来，乃是豹子头林冲。看看赶上，急叫得放下吊桥，高廉只带得八九骑入城，其余尽被林冲和人连马生擒活捉了去。高廉进到城中，尽点百姓上城守护。高廉军马神兵，被宋江、林冲杀个尽绝。

次日，宋江又引军马四面围城甚急。高廉寻思："我数年学得术法，不想今日被他破了，似此如之奈何?只得使人去邻近州府求救。"急急修书二封，教去东昌、寇州，二处离此不远，"这两个知府，都是我哥哥抬举的人。"教星夜起兵来接应。差了两个帐前统制官，赍擎书信，放开西门，杀将出来，投西夺路去了。众将却待去追赶，吴用传令："且放他出去，可以将计就计。”宋江问道：“军师如何作用？”吴学究道：“城中兵微将寡，所以他去求救。我这里可使两枝人马，诈作救应军兵，于路混战。高廉必然开门助战，乘势一面取城，把高廉引入小路，必然擒获。”宋江听了大喜。令戴宗回梁山泊另取两枝军马，分作两路而来。

且说高廉每夜在城中空阔处，堆积柴草，竟天价放火为号，城上只望救兵到来。过了数日，守城军兵望见宋江阵中不战自乱，急忙报知。高廉听了，连忙披挂上城瞻望，只见两路人马战尘蔽日，喊杀连天，冲奔前来，四面围城军马，四散奔走。高廉知是两路救军到了，尽点在城军马，大开城门，分头掩杀出去。

且说高廉撞到宋江阵前，看见宋江引着花荣、秦明，三骑马望小路而走。高廉引了人马，急去追赶，忽听得山坡后连珠炮响，心中疑惑，便收转人马回来。两边锣响，左手下吕方，右手下郭盛，各引五百人马冲将出来。高廉急夺路走时，部下军马折其大半，奔走脱得垓心时，望见城上已都是梁山泊旗号。举眼再看，无一处是救应军马，只得引着些败卒残兵，投山僻小路而走。行不到十里之外，山背后撞出一彪人马，当先拥出病尉迟孙立，拦住去路，厉声高叫：“我等你多时，好好下马受缚！”高廉引军便回，背后早有一彪人马，截住去路，当先马上却是美髯公朱仝。两头夹攻将来，四面截了去路，高廉便弃了坐下马便走上山。四下里部军一齐赶上山去，高廉慌忙口中念念有词，喝声道：“起！”驾一片黑云，冉冉腾空，直上山顶。只见山坡边转出公孙胜来，见了，便把剑在马上望空作用，口中也念念有词，喝声道：“疾！”将剑望上一指，只见高廉从云中倒撞下来。侧首抢过插翅虎雷横，一朴刀把高廉挥做两段。可怜五马诸侯贵，化作南柯梦里人。有诗为证：

上临之以天鉴，下察之以地 。
明有王法相继，暗有鬼神相随。
行凶毕竟逢凶，恃势还归失势。
劝君自警平生，可叹可惊可畏。

且说雷横提了首级，都下山来，先使人去飞报主帅。宋江已知杀了高廉，收军进高唐州城内，先传下将令，休得伤害百姓。一面出榜安民，秋毫无犯，且去大牢中救出柴大官人来。那时当牢节级、押狱禁子，已都走了，止有三五十个罪囚，尽数开了枷锁释放。数中只不见柴大官人一个，宋江心中忧闷。寻到一处监房内，却监着柴皇城一家老小；又一座牢内，监着沧州提捉到柴进一家老小，同监在彼，为是连日厮杀，未曾取问发落，只是没寻柴大官人处。

吴学究教唤集高唐州押狱禁子跟问时，数内有一个禀道：“小人是当牢节级蔺仁。前日蒙知府高廉所委，专一牢固监守柴进，不得有失。又分付道：‘但有凶吉，你可便下手。’三日之前，知府高廉要取柴进出来施刑。小人为见本人是个好男子，不忍下手，只推道：‘本人病至八分，不必下手。’后又催并得紧，小人回称‘柴进已死’。因是连日厮杀，知府不闲，小人却恐他差人下来看视，必见罪责，昨日引柴进去后面枯井边，开了枷锁，推放里面躲避，如今不知存亡。”

宋江听了，慌忙着蔺仁引入。直到后牢枯井边望时，见里面黑洞洞地，不知多少深浅。上面叫时，那得人应，把索子放下去探时，约有八九丈深。宋江道：“柴大官人眼见得多是没了。”宋江垂泪。吴学究道：“主帅且休烦恼。谁人敢下去探看一遭，便见有无。”说犹未了，转过黑旋风李逵来，大叫道：“等我下去。”宋江道：“正好。当初也是你送了他，今日正宜报本。”李逵笑道：“我下去不怕，你们莫割断了绳索。”吴学究道：“你却也忒奸猾。”且取一个大篾箩，把索子络了，接长索头，扎起一个架子，把索挂在上面。李逵脱得赤条条的，手拿两把板斧，坐在箩里，却放下井里去，索上缚两个铜铃。渐渐放到底下，李逵却从箩里爬将出来，去井底下摸时，摸着一堆，却是骸骨。李逵道：“爷娘，甚鸟东西在这里！”又去这边摸时，底下湿漉漉的，没下脚处。李逵把双斧拔放箩里，两手去摸底下，四边却宽。一摸摸着一个人，做一堆儿蹲在水坑里。李逵叫一声：“柴大官人！”那里见动，把手去摸时，只觉口内微微声唤。李逵道：“谢天地，恁地时，还有救哩！”随即爬在箩里，摇动铜铃，众人扯将上来。李逵说下面的事，宋江道：“你可再下去，先把柴大官人放在箩里，先发上来，却再放箩下来取你。”李逵道：“哥哥不知我去蓟州，着了两道儿，今番休撞第三遍。”宋江笑道：“我如何肯弄你?你快下去。”李逵只得再坐箩里，又下井去。

到得底下，李逵爬将出箩去，却把柴大官人抱在箩里，摇动索上铜铃。上面听得，早扯起来。到上面，众人看了大喜。宋江见柴进头破额裂，两腿皮肉打烂，眼目略开又闭。宋江心中甚是凄惨，叫请医生调治。李逵却在井底下发喊大叫。宋江听得，急叫把箩放将下去，取他上来。李逵到得上面，发作道：“你们也不是好人，便不把箩放下来救我！”宋江道：“我们只顾看顾柴大官人，因此忘了你，休怪。”宋江就令众人把柴进扛扶上车睡了。先把两家老小，并夺转许多家财，共有二十余辆车子，叫李逵、雷横，先护送上梁山泊去。却把高廉一家老小良贱三四十口，处斩于市。赏谢了蔺仁，再把府库财帛，仓廒粮米，并高廉所有家私，尽数装载上山。大小将校离了高唐州，得胜回梁山泊。所过州县，秋毫无犯。在路已经数日，回到大寨，柴进扶病起来，称谢晁、宋二公并众头领。晁盖教请柴大官人就山顶宋公明歇处，另建一所房子，与柴进并家眷安歇。晁盖、宋江等众皆大喜。自高唐州回来，又添得柴进、汤隆两个头领，且作庆贺筵席，不在话下。

再说东昌、寇州两处，已知高唐州杀了高廉，失陷了城池，只得写表差人申奏朝廷。又有高唐州逃难官员，都到京师说知真实。高太尉听了，知道杀死他兄弟高廉。次日五更，在待漏院中，专等景阳钟响。百官各具公服，直临丹墀，伺候朝见。当日五更三点，道君皇帝升殿。净鞭三下响，文武两班齐。天子驾坐，殿头官喝道：“有事出班启奏，无事卷帘退朝。”高太尉出班奏曰：“今有济州梁山泊贼首晁盖、宋江，累造大恶。打劫城池，抢掳仓廒，聚集凶徒恶党，现在济州杀害官军，闹了江州无为军，今又将高唐州官民杀戮一空，仓廒库藏，尽被掳去。此是心腹大患，若不早行诛剿，他日养成贼势，难以制伏。伏乞圣断。”天子闻奏大惊，随即降下圣旨，就委高太尉选将调兵，前去剿捕，务要扫清水泊，杀绝种类。高太尉又奏道：“量此草寇，不必兴举大兵。臣保一人，可去收复。”天子道：“卿若举用，必无差错，即令起行，飞捷报功，加官赐赏，高迁任用。”高太尉奏道：“此人乃开国之初，河东名将呼延赞嫡派子孙，单名唤个灼字，使两条铜鞭，有万夫不当之勇。现受汝宁郡都统制，手下多有精兵勇将。臣举保此人，可以征剿梁山泊。可授兵马指挥使，领马步精锐军士，克日扫清山寨，班师还朝。”天子准奏，降下圣旨：“着枢密院即便差人赍敕前往汝宁州，星夜宣取。”当日朝罢，高太尉就于帅府着枢密院拨一员军官，赍擎圣旨，前去宣取。当日起行，限时定日，要呼延灼赴京听命。

却说呼延灼在汝宁州统军司坐衙，听得门人报道：“有圣旨特来宣取将军赴京，有委用的事。”呼延灼与本州官员出郭迎接到统军司。开读已罢，设宴管待使臣，火急收拾了头盔衣甲，鞍马器械，带引三四十从人，一同使命，离了汝宁州，星夜赴京。于路无话，早到京师城内殿司府前下马，来见高太尉。当日高俅正在殿帅府坐衙，门吏报道：“汝宁州宣到呼延灼，现在门外。”高太尉大喜，叫唤进来参见了。看那呼延灼一表非俗，正是：

开国功臣后裔，先朝良将玄孙。家传鞭法最通神，英武熟经战阵。
仗剑能探虎穴，弯弓解射雕群。将军出世定乾坤，呼延灼威名大振。

当下高太尉问慰已毕，与了赏赐。次日早朝，引见道君皇帝。徽宗天子看了呼延灼一表非俗，喜动天颜，就赐踢雪乌骓一匹。那马浑身墨锭似黑，四蹄雪练价白，因此名为踢雪乌骓。那马日行千里。圣旨赐与呼延灼骑坐。呼延灼就谢恩已罢，随高太尉再到殿帅府，商议起军，剿捕梁山泊一事。呼延灼道："禀明恩相：小人觑探梁山泊兵多将广，武艺高强，不可轻敌小觑。乞保二将为先锋，同提军马到彼，必获大功。"高太尉听罢大喜，问道："将军所保谁人，可为前部先锋？"不争呼延灼举保此二将，有分教：宛子城重添良将，梁山泊大破官军。且教功名未上凌烟阁，姓字先标聚义厅。

毕竟呼延灼对高太尉保出谁来，且听下回分解。

第五十五回 高太尉大兴三路兵　呼延灼摆布连环马

话说高太尉问呼延灼道："将军所保何人，可为先锋？"呼延灼禀道："小人举保陈州团练使，姓韩，名滔，原是东京人氏，曾应过武举出身。使一条枣木槊，人呼为百胜将军。此人可为正先锋。又有一人，乃是颍州团练使，姓彭，名　，亦是东京人氏，乃累代将门之子。使一口三尖两刃刀，武艺出众，人呼为天目将军。此人可为副先锋。"高太尉听了大喜道："若是韩、彭二将为先锋，何愁狂寇！"当日高太尉就殿帅府押了两道牒文，着枢密院差人，星夜往陈、颍二州，调取韩滔、彭玘，火速赴京。不旬日之间，二将已到京师，径来殿帅府，参见了太尉并呼延灼。次日，高太尉带领众人，都往御教场中，操演武艺。看军了当，却来殿帅府，会同枢密院官，计议军机重事。高太尉问道："你等三路，总有多少人马？"呼延灼答道："三路军马，计有五千，连步军，数及一万。"高太尉道："你三人亲自回州，拣选精锐马军三千，步军五千，约会起程，收剿梁山泊。"呼延灼禀道："此三路马步军兵，都是训练精熟之士，人强马壮，不必殿帅忧虑。但恐衣甲未全，只怕误了日期，取罪不便，乞恩相宽限。"高太尉道："既是如此说时，你三人可就京师甲仗库内，不拘数目，任意选拣衣甲盔刀，关领前去。务要军马整齐，好与对敌。出师之日，我自差官来点视。"呼延灼领了钧旨，带人往甲仗库关支。呼延灼选讫铁甲三千副，熟皮马甲五千副，铜铁头盔三千顶，长枪二千根，滚刀一千把，弓箭不计其数，火炮铁炮五百余架，都装载上车。临辞之日，高太尉又拨与战马三千匹。三个将军，各赏了金银缎匹，三军尽关了粮赏。呼延灼和韩滔、彭玘，都与了必胜军状，辞别了高太尉并枢密院等官，三人上马，都投汝宁州来。于路无话。

到得本州，呼延灼便道："韩滔、彭玘，各往陈、颍二州起军，前来汝宁会合。"不到半月之上，三路兵马，都已完足。呼延灼便把京师关到衣甲盔刀、旗枪鞍马，并打造连环、铁铠、军器等物，分　三军已了，伺候出军。高太尉差到殿帅府两员军官，前来点视。犒赏三军已罢，呼延灼摆布三路兵马出城，端的是：

鞍上人披铁铠，坐下马带铜铃。旌旗红展一天霞，刀剑白铺千里雪。弓弯鹊画，飞鱼袋半露龙梢；箎插雕翎，狮子壶紧拴豹尾。人顶深盔垂护项，微漏双睛；马披重甲带朱缨，单悬四足。开路人兵，齐担大斧；合后军将，尽拈长枪。数千甲马离州城，三个将军来水泊。

当下起军，摆布兵马出城，前军开路韩滔，中军主将呼延灼，后军催督彭玘，马步三军人等，浩浩荡荡，杀奔梁山泊来。

却说梁山泊远探报马，径到大寨，报知此事。聚义厅上，当中晁盖、宋江，上首军师吴用，下首法师公孙胜并众头领，各与柴进贺喜，终日筵宴，听知报道："汝宁州双鞭呼延灼，引着军马到来征进。"众皆商议迎敌之策。吴用便道："我闻此人，祖乃开国功臣河东名将呼延赞之后，嫡派子孙。此人武艺精熟，使两条铜鞭，人不可近。必用能征敢战之将，先以力敌，后用智擒。"说言未了，黑旋风李逵便道："我与你去捉这厮！"宋江道："你如何去得?我自有调度：可请霹雳火秦明打头阵，豹子头林冲打第二阵，小李广花荣打第三阵，一丈青扈三娘打第四阵，病尉迟孙立打第五阵；将前面五阵，一队队战罢如纺车般转作后军。我亲自带引十个弟兄，引大队人马押后。左军五将——朱仝、雷横、穆弘、黄信、吕方；右军五将——杨雄、石秀、欧鹏、马麟、郭盛。水路中可请李俊、张横、张顺、阮家三弟兄，驾船接应。却教李逵与杨林，引步军分作两路，埋伏救应。"宋江调拨已定，前军秦明早引人马下山，向平原旷野之处，列成阵势。此时虽是冬天，却喜和暖。等候了一日，早望见官军到来，先锋队里，百胜将韩滔领兵扎下寨栅，当晚不战。

次日天晓，两军对阵，三通画鼓，出到阵前。马上横着狼牙棍，望对阵门旗开处，先锋将韩滔横槊勒马，大骂秦明道："天兵到此，不思早早投降，还敢抗拒，不是讨死!我直把你水泊填平，梁山踏碎，生擒活捉你这伙反贼解京，碎尸万段！"秦明本是性急的人，听了也不打话，便拍马舞起狼牙棍，直取韩滔。韩滔挺槊跃马，来战秦明。两个斗到二十余合，韩滔力怯，只待要走。背后中军主将呼延灼已到，见韩滔战秦明不下，便从中军舞起双鞭，纵坐下那匹御赐踢雪乌骓，咆哮嘶喊，来到阵前，秦明见了，欲待来战呼延灼，第二拨豹子头林冲已到，便叫："秦统制少歇，看我战三百合，却理会！"林冲挺起蛇矛，直奔呼延灼，秦明自把军马从左边踅向山坡后去。这里呼延灼自战林冲。两个正是对手：枪来鞭去花一团，鞭去枪来锦一簇。两个斗到五十合之上，不分胜败。第三拨小李广花荣军到，阵门下大叫道："林将军少息，看我擒捉这厮！"林冲拨转马便走。呼延灼因见林冲武艺高强，也回本阵。林冲自把本部军马一转，转过山坡后去，让花荣挺枪出马。呼延灼后军也到，天目将彭玘横着那三尖两刃四窍八环刀，骤着五明千里黄花马，出阵大骂花荣道："反国逆贼，何足为道!与吾并个输赢！"花荣大怒，也不答话，便与彭玘交马。两个战二十余合，呼延灼看见彭玘力怯，纵马舞鞭，直奔花荣。斗不到三合，第四拨一丈青扈三娘人马已到，大叫："花将军少歇，看我捉这厮。"花荣也引军望右边踅转山坡下去了。彭玘来战一丈青未定，第五拨病尉迟孙立军马早到，勒马于阵前摆着，看这扈三娘去战彭玘。两个正在征尘影里，杀气阴中：一个使大杆刀，一个使双刀。两个斗到二十余合，一丈青把双刀分开，回马便走。彭玘要逞功劳，纵马赶来，一丈青便把双刀挂在马鞍鞒上，袍底下取出红锦套索，上有二十四个金钩，等彭玘马来得近，扭过身躯，把套索望空一撒，看得亲切，彭玘措手不及，早拖下马来。孙立喝教众军一发向前，把彭玘捉了。

呼延灼看见大怒，忿力向前来救，一丈青便拍马来迎敌。呼延灼恨不得一口水吞了那一丈青。两个斗到十合之上，急切赢不得一丈青，呼延灼心中想道："这个泼妇人在我手里斗了许多合，倒恁地了得！"心忙意急，卖个破绽，放他入来，却把双鞭只一盖，盖将下来。那双刀却在怀里，提起右手铜鞭，望一丈青顶门上打下来。却被一丈青眼明手快，早起刀只一隔，右手那口刀，望上直飞起来。却好那一鞭打将下来，正在刀口上，"铮"地一声响，火光迸散，一丈青回马望本阵便走。呼延灼纵马赶来，病尉迟孙立见了，便挺枪纵马向前，迎住厮杀。背后宋江却好引十对良将都到，列成阵势。一丈青自引了人马，也投山坡下去了。

宋江见活捉得天目将彭玘心中甚喜，且来阵前看孙立与呼延灼交战。孙立也把枪带住，手腕上绰起那条竹节钢鞭，来迎呼延灼。两个都使钢鞭，那更一般打扮：病尉迟孙立是交角铁幞头，大红罗抹额，百花点翠皂罗袍，乌油戗金甲，骑一匹乌骓马，使一条竹节虎眼鞭，赛过尉迟恭；这呼延灼却是冲天角铁幞头，锁金黄罗抹额，七星打钉皂罗袍，乌油对嵌铠甲，骑一匹御赐踢雪乌骓，使两条水磨八棱钢鞭，左手的重十二斤，右手重十三斤，真似呼延赞。两个在阵前左盘右旋，斗到三十余合，不分胜败。宋江看了，喝采不已。有诗为证：

各跨乌骓健似龙，呼延赞对尉迟恭。

双鞭遇敌真奇事，更好同归水浒中。

官军阵里韩滔，见说折了彭玘，便去后军队里，尽起军马，一发向前厮杀。宋江只怕冲将过来，便把鞭梢一指，十个头领，引了大小军士，掩杀过去。背后四路军兵，分作两路夹攻拢来。呼延灼见了，急收转本部军马，各敌个住。为何不能全胜?却被呼延灼阵里都是连环马官军。马带马甲，人披铁铠。马带甲，只露得四蹄悬地；人披铠，只露着一对眼睛。宋江阵上虽有甲马，只是红缨面具，铜铃雉尾而已。这里射将箭去，那里甲都护住了。那三千马军，各有弓箭，对面射来，因此不敢近前。宋江急叫鸣金收军，呼延灼也退二十余里下寨。

宋江收军，退到山西下寨，屯住军马，且教左右群刀手，簇拥彭玘过来。宋江望见，便起身喝退军士，亲解其缚，扶入帐中，分宾而坐。宋江便拜。彭玘连忙答礼拜道："小子被擒之人，理合就死，何故将军以宾礼待之？"宋江道："某等众人，无处容身，暂占水泊，权时避难，造恶甚多。今者朝廷差遣将军前来收捕，本合延颈就缚。但恐不能存命，因此负罪交锋，误犯虎威，敢乞恕罪。"彭玘答道："素知将军仗义行仁，扶危济困，不想果然如此义气!倘蒙存留微命，当以捐躯保奏。"宋江道："某等众兄弟也只待圣主宽恩，赦宥重罪，忘生报国，万死不辞。"诗曰：

忠为君王恨贼臣，义连兄弟且藏身。

不因忠义心如一，安得团圆百八人。

宋江当日就将天目将彭玘，使人送上大寨，教与晁天王相见，留在寨里。这里自一面犒赏三军并众头领，计议军情。再说呼延灼收军下寨，自和韩滔商议，如何取胜梁山水泊。韩滔道："今日这厮们见俺催军近前，他便慌忙掩击过来，明日尽数驱马军向前，必获大胜。"呼延灼道："我已如此安排下了，只要和你商量相通。"随即传下将令："教三千匹马军，做一排摆着，每三十匹一连，却把铁环连锁；但遇敌军，远用箭射，近则使枪，直冲入去；三千连环马军，分作一百队锁定；五千步军，在后策应。明日休得挑战，我和你押后掠阵。但若交锋，分作三面冲将过去。"计策商量已定，次日天晓出战。

却说宋江次日把军马分作五队在前，后军十将簇拥，两路伏兵，分于左右。秦明当先，搦呼延灼出马交战，只见对阵但只呐喊，并不交锋。为头五军，都一字儿摆在阵前：中是秦明，左是林冲、一丈青，右是花荣，孙立在后。随即宋江引十将也到，重重迭迭，摆着人马。看对阵时，约有一千步军，只是擂鼓发喊，并无一人出马交锋。宋江看了，心中疑惑，暗传号令："教后军且退。"却纵马直到花荣队里窥望。猛听对阵里连珠炮响，一千步军，忽然分作两下，放出三面连环马军，直冲将来；两边把弓箭乱射，中间尽是长枪。宋江看了大惊，急令众军把弓箭施放，那里抵敌得住。每一队三十匹马，一齐跑发，不容你不向前走。那连环马军，漫山遍野，横冲直撞将来。前面五队军马望见，便乱跑了，策立不定；后面大队人马，拦当不住，各自逃生。宋江飞马慌忙便走，十将拥护而行。背后早有一队连环马军追将来，却得伏兵李逵、杨林引人从芦苇中杀出来，救得宋江。逃至水边，却有李俊、张横、张顺、三阮六个水军头领，摆下战船接应。宋江急急上船，便传将令：教分头去救应众头领下船。那连环马直赶到水边，乱箭射来，船上却有傍牌遮护，不能损伤。慌忙把船棹到鸭嘴滩头，尽行上岸。就水寨里整点人马，折其大半，却喜众头领都全；虽然折了些马匹，都救得性命。少刻，只见石勇、时迁、孙新、顾大嫂，都逃命上山，却说："步军冲杀将来，把店屋平拆了去。我等若无号船接应，尽被擒捉。"宋江一一亲自抚慰，计点众头领时，中箭者六人：林冲、雷横、李逵、石秀、孙新、黄信；小喽罗中伤带箭者，不计其数。晁盖闻知，同吴用、公孙胜下山来动问。宋江眉头不展，面带忧容。吴用劝道："哥哥休忧，胜败乃兵家常事，何必挂心?别生良策，可破连环军马。"晁盖便传号令：分付水军，牢固寨栅船只，保守滩头，晓夜提备，请宋公明上山安歇。宋江不肯上山，只就鸭嘴滩寨内驻扎，只教带伤头领上山养病。

却说呼延灼大获全胜，回到本寨，开放连环马，都次第前来请功。杀死者不计其数，生擒的五百余人，夺得战马三百余匹。随即差人前去京师报捷，一面犒赏三军。

却说高太尉正在殿帅府坐衙，门上报道："呼延灼收捕梁山泊得胜，差人报捷。"心中大喜。次日早朝，越班奏闻天子。徽宗甚喜，敕赏黄封御酒十瓶，锦袍一领；差官一员，赍钱十万贯，前去行营赏军。高太尉领了圣旨，同到殿帅府，随即差官赍捧前去。

却说呼延灼已知有天使到，与韩滔出二十里外迎接。接到寨中，谢恩受赏已毕，置酒管待天使。一面令韩先锋　钱赏军，且将捉到五百余人，囚在寨中，待拿得贼首，一并解赴京师，示众施行。天使问："彭团练如何失陷？"呼延灼道："为因贪捉宋江，深入重地，致被擒捉。今次群贼必不敢再来。小可分兵攻打，务要肃清山寨，扫尽水洼，擒获众贼，拆毁巢穴。但恨四面是水，无路可进。遥观寨栅，只除非得火炮飞打，以碎贼巢。久闻东京有个炮手凌振，名号轰天雷。此人善造火炮，能去十四五里远近，石炮落处，天崩地陷，山倒石裂。若得此人，可以攻打贼巢。更兼他深通武艺，弓马熟娴。若得天使回京，于太尉前言知此事，可以急急差遣到来，克日可取贼巢。"使命应允。次日起程，于路无话。回到京师，来见高太尉，备说呼延灼求索炮手凌振，要建大功。高太尉听罢，传下钧旨，教唤甲仗库副炮手凌振那人来。原来凌振祖贯燕陵人，是宋朝盛世第一个炮手，人都呼他是轰天雷。更兼武艺精熟。曾有四句诗赞凌振的好处：

强火发时城郭碎，烟云散处鬼神愁。

金轮子母轰天振，炮手名闻四百州。

当下凌振来参见了高太尉，就受了行军统领官文凭，便教收拾鞍马军器起身。且说凌振把应用的烟火、药料，就将做下的诸色火炮，并一应的炮石、炮架，装载上车；带了随身衣甲盔刀行李等件，并三四十个军汉，离了东京，取路投梁山泊来。到得行营，先来参见主将呼延灼，次见先锋韩滔，备问水寨远近路程。山寨　峻去处，安排三等炮石攻打：第一是风火炮，第二是金轮炮，第三是子母炮。先令军健整顿炮架，直去水边竖起，准备放炮。

却说宋江在鸭嘴滩上小寨内，和军师吴学究商议破阵之法，无计可施。有探细人来报道："东京新差一个炮手，号作轰天雷凌振，即日在于水边竖起架子，安排施放火炮，攻打寨栅。"吴学究道："这个不妨。我山寨四面都是水泊，港汊甚多，宛子城离水又远，纵有飞天火炮，如何能够打得到城边?且弃了鸭嘴滩小寨，看他怎地设法施放，却做商议。"当下宋江弃了小寨，便都起身，且上关来。晁盖、公孙胜接到聚义厅上，问道："似此如何破敌？"动问未绝，早听得山下炮响。一连放了三个火炮，两个打在水里，一个直打到鸭嘴滩边小寨上。宋江见说，心中展转忧闷，众头领尽皆失色。吴学究道：“若得一人，诱引凌振到水边，先捉了此人，方可商议破敌之法。”晁盖道：“可着李俊、张横、张顺、三阮，六人棹船如此行事，岸上朱仝、雷横如此接应。”

且说六个水军头领，得了将令，分作两队：李俊和张横先带了四五十个会水的军士，用两只快船，从芦苇深处，悄悄过去；背后张顺、三阮，掌四十余只小船接应。再说李俊、张横上到对岸，便去炮架子边呐声喊，把炮架推翻。军士慌忙报与凌振知道，凌振便带了风火二炮，拿枪上马，引了一千余人赶将来。李俊、张横领人便走。凌振追至芦苇滩边，看见一字儿摆开四十余只小船，船上共有百十余个水军。李俊、张横早跳在船上，故意不把船开。看看人马到来，呐声喊，都跳下水里去了。凌振人马已到，便来抢船。朱仝、雷横却在对岸呐喊擂鼓。凌振夺得许多船只，叫军健尽数上船，便杀过去。船才行到波心之中，只见岸上朱仝、雷横鸣起锣来；水底下早钻起四五十水军，尽把船尾楔子拔了，水都滚入船里来；外边就势扳翻船，军健都撞在水里。凌振急待回船，船尾舵橹，已自被拽下水底去了。两边却钻上两个头领来，把船只一扳，仰合转来，凌振却被合下水里去。水底下却是阮小二，一把抱住，直拖到对岸来。岸上早有头领接着，便把索子绑了，先解上山来。水中生擒二百余人，一半水中　死，些少逃得性命回去。诗曰：

怎许船军便渡河，不施火炮却如何。

空说半天轰霹雳，却愁尺水起风波。

呼延灼得知，急领军马赶将来时，船都已过鸭嘴滩去了。箭又射不着，人都不见了，只忍得气。呼延灼恨了半晌，只得引了人马回去。且说众头领捉得轰天雷凌振，解上山寨，先使人报知。宋江便同满寨头领下第二关迎接，见了凌振，连忙亲解其缚，便埋怨众人道：“我叫你们礼请统领上山，如何恁的无礼！”凌振拜谢不杀之恩，宋江便与他把盏已了，自执其手，相请上山。到大寨，见了彭玘已做了头领，凌振闭口无言。彭玘劝道：“晁、宋二头领，替天行道，招纳豪杰，专等招安，与国家出力。既然我等到此，只得从命。”宋江却又陪话，凌振答道：“小的在此趋侍不妨，争奈老母妻子，都在京师，倘或有人知觉，必遭诛戮，如之奈何！”宋江道：“但请放心，限日取还统领。”凌振谢道：“若得头领如此周全，死而瞑目。”晁盖道：“且教做筵席庆贺。”

次日，厅上大聚会众头领。饮酒之间，宋江与众人商议破连环马之策。正无良法，只见金钱豹子汤隆起身道：“小人不材，愿献一计。除是得这般军器和我一个哥哥，可以破得连环甲马。”吴学究便问道：“贤弟，你且说用何等军器?你这个令亲哥哥是谁？”汤隆不慌不忙，叉手向前，说出这般军器和那个人来。有分教：四五个头领直往京师，三千余马军尽遭毒手。正是：计就玉京擒獬豸，谋成金阙捉狻猊。

毕竟汤隆对众说出那般军器，甚么人来，且听下回分解。

第五十六回 吴用使时迁盗甲　汤隆赚徐宁上山

话说当时汤隆对众头领说道：“小可是祖代打造军器为生。先父因此艺上，遭际老种经略相公，得做延安知寨。先朝曾用这连环甲马取胜。欲破阵时，须用钩镰枪可破。汤隆祖传已有画样在此，若要打造，便可下手。汤隆虽是会打，却不会使。若要会使的人，只除非是我那个姑舅哥哥。会使这钩镰枪法，只有他一个教头，他家祖传习学，不教外人。或是马上，或是步行，都有法则，端的使动，神出鬼没！”说言未了，林冲问道：“莫不是现做金枪班教师徐宁？”汤隆应道：“正是此人。”林冲道：“你不说起，我也忘了。这徐宁的金枪法、钩镰枪法，端的是天下独步。在京师时，多与我相会，较量武艺，彼此相敬相爱，只是如何能够得他上山来？”

汤隆道：“徐宁先祖留下一件宝贝，世上无对，乃是镇家之宝。汤隆比时，曾随先父知寨往东京视探姑姑时，多曾见来。是一副雁翎砌就圈金甲。这一副甲，披在身上，又轻又稳，刀剑箭矢，急不能透，人都唤做赛唐猊。多有贵公子要求一见，造次不肯与人看。这副甲，是他的性命，用一个皮匣子盛着，直挂在卧房中梁上。若是先对付得他这副甲来时，不由他不到这里。”吴用道：“若是如此，何难之有?放着有高手弟兄在此，今次却用着鼓上蚤时迁去走一遭。”时迁随即应道：“只怕无此一物在彼，若端的有时，好歹定要取了来。”汤隆道：“你若盗得甲来，我便包办赚他上山。”

宋江问道：“你如何去赚他上山？”汤隆去宋江耳边低低说了数句，宋江笑道：“此计大妙！”吴学究道：“再用得三个人，同上东京走一遭。一个到京收买烟火、药料，并炮内用的药材；两个去取凌统领家老小。”彭玘见了，便起身禀道：“若得一人到颍州取得小弟家眷上山，实拜成全之德。”宋江便道：“团练放心。便请二位修书，小可自教人去。”便唤杨林，可将金银书信，带领伴当，前往颍州取彭玘将军老小；薛永扮作使枪棒卖药的，往东京取凌统领老小；李云扮作客商，同往东京收买烟火、药料等物；乐和随汤隆同行，又挈薛永往来作伴。一面先送时迁下山去了。次后，且叫汤隆打起一把钩镰枪做样，却教雷横提调监督，原来雷横祖上也是打铁出身。再说汤隆打起钩镰枪样子，教山寨里打军器的照着样子打造，自有雷横提调监督，不在话下。大寨做个送路筵席，当下杨林、薛永、李云、乐和、汤隆，辞别下山去了。次日又送戴宗下山，往来探听事情。这段话一时难尽。

这里且说时迁离了梁山泊，身边藏了暗器，诸般行头，在路迤　来到东京，投个客店安下了。次日踅进城来，寻问金枪班教师徐宁家，有人指点道：“入得班门里，靠东第五家黑角子门便是。”时迁转入班门里，先看了前门，次后踅来，相了后门，见是一带高墙，墙里望见两间小巧楼屋，侧首却是一根戗柱。时迁看了一回，又去街坊问道：“徐教师在家里么？”人应道：“敢在内里随直未归。”时迁又问道：“不知几时归？”人应道：“直到晚方归来，五更便去内里随班。”时迁叫了相扰，且回客店里来，取了行头，藏在身边，分付店小二道：“我今夜多敢是不归，照管房中则个。”小二道：“但放心自去，并不差池。”

时迁再入到城里，买了些晚饭吃了，却踅到金枪班徐宁家，左右看时，没一个好安身去处。看看天色黑了，时迁　入班门里面。是夜，寒冬天色，却无月光。时迁看见土地庙后一株大柏树，便把两只腿夹定，一节节爬将上去树头顶，骑马儿坐在枝柯上。悄悄望时，只见徐宁归来，望家里去了。又见班里两个人提着灯笼出来关门，把一把锁锁了，各自归家去了。早听得谯楼禁鼓，却转初更。云寒星斗无光，露散霜花渐白。时迁见班里静悄悄地，却从树上溜将下来，踅到徐宁后门边，从墙上下来，不费半点气力，爬将过去，看里面时，却是个小小院子。时迁伏在厨房外张时，见厨房下灯明，两个丫鬟，兀自收拾未了。时迁却从戗柱上盘到膊风板边，伏做一块儿，张那楼上时，见那金枪手徐宁和娘子对坐炉边向火，怀里抱着一个六七岁孩儿。时迁看那卧房里时，见梁上果然有个大皮匣拴在上面，房门口挂着一副弓箭，一口腰刀，衣架上挂着各色衣服。徐宁口里叫道："梅香，你来与我折了衣服。"下面一个丫鬟上来，就侧首春台上，先折了一领紫绣圆领。又折一领官绿衬里袄子，并下面五色花绣踢串，一个护项彩色锦帕，一条红绿结子，并手帕一包。另用一个小黄帕儿，包着一条双獭尾荔枝金带，也放在包袱内，把来安在烘笼上。——时迁多看在眼里。约至二更以后，徐宁收拾上床，娘子问道："明日随直也不？"徐宁道："明日正是天子驾幸龙符宫，须用早起五更去伺候。"娘子听了，便分付梅香道："官人明日要起五更，出去随班；你们四更起来烧汤，安排点心。"时迁自忖道："眼见得梁上那个皮匣子，便是盛甲在里面。我若趁半夜下手便好；倘若闹将起来，明日出不得城，却不误了大事?且捱到五更里下手不迟。"

听得徐宁夫妻两口儿上床睡了，两个丫鬟在房门外打铺。房里桌上，却点着碗灯。那五个人都睡着了。两个丫鬟一日伏侍到晚，精神困倦，亦皆睡了。时迁溜下来，去身边取个芦管儿，就窗棂眼里只一吹，把那碗灯早吹灭了。看看伏到四更左侧，徐宁起来，便唤丫鬟起来烧汤。那两个使女，从睡梦里起来，看房里没了灯，叫道："阿呀，今夜却没了灯！"徐宁道："你不去后面讨灯，等几时！"那个梅香开楼门。下胡梯响。时迁听得，却从柱上只一溜，来到后门边黑影里伏了。听得丫鬟正开后门出来，便去开墙门，时迁却潜入厨房里，贴身在厨桌下。梅香讨了灯火入来看时，又去关门，却来灶前烧火。这个女使也起来生炭火上楼去。多时汤滚，捧面汤上去，徐宁洗漱了，叫烫些热酒上来。丫鬟安排肉食炊饼上去，徐宁吃罢，叫把饭与外面当直的吃。时迁听得徐宁下来，叫伴当吃了饭，背着包袱，拿了金枪出门。那个梅香点着灯，送徐宁出去，时迁却从厨桌下出来，便上楼去，从　子边直踅到梁上，却把身躯伏了。两个丫鬟，又关闭了门户，吹灭了灯火，上楼来，脱了衣裳，倒头便睡。

时迁听那两个丫鬟睡着了，在梁上把那芦管儿指灯一吹，那灯又早灭了。时迁却从梁上轻轻解了皮匣，正要下来，徐宁的娘子觉来，听得响，叫梅香道："梁上甚么响？"时迁做老鼠叫。丫鬟道："娘子不听得是老鼠叫?因厮打，这般响。"时迁就便学老鼠厮打，溜将下来，悄悄地开了楼门，款款地背着皮匣，下得胡梯，从里面直开到外门，来到班门口，已自有那随班的人出门，四更便开了锁。时迁得了皮匣，从人队里，趁闹出去了，一口气奔出城外，到客店门前。此时天色未晓，敲开店门，去房里取出行李，拴束做一担儿挑了，计算还了房钱，出离店肆，投东便走。

行到四十里外，方才去食店里打火做些饭吃，只见一个人也撞将入来。时迁看时，不是别人，却是神行太保戴宗。见时迁已得了物，两个暗暗说了几句话，戴宗道："我先将甲投山寨去，你与汤隆慢慢地来。"时迁打开皮匣，取出那副雁翎锁子甲来，做一包袱包了。戴宗拴在身上，出了店门，作起神行法，自投梁山泊去了。

时迁却把空皮匣子明明的拴在担子上，吃了饭食，还了打火钱，挑上担儿，出店门便走。到二十里路上，撞见汤隆，两个便入酒店里商量。汤隆道："你只依我从这条路去，但过路上酒店、饭店、客店，门上若见有白粉圈儿，你便可就在那店里买酒买肉吃。客店之中，就便安歇。特地把这皮匣子放在他眼睛头。离此间一程外等我。"时迁依计去了。汤隆慢慢地吃了一回酒，却投东京城里来。

且说徐宁家里，天明，两个丫鬟起来，只见楼门也开了，下面中门大门都不关，慌忙家里看时，一应物件都有，两个丫鬟上楼来，对娘子说道："不知怎的门户都开了?却不曾失了物件。"娘子便道："五更里听得梁上响，你说是老鼠厮打，你且看那皮匣子没甚么事？"两个丫鬟看了，只叫得苦："皮匣子不知那里去了！"那娘子听了，慌忙起来道："快央人去龙符宫里，报与官人知道，教他早来跟寻！"丫鬟急急寻人去龙符宫报徐宁，连央了三四替人，都回来说道："金枪班直随驾内苑去了，外面都是亲军护御守把，谁人能够入去?直须等他自归。"徐宁妻子并两个丫鬟，如热锅子上蚂蚁，走头无路，不茶不饭，慌做一团。

徐宁直到黄昏时候，方才卸了衣袍服色，着当直的背了，将着金枪，径回家来。到得班门口，邻舍说道："娘子在家失盗，等候得观察，不见回来。"徐宁吃了一惊，慌忙走到家里，两个丫鬟迎门道："官人五更出去，却被贼人闪将入来，单单只把梁上那个皮匣子盗将去了。"徐宁听罢，只叫那连声的苦，从丹田底下直滚出口角来。娘子道："这贼正不知几时闪在屋里？"徐宁道："别的都不打紧，这副雁翎甲，乃是祖宗留传四代之宝，不曾有失。花儿王太尉曾还我三万贯钱，我不曾舍得卖与他。恐怕久后军前阵后要用，生怕有些差池，因此拴在梁上。多少人要看我的，只推没了。今次声张起来，枉惹他人耻笑，今却失去，如之奈何！"徐宁一夜睡不着，思量道："不知是甚么人盗了去!——也是曾知我这副甲的人。"娘子想道："敢是夜来灭了灯时，那贼已躲在家里了?必然是有人爱你的，将钱问你买不得，因此使这个高手贼来盗了去。你可央人慢慢缉访出来，别作商议，且不要打草惊蛇。"徐宁听了，到天明起来，坐在家中纳闷。好似：

蜀王春恨，宋玉秋悲，吕虔遗腰下之刀，雷焕失狱中之剑。珠亡照乘，璧碎连城。王恺之珊瑚已毁，无可赔偿；裴航之玉杵未逢，难谐欢好。正是凤落荒坡凋锦羽，龙居浅水失明珠。

这日徐宁正在家中纳闷，早饭时分，只听得有人扣门，当直的出去问了名姓，入去报道："有个延安府汤知寨儿子汤隆，特来拜望。"徐宁听罢，教请进客位里相见。汤隆见了徐宁，纳头拜下，说道："哥哥一向安乐？"徐宁答道："闻知舅舅归天去了，一者官身羁绊，二乃路途遥远，不能前来吊问。并不知兄弟信息，一向正在何处?今次自何而来？"汤隆道："言之不尽，自从父亲亡故之后，时乖运蹇，一向流落江湖。今从山东径来京师，探望兄长。"徐宁道："兄弟少坐。"便叫安排酒食相待。汤隆去包袱内取出两锭蒜条金，重二十两，送与徐宁，说道："先父临终之日，留下这些东西，教寄与哥哥做遗念。为因无心腹之人，不曾捎来。今次兄弟特地到京师纳还哥哥。"徐宁道："感承舅舅如此挂念，我又不曾有半分孝顺处，怎地报答！"汤隆道："哥哥休恁地说。先父在日之时，常是想念哥哥这一身武艺，只恨山遥水远，不能够相见一面，因此留这些物与哥哥做遗念。"徐宁谢了汤隆，交收过了，且安排酒来管待。

汤隆和徐宁饮酒中间，徐宁只是眉头不展，面带忧容。汤隆起身道："哥哥如何尊颜有些不喜?心中必有忧疑不决之事。"徐宁叹口气道："兄弟不知，一言难尽，夜来家间被盗。"汤隆道："不知失去了何物？"徐宁道："单单只盗去了先祖留下那副雁翎锁子甲，又唤做赛唐猊。昨夜失了这件东西，以此心下不乐。"汤隆道："哥哥那副甲，兄弟也曾见来，端的无比，先父常常称赞不尽。却是放在何处被盗了去？"徐宁道："我把一个皮匣子盛着，拴缚在卧房中梁上，正不知贼人甚么时候入来盗了去。"汤隆问道："却是甚等样皮匣子盛着？"徐宁道："是个红羊皮匣子盛着，里面又用香绵裹住。"汤隆假意失惊道："红羊皮匣子?不是上面有白线刺着绿云头如意，中间有狮子滚绣球的？"徐宁道："兄弟，你那里见来？"汤隆道："小弟夜来离城四十里，在一个村店里沽些酒吃，见个鲜眼睛黑瘦汉子，担儿上挑着。我见了，心中也自暗忖道：'这个皮匣子，却是盛甚么东西的？'临出门时，我问道：'你这皮匣子作何用？'那汉子应道：'原是盛甲的，如今胡乱放些衣服。'必是这个人了。我见那厮却似闪朒了腿的，一步步挑着了走。何不我们追赶他去？"徐宁道："若是赶得着时，却不是天赐其便！”汤隆道：“既是如此，不要耽搁，便赶去罢。”

徐宁听了，急急换上麻鞋，带了腰刀，提条朴刀，便和汤隆两个出了东郭门，拽开脚步，迤 赶来。前面见壁上有白圈酒店里，汤隆道：“我们且吃碗酒了赶，就这里问一声。”汤隆入得门坐下，便问道：“主人家，借问一问，曾有个鲜眼黑瘦汉子，挑个红羊皮匣子过去么？”店主人道：“昨夜晚，是有这般一个人挑着个红羊皮匣子过去了，一似腿上吃跌了的，一步一走。”汤隆道：“哥哥，你听却如何？”徐宁听了，做声不得。

两个连忙还了酒钱，出门便去。前面又见一个客店，壁上有那白圈，汤隆立住了脚，说道：“哥哥，兄弟走不动了，和哥哥且就这客店里歇了。明日早去赶。”徐宁道：“我却是官身，倘或点名不到，官司必然见责，如之奈何？”汤隆道：“这个不用兄长忧心，嫂嫂必自推个事故。”当晚又在客店里问时，店小二答道：“昨夜有一个鲜眼黑瘦汉子，在我店里歇了一夜，直睡到今日小日中，方才去了，口里只问山东路程。”汤隆道：“恁地可以赶了。明日起个四更，定是赶着，拿住那厮，便有下落。”当夜两个歇了，次日起个四更，离了客店，又迤 赶来。汤隆但见壁上有白粉圈儿，便做买酒买食吃了问路，处处皆说得一般。徐宁心中急切要那副甲，只顾跟随着汤隆赶了去。看看天色又晚了，望见前面一所古庙，庙前树下，时迁放着担儿，在那里坐地。汤隆看见，叫道：“好了!前面树下那个，不是哥哥盛甲的匣子？”徐宁见了，抢向前来，一把揪住时迁，喝道：“你这厮好大胆!如何盗了我这副甲来！”时迁道：“住，住!不要叫!是我盗了你这副甲来，你如今却是要怎地？”徐宁喝道：“畜生无礼!倒问我要怎的！”时迁道：“你且看匣子里有甲也无？”汤隆便把匣子打开看时，里面却是空的。徐宁道：“你这厮把我这副甲那里去了！”时迁道：“你听我说：小人姓张，排行第一，泰安州人氏，本州有个财主，要结识老种经略相公。知道你家有这副雁翎锁子甲，不肯货卖，特地使我同一个李三，两人来你家偷盗，许俺们一万贯。不想我在你家柱子上跌下来，闪肭了腿，因此走不动。先教李三把甲拿了去，只留得空匣在此。你若要奈何我时，便到官司，只是拚着命，就打死我也不招，休想我指出别人来。若还肯饶我官司时，我和你去讨这副甲来还你。”徐宁踌躇了半晌，决断不下。汤隆便道：“哥哥，不怕他飞了去!只和他去讨甲!若无甲时，须有本处官司告理。”徐宁道：“兄弟也说的是。”三个厮赶着，又投客店里来息了。徐宁、汤隆监住时迁一处宿歇。原来时迁故把些绢帛扎缚了腿，只做闪肭了腿。徐宁见他又走不动，因此十分中只有五分防他。三个又歇了一夜，次日早起来再行，时迁一路买酒买肉陪告。又行了一日。

次日，徐宁在路上心焦起来，不知毕竟有甲也无。正走之间，只见路旁边三四个头口，拽出一辆空车子，背后一个人驾车。旁边一个客人，看着汤隆，纳头便拜。汤隆问道：“兄弟因何到此？”那人答道：“郑州做了买卖，要回泰安州去。”汤隆道：“最好。我三个要搭车子，也要到泰安州去走一遭。”那人道：“莫说三个上车，再多些也不计较。”汤隆大喜，叫与徐宁相见。徐宁问道：“此人是谁？”汤隆答道：“我去年在泰安州烧香，结识得这个兄弟，姓李，名荣，是个有义气的人。”徐宁道：“既然如此，这张一又走不动，都上车子坐地。”只叫车客驾车子行。四个人坐在车子上，徐宁问道：“张一，你且说与我那个财主姓名。”时迁吃逼不过，三回五次推托，只得胡乱说道：“他是有名的郭大官人。”徐宁却问李荣道：“你那泰安州曾有个郭大官人么？”李荣答道：“我那本州郭大官人，是个上户财主，专好结识官宦来往，门下养着多少闲人。”徐宁听罢，心中想道：“既有主坐，必不碍事。”又见李荣一路上说些枪棒，唱几个曲儿，不觉的又过了一日。

话休絮繁。看看到梁山泊只有两程多路，只见李荣叫车客把葫芦去沽些酒来，买些肉来，就车子上吃三杯。李荣把出一个瓢来，先倾一瓢，来劝徐宁，徐宁一饮而尽。李荣再叫倾酒，车客假做手脱，把这一葫芦酒，都倾翻在地下。李荣喝骂车客再去沽些，只见徐宁口角流涎，扑地倒在车子上了。李荣是谁?却是铁叫子乐和。三个从车上跳将下来，赶着车子，直送到旱地忽律朱贵酒店里。众人就把徐宁扛扶下船，都到金沙滩上岸。宋江已有人报知，和众头领下山接着。徐宁此时麻药已醒，众人又用解药解了。徐宁开眼见了众人，吃了一惊，便问汤隆道：“兄弟，你如何赚我到这里？”汤隆道：“哥哥听我说：小弟今次闻知宋公明招接四方豪杰，因此上在武冈镇拜黑旋风李逵做哥哥，投托大寨入伙。今被呼延灼用连环甲马冲阵，无计可破，是小弟献此钩镰枪法。只除是哥哥会使。由此定这条计：使时迁先来盗了你的甲，却教小弟赚哥哥上路，后使乐和假做李荣，过山时，下了蒙汗药，请哥哥上山来坐把交椅。”徐宁道：“却是兄弟送了我也！”宋江执杯向前陪告道：“现今宋江暂居水泊，专待朝廷招安，尽忠竭力报国。非敢贪财好杀，行不仁不义之事；万望观察怜此真情，一同替天行道。”林冲也来把盏陪话道：“小弟亦到此间，多说兄长清德，休要推却。”徐宁道：“汤隆兄弟，你却赚我到此，家中妻子，必被官司擒捉，如之奈何！”宋江道：“这个不防。观察放心，只在小可身上，早晚便取宝眷到此完聚。”晁盖、吴用、公孙胜，都来与徐宁陪话，安排筵席作庆。一面选拣精壮小喽罗，学使钩镰枪法，一面使戴宗和汤隆星夜往东京，搬取徐宁老小。旬日之间，杨林自颍州取到彭玘老小，薛永自东京取到凌振老小，李云收买到五车烟火、药料回寨。更过数日，戴宗、汤隆取到徐宁老小上山。

徐宁见了妻子到来，吃了一惊，问是如何便到得这里。妻子答道：“自你转背，官司点名不到，我使了些金银首饰，只推道患病在床，因此不来叫唤。忽见汤叔叔赍着雁翎甲来；说道：‘甲便夺得来了，哥哥只是于路染病，将次死在客店里，叫嫂嫂和孩儿便来看视。’把我赚上车子，我又不知路径，迤 来到这里。”徐宁道：“兄弟，好却好了，只可惜将我这副甲陷在家里了。”汤隆笑道：“好教哥哥欢喜，打发嫂嫂上车之后，我便复翻身去赚了这甲，诱了这两人丫鬟，收拾了家中应有细软，做一担儿挑在这里。”徐宁道：“恁地时，我们不能够回东京去了。”汤隆道：“我又教哥哥再知一件事：来在半路上，撞见一伙客人，我把哥哥的雁翎甲穿了，搽画了脸，说哥哥名姓，劫了那伙客人的财物，这早晚东京已自遍行文书，捉拿哥哥。”徐宁道：“兄弟，你也害得我不浅！”晁盖、宋江都来陪话道：“若不是如此，观察如何肯在这里住？”随即拨定房屋，与徐宁安顿老小。众头领且商议破连环马军之法。

此时雷横监造钩镰枪已都完备。宋江、吴用等启请徐宁，教众军健学使钩镰枪法。徐宁道：“小弟今当尽情剖露，训练众军头目，拣选身材长壮之士。”众头领都在聚义厅上看徐宁选军，说那个钩镰枪法。有分教：三千甲马登时破，一个英雄指日降。

毕竟金枪徐宁怎的敷演钩镰枪法，且听下回分解。

第五十七回 徐宁教使钩镰枪　宋江大破连环马

话说晁盖、宋江、吴用、公孙胜与众头领，就聚义厅上启请徐宁，教使钩镰枪法。众人看徐宁时，果是一表好人物，六尺五六长身体，团团的一个白脸，三牙细黑髭髯，十分腰围膀阔。曾有一篇《西江月》单道徐宁模样：

臂健开弓有准，身轻上马如飞。弯弯两道卧蚕眉，凤翥鸾翔子弟。

战铠细穿柳叶，乌巾斜带花枝。常随宝驾侍丹墀，枪手徐宁无对。

当下徐宁选军已罢，便下聚义厅来，拿起一把钩镰枪，自使一回。众人见了喝采。徐宁便教众军道："但凡马上使这般军器，就腰胯里做步上来，上中七路，三钩四拨，一搠一分，共使九个变法。若是步行使这钩镰枪，亦最得用。先使八步四拨，荡开门户；十二步一变，十六步大转身。分钩镰搠缴，二十四步，挪上攒下，钩东拨西；三十六步，浑身盖护，夺硬斗强：此是钩镰枪正法。有诗诀为证：'四拨三钩通七路，共分九变合神机。二十四步挪前后，一十六翻大转围。'"徐宁将正法一路路敷演，教众头领看。众军汉见了徐宁使钩镰枪，都喜欢。就当日为始，将选拣精锐壮健之人，晓夜习学。又教步军藏林伏草，钩蹄拽腿，下面三路暗法。不到半月之间，教成山寨五七百人，宋江并众头领看了大喜，准备破敌。

却说呼延灼自从折了彭玘、凌振，每日只把马军来水边搦战。山寨中只教水军头领牢守各处滩头，水底钉了暗桩。呼延灼虽是在山西山北两路出哨，决不能够到山寨边。梁山泊却叫凌振制造了诸般火炮，克日定时，下山对敌；学使钩镰枪军士，已都学成。宋江道："不才浅见，未知合众位心意否？"吴用道："愿闻其略。"宋江道："明日并不用一骑马军，众头领都是步战。孙吴兵法，却利于山林沮泽。今将步军下山，分作十队诱敌，但见军马冲掩将来，都望芦苇荆棘林中乱走。却先把钩镰枪军士埋伏在彼，每十个会使钩镰枪的，间着十个挠钩手，但见马到，一搅钩翻，便把挠钩搭将入去捉了。平川窄路，也如此埋伏。此法如何？"吴学究道："正应如此藏兵捉将。"徐宁道："钩镰枪并挠钩，正是此法。"

宋江当日，分拨十队步军人马：刘唐、杜迁引一队，穆弘、穆春引一队，杨雄、陶宗旺引一队，朱仝、邓飞引一队，解珍、解宝引一队，邹渊、邹润引一队，一丈青、王矮虎引一队，薛永、马麟引一队，燕顺、郑天寿引一队，杨林、李云引一队。——这十队步军，先行下山诱引敌军。再差李俊、张横、张顺、三阮、童威、童猛、孟康，九个水军头领，乘驾战船接应。再叫花荣、秦明、李应、柴进、孙立、欧鹏，六个头领，乘马引军，只在山边搦战；凌振、杜兴，专放号炮。却叫徐宁、汤隆，总行招引使钩镰枪军士。中军宋江、吴用、公孙胜、戴宗、吕方、郭盛，总制军马，指挥号令。其余头领俱各守寨。

宋江分拨已定，是夜三更，先载使钩镰枪军士过渡，四面去分头埋伏已定。四更，却渡十队步军过去。凌振、杜兴，载过风火炮，架上高阜去处，竖起炮架，搁上火炮。徐宁、汤隆，各执号带渡水。平明时分，宋江守中军人马，隔水擂鼓呐喊摇旗。呼延灼正在中军帐内，听得探子报知，传令便差先锋韩滔先来出哨。随即锁上连环甲马，呼延灼全身披挂，骑了踢雪乌骓马，仗着双鞭，大驱车马，杀奔梁山泊来。隔水望见宋江引着许多人马，呼延灼教摆开马军。先锋韩滔来与呼延灼商议道："正南上一队步军，不知多少的？"呼延灼道："休问他多少，只顾把连环马冲将去！"韩滔引着五百马军，飞哨出去。又见东南上一队军兵起来，却欲分兵去哨，只见西南上又有起一队旗号，招　呐喊。韩滔再引军回来，对呼延灼道："南边三队贼兵，都是梁山泊旗号。"呼延灼道："这厮许多时不出来厮杀，必有计策。"

说犹未了，只听得北边一声炮响。呼延灼骂道："这炮必是凌振从贼，教他施放。"众人平南一望，只见北边又拥起三队旗号，呼延灼对韩滔道："此必是贼人奸计。我和你把人马分为两路，我去杀北边人马，你去杀南边人马。"正欲分兵之际，只见西边又是四队人马起来，呼延灼心慌；又听的正北上连珠炮响，一带直接到土坡上。那一个母炮周回接着四十九个子炮，名为"子母炮"，响处风威大作。呼延灼军兵，不战自乱，急和韩滔各引马步军兵四下冲突。这十队步军，东赶东走，西赶西走，呼延灼看了大怒，引兵望北冲将来。宋江军兵尽投芦苇中乱走，呼延灼大驱连环马，卷地而来。那甲马一齐跑发，收勒不住，尽望败苇折芦之中，枯草荒林之内跑了去。只听里面胡哨响处，钩镰枪一齐举手。先钩倒两边马脚，中间的甲马，便自咆哮起来。那挠钩手军士，一齐搭住，芦苇中只顾缚人。呼延灼见中了钩镰枪计，便勒马回南边去赶韩滔。背后风火炮当头打将下来，这边那边，漫山遍野，都是步军追赶着。韩滔、呼延灼部领的连环甲马，乱滚滚都　入荒草芦苇之中，尽被捉了。

二人情知中了计策，纵马去四面跟寻马军，夺路奔走时，更兼那几条路上，麻林般摆着梁山泊旗号，不敢投那几条路走，一直便望西北上来。行不到五六里路，早拥出一队强人，当先两个好汉拦路：一个是没遮拦穆弘，一个是小遮拦穆春，拈两条朴刀大喝道："败将休走！"呼延灼忿怒，舞起双鞭，纵马直取穆弘、穆春。略斗四五合，穆春便走。呼延灼只怕中了计，不来追赶，望正北大路而走。山坡下又转出一队强人，当先两个好汉拦路：一个是两头蛇解珍，一个是双尾蝎解宝。各挺钢叉，直奔前来。呼延灼舞起双鞭，来战两个。斗不到五七合，解珍、解宝拔步便走。呼延灼赶不过半里多路，两边钻出二十四把钩镰枪，着地卷将来。呼延灼无心恋战，拨转马头，望东北上大路便走；又撞着王矮虎、一丈青夫妻二人，截住去路。呼延灼见路径不平，四下兼有荆棘遮拦，拍马舞鞭，杀开条路，直冲过去。王矮虎、一丈青赶了一直，赶不上，呼延灼自投东北上去了。杀的大败亏输，雨零星乱。有诗为证：

十路军兵振地来，乌骓踢雪望风回。

连环尽被钩镰破，剩得双鞭出九垓。

话分两头。且说宋江鸣金收军回山，各请功赏。三千连环甲马，有停半被钩镰枪拨倒，伤损了马蹄，剥去皮甲，把来做菜马食；二停多好马，牵上山去喂养，作坐马。带甲军士，都被生擒上山。五千步军，被三面围得紧急，有望中军躲的，都被钩镰枪拖翻捉了；望水边逃命的，尽被水军头领围裹上船去，拽过滩头，拘捉上山。先前被拿去的马匹并捉去军士，尽行复夺回寨。把呼延灼寨栅尽数拆来，水边泊内，搭盖小寨，再造两处做眼酒店房屋等项，仍前着孙新、顾大嫂、石勇、时迁，两处开店。刘唐、杜迁拿得韩滔，把来绑缚，解到山寨。宋江见了，亲解其缚，请上厅来，以礼陪话，相待筵宴，令彭玘、凌振说他入伙。韩滔也是七十二煞之数，自然意气相投，就梁山泊做了头领。宋江便教修书，使人往陈州搬取韩滔老小，来山寨中完聚。宋江喜得破了连环马，又得了许多军马、衣甲、盔刀，每日做筵席庆喜，仍旧调拨各路守把，提防官兵，不在话下。

却说呼延灼折了许多官军人马，不敢回京，独自一个骑着那匹踢雪乌骓马，把衣甲拴在马上，于路逃难，却无盘缠；解下束腰金带，卖来盘缠，在路寻思道："不想今日闪得我如此，却是去投谁好？"猛然想起："青州慕容知府，旧与我有一面相识，何不去那里投奔他?却打慕容贵妃的关节，那时再引军来报仇未迟。"

在路行了二日，当晚又饥又渴。见路旁一个村酒店，呼延灼下马，把马拴在门前树上；入来店内，把鞭子放在桌上，坐下了，叫酒保取酒肉来吃。酒保道："小人这里只卖酒，要肉时，村里却才杀羊。若要，小人去回买。"呼延灼把腰里料袋解下来，取出些金带倒换的碎银两，把与酒保道："你可回一脚羊肉，与我煮了，就对付草料，喂养我这匹马。今夜只就你这里宿一宵，明日自投青州府里去。"酒保道："官人，此间宿不妨，只是没好床帐。"呼延灼道："我是出军的人，但有歇处便罢。"酒保拿了银子，自去买羊肉。呼延灼把马背上捎的衣甲取将下来，松了肚带，坐在门前，等了半晌，只见酒保提一脚羊肉归来。呼延灼便叫煮了，回三斤面来打饼，打两角酒来。酒保一面煮肉打饼，一面烧脚汤，与呼延灼洗了脚，便把马牵放屋后小屋下。酒保一面切草煮料，呼延灼先讨热酒吃了一回。少刻肉熟，呼延灼叫酒保，也与他些酒肉吃了，分付道："我是朝廷军官，为因收捕梁山泊失利，待往青州投慕容知府，你好生与我喂养这匹马。——是今上御赐的，名为踢雪乌骓马。明日我重重赏你。"酒保道："感承相公。却有一件事教相公得知：离此间不远，有座山，唤做桃花山。山上有一伙强人，为头的是打虎将李忠，第二个是小霸王周通，聚集着五七百小喽罗，打家劫舍，时常来搅恼村坊。官司累次着仰捕盗官军来，收捕他不得，相公夜间须用小心醒睡。"呼延灼说道："我有万夫不当之勇，便道那厮们全伙都来，也待怎生!只与我好生喂养这匹马。"吃了一回酒肉饼子，酒保就店里打了一铺，安排呼延灼睡了。

一者呼延灼连日心闷，二乃又多了几杯酒，就和衣而卧。一觉直睡到三更方醒，只听得屋后酒保在那里叫屈起来。呼延灼听得，连忙跳将起来，提了双鞭，走去屋后问道："你如何叫屈？"酒保道："小人起来上草，只见篱笆推翻，被人将相公的马偷将去了。远远地望见三四里火把尚明，一定是那里去了。"呼延灼道："那里正是何处？"酒保道："眼见得那条路上，正是桃花山小喽罗偷得去了。"呼延灼吃了一惊，便叫酒保引路，就田塍上赶了二三里。火把看看不见，正不知投那里去了。呼延灼说道："若无了御赐的马，却怎的是好！"酒保道："相公明日须去州里告了，差官军来剿捕，方才能够这匹马。"

呼延灼闷闷不已，坐到天明，叫酒保挑了衣甲，径投青州。来到城里时，天色已晚了，且在客店里歇了一夜。次日天晓，径到府堂阶下，参拜了慕容知府。知府大惊，问道："闻知将军收捕梁山泊草寇，如何却到此间？"呼延灼只得把上项诉说了一遍。慕容知府听了道："虽是将军折了许多人马，此非慢功之罪，中了贼人奸计，亦无奈何。下官所辖地面，多被草寇侵害。将军到此，可先扫清桃花山，夺取那匹御赐的马；却连那二龙山、白虎山两处强人，一发剿捕了时，下官自当一力保奏，再教将军引兵复仇如何？"呼延灼再拜道："深谢恩相主监。若蒙如此，誓当效死报德！"慕容知府教请呼延灼去客房里暂歇，一面更衣宿食。那挑甲酒保，自叫他回去了。

一住三日，呼延灼急欲要这匹御赐马，又来禀复知府，便教点军。慕容知府便点马步军二千，借与呼延灼，又与了一匹青鬃马。呼延灼谢了恩相，披挂上马，带领军兵前来夺马，径往桃花山进发。

且说桃花山上打虎将李忠与小霸王周通，自得了这匹踢雪乌骓马，每日在山上庆喜饮酒。当日有伏路小喽罗报道："青州军马来也！"小霸王周通起身道："哥哥守寨，兄弟去退官军。"便点起一百小喽罗，绰枪上马，下山来迎敌官军。

却说呼延灼引起二千兵马来到山前，摆开阵势，呼延灼当先出马，厉声高叫："强贼早来受缚！"小霸王周通将小喽罗一字摆开，便挺枪出马。怎生打扮：

身着团花宫锦袄，手持走水绿沉枪。

声雄面阔须如戟，尽道周通赛霸王。

呼延灼见了周通，便纵马向前来战。周通也跃马来迎。二马相交，斗不到六七合，周通气力不加，拨转马头，往山上便走。呼延灼赶了一直，怕有计策，急下山来，扎住寨栅，等候再战。

却说周通回寨，见了李忠，诉说："呼延灼武艺高强，遮拦不住，只得且退上山；倘或他赶到寨前来，如之奈何！"李忠道："我闻二龙山宝珠寺花和尚鲁智深在彼，多有人伴；更兼有个甚么青面兽杨志，又新有个行者武松，都有万夫不当之勇。不如写一封书，使小喽罗去那里求救。若解得危难，拚得投托他大寨，月终纳他些进奉也好。"周通道："小弟也多知他那里豪杰，只恐那和尚记当初之事，不肯来救。"李忠笑道："他那时又打了你，又得了我们许多金银酒器，如何倒有见怪之心?他是个直性的好人，使人到彼，必然亲引军来救应。"周通道："哥哥也说得是。"就写了一封书，差两个了事的小喽罗，从后山踅将下去，取路投二龙山来。行了两日，早到山下，那里小喽罗问了备细来情。

且说宝珠寺里大殿上坐着三个头领：为首是花和尚鲁智深，第二是青面兽杨志，第三是行者二郎武松。前面山门下坐着四个小头领：一个是金眼彪施恩，原是孟州牢城施管营的儿子，为因武松杀了张都监一家人口，官司着落他家追捉凶身，以此连夜挈家逃走在江湖上。后来父母俱亡，打听得武松在二龙山，连夜投奔入伙。一个是操刀鬼曹正，原是同鲁智深、杨志收夺宝珠寺，杀了邓龙，后来入伙。一个是菜园子张青，一个是母夜叉孙二娘。这是夫妻两个，原是孟州道十字坡卖人肉馒头的；因鲁智深、武松连连寄书招他，亦来投奔入伙。曹正听得说桃花山有书，先来问了详细，直去殿上，禀复三个大头领知道。智深便道："洒家当初离五台山时，到一个桃花村投宿，好生打了那周通撮鸟一顿。李忠那厮，却来认得洒家，却请去上山吃了一日酒，结识洒家为兄，留俺做个寨主。俺见这厮们悭吝，被俺卷了若干金银酒器撒开他。如今来求救，且看他说甚么。放那小喽罗上关来。"

曹正去不多时，把那小喽罗引到殿下，唱了喏，说道："青州慕容知府，近日收得个征进梁山泊失利的双鞭呼延灼。如今慕容知府，先教扫荡俺这里桃花山、二龙山、白虎山几座山寨，却借军与他收捕梁山泊复仇。俺的头领，今欲启请大头领将军，下山相救，明朝无事了时，情愿来纳进奉。"杨志道："俺们各守山寨，保护山头，本不去救应的是。洒家一者怕坏了江湖上豪杰，二者恐那厮得了桃花山，便小觑了洒家这里。可留下张青、孙二娘、施恩、曹正，看守寨栅，俺三个亲自走一遭。"随即点起五百小喽罗，六十余骑军马，各带了衣甲军器，径往桃花山来。

却说李忠知二龙山消息，自引了三百小喽罗下山策应。呼延灼闻知，急领所部军马，拦路列阵，舞鞭出马，来与李忠相持。怎见李忠模样：

头尖骨脸似蛇形，枪棒林中独擅名。

打虎将军心胆大，李忠祖是霸陵生。

原来李忠祖贯濠州定远人氏，家中祖传靠使枪棒为生，人见他身材壮健，因此呼他做"打虎将"。当时下山来与呼延灼交战，李忠如何敌得呼延灼过，斗了十合之上，见不是头，拨开军器便走。呼延灼见他本事低微，纵马赶上山来。小霸王周通正在半山里看见，便飞下鹅卵石来，呼延灼慌忙回马下山来。只见官军迭头呐喊，呼延灼便问道："为何呐喊？"后军答道："远望见一彪军马飞奔而来。"呼延灼听了，便来后军队里看时，见尘头起处，当头一个胖大和尚，骑一匹白马，那人是谁?正是：

自从落发寓禅林，万里曾将壮士寻。臂负千斤扛鼎力，天生一片杀人心。

欺佛祖，喝观音，戒刀禅杖冷森森。不看经卷花和尚，酒肉沙门鲁智深。

鲁智深在马上大喝道："那个是梁山泊杀败的撮鸟，敢来俺这里唬吓人！"呼延灼道："先杀你这个秃驴，豁我心中怒气！"鲁智深抡动铁禅杖，呼延灼舞起双鞭，二马相交，两边呐喊。斗四五十合，不分胜败。呼延灼暗暗喝采道："这个和尚，倒恁地了得！"两边鸣金，各自收军暂歇。

呼延灼少停，再纵马出阵，大叫："贼和尚再出来，与你定个输赢，见个胜败！"鲁智深却待正要出马，侧首恼犯了这个英雄，叫道："大哥少歇，看洒家去捉这厮！"那人舞刀出马。来战呼延灼的是谁？正是：

曾向京师为制使，花石纲累受艰难。虹霓气逼牛斗寒。刀能安宇宙，弓可定尘寰。

虎体狼腰猿臂健，跨龙驹稳坐雕鞍。英雄声价满梁山。人称青面兽，杨志是军班。

当下杨志出马，来与呼延灼交锋。两个斗到四十余合，不分胜败。呼延灼见杨志手段高强，寻思道：“怎的那里走出这两个来?好生了得!不是绿林中手段！”杨志也见呼延灼武艺高强，卖个破绽，拨回马，跑回本阵。呼延灼也勒转马头，不来追赶。两边各自收军。鲁智深便和杨志商议道：“俺们初到此处，不宜逼近下寨。且退二十里，明日却再来厮杀。”带领小喽罗，自过附近山冈下寨去了。

却说呼延灼在帐中纳闷，心内想道：“指望到此势如劈竹，便拿了这伙草寇，怎知却又逢着这般对手!我直如此命薄！”正没摆布处，只见慕容知府使人来唤道：“叫将军且领兵回来，保守城中。今有白虎山强人孔明、孔亮，引人马来青州借粮，怕府库有失，特令来请将军回城守备。”呼延灼听了，就这机会，带领军马，连夜回青州去了。

次日，鲁智深与杨志、武松，又引了小喽罗摇旗呐喊，直到山下来看时，一个军马也无了，倒吃了一惊。山上李忠、周通，引人下来，拜请三位头领上到山寨里，杀牛宰马，筵席相待，一面使人下山，探听前路消息。

且说呼延灼引军回到城下，却见了一彪军马，正来到城边。为头的乃是白虎山下孔太公的儿子毛头星孔明、独火星孔亮。两个因和本乡一个财主争竞，把他一门良贱尽都杀了，聚集起五七百人，占住白虎山，打家劫舍。因为青州城里有他的叔叔孔宾，被慕容知府捉下，监在牢里，孔明、孔亮特地点起山寨小喽罗，来打青州，要救叔叔孔宾。正迎着呼延灼军马，两边拥着，敌住厮杀，呼延灼便出马到阵前。慕容知府在城楼上观看，见孔明当先，挺枪出马，直取呼延灼。两马相交，斗到二十余合，呼延灼要在知府跟前显本事。又值孔明武艺不精，只办得架隔遮拦，斗到间深里，被呼延灼就马上把孔明活捉了去，孔亮只得引了小喽罗便走。慕容知府在敌楼上指着，叫呼延灼引军去赶，官兵一掩，活捉得百十余人。孔亮大败，四散奔走，至晚寻个古庙安歇。

却说呼延灼活捉得孔明，解入城中，来见慕容知府。知府大喜，叫把孔明大枷钉下牢里，和孔宾一处监收，一面赏劳三军，一面管待呼延灼，备问桃花山消息。呼延灼道：“本待是‘瓮中捉鳖，手到拿来’，无端又被一伙强人前来救应；数内一个和尚，一个青脸大汉，二次交锋，各无胜败。这两个武艺不比寻常，不是绿林中手段，因此未曾拿得。”慕容知府道：“这个和尚，便是延安府老种经略帐前军官提辖鲁达，今次落发为僧，唤做花和尚鲁智深。这一个青脸大汉，亦是东京殿帅府制使官，唤做青面兽杨志。再有一个行者，唤做武松，原是景阳冈打虎的武都头。这三个占住二龙山，打家劫舍，累次拒敌官军，杀了三五个捕盗官，直至如今，未曾捉得。”呼延灼道：“我见这厮们武艺精熟，原来却是杨制使和鲁提辖，名不虚传!恩相放心，呼延灼已见他们本事了。只在早晚，一个个活捉了解官。”知府大喜，设筵管待已了，且请客房内歇，不在话下。

却说孔亮引了败残人马，正行之间，猛可里树林中撞出一彪军马，当先一筹好汉，怎生打扮，有《西江月》为证：

直裰冷披黑雾，戒箍光射秋霜。额前剪发拂眉长，脑后护头齐项。　　顶骨数珠灿白，杂绒绦结微黄。钢刀两口迸寒光，行者武松形象。

孔亮见了是武松，慌忙滚鞍下马，便拜道：“壮士无恙？”武松连忙答应，扶起问道：“闻知足下弟兄们占住白虎山聚义，几次要来拜望，一者不得下山，二乃路途不顺，以此难得相见。今日何事到此？”孔亮把救叔叔孔宾陷兄之事，告诉了一遍。武松道：“足下休慌。我有六七个弟兄，现在二龙山聚义。今为桃花山李忠、周通，被青州官军攻击得紧，来我山寨求救。鲁、杨二头领引了孩儿们先来与呼延灼交战。两个厮并了一日，呼延灼夜间去了。山寨中留我弟兄三人筵宴，把这匹御赐马送与我们。今我部领头队人马回山，他二位随后便到。我叫他去打青州。救你叔兄如何？”

孔亮拜谢武松，等了半晌，只见鲁智深、杨志两个并马都到。武松引孔亮拜见二位，备说：“那时我与宋江在他庄上相会，多有相扰。今日俺们可以义气为重，聚集三山人马，攻打青州，杀了慕容知府，擒获呼延灼，各取府库钱粮，以供山寨之用，如何？”鲁智深道：“洒家也是这般思想。便使人去桃花山报知，叫李忠、周通引孩儿们来，俺三处一同去打青州。”杨志便道：“青州城池坚固，人马强壮，又有呼延灼那厮英勇。不是俺自灭威风，若要攻打青州时，只除非依我一言，指日可得。”武松道：“哥哥，愿闻其略。”那杨志言无数句，话不一席，有分教：青州百姓，家家瓦裂烟飞；水浒英雄，个个磨拳擦掌。

毕竟杨志对武松说出怎地打青州，且听下回分解。

第五十八回 三山聚义打青州　众虎同心归水泊

当有武松引孔亮拜告鲁智深、杨志，求救哥哥孔明，并叔叔孔宾。鲁智深便要聚集三山人马，前去攻打。杨志道：“若要打青州，须用大队军马，方可打得。俺知梁山泊宋公明大名，江湖上都唤他做及时雨宋江，更兼呼延灼是他那里仇人。俺们弟兄和孔家弟兄的人马，都并做一处，洒家这里，再等桃花山人马齐备，一面且去攻打青州。孔亮兄弟，你可亲身星夜去梁山泊，请下宋公明来，并力攻城，此为上计。亦且宋三郎与你至厚，你们弟兄心下如何？”鲁智深道：“正是如此。我只见今日也有人说宋三郎好，明日也有人说宋三郎好，可惜洒家不曾相会。众人说他的名字，聒得洒家耳朵也聋了，想必其人是个真男子，以致天下闻名。前番和花知寨在清风山时，洒家有心要去和他厮会，及至洒家去时，又听得说道去了，以此无缘不得相见。罢了!孔亮兄弟，你要救你哥哥时，快亲自去那里告请他们，洒家等先在这里和那撮鸟们厮杀。”孔亮交付小喽罗与了鲁智深，只带一个伴当，扮做客商，星夜投梁山泊来。

且说鲁智深、杨志、武松三人，去山寨里唤将施恩、曹正，再带一二百人下山来相助。桃花山李忠、周通得了消息，便带本山人马，尽数起点，只留三五十个小喽罗看守寨栅；其余都带下山来，青州城下聚集，一同攻打城池，不在话下。

却说孔亮自离了青州，迤　来到梁山泊边催命判官李立酒店里买酒吃，问路。李立见他两个来得面生，便请坐地，问道：“客人从那里来？”孔亮道：“从青州来。”李立问道：“客人要去梁山泊寻谁？”孔亮答道：“有个相识在山上，特来寻他。”李立道：“山上寨中，都是大王住处，你如何去得？”孔亮道：“便是要寻宋大王。”李立道：“既是来寻宋头领，我这里有分例。”便叫火家快去安排分例酒来相待。孔亮道：“素不相识，如何见款？”李立道：“客官不知，但是来寻山寨头领，必然是社火中人故旧交友，岂敢有失祗应!便当去报。”孔亮道：“小人便是白虎山前庄户孔亮的便是。”李立道：“曾听得宋公明哥哥说大名来，今日且喜上山。”二人饮罢分例酒，随即开窗，就水亭上放了一枝响箭。见对港芦苇深处，早有小喽罗棹过船来。到水亭下，李立便请孔亮下了船，一同摇到金沙滩上岸，却上关来。孔亮看见三关雄壮，枪刀剑戟如林，心下想道：“听得说梁山泊兴旺，不想做下这等大事业！”已有小喽罗先去报知，宋江慌忙下来迎接。

孔亮见了，连忙下拜。宋江问道："贤弟缘何到此？"孔亮拜罢，放声大哭。宋江道："贤弟心中有何危厄不决之难，但请尽说不妨。便当不避水火，力为救解，与汝相助，贤弟且请起来。"孔亮道："自从师父离别之后，老父亡化，哥哥孔明与本乡上户争些闲气起来，杀了他一家老小，官司来捕捉得紧。因此反上白虎山，聚得五七百人，打家劫舍。青州城里，却有叔父孔宾，被慕容知府捉了，重枷钉在狱中。因此我弟兄两个去打城子，指望救取叔叔孔宾。谁想去到城下，正撞了一个使双鞭的呼延灼。哥哥与他交锋，致被他捉了，解送青州，下在牢里，存亡未保，小弟又被他追杀一阵。次日，正撞着武松，说起师父大名来，他便引我去拜见同伴的：一个是花和尚鲁智深，一个是青面兽杨志。他二人一见如故，便商议救兄一事。他道：'我请鲁、杨二头领并桃花山李忠、周通，聚集三山人马，攻打青州；你可连夜快去梁山泊内，告你师父宋公明，来救你叔兄两个。'以此今日一径到此。"宋江道："此是易为之事，你且放心。先来拜见晁头领，共同商议。"

宋江便引孔亮参见晁盖、吴用、公孙胜，并众头领，备说呼延灼走在青州，投奔慕容知府，今来捉了孔明，以此孔亮来到，恳告求救。晁盖道："既然他两处好汉，尚兀自仗义行仁，今者三郎和他至爱交友，如何不去?三郎贤弟，你连次下山多遍，今番权且守寨，愚兄替你走一遭。"宋江道："哥哥是山寨之主，不可轻动。这个是兄弟的事。既是他远来相投，小可若自不去，恐他弟兄们心下不安；小可情愿请几位弟兄同走一遭。"说言未了，厅上厅下一齐都道："愿效犬马之劳，跟随同去。"宋江大喜。当日设筵管待孔亮。饮筵之间，宋江唤铁面孔目裴宣定拨下山人数，分作五军起行：前军便差花荣、秦明、燕顺、王矮虎，开路作先锋；第二队，便差穆弘、杨雄、解珍、解宝；中军便是主将宋江、吴用、吕方、郭盛；第四队便是朱仝、柴进、李俊、张横；后军便差孙立、杨林、欧鹏、凌振，催军作合后。梁山泊点起五军，共计二十个头领，马步军兵二千人马。其余头领，自与晁盖守把寨栅。当下宋江别了晁盖，自同孔亮下山来。梁山人马分作五军起发，正是：

初离水泊，浑如海内纵蛟龙；乍出梁山，却似风中奔虎豹。五军并进，前后列二十辈英雄；一阵同行，首尾分三千名士卒。绣彩旗如云似雾，蘸钢刀灿雪铺霜。鸾铃响，战马奔驰；画鼓振，征夫踊跃。卷地黄尘霭霭，漫天土雨蒙蒙。宝纛旗中，簇拥着多智足谋吴学究；碧油幢下，端坐定替天行道宋公明。过去鬼神皆拱手，回来民庶尽歌谣。

话说宋江引了梁山泊二十个头领，三千人马，分作五军前进，于路无事，所过州县，秋毫无犯。已到青州，孔亮先到鲁智深等军中，报知众好汉，安排迎接。宋江中军到了，武松引鲁智深、杨志、李忠、周通、施恩、曹正，都来相见了。宋江让鲁智深坐地，鲁智深道："久闻阿哥大名，无缘不曾拜会，今日且喜认得阿哥。"宋江答道："不才何足道哉!江湖上义士，甚称吾师清德。今日得识慈颜，平生甚幸。"杨志也起身再拜道："杨志旧日经过梁山泊，多蒙山寨重义相留；为是洒家愚迷，不曾肯住。今日幸得义士壮观山寨，此是天下第一好事。"宋江答道："制使威名，播于江湖，只恨宋江相会太晚。"鲁智深便令左右置酒管待，一一都相见了。

次日，宋江问："青州一节，近日胜败如何？"杨志道："自从孔亮去了，前后也交锋三五次，各无输赢。如今青州只凭呼延灼一个；若是拿得此人，觑此城子，如汤泼雪。"吴学究笑道："此人不可力敌，可用智擒。"宋江道："用何智可获此人？"吴学究道："只除如此如此。"宋江大喜道："此计大妙！"当日分拨了人马。次早起军，前到青州城下，四面尽着军马围住，擂鼓摇旗，呐喊搦战。城里慕容知府见报，慌忙教请呼延灼商议："今次群贼又去报知梁山泊宋江到来，似此如之奈何？"呼延灼道："恩相放心。群贼到来，先失地利。这厮们只好在水泊里张狂，今却擅离巢穴，一个来，捉一个，那厮们如何施展得?请恩相上城，看呼延灼厮杀。"呼延灼连忙披挂衣甲上马，叫开城门，放下吊桥，领了一千人马，近城摆开。宋江阵中，一将出马。那人手 狼牙棍，厉声高骂知府："滥官，害民贼徒！把我全家诛戮，今日正好报仇雪恨！"慕容知府认得秦明，便骂道："你这厮是朝廷命官，国家不曾负你，缘何敢造反，若拿住你时，碎尸万段!可先下手拿这贼！"呼延灼听了，舞起双鞭，纵马直取秦明。秦明也出马，舞动狼牙大棍，来迎呼延灼。二将交马，正是对手。有《西江月》为证：

鞭舞两条龙尾，棍横一串狼牙。三军看得眼睛花，二将纵横交马。

使棍的军班领袖，使鞭的将种堪夸。天昏地惨日扬沙，这厮杀鬼神须怕。

两个斗到四五十合，不分胜败。慕容知府见斗得多时，恐怕呼延灼有失，慌忙鸣金收军入城。秦明也不追赶，退回本阵。宋江教众头领军校，且退十五里下寨。

却说呼延灼回到城中，下马来见慕容知府，说道："小将正要拿那秦明，恩相如何收军？"知府道："我见你斗了许多合，但恐劳困，因此收军暂歇。秦明那厮，原是我这里统制，与花荣一同背反，这厮亦不可轻敌。"呼延灼道："恩相放心，小将必要擒此背义之贼!适间和他斗时，棍法已自乱了。来日教恩相看我立斩此贼！"知府道："既是将军如此英雄，来日若临敌之时，可杀开条路，送三个人出去：一个教他去往东京求救，两个教他去邻近府州，会合起兵，相助剿捕。"呼延灼道："恩相高见极明。"当日知府写了求救文书，选了三个军官，都发放了当。

只说呼延灼回到歇处，卸了衣甲暂歇。天色未明，只听的军校来报道："城北门外土坡上，有三骑私自在那里看城：中间一个穿红袍骑白马的；两边两个，只认得右边的是小李广花荣，左边那个道妆打扮。"呼延灼道："那个穿红的，眼见是宋江了；道妆的，必是军师吴用。你们且休惊动了他，便点一百马军，跟我捉这三个。"

呼延灼连忙披挂上马，提了双鞭，带领一百余骑马军，悄悄地开了北门，放下吊桥，引军赶上坡来。宋江、吴用、花荣三个，只顾呆了脸看城。呼延灼拍马上坡，三个勒转马头，慢慢走去。呼延灼奋力赶到前面几株枯树边厢，宋江、吴用、花荣三个齐齐的勒住马。呼延灼方才赶到枯树边，只听得呐声喊，呼延灼正踏着陷坑，人马都跌将下坑去了。两边走出五六十个挠钩手，先把呼延灼钩将起来，绑缚了拿去，后面牵着那匹马。这许多赶来的马军，却被花荣拈弓搭箭，射倒当头五七个，后面的勒转马，一哄都走了。

宋江回到寨里坐，左右群刀手，却把呼延灼推将过来。宋江见了，连忙起身，喝叫："快解了绳索！"亲自扶呼延灼上帐坐定，宋江拜见。呼延灼道："何故如此？"宋江道："小可宋江怎敢背负朝廷?盖为官吏污滥，威逼得紧，误犯大罪，因此权借水泊里随时避难，只待朝廷赦罪招安。不想起动将军，致劳神力。实慕将军虎威。今者误有冒犯，切乞恕罪！"呼延灼道："被擒之人，万死尚轻，义士何故重礼陪话？"宋江道："量宋江怎敢坏得将军性命?皇天可表寸心。"只是恳告哀求。呼延灼道："兄长尊意，莫非教呼延灼往东京告请招安，到山赦罪？"宋江道："将军如何去得?高太尉那厮，是个心地匾窄之徒，忘人大恩，记人小过。将军折了许多军马钱粮，他如何不见你罪责?如今韩滔、彭玘、凌振，已多在敝山入伙。倘蒙将军不弃山寨微贱，宋江情愿让位与将军；等朝廷见用，受了招安，那时尽忠报国，未为晚矣。"

呼延灼沉思了半晌，一者是天罡之数，自然义气相投；二者见宋江礼貌甚恭，语言有理，叹了一口气，跪下在地道："非是呼延灼不忠于国，实感兄长义气过人，不容呼延灼不依，愿随鞭镫。事既如此，决无还理。"有诗为证：

亲承天语净狼烟，不着先鞭愿执鞭。

岂昧忠心翻作贼，降魔殿内有因缘。

宋江大喜，请呼延灼和众头领相见了，叫问李忠、周通，讨这匹踢雪乌骓马，送将军骑坐。众人再商议救孔明之计，吴用道："只除教呼延灼将军赚开城门，垂手可得!更兼绝了呼延灼将军念头。"宋江听了，来与呼延灼陪话道："非是宋江贪劫城池，实因孔明叔侄，陷在缧绁之中，非将军赚开城门，必不可得。"呼延灼答道："小将既蒙兄长收录，理当效力。"当晚点起秦明、花荣、孙立、燕顺、吕方、郭盛、解珍、解宝、欧鹏、王英，十个头领，都扮作军士衣服模样，跟了呼延灼，共是十一骑军马，来到城边，直至濠堑上，大呼："城上开门，我逃得性命回来！"

城上人听得是呼延灼声音，慌忙报与慕容知府。此时知府为折了呼延灼，正纳闷间，听得报说呼延灼逃得回来，心中欢喜，连忙上马，奔到城上。望见呼延灼有十数骑马跟着，又不见面颜，只认得呼延灼声音，知府问道："将军如何走得回来？"呼延灼道："我被那厮的陷坑捉了我到寨里，却有原跟我的头目，暗地盗这匹马与我骑，就跟我来了。"知府只听得呼延灼说了，便叫军士开了城门，放下吊桥。十个头领跟到城门里，迎着知府，早被秦明一棍，把慕容知府打下马来。解珍、解宝便放起火来；欧鹏、王矮虎奔上城，把军士杀散。宋江大队人马，见城上火起，一齐拥将入来。宋江急急传令：休教残害百姓，且收仓库钱粮。就大牢里救出孔明，并他叔叔孔宾一家老小，便教救灭了火。把慕容知府一家老幼，尽皆斩首，抄扎家私，分　众军。天明，计点在城百姓被火烧之家，给散粮米救济。把府库金帛，仓廒米粮，装载五六百车；又得了二百余匹好马，就青州府里做个庆喜筵席，请三山头领同归大寨。李忠、周通使人回桃花山，尽数收拾人马钱粮下山，放火烧毁寨栅。鲁智深也使施恩、曹正回二龙山，与张青、孙二娘收拾人马钱粮，也烧了宝珠寺寨栅。数日之间，三山人马都皆完备。

宋江领了大队人马，班师回山。先叫花荣、秦明、呼延灼、朱仝四将开路，所过州县，分毫不扰。乡村百姓，扶老挈幼，烧香罗拜迎接。数日之间，已到梁山泊边。众多水军头领，具舟迎接。晁盖引领山寨马步头领，都在金沙滩迎接。直至大寨，向聚义厅上列位坐定。大排筵庆贺新到山寨头领，呼延灼、鲁智深、杨志、武松、施恩、曹正、张青、孙二娘、李忠、周通、孔明、孔亮：共十二位新上山头领。坐间，林冲说起相谢鲁智深相救一事。鲁智深动问道："洒家自与教头沧州别后，曾知阿嫂信息否？"林冲答道："小可自火并王伦之后，使人回家搬取老小，已知拙妇被高太尉逆子所逼，随即自缢而死，妻父亦为忧疑，染病而亡。"杨志举起旧日王伦手内上山相会之事，众人皆道："此皆注定，非偶然也！"晁盖说起黄泥冈劫取生辰纲一事，众皆大笑。次日轮流做筵席，不在话下。

且说宋江见山寨又添了许多人马，如何不喜，便叫汤隆做铁匠总管，提督打造诸般军器，并铁叶连环等甲；侯健管做旌旗袍服总管，添造三才、九曜、四斗、五方、二十八宿等旗，飞龙、飞虎、飞熊、飞豹旗，黄钺白旄，朱缨皂盖。山边四面筑起墩台。重造西路南路二处酒店，招接往来上山好汉，一就探听飞报军情。山西路酒店，今令张青、孙二娘夫妻二人，原是酒家，前去看守；山南路酒店，仍令孙新、顾大嫂夫妻看守；山东路酒店，依旧朱贵、乐和；山北路酒店，还是李立、时迁。三关上添造寨栅，分调头领看守。部领已定，各各遵依，不在话下。

忽一日，花和尚鲁智深来对宋公明说道："智深有个相识，李忠兄弟也曾认的，唤做九纹龙史进，现在华州华阴县少华山上，和那一个神机军师朱武，又有一个跳涧虎陈达，一个白花蛇杨春，四个在那里聚义。洒家常常思念他。昔日在瓦罐寺救助洒家，思念不曾有忘。洒家要去那里探望他一遭，就取他四个同来入伙，未知尊意如何？"宋江道："我也曾闻得史进大名，若得吾师去请他来，最好。虽然如此，不可独自去，可烦武松兄弟相伴走一遭。他是行者，一般出家人，正好同行。"武松应道："我和师父去。"当日便收拾腰包行李，鲁智深只做禅和子打扮，武松妆做随侍行者。两个相辞了众头领下山，过了金沙滩，晓行夜住，不止一日，来到华州华阴县界，径投少华山来。

且说宋江自鲁智深、武松去后，一时容他下山，常自放心不下，便唤神行太保戴宗随后跟来，探听消息。

再说鲁智深、武松两个，来到少华山下，伏路小喽罗出来拦住问道："你两个出家人那里来？"武松便答道："这山上有史大官人么？"小喽罗说道："既是要寻史大王的，且在这里少等。我上山报知头领，便下来迎接。"武松道："你只说鲁智深到来相探。"小喽罗去不多时，只见神机军师朱武，并跳涧虎陈达、白花蛇杨春，三个下山来接鲁智深、武松，却不见有史进。鲁智深便问道："史大官人在那里?却如何不见他？"朱武近前上复道："吾师不是延安府鲁提辖么？"鲁智深道："洒家便是。这行者便是景阳冈打虎都头武松。"三个慌忙剪拂道："闻名久矣!听知二位在二龙山扎寨，今日缘何到此？"鲁智深道："俺们如今不在二龙山了，投托梁山泊宋公明大寨入伙，今者特来寻史大官人。"朱武道："既是二位到此，且请到山寨中，容小可备细告诉。"鲁智深道："有话便说，待一待，谁鸟耐烦？"武松道："师父是个性急的人，有话便说何妨。"

朱武道："小人等三个在此山寨，自从史大官人上山之后，好生兴旺。近日史大官人下山，因撞见一个画匠，原是北京大名府人氏，姓王，名义。因许下西岳华山金天圣帝庙内妆画影壁，前去还愿。因为带将一个女儿，名唤玉娇枝同行，却被本州贺太守——原是蔡太师门人，那厮为官贪滥，非理害民。一日，因来庙里行香，不想正见了玉娇枝有些颜色，累次着人来说，要娶他为妾。王义不从，太守将他女儿强夺了去为妾，又把王义刺配远恶军州。路经这里过，正撞见史大官人，告说这件事。史大官人把王义救在山上，将两个防送公人杀了，直去府里要刺贺太守；被人知觉，倒吃拿了，现监在牢里。又要聚起军马，扫荡山寨，我等正在这里无计可施！"

鲁智深听了道："这撮鸟敢如此无礼!倒恁么利害!洒家与你结果了那厮！"朱武道："且请二位到寨里商议。"一行五个头领，都到少华山寨中坐下，便叫王义见鲁智深、武松，诉说贺太守贪酷害民，强占良家女子。朱武等一面杀牛宰马，管待鲁智深、武松。饮筵间，鲁智深想道："贺太守那厮好没道理，我明日与你去州里打死那厮罢！"武松道："哥哥不得造次。我和你星夜回梁山泊去报知，请宋公明领大队人马来打华州，方可救得史大官人。"鲁智深叫道："等俺们去山寨里叫得人来，史家兄弟性命不知那里去了。"武松道："便杀了太守，也怎地救得史大官人?武松却决不肯放鲁智深去！"朱武又劝道："吾师且息怒。武都头也论得是。"鲁智深焦躁起来，便道："都是你这般慢性的人，以此送了俺史家兄弟；你也休去梁山泊报知，看洒家去如何！"众人那里劝得住，当晚又谏不从。明早起个四更，提了禅杖，带了戒刀，径奔华州去了。武松道："不听人说，此去必然有失。"朱武随即差两个精细的小喽罗，前去打听消息。

却说鲁智深奔到华州城里，路旁借问州衙在那里，人指道："只过州桥，投东便是。"鲁智深却好来到浮桥上，只见人都道："和尚且躲一躲，太守相公过来。"鲁智深道："俺正要寻他，却正好撞在洒家手里!那厮多敢是当死！"贺太守头踏一对对摆将过来，看见太守那乘轿子，却是暖轿；轿窗两边，各有十个虞候簇拥着，人人手执鞭枪铁链，守护两下。鲁智深看了寻思道："不好打那撮鸟，若打不着，倒吃他笑。"贺太守却在轿窗眼里，看见了鲁智深欲进不进。过了渭桥，到府中下了轿，便叫两个虞候分付道："你与我去请桥上那个胖大和尚到府里赴斋。"虞候领了言语，来到桥上，对鲁智深说道："太守相公请你赴斋。"鲁智深想道："这厮合当死在洒家手里。俺却才正要打他，只怕打不着，让他过去了。俺要寻他，他却来请洒家。"鲁智深便随了虞候，径到府里。太守已自分付下了，一见鲁智深进到厅前，太守叫放了禅杖，去了戒刀，请后堂赴斋。鲁智深初时不肯，众人说道："你是出家人，好不晓事，府堂深处，如何许你带刀杖入去？"鲁智深想："只俺两个拳头，也打碎了那厮脑袋！”廊下放了禅杖、戒刀，跟虞候入来。贺太守正在后堂坐定。把手一招，喝声：“捉下这秃贼！”两边壁衣内，走出三四十个做公的来，横拖倒拽，捉了鲁智深。你便是那吒太子，怎逃地网天罗?火首金刚，难脱龙潭虎窟!正是：飞蛾投火身倾丧，怒鳖吞钩命必伤。

毕竟鲁智深被贺太守拿下，性命如何，且听下回分解。

第五十九回 吴用赚金铃吊挂　宋江闹西岳华山

话说贺太守把鲁智深赚到后堂内，喝声：“拿下！”众多做公的，把鲁智深簇拥到厅阶下。贺太守喝道：“你这秃驴，从那里来？”鲁智深应道：“洒家有甚罪犯？”太守道：“你只实说，谁教你来刺我？”鲁智深道：“俺是出家人，你却如何问俺这话？”太守喝道：“却才见你这秃驴，意欲要把禅杖打我轿子，却又思量，不敢下手。你这秃驴好好招了。”鲁智深道：“洒家又不曾杀你，你如何拿住洒家，妄指平人？”太守喝骂：“几曾见出家人自称洒家。这秃驴必是个关西五路打家劫舍的强盗，来与史进那厮报仇，不打如何肯招。左右好生加力打那秃驴。”鲁智深大叫道：“不要打伤老爷。我说与你，俺是梁山泊好汉花和尚鲁智深。我死倒不打紧，洒家的哥哥宋公明得知，下山来时，你这颗驴头趁早儿都砍了送去。”贺太守听了大怒，把鲁智深拷打了一回，教取面大枷来钉了，押下死囚牢里去。一面申闻都省，乞请明降。禅杖、戒刀，封入府堂里去了。

此时闹动了华州一府。小喽罗得了这个消息，飞报上山来。武松大惊道：“我两个来华州干事，折了一个，怎地回去见众头领。”正没理会处，只见山下小喽罗报道：“有个梁山泊差来的头领，唤做神行太保戴宗，现在山下。”武松慌忙下来迎接上山，和朱武等三人都相见了，诉说鲁智深不听谏劝失陷一事。戴宗听了，大惊道：“我不可久停了!就便回梁山泊报与哥哥知道，早遣兵将，前来救取！”武松道：“小弟在这里专等，万望兄长早去急来。”戴宗吃了些素食，作起神行法，再回梁山泊来。三日之间，已到山寨；见了晁、宋二头领，便说鲁智深因救史进，要刺贺太守被陷一事。宋江听罢，失惊道：“既然两个兄弟有难，如何不救?我今不可耽搁。便须点起人马，作三队而行。”前军点五员先锋：花荣、秦明、林冲、杨志、呼延灼，引领一千甲马，二千步军先行，逢山开路，遇水叠桥；中军领兵主将宋公明、军师吴用、朱仝、徐宁、解珍、解宝，共是六个头领，马步军兵二千；后军主掌粮草，李应、杨雄、石秀、李俊、张顺，共是五个头领押后，马步军兵二千，共计七千人马，离了梁山泊，直取华州来。在路趱行，不止一日，早过了半路，先使戴宗去报少华山上。朱武等三人，安排下猪羊牛马，酝造下好酒等候。

再说宋江军马三队都到少华山下，武松引了朱武、陈达、杨春三人，下山拜请宋江、吴用，并众头领，都到山寨里坐下。宋江备问城中之事，朱武道：“两个头领，已被贺太守监在牢里，只等朝廷明降发落。”宋江与吴用说道：“怎地定计去救取史进、鲁智深？”朱武说道：“华州城郭广阔，濠沟深远，急切难打；只除非得里应外合，方可取得。”吴学究道：“明日且去城边看那城池如何，却再商量。”宋江饮酒到晚，巴不得天明，要去看城。吴用谏道：“城中监着两只大虫在牢里，如何不做提备?白日未可去看。今夜月色必然明朗，申牌前后下山，一更时分，可到那里窥望。”

当日捱到午后，宋江、吴用、花荣、秦明、朱仝，共是五骑马下山，迤　前行。初更时分，已到华州城外。在山坡高处，立马望华州城里时，正是二月中旬天气，月华如昼，天上无一片云彩；看见华州周围有数座城门，城高地壮，堑濠深阔。看了半晌，远远地望见那西岳华山时，端的是好座名山。但见：

峰名仙掌，观隐云台。上连玉女洗头盆，下接天河分派水。乾坤皆秀，尖峰仿佛接云根；山岳推尊，怪石巍峨侵斗柄。青如澄黛，碧若浮蓝。张僧繇妙笔画难成，李龙眠天机描不就。深沉洞府，月光飞万道金霞；　　岩崖，日影动千条紫焰。旁人遥指，云池波内藕如船；故老传闻，玉井水中花十丈。巨灵神忿怒，劈开山顶逞神通；陈处士清高，结就茅庵来盹睡。千古传名推华岳，万年香火祀金天。

宋江等看了西岳华山，见城池厚壮，形势坚牢，无计可施。吴用道：“且回寨里去，再作商议。”五骑马连夜回到少华山上。宋江眉头不展，面带忧容。吴学究道：“且差十数个精细小喽罗下山，去远近探听消息。”

两日内，忽有一人上山来报道：“如今朝廷差个殿司太尉，将领御赐金铃吊挂来西岳降香，从黄河入渭河而来。”吴用听了，便道：“哥哥休忧，计在这里了。”便叫李俊、张顺：“你两个与我如此如此而行。”李俊道：“只是无人识得地境，得一个引领路道最好。”白花蛇杨春便道：“小弟相帮同去如何？”宋江大喜。三个下山去了。次日，吴学究请宋江、李应、朱仝、呼延灼、花荣、秦明、徐宁，共七个人，悄悄止带五百余人下山。径到渭河渡口，李俊、张顺、杨春已夺下十数只大船在彼。吴用便叫花荣、秦明、徐宁、呼延灼四个埋伏在岸上；宋江、吴用、朱仝、李应下在船里；李俊、张顺、杨春把船都去滩头藏了。

众人等候了一夜。次日天明，听得远远地锣鸣鼓响，三只官船到来，船上插着一面黄旗，上写“钦奉圣旨西岳降香太尉宿元景”。宋江看了，心中暗喜道：“昔日玄女有言，‘遇宿重重喜’，今日既见此人，必有主意。”太尉官船将近河口，朱仝、李应各执长枪，立在宋江、吴用背后。太尉船到当港截住。船里走出紫衫银带虞候二十余人，喝道：“你等甚么船只，敢当港拦截住大臣？”宋江执着骨朵，躬身声喏。吴学究立在船头上说道：“梁山泊义士宋江，谨参祗候。”船上客帐司出来答道：“此是朝廷太尉，奉圣旨去西岳降香。汝等是梁山泊乱寇，何故拦截！”吴用道：“俺们义士，只要求见太尉尊颜，有告复的事。”客帐司道：“你等是何等人，敢造次要见太尉！”两边虞候喝道：“低声！”宋江说道：“暂请太尉到岸上，自有商量的事。”客帐司道：“休胡说!太尉是朝廷命臣，如何与你商量？”宋江道：“太尉不肯相见，只怕孩儿们惊了太尉。”朱仝把枪上小号旗只一招动，岸上花荣、秦明、徐宁、呼延灼，引出马军来，一齐搭上弓箭，都到河口，摆列在岸上。那船上艄公，都惊得钻入舱里去了。客帐司人慌了，只得入去禀复，宿太尉只得出到船头上坐定。

宋江躬身唱喏道：“宋江等不敢造次。”宿太尉道：“义士何故如此邀截船只？”宋江道：“某等怎敢邀截太尉?只欲求请太尉上岸，别有禀复。”宿太尉道：“我今特奉圣旨，自去西岳降香，与义士有何商议?朝廷大臣，如何轻易登岸？”宋江道：“太尉不肯时，只怕下面伴当亦不相容。”李应把号带枪一招，李俊、张顺、杨春一齐撑出船来。宿太尉看见大惊。李俊、张顺明晃晃掣出尖刀在手，早跳过船来，手起先把两个虞候　下水里去。宋江连忙喝道：“休得胡做，惊了贵人！”李俊、张顺扑地也跳下水去，早把两个虞候又送上船来。张顺、李俊在水面上如登平地，托地又跳上船来，吓得宿太尉魂不着体。宋江喝道：“孩儿们且退去，休得惊着贵人，俺自慢慢地请太尉登岸。”宿太尉道：“义士有甚事?就此说不妨。”宋江道：“这里不是说话处，谨请太尉到山寨告禀，并无损害之心；若怀此念，西岳神灵诛灭！”到此时候，不容太尉不上岸，宿太尉只得离船上了岸。众人牵过一匹马来，扶策太尉上了马，不得已随众同行。宋江先叫花荣、秦明陪奉太尉上山。宋江随后也上了马，分付教把船上一应人等，并御香、祭物、金铃吊挂，齐齐收拾上山；只留下李俊、张顺，带领一百余人看船。

一行众头领都到山上，宋江下马入寨，把宿太尉扶在聚义厅上当中坐定，众头领两边侍立着。宋江下了四拜，跪在面前，告复道：“宋江原是郓城县小吏，为被官司所逼，不得已啃聚山林，权借梁山水泊避难，专等朝廷招安，与国家出力。今有两个兄弟，无事被贺太守生事陷害，下在牢里。欲借太尉御香、仪从，并金铃吊挂，去赚华州；事毕并还，于太尉身上，并无侵犯。乞太尉钧鉴。”宿太尉道：“不争你将了御香等物去，明日事露，须连累下官。”宋江道：“太尉回京，都推在宋江身上便了。”宿太尉看了那一班人模样，怎生推托得?只得应允了。宋江执盏擎杯，设筵拜谢。就把太尉带来的人穿的衣服都借穿了。于小喽罗数内，选拣一个俊俏的，剃了髭须，穿了太尉的衣服，扮做宿元景；宋江、吴用扮做客帐司；解珍、解宝、杨雄、石秀扮做虞候；小喽罗都是紫衫银带，执着旌节，旗　、仪仗、法物，擎抬了御香、祭礼、金铃吊挂；花荣、徐宁、朱仝、李应扮做四个衙兵；朱武、陈达、杨春款住太尉并跟随一应人等，置酒管待。却教秦明、呼延灼引一队人马，林冲、杨志引一队人马，分作两路取城；教武松预先去西岳门下伺候，只听号起行事。　　话休絮繁。且说一行人等，离了山寨，径到河口下船而行，不去报与华州太守，一径奔西岳庙来。戴宗先去报知云台观观主，并庙里职事人等，直至船边，迎接上岸。香花灯烛，幢　宝盖，摆列在前；先请御香上了香亭，庙里人夫扛抬了，导引金铃吊挂前行。观主拜见了太尉，吴学究道：“太尉一路染病不快，且把轿子来。”左右人等，扶策太尉上轿，径到岳庙里官厅内歇下。客帐司吴学究对观主道：“这是特奉圣旨，赍捧御香、金铃吊挂，来与圣帝供养；缘何本州官员轻慢，不来迎接？”观主答道：“已使人去报了，敢是便到。”说犹未了，本州先使一员推官，带领做公的五七十人，将着酒果，来见太尉。原来那扮太尉的小喽罗虽然模样相似，却语言发放不得，因此只教妆做染病，把靠褥围定在床上坐。推官看了，见来的旌节、门旗、牙仗等物，都是内府制造出的，如何不信?客帐司假意出入，禀复了两遭，却引推官入去，远远地阶下参拜了。那假太尉只把手指，并不听得说甚么。吴用引到面前，埋怨推官道：“太尉是天子前近幸大臣，不辞千里之遥，特奉圣旨到此降香，不想于路染病未痊，本州众官，如何不来远接！”推官答道：“前路官司虽有文书到州，不见近报，因此有失迎迓。不期太尉先到庙里，本是太守便来，奈缘少华山贼人，纠合梁山泊草盗，要打城池，每日在彼提防，以此不敢擅离。特差小官先来贡献酒礼，太守随后便来参见。”吴学究道：“太尉涓滴不饮，只叫太守快来商议行礼。”推官随即教取酒来，与客帐司亲随人把盏了。吴学究又入去禀一遭，将了钥匙出来，引着推官去看金铃吊挂，开了锁，就香帛袋中取出那御赐金铃吊挂来，叫推官看，便把条竹竿叉起。看时，果然制造得无比。但见：

浑金打就，五彩妆成。双悬缨络金铃，上挂珠玑宝盖。黄罗密布，中间八爪玉龙盘；紫带低垂，外壁双飞金凤递。对嵌珊瑚玛瑙，重围琥珀珍珠。碧琉璃掩映绛纱灯，红菡萏参差青翠叶。堪宜金屋琼楼挂，雅称瑶台宝殿悬。

这一对金铃吊挂乃是东京内府高手匠人做成的，浑是七宝珍珠嵌造，中间点着碗红纱灯笼，乃是圣帝殿上正中挂的，不是内府降来，民间如何做得?吴用叫推官看了，再收入柜匣内锁了。又将出中书省许多公文，付与推官，便叫太守来商议，拣日祭祀。推官和众多做公的，都见了许多物件文凭，便辞了客帐司，径回到华州府里，来报贺太守。

却说宋江暗暗地喝采道：“这厮虽然奸猾，也骗得他眼花心乱了。”此时武松已在庙门下了。吴学究又使石秀藏了尖刀，也来庙门下，相帮武松行事，却又叫戴宗扮虞候。云台观主进献素斋，一面教执事人等安排铺陈岳庙。宋江闲步看那西岳庙时，果然是盖造的好，殿宇非凡，真乃人间天上。宋江来到正殿上，拈香再拜，暗暗祈祷已罢，回至官厅前，门人报道：“贺太守来也。”宋江便叫花荣、徐宁、朱仝、李应四个衙兵，各执着器械，分列在两边；解珍、解宝、杨雄、戴宗，各带暗器，侍立在左右。

却说贺太守将带三百余人，来到庙前下马，簇拥入来，假客帐司吴学究、宋江见贺太守带着三百余人，都是带刀公吏人等入来，吴学究喝道：“朝廷太尉在此，闲杂人不许近前！”众人立住了脚，贺太守独自进前来拜见太尉。客帐司道：“太尉教请太守入来厮见。”贺太守入到官厅前，望着假太尉便拜。吴学究道：“太守，你知罪么？”太守道：“贺某不知太尉到来，伏乞恕罪。”吴学究道：“太尉奉敕到此西岳降香，如何不来远接？”太守答道：“不曾有近报到州，有失迎迓。”吴学究喝声：“拿下！”解珍、解宝弟兄两个，身边早掣出短刀来，一脚把贺太守踢翻，便割了头。宋江喝道：“兄弟们动手！”早把那跟来的人三百余人，惊得呆了，正走不动。花荣等一发向前，把那一干人，算子般都倒在地下，有一半抢出庙门下，武松、石秀舞刀杀将入来，小喽罗四下赶杀，三百余人不剩一个回去。续后到庙里的，都被张顺、李俊杀了。

宋江急叫收了御香、吊挂下船，都赶到华州时，早见城中两路火起，一齐杀将入来，先去牢中救了史进、鲁智深；就打开库藏，取了财帛，装载上车。一行人离了华州，上船回到少华山上，都来拜见宿太尉，纳还了御香、金铃吊挂、旌节、门旗、仪仗等物，拜谢了太尉恩相。宋江教取一盘金银相送太尉；随从人等，不分高低，都与了金银；就山寨里做了个送路筵席，谢承太尉。众头领直送下山，到河口交割了一应什物船只，一些不少，还了原来的人等。

宋江谢别了宿太尉，回到少华山上，便与四筹好汉商议，收拾山寨钱粮，放火烧了寨栅。一行人等，军马粮草，都望梁山泊来。

且说宿太尉下船来，到华州城中，已知被梁山泊贼人杀死军兵人马，劫了府库钱粮；城中杀死军校一百余人，马匹尽皆掳去。西岳庙中，又杀了许多人性命；便叫本州推官动文书申达中书省起奏，都做“宋江先在途中劫了御香、吊挂，因此赚知府到庙，杀害性命”。宿太尉到庙里焚了御香，把这金铃吊挂分付与了云台观主，星夜急急自回京师，奏知此事，不在话下。

再说宋江救了史进、鲁智深，带了少华山四个好汉，仍旧作三队，分　人马，向梁山泊来，所过州县，秋毫无犯。先使戴宗前来上山报知，晁盖并众头领下山迎接宋江等，一同到山寨里聚义厅上，都相见已罢，一面做庆喜筵席。

次日，史进、朱武、陈达、杨春，各以己财做筵宴，拜谢晁、宋二公并众头领。过了数日，话休絮烦。忽一日，有旱地忽律朱贵上山报说：“徐州沛县芒砀山中，新有一伙强人，聚集着三千人马。为头一个先生，姓樊，名瑞，绰号混世魔王，能呼风唤雨，用兵如神。手下两个副将：一个姓项，名充，绰号八臂那吒，能使一面团牌，牌上插飞刀二十四把，手中仗一条铁标枪。又有一个姓李，名衮，绰号飞天大圣，也使一面团牌，牌上插标枪二十四根，手中使一口宝剑。——这三个结为兄弟，占住芒砀山，打家劫舍。三个商量了，要来吞并俺梁山泊大寨。小弟听得说，不得不报。”宋江听了，大怒道：“这贼怎敢如此无礼!我便再下山走一遭！”只见九纹龙史进便起身道：“小弟等四个初到大寨，无半米之功，情愿引本部人马，前去收捕这伙强人。”宋江大喜。当下史进点起本部人马，与同朱武、陈达、杨春，都披挂了，来辞宋江下山。把船渡过金沙滩，上路径奔芒砀山来。三日之内，早望见那座山，乃是昔日汉高祖斩蛇起义之处。三军人马来到山下，早有伏路小喽罗上山报知。

且说史进把少华山带来的人马摆开，史进全身披挂，骑一匹火炭赤马，当先出阵。怎见得史进的英雄，但见：

久在华州城外住，出身原是庄农，学成武艺惯心胸。三尖刀似雪，浑赤马如龙。体挂连环镔铁铠，战袍风　猩红，雕青镌玉更玲珑。江湖称史进，绰号九纹龙。当时史进首先出马，手中横着三尖两刃刀；背后三个头领，中间的便是神机军师朱武。那人原是定远县人氏，平生足智多谋，亦能使两口双刀，出到阵前，亦有八句诗单道朱武好处：

道服裁棕叶，云冠剪鹿皮。
脸红双眼俊，面目细髯垂。
智可张良比，才将范蠡欺。
今堪副吴用，朱武号神机。

上首马上坐着一筹好汉，手中横着一条出白点钢枪，绰号跳涧虎陈达，原是邺城人氏。当时提枪跃马，出到阵前，也有一首诗单道着陈达好处：

每见力人能虎跳，亦知猛虎跳山溪。
果然陈达人中虎，跃马腾枪奋鼓鼙。

下首马上坐着一筹好汉，手中使一口大杆刀，绰号白花蛇杨春，原是解良县蒲城人氏。当下挺刀立马，守住阵门，也有一首诗单题杨春的好处：

杨春名姓亦奢遮，劫客多年在少华。
伸臂展腰长有力，能吞巨象白花蛇。

四个好汉勒马在阵前，望不多时，只见芒砀山上飞下一彪人马来，当先两个好汉：为头那一个，便是徐州沛县人氏，姓项，名充，绰号八臂那吒，使一面团牌，背插飞刀二十四把，百步取人，无有不中，右手仗一条标枪，后面打着一面认军旗，上书“八臂那吒”，步行下山。有八句诗单题项充：

铁帽深遮顶，铜环半掩腮。
傍牌悬兽面，飞刃插龙胎。
脚到如风火，身先降祸灾。
那吒号八臂，此是项充来。

次后那个，便是邳县人氏，姓李，名衮，绰号飞天大圣，会使一面团牌，背插二十四把标枪，亦能百步取人；左手挽牌，右手伏剑；后面打着一面认军旗，上书“飞天大圣”，出到阵前。有八句诗单道李衮：

缨盖盔兜顶，袍遮铁掩襟。
胸藏拖地胆，毛盖杀人心。
飞刃齐攒玉，蛮牌满画金。
飞天号大圣，李衮众人钦。

当下两个步行下山，见了对阵史进、朱武、陈达、杨春四骑马在阵前，并不打话，小喽罗筛起锣来，两个好汉舞动团牌，齐上直滚入阵来。史进等拦当不住，后军先走，史进前军抵敌，朱武等中军呐喊，乱窜起来，正所谓人住马不住，杀得退走三四十里。史进险些儿中了飞刀，杨春转身得迟，被一飞刀，战马着伤，弃了马，逃命走了。史进点军，折了一半，和朱武等商议，欲要差人回梁山泊求救。正忧疑之间，只见军士来报：“北边大路上，尘头起处，约有二千军马到来。”史进等直迎来时，却是梁山泊旗号，当先马上两员上将：一个是小李广花荣，一个是金枪手徐宁。史进接着，备说项充、李衮蛮牌滚动，军马遮拦不住。花荣道：“宋公明哥哥见兄长来了，放心不下，好生懊悔，特遣我两个到来帮助。”史进等大喜，合兵一处下寨。次日天晓，正欲起兵对敌，军士报道：“北边大路上又有军马到来。”花荣、徐宁、史进一齐上马接时，却是宋公明亲自和军师吴学究、公孙胜、柴进、朱仝、呼延灼、穆弘、孙立、黄信、吕方、郭盛，带领三千人马来到。史进备说项充、李衮飞刀、标枪、滚牌难近，折了人马一事。宋江大惊，吴用道：“且把军马扎下寨栅，别作商议。”宋江性急，要起兵剿捕，直到山下。

此时天色已晚，望见芒砀山上，都是青色灯笼，公孙胜看了，便道：“此寨中青色灯笼，必有个会行妖法之人在内，我等且把军马退去，来日贫道献一个阵法，要捉此二人。”宋江大喜，传令教军马且退二十里扎住营寨。次日清晨，公孙胜献出这个阵法，有分教：魔王拱手上梁山，神将倾心归水泊。

毕竟公孙胜献出甚么阵法来，且听下回分解。

第六十回 公孙胜芒砀山降魔　晁天王曾头市中箭

话说公孙胜对宋江、吴用献出那个阵图：“便是汉末三分，诸葛孔明摆石为阵的法：四面八方，分八八六十四队，中间大将居之；其象四头八尾，左旋右转，按天地风云之机，龙虎鸟蛇之状。待他下山冲入阵来，两军齐开，如若伺候他入阵，只看七星号带起处，把阵变为长蛇之势。贫道作起道法，教这三人在阵中前后无路，左右无门。却于坎地上掘一陷坑，直逼此三人到于那里。两边埋伏下挠钩手，准备捉将。”宋江听了大喜，便传将令，叫大小将校依令而行。再用八员猛将守阵，那八员：呼延灼、朱仝、花荣、徐宁、穆弘、孙立、史进、黄信。却叫柴进、吕方、郭盛权摄中军；宋江、吴用、公孙胜带领陈达磨旗；叫朱武指引五个军士，在近山高坡上看对阵报事。

是日巳牌时分，众军近山摆开阵势，摇旗擂鼓搦战。只见芒砀山上有三二十面锣声震地价响，三个头领一齐来到山下，便将三千余人摆开；左右两边，项充、李衮；中间马上，拥出那个为头的好汉，姓樊，名瑞，祖贯濮州人氏，幼年作全真先生，江湖上学得一身好武艺。马上惯使一个流星锤，神出鬼没，斩将搴旗，人不敢近，绰号混世魔王。怎见得樊瑞英雄，有《西江月》为证：

头散青丝细发，身穿绒绣皂袍，连环铁甲晃寒霄，惯使铜锤神妙。
好似北方真武，世间伏怪除妖，云游江海把名标，混世魔王绰号。

那个混世魔王樊瑞骑一匹黑马，立于阵前。上首是项充，下首是李衮。那樊瑞虽会使神术妖法，却不识阵势。看了宋江军马，四面八方，摆成阵势，心中暗喜道：“你若摆阵，中我计了！”分付项充、李衮道：“若见风起，你两个便引五百滚刀手杀入阵去。”项充、李衮得令，各执定蛮牌，挺着标枪飞剑，只等樊瑞作用。只看樊瑞立于马上，左手挽定流星铜锤，右手伏着混世魔王宝剑，口中念念有词，喝声道：“疾！”只见狂风四起，飞沙走石，天昏地暗，日月无光。项充、李衮呐声喊，带了五百滚刀手，杀将过来。宋江军马见杀将过来，便分开做两下。项充、李衮，一搅入阵，两下里强弓硬弩，射住来人，只带得四五十人入去，其余的都回本阵去了。宋江在高坡上望见项充、李衮已入阵里了，便叫陈达把七星号旗只一招，那座阵势，纷纷滚滚，变作长蛇之阵。项充、李衮正在阵里东赶西走，左盘右转，寻路不见。高坡上朱武把小旗在那里指引：他两个投东，朱武便望东指；若是投西，便望西指。原来公孙胜在高埠处看了，已先拔出那松文古定剑来，口中念动咒语，喝声道：“疾！”将那风尽随着项充、李衮脚跟边乱卷。两个在阵中，只见天昏地暗，日色无光，四边并不见一个军马，一望都是黑气。后面跟的都不见了。项充、李衮心慌起来，只要夺路回阵，百般地没寻归路处。正走之间，忽然地雷大振一声，两个在阵叫苦不迭，一齐　了双脚，翻筋斗颠下陷马坑里去。两边都是挠钩手，早把两个搭将起来，便把麻绳绑缚了，解上山坡请功。宋江把鞭梢一指，三军一齐掩杀过去，樊瑞引人马奔走上山，走不迭的，折其大半。

宋江收军，众头领都在帐前坐下，军健早解项充、李衮到于麾下。宋江见了，忙叫解了绳索，亲自把盏，说道：“二位壮士，其实休怪，临敌之际，不如此不得。小可宋江，久闻三位壮士大名，欲来礼请上山，同聚大义；盖因不得其便，因此错过。倘若不弃，同归山寨，不胜万幸。”两个听了，拜伏在地道：“已闻及时雨大名，只是小弟等无缘，不曾拜识。原来兄长果有大义!我等两个不识好人，要与天地相拗，今日既被擒获，万死尚轻，反以礼待。若蒙不杀，誓当效死，报答大恩!樊瑞那人，无我两个，如何行得?义士头领若肯放我们一个回去，就说樊瑞来投拜，不知头领尊意如何？”宋江便道：“壮士，不必留一人在此为当，便请二位同回贵寨。宋江来日专候佳音。”两个拜谢道：“真乃大丈夫!若是樊瑞不从投降，我等擒来，奉献头领麾下。”宋江听说大喜，请入中军，待了酒食，换了两套新衣，取两匹好马，呼小喽罗拿了枪牌，送二人下山回寨。两个于路，在马上感恩不尽。来到芒砀山下，小喽罗见了大惊，接上山寨。樊瑞问两个来意如何。项充、李衮道：“我等逆天之人，合该万死！”樊瑞道：“兄弟，如何说这话？”两个便把宋江如此义气，说了一遍。樊瑞道：“既然宋公明如此大贤，义气最重，我等不可逆天，来早都下山投拜。”两个道：“我们也为如此而来。”当夜把寨内收拾已了，次日天晓，三个一齐下山，直到宋江寨前，拜伏在地。宋江扶起三人，请入帐中坐定。三个见了宋江，没半点相疑之意，彼此倾心吐胆，诉说平生之事。三人拜请众头领，都到芒砀山寨中，杀牛宰马，管待宋公明等众多头领，一面赏劳三军。饮宴已罢，樊瑞就拜公孙胜为师。宋江立主教公孙胜传授五雷天心正法与樊瑞，樊瑞大喜。数日之间，牵牛拽马，卷了山寨钱粮，驮了行李，收聚人马，烧毁了寨栅，跟宋江等班师回梁山泊，于路无话。

宋江同众好汉军马，已到梁山泊边，却欲过渡，只见芦苇岸边大路上，一个大汉望着宋江便拜。宋江慌忙下马扶住，问道：“足下姓甚名谁?何处人氏？”那汉答道：“小人姓段，双名景住；人见小弟赤发黄须，都呼小人为金毛犬。祖贯是涿州人氏，平生只靠去北边地面盗马。今春去到枪竿岭北边，盗得一匹好马，雪练也似价白，浑身并无一根杂毛，头至尾，长一丈，蹄至脊，高八尺。那马又高又大，一日能行千里，北方有名，唤做‘照夜玉狮子马’，乃是大金王子骑坐的，放在枪竿岭下，被小人盗得来。江湖上只闻及时雨大名，无路可见，欲将此马前来进献与头领，权表我进身之意。不期来到凌州西南上曾头市过，被那曾家五虎夺了去。小人称说是梁山泊宋公明的，不想那厮多有污秽的言语，小人不敢尽说。逃走得脱，特来告知。”宋江看这人时，虽是骨瘦形粗，却甚生得奇怪。怎见得，有诗为证：

焦黄头发髭须卷，捷足不辞千里远。

但能盗马不看家，如何唤做金毛犬?

宋江见了段景住一表非俗，心中暗喜，便道：“既然如此，且同到山寨里商议。”带了段景住，一同都下船，到金沙滩上岸。晁天王并众头领接到聚义厅上，宋江教樊瑞、项充、李衮和众头领相见，段景住一同都参拜了；打起聒厅鼓来，且做庆贺筵席。宋江见山寨连添了许多人马，四方豪杰，望风而来；因此叫李云、陶宗旺监工，添造房屋，并四边寨栅。段景住又说起那匹马的好处，宋江叫神行太保戴宗，去曾头市探听那匹马的下落。

戴宗去了四五日，回来对众头领说道：“这个曾头市上，共有三千余家，内有一家，唤做曾家府。这老子原是大金国人，名为曾长者；生下五个孩儿，号为曾家五虎：大的儿子，唤做曾涂，第二个唤做曾密，第三个唤做曾索，第四个唤做曾魁，第五个唤做曾升。又有一个教师史文恭，一个副教师苏定。去那曾头市上，聚集着五七千人马，扎下寨栅，造下五十余辆陷车，发愿说，他与我们势不两立，定要捉尽俺山寨中头领，做个对头。那匹千里玉狮子马，现今与教师史文恭骑坐。更有一般堪恨那厮之处，杜撰几句言语，教市上小儿们都唱道：‘摇动铁　铃，神鬼尽皆惊。铁车并铁锁，上下有尖钉。扫荡梁山清水泊，剿除晁盖上东京!生擒及时雨，活捉智多星!曾家生五虎，天下尽闻名！’”晁盖听罢，心中大怒道：“这畜生怎敢如此无礼!我须亲自走一遭，不捉的此辈，誓不回山！”宋江道：“哥哥是山寨之主，不可轻动，小弟愿往。”晁盖道：“不是我要夺你的功劳，你下山多遍了，厮杀劳困，我今替你走一遭，下次有事，却是贤弟去。”宋江苦谏不听，晁盖忿怒，便点起五千人马，请启二十个头领相助下山；其余都和宋公明保守山寨。

晁盖点那二十个头领：林冲、呼延灼、徐宁、穆弘、刘唐、张横、阮小二、阮小五、阮小七、杨雄、石秀、孙立、黄信、杜迁、宋万、燕顺、邓飞、欧鹏、杨林、白胜，共是二十个头领，部领三军人马下山，征进曾头市。宋江与吴用、公孙胜众头领，就山下金沙滩饯行。饮酒之间，忽起一阵狂风，正把晁盖新制的认军旗，半腰吹折。众人见了，尽皆失色。吴学究谏道：“此乃不祥之兆，兄长改日出军。”宋江劝道：“哥哥方才出军，风吹折认旗，于军不利；不若停待几时，却去和那厮理会。”晁盖道：“天地风云，何足为怪?趁此春暖之时，不去拿他，直待养成那厮气势，却去进兵，那时迟了。你且休阻我，遮莫怎地要去走一遭！”宋江那里别拗得住，晁盖引兵渡水去了。宋江悒快不已。回到山寨，再叫戴宗下山，去探听消息。

且说晁盖领着五千人马，二十个头领，来到曾头市相近，对面下了寨栅。次日，先引众头领，上马去看曾头市。众多好汉立马看时，果然这曾头市是个险隘去处。但见：

周回一遭野水，四围三面高冈，堑边河港似蛇盘，濠下柳林如雨密。凭高远望，绿阴浓不见人家；附近潜窥，青影乱深藏寨栅。村中壮汉，出来的勇似金刚；田野小儿，生下地便如鬼子。果然是铁壁铜墙，端的尽人强马壮。

晁盖与众头领正看之间，只见柳林中飞出一彪人马来，约有七八百人，当先一个好汉，戴熟铜盔，披连环甲，使一条点钢枪，骑着匹冲阵马，乃是曾家第四子曾魁，高声喝道：“你等是梁山泊反国草寇，我正要来拿你解官请赏，原来天赐其便!还不下马受缚，更待何时！”晁盖大怒，回头一观，早有一将出马，去战曾魁。那人是梁山初结义的好汉豹子头林冲。两个交马，斗了二十余合，不分胜败。曾魁斗到二十合之后，料道斗林冲不过，掣枪回马，便往柳林中走，林冲勒住马不赶。晁盖领转军马回寨，商议打曾头市之策。林冲道：“来日直去市口搦战，就看虚实如何，再作商议。”次日平明，引领五千人马，向曾头市口平川旷野之地，列成阵势，擂鼓呐喊。曾头市上炮声响处，大队人马出来，一字儿摆着七个好汉：中间便是都教师史文恭，上首副教师苏定，下首便是曾家长子曾涂，左边曾密、曾魁，右军曾升、曾索，都是全身披挂。教师史文恭弯弓插箭，坐下那匹却是千里玉狮子马，手里使一枝方天画戟。三通鼓罢，只见曾家阵里推出数辆陷车，放在阵前，曾涂指着对阵骂道："反国草贼，见俺陷车么?我曾家府里杀你死的，不算好汉!我一个个直要捉你活的，装载陷车里，解上东京，碎尸万段。你们趁早纳降，再有商议。"晁盖听了大怒，挺枪出马，直奔曾涂。众将怕晁盖有失，一发掩杀过去，两军混战。曾家军马，一步步退入村里。林冲、呼延灼紧护定晁盖，东西赶杀。林冲见路途不好，急退回来收兵。看得两边各皆折了些人马。晁盖回到寨中，心中甚忧。众将劝道："哥哥且宽心，休得愁闷，有伤贵体。往常宋公明哥哥出军，亦曾失利，好歹得胜回寨，今日混战，各折了些军马，又不曾输了与他，何须忧闷？"晁盖只是郁郁不乐。在寨内一连三日，每日搦战，曾头市上并不曾见一个。

第四日，忽有两个和尚直到晁盖寨里来投拜，军人引到中军帐前，两个和尚跪下告道："小僧是曾头市上东边法华寺里监寺僧人，今被曾家五虎不时常来本寺作践罗唣，索要金银财帛，无所不为。小僧已知他的备细出没去处，特地前来拜请头领入去劫寨，剿除了他时，当坊有幸。"晁盖见说大喜，便请两个和尚坐了，置酒相待。林冲谏道："哥哥休得听信，其中莫非有诈。"和尚道："小僧是个出家人，怎敢妄语?久闻梁山泊行仁义之道，所过之处，并不扰民，因此特来拜投，如何故来掇赚将军?况兼曾家未必赢得头领大军，何故相疑？"晁盖道："兄弟休生疑心，误了大事。今晚我自去走一遭。"林冲道："哥哥休去，我等分一半人马去劫寨，哥哥在外面接应。"晁盖道："我不自去，谁肯向前?你可留一半军马在外接应。"林冲道："哥哥带谁入去？"晁盖道："点十个头领，分二千五百人马入去。"十个头领是：刘唐、阮小二、呼延灼、阮小五、欧鹏、阮小七、燕顺、杜迁、宋万、白胜。当晚造饭吃了，马摘鸾铃，军士衔枚，黑夜疾走，悄悄地跟了两个和尚，直奔法华寺内，看时，是一个古寺。晁盖下马，入到寺内，见没僧众，问那两个和尚道："怎地这个大寺院，没一个僧众？"和尚道："便是曾家畜生薅恼，不得已各自归俗去了；只有长老并几个侍者，自在塔院里居住。头领暂且屯住了人马，等更深些，小僧直引到那厮寨里。"晁盖道："他的寨在那里？"和尚道："他有四个寨栅，只是北寨里，便是曾家弟兄屯军之处。若只打得那个寨子时，别的都不打紧。这三个寨便罢了。"晁盖道："那个时分可去？"和尚道："如今只是二更天气，且待三更时分，他无准备。"初时听得曾头市上，整整齐齐打更鼓响。又听了半个更次，绝不闻更点之声。和尚道："军人想是已睡了，如今可去。"和尚当先引路。晁盖带同诸将上马，领兵离了法华寺，跟着和尚。

行不到五里多路，黑影处不见了两个僧人，前军不敢行动。看四边路杂难行，又不见有人家。军士却慌起来，报与晁盖知道。呼延灼便叫急回旧路。走不到百十步，只见四下里金鼓齐鸣，喊声震地，一望都是火把。晁盖众将引军夺路而走，才转得两个弯，撞出一彪军马，当头乱箭射将来，不期一箭，正中晁盖脸上，倒撞下马来；却得呼延灼、燕顺两骑马，死并将去，背后刘唐、白胜，救得晁盖上马，杀出村中来。村口林冲等，引军接应，刚才敌得住。两军混战，直杀到天明，各自归寨。林冲回来点军时，三阮、宋万、杜迁，水里逃得性命；带入去二千五百人马，止剩得一千二三百人，跟着欧鹏，都回到帐中。众头领且来看晁盖时，那枝箭正射在面颊上；急拔得箭出，血晕倒了。看那箭时，上有史文恭字，林冲叫取金枪药敷贴上，原来却是一枝药箭。晁盖中了箭毒，已自言语不得。林冲叫扶上车子，便差三阮、杜迁、宋万先送回山寨。其余十五个头领，在寨中商议："今番晁天王哥哥下山来，不想遭这一场，正应了风折认旗之兆；我等只可收兵回去，这曾头市急切不能取得。"呼延灼道："须等宋公明哥哥将令来，方可回军。"当日众头领闷闷不已，众军亦无恋战之心，人人都有还山之意。

当晚二更时分，天色微明，十五个头领，都在寨中纳闷，正是蛇无头而不行，鸟无翅而不飞，嗟咨叹惜，进退无措。忽听的伏路小校，慌急来报："前面四五路军马杀来，火把不计其数。"林冲听了，一齐上马。三面山字火把齐明，照见如同白日，四下里呐喊到寨前。林冲领了众头领，不去抵敌，拔寨都起，回马便走。曾家军马，背后卷杀将来，两军且战且走。走过了五六十里，方才得脱。计点人兵，又折了五七百人。大败亏输，急取旧路，望梁山泊回来。退到半路，正迎着戴宗传下军令，教众头领引军且回山寨，别作良策。众将得令，引军回到水浒寨上山，都来看视晁头领时，已自水米不能入口，饮食不进，浑身虚肿。宋江等守定在床前啼哭，亲手敷贴药饵，灌下汤散。众头领都守在帐前看视。

当日夜至三更，晁盖身体沉重，转头看着宋江嘱付道："贤弟保重。若那个捉得射死我的，便教他做梁山泊主！"言罢，便瞑目而死。宋江见晁盖死了，比似丧考妣一般，哭得发昏。众头领扶策宋江出来主事。吴用、公孙胜劝道："哥哥且省烦恼，生死人之分定，何故痛伤?且请理会大事。"宋江哭罢，便教把香汤沐浴了尸首，装殓衣服巾帻，停在聚义厅上。众头领都来举哀祭祀。一面合造内棺外椁，选了吉时，盛放在正厅上，建起灵帏，中间设个神主，上写道："梁山泊主天王晁公神主"。山寨中头领，自宋公明以下，都带重孝；小头目并众小喽罗，亦带孝头巾。把那枝誓箭，就供养在灵前。寨内扬起长，请附近寺院僧众上山做功德，追荐晁天王。宋江每日领众举哀，无心管理山寨事务。林冲与公孙胜、吴用，并众头领商议，立宋公明为梁山泊主，诸人拱听号令。

次日清晨，香花灯烛，林冲为首，与众等请出宋公明在聚义厅上坐定。吴用、林冲开话道："哥哥听禀：'国一日不可无君，家一日不可无主。'晁头领是归天去了，山寨中事业，岂可无主?四海之内，皆闻哥哥大名，来日吉日良辰，请哥哥为山寨之主，诸人拱听号令。"宋江道："晁天王临死时嘱付：'如有人捉得史文恭者，便立为梁山泊主。'此话众头领皆知。今骨肉未寒，岂可忘了?又不曾报得仇，雪得恨，如何便居得此位？"吴学究又劝道："晁天王虽是如此说，今日又未曾捉得那人，山寨中岂可一日无主?若哥哥不坐时，谁人敢当此位?寨中人马如何管领?然虽遗言如此，哥哥权且尊临此位，坐一坐，待日后别有计较。"宋江道："军师言之极当。今日小可权当此位，待日后报仇雪恨已了，拿住史文恭的，不拘何人，须当此位。"黑旋风李逵在侧边叫道："哥哥休说做梁山泊主，便做了大宋皇帝，却不好！"宋江喝道："这黑厮又来胡说!再休如此乱言，先割了你这厮舌头！"李逵道："我又不教哥哥做社长，请哥哥做皇帝，倒要割了我舌头！"吴学究道："这厮不识尊卑的人，兄长不要和他一般见识。且请哥哥主张大事。"

宋江焚香已罢，权居主位，坐了第一把椅子。上首军师吴用，下首公孙胜；左一带林冲为头，右一带呼延灼居长。众人参拜了，两边坐下。宋江乃言道："小可今日权居此位，全赖众兄弟扶助，同心合意，共为股肱，一同替天行道。如今山寨，人马数多，非比往日，可请众兄弟分做六寨驻扎。聚义厅今改为忠义堂。前后左右立四个旱寨，后山两个小寨，前山三座关隘，山下一个水寨，两滩两个小寨，今日各请弟兄分投去管。忠义堂上，是我权居尊位。第二位军师吴学究，第三位法师公孙胜，第四位花荣，第五位秦明，第六位吕方，第七位郭盛；左军寨内：第一位林冲，第二位刘唐，第三位史进，第四位杨雄，第五位石秀，第六位杜迁，第七位宋万；右军寨内：第一位呼延灼，第二位朱仝，第三位戴宗，第四位穆弘，第五位李逵，第六位欧鹏，第七位穆春；前军寨内：第一位李应，第二位徐宁，第三位鲁智深，第四位武松，第五位杨志，第六位马麟，第七位施恩；后军寨内：第一位柴进，第二位孙立，第三位黄信，第四位韩滔，第五位彭玘，第六位邓飞，第七位薛永；水军寨内：第一位李俊，第二位阮小二，第三位阮小五，第四位阮小七，第五位张横，第六位张顺，第七位童威，第八位童猛。——六寨计四十三员头领。山前第一关，令雷横、樊瑞守把；第二关，令解珍、解宝守把；第三关，令项充、李衮守把。金沙滩小寨内，令燕顺、郑天寿、孔明、孔亮四个守把；鸭嘴滩小寨内，令李忠、周通、邹渊、邹润四个守把。山后两个小寨：左一个旱寨内，令王矮虎、一丈青、曹正；右一个旱寨内，令朱武、陈达、杨春六人守把。忠义堂内，左一带房中，掌文卷，萧让；掌赏罚，裴宣；掌印信，金大坚；掌算钱粮，蒋敬。右一带房中，管炮，凌振；管造船，孟康；管造衣甲，侯健；管筑城垣，陶宗旺。忠义堂后两厢房中管事人员：监造房屋，李云；铁匠总管，汤隆；监造酒醋，朱富；监备筵宴，宋清；掌管什物，杜兴、白胜。山下四路作眼酒店，原拨定朱贵、乐和、时迁、李立、孙新、顾大嫂、张青、孙二娘，已自定数。管北地收买马匹，杨林、石勇、段景住。分拨已定，各自遵守，毋得违犯。”梁山泊水浒寨内，大小头领，自从宋公明为寨主，尽皆欢喜，拱听约束。一日，宋江聚众商议，欲要与晁盖报仇，兴兵去打曾头市。军师吴用谏道：“哥哥，庶民居丧，尚且不可轻动，哥哥兴师，且待百日之后，方可举兵。”宋江依吴学究之言，守住山寨，每日修设好事，只做功果，追荐晁盖。

一日，请到一僧，法名大圆，乃是北京大名府在城龙华寺僧人，只为游方来到济宁，经过梁山泊，就请在寨内做道场。因吃斋之次，闲话间，宋江问起北京风土人物，那大圆和尚说道：“头领如何不闻河北玉麒麟之名？”宋江、吴用听了，猛然省起，说道：“你看我们未老，却恁地忘事!北京城里是有个卢大员外，双名俊义，绰号玉麒麟，是河北三绝，祖居北京人氏，一身好武艺，棍棒天下无对。梁山泊寨中若得此人时，何怕官军缉捕，岂愁兵马来临？”吴用笑道：“哥哥何故自丧志气?若要此人上山，有何难哉！”宋江答道：“他是北京大名府第一等长者，如何能够得他来落草？”吴学究道：“吴用也在心多时了，不想一向忘却。小生略施小计，便教本人上山。”宋江便道：“人称足下为智多星，端的名不虚传!敢问军师用甚计策，赚得本人上山？”吴用不慌不忙，叠两个指头，说出这段计来。有分教：卢俊义撇却锦簇珠围，来试龙潭虎穴。正是：只为一人归水浒，致令百姓受兵戈。

毕竟吴学究怎地赚卢俊义上山，且听下回分解。

第六十一回 吴用智赚玉麒麟　张顺夜闹金沙渡

话说这龙华寺僧人，说出三绝玉麒麟卢俊义名字与宋江，吴用道：“小生凭三寸不烂之舌，直往北京说卢俊义上山，如探囊取物，手到拈来，只是少一个粗心大胆的伴当，和我同去。”说犹未了，只见黑旋风李逵高声叫道：“军师哥哥，小弟与你走一遭。”宋江喝道：“兄弟，你且住着!若是上风放火，下风杀人，打家劫舍，冲州撞府，合用着你。这是做细作的勾当，你性子又不好，去不的。”李逵道：“你们都道我生的丑，嫌我，不要我去。”宋江道：“不是嫌你，如今大名府做公的极多，倘或被人看破，枉送了你的性命。”李逵叫道：“不妨。我定要去走一遭。”吴用道：“你若依的我三件事，便带你去；若依不的，只在寨中坐地。”李逵道：“莫说三件，便是三十件也依你！”吴用道：“第一件，你的酒性如烈火，自今日去，便断了酒，回来你却开；第二件，于路上做道童打扮，随着我，我但叫你，不要违拗；第三件最难，你从明日为始，并不要说话，只做哑子一般。依的这三件，便带你去。”李逵道：“不吃酒，做道童，却依得；闭着这个嘴不说话，却是憋杀我！”吴用道：“你若开口，便惹出事来。”李逵道：“也容易，我只口里衔着一文铜钱便了！”宋江道：“兄弟，你坚执要去，若有疏失，休要怨我。”李逵道：“不妨，不妨。我这两把板斧拿了去，少也砍他娘千百个鸟头才罢。”众头领都笑，那里劝的住。当日忠义堂上做筵席送路。至晚，各自去歇息。次日清早，吴用收拾了一包行李，教李逵打扮做道童，挑担下山。宋江与众头领都在金沙滩送行，再三分付吴用小心在意，休教李逵有失。吴用、李逵别了众人下山，宋江等回寨。

且说吴用、李逵二人往北京去，行了四五日路程，每日天晚投店安歇，平明打火上路，于路上，吴用被李逵怄的苦。行了几日，赶到北京城外店肆里歇下。当晚，李逵去厨下做饭，一拳打的店小二吐血。小二哥来房里告诉吴用道：“你家哑道童忒狠：小人烧火迟了些，就打的小人吐血。”吴用慌忙与他陪话，把十数贯钱与他将息，自埋怨李逵，不在话下。

过了一夜，次日天明，起来安排些饭食吃了。吴用唤李逵入房中分付道：“你这厮苦死要来，一路上怄死我也!今日入城，不是耍处，你休送了我的性命！”李逵道：“不敢，不敢。”吴用道：“我再和你打个暗号：若是我把头来摇时，你便不可动弹。”李逵应承了。两个就店里打扮入城：吴用戴一顶乌绉纱抹眉头巾，穿一领皂沿边白绢道服，系一条杂彩吕公绦，着一双方头青布履，手里拿一逼赛黄金熟铜铃杵。李逵戗几根蓬松黄发，绾两枚浑骨丫髻，黑虎躯穿一领粗布短褐袍，飞熊腰勒一条杂色短须绦，穿一双蹬山透土靴，担一条过头木拐棒，挑着个纸招儿，上写着：“讲命谈天，卦金一两。”

吴用、李逵两个打扮了，锁上房门，离了店肆，望北京城南门来。行无一里，却早望见城门，端的好个北京!但见：

城高地险，堑阔濠深。一周回鹿角交加，四下里排叉密布。鼓楼雄壮，缤纷杂彩旗幡；堞道坦平，簇摆刀枪剑戟。钱粮浩大，人物繁华。东西院鼓乐喧天，南北店货财满地。千员猛将统层城，百万黎民居上国。

此时天下各处盗贼生发，各州府县俱有军马守把。惟此北京，是河北第一个去处，更兼又是梁中书统领大军镇守，如何不摆得整齐?

且说吴用、李逵两个，摇摇摆摆，却好来到城门下，守门的约有四五十军士，簇捧着一个把门的官人在那里坐定。吴用向前施礼，军士问道：“秀才那里来？”吴用答道：“小生姓张，名用。这个道童姓李。江湖上卖卦营生，今来大郡，与人讲命。”身边取出假文引，教军士看了。众人道：“这个道童的鸟眼，恰像贼一般看人！”李逵听得，正待要发作，吴用慌忙把头来摇，李逵便低了头。吴用向前与把门军士陪话道：“小生一言难尽!这个道童，又聋又哑，只有一分蛮气力；却是家生的孩儿，没奈何带他出来。这厮不省人事，望乞恕罪！”辞了便行。李逵跟在背后，脚高步低，望市心里来。吴用手中摇着铃杵，口里念四句口号道：“甘罗发早子牙迟，彭祖颜回寿不齐。范丹贫穷石崇富，八字生来各有时。”吴用又道：“乃时也，运也，命也。知生，知死，知贵，知贱。若要问前程，先赐银一两。”说罢，又摇铃杵。北京城内小儿约有五六十个，跟着看了笑。却好转到卢员外解库门首，自歌自笑，去了复又回来，小儿们哄动。

卢员外正在解库厅前坐地，看着那一班主管收解，只听得街上喧哄，唤当直的问道：“如何街上热闹？”当直的报复：“员外，端的好笑!街上一个别处来的算命先生，在街上卖卦，要银一两算一命，谁人舍的?后头一个跟的道童，且是生的渗濑，走又走的没样范，小的们跟定了笑。”卢俊义道：“既出大言，必有广学。当直的，与我请他来。”当直的慌忙去叫道：“先生，员外有请。”吴用道：“是何人请我？”当直的道：“卢员外相请。”吴用便与道童跟着转来，揭起帘子，入到厅前，教李逵只在鹅项椅上坐定等候。

吴用转过前来，见卢员外时，那人生的如何?有《满庭芳》词为证：

目炯双瞳，眉分八字，身躯九尺如银。威风凛凛，仪表似天神。惯使一条棍棒，护身龙、绝技无伦。京城内、家传清白，积祖富豪门。

杀场临敌处，冲开万马，扫退千军。更忠肝贯日，壮气凌云。慷慨疏财仗义，论英名、播满乾坤。卢员外，双名俊义，绰号玉麒麟。

当时吴用向前施礼，卢俊义欠身答礼问道："先生贵乡何处?尊姓高名？"吴用答道："小生姓张，名用，自号谈天口。祖贯山东人氏，能算皇极先天数，知人生死贵贱。卦金白银一两，方才算命。"卢俊义请入后堂小阁儿里，分宾坐定。茶汤已罢，叫当直的取过白银一两，奉作命金："烦先生看贱造则个。"吴用道："请贵庚月日下算。"卢俊义道："先生，君子问灾不问福，不必道在下豪富，只求推算目下行藏则个。在下今年三十二岁，甲子年，乙丑月，丙寅日，丁卯时。"吴用取出一把铁算子来，排在桌上，算了一回，拿起算子桌上一拍，大叫一声："怪哉！"卢俊义失惊问道："贱造主何吉凶？"吴用道："员外若不见怪，当以直言。"卢俊义道："正要先生与迷人指路，但说不妨。"吴用道："员外这命，目下不出百日之内，必有血光之灾：家私不能保守，死于刀剑之下。"卢俊义笑道："先生差矣。卢某生于北京，长在豪富之家；祖宗无犯法之男，亲族无再婚之女；更兼俊义作事谨慎，非理不为，非财不取，如何能有血光之灾？"吴用改容变色，急取原银付还，起身便走，嗟叹而言："天下原来都要人阿谀谄佞!罢，罢!分明指与平川路，却把忠言当恶言。小生告退。"

卢俊义道："先生息怒。前言特地戏耳，愿听指教。"吴用道："小生直言，切勿见怪！"卢俊义道："在下专听，愿勿隐匿。"吴用道："员外贵造，一向都行好运。但今年时犯岁君，正交恶限。目今百日之内，尸首异处。此乃生来分定，不可逃也。"卢俊义道："可以回避否？"吴用再把铁算子搭了一回，便回员外道："只除非去东南方巽地上，一千里之外，方可免此大难。虽有些惊恐，却不伤大体。"卢俊义道："若是免的此难，当以厚报。"吴用道："命中有四句卦歌，小生说与员外，写于壁上。日后应验，方知小生灵处。"卢俊义叫取笔砚来，便去白粉壁上写。吴用口歌四句："芦花丛里一扁舟，俊杰俄从此地游。义士若能知此理，反躬逃难可无忧。"当时卢俊义写罢，吴用收拾起算子，作揖便行。卢俊义留道："先生少坐，过午了去。"吴用答道："多蒙员外厚意，误了小生卖卦，改日再来拜会。"抽身便起。卢俊义送到门首，李逵拿了拐棒，走出门外。吴学究别了卢俊义，引了李逵，径出城来。回到店中，算还房宿饭钱，收拾行李包裹，李逵挑出卦牌。出离店肆，对李逵说道："大事了也!我们星夜赶回山寨，安排圈套，准备机关，迎接卢俊义，他早晚便来也！"

且不说吴用、李逵还寨，却说卢俊义自从算卦之后，寸心如割，坐立不安，也是天罡星合当聚会，听了这算命的话，一日耐不得，便叫当直的，去唤众主管商议事务。少刻都到，那一个为头管家私的主管，姓李，名固。这李固原是东京人，因来北京投奔相识不着，冻倒在卢员外门前。卢俊义救了他性命，养在家中。因见他勤谨，写的算的，教他管顾家间事务。五年之内，直抬举他做了都管。一应里外家私，都在他身上，手下管着四五十个行财管干，一家内都称他做李都管。当日大小管事之人，都随李固来堂前声喏。

卢员外看了一遭，便道："怎生不见我那一个人？"说犹未了，阶前走过一人来。但见：

六尺以上身材，二十四五年纪，三牙掩口细髯，十分腰细膀阔。带一顶木瓜心攒顶头巾，穿一领银丝纱团领白衫，系一条蜘蛛斑红线压腰，着一双土黄皮油膀夹靴。脑后一对挨兽金环，护项一枚香罗手帕，腰间斜插名人扇，鬓畔常簪四季花。这人是北京土居人氏，自小父母双亡，卢员外家中养的他大。为见他一身雪练也似白肉，卢俊义叫一个高手匠人，与他刺了这一身遍体花绣，却似玉亭柱上铺着软翠。若赛锦体，由你是谁，都输与他。不则一身好花绣，更兼吹的、弹的、唱的、舞的、拆白道字、顶真续麻，无有不能，无有不会。亦是说的诸路乡谈，省的诸行百艺的市语。更且一身本事，无人比的：拿着一张川弩，只用三枝短箭，郊外落生，并不放空，箭到物落；晚间入城，少杀也有百十个虫蚁。若赛锦标社，那里利物，管取都是他的。亦且此人百伶百俐，道头知尾。本身姓燕，排行第一，官名单讳个青字。北京城里人口顺，都叫他做浪子燕青。曾有一篇《沁园春》词单道着燕青的好处，但见：

唇若涂朱，睛如点漆，面似堆琼。有出人英武，凌云志气，资禀聪明。仪表天然磊落，梁山上端的夸能。伊州古调，唱出绕梁声。果然是艺苑专精，风月丛中第一名。

听鼓板喧云，笙声嘹亮，畅叙幽情。棍棒参差，揎拳飞脚，四百军州到处惊。人都羡英雄领袖，浪子燕青。

原来这燕青是卢俊义家心腹人，也上厅声喏了，做两行立住：李固立在左边，燕青立在右边。

卢俊义开言道："我夜来算了一命，道我有百日血光之灾，只除非出去东南上一千里之外躲避。我想东南方有个去处，是泰安州，那里有东岳泰山天齐仁圣帝金殿，管天下人民生死灾厄。我一者去那里烧炷香，消灾灭罪；二者躲过这场灾晦；三者做些买卖，观看外方景致。李固，你与我觅十辆太平车子，装十辆山东货物，你就收拾行李，跟我去走一遭。燕青小乙看管家里，库房钥匙只今日便与李固交割。我三日之内，便要起身。"李固道："主人误矣。常言道：'卖卜卖卦，转回说话。'休听那算命的胡言乱语，只在家中，怕做甚么？"卢俊义道："我命中注定了，你休逆我。若有灾来，悔却晚矣。"燕青道："主人在上，须听小乙愚言：这一条路，去山东泰安州，正打从梁山泊边过。近年泊内，是宋江一伙强人在那里打家劫舍，官兵捕盗，近他不得。主人要去烧香，等太平了去。休信夜来那个算命的胡讲。倒敢是梁山泊歹人，假装做阴阳人，来煽惑主人。小乙可惜夜来不在家里，若在家时，三言两语，盘倒那先生，到敢有场好笑。"卢俊义道："你们不要胡说，谁人敢来赚我!梁山泊那伙贼男女，打甚么紧!我观他如同草芥，兀自要去特地捉他，把日前学成武艺，显扬于天下，也算个男子大丈夫！"

说犹未了，屏风背后走出娘子来，乃是卢员外的浑家，年方二十五岁，姓贾，嫁与卢俊义，才方五载。娘子贾氏便道："丈夫，我听你说多时了。自古道：'出外一里，不如屋里。'休听那算命的胡说，撇下海阔一个家业，耽惊受怕，去虎穴龙潭里做买卖。你且只在家内，清心寡欲，高居静坐，自然无事。"卢俊义道："你妇人家省得甚么?宁可信其有，不可信其无，自古祸出师人口，必主吉凶。我既主意定了，你都不得多言多语！"

燕青又道："小人靠主人福荫，学得些个棒法在身。不是小乙说嘴，帮着主人去走一遭，路上便有些个草寇出来，小人也敢发落的三五十个开去。留下李都管看家，小人伏侍主人走一遭。"卢俊义道："便是我买卖上不省的，要带李固去。他须省的，又替我大半气力。因此留你在家看守。自有别人管帐，只教你做个桩主。"李固又道："小人近日有些脚气的症候，十分走不的多路。"卢俊义听了，大怒道："'养兵千日，用在一朝。'我要你跟我去走一遭，你便有许多推故。若是那一个再阻我的，教他知我拳头的滋味。"李固吓得面如土色，众人谁敢再说，各自散了。　　李固只的忍气吞声，自去安排行李，讨了十辆太平车子，唤了十个脚夫，四五十拽车头口，把行李装上车子，行货拴缚完备。卢俊义自去结束。第三日烧了神福，给散了家中大男小女，一个个都分付了。当晚先叫李固引两个当直的尽收拾了出城，李固去了。娘子看了车仗，流泪而去。次日五更，卢俊义起来沐浴罢，更换一身新衣服，吃了早膳，取出器械，到后堂里辞别了祖先香火。临时出门上路，分付娘子好生看家，多便三个月，少只四五十日便回。贾氏道："丈夫路上小心，频寄书信回来。"说罢，燕青在面前拜了。卢俊义分付道："小乙在家，凡事向前，不可出去三瓦两舍打哄。"燕青道："主人如此出行，小乙怎敢怠慢？"

卢俊义提了棍棒，出到城外，有诗一首，单道卢俊义这条好棒：

挂壁悬崖欺瑞雪，撑天柱地撼狂风。

虽然身上无牙爪，出水巴山秃尾龙。

李固接着，卢俊义道："你可引两个伴当先去。但有干净客店，先做下饭等候。车仗脚夫，到来便吃，省得耽搁了路程。"李固也提条杆棒，先和两个伴当去了。卢俊义和数个当直的随后押着车仗行，但见途中山明水秀，路阔坡平，心中欢喜道："我若是在家，那里见这般景致！"行了四十余里，李固接着主人，吃点心中饭罢，李固又先去了。再行四五十里，到客店里，李固接着车仗人马宿食。卢俊义来到店房内，倚了棍棒，挂了毡笠儿，解下腰刀，换了鞋袜，宿食皆不必说。次日清早起来，打火做饭，众人吃了，收拾车辆头口，上路又行。

自此在路夜宿晓行，已经数日，来到一个客店里宿食，天明要行，只见店小二哥对卢俊义说道："好教官人得知：离小人店不得二十里路，正打梁山泊边口子前过去。山上宋公明大王，虽然不害来往客人，官人须是悄悄过去，休得大惊小怪。"卢俊义听了道："原来如此。"便叫当直的取下了衣箱，打开锁，去里面提出一个包，内取出四面白绢旗，问小二哥讨了四根竹竿，每一根缚起一面旗来，每面栲栳大小几个字，写道：

慷慨北京卢俊义，远驮货物离乡地。

一心只要捉强人，那时方表男儿志。

李固等众人看了，一齐叫起苦来。店小二问道："官人莫不和山上宋大王是亲么？"卢俊义道："我自是北京财主，却和这贼们有甚么亲!我特地要来捉宋江这厮！"小二哥道："官人低声些，不要连累小人，不是耍处!你便有一万人马，也近他不的。"卢俊义道："放屁!你这厮们都和那贼人做一路！"店小二叫苦不迭，众车脚夫都痴呆了。李固跪在地下告道："主人可怜见众人，留了这条性命回乡去，强似做罗天大醮！"卢俊义喝道："你省的甚么!这等燕雀，安敢和鸿鹄厮并?我思量平生学的一身本事，不曾逢着买主，今日幸然逢此机会，不就这里发卖，更待何时!我那车子上叉袋里，已准备下一袋熟麻索，倘或这贼们当死合亡，撞在我手里，一朴刀一个砍翻，你们众人，与我便缚在车子上。撇了货物不打紧，且收拾车子捉人，把这贼首解上京师，请功受赏，方表我平生之愿。若你们一个不肯去的，只就这里把你们先杀了。"前面摆四辆车子，上插了四把绢旗；后面六辆车子，随从了行。那李固和众人，哭哭啼啼，只得依他。卢俊义取出朴刀，装在杆棒上，三个丫儿扣牢了，赶着车子，奔梁山泊路上来。李固等见了崎岖山路，行一步，怕一步，卢俊义只顾赶着要行。从清早起来，行到巳牌时分，远远地望见一座大林，有千百株合抱不交的大树。却好行到林子边，只听得一声胡哨响，吓的李固和两个当直的没躲处。卢俊义教把车仗押在一边。车夫众人都躲在车子底下叫苦。卢俊义喝道："我若搠翻，你们与我便缚！"说犹未了，只见林子边走出四五百小喽罗来，听得后面锣声响处，又有四五百小喽罗截住后路。林子里一声炮响，托地跳出一筹好汉。怎地模样，但见：

茜红头巾，金花斜袅；

铁甲凤盔，锦衣绣袄。

血染髭髯，虎威雄暴；

大斧一双，人皆吓倒。

当下李逵手　双斧，厉声高叫："卢员外，认得哑道童么？"卢俊义猛省，喝道："我时常有心要来拿你这伙强盗，今日特地到此，快教宋江那厮下山投拜!倘或执迷，我片时间教你人人皆死，个个不留！"李逵呵呵大笑道："员外，你今日中了俺的军师妙计，快来坐把交椅！"卢俊义大怒，　着手中朴刀，来斗李逵，李逵抡起双斧来迎。两个斗不到三合，李逵托地跳出圈子外来，转过身，望林子里便走。卢俊义挺着朴刀，随后赶去，李逵在林木丛中东闪西躲。引得卢俊义性发，破一步，抢入林来，李逵飞奔乱松丛中去了。

卢俊义赶过林子这边，一个人也不见了。却待回身，只听得松林旁边转出一伙人来，一个人高声大叫："员外不要走，认的俺么？"卢俊义看时，却是一个胖大和尚：身穿皂直裰，倒提铁禅杖。卢俊义喝道："你是那里来的和尚！"鲁智深大笑道："洒家是花和尚鲁智深，今奉军师将令，着俺来迎接员外上山。"卢俊义焦躁，大骂："秃驴敢如此无礼！"拈手中宝刀，直取那和尚。鲁智深抡起铁禅杖来迎。两个斗不到三合，鲁智深拨开朴刀，回身便走，卢俊义赶将去。

正赶之间，喽罗里走出行者武松，抡两口戒刀，直奔将来。卢俊义不赶和尚，来斗武松。又不到三合，武松拔步便走。卢俊义哈哈大笑："我不赶你。你这厮们何足道哉！"说犹未了，只见山坡下一个人在那里叫道："卢员外，你如何省得!岂不闻'人怕落荡，铁怕落炉?'哥哥定下的计策，你待走那里去！"卢俊义喝道："你这厮是谁！"那人笑道："小可便是赤发鬼刘唐。"卢俊义骂道："草贼休走！"挺手中朴刀，直取刘唐。方才斗得三合，刺斜里一个人大叫道："好汉没遮拦穆弘在此！"当时刘唐、穆弘，两个两条朴刀，双斗卢俊义。正斗之间，不到三合，只听的背后脚步响。卢俊义喝声："着！"刘唐、穆弘跳退数步。卢俊义便转身斗背后的好汉，却是扑天雕李应。三个头领，丁字脚围定。卢俊义全然不慌，越斗越健。

正好步斗，只听得山顶上一声锣响，三个头领各自卖个破绽，一齐拔步去了。卢俊义又斗得一身臭汗，不去赶他；再回林子边，来寻车仗人伴时，十辆车子，人伴头口，都不见了。卢俊义便向高阜处，四下里打一望，只见远远地山坡下，一伙小喽罗，把车仗头口，赶在前面，将李固一干人，连连串串，缚在后面，鸣锣擂鼓，解投松树那边去。

卢俊义望见，心如火炽，气似烟生，提着朴刀，直赶将去。约莫离山坡不远，只见两筹好汉喝一声道："那里去！"一个是美髯公朱仝，一个是插翅虎雷横。卢俊义见了，高声骂道："你这伙草贼，好好把车仗人马还我！"朱仝手拈长须大笑道："卢员外，你还恁地不晓事?中了俺军师妙计，便肋生双翅，也飞不出去。快来大寨坐把交椅。"卢俊义听了大怒，挺起朴刀，直奔二人，朱仝、雷横各将兵器相迎。斗不到三合，两个回身便走。卢俊义寻思道："须是赶翻一个，却才讨得车仗。"舍着性命，赶转山坡，两个好汉，都不见了。只听得山顶上鼓板吹箫，仰面看时，风刮起那面杏黄旗来，上面绣着"替天行道"四字。转过来打一望，望见红罗销金伞下，盖着宋江，左有吴用，右有公孙胜。一行部从二百余人，一齐声喏道："员外，别来无恙！"

卢俊义见了越怒，指名叫骂山上。吴用劝道："员外且请息怒。宋公明久慕威名，特令吴某亲诣门墙，迎员外上山，一同替天行道，请休见责。"卢俊义大骂："无端草贼，怎敢赚我！"宋江背后转过小李广花荣，拈弓取箭，看着卢俊义喝道："卢员外休要逞能，先教你看花荣神箭！"说犹未了，飕地一箭，正中卢俊义头上毡笠儿的红缨。吃了一惊，回身便走。山上鼓声震地，只见霹雳火秦明、豹子头林冲，引一彪军马，摇旗呐喊，从山东边杀出来；又见双鞭将呼延灼、金枪手徐宁，也领一彪军马，摇旗呐喊，从山西边杀出来，吓得卢俊义走投没路。看看天色将晚，脚又疼，肚又饥，正是慌不择路，望山僻小径只顾走。约莫黄昏时分，烟迷远水，雾锁深山，星月微明，不分丛莽。正走之间，不到天尽头，须到地尽处，看看走到鸭嘴滩头，只一望时，都见满目芦花，茫茫烟水。卢俊义看见，仰天长叹道："是我不听好人言，今日果有　惶事。"

正烦恼间，只见芦苇里面一个渔人，摇着一只小船出来，那渔人倚定小船叫道："客官好大胆!这是梁山泊出没的去处，半夜三更，怎地来到这里！"卢俊义道："便是我迷踪失路，寻不着宿头，你救我则个！"渔人道："此间大宽转有一个市井，却用走三十余里向开路程，更兼路杂，最是难认；若是水路去时，只有三五里远近。你舍得十贯钱与我，我便把船载你过去。"卢俊义道："你若渡得我过去，寻得市井客店，我多与你些银两。"那渔人摇船傍岸，扶卢俊义下船，把铁篙撑开。约行三五里水面，只听得前面芦苇丛中橹声响，一只小船飞也似来，船上有两个人：前面一个人，赤条条地拿着一条水篙，后面那个摇着橹。前面的人横定篙，口里唱着山歌道：

生来不会读诗书，且就梁山泊里居。

准备窝弓射猛虎，安排香饵钓鳌鱼。

卢俊义听得，吃了一惊，不敢做声。又听得右边芦苇丛中，也是两个人，摇一只小船出来；后面的摇着橹，有咿哑之声；前面横定篙，口里也唱山歌道：

乾坤生我泼皮身，赋性从来要杀人。

万两黄金浑不爱，一心要捉玉麒麟。

卢俊义听了，只叫得苦。只见当中一只小船，飞也似摇将来，船头上立着一个人，倒提铁钻木篙，口里亦唱着山歌道：

芦花丛里一扁舟，俊杰俄从此地游。

义士若能知此理，反躬逃难可无忧。

歌罢，三只船一齐唱喏。中间是阮小二，左边是阮小五，右边是阮小七。那三只小船，一齐撞将来。卢俊义听了，心内转惊，自想又不识水性，连声便叫渔人："快与我拢船近岸！"那渔人哈哈大笑，对卢俊义说道："上是青天，下是绿水；我生在浔阳江，来上梁山泊；三更不改名，四更不改姓，绰号混江龙李俊的便是!员外若还不肯降时，枉送了你性命！"卢俊义大惊，喝一声说道："不是你，便是我！"拿着朴刀，望李俊心窝里搠将来，李俊见朴刀搠将来，拿定棹牌，一个背抛筋斗，扑通的翻下水去了。那只船滴溜溜在水面上转，朴刀又搠将下水去了。只见船尾一个人从水底下钻出来，叫一声，乃是浪里白跳张顺，把手挟住船梢，脚踏水浪，把船只一侧，船底朝天，英雄落水。正是：铺排打凤牢龙计，坑陷惊天动地人。

毕竟卢俊义性命如何，且听下回分解。

第六十二回 放冷箭燕青救主　劫法场石秀跳楼

话说这卢俊义虽是了得，却不会水，被浪里白跳张顺排翻了船，倒撞下水去。张顺却在水底下拦腰抱住，又钻过对岸来，抢了朴刀。张顺把卢俊义直奔岸边来，早点起火把，有五六十人在那里等。接上岸来，团团围住，解了腰刀，尽脱下湿衣服，便要将索绑缚。只见神行太保戴宗传令，高叫将来："不得伤犯了卢员外贵体！"随即差人将一包袱锦衣绣袄，与卢俊义穿着。八个小喽罗，抬过一乘轿来，扶卢员外上轿便行。只见远远地早有二三十对红纱灯笼，照着一簇人马，动着鼓乐，前来迎接。为头宋江、吴用、公孙胜，后面都是众头领，一齐下马。卢俊义慌忙下轿。宋江先跪，后面众头领排排地都跪下。卢俊义亦跪下还礼道："既被擒捉，愿求早死！"宋江大笑，说道："且请员外上轿。"众人一齐上马，动着鼓乐，迎上三关，直到忠义堂前下马，请卢俊义到厅上，明晃晃地点着灯烛。宋江向前陪话道："小可久闻员外大名，如雷贯耳，今日幸得拜识，大慰平生。却才众兄弟甚是冒渎，万乞恕罪。"吴用上前说道："昨奉兄长之命，特令吴某亲诣门墙，以卖卦为由，赚员外上山，共聚大义，一同替天行道。"宋江便请卢员外坐第一把交椅。卢俊义答礼道："不才无识无能，误犯虎威，万死尚轻，何故相戏？"宋江陪笑道："怎敢相戏。实慕员外威德，如饥如渴。万望不弃鄙处，为山寨之主，早晚共听严命。"卢俊义回说："宁就死亡，实难从命。"吴用道："来日却又商议。"当时置备酒食管待。卢俊义无计奈何，只得饮了几杯，小喽罗请去后堂歇了。

次日，宋江杀羊宰马，大排筵宴，请出卢员外来赴席，再三再四谦让，在中间里坐了。酒至数巡，宋江起身把盏，陪话道："夜来甚是冲撞，幸望宽恕。虽然山寨窄小，不堪歇马，员外可看'忠义'二字之面。宋江情愿让位，休得推却。"卢俊义答道："头领差矣!小可身无罪累，颇有些少家私。生为大宋人，死为大宋鬼，宁死实难听从。"吴用并众头领一个个说，卢俊义越不肯落草。吴用道："员外既然不肯，难道逼勒?只留得员外身，留不得员外心。只是众弟兄难得员外到此，既然不肯入伙，且请小寨略住数日，却送还宅。"卢俊义道："小可在此不妨，只恐家中老小，不知这般的消息。"吴用道："这事容易，先教李固送了车仗回去，员外迟去几日，却何妨？"吴用问道："李都管，你的车仗货物都有么？"李固应道："一些儿不少。"宋江叫取两个大银，把与李固；两个小银，打发当直的；那十个车脚，共与他白银十两。众人拜谢。卢俊义分付李固道："我的苦，你都知了。你回家中，说与娘子，不要忧心，我过三五日，便回也。"李固只要脱身，满口应说："但不妨事。"辞了，便下忠义堂去。吴用随即便起身，说道："员外宽心少坐，小生发送李都管下山，便来也。"

吴用只推发送李固，却先到金沙滩等候。少刻，李固和两个当直的，并车仗、头口、人伴，都下山来。吴用将引五百小喽罗围在两边，坐在柳阴树下，便唤李固近前说道："你的主人，已和我们商议定了，今坐第二把交椅。此乃未曾上山时，预先写下四句反诗，在家里壁上。我教你们知道：壁上二十八个字，每一句包着一个字。'芦花荡里一扁舟'，包个'卢'字；'俊杰那能此地游'，包个'俊'字；'义士手提三尺剑'，包个'义'字；'反时须斩逆臣头'，包个'反'字。这四句诗，包藏'卢俊义反'四字。今日上山，你们怎知?本待把你众人杀了，显得我梁山泊行短。今日放你们星夜自回去，休想望你主人回来！"李固等只顾下拜。吴用教把船送过渡口，一行人上路，奔回北京。正是：鳌鱼脱却金钩去，摆尾摇头更不回。

话分两处。不说李固等归家，且说吴用回到忠义堂上，再入酒席，用巧言说诱卢俊义。筵会直到二更方散。次日，山寨里再排筵会庆贺，卢俊义说道："感承众头领好意相留，只是小可度日如年，今日告辞。"宋江道："小可不才，幸识员外，来日宋江体己聊备小酌，对面论心一会，勿请推却。"又过了一日。明日宋江请，后日吴用请，大后日公孙胜请。话休絮繁，三十余个上厅头领，每日轮一个做筵席。光阴荏苒，日月如梭，早过一月有余。卢俊义寻思，又要告别。宋江道："非是不留员外，争奈急急要回；来日忠义堂上，安排薄酒送行。"

次日，宋江又体己送路，只见众头领都道：“俺哥哥敬员外十分，俺等众人当敬员外十二分!偏我哥哥筵席便吃，‘砖儿何厚，瓦儿何薄！’”李逵在内大叫道：“我舍着一条性命，直往北京请得你来，却不吃我弟兄们筵席，我和你眉尾相结，性命相扑！”吴学究大笑道：“不曾见这般请客的，甚是粗卤，员外休怪。见他众人薄意，再住几时。”不觉又过了四五日。卢俊义坚意要行，只见神机军师朱武，将引一班头领直到忠义堂上，开话道：“我等虽是以次弟兄，也曾与哥哥出气力，偏我们酒中藏着毒药?卢员外若是见怪，不肯吃我们的，我自不妨，只怕小兄弟们做出事来，悔之晚矣。”吴用起身便道：“你们都不要烦恼，我与你央及员外，再住几时，有何不可。常言道：‘将酒劝人，终无恶意。’”卢俊义抑众人不过，只得又住了几日，前后却好三五十日。自离北京，是五月的话，不觉在梁山泊早过了两个多月。但见金风淅淅，玉露泠泠，又早是中秋节近。卢俊义思想归期，对宋江诉说。宋江见卢俊义思归苦切，便道：“这个容易，来日金沙滩送别。”卢俊义大喜。有诗为证：

一别家山岁月赊，寸心无日不思家。

此身恨不生双翼，欲借天风过水涯。

次日，还把旧时衣裳刀棒，送还员外，一行众头领都送下山。宋江把一盘金银相送。卢俊义推道：“非是卢某说口，金帛钱财，家中颇有，但得到北京盘缠足矣。赐与之物，决不敢受。”宋江等众头领直送过金沙滩，作别自回，不在话下。

不说宋江回寨，只说卢俊义拽开脚步，星夜奔波。行了旬日，到得北京，日已薄暮。赶不入城，就在店中歇了一夜。次日早晨，卢俊义离了村店，飞奔入城。尚有一里多路，只见一人头巾破碎，衣裳蓝褛，看着卢俊义，纳头便拜。卢俊义抬眼看时，却是浪子燕青。便问：“小乙，你怎地这般模样?”燕青道：“这里不是说话处。”卢俊义转过土墙侧首，细问缘故。燕青说道：“自从主人去后，不过半月，李固回来，对娘子说道：‘主人归顺了梁山泊宋江，坐了第二把交椅。’当时便去官司首告了。他已和娘子做了一路，嗔怪燕青违拗，将我赶逐出门。将一应衣服尽行夺了，赶出城外。更兼分付一应亲戚相识：但有人安着燕青在家歇的，他便舍半个家私，和他打官司，因此无人敢着小乙。在城中安不得身，只得来城外求乞度日，权在庵内安身。正要往梁山泊寻见主人，又不敢造次。若主人果自泊里来，可听小乙言语，再回梁山泊去，别做个商议。若入城中，必中圈套。”卢俊义喝道：“我的娘子不是这般人，你这厮休来放屁！”燕青又道：“主人脑后无眼，怎知就里?主人平昔只顾打熬气力，不亲女色，娘子旧日和李固原有私情，今日推门相就，做了夫妻。主人若去，必遭毒手！”卢俊义大怒，喝骂燕青道：“我家五代在北京住，谁不识得?量李固有几颗头，敢做恁般勾当?莫不是你做出歹事来，今日倒来反说!我到家中问出虚实，必不和你干休！”燕青痛哭，拜倒地下，拖住主人衣服。卢俊义一脚踢倒燕青，大踏步便入城来。

奔到城内，径入家中，只见大小主管都吃一惊。李固慌忙前来迎接，请到堂上，纳头便拜。卢俊义便问：“燕青安在？”李固答道：“主人且休问，端的一言难尽!只怕发怒，待歇息定了却说。”贾氏从屏风后哭将出来，卢俊义说道：“娘子休哭，且说燕小乙怎地来。”贾氏道：“丈夫且休问，慢慢地却说。”卢俊义心中疑虑，定死要问燕青来历，李固便道：“主人且请换了衣服，吃了早膳，那时诉说不迟。”一边安排饭食与卢员外吃。方才举箸，只听得前门后门喊声齐起，二三百个做公的抢将入来。卢俊义惊得呆了，就被做公的绑了，一步一棍，直打到留守司来。

其时梁中书正坐公厅，左右两行，排列狼虎一般公人七八十个，把卢俊义拿到当面，贾氏和李固也跪在侧边。厅上梁中书大喝道：“你这厮是北京本处百姓良民，如何却去投降梁山泊落草，坐了第二把交椅?如今倒来里勾外连，要打北京!今被擒来，有何理说?”卢俊义道：“小人一时愚蠢，被梁山泊吴用，假做卖卦先生来家，口出讹言，煽惑良心，掇赚到梁山泊，软监了两个多月。今日幸得脱身归家，并无歹意，望恩相明镜。”梁中书喝道：“如何说得过!你在梁山泊中，若不通情，如何住了许多时?现放着你的妻子并李固告状出首，怎地是虚?”李固道：“主人既到这里，招伏了罢。家中壁上现写下藏头反诗，便是老大的证见，不必多说。”贾氏道：“不是我们要害你，只怕你连累我。常言道：‘一人造反，九族全诛。’”卢俊义跪在厅下，叫起屈来。李固道：“主人不必叫屈，是真难灭，是假易除。早早招了，免致吃苦。”贾氏道：“丈夫，虚事难入公门，实事难以抵对。你若做出事来，送了我的性命。不奈有情皮肉，无情杖子。你便招了，也只吃得有数的官司。”李固上下都使了钱，张孔目厅上禀说道：“这个顽皮赖骨，不打如何肯招?”梁中书道：“说的是！”喝叫一声：“打！”左右公人把卢俊义捆翻在地，不由分说，打的皮开肉绽，鲜血迸流，昏晕去了三四次。卢俊义打熬不过，仰天叹曰：“是我命中合当横死，我今屈招了罢。”张孔目当下取了招状，讨一面一百斤死囚枷钉了，押去大牢里监禁。府前府后看的人，都不忍见。当日推入牢门，吃了三十杀威棒，押到庭心内，跪在面前。狱子炕上坐着那个两院押牢节级——带管刽子，把手指道：“你认的我么？”卢俊义看了，不敢则声。那人是谁，有诗为证：

两院押牢称蔡福，堂堂仪表气凌云。

腰间紧系青鸾带，头上高悬垫角巾。

行刑问事人倾胆，使索施枷鬼断魂。

满郡夸称铁臂膊，杀人到处显精神。

这两院押狱兼充行刑刽子，姓蔡，名福，北京土居人氏。因为他手段高强，人呼他为铁臂膊。旁边立着一个嫡亲兄弟，叫做蔡庆，亦有诗为证：

押狱丛中称蔡庆，眉浓眼大性刚强。

茜红衫上描　　，茶褐衣中绣木香。

曲曲领沿深染皂，飘飘博带浅涂黄。

金环灿烂头巾小，一朵花枝插鬓旁。

这个小押狱蔡庆，生来爱带一枝花，河北人顺口，都叫他做一枝花蔡庆。那人拄着一条水火棍，立在哥哥侧边。蔡福道：“你且把这个死囚带在那一间牢里，我家去走一遭便来。”蔡庆把卢俊义自带去了。

蔡福起身，出离牢门来，只见司前墙下转过一个人来，手里提个饭罐，面带忧容。蔡福认的是浪子燕青。蔡福问道：“燕小乙哥，你做甚么？”燕青跪在地下，擎着两行眼泪，告道：“节级哥哥，可怜见小人的主人卢员外吃屈官司，又无送饭的钱财!小人城外叫化得这半罐子饭，权与主人充饥。节级哥哥，怎地做个方便。”说罢，泪如雨下，拜倒在地。蔡福道：“我知此事，你自去送饭，把与他吃。”燕青拜谢了，自进牢里去送饭。

蔡福转过州桥来，只见一个茶博士，叫住唱喏道：“节级，有个客人在小人茶房内楼上，专等节级说话。”蔡福来到楼上看时，却是主管李固。各施礼罢，蔡福道：“主管有何见教？”李固道：“奸不厮瞒，俏不厮欺，小人的事，都在节级肚里。今夜晚间，只要光前绝后。无甚孝顺，五十两蒜条金在此，送与节级。厅上官吏，小人自去打点。”蔡福笑道：“你不见正厅戒石上，刻着‘下民易虐，上苍难欺’。你那瞒心昧己勾当，怕我不知!你又占了他家私，谋了他老婆，如今把五十两金子与我，结果了他性命。日后提刑官下马，我吃不的这等官司。”李固道：“只是节级嫌少，小人再添五十两。”蔡福道：“李固，你割猫儿尾，拌猫儿饭!北京有名恁地一个卢员外，只值得这一百两金子?你若要我倒地他，不是我诈你，只把五百两金子与我。”李固便道：“金子有在这里，便都送与节级，只要今夜晚些成事。”蔡福收了金子，藏在身边，起身道：“明日早来扛尸。”李固拜谢，欢喜去了。

蔡福回到家里，却才进门，只见一人揭起芦帘，随即入来。那人叫声：“蔡节级相见。”蔡福看时，但见那一个人生得十分标致，且是打扮得整齐：

身穿鸦翅青团领，腰系羊脂玉闹妆，头带　　冠，足蹑珍珠履。

那人进得门，看着蔡福便拜。蔡福慌忙答礼，便问道：“官人高姓?有何见教？”那人道：“可借里面说话。”蔡福便请入来一个商议阁里，分宾坐下。那人开话道：“节级休要吃惊。在下便是沧州横海郡人氏，姓柴，名进，大周皇帝嫡派子孙，绰号小旋风的便是。只因好义疏财，结识天下好汉，不幸犯罪，流落梁山泊。今奉宋公明哥哥将令，差遣前来打听卢员外消息。谁知被赃官污吏、淫妇奸夫通情陷害，监在死囚牢里，一命悬丝，尽在足下之手。不避生死，特来到宅告知：如是留得卢员外性命在世，佛眼相看，不忘大德；但有半米儿差错，兵临城下，将至濠边，无贤无愚，无老无幼，打破城池，尽皆斩首。久闻足下是个仗义全忠的好汉，无物相送，今将一千两黄金薄礼在此。倘若要捉柴进，就此便请绳索，誓不皱眉。”　　蔡福听罢，吓得一身冷汗，半晌答应不的。柴进起身道：“好汉做事，休要踌躇，便请一决。”蔡福道：“且请壮士回步，小人自有措置。”柴进便拜道：“既蒙语诺，当报大恩。”出门唤个从人，取出黄金，递与蔡福，唱个喏便走。外面从人，乃是神行太保戴宗，又是一个不会走的。

蔡福得了这个消息，摆拨不下，思量半晌，回到牢中，把上项的事，却对兄弟说了一遍。蔡庆道：“哥哥生平最会断决，量这些小事，有何难哉?常言道：‘杀人须见血，救人须救彻。’既然有一千两金子在此，我和你替他上下使用。梁中书、张孔目，都是好利之徒，接了贿赂，必然周全卢俊义性命。葫芦提配将出去，救得救不得，自有他梁山泊好汉，俺们干的事便了也。”蔡福道：“兄弟这一论，正合我意。你且把卢员外安顿好处，早晚把些好酒食将息他，传个消息与他。”蔡福、蔡庆两个商议定了，暗地里把金子买上告下，关节已定。

次日，李固不见动静，前来蔡福家催并。蔡庆回说：“我们正要下手结果他，中书相公不肯，已有人分付，要留他性命。你自去上面使用，嘱付下来，我这里何难？”李固随即又央人去上面使用。中间过钱人去嘱托，梁中书道：“这是押牢节级的勾当，难道教我下手?过一两日，教他自死。”两下里厮推，张孔目已得了金子，只管把文案拖延了日期，蔡福就里又打关节，教及早发落。张孔目将了文案来禀，梁中书道：“这事如何决断？”张孔目道：“小吏看来，卢俊义虽有原告，却无实迹。虽是在梁山泊住了许多时，这个是扶同诖误，难问真犯。脊杖四十，刺配三千里。不知相公意下如何？”梁中书道：“孔目见得极明，正与下官相合。”随唤蔡福牢中取出卢俊义来，就当厅除了长枷，读了招状文案，决了四十脊杖。换一具二十斤铁叶盘头枷，就厅前钉了，便差董超、薛霸管押前去，直配沙门岛。原来这董超、薛霸，自从开封府做公人，押解林冲去沧州，路上害不得林冲，回来被高太尉寻事刺配北京。梁中书因见他两个能干，就留在留守司勾当。今日又差他两个监押卢俊义。

当下董超、薛霸领了公文，带了卢员外，离了州衙，把卢俊义监在使臣房里，各自归家，收拾行李包裹，即便起程。诗曰：

不亲女色丈夫身，为甚离家忆内人?

谁料室中狮子吼，却能断送玉麒麟!

且说李固得知，只叫得苦，便叫人来请两个防送公人说话。董超、薛霸到得那里酒店内，李固接着，请至阁儿里坐下，一面铺排酒食管待。三杯酒罢，李固开言说道：“实不相瞒：卢员外是我仇家。如今配去沙门岛，路途遥远，他又没一文，教你两个空费了盘缠。急待回来，也得三四个月。我没甚的相送，两锭大银，权为压手。多只两程，少无数里，就僻静去处，结果了他性命，揭取脸上金印回来表证，教我知道，每人再送五十两蒜条金与你。你们只动得一张文书；留守司房里，我自理会。”董超、薛霸两两相觑，沉吟了半晌，见了两个大银，如何不起贪心。董超道：“只怕行不得。”薛霸便道：“哥哥，这李官人也是个好男子，我们也把这件事结识了他。若有急难之处，要他照管。”李固道：“我不是忘恩失义的人，慢慢地报答你两个。”

董超、薛霸收了银子，相别归家，收拾包裹，连夜起身。卢俊义道：“小人今日受刑，杖疮疼痛，容在明日上路。”薛霸骂道：“你便闭了鸟嘴!老爷自晦气，撞着你这穷神!沙门岛往回六千里有余，费多少盘缠，你又没一文，教我们如何布摆！”卢俊义诉道：“念小人负屈含冤，上下看觑则个。”董超骂道：“你这财主们，闲常一毛不拔；今日天开眼，报应得快!你不要怨怅，我们相帮你走。”卢俊义忍气吞声，只得走动。行出东门，董超、薛霸把衣包雨伞，都挂在卢员外枷头上。卢员外一生财主，今做了囚人，无计奈何。那堪又值晚秋天气，纷纷黄叶坠，对对塞鸿飞，忧闷之中，只听的横笛之声。正是：

谁家玉笛弄秋清，撩乱无端恼客情。

自是断肠听不得，非干吹出断肠声。

两个公人，一路上做好做恶，管押了行。看看天色傍晚，约行了十四五里，前面一个村镇，寻觅客店安歇。当时小二哥引到后面房里，安放了包裹。薛霸说道：“老爷们苦杀是个公人，那里倒来伏侍罪人?你若要饭吃，快去烧火！”卢俊义只得带着枷来到厨下，问小二哥讨了个草柴，缚做一块，来灶前烧火。小二哥替他淘米做饭，洗刷碗盏。卢俊义是财主出身，这般事却不会做。草柴火把又湿，又烧不着，一齐灭了。甫能尽力一吹，被灰眯了眼睛。董超又喃喃讷讷地骂。做得饭熟，两个都盛去了，卢俊义并不敢讨吃。两个自吃了一回，剩下些残汤冷饭，与卢俊义吃了。薛霸又不住声骂了一回。吃了晚饭，又叫卢俊义去烧脚汤。等得汤滚，卢俊义方敢去房里坐地。两个自洗了脚，掇一盆百煎滚汤，赚卢俊义洗脚。方才脱得草鞋，被薛霸扯两条腿纳在滚汤里，大痛难禁。薛霸道：“老爷伏侍你，颠倒做嘴脸！”两个公人自去炕上睡了，把一条铁索，将卢员外锁在房门背后，声唤到四更，两个公人起来，叫小二哥做饭。自吃饱了，收拾包裹要行。卢俊义看脚时，都是潦浆泡，点地不得。当日秋雨纷纷，路上又滑。卢俊义一步一　，薛霸拿起水火棍，拦腰便打，董超假意去劝，一路上埋冤叫苦。

离了村店，约行了十余里，到一座大林。卢俊义道：“小人其实捱不动了，可怜见，权歇一歇！”两个公人带入林子来，正是东方渐明，未有人行。薛霸道：“我两个起得早了，好生困倦，欲要就林子里睡一睡，只怕你走了。”卢俊义道：“小人插翅也飞不去。”薛霸道：“莫要着你道儿，且等老爷缚一缚。”腰间解下麻索来，兜住卢俊义肚皮，去那松树上只一勒，反拽过脚来，绑在树上。薛霸对董超道：“大哥，你去林子外立着，若有人来撞着，咳嗽为号。”董超道：“兄弟，放手快些个。”薛霸道：“你放心去看着外面。”说罢，拿起水火棍，看着卢员外道：“你休怪我两个。你家主管李固，教我们路上结果你。便到沙门岛，也是死，不如及早打发了你!阴司地府，不要怨我们。明年今日，是你周年。”

卢俊义听了，泪如雨下，低头受死。薛霸两只手拿起水火棍，望着卢员外脑门上劈将下来。董超在外面，只听得一声扑地响，慌忙走入林子里来看时，卢员外依旧缚在树上，薛霸倒仰卧树下，水火棍撇在一边。董超道：“却又作怪!莫不是他使的力猛，倒吃一交？”仰着脸四下里看时，不见动静。薛霸口里出血，心窝里露出三四寸长一枝小小箭杆。却待要叫，只见东北角树上坐着一个人。听的叫声：“着！”撒手响处，董超脖项上早中了一箭，两脚蹬空，扑地也倒了。那人托地从树上跳将下来，拔出解腕尖刀，割断绳索，劈碎盘头枷，就树边抱住卢员外，放声大哭。卢俊义开眼看时，认得是浪子燕青，叫道：“小乙，莫不是魂魄和你相见么？”燕青道：“小乙直从留守司前跟定这厮两个。见他把主人监在使臣房里，又见李固请去说话，小乙疑猜这厮们要害主人，连夜直跟出城来。主人在村店里时，小乙伏侍在外头，比及五更里起来，小乙先在这里等候。想这厮们必来这林子里下手。被我两弩箭结果了他两个，主人见么？”这浪子燕青那把弩弓，三枝快箭，端的是百发百中。怎见得弩箭好处：

弩桩劲裁乌木，山根对嵌红牙。拨手轻衬水晶，弦索半抽金线。背缠锦袋，弯弯如秋月未圆；稳放雕翎，急急似流星飞迸。

卢俊义道：“虽是你强救了我性命，却射死这两个公人，这罪越添得重了，待走那里去的是？”燕青道：“当初都是宋公明苦了主人，今日不上梁山泊时，别无去处。”卢俊义道：“只是我杖疮发作，脚皮破损，点地不得。”燕青道：“事不宜迟，我背着主人去。”便去公人身边，搜出银两，带着弩弓，插了腰刀，拿了水火棍，背着卢俊义，一直望东边行走。不到十数里，早驮不动。见一个小小村店，入到里面，寻房安下，买些酒肉，权且充饥，两个暂时安歇这里。

却说过往人看见林子里射死两个公人在彼，近处社长，报与里正得知，却来大名府里首告。随即差官下来检验，却是留守司公人董超、薛霸。回复梁中书，着落大名府缉捕观察，限了日期，要捉凶身。做公的人，都来看了。论这弩箭，眼见得是浪子燕青的。事不宜迟，一二百做公的分头去到处贴了告示，说那两个模样，晓谕远近村坊道店，市镇人家，挨捕捉拿。却说卢俊义正在村店房中将息杖疮，又走不动，只得在那里且住。店小二听得有杀人公事，村坊里排头说来，画两个模样，小二见了，连忙去报本处社长：“我店里有两个人，好生脚叉，不知是也不是。”社长转报做公的去了。

却说燕青为无下饭，拿了弩子，去近边处寻几个虫蚁吃；却待回来，只听得满村里发喊。燕青躲在树林里张时，看见一二百做公的，枪刀围定，把卢俊义缚在车子上，推将过去。燕青要抢出去救时，又无军器，只叫得苦，寻思道：“若不去梁山泊报与宋公明得知，叫他来救，却不是我误了主人性命？”

当时取路，行了半夜，肚里又饥，身边又没一文。走到一个土冈子上，丛丛杂杂，有些树木，就林子里睡到天明，心中忧闷，只听得树枝上喜雀　噪噪，寻思道：“若是射得下来，村坊人家，讨些水，煮瀑得熟，也得充饥。”走出林子外，抬头看时，那喜雀朝着燕青噪。燕青轻轻取出弩弓，暗暗问天买卦，望空祈祷，说道：“燕青只有这一只箭了。若是救的主人性命，箭到处，灵雀坠空；若是主人命运合休，箭到，灵雀飞去。”搭上箭，叫声：“如意子，不要误我！”弩子响处，正中喜雀后尾，带了那枝箭，直飞下冈子去。燕青大踏步赶下冈子去，不见了喜雀。正寻之间，只见两个人从前面走来。怎生打扮，但见：

前头的，带顶猪嘴头巾，脑后两个金裹银环，上穿香皂罗衫，腰系销金　膊。穿半膝软袜麻鞋，提一条齐眉棍棒。后面的，白范阳遮尘笠子，茶褐攒线袖衫。腰系绯红缠袋，脚穿踢土皮鞋。背了衣包，提条短棒，跨口腰刀。

这两个来的人，正和燕青打个肩厮拍。燕青转回身，看了这两个，寻思道：“我正没盘缠，何不两拳打倒两个，夺了包裹，却好上梁山泊。”揣了弩弓，抽身回来。这两个低着头只顾走。燕青赶上，把后面带毡笠儿的后心一拳，扑地打倒。却待拽拳再打那前面的，反被那汉子手起棒落，正中燕青左腿，打翻在地。后面那汉子爬将起来，踏住燕青，掣出腰刀，劈面门便剁。燕青大叫道：“好汉，我死不妨，却谁为主人报信！”那汉便不下刀，收住了手，提起燕青问道：“你这厮报甚么音信？”燕青道：“你问我待怎地？”那前面的好汉把燕青手一拖，却露出手腕上花绣，慌忙问道：“你不是卢员外家甚么浪子燕青？”燕青想道：“左右是死，索性说了，教他捉去，和主人阴魂做一处！”便道：“我正是卢员外家浪子燕青。今要上梁山泊报信，教宋公明救我主人则个。”二人见说，呵呵大笑，说道：“早是不杀了你!原来正是燕小乙哥。你认得我两个么？”穿皂的不是别人，梁山泊头领病关索杨雄，后面的便是拚命三郎石秀。杨雄道：“我两个今奉哥哥将令，差往北京，打听卢员外消息。军师与戴院长亦随后下山，专候通报。”燕青听得是杨雄、石秀，把上件事都对两个说了。杨雄道：“既是如此说时，我和燕青上山寨，报知哥哥，别做个道理。你可自去北京，打听消息，便来回报。”石秀道：“最好。”便把包裹与燕青背了，跟着杨雄连夜上梁山泊来。见了宋江，燕青把上项事备细说了一遍。宋江大惊，便会众头领商议良策。

且说石秀只带自己随身衣服，来到北京城外，天色已晚，入不得城，就城外歇了一宿。次日早饭罢，入得城来，但见人人嗟叹，个个伤情。石秀心疑。来到市心里，只见人家闭户关门，石秀问市户人家时，只见一个老丈回言道：“客人，你不知我这北京有个卢员外，等地财主，因被梁山泊贼人掳掠前去，逃得回来，倒吃了一场屈官司，迭配去沙门岛。又不知怎地路上坏了两个公人，昨夜拿来，今日午时三刻，解来这里市曹上斩他，客人可看一看。”

石秀听罢，走来市曹上看时，十字路口，是个酒楼，石秀便来酒楼上，临街占个阁儿坐了。酒保前来问道：“客官，还是请人?只是独自酌杯？”石秀睁着怪眼说道：“大碗酒，大块肉，只顾卖来，问甚么鸟！”酒保倒吃了一惊，打两角酒，切一大盘牛肉将来。石秀大碗大块，吃了一回。坐不多时，只听得楼下街上热闹，石秀便去楼窗外看时，只见家家闭户，铺铺关门。酒保上楼来道：“客官醉也!楼下出公事，快算了酒钱，别处去回避。”石秀道：“我怕甚么鸟!你快走下去，莫要讨老爷打！”酒保不敢做声，下楼去了。不多时，只见街上锣鼓喧天价来。但见：　　两声破鼓响，一棒碎锣鸣。皂纛旗招展如云，柳叶枪交加似雪。犯由牌前引，白混棍后随。押牢节级狰狞，仗刃公人猛勇。高头马上，监斩官胜似活阎罗；刀剑林中，掌法吏犹如追命鬼。可怜十字街心里，要杀含冤负屈人!

石秀在楼窗外看时，十字路口，周回围住法场，十数对刀棒刽子，前排后拥，把卢俊义绑押到楼前跪下。铁臂膊蔡福拿着法刀，一枝花蔡庆扶着枷梢，说道：“卢员外，你自精细看，不是我弟兄两个救你不的，事做拙了。前面五圣堂里，我已安排下你的坐位了，你可一魂去那里领受。”说罢，人丛里一声叫道：“午时三刻到了！”一边开枷，蔡庆早拿住了头，蔡福早掣出法刀在手。当案孔目高声读罢犯由牌，众人齐和一声。楼上石秀，只就那一声和里，掣着腰刀在手，应声大叫：“梁山泊好汉全伙在此！”蔡福、蔡庆撇了卢员外，扯了绳索先走。石秀从楼上跳将下来，手举钢刀，杀人似砍瓜切菜，走不迭的，杀翻十数个。一只手拖住卢俊义，投南便走。

原来这石秀不认得北京的路，更兼卢员外惊得呆了，越走不动。梁中书听得报来，大惊，便点帐前头目，引了人马，分头去把城四门关上；差前后做公的，合将拢来。随你好汉英雄，怎出高城峻垒?正是：分开陆地无牙爪，飞上青天欠羽毛。

毕竟卢员外同石秀当下怎地脱身，且听下回分解。

第六十三回 宋江兵打北京城　关胜议取梁山泊

话说当时石秀和卢俊义两个，在城内走投没路，四下里人马合来，众做公的把挠钩搭住，套索绊翻，可怜悍勇英雄，方信寡不敌众。两个当下尽被捉了，解到梁中书面前，叫押过劫法场的贼来。石秀押在厅下，睁圆怪眼，高声大骂："你这败坏国家害百姓的贼，我听着哥哥将令：早晚便引军来，打你城子，踏为平地，把你砍做三截!先教老爷来和你们说知。"石秀在厅前千贼万贼价骂，厅上众人都唬呆了。梁中书听了，沉吟半晌，叫取大枷来，且把二人枷了，监放死囚牢里，分付蔡福在意看管，休教有失。蔡福要结识梁山泊好汉，把他两个做一处牢里关着，每日好酒好肉与他两个吃，因此不曾吃苦，倒将养得好了。却说梁中书唤本州新任王太守当厅发落，就城中计点被伤人数。杀死的有七八十个，跌伤头面，磕损皮肤，撞折腿脚者，不计其数。报名在官，梁中书支给官钱，医治烧化了当。

次日，城里城外报说将来："收得梁山泊没头帖子数十张，不敢隐瞒，只得呈上。"梁中书看了，吓得魂飞天外，魄散九霄。帖子上写道：

梁山泊义士宋江，仰示大名府，布告天下。今为大宋朝滥官当道，污吏专权，殴死良民，涂炭万姓。北京卢俊义乃豪杰之士，今者启请上山，一同替天行道。如何妄徇奸贿，杀害善良!特令石秀先来报知，不期俱被擒捉。如是存得二人性命，献出淫妇奸夫，吾无侵扰；倘若故伤羽翼，屈坏股肱，便当拔寨兴师，同心雪恨，大兵到处，玉石俱焚。剿除奸诈，殄灭愚顽，天地咸扶，鬼神共　，谈笑入城，并无轻恕。义夫节妇，孝子顺孙，好义良民，清慎官吏，切勿惊惶，各安职业。谕众知悉。

当时梁中书看了没头告示，便唤王太守到来商议："此事如何剖决？"王太守是个善懦之人，听得说了这话，便禀梁中书道："梁山泊这一伙，朝廷几次尚且收捕他不得，何况我这里一郡之力?倘若这亡命之徒，引兵到来，朝廷救兵不迭，那时悔之晚矣!若论小官愚意：且姑存此二人性命，一面写表，申奏朝廷；二即奉书呈上蔡太师恩相知道；三者可教本处军马出城下寨，提备不虞。如此，可保北京无事，军民不伤。若将这两个一时杀坏，诚恐寇兵临城，一者无兵解救，二者朝廷见怪，三乃百姓惊慌，城中扰乱，深为未便。"梁中书听了道："知府言之极当。"先唤押牢节级蔡福来，便道："这两个贼徒，非同小可。你若是拘束得紧，诚恐丧命；若教你宽松，又怕他走了。你弟兄两个，早早晚晚，可紧可慢，在意坚固管候发落，休得时刻怠慢。"蔡福听了，心中暗喜："如此发放，正中下怀。"领了钧旨，自去牢中安慰他两个，不在话下。

只说梁中书便唤兵马都监大刀闻达、天王李成两个，都到厅前商议。梁中书备说梁山泊没头告示，王太守所言之事。两个都监听罢，李成便道："量这伙草寇，如何敢擅离巢穴?相公何必有劳神思?李某不才，食禄多矣，无功报德，愿施犬马之劳，统领军卒，离城下寨。草寇不来，别作商议；如若那伙强寇年衰命尽，擅离巢穴，领众前来，不是小将夸口，定令此贼片甲不回！"梁中书听了大喜，随即取金花绣缎，赏劳二将。两个辞谢，别了梁中书，各回营寨安歇。

次日，李成升帐，唤大小官军上帐商议。旁边走过一人，威风凛凛，相貌堂堂，便是急先锋索超，又出头相见。李成传令道："宋江草寇，早晚临城，要来打俺北京，你可点本部军兵，离城三十五里下寨，我随后却领军来。"索超得了将令，次日点起本部军兵，至三十五里，地名飞虎峪，靠山下了寨栅。次日，李成引领正偏将，离城二十五里，地名槐树坡，下了寨栅。周围密布枪刀，四下深藏鹿角，三面掘下陷坑。众军摩拳擦掌，诸将协力同心，只等梁山泊军马到来，便要建功。

话分两头。原来这没头帖子，却是吴学究闻得燕青、杨雄报信，又叫戴宗打听得卢员外、石秀都被擒捉，因此虚写告示，向没人处撇下及桥梁道路上贴放，只要保全卢俊义、石秀二人性命。戴宗回到梁山泊，把上项事备细与众头领说知。宋江听罢大惊，就忠义堂上打鼓集众，大小头领，各依次序而坐。宋江开话对吴学究道："当初军师好意，启请卢员外上山来聚义，今日不想却教他受苦，又陷了石秀兄弟。当用何计可救？"吴用道："兄长放心。小生不才，愿献一计，乘此机会，就取北京钱粮，以供山寨之用。明日是个吉辰，请兄长分一半头领，把守山寨，其余尽随我等去打城池。"宋江道："军师之言极当。"便唤铁面孔目裴宣，派拨大小军兵，来日起程。黑旋风李逵便道："我这两把大斧，多时不曾发市，听得打州劫县，他也在厅边欢喜。哥哥拨与我五百小喽罗，抢到北京，把梁中书砍做肉泥，拿住李固和那婆娘，碎尸万段。救取卢员外、石秀二人性命，是我心愿。"宋江道："兄弟虽然勇猛，这北京非比别处州府，且梁中书又是蔡太师女婿；更兼手下有李成、闻达，都有万夫不当之勇，不可轻敌。"李逵大叫道："哥哥这般长别人志气，灭自己威风!且看兄弟去如何。若还输了，誓不回山。"吴用道："既然你要去，便教做先锋，点与五百好汉相随，就充头阵，来日下山。"当晚宋江和吴用商议，拨定了人数。裴宣写了告示，送到各寨，各依拨次施行，不得时刻有误。

此时秋末冬初天气，征夫容易披挂，战马易得肥满，军卒久不临阵，皆生战斗之心；各恨不平，尽想报仇之念。得蒙差遣，欢天喜地，收拾枪刀，拴束鞍马，摩拳擦掌，时刻下山。第一拨：当先哨路黑旋风李逵，部领小喽罗五百。第二拨：两头蛇解珍、双尾蝎解宝、毛头星孔明、独火星孔亮，部领小喽罗一千。第三拨：女头领一丈青扈三娘，副将母夜叉孙二娘、母大虫顾大嫂，部领小喽罗一千。第四拨：扑天雕李应，副将九纹龙史进、小尉迟孙新，部领小喽罗一千。中军主将都头领宋江，军师吴用。簇帐头领四员：小温侯吕方、赛仁贵郭盛、病尉迟孙立、镇三山黄信。前军头领霹雳火秦明，副将百胜将韩滔、天目将彭玘。后军头领豹子头林冲，副将铁笛仙马麟、火眼狻猊邓飞。左军头领双鞭呼延灼，副将摩云金翅欧鹏、锦毛虎燕顺。右军头领小李广花荣，副将跳涧虎陈达、白花蛇杨春。并带炮手轰天雷凌振，接应粮草。探听军情头领一员，神行太保戴宗。军兵分拨已定，平明，各头领依次而行，当日进发。只留下副军师公孙胜并刘唐、朱仝、穆弘四个头领，统领马步军兵，守把山寨。三关水寨中，自有李俊等守把，不在话下。

却说索超正在飞虎峪寨中坐地，只见流星报马前来报说："宋江军马大小人兵，不计其数，离寨约有二三十里，将近到来。"索超听的，飞报李成槐树坡寨内。李成听了，一面报马入城，一面自备了战马，直到前寨。索超接着，说了备细。次日五更造饭，平明拔寨都起，前到庾家疃，列成阵势，摆开一万五千人马。李成、索超全副披挂，门旗下勒住战马。平东一望，远远地尘土起处，约有五百余人，飞奔前来。李成鞭梢一指，军健脚踏硬弩，手拽强弓。梁山泊好汉在庾家疃一字儿摆成阵势。只见：

人人都带茜红巾，个个齐穿绯衲袄。鹭鸶腿紧系脚绷，虎狼腰牢拴裹肚。三股叉直进寒光，四棱简横拖冷雾。柳叶枪，火尖枪，密布如麻；青铜刀，偃月刀，纷纷似雪。满地红旗飘火焰，半空赤帜耀霞光。

东阵上只见一员好汉，当前出马，乃是黑旋风李逵，手　双斧，睁圆怪眼，咬碎钢牙，高声大叫："认得梁山泊好汉黑旋风么？"李成在马上看了，与索超大笑道："每日只说梁山泊好汉，原来只是这等腌　草寇，何足为道!先锋，你看么?何不先捉此贼？"索超笑道："割鸡焉用牛刀，自有战将建功，不必主将挂念。"言未绝，索超马后一员首将，姓王，名定，手拈长枪，引领部下一百马军，飞奔冲将过来。李逵胆勇过人，虽是带甲遮护，怎当马军一冲，当时四下奔走。索超引军直赶过庾家疃来，只见山坡背后，锣鼓喧天，早撞出两彪军马：左有解珍、孔亮，右有孔明、解宝，各领五百小喽罗，冲杀将来。索超见他有接应军马，方才吃惊，不来追赶，勒马便回。李成问道："如何不拿贼来？"索超道："赶过山去，正要拿他，原来这厮们倒有接应人马，伏兵齐起，难以下手。"李成道："这等草寇，何足惧哉！"将引前部军兵，尽数杀过庾家疃来。只见前面摇旗呐喊，擂鼓鸣锣，又是一彪军马：当先一骑马上，却是一员女将，结束得十分标致。有《念奴娇》为证：

玉雪肌肤，芙蓉模样，有天然标格。金铠辉煌鳞甲动，银渗红罗抹额。玉手纤纤，双持宝刃，恁英雄　赫。眼溜秋波，万种妖娆堪摘。

谩驰宝马当前，霜刃如风，要把官兵斩馘。粉面尘飞，征袍汗湿，杀气腾胸腋。战士消魂，敌人丧胆，女将中间奇特。得胜归来，隐隐笑生双颊。

且说这扈三娘引军，红旗上金书大字"女将一丈青"，左有顾大嫂，右有孙二娘，引一千余军马，尽是七长八短汉，四山五岳人。李成看了道："这等军人，作何用处!先锋与我向前迎敌，我却分兵勒捕四下草寇。"索超领了将令，手　金蘸斧，拍坐下马，杀奔前来。一丈青勒马回头，望山凹里便走。李成分开人马，四下里赶杀。正赶之间，只听的喊声震地，雾气遮天，一彪人马飞也似追来。李成急急退兵十四五里，首尾不能管顾。急退入庾家疃时，左冲出解珍、孔亮，部领人马，赶杀将来；右冲出孔明、解宝，部领人马，又杀到来。三员女将，拨转马头，随后杀来，赶的李成军马四分五落。急待回寨，黑旋风李逵当先拦住。李成、索超冲开人马，夺路而去。比及回寨，大折一阵。宋江军马也不追赶，一面收兵暂歇，扎下营寨。

且说李成、索超，慌忙差人入城。报知梁中书，连夜再差闻达速领本部军马前来助战。李成接着，就槐树坡寨内商议退兵之策。闻达笑道："疥癞之疾，何足挂意!闻某不才，来日愿决一阵，务要全胜。"当夜商议定了，传令与军士得知，四更造饭，五更披挂，平明进兵。战鼓三通，拔寨都起，前到庾家疃。早见宋江军马，泼风也似价来。但见：

征云冉冉飞晴空，征尘漠漠迷西东。
十万貔貅声震地，车厢火炮如雷轰。
鼙鼓冬冬撼山谷，旌旗猎猎摇天风。
枪影摇空翻玉蟒，剑光耀日飞苍龙。
六师鹰扬鬼神泣，三军英勇貅虎同。
罡星煞曜降凡世，天蓬丁甲离青穹。
银盔金甲濯冰雪，强弓硬弩真难攻。
人人只欲尽忠义，擒王斩将非邀功。
大刀闻达不知量，狂言逞技真雕虫!
飞虎峪中兵四起，星驰电逐无前锋。
闭关收拾残戈甲，有如脱兔潜葭蓬。

当日大刀闻达，便教将军马摆开，强弓硬弩，射住阵脚。花腔鼍鼓擂，杂彩绣旗摇。宋江阵中，早已捧出一员大将，红旗银字，大书"霹雳火秦明"。怎生打扮：

头戴朱红漆笠，身穿绛色袍鲜，连环锁甲兽吞肩。抹绿战靴云嵌，凤翅明盔耀日，狮蛮宝带腰悬。狼牙混棍手中拈，凛凛英雄罕见。

秦明勒马，厉声高叫："北京滥官污吏听着!多时要打你这城子，诚恐害了百姓良民。好好将卢俊义、石秀送将过来，淫妇奸夫，一同解出，我便退兵罢战，誓不相侵。若是执迷不悟，便教昆冈火起，玉石俱焚，只在目前。有话早说，休得俄延！"说犹未了，闻达大怒，便问首将："谁与我力擒此贼？"说言未了，脑后铃鸾响处，一员大将，当先出马。怎生打扮：

耀日兜鍪晃晃，连环铁甲重重，团花点翠锦袍红，金带　成双凤。鹊画弓藏袋内，狼牙箭插壶中。雕鞍稳定五花龙，大斧手中摩弄。

这个是北京上将，姓索，名超，因为此人性急，人皆呼他为急先锋。出到阵前，高声喝道："你这厮是朝廷命官，国家有何负你?你好人不做，却去落草为贼!我今拿住你时，碎尸万段，死有余辜！"这个秦明，又是一个性急的人，听了这话，正是炉中添炭，火上浇油，拍马向前，抡狼牙棍直奔将来；索超纵马，直挺秦明。二匹劣马相交，两般军器并举，众军呐喊。斗过二十余合，不分胜败。宋江军中，先锋队里转过韩滔，就马上拈弓搭箭，觑的索超较亲，飕地只一箭，正中索超左臂。撇了大斧，回马望本阵便走。宋江鞭梢一指，大小三军，一齐卷杀过来。杀的尸横遍野，流血成河，大败亏输。直追过庾家疃，随即夺了槐树坡小寨。当晚闻达直奔飞虎峪，计点军兵，三停去一。宋江就槐树坡寨内屯扎，吴用道："军兵败走，心中必怯。若不乘势追赶，诚恐养成勇气，急忙难得。"宋江道："军师之言极当。"随即传令，当晚就将精锐得胜军将，分作四路，连夜进发，杀奔城来。

再说闻达奔到飞虎峪，忙忙似丧家之犬，急急如漏网之鱼，正在寨中商议计策，小校来报："近山上一带火起！"闻达带领军兵，上马看时，只见东边山上，火把不知其数，照的遍山遍野通红。闻达便引军兵迎敌，山后又是马军来到，当先首将小李广花荣，引副将杨春、陈达，横杀将来。闻达措手不及，领兵便回飞虎峪。西边山上，火把不知其数，当先首将双鞭呼延灼，引副将欧鹏、燕顺，冲击将来。后面喊声又起，却是首将霹雳火秦明，引副将韩滔、彭玘，并力杀来。闻达军马大乱，拔寨都起。只见前面喊声又起，火光晃耀，却是轰天雷凌振，将带副手，从小路直转飞虎峪那边，放起炮来。闻达引军夺路，奔城而去。只见前面鼓声响处，早有一彪军马拦路，火光丛中，闪出首将豹子头林冲，引副将马麟、邓飞，截住归路。四下里战鼓齐鸣，烈火竞起，众军乱撺，各自逃生。闻达手舞大刀，杀开条路走，正撞着李成，合兵一处，且战且走。战到天明，已至城下。梁中书听的这个消息，惊的三魂荡荡，七魄幽幽，连忙点军出城，接应败残人马，紧闭城门，坚守不出。次日，宋江军马追来，直抵东门下寨，准备攻城。

且说梁中书在留守司聚众商议，难以解救。李成道："贼兵临城，事在告急，若是迟延，必至失陷。相公可修告急家书，差心腹之人，星夜赶上京师，报与蔡太师知道，早奏朝廷，调遣精兵前来救应，此是上策；第二，作紧行文，关报邻近府县，亦教早早调兵接应；第三，北京城内，着仰大名府起差民夫上城，同心协助，守护城池，准备擂木炮石，踏弩硬弓，灰瓶金汁，晓夜提备，如此可保无虞。"梁中书道："家书随便修下，谁人去走一遭？"当日差下首将王定，全副披挂；又差数个马军，领了密书，放开城门吊桥，望东京飞报声息，及关报邻近府分，发兵救应。先仰王太守起集民夫上城守护，不在话下。

且说宋江分调众将，引军围城，东西北三面下寨，只空南门不围，每日引军攻打一面。向山寨中催取粮草，为久屯之计，务要打破北京，救取卢员外、石秀二人。李成、闻达连日提兵出城交战，不能取胜。索超箭疮将息，未得痊可。

不说宋江军兵打城，且说首将王定赍领密书，三骑马直到东京太师府前下马。门吏转报入去，太师教唤王定进来，直到后堂拜罢，呈上密书。蔡太师拆开封皮看了，大惊，问其备细。王定把卢俊义的事，一一说了："如今宋江领兵围城，声势浩大，不可抵敌。"庾家疃、槐树坡、飞虎峪三处厮杀，尽皆说罢。蔡京道："鞍马劳困，你且去馆驿内安下，待我会官商议。"王定又禀道："太师恩相：大名危如累卵，破在旦夕，倘或失陷，河北县郡，如之奈何?望太师恩相早早发兵剿除！"蔡京道："不必多说，你且退去。"王定去了。

太师随即差当日府干，请枢密院官急来商议军情重事。不移时，东厅枢密使童贯引三衙太尉，都到节堂参见太师。蔡京把大名危急之事，备细说了一遍："如今将何计策，用何良将，可退贼兵，以保城郭？"说罢，众官互相厮觑，各有惧色。只见那步司太尉背后转出一人，乃是衙门防御使保义，姓宣，名赞，掌管兵马。此人生的面如锅底，鼻孔朝天，卷发赤须，彪形八尺；使口钢刀，武艺出众。先前在王府曾做郡马，人呼为丑郡马。因对连珠箭赢了番将，郡王爱他武艺，招做女婿。谁想郡主嫌他丑陋，怀恨而亡，因此不得重用，只做得个兵马保义使。童贯是个阿谀谄佞之徒，与他不能相下，常有嫌疑之心。当时此人忍不住，出班来禀太师道："小将当初在乡中，有个相识。此人乃是汉末三分义勇武安王嫡派子孙，姓关，名胜，生的规模与祖上云长相似，使一口青龙偃月刀，人称为大刀关胜。现做蒲东巡检，屈在下僚。此人幼读兵书，深通武艺，有万夫不当之勇。若以礼币请他，拜为上将，可以扫清水寨，殄灭狂徒，保国安民。乞取钧旨。"蔡京听罢大喜，就差宣赞为使，赍了文书，鞍马连夜星火前往蒲东，礼请关胜赴京计议。众官皆退。

话休絮繁。宣赞领了文书，上马进发，带将三五个从人，不则一日，来到蒲东巡检司前下马。当日关胜正和郝思文在衙内论说古今兴废之事，闻说东京有使命至，关胜忙与郝思文出来迎接。各施礼罢，请到厅上坐地。关胜问道："故人久不相见，今日何事，远劳亲自到此？"宣赞回言："为因梁山泊草寇攻打北京，宣某在太师面前，一力保举兄长有安邦定国之策，降兵斩将之才，特奉朝廷敕旨，太师钧命，彩币鞍马，礼请起行。兄长勿得推却，便请收拾赴京。"关胜听罢大喜，与宣赞说道："这个兄弟，姓郝，双名思文，是我拜义弟兄。当初他母亲梦井木犴投胎，因而有孕，后生此人，因此人唤他做井木犴。这兄弟十八般武艺无有不能。得蒙太师呼唤，一同前去，协力报国，有何不可？"宣赞喜诺，就行催请登程。

当下关胜分付老小，一同郝思文，将引关西汉十数个人，收拾刀马、盔甲、行李，跟随宣赞连夜起程。来到东京，径投太师府前下马。门吏转报蔡太师得知，教唤进。宣赞引关胜、郝思文直到节堂，拜见已罢，立在阶下。蔡京看了关胜，端的好表人材：堂堂八尺五六身躯，细细三柳髭须，两眉入鬓，凤眼朝天；面如重枣，唇若涂朱。太师大喜，便问："将军青春多少？"关胜答道："小将三旬有二。"蔡太师道："梁山泊草寇围困北京城郭，请问良将，愿施妙策，以解其围。"关胜禀道："久闻草寇占住水洼，惊群动众。今擅离巢穴，自取其祸。若救北京，虚劳人力。乞假精兵数万，先取梁山，后拿贼寇，教他首尾不能相顾。"太师见说大喜，与宣赞道："此乃围魏救赵之计，正合吾心。"随即唤枢密院官，调拨山东、河北精锐军兵一万五千，教郝思文为先锋，宣赞为合后，关胜为领兵指挥使，步军太尉段常接应粮草。犒赏三军，限日下起行，大刀阔斧，杀奔梁山泊来。直教龙离大海，不能驾雾腾云；虎到平川，怎地张牙舞爪?正是：贪观天上中秋月，失却盘中照殿珠。

毕竟宋江军马怎地结果，且听下回分解。

第六十四回 呼延灼月夜赚关胜　宋公明雪天擒索超

话说蒲东关胜，这人惯使口大刀，英雄盖世，义勇过人。当日辞了太师，统领着一万五千人马，分为三队，离了东京，望梁山泊来。

话分两头。且说宋江与同众将，每日北京攻打城池不下。李成、闻达，那里敢出对阵。索超箭疮深重，又未平复，更无人出战。宋江见攻打城子不破，心中纳闷：离山已久，不见输赢。是夜在中军帐里闷坐，点上灯烛，取出玄女天书。正看之间，猛然想起围城既久，不见有救军接应，戴宗回去，尚不见来，默然觉得神思恍惚，寝食不安。忽小校报说："军师来见。"吴用到得中军帐内，与宋江道："我等众军围许多时，如何杳无救军来到，城中又不出战?向有三骑马奔出城去，必是梁中书使人去京师告急。他丈人蔡太师必然上紧遣兵，中间必有良将。倘用围魏救赵之计，且不来解此处之危，反去取我梁山大寨，如之奈何?兄长不可不虑。我等先着军士收拾，未可都退。"

正说之间，只见神行太保戴宗到来报说："东京蔡太师拜请关菩萨玄孙蒲东郡大刀关胜，引一彪军马，飞奔梁山泊来。寨中头领主张不定，请兄长军师早早收兵回来，且解山寨之难。"吴用道："虽然如此，不可急还。今夜晚间，先教步军前行，留下两支军马，就飞虎峪两边埋伏。城中知道我等退军，必然追赶；若不如此，我兵先乱。"宋江道："军师言之极当。"传令便差小李广花荣，引五百军兵，去飞虎峪左边埋伏；豹子头林冲，引五百军兵，去飞虎峪右边埋伏。再叫双鞭呼延灼，引二十五骑马军，带着凌振，将了风火等炮，离城十数里远近，但见追兵过来，随即施放号炮，令其两下伏兵齐去并杀追兵。一面传令前队退兵，倒拖旌旗，不鸣战鼓，却如雨散云行，遇兵勿战，慢慢退回。步军队里，半夜起来，次第而行。直至次日巳牌前后，方才尽退。

城上望见宋江军马，手拖旗幡，肩担刀斧，纷纷滚滚，拔寨都起，有还山之状。城上看了仔细，报与梁中书知道："梁山泊军马，今日尽数收兵，都回去了。"梁中书听的，随即唤李成、闻达商议。闻达道："想是京师救军去取他梁山泊，这厮们恐失巢穴，慌忙归去。可以乘势追杀，必擒宋江。"说犹未了，城外报马到来，赍东京文字，约会引兵去取贼巢。他若退兵，可以速追。梁中书便叫李成、闻达各带一支军马，从东西两路追赶宋江军马。

且说宋江引兵退回，见城中调兵追赶，舍命便走。直退到飞虎峪那边，只听的背后火炮齐响。李成、闻达吃了一惊，勒住战马看时，后面只见旗幡对刺，战鼓乱鸣。李成、闻达火急回军，左手下撞出小李广花荣，右手下撞出豹子头林冲，各引五百军马，两边杀来。措手不及，知道中了奸计，火速回军。前面又撞出呼延灼，引着一支马军，大杀一阵，杀的李成、闻达金盔倒纳，衣甲飘零，退入城中，闭门不出。宋江军马，次第而回。早转近梁山泊边，却好迎着丑郡马宣赞拦路。宋江约住军兵，权且下寨，暗地使人从偏僻小路，赴水上山报知，约会水陆军兵，两下救应。

且说水寨内头领船火儿张横，与兄弟浪里白跳张顺当时议定："我和你弟兄两个，自来寨中，不曾建功。只看着别人夸能说会，倒受他气。如今蒲东大刀关胜，三路调军，打我寨栅，不若我和你两个，先去劫了他寨，捉得关胜，立这件大功，众兄弟面前，也好争口气。"张顺道："哥哥，我和你只管的些水军，倘或不相救应，枉惹人耻笑。"张横道："你若这般把细，何年月日能够建功?你不去便罢，我今夜自去。"张顺苦谏不听。当夜张横点了小船五十余只，每船上只有三五人，浑身都是软战，手执苦竹枪，各带蓼叶刀，趁着月光微明，寒露寂静，把小船直抵旱路。此时约有二更时分。

却说关胜正在中军帐里点灯看书，有伏路小校悄悄来报："芦花荡里，约有小船四五十只，人人各执长枪，尽去芦苇里面两边埋伏，不知何意，特来报知。"关胜听了，微微冷笑。当时暗传号令，教众军俱各如此准备。三军得令，各自潜伏。且说张横将引三二百人，从芦苇中间藏踪蹑迹，直到寨边，拔开鹿角，径奔中军。望见帐中灯烛荧煌，关胜手拈髭髯，坐看兵书。张横暗喜，手 长枪，抢入帐房里来。旁边一声锣响，众军喊动，如天崩地塌，山倒江翻，吓的张横倒拖长枪，转身便走。四下里伏兵乱起，可怜会水张横，怎脱平川罗网。二三百人，不曾走的一个，尽数被缚，推到帐前。关胜看了，笑骂："无端草贼，安敢侮吾！"将张横陷车盛了，其余者尽数监了；直等捉了宋江，一并解上京师。

不说关胜捉了张横，却说水寨内三阮头领正在寨中商议，使人去宋江哥哥处听令，只见张顺到来，报说："我哥哥因不听小弟苦谏，去劫关胜营寨，不料被捉，囚车监了。"阮小七听了，叫将起来，说道："我兄弟们同死同生，吉凶相救，你是他嫡亲兄弟，却怎地教他独自去，被人捉了?你不去救，我弟兄三个自去救他。"张顺道："为不曾得哥哥将令，却不敢轻动。"阮小七道："若等将令来时，你哥哥吃他剁做八段。"阮小二、阮小五都道："说的是。"张顺逆他三个不过，只得依他。当夜四更，点起大小水寨头领，各架船一百余只，一齐杀奔关胜寨来。岸上小军，望见水面上战船如蚂蚁相似，都傍岸边，慌忙报知主帅。关胜笑道："无见识贼奴，何足为虑！"随即唤首将，附耳低言，如此如此。

且说三阮在前，张顺在后，呐声喊，抢入寨来。只见寨内枪刀竖立，旌旗不倒，并无一人。三阮大惊，转身便走。帐前一声锣响，左右两边，马军步军，分作八路，簸箕掌，栲栳圈，重重迭迭，围裹将来。张顺见不是头，扑通的先跳下水去。三阮夺路便走，急到的水边，后军赶上，挠钩齐下，套索飞来，把这活阎罗阮小七搭住，横拖倒拽捉去了。阮小二、阮小五、张顺，却得混江龙李俊带的童威、童猛死救回去。

不说阮小七被捉，囚在陷车之中。且说水军报上梁山泊来，刘唐便使张顺从水路里直到宋江寨中，报说这个消息。宋江便与吴用商议，怎生退的关胜。吴用道："来日决战，且看胜败如何。"说犹未了，猛听得战鼓齐鸣，却是丑郡马宣赞部领三军，直到大寨。宋江举众出迎，看了宣赞在门旗下勒战，便唤首将："那个出马，先拿这厮？"只见小李广花荣拍马持枪，直取宣赞。宣赞舞刀来迎，一来一往，一上一下，斗到十合，花荣卖个破绽，回马便走。宣赞赶来，花荣就了事环带住钢枪，拈弓取箭，侧坐雕鞍，轻舒猿臂，翻身一箭。宣赞听得弓弦响，却好箭来，把刀只一隔，铮地一声响，射在刀面上。花荣见一箭不中，再取第二枝箭，看的较近，望宣赞胸膛上射来。宣赞镫里藏身，又躲过了。宣赞见他弓箭高强，不敢追赶，霍地勒回马，跑回本阵。花荣见他不赶，连忙便勒转马头，望宣赞赶来。又取第三枝箭，望得宣赞后心较近，再射一箭。只听得铛地一声响，正射在背后护心镜上。宣赞慌忙驰马入阵，便使人报与关胜。关胜得知，便唤小校："快牵过战马来！"那匹马，头至尾长一丈，蹄至脊高八尺，浑身上下，没一根杂毛，纯是火炭般赤。拴一副皮甲，束三条肚带。关胜全装披挂，绰刀上马，直临阵前。门旗开处，便乃出马，有《西江月》一首为证：

汉国功臣苗裔，三分良将玄孙。绣旗飘挂动天兵，金甲绿袍相称。

赤兔马腾腾紫霞，青龙刀凛凛寒冰。蒲东郡内产豪英，义勇大刀关胜。

宋江看了关胜一表非俗，与吴用暗暗地喝采，回头与众多良将道："将军英雄，名不虚传！"说言未了，林冲忿怒，便道："我等弟兄，自上梁山泊，大小五七十阵，未尝挫了锐气，军师何故灭自己威风！"说罢，便挺枪出马，直取关胜。关胜见了，大喝道："水泊草寇，汝等怎敢背负朝廷!单要宋江与吾决战。"

宋江在门旗下喝住林冲，纵马亲自出阵，欠身与关胜施礼，说道："郓城小吏宋江到此谨参，惟将军问罪。"关胜道："汝为小吏，安敢背叛朝廷？"宋江答道："盖为朝廷不明，纵容奸臣当道，谗佞专权，设除滥官污吏，陷害天下百姓。宋江等替天行道，并无异心。"关胜大喝："天兵到此，尚然抗拒，巧言令色，怎敢瞒吾!若不下马受降，着你粉骨碎身！"霹雳火秦明听得大怒，手舞狼牙棍，纵坐下马，直抢过来。关胜也纵马出迎，来斗秦明。林冲怕他夺了头功，猛可里飞抢过来，径奔关胜。三骑马向征尘影里，转灯般厮杀。

宋江看了，恐伤关胜，便教鸣金收军。林冲、秦明回马阵前，说道："正待擒捉这厮，兄长何故收军罢战？"宋江道："贤弟，我等忠义自守，以强欺弱，非所愿也。纵使阵上捉他，此人不伏，亦乃惹人耻笑。吾看关胜英勇之将，世本忠臣，乃祖为神，若得此人上山，宋江情愿让位。"林冲、秦明都不喜欢。当日两边各自收兵。

且说关胜回到寨中，下马卸甲，心中暗忖道："我力斗二将不过，看看输与他，宋江倒收了军马，不知主何意？"却叫小军推出陷车中张横、阮小七过来，问道："宋江是个郓城小吏，你这厮们如何伏他？"阮小七应道："俺哥哥山东、河北驰名，都称做及时雨呼保义宋公明。你这厮不知礼义之人，如何省得！"关胜低头不语，且教推过陷车。当晚寨中纳闷，坐卧不安，走出中军观看，月色满天，霜华遍地，嗟叹不已。有伏路小校前来报说："有个胡须将军，匹马单鞭，要见元帅。"关胜道："你不问他是谁！"小校道："他又没衣甲军器，并不肯说姓名，只言要见元帅。"关胜道："既是如此，与我唤来。"没多时，来到帐中，拜见关胜。关胜看了，有些面熟，灯光之下，略也认得，便问是谁。那人道："乞退左右。"关胜道："不妨。"那人道："小将呼延灼的便是。先前曾与朝廷统领连环马军，征进梁山泊。谁想中贼奸计，失陷了军机，不能还乡。听得将军到来，不胜之喜。早间宋江在阵上，林冲、秦明待捉将军，宋江火急收军，诚恐伤犯足下。此人素有归顺之意，独奈众贼不从。暗与呼延灼商议，正要驱使众人归顺。将军若是听从，明日夜间，轻弓短箭，骑着快马，从小路直入贼寨，生擒林冲等寇，解赴京师，共立功勋。"关胜听罢大喜，请入帐，置酒相待。备说宋江专以忠义为主，不幸从贼无辜。二人递相剖露衷情，并无疑心。

次日，宋江举众搦战，关胜与呼延灼商议："今日可先赢首将，晚间可行此计。"且说呼延灼借副衣甲穿了，彼各上马，都到阵前。宋江阵上大骂呼延灼道："山寨不曾亏负你半分，因何夤夜私去？"呼延灼回道："汝等草寇，成何大事！"宋江便令镇三山黄信出马，仗丧门剑，驱坐下马，直奔呼延灼。两马相交，斗不到十合，呼延灼手起一鞭，把黄信打落马下。宋江阵上众军抢出来，扛了回去。关胜大喜，令大小三军一齐掩杀。呼延灼道："不可追掩。吴用那厮，广有神机，若还赶杀，恐贼有计。"关胜听了，火急收军，都回本寨。到中军帐里，置酒相待，动问镇三山黄信之事。呼延灼道："此人原是朝廷命官，青州都监，与秦明、花荣一时落草。今日先杀此贼，挫灭威风，今晚偷营，必然成事。"关胜大喜，传下将令：教宣赞、郝思文两路接应；自引五百马军，轻弓短箭，叫呼延灼引路。至夜二更起身，三更前后，直奔宋江寨中，炮响为号，里应外合，一齐进兵。

是夜月光如昼。黄昏时候，披挂已了，马摘鸾铃，人披软战，军卒衔枚疾走，一齐乘马，呼延灼当先引路，众人跟着。转过山径，约行了半个更次，前面撞见三五十个伏路小军，低声问道："来的不是呼将军么?宋公明差我等在此迎接。"呼延灼喝道："休言语，随在我马后走！"呼延灼纵马先行，关胜乘马在后。又转过一层山嘴，只见呼延灼把枪尖一指，远远地一碗红灯。关胜勒住马，问道："有红灯处是那里？"呼延灼道："那里便是宋公明中军。"急催动人马。将近红灯，忽听得一声炮响，众军跟定关胜，杀奔前来。到红灯之下看时，不见一个，便唤呼延灼时，亦不见了。关胜大惊，知道中计，慌忙回马，听得四边山上，一齐鼓响锣鸣。正是慌不择路，众军各自逃生。关胜连忙回马时，只剩得数骑马军跟着。转出山嘴，又听得树林边脑后一声炮响，四下里挠钩齐出，把关胜拖下雕鞍，夺了刀马，卸去衣甲，前推后拥，拿投大寨里来。

却说林冲、花荣自引一枝军马，截住郝思文，回头厮杀。月光之下，遥见郝思文怎生打扮，有《西江月》为证：

千丈凌云豪气，一团筋骨精神。横枪跃马荡征尘，四海英雄难近。

身着战袍锦绣，七星甲挂龙鳞。天丁元是郝思文，飞马当前出阵。

林冲大喝道："你主将关胜，中计被擒，你这无名小将，何不下马受缚？"郝思文大怒，直取林冲，二马相交，斗无数合，花荣挺枪助战，郝思文势力不加，回马便走，肋后撞出个女将一丈青扈三娘，撒起红绵套索，把郝思文拖下马来。步军向前，一齐捉住，解投大寨。

话分两处。这边秦明、孙立，自引一支军马去捉宣赞，当路正逢此人。那宣赞怎生打扮，有《西江月》为证：

卷　短黄须发，凹兜黑墨容颜。睁开怪眼似双环，鼻孔朝天仰面。

手内钢刀耀雪，护身铠甲连环。海骝赤马锦鞍鞯，郡马英雄宣赞。

当下宣赞拍马大骂："草贼匹夫，当吾者死，避我者生！"秦明大怒，跃马挥狼牙棍，直取宣赞。二马相交，约斗数合。孙立侧首过来，宣赞慌张，刀法不依古格，被秦明一棍，搠下马来。三军齐喊一声，向前捉住。再有扑天雕李应，引领大小军兵，抢奔关胜寨内来，先救了张横、阮小七，并被擒水军人等，夺去一应粮草马匹，却去招安四下败残人马。

宋江会众上山，此时东方渐明。忠义堂上分开坐次，早把关胜、宣赞、郝思文分投解来。宋江见了，慌忙下堂，喝退军卒，亲解其缚，把关胜扶在正中交椅上，纳头便拜，叩首伏罪，说道："亡命狂徒，冒犯虎威，望乞恕罪。"关胜连忙答礼，闭口无言，手脚无措。呼延灼亦向前来伏罪道："小可既蒙将令，不敢不依，万望将军免恕虚诳之罪。"关胜看了一班头领，义气深重，回顾与宣赞、郝思文道："我们被擒在此，所事若何？"二人答道："并听将令。"关胜道："无面还京，俺三人愿早赐一死！"宋江道："何故发此言?将军倘蒙不弃微贱，一同替天行道。若是不肯，不敢苦留，只今便送回京。"关胜道："人称忠义宋公明，话不虚传。今日我等有家难奔，有国难投，愿在帐下，为一小卒。"宋江大喜。当日一面设筵庆贺，一边使人招安逃窜败军，又得了五七千人马。军内有老幼者，随即给散银两，便放回家；一边差薛永赍书往蒲东，搬取关胜老小，都不在话下。

宋江正饮宴间，默然想起卢员外、石秀陷在北京，潸然泪下。吴用道："兄长不必忧心，吴用自有措置。只过今晚，来日再起军兵，去打北京，必然成事。"关胜便起身说道："小将无可报答爱我之恩，愿为前部。"宋江大喜。次日早晨传令，就教宣赞、郝思文，拨回旧有军马，便为前部先锋；其余原打北京头领，不缺一个。再差李俊、张顺，将带水战盔甲随去，以次再望北京进发。

这里却说梁中书在城中，正与索超起病饮酒。只见探马报道："关胜、宣赞、郝思文并众军马，俱被宋江捉去，已入伙了。梁山泊军马，现今又到。"梁中书听得，唬得目瞪痴呆，手脚无措。只见索超禀道："前者中贼冷箭，今番且复此仇。"梁中书随即赏了索超，便教引本部人马出城迎敌。李成、闻达随后调军接应。其时正是仲冬天气，时候正冷，连日彤云密布，朔风乱吼。宋江兵到，索超直至飞虎峪下寨。次日，引兵迎敌，宋江引前部吕方、郭盛，上高阜处看关胜厮杀。三通战鼓罢，关胜出阵。只见对面索超出马。当时索超见了关胜，却不认得。随征军卒说道："这个来的，便是新背反的大刀关胜。"索超听了，并不打话，直抢过来，径奔关胜。关胜也拍马舞刀来迎。两个斗无十合，李成正在中军，看见索超斧怯，战关胜不下，自舞双刀出阵，夹攻关胜。这边宣赞、郝思文见了，各持兵器，前来助战，五骑马搅做一块。宋江在高阜看见，鞭梢一指，大军卷杀过去，李成军马大败亏输，杀得七断八绝，连夜退入城去，坚闭不出。宋江催兵直抵城下，扎住军马。次日，索超亲引一支军马，出城冲突。吴用见了，便教军校迎敌戏战："他若追来，乘势便退。"此时索超又得了这一阵，欢喜入城。

当晚彤云四合，纷纷雪下，吴用已有计了，暗差步军去北京城外，靠山边河路狭处，掘成陷坑，上用土盖。是夜雪急风严，平明看时，约有二尺深雪。城上望见宋江军马，各有惧色，东西栅立不定。索超看了，便点三百军马，就时追出城来。宋江军马四散奔波而走。却教水军头领李俊、张顺，身披软战，勒马横枪，前来迎敌。却才与索超交马，弃枪便走，特引索超奔陷坑边来。索超是个性急的，那里照顾。这里一边是路，一边是涧。李俊弃马，跳入涧中去了，向着前面，口里叫道："宋公明哥哥快走！"索超听了，不顾身体，飞马抢过阵来。山背后一声炮响，索超连人和马　将下去。后面伏兵齐起，这索超便有三头六臂，也须七损八伤。正是：烂银深盖藏圈套，碎玉平铺作陷坑。

毕竟急先锋索超性命如何，且听下回分解。

第六十五回 托塔天王梦中显圣　浪里白跳水上报冤

话说宋江军中，因这一场大雪，吴用定出这条计策，就这雪中捉了索超。其余军马，都逃入城去，报说索超被擒。梁中书听得这个消息，不由他不慌，传令教众将只是坚守，不许出战。意欲杀了卢俊义、石秀，犹恐激恼了宋江，朝廷急无兵马救应，其祸愈速；只得教监守着二人，再行申报京师，听凭蔡太师处分。

且说宋江到寨，中军帐上坐下，早有伏兵解索超到麾下。宋江见了大喜，喝退军健，亲解其缚，请入帐中，致酒相待，用好言抚慰道："你看我众兄弟们，一大半都是朝廷军官，盖为朝廷不明，纵容滥官当道，污吏专权，酷害良民，都情愿协助宋江，替天行道。若是将军不弃，同以忠义为主。"杨志向前另叙一礼，又细劝了一番。索超本是天罡星之数，自然凑合，降了宋江。当夜帐中置酒作贺。

次日，商议打城，一连打了数日，不得城破。宋江好生忧闷。当夜帐中伏枕而卧，忽然阴风飒飒，寒气逼人。宋江抬头看时，只见天王晁盖欲进不进，叫声：“兄弟，你不回去，更待何时？”立在面前。宋江吃了一惊，急起身问道：“哥哥从何而来?屈死冤仇，不曾报得，中心日夜不安。前者一向不曾致祭，以此显灵，必有见责。”晁盖道：“非为此也。兄弟靠后，阳气逼人，我不敢近前。今特来报你，贤弟有百日血光之灾，则除江南地灵星可治。你可早早收兵，此为上计。”宋江却欲再问明白，赶向前去说道：“哥哥阴魂到此，望说真实。”被晁盖一推，撒然觉来，却是南柯一梦。便叫小校请军师圆梦。吴用来到中军帐上，宋江说其异事。吴用道：“既是晁天王显圣，不可不依。目今天寒地冻，军马难以久住，权且回山守待。冬尽春初，雪消冰解，那时再来打城，亦未为晚。”宋江道：“军师之言甚当。只是卢员外和石秀兄弟陷在缧绁，度日如年，只望我等弟兄来救。不争我们回去，诚恐这厮们害他性命。此事进退两难。”计议未定。

次日，只见宋江觉道神思疲倦，身体酸疼，头如斧劈，身似笼蒸，一卧不起。众头领都到面前看视。宋江道：“我只觉背上好生热疼。”众人看时，只见鏊子一般红肿起来。吴用道：“此疾非痈即疽。吾看方书，绿豆粉可以护心，毒气不能侵犯，便买此物，安排与哥哥吃。”一面使人寻药医治，亦不能好。只见浪里白跳张顺说道：“小弟旧在浔阳江时，因母得患背疾，百药不能得治，后请得建康府安道全，手到病除。向后小弟但得些银两，便着人送去与他。今见兄长如此病症，此去东途路远，急速不能便到。为哥哥的事，只得星夜前去，拜请他来。”吴用道：“兄长梦晁天王所言：‘百日之灾，则除江南地灵星可治。’莫非正应此人？”宋江道：“兄弟，你若有这个人，快与我去，休辞生受，只以义气为重，星夜去请此人，救我一命。”吴用叫取蒜条金一百两与医人，再将三二十两碎银作为盘缠，分付与张顺：“只今便行，好歹定要和他同来，切勿有误。我今拔寨回山，和他山寨里相会。兄弟可作急快来。”张顺别了众人，背上包裹，望前便去。

且说军师吴用传令诸将：“权且收军，罢战回山。”车子上载了宋江，连夜起发。北京城内，曾经了伏兵之计，只猜他引诱，不敢来追。次日，梁中书见报，说道：“此去未知何意。”李成、闻达道：“吴用那厮诡计极多，只可坚守，不宜追赶。”

话分两头。且说张顺要救宋江，连夜趱行。时值冬尽，无雨即雪，路上好生艰难。更兼慌张，不曾带得雨具，行了十多日，早近扬子江边。是日北风大作，冻云低垂，飞飞扬扬，下一天大雪。张顺冒着风雪，要过大江，舍命而行。虽是景物凄凉，江内别是几般清致，有《西江月》为证：

嘹唳冻云孤雁，盘旋枯木寒鸦。空中雪下似梨花，片片飘琼乱洒。

玉压桥边酒旆，银铺渡口鱼 。前村隐隐两三家，江上晚来堪画。

那张顺独自一个奔至扬子江边，看那渡船时，并无一只，只叫得苦。绕着这江边走，只见败苇折芦里面，有些烟起。张顺叫道：“艄公，快把渡船来载我！”只见芦苇里簌簌地响，走出一个人来，头戴箬笠，身披蓑衣，问道：“客人要那里去？”张顺道：“我要渡江，去建康府干事至紧，多与你些船钱，渡我则个。”那艄公道：“载你不妨，只是今日晚了，便过江去，也没歇处。你只在我船里歇了，到四更风静月明时，我便渡你过去，多出些船钱与我。”张顺道：“也说的是。”便与艄公钻入芦苇里来，见滩边缆着一只小船，见蓬底下一个瘦后生在那里向火。艄公扶张顺下船，走入舱里，把身上湿衣服都脱下来，叫那小后生就火上烘焙。张顺自打开衣包，取出绵被，和身上卷倒在舱里，叫艄公道：“这里有酒卖么?买些来吃也好。”艄公道：“酒却没买处，要饭便吃一碗。”张顺吃了一碗饭，放倒头便睡。一来连日辛苦，二来十分托大，到初更左侧，不觉睡着。

那瘦后生向着炭火，烘着上盖的衲袄，看见张顺睡着了，便叫艄公道：“大哥，你见么？”艄公盘将来，去头边只一捏，觉道是金帛之物，把手摇道：“你去把船放开，去江心里下手不迟。”那后生推开蓬，跳上岸，解了缆索，上船把竹篙点开，搭上橹，咿咿哑哑地摇出江心里来。艄公在船舱里取缆船索，轻轻地把张顺捆缚做一块，便去船梢 板底下，取出板刀来。张顺却好觉来，双手被缚，挣挫不得。艄公手拿大刀，按在他身上。张顺道：“好汉，你饶我性命，都把金子与你。”艄公道：“金子也要，你的性命也要。”张顺连声叫道：“你只教我囫囵死，冤魂便不来缠你。”艄公放下板刀，把张顺扑通的丢下水去。

那艄公便去打开包来看时，见了许多金银，便没心分与那瘦后生，叫道：“五哥，和你说话。”那人钻入舱里来，被艄公一手揪住，一刀落时，砍的伶仃，推下水去。艄公打并了船中血迹，自摇船去了。

却说张顺是在水底下伏得三五夜的人，一时被推下去，就江底下咬断索子，赴水过南岸时，见树林中隐隐有灯光。张顺爬上岸，水渌渌地转入林子里看时，却是一个村酒店，半夜里起来 酒，破壁缝透出灯光。张顺叫开门时，见个老丈，纳头便拜。老儿道：“你莫不是江中被人劫了，跳水逃命的么？”张顺道：“实不相瞒老丈：小人来建康干事。晚了，隔江觅船，不想撞着两个歹人，把小子应有衣服金银，尽都劫了，撺入江中。小人却会赴水，逃得性命，公公救度则个。”老丈见说，领张顺入后屋下，把个衲头与他，替下湿衣服来烘，烫些热酒与他吃。老丈道：“汉子，你姓甚么?山东人来这里干何事？”张顺道：“小人姓张。建康府安太医是我弟兄，特来探望他。”老丈道：“你从山东来，曾经梁山泊过？”张顺道：“正从那里经过。”老丈道：“他山上宋头领，不劫来往客人，又不杀害人性命，只是替天行道。”张顺道：“宋头领专以忠义为主，不害良民，只怪滥官污吏。”老丈道：“老汉听得说：宋江这伙端的仁义，只是救贫济老，那里似我这里草贼?若得他来这里，百姓都快活，不吃这伙滥污官吏薅恼！”张顺听罢道：“公公不要吃惊，小人便是浪里白跳张顺。因为俺哥哥宋公明，害发背疮，教我将一百两黄金，来请安道全。谁想托大，在船中睡着，被这两个贼男女缚了双手，撺下江里；被我咬断绳索，到得这里。”老丈道：“你既是那里好汉，我教儿子出来，和你相见。”不多时，后面走出一个后生来，看着张顺便拜道：“小人久闻哥哥大名，只是无缘，不曾拜识。小人姓王，排行第六；因为走跳得快，人都唤小人做活闪婆王定六。平生只好赴水使棒，多曾投师，不得传受，权在江边卖酒度日。却才哥哥被两个劫了的，小人都认得：一个是截江鬼张旺；那一个瘦后生，却是华亭县人，唤做油里鳅孙五。这两个男女，时常在这江里劫人。哥哥放心，在此住几日，等这厮来吃酒，我与哥哥报仇。”张顺道：“感承兄弟好意。我为兄长宋公明，恨不得一日奔回寨里。只等天明，便入城去，请了安太医，回来相会。”王定六把自己衣裳，都与张顺换了。连忙置酒相待，不在话下。次日，天晴雪消，把十数两银子与张顺，且教入建康府来。

张顺进得城中，径到槐桥下，看见安道全正在门前货药。张顺进得门，看着安道全，纳头便拜。有首诗单题安道全好处：

肘后良方有百篇，金针玉刃得师传。

重生扁鹊应难比，万里传名安道全。

这安道全祖传内科外科，尽皆医得，以此远方驰名。当时看了张顺，便问道：“兄弟多年不见，甚风吹得到此？”张顺随至里面，把这闹江州，跟宋江上山的事，一一告诉了。后说宋江见患背疮，特地来请神医；扬子江中，险些儿送了性命，因此空手而来，都实诉了。安道全道：“若论宋公明，天下义士，去走一遭最好；只是拙妇亡过，家中别无亲人，离远不得，以此难出。”张顺苦苦求告：“若是兄长推却不去，张顺也难回山。”安道全道：“再作商议。”张顺百般哀告，安道全方才应允。原来这安道全却和建康府一个烟花娼妓，唤做李巧奴，时常往来。这李巧奴生的十分美丽，安道全以此眷顾他，有诗为证：

蕙质温柔更老成，玉壶明月逼人清。
步摇宝髻寻春去，露湿凌波带月行。
丹脸笑回花萼丽，朱弦歌罢彩云停。
愿教心地常相忆，莫学章台赠柳情。

当晚就带张顺同去他家，安排酒吃。李巧奴拜张顺为叔叔。三杯五盏，酒至半酣，安道全对巧奴说道："我今晚就你这里宿歇，明日早，和这兄弟去山东地面走一遭，多则是一个月，少是二十余日，便回来望你。"那李巧奴道："我却不要你去。你若不依我口，再也休上我门！"安道全道："我药囊都已收拾了，只要动身，明日便去。你且宽心，我便去也，又不耽搁。"李巧奴撒娇撒痴，便倒在安道全怀里，说道："你若还不依我，去了，我只咒得你肉片片儿飞！"张顺听了这话，恨不得一口水吞吃了这婆娘。看看天色晚了，安道全大醉倒了，搀去巧奴房里，睡在床上。巧奴却来发付张顺道："你自归去，我家又没睡处。"张顺道："只待哥哥酒醒同去。"以此发遣他不动，只得安他在门首小房里歇。

张顺心中忧煎，那里睡得着。初更时分，有人敲门。张顺在壁缝里张时，只见一个人闪将入来，便与虔婆说话。那婆子问道："你许多时不来，却在那里?今晚太医醉倒在房里，却怎生奈何？"那人道："我有十两金子送与姐姐打些钗环，老娘怎地做个方便，教他和我厮会则个。"虔婆道："你只在我房里，我叫女儿来。"张顺在灯影下张时，却见是截江鬼张旺。原来这厮，但是江中寻得些财，便来他家使。张顺见了，按不住火起。再细听时，只见虔婆安排酒食在房里，叫巧奴相伴张旺。张顺本待要抢入去，却又怕弄坏了事，走了这贼。约莫三更时候，厨下两个使唤的也醉了；虔婆东倒西歪，却在灯前打醉眼子。张顺悄悄开了房门，踅到厨下，见一把厨刀，明晃晃放在灶上，看这虔婆，倒在侧首板凳上。张顺走将入来，拿起厨刀，先杀了虔婆。要杀使唤的时，原来厨刀不甚快，砍了一个人，刀口早卷了。那两个正待要叫，却好一把劈柴斧正在手边，绰起来，一斧一个，砍杀了。房中婆娘听得，慌忙开门，正迎着张顺，手起斧落，劈胸膛砍翻在地。张旺灯影下见砍翻婆娘，推开后窗，跳墙走了。张顺懊恼无极，随即割下衣襟，蘸血去粉墙上写道："杀人者安道全也！"连写数十处。

捱到五更将明，只听得安道全在房中酒醒，便叫巧奴。张顺道："哥哥，不要则声，我教你看两个人。"安道全起来，看见四个死尸，吓得浑身麻木，颤做一团。张顺道："哥哥，你见壁上写的么？"安道全道："你苦了我也！"张顺道："只有两条路，从你行。若是声张起来，我自走了，哥哥却用去偿命；若还你要没事，家中取了药囊，连夜径上梁山泊，救我哥哥。这两件随你行。"安道全道："兄弟，忒这般短命见识！"有诗为证：

红粉无情只爱钱，临行何事更流连。
冤魂不赴阳台梦，笑煞痴心安道全。

到天明，张顺卷了盘缠，同安道全回家，敲开门，取了药囊，出城来，径到王定六酒店里。王定六接着说道："昨日张旺从这里过，可惜不遇见哥哥。"张顺道："我自要干大事，那里且报小仇。"说言未了，王定六报道："张旺那厮来也。"张顺道："且不要惊他，看他投那里去。"只见张旺去滩头看船。王定六叫道："张大哥，你留船来，载我两个亲眷过去。"张旺道："要趁船快来！"王定六报与张顺。张顺道："安兄，你可借衣服与小弟穿；小弟衣裳，却换与兄长穿了，才去趁船。"安道全道："此是何意？"张顺道："自有主张，兄长莫问。"安道全脱下衣服，与张顺换穿了。张顺戴上头巾，遮尘暖笠影身。王定六背了药囊，走到船边，张旺拢船傍岸，三个人上船。

张顺爬入后梢，揭起　板看时，板刀尚在，张顺拿了，再入船舱里。张旺把船摇开，咿哑之声，直到江心里面。张顺脱去上盖，叫一声："艄公快来!你看船舱里漏进水来！"张旺不知是计，把头钻入舱里来，被张顺　　地揪住，喝一声："强贼，认得前日雪天趁船的客人么？"张旺看了，则声不得。张顺喝道："你这厮谋了我一百两黄金，又要害我性命!你那个瘦后生那里去了？"张旺道："好汉，小人得了财，无心分与他，恐他争论，被我杀死，撺入江里去了。"张顺道："你认得我么？"张旺道："不识得好汉，只求饶了小人一命。"张顺喝道："我生在浔阳江边，长在小孤山下，作卖鱼牙子，谁不认得?只因闹了江州，上梁山泊随从宋公明纵横天下，谁不惧我?你这厮漏我下船，缚住双手，撺下江心，不是我会识水时，却不送了性命!今日冤仇相见，饶你不得！"就势只一拖，提在船舱中，把手脚四马攒蹄，捆缚做一块，看着那扬子大江，直撺下去："也免了你一刀！"张旺性命，眼见得黄昏做鬼。

王定六看了，十分叹息。张顺就船内搜出前日金子并零碎银两，都收拾包裹里，三人棹船到岸。张顺对王定六道："贤弟恩义，生死难忘。你若不弃，便可同父亲收拾起酒店，赶上梁山泊来，一同归顺大义，未知你心下如何？"王定六道："哥哥所言，正合小弟之心。"说罢分别。张顺和安道全就北岸上路。王定六作辞二人，复上小船，自回家去，收拾行李赶来。

且说张顺与同安道全上得北岸，背了药囊，移身便走。那安道全是个文墨的人，不会走路，行不得三十余里，早走不动。张顺请入村店，买酒相待。正吃之间，只见外面一个客人走到面前，叫声："兄弟，如何这般迟误！"张顺看时，却是神行太保戴宗，扮做客人赶来。张顺慌忙教与安道全相见了，便问宋公明哥哥消息。戴宗道："如今宋哥哥神思昏迷，水米不吃，看看待死。"张顺闻言，泪如雨下。安道全问道："皮肉血色如何？"戴宗答道："肌肤憔悴，终夜叫唤，疼痛不止，性命早晚难保。"安道全道："若是皮肉身体，得知疼痛，便可医治；只怕误了日期。"戴宗道："这个容易。"取两个甲马，拴在安道全腿上。戴宗自背了药囊，分付张顺："你自慢来，我同太医前去。"两个离了村店，作起神行法，先去了。

且说这张顺在本处村店里，一连安歇了两三日，只见王定六背了包裹，同父亲果然过来。张顺接见，心中大喜，说道："我专在此等你。"王定六问道："安太医何在？"张顺道："神行太保戴宗接来迎着，已和他先行去了。"王定六却和张顺并父亲一同起身，投梁山泊来。

且说戴宗引着安道全，作起神行法，连夜赶到梁山泊。寨中大小头领接着，拥到宋江卧榻内，就床上看时，口内一丝两气。安道全先诊了脉息，说道："众头领休慌，脉体无事。身躯虽见沉重，大体不妨。不是安某说口，只十日之间，便要复旧。"众人见说，一齐便拜。安道全先把艾焙引出毒气，然后用药。外使敷贴之饵，内用长托之剂。五日之间，渐渐皮肤红白，肉体滋润，饮食渐进。不过十日，虽然疮口未完，饮食复旧。只见张顺引着王定六父子二人，拜见宋江并众头领，诉说江中被劫，水上报冤之事。众皆称叹："险不误了兄长之患！"

宋江才得病好，便与吴用商量，要打北京，救取卢员外、石秀。安道全谏道："将军疮口未完，不可轻动，动则急难痊可。"吴用道："不劳兄长挂心，只顾自己将息，调理体中元阳真气。吴用虽然不才，只就目今春秋时候，定要打破北京城池，救取卢员外、石秀二人性命，擒拿淫妇奸夫，不知兄长意下如何？"宋江道："若得军师如此扶持，宋江虽死瞑目！"吴用便就忠义堂上传令。有分教：北京城内，变成火窟枪林；大名府中，翻作尸山血海。正是：谈笑鬼神皆丧胆，指挥豪杰尽倾心。

毕竟军师吴用说出甚么计来，且听下回分解。

第六十六回 时迁火烧翠云楼　吴用智取大名府

话说吴用对宋江道："今日幸喜得兄长无事，又得安太医在寨中看视贵疾，此是梁山泊万千之幸。比及兄长卧病之时，小生累累使人去大名探听消息：梁中书昼夜忧惊，只恐俺军马临城。又使人直往北京城里城外市井去处，遍贴无头告示，晓谕居民，勿得疑虑：冤各有头，债各有主，大军到郡，自有对头。因此，梁中书越怀鬼胎。东京蔡太师见说降了关胜，天子之前更不敢提；只是主张招安，大家无事。因此累累寄书与梁中书，教道且留卢俊义、石秀二人性命，好做手脚。"宋江见说，便要催趱军马下山去打北京。吴用道："即今冬尽春初，早晚元宵节近，北京年例，大张灯火。我欲乘此机会，先令城中埋伏，外面驱兵大进，里应外合，可以破之。"宋江道："此计大妙!便请军师发落。"吴用道："为头最要紧的，是城中放火为号。你众弟兄中，谁敢与我先去城中放火？"只见阶下走过一人道："小弟愿往。"众人看时，却是鼓上蚤时迁。时迁道："小弟幼年间曾到北京。城内有座楼，唤做翠云楼；楼上楼下，大小有百十个阁子。眼见得元宵之夜，必然喧哄。乘空潜地入城，正月十五日夜，盘去翠云楼上放起火来为号，军师可自调人马劫牢，此为上计。"吴用道："我心正待如此。你明日天晓先下山去，只在元宵夜一更时候，楼上放起火来，便是你的功劳。"时迁应允，得令去了。

吴用次日却调解珍、解宝，扮做猎户，去北京城内官员府里，献纳野味。正月十五日夜间，只看火起为号，便去留守司前，截住报事官兵。两个听令去了。再调杜迁、宋万，扮做粜米客人，推辆车子，去城中宿歇。元宵夜只看号火起时，却来先夺东门。"此是你两个功劳。"两个听令去了。再调孔明、孔亮，扮做仆者，去北京城内闹市里房檐下宿歇，只看楼前火起，便去往来接应。两个听令去了。再调李应、史进，扮做客人，去北京东门外安歇，只看城中号火起时，先斩把门军士，夺下东门，好做出路。两个听令去了。再调鲁智深、武松，扮做行脚僧行，去北京城外庵院挂搭，只看城中号火起时，便去南门外截住大军，冲击去路。两个听令去了。再调邹渊、邹润，扮做卖灯客人，直往北京城中，寻客店安歇，只看楼中火起，便去司狱司前策应。两个听令去了。再调刘唐、杨雄，扮作公人，直去北京州衙前宿歇，只看号火起时，便去截住一应报事人员，令他首尾不能救应。两个听令去了。再调公孙胜先生，扮做云游道士，却教凌振扮做道童跟着，将带风火、轰天等炮数百个，直去北京城内净处守待，只看号火起时施放。两个听令去了。再调张顺，跟随燕青，从水门里入城，径奔卢员外家，单捉淫妇奸夫。再调王矮虎、孙新、张青、扈三娘、顾大嫂、孙二娘，扮做三对村里夫妻，入城看灯，寻至卢俊义家中放火。再调柴进，带同乐和，扮做军官，直去蔡节级家中，要保救二人性命。调拨已定，众头领俱各听令去了。各各遵依军令，不可有误。

此是正月初头，不说梁山泊好汉依次各各下山进发，且说北京梁中书唤过李成、闻达、王太守等一干官员，商议放灯一事。梁中书道："年例北京大张灯火，庆贺元宵，与民同乐，全似东京体例；如今被梁山泊贼人两次侵境，只恐放灯因而惹祸，下官意欲住歇放灯，你众官心下如何计议？"闻达便道："想此贼人，潜地退去，没头告示乱贴，此是计穷，必无主意，相公何必多虑。若还今年不放灯时，这厮们细作探知，必然被他耻笑。可以传下钧旨，晓示居民：比上年多设花灯，添扮社火，市心中添搭两座鳌山，照依东京体例，通宵不禁，十三至十七，放灯五夜。教府尹点视居民，勿令缺少，相公亲自行春，务要与民同乐。闻某亲领一彪军马出城，去飞虎峪驻扎，以防贼人奸计。再着李都监亲引铁骑马军，绕城巡逻，勿令居民惊忧。"梁中书见说大喜。众官商议已定，随即出榜，晓谕居民。

这北京大名府是河北头一个大郡，冲要去处。却有诸路买卖，云屯雾集；只听放灯，都来赶趁。在城坊隅巷陌，该管厢官每日点视，只得装扮社火；豪富之家，各自去赛花灯。远者三二百里去买，近者也过百十里之外。便有客商，年年将灯到城货卖。家家门前扎起灯棚，都要赛挂好灯，巧样烟火；户内缚起山棚，摆放五色屏风炮灯，四边都挂名人书画，并奇异古董玩器之物；在城大街小巷，家家都要点灯。大名府留守司州桥边，搭起一座鳌山，上面盘红黄纸龙两条，每片鳞甲上点灯一盏，口喷净水。去州桥河内周围上下，点灯不计其数。铜佛寺前扎起一座鳌山，上面盘青龙一条，周回也有千百盏花灯。翠云楼前也扎起一座鳌山，上面盘着一条白龙，四面灯火，不计其数。原来这座酒楼，名贯河北，号为第一。上有三檐滴水，雕梁绣柱，极是造得好。楼上楼下，有百十处阁子，终朝鼓乐喧天，每日笙歌聒耳。城中各处宫观寺院、佛殿法堂中，各设灯火，庆赏丰年。三瓦两舍，更不必说。

那梁山泊探细人得了这个消息，报上山来，吴用得知大喜，去对宋江说知备细。宋江便要亲自领兵去打北京，安道全谏道："将军疮口未完，切不可轻动。稍若怒气相侵，实难痊可。"吴用道："小生替哥哥走一遭。"随即与铁面孔目裴宣，点拨八路军马：第一队，双鞭呼延灼引领韩滔、彭玘为前部，镇三山黄信在后策应，都是马军。前者呼延灼阵上打了的是假的，故意要赚关胜，故设此计。第二队，豹子头林冲引领马麟、邓飞为前部，小李广花荣在后策应，都是马军。第三队，大刀关胜引领宣赞、郝思文为前部，病尉迟孙立在后策应，都是马军。第四队，霹雳火秦明引领欧鹏、燕顺为前部，青面兽杨志在后策应，都是马军。第五队，却调步军头领没遮拦穆弘，将引杜兴、郑天寿。第六队，步军头领黑旋风李逵，将引李立、曹正。第七队，步军头领插翅虎雷横，将引施恩、穆春。第八队，步军头领混世魔王樊瑞，将引项充、李衮。——"这八路马步军兵，各自取路，即今便要起行，毋得时刻有误。正月十五日二更为期，都要到北京城下。马军步军，一齐进发。"那八路人马依令下山，其余头领，尽跟宋江保守山寨。

且说时迁是个飞檐走壁的人，不从正路入城，夜间越墙而过，城中客店内，却不着单身客人，他自白日在街上闲走，到晚来，东岳庙内神座底下安身。正月十三日，却在城中往来观看居民百姓搭缚灯棚，悬挂灯火。正看之间，只见解珍、解宝挑着野味，在城中往来观看；又撞见杜迁、宋万两个，从瓦子里走将出来。时迁当日先去翠云楼上打一个踅，只见孔明披着头发，身穿羊皮破衣，右手拄一条杖子，左手拿个碗，腌腌，在那里求乞。见了时迁，打抹他去背后说话。时迁道："哥哥，你这般一个汉子，红红白白面皮，不像叫化的，北京做公的多，倘或被他看破，须误了大事，哥哥可以躲闪回避。"说不了，又见个丐者从墙边来，看时，却是孔亮。时迁道："哥哥，你又露出雪也似白面来，亦不像忍饥受饿的人。这般模样，必然决撒。"却才道罢，背后两个人劈角儿揪住，喝道："你们做得好事！"回头看时，却是杨雄、刘唐。时迁道："你惊杀我也！"杨雄道："都跟我来。"带去僻静处埋冤道："你三个好没分晓，却怎地在那里说话!倒是我两个看见，倘若被他眼明手快的公人看破，却不误了哥哥大事?我两个都已见了，弟兄们不必再上街去。"孔明道："邹渊、邹润自在街上卖灯，鲁智深、武松已在城外庵里。再不必多说，只顾临期各自行事。”五个说了，都出到一个寺前，正撞见一个先生，从寺里出来。众人抬头看时，却是入云龙公孙胜，背后凌振扮做道童跟着。七个人都点头会意，各自去了。

看看相近上元，梁中书先令大刀闻达将引军马出城，去飞虎峪驻扎，以防贼寇。十四日，却令李天王李成亲引铁骑马军五百，全副披挂，绕城巡视。次日，正是正月十五日上元佳节，好生晴明。黄昏月上，六街三市，各处坊隅巷陌，点放花灯，大街小巷，都有社火。有诗为证：

北京三五风光好，膏雨初晴春意早。
银花火树不夜城，陆地拥出蓬莱岛。
烛龙衔照夜光寒，人民歌舞欣时安。
五凤羽扶双贝阙，六鳌背驾三神山。
红妆女立朱帘下，白面郎骑紫骝马。
笙箫嘹亮入青云，月光清射鸳鸯瓦。
翠云楼高侵碧天，嬉游来往多婵娟。
灯球灿烂若锦绣，王孙公子真神仙。
游人　　尚未绝，高楼顷刻生云烟。

是夜节级蔡福分付，教兄弟蔡庆看守着大牢：“我自回家看看便来。”方才进得家门，只见两个人闪将入来：前面那个军官打扮，后面仆者模样。灯光之下看时，蔡福认得是小旋风柴进，后面的已自是铁叫子乐和。蔡节级只认得柴进，便请入里面去，现成杯盘，随即管待。柴进道：“不必赐酒。在下到此，有件紧事相央：卢员外、石秀全得足下相觑，称谢难尽。今晚小子就欲大牢里赶此元宵热闹，看望一遭，望你相烦引进，休得推却。”蔡福是个公人，早猜了八分。欲待不依，诚恐打破城池，都不见了好处，又陷了老小一家人口性命。只得担着血海的干系，便取些旧衣裳，教他两个换了，也扮做公人，换了巾帻，带柴进、乐和径奔牢中去了。

初更左右，王矮虎、一丈青、孙新、顾大嫂、张青、孙二娘，三对儿村里夫妇，乔乔画画，装扮做乡村人，挨在人丛里，便入东门去了。公孙胜带同凌振，挑着荆篓，去城隍庙里廊下坐地。这城隍庙，只在州衙侧边。邹渊、邹润，挑着灯，在城中闲走。杜迁、宋万，各推一辆车子，径到梁中书衙前，闪在人闹处。原来梁中书衙，只在东门里大街住。刘唐、杨雄，各提着水火棍，身边都自有暗器，来州桥上两边坐定。燕青领了张顺，自从水门里入城，静处埋伏。都不在话下。

不移时，楼上鼓打二更。却说时迁挟着一个篮儿，里面都是硫黄、焰硝放火的药头，篮儿上插几朵闹鹅儿，踅入翠云楼后。走上楼去，只见阁子内，吹笙箫，动鼓板，掀云闹社，子弟们闹闹穰穰，都在楼上打哄赏灯。时迁上到楼上，只做买闹鹅儿的，各处阁子里去看。撞见解珍、解宝拖着钢叉，叉上挂着兔儿，在阁子前踅。时迁便道：“更次到了，怎生不见外面动弹？”解珍道：“我两个方才在楼前，见探马过去，多管兵马到了，你只顾去行事。”言犹未了，只见楼前都发起喊来，说道：“梁山泊军马到了西门外。”解珍分付时迁：“你自快去，我自去留守司前接应。”奔到留守司前，只见败残军马，一齐奔入城来，说道：“闻大刀吃劫了寨也!梁山泊贼寇，引军都到城下。”李成正在城上巡逻，听见说了，飞马来到留守司前，教点军兵，分付闭上城门，守护本州。

却说王太守亲引随从百余人，长枷铁锁，在街镇压。听得报说这话，慌忙到留守司前。

却说梁中书正在衙前醉了闲坐，初听报说，尚自不甚慌；次后没半个更次，流星探马，接连报来，吓得魂不附体，慌忙快叫备马。说言未了，只见翠云楼上，烈焰冲天，火光夺月，十分浩大。梁中书见了，急上得马，却待要去看时，只见两条大汉，推两辆车子，放在当路，便去取碗挂的灯来，望车子上点着，随即火起。梁中书要出东门时，两条大汉口称：“李应、史进在此！”手拈朴刀，大踏步杀来。把门官军，吓得走了，手边的伤了十数个。杜迁、宋万却好接着出来，四个合做一处，把住东门。梁中书见不是头势，带领随行伴当，飞奔南门。南门传说道：“一个胖大和尚，抡动铁禅杖；一个虎面行者，掣出双戒刀，发喊杀入城来。”梁中书回马，再到留守司前，只见解珍、解宝手拈钢叉，在那里东撞西撞；急待回州衙，不敢近前。王太守却好过来，刘唐、杨雄两条水火棍齐下，打得脑浆迸流，眼珠突出，死于街前。虞候押番，各逃残生去了。梁中书急急回马奔西门，只听得城隍庙里，火炮齐响，轰天震地。邹渊、邹润手拿竹竿，只顾就房檐下放起火来。南瓦子前，王矮虎、一丈青杀将来。孙新、顾大嫂身边掣出暗器，就那里协助。铜佛寺前，张青、孙二娘入去，爬上鳌山，放起火来。此时北京城内百姓黎民，一个个鼠撺狼奔，一家家神号鬼哭，四下里十数处火光亘天，四方不辨。

却说梁中书奔到西门，接着李成军马，急到南门城上，勒住马，在鼓楼上看时，只见城下兵马摆满，旗号上写道：“大将呼延灼。”火焰光中，抖擞精神，施逞骁勇；左有韩滔，右有彭玘，黄信在后，催动人马，雁翅一般横杀将来，随到门下。梁中书出不得城去，和李成躲在北门城下，望见火光明亮，军马不知其数，却是豹子头林冲，跃马横枪，左有马麟，右有邓飞，花荣在后，催动人马，飞奔将来。再转东门，一连火把丛中，只见没遮拦穆弘，左有杜兴，右有郑天寿，三筹步军好汉当先，手拈朴刀，引领一千余人，杀入城来。梁中书径奔南门，舍命夺路而走。吊桥边火把齐明，只见黑旋风李逵，左有李立，右有曹正。李逵浑身脱剥，咬定牙根，手　双斧，从城濠里飞杀过来。李立、曹正，一齐俱到。李成当先，杀开条血路，奔出城来，护着梁中书便走。只见左手下杀声震响，火把丛中，军马无数，却是大刀关胜，拍动赤兔马，手舞青龙刀，径抢梁中书。李成手举双刀，前来迎敌。那时李成无心恋战，拨马便走。左有宣赞，右有郝思文，两肋里撞来。孙立在后，催动人马，并力杀来。正斗间，背后赶上小李广花荣，拈弓搭箭，射中李成副将，翻身落马。李成见了，飞马奔走，未及半箭之地，只见右手下锣鼓乱鸣，火光夺目，却是霹雳火秦明跃马舞棍，引着燕顺、欧鹏，背后杨志，又杀将来。李成且战且走，折军大半，护着梁中书，冲路走脱。

话分两头，却说城中之事。杜迁、宋万，去杀梁中书老小一门良贱。刘唐、杨雄，去杀王太守一家老小。孔明、孔亮，已从司狱司后墙爬将入去。邹渊、邹润，却在司狱司前接住往来之人。大牢里柴进、乐和，看见号火起了，便对蔡福、蔡庆道：“你弟兄两个，见也不见?更待几时？”蔡庆在门边看时，邹渊、邹润早撞开牢门，大叫道：“梁山泊好汉全伙在此!好好送出卢员外、石秀哥哥来！”蔡庆慌忙报蔡福时，孔明、孔亮早从牢屋上跳将下来。不由他弟兄两个肯与不肯，柴进身边取出器械，便去开枷，放了卢俊义、石秀。柴进说与蔡福：“你快跟我去家中保护老小！”一齐都出牢门来。邹渊、邹润接着，合做一处。蔡福、蔡庆，跟随柴进，来家中保全老小。

卢俊义将引石秀、孔明、孔亮、邹渊、邹润五个弟兄，径奔家中，来捉李固、贾氏。却说李固听得梁山泊好汉引军马入城，又见四下里火起，正在家中有些眼跳，便和贾氏商量，收拾了一包金珠细软背了，便出门奔走。只听得排门一带都倒，正不知多少人抢将入来。李固和贾氏慌忙回身，便望里面开了后门，踅过墙边，径投河下，来寻自家躲避处。只见岸上张顺大叫："那婆娘走那里去！"李固心慌，便跳下船中去躲。却待攒入舱里，又见一个人伸出手来，劈　儿揪住，喝道："李固，你认得我么？"李固听得是燕青的声音，慌忙叫道："小乙哥，我不曾和你有甚冤仇，你休得揪我上岸！"岸上张顺早把那婆娘挟在肋下，拖到船边。燕青拿了李固，都望东门来了。

再说卢俊义奔到家中，不见了李固和那婆娘，且叫众人把应有家私金银财宝，都搬来装在车子上，往梁山泊给散。却说柴进和蔡福到家中收拾家资老小，同上山寨。蔡福道："大官人，可救一城百姓，休教残害。"柴进见说，便去寻军师吴用。比及柴进寻着吴用，急传下号令去，教休杀害良民时，城中将及损伤一半。但见：

烟迷城市，火燎楼台。红光影里碎琉璃，黑焰丛中烧翡翠。娱人傀儡，顾不得面是背非；照夜山棚，谁管取前明后暗。斑毛老子，猖狂燎尽白髭须；绿发儿郎，奔走不收华盖伞。踏竹马的暗中刀枪，舞鲍老的难免刃槊。如花仕女，人丛中金坠玉崩；玩景佳人，片时间星飞云散。可惜千年歌舞地，翻成一片战争场。

当时天色大明，吴用、柴进在城内鸣金收军。众头领却接着卢员外并石秀，都到留守司相见，备说牢中多亏了蔡福、蔡庆弟兄两个看觑，已逃得残生。燕青、张顺早把这李固、贾氏解来。卢俊义见了，且教燕青监下，自行看管，听候发落，不在话下。

再说李成保护梁中书出城逃难，又撞着闻达领着败残军马回来，合兵一处，投南便走。正走之间，前军发起喊来，却是混世魔王樊瑞，左有项充，右有李衮，三筹步军好汉，舞动飞刀飞枪，直杀将来。背后又是插翅虎雷横，将引施恩、穆春，各引一千步军，前来截住退路。正是：狱囚遇赦重回禁，病客逢医又上床。

毕竟梁中书一行人马怎地计结，且听下回分解。

第六十七回 宋江赏马步三军　关胜降水火二将

话说当下梁中书、李成、闻达，慌速寻得败残军马，投南便走。正行之间，又撞着两队伏兵，前后掩杀。李成当先，闻达在后，护着梁中书，并力死战，撞透重围，脱得大难，头盔不整，衣甲飘零，虽是折了人马，且喜三人逃得性命，投西去了。樊瑞引项充、李衮，乘势追赶不上，自与雷横、施恩、穆春等，同回北京城内听令。

再说军师吴用，在城中传下将令，一面出榜安民，一面救灭了火。梁中书、李成、闻达、王太守各家老小，杀的杀了，走的走了，也不来追究。便把大名府库藏打开，应有金银宝物，缎匹绫锦，都装载上车子；又开仓廒，将粮米　济满城百姓了，余者亦装载上车，将回梁山泊仓用。号令众头领人马，都皆完备。把李固、贾氏钉在陷车内，将军马标拨作三队，回梁山泊来。正是：鞍上将敲金镫响，马前军唱凯歌回。却叫戴宗先去报宋公明。宋江会集诸将，下山迎接，都到忠义堂上。宋江见了卢俊义，纳头便拜，卢俊义慌忙答礼。宋江道："我等众人，欲请员外上山，同聚大义，不想却遭此难，几被倾送，寸心如割。皇天垂佑，今日再得相见，大慰平生。"卢俊义拜谢道："上托兄长虎威，深感众头领之德，齐心并力，救拔贱体，肝胆涂地，难以报答。"便请蔡福、蔡庆拜见宋江，言说："在下若非此二人，安得残生到此！"称谢不尽。当下宋江要卢员外为尊，卢俊义拜道："卢某是何等之人，敢为山寨之主?若得与兄长执鞭坠镫，愿为一卒，报答救命之恩，实为万幸！"宋江再三拜请，卢俊义那里肯坐。

只见李逵道："哥哥若让别人做山寨之主，我便杀将起来。"武松道："哥哥只管让来让去，让得弟兄们心肠冷了。"宋江大喝道："汝等省得甚么?不得多言！"卢俊义慌忙拜道："若是兄长苦苦相让，着卢某安身不牢。"李逵叫道："今朝都没事了，哥哥便做皇帝，教卢员外做丞相，我们都做大官，杀去东京，夺了鸟位，却不强似在这里鸟乱！"宋江大怒，喝骂李逵。吴用劝道："且教卢员外东边耳房安歇，宾客相待。等日后有功，却再让位。"宋江方才欢喜，就叫燕青一处安歇。另拨房屋，叫蔡福、蔡庆安顿老小。关胜家眷，薛永已取到山寨。宋江便叫大设筵宴，犒赏马步水三军，令大小头目，并众喽罗军健，各自成团作队去吃酒。忠义堂上，设宴庆贺。大小头领，相谦相让，饮酒作乐。卢俊义起身道："淫妇奸夫，擒捉在此，听候发落。"宋江笑道："我正忘了，叫他两个过来。"众军把陷车打开，拖出堂前，李固绑在左边将军柱上，贾氏绑在右边将军柱上。宋江道："休问这厮罪恶，请员外自行发落。"卢俊义手拿短刀，自下堂来，大骂泼妇贼奴，就将二人割腹剜心，凌迟处死。抛弃尸首，上堂来拜谢众人。众头领尽皆作贺，称赞不已。

且不说梁山泊大设筵宴，犒赏马步水三军。却说北京梁中书探听得梁山泊军马退去，再和李成、闻达引领败残军马，入城来看觑老小时，十损八九，众皆号哭不已。比及邻近起军追赶梁山泊人马时，已自去得远了，且教各自收军。梁中书的夫人，躲得在后花园中，逃得性命，便叫丈夫写表申奏朝廷，写书教太师知道：早早调兵遣将，剿除贼寇报仇。抄写民间被杀死者五千余人，中伤者不计其数，各部军马，总折却三万有余。首将赍了奏文密书上路，不则一日，来到东京太师府前下马。门吏转报，太师教唤入来，首将直至节堂下拜见了，呈上密书申奏，诉说打破北京，贼寇浩大，不能抵敌。蔡京初意，亦欲苟且招安，功归梁中书身上，自己亦有荣宠；今见事体败坏，难遮掩，便欲主战，因大怒道："且教首将退去！"次日五更，景阳钟响，待漏院众集文武群臣，蔡太师为首，直临玉阶，面奏道君皇帝。天子览奏，大惊。有谏议大夫赵鼎出班奏道："前者往往调兵征发，皆折兵将，盖因失其地利，以致如此。以臣愚意，不若降敕赦罪招安，诏取赴阙，命作良臣，以防边境之害。"蔡京听了大怒，喝叱道："汝为谏议大夫，反灭朝廷纲纪，猖獗小人，罪合赐死！"天子曰："如此，目下便令出朝。"当下革了赵鼎官爵，罢为庶人，当朝谁敢再奏。有诗为证：

玺书招抚是良谋，却把忠言作寇仇。

一自老成人去后，梁山军马不能收。

天子又问蔡京道："似此贼势猖獗，可遣谁人剿捕？"蔡太师奏道："臣量这等山野草贼，安用大军，臣举凌州有二将：一人姓单，名廷　；一人姓魏，名定国，现任本州团练使。伏乞陛下圣旨，星夜差人，调此一枝人马，克日扫清水泊。"天子大喜，随即降写敕符，着枢密院调遣。天子驾起，百官退朝，众官暗笑。次日，蔡京会省院差官，赍捧圣旨敕符，投凌州来。

再说宋江水浒寨内，将北京所得的府库金宝钱物，给赏与马步水三军，连日杀牛宰马，大排筵宴，庆赏卢员外；虽无庖凤烹龙，端的肉山酒海。众头领酒至半酣，吴用对宋江等说道："今为卢员外打破北京，杀损人民，劫掠府库，赶得梁中书等离城逃奔，他岂不写表申奏朝廷?况他丈人是当朝太师，怎肯干罢?必然起军发马，前来征讨。"宋江道："军师所虑，最为得理。何不使人连夜去北京探听虚实，我这里好做准备。"吴用笑道："小弟已差人去了，将次回也。"正在筵会之间，商议未了，只见原差探事人到来，报说：“北京梁中书果然申奏朝廷，要调兵征剿。有谏议大夫赵鼎奏请招安，致被蔡京喝骂，削了赵鼎官职。如今奏过天子，差人赍捧敕符，往凌州调遣单廷　、魏定国两个团练使，起本州军马，前来征讨。”宋江便道：“似此如何迎敌？”吴用道：“等他来时，一发捉了。”关胜起身对宋江、吴用道：“关某自从上山，深感仁兄厚待，不曾出得半分气力。单廷　、魏定国，蒲城多曾相会。久知单廷　那厮，善能用水浸兵之法，人皆称为圣水将军。魏定国这厮，精熟火攻兵法，上阵专能用火器取人，因此呼为‘神火将军’。凌州是本境，兼管本州兵马，取此二人为部下。小弟不才，愿借五千军兵，不等他二将起行，先在凌州路上接住。他若肯降时，带上山来；若不肯投降，必当擒来，奉献兄长，亦不须用众头领张弓挟矢，费力劳神。不知尊意若何？”宋江大喜，便叫宣赞、郝思文二将，就跟着一同前去。关胜带了五千军马，来日下山。次早，宋江与众头领在金沙滩寨前饯行，关胜三人引兵去了。

众头领回到忠义堂上，吴用便对宋江说道：“关胜此去，未保其心，可以再差良将，随后监督，就行接应。”宋江道：“吾观关胜义气凛然，始终如一，军师不必多疑。”吴用道：“只恐他心不似兄长之心。可再叫林冲、杨志领兵，孙立、黄信为副将，带领五千人马，随即下山。”李逵便道：“我也去走一遭。”宋江道：“此一去用你不着，自有良将建功。”李逵道：“兄弟若闲，便要生病，若不叫我去时，独自也要去走一遭。”宋江喝道：“你若不听我的军令，割了你头！”李逵见说，闷闷不已，下堂去了。不说林冲、杨志领兵下山，接应关胜。次日，只见小军来报：“黑旋风李逵昨夜二更，拿了两把板斧，不知那里去了！”宋江见报，只叫得苦：“是我夜来冲撞了他这几句言语，多管是投别处去了！”吴用道：“兄长，非也。他虽粗卤，义气倒重，不到得投别处去。多管是过两日便来，兄长放心。”宋江心慌，先使戴宗去赶，后着时迁、李云、乐和、王定六四个首将，分四路去寻。

且说李逵是夜提着两把板斧下山，抄小路径投凌州去。一路上自寻思道：“这两个鸟将军，何消得许多军马去征他!我且抢入城中，一斧一个都砍杀了，也教哥哥吃一惊!也和他们争得一口气！”走了半日，走得肚饥，原来贪慌下山，不曾带得盘缠。多时不做这买卖，寻思道：“只得寻个鸟出气的。”正走之间，看见路旁一个村酒店，李逵便入去里面坐下，连打了三角酒、二斤肉吃了，起身便走。酒保拦住讨钱。李逵道：“待我前头去寻得些买卖，却把来还你！”说罢，便动身。只见外面走入个彪形大汉来，喝道：“你这黑厮，好大胆!谁开的酒店，你来白吃，不肯还钱！”李逵睁着眼道：“老爷不拣那里，只是白吃！”那汉道：“我对你说时，惊得你尿流屁滚!老爷是梁山泊好汉韩伯龙的便是!本钱都是宋江哥哥的。”李逵听了暗笑：“我山寨里那里认得这个鸟人！”原来韩伯龙曾在江湖上打家劫舍，要来上梁山泊入伙，却投奔了旱地忽律朱贵，要他引见宋江。因是宋公明生发背疮，在寨中又调兵遣将，多忙少闲，不曾见得，朱贵权且教他在村中卖酒。当时李逵去腰间拔出一把板斧，看着韩伯龙道：“把斧头为当。”韩伯龙不知是计，舒手来接，见李逵手起，望面门上只一斧，　　地砍着。可怜韩伯龙做了半世强人，死在李逵之手。两三个火家，只恨爷娘少生了两只脚，望深村里走了。李逵就地下掳掠了盘缠，放火烧了草屋，望凌州去了。

行不得一日，正走之间，官道旁边，只见走过一条大汉，直上直下相李逵。李逵见那人看他，便道：“你那厮看老爷怎地？”那汉便答道：“你是谁的老爷？”李逵便抢将入来。那汉子手起一拳，打个塔墩，李逵寻思：“这汉子倒使得好拳！”坐在地下，仰着脸问道：“你这汉子，姓甚名谁？”那汉道：“老爷没姓，要厮打便和你厮打!你敢起来！”李逵大怒，正待跳将起来，被那汉子肋罗里只一脚，又踢了一交。李逵叫道：“赢他不得。”爬将起来便走。那汉叫住问道：“这黑汉子，你姓甚名谁?那里人氏？”李逵道：“我说与你，休要吃惊。我是梁山泊黑旋风李逵的便是。”那汉道：“你端的是不是?不要说谎。”李逵道：“你不信，只看我这两把板斧。”那汉道：“你既是梁山泊好汉，独自一个投那里去？”李逵道：“我和哥哥别口气，要投凌州去杀那姓单姓魏的两个。”那汉道：“我听得你梁山泊已有军马去了，你且说是谁？”李逵道：“先是大刀关胜领兵，随后便是豹子头林冲、青面兽杨志，领军策应。”那汉听了，纳头便拜。李逵道：“你端的姓甚名谁？”那汉道：“小人原是中山府人氏，祖传三代，相扑为生。却才手脚，父子相传，不教徒弟。平生最无面目，到处投人不着，山东、河北都叫我做没面目焦挺。近日打听得寇州地面，有座山，名为枯树山。山上有个强人，平生只好杀人，世人把他比做丧门神，姓鲍名旭。他在那山里，打家劫舍，我如今待要去那里入伙。”

李逵道：“你有这等本事，如何不来投奔俺哥哥宋公明？”焦挺道：“我多时要投奔大寨入伙，却没条门路。今日得遇兄长，愿随哥哥。”李逵道：“我却要和宋公明哥哥争口气了下山来，不杀得一个人，空着双手，怎地回去?你和我去枯树山，说了鲍旭，同去凌州杀得单、魏二将，便好回山。”焦挺道：“凌州一府城池，许多军马在彼，我和你只两个，便有十分本事，也不济事，枉送了性命；不如单去枯树山说了鲍旭，都去大寨入伙，此为上计。”

两个正说之间，背后时迁赶将来，叫道：“哥哥忧得作苦，便请回山。如今分四路去赶你也。”李逵引着焦挺，且教与时迁厮见了。时迁劝李逵回山：“宋公明哥哥等你。”李逵道：“你且住!我和焦挺商量定了，先去枯树山说了鲍旭，方才回来。”时迁道：“使不得。哥哥等你，即便回寨。”李逵道：“你若不跟我去，你自先回山寨，报与哥哥知道，我便回也。”时迁惧怕李逵，自回山寨去了。焦挺却和李逵自投寇州来，望枯树山去了。

话分两头。却说关胜与同宣赞、郝思文引领五千军马接来，相近凌州。且说凌州太守，接得东京调兵的敕旨并蔡太师札付，便请兵马团练单廷　、魏定国商议。二将受了札付，随即选点军兵，关领军器，拴束鞍马，整顿粮草，指日起行。忽闻报说：“蒲东大刀关胜引军到来，侵犯本州。”单廷　、魏定国听得大怒，便收拾军马，出城迎敌。两军相近，旗鼓相望。门旗下关胜出马。那边阵内鼓声响处，圣水将军出马。怎生打扮：

戴一顶浑铁打就四方铁帽，顶上撒一颗斗来大小黑缨。披一付熊皮砌就嵌缝沿边乌油铠甲，穿一领皂罗绣就点翠团花秃袖征袍，着一双斜皮踢镫嵌线云跟靴，系一条碧　钉就迭胜狮蛮带。一张弓，一壶箭。骑一匹深乌马，使一条黑杆枪。前面打一把引军按北方皂纛旗，上书七个银字：“圣水将军单廷　。”又见这边鸾铃响处，转出这员神火将军魏定国来出马。怎生打扮：

戴一顶朱红缀嵌点金束发盔，顶上撒一把扫帚长短赤缨。披一副摆连环吞兽面　猊铠，穿一领绣云霞飞怪兽绛红袍，着一双刺麒麟间翡翠云缝锦跟靴。带一张描金雀画宝雕弓，悬一壶凤翎凿山狼牙箭。骑坐一匹胭脂马，手使一口熟铜刀。

前面打一把引军按南方红绣旗，上书七个银字：“神火将军魏定国。”两员虎将，一齐出到阵前。关胜见了，在马上说道：“二位将军，别来久矣！”单廷　、魏定国大笑，指着关胜骂道：“无才小辈，背反狂夫!上负朝廷之恩，下辱祖宗名目，不知死活!引军到来，有何礼说？”关胜答道：“你二将差矣。目今主上昏昧，奸臣弄权，非亲不用，非仇不弹。兄长宋公明仁德施恩，替天行道，特令关某等到来，招请二位将军。倘蒙不弃，便请过来，同归山寨。”单、魏二将听得大怒，骤马齐出。一个是北方一朵乌云，一个如南方一团烈火，飞出阵前。关胜却待去迎敌，左手下飞出宣赞，右手下奔出郝思文，两对儿阵前厮杀。刀对刀，迸万道寒光；枪搠枪，起一天杀气。关胜遥见神火将越斗越精神，圣水将无半点惧色。正斗之间，两将拨转马头，望本阵便走。郝思文、宣赞随即追赶，冲入阵中。只见魏定国转入左边，单廷 转过右边。随后宣赞赶着魏定国，郝思文追住单廷 。

且说宣赞正赶之间，只见四五百步军，都是红旗红甲，一字儿围裹将来，挠钩齐下，套索飞来，和人连马，活捉去了。再说郝思文追住单廷 到右边，只见五百来步军，尽是黑旗黑甲，一字儿裹转来，脑后众军齐上，把郝思文生擒活捉去了。可怜二将英雄，到此翻成画饼。一面把人解入凌州，一面仍率五百精兵，卷杀过来。关胜举手无措，大败输亏，望后便退。随即单廷 、魏定国拍马在背后追来。关胜正走之间，只见前面冲出二将。关胜看时，左有林冲，右有杨志，从两肋窝里撞将出来，杀散凌州军马。关胜收住本部残兵，与林冲、杨志相见，合兵一处。随后孙立、黄信一同见了，权且下寨。

却说水火二将，捉得宣赞、郝思文，得胜回到城中，张太守接着，置酒作贺；一面教人做造陷车，装了二人，差一员偏将，带领三百步军，连夜解上东京，申达朝廷。且说偏将带领三百人马，监押宣赞、郝思文上东京来，迤 前行，来到一个去处。只见满山枯树，遍地芦芽，一声锣响，撞出一伙强人，当先一个，手 双斧，声喝如雷，正是梁山泊黑旋风李逵。后面带着这个好汉，端的是谁，正是：

相扑丛中人尽伏，拽拳飞脚如刀毒。

劣性发时似山倒，焦挺从来没面目。

李逵、焦挺两个好汉，引着小喽罗，拦住去路，也不打话，便抢陷车。偏将急待要走，背后又撞出一个好汉，正是：

狰狞丑脸如锅底，双睛迭暴露狼唇。

放火杀人提阔剑，鲍旭名唤丧门神。

这个好汉，正是丧门神鲍旭，向前把偏将手起剑落，砍下马来，其余人等，撇下陷车，尽皆逃命去了。李逵看时，却是宣赞、郝思文，便问了备细来由。宣赞见李逵亦问：“你怎生在此？”李逵说道：“为是哥哥不肯教我来厮杀，独自个私走下山来，先杀了韩伯龙，后撞见焦挺，引我在此。鲍旭一见如故，便如亲兄弟一般接待。却才商议，正欲去打凌州，却有小喽罗山头上望见这伙人马，监押陷车到来。只道官兵捕盗，不想却是你二位。”鲍旭邀请到寨内，杀牛置酒相待。郝思文道：“兄弟既然有心上梁山泊入伙，不若将引本部人马，就同去凌州，并力攻打，此为上策。”鲍旭道：“小可与李兄正如此商议。足下之言，说的最是。我山寨之中，也有三二百匹好马。”带领五七百小喽罗，五筹好汉，一齐来打凌州。

却说逃难军士奔回来，报与张太守说道：“半路里有强人夺了陷车，杀了偏将。”单廷 、魏定国听得大怒，便道：“这番拿着，便在这里施刑。”只听得城外关胜引兵搦战。单廷 争先出马，开城门，放下吊桥，引五百玄甲军，飞奔出城迎敌。门旗开处，圣水将军单廷 出马，大骂关胜道：“辱国败将，何不就死！”关胜听了，舞刀拍马。两个斗不到五十余合，关胜勒转马头，慌忙便走，单廷 随即赶将来。约赶十余里，关胜回头喝道：“你这厮不下马受降，更待何时！”单廷 挺枪，直取关胜后心。关胜使出神威，拖起刀背，只一拍，喝一声：“下去！”单廷 落马。关胜下马，向前扶起，叫道：“将军恕罪！”单廷 惶恐伏礼，乞命受降。关胜道：“某与宋公明哥哥面前，多曾举你。特来相招二位将军，同聚大义。”单廷 答道：“不才愿施犬马之力，同共替天行道。”两个说罢，并马而行。林冲接见二人并马行来，便问其故。关胜不说输赢，答道：“山僻之内，诉旧论新，招请归降。”林冲等众皆大喜。单廷 回至阵前，大叫一声，五百玄甲军兵，一哄过来；其余人马，奔入城中去了，连忙报知大守。

魏定国听了，大怒，次日领起军马，出城交战。单廷 与同关胜、林冲，直临阵前。只见门旗开处，神火将军魏定国出马，见了单廷 顺了关胜，大骂：“忘恩背主，负义匹夫！”关胜大怒，拍马向前迎敌。二马相交，军器并举。两将斗不到十合，魏定国望本阵便走。关胜却欲要追，单廷 大叫道：“将军不可去赶。”关胜连忙勒住战马。说犹未了，凌州阵内，早飞出五百火兵，身穿绛衣，手执火器，前后拥出有五十辆火车，车上都满装芦苇引火之物。军人背上，各拴铁葫芦一个，内藏硫黄焰硝，五色烟药，一齐点着，飞抢出来。人近人倒，马过马伤。关胜军兵四散奔走，退四十余里扎住。魏定国收转军马回城，看见本州烘烘火起，烈烈烟生。原来却是黑旋风李逵与同焦挺、鲍旭带领枯树山人马，都去凌州背后，打破北门，杀入城中，放起火来，劫掳仓库钱粮。魏定国知了，不敢入城，慌速回军，被关胜随后赶上追杀，首尾不能相顾。凌州已失，魏定国只得退走，奔中陵县屯驻。关胜引军把县四下围住，便令诸将调兵攻打。魏定国闭门不出。

单廷 便对关胜、林冲等众位说道：“此人是一勇之夫，攻击得紧，他宁死，必不辱。事宽即完，急难成效。小弟愿往县中，不避刀斧，用好言招抚此人，束手来降，免动干戈。”关胜见说，大喜，随即叫单廷 单人匹马到县。小校报知，魏定国出来相见了。单廷 用好言说道：“如今朝廷不明，天下大乱，天子昏昧，奸臣弄权，我等归顺宋公明，且居水泊。久后奸臣退位，那时去邪归正，未为晚矣。”魏定国听罢，沉吟半晌，说道：“若是要我归顺，须是关胜亲自来请，我便投降；他若是不来，我宁死不辱！”单廷 即便上马回来，报与关胜。关胜见说，便道：“大丈夫作事，何故疑惑？”便与单廷 匹马单刀而去。林冲谏道：“兄长，人心难忖，三思而行。”关胜道：“好汉作事无妨。”直到县衙。魏定国接着，大喜，愿拜投降，同叙旧情，设筵管待。当日带领五百火兵，都来大寨，与林冲、杨志并众头领，俱各相见已了，即便收军回梁山泊来。宋江早使戴宗接着，对李逵说道：“只为你偷走下山，教众兄弟赶了许多路，如今时迁、乐和、李云、王定六四个，先回山去了。我如今先去报知哥哥，免至悬望。”

不说戴宗先去了，且说关胜等军马回到金沙滩边，水军头领棹船接济军马，陆续过渡，只见一个人气急败坏跑将来。众人看时，却是金毛犬段景住。林冲便问道：“你和杨林、石勇去北地里买马，如何这等慌速跑来？”段景住言无数句，话不一席，有分教，宋江调拨军兵，来打这个去处，重报旧仇，再雪前恨。正是：情知语是钩和线，从头钓出是非来。

毕竟段景住说出甚言语来，且听下回分解。

第六十八回 宋公明夜打曾头市　卢俊义活捉史文恭

话说当时段景住跑来，对林冲等说道：“我与杨林、石勇，前往北地买马，到彼选得壮窜有筋力好毛片骏马，买了二百余匹。回至青州地面，被一伙强人，为头一个唤做险道神郁保四，聚集二百余人，尽数把马劫夺，解送曾头市去了。石勇、杨林，不知去向。小弟连夜逃来，报知此事。”关胜见说，叫且回山寨与哥哥相见了，却商议此事。众人且过渡来，都到忠义堂上，见了宋江。关胜引单廷 、魏定国，与大小头领俱各相见了。李逵把下山杀了韩伯龙，遇见焦挺、鲍旭，同去打破凌州之事，说了一遍。宋江听罢，又添四个好汉，正在欢喜。段景住备说夺马一事，宋江听了，大怒道：“前者夺我马匹，今又如此无礼。晁天王的冤仇未曾报得，旦夕不乐，若不去报此仇，惹人耻笑。”吴用道：“即日春暖，正好厮杀。前者进兵，失其地利，如今必用智取。”宋江道：“此仇深入骨髓，不报得，誓不还山。”吴用道：“且教时迁，他会飞檐走壁，可去探听消息一遭，回来却作商量。”时迁听命去了，无三二日，只见杨林、石勇逃得回寨，备说曾头市史文恭口出大言，要与梁山泊势不两立。宋江见说，便要起兵，吴用道：“再待时迁回报，却去未迟。”宋江怒气填胸，要报此仇，片时忍耐不住，又使戴宗飞去打听，立等回报。

不过数日，却是戴宗先回来，说：“这曾头市要与凌州报仇，欲起军马。现今曾头市口扎下大寨，又在法华寺内做中军帐，数百里遍插旌旗，不知何路可进。”次日，时迁回寨报说：“小弟直到曾头市里面，探知备细，现今扎下五个寨栅：曾头市前面，二千余人守住村口。总寨内是教师史文恭执掌，北寨是曾涂与副教师苏定，南寨是次子曾密，西寨是三子曾索，东寨是四子曾魁，中寨是第五子曾升，与父亲曾弄守把。这个青州郁保四，身长一丈，腰阔数围，绰号险道神，将这夺的许多马匹，都喂养在法华寺内。”

吴用听罢，便教会集诸将，一同商议：“既然他设五个寨栅，我这里分调五支军将，可作五路去打他五个寨栅。”卢俊义便起身道：“卢某得蒙救命上山，未能报效，今愿尽命向前，未知尊意若何？”宋江大喜，便道：“员外如肯下山，便为前部。”吴用谏道：“员外初到山寨，未经战阵，山岭崎岖，乘马不便，不可为前部先锋。别引一支军马，前去平川埋伏，只听中军炮响，便来接应。”吴用主意，只恐卢俊义捉得史文恭时，宋江不负晁盖遗言，让位与他，因此不允他为前部先锋。宋江大意，只要卢俊义建功，乘此机会，教他为山寨之主。吴用不肯，立主叫卢员外带同燕青，引领五百步军，平川小路听号。再分调五路军马：曾头市正南大寨，差马军头领霹雳火秦明、小李广花荣，副将马麟、邓飞，引军三千攻打；曾头市正东大寨，差步军头领花和尚鲁智深、行者武松，副将孔明、孔亮，引军三千攻打；曾头市正北大寨，差马军头领青面兽杨志、九纹龙史进，副将杨春、陈达，引军三千攻打；曾头市正西大寨，差步军头领美髯公朱仝、插翅虎雷横，副将邹渊、邹润，引军三千攻打；曾头市正中总寨，都头领宋公明，军师吴用、公孙胜，随行副将吕方、郭盛、解珍、解宝、戴宗、时迁，领军五千攻打；合后步军头领黑旋风李逵、混世魔王樊瑞，副将项充、李衮，引马步军兵五千。其余头领，各守山寨。

不说宋江部领五军兵将大进。且说曾头市探事人探知备细，报入寨中。曾长官听了，便请教师史文恭、苏定，商议军情重事。史文恭道：“梁山泊军马来时，只是多使陷坑，方才捉得他强兵猛将。这伙草寇，须是这条计，以为上策。”曾长官便差庄客人等，将了锄头铁锹，去村口掘下陷坑数十处，上面虚浮土盖，四下里埋伏了军兵，只等敌军到来。又去曾头市北路，也掘下十数处陷坑。比及宋江军马起行时，吴用预先暗使时迁又去打听。数日之间，时迁回来报说：“曾头市寨南寨北，尽都掘下陷坑，不计其数，只等俺军马到来。”吴用见说，大笑道：“不足为奇！”引军前进，来到曾头市相近。此时日午时分，前队望见一骑马来，项带铜铃，尾拴雉尾；马上一人，青巾白袍，手执短枪。前队望见，便要追赶。吴用止住，便教军马就此下寨，四面掘了濠堑，下了铁蒺藜，传下令去：教五军各自分头下寨，一般掘下濠堑，下了蒺藜。一住三日，曾头市不出交战。吴用再使时迁扮作伏路小军，去曾头市寨中，探听他不出何意，所有陷坑，暗暗地记着，离寨多少路远，总有几处。时迁去了一日，都知备细，暗地使了记号，回报军师。次日，吴用传令：教前队步军，各执铁锄，分作两队。又把粮车一百有余，装载芦苇干柴，藏在中军。当晚传令与各寨诸军头领，来日巳牌，只听东西两路步军先去打寨，再教攻打曾头市北寨的杨志、史进，把马军一字儿摆开，如若那边擂鼓摇旗，虚张声势，切不可进。吴用传令已了。

再说曾头市史文恭只要引宋江军马打寨，便着他陷坑，寨前路狭，待走那里去。次日巳牌，听得寨前炮响，追兵大队，都到南门。次后，只见东寨边来报道：“一个和尚抡着铁禅杖，一个行者舞起双戒刀，攻打前后。”史文恭道：“这两个必是梁山泊鲁智深、武松。”犹恐有失，便分人去帮助曾魁。只见西寨边又来报道：“一个长髯大汉，一个虎面贼人，旗号上写着美髯公朱仝、插翅虎雷横，前来攻打甚急。”史文恭听了，又分拨人去帮助曾索。又听得寨前炮响，史文恭按兵不动，只要等他入来，塌了陷坑，山后伏兵齐起，接应捉人。这里吴用却调马军，从山背后两路抄到寨前，前面步军，只顾看寨，又不敢去；两边伏兵，都摆在寨前；背后吴用军马赶来，尽数逼下坑去。史文恭却待出来，吴用鞭梢一指，军寨中锣响，一齐排出百余辆车子来，尽数把火点着，上面芦苇干柴，硫黄焰硝，一齐着起，烟火迷天。比及史文恭军马出来，尽被火车横拦当住，只得回避，急待退军。公孙胜早在阵中，挥剑作法，借起大风，刮得火焰卷入南门，早把敌楼排栅，尽行烧毁。已自得胜，鸣金收军，四下里入寨，当晚权歇。史文恭连夜修整寨门，两下当住。

次日，曾涂对史文恭计议道：“若不先斩贼首，难以追灭。”嘱咐教师史文恭牢守寨栅，曾涂率领军兵，披挂上马，出阵搦战。宋江在中军，闻知曾涂搦战，带领吕方、郭盛，相随出到前军。门旗影里，看见曾涂，心怀旧恨，用鞭指道：“谁与我先捉这厮，报往日之仇？”小温侯吕方拍坐下马，挺手中方天画戟，直取曾涂。两马交锋，军器并举，斗到三十合已上，郭盛在门旗下，看见两个中间，将及输了一个。原来吕方本事，敌不得曾涂，三十合已前，兀自抵敌不住，三十合已后，戟法乱了，只办得遮架躲闪。郭盛只恐吕方有失，便骤坐下马，拈手中方天画戟，飞出阵来，夹攻曾涂。三骑马在阵前，绞做一团。原来两枝戟上，都拴着金钱豹尾。吕方、郭盛要捉曾涂，两枝戟齐举，曾涂眼明，便用枪只一拨，却被两条豹尾搅住朱缨，夺扯不开，三个各要掣出军器使用。小李广花荣在阵中看见，恐怕输了两个，便纵马出来，左手拈起雕弓，右手急取　箭，搭上箭，拽满弓，望着曾涂射来。这曾涂却好掣出枪来，那两枝戟兀自搅做一团。说时迟，那时疾，曾涂掣枪，便望吕方项根搠来。花荣箭早先到，正中曾涂左臂，翻身落马，头盔倒卓，两脚蹬空。吕方、郭盛双戟并施，曾涂死于非命。十数骑马军，飞奔回来，报知史文恭，转报中寨。

曾长官听得大哭。只见旁边恼犯了一个壮士曾升，武艺绝高，使两口飞刀，人莫敢近。当时听了大怒，咬牙切齿，喝教：“备我马来，要与哥哥报仇！”曾长官拦当不住，全身披挂，绰刀上马，直奔前寨。史文恭接着劝道：“小将军不可轻敌。宋江军中，智勇猛将极多。若论史某愚意：只宜坚守五寨，暗地使人前往凌州，便教飞奏朝廷，调兵选将，多拨官军，分作两处征剿：一打梁山泊，一保曾头市，令贼无心恋战，必欲退兵，急奔回山。那时史某不才，与汝兄弟一同追杀，必获大功。”说言未了，北寨副教师苏定到来，见说坚守一节，也道：“梁山泊吴用那厮诡计多谋，不可轻敌，只宜退守；待救兵到来，从长商议。”曾升叫道：“杀我亲兄，此冤不报，更待何时!直等养成贼势，退敌则难！”史文恭、苏定阻当不住。曾升上马，带领数十骑马军，飞奔出寨搦战。宋江闻知，传令前军迎敌。当时秦明得令，舞起狼牙棍，正要出阵斗这曾升，只见黑旋风李逵，手　板斧，直奔军前，不问事由，抢出垓心。对阵有人认的，说道：“这个是梁山泊黑旋风李逵。”曾升见了，便叫放箭。原来李逵但是上阵，便要脱膊，全得项充、李衮蛮牌遮护。此时独自抢来，被曾升一箭，腿上正着，身如泰山，倒在地下。曾升背后马军，齐抢过来，宋江阵上秦明、花荣，飞马向前死救，背后马麟、邓飞、吕方、郭盛，一齐接应归阵。曾升见了宋江阵上人多，不敢再战，以此领兵还寨。宋江也自收军驻扎。

次日，史文恭、苏定只是主张不要对阵，怎禁得曾升催并道："要报兄仇。"史文恭无奈，只得披挂上马。那匹马便是先前夺的段景住的千里龙驹照夜玉狮子马。宋江引诸将摆开阵势迎敌。对阵史文恭出马，怎生打扮：

头上金盔耀日光，身披铠甲赛冰霜。

坐骑千里龙驹马，手执朱缨丈二枪。

斯时史文恭出马，横杀过来，宋江阵上秦明要夺头功，飞奔坐下马来迎。二骑相交，军器并举。约斗二十余合，秦明力怯，望本阵便走。史文恭奋勇赶来，神枪到处，秦明后腿股上早着，倒　下马来。吕方、郭盛、马麟、邓飞，四将齐出，死命来救。虽然救得秦明，军兵折了一阵。收回败军，离寨十里驻扎。宋江叫把车子载了秦明，一面使人送回山寨将息，再与吴用商量：教取大刀关胜、金枪手徐宁，并要单廷　、魏定国四位下山，同来协助。宋江自己焚香祈祷，占卜一课。吴用看了卦象，便道："虽然此处可破，今夜必主有贼兵入寨。"宋江道："可以早作准备。"吴用道："请兄长放心，只顾传下号令：先去报与三寨头领，今夜起东西二寨，便教解珍在左，解宝在右，其余军马各于四下里埋伏。"已定。

是夜，天清月白，风静云闲，史文恭在寨中对曾升道："贼兵今日输了两将，必然惧怯，乘虚正好劫寨。"曾升见说，便教请北寨苏定、南寨曾密、西寨曾索，引兵前来，一同劫寨。二更左侧，潜地出哨，马摘鸾铃，人披软战，直到宋江中军寨内，见四下无人，劫着空寨，急叫中计，转身便走。左手下撞出两头蛇解珍，右手下撞出双尾蝎解宝，后面便是小李广花荣，一发赶上，曾索在黑地里，被解珍一钢叉，搠于马下。放起火来，后寨发喊，东西两边，进兵攻打寨栅。混战了半夜，史文恭夺路得回。

曾长官又见折了曾索，烦恼倍增。次日要史文恭写书投降。史文恭也有八分惧怯，随即写书，速差一人赍擎，直到宋江大寨。小校报知，曾头市有人下书，宋江传令，教唤入来。小校将书呈上，宋江拆开看时，写道：

曾头市主曾弄顿首，再拜宋公明统军头领麾下：日昨小男，倚仗一时之勇，误有冒犯虎威。向日天王率众到来，理合就当归附。奈何无端部卒，施放冷箭，更兼夺马之罪，虽百口何辞!原之实非本意。今顽犬已亡，遣使讲和。如蒙罢战休兵，将原夺马匹，尽数纳还，更赍金帛，犒劳三军，免致两伤。谨此奉书，伏乞照察。宋江看罢来书，心中大怒，扯书骂道："杀吾兄长，焉肯干休?只待洗荡村坊，是吾本愿！"下书人俯伏在地，凛颤不已。吴用慌忙劝道："兄长差矣。我等相争，皆为气耳。既是曾家差人下书讲和，岂为一时之忿，以失大义？"随即便写回书，取银十两，赏了来使。回还本寨，将书呈上。曾长官与史文恭拆开看时，上面写道：

梁山泊主将宋江，手书回复曾头市主曾弄帐前：国以信而治天下，将以勇而镇外邦，人无礼而何为，财非义而不取。梁山泊与曾头市，自来无仇，各守边界。奈缘尔将行一时之恶，惹数载之冤。若要讲和，便须发还二次原夺马匹，并要夺马凶徒郁保四，犒劳军士金帛。忠诚既笃，礼数休轻。如或更变，别有定夺。

曾长官与史文恭看了，俱各惊忧。次日，曾长官又使人来说："若肯讲和，各请一人质当。"宋江不肯，吴用便道："无伤。"随即便差时迁、李逵、樊瑞、项充、李衮五人，前去为信。临行时，吴用叫过时迁，附耳低言："如此如此，休得有误。"不说五人去了，却说关胜、徐宁、单廷　、魏定国到了。当时见了众人，就在中军扎驻。

且说时迁引四个好汉，来见曾长官，时迁向前说道："奉哥哥将令，差时迁引李逵等四人前来讲和。"史文恭道："吴用差遣五个人来，必然有谋。"李逵大怒，揪住史文恭便打，曾长官慌忙劝住。时迁道："李逵虽然粗卤，却是俺宋公明哥哥心腹之人，特使他来，休得疑惑。"曾长官中心只要讲和，不听史文恭之言，便教置酒相待，请去法华寺寨中安歇，拨五百军人前后围住。却使曾升带同郁保四，来宋江大寨讲和。二人到中军相见了，随后将原夺二次马匹，并金帛一车，送到大寨。宋江看罢道："这马都是后次夺的。正有先前段景住送来那匹千里白龙驹照夜玉狮子马，如何不见将来？"曾升道："是师父史文恭乘坐着，以此不曾将来。"宋江道："你疾忙快写书去，教早早牵那匹马来还我。"曾升便写书，叫从人还寨，讨这匹马来。史文恭听得，回道："别的马将去不吝，这匹马却不与他。"从人往复去了几遭，宋江定死要这匹马。史文恭使人来说道："若还定要我这匹马时，着他即便退军，我便送来还他。"

宋江听得这话，便与吴用商量。尚然未决，忽有人来报道："青州、凌州两路有军马到来。"宋江道："那厮们知得，必然变卦。"暗传下号令，就差关胜、单廷　、魏定国，去迎青州军马；花荣、马麟、邓飞，去迎凌州军马。暗地叫出郁保四来，用好言抚恤他，十分恩义相待，说道："你若肯建这场功劳，山寨里也教你做个头领。夺马之仇，折箭为誓，一齐都罢。你若不从，曾头市破在旦夕，任从你心。"郁保四听言，情愿投拜，从命帐下。吴用授计与郁保四道："你只做私逃还寨，与史文恭说道：'我和曾升去宋江寨中讲和，打听得真实了：如今宋江大意，只要赚这匹千里马，实无心讲和，若还与了他，必然翻变。如今听得青州、凌州两路救兵到了，十分心慌，正好乘势用计，不可有误。'他若信从了，我自有处置。"

郁保四领了言语，直到史文恭寨里，把前事具说一遍。史文恭领了郁保四来见曾长官，备说宋江无心讲和，可以乘势劫他寨栅。曾长官道："我那曾升当在那里，若还翻变，必然被他杀害。"史文恭道："打破他寨，好歹救了。今晚传令与各寨，尽数都起，先劫宋江大寨。如断去蛇首，众贼无用，回来却杀李逵等五人未迟。"曾长官道："教师可以善用良计。"当下传令与北寨苏定、东寨曾魁、南寨曾密，一同劫寨。郁保四却闪入法华寺大寨内，看了李逵等五人，暗与时迁走透这个消息。

再说宋江同吴用说道："未知此计若何？"吴用道："如是郁保四不回，便是中俺之计。他若今晚来劫我寨，我等退伏两边，却教鲁智深、武松，引步军杀入他东寨；朱仝、雷横，引步军杀入他西寨；却令杨志、史进，引马军截杀北寨：此名番犬伏窝之计，百发百中。"

当晚却说史文恭带了苏定、曾密、曾魁，尽数起发。是夜月色朦胧，星辰昏暗。史文恭、苏定当先，曾密、曾魁押后，马摘鸾铃，人披软战，尽都来到宋江总寨。只见寨门不关，寨内并无一人，又不见些动静，情知中计，即便回身。急望本寨去时，只见曾头市里锣鼓炮响，却是时迁爬去法华寺钟楼上撞起钟来，声响为号，东西两门，火炮齐响，喊声大举，正不知多少军马，杀将入来。却说法华寺中李逵、樊瑞、项充、李衮，一齐发作，杀将出来。史文恭等急回到寨时，寻路不见。曾长官见寨中大闹，又听得梁山泊大军两路杀将入来，就在寨里自缢而死。曾密径奔西寨，被朱仝一朴刀搠死。曾魁要奔东寨时，乱军中马践为泥。苏定死命奔出北门，却有无数陷坑，背后鲁智深、武松，赶杀将来，前逢杨志、史进，乱箭射死苏定。后头撞来的人马，都　入陷坑中去，重重迭迭，陷死不知其数。

且说史文恭得这千里马，行得快，杀出西门，落荒而走。此时黑雾遮天，不分南北。约行了二十余里，不知何处。只听得树林背后，一齐锣响，撞出四五百军来。当先一将，手提杆棒，望马脚便打。那匹马是千里龙驹，见棒来时，从头上跳过去了。史文恭正走之间，只见阴云冉冉，冷气飕飕，黑雾漫漫，狂风飒飒，虚空中一人，当住去路。史文恭疑是神兵，勒马便回，东西南北，四边都是晁盖阴魂缠住。史文恭再回旧路，却撞着浪子燕青，又转过玉麒麟卢俊义来，喝一声："强贼，待走那里去！"腿股上只一朴刀，搠下马来，便把绳索绑了，解投曾头市来。燕青牵了那匹千里龙驹，径到大寨。

宋江看了，心中一喜一怒：喜者得卢员外建功，怒者恨史文恭射杀晁天王，仇人相见，分外眼睁。先把曾升就本处斩首，曾家一门老少，尽数不留。抄掳到金银财宝，米麦粮食，尽行装载上车，回梁山泊，给散各都头领，犒赏三军。且说关胜领军杀退青州军马，花荣领兵杀散凌州军马，都回来了。大小头领，不缺一个。又得了这匹千里龙驹照夜玉狮子马，其余物件，尽不必说。陷车内囚了史文恭，便收拾军马，回梁山泊来。所过州县村坊，并无侵扰。回到山寨忠义堂上，都来参见晁盖之灵。宋江传令：教圣手书生萧让作了祭文，令大小头领，人人挂孝，个个举哀，将史文恭剖腹剜心，享祭晁盖已罢。宋江就忠义堂上，与众弟兄商议立梁山泊之主。

吴用便道："兄长为尊，卢员外为次，其余众弟兄，各依旧位。"宋江道："向者晁天王遗言：'但有人捉得史文恭者，不拣是谁，便为梁山泊之主。'今日卢员外生擒此贼，赴山祭献晁兄，报仇雪恨，正当为尊，不必多说。"卢俊义道："小弟德薄才疏，怎敢承当此位!若得居末，尚自过分。"宋江道："非宋某多谦，有三件不如员外处：第一件，宋江身材黑矮，貌拙才疏；员外堂堂一表，凛凛一躯，有贵人之相。第二件，宋江出身小吏，犯罪在逃，感蒙众弟兄不弃，暂居尊位；员外生于富贵之家，长有豪杰之誉，虽然有些凶险，累蒙天　。第三件，宋江文不能安邦，武又不能附众，手无缚鸡之力，身无寸箭之功；员外力敌万人，通今博古，天下谁不望风而服。尊兄有如此才德，正当为山寨之主。他时归顺朝廷，建功立业，官爵升迁，能使弟兄们尽生光彩。宋江主张已定，休得推托。"

卢俊义拜于地下，说道："兄长枉自多谈，卢某宁死，实难从命。"吴用劝道："兄长为尊，卢员外为次，人皆所伏。兄长若如是再三推让，恐冷了众人之心。"原来吴用已把眼视众人，故出此语。只见黑旋风李逵大叫道："我在江州舍身拚命，跟将你来，众人都饶让你一步。我自天也不怕!你只管让来让去，做甚鸟!我便杀将起来，各自散伙！"武松见吴用以目示人，也发作叫道："哥哥手下许多军官，受朝廷诰命的，也只是让哥哥，如何肯从别人？"刘唐便道："我们起初七个上山，那时便有让哥哥为尊之意，今日却要让别人！"鲁智深大叫道："若还兄长推让别人，洒家们各自撒开！"宋江道："你众人不必多说，我自有个道理，尽天意，看是如何，方才可定。"吴用道："有何高见，便请一言。"宋江道："有两件事。"正是：教梁山泊内，重添两个英雄；东平府中，又惹一场灾祸。直教：天罡尽数投山寨，地煞空群聚水涯。

毕竟宋江说出那两件事来，且听下回分解。

第六十九回 东平府误陷九纹龙　宋公明义释双枪将

话说宋江不负晁盖遗言，要把主位让与卢员外，众人不伏。宋江又道："目今山寨钱粮缺少，梁山泊东，有两个州府，却有钱粮：一处是东平府，一处是东昌府。我们自来不曾搅扰他那里百姓，若去问他借粮，公然不肯。今写下两个阄儿，我和卢员外各拈一处，如先打破城子的，便做梁山泊主，如何？"吴用道："也好。听从天命。"卢俊义道："休如此说。只是哥哥为梁山泊主，某听从差遣。"此时不由卢俊义。当下便唤铁面孔目裴宣，写下两个阄儿。焚香对天祈祷已罢，各拈一个。宋江拈着东平府，卢俊义拈着东昌府，众皆无语。

当日设筵，饮酒中间，宋江传令，调拨人马。宋江部下：林冲、花荣、刘唐、史进、徐宁、燕顺、吕方、郭盛、韩滔、彭玘、孔明、孔亮、解珍、解宝、王矮虎、一丈青、张青、孙二娘、孙新、顾大嫂、石勇、郁保四、王定六、段景住，大小头领二十五员，马步军兵一万；水军头领三员：阮小二、阮小五、阮小七，领水军驾船接应。

卢俊义部下：吴用、公孙胜、关胜、呼延灼、朱仝、雷横、索超、杨志、单廷　、魏定国、宣赞、郝思文、燕青、杨林、欧鹏、凌振、马麟、邓飞、施恩、樊瑞、项充、李衮、时迁、白胜，大小头领二十五员，马步军兵一万；水军头领三员：李俊、童威、童猛，引水手驾船接应。其余头领并中伤者，看守寨栅。

分　已定，宋江与众头领去打东平府，卢俊义与众头领去打东昌府。众多头领各自下山。此是三月初一日的话。日暖风和，草青沙软，正好厮杀。

却说宋江领兵前到东平府，离城只有四十里路，地名安山镇，扎驻军马。宋江道："东平府太守程万里和一个兵马都监，乃是河东上党郡人氏。此人姓董，名平，善使双枪，人皆称为双枪将，有万夫不当之勇。虽然去打他城子，也和他通些礼数。差两个人，赍一封战书，去那里下。若肯归降，免致动兵；若不听从，那时人行杀戮，使人无怨。谁敢与我先去下书？"只见部下走过一人，身长一丈，腰阔数围。那人是谁，有诗为证：

不好资财惟好义，貌似金刚离古寺。

身长唤做险道神，此是青州郁保四。

郁保四道："小人认得董平，情愿赍书去下。"又见部下转过一人，瘦小身材，叫道："我帮他去。"那人是谁：

蚱蜢头尖光眼目，鹭鸶瘦腿全无肉。

路遥行走疾如飞，扬子江边王定六。

这两个便道："我们不曾与山寨中出得些气力，今日情愿去走一遭。"宋江大喜，随即写了战书，与郁保四、王定六两个去下。书上只说借粮一事。且说东平府程太守，闻知宋江起军马到了安山镇驻扎，便请本州兵马都监双枪将董平商议军情重事。正坐间，门人报道："宋江差人下战书。"程太守教唤至，郁保四、王定六当府厮见了，将书呈上。程万里看罢来书，对董都监说道："要借本府钱粮，此事如何？"董平听了大怒，叫推出去，即便斩首。程太守说道："不可。自古'两国相战，不斩来使。'于礼不当。只将二人各打二十讯棍，发回原寨，看他如何。"董平怒气未息，喝把郁保四、王定六一索捆翻，打得皮开肉绽，推出城去。两个回到大寨，哭告宋江说："董平那厮无礼，好生眇视大寨！"

宋江见打了两个，怒气填胸，便要平吞州郡；先叫郁保四、王定六上车回山将息。只见九纹龙史进起身说道："小弟旧在东平府时，与院子里一个娼妓有交，唤做李瑞兰，往来情熟。我如今多将些金银，潜地入城，借他家里安歇。约时定日，哥哥可打城池。只等董平出来交战，我便爬去更鼓楼上，放起火来，里应外合，可成大事。"宋江道："最好。"史进随即收拾金银，安在包袱里，身边藏了暗器，拜辞起身。宋江道："兄弟善觑方便，我且顿兵不动。"

且说史进转入城中，径到西瓦子李瑞兰家。大伯见是史进，吃了一惊，接入里面，叫女儿出去厮见。李瑞兰生的甚是标格出尘。有诗为证：

万种风流不可当，梨花带雨玉生香。

翠禽啼醒罗浮梦，疑是梅花靓晓妆。

李瑞兰引去楼上坐了，遂问史进道：“一向如何不见你头影?听的你在梁山泊做了大王，官司出榜捉你，这两日街上乱哄哄地说，宋江要来打城借粮，你如何却到这里？”史进道：“我实不瞒你说：我如今在梁山泊做了头领，不曾有功，如今哥哥要来打城借粮，我把你家备细说了。如今我特地来做细作，有一包金银，相送与你，切不可走漏了消息。明日事完，一发带你一家上山快活。”李瑞兰葫芦提应承，收了金银，且安排些酒肉相待，却来和大娘商量道：“他往常做客时，是个好人，在我家出入不妨；如今他做了歹人，倘或事发，不是耍处。”大伯说道：“梁山泊宋江这伙好汉，不是好惹的；但打城池，无有不破。若还出了言语，他们有日打破城子入来，和我们不干罢！”虔婆便骂道：“老蠢物，你省得甚么人事?自古道：‘蜂刺入怀，解衣去赶。’天下通例：自首者即免本罪。你快去东平府里首告，拿了他去，省得日后负累不好。”李公道：“他把许多金银与我家，不与他担些干系，买我们做甚么？”虔婆骂道：“老畜生，你这般说，却似放屁!我这行院人家，坑陷了千千万万的人，岂争他一个!你若不去首告，我亲自去衙前叫屈，和你也说在里面。”李公道：“你不要性发，且叫女儿款住他，休得‘打草惊蛇’，吃他走了。待我去报与做公的，先来拿了，却去首告。”且说史进见这李瑞兰上楼来，觉得面色红白不定，史进便问道：“你家莫不有甚事，这般失惊打怪？”李瑞兰道：“却才上胡梯，踏了个空，争些儿跌了一交，因此心慌撩乱。”史进虽是英勇，又吃他瞒过了，更不猜疑。有诗为证：

可叹青楼伎俩多，粉头毕竟护虔婆。

早知暗里施奸计，错用黄金买笑歌。

当下李瑞兰相叙间阔之情，争不过一个时辰，只听得胡梯边脚步响，有人奔上来；窗外呐声喊，数十个做公的抢到楼上，史进措手不及，正如鹰拿野雀，弹打斑鸠，把史进似抱头狮子绑将下楼来，径解到东平府里厅上。程太守看了，大骂道：“你这厮胆包身体，怎敢独自个来做细作!若不是李瑞兰父亲首告，误了我一府良民!快招你的情由!宋江教你来怎地？”史进只不言语。董平便道：“这等贼骨头，不打如何肯招！”程太守喝道：“与我加力打这厮！”两边走过狱卒牢子，先将冷水来喷腿上，两腿各打一百大棍。史进由他拷打，不招实情。董平道：“且把这厮长枷木　，送在死囚牢里，等拿了宋江，一并解京施行。”

却说宋江自从史进去了，备细写书与吴用知道。吴用看了宋公明来书，说史进去娼妓李瑞兰家做细作，大惊，急与卢俊义说知，连夜来见宋江，问道：“谁叫史进去来？”宋江道：“他自愿去。说这李行首，是他旧日的表子，好生情重，因此前去。”吴用道：“兄长欠些主张，若吴某在此决不教去。常言道：娼妓之家，讳‘者扯丐漏走’五个字。得便熟闲，迎新送旧，陷了多少才人。更兼水性无定，总有恩情，也难出虔婆之手。此人今去，必然吃亏！”宋江便问吴用请计。吴用便叫顾大嫂：“劳烦你去走一遭，可扮做贫婆，潜入城中，只做求乞的。若有些动静，火急便回。若是史进陷在牢中，你可去告狱卒，只说：‘有旧情恩念，我要与他送一口饭。’　入牢中，暗与史进说知：‘我们月尽夜黄昏前后，必来打城。你可就水火之处，安排脱身之计。’月尽夜，你就城中放火为号，此间进兵，方好成事。兄长可先打汶上县，百姓必然都奔东平府。却叫顾大嫂杂在数内，乘势入城，便无人知觉。”吴用设计已罢，上马便回东昌府去了。宋江点起解珍、解宝，引五百余人，攻打汶上县，果然百姓扶老携幼，鼠窜狼奔，都奔东平府来。

却说顾大嫂头髻蓬松，衣服蓝缕，杂在众人里面，　入城来，绕街求乞。到于衙前，打听得果然史进陷在牢中，方知吴用智料如神。次日，提着饭罐，只在司狱司前，往来伺候。见一个年老公人从牢里出来，顾大嫂看着便拜，泪如雨下。那年老公人问道：“你这贫婆哭做甚么？”顾大嫂道：“牢中监的史大郎，是我旧的主人。自从离了，又早十年。只说道在江湖上做买卖，不知为甚事陷在牢里?眼见得无人送饭，老身叫化得这一口儿饭，特要与他充饥。哥哥，怎生可怜见，引进则个，强如造七层宝塔！”那公人道：“他是梁山泊强人，犯着该死的罪，谁敢带你入去？”顾大嫂道：“便是一刀一剐，自教他瞑目而受；只可怜见，引老身入去，送这口儿饭，也显得旧日之情。”说罢又哭。那老公人寻思道：“若是个男子汉，难带他入去，一个妇人家有甚利害？”当时引顾大嫂直入牢中来，看见史进项带沉枷，腰缠铁索。史进见了顾大嫂，吃了一惊，则声不得。顾大嫂一头假啼哭，一头喂饭。别的节级，便来喝道：“这是该死的歹人!‘狱不通风’，谁放你来送饭?即忙出去，饶你两棍！”顾大嫂见这牢内人多，难说备细，只说得：“月尽夜打城，叫你牢中自挣扎。”史进再要问时，顾大嫂被小节级打出牢门。史进只记得“月尽夜”。

原来那个三月，却是大尽。到二十九，史进在牢中，见两个节级说话，问道：“今朝是几时？”那个小节级却错记了，回说道：“今日是月尽夜，晚些买帖孤魂纸来烧。”史进得了这话，巴不得晚。一个小节级吃的半醉，带史进到水火坑边，史进哄小节级道：“背后的是谁？”赚得他回头，挣脱了枷，只一枷梢，把那小节级面上正着一下，打倒在地；就拾砖头，敲开了木　，睁着鹘眼，抢到亭心里。几个公人都酒醉了，被史进迎头打着，死的死了，走的走了。拔开牢门，只等外面救应。又把牢中应有罪人，尽数放了，总有五六十人，就在牢内发起喊来，一齐走了。有人报知太守，程万里惊得面如土色，连忙便请兵马都监商量。董平道：“城中必有细作，且差多人围困了这贼。我却乘此机会，领军出城，去捉宋江。相公便紧守城池，差数十公人围定牢门，休教走了。”董平上马，点军去了。程太守便点起一应节级、虞候、押番，各执枪棒，去大牢前呐喊。史进在牢里，不敢轻出。外厢的人，又不敢进去。顾大嫂只叫得苦。

却说都监董平，点起兵马，四更上马，杀奔宋江寨来。伏路小军报知宋江，宋江道：“此必是顾大嫂在城中又吃亏了。他既杀来，准备迎敌。”号令一下，诸军都起。当时天色方明，却好接着董平军马。两个摆开阵势，董平出马，真乃英雄盖世，谋勇过人。有诗为证：

两面旗牌耀日明，镀银铁铠似霜凝。

水磨凤翅头盔白，锦绣麒麟战袄青。

一对白龙争上下，两条银蟒递飞腾。

河东英勇风流将，能使双枪是董平。

原来董平心灵机巧，三教九流，无所不通，品竹调弦，无有不会，山东、河北皆号他为风流双枪将。宋江在阵前看了董平这表人品，一见便喜；又见他箭壶中插一面小旗，上写一联道：“英雄双枪将，风流万户侯。”宋江遣韩滔出马迎敌。韩滔手执铁搠，直取董平，董平那对铁枪，神出鬼没，人不可当。宋江再叫金枪手徐宁，仗钩镰枪前去，替回韩滔。徐宁飞马便出，接住董平厮杀。两个在战场上斗到五十余合，不分胜败。交战良久，宋江恐怕徐宁有失，便叫鸣金收军。徐宁勒马回来，董平手举双枪，直追杀入阵来。宋江鞭梢一展，四下军兵，一齐围住。宋江勒马上高阜处看望，只见董平围在阵内。他若投东，宋江便把号旗望东指，军马向东来围他；他若投西，号旗便往西指，军马便向西来围他。董平在阵中横冲直撞，两枝枪直杀到申牌已后，冲开条路，杀出去了。宋江不赶。董平因见交战不胜，当晚收军回城去了。宋江连夜起兵，直抵城下，团团调兵围住。顾大嫂在城中，未敢放火，史进又不得出来，两下拒住。

原来程太守有个女儿，十分颜色。董平无妻，累累使人去求为亲，程万里不允。因此，日常间有些言和意不和。董平当晚领军入城，其日使个就里的人，乘势来问这头亲事。程太守回说："我是文官，他是武官，相赘为婿，正当其理。只是如今贼寇临城，事在危急，若还便许，被人耻笑。待得退了贼兵，保护城池无事，那时议亲，亦未为晚。"那人把这话回复董平，董平虽是口里应道："说得是。"只是心中踌躇，不十分欢喜，恐怕他日后不肯。

这里宋江连夜攻打得紧，太守催请出战。董平大怒，披挂上马，带领三军，出城交战。宋江亲在阵前门旗下喝道："量你这个寡将，怎敢当吾?岂不闻古人曾有言：'大厦将倾，非一木可支。'你看我手下雄兵十万，猛将千员，替天行道，济困扶危，早来就降，免汝一死！"董平大怒，回道："文面小吏，该死狂徒，怎敢乱言！"说罢，手举双枪，直奔宋江。左有林冲，右有花荣，两将齐出，各使军器，来战董平。约斗数合，两将便走。宋江军马佯败，四散而奔。董平要逞功劳，拍马赶来。宋江等却好退到寿春县界，宋江前面走，董平后面追。离城有十数里，前至一个村镇，两边都是草屋，中间一条驿路。董平不知是计，只顾纵马赶来。宋江因见董平了得，隔夜已使王矮虎、一丈青、张青、孙二娘四个，带一百余人，先在草屋两边埋伏；却拴数条绊马索在路上，又用薄土遮盖，只等来时，鸣锣为号，绊马索齐起，准备捉这董平。董平正赶之间，来到那里，只听得背后孔明、孔亮大叫："勿伤吾主！"却好到草屋前，一声锣响，两边门扇齐开，拽起绳索。那马却待回头，背后绊马索齐起，将马绊倒，董平落马。左边撞出一丈青、王矮虎；右边走出张青、孙二娘。一齐都上，把董平捉了。头盔、衣甲、双枪、只马，尽数夺了。两个女头领，将董平捉住，用麻绳背剪绑了。两个女将，各执钢刀，监押董平来见宋江。

却说宋江过了草屋，勒住马，立在绿杨树下，迎见这两个女头领解着董平，宋江随即喝退两个女将："我教你去相请董将军，谁教你们绑缚他来！"二女将喏喏而退。宋江慌忙下马，自来解其绳索，便脱护甲锦袍与董平穿着，纳头便拜。董平慌忙答礼。宋江道："倘蒙将军不弃微贱，就为山寨之主。"董平答道："小将被擒之人，万死犹轻!若得容恕安身，实为万幸。"宋江道："敝寨地连水泊，素无扰害。今为缺少粮食，特来东平府借粮，别无他意。"董平道："程万里那厮，原是童贯门下门馆先生，得此美任，安得不害百姓?若是兄长肯容董平今去赚开城门，杀入城中，共取钱粮，以为报效。"宋江大喜，便令一行人，将过盔、甲、枪、马，还了董平，披挂上马。董平在前，宋江军马在后，卷起旗 ，都在东平城下。

董平军马在前，大叫："城上快开城门。"把门军士将火把照时，认得是董都监，随即大开城门，放下吊桥。董平拍马先入，砍断铁锁；背后宋江等长驱人马，杀入城来。都到东平府里，急传将令，不许杀害百姓、放火烧人房屋。董平径奔私衙，杀了程太守一家人口，夺了这女儿。宋江先叫开放大牢，救出史进，便开府库，尽数取了金银财帛，大开仓廒，装载粮米上车。先使人护送上梁山泊金沙滩，交割与三阮头领接递上山。史进自引人去西瓦子李瑞兰家，把虔婆老幼一门大小，碎尸万段。宋江将太守家私 散居民，仍给沿街告示，晓谕百姓：害民州官，已自杀戮；汝等良民，各安生理。告示已罢，收拾回军。

大小将校再到安山镇。只见白日鼠白胜飞奔前来，报说东昌府交战之事。宋江听罢，神眉踢竖，怪眼圆睁，大叫："众多兄弟，不要回山，且跟我来！"正是：重驱水泊英雄将，再夺东昌锦绣城。

毕竟宋江复引军马投何处来，且听下回分解。

第七十回 没羽箭飞石打英雄　宋公明弃粮擒壮士

话说宋江打了东平府，收军回到安山镇，正待要回山寨，只见白胜前来报说："卢俊义去打东昌府，连输了两阵。城中有个猛将，姓张，名清，原是彰德府人，虎骑出身；善会飞石打人，百发百中，人呼为没羽箭。手下两员副将：一个唤做花项虎龚旺，浑身上刺着虎斑，脖项上吞着虎头，马上会使飞枪；一个唤做中箭虎丁得孙，面颊连项都有疤痕，马上会使飞叉。卢员外提兵临境，一连十日，不出厮杀。前日张清出城交锋，郝思文出马迎敌。战无数合，张清便走。郝思文赶去，被他额角上打中一石子，跌下马来；却得燕青一弩箭，射中张清战马；因此救得郝思文性命，输了一阵。次日，混世魔王樊瑞引项充、李衮，舞牌去迎，不期被丁得孙从肋窝里飞出标叉，正中项充，因此又输了一阵。二人现在船中养病，军师特令小弟来请哥哥，早去救应。"宋江见说了，叹曰："卢俊义直如此无缘!特地教吴学究、公孙胜帮他，只想要他见阵成功，山寨中也好眉目，谁想又逢敌手!既然如此，我等众兄弟引兵都去救应。"当时传令，便起三军。诸将上马，跟随宋江，直到东昌境界。卢俊义等接着，具说前事，权且下寨。

正商议间，小军来报没羽箭张清搦战。宋江领众便起，向平川旷野，摆开阵势；大小头领，一齐上马，随到门旗下。宋江在马上看对阵时，阵排一字，旗分五色。三通鼓罢，没羽箭张清出马。怎生打扮，有一篇《水调歌》赞张清的英勇：

头巾掩映茜红缨，狼腰猿臂体 形。锦衣绣袄，袍中微露透深青；雕鞍侧坐，青骢玉勒马轻迎。葵花宝镫，振响熟铜铃；倒拖雉尾，飞走四蹄轻。金环摇动，飘飘玉蟒撒朱缨；锦袋石子，轻轻飞动似流星。不用强弓硬弩，何须打弹飞铃，但着处命须倾。东昌马骑将，没羽箭张清。

宋江在门旗下见了喝采，张清在马上荡起征尘，往来驰走。门旗影里，左边闪出那个花项虎龚旺，右边闪出这个中箭虎丁得孙。三骑马来到阵前，张清手指宋江骂道："水洼草贼，愿决一阵！"宋江问道："谁可去战张清？"旁边恼犯这个英雄，忿怒跃马，手舞钩镰枪，出到阵前。宋江看时，乃是金枪手徐宁。宋江暗喜，便道："此人正是对手。"徐宁飞马，直取张清。两马相交，双枪并举。斗不到五合，张清便走。徐宁去赶，张清把左手虚提长枪，右手便向锦袋中摸出石子，扭回身，觑得徐宁面门较近，只一石子，可怜悍勇英雄，石子眉心早中，翻身落马。龚旺、丁得孙便来捉人。宋江阵上人多，早有吕方、郭盛，两骑马，两枝戟，救回本阵。宋江等大惊，尽皆失色，再问："那个头领接着厮杀？"宋江言未尽，马后一将飞出，看时，却是锦毛虎燕顺。宋江却待阻当，那骑马已自去了。燕顺接住张清，斗无数合，遮拦不住，拨回马便走。张清望后赶来，手取石子，看燕顺后心一掷，打在镗甲护镜上，铮然有声，伏鞍而走。宋江阵上一人大叫："匹夫，何足惧哉！"拍马提搠，飞出阵去。宋江看时，乃是百胜将韩滔。不打话，便战张清。两马方交，喊声大举，韩滔要在宋江面前显能，抖擞精神，大战张清。不到十合，张清便走。韩滔疑他飞石打来，不去追赶。张清回头，不见赶来，翻身勒马便转。韩滔却待挺搠来迎，被张清暗藏石子，手起望韩滔鼻凹里打中，只见鲜血迸流，逃回本阵。彭玘见了大怒，不等宋公明将令，手舞三尖两刃刀，飞马直取张清。两个未曾交马，被张清暗藏石子在手，手起，正中彭玘面颊，丢了三尖两刃刀，奔马回阵。

宋江见输了数将，心内惊惶，便要将军马收转。只见卢俊义背后一人大叫：“今日将威风折了，来日怎地厮杀?且看石子打得我么？”宋江看时，乃是丑郡马宣赞，拍马舞刀，直奔张清。张清便道：“一个来，一个走；两个来，两个逃。你知我飞石手段么？”宣赞道：“你打得别人，怎近得我？”说言未了，张清手起，一石子正中宣赞嘴边，翻身落马。龚旺、丁得孙却待来捉，怎当宋江阵上人多，众将救了回阵。

宋江见了，怒气冲天，掣剑在手，割袍为誓：“我若不拿得此人，誓不回军！”呼延灼见宋江设誓，便道：“兄长此言，要我们弟兄何用！”就拍踢雪乌骓，直临阵前，大骂张清：“小儿得宠，一力一勇，认得大将呼延灼么？”张清便道：“辱国败将，也遭吾毒手！”言未绝，一石子飞来。呼延灼见石子飞来，急把鞭来隔时，却中在手腕上，早着一下，便使不动钢鞭，回归本阵。

宋江道：“马军头领，都被损伤。步军头领，谁敢捉得这张清？”只见部下刘唐，手拈朴刀，挺身出战。张清见了大笑，骂道：“你那败将，马军尚且输了，何况步卒！”刘唐大怒，径奔张清。张清不战，跑马归阵。刘唐赶去，人马相迎。刘唐手疾，一朴刀砍去，却砍着张清战马。那马后蹄直踢起来，刘唐面门上扫着马尾，双眼生花，早被张清只一石子，打倒在地；急待挣扎，阵中走出军来，横拖倒拽，拿入阵中去了。宋江大叫：“那个去救刘唐？”只见青面兽杨志，便拍马舞刀，直取张清。张清虚把枪来迎，杨志一刀砍去，张清镫里藏身，杨志却砍了个空。张清手拿石子，喝声道：“着！”石子从肋窝里飞将过去。张清又一石子，铮的打在盔上，唬得杨志胆丧心寒，伏鞍归阵。宋江看了，辗转寻思：“若是今番输了锐气，怎生回梁山泊?谁与我出得这口气？”

朱仝听得，目视雷横，说道：“一个不济事，我两个同去夹攻。”朱仝居左，雷横居右，两条朴刀，杀出阵前。张清笑道：“一个不济，又添一个!由你十个，更待如何！”全无惧色，在马上藏两个石子在手。雷横先到，张清手起，势如招宝七郎，石子来时，面门上怎生躲避，急待抬头看时，额上早中一石子，扑然倒地。朱仝急来快救，脖项上又一石子打着。关胜在阵上看见中伤，大挺神威，抡起青龙刀，纵开赤兔马，来救朱仝、雷横。刚抢得两个奔走还阵，张清又一石子打来，关胜急把刀一隔，正中着刀口，迸出火光。关胜无心恋战，勒马便回。

双枪将董平见了，心中暗忖：“我今新降宋江，若不显我些武艺，上山去必无光彩。”手提双枪，飞马出阵。张清看见，大骂董平：“我和你邻近州府，唇齿之邦，共同灭贼，正当其理。你今缘何反背朝廷，岂不自羞？”董平大怒，直取张清，两马相交，军器并举。两条枪阵上交加，四双臂环中撩乱。约斗五七合，张清拨马便走，董平道：“别人中你石子，怎近得我！”张清带住枪杆，去锦袋中摸出一个石子。手起处真似流星掣电，石子来吓得鬼哭神惊。董平眼明手快，拨过了石子。张清见打不着，再取第二个石子，又打将去，董平又闪过了。两个石子打不着，张清却早心慌。那马尾相衔，张清走到阵门左侧，董平望后心刺一枪来，张清一闪，镫里藏身，董平却搠了空。那条枪却搠将过来，董平的马和张清的马两厮并着。张清便撇了枪，双手把董平和枪连臂膊只一拖，却拖不动，两个搅做一块。

宋江阵上索超望见，抡动大斧，便来解救。对阵龚旺、丁得孙两骑马齐出，截住索超厮杀。张清、董平又分拆不开，索超、龚旺、丁得孙三匹马搅做一团。林冲、花荣、吕方、郭盛，四将一齐尽出，两条枪，两枝戟，来助董平、索超。张清见不是头，弃了董平，跑马入阵。董平不舍，直撞入去，却忘了提备石子。张清见董平追来，暗藏石子在手，待他马近，喝声道：“着！”董平急躲，那石子抹耳根上擦过去了。董平便回。索超撇了龚旺、丁得孙，也赶入阵来。张清停住枪，轻取石子，望索超打来，索超急躲不迭，打在脸上，鲜血迸流，提斧回阵。

却说林冲、花荣把龚旺截住在一边；吕方、郭盛把丁得孙也截住在一边。龚旺心慌，便把飞枪　将来，却　不着花荣、林冲。龚旺先没了军器，被林冲、花荣活捉归阵。这边丁得孙舞动飞叉，死命抵敌吕方、郭盛，不提防浪子燕青在阵门里看见，暗忖道：“我这里被他片时连打了一十五员大将，若拿他一个偏将不得，有何面目！”放下杆棒，身边取出弩弓，搭上弦，放一箭去，一声响，正中了丁得孙马蹄，那马便倒，却被吕方、郭盛捉过阵来。张清要来救时，寡不敌众，只得拿了刘唐，且回东昌府去。太守在城上看见张清前后打了梁山泊一十五员大将，虽然折了龚旺、丁得孙，也拿得这个刘唐。回到州衙，先把刘唐长枷送狱，却再商议。

且说宋江收军回来，把龚旺、丁得孙，先送上梁山泊。宋江再与卢俊义、吴用道：“我闻五代时大梁王彦章，日不移影，连打唐将三十六员。今日张清无一时，连打我一十五员大将，虽是不在此人之下，也当是个猛将。”众人无语。宋江又道：“我看此人，全仗龚旺、丁得孙为羽翼。如今手足羽翼被擒，可用良策，捉获此人。”吴用道：“兄长放心，小生见了此将出没，已自安排定了。虽然如此，且把中伤头领，送回山寨，却教鲁智深、武松、孙立、黄信、李立，尽数引领水军，安排车仗船只，水陆并进，船只相迎，赚出张清，便成大事。”吴用分拨已定。

再说张清在城内与太守商议道：“虽是赢得，贼势根本未除，暗使人去探听虚实，却作道理。”只见探事人来回报：“寨后西北上，不知那里将许多粮米，有百十辆车子，河内又有粮草船，大小有五百余只；水陆并进，船马同来，沿路有几个头领监管。”太守道：“这贼们莫非有计?恐遭他毒手。再差人去打听，端的果是粮草也不是！”次日，小军回报说：“车上都是粮，尚且撒下米来。水中船只，虽是遮盖着，尽有米布袋露将出来。”张清道：“今晚出城，先截岸上车子，后去取他水中船只。太守助战，一鼓而得。”太守道：“此计甚妙，只可善觑方便。”叫军汉饱餐酒食，尽行披挂，梢驮锦袋。张清手执长枪，引一千军兵，悄悄地出城。

是夜月色微明，星光满天。行不到十里，望见一簇车子，旗上明写“水浒寨忠义粮”。张清看了，见鲁智深担着禅杖，皂直裰拽扎起，当头先走。张清道：“这秃驴脑袋上着我一下石子。”鲁智深担着禅杖，此时自望见了，只做不知，大踏步只顾走，却忘了提防他石子。正走之间，张清在马上喝声：“着！”一石子正飞在鲁智深头上，打得鲜血迸流，望后便倒。张清军马，一齐呐喊，都抢将来。武松急挺两口戒刀，死去救回鲁智深，撇了粮车便走。张清夺得粮车，见果是粮米，心中欢喜，不来追赶鲁智深，且押送粮车，推入城来。太守见了大喜，自行收管。张清道：“再抢河中米船。”太守道：“将军善觑方便。”

张清上马，转过南门。此时望见河港内粮船，不计其数。张清便叫开城门，一齐呐喊，抢到河边。都是阴云布满，黑雾遮天，马步军兵回头看时，你我对面不见。——此是公孙胜行持道法。张清看见，心慌眼暗，却待要回，进退无路，四下里喊声乱起，正不知军兵从那里来。林冲引铁骑军兵，将张清连人和马，都赶下水去了。河内却是李俊、张横、张顺、三阮、两童，八个水军头领，一字儿摆在那里。张清便有三头六臂，也怎生挣扎得脱，被阮氏三雄捉住，绳缠索绑，送入寨中。水军头领飞报宋江，吴用便催大小头领连夜打城。太守独自一个，怎生支吾得住，听得城外四面炮响，城门开了，吓得太守无路可逃。宋江军马杀入城中，先救了刘唐；次后便开仓库，就将钱粮一分发送梁山泊，一分给散居民。太守平日清廉，饶了不杀。

宋江等都在州衙里，聚集众人会面，只见水军头领早把张清解来。众多兄弟都被他打伤，咬牙切齿，尽要来杀张清。宋江见解将来，亲自直下堂阶迎接，便陪话道："误犯虎威，请勿挂意！"邀上厅来。说言未了，只见阶下鲁智深使手帕包着头，拿着铁禅杖，径奔来要打张清。宋江隔住，连声喝退："怎肯教你下手！"张清见宋江如此义气，叩头下拜受降。宋江取酒奠地，折箭为誓："众弟兄若要如此报仇，皇天不　，死于刀剑之下。"众人听了，谁敢再言。也是天罡星合当会聚，自然义气相投。宋江设誓已罢，道："众弟兄勿得伤情。"众人大笑，尽皆欢喜，收拾军马，都要回山。

只见张清在宋公明面前，举荐东昌府一个兽医，复姓皇甫，名端。"此人善能相马，知得头口寒暑病症，下药用针，无不痊可，真有伯乐之材。原是幽州人氏，为他碧眼黄须，貌若番人，以此人称为紫髯伯。梁山泊亦有用他处，可唤此人带引妻小，一同上山。"宋江闻言大喜："若是皇甫端肯去相聚，大称心怀。"张清见宋江相爱甚厚，随即便去唤到兽医皇甫端，来拜见宋江并众头领。有篇七言古风，单道皇甫端医术：

传家艺术无人敌，安骥年来有神力。
回生起死妙难言，拯急扶危更多益。
鄂公乌骓人尽夸，郭公　来渥洼。
吐蕃枣骝号神驳，北地又羡拳毛　。
腾骧　皆经见，衔橛背鞍亦多变。
天闲十二旧驰名，手到病除难应验。
古人已往名不刊，只今又见皇甫端。
解治四百零八病，双瞳炯炯珠走盘。
天集忠良真有意，张清鹗荐诚良计。
梁山泊内添一人，号名紫髯伯乐裔。

宋江看了皇甫端一表非俗，碧眼重瞳，虬髯过腹，夸奖不已。皇甫端见了宋江如此义气，心中甚喜，愿从大义。宋江大喜，抚慰已了，传下号令，诸多头领收拾车仗、粮食、金银，一齐进发；把这两府钱粮，运回山寨。前后诸将都起。于路无话，早回到梁山泊忠义堂上。宋江叫放出龚旺、丁得孙来，亦用好言抚慰，二人叩首拜降。又添了皇甫端在山寨，专工医兽。董平、张清，亦为山寨头领。宋江欢喜，忙叫排宴庆贺，都在忠义堂上，各依次席而坐。宋江看了众多头领，却好一百单八员。宋江开言说道："我等兄弟，自从上山相聚，但到处并无疏失，皆是上天护佑，非人之能。今来扶我为尊，皆托众弟兄英勇。一者合当聚义，二乃我再有句言语，烦你众兄弟共听。"吴用便道："愿请兄长约束。"宋江对着众头领，开口说这个主意下来。正是有分教：三十六天罡临化地，七十二地煞闹中原。

毕竟宋公明说出甚么主意，且听下回分解。

第七十一回 忠义堂石碣受天文　梁山泊英雄排座次

话说宋公明，一打东平，两打东昌，回归山寨，计点大小头领，共有一百八员，心中大喜。遂对众兄弟道："宋江自从闹了江州上山之后，皆赖托众弟兄英雄扶助，立我为头。今者共聚得一百八员头领，心中甚喜。自从晁盖哥哥归天之后，但引兵马下山，公然保全。此是上天护佑，非人之能。纵有被掳之人，陷于缧绁，或是中伤回来，且都无事。今者一百八人皆在面前聚会，端的古往今来，实为罕有。从前兵刃到处，杀害生灵，无可禳谢。我心中欲建一罗天大醮，报答天地神明眷佑之恩：一则祈保众弟兄身心安乐；二则惟愿朝廷早降恩光，赦免逆天大罪，众当竭力捐躯，尽忠报国，死而后已；三则上荐晁天王早生天界，世世生生，再得相见。就行超度横亡、恶死，火烧、水溺，一应无辜被害之人，俱得善道。我欲行此一事，未知众弟兄意下如何？"

众头领都称道："此是善果好事，哥哥主见不差。"吴用便道："先请公孙胜一清主行醮事，然后令人下山，四远邀请得道高士，就带醮器赴寨，仍使人收买一应香烛纸马、花果祭仪、素馔净食，并合用一应物件。"商议选定四月十五日为始，七昼夜好事。山寨广施钱财，督并干办。日期已近，向那忠义堂前挂起长　，四首堂上扎缚三层高台。堂内铺设七宝三清圣像，两班设二十八宿十二宫辰，一切主醮星官真宰。堂外仍设监坛崔、卢、邓、窦神将。摆列已定，设放醮器齐备，请到道众，连公孙胜共是四十九员。是日晴明的好，天和气朗，月白风清。宋江、卢俊义为首，吴用与众头领为次拈香。公孙胜作高功，主行斋事，关发一应文书符命，不在话下。当日醮筵，但见：

香腾瑞霭，花簇锦屏。一千条画烛流光，数百盏银灯散彩。对对高张羽盖，重重密布幢　。风清三界步虚声，月冷九天垂沆瀣。金钟撞处，高功表进奏虚皇；玉　鸣时，都讲登坛朝玉帝。绛绡衣星辰灿烂，芙蓉冠金碧交加。监坛神将狰狞，直日功曹勇猛。道士齐宣宝忏，上瑶台酌水献花；真人密诵灵章，按法剑踏罡布斗。青龙隐隐来黄道，白鹤翩翩下紫宸。

当日公孙胜与那四十八员道众，都在忠义堂上做醮，每日三朝，至第七日满散。宋江要求上天报应，特教公孙胜专拜青词，奏闻天帝，每日三朝。却好至第七日三更时分，公孙胜在虚皇坛第一层，众道士在第二层，宋江等众头领在第三层，众小头目并将校都在坛下。众皆恳求上苍，务要拜求报应。

是夜三更时候，只听得天上一声响，如裂帛相似，正是西北乾方天门上。众人看时，直竖金盘：两头尖，中间阔，又唤做天门开，又唤做天眼开，里面毫光射人眼目，霞彩缭绕，从中间卷出一块火来，如栲栳之形，直滚下虚皇坛来。那团火绕坛滚了一遭，竟钻入正南地下去了。此时天眼已合，众道士下坛来，宋江随即叫人将铁锹锄头掘开泥土，根寻火块。那地下掘不到三尺深浅，只见一个石碣，正面两侧，各有天书文字。有诗为证：

忠义英雄迥结台，感通上帝亦奇哉！
人间善恶皆招报，天眼何时不大开！

当下宋江且教化纸满散。平明，斋众道士，各赠与金帛之物，以充衬资。方才取过石碣看时，上面乃是龙章凤篆蝌蚪之书，人皆不识。众道士内有一人姓何，法讳玄通，对宋江说道："小道家间祖上留下一册文书，专能辨验天书，那上面自古都是蝌蚪文字，以此贫道善能辨认，译将出来，便知端的。"宋江听了大喜，连忙捧过石碣，教何道士看了，良久说道："此石都是义士大名镌在上面：侧首一边是'替天行道'四字，一边是'忠义双全'四字；顶上皆有星辰南北二斗；下面却是尊号。若不见责，当以从头一一敷宣。"宋江道："幸得高士指迷，缘分不浅，若蒙见教，实感大德。唯恐上天见责之言，请勿藏匿，万望尽情剖露，休遗片言。”

宋江唤过圣手书生萧让，用黄纸誊写。何道士乃言：“前面有天书三十六行，皆是天罡星；背后也有天书七十二行，皆是地煞星，下面注着众义士的姓名。”观看良久，教萧让从头至后，尽数抄誊。石碣前面，书梁山泊天罡星三十六员：

天魁星呼保义宋江　天罡星玉麒麟卢俊义
天机星智多星吴用　天闲星入云龙公孙胜
天勇星大刀关胜　天雄星豹子头林冲
天猛星霹雳火秦明　天威星双鞭呼延灼
天英星小李广花荣　天贵星小旋风柴进
天富星扑天雕李应　天满星美髯公朱仝
天孤星花和尚鲁智深　天伤星行者武松
天立星双枪将董平　天捷星没羽箭张清
天暗星青面兽杨志　天　星金枪手徐宁
天空星急先锋索超　天速星神行太保戴宗
天异星赤发鬼刘唐　天杀星黑旋风李逵
天微星九纹龙史进　天究星没遮拦穆弘
天退星插翅虎雷横　天寿星混江龙李俊
天剑星立地太岁阮小二　天平星船火儿张横
天罪星短命二郎阮小五　天损星浪里白跳张顺
天败星活阎罗阮小七　天牢星病关索杨雄
天慧星拚命三郎石秀　天暴星两头蛇解珍
天哭星双尾蝎解宝　天巧星浪子燕青

石碣背面，书地煞星七十二员：

地魁星神机军师朱武　地煞星镇三山黄信
地勇星病尉迟孙立　地杰星丑郡马宣赞
地雄星井木犴郝思文　地威星百胜将韩滔
地英星天目将彭玘　地奇星圣水将单廷
地猛星神火将魏定国　地文星圣手书生萧让
地正星铁面孔目裴宣　地阔星摩云金翅欧鹏
地阖星火眼狻猊邓飞　地强星锦毛虎燕顺
地暗星锦豹子杨林　地轴星轰天雷凌振
地会星神算子蒋敬　地佐星小温侯吕方
地　星赛仁贵郭盛　地灵星神医安道全
地兽星紫髯伯皇甫端　地微星矮脚虎王英
地慧星一丈青扈三娘　地暴星丧门神鲍旭
地然星混世魔王樊瑞　地猖星毛头星孔明
地狂星独火星孔亮　地飞星八臂那吒项充
地走星飞天上圣李衮　地巧星玉臂匠金大坚
地明星铁笛仙马麟　地进星出洞蛟童威
地退星翻江蜃童猛　地满星玉　竿孟康
地遂星通臂猿侯健　地周星跳涧虎陈达
地隐星白花蛇杨春　地异星白面郎君郑天寿
地理星九尾龟陶宗旺　地俊星铁扇子宋清
地乐星铁叫子乐和　地捷星花项虎龚旺
地速星中箭虎丁得孙　地镇星小遮拦穆春
地稽星操刀鬼曹正　地魔星云里金刚宋万
地妖星摸着天杜迁　地幽星病大虫薛永
地伏星金眼彪施恩　地空星小霸王周通
地僻星打虎将李忠　地全星鬼脸儿杜兴
地孤星金钱豹子汤隆　地角星独角龙邹润
地短星出林龙邹渊　地藏星笑面虎朱富
地囚星旱地忽律朱贵　地平星铁臂膊蔡福
地损星一枝花蔡庆　地奴星催命判官李立
地察星青眼虎李云　地恶星没面目焦挺
地丑星石将军石勇　地数星小尉迟孙新
地阴星母大虫顾大嫂　地刑星菜园子张青
地壮星母夜叉孙二娘　地劣星活闪婆王定六
地健星险道神郁保四　地耗星白日鼠白胜
地贼星鼓上蚤时迁　地狗星金毛犬段景住

当时何道士辨验天书，教萧让写录出来。读罢，众人看了，俱惊讶不已。宋江与众头领道：“鄙猥小吏，原来上应星魁，众多弟兄也原来都是一会之人。上天显应，合当聚义。今已数足，上苍分定位数，为大小二等。天罡、地煞星辰，都已分定次序，众头领各守其位，各休争执，不可逆了天言。”众人皆道：“天地之意，物理数定，谁敢违拗？”宋江遂取黄金五十两，酬谢何道士。其余道众收得经资，收拾醮器，四散下山去了。有诗为证：

月明风冷醮坛深，鸾鹤空中送好音。

地煞天罡排姓字，激昂忠义一生心。

且不说众道士回家去了，只说宋江与军师吴学究、朱武等计议，堂上要立一面牌额，大书“忠义堂”三字；断金亭也换个大牌扁。前面册立三关，忠义堂后建筑雁台一座，顶上正面大厅一所，东西各设两房。正厅供养晁天王灵位。东边房内，宋江、吴用、吕方、郭盛；西边房内，卢俊义、公孙胜、孔明、孔亮。第二坡左一代房内，朱武、黄信、孙立、萧让、裴宣；右一代房内，戴宗、燕青、张清、安道全、皇甫端。忠义堂左边，掌管钱粮仓廒收放，柴进、李应、蒋敬、凌振；右边花荣、樊瑞、项充、李衮。山前南路第一关，解珍、解宝守把；第二关，鲁智深、武松守把；第三关，朱仝、雷横守把。东山一关，史进、刘唐守把；西山一关，杨雄、石秀守把；北山一关，穆弘、李逵守把。六关之外，置立八寨：有四旱寨，四水寨。正南旱寨，秦明、索超、欧鹏、邓飞；正东旱寨，关胜、徐宁、宣赞、郝思文；正西旱寨，林冲、董平、单廷　、魏定国；正北旱寨，呼延灼、杨志、韩滔、彭玘。东南水寨，李俊、阮小二；西南水寨，张横、张顺；东北水寨，阮小五、童威；西北水寨，阮小七、童猛。其余各有执事。从新置立旌旗等项。山顶上立一面杏黄旗，上书“替天行道”四字。忠义堂前绣字红旗二面：一书“山东呼保义”，一书“河北玉麒麟”。外设飞龙飞虎旗、飞熊飞豹旗、青龙白虎旗、朱雀玄武旗，黄钺白旄，青　皂盖，绯缨黑纛。中军器械外，又有四斗五方旗、三才九曜旗、二十八宿旗、六十四卦旗、周天九宫八卦旗、一百二十四面镇天旗。尽是侯健制造。金大坚铸造兵符印信。一切完备，选定吉日良时，杀牛宰马，祭献天地神明，挂上忠义堂、断金亭牌额，立起“替天行道”杏黄旗。

宋江当日大设筵宴，亲捧兵符印信，颁布号令：“诸多大小兄弟，各各管领，悉宜遵守，毋得违误，有伤义气。如有故违不遵者，定依军法治之，决不轻恕。”

计开：

梁山泊总兵都头领二员：

呼保义宋江	玉麒麟卢俊义

掌管机密军师二员：

智多星吴用	入云龙公孙胜

同参赞军务头领一员：

神机军师朱武

掌管钱粮头领二员：

小旋风柴进	扑天雕李应

马军五虎将五员：

大刀关胜	豹子头林冲
霹雳火秦明	双鞭呼延灼
双枪将董平	

马军八虎骑兼先锋使八员：

小李广花荣	金枪手徐宁
青面兽杨志	急先锋索超
没羽箭张清	美髯公朱仝
九纹龙史进	没遮拦穆弘

马军小彪将兼远探出哨头领一十六员：

镇三山黄信	病慰迟孙立
丑郡马宣赞	井木犴郝思文
百胜将韩滔	天目将彭玘
圣水将单廷	神火将魏定国
摩云金翅欧鹏	火眼狻猊邓飞
锦毛虎燕顺	铁笛仙马麟
跳涧虎陈达	白花蛇杨春
锦豹子杨林	小霸王周通

步军头领一十员：

花和尚鲁智深	行者武松
赤发鬼刘唐	插翅虎雷横
黑旋风李逵	浪子燕青
病关索杨雄	拚命三郎石秀
两头蛇解珍	双尾蝎解宝

步军将校一十七员：

混世魔王樊端	丧门神鲍旭
八臂那吒项充	飞天大圣李衮
病大虫薛永	金眼彪施恩
小遮拦穆春	打虎将李忠
白面郎君郑天寿	云里金刚宋万
摸着天杜迁	出林龙邹渊
独角龙邹润	花项虎龚旺
中箭虎丁得孙	没面目焦挺
石将军石勇	

四寨水军头领八员：

混江龙李俊	船火儿张横

浪里白跳张顺　　立地太岁阮小二
短命二郎阮小五　　活阎罗阮小七
出洞蛟童威　　翻江蜃童猛

四店打听声息，邀接来宾头领八员：

东山酒店
小尉迟孙新　　母大虫顾大嫂
西山酒店
菜园子张青　　母夜叉孙二娘
南山酒店
旱地忽律朱贵　　鬼脸儿杜兴
北山酒店
催命判官李立　　活闪婆王定六

总探声息头领一员：

神行太保戴宗

军中走报机密步军头领四员：

铁叫子乐和　　鼓上蚤时迁
金毛犬段景住　　白日鼠白胜

守护中军马军骁将二员：

小温侯吕方　　赛仁贵郭盛

守护中军步军骁将二员：

毛头星孔明　　独火星孔亮

专管行刑刽子二员：

铁臂膊蔡福　　一枝花蔡庆

专掌三军内采事马军头领二员：

矮脚虎王英　　一丈青扈三娘

掌管监造诸事头领一十六员：

行文走檄调兵遣将一员　　圣手书生萧让
定功赏罚军政司一员　　铁面孔目裴宣
考算钱粮支出纳入一员　　神算子蒋敬
监造大小战船一员　　玉　竿孟康
专造一应兵符印信一员　　玉臂匠金大坚
专造一应旌旗袍袄一员　　通臂猿侯健
专攻医兽一应马匹一员　　紫髯伯皇甫端
专治诸疾内外科医士一员　　神医安道全
监督打造一应军器铁甲一员　　金钱豹子汤隆
专造一应大小号炮一员　　轰天雷凌振
起造修缉房舍一员　　青眼虎李云
屠宰牛马猪羊牲口一员　　操刀鬼曹正
排设筵宴一员　　铁扇子宋清
监造供应一切酒醋一员　　笑面虎朱富
监筑梁山泊一应城垣一员　　九尾龟陶宗旺
专一把捧帅字旗一员　　险道神郁保四

宣和二年四月初一日，梁山泊大聚会分调人员告示。

当日梁山泊宋公明传令已了，分调众头领已定，各各领了兵符印信，筵宴已毕，人皆大醉，众头领各归所拨寨分，中间有未定执事者，都于雁台前后驻扎听调。有篇言语，单道梁山泊的好处，怎见得：

八方共域，异姓一家。天地显罡煞之精，人境合杰灵之美。千里面朝夕相见，一寸心死生可同。相貌语言，南北东西虽各别；心情肝胆，忠诚信义并无差。其人则有帝子神孙，富豪将吏，并三教九流，乃至猎户渔人，屠儿刽子，都一般儿哥弟称呼，不分贵贱；且又有同胞手足，捉对夫妻，与叔侄郎舅，以及跟随主仆，争斗冤仇，皆一样的酒筵欢乐，无问亲疏。或精灵，或粗卤，或村朴，或风流，何尝相碍，果然认性同居；或笔舌，或刀枪，或奔驰，或偷骗，各有偏长，真是随才器使。可恨的是假文墨，没奈何着一个圣手书生，聊存风雅；最恼的是大头巾，幸喜得先杀却白衣秀士，洗尽酸悭。地方四五百里，英雄一百八人。昔时常说江湖上闻名，似古楼钟声声传播；今日始知星辰中列姓，如念珠子个个连牵。在晁盖恐托胆称王，归天及早；惟宋江肯呼群保义，把寨为头。休言啸聚山林，早愿瞻依廊庙。

梁山泊忠义堂上，号令已定，各各遵守。宋江拣了吉日良时，焚一炉香，鸣鼓聚众，都到堂上。宋江对众道："今非昔比，我有片言。今日既是天罡地曜相会，必须对天盟誓，各无异心，死生相托，患难相扶，一同保国安民。"众皆大喜。各人拈香已罢，一齐跪在堂上，宋江为首誓曰："宋江鄙猥小吏，无学无能，荷天地之盖载，感日月之照临，聚弟兄于梁山，结英雄于水泊，共一百八人，上符天数，下合人心。自今已后，若是各人存心不仁，削绝大义，万望天地行诛，神人共戮，万世不得人身，亿载永沉末劫。但愿共存忠义于心，同著功勋于国，替天行道，保境安民。神天鉴察，报应昭彰。"誓毕，众皆同声共愿，但愿生生相会，世世相逢，永无断阻。当日歃血誓盟，尽醉方散。看官听说，这里方才是梁山泊大聚义处。有诗为证：

光耀飞离土窟间，天罡地煞降尘寰。
说时豪气侵肌冷，讲处英雄透胆寒。
仗义疏财归水泊，报仇雪恨上梁山。
堂前一卷天文字，付与诸公仔细看。

起头分拨已定，话不重言。原来泊子里好汉，但闲便下山，或带人马，或只是数个头领各自取路去。途次中若是客商车辆人马，任从经过；若是上任官员，箱里搜出金银来时，全家不留。所得之物，解送山寨，纳库公用，其余些小，就便分了。折莫便是百十里，三二百里，若有钱粮广积害民的大户，便引人去公然搬取上山，谁敢阻当。但打听得有那欺压良善暴富小人，积攒得些家私，不论远近，令人便去尽数收拾上山。如此之为，大小何止千百余处。为是无人可以当抵，又不怕你叫起撞天屈来，因此不曾显露，所以无有话说。

再说宋江自盟誓之后，一向不曾下山，不觉炎威已过，又早秋凉，重阳节近。宋江便叫宋清安排大筵席，会众兄弟同赏菊花，唤做菊花之会。但有下山的兄弟们，不论远近，都要招回寨来赴筵。至日，肉山酒海，先行给散马步水三军一应小头目人等，各令自去打团儿吃酒。且说忠义堂上遍插菊花，各依次坐，分头把盏。堂前两边筛锣击鼓，大吹大擂，语笑喧哗，觥筹交错，众头领开怀痛饮。马麟品箫，乐和唱曲，燕青弹筝，各取其乐。不觉日暮，宋江大醉，叫取纸笔来，一时乘着酒兴，作《满江红》一词。写毕，令乐和单唱这首词，道是：

喜遇重阳，更佳酿、今朝新熟。见碧水丹山，黄芦苦竹。头上尽教添白发，鬓边不可无黄菊。愿樽前、长叙弟兄情。如金玉。统豺虎，御边幅。号令明，军威肃。中心愿，平虏保民安国。日月常悬忠烈胆，风尘障却奸邪目。望天王降诏早招安，心方足。

乐和唱这个词，正唱到“望天王降诏早招安”，只见武松叫道：“今日也要招安，明日也要招安去，冷了弟兄们的心！”黑旋风便睁圆怪眼，大叫道：“招安，招安，招甚鸟安！”只一脚，把桌子踢起，　做粉碎。宋江大喝道：“这黑厮怎敢如此无礼!左右与我推去，斩讫报来！”众人都跪下告道：“这人酒后发狂，哥哥宽恕。”宋江答道：“众贤弟请起，且把这厮监下。”众人皆喜。有几个当刑小校，向前来请李逵。李逵道：“你怕我敢挣扎?哥哥杀我也不怨，剐我也不恨，除了他，天也不怕。”说了，便随着小校去监房里睡。

宋江听了他说，不觉酒醒，忽然发悲。吴用劝道：“兄长既设此会，人皆欢乐饮酒，他是个粗卤的人，一时醉后冲撞，何必挂怀，且陪众兄弟尽此一乐。”宋江道：“我在江州，醉后误吟了反诗，得他气力来，今日又作《满江红》词，险些儿坏了他性命!早是得众兄弟谏救了。他与我身上情分最重，因此潸然泪下。”便叫武松：“兄弟，你也是个晓事的人，我主张招安，要改邪归正，为国家臣子，如何便冷了众人的心？”鲁智深便道：“只今满朝文武，多是奸邪，蒙蔽圣聪，就比俺的直裰染做皂了，洗杀怎得干净?招安不济事，便拜辞了，明日一个个各去寻趁罢。”宋江道：“众弟兄听说：今皇上至圣至明，只被奸臣闭塞，暂时昏昧，有日云开见日，知我等替天行道，不扰良民，赦罪招安，同心报国，青史留名，有何不美!因此只愿早早招安，别无他意。”众皆称谢不已。当日饮酒，终不畅怀。席散，各回本寨。

次日清晨，众人来看李逵时，尚兀自未醒，众头领睡里唤起来说道：“你昨日大醉，骂了哥哥，今日要杀你。”李逵道：“我梦里也不敢骂他!他要杀我时，便由他杀了罢。”众弟兄引着李逵，去堂上见宋江请罪。宋江喝道：“我手下许多人马，都似你这般无礼，不乱了法度?且看众兄弟之面，寄下你项上一刀，再犯必不轻恕。”李逵喏喏连声而退，众人皆散。

一向无事，渐近岁终。那一日久雪初晴，只见山下有人来报，离寨七八里，拿得莱州解灯上东京去的一行人，在关外听候将令。宋江道：“休要执缚，好生叫上关来。”没多时，解到堂前：两个公人，八九个灯匠，五辆车子。为头的这一个告道：“小人是莱州承差公人，这几个都是灯匠。年例：东京着落本州，要灯三架，今年又添两架，乃是玉棚玲珑九华灯。”宋江随即赏与酒食，叫取出灯来看。那做灯匠人将那玉棚灯挂起，安上四边结带，上下通计九九八十一盏，从忠义堂上挂起，直垂到地。宋江道：“我本待都留了你的，惟恐教你吃苦，不当稳便，只留下这碗九华灯在此，其余的你们自解官去。酬烦之资，白银二十两。”众人再拜，恳谢不已，下山去了。

宋江教把这碗灯点在晁天王孝堂内。次日，对众头领说道：“我生长在山东，不曾到京师，闻知今上大张灯火，与民同乐，庆赏元宵，自冬至后，便造起灯，至今才完。我如今要和几个兄弟私去看灯一遭便回。”吴用谏道：“不可，如今东京做公的最多，倘有疏失，如之奈何！”宋江道：“我日间只在客店里藏身，夜晚入城看灯，有何虑焉？”众人苦谏不住，宋江坚执要行。正是：猛虎直临丹凤阙，杀星夜犯卧牛城。

毕竟宋江怎地去东京看灯，且听下回分解。

第七十二回 柴进簪花入禁苑　李逵元夜闹东京

话说当日宋江在忠义堂上分拨去看灯人数：“我与柴进一路，史进与穆弘一路，鲁智深与武松一路，朱仝与刘唐一路。只此四路人去，其余尽数在家守寨。”李逵便道：“说东京好灯，我也要去走一遭。”宋江道：“你如何去得？”李逵守死要去，那里执拗得他住。宋江道：“你既然要去，不许你惹事，打扮做伴当跟我。”就叫燕青也走一遭，专和李逵作伴。

看官听说，宋江是个文面的人，如何去得京师?原来却得神医安道全上山之后，却把毒药与他点去了，后用好药调治，起了红疤。再要良金美玉，碾为细末，每日涂搽，自然消磨去了。那医书中说：“美玉灭斑。”正此意也。当日先叫史进、穆弘扮作客人去了，次后便使鲁智深、武松扮作行脚僧行去了，再后宋江、朱仝、刘唐，也扮做客商去了。各人跨腰刀，提朴刀，都藏暗器，不必得说。

且说宋江与柴进扮作闲凉官，再叫戴宗扮作承局，也去走一遭，有些缓急，好来飞报。李逵、燕青扮伴当，各挑行李下山，众头领都送到金沙滩饯行。军师吴用再三分付李逵道：“你闲常下山，好歹惹事，今番和哥哥去东京看灯，非比闲时，路上不要吃酒，十分小心在意，使不得往常性格。若有冲撞，弟兄们不好厮见，难以相聚了。”李逵道：“不索军师忧心，我这一遭并不惹事。”相别了，取路登程，抹过济州，路经滕州，取单州，上曹州来，前望东京万寿门外，寻一个客店安歇下了。

宋江与柴进商议，此是正月十一日的话，宋江道：“明日白日里，我断然不敢入城，直到正月十四日夜，人物喧哗，此时方可入城。”柴进道：“小弟明日先和燕青入城中去探路一遭。”宋江道：“最好。”次日，柴进穿一身整整齐齐的衣服，头上巾帻新鲜，脚下鞋袜干净；燕青打扮，更是不俗。两个离了店肆，看城外人家时，家家热闹，户户喧哗，都安排庆赏元宵，各作贺太平风景。来到城门下，没人阻当。果然好座东京去处。怎见得：

州名汴水，府号开封。逶迤接吴、楚之邦，延亘连齐、鲁之境。山河形胜，水陆要冲。禹画为豫州，周封为郑地。层叠卧牛之势，按上界戊己中央；崔嵬伏虎之形，像周天二十八宿。金明池上三春柳，小苑城边四季花。十万里鱼龙变化之乡，四百座军州辐辏之地。霭霭祥云笼紫阁，融融瑞气照楼台。

当下柴进、燕青两个入得城来，行到御街上，往来观玩，转过东华门外，见往来锦衣花帽之人，纷纷济济，各有服色，都在茶坊酒肆中坐地。柴进引着燕青，径上一个小小酒楼，临街占个阁子，凭栏望时，见班直人等多从内里出入，幞头边各簪翠叶花一朵。柴进唤燕青，附耳低言："你与我如此如此。"燕青是个点头会意的人，不必细问，火急下楼。出得店门，恰好迎着个老成的班直官，燕青唱个喏。那人道："面生并不曾相识。"燕青说道："小人的东人和观察是故交，特使小人来相请。"原来那班直姓王，燕青道："莫非足下是张观察？"那人道："我自姓王。"燕青随口应道："正是教小人请王观察，贪慌忘记了。"那王观察跟随着燕青来到楼上，燕青揭起帘子，对柴进道："请到王观察来了。"燕青接了手中执色，柴进邀入阁儿里相见，各施礼罢。

王班直看了柴进半晌，却不认得，说道："在下眼拙，失忘了足下，适蒙呼唤，愿求大名。"柴进笑道："小弟与足下童稚之交，且未可说，兄长熟思之。"一壁便叫取酒肉来，与观察小酌。酒保安排到肴馔果品，燕青斟酒，殷勤相劝。酒至半酣，柴进问道："观察头上这朵翠花何意？"那王班直道："今上天子庆贺元宵，我们左右内外共有二十四班，通类有五千七八百人，每人皆赐衣袄一领，翠叶金花一枝，上有小小金牌一个，凿着'与民同乐'四字，因此每日在这里听候点视。如有宫花锦袄，便能够入内里去。"柴进道："在下却不省得。"又饮了数杯，柴进便叫燕青："你自去与我旋一杯热酒来吃。"无移时，酒到了，柴进便起身与王班直把盏道："足下饮过这杯小弟敬酒，方才达知姓氏。"王班直道："在下实想不起，愿求大名。"王班直拿起酒来，一饮而尽。恰才吃罢，口角流涎，两脚腾空，倒在凳上。柴进慌忙去了巾帻、衣服、靴袜，却脱下王班直身上锦袄、踢串、鞋胯之类。从头穿了，带上花帽，拿了执色，分付燕青道："酒保来问时，只说这观察醉了，那官人未回。"燕青道："不必分付，自有道理支吾。"

且说柴进离了酒店，直入东华门去看那内庭时，真乃人间天上，但见：

祥云笼凤阙，瑞霭罩龙楼。琉璃瓦砌鸳鸯，龟背帘垂翡翠。正阳门径通黄道，长朝殿端拱紫垣。浑仪台占算星辰，待漏院班分文武。墙涂椒粉，丝丝绿柳拂飞甍，殿绕栏　，簇簇紫花迎步辇。恍疑身在蓬莱岛，仿佛神游兜率天。

柴进去到内里，但过禁门，为有服色，无人阻当，直到紫宸殿，转过文德殿，殿门各有金锁锁着，不能够进去。且转过凝晖殿，从殿边转将入去，到一个偏殿，牌上金书"睿思殿"三字，此是官家看书之处。侧首开着一扇朱红　子，柴进闪身入去看时，见正面铺着御座，两边几案上放着文房四宝：象管、花笺、龙墨、端砚。书架上尽是群书，各插着牙签。正面屏风上，堆青叠绿画着山河社稷混一之图。转过屏风后面，但见素白屏风上御书四大寇姓名，写着道：

山东宋江　　淮西王庆　　河北田虎　　江南方腊

柴进看了四大寇姓名，心中暗忖道："国家被我们扰害，因此时常记心，写在这里。"便去身边拔出暗器，正把"山东宋江"那四个字刻将下来，慌忙出殿，随后早有人来。柴进便离了内苑，出了东华门，回到酒楼上看那王班直时，尚未醒来，依旧把锦衣、花帽、服色等项，都放在阁儿内。柴进还穿了依旧衣服，唤燕青和酒保计算了酒钱，剩下十数贯钱，就赏了酒保。临下楼来分付道："我和王观察是弟兄。恰才他醉了，我替他去内里点名了回来，他还未醒。我却在城外住，恐怕误了城门，剩下钱都赏你，他的服色号衣都在这里。"酒保道："官人但请放心，男女自伏侍。"柴进、燕青离得酒店，径出万寿门去了。王班直到晚起来，见了服色、花帽都有，但不知是何意。酒保说柴进的话，王班直似醉如痴，回到家中。次日有人来说："睿思殿上不见'山东宋江'四个字，今日各门好生把得铁桶般紧，出入的人，都要十分盘诘。"王班直情知是了，那里敢说。

再说柴进回到店中，对宋江备细说内宫之中，取出御书大寇"山东宋江"四字，与宋江看罢，叹息不已。十四日黄昏，明月从东而起，天上并无云翳，宋江、柴进扮作闲凉官，戴宗扮作承局，燕青扮为小闲，只留李逵看房。四个人杂在社火队里，取路哄入封丘门来，遍玩六街三市，果然夜暖风和，正好游戏。转过马行街来，家家门前扎缚灯棚，赛悬灯火，照耀如同白日，正是楼台上下火照火，车马往来人看人。四个转过御街，见两行都是烟月牌，来到中间，见一家外悬青布幕，里挂斑竹帘，两边尽是碧纱窗，外挂两面牌，牌上各有五个字，写道："歌舞神仙女，风流花月魁。"宋江见了，便入茶坊里来吃茶，问茶博士道："前面角妓是谁家？"茶博士道："这是东京上厅行首，唤做李师师。"宋江道："莫不是和今上打得热的。"茶博士道："不可高声，耳目觉近。"宋江便唤燕青，附耳低言道："我要见李师师一面，暗里取事，你可生个婉曲入去，我在此间吃茶等你。"宋江自和柴进、戴宗在茶坊里吃茶。

却说燕青径到李师师门首，揭开青布幕，掀起斑竹帘，转入中门，见挂着一碗鸳鸯灯，下面犀皮香桌儿上，放着一个博山古铜香炉，炉内细细喷出香来。两壁上挂着四幅名人山水画，下设四把犀皮一字交椅。燕青见无人出来，转入天井里面，又是一个大客位，设着三座香楠木雕花玲珑小床，铺着落花流水紫锦褥，悬挂一架玉棚好灯，摆着异样古董。燕青微微咳嗽一声，只见屏风背后转出一个丫鬟来，见燕青道个万福，便问燕青："哥哥高姓?那里来？"燕青道："相烦姐姐请妈妈出来，小闲自有话说。"梅香入去，不多时，转出李妈妈来，燕青请他坐了，纳头四拜。李妈妈道："小哥高姓？"燕青答道："老娘忘了，小人是张乙的儿子张闲的便是，从小在外，今日方归。"原来世上姓张姓李姓王的最多，那虔婆思量了半晌，又是灯下，认人不仔细，猛然省起，叫道："你不是太平桥下小张闲么?你那里去了，许多时不来？"燕青道："小人一向不在家，不得来相望。如今伏侍个山东客人，有的是家私，说不能尽。他是个燕南河北第一个有名财主，今来此间：一者就赏元宵，二者来京师省亲，三者就将货物在此做买卖，四者要求见娘子一面。怎敢说来宅上出入，只求同席一饮，称心满意。不是小闲卖弄，那人实有千百两金银，欲送与宅上。"那虔婆是个好利之人，爱的是金资，听的燕青这一席话，便动了念头，忙叫李师师出来，与燕青厮见。灯下看时，端的好容貌。燕青见了，纳头便拜。有诗为证：

芳年声价冠青楼，玉貌花颜是罕俦。

共羡至尊曾贴体，何惭壮士便低头。

那虔婆说与备细，李师师道："那员外如今在那里？"燕青道："只在前面对门茶坊里。"李师师便道："请过寒舍拜茶。"燕青道："不得娘子言语，不敢擅进。"虔婆道："快去请来。"燕青径到茶坊里，耳边道了消息，戴宗取些钱，还了茶博士，三人跟着燕青，径到李师师家内。入得中门，相接请到大客位里，李师师敛手向前动问起居道："适间张闲多谈大雅，今辱左顾，绮阁生光。"宋江答道："山僻村野，孤陋寡闻，得睹花容，生平幸甚。"李师师便邀请坐，又看着柴进问道："这位官人，是足下何人？"宋江道："此是表弟叶巡检。"就叫戴宗拜了李师师。宋江、柴进居左，客席而坐；李师师右边，主位相陪。奶子捧茶至，李师师亲手与宋江、柴进、戴宗、燕青换盏，不必说那盏茶的香味。茶罢，收了盏托，欲叙行藏，只见奶子来报："官家来到后面。"李师师道："其实不敢相留，来日驾幸上清宫，必然不来，却请诸位到此，少叙三杯。"宋江喏喏连声，带了三人便行。出得李师师门来，穿出小御街，径投天汉桥来看鳌山。正打从樊楼前过，听得楼上笙簧聒耳，鼓乐喧天，灯火凝眸，游人似蚁。宋江、柴进也上樊楼，寻个阁子坐下，取些酒食肴馔，也在楼上赏灯饮酒。吃不到数杯，只听得隔壁阁子内有人作歌道：

浩气冲天贯斗牛，英雄事业未曾酬。

手提三尺龙泉剑，不斩奸邪誓不休！

宋江听得，慌忙过来看时，却是九纹龙史进、没遮拦穆弘，在阁子内吃得大醉，口出狂言。宋江走近前去喝道："你这两个兄弟吓杀我也！快算还酒钱，连忙出去！早是遇着我，若是做公的听得，这场横祸不小。谁想你这两个兄弟也这般无知粗糙！快出城，不可迟滞。明日看了正灯，连夜便回，只此十分好了，莫要弄得撅撒了！"史进、穆弘默默无言，便叫酒保算还了酒钱。两个下楼，取路先投城外去了。宋江与柴进四人微饮三杯，少添春色，戴宗计算还了酒钱，四人拂袖下楼，径往万寿门，来客店内敲门。李逵困眼睁开，对宋江道："哥哥不带我来也罢了，既带我来，却教我看房，闷出鸟来。你们都自去快活！"宋江道："为你生性不善，面貌丑恶，不争带你入城，只恐因而惹祸。"李逵便道："你不带我去便了，何消得许多推故！几曾见我那里吓杀了别人家小的大的？"宋江道："只有明日十五日这一夜带你入去，看罢了正灯，连夜便回。"李逵呵呵大笑。

过了一夜，次日正是上元节候，天色晴明得好。看看傍晚，庆贺元宵的人不知其数，古人有篇《绛都春》单道元宵景致：

融和初报，乍瑞霭霁色，皇都春早。翠 竞飞，玉勒争驰，都闻道，鳌山彩结蓬莱岛。向晚色，双龙衔照。绛霄楼上，彤芝盖底，仰瞻天表。

缥缈风传帝乐，庆玉殿共赏，群仙同到。迤 御香，飘满人间开嘻笑。一点星球小，渐隐隐鸣梢声杳。游人月下归来，洞天未晓。

当夜宋江与同柴进，依前扮作闲凉官，引了戴宗、李逵、燕青，五个人径从万寿门来。是夜虽无夜禁，各门头目军士全付披挂，都是戎装 带，弓弩上弦，刀剑出鞘，摆布得甚是严整。高太尉自引铁骑马军五千，在城上巡禁。宋江等五个向人丛时挨挨抢抢，直到城里，先唤燕青，附耳低言："与我如此如此，只在夜来茶坊里相等。"燕青径往李师师家扣门，李妈妈、李行首都出来接见燕青，便说道："烦达员外休怪，官家不时间来此私行，我家怎敢轻慢。"燕青道："主人再三上复妈妈，启动了花魁娘子，山东海僻之地，无甚希罕之物，便有些出产之物，将来也不中意，只教小人先送黄金一百两，权当人事；随后别有罕物，再当拜送。"李妈妈问道："如今员外在那里？"燕青道："只在巷口等小人送了人事，同去看灯。"世上虔婆爱的是钱财，见了燕青取出那火炭也似金子两块，放在面前，如何不动心！便道："今日上元佳节，我母子们却待家筵数杯，若是员外不弃，肯到贫家少叙片时。"燕青道："小人去请，无有不来。"说罢，转身回得茶坊，说与宋江这话了，随即都到李师师家。宋江教戴宗同李逵只在门前等。

三个人入到里面大客位里，李师师接着，拜谢道："员外识荆之初，何故以厚礼见赐，却之不恭，受之太过。"宋江答道："山僻村野，绝无罕物，但送些小微物，表情而已，何劳花魁娘子致谢。"李师师邀请到一个小小阁儿里，分宾坐定，奶子、侍婢捧出珍异果子，济楚菜蔬，希奇按酒，甘美肴馔，尽用锭器，摆一春台。李师师执盏向前拜道："夙世有缘，今夕相遇二君，草草杯盘，以奉长者。"宋江道："在下山乡虽有贯伯浮财，未曾见如此富贵，花魁的风流声价，播传寰宇，求见一面，如登天之难，何况亲赐酒食。"李师师道："员外奖誉太过，何敢当此。"都劝罢酒，叫奶子将小小金杯巡筛。但是李师师说些街市俊俏的话，皆是柴进回答，燕青立在边头和哄取笑。

酒行数巡，宋江口滑，揎拳裸袖，点点指指，把出梁山泊手段来。柴进笑道："我表兄从来酒后如此，娘子勿笑。"李师师道："各人禀性何伤。"丫鬟说道："门前两个伴当。一个黄髭须，且是生的怕人，在外面喃喃呐呐地骂。"宋江道："与我唤他两个入来。"只见戴宗引着李逵到阁子里。李逵看见宋江、柴进与李师师对坐饮酒，自肚里有五分没好气，圆睁怪眼，直瞅他三个。李师师便问道："这汉是谁?恰像土地庙里对判官立地的小鬼。"众人都笑，李逵不省得他说。宋江答道："这个是家生的孩儿小李。"李师师笑道："我倒不打紧，辱莫了太白学士。"宋江道："这厮却有武艺，挑得三二百斤担子，打得三五十人。"李师师叫取大银赏钟，各与三钟，戴宗也吃三钟。燕青只怕他口出讹言，先打抹他和戴宗依先去门前坐地。宋江道："大丈夫饮酒，何用小杯！"就取过赏钟，连饮数钟。李师师低唱苏东坡"大江东去"词。宋江乘着酒兴，索纸笔来，磨得墨浓，蘸得笔饱，拂开花笺，对李师师道："不才乱道一词，尽诉胸中郁结，呈上花魁尊听。"当时宋江落笔，遂成乐府词一首，道是：

天南地北，问乾坤何处、可容狂客?借得山东烟水寨，来买凤城春色。翠袖围香，绛绡笼雪，一笑千金值。神仙体态，薄幸如何消得？　想芦叶滩头，蓼花汀畔，皓月空凝碧。六六雁行连八九，只等金鸡消息。义胆包天，忠肝盖地，四海无人识。离愁万种，醉乡一夜头白。

写毕，递与李师师反复看了，不晓其意。宋江只要等他问其备细，却把心腹衷曲之事告诉，只见奶子来报："官家从地道中来至后门。"李师师忙道："不能远送，切乞恕罪。"自来后门接驾，奶子、丫鬟连忙收拾过了杯盘什物，扛过台桌，洒扫亭轩。宋江等都未出来，却闪在黑暗处，张见李师师拜在面前，奏道："起居圣上龙体劳困。"只见天子头戴软纱唐巾，身穿滚龙袍，说道："寡人今日幸上清宫方回，教太子在宣德楼赐万民御酒，令御弟在千步廊买市，约下杨太尉，久等不至，寡人自来，爱卿近前与朕攀话。"宋江在黑地里说道："今番错过，后次难逢，俺三个就此告一道招安赦书，有何不好！"柴进道："如何使得?便是应允了，后来也有翻变。"三个正在黑影里商量。

却说李逵见了宋江、柴进和那美色妇人吃酒，却教他和戴宗看门，头上毛发倒竖起来，一肚子怒气正没发付处，只见杨太尉揭起帘幕，推开扇门，径走入来，见了李逵，喝问道："你这厮是谁?敢在这里？"李逵也不回应，提起把交椅，望杨太尉劈脸打来。杨太慰倒吃了一惊，措手不及，两交椅打翻地下。戴宗便来救时，那里拦当得住。李逵扯下幅画来，就蜡烛上点着，东 西 ，一面放火，香桌椅凳，打得粉碎。宋江等三个听得，赶出来看时，见黑旋风褪下半截衣裳，正在那里行凶。四个扯出门外去时，李逵就街上夺条棒，直打出小御街来。宋江见他性起，只得和柴进、戴宗先赶出城，恐关了禁门，脱身不得，只留燕青看守着他。李师师家火起，惊得赵官家一道烟走了。邻佑人等一面救火，一面救起杨太尉，这话都不必说。

城中喊起杀声，震天动地。高太尉在北门上巡警，听得了这话，带领军马，便来追赶。燕青伴着李逵，正打之间，撞着穆弘、史进，四人各执枪捧，一齐助力，直打到城边。把门军士急待要关门，外面鲁智深抡着铁禅杖，武行者使起双戒刀，朱仝、刘唐手拈着朴刀，早杀入城来，救出里面四个。方才出得城门，高太尉军马恰好赶到城外来。八个头领不见宋江、柴进、戴宗，正在那里心慌。原来军师吴用已知此事，定教大闹东京，克时定日，差下五员虎将，引领带甲马军一千骑，是夜恰好到东京城外等接，正逢着宋江、柴进、戴宗三人，带来的空马，就教上马，随后众人也到。正都上马时，于内不见了李逵。高太尉军马冲将出来。宋江手下的五虎将：关胜、林冲、秦明、呼延灼、董平突到城边，立马于濠堑上，大喝道："梁山泊好汉全伙在此！

早早献城，免汝一死！”高太尉听得，那里敢出城来，慌忙教放下吊桥，众军上城提防。宋江便唤燕青分付道：“你和黑厮最好，你可略等他一等，随后与他同来。我和军马众将先回，星夜还寨，恐怕路上别有枝节。”

不说宋江等军马去了。且说燕青立在人家房檐下看时，只见李逵从店里取了行李，拿着双斧，大吼一声，跳出店门，独自一个，要去打这东京城池。正是：声吼巨雷离店肆，手提大斧劈城门。

毕竟黑旋风李逵怎地去打城，且听下回分解。

第七十三回 黑旋风乔捉鬼　梁山泊双献头

话说当下李逵从客店里抢将出来，手　双斧，要奔城边劈门，被燕青抱住腰胯，只一交，　个脚捎天。燕青拖将起来，望小路便走，李逵只得随他。为何李逵怕燕青?原来燕青小厮扑天下第一，因此宋公明着令燕青相守李逵。李逵若不随他，燕青小厮扑，手到一交。李逵多曾着他手脚，以此怕他，只得随顺。燕青和李逵不敢从大路上走，恐有军马追来，难以抵敌，只得大宽转奔陈留县路来。李逵再穿上衣裳，把大斧藏在衣襟底下，又因没了头巾，却把焦黄发分开，绾做两个丫髻。行到天明，燕青身边有钱，村店中买些酒肉吃了，拽开脚步趱行。次日天晓，东京城中好场热闹，高太尉引军出城，追赶不上自回。李师师只推不知，杨太尉也自归家将息，抄点城中被伤人数，计有四五百人，推倒跌损者，不计其数。高太尉会同枢密院童贯，都到太师府商议，启奏早早调兵剿捕。

且说李逵和燕青两个，在路行到一个去处，地名唤做四柳村。不觉天晚，两个便投一个大庄院来，敲开门，直进到草厅上。庄主狄太公出来迎接，看见李逵绾着两个丫髻，却不见穿道袍，面貌生得又丑，正不知是甚么人。太公随口问燕青道：“这位是那里来的师父？”燕青笑道：“这师父是个跷蹊人，你们都不省得他。胡乱趁些晚饭吃，借宿一夜，明日早行。”李逵只不做声。太公听得这话，倒地便拜李逵，说道：“师父，可救弟子则个。”李逵道：“你要我救你甚事，实对我说。”那太公道：“我家一百余口，夫妻两个，嫡亲止有一个女儿，年二十余岁，半年之前，着了一个邪祟，只在房中，茶饭并不出来讨吃。若还有人去叫他，砖石乱打出来，家中人都被他打伤了，累累请将法官来，也捉他不得。”李逵道：“太公，我是蓟州罗真人的徒弟，会得腾云驾雾，专能捉鬼，你若舍得东西，我与你今夜捉鬼。如今先要一猪一羊，祭祀神将。”太公道：“猪羊我家尽有，酒自不必得说。”李逵道：“你拣得膘肥的宰了，烂煮将来，好酒更要几瓶，便可安排，今夜三更与你捉鬼。”太公道：“师父如要书符纸札，老汉家中也有。”李逵道：“我的法只是一样，都没什么鸟符，身到房里，便揪出鬼来。”燕青忍笑不住。

老儿只道他是好话，安排了半夜，猪羊都煮得熟了，摆在厅上。李逵叫讨十个大碗，滚热酒十瓶，做一巡筛，明晃晃点着两枝蜡烛，焰腾腾烧着一炉好香。李逵掇条凳子，坐在当中，并不念甚言语。腰间拔出大斧，砍开猪羊，大块价扯将下来吃。又叫燕青道：“小乙哥，你也来吃些。”燕青冷笑，那里肯来吃。李逵吃得饱了，饮过五六碗好酒，看得太公呆了。李逵便叫众庄客：“你们都来散福。”拈指间散了残肉。李逵道：“快舀桶汤来，与我们洗手洗脚。”无移时，洗了手脚，问太公讨茶吃了。又问燕青道：“你曾吃饭也不曾？”燕青道：“吃得饱了。”李逵对太公道：“酒又醉，肉又饱，明日要走路程，老爷们去睡。”太公道：“却是苦也!这鬼几时捉得？”李逵道：“你真个要我捉鬼，着人引我到你女儿房里去。”太公道：“便是神道如今在房中，砖石乱打出来，谁人敢去？”

李逵拔两把板斧在手，叫人将火把远远照着。李逵大踏步直抢到房边，只见房内隐隐的有灯。李逵把眼看时，见一个后生搂着一个妇人在那里说话。李逵一脚踢开了房门，斧到处，只见砍得火光爆散，霹雳交加。定睛打一看时，原来把灯盏砍翻了。那后生却待要走，被李逵大喝一声，斧起处，早把后生砍翻。这婆娘便钻入床底下躲了。李逵把那汉子先一斧砍下头来，提在床上，把斧敲着床边喝道：“婆娘，你快出来。若不钻出来时，和床都剁的粉碎。”婆娘连声叫道：“你饶我性命，我出来。”却才钻出头来，被李逵揪住头发，直拖到死尸边，问道：“我杀的那厮是谁？”婆娘道：“是我奸夫王小二。”李逵又问道：“砖头饭食，那里得来？”婆娘道：“这是我把金银头面与他，三二更从墙上运将入来。”李逵道：“这等腌　婆娘，要你何用！”揪到床边，一斧砍下头来，把两个人头拴做一处，再提婆娘尸首和汉子身尸相并，李逵道：“吃得饱，正没消食处。”就解下上半截衣裳，拿起双斧，看着两个死尸，一上一下，恰似发擂的乱剁了一阵。

李逵笑道：“眼见这两个不得活了。”插起大斧，提着人头，大叫出厅前来：“两个鬼我都捉了。”撇下人头，满庄里人都吃一惊，都来看时，认得这个是太公的女儿；那个人头，无人认得。数内一个庄客相了一回，认出道：“有些像东村头会粘雀儿的王小二。”李逵道：“这个庄客倒眼乖！”太公道：“师父怎生得知？”李逵道：“你女儿躲在床底下，被我揪出来问时，说道：‘他是奸夫王小二，吃的饮食，都是他运来。’问了备细，方才下手。”太公哭道：“师父，留得我女儿也罢。”李逵骂道：“打脊老牛，女儿偷了汉子，兀自要留他!你恁地哭时，倒要赖我不谢。我明日却和你说话。”燕青寻了个房，和李逵自去歇息。太公却引人点着灯烛，入房里去看时，照见两个没头尸首，剁做十来段，丢在地下。太公、太婆烦恼啼哭，便叫人扛出后面，去烧化了。李逵睡到天明，跳将起来，对太公道：“昨夜与你捉了鬼，你如何不谢？”太公只得收拾酒食相待，李逵、燕青吃了便行。狄太公自理家事，不在话下。

且说李逵和燕青离了四柳村，依前上路，此时草枯地阔，木落山空，于路无话。两个因大宽转梁山泊北，到寨尚有七八十里，巴不到山，离荆门镇不远。当日天晚，两个奔到一个大庄院敲门，燕青道：“俺们寻客店中歇去。”李逵道：“这大户人家，却不强似客店多少！”说犹未了，庄客出来，对说道：“我主太公正烦恼哩!你两个别处去歇。”李逵直走入去，燕青拖扯不住，直到草厅上。李逵口里叫道：“过往客人借宿一宵，打甚鸟紧?便道太公烦恼，我正要和烦恼的说话。”里面太公张时，看见李逵生得凶恶，暗地教人出来接纳，请去厅外侧首，有间耳房，叫他两个安歇，造些饭食，与他两个吃，着他里面去睡。多样时，搬出饭来，两个吃了，就便歇息。

李逵当夜没些酒，在土炕子上翻来覆去睡不着，只听得太公、太婆在里面哽哽咽咽的哭，李逵心焦，那双眼怎地得合。巴到天明，跳将起来，便向厅前问道：“你家甚么人，哭这一夜，搅得老爷睡不着。”太公听了，只得出来答道：“我家有个女儿，年方一十八岁，被人强夺了去，以此烦恼。”李逵道：“又来作怪!夺你女儿的是谁？”太公道：“我与你说他姓名，惊得你屁滚尿流!他是梁山泊头领宋江，有一百单八个好汉，不算小军。”李逵道：“我且问你：他是几个来？”太公道：“两日前，他和一个小后生各骑着一匹马来。”李逵便叫燕青：“小乙哥，你来听这老儿说的话，俺哥哥原来口是心非，不是好人了也。”燕青道：“大哥莫要造次，定没这事！”李逵道：“他在东京兀自去李师师家去，到这里怕不做出来！”李逵便对太公说道：“你庄里有饭，讨些我们吃。我实对你说，则我便是梁山泊黑旋风李逵，这个便是浪子燕青。既是宋江夺了你的女儿，我去讨来还你。”太公拜谢了。

李逵、燕青径望梁山泊来，直到忠义堂上。宋江见了李逵、燕青回来，便问道：“兄弟，你两个那里来?错了许多路，如今方到。”李逵那里答应，睁圆怪眼，拔出大斧，先砍倒了杏黄旗，把“替天行道”四个字扯做粉碎，众人都吃一惊。宋江喝道：“黑厮又做甚么？”李逵拿了双斧，抢上堂来，径奔宋江。诗曰：

梁山泊里无奸佞，忠义堂前有诤臣。

留得李逵双斧在，世间直气尚能伸。

当有关胜、林冲、秦明、呼延灼、董平五虎将，慌忙拦住，夺了大斧，揪下堂来。宋江大怒，喝道：“这厮又来作怪!你且说我的过失。”李逵气做一团，那里说得出。燕青向前道：“哥哥听禀一路上备细：他在东京城外客店里跳将出来，拿着双斧，要去劈门，被我一交　翻，拖将起来。说与他：‘哥哥已自去了，独自一个风甚么？’恰才信小弟说，不敢从大路走。他又没了头巾，把头发绾做两个丫髻。正来到四柳村狄太公庄上，他去做法官捉鬼，正拿了他女儿并奸夫两个，都剁做肉酱。后来却从大路西边上山，他定要大宽转，将近荆门镇，当日天晚了，便去刘太公庄上投宿。只听得太公两口儿一夜啼哭，他睡不着，巴得天明，起去问他。刘太公说道：‘两日前梁山泊宋江和一个年纪小的后生，骑着两匹马到庄上来，老儿听得说是替天行道的人，因此叫这十八岁的女儿出来把酒，吃到半夜，两个把他女儿夺了去。’李逵大哥听了这话，便道是实，我再三解说道：‘俺哥哥不是这般的人，多有依草附木，假名托姓的在外头胡做。’李大哥道：‘我见他在东京时，兀自恋着唱的李师师不肯放，不是他是谁？’因此来发作。”

宋江听罢，便道：“这般屈事，怎地得知?如何不说？”李逵道：“我闲常把你做好汉，你原来却是畜生!你做得这等好事！”宋江喝道：“你且听我说!我和三二千军马回来，两匹马落路时，须瞒不得众人。若还抢得一个妇人，必然只在寨里!你却去我房里搜看。”李逵道：“哥哥，你说甚么鸟闲话!山寨里都是你手下的人，护你的多，那里不藏过了?我当初敬你是个不贪色欲的好汉，你原来是酒色之徒：杀了阎婆惜，便是小样；去东京养李师师，便是大样。你不要赖，早早把女儿送还老刘，倒有个商量。你若不把女儿还他时，我早做早杀了你，晚做晚杀了你。”宋江道：“你且不要闹嚷，那刘太公不死，庄客都在，俺们同去面对。若还对翻了，就那里舒着脖子，受你板斧；如若对不翻，你这厮没上下，当得何罪？”李逵道：“我若还拿你不着，便输这颗头与你！”宋江道：“最好，你众兄弟都是证见。”便叫铁面孔目裴宣写了赌赛军令状二纸，两个各书了字，宋江的把与李逵收了，李逵的把与宋江收了。李逵又道：“这后生不是别人，只是柴进。”柴进道：“我便同去。”李逵道：“不怕你不来。若到那里对翻了之时，不怕你柴大官人，是米大官人，也吃我几斧。”柴进道：“这个不妨，你先去那里等。我们前去时，又怕有跷蹊。”李逵道：“正是。”便唤了燕青：“俺两个依前先去，他若不来，便是心虚，回来罢休不得。”正是：

至上无过任评论，其次纳谏以为恩。

最下自差偏自是，令人敢怒不敢言。

燕青与李逵再到刘太公庄上，太公接见，问道：“好汉，所事如何？”李逵道：“如今我那宋江，他自来教你认他，你和太婆并庄客都仔细认他。若还是时，只管实说，不要怕他，我自替你做主。”只见庄客报道：“有十数骑马来到庄上了。”李逵道：“正是了。”侧边屯住了人马，只教宋江、柴进入来。宋江、柴进径到草厅上坐下。

李逵提着板斧立在侧边，只等老儿叫声“是”，李逵便要下手。那刘太公近前来拜了宋江。李逵问老儿道：“这个是夺你女儿的不是？”那老儿睁开　羸眼，打起老精神，定睛看了道：“不是。”宋江对李逵道：“你却如何？”李逵道：“你两个先着眼瞅他，这老儿惧怕你，便不敢说是。”宋江道：“你叫满庄人都来认我。”李逵随即叫到众庄客人等认时，齐声叫道：“不是。”宋江道：“刘太公，我便是梁山泊宋江，这位兄弟，便是柴进。你的女儿，都是吃假名托姓的骗将去了。你若打听得出来，报上山寨，我与你做主。”宋江对李逵道：“这里不和你说话，你回来寨里，自有辩理。”宋江、柴进自与一行人马，先回大寨里去。

燕青道：“李大哥，怎地好？”李逵道：“只是我性紧上，错做了事。既然输了这颗头，我自一刀割将下来，你把去献与哥哥便了。”燕青道：“你没来由寻死做甚么?我叫你一个法则，唤做负荆请罪。”李逵道：“怎地是负荆？”燕青道：“自把衣服脱了，将麻绳绑缚了，脊梁上背着一把荆杖，拜伏在忠义堂前，告道：‘由哥哥打多少。’他自然不忍下手。这个唤做负荆请罪。”李逵道：“好却好，只是有些惶恐，不如割了头去干净。”燕青道：“山寨里都是你兄弟，何人笑你？”李逵没奈何，只得同燕青回寨来，负荆请罪。

却说宋江、柴进先归到忠义堂上，和众兄弟们正说李逵的事，只见黑旋风脱得赤条条地，背上负着一把荆杖，跪在堂前，低着头，口里不做一声。宋江笑道：“你那黑厮，怎地负荆?只这等饶了你不成？”李逵道：“兄弟的不是了!哥哥拣大棍打几十罢！”宋江道：“我和你赌砍头，你如何却来负荆？”李逵道：“哥哥既是不肯饶我，把刀来割这颗头去，也是了当。”众人都替李逵陪话。宋江道：“若要我饶他，只教他捉得那两个假宋江，讨得刘太公女儿来还他，这等方才饶你。”李逵听了，跳将起来，说道：“我去瓮中捉鳖，手到拿来。”宋江道：“他是两个好汉，又有两副鞍马，你只独自一个，如何近傍得他?再叫燕青和你同去。”燕青道：“哥哥差遣，小弟愿往。”便去房中取了弩子，绰了齐眉棍，随着李逵，再到刘太公庄上。

燕青细问他来情，刘太公说道：“日平西时来，三更里去了，不知所在，又不敢跟去。那为头的生的矮小，黑瘦面皮。第二个夹壮身材，短须大眼。”二人问了备细，便叫：“太公放心，好歹要救女儿还你。我哥哥宋公明的将令，务要我两个寻将来，不敢违误。”便叫煮下干肉，做下蒸饼，各把料袋装了，拴在身边，离了刘太公庄上。先去正北上寻，但见荒僻无人烟去处。走了一两日，绝不见些消耗。却去正东上，又寻了两日，直到凌州高唐界内，又无消息。李逵心焦面热，却回来望西边寻去。又寻了两日，绝无些动静。

当晚，两个且向山边一个古庙中供床上宿歇，李逵那里睡得着，爬起来坐地。只听得庙外有人走的响，李逵跳将起来，开了庙门看时，只见一条汉子，提着把朴刀，转过庙后山脚下上去，李逵在背后跟去。燕青听得，拿了弩弓，提了杆棍，随后跟来，叫道：“李大哥，不要赶，我自有道理。”是夜月色朦胧，燕青递杆棍与了李逵，远远望见那汉低着头只顾走。燕青赶近，搭上箭，弩弦稳放，叫声：“如意子，不要误我。”只一箭，正中那汉的右腿，扑地倒了。李逵赶上，劈衣领揪住，直拿到古庙中，喝问道：“你把刘太公的女儿抢的那里去了？”那汉告道：“好汉，小人不知此事，不曾抢甚么刘太公女儿。小人只是这里剪径，做些小买卖，那里敢大弄，抢夺人家子女！”李逵把那汉捆做一块，提起斧来喝道：“你若不实说，砍你做二十段。”那汉叫道：“且放小人起来商议。”燕青道：“汉子，我且与你拔了这箭。”放将起来问道：“刘太公女儿，端的是甚么人抢了去?只是你这里剪径的，你岂可不知些风声？”那汉道：“小人胡猜，未知真实。离此间西北上约有十五里，有一座山，唤做牛头山，山上旧有一个道院。近来新被两个强人：一个姓王，名江，一个姓董，名海，这两个都是绿林中草贼，先把道士道童都杀了，随从只有五七个伴当，占住了道院，专一下来打劫。但到处只称是宋江，多敢是这两个抢了去。”燕青道：“这话有些来历。汉子，你休怕我!我便是梁山泊浪子燕青，他便是黑旋风李逵。我与你调理箭疮，你便引我两个到那里去。”那人道：“小人愿往。”

燕青去寻朴刀还了他，又与他扎缚了疮口，趁着月色微明，燕青、李逵扶着他走过十五里来路，到那山看时，苦不甚高，果似牛头之状。三个上得山来，天尚未明，来到山头看时，团团一遭土墙，里面约有二十来间房子。李逵道：“我与你先跳入墙去。”燕青道：“且等天明却理会。”李逵那里忍耐得，腾地跳将过去了。只听得里面有人喝声，门开处，早有人出来，便挺朴刀来奔李逵。燕青生怕撅撒了事，拄着杆棒，也跳过墙来。那中箭的汉子一道烟走了。燕青见这出来的好汉正斗李逵，潜身暗行，一棒正中那好汉脸颊骨上，倒入李逵怀里来，被李逵后心只一斧，砍翻在地，里面绝不见一个人出来。燕青道：“这厮必有后路走了。我与你去截住后门，你却把着前门，不要胡乱入去。”且说燕青来到后门墙外，伏在黑暗处，只见后门开处，早有一条汉子拿了钥匙，来开后面墙门。燕青转将过去，那汉见了，绕房檐便走出前门来。燕青大叫：“前门截住！”李逵抢将过来，只一斧，劈胸膛砍倒，便把两颗头都割下来，拴做一处。李逵性起，砍将入去，泥神也似都推倒了。那几个伴当躲在灶前，被李逵赶去，一斧一个，都杀了。来到房中看时，果然见那个女儿在床上呜呜的啼哭。看那女子，云鬓花颜，其实美丽。有诗为证：

弓鞋窄窄起春罗，香沁酥胸玉一窝。

丽质难禁风雨骤，不胜幽恨蹙秋波。

燕青问道：“你莫不是刘太公女儿么？”那女子答道：“奴家在十数日之前，被这两个贼掳在这里，每夜轮一个将奴家奸宿。奴家昼夜泪雨成行，要寻死处，被他监看得紧。今日得将军搭救，便是重生父母，再养爹娘。”燕青道：“他有两匹马，在那里放着？”女子道：“只在东边房内。”燕青备上鞍子，牵出门外，便来收拾房中积攒下的黄白之资，约有三五千两。燕青便叫那女子上了马，将金银包了，和人头抓了，拴在一匹马上。李逵缚了个草把，将窗下残灯，把草房四边点着烧起。他两个开了墙门，步送女子下山，直到刘太公庄上。爹娘见了女子，十分欢喜，烦恼都没了，尽来拜谢两位头领。燕青道：“你不要谢我两个，你来寨里拜谢俺哥哥宋公明。”两个酒食都不肯吃，一家骑了一匹马，飞奔山上来。

回到寨中，红日衔山之际，都到三关之上。两个牵着马，驼着金银，提了人头，径到忠义堂上，拜见宋江。燕青将前事细细说了一遍。宋江大喜，叫把人头埋了，金银收入库中，马放去战马群内喂养。次日，设筵宴与燕青、李逵作贺。刘太公也收拾金银上山，来到忠义堂上，拜谢宋江。宋江那里肯受，与了酒饭，教送下山回庄去了，不在话下。梁山泊自是无话，不觉时光迅速：

看看鹅黄着柳，渐渐鸭绿生波。桃腮乱簇红英，杏脸微开绛蕊。山前花，山后树，俱发萌芽；州上苹，水中芦，都回生意。谷雨初晴，可是丽人天气；禁烟才过，正当三月韶华。

宋江正坐，只见关下解一伙人到来，说道：“拿到一伙牛子，有七八个车箱，又有几束哨棒。”宋江看时，这伙人都是彪形大汉，跪在堂前告道：“小人等几个直从凤翔府来，今上泰安州烧香。目今三月二十八日天齐圣帝降诞之辰，我们都去台上使棒，一连三日，何止有千百对在那里。今年有个扑手好汉，是太原府人氏，姓任，名原，身长一丈，自号擎天柱，口出大言，说道：‘相扑世间无对手，争交天下我为魁。’闻他两年曾在庙上争交，不曾有对手，白白地拿了若干利物，今年又贴招儿，单搦天下人相扑。小人等因这个人来，一者烧香，二乃为看任原本事，三来也要偷学他几路好棒，伏望大王慈悲则个。”宋江听了，便叫小校：“快送这伙人下山去，分毫不得侵犯。今后遇有往来烧香的人，休要惊吓他，任从过往。”那伙人得了性命，拜谢下山去了。只见燕青起身禀复宋江，说无数句，话不一席，有分教：惊动了泰安州，大闹了祥符县。正是：东岳庙中双虎斗，嘉宁殿上二龙争。

毕竟燕青说出甚么话来，且听下回分解。

第七十四回 燕青智扑擎天柱　李逵寿张乔坐衙

话说这燕青，他虽是三十六星之末，却机巧心灵，多见广识，了身达命，都强似那三十五个。当日燕青禀宋江道：“小乙自幼跟着卢员外学得这身相扑，江湖上不曾逢着对手，今日幸遇此机会，三月二十八日又近了，小乙并不要带一人，自去献台上，好歹攀他　一交。若是输了　死，永无怨心；倘或赢时，也与哥哥增些光彩。这日必然有一场好闹，哥哥却使人救应。”宋江说道：“贤弟，闻知那人身长一丈，貌若金刚，约有千百斤气力，你这般瘦小身材，纵有本事，怎地近傍得他？”燕青道：“不怕他长大身材，只恐他不着圈套。常言道：‘相扑的有力使力，无力斗智。’非是燕青敢说口，临机应变，看景生情，不倒的输与他那呆汉。”卢俊义便道：“我这小乙，端的自小学成好一身相扑，随他心意，叫他去。至期，卢某自去接应他回来。”宋江问道：“几时可行？”燕青答道：“今日是三月二十四日了，来日拜辞哥哥下山，路上略宿一宵，二十六日赶到庙上，二十七日在那里打探一日，二十八日却好和那厮放对。”当日无事，次日宋江置酒与燕青送行。众人看燕青时，打扮得村村朴朴，将一身花绣，把衲袄包得不见。扮做山东货郎，腰里插着一把串鼓儿，挑一条高肩杂货担子，诸人看了都笑。宋江道：“你既然装做货郎担儿，你且唱个山东货郎转调歌与我众人听。”燕青一手拈串鼓，一手打板，唱出货郎太平歌，与山东人不差分毫来去，众人又笑。酒至半酣，燕青辞了众头领下山，过了金沙滩，取路往泰安州来。

当日天晚，正待要寻店安歇，只听得背后有人叫道：“燕小乙哥，等我一等！”燕青歇下担子看时，却是黑旋风李逵。燕青道：“你赶来怎地？”李逵道：“你相伴我去荆门镇走了两遭，我见你独自个来，放心不下，不曾对哥哥说知，偷走下山，特来帮你。”燕青道：“我这里用你不着，你快早早回去。”李逵焦躁起来，说道：“你便是真个了得的好汉，我好意来帮你，你倒翻成恶意!我却偏鸟要去！”燕青寻思，怕坏了义气，便对李逵说道：“和你去。不争那里圣帝生日，都是四山五岳的人聚会，认得你的颇多，你依的我三件事，便和你同去。”李逵道：“依得。”燕青道：“从今路上和你前后各自走，一脚到客店里，入得店门，你便自不要出来，这是第一件了。第二件，到得庙上客店里，你只推病，把被包了头脸，假做打　睡，更不要做声。第三件，当日庙上，你挨在稠人中看争交时，不要大惊小怪。大哥，依得么？”李逵道：“有甚难处!都依你便了。”

当晚，两个投客店安歇。次日五更起来，还了房钱，同行到前面打火吃了饭。燕青道：“李大哥，你先走半里，我随后来也。”那条路上，只见烧香的人来往不绝，多有讲说任原的本事，两年在泰岳无对，今年又经三年了。燕青听得，有在心里。申牌时候，将近庙上，旁边众人都立定脚，仰面在那里看。燕青歇下担儿，分开人丛，也挨向前看时，只见两条红标柱，恰与坊巷牌额一般相似，上立一面粉牌，写道：“太原相扑擎天柱任原。”旁边两行小字道：“拳打南山猛虎，脚踢北海苍龙。”燕青看了，便扯匾担，将牌打得粉碎，也不说什么，再挑了担儿，望庙上去了。看的众人，多有好事的，飞报任原说，今年有劈牌放对的。

且说燕青前面迎着李逵，便来寻客店安歇。原来庙上好生热闹，不算一百二十行经商买卖，只客店也有一千四五百家，延接天下香官。到菩萨圣节之时，也没安着人处，许多客店，都歇满了。燕青、李逵只得就市梢头赁一所客店安下，把担子歇了，取一床夹被，教李逵睡着。店小二来问道：“大哥是山东货郎，来庙上赶趁，怕敢出房钱不起？”燕青打着乡谈说道：“你好小觑人!一间小房，值得多少，便比一间大房钱，没处去了。别人出多少房钱，我也出多少还你。”店小二道：“大哥休怪，正是要紧的日子，先说得明白最好。”燕青道：“我自来做买卖，倒不打紧，那里不去歇了，不想路上撞见了这个乡中亲戚，现患气病，因此只得要讨你店中歇。我先与你五贯铜钱，央及你就锅中替我安排些茶饭，临起身一发酬谢你。”小二哥接了铜钱，自去门前安排茶饭，不在话下。

没多时候，只听得店门外热闹，二三十条大汉走入店里来，问小二哥道：“劈牌定对的好汉，在那房里安歇？”店小二道：“我这里没有。”那伙人道：“都说在你店中。”小二哥道：“只有两眼房，空着一眼，一眼是个山东货郎，扶着一个病汉赁了。”那一伙人道：“正是那个货郎儿劈牌定对。”店小二道：“休道别人取笑!那货郎儿是一个小小后生，做得甚用！”那伙人齐道：“你只引我们去张一张。”店小二指道：“那角落头房里便是。”众人来看时，见紧闭着房门，都去窗子眼里张时，见里面床上两个人脚厮抵睡着。众人寻思不下，数内有一个道：“既是敢来劈牌，要做天下对手，不是小可的人，怕人算他，以定是假装害病的。”众人道：“正是了，都不要猜，临期便见。”不到黄昏前后，店里何止三二十伙人来打听，分说得店小二口唇也破了。当晚搬饭与二人吃，只见李逵从被窝里钻出头来，小二哥见了，吃一惊，叫声：“阿呀!这个是争交的爷爷了！”燕青道：“争交的不是他，他自病患在身，我便是径来争交的。”小二哥道：“你休要瞒我，我看任原吞得你在肚里。”燕青道：“你休笑我，我自有法度，教你们大笑一场，回来多把利物赏你。”小二哥看着他们吃了晚饭，收了碗碟，自去厨头洗刮，心中只是不信。

次日，燕青和李逵吃了些早饭，分付道：“哥哥，你自拴了房门高睡。”燕青却随了众人，来到岱岳庙里看时，果然是天下第一。但见：

庙居泰岱，山镇乾坤。为山岳之至尊，乃万神之领袖。山头伏槛，直望见弱水蓬莱；绝顶攀松，尽都是密云薄雾。楼台森耸，疑是金乌展翅飞来；殿阁棱层，恍觉玉兔腾身走到。雕梁画栋，碧瓦朱檐。凤扉亮 映黄纱，龟背绣帘垂锦带。遥观圣象，九旒冕舜目尧眉；近睹神颜，衮龙袍汤肩禹背。九天司命，芙蓉冠掩映绛纱衣；炳灵圣公，赭黄袍偏称蓝田带。左侍下玉簪珠履，右侍下紫绶金章。阖殿威严，护驾三千金甲将；两廊猛勇，勤王十万铁衣兵。五岳楼相接东宫，仁安殿紧连北阙。蒿里山下，判官分七十二司；白骡庙中，土神按二十四气。管火池铁面太尉，月月通灵；掌生死五道将军，年年显圣。御香不断，天神飞马报丹书；祭祀依时，老幼望风皆获福。嘉宁殿祥云杳霭，正阳门瑞气盘旋。万民朝拜碧霞君，四远归依仁圣帝。

当时燕青游玩了一遭，却去草参亭参拜了四拜，问烧香的道：“这相扑任教师在那里歇？”便有好事人说：“在迎恩桥下那个大客店里便是，他教着二三百个上足徒弟。”燕青听了，径来迎恩桥下看时，见桥边栏杆子上坐着二三十个相扑子弟，面前遍插铺金旗牌，锦绣帐额，等身靠背。燕青闪入客店里去，看见任原坐在亭心上，真乃有揭谛仪容，金刚貌相。坦开胸脯，显存孝打虎之威；侧坐胡床，有霸王拔山之势。在那里看徒弟相扑。数内有人认得燕青曾劈牌来，暗暗报与任原。只见任原跳将起来， 着膀子，口里说道：“今年那个合死的，来我手里纳命。”燕青低了头，急出店门，听得里面都笑。急回到自己下处，安排些酒食，与李逵同吃了一回。李逵道：“这们睡，闷死我也！”燕青道：“只有今日一晚，明日便见雌雄。”当时闲话，都不必说。

三更前后，听得一派鼓乐响，乃是庙上众香官与圣帝上寿。四更前后，燕青、李逵起来，问店小二先讨汤洗了面，梳光了头，脱去了里面衲袄，下面牢拴了腿绷护膝，匾扎起了熟绢水 ，穿了多耳麻鞋，上穿汗衫，搭膊系了腰。两个吃了早饭，叫小二分付道：“房中的行李，你与我照管。”店小二应道：“并无失脱，早早得胜回来。”只这小客店里，也有三二十个烧香的，都对燕青道：“后生，你自斟酌，不要枉送了性命。”燕青道：“当下小人喝采之时，众人可与小人夺些利物。”众人都有先去了的。李逵道：“我带了这两把板斧去也好。”燕青道：“这个却使不得，被人看破，误了大事。”当时两个杂在人队里，先去廊下，做一块儿伏了。

那日烧香的人，真乃亚肩迭背，偌大一个东岳庙，一涌便满了，屋脊梁上都是看的人。朝着嘉宁殿，扎缚起山棚，棚上都是金银器皿，锦绣缎匹，门外拴着五头骏马，全付鞍辔。知州禁住烧香的人，看这当年相扑献圣。一个年老的部署，拿着竹批，上得献台，参神已罢，便请今年相扑的对手，出马争交。说言未了，只见人如潮涌，却早十数对哨棒过来，前面列着四把绣旗。那任原坐在轿上，这轿前轿后三二十对花 膊的好汉，前遮后拥，来到献台上。部署请下轿来，开了几句温暖的呵会。任原道：“我两年到岱岳，夺了头筹，白白拿了若干利物，今年必用脱膊。”说罢，见一个拿水桶的上来。任原的徒弟，都在献台边，一周遭都密密地立着。且说任原先解了 膊，除了巾帻，虚笼着蜀锦袄子，喝了一声参神喏，受了两口神水，脱下锦袄，百十万人齐喝一声采。看那任原时，怎生打扮：

头绾一窝穿心红角子，腰系一条绛罗翠袖。三串带儿拴十二个玉蝴蝶牙子扣儿，主腰上排数对金鸳鸯踅褶衬衣。护膝中有铜裆铜裤，缴臁内有铁片铁环。扎腕牢拴，踢鞋紧系。世间架海擎天柱，岳下降魔斩将人。

那部署道：“教师两年在庙上不曾有对手，今年是第三番了，教师有甚言语，安复天下众香官？”任原道：“四百座军州，七千余县治，好事香官，恭敬圣帝，都助将利物来，任原两年白受了，今年辞了圣帝还乡，再也不上山来了。东至日出，西至日没，两轮日月，一合乾坤，南及南蛮，北济幽燕，敢有出来和我争利物的么？”说犹未了，燕青捺着两边人的肩臂，口中叫道：“有，有！”从人背上直飞抢到献台上来。众人齐发声喊。那部署接着问道：“汉子，你姓甚名谁?那里人氏?你从何处来？”燕青道：“我是山东张货郎，特地来和他争利物。”那部署道：“汉子，性命只在眼前，你省得么?你有保人也无？”燕青道：“我就是保人，死了要谁偿命？”部署道：“你且脱膊下来看。”燕青除了头巾，光光的梳着两个角儿，脱下草鞋，赤了双脚，蹲在献台一边，解了腿绷护膝，跳将起来，把布衫脱将下来，吐个架子，则见庙里的看官如搅海翻江相似，迭头价喝采，众人都呆了。

任原看了他这花绣，急健身材，心里倒有五分怯他。殿门外月台上本州太守坐在那里弹压，前后皂衣公吏环立七八十对，随即使人来叫燕青下献台，来到面前。太守见了他这身花绣，一似玉亭柱上铺着软翠，心中大喜，问道：“汉子，你是那里人氏?因何到此？”燕青道：“小人姓张，排行第一，山东莱州人氏。听得任原搦天下人相扑，特来和他争交。”知州道：“前面那匹全副鞍马，是我出的利物，把与任原；山棚上应有物件，我主张分一半与你，你两个分了罢，我自抬举你在我身边。”

燕青道：“相公，这利物倒不打紧，只要　翻他，教众人取笑，图一声喝采。”知州道：“他是一个金刚般一条大汉，你敢近他不得！”燕青道：“死而无怨。”再上献台来，要与任原定对。部署问他先要了文书，怀中取出相扑社条，读了一遍，对燕青道：“你省得么?不许暗算。”燕青冷笑道：“他身上都有准备，我单单只这个水　儿，暗算他甚么？”知州又叫部署来分付道：“这般一个汉子，俊俏后生，可惜了!你去与他分了这扑。”部署随即上献台，又对燕青道：“汉子，你留了性命还乡去罢，我与你分了这扑。”燕青道：“你好不晓事，知是我赢我输！”众人都和起来。只见分开了数万香官，两边排得似鱼鳞一般，廊庑屋脊上也都坐满，只怕遮着了这对相扑。任原此时有心恨不得把燕青丢去九霄云外，跌死了他。部署道：“既然你两个要相扑，今年且赛这对献圣。都要小心着，各各在意。”净净地献台上只三个人，此时宿露尽收，旭日初起，部署拿着竹批，两边分付已了，叫声：“看扑！”

这个相扑，一来一往，最要说得分明，说时迟，那时疾，正如空中星移电掣相似，些儿迟慢不得。当时燕青做一块儿蹲在右边，任原先在左边立个门户，燕青只不动弹。初时献台上各占一半，中间心里合交。任原见燕青不动弹，看看逼过右边来，燕青只瞅他下三面。任原暗忖道：“这人必来算我下三面。你看我不消动手，只一脚踢这厮下献台去。”任原看看逼将入来，虚将左脚卖个破绽，燕青叫一声：“不要来！”任原却待奔他，被燕青去任原左胁下穿将过去。任原性起，急转身又来拿燕青，被燕青虚跃一跃，又在右胁下钻过去。大汉转身终是不便，三换换得脚步乱了。燕青却抢将入去，用右手扭住任原，探左手插入任原交裆，用肩胛顶住他胸脯，把任原直托将起来，头重脚轻，借力便旋四五旋，旋到献台边，叫一声：“下去！”把任原头在下，脚在上，直撺下献台来。这一扑，名唤做鹁鸽旋，数万的香官看了，齐声喝采。那任原的徒弟们见　翻了他师父，先把山棚拽倒，乱抢了利物。众人乱喝打时，那二三十徒弟抢入献台来，知州那里治押得住。不想旁边恼犯了这个太岁，却是黑旋风李逵看见了，睁圆怪眼，倒竖虎须，面前别无器械，便把杉刺子　葱般拔断，拿两条杉木在手，直打将来。

香官数内有人认得李逵的，说将出名姓来，外面做公人的齐入庙里大叫道：“休教走了梁山泊黑旋风！”那知府听得这话，从顶门上不见了三魂，脚底下疏失了七魄，便望后殿走了。四下里的人涌并围将来，庙里香官各自奔走。李逵看任原时，跌得昏晕，倒在献台边，口内只有些游气。李逵揭块石板，把任原头打得粉碎。两个从庙里打将出来，门外弓箭乱射入来，燕青、李逵只得爬上屋去，揭瓦乱打。

不多时，只听得庙门前喊声大举，有人杀将入来。当头一个，头戴白范阳毡笠儿，身穿白缎子袄，跨口腰刀，挺条朴刀，那汉是北京玉麒麟卢俊义。后面带着史进、穆弘、鲁智深、武松、解珍、解宝七筹好汉，引一千余人，杀开庙门，入来策应。燕青、李逵见了，便从屋上跳将下来，跟着大队便走。李逵便去客店里拿了双斧，赶来厮杀。这府里整点得官军来时，那伙好汉已自去得远了。官兵已知梁山泊人众难敌，不敢来追赶。却说卢俊义便叫收拾李逵回去，行了半日，路上又不见了李逵。卢俊义又笑道：“正是招灾惹祸，必须使人寻他上山。”穆弘道：“我去寻他回寨。”卢俊义道：“最好。”

且不说卢俊义引众还山，却说李逵手持双斧，直到寿张县。当日午衙方散，李逵来到县衙门口，大叫入来：“梁山泊黑旋风爹爹在此！”吓得县中人手足都麻木了，动弹不得。原来这寿张县贴着梁山泊最近，若听得“黑旋风李逵”五个字，端的医得小儿夜啼惊哭，今日亲身到来，如何不怕!当时李逵径去知县椅子上坐了，口中叫道：“着两个出来说话，不来时，便放火！”廊下房内众人商量：“只得着几个出去答应；不然，怎地得他去？”数内两个吏员出来厅上拜了四拜，跪着道：“头领到此，必有指使。”李逵道：“我不来打搅你县里人，因往这里经过，闲耍一遭，请出你知县来，我和他厮见。”两个去了，出来回话道：“知县相公却才见头领来，开了后门，不知走往那里去了。”

李逵不信，自转入后堂房里来寻，却见有那幞头衣衫匣子在那里放着。李逵扭开锁，取出幞头，插上展角，将来戴了，把绿袍公服穿上，把角带系了，再寻皂靴，换了麻鞋，拿着槐简，走出厅前，大叫道：“吏典人等都来参见！”众人没奈何，只得上去答应。李逵道：“我这般打扮也好么？”众人道：“十分相称。”李逵道：“你们令史祗候都与我排衙了便去；若不依我，这县都翻做白地。”众人怕他，只得聚集些公吏人来，擎着牙杖骨朵，打了三通擂鼓，向前声喏。

李逵呵呵大笑，又道：“你众人内也着两个来告状。”吏人道：“头领坐在此地，谁敢来告状？”李逵道：“可知人不来告状，你这里自着两个装做告状的来告。我又不伤他，只是取一回笑耍。”公吏人等商量了一会，只得着两个牢子装做厮打的来告状，县门外百姓都放来看。两个跪在厅前，这个告道：“相公可怜见，他打了小人。”那个告：“他骂了小人，我才打他。”李逵道：“那个是吃打的？”原告道：“小人是吃打的。”又问道：“那个是打了他的？”被告道：“他先骂了，小人是打他来。”李逵道：“这个打了人的是好汉，先放了他去。这个不长进的，怎地吃人打了，与我枷号在衙门前示众。”

李逵起身，把绿袍抓扎起，槐简揣在腰里，掣出大斧，直看着枷了那个原告人，号令在县门前，方才大踏步去了，也不脱那衣靴。县门前看的百姓，那里忍得住笑。正在寿张县前走过东，走过西，忽听得一处学堂读书之声，李逵揭起帘子，走将入去，吓得那先生跳窗走了。众学生们哭的哭，叫的叫，跑的跑，躲的躲。李逵大笑，出门来，正撞着穆弘。穆弘叫道：“众人忧得你苦，你却在这里风!快上山去！”那里由他，拖着便走。李逵只得离了寿张县，径奔梁山泊来。有诗为证：

牧民县令每猖狂，自幼先生教不良。

应遣铁牛巡历到，琴堂闹了闹书堂。

二人渡过金沙滩，来到寨里，众人见了李逵这般打扮都笑。到得忠义堂上，宋江正与燕青庆喜，只见李逵放下绿　袍，去了双斧，摇摇摆摆，直至堂前，执着槐简，来拜宋江。拜不得两拜，把这绿　袍踏裂，绊倒在地，众人都笑。宋江骂道：“你这厮忒大胆!不曾着我知道，私走下山，这是该死的罪过!但到处便惹起事端，今日对众弟兄说过，再不饶你！”李逵喏喏连声而退。梁山泊自此人马平安，都无甚事，每日在山寨中教演武艺，操练人马，令会水者上船习学。各寨中添造军器、衣袍、铠甲、枪刀、弓箭、牌弩、旗帜，不在话下。

且说泰安州备将前事申奏东京，进奏院中，又有收得各处州县申奏表文，皆为宋江等反乱，骚扰地方。此时道君皇帝有一个月不曾临朝视事，当日早朝，正是三下静鞭鸣御阙，两班文武列金阶，殿头官喝道：“有事出班早奏，无事卷帘退朝。”进奏院卿出班奏曰：“臣院中收得各处州县累次表文，皆为宋江等部领贼寇，公然直进府州，劫掠库藏，抢掳仓廒，杀害军民，贪厌无足，所到之处，无人可敌。若不早为剿捕，日后必成大患。”天子乃云：“上元夜此寇闹了京国，今又往各处骚扰，何况那里附近州郡。朕已累次差遣枢密院进兵，至今不见回奏。”旁有御史大夫崔靖出班奏曰：“臣闻梁山泊上立一面大旗，上书‘替天行道’四字，此是曜民之术。民心既服，不可加兵。即目辽兵犯境，各处军马遮掩不及，若要起兵征伐，深为不便。

以臣愚意，此等山间亡命之徒，皆犯官刑，无路可避，遂乃啸聚山林，恣为不道。若降一封丹诏，光禄寺颁给御酒珍羞，差一员大臣，直到梁山泊，好言抚谕，招安来降，假此以敌辽兵，公私两便。伏乞陛下圣鉴。”天子云：“卿言甚当，正合朕意。”便差殿前太尉陈宗善为使，赍擎丹诏御酒，前去招安梁山泊大小人数。是日朝散，陈太尉领了诏敕，回家收拾。不争陈太尉奉诏招安，有分教：香醪翻做烧身药，丹诏应为引战书。

毕竟陈太尉怎地来招安宋江，且听下回分解。

第七十五回 活阎罗倒船偷御酒　黑旋风扯诏骂钦差

话说陈宗善领了诏书，回到府中，收拾起身，多有人来作贺：“太尉此行，一为国家干事，二为百姓分忧，军民除患。梁山泊以忠义为主，只待朝廷招安，太尉可着些甜言美语，加意抚恤。”正话间，只见太师府干人来请，说道：“太师相邀太尉说话。”陈宗善上轿，直到新宋门大街太师府前下轿，干人直引进节堂内书院中，见了太师，侧边坐下。茶汤已罢，蔡太师问道：“听得天子差你去梁山泊招安，特请你来说知：到那里不要失了朝廷纲纪，乱了国家法度。你曾闻《论语》有云：‘行己有耻，使于四方，不辱君命，可谓使矣。’”陈太尉道：“宗善尽知，承太师指教。”蔡京又道：“我叫这个干人跟随你去。他多省得法度，怕你见不到处，就与你提拨。”陈太尉道：“深谢恩相厚意。”辞了太师，引着干人离了相府，上轿回家。方才歇定，门吏来报，高殿帅下马。陈太尉慌忙出来迎接，请到厅上坐定，叙问寒温已毕，高太尉道：“今日朝廷商量招安宋江一事，若是高俅在内，必然阻住。此贼累辱朝廷，罪恶滔天，今更赦宥罪犯，引入京城，必成后患。欲待回奏，玉音已出，且看大意如何。若还此贼仍昧良心，怠慢圣旨，太尉早早回京，不才奏过天子，整点大军，亲身到彼，剪草除根，是吾之愿。太慰此去，下官手下有个虞候，能言快语，问一答十，好与太尉提拨事情。”陈太尉谢道：“感蒙殿帅忧心。”高俅起身，陈太尉送至府前，上马去了。

次日，蔡太师府张干办、高殿帅府李虞候，二人都到了。陈太尉拴束马匹，整点人数，将十瓶御酒，装在龙凤担内挑了，前插黄旗。陈太尉上马，亲随五六人，张干办、李虞候都乘马匹，丹诏背在前面，引一行人出新宋门。以下官员，亦有送路的，都回去了。迤　来到济州。太守张叔夜接着，请到府中设筵相待，动问招安一节，陈太尉都说了备细。张叔夜道：“论某愚意，招安一事最好；只是一件，太尉到那里，须是陪些和气，用甜言美语，抚恤他众人，好共歹，只要成全大事。他数内有几个性如烈火的汉子，倘或一言半语冲撞了他，便坏了大事。”张干办、李虞候道：“放着我两个跟着太尉，定不致差迟。太守，你只管教小心和气，须坏了朝廷纲纪，小辈人常压着，不得一半；若放他头起，便做模样。”张叔夜道：“这两个是甚么人？”陈太尉道：“这一个人是蔡太师府内干办，这一个是高太尉府里虞候。”张叔夜道：“只好教这两位干办不去罢！”陈太尉道：“他是蔡府、高府心腹人，不带他去，必然疑心。”张叔夜道：“下官这话，只是要好，恐怕劳而无功。”张干办道：“放着我两个，万丈水无涓滴漏。”张叔夜再不敢言语。一面安排筵宴管待，送至馆驿内安歇。次日，济州先使人去梁山泊报知。

却说宋江每日在忠义堂上聚众相会，商议军情，早有细作人报知此事，未见真实，心中甚喜。当日小喽罗领着济州报信的直到忠义堂上，说道：“朝廷今差一个太尉陈宗善，赍到十瓶御酒，赦罪招安丹诏一道，已到济州城内，这里整备迎接。”宋江大喜，遂取酒食，并彩缎二匹、花银十两，打发报信人先回。宋江与众人道：“我们受了招安，得为国家臣子，不枉吃了许多时磨难，今日方成正果！”吴用笑道：“论吴某的意，这番必然招安不成；纵使招安，也看得俺们如草芥。等这厮引将大军来到，教他着些毒手，杀得他人亡马倒，梦里也怕，那时方受招安，才有些气度。”宋江道：“你们若如此说时，须坏了‘忠义’二字。”林冲道：“朝廷中贵官来时，有多少装么，中间未必是好事。”关胜便道：“诏书上必然写着些　吓的言语，来惊我们。”徐宁又道：“来的人必然是高太尉门下。”宋江道：“你们都休要疑心，且只顾安排接诏。”先令宋清、曹正准备筵席，委柴进都管提调，务要十分齐整。铺设下太尉幕次，列五色绢缎，堂上堂下，搭彩悬花。先使裴宣、萧让、吕方、郭盛预前下山，离二十里伏道迎接。水军头领准备大船傍岸。吴用传令：“你们尽依我行，不如此，行不得。”

且说萧让引着三个随行，带引五六人，并无寸铁，将着酒果，在二十里外迎接。陈太尉当日在途中，张干办、李虞候不乘马匹，在马前步行，背后从人，何止二三百，济州的军官约有十数骑，前面摆列导引人马。龙凤担内挑着御酒，骑马的背着诏匣。济州牢子，前后也有五六十人，都要去梁山泊内，指望觅个小富贵。萧让、裴宣、吕方、郭盛在半路上接着，都俯伏道旁迎接。那张干办便问道：“你那宋江大似谁?皇帝诏敕到来，如何不亲自来接?甚是欺君!你这伙本是该死的人，怎受得朝廷招安?请太尉回去！”萧让、裴宣、吕方、郭盛俯伏在地，请罪道：“自来朝廷不曾有诏到寨，未见真实。宋江与大小头领都在金沙滩迎接，万望太尉暂息雷霆之怒，只要与国家成全好事，恕免则个。”李虞候便道：“不成全好事，也不愁你这伙贼飞上天去了。”有诗为证：

贝锦生谗自古然，小人凡事不宜先。

九天恩雨今宣布，可惜招安未十全。

当时吕方、郭盛道：“是何言语?只如此轻看人！”萧让、裴宣只得恳请他。捧去酒果，又不肯吃。众人相随来到水边，梁山泊已摆着三只战船在彼，一只装载马匹，一只装裴宣等一干人，一只请太尉下船，并随从一应人等，先把诏书御酒放在船头上。那只船正是活阎罗阮小七监督。当日阮小七坐在船梢上，分拨二十余个军健棹船，一家带一口腰刀。陈太尉初下船时，昂昂然，旁若无人，坐在中间。阮小七招呼众人，把船棹动，两边水手齐唱起歌来。李虞候便骂道：“村驴，贵人在此，全无忌惮！”那水手那里睬他，只顾唱歌。李虞候拿起藤条，来打两边水手，众人并无惧色。有几个为头的回话道：“我们自唱歌，干你甚事？”李虞候道：“杀不尽的反贼，怎敢回我话？”便把藤条去打，两边水手都跳在水里去了。阮小七在艄上说道：“直这般打我水手下水里去了，这船如何得去？”只见上流头两只快船下来接。原来阮小七预先积下两舱水，见后头来船相近，阮小七便去拔了楔子，叫一声：“船漏了！”水早滚上舱里来，急叫救时，船里有一尺多水。那两只船帮将拢来，众人急救陈太尉过船去。各人且把船只顾摇开，那里来顾御酒诏书。

两只快船先行去了。阮小七叫上水手来，舀了舱里水，把展布都拭抹了，却叫水手道：“你且掇一瓶御酒过来，我先尝一尝滋味。”一个水手便去担中取一瓶酒出来，解了封头，递与阮小七。阮小七接过来，闻得喷鼻馨香。阮小七道：“只怕有毒，我且做个不着，先尝些个。”也无碗瓢，和瓶便呷，一饮而尽。阮小七吃了一瓶道：“有些滋味。”一瓶那里济事，再取一瓶来，又一饮而尽。吃得口滑，一连吃了四瓶。阮小七道：“怎地好？”水手道：“船梢头有一桶白酒在那里。”阮小七道：“与我取舀水的瓢来，我都教你们到口。”将那六瓶御酒，都分与水手众人吃了，却装上十瓶村醪水白酒，还把原封头缚了，再放在龙凤担内，飞也似摇着船来，赶到金沙滩，却好上岸。

宋江等都在那里迎接，香花灯烛，鸣金擂鼓，并山寨里鼓乐，一齐都响。将御酒摆在桌子上，每一桌令四个人抬；诏书也在一个桌子上抬着。陈太尉上岸，宋江等接着，纳头便拜。宋江道：“文面小吏，罪恶迷天，曲辱贵人到此，接待不及，望乞恕罪。”李虞候道：“太尉是朝廷大贵人大臣，来招安你们，非同小可!如何把这等漏船，差那不晓事的村贼乘驾，险些儿误了大贵人性命！”宋江道：“我这里有的是好船，怎敢把漏船来载贵人？”张干办道：“太尉衣襟上兀自湿了，你如何要赖！”宋江背后五虎将紧随定，不离左右，又有八骠骑将簇拥前后，见这李虞候、张干办在宋江前面指手划脚，你来我去，都有心要杀这厮，只是碍着宋江一个，不敢下手。

当日宋江请太尉上轿，开读诏书，四五次才请得上轿。牵过两匹马来，与张干办、李虞候骑。这两个男女，不知身己多大，装煞臭幺。宋江央及得上马行了，令众人大吹大擂，迎上三关来。宋江等一百余个头领，都跟在后面，直迎至忠义堂前，一齐下马，请太尉上堂，正面放着御酒诏匣，陈太尉、张干办、李虞候立在左边，萧让、裴宣立在右边。宋江叫点众头领时，一百七人，于内单只不见了李逵。此时是四月间天气，都穿夹罗战袄，跪在堂上，拱听开读。陈太尉于诏书匣内取出诏书，度与萧让。裴宣赞礼，众将拜罢，萧让展开诏书，高声读道：

制曰：文能安邦，武能定国。五帝凭礼乐而有疆封，三皇用杀伐而定天下。事从顺逆，人有贤愚。朕承祖宗之大业，开日月之光辉，普天率土，罔不臣伏。近为尔宋江等啸聚山林，劫掳郡邑，本欲用彰天讨，诚恐劳我生民。今差太尉陈宗善前来招安，诏书到日，即将应有钱粮、军器、马匹、船只，目下纳官，拆毁巢穴，率领赴京，原免本罪。倘或仍昧良心，违戾诏制，天兵一至，齠龀不留。故兹诏示，想宜知悉。宣和三年孟夏四月　　日诏示。

萧让却才读罢，宋江已下皆有怒色。只见黑旋风李逵从梁上跳将下来，就萧让手里夺过诏书，扯的粉碎，便来揪住陈太尉，拽拳便打。此时宋江、卢俊义大横身抱住，那里肯放他下手。恰才解拆得开，李虞候喝道：“这厮是甚么人，敢如此大胆！”李逵正没寻人打处，劈头揪住李虞候便打，喝道：“写来的诏书，是谁说的话？”张干办道：“这是皇帝圣旨。”李逵道：“你那皇帝，正不知我这里众好汉，来招安老爷们，倒要做大!你的皇帝姓宋，我的哥哥也姓宋，你做得皇帝，偏我哥哥做不得皇帝?你莫要来恼犯着黑爹爹，好歹把你那写诏的官员，尽都杀了！”众人都来解劝，把黑旋风推下堂去。

宋江道：“太尉且宽心，休想有半星儿差池。且取御酒，教众人　恩。”随即取过一副嵌宝金花钟，令裴宣取一瓶御酒，倾在银酒海内，看时，却是村醪白酒；再将九瓶都打开，倾在酒海内，却是一般的淡薄村醪。众人见了，尽都骇然，一个个都走下堂去了。鲁智深提着铁禅杖，高声叫骂：“入娘撮鸟!忒煞是欺负人!把水酒做御酒来哄俺们吃！”赤发鬼刘唐也挺着朴刀杀上来，行者武松掣出双戒刀，没遮拦穆弘、九纹龙史进，一齐发作。六个水军头领都骂下关去了。宋江见不是话，横身在里面拦当，急传将令，叫轿马护送太尉下山，休教伤犯。此时四下大小头领，一大半闹将起来。宋江、卢俊义只得亲身上马，将太尉并开诏一干人数护送下三关，再拜伏罪：“非宋江等无心归降，实是草诏的官员不知我梁山泊的弯曲。若以数句善言抚恤，我等尽忠报国，万死无怨。太尉若回到朝廷，善言则个。”急急送过渡口，这一干人吓得屁滚尿流，飞奔济州去了。

却说宋江回到忠义堂上，再聚众头领筵席。宋江道：“虽是朝廷诏旨不明，你们众人也忒性躁。”吴用道：“哥哥，你休执迷!招安须自有日，如何怪得众兄弟们发怒?朝廷忒不将人为念!如今闲话都打迭起，兄长且传将令：马军拴束马匹，步军安排军器，水军整顿船只，早晚必有大军前来征讨。一两阵杀得他人亡马倒，片甲不回，梦着也怕，那时却再商量。”众人道：“军师言之极当。”是日散席，各归本帐。

且说陈太尉回到济州，把梁山泊开诏一事，诉与张叔夜。张叔夜道：“敢是你们多说甚言语来？”陈太尉道：“我几曾敢发一言！”张叔夜道：“既是如此，枉费了心力，坏了事情，太尉急急回京，奏知圣上，事不宜迟。”

陈太尉、张干办、李虞候一行人从，星夜回京来，见了蔡太师，备说梁山泊贼寇扯诏毁谤一节。蔡京听了大怒道：“这伙草寇，安敢如此无礼!堂堂宋朝，如何教你这伙横行！”陈太尉哭道：“若不是太师福荫，小官粉骨碎身在梁山泊!今日死里逃生，再见恩相！”太师随即叫请童枢密、高、杨二太尉，都来相府，商议军情重事。无片时，都请到太师府白虎堂内。众官坐下，蔡太师教唤过张干办、李虞候，备说梁山泊扯诏毁谤一事。杨太尉道：“这伙贼徒如何主张招安他?当初是那一个官奏来？”高太尉道：“那日我若在朝内，必然阻住，如何肯行此事！”童枢密道：“鼠窃狗偷之徒，何足虑哉!区区不才，亲引一支军马，克时定日，扫清水泊而回。”众官道：“来日奏闻。”当下都散。

次日早朝，众官三呼万岁，君臣礼毕，蔡太师出班，将此事上奏天子。天子大怒，问道：“当日谁奏寡人，主张招安？”侍臣给事中奏道：“此日是御史大夫崔靖所言。”天子教拿崔靖送大理寺问罪。天子又问蔡京道：“此贼为害多时，差何人可以收剿？”蔡太师奏道：“非以重兵，不能收伏。以臣愚意，必得枢密院官亲率大军，前去剿扫，可以刻日取胜。”天子教宣枢密使童贯问道：“卿肯领兵收捕梁山泊草寇么？”童贯跪下奏曰：“古人有云：‘孝当竭力，忠则尽命。’臣愿效犬马之劳，以除心腹之患。”高俅、杨戬亦皆保举。天子随即降下圣旨，赐与金印兵符，拜东厅枢密使童贯为大元帅，任从各处选调军马，前去剿捕梁山泊贼寇，择日出师起行。正是：登坛攘臂称元帅，败阵攒眉似小儿。

毕竟童枢密怎地出师，且听下回分解。

第七十六回 吴加亮布四斗五方旗　宋公明排九宫八卦阵

话说枢密使童贯受了天子统军大元帅之职，径到枢密院中，便发调兵符验，要拨东京管下八路军州，各起军一万，就差本处兵马都监统率；又于京师御林军内选点二万，守护中军。枢密院下一应事务，尽委副枢密使掌管。御营中选两员良将，为左羽右翼。号令已定，不旬日间，诸事完备。一应接续军粮，并是高太尉差人趱运。那八路军马：

睢州兵马都监　段鹏举
郑州兵马都监　陈　翥
陈州兵马都监　吴秉彝
唐州兵马都监　韩天麟

许州兵马都监　李　明

邓州兵马都监　王　义

洳州兵马都监　马万里

嵩州兵马都监　周　信

御营中选到左羽右翼良将二员为中军，那二人：

御前飞龙大将　酆　美

御前飞虎大将　毕　胜

童贯掌握中军为主帅，号令大小三军齐备，武库拨降军器，选定吉日出师，高、杨二太尉设筵饯行，朝廷着仰中书省一面赏军。且说童贯已领众将次日先驱军马出城，然后拜辞天子，飞身上马，出这新曹门，来五里短亭，只见高、杨二太尉率令众官，先在那里等候。童贯下马，高太尉执盏擎杯，与童贯道："枢密相公此行，与朝廷必建大功，早奏凯歌。此寇潜伏水洼，只须先截四边粮草，坚固寨栅，诱此贼下山，然后进兵。那时一个个生擒活捉，庶不负朝廷委用。"童贯道："重蒙教诲，不敢有忘。"各饮罢酒，杨太尉也来执盏与童贯道："枢相素读兵书，深知韬略，剿擒此寇，易如反掌。争奈此贼潜伏水泊，地利未便，枢相到彼，必有良策。"童贯道："下官到彼，见机而作，自有法度。"高、杨二太尉一齐进酒贺道："都门之外，悬望凯旋。"相别之后，各自上马。有各衙门合属官员送路的，不知其数。或近送，或远送，次第回京，皆不必说。大小三军，一齐进发，各随队伍，甚是严整。前军四队，先锋总领行军；后军四队，合后将军监督；左右八路军马，羽翼旗牌催督；童贯镇握中军，总统马步御林军二万，都是御营选拣的人。童贯执鞭，指点军兵进发。怎见得军容整肃，但见：

兵分九队，旗列五方。绿沉枪、点钢枪、鸦角枪，布遍野光芒；青龙刀、偃月刀、雁翎刀，生满天杀气。雀画弓、铁胎弓、宝雕弓，对插飞鱼袋内；射虎箭、狼牙箭、柳叶箭，齐攒狮子壶中。桦车弩、漆抹弩、脚登弩，排满前军；开山斧、偃月斧、宣花斧，紧随中队。竹节鞭、虎眼鞭、水磨鞭，齐悬在肘上；流星锤、鸡心锤、飞抓锤，各带在身边。方天戟，豹尾翩翻；丈八矛，珠缠错落。龙文剑掣一汪秋水，虎头牌画几缕春云。先锋猛勇，领拔山开路之精兵；元帅英雄，统喝水断桥之壮士。左统军，右统军，恢弘胆略；远哨马，近哨马，驰骋威风。震天鼙鼓摇山岳，映日旌旗避鬼神。

当日童贯离了东京，迤　前进，不一二日，已到济州界分。太守张叔夜出城迎接，大军屯住城外。只见童贯引轻骑入城，至州衙前下马。张叔夜邀请至堂上，拜罢起居已了，侍立在面前。童贯密道："水洼草贼，杀害良民，邀劫商旅，造恶非止一端，往往剿捕，盖为不得其人，致容滋蔓。吾今统率大军十万，战将百员，刻日要扫清山寨，擒拿众贼，以安兆民。"张叔夜答道："枢相在上，此寇潜伏水泊，虽然是山林狂寇，中间多有智谋勇烈之士，枢相勿以怒气自激，引军长驱，必用良谋，可成功绩。"童贯听了大怒，骂道："都似你这等懦弱匹夫，畏刀避剑，贪生怕死，误了国家大事，以致养成贼势。吾今到此，有何惧哉！"张叔夜那里再敢言语，且备酒食供送。童枢密随即出城，次日驱领大军，近梁山泊下寨。

且说宋江等已有细作人探知多日了。宋江与吴用已自铁桶般商量下计策，只等大军到来，告示诸将，各要遵依，毋得差错。

再说童枢密调拨军兵，点差睢州兵马都监段鹏举为正先锋，郑州都监陈翥为副先锋，陈州都监吴秉彝为正合后，许州都监李明为副合后，唐州都监韩天麟、邓州都监王义二人为左哨，洳州都监马万里、嵩州都监周信二人为右哨，龙虎二将酆美、毕胜为中军羽翼，童贯为元帅，总领大军，全身披挂，亲自监督。战鼓三通，诸军尽起。行不过十里之外，尘土起处，早有敌军哨路，来的渐近，鸾铃响处，约有三十余骑哨马，都戴青包巾，各穿绿战袄，马上尽系着红缨，每边拴挂数十个铜铃，后插一把雉尾，都是钏银细杆长枪，轻弓短箭。为头的战将是谁，怎生打扮，但见：

枪横鸦角，刀插蛇皮。销金的巾帻佛头青，挑绣的战袍鹦哥绿。腰系绒绦真紫色，足穿气裤软香皮。雕鞍后对悬锦袋，内藏打将的石头。战马边紧挂铜铃，后插招风的雉尾。骠骑将军没羽箭，张清哨路最当先。

马上来的将军，号旗上写的分明："巡哨都头领没羽箭张清。"左有龚旺，右有丁得孙，直哨到童贯军前，相离不远，只隔百十步，勒马便回。前军先锋二将，不得军令，不敢乱动，报至中军，主帅童贯亲到军前，观犹未尽，张清又哨将来。童贯欲待遣人追战，左右说道："此人鞍后锦袋中都是石子，去不放空，不可追赶。"张清连哨了三遭，不见童贯进兵，返回。行不到五里，只见山背后锣声响动，早转出五百步军来，当先四个步军头领，乃是黑旋风李逵、混世魔王樊瑞、八臂那吒项充、飞天大圣李衮，直奔前来。但见：

人人虎体，个个彪形。当先两座恶星神，随后二员真杀曜。李逵手持双斧，樊瑞腰掣龙泉。项充牌画玉爪狻猊，李衮牌描金精獬豸。五百人绛衣赤袄，一部从红　朱缨。青山中走出一群魔，绿林内迸开三昧火。

那五百步军就山坡下一字儿摆开，两边团牌齐齐扎住。童贯领军在前见了，便将玉麈尾一招，大队军马冲击前去。李逵、樊瑞引步军分开两路，都倒提着蛮牌，踅过山脚便走。童贯大军赶出山嘴，只见一派平川旷野之地，就把军马列成阵势，遥望李逵、樊瑞度岭穿林，都不见了。童贯中军立起攒木将台，令拨法官二员上去，左招右　，一起一伏，摆作四门斗底阵。阵势才完，只听得山后炮响，就后山飞出一彪军马来。童贯令左右拢住战马，自上将台看时，只见山东一路军马涌出来：前一队军马红旗，第二队杂彩旗，第三队青旗，第四队又是杂彩旗。只见山西一路人马也涌来：前一队人马是杂彩旗，第二队白旗，第三队又是杂彩旗，第四队皂旗，旗背后尽是黄旗。大队军将，急先涌来，占住中央，里面列成阵势。远观未实，近睹分明。正南上这队人马，尽都是火焰红旗，红甲红袍，朱缨赤马。前面一把引军红旗，上面金销南斗六星，下绣朱雀之状。那把旗招展动处，红旗中涌出一员大将。怎生结束，但见：

盔顶朱缨飘一颗，猩猩袍上花千朵。

狮蛮带束紫玉团，狻猊甲露黄金锁。

狼牙木棍铁钉排，龙驹遍体胭脂裹。

红旗招展半天霞，正按南方丙丁火。

号旗上写的分明："先锋大将霹雳火秦明。"左右两员副将：左手是圣水将单廷　，右边是神火将魏定国。三员大将，手　兵器，都骑赤马，立于阵前。东壁一队人马，尽是青旗，青甲青袍，青缨青马，前面一把引军青旗，上面金销东斗四星，下绣青龙之状。那把旗招展动处，青旗中涌出一员大将。怎生打扮，但见：

蓝靛包巾光满目，翡翠征袍花一簇。

铠甲穿连兽吐环，宝刀闪烁龙吞玉。

青骢遍体粉团花，战袄护身鹦鹉绿。

碧云旗动远山明，正按东方甲乙木。

号旗上写得分明："左军大将大刀关胜。"左右两员副将：左手是丑郡马宣赞，右手是井木犴郝思文。三员大将，手　兵器，都骑青马，立于阵前。西壁一队人马，尽是白旗，白甲白袍，白缨白马，前面一把引军白旗，上面金销西斗五星，下绣白虎之状。那把旗招展动处，白旗中涌出一员大将。怎生结束，但见：

漠漠寒云护太阴，梨花万朵迭层琛。
素色罗袍光闪闪，烂银铠甲冷森森。
赛霜骏马骑狮子，出白长枪　绿沉。
一簇旗　飘雪练，正按西方庚辛金。

号旗上写的分明："右军大将豹子头林冲。"左右两员副将：左手是镇三山黄信，右手是病尉迟孙立。三员大将，手　兵器，都骑白马，立于阵前。后面一簇人马，尽是皂旗，黑甲黑袍，黑缨黑马，前面一把引军黑旗，上面金销北斗七星，下绣玄武之状。那把旗招展动处，黑旗中涌出一员大将。怎生打扮，但见：

堂堂卷地乌云起，铁骑强弓势莫比。
皂罗袍穿龙虎躯，乌油甲挂豺狼体。
鞭似乌龙　两条，马如泼墨行千里。
七星旗动玄武摇，正按北方壬癸水。

号旗上写得分明："合后大将双鞭呼延灼。"左右两员副将：左手是百胜将韩滔，右手是天目将彭玘。三员大将，手持兵器，都骑黑马，立于阵前。东南方门旗影里一队军马，青旗红甲，前面一把引军绣旗，上面金销巽卦，下绣飞龙。那一把旗招展动处，捧出一员大将。怎生结束，但见：

擐甲披袍出战场，手中拈着两条枪。
雕弓鸾凤壶中插，宝剑沙鱼鞘内藏。
束雾衣飘黄锦带，腾空马顿紫丝缰。
青旗红焰龙蛇动，独据东南守巽方。

号旗上写得分明："虎军大将双枪将董平。"左右两员副将：左手是摩云金翅鸥鹏，右手是火眼狻猊邓飞，手持兵器，都骑战马，立于阵前。西南方门旗影里一队军马，红旗白甲，前面一把引军绣旗，上面金销坤卦，下绣飞熊。那把旗招展动处，捧出一员大将。怎生打扮，但见：

当先涌出英雄将，凛凛威风添气象。
鱼鳞铁甲紧遮身，凤翅金盔拴护项。
冲波战马似龙形，开山大斧如弓样。
红旗白甲火云飞，正据西南坤位上。

号旗上写得分明："骠骑大将急先锋索超。"左右两员副将：左手是锦毛虎燕顺，右手是铁笛仙马麟。三员大将，手　兵器，都骑战马，立于阵前。东北方门旗影里一队军马，皂旗青甲，前面一把引军绣旗，上面金销艮卦，下绣飞豹。那把旗招展动处，捧出一员大将。怎生结束，但见：

虎坐雕鞍胆气昂，弯弓插箭鬼神慌。
朱缨银盖遮刀面，绒缕金铃贴马旁。
盔顶穰花红错落，甲穿柳叶翠遮藏。
皂旗青甲烟尘内，东北天山守艮方。

号旗上写得分明："骠骑大将九纹龙史进。"左右两员副将：左手是跳涧虎陈达，右手是白花蛇杨春。三员大将，手　兵器，都骑战马，立于阵前。西北方门旗影里一队军马，白旗黑甲，前面一把引军旗，上面金销乾卦，下绣飞虎。那把旗招展动处，捧出一员大将。怎生打扮，但见：

雕鞍玉勒马嘶风，介胄棱层黑雾蒙。
豹尾壶中银镞箭，飞鱼袋内铁胎弓。
甲边翠缕穿双凤，刀面金花嵌小龙。
一簇白旗飘黑甲，天门西北是乾宫。

号旗上写得分明："骠骑大将青面兽杨志。"左右两员副将：左手是锦豹子杨林，右手是小霸王周通。三员大将，手　兵器，都骑战马，立于阵前。八方摆布的铁桶相似，阵门里马军随马队，步军随步队，各持钢刀大斧，阔剑长枪，旗　齐整，队伍威严。去那八阵中央，只见团团一遭，都是杏黄旗，间着六十四面长脚旗，上面金销六十四卦，亦分四门。南门都是马军，正南上黄旗影里，捧出两员上将，一般结束。但见：

熟铜锣间花腔鼓，簇簇攒攒分队伍。
戗金铠甲赭黄袍，剪绒战袄葵花舞。
垓心两骑马如龙，阵内一双人似虎。
周围绕定杏黄旗，正按中央戊己土。

那两员首将都骑黄马，上首是美髯公朱仝，下首是插翅虎雷横，一遭人马，尽都是黄旗，黄袍铜甲，黄马黄缨。中央阵四门：东门是金眼彪施恩，西门是白面郎君郑天寿，南门是云里金刚宋万，北门是病大虫薛永。那黄旗中间，立着那面"替天行道"杏黄旗，旗杆上拴着四条绒绳，四个长壮军士晃定。中间马上，有那一个守旗的壮士。怎生模样，但见：

冠簪鱼尾圈金线，甲皱龙鳞护锦衣。
凛凛身躯长一丈，中军守定杏黄旗。

这个守旗的壮士，便是险道神郁保四。那簇黄旗后，便是一丛炮架，立着那个炮手轰天雷凌振，带着副手二十余人，围绕着炮架。架子后一带，都摆着挠钩套索，准备捉将的器械。挠钩手后，又是一遭杂彩旗　，团团便是七重围子手，四面立着二十八面绣旗，上面销金二十八宿星辰，中间立着一面堆绒绣就、真珠圈边、脚缀金铃、顶插雉尾、鹅黄帅字旗。那一个守旗的壮士，怎生模样，但见：

铠甲斜拴海兽皮，绛罗巾帻插花枝。
冲天杀气人难犯，守定中军帅字旗。

这个守旗的壮士，便是没面目焦挺。去那帅字旗边，设立两个护旗的将士，都骑战马，一般结束，手执钢枪，腰悬利剑，一个是毛头星孔明，一个是独火星孔亮。马前马后，排着二十四个把狼牙棍的铁甲军士。后面两把领战绣旗，两边排着二十四枝方天画戟。左手十二枝画戟丛中，捧着一员骁将。怎生打扮，但见：

踞鞍立马天风里，铠甲辉煌光焰起。

麒麟束带称狼腰，獬豸吞胸当虎体。

冠上明珠嵌晓星，鞘中宝剑藏秋水。

方天画戟雪霜寒，风动金钱豹子尾。

绣旗上写得分明："小温侯吕方。"那右手十二枝画戟丛中，也捧着一员骁将。怎生打扮，但见：

三叉宝冠珠灿烂，两条雉尾锦　斑。

柿红战袄遮银镜，柳绿征裙压绣鞍。

束带双跨鱼獭尾，护心甲挂小连环。

手持画杆方天戟，飘动金钱五色　。

绣旗上写得分明："赛仁贵郭盛。"两员将各持画戟，立马两边。画戟中间，一簇钢叉，两员步军骁将，一般结束。但见：

虎皮磕脑豹皮　，衬甲衣笼细织金。

手内钢叉光闪闪，腰间利剑冷森森。

一个是两头蛇解珍，一个是双尾蝎解宝。弟兄两个，各执着三股莲花叉，引着一行步战军士，守护着中军。随后两匹锦鞍马上，两员文士，掌管定赏功罚罪的人。左手那一个，乌纱帽，白罗　，胸藏锦绣，笔走龙蛇，乃是梁山泊掌文案的秀士圣手书生萧让；右手那一个，绿纱巾，皂罗衫，气贯长虹，心如秋水，乃是梁山泊掌吏事的豪杰铁面孔目裴宣。这两个马后，摆着紫衣持节的人，二十四个当路将，二十四把麻扎刀。那刀林中，立着两个锦衣三串行刑刽子。怎生结束，有《西江月》为证：

一个皮主腰干红簇就，一个罗踢串彩色装成。一个双环扑兽创金明，一个头巾畔花枝掩映。一个白纱衫遮笼锦体，一个皂秃袖半露鸦青。一个将漏尘斩鬼法刀擎，一个把水火棍手中提定。

上手是铁臂膊蔡福，下手是一枝花蔡庆。弟兄两个，立于阵前，左右都是擎刀手。背后两边摆着二十四枝金枪银枪，每边设立一员大将领队。左边十二枝金枪队里，马上一员骁将，手执金枪，侧坐战马。怎生打扮，但见：

锦鞍骏马紫丝缰，金翠花枝压鬓旁。

雀画弓悬一弯月，龙泉剑挂九秋霜。

绣袍巧制鹦哥绿，战服轻裁柳叶黄。

顶上缨花红灿烂，手拈铁杆缕金枪。

这员骁将，乃是梁山泊金枪手徐宁。右手十二枝银枪队里，马上一员骁将，手执银枪，也侧坐骏马。怎生披挂，但见：

蜀锦鞍鞯宝镫光，五明骏马玉玎　。

虎筋弦扣雕弓硬，燕尾梢攒箭羽长。

绿锦袍明金孔雀，红　带束紫鸳鸯。

参差半露黄金甲，手执银丝铁杆枪。

这员骁将，乃是梁山泊小李广花荣。两势下都是风流威猛二将：金枪手，银枪手，各带皂罗巾，鬓边都插翠叶金花。左手十二个金枪手穿绿，右手十二个银枪手穿紫。背后又是锦衣对对，花帽双双，绯袍簇簇，锦袄攒攒。两壁厢碧幢翠幕，朱幡皂盖，黄钺白旄，青萍紫电。两行二十四把钺斧，二十四对鞭挝。中间一字儿三把销金伞盖，三匹绣鞍骏马，正中马前，立着两个英雄。左手那个壮士，端的是仪容济楚，世上无双。有《西江月》为证：

头巾侧一根雉尾，束腰下四颗铜铃。黄罗衫子晃金明，飘带绣裙相称。

兜小袜麻鞋嫩白，压腿　护膝深青。旗标令字号神行，百里登时取应。

这个便是梁山泊能行快走的头领神行太保戴宗，手持鹅黄令字绣旗，专管大军中往来飞报军情，调兵遣将，一应事务。右手那个对立的壮士，打扮得出众超群，人中罕有。也有《西江月》为证：

褐衲袄满身锦衬，青包巾遍体金销。鬓边插朵翠花娇，　玉环光耀。　红串绣裙裹肚，白裆素练围腰。落生弩子捧头挑，百万军中偏俏。

这个便是梁山泊风流子弟，能干机密的头领浪子燕青，背着强弓，插着利箭，手提着齐眉杆棒，专一护持中军。远望着中军，去那右边销金青罗伞盖底下，绣鞍马上，坐着那个道德高人，有名羽士。怎生打扮，有《西江月》为证：

如意冠玉簪翠笔，绛绡衣鹤舞金霞。火神珠履映桃花，环　玎　斜挂。　背上雌雄宝剑，匣中微喷光华。青罗伞盖拥高牙，紫骝马雕鞍稳跨。

这个便是梁山泊呼风唤雨，役使鬼神，行法真师入云龙公孙胜，马上背着两口宝剑，手中按定紫丝缰。去那左边销金青罗伞盖底下，锦鞍马上，坐着那个足智多谋，全胜军师吴用。怎生打扮，有《西江月》为证：

白道服皂罗沿　，紫丝绦碧玉钩环。手中羽扇动天关，头上纶巾微岸。　贴里暗穿银甲，垓心稳坐雕鞍。一双铜链挂腰间，文武双全师范。

这个便是梁山泊能通韬略，善用兵机，有道军师智多星吴学究，马上手擎羽扇，腰悬两条铜链。去那正中销金大红罗伞盖底下，那照夜玉狮子金鞍马上，坐着那个有仁有义统军大元帅。怎生打扮，但见：

凤翅盔高攒金宝，浑金甲密砌龙鳞。

锦征袍花朵簇阳春，锟　剑腰悬光喷。

绣腿　绒圈翡翠，玉玲珑带束麒麟。

真珠伞盖展红云，第一位天罡临阵。

这个正是梁山泊主，济州郓城县人氏，山东及时雨呼保义宋公明，全身结束，自仗锟　宝剑，坐骑金鞍白马，立于阵中监战，掌握中军。马后大戟长戈，锦鞍骏马，整整齐齐，三五十员牙将，都骑战马，手执长枪，全副弓箭。马后又设二十四枝画角，全部军鼓大乐。阵后又设两队游兵，伏于两侧，以为护持。中军羽翼，左是没遮拦穆弘，引兄弟小遮拦穆春，管领马步军一千五百人；右是赤发鬼刘唐，引着九尾龟陶宗旺，管领马步军一千五百人，伏在两胁。后阵又是一队阴兵，簇拥着马上三个女头领：中间是一丈青扈三娘，左边是母大虫顾大嫂，右边是母夜叉孙二娘；押阵后是他三个丈夫：中间矮脚虎王英，左是小尉迟孙新，右是菜园子张青，总管马步军兵三千。那座阵势非同小可，但见：

明分八卦，暗合九宫。占天地之机关，夺风云之气象。前后列龟蛇之状，左右分龙虎之形。丙丁前进，如万条烈火烧山；壬癸后随，似一片乌云覆地。左势下盘旋青气，右手里贯串白光。金霞遍满中央，黄道全依戊己。四维有二十八宿之分，周回有六十四卦之变。盘盘曲曲，乱中队伍变长蛇；整整齐齐，静里威仪如伏虎。马军则一冲一突，步卒是或后或前。休夸八阵成功，谩说六韬取胜。孔明施妙计，李靖播神机。

枢密使童贯在阵中将台上，定睛看了梁山泊兵马，无移时，摆成这个九宫八卦阵势，军马豪杰，将士英雄，惊得魂飞魄散，心胆俱落，不住声道：“可知但来此间收捕的官军，便大败而回，原来如此利害！”看了半晌，只听得宋江军中催战的锣鼓不住声发擂。童贯且下将台，骑上战马，再出前军来诸将中问道：“那个敢厮杀的出去打话？”先锋队里转过一员猛将，挺身跃马而出，就马上欠身禀童贯道：“小将愿往，乞取钧旨。”看乃是郑州都监陈翥，白袍银甲，青马绛缨，使一口大杆刀，现充副先锋之职。童贯便教军中金鼓旗下发三通擂，将台上把红旗招展兵马，陈翥从门旗下飞马出阵，两军一齐呐喊。陈翥兜住马，横着刀，厉声大叫：“无端草寇，背逆狂徒，天兵到此，尚不投降，直待骨肉为泥，悔之何及！”宋江正南阵中先锋头领虎将秦明，飞马出阵，更不打话，舞起狼牙棍，直取陈翥。两马相交，兵器并举，一个使棍的当头便打，一个使刀的劈面砍来。二将来来往往，翻翻覆覆，斗了二十余合，秦明卖个破绽，放陈翥赶将入来，一刀却砍个空。秦明趁势，手起棍落，把陈翥连盔带顶，正中天灵，陈翥翻身死于马下。秦明的两员副将单廷 、魏定国，飞马直冲出阵来，先抢了那匹好马，接应秦明去了。

东南方门旗里虎将双枪将董平，见秦明得了头功，在马上寻思：“大军已踏动锐气，不就这里抢将过去，捉了童贯，更待何时！”大叫一声，如阵前起个霹雳，两手持两条枪，把马一拍，直撞过阵来。童贯见了，勒回马望中军便走。西南方门旗里骠骑将急先锋索超也叫道：“不就这里捉了童贯，更待何时！”手抡大斧，杀过阵来。中央秦明见了两边冲杀过去，也招动本队红旗军马，一齐抢入阵中，来捉童贯。正是：数只皂雕追紫燕，一群猛虎啖羊羔。

毕竟枢密使童贯性命如何，且听下回分解。

第七十七回 梁山泊十面埋伏　宋公明两赢童贯

话说当日宋江阵中，前部先锋三队军马赶过对阵，大刀阔斧，杀得童贯三军人马大败亏输，星落云散，七损八伤。军士抛金弃鼓，撇戟丢枪，觅子寻爷，呼兄唤弟，折了万余人马，退三十里外扎住。吴用在阵中鸣金收军，传令道：“且未可尽情追杀，略报个信与他。”梁山泊人马都收回山寨，各自献功请赏。

且说童贯输了一阵，折了人马，早扎寨栅安歇下，心中忧闷，会集诸将商议。酆美、毕胜二将道：“枢相休忧，此寇知得官军到来，预先摆布下这座阵势。官军初到，不知虚实，因此中贼奸计。想此草寇，只是倚山为势，多设军马，虚张声势，一时失了地利。我等且再整练马步将士，停歇三日，养成锐气，将息战马，三日后将全部军将分作长蛇之阵，俱是步军杀将去。此阵如长山之蛇，击首则尾应，击尾则首应，击中则首尾皆应，都要连络不断，决此一阵，必见大功。”童贯道：“此计大妙，正合吾意。”即时传下将令，整肃三军，训练已定。

第三日，五更造饭，军将饱食，马带皮甲，人披铁铠，大刀阔斧，弓弩上弦，正是枪刀流水急，人马撮风行。大将酆美、毕胜当先引军，浩浩荡荡，杀奔梁山泊来。八路军马，分于左右，前面发三百铁甲哨马前去探路，回来报与童贯中军知道，说：“前日战场上，并不见一个军马。”童贯听了心疑，自来前军问酆美、毕胜道：“退兵如何？”酆美答道：“休生退心，只顾冲突将去。长蛇阵摆定，怕他甚么？”官军迤 前行，直进到水泊边，竟不见一个军马，但见隔水茫茫荡荡，都是芦苇烟火，远远地遥望见水浒寨山顶上一面杏黄旗在那里招 ，亦不见些动静。

童贯与酆美、毕胜勒马在万军之前，遥望见对岸水面上芦林中一只小船，船上一个人，头戴青箬笠，身披绿蓑衣，斜倚着船背，岸西独自钓鱼。童贯的步军，隔着岸叫那渔人，问道：“贼在那里？”那渔人只不应。童贯叫能射箭的放箭。两骑马直近岸边滩头来，近水兜住马，扳弓搭箭，望那渔人后心，飕地一箭去。那枝箭正射到箬笠上，当地一声响，那箭落下水里去了。这一个马军放一箭，正射到蓑衣上，当地一声响，那箭也落下水里去了。那两个马军是童贯军中第一惯射弓箭的。两个吃了一惊，勒回马，上来欠身禀童贯道：“两箭皆中，只是射不透，不知他身上穿着甚的？”童贯再拨三百能射硬弓的哨路马军，来滩头摆开，一齐望着那渔人放箭。那乱箭射去，渔人不慌，多有落在水里的，也有射着船上的。但射着蓑衣箬笠的，都落下水里去。童贯见射他不死，便差会水的军汉脱了衣甲，赴水过去，捉那渔人，早有三五十人赴将开去。那渔人听得船尾水响，知有人来，不慌不忙，放下鱼钓，取棹竿拿在身边，近船来的，一棹竿一个，太阳上着的，脑袋上着的，面门上着的，都打下水里去了。后面见沉了几个，都赴转岸上，去寻衣甲。

童贯看见大怒，教拨五百军汉下水去，定要拿这渔人；若有回来的，一刀两段。五百军人脱了衣甲，呐声喊，一齐都跳下水里，赴将过去。那渔人回转船头，指着岸上童贯大骂道：“乱国贼臣，害民的禽兽，来这里纳命，犹自不知死哩！”童贯大怒，喝教马军放箭。那渔人呵呵大笑，说道：“兀那里有军马到了。”把手指一指，弃了蓑衣箬笠，翻身攒入水底下去了。那五百军正赴到船边，只听得在水中乱叫，都沉下去了。那渔人正是浪里白跳张顺，头上箬笠，上面是箬叶裹着，里面是铜打成的；蓑衣里面，一片熟铜打就，披着如龟壳相似，可知道箭矢射不入。张顺攒下水底，拔出腰刀，只顾排头价戳人，都沉下去，血水滚将起来。有乖的赴了开去，逃得性命。

童贯在岸上看得呆了，身边一将指道：“山顶上那面黄旗正在那里磨动。”童贯定睛看了，不解何意，众将也没做道理处。酆美道：“把三百铁甲哨马，分作两队，教去两边山后出哨，看是如何。”却才分到山前，只听得芦苇中一个轰天雷炮飞起，火烟缭乱。两边哨马齐回来报：“有伏兵到了。”童贯在马上，那一惊不小。酆美、毕胜两边差人，教军士休要乱动，数十万军都掣刀在手。前后飞马来叫道：“如有先走的便斩！”按住三军人马。童贯且与众将立马望时，山背后鼓声震地，喊杀喧天，早飞出一彪军马，都打着黄旗，当先有两员骁将领兵。怎见得那队军马整齐：

黄旗拥出万山中，烁烁金光射碧空。
马似怒涛冲石壁，人如烈火撼天风。
鼓声震动森罗殿，炮力掀翻泰华宫。
剑队暗藏插翅虎，枪林飞出美髯公。

两骑黄鬃马上，两员英雄头领：上首美髯公朱仝，下首插翅虎雷横，带领五千人马，直杀奔官军。童贯令大将酆美、毕胜当先迎敌。两个得令，便骤马挺枪出阵，大骂："无端草贼，不来投降，更待何时！"雷横在马上大笑，喝道："匹夫死在眼前，尚且不知，怎敢与吾决战？"毕胜大怒，拍马挺枪，直取雷横，雷横也使枪来迎。两马相交，军器并举，二将约战到二十余合，不分胜败。酆美见毕胜战久，不能取胜，拍马舞刀，径来助战。朱仝见了，大喝一声，飞马抡刀，来战酆美。四匹马两对儿在阵前厮杀。童贯看了，喝采不迭。斗到涧深里，只见朱仝、雷横卖个破绽，拨回马头，望本阵便走。酆美、毕胜两将不舍，拍马追将过去。对阵军发声喊，望山后便走，童贯叫尽力追赶过山脚去，只听得山顶上画角齐鸣，众将抬头看时，前后两个炮直飞起来。童贯知有伏兵，把军马约住，教不要去赶。

只见山顶上闪出那面杏黄旗来，上面绣着"替天行道"四字。童贯踅过山那边看时，见山头上一簇杂彩绣旗开处，显出那个郓城县盖世英雄山东呼保义宋江来。背后便是军师吴用、公孙胜、花荣、徐宁，金枪手，银枪手，众多好汉。童贯见了大怒，便差人马上山来拿宋江。大军人马分为两路，却待上山，只听得山顶上鼓乐喧天，众好汉都笑。童贯越添心上怒，咬碎口中牙，喝道："这贼怎敢戏吾!我当自擒这厮。"酆美谏道："枢相，彼必有计，不可亲临险地，且请回军，来日却再打听虚实，方可进兵。"童贯道："胡说!事已到这里，岂可退军?教星夜与贼交锋。今已见贼，势不容退。"语犹未绝，只听得后军呐喊，探子报道："正西山后冲出一彪军来，把后军杀开做两处。"童贯大惊，带了酆美、毕胜，急回来救应后军时，东边山后鼓声响处，又早飞出一队人马来。一半是红旗，一半是青旗，捧着两员大将，引五千军马杀将来。那红旗军随红旗，青旗军随青旗，队伍端的整齐。但见：

对对红旗间翠袍，争飞战马转山腰。
日烘旗帜青龙见，风摆旌旗朱雀摇。
二队精兵皆勇猛，两员上将显英豪。
秦明手舞狼牙棍，关胜斜横偃月刀。

那红旗队里头领是霹雳火秦明，青旗队里头领是大刀关胜。二将在马上杀来，大喝道："童贯早纳下首级！"童贯大怒，便差酆美来战关胜，毕胜去斗秦明。童贯见后军发喊得紧，又教鸣金收军，且休恋战，延便且退。朱仝、雷横引黄旗军又杀将来，两下里夹攻，童贯军兵大乱，酆美、毕胜保护着童贯，逃命而走。正行之间，刺斜里又飞出一彪军马来，接住了厮杀。那队军马，一半是白旗，一半是黑旗，黑白旗中，也捧着两员虎将，引五千军马，拦住去路。这队军端的齐整：

炮似轰雷山石裂，绿林深处显戈矛。
素袍兵出银河涌，玄甲军来黑气浮。
两股鞭飞风雨响，一条枪到鬼神愁。
左边大将呼延灼，右手英雄豹子头。

那黑旗队里头领是双鞭呼延灼，白旗队里头领是豹子头林冲。二将在马上大喝道："奸臣童贯，待走那里去?早来受死！"一冲直杀入军中来。那睢州都监段鹏举接住呼延灼交战，洳州都监马万里接着林冲厮杀。这马万里与林冲斗不到数合，气力不加，却待要走，被林冲大喝一声，慌了手脚，着了一矛，戳在马下。段鹏举看见马万里被林冲搠死，无心恋战，隔过呼延灼双鞭，霍地拨回马便走。呼延灼奋勇赶将入来，两军混战，童贯只教夺路且回。只听得前军喊声大举，山背后飞出一彪步军，直杀入垓心里来。当先一僧一行者，领着军兵，大叫道："休教走了童贯！"那和尚不修经忏，专好杀人，单号花和尚，双名鲁智深。这行者景阳冈曾打虎，水浒寨最英雄，有名行者武松。这两个杀入阵来。怎见得，有《西江月》为证：

鲁智深一条禅杖，武行者两口钢刀。钢刀飞出火光飘，禅杖来如铁炮。　　禅杖打开脑袋，钢刀截断人腰。两般军器不相饶，百万军中显耀。

童贯众军被鲁智深、武松引领步军一冲，早四分五落。官军人马，前无去路，后没退兵，只得引酆美、毕胜撞透重围，杀条血路，奔过山背后来。正方喘息，又听得炮声大震，战鼓齐鸣，看两员猛将当先，一簇步军拦路。怎见得：

两头蛇腥风难近，双尾蝎毒气齐喷。钢叉一对世无伦，较猎场中声震。　　左手解珍出众，右手解宝超群。数千铁甲虎狼军，搅碎长蛇大阵。

来的步军头领解珍、解宝，各拈五股钢叉，又引领步军杀入阵内，童贯人马遮拦不住，突围而走，五面马军步军一齐追杀，赶得官军星落云散，酆美、毕胜力保童贯而走。见解珍、解宝兄弟两个，挺起钢叉，直冲到马前。童贯急忙拍马，望刺斜里便走，背后酆美、毕胜赶来救应；又得唐州都监韩天麟、邓州都监王义，四个并力，杀出垓心。方才进步，喘息未定，只见前面尘起，叫杀连天，绿丛丛林子里又早飞出一彪人马，当先两员猛将，拦住去路。那两个是谁，但见：

一个宣花大斧，一个出白银枪。枪如毒蟒露梢长，斧起处似开山神将。一个风流俊骨，一个猛烈刚肠。董平国士更无双，急先锋索超谁让。

这两员猛将：双枪将董平、急先锋索超，两个更不打话，飞马直取童贯。王义挺枪去迎，被索超手起斧落，砍于马下。韩天麟来救，被董平一枪搠死。酆美、毕胜死保护童贯，奔马逃命。四下里金鼓乱响，正不知何处军来。童贯拢马上坡看时，四面八方四队马军，两肋两队步军，栲栳圈，簸箕掌，梁山泊军马大队齐齐杀来，童贯军马如风落云散，东零西乱。正看之间，山坡下一簇人马出来，认的旗号是陈州都监吴秉彝、许州都监李明。这两个引着些断枪折戟，败残军马，踅转琳琅山躲避。看见招呼时，正欲上坡，急调人马，又见山侧喊声起来，飞过一彪人马赶出，两把认旗招　，马上两员猛将，各执兵器，飞奔官军。这两个是谁，有《临江仙》词为证：

盔上长缨飘火焰，纷纷乱撒猩红，胸中豪气吐长虹。战袍裁蜀锦，铠甲镀金铜。　　两口宝刀如雪练，垓心抖擞威风，左冲右突显英雄。军班青面兽，好汉九纹龙。

这两员猛将，正是杨志、史进，两骑马，两口刀，却才截住吴秉彝、李明两个军官厮杀。李明挺枪向前，来斗杨志；吴秉彝使方天戟，来战史进。两对儿在山坡下一来一往，盘盘旋旋，各逞平生武艺。童贯在山坡上勒住马，观之不定。四个人约斗到三十余合，吴秉彝用戟奔史进心坎上戳将来，史进只一闪，那枝戟从肋窝里放个过，吴秉彝连人和马抢近前来，被史进手起刀落，只见一条血颡光连肉，顿落金鍪在马边，吴秉彝死于坡下。李明见先折了一个，却待也要拨回马走时，被杨志大喝一声，惊得魂消魄散，胆颤心寒，手中那条枪，不知颠倒。杨志把那口刀从顶门上劈将下来，李明只一闪，那刀正剁着马的后胯下，那马后蹄　将下去，把李明闪下马来。弃了手中枪，却待奔走，这杨志手快，随复一刀，砍个正着。可怜李明半世军官，化作南柯一梦。两员官将，皆死于坡下。杨志、史进追杀败军，正如砍瓜截瓠相似。

童贯和酆美、毕胜在山坡上看了，不敢下来，身无所措，三个商量道："似此如何杀得出去？"酆美道："枢相且宽心，小将望见正南上尚兀自有大队官军扎住在那里，旗　不倒，可以解救。毕都统保守枢相在山头，酆美杀开条路，取那枝军马来，保护枢相出去。”童贯道：“天色将晚，你可善觑方便，疾去早来。”酆美提着大杆刀，飞马杀下山来，冲开条路，直到南边。看那队军马时，却是嵩州都监周信，把军兵团团摆定，死命抵住。垓心里看见酆美来，便接入阵内，问：“枢相在那里？”酆美道：“只在前面山坡上，专等你这枝军马去救护杀出来。事不宜迟，火速便起。”周信听说罢，便教传令，马步军兵，都要相顾，休失队伍，齐心并力。二员大将当先，众军助喊，杀奔山坡边来。行不到一箭之地，刺斜里一枝军到，酆美舞刀，径出迎敌，认得是睢州都监段鹏举，三个都相见了，合兵一处。杀到山坡下，毕胜下坡迎接上去，见了童贯，一处商议道：“今晚便杀出去好?却挨到来朝去好？”酆美道：“我四人死保枢相，只就今晚杀透重围出去，可脱贼寇。”

看看近夜，只听得四边喊声不绝，金鼓乱鸣。约有二更时候，星月光亮，酆美当先，众军官簇拥童贯在中间，一齐并力，杀下山坡来。只听得四下里乱叫道：“不要走了童贯！”众官军只望正南路冲杀过来。看看混战到四更左右，杀出垓心，童贯在马上以手加额，顶礼天地神明道：“惭愧，脱得这场大难！”催赶出界，奔济州去。却才欢喜未尽，只见前面山坡边一带火把，不计其数；背后喊声又起，看见火把光中两条好汉，拈着两口朴刀，引出一员骑白马的英雄大将，在马上横着一条点钢枪。那人是谁，有《临江仙》词为证：

马步军中推第一，天罡数内为尊，上天降下恶星辰。眼珠如点漆，面部似镌银。　　丈二钢枪无敌手，身骑快马腾云，人材武艺两超群。梁山卢俊义，河北玉麒麟。

那马上的英雄大将，正是玉麒麟卢俊义。马前这两个使朴刀的好汉：一个是病关索杨雄，一个是拚命三郎石秀，在火把光中引着三千余人，抖擞精神，拦住去路。卢俊义在马上大喝道：“童贯不下马受缚，更待何时？”童贯听得，对众道：“前有伏兵，后有追兵，似此如之奈何？”酆美道：“小将舍条性命，以报枢相，汝等众官，紧保枢相，夺路望济州去，我自战住此贼。”酆美拍马舞刀，直奔卢俊义。两马相交，斗不到数合，被卢俊义把枪只一逼，逼过大刀，抢入身去，劈腰提住，一脚蹬开战马，把酆美活捉去了。杨雄、石秀便来接应，众军齐上，横拖倒拽捉了去。毕胜和周信、段鹏举舍命保童贯，冲杀拦路军兵，且战且走；背后卢俊义赶来，童贯败军，忙忙似丧家之狗，急急如漏网之鱼。天晓脱得追兵，望济州来。正走之间，前面山坡背后又冲出一队步军来，那军都是铁掩心甲，绛红罗头巾。当先四员步军头领，毕竟是谁：

黑旋风双持板斧，丧门神单仗龙泉。项充、李衮在旁边，手舞团牌体健。斩虎须投大穴，诛龙必向深渊。三军威势振青天，恶鬼眼前活现。

这李逵抡两把板斧，鲍旭仗一口宝剑，项充、李衮各舞蛮牌遮护，却似一团火块，从地皮上滚将来，杀得官军四分五落而走。童贯与众将且战且走，只逃性命。李逵直砍入马军队里，把段鹏举马脚砍翻，掀将下来，就势一斧，劈开脑袋；再复一斧，砍断咽喉，眼见得段鹏举不活了。且说败残官军将次捱到济州，真乃是头盔斜掩耳，护项半兜腮，马步三军没了气力，人困马乏。奔到一条溪边，军马都且去吃水，只听得对溪一声炮响，箭矢如飞蝗一般射将过来。官军急上溪岸去，树林边转出一彪军马来。为头马上三个英雄是谁：

舞动一条玉蟒，撒开万点飞星。东昌骠骑是张清，没羽箭谁人敢近!飞枪的枪无虚发，飞叉的叉不容情。两员虎将势纵横，左右马前帮定。

原来这没羽箭张清和龚旺、丁得孙带领三百余骑马军。那一队骁骑马军，都是铜铃面具，雉尾红缨，轻弓短箭，绣旗花枪。三将为头，直冲将来。嵩州都监周信见张清军马少，便来迎敌；毕胜保着童贯而走。周信纵马挺枪来迎，只见张清左手纳住枪，右手似招宝七郎之形，口中喝一声道：“着！”去周信鼻凹上只一石子打中，翻身落马；龚旺、丁得孙旁边飞马来相助，将那两条叉戳定咽喉，好似霜摧边地草，雨打上林花，周信死于马下。童贯止和毕胜逃命，不敢入济州，引了败残军马，连夜投东京去了，于路收拾逃难军马下寨。

原来宋江有仁有德，素怀归顺之心，不肯尽情追杀；惟恐众将不舍，要追童贯，火急差戴宗传下将令，布告众头领，收拾各路军马步卒，都回山寨请功。各处鸣金收军而回，鞍上将都敲金镫，步下卒齐唱凯歌，纷纷尽入梁山泊，个个同回宛子城。宋江、吴用、公孙胜先到水浒寨中，忠义堂上坐下，令裴宣验看各人功赏。卢俊义活捉酆美，解上寨来，跪在堂前。宋江自解其缚，请入堂内上坐，亲自捧杯陪话，奉酒压惊。众头领都到堂上，是日杀牛宰马，重赏三军，留酆美住了两日，备办鞍马，送下山去。酆美大喜。宋江陪话道：“将军阵前阵后，冒渎威严，切乞恕罪。宋江等本无异心，只要归顺朝廷，与国家出力，被这不公不法之人逼得如此，望将军回朝，善言解救。倘得他日重见恩光，生死不忘大德。”酆美拜谢不杀之恩，登程下山。宋江令人直送出界，回京不在话下。

宋江回到忠义堂上，再与吴用等众头领商量。原来今次用此十面埋伏之计，都是吴用机谋布置，杀得童贯胆寒心碎，梦里也怕，大军三停折了二停。吴用道：“童贯回到京师，奏了官家，如何不再起兵来?必得一人直投东京，探听虚实，回报山寨，预作准备。”宋江道：“军师此论，正合吾心。你弟兄中，不知那个敢去？”只见坐次之中一个人应道：“兄弟愿往。”众人看了，都道：“须是他去，必干大事。”不是这个人去，有分教：重施谋略，再败官军。且是：冲阵马亡青嶂下，戏波船陷绿蒲中。

毕竟梁山泊是谁人前去打听，且听下回分解。

第七十八回 十节度议取梁山泊　宋公明一败高太尉

再说梁山泊好汉，自从两赢童贯之后，宋江、吴用商议，必用着一个人，去东京探听消息虚实，上山回报，预先准备军马交锋。言之未绝，只见神行太保戴宗道：“小弟愿往。”宋江道：“探听军情，多亏煞兄弟一个，虽然贤弟去得，必须也用一个相帮去最好。”李逵便道：“兄弟帮哥哥去走一遭。”宋江笑道：“你便是那个不惹事的黑旋风！”李逵道：“今番去时，不惹事便了。”宋江喝退，一壁再问：“有那个兄弟敢去走一遭？”赤发鬼刘唐禀道：“小弟帮戴宗哥哥去如何？”宋江大喜道：“好！”当日两个收拾了行装，便下山去。

且不说戴宗、刘唐来东京打听消息，却说童贯和毕胜沿路收聚得败残军马四万余人，比到东京，于路教众多管军的头领，各自部领所属军马，回营寨去了，只带御营军马入城来。童贯卸了戎装衣甲，径投高太尉府中去商议。两个见了，各叙礼罢，请入后堂深处坐定。童贯把大折两阵，结果了八路军官并许多军马，酆美又被活捉去了，似此如之奈何，一一都告诉了。高太尉道：“枢相不要烦恼，这件事只瞒了今上天子便了，谁敢胡奏?我和你去告禀太师，再作个道理。”

童贯和高俅上了马，径投蔡太师府内来。已有报知童枢密回了，蔡京料道不胜，又听得和高俅同来，蔡京教唤入书院里来厮见。童贯拜了太师，泪如雨下。蔡京道："且休烦恼，我备知你折了军马之事。"高俅道："贼居水泊，非船不能征进，枢密只以马步军征剿，因此失利，中贼诡计。"童贯诉说折兵败阵之事，蔡京道："你折了许多军马，费了许多钱粮，又折了八路军官，这事怎敢教圣上得知？"童贯再拜道："望乞太师遮盖，救命则个！"蔡京道："明日只奏道天气暑热，军士不伏水土，权且罢战退兵。倘或震怒说道：'似此心腹大患，不去剿灭，后必为殃。'如此时，恁众官却怎地回答？"高俅道："非是高俅夸口，若还太师肯保高俅领兵亲去那里征讨，一鼓可平。"蔡京道："若得太尉肯自去，可知是好，明日便当保奏太尉为帅。"高俅又禀道："只有一件，须得圣旨任便起军，并随造船只；或是拘刷原用官船民船，或备官价收买木料，打造战船；水陆并进，船骑同行，方可指日成功。"蔡京道："这事容易。"

正话间，门吏报道："酆美回来了。"童贯大喜。太师教唤进来，问其缘故。酆美拜罢，叙说宋江但是活捉上山去的，尽数放回，不肯杀害，又与盘缠，令回乡里，因此小将得见钧颜。高俅道："这是贼人诡计，故意慢我国家。今后不点近处军马，直去山东、河北拣选得用的人，跟高俅去。"蔡京道："既然如此计议定了，来日内里相见，面奏天子。"各自回府去了。

次日五更三点，都在侍班阁子里相聚。朝鼓响时，各依品从，分列丹墀，拜舞起居已毕，文武分班，列于玉阶之下。只见蔡太师出班奏道："昨遣枢密使童贯统率大军进征梁山泊草寇，近因炎热，军马不伏水土，抑且贼居水洼，非船不行，马步军兵，急不能进，因此权且罢战，各回营寨暂歇，别候圣旨。"天子乃云："似此炎热，再不复去矣。"蔡京奏道："童贯可于泰乙宫听罪，别令一人为帅，再去征伐，乞请圣旨。"天子曰："此寇乃是心腹大患，不可不除，谁与寡人分忧？"高俅出班奏曰："微臣不材，愿效犬马之劳，去征剿此寇，伏取圣旨。"天子云："既然卿肯与寡人分忧，任卿择选军马。"高俅又奏："梁山泊方圆八百余里，非仗舟船，不能前进，臣乞圣旨，于梁山泊近处采伐木植，督工匠造船，或用官钱收买民船，以为战伐之用。"天子曰："委卿执掌，从卿处置，可行即行，慎勿害民。"高俅奏道："微臣安敢。只容宽限，以图成功。"天子令取锦袍金甲赐与高俅，另选吉日出师。

当日百官朝退，童贯、高俅送太师到府，便唤中书省关房掾史，传奉圣旨，定夺拨军。高太尉道："前者有十节度使，多曾与国家建功，或征鬼方，或伐西夏并金、辽等处，武艺精熟，请降钧帖，差拨为将。"蔡太师依允，便发十道札付文书，仰各各部领所属精兵一万，前赴济州取齐，听候调用。十个节度使非同小可，每人领军一万，克期并进。那十路军马：

河南河北节度使　王　焕
上党太原节度使　徐　京
京北弘农节度使　王文德
颍州汝南节度使　梅　展
中山安平节度使　张　开
江夏零陵节度使　杨　温
云中雁门节度使　韩存保
陇西汉阳节度使　李从吉
琅琊彭城节度使　项元镇
清河天水节度使　荆　忠

原来这十路军马，都是曾经训练精兵，更兼这十节度使，旧日都是绿林丛中出身，后来受了招安，直做到许大官职，都是精锐勇猛之人，非是一时建了些少功名。当日中书省定了程限，发十道公文，要这十路军马如期都到济州，迟慢者定依军令处置。金陵建康府有一枝水军，为头统制官唤做刘梦龙。那人初生之时，其母梦见一条黑龙飞入腹中，感而遂生；及至长大，善知水性，曾在西川峡江讨贼有功，升做军官都统制，统领一万五千水军，棹船五百只，守住江南。高太尉要取这支水军并船只星夜前来听调，又差一个心腹人，唤做牛邦喜，也做到步军校尉，教他去沿江上下并一应河道内拘刷船只，都要来济州取齐，交割调用。高太尉帐前牙将极多，于内两个最了得：一个唤做党世英，一个唤做党世雄。弟兄二人，现做统制官，各有万夫不当之勇。高太尉又去御营内选拨精兵一万五千，通共各处军马一十三万，先于诸路差官供送粮草，沿途交纳。高太尉连日整顿衣甲，制造旌旗，未及登程。有诗为证：

轻事贪功愿领兵，兵权到手便留行。
幸因主帅迟迟去，多得三军数日生。

却说戴宗、刘唐在东京住了几日，打探得备细消息，星夜回还山寨，报说此事。宋江听得高太尉亲自领兵，调天下军马一十三万、十节度使统领前来，心中惊恐，便和吴用商议。吴用道："仁兄勿忧，小生也久闻这十节度的名，多与朝廷建功，只是当初无他的敌手，以此只显他的豪杰。如今放着这一班好弟兄，如狼似虎的人，那十节度已是过时的人了，兄长何足惧哉！比及他十路军来，先教他吃我一惊。"宋江道："军师如何惊他？"吴用道："他十路军马都到济州取齐，我这里先差两个快厮杀的，去济州相近，接着来军，先杀一阵。——这是报信与高俅知道。"宋江道："叫谁去好？"吴用道："差没羽箭张清、双枪将董平，此二人可去。"宋江差二将各带一千马军，前去巡哨济州，相迎截杀各路军马；又拨水军头领，准备泊子里夺船。山寨中头领预先调拨已定，且不细说，下来便知。

再说高太尉在京师俄延了二十余日，天子降敕，催促起军，高俅先发御营军马出城，又选教坊司歌儿舞女三十余人，随军消遣。至日祭旗，辞驾登程，却好一月光景。时值初秋天气，大小官员都在长亭饯别。高太尉戎装披挂，骑一匹金鞍战马，前面摆着五匹玉辔雕鞍从马，左右两边，排着党世英、党世雄弟兄两个，背后许多殿帅统制官、统军提辖、兵马防御、团练等官，参随在后。那队伍军马，十分摆布得整齐。诗曰：

匿奸罔上非忠悫，好战全违旧典章。
不事怀柔服强暴，只驱良善敌刀枪。

那高太尉部领大军出城，来到长亭前下马，与众官作别，饮罢饯行酒，攀鞍上马，登程望济州进发。于路上纵容军士，尽去村中纵横掳掠，黎民受害，非止一端。却说十路军马陆续都到济州，有节度使王文德领着京北等处一路军马，星夜奔济州来，离州尚有四十余里。当日催动人马，赶到一个去处，地名凤尾坡，坡下一座大林。前军却好抹过林子，只听得一棒锣声响处，林子背后山坡脚边转出一彪军马来，当先一将拦路。那员将顶盔挂甲，插箭弯弓，去那弓袋箭壶内侧插着小小两面黄旗，旗上各有五个金字，写道："英雄双枪将，风流万户侯。"两手　两杆钢枪。此将乃是梁山泊第一个惯冲头阵的勇将董平，因此人称为董一撞。董平勒定战马，截住大路喝道："来的是那里兵马?不早早下马受缚，更待何时？"这王文德兜住马，呵呵大笑道："瓶儿罐儿也有两个耳朵，你须曾闻我等十节度使累建大功，名扬天下，大将王文德么？"董平大笑，喝道："只你便是杀晚爷的大顽。"王文德听了大怒，骂道："反国草寇，怎敢辱吾！"拍马挺枪，直取董平。董平也挺双枪来迎。两将斗到三十合，不分胜败。王文德料道赢不得董平，喝一声："少歇再战。"各归本阵。王文德分付众军，休要恋战，直冲过去。王文德在前，三军在后，大发声喊，杀将过去。董平后面引军追赶。将过林子，正走之间，前面又冲出一彪军马来。为首一员上将，正是没羽箭张清，在马上大喝一声："休走！"手中拈定一个石子打将来，望王文德头上便着。急待躲时，石子打中盔顶，王文德伏鞍而走，跑马奔逃。两将赶来，看看赶上，只见侧首冲过一队军来。王文德看时，却是一般的节度使杨温军马，齐来救应。因此，董平、张清不敢来追，自回去了。

两路军马同入济州歇定，太守张叔夜接待各路军马。数日之间，前路报来，高太尉大军到了，十节度出城迎接，都相见了太尉，一齐护送入城，把州衙权为帅府，安歇下了。高太尉传下号令，教十路军马，都向城外屯驻，伺候刘梦龙水军到来，一同进发。这十路军马各自下寨，近山砍伐木植，人家搬掳门窗，搭盖窝铺，十分害民。高太尉自在城中帅府内，定夺征进人马；无银两使用者，都充头哨出阵交锋；有银两者，留在中军，虚功滥报。似此奸弊，非止一端。

高太尉在济州不过一二日，刘梦龙战船到了，参谒帅府。礼毕，高俅随即便唤十节度使都到厅前，共议良策。王焕等禀复道："太尉先教马步军去探路，引贼出战，然后却调水路战船，去劫贼巢，令其两下不能相顾，可获群贼矣！"高太尉从其所言。当时分拨王焕、徐京为前部先锋，王文德、梅展为合后收军，张开、杨温为左军，韩存保、李从吉为右军，项元镇、荆忠为前后救应使。党世雄引领三千精兵，上船协助刘梦龙水军船只，就行监战。诸军尽皆得令，整束了三日，请高太尉看阅诸路军马。高太尉亲自出城，一一点看了，便遣大小三军，并水军，一齐进发，径望梁山泊来。

且说董平、张清回寨，说知备细，宋江与众头领统率大军，下山不远，早见官军到来。前军射住阵脚，两边拒定人马，只见先锋王焕出阵，使一条长枪，在马上厉声高叫："无端草寇，敢死村夫，认得大将王焕么？"对阵绣旗开处，宋江亲自出马，与王焕声喏道："王节度，你年纪高大了，不堪与国家出力，当枪对敌，恐有些一差二误，枉送了你一世清名。你回去罢!另教年纪小的出来战。"王焕听得大怒，骂道："你这厮是个文面俗吏，安敢抗拒天兵！"宋江答道："王节度，你休逞好手，我这一班儿替天行道的好汉，不到得输与你！"王焕便挺枪戳将过来。宋江马后，早有一将，銮铃响处，挺枪出阵。宋江看时，却是豹子头林冲，来战王焕。两马相交，众军助喊，高太尉自临阵前，勒住马看。只听得两军呐喊喝采，果是马军踏镫抬身看，步卒掀盔举眼观。两个施逞诸路枪法，但见：

一个屏风枪势如霹雳，一个水平枪勇若奔雷。一个朝天枪难防难躲，一个钻风枪怎敌怎遮。这个恨不得枪戳透九霄云汉，那个恨不得枪刺透九曲黄河。一个枪如蟒离岩洞，一个枪似龙跃波津。一个使枪的雄似虎吞羊，一个使枪的俊如雕扑兔。

王焕大战林冲，约有七八十合，不分胜败。两边各自鸣金，二将分开，各归本阵。只见节度使荆忠到前军，马上欠身，禀复高太尉道："小将愿与贼人决一阵，气请钧旨。"高太尉便教荆忠出马交战。宋江马后鸾铃响处，呼延灼来迎。荆忠使一口大杆刀，骑一匹瓜黄马，二将交锋，约斗二十合，被呼延灼卖个破绽，隔过大刀，顺手提起钢鞭来，只一下，打个衬手，正着荆忠脑袋，打得脑浆迸流，眼珠突出，死于马下。高俅看见折了一个节度使，火急便差项元镇骤马挺枪，飞出阵前，大喝："草贼敢战吾么？"宋江马后，双枪将董平撞出阵前，来战项元镇。两个斗不到十合，项元镇霍地勒回马，拖了枪便走。董平拍马去赶，项元镇不入阵去，绕着阵脚，落荒而走。董平飞马去追，项元镇带住枪，左手拈弓，右手搭箭，拽满弓，翻身背射一箭。董平听得弓弦响，抬手去隔，一箭正中右臂，弃了枪，拨回马便走。项元镇挂着弓，拈着箭，倒赶将来。呼延灼、林冲见了，两骑马各出，救得董平归阵。高太尉指挥大军混战，宋江先教救了董平回山，后面军马，遮拦不住，都四散奔走。高太尉直赶到水边，却调人去接应水路船只。

且说刘梦龙和党世雄布领水军，乘驾船只，迤 前投梁山泊深处来，只见茫茫荡荡，尽是芦苇蒹葭，密密遮定港汊。这里官船樯篙不断，相连十余里水面。正行之间，只听得山坡上一声炮响，四面八方，小船齐出，那官船上军士，先有五分惧怯，看了这等芦苇深处，尽皆慌了。怎禁得芦苇里面埋伏着小船，齐出冲断大队。官船前后不相救应，大半官军，弃船而走。梁山泊好汉看见官军阵脚乱了，一齐鸣鼓摇船，直冲上来。刘梦龙和党世雄急回船时，原来经过的浅港内，都被梁山泊好汉用小船装载柴草，砍伐山中木植，填塞断了，那橹桨竟摇不动。众多军卒，尽弃了船只下水。刘梦龙脱下戎装披挂，爬过水岸，拣小路走了。这党世雄不肯弃船，只顾叫水军寻港汊深处摇去，不到二里，只见前面三只小船，船上是阮氏三雄，各人手执蓼叶枪，挨近船边来，众多驾船军士，都跳下水里去了。党世雄自持铁搠，立在船头上与阮小二交锋。阮小二也跳下水里去，阮小五、阮小七两个逼近身来。党世雄见不是头，撇了铁搠，也跳下水里去了。只见水底下钻出船火儿张横来，一手揪住头发，一手提定腰胯，滴溜溜丢上芦苇根头。先有十数个小喽罗躲在那里，铙钩套索搭住，活捉上水浒寨来。

却说高太尉见水面上船只，都纷纷滚滚乱投山边去了，船上缚着的，尽是刘梦龙水军的旗号，情知水路里又折了一阵，忙传军令，且教收兵回济州去，别作道理。五军比及要退，又值天晚，只听得四下里火炮不住价响，宋江军马，不知几路杀将来。高太尉只叫得："苦了也。"正是：阴陵失路逢神弩，赤壁鏖兵遇怪风。

毕竟高太尉怎地脱身，且听下回分解。

第七十九回 刘唐放火烧战船　宋江两败高太尉

话说当下高太尉望见水路军士，情知不济，正欲回军，只听得四边炮响，急收聚众将，夺路而走。原来梁山泊只把号炮四下里施放，却无伏兵，只吓得高太尉心惊胆战，鼠窜狼奔，连夜收军回济州。计点步军，折陷不多；水军折其大半，战船没一只回来；刘梦龙逃难得回；军士会水的，逃得性命，不会水的，都淹死在水中。高太尉军威折挫，锐气摧残，且向城中屯驻军马，等候牛邦喜拘刷船到。再差人赍公文去催，不论是何船只，堪中的尽数拘拿，解赴济州，整顿征进。

却说水浒寨中，宋江先和董平上山，拔了箭矢，唤神医安道全用药调治。安道全使金疮药敷住疮口，在寨中养病。吴用收住众头领上山，水军头领张横解党世雄到忠义堂上请功。宋江教且押去后寨软监着，将夺到的船只，尽数都收入水寨，分派与各头领去了。

再说高太尉在济州城中会集诸将，商议收剿梁山之策，数内上党节度使徐京禀道："徐某幼年游历江湖，使枪卖药之时，曾与一人交游。那人深通韬略，善晓兵机，有孙吴之才调，诸葛之智谋，姓闻名焕章，现在东京城外安仁村教学。若得此人来为参谋，可以敌吴用之诡计。”高太尉听说，便差首将一员，赍带缎匹鞍马，星夜回东京，礼请这教村学秀才闻焕章来，为军前参谋。便要早赴济州，一同参赞军务。那员首将回京去，不得三五日，城外报来，宋江军马，直到城边搦战。高太尉听了大怒，随即点就本部军兵，出城迎敌，就令各寨节度使同出交锋。

却说宋江军马见高太尉提兵至近，急忙退十五里外平川旷野之地。高太尉引军赶去，宋江兵马已向山坡边摆成阵势，红旗队里，捧出一员猛将，号旗上写得分明，乃是双鞭呼延灼。兜住马，横着枪，立在阵前。高太尉看见道：“这厮便是统领连环马时背反朝廷的。”便差云中节度使韩存保出马迎敌。这韩存保善使一枝方天画戟。两个在阵前，更不打话，一个使戟去搠，一个用枪来迎。两个战到五十余合，呼延灼卖个破绽，闪出去，拍着马，望山坡下便走。韩存保紧要干功，跑着马赶来。八个马蹄翻盏撒钹相似，约赶过五七里无人之处，看看赶上，呼延灼勒回马，带转枪，舞起双鞭来迎。两个又斗十数合之上，用双鞭分开画戟，回马又走。

韩存保寻思：这厮枪又近不得我，鞭又赢不得我，我不就这里赶上，活拿这贼，更待何时?抢将近来，赶转一个山嘴，有两条路，竟不知呼延灼何处去了。韩存保勒马上坡来望时，只见呼延灼绕着一条溪走。存保大叫：“泼贼，你走那里去!快下马来受降，饶你命！”呼延灼不走，大骂存保。韩存保却大宽转来抄呼延灼后路。两个却好在溪边相迎着。一边是山，一边是溪，只中间一条路，两匹马盘旋不得。呼延灼道：“你不降我，更待何时！”韩存保道：“你是我手里败将，倒要我降你？”呼延灼道：“我漏你到这里，正要活捉你。你性命只在顷刻！”韩存保道：“我正来活捉你！”

两个旧气又起。韩存保挺着长戟，望呼延灼前心两肋软肚上，雨点般搠将来。呼延灼用枪左拨右逼，　风般搠入来。两个又斗了三十来合。正斗到浓深处，韩存保一戟，望呼延灼软肋搠来，呼延灼一枪，望韩存保前心刺去。两个各把身躯一闪，两般军器，都从肋下搠来。呼延灼挟住韩存保戟杆，韩存保扭住呼延灼枪杆；两个都在马上，你扯我拽，挟住腰胯，用力相争。韩存保的马，后蹄先塌下溪里去了，呼延灼连人和马，也拽下溪里去了。两个在水中扭做一块。那两匹马溅起水来，一人一身水。呼延灼弃了手里的枪，挟住他的戟杆，急去掣鞭时，韩存保也撇了他的枪杆，双手按住呼延灼两条臂。你揪我扯，两个都滚下水去。那两匹马迸星也似跑上岸来，望山边去了。两个在溪水中都滚没了军器，头上戴的盔没了，身上衣甲飘零，两个只把空拳来在水中厮打，一递一拳，正在水深里，又拖上浅水里来。正解拆不开，岸上一彪军马赶到，为头的是没羽箭张清。众人下手，活捉了韩存保。差人急去寻那走了的两匹战马，只见那马却听得马嘶人喊，也跑回来寻队，因此收住。又去溪中捞起军器，还呼延灼，带湿上马，却把韩存保背剪缚在马上，一齐都奔峪口。只见前面一彪军马，来寻韩存保，两家却好当住。为头两员节度使：一个是梅展，一个是张开。因见水渌渌地马上缚着韩存保，梅展大怒，舞三尖两刃刀，直取张清。交马不到三合，张清便走，梅展赶来，张清轻舒猿臂，款扭狼腰，只一石子飞来，正打中梅展额角，鲜血迸流，撇了手中刀，双手掩面。张清急便回马，却被张开搭上箭，拽满弓，一箭射来。张清把马头一提，正射中马眼，那马便倒。张清跳在一边，拈着枪便来步战。那张清原来只有飞石打将的本事，枪法上却慢。张开先救了梅展，次后来战张清。马上这条枪，神出鬼没，张清只办得架隔，遮拦不住，拖了枪，便走入马军队里躲闪。张开枪马到处，杀得五六十马军，四分五落，再夺得韩存保。却待回来，只见喊声大举，峪口两彪军到：一队是霹雳火秦明，一队是大刀关胜，两个猛将杀来。张开只保得梅展走了，众军两路杀入来，又夺了韩存保。张清抢了一匹马，呼延灼使尽气力，只好随众厮杀，一齐掩击到官军队前，乘势冲动，退回济州。梁山泊军马也不追赶，只将韩存保连夜解上山寨来。

宋江等坐在忠义堂上，见缚到韩存保来，喝退军士，亲解其索，请坐厅上，殷勤相待。韩存保感激无地，就请出党世雄相见，一同管待。宋江道：“二位将军，切勿相疑，宋江等并无异心，只被滥官污吏，逼得如此。若蒙朝廷赦罪招安，情愿与国家出力。”韩存保道：“前者陈太尉赍到招安诏敕来山，如何不乘机会去邪归正？”宋江答道：“便是朝廷诏书，写得不明，更兼用村醪倒换御酒，因此弟兄众人，心皆不伏。那两个张干办、李虞候，擅作威福，耻辱众将。”韩存保道：“只因中间无好人维持，误了国家大事。”宋江设筵管待已了，次日，具备鞍马，送出谷口。这两个在路上说宋江许多好处，回到济州城外，却好晚了。次早入城，来见高太尉，说宋江把二将放回之事。高俅大怒道：“这是贼人诡计，慢我军心。你这二人，有何面目见吾!左右与我推出，斩讫报来！”王焕等众官都跪下告道：“非干此二人之事，乃是宋江、吴用之计。若斩此二人，反被贼人耻笑。”高太尉被众人苦告，饶了两个性命，削去本身职事，发回东京泰乙宫听罪。这两个解回京师。

原来这韩存保是韩忠彦的侄儿。忠彦乃是国老太师，朝廷官员，都有出他门下。有个门馆教授，姓郑，名居忠，原是韩忠彦抬举的人，现任御史大夫。韩存保把上件事告诉他；居忠上轿，带了存保来见尚书余深，同议此事。余深道：“须是禀得太师，方可面奏。”二人来见蔡京说：“宋江本无异心，只望朝廷招安。”蔡京道：“前者毁诏谤上，如此无礼，不可招安，只可剿捕！”二人禀说：“前番招安，惜为去人不布朝廷德意，用心抚恤；不用嘉言，专说利害，以此不能成事。”蔡京方允。约至次日早朝，道君天子升殿，蔡京奏准再降诏敕，令人招安。天子曰：“现今高太尉使人来请安仁村闻焕章为参谋，早赴军前委用，就差此人伴使前去。如肯来降，悉免本罪；如仍不伏，就着高俅定限，日下剿捕尽绝还京。”蔡太师写成草诏，一面取闻焕章赴省筵宴。原来这闻焕章是有名文士，朝廷大臣多有知识的，俱备酒食迎接。席终各散，一边收拾起行。有诗为证：

年来教授隐安仁，忽召军前捧　纶。

权贵满朝多旧识，可无一个荐贤人。

且不说闻焕章同天使出京，却说高太尉在济州心中烦恼。门吏报道：“牛邦喜到来。”高太尉便教唤进，拜罢，问道：“船只如何？”邦喜禀道：“于路拘刷得大小船一千五百余只，都到闸下。”太尉大喜。赏了牛邦喜，便传号令，教把船都放入阔港，每三只一排钉住，上用板铺，船尾用铁环锁定；尽数发步军上船，其余马军，近水护送船只。比及编排得军士上船，训练得熟，已得半月之久，梁山泊尽都知了。吴用唤刘唐受计，掌管水路建功。众多水军头领，各各准备小船，船头上排排钉住铁叶，船舱里装载芦苇干柴，柴中灌着硫黄焰硝引火之物，屯住在小港内。却教炮手凌振，于四望高山上，放炮为号；又于水边树木丛杂之处，都缚旌旗于树上，每一处设金鼓火炮，虚屯人马，假设营垒，请公孙胜作法祭风。旱地上分三队军马接应。吴用指画已了。

却说高太尉在济州催起军马，水路统军却是牛邦喜，又同刘梦龙并党世英这三个掌管。高太尉披挂了，发三通擂鼓，水港里船开，旱路上马发，船行似箭，马去如飞，杀奔梁山泊来。先说水路里船只，连篙不断，金鼓齐鸣，迤　杀入梁山泊深处，并不见一只船。看看渐近金沙滩，只见荷花荡里，两只打鱼船，每只船上只有两个人，拍手大笑。头船上刘梦龙便叫放箭乱射，渔人都跳下水底去了。刘梦龙急催动战船，渐近金沙滩头。一带阴阴的都是细柳，柳树上拴着两头黄牛，绿莎草上睡着三四个牧童，远远地又有一个牧童，倒骑着一头黄牛，口中呜呜咽咽吹着一管笛子来。

刘梦龙便教先锋悍勇的首先登岸。那几个牧童跳起来，呵呵大笑，尽穿入柳阴深处去了。前阵五七百人抢上岸去。那柳阴树中，一声炮响，两边战鼓齐鸣：左边就冲出一队红甲军，为头是霹雳火秦明；右边冲出一队黑甲军，为头是双鞭呼延灼。各带五百军马，截出水边。刘梦龙急招呼军士下船时，已折了大半军校。牛邦喜听得前军喊起，便教后船且退。只听得山顶上连珠炮响，芦苇中飕飕有声，却是公孙胜披发仗剑，踏罡布斗，在山顶上祭风。初时穿林透树，次后走石飞砂，须臾白浪掀天，顷刻黑云覆地，红日无光，狂风大作。刘梦龙急教棹船回时，只见芦苇丛中，藕花深处，小港狭汊，都棹出小船来，钻入大船队里。鼓声响处，一齐点着火把，霎时间，大火竟起，烈焰飞天，四分五落，都穿在大船内。前后官船，一齐烧着。怎见得火起，但见：

黑烟迷绿水，红焰起清波。风威卷荷叶满天飞，火势燎芦林连梗断。神号鬼哭，昏昏日色无光；岳撼山崩，浩浩波声若怒。舰航尽倒，舵橹皆休。船尾旌旗不见青红交杂，楼头剑戟难排霜雪争叉。僵尸与鱼鳖同浮，热血共波涛并沸。千条火焰连天起，万道烟霞贴水飞。

当时刘梦龙见满港火飞，战船都烧着了，只得弃了头盔衣甲，跳下水去，又不敢傍岸，拣港深水阔处，赴将开去逃命。芦林里面一个人，独驾着小船，直迎将来，刘梦龙便钻入水底下去了。却好有一个人拦腰抱住，拖上船来。撑船的是出洞蛟童威，拦腰抱的是混江龙李俊。却说牛邦喜见四下官船队里火着，也弃了戎装披挂，却待下水，船梢上钻起一个人来，拿着铙钩，劈头搭住，倒拖下水里去。那人是船火儿张横。这梁山泊内杀得尸横水面，血溅波心，焦头烂额者，不计其数。只有党世英摇着小船，正走之间，芦林两边，弩箭弓矢齐发，射死水中。众多军卒，会水的逃得性命回去；不会水的，尽皆淹死；生擒活捉者，都解投大寨。李俊捉得刘梦龙，张横捉得牛邦喜，欲待解上山寨，惟恐宋江又放了。两个好汉自商量，把这二人，就路边结果了性命，割下首级，送上山来。

再说高太尉引领军马在水边策应，只听得连珠炮响，鼓声不绝，料道是水面上厮杀，骤着马前来，靠山临水探望。只见纷纷军士，都从水里逃命，爬上岸来。高俅认得是自家军校，问其缘故，说被放火烧尽船只，俱各不知所在。高太尉听了，心内越慌。但望见喊声不断，黑烟满空，急引军回旧路时，山前鼓声响处，冲出一队马军拦路，当先急先锋索超抡起开山大斧，骤马抢近前来。高太尉身边节度使王焕，挺枪便出，与索超交战。斗不到五合，索超拨回马便走。高太尉引军追赶，转过山嘴，早不见了索超。正走间，背后豹子头林冲，引军赶来，又杀一阵。再走不过六七里，又是青面兽杨志，引军赶来，又杀一阵。又奔不到八九里，背后美髯公朱仝赶上来，又杀一阵。这是吴用使的追赶之计：不去前面拦截，只在背后赶杀，败军无心恋战，只顾奔走，救护不得后军。因此高太尉被赶得慌，飞奔济州，比及入得城时，已自三更。又听得城外寨中火起，喊声不绝，原来被石秀、杨雄埋伏下五百步军，放了三五把火，潜地去了。惊得高太尉魂不附体，连使人探视，回报去了，方才放心。整点军马，折其大半。

高俅正在纳闷间，远探报道："天使到来。"高俅遂引军马，并节度使出城迎接，见了天使，就说降诏招安一事。都与闻焕章参谋使相见了，同进城中帅府商议。高太尉先讨抄白备照观看。待不招安来，又连折了两阵，拘刷得许多船只，又被尽行烧毁；待要招安来，恰又羞回京师；心下踌躇，数日主张不定。不想济州有一个老吏，姓王名瑾，那人平生克毒，人尽呼为剜心王，却是济州府拨在帅府供给的吏。因见了诏书抄白，更打听得高太尉心内迟疑不决，遂来帅府，呈献利便事件，禀说："贵人不必沉吟，小吏看见诏上已有活路：这个写草诏的翰林待诏，必与贵人好，先开下一个后门了。"

高太尉见说大惊，便问道："你怎见得先开下后门？"王瑾禀道："诏书上最要紧是中间一行。道是：'除宋江、卢俊义等大小人众，所犯过恶，并与赦免。'此一句是囫囵话。如今开读时，却分作两句读，将'除宋江'另做一句，'卢俊义等大小人众，所犯过恶，并与赦免'另做一句；赚他漏到城里，捉下为头宋江一个，把来杀了，却将他手下众人，尽数拆散，分调开去。自古道：'蛇无头而不行，鸟无翅而不飞。'但没了宋江，其余的做得甚用?此论不知恩相贵意若何？"高俅大喜，随即升王瑾为帅府长史，便请闻参谋说知此事。闻焕章谏道："堂堂天使，只可以正理相待，不可行诡诈于人。倘或宋江以下有智谋之人识破，翻变起来，深为未便。"高太尉道："非也!自古兵书有云：'兵行诡道。'岂可用得正大？"闻参谋道："然虽兵行诡道，这一事是天子圣旨，乃以取信天下。自古王言如纶如　，因此号为玉音，不可移改。今若如此，后有知者，难以此为准信。"高太尉道："且顾眼下，却又理会。"遂不听闻焕章之言。先遣一人往梁山泊报知，令宋江等全伙，前来济州城下，听天子诏敕，赦免罪犯。

却说宋江又赢了高太尉这一阵。烧了的船，令小校搬运做柴，不曾烧的，拘收入水寨。但是活捉的军将，尽数陆续放回济州。当日宋江与大小头领正在忠义堂上商议，小校报道："济州府差人上山来报道：'朝廷特遣天使，颁降诏书，赦罪招安，加官赐爵，特来报喜。'"宋江听罢，喜从天降，笑逐颜开，便叫请那报事人到堂上问时，那人说道："朝廷降诏，特来招安。高太尉差小人前来，报请大小头领，都要到济州城下行礼，开读诏书。并无异议，勿请疑惑。"宋江叫请军师商议定了，且取银两缎匹，赏赐来人，先发付回济州去了。

宋江传下号令，大小头领，尽教收拾去听开读诏书。卢俊义道："兄长且未可性急，诚恐这是高太尉的见识，兄长不宜便去。"宋江道："你们若如此疑心时，如何能够归正?还是好歹去走一遭。"吴用笑道："高俅那厮，被我们杀得胆寒心碎，便有十分的计策，也施展不得。放着众兄弟一班好汉，不要疑心，只顾跟随宋公明哥哥下山。我这里先差黑旋风李逵引着樊瑞、鲍旭、项充、李衮，将带步军一千，埋伏在济州东路；再差一丈青扈三娘，引着顾大嫂、孙二娘、王矮虎、孙新、张青，将带马军一千，埋伏在济州西路。若听得连珠炮响，杀奔北门来取齐。"吴用分调已定，众头领都下山，只留水军头领看守寨栅。只因高太尉要用诈术，诱引这伙英雄下山，不听闻参谋谏劝，谁想只就济州城下，翻为九里山前。正是：只因一纸君王诏，惹起全班壮士心。

毕竟众好汉怎地大闹济州，且听下回分解。

第八十回 张顺凿漏海鳅船　宋江三败高太尉

话说高太尉在济州城中帅府坐地，唤过王焕等众节度商议：传令将各路军马，拔寨收入城中；教现在节度使俱各全副披挂，伏于城内；各寨军士，尽数准备，摆列于城中；城上俱各不竖旌旗，只于北门上立黄旗一面，上书"天诏"二字。高俅与天使众官都在城上，只等宋江到来。

当日梁山泊中，先差没羽箭张清将带五百哨马，到济州城边周回转了一遭，望北去了。须臾，神行太保戴宗步行来探了一遭。人报与高太尉，亲自临月城上，女墙边，左右从者百余人，大张麾盖，前设香案。遥望北边宋江军马到来，前面金鼓，五方旌旗，众头领鞍辔掌，栲栳圈，雁翅一般，摆列将来。当先为首，宋江、卢俊义、吴用、公孙胜，在马上欠身，与高太尉声喏。高太尉见了，使人在城上叫道："如今朝廷赦你们罪犯，特来招安，如何披甲前来？"宋江使戴宗至城下回复道："我等大小人员，未蒙恩泽，不知诏意如何，未敢去其介胄。望太尉周全。可尽唤在城百姓耆老，一同听诏，那时承恩卸甲。"高太尉出令，教唤在城耆老百姓，尽都上城听诏。无移时，纷纷滚滚，尽皆到了。宋江等在城下，看见城上百姓老幼摆满，方才勒马向前。鸣鼓一通，众将下马。鸣鼓二通，众将步行到城边，背后小校，牵着战马，离城一箭之地，齐齐地伺候着。鸣鼓三通，众将在城下拱手，听城上开读诏书。那天使读道：

制曰：人之本心，本无二端；国之恒道，俱是一理。作善则为良民，造恶则为逆党。朕闻梁山泊聚众已久，不蒙善化，未复良心。今差天使颁降诏书，除宋江，卢俊义等大小人众所犯过恶，并与赦免。其为首者，诣京谢恩；协随助者，各归乡闾。呜呼，速 雨露，以就去邪归正之心；毋犯雷霆，当效革故鼎新之意。故兹诏示，想宜悉知。

宣和 年 月 日

当时军师吴用正听读到"除宋江"三字，便目视花荣道："将军听得么？"却才读罢诏书，花荣大叫："既不赦我哥哥，我等投降则甚？"搭上箭，拽满弓，望着那个开诏使臣道："看花荣神箭！"一箭射中面门，众人急救。城下众好汉一齐叫声："反！"乱箭望城上射来，高太尉回避不迭。四门突出军马来，宋江军中，一声鼓响，一齐上马便走。城中官军追赶，约有五六里回来。只听得后军炮响，东有李逵，引步军杀来；西有扈三娘，引马军杀来。两路军兵，一齐合到。官军只怕有埋伏，急退时，宋江全伙却回身卷杀将来。三面夹攻，城中军马大乱，急急奔回，杀死者多。宋江收军，不教追赶，自回梁山泊去了。

却说高太尉在济州写表，申奏朝廷说："宋江贼寇，射死天使，不伏招安。"外写密书，送与蔡太师、童枢密、杨太尉，烦为商议，教太师奏过天子，沿途接应粮草，星夜发兵前来，并力剿捕群贼。

却说蔡太师收得高太尉密书，径自入朝，奏知天子。天子闻奏，龙颜不悦云："此寇数辱朝廷，累犯大逆。"随即降敕，教诸路各助军马，并听高太尉调遣。杨太尉已知节次失利，再于御营司选拨二将，就于龙猛、虎翼、捧日、忠义四营内，各选精兵五百，共计二千，跟随两个上将，去助高太尉杀贼。

这两员将军是谁?一个是八十万禁军都教头，官带左义卫亲军指挥使，护驾将军丘岳；一个是八十万禁军副教头，官带右义卫亲军指挥使，车骑将军周昂。这两个将军，累建奇功，名闻海外，深通武艺，威镇京师，又是高太尉心腹之人。当时杨太尉点定二将，限目下起身，来辞蔡太师。蔡京分付道："小心在意，早建大功，必当重用！"二将辞谢了，去四营内，一个个选拣身长体健，腰细膀阔，山东、河北能登山、惯赴水，那一等精锐军汉，拨与二将。这丘岳、周昂辞了众省院官，去辞杨太尉，禀说："明日出城。"杨太尉各赐与二将五匹好马，以为战阵之用。二将谢了太尉，各自回营，收拾起身。次日，军兵拴束了行程，都在御营司前伺候。丘岳、周昂二将分做四队：龙猛、虎翼二营一千军，有二千余骑军马，丘岳总领；捧日、忠义二营一千军，也有二千余骑军马，周昂总领。又有一千步军，分与二将随从。丘岳、周昂到辰牌时分，摆列出城。杨太尉亲自在城门上看军。且休说小校威雄，亲随勇猛。去那两面绣旗下，一丛战马之中，簇拥着护驾将军丘岳。怎生打扮，但见：

戴一顶缨撒火、锦兜鍪、双凤翅照天盔。披一副绿绒穿、红绵套、嵌连环锁子甲。穿一领翠沿边、珠络缝、荔枝红、圈金绣戏狮袍。系一条衬金叶、玉玲珑、双獭尾、红 钉盘螭带。着一双簇金线、海驴皮、胡桃纹、抹绿色云根靴。弯一张紫檀靶、泥金梢、龙角面、虎筋弦宝雕弓。悬一壶紫竹杆、朱红扣、凤尾翎、狼牙金点钢箭。挂一口七星装、沙鱼鞘、赛龙泉、欺巨阙霜锋剑。横一把撒朱缨、水磨杆、龙吞头、偃月样三停刀。骑一匹快登山、能跳涧、背金鞍、摇玉勒胭脂马。

那丘岳坐在马上，昂昂奇伟，领着左队人马，东京百姓看了，无不喝采。随后便是右队，捧日、忠义两营军马，端的整齐。去那两面绣旗下，一丛战马之中，簇拥着车骑将军周昂。怎生打扮，但见：

戴一顶吞龙头、撒青缨、珠闪烁烂银盔。披一副损枪尖、坏箭头、衬香绵熟钢甲。穿一领绣牡丹、飞双凤、圈金线绛红袍。系一条称狼腰、宜虎体、嵌七宝麒麟带。着一双起三尖、海兽皮、倒云根虎尾靴。弯一张雀画面、龙角靶、紫综绣六钧弓。攒一壶皂雕翎、铁木杆、透唐猊凿子箭。使一柄欺袁达、赛石丙、劈开山金蘸斧。驶一匹负千斤、高八尺、能冲阵火龙驹。悬一条简银杆、四方棱、赛金光劈楞简。

这周昂坐在马上，停停威猛。领着右队人马，来到城边，与丘岳下马，来拜辞杨太尉，作别众官，离了东京，取路望济州进发。

且说高太尉在济州，和闻参谋商议，比及添拨得军马到来，先使人去近处山林，砍伐木植大树；附近州县，拘刷造船匠人，就济州城外，搭起船场，打造战船；一面出榜，招募敢勇水手军士。

济州城中客店内，歇着一个客人，姓叶名春，原是泗州人氏，善会造船。因来山东，路经梁山泊过，被他那里小伙头目劫了本钱，流落在济州，不能够回乡。听得高太尉要伐木造船，征进梁山泊，以图取胜，将纸画成船样，来见高太尉。拜罢，禀道："前者恩相以船征进，为何不能取胜?盖因船只皆是各处拘刷将来的，使风摇橹，俱不得法；更兼船小底尖，难以用武。叶春今献一计，若要收伏此寇，必须先造大船数百只。最大者名为大海鳅船。两边置二十四部水车，船中可容数百人，每车用十二个人踏动。外用竹笆遮护，可避箭矢。船面上竖立弩楼，另造 车摆布放于上。如要进发，垛楼上一声梆子响，二十四部水车，一齐用力踏动，其船如飞，他将何等船只可以拦当!若是遇着敌军，船面上伏弩齐发，他将何物可以遮护!其第二等船，名为小海鳅船。两边只用十二部水车，船中可容百十人，前面后尾，都钉长钉，两边亦立弩楼，仍设遮洋笆片。这船却行梁山泊小港，当住这厮私路伏兵。若依此计，梁山之寇，指日唾手可平。"高太尉听说，看了图样，心中大喜。便叫取酒食衣服赏了叶春，就着做监造战船都作头。连日晓夜催并，砍伐木植，限日定时，要到济州交纳。各路府州县，均派合用造船物料。如若违限二日，笞四十，每一日加一等；若违限五日外者，定依军令处斩。各处逼迫守令催督，百姓亡者数多，众民嗟怨。有诗为证：

井蛙小见岂知天，可慨高俅听谲言。

毕竟鳅船难取胜，伤财劳众枉徒然。

且不说叶春监造海鳅等船，却说各处添拨水军人等，陆续都到济州。高太尉分拨各寨节度使下听调，不在话下。只见门吏报道："朝廷差遣丘岳、周昂二将到来。"高太尉令众节度使出城迎接。二将到帅府，参见了，太尉亲赐酒食，抚慰已毕，一面差人赏军，一面管待二将。二将便请太尉将令，引军出城搦战。高太尉道："二公且消停数日，待海鳅船完备，那时水陆并进，船骑双行，一鼓可平贼寇。"丘岳、周昂禀道："某等觑梁山泊草寇，如同儿戏，太尉放心，必然奏凯还京。"高俅道："二将若果应口，吾当奏知天子前，必当重用。"是日宴散，就帅府前上马，回归本寨，且把军马屯驻听调。

不说高太尉催促造船征进，却说宋江与众头领自从济州城下叫反杀人，奔上梁山泊来，却与吴用等商议道："两次招安，都伤犯了天使，越增的罪恶重了，朝廷必然又差军马来。"便差小喽罗下山去探事情如何，火急回报。不数日，只见小喽罗探知备细，报上山来："高俅近日招募一水军，叫叶春为作头，打造大小海鳅船数百只，东京又新遣差两个御前指挥，俱到来助战。一个姓丘名岳，一个姓周名昂，二将英勇；各路又添拨到许多人马，前来助战。"宋江便与吴用计议道："似此大船，飞游水面，如何破得？"吴用笑道："有何惧哉！只消得几个水军头领便了。旱路上交锋，自有猛将应敌。然虽如此，料这等大船，要造必在数旬间，方得成就。目今尚有四五十日光景，先教一两个弟兄去那造船厂里，先薅恼他一遭，后却和他慢慢地放对。"宋江道："此言最好！可教鼓上蚤时迁、金毛犬段景住，这两个走一遭。"吴用道："再叫张青、孙新扮作拽树民夫，杂在人丛里入船厂去。叫顾大嫂、孙二娘扮做送饭妇人，和一般的妇人杂将入去，却叫时迁、段景住相帮。再用张清引军接应，方保万全。"前后唤到堂上，各各听令已了。众人欢喜无限，分投下山，自去行事。

却说高太尉晓夜催促督造船只，朝暮捉拿民夫供役。那济州东路上一带都是船厂，趱造大海鳅船百只，何止匠人数千，纷纷攘攘。那等蛮军，都拔出刀来，　吓民夫，无分星夜，要趱完备。是日，时迁、段景住先到了厂内，两个商量道："眼见的孙、张二夫妻，只是去船厂里放火，我和你也去那里，不显我和你高强。我们只伏在这里左右，等他船厂里火发，我便却去城门边伺候，必然有救军出来，乘势闪将入去，就城楼上放起火来，你便却去城西草料场里，也放起把火来，教他两下里救应不迭。这场惊吓不小。"两个自暗暗地相约了，身边都藏了引火的药头，各自去寻个安身之处。

却说张青、孙新两个来到济州城下，看见三五百人，拽木头入船厂里去。张、孙二人杂在人丛里，也去拽木头投厂里去。厂门口约有二百来军汉，各带腰刀，手拿棍棒，打着民夫，尽力拖拽入厂里面交纳。团团一遭，都是排栅；前后搭盖茅草厂屋，有二三百间。张青、孙新入到里面看时，匠人数千，解板的在一处，钉船的在一处，粘船的在一处。匠人民夫，乱滚滚往来，不记其数。这两个径投做饭的笆棚下去躲避。孙二娘、顾大嫂两个穿了些腌腌胆胆衣服，各提着个饭罐，随着一般送饭的妇人，打哄入去。看看天色渐晚，月色光明，众匠人大半尚兀自在那里挣趱未办的工程。当时近有二更时分，孙新、张青在左边船厂里放火，孙二娘、顾大嫂在右边船厂里放火。两下火起，草屋焰腾腾地价烧起来。船厂内民夫工匠，一齐发喊，拔翻众栅，各自逃生。

高太尉正睡间，忽听得人报道："船场里火起！"急忙起来，差拨官军出城救应。丘岳、周昂二将各引本部军兵，出城救火。去不多时，城楼上一把火起。高太尉听了，亲自上马，引军上城救火时，又见报道："西草场内又一把火起，照耀浑如白日。"丘、周二将引军去西草场中救护时，只听得鼓声振地，喊杀连天，原来没羽箭张清引着五百骠骑马军，在那里埋伏，看见丘岳、周昂引军来救应，张清便直杀将来，正迎着丘岳、周昂军马。张清大喝道："梁山泊好汉全伙在此！"丘岳大怒，拍马舞刀，直取张清。张清手　长枪来迎，不过三合，拍马便走。丘岳要逞功劳，随后赶来，大喝："反贼休走！"张清按住长枪，轻轻去锦袋内偷取个石子在手，扭回身躯，看丘岳来得较近，手起喝声道："着！"一石子正中丘岳面门，翻身落马。周昂见了，便和数个牙将，死命来救丘岳。周昂战住张清，众将救得丘岳上马去了。张清与周昂战不到数合，回马便走。周昂不赶。张清又回来，却见王焕、徐京、杨温、李从吉四路军到。张清手招引了五百骠骑军，竟回旧路去了。这里官军恐有伏兵，不敢去赶，自收军兵回来，且只顾救火。三处火灭，天色已晓。

高太尉教看丘岳中伤如何。原来那一石子，正打着面门，唇口里打落了四个牙齿；鼻子嘴唇，都打破了。高太尉着令医人治疗，见丘岳重伤，恨梁山泊深入骨髓。一面使人唤叶春，分付教在意造船征进。船厂四围，都教节度使下了寨栅，早晚提备，不在话下。

却说张青、孙新夫妻四人，俱各欢喜；时迁、段景住两个，都回旧路。六人已都有部从人马，迎接回梁山泊去了。都到忠义堂，去说放火一事。宋江大喜，设宴特赏六人。自此之后，不时间使人探视。

造船将完，看看冬到。其年天气甚暖，高太尉心中暗喜，以为天助。叶春造船，也都完办，高太尉催趱水军，都要上船演习本事。大小海鳅等船陆续下水。城中帅府招募到四山五岳水手人等，约有一万余人。先教一半去各船上学踏车，着一半学放弩箭。不过二十余日，战船演习已都完足了。叶春请太尉看船，有诗为证：

自古兵机在速攻，锋摧师老岂成功。

高俅卤莽无通变，经岁劳民造战艟。

是日，高俅引领众多节度使、军官头目，都来看船。把海鳅船三百余只，分布水面。选十数只船，遍插旌旗，筛锣击鼓，梆子响处，两边水车，一齐踏动，端的是风飞电走。高太尉看了，心中大喜：似此如飞船只，此寇将何拦截，此战必胜。随取金银缎匹，赏赐叶春；其余人匠，各给盘缠，疏放归家。次日，高俅令有司宰乌牛、白马、猪、羊，果品，摆列金银钱纸，致祭水神。排列已了，众将请太尉行香。丘岳疮口已完，恨入心髓，只要活捉张清报仇。当同周昂与众节度使，一齐都上马，跟随高太尉到船边下马，随侍高俅致祭水神。焚香赞礼已毕，烧化楮帛，众将称贺已了，高俅叫取京师原带来的歌儿舞女，都令上船作乐侍宴。一面教军健车船演习，飞走水面，船上笙箫谩品，歌舞悠扬，游玩终夕不散。当夜就船中宿歇。次日，又设席面饮酌，一连三日筵宴，不肯开船。忽有人报道："梁山泊贼人写一首诗，贴在济州城里土地庙前，有人揭得在此。"其诗写道：

帮闲得志一高俅，漫领三军水上游。

便有海鳅船万只，俱来泊内一齐休。

高太尉看了诗大怒，便要起军征剿："若不杀尽贼寇，誓不回军！"闻参谋谏道："太尉暂息雷霆之怒。想此狂寇惧怕，特写恶言　吓，不为大事。消停数日之间，拨定了水陆军马，那时征进未迟。目今深冬，天气和暖，此天子洪福，元帅虎威也。"高俅听罢甚喜，遂入城中，商议拨军遣将。旱路上便调周昂、王焕同领大军，随行策应。却调项元镇、张开总领军马一万，直至梁山泊山前那条大路上守住厮杀。原来梁山泊自古四面八方，茫茫荡荡，都是芦苇烟水。近来只有山前这条大路，却是宋公明方才新筑的，旧不曾有。高太尉教调马军先进，截住这条路口。其余闻参谋、丘岳、徐京、梅展、王文德、杨温、李从吉、长史王瑾、造船人叶春、随行牙将、大小军校随从人等，都跟高太尉上船征进。闻参谋谏道："主帅只可监督马军，陆路进发，不可自登水路，亲临险地。"高太尉道："无伤。前番二次，皆不得其人，以致失陷了人马，折了许多船只。今番造得若干好船，我若不亲临监督，如何擒捉此寇?今次正要与贼人决一死战，汝不必多言！"闻参谋再不敢开口，只得跟随高太尉上船。高俅拨三十只大海鳅船，与先锋丘岳、徐京、梅展管领，拨五十只小海鳅船开路，令杨温同长史王瑾、船匠叶春管领。头船上立两面大红绣旗，上书十四个金字道："搅海翻江冲巨浪，安邦定国灭洪妖。"中军船上，却是高太尉、闻参谋，引着歌儿舞女，自守中军队伍。向那三五十只大海鳅船上，摆开碧油幢、帅字旗、黄钺白旄、朱　皂盖、中军器械。后面船上，便令王文德、李从吉压阵。此是十一月中时。马军得令先行。水军先锋丘岳、徐京、梅展三个，在头船上，首先进发，飞云卷雾，望梁山泊来。但见海鳅船：

前排箭洞，上列弩楼。冲波如蛟蜃之形，走水似鲲鲸之势。龙鳞密布，左右排二十四部绞车；雁翅齐分，前后列一十八般军器。青布织成皂盖，紫竹制作遮洋。往来冲击似飞梭，展转交锋欺快马。

宋江、吴用已知备细，预先布置已定，单等官军船只到来。当下三个先锋，催动船只，把小海鳅分在两边，当住小港；大海鳅船望中进发。众军诸将，正如蟹眼鹤顶，只望前面奔窜，迤　来到梁山泊深处。只见远远地早有一簇船来，每只船上，只有十四五人，身上都有衣甲，当中坐着一个头领。前面三只船上，插着三把白旗，旗上写道："梁山泊阮氏三雄。"中间阮小二，左边阮小五，右边阮小七。远远地望见明晃晃都是戎装衣甲，却原来尽把金银箔纸糊成的。

三个先锋见了，便叫前船上将火炮、火枪、火箭，一齐打放。那三阮全然不惧，料着船近，枪箭射得着时，发声喊，齐跳下水里去了。丘岳等夺得三只空船，又行不过三里来水面，见三只快船抢风摇来。头只船上，只见十数个人，都把青黛黄丹土朱泥粉，抹在身上，头上披着发，口中打着胡哨，飞也似来。两边两只船上，都只五七个人，搽红画绿不等。中央是玉　竿孟康，左边是出洞蛟童威，右边是翻江蜃童猛。这里先锋丘岳，又叫打放火器，只见对面发声喊，都弃了船，一齐跳下水里去了。又捉得三只空船。再行不得三里多路，又见水面上三只中等船来。每船上四把橹，八个人摇动，十余个小喽罗，打着一面红旗，簇拥着一个头领坐在船头上，旗上写："水军头领混江龙李俊。"左边这只船上，坐着这个头领，手　铁枪，打着一面绿旗，上写道："水军头领船火儿张横。"右边那只船上，立着那个好汉，上面不穿衣服，下腿赤着双脚，腰间插着几个铁凿，手中挽个铜锤，打着一面皂旗，银字上书："头领浪里白跳张顺。"乘着船，高声说道："承谢送船到泊。"三个先锋听了，喝教："放箭！"弓弩响时，对面三只船上众好汉，都翻筋斗跳下水里去了。此是暮冬天气，官军船上招来的水手军士，那里敢下水去。

正犹豫间，只听得梁山泊顶上，号炮连珠价响，只见四分五落，芦苇丛中，钻出千百只小船来，水面如飞蝗一般。每只船上，只三五个人，船舱中竟不知有何物。大海鳅船要撞时，又撞不得。水车正要踏动时，前面水底下都填塞定了，车辐板竟踏不动。弩楼上放箭时，小船上人，一个个自顶片板遮护。看看逼将拢来，一个把挠钩搭住了舵，一个把板刀便砍那踏车的军士。早有五六十个爬上先锋船来。官军急要退时，后面又塞定了，急切退不得。前船正混战间，后船又大叫起来。高太尉和闻参谋在中军船上，听得大乱，急要上岸，只听得芦苇中金鼓大振，舱内军士一齐喊道："船底漏了。"滚滚走入水来。前船后船，尽皆都漏，看看沉下去。四下小船，如蚂蚁相似，望大船边来。高太尉新船，缘何得漏?却原来是张顺引领一班儿高手水军，都把锤凿在船底下凿透船底，四下里滚入水来。

高太尉爬去舵楼上，叫后船救应，只见一个人从水底下钻将起来，便跳上舵楼来，口里说道："太尉，我救你性命。"高俅看时，却不认得。那人近前，便一手揪住高太尉巾帻，一手提住腰间束带，喝一声："下去！"把高太尉扑通地丢下水里去。堪嗟赫赫中军将，翻作淹淹水底人!只见旁边两只小船，飞来救应，拖起太尉上船去。那个人便是浪里白跳张顺，水里拿人，浑如瓮中捉鳖，手到拈来。

前船丘岳见阵势大乱，急寻脱身之计，只见旁边水手丛中，走出一个水军来。丘岳不曾提防，被他赶上，只一刀，把丘岳砍下船去。那个便是梁山泊锦豹子杨林。徐京、梅展见杀了先锋丘岳，两节度奔来杀杨林。水军丛中，连抢出四个小头领来：一个是白面郎君郑天寿，一个是病大虫薛永，一个是打虎将李忠，一个是操刀鬼曹正，一发从后面杀来。徐京见不是头，便跳下水去逃命，不想水底下已有人在彼，又吃拿了。薛永将梅展一枪，搠着腿股，跌下舱里去。原来八个头领，来投充水军，尚兀自有三个在前船上：一个是青眼虎李云，一个是金钱豹子汤隆，一个是鬼脸儿杜兴。众节度使便有三头六臂，到此也施展不得。

梁山泊宋江、卢俊义，已自各分水陆进攻。宋江掌水路，卢俊义掌旱路。休说水路全胜，且说卢俊义引领诸将军马，从山前大路杀将出来，正与先锋周昂、王焕马头相迎。周昂见了，当先出马，高声大骂："反贼，认得俺么？"卢俊义大喝："无名小将，死在目前，尚且不知！"便挺枪跃马，直奔周昂，周昂也抡动大斧，纵马来敌。两将就山前大路上交锋，斗不到二十余合，未见胜败。只听得后队马军，发起喊来。原来梁山泊大队军马，都埋伏在山前两下大林丛中，一声喊起，四面杀将出来。东南关胜、秦明，西北林冲、呼延灼，众多英雄，四路齐到。项元镇、张开那里拦当得住，杀开条路，先逃性命走了。周昂、王焕不敢恋战，拖了枪斧，夺路而走，逃入济州城中；扎住军马，打听消息。

再说宋江掌水路，捉了高太尉，急教戴宗传令，不可杀害军士。中军大海鳅船上闻参谋等并歌儿舞女，一应部从，尽掳过船。鸣金收军，解投大寨。宋江、吴用、公孙胜等，都在忠义堂上，见张顺水渌渌地解到高俅。宋江见了，慌忙下堂扶住，便取过罗缎新鲜衣服，与高太尉从新换了，扶上堂来，请在正面而坐。宋江纳头便拜，口称："死罪！"高俅慌忙答礼。宋江叫吴用、公孙胜扶住，拜罢，就请上坐。再叫燕青传令下去："如若今后杀人者，定依军令，处以重刑！"号令下去，不多时，只见纷纷解上人来：童威、童猛解上徐京；李俊、张横解上王文德；杨雄、石秀解上杨温；三阮解上李从吉；郑天寿、薛永、李忠、曹正解上梅展；杨林解献丘岳首级；李云、汤隆、杜兴，解献叶春、王瑾首级；解珍、解宝掳捉闻参谋并歌儿舞女一应部从，解将到来。单单只走了四人：周昂、王焕、项元镇、张开。宋江都教换了衣服，从新整顿，尽皆请到忠义堂上，列坐相待。但是活捉军士，尽数放回济州。另教安排一只好船，安顿歌儿舞女一应部从，令他自行看守。有诗为证：

奉命高俅欠取裁，被人活捉上山来。

不知忠义为何物，翻宴梁山啸聚台。

当时宋江便教杀牛宰马，大设筵宴，一面分投赏军，一面大吹大擂，会集大小头领，都来与高太尉相见。各施礼毕，宋江持盏擎杯，吴用、公孙胜执瓶捧案，卢俊义等侍立相待。宋江开口道："文面小吏，安敢叛逆圣朝，奈缘积累罪尤，逼得如此。二次虽奉天恩，中间委曲奸弊，难以缕陈。万望太尉慈悯，救拔深陷之人，得瞻天日，刻骨铭心，誓图死保。"

高俅见了众多好汉，一个个英雄猛烈，林冲、杨志怒目而视，有欲要发作之色，先有了十分惧怯，便道："宋公明，你等放心!高某回朝，必当重奏，请降宽恩大赦，前来招安，重赏加官，大小义士，尽食天禄，以为良臣。"宋江听了大喜，拜谢太尉。当日筵会，甚是整齐，大小头领，轮番把盏，殷勤相劝。高太尉大醉，酒后不觉放荡，便道："我自小学得一身相扑，天下无对。"卢俊义却也醉了，怪高太尉自夸天下无对，便指着燕青道："我这个小兄弟，也会相扑，三番上岱岳争交，天下无对。"高俅便起身来，脱了衣裳，要与燕青厮扑。

众头领见宋江敬他是个天朝太尉，没奈何处，只得随顺听他说，不想要勒燕青相扑，正要灭高俅的嘴，都起身来道："好，好!且看相扑！"众人都哄下堂去。宋江亦醉，主张不定。两个脱了衣裳，就厅阶上，宋江叫把软褥铺下。两个在剪绒毯上，吐个门户。高俅抢将入来，燕青手到，把高俅扭　得定，只一交，　翻在地褥上，做一块，半晌挣不起。这一扑，唤做守命扑。宋江、卢俊义慌忙扶起高俅，再穿了衣服，都笑道："太尉醉了，如何相扑得成功，切乞恕罪！"高俅惶恐无限，却再入席，饮至夜深，扶入后堂歇了。

次日又排筵会，与高太尉压惊，高俅遂要辞回，与宋江等作别。宋江道："某等淹留大贵人在此，并无异心。若有瞒昧，天地诛戮！”高俅道：“若是义士肯放高某回京，便好全家于天子前保奏义士，定来招安，国家重用。若更翻变，天所不盖，地所不载，死于枪箭之下！”宋江听罢，叩首拜谢。高俅又道：“义士恐不信高某之言，可留下众将为当。”宋江道：“太尉乃大贵人之言，焉肯失信?何必拘留众将。容日各备鞍马，俱送回营。”高太尉谢了：“既承如此相款，深感厚意。只此告回。”宋江等众苦留。当日再排大宴，序旧论新，筵席直至更深方散。

第三日，高太尉定要下山，宋江等相留不住，再设筵宴送行，抬出金银彩缎之类，约数千金，专送太尉，为折席之礼；众节度使以下，另有馈送。高太尉推却不得，只得都受了。饮酒中间，宋江又提起招安一事。高俅道：“义士可叫一个精细之人，跟随某去，我直引他面见天子，奏知你梁山泊衷曲之事，随即好降诏敕。”宋江一心只要招安，便与吴用计议，教圣手书生萧让跟随太尉前去。吴用便道：“再教铁叫子乐和作伴，两个同去。”高太尉道：“既然义士相托，便留闻参谋在此为信。”宋江大喜。至第四日，宋江与吴用带二十余骑，送高太尉并众节度使下山，过金沙滩二十里外饯别。拜辞了高太尉，自回山寨，专等招安消息。

却说高太尉等一行人马，望济州回来，先有人报知，济州先锋周昂、王焕、项元镇、张开、太守张叔夜等出城迎接。高太尉进城，略住了数日，收拾军马，教众节度使各自领兵回程暂歇，听候调用。高太尉自带了周昂并大小牙将头目，领了三军，同萧让、乐和一行部从，离了济州，迤　望东京进发。不因高太尉带领梁山泊两个人来，有分教：风流出众，洞房深处遇君王；细作通神，相府园中寻俊杰。

毕竟高太尉回京，怎地保奏招安宋江等众，且听下回分解。

第八十一回 燕青月夜遇道君　戴宗定计出乐和

话说梁山泊好汉，水战三败高俅，尽被擒捉上山。宋公明不肯杀害，尽数放还。高太尉许多人马回京，就带萧让、乐和前往京师，听候招安一事，却留下参谋闻焕章在梁山泊里。那高俅在梁山泊时，亲口说道：“我回到朝廷，亲引萧让等，面见天子，便当力奏保举，火速差人前来招安。”因此上就叫乐和为伴，与萧让一同去了，不在话下。

且说梁山泊众头目商议，宋江道：“我看高俅此去，未知真实。”吴用笑道：“我观此人，生的蜂目蛇形，是个转面忘恩之人。他折了许多军马，废了朝廷许多钱粮，回到京师，必然推病不出，朦胧奏过天子，权将军士歇息，萧让、乐和软监在府里。若要等招安，空劳神力！”宋江道：“似此怎生奈何?招安犹可，又且陷了二人。”吴用道：“哥哥再选两个乖觉的人，多将金宝前去京师，探听消息。就行钻刺关节，把衷情达知今上，令高太尉藏匿不得。此为上计。”燕青便起身说道：“旧年闹了东京，是小弟去李师师家入肩。不想这一场大闹，他家已自猜了八分。只有一件，他却是天子心爱的人，官家那里疑他。他自必然奏说：‘梁山泊知得陛下在此私行，故来惊吓。’已是遮过了。如今小弟多把些金珠去那里入肩，枕头上关节最快。小弟可长可短，见机而作。”宋江道：“贤弟此去，须担干系！”戴宗便道：“小弟帮他去走一遭。”神机军师朱武道：“兄长昔日打华州时，尝与宿太尉有恩。此人是个好心的人。若得本官于天子前早晚题奏，亦是顺事。”

宋江想起九天玄女之言“遇宿重重喜”，莫非正应着此人身上?便请闻参谋来堂上同坐。宋江道：“相公曾认得太尉宿元景么？”闻焕章道：“他是在下同窗朋友，如今和圣上寸步不离。此人极是仁慈宽厚，待人接物，一团和气。”宋江道：“实不瞒相公说，我等疑高太尉回京，必然不奏招安一节。宿太尉旧日在华州降香，曾与宋江有一面之识。今要使人去他那里打个关节，求他添力，早晚于天子处题奏，共成此事。”闻参谋答道：“将军既然如此，在下当修尺书奉去。”宋江大喜。随即教取纸笔来，一面焚起好香，取出玄女课，望空祈祷，卜得个上上大吉之兆。随即置酒，与戴宗、燕青送行。收拾金珠细软之物两大笼子，书信随身藏了，仍带了开封府印信公文。两个扮作公人，辞了头领下山，渡过金沙滩，望东京进发。

戴宗托着雨伞，背着个包裹。燕青把水火棍挑着笼子，拽扎起皂衫，腰系着缠袋，脚下都是腿绷护膝，八搭麻鞋。于路免不得饥餐渴饮，夜住晓行。不则一日，来到东京，不由顺路入城，却转过万寿门来。两个到得城门边，把门军当住。燕青放下笼子，打着乡谈说道：“你做甚么当我？”军汉道：“殿帅府有钧旨，梁山泊诸色人等，恐有夹带入城，因此着仰各门，但有外乡客人出入，好生盘诘。”燕青笑道：“你便是了事的公人，将着自家人，只管盘问。俺两个从小在开封府勾当，这门下不知出入了几万遭，你颠倒只管盘问，梁山泊人，眼睁睁的都放他过去了。”便向身边取出假公文，劈面丢将去道：“你看，这是开封府公文不是？”那监门官听得，喝道：“既是开封府公文，只管问他怎地?放他入去！”燕青一把抓了公文，揣在怀里，挑起笼子便走。戴宗也冷笑了一声。两个径奔开封府前来，寻个客店安歇了。次日，燕青换领布衫穿了，将搭膊系了腰，换顶头巾，歪戴着，只妆做小闲模样。笼内取了一帕子金珠，分付戴宗道：“哥哥，小弟今日去李师师家干事，倘有些撅撒，哥哥自快回去。”分付戴宗了当，一直取路径奔李师师家来。到的门前看时，依旧曲槛雕栏，绿窗朱户，比先时又修的好。燕青便揭起斑竹帘子，从侧首边转将入来，早闻的异香馥郁。入到客位前，见周回吊挂名贤书画，阶檐下放着三二十盆怪石苍松，坐榻尽是雕花香楠木，小床坐褥，尽铺锦绣。燕青微微地咳嗽一声，丫鬟出来见了，便传报李妈妈出来，看见是燕青，吃了一惊，便道：“你如何又来此间？”燕青道：“请出娘子来，小人自有话说。”李妈妈道：“你前番连累我家，坏了房子。你有话便说。”燕青道：“须是娘子出来，方才说的。”

李师师在窗子后听了多时，转将出来。燕青看时，别是一般风韵，但见：容貌似海棠滋晓露，腰肢如杨柳袅东风，浑如阆苑琼姬，绝胜桂宫仙姊。当下李师师轻移莲步，款蹙湘裙，走到客位里面。燕青起身，把那帕子放在桌上，先拜了李妈妈四拜，后拜李行首两拜。李师师谦让道：“免礼。俺年纪幼小，难以受拜。”燕青拜罢，起身道：“前者惊恐，小人等安身无处。”李师师道：“你休瞒我，你当初说道是张闲，那两个是山东客人。临期闹了一场，不是我巧言奏过官家，别的人时，却不满门遭祸!他留下词中两句，道是：‘六六雁行连八九，只等金鸡消息。’我那时便自疑惑，正待要问，谁想驾到，后又闹了这场，不曾问的。今喜汝来，且释我心中之疑。你不要隐瞒，实对我说知；若不明言，决无干休！”燕青道：“小人实诉衷曲，花魁娘子休要吃惊。前番来的那个黑矮身材，为头坐的，正是呼保义宋江；第二位坐的白俊面皮三牙髭须那个，便是柴世宗嫡派子孙，小旋风柴进；这公人打扮，立在面前的，便是神行太保戴宗；门首和杨太尉厮打的，正是黑旋风李逵；小人是北京大名府人氏，人都唤小人做浪子燕青。当初俺哥哥来东京求见娘子，教小人诈作张闲，来宅上入肩。俺哥哥要见尊颜，非图买笑迎欢，只是久闻娘子遭际今上，以此亲自特来告诉衷曲，指望将替天行道、保国安民之心，上达天听，早得招安，免致生灵受苦。若蒙如此，则娘子是梁山泊数万人之恩主也!如今被奸臣当道，谗佞专权，闭塞贤路，下情不能上达，因此上来寻这条门路，不想惊吓娘子。今俺哥哥无可拜送，只有些少微物在此，万望笑留。”燕青便打开帕子，摊在桌上，都是金珠宝贝器皿。那虔婆爱的是财，一见便喜，忙叫奶子收拾过了，便请燕青进里面小阁儿内坐地，安排好细食茶果，殷勤相待。原来李师师家，皇帝不时间来，因此上公子王孙，富豪子弟，谁敢来他家讨茶吃。

且说当时铺下盘馔酒果，李师师亲自相待。燕青道：“小人是个该死的人，如何敢对花魁娘子坐地？”李师师道：“休恁地说!你这一班义士，久闻大名，只是奈缘中间无有好人，与汝们众位作成，因此上屈沉水泊。”燕青道：“前番陈太尉来招安，诏书上并无抚恤的言语，更兼抵换了御酒。第二番领诏招安，正是诏上要紧字样，故意读破句读：‘除宋江，卢俊义等大小人众所犯过恶，并与赦免。’因此上，又不曾归顺。童枢密引将军来，只两阵，杀的片甲不归。次后高太尉役天下民夫，造船征进，只三阵，人马折其大半，高太尉被俺哥哥活捉上山，不肯杀害，重重管待，送回京师，生擒人数，尽都放还。他在梁山泊说了大誓，如回到朝廷，奏过天子，便来招安。因此带了梁山泊两个人来，一个是秀才萧让，一个是能唱乐和，眼见的把这两人藏在家里，不肯令他出来；损兵折将，必然瞒着天子。”李师师道：“他这等破耗钱粮，损折兵将，如何敢奏?这话我尽知了。且饮数杯，别作商议。”燕青道：“小人天性不能饮酒。”李师师道：“路远风霜，到此开怀，也饮几杯。”燕青被央不过，一杯两盏，只得陪侍。

原来这李师师是个风尘妓女，水性的人，见了燕青这表人物，能言快说，口舌利便，倒有心看上他。酒席之间，用些话来嘲惹他；数杯酒后，一言半语，便来撩拨。燕青是个百伶百俐的人，如何不省得?他却是好汉胸襟，怕误了哥哥大事，那里敢来承惹?李师师道：“久闻的哥哥诸般乐艺，酒边闲听，愿闻也好。”燕青答道：“小人颇学的些本事，怎敢在娘子跟前卖弄？”李师师道：“我便先吹一曲，教哥哥听！”便唤丫鬟取箫来，锦袋内掣出那管凤箫。李师师接来，口中轻轻吹动，端的是穿云裂石之声。燕青听了，喝采不已。

李师师吹了一曲，递过箫来，与燕青道：“哥哥也吹一曲，与我听则个！”燕青却要那婆娘欢喜，只得把出本事来，接过箫，便呜呜咽咽也吹一曲。李师师听了，不住声喝采，说道：“哥哥原来恁地吹的好箫！”李师师取过阮来，拨个小小的曲儿，教燕青听，果然是玉　齐鸣，黄莺对啭，余韵悠扬。燕青拜谢道：“小人也唱个曲儿，伏侍娘子。”顿开咽喉便唱，端的是声清韵美，字正腔真。唱罢又拜。李师师执盏擎杯，亲与燕青回酒谢唱，口儿里悠悠放出些妖娆声嗽，来惹燕青；燕青紧紧的低了头，唯喏而已。

数杯之后，李师师笑道：“闻知哥哥好身纹绣，愿求一观，如何？”燕青笑道：“小人贱体，虽有些花绣，怎敢在娘子跟前揎衣裸体？”李师师说道：“锦体社家子弟，那里去问揎衣裸体！”三回五次，定要讨看。燕青只的脱膊下来，李师师看了，十分大喜，把尖尖玉手，便摸他身上。燕青慌忙穿了衣裳。李师师再与燕青把盏，又把言语来调他。燕青恐怕他动手动脚，难以回避，心生一计，便动问道：“娘子今年贵庚多少？”李师师答道：“师师今年二十有七。”燕青说道：“小人今年二十有五，却小两年。娘子既然错爱，愿拜为姊姊！”燕青便起身，推金山，倒玉柱，拜了八拜。这八拜是拜住那妇人一点邪心，中间里好干大事。若是第二个，在酒色之中的，也把大事坏了。因此上单显燕青心如铁石，端的是好男子。当时燕青又请李妈妈来，也拜了，拜做干娘。燕青辞回，李师师道：“小哥只在我家下，休去店中宿。”燕青道：“既蒙错爱，小人回店中，取了些东西便来。”李师师道：“休教我这里专望。”燕青道：“店中离此间不远，少刻便到。”

燕青暂别了李师师，径到客店中，把上件事和戴宗说了。戴宗道：“如此最好!只恐兄弟心猿意马，拴缚不定。”燕青道：“大丈夫处世，若为酒色而忘其本，此与禽兽何异?燕青但有此心，死于万剑之下！”戴宗笑道：“你我都是好汉，何必说誓！”燕青道：“如何不说誓，兄长必然生疑！”戴宗道：“你当速去，善觑方便，早干了事便回，休教我久等。宿太尉的书，也等你来下。”燕青收拾一包零碎金珠细软之物，再回李师师家，将一半送与李妈妈，一半散与全家大小，无一个不欢喜。便向客位侧边，收拾一间房，教燕青安歇，合家大小，都叫叔叔。也是缘法凑巧，至夜，却好有人来报：“天子今晚到来。”燕青听的，便去拜告李师师道：“姊姊做个方便，今夜教小弟得见圣颜，告的纸御笔赦书，赦了小弟罪犯，出自姊姊之德！”李师师道：“今晚定教你见天子一面，你却把些本事，动达天颜，赦书何愁没有？”

看看天晚，月色朦胧，花香馥郁，兰麝芬芳，只见道君皇帝引着一个小黄门，扮做白衣秀士，从地道中径到李师师家后门来。到的阁子里坐下，便教前后关闭了门户，明晃晃点起灯烛荧煌。李师师冠梳插带，整肃衣裳，前来接驾。拜舞起居寒温已了，天子命：“去其整妆衣服，相待寡人。”李师师承旨，去其服色，迎驾入房。家间已准备下诸般细果，异品肴馔，摆在面前。李师师举杯上劝天子，天子大喜，叫：“爱卿近前，一处坐地。”李师师见天子龙颜大喜，向前奏道：“贱人有个姑舅兄弟，从小流落外方，今日才归，要见圣上，未敢擅便，乞取我王圣鉴。”天子道：“既然是你兄弟，便宣将来见寡人，有何妨？”奶子遂唤燕青直到房内，面见天子。燕青纳头便拜。官家看了燕青一表人物，先自大喜。李师师叫燕青吹箫，伏侍圣上饮酒，少刻又拨一回阮，然后叫燕青唱曲。燕青再拜奏道：“所记无非是淫词艳曲，如何敢伏侍圣上？”官家道：“寡人私行妓馆，其意正要听艳曲消闷，卿当勿疑。”燕青借过象板，再拜罢，对李师师道：“音韵差错，望姊姊见教。”燕青顿开喉咽，手拿象板，唱《渔家傲》一曲，道是：

一别家山音信杳，百种相思，肠断何时了。燕子不来花又老，一春瘦的腰儿小。

薄幸郎君何日到，想自当初，莫要相逢好。好梦欲成还又觉，绿窗但觉莺啼晓。

燕青唱罢，真乃是新莺乍啭，清韵悠扬。天子甚喜，命教再唱。燕青拜倒在地，奏道：“臣有一只《减字木兰花》，上达天听。”天子道：“好，寡人愿闻。”燕青拜罢，遂唱《减字木兰花》一曲，道是：

听哀告，听哀告!贱躯流落谁知道，谁知道!极天罔地，罪恶难分颠倒。　　有人提出火坑中，肝胆常存忠孝，常存忠孝。有朝须把大恩人报!

燕青唱罢，天子失惊，便问：“卿何故有此曲？”燕青大哭，拜在地下。天子转疑，便道：“卿且诉胸中之事，寡人与卿理会。”燕青奏道：“臣有迷天之罪，不敢上奏！”天子曰：“赦卿无罪，但奏不妨！”燕青奏道：“臣自幼飘泊江湖，流落山东，跟随客商，路经梁山泊过，致被劫掳上山，一住三年。今年方得脱身逃命，走回京师，虽然见的姊姊，则是不敢上街行走。倘或有人认得，通与做公的，此时如何分说？”李师师便奏道：“我兄弟心中，只有此苦，望陛下做主则个！”天子笑道：“此事容易，你是李行首兄弟，谁敢拿你！”燕青以目送情与李师师。李师师撒娇撒痴，奏天子道：“我只要陛下亲书一道赦书，赦免我兄弟，他才放心。”天子云：“又无御宝在此，如何写的？”李师师又奏道：“陛下亲书御笔，便强似玉宝天符。救济兄弟做的护身符时，也是贱人遭际圣时。”天子被逼不过，只得命取纸笔，奶子随即捧过文房四宝。燕青磨的墨浓，李师师递过紫毫象管，天子拂开花笺黄纸，横内大书一行。临写，又问燕青道：“寡人忘卿姓氏。”燕青道：“男女唤做燕青。”天子便写御书道：

神霄玉府真主宣和羽士虚静道君皇帝，特赦燕青本身一应无罪，诸司不许拿问。写罢，下面押个御书花字。燕青再拜叩头受命，李师师执盏擎杯谢恩。天子便问："汝在梁山泊，必知那里备细。"燕青奏道："宋江这伙，旗上大书'替天行道'，堂设'忠义'为名，不敢侵占州府，不肯扰害良民，单杀赃官污吏、谗佞之人，只是早望招安，愿与国家出力。"天子乃曰："寡人前者两番降诏，遣人招安，如何抗拒，不伏归降？"燕青奏道："头一番招安，诏书上并无抚恤招谕之言，更兼抵换了御酒，尽是村醪，以此变了事情。第二番招安，故把诏书读破句读，要除宋江，暗藏弊幸，因此又变了事情。童枢密引军到来，只两阵，杀得片甲不回。高太尉提督军马，又役天下民夫，修造战船征进，不曾得梁山泊一根折箭；只三阵，杀的手脚无措，军马折其三停，自己亦被活捉上山，许了招安，方才放回，又带了山上二人在此，却留下闻参谋在彼质当。"天子听罢，便叹道："寡人怎知此事!童贯回京时奏说：'军士不伏暑热，暂且收兵罢战。'高俅回京奏道：'病患不能征进，权且罢战回京。'"李师师奏道："陛下虽然圣明，身居九重，却被奸臣闭塞贤路，如之奈何？"天子嗟叹不已。约有更深，燕青拿了赦书，叩头安置，自去歇息。天子与李师师上床同寝，当夜五更，自有内侍黄门接将去了。

燕青起来，推道清早干事，径来客店里，把说过的话，对戴宗一一说知。戴宗道："既然如此，多是幸事。我两个去下宿太尉的书。"燕青道："饭罢便去。"两个吃了些早饭，打挟了一笼子金珠细软之物，拿了书信，径投宿太尉府中来。街坊上借问人时，说太尉在内里未归。燕青道："这早晚正是退朝时分，如何未归？"街坊人道："宿太尉是今上心爱的近侍官员，早晚与天子寸步不离，归早归晚，难以指定。"正说之间，有人报道："这不是太尉来也！"燕青大喜，便对戴宗道："哥哥，你只在此衙门前伺候，我自去见太尉去。"燕青近前，看见一簇锦衣花帽从人，捧着轿子。燕青就当街跪下，便道："小人有书札上呈太尉。"宿太尉见了，叫道："跟将进来！"燕青随到厅前。太尉下了轿子，便投侧首书院里坐下。太尉叫燕青入来，便问道："你是那里来的干人？"燕青道："小人从山东来，今有闻参谋书札上呈。"太尉道："那个闻参谋？"燕青便向怀中取出书，呈递上去。宿太尉看了封皮，说道："我道是那个闻参谋，原来是我幼年间同窗的闻焕章。"遂拆开书来看时，写道：

侍生闻焕章沐手百拜，奉书太尉恩相钧座前：贱子自髫年时出入门墙，已三十载矣。昨蒙高殿帅召至军前，参谋大事。奈缘劝谏不从，忠言不听，三番败绩，言之甚羞。高太尉与贱子一同被掳，陷于缧绁。义士宋公明宽裕仁慈，不忍加害。今高殿帅带领梁山萧让、乐和赴京，欲请招安，留贱子在此质当。万望恩相不惜齿牙，早晚于天子前题奏，速降招安之典，俾令义士宋公明等早得释罪获恩，建功立业，国家幸甚!天下幸甚!救取贱子，实领再生之赐。拂楮拳拳，幸垂照察。

宣和四年春正月　日　焕章再拜奉上

宿太尉看了书，大惊，便问道："你是谁？"燕青答道："男女是梁山泊浪子燕青。"随即出来，取了笼子，径到书院里。燕青禀道："太尉在华州降香时，多曾伏侍太尉来，恩相缘何忘了?宋江哥哥有些微物相送，聊表我哥哥寸心。每日占卜课内，只着求太尉提拔救济。宋江等满眼只望太尉来招安。若得恩相早晚于天子前题奏此事，则梁山泊十万人之众，皆感大恩!哥哥责着限次，男女便回。"燕青拜辞了，便出府来。宿太尉使人收了金珠宝物，已有在心。

且说燕青便和戴宗回店中商议："这两件事都有些次第，只是萧让、乐和在高太尉府中，怎生得出？"戴宗道："我和你依旧扮作公人，去高太尉府前伺候。等他府里有人出来，把些金银贿赂与他，赚得一个厮见。通了消息，便有商量。"当时两个换了结束，带将金银，径投太平桥来，在衙门前窥望了一回。只见府里一个年纪小的虞候摇摆将出来，燕青便向前与他施礼。那虞候道："你是甚人？"燕青道："请干办到茶肆中说话。"两个到阁子内，与戴宗相见了，同坐吃茶。燕青道："实不瞒干办说，前者太尉从梁山泊带来那两个人，一个跟的叫做乐和，与我这哥哥是亲眷，欲要见他一见，因此上相央干办。"虞候道："你两个且休说，节堂深处的勾当，谁理会的？"戴宗便向袖内取出一锭大银，放在桌子上，对虞候道："足下只引的乐和出来，相见一面，不要出衙门，便送这锭银子与足下。"那人见了财物，一时利动人心，便道："端的有这两个人在里面。太尉钧旨，只教养在后花园里歇宿。我与你唤他出来，说了话，你休失信，把银子与我。"戴宗道："这个自然。"那人便起身分付道；"你两个只在此茶坊里等我。"那人急急入府去了。

戴宗、燕青两个在茶房中，等不到半个时辰，只见那小虞候慌慌出来说道："先把银子来，乐和已叫出在耳房里了。"戴宗与燕青附耳低言"如此如此"，就把银子与他。虞候得了银子，便引燕青耳房里来见乐和。那虞候道："你两个快说了话便去！"燕青便与乐和道："我同戴宗在这里定计，赚得你两个出去。"乐和道："直把我两个养在后花园中，墙垣又高，无计可出，折花梯子尽都藏过了，如何能够出来？"燕青道："靠墙有树么？"乐和道："旁边一遭，都是大柳树。"燕青道："今夜晚间，只听咳嗽为号。我在外面，漾过两条索去，你就相近的柳树上，把索子绞缚了。我两个在墙外，各把一条索子扯住，你两个就从索上盘将出来。四更为期，不可失误。"那虞候便道："你两个只管说甚的?快去罢！"乐和自入去了，暗暗通报了萧让。燕青急急去与戴宗说知，当日至夜伺候着。

且说燕青、戴宗两个，就街上买了两条粗索，藏在身边，先去高太尉府后看了落脚处。原来离府后是条河，河边却有两只空船缆着，离岸不远。两个便就空船里伏了，看看听得更鼓已打四更，两个便上岸来，绕着墙后咳嗽，只听的墙里应声咳嗽，两边都已会意，燕青便把索来漾将过去。约莫里面拴缚牢了，两个在外面对绞定，紧紧地拽住索头。只见乐和先盘出来，随后便是萧让。两个都溜将下来，却把索子丢入墙内去了。却去敲开客店门，房中取了行李，就店中打火，做了早饭吃，算了房宿钱。四个来到城门边，等门开时，一涌出来，望梁山泊回报消息。不是这四个回来，有分教：宿太尉单奏此事，梁山泊全受招安。

毕竟宿太尉怎生奏请圣旨，且听下回分解。

第八十二回 梁山泊分金大买市　宋公明全伙受招安

话说燕青在李师师家遇见道君皇帝，告得一道本身赦书，次后见了宿太尉，又和戴宗定计，去高太尉府中赚出萧让、乐和。四个人等城门开时，随即出城，径赶回梁山泊来，报知上项事务。且说李师师当夜不见燕青来家，心中亦有些疑虑。却说高太尉府中亲随人，次日供送茶饭与萧让、乐和，就房中不见了二人，慌忙报知都管。都管便来花园中看时，只见柳树边拴着两条粗索，已知走了二人，只得报知太尉。高俅听罢，吃了一惊，越添忧闷，只在府中推病不出。

次日五更，道君皇帝设朝，驾坐文德殿。文武班齐，天子宣命卷帘，旨令左右近臣，宣枢密使童贯出班。问道："你去岁统十万大军，亲为招讨，征进梁山泊，胜败如何？"童贯跪下，便奏道："臣旧岁统率大军，前去征进，非不效力，奈缘暑热，军士不伏水土，患病者众，十死二三，臣见军马艰难，以此权且收兵罢战，各归本营操练。所有御林军，于路病患，多有损折。次后降诏，此伙贼人，不伏招抚。及高俅以舟师征进，亦中途抱病而返。”天子大怒，喝道：“都是汝等妒贤嫉能，奸佞之臣，瞒着寡人行事!你去岁统兵征伐梁山泊，如何只两阵，被寇兵杀的人马辟易，片甲只骑无还，遂令王师败绩。次后高俅那厮，废了州郡多少钱粮，陷害了许多兵船，折了若干军马，自己又被寇活捉上山，宋江等不肯杀害，放将回来。寡人闻宋江这伙，不侵州府，不掠良民，只待招安，与国家出力，都是汝等不才贪佞之臣，枉受朝廷爵禄，坏了国家大事!汝掌管枢密，岂不自惭?本当拿问，姑免这次，再犯不饶！”童贯默默无言，退在一边。

天子又问：“你大臣中，谁可前去招抚梁山泊宋江等一班人众？”圣宣未了，有殿前太尉宿元景出班跪下，奏道：“臣虽不才，愿往一遭。”天子大喜：“寡人御笔亲书丹诏。”便叫抬上御案，拂开诏纸，天子就御案上亲书丹诏。左右近臣，捧过御宝，天子自行用讫。又命库藏官，教取金牌三十六面，银牌七十二面，红锦三十六匹，绿锦七十二匹，黄封御酒一百八瓶，尽付与宿太尉。又赠正从表里二十四匹，金字招安御旗一面，限次日便行。宿太尉就文德殿辞了天子。百官朝罢，童枢密羞惭满面，回府推病，不敢入朝。高太尉闻知，恐惧无措，亦不敢入朝。有诗为证：

一封恩诏出明光，　看梁山尽束装。

知道怀柔胜征伐，悔教赤子受痍伤。

且说宿太尉打担了御酒、金银牌面、缎匹表里之物，上马出城，打起御赐金字黄旗，众官相送出南薰门，投济州进发，不在话下。却说燕青、戴宗、萧让、乐和四个连夜到山寨，把上件事都说与宋公明并头领知道。燕青便取出道君皇帝御笔亲写赦书，与宋江等众人看了。吴用道：“此回必有佳音。”宋江焚起好香，取出九天玄女课来，望空祈祷祝告了，卜得个上上大吉之兆。宋江大喜：“此事必成。再烦戴宗、燕青前去探听虚实，作急回报，好做准备。”戴宗、燕青去了数日，回来报说：“朝廷差宿太尉亲赍丹诏，更有御酒、金银牌面、红绿锦缎表里，前来招安，早晚到也！”宋江听罢大喜，在忠义堂上忙传将令，分拨人员，从梁山泊直抵济州地面，扎缚起二十四座山棚，上面都是结彩悬花，下面陈设笙箫鼓乐。各处附近州郡，雇倩乐人，分拨于各山棚去处，迎接诏敕。每一座山棚上，拨一个小头目监管。一壁教人分投买办果品海味、按酒干食等项，准备筵宴茶饭席面。

且说宿太尉奉敕来梁山泊招安，一干人马迤　都到济州。太守张叔夜出郭迎接入城，馆驿中安下。太守起居宿太尉已毕，把过接风酒。张叔夜禀道：“朝廷颁诏敕来招安，已是二次，盖因不得其人，误了国家大事。今者太尉此行，必与国家立大功也！”宿太尉乃言：“天子近闻梁山泊一伙，以义为主，不侵州郡，不害良民，口称替天行道，今差下官赍到天子御笔亲书丹诏，敕赐金牌三十六面，银牌七十二面，红锦三十六匹，绿锦七十二匹，黄封御酒一百八瓶，表里二十四匹，来此招安，礼物轻否？”张叔夜道：“这一班人，非在礼物轻重，要图忠义报国，扬名后代。若得太尉早来如此，也不教国家损兵折将，虚耗了钱粮。此一伙义士归降之后，必与朝廷建功立业。”宿太尉道：“下官在此专待，有烦太守亲往山寨报知，着令准备迎接。”张叔夜答道：“小官愿往。”随即上马出城，带了十数个从人，径投梁山泊来。到得山下，早有小头目接着，报上寨里来。宋江听罢，慌忙下山，迎接张太守上山。到忠义堂上，相见罢，张叔夜道：“义士恭喜!朝廷特遣殿前宿太尉，赍擎丹诏，御笔亲书，前来招安。敕赐金牌、表里、御酒、缎匹，现在济州城内。义士可以准备迎接诏旨。”宋江大喜，以手加额道：“宋江等再生之幸！”当时留请张太守茶饭。张叔夜道：“非是下官拒意，惟恐太尉见怪回迟。”宋江道：“略奉一杯，非敢为礼。”张叔夜坚执便行。宋江忙教托出一盘金银相送。张太守见了，便道：“这个决不敢受。”宋江道：“些少微物，聊表寸心。若事毕之后，尚容图报。”张叔夜道：“深感义士厚意，且留于大寨，却来请领，亦未为晚。”太守可谓廉以律己者矣!有诗为证：

济州太守世无双，不爱黄金爱宋江。

信是清廉能服众，非关威势可招降。

宋江便差大小军师吴用、朱武，并萧让、乐和四个，跟随张太守下山，直往济州来参见宿太尉。约至后日，众多大小头目离寨三十里外，伏道相迎。当时吴用等跟随太守张叔夜连夜下山，直到济州。次日，来馆驿中参见宿太尉，拜罢，跪在面前。宿太尉教平身起来，俱各命坐。四个谦让，那里敢坐。太尉问其姓氏，吴用答道：“小生吴用，在下朱武、萧让、乐和，奉兄长宋公明命，特来迎接恩相。兄长与弟兄，后日离寨三十里外，伏道迎接。”宿太尉大喜，便道：“加亮先生，自从华州一别之后，已经数载，谁想今日得与重会!下官知汝弟兄之心，素怀忠义，只被奸臣闭塞，谗佞专权，使汝众人，下情不能上达。目今天子悉已知之，特命下官赍到天子御笔亲书丹诏、金银牌面、红绿锦缎、御酒表里，前来招安。汝等勿疑，尽心受领。”吴用等再拜称谢道：“山野狂夫，有劳恩相降临。感蒙天恩，皆出太尉之赐。众弟兄刻骨铭心，难以补报。”张叔夜一面设宴管待。

到第三日清晨，济州装起香车三座，将御酒另一处龙凤盒内抬着；金银牌面、红绿锦缎，另一处扛抬；御书丹诏，龙亭内安放。宿太尉上了马，靠龙亭东行，太守张叔夜骑马在后相陪；吴用等四人，乘马跟着；大小人伴，一齐簇拥。前面马上，打着御赐销金黄旗，金鼓旗幡队伍开路，出了济州，迤　前行。未及十里，早迎着山棚。宿太尉在马上看了，见上面结彩悬花，下面笙箫鼓乐，迫道迎接。再行不过数十里，又是结彩山棚。前面望见香烟拂道，宋江、卢俊义跪在面前，背后众头领齐齐都跪在地下迎接恩诏。宿太尉道：“都教上马。”一同迎至水边，那梁山泊千百只战船，一齐渡将过去，直至金沙滩上岸。三关之上，三关之下，鼓乐喧天，军士导从，仪卫不断，异香缭绕，直至忠义堂前下马。香车龙亭，抬放忠义堂上。中间设着三个几案，都用黄罗龙凤桌围围着。正中设万岁龙牌，将御书丹诏放在中间；金银牌面，放在左边；红绿锦缎，放在右边；御酒表里，亦放于前。金炉内焚着好香。宋江、卢俊义邀请宿太尉、张太守上堂设坐。左边立着萧让、乐和，右边立着裴宣、燕青。宋江、卢俊义等，都跪在堂前。裴宣喝拜。拜罢，萧让开读诏文。

制曰：朕自即位以来，用仁义以治天下，公赏罚以定干戈，求贤未尝少怠，爱民如恐不及，遐迩赤子，咸知朕心。切念宋江、卢俊义等，素怀忠义，不施暴虐，归顺之心已久，报效之志凛然。虽犯罪恶，各有所由，察其衷情，深可怜悯。朕今特差殿前太尉宿元景，赍捧诏书，亲到梁山水泊，将宋江等大小人员所犯罪恶，尽行赦免。给降金牌三十六面、红锦三十六匹，赐与宋江等上头领；银牌七十二面、绿锦七十二匹，赐与宋江部下头目。赦书到日，莫负朕心，早早归顺，必当重用。故兹诏敕，想宜悉知。

宣和四年春二月　日诏示

萧让读罢丹诏，宋江等山呼万岁，再拜谢恩已毕，宿太尉取过金银牌面、红绿锦缎，令裴宣依次照名给散已罢。叫开御酒，取过银酒海，都倾在里面，随即取过旋杓舀酒，就堂前温热，倾在银壶内。宿太尉执着金钟，斟过一杯酒来，对众头领道：“宿元景虽奉君命，特赍御酒到此，命赐众头领，诚恐义士见疑，元景先饮此杯，与众义士看，勿得疑虑。”众头领称谢不已。宿太尉饮毕，再斟酒来，先劝宋江，宋江举杯跪饮。然后卢俊义、吴用、公孙胜，陆续饮酒，遍劝一百单八名头领，俱饮一杯。宋江传令，教收起御酒，却请太尉居中而坐，众头领拜复起居。宋江进前称谢道："宋江昨者西岳得识台颜，多感太尉恩厚，于天子左右力奏，救拔宋江等再见天日之光，铭心刻骨，不敢有忘。"宿太尉道："元景虽知义士等忠义凛然，替天行道，奈缘不知就里委曲之事，因此，天子左右未敢题奏，以致　误了许多时。前者收到闻参谋书，又蒙厚礼，方知有此衷情。其日天子在披香殿上，官家与元景闲论，问起义士，以此元景奏知此事。不期天子已知备细，与某所奏相同。次日，天子驾坐文德殿，就百官之前，痛责童枢密、深怪高太尉累次无功，亲命取过文房四宝，天子御笔亲书丹诏，特差宿某亲到大寨，启请众头领。烦望义士早早收拾朝京，休负圣天子宣召抚安之意。"众皆大喜，拜手称谢。礼毕，张太守推说地方有事，别了太尉，自回城内去了。

这里且说宋江，教请出闻参谋相见，宿太尉欣然话旧，满堂欢喜。当请宿太尉居中上坐，闻参谋对席相陪。堂上堂下，皆列位次，大设筵宴，轮番把盏。厅前大吹大擂。虽无炮龙烹凤，端的是肉山酒海。当日尽皆大醉，各扶归幕次安歇。次日又排筵宴，各各倾心露胆，讲说平生之怀。第三日，再排席面，请宿太尉游山，至暮尽醉方散。倏尔已经数日，宿太尉要回，宋江等坚意相留。宿太尉道："义士不知就里，元景奉天子敕旨而来，到此间数日之久，荷蒙英雄慨然归顺，大义俱全。若不急回，诚恐奸臣相妒，别生异议。"宋江等道："太尉既然如此，不敢苦留。今日尽此一醉，来早拜送恩相下山。"当时会集大小头领，尽来集义饮宴。吃酒中间，众皆称谢。宿太尉又用好言抚恤，至晚方散。次日清晨，安排车马，宋江亲捧一盘金珠到宿太尉幕次，再拜上献。宿太尉那里肯受。宋江再三献纳，方才收了。打迭衣箱，拴束行李鞍马，准备起程。其余跟来人数，连日自是朱武、乐和管待，依例饮馔，酒量高低，并皆厚赠金银财帛，众人皆喜。仍将金宝赍送闻参谋，亦不肯受。宋江坚执奉承，才肯收纳。宋江遂请闻参谋随同宿太尉回京师。梁山泊大小头领，金鼓细乐，相送太尉下山，渡过金沙滩，俱送过三十里外，众皆下马，与宿太尉把盏饯行。

宋江当先执盏擎杯道："太尉恩相回见天颜，善言保奏。"宿太尉回道："义士但且放心，只早早收拾朝京为上。军马若到京师来，可先使人到我府中通报。俺先奏闻天子，使人持节来迎，方见十分公气。"宋江道："恩相容复：小可水洼，自从王伦上山开创之后，却是晁盖上山，今至宋江，已经数载，附近居民，扰害不浅。小可愚意，今欲罄竭资财，买市十日，收拾已了，便当尽数朝京，安敢迟滞。亦望太尉将此愚衷，上达天听，以宽限次。"宿太尉应允，别了众人，带了开诏一干人马，自投济州而去。

宋江等却回大寨，到忠义堂上，鸣鼓聚众。大小头领坐下，诸多军校都到堂前。宋江传令："众弟兄在此，自从王伦开创山寨以来，次后晁天王上山建业，如此兴旺。我自江州得众兄弟相救到此，推我为尊，已经数载。今日喜得朝廷招安，重见天日之面，早晚要去朝京，与国家出力。今来汝等众人，但得府库之物，纳于库中公用，其余所得之资，并从均分。我等一百八人，上应天星，生死一处。今者天子宽恩降诏，赦罪招安，大小众人，尽皆释其所犯。我等一百八人，早晚朝京面圣，莫负天子洪恩。汝等军校，也有自来落草的，也有随众上山的，亦有军官失陷的，亦有掳掠来的。今次我等受了招安，俱赴朝廷。你等如愿去的，作数上名进发；如不愿去的，就这里报名相辞。我自赍发你等下山，任从生理。"

宋江号令已罢，着落裴宣、萧让照数上名。号令一下，三军各各自去商议。当下辞去的，也有三五千人。宋江皆赏钱物，赍发去了。愿随去充军者，作数报官。次日，宋江又令萧让写了告示，差人四散去贴，晓示临近州郡乡镇村坊，各各报知，仍请诸人到山买市十日。其告示曰：

梁山泊义士宋江等，谨以大义布告四方。向因聚众山林，多扰四方百姓。今日幸蒙天子宽仁厚德，特降诏敕，赦免本罪，招安归降，朝暮朝觐，无以酬谢，就本身买市十日。倘蒙不外，赍价前来，一一报答，并无虚谬。特此告知，远近居民，勿疑辞避，惠然光临，不胜万幸。

宣和四年三月　日梁山泊义士宋江等谨请

萧让写毕告示，差人去附近州郡及四散村坊，尽行贴遍。发库内金珠、宝贝、彩缎、绫罗、纱绢等项，分散各头领并军校人员。另选一分，为上国进奉，其余堆集山寨，尽行招人买市十日。于三月初三日为始，至十三日止，宰下牛羊，酝造酒醴，但到山寨里买市的人，尽以酒食管待，犒劳从人。至期，四方居民，担囊负笈，雾集云屯，俱至山寨。宋江传令，以一举十，俱各欢喜，拜谢下山。一连十日，每日如此。十日已外，住罢买市，号令大小，收拾赴京朝觐。宋江便要起送各家老小还乡。吴用谏道："兄长未可，且留众宝眷在此山寨。待我等朝觐面君之后，承恩已定，那时发遣各家老小还乡未迟。"宋江听罢道："军师之言极当。"再传将令，教头领即便收拾，整顿军士。宋江等随即火速起身，早到济州，谢了太守张叔夜。太守即设筵宴，管待众多义士，赏劳三军人马。宋江等辞了张太守，出城进发，带领众多军马，径投东京来。先令戴宗、燕青前来京师宿太尉府中报知。太尉见说，随即便入内里奏知天子："宋江等众军马朝京。"天子闻奏大喜，便差太尉并御驾指挥使一员，手持旌旄节钺，出城迎接。当下宿太尉领圣旨出郭。

且说宋江军马在路，甚是摆的整齐。前面打着两面红旗：一面上书"顺天"二字，一面上书"护国"二字。众头领都是戎装披挂，惟有吴学究纶巾羽服，公孙胜鹤氅道袍，鲁智深烈火僧衣，武行者香皂直裰；其余都是战袍金铠，本身服色。在路非止一日，来到京师城外，前逢御驾指挥使持节迎着军马。宋江闻知，领众头领前来参见宿太尉已毕，且把军马屯驻新曹门外，下了寨栅，听候圣旨。

且说宿太尉并御驾指挥使入城，回奏天子说："宋江等军马，俱屯在新曹门外，听候圣旨。"天子乃曰："寡人久闻梁山泊宋江等有一百八人，上应天星，更兼英雄勇猛。今已归降，到于京师。寡人来日引百官登宣德楼，可教宋江等俱依临敌披挂戎装服色，休带大队人马，只将三五百马步军进城，自东过西，寡人亲要观看。也教在城军民，知此英雄豪杰，为国良臣。然后却令卸其衣甲，除去军器，都穿所赐锦袍，从东华门而入，就文德殿朝见。"御驾指挥使直至行营寨前，口传圣旨与宋江等知道。次日，宋江传令，教铁面孔目裴宣选拣彪形大汉五七百步军，前面打着金鼓旗幡，后面摆着枪刀斧钺，中间竖着"顺天"、"护国"二面红旗，军士各悬刀剑弓矢，众人各各都穿本身披挂，戎装袍甲，摆成队伍，从东郭门而入。只见东京百姓军民，扶老挈幼，追路观看，如睹天神。是时天子引百官在宣德楼上，临轩观看。见前面摆列金鼓旗幡，枪刀斧钺，各分队伍；中有踏白马军，打起"顺天"、"护国"二面红旗，外有二三十骑马上随军鼓乐；后面众多好汉，簇簇而行。怎见得英雄好汉，入城朝觐，但见：

风清玉陛，露挹金盘。东方旭日初升，北阙珠帘半卷。南熏门外，百八员义士归心；宣德楼前，亿万岁君王刮目。肃威仪乍行朝典，逞精神犹整军容。风雨日星，并识天颜之霁；电雷霹雳，不烦天讨之威。帝阙前万灵咸集：有圣、有仙、有那吒、有金刚、有阎罗、有判官、有门神、有太岁，乃至夜叉鬼魔，共仰道君皇帝。凤楼下百兽来朝：为彪、为豹、为麒麟、为狻猊、为犴　、为金翅、为雕鹏、为龟猿，以及犬鼠蛇蝎，皆知宋主人王。五龙夹日，是为入云龙、混江龙、出林龙、九纹龙、独角龙，如出洞蛟、翻江蜃，自逐队朝天。众虎离山，是为插翅虎、跳涧虎、锦毛虎、花项虎、青眼虎、笑面虎、矮脚虎、中箭虎，若病大虫、母大虫，亦随班行礼。原称公侯伯子的，应谙朝仪；谁知尘舞山呼，亦许园丁、医算、匠作、船工之辈。凡生毛发须髯的，自堪宠命；岂意绯袍紫绶，并加妇人、浪子、和尚、行者之身。拟空名，则太保、军师、郡马、孔目、郎将、先锋，官衔早列；比古人，则霸王、李广、关索、温侯、尉迟、仁贵，当代重生。有那生得好的，如白面郎插一枝花，擎着笛扇鼓幡，欲歌且舞；看这生得丑的，似青面兽蒙鬼脸儿，拿着枪刀鞭箭，会战能征。长的比险道神，身长一丈；狠的像石将军，力镇三山。发可赤，眼可青，俱各抱丹心一片；摸得天，跳得浪，决不走邪佞两途。喜近君王，不似昔时无面目；恩宽防御，果然此日没遮拦。试看全伙里舞枪弄棒的书生，犹胜满朝中欺君害民的官吏。义士今欣遇主，皇家始庆得人!

且说道君皇帝同百官在宣德楼上，看了梁山泊宋江等这一行部从，喜动龙颜，心中大悦，与百官道："此辈好汉，真英雄也！"叹羡不已。命殿头官传旨，教宋江等各换御赐锦袍见帝。殿头官领命传与宋江等，向东华门外脱去戎装　带，穿了御赐红绿锦袍，悬带金银牌面，各带朝天巾帻，抹绿朝靴。惟公孙胜将红锦裁成道袍，鲁智深缝做僧衣，武行者改作直裰，皆不忘君赐也。宋江、卢俊义为首，吴用、公孙胜为次，引领众人从东华门而入。当日整肃朝仪，陈设銮驾，辰牌时候，天子驾升文德殿。仪礼司官引宋江等依次入朝，排班行礼。殿头官赞拜舞起居，山呼万岁已毕，天子欣喜，敕令宣上文德殿来，照依班次赐坐，命排御筵。敕光禄寺摆宴，良酝署进酒，珍羞署进食，掌醢署造饭，大官署供膳，教坊司奏乐。天子亲御宝座陪宴，只见：

九重门启，鸣哕哕之鸾声；阊阖天开，睹巍巍之龙衮。筵开玳瑁，七宝器黄金嵌就；炉列麒麟，百和香龙脑修成。玻璃盏间琥珀钟，玛瑙杯联珊瑚　。赤瑛盘内，高堆麟脯鸾肝；紫玉碟中，满　驼蹄熊掌。桃花汤洁，缕塞北之黄羊；银丝脍鲜，剖江南之赤鲤。黄金盏满泛香醪，紫霞杯滟浮琼液。五俎八簋，百味庶羞。糖浇就甘甜狮仙，面制成香酥定胜。方当酒进五巡，正是汤陈三献。教坊司凤鸾韶舞，礼乐司排长伶官。朝鬼门道，分明开说，头一个装外的，黑漆幞头，有如明镜，描花罗　，俨若生成；第二个戏色的，系离水犀角腰带，裹红花绿叶罗巾，黄衣　长衬短　靴，衫袖襟密排山水样；第三个末色的，裹结络球头帽子，着　役迭胜罗衫，最先来提掇甚分明，念几段杂文真罕有；第四个净色的，语言动众，颜色繁过，依院本填腔调曲，按格范打诨发科；第五个贴净的，忙中九伯，眼目张狂，队额角涂一道明戗，劈面门抹两色蛤粉。裹一顶油油腻腻旧头巾，穿一领邋邋遢遢泼戏袄，吃六棒　板不嫌疼，打两杖麻鞭浑似耍。这五人引领着六十四回队舞优人，百二十名散做乐工，搬演杂剧，装孤打撺。个个青巾桶帽，人人红带花袍。吹龙笛，击鼍鼓，声震云霄；弹锦瑟，抚银筝，韵惊鱼鸟。吊百戏众口喧哗，纵谐语齐声喝采。装扮的是：太平年万国来朝，雍熙世八仙庆寿。搬演的是：玄宗梦游广寒殿，狄青夜夺昆仑关。也有神仙道侣，亦有孝子顺孙。观之者，真可坚其心志；听之者，足以养其性情。须臾间，八个排长，簇拥着四个美人，歌舞双行，吹弹并举。歌的是：《朝天子》、《贺圣朝》、《感皇恩》、《殿前欢》，治世之音；舞的是：《醉回回》、《活观音》、《柳青娘》、《鲍老儿》，淳正之态。果然道：百宝装腰带，珍珠络臂鞲；笑时花近眼，舞罢锦缠头。大宴已成，众乐齐举。主上无为千万寿，天颜有喜万方同。有诗为证：

九重凤阙新开宴，千岁龙墀旧赐衣。

盖世功名能自立，矢心忠义岂相违。

且说天子赐宋江等筵宴，至暮方散。谢恩已罢，宋江等俱各簪花出内，在西华门外各各上马，回归本寨。次日入城，礼仪司引至文德殿谢恩，喜动龙颜，天子欲加官爵，敕令宋江等来日受职。宋江等谢恩，出朝回寨，不在话下。又说枢密院官，具本上奏："新降之人，未效功劳，不可辄便加爵，可待日后征讨，建立功勋，量加官赏。现今数万之众，逼城下寨，甚为不宜。陛下可将宋江等所部军马，原是京师有被陷之将，仍还本处。外路军兵，各归原所。其余人众，分作五路，山东、河北分调开去，此为上策。"次日，天子命御驾指挥使，直至宋江营中，口传圣旨，令宋江等分开军马，各归原所。众头领听得，心中不悦，回道："我等投降朝廷，都不曾见些官爵，便要将俺弟兄等分遣调开。俺等众头领生死相随，誓不相舍，端的要如此，我们只得再回梁山泊去。"宋江急忙止住，遂用忠言恳求来使，烦乞善言回奏。那指挥使回到朝廷，那里敢隐蔽，只得把上项所言奏闻天子。天子大惊，急宣枢密院官计议。有枢密使童贯奏道："这厮们虽降，其心不改，终贻大患。以臣愚意，不若陛下传旨，赚入京城，将此一百八人，尽数剿除，然后分散他的军马，以绝国家之患。"天子听罢，圣意沉吟未决。向那御屏风背后，转出一大臣，紫袍象简，高声喝道："四边狼烟未息，中间又起祸胎，都是汝等庸恶之臣，坏了圣朝天下！"正是：只凭立国安邦口，来救惊天动地人。

毕竟御屏风后喝的那员大臣是谁，且听下回分解。

第八十三回 宋公明奉诏破大辽　陈桥驿滴泪斩小卒

话说当年有辽国郎主，起兵前来侵占山后九州边界。兵分四路而入，劫掳山东、山西，抢掠河南、河北。各处州县，申达表文，奏请朝廷求救，先经枢密院，然后得到御前。所有枢密童贯，同太师蔡京、太尉高俅、杨　商议，纳下表章不奏，只是行移邻近州府，催趱各处径调军马，前去策应，正如担雪填井一般。此事人皆尽知，只瞒着天子一个。适来四个贼臣设计，教枢密童贯启奏，将宋江等众，要行陷害。不期那御屏风后，转出一员大臣来喝住，正是殿前都太尉宿元景，便向殿前启奏道："陛下，宋江这伙好汉方始归降，一百八人，恩同手足，意若同胞，他们决不肯便拆散分开，虽死不舍相离。如何今又要害他众人性命?此辈好汉，智勇非同小可。倘或城中翻变起来，将何解救?现今辽国兴兵十万之众，侵占山后九州所属县治。各处申达表文求救，累次调兵前去征剿交锋，如汤泼蚁。贼势浩大，所遣官军，又无良策，每每只是折兵损将，瞒着陛下不奏。以臣愚见，正好差宋江等全伙良将，部领所属军将人马，直抵本境，收伏辽贼，令此辈好汉建功，进用于国，实有便益。微臣不敢自专，乞请圣鉴。"天子听罢宿太尉所奏，龙颜大喜，询问众官，俱言有理。天子大骂枢密院童贯等官："都是汝等谗佞之徒、误国之辈，妒贤嫉能，闭塞贤路，饰词矫情，坏尽朝廷大事!姑恕情罪，免其追问。"天子亲书诏敕，赐宋江为破辽都先锋，卢俊义为副先锋，其余诸将，待建功之后，加官受爵。就差太尉宿元景亲赍诏敕，去宋江军前行营开读。天子退朝，百官皆散。

且说宿太尉领了圣旨出朝，径到宋江行寨军前开读。宋江等忙排香案迎接，跪听诏敕已罢，众皆大喜。宋江等拜谢宿太尉道："某等众人，正欲如此，与国家出力，建功立业，以为忠臣。今得太尉恩相，力赐保奏，恩同父母。只有梁山泊晁天王灵位，未曾安厝；亦有各家老小家眷，未曾发送还乡；所有城垣，未曾拆毁，战船亦未曾将来。有烦恩相题奏，乞降圣旨，宽限旬日，还山了此数事，整顿器具、枪刀、甲马，便当尽忠报国。”宿太尉听罢大喜，回奏天子。即降圣旨，敕赐库内取金一千两、银五千两、彩缎五千匹，颁赐众将，就令太尉于库藏开支，去行营 散与众将。原有老小者，赏赐给付与老小养赡终身；原无老小者，给付本人，自行收受。宋江奉敕，谢恩已毕，给散众人收讫。宿太尉回朝，分付宋江道：“将军还山，可速去快来，先使人报知下官，不可迟误！”

再说宋江聚众商议，所带还山人数是谁。宋江与同军师吴用、公孙胜、林冲、刘唐、杜迁、宋万、朱贵、宋清、阮家三弟兄，马步水军一万余人回去。其余大队人马，都随卢先锋在京师屯扎。宋江与吴用、公孙胜等于路无话，回到梁山泊忠义堂上坐下，便传将令，教各家老小眷属，收拾行李，准备起程。一面叫宰杀猪羊牲口，香烛钱马，祭献晁天王，然后焚化灵牌。随即将各家老小，各各送回原所州县，上车乘马，俱已去了。然后教自家庄客，送老小、宋太公并家眷人口，再回郓城县宋家村，复为良民。随即叫阮家三弟兄拣选合用船只，其余不堪用的小船，尽行给散与附近居民收用。山中应有屋宇房舍，任从居民搬拆。三关城垣，忠义等屋，尽行拆毁。一应事务，整理已了，收拾人马火速还京。

一路无话，早到东京。卢俊义等接至大寨。先使燕青入城，报知宿太尉，要辞天子，引领大军起程。宿太尉见报，入内奏知天子。次日，引宋江于武英殿朝见天子，龙颜欣悦，赐酒已罢，玉音道：“卿等休辞道途跋涉，军马驱驰，与寡人征虏破辽，早奏凯歌而回，朕当重加录用。其众将校，量功加爵。卿勿怠焉！”宋江叩头称谢，端简启奏：“臣乃鄙猥小吏，误犯刑典，流递江州。醉后狂言，临刑弃市，众力救之，无处逃避，遂乃潜身水泊，苟延微命。所犯罪恶，万死难逃。今蒙圣上宽恤收录，大敷旷荡之恩，得蒙赦免本罪。臣披肝沥胆，尚不能补报皇上之恩。今奉诏命，敢不竭力尽忠，死而后已！”天子大喜，再赐御酒，教取描金鹊画弓箭一副，名马一匹，全副鞍辔，宝刀一口，赐与宋江。宋江叩首谢恩，辞陛出内，将领天子御赐宝刀、鞍马、弓箭，就带回营，传令诸军将校，准备起行。

且说徽宗天子次早令宿太尉传下圣旨，教中书省院官二员，就陈桥驿与宋江先锋犒劳三军，每名军士酒一瓶、肉一斤，对众关支，毋得克减。中书省得了圣旨，一面连更晓夜，整顿酒肉，差官二员，前去给散。

再说宋江传令诸军，便与军师吴用计议，将军马分作二起进程：令五虎八彪将引军先行，十骠骑将在后，宋江、卢俊义、吴用、公孙胜统领中军。水军头领三阮、李俊、张横、张顺，带领童威、童猛、孟康、王定六并水手头目人等，撑驾战船，自蔡河内出黄河，投北进发。宋江催趱三军，取陈桥驿大路而进。号令军将，毋得动扰乡民。有诗为证：

招摇旌旆出天京，受命专师事远征。

请看梁山军纪律，何如太尉御营兵。

且说中书省差到二员厢官，在陈桥驿给散酒肉，赏劳三军。谁想这伙官员，贪滥无厌，徇私作弊，克减酒肉。都是那等谗佞之徒，贪爱贿赂的人，却将御赐的官酒，每瓶克减只有半瓶；肉一斤，克减六两。前队军马，尽行给散过了；后军散到一队皂军之中，都是头上黑盔，身披玄甲，却是项充、李衮所管的牌手。那军汉中一个军校，接得酒肉过来看时，酒只半瓶，肉只十两，指着厢官骂道：“都是你这等好利之徒，坏了朝廷恩赏！”厢官喝道：“我怎的是好利之徒？”那军校道：“皇帝赐俺一瓶酒，一斤肉，你都克减了。不是我们争嘴，堪恨你这厮们无道理，佛面上去刮金！”厢官骂道：“你这大胆，剐不尽、杀不绝的贼!梁山泊反性，尚不改！”军校大怒，把这酒和肉劈脸都打将去。厢官喝道：“捉下这个泼贼！”那军校就团牌边掣出刀来。厢官指着手大骂道：“腌 草寇，拔刀敢杀谁？”军校道：“俺在梁山泊时，强似你的好汉，被我杀了万千。量你这等贼官，直些甚鸟？”厢官喝道：“你敢杀我？”那军校走入一步，手起一刀飞去，正中厢官脸上，剁着扑地倒了。众人发声喊，都走了。那军汉又赶将入来，再剁了几刀，眼见的不能够活了。众军汉簇住了不行。

当下项充、李衮飞报宋江。宋江听得大惊，便与吴用商议，此事如之奈何。吴学究道：“省院官甚是不喜我等，今又做得这件事来，正中了他的机会。只可先把那军校斩首号令，一面申复省院，勒兵听罪。急急可叫戴宗、燕青悄悄进城，备细告知宿太尉。烦他预先奏知委曲，令中书省院谗害不得，方保无事。”宋江计议定了，飞马亲到陈桥驿边。那军校立在死尸边不动。宋江自令人于馆驿内搬出酒肉，赏劳三军，都教进前；却唤这军校直到馆驿中，问其情节。那军校答道：“他千梁山泊反贼，万梁山泊反贼，骂俺们杀剐不尽，因此一时性起，杀了他，专待将军听罪。”宋江道：“他是朝廷命官，我兀自惧他，你如何便把他来杀了?须是要连累我等众人!俺如今方始奉诏去破大辽，未曾见尺寸之功，倒做了这等的勾当，如之奈何？”那军校叩首伏死。宋江哭道：“我自从上梁山泊以来，大小兄弟，不曾坏了一个。今日一身入官所管，寸步也由我不得。虽是你强气未灭，使不的旧时性格。”这军校道：“小人只是伏死。”宋江令那军校痛饮一醉，教他树下缢死，却斩头来号令。将厢官尸首，备棺椁盛贮，然后动文书申呈中书省院，不在话下。

再说戴宗、燕青潜地进城，径到宿太尉府内，备细诉知衷情。当晚宿太尉入内，将上项事务，奏知天子。次日，皇上于文德殿设朝，当有中书省院官出班奏曰：“新降将宋江部下兵卒，杀死省院差去监散酒肉命官一员，乞圣旨拿问。”天子曰：“寡人待不委你省院来，事却该你这衙门!你们又委用不得其人，以致惹起事端。赏军酒肉，大破小用，军士有名无实，以致如此。”省院等官又奏道：“御酒之物，谁敢克减？”是时天威震怒，喝道：“寡人已自差人暗行体察，深知备细，尔等尚自巧言令色，对朕支吾!寡人御赐之酒，一瓶克半瓶，赐肉一斤，只有十两，以致壮士一怒，目前流血！”天子喝问：“正犯安在？”省院官奏道：“宋江已自将本犯斩首号令示众，申呈本院，勒兵听罪。”天子曰：“他既斩了正犯军士，宋江禁治不严之罪，权且纪录，待破辽回日，量功理会。”省院官默默无言而退。天子当时传旨，差官前去，催督宋江起程，所杀军校，就于陈桥驿枭首示众。

却说宋江正在陈桥驿勒兵听罪，只见驾上差官来到，着宋江等进兵征辽，违犯军校，枭首示众。宋江谢恩已毕，将军校首级，挂于陈桥驿号令，将尸埋了。宋江大哭一场，垂泪上马，提兵望北而进。每日兵行六十里，扎营下寨，所过州县，秋毫无犯。沿路无话。将次相近辽境，宋江便请军师吴用商议道：“即日辽兵四路侵犯，我等分兵前去征讨的是?只打城池的是？”吴用道：“若是分兵前去，奈缘地广人稀，首尾不能救应。不如只是打他几个城池，却再商量。若还攻击得紧，他自然收兵。”宋江道：“军师此计甚高！”随即唤过段景住来，分付道：“你走北路甚熟，可引领军马前进。近的是甚州县？”段景住禀道：“前面便是檀州，正是辽国紧要隘口。有条水路，港汊最深，唤做潞水，团团绕着城池。这潞水直通渭河，须用战船征进。宜先趱水军头领船只到了，然后水陆并进，船骑相连，可取檀州。”宋江听罢，便使戴宗催促水军头领李俊等，晓夜趱船至潞水取齐。

却说宋江整点人马水军船只，约会日期，水陆并行，杀投檀州来。且说檀州城内守把城池番官，却是辽国洞仙侍郎手下四员猛将，一个唤做阿里奇，一个唤做咬儿惟康，一个唤做楚明玉，一个唤做曹明济。此四员战将，皆有万夫不当之勇。闻知宋朝差宋江全伙到来，一面写表申奏郎主，一面关报邻近蓟州、霸州、涿州、雄州救应，一面调兵出城迎敌。便差阿里奇、楚明玉两个引兵出战。

且说大刀关胜在于前部先锋，引军杀近檀州所属密云县来。县官闻的，飞报与两个番将说道："宋朝军马，大张旗号，乃是梁山泊新受招安宋江这伙。"阿里奇听了笑道："既是这伙草寇，何足道哉！"传令教番兵扎掂已了，来日出密云县与宋江交锋。

次日，宋江听报辽兵已近，即时传令将士，交锋要看头势，休要失支脱节。众将得令，披挂上马。宋江、卢俊义，俱各戎装擐带，亲在军前监战。远远望见辽兵盖地而来，黑洞洞遮天蔽日，都是皂雕旗。两下齐把弓弩射住阵脚。只见对阵皂旗开处，正中间捧出一员番将，骑着一匹达马，弯环踢跳。宋江看那番将时，怎生打扮，但见：

戴一顶三叉紫金冠，冠口内拴两根雉尾。穿一领衬甲白罗袍，袍背上绣三个凤凰。披一副连环镔铁铠，系一条嵌宝狮蛮带，著一对云根鹰爪靴，挂一条护项销金帕，带一张鹊画铁胎弓，悬一壶雕翎　子箭。手　梨花点钢枪，坐骑银色拳花马。

那番官旗号上写的分明："大辽上将阿里奇"。宋江看了，与诸将道："此番将不可轻敌！"言未绝，金枪手徐宁出战，横着钩镰枪，骤坐下马，直临阵前。番将阿里奇见了，大骂道："宋朝合败，命草寇为将，敢来侵犯大国，尚不知死！"徐宁喝道："辱国小将，敢出秽言！"两军呐喊。徐宁与阿里奇抢到垓心交战，两马相逢，兵器并举。二将斗不过三十余合，徐宁敌不住番将，望本阵便走。花荣急取弓箭在手。那番将正赶将来，张清又早按住鞍鞒，探手去锦袋内取个石子，看着番将较亲，照面门上只一石子，正中阿里奇左眼，翻筋斗落于马下。这里花荣、林冲、秦明、索超，四将齐出，先抢了那匹好马，活捉了阿里奇归阵。副将楚明玉见折了阿里奇，急要向前去救时，被宋江大队军马，前后掩杀将来，就弃了密云县，大败亏输，奔檀州来。宋江且不追赶，就在密云县屯扎下营。看番将阿里奇时，打破眉梢，损其一目，负痛身死。宋江传令，教把番官尸骸烧化。功绩簿上，标写张清第一功。就将阿里奇连环镔铁铠、出白梨花枪、嵌宝狮蛮带、银色拳花马，并靴、袍、弓、箭，都赐了张清。是日且就密云县中，众皆作贺，设宴饮酒，不在话下。

次日，宋江升帐，传令起军，都离密云县，直抵檀州来。却说檀州洞仙侍郎听得报来，折了一员正将，坚闭城门，不出迎敌。又听的报有水军战船，在于城下，遂乃引众番将，上城观看。只见宋江阵中猛将，摇旗呐喊，耀武扬威，　战厮杀。洞仙侍郎见了说道："似此，怎不输了小将军阿里奇？"当下副将楚明玉答应道："小将军那里是输与那厮?蛮兵先输了，俺小将军赶将过去，被那里一个穿绿的蛮子，一石子打下马去。那厮队里四个蛮子，四条枪，便来攒住了。俺这壁厢措手不及，以此输与他了。"洞仙侍郎道："那个打石子的蛮子，怎地模样？"左右有认得的，指着说道："城下兀那个带青包巾，现今披着小将军的衣甲，骑着小将军的马，那个便是。"洞仙侍郎攀着女墙边看时，只见张清已自先见了，趱马向前，只一石子飞来。左右齐叫一声躲时，那石子早从洞仙侍郎耳根边擦过，把耳轮擦了一片皮。洞仙侍郎负疼道："这个蛮子，直这般利害！"下城来，一面写表申奏大辽郎主，一面行报外境各州提备。

却说宋江引兵在城下，一连打了三五日，不能取胜，再引军马回密云县屯驻，帐中坐下，计议破城之策。只见戴宗报来，取到水军头领，乘驾战船，都到潞水。宋江便教李俊等到军中商议。李俊等都到帐前参见宋江。宋江道："今次厮杀，不比在梁山泊时，可要先探水势深浅，方可进兵。我看这条潞水，水势甚急，倘或一失，难以救应。尔等宜仔细，不可托大!将船只盖伏的好着，只扮作运粮船相似。你等头领，各带暗器，潜伏于船内。止着三五人撑驾摇橹，岸上着两人牵拽，一步步挨到城下，把船泊在两岸，待我这里进兵。城中知道，必开水门来抢粮船。尔等伏兵却起，夺他水门，可成大功。"李俊等听令去了。只见探水小校报道："西北上有一彪军马卷杀而来，都打着皂雕旗，约有一万余人，望檀州来了。"吴用道："必是辽国调来救兵。我这里先差几将拦截厮杀，杀的散时，免令城中得他壮胆。"宋江便差张清、董平、关胜、林冲，各带十数个小头领，五千军马，飞奔前来。

原来辽国郎主闻知，说是梁山泊宋江这伙好汉领兵杀至檀州，围了城子，特差这两个皇侄前来救应：一个唤做耶律国珍，一个唤做国宝。两个乃是辽国上将，又是皇侄，皆有万夫不当之勇。引起一万番兵，来救檀州。看看至近，迎着宋兵。两边摆开阵势，两员番将，一齐出马。但见：

头戴妆金嵌宝三叉紫金冠，身披锦边珠嵌锁子黄金铠。身上猩猩血染战红袍，袍上斑斑锦织金翅雕。腰系白玉带，背插虎头牌。左边袋内插雕弓，右手壶中攒硬箭。手中　丈二绿沉枪，坐下骑九尺银鬃马。

那番将是弟兄两个，都一般打扮，都一般使枪。宋兵迎着，摆开阵势。双枪将董平出马，厉声高叫："来者甚处番贼？"那耶律国珍大怒，喝道："水洼草寇，敢来犯吾大国，倒问俺那里来的？"董平也不再问，跃马挺枪，直抢耶律国珍。那番家年少的将军，性气正刚，那里肯饶人一步，挺起钢枪，直迎过来。二马相交，三枪乱举。二将正在征尘影里，杀气丛中，使双枪的，另有枪法；使单枪的，各用神机。两个斗过五十合，不分胜败。那耶律国宝见哥哥战了许多时，恐怕力怯，就中军筛起锣来。耶律国珍正斗到热处，听的鸣锣，急要脱身，被董平两条枪绞住，那里肯放。耶律国珍此时心忙，枪法慢了些，被董平右手逼过绿沉枪，使起左手枪来，望番将项根上只一枪，搠个正着。可怜耶律国珍，金冠倒卓，两脚登空，落于马下。

兄弟耶律国宝看见哥哥落马，便抢出阵来，一骑马，一条枪，奔来救取。宋兵阵上没羽箭张清，见他过来，这里那得放空，在马上约住梨花枪，探只手去锦袋内拈出一个石子，把马一拍，飞出阵前。这耶律国宝飞也似来，张清迎头扑将去。两骑马隔不的十来丈远近，番将不提防，只道他来交战，只见张清手起，喝声道："着！"那石子望耶律国宝面上打个正着，翻筋斗落马。关胜、林冲拥兵掩杀。辽兵无主，东西乱窜。只一阵，杀散辽兵万余人马，把两个番官，全副鞍马，两面金牌，收拾宝冠袍甲，仍割下两颗首级，当时夺了战马一千余匹，解到密云县来见宋江献纳。宋江大喜，赏劳三军，书写董平、张清第二功，等打破檀州，一并申奏。

宋江与吴用商议，到晚写下军帖，差调林冲、关胜引领一彪军马，从西北上去取檀州。再调呼延灼、董平，也引一彪军马，从东北上进兵。却教卢俊义引一彪军马，从西南上取路。"我等中军，从东南路上去，只听的炮响，一齐进发。"却差炮手凌振及李逵、樊瑞、鲍旭，并牌手项充、李衮，将带滚牌军一千余人，直去城下，施放号炮。至二更为期，水陆并进。各路军兵，都要厮应。号令已了，诸军各各准备取城。

且说洞仙侍郎正在檀州坚守，专望救兵到来。却有皇侄败残人马，逃命奔入城中，备细告说：两个皇侄大王，耶律国珍被个使双枪的害了，耶律国宝被个戴青包巾的，使石子打下马来拿去。洞仙侍郎跌脚骂道："又是这蛮子!不争损了二位皇侄，教俺有甚面目去见郎主?拿住那个青包巾的蛮子时，碎碎的割那厮！"至晚，番兵报洞仙侍郎道："潞水河内，有五七百只粮船，泊在两岸，远远处又有军马来也！"洞仙侍郎听了道："那蛮子不识俺的水路，错把粮船直行到这里。岸上人马，一定是来寻粮船。"便差三员番将楚明玉、曹明济、咬儿惟康前来分付道："那宋江等蛮子，今晚又调许多人马来，却有若干粮船在俺河里。可教咬儿惟康引一千军马出城冲突，却教楚明玉、曹明济开放水门，从紧溜里放船出去。三停之内，截他二停粮船，便是汝等干大功也！"不知成败何如，有诗为证：

妙算从来迥不同，檀州城下列艨艟。

侍郎不识兵家意，反自开门把路通。

再说宋江人马，当晚黄昏左侧，李逵、樊瑞为首，将引步军在城下大骂。洞仙侍郎叫咬儿惟康催趱军马，出城冲杀。城门开处，放下吊桥，辽兵出城。却说李逵、樊瑞、鲍旭、项充、李衮五个好汉引一千步军，尽是悍勇刀牌手，就吊桥边冲住，番军人马，那里能够出的城来。凌振却在军中，搭起炮架，准备放炮，只等时候来到。由他城上放箭，自有牌手左右遮抵着。鲍旭却在后面呐喊。虽是一千余人，却是万余人的气象。洞仙侍郎在城中见军马冲突不出，急叫楚明玉、曹明济开了水门抢船。此时宋江水军头领都已先自伏在船中准备，未曾动弹。见他水门开了，一片片绞起闸板，放出战船来。凌振得了消息，便先点起一个风火炮来。炮声响处，两边战船，厮迎将来，抵敌番船。左边踊出李俊、张横、张顺，右边踊出阮家三弟兄，都使着战船，杀入番船队里。番将楚明玉、曹明济见战船踊跃而来，抵敌不住，料道有埋伏军兵，急待要回船，早被这里水手军兵，都跳过船来，只得上岸而走。宋江水军那六个头领，先抢了水门。管门番将，杀的杀了，走的走了。这楚明玉、曹明济各自逃命去了。水门上预先一把火起，凌振又放一个车箱炮来。那炮直飞在半天里响。洞仙侍郎听的火炮连天声响，吓的魂不附体。李逵、樊瑞、鲍旭引领牌手项充、李衮等众，直杀入城。洞仙侍郎和咬儿惟康在城中，看见城门已都被夺了，又见四路宋兵一齐都杀到来，只得上马，弃了城池，出北门便走。未及二里，正撞着大刀关胜、豹子头林冲，拦住去路。正是：天罗密布难移步，地网高张怎脱身。

毕竟洞仙侍郎怎的逃生，且听下回分解。

第八十四回 宋公明兵打蓟州城　卢俊义大战玉田县

话说洞仙侍郎见檀州已失，只得奔走出城，同咬儿惟康拥护而行。正撞着林冲、关胜，大杀一阵，那里有心恋战，望刺斜里死命撞出去。关胜、林冲要抢城子，也不来追赶，且奔入城。

却说宋江引大队军马入檀州，赶散番军，一面出榜，安抚百姓军民，秋毫不许有犯。传令教把战船尽数收入城中。一面赏劳三军，及将在城辽国所用官员，有姓者仍前委用，无姓番官尽行发遣出城，还于沙漠。一面写表申奏朝廷，得了檀州，尽将府库财帛金宝，解赴京师，写书申呈宿太尉，题奏此事。

天子闻奏，龙颜大喜。随即降旨，钦差东京府同知赵安抚统领二万御营军马，前来监战。却说宋江等听的报来，引众将出郭远远迎接，入到檀州府内歇下，权为行军帅府。诸将头目，尽来参见，施礼已毕。原来这赵安抚，祖是赵家宗派，为人宽仁厚德，作事端方，亦是宿太尉于天子前保奏，特差此人上边监督兵马。这赵安抚见了宋江仁德，十分欢喜，说道："圣上已知你等众将用心，军士劳苦，特差下官前来军前监督，就赍赏赐金银缎匹二十五车，但有奇功，申奏朝廷，请降官封。将军今已得了州郡，下官再当申达朝廷。众将皆须尽忠竭力，早成大功，班师回京，天子必当重用。"宋江等拜谢道："请烦安抚相公镇守檀州，小将等分兵攻取辽国紧要州郡，教他首尾不能相顾。"一面将赏赐　散军将，一面勒回各路军马听调，攻取辽国州郡。有杨雄禀道："前面便是蓟州相近。此处是个大郡，钱粮极广，米麦丰盈，乃是辽国库藏。打了蓟州，诸处可取。"宋江听罢，便请军师吴用商议。

却说洞仙侍郎与咬儿惟康正往东走，撞见楚明玉、曹明济，引着些败残军马，一同投奔蓟州。入的城来，见了御弟大王耶律得重，诉说："宋江兵将浩大，内有一个使石子的蛮子，十分了得。那石子百发百中，不放一个空，最会打人。两位皇侄并小将阿里奇，尽是被他石子打死了。"耶律大王道："既是这般，你且在这里帮俺杀那蛮子。"说犹未了，只见流星探马报将来，说道："宋江兵分两路，来打蓟州，一路杀至平峪县，一路杀至玉田县。"御弟大王听了，随即便教洞仙侍郎："将引本部军马，把住平峪县口，不要和他厮杀。俺先引兵，且拿了玉田县的蛮子，却从背后抄将过来，平峪县的蛮子，走往那里去？一边关报霸州、幽州，教两路军马，前来接应。"原来这蓟州，却是辽国郎主差御弟耶律得重守把。部领四个孩儿：长子宗云，次子宗电，三子宗雷，四子宗霖。手下十数员战将，一个总兵大将，唤做宝密圣，一个副总兵，唤做天山勇，守住着蓟州城池。当时御弟大王，嘱付宝密圣守城，亲引大军，将带四个孩儿，并副总兵天山勇，飞奔玉田县来。

且说宋江引兵前至平峪县，见前面把住关隘，未敢进兵，就平峪县西屯住。

却说卢俊义引许多战将，三万人马，前到玉田县，早与辽兵相近。卢俊义便与军师朱武商议道："目今与辽兵相近，只是吴人不识越境，到他地理生疏，何策可取？"朱武答道："若论愚意，未知他地理，诸军不可擅进。可将队伍摆为长蛇之势，首尾相应，循环无端，如此则不愁地理生疏。"卢先锋道："军师所言，正合吾意。"遂乃催兵前进。远远望见辽兵盖地而来，但见：

黄沙漫漫，黑雾浓浓。皂雕旗展一派乌云，拐子马荡半天杀气。青毡笠帽，似千池荷叶弄轻风；铁打兜鍪，如万顷海洋凝冻日。人人衣襟左掩，个个发搭齐肩。连环铁铠重披，刺纳战袍紧系。番军壮健，黑面皮碧眼黄须；达马咆哮，阔膀膊钢腰铁脚。羊角弓攒沙柳箭，虎皮袍衬窄雕鞍。生居边塞，长成会拽硬弓；世本朔方，养大能骑劣马。铜　羯鼓军前打，芦叶胡笳马上吹。

那御弟大王耶律得重引兵先到玉田县，将军马摆开阵势。宋军中朱武上云梯看了，下来回报卢先锋道："番人布的阵，乃是五虎靠山阵，不足为奇。"朱武再上将台，把号旗招动，左盘右旋，调拨众军，也摆一个阵势。卢俊义看了不识。问道："此是何阵势？"朱武道："此乃是鲲化为鹏阵。"卢俊义道："何为鲲化为鹏？"朱武道："北海有鱼，其名曰鲲，能化大鹏，一飞九万里。此阵远观近看，只是个小阵，若来攻时，便变做大阵，因此唤做鲲化为鹏。"卢俊义听了，称赞不已。

对阵敌军鼓响，门旗开处，那御弟大王亲自出马，四个孩儿分在左右，都是一般披挂。但见：

头戴铁缦笠戗箭番盔，上拴纯黑球缨。身衬宝圆镜柳叶细甲，系条狮蛮金带。踏　靴半弯鹰嘴，梨花袍锦绣盘龙。各挂强弓硬弩，都骑骏马雕鞍。腰间尽插锟　剑，手内齐拿扫帚刀。

中间御弟大王，两边四个小将军，身上两肩胛，都悬着小小明镜，镜边对嵌着皂缨。四口宝刀，四骑快马，齐齐摆在阵前。那御弟大王背后，又是层层摆列，自有许多战将。那四员小将军高声大叫："汝等草贼，何敢犯吾边界！"卢俊义听的，便问道："两军临敌，那个英雄当先出战？"说犹未了，只见大刀关胜舞起青龙偃月刀，争先出马。那边番将耶律宗云，舞刀拍马，来迎关胜。两个斗不上五合，耶律宗霖拍马舞刀，便来协助。呼延灼见了，举起双鞭，直出迎住厮杀。那两个耶律宗电、耶律宗雷弟兄，挺刀跃马，齐出交战。这里徐宁、索超，各举兵器相迎。四对儿在阵前厮杀，绞做一团，打做一块。

正斗之间，没羽箭张清看见，悄悄的纵马趱向阵前。却有檀州败残的军士，认的张清，慌忙报知御弟大王道："这对阵穿绿战袍的蛮子，便是惯飞石子的。他如今趱马出阵来，又使前番手段。"天山勇听了便道："大王放心，教这蛮子吃俺一弩箭！"原来那天山勇，马上惯使漆抹弩，一尺来长铁翎箭，有名唤做一点油。那天山勇在马上把了事环带住，趱马出阵，教两个副将在前面影射着，三骑马悄悄直趱至阵前。张清又先见了，偷取石子在手，看着那番官当头的，只一石子，急叫："着！"早从盔上擦过。那天山勇却闪在这将马背后，安的箭稳，扣的弦正，觑着张清较亲，直射将来。张清叫声："阿也！"急躲时，射中咽喉，翻身落马。双枪将董平、九纹龙史进，将引解珍、解宝，死命去救回。卢先锋看了，急教拔出箭来，血流不止，项上便束缚兜住。随即叫邹渊、邹润扶张清上车子，护送回檀州，教神医安道全调治。

车子却才去了，只见阵前喊声又起，报道："西北上有一彪军马飞奔杀来，并不打话，横冲直撞，赶入阵中。"卢俊义见箭射了张清，无心恋战。四将各佯输诈败，退回去了。四个番将，乘势赶来。西北上来的番军，刺斜里又杀将来。对阵的大队番军，山倒也似踊跃将来，那里变的阵法。三军众将，隔的七断八续，你我不能相救，只留卢俊义一骑马，一条枪，倒杀过那边去了。天色傍晚，四个小将军却好回来，正迎着卢俊义。一骑马，一条枪，力敌四个番将，并无半点惧怯。约斗了一个时辰，卢俊义得便处，卖个破绽，耶律宗霖把刀砍将入来，被卢俊义大喝一声，那番将措手不及，着一枪，刺下马去。那三个小将军，各吃了一惊，皆有惧色，无心恋战，拍马去了。卢俊义下马，拔刀割了耶律宗霖首级，拴在马项下。翻身上马，望南而行，又撞见一伙辽兵，约有一千余人。被卢俊义又撞杀入去，辽兵四散奔走。再行不到数里，又撞见一彪军马。

此夜月黑，不辨是何处的人马，只听的语音，却是宋朝人说话。卢俊义便问："来军是谁？"却是呼延灼答应。卢俊义大喜，合兵一处。呼延灼道："被辽兵冲散，不能救应。小将撞开阵势，和韩滔、彭玘直杀到此，不知诸将如何。"卢俊义又说："力敌四将，被我杀了一个，三个走了。次后又撞着一千余人，亦被我杀散。来到这里，不想迎着将军。"两个并马，带着从人，望南而行。不过十数里路，前面早有军马拦路。呼延灼道："黑夜怎地厮杀，待天明决一死战！"对阵听的，便问道："来者莫非呼延灼将军？"呼延灼认的声音，是大刀关胜，便叫道："卢头领在此！"众头领都下马，且来草地上坐下。卢俊义、呼延灼说了本身之事。关胜道："阵前失利，你我不相救应。我和宣赞、郝思文、单廷　、魏定国五骑马寻条路走，然后收拾的军兵一千余人，来到这里。不识地理，只在此伏路，待天明却行。不想撞着哥哥。"合兵一处，众人捱到天晓，迤望南再行。将次到玉田县，见一彪人马哨路。看时，却是双枪将董平、金枪手徐宁，弟兄们都扎住玉田县中，辽兵尽行赶散，说道："侯健、白胜两个去报宋公明，只不见了解珍、解宝、杨林、石勇。"卢俊义教且进兵，在玉田县界检点众将军校，不见了五千余人，心中烦恼。巳牌时分，有人报道："解珍、解宝、杨林、石勇，将领二千余人来了。"卢俊义又唤来问时，解珍道："俺四个倒撞过去了。深入重地，迷踪失路，急切不敢回转。今早又撞见辽兵，大杀了一场，方才到得这里。"卢俊义叫将耶律宗霖首级于玉田县号令，抚谕三军百姓。

未到黄昏前后，军士们正要收拾安歇，只见伏路小校来报道："辽兵不知多少，四面把县围了。"卢俊义听的大惊，引了燕青上城看时，远近火把，有十里厚薄。一个小将军当先指点，正是耶律宗云，骑着一匹劣马，在火把中间，催趱三军。燕青道："昨日张清中他一冷箭，今日回礼则个！"燕青取出弩子，一箭射去，正中番将鼻凹，番将落马。众兵急救时，宗云已自伤闷不醒。番军早退五里。

卢俊义县中与众将商议："虽然放了一冷箭，辽兵稍退，天明必来攻，围裹的铁桶相似，怎生救解？"朱武道："宋公明若得知这个消息，必然来救。里应外合，方可免难。"众人捱到天明，望见辽兵四面摆的无缝。只见东南上尘土起，兵马数万人而来，众将皆望南兵。朱武道："此必是宋公明军马到了!等他收军，齐望南杀去，这里尽数起兵，随后一掩。"

且说对阵辽兵，从辰时直围到未牌，正待困倦，却被宋江军马杀来，抵当不住，尽数收拾都去。朱武道："不就这里追赶，更待何时！"卢俊义当即传令，开县四门，尽领军马，出城追杀，辽兵大败，杀的星落云散，七断八续，辽兵四散败走。宋江赶的辽兵去远，到天明鸣金收军，进玉田县。卢先锋合兵一处，诉说攻打蓟州。留下柴进、李应、李俊、张横、张顺、阮家三弟兄、王矮虎、一丈青、孙新、顾大嫂、张青、孙二娘、裴宣、萧让、宋清、乐和、安道全、皇甫端、童威、童猛、王定六，都随赵枢密在檀州守御。其余诸将，分作左右二军。宋先锋总领左军人马四十八员：军师吴用、公孙胜、林冲、花荣、秦明、杨志、朱仝、雷横、刘唐、李逵、鲁智深、武松、杨雄、石秀、黄信、孙立、欧鹏、邓飞、吕方、郭盛、樊瑞、鲍旭、项充、李衮、穆弘、穆春、孔明、孔亮、燕顺、马麟、施恩、薛永、宋万、杜迁、朱贵、朱富、凌振、汤隆、蔡福、蔡庆、戴宗、蒋敬、金大坚、段景住、时迁、郁保四、孟康。卢先锋总领右军人马三十七员：军师朱武、关胜、呼延灼、董平、张清、索超、徐宁、燕青、史进、解珍、解宝、韩滔、彭玘、宣赞、郝思文、单廷　、魏定国、陈达、杨春、李忠、周通、陶宗旺、郑天寿、龚旺、丁得孙、邹渊、邹润、李立、李云、焦挺、石勇、侯健、杜兴、曹正、杨林、白胜。分兵已罢，作两路来取蓟州：宋先锋引军取平峪县进发，卢俊义引兵取玉田县进发。赵安抚与二十三将，镇守檀州，不在话下。

且说宋江见军士连日辛苦，且教暂歇。攻打蓟州，自有计较了。先使人往檀州，问张清箭疮如何。神医安道全使人回话道："虽然外损皮肉，却不伤内，请主将放心。调理的脓水干时，自然无事。即目炎天，军士多病，已禀过赵枢密相公，遣萧让、宋清前往东京收买药饵，就向太医院关支暑药。皇甫端亦要关给官局内啖马的药材物料，都委萧让、宋清去了。就报先锋知道。"宋江听的，心中颇喜，再与卢先锋计较，先打蓟州。宋江道："我未知你在玉田县受围时，已自先商量下计了。有公孙胜原是蓟州人，杨雄亦曾在那府里做节级，石秀、时迁亦在那里住的久远。前日杀退辽兵，我教时迁、石秀也只做败残军马，杂在里面，必然都投蓟州城内住扎。他两个若入的城中，自有去处。时迁曾献计道：'蓟州城有一座大寺，唤叫宝严寺，廊下有法轮宝藏，中间是大雄宝殿，前有一座宝塔，直耸云霄。'石秀说道：'教他去宝塔顶上躲着，每日饭食，我自对付来与他吃。只等城外哥哥军马攻打得紧急时，然后却就宝严寺塔上，放起火来为号。'时迁自是个惯飞檐走壁的人，那里不躲了身子?石秀临期自去州衙内放火，他两个商量已定，自去了。我这里一面收拾进兵。"有《西江月》为证：

山后辽兵侵境，中原宋帝兴军。水乡取出众天星，奉诏去邪归正。暗地时迁放火，更兼石秀同行。等闲打破永平城，千载功勋可敬！

次日，宋江引兵，撇了平峪县，与卢俊义合兵一处，催起军马，径奔蓟州来。且说御弟大王自折了两个孩儿，不胜懊恨，便同大将宝密圣、天山勇、洞仙侍郎等商议道："前次涿州、霸州两路救兵，各自分散前去。如今宋江合兵在玉田县，早晚进兵来打蓟州，似此怎生奈何？"大将宝密圣道："宋江兵若不来，万事皆休。若是那伙蛮子来时，小将自出去与他相敌。若不活拿他几个，这厮们那里肯退？"洞仙侍郎道："那蛮子队有那个穿绿袍的，惯使石子，好生利害，可以提防他。"天山勇道："这个蛮子，已被俺一弩箭，射中咽喉，多是死了也！"洞仙侍郎道："除了这个蛮子，别的都不打紧。"正商议间，小校来报，宋江军马杀奔蓟州来。御弟大王连忙整点三军人马，教宝密圣、天山勇火速出城迎敌。离城三十里外，与宋江对敌。

各自摆开阵势，番将宝密圣横槊出马。宋江在阵前见了，便问道：“斩将夺旗，乃见头功！”说犹未了，只见豹子头林冲便出阵前来，与番将宝密圣大战。两个斗了三十余合，不分胜败。林冲要见头功，持丈八蛇矛，斗到间深里，暴雷也似大叫一声，拨过长枪，用蛇矛去宝密圣脖项上刺中，一矛搠下马去。宋江大喜。两军发喊。番将天山勇见刺了宝密圣，横枪便出。宋江阵里，徐宁挺钩镰枪直迎将来。二马相交，斗不到二十来合，被徐宁手起一枪，把天山勇搠于马下。宋江见连赢了二将，心中大喜，催军混战。辽兵大败，望蓟州奔走。宋江军马赶了十数里，收兵回来。当日宋江扎下营寨，赏劳三军，次日传令，拔寨都起，直抵蓟州。第三日，御弟大王见折了二员大将，十分惊慌，又见报道：“宋军到了！”忙与洞仙侍郎道：“你可引这支军马，出城迎敌，替俺分忧也好。”洞仙侍郎不敢不依，只得引了咬儿惟康、楚明玉、曹明济，领起一千军马，就城下摆开。宋江军马渐近城边，雁翅般排将来。门旗开处，索超横担大斧，出马阵前。番兵队里，咬儿惟康便抢出阵来。两个并不打话，二将相交，斗到二十余合。番将终是胆怯，无心恋战，只得要走。索超纵马赶上，双手抡起大斧，觑着番将脑门上劈将下来，把这咬儿惟康脑袋，劈做两半个。洞仙侍郎见了，慌忙叫楚明玉、曹明济快去策应。这两个已自八分胆怯，因吃逼不过，只得挺起手中枪，向前出阵。宋江军中九纹龙史进，见番军中二将双出，便舞刀拍马，直取二将。史进逞起英雄，手起刀落，先将楚明玉砍于马下。这曹明济急待要走，史进赶上一刀，也砍于马下。史进纵马杀入辽军阵内，宋江见了，鞭梢一指，驱兵大进，直杀到吊桥边。耶律得重见了，越添愁闷，便教紧闭城门，各将上城紧守。一面申奏郎主，一面差人往霸州、幽州求救。

且说宋江与吴用计议道：“似此城中紧守，如何摆布？”吴用道：“既城中已有石秀、时迁在里面，如何耽搁的长远?教四面竖起云梯炮架，即便攻城。再教凌振将火炮四下里施放，打将入去。攻击得紧，其城必破。”宋江即便传令，四面连夜攻城。

再说御弟大王，见宋兵四下里攻击得紧，尽驱蓟州在城百姓，上城守护。当下石秀在城中宝严寺内，守了多日，不见动静。只见时迁来报道：“城外哥哥军马，打得城子紧。我们不就这里放火，更待何时？”石秀见说了，便和时迁商议，先从宝塔上放起一把火来，然后去佛殿上烧着。时迁道：“你快去州衙内放火。在南门要紧的去处，火着起来，外面见了，定然加力攻城，愁他不破！”两个商量了，都自有引火的药头、火刀，火石、火筒、烟煤，藏在身边。当日晚来，宋江军马打城甚紧。却说时迁，他是个飞檐走壁的人，跳墙越城，如登平地。当时先去宝严寺塔上，点起一把火来。那宝塔最高，火起时，城里城外，那里不看见。火光照的三十余里远近，似火钻一般。然后却来佛殿上放火。那两把火起，城中鼎沸起来。百姓人民，家家老幼慌忙，户户儿啼女哭，大小逃生。石秀直爬去蓟州衙门庭屋上●风板里，点起火来。蓟州城中，见三处火起，知有细作，百姓那里有心守护城池，已都阻当不住，各自逃归看家。没多时，山门里又一把火起，却是时迁出宝严寺来，又放了一把火。那御弟大王，见了城中无半个更次，四五路火起，知宋江有人在城里。慌慌急急，收拾军马，带了老小，并两个孩儿，装载上车，开了北门便走。宋江见城中军马慌乱，催促军兵，卷杀入城。城里城外，喊杀连天，早夺了南门。洞仙侍郎见寡不敌众，只得跟随御弟大王，投北门而走。

宋江引大队军马，入蓟州城来，便传下将令，先教救灭了四边风火。天明出榜，安抚蓟州百姓。将三军人马，尽数收入蓟州屯住，赏劳三军诸将。功绩簿上，标写石秀、时迁功次，便行文书，申复赵安抚知道得了蓟州大郡，请相公前来驻扎。赵安抚回文书来说道：“我在檀州，权且屯扎，教宋先锋且守住蓟州。即目炎暑，天气暄热，未可动兵。待到天气微凉，再作计议。”宋江得了回文，便教卢俊义分领原拨军将，于玉田县屯扎，其余大队军兵，守住蓟州。待到天气微凉，别行听调。

却说御弟大王耶律得重与洞仙侍郎将带老小，奔回幽州，直至燕京来见大辽郎主。且说辽国郎主升坐金殿，聚集文武两班臣僚，朝参已毕。有　门大使奏道：“蓟州御弟大王，回至门下。”郎主闻奏，忙教宣召，宣至殿下。那耶律得重与洞仙侍郎，俯伏御阶之下，放声大哭。郎主道：“俺的爱弟，且休烦恼，有甚事务，当以尽情奏知寡人。”那耶律得重奏道：“宋朝童子皇帝，差调宋江领兵前来征讨，军马势大，难以抵敌。送了臣的两个孩儿，杀了檀州四员大将。宋军席卷而来，又失陷了蓟州，特来殿前请死！”

大辽国主听了，传圣旨道：“卿且起来，俺的这里好生商议。”郎主道：“引兵的那蛮子，是甚人?这等喽罗！”班部中右丞相太师褚坚出班奏道：“臣闻宋江这伙原是梁山泊水浒寨草寇，却不肯杀害良民，专一替天行道，只杀滥官污吏、　诈害百姓的人。后来童贯、高俅，引兵前去收捕，被宋江只五阵，杀的片甲不回。他这伙好汉，剿捕他不得。童子皇帝遣使三番降诏去招安，他后来都投降了。只把宋江封为先锋使，又不曾实授官职，其余都是白身人。今日差将他来，便和俺们厮杀。他道有一百八人，应天上星宿。这伙人好生了得，郎主休要小觑了他。”郎主道：“你这等话说时，恁地怎生是好？”班部丛中转出一员官，乃是欧阳侍郎，　袍拂地，象简当胸奏道：“郎主万岁!臣虽不才，愿献小计，可退宋兵。”郎主大喜道：“你既有好的见识，当下便说。”欧阳侍郎言无数句，话不一席，有分教：宋江名标青史，事载丹书。正是：护国谋成欺吕望，顺天功就赛张良。

毕竟欧阳侍郎奏出甚事来，且听下回分解。

第八十五回 宋公明夜度益津关　吴学究智取文安县

话说当下欧阳侍郎奏道：“宋江这伙，都是梁山泊英雄好汉。如今宋朝童子皇帝，被蔡京、童贯、高俅、杨　四个贼臣弄权，嫉贤妒能，闭塞贤路，非亲不进，非财不用，久后如何容的他们!论臣愚意，郎主可加官爵，重赐金帛，多赏轻裘肥马。臣愿为使臣，说他来降俺大辽国。郎主若得这伙军马来，觑中原如同反掌。臣不敢自专，乞郎主圣鉴不错。”郎主听罢，便道：“你也说的是。你就为使臣，将带一百八骑好马，一百八匹好缎子，俺的敕命一道，封宋江为镇国大将军，总领辽兵大元帅，赐与金一提，银一秤，权当信物。教把众头目的姓名都抄将来，尽数封他官爵。”

只见班部中兀颜都统军出来启奏郎主道：“宋江这一伙草贼，招安他做甚?放着奴婢手下有二十八宿将军、十一曜大将，有的是强兵猛将，怕不赢他?若是这伙蛮子不退呵，奴婢亲自引兵去剿杀这厮。”国主道：“你便是了的好汉，如插翅大虫，再添的这伙呵，你又加生两翅。你且休得阻当。”辽主不听兀颜之言，再有谁敢多言。原来这兀颜光都统军，正是辽国第一员上将，十八般武艺，无有不通，兵书战策，尽皆熟闲。年方三十五六，堂堂一表，凛凛一躯，八尺有余身材，面白唇红，须黄眼碧，威仪猛勇。上阵时，仗条浑铁点钢枪，杀到浓处，不时掣出腰间铁简，使的铮铮有声，端的是有万夫不当之勇。

且不说兀颜统军谏奏，却说那欧阳侍郎领了辽国敕旨，将了许多礼物马匹，上了马，径投蓟州来。宋江正在蓟州作养军士，听的辽国有使命至，未审来意吉凶，遂取玄女之课，当下一卜，卜得个上上之兆。便与吴用商议道："封中上上之兆，多是辽国来招安我们，似此如之奈何？"吴用道："若是如此时，正可将计就计，受了他招安。将此蓟州与卢先锋管了，却取他霸州。若更得了他霸州，不愁他辽国不破。即今取了他檀州，先去辽国一只左手。此事容易，只是放些先难后易，令他不疑。"且说那欧阳侍郎已到城下，宋江传令，教开城门，放他进来。欧阳侍郎入到城中，至州衙前下马，直到厅上。叙礼罢，分宾主而坐。宋江便问："侍郎来意何干？"欧阳侍郎道："有件小事，上达钧听，乞屏左右。"宋江遂将左右喝退，请进后堂深处说话。

欧阳侍郎至后堂，欠身与宋江道："俺大辽国久闻将军大名，争奈山遥水远，无由拜见威颜。又闻将军在梁山大寨，替天行道，众弟兄同心协力。今日宋朝奸臣们闭塞贤路，有金帛投于门下者，便得高官重用；无贿赂投于门下者，总有大功于国，空被沉埋，不得升赏。如此奸党弄权，谗佞侥幸，嫉贤妒能，赏罚不明，以致天下大乱。江南、两浙、山东、河北，盗贼并起，草寇猖狂，良民受其涂炭，不得聊生。今将军统十万精兵，赤心归顺，止得先锋之职，又无升受品爵。众弟兄劬劳报国，俱各白身之士。遂命引兵直抵沙漠，受此劳苦，与国建功，朝廷又无恩赐。此皆奸臣之计。若沿途掳掠金珠宝贝，令人馈送浸润与蔡京、童贯、高俅、杨　四个贼臣，可保官爵，恩命立至。若还不肯如此行事，将军纵使赤心报国，建大功勋，回到朝廷，反坐罪犯。欧某今奉大辽国主特遣小官赍敕命一道，封将军为辽邦镇国大将军，总领兵马大元帅。赠金一提，银一秤，彩缎一百八匹，名马一百八骑。便要抄录一百八位头领姓名赴国，照名钦授官爵。非来诱说将军，此是国主久闻将军盛德，特遣欧某前来预请将军众将，同意协心，辅助本国。"

宋江听罢，便答道："侍郎言之极是。争奈宋江出身微贱，郓城小吏，犯罪在逃，权居梁山水泊，避难逃灾。宋天子三番降诏，赦罪招安，虽然官小职微，亦未曾立得功绩，以报朝廷赦罪之恩。今蒙郎主赐我以厚爵，赠之以重赏，然虽如此，未敢拜受，请侍郎且回。即今溽暑炎热，权令军马停歇，暂且借国王这两个城子屯兵，守待早晚秋凉，再作商议。"欧阳侍郎道："将军不弃，权且受下辽王金帛、彩缎、鞍马。俺回去，慢慢地再来说话，未为晚矣。"宋江道："侍郎不知我等一百八人，耳目最多，倘或走透消息，先惹其祸。"欧阳侍郎道："兵权执掌，尽在将军手内，谁敢不从？"宋江道："侍郎不知就里。我等弟兄中间，多有性直刚勇之士。等我调和端正，众所同心，却慢慢地回话，亦未为迟。"有诗为证：

金帛重驮出蓟州，熏风回首不胜羞。

辽王若问归降事，云在青山月在楼。

于是令备酒肴相待，送欧阳侍郎出城上马去了。

宋江却请军师吴用商议道："适来辽国侍郎这一席话如何？"吴用听了，长叹一声，低首不语，肚里沉吟。宋江便问道："军师何故叹气？"吴用答道："我寻思起来，只是兄长以忠义为主，小弟不敢多言。我想欧阳侍郎所说这一席话，端的是有理。目今宋朝天子，至圣至明，果被蔡京、童贯、高俅、杨　四个奸臣专权，主上听信。设使日后纵有成功，必无升赏。我等三番招安，兄长为尊，只得个先锋虚职。若论我小子愚意，弃宋从辽，岂不为胜，只是负了兄长忠义之心。"宋江听罢，便道："军师差矣!若从辽国，此事切不可提。纵使宋朝负我，我忠心不负宋朝。久后纵无功赏，也得青史上留名。若背正顺逆，天不容恕!吾辈当尽忠报国，死而后已！"吴用道："若是兄长存忠义于心，只就这条计上，可以取他霸州。目今盛暑炎天，且当暂停，将养军马。"宋江、吴用计议已定，且不与众人说。同众将屯驻蓟州，待过暑热。

次日，与公孙胜在中军闲话，宋江问道："久闻先生师父罗真人，乃盛世之高士。前番因打高唐州，要破高廉邪法，特地使戴宗、李逵来寻足下，说：'尊师罗真人，术法灵验。'敢烦贤弟，来日引宋江去法座前，焚香参拜，一洗尘俗。未知尊意如何？"公孙胜便道："贫道亦欲归望老母，参省本师。为见兄长连日屯兵未定，不敢开言。今日正欲要禀仁兄，不想兄长要去。来日清晨，同往参礼本师，贫道就行省视老母。"

次日，宋江暂委军师掌管军马。收拾了名香净果，金珠彩缎，将带花荣、戴宗、吕方、郭盛、燕顺、马麟六个头领。宋江与公孙胜共八骑马，带领五千步卒，取路投九宫县二仙山来。宋江等在马上，离了蓟州，来到山峰深处。但见青松满径，凉气　，炎暑全无，端的好座佳丽之山。公孙胜在马上道："有名唤做呼鱼鼻山。"宋江看那山时，但见：

四围　　，八面玲珑。重重晓色映晴霞，沥沥琴声飞瀑布。溪涧中漱玉飞琼，石壁上堆蓝叠翠。白云洞口，紫藤高挂绿萝垂；碧玉峰前，丹桂悬崖青蔓袅。引子苍猿献果，呼群麋鹿衔花。千峰竞秀，夜深白鹤听仙经；万壑争流，风暖幽禽相对语。地僻红尘飞不到，山深车马几曾来。

当下公孙胜同宋江直至紫虚观前，众人下马，整顿衣巾。小校托着信香礼物，径到观里鹤轩前面。观里道众，见了公孙胜，俱各向前施礼，同来见宋江，亦施礼罢。公孙胜便问："吾师何在？"道众道："师父近日只在后面退居静坐，少曾到观。"公孙胜听了，便和宋公明径投后山退居内来。转进观后，崎岖径路，曲折阶衢。行不到一里之间，但见荆棘为篱，外面都是青松翠柏，篱内尽是瑶草琪花。中有三间雪洞，罗真人在内端坐诵经。童子知有客来，开门相接。公孙胜先进草庵鹤轩前，礼拜本师已毕，便禀道："弟子旧友，山东宋公明，受了招安，今奉敕命，封先锋之职，统兵来破辽虏，今到蓟州，特地要来参礼我师，现在此间。"罗真人见说，便教请进。

宋江进得草庵，罗真人降阶迎接。宋江再三恳请罗真人，坐受拜礼。罗真人道："将军国家上将，贫道乃山野村夫，何敢当此？"宋江坚意谦让，要礼拜他。罗真人方才肯坐。宋江先取信香炉中焚　，参礼了八拜，便呼花荣等六个头领，俱各礼拜已了。罗真人都教请坐，命童子烹茶献果已罢。罗真人乃曰："将军上应星魁，外合列曜，一同替天行道，今则归顺宋朝，此清名万载不磨矣！"宋江道："江乃郓城小吏，逃罪上山，感谢四方豪杰，望风而来。同声相应，同气相求，恩如骨肉，情若股肱。天垂景象，方知上应天星地曜，会合一处。今奉诏命，统领大兵，征进辽国，径涉仙境，夙生有缘，得一瞻拜。万望真人指迷前程之事，不胜万幸。"罗真人道："蒙将军不弃，折节下问。出家人违俗已久，心如死灰，无可效忠，幸勿督过。"宋江再拜求教。罗真人道："将军少坐，当具素斋。天色已晚，就此荒山草榻，权宿一宵，来早回马。未知尊意若何？"宋江便道："宋江正欲我师指教，点悟愚迷，安忍便去？"随即唤从人托过金珠彩缎，上献罗真人。罗真人乃曰："贫道僻居野叟，寄形宇内，纵使受此金珠，亦无用处。随身自有布袍遮体，绫锦彩缎，亦不曾穿。将军统数万之师，军前赏赐，日费浩繁，所赐之物，乞请纳回。"宋江再拜，望请收纳。罗真人坚执不受，当即供献素斋，斋罢，又吃了茶。罗真人令公孙胜回家省母，明早却来，随将军回城。当晚留宋江庵中闲话。宋江把心腹之事，备细告知罗真人，愿求指迷。罗真人道："将军一点忠义之心，与天地均同，神明必相护佑。他日生当封侯，死当庙食，决无疑虑。只是将军一生命薄，不得全美。"宋江告道："我师，莫非宋江此身不得善终？"罗真人道："非也!将军亡必正寝，死必归坟。只是所生命薄，为人好处多磨，忧中少乐。得意浓时，便当退步，切勿久恋富贵。"宋江再告："我师，富贵非宋江之意，但愿弟兄常常完聚，虽居贫贱，亦满微心。只求大家安乐。”罗真人笑道：“大限到来，岂容汝等留恋乎？”宋江再拜，求罗真人法语。罗真人命童子取过纸笔，写下八句法语，度与宋江。那八句说道是：

忠心者少，义气者稀。幽燕功毕，明月虚辉。

始逢冬暮，鸿雁分飞。吴头楚尾，官禄同归。

宋江看毕，不晓其意，再拜恳告：“乞我师金口剖决，指引迷愚。”罗真人道：“此乃天机，不可泄漏。他日应时，将军自知。夜深更静，请将军观内暂宿一宵，来日再会。贫道当年寝寐，未曾还的，再欲赴梦去也。将军勿罪！”宋江收了八句法语，藏在身边，辞了罗真人，来观内宿歇。众道众接至方丈，宿了一宵。

次日清晨，来参真人，其时公孙胜已到草庵里了。罗真人叫备素馔斋饭相待。早馔已毕，罗真人再与宋江道：“将军在上，贫道一言可禀。这个徒弟公孙胜，本从贫道山中出家，远绝尘俗，正当其理。奈缘是一会下星辰，不由他不来。今俗缘日短，道行日长。若今日便留下，在此伏侍贫道，却不见了弟兄往日情分。从今日跟将军去干大功，如奏凯还京，此时相辞，却望将军还放。一者使贫道有传道之人，二乃免他老母倚门之望。将军忠义之士，必举忠义之行。未知将军雅意肯纳贫道否？”宋江道：“师父法旨，弟子安敢不听?况公孙胜先生与江弟兄，去住从他，焉敢阻当？”罗真人同公孙胜都打个稽首道：“谢承将军金诺。”当下众人拜辞罗真人，罗真人直送宋江等出庵相别。罗真人道：“将军善加保重，早得建节封侯。”宋江拜别，出到观前。所有乘坐马匹，在观中喂养，从人已牵在观外俟候。众道士送宋江等出到观外相别。宋江教牵马至半山平坦之处，与公孙胜等一同上马，再回蓟州。一路无话，早到城中州衙前下马。黑旋风李逵接着说道：“哥哥去望罗真人，怎生不带兄弟去走一遭？”戴宗道：“罗真人说，你要杀他，好生怪你。”李逵道：“他也奈何的我也够了！”众人都笑。宋江入进衙内，众人都到后堂。宋江取出罗真人那八句法语，递与吴用看详，不晓其意。众人反复看了，亦不省的。公孙胜道：“兄长，此乃天机玄语，不可泄漏。收取过了，终身受用，休得只顾猜疑。师父法语，过后方知。”宋江遂从其说，藏于天书之内。

自此之后，屯驻军马，在蓟州一月有余，并无军情之事。至七月半后，檀州赵枢密行文书到来，说奉朝廷敕旨，催兵出战。宋江接得枢密院 付，便与军师吴用计议，前到玉田县，合会卢俊义等，操练军马，整顿军器，分拨人员已定，再回蓟州，祭祀旗纛，选日出师。闻左右报道：“辽国有使来到。”宋江出接，却是欧阳侍郎，便请入后堂。叙礼已罢，宋江问道：“侍郎来意如何？”欧阳侍郎道：“乞退左右。”宋江随即喝散军士。侍郎乃言：“俺大辽国主好生慕公之德。若蒙将军慨然归顺，肯助大辽，必当建节封侯。全望早成大义，免俺国主悬望之心。”宋江答道：“这里也无外人，亦当尽心告诉侍郎。不知前番足下来时，众军皆知其意。内中有一半人，不肯归顺。若是宋江便随侍郎出幽州，朝见郎主时，有副先锋卢俊义，必然引兵追赶。若就那里城下厮并，不见了我弟兄们日前的义气。我今先带些心腹之人，不拣那座城子，借我躲避。他若引兵赶来，知我下落，那时却好回避他。他若不听，却和他厮并，也未迟。他若不知我等下落时，他军马回报东京，必然别生支节。我等那时朝见郎主，引领大辽军马，却来与他厮杀，未为晚矣！”

欧阳侍郎听了宋江这一席言语，心中甚喜，便回道：“俺这里紧靠霸州，有两个隘口：一个唤做益津关，两边都是险峻高山，中间只一条驿路；一个是文安县，两面都是恶山，过的关口，便是县治。这两座去处，是霸州两扇大门。将军若是如此，可往霸州躲避。本州是俺辽国国舅康里定安守把。将军可就那里，与国舅同住，却看这里如何。”宋江道：“若得如此，宋江星夜使人回家，搬取老父，以绝根本。侍郎可暗地使人来引宋江去。只如此说，今夜我等收拾也。”欧阳侍郎大喜，别了宋江，上马去了。有诗为证：

国士从胡志可伤，常山骂贼姓名香。

宋江若肯降辽国，何似梁山作大王。

当日宋江令人去请卢俊义、吴用、朱武到蓟州，一同计较智取霸州之策，下来便见。宋江酌量已定，卢俊义领令去了。吴用、朱武暗暗分付众将，如此如此而行。宋江带去人数，林冲、花荣、朱仝、刘唐、穆弘、李逵、樊瑞、鲍旭、项充、李衮、吕方、郭盛、孔明、孔亮，共计一十五员头领，止带一万来军校。拨定人数，只等欧阳侍郎来到便行。望了两日，只见欧阳侍郎飞马而来，对宋江道：“俺郎主知道将军实是好心的人，既蒙归顺，怕他宋兵做甚么?俺大辽国，有的是好兵好将，强人壮马相助。你既然要取令大人，不放心时，且请在霸州与国舅作伴，俺却差人去取未迟。”宋江听了，与侍郎道：“愿去的军将，收拾已完备，几时可行？”欧阳侍郎道：“则今夜便行，请将军传令。”宋江随即分付下去，都教马摘銮铃，军卒衔枚疾走，当晚便行。一面管待来使。黄昏左侧，开城西门便出，欧阳侍郎引数十骑在前领路。宋江引一支军马，随后便行。约行过二十余里，只见宋江在马上猛然失声，叫声：“苦也！”说道：“约下军师吴学究同来归顺大辽，不想来的慌速，不曾等的他来。军马慢行，却快使人取接他来。”当时已是三更左侧，前面已是益津关隘口。欧阳侍郎大喝一声：“开门！”当下把关的军将，开放关口，军马人将，尽数度关，直到霸州。天色将晓，欧阳侍郎请宋江入城，报知国舅康里定安。

原来这国舅，是大辽郎主皇后亲兄，为人最有权势，更兼胆勇过人。将着两员侍郎，守住霸州：一个唤做金福侍郎，一个唤做叶清侍郎。听的报道宋江来降，便叫军马且在城外下寨，只教为头的宋先锋请进城来。欧阳侍郎便同宋江入城，来见定安国舅。国舅见了宋江，一表非俗，便乃降阶而接，请至后堂，叙礼罢，请在上坐。宋江答道：“国舅乃金枝玉叶，小将是投降之人，怎消受国舅殊礼重待?宋江将何报答？”定安国舅道：“多听得将军的名传寰海，威镇中原，声名闻于大辽。俺的国主，好生慕爱。”宋江道：“小将比领国舅的福荫，宋江当尽心报答郎主大恩。”定安国舅大喜，忙叫安排庆贺筵宴。一面又叫椎牛宰马，赏劳三军。城中选了一所宅子，教宋江、花荣等安歇，方才教军马尽数入城屯扎。花荣等众将，都来见了国舅等众人。番将同宋江一处安歇已了，宋江便请欧阳侍郎分付道：“可烦侍郎差人报与把关的军汉，怕有军师吴用来时，分付便可教他进关来，我和他一处安歇。昨夜来得仓卒，不曾等候得他。我一时与足下只顾先来了，正忘了他。军情主事，少他不得。更兼军师文武足备，智谋并优，六韬三略，无有不会。”欧阳侍郎听了，随即便传下言语，差人去与益津关、文安县二处把关军将说知：“但有一个秀才模样的人，姓吴名用，便可放他过来。”

且说文安县得了欧阳侍郎的言语，便差人转出益津关上，报知就里，说与备细。上关来望时，只见尘头蔽日，土雾遮天，有军马奔上关来。把关将士准备擂木炮石，安排对敌，只见山前一骑马上，坐着一人，秀才模样，背后一个行脚僧，一个行者，随后又有数十个百姓，都赶上关来。马到关前，高声大叫：“我是宋江手下军师吴用，欲待来寻兄长，被宋兵追赶得紧，你可开关救我！”把关将道：“想来正是此人。”随即开关，放入吴学究来。只见那两个行脚僧人、行者，也挨入关。关上人当住，那行者早撞在门里了。和尚便道：“俺两个出家人，被军马赶的紧，救咱们则个！”把关的军，定要推出关去。那和尚发作，行者焦躁，大叫道：“俺不是出家人，俺是杀人的太岁鲁智深、武松的便是！”花和尚抡起铁禅杖，拦头便打。武行者掣出双戒刀，就便杀人，正如砍瓜切菜一般。那数十个百姓，便是解珍、解宝、李立、李云、杨林、石勇、时迁、段景住、白胜、郁保四这伙人，早奔关里，一发夺了关口。卢俊义引着军兵，都赶到关上，一齐杀入文安县来。把关的官员，那里迎敌的住。这伙都到文安县取齐。

却说吴用飞马奔到霸州城下，守门的番官报入城来。宋江与欧阳侍郎在城边相接，便教引见国舅康里定安。吴用说道："吴用不合来的迟了些个。正出城来，不想卢俊义知觉，直赶将来，追到关前。小生今入城来，此时不知如何。"又见流星探马报来说道："宋兵夺了文安县，军马杀近霸州。"定安国舅便教点兵，出城迎敌，宋江道："未可调兵，等他到城下，宋江自用好言招抚他。如若不从，却和他厮并未迟。"只见探马又报将来说："宋兵离城不远！"定安国舅与宋江一齐上城看望。见宋兵整整齐齐，都摆列在城下。卢俊义顶盔挂甲，跃马横枪，点军调将，耀武扬威，立马在门旗之下，高声大叫道："只教反朝廷的宋江出来！"宋江立在城楼下女墙边，指着卢俊义说道："兄弟，所有宋朝赏罚不明，奸臣当道，谗佞专权，我已顺了大辽国主。汝可同心，也来帮助我，同扶大辽郎主，不失了梁山许多时相聚之意。"卢俊义大骂道："俺在北京安家乐业，你来赚我上山。宋天子三番降诏，招安我们，有何亏负你处?你怎敢反背朝廷?你那短见无能之人，早出来打话，见个胜败输赢！"宋江大怒，喝教开城门，便差林冲、花荣、朱仝、穆弘四将齐出，活拿这厮。卢俊义一见了四将，约住军校，跃马横枪，直取四将，全无惧怯。林冲等四将斗了二十余合，拨回马头，望城中便走。卢俊义把枪一招，后面大队军马，一齐赶杀入来。林冲、花荣占住吊桥，回身再杀，诈败佯输，诱引卢俊义抢入城中。背后三军，齐声呐喊，城中宋江等诸将，一齐兵变，接应入城，四方混杀，人人束手，个个归心。定安国舅气的目睁口呆，罔知所措，与众等侍郎束手被擒。

宋江引军到城中，诸将都至州衙内来，参见宋江。宋江传令，先请上定安国舅并欧阳侍郎、金福侍郎、叶清侍郎，并皆分坐，以礼相待。宋江道："汝辽国不知就里，看的俺们差矣!我这伙好汉，非比啸聚山林之辈。一个个乃是列宿之臣，岂肯背主降辽?只要取汝霸州，特地乘此机会。今已成功，国舅等请回本国，切勿忧疑，俺无杀害之心。但是汝等部下之人，并各家老小，俱各还本国。霸州城子，已属天朝，汝等勿得再来争执。今后刀兵到处，无有再容。"宋江号令已了，将城中应有番官，尽数驱遣起身，随从定安国舅都回幽州。宋江一面出榜安民，令副先锋卢俊义将引一半军马，回守蓟州，宋江等一半军将，守住霸州。差人赍奉军帖，飞报赵枢密，得了霸州。赵安抚听了大喜，一面写表申奏朝廷。

且说定安国舅与同三个侍郎，带领众人归到燕京，来见郎主，备细奏说宋江诈降一事，因此被那伙蛮子占了霸州。辽主听了大怒，喝骂欧阳侍郎："都是你这奴婢佞臣，往来搬斗，折了俺的霸州紧要的城池，教俺燕京如何保守?快与我拿去斩了！"班部中转出兀颜统军，启奏道："郎主勿忧，量这厮何须国主费力。奴婢自有个道理，且免斩欧阳侍郎。若是宋江知得，反被他耻笑。"辽主准奏，赦了欧阳侍郎。兀颜统军奏道："奴婢引起部下二十八宿将军，十一曜大将，前去布下阵势，把这些蛮子，一鼓儿平收。"说言未绝，班部中却转出贺统军前来奏道："郎主不用忧心，奴婢自有个见识。常言道：'杀鸡焉用牛刀。'那里消得正统军自去，只贺某聊施小计，教这一伙蛮子，死无葬身之地！"郎主听了，大喜道："俺的爱卿，愿闻你的妙策。"贺统军启口摇舌，说这妙计，有分教，卢俊义来到一个去处，马无料草，人绝口粮。直教：三军骁勇齐消魄，一代英雄也皱眉。

毕竟贺统军道出甚计来，且听下回分解。

第八十六回 宋公明大战独鹿山　卢俊义兵陷青石峪

话说贺统军，姓贺名重宝，是辽国中兀颜统军部下副统军之职，身长一丈，力敌万人，善行妖法，使一口三尖两刃刀，现今守住幽州，就行提督诸路军马。当时贺重宝奏郎主道："奴婢这幽州地面，有个去处，唤做青石峪，只一条路入去，四面尽是高山，并无活路。臣拨十数骑人马，引这伙蛮子，直入里面，却调军马外面围住。教这厮前无出路，后无退步，必然饿死。"兀颜统军道："怎生便得这厮们来？"贺统军道："他打了俺三个大郡，气满志骄，必然想着幽州。俺这里分兵去诱引他，他必然乘势来赶，引入陷坑山内，走那里去？"兀颜统军道："你的计策怕不济事，必还用俺大兵扑杀。且看你去如何。"

当下贺统军辞了国主，带了盔甲刀马，引了一行步从兵卒，回到幽州城内。将军马点起，分作三队：一队守住幽州，二队望霸州、蓟州进发。传令已了，便驱遣两队军马出城。差两个兄弟前去领兵：大兄弟贺拆去打霸州，小兄弟贺云去打蓟州，都不要赢他，只佯输诈败，引入幽州境界，自有计策。

却说宋江等守住霸州，有人来报："辽兵侵犯蓟州，恐有疏失，望调军兵救护。"宋江道："既然来打，必须迎敌，就此机会，去取幽州。"宋江留下些少军马，守定霸州，其余大队军兵，拔寨都起。引军前去蓟州，会合卢俊义军马，约日进兵。且说番将贺拆引兵霸州来，宋江正调军马出来，却好半路里接着。不曾斗的三合，贺拆引军败走，宋江不去追赶。却说贺云去打蓟州，正迎着呼延灼，不战自退。

宋江会合卢俊义一同上帐，商议攻取幽州之策。吴用、朱武便道："幽州分兵两路而来，此必是诱引之计，且未可行。"卢俊义道："军师错矣!那厮连输了数次，如何是诱敌之计?当取不取，过后难取，不就这里去取幽州，更待何时？"宋江道："这厮势穷力尽，有何良策可施?正好乘此机会。"遂不从吴用、朱武之言，引兵往幽州便进，将两处军马分作大小三路起行。只见前军报来说："辽兵在前拦住。"宋江到军前看时，山坡后转出一彪皂旗来。宋江便教前军摆开人马，只见那番军番将，分作四路，向山坡前摆开。宋江、卢俊义与众将看时，如黑云踊出千百万人马相似，簇拥着一员番官，横着三尖两刃刀，立马阵前。那番官怎生打扮，但见：

头戴明霜镔铁盔，身披曜日连环甲，足穿抹绿云根靴，腰系龟背狻猊带。衬着锦绣绯红袍，执着铁杆狼牙棒。手持三尖两刃八环刀，坐下四蹄双翼千里马。

前面行军旗上，写的分明："大辽副统军贺重宝。"跃马横刀，出于阵前。宋江看了道："辽国统军，必是上将，谁敢出马？"说犹未了，大刀关胜舞起青龙偃月刀，纵坐下赤兔马，飞出阵来，也不打话，便与贺统军相并。斗到三十余合，贺统军气力不加，拨过刀，望本阵便走。关胜骤马追赶，贺统军引了败兵，奔转山坡。宋江便调军马追赶。约有四五十里，听的四下里战鼓齐响。宋江急叫回军时，山坡左边，早撞过一彪番军拦路。宋江急分兵迎敌时，右手下又早撞出一支辽兵。前面贺统军勒兵回来夹攻。宋江兵马，四下救应不迭，被番兵撞做两段。

却说卢俊义引兵在后面厮杀时，不见了前面军马，急寻门路，要杀回来，只见胁窝里又撞出番军来厮并。辽兵喊杀连天，四下里撞击，左右被番军围住在垓心。卢俊义调拨众将，左右冲突，前后卷杀，寻路出去，众将扬威耀武，抖擞精神，正奔四下里厮杀，忽见阴云闭合，黑雾遮天，白昼如夜，不分东西南北。卢俊义心慌，急引一支军马，死命杀出。昏黑中，听得前面鸾铃声响，纵马引兵杀过去。至一山口，只听得里面人语马嘶，领军赶将入去，只见狂风大作，走石飞沙，对面不见。卢俊义杀到里面，约莫二更前后，方才风静云开，复见一天星斗。众人打一看时，四面尽是高山，左右是悬崖峭壁，只见高山峻岭，无路可登。随行人马，只见徐宁、索超、韩滔、彭玘、陈达、杨春、周通、李忠、邹渊、邹润、杨林、白胜，大小十二个头领，有五千军马。星光之下，待寻归路，四下高山围匝，不能得出。卢俊义道："军士厮杀了一日，神思困倦，且就这里权歇一宵，暂停战马，明日却寻归路。"再说宋江正厮杀间，只见黑云四起，走石飞沙，军士对面都不相见。随军内却有公孙胜在马上见了，知道此是妖法，急拔宝剑在手，就马上作用，口中念念有词，喝声道："疾！"把宝剑指点之处，只见阴云四散，狂风顿息，辽军不战自退。宋江驱兵杀透重围，退到一座高山，迎着本部军马。且把粮车头尾相衔，权做寨栅。计点大小头领，于内不见了卢俊义等一十三人并五千余军马。至天明，宋江便遣呼延灼、林冲、秦明、关胜，各带军兵，四下里去寻了一日，不知些消息回覆。宋江便取玄女课，焚香占卜已罢，说道："大象不妨，只是陷在幽阴之处，急切难得出来。"宋江放心不下，遂遣解珍、解宝扮作猎户，绕山来寻。又差时迁、石勇、段景住、曹正，四下里去打听消息。

且说解珍、解宝披上虎皮袍，　了钢叉，只望深山里行。看看天色向晚，两个行到山中，四边只一望，不见人烟，都是乱山叠嶂。解珍、解宝又行了几个山头。是夜月色朦胧，远远地望见山畔一点灯光。弟兄两个道："那里有灯光之处，必是有人家。我两个且寻去讨些饭吃。"望着灯光处，曳开脚步奔将来。未得一里多路，来到一个去处，傍着树林坡，有作三数间草屋，屋下破壁里闪出灯光来。解珍、解宝推开扇门，灯光之下，见是个婆婆，年纪六旬之上。弟兄两个，放下钢叉，纳头便拜。那婆婆道："我只道是俺孩儿来家，不想却是客人到此。客人休拜。你是那里猎户?怎生到此？"解珍道："小人原是山东人氏，旧日是猎户人家。因来此间做些买卖，不想正撞着军马热闹，连连厮杀，以此消折了本钱，无甚生理。弟兄两个，只得来山中寻讨些野味养口。谁想不识路径，迷踪失迹，来到这里，投宅上暂宿一宵。望老奶奶收留则个！"那婆婆道："自古云：'谁人顶着房子走哩！'我家两个孩儿，也是猎户，敢如今便回来也!客人少坐，我安排些晚饭，与你两个吃。"解珍、解宝谢道："多感老奶奶！"那婆婆入里面去了。弟兄两个，却坐在门前。不多时，只见门外两个人，扛着一个獐子入来，口里叫道："娘，你在那里？"只见那婆婆出来道："孩儿，你们回了。且放下獐子，与这两位客人厮见。"解珍、解宝慌忙下拜。那两个答礼已罢，便问："客人何处?因甚到此？"解珍、解宝便把却才的话再说一遍。那两个道："俺祖居在此。俺是刘二，兄弟刘三。父是刘一，不幸死了，止有母亲。专靠打猎营生，在此三二十年了。此间路径甚杂，俺们尚有不认的去处。你两个是山东人氏，如何到此间讨得衣饭吃?你休瞒我，你二位敢不是打猎户么？"解珍、解宝道："既到这里，如何藏的?实诉与兄长。"有诗为证：

峰峦重叠绕周遭，兵陷垓心不可逃。

二解欲知貔虎路，故将踪迹混渔樵。

当时解珍、解宝跪在地下说道："小人们果是山东猎户。弟兄两个，唤做解珍、解宝，在梁山泊跟随宋公明哥哥许多时落草。今来受了招安，随着哥哥来破辽国。前日正与贺统军大战，被他冲散一支军马，不知陷在那里。特差小人弟兄两个来打探消息。"那两个弟兄笑道："你二位既是好汉，且请起，俺指与你路头。你两个且少坐，俺煮一腿獐子肉，暖杯社酒，安排请你二位。"没一个更次，煮的肉来。刘二、刘三管待解珍、解宝饮酒之间，动问道："俺们久闻你梁山泊宋公明替天行道，不损良民，直传闻到俺辽国。"解珍、解宝便答道："俺哥哥以忠义为主，誓不扰害善良，单杀滥官酷吏，倚强凌弱之人。"那两个道："俺们只听的说，原来果然如此！"尽皆欢喜，便有相爱不舍之情。解珍、解宝道："我那支军马，有十数个头领，三五千兵卒，正不知下落何处。我想也得好一片地来排陷他。"那两个道："你不知俺这北边地理。只此间是幽州管下，有个去处，唤做青石峪，只有一条路入去，四面尽是悬崖峻壑的高山。若是填塞了那条入去的路，再也出不来。多定只是陷在那里了。此间别无这般宽阔去处。如今你那宋先锋屯军之处，唤做独鹿山。这山前平坦地面，可以厮杀。若山顶上望时，都见四边来的军马。你若要救那支军马，舍命打开青石峪，方才可以救出。那青石峪口，必然多有军马，截断这条路口。此山柏树极多，惟有青石峪口两株大柏树，最大的好，形如伞盖，四面尽皆望见。那大树边正是峪口。更提防一件，贺统军会行妖法，教宋先锋破他这一件要紧。"解珍、解宝得了这言语，拜谢了刘家兄弟两个，连夜回寨来。宋江见了问道："你两个打听的些分晓么？"解珍、解宝却把刘家弟兄的言语，备细说了一遍。宋江失惊，便请军师吴用商议。正说之间，只见小校报道："段景住、石勇引将白胜来了。"宋江道："白胜是与卢先锋一同失陷，他此来必是有异。"随即唤来帐下问时，段景住先说："我和石勇正在高山涧边观望，只见山顶上一个大毡包滚将下来。我两个看时，看看滚到山脚下，却是一团毡衫，里面四围裹定，上用绳索紧拴。直到树边看时，里面却是白胜。"白胜便道："卢头领与小弟等一十三人，正厮杀间，只见天昏地暗，日色无光，不辨东南西北。只听的人语马嘶之声，卢头领便教只顾杀将入去。谁想深入重地。那里尽是四面高山，无计可出，又无粮草接济，一行人马，实是艰难。卢头领差小弟从山顶上滚将下来，寻路报信。不想正撞着石勇、段景住二人，望哥哥早发救兵前去接应，迟则诸将必然死了。"

宋江听罢，连夜点起军马，令解珍、解宝为头引路，望这大柏树，便是峪口。传令教马步军兵并力杀去，务要杀开峪口。人马行到天明，远远的望见山前两株大柏树，果然形如伞盖。当下解珍、解宝引着军马，杀到山前峪口。贺统军便将军马摆开，两个兄弟争先出战。宋江军将要抢峪口，一齐向前。豹子头林冲飞马先到，正迎着贺拆，交马只两合，从肚皮上一枪搠着，把那贺拆搠于马下。步军头领见马军先到赢了，一发都奔将入去。黑旋风李逵手抡双斧，一路里砍杀辽兵。背后便是混世魔王樊瑞、丧门神鲍旭，引着牌手项充、李衮并众多蛮牌，直杀入辽兵队里。李逵正迎着贺云，抢到马下，一斧砍断马脚，当时倒了，贺云落马。李逵双斧如飞，连人带马，只顾乱剁。辽兵正拥将来，却被樊瑞、鲍旭两下众牌手撞着。贺统军见折了两个兄弟，便口中念念有词，作起妖法，不知道些甚么。只见狂风大起，就地生云，黑暗暗罩住山头，昏惨惨迷合峪口。正作用间，宋军中转过公孙胜来，在马上掣出宝剑在手，口中念不过数句，大喝一声道："疾！"只见四面狂风，扫退浮云，现出明朗朗一轮红日。马步三军众将向前，舍死并杀辽兵。贺统军见作法不灵，敌军冲突的紧，自舞刀拍马，杀过阵来。只见两军一齐混战，宋兵杀的辽兵东西逃窜。马军追赶辽兵，步军便去扒开峪口。原来被这辽兵重重叠叠将大块青石填塞住这条出路。步军扒开峪口，杀进青石峪内。卢俊义见了宋江军马，皆称惭愧。宋江传令，教且休赶辽兵，收军回独鹿山，将息被困人马。卢俊义见了宋江，放声大哭道："若不得仁兄垂救，几丧了兄弟性命！"宋江、卢俊义同吴用、公孙胜并马回寨将息，三军解甲暂歇。

次日，军师吴学究说道："可乘此机会，就好取幽州。若得了幽州，辽国之亡唾手可待。"宋江便叫卢俊义等一十三人军马，且回蓟州权歇，宋江自领大小诸将军卒人等，离了独鹿山，前来攻打幽州。

贺统军正退回在城中，为折了两个兄弟，心中好生纳闷。又听得探马报道："宋江军马来打幽州。"番军越慌。众辽兵上城观望，见东北下一簇红旗，西北下一簇青旗，两彪军马奔幽州来，即报与贺统军。贺统军听的大惊，亲自上城来看时，认的是辽国来的旗号，心中大喜。来的红旗军马，尽写银字，这支军乃是大辽国驸马太真胥庆，只有五千余人。这一支青旗军马，旗上都是金字，尽插雉尾，乃是李金吾大将。原来那个番官，正受黄门侍郎左执金吾上将军，姓李名集，呼为李金吾，乃李陵之后，荫袭金吾之爵，现在雄州屯扎，部下有一万来军马。侵犯大宋边界，正是此辈。听的辽主折了城子，因此调兵前来助战。贺统军见了，使人去报两路军马："且休入城，教去山背后埋伏暂歇。待我军马出城，一面等宋江兵来，左右掩杀。"贺统军传报已了，遂引军兵出幽州迎敌。

宋江诸将已近幽州，吴用便道："若是他闭门不出，便无准备；若是他引兵出城迎敌，必有埋伏。我军可先分兵作三路而进：一路直往幽州进发，迎敌来军；两路如羽翼相似，左右护持。若有埋伏军起，便教这两路军去迎敌。"宋江便拨调关胜带宣赞、郝思文领兵在左，再调呼延灼带单廷　、魏定国领兵在右，各领一万余人，从山后小路慢慢而行。宋江等引大军前来，径往幽州进发。

却说贺统军引兵前来，正迎着宋江军马。两军相对，林冲出马，与贺统军交战。斗不到五合，贺统军回马便走。宋江军马追赶，贺统军分兵两路，不入幽州，绕城而走。吴用在马上便叫："休赶！"说犹未了，左边撞出太真驸马来，已有关胜却好迎住；右边撞出李金吾来，又有呼延灼却好迎住。正来三路军马，逼住大战，杀的尸横遍野，流血成河。

贺统军情知辽兵不胜，欲回幽州时，撞过二将，接住便杀，乃是花荣、秦明，死战定贺统军。欲退回西门城边，又撞见双枪将董平，又杀了一阵。转过南门，撞见朱仝，接着又杀一阵。贺统军不敢入城，撞条大路，望北而走。不提防前面撞着镇三山黄信，舞起大刀，直取贺统军。贺统军心慌，措手不及，被黄信一刀，正砍在马头上。贺统军弃马而走，不想肋窝里又撞出杨雄、石秀两步军头领齐上，把贺统军掂翻在肚皮下。宋万挺枪又赶将来。众人只怕争功，坏了义气，就把贺统军乱枪戳死。那队辽兵已自先散，各自逃生。太真驸马见统军队里，倒了帅字旗，军校漫散，情知不济，便引了这彪红旗军，从山背后走了。李金吾正战之间，不见了这红旗军，料道不济事，也引了这彪青旗军，望山后退去。

宋江见这三路军兵尽皆退了，大驱人马，奔来夺取幽州。不动声色，一鼓而收。来到幽州城内，扎驻三军，便出榜安抚百姓。随即差人急往檀州报捷，请赵枢密移兵蓟州守把，就取这支水军头领并船只，前来幽州听调，却教副先锋卢俊义分守霸州。前后共得了四个大郡。赵安抚见了来文大喜。一面申奏朝廷，一面行移蓟、霸二州知会，再差水军头领，收拾进发，准备水陆并进。

且说辽主升殿，会集文武番官。左丞相幽西孛瑾，右丞相太师褚坚，统军大将等众，当廷商议："即日宋江侵夺边界，占了俺四座大郡，早晚必来侵犯皇城，燕京难保。贺统军弟兄三个已亡，汝等文武群臣，当国家多事之秋，如何处置？"有都统军兀颜光奏道："郎主勿忧！前者奴婢累次只要自去领兵，往往被人阻当，以致养成贼势，成此大祸。伏乞亲降圣旨，任臣选调军马，会合诸处军兵，克日兴师，务要擒获宋江等众，恢复原夺城池。"郎主准奏，遂赐出明珠虎牌，金印敕旨，黄钺白旄，朱幡皂盖，尽付与兀颜统军："不问金枝玉叶，皇亲国戚，不拣是何军马，并听爱卿调遣，速便起兵前去征进！"

兀颜统军领了圣旨兵符，便下教场，会集诸多番将，传下将令，调遣诸处军马，前来策应。却才传令已罢，有统军长子兀颜延寿，直至演武亭上禀道："父亲一面整点大军，孩儿先带数员猛将，会集太真驸马、李金吾将军二处军马，先到幽州，杀败这蛮子们八分。待父亲来时，瓮中捉鳖，一鼓扫清宋兵。不知父亲钧意如何？"兀颜统军道："吾儿言见得是。与汝突骑五千，精兵二万，就做先锋，即便会同太真驸马、李金吾，刻下便行。如有捷音，火速飞报。"小将军欣然领了号令，整点三军，径奔幽州来。正是：万马奔驰天地怕，千军踊跃鬼神愁。

毕竟兀颜小将军怎生搦战，且听下回分解。

第八十七回 宋公明大战幽州　呼延灼力擒番将

话说当时兀颜延寿将引二万余军马，会合了太真驸马、李金吾二将，共领三万五千番军，整顿枪刀弓箭，一应器械完备，摆布起身。早有探子来幽州城里，报知宋江。宋江便请军师吴用商议："辽兵累败，今次必选精兵猛将，前来厮杀，当以何策应之？"吴用道："先调兵出城，布下阵势。待辽兵来，慢慢地挑战。他若无能，自然退去。"宋江随即调遣军马出城，离城十里，地名方山，地势平坦，靠山傍水，排下九宫八卦阵势。等候间，只见辽兵分做三队而来。兀颜小将军兵马是皂旗，太真驸马是红旗，李金吾军是青旗。三军齐到，见宋江摆成阵势。那兀颜延寿在父亲手下，曾习得阵法，深知玄妙，便令青红旗二军，分在左右，扎下营寨，自去中军，竖起云梯，看了宋兵果是九宫八卦阵势，下云梯来，冷笑不止。左右副将问道："将军何故冷笑？"兀颜延寿道："量他这个九宫八卦阵，谁不省得?他将此等阵势，瞒人不过。俺却惊他则个！"令众军擂三通画鼓，竖起将台。就台上用两把号旗招展，左右列成阵势已了。下将台来，上马，令首将哨开阵势，亲到阵前，与宋江打话。那小将军怎生结束，但见：

戴一顶三叉如意紫金冠，穿一件蜀锦团花白银铠。足穿四缝鹰嘴抹绿靴，腰系双环龙角黄　带。蚪螭吞首打将鞭，霜雪裁锋杀人剑。左悬金画宝雕弓，右插银嵌狼牙箭。使一枝画杆方天戟，骑一匹铁脚枣骝马。

兀颜延寿勒马直到阵前，高声叫道："你摆九宫八卦阵，待要瞒谁?你却识得俺的阵么？"宋江听的番将要斗阵法，叫军中竖起云梯。宋江、吴用、朱武上云梯观望了辽兵阵势，三队相连，左右相顾。朱武早已认得，对宋江道："此太乙三才阵也。"宋江留下吴用同朱武在将台上，自下云梯来，上马出到阵前，挺鞭直指辽将，喝道："量你这太乙三才阵，何足为奇！"兀颜小将军道："你识吾阵，看俺变法，教汝不识。"勒马入中军，再上将台，把号旗招展，变成阵势。吴用、朱武在将台上看了，此乃变作河洛四象阵。使人下云梯来，回复宋江知了。兀颜小将军再出阵门，横戟问道："还识俺阵否？"宋江答道："此乃变出河洛四象阵。"那兀颜小将摇着头冷笑，再入阵中，上将台，把号旗左招右展，又变成阵势。吴用、朱武在将台上看了，朱武道："此乃变作循环八卦阵。"再使人报与宋江知道。那小将军再出阵前，高声问道："还能识吾阵否？"宋江笑道："料只是变出循环八卦阵，不足为奇！"

小将军听了，心中自忖道："俺这几个阵势，都是秘传来的，不期都被此人识破。宋兵之中，必有人物！"兀颜小将军再入阵中，下马上将台，将号旗招展，左右盘旋，变成个阵势：四边都无门路，内藏八八六十四队兵马。朱武再上云梯看了，对吴用说道："此乃是武侯八阵图，藏了首尾，人皆不晓。"便着人请宋公明到阵中，上将台，看这阵法。"休欺负他辽兵，这等阵图，皆得传授。此四阵皆从一派传流下来，并无走移。先是太乙三才，生出河洛四象，四象生出循环八卦，八卦生出八八六十四卦，已变为八阵图。此是循环无比，绝高的阵法。”宋江下将台，上战马，直到阵前。小将军搠戟在手，勒马阵前，高声大叫：“能识俺阵否？”宋江喝道：“汝小将年幼学浅，如井底之蛙，只知此等阵法，以为绝高。量这藏头八阵图法瞒谁?瞒吾大宋小儿，也瞒不过！”兀颜小将军道：“你虽识俺阵法，你且排一个奇异的阵势，瞒俺则个！”宋江喝道：“只俺这九宫八卦阵势，虽是浅薄，你敢打么？”小将军大笑道：“量此等小阵，有何难哉!你军中休放冷箭，看咱打你这个小阵！”且说兀颜小将军便传将令，直教太真驸马、李金吾，各拨一千军：“待俺打透阵势，便来策应。”传令已罢，众军擂鼓。宋兵已传下将令，教军中整擂三通战鼓，门旗两开，放打阵的小将入来。那兀颜延寿带本部下二十来员牙将，一千披甲马军，用手掐算，当日属火，不从正南离位上来，带了军马，转过右边，从西方兑位上，荡开白旗，杀入阵内，后面的被弓箭手射住，止有一半军马入的去，其余都回本阵。却说小将军走到阵里，便奔中军，只见中间白荡荡如银墙铁壁，团团围住小将军。那兀颜延寿见了，惊的面如土色，心中暗想：“阵里那得这等城子！”便教四边且打通旧路，要杀出阵来。众军回头看时，白茫茫如银海相似，满地只听的水响，不见路径。小将军甚慌，引军杀投南门来，只见千团火块，万缕红霞，就地而滚，并不见一个军马。小将军那里敢出南门，铲斜里杀投东门来，只见带叶树木，连枝山柴，交横塞满地下，两边都是鹿角，无路可进。却转过北门来，又见黑气遮天，乌云蔽日，伸手不见掌，如黑暗地狱相似。那兀颜小将军在阵内，四门无路可出，心中疑道：“此必是宋江行持妖法。休问怎生，只就这里死撞出去。”众军得令，齐声呐喊，杀将出去。旁边撞出一员大将，高声喝道：“孺子小将，走那里去！”兀颜小将军欲待来战，措手不及，脑门上早飞下一鞭来。那小将军眼明手快，便把方天戟来拦住。只听得双鞭齐下，早把戟杆折做两段。急待挣扎，被那将军扑入怀内，轻舒猿臂，款扭狼腰，把这兀颜小将军活捉过去，拦住后军，都喝下马来。众军黑天摸地，不辨东西，只得下马受降。拿住小将军的，不是别人，正是虎军大将双鞭呼延灼。当时公孙胜在中军作法，见报捉了小将军，便收了法术，阵中仍复如旧，青天白日。

且说太真驸马并李金吾将军，各引兵一千，只等阵中消息，便要来策应；却不想不见些动静，不敢杀过来。宋江出到阵前，高声喝道：“你那两军不降，更待何时?兀颜小将已被吾生擒在此！”喝令群刀手簇出阵前。李金吾见了，一骑马，一条枪，直赶过来，要救兀颜延寿。却有霹雳火秦明正当前部，飞起狼牙棍，直取李金吾。二马相交，军器并举，两军齐声呐喊。李金吾先自心中慌了，手段缓急差迟，被秦明当头一棍，连盔透顶，打的粉碎。李金吾　下马来。太真驸马见李金吾输了，引军便回。宋江催兵掩杀，辽兵大败奔走。夺得战马三千余匹，旗　剑戟，弃满川谷。宋江引兵径望燕京进发，直欲长驱席卷，以复王封。

却说辽兵败残人马，逃回辽国，见了兀颜统军，禀说小将军去打宋兵阵势，被他活捉去了；其余牙将，尽皆归降；李金吾亦被他那里一棍打死；太真驸马逃得性命，不知去向。兀颜统军听了大惊，便道：“吾儿自小习学阵法，颇知玄妙。宋江那厮，把甚阵势，捉了吾儿？”左右道：“只是个九宫八卦阵势，又无甚希奇。俺这小将军布了四个阵势，都被那蛮子识破了。临了，对俺小将军说道：‘你识我九宫八卦阵，你敢来打么？’俺小将军便领了千百骑马军，从西门打将入去，被他强弓硬弩射住，只有一半人马能够入去，不知怎生被他生擒活捉了。”兀颜统军道：“量这个九宫八卦阵，有甚难打，必是被他变了阵势。”众军道：“俺们在将台上，望见他阵中，队伍不动，旗　不改，只见上面一派黑云，罩定阵中。”兀颜统军道：“恁的必是妖术。吾不起军，这厮也来。若不取胜，吾当自刎!谁敢与吾作前部先锋，引兵前去?俺驱大队，随后便来。”帐前转过二将齐出，“某等两个，愿为前部。”一个是番官琼妖纳延；一个是燕京骁将，姓寇，双名镇远。兀颜统军大喜，便道：“你两个小心在意，与吾引一万军兵作前部先锋，逢山开路，遇水叠桥。吾引大军，随后便到。”

且不说琼、寇二将起身，作先锋开路，却说兀颜统军，随即整点本部下十一曜大将，二十八宿将军，尽数出征。先说那十一曜大将：

太阳星御弟大王耶律得重，引兵五千。

太阴星天寿公主答里孛，引女兵五千。

罗　星皇侄耶律得荣，引兵三千。

计都星皇侄耶律得华，引兵三千。

紫　星皇侄耶律得忠，引兵三千。

月孛星皇侄耶律得信，引兵三千。

东方青帝木星大将只儿拂郎，引兵三千。

西方太白金星大将乌利可安，引兵三千。

南方荧惑火星大将洞仙文荣，引兵三千。

北方玄武水星大将曲利出清，引兵三千。

中央镇星土星上将都统军兀颜光，总领各飞兵马首将五千，镇守中坛。兀颜统军再点部下那二十八宿将军：

角木蛟孙忠　　亢金龙张起

氐土貉刘仁　　房日兔谢武

心月狐裴直　　尾火虎顾永兴

箕水豹贾茂　　斗木獬萧大观

牛金牛薛雄　　女土蝠俞得成

虚日鼠徐威　　危月燕李益

室火猪祖兴　　壁水　成珠那海

奎木狼郭永昌　娄金狗阿哩义

胃土雉高彪　　昴日鸡顺受高

毕月乌国永泰　觜火猴潘异

参水猿周豹　　井木犴童里合

鬼金羊王景　　柳土獐雷春

星日马卞君保　张月鹿李复

翼火蛇狄圣　　轸水蚓班古儿

那兀颜光整点就十一曜大将、二十八宿将军，引起大队军马精兵二十余万，倾国而起，奉请郎主御驾亲征。有古风一篇为证：

羊角风旋天地黑，黄沙漠漠云阴涩。
契丹兵动山岳摧，万里乾坤皆失色。
狂嘶骏马坐胡儿，跃溪超岭流星驰。
搀枪发光天狗吠，迷离毒雾奔群魑。
宝雕弓挽乌龙脊，雪刃霜刀映寒日。
万片霞光锦带旗，千池荷叶青毡笠。
胡笳齐和天山歌，鼓声震起白骆驼。
番王左右持绣斧，统军前后挥金戈。
绣斧金戈势相亚，打围一路无禾稼。
海青放起鸿鹄愁，豹子鸣时神鬼怕。
幽州城下如沸波，连营列骑精兵多。
罡星天遣除妖　，纷纷宿曜如予何。

且不说兀颜统军兴起大队之师，卷地而来。再说先锋琼、寇二将引一万人马，先来进兵。早有细作报与宋江，这场厮杀不小。宋江听了大惊，传下将令，一面教取卢俊义部下尽数军马，一面又取檀州、蓟州旧有人员，都来听调。就请赵枢密前来监战。再要水军头目，将带水手人员，尽数登岸，都到霸州取齐，陆路进发。

水军头领护持赵枢密在后而来，应有军马，尽在幽州。宋江等接见赵枢密，参拜已罢，赵枢密道："将军如此劳神，国之柱石，名传万载。下官回朝，于天子前必当重保。"宋江答道："无能小将，不足挂齿。上托天子洪福，下赖元帅虎威，偶成小功，非人能也!今有探细人报来就里，闻知辽国兀颜统军，起二十万军马，倾国而来。兴亡胜败，决此一战。特请枢相另立营寨，于十五里外屯扎，看宋江施犬马之劳，与众弟兄并力向前，决此一战。"赵枢密道："将军善觑方便。"

宋江遂辞了赵枢密，与同卢俊义引起大兵，转过幽州地面所属永清县界，把军马屯扎，下了营寨。聚集诸将头领，上帐同坐，商议军情大事。宋江道："今次兀颜统军亲引辽兵倾国而来，决非小可。死生胜负，在此一战!汝等众兄弟，皆宜努力向前，勿生退悔。但得微功，上达朝廷，天子恩赏，必当共享。"众皆起身，都道："兄长之命，谁敢不依！"正商议间，小校报来，有辽国使人下战书来。宋江教唤至帐下，将书呈上。宋江拆书看了，乃是辽国兀颜统军帐前先锋使琼、寇二将军，统前部兵马，相期来日决战。宋江就批书尾，回示来日决战，叫与来使酒食，放回本寨。

此时秋尽冬来，军披重铠，马挂皮甲，尽皆得时。次日，五更造饭，平明拔寨，尽数起行。不到四五里，宋兵果与辽兵相迎。遥望皂雕旗影里，闪出两员先锋旗号来。战鼓喧天，门旗开处，那个琼先锋当先出马。怎生打扮，但见：

头戴鱼尾卷云镔铁冠，披挂龙鳞傲霜嵌缝铠，身穿石榴红锦绣罗袍，腰系荔枝七宝黄金带，足穿抹绿鹰嘴金线靴，腰悬炼银竹节熟钢鞭。左挂硬弓，右悬长箭。马跨越岭巴山兽，枪　翻江搅海龙。

当下那个琼妖纳延横枪跃马，立在阵前。宋江在门旗下看了琼先锋如此英雄，便问："谁与此将交战？"当下九纹龙史进提刀跃马，出来与琼将军挑斗。战马相交，军器并举。二将斗到三二十合，史进一刀却砍个空，吃了一惊，拨回马望本阵便走。琼先锋纵马赶来。宋兵阵上小李广花荣正在宋江背后，见输了史进，便拈起弓，搭上箭，把马挨出阵前，觑得来马较近，飕的只一箭，正中琼先锋面门，翻身落马。史进听得背后坠马，霍地回身，复上一刀，结果了琼妖纳延。

那寇先锋望见砍了琼先锋，怒从心起，跃马提枪，直出阵前，高声大骂："贼将怎敢暗算吾兄！"当有病尉迟孙立飞马直出，径来奔寇镇远。军中战鼓喧天，耳畔喊声不绝。那孙立的金枪，神出鬼没。寇先锋斗不过二十余合，勒回马便走，不敢回阵，恐怕撞动了阵脚，绕阵东北而走。孙立正要建功，那里肯放，纵马赶去。寇先锋去得远了，孙立在马上带住枪，左手拈弓，右手取箭，搭上箭，拽满弓，觑着寇先锋后心较亲，只一箭，那寇将军听的弓弦响，把身一倒，那枝箭却好射到，顺手只一绰，绰了那枝箭。孙立见了，暗暗地喝采。

寇先锋冷笑道："这厮卖弄弓箭！"便把那枝箭咬在口里，自把枪带在了事环上，急把左手取出硬弓，右手就取那枝箭，搭上弦，扭过身来，望孙立前心窝里一箭射来。孙立早已偷眼见了，在马上左来右去。那枝箭到胸前，把身望后便倒，那枝箭从身上飞过去了。这马收勒不住，只顾跑来。寇先锋把弓穿在臂上，扭回身，且看孙立倒在马上。寇先锋想道："必是中了箭！"原来孙立两腿有力，夹住宝镫，倒在马上，故作如此，却不坠下马来。寇先锋勒转马，要来捉孙立。两个马头，却好相迎着，隔不的丈尺来去，孙立却跳将起来，大喝一声。寇先锋吃了一惊，便回道："你只躲的我箭，须躲不的我枪。"望孙立胸前尽力一枪搠来。孙立挺起胸脯，受他一枪。枪尖到甲，略侧一侧，那枪从肋窝里放将过去。那寇将军却扑入怀里来。孙立就手提起腕上虎眼钢鞭，向那寇先锋脑袋上飞将下来，削去了半个天灵骨。那寇将军做了半世番官，死于孙立之手，尸骸落于马前。孙立提枪回来阵前，宋江大纵三军，掩杀过对阵来。辽兵无主，东西乱窜，各自逃生。

宋江正赶之间，听的前面连珠炮响，宋江便教水军头领先引一枝军卒人马，把住水口。差花荣、秦明、吕方、郭盛骑马上山顶望时，只见垓垓攘攘，番军人马，盖地而来。正是：鸣镝如雷奔虏骑，扬尘若雾涌胡兵。

毕竟来的番军是何处人马，且听下回分解。

第八十八回 颜统军阵列混天象　宋公明梦授玄女法

话说当时宋江在高阜处，看了辽兵势大，慌忙回马来到本阵，且教将军马退回永清县山口屯扎。便就帐中与卢俊义、吴用、公孙胜等商议道："今日虽是赢了他一阵，损了他两个先锋，我上高阜处观望辽兵，其势浩大，漫天遍地而来，此乃是大队番军人马。来日必用与他大战交锋，恐寡不敌众，如之奈何？"吴用道："古之善用兵者，能使寡敌众。昔晋谢玄五万人马，战退苻坚百万雄兵，先锋何为惧哉!可传令与三军众将，来日务要旗　严整，弓弩上弦，刀剑出鞘，深栽鹿角，警守营寨，濠堑齐备，军器并施，整顿云梯炮石之类，预先伺候。还只摆九宫八卦阵势。如若他来打阵，依次而起，纵他有百万之众，安敢冲突。"宋江道："军师言之甚妙。"随即传令已毕，诸将三军，尽皆听令。五更造饭，平明拔寨都起，前抵昌平县界，即将军马摆开阵势，扎下营寨。前面摆列马军，还是虎军大将：秦明在前，呼延灼在后，关胜居左，林冲居右，东南索超，东北徐宁，西南董平，西北杨志。宋江守领中军，其余众将，各依旧职。后面步军，另做一阵在后，卢俊义、鲁智深、武松三个为主。数万之中，都是能征惯战之将，个个磨拳擦掌，准备厮杀。阵势已定，专候番军。

不多时，遥望辽兵远远而来。前面六队番军人马，每队各有五百，左设三队，右设三队，循环往来，其势不定。此六队游兵，又号哨路，又号压阵。次后大队盖地来时，前军尽是皂纛旗，一代有七座旗门，每门有千匹马，各有一员大将。怎生打扮?头顶黑盔，身披玄甲，上穿皂袍，坐骑乌马。手中一般军器，正按北方斗、牛、女、虚、危、室、壁。七门之内，总设一员把总上将，按上界北方玄武水星。怎生打扮?头披青丝细发，黄抹额紧束金箍，身穿秃袖皂袍，乌油甲密铺银铠。足跨一匹乌骓千里马，手擎一口黑柄三尖刀。乃是番将曲利出清，引三千披发黑甲人马，按北辰五　星君。皂旗下军兵，不计其数。正是冻云截断东方日，黑气平吞北海风。

左军尽是青龙旗，一代也有七座旗门，每门有千匹马，各有一员大将。怎生打扮?头戴四缝盔，身披柳叶甲，上穿翠色袍，下坐青鬃马。手拿一般军器，正按东方角、亢、氐、房、心、尾、箕。七门之内，总设一员把总大将，按上界东方苍龙木星。怎生打扮?头戴狮子盔，身披狻猊铠，堆翠绣青袍，缕金碧玉带。手中月斧金丝杆，身坐龙驹玉块青。乃是番将只儿拂郎，引三千青色宝　人马，按东震九　星君。青旗下左右围绕军兵，不计其数。正似翠色点开黄道路，青霞截断紫云根。

右军尽是白虎旗，一代也有七座旗门，每门有千匹马，各有一员大将。怎生打扮?头戴水磨盔，身披烂银铠，上穿素罗袍，坐骑雪白马。各拿伏手军器，正按西方奎、娄、胃、昴、毕、觜、参。七门之内，总设一员把总大将，按上界西方咸池金星。怎生打扮?头顶兜鍪凤翅盔，身披花银双钩甲，腰间玉带迸寒光，称体素袍飞雪练。骑一匹照夜玉狻猊马，使一枝纯钢银枣槊。乃是番将乌利可安，引三千白缨素旗人马，按西兑七　星君。白旗下前后护御军兵，不计其数。正似征驼卷尽阴山雪，番将斜披玉井冰。

后军尽是绯红旗，一代亦有七座旗门，每门有千匹马，各有一员大将。怎生打扮?头戴　箱朱红漆笠，身披猩猩血染征袍。桃红锁甲现鱼鳞，冲阵龙驹名赤兔。各　伏手军器，正按南方井、鬼、柳、星、张、翼、轸。七门之内，总设一员把总大将，按上界南方朱雀火星。怎生打扮?头顶着绛冠，朱缨粲烂。身穿绯红袍，茜色光辉。甲披一片红霞，靴刺数条花缝。腰间宝带红　，臂挂硬弓长箭。手持八尺火龙刀，坐骑一匹胭脂马。乃是番将洞仙文荣，引三千红罗宝　人马，按南离三　星君。红旗下朱缨绛衣军兵，不计其数。正似离宫走却六丁神，霹雳震开三昧火。

阵前左有一队五千猛兵，人马尽是金缕弁冠，镀金铜甲，绯袍朱缨，火焰红旗，绛鞍赤马，簇拥着一员大将。头戴簇芙蓉如意缕金冠，身披结连环兽面锁子黄金甲，猩红烈火绣花袍，碧玉嵌金七宝带。使两口日月双刀，骑一匹五明赤马。乃是辽国御弟大王耶律得重，正按上界太阳星君。正似金乌拥出扶桑国，火伞初离东海洋。阵前右设一队五千女兵，人马尽是银花弁冠，银钩锁甲，素袍素缨，白旗白马，银杆刀枪，簇拥着一员女将。金凤钗对插青丝，红抹额乱铺珠翠，云肩巧衬锦裙，绣袄深笼银甲。小小花靴金镫稳，翩翩翠袖玉鞭轻。使一口七星宝剑，骑一匹银鬃白马。乃是辽国天寿公主答里孛，按上界太阴星君。正似玉兔团团离海角，冰轮皎皎照瑶台。

两队阵中，团团一遭，尽是黄旗簇簇，军将尽骑黄马，都披金甲。衬甲袍起一片黄云，绣包巾散半天黄雾。黄军队中，有军马大将四员，各领兵三千，分于四角。每角上一员大将，团团守护。东南一员大将，青袍金甲，手持宝枪，坐骑粉青马，立于阵前，按上界罗　星君，乃是辽国皇侄耶律得荣。西南一员大将，紫袍银甲，使一口宝刀，坐骑海骝马，立于阵前，按上界计都星君，乃是辽国皇侄耶律得华。东北一员大将，绿袍银甲，手执方天画戟，坐骑五明黄马，立于阵前，按上界紫　星君，乃是辽国皇侄耶律得忠。西北一员大将，白袍铜甲，手仗七星宝剑，坐骑踢云乌骓马，立于阵前，按上界月孛星君，乃是辽国皇侄耶律得信。

黄军阵内，簇拥着一员上将，左有执青旗，右有持白钺，前有擎朱　，后有张皂盖。周回旗号，按二十四气，六十四卦，南辰北斗，飞龙飞虎，飞熊飞豹，明分阴阳左右，暗合璇玑玉衡乾坤混沌之象。那员上将，使一枝朱红画杆方天戟。怎生打扮?头戴七宝紫金冠，身穿龟背黄金甲，西川红锦绣花袍，蓝田美玉玲珑带。左悬金画铁胎弓，右带凤翎　子箭。足穿鹰嘴云根靴，坐骑铁脊银鬃马。锦雕鞍稳踏金镫，紫丝缰牢绊山鞒。腰间挂剑驱番将，手内挥鞭统大军。这簇军马光辉，四边浑如金色，按上界中宫土星一　天君，乃是辽国都统军大元帅兀颜光。

黄旗之后，中军是凤辇龙车。前后左右，七重剑戟枪刀围绕。九重之内，又有三十六对黄巾力士，推捧车驾。前有九骑金鞍骏马驾辕，后有八对锦衣卫士随阵。辇上中间，坐着辽国郎主：头戴冲天唐巾，身穿九龙黄袍，腰系蓝田玉带，足穿朱履朝靴。左右两个大臣：左丞相幽西孛瑾，右丞相太师褚坚。各带貂蝉冠，火裙朱服，紫绶金章，象简玉带。龙床两边，金童玉女，执简捧　。龙车前后左右两边，簇拥护驾天兵。辽国郎主，自按上界北极紫微大帝，总领镇星。左右二丞相，按上界左辅、右弼星君。正是一天星斗离乾位，万象森罗降世间。有诗为证：

宿曜随宜列八方，更将土德镇中央。

胡人从不关天象，何事纷纷渎上苍?

那辽国番军摆列天阵已定，正如鸡卵之形，似覆盆之状，旗排四角，枪摆八方，循环无定，进退有则。宋江看见，便教强弓硬弩，射住阵脚，就中军竖起云梯将台，引吴用、朱武上台观望。宋江看了，惊讶不已。朱武看了，认的是天阵，便对宋江、吴用道："此乃是太乙混天象阵也！"宋江问道："如何攻击？"朱武道："此天阵变化无穷，机关莫测，不可造次攻打。"宋江道："若不打得开阵势，如何得他军退？"吴用道："急切不知他阵内虚实，如何便去打得？"

正商议间，兀颜统军在中军传令："今日属金，可差亢金龙张起、牛金牛薛雄、娄金狗阿里义、鬼金羊王景四将，跟随太白金星大将乌利可安，离阵攻打宋兵。"宋江众将在阵前，望见对阵右军七门，或开或闭，军中雷响，阵势团团，那引军旗在阵内自东转北，北转西，西投南。朱武见了，在马上道："此乃是天盘左旋之象。今日属金，天盘左动，必有兵来。"说犹未了，五炮齐响，早是对阵踊出军来。中是金星，四下是四宿，引动五队军马，卷杀过来，势如山倒，力不可当。宋江军马，措手不及，望后急退。大队压住阵脚，辽兵两面夹攻，宋江大败，急忙退兵，回到本寨，辽兵也不来追赶。点视军中头领，孔亮伤刀，李云中箭，朱富着炮，石勇着枪，中伤军卒，不计其数。随即发付上车，去后寨令安道全医治。宋江教前军下了铁蒺藜，深栽鹿角，坚守寨门。

宋江在中军纳闷，与卢俊义等商议："今日折了一阵，如之奈何?再若不出交战，必来攻打。"卢俊义道："来日着两路军马，撞住他那压阵军兵。再调两路军马，撞那厮正北七门。却教步军从中间打将入去，且看里面虚实如何。"宋江道："也是。"次日便依卢俊义之言，收拾起寨，前至阵前准备，大开寨门，引兵前进。遥望辽兵不远，六队压阵辽兵远探将来。宋江便差关胜在左，呼延灼在右，引本部军马，撞退压阵辽兵。大队前进，与辽兵相接，宋江再差花荣、秦明、董平、杨志在左，林冲、徐宁、索超、朱仝在右，两队军兵来撞皂旗七门。果然撞开皂旗阵势，杀散皂旗人马，正北七座旗门，队伍不整。宋江阵中，却转过李逵、樊瑞、鲍旭、项充、李衮五百牌手向前，背后鲁智深、武松、杨雄、石秀、解珍、解宝，将带应有步军头目，撞杀入去。混天阵内，只听四面炮响，东西两军，正面黄旗军撞杀将来。宋江军马，抵当不住，转身便走。后面架隔不定，大败奔走，退回原寨。急点军时，折其大半。杜迁、宋万，又带重伤。于内不见了黑旋风李逵。原来李逵杀的性起，只顾砍入他阵里去，被他挠钩搭住，活捉去了。宋江在寨中听的，心中纳闷。传令教先送杜迁、宋万去后寨，令安道全调治。带伤马匹，叫牵去与皇甫端料理。宋江又与吴用等商议："今日又折了李逵，输了这一阵，似此怎生奈何？"吴用道："前日我这里活捉的他那个小将军，是兀颜统军的孩儿，正好与他打换。"宋江道："这番换了，后来倘若折将，何以解救？"吴用道："兄长何故执迷，且顾眼下。"说犹未了，小校来报，有辽将遣使到来打话。宋江唤入中军，那番官来与宋江厮见，说道："俺奉元帅将令，今日拿得你的一个头目，到俺总兵面前，不肯杀害，好生与他酒肉，管待在那里。统军要送来与你，换他孩儿小将军还他。如是将军肯时，便送那个头目来还。"宋江道："既是恁地，俺明日取小将军来到阵前，两相交换。"番官领了宋江言语，上马去了。宋江再与吴用商议道："我等无计破他阵势，不若取将小将军来，就这里解和这阵，两边各自罢战。"吴用道："且将军马暂歇，别生良策，再来破敌，未为晚矣。"到晓，差人星夜去取兀颜小将军来，也差个人直往兀颜统军处，说知就里。

且说兀颜统军正在帐中坐地，小军来报，宋先锋使人来打话。统军传令，教唤入来。到帐前，见了兀颜统军，说道："俺的宋先锋拜意统军麾下，今送小将军回来，换俺这个头目。即今天气严寒，军士劳苦，两边权且罢战，待来春别作商议，俱免人马冻伤。请统军将令。"兀颜统军听了大喝道："无智辱子，被汝生擒，纵使得活，有何面目见咱?不用相换，便拿下替俺斩了。若要罢战权歇，教你宋江束手来降，免汝一死。若不如此，吾引大兵一到，寸草不留！"大喝一声："退去！"使者飞马回寨，将这话诉与宋江。宋江慌速，只怕救不得李逵，拔寨便起，带了兀颜小将军直抵前军，隔阵大叫："可放过俺的头目来，我还你小将军。不罢战不妨，自与你对阵厮杀。"只见辽兵阵中，无移时，把李逵一骑马送出阵前来。这里也牵一匹马，送兀颜小将军出阵去。两家如此，一言为定。两边一齐同收同放，李将军回寨，小将军也骑马过去了。当日两边，都不厮杀。宋江退兵回寨，且与李逵贺喜。

宋江在帐中与诸将相议道："辽兵势大，无计可破，使我忧煎，度日如年，怎生奈何？"呼延灼道："我等来日，可分十队军马，两路去当压阵军兵，八路一齐撞击，决此一战。"宋江道："全靠你等众弟兄同心　力，来日必行。"吴用道："两番撞击不动，不如守等他来交战。"宋江道："等他来，也不是良法。只是众弟兄当以力敌，岂有连败之理！"当日传令，次早拔寨起军，分作十队，飞抢前去。两路先截住后背压阵军兵，八路军马更不打话，呐喊摇旗，撞入混天阵去。听的里面雷声高举，四七二十八门，一齐分开，变作一字长蛇之阵，便杀出来。宋江军马，措手不及，急令回军，大败而走，旗枪不整，金鼓偏斜，速退回来。到得本寨，于路损折军马数多。宋江传令，教军将紧守山口寨栅，深掘濠堑，牢栽鹿角，坚闭不出，且过冬寒。

却说副枢密赵安抚累次申达文书赴京，奏请索取衣袄等件。因此朝廷特差御前八十万禁军枪棒教头，正受郑州团练使，姓王，双名文斌。此人文武双全，满朝钦敬，将带京师一万余人，起差民夫车辆，押运衣袄五十万领，前赴宋先锋军前交割，就行催并军将，向前交战，早奏凯歌。王文斌领了圣旨文书，将带随行军器，拴束衣甲鞍马，催　人夫军马，起运车仗，出东京，望陈桥驿进发。监押着一二百辆车子，上插黄旗，书"御赐衣袄"，迤　前进。经过去处，自有官司供给口粮。在路非则一日，来到边庭，参见了赵枢密，呈上中书省公文。赵安抚看了大喜道："将军来的正好，目今宋先锋被辽国兀颜统军，把兵马摆成混天阵势，连输了数阵。头目人等中伤者多，现今发在此间将养，令安道全医治。宋先锋扎寨在永清县地方，并不敢出战，好生纳闷。"王文斌禀道："朝廷因此就差某来，催并军士向前，早要取胜。今日既然累败，王某回京师，见省院官，难以回奏。文斌不才，自幼颇读兵书，略晓些阵法，就到军前，略施小策，愿决一阵，与宋先锋分忧。未知枢相钧命若何？"赵枢密大喜，置酒宴赏，就军中犒劳押车人夫，就教王文斌转运衣袄，解付宋江军前给散。赵安抚先使人报知宋先锋去了。

且说宋江在中军帐中纳闷，闻知赵枢密使人来，转报东京差教头郑州团练使王文斌，押送衣袄五十万领，就来军前，催并进兵。宋江差人接至寨中下马，请入帐内，把酒接风。数杯酒后，询问缘由。宋江道："宋某自蒙朝廷差遣到边，上托天子洪福，得了四个大郡。今到幽州，不想被番邦兀颜统军设此混天象阵，兵屯二十万，整整齐齐，按周天星象，请启郎主御驾亲征。宋江连败数阵，无计可施，屯驻不敢轻动。今幸得将军降临，愿赐指教。"王文斌道："量这个混天阵，何足为奇!王某不才，同到军前一观，别有主见。"宋江大喜，先令裴宣，且将衣袄给散军将，众人穿罢，望南谢恩。当日中军置酒，殷勤管待，就行赏劳三军。

来日结束，五军都起。王文斌取过带来的头盔衣甲，全副披挂上马，都到阵前。对阵辽兵望见宋兵出战，报入中军。金鼓齐鸣，喊声大举，六队战马哨出阵来。宋江分兵杀退。王文斌上将台亲自看一回，下云梯来说道："这个阵势，也只如常，不见有甚惊人之处。"不想王文斌自己不识，且图诈人要誉，便叫前军擂鼓搦战。对阵番军，也挝鼓鸣金。宋江立马大喝道："不要狐朋狗党，敢出来挑战么？"说犹未了，黑旗队里，第四座门内，飞出一将。那番官披头散发，黄罗抹额，衬着金箍乌油铠甲，秃袖皂袍，骑匹乌骓马，挺三尖刀，直临阵前，背后牙将，不记其数。引军皂旗上书银字"大将曲利出清"，跃马阵前搦战。王文斌寻思道："我不就这里显扬本事，再于何处施逞？"便挺枪跃马出阵，与番官更不打话，骤马相交。王文斌挺枪便搠，番将舞刀来迎。斗不到二十余合，番将回身便走。王文斌见了，便骤马飞枪，直赶将去。原来番将不输，特地要卖个破绽，漏他来赶。番将抡起刀，觑着王文斌较亲，翻身背砍一刀，把王文斌连肩和胸脯，砍做两段，死于马下。宋江见了，急叫收军。那辽兵撞掩过来，又折了一阵，慌慌忙忙，收拾还寨。众多军将，看见立马斩了王文斌，面面厮觑，俱各骇然。宋江回到寨中，动纸文书，申复赵枢密说："王文斌自愿出战身死，发付带来人伴回京。"赵枢密听知此事，展转忧闷，甚是烦恼，只得写了申呈奏本，关会省院打发来的人伴回京去了。有诗为证：

赵括徒能读父书，文斌殒命又何愚。

平时夸口千人有，临阵成功一个无。

且说宋江自在寨中纳闷，百般寻思，无计可施，怎生破的辽兵，寝食俱废，梦寐不安。是夜严冬，天气甚冷，宋江闭上帐房，秉烛沉吟闷坐。时已二鼓，神思困倦，和衣隐几而卧。觉道寨中狂风忽起，冷气侵人。宋江起身，见一青衣女童，向前打个稽首。宋江便问："童子自何而来？"童子答曰："小童奉娘娘法旨，有请将军，便烦移步。"宋江道："娘娘现在何处？"童子指道："离此间不远。"宋江遂随童子出的帐房，但见上下天光一色，金碧交加，香风细细，瑞霭飘飘，有如二三月间天气。行不过三二里多路，见座大林，青松茂盛，翠柏森然，紫桂亭亭，石栏隐隐，两边都是茂林修竹，垂柳夭桃，曲折阑干。转过石桥，朱红　星门一座。仰观四面，萧墙粉壁，画栋雕梁，金钉朱户，碧瓦重檐，四边帘卷虾须，正面窗横龟背。女童引宋江从左廊下而进，到东向一个阁子前。推开朱户，教宋江里面少坐。举目望时，四面云窗寂静，霞彩满阶，天花缤纷，异香缭绕。

童子进去，复又出来传旨道：“娘娘有请，星主便行。”宋江坐未暖席，即时起身。又见外面两个仙女入来，头戴芙蓉碧玉冠，身穿金缕绛绡衣，与宋江施礼。宋江不敢仰视。那两个仙女道：“将军何故作谦?娘娘更衣便出，请将军议论国家大事，便请同行。”宋江唯然而行，听的殿上金钟声响，玉磬音鸣。青衣迎请宋江上殿。二仙女前进，引宋江自东阶而上，行至珠帘之前。宋江只听的帘内玎 隐隐，玉 锵锵。青衣请宋江入帘内，跪在香案之前。举目观望殿上，祥云靄靄，紫雾腾腾，正面九龙床上，坐着九天玄女娘娘。头戴九龙飞凤冠，身穿七宝龙凤绛绡衣，腰系山河日月裙，足穿云霞珍珠履，手执无瑕白玉 。两边侍从女仙，约有三二十个。玄女娘娘与宋江曰：“吾传天书与汝，不觉又早数年矣!汝能忠义坚守，未尝少怠。今宋天子令汝破辽，胜负如何？”宋江俯伏在地，拜奏曰：“臣自得蒙娘娘赐与天书，未尝轻慢泄漏于人。今奉天子敕命破辽，不期被兀颜统军设此混天象阵，累败数次。臣无计可施，正在危急之际。”玄女娘娘曰：“汝知混天象阵法否？”宋江再拜奏道：“臣乃下土愚人，不晓其法，望乞娘娘赐教。”玄女娘娘曰：“此阵之法，聚阳象也。只此攻打，永不能破。若欲要破，须取相生相克之理。且如前面皂旗军马内设水星，按上界北方五 辰星。你宋兵中，可选大将七员，黄旗黄甲，黄衣黄马，撞破辽兵皂旗七门。续后命猛将一员，身披黄袍，直取水星，此乃土克水之义也。却以白袍军马，选将八员，打透他左边青旗军阵，此乃金克木之义也。却以红袍军马，选将八员，打透他右边白旗军阵，此乃火克金之义也。却以皂旗军马，选将八员，打透他后军红旗军阵，此乃水克火之义也。却命一枝青旗军马，选将九员，直取中央黄旗军阵主将，此乃木克土之义也。再选两枝军马，命一枝绣旗花袍军马，扮作罗 ，独破辽兵太阳军阵。命一枝素旗银甲军马，扮作计都，直破辽兵太阴军阵。再造二十四部雷车，按二十四气，上放火石火炮，直推入辽兵中军。令公孙胜布起风雷天罡正法，径奔入辽主驾前。可行此计，足取全胜。日间不可行兵，须是夜黑可进。汝当亲自领兵，掌握中军，催动人马，一鼓成功。吾之所言，汝当秘受。保国安民，勿生退悔。天凡有限，从此永别。他日琼楼金阙，别当重会。汝宜速还，不可久留。”特命青衣献茶，宋江吃罢，令青衣即送星主还寨。

宋江再拜，恳谢娘娘，出离殿庭。青衣前引宋江下殿，从西阶而出，转过 星红门，再登旧路。才过石桥松径，青衣用手指道：“辽兵在那里，汝当破之！”宋江回顾，青衣用手一推，猛然惊觉，就帐中做了一梦。

静听军中更鼓，已打四更，宋江便叫请军师圆梦。吴用来到中军帐内，宋江道：“军师有计破混天阵否？”吴学究道：“未有良策可施。”宋江道：“我已梦玄女娘娘传与秘诀，寻思定了，特请军师商议，可以会集诸将，分拨行事。”正是：动达天机施妙策，摆开星斗破迷关。

毕竟宋江怎生打阵，且听下回分解。

第八十九回 宋公明破阵成功　宿太尉颁恩降诏

话说当下宋江梦中授得九天玄女之法，不忘一句，便请军师吴用计议定了，申禀赵枢密。寨中合造雷车二十四部，都用画板铁叶钉成，下装油柴，上安火炮，连更晓夜，催并完成。商议打阵，会集诸将人马，宋江传令，各各分派：便点按中央戊己土黄袍军马，战辽国水星阵内，差大将一员双枪将董平，左右撞破皂旗军七门，差副将七员：朱仝、史进、欧鹏、邓飞、燕顺、马麟、穆春；再点按西方庚辛金白袍军马，战辽国木星阵内，差大将一员：豹子头林冲；左右撞破青旗军七门，差副将七员：徐宁、穆弘、黄信、孙立、杨春、陈达、杨林；再点按南方丙丁火红袍军马，战辽国金星阵内，差大将一员：霹雳火秦明；左右撞破白旗军七门，差副将七员：刘唐、雷横、单廷 、魏定国、周通、龚旺、丁得孙；再点按北方壬癸水黑袍军马，战辽国火星阵内，差大将一员：双鞭呼延灼；左右撞破红旗军七门，差副将七员：杨志、索超、韩滔、彭玘、孔明、邹渊、邹润；再点按东方甲乙木青袍军马，战辽国土星主将阵内，差大将一员：大刀关胜；左右撞破中军黄旗主阵人马，差副将八员：花荣、张清、李应、柴进、宣赞、郝思文、施恩、薛永；再差一枝绣旗花袍军，打辽国太阳左军阵内，差大将七员：鲁智深、武松、杨雄、石秀、焦挺、汤隆、蔡福；再差一枝素袍银甲军，打辽国太阴右军阵中，差大将七员：扈三娘、顾大嫂、孙二娘、王英、孙新、张青、蔡庆；再差打中军一枝悍勇人马，直擒辽主，差大将六员：卢俊义、燕青、吕方、郭盛、解珍、解宝；再遣护送雷车至中军，大将五员：李逵、樊瑞、鲍旭、项充、李衮；其余水军头领，并应有人员，尽到阵前协助破阵。阵前还立五方旗帜八面，分拨人员，仍排九宫八卦阵势。宋江传令已罢，众将各各遵依。一面 造雷车已了，装载法物，推到阵前。正是计就惊天地，谋成破鬼神。

且说兀颜统军，连日见宋江不出交战，差遣压阵军马，直哨到宋江寨前。宋江连日制造完备，选定日期，是晚起身，来与辽兵相接。一字儿摆开阵势，前面尽把强弓硬弩，射住阵脚，只待天色傍晚。黄昏左侧，只见朔风凛凛，彤云密布，罩合天地，未晚先黑。宋江教众军人等，断芦为笛，衔于口中，唿哨为号。当夜先分出四路兵去，只留黄袍军摆在阵前。这分出四路军马，赶杀哨路番军，绕阵脚而走，杀投北去。

初更左侧，宋江军中连珠炮响。呼延灼打开阵门，杀入后军，直取火星。关胜随即杀入中军，直取土星主将。林冲引军杀入左军阵内，直取木星。秦明领军撞入右军阵内，直取金星。董平便调军攻打头阵，直取水星。公孙胜在军中仗剑作法，踏罡步斗，敕起五雷。是夜南风大作，吹得树梢垂地，走石飞沙。一齐点起二十四部雷车，李逵、樊瑞、鲍旭、项充、李衮，将引五百牌手，悍勇军兵，护送雷车，推入辽军阵内。一丈青扈三娘引兵便打入辽兵太阴阵中。花和尚鲁智深引兵便打入辽兵太阳阵中。玉麒麟卢俊义引领一枝军马，随着雷车，直奔中军。你我自去寻队厮杀。是夜雷车火起，空中霹雳交加，端的是杀得星移斗转，日月无光，鬼哭神号，人兵撩乱。

且说兀颜统军正在中军遣将，只听得四下里喊声大振，四面厮杀。急上马时，雷车已到中军，烈焰涨天，炮声震地，关胜一枝军马，早到帐前。兀颜统军急取方天画戟，与关胜大战。怎禁没羽箭张清，取石子望空中乱打，打的四边牙将，中伤者多逃命散走。李应、柴进、宣赞、郝思文，纵马横刀，乱杀军将。兀颜统军见身畔没了羽翼，拨回马望北而走，关胜飞马紧追。正是饶君走上焰摩天，脚下腾云须赶上。花荣在背后见兀颜统军输了，一骑马也追将来，急拈弓搭箭，望兀颜统军射将去。那箭正中兀颜统军后心，听的铮地一声，火光迸散，正射在护心镜上。却待再射，关胜赶上，提起青龙刀，当头便砍。那兀颜统军披着三重铠甲：贴里一层连环镔铁铠，中间一重海兽皮甲，外面方是锁子黄金甲。关胜那一刀砍过，只透的两层。再复一刀，兀颜统军就刀影里闪过，勒马挺方天戟来迎。两个又斗了三五合，花荣赶上，觑兀颜统军面门，又放一箭。兀颜统军急躲，那枝箭带耳根穿住凤翅金冠。兀颜统军急走，张清飞马赶上，拈起石子，望头脸上便打。石子飞去，打的兀颜统军扑在马上，拖着画戟而走。关胜赶上，再复一刀。那青龙刀落处，把兀颜统军连腰截骨带头砍着，　下马去。花荣抢到，先换了那匹好马。张清赶来，再复一枪。可怜兀颜统军，一世豪杰，一柄刀，一条枪，结果了性命。有诗为证：

李靖六花人亦识，孔明八卦世应知。

混天只想无人敌，也有神机打破时。

却说鲁智深引着武松等六员头领，众将呐声喊，杀入辽兵太阳阵内。那耶律得重急待要走，被武松一戒刀，掠断马头，倒撞下马来，揪住头发，一刀取了首级，杀散太阳阵势。鲁智深道："俺们再去中军，拿了辽主，便是了事也！"

且说辽兵太阴阵中天寿公主听得四边喊起厮杀，慌忙整顿军器上马，引女兵伺候。只见一丈青舞起双刀，纵马引着顾大嫂等六员头领，杀入帐来，正与天寿公主交锋。两个斗无数合，一丈青放开双刀，抢入公主怀内，劈胸揪住。两个在马上扭做一团，绞做一块。王矮虎赶上，活捉了天寿公主。顾大嫂、孙二娘在阵里杀散女兵。孙新、张青、蔡庆在外面夹攻。可怜玉叶金枝女，却作归降被缚人。

且说卢俊义引兵杀到中军，解珍、解宝先把帅字旗砍翻，乱杀番兵番将。当有护驾大臣与众多牙将，紧护辽国郎主銮驾，往北而走。阵内罗　、月孛二皇侄，俱被刺死于马下。计都皇侄，就马上活拿了。紫　皇侄，不知去向。大兵重重围住，直杀到四更方息，杀的辽兵二十余万，七损八伤。

将及天明，诸将都回。宋江鸣金收军下寨，传令教生擒活捉之众，各自献功。一丈青献太阴星天寿公主；卢俊义献计都星皇侄耶律得华；朱仝献水星曲利出清；欧鹏、邓飞、马麟献斗木獬萧大观；杨林、陈达献心月狐裴直；单廷　、魏定国献胃土雉高彪；韩滔、彭玘献柳土獐雷春、翼火蛇狄圣。诸将献首级，不计其数。宋江将生擒八将，尽行解赴赵枢密中军收禁。所得马匹，就行　拨各将骑坐。

且说辽国郎主慌速退入燕京，急传旨意，坚闭四门，紧守城池，不出对敌。宋江知得辽主退回燕京，便教军马拔寨都起，直追至城下，团团围住。令人请赵枢密直至后营，监临打城。宋江传令，教就燕京城外，团团竖起云梯炮石，扎下寨栅，准备打城。

辽国郎主心慌，会集群臣商议，都道："事在危急，莫若归降大宋，此为上计。"辽主遂从众议。于是城上早竖起降旗，差人来宋营求告："年年进牛马，岁岁献珠珍，再不敢侵犯中国。"宋江引着来人直到后营，拜见赵枢密，通说投降一节。赵枢密听了道："此乃国家大事，须用取自上裁，我未敢擅便主张。你辽国有心投降，可差的当大臣，亲赴东京朝见天子。圣旨准你辽国皈依表文，降诏赦罪，方敢退兵罢战。"

来人领了这话，便入城回复郎主。当下国主聚集文武百官，商议此事，时有右丞相太师褚坚出班奏曰："目今本国兵微将寡，人马皆无，如何迎敌?论臣愚意，微臣亲往宋先锋寨内，许以厚贿。一面令其住兵停战；一面收拾礼物，径往东京，投买省院诸官，令其于天子之前，善言启奏，别作宛转。目今中国蔡京、童贯、高俅、杨　四个贼臣专权，童子皇帝听他四个主张。可把金帛贿赂，与此四人，买其请和，必降诏赦，收兵罢战。"郎主准奏。

次日，丞相褚坚出城来，直到宋先锋寨中。宋江接至帐上，便问来意如何。褚坚先说了国主投降一事，然后许宋先锋金帛玩好之物。宋江听了，说与丞相褚坚道："俺连日攻城，不愁打你这个城池不破，一发斩草除根，免了萌芽再发。看见你城上竖起降旗，以此停兵罢战。两国交锋，自古国家有投降之理，准你投拜纳降，因此按兵不动，容汝赴朝廷请罪献纳。汝今以贿赂相许，觑宋江为何等之人，再勿复言！"褚坚惶恐。宋江又道："容你修表朝京，取自上裁。俺等按兵不动，待汝速去快来，汝勿迟滞！"

褚坚拜谢了宋先锋，作别出寨，上马回燕京来，奏知国主。众大臣商议已定，次日辽国君臣，收拾玩好之物，金银宝贝，彩缯珍珠，装载上车，差丞相褚坚并同番官一十五员，前往京师。鞍马三十余骑，修下请罪表章一道，离了燕京，到了宋江寨内，参见了宋江。宋江引褚坚来见赵枢密，说知此事："辽国今差丞相褚坚，亲往京师朝见，告罪投降。"赵枢密留住褚坚，以礼相待。自来与宋先锋商议，亦动文书，申达天子。就差柴进、萧让赍奏，就带行军公文，关会省院，一同相伴丞相褚坚，前往东京。在路不止一日，早到京师，便将十车进奉金宝礼物，车仗人马，于馆驿内安下。柴进、萧让赍捧行军公文，先去省院下了，禀说道："即日兵马围困燕京，旦夕可破。辽国郎主于城上竖起降旗，今遣丞相褚坚前来上表，请罪纳降，告赦罢兵。未敢自专，来请圣旨。"省院官说道："你且与他馆驿内权时安歇，待俺这里从长计议。"

此时蔡京、童贯、高俅、杨　并省院大小官僚，都是好利之徒。却说辽国丞相褚坚并众人，先寻门路，见了太师蔡京等四个大臣。次后省院各官处都有贿赂，各各先以门路馈送礼物诸官已了。次日早朝，百官朝贺拜舞已毕，枢密使童贯出班奏曰："有先锋使宋江杀退辽兵，直至燕京，围住城池攻击，旦夕可破。今有辽主早竖降旗，情愿投降，遣使丞相褚坚，奉表称臣，纳降请罪，告赦讲和，求敕退兵罢战，情愿年年进奉，不敢有违。伏乞圣鉴。"天子曰："以此讲和，休兵罢战，汝等众卿，如何计议？"旁有太师蔡京出班奏曰："臣等众官，俱各计议：自古及今，四夷未尝尽灭。臣等愚意，可存辽国，作北方之屏障。年年进纳岁币，于国有益。合准投降请罪，休兵罢战，诏回军马，以护京师。臣等未敢擅便，乞陛下圣裁。"天子准奏，传圣旨令辽国来使面君。当有殿头官传令，宣褚坚等一行来使，都到金殿之下，扬尘拜舞，顿首山呼。侍臣呈上表章，就御案上展开。宣表学士高声读道：辽国主臣耶律辉顿首顿首，百拜上言：臣生居朔漠，长在番邦，不通圣贤之经，罔究纲常之礼。诈文伪武，左右多狼心狗行之徒。好赂贪财，前后悉鼠目獐头之辈。小臣昏昧，屯众猖狂。侵犯疆封，以致天兵讨罪，妄驱士马，动劳王室兴师。量蝼蚁安足撼泰山，想众水必然归大海。今特遣使臣褚坚冒干天威，纳土请罪。倘蒙圣上怜悯蕞尔之微生，不废祖宗之遗业，赦其旧过，开以新图，退守戎狄之番邦，永作天朝之屏障，老老幼幼，真获再生，子子孙孙，久远感戴。进纳岁币，誓不敢违!臣等不胜战栗屏营之至!谨上表以闻。

宣和四年冬月　日辽国主臣耶律辉　表

徽宗天子御览表文已毕，阶下群臣称贺。天子命取御酒以赐来使，丞相褚坚等便取金帛岁币进在朝前。天子命宝藏库收讫，仍另纳下每年岁币牛马等物。天子回赐缎匹表里，光禄寺赐宴。敕令："丞相褚坚等先回，待寡人差官自来降诏。"褚坚等谢恩，拜辞出朝，且归馆驿。是日朝散，褚坚又令人再于各官门下，重打关节。蔡京力许："令丞相自回，都在我等四人身上。"褚坚谢了太师，自回辽国去了。却说蔡太师次日引百官入朝，启奏降诏回下辽国。天子准奏，急敕翰林学士草诏一道，就御前便差太尉宿元景赍擎丹诏，直往辽国开读。另敕赵枢密令宋先锋收兵罢战，班师回京。将应有被擒之人，释放还国。原夺城池，仍旧给辽管领。府库器具，交割辽邦归管。天子退朝，百官皆散。次日，省院诸官，都到宿太尉府，约日送行。再说宿太尉领了诏敕，不敢久停，准备轿马从人，辞了天子，别了省院诸官，就同柴进、萧让同上辽邦，出京师，望陈桥驿投边塞进发。在路行时，正值严冬之月，彤云密布，瑞雪平铺，粉塑千林，银装万里。宿太尉一行人马，冒雪　风，迤　前进。雪霁未消，渐临边塞。柴进、萧让先使哨马报知赵枢密，前去通报宋先锋。宋江见哨马飞报，便携酒礼，引众出五十里伏道迎接。

接着宿太尉，相见已毕，把了接风酒，各官俱喜。请至寨中，设筵相待，同议朝廷之事。宿太尉言说省院等官，蔡京、童贯、高俅、杨　，俱各受了辽国贿赂，于天子前极力保奏此事，准其投降，休兵罢战，诏回军马，守备京师。宋江听了叹道："非是宋某怨望朝廷，功勋至此，又成虚度。"宿太尉道："先锋休忧！元景回朝，天子前必当重保。"赵枢密又道："放着下官为证，怎肯教虚费了将军大功！"宋江禀道："某等一百八人，竭力报国，并无异心，亦无希恩望赐之念。只得众弟兄同守劳苦，实为幸甚。若得枢相肯做主张，深感厚德。"当日饮宴，众皆欢喜，至晚方散。随即差人一面报知辽国，准备接诏。

次日，宋江拨十员大将护送宿太尉进辽国颁诏，都是锦袍金甲，戎装革带。那十员上将：关胜、林冲、秦明、呼延灼、花荣、董平、李应、柴进、吕方、郭盛，引领马步军三千，护持太尉，前遮后拥，摆布入城。燕京百姓，有数百年不见中国军容，闻知太尉到来，尽皆欢喜，排门香花灯烛。辽主亲引百官文武，具服乘马，出南门迎接诏旨，直至金銮殿上。十员大将，立于左右。宿太尉立于龙亭之左，国主同百官跪于殿前。殿头官喝拜，国主同文武拜罢。辽国侍郎承恩请诏，就殿上开读。诏曰：

大宋皇帝制曰：三皇立位，五帝禅宗，虽中华而有主，岂夷狄之无君?兹尔辽国，不遵天命，数犯疆封，理合一鼓而灭。朕今览其情词，怜其哀切，悯汝　孤，不忍加诛，仍存其国。诏书至日，即将军前所擒之将，尽数释放还国。原夺一应城池，仍旧给还本国管领。所供岁币，慎勿怠忽。於戏!敬事大国，祇畏天地，此藩翰之职也。尔其钦哉!

宣和四年冬月　日

当时辽国侍郎开读诏旨已罢，郎主与百官再拜谢恩。行君臣礼毕，抬过诏书龙案，郎主便与宿太尉相见。叙礼已毕，请入后殿，大设华筵，水陆俱备。番官进酒，戎将传杯；歌舞满筵，胡笳聒耳；燕姬美女，各奏戎乐；羯鼓埙　，胡旋慢舞。筵宴已终，送宿太尉并众将于馆驿内安歇。是日跟去人员，都有赏劳。

次日，国主命丞相褚坚出城至寨，邀请赵枢密、宋先锋同入燕京赴宴。宋江便与军师吴用计议不行，只请的赵枢密入城，相陪宿太尉饮宴。是日辽国郎主大张筵席，管待朝使。葡萄酒熟倾银瓮，黄羊肉美满金盘。异果堆筵，奇花散彩。筵席将终，只见国主金盘捧出玩好之物，上献宿太尉、赵枢密，直饮至更深方散。第三日，辽主会集文武群臣，番戎鼓乐，送太尉、枢密出城还寨。再命丞相褚坚将牛羊马匹、金银彩缎等项礼物，直至宋先锋军前寨内，大设广会，犒劳三军，重赏众将。

宋江传令，叫取天寿公主一干人口，放回本国。仍将夺过檀州、蓟州、霸州、幽州，依旧给还辽国管领。一面先送宿太尉还京，次后收拾诸将军兵车仗人马，分拨人员，先发中军军马，护送赵枢密起行。宋先锋寨内，自己设宴，一面赏劳水军头目已了，着令乘驾船只从水路先回东京驻扎听调。

宋江再使人入城中，请出左右二丞相前赴军中说话。当下辽国郎主教左丞相幽西孛瑾、右丞相太师褚坚，来至宋先锋行营，至于中军相见。宋江邀请上帐，分宾而坐。宋江开话道："俺武将兵临城下，将至壕边，奇功在迩，本不容汝投降。打破城池，尽皆剿灭，正当其理。主帅听从，容汝申达朝廷。皇上怜悯，存恻隐之心，不肯尽情追杀，准汝投降，纳表请罪。今王事已毕，吾待朝京。汝等勿以宋江等辈不能胜尔，再生反复。年年进贡，不可有缺。吾今班师还国，汝宜谨慎自守，休得故犯!天兵再至，决无轻恕！"二丞相叩首伏罪拜谢。宋江再用好言戒谕，二丞相恳谢而去。

宋江却拨一队军兵，与女将一丈青等先行。随即唤令随军石匠，采石为碑，令萧让作文，以记其事。金大坚镌石已毕，竖立在永清县东一十五里茅山之下，至今古迹尚存。有诗为证：

每闻胡马度阴山，恨杀澶渊纵虏还。

谁造茅山功迹记，寇公泉下亦开颜。

宋江却将军马分作五起进发，克日起行。只见鲁智深忽到帐前，合掌作礼，对宋江道："小弟自从打死了镇关西，逃走到代州雁门县，赵员外送洒家上五台山，投礼智真长老，落发为僧。不想醉后两番闹了禅门，师父送俺来东京大相国寺，投托智清禅师，讨个执事僧做，相国寺里着洒家看守菜园。为救林冲，被高太尉要害，因此落草。得遇哥哥，随从多时，已经数载，思念本师，一向不曾参礼。洒家常想师父说，俺虽是杀人放火的性，久后却得正果真身。今日太平无事，兄弟权时告假数日，欲往五台山参礼本师。就将平昔所得金帛之资，都做布施，再求问师父前程如何。哥哥军马只顾前行，小弟随后便赶来也！"

宋江听罢愕然，默上心来，便道："你既有这个活佛罗汉在彼，何不早说，与俺等同去参礼，求问前程。"当时与众人商议，尽皆要去，惟有公孙胜道教不行。宋江再与军师计议："留下金大坚、皇甫端、萧让、乐和四个，委同副先锋卢俊义掌管军马，陆续先行。俺们只带一千来人，随从众弟兄，跟着鲁智深同去参礼智真长老。"宋江等众当时离了军前，收拾名香、彩帛、表里、金银，上五台山来。正是：暂弃金戈甲马，来游方外丛林。雨花台畔，来访道德高僧；善法堂前，要见燃灯古佛。直教：一语打开名利路，片言踢透死生关。

毕竟宋江与鲁智深怎地参禅，且听下回分解。

第九十回 五台山宋江参禅　双林镇燕青遇故

话说五台山这个智真长老，原来是故宋时一个当世的活佛，知得过去未来之事。数载之前，已知鲁智深是个了身达命之人，只是俗缘未尽，要还杀生之债，因此教他来尘世中走这一遭。本人宿根，还有道心，今日起这个念头，要来参禅投礼本师。宋公明亦是素有善心，因此要同鲁智深来参智真长老。

当下宋江与众将只带随行人马，同鲁智深来到五台山下，就将人马屯扎下营，先使人上山报知。宋江等众兄弟都脱去戎装，各穿随身衣服，步行上山。转到山门外，只听寺内撞钟击鼓，众僧出来迎接，向前与宋江、鲁智深等施了礼。数内有认得鲁智深的多，又见齐齐整整这许多头领跟着宋江，尽皆惊讶。堂头首座来禀宋江道："长老坐禅入定，不能相接，将军切勿见罪。"遂请宋江等先去知客寮内少坐。供茶罢，侍者出来请道："长老禅定方回，已在方丈专候。启请将军进来。"宋江等一行百余人，直到方丈，来参智真长老。那长老慌忙降阶而接，邀至上堂。各施礼罢，宋江看那和尚时，六旬之上，眉发尽白，骨格清奇，俨然有天台方广出山之相。众人入进方丈之内，宋江便请智真长老上座，焚香礼拜。一行众将，都已拜罢，鲁智深向前插香礼拜。智真长老道："徒弟一去数年，杀人放火不易。"鲁智深默然无言。宋江向前道："久闻长老清德，争奈俗缘浅薄，无路拜见尊颜。今因奉诏破辽到此，得以拜见堂头大和尚，平生万幸。智深兄弟，虽是杀人放火，忠心不害良善，今引宋江等众兄弟来参大师。"智真长老道："常有高僧到此，亦曾闲论世事。久闻将军替天行道，忠义根心。吾弟子智深跟着将军，岂有差错！”宋江称谢不已。鲁智深将出一包金银彩缎来，供献本师。智真长老道：“吾弟子，此物何处得来?无义钱财，决不敢受。”智深禀道：“弟子累经功赏，积聚之物，弟子无用，特地将来献纳本师，以充公用。”长老道：“众亦难消。与汝置经一藏，消灭罪恶，早登善果。”鲁智深拜谢已了，宋江亦取金银彩缎上献智真长老，长老坚执不受。宋江禀说：“我师不纳，可令库司办斋，供献本寺僧众。”当日就五台山寺中宿歇一宵，长老设素斋相待，不在话下。

且说次日库司办斋完备，五台山寺中法堂上鸣钟击鼓，智真长老会集众僧于法堂上，讲法参禅。须臾，合寺众僧都披袈裟坐具，到于法堂中坐下。宋江、鲁智深并众头领，立于两边。引磬响处，两碗红纱灯笼，引长老上升法座。智真长老到法座上，先拈信香祝赞道：“此一炷香，伏愿皇上圣寿齐天，万民乐业。再拈信香一炷，愿今斋主，身心安乐，寿算延长。再拈信香一炷，愿今国安民泰，岁稔年和，三教兴隆，四方宁静。”祝赞已罢，就法座而坐。两下众僧，打罢问讯，复皆侍立。宋江向前拈香礼拜毕，合掌近前参禅道：“某有一语，敢问吾师：浮世光阴有限，苦海无边，人身至微，生死最大。”智真长老便答偈曰：

六根束缚多年，四大牵缠已久。堪嗟石火光中，翻了几个筋斗。咦!阎浮世界诸众生，泥沙堆里频哮吼。

长老说偈已毕，宋江礼拜侍立。众将都向前拈香礼拜，设誓道：“只愿弟兄同生同死，世世相逢！”焚香已罢，众僧皆退，就请去云堂内赴斋。

众人斋罢，宋江与鲁智深跟随长老来到方丈内。至晚闲话间，宋江求问长老道：“弟子与鲁智深本欲从师数日，指示愚迷，但以统领大军，不敢久恋。我师语录，实不省悟。今者拜辞还京，某等众弟兄此去前程如何，万望吾师明彰点化。”智真长老命取纸笔，写出四句偈语：

当风雁影翩，东阙不团圆。只眼功劳足，双林福寿全。

写毕，递与宋江道：“此是将军一生之事，可以秘藏，久而必应。”宋江看了，不晓其意，又对长老道：“弟子愚蒙，不悟法语，乞吾师明白开解，以释忧疑。”智真长老道：“此乃禅机隐语，汝宜自参，不可明说。”长老说罢，唤过智深近前道：“吾弟子此去，与汝前程永别，正果将临也!与汝四句偈去，收取终身受用。”偈曰：

逢夏而擒，遇腊而执。听潮而圆，见信而寂。

鲁智深拜受偈语，读了数遍，藏在身边，拜谢本师。又歇了一宵。次日，宋江、鲁智深并吴用等众头领辞别长老下山，众人便出寺来，智真长老并众僧都送出山门外作别。

不说长老众僧回寺，且说宋江等众将下到五台山下，引起军马，星火赶来。众将回到军前，卢俊义、公孙胜等接着宋江众将，都相见了。宋江便对卢俊义等说五台山众人参禅设誓一事，将出禅语，与卢俊义、公孙胜看了，皆不晓其意。萧让道：“禅机法语，等闲如何省得？”众皆惊讶不已。

宋江传令，催趱军马起程，众将得令，催起三军人马，望东京进发。凡经过地方，军士秋毫无犯。百姓扶老携幼，来看王师。见宋江等众将英雄，人人称奖，个个钦服。宋江等在路行了数日，到一个去处，地名双林镇。当有镇上居民及近村几个农夫，都走拢来观看。宋江等众兄弟雁行般排着，一对对并辔而行。正行之间，只见前队里一个头领滚鞍下马，向左边看的人丛里，扯着一个人叫道：“兄长如何在这里？”两个叙了礼，说着话。宋江的马渐渐近前，看时，却是浪子燕青和一个人说话。燕青拱手道：“许兄，此位便是宋先锋。”宋江勒住马看那人时，生得：

目炯双瞳，眉分八字。七尺长短身材，三牙掩口髭须。戴一顶乌绉纱抹眉头巾，穿一领皂沿边褐布道服。系一条杂彩吕公绦，着一双方头青布履。必非碌碌庸人，定是山林逸士。

宋江见那人相貌古怪，丰神爽雅，忙下马来，躬身施礼道：“敢问高士大名？”那人望宋江便拜道：“闻名久矣!今日得以拜见。”慌的宋江答拜不迭，连忙扶起道：“小可宋江，何劳如此。”那人道：“小子姓许，名贯忠，祖贯大名府人氏，今移居山野。昔日与燕将军交契，不想一别有十数个年头，不得相聚。后来小子在江湖上，闻得小乙哥在将军麾下，小子欣慕不已。今闻将军破辽凯还，小子特来此处瞻望，得见各位英雄，平生有幸。欲邀燕兄到敝庐略叙，不知将军肯放否？”燕青亦禀道：“小弟与许兄久别，不意在此相遇。既蒙许兄雅意，小弟只得去一遭。哥哥同众将先行，小弟随后赶来。”宋江猛省道：“兄弟燕青常道先生英雄肝胆，只恨宋某命薄，无缘得遇。今承垂爱，敢邀同往请教。”许贯忠辞谢道：“将军慷慨忠义，许某久欲相侍左右，因老母年过七旬，不敢远离。”宋江道：“恁地时，却不敢相强。”又对燕青说道：“兄弟就回，免得我这里放心不下。况且到京，倘早晚便要朝见。”燕青道：“小弟决不敢违哥哥将令。”又去禀知了卢俊义，两下辞别。宋江上得马来，前行的众头领，已去了一箭之地，见宋江和贯忠说话，都勒马伺候。当下宋江策马上前，同众将进发。

话分两头。且说燕青唤一个亲随军汉，拴缚了行囊，另备了一匹马，却把自己的骏马，让与许贯忠乘坐。到前面酒店里，脱下戎装　，穿了随身便服。两人各上了马，军汉背着包裹，跟随在后，离了双林镇，望西北小路而行。过了些村舍林冈，前面却是山僻曲折的路。两个说些旧日交情，胸中肝胆。出了山僻小路，转过一条大溪，约行了三十余里，许贯忠用手指道：“兀那高峻的山中，方是小弟的敝庐在内。”又行了十数里，才到山中。那山峰峦秀拔，溪涧澄清。燕青正看山景，不觉天色已晚。但见：

落日带烟生碧雾，断霞映水散红光。

原来这座山叫做大　，上古大禹圣人导河，曾到此处。书经上说道：“至于大　”这便是个证见。今属大名府　地方。话休繁絮。且说许贯忠引了燕青转过几个山嘴，来到一个山凹里，却有三四里方圆平旷的所在。树木丛中，闪着两三处草舍。内中有几间向南傍溪的茅舍，门外竹篱围绕，柴扉半掩，修竹苍松，丹枫翠柏，森密前后。许贯忠指着说道：“这个便是蜗居。”燕青看那竹篱内，一个黄发村童，穿一领布衲袄，向地上收拾些晒干的松枝堆积于茅檐之下。听得马蹄响，立起身往外看了，叫声奇怪：“这里那得有马经过！”仔细看时，后面马上，却是主人。慌忙跑出门外，叉手立着，呆呆地看。原来临行备马时，许贯忠说不用銮铃，以此至近方觉。二人下了马，走进竹篱。军人把马拴了。二人入得草堂，分宾主坐下。茶罢，贯忠教随来的军人卸下鞍辔，把这两匹马牵到后面草房中，唤童子寻些草料喂养，仍教军人前面耳房内歇息。燕青又去拜见了贯忠的老母。贯忠携着燕青，同到靠东向西的草庐内。推开后窗，却临着一溪清水，两人就倚着窗槛坐地。

贯忠道：“敝庐窄陋，兄长休要笑话！”燕青答道：“山明水秀，令小弟应接不暇，实是难得。”贯忠又问些征辽的事。多样时，童子点上灯来，闭了窗格，掇张桌子，铺下五六碟菜蔬，又搬出一盘鸡，一盘鱼，及家中藏下的两样山果，旋了一壶热酒。贯忠筛了一杯，递与燕青道：“特地邀兄到此，村醪野菜，岂堪待客？”燕青称谢道：“相扰却是不当。”数杯酒后，窗外月光如昼。燕青推窗看时，又是一般情致：云轻风静，月白溪清，水影山光，相映一室。燕青夸奖不已道：“昔日在大名府，与兄长最为莫逆。自从兄长应武举后，便不得相见。却寻这个好去处，何等幽雅!像劣弟恁地东征西逐，怎得一日清闲？”贯忠笑道：“宋公明及各位将军，英雄盖世，上应罡星，今又威服强虏。像许某蜗伏荒山，那里有分毫及得兄等。俺又有几分儿不合时宜处，每每见奸党专权，蒙蔽朝廷，因此无志进取，游荡江河，到几个去处，俺也颇颇留心。”说罢大笑，洗盏更酌。燕青取白金二十两，送与贯忠道：“些须薄礼，少尽鄙忱。”贯忠坚辞不受。燕青又劝贯忠道：“兄长恁般才略，同小弟到京师觑方便，讨个出身。”贯忠叹口气说道：“今奸邪当道，妒贤嫉能，如鬼如蜮的，都是峨冠博带；忠良正直的，尽被牢笼陷害。小弟的念头久灰。兄长到功成名就之日，也宜寻个退步。自古道：‘雕鸟尽，良弓藏。’”燕青点头嗟叹。两个说至半夜，方才歇息。

次早，洗漱罢，又早摆上饭来，请燕青吃了，便邀燕青去山前山后游玩。燕青登高眺望，只见重峦迭障，四面皆山，惟有禽声上下，却无人迹往来。山中居住的人家，颠倒数过，只有二十余家。燕青道：“这里赛过桃源。”燕青贪看山景，当日天晚，又歇了一宵。

次日，燕青辞别贯忠道：“恐宋先锋悬念，就此拜别。”贯忠相送出门。贯忠道：“兄长少待！”无移时，村童托一轴手卷儿出来，贯忠将来递与燕青道：“这是小弟近来的几笔拙画。兄长到京师，细细的看，日后或者亦有用得着处。”燕青谢了，教军人拴缚在行囊内。两个不忍分手，又同行了一二里。燕青道：“‘送君千里，终须一别’，不必远劳，后图再会。”两人各怅怏分手。

燕青望许贯忠回去得远了，方才上马。便教军人也上了马，一齐上路。不则一日，来到东京，恰好宋先锋屯驻军马于陈桥驿，听候圣旨，燕青入营参见，不题。

且说先是宿太尉并赵枢密中军人马入城，已将宋江等功劳奏闻天子。报说宋先锋等诸将兵马，班师回军，已到关外。赵枢密前来启奏，说宋江等诸将边庭劳苦之事。天子闻奏，大加称赞，就传圣旨，命黄门侍郎宣宋江等面君朝见，都教披挂入城。宋江等众将遵奉圣旨，本身披挂，戎装革带，顶盔挂甲，身穿锦袄，悬带金银牌面，从东华门而入，都至文德殿朝见天子，拜舞起居，山呼万岁。皇上看了宋江等众将英雄，尽是锦袍金带，惟有吴用、公孙胜、鲁智深、武松，身着本身服色。天子圣意大喜，乃曰：“寡人多知卿等征进劳苦，边塞用心，中伤者多，寡人甚为忧戚。”宋江再拜奏道：“托圣上洪福齐天，臣等众将，虽有中伤，俱各无事。今逆虏投降，边庭宁息，实陛下威德所致，臣等何劳之有？”再拜称谢。天子特命省院官计议封爵。太师蔡京、枢密童贯商议奏道：“宋江等官爵，容臣等酌议奏闻。”天子准奏，仍敕光禄寺大设御宴，钦赏宋江锦袍一领，金甲一副，名马一匹，卢俊义以下给赏金帛，尽于内府关支。宋江与众将谢恩已罢，尽出宫禁，都到西华门外，上马回营安歇，听候圣旨。不觉的过了数日，那蔡京、童贯等那里去议甚么封爵，只顾延挨。且说宋江正在营中闲坐，与军师吴用议论些古今兴亡得失的事，只见戴宗、石秀各穿微服，来禀道：“小弟辈在营中，兀坐无聊，今日和石秀兄弟闲走一回，特来禀知兄长。”宋江道：“早些回营，候你们同饮几杯。”戴宗和石秀离了陈桥驿，望北缓步行来。过了几个街坊市井，忽见路旁一个大石碑，碑上有“造字台”三字，上面又有几行小字，因风雨剥落，不甚分明。戴宗仔细看了道：“却是苍颉造字之处。”石秀笑道：“俺们用不着他。”两个笑着，望前又行。到一个去处，偌大一块空地，地上都是瓦砾。正北上有个石牌坊，横着一片石板，上镌“博浪城”三字。戴宗沉吟了一回，说道：“原来此处是汉留侯击始皇的所在。”戴宗啧啧称赞道：“好个留侯！”石秀道：“只可惜这一椎不中！”两个嗟叹了一回，说着话，只顾望北走去，离营却有二十余里。

石秀道：“俺两个鸟耍了这半日，寻那里吃碗酒回营去？”戴宗道：“兀那前面不是个酒店？”两个进了酒店，拣个近窗明亮的座头坐地。戴宗敲着桌子叫道：“将酒来！”酒保搬了五六碟菜蔬，摆在桌上，问道：“官人打多少酒？”石秀道：“先打两角酒，下饭但是下得口的，只顾卖来。”无移时，酒保旋了两角酒，一盘牛肉，一盘羊肉，一盘嫩鸡。两个正在那里吃酒闲话，只见一个汉子托着雨伞杆棒，背个包裹，拽扎起皂衫，腰系着缠袋，腿绷护膝，八搭麻鞋，走得气急喘促，进了店门。放下伞棒包裹，便向一个座头坐下，叫道：“快将些酒肉来！”过卖旋了一角酒，摆下两三碟菜蔬。那汉道；“不必文诌了，有肉快切一盘来，俺吃了，要赶路进城公干。”拿起酒，大口价吃。戴宗把眼瞅着，肚里寻思道：“这鸟是个公人，不知甚么鸟事？”便向那汉拱手问道：“大哥，甚么事恁般要紧？”那汉 头吃酒吃肉， 头夹七夹八的说出几句话来。有分教：宋公明再建奇功，汾沁地重归大宋。

毕竟那汉说出甚么话来，且听下回分解。

第九十一回 宋公明兵渡黄河　卢俊义赚城黑夜

话说戴宗、石秀见那汉像个公人打扮，又见他慌慌张张。戴宗问道：“端的是甚么公干？”那汉放下箸，抹抹嘴，对戴宗道：“河北田虎作乱，你也知道么？”戴宗道：“俺们也知一二。”那汉道：“田虎那厮，侵州夺县，官兵不能抵敌。近日打破盖州，早晚便要攻打卫州。城中百姓，日夜惊恐，城外居民，四散的逃窜。因此本府差俺到省院，投告急公文的。”说罢，便起身，背了包裹，托着伞棒，急急算还酒钱，出门叹口气道：“真个是官差不自由，俺们的老小，都在城中。皇天，只愿早早发救兵便好！”拽开步，望京城赶去了。

戴宗、石秀得了这个消息，也算还酒钱，离了酒店，回到营中，见宋先锋报知此事。宋江与吴用商议道：“我等诸将，闲居在此，甚是不宜。不若奏闻天子，我等情愿起兵前去征进。”吴用道：“此事须得宿太尉保奏方可。”当时会集诸将商议，尽皆欢喜。次日，宋江穿了公服，引十数骑入城，直至太尉府前下马。正值太尉在府，令人传报。太尉知道，忙教请进。宋江到堂上再拜起居。宿太尉道：“将军何事光降？”宋江道：“上告恩相，宋某听得河北田虎造反，占据州郡，擅改年号，侵至盖州，早晚来打卫州。宋江等人马久闲，某等情愿部领兵马，前去征剿，尽忠报国。望恩相保奏则个。”宿太尉听了大喜道：“将军等如此忠义，肯替国家出力，宿某当一力保奏。”宋江谢道：“宋某等屡蒙太尉厚恩，虽铭心镂骨，不能补报。”宿太尉又令置酒相待。至晚，宋江回营，与众头领说知。

却说宿太尉次日早朝入内，见天子在披香殿。省院官正奏：“河北田虎造反，占据五府五十六县，改年建号，自霸称王。目今打破陵川，怀州震邻，申文告急。”天子大惊，向百官文武问道：“卿等谁与寡人出力，剿灭此寇？”只见班部丛中闪出宿太尉，执简当胸，俯伏启奏道：“臣闻田虎斩木揭竿之势，今已燎原，非猛将雄兵，难以剿灭。今有破辽得胜宋先锋，屯兵城外，乞陛下降敕，遣这枝军马前去征剿，必成大功。”天子大喜，即令省院官奉旨出城，宣取宋江、卢俊义直到披香殿下，朝见天子。拜舞已毕，玉音道：“朕知卿等英雄忠义，今敕卿等征讨河北，卿等勿辞劳苦。早奏凯歌而回，朕当优擢。”宋江、卢俊义叩头奏道：“臣等蒙圣恩委任，敢不鞠躬尽瘁，死而后已！”天子龙颜欣悦，降敕封宋江为平北正先锋，卢俊义为副先锋。各赐御酒、金带、锦袍、金甲、彩缎，其余正偏将佐，各赐缎匹银两。待奏荡平，论功升赏，加封官爵。三军头目，给赐银两，都就于内府关支。限定日期，出师起行。宋江、卢俊义再拜谢恩，领旨辞朝，上马回营，升帐而坐。当时会集诸将，尽教收拾鞍马衣甲，准备起身，征讨田虎。

次日，于内府关到赏赐缎匹银两，分 诸将，给散三军头目。宋江与吴用计议，着令水军头领，整顿战船先进，自汴河入黄河，至原武县界，等候大军到来，接济渡河。传令与马军头领，整顿马匹，水陆并进，船骑同行，准备出师。

且说河北田虎这厮，是威胜州沁源县一个猎户，有膂力，熟武艺，专一交结恶少。本处万山环列，易于哨聚。又值水旱频仍，民穷财尽，人心思乱。田虎乘机纠集亡命，捏造妖言，煽惑愚民。初时掳掠些财物，后来侵州夺县，官兵不敢当其锋。说话的，田虎不过一个猎户，为何就这般猖獗?看官听着：却因那时文官要钱，武将怕死，各州县虽有官兵防御，都是老弱虚冒。或一名吃两三名的兵饷，或势要人家闲着的伴当，出了十数两顶首，也买一名充当，落得关支些粮饷使用。到得点名操练，却去雇人答应。上下相蒙，牢不可破。国家费尽金钱，竟无一毫实用。到那临阵时节，却不知厮杀，横的竖的，一见前面尘起炮响，只恨爷娘少生两只脚。当时也有几个军官，引了些兵马，前去追剿田虎，那里敢上前，只是尾其后，东奔西逐，虚张声势，甚至杀良冒功。百姓愈加怨恨，反去从贼，以避官兵。所以被他占去了五州五十六县。那五州：一是威胜，即今时沁州；二是汾阳，即今时汾州；三是昭德，即今时潞安；四是晋宁，即今时平阳；五是盖州，即今时泽州。那五十六县，都是这五州管下的属县。田虎就汾阳起造宫殿，伪设文武官僚，内相外将，独霸一方，称为晋王。兵精将猛，山川险峻。目今分兵两路，前来侵犯。

再说宋江选日出师，相辞了省院诸官，当有宿太尉亲来送行，赵安抚遵旨，至营前赏劳三军。宋江、卢俊义谢了宿太尉、赵枢密，兵分三队而进，令五虎八骠骑为前部。

五虎将五员：

大刀关胜　　豹子头林冲
霹雳火秦明　　双鞭将呼延灼
双枪将董平

八骠骑八员：

小李广花荣　　金枪手徐宁
青面兽杨志　　急先锋索超
没羽箭张清　　美髯公朱仝
九纹龙史进　　没遮拦穆弘

令十六彪将为后队。

小彪将十六员：

镇三山黄信　　病尉迟孙立
丑郡马宣赞　　井木犴郝思文
百胜将韩滔　　天目将彭玘
圣水将军单廷　　神火将魏定国
摩云金翅欧鹏　　火眼狻猊邓飞
锦毛虎燕顺　　铁笛仙马麟
跳涧虎陈达　　白花蛇杨春
锦豹子杨林　　小霸王周通

宋江、卢俊义、吴用、公孙胜及其余将佐，马步头领，统领中军。当日三声号炮，金鼓乐器齐鸣，离了陈桥驿，望东北进发。

宋江号令严明，行伍整肃，所过地方，秋毫无犯，是不必说。兵至原武县界，县官出郊迎接，前部哨报水军头领船只，已在河滨等候渡河。宋江传令李俊等领水兵六百，分为两哨，分哨左右。再拘聚些当地船只，装载马匹车仗。宋江等大兵次第渡过黄河北岸，便令李俊等统领战船，前至卫州卫河齐取。

宋江兵马前部，行至卫州屯扎。当有卫州官员，置筵设席，等接宋先锋到来，请进城中管待，诉说："田虎贼兵浩大，不可轻敌。泽州是田虎手下伪枢密钮文忠镇守，差部下张翔、王吉，领兵一万，来攻本州所属辉县；沈安、秦升，领兵一万，来攻怀州属县武涉。求先锋速行解救则个！"宋江听罢，回营与吴用商议，发兵前去救应。吴用道："陵川乃盖州之要地，不若竟领兵去打陵川，则两县之围自解。"当下卢俊义道："小弟不才，愿领兵去取陵川。"宋江大喜，拨卢俊义马军一万，步兵五百。马军头领乃是花荣、秦明、董平、索超、黄信、孙立、杨志、史进、、朱仝、穆弘。步军头领乃是李逵、鲍旭、项充、李衮、鲁智深、武松、刘唐、杨雄、石秀。

次日，卢俊义领兵去了。宋江在帐中，再与吴用计议进兵良策。吴用道："贼兵久骄，卢先锋此去，必然成功。只有一件，三晋山川险峻，须得两个头领做细作，先去打探山川形势，方可进兵。"道犹未了，只见帐前走过燕青禀道："军师不消费心，山川形势，已有在此。"当下燕青取出一轴手卷，展放桌上。宋江与吴用从头仔细观看，却是三晋山川城池关隘之图。凡何处可以屯扎，何处可以埋伏，何处可以厮杀，细细的都写在上面。吴用惊问道："此图何处得来？"燕青对宋江道："前日破辽班师，回至双林镇，所遇那个姓许双名贯忠的，他邀小弟到家，临别时，将此图相赠。他说是几笔丑画，弟回到营中闲坐，偶取来展看，才知是三晋之图。"宋江道："你前日回来，正值收拾朝见，忙忙地不曾问得备细。我看此人，也是个好汉，你平日也常对我说他的好处，他如今何所作为？"燕青道："贯忠博学多才，也好武艺，有肝胆，其余小伎，琴弈丹青，件件都省的。"因他不愿出仕，山居幽僻，及相叙的言语，备细说了一遍。吴用道："诚天下有心人也。"宋江、吴用嗟叹称赞不已。

且说卢俊义领了兵马，先令黄信、孙立，领三千兵去陵川城东五里外埋伏，史进、杨志领三千军去陵川城西五里外埋伏。"今夜五鼓，衔枚摘铃，悄地各去。明日我等进兵，敌人若无准备，我兵已得城池，只看南门旗号，众头领领了军马，徐徐进城。倘敌人有准备，放炮为号，两路一齐杀出接应"。四将领计去了。卢俊义次早五更造饭，平明，军马直逼陵川城下。兵分三队，一带儿摆开，摇旗擂鼓搦战。

守城军慌的飞去报知守将董澄及偏将沈骥、耿恭。那董澄是钮文忠部下先锋，身长九尺，膂力过人，使一口三十斤重泼风刀。当下听的报宋朝调遣梁山泊兵马，已到城下扎营，要来打城。董澄急升帐，整点军马，出城迎敌。耿恭谏道："某闻宋江这伙英雄，不可轻敌，只宜坚守。差人去盖州求取救兵到来，内外夹攻，方能取胜。”董澄大怒道：“叵耐那厮小觑俺这里，怎敢就来攻城!彼远来必疲，待俺出去，教他片甲不回！”耿恭苦谏不听。董澄道：“既如此，留下一千军马与你城中守护。你去城楼坐着，看俺杀那厮。”急披挂提刀，同沈骥领兵出城迎敌。

城门开处，放下吊桥，二三千兵马，拥过吊桥。宋军阵里，用强弓硬弩，射住阵脚。只听得鼙鼓冬冬，陵川阵中捧出一员将来。怎生打扮：

戴一顶点金束发浑铁盔，顶上撒斗来大小红缨。披一副摆连环锁子铁甲，穿一领绣云霞团花战袍，着一双斜皮嵌线云跟靴，系一条红　钉就迭胜带。一张弓，一壶箭。骑一匹银色卷毛马，手使一口泼风刀。

董澄立马横刀，大叫道：“水泊草寇，到此送死！”朱仝纵马喝道：“天兵到此，早早下马受缚，免污刀斧！”两军呐喊。朱仝、董澄抢到垓心，两马相交，两器并举。二将斗不过十余合，朱仝拨马望东便走，董澄赶来。东队里花荣挺枪接住厮杀，斗到三十余合，不分胜败。吊桥边沈骥见董澄不能取胜，抢起出白点钢枪，拍马向前助战。花荣见两个夹攻，拨马望东便走。董澄、沈骥紧紧赶来，花荣回马再战。耿恭在城头上，看见董澄、沈骥赶去，恐怕有失，正欲鸣锣收兵，宋军队里，忽冲出一彪军来，李逵、鲁智深、鲍旭、项充等十数个头领，飞也似抢过吊桥来，北兵怎当得这样凶猛，不能拦当。耿恭急叫闭门，说时迟，那时快，鲁智深、李逵早已抢入城来。守门军一齐向前，被智深大叫一声，一禅杖打翻了两个。李逵抡斧，劈倒五六个。鲍旭等一拥而入，夺了城门，杀散军士。耿恭见头势不好，急滚下来，望北要走，被步军赶上活捉了。

董澄、沈骥正斗花荣，听的吊桥边喊起，急回马赶去。花荣不去追赶，就了事环带住钢枪，拈弓取箭，觑定董澄，望董澄后心，飕的一箭，董澄两脚蹬空，扑通的倒撞下马来。卢俊义等招动军马，掩杀过来。沈骥被董平一枪戳死，陵川兵马，杀死大半，其余的四散逃窜去了。众将领兵，一齐进城。黑旋风李逵兀是火剌剌的只顾砍杀，卢俊义连叫：“兄弟，不要杀害百姓。”李逵方肯住手。

卢俊义教军士快于南门竖立认军旗号，好教两路伏兵知道，再分拨军士各门把守。少顷，黄信、孙立、史进、杨志，两路伏兵，一齐都到。花荣献董澄首级，董平献沈骥首级，鲍旭等活捉得耿恭并部下几个头目解来。卢先锋都教解了绑缚，扶耿恭于客位，分宾主而坐。耿恭拜谢道：“被擒之将，反蒙厚礼相待。”俊义扶起道：“将军不出城迎敌，良有深意，岂董澄辈可比。宋先锋招贤纳士，将军若肯归顺天朝，宋先锋必行保奏重用。”耿恭叩领谢道：“既蒙不杀之恩，愿为麾下小卒。”卢俊义大喜，再用好言抚慰了这几个头目，一面出榜安民，一面备办酒食，犒劳军士，置酒管待耿恭及众将。

卢俊义问耿恭盖州城中兵将多寡，耿恭道：“盖州有钮枢密重兵镇守，阳城、沈水，俱在盖州之西；惟高平县去此只六十里远近，城池傍着韩王山，守将张礼、赵能，部下有二万军马。”卢先锋听罢，举杯向耿恭道：“将军满饮此杯，只今夜卢某便要将军去干一件功劳，万勿推却。”耿恭道：“蒙先锋如此厚恩，耿恭敢不尽心！”俊义喜道：“将军既肯去，卢某拨几个兄弟并将军部下头目，依着卢某如此如此，即刻就烦起身。”又唤过那新降的六七个头目，各赏酒食银两，功成另行重赏。当下酒罢，卢俊义传令李逵、鲍旭等七个步兵头领，并一百名步兵，穿换了陵川军卒的衣甲旗号；又令史进、杨志，领五百马军，衔枚摘铃，远远地随在耿恭兵后；却令花荣等众将，在城镇守，自己领三千兵，随后接应。

分拨已定，耿恭等领计出城，日色已晚，行至高平城南门外，已是黄昏时候。星光之下，望城上旗帜森密，听城中更鼓严明。耿恭到城下高叫道：“我是陵川守将耿恭，只为董、沈二将，不肯听我说话，开门轻敌，以此失陷。我急领了这百余人，开北门从小路潜走至此，快放我进城则个！”守城军士把火照认了，急去报知张礼、赵能。那张礼、赵能亲上城楼，军士打着数把火炬，前后照耀。

张礼向下对耿恭道：“虽是自家人马，也要看个明白。”望下仔细辨认，真个是陵川耿恭，领着百余军卒，号衣旗帜，无半点差错。城上军人多有认得头目的，便指道：“这个是孙如虎。”又道：“这个是李擒龙。”张礼笑道：“放他进来！”只见城门开处，放下吊桥，又令三四十个军士，把住吊桥两边，方才放耿恭进城。后面这那军人，一拥抢进道：“快进去!快进去!后面追赶来了。”也不顾甚么耿将军。把门军士喝道：“这是甚么去处?这般乱窜！”正在那里争让，只见韩王山嘴边火起，飞出一彪军马来，二将当先，大喊：“贼将休走！”那耿恭的军卒内，已浑着李逵、鲍旭、项充、李衮、刘唐、杨雄、石秀这七个大虫在内。当时各掣出兵器，发声喊，百余人一齐发作，抢进城来。城中措手不及，那里关得城门迭。城门内外军士，早被他们砍翻数十个，夺了城门。

张礼叫苦不迭，急挺枪下城来寻耿恭，正撞着石秀。斗了三五合，张礼无心恋战，拖枪便走，被李逵赶上，　察的一斧，剁为两段。再说韩王山嘴边那彪军，飞到城边，一拥而入，正是史进、杨志，分投赶杀北兵。赵能被乱兵所杀。高平军士，杀死大半。把张礼老小，尽行诛戮。城中百姓，在睡梦里惊醒，号哭振天。须臾，卢先锋领兵也到了，下令守把各门，教十数个军士分头高叫，不得杀害百姓。天明，出榜安民，赏赐军士，差人飞报宋先锋知道。

为何卢俊义攻破两座城池，恁般容易?恁般神速?却因田虎部下纵横，久无敌手，轻视官军，却不知宋江等众将如此英雄。卢俊义得了这个窍，出其不意，连破二城，所以吴用说：“卢先锋此去一定成功。”

话休絮烦。且说宋江军马屯扎卫州城外。宋先锋正在帐中议事，忽报卢先锋差人飞报捷音，并乞宋先锋再议进兵之策。宋江大喜，对吴用道：“卢先锋一日连克二城，贼已丧胆。”正说间，又有两路哨军报道：“辉县、武涉两处围城兵马，闻陵川失守，都解围去了。”宋江对吴用道：“军师神算，古今罕有！”欲拔寨西行，与卢先锋合兵一处，计议进兵。吴用道：“卫州左孟门，右太行，南滨大河，西压上党，地当冲要。倘贼人知大兵西去，从昭德提兵南下，我兵东西不能相顾，将如之何？”宋江道：“军师之言最当！”便令关胜、呼延灼、公孙胜，领五千军马，镇守卫州，再令水军头领李俊、二张、三阮、二童，统领水军船只，泊聚卫河，与城内相为犄角。分拨已定，诸将领命去了。

宋江众将，统领大兵，即日拔寨起行。于路无话。来到高平，卢俊义等出城迎接。宋江道：“兄弟们连克二城，功劳不小，功绩簿上，都一一纪录。”卢俊义领新降将耿恭参见。宋江道：“将军弃邪归正，与宋某等同替国家出力，朝廷自当重用。”耿恭拜谢侍立。宋江以人马众多，不便入城，就于城外扎寨。即日与吴用、卢俊义商议，如今当去打那个州郡。吴用道：“盖州山高涧深，道路险阻，今已克了两个属县，其势已孤。当先取盖州，以分敌势，然后分兵两路夹剿，威胜可破也。”宋江道：“先生之言，正合我意。”传令柴进同李应去守陵川，替回花荣等六将前来听用，史进同穆弘守高平。柴进等四人遵令去了。当下有没羽箭张清禀道：“小将两日感冒风寒，欲于高平暂住，调摄痊可，赴营听用。”宋江便教神医安道全，同张清往高平疗治。

次日，花荣等已到。宋江令花荣、秦明、索超、孙立，领兵五千为先锋；董平、杨志、朱仝、史进、穆弘、韩滔、彭玘，领兵一万为左翼；黄信、林冲、宣赞、郝思文、欧鹏、邓飞，领兵一万为右翼；徐宁、燕顺、马麟、陈达、杨春、杨林、周通、李忠为后队；宋江、卢俊义等其余将佐，统领大兵为中军。这五路雄兵，杀奔盖州来，却似龙离大海，虎出深林。正是：

人人要建封侯绩，个个思成荡寇功。

毕竟宋江兵马如何攻打盖州，且听下回分解。

第九十二回 振军威小李广神箭　打盖郡智多星密筹

话说宋江统领军兵人马，分五队进发，来打盖州。盖州哨探军人，探听的实，飞报入城来。城中守将钮文忠，原是绿林中出身，江湖上打劫的金银财物，尽行资助田虎，同谋造反，占据宋朝州郡，因此官封枢密使之职。惯使一把三尖两刃刀，武艺出众。部下管领着猛将四员，名号四威将，协同镇守盖州。那四员：

猊威将方琼　　　　貔威将安士荣

彪威将褚亨　　　　熊威将于玉麟

这四威将手下，各有偏将四员，共偏将一十六员。乃是：

杨端　　郭信　　苏吉　　张翔

方顺　　沈安　　卢元　　王吉

石敬　　秦升　　莫真　　盛本

赫仁　　曹洪　　石逊　　桑英

钮文忠同正偏将佐，统领着三万北兵，据守盖州，近闻陵川、高平失守，一面准备迎敌官军，一面申文去威胜、晋宁两处，告急求救。当下闻报，即遣正将方琼，偏将杨端、郭信、苏吉、张翔，领兵五千，出城迎敌。临行钮文忠道："将军在意，我随后领兵接应。"方琼道："不消枢密分付，那两处城池，非缘力不能敌，都中了他诡计。方某今日不杀他几个，誓不回城。"

当下各各披挂上马，领兵出东门，杀奔前来。宋兵前队迎着，摆开阵势，战鼓喧天。北阵里门旗开处，方琼出马当先，四员偏将簇拥在左右。那方琼头戴卷云冠，披挂龙鳞甲，身穿绿锦袍，腰系狮蛮带，足穿抹绿靴。左挂弓，右悬箭。跨一匹黄鬃马，拈一条浑铁枪，高叫道："水洼草寇，怎敢用诡计赚我城池！"宋阵中孙立喝道："助逆反贼，今天兵到来，尚不知死！"拍马直抢方琼。二将在征尘影里，杀气丛中，斗过三十余合，方琼渐渐力怯。

北军阵中，张翔见方琼斗不过孙立，他便拈起弓，搭上箭，把马挨出阵前，向孙立飕的一箭。孙立早已看见，把马头一提，正射中马眼，那马直立起来。孙立跳在一边，拈着枪，便来步斗。那马负痛，望北跑了十数步便倒。张翔见射不倒孙立，飞马提刀，又来助战，却得秦明接住厮杀。孙立欲归阵换马，被方琼一条枪，不离左右的绞住，不能脱身。那边恼犯了神臂将花荣，骂道："贼将怎敢放暗箭，教他认我一箭！"口里说着，手里的弓，已开得满满地，觑定方琼较亲，飕的只一箭，正中方琼面门，翻身落马。孙立赶上，一枪结果，急回本阵换马去了。

张翔与秦明厮杀，秦明那条棍，不离张翔的顶门上下，张翔只办得架隔遮拦。又见方琼落马，心中惧怯，渐渐输将下来。北阵里郭信拍马拈枪，来助张翔。秦明力敌二将，全无惧怯，三匹马丁字儿摆开，在阵前厮杀。花荣再取第二枝箭，搭上弦，望张翔后心觑得亲切，弓开满月，箭发流星，飕的又一箭，喝声道："认箭！"正中张翔后心，射个透明，那枝箭直透前胸而出。头盔倒挂，两脚蹬空，扑通的撞下马来。郭信见张翔中箭，卖个破绽，拨马望本阵便走，秦明紧紧赶去。

此时孙立已换马出阵，同花荣、索超招兵卷杀过来，北兵大乱。那边杨端、郭信、苏吉抵当不住，望后急退。猛听的北兵后面喊声大振，却是钮文忠恐方琼有失，令安士荣、于玉麟各领五千军马，分两路合杀拢来。这里花荣等四将，急分兵抵敌，却被那杨端、郭信、苏吉勒转兵马，回身杀来。当不得三面夹攻，花荣等四将奋力冲突，看看围在垓心。又听的东边喊杀连天，北军大乱，左是董平等七将，右是黄信等七将，两翼兵马，一齐冲杀过来，北兵大败，杀死者甚多。安士荣、于玉麟等，领兵急拥进城，闭了城门。宋兵追至城下，城上擂木炮石，打将下来，宋兵方退。须臾，宋先锋等大兵都到，离城五里屯扎。宋江升帐，教萧让标写花荣头功。忽然起一阵怪风，飞土扬尘，从西过东，把旗帜都摇撼的歪邪。吴用道："这阵风，今夜必主贼兵劫寨，可速准备。"宋江道："这阵风，真个不比寻常！"便令欧鹏、邓飞、燕顺、马麟，领三千兵于寨左埋伏。王英、陈达、杨春、李忠，领三千兵于寨右埋伏。鲁智深、武松、李逵、鲍旭、项充、李衮，领兵五百，于寨中埋伏。炮响为号，一齐杀出。分拨已了，宋江与吴用秉烛谈兵。

且说钮文忠见折了二将，计点军士，折去二千余名。正在帐中纳闷，当有貔威将安士荣献计道："恩相放心!宋江这伙，连赢了几阵，已是志骄气满，必无准备。今夜，安某领一支兵去劫寨，可获全胜，以报今日之仇。"钮枢密道："将军若去，我当亲自领兵接应。却令于、褚二将军，坚守城池。"安士荣大喜道："若得恩相亲征，必擒宋江。"计议已定，至二更时分，士荣同偏将沈安、卢元、王吉、石敬，统领五千军马，人披软战，马摘鸾铃，出的城来，衔枚疾走，直至宋兵寨前，发声喊，一拥杀入寨来。只见寨门大开，寨中灯烛辉煌，安士荣情知中计，急退不迭。宋寨中一声炮响，左有燕顺等四将，右有王英等四将，一齐奔杀拢来。寨内李逵等六将，领蛮牌步兵，滚杀出寨来。北军大败，四散逃命。沈安被武松一戒刀砍死，王吉被王英杀死。宋兵把安士荣、卢元、石敬人马围在垓心。看看危急，却得钮文忠同偏将曹洪、石逊，领兵救应，混杀一场，各自收兵。

次日，钮文忠计点军士，折去千余。又折了沈安、王吉二将。石逊身带重伤，命在呼吸。正忧闷间，忽报威胜有使命擎赍令旨到来。钮文忠连忙上马，出北门迎接。使臣进城，宣读令旨，说近来司天监夜观天象，有罡星入犯晋地分野，务宜坚守城池，不得有误。钮文忠诉说："宋朝差宋江等兵马前来厮杀，连破两个城池。宋兵已到这里，昨日厮杀，又折了正偏将佐五员。若得救兵早到，方保无虞。"使臣道："在下离威胜时，尚未有这个消息。行至中路，始听的传说宋朝遣兵到俺这里。"钮文忠设宴管待，馈送礼物，一面准备擂木炮石，强弓硬弩，火箭火器，坚守城池，以待救兵，不在话下。

再说燕顺、王英等众将，杀散劫寨贼兵，得胜回寨。次日，宋江传令，修治　器械，准备攻城。令林冲、索超、宣赞、郝思文，领兵一万，攻打东门；徐宁、秦明、韩滔、彭玘，领兵一万，攻打南门；董平、杨志、单廷　、魏定国，领兵一万，攻打西门；却空着北门，恐有救兵到来，城内冲突，两路受敌。却令史进、朱仝、穆弘、马麟，领兵五千，于城东北高冈下埋伏；黄信、孙立、欧鹏、邓飞，领兵五千，于城西北密林里埋伏；倘贼人调遣救兵至，两路夹击。令花荣、王英、张青、孙新、李立，领马兵一千为游骑，往来四门探听；李逵、鲍旭、项充、李衮、刘唐、雷横，领步兵三百，与花荣等互相策应。分拨已定，众将遵令去了。宋江与卢俊义、吴用等正偏将佐，移扎营寨城东一里外。令李云、汤隆督修云梯飞楼，推赴各营驾用。却说林冲等四将在东城建竖云梯飞楼，逼近城垣，令轻捷军士上飞楼，攀援欲上，下面呐喊助威。怎禁的城内火箭如飞蝗般射出来，军士躲避不迭。无移时那飞楼已被烧毁，吻喇喇倾折下来，军士跌死了五六名，受伤十数名。西南二处攻打，亦被火箭火炮伤损军士。为是一连六七日攻打不下。

宋江见攻城不克，同卢俊义、吴用亲到南门城下，催督攻城。只见花荣等五将，领游骑从西哨探过东来。城楼上，于玉麟同偏将杨端、郭信监督军士守御。杨端望见花荣渐近城楼，便道："前日被他一连伤了二将，今日与他报仇则个！"急拈起弓，搭上箭，望着花荣前心，飕的一箭射来。花荣听的弓弦响，把身望后一倒，那枝箭却好射到，顺手只一绰，绰了那枝箭，咬在口里。起身把枪带在了事环上，左手拈弓，右手就取那枝箭，搭上弦，觑定杨端较亲，只一箭，正中杨端咽喉，扑通的望后便倒。花荣大叫："鼠辈怎敢放冷箭，教你一个个都死！"把右手去取箭，却待要再射时，只听的城楼上发声喊，几个军士一齐都滚下楼去。于玉麟、郭信吓的面如土色，躲避不迭。花荣冷笑道："今日认的神箭将军了！"宋江、卢俊义喝采不已。吴用道："兄长，我等却好同花将军去看视城垣形势。"花荣等拥护着宋江、卢俊义、吴用，绕城周匝看了一遍。

宋江、卢俊义、吴用回到寨中，吴用唤陵川降将耿恭，问盖州城中路径。耿恭道："钮文忠将旧州治做帅府，当城之中。城北有几个庙宇，空处却都是草场。"吴用听罢，对宋江计议，便唤时迁、石秀近前密语道："如此依计，往花荣军前，密传将令，相机行事。"再唤凌振、解珍、解宝，领二百名军士，携带轰天子母大小号炮，如此前去。教鲁智深、武松，带领金鼓手三百名，刘唐、杨雄、郁保四、段景住，每人带领二百名军士，各备火把，往东南西北，依计而行。又令戴宗往东西南三营，密传号令，只看城中火起，进力攻城。分拨已定，众头领遵令去了。

且说钮文忠日夜指望救兵，毫无消耗，十分忧闷。添拨军士，搬运木石，上城坚守。至夜黄昏时分，猛听的北门外喊声振天，鼓角齐鸣。钮文忠驰往北门，上城眺望时，喊声金鼓都息了，却不知何处兵马。正疑虑间，城南喊声又起，金鼓振天。钮文忠令于玉麟坚守北门，自己急驰至南城看时，喊声已息，金鼓也不鸣了。钮文忠眺望多时，唯听的宋军南营里，隐隐更鼓之声，静悄悄地，火光儿也没半点。徐徐下城，欲到帅府前点视，猛听的东门外连珠炮响，城西呐喊，擂鼓喧天价起。钮文忠东奔西逐，直闹到天明。宋兵又来攻城，至夜方退。是夜二鼓时分，又听的鼓角喊声。钮文忠道："这厮是疑兵之计，不要睬他，俺这里只坚守城池，看他怎地。"忽报东门火光烛天，火把不计其数，飞楼云梯，逼近城来。钮文忠闻报，驰往东城，同褚亨、石敬、秦升，督军士用火箭炮石，正在打射，猛可的一声火炮，响振山谷，把城楼也振动，城内军民，十分惊恐。如是的蒿恼了两夜，天明又来攻城，军士时刻不得合眼，钮文忠也时刻在城巡视。忽望见西北上旌旗蔽日遮天，望东南而来，宋兵中十数骑哨马，飞也似投大寨去了。钮文忠料是救兵，遣于玉麟准备出城接应。却说西北上那支军马，乃是晋宁守将田虎的兄弟三大王田彪，接了盖州求救文书，便遣部下猛将凤翔王远，领兵二万，前来救援。已过阳城，望盖州进发，离城尚有十余里，猛听的一声炮响，东西高冈下密林中，飞出两彪军来，却是史进、朱仝、穆弘、马麟、黄信、孙立、欧鹏、邓飞八员猛将，一万雄兵，卷杀过来。晋宁兵虽是二万，远来劳困，怎当得这里埋伏了十余日，养成精锐，两路夹攻。晋宁军大败，弃下金鼓、旗枪、盔甲、马匹无数，军士杀死大半，凤翔王远脱逃性命，领了败残头目士卒，仍回晋宁去了，不题。

再说钮文忠见两军截住厮杀，急遣于玉麟领兵开北门杀出接应，那北门却是无兵攻打。于玉麟领兵出城，才过吊桥，正遇着花荣游骑从西而来。北军大叫："神箭将军来了！"慌的急退不迭，一拥乱抢进城去。于玉麟已是在南城吓破了胆，那里敢来交战，也跑进城去。花荣等冲过来，杀死二十余人，不去赶杀，让他进城。城中急急闭门。

那时石秀、时迁穿了北军号衣，已浑入城。时迁、石秀进的城门，趁闹哄里溜进小巷。转过那条巷，却有一个神祠，牌额上写道："当境土地神祠。"时迁、石秀踅进祠来，见一个道人在东壁下向火。那道人看见两个军士进祠来，便道："长官，外面消息如何？"军人道："适才俺们被于将军点去厮杀，却撞着了那神箭将军，于将军也不敢与他交锋。俺们乱抢进城，却被俺趁闹闪到这里。"便向身边取出两块散碎银，递与道人说："你有藏下的酒，胡乱把两碗我们吃，具实寒冷。"那人笑将起来道："长官，你不知这几日军情紧急，神道的香火也一些没有，那讨半滴酒来？"便把银递还时迁。石秀推住他的手道："这点儿你且收着，却再理会。我们连日守城辛苦，时刻不得合眼，今夜权在这里睡了，明早便去。"那道人摇着手道："二位长官莫怪!钮将军军令严紧，少顷便来查看。我若留二位在此，都不能个干净。"时迁道："恁般说，且再处。"石秀便挨在道人身边，也去向火。时迁张望前后无人，对石秀丢个眼色，石秀暗地取出佩刀。那道人只顾向火，被石秀从背后　察的一刀，割下头来，便把祠门栓了。

此时已是酉牌时分，时迁转过神厨，后壁却有门户。户外小小一个天井，屋檐下堆积两堆儿乱草。时迁、石秀搬将出来，遮盖了道人尸首，开了祠门，从后面天井中爬上屋去。两个伏在脊下，仰看天边，明朗朗地现出数十个星来。时迁、石秀挨了一回，再溜下屋来，到祠外探看，并无一个人来往。两个再踅几步，左右张望，邻近虽有几家居民，都静悄悄地闭着门，隐隐有哭泣之声。时迁再踅向南去，转过一带土墙，却是偌大一块空地，上面有数十堆柴草。时迁暗想道："这是草料场，如何无军人看守？"原来城中将士，只顾城上御敌，却无暇到此处点视。那看守军人，听的宋军杀散救兵，料城中已不济事，各顾性命，预先藏匿去了。时迁、石秀复身到神祠里，取了火种，把道人尸首上乱草点着，却溜到草场内，两个分投去，一连　上六七处。

少顷，草场内烘烘火起，烈焰冲天，那神祠内也烧将起来。草场西侧，一个居民，听的火起，打着火把出来探听。时迁抢过来，劈手夺了火把。石秀道："待我们去报钮元帅。"居民见两个是军士，那敢与他别拗。时迁执着火把，同石秀一径望南跑去，口里嚷着报元帅，见居民房屋下得手的所在，又　上两把火，却丢下火把，踅过一边。两个脱下北军号衣，躲在僻静处。

城中见四五路火起，一时鼎沸起来。钮文忠见草场火起，急领军士驰往救火。城外见城内火起，知是时迁、石秀内应，进力攻打。宋江同吴用带领解珍、解宝驰至城南，吴用道："我前日见那边城垣稍低。"便令秦明等把飞楼逼近城垣。吴用对解珍、解宝道："贼人丧胆，军士已罢，兄弟努力上城！"解珍带朴刀上飞楼，攀女墙，一跃而上，随后解宝也奋跃上去。两个发声喊，抢下女墙，挥刀乱砍。城上军士，本是困顿惊恐，又见解珍、解宝十分凶猛，都乱窜滚下城去。褚亨见二人上城，挺枪来斗了十数合，被解宝一朴刀掤翻，解珍赶上，剁下头来。此时宋兵从飞楼攀援上城，已有百十余人。解珍、解宝当先，一齐抢杀下城，大叫道："上前的剁做肉泥！"众人杀死石敬、秦升，砍翻把门军士，夺了城门，放下吊桥，徐宁等众将领兵拥入。徐宁同韩滔领兵杀奔东门，安士荣抵敌不住，被徐宁戳死，夺门放林冲等众将入城。秦明同彭玘领兵抢夺西门，放董平等入城。莫真、赫仁、曹洪，被乱兵所杀。杀的尸横市井，血满街衢。

钮文忠见城门已都被夺了，只得上马，弃了城池，同于玉麟领二百余人，出北门便走。未及一里，黑暗里突出黑旋风李逵、花和尚鲁智深，一个猛将军，一个莽和尚，拦住去路。正是：天罗密布难移步，地网高张怎脱身。

毕竟钮文忠、于玉麟性命如何，再听下回分解。

第九十三回 李逵梦闹天池　宋江兵分两路

话说钮文忠见盖州已失，只得奔走出城，与同于玉麟、郭信、盛本、桑英保护而行，正撞着李逵、鲁智深，领步兵截住去路。李逵高叫道："俺奉宋先锋将令，等候你这伙败撮鸟多时了！"抡双斧杀来，手起斧落，早把郭信、桑英砍翻。钮文忠吓得魂不附体，措手不及，被鲁智深一禅杖，连盔带头，打得粉碎，撞下马去。二百余人，杀个尽绝。只被于玉麟、盛本望刺斜里死命撞出去了。鲁智深道："留下那两个驴头罢!等他去报信。"仍割下三颗首级，夺得鞍马盔甲，一径进城献纳。且说宋江大队人马，入盖州城，便传下将令，先教救灭火焰，不许伤害居民。众将都来献功。宋先锋教军士将首级号令各门。天明出榜，安抚百姓。将三军人马，尽数收入盖州屯住，赏劳三军诸将。功绩簿上，标写石秀、时迁、解珍、解宝功次。一面写表申奏朝廷，得了盖州，尽将府库财帛金宝，解赴京师，写书申呈宿太尉。此时腊月将终，宋江料理军务，不觉过了三四日，忽报张清病可，同安道全来参见听用。宋江喜道："甚好。明日是宣和五年的元旦，却得聚首。"

次日黎明，众将穿公服幞头，宋江率领众兄弟望阙朝贺，行五拜三叩头礼已毕，卸下幞头公服，各穿红锦战袍，九十二个头领，及新降将耿恭，齐齐整整，都来贺节，参拜宋江。宋先锋大排筵席，庆贺宴赏，众兄弟轮次与宋江称觞献寿。酒至数巡，宋江对众将道："赖众兄弟之力，国家复了三个城池。又值元旦，相聚欢乐，实为罕有。独是公孙胜、呼延灼、关胜、水军头领李俊等八员，及守陵川柴进、李应，守高平史进、穆弘，这十五兄弟，不在面前，甚是悒怏。"当下便唤军中头目，领二百余名军役，各各另外赏劳，教即日担送羊酒，分头去送到卫州、陵川、高平三处守城头领交纳，兼报捷音。分付兀是未了，忽报三处守城头领差人到此候贺，都奉先锋将令，戎事在身，不能亲来拜贺。宋江大喜道："得此信息，就如见面一般。"赏劳来人，陪众兄弟开怀畅饮，尽醉方休。

次日，宋先锋准备出东郊迎春，因明日子时正四刻，又逢立春节候。是夜刮起东北风，浓云密布，纷纷洋洋，降下一天大雪。明日众头领起来看时，但见：

纷纷柳絮，片片鹅毛。空中白鹭群飞，江上素鸥翻覆。飞来庭院，转旋作态因风；映彻戈矛，灿烂增辉荷日。千山玉砌，能令樵子怅迷踪；万户银装，多少幽人成佳句。正是尽道丰年好，丰年瑞若何?边关多荷戟，宜瑞不宜多。

当下地文星萧让对众头领说道："这雪有数般名色：一片的是蜂儿，二片的是鹅毛，三片的是攒三，四片的是聚四，五片唤做梅花，六片唤做六出。这雪本是阴气凝结，所以六出，应着阴数。到立春以后，都是梅花杂片，更无六出了。今日虽已立春，尚在冬春之交，那雪片却是或五或六。"乐和听了这几句议论，便走向檐前，把皂衣袖儿承受那落下来的雪片看时，真个雪花六出，内一出尚未全去，还有些圭角，内中也有五出的了。乐和连声叫道："果然!果然！"众人都拥上来看，却被李逵鼻中冲出一阵热气，把那雪花儿冲灭了。众人都大笑，却惊动了宋先锋，走出来问道："众兄弟笑甚么？"众人说："正看雪花，被黑旋风鼻气冲灭了。"宋江也笑道："我已分付置酒在宜春圃，与众兄弟赏玩则个。"

原来这州治东，有个宜春圃，圃中有一座雨香亭，亭前颇有几株桧柏松梅。当晚众头领在雨香亭语笑喧哗，觥筹交错，不觉日暮，点上灯烛。宋江酒酣，闲话中追论起昔日被难时，多亏了众兄弟。"我本郓城小吏，身犯大罪，蒙众兄弟于千枪万刀之中，九死一生之内，屡次舍着性命，救出我来。当江州与戴宗兄弟押赴市曹时，万分是个鬼；到今日却得为国家臣子，与国家出力。回思往日之事，真如梦中！"宋江说到此处，不觉潸然泪下。戴宗、花荣及同难的几个弟兄，听了这般话，也都吊下泪来。

李逵这时多饮了几杯酒，酣醉上来，一头与众人说着话，眼皮儿却渐渐合拢来，便用双臂衬着脸，已是睡去。忽转念道："外面雪兀是未止。"心里想着，身体未常动弹，却像已走出亭子外的一般。看外面时，又是奇怪："原来无雪，只管在里面兀坐!待我到那厢去走一回。"离了宜春圃，须臾出了州城，猛可想起："阿也!忘带了板斧！"把手向腰间摸时，原来插在这里。向前不分南北，莽莽撞撞的，不知行了多少路，却见前面一座高山。无移时，行到山前，只见山凹里走出一个人来，头带折角头巾，身穿淡黄道袍，迎上前来笑道："将军要闲步时，转过此山，是有得意处。"李逵道："大哥，这个山名叫做甚么？"那秀士道："此山唤做天池岭，将军闲玩回来，仍到此处相会。"

李逵依着他，真个转过那山，忽见路旁有一所庄院。只听的庄里大闹，李逵闯将进去，却是十数个人，都执棍棒器械，在那里打桌击凳，把家火什物，打的粉碎。内中一个大汉骂道："老牛子，快把女儿好好地送与我做浑家，万事干休；若说半个不字，教你们都是个死！"李逵从外入来，听了这几句说话，心如火炽，口似烟生，喝道："你这伙鸟汉，如何强要人家女儿？"那伙人嚷道："我们是要他女儿，干你屁事！"李逵大怒，拔出板斧砍去。好生作怪，却是不禁砍，只一斧，砍翻了两三个。那几个要走，李逵赶上，一连六七斧，砍的七颠八倒，尸横满地；单只走了一个，望外跑去了。

李逵抢到里面，只见两扇门儿紧紧地闭着，李逵一脚踢开，见里面有个白发老儿，和一个老婆子在那里啼哭。见李逵抢入来，叫道："不好了，打进来了！"李逵大叫道："我是路见不平的。前面那伙鸟汉，被我都杀了，你随我来看。"那老儿战战兢兢的跟出来看了，反扯住李逵道："虽是除了凶人，须连累我吃官司。"李逵笑道："你那老儿，也不晓得黑爷爷。我是梁山泊黑旋风李逵，现今同宋公明哥哥奉诏征讨田虎。他们现在城中吃酒，我不耐烦，出来闲走。莫说那几个鸟汉，就是杀了几千，也打甚么鸟不禁！"那老儿方才揩泪道："恁般却是好也!请将军到里面坐地。"

李逵走进去，那边已摆上一桌子酒馔。老儿扶李逵上面坐了，满满地筛一碗酒，双手捧过来道："蒙将军救了女儿，满饮此盏。"李逵接过来便吃，老头儿又来劝。一连吃了四五碗，只见先前啼哭的老婆子领了一个年少女子上前，叉手双双地道了个万福。婆子便道："将军在宋先锋部下，又恁般奢遮，如不弃丑陋，情愿把小女配与将军。"李逵听了这句话，跳将起来道："这样腌　歪货!却才可是我要谋你的女儿，杀了这几个撮鸟?快夹了鸟嘴，不要放那鸟屁！"只一脚，把桌子踢翻，跑出门来。只见那边一个彪形大汉，仗着一条朴刀，大踏步赶上来，大喝一声道："兀那黑贼，不要走!却才这几个兄弟，如何都把来杀了?我们是要他家女儿，干你甚事？"挺朴刀直抢上来。李逵大怒，抡斧来迎，与那汉斗了二十余合。那汉斗不过，隔开板斧，拖着朴刀，飞也似跑去。

李逵紧紧追赶，赶过一个林子，猛见许多宫殿。那汉奔至殿前，撇了朴刀，在人丛一混，不见了那汉，只听得殿上喝道："李逵不得无礼!着他来见朝。"李逵猛省道："这是文德殿，前日随宋哥哥在此见朝，这是皇帝的所在。"又听得殿上说道："李逵，快俯伏！"李逵藏了板斧，上前观看，只见皇帝远远的坐在殿上，许多官员排列殿前。李逵端端正正朝上拜了三拜，心中想道："阿也!少了一拜！"天子问道："适才你为何杀了许多人？"李逵跪着说道："这厮们强要占人女儿，臣一时气忿，所以杀了。"天子道："李逵路见不平，剿除奸党，义勇可嘉，赦汝无罪，敕汝做了值殿将军。"李逵心中喜欢道："原来皇帝恁般明白！"一连磕了十数个头，便起身立于殿下。

无移时，只见蔡京、童贯、杨　、高俅四个一班儿跪下，俯伏奏道："今有宋江统领兵马征讨田虎，逗遛不进，终日饮酒，伏乞皇上治罪。"李逵听了这句话，那把无明火，高举三千丈，按纳不住，　两斧抢上前，一斧一个，劈下头来，大叫道："皇帝，你不要听那贼臣的说话。我宋哥哥连破了三个城池，现今屯兵盖州，就要出兵，如何恁般欺诳？"众文武见杀了四个大臣，都要来捉李逵。李逵　两斧叫道："敢来捉我，把那四个做样！"众人因此不敢动手。

李逵大笑道："快当!快当!那四个贼臣，今日才得了当，我去报与宋哥哥知道。"大踏步离了宫殿。猛可的又见一座山。看那山时，却是适才遇见秀士的所在。那秀士兀是立在山坡前，又迎将上来笑道："将军此游得意否？"李逵道："好教大哥得知，适才被俺杀了四个贼臣。"那秀士笑道："原来如此!我原在汾、沁之间，近日偶游于此，知将军等心存忠义，我还有紧要说话与将军说。目今宋先锋征讨田虎，我有十字要诀，可擒田虎。将军须牢牢记着，传与宋先锋知道。"便对李逵念道："要夷田虎族，须谐琼矢镞。"一连念了五六遍。李逵听他说得有理，便依着他温念这十个字。那秀士又向树林中指道："那边有一个年老的婆婆在林中坐地。"李逵才转身看时，已不见了那个秀士。

李逵道："他恁地去得快!我且到林子里去看，是甚么人。"抢入林子来，果然有个婆子坐着。李逵近前看时，却原来是铁牛的老娘，呆呆地闭着眼，坐在青石上。李逵向前抱住道："娘呀!你一向在那里吃苦?铁牛只道被虎吃了，今日却在这里！"娘道："吾儿，我原不曾被虎吃。"李逵哭着说道："铁牛今日受了招安，真个做了官。宋哥哥大兵现屯扎城中，铁牛背娘到城中去。"正在那里说，猛可的一声响亮，林子里跳出一个斑　猛虎，吼了一声，把尾一剪，向前直扑下来。慌的李逵　板斧，望虎砍去，用力太猛了，双斧劈个空，一交扑去，却扑在宜春圃雨香亭酒桌上。

宋江与众兄弟追论往日之事，正说到浓深处，初时见李逵伏在桌上打盹，也不在意。猛可听的一声响，却是李逵睡中双手把桌子一拍，碗碟掀翻，溅了两袖羹汁，口里兀是嚷道："娘，大虫走了！"睁开两眼看时，灯烛辉煌，众兄弟团团坐着，还在那里吃酒。李逵道："啐!原来是梦，却也快当！"众人都笑道："甚么梦?恁般得意！"李逵先说梦见我的老娘，原不曾死，正好说话，却被大虫打断。众人都叹息。李逵再说到杀却奸徒，踢翻桌子，那边鲁智深、武松、石秀听了，都拍手道："快当！"李逵笑道："还有快当的哩！"又说到杀了蔡京、童贯、杨　、高俅四个贼臣，众人拍着手，齐声大叫道："快当!快当!如此也不枉了做梦！"宋江道："众兄弟禁声，这是梦中说话，甚么要紧。"李逵正说到兴浓处，揎拳裹袖的说道："打甚么鸟不禁?真个一生不曾做恁般快畅的事。还有一桩奇异：梦一个秀士对我说甚么'要夷田虎族，须谐琼矢镞'。他说这十个字，乃是破田虎的要诀，教我牢牢记着，传与宋先锋。"宋江、吴用都详解不出。当有安道全听的"琼矢镞"三字，正欲启齿说话，张清以目视之，安道全微笑遂不开口。吴用道："此梦颇异，雪霁便可进兵。"当下酒散歇息，一宿无话。

次日雪霁，宋江升帐，与卢俊义、吴学究计议兵分两路，东西进征：东一路渡壶关，取昭德，由潞城、榆社，直抵贼巢之后，却从大谷到临县，会兵合剿；西一路取晋宁，出霍山，取汾阳，由介休、平遥、祁县，直抵威胜之西北，合兵临县，取威胜，擒田虎。当下分拨两路将佐：

正先锋宋江，管领正偏将佐四十七员：

军师吴用　林冲　索超　徐宁　孙立
张清　戴宗　朱仝　樊瑞　李逵
鲁智深　武松　鲍旭　项充　李衮
单廷　魏定国　马麟　燕顺　解珍
解宝　宋清　王英　扈三娘　孙新
顾大嫂　凌振　汤隆　李云　刘唐
燕青　孟康　王定六　蔡福　蔡庆
朱贵　裴宣　萧让　蒋敬　乐和
金大坚　安道全　郁保四　皇甫端　侯健
段景住　时迁
河北降将耿恭

副先锋卢俊义，带领正偏将佐四十员：

军师朱武　秦明　杨志　黄信　欧鹏
邓飞　雷横　吕方　郭盛　宣赞
郝思文　韩滔　彭玘　穆春　焦挺
郑天寿　杨雄　石秀　邹渊　邹润
张青　孙二娘　李立　陈达　杨春
李忠　孔明　孔亮　杨林　周通
石勇　杜迁　宋万　丁得孙　龚旺
陶宗旺　曹正　薛永　朱富　白胜

宋江分派已定，再与卢俊义商议道："今从此处分兵，东西征剿，不知贤弟兵取何处？"卢俊义道："主兵遣将，听从哥哥严令，安敢拣择？"宋江道："虽然如此，试看天命。两队分定人数，写成阄子，各拈一处。"当下裴宣写成东西两处阄子，宋江、卢俊义焚香祷告，宋江拈起一阄。只因宋江拈起这个阄来，直教：三军队里，再添几个英雄猛将；五龙山前，显出一段奇闻异术。

毕竟宋先锋拈着那一处，且听下回分解。

第九十四回 关胜义降三将　李逵莽陷众人

话说宋江在盖州分定两队兵马人数，写成阄子，与卢俊义焚香祷告。宋江拈起一个阄子看时，却是东路。卢俊义阄得西路，是不必说，只等雪净起程。留下花荣、董平、施恩、杜兴，拨兵二万，镇守盖州。到初六日吉期，宋江、卢俊义准备起兵。忽报盖州属县阳城、沁水两处军民，累被田虎残害，不得已投顺。今知天兵到来，军民擒缚阳城守将寇孚、沁水守将陈凯，解赴军前。两县耆老，率领百姓，牵羊担酒，献纳城池。宋先锋大喜，大加赏劳两处军民，给榜抚慰，复为良民。宋先锋以寇孚、陈凯知天兵到此，不速来归顺，着即斩首祭旗，以　贼人。

是日两路大兵，俱出北门，花荣等置酒饯送。宋江执杯对花荣道："贤弟威振贼军，堪为此城之保障。今此城惟北面受敌，倘有贼兵，当设奇击之，以丧贼胆，则贼人不敢南窥矣。"花荣等唯唯受命。宋江又执杯对卢俊义道："今日出兵，却得阳城、沁水献俘之喜。二处既平，贤弟可以长驱直抵晋宁，早建大功，生擒贼首田虎，报效朝廷，同享富贵。"卢俊义道："赖兄长之威，两处不战而服。既奉严令，敢不尽心殚力！"宋江又取前日教萧让照依许贯忠图画，另写成一轴，付与卢俊义收置备用。当下正先锋宋江传令拨兵三队：林冲、索超、徐宁、张清，领兵一万为前队；孙立、朱仝、燕顺、马麟、单廷　、魏定国、汤隆、李云，领兵一万为后队；宋江与吴用统领其余将佐，领兵三万为中军。三队共军兵五万，望东北进发。副先锋卢俊义辞了宋江、花荣等，管领四十员将佐，军兵五万，望西北进征。

花荣、董平、施恩、杜兴，饯别宋江、卢俊义入城。花荣传令，于城北五里外，扎两个营寨，施恩、杜兴各领兵五千，设强弓硬弩，并诸般火器，屯扎以当敌锋；又于东西两路，设奇兵埋伏，不题。其高平自有史进、穆弘，陵川自有李应、柴进，卫州自有公孙一清、关胜、呼延灼，各各守御。看官牢记话头。

且说宋先锋三队人马，离盖州行三十余里，宋江在马上遥见前面有座山岭。多样时，渐近山下，却在马首之右。宋江观看那山形势，比他山又是不同。但见：

万叠流岚鳞次密，数峰连峙雁成行。

岭颠崖石如城郭，插天云木绕苍苍。

宋江正在观看山景，忽见李逵上前用手指道："哥哥，此山光景，与前日梦中无异。"宋江即唤降将耿恭问道："你在此久，必知此山来历。若依许贯忠图上，房山在州城东，当叫做天池岭。"李逵道："梦中那秀士，正是说天池岭，我却忘了。"耿恭道："此山果是天池岭，其颠石崖如城郭一般，昔人避兵之处。近来土人说此岭有灵异，夜间石崖中，往往有红光照耀。又有樵者到崖畔，有异香扑鼻。"宋江听罢，便道："如此却符合李逵的梦。"是日兵行六十里安营，于路无话。不则一日，来到壶关之南，离关五里下寨。

却说壶关原在山之东麓，山形似壶，汉时始置关于此，因此叫做壶关。山东有抱犊山，与壶关山麓相连。壶关正在两山之中，离昭德城南八十里外，乃昭德之险隘。上有田虎手下猛将八员，精兵三万镇守。那八员猛将是谁：

山士奇　　陆辉　　史定　　吴成

仲良　　云宗武　　伍肃　　竺敬

却说山士奇原是沁州富户子弟，膂力过人，好使枪棒。因杀人惧罪，遂投田虎部下，拒敌有功，伪受兵马都监之职。惯使一条四十斤重浑铁棍，武艺精熟。田虎闻朝廷差宋江等兵马前来，特差他到昭德，挑选精兵一万，协同陆辉等镇守壶关。彼处一应调遣，俱得便宜行事，不必奏闻。

山士奇到壶关，知盖州失守，料宋兵必来取关，日日厉兵秣马，准备迎敌。忽报宋兵已到关南五里外扎营，士奇整点马军一万，同史定、竺敬、仲良，各各披挂上马，领兵出关迎敌，与宋兵对阵。两边列成阵势，用强弓硬弩，射住阵脚。两阵里花腔鼍鼓擂，杂彩绣旗摇。北阵门旗开处，一将立马当先。看他怎生结束：

凤翅明盔稳戴，鱼鳞铠甲重披。锦红袍上织花枝，狮蛮带琼瑶密砌。纯钢铁棍紧挺，青毛鬃马频嘶。壶关新到大将军，山都监士奇便是。

山士奇高叫："水洼草寇，敢来侵犯我边疆！"那边豹子头林冲骤马出阵，喝道："助虐匹夫，天兵到来，兀是抗拒！"拈矛纵马，直抢士奇。二将抢到垓心，两军呐喊，二骑相交，四条臂膊纵横，八只马蹄撩乱，斗经五十余合，不分胜负，林冲暗暗喝采。竺敬见士奇不能取胜，拍马飞刀助战，那边没羽箭张清飞马接住。四骑马在阵前两对儿厮杀。张清与竺敬斗至二十余合，张清力怯，拍马便走。竺敬骤马赶来，张清带住花枪，向锦袋内取一石子，扭过身躯，觑定竺敬面门，一石子飞去，喝声道："着！"正中竺敬鼻凹，翻身落马，鲜血迸流。张清回马拈枪来刺，北阵里史定、仲良双出，死救得脱。关上见打翻一将，恐士奇有失，遂鸣金收兵。宋江亦令鸣金收兵回寨，与吴用商议道："今日打翻一员贼将，少挫锐气。我见山势险峻，关形壮固，用何良策，可破此关？"林冲道："来日扣关搦战，一定要杀却那个贼将，众兄弟进力冲杀上去。"吴用道："将军不可造次！孙武子云：'不可胜者，守也；可胜者，攻也。'谓敌未可胜，则我当自守；彼敌可胜，则攻之尔。"宋江道："军师之言甚善。"

次日，林冲、张清来禀宋先锋，要领兵搦战。宋江分付道："纵使战胜，亦不得轻易上关。"再令徐宁、索超领兵接应。当下林冲、张清领五千军马，在关下摇旗擂鼓，辱骂搦战，从辰至午，关上不见动静。林冲与张清却待要回寨，猛听的关内一声炮响，关门开处，山士奇同伍肃、史定、吴成、仲良，领兵二万，冲杀下来。林冲对张清道："贼人乘我之疲，我等努力向前。"后队索超、徐宁，领兵一齐上前。两边列阵，更不打话，寻对厮杀。林冲斗伍肃。士奇出马，张清拈梨花枪接住。吴成、史定双出，索超挥斧跃马，力敌二将。当下两军迭声呐喊，七骑马在征尘影里，杀气丛中，灯影般捉对儿厮杀。正斗到酣闹处，豹子头林冲大喝一声，只一矛将伍肃戳下马来。吴成、史定两个战索超，兀是力怯，见那边伍肃落马，史定急卖个破绽，拍马望本阵奔去。吴成见史定败阵，隔开斧要走，被索超挥斧砍为两段。山士奇见折了二将，拨马回阵。张清赶上，手起一石子，打着脑后头盔，铿然有声，惊的士奇伏鞍而走。仲良急领兵进关，被林冲等驱兵冲杀过来，北军大败。山士奇领兵乱窜入关，闭门不迭。林冲等直杀至关下，被关上矢石打射下来，因此不能得入。林冲左臂早中一矢，收兵回寨。宋江令安道全疗治林冲箭疮，幸的甲厚，不致伤重，不在话下。

且说山士奇进关，计点军士，折去二千余名，又折了二将。对众商议，一面差人往威胜晋王处，说宋江等兵强将猛，难以抵敌，乞添差良将镇守，庶保无虞；一面密约抱犊山守将唐斌、文仲容、崔　，领精兵悄地出抱犊之东，抄宋兵之后。约定日期，放炮为号："我这里领兵出关，冲杀下来，两路夹攻，必获全胜。"当下计议已定，坚守关隘，只等唐斌处消息，不题。

再说宋先锋见壶关险阻，急切不能破，相拒半月有余，正在帐中纳闷，忽报卫州关将军差人驰书到来，内有机密事情。宋江与吴用连忙拆开观看，书中说：

抱犊山寨主唐斌，原是蒲东军官。为人勇敢刚直，素与关某结义。被势豪陷害，唐斌忿怒，杀死仇家，官府追捕紧急。那时自蒲东南下，欲投梁山，路经此山被劫。当下唐斌与本山头目文仲容、崔　争斗，文、崔二人，都不能赢他，因此请唐斌上山，让他为寨主。旧年因田虎侵夺壶关，要他降顺，唐斌本意不肯，后见势孤，勉强降顺。却只在本山住扎，为壶关犄角，以备南兵。近闻关某镇守卫州，新岁元旦，唐斌单骑潜至卫州，诉说向来衷曲。他久慕兄长忠义，本欲归顺天朝，投降兄长麾下，建功赎罪。关某单骑同唐斌到抱犊山，见文仲容、崔　二人爽亮，毫无猥琐之态。二人亦欲归顺，密约相机献关，以为进身之资。

宋江详悉来书，与吴用计议，按兵不动，只看关内动静，然后策应。

却说山士奇差人密约唐斌悄地出兵，军人回报：“目今月明如昼，待月晦进兵，务使敌人不觉为妙。”士奇道：“也见得是。”一连过了十几日，宋军也不来攻打，忽报唐斌领数骑，从抱犊山侧驰至关内。须臾，唐斌到关，参见山士奇。唐斌道：“今夜三更，文仲容、崔　领兵一万，潜出抱犊山之东，人披软战，马摘銮铃，黎明必到宋兵寨后，这里可速准备出关接应。”士奇喜道：“两路夹击，宋兵必败！”士奇置酒管待。至暮，唐斌上关探望道：“奇怪，星光下，却像关外有人哨探的。”一头说，便向亲随军士箭壶中，取两枝箭，望关外射去。也是此关合破，关外真个有几个军卒，奉宋先锋将令，在黑影里潜探关中消息。唐斌那枝箭，可可地射着一个军卒右股。但射的股肉疼痛，却似无箭镞的。军士怪异，取箭细看，原来有许多绢帛，紧紧缠缚着箭镞。军卒知有别情，飞奔至寨中，报知宋先锋。

宋江在灯烛之下，拆开看时，内有蝇头细字几行，却是唐斌密约：“次日黎明献关，有文仲容、崔　领兵潜至先锋寨后，只等炮响，关内杀出接应。那时唐斌在彼，乘机夺关。宋先锋乞速准备进关。”宋江看罢，与吴用密议准备。吴用道：“关将军料无差误。然敌兵出我之后，不可不做准备。当令孙立、朱仝、单廷　、魏定国、燕顺，领兵一万，卷旗息鼓，潜往寨后。如遇文、崔二将兵到，勿令彼遽逼营寨，直待我兵已得此关，听放轰天子母号炮，方可容他近前。再令徐宁、索超领兵五千，潜往寨东埋伏；林冲、张清领兵五千，潜往寨西埋伏。只听寨内炮响，两路齐出接应，合兵冲杀上关。万一我兵中彼奸计，即来救应。”宋江道：“军师筹画甚善！”当下依议传令，众将遵守，准备去了。

再说山士奇在关内得唐斌消息，专听宋兵寨后炮声。候至天明，忽听得关南连珠炮响，唐斌同士奇上关眺望，见宋军寨后尘起，旌旗错乱。唐斌道：“此必文、崔二将兵到，可速出关接应！”山士奇同史定领精兵一万，先出关冲杀，令唐斌、陆辉领兵一万，随后策应，却令竺敬、仲良住扎关上。当下宋兵见关上冲出兵来，望后急退。山士奇当先驱兵卷杀过来，猛听的一声炮响，宋兵左右撞出两彪军马，杀奔前来。唐斌见宋兵两队杀出，急回马领兵抢上关来，横矛立马于门外。山士奇、史定正在分头厮杀，宋寨中又一声炮响，李逵、鲍旭、项充、李衮领标枪牌手，滚杀过来。山士奇知有准备，急招兵回马上关。关前一将，立马大叫道：“唐斌在此，壶关已属宋朝，山士奇可速下马投降！”手起一矛，早把竺敬戳死。山士奇大惊，罔知所措，领数十骑望西抵死冲突去了。林冲、张清要夺关隘，也不来追赶，领兵杀上关来。那时李逵等步兵轻捷，已抢上关，即放号炮，同唐斌赶杀把关军士，夺了壶关。仲良被乱兵所杀。关外史定，被徐宁搠翻。北兵四散逃窜，弃下盔甲马匹无数，杀死二千余人，生擒五百余名，降者甚众。

须臾，宋先锋等大兵次第入关，唐斌下马，拜见宋江道：“唐某犯罪，闻先锋仁义，那时欲奔投大寨，只因无个门路，不获拜识尊颜。今天假其便，使唐某得随鞭镫，实满平生之愿。”说罢，又拜。宋江答礼不迭，慌忙扶起道：“将军归顺朝廷，同宋某荡平叛逆，宋某回朝，保奏天子，自当优叙。”次后孙立等众将，与同文仲容、崔　，领两路兵马，屯扎关外听令。宋江传令文、崔二将入关相见。孙立等统领兵马，且屯扎关外。文仲容、崔　进关参拜宋先锋道：“文某、崔某有缘，得侍麾下，愿效犬马。”宋江大喜道：“将军等同赚此关，功勋不小。宋某于功绩簿上，一一标记明白。”即令设宴，与唐斌等三人庆贺。一面计点关内外军士，新降兵二万余人，获战马一千余匹。众将都来献功。宋先锋赏劳将佐军兵已毕，宋江问唐斌，昭德关中兵将多寡。唐斌道：“城内原有三万兵马，山士奇选出一万守关，今城中兵马尚有二万，正偏将佐共十员。”那十员乃是：

孙琪　　叶声　　金鼎　　黄钺　　冷宁

戴美　　翁奎　　杨春　　牛庚　　蔡泽

唐斌又道：“田虎恃壶关为昭德屏障，壶关已破，田虎失一臂矣。唐某不才，愿为前部去打昭德。”当下陵川降将耿恭愿同唐斌为前部，宋江依允。少顷，宋江对文仲容、崔　道：“两位素居抱犊山，知彼情形，威风久著。宋某欲令二位管令本部人马，仍往抱犊屯扎，以当一面。待宋某打破昭德，那时请将军相会，不知二位意下如何？”文仲容、崔　同声答道：“先锋之令，安敢不遵？”当下酒罢，文、崔辞别宋先锋，往抱犊去了。

次日，宋先锋升帐，令戴宗往晋宁卢先锋处，探听军情，速来回报。戴宗遵令起程，不题。宋江与吴用计议，分拨军马，攻打昭德。唐斌、耿恭领兵一万，攻打东门；索超、张清领兵一万，攻打南门；却空着西门，防威胜救兵至，恐内外冲突不便。又令李逵、鲍旭、项充、李衮，领步兵五百为游兵，往来接应；令孙立、朱仝、燕顺领兵进关，同樊瑞、马麟管领兵马，镇守壶关。分拨已定，宋先锋与吴学究统领其余将佐，拔寨起行，离昭德城南十里下寨，不题。

话分两头。却说威胜伪省院官，接得壶关守将山士奇及晋宁田彪告急申文，奏知田虎，说宋兵势大，壶关、晋宁两处危急。田虎升殿，与众人计议，发兵救援。只见班部中闪出一个人，首戴黄冠，身披鹤氅，上前奏道：“臣启大王，臣愿往壶关退敌。”那人姓乔，单名个洌字。其先原是陕西泾原人。其母怀孕，梦豺入室，后化为鹿，梦觉，产洌。那乔洌八岁好使枪弄棒，偶游崆峒山，遇异人传授幻术，能呼风唤雨，驾雾腾云。也曾往九宫县二仙山访道，罗真人不肯接见，令道童传命，对乔洌说：“你攻于外道，不悟玄微，待你遇德魔降，然后见我。”乔洌艴然而返，自恃有术，游浪不羁。因他多幻术，人都称他做幻魔君。后来到安定州。本州亢阳，五个月雨无涓滴。州官出榜：“如有祈至雨泽者，给信赏钱三千贯。”乔洌揭榜上坛，甘霖大澍。州官见雨足，把这信赏钱不在意了。

也是乔洌合当有事，本处有个歪学究，姓何名才，与本州库吏最密，当下探知此事，他便撺掇库吏，把信赏钱大半孝顺州官，其余侵来入己。何才与库吏借贷，也拈得些儿油水。库吏却将三贯钱把与乔洌道：“你有恁般高术，要这钱也没用头。我这里正项钱粮，兀自起解不足，东挪西撮。你这项信赏钱，依着我，权且存置库内，日后要用，却来陆续支取。”乔洌听了，大怒道：“信赏钱原是本州富户协助的，你如何恣意侵克?库藏粮饷，都是民脂民膏，你只顾侵来肥己，买笑追欢，败坏了国家许多大事。打死你这污滥腌　，也与库藏除了一蠹！”提起拳头，劈脸便打。那库吏是酒色淘虚的人，更兼身体肥胖，未动手先是气喘，那里架隔得住。当下被乔洌拳头脚踢，痛打一顿，狼狈而归，卧床四五日，呜呼哀哉，伤重而死。

库吏妻孥在本州投了状词。州官也七分猜着，是因信赏钱弄出这事来。押纸公文，差人勾捉凶身乔洌对问。乔洌探知此事，连夜逃回泾原，收拾同母离家，逃奔到威胜，更名改姓，扮做全真，把洌字改做清字，起个法号，叫做道清。未几，田虎作乱，知道清有术，勾引入伙，捏造妖言，逞弄幻术，煽惑愚民，助田虎侵夺州县。田虎每事靠道清做主，伪封他做护国灵感真人、军师左丞相之职。那时方才出姓，因此都称他做国师乔道清。

当下乔道清启奏田虎，愿部领军马，往壶关拒敌。田虎道：“国师恁般替寡人分忧！”说还未毕，又见殿帅孙安上殿启奏：“臣愿领军马去援晋宁。”田虎加封乔道清、孙安为征南大元帅，各拨兵马二万前去。乔道清又奏道：“壶关危急，臣选轻骑星驰往救。”田虎大喜，令枢密院分拨兵将，随从乔道清、孙安进征。枢密院得令，选将拨兵，交付二人。乔道清、孙安即日整点军马起程。

那个孙安与乔道清同乡，他也是泾原人。生的身长九尺，腰大八围，颇知韬略，膂力过人。学得一身出色的好武艺，惯使两口镔铁剑。后来为报父仇，杀死二人，因官府追捕紧急，弃家逃走。他素与乔道清交厚，闻知乔道清在田虎手下，遂到威胜，投诉乔道清。道清荐与田虎，拒敌有功，伪受殿帅之职。今日统领十员偏将，军马二万，往救晋宁。那十员偏将是谁，乃是：

梅玉　　秦英　　金祯　　陆清　　毕胜

潘迅　　杨芳　　冯升　　胡迈　　陆芳

那十员偏将，都伪授统制之职。当下孙安辞别乔道清，统领军马，望晋宁进发，不题。

再说乔道清将二万军马，着团练聂新、冯　统领，随后自己同四员偏将先行。那四员：

雷震　　倪麟　　费珍　　薛灿

那四员偏将，都伪授总管之职，随着乔道清，管领精兵二千，星夜望昭德进发。不则一日，来到昭德城北十里外，前骑探马来报：“昨日被宋兵打破壶关，目今分兵三路，攻打昭德城池。”乔道清闻报，大怒道：“这厮们恁般无礼!教他认俺的手段。”领兵飞奔前来，正遇唐斌、耿恭领兵攻打北门。忽报西北上有二千余骑到来，唐斌、耿恭列阵迎敌。乔道清兵马已到，两阵相对，旗鼓相望，南北尚离一箭之地。唐斌、耿恭看见北阵前四员将佐，簇拥着一个先生，立马于红罗宝盖下。那先生怎生模样，但见：

头戴紫金嵌宝鱼尾道冠，身穿皂沿边烈火锦鹤氅，腰系杂色彩丝绦，足穿云头方赤舄。仗一口锟　铁古剑，坐一匹雪花银鬃马。八字眉碧眼落腮胡，四方口声与钟相似。

那先生马前皂旗上，金写两行十七个大字，乃是：“护国灵感真人军师左丞相征南大元帅乔。”耿恭看罢，惊骇道：“这个人利害！”两军未及交锋，恰遇李逵等五百游兵突至，李逵便欲上前。耿恭道：“此人是晋王手下第一个了得的，会行妖术，最是利害。”李逵道：“俺抢上去砍了那撮鸟，却使甚么鸟术？”唐斌也说：“将军不可轻敌。”李逵那里肯听，挥板斧冲杀上去，鲍旭、项充、李衮恐李逵有失，领五百团牌标枪手一齐滚杀过去。那先生呵呵大笑，喝道：“这厮不得狂逞！”不慌不忙，把那口宝剑望空一指，口中念念有词，喝声道：“疾！”好好的白日青天，霎时黑雾漫漫，狂风飒飒，飞土扬尘。更有一团黑气，把李逵等五百余人罩住，却似摄入黑漆皮袋内一般，眼前并无一隙亮光，一毫也动弹不得，耳畔但听的风雨之声，却不知身在何处。任你英雄好汉，不能插翅飞腾。你便火首金刚，怎逃地网天罗；八臂那吒，难脱龙潭虎窟。

毕竟李逵等众人危困，生死如何，且听下回分解。

第九十五回 宋公明忠感后土　乔道清术败宋兵

话说黑旋风李逵不听唐斌、耿恭说话，领众将杀过阵去，被乔道清使妖术困住，五百余人，都被生擒活捉，不曾走脱半个。耿恭见头势不好，拨马望东，连打两鞭，预先走了。唐斌见李逵等被陷，军兵慌乱，又见耿恭先走，心下寻思道：“乔道清法术利害，倘走不脱时，落得被人耻笑。我闻军士不怯死而灭名，到此地位，怎顾得性命！”唐斌舍命，拈矛纵马，冲杀过来。乔道清见他来得凶猛，连忙捏诀念咒，喝声道：“疾！”就本阵内卷起一阵黄沙，望唐斌扑面飞来。唐斌被沙迷眼目，举手无措，早被军士赶上，把左腿刺了一枪，颠下马来，也被活捉去了。原来北军有例，凡解生擒将佐到来，赏赐倍加，所以众将不曾被害。那时唐斌部下一万人马，都被黄沙迷漫，杀的人亡马倒，星落云散，军士折其大半。

且说林冲、徐宁在东门，听的城南喊杀连天，急领兵来接应。那城中守将孙琪等见是乔道清旗号，连忙开门接应，李逵等已被他捉入城中去了。只见那耿恭同几个败残军卒，跑的气喘急促，鞍歪辔侧，头盔也倒在一边，见了林冲、徐宁，方才把马勒住。林冲、徐宁忙问何处军马，耿恭七颠八倒的说了两句，林冲、徐宁急同耿恭投大寨来，恰遇王英、扈三娘领三百骑哨到，得了这个消息，　同来报知宋先锋。耿恭把李逵等被乔道清擒捉的事，备细说了。宋江闻报大惊，哭道：“李逵等性命休矣！”吴用劝道：“兄长且休烦闷，快理正事。贼人既有妖术，当速往壶关取樊瑞抵敌。”宋江道：“一面去取樊瑞，一面进兵，问那贼道讨李逵等众人。”吴用苦谏不听。

当下宋先锋令吴用统领众将守寨，宋江亲自统领林冲、徐宁、鲁智深、武松、刘唐、汤隆、李云、郁保四八员将佐，军马二万，即刻望昭德城南杀去。索超、张清接着，合兵一处，摇旗擂鼓，呐喊筛锣，杀奔城下来。

却说乔道清进城，升帅府，孙琪等十将参见毕，孙琪等正欲设宴款待，探马忽报宋兵又到。乔道清怒道：“这厮无礼！”对孙琪道：“待我捉了宋江便来。”即上马统领四员偏将，三千军马，出城迎敌。宋兵正在列阵搦战，只见城门开处，放下吊桥，门内拥出一彪军来，当先一骑，上面坐着一个先生，正是幻魔君乔道清，仗着宝剑，领军过吊桥。两军相迎，旗鼓相望，各把强弓硬弩，射住阵脚，两阵中吹动画角，战鼓齐鸣。

宋阵里门旗开处，宋先锋出马，郁保四捧着帅字旗，立于马前，左有林冲、徐宁、鲁智深、刘唐，右有索超、张清、武松、汤隆，八员将佐拥护。宋先锋怒气填胸，指着乔道清骂道：“助逆贼道，快放还我几个兄弟及五百余人!略有迟延，拿住你碎尸万段！”道清喝道：“宋江不得无礼！俺便不放还你，看你怎地拿我？”宋江大怒，把鞭梢一指，林冲、徐宁、索超、张清、鲁智深、武松、刘唐，一齐冲杀过来。

乔道清叩齿作法，捏诀念咒，把剑望西一指，喝声道：“疾！”霎时有无数兵将，从西飞杀过来，早把宋兵冲动。乔道清又把剑望北一指，口中念念有词，喝声道：“疾！”须臾，天昏地暗，日色无光，飞砂走石，撼地摇天。林冲等众将正杀上前，只见前面都是黄砂黑气，那里见一个敌军。宋军不战自乱，惊得坐下马乱窜咆哮。林冲等急回马拥护宋江，望北奔走。乔道清招兵掩杀，赶得宋江等军马星落云散，七断八续，呼兄唤弟，觅子寻爷。

宋江等忙乱奔走，未及半里之地，前面恁般奇怪，适才兵马来时，好好的平原旷野，却怎么弥弥漫漫，一望都是白浪滔天，无涯无际，却似个东洋大海。就是肋生两翅，也飞不过。后面兵马赶来，眼见得都是个死。鲁智深、武松、刘唐齐声大叫：“难道束手就缚？”三个奋力回身，向北杀来。

猛可地一声霹雳，半空中现出二十余尊金甲神人，把兵器乱打下来。早把鲁智深、武松、刘唐打翻，北军赶上，也被活捉去了。又听的大喊道：“宋江下马受缚，免汝一死！”宋江仰天叹道：“宋江死不足惜，只是君恩未报，双亲年老，无人奉养。李逵等这几个兄弟，不曾救得。事到如此，只拚一死，免得被擒受辱。”林冲、徐宁、索超、张清、汤隆、李云、郁保四七个头领，拥着宋江，团聚一块，都道：“我等愿随兄长，为厉鬼杀贼！”郁保四到如此窘迫慌乱的地位，身上又中了两矢，那面帅字旗，兀是挺挺的捧着，紧紧跟随宋先锋，不离尺寸。北军见帅字旗未倒，不敢胡乱上前。

宋江等已掣剑在手，都欲自刎，猛见一个人走向前来，止住众人道：“休要如此，众人勿忧。我位尊戊己，见汝等忠义，特来克那妖水，救汝等归寨。”众将看那人时，生得奇异：头长两块肉角，遍体青黑色，赤发裸形，下体穿条黄　，左手执一个铃铎。那人就地撮把土，望着那前面海大般白浪滔天的水只一撒，转眼间，就现出原来平地。对众人道：“汝等应有数日灾厄。今妖水已灭，可速归营，差人到卫州，方可解救。汝等勉力报国！”言讫，化阵旋风，寂然不见。众人惊讶不已，保护宋江投奔南来。行过五六里，忽见尘头起处，又有一彪兵马自南而来，却是吴用同王英、扈三娘、孙新、顾大嫂、解珍、解宝，领兵一万，前来接应。宋江对吴用道：“不听贤弟之言，险些儿不得相见！”吴用道：“且到寨中再说。”众人次第入到寨里，把那兵败被困遇神的事备述。吴用以手加额道：“位尊戊己，土神也。兄长忠义，感动后土之神，土能克水。”宋江等方才省悟，望空拜谢。

此时天色将暮，有败残军士逃回，说混乱之中，又被昭德城中孙琪、叶声、金鼎、黄钺等开南门领兵掩杀，死者甚众，其余四散逃窜。宋江计点军士，损折万余。吴用对宋江道：“贼人会使妖术，连胜两阵，可速用计准备，提防劫寨。况我兵惊恐，凡杯蛇鬼车，风兵草甲，无往非撼志之物。当空着此寨，只将羊蹄点鼓，我等大兵，退十里另扎营寨。”当下宋江传令，大兵退十里。吴学究又教宋先锋传令，须分扎营寨，大寨包小寨，隅落钩连，曲折相对，如李药师六花阵之法。众将遵令。

扎寨方毕，忽报樊瑞奉令从壶关驰到。入寨参见了宋先锋，问知乔道清备细，樊瑞道：“兄长放心，无非是妖术。待樊某明日作法擒他。”吴用道：“他若不来搦战，我这里只按兵不动，待公孙一清到来，再作计较。”宋江便令张清、王英、解珍、解宝，领轻骑五百，星夜出关，驰往卫州，接取公孙胜到此破敌解救。张清等掂扎马匹，辞别宋江去了。当下宋兵深栽鹿角，牢竖栅寨，弓上弦，刀出鞘，带甲枕戈，提铃喝号，宋江等秉烛待旦，不题。

再说乔道清用术困住宋江，正待上前擒捉，忽见前面水无涓滴，宋江等已遁去，惊疑不已道：“我这法非同小可，他如何便晓得解破?想军中必有异人。”当下收兵，同孙琪等入城，升坐帅府。孙琪等一面设宴庆贺。军士将鲁智深、武松、刘唐，又先捉的李逵、鲍旭、项充、李衮、唐斌，绑缚解到帐前。孙琪立在乔道清左侧，看见唐斌，便骂道：“反贼，晋王不曾负你。”唐斌喝道：“你们的死期也到了。”乔道清叫众人都说姓名上来。李逵睁圆怪眼，倒竖虎须，挺胸大骂道：“贼道听着!我是黑爷爷黑旋风李逵。”鲁智深、武松等都由他问，气愤愤的只不开口。乔道清教拿那厮们的军卒上来。无移时，刀斧手将军卒解到。乔道清一一问过，知道他们都是宋兵中勇将，便对众人道：“你们若肯归降，待我奏过晋王，都大大的封你们官爵。”李逵大叫如雷道：“你看老爷辈是甚么样人?你却放那鸟屁。你要砍黑爷爷，凭你拿去，砍上几百刀，若是黑爷爷皱眉，就不算好汉。”鲁智深、武松、刘唐等齐声骂道：“妖道，你休要做梦!我这几个兄弟的头可断，这几条铁腿屈不转的。”乔道清大怒，喝教都推出去，斩讫来报。鲁智深呵呵大笑道：“洒家视死如归，今日死得正路。”刀斧手簇拥着众人下去。乔道清心中思想：“我从来不曾见恁般的硬汉，且留着他们，却再理会。”当下乔道清疾忙传令，教军士且把这伙人放转，监禁听候。武松骂道：“腌　反贼，早早把俺砍了干净！”乔道清低头不语，众军卒把李逵等一行人监禁去了。

乔道清见三昧神水的法不灵，心中已有几分疑虑，只在城中屯扎，探听宋兵的动静。因此两家都按兵不动。一连的过了五六日，聂新、冯　领大兵已到，入城参见乔道清，尽将兵马收入城中扎住。乔道清见宋兵紧守营寨，不来厮杀，料无别谋。整点军马，统领将佐，同孙琪、戴美、聂新、冯　等，领兵二万，五鼓出城，扎寨城南五龙山，平明进兵。乔道清对孙琪道：“今日必要擒捉宋江，恢复壶关。”孙琪道：“全赖国师相公法力。”当下乔道清统领军马一万，望宋江大寨杀来。小军探听的实，飞报宋先锋。宋江令樊瑞、单廷　、魏定国，整点军兵，拴缚马匹，准备迎敌。乔道清在高阜处观看宋兵营寨，但见：

四面八向之有准，前后左右之相救。

门户开辟之有法，吸呼联络之有度。

乔道清暗暗喝采。只听的宋寨中一声炮响，寨门开处，拥出一彪军来。两阵里彩旗招动，鼍鼓振天。乔道清下高阜，出到阵前，雷震、倪麟、费珍、薛灿拥护左右。宋阵里旌旗开处，一将纵马出阵，正是混世魔王樊瑞，手仗宝剑，指着乔道清大骂：“贼道，怎敢逞凶！”乔道清心中思忖道：“此人一定会些法术，我且试他一试。”便对樊瑞喝道：“无知败将，敢出秽言!你敢与我比武艺么？”樊瑞道：“你要比武艺，上前来吃我一剑！”两军呐喊擂鼓。樊瑞拍马挺剑，直取乔道清。道清跃马挥剑相迎。二剑并举，两魔相斗：起先兀是两骑马绞做一团厮杀，次后各运神通，只见两股黑气，在阵前左旋右转，一往一来的乱滚。两边军士，都看的呆了。樊瑞战到酣处，觑个破绽，望乔道清一剑砍去，只砍个空，险些儿颠下马来。原来乔道清故意卖个破绽，哄樊瑞砍来，自己却使个乌龙蜕骨之法，早已归到阵前，呵呵大笑。樊瑞惶恐归阵。

宋阵左右门旗开处，左边飞出圣水将军单廷　，领五百步兵，尽是黑旗黑甲，手执团牌标枪，钢叉利刃；右边飞出神火将军魏定国，领五百火军，身穿绛衣，手执火器，前后拥出五十辆火车，车上都装芦苇引火之物。军人背上各拴铁葫芦一个，内藏硫黄焰硝，五色烟药，一齐点着。那两路军兵，左边的乌云卷地，右边的烈火飞腾，一哄冲杀过来，北军惊惧欲退。乔道清喝道：“退后者斩！”右手仗着宝剑，口中念念有词，霎时乌云盖地，风雷大作，降下一阵大块冰雹，望圣水、神火军中乱打下来，霹雳交加，火焰灭绝。众军被冰雹打得星落云散，抱头鼠窜。单廷　、魏定国吓得魂不附体，举手无措，抵死逃回本阵，圣水、神火将军，以此翻成画饼。须臾，雹散云收，仍是青天白日，地上兀是有如鸡卵似拳头的无数冰块。乔道清看宋军时，打得头损额破，眼瞎鼻歪，踏着冰块，便滑一跌。乔道清扬武耀威高叫道：“宋兵中再有手段高强，神通广大的么？”樊瑞羞忿交集，披发仗剑，立于马上，使尽平生法力，口中念动咒语，只见狂风四起，飞砂走石，天愁地暗，日色无光。樊瑞招动人马，冲杀过来，乔道清笑道：“量你这鸟术，干得甚事！”便也仗剑作法，口中念念有词。只见风尽随着宋军乱滚，半空中又是一声霹雳，无数神兵天将，杀将下来。宋阵中马嘶人喊，乱窜起来。乔道清同四个偏将纵军掩杀。樊瑞法术不灵，抵当不住，回马便走。

北军追赶上来，正在万分危急，猛见宋寨中一道金光射来，把风砂冲散，那些天兵神将，都乱纷纷堕落阵前。众人看时，却是五彩纸剪就的。乔道清见破了神兵法，大展神通，披发仗剑，捏诀念咒，喝声道：“疾！”又使出三昧神水的法来。须臾，有千万道黑气，从壬癸方滚来。只见宋阵中一个先生，骤马出阵，仗口松纹古定剑，口中念念有词，喝声道：“疾！”猛见半空里有许多黄袍神将，飞向北去，把那黑气冲灭。乔道清吃了一惊，手足无措。宋军见这个先生破了妖术，齐声大骂：“乔道清妖贼，如今有手段高强的来了。”乔道清听了这句，羞的彻耳通红，望本阵便退。乔道清生平逞弄神通，今日垂首丧气，正是：总教掬尽三江水，难洗今朝一面羞。

毕竟宋阵里破妖术的先生是谁，且听下回分解。

第九十六回 幻魔君术窘五龙山　入云龙兵围百谷岭

话说宋阵里破乔道清妖术的那个先生，正是入云龙公孙胜。他在卫州接了宋先锋将令，即同王英、张清、解珍、解宝，星夜赶到军前。入寨参见了宋先锋，恰遇乔道清逞弄妖法，战败樊瑞。那日是二月初八日，干支是戊午，戊属土。当下公孙胜就请天干神将，克破那壬癸水，扫荡妖氛，现出青天白日。宋江、公孙胜两骑马同到阵前，看见乔道清羞惭满面，领军马望南便走。公孙胜对宋江道："乔道清法败奔走，若放他进城，便深根固蒂。兄长疾忙传令，教徐宁、索超，领兵五千，从东路抄至南门，绝住去路。王英、孙新，领兵五千，驰往西门截住。如遇乔道清兵败到来，只截住他进城的路，不必与他厮杀。"宋江依计传令，分拨众将遵令去了。此时兀是巳牌时分，宋江同公孙胜统领林冲、张清、汤隆、李云、扈三娘、顾大嫂七个头领，军马二万，赶杀前来。北将雷震等保护乔道清，且战且走。前面又有军马到来，却是孙琪、聂新领兵接应，合兵一处。刚到五龙山寨，听得后面宋兵鸣锣擂鼓，喊杀连天，飞赶上来。孙琪道："国师入寨住扎，待孙某等与他决一死战。"乔道清在众将面前夸了口，况且自来行法，不曾遇着对手，今被宋兵追迫，十分羞怒，便对孙琪道："你们且退后，待我上前拒敌。"即便勒兵列阵，一马当先，雷震等将簇拥左右。乔道清高叫："水洼草寇，焉得这般欺负人!俺再与你决个胜败。"原来乔道清生长泾原，是极西北地面，与山东道路遥远，不知宋江等众兄弟详细。当下宋阵里把旗左招右展，一起一伏，列成阵势，两阵相对，吹动画角，战鼓齐鸣。南阵里黄旗磨动，门旗开处，两骑马出阵：中间马上，坐着山东呼保义及时雨宋公明，左手马上，坐的是入云龙公孙一清，手中仗剑，指着乔道清说道："你那学术，都是外道，不闻正法，快下马归顺！"乔道清仔细看时，正是那破法的先生。但见：星冠攒玉，鹤氅缕金。九宫衣服灿云霞，六甲风雷藏宝诀。腰系杂色彩丝绦，手仗松纹古定剑。穿一双云缝赤朝鞋，骑一匹黄鬃昂首马。八字神眉杏子眼，一部掩口落腮须。

当下乔道清对公孙胜道："今日偶尔行法不灵，我如何便降服你？"公孙胜道："你还敢逞弄那鸟术么？"乔道清喝道："你也小觑俺，再看俺的法！"乔道清抖擞精神，口中念念有词，把手望费珍一招，只见费珍手中执的那条点钢枪，却似被人劈手一夺的，忽地离了手，如腾蛇般飞起，望公孙胜刺来。公孙胜把剑望秦明一指，那条狼牙棍，早离了手，迎着钢枪，一往一来，　风般在空中相斗。两军叠声喝采。猛可的一声响，两军发喊，空中狼牙棍，把枪打落下来，冬的一声，倒插在北军战鼓上，把战鼓搠破。那司战鼓的军士，吓得面如土色。那条狼牙棍，依然复在秦明手中，恰似不曾离手一般，宋军笑得眼花没缝。

公孙胜喝道："你在大匠面前弄斧！"乔道清又捏诀念咒，把手望北一招，喝声道："疾！"只见北军寨后，五龙山凹里，忽的一片黑云飞起，云中现出一条黑龙，张鳞鼓鬣，飞向前来。公孙胜呵呵大笑，把手也望五龙山一招，只见五龙山凹里，如飞电般掣出一条黄龙，半云半雾，迎住黑龙，空中相斗。乔道清又叫："青龙快来！"只见山顶上才飞出一条青龙，随后又有白龙飞出，赶上前迎住。两军看得目瞪口呆。乔道清仗剑大叫："赤龙快出帮助！"须臾，山凹里又腾出一条赤龙，飞舞前来。五条龙向空中乱舞，正按着金、木、水、火、土五行，互生互克，搅做一团。狂风大起，两阵里捧旗的军士，被风卷动，一连颠翻了数十个。公孙胜左手仗剑，右手把麈尾望空一掷，那麈尾在空中打个滚，化成鸿雁般一只鸟飞起去。须臾，渐高渐大，扶摇而上，直到九霄空里，化成个大鹏，翼若垂天之云，望着那五条龙扑击下来。只听得刮剌剌的响，却似青天里打个霹雳，把那五条龙扑打得鳞散甲飘。

原来五龙山有段灵异，山中常有五色云现。龙神托梦居民，因此起建庙宇，中间供个龙王牌位。又按五方，塑成青、黄、赤、黑、白五条龙，按方向蟠旋于柱，都是泥塑金装彩画就的。当下被二人用法遣来相斗，被公孙胜用麈尾化成大鹏，将五条泥龙搏击的粉碎，望北军头上乱纷纷打将下来。北军发喊，躲避不迭，被那年久干硬的泥块，打得脸破额穿，鲜血迸流，登时打伤二百余人，军中乱窜。乔道清束手无术，不能解救。半空里落下个黄泥龙尾，把乔道清劈头一下，险些儿将头打破，把个道冠打瘪。公孙胜把手一招，大鹏寂然不见，麈尾仍归手中。

乔道清再要使妖术时，被公孙胜运动五雷正法的神通，头上现出　尊金甲神人，大喝："乔洌下马受缚！"乔道清口中喃喃呐呐的念咒，并无一毫儿灵验，慌得乔道清举手无措，拍马望本阵便走。林冲纵马拈矛赶来，大喝："妖道休走！"北阵里倪麟提刀跃马接住。雷震骤马挺戟助战，这里汤隆飞马，使铁瓜锤架住。两军叠声呐喊，四员将两对儿在阵前厮杀。倪麟与林冲斗过二十余合，不分胜败。林冲觑个破绽，一矛搠中马腿，那马便倒，把倪麟颠翻下来，被林冲向心窝　察的一枪搠死。雷震正与汤隆战到酣处，见倪麟落马，卖个破绽，拨马便走，被汤隆赶上，把铁瓜锤照顶门一下，连盔带头打碎，死于马下。宋江将鞭梢一指，张清、李云、扈三娘、顾大嫂，一齐冲杀过来。北军大乱，四散乱窜逃生，杀死者甚众。

孙琪、聂新、费珍、薛灿保护乔道清，弃了五龙山寨，领兵欲进昭德。转过山坡，离城尚有六七里，只听得前面战鼓喧天，喊声大振，东首小路撞出一彪兵来，当先二将，乃是金枪手徐宁、急先锋索超。两军未及交锋，昭德城内见城外厮杀，守将戴美、翁奎领兵五千，开南门出城接应，徐宁、索超分头拒敌。索超分兵二千，向北抵敌，戴美当先，与索超斗十余合，被索超挥金蘸斧，砍为两段。翁奎急领兵入城，索超赶杀上去，杀死北军一百余人，直赶至南门城下，翁奎兵马已是进城去了。急拽起吊桥，紧闭城门，城上擂木炮石，如雨般打将下来，索超只得回兵。

再说徐宁领兵三千，拦住北军去路。北军虽是折了一阵，此时尚有二万余人，孙琪、聂新二将，敌住徐宁兵马。费珍、薛灿无心恋战，领五千兵马，保护乔道清投西奔走。这里徐宁力敌孙琪、聂新二将，被北军围裹上来，正是寡不敌众，看看围在垓心。却得索超、宋江南北两路兵都到，孙琪、聂新当不得三面攻击。聂新被徐宁一金枪刺中左臂，坠于马下，被人马践踏如泥。孙琪夺路要走，被张清赶上，手起一枪，搠中后心，撞下马来。北兵大败亏输，三万军马，杀死大半。杀得尸横遍野，流血成河，弃下金鼓旗　、盔甲马匹无数，其余兵马，四散逃走去了。

宋江、公孙胜、林冲、张清、汤隆、李云、扈三娘、顾大嫂与徐宁、索超合兵一处，共是二万五千，闻乔道清同费珍、薛灿领五千兵马，望西逃遁，欲上前追赶。此时已是申牌时分，兵马鏖战一日，饥饿困罢，宋先锋正欲收兵回寨食息，忽报军师吴用知宋先锋等兵马鏖战多时，特令樊瑞、单廷　、魏定国，整点兵马一万，准备火把火炬，前来接应。宋先锋大喜。公孙胜道："既有这枝军马，兄长同众头领回寨食息，小弟同樊、单、魏三位头领，领兵追赶乔道清，务要降服那厮。"宋江道：

“赖贤弟神功，解救灾厄。贤弟远来劳顿，同回大寨歇息了，明日却再理会。乔道清这厮法破计穷，料无他虞。”公孙胜道：“兄长有所不知。本师罗真人常对小弟说：‘泾原有个乔洌，他有道骨，曾来访道，我暂且拒他，因他魔心正重，亦是下土生灵造恶，杀运未终。他后来魔心渐退，机缘到来，遇德而服。恰有机缘遇汝，汝可点化他，后来亦得了悟玄微，日后亦有用着他处。’小弟在卫州遵令前来，于路问妖人来历，张将军说降将耿恭知他备细，道是乔道清即泾县乔洌。适才见他的法与小弟比肩相似，小弟却得本师罗真人传授五雷正法，所以破得他的法。此城叫做昭德，合了本师‘遇德魔降’的法语。若放他逃遁，倘此人堕陷魔障，有违本师法旨。此机会不可错过，小弟即刻就领兵追赶，相机降服他。”只一席话，说得宋江心胸豁然，称谢不已。当下同众将统领军马，回营食息。公孙胜同樊瑞、单廷　、魏定国，统领一万军马，追赶乔道清不题。

再说乔道清同费珍、薛灿，领败残兵马五千，奔窜到昭德城西，欲从西门进城，猛听得鼓角齐鸣，前面密林后飞出一彪军来，当先二将，乃是矮脚虎王英、小尉迟孙新，领五千兵，排开阵势，截住去路。费珍、薛灿抵死冲突。孙新、王英奉公孙一清的令，只不容他进城，却不来赶杀，让他望北去了。城中知乔道清术窘，大败亏输，宋兵势大，惟恐城池有失，紧紧的闭了城门，那里敢出来接应。

无移时，孙新、王英见公孙胜同樊瑞、单廷　、魏定国，领兵飞赶上来。公孙胜道：“两位头领，且到大寨食息，待贫道自去赶他。”孙新、王英依令回寨。此时已是酉牌时分。却说乔道清同费珍、薛灿领败残兵，急急如丧家之狗，忙忙似漏网之鱼，望北奔驰。公孙胜同樊瑞、单廷　、魏定国领兵一万，随后紧紧追赶。公孙胜高叫道：“乔道清快下马降顺，休得执迷！”乔道清在前面马上高声答道：“人各为其主，你何故逼我太甚？”此时天色已暮，宋兵燃点火炬火把，火光照耀如白昼一般。乔道清回顾左右，止有费珍、薛灿及三十余骑。其余人马，已四散逃窜去了。乔道清欲拔剑自刎，费珍慌忙夺住道：“国师不必如此。”用手向前面一座山指道：“此岭可以藏匿。”乔道清计穷力竭，随同二将驰入山岭。原来昭德城东北，有座百谷岭，相传神农尝百谷处。山中有座神农庙。乔道清同费、薛二将，屯扎神农庙中，手下止有十五六骑。只因公孙胜要降服他，所以容他遁入岭中。不然，宋兵赶上，就是一万个乔道清，也杀了。

话不絮繁。却说公孙胜知乔道清遁入百谷岭，即将兵马分四路，扎立营寨，将百谷岭四面围住。至二更时分，忽见东西两路火光大起。却是宋先锋回寨，复令林冲、张清各领兵五千，连夜哨探到来。与公孙胜合兵一处，共是二万人马，分头扎寨，围困乔道清，不题。

且说宋江次日探知乔道清被公孙胜等将兵马围困于百谷岭，即与吴学究计议攻城。传令大兵拔寨起营，到昭德城下。宋江分拨将佐到昭德，围的水泄不通。城中守将叶声等，坚守城池。宋兵一连攻打二日，城尚不破。宋江在城南寨中，见攻城不下，十分忧闷，李逵等被陷，不知性命如何，不觉潸然泪下。军师吴用劝道：“兄长不必烦闷，只消用几张纸，此城唾手可得。”宋江忙问道：“军师有何良策？”当下吴学究不慌不忙，叠着两个指头，说出这条计来。有分教：兵不血刃孤城破，将士投戈百姓安。

毕竟吴学究说出甚么来，且听下回分解。

第九十七回 陈观谏官升安抚　琼英处女做先锋

话说当下吴用对宋江道：“城中军马单弱，前日恃乔道清妖术，今知乔道清败困，外援不至，如何不惊恐。小弟今晨上云梯观望，见守城军士，都有惊惧之色。今当乘其惊惧，开以自新之路，明其利害之机，城中必缚将出降，兵不血刃，此城唾手可得。”宋江大喜道：“军师之谋甚善！”当下计议，写成数十道晓谕的兵檄。其词云：

大宋征北正先锋宋示谕昭德州守城将士军民人等知悉：田虎叛逆，法在必诛，其余胁从，情有可原。守城将士，能反邪归正，改过自新，率领军民，开门降纳，定行保奏朝廷，赦罪录用。如将士怙终不悛，尔等军民，俱系宋朝赤子，速当兴举大义，擒缚将士，归顺天朝。为首的定行重赏，奏请优叙。如执迷逡巡，城破之日，玉石俱焚，孑遗靡有。特谕。

宋江令军士将晓谕拴缚箭矢，四面射入城中。传令各门稍缓攻击，看城中动静。次日平明，只听得城中呐喊振天，四门竖起降旗，守城偏将金鼎、黄钺聚集军民，杀死副将叶声、牛庚、冷宁，将三个首级悬挂竿首，挑示宋军。牢中放出李逵、鲁智深、武松、刘唐、鲍旭、项充、李衮、唐斌，俱用轿扛抬，大开城门，拥送出城。军民香花灯烛，迎接宋兵入城。宋先锋大喜，传谕各门将佐，统领军马，次第入城。兵不血刃，百姓秋毫无犯，欢声雷动。

宋江到帅府升坐，鲁智深等八人前来参拜道：“哥哥，万分不得相见了!今赖兄长威力，复得聚首，恍如梦中。”宋江等众人，俱感泣泪下。次后，金鼎、黄钺率领翁奎、蔡泽、杨春，上前参拜。宋江连忙答拜，扶起道：“将军等兴举大义，保全生灵，此不世之勋也。”黄钺等道：“某等不能速来归顺，罪不可逭。反蒙先锋厚礼，真是铭心刻骨，誓死图报！”黄钺等又将鲁智深、李逵等骂贼不屈的事情，备细陈说。宋江感泣称赞。李逵道：“俺听得说，那贼鸟道在百谷岭，待俺去砍那撮鸟一百斧，出那口鸟气。”宋江道：“乔道清被一清兄弟围困百谷岭，欲降伏他。罗真人已有法旨，兄弟不可造次。”鲁智深对李逵道：“兄长之命，安敢不遵？”李逵方才肯住。

当下宋先锋出榜，安抚百姓，赏劳三军将佐，标写公孙胜、金鼎、黄钺功次。正在料理军务，忽报神行太保戴宗自晋宁回。戴宗入府参见，宋先锋忙问晋宁消息。戴宗道：“小弟蒙兄长差遣到晋宁，卢先锋正在攻打城池。他道：‘待卢某克了城池，却好到兄长处报捷。’故此留小弟在彼，一连住了三四日。晋宁急切攻打不下，到今月初六日，是夜重雾，咫尺不辨，卢先锋令军士悄地囊土填积城下。至三更时分，城东北守御稍懈，我兵潜上土囊，攀援登城，杀死守城将士一十三员。田彪开北门冲突，舍命逃遁。其余牙将俱降。获战马五千余匹，投降军士二万余人，杀死者甚众。当下卢先锋克了晋宁，天明雾霁，正在安抚料理，忽报威胜田虎，差殿帅孙安统领将佐十员、军马二万，前来救援，离城十里下寨。卢先锋即令秦明、杨志、欧鹏、邓飞领兵出城迎敌，卢先锋亲自领兵接应。当下秦明与孙安战到五六十合，不分胜负。卢先锋兵到，见孙安勇猛，卢先锋令鸣金收兵，孙安亦自收兵，各立营寨。卢先锋回寨，说孙安勇猛，只可智取，不可力敌。次日，分拨军马埋伏。卢先锋亲自出阵，与孙安战到五十余合，孙安战马忽然前失，把孙安颠下马来。卢先锋喝道：‘此非汝战败之罪，快换马来战！’孙安换马，又与卢先锋斗过五十余合。卢先锋佯败奔走，诱孙安赶到林子边，一声炮响，两边伏兵齐出，孙安措手不及，被两边抛出绊马索，将孙安绊倒，众军赶上，连人和马，生擒活捉。北阵里秦英、陆清、姚约三将齐出，救夺孙安，那边杨志、欧鹏、邓飞齐出接住。六骑马捉对儿厮杀，到间深处，只见杨志大喝一声，只一枪，将秦英搠下马来。陆清与欧鹏正斗，被欧鹏卖个破绽，赚陆清一刀砍来，欧鹏把身一闪，陆清砍个空，收刀不迭，被欧鹏照后心一枪刺死。姚约见二人落马，拨马望本阵便走，被邓飞赶上，举铁链当头一下，把姚约连盔透顶，打个粉碎。卢先锋驱兵掩杀，北兵大败，杀死四五千人，北军退十里下寨。我兵得胜进城，众军卒把孙安绑缚解来。卢先锋亲释其缚，待以厚礼，劝孙安归顺天朝。孙安见卢先锋如此意气，情愿降顺。孙安对卢先锋说道：'城外尚有七员将佐，军马一万五千，容孙某出城，招他来降。'卢先锋坦然无疑，放孙安出城。孙安单骑到北寨，说降七将，都来参见卢先锋。卢先锋大喜，置酒管待。孙安说：'某与乔道清，同领兵离威胜，乔道清往救壶关。此人素有妖术，恐宋先锋处罹其荼毒。乔道清与孙某同乡，孙某感将军厚恩，愿往壶关，探听消息，说乔道清归顺。'卢先锋依允，遂令小弟领孙安同来报捷。卢先锋令宣赞、郝思文、吕方、郭盛，管领兵马二万，镇守晋宁。卢先锋统领其余将佐，兵马二万，望汾阳进征。戴某昨日于晋宁起程，替孙安也作起神行法。今日于路，已闻得兄长兵围昭德，乔道清被困。比及到城外，又知兄长大兵进城，特来参见哥哥。孙安现在府门外伺候。"

宋江大喜，令戴宗引孙安进见。戴宗遵令，领孙安入府，上前参见。宋江看孙安轩昂魁伟，一表非俗，下阶迎接。孙安纳头便拜道："孙某抗拒大兵，罪该万死！"宋江答拜不迭道："将军反邪归正，与宋某同灭田虎，回朝报奏朝廷，自当录用。"孙安拜谢起立。宋先锋命坐，置酒管待。孙安道："乔道清妖术利害，今幸公孙先生解破。"宋江道："公孙一清欲降服他，授以正法。今围困三四日，尚未有降意。"孙安道："此人与孙某最厚，当说他来降。"当下宋先锋令戴宗同孙安出北门，到公孙胜寨中。相见已毕，戴宗、孙安将来意备细对公孙胜说了。一清大喜，即令孙安入岭，寻觅乔道清。孙安领命，单骑上岭。

却说乔道清与费珍、薛灿，与十五六个军士，藏匿在神农庙里，与本庙道人借索些粗粝充饥。这庙里止有三个道人，被乔道清等将他累月募化积下的饭来，都吃尽了，又见他人众，只得忍气吞声。是日，乔道清听得城中呐喊，便出庙登高崖 望，见城外兵已解围，门内有人马出入，知宋兵已是入城。正在嗟叹，忽见崖畔树林中，走出一个樵者，腰插柯斧，将扁担做个拐杖，一步步捉脚儿走上崖来。口中念着个歌儿道：

上山如挽舟，下山如顺流。

挽舟当自戒，顺流常自由。

我今上山者，预为下山谋。

乔道清听了这六句樵歌，心中颇觉恍然，便问道："你知城中消息么？"樵叟道："金鼎、黄钺杀了副将叶声，已将城池归顺宋朝。宋江兵不血刃，得了昭德。"乔道清道："原来如此！"那樵者说罢，转过石崖，望山坡后去了。乔道清又见一人一骑，寻路上岭，渐近庙前。乔道清下崖观看，吃了一惊，原来是殿帅孙安，"他为何便到此处？"孙安下马，上前叙礼毕，乔道清忙问："殿帅领兵往晋宁，为何独自到此?岭下有许多军马，如何不拦当？"孙安道："好教兄长得知。"乔道清见孙安不称国师，已有三分疑虑。孙安道："且到庙中，细细备述。"二人进庙，费珍、薛灿都来相见毕，孙安方把在晋宁被获投降的事，说了一遍。乔道清默然无语。

孙安道："兄长休要狐疑。宋先锋等十分义气，我等投在麾下，归顺天朝，后来亦得个结果。孙某此来，特为兄长。兄长往时曾访罗真人否？"乔道清忙问："你如何知道？"孙安道："罗真人不接见兄长，令童子传命，说你后来'遇德魔降'，这句话有么？"乔道清连忙答道："有，有。"孙安道："破兄长法的这个人，你认得么？"乔道清道："他是我对头。只知他是宋军中人，却不知道他的来历。"孙安道："则他便是罗真人徒弟，叫做公孙胜，宋先锋的副军师。这句法语，也是他对小弟说的。此城叫做昭德，兄长法破，可不是合了'遇德魔降'的说话!公孙胜专为真人法旨，要点化你，同归正道，所以将兵马围困，不上山来擒捉。他既法可以胜你，他若要害你，此又何难?兄长不可执迷。"乔道清言下大悟，遂同孙安带领费珍、薛灿下岭，到公孙胜军前。

孙安先入营报知，公孙胜出寨迎接。乔道清入寨，拜伏请罪道："蒙法师仁爱，为乔某一人，致劳大军，乔某之罪益深！"公孙胜大喜，答拜不迭，以宾礼相待。乔道清见公孙胜如此意气，便道："乔某有眼不识好人，今日得侍法师左右，平生有幸。"公孙胜传令解围，樊瑞等众将，四面拔寨都起。公孙胜率领乔道清、费珍、薛灿入城，参见宋先锋。宋江以礼相待，用好言抚慰。乔道清见宋江谦和，愈加钦服。少顷，樊瑞、单廷 、魏定国、林冲、张清都到。宋江传令，将军马尽数收入城中屯住。当下宋江置酒庆贺。席间公孙胜对乔道清说："足下这法，上等不比诸佛菩萨，累劫修来，证入虚空三昧，自在神通；中等不比蓬莱三十六洞真仙，准几十年抽添水火，换髓移筋，方得超形度世，游戏造化。你不过凭着符咒，袭取一时，盗窃天地之精英，假借鬼神之运用，在佛家谓之金刚禅邪法，在仙家谓之幻术。若认此法便可超凡入圣，岂非毫厘千里之谬！"乔道清听罢，似梦方觉。当下拜公孙胜为师。宋江等听公孙胜说的明白玄妙，都称赞公孙胜的神功道德。当日酒散，一宿无话。

次日，宋江令萧让写表申奏朝廷，得了晋宁、昭德二府。写书申呈宿太尉报捷，其卫州、晋宁、昭德、盖州、陵川、高平六府州县缺的官，乞太尉择贤能堪任的，奏请速补，更替将领征进。当下萧让书写停当，宋江令戴宗赍捧，即日起程。

戴宗遵令，拴缚行囊包裹，赍捧表文书札，选个轻捷军士跟随，辞别宋先锋，作起神行法，次日便到东京。先往宿太尉府中呈递书札，恰遇宿太尉在府。戴宗在府前，寻得个本府杨虞候，先送了些人事银两，然后把书札相烦转达太尉。杨虞候接书入府。少顷，杨虞候出来唤道："太尉有钧旨，呼唤头领。"戴宗跟随虞候进府，只见太尉正在厅上坐地，拆书观看。戴宗上前参见。太尉道："正在紧要的时节，来的恁般凑巧!前日正被蔡京、童贯、高俅在天子面前，劾奏你的哥哥宋先锋复军杀将，丧师辱国，大肆诽谤，欲皇上加罪。天子犹豫不决，却被右正言陈观上疏，劾蔡京、童贯、高俅诬陷忠良，排挤善类，说汝等兵马，已渡壶关险隘，乞治蔡京等欺妄之罪。以此忤了蔡太师，寻他罪过。昨日奏过天子说：'陈观撰尊尧录，他尊神宗为尧，即寓讪陛下之意，乞治陈观讪上之罪。'幸的天子不即加罪。今日得汝捷报，不但陈观有颜，连我也放下许多忧闷。明日早朝，我将汝奏捷表文上达。"戴宗再拜称谢，出府觅个寓所，安歇听候，不在话下。

且说宿太尉次日早朝入内，道君皇帝在文德殿朝见文武。宿太尉拜舞山呼毕，将宋江捷表奏闻，说宋江等征讨田虎，前后共克复六府州县，今差人赍捧捷表上闻。天子龙颜欣悦。宿元景又奏道："正言陈观撰尊尧录，以先帝神宗为尧，陛下为舜，尊尧何得为罪?陈观素刚正不屈，遇事敢言，素有胆略，乞陛下加封陈观官爵，敕陈观到河北监督兵马，必成大功。"天子准奏，随即降旨："陈观于原官上加升枢密院同知，着他为安抚，统领御营军马二万，前往宋江军前督战，并赍赏赐银两，犒劳将佐军卒。"当下朝散，宿太尉回到私第，唤戴宗打发回书。戴宗已知有了圣旨，拜辞宿太尉，离了东京，作起神行法，次日已到昭德城中。往返东京，刚刚四日。

宋江正在整点兵马，商议进征，见戴宗回来，忙问奏闻消息。戴宗将宿太尉回书呈上。宋江拆开看罢，将书中备细，一一对众头领说知。众人都道："难得陈安抚恁般肝胆，我们也不枉在这里出力。"宋江传令，待接了敕旨，然后进征。众将遵令，在城屯住，不在话下。

却说昭德城北潞城县，是本府属县。城中守将池方，探知乔道清围困时，便星夜差人到威胜田虎处申报告急。田虎手下伪省院官接了潞城池方告急申文，正欲奏知田虎，忽报晋宁已失，御弟三大王田彪止逃得性命到此。说言未毕，恰好田彪已到。田彪同省院官入内，拜见田虎。田彪放声大哭说："宋兵势大，被他打破晋宁城池，杀了儿子田实，臣止逃得性命至此。失地丧师，臣该万死！"说罢又哭。那边省院官又启奏道："臣适才接得潞城守将池方申文，说乔国师已被宋兵围困，昭德危在旦夕。"田虎闻奏大惊，会集文武众官，右丞相太师卞祥、枢密官范权、统军大将马灵等，当廷商议："即日宋江侵夺边界，占了我两座大郡，杀死众多兵将，乔道清已被他围困，汝等如何处置？"当有国舅邬梨奏道："主上勿忧!臣受国恩，愿部领军马，克日兴师，前往昭德，务要擒获宋江等众，恢复原夺城池。"那邬梨国舅，原是威胜富户。邬梨入骨好使枪棒，两臂有千斤力气，开的好硬弓，惯使一柄五十斤重泼风大刀。田虎知他幼妹大有姿色，便娶来为妻，遂将邬梨封为枢密，称做国舅。当下邬梨国舅又奏道："臣幼女琼英，近梦神人教授武艺，觉来便是膂力过人。不但武艺精熟，更有一件神异的手段，手飞石子，打击禽鸟，百发百中，近来人都称他做琼矢镞。臣保奏幼女为先锋，必获成功。"田虎随即降旨，封琼英为郡主。邬梨谢恩方毕，又有统军大将马灵奏道："臣愿部领军马，往汾阳退敌。"田虎大喜，都赐金印虎牌，赏赐明珠珍宝。邬梨、马灵各拨兵三万，速便起兵前去。不说马灵统领偏牙将佐军马，望汾阳进发。且说邬梨国舅领了王旨兵符，下教场挑选兵马三万，整顿刀枪弓箭，一应器械。归第，领了女将琼英为前部先锋，入内辞别田虎，摆布起身。琼英女领父命，统领军马，径奔昭德来。只因这女将出征，有分教：贞烈女复不共戴天之仇，英雄将成琴瑟伉俪之好。

毕竟不知女将军怎生搦战，且听下回分解。

第九十八回 张清缘配琼英　吴用计鸩邬梨

话说邬梨国舅令郡主琼英为先锋，自己统领大军随后。那琼英年方一十六岁，容貌如花的一个处女，原非邬梨亲生的。他本宗姓仇，父名申，祖居汾阳府介休县，地名绵上。那绵上，即春秋时晋文公求介之推不获，以绵上为之田，就是这个绵上。那仇申颇有家资，年已五旬，尚无子嗣。又值丧偶，续娶平遥县宋有烈女儿为继室，生下琼英，年至十岁时，宋有烈身故，宋氏随即同丈夫仇申往奔父丧。那平遥是介休邻县，相去七十余里。宋氏因路远仓卒，留琼英在家，分付主管叶清夫妇看管伏侍。自己同丈夫行至中途，突出一伙强人，杀了仇申，赶散庄客，将宋氏掳去。庄客逃回，报知叶清。那叶清虽是个主管，倒也有些义气，也会使枪弄棒。妻子安氏，颇是谨慎，当下叶清报知仇家亲族，一面呈报官司，捕捉强人；一面埋葬家主尸首。仇氏亲族，议立本宗一人，承继家业。叶清同妻安氏两口儿，看管小主女琼英。

过了一年有余，值田虎作乱，占了威胜，遣邬梨分兵　掠，到介休绵上，抢劫资财，掳掠男妇，那仇氏嗣子，被乱兵所杀，叶清夫妇及琼英女，都被掳去。那邬梨也无子嗣，见琼英眉清目秀，引来见老婆倪氏。那倪氏从未生育的，一见琼英，便十分爱他，却似亲生的一般。琼英从小聪明，百伶百俐，料道在此不能脱生，又举目无亲，见倪氏爱他，便对倪氏说，向邬梨讨了叶清的妻安氏进来。因此安氏得与琼英坐卧不离。那叶清被掳时，他要脱身逃走，却思想："琼英年幼，家主主母只有这点骨血，我若去了，便不知死活存亡。幸得妻子在彼，倘有机会，同他们脱得患难，家主死在九泉之下，亦是瞑目。"因此只得随顺了邬梨。征战有功，邬梨将安氏给还叶清。安氏自此得出入帅府，传递消息与琼英，邬梨又奏过田虎，封叶清做个总管。

叶清后被邬梨差往石室山，采取木石。部下军士向山冈下指道："此处有块美石，白赛霜雪，一毫瑕疵儿也没有。土人欲采取他，却被一声霹雳，把几个采石的惊死，半晌方醒。因此人都啮指相戒，不敢近他。"叶清听说，同军士到冈下看时，众人发声喊，都叫道："奇怪!适才兀是一块白石，却怎么就变做一个妇人的尸骸！"叶清上前仔细观看，恁般奇怪，原来是主母宋氏的尸首，面貌兀是如生，头面破损处，却似坠冈撞死的。叶清惊讶涕泣，正在没理会处，却有本部内一个军卒，他原是田虎手下的马圉，当下将宋氏被掳身死的根因，一一备细说道："昔日大王初起兵的时节，在介休地方，掳了这个女子，欲将他做个压寨夫人。那女子哄大王放了绑缚，行到此处，被那女子将身窜下高冈撞死。大王见他撞死，叫我下冈剥了他的衣服首饰。是小的伏侍他上马，又是小的剥他的衣服，面貌认得仔细，千真万真是他。今已三年有余，尸骸如何兀是好好地？"叶清听罢，把那无穷的眼泪，都落在肚里去了，便对军士说："我也认得不错，却是我的旧邻宋老的女儿。"叶清令军士挑土来掩，上前看时，仍旧是块白石。众人十分惊讶叹息，自去干那采石的事。事毕，叶清回到威胜，将田虎杀仇申，掳宋氏，宋氏守节撞死这段事，教安氏密传与琼英知道。

琼英知了这个消息，如万箭攒心，日夜吞声饮泣，珠泪偷弹，思报父母之仇，时刻不忘。从此每夜合眼，便见神人说："你欲报父母之仇，待我教你武艺。"琼英心灵性巧，觉来都是记得，他便悄地拿根杆棒，拴了房门，在房中演习。自此日久，武艺精熟，不觉挨至宣和四年的季冬，琼英一夕，偶尔伏几假寐，猛听的一阵风过，便觉异香扑鼻。忽见一个秀士，头带折角巾，引一个绿袍年少将军来，教琼英飞石子打击。那秀士又对琼英说："我特往高平，请得天捷星到此，教汝异术，救汝离虎窟，报亲仇。此位将军，又是汝宿世姻缘。"琼英听了"宿世姻缘"四字，羞赧无地，忙将袖儿遮脸。才动手，却把桌上剪刀拨动，铿然有声。猛然惊觉，寒月残灯，依然在目，似梦非梦。琼英兀坐，呆想了半晌，方才歇息。

次日，琼英尚记得飞石子的法，便向墙边拣取鸡卵般一块圆石，不知高低，试向卧房脊上的鸱尾打去，正打个着，一声响亮，把个鸱尾打的粉碎，乱纷纷抛下地来。却惊动了倪氏，忙来询问。琼英将巧言支吾道："夜来梦神人说：'汝父有王侯之分，特来教导你的异术武艺，助汝父成功。'适才试将石子飞去，不想正打中了鸱尾。"倪氏惊讶，便将这段话报知邬梨。那邬梨如何肯信，随即唤出琼英询问，便把枪、刀、剑、戟、棍、棒、叉、钯试他，果然件件精熟。更有飞石子的手段，百发百中。邬梨大惊，想道："我真个有福分，天赐异人助我。"因此终日教导琼英，驰马试剑。

当下邬梨家中，将琼英的手段传出去，哄动了威胜城中人，都称琼英做琼矢镞。此时邬梨欲择佳婿，匹配琼英。琼英对倪氏说道："若要匹配，只除是一般会打石的。若要配与他人，奴家只是个死。"倪氏对邬梨说了。邬梨见琼英题目太难，把择婿事遂尔停止。今日邬梨想着王侯二字，萌了异心，因此，保奏琼英做先锋，欲乘两家争斗，他于中取事。当下邬梨挑选军兵，拣择将佐，离了威胜。拨精兵五千，令琼英为先锋，自己统领大军，随后进征。

不说邬梨、琼英进兵，却说宋江等在昭德俟候，迎接陈安抚。一连过了十余日，方报陈安抚军马已到。宋江引众将出郭远远迎接，入到昭德府内歇下，权为行军帅府。诸将头目，尽来参见，施礼已毕。陈安抚虽是素知宋江等忠义，都无由与宋江觌面相会。今日见宋江谦恭仁厚，愈加钦敬，说道：“圣上知先锋屡建奇功，特差下官到此监督，就赍赏赐金银缎匹，车载前来给赏。”宋江等拜谢道：“某等感安抚相公极力保奏，今日得受厚恩，皆出相公之赐。某等上受天子之恩，下感相公之德，宋江等虽肝脑涂地，不能补报。”陈安抚道：“将军早建大功，班师回京，天子必当重用。”宋江再拜称谢道：“请烦安抚相公镇守昭德，小将分兵攻取田虎巢穴，教他首尾不能相顾。”陈安抚道：“下官离京时，已奏过圣上，将近日先锋所得州县，现今缺的府县官员，尽已下该部速行推补，勒限起程，不日便到。”宋江一面将赏赐 散军将，一面写下军帖，差神行太保戴宗往各府州县镇守头领处传令，俟新官一到，即行交代，勒兵前来听调。到各府州传令已了，再往汾阳探听军情回报。宋江又将河北降将唐斌等功绩，申呈陈安抚，就荐举金鼎、黄钺镇守壶关、抱犊，更替孙立、朱仝等将佐，前来听用。陈安抚一一依允。

忽有流星探马报将来，说道：“田虎差马灵统领将佐军马，往救汾阳，又差邬梨国舅，同琼英郡主，统领将佐，从东杀至襄垣了。”宋江听罢，与吴用商议，分拨将佐迎敌。当下降将乔道清说道：“马灵素有妖术，亦会神行法，暗藏金砖打人，百发百中。小道蒙先锋收录，未曾出得气力，愿与吾师公孙一清，同到汾阳，说他来降。”宋江大喜，即拨军马二千，与公孙胜、乔道清带领前去。二人辞别宋江，即日领军马起程，望汾阳去了，不题。

再说宋江传令，索超、徐宁、单廷 、魏定国、汤隆、唐斌、耿恭，统领军马二万，攻取潞城县。再令王英、扈三娘、孙新、顾大嫂领骑兵一千，先行哨探北军虚实。宋江辞了陈安抚，统领吴用、林冲、张清、鲁智深、武松、李逵、鲍旭、樊瑞、项充、李衮、刘唐、解珍、解宝、凌振、裴宣、萧让、宋清、金大坚、安道全、蒋敬、郁保四、王定六、孟康、乐和、段景住、朱贵、皇甫端、侯健、蔡福、蔡庆，及新降将孙安，共正偏将佐三十一员，军马三万五千，离了昭德，望北进发。前队哨探将佐王英等，已到襄垣县界，五阴山北，早遇北将叶清、盛本哨探到来。两军相撞，擂鼓摇旗。北将盛本，立马当先。宋阵里王英骤马出阵，更不打话，拍马拈枪，直抢盛本。两军呐喊，盛本挺枪纵马迎住。二将斗敌十数合之上，扈三娘拍马舞刀，来助丈夫厮杀。盛本敌二将不过，拨马便走。扈三娘纵马赶上，挥刀把盛本砍翻，撞下马来。王英等驱兵掩杀，叶清不敢抵敌，领兵马急退。宋兵追赶上来，杀死军士五百余人，其余四散逃窜。叶清止领得百余骑，奔至襄垣城南二十里外。琼英军马已到扎寨。

原来叶清于半年前被田虎调来，同主将徐威等镇守襄垣。近日听得琼英领兵为先锋，叶清禀过主将徐威，领本部军马哨探，欲乘机相见主女。徐威又令偏将盛本同去，却好被扈三娘杀了，恰遇琼英兵马。当下叶清入寨，参见主女，见主女长大，虽是个女子，也觉威风凛凛，也像个将军。琼英认得是叶清，叱退左右，对叶清道：“我今日虽离虎窟，手下止有五千人马，父母之仇，如何得报。欲脱身逃遁，倘彼知觉，反罹其害。正在踌躇，却得汝来。”叶清道：“小人正在思想计策，却无门路。倘有机会，即来报知。”说还未毕，忽报南军将佐，领兵追杀到来。琼英披挂上马，领军迎敌。

两军相对，旗鼓相望，两边列成阵势，北阵里门旗开处，当先一骑银鬃马上，坐着个少年美貌的女将。怎生模样，但见：

金钗插凤，掩映乌云。铠甲披银，光欺瑞雪。踏宝镫鞋 尖红，提画戟手舒嫩玉。柳腰端跨，迭胜带紫色飘摇；玉体轻盈，挑绣袍红霞笼罩。脸堆三月桃花，眉扫初春柳叶。锦袋暗藏打将石，年方二八女将军。

女将马前旗号，写的分明：“平南先锋将郡主琼英。”南阵军将看罢，个个喝采。两阵里花腔鼍鼓喧天，杂彩绣旗闭日。矮脚虎王英看见是个美貌女子，骤马出阵，挺枪飞抢琼英，两军呐喊，那琼英拍马拈戟来战。二将斗到十数余合，王矮虎拴不住意马心猿，枪法都乱了。琼英想道：“这厮可恶！”觑个破绽，只一戟，刺中王英左腿。王英两脚蹬空，头盔倒卓，撞下马来。扈三娘看见伤了丈夫，大骂：“贼泼贱小淫妇儿，焉敢无礼！”飞马抢出，来救王英。琼英挺戟，接住厮杀。王英在地挣扎不起，北军拥上，来捉王英，那边孙新、顾大嫂双出，死救回阵。顾大嫂见扈三娘斗琼英不过，使双刀拍马上前助战。三个女将，六条臂膊，四把钢刀，一枝画戟，各在马上相迎着。正如风飘玉屑，雪撒琼花，两阵军士，看得眼也花了。三女将斗到二十余合，琼英望空虚刺一戟，拖戟拨马便走。扈三娘、顾大嫂一齐赶来。琼英左手带住画戟，右手拈石子，将柳腰扭转，星眼斜睃，觑定扈三娘，只一石子飞来，正打中右手腕。扈三娘负痛，早撇下一把刀来，拨马便回本阵。顾大嫂见打中扈三娘，撇了琼英，来救扈三娘。琼英勒马赶来，那边孙新大怒，舞双鞭，拍马抢来。未及交锋，早被琼英飞起一石子， 的一声，正打中那熟铜狮子盔。孙新大惊，不敢上前，急回本阵，保护王英、扈三娘，领兵退去。

琼英正欲驱兵追赶，猛听的一声炮响。此时是二月将终天气，只见柳梢旗乱拂，花外马频嘶，山坡后冲出一彪军来，却是林冲、孙安，及步军头领李逵等，奉宋公明将令，领军接应。两军相撞，擂鼓摇旗，两阵里叠声呐喊。那边豹子头林冲，挺丈八蛇矛，立马当先。这边琼矢镞琼英，拈方天画戟，纵马上前。林冲见是个女子，大喝道：“那泼贱，怎敢抗拒天兵！”琼英更不打话，拈戟拍马，直抢林冲。林冲挺矛来斗，两马相交，军器并举。斗无数合，琼英遮拦不住，卖个破绽，虚刺一戟，拨马望东便走。林冲纵马追赶。南阵前孙安看见是琼英旗号，大叫：“林将军不可追赶，恐有暗算。”林冲手段高强，那里肯听，拍马紧紧赶将来。那绿茸茸草地上，八个马蹄翻盏撒钹般，勃喇喇地风团儿也似般走。琼英见林冲赶得至近，把左手虚提画戟，右手便向绣袋中摸出石子，扭回身，觑定林冲面门较近，一石子飞来。林冲眼明手快，将矛柄拨过了石子。琼英见打不着，再拈第二个石子。手起处，真似流星掣电，石子来，吓得鬼哭神惊，又望林冲打来。林冲急躲不迭，打在脸上，鲜血迸流，拖矛回阵。琼英勒马追赶。

孙安正待上前，只见本阵军兵，分开条路，中间飞出五百步军，当先是李逵、鲁智深、武松、解珍、解宝，五员惯步战的猛将。李逵手 板斧，直抢过来，大叫：“那婆娘不得无礼！”琼英见他来的凶猛，手拈石子，望李逵打去，正中额角。李逵也吃了一惊，幸得皮老骨硬，只打的疼痛，却是不曾破损。琼英见打不倒李逵，跑马入阵。李逵大怒，虎须倒竖，怪眼圆睁，大吼一声，直撞入去。鲁智深、武松、解珍、解宝，恐李逵有失，一齐冲杀过来。孙安那里阻当得住?琼英见众人赶来，又一石子，早把解珍打翻在地，解宝、鲁智深、武松急来扶救。这边李逵只顾赶去，琼英见他来得至近，忙飞一石子，又中李逵额角。两次被伤，方才鲜血迸流。李逵终是个铁汉，那绽黑脸上，带着鲜红的血，兀是火喇喇地，挥双斧，撞入阵中，把北军乱砍。那边孙安见琼英入阵，招兵冲杀过来，恰好邬梨领着徐威等正偏将佐八员，统领大军已到，两边混杀一场。那边鲁智深、武松救了解珍，翻身杀入北阵去了。解宝扶着哥哥，不便厮杀，被北军赶上，撒起绊索，将解珍、解宝双双儿横拖倒拽，捉入阵中去了。步兵大败奔回。却得孙安奋勇鏖战，只一剑，把北将唐显砍下马来。邬梨被孙安手下军卒放冷箭，射中脖项，邬梨翻身落马，徐威等死救上马。琼英众将见邬梨中箭，急鸣金收兵。南面宋军又到，当先马上一将，却是没羽箭张清，在寨中听流星报马说，北阵里有个飞石子的女将，把扈三娘等打伤。张清听报惊异，禀过宋先锋，急披挂上马，领军到此接应，要认那女先锋。那边琼英已是收兵，保护邬梨，转过长林，望襄垣去了。张清立马惆望，有诗为证：

佳人回马绣旗扬，士卒将军个个忙。

引入长林人不见，百花丛里隔红妆。

当下孙安见解珍、解宝被擒，鲁智深、武松、李逵三人杀入阵去，欲招兵追赶，天色又晚，只得同张清保护林冲，收兵回大寨。

宋江正在升帐，令神医安道全看治王英。众将上前看王英时，不止伤足，连头面也磕破。安道全敷治已毕，又来疗治林冲。宋江见说陷了解珍、解宝及李逵等三人，不知下落，十分忧闷。无移时，只见武行者同了李逵，杀得满身血污，入寨来见宋江。武松诉说："小弟见李逵杀得性起，只顾上前，兄弟帮他厮杀，杀条血路，冲透北军，直至城下。只见北军绑缚着解珍、解宝欲进城去，被我二人杀死军士，夺了解珍、解宝，被徐威等大军赶来，复夺去解珍、解宝，我二人又杀开一条血路，空手到此。只不见鲁智深。"宋江听说，满眼垂泪，差人四下跟寻探听鲁智深踪迹，又令安道全敷治李逵。此时已是黄昏时分，宋江计点军士，损折三百余名，当下紧闭寨栅，提铃喝号，一宿无话。

次早，军士回报，鲁智深并无影响，宋江越添忧闷，再差乐和、段景住、朱贵、郁保四，各领轻捷军士，分四路寻觅。宋江欲领兵攻城，怎奈头领都被打伤，只得按兵不动。城中紧闭城门，也不来厮杀。一连过了二日，只见郁保四获得奸细一名，解进寨来。孙安看那个人，却认得是北将总管叶清。孙安对宋江道："某闻此人素有意气，他独自出城，其中必有缘故。"宋江叫军士放了绑缚，唤他上前。叶清望宋江磕头不已道："某有机密事，乞元帅屏退左右，待叶某备细上陈。"宋江道："我这里弟兄，通是一般肠肚，但说不妨。"叶清方才说："城中邬梨，前日在阵上中了药箭，毒发昏乱，城中医人，疗治无效。叶某趁此，特借访求医人，出城探听消息。"宋江便问："前日拿我二将，如何处置了？"叶清道："小人恐伤二位将军，乘邬梨昏乱，小人假传将令，把二位将军，权且监候，如今好好地在那里。"叶清又把仇申夫妇被田虎杀害掳掠，及琼英的上项事，备细述了一遍。说罢，悲恸失声。

宋江见说这段情由，颇觉凄惨。因见叶清是北将，恐有诈谋，正在疑虑，只见安道全上前对宋江道："真个姻缘天凑，事非偶然！"他便一五一十的说道："张将军去冬，也梦甚么秀士，请他去教一个女子飞石。又对他说，是将军宿世姻缘。张清觉来，痴想成疾。彼时蒙兄长着小弟同张清住高平疗治他，小弟诊治张清脉息，知道是七情所感，被小弟再三盘问，张将军方肯说出病根，因是手到病痊。今日听叶清这段话，却不是与张将军符合？"

宋江听罢，再问降将孙安。孙安答道："小将颇闻得琼英不是邬梨嫡女。孙某部下牙将杨芳与邬梨左右相交最密，也知琼英备细。叶清这段话决无虚伪。"叶清又道："主女琼英，素有报仇雪耻之志。小人见他在阵上连犯虎威，恐城破之日，玉石俱焚。今日小人冒万死到此，恳求元帅。"吴用听罢，起身熟视叶清一回，便对宋江道："看他色惨情真，诚义士也！天助兄长成功，天教孝女报仇！"便向宋江附耳低言说道："我兵虽分三路合剿，倘田虎结连金人，我兵两路受敌。纵使金人不出，田虎计穷，必然降金，似此如何成得荡平之功?小生正在策划，欲得个内应。今天假其便，有张将军这段姻缘，只除如此如此，田虎首级只在琼英手中。李逵的梦，神人已有预兆。兄长岂不闻'要夷田虎族，须谐琼矢镞'这两句么？"宋江省悟，点头依允，即唤张清、安道全、叶清三人，密语受计。三人领计去了。

却说襄垣守城将士，只见叶清回来，高叫："快开城门！我乃邬府偏将叶清，奉差寻访医人全灵、全羽到此。"守城军士，随即到幕府传鼓通报。须臾，传出令箭，放开城门。叶清带领全灵、全羽进城，到了国舅幕府前，里面传出令来，说唤医人进来看治。叶清即同全灵进府。随行军中伏侍的伴当人等，禀知郡主琼英，引全灵到内里参见琼英已毕，直到邬梨卧榻前，只见口内一丝两气。全灵先诊了脉息，外使敷贴之药，内用长托之剂。三日之间，渐渐皮肤红白，饮食渐进。不过五日，疮口虽然未完，饮食复旧。邬梨大喜，教叶清唤医人全灵入府参见。邬梨对全灵说道："赖足下神术疗治，疮口今渐平复。日后富贵，与汝同享。"全灵拜谢道："全某鄙术，何足道哉?全某有嫡弟全羽，久随全某在江湖上学得一身武艺，现今随全某在此，修治药饵，求相公提拔。"邬梨传令，教全羽入府参见。邬梨看见全羽一表非俗，心下颇是喜欢，令全羽在府外伺候听用。

全灵、全羽拜谢出府，一连又过了四日，忽报宋江领兵攻城，叶清入府报知邬梨，说宋江等兵强将勇，须是郡主，方可退敌。邬梨闻报，随即带领琼英入教场，整点兵马。只见全羽上演武厅禀道："蒙恩相令小人伺候听用，今闻兵马临城，小人不才，愿领兵出城，教他片甲不回。"当有总管叶清，假意大怒，对全羽道："你敢出大言，敢与我比试武艺么？"全羽笑道："我十八般武艺，自小习学，今日正要与你比试。"叶清来禀邬梨。邬梨依允，付与枪马。二人各绰枪上马，在演武厅前，来来往往，番番覆覆，搅做一团，扭做一块。鞍上人斗人，坐下马斗马，斗了四五十合，不分胜负。

此时琼英在旁侍立，看见全羽面貌，心下惊疑道："却像那里曾厮见过的，枪法与我一般。"思想一回，猛然省悟道："梦中教我飞石的，正是这个面庞，不知会飞石也不？"便拈戟骤马近前，将画戟隔开二人。这是琼英恐叶清伤了全羽，却不知叶清已是一路的人。琼英挺戟，直抢全羽，全羽挺枪迎住，两个又斗过五十余合。琼英霍地回马，望演武厅上便走，全羽就势里赶将来。琼英拈取石子，回身觑定全羽肋下空处，只一石子飞来。全羽早已瞧科，将右手一绰，轻轻的接在手中。琼英见他接了石子，心下十分惊异，再取第二个石子飞来。全羽见琼英手起，也将手中接的石子应手飞去。只听的一声响亮，正打中琼英飞来的石子。两个石子，打得雪片般落将下来。

那日城中将士徐威等俱各分守四门，教场中只有牙将校尉，也有猜疑这个人是奸细，因见郡主琼英是金枝玉叶，也和他比试，又是邬梨部下亲密将佐叶清引进来的，他们如何敢来启齿?眼见得城池不济事了，各人自思随风转舵。也是田虎合败，天褫邬梨之魄，使他昏暗。当下唤全羽上厅，赐了衣甲马匹，即令全羽领兵二千，出城迎敌。全羽拜谢，遵令出城，杀退宋兵，进城报捷。邬梨大喜。当日赏劳全羽歇息，一宿无话。

次日，宋兵又到，邬梨又令全羽领兵三千，出城迎敌。从辰至午，鏖战多时，被全羽用石打得宋将乱窜奔逃。全羽招兵掩杀，直赶过五阴山，宋江等抵敌不住，退入昭德去了。全羽得胜回兵，进城报捷，邬梨十分欢喜。叶清道："今日恩主有了此人及郡主琼英，何患宋兵将猛，何患大事不成！"叶清又说："郡主前已有愿，只除是一般会飞石的，方愿匹配。今全将军如此英雄，也不辱了郡主。"当下被叶清再三撺掇，也是琼英夫妇姻缘凑合，赤绳系定，解拆不开的。邬梨依允，择吉于三月十六日，备办各项礼仪筵宴，招赘张清为婿。是日笙歌细乐，锦堆绣簇，筵席酒肴之盛，洞房花烛之美，是不必说。当下傧相赞礼，全羽与琼英披红挂锦，双双儿交拜神　，后拜邬梨假岳丈。鼓乐喧天，异香扑鼻。引入洞房，山盟海誓。全羽在灯下看那琼英时，与教场内又是不同。有词《元和令》为证：

指头嫩似莲塘藕，腰肢弱比章台柳。凌波步处寸金流，桃腮映带翠眉修。今宵灯下一回首，总是玉天仙，涉降巫山岫。当下全羽、琼英如鱼似水，似漆如胶，又不必说。

当夜全羽在枕上，方把真姓名说出，原来是宋军中正将没羽箭张清，这个医士全灵，就是神医安道全。琼英也把向来冤苦，备细诉说。两个唧唧哝哝的说了一夜。挨了两日，被他两个里应外合，鸩死邬梨，密唤徐威入府议事，也将他杀了，其余军将皆降。张清、琼英下令：城中有走透消息者，同伍中人并斩。本犯不论军民，皆夷三族。因此水泄不通。又放出解珍、解宝，同张清、叶清分守四门。安道全同叶清步下军卒，出城到昭德，报知宋先锋。吴用又令李逵、武松，黑夜里保护圣手书生萧让，到襄垣相见琼英、张清，搜觅邬梨笔迹，假写邬梨字样，申文书札，令叶清赍领到威胜，报知田虎招赘郡马之事，就于中相机行事。叶清赍领，辞别张清、琼英，望威胜去了。

再说宋江在昭德城中，才差萧让、安道全去后，又报索超、徐宁等将攻克潞城，差人来报捷音说：“索超等领兵围潞城，池方坚闭城门，不敢出来接战。徐宁与众将设计，令军士裸形大骂，激怒城中军士。城中人人欲战，池方不能阻当，开门出战。北军奋勇，四门杀出，我军且战且退，诱北军四散离城。却被唐斌从东路领军突出，汤隆从西路引兵撞来。东西二门守城军士，闭门不迭，被汤隆、唐斌二将，领兵杀入城中，夺了城池。徐宁搠翻了池方，其余将佐，杀的杀了，走的走了，杀死北兵五千余人，夺得战马三千余匹，降服了万余军士。索超等将入城，安抚百姓，特此先来报捷。其余军民户口，库藏金银，另行造册呈报。”宋江闻报大喜，即令申呈陈安抚，并标录索超等功次，赏赐来人。即写军帖，着他回报，待各路兵马到来，一齐进兵。军人望潞城回复去了，不题。

却说威胜田虎处伪省院官，见探马络绎来报说：“乔道清、孙安都已降服。”又报：“昭德、潞城已破。”省院官即日奏知田虎。田虎大惊，与众多将佐正在计议，忽报襄垣守城偏将叶清，赍领国舅书札到来。田虎即命宣进。只因这叶清进来，有分教：威胜城中，削平啃聚强徒；武乡县里，活捉谋王反贼。

毕竟田虎看了邬梨申文，怎么回答，且听下回分解。

第九十九回 花和尚解脱缘缠井　混江龙水灌太原城

话说田虎接得叶清申文，拆开付与近侍识字的：“读与寡人听。”书中说：“臣邬梨招赘全羽为婿。此人十分骁勇，杀退宋兵，宋江等退守昭德府。臣邬梨即日再令臣女郡主琼英，同全羽领兵恢复昭德城。谨遣总管叶清报捷，并以婚配事奉闻，乞大王恕臣擅配之罪。”田虎听罢，减了七分忧色，随即传令，封全羽为中兴平南先锋郡马之职，仍令叶清同两个伪指挥使，赍领令旨，及花红、锦缎、银两，到襄垣县封赏郡马。叶清拜辞田虎，同两个伪指挥使，望襄垣进发，不题。

却说前日神行太保戴宗，奉宋公明将令，往各府州县，传遍军帖已毕，投汾阳府卢俊义处探听去了。其各府州县新官，陆续已到。各路守城将佐，随即交与新官治理，诸将统领军马，次第都到昭德府。第一队是卫州守将关胜、呼延灼，同壶关守将孙立、朱仝、燕顺、马麟，抱犊山守将文仲容、崔　，军马到来，入城参见陈安抚、宋江已毕，说：“水军头领李俊探听得潞城已克，即同张横、张顺、阮小二、阮小五、阮小七、童威、童猛，统驾水军船只，自卫河出黄河，由黄河到潞城县东潞水，聚集听调。”当下宋江置酒叙阔。次日，令关胜、呼延灼、文仲容、崔　，领兵马到潞城，传令水军头领李俊等，“协同汝等及索超等人马，进兵攻取榆社、大谷等县，抄出威胜州贼巢之后，不得疏虞!恐贼计穷，投降金人。”关胜等遵令去了。次后，陵川县守城将士李应、柴进，高平县守城将士史进、穆弘，盖州守城将士花荣、董平、杜兴、施恩，各各交代与新官，领军马到来，参见已毕，称说花荣等将，在盖州镇守，北将山士奇从壶关战败，领了败残军士，纠合浮山县军马，来寇盖州，被花荣等两路伏兵齐发，活擒山士奇，杀死二千余人，山士奇遂降。其余军将，四散逃窜。当下花荣等引山士奇另参宋先锋，宋江令置酒接风相叙。宋江等军马，只在昭德城中屯住，佯示惧怕张清、琼英之意，以坚田虎之心，不在话下。

且说卢俊义等已克汾阳府，田豹败走到孝义县，恰遇马灵兵到。那马灵是涿州人，素有妖术：脚踏风火二轮，日行千里，因此人称他做神驹子；又有金砖法，打人最是利害；凡上阵时，额上又现出一只妖眼，因此人又称他做小华光。术在乔道清之下。他手下有偏将二员，乃是武能、徐瑾。那二将都学了马灵的妖术。当下马灵与田豹合兵一处，统领武能、徐瑾、索贤、党世隆、凌光、段仁、苗成、陈宣，并三万雄兵，到汾阳城北十里外扎寨。南军将佐，连日与马灵等交战不利。卢俊义引兵退入汾阳城中，不敢与他厮杀，只愁北军来攻城池。正在纳闷，忽有守东门军士飞报将来，说宋先锋特差公孙胜、乔道清，领兵马二千，前来助战。

卢俊义忙教开门请进。相见已毕，卢俊义揖公孙胜上坐，乔道清次之，置酒管待。卢俊义诉说：“马灵术法利害，被他打伤了雷横、郑天寿、杨雄、石秀、焦挺、邹渊、邹润、龚旺、丁得孙、石勇数员将佐。卢某正在束手无策，却得二位先生到此。”乔道清说道：“小道与吾帅为此禀过宋先锋，特到此拿他。”说还未毕，只见守城军飞报将来，说马灵领兵杀奔东门来，武能、徐瑾领兵杀至西门，田豹同索贤、党世隆、凌光、段仁领兵杀奔北门来。公孙胜听报，说道：“贫道出东门敌马灵，乔贤弟出西门擒武能、徐瑾，卢先锋领兵出北门，迎敌田豹。”卢俊义又教黄信、杨志、欧鹏、邓飞，四将统领兵马，助一清先生。当下戴宗闻马灵会神行，也要同公孙胜出去，卢俊义依允。再令陈达、杨春、李忠、周通，领兵马助乔先生。卢俊义同秦明、宣赞、郝思文、韩滔、彭玘，领兵出南门，迎敌田豹。当日汾阳城外，东西北三面，旗幡蔽日，金鼓振天，同时厮杀。

不说卢俊义、乔道清两路厮杀，且说神驹子马灵，领兵摇旗擂鼓，辱骂搦战。只见城门开处，放下吊桥，南军将佐，拥出城来，将军马一字儿摆开，如长蛇之阵。马灵纵马挺戟大喝道：“你们这伙鸟败汉，可速还俺们的城池!若稍延挨，教你片甲不留！”欧鹏、邓飞两马并出，大喝道：“你的死期到了！”欧鹏拈铁枪，邓飞舞铁链，二人拍马直抢马灵，马灵挺戟来迎。三将斗到十合之上，马灵手取金砖，正欲望欧鹏打来。此时公孙胜已是骤马上前，仗剑作法。那时马灵手起，这边公孙胜把剑一指，猛可的霹雳也似一声响亮，只见红光罩满，公孙胜满剑都是火焰，马灵金砖堕地，就地一滚，即时消灭。公孙胜真个法术通灵，转眼间，南阵将士、军卒、器械，浑身都是火焰，把一个长蛇阵，变的火龙相似。马灵金砖法，被公孙胜神火克了。公孙胜把麈尾招动，军马首尾合杀拢来，北军大败亏输，杀得星落云散，七断八续，军士三停内折了二停。马灵战败逃生，幸得会使神行法，脚踏风火二轮，望东飞去。南阵里神行太保戴宗，已是拴缚停当甲马，也作起神行法，手挺朴刀，赶将上去。顷刻间，马灵已去了二十余里，戴宗止行得十六七里，看看望不见马灵了。前面马灵正在飞行，却撞着一个胖大和尚，劈面抢来，把马灵一禅杖打翻，顺手牵羊，早把马灵擒住。

那和尚正在盘问马灵，戴宗早已赶到，只见和尚擒住马灵。戴宗上前看那和尚时，却是花和尚鲁智深。戴宗惊问道：“吾师如何到这里？”鲁智深道：“这里是甚么所在？”戴宗道：“此处是汾阳府城东郭。这个是北将马灵，适被公孙一清在阵上破了妖法，小弟追赶上来。那厮行得快，却被吾师擒住，真个从天而降！”鲁智深笑道：“洒家虽不是天上下来，也在地上出来。”当下二人缚了马灵，三人脚踏实地，径望汾阳府来。戴宗再问鲁智深来历，鲁智深一头走，一头说道：“前日田虎差一个鸟婆娘到襄垣城外厮杀。他也会飞石子，便将许多头领打伤，洒家在阵上杀入去，正要拿那鸟婆娘，不提防茂草丛中，藏着一穴。洒家双脚落空，只一交颠下穴去，半晌方到穴底，幸得不曾跌伤。洒家看穴中时，旁边又有一穴，透出亮光来。洒家走进去观看，却是奇怪，一般有天有日，亦有村庄房舍。其中人民，也是在那里忙忙的营干，见了洒家，都只是笑。洒家也不去问，也只顾抢入去。过了人烟辏集的所在，前面静悄悄的旷野，无人居住。洒家行了多时，只见一个草庵，听的庵中木鱼咯咯地响。洒家走进去看时，与洒家一般的一个和尚，盘膝坐地念经。洒家问他的出路，那和尚答道：'来从来处来，去从去处去。'洒家不省那两句话，焦躁起来。那和尚笑道：'你知道这个所在么？'洒家道：'那里知道恁般鸟所在。'那和尚又笑道：'上至非非想，下至无间地，三千大千，世界广远，人莫能知。'又道：'凡人皆有心，有心必有念；地狱天堂，皆生于念。是故三界惟心，万法惟识，一念不生，则六道俱销，轮回斯绝。'洒家听他这段话说得明白，望那和尚唱了个大喏。那和尚大笑道：'你一入缘缠井，难出欲迷天，我指示你的去路。'那和尚便领洒家出庵，才走得三五步，便对洒家说道：'从此分手，日后再会。'用手向前指道：'你前去可得神驹。'洒家回头，不见了那和尚，眼前忽的一亮，又是一般景界，却遇着这个人。洒家见他走的蹊跷，被洒家一禅杖打翻，却不知为何已到这里。此处节气，又与昭德府那边不同：桃李只有恁般大叶，却无半朵花蕊。"戴宗笑道："如今已是三月下旬，桃李多落尽了。"鲁智深不肯信，争让道："如今正是二月下旬，适才落井，只停得一回儿，却怎么便是三月下旬？"戴宗听说，十分惊异。二人押着马灵，一径来到汾阳城。

此时公孙胜已是杀退北军，收兵入城。卢俊义、秦明、宣赞、郝思文、韩滔、彭玘，杀了索贤、党世隆、凌光三将，直追田彪、段仁至十里外，杀散北军。田彪同段仁、陈宣、苗成，领败残兵，望北去了。卢俊义收兵回城，又遇乔道清破了武能、徐瑾，同陈达、杨春、李忠、周通，领兵追赶到来。被南军两路合杀，北兵大败，死者甚众。武能被杨春一大杆刀砍下马来，徐瑾被郝思文刺死，夺获马匹、衣甲、金鼓、鞍辔无数。卢俊义与乔道清合兵一处，奏凯进城。卢俊义刚到府治，只见鲁智深、戴宗将马灵解来。卢俊义大喜，忙问："鲁智深为何到此?宋哥哥与邬梨那厮厮杀，胜败如何？"鲁智深再将前面堕井及宋江与邬梨交战的事，细述一遍，卢俊义以下诸将，惊讶不已。

当下卢俊义亲释马灵之缚。马灵在路上已听了鲁智深这段话，又见卢俊义如此意气，拜伏愿降。卢俊义赏劳三军将士。次日，晋宁府守城将佐，已有新官交代，都到汾阳听用。卢俊义教戴宗、马灵往宋先锋处报捷，即日与副军师朱武计议征进，不题。且说马灵传受戴宗日行千里之法，二人一日便到宋先锋军前，入寨参见，备细报捷。宋江听了鲁智深这段话，惊讶喜悦，亲自到陈安抚处，参见报捷，不在话下。

再说田豹同段仁、陈宣、苗成统领败残军卒，急急如丧家之狗，忙忙似漏网之鱼，到威胜见田虎，哭诉那丧师失地之事。又有伪枢密院官急入内启奏道："大王，两日流星报马，将羽书雪片也似报来，说统军大将马灵已被擒拿；关胜、呼延灼兵马，已围榆社县；卢俊义等兵马，已破介休县城池；独有襄垣县邬国舅处，屡有捷音，宋兵不敢正视。"田虎闻报大惊，手足无措。文武多官计议，欲北降金人。当有伪右丞相太师卞祥，叱退多官，启奏道："宋兵纵有三路，我这威胜，万山环列，粮草足支二年，御林卫驾等精兵二十余万。东有武乡，西有沁源二县，各有精兵五万。后有太原县、祈县、临县、大谷县，城池坚固，粮草充足，尚可战守。古语有云：'宁为鸡口，无为牛后。'"

田虎踌躇未答，又报总管叶清到来。田虎即令召进，叶清拜舞毕，称说："郡主郡马屡次斩获，兵威大振，兵马直抵昭德府。正要围城，因邬国舅偶患风寒，不能管摄兵马。乞大王添差良将精兵，协助郡主郡马，恢复昭德府。"当有伪都督范权启奏道："臣闻郡主郡马，甚是骁勇，宋兵不敢正视。若得大王御驾亲征，又有雄兵猛将助他，必成中兴大功。臣愿助太子监国。"田虎准奏。原来范权之女，有倾国之姿。范权献与田虎，田虎十分宠幸。因此，范权说的，无有不从。今日范权受了叶清重赂，又见宋兵势大，他便乘机卖国。

当下田虎拨付卞祥将佐十员，精兵三万，前往迎敌卢俊义、花荣等兵马。又令伪太尉房学度，也统领将佐十员，精兵三万，往榆社迎敌关胜等兵马。田虎亲自统领伪尚书李天锡、郑之瑞、枢密薛时、林昕、都督胡英、唐昌，及殿帅、御林护驾教头、团练使、指挥使、将军、校尉等众，挑选精兵十万，择日祭旗兴师，杀牛宰马，犒赏三军。再传令旨，教兄弟田豹、田彪同都督范权等，及文武多官，辅太子田定监国。叶清得了这个消息，密差心腹，星夜驰至襄垣城中，报知张清、琼英。张清令解珍、解宝将绳索悬挂出城，星夜往报宋先锋知会去了。

却说卞祥伺候兵符，挑选军马，盘桓了三日，方才统领樊玉明、鱼得源、傅祥、顾恺、寇琛、管琰、冯翊、吕振、吉文炳、安士隆等偏牙各项将佐，军马三万，出了威胜州东门。军分两队，前队是樊玉明、鱼得源、冯翊、顾恺，领兵马五千。刚到沁源县，地名绵山，山坡下一座大林，前军却好抹过林子，只听得一棒锣声响处，林子背后山坡脚边，撞出一彪军来，却是宋公明得了张清消息，密差花荣、董平、林冲、史进、杜兴、穆弘，领精勇骑兵五千，人披软战，马摘銮铃，星夜疾驰到此。军中一将，骤马当先，两手　两杆钢枪。此将乃是宋军中第一个惯冲头阵的双枪将董平，大喝道："来的是那里兵马?不早早受缚，更待何时？"樊玉明大骂："水洼草寇，何故侵夺俺这里城池？"董平大怒，喝道："天兵到此，兀是抗拒！"拍马挺双枪，直抢樊玉明。那边樊玉明纵马拈枪来迎。二将斗到二十余合，樊玉明力怯，遮架不住，被董平一枪，刺中咽喉，翻身落马。那边冯翊大怒，挺条浑铁枪，飞马直抢董平。那边小李广花荣，骤马接住厮杀。二将斗到十合之上，花荣拨马，望本阵便走。冯翊纵马赶来，却被花荣带住花枪，拈弓搭箭，扯得那弓满满的，扭转身躯，觑定冯翊较亲，只一箭，正中冯翊面门，头盔倒卓，两脚蹬空，扑通的撞下马来。花荣拨转马，再一枪，结果了性命。董平、林冲、史进、穆弘、杜兴，招动兵马，一齐卷杀过来。顾恺早被林冲搠翻。鱼得源堕马，被人马践踏身死。北兵大败亏输，五千军马，杀死大半，其余四散逃窜。花荣等兵士，夺了金鼓马匹，追杀北兵，至五里外，却遇卞祥大兵到来。

那卞祥是庄家出身，他两条臂膊，有水牛般气力，武艺精熟，乃是贼中上将。当下两军相对，旗鼓相望，两阵里画角齐鸣，鼍鼓迭擂。北将卞祥，立马当先，头顶凤翅金盔，身挂鱼鳞银甲，九尺长短身材，三牙掩口髭须，面方肩阔，眉竖眼圆，跨匹冲波战马，提把开山大斧。左右两边，排着傅祥、管琰、寇琛、吕振四个伪统制官；后面又有伪统军、提辖、兵马防御、团练等官，参随在后。队伍军马，十分摆布得整齐。南阵里九纹龙史进骤马出阵，大喝："来将何人?快下马受缚，免污刀斧！"卞祥呵呵大笑道："瓶儿罐儿，也有两个耳朵。你须曾闻得我卞祥的名字么？"史进喝道："助逆匹夫，天兵到此，兀是抗拒！"拍马舞三尖两刃八环刀，直抢卞祥。卞祥也抡大斧来迎。二马相交，两器并举，刀斧纵横，马蹄撩乱，斗到三十余合，不分胜败。这边花荣爱卞祥武艺高强，却不肯放冷箭，只拍马挺枪，上前助战。卞祥力敌二将，又斗了三十余合，不分胜败。北阵中将士，恐卞祥有失，急鸣金收兵。花荣、董平，见天色已晚，又寡不敌众，也不追赶，亦收兵向南，两军自去十余里扎寨。

是夜南风大作，浓云泼墨，夜半，大雨震雷。此时田虎统领众多官员将佐军马，已离了威胜城池百余里，天晚扎寨。帐中自有随行军中内侍姬妾，及范美人在帐中欢宴。是夜也遇了大雨。自此霖雨一连五日不止，上面张盖的天雨盖都漏，下面又是水渌渌的，军士不好炊爨立脚，角弓软，箭翎脱，各营军马，都在营中兀守，不在话下。

且说索超、徐宁、单廷　、魏定国、汤隆、唐斌、耿恭等将，接得关胜、呼延灼、文仲容、崔　陆兵，及水军头领李俊等水军船只，众将计议，留单廷　、魏定国镇守潞城，关胜等将佐水陆并进，船骑同行，打破榆社县，再留索超、汤隆，镇守城池。关胜等众，乘胜长驱，势如破竹，又克了大谷县，杀了守城将佐，其余牙将军兵，降者无算。关胜安抚军民，赏劳将士，差人到宋先锋处报捷。次日，关胜等同时也遇了大雨，在城屯扎，不能前进。忽报："卢先锋留下宣赞、郝思文、吕方、郭盛，管领兵马，镇守汾阳府。卢俊义等已克了介休、平遥两县，再留韩滔、彭玘镇守介休县，孔明、孔亮镇守平遥县，卢先锋统领众多将佐军马，现围太原县城池，也因雨阻，不能攻打。"恰好水军头领李俊在城，听了此报，忙对关胜说道："卢先锋等今遇天雨连绵，流水大至，使三军不得稽留，倘贼人选死士出城冲击，奈何！小弟有一计，欲到卢先锋处商议。"关胜依允。

当下混江龙李俊，即刻辞了关胜出城，教童威、童猛统管水军船只，自己同了二张、三阮，带领水军二千，戴笠披蓑，冒雨冲风，间道疾驰到卢俊义军前，入寨参见。不及寒温，即与卢俊义密语片晌。卢俊义大喜，随即传令军士，冒雨砍木作筏，李俊等分头行事去了，不题。

且说太原城中守城将士张雄，伪授殿帅之职，项忠、徐岳，伪授都统制之职，这三个人是贼中最好杀的。手下军卒，个个凶残淫暴，城中百姓，受暴虐不过，弃了家产，四散逃亡，十停中已去了七八停。张雄等今被大兵围困，负固不服。张雄与项忠、徐岳计议：目今天雨，宋兵欲掠无所，水地不利，薪刍既寡，军无稽留之心，急出击之，必获全胜。此时是四月上旬，张雄正欲分兵出四门，冲击宋兵，忽听得四面锣声振响。张雄忙上敌楼望城外时，只见宋军冒雨穿屐，俱登高阜山冈。张雄正在惊疑，又听得智伯渠边，及东西三处，喊声振天，如千军万马狂奔驰骤之声。霎时间，洪波怒涛飞至，却如秋中八月潮汹涌，天上黄河水泻倾。真个是：功过智伯城三板，计胜淮阴沙几囊。

毕竟不知这水势如何底止，且听下回分解。

第一百回 张清琼英双建功　陈观宋江同奏捷

话说太原县城池，被混江龙李俊，乘大雨后水势暴涨，同二张、三阮，统领水军，约定时刻，分头决引智伯渠及晋水，灌浸太原城池。顷刻间，水势汹涌。但见：骤然飞急水，忽地起洪波。军卒乘木筏冲来，将士驾天潢飞至。神号鬼哭，昏昏日色无光；岳撼山崩，浩浩波声若怒。城垣尽倒，窝铺皆休。旗帜随波，不见青红交杂；兵戈汩浪，难排霜雪争叉。僵尸如鱼鳖沉浮，热血与波涛并沸。须臾树木连根起，顷刻榱题贴水飞。

当时城中鼎沸，军民将士，见水突至，都是水渌渌的爬墙上屋，攀木抱梁，老弱肥胖的，只好上台上桌。转眼间，连桌凳也浮起来，房屋倾圮，都做了水中鱼鳖。城外李俊、二张、三阮，乘着飞江、天浮，逼近城来，恰与城垣高下相等。军士攀缘上城，各执利刃，砍杀守城士卒。又有军士乘木筏冲来，城垣被冲，无不倾倒。张雄正在城楼上叫苦不迭，被张横、张顺从飞江上城，手执朴刀，喊一声，抢上楼来，一连砍翻了十余个军卒，众人乱窜逃生。张雄躲避不迭，被张横一朴刀砍翻，张顺赶上前，　察的一刀，剁下头来。比及水势四散退去，城内军民，沉溺的，压杀的，已是无数。梁柱门扇，窗棂什物，尸骸顺流壅塞南城。城中只有避暑宫，乃是北齐神武帝所建，基址高固，当下附近军民，一齐抢上去，挨挤践踏，死的也有二千余人。连那高阜及城垣上，一总所存军民，仅千余人。城外百姓，却得卢先锋密唤里保，传谕居民，预先摆布，锣声一响，即时都上高阜。况城外四散空阔，水势去的快，因此城外百姓，不致湮没。

当下混江龙李俊，领水军据了西门；船火儿张横，同浪里白跳张顺，夺了北门；立地太岁阮小二、短命二郎阮小五，占了东门；活阎罗阮小七，夺了南门。四门俱竖起宋军旗号。至晚水退，现出平地，李俊等大开城门，请卢先锋等军马入城。城中鸡犬不闻，尸骸山积。虽是张雄等恶贯满盈，李俊这条计策，也忒惨毒了。那千余人，四散的跪在泥水地上，插烛也似磕头乞命。卢俊义查点这伙人中，只有十数个军卒，其余都是百姓。项忠、徐岳爬在帅府后傍屋的大桧树上，见水退，溜将下来，被南军获住，解到卢先锋处。卢俊义教斩首示众。给发本县府库中银两，赈济城内外被水百姓。差人往宋先锋处报捷。一面令军士埋葬尸骸，修筑城垣房屋，召民居住。

不说卢俊义在太原县抚绥料理，再说太原未破时，田虎统领十万大军，因雨在铜　山南屯扎，探马报来，邬国舅病亡，郡主、郡马即退军到襄垣，殡殓国舅。田虎大惊，差人在襄垣城中传旨，着琼英在城中镇守，着全羽前来听用，并问为何差往襄垣人役，都不来回奏。

次日雨霁，平明时分，流星探马飞报将来，说宋江差孙安、马灵，领兵前来拒敌。田虎听报，大怒道："孙安、马灵，都受我高官厚禄，今日反叛，情理难容。待寡人亲自去问他。卿等努力，如有擒得二人者，千金赏，万户侯。"当下田虎亲自驱兵向前，与宋兵相对。北军观看宋军旗号，原来是病尉迟孙立、铁笛仙马麟。北阵前金瓜密布，铁斧齐排，剑戟成行，旗幡作队。那九曲飞龙赭黄伞下，玉辔金鞍，银鬃白马上，坐着那个草头大王田虎。出到阵前，亲自监战。南阵后，宋江统领吴用、孙新、顾大嫂、王英、扈三娘、孙立、朱仝、燕顺兵马又到。宋江也亲自督战。田虎闻说是宋江，方欲遣将出阵，擒捉宋江，只听得飞马报道："关胜等连破榆社、大谷两个城池；西路卢俊义军马又打破平遥、介休两县，被他引水灌了太原城池，城中兵将，不留一个；右丞相卞祥扎寨绵山，与花荣等相持，被卢俊义从太原领兵，后面杀来。卞丞相当不得两面夹攻，大败亏输，卞祥被卢俊义活捉过阵去。卢俊义同关胜合兵一处，将沁源县围得铁桶相似。"田虎听罢，大惊无措，忙传令旨，便教收军，退保威胜城内。

当下李天锡等押住阵脚，薛时、林昕、胡英、唐昌保护田虎先行。只听的铜　山北，炮声振响，被宋江密教鲁智深、刘唐、鲍旭、项充、李衮，统领精勇步兵，抄出铜　山北，分两路杀奔前来。田虎急驱御林军马来战，忽被马灵、孙安领兵马从东铲斜里杀来。马灵脚踏风火二轮，将金砖望北军乱打。孙安挥双剑砍杀。二将领兵，突入北阵，如入无人之境，把北军冲做两截。北军虽有十万之众，被吴用筹画这三路兵马，横冲直撞，纵横乱杀，北军大败，杀得星落云散，七断八续。当下伪尚书李天锡等保护田虎，望东冲杀逃奔，却被鲁智深等领着标枪、团牌、飞刀手，冲开血路，杀奔前来。又把李天锡、郑之瑞、薛时、林昕等军马，冲散奔西。田虎手下，虽是御林军马，挑选那最精勇的，他们自来与官军斗敌，从未曾见有恁般凶猛的，今日如何抵当得住！

当下田虎左右，只有都督胡英、唐昌、总管叶清，及金吾较尉等将，领着五千败残军马，拥护奔逃。正在危急，忽的又有一彪军马，从东突至。田虎见了，仰天大叹道："天丧我也！"北军看那彪军马中，当先一个俊庞年少将军，头戴青巾绩，身穿绿战袍，手执梨花枪，坐匹高头雪白卷毛马，旗号上写的分明，乃是"中兴平南先锋郡马全羽"。那时叶清紧随田虎，看了旗号，奏知田虎。田虎传旨，快教郡马救驾。那全郡马近前，下马跪奏道："臣启大王：甲　在身，不能俯伏，臣该万死。"田虎道："赦卿无罪。"全郡马又奏道："事在危急，奉请大王到襄垣城中，权避敌锋。待臣同郡主杀退宋兵，再请大王到威胜大内，计议良策，恢复基业。"田虎大喜，传下令旨，即望襄垣进发。全郡马在后面，抵当追赶的兵将。田虎等众，已到襄垣城下，背后喊杀连天，追赶将来。襄垣城上守城将士看见，连忙开城门，放吊桥。胡英引兵在前，军士听见后面赶来，一拥抢进城去，也顾不得甚么大王。

胡英刚进得城门，猛听得一声梆子响，两边伏兵齐发，将胡英及三千余人，都赶入陷坑中去，被军士把长枪乱搠，可怜三千余人，不留半个。城中大叫："田虎要活的！"田虎见城中变起，方知是计，急勒马望北奔走。张清、叶清拍马赶来，田虎那匹好马行得快，张清、叶清领军士追赶不上，已离了一箭之地，只见田虎马前，忽地起阵旋风，风中现出一个女子，大叫道："奸贼田虎，我仇家夫妇，都被汝害了，今日走到那里去？"就女子身旁，又起一阵阴风，望田虎劈面滚来，那女子寂然不见。田虎坐下马，忽然惊跃嘶鸣，田虎落马堕地，被张清、叶清赶上，跳下马来，同军士一拥上前擒住。唐昌领众挺枪骤马来救。张清见唐昌抢来，疾忙上马，拈一石子飞来，正中唐昌面门，撞下马去。张清大叫道："我不是甚么全羽，乃是天朝宋先锋部下没羽箭张清。"那时李逵、武松，领五百步兵，从城内抢出来，二人大吼一声，把那殿帅将军、金吾较尉等二千余人，杀的星落云散。张清刺杀了唐昌，缚了田虎，簇拥入城，闭了城门，待宋先锋杀退北兵，方可解去。鲁智深追赶到来，见田虎已捉入城去，鲁智深等复向西杀到铜　山侧。此时已是酉牌时分。

宋江等三路军马与北兵鏖战一日，杀死军士二万余人。北军无主，四面八方，乱窜逃生。范美人及姬妾等项，都被乱兵所杀。李天锡、郑之瑞、薛时、林昕，领三万余人，上铜　山据住。宋江领兵四面围困。鲁智深来报，田虎已被张清擒捉。宋江以手加额，忙传将令，差军星夜疾驰到襄垣，教武松等坚闭城门，看守田虎。教张清领兵速到威胜，策应琼英等。

原来琼英已奉吴军师密计，同解珍、解宝、乐和、段景住、王定六、郁保四、蔡福、蔡庆，带领五千军马，尽着北军旗号，伏于武乡县城外石盘山侧。琼英等探知田虎与我兵厮杀，琼英领众人星夜疾驰到威胜城下。是日天晚，已是暮霞敛彩，新月垂钩，琼英在城下莺声娇啭叫道："我乃郡主，保护大王到此，快开城门！"当下守城军卒，飞报王宫内里。田豹、田彪闻报，上马疾驰到南城，忙上城楼观看，果见赭黄伞下，那匹雕鞍银鬃白马上，坐着大王，马前一个女将，旗上大书"郡主琼英"，后面有尚书都督等官，远远跟随。只见琼英高声叫道："胡都督等与宋兵战败，我特保护大王到此。教官员速出城接驾！"田豹等见是田虎，即令开了城门，出城迎接。二人才到马前，只听马上的大王大喝道："武士与寡人拿下二贼。"军士一拥上前，将二人擒住。田豹、田彪大叫："我二人无罪！"急要挣扎时，已被军士将绳索绑缚了。原来这个田虎，乃是吴用教孙安拣择南军中与田虎一般面貌的一个军卒，依着田虎妆束。后面尚书都督，却是解珍、解宝等数人假扮的。当下众人各掣出兵器，王定六、郁保四、蔡福、蔡庆领五百余人，将田豹、田彪连夜解往襄垣去了。

城上见捉了田豹、田彪，又见将二人押解向南，情知有诈，急出城来抢时，却被琼英要杀田定，不顾性命，同解珍、解宝一拥抢入城来。守门将士上前来斗敌，被琼英飞石子打去，一连伤了六七个人。解珍、解宝帮助琼英厮杀，城外乐和、段景住，急教军士卸下北军打扮，个个是南军号衣，一齐抢入城来，夺了南门。乐和、段景住挺朴刀，领军上城，杀散军士，竖起宋军旗号。城中一时鼎沸起来，尚有许多伪文武官员，及王亲国戚等众，急引兵来厮杀。琼英这四千余人，深入巢穴，如何抵敌?却得张清领八千余人到来，驱兵入城，见琼英、解珍、解宝与北兵正在鏖战，张清上前飞石，连打四员北将，杀退北军。张清对琼英道："不该深入重地，又且众寡不敌。"琼英道："欲报父仇，虽粉骨碎身，亦所不辞！"张清道："田虎已被我擒捉在襄垣了。"琼英方才喜欢。

正欲引兵出城，也是天厌贼众之恶，又得卢俊义打破沁源城池，统领大兵到来，见了南门旗号，急驱兵马入城，与张清合兵一处，赶杀北军。秦明、杨志、杜迁、宋万，领兵夺了东门；欧鹏、邓飞、雷横、杨林，夺了西门；黄信、陈达、杨春、周通，领兵夺了北门；杨雄、石秀、焦挺、穆春、郑天寿、邹渊、邹润，领步兵，大刀阔斧，从王宫前面砍杀入去；龚旺、丁得孙、李立、石勇、陶宗旺，领步兵，从后宰门砍杀入去。杀死王宫内院嫔妃、姬妾、内侍人等无算。田定闻变，自刎身死。张清、琼英、张青、孙二娘、唐斌、文仲容、崔　、耿恭、曹正、薛永、李忠、朱富、时迁、白胜，分头去杀伪尚书、伪殿帅、伪枢密以下等众，及伪封的王亲国戚等贼徒，正是：

金阶殿下人头滚，玉砌朝门热血喷。

莫道不分玉与石，为庆为殃心自扪。

当下宋兵在威胜城中，杀的尸横市井，血满沟渠。卢俊义传令，不得杀害百姓，连忙差人先往宋先锋处报捷。当夜宋兵直闹至五更方息，军将降者甚多。

天明，卢俊义计点将佐，除神机军师朱武在沁源城中镇守外，其余将佐，都无伤损。只有降将耿恭，被人马践踏身死。众将都来献功。焦挺将田定死尸驼来，琼英咬牙切齿，拔佩刀割了首级，把他尸骸支解。此时邬梨老婆倪氏已死，琼英寻了叶清妻子安氏，辞别卢俊义，同张清到襄垣，将田虎等押解到宋先锋处。卢俊义正在料理军务，忽有探马报来，说北将房学度将索超、汤隆围困在榆社县。卢俊义即教关胜、秦明、雷横、陈达、杨春、杨林、周通，领兵去解救索超等。

次日，宋江已破李天锡等于铜　山，一面差人申报陈安抚说："贼巢已破，贼首已擒，请安抚到威胜城中料理。"宋江统领大兵，已到威胜城外，卢俊义等迎接入城。宋江出榜，安抚百姓。卢俊义将卞祥解来。宋江见卞祥状貌魁伟，亲释其缚，以礼相待。卞祥见宋江如此意气，感激归降。次日，张清、琼英、叶清将田虎、田豹、田彪，囚载陷车，解送到来。琼英同了张清，双双的拜见伯伯宋先锋。琼英拜谢王英等昔日冒犯之罪。宋江叫将田虎等监在一边，待大军班师，一同解送东京献俘。即教置酒，与张清、琼英庆贺。当日有威胜属县武乡守城将士方顺等，将军民户口册籍、仓库钱粮，前来献纳。宋江赏劳毕，仍令方顺依旧镇守。宋江在威胜城一连过了两日，探马报到，说关胜等到榆社县，同索超、汤隆内外夹攻，杀了北将房学度。北军死者五千余人，其余军士都降。宋江大喜，对众将道："都赖众兄弟之力，得成平寇之功。"即细细标写众将功劳，及张清、琼英擒贼首、捣贼巢的大功。又过了三四日，关胜兵马方到，又报陈安抚兵马也到了。

宋江统领将佐，出郭迎接入城，参见已毕，陈安抚称赞道："将军等五月之内，成不世之功。下官一闻擒捉贼首，先将表文差人马上驰往京师奏凯，朝廷必当重封官爵。"宋江再拜称谢。

次日，琼英来禀，欲往太原石室山，寻觅母亲尸骸埋葬，宋江即命张清、叶清同去，不题。

宋江禀过陈安抚，将田虎宫殿院宇，珠轩翠屋，尽行烧毁。又与陈安抚计议，发仓廪，赈济各处遭兵被火居民。修书申呈宿太尉，写表申奏朝廷，差戴宗即日起行。戴宗擎赍表文书札，赶上陈安抚差的赍奏官，一同入进东京，先到宿太尉府前，依先寻了杨虞候，将书呈递。宿太尉大喜，明日早朝，并陈安抚表文，一同上达天听。道君皇帝龙颜喜悦，敕宋江等料理候代，班师回京，封官受爵。戴宗得了这个消息，即日拜辞宿太尉，离了东京，明日未牌时分，便到威胜城中，报知陈安抚、宋先锋。陈观、宋江一面教把生擒到贼徒伪官等众，除留田虎、田豹、田彪，另行解赴东京，其余从贼，都就威胜市曹斩首施行。所有未收去处，乃是晋宁所属蒲、解等州县。贼役赃官，得知田虎已被擒获，一半逃散，一半自行投首。陈安抚尽皆准首，复为良民。就行出榜去各处招抚，以安百姓。其余随从贼徒，不伤人者，亦准其自首投降，复为乡民，给还产业田园。克复州县已了，各调守御官军，护境安民，不在话下。

再说道君皇帝已降诏敕，差官赍领，到河北谕陈观等。次日，临幸武学，百官先集，蔡京于坐上谈兵，众皆拱听。内中却有一官，仰着面孔，看视屋角，不去睬他。蔡京大怒，连忙查问那官员姓名。正是：一人向隅，满坐不乐。只因蔡京查这个官员姓名，直教：天罡地煞临轸翼，猛将雄兵定楚郢。

毕竟蔡京查问那官员是谁，且听下回分解。

第一百一回 谋坟地阴险产逆　蹈春阳妖艳生奸

话说蔡京在武学中查问那不听他谈兵，仰视屋角的这个官员，姓罗名　，祖贯云南军达州人，现做武学谕。当下蔡京怒气填胸，正欲发作，因天子驾到报来，蔡京遂放下此事，率领百官，迎接圣驾进学，拜舞山呼。道君皇帝讲武已毕，当有武学谕罗戬，不等蔡京开口，上前俯伏，先启奏道：“武学谕小臣罗戬，冒万死，谨将淮西强贼王庆造反情形，上达圣聪。王庆作乱淮西，五年于兹，官军不能抵敌。童贯、蔡攸，奉旨往淮西征讨，全军覆没；惧罪隐匿，欺诳陛下，说军士水土不服，权且罢兵，以致养成大患。王庆势愈猖獗，前月又将臣乡云安军攻破，掳掠淫杀，惨毒不忍言说，通共占据八座军州，八十六个州县。蔡京经体赞元，其子蔡攸，如是复军杀将，辱国丧师，今日圣驾未临时，犹俨然上坐谈兵，大言不惭，病狂丧心!乞陛下速诛蔡京等误国贼臣，选将发兵，速行征剿，救生民于涂炭，保社稷以无疆，臣民幸甚！天下幸甚！”

道君皇帝闻奏大怒，深责蔡京等隐匿之罪。当被蔡京等巧言宛奏天子，不即加罪，起驾还宫。次日，又有亳州太守侯蒙到京听调，上书直言童贯、蔡攸丧师辱国之罪；并荐举：“宋江等才略过人，屡建奇功，征辽回来，又定河北，今已奏凯班师。目今王庆猖獗，乞陛下降敕，将宋江等先行褒赏，即着这支军马，征讨淮西，必成大功。”徽宗皇帝准奏，随即降旨下省院，议封宋江等官爵。

省院官同蔡京等商议，回奏：“王庆打破宛州，昨有禹州、载州、莱县三处申文告急。那三处是东京所属州县，邻近神京，乞陛下敕陈　、宋江等，不必班师回京，着他统领军马，星夜驰援禹州等处。臣等保举侯蒙为行军参谋。罗戬素有韬略，着他同侯蒙到陈　军前听用。宋江等正在征剿，未便升受，待淮西奏凯，另行酌议封赏。”原来蔡京知王庆那里兵强将猛，与童贯、杨　、高俅计议，故意将侯蒙、罗戬送到陈　那里，只等宋江等败绩，侯蒙、罗戬怕他走上天去!那时却不是一网打尽。

话不絮繁。却说那四个贼臣的条议，道君皇帝一一准奏，降旨写敕，就着侯蒙、罗戬，赍捧诏敕，及领赏赐金银、缎匹、袍服、衣甲、马匹、御酒等物，即日起行，驰往河北，宣谕宋江等。又敕该部将河北新复各府州县所缺正佐官员，速行推补，勒限星驰赴任。道君皇帝剖断政事已毕，复被王黼、蔡攸二人，劝帝到艮岳娱乐去了，不题。

且说侯蒙赍领诏敕及赏赐将士等物，满满的装载三十五车，离了东京，望河北进发。于路无话，不则一日，过了壶关山、昭德府，来到威胜州，离城尚有二十余里，遇着宋兵押解贼首到来。却是宋江先接了班师诏敕，恰遇琼英葬母回来。宋江将琼英母子及叶清贞孝节义的事，擒元凶贼首的功，并乔道清、孙安等降顺天朝，有功员役，都备细写表，申奏朝廷，就差张清、琼英、叶清，领兵押解贼首先行。当下张清上前，与侯参谋、罗戬相见已毕。张清得了这个消息，差人驰往陈安抚、宋先锋处报闻。陈　、宋江率领诸将，出郭迎接，侯蒙等捧赍圣旨入城，摆列龙亭香案。陈安抚及宋江以下诸将，整整齐齐，朝北跪着，裴宣喝拜。拜罢，侯蒙面南，立于龙亭之左，将诏书宣读道：

制曰：朕以敬天法祖，缵绍洪基，惟赖杰宏股肱，赞人业。迩来边庭多儆，国祚少宁，尔先锋使宋江等，跋履山川，逾越险阻，先成平虏之功，次奏静寇之绩，朕实嘉赖。今特差参谋侯蒙，赍捧诏书，给赐安抚陈　，及宋江、卢俊义等金银、袍缎、名马、衣甲、御酒等物，用彰尔功。兹者又因强贼王庆，作敌淮西，倾覆我城池，芟夷我人民，虔刘我边陲，荡摇我西京，仍敕陈　为安抚，宋江为平西都先锋，卢俊义为平西副先锋，侯蒙为行军参谋。诏书到日，即统领军马，星驰先救宛州。尔等将士，协力尽忠，功奏荡平，定行封赏。其三军头目，如钦赏未敷，着陈　就于河北州县内丰盈库藏中挪撮给赏，造册奏闻。尔其钦哉!特谕。

宣和五年四月　日

侯蒙读罢丹诏，陈　及宋江等山呼万岁，再拜谢恩已毕。侯蒙取过金银、缎匹等项，依次照名给散：陈安抚及宋江、卢俊义，各黄金五百两，锦缎十表里，锦袍一套，名马一匹，御酒二瓶；吴用等三十四员，各赏白金二百两，彩缎四表里，御酒一瓶；朱武等七十二员，各赐白金一百两，御酒一瓶；余下金银，陈安抚设处凑足，　散军兵已毕。宋江复令张清、琼英、叶清，押解田虎、田豹、田彪，到京师献俘去了。公孙胜来禀，乞兄长修五龙山龙神庙中五条龙像。宋江依允，差匠修塑。

宋江差戴宗、马灵往谕各路守城将士，一等新官到来，即行交代，勒兵前来，征剿王庆。宋江又料理了数日，各处新官皆到，诸路守城将佐，统领军兵，陆续到来。宋江将钦赏银两，　散已毕，宋江令萧让、金大坚镌勒碑石，记叙其事。正值五月五日天中节，宋江教宋清大排筵席，庆贺太平，请陈安抚上坐，新任太守及侯蒙、罗戬，并本州佐贰等官次之；宋江以下，除张清晋京外，其一百单七人，及河北降将乔道清、孙安、卞祥等一十七员，整整齐齐，排坐两边。当下席间，陈　、侯蒙、罗戬称赞宋江等功勋；宋江、吴用等感激三位知己，或论朝事，或诉衷曲，觥筹交错，灯烛辉煌，直饮至夜半方散。次日，宋江与吴用计议，整点兵马，辞别州官，离了威胜，同陈　等众，望南进发。所过地方，秋毫无犯。百姓香花灯烛，络绎道路，拜谢宋江等剪除贼寇，我们百姓，得再见天日之恩。

不说宋江等望南征进，再说没羽箭张清同琼英、叶清，将陷车囚解田虎等，已到东京，先将宋江书札，呈达宿太尉，并送金珠珍玩。宿太尉转达上皇，天子大嘉琼英母子贞孝，降敕特赠琼英母宋氏为介休贞节县君，着彼处有司，建造坊祠，表扬贞节，春秋享祀。封琼英为贞孝宜人，叶清为正排军，钦赏白银五十两，表扬其义。张清复还旧日原职。仍着三人协助宋江，征讨淮西，功成升赏。道君皇帝敕下法司，将反贼田虎、田豹、田彪，押赴市曹，凌迟碎剐。当下琼英带得父母小像，禀过监斩官，将仇申、宋氏小像，悬挂法场中，像前摆张桌子，等到午时三刻，田虎开刀碎剐后，琼英将田虎首级，摆在桌上，滴血祭奠父母，放声大哭。此时琼英这段事，东京已传遍了，当日观者如垛，见琼英哭得悲恸，无不感泣。琼英祭奠已毕，同张清、叶清望阙谢恩。三人离了东京，径望宛州进发，来助宋江，征讨王庆，不在话下。

看官牢记话头，仔细听着，且把王庆自幼至长的事，表白出来。那王庆原来是东京开封府内一个副排军。他父亲王砉，是东京大富户，专一打点衙门，　唆结讼，放刁把滥，排陷良善，因此人都让他些个。他听信了一个风水先生，看中了一块阴地，当出大贵之子。这块地，就是王砉亲戚人家葬过的，王砉与风水先生设计陷害。王砉出尖，把那家告纸谎状，官司累年，家产荡尽，那家敌王砉不过，离了东京，远方居住。后来王庆造反，三族皆夷，独此家在远方，官府查出是王砉被害，独得保全。王砉夺了那块坟地，葬过父母，妻子怀孕弥月。王砉梦虎入室，蹲踞堂西，忽被狮兽突入，将虎衔去。王砉觉来，老婆便产王庆。那王庆从小浮浪，到十六七岁，生得身雄力大，不去读书，专好斗鸡走马，使枪抡棒。那王砉夫妻两口儿，单单养得王庆一个，十分爱恤，自来护短，凭他惯了，到得长大，如何拘管得下。王庆赌的是钱儿，宿的是娼儿，吃的是酒儿。王砉夫妇，也有时训诲他。王庆逆性发作，将父母詈骂，王砉无可奈何，只索由他。过了六七年，把个家产费得罄尽，单靠着一身本事，在本府充做个副排军。一有钱钞在手，三兄四弟，终日大酒大肉价同吃；若是有些不如意时节，拽出拳头便打。所以众人又惧怕他，又喜欢他。

一日，王庆五更入衙画卯，干办完了执事，闲步出城南，到玉津圃游玩。此时是徽宗政和六年，仲春天气，游人如蚁，军马如云，正是：

上苑花开堤柳眠，游人队里杂婵娟。

金勒马嘶芳草地，玉楼人醉杏花天。

王庆独自闲耍了一回，向那圃中一颗傍池的垂杨上，将肩胛斜倚着，欲等个相识到来，同去酒肆中吃三杯进城。无移时，只见池北边十来个干办、虞候、伴当、养娘人等，簇着一乘轿子，轿子里面，如花似朵的一个年少女子。那女子要看景致，不用竹帘。那王庆好的是女色，见了这般标致的女子，把个魂灵都吊下来。认得那伙干办、虞候，是枢密童贯府中人。当下王庆远远地跟着轿子，随了那伙人来到艮岳。那艮岳在京城东北隅，即道君皇帝所筑，奇峰怪石，古木珍禽，亭榭池馆，不可胜数。外面朱垣绯户，如禁门一般，有内相禁军看守，等闲人脚指头儿也不敢踅到门前。

那簇人歇下轿，养娘扶女子出了轿，径望艮岳门内，袅袅娜娜，妖妖娆娆走进去。那看门禁军内侍，都让开条路，让他走进去了。原来那女子是童贯之弟童贯之女，杨　的外孙。童贯抚养为己女，许配蔡攸之子，却是蔡京的孙儿媳妇了，小名叫做娇秀，年方二八。他禀过童贯，乘天子两日在李师师家娱乐，欲到艮岳游玩。童贯预先分付了禁军人役，因此不敢拦阻。那娇秀进去了两个时辰，兀是不见出来。王庆那厮，呆呆地在外面守着，肚里饥饿，踅到东街酒店里，买些酒肉，忙忙地吃了六七杯，恐怕那女子去了，连帐也不算，向便袋里摸出一块二钱重的银子，丢与店小二道：“少停便来算帐。”

王庆再踅到艮岳前，又停了一回，只见那女子同了养娘，轻移莲步，走出艮岳来，且不上轿，看那艮岳外面的景致。王庆踅上前去看那女子时，真个标致。有《混江龙》词为证：

丰资毓秀，那里个金屋堪收?点樱桃小口，横秋水双眸。若不是昨夜晴开新月皎，怎能得今朝肠断小梁州。芳芬绰约蕙兰俦，香飘雅丽芙蓉袖，两下里心猿都被月引花钩。

王庆看到好处，不觉心头撞鹿，骨软筋麻，好便似雪狮子向火，霎时间酥了半边。那娇秀在人丛里，睃见王庆的相貌：

凤眼浓眉如画，微须白面红颜。顶平额阔满天仓，七尺身材壮健。善会偷香窃玉，惯的卖俏行奸。凝眸呆想立人前，俊俏风流无限。

那娇秀一眼睃着王庆风流，也看上了他。当有干办、虞候，喝开众人，养娘扶娇秀上轿，众人簇拥着，转东过西，却到酸枣门外岳庙里来烧香。王庆又跟随到岳庙里，人山人海的，挨挤不开，众人见是童枢密处虞候、干办，都让开条路。那娇秀下轿进香，王庆挨踅上前，却是不能近身，又恐随从人等叱咤，假意与庙祝厮熟，帮他点烛烧香，一双眼不住的溜那娇秀，娇秀也把眼来频睃。原来蔡攸的儿子，生来是憨呆的。那娇秀在家，听得几次媒婆传说是真，日夜叫屈怨恨。今日见了王庆风流俊俏，那小鬼头儿春心也动了。

当下童府中一个董虞候，早已瞧科，认得排军王庆。董虞候把王庆劈脸一掌打去，喝道：“这个是甚么人家的宅眷!你是开封府一个军健，你好大胆，如何也在这里挨挨挤挤。待俺对相公说了，教你这颗驴头，安不牢在颈上！”王庆那敢则声，抱头鼠窜，奔出庙门来，　一口唾，叫声道：“碎!我直恁这般呆!癞虾蟆怎想吃天鹅肉！”当晚忍气吞声，惭愧回家。谁知那娇秀回府，倒是日夜思想，厚赂侍婢，反去问那董虞候，教他说王庆的详细。侍婢与一个薛婆子相熟，同他做了马泊六，悄地勾引王庆从后门进来，人不知，鬼不觉，与娇秀勾搭。王庆那厮，喜出望外，终日饮酒。

光阴荏苒，过了三月，正是乐极生悲。王庆一日吃得烂醉如泥，在本府正排军张斌面前，露出马脚，遂将此事彰扬开去，不免吹在童贯耳朵里。童贯大怒，思想要寻罪过摆拨他，不在话下。

且说王庆因此事发觉，不敢再进童府去了。一日在家闲坐，此时已是五月下旬，天气炎热，王庆掇条板凳，放在天井中乘凉，方起身入屋里去拿扇子，只见那条板凳四脚搬动，从天井中走将入来。王庆喝声道：“奇怪！”飞起右脚，向板凳只一脚踢去。王庆叫声道：“阿也苦也！”不踢时，万事皆休，一踢时，　　立至。正是：天有不测风云，人有旦夕祸福。

毕竟王庆踢这板凳，为何叫苦起来，且听下回分解。

第一百二回王庆因奸吃官司　龚端被打师军犯

话说王庆见板凳作怪，用脚去踢那板凳，却是用力太猛，闪了胁肋，蹲在地下，只叫：“苦也，苦也！”半晌价动弹不得。老婆听的声唤，走出来看时，只见板凳倒在一边，丈夫如此模样，便把王庆脸上打了一掌，道：“郎当怪物，却终日在外面，不顾家里。今晚才到家里，一回儿又做甚么来？”王庆道：“大嫂不要取笑，我闪　了胁肋，了不的！”那妇人将王庆扶将起来，王庆勾着老婆的肩胛，摇头咬牙的叫道：“阿也，痛的慌！”那妇人骂道：“浪弟子，鸟歪货，你闲常时，只欢喜使腿牵拳，今日弄出来了。”那妇人自觉这句话说错，将纱衫袖儿掩着口笑。王庆听的“弄出来”三个字，恁般疼痛的时节，也忍不住笑，哈哈的笑起来。那妇人又将王庆打了个耳刮子道：“鸟怪物，你又想了那里去？”当下妇人扶王庆到床上睡了，敲了一碟核桃肉，旋了一壶热酒，递与王庆吃了。他自去拴门户，扑蚊虫，下帐子，与丈夫歇息。王庆因腰胁十分疼痛，那桩儿动弹不得，是不必说。

一宿无话。次早王庆疼痛兀是不止，肚里思想，如何去官府面前声喏答应?挨到午牌时分，被老婆催他出去赎膏药。王庆勉强摆到府衙前，与惯医跌打损伤、朝北开铺子卖膏药的钱老儿，买了两个膏药，贴在肋上。钱老儿说道：“都排若要好的快，须是吃两服疗伤行血的煎剂。”说罢，便撮了两服药，递与王庆。王庆向便袋里取出一块银子，约摸有钱二三分重，讨张纸儿，包了钱。老儿睃着他包银子，假把脸儿朝着东边。王庆将纸包递来道：“先生莫嫌轻亵，将来买凉瓜啖。”钱老儿道：“都排，朋友家如何计较，这却使不得！”一头还在那里说，那只右手儿，已是接了纸包，揭开药箱盖，把纸包丢下去了。

王庆拿了药，方欲起身，只见府西街上，走来一个卖卦先生。头带单纱抹眉头巾，身穿葛布直身，撑着一把遮阴凉伞，伞下挂一个纸招牌儿，大书“先天神数”四字，两旁有十六个小字，写道：

荆南李助，十文一数，字字有准，术胜管辂。

王庆见是个卖卦的，他已有娇秀这桩事在肚里，又遇着昨日的怪事，他便叫道：“李先生，这里请坐。”那先生道：“尊官有何见教？”口里说着，那双眼睛，骨渌渌的把王庆从头上直看至脚下。王庆道：“在下欲卜一数。”李助下了伞，走进膏药铺中，对钱老儿拱手道：“搅扰！”便向单葛布衣袖里摸出个紫檀课筒儿，开了筒盖，取出一个大定铜钱，递与王庆道：“尊官那边去对天默默地祷告。”王庆接了卦钱，对着炎炎的那轮红日，弯腰唱喏。却是疼痛，弯腰不下，好似那八九十岁老儿，硬着腰，半揖半拱的兜了一兜，仰面立着祷告。那边李助看了，悄地对钱老儿猜说道：“用了先生膏药，一定好的快，想是打伤的。”钱老道：“他见甚么板凳作怪，踢闪了腰肋。适才走来，说话也是气喘，贴了我两个膏药，如今腰也弯得下了。”李助道：“我说是个闪　的模样。”王庆祷告已毕，将钱递与李助。那李助问了王庆姓名，将课筒摇着，口中念道：

日吉辰良，天地开张。圣人作易，幽赞神明。包罗万象，道合乾坤。与天地合其德，与日月合其明，与四时合其序，与鬼神合其吉凶。今有东京开封府王姓君子，对天买卦。甲寅旬中，乙卯日，奉请周易文王先师，鬼谷先师，袁天纲先师，至神至圣，至福至灵，指示疑迷，明彰报应。

李助将课筒发了两次，迭成一卦，道是水雷屯卦，看了六爻动静，便问：“尊官所占何事？”王庆道：“问家宅。”李助摇着头道：“尊官莫怪小子直言，屯者，难也，你的灾难方兴哩!有几句断词，尊官须记着。”李助摇着一把竹骨折叠油纸扇儿，念道：

家宅乱纵横，百怪生灾家未宁。非古庙，即危桥。白虎冲凶官病遭。有头无尾何曾济，见贵凶惊讼狱交。人口不安遭跌蹼，四肢无力拐儿撬。从改换，是非消。逢着虎龙鸡犬日，许多烦恼祸星招。

当下王庆对着李助坐地，当不的那油纸扇儿的柿漆臭，把皂罗衫袖儿掩着鼻听他。李助念罢，对王庆道：“小子据理直言，家中还有作怪的事哩!须改过迁居，方保无事。明日是丙辰日，要仔细哩！”王庆见他说得凶险，也没了主意，取钱酬谢了李助。李助出了药铺，撑着伞，望东去了。当有府中五六个公人衙役，见了王庆，便道：“如何在这里闲话？”王庆把见怪闪　的事说了，众人都笑。王庆道：“列位，若府尹相公问时，须与做兄弟的周全则个！”众人都道：“这个理会得。”说罢，各自散去。

王庆回到家中，教老婆煎药。王庆要病好，不止两个时辰，把两服药都吃了。又要药行，多饮了几杯酒。两个直睡到次日辰牌时分，方才起身，梳洗毕，王庆因腹中空虚，暖些酒吃了。正在吃早饭，兀是未完，只听得外面叫道：“都排在家么？”妇人向板壁缝看了道：“是两个府中人。”王庆听了这句话，便呆了一呆，只得放下饭碗，抹抹嘴，走将出来，拱拱手问道：“二位光降，有何见教？”那两个公人道：“都排真个受用!清早儿脸上好春色!太爷今早点名，因都排不到，大怒起来。我们兄弟辈替你禀说见怪闪　的事，他那里肯信?便起了一枝签，差我们两个来请你回话。”把签与王庆看了。王庆道：“如今红了脸，怎好去参见?略停一会儿才好。”那两个公人道：“不干我们的事，太爷立等回话。去迟了，须带累我们吃打。快走!快走！”两个扶着王庆便走。王庆的老婆，慌忙走出来问时，丈夫已是出门去了。

两个公人扶着王庆进了开封府，府尹正坐在堂中虎皮交椅上。两个公人带王庆上前禀道：“奉老爷钧旨，王庆拿到。”王庆勉强朝上磕了四个头。府尹喝道：“王庆，你是个军健，如何怠玩，不来伺候？”王庆又把那见怪闪　的事，细禀一遍道：“实是腰肋疼痛，坐卧不宁，行走不动，非敢怠玩，望相公方便。”府尹听罢，又见王庆脸红，大怒喝道：“你这厮专一酗酒为非，干那不公不法的事，今日又捏妖言，欺诳上官！”喝教扯下去打。王庆那里分说得开?当下把王庆打得皮开肉绽，要他招认捏造妖书，煽惑愚民，谋为不轨的罪。王庆今日被官府拷打，死去再醒。吃打不过，只得屈招。府尹录了王庆口词，叫禁子把王庆将刑具枷　来钉了，押下死囚牢里，要问他个捏造妖书、谋为不轨的死罪。禁子将王庆扛抬入牢去了。

原来童贯密使人分付了府尹，正要寻罪过摆拨他，可可的撞出这节怪事来。那时府中上下人等，谁不知道娇秀这件勾当，都纷纷扬扬的说开去：“王庆为这节事得罪，如今一定不能个活了。”那时蔡京、蔡攸耳朵里颇觉不好听，父子商议，若将王庆性命结果，此事愈真，丑声一发播传。于是密挽心腹官员，与府尹相知的，教他速将王庆刺配远恶军州，以灭其迹。蔡京、蔡攸择日迎娶娇秀成亲，一来遮掩了童贯之羞，二来灭了众人议论。

且说开封府尹遵奉蔡太师处心腹密话，随即升厅。那日正是辛酉日，叫牢中提出王庆，除了长枷，断了二十脊杖，唤个文笔匠，刺了面颊，量地方远近，该配西京管下陕州牢城。当厅打一面十斤半团头铁叶护身枷钉了，贴上封皮，押了一道牒文，差两个防送公人，叫做孙琳、贺吉，监押前去。三人出开封府来，只见王庆的丈人牛大户接着，同王庆、孙琳、贺吉到衙前南街酒店里坐定。牛大户叫酒保搬取酒肉，吃了三杯两盏，牛大户向身边取出一包散碎银两，递与王庆道：“白银三十两，把与你路途中使用。”王庆用手去接道：“生受泰山！”牛大户推着王庆的手道：“这等容易!我等闲也不把银两与你，你如今配去陕州，一千余里，路远山遥，知道你几时回来?你调戏了别人家女儿，却不耽误了自己的妻子!老婆谁人替你养?又无一男半女，田地家产，可以守你。你须立纸休书，自你去后，任从改嫁，日后并无争执。如此，方把银子与你。”王庆平日会花费，思想：“我囊中又无十两半斤银两，这陕西如何去得？”左思右算，要那银两使用，叹了两口气道：“罢，罢!只得写纸休书。”牛大户一手接纸，一手交银，自回去了。

王庆同了两个公人，到家中来，收拾行囊包裹，老婆已被牛大户接到家中去了，把个门儿锁着。王庆向邻舍人家，借了斧凿，打开门户，到里面看时，凡老婆身上穿着的，头上插戴的，都将去了。王庆又恼怒，又凄惨。央间壁一个周老婆子，到家备了些酒食，把与公人吃了，将银十两，送与孙琳、贺吉道：“小人棒疮疼痛，行走不动，欲将息几日，方好上路。”孙琳、贺吉得了钱，也是应允，怎奈蔡攸处挽心腹催促公人起身。王庆将家伙什物，胡乱变卖了，交还了胡员外家赁房。

此时王庆的父王砉，已被儿子气瞎了两眼，另居一处，儿子上门，不打便骂。今日闻得儿子遭官司刺配，不觉心痛，教个小厮扶着，走到王庆屋里，叫道："儿子呀，你不听我的训诲，以致如此。"说罢，那双盲昏眼内，吊下泪来。王庆从小不曾叫王砉一声爷的，今值此家破人离的时节，心中也酸楚起来，叫声道："爷，儿子今日遭恁般屈官司，叵耐牛老儿无礼，逼我写了休妻的状儿，才把银子与我。"王砉道："你平日是爱妻子、孝丈人的，今日他如何这等待你？"王庆听了这两句抢白的话，便气愤愤的不来睬着爷，径同两个公人收拾出城去了。王砉顿足捶胸道："是我不该来看那逆种！"复扶了小厮自回，不题。

却说王庆同了孙琳、贺吉离了东京，赁个僻静所在，调治十余日，棒疮稍愈，公人催促上路，迤　而行，望陕州投奔。此时正是六月初旬，天气炎热，一日止行得四五十里，在路上免不得睡死人床，吃不滚汤。三个人行了十五六日，过了嵩山。一日正在行走，孙琳用手向西指着远远的山峰说道："这座山叫做北邙山，属西京管下。"三人说着话，趁早凉，行了二十余里。望见北邙山东有个市镇，只见四面村农，纷纷的投市中去。那市东人家稀少处，丁字儿列着三株大柏树。树下阴荫，只见一簇人亚肩叠背的围着一个汉子，赤着上身，在那阴凉树下，吆吆喝喝地使棒。三人走到树下歇凉。王庆走得汗雨淋漓，满身蒸湿，带着护身枷，挨入人丛中，踮起脚看那汉使棒。看了一歇儿，王庆不觉失口笑道："那汉子使的是花棒。"那汉正使到热闹处，听了这句话，收了棒看时，却是个配军。那汉大怒，便骂："贼配军，俺的枪棒，远近闻名，你敢开了那鸟口，轻慢我的棒，放出这个屁来！"丢下棒，提起拳头，劈脸就打。只见人丛中走出两个少年汉子来拦住道："休要动手！"便问王庆道："足下必是高手。"王庆道："乱道这一句，惹了那汉子的怒，小人枪棒也略晓得些儿。"那边使棒的汉子怒骂道："贼配军，你敢与我比试罢？"那两个人对王庆道："你敢与那汉子使合棒，若赢了他，便将这掠下的两贯钱，都送与你。"王庆笑道："这也使得。"分开众人，向贺吉取了杆棒，脱下汗衫，拽扎起裙子，掣棒在手。众人都道："你项上带着个枷儿，却如何抡棒？"王庆道："只这节儿稀罕。带着行枷赢了他，才算手段。"众人齐声道："你若带枷赢了，这两贯钱一定与你。"便让开路，放王庆入去。

那使棒的汉，也掣棒在手，使个旗鼓，喝道："来，来，来！"王庆道："列位恩官，休要笑话。"那边汉子明欺王庆有护身枷碍着，吐个门户，唤做蟒蛇吞象势。王庆也吐个势，唤做蜻蜓点水势。那汉喝一声，便使棒盖将入来。王庆望后一退，那汉赶入一步，提起棒，向王庆顶门，又复一棒打下来。王庆将身向左一闪，那汉的棒打个空，收棒不迭。王庆就那一闪里，向那汉右手一棒劈去，正打着右手腕，把这条棒打落下来。幸得棒下留情，不然把个手腕打断。众人大笑。王庆上前执着那汉的手道："冲撞休怪！"那汉右手疼痛，便将左手去取那两贯钱。众人一齐嚷将起来道："那厮本事低丑，适才讲过，这钱应是赢棒的拿！"只见在先出尖上前的两个汉子，劈手夺了那汉两贯钱，把与王庆道："足下到敝庄一叙。"那使棒的拗众人不过，只得收拾了行仗，望镇上去了。众人都散。

两个汉子邀了王庆，同两个公人，都戴个凉笠子，望南抹过两三座林子，转到一个村坊。林子里有所大庄院，一周遭都是土墙，墙外有二三百株大柳树。庄外新蝉噪柳，庄内乳燕啼梁。两个汉子，邀王庆等三人进了庄院，入到草堂，叙礼罢，各人脱下汗衫麻鞋，分宾主坐下。庄主问道："列位都像东京口气。"王庆道了姓名，并说被府尹陷害的事。说罢，请问二位高姓大名。二人大喜。那上面坐的说道："小可姓龚，单名个端字，这个是舍弟，单名个正字。舍下祖居在此，因此，这里叫做龚家村。这里属西京新安县管下。"说罢，叫庄客替三位　濯那湿透的汗衫，先汲凉水来解了暑渴，引三人到上房中洗了澡，草堂内摆上桌子，先吃了现成点心，然后杀鸡宰鸭，煮豆摘桃的置酒管待。庄客重新摆设，先搬出一碟剥光的蒜头，一碟切断的壮葱，然后搬出菜蔬、果品、鱼肉、鸡鸭之类。龚端请王庆上面坐了，两个公人一代儿坐下，龚端和兄弟在下面备席，庄客筛酒。

王庆称谢道："小人是个犯罪囚人，感蒙二位错爱，无端相扰，却是不当。"龚端道："说那里话!谁人保得没事?那个带着酒食走的?"当下猜枚行令，酒至半酣，龚端开口道："这个敝村，前后左右，也有二百余家，都推愚弟兄做个主儿。小可弟兄两个，也好使些拳棒，压服众人。今春二月，东村赛神会，搭台演戏，小可弟兄到那边耍子，与彼村一个人，唤做黄达，因赌钱斗口，被那厮痛打一顿，俺弟兄两个，也赢不得他。黄达那厮，在人面前夸口称强，俺两个奈何不得他，只得忍气吞声。适才见都排棒法十分整密，俺二人愿拜都排为师父，求师父点拨愚弟兄，必当重重酬谢。"王庆听罢大喜，谦让了一回。龚端同弟，随即拜王庆为师。当晚直饮至尽醉方休，乘凉歇息。

次日天明，王庆乘着早凉，在打麦场上，点拨龚端拽拳使腿，只见外面一个人，背叉着手，踱将进来，喝道："那里配军，敢到这里卖弄本事？"只因走进这个人来，有分教：王庆重种大祸胎，龚端又结深仇怨。真是：祸从浮浪起，辱因赌博招。

毕竟走进龚端庄里这个人是谁，且听下回分解。

第一百三回 张管营因妾弟丧身　范节级为表兄医脸

话说王庆在龚家村龚端庄院内，乘着那杲日初升，清风徐来的凉晨，在打麦场上柳阴下，点拨龚端兄弟，使拳拽腿，忽的有个大汉子，秃着头，不带巾帻，绾个丫髻，穿一领雷州细葛布短敞衫，系一条单纱裙子，拖一双草凉鞋儿，捏着一把三角细蒲扇，仰昂着脸，背叉着手，摆进来，见是个配军在那里点拨。他昨日已知道邙东镇上有个配军，赢了使枪棒的，恐龚端兄弟学了　节，开口对王庆骂道："你是个罪人，如何在路上挨脱，在这里哄骗人家子弟？"王庆只道是龚氏亲戚，不敢回答。原来这个人正是东村黄达，他也乘早凉，欲到龚家村西尽头柳大郎处讨赌帐，听得龚端村里吆吆喝喝，他平日欺惯了龚家弟兄，因此径自闯将进来。

龚端见是黄达，心头一把无明火，高举三千丈，按纳不住，大骂道："驴牛射出来的贼亡八!前日赖了我赌钱，今日又上门欺负人！"黄达大怒骂道："捣你娘的肠子！"丢了蒲扇，提了拳头，抢上前，望龚端劈脸便打。王庆听他两个出言吐气，也猜着是黄达了，假意上前来劝，只一枷，望黄达膀上打去。黄达扑通的　个脚梢天，挣扎不迭，被龚端、龚正并两个庄客，一齐上前按住，拳头脚尖，将黄达脊背、胸脯、肩胛、胁肋、膀子、脸颊、头额、四肢，无处不着拳脚，只空得个舌尖儿。当下众人将黄达踢打一个没算数，把那葛敞衫、纱裙子，扯的粉碎。黄达口里只叫道："打得好!打得好！"赤条条的一毫丝线儿也没有在身上，当有防送公人孙琳、贺吉，再三来劝，龚端等方才住手。黄达被他们打坏了，只在地上喘气，那里挣扎得起?

龚端叫三四个庄客，把黄达扛到东村半路上草地里撇下，赤日中晒了半日。黄达那边的邻舍庄家出来芸草，遇见了，扶他到家，卧床将息，央人写了状词，去新安县投递报辜，不在话下。

却说龚端等闹了一个早起，叫庄客搬出酒食，请王庆等吃早膳。王庆道："那厮日后必来报仇厮闹。"龚端道："这贼亡八穷出鸟来，家里只有一个老婆。左右邻里，只碍他的膂力，今日见那贼亡八打坏了，必不肯替他出力气。若是死了，拼个庄客，偿他的命，便吃官司，也说不得；若是不死，只是个互相厮打的官司。今日全赖师父报了仇，师父且喝杯酒，放心在此，一发把枪棒教导了愚弟兄，必当补报。"龚端取出两绽银，各重五两，送与两个公人，求他再宽几日。孙琳、贺吉得了钱，只得应允。自此一连住了十余日，把枪棒　节，尽传与龚端、龚正。因公人催促起身，又听得黄达央人到县里告准，龚端取出五十两白银，送与王庆，到陕州使用。起个半夜，收拾行囊包裹，天未明时，离了本庄。龚端叫兄弟带了若干银两，又来护送。于路无话，不则一日，来到陕州。孙琳、贺吉带了王庆到州衙，当厅投下了开封府文牒。州尹看验明白，收了王庆，押了回文，与两个公人回去，不在话下。州尹随即把王庆帖发本处牢城营来，公人讨收管回话，又不必说。

当下龚正寻个相识，将些银两，替王庆到管营差拨处买上嘱下的使用了。那个管营姓张，双名世开，得了龚正贿赂，将王庆除了行枷，也不打甚么杀威棒，也不来差他做生活，发下单身房内，由他自在出入。

不觉的过了两个月，时遇秋深天气。忽一日，王庆正在单身房里闲坐，只见一个军汉走来说道："管营相公唤你。"王庆随了军汉，来到点视厅上磕了头。管营张世开说道："你来这里许多时，不曾差遣你做甚么。我要买一张陈州来的好角弓。那陈州是东京管下，你是东京人，必知价值真假。"说罢，便向袖中摸出一个纸包儿，亲手递与王庆道："纹银二两，你去买了来回话。"王庆道："小的理会得。"接了银子，来到单身房里，拆开纸包，看那银子果是雪　，将等子称时，反重三四分。王庆出了本营，到府北街市上弓箭铺中，止用得一两七钱银子，买了一张真陈州角弓，将回来，张管营已不在厅上了。王庆将弓交与内宅亲随伴当送进去，喜得落了他三钱银子。明日张世开又唤王庆到点视厅上说道："你却干得事来，昨日买的角弓甚好。"王庆道："相公须教把火来放在弓厢里，不住的焙，方好。"张世开道："这个晓得。"从此张世开日日差王庆买办食用供应，却是不比前日发出现银来，给了一本帐簿，教王庆将日逐买的，都登记在簿上。那行铺人家，那个肯赊半文?王庆只得取出己财，买了送进衙门内去。张世开嫌好道歉，非打即骂。及至过了十日，将簿呈递，禀支价银，那里有毫忽儿发出来。如是月余，被张管营或五棒，或十棒，或二十，或三十，前前后后，总计打了三百余棒，将两腿都打烂了，把龚端送的五十两银子，赔费得罄尽。

一日，王庆到营西武功牌坊东侧首，一个修合丸散、卖饮片、兼内外科、撮熟药，又卖杖疮膏药的张医士铺里，买了几张膏药，贴疗杖疮。张医士一头与王庆贴膏药，一头口里说道："张管营的舅爷庞大郎，前日也在这里取膏药，贴治右手腕。他说在邙东镇上跌坏的，咱看他手腕，像个打坏的。"王庆听了这句话，忙问道："小人在营中，如何从不曾见面？"张医士道："他是张管营小夫人的同胞兄弟，单讳个元字儿。那庞夫人是张管营最得意的。那庞大郎好的是赌钱，又要使枪棒耍子。亏了这个姐姐，常照顾他。"王庆听了这一段话，九分猜是"前日在柏树下被俺打的那厮，一定是庞元了，怪道张世开寻罪过摆布俺。"王庆别了张医士，回到营中，密地与管营的一个亲随小厮，买酒买肉的请他，又把钱与他，慢慢的密问庞元详细。那小厮的说话，与前面张医士一般，更有两句备细的话，说道："那庞元前日在邙东镇上，被你打坏了，常在管营相公面前恨你。你的毒棒，只恐兀是不能免哩！"正是：

好胜夸强是祸胎，谦和守分自无灾。

只因一棒成仇隙，如今加利奉还来。

当下王庆问了小厮备细，回到单身房里，叹口气道："不怕官，只怕管。前日偶尔失口，说了那厮，赢了他棒，却不知道是管营心上人的兄弟。他若摆布得我要紧，只索逃走他处，再作道理。"便悄地到街坊，买了一把解手尖刀，藏在身边，以防不测。如此又过十数日，幸得管营不来呼唤，棒疮也觉好了些。

忽一日，张管营又叫他买两匹缎子。王庆有事在心，不敢怠惰，急急的到铺中买了回营。张管营正坐在点视厅上，王庆上前回话。张世开嫌那缎子颜色不好，尺头又短，花样又是旧的，当下把王庆大骂道："大胆的奴才!你是个囚徒，本该差你挑水搬石，或锁禁在大链子上。今日差遣你奔走，是十分抬举你。你这贼骨头，却是不知好歹！"骂得王庆顿口无言，插烛也似磕头求方便。张世开喝道："权且寄着一顿棒，速将缎匹换上好的来。限你今晚回话，若稍迟延，你须仔细着那条贼性命！"王庆只得脱出身上衣服，向解库中典了两贯钱，添钱买换上好的缎子，抱回营来。跋涉久了，已是上灯后了，只见营门闭着。当直军汉说："黑夜里谁肯担这干系，放你进去？"王庆分说道："蒙管营相公遣差的。"那当直军汉那里肯听。王庆身边尚有剩下的钱，送与当直的，方才放他进去，却是又被他缠了一回。捧了两匹缎子，来到内宅门外。那守内宅门的说道："管营相公和大奶奶厮闹，在后面小奶奶房里去了。大奶奶却是利害得紧，谁敢与你传话，惹是招非？"王庆思想道："他限着今晚回话，如何又恁般阻拒我?却不是故意要害我，明日那顿恶棒怎脱得过?这条性命，一定送在那贼亡八手里，俺被他打了三百余棒，报答那一棒的仇恨也够了。前又受了龚正许多银两，今日直恁如此翻脸摆布俺！"

那王庆从小恶逆，生身父母也再不来触犯他的。当下逆性一起，道是"恨小非君子，无毒不丈夫"，一不做，二不休，挨到更余，营中人及众囚徒都睡了，悄地踅到内宅后边，爬过墙去，轻轻的拔了后门的栓儿，藏过一边。那星光之下，照见墙垣内东边有个马厩，西边小小一间屋，看时，乃是个坑厕。王庆掇那马厩里一扇木栅，竖在二重门的墙边，从木栅爬上墙去，从墙上抽起木栅，竖在里面，轻轻溜将下去。先拔了二重门栓，藏过木栅，里面又是墙垣。只听得墙里边笑语喧哗。王庆踅到墙边，伏着侧耳细听，认得是张世开的声音，一个妇人声音，又是一个男子声音，却在那里喝酒闲话。王庆窃听多时，忽听得张世开说道："舅子，那厮明日来回话，那条性命，只在棒下。"又听得那个男子说道："我算那厮身边东西，也七八分了。姐夫须决意与我下手，出这口鸟气！"张世开答道："只在明后日教你快活罢了！"那妇人道："也够了!你们也索罢休！"那男子道："姐姐说那里话?你莫管！"王庆在墙外听他们三个一递一句，说得明白，心中大怒，那一把无明业火，高举三千丈，按纳不住，恨不得有金刚般神力，推倒那粉墙，抢进去杀了那厮们。正是：

爽口物多终作病，快心事过必为殃。

金风未动蝉先觉，无常暗送怎提防!

当下王庆正在按纳不住，只听得张世开高叫道："小厮，点灯照我往后面去登东厕。"王庆听了这句，连忙掣出那把解手尖刀，将身一堆儿蹲在那株梅树后，只听得呀的一声，那里面两扇门儿开了。王庆在黑地里观看，却是日逐透递消息的那个小厮，提个行灯，后面张世开摆将出来。不知暗里有人，望着前，只顾走，到了那二重门边，骂道："那些奴才们，一个也不小心，如何这早晚不将这栓儿拴了？"那小厮开了门，照张世开。方才出得二重门，王庆悄悄的挨将上来。张世开听得后面脚步响，回转头来，只见王庆右手掣刀，左手叉开五指，抢上前来。张世开把那心肝五脏，都提在九霄云外，叫声道："有贼！"

说时迟，那时快，被王庆早落一刀，把张世开齐耳根连脖子砍着，扑地便倒。那小厮虽是平日与王庆厮熟，今日见王庆拿了明晃晃一把刀，在那里行凶，怎的不怕?却待要走，两只脚一似钉住了的，再要叫时，口里又似哑了的，喊不出来，端的惊得呆了。张世开正在挣命，王庆赶上，照后心又刺一刀，结果了性命。

庞元正在姐姐房中吃酒，听得外面隐隐的声唤，点灯不迭，急跑出来看视。王庆见里面有人出来，把那提灯的小厮只一脚，那小厮连身带灯跌去，灯火也灭了。庞元只道张世开打小厮，他便叫道："姐夫，如何打那小厮？"却待上前来劝，被王庆飞抢上前，暗地里望着庞元一刀刺去，正中胁肋。庞元杀猪也似喊了一声， 翻在地。王庆揪住了头发，一刀割下头来。庞氏听得外面喊声凶险，急叫丫 点灯，一同出来照看。王庆看见庞氏出来，也要上前来杀。你道有恁般怪事!说也不信。王庆那时转眼间，便见庞氏背后有十数个亲随伴当，都执器械，赶喊出来。王庆慌了手脚，抢出外去，开了后门，越过营中后墙，脱下血污衣服，揩净解手刀，藏在身边。听得更鼓，已是三更，王庆乘那街坊人静，踅到城边。那陕州是座土城，城垣不甚高，濠堑不甚深，当夜被王庆越城去了。

且不说王庆越城，再说张世开的妾庞氏，只同得两个丫 ，点灯出来照看，原无甚么伴当同他出来。他先看见了兄弟庞元血渌渌的头在一边，体在一边，唬得庞氏与丫 都面面厮觑，正如分开八片顶阳骨，倾下半桶冰雪水，半晌价说不出话。当下庞氏三个，连跌带滚，战战兢兢的跑进去，声张起来，叫起里面亲随，外面当值的军牢，打着火把，执着器械，都到后面照看。只见二重门外，又杀死张管营，那小厮跌倒在地，尚在挣命，口中吐血，眼见得不能够活了。众人见后门开了，都道是贼在后面来的，一拥到门外照看，火光下照见两匹彩缎，抛在地下，众人齐声道是王庆。连忙查点各囚徒，只有王庆不在。当下闹动了一营，及左右前后邻舍众人，在营后墙外，照着血污衣服，细细检认，件件都是王庆的。众人都商议，趁着未开城门，却报知州尹，急差人搜捉。此时已是五更时分了。州尹闻报大惊，火速差县尉检验杀死人数，及行凶人出没去处，一面差人教将陕州四门闭紧，点起军兵，并缉捕人员，城中坊厢里正，逐一排门搜捉凶人王庆。闭门闹了两日，家至户到，逐一挨查，并无影迹。州尹押了文书，委官下该管地方各处乡保都村，排家搜捉，缉捕凶首。写了王庆乡贯、年甲、貌相、模样，画影图形，出一千贯信赏钱。"如有人知得王庆下落，赴州告报，随文给赏；如有人藏匿犯人在家食宿者，事发到官，与犯人同罪。"遍行邻近州县，一同缉捕。

且说王庆当夜越出陕州城，抓扎起衣服，从城濠浅处，去过对岸，心中思想道："虽是逃脱了性命，却往那里去躲避好？"此时是仲冬将近，叶落草枯，星光下看得出路径。王庆当夜转过了三四条小路，方才有条大路。急忙忙的奔走，到红日东升，约行了六七十里，却是望着南方行走，望见前有人家稠密去处。王庆思想身边尚有一贯钱，且到那里买些酒食吃了，再算计投那里去。

不多时，走到市里，天气尚早，酒肉店尚未开哩。只有朝东一家屋檐下，挂个安歇客商的破灯笼儿，是那家昨晚不曾收得，门儿兀是半开半掩。王庆上前，呀的一声推进门去，只见一个人兀未梳洗，从里面走将出来。王庆看时，认得这个"乃是我母姨表兄院长范全。他从小随父亲在房州经纪得利，因此就充做本州两院押牢节级。今春三月中，到东京公干，也在我家住过几日"。当下王庆叫道："哥哥别来无恙！"范全也道："是像王庆兄弟。"见他这般模样，脸上又刺了两行金印，正在疑虑，未及回答。那边王庆见左右无人，托地跪下道："哥哥救兄弟则个！"范全慌忙扶起道："你果是王庆兄弟么？"王庆摇手道："禁声！"范全会意，一把挽住王庆袖子，扯他到客房中，却好范全昨晚拣赁的是独宿房儿。范全悄地忙问："兄弟何故如此模样？"王庆附耳低言的，将那吃官司刺配陕州的事，述了一遍。次后说张世开报仇忒狠毒，昨夜已是如此如此。

范全听罢大惊，踌躇了一回，急急的梳洗吃饭，算还了房钱饭钱，商议教王庆只做军牢跟随的人，离了饭店，投奔房州来。王庆于路上问范全为何到此，范全说道："蒙本处州尹，差往陕州州尹处投递书札，昨日方讨得回书，随即离了陕州，因天晚在此歇宿。却不知兄弟正在陕州，又做出恁般的事来。"范全同了王庆，夜止晓行，潜逃到房州。才过得两日，陕州行文挨捕凶人王庆。范全捏了两把汗，回家与王庆说知："城中必不可安身。城外定山堡东，我有几间草房，又有二十余亩田地，是前年买下的。如今发几个庄客在那里耕种，我兄弟到那里躲避几日，却再算计。"范全到黑夜里，引王庆出城，到定山堡东，草房内藏匿。却把王庆改姓改名，叫做李德。范全思想王庆脸上金印不稳。幸得昔年到建康，闻得神医安道全的名，用厚币交结他，学得个疗金印的法儿，却将毒药与王庆点去了，后用好药调治，起了红疤，再将金玉细末，涂搽调治，二月有余，那疤痕也消磨了。

光阴荏苒，过了百余日，却是宣和元年的仲春了。官府挨捕的事，已是虎头蛇尾，前紧后慢。王庆脸上没了金印，也渐渐的闯将出来，衣服鞋袜，都是范全周济他。一日，王庆在草房内闷坐，忽听得远远地有喧哗厮闹的声，王庆便来问："庄客，何处恁般热闹？"庄客道："李大官不知，这里西去一里有余，乃是定山堡内段家庄。段氏兄弟向本州接得个粉头，搭戏台，说唱诸般品调。那粉头是西京来新打踅的行院，色艺双绝，赚得人山人海价看。大官人何不到那里睃一睃？"王庆听了这话，那里耐得脚住?一径来到定山堡。只因王庆走到这个所在，有分教：配军村妇谐姻眷，地虎民殃毒一方。

毕竟王庆到那里观看，真个有粉头说唱也不，且听下回分解。

第一百四回段家庄重招新女婿　房山寨双并旧强人

话说当下王庆闯到定山堡，那里有五六百人家，那戏台却在堡东麦地上。那时粉头还未上台，台下四面，有三四十只桌子，都有人围挤着在那里掷骰赌钱。那掷色的名儿，非止一端，乃是：

六风儿　　五幺子　　火燎毛　　朱窝儿

又有那 钱的，蹲踞在地上，共有二十余簇人。那 钱的名儿，也不止一端，乃是：

浑纯儿　　三背间　　八叉儿

那些掷色的，在那里呼幺喝六， 钱的在那里唤字叫背；或夹笑带骂，或认真厮打。那输了的，脱衣典裳，褫巾剥袜，也要去翻本，废事业，忘寝食，到底是个输字；那赢的，意气扬扬，东摆西摇，南闯北踅的寻酒头儿再做，身边便袋里，搭膊里，衣袖里，都是银钱。到后捉本算帐，原来赢不多，赢的都被把梢的、放囊的拈了头儿去。不说赌博光景，更有村姑农妇，丢了锄麦，撇了灌菜，也是三三两两，成群作队，仰着黑泥般脸，露着黄金般齿，呆呆地立着，等那粉头出来。看他一般是爹娘养的，他便如何恁般标致，有若干人看他。当下不但邻近村坊人，城中人也赶出来睃看，把那青青的麦地，踏光了十数亩。

话休絮繁。当下王庆闲看了一回，看得技痒，见那戏台里边，人丛里，有个彪形大汉，两手靠着桌子，在杌子上坐地。那汉生的圆眼大脸，阔肩细腰，桌上堆着五贯钱，一个色盆，六只骰子，却无主顾与他赌。王庆思想道："俺自从吃官司到今日，有十数个月，不曾弄这个道儿了。前日范全哥哥把与我买柴薪的一锭银在此，将来做个梢儿，与那厮掷几掷，赢几贯钱回去，买果儿吃。"当下王庆取出银子，望桌上一丢，对那汉道："胡乱掷一回。"那汉一眼瞅着王庆说道："要掷便来。"说还未毕，早有一个人，向那前面桌子边人丛里挨出来，貌相长大，与那坐下的大汉，仿佛相似，对王庆说道："秃秃，他这锭银怎好出主?将银来，我有钱在此。你赢了，每贯只要加利二十文。"王庆道："最好！"与那人打了两贯钱，那人已是每贯先除去二十文。王庆道："也罢！"随即与那汉讲过掷朱窝儿。方掷得两三盆，随有一人挨下来，出主等掷。那王庆是东京积赌惯家，他信得盆口真，又会躲闪打浪，又狡猾奸诈，下　主作弊；那放囊的乘闹里踅过那边桌上去了，那挨下来的，说王庆掷得凶，收了去，只替那汉拈头儿。王庆一口气掷赢了两贯钱，得了采，越掷得出，三红四聚，只管撒出来。那汉性急翻本，掷下便是绝，塌脚、小四不脱手。王庆掷了九点，那汉偏调出倒八来；无一个时辰，把五贯钱输个罄尽。

王庆赢了钱，用绳穿过两贯，放在一边，待寻那汉赎梢。又将那三贯穿缚停当，方欲将肩来负钱，那输的汉子喝道："你待将钱往那里去?只怕是才出炉的，热的熬炙了手。"王庆怒道："你输与我的，却放那鸟屁？"那汉睁圆怪眼骂道："狗弟子孩儿，你敢伤你老爷！"王庆骂道："村撮鸟，俺便怕你把拳打在俺肚里拔不出来，不将钱去！"那汉提起双拳，望王庆劈脸打来。王庆侧身一闪，就势接住那汉的手，将右肘向那汉胸脯只一搪，右脚应手，将那汉左脚一勾。那汉是蛮力，那里解得这跌法，扑通的望后　翻，面孔朝天，背脊着地。那立拢来看的人，都笑起来。那汉却待挣扎，被王庆上前按住，照实落处只顾打。那在先放囊的走来，也不解劝，也不帮助，只将桌上的钱，都抢去了。王庆大怒，弃了地上汉子，大踏步赶去。只见人丛里闪出一个女子来，大喝道："那厮不得无礼!有我在此！"王庆看那女子，生的如何：

眼大露凶光，眉粗横杀气。腰肢坌蠢，全无袅娜风情；面皮顽厚，惟赖粉脂铺翳。异样钗　插一头，时兴钏镯露双臂。频搬石臼，笑他人气喘急促；常掇井栏，夸自己膂力不费。针线不知如何拈，拽腿牵拳是长技。

那女子有二十四五年纪。他脱了外面衫子，卷做一团，丢在一个桌上，里面是箭杆小袖紧身，鹦哥绿短袄，下穿一条大裆紫夹绸裤儿，踏步上前，提起拳头，望王庆打来。王庆见他是女子，又见他起拳便有破绽，有意耍他，故意不用快跌，也拽双拳吐个门户，摆开解数，与那女子相扑。但见：

拽开大四平，踢起双飞脚。仙人指路，老子骑鹤。拗鸾肘出近前心，当头炮势侵额角。翘跟淬地龙，扭腕擎天棗。这边女子，使个盖顶撒花；这里男儿，耍个绕腰贯索。两个似迎风贴扇儿，无移时急雨催花落。

那时粉头已上台做笑乐院本，众人见这边男女相扑，一齐走拢来，把两人围在圈子中看。那女子见王庆只办得架隔遮拦，没本事钻进来，他便觑个空，使个黑虎偷心势，一拳望王庆劈心打来。王庆将身一侧，那女子打个空，收拳不迭。被王庆就势扭　定，只一交，把女子　翻；刚刚着地，顺手儿又抱起来。这个势，叫做虎抱头。王庆道："莫污了衣服。休怪俺冲撞，你自来寻俺。"那女子毫无羞怒之色，倒把王庆赞道："啧啧，好拳腿!果是　节！"那边输钱吃打的，与那放囊抢钱的两个汉子，分开众人，一齐上前喝道："驴牛射的狗弟子孩儿，恁般胆大!怎敢跌我妹子？"王庆喝骂道："输败腌　村乌龟子，抢了俺的钱，反出秽言！"抢上前，拽拳便打。只见一个人从人丛里抢出来，横身隔住了一双半人，六个拳头，口里高叫道："李大郎，不得无礼!段二哥、段五哥，也休要动手!都是一块土上人，有话便好好地说！"王庆看时，却是范全。三人真个住了手。

范全连忙向那女子道："三娘拜揖。"那女子也道了万福，便问："李大郎是院长亲戚么？"范全道："是在下表弟。"那女子道："出色的好拳脚！"王庆对范全道："叵耐那厮自己输了钱，反教同伙儿抢去了。"范全笑道："这个是二哥、五哥的买卖，你如何来闹他？"那边段二、段五四只眼瞅着看妹子。那女子说道："看范院长面皮，不必和他争闹了。拿那锭银子来！"段五见妹子劝他，又见妹子奢遮，"是我也是输了"。只得取出那锭原银，递与妹子三娘。那三娘把与范全道："原银在此，将了去！"说罢，便扯着段二、段五，分开众人去了。范全也扯了王庆，一径回到草庄内。

范全埋怨王庆道："俺为娘面上，担着血海般胆，留哥哥在此。倘遇恩赦，再与哥哥营谋。你却怎般没坐性!那段二、段五，最刁泼的。那妹子段三娘，更是渗濑，人起他个绰号儿，唤他做大虫窝。良家子弟，不知被他诱扎了多少。他十五岁时，便嫁个老公。那老公果是坌蠢，不上一年，被他炙　杀了。他恃了膂力，和段二、段五专一在外寻趁厮闹，赚那恶心钱儿。邻近村坊，那一处不怕他的?他们接这粉头，专为勾引人来赌博。那一张桌子，不是他圈套里?哥哥，你却到那里惹是招非!倘或露出马脚来，你吾这场祸害，却是不小。"王庆被范全说得顿口无言。范全起身对王庆道："我要州里去当直，明日再来看你。"

不说范全进房州城去，且说当日王庆，天晚歇息，一宿无话。次日，梳洗方毕，只见庄客报道："段太公来看大郎。"王庆只得到外面迎接，却是皱面银须一个老叟。叙礼罢，分宾主坐定。段太公将王庆从头上直看至脚下，口里说道："果是魁伟！"便问王庆："那里人氏?因何到此?范院长是足下甚么亲戚?曾娶妻也不？"王庆听他问的跷蹊，便捏一派假话，支吾说道："在下西京人氏，父母双亡，妻子也死过了，与范节级是中表兄弟。因旧年范节级有公干到西京，见在下独自一身，没人照顾，特接在下到此。在下颇知些拳棒，待后觑个方便，就在本州讨个出身。"段太公听罢大喜，便问了王庆的年庚八字，辞别去了。

又过多样时，王庆正在疑虑，又有一个人推扉进来，问道："范院长可在么?这位就是李大郎么？"二人都面面厮觑，错愕相顾，都想道："曾会过来。"叙礼才罢，正欲动问，恰好范全也到。三人坐定，范全道："李先生为何到此？"王庆听了这句，猛可的想着道："他是卖卦的李助。"那李助也想起来道："他是东京人，姓王，曾与我问卜。"李助对范全道："院长，小子一向不曾来亲近得。敢问有个令亲李大郎么？"范全指王庆道："只这个便是我兄弟李大郎。"王庆接过口来道："在下本姓是李。那个王，是外公姓。"李助拍手笑道："小子好记分。我说是姓王，曾在东京开封府前相会来。"王庆见他说出备细，低头不语。李助对王庆道："自从别后，回到荆南，遇异人，授以剑术，及看子平的妙诀，因此叫小子做金剑先生。近日在房州，闻此处热闹，特到此赶节做生理。段氏兄弟知小子有剑术，要小子教导他击刺，所以留小子在家。适才段太公回来，把贵造与小子推算，那里有这样好八字?日后贵不可言。目下红鸾照临，应有喜庆之事。段三娘与段太公大喜，欲招赘大郎为婿。小子乘着吉日，特到此为月老。三娘的八字，十分旺夫。适才曾合过来，铜盆铁帚，正是一对儿夫妻。作成小子吃杯喜酒！"

范全听了这一席话，沉吟了一回，心下思想道："那段氏刁顽，如或不允这头亲事，设或有个破绽，为害不浅。只得将机就机罢！"便对李助道："原来如此!承段太公、三娘美意。只是这个兄弟粗蠢，怎好做娇客？"李助道："阿也!院长不必太谦了。那边三娘，不住口的称赞大郎哩！"范全道："如此极妙的了!在下便可替他主婚。"身边取出五两重的一锭银，送与李助道："村庄没甚东西相待，这些薄意，准个茶果，事成另当重谢。"李助道："这怎么使得！"范全道："惶恐!惶恐!只有一句话：先生不必说他有两姓，凡事都望周全。"李助是个星卜家，得了银子，千恩万谢的辞了范全、王庆，来到段家庄回复，那里管甚么一姓两姓，好人歹人，一味撮合山，骗酒食，赚铜钱。更兼段三娘自己看中意了对头儿，平日一家都怕他的，虽是段太公，也不敢拗他，所以这件事一说就成。

李助两边往来说合，指望多说些聘金，月老方才旺相。范全恐怕行聘播扬惹事，讲过两家一概都省。那段太公是做家的，更是喜欢，一径择日成亲。择了本月二十二日，宰羊杀猪，网鱼捕蛙，只办得大碗酒，大盘肉，请些男亲女戚吃喜酒。其笙箫鼓吹，洞房花烛，一概都省。范全替王庆做了一身新衣服，送到段家庄上。范全因官府有事，先辞别去了。王庆与段三娘交拜合卺等项，也是草草完事。段太公摆酒在草堂上，同二十余个亲戚，及自家儿子、新女婿，与媒人李助，在草堂吃了一日酒，至暮方散。众亲戚路近的，都辞谢去了；留下路远走不迭的，乃是姑丈方翰夫妇，表弟丘翔老小，段二的舅子施俊男女。三个男人在外边东厢歇息；那三个女眷，通是不老成的，搬些酒食与王庆、段三娘暖房，嘻嘻哈哈，又喝了一回酒，方才收拾歇息。当有丫头老妈，到新房中铺床叠被，请新官人和姐姐安置，丫头从外面拽上了房门，自各知趣去了。

众妇人正在那里嘲笑打诨，你绰我捏，只见段二抢进来大叫道："怎么好!怎么好!你们也不知利害，兀是在此笑耍！"众妇人都捏了两把汗，却没理会处。段二又喊道："妹子，三娘，快起来!你床上招了个祸胎也！"段三娘正在得意处，反嗔怪段二，便在床上答道："夜晚间有甚事，恁般大惊小怪？"段二又喊道："火燎鸟毛了!你们兀是不知死活！"王庆心中本是有事的人，教老婆穿衣服，一同出房来问，众妇人都跑散了。

王庆方出房门，被段二一手扯住，来到前面草堂上，却是范全在那里叫苦叫屈，如热锅上蚂蚁，没走一头处，随后段太公、段五、段三娘都到。却是新安县龚家村东的黄达，调治好了打伤的病，被他访知王庆踪迹实落处，昨晚到房州报知州尹。州尹张顾行，押了公文，便差都头，领着土兵，来捉凶人王庆，及窝藏人犯范全并段氏人众。范全因与本州当案薛孔目交好，密地里先透了个消息。范全弃了老小，一溜烟走来这里，"顷刻便有官兵来也!众人个个都要吃官司哩！"众人跌脚捶胸，好似掀翻了抱鸡窠，弄出许多慌来，却去骂王庆，羞三娘。

正在闹吵，只见草堂外东厢里走出算命的金剑先生李助，上前说道："列位若要免祸，须听小子一言！"众人一齐上前拥着来问。李助道："事已如此，三十六策，走为上策！"众人道："走到那里去？"李助道："只这里西去二十里外，有座房山。"众人道："那里是强人出没去处。"李助笑道："列位恁般呆!你们如今还想要做好人？"众人道："却是怎么？"李助道："房山寨主廖立，与小子颇是相识。他手下有五六百名喽罗，官兵不能收捕，事不宜迟，快收拾细软等物，都到那里入伙，方避得大祸。"方翰等六个男女，恐怕日后捉亲属连累，又被王庆、段三娘十分撺掇，众人无可如何，只得都上了这条路。把庄里有的没的细软等物，即便收拾，尽教打叠起了，一壁点起三四十个火把。王庆、段三娘、段二、段五、方翰、丘翔、施俊、李助、范全九个人，都结束齐整，各人跨了腰刀，枪架上拿了朴刀，唤集庄客，愿去的共是四十余个，俱拽扎拴缚停当。王庆、李助、范全当头，方翰、丘翔、施俊保护女子在中。幸得那五个女子，都是锄头般的脚，却与男子一般的会走。段三娘、段二、段五在后，把庄上前后都放把火，发声喊，众人都执器械，一哄望西而走。邻舍及近村人家，平日畏段家人物如虎，今日见他们明火执仗，又不知他们备细，都闭着门，那里有一个敢来拦当。

王庆等方行得四五里，早遇着都头土兵，同了黄达，跟同来捉人。都头上前，早被王庆手起刀落，把一个斩为两段。李助、段三娘等，一拥上前，杀散土兵，黄达也被王庆杀了。王庆等一行人来到房山寨下，已是五更时分。李助计议，欲先自上山，诉求廖立，方好领众人上山入伙。寨内巡视的小喽罗，见山下火把乱明，即去报知寨主。那廖立疑是官兵，他平日欺惯了官兵没用，连忙起身，披挂绰枪，开了栅寨，点起小喽罗，下山拒敌。王庆见山上火起，又有许多人下来，先做准备。当下廖立直到山下，看见许多男女，料道不是官兵。廖立挺枪喝道："你这伙鸟男女，如何来惊动我山寨，在太岁头上动土？"李助上前躬身道："大王，是劣弟李助。"随即把王庆犯罪，及杀管营，杀官兵的事，略述一遍。廖立听李助说得王庆恁般了得，更有段家兄弟帮助，"我只一身，恐日后受他们气。"翻着脸对李助道："我这个小去处，却容不得你们。"王庆听了这句，心下思想："山寨中只有这个主儿，先除了此人，小喽罗何足为虑？"便挺朴刀，直抢廖立。那廖立大怒，拈枪来迎。段三娘恐王庆有失，挺朴刀来相助。三个人斗了十数合，三个人里倒了一个。正是：

瓦罐不离井上破，强人必在镝前亡。

毕竟三人中倒了那一个，且听下回分解。

第一百五回宋公明避暑疗军兵　乔道清回风烧贼寇

话说王庆、段三娘与廖立斗不过六七合，廖立被王庆觑个破绽，一朴刀搠翻，段三娘赶上，复一刀结果了性命。廖立做了半世强人，到此一场春梦。王庆提朴刀喝道："如有不愿顺者，廖立为样！"众喽罗见杀了廖立，谁敢抗拒，都投戈拜服。王庆领众上山，来到寨中，此时已是东方发白。那山四面，都是生成的石室，如房屋一般，因此叫做房山，属房州管下。当日王庆安顿了各人老小，计点喽罗，盘查寨中粮草、金银、珍宝、锦帛、布匹等项，杀牛宰马，大赏喽罗，置酒与众人贺庆。众人遂推王庆为寨主，一面打造军器，一面训练喽罗，准备迎敌官兵，不在话下。

且说当夜房州差来擒捉王庆的一行都头土兵人役，被王庆等杀散，有逃奔得脱的，回州报知州尹张顾行说："王庆等预先知觉，拒敌官兵，都头及报人黄达都被杀害。那伙凶人，投奔西去。"张顾行大惊，次早计点土兵，杀死三十余名，伤者四十余人。张顾行即日与本州镇守军官计议，添差捕盗官军及营兵，前去追捕。因强人凶狠，官兵又损折了若干。房山寨喽罗日众，王庆等下山来打家劫舍。张顾行见贼势猖獗，一面行下文书，仰属县知会守御本境，拨兵前来，协力收捕；一面再与本州守御兵马都监胡有为计议剿捕。胡有为整点营中军兵，择日起兵前去剿捕。两营军忽然鼓噪起来，却是为两个月无钱米关给，今日瘪着肚皮，如何去杀贼?张顾行闻变，只得先将一个月钱米给散。只因这番给散，越激怒了军士，却是为何?当事的，平日不将军士抚恤节制，直到鼓噪，方才给发请受，已是骄纵了军心。更有一桩可笑处，今日有事，那扣头常例，又与平日一般克剥。他们平日受的克剥气多了，今日一总发泄出来。军情汹汹，一时发作，把那胡有为杀死。张顾行见势头不好，只护着印信，预先躲避。城中无主，又有本处无赖，附和了叛军，遂将良民焚劫。那强贼王庆，见城中变起，乘势领众多喽罗来打房州。那些叛军及乌合奸徒，反随顺了强人。因此王庆得志，遂被那厮占据了房州为巢穴。那张顾行到底躲避不脱，也被杀害。

王庆劫掳房州仓库钱粮，遣李助、段二、段五，分头于房山寨及各处，立竖招军旗号，买马招军，积草屯粮，远近村镇，都被劫掠。那些游手无赖，及恶逆犯罪的人，纷纷归附。那时龚端、龚正，向被黄达讦告，家产荡尽，闻王庆招军，也来入了伙。邻近州县，只好保守城池，谁人敢将军马剿捕?被强人两月之内，便集聚了二万余人，打破邻近上津县、竹山县、郧乡县三个城池。邻近州县，申报朝廷，朝廷命就彼处发兵剿捕。宋朝官兵，多因粮饷不足，兵失操练，兵不畏将，将不知兵。一闻贼警，先是声张得十分凶猛，使士卒寒心，百姓丧胆。及至临阵对敌，将军怯懦，军士馁弱。怎禁得王庆等贼众，都是拚着性命杀来，官军无不披靡。因此，被王庆越弄得大了，又打破了南丰府。到后东京调来将士，非贿蔡京、童贯，即赂杨　、高俅，他们得了贿赂，那管甚么庸懦。那将士费了本钱，弄得权柄上手，恣意克剥军粮，杀良冒功，纵兵掳掠，骚扰地方，反将赤子迫逼从贼。自此贼势渐大，纵兵南下。李助献计，因他是荆南人，仍扮做星相入城，密纠恶少奸棍，里应外合，袭破荆南城池。遂拜李助为军师，自称楚王。遂有江洋大盗，山寨强人，都来附和。三四年间，占据了宋朝六座军州。王庆遂于南丰城中，建造宝殿、内苑、宫阙，僭号改元；也学宋朝，伪设文武职台，省院官僚，内相外将。封李助为军师都丞相，方翰为枢密，段二为护国统军大将，段五为辅国统军都督，范全为殿帅，龚端为宣抚使，龚正为转运使——专管支纳出入、考算钱粮，丘翔为御营使，伪立段氏为妃。自宣和元年作乱以来，至宣和五年春，那时宋江等正在河北征讨田虎，于壶关相拒之日，那边淮西王庆又打破了云安军及宛州，一总被他占了八座军州。那八座乃是：

南丰　　荆南　　山南　　云安

安德　　东川　　宛州　　西京

那八处所属州县，共八十六处。王庆又于云安建造行宫，令施俊为留守官，镇守云安军。

初时，王庆令刘敏等侵夺宛州时，那宛州邻近东京，蔡京等瞒不过天子，奏过道君皇帝，敕蔡攸、童贯征讨王庆，来救宛州。蔡攸、童贯，兵无节制，暴虐士卒，军心离散，因此，被刘敏等杀得大败亏输，所以陷了宛州，东京震恐。蔡攸、童贯惧罪，只瞒着天子一个。贼将刘敏、鲁成等，胜了蔡攸、童贯，遂将鲁州、襄州围困。却得宋江等平定河北班师，复奉诏征讨淮西。真是席不暇暖，马不停蹄，统领大兵二十余万，向南进发。才渡黄河，省院又行文来催促陈安抚，宋江等兵马，星驰来救鲁州、襄州。宋江等冒着暑热，汗马驰驱，由粟县、汜水一路行来，所过秋毫无犯。大兵已到阳翟州界。贼人闻宋江兵到来，鲁州、襄州二处，都解围去了。

那时张清、琼英、叶清看剐了田虎，受了皇恩，奉诏协助宋江征讨王庆。张清等离了东京，已到颍昌州半月余了。闻宋先锋兵到，三人到军前迎接。参见毕，备述蒙恩褒封之事。宋江以下，称赞不已。宋江命张清等在军中听用。

宋江请陈安抚、侯参谋、罗武谕等驻扎阳翟城中，自己大军，不便入城。宋江传令，教大军都屯扎于方城山树林深密阴荫处，以避暑热。又因军士跋涉千里，中暑疲困者甚多，教安道全置办药料，医疗军士。再教军士搭盖凉庑，安顿马匹，令皇甫端调治，刻剔鬣毛。吴用道：“大兵屯于丛林，恐敌人用火。”宋江道：“正要他用火。”宋江却教军士再去于本山高冈凉荫树下，用竹篷茅草，盖一小小山棚。当有河北降将乔道清会意，来禀宋江道：“乔某感先锋厚恩，今日愿略效微劳。”宋江大喜，密授计于乔道清，往山棚中去了。宋江挑选军士强健者三万人，令张清、琼英管领一万兵马，往东山麓埋伏；令孙安、卞祥也管领一万人马，往西山麓埋伏。“只听我中军轰天炮响，一齐杀出”。将粮草都堆积于山南平麓，教李应、柴进领五千军士看守。

分拨甫定，忽见公孙胜说道：“兄长筹画甚妙!但如此溽暑，军士往来疲病，倘贼人以精锐突至，我兵虽十倍于众，必不能取胜。待贫道略施小术，先除了众人烦燥，军马凉爽，自然强健。”说罢，便仗剑作法，脚踏魁罡二字，左手雷印，右手剑诀，凝神观想，向巽方取了生气一口，念咒一遍。须臾，凉风飒飒，阴云冉冉，从本山岭岫中喷薄出来，弥漫了方城山一座，二十余万人马，都在凉风爽气之中。除此山外，依旧是销金铄铁般烈日，蜩蝉乱鸣，鸟雀藏匿。宋江以下众人，十分欢喜，称谢公孙胜神功道德。如是六七日，又得安道全疗人，皇甫端调马，军兵马匹，渐渐强健，不在话下。

且说宛州守将刘敏，乃贼中颇有谋略者，贼人称为刘智伯。他探知宋江兵马，屯扎山林丛密处避暑。他道：“宋江这伙，终是水泊草寇，不知兵法，所以不能成大事。待俺略施小计，管教那二十万军马，焦烂一半！”随即传令，挑选轻捷军士五千人，各备火箭、火炮、火炬，再备战车二千辆，装载芦苇干柴，及硫黄焰硝引火之物。每车一辆，令四人推送。此时是七月中旬新秋天气，刘敏引了鲁成、郑捷、寇猛、顾岑四员副将，及铁骑一万，人披软战，马摘銮铃，在后接应。刘敏留下偏将韩　、班泽等，镇守城池。刘敏等众，薄暮离城，恰遇南风大作。刘敏大喜道：“宋江等这伙人合败！”贼兵行至三更时分，才到方城山南二里外，忽然雾气弥漫山谷。刘敏道：“天助俺成功！”教军士在后擂鼓呐喊助威，令五千军士，只向山林深密处，只顾将火箭、火炮、火炬射打焚烧上去。教寇猛、毕胜，催攒推车军士，将火车点着，向山麓下屯粮处烧来。众人正奋勇上前，忽的都叫道：“苦也!苦也！”却有恁般奇事，南风正猛，一霎时，却怎么就转过北风!又听得山上霹雳般一声响亮，被乔道清使了回风返火的法，那些火箭、火炬，都向南边贼阵里飞将来，却似千万条金蛇火龙，烈焰腾腾的向贼兵飞扑将来，贼兵躲避不迭，都烧得焦头烂额。当下宋军中有口号四句，单笑那刘敏，道是：

军机固难测，贼人妄擘划。

放火自烧军，好个刘智伯!

那时宋先锋教凌振将号炮施放，那炮直飞起半天里振响。东有张清、琼英，西有孙安、卞祥，各领兵冲杀过来。贼兵大败亏输。鲁成被孙安一剑，挥为两段；郑捷被琼英一石子，打下马来，张清再一枪，结果了性命；顾岑被卞祥搠死；寇猛被乱兵所杀；二万三千人马，被火烧兵杀，折了一大半，其余四散逃窜；二千辆车，烧个尽绝；只有刘敏同三四百败残军卒，向前逃奔，到宛州去了。宋军不曾烧毁半茎柴草，也未常损折一个军卒，夺获马匹、衣甲、金鼓甚多。张清、孙安等，得胜回到山寨献功。孙安献鲁成首级；张清、琼英献郑捷首级；卞祥献顾岑首级。宋江各各赏劳，标写乔道清头功，及张清、琼英、孙安、卞祥功次。

吴用道：“兄长妙算，已丧贼胆，但宛州山水盘纡，丘原膏沃，地称陆海，若贼人添拨兵将，以重兵守之，急切难克。目今金风却暑，玉露生凉，军马都已强健，当乘我军威大振，城中单弱，速往攻之，必克。然须别分兵南北屯扎，以防贼人救兵冲突。”宋江称善，依计传令，教关胜、秦明、杨志、黄信、孙立、宣赞、郝思文、陈达、杨春、周通，统领兵马三万，屯扎宛州之东，以防贼人南来救兵；林冲、呼延灼、董平、索超、韩滔、彭玘、单廷　、魏定国、欧鹏、邓飞，领兵三万，屯扎宛州之西，以拒贼人北来兵马。众将遵令，整点军马去了。当有河北降将孙安等一十七员，一齐来禀道：“某等蒙先锋收录，深感先锋优礼。今某等愿为前部，前去攻城，少报厚恩。”宋江依允，遂令张清、琼英统领孙安等十七员将佐，军马五万为前部。那十七员乃是：

孙安　马灵　卞祥　山士奇　唐斌　文仲容

崔　　金鼎　黄钺　梅玉　　金祯　毕胜

潘迅　杨芳　冯升　胡遐　　叶清

当下张清遵令，统领将佐军兵，望宛州征进去了。

宋江同卢俊义、吴用等，管领其余将佐大兵，拔寨都起，离了方城山，望南进发，到宛州十里外扎寨。令李云、汤隆、陶宗旺监造攻城器具，推送张清等军前备用。张清等众将领兵马将宛州围得水泄不通。城中守将刘敏，是那夜中了宋江之计，只逃脱得性命。到宛州，即差人往南丰王庆处申报，并行文邻近州县，求取救兵。今日被宋兵围了城池，只令坚守城池，待救兵至，方可出击。宋兵攻打城池，一连六七日，城垣坚固，急切不能得下。宛州城北临汝州，贼将张寿领救兵二万前来，被林冲等杀其主将张寿，其余偏牙将士及军卒，都溃散去了。同日，又有宛州之南，安昌、义阳等县救兵到来，被关胜等大败贼兵，擒其将柏仁、张怡，送到宋江大寨正刑讫。二处斩获甚多。此时李云等已造就攻城器具。孙安、马灵等同心协力，令军士囊土，四面拥堆距　，逼近城垣。又选勇敢轻捷之士，用飞桥转关辘　，越沟堑，渡池濠，军士一齐奋勇登城，遂克宛州，活擒守将刘敏，其余偏牙将佐，杀死二十余名，杀死军士五千余人，降者万人。宋江等大兵入城，将刘敏正法枭示，出榜安民。标写关胜、林冲、张清，并孙安等众将功次。差人到阳翟州陈安抚处报捷，并请陈安抚等移镇宛州。陈安抚闻报大喜，随即同了侯参谋、罗武谕来到宛州。宋江等出郭迎接入城，陈安抚称赞宋江等功勋，是不必得说。

宋江在宛州料理军务，过了十余日，此时已是八月初旬，暑气渐退。宋江对吴用计议道："如今当取那一处城池？"吴用道："此处南去山南军，南极湖湘，北控关洛，乃是楚蜀咽喉之会。当先取此城，以分贼势。"宋江道："军师所言，正合我意。"遂留花荣、林冲、宣赞、郝思文、吕方、郭盛，辅助陈安抚等，管领兵马五万，镇守宛州。陈安抚又留了圣手书生萧让，传令水军头领李俊等八员，统驾水军船只，由泌水至山南城北汉江会集。宋江将陆兵分作三队，辞别陈安抚，统领众多将佐，并军马一十五万，离了宛州，杀奔山南军来。真个是：万马奔驰天地怕，千军踊跃鬼神愁。

毕竟宋兵如何攻取山南，且听下回分解。

第一百六回书生谈笑却强敌　水军汩没破坚城

话说宋江分拨人马，水陆并进，船骑同行。陆路分作三队，前队冲锋破敌骁将一十二员，管领兵马一万。那十二员：

董平　　秦明　　徐宁　　索超　　张清　　琼英

孙安　　卞祥　　马灵　　唐斌　　文仲容　崔

后队彪将一十四员，管领兵马五万为合后。那十四员：

黄信　　孙立　　韩滔　　彭玘　　单廷

魏定国　欧鹏　　邓飞　　燕顺　　马麟

陈达　　杨春　　周通　　杨林

中队宋江、卢俊义，统领将佐九十余员，军马十万，杀奔山南军来。前队董平等兵马已到隆中山北五里外扎寨，探马报来说："王庆闻知我兵到了，特于这隆中山北麓，新添设雄兵二万，令勇将贺吉、縻　、郭矸、陈　统领兵马，在那里镇守。"董平等闻报，随即计议，教孙安、卞祥，领兵五千伏于左，马灵、唐斌领兵五千伏于右，只听我军中炮响，一齐杀出。

这里分拨才定，那边贼众，已是摇旗擂鼓，呐喊筛锣，前来搦战。两军相对，旗鼓相望，南北列成阵势，各用强弓硬弩，射住阵脚。贼阵里门旗开处，贼将縻　出马当先，头顶钢盔，身穿铁铠，弓弯鹊画，箭插雕翎，脸横紫肉，眼睁铜铃，担一把长柄开山大斧，坐一匹高头卷毛黄马，高叫道："你们这伙是水洼小寇，何故与宋朝无道昏君出力，来到这里送死！"宋军阵里，鼍鼓喧天，急先锋索超骤马出阵，大喝道："无端造反的强贼，敢出秽言!待俺劈你一百斧！"挥着金蘸斧，拍马直抢縻　。那縻　也抡斧来迎。两军迭声呐喊，二将抢到垓心，两骑相交，双斧并举，斗经五十余合，胜败未分。那贼将縻　，果是勇猛。

宋阵里霹雳火秦明，见索超不能取胜，舞着狼牙棍，骤马抢出阵来助战，贼将陈　舞戟来迎。四将在征尘影里，杀气丛中，正斗到热闹处，只听得一声炮响，孙安、卞祥领兵从左边杀来，贼将贺吉分兵接住厮杀；马灵、唐斌领兵从右边杀来，贼将郭矸分兵接住厮杀。宋阵里琼英骤马出阵，暗拈石子，觑定陈　，只一石子飞来，正打着鼻凹，陈　翻身落马。秦明赶上，照顶门一棍，连头带盔，打个粉碎。那左边孙安与贺吉斗到三十余合，被孙安挥剑，斩于马下；右边唐斌也刺杀了郭矸。縻　见众人失利，架住了索超金蘸斧，拨马便走。索超、孙安、马灵等，驱兵追赶掩杀，贼兵大败。

众将追赶縻　，刚刚转过山嘴，被贼人暗藏一万兵马，在山背后丛林里，贼将耿文、薛赞，领兵抢出林来，与縻　合兵一处，回身冲杀过来，縻　当先。宋阵里文仲容要干功勋，挺枪拍马，来斗縻　，战斗到十合之上，被縻　挥斧，将文仲容砍为两截。崔　见砍了文仲容，十分恼怒，跃马提刀，直抢縻　。二将斗过六七合，唐斌拍马来助。縻　看见有人来助战，大喝一声，只一斧，将崔　斩于马下，抢来接住唐斌厮杀。

这边张清、琼英见折了二将，夫妇两个并马双出，张清拈取石子，望縻　飞来。那縻　眼明手快，将斧只一拨，一声响亮，正打在斧上，火光爆散，将石子拨下地去了。琼英见丈夫石子不中，忙取石子飞去。縻　见第二个石子飞来，把头一低，铛的一声，正打在铜盔上。宋阵里徐宁、董平见二个石子都打不中，徐宁、董平双马并出，一齐并力杀来。縻　见众将都来，隔住唐斌的枪，拨马便走。唐斌紧紧追赶，却被贼将耿文、薛赞双出接住，被縻　那厮跑脱去了。众将只杀了耿文、薛赞，杀散贼兵，夺获马匹、金鼓、衣甲甚多。董平教军士收拾文仲容、崔　二人尸首埋葬。唐斌见折了二人，放声大哭，亲与军士殡殓二人。董平等九人已将兵马屯扎在隆中山的南麓了。

次日，宋江等两队大兵都到，与董平等合兵一处。宋江见折了二将，十分凄惨，用礼祭奠毕，与吴用商议攻城之策。吴用、朱武上云梯，看了城池形势，下来对宋江道："这座城坚固，攻打无益，且扬示攻打之意，再看机会。"宋江传令，教一面收拾攻城器械，一面差精细军卒，四面侦探消息。

不说宋江等计议攻城，却说縻　那厮，只领得二三百骑，逃到山南州城中。守城主将，却是王庆的舅子段二。王庆闻宋朝遣宋江等兵马到来，加封段二为平东大元帅，特教他到此镇守城池。当下縻　来参见了，诉说宋江等兵勇将猛，折了五将，全军覆没，特来恳告元帅，借兵报仇。原来縻　等是王庆差出来的，因此说借兵。段二听说大怒道："你虽不属我管，你的复兵折将的罪，我却杀得你！”喝叫军士绑出，斩讫来报。只见帐下闪出一人来禀道：“元帅息怒，且留着这个人。”段二看时，却是王庆拨来帐前参军左谋。段二道：“却如何饶他？”左谋道：“某闻縻　十分骁勇，连斩宋军中二将。宋江等真个兵强将勇，只可智取，不可力敌。”段二道：“怎么叫做智取？”左谋道：“宋江等粮草辎重，都屯积宛州，从那边运来。闻宛州兵马单弱，元帅当密差的当人役，往均、巩两州守城将佐处，约定时日，教他两路出兵，袭宛州之南，我这里再挑选精兵，就着縻将军统领，教他干功赎罪，驰往袭宛州之北。宋江等闻知，恐宛州有失，必退兵去救宛州。乘其退走，我这里再出精兵，两路击之，宋江可擒也。”段二本是个村卤汉，那晓得甚么兵机，今日听了左谋这段话，便依了他，连忙差人往均、巩二州约会去了。随即整点军马二万，令縻　、阙翥、翁飞三将统领，黑夜里悄地出西门，掩旗息鼓，一齐投奔宛州去了。却说宋江正在营中思算攻城之策，忽见水军头领李俊入寨来禀说：“水军船只，已都到城西北汉江、襄水两处屯扎。小弟特来听令。”宋江留李俊在帐中，略饮几杯酒，有侦探军卒来报，说城中如此如此，将兵马去袭宛州了。宋江听罢大惊，急与吴用商议。吴用道：“陈安抚及花将军等，俱有胆略，宛州不必忧虑。只就这个机会，一定要破他这座城池。”便向宋江密语半晌。宋江大喜，即授密计与李俊及步军头领鲍旭等二十员，带领步兵二千，至夜密随李俊去了，不题。

再说贼将縻　等引兵已到宛州，伏路小军报入宛州来。陈安抚教花荣、林冲，领兵马二万，出城迎敌。二将领兵，方出得城，又有流星探马报将来说：“縻　等约会均州贼人，均州兵马三万，已到城北十里外了。”陈　再教吕方、郭盛，领兵马二万，出北门迎敌去了。未及一个时辰，又有飞报说道：“巩州贼人季三思、倪慑等，统领兵马三万，杀奔到西门来。”众人都相顾错愕道：“城中只有宣赞、郝思文二将，兵马虽有一万，大半是老弱，如何守御？”当有圣手书生萧让道：“安抚大人，不必忧虑，萧某有一计。”便迭着两个指头，向众人道：“如此如此，贼众可破。”陈　以下众人，都点头称善。陈　传令，教宣赞、郝思文挑选强壮军士五千，伏于西门内，待贼退兵，方可出击。二将领计去了。陈　再教那些老弱军士，不必守城，都要将旗　掩倒，只听西门城楼上炮响，却将旗帜一齐举竖起来。只许在城内走动，不得出城，分拨已定，陈安抚教军士扛抬酒馔，到西门城楼上摆设。陈　、侯蒙、罗戬，随即上城楼，笑谈剧饮，叫军士大开了城门，等那贼兵到来。

多样时，那贼将季三思、倪慑，领着十余员偏将，雄纠纠气昂昂的杀奔到城下来。望见城门大开，三个官员，一个秀才，于城楼上花堆锦簇，大吹大擂的在那里吃酒；四面城垣上，旗　影儿，也不见一个。季三思疑讶，不敢上前。倪慑道：“城中必有准备，我们当速退兵，勿中他诡计。”季三思急教退军时，只听得城楼上一声炮响，喊声振天，鼓声振地，旌旗无数的在城垣内来往。贼兵听了主将说话，已是惊疑，今见城中如此，不战自乱。城内宣赞、郝思文领兵杀出城来，贼兵大败，弃下金鼓、旗　、兵戈、马匹、衣甲无数，斩首万余。季三思、倪慑都被乱军所杀，其余军士，四散乱窜逃生。

宣赞、郝思文得胜，收兵回城，陈安抚等已到帅府去了。北路花荣、林冲已杀了阙翥、翁飞二将，杀散贼兵，单单只走了縻　，收兵凯还，方欲进城，听说又有两路贼兵到来，西路兵已赖萧让妙计杀退了，南路吕方、郭盛，尚不知胜败。花荣等得了这个消息，传令教军士疾驰到南路去。吕方、郭盛正与贼将鏖战，林冲、花荣驱兵助战，杀得贼兵星落云散，七断八续，斩获甚多。当日三路贼兵，死者三万余人，伤者无算。只见尸横郊野，血满田畴。林冲、花荣、吕方、郭盛都收兵入城，与宣赞、郝思文一同来到帅府献捷。陈　、侯蒙、罗戬，俱各大喜，称赞萧让之妙策、花荣等众将之英雄。众将喏喏连声道：“不敢。”陈安抚教大排筵席，宴赏将士，犒劳三军，标写萧让、林冲等功劳，紧守城池，不在话下。

再说段二差縻　等军兵出城后，次夜，段二在城楼上眺望宋军。此时正是八月中旬望前天气，那轮几望的明月，照耀的如白昼一般。段二看见宋军中旗　乱动，徐徐的向北退去。段二对左谋道：“想是宋江知道宛州危急，因此退兵。”左谋道：“一定是了！可急点铁骑出城掩击。”段二教钱傧、钱仪二将，整点兵马二万，出城追击宋兵，二将遵令去了。段二向西望时，只见城外襄水，一派月色水光，潺潺溶溶，相映上下。那宋军的三五百只粮船，也渐渐望北撑去。

那段二平日掳掠惯了，今夜看见许多粮船，又没有甚么水军在上，每船只有六七个水手，在那里撑驾，便叫放开西城水门，令水军总管诸能，统驾五百只战船，放出城来，抢劫粮船。宋军船上望见，连忙将船泊拢岸来，那船上水手，都跳上岸去。那边诸能撑驾战船上前，只听得宋军船帮里，一棒锣声响，放出百十只小渔艇来，每船上二人划桨，三四人执着团牌标枪，朴刀短兵，飞也似杀将来。诸能叫水军把火炮火箭打射将来。那渔艇上人，抵敌不住，发声喊，都跳下水里去了。贼兵得胜，夺了粮船。诸能叫水手撑驾进城。刚放得一只进城，城内传出将令来，须逐只搜看，方教撑进城来，诸能叫军士先将那撑进来的那只船搜看。十数个军士一齐上船来，揭那　板，却似一块木板做就的，莫想揭动分毫。诸能大惊道：“必中了奸计！”忙教将斧凿撬打开来看。“那些城外的船，且莫撑进来。”说还未毕，只见城外后面三四只粮船，无人撑驾，却似顺着潮水的，又似使透顺风的，自荡进来。

诸能情知中计，急要上岸时，水底下钻出十数个人来，都是口衔着一把蓼叶刀，正是李俊、二张、三阮、二童这八个英雄。贼兵急待要用兵器来搠时，那李俊一声胡哨，那四五只粮船内暗藏的步军头领，从板下拔去梢子，推开　板，大喊一声，各执短兵抢出来。却是鲍旭、项充、李衮、李逵、鲁智深、武松、杨雄、石秀、解珍、解宝、龚旺、丁得孙、邹渊、邹润、王定六、白胜、段景住、时迁、石勇、凌振等二十个头领，并千余步兵，一齐发作，奔抢上岸，砍杀贼人。贼兵不能拦当，乱窜奔逃。诸能被童威杀死，城里城外，战船上水军，被李俊等杀死大半，河水通红。李俊等夺了水门，当下鲍旭等那伙大虫，护卫凌振施放轰天子母号炮，分头去放火杀人。城中一时鼎沸起来，呼兄唤弟，觅子寻爷，号哭振天。

段二闻变，急引兵来策应，正撞着武松、刘唐、杨雄、石秀、王定六这一伙。段二被王定六向腿上一朴刀搠翻，活捉住了。鲁智深、李逵等十余个头领，抢至北门，杀散守门将士，开城门，放吊桥。那时宋江兵马，听得城中轰天子母炮响，勒转兵马杀来，正撞着钱傧、钱仪兵马，混杀一场。钱傧被卞祥杀死；钱仪被马灵打翻，被人马踏为肉泥；三万铁骑，杀死大半。孙安、卞祥、马灵等领兵在前，长驱直入，进了北门。众将杀散贼兵，夺了城池，请宋先锋大兵入城。

此时已是五更时分，宋江传令，先教军士救灭火焰，不许杀害百姓。天明出榜安民，众将都将首级前来献功。王定六将段二绑缚解来，宋江差军士押解到陈安抚处发落。左谋被乱兵所杀。其余偏牙将士，杀死的甚多，降伏军士万余。宋江令杀牛宰马，赏劳三军将士，标写李俊等诸将功次，差马灵往陈安抚处报捷，并探问贼兵消息。马灵遵令去了两三个时辰，便来回复道：“陈安抚闻报，十分欢喜。随自为表，差人赍奏朝廷去了。”马灵又说萧让却敌一事，宋江惊道：“倘被贼人识破，奈何?终是秀才见识。”宋江发本处仓廪中米粟，赈济被兵火的百姓，料理诸项军务已毕，宋江正与吴用计议攻打荆南郡之策，忽接陈安抚处奉枢密院札文，转行文来说：“西京贼寇纵横，　掠东京属县，着宋江等先荡平西京，然后攻剿王庆巢穴。”陈安抚另有私书说枢密院可笑处。

宋江、吴用备悉来意，随即计议分兵：一面攻打荆南，一面去打西京。当有副先锋卢俊义及河北降将，俱愿领兵到西京，攻取城池。宋江大喜，拨将佐二十四员，军马五万，与卢俊义统领前去。那二十四员将佐：

副先锋卢俊义

副军师朱武

杨志　　徐宁　索超　孙立　单廷

魏定国　陈达　杨春　燕青　解珍

解宝　　邹渊　邹润　薛永　李忠

穆春　　施恩

河北降将

乔道清　马灵　孙安　卞祥　山士奇　唐斌

卢俊义即日辞别了宋先锋，统领将佐军马，望西京进征去了。宋江令史进、穆弘、欧鹏、邓飞，统领兵马二万，镇守山南城池。宋江对史进等说道："倘有贼兵至，只宜坚守城池。"宋江统领众多将佐，兵马八万，望荆南杀奔前来，但见那枪刀流水急，人马撮风行。正是：旌旗红展一天霞，刀剑白铺千里雪。

毕竟荆南又是如何攻打，且听下回分解。

第一百七回宋江大胜纪山军　朱武打破六花阵

话说宋江统领将佐军马，杀奔荆南来，每日兵行六十里下寨，大军所过地方，百姓秋毫无犯。戎马已到纪山地方屯扎。那纪山在荆南之北，乃荆南重镇，上有贼将李　，管领兵马三万，在山上镇守。那李　是李助之侄，王庆封他做宣抚使，他闻知宋江等打破山南军，段二被擒，差人星夜到南丰，飞报王庆、李助，知会说："宋兵势大，已被他破了两个大郡。目今来打荆南，又分调卢俊义兵将，往取西京。"李助闻报大惊，随即进宫，来报王庆。内侍传奏入内里去，传出旨意来说道："教军师俟候着，大王即刻出殿了。"

李助等候了两个时辰，内里不见动静。李助密问一个相好的近侍，说道："大王与段娘娘正在厮打的热闹哩！"李助问道："为何大王与娘娘厮闹？"近侍附李助的耳说道："大王因段娘娘嘴脸那个，大王久不到段娘娘宫中了，段娘娘因此着恼。"李助又等了一回，有内侍出来说道："大王有旨，问军师还在此么？"李助道："在此鹄候！"内侍传奏进去，少顷，只见若干内侍宫娥，簇拥着那王庆出到前殿升坐。李助俯伏拜舞毕，奏道："小臣侄儿李　申报来说，宋江等将勇兵强，打破了宛州、山南两座城池。目今宋江分拨兵马，一路取西京，一路打荆南。伏乞大王发兵去救援。"王庆听罢大怒道："宋江这伙，是水洼草寇，如何恁般猖獗？"随即降旨，令都督杜　管领将佐十二员，兵马二万，到西京救援。又令统军大将谢宇，统领将佐十二员，兵马二万，救援荆南。二将领了兵符令旨，挑选兵马，整顿器械。那伪枢密院分拨将佐，伪转运使龚正运粮草，接济二将，辞了王庆，各统领兵将，分路来援二处，不在话下。

且说宋江等兵马，到纪山北十里外扎寨屯兵，准备冲击。军人侦探贼人消息的实回报。宋江与吴用计议了，对众将说道："俺闻李　手下，都是勇猛的将士。纪山乃荆南之重镇。我这里将士兵马，虽倍于贼，贼人据险，我处山之阴下，为敌所囚。那李　狡猾诡谲，众兄弟厮杀，须看个头势，不得寻常看视。"于是下令："将军入营，即闭门清道，有敢行者诛，有敢高言者诛。军无二令，二令者诛。留令者诛。"传令方毕，军中肃然。宋江教戴宗传令水军头领李俊等，将粮食船只，须谨慎提防，陆续运到军前接济。差人打战书去，与李　约定次日决战。宋先锋传令，教秦明、董平、呼延灼、徐宁、张清、琼英、金鼎、黄钺，领兵马二万，前去厮杀；教焦挺、郁保四、段景住、石勇，率领步兵二千，斩伐林木，极广吾道，以便战所。分拨已定，宋江与其余众将，俱各守寨。

次日五更造饭，军士饱餐，马食刍料，平明合战。李　统领偏将马　、马劲、袁朗、滕　、滕戡，兵马二万，冲杀下来。这五个人，乃贼中最骁勇者，王庆封他做虎威将军。当下贼兵与秦明等两军相对。贼兵排列在北麓平阳处，山上又有许多兵马接应。当下两阵里旗号招展，两边列成阵势，各用强弓硬弩，射住阵脚，鼍鼓喧天，彩旗迷日。贼阵里门旗开处，贼将袁朗骤马当先，头顶熟铜盔，身穿团花绣罗袍，乌油对嵌铠甲，骑一匹卷毛乌骓，赤脸黄须，九尺长短身材，手　两个水磨炼钢挝，左手的重十五斤，右手的重十六斤，高叫道："水洼草寇，那个敢上前来纳命！"宋阵中河北降将金鼎、黄钺，要干头功，两骑马一齐抢出阵来，喝骂道："反国逆贼，何足为道！"金鼎舞着一把泼风大刀，黄钺拈浑铁点钢枪，骤马直抢袁朗，那袁朗使着两个钢挝来迎，三骑马丁字儿摆开厮杀。三将斗过三十合，袁朗将挝一隔，拨转马便走。金鼎、黄钺驰马赶去，袁朗霍地回马，金鼎的马稍前。金鼎正抡刀砍来，袁朗左手将挝望上一迎，铛的一声，那把刀口砍缺。金鼎收刀不迭，早被袁朗右手一钢挝，把金鼎连盔透顶，打的粉碎，撞下马来。黄钺马到，那根枪早刺到袁朗前心。袁朗眼明手快，将身一闪，黄钺那根枪刺空，从右软胁下过去。袁朗将左臂抱了那把挝，右手顺势将枪杆挟住，望后一扯，黄钺直跌入怀来。袁朗将右手拦腰抱住，捉过马来，掷于地上。众兵发声喊，急抢出来，捉入阵去了。那匹马直跑回本阵来。

宋阵里霹雳火秦明，见折了二将，心中大怒，跃马上前，舞起狼牙棍，直取袁朗，袁朗舞挝来迎。两个战到五十余合，宋阵中女将琼英，骤放银鬃马，挺着方天画戟，头戴紫金点翠凤冠，身穿红罗挑绣战袍，袍上罩着白银嵌金细甲，出阵来助秦明。贼将滕　，看见是女子，拍马出阵，大笑道："宋江等真是草寇，怎么用那妇人上阵？"滕　舞着一把三尖两刃刀，接住琼英厮杀。两个斗到十合之上，琼英将戟分开滕　的那口刀，拨马望本阵便走。滕　大喝一声，骤马赶来。琼英向鞍鞒边绣囊中，暗取石子，扭转柳腰，觑定滕　，只一石子飞来，正中面门，皮伤肉绽，鲜血迸流，翻身落马。琼英霍地回马赶上，复一画戟，把滕　结果。

滕戡看见女将杀了他的哥哥，心中大怒，拍马抢出阵来，舞一条虎眼竹节钢鞭，来打琼英。这里双鞭将呼延灼纵马舞鞭，接住厮杀。众将看他两个本事，都是半斤八两的，打扮也差不多。呼延灼是冲天角铁幞头，销金黄罗抹额，七星打钉皂罗袍，乌油对嵌铠甲，骑一匹踢雪乌骓；滕戡是交角铁幞头，大红罗抹额，百花点翠皂罗袍，乌油戗金甲，骑一匹黄鬃马。呼延灼只多得一条水磨八棱钢鞭。两个在阵前，左盘右旋，一来一往，斗过五十余合，不分胜败。那边秦明、袁朗两个，已斗到一百五十余合。贼阵中主帅李　，在高阜处看见女将飞石利害，折了滕　，即令鸣金收兵。秦明、呼延灼见贼将骁勇，也不去追赶。袁朗、秦明，两家各自回阵。贼兵上山去了。

秦明等收兵回到大寨，说贼将骁勇，折了金鼎、黄钺，若不是张将军夫人，却不是挫了我军锐气。宋江十分烦恼，与吴学究计议道："似此怎么打得荆南？"吴用迭着两个指头，画出一条计策，说道："只除如此如此。"宋江依允。当下唤鲁智深、武松、焦挺、李逵、樊瑞、鲍旭、项充、李衮、郑天寿、宋万、杜迁、龚旺、丁得孙、石勇十四个头领，同了凌振，带领勇捷步兵五千，乘今夜月黑时分，各披软战，用短兵、团牌、标枪、飞刀，抄小路到山后行事。众将遵令去了。

次早，李 差军下战书，宋江与吴用商议。吴用道："贼人必有狡计。鲁智深等已是深入重地，可速准备交战。"宋江批："即日交战。"军人持书上山去了。宋江仍命秦明、董平、呼延灼、徐宁、张清、琼英为前部，统领兵马二万，弓弩为表， 戟为里，战车在前，骑兵为辅，前去冲击；教黄信、孙立、王英、扈三娘整顿兵马一万，在营俟候；李应、柴进、韩滔、彭玘整顿兵马一万，也在营中俟候："听吾前军号炮，你等从东西两路，抄到军前。"再教关胜、朱仝、雷横、孙新、顾大嫂、张青、孙二娘，统领马步军兵二万，屯扎大寨之后，防备贼人救兵到来。分拨已定，宋江同吴用、公孙胜亲自督战，其余将佐守寨。是日辰牌时分，吴用上云梯观看，山形险峻，急教传令军马，再退后二里列阵，好教两路奇兵做手脚。

这里列阵才完，纪山贼将李 ，统领袁朗、滕戡、马 、马劲四个虎将，二万五千兵马。滕戡教军士用竹竿挑着黄钺首级，押着冲阵的五千铁骑。军士都顶深盔，披铁铠，只露着一双眼睛；马匹都带重甲，冒面具，只露得四蹄悬地。这是李 昨日见女将飞石，打伤了一将，今日如此结束，虽有矢石，那里甲护住了。那五千军马，两个弓手，夹辅一个长枪手，冲突下来。后面军士，分两路夹攻拢来。宋江抵当不住，望后急退。宋江忙教把号炮施放。早被他射伤了推车的数百军士，幸有战车当住，因此铁骑不能上前。车后虽有骑兵，不能上前用武。

正在危急，只听得山后连珠炮响，被鲁智深等这伙将士，爬山越岭，杀上山来。山寨里贼兵，只有五千老弱，一个偏将，被鲁智深等杀个罄尽，夺了山寨。李 等见山后变起，急退兵时，又被黄信等四将、李应等四将，两路抄杀到来。宋江又教铳炮手打击铁骑，贼兵大溃。鲁智深、李逵等十四个头领，引着步兵，于山上冲击下来，杀得贼兵雨零星散，乱窜逃生。可惜袁朗好个猛将，被火炮打死。李 在后，被鲁智深打死。马劲、滕戡被乱兵所杀，只走了马 一个。夺获盔甲、金鼓、马匹无算。三万军兵，杀死大半。山上山下，尸骸遍满。宋江收兵，计点兵士，也折了千余。因日暮，仍扎寨纪山北。

次日，宋江率领兵将上山，收拾金银粮食，放火烧了营寨，大赏三军将士，标写鲁智深等十五人并琼英功次，督兵前进。过了纪山，大兵屯扎荆南十五里外，与军师吴用计议，调拨将士，攻打城池，不在话下。

话分两头。回文再说卢俊义这支兵马，望西京进发，逢山开路，遇水填桥。所过地方，宝丰等处贼将武顺等，香花灯烛，献纳城池，归顺天朝。卢俊义慰抚劝劳，就令武顺镇守城池，因此贼将皆感泣，倾心露胆，弃邪归正。自此，卢俊义等无南顾之忧，兵马长驱直入。不则一日，来到西京城南三十里外，地名伊阙山屯扎。探听得城中主帅是伪宣抚使龚端与统军奚胜，及数员猛将，在那里镇守。那奚统军曾习阵法，深知玄妙。卢俊义随即与朱武计议，当用何策取城。朱武道："闻奚胜那厮，颇知兵法，一定要来斗敌。我兵先布下阵势，待贼兵来，慢慢地挑战。"卢俊义道："军师高论极明。"随即遣调军马，向山南平坦处排下循环八卦阵势。

等候间，只见贼兵分作三队而来，中一队是红旗，左一队是青旗，右一队是红旗，三军齐到。奚胜见宋军排成阵势，便令青红旗二军，分在左右，扎下营寨。上云梯看了宋兵是循环八卦阵，奚胜道："这个阵势，谁不省得？待俺排个阵势惊他。"令众军擂三通画鼓，竖起将台，就台上用两把号旗招展，左右列成阵势已了，下将台来，上马令首将哨开阵势，到阵前与卢俊义打话。那奚统军怎生结束，但见：

金盔日耀喷霞光，银铠霜铺吞月影。

绛征袍锦绣攒成，黄 带珍珠钉就。

抹绿靴斜踏宝镫，描金 随定丝鞭。

阵前马跨一条龙，手内剑横三尺水。

奚胜勒马直到阵前，高声叫道："你摆循环八卦阵，待要瞒谁？你却识得俺的阵么？"卢俊义听得奚胜要斗阵法，同朱武上云梯观望。贼兵阵势，结三人为小队，合三小队为一中队，合五中队为一大队，外方而内圆，大阵包小阵，相附联络。朱武对卢俊义道："此是李药师六花阵法。药师本武侯八阵，裁而为六花阵。贼将欺我这里不识他这个阵，不知就我这个八卦阵，变为八八六十四，即是武侯八阵图法，便可破他六花阵了。"卢俊义出到阵前喝道："量你这个六花阵，何足为奇！"奚胜道："你敢来打么？"卢俊义大笑道："量此等小阵，有何难哉！"卢俊义入阵，朱武在将台上，将号旗左招右展，变成八阵图法。朱武教卢俊义传令，杨志、孙安、卞祥，领披甲马军一千去打阵。"今日属金，将我阵正南离位上军，一齐冲杀过去。"杨志等遵令，擂鼓三通。众将上前，荡开贼将西方门旗，杀将入去。这里卢俊义率马灵等将佐军兵，掩杀过去，贼兵大败。

且说杨志等杀入军中，正撞着奚胜，领着数员猛将，保护望北逃奔。孙安、卞祥要干功绩，领兵追赶上去，却不知深入重地。只听得山坡后一棒锣声响，赶出一彪军来。杨志、孙安等急退不迭。正是：冲阵马亡青嶂下，戏波船陷绿蒲中。

毕竟这支是那里兵马，孙安等如何迎敌，且听下回分解。

第一百八回乔道清兴雾取城　小旋风藏炮击贼

话说杨志、孙安、卞祥正追赶奚胜，到伊阙山侧，不提防山坡后有贼将埋伏，领一万骑兵突出，与杨志等大杀一阵。奚胜得脱，领败残兵进城去了。孙安奋勇厮并，杀死贼将二人，却是众寡不敌，这千余甲马骑兵，都被贼兵驱入深谷中去。那谷四面都是峭壁，却无出路，被贼兵搬运木石，塞断谷口。贼人进城，报知龚端。龚端差二千兵把住谷口，杨志、孙安等，便是插翅也飞不出来。

不说杨志等被困，且说卢俊义等得破奚胜六花阵，大半亏马灵用金砖术，打翻若干贼兵，更兼众将勇猛，得获全胜，杀了贼中猛将三员，乘势驱兵，夺了龙门关，斩级万余，夺获马匹、盔甲、金鼓无算，贼兵退入城中去了。卢俊义计点军马，只不见了冲头阵的杨志、孙安、卞祥一千军马。当下卢俊义教解珍、解宝、邹渊、邹润，各领一千人马，分四路去寻，至日暮，却无影响。

次日，卢俊义按兵不动，再令解珍等去寻访。解宝领一支军，攀藤附葛，爬山越岭，到伊阙山东最高的一个山岭上。望见山岭之西，下面深谷中，隐隐的有一簇人马，被树林丛密遮蔽了，不能够看得详细。又且高下悬隔，声唤不闻。解宝领军卒下山，寻个居民访问，那里有一个人家，都因兵乱迁避去了。次后到一个最深僻的山凹平旷处，方才有几家穷苦的村农，见了若干军马，都慌做一团。解宝道："我们是朝廷兵马，来此剿捕贼寇的。"那些人听说是官兵，更是慌张。解宝用好言抚慰说道："我们军将是宋先锋部下。"那些人道："可是那杀鞑子，擒田虎，不骚扰地方的宋先锋么？"解宝道："正是。"那些村农跪拜道："可知道将军等不来抓鸡缚狗!前年也有官兵到此剿捕贼人，那些军士与强盗一般掳掠。因此，我等避到这个所在来。今日得将军到此，使我们再见天日。"解宝把那杨志等一千人马，不知下落，并那岭西深谷去处，问访众人。那些人都道："这个谷叫　　谷，只有一条进去的路。"农人遂引解宝等来到谷口，恰好邹渊、邹润两支军马，也寻到来。合兵一处，杀散贼兵，一同上前，搬开木石，解宝、邹渊领兵马进谷。此时已是深秋天气，果然好个深岩幽谷。但见：

玉露雕伤枫树林，深岩邃谷气萧森。

岭巅云雾连天涌，壁峭松筠接地阴。

杨志、孙安、卞祥与一千军士，马罢人困，都在树林下，坐以待毙。见了解宝等人马，众人都喜跃欢呼。解宝将带来的干粮，分散杨志等众人，先且充饥。食罢，众军一齐出谷。解宝叫村农随到大寨，来见卢先锋。卢俊义大喜，取银两米谷，赈济穷民。村农磕头感激，千恩万谢去了。随后解珍这支军马，也回寨了。是日天晚歇息，一宿无话。

次早，卢俊义正与朱武调遣兵马，攻取城池，忽有流星探马报将来说："王庆差伪都督杜　领十二员将佐，兵马二万，前来救援，兵马已到三十里外了。"卢俊义闻报，教朱武、杨志、孙立、单廷　、魏定国，同乔道清、马灵，管领兵马二万，列阵于大寨前，以当城中贼兵突出；教解珍、解宝、穆春、薛永，管领军马五千，看守山寨。卢俊义亲自统领其余将佐，军马三万五千，迎敌杜　。当有浪子燕青禀道："主人今日不宜亲自临阵。"卢俊义道："却是为何？"燕青道："小人昨夜，有不祥的梦兆。"卢俊义道："梦寐之事，何足凭信。既以身许国，也顾不得利害。"燕青道："若是主人决意要行，乞拨五百步兵，与小人自去行事。"卢俊义笑道："小乙，你待要怎么？"燕青道："主人勿管，只拨与小人便了。"卢俊义道："便拨与你，看你做出甚事来！"随即拨五百步兵与燕青。燕青领了自去，卢俊义冷笑不止。统领众将兵马，离了大寨，由平泉桥经过。那平泉中多奇异的石子，乃唐朝李德裕旧庄，只见燕青引着众人，在那里砍伐树木。卢俊义心下虽是好笑，忙忙地要去厮杀，无暇去问他。兵马过了龙门关西十里外，向西列阵等候。至一个时辰，贼兵方到。

两阵相对，擂鼓呐喊。西阵里偏将卫鹤，舞大杆刀，拍马当先。宋阵中山士奇跃马挺枪，更不打话，接住厮杀。两骑马在阵前斗过三十合，山士奇挺枪刺中卫鹤的战马后腿，那马后蹄　将下去，把卫鹤闪下马来，山士奇又一枪戳死。西阵中酆泰大怒，舞两条铁简，拍马直抢山士奇。二将斗到十合之上，卞祥见山士奇斗不过酆泰，拈枪拍马助战。被酆泰大喝一声，只一简，把山士奇打下马来，再加一简，结果了性命，拍马舞剑来迎。怎奈卞祥更是勇猛。酆泰马头才到，大喝一声，一枪刺中酆泰心窝，死于马下。两军大喊。西阵主帅杜　，见连折了二将，心如火炽，气若烟生，挺一条丈八蛇矛，骤马亲自出阵。宋阵主帅卢俊义也亲自出阵，与杜　斗过五十合，不分胜败。杜　那条蛇矛，神出鬼没。孙安见卢先锋不能取胜，挥剑拍马助战。贼将卓茂，舞条狼牙棍，纵马来迎。与孙安斗不上四五合，孙安奋神威，将卓茂一剑，斩于马下。拨转马，骤上前，挥剑来砍杜　。杜　见他杀了卓茂，措手不及，被孙安手起剑落，砍断右臂，翻身落马，卢俊义再一枪，结果了性命。卢俊义等驱兵卷杀过去，贼兵大败。

忽地西南上铲斜小路里，冲出一队骑兵，当先马上一将，状貌粗黑丑恶，一头蓬松短发，顶个铁道冠，穿领绛征袍，坐匹赤炭马，仗剑指挥众军，弯环踢跳，飞奔前来。卢俊义等看是贼兵号衣，驱兵一拥上前冲杀。那将不来与你厮杀，口中喃喃呐呐地念了两句，望正南离位上砍了一剑，转眼间，贼将口中喷出火来。须臾，平空地上，腾腾火炽，烈烈烟生，望宋军烧将来。卢俊义走避不迭，宋军大败，弃下金鼓、马匹，乱窜奔逃。走不迭的，都烧得焦头烂额。军士死者，五千余人。众将保护着卢俊义，奔走到平泉桥。军士争先上桥，登时把桥挤踏得倾圮下来。幸得燕青砍伐树木，于桥两旁，刚搭得完浮桥，军士得渡，全活者二万人。卢俊义与卞祥两骑马落后，行至桥边，被贼将赶上，一口火望卞祥喷来。卞祥满身是火，烧损坠马，被贼兵所杀。卢俊义幸得浮桥接济，驰窜去了。

贼将领兵追杀到来，却得前军报知乔道清。乔道清单骑仗剑，迎着贼将。那贼将见乔道清迎上来，再把剑望南砍去，那火比前番更是炽焰。乔道清捏诀念咒，把剑望坎方一指，使出三昧神水的法。霎时间，有千百道黑气，飞迎前来，却变成瀑布飞泉，又如亿兆斛的琼珠玉屑，望贼将泼去，灭了妖火。那贼将见破了妖术，拨马逃奔，战马踏着一块水石，马蹄后失，把那贼将闪下马来。乔道清飞马赶上，挥剑砍为两段。那五千骑兵，掀翻跌伤者，五百余人。乔道清仗剑大喝道："如肯归降，都留下驴头！"贼人见乔道清如此法力，都下马投戈，拜伏乞命。乔道清再用好言抚慰，枭了贼将首级，率领降贼，来见卢先锋献捷。卢俊义感谢不已，并称赞燕青功劳，众将问降贼，方晓得那妖人姓寇名　，惯用妖火烧人。人因他貌相丑恶，叫他做毒焰鬼王。昔年助王庆造反的，不知往那里去了二年，近日又到南丰说："宋兵势大，待俺去剿他。"因此，王庆差他星驰到此。龚端、奚胜望见救兵输了，不敢出来厮杀，只添兵坚守城池。当下乔道清说："这里城池深固，急切不能得破。今夜待贫道略施小术，助先锋成功，以报二位先锋厚恩。"卢俊义道："愿闻神术。"乔道清附耳低言说道："如此，如此。"卢俊义大喜，随即调遣将士，各去行事，准备攻城。一面教军士以礼殡葬山士奇、卞祥，卢俊义亲自设祭。

是夜二更时分，乔道清出来仗剑作法。须臾雾起，把西京一座城池，周回都遮漫了，守城军士，咫尺不辨，你我不能相顾。宋兵乘黑暗里，从飞桥转关辘　上，攀缘上女墙，只听得一声炮响，重雾忽然光敛，城上四面，都是宋兵，各向身边取出火种，燃点火炬，上下照耀，如同白昼一般。守城军士，先是惊得麻木了，都动弹不得，被宋兵掣出兵器砍杀，贼兵坠城死者无算。龚端、奚胜见变起仓卒，急引兵来救应，已被宋军夺了四门。卢俊义大驱兵马进城，龚端、奚胜都被乱兵杀死，其余偏牙将佐头目俱降，军士降服者三万人，百姓秋毫无犯。

天明，卢俊义出榜安民，标录乔道清大功，重赏三军将士，差马灵到宋先锋处报捷。马灵遵令去了，至晚便来回话说："宋先锋等攻打荆南，连日与贼人交战，大败南丰救兵，主帅谢宁被擒。宋先锋因戎事焦劳，染病在营中，数日军务，都是吴军师统握。"卢俊义闻报，郁郁不乐，连忙料理军务，将西京城池。交与乔道清、马灵统兵镇守。卢俊义次日，辞别乔道清、马灵，统领朱武等二十员将佐，离了西京，急急忙忙望荆南进发。不则一日，兵马已到荆南城北大寨中，卢俊义等入寨问候。宋江亏神医安道全疗治，病势已减了六七分，卢俊义等甚是喜慰。

正在叙阔，各述军务，忽有逃回军士报说："唐斌正护送萧让等，离大寨行至三十里，忽被荆南贼将縻　、马　，领一万精兵，从斜僻小路抄出，乘先锋卧病，要来劫大寨之后，正遇着我们人马。唐斌力敌二将，怎奈众寡不敌，更兼縻　十分勇猛。唐斌被縻　杀死，萧让、裴宣、金大坚都被活捉去。他们正要来劫寨，探听得卢先锋等大兵到来，贼人只掳了萧让等遁去。"宋江听罢，不觉失声哭道："萧让等性命休矣！"病势仍旧沉重。卢俊义等众将，都来劝解。

卢俊义问道："萧让等到何处去？"宋江呜咽答道："萧让知我有病，特辞了陈安抚来看视我，并奉陈安抚命，即取金大坚、裴宣到宛州，要他们写勒碑石，及查勘文卷。我今日特差唐斌，领一千人马护送他三个去。不料被贼人捉掳，三人必被杀害！”宋江遂教卢俊义帮助吴用，攻打城池，拿住縻　、马　报仇，卢俊义等遵令，来到城北军前。众人与吴学究叙礼毕，卢俊义连忙说萧让等被掳之事。吴用大惊道：“苦也!断送了这三个人！”传令教众将围城，并力攻打城池。众将遵令，四面攻城。吴用又令军汉上云梯，望城中高叫道：“速将萧让、金大坚、裴宣送出来!若稍迟延，打破城池，不论军民，尽行屠戮！”

却说城中守将梁永伪授留守之职，同正偏将佐，在城镇守。那縻　、马　都战败，逃遁到此。当日捉了萧让等三人，因宋兵尚未围城，縻　叫开城门进城，将萧让等解到帅府献功。梁永颇闻得圣手书生的名目，教军士解放绑缚，要他降服。萧让、裴宣、金大坚三人睁眼大骂道：“无知逆贼，汝等看我们是何等样人?逆贼快把我三人一刀两段罢了!这六个膝盖骨，休想有半个儿着地!即日宋先锋打破城池，拿你们这伙鼠辈，碎尸万段！”梁永大怒，叫军汉：“打那三个奴狗跪着！”军汉拿起杆棒便打，只打得跌仆，那里有一个肯跪。三人骂不绝口。梁永道：“你们要一刀两段，俺偏要慢慢地摆布你。”喝叫军士：“将这三个奴狗，立枷在辕门外，只顾打他两腿，打折了驴腿，自然跪将下来。”军汉得令，便来套枷　扒摆布。

帅府前军士居民，都来看宋军中人物，内中早恼怒了一个真正有男子气的须眉丈夫。那男子姓萧，双名叫嘉穗，寓居帅府南街纸张铺间壁。他高祖萧　，字僧达，南北朝时人，为荆南刺史。江水败堤，萧　亲率将吏，冒雨修筑。雨甚水壮，将吏请少避之，萧　道：“王尊欲以身塞河，我独何心哉？”言毕，而水退堤立。是岁，嘉禾生，一茎六穗，萧嘉穗取名在此。那萧嘉穗偶游荆南，荆南人思慕其上祖仁德，把萧嘉穗十分敬重。那萧嘉穗襟怀豪爽，志气高远，度量宽宏，膂力过人，武艺精熟，乃是十分有胆气的人。凡遇有肝胆者，不论贵贱，都交给他。适遇王庆作乱，侵夺城池，萧嘉穗献计御贼。当事的不肯用他计策，以致城陷。贼人下令，凡百姓只许入城，并不许一个出去。萧嘉穗在城中，日夜留心图贼，却是单丝不成线。今日见贼人将萧让等三个　扒，又听得宋兵为萧让等攻城紧急，军民都有惊恐之状。萧嘉穗想了一回道：“机会在此。只此一著，可以保全城中几许生灵。”忙归寓所。此时已是申牌时分，连忙叫小厮磨了一碗墨汁，向间壁纸铺里买了数张皮料厚棉纸，在灯下濡墨挥毫，大书特书的写道：

城中都是宋朝良民，必不肯甘心助贼。宋先锋是朝廷良将，杀鞑子，擒田虎，到处莫敢撄其锋。手下将佐一百单八人，情同股肱。辕门前　扒的三人，义不屈膝，宋先锋等英雄忠义可知。今日贼人若害了这三人，城中兵微将寡，早晚打破城池，玉石俱焚。城中军民，要保全性命的，都跟我去杀贼!

萧嘉穗将那数张纸都写完了，悄地探听消息，只听得百姓们都在家里哭泣。萧嘉穗道：“民心如此，我计成矣！”挨到昧爽时分，踅出寓所，将写下的数张字纸，抛向帅府前左右街市闹处。

少顷，天明，军士居民，这边方拾一张来看，那边又有人拾了一张，登时聚着数簇军民观看。早有巡风军卒，抢一张去，飞报与梁永知道。梁永大惊，急差宣令官出府传令，教军士谨守辕门及各营，着一面严行缉捕奸细。那萧嘉穗身边藏一把宝刀，挨入人丛中，也来观看，将纸上言语，高声朗诵了两遍，军民都错愕相顾。那宣令官奉着主将的令，骑着马，五六个军汉，跟随到各营传令。萧嘉穗抢上前，大吼一声，一刀砍断马足，宣令官撞下马去，一刀剁下头来。萧嘉穗左手抓了人头，右手提刀，大呼道：“要保全性命的，都跟萧嘉穗去杀贼！”帅府前军士，平素认得萧嘉穗，又晓得他是铁汉，霎时有五六百人，拥着他结做一块。

萧嘉穗见军士聚拢来，复连声大呼道：“百姓有胆量的，都来相助！”声音响振数百步。那时四面响应，百姓都抢棍棒，拔杉刺，折桌脚，拈指间已有五六千人。迭声呐喊，萧嘉穗当先，领众抢入帅府。那梁永平日暴虐军民，鞭挞士卒，护卫军将，都恨入骨髓。一闻变起，都来相助，赶入去，把梁永等一家老小都杀了。萧嘉穗领众军民人等，拥出帅府，此时已有二万余人。把萧让、裴宣、金大坚放了　扒，都打开了枷。萧嘉穗选三个有膂力的人，背着萧让等三人。萧嘉穗当先，抓了梁永首级，赶到北门，杀死守门将马　，赶散把门军士，开城门，放吊桥。

那时吴用正到北门，亲督将士攻城，听的城中呐喊，又是开城门，只道贼人出来冲击，忙教军马退下三四箭之地，列阵迎敌。只见萧嘉穗抓着人头，背后三个军汉，背负萧让等，过了吊桥，忙奔前来。吴用正在惊讶，萧让等高叫道：“吴军师，实亏这个壮士，激聚众民，杀了贼将，救我等出来。”吴用听了，又惊又喜。萧嘉穗对吴用道：“事在仓卒，不及叙礼。请军师快领兵入城！”那吊桥边已有若干军民，都齐声叫道：“请宋先锋入城！”吴用见诸色人等，都有在里面，遂传令教将士统军马入城，如有妄杀一人者，同伍皆斩。北城上守城军士，看见事势如此，都投戈下城。其东西南三面守城军士，闻了这个消息，都捆缚了守城贼将，大开城门，香花灯烛，迎接宋兵入城。只有縻　那厮勇猛，人近他不得，出西门，杀出重围走了。吴用差人飞报宋江。宋江闻报，把那忧国家、哭兄弟的病证退了九分九厘，欣喜雀跃，同众将拔寨都起。大军来到荆南城中，宋江升坐帅府，安抚军民，慰劳将士。宋江请萧嘉穗到帅府，问了姓名，扶他上坐。宋江纳头便拜道：“壮士豪举，诛锄叛逆，保全生灵，兵不血刃，克复城池，又救了宋某的三个兄弟，宋江合当下拜。”萧嘉穗答拜不迭道：“此非萧某之能，皆众军民之力也！”宋江听了这句，愈加钦敬。宋江以下将佐，都叙礼毕。城中军士，将贼将解来。宋江问愿降者，尽行免罪。因此满城欢声雷动，降服数万人。恰好水军头领李俊等，统领水军船只。到了汉江，都来参见。

宋江教置酒款待萧壮士。宋江亲自执杯劝酒，说道：“足下鸿才茂德，宋某回朝，面奏天子，一定优擢。”萧嘉穗道：“这个倒不必，萧某今日之举，非为功名富贵。萧某少负不羁之行，长无乡曲之誉，是孤陋寡闻的一个人。方今谗人高张，贤士无名，虽材怀随和，行若由夷的，终不能达九重。萧某见若干有抱负的英雄，不计生死，赴公家之难者，倘举事一有不当，那些全躯保妻子的，随而媒孽其短，身家性命，都在权奸掌握之中。象萧某今日，无官守之责，却似那闲云野鹤，何天之不可飞耶！”这一席话，说得宋江以下，无不嗟叹。座中公孙胜、鲁智深、武松、燕青、李俊、童威、童猛、戴宗、柴进、樊瑞、朱武、蒋敬等这十余个人，把萧壮士这段话，更是点头玩味。当晚酒散，萧嘉穗辞谢出府。次早，宋江差戴宗到陈安抚处报捷。宋江亲自到萧壮士寓所，特地拜望，却是一个空寓。间壁纸铺里说：“萧嘉穗今早天未明时，收拾了琴剑书囊，辞别了小人，不知往那里去了。”后人有诗赞萧　祖孙之德云：

冒雨修堤萧僧达，波狂涛怒心不怛。

恪诚止水堤功成，六穗嘉禾一茎发。

贤孙豪俊侔厥翁，咄叱民从贼首　。

泽及生灵哲保身，闲云野鹤真超脱。

宋江回到帅府，对众头领说萧嘉穗飘然而去，众将无不叹息。至晚，戴宗回报，说宛州、山南两处所属未克州县，陈安抚、侯参谋授方略与罗戬及林冲、花荣等，俱各讨平。朝廷已差若干新官到来，各行交代讫。陈安抚已率领诸将起程，即日便到。宋江与吴用计议：“待陈安抚到这里镇守，我们好起大兵，前去剿灭渠魁。”宋江却在荆南调摄五六日，病已全愈。一日，报陈安抚等兵马到来，宋江等接入城中。参见毕，陈安抚大赏三军将士。次后山南守将史进等，已将州务交代新官，随后也到。宋江将州务请陈安抚治理。宋江等拜别陈安抚，统领大军，水陆并进，战骑同行，来剿南丰贼人巢穴。此时一百单八个英雄，都在一处，又有河北降将孙安等十一人，军马二十余万，连战连捷，兵威大振，所到地方，贼人望风降顺。宋江将复过州县，呈报陈安抚。陈　差罗　统领将士兵马，前来镇守。

宋江等水陆大兵，长驱直至南丰地界。哨马报到，说侦探得贼人王庆将李助为统军大元帅，就本处调选水陆兵马五万。又调云安、东川、安德三路各兵马二万，都是本处伪兵马都监刘以敬、上官义等统领。数十员猛将，及十一万雄兵，前来拒敌。王庆亲自督征。宋江闻报，与吴用计议道："贼兵倾巢而来，必是抵死厮并。我将何策胜之？"吴用道："兵法只是'多方以误之'这一句。俺们如今将士都在一处，多分调几路前去厮杀，教他应接不暇。"宋江依议传令，分调兵将。

先一日，有扑天雕李应、小旋风柴进，奉宋先锋将令，统领马步头领单廷　、魏定国、施恩、薛永、穆春、李忠，领兵五千，护送粮草车仗，并缎帛、火炮、车辆。在大兵之后，地名龙门山，南麓下傍山有一村庄，四围都是高泥冈子，却象个土城，三面有路出入。居民空下草瓦房数百间，居民因避兵迁避去了。是晚，东北风大作，浓云泼墨，李应、柴进见天色已暮，恐天雨沾湿了粮草，教军士拆开门扇，把车辆推送屋里。军士方欲造饭食息，忽见病大虫薛永领兵巡哨，捉了一个奸细，来报柴进说："审问得奸细说，贼人縻　，领精兵一万，今夜二更，要来劫烧粮草，现今伏在龙门山中。"

原来，那龙门山两崖对峙如门，其中可通舟楫，树木丛密。李应听说，便对柴进道："待小弟去庄前，等那鸟败贼，杀他片甲不回。"柴进道："那縻　十分勇猛，不可力敌。况且我这里兵少，待小弟略施小计，拚五六车火炮，百十车柴薪，与唐斌等报仇，把那奸细杀了。教军士将粮草、火炮、车辆，教李应领兵三千，都备弓弩火箭，护卫粮车。在黄昏时候，尽数出了土冈，望南先行，却留下百十辆柴薪车，四散列于西南下风头草房茅檐边。将百十辆空车，五六处结队摆列，上面略放些粮米。各处藏下火炮，及铺放硫黄焰硝灌过的干柴。教施恩、薛永、穆春、李忠领兵二千，埋于东泥冈路口。教单廷　领马兵一千，于庄南路口，等候贼人到来，都是恁般恁般，依我行事。"柴进同神火将军魏定国，领步兵三百人，都带火种火器，上山埋伏于丛密树林里。

等到二更时分，贼将縻　果然同了二个偏将，领着万余军马，人披软战，马摘銮铃，掩旗息鼓，疾驰到南土冈门口来。单廷　见贼兵来，教军士燃点火把，接住厮杀。单廷　与縻　斗不到四五合，单廷　拨马领兵退入去。那縻　是有勇无谋的人，领兵一径抢进来。薛永、施恩见南路举火，即教李忠、穆春分兵一千，疾驰到庄南，把住路口。那时贼兵都喊杀连天抢入去，只望东北上风头杀来，乃是空屋，不见粮草。縻　领兵四面搜索，看见下风头只有一二百辆粮草车，有五六百军士看守，见贼兵来，发声喊，都奔散了。縻　道："原来不多粮草！"叫军士打火把照看，中间车队里，每队有两辆缎匹车。那些贼兵见了，便去乱抢。縻　急要止遏时，又被山上将火箭火把乱打射下来，草房柴车上，都燔烧起来。贼兵发喊，急躲避时，早被火炮药线引着火，传递得快，如轰雷般打击出来，贼兵奔走不迭的，都被火炮击死。拈指间，烘烘火起，烈烈烟生。但见：

风随火势，火趁风威。千枝火箭掣金蛇，万个轰雷震火焰。骊山顶上，料应褒姒逞英雄；扬子江头，不弱周郎施妙计。氤氲紫雾腾天起，闪烁红霞贯地来。必必剥剥响不绝，浑如除夜放炮竹。

当下火势昌炽，炮声震响，如天摧地烈之声。须臾，百十间草房，变做烟团火块。縻　被火炮击死，贼兵击死大半，焦头烂额者无数，又被单廷　、施恩等三路追杀进来，二个偏将都被杀死，一万人马，只有千余人从土冈上爬出去，逃脱性命。天明，柴进等仍与李应等合兵一处，将粮草运送大寨来。宋先锋正升帐，遣调兵马杀贼，只见马军拴束马匹，步军安排器械，正是：旌旗红展一天霞，刀剑白铺千里雪。

毕竟宋江等如何厮杀，且听下回分解。

第一百九回王庆渡江被捉　宋江剿寇成功

话说当日宋江升帐，诸将拱立听调。放炮、鸣金鼓、升旗，随放静营炮，各营哨头目，挨次至帐下，齐立肃静，听施号令。吹手点鼓，宣令官传令毕，营哨头目，依次磕头，起站两边。巡视蓝旗手，跪听发放，凡呐喊不齐，行伍错乱，喧哗违令，临阵退缩，拿来重处。又有旗牌官左右各二十员，宋先锋亲谕："尔等下营督阵，凡有军士遇敌不前，退缩不用命者，听你等拿来处治。"旗牌遵令，各下地方，鸣金大吹，各归行伍，听令起行。宋江然后传令，遣调水陆诸将毕。吹手掌头号整队，二号掣旗，三号各起行营向敌。敲金边，出五方旗，放大炮，掌号　营，各各摆阵出战。正是那：

震天鼙鼓摇山岳，映日旌旗避鬼神。

却说贼人王庆，调拨军兵抵敌，除水军将士闻人世崇等已差拨外，点差云安州伪兵马都监刘以敬为正先锋，东川伪兵马都监上官义为副先锋，南丰伪统军李雄、毕先为左哨，安德伪统军柳元、潘忠为右哨，伪统军大将段五为正合后，伪御营使丘翔为副合后，伪枢密方翰为中军羽翼。王庆掌握中军，有许多伪尚书、御营金吾、卫驾将军、校尉等项，及各人手下偏牙将佐，共数十员。李助为元帅。队伍军马，十分齐整。王庆亲自监督。马带皮甲，人披铁铠，弓弩上弦，战鼓三通，诸军尽起。行不过十里之外，尘土起处，早有宋军哨路来的渐近。鸾铃响处，约有三十余骑哨马，都戴青将巾，各穿绿战袍，马上尽系着红缨，每边拴挂数十个铜铃，后插一把雉尾，都是钏银细杆长枪，轻弓短箭。为头的战将是奉道君皇帝敕命，复还旧职，虎骑将军没羽箭张清。头裹销金青巾帻，身穿挑绣绿战袍，腰系紫绒绦，足穿软香皮，骑匹银鞍马。左边是敕封贞孝宜人的琼矢镞琼英，头带紫金嵌珠凤冠，身穿紫罗挑绣战袍，腰系杂色彩绒绦，足穿朱绣小凤头鞋，坐匹银鬃骏马。那右边略下些，捧旗的是敕授的义仆正排军叶清，直哨到李助军前，相离不远，只隔百十步，勒马便回。前军先锋刘以敬、上官义骤马驱兵，便来冲击。张清拍马，拈出白梨花枪，来战二将。琼英驰马，挺方天画戟来助战。

四将斗到十数合，张清、琼英隔开贼将兵器，拨马便回。刘以敬、上官义驱兵赶来，左右高叫："先锋不可追赶!此二人鞍后锦袋中都是石子，打人不曾放空！"刘以敬、上官义听说，方才勒住得马，只见龙门山背后，鼓声振响，早转五百步兵来。当先四个步将头领，乃是黑旋风李逵、混世魔王樊瑞、八臂那吒项充、飞天大圣李衮，直奔前来。那五百步军，就在山坡下一字儿摆开，两边团牌，齐齐扎住。刘以敬、上官义驱兵掩杀。李逵、樊瑞引步军分开两路，都倒提蛮牌，转过山坡便去。那时王庆、李助大军已到，一齐冲击前来。李逵、樊瑞等都飞跑上山，度岭穿林，都不见了。

李助传令，教就把军马在这个平原旷野之地列成阵势。只听得山后炮响，只见山南一路军马飞涌出来，簇拥着三个将军：中间是矮脚虎王英，左是小尉迟孙新，右是菜园子张青。总管马步军兵五千，杀向前来。王庆正欲遣将迎敌，又听得山后一声炮响，山北一路军马飞涌出来，簇拥着三个女将：中间是一丈青扈三娘，左边是母大虫顾大嫂，右边是母夜叉孙二娘。管领马步军兵五千，杀向前来，恰遇贼兵右哨柳元、潘忠兵马，接住厮杀。王英等正遇贼兵左哨李雄、毕先军马，接住厮杀。两边各斗到十余合，南边王英、孙新、张青勒转马，领兵望东便走；北边扈三娘、顾大嫂、孙二娘，也接转马匹，率领军兵，望东便走。王庆看了笑道："宋江手下，都是这些鸟男女，我这里将士如何屡次输了？"遂驱大兵，追杀上来。

行不到五六里，忽听得一棒锣声响，却是适才去的李逵、樊瑞、项充、李衮，这四个步军头领，从山左丛林里转向前来；又添了花和尚鲁智深、行者武松、没面目焦挺、赤发鬼刘唐，四个步军将佐，并五百步兵，都执团牌短兵，直冲上来。贼将副先锋上官义忙拨步军二千冲杀。李逵、鲁智深与贼兵略斗几合，却似抵敌不过的，倒提团牌，分开两路，都飞奔入丛林中去了。贼兵赶来，那李逵等却是走得快，拈指间，都四散奔走去了。李助见了，连忙对王庆道："大王不宜追赶，这是诱敌之计。我们且列阵迎敌。"

李助上将台列阵兀是未完，只听得山坡后轰天子母炮响，就山坡后涌出大队军将，急先涌来，占住中央，里面列阵势。王庆令左右拢住战马，自上将台看时，只见正南上这队人马，尽是红旗、红甲、红袍、朱缨、赤马，前面一把引军销金红旗。把那红旗招展处，红旗中涌出一员大将，乃是霹雳火秦明，左手是圣水将军单廷　，右边是神火将军魏定国，三员大将，手　兵器，都骑赤马，立于阵前。东壁一队人马，尽是青旗、青甲、青袍、青缨、青马，前面一把引军销金青旗。招展处，青旗中涌出一员大将，乃是大刀关胜，左手是丑郡马宣赞，右手是井木犴郝思文，三员大将，手　兵器，都骑青马，立于阵前。西壁一队人马，尽是白旗、白甲、白袍、白缨、白马，前面一把引军销金白旗。招展处，白旗内涌出一员大将，乃是豹子头林冲，左手是镇三山黄信，右手是病尉迟孙立，三员大将，手　兵器，都骑白马，立于阵前。后面一簇人马，都是皂旗、黑甲、黑袍、黑缨、黑马，前面一把引军销金皂旗。招展处，皂旗中涌出一员大将，乃是双鞭将呼延灼，左手是百胜将韩滔，右手是天目将彭玘，三员大将，手　兵器，都骑黑马，立于阵前。东南方门旗影里，一队军马，青旗红甲；前面一把引军绣旗招展，捧出一员大将，乃是双枪将董平，左手是摩云金翅欧鹏，右手是火眼狻猊邓飞，三员大将，手　兵器，都骑战马，立于阵前。西南方门旗影里，一队军马，红旗白甲，前面一把引军绣旗招展处，捧出一员大将，乃是急先锋索超，左手是锦毛虎燕顺，右手是铁笛仙马麟，三员大将，手　兵器，都骑战马，立于阵前。东北方门旗影里，一队军马，皂旗青甲，前面一把引军绣旗招展处，捧出一员大将乃是九纹龙史进，左手是跳涧虎陈达，右手是白花蛇杨春，三员大将，手　兵器，都骑战马，立于阵前。西北方门旗影里，一队军马，白旗黑甲；前面一把引军绣旗招展处，捧出一员大将，乃是青面兽杨志，左手是锦豹子杨林，右手是小霸王周通，三员大将，手　兵器，都骑战马，立于阵前。八方摆布的铁桶相似。阵门里马军随马队，步军随步队，各持钢刀大斧，阔剑长枪，旗　齐整，队伍威严。八阵中央都是杏黄旗，间着六十四面长脚旗，上面金销六十四卦，亦分四门。南门都是马军。正南上黄旗影里，捧出二员上将，上首是美髯公朱仝，下手是插翅虎雷横，人马尽是黄旗、黄袍、铜甲、黄缨、黄马。中央阵，东门是金眼彪施恩，西门是白面郎君郑天寿，南门是云里金刚宋万，北门是病大虫薛永。那黄旗后，便是一丛炮架，立着那个炮手轰天雷凌振，引着副手二十余人，围绕着炮架。架后都摆列捉将的挠钩套索，挠钩后又是一周遭杂彩旗　，四面立着二十八宿星辰。销金绣旗中间，立着一面堆绒绣就，真珠圈边，脚缀金铃，顶插雉尾，鹅黄帅字旗。有一个守旗壮士，冠簪鱼尾，甲皱龙鳞，身长一丈，凛凛威风，便是险道神郁保四。旗边设立两个护旗将士，都骑战马，一般结束，手执钢枪，一个是毛头星孔明，一个是独火星孔亮。马前马后，排列二十四个执狼牙棍的铁甲军士。后面两把领战绣旗，两边排列二十四枝方天画戟丛中，捧着两员骁将：左边是小温侯吕方，右边是赛仁贵郭盛。两员将各持画戟，立马两边。画戟中间，一簇钢叉，两员步军骁将，一般结束，一个是两头蛇解珍，一个是双尾蝎解宝，各执三股莲花叉，守护中军。随后两匹锦鞍马上，左手是圣手书生萧让，右手是铁面孔目裴宣。两个马后摆着紫衣持节的，并麻扎刀军士。那麻扎刀林中，立着两个行刑刽子：上首是铁臂膊蔡福，下首是一枝花蔡庆。背阵两边，摆着金枪银枪手，两边有大将领队。金枪队里，是金枪手徐宁；银枪队里，是小李广花荣。背后又是锦衣对对，花帽双双，绯袍簇簇，锦袄攒攒。两壁厢碧幢翠幕，朱　皂盖，黄钺白旄，青萍青电，两行钺斧鞭挝中间，三把销金伞下，三匹锦鞍骏马上，坐着三个英雄：右边星冠鹤氅，呼风唤雨的入云龙公孙胜；左边纶巾羽扇，文武双全的智多星吴用；正中间照夜玉狮子金鞍马上，坐着那个有仁有义，退虏平寇的征西正先锋，山东及时雨呼保义宋公明，全身结束，自仗锟　宝剑，于阵中监战，掌握中军。马前左手，立着神行太保戴宗，专管飞报军情，调兵遣将；右手立着浪子燕青，专一护持中军，能干机密。马后大戟长戈，锦鞍骏马，整整齐齐，三十五员牙将，都骑战马，手执长枪，全副弓箭。马后画角，全部鼓吹大乐。阵后又设两队游兵，伏于两侧，以为护持中军羽翼：左是石将军石勇，同九尾龟陶宗旺，管领马步兵三千人；右是没遮拦穆弘，引兄弟小遮拦穆春，管领马步兵三千，伏于两胁。那座阵排布得十分整密，正是：

军师多略帅恢弘，士涌貔貅马跨龙。

指挥要建平西绩，叱咤思成荡寇功。

那个草头天子王庆同李助在阵中将台上，定睛看了宋江兵马，拈指间，排成九宫八卦阵势，军兵勇猛，将士英雄，军容整肃，刀枪锋利，惊得魂不附体，心胆俱落，不住声道："可知道兵将屡次亏输，原来那伙人如此利害！"

只听的宋军中，战鼓不绝声的发擂。王庆、李助下将台，骑上战马，左右有金吾护驾等员役，马后有许多内侍簇拥着他。王庆传令旨，教前部先锋，出阵冲击。当下东西对阵。是日干支属木。宋阵正西方门旗开处，豹子头林冲从门旗下飞马出阵，两军一齐呐喊。林冲兜住马，横着丈八蛇矛，厉声高叫："无知叛逆，谋反狂徒，天兵到此，尚不投降!直待骨肉为泥，悔之何及！"贼阵中李助本是算命先生，甚晓得相生相克之理，疾忙传令，教右哨柳元、潘忠，领红旗军去冲击。柳元、潘忠遵令，领了红旗军，骤马抢来冲击。两阵迭声呐喊，战鼓齐鸣。林冲接住柳元厮杀，四条臂膊纵横，八只马蹄撩乱。二将在征尘影里，杀气丛中，来来往往，左盘右旋，斗经五十余合，胜败未分。那柳元是贼中勇猛之将，潘忠见柳元不能取胜，拍马提刀，抢来助战。林冲力敌二将，大喝一声，奋神威，将柳元一矛戳于马下。林冲的副将黄信、孙立，飞马冲出阵来。黄信挥丧门剑，望潘忠一剑砍去。只见一条血颣光连肉，顿落金鐙在马边。

潘忠死于马下，手下军卒散乱，早冲动了阵脚，贼兵飞报入中军。王庆听的登时折了二将，忙传令旨，急教退军。只听得宋军中一声炮响，兵马纷纷扰扰，白引黑，黑引青，青引红，变作长蛇之阵，簸箕掌，栲栳圈，围裹将来。王庆、李助调将遣兵，分头冲击，却似铜墙铁壁，急切不能冲得出来。官军与贼兵这场好杀，怎见得：　兵戈冲击，士马纵横。枪破刀，刀如劈脑而来，枪必钓鱼而应。刀如下发而起，枪必绰地而迎。刀如倒拖而回，枪必裙拦而守。刀解枪，枪如刺心而来，刀用五花以御。枪如点睛而来，刀用探马以格。筅破牌，牌或滚身以进，筅即风扫以当。牌或从旁以追，筅必斜插以待。牌或摧挤以入，筅必退却以搠。牌解筅，筅若平胸，牌用小坐之势以避。筅若簇拥，牌将碎剪之法以随。单刀披挂绞丝，佯输诈败。铁叉上排下掩，侧进抵闪。袖箭于马上觑贼，钩镰于车前俟马。鞭、简、挝、　，剑、戟、矛、盾。那边破解无穷，这里转变莫测。须臾血流成河，顷刻尸如山积。

当下鏖战多时，贼兵大败，官军大胜。王庆叫且退入南丰大内，再作区处。只听得后军炮响，哨马飞报将来说：“大王，后面又有宋军杀来！”那彪军，马上当先的英雄大将，正是副先锋河北玉麒麟卢俊义，横着一条点钢枪；左边有使朴刀的好汉病关索杨雄；右边有使朴刀的头领拚命三郎石秀，领着一万精兵，抖擞精神，将正副合后贼兵杀散。杨雄砍翻段五，石秀搠死丘翔，并力冲杀进来。

王庆正在慌迫，又听得一声炮响，左有鲁智深、武松、李逵、焦挺、项充、李衮、樊瑞、刘唐八个勇猛头领，引着一千步卒，抡动禅杖、戒刀、板斧、朴刀、丧门剑、飞刀、标枪、团牌，杀死李雄、毕先，如割瓜切菜般直杀入来；右有张清、王英、孙新、张青、琼英、扈三娘、顾大嫂、孙二娘，四对英雄夫妇，引着一千骑兵，舞动梨花枪、鞭钢枪、方天画戟、日月双刀、钢枪、短刀，杀散左哨军兵，如摧枯拉朽的直冲进来，杀得贼兵四分五裂，七断八续，雨零星散，乱窜奔逃。

卢俊义、杨雄、石秀杀入中军，正撞着方翰，被卢俊义一枪戳死，杀散中军羽翼军兵，径来捉王庆，却遇了金剑先生李助。那李助有剑术，一把剑如掣电般舞将来。卢俊义正在抵当不住，却得宋江中军兵到，右手下入云龙公孙胜，口中念念有词，喝声道：“疾！”李助那口剑，托地离了手，落在地上。卢俊义骤马赶上，轻舒猿臂，款扭狼腰，把李助只一拽，活挟过马来，教军士缚了。卢俊义拈枪拍马，再杀入去寻捉王庆，好似皂雕追紫燕，猛虎啖羊羔。贼兵抛金弃鼓，撇戟丢枪，觅子寻爷，呼兄唤弟，十余万贼兵，杀死大半。尸横遍野，流血成河。降者三万人，除那逃走脱的，其余都是十死九活，七损八伤，颠翻在地，被人马践踏，骨肉如泥的，不计其数。刘以敬、上官义两个猛将，都被焦挺砍翻战马，撞下马来，都被他杀死。李雄被琼英飞石打下马来，一画戟搠死。毕先正在逃避，忽地里钻出活闪婆王定六，一朴刀搠下马来，再向胸膛上一朴刀，结果了性命。其伪尚书、枢密、殿帅、金吾、将军等项，都逃不脱，只不见了渠魁王庆。宋军大捷。

宋江教鸣金收集兵马，望南丰城来，教张清、琼英领五千马军，前去哨探；再差神行太保戴宗先去打听孙安袭取南丰消息如何。戴宗遵令，作起神行法，赶过张清、琼英，去了片晌，便来回报说：“孙安奉先锋将令，假扮西兵去赚城，被贼人知觉，城门内掘下陷坑，开城东门，放军马进去。孙安手下梅玉、金　、毕捷、潘迅、杨芳、冯升、胡迈七个副将，争先抢入城去，并五百军士，连人和马，都　入陷坑中。两边伏兵齐发，都把长枪利戟，把梅玉等五百余人，尽行搠死。幸得孙安在后，乘势奋勇杀进城门，教军士填了陷坑。孙安一骑当先，领兵杀入城中，贼兵不能抵当。孙安夺了东门，后被贼人四面响应，把孙安兵马堵截在东门。小弟探知这消息，飞来回复。半路遇了张将军及张宜人，说了此情，他两个催动人马疾驰去了。”

宋江闻报，催动大军，疾驰上前，将南丰城围住。那时张清、琼英进了东门，教孙安据住东门，张清、琼英正与贼军鏖战，因此，宋江等将佐兵马，抢入东门，夺了城池，杀散贼兵，四门竖起宋军旗号。城中许多伪文武多官范全等尽行杀死。那伪妃段三娘听的军马进城，他素有膂力，也会骑马，遂拴缚结束，领了百余有膂力的内侍，都执兵器，离王宫，出后苑，欲杀出西门，投云安军去，恰遇琼英领兵杀到后苑来。段氏纵马，挺一口宝刀，抵死冲突。被琼英一石子飞来，正中段三娘面门，鲜血迸流，撞下马来，　个脚梢天，军士赶上，捉住绑缚了。那些内侍，都被宋兵杀死。琼英领兵杀入后苑内宫，那些宫娥嫔女，闻得宋兵入城，或投环，或投井，或刀刎，或撞阶，大半自尽，其余都被琼英教军士缚了，解到宋江帐前。宋江大喜，将段氏一行人囚禁，待捉了王庆，一齐解京。再遣兵将，四面八方，去追王庆。却说那王庆领着数百铁骑，撞透重围，逃奔到南丰城东，见城中有兵厮杀，惊得魂不附体，后面大兵又到，望北奔走不迭。回顾左右，止有百余骑，其余的虽是平日最亲信的，今日势败，都逃去了。王庆同了百余人，望云安奔走，在路对跟随近侍说道：“寡人尚有云安、东川、安德三座城池，岂不是江东虽小，亦足以王?只恨适才那些跟随逃散官员，平日受用了寡人大俸大禄，今日有事，都自去了。待寡人兴兵来杀退宋兵，缉捕那些逃亡的，细细地醢他。”王庆同众人马不停蹄，人不歇足，走到天明，幸的望见云安城池了。王庆在马上欣喜道：“城中将士，也是谨慎。你看那旗　齐整，兵器整密！”王庆一头说着，同众人奔近城来。随从人中，有识字的说道：“大王不好了!怎么城上都是宋军旗号？”

王庆听了，定睛一看，果是东门城上，远远地闪出号旗，上有金销大字，乃是“御西宋先锋麾下水军正将混江……”，下面尚有三个字，被风飘动旗脚，不甚分明。王庆看了，惊的浑身麻木，半晌时动弹不得，真是宋兵从天而降。当有王庆手下一个有智量近侍说道：“大王，事不宜迟!请大王速卸下袍服，急投东川去，恐城中见了生变。”王庆道：“爱卿言之极当。”王庆随即卸下冲天转角金幞头，脱下日月云肩蟒绣袍，解下金镶宝嵌碧玉带，脱下金显缝云根朝靴，换了巾帻、便服、软皮靴。其余侍从，亦都脱卸外面衣服。急急如丧家之狗，忙忙如漏网之鱼，从小路抄过云安城池，望东川投奔，走的人困马乏，腹中饥馁。百姓久被贼人伤残，又闻得大兵厮杀，凡冲要通衢大路，都没一个人烟，静悄悄地鸡犬不闻，就要一滴水，也没喝处，那讨酒食来?那时王庆手下亲幸跟随的，都是假登东，诈撒溺，又散去了六七十人。

王庆带领三十余骑，走至晚，才到得云安属下开州地方，有一派江水阻路，这个江叫做清江。其源出自达州万顷池，江水最是澄清，所以叫做清江。当下王庆道：“怎得个船只渡过去？”后面一个近侍指道：“大王，兀那南涯疏芦落雁处，有一簇渔船。”王庆看了，同众人走到江边。此时是孟冬时候，天气晴和，只见数十只渔船，捕鱼的捕鱼，晒网的晒网。其中有几只船，放于中流，猜拳豁指头，大碗价吃酒。王庆叹口气道：“这男女们恁般快乐！我今日反不如他了！这些都是我子民，却不知寡人这般困乏。”近侍高叫道：“兀那渔人，撑拢几只船来，渡俺们过了江，多与你渡钱。”只见两个渔人放下酒碗，摇着一只小渔艇，咿咿哑哑摇近岸来。船头上渔人，向船旁拿根竹篙撑船拢岸，定睛把王庆从头上直看至脚下，便道：“快活，又有吃酒东西了。上船，上船！”近侍扶王庆下马。

王庆看那渔人，身材长大，浓眉毛，大眼睛，红脸皮，铁丝般髭须，铜钟般声音。那渔人一手执着竹篙，一手扶王庆上船，便把篙望岸上只一点，那船早离岸丈余。那些随从贼人，在岸上忙乱起来，齐声叫道：“快撑拢船来!咱们也要过江的。”那渔人睁眼喝道：“来了!忙到那里去？”便放下竹篙，将王庆劈胸扭住，双手向下一按，扑通的按倒在　板上。王庆待要挣扎，那船上摇橹的，放了橹，跳过来一齐擒住。那边晒网船上人，见捉了王庆，都跳上岸，一拥上前，把那三十余个随从贼人，一个个都擒住。

原来这撑船的，是混江龙李俊，那摇橹的，便是出洞蛟童威，那些渔人，多是水军。李俊奉宋先锋将令，统驾水军船只，来敌贼人水军。李俊等与贼人水军大战于瞿塘峡，杀其主帅水军都督闻人世崇，擒其副将胡俊，贼兵大败。李俊见胡俊状貌不凡，遂义释胡俊。胡俊感恩，同李俊赚开云安水门，夺了城池，杀死伪留守施俊等。混江龙李俊料着贼与大兵厮杀，若败溃下来，必要奔投巢穴。因此，教张横、张顺镇守城池，自己与童威、童猛，带领水军，扮做渔船，在此巡探；又教阮氏三雄，也扮做渔家，分投去滟　堆、岷江、鱼复浦各路埋伏哨探。适才李俊望见王庆一骑当先，后面又许多人簇拥着，料是贼中头目，却不知正是元凶。当下李俊审问从人，知是王庆，拍手大笑，绑缚到云安城中。一面差人唤回三阮同二张守城，李俊同降将胡俊，将王庆等一行人，解送到宋先锋军前来。于路探听得宋江已破南丰，李俊等一径进城，将王庆解到帅府。宋江因众将捕缉王庆不着，正在纳闷，闻报不胜之喜。当下李俊入府，参见了宋先锋，宋江称赞道：“贤弟这个功劳不小。”李俊引降将胡俊，参见宋先锋。李俊道：“功劳都是这个人。”宋江问了胡俊姓名，及赚取云安的事。

宋江抚赏慰劳毕，随即与众将计议，攻取东川、安德二处城池。只见新降将胡俊禀道：“先锋不消费心。胡某有一言，管教两座城池，唾手可得！”宋江大喜，连忙离坐，揖胡俊问计。胡俊躬着身，对宋江说出几句话来。有分教：一矢不加城克复，三军镇静贼投降。

毕竟胡俊说出甚么话来，且听下回分解。

第一百十回燕青秋林渡射雁　宋江东京城献俘

话说当下宋江问降将胡俊有何计策去取东川、安德两处城池。胡俊道：“东川城中守将，是小将的兄弟胡显。小将蒙李将军不杀之恩，愿往东川招兄弟胡显来降。剩下安德孤城，亦将不战而自降矣。”宋江大喜，仍令李俊同去。一面调遣将士，提兵分头去招抚所属未复州县；一面差戴宗赍表，申奏朝廷，请旨定夺；并领文申呈陈安抚，及上宿太尉书札。宋江令将士到王庆宫中，搜掳了金珠细软，珍宝玉帛，将违禁的龙楼凤阁，翠屋珠轩，及违禁器仗衣服，尽行烧毁；又差人到云安，教张横等将违禁行宫器仗等项，亦皆烧毁。

却说戴宗先将申文到荆南，报呈陈安抚，陈安抚也写了表文，一同上达。戴宗到东京，将书札投递宿太尉，并送礼物。宿太尉将表进呈御览。徽宗皇帝龙颜大喜，即时降下圣旨，行到淮西，将反贼王庆，解赴东京，候旨处决，其余擒下伪妃、伪官等众从贼，都就淮西市曹处斩，枭示施行。淮西百姓遭王庆暴虐，准留兵饷若干，计户给散，以赡穷民。其阵亡有功降将，俱从厚赠荫。淮西各州县所缺正佐官员，速推补赴任交代。各州官多有先行被贼胁从，以后归正者，都着陈　分别事情轻重，便宜处分。其征讨有功正偏将佐，俱俟还京之日，论功升赏。敕命一下，戴宗先来报知。那陈安抚等，已都到南丰城中了。那时胡俊已是招降了兄弟胡显，将东川军民版籍、户口，及钱粮册籍，前来献纳听罪。那安德州贼人，望风归降。云安、东川、安德三处，农不离其田业，贾不离其肆宅，皆李俊之功。王庆占据的八郡八十六州县，都收复了。

自戴宗从东京回到南丰十余日，天使捧诏书，驰驿到来。陈安抚与各官接了圣旨，一一奉行。次早，天使还京。陈　令监中取出段氏、李助，及一行叛逆从贼，判了斩字，推出南丰市曹处斩，将首级各门枭示讫。段三娘从小不循闺训，自家择配，做下迷天大罪，如今身首异处，又连累了若干眷属，其父段太公先死于房山寨。话不絮繁。却说陈安抚、宋先锋标录李俊、胡俊、琼英、孙安功次，出榜去各处招抚，以安百姓。八十六州县，复见天日，复为良民，其余随从贼徒不伤人者，拨还产业，复为乡民。西京守将乔道清、马灵，已有新官到任，次第都到南丰。各州县正佐贰官，陆续都到。李俊、二张、三阮、二童，已将州务交代，尽到南丰相叙。陈安抚众官及宋江以下一百单八个头领，及河北降将，都在南丰设太平宴，庆贺众将官僚，赏劳三军将佐。宋江教公孙胜、乔道清主持醮事，打了七日七夜醮事，超度阵亡军将，及淮西屈死冤魂。

醮事方完，忽报孙安患暴疾，卒于营中。宋江悲悼不已，以礼殡殓，葬于龙门山侧。乔道清因孙安死了，十分痛哭，对宋江说道：“孙安与贫道同乡，又与贫道最厚，他为父报仇，因而犯罪，陷身于贼，蒙先锋收录他，指望日后有个结果，不意他中道而死。贫道得蒙先锋收录，亦是他来指迷。今日他死，贫道何以为情。乔某蒙二位先锋厚恩，铭心镂骨，终难补报。愿乞骸骨归田野，以延残喘。”马灵见乔道清要去，也来拜辞宋江：“恳求先锋允放马某与乔法师同往。”宋江听说，惨然不乐，因二人坚意要去，十分挽留不住，宋江只得允放，乃置酒饯别。公孙胜在旁，只不做声。乔道清、马灵拜辞了宋江、公孙胜，又去拜辞了陈安抚。二人飘然去了。后来乔道清、马灵都到罗真人处，从师学道，以终天年。

陈安抚招抚赈济淮西诸郡军民已毕。那淮西乃淮渎之西，因此，宋人叫宛州、南丰等处是淮西。陈安抚传令，教先锋头目，收拾朝京。军令传下，宋江一面先发中军军马，护送陈安抚、侯参谋、罗武谕起行，一面着令水军头领，乘驾船只，从水路先回东京，驻扎听调。宋江教萧让撰文，金大坚镌石勒碑以记其事，立石于南丰城东龙门山下，至今古迹尚存。降将胡俊、胡显置酒饯别宋先锋。后来宋江入朝，将胡俊、胡显反邪归正，招降二将之功，奏过天子，特授胡俊、胡显为东川水军团练之职，此是后话。

当下宋江将兵马分作五起进发，克日起行，军士除留下各州县镇守外，其间亦有乞归田里者。现今兵马共十余万，离了南丰，取路望东京来。军有纪律，所过地方，秋毫无犯。百姓香花灯烛价拜送。于路行了数日，到一个去处，地名秋林渡。那秋林渡在宛州属下内乡县秋林山之南。那山泉石佳丽，宋江在马上遥看山景，仰观天上，见空中数行塞雁，不依次序，高低乱飞，都有惊鸣之意。宋江见了，心疑作怪。又听的前军喝采，使人去问缘由，飞马回报，原来是浪子燕青，初学弓箭，向空中射雁，箭箭不空。却才须臾之间，射下十数只鸿雁，因此诸将惊讶不已。宋江教唤燕青来。只见燕青弯弓插箭，即飞马而来，背后马上捎带死雁数只，来见宋江，下马离鞍，立在一边。

宋公明问道：“恰才你射雁来？”燕青答道：“小弟初学弓箭，见空中一群雁过，偶然射之，不想箭箭皆中。”宋江道：“为军的人，学射弓箭，是本等的事。射的亲是你能处。我想宾鸿避寒，离了天山，衔芦过关，趁江南地暖，求食稻粱，初春方回。此宾鸿仁义之禽，或数十，或三五十只，递相谦让，尊者在前，卑者在后，次序而飞，不越群伴，遇晚宿歇，亦有当更之报。且雄失其雌，雌失其雄，至死不配。此禽仁义礼智信，五常俱备：空中遥见死雁，尽有哀鸣之意，失伴孤雁，并无侵犯，此为仁也；一失雌雄，死而不配，此为义也；依次而飞，不越前后，此为礼也；预避鹰雕，衔芦过关，此为智也；秋南春北，不越而来，此为信也。此禽五常足备之物，岂忍害之。天上一群鸿雁相呼而过，正如我等弟兄一般。你却射了那数只，比俺兄弟中失了几个，众人心内如何?兄弟今后不可害此礼义之禽。”燕青默默无语，悔罪不及。宋江有感于心，在马上口占诗一首：

山岭崎岖水渺茫，横空雁阵两三行。

忽然失却双飞伴，月冷风清也断肠。

宋江吟诗罢，不觉自己心中凄惨，睹物伤情。当晚屯兵于秋林渡口。宋江在帐中，因复感叹燕青射雁之事，心中纳闷，叫取过纸笔，作词一首：

楚天空阔，雁离群万里，恍然惊散。自顾影欲下寒塘，正草枯沙净，水平天远。写不成书，只寄的相思一点。暮日空濠，晓烟古堑，诉不尽许多哀怨。拣尽芦花无处宿，叹何时玉关重见。嘹呖忧愁呜咽，恨江渚难留恋。请观他春昼归来，画梁双燕。

宋江写毕，递与吴用、公孙胜看。词中之意，甚有悲哀忧戚之思，宋江心中，郁郁不乐。当夜，吴用等设酒备肴，尽醉方休。次日天明，俱各上马，望南而行。路上行程，正值暮冬，景物凄凉。宋江于路，此心终有所感。不则一日，回到京师，屯驻军马于陈桥驿，听候圣旨。

且说先是陈安抚并侯参谋中军人马入城，已将宋江等功劳，奏闻天子，报说宋先锋等诸将兵马，班师回京，已到关外。陈安抚前来启奏，说宋江等诸将征战劳苦之事，天子闻奏，大加称赞。陈　、侯蒙、罗戬各封升官爵，钦赏银两缎匹，传下圣旨，命黄门侍郎宣宋江等面君朝见，都教披挂入城。有诗为证：

去时三十六，回来十八双。

纵横千万里，谈笑却还乡。

且说宋江等众将一百八人，遵奉圣旨，本身披挂。戎装革带，顶盔挂甲，身穿锦袄，悬带金银牌面，从东华门而入，都至文德殿朝见天子，拜舞起居，山呼万岁。皇上看了宋江等众将英雄，尽是锦袍金带，惟有吴用、公孙胜、鲁智深、武松身着本身服色，天子圣意大喜，乃曰："寡人多知卿等征进劳苦，剿寇用心，中伤者多，寡人甚为忧戚。"宋江再拜奏道："托圣上洪福齐天，臣等众将虽有金伤，俱各无事，今元凶授首，淮西平定，实陛下威德所致，臣等何劳之有。"再拜称谢奏道："臣等奉旨，将王庆献俘阙下，候旨定夺。"天子降旨："着法司会官，将王庆凌迟处决。"宋江将萧嘉穗用奇计克复城池，保全生灵，有功不伐，超然高举。天子称奖道："皆卿等忠诚感动！"命省院官访取萧嘉穗赴京擢用。宋江叩头称谢。那些省院官，那个肯替朝廷出力，访问贤良。此是后话。

是日，天子特命省院等官计议封爵。太师蔡京、枢密童贯商议奏道："目今天下尚未静平，不可升迁。且加宋江为保义郎，带御器械，正受皇城使；副先锋卢俊义加为宣武郎，带御器械，行营团练使；吴用等三十四员，加封为正将军；朱武等七十二员，加封为偏将军；支给金银，赏赐三军人等。"天子准奏，仍敕与省院众官，加封爵禄，与宋江等支给赏赐，宋江等就于文德殿顿首谢恩。天子命光禄寺大设御宴，钦赏宋江锦袍一领，金甲一副，名马一匹；卢俊义以下，赏赐有差，尽于内府关支。宋江与众将谢恩已罢，尽出宫禁，都到西华门外，上马回营。一行众将，出的城来，直至行营安歇，听候朝廷委用。

当日法司奉旨会官，写了犯由牌，打开囚车，取出王庆，判了"剐"字，拥到市曹。看的人压肩迭背，也有唾骂的，也有嗟叹的。那王庆的父王砉及前妻丈人等诸亲眷属，已于王庆初反时收捕，诛夷殆尽。今日只有王庆一个，簇拥在刀剑林中。两声破鼓响，一棒碎锣鸣，枪刀排白雪，皂纛展乌云。刽子手叫起恶杀都来，恰好午时三刻，将王庆押到十字路头，读罢犯由，如法凌迟处死。看的人都道：

此是恶人榜样，到底骈首戮身。

若非犯着十恶，如何受此极刑?

当下监斩官将王庆处决了当，枭首施行，不在话下。

再说宋江众人，受恩回营。次日，只见公孙胜直至行营中军帐内，与宋江等众人，打了稽首，便禀宋江道："向日本师罗真人嘱咐小道，令送兄长还京之后，便回山中。今日兄长功成名遂，贫道就今拜别仁兄，辞别众位，便归山中，从师学道，侍养老母，以终天年。"宋江见公孙胜说起前言，不敢翻悔，潸然泪下，便对公孙胜道："我想昔日弟兄相聚，如花始开；今日弟兄分别，如花零落。吾虽不敢负汝前言，心中岂忍分别？"公孙胜道："若是小道半途撇了仁兄，便是寡情薄意。今来仁兄功成名遂，只得曲允。"宋江再四挽留不住，便乃设一筵宴，令众弟兄相别，筵上举杯，众皆叹息，人人洒泪，各以金帛相赆。公孙胜推却不受，众兄弟只顾打拴在包裹。次日，众皆相别。公孙胜穿上麻鞋，背上包裹，打个稽首，望北登程去了。宋江连日思忆，泪如雨下，郁郁不乐。

时下又值正旦节相近，诸官准备朝贺。蔡太师恐宋江人等都来朝贺，天子见之，必当重用，随即奏闻天子，降下圣旨，使人当住，只教宋江、卢俊义两个有职人员，随班朝贺，其余出征官员，俱系白身，恐有惊御，尽皆免礼。是日正旦，百官朝贺，宋江、卢俊义俱各公服，都在待漏院伺候早朝，随班行礼。是日驾坐紫宸殿受朝，宋江、卢俊义随班拜罢，于两班侍下，不能上殿。仰观殿上，玉簪珠履，紫绶金章，往来称觞献寿，自天明直至午牌，方始得沾谢恩御酒。百官朝散，天子驾起。宋江、卢俊义出内，卸了公服幞头，上马回营，面有愁颜赧色。吴用等接着。众将见宋江面带忧容，心闷不乐，都来贺节。百余人拜罢，立于两边，宋江低首不语。

吴用问道："兄长今日朝贺天子回来，何以愁闷？"宋江叹口气道："想我生来八字浅薄，命运蹇滞。破辽平寇，东征西讨，受了许多劳苦，今日连累众兄弟无功，因此愁闷。"吴用答道："兄长既知造化未通，何故不乐?万事分定，不必多忧。"黑旋风李逵道："哥哥，好没寻思!当初在梁山泊里，不受一个的气，却今日也要招安，明日也要招安，讨得招安了，却惹烦恼。放着兄弟们都在这里，再上梁山泊去，却不快活！"宋江大喝道："这黑禽兽又来无礼!如今做了国家臣子，都是朝廷良臣。你这厮不省得道理，反心尚兀自未除！"李逵又应道："哥哥不听我说，明朝有的气受哩！"众人都笑，且捧酒与宋江添寿。是日只饮到二更，各自散了。次日引十数骑马入城，到宿太尉、赵枢密，并省院各官处贺节，往来城中，观看者甚众。就里有人对蔡京说知此事。次日，奏过天子，传旨教省院出榜禁约，于各城门上张挂："但凡一应出征官员将军头目，许于城外下营屯扎，听候调遣。非奉上司明文呼唤，不许擅自入城。如违，定依军令拟罪施行。"差人赍榜，径来陈桥门外张挂榜文。有人看了，径来报知宋江。宋江转添愁闷，众将得知，亦皆焦躁，尽有反心，只碍宋江一个。

且说水军头领特地来请军师吴用商议事务。吴用去到船中，见了李俊、张横、张顺、阮家三昆仲，俱对军师说道："朝廷失信，奸臣弄权，闭塞贤路。俺哥哥破了大辽，剿灭田虎，如今又平了王庆，止得个皇城使做，又未曾升赏我等众人。如今倒出榜文，来禁约我等，不许入城。我想那伙奸臣，渐渐的待要拆散我们弟兄，各调开去。今请军师自做个主张，若和哥哥商量，断然不肯。就这里杀将起来，把东京劫掠一空，再回梁山泊去，只是落草倒好。"吴用道："宋公明兄长断然不肯。你众人枉费了力，箭头不发，努折箭杆。自古蛇无头而不行，我如何敢自主张?这话须是哥哥肯时，方才行得；他若不肯做主张，你们要反，也反不出去！"六个水军头领见吴用不敢主张，都做声不得。

吴用回至中军寨中，来与宋江闲话，计较军情，便道："仁兄往常千自由，百自在，众多弟兄亦皆快活。自从受了招安，与国家出力，为国家臣子，不想倒受拘束，不能任用，兄弟们都有怨心。"宋江听罢，失惊道："莫不谁在你行说甚来？"吴用道："此是人之常情，更待多说?古人云：'富与贵，人之所欲；贫与贱，人之所恶。'观形察色，见貌知情。"宋江道："军师，若是弟兄们但有异心，我当死于九泉，忠心不改！"

次日早起，会集诸将，商议军机，大小人等都到帐前，宋江开话道："俺是郓城小吏出身，又犯大罪，托赖你众弟兄扶持，尊我为头，今日得为臣子。自古道：'成人不自在，自在不成人。'虽然朝廷出榜禁治，理合如此。汝诸将士，无故不得入城。我等山间林下，卤莽军汉极多。倘或因而惹事，必然以法治罪，却又坏了声名。如今不许我等入城去，倒是幸事。你们众人，若嫌拘束，但有异心，先当斩我首级，然后你们自去行事。不然，吾亦无颜居世，必当自刎而死，一任你们自为！”众人听了宋江之言，俱各垂泪设誓而散。有诗为证：

谁向西周怀好音，公明忠义不移心。

当时羞杀秦长脚，身在南朝心在金。

宋江诸将，自此之后，无事也不入城。看看上元节至，东京年例，大张灯火，庆赏元宵，诸路尽做灯火，于各衙门点放。且说宋江营内浪子燕青，自与乐和商议：“如今东京点放花灯火戏，庆赏丰年，今上天子，与民同乐。我两个更换些衣服，潜地入城，看了便回。”只见有人说道：“你们看灯，也带挈我则个！”燕青看见，却是黑旋风李逵。李逵道：“你们瞒着我，商量看灯，我已听了多时。”燕青道：“和你去不打紧，只吃你性子不好，必要惹出事来。现今省院出榜，禁治我们，不许入城。倘若和你入城去看灯，惹出事端，正中了他省院之计。”李逵道：“我今番再不惹事便了，都依着你行！”燕青道：“明日换了衣巾，都打扮做客人相似，和你入城去。”李逵大喜。次日都打扮做客人，伺候燕青，同入城去。不期乐和惧怕李逵，潜与时迁先入城去了。燕青洒脱不开，只得和李逵入城看灯，不敢从陈桥门入去，大宽转却从封丘门入城。两个手厮挽着，正投桑家瓦来。

来到瓦子前，听的勾栏内锣响，李逵定要入去，燕青只得和他挨在人丛里，听的上面说平话，正说《三国志》，说到关云长刮骨疗毒。当时有云长左臂中箭，箭毒入骨。医人华佗道：“若要此疾毒消，可立一铜柱，上置铁环，将臂膊穿将过去，用索拴牢，割开皮肉，去骨三分，除却箭毒，却用油线缝拢，外用敷药贴了，内用长托之剂，不过半月，可以平复如初。因此极难治疗。”关公大笑道：“大丈夫死生不惧，何况只手?不用铜柱铁环，只此便割何妨！”随即叫取棋盘，与客弈棋，伸起左臂，命华佗刮骨取毒，面不改色，对客谈笑自若。

正说到这里，李逵在人丛中高叫道：“这个正是好男子！”众人失惊，都看李逵，燕青慌忙拦道：“李大哥，你怎地好村!勾栏瓦舍，如何使得大惊小怪这等叫！”李逵道：“说到这里，不由人喝采！”燕青拖了李逵便走。

两个离了桑家瓦，转过串道，只见一个汉子飞砖掷瓦，去打一户人家。那人家道：“清平世界，荡荡乾坤，散了二次，不肯还钱，颠倒打我屋里。”黑旋风听了，路见不平，便要去打。燕青务死抱住，李逵睁着双眼，要和他厮打的意思。那汉子便道：“俺自和他有帐讨钱，干你甚事?即日要跟张招讨下江南出征去，你休惹我。到那里去也是死，要打便和你厮打，死在这里，也得一口好棺材。”李逵道：“却是甚么下江南?不曾听的点兵调将。”燕青且劝开了闹，两个厮挽着，转出串道，离了小巷，见一个小小茶肆，两个入去里面，寻副座头，坐了吃茶。对席有个老者，便请会茶，闲口论闲话。燕青道：“请问丈丈，却才巷口一个军汉厮打，他说道要跟张招讨下江南，早晚要去出征，请问端的那里去出征？”那老人道：“客人原来不知。如今江南草寇方腊反了，占了八州二十五县，从睦州起，直至润州，自号为一国，早晚来打扬州。因此朝廷已差下张招讨、刘都督去剿捕。”

燕青、李逵听了这话，慌忙还了茶钱，离了小巷，径奔出城，回到营中，来见军师吴学究，报知此事。吴用见说，心中大喜，来对宋先锋说知江南方腊造反，朝廷已遣张招讨领兵。宋江听了道：“我等诸将军马，闲居在此，甚是不宜。不若使人去告知宿太尉，令其于天子前保奏，我等情愿起兵，前去征进。”当时会集诸将商议，尽皆欢喜。

次日，宋江换了些衣服，带领燕青，自来说此一事。径入城中，直至太尉府前下马。正值太尉在府，令人传报，太尉闻知，忙教请进。宋江来到堂上，再拜起居。宿太尉道：“将军何事，更衣而来？”宋江禀道：“近因省院出榜，但凡出征官军，非奉呼唤，不敢擅自入城。今日小将私步至此，上告恩相。听的江南方腊造反，占据州郡，擅改年号，侵至润州，早晚渡江，来打扬州。宋江等人马久闲，在此屯扎不宜。某等情愿部领兵马，前去征剿，尽忠报国，望恩相于天子前题奏则个！”宿太尉听了，大喜道：“将军之言，正合吾意。下官当以一力保奏。将军请回，来早宿某具本奏闻，天子必当重用。”宋江辞了太尉，自回营寨，与众兄弟说知。

却说宿太尉次日早朝入内，见天子在披香殿与百官文武计事，正说江南方腊作耗，占据八州二十五县，改年建号，如此作反，自霸称尊，目今早晚兵犯扬州。天子乃曰：“已命张招讨、刘都督征进，未见次第。”宿太尉越班奏曰：“想此草寇，既成大患，陛下已遣张总兵、刘都督，再差征西得胜宋先锋，这两支军马为前部，可去剿除，必干大功。”天子闻奏大喜，急令使臣宣省院官听圣旨。当下张招讨，从、耿二参谋，亦行保奏，要调宋江这一干人马为前部先锋。省院官到殿，领了圣旨，随即宣取宋先锋、卢先锋，直到披香殿下，朝见天子。拜舞已毕，天子降敕，封宋江为平南都总管，征讨方腊正先锋；封卢俊义为兵马副总管，平南副先锋。各赐金带一条，锦袍一领，金甲一副，名马一骑，彩缎二十五表里。其余正偏将佐，各赐缎匹银两，待有功次，照名升赏，加受官爵。三军头目，给赐银两。都就于内务府关支，定限日下出师起行。宋江、卢俊义领了圣旨，就辞了天子。皇上乃曰：“卿等数内，有个能镌玉石印信金大坚，又有个能识良马皇甫端，留此二人，驾前听用。”宋江、卢俊义承旨，再拜谢恩，出内上马回营。

宋江、卢俊义两个在马上欢喜，并马而行。出的城来，只见街市上一个汉子，手里拿着一件东西，两条巧棒，中穿小索，以手牵动，那物便响。宋江见了，却不识的，使军士唤那汉子问道：“此是何物？”那汉子答道：“此是胡敲也。用手牵动，自然有声。”宋江乃作诗一首：

一声低了一声高，嘹亮声音透碧霄。

空有许多雄气力，无人提挈谩徒劳。

宋江在马上与卢俊义笑道：“这胡敲正比着我和你，空有冲天的本事，无人提挈，何能振响！”卢俊义道：“兄长何故发此言?据我等胸中学识，不在古今名将之下。如无本事，枉自有人提挈，亦作何用？”宋江道：“贤弟差矣!我等若非宿太尉一力保奏，如何能够天子重用，为人不可忘本！”卢俊义自觉失言，不敢回话。

两个回到营寨，升帐而坐。当时会集诸将，除女将琼英因怀孕染病，留下东京，着叶清夫妇伏侍，请医调治外，其余将佐，尽教收拾鞍马衣甲，准备起身，征讨方腊。后来琼英病痊，弥月，产下一个面方耳大的儿子，取名叫做张节。次后闻得丈夫被贼将厉天闰杀死于独松关，琼英哀恸昏绝，随即同叶清夫妇，亲自到独松关，扶柩到张清故乡彰德府安葬。叶清又因病故，琼英同安氏老妪，苦守孤儿。张节长大，跟吴 大败金兀 于和尚原，杀得兀 亟 须髯而遁。因此张节得封官爵，归家养母，以终天年，奏请表扬其母贞节。此是琼英等贞节孝义的结果。

话休絮繁。再说宋江于奉诏讨方腊的次日，于内府关到赏赐缎匹银两，分 诸将，给散三军头目，便就起送金大坚、皇甫端去御前听用。宋江一面调拨战船先行，着令水军头领整顿篙橹风帆，撑驾望大江进发，传令与马军头领，整顿弓、箭、枪、刀、衣袍、铠甲。水陆并进，船骑同行，收拾起程。只见蔡太师差府干到营，索取圣手书生萧让，要他代笔。次日，王都尉自来问宋江求要铁叫子乐和，闻此人善能歌唱，要他府里使令。宋江只得依允，随即又起送了二人去讫。宋江自此去了五个弟兄，心中好生郁郁不乐。当与卢俊义计议定了，号令诸军，准备出师。

却说这江南方腊造反已久，积渐而成，不想弄到许大事业。此人原是歙州山中樵夫，因去溪边净手，水中照见自己头戴平天冠，身穿衮龙袍，以此向人说自家有天子福分。因朱　在吴中征取花石纲，百姓大怨，人人思乱，方腊乘机造反，就清溪县内帮源洞中，起造宝殿、内苑、宫阙，睦州、歙州亦各有行宫，仍设文武职台，省院官僚，内相外将，一应大臣。睦州即今时建德，宋改为严州；歙州即今时婺源，宋改为徽州。这方腊直从这里占到润州，今镇江是也。共该八州二十五县。那八州：歙州、睦州、杭州、苏州、常州、湖州、宣州、润州。那二十五县，都是这八州管下。此时嘉兴、松江、崇德、海宁，皆是县治。方腊自为国王，独霸一方，非同小可。原来方腊上应天书，推背图上道："十千加一点，冬尽始称尊。纵横过浙水，显迹在吴兴。"那十千，是万也；头加一点，乃方字也。冬尽，乃腊也；称尊者，乃南面为君也。正应方腊二字。占据江南八郡，隔着长江天堑，又比淮西差多少来去。

再说宋江选将出师，相辞了省院诸官，当有宿太尉、赵枢密亲来送行，赏劳三军。水军头领已把战船从泗水入淮河，望淮安军坝，俱到扬州取齐。宋江、卢俊义谢了宿太尉、赵枢密，将人马分作五起，取旱路投扬州来。于路无话，前军已到淮安县屯扎。当有本州官员，置筵设席，等接宋先锋到来，请进城中管待，诉说："方腊贼兵浩大，不可轻敌。前面便是扬子大江，此是江南第一个险隘去处。隔江却是润州。如今是方腊手下枢密吕师囊并十二个统制官守把住江岸。若不得润州为家，难以抵敌。"

宋江听了，便请军师吴用计较良策，即目前面大江拦截，须用水军船只向前。吴用道："扬子江中，有金、焦二山，靠着润州城郭。可叫几个弟兄，前去探路，打听隔江消息，用何船只，可以渡江。"宋江传令，教唤水军头领前来听令："你众弟兄，谁人与我先去探路，打听隔江消息？"只见帐下转过四员战将，尽皆愿往。不是这几个人来探路，有分教：横尸似北固山高，流血染扬子江赤。直教：大军飞渡乌龙阵，战舰平吞白雁滩。

毕竟宋江军马怎地去收方腊，且听下回分解。

第一百十一回 张顺夜伏金山寺　宋江智取润州城

话说这九千三百里扬子大江，远接三江，却是汉阳江、浔阳江、扬子江。从四川直至大海，中间通着多少去处，以此呼为万里长江。地分吴、楚，江心内有两座山：一座唤做金山，一座唤做焦山。金山上有一座寺，绕山起盖，谓之寺里山。焦山上一座寺，藏在山凹里，不见形势，谓之山里寺。这两座山，生在江中，正占着楚尾吴头，一边是淮东扬州，一边是浙西润州，今时镇江是也。

且说润州城郭，却是方腊手下东厅枢密使吕师囊守把江岸。此人原是歙州富户，因献钱粮与方腊，官封为东厅枢密使。幼年曾读兵书战策，惯使一条丈八蛇矛，武艺出众。部下管领着十二个统制官，名号江南十二神，协同守把润州江岸。那十二神：

擎天神　福州沈刚　　游弋神　歙州潘文得
遁甲神　睦州应明　　六丁神　明州徐统
霹雳神　越州张近仁　巨灵神　杭州沈泽
太白神　湖州赵毅　　太岁神　宣州高可立
吊客神　常州范畴　　黄　神　润州卓万里
豹尾神　江州和潼　　丧门神　苏州沈

话说枢密使吕师囊，统领着五万南兵，据住江岸。甘露亭下，摆列着战船三千余只，江北岸却是瓜洲渡口，净荡荡地无甚险阻。

此时先锋使宋江兵马战船，水陆并进，已到淮安了，约至扬州取齐。当日宋先锋在帐中与军师吴用等商议："此去大江不远，江南岸便是贼兵守把，谁人与我先去探路一遭，打听隔江消息，可以进兵？"帐下转过四员战将，皆云愿往。那四个?一个是小旋风柴进，一个是浪里白跳张顺，一个是拚命三郎石秀，一个是活阎罗阮小七。宋江道："你四人分作两路：张顺和柴进，阮小七和石秀，可直到金、焦二山上宿歇，打听润州贼巢虚实，前来扬州回话。"四人辞了宋江，各带了两个伴当，扮做客人，取路先投扬州来。此时一路百姓，听得大军来征剿方腊，都挈家搬在村里躲避了。四个人在扬州城里分别，各办了些干粮。石秀自和阮小七带了两个伴当，投焦山去了。

却说柴进和张顺也带了两个伴当，将干粮捎在身边，各带把锋　快尖刀，提了朴刀，四个奔瓜洲来。此时正是初春天气，日暖花香，到得扬子江边，凭高一望，淘淘雪浪，滚滚烟波，是好江景也。有诗为证：

万里烟波万里天，红霞遥映海东边。
打鱼舟子浑无事，醉拥青蓑自在眠。

这柴进二人，望见北固山下一代都是青白二色旌旗，岸边一字儿摆着许多船只，江北岸上，一根木头也无。柴进道："瓜洲路上，虽有屋宇，并无人住，江上又无渡船，怎生得知隔江消息？"张顺道："须得一间屋儿歇下，看兄弟赴水过去对江金山脚下，打听虚实。"柴进道："也说得是。"当下四个人奔到江边，见一带数间草房，尽皆关闭，推门不开。张顺转过侧首，掇开一堵壁子，钻将入去，见个白头婆婆，从灶边走起来。张顺道："婆婆，你家为甚不开门？"那婆婆答道："实不瞒客人说，如今听得朝廷起大军来与方腊厮杀。我这里正是风门水口，有些人家，都搬了别处去躲，只留下老身在这里看屋。"张顺道："你家男子汉那里去了？"婆婆道："村里去望老小去了。"张顺道："我有四个人，要渡江过去，那里有船觅一只？"婆婆道："船却那里去讨?近日吕枢密听得大军来和他厮杀，都把船只拘管过润州去了。"张顺道："我四人自有粮食，只借你家宿歇两日，与你些银子作房钱，并不搅扰你。"婆婆道："歇却不妨，只是没有床席。"张顺道："我们自有措置。"婆婆道："客人，只怕早晚有大军来！"张顺道："我们自有回避。"当时开门，放柴进和伴当入来，都倚了朴刀，放了行李，取些干粮烧饼出来吃了。张顺再来江边，望那江景时，见金山寺正在江心里。但见：

江吞鳌背，山耸龙鳞。烂银盘涌出青螺，软翠帷远拖素练。遥观金殿，受八面之天风；远望钟楼，倚千层之石壁。梵塔高侵沧海日，讲堂低映碧波云。无边阁，看万里征帆；飞步亭，纳一天爽气。郭璞墓中龙吐浪，金山寺里鬼移灯。

张顺在江边看了一回，心中思忖道："润州吕枢密必然时常到这山上，我且今夜去走一遭，必知消息。"回来和柴进商量道："如今来到这里，一只小船也没，怎知隔江之事?我今夜把衣服打拴了两个大银，顶在头上，直赴过金山寺去，把些财赂与那和尚，讨个虚实，回报先锋哥哥。你只在此间等候。"柴进道："早干了事便回。"

是夜星月交辉，风恬浪静，水天一色。黄昏时分，张顺脱膊了，扁扎起一腰白绢水　儿，把这头巾衣服裹了两个大银，拴缚在头上，腰间带一把尖刀，从瓜洲下水，直赴开江心中来。那水淹不过他胸脯，在水中如走旱路，看看赴到金山脚下，见石峰边缆着一只小船。张顺爬到船边，除下头上衣包，解了湿衣，扎拭了身上，穿上衣服，坐在船中。听得润州更鼓，正打三更。张顺伏在船内望时，只见上溜头一只小船，摇将过来。张顺看了道："这只船来得跷蹊，必有奸细!"便要放船开去，不想那只船一条大索锁了，又无橹篙。张顺只得又脱了衣服，拔出尖刀，再跳下江里，直赴到那船边。

船上两个人摇着橹，只望北岸，不提防南边，只顾摇。张顺却从水底下一钻，钻到船边，扳住船舷，把尖刀一削，两个摇橹的撒了橹，倒撞下江里去了。张顺早跳在船上。那船舱里钻出两个人来，张顺手起一刀，砍得一个下水去，那个吓得倒入舱里去。张顺喝道："你是甚人?那里来的船只?实说，我便饶你!"那人道："好汉听禀：小人是此间扬州城外定浦村陈将士家干人，使小人过润州投拜吕枢密那里献粮，准了，使个虞候和小人同回，索要白粮五万石、船三百只，作进奉之礼。"张顺道："那个虞候，姓甚名谁?现在那里?"干人道："虞候姓叶名贵，却才好汉砍下江里去的便是。"张顺道："你却姓甚?甚么名字?几时过去投拜?船里有甚物件?"干人道："小人姓吴名成，今年正月初七日渡江。吕枢密直教小人去苏州，见了御弟三大王方貌，关了号色旌旗三百面，并主人陈将士官诰，封做扬州府尹，正授中明大夫名爵，更有号衣一千领，及吕枢密　付一道。"张顺又问道："你的主人姓甚名字?有多少人马?"吴成道："人有数千，马有百十余匹。嫡亲有两个孩儿，好生了得。长子陈益，次子陈泰。主人将士，叫做陈观。"张顺都问了备细来情去意，一刀也把吴成剁下水里去了。船尾上装起橹来，径摇到瓜洲。

柴进听橹声响，急忙出来看时，见张顺摇只船来，柴进便问来由。张顺把前事一一说了，柴进大喜，去船舱里，取出一包袱文书，并三百面红绢号旗，杂色号衣一千领，做两担打迭了。张顺道："我却去取了衣裳来。"把船再摇到金山脚下，取了衣裳、巾帻、银子，再摇到瓜洲岸边，天色方晓，重雾罩地。张顺把船砍漏，推开江里去沉了。来到屋下，把三二两银子与了婆婆，两个伴当挑了担子，径回扬州来。此时宋先锋军马俱屯扎在扬州城外，本州官员迎接宋先锋入城馆驿内安下，连日筵宴，供给军士。

却说柴进、张顺伺候席散，在馆驿内见了宋江，备说陈观父子交结方腊，早晚诱引贼兵渡江，来打扬州。天幸江心里遇见，教主帅成这件功劳。宋江听了大喜，便请军师吴用商议用甚良策。吴用道："既有这个机会，觑润州城易如反掌!先拿了陈观，大事便定。只除如此如此。"即时唤浪子燕青，扮做叶虞候，教解珍、解宝扮做南军。问了定浦村路头，解珍、解宝挑着担子，燕青都领了备细言语，三个出扬州城来，取路投定浦村。离城四十余里，早问到陈将士庄前。见门首二三十庄客，都整整齐齐，一般打扮。但见：

攒竹笠子，上铺着一把黑缨；细线衲袄，腰系着八尺红绢。牛膀鞋，登山似箭；獐皮袜，护脚如绵。人人都带雁翎刀，个个尽提鸦嘴搠。

当下燕青改作浙人乡谈，与庄客唱喏道："将士宅上有么?"庄客道："客人那里来?"燕青道："从润州来。渡江错走了路，半日盘旋，问得到此。"庄客见说，便引入客房里去，教歇了担子，带燕青到后厅来见陈将士。燕青便下拜道："叶贵就此参见!"拜罢，陈将士问道："足下何处来?"燕青打浙音道："回避闲人，方敢对相公说。"陈将士道："这几个都是我心腹人，但说不妨。"燕青道："小人姓叶名贵，是吕枢密帐前虞候。正月初七日，接得吴成密书，枢密甚喜，特差叶贵送吴成到苏州，见御弟三大王，备说相公之意。三大王使人启奏，降下官诰，就封相公为扬州府尹。两位直阁舍人，待吕枢密相见了时，再定官爵。今欲使令吴成回程，谁想感冒风寒病症，不能动止。枢密怕误了大事，特差叶贵送到相公官诰，并枢密文书、关防牌面、号旗三百面、号衣一千领，克日定时，要相公粮食船只，前赴润州江岸交割。"便取官诰文书递与陈将士，看了大喜，忙摆香案，望南谢恩已了，便唤陈益、陈泰出来相见。

燕青叫解珍、解宝取出号衣号旗，入后厅交付。陈将士便邀燕青请坐。燕青道："小人是个走卒，相公处如何敢坐?"陈将士道："足下是那壁恩相差来的人，又与小官赍诰敕，怎敢轻慢?权坐无妨。"燕青再三谦让了，远远地坐下。陈将士叫取酒来，把盏劝燕青，燕青推却道："小人天戒不饮酒。"待他把过三两巡酒，两个儿子都来与父亲庆贺递酒。燕青把眼使叫解珍、解宝行事。解宝身边取出不按君臣的药头，张人眼慢，放在酒壶里。燕青便起身说道："叶贵虽然不曾将酒过江，借相公酒果，权为上贺之意。"便斟一大钟酒，上劝陈将士满饮此杯。随即便劝陈益、陈泰两个，各饮了一杯。当面有几个心腹庄客，都被燕青劝了一杯。燕青那嘴一努，解珍出来外面寻了火种，身边取出号旗号炮，就庄前放起。左右两边，已有头领等候，只听号炮响，前来策应。

燕青在堂里，见一个个都倒了，身边掣出短刀，和解宝一齐动手，早都割下头来。庄门外哄动十个好汉，从前面打将入来。那十员将佐：花和尚鲁智深、行者武松、九纹龙史进、病关索杨雄、黑旋风李逵、八臂那吒项充、飞天大圣李衮、丧门神鲍旭、锦豹子杨林、病大虫薛永。门前众庄客，那里迎敌得住?里面燕青、解珍、解宝早提出陈将士父子首级来。庄门外又早一彪人马官军到来，为首六员将佐。那六员：美髯公朱仝、急先锋索超、没羽箭张清、混世魔王樊瑞、打虎将李忠、小霸王周通。当下六员首将引一千军马，围住庄院，把陈将士一家老幼，尽皆杀了。拿住庄客，引去浦里看时，傍庄傍港，泊着三四百只船，却满满装载粮米在内。众将得了数目，飞报主将宋江。

宋江听得杀了陈将士，便与吴用计议进兵。收拾行李，辞了总督张招讨，部领大队人马，亲到陈将士庄上，分拨前队将校，上船行计，一面使人催趱战船过去。吴用道："选三百只快船，船上各插着方腊降来的旗号。着一千军汉，各穿了号衣，其余三四千人，衣服不等。"三百只船内，埋伏二万余人，更差穆弘扮做陈益，李俊扮做陈泰，各坐一只大船，其余船分拨将佐。

第一拨船上，穆弘、李俊管领。穆弘身边，拨与十个偏将簇拥着。那十个：

项充　　李衮　　鲍旭　　薛永　　杨林

杜迁　　宋万　　邹渊　　邹润　　石勇

李俊身边，也拨与十个偏将簇拥着。那十个：

童威　　童猛　　孔明　　孔亮　　郑天寿

李立　　李云　　施恩　　白胜　　陶宗旺

第二拨船上，差张横、张顺管领。张横船上，拨与四个偏将簇拥着。那四个：

曹正　　杜兴　　龚旺　　丁得孙

张顺船上，拨与四个偏将簇拥着。那四个：

孟康　　侯健　　汤隆　　焦挺

第三拨船上便差十员正将管领，也分作两船进发。那十个：

史进　　雷横　　杨雄　　刘唐　　蔡庆

张清　　李逵　　解珍　　解宝　　柴进

这三百船上，分派大小正偏将佐，共计四十二员渡江。次后，宋江等却把战船装载马匹，游龙飞鲸等船一千只，打着宋朝先锋使宋江旗号，大小马步将佐，一发载船渡江。两个水军头领，一个是阮小二，一个是阮小五，总行催督。

且不说宋江中军渡江，却说润州北固山上，哨见对港三百来只战船，一齐出浦，船上却插着护送衣粮先锋红旗号，南军连忙报入行省里来。吕枢密聚集十二个统制官，都全副披挂，弓弩上弦，刀剑出鞘，带领精兵，自来江边观看。见前面一百只船，先傍岸拢来。船上望着两个为头的，前后簇拥着的，都披着金锁子号衣，一个个都是那彪形大汉。吕枢密下马，坐在银交椅上，十二个统制官两行把住江岸。

穆弘、李俊见吕枢密在江岸上坐地，起身声喏。左右虞候喝令住船，一百只船，一字儿抛定了锚。背后那二百只船，乘着顺风，都到了。分开在两下拢来，一百只在左，一百只在右，做三下均匀摆定了。客帐司下船来问道："船从那里来？"穆弘答道："小人姓陈名益，兄弟陈泰，父亲陈观，特遣某等弟兄献纳白米五万石、船三百只、精兵五千，来谢枢密恩相保奏之恩。"客帐司道："前日枢密相公使叶虞候去来，现在何处？"穆弘道："虞候和吴成各染伤寒时疫，现在庄上养病，不能前来。今将关防文书在此呈上。"

客帐司接了文书，上江岸来禀复吕枢密道："扬州定浦村陈府尹男陈益、陈泰，纳粮献兵，呈上原赍去关防文书在此。"吕枢密看果是原领公文，传钧旨，教唤二人上岸。客帐司唤陈益、陈泰上来参见。穆弘、李俊上得岸来，随后二十个偏将，都跟上去。排军喝道："卿相在此，闲杂人不得近前！"二十个偏将都立住了。穆弘、李俊躬身叉手，远远侍立。客帐司半晌方才引一人过去参拜了，跪在面前。吕枢密道："你父亲陈观，如何不自来？"穆弘禀道："父亲听知是梁山泊宋江等领兵到来，诚恐贼人下乡扰搅，在家支吾，未敢擅离。"吕枢密道："你两个那个是兄？"穆弘道："陈益是兄。"吕枢密道："你弟兄两个，曾习武艺么？"穆弘道："托赖恩相福荫，颇曾训练。"吕枢密道："你将来白粮，怎地装载？"穆弘道："大船装粮三百石，小船装粮二百石。"吕枢密道："你两个来到，恐有他意！"穆弘道："小人父子，一片孝顺之心，怎敢怀半点外意？"吕枢密道："虽然是你好心，吾观你船上军汉模样非常，不由人不疑。你两个只在这里，吾差四个统制官，引一百军人下船搜看，但有分外之物，决不轻恕。"穆弘道："小人此来，指望恩相重用，何必见疑！"

吕师囊正欲点四个统制下船搜看，只见探马报道："有圣旨到南门外了，请枢相便上马迎接。"吕枢密急上了马，便分付道："且与我把住江岸，这两个陈益、陈泰随将我来。"穆弘把眼看李俊一觉。等吕枢密先行去了，穆弘、李俊随后招呼二十个偏将，便入城门。守门将校喝道："枢密相公只叫这两个为头的入来。其余人伴，休放进去！"穆弘、李俊过去了，二十个偏将都被挡住在城边。

且说吕枢密到南门外，接着天使，便问道："缘何来得如此要急？"那天使是方腊面前引进使冯喜，悄悄地对吕师囊道："近日司天太监浦文英奏道：'夜观天象，有无数罡星入吴地分野，中间杂有一半无光，就里为祸不小。'天子特降圣旨，教枢密紧守江岸。但有北边来的人，须要仔细盘诘，磨问实情。如是形影奇异者，随即诛杀，勿得停留。"吕枢密听了大惊："却才这一班人，我十分疑忌，如今却得这话。且请到城中开读。"冯喜同吕枢密都到行省，开读圣旨已了，只见飞马又报："苏州又有使命，赍擎御弟三大王令旨到来。"言说："你前日扬州陈将士投降一节，未可准信，诚恐有诈。近奉圣旨，近来司天监内照见罡星入于吴地分野，可以牢守江岸。我早晚自差人到来监督。"吕枢密道："大王亦为此事挂心，下官已奉圣旨。"随即令人牢守江面，来的船上人，一个也休放上岸，一面设宴管待两个使命。

却说那三百只船上人，见半日没些动静。左边一百只船上张横、张顺，带八个偏将，提军器上岸；右边一百只船上十员正将，都拿了枪刀，钻上岸来；守江面南军，拦当不住。黑旋风李逵和解珍、解宝，便抢入城。守门官军急出拦截，李逵抡起双斧，一砍一剁，早杀翻两个把门官军。城边发起喊来，解珍、解宝各挺钢叉入城，都一时发作，那里关得城门迭?李逵横身在门底下，寻人砍杀，先至城边二十个偏将，各夺了军器，就杀起来。

吕枢密急使人传令来，教牢守江面时，城门边已自杀入城了。十二个统制官，听得城边发喊，各提动军马时，史进、柴进早招起三百只船内军兵，脱了南军的号衣，为首先上岸，船舱里埋伏军兵，一齐都杀上岸来。为首统制官沈刚、潘文得两路军马来保城门时，沈刚被史进一刀剁下马去，潘文得被张横刺斜里一枪搠倒。众军混杀，那十个统制官，都望城子里退入去，保守家眷。穆弘、李俊在城中听得消息，就酒店里夺得火种，便放起火来。吕枢密急上马时，早得三个统制官到来救应。城里降天也似火起。瓜洲望见，先发一彪军马，过来接应。城里四门，混战良久，城上早竖起宋先锋旗号。四面八方，混杀人马，难以尽说，下来便见。

且说江北岸，早有一百五十只战船傍岸，一齐牵上战马，为首十员战将登岸，都是全付披挂。那十员大将：关胜、呼延灼、花荣、秦明、郝思文、宣赞、单廷　、韩滔、彭玘、魏定国。正偏战将一十员，部领二千军马，冲杀入城。此时吕枢密方才大败，引着中伤人马，径奔丹徒县去了。大军夺得润州，且教救灭了火，分拨把住四门，却来江边，迎接宋先锋船。正见江面上游龙、飞鲸船只，乘着顺风，都到南岸。大小将佐迎接宋先锋入城，预先出榜，安抚百姓，点本部将佐，都到中军请功。史进献沈刚首级，张横献潘文得首级，刘唐献沈泽首级，孔明、孔亮生擒卓万里，项充、李衮生擒和潼，郝思文箭射死徐统。得了润州，杀了四个统制官，生擒两个统制官，杀死牙将官兵，不计其数。

宋江点本部将佐，折了三个偏将，都是乱军中被箭射死，马踏身亡。那三个?一个是云里金刚宋万，一个是没面目焦挺，一个是九尾龟陶宗旺。宋江见折了三将，心中烦恼，怏怏不乐。吴用劝道："生死人之分定。虽折了三个兄弟，且喜得了江南第一个险隘州郡，何故烦恼，有伤玉体?要与国家干功，且请理论大事。"宋江道："我等一百八人，天文所载，上应星曜。当初梁山泊发愿，五台山设誓，但愿同生同死。回京之后，谁想道先去了公孙胜，御前留了金大坚、皇甫端，蔡太师又用了萧让，王都尉又要了乐和。今日方渡江，又折了我三个弟兄。想起宋万这人，虽然不曾立得奇功，当初梁山泊开创之时，多亏此人。今日作泉下之客！"宋江传令，叫军士就宋万死处，搭起祭仪，列了银钱，排下乌猪白羊，宋江亲自祭祀奠酒。就押生擒到伪统制卓万里、和潼，就那里斩首沥血，享祭三位英魂。宋江回府治里，支给功赏，一面写了申状，使人报捷，亲请张招讨，不在话下。沿街杀的死尸，尽教收拾出城烧化，收拾三个偏将尸骸，葬于润州东门外。

且说吕枢密折了大半人马，引着六个统制官，退守丹徒县，那里敢再进兵。申将告急文书，去苏州报与三大王方貌求救。

闻有探马报来，苏州差元帅邢政领军到来了。吕枢密接见邢元帅，问慰了，来到县治，备说陈将士诈降缘由，以致透漏宋江军马渡江。“今得元帅到此，可同恢复润州”。邢政道：“三大王为知罡星犯吴地，特差下官领军到来，巡守江面。不想枢密失利，下官与你报仇，枢密当以助战。”次日，邢政引军来恢夺润州。

却说宋江在润州衙内与吴用商议，差童威、童猛引百余人去焦山，寻取石秀、阮小七，一面调兵出城，来取丹徒县。点五千军马，为首差十员正将。那十人：关胜、林冲、秦明、呼延灼、董平、花荣、徐宁、朱仝、索超、杨志。当下十员正将部领精兵五千，离了润州，望丹徒县来。关胜等正行之次，路上正迎着邢政军马。两军相对，各把弓箭射住阵脚，排成阵势。南军阵上，邢政挺枪出马，六个统制官，分在两下。宋军阵中关胜见了，纵马舞青龙偃月刀来战邢政。两员将斗到十四五合，一将翻身落马。正是：瓦罐不离井上破，将军必在阵前亡。

毕竟二将厮杀，输了的是谁，且听下回分解。

第一百十二回卢俊义分兵宣州道　宋公明大战毗陵郡

话说元帅邢政和关胜交马，战不到十四五合，被关胜手起一刀，砍于马下。呼延灼见砍了邢政，大驱人马，卷杀将去，六个统制官望南而走。吕枢密见本部军兵大败亏输，弃了丹徒县，领了伤残军马，望常州府而走。宋兵十员大将，夺了县治，报捷与宋先锋知道，部领大队军兵，前进丹徒县驻扎。赏劳三军，飞报张招讨，移兵镇守润州。次日，中军从、耿二参谋赍送赏赐到丹徒县，宋江祗受，给赐众将。宋江请卢俊义计议调兵征进，宋江道：“目今宣、湖二州，亦是贼寇方腊占据。我今与你分兵拨将，作两路征剿，写下两个阄子，对天拈取。若拈得所征地方，便引兵去。”当下宋江阄得常、苏二处，卢俊义阄得宣、湖二处，宋江便叫铁面孔目裴宣把众将均分。除杨志患病不能征进，寄留丹徒外，其余将校拨开两路。宋先锋分领将佐攻打常、苏二处，正偏将共计四十二人，正将一十三员，偏将二十九员：

正将先锋使呼保义宋江　军师智多星吴用
扑天雕李应　大刀关胜
小李广花荣　霹雳火秦明
金枪手徐宁　美髯公朱仝
花和尚鲁智深　行者武松
九纹龙史进　黑旋风李逵
神行太保戴宗
偏将镇三山黄信　病尉迟孙立
井木犴郝思文　丑郡马宣赞
百胜将韩滔　天目将彭玘
混世魔王樊瑞　铁笛仙马麟
锦毛虎燕顺　八臂那吒项充
飞天大圣李衮　丧门神鲍旭
矮脚虎王英　一丈青扈三娘
锦豹子杨林　金眼彪施恩
鬼脸儿杜兴　毛头星孔明
独火星孔亮　轰天雷凌振
铁臂膊蔡福　一枝花蔡庆
金毛犬段景住　通臂猿侯健
神算子蒋敬　神医安道全
险道神郁保四　铁扇子宋清
铁面孔目裴宣

大小正偏将佐四十二员，随行精兵三万人马，宋先锋总领。

副先锋卢俊义亦分将佐攻打宣、湖二处，正偏将佐共四十七员，正将一十五员，偏将三十二员，朱武偏将之首，受军师之职。

正将副先锋玉麒麟卢俊义　军师神机朱武
小旋风柴进　豹子头林冲
双枪将董平　双鞭呼延灼
急先锋索超　没遮拦穆弘
病关索杨雄　插翅虎雷横
两头蛇解珍　双尾蝎解宝
没羽箭张清　赤发鬼刘唐
浪子燕青
偏将圣水将单廷　神火将魏定国
小温侯吕方　赛仁贵郭盛
摩云金翅欧鹏　火眼狻猊邓飞
打虎将李忠　小霸王周通
跳涧虎陈达　白花蛇杨春
病大虫薛永　摸着天杜迁
小遮拦穆春　出林龙邹渊

独角龙邹润　　　　　　催命判官李立
青眼虎李云　　　　　　石将军石勇
旱地忽律朱贵　　　　　笑面虎朱富
小尉迟孙新　　　　　　母大虫顾大嫂
菜园子张青　　　　　　母夜叉孙二娘
白面郎君郑天寿　　　　金钱豹子汤隆
操刀鬼曹正　　　　　　白日鼠白胜
花项虎龚旺　　　　　　中箭虎丁得孙
活闪婆王定六　　　　　鼓上蚤时迁

大小正偏将佐四十七员，随征精兵三万人马，卢俊义管领。

看官牢记话头，卢先锋攻打宣、湖二州，共是四十七人；宋公明攻打常、苏二处，共是四十二人。计有水军首领，自是一伙。为因童威、童猛差去焦山，寻见了石秀、阮小七，回报道："石秀、阮小七来到江边，杀了一家老小，夺得一只快船，前到焦山寺内。寺主知道是梁山泊好汉，留在寺中宿食。后知张顺干了功劳，打听得焦山下船，取茆港，好去攻伐江阴、太仓沿海州县，使人申将文书来，索请水军头领，并要战具船只。"宋江即差李俊等八员，拨与水军五千，跟随石秀、阮小七等，共取水路，计正偏将一十员。那十员，正将七员，偏将三员：

拚命三郎石秀　　　　　混江龙李俊
船火儿张横　　　　　　浪里白跳张顺
立地太岁阮小二　　　　短命二郎阮小五
活阎罗阮小七　　　　　出洞蛟童威
翻江蜃童猛　　　　　　玉　竿孟康

大小正偏将佐一十员，水军精兵五千，战船一百只。

看官听说，宋江自丹徒分兵，共是九十九人，已自不满百数。大战船都拨与水军头领攻打江阴、太仓，小战船却俱入丹徒，都在里港，随军攻打常州。

话说吕师囊引了六个统制官，退保常州毗陵郡。这常州原有守城统制官钱振鹏，手下两员副将：一个是晋陵县上濠人氏，姓金名节；一个是钱振鹏心腹之人许定。钱振鹏原是清溪县都头出身，协助方腊，累得城池，升做常州制置使。听得吕枢密失利，折了润州，一路退回常州。随即引金节、许定，开门迎接，请入州治，管待已了，商议迎战之策。钱振鹏道："枢相放心。钱某不才，愿施犬马之劳，直杀的宋江那厮们大败过江，恢复润州，方遂吾愿！"吕枢密抚慰道："若得制置如此用心，何虑国家不安?成功之后，吕某当极力保奏，高迁重爵。"当日筵宴，不在话下。

且说宋先锋领起分定人马，攻打常、苏二州，拨马军长驱大进，望毗陵郡来。为头正将一员关胜，部领十员将佐。那十人：秦明、徐宁、黄信、孙立、郝思文、宣赞、韩滔、彭玘、马麟、燕顺；正偏将佐共计十一员，引马军三千，直取常州城下，摇旗擂鼓搦战。吕枢密看了道："谁敢去退敌军？"钱振鹏备了战马道："钱某当以效力向前。"吕枢密随即拨六个统制官相助。六个是谁：应明、张近仁、赵毅、沈　、高可立、范畴。七员将带领五千人马，开了城门，放下吊桥。钱振鹏使口泼风刀，骑一匹卷毛赤兔马，当先出城。

关胜见了，把军马暂退一步，让钱振鹏列成阵势，六个统制官分在两下。对阵关胜当先立马横刀，厉声高叫："反贼听着!汝等助一匹夫谋反，损害生灵，人神共怒!今日天兵临境，尚不知死，敢来与我拒敌!我等不把你这贼徒诛尽杀绝，誓不回兵！"钱振鹏听了大怒，骂道："量你等一伙，是梁山泊草寇，不知天时，却不思图王霸业，倒去降无道昏君，要来和俺大国相并。我今直杀的你片甲不回才罢！"关胜大怒，舞起青龙偃月刀，直冲将来。钱振鹏使动泼风刀，迎杀将去。两员将厮杀，斗了三十合之上，钱振鹏渐渐力怯，抵当不住。南军门旗下，两个统制官看见钱振鹏力怯，挺两条枪，一齐出马，前去夹攻关胜，上首赵毅，下首范畴。宋军门旗下，恼犯了两员偏将，一个舞动丧门剑，一个使起虎眼鞭，抢出马来，乃是镇三山黄信、病尉迟孙立。六员将，三对儿在阵前厮杀。吕枢密急使许定、金节出城助战。两将得令，各持兵器，都上马直到阵前，见赵毅战黄信，范畴战孙立，却也都是对手。斗到间深里，赵毅、范畴渐折便宜。许定、金节各使一口大刀出阵。宋军阵中韩滔、彭玘二将，双出来迎。金节战住韩滔，许定战住彭玘，四将又斗，五队儿在阵前厮杀。

原来金节素有归降大宋之心，故意要本队阵乱，略斗数合，拨回马望本阵先走，韩滔乘势追将去。南军阵上高可立，看见金节被韩滔追赶得紧急，取雕弓，搭上硬箭，满满地拽开，飕的一箭，把韩滔面颊上射着，倒撞下马来。这里秦明急把马一拍，抡起狼牙棍前来救时，早被那里张近仁抢出来，咽喉上复一枪，结果了性命。彭玘和韩滔是一正一副的兄弟，见他身死，急要报仇，撇了许定，直奔阵上，去寻高可立。许定赶来，却得秦明占住厮杀。高可立看见彭玘赶来，挺枪便迎。不提防张近仁从肋窝里撞将出来，把彭玘一枪搠下马去。关胜见损了二将，心中忿怒，恨不得杀进常州，使转神威，把钱振鹏一刀也剁于马下。待要抢他那骑赤兔卷毛马，不提防自己坐下赤兔马，一脚前失，倒把关胜掀下马来，南阵上高可立、张近仁两骑马便来抢关胜，却得徐宁引宣赞、郝思文二将齐出，救得关胜回归本阵。吕枢密大驱人马，卷杀出城，关胜众将失利，望北退走，南兵追赶二十余里。

此日关胜折了些人马，引军回见宋江，诉说折了韩滔、彭玘。宋江大哭道："谁想渡江已来，损折我五个兄弟。莫非皇天有怒，不容宋江收捕方腊，以致损兵折将？"吴用劝道："主帅差矣!输赢胜败，兵家常事，不足为怪。此是两个将军禄绝之日，以致如此。请先锋免忧，且理大事。"只见帐前转过李逵便说道："着几个认得杀俺兄弟的人，引我去杀那贼徒，替我两个哥哥报仇！"宋江传令，教来日打起一面白旗，"我亲自引众将，直至城边，与贼交锋，决个胜负"。次日，宋公明领起大队人马，水陆并进，船骑相迎，拔寨都起。黑旋风李逵引着鲍旭、项充、李衮，带领五百悍勇步军，先来出哨，直到常州城下。

吕枢密见折了钱振鹏，心下甚忧，连发了三道飞报文书，去苏州三大王方貌处求救，一面写表申奏朝廷。又听得报道："城下有五百步军打城，认旗上写道为首的是黑旋风李逵。"吕枢密道："这厮是梁山泊第一个凶徒，惯杀人的好汉，谁敢与我先去拿他？"帐前转过两个得胜获功的统制官高可立、张近仁。吕枢密道："你两个若拿得这个贼人，我当一力保奏，加官重赏。"张、高二统制，各绰了枪上马，带领一千马步兵，出城迎敌。黑旋风李逵见了，便把五百步军一字儿摆开，手　两把板斧，立在阵前。丧门神鲍旭仗着一口大阔板刀，随于侧首；项充、李衮两个，各人手挽着蛮牌，右手拿着铁标，四个人各披前后掩心铁甲，列于阵前。高、张二统制正是得胜狸猫强似虎，及时鸦鹊便欺雕，统着一千军马，靠城排开。

宋军内有几个探子，却认得高可立、张近仁两个，是杀韩滔、彭玘的，便指与黑旋风道：“这两个领军的，便是杀俺韩、彭二将军的！”李逵听了这说，也不打话，拿起两把板斧，直抢过对阵去。鲍旭见李逵杀过对阵，急呼项充、李衮舞起蛮牌，便去策应。四个齐发一声喊，滚过对阵。高可立、张近仁吃了一惊，措手不及，急待回马，那两个蛮牌，早滚到马頟下。高可立、张近仁在马上把枪望下搠时，项充、李衮把牌迎住。李逵斧起，早砍翻高可立马脚，高可立　下马来。项充叫道“留下活的”时，李逵是个好杀人的汉子，那里忍耐得住，早一斧砍下头来。鲍旭从马上揪下张近仁，一刀也割了头。四个在阵里乱杀。黑旋风把高可立的头缚在腰里，抡起两把板斧，不问天地，横身在里面砍杀，杀得一千马步军，退入城去，也杀了三四百人，直赶到吊桥边。李逵和鲍旭两个，便要杀入城去，项充、李衮死当回来。城上擂木炮石，早打下来。四个回到阵前，五百军兵依原一字摆开，那里敢轻动?本是也要来混战，怕黑旋风不分皂白，见的便砍，因此不敢近前。

尘头起处，宋先锋军马已到，李逵、鲍旭各献首级，众将认的是高可立、张近仁的头，都吃了一惊道：“如何获得仇人首级？”两个说：“杀了许多人众，本待要捉活的来，一时手痒，忍耐不住，就便杀了。”宋江道：“既有仇人首级，可于白旗下，望空祭祀韩、彭二将。”宋江又哭了一场，放倒白旗，赏了李逵、鲍旭、项充、李衮四人，便进兵到常州城下。

且说吕枢密在城中心慌，便与金节、许定，并四个统制官商议退宋江之策。诸将见李逵等杀了这一阵，众人都胆颤心寒，不敢出战。问了数声，如箭穿雁嘴，钩搭鱼腮，默默无言，无人敢应。吕枢密心内纳闷，教人上城看时，宋江军马，三面围住常州，尽在城下擂鼓摇旗，呐喊搦战。吕枢密叫众将且各上城守护。众将退去，吕枢密自在后堂寻思，无计可施，唤集亲随左右心腹人商量，自欲弃城逃走，不在话下。

且说守将金节回到自己家中，与其妻秦玉兰说道：“如今宋先锋围住城池，三面攻击。我等城中粮食缺少，不经久困。倘或打破城池，我等那时皆为刀下之鬼。”秦玉兰答道：“你素有忠孝之心，归降之意，更兼原是宋朝旧官，朝廷不曾有甚负汝，不若去邪归正，擒捉吕师囊献与宋先锋，便是进身之计。”金节道：“他手下现有四个统制官，各有军马。许定这厮，又与我不睦，与吕师囊又是心腹之人。我恐事未必谐，反惹其祸。”其妻道：“你只密密地夤夜修一封书缄，拴在箭上，射出城去，和宋先锋达知，里应外合取城。你来日出战，诈败佯输，引诱入城，便是你的功劳。”金节道：“贤妻此言极当，依汝行之。”史官诗曰：

弃暗投明免祸机，毗陵重见负羁妻。

妇人尚且存忠义，何事男儿识见迷。

次日，宋江领兵攻城得紧，吕枢密聚众商议，金节答道：“常州城池高广，只宜守，不可敌。众将且坚守，等待苏州救兵来到，方可会合出战。”吕枢密道：“此言极是。”分拨众将：应明、赵毅守把东门，沈　、范畴守把北门，金节守把西门，许定守把南门。调拨已定，各自领兵坚守。当晚金节写了私书，拴在箭上，待夜深人静，在城上望着西门外探路军人射将下去。那军校拾得箭矢，慌忙报入寨里来。守西寨正将花和尚鲁智深同行者武松两个见了，随即使偏将杜兴赍了，飞报东北门大寨里来。宋江、吴用点着明烛，在帐里议事。杜兴呈上金节的私书，宋江看了大喜，便传令教三寨中知会。

次日，三寨内头领三面攻城。吕枢密在战楼上，正观见宋江阵里轰天雷凌振，扎起炮架，却放了一个风火炮，直飞起去，正打在敌楼角上，骨碌碌一声响，平塌了半边。吕枢密急走，救得性命下城来，催督四门守将，出城搦战。擂了三通战鼓，大开城门，放下吊桥，北门沈　、范畴引军出战。宋军中大刀关胜，坐下钱振鹏的卷毛赤兔马，出于阵前，与范畴交战。两个正待相持，西门金节又引出一彪军来搦战。宋江阵上病尉迟孙立出马。两个交战，斗不到三合，金节诈败，拨转马头便走。孙立当先，燕顺、马麟为次，鲁智深、武松、孔明、孔亮、施恩、杜兴，一发进兵。金节便退入城，孙立已赶入城门边，占住西门。城中闹起，知道大宋军马，已从西门进城了。那时百姓都被方腊残害不过，怨气冲天，听得宋军入城，尽出来助战。城上早竖起宋先锋旗号。范畴、沈　见了城中事变，急待奔入城去保全老小时，左边冲出王矮虎、一丈青，早把范畴捉了。右边冲出宣赞、郝思文两个，一齐向前，把沈　一枪刺下马去，众军活捉了。宋江、吴用大驱人马入城，四下里搜捉南兵，尽行诛杀。吕枢密引了许定，自投南门而走，死命夺路，众军追赶不上，自回常州听令，论功升赏。赵毅躲在百姓人家，被百姓捉来献出。应明乱军中杀死，获得首级。宋江来到州治，便出榜安抚，百姓扶老携幼，诣州拜谢。宋江抚慰百姓，复为良民。众将各来请功。

金节赴州治拜见宋江，宋江亲自下阶迎接金节，上厅请坐。金节感激无限，复为宋朝良臣，此皆其妻赞成之功，不在话下。宋江叫把范畴、沈　、赵毅三个，陷车盛了，写道申状，就叫金节亲自解赴润州张招讨中军帐前。金节领了公文，监押三将，前赴润州交割。比及去时，宋江已自先叫神行太保戴宗，赍飞报文书，保举金节到中军了。张招讨见宋江申复金节如此忠义，后金节到润州，张招讨大喜，赏赐金节金银缎匹、鞍马酒礼。有副都督刘光世，就留了金节，升做行军都统，留于军前听用。后来金节跟随刘光世大破金兀　四太子，多立功劳，直做到亲军指挥使，至中山阵亡，这是金节的结果。有诗为证：

从邪廊庙生堪愧，殉义沙场骨也香。

他日中山忠义鬼，何如方腊阵中亡。

当日张招讨、刘都督赏了金节，把三个贼人碎尸万段，枭首示众。随即使人来常州，犒劳宋先锋军马。

且说宋江在常州屯驻军马，使戴宗去宣州、湖州卢先锋处，飞报调兵消息，一面又有探马报来说，吕枢密逃回在无锡县，又会合苏州救兵，正欲前来迎敌。宋江闻知，便调马军步军，正偏将佐十员头领，拨与军兵一万，望南迎敌。那十员将佐：关胜、秦明、朱仝、李应、鲁智深、武松、李逵、鲍旭、项充、李衮。当下关胜等领起前部军兵人马，与同众将，辞了宋先锋，离城去了。

且说戴宗探听宣、湖二州进兵的消息，与同柴进回见宋江，报说副先锋卢俊义得了宣州，特使柴大官人到来报捷。宋江甚喜。柴进到州治，参拜已了，宋江把了接风酒，同入后堂坐下，动问卢先锋破宣州备细缘由。柴进将出申达文书，与宋江看了，备说打宣州一事：“方腊部下镇守宣州经略使家余庆，手下统制官六员，都是歙州、睦州人氏。那六人?李韶、韩明、杜敬臣、鲁安、潘　、程胜祖。当日家余庆分调六个统制，做三路出城对阵，卢先锋也分三路军兵迎敌。中间是呼延灼和李韶交战，董平共韩明相持。战到十合，韩明被董平两枪刺死，李韶遁去，中路军马大败。左军是林冲和杜敬臣交战，索超与鲁安相持。林冲蛇矛刺死杜敬臣，索超斧劈死鲁安。右军是张清和潘　交战，穆弘共程胜祖相持。张清一石子打下潘　，打虎将李忠赶出去杀了。程胜祖弃马逃回。此日连胜四将，贼兵退入城去。卢先锋急驱众将夺城，赶到门边，不提防贼兵城上，飞下一片磨扇来，打死俺一个偏将。城上箭如雨点一般射下来，那箭矢都有毒药，射中俺两个偏将，比及到寨，俱各身死。卢先锋因见折了三将，连夜攻城。守东门贼将不紧，因此得了宣州，乱军中杀死了李韶，家余庆领了些败残军兵，望湖州去了。智深困于阵上，不知去向。磨扇打死了白面郎君郑天寿；两个中药箭的是操刀鬼曹正、活闪婆王定六。”

宋江听得又折了三个兄弟，大哭一声，蓦然倒地，未知五脏如何，先见四肢不举。正是：花开又被风吹落，月皎那堪云雾遮。

毕竟宋江昏晕倒了性命如何，且听下回分解。

第一百十三回混江龙太湖小结义　　宋公明苏州大会垓

话说当下众将救起宋江，半晌方才苏醒，对吴用等说道：“我们今番必然收伏不得方腊了!自从渡江以来，如此不利，连连损折了我八个弟兄。”吴用劝道：“主帅休说此言，恐懈军心。当初破大辽之时，大小完全回京，皆是天数。今番折了兄弟们，此是各人寿数。眼见得渡江以来，连得了三个大郡：润州、常州、宣州。此乃皆是天子洪福齐天，主将之虎威，如何不利?先锋何故自丧志气？”宋江道：“虽然天数将尽，我想一百八人，上应列宿，又合天文所载，兄弟们如手足之亲。今日听了这般凶信，不由我不伤心。”吴用再劝道：“主将请休烦恼，勿伤贵体。且请理会调兵接应，攻打无锡县。”宋江道：“留下柴大官人与我做伴。别写军帖，使戴院长与我送去，回复卢先锋，着令进兵攻打湖州，早至杭州聚会。”吴用教裴宣写了军帖回复，使戴宗往宣州去了，不在话下。

却说吕师囊引着许定逃回至无锡县，正迎着苏州三大王发来救应军兵，为头是六军指挥使卫忠，带十数个牙将，引兵一万，来救常州，合兵一处，守住无锡县。吕枢密诉说金节献城一事，卫忠道：“枢密宽心，小将必然再要恢复常州。”只见探马报道：“宋军至近，早作准备。”卫忠便引兵上马，出北门外迎敌。早见宋兵军马势大，为头是黑旋风李逵，引着鲍旭、项充、李衮，当先直杀过来。卫忠力怯，军马不曾摆成行列，大败而走；急退入无锡县时，四个早随马后赶入县治。吕枢密便奔南门而走。关胜引着兵马，已夺了无锡县；卫忠、许定亦望南门走了，都回苏州去了。关胜等得了县治，便差人飞报宋先锋。宋江与众头领都到无锡县，便出榜安抚了本处百姓，复为良民，引大队军马，都屯住在本县，却使人申请张、刘二总兵，镇守常州。

且说吕枢密会同卫忠、许定三个，引了败残军马，奔苏州城来告三大王求救，诉说宋军势大，迎敌不住，兵马席卷而来，以致失陷城池。三大王大怒，喝令武士，推转吕枢密，斩讫报来。卫忠等告说：“宋江部下军将，皆是惯战兵马，多有勇烈好汉了得的人，更兼步卒都是梁山泊小喽罗，多曾惯斗，因此难敌。”方貌道：“权且寄下你项上一刀，与你五千军马，首先出哨。我自分拨大将，随后便来策应。”吕师囊拜谢了，全身披挂，手执丈八蛇矛，上马引军，首先出城。

却说三大王聚集手下八员战将，名为八骠骑，一个个都是身长力壮，武艺精熟的人。那八员：

飞龙大将军刘　　　　飞虎大将军张威
飞熊大将军徐方　　　飞豹大将军郭世广
飞天大将军邬福　　　飞云大将军荀正
飞山大将军甄诚　　　飞水大将军昌盛

当下三大王方貌，亲自披挂，手持方天画戟，上马出阵，监督中军人马，前来交战。马前摆列着那八员大将，背后整整齐齐有三二十个副将，引五万南兵人马，出阊阖门来，迎敌宋军。前部吕师囊引着卫忠、许定，已过寒山寺了，望无锡县而来。宋江已使人探知，尽引许多正偏将佐，把军马调出无锡县，前进十里余路。两军相遇，旗鼓相望，各列成阵势。吕师囊忿那口气，跃坐下马，横手中矛，亲自出阵，要与宋江交战。宋江在门旗下见了，回头问道：“谁人敢拿此贼？”说犹未了，金枪手徐宁挺起手中金枪，骤坐下马，出到阵前，便和吕枢密交战。二将交锋，左右助喊，约战了二十余合，吕师囊露出破绽来，被徐宁肋下刺着一枪，搠下马去。两军一齐呐喊。黑旋风李逵手挥双斧，丧门神鲍旭挺仗飞刀，项充、李衮各舞枪牌，杀过阵来，南兵大乱。

宋江驱兵赶杀，正迎着方貌大队人马，两边各把弓箭射住阵脚，各列成阵势。南军阵上，一字摆开八将。方貌在中军听得说杀了吕枢密，心中大怒，便横戟出马来，大骂宋江道：“量你等只是梁山泊一伙打家劫舍的草贼，宋朝合败，封你为先锋，领兵侵入吾地，我今直把你诛尽杀绝，方才罢兵！”宋江在马上指道：“你这厮只是睦州一伙村夫，量你有甚福禄，妄要图王霸业。不如及早投降，免汝一死!天兵到此，尚自巧言抗拒!我若不把你杀尽，誓不回军！”方貌喝道：“且休与你论口，我手下有八员猛将在此，你敢拨八个出来厮杀么？”宋江笑道：“若是我两个并你一个，也不算好汉。你使八个出来，我使八员首将，和你比试本事，便见输赢。但是杀下马的，各自抬回本阵，不许暗箭伤人，亦不许抢掳尸首。如若不见输赢，不得混战，明日再约厮杀。”方貌听了，便叫八将出来，各执兵器，骤马向前。宋江道：“诸将相让马军出战。”说言未绝，八将齐出，那八人：关胜、花荣、徐宁、秦明、朱仝、黄信、孙立、郝思文。宋江阵内，门旗开处，左右两边，分出八员首将，齐齐骤马，直临阵上。两军中花腔鼓擂，杂彩旗摇，各家放了一个号炮，两军助着喊声，十六骑马齐出，各自寻着敌手，捉对儿厮杀。那十六员将佐，如何见得寻着对手，配合交锋?关胜战刘　，秦明战张威，花荣战徐方，徐宁战邬福，朱仝战荀正，黄信战郭世广，孙立战甄诚，郝思文战昌盛，真乃是难描难画。但见：

征尘乱起，杀气横生。人人欲作那吒，个个争为敬德。三十二条臂膊，如织锦穿梭；六十四只马蹄，似追风走雹。队旗错杂，难分赤白青黄；兵器交加，莫辨枪刀剑戟。试看旋转烽烟里，真似元宵走马灯。

这十六员猛将，都是英雄，用心相敌，斗到三十合之上，数中一将，翻身落马，赢得的是谁?美髯公朱仝，一枪把荀正刺下马来。两阵上各自鸣金收军，七对将军分开，两下各回本阵。

三大王方貌，见折了一员大将，寻思不利，引兵退回苏州城内。宋江当日催趱军马，直近寒山寺下寨，升赏朱仝。裴宣写了军状，申复张招讨，不在话下。

且说三大王方貌退兵入城，坚守不出，分调诸将，守把各门，深栽鹿角。城上列着踏弩硬弓，擂木炮石，窝铺内熔煎金汁，女墙边堆垛灰瓶，准备牢守城池。

次日，宋江见南兵不出，引了花荣、徐宁、黄信、孙立，带领三千余骑马军，前来看城。见苏州城郭，一周遭都是水港环绕，墙垣坚固，想道：“急不能够打得城破。”回到寨中，和吴用计议攻城之策。有人报道：“水军头领正将李俊，从江阴来见主将。”宋江教请入帐中。见了李俊，宋江便问沿海消息。李俊答道：“自从拨领水军，一同石秀等杀至江阴、太仓沿海等处，守将严勇、副将李玉部领水军船只，出战交锋。严勇在船上被阮小二一枪搠下水去，李玉已被乱箭射死，因此得了江阴、太仓。即日石秀、张横、张顺去取嘉定，三阮去取常熟，小弟特来报捷。”宋江见说大喜，赏赐了李俊，着令自往常州，去见张、刘二招讨，投下申状。

且说这李俊径投常州来，见了张招讨、刘都督，备说收复了江阴、太仓海岛去处，杀了贼将严勇、李玉。张招讨给与了赏赐，令回宋先锋处听调。李俊回到寒山寺寨中，来见宋先锋。宋江因见苏州城外水面空阔，必用水军船只厮杀，因此就留下李俊，教整点船只，准备行事。李俊说道："容俊去看水面阔狭，如何用兵，却作道理。"宋江道："是。"李俊去了两日，回来说道："此城正南上相近太湖，兄弟欲得备舟一只，投宜兴小港，私入太湖里去，出吴江，探听南边消息，然后可以进兵，四面夹攻，方可得破。"宋江道："贤弟此言极当!只是没有副手与你同去。"随即便拨李大官人带同孔明、孔亮、施恩、杜兴四个，去江阴、太仓、昆山、常熟、嘉定等处，协助水军，收复沿海县治，便可替回童威、童猛，来帮助李俊行事。李应领了军帖，辞别宋江，引四员偏将投江阴去了。不过两日，童威、童猛回来，参见宋先锋。宋江抚慰了，就叫随从李俊，乘驾小船前去探听南边消息。

且说李俊带了童威、童猛，驾起一叶扁舟，两个水手摇橹，五个人径奔宜兴小港里去，盘旋直入太湖中来。看那太湖时，果然水天空阔，万顷一碧。但见：

天连远水，水接遥天。高低水影无尘，上下天光一色。双双野鹭飞来，点破碧琉璃；两两轻鸥惊起，冲开青翡翠。春光淡荡，溶溶波皱鱼鳞；夏雨滂沱，滚滚浪翻银屋。秋蟾皎洁，金蛇游走波澜；冬雪纷飞，玉蝶弥漫天地。混沌凿开元气窟，冯夷独占水晶宫。

有诗为证：

溶溶漾漾白鸥飞，绿净春深好染衣。

南去北来人自老，夕阳常送钓船归。

当下李俊和童威、童猛并两个水手，驾着一叶小船，径奔太湖，渐近吴江，远远望见一派渔船，约有四五十只。李俊道："我等只做买鱼，去那里打听一遭。"五个人一径摇到那打鱼船边，李俊问道："渔翁，有大鲤鱼吗？"渔人道："你们要大鲤鱼，随我家里去卖与你。"李俊摇着船，跟那几只鱼船去。没多时，渐渐到一个处所。看时，团团一遭，都是驼腰柳树，篱落中有二十余家。那渔人先把船来缆了，随即引李俊、童威、童猛三人上岸，到一个庄院里。一脚入得庄门，那人嗽了一声，两边钻出七八条大汉，都拿着挠钩，把李俊三人一齐搭住，径捉入庄里去，不问事情，便把三人都绑在桩木上。

李俊把眼看时，只见草厅上坐着四个好汉。为头那个赤须黄发，穿着领青绸衲袄；第二个瘦长短髯，穿着一领黑绿盘领木绵衫；第三个黑面长须；第四个骨脸阔腮，扇圈胡须。两个都一般穿着领青衲袄子，头上各带黑毡笠儿，身边都倚着军器。为头那个喝问李俊道："你等这厮们，都是那里人氏?来我这湖泊里做甚么？"李俊应道："俺是扬州人，来这里做客，特来买鱼。"那第四个骨脸的道："哥哥休问他，眼见得是细作了。只顾与我取他心肝来吃酒。"李俊听得这话，寻思道："我在浔阳江上，做了许多年私商，梁山泊内又妆了几年的好汉，却不想今日结果性命在这里!罢，罢，罢！"叹了口气，看着童威、童猛道："今日是我连累了兄弟两个，做鬼也只是一处去！"童威、童猛道："哥哥休说这话，我们便死也够了。只是死在这里，埋没了兄长大名。"三面厮觑着，腆起胸脯受死。

那四个好汉却看了他们三个，说了一回，互相厮觑道："这个为头的人，必不是以下之人。"那为头的好汉又问道："你三个正是何等样人?可通个姓名，教我们知道。"李俊又应道："你们要杀便杀，我等姓名，至死也不说与你，枉惹的好汉们耻笑！"那为头的见说了这话，便跳起来，把刀都割断了绳索，放起这三个人来。四个渔人，都扶他至屋内请坐。为头那个纳头便拜，说道："我等做了一世强人，不曾见你这般好义气人物!好汉，三位老兄正是何处人氏?愿闻大名姓字。"李俊道："眼见得你四位大哥，必是个好汉了。便说与你，随你们拿我三个那里去。我三个是梁山泊宋公明手下副将。我是混江龙李俊。这两个兄弟：一个是出洞蛟童威，一个是翻江蜃童猛。今来受了朝廷招安，新破辽国，班师回京，又奉敕命，来收方腊。你若是方腊手下人员，便解我三人去请赏，休想我们挣扎！"

那四个听罢，纳头便拜，齐齐跪道："有眼不识泰山，却才甚是冒渎，休怪!休怪!俺四个兄弟，非是方腊手下，原旧都在绿林丛中讨衣吃饭。今来寻得这个去处，地名唤做榆柳庄，四下里都是深港，非船莫能进。俺四个只着打鱼的做眼，太湖里面寻些衣食。近来一冬，都学得些水势，因此无人敢来侵傍。俺们也久闻你梁山泊宋公明招集天下好汉，并兄长大名，亦闻有个浪里白跳张顺，不想今日得遇哥哥！"李俊道："张顺是我弟兄，亦做同班水军头领，现在江阴地面，收捕贼人。改日同他来，却和你们相会。愿求你等四位大名。"为头那一个道："小弟们因在绿林丛中走，都有异名，哥哥勿笑!小弟是赤须龙费保，一个是卷毛虎倪云，一个是太湖蛟卜青，一个是瘦脸熊狄成。"

李俊听说了四个姓名，大喜道："列位从此不必相疑，喜得是一家人!俺哥哥宋公明现做收方腊正先锋，即日要取苏州，不得次第，特差我三个人来探路。今既得遇你四位好汉，可随我去见俺先锋，都保你们做官，待收了方腊，朝廷升用。"费保道："容复：若是我四个要做官时，方腊手下，也得个统制做了多时。所以不愿为官，只求快活。若是哥哥要我四人帮助时，水里水里去，火里火里去；若说保我做官时，其实不要。"李俊道："既是恁地，我等只就这里结义为兄弟如何？"四个好汉见说大喜，便叫宰了一口猪，一　羊，致酒设席，结拜李俊为兄。李俊叫童威、童猛都结义了。

七个人在榆柳庄上商议，说宋公明要取苏州一事，"方貌又不肯出战，城池四面是水，无路可攻，舟船港狭，难以准敌，似此怎得城子破？"费保道："哥哥且宽心住两日。杭州不时间有方腊手下人来苏州公干，可以乘势智取城郭。小弟使几个打鱼的去缉听，若还有人来时，便定计策。"李俊道："此言极妙！"费保便唤几个渔人，先行去了，自同李俊每日在庄上饮酒。在那里住了两三日，只见打鱼的回来报道："平望镇上有十数只递运船只，船尾上都插着黄旗，旗上写着'承造王府衣甲'，眼见的是杭州解来的。每只船上，只有五七人。"李俊道："既有这个机会，万望兄弟们助力。"费保道："只今便往。"李俊道："但若是那船上走了一个，其计不谐了。"费保道："哥哥放心，都在兄弟身上。"随即聚集六七十只打鱼小船。七筹好汉，各坐一只，其余都是渔人，各藏了暗器，尽从小港透入大江，四散接将去。

当夜，星月满天，那十只官船，都湾在江东龙王庙前。费保船先到，忽起一声号哨，六七十只鱼船，一齐拢来，各自帮住大船。那官船里人急钻出来，早被挠钩搭住，三个五个，做一串儿缚了。及至跳得下水的，都被挠钩搭上船来。尽把小船带住官船，都移入太湖深处；直到榆柳庄时，已是四更天气。闲杂之人，都缚做一串，把大石头坠定，抛在太湖里淹死。捉得两个为头的来问时，原来是守把杭州方腊大太子南安王方天定手下库官，特奉令旨，押送新造完铁甲三千副，解赴苏州三大王方貌处交割。李俊问了姓名，要了一应关防文书，也把两个库官杀了。李俊道："须是我亲自去和哥哥商议，方可行此一件事。"费保道："我着人把船渡哥哥，从小港里到军前觉近便。"就叫两个渔人，摇一只快船送出去。李俊分付童威、童猛并费保等，且教把衣甲船只，悄悄藏在庄后港内，休得吃人知觉了。费保道："无事。"自来打并船只。

却说李俊和两个渔人，驾起一叶快船，径取小港，掉到军前寒山寺上岸。来至寨中，见了宋先锋，备说前事。吴用听了大喜道：“若是如此，苏州唾手可得。便请主将传令，就差李逵、鲍旭、项充、李衮，带领冲阵牌手二百人，跟随李俊回太湖庄上，与费保等四位好汉，如此行计，约在第二日进发。”李俊领了军令，带同一行人，直到太湖边来。三个先过湖去，却把船只接取李逵等一干人，都到榆柳庄上。李俊引着李逵、鲍旭、项充、李衮四个，和费保等相见了。费保看见李逵这般相貌，都皆骇然。邀取二百余人，在庄上置备酒食相待。

到第三日，众人商议定了。费保扮做解衣甲正库官，倪云扮做副使，都穿了南官的号衣，将带了一应关防文书，众渔人都装做官船上艄公水手，却藏黑旋风等二百余人将校在船舱里。卜青、狄成押着后船，都带了放火的器械。却欲要行动，只见渔人又来报道：“湖面上有一只船，在那里摇来摇去。”李俊道：“又来作怪！”急急自去看时，船头上立着两个人，看来却是神行太保戴宗和轰天雷凌振。李俊唿了一声号哨，那只船飞也似奔来庄上，到得岸边，上岸来，都相见了。李俊问：“二位何来?甚事见报？”戴宗道：“哥哥急使李逵来了，正忘却一件大事，特地差我与凌振赍一百号炮在船里，湖面上寻赶不上，这里又不敢拢来傍岸，教兄弟明早卯时进城，到得里面，便放这一百个火炮为号。”李俊道：“最好！”便就船里，搬过炮笼炮架来，都藏埋衣甲船内。费保等闻知是戴宗，又置酒设席管待。凌振带来十个炮手，都埋伏摆在第三只船内。当夜四更，离庄望苏州来，五更已后，到得城下。

守门军士在城上望见南国旗号，慌忙报知管门大将，却是飞豹大将军郭世广，亲自上城来，问了小校备细，接取关防文书，吊上城来看了。郭世广使人赍至三大王府里，辨看了来文，又差人来监视，却才教放入城门。郭世广直在水门边坐地，再叫人下船看时，满满地堆着铁甲号衣，因此一只只都放入城去。放过十只船了，便关水门。三大王差来的监视官员，引着五百军，在岸上跟定，便着湾住了船。李逵、鲍旭、项充、李衮从船舱里钻出来。监视官见了四个人形容粗丑，急待问是甚人时，项充、李衮早舞起团牌，飞出一把刀来，把监视官剁下马去。那五百军欲待上船，被李逵掣起双斧，早跳在岸上，一连砍翻十数个，那五百军人都走了。船里众好汉并牌手二百余人，一齐上岸，便放起火来。凌振就岸边撒开炮架，搬出号炮，连放了十数个。那炮震得城楼也动，四下里打将入去。

三大王方貌正在府中计议，听的火炮接连响，惊得魂不附体。各门守将，听得城中炮响不绝，各引兵奔城中来。各门飞报：“南军都被冷箭射死，宋军已上城了。”苏州城内，鼎沸起来，正不知多少宋军入城。黑旋风李逵和鲍旭引着两个牌手，在城里横冲直撞，追杀南兵。李俊、戴宗引着费保四人，护持凌振，只顾放炮。宋江已调三路军将取城。宋兵杀入城来，南军漫散，各自逃生。

且说三大王方貌急急披挂上马，引了五七百铁甲军夺路，待要杀出南门，不想正撞见黑旋风李逵这一伙，杀得铁甲军东西乱窜，四散奔走。小巷里又撞出鲁智深，抡起铁禅杖打将来。方貌抵当不住，独自跃马，再回府来。乌鹊桥下转出武松，赶上一刀，掠断了马脚，方貌倒　将下来，被武松再复一刀砍了，提首级径来中军，参见先锋请功。此时宋江已进城中王府坐下，令诸将各自去城里搜杀南军，尽皆捉获。单只走了刘　一个，领了些败残军兵，投秀州去了。有诗为证：

神器从来不可干，僭王称号讵能安?

武松立马诛方貌，留与凶顽做样看。

宋江到王府坐下，便传下号令，休教杀害良民百姓，一面教救灭了四下里火，便出安民文榜，晓谕军民。次后聚集诸将，到府请功。已知武松杀了方貌，朱仝生擒徐方，史进生擒了甄诚，孙立鞭打死张威，李俊枪刺死昌盛，樊瑞杀死邬福，宣赞和郭世广鏖战，你我相伤，都死于饮马桥下。其余都擒得牙将，解来请功。宋江见折了丑郡马宣赞，伤悼不已，便使人安排花棺彩椁，迎去虎丘山下殡葬。把方貌首级并徐方、甄诚，解赴常州张招讨军前施行。张招讨就将徐方、甄诚碎剐于市，方貌首级，解赴京师。回将许多赏赐来苏州，给散众将。张招讨移文申状，请刘光世镇守苏州，却令宋先锋沿便进兵，收捕贼寇。只见探马报道：“刘都督、耿参谋来守苏州。”当日众将都跟着宋先锋迎接刘光世等官入城王府安下。参贺已了，宋江众将自来州治议事，使人去探沿海水军头领消息如何。却早报说沿海诸处县治，听得苏州已破，群贼各自逃散，海僻县道，尽皆平静了。宋江大喜，申达文书到中军报捷，请张招讨晓谕旧官复职，另拨中军统制，前去各处守御安民，退回水军头领正偏将佐，来苏州调用。

数日之间，统制等官各自分投去了。水军头领都回苏州，诉说三阮打常熟，折了施恩；又去攻取昆山，折了孔亮；石秀、李应等尽皆回了；施恩、孔亮不识水性，一时落水，俱被淹死。宋江见又折了二将，心中大忧，嗟叹不已。武松念起旧日恩义，也大哭了一场。

且说费保等四人来辞宋先锋，要回去。宋江坚意相留不肯，重赏了四人，再令李俊送费保等回榆柳庄去。李俊当时又和童威、童猛送费保等四人到榆柳庄上，费保等又治酒设席相款。饮酒中间，费保起身与李俊把盏，说出几句言语来，有分教：李俊离却中原之境，别立化外之基。正是：了身达命蟾离壳，立业成名鱼化龙。

毕竟费保与李俊说出甚言语来，且听下回分解。

第一百十四回 宁海军宋江吊孝　涌金门张顺归神

话说当下费保对李俊道：“小弟虽是个愚卤匹夫，曾闻聪明人道：‘世事有成必有败，为人有兴必有衰。’哥哥在梁山泊，勋业到今，已经数十余载，更兼百战百胜。去破辽国时，不曾损折了一个兄弟；今番收方腊，眼见挫动锐气，天数不久。为何小弟不愿为官?为因世情不好。有日太平之后，一个个必然来侵害你性命。自古道：‘太平本是将军定，不许将军见太平。’此言极妙。今我四人既已结义了哥哥三人，何不趁此气数未尽之时，寻个了身达命之处，对付些钱财，打了一只大船，聚集几人水手，江海内寻个净办处安身，以终天年，岂不美哉！”李俊听罢，倒地便拜，说道：“仁兄，重蒙教导，指引愚迷，十分全美。只是方腊未曾剿得，宋公明恩义难抛，行此一步未得。今日便随贤弟去了，全不见平生相聚的义气。若是众位肯姑待李俊，容待收伏方腊之后，李俊引两个兄弟，径来相投，万望带挈。是必贤弟们先准备下这条门路。若负今日之言，天实厌之，非为男子也！”那四个道：“我等准备下船只，专望哥哥到来，切不可负约！”李俊、费保结义饮酒，都约定了，誓不负盟。

次日，李俊辞别了费保四人，自和童威、童猛回来参见宋先锋，俱说费保等四人不愿为官，只愿打鱼快活。宋江又嗟叹了一回，传令整点水陆军兵起程。吴江县已无贼寇，直取平望镇，长驱而进，前望秀州而来。本州守将段恺闻知苏州三大王方貌已死，只思量收拾走路。使人探知大军离城不远，遥望水陆路上，旌旗蔽日，船马相连，吓得魂消胆丧。前队大将关胜、秦明已到城下，便分调水军船只，围住西门。段恺在城上叫道："不须攻击，准备纳降。"随即开放城门，段恺香花灯烛，牵羊担酒，迎接宋先锋入城，直到州治歇下。

段恺为首参见了，宋江抚慰段恺，复为良臣，便出榜安民。段恺称说："恺等原是睦州良民，累被方腊残害，不得已投顺部下。今得天兵到此，安敢不降？"宋江备问："杭州宁海军城池，是甚人守据?有多少人马良将？"段恺禀道："杭州城郭阔远，人烟稠密，东北旱路，南面大江，西面是湖，乃是方腊大太子南安王方天定守把，部下有七万余军马，二十四员战将，四个元帅，共是二十八员。为首两个最了得：一个是歙州僧人，名号宝光如来，俗姓邓，法名元觉，使一条禅杖，乃是浑铁打就的，可重五十余斤，人皆称为国师；又一个，乃是福州人氏，姓石名宝，惯使一个流星锤，百发百中，又能使一口宝刀，名为劈风刀，可以裁铜截铁，遮莫三层铠甲，如劈风一般过去。外有二十六员，都是遴选之将，亦皆悍勇。主帅切不可轻敌。"

宋江听罢，赏了段恺，便教去张招讨军前说知备细。后来段恺就跟了张招讨行军，守把苏州，却委副都督刘光世来秀州守御，宋先锋却移兵在　李亭下寨。当与诸将筵宴赏军，商议调兵攻取杭州之策。只见小旋风柴进起身道："柴某自蒙兄长高唐州救命已来，一向累蒙仁兄顾爱，坐享荣华，不曾报得恩义。今愿深入方腊贼巢，去做细作，或得一阵功勋，报效朝廷，也与兄长有光。未知尊意肯容否?"宋江大喜道："若得大官人肯去直入贼巢，知得里面溪山曲折，可以进兵，生擒贼首方腊，解上京师，方表微功，同享富贵。只恐贤弟路程劳苦，去不得。"柴进道："情愿舍死一往，只是得燕青为伴同行最好。此人晓得诸路乡谈，更兼见机而作。"宋江道："贤弟之言，无不依允。只是燕青拨在卢先锋部下，便可行文取来。"正商议未了，闻人报道："卢先锋特使燕青到来报捷。"宋江见报，大喜说道："贤弟此行，必成大功矣!恰限燕青到来，也是吉兆。"柴进也喜。

燕青到寨中，上帐拜罢宋江，吃了酒食。问道："贤弟水路来?旱路来？"燕青答道："乘传到此。"宋江又问道："戴宗回时，说道已进兵攻取湖州，其事如何？"燕青禀道："自离宣州，卢先锋分兵两处：先锋自引一半军马攻打湖州，杀死伪留守弓温并手下副将五员，收伏了湖州，杀散了贼兵，安抚了百姓，一面行文申复张招讨，拨统制守御，特令燕青来报捷。主将所分这一半人马，叫林冲引领前去，攻取独松关，都到杭州聚会。小弟来时，听得说独松关路上每日厮杀，取不得关，先锋又同朱武去了，嘱付委呼延将军统领军兵守住湖州，待中军招讨调拨得统制到来，护境安民，才一面进兵，攻取德清县，到杭州会合。"宋江又问道："湖州守御取德清，并调去独松关厮杀，两处分的人将，你且说与我姓名，共是几人去，并几人跟呼延灼来。"燕青道："有单在此。分去独松关厮杀取关，现有正偏将佐二十三员：

先锋卢俊义　朱武　林冲　董平　张清
解珍　解宝　吕方　郭盛　欧鹏
邓飞　李忠　周通　邹渊　邹润
孙新　顾大嫂　李立　白胜　汤隆
朱贵　朱富　时迁

现在湖州守御，即日进兵德清县，现有正偏将佐一十九员：

呼延灼　索超　穆弘　雷横　杨雄
刘唐　单廷　魏定国　陈达　杨春
薛永　杜迁　穆春　李云　石勇
龚旺　丁得孙　张青　孙二娘

这两处将佐，通计四十二员。小弟来时，那里商议定了，目下进兵。"

宋江道："既然如此，两路进兵攻取最好。却才柴大官人要和你去方腊贼巢里面去做细作，你敢去么？"燕青道："主帅差遣，安敢不从?小弟愿陪侍柴大官人去。"柴进甚喜，便道："我扮做个白衣秀才，你扮做个仆者。一主一仆，背着琴剑书箱上路去，无人疑忌。直去海边寻船，使过越州，却取小路去诸暨县，就那里穿过山路，取睦州不远了。"商议已定，择一日，柴进、燕青辞了宋先锋，收拾琴剑书箱，自投海边，寻船过去，不在话下。

且说军师吴用再与宋江道："杭州南半边，有钱塘大江，通达海岛。若得几个人驾小船从海边去进赭山门，到南门外江边放起号炮，竖立号旗，城中必慌。你水军中头领，谁人去走一遭？"说犹未了，张横、三阮道："我们都去。"宋江道："杭州西路，又靠着湖泊，亦要水军用度，你等不可都去。"吴用道："只可叫张横同阮小七，驾船将引侯健、段景住去。"当时拨了四个人，引着三十余个水手，将带了十数个火炮号旗，自来海边寻船，望钱塘江里进发。

看官听说，这回话都是散沙一般。先人书会留传，一个个都要说到，只是难做一时说；慢慢敷演关目，下来便见。看官只牢记关目头行，便知衷曲奥妙。

再说宋江分调兵将已了，回到秀州，计议进兵，攻取杭州，忽听得东京有使命赍捧御酒赏赐到州。宋江引大小将校迎接入城，谢恩已罢，作御酒供宴，管待天使。饮酒中间，天使又将出太医院奏准，为上皇乍感小疾，索取神医安道全回京，驾前委用，降下圣旨，就令来取。宋江不敢阻当。次日，管待天使已了，就行起送安道全赴京。宋江等送出十里长亭饯行，安道全自同天使回京。有诗赞曰：

安子青囊艺最精，山东行散有声名。
人夸脉得仓公妙，自负丹如蓟子成。
刮骨立看金镞出，解肌时见刃痕平。
梁山结义坚如石，此别难忘手足情。

再说宋江把颁降到赏赐，分　众将，择日祭旗起军，辞别刘都督、耿参谋，上马进兵，水陆并行，船骑同发。路至崇德县，守将闻知，奔回杭州去了。

且说方腊太子方天定聚集诸将，在行宫议事。今时龙翔宫基址，乃是旧日行宫。方天定手下有四员大将。那四员：

宝光如来国师　邓元觉　南离大将军元帅　石宝
镇国大将军　厉天闰　护国大将军　司行方

这四个皆称元帅大将军名号，是方腊加封。又有二十四员偏将。那二十四员：

厉天佑　吴值　赵毅　黄爱　晁中
汤逢士　王绩　薛斗南　冷恭　张俭
元兴　姚义　温克让　茅迪　王仁

崔　　　廉明　　徐白　　张道原　凤仪

张韬　　苏泾　　米泉　　贝应夔

这二十四个，皆封为将军。共是二十八员，在方天定行宫，聚集计议。方天定说道："即日宋江水陆并进过江南来，平折了与他三个大郡。止有杭州，是南国之屏障。若有亏失，睦州焉能保守?前者司天太监浦文英奏，是'罡星侵入吴地，就里为祸不小'，正是这伙人了。今来犯吾境界，汝等诸官，各受重爵，务必赤心报国，休得怠慢。"众将启奏方天定道："主上宽心!放着许多精兵良将，未曾与宋江对敌。目今虽是折陷了数处州郡，皆是不得其人，以致如此。今闻宋江、卢俊义分兵三路，来取杭州，殿下与国师谨守宁海军城郭，作万年基业。臣等众将，各各分调迎敌。"太子方天定大喜，传下令旨，也分三路军马，前去策应，只留国师邓元觉同保城池。分去那三员元帅?乃是：

护国元帅司行方，引四员首将，救应德清：

薛斗南　　黄爱　　徐白　　米泉

镇国元帅厉天闰，引四员首将，救应独松关：

厉天佑　　张俭　　张韬　　姚义

南离元帅石宝，引八员首将，总军出郭迎敌大队人马：

温克让　　赵毅　　冷恭　　王仁

张道原　　吴值　　廉明　　凤仪

三员大将，分调三路，各引军三万。分拨人马已定，各赐金帛，催促起身。元帅司行方，引了一枝军马，救应德清州，望余杭州进发。

且不说两路军马策应去了。却说这宋先锋大队军兵，迤　前进，来至临平山，望见山顶一面红旗，在那里磨动。宋江当下差正将二员——花荣、秦明，先来哨路，随即催趱战船车过长安坝来。花荣、秦明两个带领了一千军马，转过山嘴，早迎着南军石宝军马。手下两员首将当先，望见花荣、秦明，一齐出马。一个是王仁，一个是凤仪，各挺一条长枪，便奔将来。宋军中花荣、秦明，便把军马摆开出战。秦明手舞狼牙大棍，直取凤仪；花荣挺枪来战王仁。四马相交，斗过十合，不分胜败。秦明、花荣观见南军后有接应，都喝一声："少歇！"各回马还阵。花荣道："且休恋战，快去报哥哥来，别作商议。"后军随即飞报去中军。

宋江引朱仝、徐宁、黄信、孙立四将，直到阵前。南军王仁、凤仪，再出马交锋，大骂："败将敢再出来交战！"秦明大怒，舞起狼牙棍，纵马而出，和凤仪再战。王仁却搦花荣出战。只见徐宁一骑马，便挺枪杀去。花荣与徐宁是一副一正——金枪手、银枪手，花荣随即也纵马，便出在徐宁背后，拈弓取箭在手，不等徐宁、王仁交手，觑得较亲，只一箭，把王仁射下马去，南军尽皆失色。凤仪见王仁被箭射下马来，吃了一惊，措手不及，被秦明当头一棍打着，　下马去，南兵漫散奔走。宋军冲杀过去，石宝抵当不住，退回皋亭山来，直近东新桥下寨。当日天晚，策立不定，南兵且退入城去。

次日，宋先锋军马已过了皋亭山，直抵东新桥下寨，传令教分调本部军兵，作三路夹攻杭州。那三路军兵将佐是谁?

一路分拨步军头领正偏将，从汤镇路去取东门，是：

朱仝　史进　鲁智深　武松　王英　扈三娘

一路分拨水军头领正偏将，从北新桥取古塘，截西路，打靠湖城门：

李俊　张顺　阮小二　阮小五　孟康

中路马步水三军，分作三队进发，取北关门、艮山门。前队正偏将是：

关胜　花荣　秦明　徐宁　郝思文　凌振

第二队总兵主将宋先锋、军师吴用，部领人马正偏将是：

戴宗　李逵　石秀　黄信　孙立　樊瑞

鲍旭　项充　李衮　马麟　裴宣　蒋敬

燕顺　宋清　蔡福　蔡庆　郁保四

第三队水路陆路助战策应。正偏将是：

李应　孔明　杜兴　杨林　童威　童猛

当日宋江分拨大小三军已定，各自进发。

有话即长，无话即短。且说中路大队军兵，前队关胜直哨到东新桥，不见一个南军。关胜心疑，退回桥外，使人回复宋先锋。宋江听了，使戴宗传令，分付道："且未可轻进。每日轮两个头领出哨。"头一日，是花荣、秦明，第二日徐宁、郝思文，一连哨了数日，又不见出战。此日又该徐宁、郝思文，两个带了数十骑马，直哨到北关门来，见城门大开着，两个来到吊桥边看时，城上一声擂鼓响，城里早撞出一彪军马来。徐宁、郝思文急回马时，城西偏路喊声又起，一百余骑马军，冲在前面。徐宁并力死战，杀出马军队里，回头不见了郝思文。再回来看时，见数员将校，把郝思文活捉了入城去。徐宁急待回身，项上早中了一箭，带着箭飞马走时，六将背后赶来。路上正逢着关胜，救得回来，血晕倒了。六员南将，已被关胜杀退，自回城里去了。慌忙报与宋先锋知道。

宋江急来看徐宁时，七窍流血。宋江垂泪，便唤随军医士治疗，拔去箭矢，用金枪药敷贴。宋江且教扶下战船内将息，自来看视。当夜三四次发昏，方知中了药箭。宋江仰天叹道："神医安道全已被取回京师，此间又无良医可救，必损吾股肱也！"伤感不已。吴用来请宋江回寨，主议军情，勿以兄弟之情，误了国家重事。宋江使人送徐宁到秀州去养病，不想箭中药毒，调治不痊。且说宋江又差人去军中打听郝思文消息，次日，只见小军来报道："杭州北关门城上，把竹竿挑起郝思文头来示众。"方知道被方天定碎剐了，宋江见报，好生伤感。后半月徐宁已死，申文来报。宋江因折了二将，按兵不动，且守住大路。

却说李俊等引兵到北新桥住扎，分军直到古塘深山去处探路，听得飞报道："折了郝思文，徐宁中箭而死。"李俊与张顺商议道："寻思我等这条路道，第一要紧是去独松关，湖州、德清二处冲要路口，抑且贼兵都在这里出没。我们若当住他咽喉道路，被他两面来夹攻，我等兵少，难以迎敌。不若一发杀入西山深处，却好屯扎。西湖水面，好做我们战场；山西后面通接西溪，却又好做退步。"便使小校报知先锋，请取军令。次后引兵直过桃源岭西山深处，在今时灵隐寺屯驻；山北面西溪山口，亦扎小寨，在今时古塘深处。前军却来唐家瓦出哨。

当日张顺对李俊说道："南兵都已收入杭州城里去了，我们在此屯兵，今经半月之久，不见出战，只在山里，几时能够获功?小弟今欲从湖里没水过去，从水门中暗入城去，放火为号，哥哥便可进兵取他水门。就报与主将先锋，教三路一齐打城。”李俊道：“此计虽好，恐兄弟独力难成。”张顺道：“便把这命报答先锋哥哥许多年好情分，也不多了。”李俊道：“兄弟且慢去，待我先报与哥哥，整点人马策应。”张顺道：“我这里一面行事，哥哥一面使人去报。比及兄弟到得城里，先锋哥哥已自知了。”

当晚，张顺身边藏了一把蓼叶尖刀，饱吃了一顿酒食，来到西湖岸边，看见那三面青山，一湖绿水，远望城郭，四座禁门，临着湖岸。那四座门：钱塘门、涌金门、清波门、钱湖门。看官听说：原来这杭州旧宋以前，唤做清河镇。钱王手里，改为杭州宁海军，设立十座城门：东有菜市门、荐桥门；南有候潮门、嘉会门；西有钱湖门、清波门、涌金门、钱塘门；北有北关门、艮山门。高宗车驾南渡之后，建都于此，唤做花花临安府，又添了三座城门。目今方腊占据时，还是钱王旧都，城子方圆八十里，虽不比南渡以后，安排得十分的富贵，从来江山秀丽，人物奢华，所以相传道：“上有天堂，下有苏杭。”怎见得：

江浙昔时都会，钱塘自古繁华。休言城内风光，且说西湖景物：有一万顷碧澄澄掩映琉璃，列三千面青娜娜参差翡翠。春风湖上，艳桃浓李如描；夏日池中，绿盖红莲似画。秋云涵如，看南国嫩菊堆金；冬雪纷飞，观北岭寒梅破玉。九里松青烟细细，六桥水碧响泠泠。晓霞连映三天竺，暮云深锁二高峰。风生在猿呼洞口，雨飞来龙井山头。三贤堂畔，一条鳌背侵天；四圣观前，百丈祥云缭绕。苏公堤东坡古迹，孤山路和靖旧居。访友客投灵隐去，簪花人逐净慈来。平昔只闻三岛远，岂知湖北胜蓬莱?

苏东坡学士有诗赞道：

湖光潋滟晴偏好，山色空蒙雨亦奇。

若把西湖比西子，淡妆浓抹也相宜。

又有古词名《浣溪沙》为证：

湖上朱桥响画轮，溶溶春水浸春云，碧琉璃滑净无尘。

当路游丝迎醉客，入花黄鸟唤行人，日斜归去奈何春!

这西湖，故宋时果是景致无比，说之不尽。张顺来到西陵桥上，看了半晌。时当春暖，西湖水色拖蓝，四面山光叠翠。张顺看了道：“我身生在浔阳江上，大风巨浪，经了万千，何曾见这一湖好水，便死在这里，也做个快活鬼！”说罢，脱下布衫，放在桥下，头上挽着个穿心红的 儿，下面着腰生绢水裙，系一条 膊，挂一口尖刀，赤着脚，钻下湖里去，却从水底下摸将过湖来。

此时已是初更天气，月色微明，张顺摸近涌金门边，探起头来，在水面上听时，城上更鼓，却打一更四点。城外静悄悄地，没一个人；城上女墙边，有四五个人在那里探望。张顺再伏在水里去了。又等半回，再探起头来看时，女墙边悄不见一个人。张顺摸到水口边看时，一带都是铁窗棂隔着；摸里面时，都是水帘护定，帘子上有绳索，索上缚着一串铜铃。张顺见窗棂牢固，不能够入城，舒只手入去，扯那水帘时，牵得索子上铃响，城上人早发起喊来。张顺从水底下，再钻入湖里伏了。听得城上人马下来，看那水帘时，又不见有人，都在城上说道：“铃子响得跷蹊，莫不是个大鱼顺水游来，撞动了水帘。”众军汉看了一回，并不见一物，又各自去睡了。张顺再听时，城楼上已打三更，打了好一回更点，想必军人各自去东倒西歪睡熟了。张顺再钻向城边去，料是水里入不得城。爬上岸来看时，那城上不见一个人在上面，便欲要爬上城去，且又寻思道：“倘或城上有人，却不干折了性命，我且试探一试探。”摸些土块，掷撒上城去。有不曾睡的军士，叫将起来，再下来看水门时，又没动静。再上城来敌楼上看湖面上时，又没一只船只。原来西湖上船只，已奉方天定令旨，都收入清波门外和净慈港内，别门俱不许泊船。众人道：“却是作怪？”口里说道：“定是个鬼!我们各自睡去，休要睬他！”口里虽说，却不去睡，尽伏在女墙边。

张顺又听了一个更次，不见些动静，却钻到城边来听，上面更鼓不响。张顺不敢便上去，又把些土石抛掷上城去，又没动静。张顺寻思道：“已是四更，将及天亮，不上城去，更待几时？”却才爬到半城，只听得上面一声梆子响，众军一齐起。张顺从半城上跳下水池里去，待要趁水没时，城上踏弩硬弓、苦竹箭、鹅卵石，一齐都射打下来。可怜张顺英雄，就涌金门外水池中身死。诗曰：

曾闻善战死兵戎，善溺终然丧水中。

瓦罐不离井上破，劝君莫但逞英雄。

话分两头，却说宋江日间已接了李俊飞报，说张顺没水入城，放火为号，便转报与东门军士去了。当夜宋江在帐中和吴用议事，到四更，觉道神思困倦，退了左右，在帐中伏几而卧。猛然一阵冷风，宋江起身看时，只见灯烛无光，寒气逼人。定睛看时，见一个似人非人，似鬼非鬼，立于冷气之中。看那人时，浑身血污着，低低道：“小弟跟随哥哥许多年，恩爱至厚。今以杀身报答，死于涌金门下枪箭之中，今特来辞别哥哥。”宋江道：“这个不是张顺兄弟？”回过脸来这边，又见三四个，都是鲜血满身，看不仔细。宋江大哭一声，蓦然觉来，乃是南柯一梦。帐外左右听得哭声，入来看时，宋江道：“怪哉！”叫请军师圆梦。

吴用道：“兄长却才困倦暂时，有何异梦？”宋江道：“适间冷气过处，分明见张顺一身血污，立在此间，告道：‘小弟跟着哥哥许多年，蒙恩至厚。今以杀身报答，死于涌金门下枪箭之中，特来辞别。’转过脸来，这面又立着三四个带血的人，看不分晓，就哭觉来。”吴用道：“早间李俊报说，张顺要过湖里去，越城放火为号，莫不只是兄长记心，却得这恶梦？”宋江道：“只想张顺是个精灵的人，必然死于无辜。”吴用道：“西湖到城边，必是险隘，想端的送了性命。张顺魂来，与兄长托梦。”宋江道：“若如此时，这三四个又是甚人？”和吴学究议论不定，坐而待旦，绝不见城中动静，心中越疑。看看午后，只见李俊使人飞报将来说：“张顺去涌金门越城，被箭射死于水中，现今西湖城上把竹竿挑起头来，挂着号令。”

宋江见报了，又哭的昏倒；吴用等众将亦皆伤感。原来张顺为人甚好，深得弟兄情分。宋江道：“我丧了父母，也不如此伤悼，不由我连心透骨苦痛！”吴用及众将劝道：“哥哥以国家大事为念，休为弟兄之情，自伤贵体。”宋江道：“我必须亲自到湖边，与他吊孝。”吴用谏道：“兄长不可亲临险地，若贼兵知得，必来攻击。”宋江道：“我自有计较。”随即点李逵、鲍旭、项充、李衮四个，引五百步军去探路，宋江随后带了石秀、戴宗、樊瑞、马麟，引五百军士，暗暗地从西山小路里去李俊寨里。李俊等接着，请到灵隐寺中方丈内歇下。宋江又哭了一场，便请本寺僧人，就寺里诵经，追荐张顺。

次日天晚，宋江叫小军去湖边扬一首白 ，上写道：“亡弟正将张顺之魂。”插于水边。西陵桥上，排下许多祭物，却分付李逵道：“如此如此。”埋伏在北山路口；樊瑞、马麟、石秀左右埋伏；戴宗随在身边。只等天色相近一更时分，宋江挂了白袍，金盔上盖着一层孝绢，同戴宗并五七个僧人，却从小行山转到西陵桥上。军校已都列下黑猪白羊，金银祭物，点起灯烛荧煌，焚起香来。宋江在当中证盟，朝着涌金门下哭奠，戴宗立在侧边。先是僧人摇铃诵咒，摄招呼名，祝赞张顺魂魄，降坠

神　。次后戴宗宣读祭文，宋江亲自把酒浇奠，仰天望东而哭。

正哭之间，只听得桥下两边一声喊起，南北两山一齐鼓响，两彪军马来拿宋江。正是：只因恩义如天大，惹起兵戈卷地来。

毕竟宋江、戴宗怎地迎敌，且听下回分解。

第一百十五回 张顺魂捉方天定　宋江智取宁海军

话说宋江和戴宗正在西陵桥上祭奠张顺，已有人报知方天定，差下十员首将，分作两路，来拿宋江，杀出城来。南山五将，是吴值、赵毅、晁中、元兴、苏泾；北山路也差五员首将，是温克让、崔　、廉明、茅迪、汤逢士。南北两路，共十员首将，各引三千人马，半夜前后开门，两头军兵一齐杀出来。宋江正和戴宗奠酒化纸，只听得桥下喊声大举。左有樊瑞、马麟，右有石秀，各引五千人埋伏。听得前路火起，一齐也举起火来，两路分开赶杀南北两山军马。南兵见有准备，急回旧路。两边宋兵追赶。温克让引着四将急回过河去时，不提防保叔塔山背后，撞出阮小二、阮小五、孟康，引五千军杀出来，正截断了归路，活捉了茅迪，乱枪戳死汤逢士。南山吴值也引着四将，迎着宋兵追赶，急退回来，不提防定香桥正撞着李逵、鲍旭、项充、李衮，引五百步队军杀出来。那两个牌手，直抢入怀里来，手舞蛮牌，飞刀出鞘，早剁倒元兴。鲍旭刀砍死苏泾，李逵斧劈死赵毅，军兵大半杀下湖里去了，都被淹死。投到城里救军出来时，宋江军马已都入山里去了，都到灵隐寺取齐，各自请功受赏。两路夺得好马五百余匹。宋江分付留下石秀、樊瑞、马麟，相帮李俊等同管西湖山寨，准备攻城。宋江只带了戴宗、李逵等回皋亭山寨中。吴用等接入中军帐坐下，宋江对军师说道：“我如此行计，也得他四将之首，活捉了茅迪，将来解赴张招讨军前，斩首施行。”

宋江在寨中，惟不知独松关、德清二处消息，便差戴宗去探，急来回报。戴宗去了数日，回来寨中，参见先锋，说知卢先锋已过独松关了，早晚便到此间。宋江听了，忧喜相半，就问兵将如何。戴宗答道：“我都知那里厮杀的备细，更有公文在此。先锋请休烦恼。”宋江道：“莫非又损了我几个弟兄?你休隐避我，与我实说情由。”戴宗道：“卢先锋自从去取独松关，那关两边，都是高山，只中间一条路。山上盖着关所，关边有一株大树，可高数十余丈，望得诸处皆见，下面尽是丛丛杂杂松树。关上守把三员贼将，为首的唤做吴升，第二个是蒋印，第三个是卫亨。初时连日下关，和林冲厮杀，被林冲蛇矛戳伤蒋印。吴升不敢下关，只在关上守护。次后厉天闰又引四将到关救应，乃是厉天佑、张俭、张韬、姚义四将。次日下关来厮杀，贼兵内厉天佑首先出马，和吕方相持，约斗五六十合，被吕方一戟刺死厉天佑，贼兵上关去了，并不下来。连日在关下等了数日，卢先锋为见山岭　峻，却差欧鹏、邓飞、李忠、周通四个上山探路，不提防厉天闰要替兄弟复仇，引贼兵冲下关来，首先一刀，斩了周通。李忠带伤走了。若是救应得迟时，都是休了的。救得三将回寨。次日，双枪将董平焦躁，要去复仇，勒马在关下大骂贼将，不提防关上一火炮打下来，炮风正伤了董平左臂，回到寨里，就使枪不得，把夹板绑了臂膊。次日定要去报仇，卢先锋当住了，不曾去。过了一夜，臂膊料好，不教卢先锋知道，自和张清商议了，两个不骑马，先行上关来。关上走下厉天闰、张韬来交战。董平要捉厉天闰，步行使枪，厉天闰也使长枪来迎，与董平斗了十合。董平心里只要厮杀，争奈左手使枪不应，只得退步。厉天闰赶下关来，张清便挺枪去搠厉天闰。厉天闰却闪去松树背后，张清手中那条枪，却搠在松树上。急要拔时，搠牢了，拽不脱，被厉天闰还一枪来，腹上正着，戳倒在地。董平见搠倒张清，急使双枪去战时，不提防张韬却在背后拦腰一刀，把董平剁做两段。卢先锋知得，急去救应，兵已上关去了，下面又无计可施。得了孙新、顾大嫂夫妻二人，扮了逃难百姓，去到深山里寻得一条小路，引着李立、汤隆、时迁、白胜四个，从小路过到关上，半夜里却摸上关，放起火来。贼将见关上火起，知有宋兵已透过关，一齐弃了关隘便走。卢先锋上关点兵将时，孙新、顾大嫂活捉得原守关将吴升，李立、汤隆活捉得原守关将蒋印，时迁、白胜活捉得原守关将卫亨。将此三人，都解赴张招讨军前去了。收拾得董平、张清、周通三人尸骸，葬于关上。卢先锋追过关四十五里，赶上贼兵，与厉天闰交战，约斗了三十余合，被卢先锋杀死厉天闰，止存张俭、张韬、姚义，引着败残军马，勉强迎敌，得便退回，只在早晚便到。主帅不信，可看公文。”宋江看了公文，心中添闷，眼泪如泉。

吴用道：“既是卢先锋得胜了，可调军将去夹攻，南兵必败，就行接应湖州呼延灼那路军马。”宋江应道：“言之极当。”便调李逵、鲍旭、项充、李衮，引三千步军，从山路接将去。黑旋风引了军兵，欢天喜地去了。且说宋江军马攻打东门，正将朱仝等原拨五千马步军兵，从汤镇路上村中奔到菜市门处，攻取东门。那时东路沿江，都是人家村居道店，赛过城中，茫茫荡荡，田园地段。当时来到城边，把军马排开。鲁智深首先出阵，步行搦战，提着铁禅杖，直来城下大骂：“蛮撮鸟们，出来和你厮杀！”那城上见是个和尚挑战，慌忙报入太子宫中来。当有宝光国师邓元觉，听的是个和尚勒战，便起身奏太子道：“小僧闻梁山泊有这个和尚，名为鲁智深，惯使一条铁禅杖，请殿下去东门城上，看小僧和他步斗几合。”方天定见说大喜，传令旨，遂引八员猛将，同元帅石宝，都来菜市门城上，看国师迎敌。当下方天定和石宝在敌楼上坐定，八员战将簇拥在两边，看宝光国师战时，那宝光和尚怎生结束，但见：

穿一领烈火猩红直裰，系一条虎　打就圆绦，挂一串七宝璎珞数珠，着一双九环鹿皮僧鞋。衬里是香线金兽掩心，双手使铮光浑铁禅杖。

当时开城门，放吊桥，那宝光国师邓元觉引五百刀手步军，飞奔出来。鲁智深见了道：“原来南军也有这秃厮出来。洒家教那厮吃俺一百禅杖！”也不打话，抡起禅杖，便奔将来。宝光国师也使禅杖来迎。两个一齐都使禅杖相并。但见：

鲁智深忿怒，全无清净之心；邓元觉生嗔，岂有慈悲之念?这个何曾尊佛道，只于月黑杀人；那个不会看经文，惟要风高放火。这个向灵山会上，恼如来懒坐莲台；那个去善法堂前，勒揭谛使回金杵。一个尽世不修梁武忏，一个平生那识祖师禅?这鲁智深和宝光国师，斗过五十余合，不分胜败。方天定在敌楼上看了，与石宝道：“只说梁山泊有个花和尚鲁智深，不想原来如此了得，名不虚传!斗了这许多时，不曾折半点儿便宜与宝光和尚。”石宝答道：“小将也看得呆了，不曾见这一对敌手。”正说之间，只听得飞马又报道：“北关门下，又有军到城下。”石宝慌忙起身去了。且说城下宋军中，行者武松见鲁智深战宝光不下，恐有疏失，心中焦躁，便舞起双戒刀，飞出阵来，直取宝光。宝光见他两个并一个，拖了禅杖，望城里便走。武松奋勇直赶杀去，忽地城门里突出一员猛将，乃是方天定手下贝应夔，便挺枪跃马，接住武松厮杀。两个正在吊桥上撞着，被武松闪个过，撇了手中戒刀，抢住他枪杆，只一拽，连人和军器拖下马来，　察的一刀，把贝应夔剁下头来。鲁智深随后接应了回来，方天定急叫拽起吊桥，收兵入城。这里朱仝也叫引军退十里下寨，使人去报捷宋先锋知会。

当日宋江引军到北关门搦战，石宝带了流星锤上马，手里横着劈风刀，开了城门，出来迎敌。宋军阵上大刀关胜出马，与石宝交战。两个斗到二十余合，石宝拨回马便走，关胜急勒住马，也回本阵。宋江问道："缘何不去追赶？"关胜道："石宝刀法，不在关胜之下，虽然回马，必定有计。"吴用道："段恺曾说，此人惯使流星锤，回马诈输，漏人深入重地。"宋江道："若去追赶，定遭毒手。且收军回寨，一面差人去赏赐武松。"

却说李逵等引着步军去接应卢先锋，来到山路里，正撞着张俭等败军，并力冲杀入去，乱军中杀死姚义。有张俭、张韬二人，再奔回关上那条路去，正逢着卢先锋，大杀一阵，便望深山小路而走。背后追赶得紧急，只得弃了马，奔走山下逃命。不期竹　中钻出两个人来，各拿一把钢叉，张俭、张韬措手不及，被两个拿叉戳翻，直捉下山来。原来戳翻张俭、张韬的，是解珍、解宝。卢先锋见拿二人到来，大喜，与李逵等合兵一处，会同众将，同到皋亭山大寨中来，参见宋先锋等，诉说折了董平、张清、周通一事，彼各伤感。诸将尽来参拜了宋江，合兵一处下寨。次日，教把张俭解赴苏州张招讨军前，枭首示众。将张韬就寨前割腹剜心，遥空祭奠董平、张清、周通了当。

宋先锋与吴用计议道："启请卢先锋领本部人马，去接应德清县路上呼延灼等这支军，同到此间，计合取城。"卢俊义得令，便点本部兵马起程，取路望奉口镇进发。三军路上到得奉口，正迎着司行方败残军兵回来。卢俊义接着，大杀一阵，司行方坠水而死，其余各自逃散去了。呼延灼参见卢先锋，合兵一处，回来皋亭山总寨参见宋先锋等，诸将会合计议。宋江见两路军马都到了杭州，那宣州、湖州、独松关等处，皆是张招讨、从参谋自调统制前去各处护境安民，不在话下。

宋江看呼延灼部内，不见了雷横、龚旺二人。呼延灼诉说："雷横在德清县南门外，和司行方交锋，斗到三十合，被司行方砍下马去。龚旺因和黄爱交战，赶过溪来，和人连马，陷倒在溪里，被南军乱枪戳死。米泉却是索超一斧劈死。黄爱、徐白，众将向前活捉在此。司行方赶逐在水里淹死。薛斗南乱军中逃难，不知去向。"宋江听得又折了雷横、龚旺两个兄弟，泪如雨下，对众将道："前日张顺与我托梦时，见右边立着三四个血污衣襟之人，在我面前现形，正是董平、张清、周通、雷横、龚旺这伙阴魂了。我若得了杭州宁海军时，重重地请僧人设斋，做好事，追荐超度众兄弟。"将黄爱、徐白解赴张招讨军前斩首，不在话下。

当日宋江叫杀牛宰马，宴劳众军。次日，与吴用计议定了，分拨正偏将佐，攻打杭州。

副先锋卢俊义，带领正偏将一十二员，攻打候潮门：

林冲　呼延灼　刘唐　解珍　解宝　单廷
魏定国　陈达　杨春　杜迁　李云　石勇

花荣等正偏将一十四员，攻打艮山门：

花荣　秦明　朱武　黄信　孙立　李忠
邹渊　邹润　李立　白胜　汤隆　穆春
朱贵　朱富

穆弘等正偏将十一员，去西山寨内，帮助李俊等，攻打靠湖门：

李俊　阮小二　阮小五　孟康　石秀　樊瑞
马麟　穆弘　杨雄　薛永　丁得孙

孙新等正偏将八员，去东门寨帮助朱仝攻打菜市、荐桥等门：

朱仝　史进　鲁智深　武松　孙新　顾大嫂
张青　孙二娘

东门寨内，取回偏将八员，兼同李应等，管领各寨探事，各处策应：

李应　孔明　杨林　杜兴　童威　童猛
王英　扈三娘

正先锋使宋江带领正偏将二十一员，攻打北关门大路：

吴用　关胜　索超　戴宗　李逵　吕方
郭盛　欧鹏　邓飞　燕顺　凌振　鲍旭
项充　李衮　宋清　裴宣　蒋敬　蔡福
蔡庆　时迁　郁保四

当下宋江调拨将佐，取四面城门。

宋江等部领大队人马，直近北关门城下勒战。城上鼓响锣鸣，大开城门，放下吊桥，石宝首先出马来战。宋军阵上，急先锋索超平生性急，挥起大斧，也不打话，飞奔出来，便斗石宝。两马相交，二将猛战，未及十合，石宝卖个破绽，回马便走。索超追赶，关胜急叫休去时，索超脸上着一锤，打下马去。邓飞急去救时，石宝马到，邓飞措手不及，又被石宝一刀，砍做两段。城中宝光国师，引了数员猛将，冲杀出来，宋兵大败，望北而走。却得花荣、秦明等刺斜里杀将来，冲退南军，救得宋江回寨。石宝得胜，欢天喜地，回城中去了。

宋江等回到皋亭山大寨歇下，升帐而坐，又见折了索超、邓飞二将，心中好生纳闷。吴用谏道："城中有此猛将，只宜智取，不可对敌。"宋江道："似此损兵折将，用何计可取？"吴用道："先锋计会各门了当，再引军攻打北关门，城里兵马，必然出来迎敌，我却佯输诈败，诱引贼兵，远离城郭，放炮为号，各门一齐打城。但得一门军马进城，便放起火来应号，贼兵必然各不相顾，可获大功。"宋江便唤戴宗传令知会。次日，令关胜引些少军马，去北关门城下勒战。城上鼓响，石宝引军出城，和关胜交马。战不过十合，关胜急退。石宝军兵赶来，凌振便放起炮来。号炮起时，各门都发起喊来，一齐攻城。

且说副先锋卢俊义引着林冲等调兵攻打候潮门，军马来到城下，见城门不关，下着吊桥。刘唐要夺头功，一骑马，一把刀，直抢入城去。城上看见刘唐飞马奔来，一斧砍断绳索，坠下闸板，可怜悍勇刘唐，连马和人，同死于门下。原来杭州城子，乃钱王建都，制立三重门关：外一重闸板，中间两扇铁叶大门，里面又是一层排栅门。刘唐抢到城门下，上面早放下闸板来。两边又有埋伏军兵，刘唐如何不死!林冲、呼延灼见折了刘唐，领兵回营，报复卢俊义。各门都入不去，只得且退，使人飞报宋先锋大寨知道。宋江听得又折了刘唐，被候潮门闸死，痛哭道："屈死了这个兄弟!自郓城县结义，跟着晁天王上梁山泊，受了许多年辛苦，不曾快乐。大小百十场出战交锋，出百死，得一生，未尝折了锐气。谁想今日却死于此处！"军师吴用道："此非良法。这计不成，倒送了一个兄弟。且教各门退军，别作道理。"宋江心焦，急欲要报仇雪恨，嗟叹不已。部下黑旋风便道："哥哥放心，我明日和鲍旭、项充、李衮四个人，好歹要拿石宝那厮！"宋江道："那人英雄了得，你如何近傍得他？”李逵道：“我不信!我明日不捉得他，不来见哥哥面。”宋江道：“你只小心在意，休觑得等闲。”

黑旋风李逵回到自己帐房里，篩下大碗酒，大盘肉，请鲍旭、项充、李衮来吃酒，说道：“我四个，从来做一路厮杀。今日我在先锋哥哥面前，砍了大嘴，明日要捉石宝那厮，你二个不要心懒。”鲍旭道：“哥哥今日也教马军向前，明日也教马军向前，今晚我等约定了，来日务要齐心向前，捉石宝那厮。我们四个都争口气！”次日早晨，李逵等四人吃得醉饱了，都拿军器出寨，请先锋哥哥看厮杀。宋江见四个都半醉，便道：“你四个兄弟，休把性命作戏！”李逵道：“哥哥，休小觑我们！”宋江道：“只愿你们应得口便好！”宋江上马，带同关胜、欧鹏、吕方、郭盛四个马军将佐来到北关门下，擂鼓摇旗搦战。李逵火杂杂地， 着双斧，立在马前；鲍旭挺着板刀，睁着怪眼，只待厮杀；项充、李衮各挽一面团牌，插着飞刀二十四把，挺铁枪伏在两侧。只见城上鼓响锣鸣，石宝骑着一匹瓜黄马，拿着劈风刀，引两员首将出城来迎敌：上首吴值，下首廉明。三员将却才出得城来，李逵是个不怕天地的人，大吼了一声，四个直奔到石宝马头前来。石宝便把劈风刀去迎时，早来到怀里。李逵一斧，砍断马脚，石宝便跳下来，望马军群里躲了。鲍旭早把廉明一刀，砍下马来。两个牌手早飞出刀来；空中似玉鱼乱跃，银叶交加。

宋江把马军冲到城边时，城上擂木炮石，乱打下来。宋江怕有疏失，急令退军，不想鲍旭早钻入城门里去了，宋江只叫得苦。石宝却伏在城门里面，看见鲍旭抢将入来，刺斜里只一刀，早把鲍旭砍做两段。项充、李衮急护得李逵回来。宋江军马，退还本寨，又见折了鲍旭，宋江越添愁闷，李逵也哭奔回寨里来。吴用道：“此计亦非良策。虽是斩得他一将，却折了李逵的副手。”

正是众人烦恼间，只见解珍、解宝到寨来报事。宋江问其备细时，解珍禀道：“小弟和解宝直哨到南门外二十余里，地名范村，见江边泊着一连有数十只船，下去问时，原来是富阳县袁评事解粮船。小弟欲要把他杀了，本人哭道：‘我等皆是大宋良民，累被方腊不时科敛，但有不从者，全家杀害。我等今得天兵到来剪除，只指望再见太平之日，谁想又遭横亡。’小弟见他说的情切，不忍杀他，又问他道：‘你缘何却来此处？’他说：‘为近奉方天定令旨，行下各县，要刷洗村坊，着科敛白粮五万石。老汉为头，敛得五千石，先解来交纳。今到此间，为大军围城厮杀，不敢前去，屯泊在此。’小弟得了备细，特来报知主将。”吴用大喜道：“此乃天赐其便，这些粮船上，定要立功。”便请先锋传令：“就是你两个弟兄为头，带将炮手凌振并杜迁、李云、石勇、邹渊、邹润、李立、白胜、穆春、汤隆；王英、扈三娘、孙新、顾大嫂、张青、孙二娘三对夫妻，扮作艄公艄婆，都不要言语，混杂在艄后，一搅进得城去，便放连珠炮为号，我这里自调兵来策应。”解珍、解宝唤袁评事上岸来，传下宋先锋言语道：“你等既宋国良民，可依此行计。事成之后，必有重赏。”

此时不由袁评事不从，许多将校，已都下船。却把船上艄公人等，都只留在船上杂用，却把艄公衣服脱来，与王英、孙新、张青穿了，装扮做艄公。扈三娘、顾大嫂、孙二娘三人女将，扮做艄婆，小校人等都做摇船水手。军器众将都埋藏在船舱里，把那船一齐都放到江岸边。此时各门围哨的宋军，也都不远。袁评事上岸，解珍、解宝和那数个艄公跟着，直到城下叫门。城上得知，问了备细来情，报入太子宫中。方天定便差吴值开城门，直来江边，点了船只，回到城中，奏知方天定。方天定差下六员将，引一万军出城，拦住东北角上，着袁评事搬运粮来，入城交纳。此时众将人等，都杂在艄公水手人内，混同搬粮运米入城，三个女将也随入城里去了。五千粮食，须臾之间，都搬运已了。六员首将却统引军入城中。宋兵分投而来，复围住城郭，离城三二里，列着阵势。当夜二更时分，凌振取出九箱子母等炮，直去吴山顶上，放将起来；众将各取火把，到处点着。城中不一时，鼎沸起来，正不知多少宋军在城里。方天定在宫中，听了大惊，急急披挂上马时，各门城上军士，已都逃命去了。宋兵大振，各自争功夺城。

且说城西山内李俊等，得了将令，引军杀到净慈港，夺得船只，便从湖里使将过来涌金门上岸。众将分投去抢各处水门，李云、石秀首先登城。就夜城中混战，止存南门不围，亡命败军都从那门下奔走。

却说方天定上得马，四下里寻不着一员将校，止有几个步军跟着，出南门奔走，忙忙似丧家之狗，急急如漏网之鱼。走得到五云山下，只见江里走起一个人来，口里衔着一把刀，赤条条跳上岸来。方天定在马上见来得凶，便打马要走。可奈那匹马作怪，百般打也不动，却似有人笼住嚼环的一般。那汉抢到马前，把方天定扯下马来，一刀便割了头，却骑了方天定的马，一手提了头，一手执刀，奔回杭州城来。林冲、呼延灼领兵赶到六和塔时，恰好正迎着那汉。二将认得是船火儿张横，吃了一惊。呼延灼便叫：“贤弟那里来？”张横也不应，一骑马直跑入城里去。此时宋先锋军马大队已都入城了，就在方天定宫中为帅府，众将校都守住行宫。望见张横一骑马跑将来，众人皆吃一惊。张横直到宋江面前，滚鞍下马，把头和刀，撇在地下，纳头拜了两拜，便哭起来。宋江慌忙抱住张横道：“兄弟，你从那里来?阮小七又在何处？”张横道：“我不是张横。”宋江道：“你不是张横，却是谁？”张横道：“小弟是张顺。因在涌金门外，被枪箭攒死，一点幽魂，不离水里飘荡，感得西湖震泽龙君，收做金华太保，留于水府龙宫为神。今日哥哥打破了城池，兄弟一魂缠住方天定，半夜里随出城去，见哥哥张横在大江里，来借哥哥身壳，飞奔上岸，跟到五云山脚下，杀了这贼，径奔来见哥哥。”说了，蓦然倒地。

宋江亲自扶起，张横睁开眼，看了宋江并众将，刀剑如林，军士丛满，张横道：“我莫不在黄泉见哥哥么？”宋江哭道：“却才你与兄弟张顺附体，杀了方天定这贼，你不曾死，我等都是阳人，你可精细着。”张横道：“恁地说时，我的兄弟已死了！”宋江道：“张顺因要从西湖水底下去 水门，入城放火，不想至涌金门外越城，被人知觉，枪箭攒死在彼。”张横听了，大哭一声：“兄弟！”蓦然倒了。众人看张横时，四肢不举，两眼蒙 ，七魄悠悠，三魂杳杳，正是：未从五道将军去，定是无常二鬼催。

毕竟张横闷倒，性命如何，且听下回分解。

第一百十六回 卢俊义分兵歙州道　宋公明大战乌龙岭

话说当下张横听得道没了他兄弟张顺，烦恼得昏晕了，半晌却救得苏醒。宋江道：“且扶在帐房里调治，却再问他海上事务。”宋江令裴宣、蒋敬写录众将功劳，辰巳时分，都在营前聚集。李俊、石秀生擒吴值，三员女将生擒张道原，林冲蛇矛戳死冷恭，解珍、解宝杀了崔 ，只走了石宝、邓元觉、王绩、晁中、温克让五人。宋江便出榜安抚百姓，赏劳三军，把吴值、张道原解赴张招讨军前，斩首施行。献粮袁评事申文保举作富阳县令，张招讨处关领空头官诰，不在话下。

众将都到城中歇下，左右报道：“阮小七从江里上岸，入城来了。”宋江唤到帐前问时，说道：“小弟和张横并侯健、段景住带领水手，海边觅得船只，行至海盐等处，指望便使入钱塘江来。不期风水不顺，打出大洋里去了。急使得回来，又被风打破了船，众人都落在水里。侯健、段景住不识水性，落下去淹死海中，众多水手各自逃生四散去了。小弟赴水到海口，进得赭山门，被潮直漾到半　山，赴水回来。却见张横哥哥在五云山江里，本待要上岸来，又不知他在那地里。昨夜望见城中火起，又听得连珠炮响，想必是哥哥在杭州城厮杀，以此从江里上岸来。不知张横曾到岸也不曾？”宋江说张横之事与阮小七知道，令和他自己两个哥哥相见了，依前管领水军头领船只。宋江传令，先调水军头领，去江里收拾江船，伺候征进睦州。想起张顺如此通灵显圣，去涌金门外靠西湖边建立庙宇，题名“金华太保”，宋江亲去祭奠。后来收伏方腊有功于朝，宋江回京奏知此事，特奉圣旨，敕封为“金华将军”，庙食杭州。

再说宋江在行宫内，因思渡江以来，损折许多将佐，心中十分悲怆。却去净慈寺修设水陆道场七昼夜，判施斛食，济拔沉冥，超度众将，各设灵位享祭。做了好事已毕，将方天定宫中一应禁物，尽皆毁坏，所有金银、宝贝、罗缎等项，分赏诸将军校。杭州城百姓俱宁，设宴庆赏。当与军师从长计议，调兵收复睦州。此时已是四月尽间，忽闻报道：“副都督刘光世并东京天使，都到杭州。”宋江当下引众将出北关门迎接入城，就行宫开读圣旨：“敕先锋使宋江等收剿方腊，累建大功，敕赐皇封御酒三十五瓶，锦衣三十五领，赏赐正将。其余偏将，照名支给赏赐缎匹。”原来朝廷只知公孙胜不曾渡江收剿方腊，却不知折了许多头领。宋江见了三十五员锦衣御酒，蓦然伤心，泪不能止。天使问时，宋江把折了众将的话，对天使说知。天使道：“如此折将，朝廷怎知?下官回京，必当奏闻。”那时设宴款待天使，刘光世主席，其余大小将佐，各依次序而坐。御赐酒宴，各各沾恩。现亡正偏将佐，留下锦衣御酒赏赐，次日，设位遥空享祭。宋江将一瓶御酒，一领锦衣，去张顺庙里，呼名享祭。锦衣就穿泥神身上，其余的都只遥空焚化。天使住了几日，送回京师。

不觉迅速光阴，早过了数十日。张招讨差人赍文书来，催促先锋进兵。宋江与吴用请卢俊义商议：“此去睦州，沿江直抵贼巢。此去歙州，却从昱岭关小路而去。今从此处分兵征剿，不知贤弟兵取何处？”卢俊义道：“主兵遣将，听从哥哥严令，安敢选择？”宋江道：“虽然如此，试看天命。”作两队分定人数，写成两处阄子，焚香祈祷，各阄一处。宋江拈阄得睦州，卢俊义拈阄得歙州。宋江道：“方腊贼巢正是清溪县帮源洞中。贤弟取了歙州，可屯住军马，申文飞报知会，约日同攻清溪贼洞。”卢俊义便请宋公明酌量分调将佐军校。

先锋使宋江带领正偏将佐三十六员，攻取睦州并乌龙岭：

军师吴用　　关胜　　花荣　　秦明　　李应

戴宗 朱仝 李逵 鲁智深 武松 解珍 解宝 吕方 郭盛 樊瑞马麟燕顺 宋清项充李衮王英扈三娘凌振杜兴蔡福蔡庆裴宣蒋敬郁保四

水军头领正偏将佐七员，部领船只，随军征进睦州：

李俊　　阮小二　　阮小五　　阮小七　　童猛

童威　　孟康

副先锋卢俊义管领正偏将佐二十八员，收取歙州并昱岭关：

军师朱武　　林冲　　呼延灼　　史进　　杨雄

石秀单廷　魏定国孙立黄信欧鹏杜迁陈达杨春李忠薛永邹渊李立李云邹润汤隆石勇时迁丁得孙孙新顾大嫂张青孙二娘

当下卢先锋部领正偏将校共计二十九员，随行军兵三万人马，择日辞了刘都督，别了宋江，引兵望杭州，取山路经过临安县，进发登程去了。却说宋江等整顿船只军马，分拨正偏将校，选日祭旗出师，水陆并进，船骑相迎。此时杭州城内瘟疫盛行，已病倒六员将佐：是张横、穆弘、孔明、朱贵、杨林、白胜，患体未痊，不能征进，就拨穆春、朱富看视病人，共是八员，寄留杭州。其余众将，尽随宋江攻取睦州，共计三十七员，取路沿江望富阳县进发。

且不说两路军马起程，再说柴进同燕青，自秀州　李亭别了宋先锋，行至海盐县前，到海边趁船，使过越州，迤　来到诸暨县，渡过渔浦，前到睦州界上。把关隘将校拦住，柴进告道：“某乃是中原一秀士，能知天文地理，善会阴阳，识得六甲风云，辨别三光气色，九流三教，无所不通，遥望江南有天子气而来，何故闭塞贤路？”把关将校听得柴进言语不俗，便问姓名。柴进道：“某乃姓柯名引，一主一仆，投上国而来，别无他故。”守将见说，留住柴进，差人径来睦州，报知右丞相祖士远、参政沈寿、佥书桓逸、元帅谭高，四个跟前禀了。便使人接取柴进至睦州相见，各叙礼罢。柴进一段话，耸动那四个，更兼柴进一表非俗，那里坦然不疑。右丞相祖士远大喜，便叫佥书桓逸，引柴进去清溪大内朝觐。原来睦州、歙州，方腊都有行宫大殿，内却有五府六部总制在清溪县帮源洞中。

且说柴进、燕青跟随桓逸来到清溪帝都，先来参见左丞相娄敏中。柴进高谈阔论，一片言语，娄敏中大喜，就留柴进在相府管待。看了柴进、燕青出言不俗，知书通礼，先自有八分欢喜。这娄敏中原是清溪县教学的先生，虽有些文章，苦不甚高，被柴进这一段话，说得他大喜。过了一夜，次日早朝，等候方腊王子升殿。内列着侍御、嫔妃、彩女，外列九卿四相，文武两班，殿前武士，金瓜长随侍从。当有左丞相娄敏中出班启奏：“中原是孔夫子之乡。今有一贤士，姓柯名引，文武兼资，智勇足备，善识天文地理，能辨六甲风云，贯通天地气色，三教九流，诸子百家，无不通达。望天子气而来，现在朝门外，伺候我主传宣。”方腊道：“既有贤士到来，便令白衣朝见。”各门大使传宣，引柴进到于殿下。拜舞起居，山呼万岁已毕，宣入帘前。

方腊看见柴进一表非俗，有龙子龙孙气象，先有八分喜色。方腊问道：“贤士所言，望天子气而来，在于何处？”柴进奏道：“臣柯引贱居中原，父母双亡，只身学业，传先贤之秘诀，授祖师之玄文。近日夜观乾象，见帝星明朗，正照东吴。因此不辞千里之劳，望气而来。特至江南，又见一缕五色天子之气，起自睦州。今得瞻天子圣颜，抱龙凤之姿，挺天日之表，正应此气。臣不胜欣幸之至！”言讫再拜。方腊道：“寡人虽有东南地土之分，近被宋江等侵夺城池，将近吾地，如之奈何？”柴进奏道：“臣闻古人有言：‘得之易，失之易；得之难，失之难。’今陛下东南之境，开基以来，席卷长驱，得了许多州郡。今虽被宋江侵了数处，不久气运复归于圣上。陛下非止江南之境，他日中原社稷，亦属陛下。”

方腊见此等言语，心中大喜，敕赐锦墩命坐，管待御宴，加封为中书侍郎。自此柴进每日得近方腊，无非用些阿谀美言谄佞，以取其事。未经半月，方腊及内外官僚，无一人不喜柴进。次后，方腊见柴进署事公平，尽心喜爱，却令左丞相娄敏中做媒，把金芝公主招赘柴进为驸马，封官主爵都尉。燕青改名云璧，人都称为云奉尉。柴进自从与公主成亲之后，出入宫殿，都知内外备细。方腊但有军情重事，便宣柴进至内宫计议。柴进时常奏说：“陛下气色真正，只被罡星冲犯，尚有半年不安。直待并得宋江手下无了一员战将，罡星退度，陛下复兴基业，席卷长驱，直占中原之地。”方腊道：“寡人手下爱将数员，尽被宋江杀死，似此奈何？”柴进又奏道：“臣夜观天象，陛下气数，将星虽多数十位，不为正气，未久必亡。却有二十八宿星象，正来辅助陛下，复兴基业。宋江伙内，亦有十数员来降。此也是数中星宿，尽是陛下开疆展土之臣也！”方腊听了大喜。

有诗为证：

蚕室当时惩太史，何人不罪李陵降？

谁知贵宠柯驸马，一念原来为宋江。

且不说柴进做了驸马，却说宋江部领大队人马军兵，离了杭州，望富阳县进发。时有宝光国师邓元觉并元帅石宝、王绩、晁中、温克让五个，引了败残军马，守住富阳县关隘，却使人来睦州求救。右丞相祖士远当差两员亲军指挥使，引一万军马，前来策应。正指挥白钦、副指挥景德，两个都有万夫不当之勇，来到富阳县，和宝光国师等合兵一处，占住山头。宋江等大队军马，已到七里湾，水军引着马军，一发前进。石宝见了，上马带流星锤，拿劈风刀，离了富阳县山头，来迎宋江。

关胜正欲出马，吕方叫道："兄长少停，看吕方和这厮斗几合。"宋江在门旗影里看时，吕方一骑马，一枝戟，直取石宝，那石宝使劈风刀相迎。两个斗到五十合，吕方力怯。郭盛见了，便持戟纵马，前来夹攻。那石宝一口刀战两枝戟，没半分漏泄。正斗到至处，南边宝光国师急鸣锣收军。原来见大江里战船乘着顺风，都上滩来，却来傍岸。怕他两处夹攻，因此鸣锣收军。吕方、郭盛缠住厮杀，那里肯放。石宝又斗了三五合，宋兵阵上，朱仝一骑马，一条枪，又去夹攻。石宝战不过三将，分开兵器便走。宋江鞭梢一指，直杀过富阳山岭。石宝军马，于路屯扎不住，直到桐庐县界内。宋江连夜进兵，过白蜂岭下寨。当夜差遣解珍、解宝、燕顺、王矮虎、一丈青取东路，李逵、项充、李衮、樊瑞、马麟取西路，各带一千步军，去桐庐县劫寨。江里却教李俊、三阮、二童、孟康七人取水路进兵。

且说解珍等引着军兵杀到桐庐县时，已是三更天气。宝光国师正和石宝计议军务，猛听的一声炮响，众人上马不迭。急看时，三路火起，诸将跟着石宝只顾逃命，那里敢来迎敌。三路军马，横冲直撞杀将来。温克让上得马迟，便望小路而走，正撞着王矮虎、一丈青。他夫妻二人一发上，把温克让横拖倒拽，活捉去了。李逵和项充、李衮、樊瑞、马麟只顾在县里杀人放火。宋江见报，催趱军兵，拔寨都起，直到桐庐县驻屯军马。王矮虎、一丈青献温克让请功。宋江教把温克让解赴杭州张招讨前斩首，不在话下。

次日，宋江调兵，水陆并进，直到乌龙岭下，过岭便是睦州。此时宝光国师引着众将，都上岭去把关隘，屯驻军马。那乌龙关隘，正靠长江，山峻水急，上立关防，下排战舰。宋江军马近岭下屯驻，扎了寨栅。步军中差李逵、项充、李衮引五百牌手，出哨探路。到得乌龙岭下，上面擂木炮石打将下来，不能前进，无计可施，回报宋先锋。宋江又差阮小二、孟康、童猛、童威四个，先棹一半战船上滩。当下阮小二带了两个副将，引一千水军，分作一百只船上，摇旗擂鼓，唱着山歌，渐近乌龙岭边来。原来乌龙岭下那面靠山，却是方腊的水寨。那寨里也屯着五百只战船，船上有五千来水军。为头的四个水军总管，名号浙江四龙。那四龙：

玉爪龙都总管成贵　　　　锦鳞龙副总管翟源

冲波龙左副管乔正　　　　戏珠龙右副管谢福

这四个总管，原是钱塘江里艄公，投奔方腊，却受三品职事。当日阮小二等乘驾船只，从急流下水，摇上滩去。南军水寨里四个总管，已自知了，准备下五十连火排。原来这火排，只是大松杉木穿成，排上都堆草把，草把内暗藏着硫黄焰硝引火之物，把竹索编住，排在滩头。这里阮小二和孟康、童威、童猛四个，只顾摇上滩去。那四个水军总管在上面看见了，各打一面乾红号旗，驾四只快船，顺水摇将下来。阮小二看见，喝令水手放箭，那四只快船便回。阮小二便叫乘势赶上滩去，四只快船傍滩住了，四个总管却跳上岸，许多水手们也都走了。阮小二望见滩上水寨里船广，不敢上去，正在迟疑间，只见乌龙岭上把旗一招，金鼓齐鸣，火排一齐点着，望下滩顺风冲将下来，背后大船一齐喊起，都是长枪挠钩，尽随火排下来。童威、童猛见势大难近，便把船傍岸，弃了船只，爬过山边，上了山，寻路回寨。阮小二和孟康兀自在船上迎敌，火排连烧将来。阮小二急下水时，后船赶上，一挠钩搭住。阮小二心慌，怕吃他拿去受辱，扯出腰刀，自刎而亡。孟康见不是头，急要下水时，火排上火炮齐发，一炮正打中孟康头盔，透顶打做肉泥。四个水军总管，却上火船杀将下来。李俊和阮小五、阮小七都在后船，见前船失利，沿江岸杀来，只得急忙转船，便随顺水放下桐庐岸来。

再说乌龙岭上宝光国师并元帅石宝，见水军总管得胜，乘势引军杀下岭来。水深不能相赶，路远不能相追，宋兵复退在桐庐驻扎，南兵也收军上乌龙岭去了。

宋江在桐庐扎驻寨栅，又见折了阮小二、孟康，在帐中烦恼，寝食俱废，梦寐不安。吴用与众将苦劝不得，阮小七、阮小五挂孝已了，自来谏劝宋江道："我哥哥今日为国家大事，折了性命，也强似死在梁山泊，埋没了名目。先锋主兵不须烦恼，且请理国家大事。我弟兄两个，自去复仇。"宋江听了，稍稍回颜。次日，仍复整点军马，再要进兵。吴用谏道："兄长未可急性，且再寻思计策，度岭未迟。"只见解珍、解宝便道："我弟兄两个，原是猎户出身，巴山度岭得惯。我两个装做此间猎户，爬上山去，放起一把火来，教那贼兵大惊，必然弃了关去。"吴用道："此计虽好，只恐这山险峻，难以进步，倘或失脚，性命难保。"解珍、解宝便道："我弟兄两个，自登州越狱上梁山泊，托哥哥福荫，做了许多年好汉，又受了国家诰命，穿了锦袄子，今日为朝廷，便粉骨碎身，报答仁兄，也不为多。"宋江道："贤弟休说这凶话，只愿早早干了大功回京，朝廷不肯亏负我们。你只顾尽心竭力，与国家出力。"

解珍、解宝便去拴束，穿了虎皮套袄，腰里各跨一口快刀，提了钢叉。两个来辞了宋江，便取小路望乌龙岭上来。此时才有一更天气，路上撞着两个伏路小军。二人结果了两个，到得岭下时，已有二更。听得岭上寨内更鼓分明，两个不敢从大路走，攀藤揽葛，一步步爬上岭来。是夜月光明朗，如同白日。两个三停爬了二停之上，望见岭上灯光闪闪。两个伏在岭门边听时，上面更鼓已打四更。解珍暗暗地叫兄弟道："夜又短，天色无多时了。我两个上去罢。"两个又攀援上去。正爬到岩壁崎岖之处，悬崖　峻之中，两个只顾爬上去，手脚都不闲，却把　膊拴住钢叉，拖在背后，刮得竹藤乱响，山岭上早吃人看见了。解珍正爬在山凹处，只听得上面叫声："着！"一挠钩正搭住解珍头髻。解珍急去腰里拔得刀出来时，上面已把他提得脚悬了。解珍心慌，连忙一刀砍断挠钩，却从空里坠下来。可怜解珍做了半世好汉，从这百十丈高岩上倒撞下来，死于非命。下面都是狼牙乱石，粉碎了身躯。解宝见哥哥颠将下去，急退步下岭时，上头早滚下大小石块并短弩弓箭，从竹藤里射来。可怜解宝为了一世猎户，做一块儿射死在乌龙岭边竹藤丛里，两个身死。

天明，岭上差人下来，将解珍、解宝尸首，就风化在岭上。探子听得备细，报与宋先锋知道，解珍、解宝已死在乌龙岭。宋江听得又折了解珍、解宝，哭得几番昏晕，便唤关胜、花荣点兵取乌龙岭关隘，与四个兄弟报仇。吴用谏道："仁兄不可性急，已死者皆是天命。若要取关，不可造次。须用神机妙策，智取其关，方可调兵遣将。"宋江怒道："谁想把我们弟兄手足，三停损了一停。不忍那贼们把我兄弟风化在岭上，今夜必须提兵先去，夺尸首回来，具棺椁埋葬。"吴用阻道："贼兵将尸风化，诚恐有计，兄长未可造次。"宋江那里肯听军师谏劝，随即点起三千精兵，带领关胜、花荣、吕方、郭盛四将，连夜进兵，到乌龙岭时，已是二更时分。小校报道："前面风化起两个人在那里，敢是解珍、解宝的尸首。"宋江纵马亲自来看时，见两株树上，把竹竿挑起两个尸首，树上削去了一片皮，写两行大字在上，月黑不见分晓。宋江令讨放炮火种，吹起灯来看时，上面写道："宋江早晚也号令在此处。"宋江看了大怒，却传令人上树去取尸首，只见四下里火把齐起，金鼓乱鸣，团团军马围住。当前岭上，早乱箭射来。江里船内水军，都纷纷上岸来。宋江见了，叫声苦，不知高低。急退军时，石宝当先截住去路，转过侧首，又是邓元觉杀将下来。直使：规模有似马陵道，光景浑如落凤坡。

毕竟宋江军马怎地脱身，且听下回分解。

第一百十七回 睦州城箭射邓元觉　乌龙岭神助宋公明

话说宋江因要救取解珍、解宝的尸，到于乌龙岭下，正中了石宝计策。四下里伏兵齐起，前有石宝军马，后有邓元觉截住回路。石宝厉声高叫："宋江不下马受降，更待何时？"关胜大怒，拍马抡刀战石宝。两将交锋未定，后面喊声又起。脑背后却是四个水军总管，一齐登岸，会同王绩、晁中，从岭上杀将下来。花荣急出，当住后队，便和王绩交战。斗无数合，花荣便走。王绩、晁中乘势赶来，被花荣手起，急放连珠二箭，射中二将，翻身落马。众军呐声喊，不敢向前，退后便走。四个水军总管，见一连射死王绩、晁中，不敢向前，因此花荣抵敌得住。刺斜里又撞出两阵军来：一队是指挥白钦，一队是指挥景德。这里宋江阵中二将齐出，吕方便迎住白钦交战，郭盛便与景德相持，四下里分头厮杀，敌对死战。

宋江正慌促间，只听得南军后面喊杀连天，众军奔走。原来却是李逵引两个牌手——项充、李衮，一千步军，从石宝马军后面杀来。邓元觉引军却待来救应时，背后撞过鲁智深、武松，两口戒刀，横剁直砍，浑铁禅杖，一冲一戳。两个引一千步军，直杀入来。随后又是秦明、李应、朱仝、燕顺、马麟、樊瑞、一丈青、王矮虎，各带马军步军，舍死撞杀入来。四面宋兵，杀散石宝、邓元觉军马，救得宋江等回桐庐县去，石宝也自收兵上岭去了。宋江在寨中称谢众将："若非我兄弟相救，宋江已与解珍、解宝同为泉下之鬼。"吴用道："为是兄长此去，不合愚意，惟恐有失，便遣众将相援。"宋江称谢不已。

且说乌龙岭上，石宝、邓元觉两个元帅在寨中商议道："即日宋江兵马退在桐庐县驻扎，倘或被他私越小路，度过岭后，睦州咫尺危矣。不若国师亲往清溪大内，面见天子，奏请添调军马，守护这条岭隘，可保长久。"邓元觉道："元帅之言极当，小僧便往。"邓元觉随即上马，先来到睦州，见了右丞相祖士远说："宋江兵强人猛，势不可当，军马席卷而来，诚恐有失。小僧特来奏请添兵遣将，保守关隘。"祖士远听了，便同邓元觉上马，离了睦州，一同到清溪县帮源洞中，先见了左丞相娄敏中说过了，奏请添调军马。

次日早朝，方腊升殿，左右二丞相一同邓元觉朝见。拜舞已毕，邓元觉向前起居万岁，便奏道："臣僧元觉领着圣旨，与太子同守杭州。不想宋江军马兵强将勇，席卷而来，势难迎敌，致被袁评事引诱入城，以致失陷杭州，太子贪战，出奔而亡。今来元觉与元帅石宝退守乌龙岭关隘，近日连斩宋江四将，声势颇振。即日宋江已进兵到桐庐驻扎，诚恐早晚贼人私越小路，透过关来，岭隘难保。请陛下早选良将，添调精锐军马，同保乌龙岭关隘，以图退贼，克复城池。"方腊道："各处军兵，已都调尽。近日又为歙州昱岭上关隘甚紧，又分去了数万军兵。止有御林军马，寡人要护御大内，如何四散调得开去？"邓元觉又奏道："陛下不发救兵，臣僧无奈。若是宋兵度岭之后，睦州焉能保守？"左丞相娄敏中出班奏曰："这乌龙岭关隘，亦是要紧去处。臣知御林军兵，总有三万，可分一万，跟国师去保守关隘。乞我王圣鉴。"方腊不听娄敏中之言，坚执不肯调拨御林军马，去救乌龙岭。

当日朝罢，众人出内。娄丞相与众官商议，只教祖丞相睦州分一员将，拨五千军，与国师去保乌龙岭。因此，邓元觉同祖士远回睦州来，选了五千精锐军马，首将一员夏侯成，回到乌龙岭寨内，与石宝说知此事。石宝道："既是朝廷不拨御林军马，我等且守住关隘，不可出战。着四个水军总管，牢守滩头江岸边，但有船来，便去杀退，不可进兵。"

且不说宝光国师同石宝、白钦、景德、夏侯成五个守住乌龙岭关隘。却说宋江自折了将佐，只在桐庐县驻扎，按兵不动。一住二十余日，不出交战。忽有探马报道："朝廷又差童枢密赍赏赐，已到杭州。听知分兵两路，童枢密转差大将王禀，分赍赏赐，投昱岭关卢先锋军前去了。童枢密即日便到，亲赍赏赐。"宋江见报，便与吴用众将都离县二十里迎接。来到县治里，开读圣旨，便将赏赐分给众将。宋江等参拜童枢密，随即设宴管待。童枢密问道："征进之间，多听得损折将佐。"宋江垂泪禀道."往年跟随赵枢相北征辽虏，兵将全胜，端的不曾折了一个将校。自从奉敕来征方腊，未离京师，首先去了公孙胜，驾前又留下了数人。进兵渡得江来，但到一处，必折损数人。近又有八九个将佐，病倒在杭州，存亡未保。前面乌龙岭厮杀二次，又折了几将。盖因山险水急，难以对阵，急切不能打透关隘。正在忧惶之际，幸得恩相到此。"童枢密道："今上天子，多知先锋建立大功，后闻损折将佐，特差下官引大将王禀、赵谭，前来助阵。已使王禀赍赏往卢先锋处，分　给散众将去了。"随唤赵谭与宋江等相见，俱于桐庐县驻扎，饮宴管待已了。

次日，童枢密整点军马，欲要去打乌龙岭关隘。吴用谏道："恩相未可轻动。且差燕顺、马麟去溪僻小径去处，寻觅当村土居百姓，问其向道，别求小路，度得关那边去。两面夹攻，彼此不能相顾，此关唾手可得。"宋江道："此言极妙。"随即差遣马麟、燕顺引数十个军健，去村落中寻访百姓问路。去了一日，至晚，引将一个老儿来见宋江。宋江问道："这老者是甚人？"马麟道："这老的是本处土居人户，都知这里路径溪山。"宋江道："老者，你可指引我一条路径，过乌龙岭去，我自重重赏你。"老儿告道："老汉祖居是此间百姓，累被方腊残害，无处逃躲，幸得天兵到此，万民有福，再见太平。老汉指引一条小路：过乌龙岭去，便是东管，取睦州不远。便到北门，却转过西门，便是乌龙岭。"宋江听了大喜，随即叫取银物，赏了引路老儿，留在寨中，又着人与酒饭管待。

次日，宋江请启童枢密守把桐庐县，自领正偏将一十二员，取小路进发。那十二员是：花荣、秦明、鲁智深、武松、戴宗、李逵、樊瑞、王英、扈三娘、项充、李衮、凌振。随行马步军兵一万人数，跟着引路老儿便行。马摘銮铃，军士衔枚疾走。至小牛岭，已有一伙军兵拦路。宋江便叫李逵、项充、李衮冲杀入去，约有三五百守路贼兵，都被李逵等杀尽。四更前后，已到东管。本处守把将伍应星，听得宋兵已透过东管，思量部下只有二千人马，如何迎敌得，当时一哄都走了。径回睦州，报与祖丞相等知道："今被宋江军兵私越小路，已透过乌龙岭这边，尽到东管来了。"祖士远听了大惊，急聚众将商议。宋江已令炮手凌振放起连珠炮。乌龙岭上寨中石宝等听得大惊，急使指挥白钦引军探时，见宋江旗号，遍天遍地，摆满山林。急退回岭上寨中，报与石宝等。石宝便道："既然朝廷不发救兵，我等只坚守关隘，不要去救。"邓元觉便道："元帅差矣。如今若不调兵救应睦州，也自由可。倘或内苑有失，我等亦不能保。你不去时，我自去救应睦州。"石宝苦劝不住，邓元觉点了五千人马，绰了禅杖，带领夏侯成下岭去了。

且说宋江引兵到了东管，且不去打睦州，先来取乌龙岭关隘，却好正撞着邓元觉。军马渐近，两军相迎，邓元觉当先出马挑战。花荣看见，便向宋江耳边低低道："此人则除如此如此可获。"宋江点头道是，就嘱付了秦明。两将都会意了。秦明首先出马，便和邓元觉交战。斗到五六合，秦明回马便走，众军各自东西四散。邓元觉看见秦明输了，倒撇了秦明，径奔来捉宋江。原来花荣已准备了，护持着宋江，只待邓元觉来得较近，花荣满满地攀着弓，觑得亲切，照面门上飕地一箭。弓开满月，箭发流星，正中邓元觉面门，坠下马去，被众军杀死，一齐卷杀拢来，南兵大败。夏侯成抵敌不住，便奔睦州去了。宋兵直杀到乌龙岭上，擂木炮石，打将下来，不能上去。宋兵却杀转来，先打睦州。

且说祖丞相见首将夏侯成逃来报说："宋兵已度过东管，杀了邓国师，即日来打睦州。"祖士远听了，便差人同夏侯成去清溪大内，请娄丞相入朝启奏："现今宋兵已从小路透过到东管，前来攻打睦州甚急，乞我王早发军兵救应，迟延必至失陷。"方腊听了大惊，急宣殿前太尉郑彪，点与一万五千御林军马，星夜去救睦州。郑彪奏道："臣领圣旨，乞请天师同行策应，可敌宋江。"方腊准奏，便宣灵应天师包道乙。当时宣诏天师，直至殿下面君。包道乙打了稽首。方腊传旨道："今被宋江兵马，看看侵犯寡人地面，累次陷了城池兵将。即日宋兵俱到睦州，可望天师阐扬道法，护国救民，以保江山社稷。"包天师奏道："主上宽心，贫道不才，凭胸中之学识，仗陛下之洪福，一扫宋江兵马。"方腊大喜，赐坐设宴，管待包道乙。饮筵罢，辞帝出朝。包天师便和郑彪、夏侯成商议起军。

原来这包道乙祖是金华山中人，幼年出家，学左道之法。向后跟了方腊谋叛造反，但遇交锋，必使妖法害人，有一口宝剑，号为玄元混天剑，能飞百步取人。协助方腊，行不仁之事。因此尊为灵应天师。那郑彪原是婺州兰溪县都头出身，自幼使得枪棒惯熟，遭际方腊，做到殿帅太尉。酷爱道法，礼拜包道乙为师，学得他许多法术在身，但遇厮杀之处，必有云气相随。因此，人呼为郑魔君。这夏侯成，亦是婺州山中人，原是猎户出身，惯使钢叉，自来随着祖丞相管领睦州。当日三个在殿帅府中，商议起军，门吏报道："有司天太监浦文英来见。"天师问其来故，浦文英说道："闻知天师与太尉将军三位提兵去和宋兵战。文英夜观乾象，南方将星，皆是无光，宋江等将星，尚有一半明朗者。天师此行虽好，只恐不利。何不回奏主上，商量投拜为上，且解一国之厄。"包天师听了大怒，掣出玄元混天剑，把这浦文英一剑挥为两段，急动文书，申奏方腊去讫，不在话下。史官有诗曰：

王气东南已渐消，犹凭左道用人妖。

文英既识真天命，何事捐生在伪朝?

当下便遣郑彪为先锋，调前部军马出城前进。包天师为中军，夏侯成为合后，军马进发，来救睦州。

且说宋江兵将攻打睦州，未见次第，忽闻探马报来，清溪救军到了。宋江听罢，便差王矮虎、一丈青两个出哨迎敌。夫妻二人带领三千马军，投清溪路上来，正迎着郑彪，首先出马，便与王矮虎交战。两个更不打话，排开阵势，交马便斗。才到八九合，只见郑彪口里念念有词，喝声道："疾！"就头盔顶上，流出一道黑气来。黑气之中，立着一个金甲天神，手持降魔宝杵，从半空里打将下来。王矮虎看见，吃了一惊，手忙脚乱，失了枪法，被郑魔君一枪，戳下马去。一丈青看见戳了他丈夫落马，急舞双刀去救时，郑彪便来交战。略战一合，郑彪回马便走。一丈青要报丈夫之仇，急赶将来。郑魔君歇住铁枪，舒手去身边锦袋内，摸出一块镀金铜砖，扭回身，看着一丈青面门上只一砖，打落下马而死。可怜能战佳人，到此一场春梦。那郑魔君招转军马，却赶宋兵。宋兵大败，回见宋江，诉说王矮虎、一丈青都被郑魔君戳打伤死，带去军兵，折其大半。宋江听得又折了王矮虎、一丈青，心中大怒，急点起军马，引了李逵、项充、李衮，带了五千人马，前去迎敌。早见郑魔君军马已到。宋江怒气填胸，当先出马，大喝郑彪道："逆贼怎敢杀吾二将！"郑彪便提枪出马，要战宋江。李逵见了大怒，掣起两把板斧，便飞奔出去，项充、李衮急舞蛮牌遮护，三个直冲杀入郑彪怀里去。那郑魔君回马便走，三个直赶入南兵阵里去。宋江恐折了李逵，急招起五千人马，一齐掩杀，南兵四散奔走。宋江且叫鸣金收兵，两个牌手当得李逵回来，只见四下里乌云罩合，黑气漫天，不分南北东西，白昼如夜。宋江军马，前无去路。但见：

阴云四合，黑雾漫天。下一阵风雨滂沱，起数声怒雷猛烈。山川震动，高低浑似天崩；溪涧颠狂，左右却如地陷。悲悲鬼哭，衮衮神号。定睛不见半分形，满耳惟闻千树响。

宋江军兵，当被郑魔君使妖法，黑暗了天地，迷踪失路，撞到一个去处，黑漫漫不见一物，本部军兵，自乱起来。宋江仰天叹曰："莫非吾当死于此地矣！"从巳时直至未牌，方才黑雾消散，微有些光亮，看见一周遭都是金甲大汉，团团围住。宋江见了，惊倒在地，口中只称："乞赐早死！"不敢仰面，耳边只听得风雨之声。手下众军将士，一个个都伏地受死，只等刀来砍杀。须臾，风雨过处，宋江却见刀不砍来，有一人来搀宋江，口称："请起！"宋江抬头仰脸看时，只见面前一个秀才来扶。看那人时，怎生打扮，但见：

头裹乌纱软角唐巾，身穿白罗圆领凉衫。腰系乌犀金　束带，足穿四缝干皂朝靴。面如傅粉，唇若涂朱。堂堂七尺之躯，楚楚三旬之上。若非上界灵官，定是九天进士。

宋江见了失惊，起身叙礼，便问秀才高姓大名。那秀才答道："小生姓邵名俊，土居于此。今特来报知义士，方十三气数将尽，只在旬日可破。小生多曾与义士出力，今虽受困，救兵已至，义士知否？"宋江再问道："先生，方十三气数，何时可获？"邵秀才把手一推，宋江忽然惊觉，乃是南柯一梦。醒来看时，面前一周遭大汉，却原来都是松树。宋江大叫军将起来，寻路出去。此时云收雾敛，天朗气清，只听得松树外面发喊将来。宋江便领起军兵，从里面杀出去时，早望见鲁智深、武松一路杀来，正与郑彪交手。那包天师在马上，见武松使两口戒刀，步行直取郑彪，包道乙便向鞘中掣出那口玄天混元剑来，从空飞下，正砍中武松左臂，血晕倒了。却得鲁智深一条禅杖，忿力打入去，救得武松时，已自左臂砍得伶仃将断，却夺得他那口混元剑。武松醒来，看见左臂已折，伶仃将断，一发自把戒刀割断了。宋江先叫军校扶送回寨将息。鲁智深却杀入后阵去，正遇着夏侯成交战。两个斗了数合，夏侯成败走，鲁智深一条禅杖，直打入去，南军四散。夏侯成便望山林中奔走。鲁智深不舍，赶入深山里去了。

且说郑魔君那厮，又引兵赶将来，宋军阵内，李逵、项充、李衮三个见了，便舞起蛮牌、飞刀、标枪、板斧，一齐冲杀入去。那郑魔君迎敌不过，越岭渡溪而走。三个不识路径，只要立功，死命赶过溪去，紧追郑彪。溪西岸边，抢出三千军来，截断宋兵。项充急回时，早被岸边两将拦住。便叫李逵、李衮时，已过溪赶郑彪去了。不想前面溪涧又深，李衮先一交跌翻在溪里，被南军乱箭射死。项充急钻下岸来，又被绳索绊翻，却待要挣扎，众军乱上，剁做肉泥。可怜李衮、项充到此，英雄怎使!只有李逵独自一个，赶入深山里去了。溪边军马随后袭将去，未经半里，背后喊声振起，却是花荣、秦明、樊瑞三将，引军来救，杀散南军，赶入深山，救得李逵回来，只不见了鲁智深。众将齐来参见宋江，诉说追赶郑魔君，过溪厮杀，折了项充、李衮，止救了李逵回来。宋江听罢，痛哭不止。整点军兵，折其一停。又不见了鲁智深，武松已折了左臂。

宋江正哭之间，探马报道："军师吴用和关胜、李应、朱仝、燕顺、马麟，提一万军兵，从水路到来。"宋江迎见吴用等，便问来情。吴用答道："童枢密自有随行军马，并大将王禀、赵谭，都督刘光世又有军马，已到乌龙岭下。只留下吕方、郭盛、裴宣、蒋敬、蔡福、蔡庆、杜兴、郁保四，并水军头领李俊、阮小五、阮小七、童威、童猛等十三人，其余都跟吴用到此策应。"宋江诉说："折了将佐，武松已成了废人，鲁智深又不知去向，不由我不伤感。"吴用劝道："兄长且宜开怀，即日正是擒捉方腊之时，只以国家大事为重，不可忧损贵体。"宋江指着许多松树，说梦中之事，与军师知道。吴用道："既然有此灵验之梦，莫非此处坊隅庙宇，有灵显之神，故来护　兄长。"宋江道："军师所见极当，就与足下进山寻访。"吴用当与宋江信步行入山林，未及半箭之地，松树林中，早见一所庙宇，金书牌额，上写："乌龙神庙。"宋江、吴用入庙上殿看时，吃了一惊，殿上塑的龙君圣像，正和梦中见者无异。宋江再拜恳谢道："多蒙龙君神圣救护之恩，未能报谢，望乞灵神助威。若平复了方腊，敬当一力申奏朝廷，重建庙宇，加封圣号。"宋江、吴用拜罢，下阶看那石碑时，神乃唐朝一进士，姓邵名俊，应举不第，坠江而死，天帝怜其忠直，赐作龙神。本处人民祈风得风，祈雨得雨，以此建立庙宇，四时享祭。宋江看了，随即叫取乌猪白羊，祭祀已毕。出庙来再看备细，见周遭松树显化，可谓异事。直至如今，严州北门外，有乌龙大王庙，亦名万松林。古迹尚存，有诗为证：

忠心一点鬼神知，暗里维持信有之。

欲识龙君真姓字，万松林下读残碑。

且说宋江谢了龙君庇　之恩，出庙上马，回到中军寨内，便与吴用商议打睦州之策。坐至半夜，宋江觉道神思困倦，伏几而卧，只闻一人报曰："有邵秀才相访。"宋江急忙起身，出帐迎接时，只见邵龙君长揖宋江道："昨日若非小生救护，义士已被包道乙作起邪法，松树化人，擒获足下矣。适间深感祭奠之礼，特来致谢，就行报知睦州来日可破，方十三旬日可擒。"宋江正待邀请入帐再问间，忽被风声一搅，撒然觉来，又是一梦。

宋江急请军师圆梦，说知其事。吴用道："既是龙君如此显灵，来日便可进兵，攻打睦州。"宋江道："言之极当。"至天明，传下军令，点起大队人马，攻取睦州。便差燕顺、马麟守住乌龙岭这条大路，却调关胜、花荣、秦明、朱仝四员正将，当先进兵，来取睦州，便望北门攻打。却令凌振施放九厢子母等火炮，直打入城去。那火炮飞将起去，震的天崩地动，岳撼山摇，城中军马，惊得魂消魄丧，不杀自乱。且说包天师、郑魔君后军，已被鲁智深杀散，追赶夏侯成，不知下落。那时已将军马退入城中屯驻，却和右丞相祖士远、参政沈寿、佥书桓逸、元帅谭高、守将伍应星等商议："宋兵已至，何以解救？"祖士远道："自古兵临城下，将至濠边，若不死战，何以解之?打破城池，必被擒获，事在危急，尽须向前！"当下郑魔君引着谭高、伍应星并牙将十数员，领精兵一万，开放城门，与宋江对敌。宋江教把军马略退半箭之地，让他军马出城摆列。

那包天师拿着把交椅，坐在城头上，祖丞相、沈参政并桓佥书皆坐在敌楼上看。郑魔君便挺枪跃马出阵，宋江阵上大刀关胜，出马舞刀，来战郑彪。二将交马，斗不数合，那郑彪如何敌得关胜，只办得架隔遮拦，左右躲闪。这包道乙正在城头上看了，便作妖法，口中念念有词，喝声道："疾！"念着那助咒法，吹口气去，郑魔君头上滚出一道黑气，黑气中间显出一尊金甲神人，手提降魔宝杵，望空打将下来。南军队里，荡起昏邓邓黑云来。宋江见了，便唤混世魔王樊瑞来看，急令作法，并自念天书上回风破暗的密咒秘诀。只见关胜头盔上，早卷起一道白云，白云之中，也显出一尊神将，红发青脸，碧眼獠牙，骑一条乌龙，手执铁锤，去战郑魔君头上那尊金甲神人，下面两军呐喊，二将交锋。战无数合，只见上面那骑乌龙的天将，战退了金甲神人。下面关胜，一刀砍了郑魔君于马下。

包道乙见宋军中风起雷响，急待起身时，被凌振放起一个轰天炮，一个火弹子，正打中包天师，头和身躯，击得粉碎，南兵大败。乘势杀入睦州。朱仝把元帅谭高一枪戳在马下，李应飞刀杀死守将伍应星。睦州城下，见一火炮打中了包天师身躯，南军都滚下城去了。宋江军马，已杀入城，众将一发向前，生擒了祖丞相、沈参政、桓佥书，其余牙将，不问姓名，俱被宋兵杀死。

宋江等入城，先把火烧了方腊行宫，所有金帛，就赏与了三军众将，便出榜文安抚了百姓。尚兀自点军未了，探马飞报将来："西门乌龙岭上，马麟被白钦一标枪标下去，石宝赶上，复了一刀，把马麟剁做两段。燕顺见了，便向前来战时，又被石宝那厮一流星锤打死。石宝得胜，即日引军乘势杀来。"宋江听得又折了燕顺、马麟，扼腕痛哭不尽。急差关胜、花荣、秦明、朱仝四员正将迎敌石宝、白钦，就要取乌龙岭关隘。不是这四员将来乌龙岭厮杀，有分教：清溪县里，削平啃聚贼兵；帮源洞中，活捉草头天子。直教宋江等：名标青史千年在，功播清时万古传。

毕竟宋江等怎地迎敌，且听下回分解。

第一百十八回 卢俊义大战昱岭关　宋公明智取清溪洞

话说当下关胜等四将，飞马引军，杀到乌龙岭上，正接着石宝军马。关胜在马上大喝："贼将安敢杀吾弟兄！"石宝见是关胜，无心恋战。便退上岭去，指挥白钦，却来战关胜。两马相交，军器并举，两个斗不到十合，乌龙岭上急又鸣锣收军。关胜不赶，岭上军兵自乱起来。原来石宝只顾在岭东厮杀，却不提防岭西已被童枢密大驱人马，杀上岭来。宋军中大将王禀，便和南兵指挥景德厮杀。两个斗了十合之上，王禀将景德斩于马下。自此吕方、郭盛首先奔上山来夺岭，未及到岭边，山头上早飞下一块大石头，将郭盛和人连马打死在岭边。这面岭东关胜望见岭上大乱，情知岭西有宋兵上岭了，急招众将，一齐都杀上去。两面夹攻，岭上混战。吕方却好迎着白钦，两个交手厮杀。斗不到三合，白钦一枪搠来，吕方闪个过，白钦那条枪从吕方肋下戳个空。吕方这枝戟，却被白钦拨个倒横。两将在马上，各施展不得，都弃了手中军器，在马上你我厮相揪住。原来正遇着山岭　峻处，那马如何立得脚牢，二将使得力猛，不想连人和马都滚下岭去。这两将做一处　死在那岭下。

这边关胜等众将步行，都杀上岭来，两面尽是宋兵，已杀到岭上。石宝看见两边全无去路，恐吃捉了受辱，便用劈风刀自刎而死。宋江众将夺了乌龙岭关隘，关胜急令人报知宋先锋。江里水寨中四个水军总管，见乌龙岭已失，睦州俱陷，都弃了船只，逃过对江，被隔岸百姓生擒得成贵、谢福，解送献入睦州。走了翟源、乔正，不知去向。宋兵大队，回到睦州。宋江得知，出城迎接。童枢密、刘都督入城屯驻，安营已了，出榜招抚军民复业，南兵投降者勿知其数。宋江尽将仓廒粮米给散百姓，各归本乡，复为良民。将水军总管成贵、谢福割腹取心，致祭兄弟阮小二、孟康，并在乌龙岭亡过一应将佐，前后死魂，俱皆受享。再叫李俊等水军将佐，管领了许多船只，把获到贼首伪官解送张招讨军前去了。宋江又见折了吕方、郭盛，惆怅不已，按兵不动，等候卢先锋兵马，同取清溪。

且不说宋江在睦州屯驻，却说副先锋卢俊义，自从杭州分兵之后，统领三万人马，本部下正偏将佐二十八员，引兵取山路望杭州进发，经过临安镇钱王故都，道近昱岭关前。守关把隘，却是方腊手下一员大将，绰号小养由基庞万春，乃是江南方腊国中第一个会射弓箭的。带领着两员副将：一个唤做雷炯，一个唤做计稷。这两个副将，都蹬的七八百斤劲弩，各会使一枝蒺藜骨朵，手下有五千人马。三个守把住昱岭关隘，听知宋兵分拨副先锋卢俊义引军到来，已都准备下了对敌器械，只待来军相近。且说卢先锋军马将次近昱岭关前，当日先差史进、石秀、陈达、杨春、李忠、薛永六员将校，带领三千步军，前去出哨。

当下史进等六将，都骑战马，其余都是步军，迤 哨到关下，并不曾撞见一个军马。史进在马上心疑，和众将商议。说言未了，早已来到关前。看时，见关上竖着一面彩绣白旗，旗下立着那小养由基庞万春，看了史进等大笑，骂道：“你这伙草贼，只好在梁山泊里住， 勒宋朝招安诰命，如何敢来我这国土里装好汉!你也曾闻俺小养由基的名字么?我听得你这厮伙里，有个甚么小李广花荣，着他出来，和我比箭。先教你看我神箭。”说言未了，飕的一箭，正中史进， 下马去。五将一齐急急向前救得，上马便回。又见山顶上一声锣响，左右两边松树林里，一齐放箭。五员将顾不得史进，各人逃命而走。转得过山嘴，对面两边山坡上，一边是雷炯，一边是计稷，那弩箭如雨一般射将来，总是有十分英雄，也躲不得这般的箭矢。可怜水浒六员将佐，都作南柯一梦。史进、石秀等六人，不曾透得一个出来，做一堆儿都被射死在关下。

三千步卒，止剩得百余个小军，逃得回来，见卢先锋说知此事。卢先锋听了大惊，如痴似醉，呆了半晌。神机军师朱武为陈达、杨春垂泪已毕，谏道：“先锋且勿烦恼，有误大事，可以别商量一个计策，去夺关斩将，报此仇恨。”卢俊义道：“宋公明兄长特分许多将校与我，今番不曾赢得一阵，首先倒折了六将，更兼三千军卒，止有得百余人回来，似此怎生到歙州相见？”朱武答道：“古人有云：‘天时不如地利，地利不如人和。’我等皆是中原、山东、河北人氏，不曾惯演水战，因此失了地利。须获得本处乡民，指引路径，方才知得他此间山路曲折。”卢先锋道：“军师言之极当，差谁去缉探路径好？”朱武道：“论我愚意，可差鼓上蚤时迁。他是个飞檐走壁的人，好去山中寻路。”卢俊义随即教唤时迁，领了言语，捎带了干粮，跨口腰刀，离寨去了。

且说时迁便望深山去处，只顾走寻路，去了半日，天色已晚，来到一个去处，远远地望见一点灯光明朗。时迁道：“灯光处必有人家。”趁黑地里，摸到灯明之处看时，却是个小小庵堂，里面透出灯光来。时迁来到庵前，便钻入去看时，见里面一个老和尚，在那里坐地诵经。时迁便乃敲他房门，那老和尚唤一个小行者来开门。时迁进到里面，便拜老和尚。

那老僧便道：“客官休拜。现今万马千军厮杀之地，你如何走得到这里？”时迁应道：“实不敢瞒师父说，小人是梁山泊宋江的部下一个偏将时迁的便是。今来奉圣旨剿收方腊，谁想夜来被昱岭关上守把贼将，乱箭射死了我六员首将，无计度关，特差时迁前来寻路，探听有何小路过关。今从深山旷野寻到此间，万望师父指迷，有何小径，私越过关，当以厚报。”那老僧道：“此间百姓，俱被方腊残害，无一个不怨恨他。老僧亦靠此间当方百姓施主，赍粮养口。如今村里的人民都逃散了，老僧没有去处，只得在此守死。今日幸得天兵到此，万民有福。将军来收此贼，与民除害，老僧只是不敢多口，恐防贼人知得。今既是天兵处差来的头目，便多口也不妨。我这里却无路过得关去，直到西山岭边，却有一条小路，可过关上。只怕近日也被贼人筑断了，过去不得。”

时迁道：“师父，既然有这条小路，通得关上，只不知可到得贼寨里么？”老和尚道：“这条私路，一径直到得庞万春寨背后，下岭去，便是过关的路了。只恐贼人已把大石块筑断了，难得过去。”时迁道：“不妨!既有路径，不怕他筑断了，我自有措置。既然如此，小人回去报知主将，却来酬谢。”老和尚道：“将军见外人时，休说贫僧多口。”时迁道：“小人是个精细的人，不敢说出老师父来。”

当日辞了老和尚，径回到寨中，参见卢先锋，说知此事。卢俊义听了大喜，便请军师，计议取关之策。朱武道：“若是有此路径，觑此昱岭关，唾手而得。再差一个人和时迁同去，干此大事。”时迁道：“军师要干甚大事？”朱武道：“最要紧的是放火放炮。你等身边，将带火炮、火刀、火石，直要去那寨背后放起号炮火来，便是你干大事了。”时迁道：“既然只是要放火放炮，别无他事，不须再用别人同去，只兄弟自往便是。再差一个同去，也跟我做不得飞檐走壁的事，倒误了时候。假如我去那里行事，你这里如何到得关边？”朱武道：“这却容易，他那贼人的埋伏，也只好使一遍。我如今不管他埋伏不埋伏，但是于路遇着树木稠密去处，便放火烧将去，任他埋伏不妨。”时迁道：“军师高见极明。”当下收拾了火刀、火石并引火煤筒，脊梁上用包袱背着大炮，来辞卢先锋便行。卢俊义叫时迁赍钱二十两，粮米一石，送与老和尚，就着一个军校挑去。

当日午后，时迁引了这个军校挑米，再寻旧路来到庵里，见了老和尚，说道：“主将先锋，多多拜复，些小薄礼相送。”便把银两米粮，都与了和尚。老僧收受了，时迁分付小军自回寨去，却再来告复老和尚：“望烦指引路径，可着行者引小人去。”那老和尚道：“将军少待，夜深可去，日间恐关上知觉。”当备晚饭待时迁。至夜，却令行者引路：“送将军到于那边，便教行者即回，休教人知觉。”当时小行者领着时迁，离了草庵，便望深山径里寻路。穿林透岭，揽葛攀藤，行过数里山径野坡。月色微明，到一处山岭 峻，石壁嵯峨，远远地望见开了个小路口。巅岩上尽把大石堆迭砌断了，高高筑成墙壁。小行者道：“将军，关已望见，石迭墙壁那边便是。过得那石壁，亦有大路。”时迁道：“小行者，你自回去，我已知路途了。”小行者自回，时迁却把飞檐走壁、跳篱骗马的本事出来，这些石壁，拈指爬过去了。望东去时，只见林木之间，半天价都红满了。却是卢先锋和朱武等拔寨都起，一路上放火烧着，望关上来。先使三五百军人，于路上打并尸首，沿山巴岭，放火开路，使其埋伏军兵，无处藏躲。昱岭关上小养由基庞万春闻知宋兵放火烧林开路，庞万春道：“这是他进兵之法，使吾伏兵不能施展。我等只牢守此关，任汝何能得过？”望见宋兵渐近关下，带了雷炯、计稷，都来关前守护。

却说时迁一步步摸到关上，爬在一株大树顶头，伏在枝叶稠密处，看那庞万春、雷炯、计稷，都将弓箭踏弩，伏在关前伺候。看见宋兵时，一派价把火烧将来。中间林冲、呼延灼立马在关下大骂：“贼将安敢抗拒天兵？”南兵庞万春等却待要放箭射时，不提防时迁已在关上。那时迁悄悄地溜下树来，转到关后，见两堆柴草，时迁便摸在里面，取出火刀、火石，发出火种，把火炮搁在柴堆上，先把些硫黄焰硝去烧那边草堆，又来点着这边柴堆。却才方点着火炮，拿那火种带了，直爬上关屋脊上去点着。那两边柴草堆里，一齐火起，火炮震天价响。关上众将，不杀自乱，发起喊来，众军都只顾走，那里有心来迎敌。庞万春和两个副将急来关后救火时，时迁就在屋脊上又放起火炮来。那火炮震得关屋也动，吓得南兵都弃了刀枪弓箭，衣袍铠甲，尽望关后奔走。时迁在屋上大叫道：“已有一万宋兵先过关了，汝等急早投降，免汝一死！”庞万春听了，惊得魂不附体，只管跌脚。雷炯、计稷惊得麻木了，动弹不得。林冲、呼延灼首先上山，早赶到关顶，众将都要争先，一齐赶过关去三十余里，追着南兵。孙立生擒得雷炯，魏定国活拿了计稷，单单只走了庞万春。手下军兵，擒捉了大半。宋兵已到关上，屯驻人马。

卢先锋得了昱岭关，厚赏了时迁，将雷炯、计稷，就关上割腹取心，享祭史进、石秀等六人，收拾尸骸，葬于关上。其余尸首，尽皆烧化。次日，与同诸将，披挂上马，一面行文申复张招讨，飞报得了昱岭关，一面引军前进，迤　追赶过关，直到歙州城边下寨。

原来歙州守御，乃是皇叔大王方　，是方腊的亲叔叔，与同两员大将，官封文职，共守歙州。一个是尚书王寅，一个是侍郎高玉，统领十数员战将，屯军二万之众，守住歙州城郭。原来王尚书是本州山里石匠出身，惯使一条钢枪，坐下有一骑好马，名唤转山飞。那匹战马登山渡水，如行平地。那高侍郎也是本州士人，故家子孙，会使一条鞭枪。因这两个颇通文墨，方腊加封做文职官爵，管领兵权之事。当有小养由基庞万春败回到歙州，直至行宫，面奏皇叔，告道：“被土居人民，透漏诱引宋兵私越小路过关。因此众军漫散，难以抵敌。”皇叔方　听了大怒，喝骂庞万春道：“这昱岭关是歙州第一处要紧的墙壁，今被宋兵已度关隘，早晚便到歙州，怎与他迎敌？”王尚书奏道：“主上且息雷霆之怒。自古道：‘胜负兵家之常，非战之罪。’今殿下权免庞将军本罪，取了军令必胜文状，着他引军，首先出战迎敌，杀退宋兵。如或不胜，二罪俱并。”方　然其言，拨与军五千，跟庞万春出城迎敌，得胜回奏。

且说卢俊义度过昱岭关之后，催兵直赶到歙州城下，当日与诸将上前攻打歙州。城门开处，庞万春引军出来交战。两军各列成阵势，庞万春出到阵前勒战。宋军队里欧鹏出马，使根铁枪，便和庞万春交战。两个斗不过五合，庞万春败走，欧鹏要显头功，纵马赶去。庞万春扭过身躯，背射一箭。欧鹏手段高强，绰箭在手。原来欧鹏却不提防庞万春能放连珠箭，欧鹏绰了一箭，只顾放心去赶。弓弦响处，庞万春又射第二只箭来，欧鹏早着，坠下马去。城上王尚书、高侍郎见射中了欧鹏落马，庞万春得胜，引领城中军马，一发赶杀出来。宋军大败，退回三十里下寨，扎驻军马安营。整点兵将时，乱军中又折了菜园子张青。孙二娘见丈夫死了，着令手下军人，寻得尸首烧化，痛哭了一场。卢先锋看了，心中纳闷，思量不是良法，便和朱武计议道：“今日进兵，又折了二将，似此如之奈何？”朱武道：“输赢胜负，兵家常事。今日贼兵见我等退回军马，自逞其能，众贼计议，今晚乘势，必来劫寨。我等可把军马众将，分调开去，四下埋伏。中军缚几只羊在彼，如此如此整顿。叫呼延灼引一支军在左边埋伏，林冲引一支军在右边埋伏，单廷　、魏定国引一支军在背后埋伏。其余偏将，各于四散小路里埋伏。夜间贼兵来时，只看中军火起为号，四下里各自捉人。”卢先锋都发放已了，各各自去守备。

且说南国王尚书、高侍郎两个颇有些谋略，便与庞万春等商议，上启皇叔方　道：“今日宋兵败回，退去三十余里屯驻，营寨空虚，军马必然疲倦，何不乘势去劫寨栅，必获全胜。”方　道：“你众官从长计议，可行便行。”高侍郎道：“我便和庞将军引兵去劫寨，尚书与殿下紧守城池。”当夜二将披挂上马，引领军兵前进，马摘銮铃，军士衔枚疾走，前到宋军寨栅。看见营门不开，南兵不敢擅进。初时听得更点分明，向后更鼓便打得乱了。高侍郎勒住马道：“不可进去！”庞万春道：“相公如何不进兵？”高侍郎答道：“听他营里更点不明，必然有计。”庞万春道：“相公误矣!今日兵败胆寒，必然困倦。睡里打更，有甚分晓，因此不明。相公何必见疑，只顾杀去！”高侍郎道：“也见得是。”当下催军劫寨，大刀阔斧，杀将进去。

二将入得寨门，直到中军，并不见一个军将，却是柳树上缚着数只羊，羊蹄上拴着鼓槌打鼓，因此更点不明。两将劫着空寨，心中自慌，急叫：“中计！”回身便走，中军内却早火起，只见山头上炮响，又放起火来，四下里伏兵乱起，齐杀将拢来。两将冲开寨门奔走，正迎着呼延灼，大喝：“贼将快下马受降，免汝一死！”高侍郎心慌，只要脱身，无心恋战，被呼延灼赶进去，手起双鞭齐下，脑袋骨打碎了半个天灵。庞万春死命撞透重围，得脱性命。正走之间，不提防汤隆伏在路边，被他一钩镰枪拖倒马脚，活捉了解来。众将已都在山路里赶杀南兵，至天明，都赴寨里来。卢先锋已先到中军坐下，随即下令，点本部将佐时，丁得孙在山路草中，被毒蛇咬了脚，毒气入腹而死。将庞万春割腹剜心，祭献欧鹏并史进等，把首级解赴张招讨军前去了。

次日，卢先锋与同诸将再进兵到歙州城下，见城门不关，城上并无旌旗，城楼上亦无军士。单廷　、魏定国两个要夺头功，引军便杀入城去。后面中军卢先锋赶到时，只叫得苦，那二将已到城门里了。原来王尚书见折了劫寨人马，只诈做弃城而走，城门里却掘下陷坑。二将是一夫之勇，却不提防，首先入来，不想连人和马，都陷在坑里。那陷坑两边，却埋伏着长枪手、弓箭军士，一齐向前戳杀，两将死于坑中。可怜圣水并神火，今日呜呼葬土坑。卢先锋又见折了二将，心中忿怒，急令差遣前部军兵，各人兜土块入城，一面填塞陷坑，一面鏖战厮杀，杀倒南兵人马，俱填于坑中。当下卢先锋当前，跃马杀入城中，正迎着皇叔方　，交马只一合，卢俊义却忿心头之火，展平生之威，只一朴刀，剁方　于马下。城中军马开城西门，冲突而走。宋兵众将，各各并力向前，剿捕南兵。

却说王尚书正走之间，撞着李云，截住厮杀。王尚书便挺枪向前，李云却是步斗。那王尚书枪起马到，早把李云踏倒。石勇见冲翻了李云，便冲突向前，急来救时，王尚书把条枪神出鬼没，石勇如何抵当得住?王尚书战了数合，得便处把石勇一枪，结果了性命，当下身死。城里却早赶出孙立、黄信、邹渊、邹润四将，截住王尚书厮杀。那王寅奋勇力敌四将，并无惧怯。不想又撞出林冲赶到，这个乂是个会厮杀的，那王寅便有三头六臂，也敌不过五将。众人齐上，乱戳杀王寅，可怜南国尚书将，今日方知志莫伸。当下五将取了首级，飞马献与卢先锋。卢俊义已在歙州城内行宫歇下，平复了百姓，出榜安民，将军马屯驻在城里。一面差人赍文报捷张招讨，驰书转达宋先锋，知会进兵。

却说宋江等兵将在睦州屯驻，等候军齐，同攻贼洞。收得卢俊义书，报平复了歙州，军将已到城中屯驻，专候进兵，同取贼巢。又见折了史进、石秀、陈达、杨春、李忠、薛永、欧鹏、张青、丁得孙、单廷　、魏定国、李云、石勇一十三人，许多将佐，烦恼不已，痛哭哀伤。军师吴用劝道：“生死人皆分定，主将何必自伤玉体?且请料理国家大事。”宋江道：“虽然如此，不由人不伤感!我想当初石碣天文所载一百八人，谁知到此，渐渐雕零，损吾手足。”吴用劝了宋江烦恼，然后回书与卢先锋，交约日期，起兵攻取清溪县。

且不说宋江回书与卢俊义，约日进兵，却说方腊在清溪帮源洞中大内设朝，与文武百官计议宋江用兵之事。只听见西州败残军马回来，报说歙州已陷，皇叔、尚书、侍郎俱已阵亡了。今宋兵作两路而来，攻取清溪。方腊见报大惊，当下聚集两班大臣商议，方腊道：“汝等众卿，各受官爵，同占州郡城池，共享富贵。岂期今被宋江军马席卷而来，州城俱陷，止有清溪大内。今闻宋兵两路而来，如何迎敌？”当有左丞相娄敏中出班启奏道：“今次宋兵人马，已近神州，内苑宫廷，亦难保守。奈缘兵微将寡，陛下若不御驾亲征，诚恐兵将不肯尽心向前。”方腊道：“卿言极当！”随即传下圣旨：“命三省六部、御史台官、枢密院、都督府护驾，二营金吾、龙虎，大小官僚，都跟随寡人御驾亲征，决此一战。”娄丞相又奏：“差何将帅，可做前部先锋？”方腊道：“着殿前金吾上将军、内外诸军都招讨皇侄方杰为正先锋，马步亲军都太尉、骠骑上将军杜微为副先锋，部领帮源洞大内护驾御林军一万三千，战将三千余员前进。”原来这方杰是方腊的亲侄儿，是歙州皇叔方　长孙，闻知宋兵卢先锋杀了他公公，要来报仇，他愿为前部先锋。这方杰平生习学，惯使一枝方天画戟，有万夫不当之勇。那杜微原是歙州市中铁匠，会打军器，亦是方腊心腹之人，会使六口飞刀，只是步斗。方腊另行圣旨一道，差御林护驾都教师贺从龙，拨与御林军一万，总督兵马，去敌歙州卢俊义军马。

不说方腊分调人马，两处迎敌，先说宋江大队军马起程，水陆并进，离了睦州，望清溪县而来。水军头领李俊等引领水军船只，撑驾从溪滩里上去。且说吴用与宋江在马上同行，并马商议道："此行去取清溪帮源，诚恐贼首方腊知觉逃窜，深山旷野，难以得获。若要生擒方腊，解赴京师，面见天子，必须里应外合，认得本人，可以擒获。亦要知方腊去向下落，不致被其走失。"宋江道："是若如此，须用诈降，将计就计，方可得里应外合。前者柴进与燕青去做细作，至今不见些消耗，今次着谁去好?须是会诈投降的。"吴用道："若论愚意，只除非教水军头领李俊等，就将船内粮米，去诈献投降，教他那里不疑。方腊那厮是山僻小人，见了许多粮米船只，如何不收留了。"宋江道："军师高见极明。"便唤戴宗，随即传令：从水路直至李俊处，说知如此如此，"教你等众将行计"。李俊等领了计策，戴宗自回中军。

李俊却叫阮小五、阮小七扮做艄公，童威、童猛扮做随行水手，乘驾六十只粮船，船上都插着新换的献粮旗号，却从大溪里使将上去。将近清溪县，只见上水头早有南国战船迎将来，敌军一齐放箭。李俊在船上叫道："休要放箭，我有话说。俺等都是投拜的人，特将粮米献纳大国，接济军士，万望收录。"对船上头目，看见李俊等船上并无军器，因此就不放箭，使人过船来，问了备细，看了船内粮米，便去报知娄丞相，禀说李俊献粮投降。娄敏中听了，叫唤投拜人上岸来。

李俊登岸，见娄丞相，拜罢，娄敏中问道："汝是宋江手下甚人?有何职役?今番为甚来献粮投拜？"李俊答道："小人姓李名俊，原是浔阳江上好汉。就江州劫法场，救了宋江性命。他如今受了朝廷招安，得做了先锋，便忘了我等前恩，累次窘辱小人。现今宋江虽然占得大国州郡，手下弟兄，渐次折得没了。他犹自不知进退，威逼小人等水军向前。因此受辱不过，特将他粮米船只，径自私来献纳，投拜大国。"娄丞相见李俊说了这一席话，就便准信，便引李俊来大内朝见方腊，具说献粮投拜一事。李俊见方腊再拜起居，奏说前事。方腊坦然不疑，且教李俊、阮小五、阮小七、童威、童猛只在清溪管领水寨守船，"待寡人退了宋江军马还朝之时，别有赏赐"。李俊拜谢了，出内自去搬运粮米上岸，进仓交收，不在话下。

再说宋江与吴用分调军马，差关胜、花荣、秦明、朱仝四员正将为前队，引军直进清溪县界，正迎着南国皇侄方杰。两下军兵，各列阵势。南军阵上，方杰横戟出马，杜微步行在后。那杜微横身挂甲，背藏飞刀五把，手中仗口七星宝剑，跟在后面。两将出到阵前。宋江阵上秦明，首先出马，手舞狼牙大棍，直取方杰。那方杰年纪后生，精神一撮，那枝戟使得精熟，和秦明连斗了三十余合，不分胜败。方杰见秦明手段高强，也放出自己平生学识，不容半点空闲。两个正斗到分际，秦明也把出本事来，不放方杰些空处。却不提防杜微那厮，在马后见方杰战秦明不下，从马后闪将出来，掣起飞刀，望秦明脸上早飞将来。秦明急躲飞刀时，却被方杰一方天戟耸下马去，死于非命。可怜霹雳火，灭地竟无声。方杰一戟戳死了秦明，却不敢追过对阵，宋兵小将急把挠钩搭得尸首过来。宋军见说折了秦明，尽皆失色。宋江一面叫备棺椁盛贮，一面再调军将出战。

且说这方杰得胜夸能，却在阵前高叫："宋兵再有好汉，快出来厮杀！"宋江在中军听得报来，急出到阵前，看见对阵方杰背后便是方腊御驾，直来到军前摆开。但见：

金瓜密布，铁斧齐排。方天画戟成行，龙凤绣旗作队。旗旄旌节，一攒攒绿舞红飞；玉镫雕鞍，一簇簇珠围翠绕。飞龙伞散青云紫雾，飞虎旗盘瑞霭祥烟。左侍下一代文官，右侍下满排武将。虽是妄称天子位，也须伪列宰臣班。

南国阵中，只见九曲黄罗伞下，玉辔逍遥马上，坐着那个草头王子方腊。怎生打扮，但见：

头戴一顶冲天转角明金幞头，身穿一领日月云肩九龙绣袍，腰系一条金镶宝嵌玲珑玉带，足穿一对双金显缝云根朝靴。

那方腊骑着一匹银鬃白马，出到阵前，亲自监战。看见宋江亲在马上，便遣方杰出战，要拿宋江。这边宋兵等众将亦准备迎敌，要擒方腊。南军方杰正要出阵，只听得飞马报道："御林都教师贺从龙总督军马去救歙州，被宋兵卢先锋活捉过阵去了。军马俱已漫散，宋兵已杀到山后。"方腊听了大惊，急传圣旨，便教收军，且保大内。当下方杰且委杜微押住阵脚，却待方腊御驾先行，方杰、杜微随后而退。方腊御驾，回至清溪州界，只听得大内城中，喊起连天，火光遍满，兵马交加，却是李俊、阮小五、阮小七、童威、童猛在清溪城里放起火来。方腊见了，大驱御林军马来救城中，入城混战。宋江军马，见南兵退去，随后追杀。赶到清溪，见城中火起，知有李俊等在彼行事，急令众将招起军马，分头杀将入去。此时卢先锋军马也过山了，两下接应，却好凑着。四面宋兵，夹攻清溪大内。宋江等诸将，四面八方，杀将入去，各各自去搜捉南军，打破了清溪城郭。方腊却得方杰引军保驾，防护送投帮源洞中去了。

宋江等大队军马都入清溪县来。众将杀入方腊宫中，收拾违禁器仗、金银宝物，搜检内里库藏，就殿上放起火来，把方腊内外宫殿尽皆烧毁，府库钱粮，搜索一空。宋江会合卢俊义军马，屯驻在清溪县内，聚集众将，都来请功受赏。整点两处将佐时，长汉郁保四、女将孙二娘，都被杜微飞刀伤死；邹渊、杜迁马军中踏杀；李立、汤隆、蔡福，各带重伤，医治不痊，身死；阮小五先在清溪县，已被娄丞相杀死。众将擒捉得南国伪官九十二员请功，赏赐已了，只不见娄丞相、杜微下落。一面且出榜文，安抚了百姓，把那活捉伪官解赴张招讨军前，斩首示众。后有百姓报说，娄丞相因杀了阮小五，见大兵打破清溪县，自缢松林而死。杜微那厮躲在他原养的倡妓王娇娇家，被他社老献将出来。宋江赏了社老，却令人先取了娄丞相首级，叫蔡庆将杜微剖腹剜心，滴血享祭秦明、阮小五、郁保四、孙二娘，并打清溪亡过众将。宋江亲自拈香祭赛已了，次日与同卢俊义起军，直抵帮源洞口围住。

且说方腊只得方杰保驾，走到帮源洞口大内，屯驻人马，坚守洞口，不出迎敌。宋江、卢俊义把军马周回围住了帮源洞，却无计可入。却说方腊在帮源洞，如坐针毡。两军困住已经数日，方腊正忧闷间，忽见殿下锦衣绣袄一大臣，俯伏在金阶殿下启奏："我王，臣虽不才，深蒙主上圣恩宽大，无可补报。凭夙昔所学之兵法，仗平日所韫之武功，六韬三略曾闻，七纵七擒曾习。愿借主上一枝军马，立退宋兵，中兴国祚。未知圣意若何？"方腊见了大喜，便传敕令，尽点山洞内府兵马，教此将引兵出洞去，与宋江相持。未知胜败如何，先见威风出众。不是方腊国中又出这个人来引兵，有分教：金阶殿下人头滚，玉砌朝门热血喷。直使：扫清巢穴擒方腊，竖立功勋显宋江。

毕竟方腊国中出来引兵的是甚人，且听下回分解。

第一百十九回 鲁智深浙江坐化　宋公明衣锦还乡

话说当下方腊殿前启奏愿领兵出洞征战的，正是东床驸马主爵都尉柯引。方腊见奏，不胜之喜。柯驸马当下同领南兵，带了云壁奉尉，披挂上马出师。方腊将自己金甲锦袍，赐与附马，又选一骑好马，叫他出战。那柯驸马与同皇侄方杰，引领洞中护御军兵一万人马，驾前上将二十余员，出到帮源洞口，列成阵势。

却说宋江军马困住洞口，已教将佐分调守护。宋江在阵中，因见手下弟兄，三停内折了二停，方腊又未曾拿得，南兵又不出战，眉头不展，面带忧容。只听得前军报来说：“洞中有军马出来交战。”宋江、卢俊义见报，急令诸将上马，引军出战，摆开阵势，看南军阵里，当先是柯驸马出战。宋江军中，谁不认得是柴进?宋江便令花荣出马迎敌。花荣得令，便横枪跃马，出到阵前，高声喝问：“你那厮是甚人，敢助反贼，与吾天兵敌对?我若拿住你时，碎尸万段，骨肉为泥!好好下马受降，免汝一命！”柯驸马答道：“我乃山东柯引，谁不闻我大名?量你这厮们，是梁山泊一伙强徒草寇，何足道哉!偏俺不如你们手段?我直把你们杀尽，克复城池，是吾之愿！”宋江与卢俊义在马上听了，寻思柴进口里说的话，知他心里的事。他把“柴”字改作“柯”字，“柴”即是“柯”也。“进”字改作“引”字，“引”即是“进”也。吴用道：“且看花荣与他迎敌。”当下花荣挺枪跃马，来战柯引。两马相交，二般军器并举。两将斗到间深里，绞做一团，扭做一块。柴进低低道：“兄长可且诈败，来日议事。”花荣听了，略战三合，拨回马便走。柯引喝道：“败将，吾不赶你!别有了得的，叫他出来，和俺交战！”花荣跑马回阵，对宋江、卢俊义说知就里。吴用道：“再叫关胜出战交锋。”当时关胜舞起青龙偃月刀，飞马出战，大喝道：“山东小将，敢与吾敌？”那柯驸马挺枪，便来迎敌。两个交锋，全无惧怯。二将斗不到五合，关胜也诈败佯输，走回本阵。柯驸马不赶，只在阵前大喝：“宋兵敢有强将出来，与吾对敌？”宋江再叫朱仝出阵，与柴进交锋。往来厮杀，只瞒众军。两个斗不过五七合，朱仝诈败而走。柴进赶来虚搠一枪，朱仝弃马跑归本阵，南军先抢得这匹好马。柯驸马招动南军，抢杀过来，宋江急令诸将引军退去十里下寨。柯驸马引军追赶了一程，收兵退回洞中。

已自有人先去报知方腊，说道：“柯驸马如此英雄，战退宋兵，连胜三将。宋江等又折一阵，杀退十里。”方腊大喜，叫排下御宴，等待驸马卸了戎装披挂，请入后宫赐坐，亲捧金杯，满劝柯附马道：“不想驸马有此文武双全!寡人只道贤婿只是文才秀士，若早知有此等英雄豪杰，不致折许多州郡。烦望驸马大展奇才，立诛贼将，重兴基业，与寡人共享太平无穷之富贵。”柯引奏道：“主上放心!为臣子当以尽心报效，同兴国祚。明日谨请圣上登山，看柯引厮杀，立斩宋江等辈。”方腊见奏，心中大喜，当夜宴至更深，各还宫中去了。次早，方腊设朝，叫洞中敲牛宰马，令三军都饱食已了，各自披挂上马，出到帮源洞口，摇旗发喊，擂鼓搦战。方腊却领引内侍近臣，登帮源洞山顶，看柯驸马厮杀。

且说宋江当日传令，分付诸将：“今日厮杀，非比他时，正在要紧之际。汝等军将，各各用心，擒获贼首方腊，休得杀害。你众军士，只看南军阵上柴进回马引领，就便杀入洞中，并力追捉方腊，不可违误！”三军诸将得令，各自摩拳擦掌，掣剑拔枪，都要掳掠洞中金帛，尽要活捉方腊，建功请赏。当时宋江诸将，都到洞前，把军马摆开，列成阵势。只见南兵阵上，柯驸马立在门旗之下，正待要出战，只见皇侄方杰立马横戟道：“都尉且押手停骑，看方某先斩宋兵一将，然后都尉出马，用兵对敌。”宋兵望见燕青跟在柴进后头，众将皆喜道：“今日计必成矣！”各人自行准备。

且说皇侄方杰争先纵马搦战，宋江阵上，关胜出马，舞起青龙刀，来与方杰对敌。两将交马，一往一来，一翻一复，战不过十数合，宋江又遣花荣出阵，共战方杰。方杰见二将来夹攻，全无惧怯，力敌二将。又战数合，虽然难见输赢，也只办得遮拦躲避。宋江队里，再差李应、朱仝骤马出阵，并力追杀。方杰见四将来夹攻，方才拨回马头，望本阵中便走。柯驸马却在门旗下截住，把手一招，宋将关胜、花荣、朱仝、李应四将赶过来。柯驸马便挺起手中铁枪奔来，直取方杰。方杰见头势不好，急下马逃命时，措手不及，早被柴进一枪戳着。背后云奉尉燕青赶上一刀，杀了方杰。南军众将惊得呆了，各自逃生，柯驸马大叫：“我非柯引，吾乃柴进，宋先锋部下正将小旋风的便是。随行云奉尉，即是浪子燕青。今者已知得洞中内外备细，若有人活捉得方腊的，高官任做，细马拣骑。三军投降者，俱免血刃，抗拒者全家斩首！”回身引领四将，招起大军，杀入洞中。方腊领着内侍近臣，在帮源洞顶上，看见杀了方杰，三军溃乱，情知事急，一脚踢翻了金交椅，便望深山中奔走。

宋江领起大队军马，分开五路，杀入洞来，争捉方腊，不想已被方腊逃去，止拿得侍从人员。燕青抢入洞中，叫了数个心腹伴当，去那库里掳了两担金珠细软出来，就内宫禁苑放起火来。柴进杀入东宫时，那金芝公主自缢身死。柴进见了，就连宫苑烧化，以下细人，放其各自逃生。众军将都入正宫，杀尽嫔妃彩女、亲军侍御、皇亲国戚，都掳掠了方腊内宫金帛。宋江大纵军将，入宫搜寻方腊。

却说阮小七杀入内苑深宫里面，搜出一箱，却是方腊伪造的平天冠、衮龙袍、碧玉带、白玉　、无忧履。阮小七看见上面都是珍珠异宝，龙凤锦文，心里想道：“这是方腊穿的，我便着一着，也不打紧。”便把衮龙袍穿了，系上碧玉带，着了无忧履，戴起平天冠，却把白玉　插放怀里，跳上马，手执鞭，跑出宫前。三军众将，只道是方腊，一齐闹动，抢将拢来看时，却是阮小七，众皆大笑。这阮小七也只把做好嬉，骑着马东走西走，看那众将多军抢掳。

正在那里闹动，早有童枢密带来的大将王禀、赵谭入洞助战。听得三军闹嚷，只说拿得方腊，径来争功。却见是阮小七穿了御衣服，戴着平天冠，在那里嬉笑。王禀、赵谭骂道：“你这厮莫非要学方腊，做这等样子！”阮小七大怒，指着王禀、赵谭道：“你这两个，直得甚鸟!若不是俺哥哥宋公明时，你这两个驴马头，早被方腊已都砍下了!今日我等众将弟兄成了功劳，你们颠倒来欺负!朝廷不知备细，只道是两员大将来协助成功。”王禀、赵谭大怒，便要和阮小七火并。当时阮小七夺了小校枪，便奔上来戳王禀。呼延灼看见，急飞马来隔开，已自有军校报知宋江。飞马到来，见阮小七穿着御衣服。宋江、吴用喝下马来，剥下违禁衣服，丢去一边。宋江陪话解劝。王禀、赵谭二人虽被宋江并众将劝和了，只是记恨于心。

当日帮源洞中，杀的尸横遍野，流血成渠，按《宋鉴》所载，斩杀方腊蛮兵二万余级。当下宋江传令，教四下举火，监临烧毁宫殿。龙楼凤阁，内苑深宫，珠轩翠屋，尽皆焚化。有诗为证：

黄屋朱轩半入云，涂膏衅血自　。

若还天意容奢侈，琼室阿房可不焚。

当时宋江等众将监看烧毁已了，引军都来洞口屯驻，下了寨栅，计点生擒人数，只有贼首方腊未曾获得。传下将令，教军将沿山搜捉。告示乡民：但有人拿得方腊者，奏闻朝廷，高官任做；知而首者，随即给赏。

却说方腊从帮源洞山顶落路而走，便望深山旷野，透岭穿林，脱了赭黄袍，丢去金花幞头，脱下朝靴，穿上草履麻鞋，爬山奔走，要逃性命。连夜退过五座山头，走到一处山凹边，见一个草　，嵌在山凹里。方腊肚中饥饿，却待正要去茅　内寻讨些饭吃，只见松树背后转出一个胖大和尚来，一禅杖打翻，便取条绳索绑了。那和尚不是别人，是花和尚鲁智深。拿了方腊，带到草　中，取了些饭吃，正解出山来，却好迎着搜山的军健，一同绑住捉来见宋先锋。

宋江见拿得方腊，大喜，便问道：“吾师，你却如何正等得这贼首着？”鲁智深道：“洒家自从在乌龙岭上万松林里厮杀，追赶夏侯成入深山里去，被洒家杀了贪战贼兵，直赶入乱山深处。迷踪失径，迤　随路寻去，正到旷野琳琅山内，忽遇一个老僧，引领洒家到此处茅　中，嘱付道：‘柴米菜蔬都有，只在此间等候。但见个长大汉从松林深处来，你便捉住。’夜来望见山前火起，小僧看了一夜，又不知此间山径路数是何处。今早正见这贼爬过山来，因此，俺一禅杖打翻，就捉来绑，不想正是方腊！”

宋江又问道："那一个老僧，今在何处？"鲁智深道："那个老僧，自引小僧到茅　里，分付了柴米出来，竟不知投何处去了。"宋江道："那和尚眼见得是圣僧罗汉，如此显灵，令吾师成此大功，回京奏闻朝廷，可以还俗为官，在京师图个荫子封妻，光耀祖宗，报答父母劬劳之恩。"鲁智深答道："洒家心已成灰，不愿为官，只图寻个净了去处，安身立命足矣！"宋江道："吾师既不肯还俗，便到京师去住持一个名山大刹，为一僧首，也光显宗风，亦报答得父母。"智深听了，摇首叫道："都不要，要多也无用。只得个囫囵尸首，便是强了。"宋江听罢，默上心来，各不喜欢。点本部下将佐，俱已数足，教将方腊陷车盛了，解上东京，面见天子，催起三军，带领诸将，离了帮源洞清溪县，都回睦州。

却说张招讨会集刘都督、童枢密，从、耿二参谋，都在睦州聚齐，合兵一处，屯驻军马。见说宋江获了大功，拿住方腊，解来睦州，众官都来庆贺。宋江等诸将参拜已了，张招讨道："已知将军边塞劳苦，损折弟兄。今已全功，实为万幸。"宋江再拜泣涕道："当初小将等一百八人，破辽还京，都不曾损了一个。谁想首先去了公孙胜，京师已留下数人。克复扬州，渡大江，怎知十停去七!今日宋江虽存，有何面目再见山东父老，故乡亲戚？"张招讨道："先锋休如此说。自古道：'贫富贵贱，宿生所载；寿夭短长，人生分定。'常言道：'有福人送无福人。'何以损折将佐为耻!今日功成名显，朝廷知道，必当重用。封官赐爵，光显门闾，衣锦还乡，谁不称羡!闲事不须挂意，只顾收拾回军。"

宋江拜谢了总兵等官，自来号令诸将。张招讨已传下军令，教把生擒到贼徒伪官等众，除留方腊另行解赴东京，其余从贼都就睦州市曹斩首施行。所有未收去处——衢、婺等县贼役赃官，得知方腊已被擒获，一半逃散，一半自行投首。张招讨尽皆准首，复为良民。就行出榜，去各处招抚，以安百姓。其余随从贼徒，不伤人者，亦准其自首投降，复为乡民，拨还产业田园。克复州县已了，各调守御官军，护境安民，不在话下。再说张招讨众官，都在睦州设太平宴，庆贺众将官僚，赏劳三军将校，传令教先锋头目，收拾朝京。军令传下，各各准备行装，陆续登程。

且说先锋使宋江思念亡过众将，洒然泪下，不想患病在杭州张横、穆弘等六人，朱富、穆春看视，共是八人在彼。后亦各患病身死，止留得杨林、穆春到来，随军征进。想起诸将劳苦，今日太平，当以超度，便就睦州宫观净处，扬起长　，修设超度九幽拔罪好事，做三百六十分罗天大醮，追荐前亡后化列位偏正将佐已了。次日，椎牛宰马，致备牲醴，与同军师吴用等众将，俱到乌龙神庙里，焚帛享祭乌龙大王，谢祈龙君护佑之恩。回至寨中，所有部下正偏将佐阵亡之人，收得尸骸者，俱令各自安葬已了。宋江与卢俊义收拾军马将校人员，随张招讨回杭州，听候圣旨，班师回京。众多将佐功劳，俱各造册，上了文簿，进呈御前。先写表章，申奏天子。三军齐备，陆续起程。宋江看了部下正偏将佐，止剩得三十六员回军。那三十六人是：

呼保义宋江　　玉麒麟卢俊义　　智多星吴用
大刀关胜　　豹子头林冲　　双鞭呼延灼
小李广花荣　　小旋风柴进　　扑天雕李应
美髯公朱仝　　花和尚鲁智深　　行者武松
神行太保戴宗　　黑旋风李逵　　病关索杨雄
混江龙李俊　　活阎罗阮小七　　浪子燕青
神机军师朱武　　镇三山黄信　　病尉迟孙立
混世魔王樊瑞　　轰天雷凌振　　铁面孔目裴宣
神算子蒋敬　　鬼脸儿杜兴　　铁扇子宋清
独角龙邹润　　一枝花蔡庆　　锦豹子杨林
小遮拦穆春　　出洞蛟童威　　翻江蜃童猛
鼓上蚤时迁　　小尉迟孙新　　母大虫顾大嫂

当下宋江与同诸将引兵马离了睦州，前往杭州进发。正是收军锣响千山震，得胜旗开十里红。于路无话，已回到杭州。因张招讨军马在城，宋先锋且屯兵在六和塔驻扎，诸将都在六和寺安歇。先锋使宋江、卢俊义早晚入城听令。

且说鲁智深自与武松在寺中一处歇马听候，看见城外江山秀丽，景物非常，心中欢喜。是夜月白风清，水天共碧，二人正在僧房里，睡至半夜，忽听得江上潮声雷响。鲁智深是关西汉子，不曾省得浙江潮信，只道是战鼓响，贼人生发，跳将起来，摸了禅杖，大喝着，便抢出来。众僧吃了一惊，都来问道："师父何为如此?赶出何处去？"鲁智深道："洒家听得战鼓响，待要出去厮杀。"众僧都笑将起来道："师父错听了!不是战鼓响，乃是钱塘江潮信响。"鲁智深见说，吃了一惊，问道："师父，怎地唤做潮信响？"寺内众僧，推开窗，指着那潮头，叫鲁智深看，说道："这潮信日夜两番来，并不违时刻。今朝是八月十五日，合当三更子时潮来。因不失信，谓之潮信。"鲁智深看了，从此心中忽然大悟，拍掌笑道："俺师父智真长老，曾嘱付与洒家四句偈言，道是'逢夏而擒'，俺在万松林里厮杀，活捉了个夏侯成；'遇腊而执'，俺生擒方腊；今日正应了'听潮而圆，见信而寂'，俺想既逢潮信，合当圆寂。众和尚，俺家问你，如何唤做圆寂？"寺内众僧答道："你是出家人，还不省得佛门中圆寂便是死？"鲁智深笑道："既然死乃唤做圆寂，洒家今日必当圆寂。烦与俺烧桶汤来，洒家沐浴。"寺内众僧，都只道他说耍，又见他这般性格，不敢不依他，只得唤道人烧汤来，与鲁智深洗浴。换了一身御赐的僧衣，便叫部下军校："去报宋公明先锋哥哥，来看洒家。"又问寺内众僧处讨纸笔，写了一篇颂子，去法堂上捉把禅椅，当中坐了，焚起一炉好香，放了那张纸在禅床上，自叠起两只脚，左脚搭在右脚，自然天性腾空。比及宋公明见报，急引众头领来看时，鲁智深已自坐在禅椅上不动了。颂曰：

平生不修善果，只爱杀人放火。忽地顿开金绳，这里扯断玉锁。咦!钱塘江上潮信来，今日方知我是我。

宋江与卢俊义看了偈语，嗟叹不已。众多头领都来看视鲁智深，焚香拜礼。城内张招讨并童枢密等众官，亦来拈香拜礼。宋江自取出金帛，　散众僧，做个三昼夜功果，合个朱红龛子盛了，直去请径山住持大惠禅师，来与鲁智深下火；五山十刹禅师，都来诵经；迎出龛子，去六和塔后烧化。那径山大惠禅师手执火把，直来龛子前，指着鲁智深，道几句法语，是：

鲁智深，鲁智深，起身自绿林。两只放火眼，一片杀人心。忽地随潮归去，果然无处跟寻。咄!解使满空飞白玉，能令大地作黄金。

大惠禅师下了火已了，众僧诵经忏悔，焚化龛子，在六和塔山后，收取骨殖，葬入塔院。所有鲁智深随身多余衣钵，及朝廷赏赐金银并各官布施，尽都纳入六和寺里，常住公用。浑铁禅杖并皂布直裰，亦留于寺中供养。

当下宋江看视武松，虽然不死，已成废人。武松对宋江说道："小弟今已残疾，不愿赴京朝觐。尽将身边金银赏赐，都纳此六和寺中，陪堂公用，已作清闲道人，十分好了。哥哥造册，休写小弟进京。"宋江见说："任从你心。"武松自此，只在六和寺中出家，后至八十善终，这是后话。

再说先锋宋江，每日去城中听令，待张招讨中军人马前进，已将军兵入城屯扎。半月中间，朝廷天使到来，奉圣旨令先锋宋江等班师回京。张招讨、童枢密、都督刘光世，从、耿二参谋，大将王禀、赵谭，中军人马，陆续先回京师去了。宋江等随即收拾军马回京。比及起程，不想林冲染患风病瘫了，杨雄发背疮而死，时迁又感搅肠痧而死。宋江见了，感伤不已。丹徒县又申将文书来报，说杨志已死，葬于本县山园。林冲风瘫，又不能痊，就留在六和寺中，教武松看视，后半载而亡。

再说宋江与同诸将离了杭州，望京师进发，只见浪子燕青私自来劝主人卢俊义道："小乙自幼随侍主人，蒙恩感德，一言难尽。今既大事已毕，欲同主人纳还原受官诰，私去隐迹埋名，寻个僻净去处，以终天年。未知主人意下若何？"卢俊义道："自从梁山泊归顺宋朝已来，俺弟兄们身经百战，勤劳不易，边塞苦楚，弟兄损折，幸存我一家二人性命。正要衣锦还乡，图个封妻荫子，你如何却寻这等没结果？"燕青笑道："主人差矣!小乙此去，正有结果，只恐主人此去无结果耳。"若燕青，可谓知进退存亡之机矣。有诗为证：

略地攻城志已酬，陈辞欲伴赤松游。

时人苦把功名恋，只怕功名不到头。

卢俊义道："燕青，我不曾存半点异心，朝廷如何负我？"燕青道："主人岂不闻韩信立下十大功劳，只落得未央宫里斩首。彭越醢为肉酱，英布弓弦药酒?主公，你可寻思，祸到临头难走！"卢俊义道："我闻韩信三齐擅自称王，教陈　造反；彭越杀身亡家，大梁不朝高祖；英布九江受任，要谋汉帝江山。以此汉高帝诈游云梦，令吕后斩之。我虽不曾受这般重爵，亦不曾有此等罪过。"燕青道："既然主公不听小乙之言，只怕悔之晚矣!小乙本待去辞宋先锋，他是个义重的人，必不肯放，只此辞别主公。"卢俊义道："你辞我，待要那里去？"燕青道："也只在主公前后。"卢俊义笑道："原来也只恁地。看你到那里？"燕青纳头拜了八拜，当夜收拾了一担金珠宝贝挑着，竟不知投何处去了。次日早晨，军人收拾字纸一张，来报复宋先锋。宋江看那一张字纸时，上面写道是：

辱弟燕青百拜恳告先锋主将麾下：自蒙收录，多感厚恩。效死干功，补报难尽。今自思命薄身微，不堪国家任用，情愿退居山野，为一闲人。本待拜辞，恐主将义气深重，不肯轻放，连夜潜去。今留口号四句拜辞，望乞主帅恕罪：

雁序分飞自可惊，纳还官诰不求荣。

身边自有君王赦，洒脱风尘过此生。

宋江看了燕青的书，并四句口号，心中郁悒不乐。当时尽收拾损折将佐的官诰牌面，送回京师，缴纳还官。

宋兵人马，迤　前进，比及行至苏州城外，只见混江龙李俊诈中风疾，倒在床上。手下军人来报宋先锋。宋江见报，亲自领医人来看治，李俊道："哥哥休误了回军的程限，朝廷见责，亦恐张招讨先回日久。哥哥怜悯李俊时，可以丢下童威、童猛看视兄弟。待病体痊可，随后赶来朝觐。哥哥军马，请自赴京。"宋江见说，心虽不然，倒不疑虑，只得引军前进。又被张招讨行文催趱，宋江只得留下李俊、童威、童猛三人，自同诸将上马赴京去了。

且说李俊三人竟来寻见费保四个，不负前约，七人都在榆柳庄上商议定了，尽将家私打造船只，从太仓港乘驾出海，自投化外国去了，后来为暹罗国之主。童威、费保等都做了化外官职，自取其乐，另霸海滨，这是李俊的后话。诗曰：

知机君子事，明哲迈夷伦。

重结义中义，更全身外身。

浔水舟无系，榆庄柳又新。

谁知天海阔，别有一家人。

再说宋江等诸将一行军马，在路无话，复过常州、润州相战去处，宋江无不伤感。军马渡江，十存二三。过扬州，进淮安，望京师不远了。宋江传令，叫众将各各准备朝觐。三军人马，九月二十后，回到东京。张招讨中军人马，先进城去。宋江等军马，只就城外屯住，扎营于旧时陈桥驿，听候圣旨。此时有先前留下伏侍李俊等小校，从苏州来，报说李俊原非患病，只是不愿朝京为官，今与童威、童猛不知何处去了。宋江又复嗟叹，叫裴宣写录现在朝京大小正偏将佐数目，共计二十七员，并殁于王事者，俱录其名数，写成谢恩表章，仍令正偏将佐俱各准备幞头公服，伺候朝见天子。三日之后，上皇设朝，近臣奏闻天子，教宣宋江等面君朝见。

此日东方渐明，宋江、卢俊义等二十七员将佐，奉旨即忙上马入城。东京百姓看了时，此是第三番朝见。想这宋江等初受招安时，却奉圣旨，都穿御赐的红绿锦袄子，悬挂金银牌面，入城朝见。破辽兵之后，回京师时，天子宣命，都是披袍挂甲，戎装入朝朝见。今番太平回朝，天子特命文扮，却是幞头公服，入城朝觐。东京百姓看了，只剩得这几个回来，众皆嗟叹不已。宋江等二十七人，来到正阳门下，齐齐下马入朝。待御史引至丹墀玉阶之下，宋江、卢俊义为首，上前八拜，退后八拜，进中八拜，三八二十四拜，扬尘舞蹈，山呼万岁。君臣礼足，徽宗天子看见宋江等只剩得这些人员，心中嗟念。上皇命都宣上殿，宋江、卢俊义引领众将，都上金阶，齐跪在珠帘之下。上皇命赐众将平身，左右近臣，早把珠帘卷起。天子乃曰："朕知卿等众将收剿江南，多负劳苦。卿等弟兄，损折大半，朕闻不胜伤悼。"宋江垂泪不止，仍自再拜奏曰："以臣卤钝薄才，肝脑涂地，亦不能报国家大恩。昔日念臣共聚义兵一百八人，登五台发愿，谁想今日十损其八。谨录人数，未敢擅便具奏，伏望天慈，俯赐圣鉴。"上皇曰："卿等部下，殁于王事者，朕命各坟加封，不没其功。"宋江再拜，进上表文一通。表曰：

平南都总管正先锋使臣宋江等谨上表：伏念臣江等愚拙庸才，孤陋俗吏，往犯无涯之罪，幸蒙莫大之恩。高天厚地岂能酬，粉骨碎身何足报!股肱竭力，离水泊以除邪；兄弟同心，登五台而发愿。全忠秉义，护国保民。幽州城鏖战辽兵，清溪洞力擒方腊。虽则微功上达，奈缘良将下沉。臣江日夕忧怀，旦暮悲怆。伏望天恩俯赐圣鉴，使已殁者皆蒙恩泽，在生者得庇洪休。臣江乞归田野，愿作农民，实陛下仁育之赐。臣江等不胜战悚之至!谨录存殁人数，随表上进以闻。

阵亡正偏将佐五十九员：

正将一十四员：

秦明　　徐宁　　董平　　张清　　刘唐
史进　　索超　　张顺　　阮小二　阮小五
雷横　　石秀　　解珍　　解宝

偏将四十五员：

宋万　　焦挺　　陶宗旺　　韩滔　　彭玘
郑天寿　曹正　　王定六　　宣赞　　孔亮
施恩　　郝思文　邓飞　　　周通　　龚旺
鲍旭　　段景住　侯健　　　孟康　　王英
扈三娘　项充　　李衮　　　燕顺　　马麟

单廷　　魏定国　吕方　　　郭盛　　欧鹏
陈达　　杨春　　郁保四　　李忠　　薛永
李云　　石勇　　杜迁　　　丁得孙　邹渊
李立　　汤隆　　蔡福　　　张青　　孙二娘

于路病故正偏将佐一十员：

正将五员：

林冲　　杨志　　张横　　穆弘　　杨雄

偏将五员：

孔明　　朱贵　　朱富　　白胜　　时迁

杭州六和寺坐化正将一员：

鲁智深

折臂不愿恩赐，六和寺出家正将一员：

武松

旧在京回还蓟州出家正将一员：

公孙胜

不愿恩赐，于路上去正偏将四员：

正将二员：

燕青　　李俊

偏将二员：

童威　　童猛

旧留在京师，并取回医士，现在京偏将五员：

安道全　皇甫端　金大坚　萧让　乐和

现在朝觐正偏将佐二十七员：

正将一十二员：

宋江　　卢俊义　　吴用　　关胜　　呼延灼
花荣　　柴进　　　李应　　朱仝　　戴宗
李逵　　阮小七

偏将一十五员：

朱武　　黄信　　孙立　　樊瑞　　凌振
裴宣　　蒋敬　　杜兴　　宋清　　邹润
蔡庆　　杨林　　穆春　　孙新　　顾大嫂

宣和五年九月　日，先锋使臣宋江　副先锋臣卢俊义等谨上表。

上皇览表，嗟叹不已。乃曰："卿等一百八人，上应星曜，今止有二十七人见存，又辞去了四个，真乃十去其八矣！"随降圣旨，将这已殁于王事者，正将偏将，各授名爵。正将封为忠武郎，偏将封为义节郎。如有子孙者，就令赴京，照名承袭官爵；如无子孙者，敕赐立庙，所在享祭。惟有张顺显灵有功，敕封金华将军。僧人鲁智深擒获贼寇有功，善终坐化于大刹，加赠义烈照暨禅师。武松对敌有功，伤残折臂，现于六和寺出家，封清忠祖师，赐钱十万贯，以终天年。已故女将二人：扈三娘加赠花阳郡夫人，孙二娘加赠旌德郡君。现在朝觐，除先锋使另封外，正将十员，各授武节将军，诸州统制；偏将十五员，各授武奕郎，诸路都统领；管军管民，省院听调。女将一员顾大嫂，封授东源县君。

先锋使宋江加授武德大夫，楚州安抚使兼兵马都总　管。

副先锋卢俊义加授武功大夫，庐州安抚使兼兵马副总　管。

军师吴用授武胜军承宣使。

关胜授大名府正兵马总管。

呼延灼授御营兵马指挥使。

花荣授应天府兵马都统制。

柴进授横海军沧州都统制。

李应授中山府郓州都统制。

朱仝授保定府都统制。

戴宗授兖州府都统制。

李逵授镇江润州都统制。

阮小七授盖天军都统制。

上皇敕命，各各正偏将佐，封官授职，谢恩听命，给付赏赐。偏将一十五员，各赐金银三百两，彩缎五表里；正将一十员，各赐金银五百两，彩缎八表里。先锋使宋江、卢俊义，各赐金银一千两，锦缎十表里，御花袍一套，名马一匹。宋江等谢恩毕，又奏睦州乌龙大王，二次显灵，护国保民，救护军将，以致全胜。上皇准奏，圣敕加封忠靖灵德普　孚惠龙王。御笔改睦州为严州，歙州为徽州，因是方腊造反之地，各带反文字体。清溪县改为淳安县，帮源洞凿开为山岛。敕委本州官库内支钱，起建乌龙大王庙，御赐牌额，至今古迹尚存。江南但是方腊残破去处，被害人民，普免差徭三年。

当日宋江等各各谢恩已了，天子命设太平筵宴，庆贺功臣。文武百官，九卿四相，同登御宴。是日，贺宴已毕，众将谢恩。宋江又奏："臣部下自梁山泊受招安，军卒亡过大半，尚有愿还家者，乞陛下圣恩优恤。"天子准奏，降敕："如愿为军者，赐钱一百贯，绢十匹，于龙猛、虎威二营收操，月支俸粮养赡；如不愿者，赐钱二百贯，绢十匹，各令回乡，为民当差。"宋江又奏："臣生居郓城县，获罪以来，自不敢还乡，乞圣上宽恩给假，回乡拜扫，省视亲族，却还楚州之任。未敢擅便，乞请圣旨。"上皇闻奏大喜，再赐钱十万贯，作还乡之资。宋江谢恩已罢，辞驾出朝。次日，中书省作太平筵宴，管待众将。第三日，枢密院又设宴庆贺太平。其张招讨、刘都督、童枢密，从、耿二参谋，王、赵二大将，朝廷自升重爵，不在此本话内。太乙院题本奏请圣旨，将方腊于东京市曹上凌迟处死，剐了三日示众。有诗为证：

宋江重赏升官日，方腊当刑受剐时。

善恶到头终有报，只争来早与来迟！

再说宋江奏请了圣旨，给假回乡省亲。部下军将，愿为军者报名，送发龙猛、虎威二营收操，关给赏赐，马军守备；愿为民者，关请银两，各各还乡，为民当差。部下偏将，亦各请受恩赐，听除管军管民，护境为官，关领诰命，各人赴任，与国安民。

宋江分派已了，与众暂别，自引兄弟宋清，带领随行军健一二百人，挑担御物、行李、衣装、赏赐，离了东京，望山东进发。宋江、宋清在马上，衣锦还乡，离了京师，回归故里。于路无话，自来到山东郓城县宋家村。乡中故旧父老亲戚，都来迎接宋江，回到庄上。不期宋太公已死，灵柩尚存。宋江、宋清痛哭伤感，不胜哀戚。家眷庄客，都来拜见宋江。庄院田产，家私什物，宋太公存日，整置得齐备，亦如旧时。宋江在庄上修设好事，请僧命道，修建功果，荐拔亡过父母宗亲。州县官僚，探望不绝。择日选时，亲扶太公灵柩，高原安葬。是日，本州官员，亲邻父老，宾朋眷属，尽来送葬已了，不在话下。宋江思念玄女娘娘愿心未酬，将钱五万贯，命工匠人等，重建九天玄女娘娘庙宇，两廊山门，装饰圣像，彩画两廊，俱已完备。不觉在乡日久，诚恐上皇见责，选日除了孝服，又做了几日道场，次后设一大会，请当村乡尊父老，饮宴酌杯，以叙阔别之情。次日，亲戚亦皆置筵庆贺，不在话下。宋江将庄院交割与次弟宋清，虽受官爵，只在乡中务农，奉祀宗亲香火。将多余钱帛，散惠下民。

宋江在乡中住了数月，辞别乡老故旧，再回东京，与众弟兄相见。众人有搬取老小家眷回京住的，有往任所去的，亦有夫主兄弟殁于王事的，朝廷已自颁降恩赐金帛，令归乡里，优恤其家。宋江自到东京，发遣回乡，都已完足。朝前听命，辞别省院诸官，收拾赴任。只见神行太保戴宗来探宋江，坐间说出一席话来，有分教：宋公明生为郓城县英雄，死作蓼儿洼土地。正是：凛凛清风生庙宇，堂堂遗像在凌烟。

毕竟戴宗对宋江说出甚话来，且听下回分解。

第一百二十回 宋公明神聚蓼儿洼　徽宗帝梦游梁山泊

话说宋江衣锦还乡，还至东京，与众弟兄相会，令其各人收拾行装，前往任所。当有神行太保戴宗来探宋江，二人坐间闲话。只见戴宗起身道："小弟已蒙圣恩，除授兖州都统制。今情愿纳下官诰，要去泰安州岳庙里，陪堂求闲，过了此生，实为万幸。"宋江道："贤弟何故行此念头？"戴宗道："是弟夜梦崔府君勾唤，因此发了这片善心。"宋江道："贤弟生身既为神行太保，他日必作岳府灵聪。"自此相别之后，戴宗纳还了官诰，去到泰安州岳庙里，陪堂出家，每日殷勤奉祀圣帝香火，虔诚无忽。后数月，一夕无恙，请众道伴相辞作别，大笑而终。后来在岳庙里累次显灵，州人庙祝，随塑戴宗神像于庙里，胎骨是他真身。

又有阮小七受了诰命，辞别宋江，已往盖天军做都统制职事。未及数月，被大将王禀、赵谭怀挟帮源洞辱骂旧恨，累累于童枢密前诉说阮小七的过失，曾穿着方腊的赭黄袍、龙衣玉带，虽是一时戏耍，终久怀心不良，亦且盖天军地僻人蛮，必致造反。童贯把此事达知蔡京，奏过天子，请降了圣旨，行移公文到彼处，追夺阮小七本身的官诰，复为庶民。阮小七见了，心中也自欢喜，带了老母，回还梁山泊石碣村，依旧打鱼为生，奉养老母，以终天年，后来寿至六十而亡。

且说小旋风柴进在京师，见戴宗纳还官诰，求闲去了；又见说朝廷追夺了阮小七官诰，不合戴了方腊的平天冠、龙衣玉带，意在学他造反，罚为庶民，寻思："我亦曾在方腊处做驸马，倘或日后奸臣们知得，于天子前谗佞，见责起来，追了诰命，岂不受辱?不如自识时务，免受玷辱。"推称风疾病患，不时举发，难以任用，情愿纳还官诰，求闲为农。辞别众官，再回沧州横海郡为民，自在过活。忽然一日，无疾而终。

李应受中山府都统制，赴任半年，闻知柴进求闲去了，自思也推称风瘫，不能为官，申达省院，缴纳官诰，复还故乡独龙冈村中过活。后与杜兴一处作富豪，俱得善终。关胜在北京大名府总管兵马，甚得军心，众皆钦伏。一日，操练军马回来，因大醉，失脚落马，得病身亡。

呼延灼受御营指挥使，每日随驾操备。后领大军，破大金兀　四太子，出军杀至淮西，阵亡。只有朱仝在保定府管军有功，后随刘光世破了大金，直做到太平军节度使。

花荣带同妻小妹子，前赴应天府到任。吴用自来单身，只带了随行安童，去武胜军到任。李逵亦是独自带了两个仆从，自来润州到任。话说为何只说这三个到任，别的都说了绝后结果?为这七员正将，都不厮见着，先说了结果。后这五员正将，宋江、卢俊义、花荣、吴用、李逵还有厮会处，以此未说绝了，结果下来便见。

再说宋江、卢俊义在京师，都分派了诸将赏赐，各各令其赴任去讫。殁于王事者，止将家眷人口，关给与恩赏钱帛金银，仍各送回故乡，听从其便。再有现在朝京偏将一十五员，除兄弟宋清还乡为农外，杜兴已自跟随李应还乡去了；黄信仍任青州；孙立带同兄弟孙新、顾大嫂，并妻小，自依旧登州任用；邹润不愿为官，回登云山去了；蔡庆跟随关胜，仍回北京为民；裴宣自与杨林商议了，自回饮马川，受职求闲去了；蒋敬思念故乡，愿回潭州为民；朱武自来投授樊瑞道法，两个做了全真先生，云游江湖，去投公孙胜出家，以终天年；穆春自回揭阳镇乡中，复为良民；凌振炮手非凡，仍受火药局御营任用。旧在京师偏将五员：安道全钦取回京，就于太医院做了金紫医官；皇甫端原受御马监大使；金大坚已在内府御宝监为官；萧让在蔡太师府中受职，作门馆先生；乐和在驸马王都尉府中尽老清闲，终身快乐，不在话下。

且说宋江自与卢俊义分别之后，各自前去赴任。卢俊义亦无家眷，带了数个随行伴当，自望庐州去了。宋江谢恩辞朝，别了省院诸官，带同几个家人仆从，前往楚州赴任。自此相别，都各分散去了，亦不在话下。

且说宋朝原来自太宗传太祖帝位之时，说了誓愿，以致朝代奸佞不清。至今徽宗天子，至圣至明，不期致被奸臣当道，谗佞专权，屈害忠良，深可悯念。当此之时，却是蔡京、童贯、高俅、杨四个贼臣，变乱天下，坏国，坏家，坏民。当有殿帅府太尉高俅、杨　，因见天子重礼厚赐宋江等这伙将校，心内好生不然。两个自来商议道："这宋江、卢俊义皆是我等仇人，今日倒吃他做了有功之臣，受朝廷这等恩赐，却教他上马管军，下马管民。我等省院官僚，如何不惹人耻笑?自古道：'恨小非君子，无毒不丈夫！'"杨　道："我有一计，先对付了卢俊义，便是绝了宋江一只臂膊。这人十分英勇，若先对付了宋江，他若得知，必变了事，倒惹出一场不好。"高俅道："愿闻你的妙计如何？"杨　道："排出几个庐州军汉，来省院首告卢安抚招军买马，积草屯粮，意在造反，便与他申呈去太师府启奏，和这蔡太师都瞒了。等太师奏过天子，请旨定夺，却令人赚他来京师。待上皇赐御食与他，于内下了些水银，却坠了那人腰肾，做用不得，便成不得大事。再差天使却赐御酒与宋江吃，酒里也与他下了慢药，只消半月之间，以定没救。”高俅道：“此计大妙！”有诗堪笑：

自古权奸害善良，不容忠义立家邦。

皇天若肯明昭报，男作俳优女作倡。

两个贼臣计议定了，着心腹人出来寻觅两个庐州土人，写与他状子，叫他去枢密院首告卢安抚在庐州即日招军买马，积草屯粮，意欲造反，使人常往楚州，结连安抚宋江，通情起义。枢密院却是童贯，亦与宋江等有仇，当即收了原告状子，径呈来太师府启奏。蔡京见了申文，便会官计议。此时高俅、杨　俱各在彼，四个奸臣，定了计策，引领原告人，入内启奏天子。上皇曰：“朕想宋江、卢俊义征讨四方虏寇，掌握十万兵权，尚且不生歹心。今已去邪归正，焉肯背反?寡人不曾亏负他，如何敢叛逆朝廷?其中有诈，未审虚的，难以准信。”当有高俅、杨　在旁奏道：“圣上道理虽然，人心难忖。想必是卢俊义嫌官卑职小，不满其心，复怀反意，不幸被人知觉。”上皇曰：“可唤来寡人亲问，自取实招。”蔡京、童贯又奏道：“卢俊义是一猛兽，未保其心。倘若惊动了他，必致走透，深为未便，今后难以收捕。只可赚来京师，陛下亲赐御膳御酒，将圣言抚谕之，窥其虚实动静。若无，不必究问，亦显陛下不负功臣之念。”上皇准奏，随即降下圣旨，差一使命径往庐州，宣取卢俊义还朝，有委用的事。天使奉命来到庐州，大小官员，出郭迎接，直至州衙，开读已罢。

话休絮烦。卢俊义听了圣旨，宣取回朝，便同使命离了庐州，一齐上了铺马来京。于路无话，早至东京皇城司前歇了。次日，早到东华门外，伺候早朝。时有太师蔡京、枢密院童贯、太尉高俅、杨　，引卢俊义于偏殿，朝见上皇。拜舞已罢，天子道：“寡人欲见卿一面。”又问：“庐州可容身否？”卢俊义再拜奏道：“托赖圣上洪福齐天，彼处军民，亦皆安泰。”上皇又问了些闲话，俄延至午，尚膳厨官奏道：“进呈御膳在此，未敢擅便，乞取圣旨。”此时高俅、杨　已把水银暗地着放在里面，供呈在御案上。天子当面将膳赐与卢俊义，卢俊义拜受而食。上皇抚谕道：“卿去庐州，务要尽心，安养军士，勿生非意。”卢俊义顿首谢恩，出朝回还庐州，全然不知四个贼臣设计相害。高俅、杨　相谓曰：“此后大事定矣！”

再说卢俊义是夜便回庐州来，觉道腰肾疼痛，动举不得，不能乘马，坐船回来。行至泗州淮河，天数将尽，自然生出事来。其夜因醉，要立在船头上消遣，不想水银坠下腰胯并骨髓里去，册立不牢，亦且酒后失脚，落于淮河深处而死。可怜河北玉麒麟，屈作水中冤抑鬼。从人打捞起尸首，具棺椁殡于泗州高原深处。本州官员动文书申复省院，不在话下。

且说蔡京、童贯、高俅、杨　四个贼臣，计较定了，将赍泗州申达文书，早朝奏闻天子说：“泗州申复卢安抚行至淮河，因酒醉堕水而死。臣等省院，不敢不奏。今卢俊义已死，只恐宋江心内设疑，别生他事。乞陛下圣鉴，可差天使，赍御酒往楚州赏赐，以安其心。”上皇沉吟良久，欲道不准，未知其心；意欲准行，诚恐有弊。上皇无奈，终被奸臣谗佞所惑，片口张舌，花言巧语，缓里取事，无不纳受。遂降御酒二樽，差天使一人，赍往楚州，限目下便行。眼见得这使臣亦是高俅、杨　二贼手下心腹之辈，天数只注宋公明合当命尽，不期被这奸臣们将御酒内放了慢药在里面，却教天使赍擎了，径往楚州来。

且说宋公明自从到楚州为安抚，兼管总领兵马。到任之后，惜军爱民，百姓敬之如父母，军校仰之若神明，讼庭肃然，六事俱备，人心既服，军民钦敬。宋江公事之暇，时常出郭游玩。原来楚州南门外，有个去处，地名唤做蓼儿洼。其山四面都是水港，中有高山一座。其山秀丽，松柏森然，甚有风水。虽然是个小去处，其内山峰环绕，龙虎踞盘，曲折峰峦，陂阶台砌。四围港汊，前后湖荡，俨然是梁山泊水浒寨一般。宋江看了，心中甚喜，自己想道：“我若死于此处，堪为阴宅。但若身闲，常去游玩，乐情消遣。”

话休絮烦。自此宋江到任以来，将及半载，时是宣和六年首夏初旬，忽听得朝廷降赐御酒到来，与众出郭迎接。入到公廨，开读圣旨已罢，天使捧过御酒，教宋安抚饮毕。宋江亦将御酒回劝天使，天使推称自来不会饮酒。御酒宴罢，天使回京。宋江备礼，馈送天使，天使不受而去。

宋江自饮御酒之后，觉道肚腹疼痛，心中疑虑，想被下药在酒里。却自急令从人打听那来使时，于路馆驿，却又饮酒。宋江已知中了奸计，必是贼臣们下了药酒，乃叹曰：“我自幼学儒，长而通吏，不幸失身于罪人，并不曾行半点异心之事。今日天子轻听谗佞，赐我药酒，得罪何辜。我死不争，只有李逵现在润州都统制，他若闻知朝廷行此奸弊，必然再去啸聚山林，把我等一世清名忠义之事坏了。只除是如此行方可。”连夜使人往润州唤取李逵星夜到楚州，别有商议。

且说李逵自到润州为都统制，只是心中闷倦，与众终日饮酒，只爱贪杯。听得宋江差人到来有请，李逵道：“哥哥取我，必有话说。”便同干人下了船，直到楚州，径入州治，拜见宋江罢。宋江道：“兄弟，自从分散之后，日夜只是想念众人。吴用军师武胜军又远，花知寨在应天府，又不知消耗。只有兄弟在润州镇江较近，特请你来商量一件大事。”李逵道：“哥哥，甚么大事？”宋江道：“你且饮酒！”宋江请进后厅，现成杯盘，随即管待李逵，吃了半晌酒食。

将至半酣，宋江便道：“贤弟不知，我听得朝廷差人赍药酒来，赐与我吃。如死，却是怎的好？”李逵大叫一声：“哥哥，反了罢！”宋江道：“兄弟，军马尽都没了，兄弟们又各分散，如何反得成？”李逵道：“我镇江有三千军马，哥哥这里楚州军马，尽点起来，并这百姓，都尽数起去，并气力招军买马杀将去!只是再上梁山泊倒快活!强似在这奸臣们手下受气！”宋江道：“兄弟且慢着，再有计较。”原来那接风酒内，已下了慢药。

当夜李逵饮酒了，次日，具舟相送。李逵道：“哥哥几时起义兵，我那里也起军来接应。”宋江道：“兄弟，你休怪我!前日朝廷差天使，赐药酒与我服了，死在旦夕。我为人一世，只主张‘忠义’二字，不肯半点欺心。今日朝廷赐死无辜，宁可朝廷负我，我忠心不负朝廷。我死之后，恐怕你造反，坏了我梁山泊替天行道忠义之名。因此，请将你来，相见一面。昨日酒中，已与了你慢药服了，回至润州必死。你死之后，可来此处楚州南门外，有个蓼儿洼，风景尽与梁山泊无异，和你阴魂相聚。我死之后，尸首定葬于此处，我已看定了也！”言讫，堕泪如雨。

李逵见说，亦垂泪道：“罢，罢，罢!生时伏侍哥哥，死了也只是哥哥部下一个小鬼！”言讫泪下，便觉道身体有些沉重。当时洒泪，拜别了宋江下船。回到润州，果然药发身死。李逵临死之时，嘱咐从人：“我死了，可千万将我灵柩去楚州南门外蓼儿洼和哥哥一处埋葬。”嘱罢而死。从人置备棺椁盛贮，不负其言，扶柩而往。再说宋江自从与李逵别后，心中伤感，思念吴用、花荣，不得会面。是夜药发临危，嘱咐从人亲随之辈：“可依我言，将我灵柩安葬此间南门外蓼儿洼高原深处，必报你众人之德。乞依我嘱！”言讫而逝。宋江从人置备棺椁，依礼殡葬。楚州官吏听从其言，不负遗嘱，当与亲随人从、本州吏胥老幼，扶宋公明灵柩，葬于蓼儿洼。数日之后，李逵灵柩，亦从润州到来，葬于宋江墓侧，不在话下。且说宋清在家患病，闻知家人回来，报说哥哥宋江已故在楚州，病在郓城，不能前来津送。后又闻说葬于本州南门外蓼儿洼，只令得家人到来祭祀，看视坟茔，修筑完备，回复宋清，不在话下。

却说武胜军承宣使军师吴用，自到任之后，常常心中不乐，每每思念宋公明相爱之心。忽一日，心情恍惚，寝寐不安。至夜，梦见宋江、李逵二人，扯住衣服，说道："军师，我等以忠义为主，替天行道，于心不曾负了天子。今朝廷赐饮药酒，我死无辜。身亡之后，现已葬于楚州南门外蓼儿洼深处。军师若想旧日之交情，可到坟茔亲来看视一遭。"吴用要问备细，撒然觉来，乃是南柯一梦。吴用泪如雨下，坐而待旦。得了此梦，寝食不安。次日，便收拾行李，径往楚州来。不带从人，独自奔来。前至楚州，果然宋江已死，只闻彼处人民无不嗟叹。吴用安排祭仪，直至南门外蓼儿洼，寻到坟茔，置祭宋公明、李逵，就于墓前，以手掴其坟冢，哭道："仁兄英灵不昧，乞为昭鉴。吴用是一村中学究，始随晁盖，后遇仁兄，救护一命，坐享荣华。到今数十余载，皆赖兄之德。今日既为国家而死，托梦显灵与我，兄弟无以报答，愿得将此良梦，与仁兄同会于九泉之下。"言罢痛哭。正欲自缢，只见花荣从船上飞奔到于墓前，见了吴用，各吃一惊。吴学究便问道："贤弟在应天府为官，缘何得知宋兄已丧？"花荣道："兄弟自从分散到任之后，无日身心得安，常想念众兄之情。因夜得一异梦，梦见宋公明哥哥和李逵前来，扯住小弟，诉说'朝廷赐饮药酒鸩死，现葬于楚州南门外蓼儿洼高原之上。兄弟如不弃旧，可到坟前，看望一遭。'因此，小弟撇了家间，不避驱驰，星夜到此。"吴用道："我得异梦，亦是如此，与贤弟无异，因此而来。今得贤弟到此最好，吴某心中想念宋公明恩义难舍，交情难报，正欲就此处自缢而死，魂魄与仁兄同聚一处。身后之事，托与贤弟。"花荣道："军师既有此心，小弟便当随从，亦与仁兄同归一处。"似此真乃死生契合者也。有诗为证：

红蓼洼中托梦长，花荣吴用各悲伤。

一腔义血元同有，岂忍田横独丧亡？

吴用道："我指望贤弟看见我死之后，葬我于此，你如何也行此事？"花荣道："小弟寻思宋兄长仁义难舍，恩念难忘。我等在梁山泊时，已是大罪之人，幸然不死。感得天子赦罪招安，北讨南征，建立功勋。今已姓扬名显，天下皆闻。朝廷既已生疑，必然来寻风流罪过。倘若被他奸谋所施，误受刑戮，那时悔之无及。如今随仁兄同死于黄泉，也留得个清名于世，尸必归坟矣！"吴用道："贤弟，你听我说，我已单身，又无家眷，死却何妨?你今现有幼子娇妻，使其何依？"花荣道："此事不妨，自有囊箧足以糊口。妻室之家，亦自有人料理。"两个大哭一场，双双悬于树上，自缢而死。船上从人久等，不见本官出来，都到坟前看时，只见吴用、花荣自缢身死。慌忙报与本州官僚，置备棺椁，葬于蓼儿洼宋江墓侧，宛然东西四　。楚州百姓，感念宋江仁德，忠义两全，建立祠堂，四时享祭，里人祈祷，无不感应。且不说宋江在蓼儿洼累累显灵，所求立应。却说道君皇帝，在东京内院，自从赐御酒与宋江之后，圣意累累设疑，又不知宋江消息，常只挂念于怀。每日被高俅、杨　议论奢华受用所惑，只要闭塞贤路，谋害忠良。忽然一日，上皇在内宫闲玩，猛然思想起李师师，就从地道中和两个小黄门，径来到他后园中，拽动铃索。李师师慌忙迎接圣驾，到于卧房内坐定。上皇便叫前后关闭了门户。李师师盛妆向前起居已罢，天子道："寡人近感微疾，现令神医安道全看治，有数十日不曾来与爱卿相会，思慕之甚!今一见卿，朕怀不胜悦乐！"李师师奏道："深蒙陛下眷爱之心，贱人愧感莫尽！"房内铺设酒肴，与上皇饮酌取乐。才饮过数杯，只见上皇神思困倦。点的灯烛荧煌，忽然就房里起一阵冷风，上皇见个穿黄衫的立在面前。上皇惊起问道："你是甚人，直来到这里？"那穿黄衫的人奏道："臣乃是梁山泊宋江部下神行太保戴宗。"上皇道："你缘何到此？"戴宗奏道："臣兄宋江，只在左右，启请陛下车驾同行。"上皇曰："轻屈寡人车驾何往？"戴宗道："自有清秀好去处，请陛下游玩。"上皇听罢此语，便起身随戴宗出得后院来，见马车足备，戴宗请上皇乘马而行。但见如云似雾，耳闻风雨之声，到一个去处。但见：

漫漫烟水，隐隐云山。不观日月光明，只见水天一色。红瑟瑟满目蓼花，绿依依一洲芦叶。双双鸿雁，哀鸣在沙渚矶头；对对　　，倦宿在败荷汀畔。霜枫簇簇，似离人点染泪波；风柳疏疏，如怨妇蹙颦眉黛。淡月寒星长夜景，凉风冷露九秋天。

当下上皇在马上观之不足，问戴宗道："此是何处，要寡人到此？"戴宗指着山上关路道："请陛下行去，到彼便知。"上皇纵马登山，行过三重关道，至第三座关前，见有上百人，俯伏在地，尽是披袍挂铠，戎装革带，金盔金甲之将。上皇大惊，连问道："卿等皆是何人？"只见为头一个，凤翅金盔，锦袍金甲，向前奏道："臣乃梁山泊宋江是也。"上皇曰："寡人已教卿在楚州为安抚使，却缘何在此？"宋江奏道："臣等谨请陛下到忠义堂上，容臣细诉衷曲枉死之冤。"上皇到忠义堂前下马，上堂坐定，看堂下时，烟雾中拜伏着许多人。上皇犹豫不定。只见为首的宋江上阶，跪膝向前，垂泪启奏。上皇道："卿何故泪下？"宋江奏道："臣等虽曾抗拒天兵，素秉忠义，并无分毫异心。自从奉陛下敕命招安之后，先退辽兵，次平三寇，弟兄手足，十损其八。臣蒙陛下命守楚州，到任已来，与军民水米无交，天地共知。今陛下赐臣药酒，与臣服吃，臣死无憾。但恐李逵怀恨，辄起异心。臣特令人去润州唤李逵到来，亲与药酒鸩死。吴用、花荣，亦为忠义而来，在臣冢上，俱皆自缢而亡。臣等四人，同葬于楚州南门外蓼儿洼。里人怜悯，建立祠堂于墓前。今臣等阴魂不散，俱聚于此，伸告陛下，诉平生衷曲，始终无异。乞陛下圣鉴。"上皇听了，大惊曰："寡人亲差天使，亲赐黄封御酒，不知是何人换了药酒赐卿？"宋江奏道："陛下可问来使，便知奸弊所出。"上皇看见三关寨栅雄壮，惨然问曰："此是何所，卿等聚会于此？"宋江奏曰："此是臣等旧日聚义梁山泊也。"上皇又曰："卿等已死，当往受生，何故相聚于此？"宋江奏道："天帝哀怜臣等忠义，蒙玉帝符牒敕命，封为梁山泊都土地。众将已会于此，有屈难伸，特令戴宗屈万乘之主，亲临水泊，恳告平日衷曲。"上皇曰："卿等何不诣九重深院，显告寡人？"宋江奏道："臣乃幽阴魂魄，怎得到凤阙龙楼?今者陛下出离宫禁，屈邀至此。"上皇曰："寡人可以观玩否？"宋江等再拜谢恩。上皇下堂，回首观看堂上牌额，大书"忠义堂"三字，上皇点头下阶。忽见宋江背后转过李逵，手　双斧，厉声高叫道："皇帝，皇帝!你怎地听信四个贼臣挑拨，屈坏了我们性命?今日既见，正好报仇！"黑旋风说罢，抡起双斧，径奔上皇。天子吃这一惊，撒然觉来，乃是南柯一梦，浑身冷汗。闪开双眼，见灯烛荧煌，李师师犹然未寝。上皇问曰："寡人恰在何处去来？"李师师奏道："陛下适间伏枕而卧。"上皇却把梦中神异之事，对李师师一一说知。李师师又奏曰："凡人正直者，必然为神。莫非宋江端的已死，是他故显神灵，托梦与陛下？"上皇曰："寡人来日，必当举问此事。若是如果死了，必须与他建立庙宇，敕封烈侯。"李师师奏曰："若圣上果然加封，显陛下不负功臣之德。"上皇当夜嗟叹不已。

次日临朝，传圣旨，会群臣于偏殿。当有蔡京、童贯、高俅、杨　等，只虑恐圣上问宋江之事，已出宫去了。只有宿太尉等几位大臣，在彼侍侧，上皇便问宿元景曰："卿知楚州安抚宋江消息否？"宿太尉奏道："臣虽一向不知宋安抚消息，臣昨夜得一异梦，甚是奇怪。"上皇曰："卿得异梦，可奏与寡人知道。"宿太尉奏曰："臣梦见宋江，亲到私宅，戎装　带，顶盔明甲，见臣诉说陛下以药酒见赐而亡。楚人怜其忠义，葬在楚州南门外蓼儿洼内，建立祠堂，四时享祭。"上皇听罢，便颠头道："此诚异事，与朕梦一般。"又分付宿元景道："卿可差心腹之人，往楚州体察此事，有无急来回报。"宿太尉道："是。"便领了圣旨，自出宫禁。归到私宅，便差心腹之人，前去楚州探听宋江消息，不在话下。

次日，上皇驾坐文德殿，见高俅、杨　在侧，圣旨问道："汝等省院，近日知楚州宋江消息否？"二人不敢启奏，各言不知。上皇辗转心疑，龙体不乐。

且说宿太尉干人，已到楚州打探回来，备说宋江蒙　赐饮药酒而死。已丧之后，楚人感其忠义，今葬于楚州蓼儿洼高山之上。更有吴用、花荣、李逵三人，一处埋葬。百姓哀怜，盖造祠堂于墓前，春秋祭赛，虔诚奉祀，士庶祈祷，极有灵验。宿太尉听了，慌忙引领干人入内，备将此事，回奏天子。上皇见说，不胜伤感。次日早朝，天子大怒，当百官前，责骂高俅、杨 ：“败国奸臣，坏寡人天下！”二人俯伏在地，叩头谢罪。蔡京、童贯亦向前奏道：“人之生死，皆由注定。省院未有来文，不敢妄奏。昨夜楚州才有申文到院，臣等正欲启奏。”上皇终被四贼曲为掩饰，不加其罪，当即喝退高俅、杨 ，便教追要原赍御酒使臣。不期天使自离楚州回还，已死于路。

宿太尉次日见上皇于偏殿，再以宋江忠义显灵之事，奏闻天子。上皇准宣宋江亲弟宋清，承袭宋江名爵。不期宋清已感风疾在身，不能为官，上表辞谢，只愿郓城为农。上皇怜其孝道，赐钱十万贯，田三千亩，以赡其家。待有子嗣，朝廷录用。后来宋清生一子宋安平，应过科举，官至秘书学士，这是后话。

再说上皇具宿太尉所奏，亲书圣旨，敕封宋江为忠烈义济灵应侯，仍敕赐钱于梁山泊，起盖庙宇，大建祠堂，妆塑宋江等殁于王事诸多将佐神像。敕赐殿宇牌额，御笔亲书“靖忠之庙”。济州奉敕，于梁山泊起造庙宇。但见：

金钉朱户，玉柱银门。画栋雕梁，朱檐碧瓦。绿栏干低绕轩窗，绣帘幕高悬宝槛。五间大殿，中悬敕额金书；两庑长廊，彩画出朝入相。绿槐影里， 星门高接青云；翠柳阴中，靖忠庙直侵霄汉。黄金殿上，塑宋公明等三十六员天罡正将；两廊之内，列朱武为头七十二座地煞将军。门前侍从狰狞，部下神兵勇猛。纸炉巧匠砌楼台，四季焚烧楮帛。桅竿高竖挂长 ，二社乡人祭赛。庶民恭礼正神 ，祀典朝参忠烈帝。万年香火享无穷，千载功勋表史记。

又有绝句一首，诗曰：

天罡尽已归天界，地煞还应入地中。
千古为神皆庙食，万年青史播英雄。

后来宋公明累累显灵，百姓四时享祭不绝。梁山泊内祈风得风，祷雨得雨。楚州蓼儿洼亦显灵验。彼处人民，重建大殿，添设两廊，奏请赐额。妆塑神像三十六员于正殿，两廊仍塑七十二将。年年享祭，万民顶礼，至今古迹尚存。史官有唐律二首哀挽，诗曰：

莫把行藏怨老天，韩彭赤族已堪怜。
一心报国摧锋日，百战擒辽破腊年。
煞曜罡星今已矣，谗臣贼子尚依然!
早知鸩毒埋黄壤，学取鸱夷范蠡船。

又诗：

生当鼎食死封侯，男子生平志已酬。
铁马夜嘶山月晓，玄猿秋啸暮云稠。
不须出处求真迹，却喜忠良作话头。
千古蓼洼埋玉地，落花啼鸟总关愁。

www.ingramcontent.com/pod-product-compliance
Lightning Source LLC
Chambersburg PA
CBHW080943190726
48292CB00009B/2898

* 9 7 8 1 9 5 0 4 0 7 1 6 3 *